Le Robert
COLLÈGE

Le Robert

direction éditoriale
Marie-Hélène DRIVAUD

DICTIONNAIRE DE LANGUE FRANÇAISE

à partir du texte rédigé par
Danièle MORVAN
Françoise GÉRARDIN - Annick DEHAIS - Brigitte VIENNE
Marie-José BROCHARD - Sophie CHANTREAU - Édouard TROUILLEZ
Aliette LUCOT (phonétique) - Béatrice LEBEAU (graphies)
avec le concours de
Alain REY

DICTIONNAIRE DE NOMS PROPRES

rédaction et révision
Nadine NOYELLE - Géraldine SOURDOT
Marie-José BROCHARD - Sophie CHANTREAU - Gilles FIRMIN
France COTTIN - Annick VALADE - Dominique DUSSIDOUR
Karim HAOUADEG - Anna MICHEL - Anne-Marie SAROCCHI

DOSSIERS THÉMATIQUES

édition
Bérengère BAUCHER
rédaction
Gérard BONHOURE - Gilles FIRMIN - Gérard GRANIER
Léo LAMARCHE - Annie LE FUSTEC - Julien SOULIÉ
cartographie
Jean-Pierre CRIVELLARI
iconographie
Nathalie LASSERRE - Gaëlle MARY - Christine MOREL
Laure PENCHENAT - Nathalie PIQUART
conception et réalisation
Amandine GRANDCOLAS (maquette) - David BART (mise en pages)

informatique éditoriale : Karol GOSKRZYNSKI - Sébastien PETTOELLO - Monique HÉBRARD - Claude SELLIN
lecture-correction : Élisabeth HUAULT - Anne-Marie LENTAIGNE - Méryem PUILL-CHÂTILLON - Muriel ZARKA-RICHARD
conception technique et artistique : Maud DUBOURG avec Nadine NOYELLE

Nouvelle édition 2017

ISBN 978-2-32101-072-2

SOMMAIRE

PRÉFACE

Le *Robert Collège* a pour ambition d'accompagner les élèves de la classe de 6e à la classe de 3e. Il comprend un dictionnaire de langue de 40 000 mots, suivi d'une partie encyclopédique de 7 000 noms propres, et accompagné de compléments illustrés.

Un dictionnaire pédagogique est à la fois plus modeste et plus ambitieux qu'un dictionnaire général pour adultes. Il a les contraintes particulières liées au niveau des élèves, aux exigences des programmes officiels et des manuels scolaires et aux emplois spécifiques de la langue dans les enseignements disciplinaires. Nous remercions à cet égard les enseignants dont l'expérience et la compétence ont été mises à profit pour préciser ce qui devait être mis en évidence dans le traitement de chaque mot. Une attention toute particulière apportée à la présentation matérielle des informations permet de dégager rapidement l'essentiel : les lettres majuscules et la couleur aident à identifier les entrées ; les numéros en couleur mettent en évidence l'organisation logique des significations ; les catégories grammaticales, les registres de langue, de nombreuses constructions, clairement indiquées, jalonnent le texte comme autant de repères.

LE DICTIONNAIRE DE LANGUE FRANÇAISE

La maîtrise de la langue est un objectif fondamental de l'enseignement au collège. Elle est aussi l'outil incontournable pour devenir un citoyen mieux armé, capable de comprendre et de s'exprimer avec aisance, sans équivoque et de façon nuancée. Les instructions officielles mettent l'accent sur le caractère central du français et sur son importance pour toutes les disciplines, pour lire et comprendre un énoncé, une consigne, maîtriser la terminologie du langage des sciences et des arts, passer d'un registre à un autre, enfin maîtriser le récit, la description et l'argumentation.

■ LE VOCABULAIRE DES DISCIPLINES

Nous avons retenu de nombreux termes en lien avec les disciplines scolaires qui ne figurent pas toujours dans les dictionnaires généraux. Le *Robert Collège* contient de nombreux mots qui appartiennent au métalangage du français comme *actanciel, déictique, modalisateur, oxymore, quintil.*

Les élèves trouveront également dans ces pages le vocabulaire des sciences de la vie et de la Terre *(circadien, fibroblaste, karstique)*, celui de l'histoire lointaine ou contemporaine *(camisard, gonfalon, moustérien)*, des langues anciennes *(aoriste, gens, latifundium, mirmillon, naumachie)*, de la géographie *(merzlota, tsunami)*, des mathématiques *(concourant, isométrie, réflexif)*, de la physique et de la chimie *(alternateur, coulomb, lux)*.

L'environnement social et culturel contemporain est restitué par des mots et expressions comme *biocarburant, covoiturage, fracturation hydraulique, GPA, locavore, végane.*

Nous avons tenu également à faire figurer dans ce dictionnaire des mots et des sens en rapport avec l'univers de la jeunesse, afin que l'utilisateur retrouve son propre emploi du français dans ce qu'il a d'actuel, même de familier *(blog, kifer, manga, psychoter, slamer, teuf)*.

Un certain nombre de sigles couramment utilisés dans l'enseignement seront utiles, notamment pour les parents, parfois désorientés *(COD, COS, ENT, GN, GV, TBI)*.

Dans le *Robert Collège*, certaines entrées ne correspondent pas à des mots mais à des éléments (ex. *hydro-*) qui servent à la formation de mots savants par association avec un élément de même nature *(hydrophile)* ou avec un mot par ailleurs autonome *(hydroélectricité)*. Ces éléments sont repérables dans la nomenclature par un alinéa et un filet vertical de couleur.

■ LA FORME ET LE SENS

La maîtrise progressive de la langue française passe par celle de la forme, du fonctionnement du mot et de ses significations.

Pour chaque mot traité, le *Robert Collège* mentionne la forme graphique et les variantes orthographiques usuelles s'il en existe, ainsi que la forme orale restituée par la transcription phonétique. (Voir aussi *infra*, le paragraphe consacré à l'orthographe.)

Le *Robert Collège* indique les homonymes et apporte une aide supplémentaire en les faisant suivre d'une courte définition pour aider à la différenciation (ex. **COMTE** : HOM. COMPTE « calcul », CONTE « récit »).

La description du français privilégie l'usage contemporain mais une place est accordée à l'usage classique, utile pour la compréhension de la littérature. Certains mots ou sens disparus sont traités dans le *Robert Collège* dans la mesure où ils éclairent des expressions qui ont traversé les siècles. Une formule telle que *dire la bonne aventure* fait appel à un sens du mot *aventure* (« destin ») qui n'est plus en usage. Ces sens disparus sont incompréhensibles au francophone d'aujourd'hui tout en étant indispensables à une description de la langue actuelle.

L'acquisition d'un vocabulaire riche et précis est facilitée par les liens qui unissent chaque mot à ses synonymes (précédés de SYN.), à ses contraires (précédés de CONTR.), à ses dérivés et mots en rapport de sens (introduits par une flèche de couleur →). Ces puissants réseaux constituent un outil précieux pour travailler le vocabulaire et enrichir les exercices de rédaction dans toutes les disciplines.

■ L'ÉTYMOLOGIE ET L'HISTOIRE DES MOTS

Le *Robert Collège* accorde une place de choix à l'origine des mots. La plupart des articles comportent une notice étymologique, située après les définitions, qui rappelle l'importance du fonds gréco-latin, la diversité des emprunts (aux langues de France et d'ailleurs) et la variété des moyens de formation des mots.

Cette brève rubrique choisit dans l'ascendance du mot le ou les ancêtres qui éclairent le mieux son sens actuel : **ALLOCUTION** : latin *allocutio*, famille de *loqui* « parler ». – **CALUMET** : forme régionale (normand, picard) de *chalumeau*. – **CISELER** : de *cisel*, ancienne forme de *ciseau*.

■ LES CONJUGAISONS

Chaque verbe est suivi d'un numéro qui renvoie à la conjugaison d'un verbe modèle. L'ensemble des tableaux de conjugaison est proposé à la suite du dictionnaire de langue.

■ L'ORTHOGRAPHE

Les programmes de français rappellent que « *L'enseignement de l'orthographe a pour référence les rectifications orthographiques publiées par le* Journal officiel *de la République française le 6 décembre 1990* ». Les nouvelles graphies figurent, pour beaucoup, en entrée *(cacahouète, goulument, grigri, iglou, jerricane, lombago, nénufar, plateforme, sombréro, volleyball...)*. D'autres, moins fréquentes, sont mentionnées pour le moment en remarque *(douçâtre, grole, microonde...)*. Les grands principes de ces rectifications, accompagnés d'exemples, sont rappelés en fin d'ouvrage, suivis de la liste complète des mots concernés.

LE DICTIONNAIRE DE NOMS PROPRES

Cette seconde partie réunit l'histoire des hommes et des lieux et apporte un complément culturel. Ces noms propres concernent tous les domaines du savoir et toutes les époques, de la préhistoire à nos jours.

Une large part est faite à l'histoire. Les principaux personnages historiques – souverains, hommes politiques et hommes d'État, scientifiques, écrivains, artistes, explorateurs, sportifs ou religieux –, les divinités de l'Antiquité et les héros de la mythologie sont traités, de même que des personnages de fiction *(Cosette, Gargantua, Titeuf)*.

Les grandes œuvres de portée universelle et les textes sacrés côtoient les œuvres patrimoniales. Les principaux mouvements sont représentés, qu'ils soient artistiques *(Bauhaus)*, littéraires *(OuLiPo)* ou politiques *(Résistance, al-Qaida)*, de même que les groupes et factions *(chouans, girondins)*.

De nombreux noms de peuples et civilisations sont traités, peuples contemporains *(Berbères, Inuits, Quechuas)* ou appartenant à l'histoire *(Achéens, Étrusques, Mayas)*.

Les évènements importants sont représentés par les périodes historiques *(la Fronde, Mai 68)*, les conflits *(guerre de Cent Ans, guerre du Golfe)* et les grandes batailles *(Crécy, Waterloo)*.

Les noms propres relevant de la géographie concernent des lieux historiques et contemporains. Les pays du monde adoptent tous le même plan, comme les États américains, les régions géographiques, historiques ou administratives, et les villes. Celles-ci sont retenues en fonction de critères historiques ou culturels, plus que démographiques ou administratifs. Dans les villes, des quartiers peuvent être individualisés *(Montparnasse, Wall Street)*, de même que des monuments et des musées d'importance.

Les sites archéologiques et les hauts lieux historiques et culturels distingués par l'Unesco, sur la liste du patrimoine mondial, sont signalés. Des lieux imaginaires ou mythiques sont également évoqués *(Eldorado, Enfers, Lilliput, Tartare)*.

La présentation matérielle des informations privilégie la clarté et la simplicité. Pour les personnes, c'est le nom usuel qui est retenu *(Colette, Malala, Vauban, Voltaire)*, le nom complet ou le véritable état civil étant mentionné en fin d'article. Les sigles, nombreux *(Alena, IRA, OPEP)*, sont traités sous cette forme, la plus fréquemment rencontrée.

LES COMPLÉMENTS ILLUSTRÉS

Entre le dictionnaire de langue et le dictionnaire de noms propres, on trouvera des ressources pédagogiques pour l'enseignement dispensé au collège.

L'histoire de la langue française est abordée dans la première partie, ainsi que les principaux procédés de formation des mots.

Dans le dossier consacré à la littérature, les élèves trouveront des repères pour l'étude en classe des genres littéraires et des mouvements qui ont marqué l'histoire de la littérature.

Une troisième partie aborde l'histoire et l'histoire de l'art, réunissant, dans un enchaînement chronologique, des sujets historiques *(Réforme, Front populaire, Décolonisation)* et des thèmes artistiques *(Art roman, Baroque, Impressionnisme)*.

Une chronologie illustrée situe ensuite les principaux évènements politiques et faits culturels dans l'histoire de la France et du monde. Elle met en évidence des synchronismes, permet de vérifier ses connaissances et de réviser en autonomie les grands repères historiques.

Transition écologique et développement durable font partie des thématiques retenues pour les EPI. Le dossier illustré consacré à ce sujet aborde les grands enjeux auxquels est confrontée l'humanité, qu'ils soient économiques, sociaux ou environnementaux.

Enfin, un atlas propose 58 cartes historiques et géographiques en lien avec les programmes, spécialement conçues pour cet ouvrage.

LA CIRCULATION DE L'INFORMATION

De nombreux renvois, matérialisés par le signe ☛, favorisent la circulation entre les grandes parties de l'ouvrage. Le collégien peut passer d'une définition, d'un exemple aux dossiers illustrés et ainsi mieux comprendre un terme littéraire, approfondir une période historique ou visualiser un style artistique. Il peut aussi naviguer d'une planche à l'autre (la planche *Crise de 1929* conseille de consulter aussi *Fascisme* et *Front populaire*), d'un dossier à l'autre (la planche *Grandes découvertes* est en lien avec la carte sur le même thème). Les mots formés sur un nom propre y renvoient *(freudien, machiavélique, pasteurisation)* et, à l'inverse, les noms propres mentionnent d'éventuels dérivés (*marxisme* cité à *Marx*). Les notices consacrées aux villes et aux pays renvoient aux cartes. Le dictionnaire devient alors un formidable terrain d'exploration et un outil irremplaçable pour la construction du savoir.

Marie-Hélène DRIVAUD

SIGNES CONVENTIONNELS ET ABRÉVIATIONS

Ce tableau présente les abréviations utilisées dans le dictionnaire, ainsi que certains des signes conventionnels et symboles.

Un mot qui n'appartient pas à l'usage courant, mais à un usage socialement marqué, est accompagné d'une marque d'usage ; en particulier, les noms de domaines (BIOL. par exemple) indiquent que le terme dont ils précèdent la définition appartient au vocabulaire des spécialistes de ce domaine. L'absence de tout marquage de cette nature indique que l'emploi du mot est normal dans la langue courante.

Dans le dictionnaire, la typographie distingue les informations sur l'usage (ex. FAM., SC.) des informations sur la langue (ex. fig., iron., appos.).

►	signe de séparation qui introduit les sous-articles d'un article (participe passé à valeur d'adjectif...)
►	signe de séparation qui introduit un dérivé de l'entrée
①	avant une entrée, signale qu'il s'agit d'une forme homographe d'une autre (ex. ① **boucher** et ② **boucher**)
(conjug. 1)	pour les verbes, donne le numéro de conjugaison, qui renvoie aux tableaux placés en annexe
*	placé avant un mot (notamment un mot commençant par un *h*), signale que ce mot se prononce sans liaison et sans élision
→	suivi d'un mot en gras, présente un mot qui a un grand rapport de sens avec le mot traité

abrév.	abréviation
absolt	absolument (en construction absolue : sans le complément attendu)
abusivt	abusivement (emploi très critiquable, parfois faux sens ou solécisme)
Acad.	Académie
acoust.	acoustique
adapt.	adaptation (d'une forme adaptée dans une autre langue)
adj.	adjectif
adjectivt	adjectivement
admin.	administratif
adv.	adverbe ; adverbial
aéron.	aéronautique
agric.	agriculture
alchim.	alchimie
alg.	algèbre
allus.	allusion
alphab.	alphabétique
alpin.	alpinisme
altér.	altération (modification anormale d'une forme ancienne ou étrangère)
amér.	américain (variété d'anglais parlé et écrit en Amérique du Nord, notamment aux États-Unis)
anat.	anatomie
anc.	ancien
ancient	anciennement (présente un mot ou un sens vivant qui désigne une chose du passé disparue)
angl.	anglais
anglic.	anglicisme
anthropol.	anthropologie
Antiq.	Antiquité
apic.	apiculture
appos.	apposition ; apposé
arbor.	arboriculture
archéol.	archéologie
archit.	architecture
arithm.	arithmétique
art.	article
astrol.	astrologie
astron.	astronomie
autom.	automobilisme
aviat.	aviation
biochim.	biochimie
biol.	biologie
bot.	botanique
c.-à-d.	c'est-à-dire
cathol.	catholique
chim.	chimie
chir.	chirurgie

chorégr.	chorégraphie
chrét.	chrétien
cin.	cinéma
class.	classique
comm.	commerce
compar.	comparatif ; comparaison
compl.	complément
comptab.	comptabilité
cond.	conditionnel
conj.	conjonction ; conjonctif
conjug.	conjugaison
contr.	contraire
coord.	coordination
cour.	courant
cout.	couture
cuis.	cuisine
déf.	défini
dém.	démonstratif
démogr.	démographie
dévpt	développement
dial.	dialecte ; dialectal
dict.	dictionnaire
didact.	didactique
dimin.	diminutif
dir.	direct (dans tr. dir. « transitif direct »)
dr.	droit
ecclés.	ecclésiastique
écol.	écologie
écon.	économie
électr.	électricité
électron.	électronique
ellipt	elliptiquement
embryol.	embryologie
empr.	emprunt
entomol.	entomologie
équit.	équitation
escr.	escrime
ethnogr.	ethnographie
ethnol.	ethnologie
éthol.	éthologie
étym.	étymologie ; étymologique
ex.	exemple
exagér.	exagération
exclam.	exclamation ; exclamatif
expr.	expression
ext.	extension (par ext. : présente une acception ou une valeur plus large, plus étendue que celle qui vient d'être traitée ; s'oppose à spécialt)
f.	féminin
fam.	familier
famille de	dans les étymologies, présente les mots apparentés, soit par le latin, soit dans l'ensemble des langues indo-européennes
fém.	féminin
fig.	figure ; figuré
fin.	finance
franç.	français
généralt	généralement
géogr.	géographie
géol.	géologie
géom.	géométrie
germ.	germanique
gramm.	grammaire ; grammatical
hippol.	hippologie
hispano-amér.	hispano-américain (espagnol d'Amérique latine)
hist.	histoire
histol.	histologie
hom.	homonyme
horlog.	horlogerie
hortic.	horticulture
hydrogr.	hydrographie
imp.	imparfait
impér.	impératif
impers.	impersonnel
imprim.	imprimerie
improprt	improprement
incert.	incertain (dans orig. incert. « origine incertaine »)
ind.	indirect (dans tr. ind. « transitif indirect »)
indéf.	indéfini
indic.	indicatif
indir.	indirect
inf.	infinitif
infl.	influence
inform.	informatique
interj.	interjection ; interjectif
interrog.	interrogation ; interrogatif
intr.	intransitif
intrans.	intransitif ; intransitivement
invar.	invariable
iron.	ironique ; ironiquement
irrég.	irrégulier
ital.	italien
journal.	journalisme
jurid.	juridique
lang.	langage
ling.	linguistique
littér.	littéraire
littéralt	littéralement (« mot pour mot »)
loc.	locution
loc. adj.	locution adjective
loc. adv.	locution adverbiale
loc. conj.	locution conjonctive
loc. prép.	locution prépositive
loc. verb.	locution verbale
log.	logique
m.	masculin
maçonn.	maçonnerie
maj.	majuscule
mar.	marine
masc.	masculin
math.	mathématique
mécan.	mécanique

méd. médecine ; médical
menuis. menuiserie
météorol. météorologie
milit. militaire
minér. minéralogie
mod. moderne
mus. musique
mythol. mythologie ; mythologique
n. nom
n. f. nom féminin
n. m. nom masculin
nat. naturel (dans sc. nat. « sciences naturelles »)
néerl. néerlandais
n. pr. nom propre
océanogr. océanographie
œnol. œnologie
offic. officiel (dans recomm. off. « recommandation officielle »)
onomat. onomatopée ; onomatopéique
oppos. opposition
opt. optique
orig. origine (d'un mot)
orth. orthographe ; orthographique
p. page
p. participe (dans p. p. « participe passé » ; p. présent « participe présent »)
p.-ê. peut-être
paléont. paléontologie
pathol. pathologie
peint. peinture
péj. péjoratif
pers. personne ; personnel
pharm. pharmacie
philos. philosophie
phonét. phonétique
photogr. photographie
phys. physique
physiol. physiologie
pl. pluriel
plais. plaisanterie ; plaisant
plur. pluriel
poét. poétique
polit. politique
pop. populaire
poss. possessif
pr. propre (dans n. pr. « nom propre »
prép. préposition ; prépositif
prés. présent (temps de l'indicatif, du subjonctif...)
probablt probablement
pron. pronom ; pronominal
pronom. pronominal ; pronominalement
prononc. prononciation
proprt proprement (« au sens propre »)
prov. proverbe ; proverbial
psych. psychiatrie ; psychologie ; psychanalyse
qqch. quelque chose
qqn quelqu'un
rad. radical
récipr. réciproque
recomm. recommandation (dans recomm. off. « recommandation officielle » ; terme conforme à la loi française sur la langue)
réfl. réfléchi
rel. relatif
relig. religion ; religieux
rem. remarque
rhét. rhétorique
s. siècle
sc. science ; sciences ; scientifique
sc. nat. sciences naturelles
scol. scolaire
sing. singulier
sociol. sociologie
spécialt spécialement (présente une acception ou une valeur plus étroite, moins étendue que celle qui vient d'être traitée ; s'oppose à par ext.)
statist. statistique
subj. subjonctif
subst. substantif ; substantivement
suff. suffixe
superl. superlatif
sylvic. sylviculture
symb. symbole
syn. synonyme
techn. technique
télécomm. télécommunication
télév. télévision
théol. théologie
tr. transitif
trans. transitif ; transitivement
typogr. typographie
v. verbe
v. intr. verbe intransitif
v. pron. verbe pronominal
v. tr. verbe transitif
var. variante
vén. vénerie
verb. verbal
vétér. vétérinaire
vitic. viticulture
vulg. vulgaire
vx vieux (mot, sens ou emploi de l'ancienne langue, peu compréhensible de nos jours)
zool. zoologie

ALPHABET PHONÉTIQUE

VOYELLES

[i] il, épi, lyre

[e] blé, aller, chez, épée

[ɛ] lait, merci, fête

[a] ami, patte

[ɑ] pas, pâte

[ɔ] fort, donner, sol

[o] mot, dôme, eau, saule, zone

[u] genou, roue

[y] rue, vêtu

[ø] peu, deux

[œ] peur, meuble

[ə] premier

[ɛ̃] brin, plein, bain

[ɑ̃] sans, vent

[ɔ̃] ton, ombre, bonté

[œ̃] lundi, brun, parfum

SEMI-CONSONNES

[j] yeux, paille, pied, panier

[w] oui, fouet, joua (et joie)

[ɥ] huile, lui

CONSONNES

[p] père, soupe

[t] terre, vite

[k] cou, qui, sac, képi

[b] bon, robe

[d] dans, aide

[g] gare, bague, gui

[f] feu, neuf, photo

[s] sale, celui, ça, dessous, tasse, nation

[ʃ] chat, tache, schéma

[v] vous, rêve

[z] zéro, maison, rose

[ʒ] je, gilet, geôle

[l] lent, sol

[ʀ] rue, venir

[m] mot, flamme

[n] nous, tonne, animal

[ɲ] agneau, vigne

---

[h] hop ! (exclamatif)

['] (pas de liaison) héros, onze, yaourt

[ŋ] (mots empruntés à l'anglais) camping

[x] (mots empruntés à l'espagnol) jota ; (à l'arabe) khamsin, etc.

DICTIONNAIRE
DE
LANGUE FRANÇAISE

A

A [ɑ] **n. m. invar.** ✦ Première lettre, première voyelle de l'alphabet. ➡ loc. *De A à Z, depuis A jusqu'à Z,* du commencement à la fin. *Prouver qqch. par a + b,* de façon certaine, indiscutable. HOM. AH «exclamation», À (préfixe), HA «exclamation»

> ① **A-** Élément, du latin *ad-*, de *ad* «vers, à», qui marque la direction, le but à atteindre, ou le passage d'un état à un autre (ex. *amener, alunir, adoucir*).

> ② **A-, AN-** Élément, du grec, qui exprime la négation («pas»), ou la privation («sans») (ex. *anormal, apolitique*).

À [a] **prép.** ✦ REM. contraction de *à le* en *au*, de *à les* en *aux* **I** introduisant un complément d'objet indirect ➡ (d'un verbe) *Plaire à qqn.* ➡ (d'un nom) *Le recours à la force.* ➡ (d'un adj.) *Fidèle à sa parole.* ♦ *À CE QUE* (+ subj.). *Je tiens à ce qu'il vienne.* **II** rapports de direction **1.** Lieu de destination. *Aller à Strasbourg.* → ② **y** (y aller). *À la porte !* ➡ *DE… À… Du Nord au Sud.* **2.** (*De… à…*) Progression dans une série. *Du premier au dernier. De A à Z.* ➡ (temps) *J'irai de 4 à 6* (heures). ➡ (entre deux numéraux, marque l'approximation) → **environ.** *Un groupe de sept à dix personnes.* **3.** Jusqu'à (un point extrême). *Il court à perdre haleine.* **4.** Destination, but. → **pour.** *Donner une lettre à poster. Un verre à bière. Il n'est bon à rien.* ➡ *Avoir à manger,* de quoi* manger. **5.** Destination de personnes, attribution. *Donner de l'argent à qqn. Salut à tous !* ➡ (en dédicace) *À mes amis.* **III** rapports de position **1.** Position dans un lieu. → **dans,** ① **en.** *Il vit à Lyon. Un séjour à la mer.* **2.** Activité, situation. *Se mettre au travail.* ➡ *Être à* (+ inf.) : en train* de. *Il est toujours à travailler.* ➡ (en tête de phrase, devant un inf.) *À dire vrai.* **3.** Position dans le temps. *Le train part à midi. À ces mots, il se fâcha.* **4.** Appartenance. *Ceci est à moi. À qui sont ces gants ?* ➡ *À nous la liberté !* ➡ *C'EST À… DE* (+ inf.) : il appartient à… de. *C'est à moi de l'aider,* c'est mon devoir, ou c'est mon tour de l'aider. ➡ *C'EST* (+ adj.) *À… C'est gentil à vous d'accepter,* vous êtes gentil d'accepter. **IV** manière d'être ou d'agir **1.** Moyen, instrument. → **avec, par.** *Aller à pied. Bateau à voiles.* **2.** Manière. *Acheter à crédit. Tissu à fleurs.* ➡ *À LA…* (+ adj., n., loc.). *Filer à l'anglaise. Fermer à clé. À cor et à cri.* **3.** Prix. *Je vous le vends à dix euros.* SYN. **pour.** *Un bonbon à dix centimes.* SYN ① **de.** **4.** Accompagnement. → **avec.** *Un pain aux raisins.* **5.** (avec des nombres) *Ils sont venus à dix, à plusieurs,* en étant dix, plusieurs à la fois. ➡ *Deux à deux,* deux à la fois. SYN. **par.** HOM. A (lettre), AH «exclamation», HA «exclamation»
ÉTYM. latin *ad* (→ ① a-), *ab* et *apud.*

ABAISSEMENT [abɛsmɑ̃] **n. m.** **1.** Action d'abaisser. **2.** Action de diminuer (une grandeur). SYN. **diminution.** *L'abaissement de la température ; d'un prix.* **3.** VIEILLI État d'une personne qui a perdu sa dignité. SYN. **avilissement,** ① **dégradation.** CONTR. **élévation, relèvement.**
ÉTYM. de *abaisser.*

ABAISSER [abese] **v. tr.** (conjug. 3a) **I** **1.** Faire descendre à un niveau plus bas. SYN. **baisser.** *Abaisser une vitre.* ➡ *Abaisser un chiffre :* dans une division, écrire un chiffre du dividende à la suite du reste obtenu. **2.** Diminuer la quantité, faire baisser. **3.** *Abaisser qqn,* l'humilier. SYN. **rabaisser.** **II** *S'ABAISSER* **v. pron.** **1.** Descendre à un niveau plus bas. *Le terrain s'abaisse vers la rivière.* SYN. **descendre.** **2.** Perdre sa dignité, sa fierté. *S'abaisser devant qqn. S'abaisser à des compromissions.* SYN. **s'avilir.** CONTR. **élever, hausser, relever • glorifier • monter.** HOM. ABC «alphabet»
ÉTYM. de *baisser.*

ABANDON [abɑ̃dɔ̃] **n. m.** **1.** Action d'abandonner, de renoncer à (qqch.) ou de laisser (qqch., qqn). *L'abandon d'un bien par qqn.* SYN. **cession,** ① **don.** *L'abandon d'un projet.* ➡ *À L'ABANDON* **loc. adv. et adj.** : dans un état d'abandon. *Le jardin est à l'abandon.* **2.** Fait de se laisser aller, de se détendre. *Une pose pleine d'abandon.* SYN. **nonchalance.** ♦ Calme confiant. *S'épancher avec abandon.* SYN. **confiance.** **3.** SPORTS Action d'abandonner (4). *Il y a eu deux abandons pendant la course.* CONTR. **adoption, conservation, maintien • raideur, tension ; méfiance.**
ÉTYM. de l'ancien français *à bandon* «à disposition (de)», famille germanique de *bannir.*

ABANDONNER [abɑ̃dɔne] **v. tr.** (conjug. 3a) **I** **1.** Renoncer à, ne plus vouloir de. *Abandonner sa fortune à qqn.* SYN. **donner, léguer.** *Abandonner à qqn le soin de faire qqch.* ➡ *Abandonner ses prétentions.* **2.** Quitter, laisser définitivement (qqn dont on doit s'occuper, envers qui on est lié). *Abandonner femme et enfants.* SYN. FAM. **plaquer.** ➡ au p. passé *Chiens abandonnés.* **3.** Quitter définitivement (un lieu). *Les paysans abandonnent la campagne.* SYN. **déserter.** ➡ au p. passé *Villages*

abandonnés. **4.** Renoncer à (une action difficile, pénible). *Abandonner la lutte.* → **capituler.** – absolt *J'abandonne !* SYN. **démissionner.** *Athlète qui abandonne* (en cours d'épreuve, de compétition). **5.** Cesser d'utiliser. *Abandonner une hypothèse.* **II** *S'ABANDONNER* **v. pron.** **1.** Se laisser aller (à un état, un sentiment). *S'abandonner au désespoir.* **2.** Se laisser aller physiquement. – au p. passé *Une pose abandonnée.* **3.** Se livrer avec confiance. SYN. **s'épancher.** CONTR. **conserver • soigner, soutenir • continuer • résister •** se **méfier.**
ÉTYM. de *abandon.*

ABAQUE [abak] **n. m.** **1.** Boulier. **2.** Tablette surmontant le chapiteau d'une colonne.
ÉTYM. latin *abacus,* grec «table servant à calculer».

ABASOURDIR [abazuʀdiʀ] **v. tr.** (conjug. 13) **1.** Assourdir, étourdir par un grand bruit. **2.** Étourdir de surprise. SYN. **hébéter, sidérer, stupéfier.** *Cette nouvelle m'a abasourdi.* – au p. passé *Un air abasourdi.* SYN. **ahuri.**
► **ABASOURDISSANT, ANTE** [abazuʀdisɑ̃, ɑ̃t] **adj.**
ÉTYM. de l'argot ancien *basourdir* «tuer».

ABÂTARDIR [abɑtaʀdiʀ] **v. tr.** (conjug. 13) ✦ LITTÉR. Faire perdre ses qualités à (qqn, qqch., une œuvre). SYN. **avilir,** ① **dégrader.**
► **ABÂTARDISSEMENT** [abɑtaʀdismɑ̃] **n. m.**
ÉTYM. de *bâtard.*

ABAT-JOUR [abaʒuʀ] **n. m.** ✦ Réflecteur qui rabat la lumière d'une lampe. *Des abat-jours.*
ÉTYM. de *abattre* et *jour.*

ABATS [aba] **n. m. pl.** ✦ Parties comestibles d'animaux de boucherie, autres que leur chair (cœur, foie, mou, rognons, tripes, langue...). *Abats de volailles.* → **abattis.** *Marchand d'abats.* → **tripier.** HOM. ① À BAS (exclamation hostile)
ÉTYM. de *abattre.*

ABATTAGE [abataʒ] **n. m.** **I** Action d'abattre, de tuer (un animal de boucherie). *L'abattage d'un bœuf au merlin.* **II** fig. *AVOIR DE L'ABATTAGE* : avoir du brio, de l'entrain, tenir le public en haleine.

ABATTANT [abatɑ̃] **n. m.** ✦ Pièce mobile d'un siège ou d'un meuble que l'on peut abaisser et relever à volonté. *L'abattant d'un pupitre.* – spécialt *L'abattant et la lunette des W.-C.*
ÉTYM. du participe présent de *abattre.*

ABATTEMENT [abatmɑ̃] **n. m.** **I** Diminution d'une somme à payer. SYN. **déduction.** *Abattement fiscal.* **II** **1.** Grande diminution des forces physiques. SYN. **épuisement, faiblesse, fatigue.** **2.** Dépression morale, désespoir calme. SYN. **découragement.** *Être dans un profond abattement.* CONTR. **énergie • exaltation, joie.**
ÉTYM. de *abattre.*

ABATTIS [abati] **n. m. pl.** **1.** Abats de volaille (tête, cou, ailerons, pattes, foie, gésier). **2.** FAM. Bras et jambes. – loc. (menace) *Tu peux numéroter tes abattis !*
ÉTYM. de *abattre.*

ABATTOIR [abatwaʀ] **n. m.** ✦ Lieu où l'on abat les animaux de boucherie. ◆ fig. *Envoyer des soldats à l'abattoir,* au massacre.
ÉTYM. de *abattre.*

ABATTRE [abatʀ] **v. tr.** (conjug. 47) **I** **1.** Faire tomber (ce qui est vertical), jeter à bas. *Abattre un arbre. Abattre un mur.* SYN. **démolir.** **2.** Faire tomber (un être vivant) en donnant un coup mortel. SYN. **tuer.** *Abattre un cheval blessé. Abattre qqn,* l'assassiner avec une arme à feu. SYN. FAM. **descendre.** ◆ Détruire (un avion) en vol. **3.** *ABATTRE SON JEU* : étaler ses cartes avant la fin du jeu. – fig. Dévoiler ses desseins et passer à l'action. **4.** *Abattre de la besogne,* en faire beaucoup ; travailler beaucoup et efficacement. **II** **1.** Rendre faible, ôter les forces de (qqn). *Cette grippe l'a abattu.* SYN. **épuiser, fatiguer.** **2.** Ôter l'énergie, l'espoir, la joie à (qqn). SYN. **décourager, démoraliser, déprimer.** *Ne pas se laisser abattre.* **III** *S'ABATTRE* **v. pron.** **1.** Tomber tout d'un coup. SYN. **s'affaisser, s'écrouler, s'effondrer.** *Le grand mât s'abattit sur le pont.* **2.** Se laisser tomber (sur qqch.), en volant. *Les sauterelles s'abattent sur les récoltes.* ◆ fig. Se jeter sur (pour piller). CONTR. **relever, remonter • fortifier • dynamiser, réjouir.**
ÉTYM. du latin *battuere* «battre».

ABATTU, UE [abaty] **adj.** **1.** Qui n'a plus de force, est très fatigué. SYN. **faible.** *Le convalescent est encore très abattu.* **2.** Triste et découragé. *Depuis la mort de son frère, il est très abattu.*
ÉTYM. du participe passé de *abattre.*

ABBATIAL, ALE, AUX [abasjal, o] **adj.** ✦ Qui appartient à l'abbaye, ou à l'abbé. *Église abbatiale* ou **n. f.** *une abbatiale.*
ÉTYM. latin ecclésiastique *abbatialis,* de *abbatia* «abbaye».

ABBAYE [abei] **n. f.** ✦ Monastère dirigé par un abbé ou une abbesse. – Bâtiment de cette communauté. *Abbaye gothique.*
ÉTYM. latin *abbatia,* de *abbas* «abbé».

ABBÉ [abe] **n. m.** **1.** Supérieur d'une abbaye. **2.** Titre donné à un prêtre séculier. *Bonjour, monsieur l'abbé. L'abbé X.*
ÉTYM. latin *abbas,* du grec «père», mot araméen.

ABBESSE [abɛs] **n. f.** ✦ Supérieure d'une abbaye.
ÉTYM. latin ecclésiastique *abbatissa,* de *abbas* «abbé».

ABC [abese] **n. m. invar.** **1.** Petit livre pour apprendre l'alphabet. SYN. **abécédaire.** **2.** Rudiments (d'un métier, d'un art). *C'est l'abc du métier.* HOM. ABAISSER «descendre»
ÉTYM. des trois premières lettres de l'alphabet.

ABCÈS [apsɛ] **n. m.** **1.** Amas de pus dans une cavité du corps. – *Abcès de fixation* : abcès créé pour fixer une infection ; fig. mal, phénomène néfaste localisé, arrêté. **2.** fig. *Crever, vider l'abcès,* extirper un mal.
ÉTYM. latin *abcessus,* de *cedere* «céder».

ABDICATION [abdikasjɔ̃] **n. f.** ✦ Action de renoncer, spécialt au pouvoir suprême, à la couronne.
ÉTYM. de *abdiquer.*

ABDIQUER [abdike] **v. tr.** (conjug. 3a) **1.** LITTÉR. Renoncer à (une chose). *Abdiquer toute ambition.* **2.** absolt Renoncer à agir, se déclarer vaincu. SYN. **abandonner, céder, démissionner.** *J'abdique, c'est trop difficile !* **3.** spécialt *Abdiquer le pouvoir, la couronne.* – absolt Renoncer au pouvoir suprême. *Le roi abdiqua en faveur de son fils.*
ÉTYM. latin *abdicare.*

ABDOMEN [abdɔmɛn] **n. m.** ✦ Cavité qui renferme les organes de la digestion, les viscères, à la partie inférieure du tronc. SYN. **ventre.**
ÉTYM. mot latin «ventre».

ABDOMINAL, ALE, AUX [abdɔminal, o] **adj.** ✦ De l'abdomen. *Muscles abdominaux* ou **n. m. pl.** *les abdominaux.* ➝ **n. m. pl.** Exercice de développement des muscles abdominaux. *Faire des abdominaux.*

ABDUCTION [abdyksjɔ̃] **n. f.** ✦ DIDACT. Mouvement qui écarte. CONTR. **adduction.**
ÉTYM. latin *abductio.*

ABÉCÉDAIRE [abesedɛʀ] **n. m.** ✦ Livre pour apprendre l'alphabet. SYN. **abc, alphabet.**
ÉTYM. de *abc.*

ABEILLE [abɛj] **n. f.** ✦ Insecte (hyménoptère) vivant en colonie et produisant la cire et le miel. *Un essaim d'abeilles. Élevage d'abeilles.* → **apiculture, ruche.**
ÉTYM. ancien occitan *abelha,* du latin *apicula* «petite abeille *(apis)*».

ABER [abɛʀ] **n. m.** ✦ en Bretagne Vallée envahie par la mer, formant un estuaire enfoncé dans les terres. SYN. **ria.**
ÉTYM. mot breton.

ABERRANT, ANTE [abeʀɑ̃, ɑ̃t] **adj.** 1. Qui s'écarte du type normal. *Forme aberrante.* 2. Qui s'écarte de la règle, est contraire à la raison. *Une idée aberrante.* SYN. **absurde, insensé.** CONTR. **normal, régulier.**
ÉTYM. du participe présent de *aberrer* «se tromper», du latin *errare* «errer».

ABERRATION [abeʀasjɔ̃] **n. f.** 1. Déviation du jugement, du bon sens. SYN. **égarement,** ① **folie.** *Un moment d'aberration.* 2. Idée, conduite aberrante. 3. BIOL. Écart par rapport à un type. *Aberration chromosomique.*
ÉTYM. latin *aberratio* «moyen de s'éloigner».

ABÊTIR [abetiʀ] **v. tr.** (conjug. 13) ✦ Rendre bête, stupide. SYN. **abrutir, crétiniser.** *Ces lectures idiotes l'abêtissent.* ➝ pronom. *Il s'abêtit dans ce milieu.*
ÉTYM. de *bête.*

ABÊTISSANT, ANTE [abetisɑ̃, ɑ̃t] **adj.** ✦ Qui abêtit.
ÉTYM. du participe présent de *abêtir.*

ABÊTISSEMENT [abetismɑ̃] **n. m.** 1. Action d'abêtir. 2. État d'une personne abêtie.

ABHORRER [abɔʀe] **v. tr.** (conjug. 3a) ✦ LITTÉR. Avoir en horreur (qqn, qqch.). SYN. **abominer, exécrer, haïr.** ➝ au p. passé Haï. *Le tyran abhorré.* CONTR. **adorer.**
ÉTYM. latin *abhorrere,* de *horrere* «craindre».

ABÎME [abim] **n. m.** **I** 1. Gouffre très profond. SYN. **précipice.** 2. fig. Immensité effrayante. ➝ Grande séparation, grande différence (entre). ➝ *Un abîme de... Être plongé dans un abîme de perplexité,* une très grande perplexité. 3. Situation morale ou matérielle très mauvaise, dangereuse. SYN. **perte, ruine.** *Être au bord de l'abîme.* **II** loc. *EN ABÎME.* → **abyme.**
ÉTYM. latin *abyssus,* altéré en *abismus.*

ABÎMER [abime] **v. tr.** (conjug. 3a) 1. Mettre (qqch.) en mauvais état. SYN. **détériorer, endommager ;** → **casser.** *Abîmer un meuble.* ➝ au p. passé *Un livre tout abîmé.* 2. FAM. Meurtrir, blesser (qqn) par des coups. SYN. FAM. **amocher.** ➝ *Se faire abîmer.* 3. *S'ABÎMER* **v. pron.** Se détériorer, se salir. *Range ces photos, elles vont s'abîmer.*
ÉTYM. d'abord «jeter dans un *abîme*».

ABJECT, ECTE [abʒɛkt] **adj.** ✦ Qui mérite le mépris, inspire un dégoût moral. SYN. **ignoble, infâme, répugnant, vil.** *Un procédé, un être abject. Il a été abject envers elle.*
ÉTYM. latin *abjectus,* de *jacere* «jeter».

ABJECTION [abʒɛksjɔ̃] **n. f.** ✦ Caractère de ce qui est abject, ignoble. SYN. **indignité, infamie.** *Abjection morale. Vivre dans l'abjection.*
ÉTYM. latin *abjectio.*

ABJURATION [abʒyʀasjɔ̃] **n. f.** ✦ Action d'abjurer.
ÉTYM. bas latin *abjuratio.*

ABJURER [abʒyʀe] **v. intr.** (conjug. 3a) ✦ Renoncer solennellement à sa religion.
ÉTYM. latin *abjurare.*

ABLATIF [ablatif] **n. m.** ✦ Cas de la déclinaison latine, indiquant qu'un substantif sert de point de départ ou d'instrument à l'action. *Complément circonstanciel à l'ablatif.*
ÉTYM. latin *ablativus.*

ABLATION [ablasjɔ̃] **n. f.** ✦ CHIR. Action d'enlever. → **-ectomie.** *Ablation d'un rein.*
ÉTYM. latin *ablatio,* d'une forme de *auferre* «enlever».

-ABLE Élément, du latin *-abilis,* qui signifie «qui peut être» (ex. *mettable, récupérable*).

ABLETTE [ablɛt] **n. f.** ✦ Petit poisson à écailles claires, qui vit en troupes dans les eaux douces.
ÉTYM. diminutif de l'ancien substantif *able,* latin populaire *abla,* famille de *albus* «blanc».

ABLUTIONS [ablysjɔ̃] **n. f. pl.** 1. Lavage du corps, comme purification religieuse. 2. Fait de se laver. *Faire ses ablutions,* sa toilette.
ÉTYM. latin chrétien *ablutio,* famille de *lavare* «laver».

ABNÉGATION [abnegasjɔ̃] **n. f.** ✦ Sacrifice volontaire de soi-même, de son intérêt. SYN. **désintéressement, dévouement, sacrifice.** *Un acte d'abnégation.* CONTR. **égoïsme.**
ÉTYM. latin *abnegatio* «dénégation ; renoncement».

ABOIEMENT [abwamɑ̃] **n. m.** ✦ Action d'aboyer, cri du chien.
ÉTYM. de *aboyer.*

aux ABOIS [ozabwa] **loc. adj.** ✦ Se dit d'une bête chassée entourée par les chiens. *Un cerf aux abois.* ➝ fig. Dans une situation matérielle désespérée. *Être aux abois.*
ÉTYM. de *aboyer.*

ABOLIR [abɔliʀ] **v. tr.** (conjug. 13) 1. Annuler, supprimer (ce qui a un effet juridique). *Abolir une loi* (SYN. **abroger**), *une peine* (SYN. **annuler**). ➝ au p. passé *Loi abolie.* 2. Faire disparaître, cesser. *L'avion abolit les distances.*
ÉTYM. latin *abolere* «détruire».

ABOLITION [abɔlisjɔ̃] **n. f.** ✦ Action d'abolir. SYN. **suppression.** *L'abolition de l'esclavage, de la peine de mort.*
ÉTYM. latin *abolitio.*

ABOLITIONNISME [abɔlisjɔnism] **n. m.** ✦ Doctrine des personnes qui demandent l'abolition de qqch.
ÉTYM. anglais *abolitionism.*

ABOLITIONNISTE [abɔlisjɔnist] **n.** ✦ Partisan de l'abolitionnisme. ➝ **adj.** *Une campagne abolitionniste.*

A B C D E F G H I J K L M N O P Q R S T U V W X Y Z

ABOMINABLE [abɔminabl] **adj.** 1. Qui inspire l'horreur. SYN. **affreux, atroce, horrible, monstrueux.** *Un crime abominable.* ➙ *L'abominable homme des neiges* (le yéti). 2. Très mauvais. SYN. **affreux, détestable, exécrable, infect.** *Il fait un temps abominable.* ➙ *Il est abominable dans ce rôle.*
▶ **ABOMINABLEMENT** [abɔminabləmɑ̃] **adv.**
ÉTYM. latin chrétien *abominabilis.*

ABOMINATION [abɔminasjɔ̃] **n. f.** 1. *Avoir qqch. en abomination,* en horreur. 2. Acte, chose abominable. *Ce chantage est une abomination.*
ÉTYM. latin chrétien *abominatio.*

ABOMINER [abɔmine] **v. tr.** (conjug. 3a) ✦ LITTÉR. Détester, haïr.
ÉTYM. latin *abominare* «repousser comme sinistre présage *(omen)*».

ABONDAMMENT [abɔ̃damɑ̃] **adv.** ✦ En grande quantité. *Saler abondamment.* SYN. **beaucoup.** *Servez-vous abondamment.* SYN. **largement.** CONTR. **peu.**
ÉTYM. de *abondant.*

ABONDANCE [abɔ̃dɑ̃s] **n. f.** 1. Grande quantité, quantité supérieure aux besoins. SYN. **profusion.** *L'abondance des légumes sur le marché.* PROV. *Abondance de biens ne nuit pas.* ➙ loc. *CORNE D'ABONDANCE,* d'où s'échappent des fruits, des fleurs (emblème de l'abondance). ➙ *EN ABONDANCE* **loc. adv.** : abondamment. → **à foison.** *Il y a des fruits en abondance.* 2. absolt Ressources supérieures aux besoins. *Vivre dans l'abondance.* SYN. **aisance ;** → **opulence.** CONTR. **rareté ; disette, pénurie • dénuement, indigence, pauvreté.**
ÉTYM. latin *abundantia.*

ABONDANT, ANTE [abɔ̃dɑ̃, ɑ̃t] **adj.** ✦ Qui abonde, est en grande quantité. *Une nourriture abondante.* SYN. **copieux.** *D'abondantes lectures.* SYN. **nombreux.** CONTR. **insuffisant, rare.**
ÉTYM. latin *abundans.*

ABONDER [abɔ̃de] **v. intr.** (conjug. 3a) 1. Être en grande quantité. *Les marchandises abondent. Les fautes abondent dans ce texte.* SYN. **foisonner.** 2. *ABONDER EN* : avoir ou produire (qqch.) en abondance. *L'actualité abonde en faits divers.* 3. (personnes) loc. *Abonder dans le sens de qqn,* être tout à fait de son avis.
ÉTYM. latin *abundare* «regorger, déborder», de *unda* «onde, flot».

ABONNEMENT [abɔnmɑ̃] **n. m.** ✦ Contrat par lequel on acquiert le bénéfice d'un service régulier moyennant un prix forfaitaire pour une durée déterminée. *Souscrire un abonnement à un journal. Abonnement au téléphone.*
ÉTYM. de *abonner.*

ABONNER [abɔne] **v. tr.** (conjug. 3a) ✦ Prendre un abonnement pour (qqn). *Abonner qqn à un journal.* ➙ pronom. *S'abonner à un théâtre.* CONTR. **désabonner.**
▶ **ABONNÉ, ÉE p. passé** 1. Qui a pris un abonnement. *Lecteurs abonnés.* ➙ **n.** *Liste des abonnés du téléphone.* 2. FAM. *ÊTRE ABONNÉ À* : être coutumier de.
ÉTYM. forme de *aborner* «limiter ; fixer une redevance régulière», de *borne.*

ABORD [abɔʀ] **n. m.** **I** au plur. *Les abords d'un lieu* : ce qui y donne accès, l'entoure. SYN. **alentours, environs.** *Aux abords du lac.* **II** 1. Action d'aborder qqn. *Être d'un abord facile, agréable.* SYN. **contact.** ➙ *AU PREMIER ABORD, DE PRIME ABORD* : dès la première rencontre ; tout de suite. *Au premier abord, je le trouve assez timide.* 2. *D'ABORD* **loc. adv.** : en premier lieu ; au préalable. SYN. **d'emblée.** *Demandons-lui d'abord son avis, nous déciderons ensuite. Tout d'abord* : avant toute chose. ➙ Avant tout. *L'homme est d'abord un animal.* ➙ FAM. (pour renforcer une affirmation) *J'irai pas, d'abord !* CONTR. **après, ensuite.**
ÉTYM. de *aborder.*

ABORDABLE [abɔʀdabl] **adj.** 1. (prix) Modéré, pas trop cher. ➙ D'un prix raisonnable. *C'est abordable.* 2. (personnes) Que l'on peut aborder (II, 3). CONTR. **inabordable, inaccessible.**
ÉTYM. de *aborder,* suffixe *-able.*

ABORDAGE [abɔʀdaʒ] **n. m.** 1. Manœuvre consistant à s'amarrer bord à bord avec un navire, à monter à son bord pour s'en rendre maître. *À l'abordage !* 2. Collision de deux navires.
ÉTYM. de *aborder.*

ABORDER [abɔʀde] **v.** (conjug. 3a) **I** **v. intr.** Arriver au rivage. *Aborder dans une île, au port.* **II** **v. tr.** 1. Heurter (un navire). → **abordage.** 2. Arriver à (un lieu inconnu ou qui présente des difficultés). *Le pilote aborde avec prudence le virage.* 3. *Aborder qqn,* aller près de qqn (qu'on ne connaît pas ou peu) pour lui adresser la parole. SYN. **accoster.** *Être abordé par un inconnu.* 4. En venir à..., pour en parler, en débattre. SYN. **entamer.** *Aborder un sujet, un problème.* CONTR. ① **appareiller • quitter.**
ÉTYM. de *à* et *bord.*

ABORIGÈNE [abɔʀiʒɛn] **n.** ✦ Autochtone dont les ancêtres sont à l'origine du peuplement. SYN. **indigène.** *Les aborigènes d'Australie.* ➙ **adj.** *Population aborigène* (opposé à *allogène*).
ÉTYM. latin *aborigenes,* d'abord «premiers habitants de l'Italie», peut-être de *origine.*

ABORTIF, IVE [abɔʀtif, iv] **adj.** ✦ Qui fait avorter. *Pilule abortive.*
ÉTYM. latin *abortivus.*

ABOUCHER [abuʃe] **v. tr.** (conjug. 3a) 1. VIEILLI Mettre en rapport (des personnes). ➙ pronom. *S'aboucher avec qqn.* 2. Faire communiquer (deux conduits).
ÉTYM. de *bouche.*

ABOULIE [abuli] **n. f.** ✦ MÉD. Diminution pathologique de la volonté.
ÉTYM. grec *aboulia,* de *boulê* «volonté».

ABOULIQUE [abulik] **adj.** ✦ Atteint d'aboulie. ➙ **n.** *Un, une aboulique.*

ABOUTIR [abutiʀ] **v.** (conjug. 13) **I** **v. tr. ind.** 1. Arriver par un bout ; se terminer dans. *Le couloir aboutit dans, à une chambre.* 2. fig. *ABOUTIR À...* : conduire à..., en s'achevant dans. SYN. **mener à.** *Tes projets n'aboutiront à rien.* **II** **v. intr.** Avoir finalement un résultat. SYN. **réussir.** *Les recherches ont abouti. L'enquête n'a pas abouti.* CONTR. **commencer,** ① **partir de • échouer, rater.**
ÉTYM. de *à* et *bout.*

ABOUTISSANTS [abutisɑ̃] **n. m. pl.** ✦ *Les tenants et les aboutissants* (d'une affaire), tout ce à quoi elle tient et se rapporte.
ÉTYM. du participe présent de *aboutir.*

ABOUTISSEMENT [abutismɑ̃] n. m. 1. Fait d'aboutir (II), d'avoir un résultat. *L'aboutissement de ses efforts.* 2. Ce à quoi une chose aboutit. SYN. **résultat.** *L'aboutissement de plusieurs années d'efforts.*

ABOYER [abwaje] v. intr. (conjug. 10) 1. Pousser un aboiement. *Le chien aboie quand un visiteur arrive.* 2. (sujet personne) Crier (contre qqn). *Aboyer contre, après qqn.*
ÉTYM. de l'ancien v. *abayer*, d'orig. onomatopéique.

ABOYEUR [abwajœʀ] n. m. 1. Chien qui aboie. 2. Crieur ; celui qui annonce en criant.

ABRACADABRANT, ANTE [abʀakadabʀɑ̃, ɑ̃t] adj. ✦ Extraordinaire et incohérent. *Une histoire abracadabrante.*
ÉTYM. du latin *abracadabra*, formule de magie, du grec.

ABRASIF, IVE [abʀazif, iv] n. m. et adj. 1. n. m. Matière qui use, nettoie, polit (une surface dure). *Les poudres à récurer sont des abrasifs.* 2. adj. *Matière abrasive. Instruments abrasifs.*
ÉTYM. anglais *abrasive* ; famille de *abrasion.*

ABRASION [abʀazjɔ̃] n. f. ✦ Action d'user par frottement (*abraser* v. tr.).
ÉTYM. latin *abrasio*, de *radere* «polir».

ABRÉACTION [abʀeaksjɔ̃] n. f. ✦ PSYCH. Brusque libération émotionnelle.
ÉTYM. de *réaction.*

ABRÉGÉ [abʀeʒe] n. m. ✦ Discours ou écrit réduit aux points essentiels. SYN. **résumé.** *L'abrégé d'une conférence, d'un livre.* ➜ *EN ABRÉGÉ* loc. adv. : en résumé, en passant sur les détails. CONTR. en **détail.**
ÉTYM. de *abréger.*

ABRÈGEMENT ou **ABRÉGEMENT** [abʀɛʒmɑ̃] n. m. ✦ Action d'abréger. *L'abrègement d'un mot.* SYN. **abréviation.** CONTR. **allongement.**

ABRÉGER [abʀeʒe] v. tr. (conjug. 8b) 1. Diminuer la durée de. *Abréger une visite, un voyage.* SYN. **écourter.** 2. Diminuer la matière de (un discours, un écrit). SYN. **raccourcir, résumer, tronquer.** *Abréger un texte.* ➜ *Abrégeons ! au fait !* 3. *Abréger un mot,* supprimer une partie des lettres. ➜ au p. passé *Mot abrégé.* → **abréviation.** CONTR. **allonger ; développer.**
ÉTYM. latin *abbreviare*, de *brevis* «court».

ABREUVER [abʀœve] v. tr. (conjug. 3a) 1. Faire boire abondamment (un animal). → **abreuvoir.** 2. fig. POÉT. Arroser, inonder. 3. Donner beaucoup (de qqch.) à (qqn). *Abreuver qqn de compliments.* SYN. **combler.** *Abreuver qqn d'injures.* SYN. **accabler.** 4. *S'ABREUVER* v. pron. Boire abondamment (animaux ; FAM. personnes). CONTR. **assoiffer • priver.**
ÉTYM. latin *abbiberare*, de *bibere* «boire».

ABREUVOIR [abʀœvwaʀ] n. m. ✦ Lieu, récipient aménagé pour faire boire les animaux.
ÉTYM. de *abreuver.*

ABRÉVIATION [abʀevjasjɔ̃] n. f. 1. Action d'abréger (spécialt un mot). SYN. **abrègement.** ☞ Langue française p. 111. 2. Mot abrégé. *Liste des abréviations.*
ÉTYM. latin chrétien *abbreviatio.*

ABRI [abʀi] n. m. 1. Endroit où l'on est protégé (du mauvais temps, du danger). *Chercher un abri sous un arbre.* 2. Construction, installation destinée à protéger. SYN. **refuge** ; → ① **couvert.** *Abri antiaérien, antiatomique. Tous aux abris !* 3. *À L'ABRI* loc. adv. : à couvert des intempéries, des dangers. *Se mettre à l'abri,* s'abriter. *Les papiers sont à l'abri,* en lieu sûr. ◆ *À L'ABRI DE* loc. prép. : à couvert contre (qqch.). *Se mettre à l'abri du vent.* ➜ fig. *Être à l'abri du besoin. Il est à l'abri de tout soupçon.*
ÉTYM. de l'ancien verbe *abrier*, latin *apricare* «chauffer au soleil».

ABRIBUS [abʀibys] n. m. ✦ Arrêt d'autobus équipé d'un abri pour les usagers. ➜ recomm. offic. SYN. **aubette.**
ÉTYM. nom déposé ; de *abri* et *(auto)bus.*

ABRICOT [abʀiko] n. m. ✦ Fruit comestible à noyau, à chair et peau jaune orangé. *Tarte aux abricots.*
ÉTYM. arabe *'al barqūq*, latin *praecoquum* «(fruit) précoce».

ABRICOTIER [abʀikɔtje] n. m. ✦ Arbre fruitier qui produit l'abricot.

ABRITÉ, ÉE [abʀite] adj. ✦ Qui est à l'abri des intempéries. *Une terrasse bien abritée.* CONTR. **exposé.**

ABRITER [abʀite] v. tr. (conjug. 3a) **I** 1. (sujet personne) Mettre à l'abri. *Abriter qqn sous son parapluie.* 2. (choses) Protéger. 3. (lieu couvert) Recevoir (des occupants). SYN. **héberger.** *Cet hôtel peut abriter deux cents personnes.* **II** *S'ABRITER* v. pron. 1. Se mettre à l'abri (des intempéries, du danger). SYN. se **préserver,** se **protéger.** 2. fig. *S'abriter derrière qqn,* faire assumer par une personne plus puissante un acte, une responsabilité, etc., qu'elle a partagé. CONTR. **découvrir, exposer.**
ÉTYM. de *abri.*

ABROGATION [abʀɔgasjɔ̃] n. f. ✦ Action d'abroger.
ÉTYM. latin *abrogatio.*

ABROGER [abʀɔʒe] v. tr. (conjug. 5) ✦ DR. Déclarer nul (ce qui avait été établi, institué). SYN. **abolir, annuler.** *Abroger une loi.* CONTR. **établir, instituer, promulguer.**
ÉTYM. latin *abrogare* «supprimer, abroger».

ABRUPT, UPTE [abʀypt] adj. 1. Dont la pente est presque verticale. SYN. **escarpé,** à **pic.** *Un sentier abrupt.* SYN. **raide.** ➜ n. m. *Un abrupt.* SYN. **à-pic.** 2. (personnes) Qui est brusque, très direct. *Il a été un peu abrupt avec nous.*
► **ABRUPTEMENT** [abʀyptəmɑ̃] adv.
ÉTYM. latin *abruptus*, de *ruptus* «rompu».

ABRUTI, IE [abʀyti] adj. 1. *Abruti de, par,* hébété. *Être abruti de fatigue.* 2. FAM. Sans intelligence. *Ce type est complètement abruti.* SYN. **idiot, stupide.** ➜ n. Personne stupide. *Espèce d'abruti !*

ABRUTIR [abʀytiʀ] v. tr. (conjug. 13) 1. LITTÉR. Dégrader l'esprit, la raison de (qqn). ◆ Rendre stupide. SYN. **abêtir, hébéter.** 2. Fatiguer l'esprit de (qqn). *Abrutir un enfant de travail.* SYN. **surmener.** ➜ pronom. *S'abrutir de travail.* ◆ (sujet chose) *Ce vacarme m'abrutit.* SYN. **assourdir, étourdir.**
ÉTYM. de *à* et *brute.*

ABRUTISSANT, ANTE [abʀytisɑ̃, ɑ̃t] adj. ✦ Qui abrutit (2). SYN. **fatigant.**
ÉTYM. du participe présent de *abrutir.*

ABRUTISSEMENT [abʀytismɑ̃] n. m. ✦ Action d'abrutir, de rendre stupide.

A B C D E F G H I J K L M N O P Q R S T U V W X Y Z

ABSCISSE [apsis] **n. f.** ✦ MATH. Coordonnée horizontale qui sert avec l'ordonnée à définir la position d'un point dans un plan.
ÉTYM. latin *(linea) abcissa* «(ligne) coupée», de *caedere* «couper».

ABSCONS, ONSE [apskɔ̃, ɔ̃s] **adj.** ✦ DIDACT. Difficile à comprendre. *Un langage abscons.* CONTR. **clair, intelligible.**
ÉTYM. du latin *abscondere* «cacher».

ABSENCE [apsɑ̃s] **n. f.** **I** 1. Fait de n'être pas présent. *Nous avons regretté votre absence.* 2. Fait de ne pas se trouver là où l'on devrait. *Les absences répétées d'un employé* (→ **absentéisme**). 3. (choses) Fait de ne pas être là. SYN. **défaut,** ① **manque** ; → ② **a-,** ① **dé-,** ② **in-, non-.** 4. *EN L'ABSENCE DE,* lorsque (qqn) est absent. *Il est plus expansif en l'absence de ses parents.* – À défaut (de qqn qui est absent). *En l'absence du directeur, voyez son adjoint.* **II** *(Une, des absences)* Fait de ne plus se rappeler (qqch.). SYN. **trou** de mémoire. *Avoir une absence.* CONTR. **présence.**
ÉTYM. latin *absentia.*

ABSENT, ENTE [apsɑ̃, ɑ̃t] **adj.** **I** 1. *ABSENT DE,* qui n'est pas (dans le lieu où il, elle pourrait, devrait être). *Il est absent de son bureau.* 2. Qui n'est pas là où l'on s'attendrait à le trouver. *Le prof est absent aujourd'hui.* – **n.** *Dire du mal des absents.* **prov.** *Les absents ont toujours tort.* 3. (choses) *Être absent quelque part, dans un endroit, de qqch.* → **manquer.** *Un texte où la ponctuation est absente.* **II** (personnes) Qui n'a pas l'esprit à ce qu'il devrait faire. SYN. **distrait.** *Il était un peu absent.* – *Un air absent.* SYN. **rêveur.** CONTR. ① **présent** • **attentif.**
ÉTYM. latin *absens,* de *esse* «être».

ABSENTÉISME [apsɑ̃teism] **n. m.** ✦ Comportement d'une personne (*absentéiste* **n.**) qui est souvent absente alors qu'elle devrait être présente. CONTR. **assiduité.**
ÉTYM. anglais *absenteeism* ; famille de *absent.*

S'ABSENTER [apsɑ̃te] **v. pron.** (conjug. 3a) ✦ S'éloigner momentanément (du lieu où l'on doit être, où les autres pensent vous trouver). *Elle s'est absentée quelques instants.*
ÉTYM. de *absent.*

ABSIDE [apsid] **n. f.** ✦ Extrémité en demi-cercle, d'une église, derrière le chœur (→ **chevet**).
ÉTYM. latin *absida,* du grec *hapsis* «voûte».

ABSIDIOLE [apsidjɔl] **n. f.** ✦ Petite chapelle en demi-cercle d'une abside.

ABSINTHE [apsɛ̃t] **n. f.** 1. Plante aromatique, appelée *armoise.* 2. Liqueur alcoolique verte tirée de cette plante.
ÉTYM. latin *absinthium,* du grec.

ABSOLU, UE [apsɔly] **adj.** et **n. m.**
I adj. 1. Qui ne comporte aucune restriction ni réserve. SYN. **intégral, total.** *J'ai en lui une confiance absolue.* SYN. **complet.** *Pouvoir absolu.* → **absolutisme.** *Monarchie absolue.* 2. (personnes) Qui ne supporte ni la critique ni la contradiction. SYN. **autoritaire, entier.** 3. (opposé à *relatif*) *Majorité absolue.* ◆ MATH. *Valeur* absolue.* 4. GRAMM. Sans complément. *Verbe en emploi absolu.* CONTR. **limité, partiel** • **conciliant, tolérant** • **relatif.**
II n. m. 1. Ce qui existe indépendamment de toute condition ou de tout rapport avec autre chose. 2. *DANS L'ABSOLU* : sans comparer, sans tenir compte des conditions, des circonstances. *Dans l'absolu, c'est faisable.*
ÉTYM. latin *absolutus* «achevé, parfait».

ABSOLUMENT [apsɔlymɑ̃] **adv.** 1. D'une manière absolue. *Il veut absolument vous voir.* SYN. à tout **prix.** 2. (avec un adj.) Tout à fait. SYN. **totalement.** *C'est absolument faux.* 3. GRAMM. *Verbe employé absolument* : verbe transitif employé sans complément.

ABSOLUTION [apsɔlysjɔ̃] **n. f.** ✦ Effacement d'une faute par le pardon. *Donner l'absolution à un pécheur.* → **absoudre.** CONTR. **condamnation.**
ÉTYM. latin *absolutio* «acquittement».

ABSOLUTISME [apsɔlytism] **n. m.** ✦ Système de gouvernement où le pouvoir du souverain est absolu. → **autocratie, despotisme, dictature, tyrannie.**
► **ABSOLUTISTE** [apsɔlytist] **adj.**
ÉTYM. de *absolu.*

ABSORBANT, ANTE [apsɔʀbɑ̃, ɑ̃t] **adj.** 1. Qui absorbe les fluides. *Papier absorbant.* 2. **fig.** Qui occupe (qqn) tout entier. *Un travail absorbant.* SYN. **prenant.** CONTR. **imperméable.**
ÉTYM. du participe présent de *absorber.*

ABSORBER [apsɔʀbe] **v. tr.** (conjug. 3a) 1. Laisser pénétrer et retenir (un fluide) dans sa substance. *Le buvard absorbe l'encre.* SYN. ① **boire.** 2. (êtres vivants) Boire, manger. *Il n'a rien absorbé depuis hier.* SYN. **prendre.** 3. Faire disparaître en soi. *Cette dépense a absorbé ses économies.* SYN. **engloutir.** *Ce groupe a absorbé plusieurs sociétés.* 4. Occuper (qqn) complètement. *Ce travail l'absorbe.* SYN. **accaparer.** – **pronom.** *S'absorber dans son travail.* – **passif** *Être absorbé dans sa lecture.*
ÉTYM. latin *absorbere,* de *sorbere* «avaler».

ABSORPTION [apsɔʀpsjɔ̃] **n. f.** 1. Action d'absorber. *L'absorption de l'eau par le sable.* – *Absorption intestinale* : passage des substances nutritives dans le sang et la lymphe, au niveau de l'intestin. 2. Action de boire, de manger, d'avaler, de respirer (qqch. d'inhabituel ou de nuisible). *Suicide par absorption d'un poison.* SYN. **ingestion.** 3. Fusion de sociétés, d'entreprises au bénéfice d'une seule.
ÉTYM. latin *absorptio.*

ABSOUDRE [apsudʀ] **v. tr.** (conjug. 61) 1. Remettre les péchés de (un catholique). *Absoudre un pénitent.* → **absolution.** 2. **plais.** Pardonner à (qqn). *Je vous absous ! Il l'a absoute.*
ÉTYM. latin *absolvere,* de *solvere* «dégager, délier».

ABSTÈME [apstɛm] **adj.** ✦ DIDACT. Qui s'abstient de boire de l'alcool.
ÉTYM. latin *abstemius.*

S'ABSTENIR [apstəniʀ] **v. pron.** (conjug. 16) 1. *S'abstenir de faire qqch.,* ne pas faire, volontairement. SYN. **s'empêcher, éviter,** se **garder.** *Il s'est abstenu de me questionner.* 2. **absolt** *S'abstenir* : ne pas agir, ne rien faire. **prov.** *Dans le doute, abstiens-toi.* – Ne pas voter. → **abstention.** 3. *S'abstenir d'une chose,* s'en passer volontairement ou ne pas la faire. *S'abstenir de vin. Les journaux s'abstiennent de tout commentaire.*
ÉTYM. latin *abstinere,* de *tenere* «tenir».

ABSTENTION [apstɑ̃sjɔ̃] **n. f.** ✦ Absence de vote d'un électeur. *La motion a été adoptée par vingt voix et deux abstentions.*
ÉTYM. latin *abstentio.*

ABSTENTIONNISME [apstɑ̃sjɔnism] **n. m.** ✦ Attitude des personnes qui décident de ne pas voter.
ÉTYM. de *abstention.*

ABSTENTIONNISTE [apstɑ̃sjɔnist] **n.** ✦ Personne qui s'abstient de voter. CONTR. **votant.**
ÉTYM. de *abstention.*

ABSTINENCE [apstinɑ̃s] **n. f.** 1. Privation de nourriture, de boissons (pour des raisons religieuses ou médicales). *Faire abstinence.* 2. Continence sexuelle. SYN. **chasteté.**
ÉTYM. latin *abstinentia.*

ABSTRACTION [apstʀaksjɔ̃] **n. f.** 1. Fait de considérer à part une qualité, une relation, indépendamment des objets qu'on perçoit ou qu'on imagine. *L'être humain est capable d'abstraction et de généralisation.* ◆ Qualité ou relation isolée par l'esprit. SYN. **notion.** *La couleur, la forme sont des abstractions.* 2. Idée abstraite (opposée à la réalité vécue). *La vieillesse est encore pour elle une abstraction.* 3. *FAIRE ABSTRACTION DE qqch.* : ne pas tenir compte de. *Abstraction faite de son âge.* 4. Art abstrait (4). *L'abstraction lyrique.*
ÉTYM. latin *abstractio.*

ABSTRAIRE [apstʀɛʀ] **v. tr.** (conjug. 43) 1. DIDACT. Considérer à part, par abstraction (un caractère, une qualité). *Abstraire une qualité d'un objet.* 2. *S'ABSTRAIRE* **v. pron.** S'isoler mentalement du milieu extérieur pour mieux réfléchir. *Avec ce bruit, il est difficile de s'abstraire.*
ÉTYM. latin *abstrahere* «tirer *(trahere)* loin de».

ABSTRAIT, AITE [apstʀɛ, ɛt] **adj.** 1. Considéré par abstraction, à part des objets, de ce qu'on perçoit. *La blancheur est une idée abstraite.* 2. Qui utilise l'abstraction, n'opère pas sur la réalité. *La pensée abstraite. Sciences abstraites.* SYN. **pur.** 3. Qui est difficile à comprendre, ne comporte pas d'exemples concrets. *Un texte, un auteur très abstrait.* 4. *ART ABSTRAIT* : qui ne représente pas le monde visible, sensible (réel ou imaginaire) ; qui utilise la matière, la ligne, la couleur pour elles-mêmes. *Peinture abstraite. Un peintre abstrait.* ➝ **n.** *Les abstraits.* 5. (n. m.) *DANS L'ABSTRAIT* : sans référence à la réalité concrète. → **abstraitement.** CONTR. **concret, réel · figuratif.**
ÉTYM. du participe passé de *abstraire.*

ABSTRAITEMENT [apstʀɛtmɑ̃] **adv.** 1. D'une manière abstraite. *S'exprimer trop abstraitement.* 2. Dans l'abstrait. CONTR. **concrètement.**

ABSURDE [apsyʀd] **adj.** et **n. m.** I 1. **adj.** (choses) Contraire à la raison, au bon sens, à la logique. SYN. **déraisonnable, inepte, insensé.** *Réponse absurde.* ◆ (personnes) Qui agit, parle sans bon sens. 2. **n. m.** Ce qui est absurde. *Raisonnement, démonstration par l'absurde,* qui s'appuie sur le fait que le contraire de la proposition ne peut être vrai. II PHILOS. **adj.** Dont l'existence est gratuite, non justifiée par une fin. *La vie est absurde.* ◆ **n. m.** *Les philosophes de l'absurde* (Sartre, Camus). ☞ Littérature p. 116. CONTR. **raisonnable, sensé · ② logique.**
ÉTYM. latin *absurdus,* de *surdus* «sourd».

ABSURDEMENT [apsyʀdəmɑ̃] **adv.** ✦ De manière absurde.

ABSURDITÉ [apsyʀdite] **n. f.** 1. Caractère absurde. 2. Chose absurde. SYN. **ineptie, sottise, stupidité.** *Dire des absurdités.* CONTR. **bien-fondé, sagesse.**
ÉTYM. latin chrétien *absurditas.*

ABUS [aby] **n. m.** 1. Action d'abuser d'une chose ; usage mauvais, excessif. *L'abus d'alcool.* SYN. **excès.** ➝ FAM. *(Il) y a de l'abus,* de l'exagération ; les choses vont trop loin. 2. *ABUS DE CONFIANCE* : délit par lequel on abuse de la confiance de qqn. ◆ *Abus de biens sociaux* : délit consistant, pour un actionnaire ou un responsable d'entreprise, à détourner à son profit les biens, l'argent, les services de sa société. → **détournement.** 3. Coutume mauvaise. *Les abus d'un régime.* → **injustice.**
ÉTYM. latin *abusus,* de *usus* «usage».

ABUSER [abyze] **v. tr.** (conjug. 3a) 1. *ABUSER DE...* : user mal, avec excès. *User* d'une chose sans en abuser. Abuser de la patience de qqn.* ➝ absolt *Vraiment, il abuse,* il exagère. 2. LITTÉR. Tromper. SYN. **duper, leurrer, mystifier.** *Se laisser abuser par les apparences.* ◆ *S'ABUSER* **v. pron.** Se tromper, se méprendre. loc. *Si je ne m'abuse* : sauf erreur.
ÉTYM. de *abus.*

ABUSIF, IVE [abyzif, iv] **adj.** 1. Qui constitue un abus. *L'usage abusif d'un médicament.* SYN. **excessif.** 2. (personnes) Qui abuse de son pouvoir. *Mère abusive.* → **possessif.**
► **ABUSIVEMENT** [abyzivmɑ̃] **adv.**
ÉTYM. latin *abusivus.*

ABYME [abim] **n. m.** ✦ loc. *EN ABYME,* se dit d'une œuvre contenue dans une autre de même nature (récit dans le récit, tableau dans le tableau, film dans le film).
ÉTYM. variante de *abîme.*

ABYSSAL, ALE, AUX [abisal, o] **adj.** 1. Des abysses. *Faune abyssale.* 2. Très profond. SYN. **insondable.** *Des profondeurs abyssales.*

ABYSSE [abis] **n. m.** 1. surtout au plur. Fosse sous-marine très profonde. 2. LITTÉR. Gouffre. SYN. **abîme.**
ÉTYM. latin *abyssus* «abîme».

ACABIT [akabi] **n. m.** ✦ péj. *De cet acabit ; du même acabit,* de cette nature, de même nature.
ÉTYM. p.-ê. de l'ancien occitan *acabir* «achever».

ACACIA [akasja] **n. m.** 1. Arbre à branches épineuses, à fleurs en grappes, appelé aussi *robinier, faux acacia.* 2. BOT. Plante de la famille des mimosas.
ÉTYM. mot latin, du grec.

ACADÉMICIEN, IENNE [akademisjɛ̃, jɛn] **n.** ✦ Membre d'une Académie (spécialt de l'Académie française). *L'habit vert et l'épée des académiciens.*
ÉTYM. de *académie.*

ACADÉMIE [akademi] **n. f.** 1. Société de gens de lettres, savants, artistes. *Académie de musique, de médecine. L'Académie royale de Belgique. L'Académie des sciences.* ➝ *L'ACADÉMIE* : l'Académie française (☞ noms propres) fondée en 1635 par Richelieu (partie de l'Institut de France). 2. École où l'on enseigne un art. *Académie de peinture, de danse.* 3. Circonscription de l'enseignement. *Les lycées de l'académie de Stras-*

bourg.

ÉTYM. italien *accademia*, du grec «les jardins d'*Akadêmos*», où Platon enseignait.

ACADÉMIQUE [akademik] **adj.** 1. D'une académie, ou de l'Académie française. *Discours académique.* 2. Qui suit étroitement les règles conventionnelles, avec froideur ou prétention. SYN. ① **conventionnel.** *Un style académique.* 3. Relatif à l'administration d'une académie (2). *Inspection académique.* ➝ *Palmes académiques* (distinction honorifique).

ÉTYM. latin *academicus.*

ACADÉMISME [akademism] **n. m.** ✦ Observation étroite des traditions académiques ; classicisme étroit.

ACADIEN, IENNE [akadjɛ̃, jɛn] **adj.** et **n.** ✦ De l'Acadie, région du Canada français.

ACAJOU [akaʒu] **n. m.** 1. Arbre d'Amérique tropicale à bois rougeâtre, très dur, facile à polir ; ce bois. 2. Couleur brun rougeâtre. ➝ **adjectivt invar.** *Cheveux acajou.*

ÉTYM. portugais *(a)caju*, d'une langue indienne du Brésil.

ACANTHE [akɑ̃t] **n. f.** ✦ Plante à feuilles très découpées. ➝ *FEUILLE D'ACANTHE* : ornement architectural.

ÉTYM. latin *acanthus*, du grec «épine».

A CAPPELLA ou **A CAPELLA** [akapela ; akapɛlla] **loc. adv.** et **adj.** ✦ *Chanter a cappella,* sans accompagnement instrumental. ➝ *Chœur a cappella.*

ÉTYM. locution italienne, de *cappella* «chapelle».

ACARIÂTRE [akaʀjɑtʀ] **adj.** ✦ D'un caractère désagréable, difficile. SYN. **grincheux, hargneux.** ➝ *Humeur acariâtre.*

ÉTYM. peut-être de *Acaire*, nom d'un saint qui passait pour guérir la folie.

ACARIEN [akaʀjɛ̃] **n. m.** ✦ Arachnide souvent parasite et pathogène (ordre des *Acariens*).

ÉTYM. du latin moderne *acarus*, du grec.

ACCABLANT, ANTE [akablɑ̃, ɑ̃t] **adj.** ✦ Qui accable, fatigue. *Charge, chaleur accablante.* SYN. **écrasant.** ➝ *Un témoignage accablant.* SYN. **accusateur.** *Une nouvelle accablante.* SYN. **triste.** CONTR. **léger ; réconfortant.**

ÉTYM. du participe présent de *accabler.*

ACCABLEMENT [akabləmɑ̃] **n. m.** ✦ État d'une personne qui supporte une situation très pénible. SYN. **abattement.**

ÉTYM. de *accabler.*

ACCABLER [akable] **v. tr.** (conjug. 3a) 1. Faire supporter à (qqn) une chose pénible. *Accabler qqn de travail.* SYN. **surcharger.** ➝ *Cette triste nouvelle nous accable. Être accablé par les soucis.* 2. Faire subir à (qqn), par la parole. *Accabler qqn d'injures, de reproches.* SYN. **abreuver.** CONTR. **décharger, libérer, soulager.**

ÉTYM. du normand *c(h)aable* «machine de guerre, catapulte», du latin populaire *catabola*, du grec.

ACCALMIE [akalmi] **n. f.** ✦ Calme, après l'agitation. SYN. **apaisement.**

ÉTYM. de *calmir*, en marine «devenir *calme*».

ACCAPARER [akapaʀe] **v. tr.** (conjug. 3a) 1. Prendre, retenir en entier. *Accaparer le pouvoir.* ➝ *Le travail l'accapare tout entier.* SYN. **occuper.** ➝ Garder, occuper pour soi tout seul. 2. *Accaparer qqn,* le retenir. CONTR. **partager.**

► **ACCAPAREMENT** [akapaʀmɑ̃] **n. m.**

ÉTYM. italien *accaparrare* «acheter en versant des arrhes *(caparra)*».

ACCAPAREUR, EUSE [akapaʀœʀ, øz] **n.** ✦ Personne qui accapare, **spécialt** des marchandises, pour spéculer.

ACCÉDER [aksede] **v. tr. ind.** (conjug. 8) ✦ *ACCÉDER À* 1. Pouvoir entrer, pénétrer ; avoir accès. *On accède au grenier par une échelle.* 2. **fig.** Parvenir (à un état, une situation). *Accéder à une haute fonction.* ➝ *Accéder à la propriété* : devenir propriétaire (↪ **accession**). 3. Donner satisfaction à. SYN. **acquiescer, consentir, souscrire.** *Accéder aux désirs de qqn.*

ÉTYM. latin *accedere* «aller *(cedere)* vers».

ACCÉLÉRATEUR [akseleʀatœʀ] **n. m.** 1. Organe qui commande l'admission du mélange gazeux au moteur (l'admission accrue augmente la vitesse). *Appuyer sur l'accélérateur* (sur la pédale). SYN. FAM. **champignon.** 2. PHYS. Appareil qui communique à des particules chargées (électrons, etc.) des énergies très élevées. *Accélérateur linéaire, circulaire* (↪ **cyclotron**).

ÉTYM. de *accélérer.*

ACCÉLÉRATION [akseleʀasjɔ̃] **n. f.** ✦ Augmentation de la vitesse. *L'accélération d'un mouvement, d'un véhicule.* ➝ *Cette voiture a des accélérations foudroyantes.* CONTR. **ralentissement.**

ÉTYM. latin *acceleratio*, de *accelerare* «accélérer».

ACCÉLÉRÉ [akseleʀe] **n. m.** ✦ Procédé cinématographique qui simule, à la projection, une accélération des mouvements. *Poursuite en accéléré.* CONTR. **ralenti.**

ACCÉLÉRER [akseleʀe] **v. tr.** (conjug. 8) 1. Rendre plus rapide. *Accélérer l'allure, le mouvement.* SYN. **hâter, presser.** 2. Rendre plus prompt. SYN. **activer, avancer.** *Il faut accélérer les travaux.* ➝ **au p. passé** *Formation accélérée.* 3. **intrans.** Augmenter la vitesse d'une voiture, la vitesse du moteur avec l'accélérateur. *Accélérez doucement et embrayez.* CONTR. **modérer, ralentir • retarder • freiner.**

ÉTYM. latin *accelerare*, de *celer* «rapide».

ACCENT [aksɑ̃] **n. m.** 1. Élévation ou augmentation d'intensité de la voix sur une syllabe. *Accent d'intensité. Accent de mot, de phrase.* 2. Signe graphique qui sert (en français) à noter des différences dans la prononciation des voyelles ou à distinguer deux mots. *Accent grave (à, è), aigu (é), circonflexe (â, ê...).* 3. Inflexions de la voix (timbre, intensité) exprimant un sentiment. SYN. **intonation.** *Un accent plaintif.* ➝ *Des accents de sincérité.* 4. Ensemble des caractères phonétiques considérés comme un écart par rapport à la norme (dans une langue donnée). *Cet Américain n'a aucun accent. L'accent du Midi. Avoir l'accent méridional.* 5. *METTRE L'ACCENT SUR* : insister sur. *Le ministre a mis l'accent sur les problèmes sociaux.*

ÉTYM. latin *accentus*, famille de *canere* «chanter».

ACCENTUATION [aksɑ̃tɥasjɔ̃] **n. f.** 1. Fait, manière de placer les accents (2). *Fautes d'accentuation.* 2. Fait d'augmenter, de s'accentuer. *L'accentuation du chômage.*

ÉTYM. latin *accentuatio.*

ACCENTUER [aksɑ̃tɥe] **v. tr.** (conjug. 3a) 1. Élever ou intensifier la voix sur (un son). *On accentue la voyelle finale, en français.* 2. Mettre un accent (2) sur (une

lettre). 3. Augmenter, intensifier (qqch.). *Accentuer son effort.* ➜ pronom. Devenir plus net, plus fort. *Ses défauts s'accentuent.* CONTR. **modérer, réduire ; s'atténuer.**
ÉTYM. latin *accentuare,* de *accentus* «accent».

ACCEPTABLE [aksɛptabl] adj. 1. Qui mérite d'être accepté. *Une offre acceptable.* 2. Assez bon, qui peut convenir. *Des notes acceptables.* CONTR. **inacceptable.**

ACCEPTATION [aksɛptasjɔ̃] n. f. ✦ Fait d'accepter. SYN. **consentement.** CONTR. **refus.**
ÉTYM. latin *acceptatio.*

ACCEPTER [aksɛpte] v. tr. (conjug. 3a) **I** *ACCEPTER qqn, qqch.* 1. Recevoir, prendre volontiers (ce qui est offert, proposé). *Accepter un cadeau, une invitation.* ➜ Consentir à. *Accepter le combat,* se montrer prêt à se battre. 2. Donner son accord à. *Accepter un contrat.* 3. *Accepter qqn,* l'admettre auprès de soi ou dans tel rôle. *Accepter qqn pour époux.* ➜ pronom. *S'accepter tel qu'on est.* 4. Se soumettre à (une épreuve) ; ne pas refuser. SYN. se **résigner, supporter.** *Il ne peut accepter son échec. J'accepte ce risque.* **II** 1. *ACCEPTER DE* (+ inf.), bien vouloir. *Il a accepté de venir, de nous aider.* 2. *ACCEPTER QUE* (+ subj.), supporter. *Je n'accepte pas qu'on me fasse attendre.* CONTR. **décliner, refuser,** ① **repousser.**
ÉTYM. latin *acceptare* «recevoir, accueillir».

ACCEPTION [aksɛpsjɔ̃] n. f. ✦ Sens particulier (d'un mot). SYN. **signification.** loc. *Dans toute l'acception du terme.*
ÉTYM. latin chrétien *acceptio.*

ACCÈS [aksɛ] n. m. **I** 1. Possibilité d'aller dans (un lieu). SYN. **entrée.** *Accès interdit au public ; accès libre, gratuit. Une voie d'accès.* 2. Voie qui permet d'entrer. *Les accès de Paris sont insuffisants.* 3. Possibilité d'approcher (qqn). *Avoir accès auprès de qqn. Il est d'un accès difficile.* 4. *DONNER ACCÈS À* : permettre d'entrer, FIG. d'obtenir. **II** (Entrée, arrivée brusque) 1. Arrivée ou retour d'un phénomène pathologique. *Accès de fièvre.* SYN. **poussée.** *Accès de folie.* SYN. **crise.** 2. Émotion vive et passagère. *Des accès de colère, de tristesse.*
ÉTYM. latin *accessus,* de *accedere* «aller *(cedere)* vers».

ACCESSIBILITÉ [aksesibilite] n. f. ✦ Possibilité d'accéder, d'arriver à. *L'accessibilité à un emploi.*
ÉTYM. de *accessible.*

ACCESSIBLE [aksesibl] adj. 1. Où l'on peut accéder, arriver, entrer. *Une région difficilement accessible.* 2. Que l'on peut payer, acheter. *Des prix accessibles.* SYN. **abordable.** ➜ *ACCESSIBLE À qqn* : qui peut être compris par. SYN. **compréhensible.** *Science accessible aux initiés.* 3. (personnes) Que l'on peut approcher, voir, rencontrer. *Il est très accessible.* 4. Sensible à (qqch.). *Il n'est pas accessible à la flatterie.* CONTR. **inaccessible • inabordable • insensible.**
ÉTYM. bas latin *accessibilis.*

ACCESSION [aksesjɔ̃] n. f. ✦ Fait d'accéder à (un état, une situation). *L'accession d'un État à l'indépendance. Accession* (des locataires) *à la propriété.*
ÉTYM. latin *accessio.*

ACCESSIT [aksesit] n. m. ✦ Distinction, récompense accordée à ceux qui, sans avoir obtenu de prix, s'en sont approchés. *Un premier accessit de musique.*
ÉTYM. mot latin, de la locution *accessit proxime* «il, elle en approche *(accedere)* le plus (du prix)».

ACCESSOIRE [akseswaʀ] adj. et n. m.
I adj. Qui vient avec ou après ce qui est principal, essentiel. SYN. **annexe, secondaire.** *Une question accessoire. C'est tout à fait accessoire.* SYN. **négligeable.** ➜ n. m. *Distinguer l'essentiel de l'accessoire.* CONTR. **essentiel, principal.**
II n. m. 1. Objet nécessaire à une représentation théâtrale, un déguisement. *Les décors, les costumes et les accessoires* (➜ **accessoiriste**). ☛ Littérature p. 127. 2. Pièce non indispensable (d'une machine, d'un instrument, etc.). *Pièces et accessoires d'automobile.* ♦ Élément associé à une toilette (sac, ceinture, etc.).
ÉTYM. latin médiéval *accessorius,* de *accedere* «s'ajouter à».

ACCESSOIREMENT [akseswaʀmɑ̃] adv. ✦ D'une manière accessoire ; en plus d'un motif principal.

ACCESSOIRISTE [akseswaʀist] n. ✦ Personne qui dispose les accessoires au théâtre, au cinéma, à la télévision.

ACCIDENT [aksidɑ̃] n. m. 1. PHILOS. Ce qui n'est pas essentiel ; fait accessoire. ➜ loc. *PAR ACCIDENT* : par hasard. ➜ **fortuitement.** 2. Évènement fâcheux, malheureux. SYN. **contretemps, ennui, mésaventure.** *Un petit accident.* ➜ ① **incident.** 3. Évènement imprévu et soudain qui entraîne des dégâts, met en danger. *Accident d'avion. Les accidents de la route.* 4. *Accident de terrain* : déformation du terrain.
ÉTYM. latin *accidens,* de *accidere* «arriver, survenir».

ACCIDENTÉ, ÉE [aksidɑ̃te] adj. 1. Qui présente des inégalités, des accidents (4) de terrain. *Terrain accidenté.* 2. FAM. Qui a subi un accident. *Voiture accidentée.* ➜ n. *Les accidentés de la route.* CONTR. **égal,** ① **plat.**
ÉTYM. de *accident.*

ACCIDENTEL, ELLE [aksidɑ̃tɛl] adj. 1. Qui est dû au hasard. SYN. **fortuit, imprévu.** *Une erreur accidentelle.* 2. *Mort accidentelle,* du fait d'un accident.
► **ACCIDENTELLEMENT** [aksidɑ̃tɛlmɑ̃] adv.
ÉTYM. de *accident.*

ACCLAMATION [aklamasjɔ̃] n. f. ✦ Cri collectif d'enthousiasme pour saluer (qqn) ou approuver (qqch.). SYN. **vivat ;** ➜ **applaudissement, hourra, ovation.** *Être accueilli par des acclamations.* CONTR. **huée, sifflet, tollé.**
ÉTYM. latin *acclamatio,* de *acclamare* «acclamer».

ACCLAMER [aklame] v. tr. (conjug. 3a) ✦ Saluer par des acclamations. CONTR. **conspuer, huer, siffler.**
ÉTYM. latin *acclamare.*

ACCLIMATATION [aklimatasjɔ̃] n. f. 1. Action d'acclimater (un animal, une plante). 2. *JARDIN D'ACCLIMATATION* : jardin zoologique (➜ **zoo**) et botanique où vivent des espèces exotiques.

ACCLIMATEMENT [aklimatmɑ̃] n. m. ✦ Fait d'habituer ou de s'habituer à un autre milieu. *L'acclimatement d'une espèce animale.*
ÉTYM. de *acclimater.*

ACCLIMATER [aklimate] v. tr. (conjug. 3a) 1. Habituer (un animal, une plante) à un milieu géographique différent. *Acclimater une plante tropicale dans un pays tempéré.* ♦ Habituer (qqn) à un nouveau pays, à de nouvelles habitudes. ➜ pronom. *Il ne s'acclimate pas à la pension.* SYN. **s'accoutumer.** 2. fig. Introduire quelque part (une idée, un usage).
ÉTYM. de *climat.*

A B C D E F G H I J K L M N O P Q R S T U V W X Y Z

ACCOINTANCES [akwɛ̃tɑ̃s] **n. f. pl.** ✦ *Avoir des accointances* (dans un milieu) : avoir des relations, des amis. *Il a des accointances dans la police.*
ÉTYM. de l'anc. v. *accointer* «faire connaissance de», latin populaire *accognitare*, de *cognitus* «connu».

ACCOLADE [akɔlad] **n. f.** 1. Fait de mettre les bras autour du cou. SYN. **embrassade.** *Donner, recevoir l'accolade.* 2. Signe à double courbure ({), qui sert à réunir plusieurs lignes.
ÉTYM. de *accoler.*

ACCOLER [akɔle] **v. tr.** (conjug. 3a) 1. VX Mettre les bras autour du cou de (qqn), pour l'embrasser. 2. Réunir, rendre contigu. → au p. passé *Maisons accolées.*
ÉTYM. de *col*, ancienne forme de *cou.*

ACCOMMODANT, ANTE [akɔmɔdɑ̃, ɑ̃t] **adj.** ✦ Qui s'accommode facilement des personnes, des circonstances. SYN. **conciliant, sociable.** *Être accommodant, d'une humeur accommodante.* CONTR. **intraitable.**
ÉTYM. du participe présent de *accommoder.*

ACCOMMODATION [akɔmɔdasjɔ̃] **n. f.** 1. VX Action de rendre conforme, d'accommoder (1). 2. PHYSIOL. Mise au point faite par l'œil, dans la fonction visuelle.
ÉTYM. de *accommoder.*

ACCOMMODEMENT [akɔmɔdmɑ̃] **n. m.** ✦ Accord ou compromis à l'amiable. SYN. **conciliation.** *Obtenir un accommodement.*
ÉTYM. de *accommoder.*

ACCOMMODER [akɔmɔde] **v. tr.** (conjug. 3a) **I** 1. *ACCOMMODER qqch. À qqch.* : disposer ou modifier de manière à faire convenir à. SYN. **adapter, ajuster.** 2. Préparer (des aliments) pour la consommation. SYN. **apprêter, cuisiner** ; → **assaisonner.** **II** *S'ACCOMMODER* **v. pron.** 1. *S'ACCOMMODER À* : s'adapter à (choses abstraites ; personnes). *Je m'accommode à ma nouvelle vie.* 2. *S'ACCOMMODER DE* : accepter comme pouvant convenir. *Il s'accommode de tout* (→ **accommodant**). *S'accommoder d'un mauvais lit.* SYN. se **contenter.**
ÉTYM. latin *accommodare.*

ACCOMPAGNATEUR, TRICE [akɔ̃paɲatœʀ, tʀis] **n.** 1. MUS. Personne qui accompagne la partie principale. *Cette pianiste est l'accompagnatrice d'un violoniste.* 2. Personne qui accompagne et guide un groupe. SYN. **guide.**

ACCOMPAGNEMENT [akɔ̃paɲ(ə)mɑ̃] **n. m.** 1. Ce qui est servi avec une viande, un poisson. 2. Action de jouer une partie musicale de soutien à la partie principale ; cette partie. *Accompagnement de piano. Chanter sans accompagnement* (→ **a cappella**).
ÉTYM. de *accompagner.*

ACCOMPAGNER [akɔ̃paɲe] **v. tr.** (conjug. 3a) 1. Se joindre à (qqn) pour aller où il va en même temps que lui. *Accompagner un ami à la gare.* → au p. passé *Enfants seuls ou accompagnés.* 2. (choses) S'ajouter à, aller avec. *Une carte accompagne ce cadeau. Rôti accompagné de purée.* 3. Jouer avec (un musicien, un chanteur) une partie pour soutenir sa mélodie. → **accompagnement.** 4. *S'ACCOMPAGNER* **v. pron.** (sujet chose) *s'accompagner de* : se produire en même temps que.
ÉTYM. de l'ancien français *compain* «compagnon».

ACCOMPLI, IE [akɔ̃pli] **adj.** 1. Qui est parfait en son genre. SYN. ① **consommé, incomparable, parfait.** *Un homme du monde accompli.* 2. Terminé. → *LE FAIT ACCOMPLI* : ce qui est fait, ce sur quoi on ne peut revenir. *Il a dû s'incliner devant le fait accompli. Mettre qqn devant le fait accompli.* 3. **n. m.** LING. Forme de l'aspect indiquant le résultat d'une action antérieure (opposé à *inaccompli*).
ÉTYM. du participe passé de *accomplir.*

ACCOMPLIR [akɔ̃pliʀ] **v. tr.** (conjug. 13) **I** 1. Faire (qqch.) jusqu'au bout. SYN. **achever.** *Accomplir une tâche.* → au p. passé *Mission accomplie !* 2. Faire effectivement (ce qui était préparé, projeté). SYN. **effectuer, exécuter, réaliser.** 3. Faire (ce qui est demandé, ordonné, proposé). SYN. **remplir, satisfaire à.** *Accomplir un vœu. Accomplir son devoir.* SYN. **observer.** **II** *S'ACCOMPLIR* **v. pron.** 1. (choses) Se réaliser, avoir lieu. SYN. **arriver.** *Son souhait s'est accompli.* 2. (personnes) Se réaliser pleinement. *Il s'accomplit dans le travail.* CONTR. **commencer, ébaucher • refuser.**
ÉTYM. de l'ancien verbe *complir* «réaliser ; satisfaire (un désir)», du latin *complire* «remplir».

ACCOMPLISSEMENT [akɔ̃plismɑ̃] **n. m.** ✦ Fait d'accomplir, de s'accomplir. SYN. **exécution, réalisation.** CONTR. **commencement, ébauche.**

ACCONIER → ACONIER

ACCORD [akɔʀ] **n. m.** **I** 1. État qui résulte d'une communauté ou d'une conformité de pensées, de sentiments. SYN. **entente.** *L'accord est unanime, général.* loc. *D'un commun accord. Ils vivent en parfait accord.* 2. *D'ACCORD. Être d'accord,* avoir la même opinion ou la même intention. → **s'entendre.** *Elles se sont mises d'accord. Je suis d'accord avec vous. « Viendrez-vous demain ? – D'accord. »* SYN. **oui** ; FAM. **O. K.** 3. *UN ACCORD* : arrangement entre ceux qui se mettent d'accord. SYN. **compromis** ; → ① **convention, pacte, traité.** *Négocier, conclure un accord. Arriver, parvenir à un accord. Les accords Matignon.* ☛ noms propres. 4. *Donner, refuser son accord.* SYN. **autorisation, permission.** 5. (choses) *En accord avec* : adapté à, qui correspond à. *Ses opinions ne sont pas en accord avec ses actes.* → **cadrer.** **II** 1. Association de plusieurs sons (au moins trois) simultanés ayant des rapports de fréquence codifiés par les lois de l'harmonie. *Accord parfait. Frapper, plaquer un accord au piano.* 2. Action d'accorder (III, 1) un instrument. → État d'un récepteur (tuner) accordé sur une fréquence d'émission. 3. Correspondance entre des formes dont l'une est subordonnée à l'autre. *L'accord des participes. Faute d'accord.* CONTR. **désaccord ; brouille, discorde, mésentente.** HOM. ACCORT «gracieux»
ÉTYM. de *accorder.*

ACCORDAILLES [akɔʀdɑj] **n. f. pl.** ✦ VX ou RÉGIONAL Fiançailles.
ÉTYM. de *accorder.*

ACCORDÉON [akɔʀdeɔ̃] **n. m.** 1. Instrument de musique portatif à soufflet et à anches métalliques. 2. *Chaussettes EN ACCORDÉON,* qui tombent en formant des plis.
ÉTYM. de l'allemand *Akkordion*, de *Akkord* «accord», emprunt au français.

ACCORDÉONISTE [akɔʀdeɔnist] **n.** ✦ Personne qui joue de l'accordéon. *Une excellente accordéoniste.*

ACCORDER [akɔʀde] v. tr. (conjug. 3a) **I** 1. Consentir à donner, à laisser ou à permettre. *Accorder un crédit, un délai.* SYN. **allouer.** *Accorder une faveur.* 2. Attribuer. *Vous accordez trop d'importance à cette dispute.* SYN. **attacher.** 3. pronom. (réfl.) Se donner. *Il ne s'accorde aucun répit.* **II** VX Mettre d'accord (des personnes). ➖ pronom. (récipr.) S'entendre. *Ils ne s'accordent pas. S'accorder pour faire qqch.* **III** 1. Mettre (un ou plusieurs instruments) au même diapason. *Accorder un piano.* → **accordeur.** ➖ loc. *Accordez vos violons :* mettez-vous d'accord. 2. Donner à (un élément du discours) un aspect formel en rapport avec sa fonction ou avec la forme d'un élément dominant. ➖ pronom. (passif) *Le verbe s'accorde avec son sujet.* CONTR. **refuser, rejeter • s'interdire • brouiller • désaccorder.**
ÉTYM. latin populaire *accordare,* de *cor, cordis* «cœur».

ACCORDEUR, EUSE [akɔʀdœʀ, øz] n. ✦ Professionnel(le) qui accorde les pianos, les orgues, etc. *Une bonne accordeuse de pianos.*

ACCORT, ACCORTE [akɔʀ, akɔʀt] adj. ✦ VX Gracieux et vif. ◆ LITTÉR. (au fém.) *Une accorte servante.* SYN. **agréable, avenant.** CONTR. **rébarbatif.** HOM. ACCORD «arrangement»
ÉTYM. italien *accorto.*

ACCOSTAGE [akɔstaʒ] n. m. ✦ Fait d'accoster. ◆ Opération précédant l'amarrage de deux engins lors d'un rendez-vous spatial.

ACCOSTER [akɔste] v. tr. (conjug. 3a) 1. Aborder (qqn) de façon cavalière. *Être accosté par un inconnu.* 2. (bateau) Se mettre bord à bord avec (le quai, un autre bateau). *Le navire accoste le quai.* ➖ absolt *Le navire vient d'accoster.*
ÉTYM. de *coste,* forme ancienne de *côte.*

ACCOTEMENT [akɔtmɑ̃] n. m. ✦ Partie latérale d'une route, entre la chaussée et le fossé. *Stationner sur l'accotement.* SYN. **bas-côté.**
ÉTYM. de *accoter.*

S'ACCOTER [akɔte] v. pron. (conjug. 3a) ✦ S'appuyer d'un côté (à qqch.).
ÉTYM. latin *accubitare* «être étendu sur le lit de table», p.-ê. de *cubitus* «coude».

ACCOTOIR [akɔtwaʀ] n. m. ✦ Appui (d'un fauteuil) où l'on peut s'accoter.
ÉTYM. de *accoter.*

ACCOUCHÉE [akuʃe] n. f. ✦ Femme qui vient d'accoucher. → **mère, parturiente.**

ACCOUCHEMENT [akuʃmɑ̃] n. m. 1. Fait d'accoucher ; sortie de l'enfant du corps de sa mère. SYN. **enfantement ;** → **couche(s).** *Accouchement à terme, avant terme.* SYN. **naissance.** 2. Action médicale par laquelle on assiste la femme qui accouche (→ **obstétrique**). ➖ loc. *Accouchement sans douleur,* préparation destinée à diminuer les douleurs de l'accouchement.

ACCOUCHER [akuʃe] v. (conjug. 3a) **I** v. tr. ind. 1. *ACCOUCHER DE :* mettre au monde. SYN. **engendrer.** *Elle a accouché d'un garçon.* ◆ absolt Donner naissance à un enfant. SYN. **enfanter.** *Elle a accouché cette nuit. Accoucher avant terme.* 2. péj. Élaborer difficilement. *Il a accouché d'un mauvais roman.* ➖ absolt FAM. S'expliquer, parler. *Alors, tu accouches ?* **II** v. tr. dir. Aider (une femme) à mettre son enfant au monde. *La sage-femme qui l'a accouchée.*
ÉTYM. de *coucher.*

ACCOUCHEUR, EUSE [akuʃœʀ, øz] n. ✦ Personne qui fait des accouchements. → **gynécologue, obstétricien, sage-femme.** ➖ appos. *Médecin accoucheur.*
ÉTYM. de *accoucher.*

S'ACCOUDER [akude] v. pron. (conjug. 3a) ✦ S'appuyer sur le coude, les coudes. *S'accouder à sa fenêtre.*
ÉTYM. de *coude.*

ACCOUDOIR [akudwaʀ] n. m. ✦ Appui pour s'accouder. *Les accoudoirs d'un fauteuil.* SYN. **accotoir, bras.**

ACCOUPLEMENT [akupləmɑ̃] n. m. 1. Fait d'accoupler (1). *Barre, bielle d'accouplement.* 2. Union sexuelle du mâle et de la femelle d'une espèce animale.

ACCOUPLER [akuple] v. tr. (conjug. 3a) 1. Joindre, réunir par deux. *Accoupler des générateurs électriques.* ➖ au p. passé *Bobines accouplées.* 2. Procéder à l'accouplement de (deux animaux). 3. *S'ACCOUPLER* v. pron. S'unir sexuellement (animaux). *Le bélier s'accouple à la brebis.*
ÉTYM. de *couple.*

ACCOURIR [akuʀiʀ] v. intr. (conjug. 17) ✦ Venir en courant, en se pressant. *Quand il a crié, je suis vite accouru* (ou VIEILLI *j'ai vite accouru*).
ÉTYM. latin *accurere,* de *currere* «courir».

ACCOUTREMENT [akutʀəmɑ̃] n. m. ✦ Habillement étrange, ridicule.
ÉTYM. de *accoutrer.*

ACCOUTRER [akutʀe] v. tr. (conjug. 3a) ✦ Habiller ridiculement. SYN. **affubler.** ➖ pronom. *S'accoutrer d'une manière grotesque.* ➖ au p. passé *Mal accoutré.*
ÉTYM. latin populaire *acconsuturare,* de *consutura* «couture».

ACCOUTUMANCE [akutymɑ̃s] n. f. 1. Fait de se familiariser, de s'habituer (à qqch.). SYN. **adaptation, habitude.** 2. Processus par lequel un organisme tolère de mieux en mieux un agent extérieur. SYN. **immunité.** ➖ État dû à l'usage prolongé d'une drogue (désir de continuer, etc.). SYN. **dépendance.**
ÉTYM. de *accoutumer.*

ACCOUTUMÉ, ÉE [akutyme] adj. 1. Ordinaire, habituel. *À l'heure accoutumée.* 2. *À L'ACCOUTUMÉE* loc. adv. : d'ordinaire, habituellement.
ÉTYM. du participe passé de *accoutumer.*

ACCOUTUMER [akutyme] v. tr. (conjug. 3a) ✦ Faire prendre l'habitude de. SYN. **habituer.** *On ne l'a pas accoutumé à travailler.* ➖ *Être accoutumé au climat,* en avoir pris l'habitude. ◆ *S'ACCOUTUMER (À)* v. pron. *On s'accoutume à tout.* CONTR. **désaccoutumer, déshabituer.**
ÉTYM. de *coutume.*

ACCRÉDITATION [akʀeditasjɔ̃] n. f. ✦ Action d'accréditer (1) ; fait d'être accrédité.

ACCRÉDITER [akʀedite] v. tr. (conjug. 3a) 1. Donner à (qqn) l'autorité nécessaire pour agir en qualité de. *Le président de la République accrédite les ambassadeurs français auprès des gouvernements étrangers.* 2. Rendre (qqch.) croyable, plausible. *Accréditer une légende.* CONTR. **contredire, démentir.**
ÉTYM. espagnol *acreditar* «obtenir la confiance, le *crédit* de qqn».

ACCROBRANCHE ou **ACROBRANCHE** [akʀɔbʀɑ̃ʃ] **n. f.** ✦ Activité de plein air, qui consiste à se déplacer d'arbre en arbre sur un parcours aménagé.
ÉTYM. *accrobranche* marque déposée ; de *acrobatie* et *branche*, avec influence de *s'accrocher*.

ACCROC [akʀo] **n. m.** 1. Déchirure faite par ce qui accroche. *Faire un accroc à sa veste.* 2. Difficulté qui arrête. SYN. **anicroche, contretemps.** *L'opération s'est déroulée sans accroc.* HOM. ACCRO (voir *accrocher*, I, 5)
ÉTYM. de *accrocher*.

ACCROCHAGE [akʀɔʃaʒ] **n. m.** 1. Action d'accrocher. *L'accrochage des tableaux* (d'une exposition). 2. Petit accident, léger choc entre deux véhicules. 3. MILIT. Bref combat, engagement. SYN. **escarmouche.** *Accrochage entre deux patrouilles.* 4. FAM. Dispute légère.

ACCROCHE [akʀɔʃ] **n. f.** ✦ Ce qui accroche l'attention. *Chercher une accroche pour une publicité.*
ÉTYM. de *accrocher*.

ACCROCHE-CŒUR [akʀɔʃkœʀ] **n. m.** ✦ Mèche de cheveux en croc, collée sur la tempe. *Des accroche-cœurs.*
ÉTYM. de *accrocher* et *cœur*.

ACCROCHER [akʀɔʃe] **v.** (conjug. 3a) **I v. tr.** 1. Retenir, arrêter par un crochet, une chose pointue. *Des épines accrochaient sa jupe.* ◆ Heurter (un véhicule). *Le camion a accroché mon aile.* 2. Suspendre à un crochet. *Accrocher son manteau.* SYN. **pendre.** *Accrocher une pancarte au mur.* – loc. *Avoir le cœur bien accroché* : ne pas être sujet aux maux de cœur ; fig. n'être pas facilement dégoûté. 3. Arrêter, retenir. *Accrocher un reflet, la lumière.* 4. Retenir l'attention de (qqn). – absolt *Un slogan qui accroche* (→ **accroche, accrocheur**). 5. au p. passé *Être accroché à une drogue*, en être dépendant. – (FAM. ACCRO [akʀo] *Elles sont accros*). **II v. intr.** 1. Se heurter à des difficultés. *La négociation a accroché sur plusieurs points.* 2. *Ça a bien accroché avec lui*, le contact s'est bien établi. **III** *S'ACCROCHER* **v. pron.** 1. Se tenir avec force. SYN. se **cramponner.** *Accrochez-vous à la rampe.* – fig. *S'accrocher à ses illusions.* – FAM. *S'accrocher à qqn*, l'importuner. 2. Ne pas céder, se montrer tenace. 3. *S'accrocher (avec qqn)*, se heurter par la parole. SYN. se **disputer.** CONTR. **décrocher.** HOM. (de *accro*) ACCROC «déchirure»
ÉTYM. de *croc*.

ACCROCHEUR, EUSE [akʀɔʃœʀ, øz] **adj. et n.** 1. (personnes) Très tenace. *Un bon vendeur, très accrocheur.* – n. *Un accrocheur.* 2. Qui retient l'attention. *Une publicité accrocheuse.*
ÉTYM. de *accrocher*.

ACCROIRE [akʀwaʀ] **v. tr.** seulement inf. ✦ LITTÉR. *Faire accroire qqch. à qqn*, faire croire ce qui n'est pas vrai ; tromper. ◆ *En faire accroire à qqn*, le tromper, lui mentir. SYN. **abuser.**
ÉTYM. latin *accredere*, de *credere* «croire».

ACCROISSEMENT [akʀwasmɑ̃] **n. m.** ✦ Fait de croître, d'augmenter. SYN. **augmentation.** *L'accroissement de la population. Accroissement naturel* : différence entre le nombre annuel des naissances et celui des décès (chiffre positif ou négatif). CONTR. **diminution.**
ÉTYM. de *accroître*.

ACCROÎTRE [akʀwatʀ] **v. tr.** (conjug. 54, sauf p. p. *accru*) ✦ Rendre plus grand, plus important. SYN. **augmenter, développer, étendre.** – au p. passé *Avoir des responsabilités accrues.* – pronom. Aller en augmentant. *La production s'accroît de 10 % par an.* CONTR. **diminuer, réduire, restreindre.**
ÉTYM. latin *accrescere*, de *crescere* «croître, grandir».

S'ACCROUPIR [akʀupiʀ] **v. pron.** (conjug. 13) ✦ S'asseoir les jambes repliées, sur ses talons. – au p. passé *Le Scribe accroupi* (statue égyptienne, musée du Louvre).
ÉTYM. de *croupe*.

ACCROUPISSEMENT [akʀupismɑ̃] **n. m.** ✦ Action de s'accroupir. – Position d'une personne accroupie.

ACCRU, UE [akʀy] ✦ Participe passé du verbe *accroître*.

ACCUEIL [akœj] **n. m.** 1. Manière de recevoir qqn. *Je vous remercie de votre aimable accueil. Faire bon accueil à qqn.* ◆ Manière dont qqn accepte (une idée, une œuvre). *Ce film a reçu un accueil enthousiaste.* 2. *D'ACCUEIL* : organisé pour accueillir. *Centre d'accueil*, chargé de recevoir des voyageurs, des réfugiés, etc. *Hôtesse d'accueil.* 3. Lieu, service où l'on accueille des visiteurs. SYN. **réception.** *Adressez-vous à l'accueil.*
ÉTYM. de *accueillir*.

ACCUEILLANT, ANTE [akœjɑ̃, ɑ̃t] **adj.** 1. Qui fait bon accueil. SYN. **hospitalier.** *Un hôte accueillant.* ◆ *Un esprit accueillant*, ouvert. 2. (choses) Où l'on est bien accueilli. CONTR. **inhospitalier.**
ÉTYM. du participe présent de *accueillir*.

ACCUEILLIR [akœjiʀ] **v. tr.** (conjug. 18) 1. Se comporter d'une certaine manière avec (une personne qui se présente). *Accueillir qqn avec amabilité.* 2. (choses) Recevoir bien ou mal. *Ce projet a été bien accueilli.* 3. Donner l'hospitalité à. *Pays qui accueille des réfugiés.*
ÉTYM. latin populaire *accolligere*.

ACCULER [akyle] **v. tr.** (conjug. 3a) 1. Pousser dans un endroit où tout recul est impossible. *Acculer l'ennemi à la mer.* 2. fig. *Acculer qqn à une chose, à faire qqch.*, l'y forcer. – au p. passé *Être acculé à la faillite.*
ÉTYM. de *cul*.

ACCULTURATION [akyltyʀasjɔ̃] **n. f.** ✦ DIDACT. Processus par lequel un groupe humain assimile une culture étrangère à la sienne.
► **ACCULTURÉ, ÉE** [akyltyʀe] **adj. et n.**
ÉTYM. mot anglais → culture.

ACCUMULATEUR [akymylatœʀ] **n. m.** ✦ Appareil capable d'emmagasiner l'énergie électrique fournie par une réaction chimique et de la restituer. *Batterie d'accumulateurs d'un véhicule.* – abrév. FAM. ACCUS [aky] **n. m. pl.** – loc. fig. *Recharger ses accus* : reconstituer ses forces.
ÉTYM. de *accumuler*.

ACCUMULATION [akymylasjɔ̃] **n. f.** 1. Action d'accumuler ; fait d'être accumulé. *L'accumulation des stocks.* – *Une accumulation de preuves.* SYN. **quantité.** 2. Emmagasinage d'énergie électrique. *Radiateur à accumulation.* CONTR. **dispersion.**

ACCUMULER [akymyle] **v. tr.** (conjug. 3a) 1. Mettre ensemble en grand nombre. SYN. **amasser, entasser.** *Accumuler des biens, des richesses.* 2. fig. Réunir en grand nombre. *Accumuler des preuves.* 3. *S'ACCUMULER* **v. pron.** Augmenter en nombre, en volume dans un même endroit. *Obstacles qui s'accumulent.* CONTR. **dis-**

perser, éparpiller, gaspiller.
ÉTYM. latin *accumulare*, de *cumulus* «amas ; surplus».

ACCUS [aky] → ACCUMULATEUR

ACCUSATEUR, TRICE [akyzatœʀ, tʀis] **n.** et **adj.** 1. **n.** Personne qui accuse. ➙ HIST. *L'accusateur public* (pendant la Révolution). 2. **adj.** Qui constitue ou dénote une accusation. *Documents accusateurs. Un regard accusateur.*

ACCUSATIF [akyzatif] **n. m.** ✦ Dans certaines langues à déclinaisons, Cas marquant le complément d'objet ou certains compléments précédés d'une préposition.
ÉTYM. latin *accusativus*, de *accusare* «signaler».

ACCUSATION [akyzasjɔ̃] **n. f.** 1. Action en justice par laquelle on désigne comme coupable, devant un tribunal. → **plainte, poursuite.** 2. Action de signaler (qqn) comme coupable ou (qqch.) comme répréhensible.
ÉTYM. latin *accusatio*.

ACCUSÉ, ÉE [akyze] **n.** 1. Personne à qui on impute un délit. → **inculpé,** ① **prévenu.** *Accusé interrogé par le juge d'instruction.* 2. **n. m.** *ACCUSÉ DE RÉCEPTION* : avis informant qu'une chose a été reçue. *Lettres recommandées avec accusés de réception.*
ÉTYM. du participe passé de *accuser*.

ACCUSER [akyze] **v. tr.** (conjug. 3a) **I** 1. Signaler ou présenter (qqn) comme coupable. SYN. **attaquer, charger, incriminer.** *Accuser qqn sans preuves.* ➙ **pronom.** *S'accuser* : s'avouer coupable. *Il s'accuse du meurtre de sa femme.* 2. *Accuser le sort, les évènements,* les rendre responsables (d'un mal). **II** 1. Faire ressortir, faire sentir avec force. SYN. **accentuer, marquer.** *Vêtement qui accuse les lignes du corps.* ➙ **au p. passé** *Des traits accusés.* 2. Montrer, révéler. *Son visage accuse la fatigue.* ➙ **loc.** FAM. *Accuser le coup,* montrer par ses réactions qu'on est affecté, moralement ou physiquement. 3. *ACCUSER RÉCEPTION DE* : faire savoir qu'on a reçu (une lettre, un colis...).
ÉTYM. latin *accusare*, de *causa* «cause, procès».

-ACÉ, -ACÉS, -ACÉES Éléments, du latin *-aceus*, entrant dans la formation de mots savants, notamment des noms de classes d'animaux et de familles de plantes.

ACÉPHALE [asefal] **adj.** ✦ Sans tête. *La Victoire de Samothrace, statue acéphale.*
ÉTYM. latin *acephalus*, du grec → ② a- et -céphale.

ACERBE [asɛʀb] **adj.** ✦ Qui cherche à blesser ; qui critique avec méchanceté. SYN. **caustique, sarcastique.** *Des critiques acerbes.*
ÉTYM. latin *acerbus* «aigre ; cruel».

ACÉRÉ, ÉE [aseʀe] **adj.** 1. Dur, tranchant et pointu. *Griffes acérées.* 2. **fig.** Intentionnellement blessant. SYN. **acerbe.** *Critique acerbe.*
ÉTYM. de *acer*, forme ancienne de *acier*.

ACÉROLA [aseʀɔla] **n. m.** ✦ Petit fruit rouge vif, riche en vitamine C.
ÉTYM. espagnol *acerola*.

ACÉTATE [asetat] **n. m.** ✦ CHIM. Sel ou ester de l'acide acétique. **spécialt** Acétate de cellulose.
ÉTYM. de *acét(ique)*.

ACÉTIQUE [asetik] **adj.** ✦ CHIM. *Acide acétique* : acide du vinaigre, liquide corrosif, incolore, d'odeur suffocante. HOM. ASCÉTIQUE «austère»
ÉTYM. du latin *acetum* «vinaigre».

ACÉTONE [asetɔn] **n. f.** ✦ CHIM. Liquide incolore, volatil, inflammable, d'odeur pénétrante, utilisé comme solvant.
ÉTYM. de *acét(ique)*.

ACÉTYLE [asetil] **n. m.** ✦ CHIM. Radical de valence 1 entrant dans la composition de l'acide acétylsalicylique (aspirine).
ÉTYM. de *acét(ique)* et suffixe chimique *-yle*.

ACÉTYLÈNE [asetilɛn] **n. m.** ✦ Hydrocarbure non saturé, gaz incolore, inflammable et toxique, produit par action de l'eau sur le carbure de calcium. *Chalumeau à acétylène.*
ÉTYM. de *acétyle* et *-ène*.

ACÉTYLSALICYLIQUE [asetilsalisilik] **adj.** ✦ CHIM. et PHARM. *Acide acétylsalicylique* : aspirine.
ÉTYM. de *acétyle* et *salicylique*.

ACHALANDÉ, ÉE [aʃalɑ̃de] **adj.** 1. RARE Qui a de nombreux clients (→ ② **chaland**). 2. **(emploi critiqué)** COUR. Approvisionné en marchandises, en produits assortis. *Épicerie bien achalandée.*
ÉTYM. de ② *chaland*.

ACHARNÉ, ÉE [aʃaʀne] **adj.** ✦ Qui fait preuve d'acharnement. SYN. **enragé.** *Un travailleur acharné.* ➙ **(choses)** *Un combat acharné.* SYN. **furieux.**
ÉTYM. de *charn*, forme ancienne de *chair*.

ACHARNEMENT [aʃaʀnəmɑ̃] **n. m.** ✦ Ardeur furieuse et opiniâtre dans la lutte, la poursuite, l'effort. SYN. **opiniâtreté.** *Travailler avec acharnement.* ◆ *Acharnement thérapeutique* : emploi systématique de tous les moyens pour maintenir en vie un malade condamné.
ÉTYM. de *s'acharner*.

S'ACHARNER [aʃaʀne] **v. pron.** (conjug. 3a) ✦ Combattre ou poursuivre avec fureur. *S'acharner contre qqn.* ➙ *S'acharner à* (+ inf.), lutter avec ténacité, persévérer. SYN. **s'obstiner.** *S'acharner à convaincre qqn.*
ÉTYM. de *acharné*.

ACHAT [aʃa] **n. m.** 1. Action d'acheter. SYN. **acquisition.** *Faire l'achat de,* acheter. *Achat au comptant, à crédit.* 2. Ce qu'on a acheté. *Montrez-moi vos achats.*
ÉTYM. de *achater*, forme ancienne de *acheter*.

ACHEMINEMENT [aʃ(ə)minmɑ̃] **n. m.** ✦ Action d'acheminer. *L'acheminement du courrier, des colis.*

ACHEMINER [aʃ(ə)mine] **v. tr.** (conjug. 3a) 1. Diriger vers un lieu déterminé. *Acheminer le courrier.* 2. **fig.** Mettre dans la voie qui mène à un but. ◆ *S'ACHEMINER* **v. pron.** Se diriger, avancer. *Nous nous acheminons vers le succès.*
ÉTYM. de *chemin*.

ACHETER [aʃ(ə)te] **v. tr.** (conjug. 7b) 1. Acquérir (un bien, un droit) contre paiement. *Acheter qqch. à qqn ; acheter à (un vendeur) qqch. pour qqn.* 2. **péj.** Obtenir à prix d'argent (qqch. qui ne doit pas se vendre). *Acheter le silence de qqn.* ➙ **pronom.** **(passif)** *L'amour ne s'achète pas.* ◆ Corrompre (qqn). SYN. **soudoyer.** *Acheter un fonctionnaire.* 3. Obtenir (un avantage) au prix d'un sacrifice. *Acheter bien cher sa tranquillité.* SYN. **payer.**

A B C D E F G H I J K L M N O P Q R S T U V W X Y Z

CONTR. **vendre.**

ÉTYM. latin populaire *accaptare*, de *captare* «chercher à prendre ; capter».

ACHETEUR, EUSE [aʃ(ə)tœʀ, øz] **n.** 1. Personne qui achète. SYN. **acquéreur, client.** *Je suis acheteur* : je me propose d'acheter. 2. Agent chargé d'effectuer les achats pour le compte d'un employeur. *Les acheteurs d'un grand magasin.*

ACHEVÉ, ÉE [aʃ(ə)ve] **adj.** ✦ LITTÉR. Parfait en son genre. SYN. **accompli.** ➜ **péj.** *D'un ridicule achevé.*

ÉTYM. du participe passé de *achever.*

ACHÈVEMENT [aʃɛvmɑ̃] **n. m.** ✦ Action d'achever (un ouvrage) ; fin. *L'achèvement des travaux.* CONTR. **commencement, début.**

ACHEVER [aʃ(ə)ve] **v. tr.** (conjug. 7a) 1. Finir en menant à bonne fin. SYN. **terminer.** *Achever le travail commencé. Achever son œuvre, un travail. Laissez-le achever son repas, achever de manger.* ♦ (sujet chose) *Achever de,* faire complètement. *Ses critiques achevèrent de nous décourager.* 2. Porter le coup de grâce à (qqn). *Achever un blessé.* SYN. **tuer.** ♦ **fig.** Ruiner définitivement la santé, la fortune, le moral de (qqn). ➜ **iron.** Fatiguer excessivement. SYN. **anéantir.** 3. *S'ACHEVER* **v. pron.** (choses) Se terminer, prendre fin. *Les vacances s'achèvent.* CONTR. **commencer • épargner.**

ÉTYM. de l'ancien français *(venir) a chief* «à bout».

ACHOPPEMENT [aʃɔpmɑ̃] **n. m.** ✦ **loc. fig.** *Pierre d'achoppement* : obstacle, écueil.

ÉTYM. de *achopper.*

ACHOPPER [aʃɔpe] **v. tr. ind.** (conjug. 3a) ✦ Se trouver arrêté par une difficulté. *Achopper à un problème, sur un mot difficile.*

ÉTYM. de ① *a-* et *chopper* «trébucher», d'origine incertaine.

ACIDE [asid] **n. m.** et **adj.**

I n. m. 1. CHIM. Tout corps capable de libérer des ions hydrogène (H^+), qui donne un sel avec une base et dont le pH est inférieur à 7. *Acide acétique, chlorhydrique. Le calcaire est attaqué par les acides.* ➜ *Acide (organique)* : corps possédant une ou plusieurs fois dans sa molécule le radical –COOH. *Acide gras. Acides nucléiques.* → **A. D. N., A. R. N.** 2. ARGOT Drogue hallucinogène. SYN. **L. S. D.**

II adj. 1. Qui est piquant au goût. SYN. **aigre.** *Fruit acide.* 2. Acerbe, désagréable. *Une voix acide. Des réflexions acides.* 3. CHIM. Qui possède les propriétés des acides, est propre aux acides. *Solution acide* (opposé à *basique*). ➜ *Pluies* acides.*

ÉTYM. latin *acidus* ; sens I, 2, de l'anglais *acid.*

ACIDIFIER [asidifje] **v. tr.** (conjug. 9) ✦ Rendre acide, transformer en acide.

ÉTYM. de *acide,* suffixe *-ifier.*

ACIDITÉ [asidite] **n. f.** 1. Saveur acide. *Acidité du citron.* 2. Caractère mordant, causticité. *L'acidité de sa remarque.* 3. Qualité acide (II, 3) d'un corps.

ÉTYM. bas latin *aciditas.*

ACIDOBASIQUE [asidobazik] **adj.** ✦ CHIM. Qui concerne le rapport entre acides et bases. *Réactions acidobasiques.* ➜ PHYSIOL. *Bilan acidobasique,* entre les acides et les bases de l'organisme.

ÉTYM. de *acide* et *basique.*

ACIDULÉ, ÉE [asidyle] **adj.** ✦ Légèrement acide. *Bonbons acidulés.*

ÉTYM. latin *acidulus* «aigrelet».

ACIER [asje] **n. m.** 1. Alliage de fer et de carbone, auquel on donne, par traitement mécanique ou thermique, des propriétés variées (malléabilité, résistance). *Acier inoxydable.* 2. L'industrie, le commerce de l'acier. *Le géant de l'acier.* SYN. **sidérurgie.** 3. **appos.** De la couleur gris-bleu de l'acier. *Bleu acier, gris acier. Des jupes bleu acier.* 4. **fig.** *D'ACIER. Des muscles d'acier,* durs et solides. *Un moral d'acier,* à toute épreuve.

ÉTYM. bas latin *aciarium,* de *acies* «pointe (d'une arme)».

ACIÉRIE [asjeʀi] **n. f.** ✦ Usine où l'on fabrique l'acier.

ACMÉ [akme] **n. f.** ✦ DIDACT. Moment le plus intense.

ÉTYM. grec *akmê* «pointe».

ACNÉ [akne] **n. f.** ✦ Maladie de la peau due à une inflammation des glandes sébacées. *Acné juvénile,* boutons apparaissant à la puberté.

ÉTYM. anglais *acne,* du grec *akhnê.*

ACOLYTE [akɔlit] **n.** 1. RELIG. Clerc du quatrième ordre mineur. 2. **péj.** Compagnon, complice. *Le gangster et ses acolytes.*

ÉTYM. latin chrétien *acolytus,* du grec «serviteur».

ACOMPTE [akɔ̃t] **n. m.** ✦ Paiement partiel à valoir sur le montant d'une somme due. SYN. **arrhes, à-valoir, avance, provision.**

ÉTYM. de *à* et *compte.*

ACONIER [akɔnje] **n. m.** ✦ MAR. Professionnel chargé de l'embarquement et du débarquement des marchandises, de leur arrimage ou de leur entreposage. ➜ On écrit aussi *acconier.*

ÉTYM. de *a(c)con* «barque, chaland», d'origine dialectale.

ACONIT [akɔnit] **n. m.** ✦ Plante vénéneuse à fleurs en forme de casque.

ÉTYM. latin *aconitum,* du grec.

A CONTRARIO [akɔ̃tʀaʀjo] **loc. adj.** et **adv.** ✦ DIDACT. Se dit d'un raisonnement qui, partant d'hypothèses opposées, aboutit à des conséquences opposées. ♦ **loc. adv.** COUR. Dans l'hypothèse du contraire.

ÉTYM. loc. latine «par la raison des contraires».

S'ACOQUINER [akɔkine] **v. pron.** (conjug. 3a) ✦ Se lier (à une personne peu recommandable).

ÉTYM. de *coquin.*

À-CÔTÉ [akote] **n. m.** 1. Point, problème accessoire. *Ce n'est qu'un à-côté de la question.* 2. Gain d'appoint. *Un salaire convenable, sans compter les à-côtés.*

À-COUP [aku] **n. m.** 1. Secousse, discontinuité dans un mouvement. SYN. **saccade.** 2. *PAR À-COUPS* : de façon irrégulière, intermittente. *Travailler par à-coups.*

ACOUSTICIEN, IENNE [akustisjɛ̃, jɛn] **n.** ✦ Spécialiste de l'acoustique.

ACOUSTIQUE [akustik] **adj.** et **n. f.**

I adj. 1. Qui sert à la perception des sons. *Nerf acoustique.* SYN. **auditif.** *Prothèse acoustique.* 2. Relatif au son, du domaine de l'acoustique. SYN. **sonore.** *Les phénomènes acoustiques. Isolation acoustique.*

II n. f. 1. Partie de la physique qui traite des sons et des ondes sonores. 2. Qualité d'un local au point de vue de la propagation du son. *Cet amphithéâtre a une*

bonne, une mauvaise acoustique.
ÉTYM. grec *akoustikos* «de l'ouïe», de *akouein* «entendre».

ACQUÉREUR, EUSE [akeʀœʀ, øz] n. ✦ Personne qui acquiert (un bien). SYN. **acheteur.** *Ce tableau n'a pas trouvé acquéreur. Elle s'est portée acquéreuse de ce vase ancien.*
ÉTYM. de *acquérir.*

ACQUÉRIR [akeʀiʀ] v. tr. (conjug. 27) 1. Devenir propriétaire de (un bien, un droit), par achat, échange, succession (→ **acquisition**). *Acquérir un immeuble, un bien.* SYN. **acheter.** prov. *Bien mal acquis ne profite jamais.* 2. Parvenir à posséder (un avantage). SYN. **gagner, obtenir.** *Acquérir de la notoriété, des connaissances.* – au p. passé *L'expérience acquise* (→ **acquis**). ◆ (sujet chose) Arriver à avoir (une qualité). SYN. **prendre.** *Ce terrain a acquis de la valeur.* 3. (sujet chose) Procurer la possession, la disposition de. SYN. **valoir.** *Sa gentillesse lui a acquis la sympathie de ses collègues. Il s'est acquis leur sympathie.* CONTR. **céder, vendre • perdre.**
ÉTYM. latin populaire *acquaerere*, de *quaerere* «chercher à obtenir».

ACQUÊT [akɛ] n. m. ✦ DR. Bien acquis par l'un des époux au cours de la vie conjugale, et qui fait partie des biens communs (par oppos. aux *biens propres*). *Communauté réduite aux acquêts.*
ÉTYM. latin médiéval *acquaesitus*, de *acquaerere* «acquérir».

ACQUIESCEMENT [akjɛsmɑ̃] n. m. ✦ Action d'acquiescer, par la parole ou autrement. SYN. **acceptation, consentement.** CONTR. **opposition, refus.**

ACQUIESCER [akjese] v. tr. ind. (conjug. 4) ✦ Donner son entier consentement (à). SYN. **accepter.** *Acquiescer à une demande.* – absolt Marquer son approbation (par la parole, un geste). SYN. **approuver.** *Acquiescer d'un signe de tête.* CONTR. **s'opposer, refuser.**
ÉTYM. latin *acquiescere.*

ACQUIS, ISE [aki, iz] adj. et n. m.
I adj. 1. Qui a été acquis par l'individu. – BIOL. *Caractères acquis*, qui n'appartiennent pas au patrimoine génétique d'un individu mais apparaissent par adaptation au milieu. 2. *Acquis à qqn*, dont il peut disposer de façon définitive et sûre. *Droit acquis à qqn. Mon soutien vous est acquis.* 3. Reconnu sans contestation. *Nous pouvons considérer ce point comme acquis. C'est un fait acquis.* 4. (personnes) *Acquis à* (une idée, un parti), définitivement partisan de. *Il est acquis à notre projet.* CONTR. **héréditaire, inné, naturel, transmis • contesté • hostile.**
II n. m. 1. Savoir acquis, expérience acquise, constituant une sorte de capital. 2. *Les acquis sociaux* : les avantages matériels ou moraux acquis par les travailleurs.
HOM. ACQUIT «quittance»
ÉTYM. du participe passé de *acquérir.*

ACQUISITION [akizisjɔ̃] n. f. 1. Action d'acquérir. *Faire l'acquisition d'un terrain.* SYN. **achat.** 2. Bien acquis. *Je vais te montrer ma dernière acquisition.* 3. Fait d'arriver à posséder. *L'acquisition de la marche par l'enfant.*
ÉTYM. latin *acquisitio.*

ACQUIT [aki] n. m. 1. Reconnaissance écrite d'un paiement. SYN. **quittance,** ② **reçu.** – *Pour acquit* : mention portée sur un document, attestant un paiement. 2. *PAR ACQUIT DE CONSCIENCE* : pour se garantir de tout risque d'avoir qqch. à se reprocher. HOM. ACQUIS «possédé»
ÉTYM. de *acquitter.*

ACQUITTEMENT [akitmɑ̃] n. m. **I** Action d'acquitter (qqch.). SYN. **paiement** (plus cour.). **II** Action d'acquitter (un accusé). *Verdict d'acquittement.*

ACQUITTER [akite] v. tr. (conjug. 3a) **I** *Acquitter qqn* 1. Libérer (d'une obligation, d'une dette). *Ce dernier versement m'acquitte envers vous.* 2. Déclarer par jugement (un accusé) non coupable. *Son avocat l'a fait acquitter.* **II** *Acquitter qqch.* 1. Payer (ce qu'on doit). SYN. **régler.** *Acquitter des taxes, ses impôts.* 2. Revêtir de la mention «pour acquit» et de sa signature. *Acquitter une facture.* **III** *S'ACQUITTER* v. pron. *S'acquitter de* : se libérer de (une obligation juridique ou morale). *Elle s'est acquittée de sa dette ; de sa tâche.* CONTR. **condamner • faillir à, manquer à.**
ÉTYM. de *quitte.*

ACRA [akʀa] n. m. ✦ Dans la cuisine créole, Beignet de poisson (morue) ou de légumes.
ÉTYM. yoruba (langue africaine) *akara* «beignet de haricots».

ACRE [akʀ] n. f. 1. Ancienne mesure agraire (en moyenne 52 ares). 2. Mesure agraire dans les pays anglo-saxons (40,47 ares). HOM. ÂCRE «piquant»
ÉTYM. anglo-normand, d'origine germanique.

ÂCRE [ɑkʀ] adj. ✦ Très irritant au goût ou à l'odorat. *Odeur âcre qui prend à la gorge.* HOM. ACRE «mesure de terrain»
ÉTYM. latin *acer* «perçant ; âpre».

ÂCRETÉ [ɑkʀəte] n. f. ✦ Qualité de ce qui est âcre. *L'âcreté de la fumée.*

ACRIMONIE [akʀimɔni] n. f. ✦ Mauvaise humeur qui s'exprime par des propos acerbes ou hargneux. SYN. **aigreur.** *Réclamer qqch. avec acrimonie.* CONTR. **amabilité, douceur.**
► **ACRIMONIEUX, EUSE** [akʀimɔnjø, øz] adj.
ÉTYM. latin *acrimonia* «âcreté».

ACROBATE [akʀɔbat] n. 1. Artiste de cirque, de music-hall, exécutant des exercices d'équilibre et de gymnastique plus ou moins périlleux. → **équilibriste, funambule, trapéziste.** 2. fig., péj. Spécialiste très adroit, virtuose qui «jongle» avec les difficultés. *Un acrobate de la finance.*
ÉTYM. grec *akrobatês*, de *akrobatein* «marcher sur la pointe des pieds».

ACROBATIE [akʀɔbasi] n. f. 1. Exercice, tour d'acrobate (saut périlleux, voltige, etc.). *Faire des acrobaties.* – *Acrobatie aérienne*, manœuvres d'adresse exécutées en avion. 2. fig. Exercice de virtuosité déconcertante. *Ce n'est plus du piano, c'est de l'acrobatie.*

ACROBATIQUE [akʀɔbatik] adj. ✦ Qui appartient à l'acrobatie, tient de l'acrobatie. *Exercice acrobatique.*

ACROBRANCHE → ACCROBRANCHE

ACRONYME [akʀɔnim] n. m. ✦ Sigle qui se prononce comme un mot ordinaire. ☛ Langue française p. 112. *«Ovni» et «sida» sont des acronymes.*
ÉTYM. anglais *acronym.*

ACROPOLE [akʀɔpɔl] n. f. ✦ Ville haute, souvent fortifiée, des anciennes cités grecques. *L'acropole d'Athènes. La «Prière sur l'Acropole», de Renan.*
ÉTYM. grec *akropolis* «ville (*polis*) haute (*akros*)».

ACROSPORT [akʀɔspɔʀ] **n. m.** ✦ Discipline acrobatique, consistant à réaliser des figures à plusieurs.
ÉTYM. de *acrobatie* (ou *acrobatique*) et *sport*.

ACROSTICHE [akʀɔstiʃ] **n. m.** ✦ Poème ou strophe où les initiales de chaque vers, lues dans le sens vertical, composent un nom ou un mot-clé. ☛ Littérature p. 119.
ÉTYM. grec *akrostikhos*, de *akros* «élevé» et *stikhos* «vers».

ACRYLIQUE [akʀilik] **adj. 1.** *Acide acrylique* : acide gras de l'éthylène. **2.** Se dit de produits obtenus à partir de composés de cet acide. *Résine, peinture acrylique.* ⟵ **n. m.** Tissu de fibres acryliques.
ÉTYM. du latin *acer* «acide» et de *-yle*.

ACTANCIEL, ELLE [aktɑ̃sjɛl] **adj.** ✦ *Schéma actanciel*, qui précise les fonctions des personnages (→ **actant**) dans un récit.
ÉTYM. de *actant*.

ACTANT [aktɑ̃] **n. m.** ✦ Être ou chose qui intervient dans le déroulement d'un récit.
ÉTYM. du radical de *action*.

① **ACTE** [akt] **n. m.** **I 1.** Pièce écrite qui constate un fait, une convention, une obligation. *Acte de vente. Acte d'état civil*, constatant une naissance, un mariage, un décès... ◆ *PRENDRE ACTE d'une chose*, la faire constater légalement ; en prendre bonne note (en vue d'une utilisation ultérieure). *Je prends acte de votre promesse.* ⟵ *DONT ACTE* : en prenant note de ce qui s'est passé. **2.** au plur. Recueil de procès-verbaux, de communications. *Les actes d'un colloque.* **II 1.** Action humaine considérée dans son aspect concret ; fait d'agir*. SYN. ① **action**. *Être responsable de ses actes. Un acte de courage*, inspiré par le courage. ⟵ *Acte gratuit**. ⟵ *Passer aux actes*, agir. ◆ spécialt *Acte médical.* ⟵ *Acte sexuel.* **2.** *FAIRE ACTE DE* : manifester, donner une preuve de. *Faire acte de bonne volonté.*
ÉTYM. latin *actum*, du participe passé de *agere* «faire, agir».

② **ACTE** [akt] **n. m.** ✦ Chacune des grandes divisions d'une pièce de théâtre. ☛ Littérature p. 127. *Tragédie classique en cinq actes. Acte II, scène 3.*
ÉTYM. latin *actus*.

ACTEUR, TRICE [aktœʀ, tʀis] **n. 1.** Artiste* dont la profession est de jouer un rôle à la scène ou à l'écran. SYN. **comédien** ; → **interprète**. *Le jeu des acteurs.* ☛ Littérature p. 128. *Actrice célèbre.* → **star, vedette**. **2.** Personne qui prend une part active, joue un rôle important. SYN. **protagoniste**. *Les acteurs et les témoins d'un drame.*
ÉTYM. latin *actor*, de *agere* «faire».

① **ACTIF, IVE** [aktif, iv] **adj. 1.** Qui agit (personnes), implique une activité (choses). *Membre actif d'une association. Mener une vie active.* ◆ *Armée active* ou **n. f.** *l'active* (opposé à *la réserve*). ◆ *Méthode active* : méthode d'enseignement faisant appel à l'activité et à l'initiative de l'élève. ◆ *Population active* : partie de la population d'un pays susceptible d'exercer une activité professionnelle. *Le chômage touche 10 % des actifs.* ◆ GRAMM. *Voix active d'un verbe*, qui exprime que le sujet est considéré comme agissant. ⟵ **n. m.** *L'actif et le passif.* **2.** Qui agit avec force. SYN. **énergique**. *Un remède actif.* **3.** Qui aime à agir, à se dépenser en travaux, en entreprises. SYN. **dynamique, entreprenant, travailleur**. *Elle est encore très active pour son âge.* CONTR. **inactif** ; **passif** • **inopérant** • **paresseux**.
ÉTYM. latin *activus*, de *agere* «faire».

② **ACTIF** [aktif] **n. m. 1.** L'ensemble des biens ou droits constituant un patrimoine. *L'actif d'une succession. Sommes portées à l'actif d'un bilan.* **2.** fig. *AVOIR À SON ACTIF* : compter au nombre des choses qu'on a réalisées avec succès. CONTR. **passif**.
ÉTYM. de ① *actif*.

ACTINIE [aktini] **n. f.** ✦ ZOOL. Animal marin carnivore, pourvu de nombreux tentacules, couramment appelé *anémone de mer*.
ÉTYM. du grec *aktis* «rayon».

ACTINOMYCÈTE [aktinomisɛt] **n. m.** ✦ BIOL. Bactérie filamenteuse, qui rappelle les champignons. *Certains actynomycètes fournissent des antibiotiques.*
ÉTYM. du grec *aktis, aktinos* «rayon» et de *-mycète*.

① **ACTION** [aksjɔ̃] **n. f.** **I 1.** Ce que fait qqn et par quoi il réalise une intention ou une impulsion. SYN. ① **acte**, ② **fait**. *Bonne action.* → **B. A.** *Action d'éclat.* → **exploit, prouesse**. **2.** Fait de produire un effet, manière d'agir sur qqn ou qqch. *L'action personnelle d'un ministre.* SYN. **influence**. *Moyens d'action. Sous l'action de l'humidité.* SYN. **effet**. ⟵ *En action*, en train d'agir, de produire son effet. **3.** Exercice de la faculté d'agir (opposé à la pensée, aux paroles). SYN. **activité, effort, travail**. *Il est temps de passer à l'action. Un homme, une femme d'action.* ◆ *Mettre en action*, faire agir. **4.** Combat, lutte. *Dans le feu de l'action. L'action syndicale. Action directe* (violence terroriste). **II** Exercice d'un droit en justice. → **demande, poursuite, recours**. *Intenter une action en diffamation contre qqn.* **III 1.** Suite de faits et d'actes constituant le sujet (d'une œuvre). SYN. **intrigue**. *L'action du film, du roman se passe en Italie.* **2.** Animation produite par les aventures représentées ou racontées. *Film d'action.* CONTR. **inaction**.
ÉTYM. latin *actio*, d'une forme de *agere* «faire».

② **ACTION** [aksjɔ̃] **n. f.** ✦ Titre cessible et négociable représentant une part du capital social de certaines sociétés *(société par actions). Actions et obligations. Cote des actions en Bourse.*
ÉTYM. peut-être de ② *actif*.

ACTIONNAIRE [aksjɔnɛʀ] **n.** ✦ Propriétaire d'une ou plusieurs actions ②. *Les actionnaires touchent des dividendes.*
► **ACTIONNARIAT** [aksjɔnaʀja] **n. m.**
ÉTYM. de ② *action*.

ACTIONNER [aksjɔne] **v. tr.** (conjug. 3a) ✦ Mettre en mouvement, faire fonctionner (un mécanisme). *Actionner le démarreur d'une voiture.*
ÉTYM. de ① *action*.

ACTIVEMENT [aktivmɑ̃] **adv.** ✦ En déployant une grande activité, avec ardeur. *Il s'en occupe activement.* CONTR. **mollement**.
ÉTYM. de ① *actif*.

ACTIVER [aktive] **v. tr.** (conjug. 3a) **1.** Rendre plus prompt (en augmentant l'activité). SYN. **accélérer**. *Activer les travaux.* ⟵ absolt FAM. *Allons, activons !, pressons !* **2.** Rendre plus vif, plus agissant. *Le vent activait l'incendie.* SYN. **stimuler**. **3.** *S'ACTIVER* **v. pron.** Déployer une grande activité, s'affairer. *Le cuisinier s'active à préparer le repas.* CONTR. **ralentir** • **traîner**.
ÉTYM. de ① *actif*.

ACTIVISME [aktivism] **n. m.** ✦ Attitude politique qui favorise l'action directe, voire violente (→ **extrémisme**) et la propagande active.
ÉTYM. de ① *actif.*

ACTIVISTE [aktivist] **n.** ✦ Partisan de l'activisme.

ACTIVITÉ [aktivite] **n. f.** 1. (choses) Faculté ou fait d'agir. *L'activité d'un médicament, d'un virus.* ➝ *Volcan en activité.* SYN. ① **action.** 2. Actes coordonnés et travaux d'origine humaine. *Activité physique, intellectuelle. L'activité industrielle d'une région.* ➝ au plur. *Les activités de qqn.* SYN. **occupation.** 3. Qualité d'une personne active. *Une activité débordante.* 4. Situation d'une personne (spécialt d'un militaire) qui exerce son emploi (s'oppose à *retraite,* à *disponibilité*). *Un médecin en activité.* CONTR. **inactivité ; apathie, inertie, paresse.**
ÉTYM. latin médiéval *activitas,* de *activus* «actif».

ACTUAIRE [aktɥɛʀ] **n.** ✦ Spécialiste de la statistique et du calcul des probabilités appliqués aux problèmes d'assurances, de prévoyance, d'amortissement.
ÉTYM. anglais *actuary,* du latin *actuarius* «comptable».

ACTUALISER [aktɥalize] **v. tr.** (conjug. 3a) 1. PHILOS. Faire passer de l'état virtuel à l'état réel. 2. Moderniser. *Actualiser ses méthodes de travail.* ◆ Mettre à jour (un ouvrage de référence).
► **ACTUALISATION** [aktɥalizasjɔ̃] **n. f.**
ÉTYM. de *actuel.*

ACTUALITÉ [aktɥalite] **n. f.** 1. PHILOS. Caractère de ce qui est actuel (opposé à *virtualité*). 2. Caractère de ce qui se rapporte à l'époque actuelle. *L'actualité d'un problème. Ce livre n'est plus D'ACTUALITÉ,* il est dépassé. 3. Ensemble des évènements actuels, des faits tout récents. *L'actualité politique, sportive.* 4. *LES ACTUALITÉS,* informations, nouvelles du moment (presse, télévision). *Actualités télévisées.* SYN. **journal.**
ÉTYM. latin médiéval *actualitas.*

ACTUARIEL, ELLE [aktɥaʀjɛl] **adj.** ✦ Relatif aux méthodes mathématiques des actuaires. *Taux actuariel,* par versements échelonnés.
ÉTYM. de *actuaire.*

ACTUEL, ELLE [aktɥɛl] **adj.** 1. PHILOS. Qui est effectif, réalisé (et non en puissance). 2. Qui existe, se passe au moment où l'on parle. SYN. ② **présent.** *À l'heure actuelle. Le monde actuel.* SYN. **contemporain.** *L'actuel Premier ministre.* 3. Qui intéresse notre époque. SYN. **moderne.** *Une grande œuvre toujours actuelle.* CONTR. **potentiel, virtuel • ancien,** ② **passé • démodé, dépassé, obsolète.**
ÉTYM. latin *actualis,* d'une forme de *agere* «faire».

ACTUELLEMENT [aktɥɛlmɑ̃] **adv.** 1. PHILOS. Effectivement. 2. Dans les circonstances actuelles, à l'heure actuelle. SYN. **aujourd'hui, maintenant, à présent.** CONTR. **virtuellement • anciennement, autrefois.**

ACUITÉ [akɥite] **n. f.** 1. Caractère aigu, intense. SYN. **intensité.** *L'acuité d'une douleur.* ➝ *L'acuité d'un son.* 2. Degré de sensibilité (d'un sens). *L'acuité visuelle.* 3. Finesse des facultés de l'esprit. *L'acuité d'une observation.* 4. Gravité (d'un conflit, d'une crise).
ÉTYM. bas latin *acuitas,* de *acutus* «aigu, pointu».

ACUPONCTEUR, TRICE [akypɔ̃ktœʀ, tʀis] **n.** ✦ Spécialiste de l'acuponcture. ➝ On écrit aussi *acupuncteur, trice.*

ACUPONCTURE [akypɔ̃ktyʀ] **n. f.** ✦ Thérapeutique consistant dans l'introduction d'aiguilles très fines en des points précis des tissus ou des organes. ➝ On écrit aussi *acupuncture.*
ÉTYM. latin médical *acupunctura,* de *acus* «aiguille» et *punctura* «piqûre».

ADAGE [adaʒ] **n. m.** ✦ Maxime ancienne et populaire.
ÉTYM. latin *adagium.*

ADAGIO [ada(d)ʒjo] **adv.** ✦ MUS. Lentement. ➝ **n. m.** Morceau ou pièce musicale à exécuter dans ce tempo. *Des adagios.*
ÉTYM. mot italien, de *agio* «aise».

ADAMANTIN, INE [adamɑ̃tɛ̃, in] **adj.** ✦ LITTÉR. Qui a la dureté ou l'éclat du diamant.
ÉTYM. latin *adamantinus,* du grec, de *adamas* «corps dur ; diamant».

ADAPTABLE [adaptabl] **adj.** ✦ Qui peut s'adapter, qu'on peut adapter (1). *Embout adaptable à un tuyau.*
► **ADAPTABILITÉ** [adaptabilite] **n. f.**

ADAPTATEUR, TRICE [adaptatœʀ, tʀis] **n.** 1. Auteur d'une adaptation (au théâtre, au cinéma). 2. **n. m.** Dispositif permettant d'adapter un appareil à un autre usage que celui pour lequel il était conçu.
ÉTYM. de *adapter.*

ADAPTATION [adaptasjɔ̃] **n. f.** 1. Action d'adapter ou de s'adapter ; modification qui en résulte. *Adaptation d'un équipement aux besoins des handicapés.* 2. Aptitude d'un organisme à se mettre en harmonie avec son milieu pour assurer sa survie. SYN. **acclimatation.** 3. Transformation (d'une œuvre narrative) qui ne conserve que la substance du récit. *Adaptation cinématographique d'un roman.* ◆ Arrangement ou transcription musicale.
ÉTYM. latin médiéval *adaptatio.*

ADAPTER [adapte] **v. tr.** (conjug. 3a) **I** 1. *Adapter qqch. à qqch.,* réunir, appliquer après ajustement. *Adapter des roulettes aux pieds d'une table.* ➝ pronom. *Le tuyau s'adapte au robinet.* 2. *Adapter* (qqn, qqch.) *à* (qqn, qqch.), approprier, mettre en harmonie avec. *Adapter ses projets aux circonstances.* SYN. **accorder.** 3. Faire l'adaptation (3) de. *Adapter un roman pour la télévision.* **II** *S'ADAPTER* **v. pron.** 1. Se mettre en harmonie avec (les circonstances, le milieu), réaliser son adaptation biologique. SYN. **s'acclimater, s'habituer.** *L'œil s'adapte à la luminosité.* 2. (personnes) *Savoir s'adapter,* être souple, s'accommoder des circonstances.
ÉTYM. latin *adaptare,* de *aptus* «apte».

ADDENDA [adɛ̃da] **n. m.** ✦ Ensemble de notes ajouté à la fin d'un ouvrage. *Des addendas* ou *des addenda* (invar.).
ÉTYM. mot latin «choses à ajouter *(addere)*».

ADDICTIF, IVE [adiktif, iv] **adj.** ✦ Qui crée, dénote une dépendance. *Conduites addictives.*
ÉTYM. de *addiction.*

ADDICTION [adiksjɔ̃] **n. f.** ✦ anglicisme Forte dépendance à une substance, une activité.
ÉTYM. mot anglais.

ADDITIF, IVE [aditif, iv] **n. m.** et **adj.** 1. Supplément, article additionnel. *Un additif au budget.* 2. Substance ajoutée à un produit (pour l'améliorer, le conserver, etc.). *Additifs alimentaires.* 3. **adj.** Relatif à l'addition.

Fonction additive.
ÉTYM. du latin *additivus* «qui s'ajoute».

ADDITION [adisjɔ̃] **n. f. 1.** Action d'ajouter en incorporant. SYN. **adjonction, ajout.** *L'addition d'un paragraphe à un texte.* **2.** Écrit ajouté. → **addenda, annexe.** *Notes et additions.* **3.** Opération consistant à réunir en un seul nombre toutes les unités ou fractions d'unité contenues dans plusieurs autres. SYN. ① **somme.** *Faire une addition.* **4.** Note présentant le total des dépenses, au restaurant, au café. SYN. **note.** *Régler l'addition.*
ÉTYM. latin *additio*, de *addere* «ajouter».

ADDITIONNEL, ELLE [adisjɔnɛl] **adj.** ✦ Qui s'ajoute ou doit s'ajouter. *Article additionnel à une loi.* → **additif.**
ÉTYM. de *addition.*

ADDITIONNER [adisjɔne] **v. tr.** (conjug. 3a) **1.** Modifier, enrichir par addition d'un élément. *Additionner son vin d'un peu d'eau.* → au p. passé *Jus de fruits additionné de sucre.* **2.** Faire l'addition de. *Additionner trois nombres.* SYN. **totaliser. 3.** S'ADDITIONNER **v. pron.** S'ajouter. *Dépenses qui s'additionnent.*
ÉTYM. de *addition.*

ADDITIVITÉ [aditivite] **n. f.** ✦ SC. Propriété de grandeurs pouvant s'additionner. *Loi d'additivité des tensions.*
ÉTYM. de *additif.*

ADDUCTEUR [adyktœʀ] **adj. m.** et **n. m. 1.** *(Canal) adducteur* : canal d'adduction des eaux. **2.** ANAT. *(Muscle) adducteur,* qui produit une adduction.
ÉTYM. bas latin *adductor.*

ADDUCTION [adyksjɔ̃] **n. f. 1.** Action de dériver les eaux d'un lieu pour les amener dans un autre. *Travaux d'adduction d'eau.* **2.** DIDACT. Mouvement qui rapproche de l'axe du corps (opposé à *abduction*).
ÉTYM. latin *adductio*, de *adducere* «amener».

ADÉNOÏDE [adenɔid] **adj.** ✦ MÉD. Qui a rapport au tissu ganglionnaire et à ses affections. *Végétations* adénoïdes.*
ÉTYM. grec *adenoeidês*, de *adên* «glande».

ADÉNOME [adenom] **n. m.** ✦ MÉD. Tumeur bénigne qui se développe sur une glande. *Adénome de la prostate.*
ÉTYM. du grec *adên* «glande».

ADEPTE [adɛpt] **n.** ✦ Fidèle (d'une religion), partisan (d'une doctrine). *Faire des adeptes* : rallier des personnes à son point de vue.
ÉTYM. latin *adeptus* «qui a atteint», par l'anglais.

ADÉQUAT, ATE [adekwa(t), at] **adj.** ✦ Exactement proportionné à son objet, adapté à son but. SYN. **approprié, convenable, juste.** *La réponse adéquate. Trouver l'endroit adéquat.* CONTR. **inadéquat.**
► **ADÉQUATEMENT** [adekwatmɑ̃] **adv.**
ÉTYM. latin *adaequatus* «rendu égal *(aequus)*».

ADÉQUATION [adekwasjɔ̃] **n. f.** ✦ Rapport de convenance parfaite. SYN. **équivalence.** *Une parfaite adéquation entre ses paroles et ses actes.* SYN. **concordance.** ◆ Fait de rendre adéquat. CONTR. **inadéquation.**
ÉTYM. bas latin *adaequatio.*

ADHÉRENCE [adeʀɑ̃s] **n. f. 1.** État d'une chose qui adhère à une autre. *L'adhérence des pneus au sol.* **2.** Union accidentelle de tissus contigus, dans l'organisme. *Adhérence pleurale.*
ÉTYM. bas latin *adhaerentia.*

ADHÉRENT, ENTE [adeʀɑ̃, ɑ̃t] **adj.** et **n.**
I adj. Qui adhère, tient fortement à autre chose. *Des pneus larges et adhérents* (à la route).
II n. Personne qui adhère (à un parti, une association). SYN. **membre.** *Carte d'adhérent.*
HOM. ADHÉRANT (p. présent de *adhérer*)
ÉTYM. latin *adhaerens.*

ADHÉRER [adeʀe] **v. tr. ind.** (conjug. 8) **I** Tenir fortement par un contact étroit de la totalité ou de la plus grande partie de la surface. SYN. **coller.** *L'écorce adhère au bois.* **II** (personnes) **1.** Se déclarer d'accord avec, partisan de. *J'adhère à votre point de vue.* **2.** S'inscrire (à une association, un parti dont on partage les vues). (→ **adhérent** (II), **adhésion**). HOM. (du p. présent *adhérant*) ADHÉRENT «membre»
ÉTYM. latin *adhaerere.*

ADHÉSIF, IVE [adezif, iv] **adj.** ✦ Qui reste collé après application. SYN. **collant.** *Ruban adhésif.* → **n. m.** Tissu, papier adhésif ; substance permettant de coller.
ÉTYM. de *adhésion.*

ADHÉSION [adezjɔ̃] **n. f. 1.** Approbation réfléchie. SYN. **accord, assentiment.** *Je lui apporte mon adhésion complète.* **2.** Action d'adhérer (II), de s'inscrire (à une association, un parti). *Adhésion à un parti. Bulletin d'adhésion* (→ **adhérent**). CONTR. **opposition, refus** • **démission.**
ÉTYM. latin *adhaesio*, de *adhaerere* «adhérer».

AD HOC [adɔk] **loc. adj. invar.** ✦ Destiné expressément à un usage. *Trouver l'instrument ad hoc.* SYN. **adéquat.**
HOM. HADDOCK «poisson»
ÉTYM. locution latine «à cet effet».

ADIABATIQUE [adjabatik] **adj.** ✦ SC. Qui s'effectue sans échange de chaleur.
ÉTYM. du grec *adiabatos* «intraversable».

ADIEU [adjø] **interj.** et **n. m.**
I interj. 1. Formule dont on se sert en prenant congé de qqn qu'on ne doit pas revoir de quelque temps (opposé à *au revoir*) ou qu'on ne doit plus revoir. → *Dire adieu à qqn,* prendre congé de lui. **2.** (choses) *Adieu, la belle vie !* → *Il peut* DIRE ADIEU *à sa tranquillité,* y renoncer. **3.** RÉGIONAL (Midi) Bonjour. ◆ Au revoir.
II n. m. Fait de prendre congé, de se séparer de qqn. *Le moment des adieux. Faire ses adieux à qqn.*
ÉTYM. de *à Dieu*, dans *je vous recommande à Dieu*, formule de séparation.

À DIEU VA [adjøva] ou **À DIEU VAT** [adjøvat] **loc. interj.** ✦ À la grâce de Dieu ; advienne que pourra.
ÉTYM. de *à*, *Dieu*, et impératif de *aller.*

ADIPEUX, EUSE [adipø, øz] **adj. 1.** ANAT. Fait de graisse. *Tissu adipeux.* **2.** COUR. Très gras. *Un visage adipeux.*
► **ADIPOSITÉ** [adipozite] **n. f.**
ÉTYM. du latin *adeps, adipis* «graisse».

ADJACENT, ENTE [adʒasɑ̃, ɑ̃t] **adj. 1.** Qui se trouve dans le voisinage immédiat. SYN. **contigu, voisin.** *Les rues adjacentes.* **2.** GÉOM. *Angles adjacents,* qui ont le même sommet et sont situés de part et d'autre d'un côté commun.
ÉTYM. latin *adjacens* «situé près de».

ADJECTIF, IVE [adʒɛktif, iv] **n. m.** et **adj.** **1. n. m.** Mot susceptible d'accompagner un nom avec lequel il s'accorde en genre et en nombre, et qui n'est pas un article. *Adjectifs démonstratifs, indéfinis, exclamatifs, interrogatifs, numéraux, possessifs, relatifs.* ➖ *Adjectif qualificatif.* → **attribut, épithète.** ➖ *Adjectif verbal*, participe présent devenu adjectif. **2. adj.** Qui a une valeur d'adjectif. *Locution adjective* (ex. terre à terre).
ÉTYM. latin *adjectivum (nomen)* « (nom) qui s'ajoute ».

ADJECTIVEMENT [adʒɛktivmɑ̃] **adv.** ✦ En fonction d'adjectif.

ADJOINDRE [adʒwɛ̃dʀ] **v. tr.** (conjug. 49) **1.** Associer (une personne à une autre) pour aider, contrôler. ➖ *Elle s'est adjoint deux collaborateurs.* **2.** Joindre, ajouter (une chose) à une autre.
ÉTYM. latin *adjungere.*

ADJOINT, OINTE [adʒwɛ̃, wɛ̃t] **n.** ✦ Personne associée à une autre pour l'aider dans ses fonctions. SYN. ② **aide, assistant.** *Adjoint au maire* : conseiller municipal élu pour assister et suppléer le maire. ➖ appos. *Directeur, maire adjoint.*
ÉTYM. du participe passé de *adjoindre.*

ADJONCTION [adʒɔ̃ksjɔ̃] **n. f.** **1.** Action d'adjoindre (une personne, une chose). *L'adjonction d'une aile à un bâtiment.* **2.** Chose adjointe.
ÉTYM. latin *adjunctio.*

ADJUDANT, ANTE [adʒydɑ̃, ɑ̃t] **n.** ✦ en France Sous-officier qui, dans la hiérarchie des grades, vient au-dessus du sergent-chef. *Adjudant-chef*, grade le plus élevé des sous-officiers. *Une adjudante-chef.*
ÉTYM. espagnol *ayudante*, du latin *adjuvare* « aider ».

ADJUDICATAIRE [adʒydikatɛʀ] **n.** ✦ DR. Bénéficiaire d'une adjudication.

ADJUDICATION [adʒydikasjɔ̃] **n. f.** ✦ Acte juridique par lequel on met des acquéreurs ou des entrepreneurs en libre concurrence. *Vente par adjudication*, aux enchères. → **adjuger.** *Adjudication de travaux.*
ÉTYM. latin *adjudicatio* → adjuger.

ADJUGER [adʒyʒe] **v. tr.** (conjug. 5) **1.** Décerner. *Adjuger un prix.* ➖ *S'adjuger la meilleure part.* SYN. **s'attribuer. 2.** DR. Attribuer par adjudication. ➖ au p. passé *Une fois, deux fois, trois fois, adjugé !* (vendu !).
ÉTYM. latin *adjudicare.*

ADJURATION [adʒyʀasjɔ̃] **n. f.** ✦ Prière instante, supplication. *Il s'entêtait, malgré les adjurations de sa famille.*
ÉTYM. latin ecclésiastique *adjuratio.*

ADJURER [adʒyʀe] **v. tr.** (conjug. 3a) ✦ Commander ou demander à (qqn) en adressant une adjuration. *Je vous adjure de dire la vérité.* SYN. **conjurer, implorer, supplier.**
ÉTYM. latin *adjurare.*

ADJUVANT [adʒyvɑ̃] **n. m.** **1.** Médicament, produit ajouté à un autre pour renforcer ou compléter son action. **2.** Dans un récit, Personnage qui aide le héros à accomplir son action. ☞ Littérature p. 131. *L'adjuvant et l'opposant.*
ÉTYM. du latin *adjuvans*, participe présent de *adjuvare* « aider ».

AD LIBITUM [adlibitɔm] **loc. adv.** ✦ À volonté ; au choix.
ÉTYM. mots latins, d'une forme de *libet* « il plaît ».

ADMETTRE [admɛtʀ] **v. tr.** (conjug. 46) **1.** Accepter de recevoir (qqn). SYN. **accueillir, agréer.** *Être admis à l'Académie. Admettre qqn à siéger*, lui en reconnaître le droit. SYN. **autoriser.** ➖ au p. passé *Candidat admis à l'oral.* ➖ *Les chiens ne sont pas admis dans cet hôtel.* **2.** Considérer comme acceptable par l'esprit. ➖ *ADMETTRE QUE* (+ subj. ou indic.). *J'admets que tu as (ou tu aies) raison.* ➖ *ADMETTONS, EN ADMETTANT QUE* (+ subj.), en acceptant comme hypothèse que. SYN. **supposer. 3.** (surtout en phrase négative) Accepter, permettre. *Il n'admet pas de discussion.* SYN. **tolérer.** ➖ *Ne pas admettre que* (+ subj.). ◆ (sujet chose) Autoriser, permettre. SYN. **souffrir.** *C'est une règle qui n'admet aucune exception.* **4.** Laisser entrer. *Les gaz sont admis dans le cylindre* (→ **admission**, 2). CONTR. **exclure, refuser, rejeter ; ajourner, éliminer.**
ÉTYM. latin *admittere.*

ADMINISTRATEUR, TRICE [administʀatœʀ, tʀis] **n.** **1.** Personne chargée de l'administration d'un bien, d'un patrimoine. ◆ Membre d'un conseil d'administration. **2.** Personne qui a les qualités requises pour les tâches d'administration. **3.** *Administrateur système, administrateur de réseau* : personne chargée de mettre en œuvre et de maintenir les ressources informatiques de son domaine.
ÉTYM. latin *administrator.*

ADMINISTRATIF, IVE [administʀatif, iv] **adj.** **1.** Relatif à l'Administration. *Les autorités administratives.* **2.** Chargé de tâches d'administration. *Directeur administratif.*
► **ADMINISTRATIVEMENT** [administʀativmɑ̃] **adv.**

ADMINISTRATION [administʀasjɔ̃] **n. f.** **1.** Action de gérer un bien, un ensemble de biens. SYN. **gestion.** *L'administration d'une société* (par un *conseil d'administration*). **2.** Fonction consistant à assurer l'application des lois et la marche des services publics conformément aux directives gouvernementales. **3.** Ensemble des services et agents chargés de cette fonction (l'Administration). *Entrer dans l'Administration.* (en France) *École nationale d'administration (E. N. A.).* **4.** Service public. *L'administration des impôts.*
ÉTYM. latin *administratio.*

ADMINISTRÉ, ÉE [administʀe] **n.** ✦ Personne soumise à une autorité administrative. *Le maire et ses administrés.*

ADMINISTRER [administʀe] **v. tr.** (conjug. 3a) **I 1.** Gérer en faisant valoir, en défendant les intérêts. *Administrer les biens d'un mineur.* **2.** Assurer l'administration de (un pays, une circonscription). *Le maire administre la commune.* **II 1.** RELIG. Conférer (un sacrement, notamment l'extrême-onction). **2.** Faire prendre (un remède). *Le médecin lui administra un antidote.* **3.** FAM. Donner (une série de coups).
ÉTYM. latin *administrare.*

ADMIRABLE [admiʀabl] **adj.** ✦ Digne d'admiration. *Un portrait admirable.* SYN. ① **beau, merveilleux.** *Un homme admirable.* SYN. **remarquable.** CONTR. **lamentable, méprisable.**
ÉTYM. latin *admirabilis.*

ADMIRABLEMENT [admiʀabləmɑ̃] **adv.** **1.** D'une manière admirable. SYN. **merveilleusement.** *Un ciel admirablement bleu.* **2.** Très bien. *Ils s'entendent admirablement.*

ADMIRATEUR, TRICE [admiʀatœʀ, tʀis] **n.** ✦ Personne qui admire (qqn, une œuvre). CONTR. **contempteur.**
ÉTYM. latin *admirator.*

ADMIRATIF, IVE [admiʀatif, iv] **adj.** ✦ Qui est en admiration (devant qqn, un spectacle). *Une assistance admirative.* ➡ *Regard admiratif.* CONTR. **méprisant.**
► **ADMIRATIVEMENT** [admiʀativmɑ̃] **adv.**
ÉTYM. bas latin *admirativus.*

ADMIRATION [admiʀasjɔ̃] **n. f.** ✦ Sentiment de joie et d'épanouissement devant ce qu'on juge supérieurement beau ou grand. SYN. **émerveillement, ravissement.** *Son courage fait l'admiration de tous. Être en admiration devant un tableau. J'ai de l'admiration pour cette femme.* CONTR. **mépris.**
ÉTYM. latin *admiratio.*

ADMIRER [admiʀe] **v. tr.** (conjug. 3a) ✦ Considérer avec plaisir (ce qu'on juge supérieur) ; avoir de l'admiration pour. *On admire son talent.* ♦ iron. *J'admire votre confiance* : je ne suis pas si confiant. CONTR. **dédaigner, mépriser.**
ÉTYM. latin *admirari.*

ADMISSIBILITÉ [admisibilite] **n. f.** ✦ Fait d'être admissible.

ADMISSIBLE [admisibl] **adj.** 1. (surtout négatif) Qu'on peut admettre. *Cette explication est admissible.* SYN. **acceptable.** ♦ Tolérable, supportable. *Ce retard n'est pas admissible.* 2. Qui peut être admis (à un emploi). 3. Admis à subir les épreuves définitives d'un examen. *Candidat admissible* (à l'oral). CONTR. **inadmissible ; inacceptable ; intolérable • ajourné, refusé.**
ÉTYM. latin médiéval *admissibilis.*

ADMISSION [admisjɔ̃] **n. f.** 1. Action d'admettre (qqn) ; fait d'être admis. *Conditions d'admission dans une école.* 2. Fait de laisser entrer (un gaz). *Régler l'admission de la vapeur.*
ÉTYM. latin *admissio.*

ADMONESTATION [admɔnɛstasjɔ̃] **n. f.** ✦ LITTÉR. Avertissement, remontrance sévère. SYN. **réprimande.** DR. *Admonestation du juge à un mineur.*
ÉTYM. de *admonester.*

ADMONESTER [admɔnɛste] **v. tr.** (conjug. 3a) ✦ LITTÉR. Réprimander sévèrement en avertissant de ne pas recommencer.
ÉTYM. latin populaire *admonestare*, de *monere* «avertir».

A. D. N. [adeɛn] **n. m.** ✦ BIOL. Acide du noyau des cellules vivantes, constituant essentiel des chromosomes et porteur de caractères génétiques. *Structure en double hélice de l'A. D. N.* ➡ variante ADN.
ÉTYM. sigle de *a(cide) d(ésoxyribo)n(ucléique).*

ADOLESCENCE [adɔlesɑ̃s] **n. f.** ✦ Période qui suit la puberté et précède l'âge adulte.
ÉTYM. latin *adolescentia* «jeunesse».

ADOLESCENT, ENTE [adɔlesɑ̃, ɑ̃t] **n.** ✦ Jeune garçon, jeune fille à l'âge de l'adolescence. ➡ abrév. FAM. ADO [ado]. *Les ados.*
ÉTYM. du latin *adolescens*, participe présent de *adolescere* «grandir».

ADONIS [adɔnis] **n. m.** ✦ Jeune homme d'une grande beauté.
ÉTYM. de *Adonis*, héros de la mythologie grecque. ☛ noms propres.

S'ADONNER [adɔne] **v. pron.** (conjug. 3a) ✦ S'appliquer avec constance (à une activité, une pratique). *Elle s'adonne entièrement à l'étude.* SYN. se **consacrer.** ➡ péj. *S'adonner à la boisson, au jeu.* SYN. se **livrer.**
ÉTYM. latin populaire *addonare*, de *donare* «donner».

ADOPTANT, ANTE [adɔptɑ̃, ɑ̃t] **adj.** ✦ Qui adopte légalement qqn. ➡ **n.** *Les adoptants.*
ÉTYM. du participe présent de *adopter.*

ADOPTER [adɔpte] **v. tr.** (conjug. 3a) 1. Prendre légalement pour fils ou pour fille. *Adopter un orphelin.* ➡ au p. passé *Un enfant adopté.* 2. Traiter comme qqn de la famille. 3. Faire sien en choisissant, en décidant de suivre. SYN. **embrasser.** *Adopter une position, une attitude.* 4. Approuver par un vote. *L'Assemblée a adopté le projet de loi.* CONTR. **rejeter • refuser.**
ÉTYM. latin *adoptare*, de *optare* «choisir».

ADOPTIF, IVE [adɔptif, iv] **adj.** 1. Qui est tel par adoption. *Père adoptif.* 2. D'adoption. *Sa patrie adoptive.*
ÉTYM. latin *adoptivus.*

ADOPTION [adɔpsjɔ̃] **n. f.** 1. Action d'adopter (qqn) ; acte juridique établissant entre deux personnes (l'*adoptant* et l'*adopté*) des relations de droit analogues à celles qui résultent de la filiation. 2. *D'ADOPTION* : qu'on a adopté, qu'on reconnaît pour sien. *Sa patrie d'adoption.* 3. Action d'adopter (3). *L'adoption de nouvelles techniques.* 4. Action d'adopter (4). *L'adoption d'un projet de loi.*
ÉTYM. latin *adoptio.*

ADORABLE [adɔʀabl] **adj.** ✦ Digne d'être aimé. ♦ Extrêmement joli, touchant, gracieux. SYN. **charmant, exquis.** *Une adorable petite fille.*
ÉTYM. latin *adorabilis.*

ADORABLEMENT [adɔʀabləmɑ̃] **adv.** ✦ D'une manière adorable, exquise.

ADORATEUR, TRICE [adɔʀatœʀ, tʀis] **n.** 1. Personne qui adore, rend un culte à (une divinité). 2. Admirateur ; amoureux empressé.
ÉTYM. latin ecclésiastique *adorator.*

ADORATION [adɔʀasjɔ̃] **n. f.** 1. Culte rendu à un dieu, à des choses sacrées. *L'adoration des reliques.* 2. Amour fervent, culte passionné. ➡ *Il est en adoration devant elle.*
ÉTYM. latin *adoratio.*

ADORER [adɔʀe] **v. tr.** (conjug. 3a) 1. Rendre un culte à (un dieu, une chose sacrée). ➡ loc. *Brûler ce qu'on a adoré* : se montrer inconstant dans ses attachements, les renier. 2. Aimer (qqn) d'un amour ou d'une affection passionnée. *Il adore sa fille.* SYN. **aduler.** ➡ pronom. *Ils s'adorent.* 3. FAM. Avoir un goût très vif pour (qqch.). *Elle adore le chocolat.* SYN. **raffoler** de.
ÉTYM. latin *adorare*, de *orare* «prier».

ADOSSER [adose] **v. tr.** (conjug. 3a) ✦ Appuyer en mettant le dos, la face postérieure contre. *Adosser un piano au mur.* ➡ *S'ADOSSER* **v. pron.** S'appuyer en mettant le dos (contre). *Elle s'adossait à la porte.*
► **ADOSSÉ, ÉE p. passé** *Adossé à un arbre. Grange adossée à la ferme.*
ÉTYM. de ① *a-* et *dos.*

ADOUBEMENT [adubmɑ̃] **n. m.** ✦ HIST. Cérémonie au cours de laquelle le jeune noble était armé chevalier, au Moyen Âge.
ÉTYM. de *adouber.*

ADOUBER [adube] v. tr. (conjug. 3a) ✦ HIST. Au Moyen Âge, Armer (un homme) chevalier.
ÉTYM. du francique *dubban* «frapper».

ADOUCIR [adusiʀ] v. tr. (conjug. 13) 1. Rendre plus doux, plus agréable aux sens. *Adoucir sa voix. Adoucir l'eau,* la rendre moins calcaire. ➛ pronom. *Le temps s'adoucit,* devient moins froid. SYN. se **radoucir.** 2. fig. Rendre moins rude, moins violent. *Adoucir une punition.* ➛ prov. *La musique adoucit les mœurs.* CONTR. **aggraver, durcir.**
ÉTYM. de *doux.*

ADOUCISSANT, ANTE [adusisɑ̃, ɑ̃t] adj. et n. m. 1. adj. Qui diminue l'irritation. *Crème adoucissante.* 2. n. m. Produit utilisé au rinçage pour adoucir le linge. CONTR. **irritant.**
ÉTYM. du participe présent de *adoucir.*

ADOUCISSEMENT [adusismɑ̃] n. m. 1. Action d'adoucir, fait de s'adoucir. *Un adoucissement de la température.* 2. fig. Soulagement, atténuation. *Trouver dans l'étude un adoucissement à son chagrin.* CONTR. **aggravation.**

ADOUCISSEUR [adusisœʀ] n. m. ✦ Appareil servant à adoucir l'eau.

AD PATRES [adpatʀɛs] loc. adv. ✦ loc. FAM. *Envoyer qqn ad patres,* le tuer.
ÉTYM. mots latins «vers ses pères, ses aïeux *(pater)*».

ADRÉNALINE [adʀenalin] n. f. ✦ MÉD. Hormone sécrétée par les glandes surrénales, qui accélère le rythme cardiaque, augmente la pression artérielle et dilate les bronches. *Décharge d'adrénaline provoquée par une émotion.*
ÉTYM. anglais *adrenalin,* de *renal* «du rein».

ADRESSAGE [adʀesaʒ] n. m. ✦ INFORM. Procédé définissant l'adresse d'une donnée sur un support.
ÉTYM. de *adresser.*

① **ADRESSE** [adʀɛs] n. f. **I** 1. Indication du nom et du domicile (d'une personne). *Écrire l'adresse (du destinataire) sur l'enveloppe. Partir sans laisser d'adresse.* ➛ *Une bonne adresse,* l'adresse d'un bon restaurant, d'un bon fournisseur, etc. ◆ fig. *Se tromper d'adresse :* ne pas s'adresser à qui il faudrait. 2. *À L'ADRESSE DE :* à l'intention de. *Une remarque à votre adresse.* 3. Signe (mot, formule) sous lequel est classée une information. ◆ INFORM. Expression représentant un emplacement de mémoire dans un ordinateur, sur Internet (➛ URL). *Mettre une donnée en adresse.* ➛ *Adresse électronique :* code alphanumérique permettant l'accès à un réseau télématique. **II** Expression des vœux et des sentiments d'une assemblée politique, adressée au souverain, au chef de l'État.
ÉTYM. de *adresser.*

② **ADRESSE** [adʀɛs] n. f. 1. Qualité physique d'une personne qui fait les mouvements les mieux adaptés, les plus efficaces (jeu, travail, exercice). SYN. **dextérité, habileté ;** ➛ **adroit.** *Jeux d'adresse.* 2. Qualité d'une personne qui sait s'y prendre, manœuvrer comme il faut pour obtenir un résultat. SYN. **diplomatie, doigté, finesse, ruse.** CONTR. **gaucherie, maladresse.**
ÉTYM. de ① *adresse,* influencé par *adroit.*

ADRESSER [adʀese] v. tr. (conjug. 3a) **I** 1. Émettre (des paroles) en direction de qqn. *Adresser un compliment à qqn.* ➛ *Adresser la parole à qqn,* lui parler. 2. Faire parvenir à l'adresse de qqn. *Adresser une lettre, un colis à qqn.* 3. Diriger (qqn) vers la personne qui convient. *Le médecin m'a adressé à un spécialiste.* 4. INFORM. Pourvoir une information d'une adresse. **II** *S'ADRESSER* v. pron. 1. *S'ADRESSER À qqn,* lui parler ; aller le trouver, avoir recours à lui. 2. (sujet chose) Être destiné. *Le public auquel ce livre s'adresse.*
ÉTYM. de *dresser.*

ADRET [adʀɛ] n. m. ✦ GÉOGR. Versant exposé au soleil, en montagne (opposé à *ubac*).
ÉTYM. de l'ancien provençal *adrech* ; famille de ① *droit* «du bon côté (celui du soleil)».

ADROIT, OITE [adʀwa, wat] adj. 1. Qui a de l'adresse, dans ses activités physiques. *Tireur adroit. Être adroit de ses mains.* 2. Qui se conduit, manœuvre avec adresse. SYN. **habile, rusé.** *Un négociateur adroit.* ➛ (choses) *Une manœuvre adroite.* CONTR. **gauche, maladroit.**
ÉTYM. de ① *a-* et *droit.*

ADROITEMENT [adʀwatmɑ̃] adv. ✦ Avec adresse ②.
ÉTYM. de *adroit.*

ADSL [adeɛsɛl] n. m. ✦ TECHN. Protocole de transmission numérique à haut débit qui utilise le réseau téléphonique. *L'ADSL et la fibre.*
ÉTYM. sigle anglais, de *Asymmetric Digital Subscriber Line* «ligne d'abonné numérique asymétrique».

ADSORBER [atsɔʀbe] v. tr. (conjug. 3a) ✦ SC. Retenir, fixer à la surface.
► **ADSORPTION** [atsɔʀpsjɔ̃] n. f.
ÉTYM. du latin *ad* «sur» et *sorbere* «avaler».

ADULATION [adylasjɔ̃] n. f. ✦ LITTÉR. Louange, admiration excessive. ➛ Adoration.
ÉTYM. latin *adulatio.*

ADULER [adyle] v. tr. (conjug. 3a) ✦ LITTÉR. Combler de louanges, de témoignages d'admiration. SYN. **choyer, fêter.** *Aduler ses enfants.* ➛ SYN. **adorer.** *Un chanteur adulé du public.*
ÉTYM. latin *adulari* «flatter».

ADULTE [adylt] adj. et n. 1. adj. (êtres vivants) Qui est parvenu au terme de sa croissance. *Animal, plante adulte.* ➛ *Âge adulte,* de la fin de l'adolescence au commencement de la vieillesse. SYN. **mûr.** 2. n. Homme, femme adulte. ➛ *Se comporter en adulte,* avec maturité. ➛ *Film pour adultes.*
ÉTYM. latin *adultus* «qui a grandi *(adolescere)*».

ADULTÈRE [adyltɛʀ] n. m. et adj. 1. n. m. Fait d'avoir volontairement des rapports sexuels avec une personne autre que son conjoint. SYN. **infidélité.** 2. adj. Qui commet un adultère. SYN. **infidèle.** *Un époux adultère.* CONTR. **fidélité · fidèle.**
ÉTYM. latin *adulterium* ; sens 2, latin *adulter.*

ADULTÉRER [adyltere] v. tr. (conjug. 8) ✦ RARE Altérer la pureté de (qqch.). SYN. **falsifier.**
ÉTYM. latin *adulterare,* de *alterare* «rendre autre *(alter)*».

ADULTÉRIN, INE [adylteʀɛ̃, in] adj. ✦ Né d'un adultère. *Enfant adultérin.*

ADVENIR [advəniʀ] **v. intr. impers.** (conjug. 16) ✦ Arriver, survenir. *Quoi qu'il advienne, elle partira.* – **loc. prov.** *Advienne que pourra,* quoi qu'il en résulte, peu importe.
ÉTYM. latin *advenire.*

ADVENTICE [advɑ̃tis] **adj.** ✦ Qui ne fait pas naturellement partie de la chose. SYN. **accessoire.** *Des problèmes adventices.*
ÉTYM. latin *adventicius* «qui vient *(advenire)* du dehors».

ADVERBE [advɛʀb] **n. m.** ✦ Mot invariable ajoutant une détermination à un verbe (ex. marcher *lentement*), un adjectif (ex. *très* agréable), un adverbe (ex. *trop* rapidement) ou à une phrase entière (ex. *évidemment,* il ne se presse pas). *Adverbes de lieu, de négation.*
ÉTYM. latin *adverbium* «qui s'ajoute *(ad)* au verbe *(verbum)*».

ADVERBIAL, ALE, AUX [advɛʀbjal, o] **adj.** ✦ Qui a fonction d'adverbe. *Locution adverbiale* (ex. côte à côte).

ADVERSAIRE [advɛʀsɛʀ] **n.** 1. Personne qui est opposée à une autre dans un combat, un conflit, une compétition. SYN. **ennemi, rival.** *L'emporter sur son adversaire.* 2. Personne hostile à (une doctrine, une pratique). *Les adversaires du libéralisme.* CONTR. **allié, partenaire · partisan.**
ÉTYM. latin *adversarius.*

ADVERSE [advɛʀs] **adj.** ✦ LITTÉR. Opposé, contraire. *L'équipe adverse. Le pays est divisé en deux blocs adverses.* SYN. **antagoniste.** CONTR. **allié, ami.**
ÉTYM. latin *adversus* «qui est en face», de *versus* «tourné».

ADVERSITÉ [advɛʀsite] **n. f.** ✦ LITTÉR. Sort contraire ; situation malheureuse de celui qui a éprouvé des revers. SYN. **malheur.** *Faire face à l'adversité.* CONTR. **bonheur, chance, prospérité.**
ÉTYM. latin ecclésiastique *adversitas,* de *adversus* «contraire».

AÈDE [aɛd] **n. m.** ✦ DIDACT. Poète épique et récitant, dans la Grèce ancienne.
ÉTYM. grec *aoidos.*

AÉRATEUR [aeʀatœʀ] **n. m.** ✦ Appareil servant à l'aération. → **climatiseur, ventilateur.**

AÉRATION [aeʀasjɔ̃] **n. f.** ✦ Action d'aérer ; son résultat. *Conduit d'aération.*

AÉRER [aeʀe] **v. tr.** (conjug. 8) 1. Faire entrer de l'air dans (un lieu clos), mettre à l'air. *Aérer une chambre.* SYN. **ventiler.** *Aérer la literie,* l'exposer à l'air. 2. **fig.** Rendre moins dense, plus léger. *Aérer un exposé.* 3. *S'AÉRER* **v. pron.** Prendre l'air. *Il faut vous aérer un peu.* ► **AÉRÉ, ÉE adj.** *Pièce bien aérée.* ◆ *Centre aéré,* qui propose aux enfants des activités de plein air pendant les vacances.
ÉTYM. du latin *aer* «air».

AÉRIEN, IENNE [aeʀjɛ̃, jɛn] **adj.** 1. De l'air, de l'atmosphère. *Les courants aériens.* 2. Relatif à l'aviation, assuré par l'aviation. *Transports aériens.* 3. Qui est à l'air libre (opposé à souterrain). *Métro aérien. Racines aériennes d'une plante.* 4. **fig.** Léger comme l'air. SYN. **immatériel.** *Une grâce aérienne.*
ÉTYM. du latin *aer* «air».

AÉRO- Élément savant du grec *aêr, aeros* «air», désignant soit l'atmosphère, l'air (ex. *aérolithe*), soit l'aviation (ex. *aérodrome*).

AÉROBIE [aeʀɔbi] **adj.** ✦ Qui ne peut se développer qu'en présence d'air ou d'oxygène (micro-organisme). – Qui a besoin de l'oxygène de l'air pour fonctionner. *Propulseur aérobie.* CONTR. **anaérobie.**
ÉTYM. de *aéro-* et *-bie.*

AÉROCLUB [aeʀoklœb] **n. m.** ✦ Société réunissant des amateurs de sports aériens. – On écrit aussi *aéro-club, des aéro-clubs.*

AÉRODROME [aeʀodʀom] **n. m.** ✦ Terrain aménagé pour le décollage et l'atterrissage des avions.
ÉTYM. de *aéro-* et *-drome.*

AÉRODYNAMIQUE [aeʀodinamik] **n. f.** et **adj.** 1. **n. f.** Partie de la physique qui étudie les phénomènes accompagnant tout mouvement relatif entre un corps et l'air où il baigne. 2. **adj.** Relatif à l'aérodynamique. ◆ Conforme aux lois de l'aérodynamique. *Profil aérodynamique d'un véhicule,* conçu pour réduire le plus possible la résistance de l'air.

AÉROFREIN [aeʀofʀɛ̃] **n. m.** ✦ Dispositif de freinage utilisant la résistance de l'air.

AÉROGARE [aeʀogaʀ] **n. f.** ✦ Ensemble des bâtiments d'un aéroport réservés aux voyageurs et aux marchandises.

AÉROGLISSEUR [aeʀoglisœʀ] **n. m.** ✦ Véhicule qui avance sur l'eau ou sur terre au moyen d'un coussin d'air (recommandation officielle pour remplacer l'anglicisme hovercraft).

AÉROGRAPHE [aeʀɔgʀaf] **n. m.** ✦ Pulvérisateur à air comprimé.
ÉTYM. de *aéro-* et *-graphe.*

AÉROLITHE ou **AÉROLITE** [aeʀɔlit] **n. m.** ✦ Météorite.
ÉTYM. de *aéro-* et *-lithe.*

AÉROMODÉLISME [aeʀomɔdelism] **n. m.** ✦ Technique de la construction et du vol de modèles réduits d'avions.
ÉTYM. de *aéro-* et *modélisme.*

AÉRONAUTE [aeʀonot] **n.** ✦ Pilote, membre de l'équipage d'un aéronef.
ÉTYM. de *aéro-* et *-naute.*

AÉRONAUTIQUE [aeʀonotik] **adj.** et **n. f.** 1. **adj.** Relatif à la navigation aérienne. *Constructions aéronautiques.* 2. **n. f.** Science de la navigation aérienne ; technique de la construction des appareils volants. SYN. **aviation.**
ÉTYM. de *aéronaute.*

AÉRONAVAL, ALE, ALS [aeʀonaval] **adj.** ✦ Qui appartient à la fois à l'aviation et à la marine. *Forces aéronavales ;* **n. f.** *l'Aéronavale.*

AÉRONEF [aeʀɔnɛf] **n. m.** ✦ DIDACT. Appareil capable de se déplacer dans les airs (avion, hélicoptère, aérostat...).

AÉROPHAGIE [aeʀɔfaʒi] **n. f.** ✦ Trouble caractérisé par la pénétration d'air dans l'œsophage et l'estomac.
ÉTYM. de *aéro-* et *-phagie.*

AÉROPLANE [aeʀɔplan] **n. m.** ✦ VX Avion.
ÉTYM. de *aéro-* et *planer.*

AÉROPORT [aeʀɔpɔʀ] **n. m.** ✦ Ensemble d'installations (aérodrome, aérogare, ateliers) nécessaires au trafic aérien.

AÉROPORTÉ, ÉE [aeʀɔpɔʀte] **adj.** ✦ Transporté par voie aérienne. *Troupes aéroportées.*
ÉTYM. de *aéro-* et participe passé de *porter.*

AÉROPORTUAIRE [aeʀɔpɔʀtɥɛʀ] **adj.** ✦ Qui concerne un aéroport. *Terminal aéroportuaire.*

AÉROPOSTAL, ALE, AUX [aeʀɔpɔstal, o] **adj.** ✦ Qui concerne la poste aérienne. *Liaisons aéropostales.*
ÉTYM. de *aéro-* et *postal.*

AÉROSOL [aeʀɔsɔl] **n. m.** 1. SC. Suspension de particules dans un gaz. *Le brouillard est un aérosol.* 2. Appareil qui disperse cette suspension. – appos. *Des bombes aérosols.* → **atomiseur.**
ÉTYM. de *aéro-* et *sol*, de l'anglais *solution.*

AÉROSPATIAL, ALE, AUX [aeʀospasjal, o] **adj.** ✦ Qui concerne à la fois l'aéronautique, l'aviation, et l'astronautique. *Véhicules aérospatiaux.*

AÉROSTAT [aeʀɔsta] **n. m.** ✦ Appareil dont la sustentation est due à un gaz plus léger que l'air. → ① **ballon, dirigeable.**
ÉTYM. de *aéro-* et *-stat.*

AÉROTRAIN [aeʀotʀɛ̃] **n. m.** ✦ Véhicule sur rail unique, circulant sur coussin d'air.

AFFABILITÉ [afabilite] **n. f.** ✦ Caractère, manières affables. SYN. **courtoisie, politesse.**
ÉTYM. latin *affabilitas.*

AFFABLE [afabl] **adj.** ✦ Qui accueille et écoute de bonne grâce ceux qui s'adressent à lui (elle). SYN. **accueillant, aimable.** *Un homme affable. Des paroles affables.*
ÉTYM. latin *affabilis* « à qui l'on peut parler *(fari)* ».

AFFABULATION [afabylasjɔ̃] **n. f.** 1. DIDACT. Arrangement de faits constituant la trame d'une œuvre d'imagination. SYN. **narration.** 2. Récit inventé d'un menteur. SYN. **fabulation.** *Il s'embrouillait dans ses affabulations.*
► **AFFABULER** [afabyle] **v.** (conjug. 3a) SYN. **fabuler.**
ÉTYM. bas latin *affabulatio* « morale d'une fable *(fabula)* ».

AFFADIR [afadiʀ] **v. tr.** (conjug. 13) 1. Rendre fade. 2. fig. Priver de saveur, de force. *La traduction affadit l'original.* CONTR. **pimenter, relever.**
ÉTYM. de *fade.*

AFFADISSEMENT [afadismɑ̃] **n. m.** ✦ Perte de saveur, de force.
ÉTYM. de *affadir.*

AFFAIBLIR [afebliʀ] **v. tr.** (conjug. 13) 1. Rendre physiquement ou moralement moins fort. – au p. passé *Être affaibli par les privations.* – pronom. *Le malade s'affaiblit.* SYN. **décliner, dépérir.** 2. Priver de son efficacité, d'une partie de sa valeur expressive. SYN. **atténuer, édulcorer.** pronom. *Le sens de cette expression s'est affaibli.* CONTR. **fortifier • renforcer.**
ÉTYM. de *faible.*

AFFAIBLISSEMENT [afeblismɑ̃] **n. m.** ✦ Perte de force, d'intensité. *L'affaiblissement de la vue.* SYN. **baisse.** *L'affaiblissement de l'autorité.* SYN. **déclin, dépérissement.** CONTR. **consolidation, renforcement.**
ÉTYM. de *affaiblir.*

AFFAIRE [afɛʀ] **n. f.** **I** *(Une, des affaires)* 1. Ce que qqn a à faire, ce qui l'occupe ou le concerne. *Occupez-vous, mêlez-vous de vos affaires. J'en fais mon affaire*, je m'en charge. ♦ Ce qui intéresse particulièrement qqn, lui convient. *Les enfants, c'est son affaire. Cela doit faire l'affaire*, cela doit vous convenir, aller. ♦ FAM. *Faire son affaire à qqn*, le tuer ; le punir. 2. AFFAIRE DE, affaire où (qqch.) est en jeu. SYN. **question.** *Une affaire de cœur, de gros sous.* – *C'est une autre affaire*, un problème tout différent. 3. Ce qui occupe de façon embarrassante. → **difficulté, ennui.** *Ce n'est pas une mince affaire. Une sale affaire.* – *Se tirer d'affaire*, du danger. 4. Ensemble de faits créant une situation où divers intérêts sont aux prises. *Une affaire compliquée, délicate. L'affaire Dreyfus. On a voulu étouffer l'affaire.* → **scandale.** – *Les affaires* (en politique, dans la gestion, l'économie...). ♦ Évènement, crime posant une énigme policière. 5. Procès, objet d'un débat judiciaire. *Instruire, juger une affaire.* 6. Marché conclu ou à conclure avec qqn. *Faire une bonne affaire. Faire affaire avec qqn.* → **traiter.** ♦ Bonne affaire. *Achetez-le, vous ferez une affaire.* 7. Entreprise commerciale ou industrielle. *Être à la tête d'une grosse affaire.* **II** loc. *AVOIR AFFAIRE À qqn* : avoir à traiter, à discuter avec lui. – *Vous aurez affaire à moi !* (menace). **III** au plur. *(Les affaires)* 1. Ensemble des occupations et activités d'intérêt public. *Les affaires publiques. Le ministère des Affaires étrangères.* 2. Situation matérielle d'un particulier. *Régler ses affaires.* ♦ FAM. État dans le développement d'une intrigue, d'une aventure amoureuse. *Où en sont tes affaires ?* 3. Activités économiques (commerciales et financières). *Paris est un centre d'affaires.* – loc. *Les affaires sont les affaires* : il ne faut pas faire de sentiment. – *Homme, femme d'affaires. Voyage, repas d'affaires.* 4. Objets ou effets personnels. *Ranger ses affaires.*
ÉTYM. de *à* et *faire.*

AFFAIRÉ, ÉE [afeʀe] **adj.** ✦ Très occupé. *Il semble toujours affairé.* – *Un air affairé.* CONTR. **désœuvré, oisif.**
ÉTYM. de *affaire.*

AFFAIREMENT [afɛʀmɑ̃] **n. m.** ✦ État, comportement d'une personne affairée. CONTR. **désœuvrement, oisiveté.**

S'AFFAIRER [afeʀe] **v. pron.** (conjug. 3a) ✦ Se montrer actif, empressé ; s'occuper activement. SYN. **s'activer.**
ÉTYM. de *affaire.*

AFFAIRISME [afeʀism] **n. m.** ✦ Tendance à s'occuper sans scrupule d'affaires d'argent, de spéculations.

AFFAIRISTE [afeʀist] **n.** ✦ Homme ou femme d'affaires peu scrupuleux(euse). → **spéculateur.** **adj.** *Un milieu affairiste.*

AFFAISSEMENT [afɛsmɑ̃] **n. m.** ✦ Fait de s'affaisser, état de ce qui est affaissé. SYN. **effondrement, tassement.** *Affaissement de terrain.*

S'AFFAISSER [afese] **v. pron.** (conjug. 3a) 1. Plier, baisser de niveau sous un poids ou une pression. *Le sol s'est affaissé par endroits.* SYN. **s'effondrer.** 2. (personnes) Tomber en pliant sur les jambes. *Elle perdit connaissance et s'affaissa.* SYN. **s'abattre, s'écrouler.** CONTR. **se redresser, se relever.**
► **AFFAISSÉ, ÉE adj.** *Toiture affaissée.*
ÉTYM. de *faix* « poids ».

AFFALER [afale] **v. tr.** (conjug. 3a) 1. MAR. Faire descendre (un cordage, une voile). 2. *S'AFFALER* **v. pron.** Se laisser tomber. *S'affaler sur un divan.* SYN. **s'avachir, se vautrer.**

A B C D E F G H I J K L M N O P Q R S T U V W X Y Z

– au p. passé *Affalé dans un fauteuil.*
ÉTYM. néerlandais *afhalen* «faire descendre», de *halen* «tirer, haler».

AFFAMER [afame] v. tr. (conjug. 3a) ✦ Faire souffrir de la faim en privant de vivres ou d'argent. *Affamer la population par un blocus.* CONTR. **rassasier.**
► **AFFAMÉ, ÉE** p. passé **1.** Qui a très faim. *Un loup affamé.* – n. *Des affamés.* **2.** fig. Avide, passionné (de). SYN. **assoiffé.** *Affamé de gloire.* CONTR. **rassasié, repu.**
ÉTYM. latin populaire *affamare,* de *fames* «faim».

AFFAMEUR, EUSE [afamœʀ, øz] n. ✦ Personne qui affame (le peuple).

AFFECT [afɛkt] n. m. ✦ PSYCH. État affectif élémentaire. → **émotion, sentiment.**
ÉTYM. allemand *Affekt,* du latin *affectus* «disposition de l'âme».

① **AFFECTATION** [afɛktasjɔ̃] n. f. **1.** Action d'affecter (un comportement). SYN. **comédie, simulation. 2.** Manque de sincérité et de naturel (dans le comportement, le style). SYN. **pose.** CONTR. **naturel, simplicité.**
ÉTYM. latin *affectatio* «recherche, poursuite».

② **AFFECTATION** [afɛktasjɔ̃] n. f. **1.** Destination (d'une chose) à un usage déterminé. *L'affectation d'une somme à une réparation.* **2.** Désignation (de qqn) à une unité militaire, à un poste, à une fonction ; ce lieu. *Rejoindre sa nouvelle affectation.*
ÉTYM. du latin médiéval *affectatus* «destiné» → ② affecter.

① **AFFECTER** [afɛkte] v. tr. (conjug. 3a) **1.** Prendre, adopter (une manière d'être, un comportement) qui n'est pas conforme à sa nature ou à la situation. SYN. **feindre, simuler.** *Affecter le plus grand calme. Affecter de* (+ inf.). **2.** (choses) Revêtir volontiers, habituellement (une forme).
► **AFFECTÉ, ÉE** p. passé Qui manque de sincérité ou de naturel. SYN. **étudié, feint.** *Un style affecté.* SYN. **maniéré.** CONTR. **naturel, simple.**
ÉTYM. latin *affectare* «simuler».

② **AFFECTER** [afɛkte] v. tr. (conjug. 3a) **1.** Destiner, réserver à un usage ou à un usager déterminé. *Affecter une salle aux réunions.* **2.** Procéder à l'affectation de (qqn). SYN. **désigner, nommer.** *Il s'est fait affecter à Lyon.* – au passif *Être affecté au contrôle.* CONTR. **désaffecter.**
ÉTYM. latin médiéval *affectare* «assigner, attribuer».

③ **AFFECTER** [afɛkte] v. tr. (conjug. 3a) **1.** Toucher en faisant une impression pénible. SYN. **émouvoir, frapper.** *Son échec l'a beaucoup affecté.* – pronom. S'affliger, souffrir. *Il s'affecte de votre silence.* – passif et p. passé *Personne affectée par un deuil.* **2.** MATH. Modifier (une variable) par un signe, un coefficient.
ÉTYM. du latin *affectus* «sentiment» et influence de *affection.*

AFFECTIF, IVE [afɛktif, iv] adj. ✦ Qui concerne les affects, les sentiments. *États affectifs. La vie affective,* les sentiments, les plaisirs et les douleurs d'ordre moral. *Une réaction affective.* SYN. **émotionnel.** CONTR. **rationnel.**
► **AFFECTIVEMENT** [afɛktivmɑ̃] adv.
ÉTYM. bas latin *affectivus.*

AFFECTION [afɛksjɔ̃] n. f. **1.** LITTÉR. État affectif. SYN. **affect. 2.** Sentiment tendre qui attache à qqn. SYN. **attachement, tendresse.** *J'ai de l'affection pour elle. Prendre qqn en affection. Affection fraternelle.* SYN. **amour. 3.** Maladie considérée dans ses manifestations actuelles. *Affection aiguë des poumons.* CONTR. **aversion, désaffection, détachement.**
ÉTYM. latin *affectio.*

AFFECTIONNER [afɛksjɔne] v. tr. (conjug. 3a) **1.** Être attaché à, aimer (qqn). SYN. **chérir. 2.** Avoir une prédilection pour (qqch.). *Elle affectionne ce genre de robe.* CONTR. se **détacher** de • **détester.**
► **AFFECTIONNÉ, ÉE** adj. VIEILLI Plein d'affection, dévoué. *Votre fille affectionnée.*
ÉTYM. de *affection.*

AFFECTIVITÉ [afɛktivite] n. f. **1.** Ensemble des phénomènes de la vie affective. SYN. **sensibilité. 2.** Aptitude à être affecté de plaisir ou de douleur. *Il est d'une affectivité excessive.*

AFFECTUEUSEMENT [afɛktyøzmɑ̃] adv. ✦ D'une manière affectueuse. *Embrasser affectueusement qqn.* SYN. **tendrement.** CONTR. **froidement.**

AFFECTUEUX, EUSE [afɛktyø, øz] adj. ✦ Qui montre de l'affection. SYN. ② **tendre.** *Un enfant affectueux. Des paroles affectueuses.* CONTR. **dur, froid.**
ÉTYM. bas latin *affectuosus.*

AFFÉRENT, ENTE [afeʀɑ̃, ɑ̃t] adj. **1.** DIDACT. Qui se rapporte à. *Renseignements afférents à une affaire.* **2.** DR. Qui revient à. *La part afférente à cet héritier.*
ÉTYM. de l'anc. v. *aférir,* du latin *affert* «il convient».

AFFERMER [afɛʀme] v. tr. (conjug. 3a) ✦ Louer à ferme.
► **AFFERMAGE** [afɛʀmaʒ] n. m.
ÉTYM. de ② *ferme.*

AFFERMIR [afɛʀmiʀ] v. tr. (conjug. 13) **1.** Rendre plus ferme. SYN. **raffermir. 2.** fig. Rendre plus assuré, plus fort. SYN. **fortifier, renforcer.** *Affermir son pouvoir. Affermir qqn dans sa résolution.* CONTR. **amollir • affaiblir, ébranler.**
► **AFFERMISSEMENT** [afɛʀmismɑ̃] n. m.
ÉTYM. de ① *ferme.*

AFFÈTERIE [afɛtʀi] n. f. ✦ LITTÉR. Abus du gracieux, du maniéré dans l'attitude ou le langage. SYN. ① **affectation, préciosité.** – On écrit aussi *afféterie.* CONTR. **naturel, simplicité.**
ÉTYM. de *afaitier,* ancienne forme de ② *affecter.*

AFFICHAGE [afiʃaʒ] n. m. **1.** Action d'afficher, de poser des affiches. *Panneaux d'affichage.* **2.** Présentation visuelle de données, de résultats. *Montre à affichage numérique.*

AFFICHE [afiʃ] n. f. ✦ Feuille imprimée destinée à porter qqch. à la connaissance du public et placardée sur les murs ou des emplacements réservés. *Affiches publicitaires. Coller une affiche.* ♦ *Spectacle qui reste à l'affiche, tient l'affiche,* qu'on continue de jouer.
ÉTYM. de *afficher.*

AFFICHER [afiʃe] v. tr. (conjug. 3a) **1.** Faire connaître par voie d'affiches. *Afficher une vente aux enchères.* **2.** (sans compl.) Poser des affiches. *Défense d'afficher.* **3.** Montrer publiquement, faire étalage de. SYN. **étaler, exhiber.** *Il affiche son mépris pour l'argent.* **4.** S'AFFICHER v. pron. *S'afficher avec qqn,* se montrer en public en sa compagnie.
ÉTYM. de *ficher* «fixer».

AFFICHETTE [afiʃɛt] n. f. ✦ Petite affiche.

AFFICHEUR, EUSE [afiʃœʀ, øz] n. ✦ Personne qui pose des affiches.
ÉTYM. de *afficher.*

AFFICHISTE [afiʃist] n. ✦ Créateur d'affiches.

AFFIDÉ, ÉE [afide] n. ✦ LITTÉR. péj. Agent, complice prêt à tout. SYN. **acolyte.**
ÉTYM. italien *affidato,* du latin, famille de *fides* «foi».

d'AFFILÉE [dafile] loc. adv. ✦ À la file, sans interruption. SYN. **de suite.** *Attendre trois heures d'affilée.*
ÉTYM. du p. passé de *affiler* «aligner», de *file.*

AFFILER [afile] v. tr. (conjug. 3a) ✦ Rendre parfaitement tranchant (un instrument). SYN. **affûter, aiguiser.**
► **AFFILÉ, ÉE** p. passé *Un couteau bien affilé.* ♦ loc. *Avoir la langue bien affilée* : être très bavard.
ÉTYM. latin populaire *affilare,* de *filum* «fil (de l'épée)».

AFFILIATION [afiljasjɔ̃] n. f. ✦ Action de s'affilier. SYN. **adhésion.** *Affiliation à un club.*

AFFILIÉ, ÉE [afilje] n. ✦ Personne qui appartient à une organisation. SYN. **adhérent, membre.**
ÉTYM. du participe passé de *s'affilier.*

S'AFFILIER [afilje] v. pron. (conjug. 9) ✦ Adhérer, s'inscrire (à une association). *À quel parti s'est-il affilié ?* ➛ passif et p. passé *Être affilié à une mutuelle. Club sportif affilié à une fédération.*
ÉTYM. latin médiéval *affiliare,* de *filius* «fils».

AFFINAGE [afinaʒ] n. m. ✦ Action d'affiner (1 et 2). *L'affinage de la fonte.*

AFFINE [afin] adj. ✦ MATH. Qui conserve invariantes les transformations dans le plan ou dans l'espace (par correspondances linéaires). *Espace, plan, droite affine.*
ÉTYM. du latin *affinis* «voisin, parent».

AFFINEMENT [afinmɑ̃] n. m. ✦ Fait de s'affiner (3). *L'affinement du goût.*

AFFINER [afine] v. tr. (conjug. 3a) 1. Purifier, procéder à l'affinage de (un métal, le verre). 2. *Affiner les fromages,* en achever la maturation. 3. Rendre plus fin, plus délicat. *Ce maquillage affine ses traits.* ➛ pronom. *Son goût s'est affiné.* CONTR. **alourdir, épaissir.**
ÉTYM. de ② *fin.*

AFFINITÉ [afinite] n. f. 1. Rapport de conformité, de ressemblance ; lien plus ou moins sensible. *Il y a entre eux des affinités de goût.* 2. CHIM. Action physique responsable de la combinaison des corps entre eux. CONTR. **antagonisme, opposition.**
ÉTYM. latin *affinitas* «voisinage, parenté».

AFFIRMATIF, IVE [afiʀmatif, iv] adj. 1. adj. (personnes) Qui affirme, ne laisse planer aucun doute. SYN. ① **net.** *Je vous trouve bien affirmatif !* ♦ (choses) Qui constitue, exprime une affirmation dans la forme. *Faire un signe affirmatif. Proposition affirmative.* 2. n. f. *Répondre par l'affirmative,* répondre oui. 3. adv. (dans les transmissions ou FAM.) Oui. *«M'entendez-vous ? – Affirmatif.»* CONTR. **évasif ; négatif.**
ÉTYM. bas latin *affirmativus.*

AFFIRMATION [afiʀmasjɔ̃] n. f. 1. Action d'affirmer, de donner pour vrai un jugement (qu'il soit affirmatif ou négatif) ; le jugement ainsi énoncé. SYN. **assertion.** *«Il ne viendra pas demain» est une affirmation.* 2. Action, manière de manifester de façon indiscutable (une qualité). SYN. **expression, manifestation.** *L'affirmation de sa personnalité.* CONTR. **doute, question · démenti, négation.**
ÉTYM. latin *affirmatio.*

AFFIRMATIVEMENT [afiʀmativmɑ̃] adv. ✦ Par l'affirmative, en disant oui. *Répondre affirmativement.* CONTR. **négativement.**

AFFIRMER [afiʀme] v. tr. (conjug. 3a) 1. Donner (une chose) pour vraie, énoncer (un jugement) comme vrai. SYN. **assurer, avancer, certifier, soutenir.** *J'affirme que je l'ai vue ; j'affirme l'avoir vue.* 2. Manifester de façon indiscutable. *Affirmer sa personnalité.* ➛ pronom. *Son talent s'affirme.* CONTR. **contester, démentir, nier.**
► **AFFIRMÉ, ÉE** p. p. adj. *Personnalité affirmée.*
ÉTYM. latin *affirmare,* de *firmus* «solide, ferme».

AFFIXE [afiks] n. m. ✦ Élément susceptible d'être incorporé à un mot, avant (préfixe), dans ou après (suffixe) le radical, pour en modifier le sens ou la fonction.
☛ Langue française p. 110.
ÉTYM. latin *affixus* «attaché».

AFFLEUREMENT [aflœʀmɑ̃] n. m. ✦ Fait d'affleurer. ➛ GÉOL. Endroit où la roche constituant le sous-sol est visible.

AFFLEURER [aflœʀe] v. intr. (conjug. 3a) 1. Apparaître à la surface. *La crème affleure sur le lait. Le roc affleure.* 2. fig. Émerger, transparaître. *L'ironie affleure dans sa lettre.*
ÉTYM. de la locution *à fleur (de).*

AFFLICTIF, IVE [afliktif, iv] adj. ✦ DR. Qui punit physiquement. *Peines afflictives et peines infamantes.*
ÉTYM. du latin *afflictus* «frappé».

AFFLICTION [afliksjɔ̃] n. f. ✦ LITTÉR. Peine profonde, abattement à la suite d'un grave revers. SYN. **détresse.** *Être dans l'affliction.* CONTR. **allégresse, joie.**
ÉTYM. bas latin *afflictio.*

AFFLIGEANT, ANTE [afliʒɑ̃, ɑ̃t] adj. 1. Qui afflige, frappe douloureusement. SYN. **désolant.** *Une situation affligeante.* 2. Pénible en raison de sa faible valeur. SYN. **lamentable.** *Un film affligeant.* CONTR. **réjouissant.**
ÉTYM. du participe présent de *affliger.*

AFFLIGER [afliʒe] v. tr. (conjug. 5) 1. LITTÉR. Frapper, accabler (d'un mal). ➛ passif *Être affligé d'une bronchite chronique.* 2. Attrister profondément. SYN. **désoler, peiner.** *Cette nouvelle m'afflige.* ➛ au p. passé *Une femme affligée.* ➛ n. *Consoler les affligés.* ♦ S'AFFLIGER v. pron. Être triste à cause de. *Il s'afflige de votre départ.* CONTR. **consoler, réconforter ; se réjouir.**
ÉTYM. latin *affligere* «frapper, abattre».

AFFLUENCE [aflyɑ̃s] n. f. 1. VX Écoulement abondant ; afflux. 2. MOD. Réunion d'une foule de personnes qui vont au même endroit. *L'affluence des voyageurs. Heures d'affluence.*
ÉTYM. latin *affluentia.*

AFFLUENT [aflyɑ̃] n. m. ✦ Cours d'eau qui se jette dans un autre. *Les affluents de la Loire.*
ÉTYM. latin *affluens,* de *affluere* «couler».

AFFLUER [aflye] v. intr. (conjug. 3a) 1. (liquide organique) Couler en abondance vers. *Le sang afflue au cerveau.* ♦ *Les capitaux affluent ; l'argent afflue.* 2. Se porter en foule vers, arriver en grand nombre. *Les visiteurs*

affluent, la foule afflue à l'exposition. CONTR. **refluer.**
ÉTYM. latin *affluere.*

AFFLUX [afly] n. m. 1. Fait d'affluer (1). *Un afflux de sang.* 2. Arrivée massive. SYN. **affluence.** *Un soudain afflux de visiteurs, de voyageurs.*
ÉTYM. de *affluer,* d'après *flux.*

AFFOLANT, ANTE [afɔlɑ̃, ɑ̃t] adj. 1. Qui affole, trouble énormément. SYN. **troublant.** 2. Très inquiétant. *Des prix affolants,* excessifs. CONTR. **rassurant.**
ÉTYM. du participe présent de *affoler.*

AFFOLEMENT [afɔlmɑ̃] n. m. ✦ État d'une personne affolée ; inquiétude, peur. *Pas d'affolement !* SYN. **panique.** CONTR. ① **calme, sérénité.**
ÉTYM. de *affoler.*

AFFOLER [afɔle] v. tr. (conjug. 3a) 1. Rendre comme fou, sous l'effet d'une émotion violente. SYN. **bouleverser.** *Elle affole les hommes.* 2. Rendre fou d'inquiétude, plonger dans l'affolement. SYN. **effrayer.** *L'absence de nouvelles finissait par l'affoler.* ➖ *S'AFFOLER* v. pron. Perdre la tête par affolement. *Ne vous affolez pas.* CONTR. **calmer, rassurer.**
► **AFFOLÉ, ÉE** adj. Qui perd son calme, son sang-froid. SYN. **effaré, épouvanté.** *La foule affolée se mit à courir.* CONTR. ② **calme,** ① **serein.**
ÉTYM. de *fol,* forme de *fou.*

AFFRANCHI, IE [afʀɑ̃ʃi] n. et adj. 1. n. Esclave rendu libre. 2. adj. Qui s'est intellectuellement libéré des préjugés, des traditions. *Une femme affranchie.* 3. n. FAM. Personne qui mène une vie libre, hors de la morale courante.
ÉTYM. du participe passé de *affranchir.*

AFFRANCHIR [afʀɑ̃ʃiʀ] v. tr. (conjug. 13) **I** 1. Rendre libre (un esclave, un serf). SYN. **libérer.** 2. v. pron. *S'AFFRANCHIR DE* : se délivrer de (tout ce qui gêne). *S'affranchir des préjugés.* SYN. **s'émanciper,** se **libérer.** 3. FAM. Informer, mettre au courant (en fournissant des renseignements). *Il a affranchi son copain.* **II** Payer le port de (une lettre, un envoi). *Affranchir un colis.* CONTR. **asservir • astreindre.**
ÉTYM. de ② *franc.*

AFFRANCHISSEMENT [afʀɑ̃ʃismɑ̃] n. m. **I** 1. Action d'affranchir (un esclave, un serf). 2. Délivrance, libération. *L'affranchissement des esprits.* **II** Action d'affranchir (une lettre, un envoi). CONTR. **asservissement • contrainte.**

AFFRES [afʀ] n. f. pl. ✦ LITTÉR. Angoisse accompagnant la peur, la douleur. SYN. **tourment.** *Les affres de la mort, de la faim.*
ÉTYM. ancien provençal *affre* «effroi», peut-être du germanique *aifrs* «terrible».

AFFRÉTER [afʀete] v. tr. (conjug. 8) ✦ Prendre (un navire, un avion) en location. SYN. **noliser.**
► **AFFRÈTEMENT** [afʀɛtmɑ̃] n. m.
► **AFFRÉTEUR** [afʀetœʀ] n. m.
ÉTYM. de *fret.*

AFFREUSEMENT [afʀøzmɑ̃] adv. 1. D'une manière affreuse. SYN. **atrocement, horriblement.** *Il a été affreusement torturé.* 2. Extrêmement, terriblement. *Je suis affreusement en retard.*

AFFREUX, EUSE [afʀø, øz] adj. 1. Qui provoque une réaction d'effroi et de dégoût. SYN. **abominable, atroce, effrayant, horrible, monstrueux.** *Un affreux cauchemar.* 2. Extrêmement laid. SYN. **hideux, repoussant.** *Son chien est un affreux bâtard.* ➖ Déplaisant à voir. *Elle est affreuse avec ce chapeau.* 3. Tout à fait désagréable. SYN. **détestable.** *Il fait un temps affreux. C'est un affreux malentendu.* CONTR. ① **beau, merveilleux • agréable, plaisant.**
ÉTYM. de *affres.*

AFFRIOLANT, ANTE [afʀijɔlɑ̃, ɑ̃t] adj. ✦ Qui excite l'intérêt, le désir. SYN. **excitant, séduisant.** *Un déshabillé affriolant. Le programme n'a rien d'affriolant.* SYN. **folichon.**
ÉTYM. du participe présent de *affrioler* «allécher», de l'ancien verbe *frioler* «frire ; griller (d'envie)».

AFFRONT [afʀɔ̃] n. m. ✦ Offense faite publiquement avec la volonté de marquer son mépris et de déshonorer ou d'humilier. SYN. **outrage.** ◆ Échec humiliant.
ÉTYM. de *affronter.*

AFFRONTEMENT [afʀɔ̃tmɑ̃] n. m. ✦ Action d'affronter, fait de s'affronter. *Affrontements entre policiers et manifestants.*

AFFRONTER [afʀɔ̃te] v. tr. (conjug. 3a) ✦ Aller hardiment au-devant de (un adversaire, un danger). SYN. **braver.** *Affronter une difficulté.* ◆ *S'AFFRONTER* v. pron. Se heurter dans un combat. ➖ fig. S'opposer. *Deux thèses s'affrontent.*
ÉTYM. de *front.*

AFFUBLER [afyble] v. tr. (conjug. 3a) ✦ Habiller bizarrement, ridiculement. ➖ pronom. *Il faut voir comment elle s'affuble !* SYN. **s'accoutrer.**
ÉTYM. latin *affibulare,* de *fibula* «boucle, agrafe».

AFFÛT [afy] n. m. **I** Bâti servant à supporter, pointer et déplacer une arme lourde. *Un affût de canon.* **II** 1. Endroit où l'on s'embusque pour attendre le gibier. 2. L'attente elle-même. ◆ loc. *À L'AFFÛT DE* : en guettant l'occasion de saisir ou de faire. *Il est à l'affût d'une affaire intéressante.*
ÉTYM. de *affûter* «poster».

AFFÛTAGE [afytaʒ] n. m. ✦ Action d'affûter.

AFFÛTER [afyte] v. tr. (conjug. 3a) ✦ Aiguiser (un outil tranchant). SYN. **affiler.** *Affûter des couteaux.* ➖ *Une meule à affûter.*
ÉTYM. de *fût.*

AFICIONADO [afisjɔnado] n. m. ✦ Amateur passionné (d'abord de corridas).
ÉTYM. mot espagnol, de *afición* «passion».

AFIN DE [afɛ̃də] loc. prép., **AFIN QUE** [afɛ̃kə] loc. conj. ✦ Marquent l'intention, le but. SYN. **pour.** ➖ *AFIN DE* (+ inf.). *Il prit son carnet afin d'y noter une adresse.* ➖ *AFIN QUE* (+ subj.). *Écrivez-lui afin qu'elle soit au courant.*
ÉTYM. de *à* et ① *fin* «but».

A FORTIORI [afɔʀsjɔʀi] loc. adv. ✦ À plus forte raison.
ÉTYM. mots latins, de *a fortiori (causa)* «par une raison plus forte».

AFRICAIN, AINE [afʀikɛ̃, ɛn] adj. ✦ De l'Afrique ; spécialt de l'Afrique noire. *Le continent africain.* ➖ n. *Les Africains,* les Noirs d'Afrique.
ÉTYM. latin *africanus.*

AFRICANISME [afʀikanism] **n. m.** ✦ Tournure, expression propre au français d'Afrique.
ÉTYM. de *africain.*

AFRICANISTE [afʀikanist] **n.** ✦ Spécialiste des langues et civilisations africaines.

AFRIKAANS ou **AFRIKANS** [afʀikɑ̃s] **n. m.** ✦ Variété de néerlandais parlée en Afrique du Sud.
ÉTYM. mot néerlandais «africain».

> **AFRO-** Élément, du latin *Afer, Afri* «Africain», qui signifie «de l'Afrique» (ex. *afro-asiatique* «de l'Afrique et de l'Asie»).

AFTER-SHAVE [aftœʀʃɛv] **n. m. invar.** ✦ anglicisme Après-rasage.
ÉTYM. mot anglais, de *after* «après» et *to shave* «raser».

Ag [ɑʒe] ✦ CHIM. Symbole de l'argent.

AGAÇANT, ANTE [agasɑ̃, ɑ̃t] **adj.** ✦ Qui agace, énerve. SYN. **énervant, irritant.**
ÉTYM. du participe présent de *agacer.*

AGACEMENT [agasmɑ̃] **n. m.** ✦ Énervement mêlé d'impatience. *Il eut un geste d'agacement.*
ÉTYM. de *agacer.*

AGACER [agase] **v. tr.** (conjug. 4) 1. Mettre dans un état d'agacement. SYN. **énerver.** *Ce bruit m'agace ! Vous m'agacez avec vos bavardages.* – passif et p. passé *Être agacé.* 2. Causer une légère irritation à. *Le citron agace les dents.* 3. Provoquer par des taquineries.
ÉTYM. probablement latin populaire *adaciare* «rendre aigre (*acidus*)».

AGACERIES [agasʀi] **n. f. pl.** ✦ Mines ou paroles inspirées par une coquetterie légèrement provocante. SYN. **minauderie.**
ÉTYM. de *agacer.*

AGAPES [agap] **n. f. pl.** ✦ plais. Festin. *Faire des agapes.*
ÉTYM. latin chrétien *agape* «amour», du grec.

AGARIC [agaʀik] **n. m.** ✦ Champignon à chapeau et à lamelles (nom générique).
ÉTYM. latin *agaricum,* du grec.

AGATE [agat] **n. f.** 1. Pierre semi-précieuse dont on fait des camées. 2. Bille en verre marbré (imitant l'agate).
ÉTYM. latin *achates,* du grec.

AGAVE [agav] **n. m.** ✦ Plante d'origine mexicaine, décorative, dont on tire des fibres textiles et un suc fermenté (→ **pulque**).
ÉTYM. latin scientifique *agave,* du grec «l'admirable», à cause de la taille de la plante.

ÂGE [ɑʒ] **n. m.** 1. Temps écoulé depuis qu'une personne est en vie. *Quel âge a-t-il ? Dix-huit mois ; trente ans. Ils ont le même âge. Une personne d'un certain âge,* qui n'est plus toute jeune. *J'ai passé l'âge de...* 2. (êtres vivants) *L'âge d'un arbre.* – (choses naturelles) *L'âge d'un vin. L'âge des roches.* 3. Période de la vie : enfance, adolescence, jeunesse, maturité, vieillesse. *Chaque âge a ses plaisirs.* – loc. *Enfant en bas âge,* bébé. *Âge tendre. Le bel âge,* la jeunesse. *L'âge mûr,* la maturité. *Âge avancé, grand âge. Troisième âge,* l'âge de la retraite, *quatrième âge,* celui des plus de 75 ans. – *Une personne entre deux âges,* ni jeune ni vieille. 4. Grande période de l'histoire. *Le Moyen Âge. Il faut être de son âge,* de son temps. – Grande division de la préhistoire. *L'âge du bronze.* 5. *L'ÂGE D'OR :* époque prospère, favorable. *C'était l'âge d'or du cinéma.*
ÉTYM. latin populaire *aetaticum,* classique *aetas, aetatis.*

ÂGÉ, ÉE [ɑʒe] **adj.** 1. Qui est d'un âge avancé. *Les personnes âgées :* les vieillards. 2. Qui a tel ou tel âge. *Le moins âgé des deux enfants. Un chien âgé de dix ans,* qui a dix ans.

AGENCE [aʒɑ̃s] **n. f.** 1. Organisme chargé de coordonner des moyens. *Agence européenne pour l'environnement.* 2. Établissement commercial servant essentiellement d'intermédiaire. → **bureau.** *Agence de voyages. Agence immobilière.* 3. Succursale bancaire. *Directeur d'agence.* 4. Organisme qui centralise des informations et les propose aux rédactions. *Agence de presse.*
ÉTYM. italien *agenzia,* de *agente* «agent».

AGENCEMENT [aʒɑ̃smɑ̃] **n. m.** ✦ Action, manière d'agencer ; arrangement résultant d'une combinaison. SYN. **aménagement, disposition, organisation.** *L'agencement d'un appartement.* – *L'agencement d'un récit.*

AGENCER [aʒɑ̃se] **v. tr.** (conjug. 4) ✦ Disposer en combinant (des éléments), organiser (un ensemble) par une combinaison d'éléments. SYN. **arranger, ordonner.** – au p. passé *Un appartement bien agencé.*
ÉTYM. de l'ancien français *gent, gente* «joli», latin *genitus* «(bien) né».

AGENDA [aʒɛ̃da] **n. m.** 1. Carnet où l'on inscrit jour par jour ce que l'on doit faire, ses rendez-vous, etc. *Des agendas. Consulter son agenda.* 2. Emploi du temps, programme. *Avoir un agenda chargé.* ♦ anglicisme Ordre du jour. *Question inscrite à l'agenda du sommet européen.* – *Agenda 21 :* programme d'actions pour l'environnement. ☞ Géographie p. 235.
ÉTYM. mot latin «ce qui doit être fait (*agere*)».

AGENOUILLEMENT [aʒ(ə)nujmɑ̃] **n. m.** ✦ Action de s'agenouiller.

S'AGENOUILLER [aʒ(ə)nuje] **v. pron.** (conjug. 3a) ✦ Se mettre à genoux (pour prier...).
ÉTYM. de la locution *à genoux.*

AGENT [aʒɑ̃] **n. m.** **I** DIDACT. 1. La personne ou l'entité qui agit (opposé au *patient* qui subit l'action). *Complément d'agent,* complément d'un verbe passif, introduit par *par* ou *de,* désignant l'auteur de l'action. 2. Force, corps, substance intervenant dans la production de phénomènes. SYN. **cause,** ② **facteur, principe.** *Les agents atmosphériques.* **II** Au féminin, on trouve *agente.* 1. Personne chargée des affaires et des intérêts d'un individu, d'un groupe ou d'un pays, pour le compte desquels elle agit. SYN. ① **émissaire, représentant.** *Agent immobilier.* – *Agent secret.* → **espion.** 2. Personne employée par un service public ou une entreprise privée, servant d'intermédiaire entre la direction et les usagers. → **commis, courtier, employé, gérant, mandataire.** *Agents de maîtrise. Agente de collectivité. Agents de change, d'assurances. Agent de liaison, de transmission.* 3. *AGENT DE POLICE,* ou ellipt. *AGENT.* SYN. **gardien** de la paix ; FAM. **flic.** *Deux agents l'ont emmené au commissariat.*
ÉTYM. latin *agens,* forme de *agere* «faire».

AGGLOMÉRAT [aglɔmeʀa] **n. m.** ✦ Ensemble naturel d'éléments agglomérés. SYN. **agrégat, conglomérat.**
ÉTYM. de *agglomérer.*

AGGLOMÉRATION [aglɔmeʀasjɔ̃] **n. f.** 1. Action d'agglomérer (diverses matières) à l'aide d'un liant. 2. Union, association intime (d'individus). ♦ Amas, entassement (d'objets). 3. Concentration d'habitations, ville ou village. *Les grandes agglomérations* (☛ cartes 23, 57). ➖ Ensemble formé par une ville, ses faubourgs, sa banlieue. *L'agglomération lilloise.* CONTR. **désagrégation.**

AGGLOMÉRÉ [aglɔmeʀe] **n. m.** ✦ Matériau obtenu par un mélange de matières diverses agglomérées (particules de bois, par exemple). *Panneau d'aggloméré.*

AGGLOMÉRER [aglɔmeʀe] **v. tr.** (conjug. 8) ✦ TECHN. Unir en un tout, en un bloc cohérent (des éléments à l'état de fragments ou de poudre) à l'aide d'un liant. ➖ **au p. passé** *Éléments, matériaux agglomérés.* → **agglomérat, aggloméré.** CONTR. **désagréger, disperser.**
ÉTYM. latin *agglomerare*, de *glomus, glomeris* «pelote».

AGGLUTINANT, ANTE [aglytinɑ̃, ɑ̃t] **adj.** 1. Propre à agglutiner, à recoller. *Substances agglutinantes.* SYN. **adhésif.** 2. *Langues agglutinantes*, où des affixes s'ajoutent aux bases, exprimant les rapports grammaticaux.
ÉTYM. du participe présent de *agglutiner.*

AGGLUTINATION [aglytinasjɔ̃] **n. f.** ✦ Action d'agglutiner, fait de s'agglutiner.

AGGLUTINER [aglytine] **v. tr.** (conjug. 3a) ✦ Coller ensemble, réunir de manière à former une masse compacte. SYN. **agglomérer.** ➖ **pronom.** *Les passants s'agglutinaient devant la vitrine.* ➖ **au p. passé** *Particules agglutinées.*
ÉTYM. latin *agglutinare*, de *gluten* «colle, glu».

AGGLUTININE [aglytinin] **n. f.** ✦ Anticorps qui provoque l'agglutination d'éléments (cellules, microbes, globules rouges...) porteurs de l'antigène correspondant.

AGGRAVANT, ANTE [agʀavɑ̃, ɑ̃t] **adj.** ✦ Qui rend plus grave. *Circonstance aggravante.* CONTR. **atténuant.**
ÉTYM. du participe présent de *aggraver.*

AGGRAVATION [agʀavasjɔ̃] **n. f.** ✦ Fait de s'aggraver, d'empirer. *L'aggravation du mal.* SYN. **recrudescence, redoublement.** *L'aggravation d'un conflit.* ♦ DR. Augmentation de peine. CONTR. **atténuation ; réduction.**
ÉTYM. bas latin *aggravatio* «surcharge».

AGGRAVER [agʀave] **v. tr.** (conjug. 3a) 1. Rendre plus grave, plus condamnable. *N'aggrave pas ton cas.* 2. Rendre plus douloureux, plus dangereux. *Aggraver un mal, des souffrances.* ➖ **pronom.** *L'état du malade s'est aggravé.* SYN. **empirer.** 3. Rendre plus violent, plus profond. SYN. **redoubler.** *Ces mesures ont aggravé le mécontentement.* CONTR. **atténuer ; adoucir, alléger, apaiser ; s'améliorer.**
ÉTYM. latin *aggravare* «rendre plus lourd *(gravis)*».

AGILE [aʒil] **adj.** 1. Qui a de la facilité et de la rapidité dans l'exécution de ses mouvements. SYN. **leste, vif.** *Les doigts agiles du pianiste.* 2. **fig.** Prompt dans les opérations intellectuelles. *Un esprit agile.* SYN. **vif.**
▶ **AGILEMENT** [aʒilmɑ̃] **adv.**
ÉTYM. latin *agilis.*

AGILITÉ [aʒilite] **n. f.** ✦ Qualité de ce qui est agile. SYN. **souplesse.** *Grimper avec agilité.* ♦ **fig.** *Agilité d'esprit.* SYN. **vivacité.** CONTR. **gaucherie, lenteur, lourdeur.**
ÉTYM. latin *agilitas.*

AGIO [aʒjo] **n. m.** ✦ Intérêt, commission.
ÉTYM. italien *aggio.*

A GIORNO → **GIORNO (À)**

AGIOTEUR, EUSE [aʒjɔtœʀ, øz] **n.** ✦ Spéculateur qui manœuvre pour faire varier les cours de la Bourse.
ÉTYM. famille de *agio.*

AGIR [aʒiʀ] **v.** (conjug. 13) **I v. intr.** 1. Faire qqch., avoir une activité qui transforme plus ou moins ce qui est. *C'est le moment d'agir.* 2. Se comporter dans l'action de telle ou telle manière. *Agir à la légère. Il a bien, mal agi envers eux. Agir au nom de qqn* (→ **agent**). 3. (choses) Produire un effet sensible, exercer une action, une influence réelle. SYN. **influer, opérer.** *Ce médicament agit rapidement.* **II** S'AGIR **v. pron. impers.** IL S'AGIT DE 1. Marquant ce qui (telle chose) est en question, en cause, ce qui (tel sujet) est traité, intéresse. → **il est question.** *C'est de vous qu'il s'agit. De quoi s'agit-il ? S'agissant de* : à propos de. ➖ *Quand il s'agit de se mettre à table, il est toujours le premier.* 2. *Il s'agit de* (+ inf.) : le point important, ce qui importe (à un moment donné) est de. *Il s'agit maintenant d'être sérieux. Il ne s'agit plus de discourir, il faut décider.*
ÉTYM. latin *agere.*

AGISSANT, ANTE [aʒisɑ̃, ɑ̃t] **adj.** ✦ LITTÉR. Qui agit effectivement, se manifeste par des effets tangibles. SYN. ① **actif,** ① **effectif, efficace.** CONTR. **inactif, inefficace.**
ÉTYM. du participe présent de *agir.*

AGISSEMENTS [aʒismɑ̃] **n. m. pl.** ✦ **péj.** Suite de procédés et de manœuvres. SYN. **machination,** ① **manœuvre, menées.**
ÉTYM. de *agir.*

AGITATEUR, TRICE [aʒitatœʀ, tʀis] **n.** 1. Personne qui crée ou entretient l'agitation politique ou sociale. SYN. **factieux ;** → **meneur.** 2. **n. m.** TECHN. Ce qui sert à agiter, remuer (un liquide, une substance).
ÉTYM. de *agiter.*

AGITATION [aʒitasjɔ̃] **n. f.** 1. État de ce qui est agité. *L'agitation de la rue.* SYN. **animation.** 2. État d'une personne en proie à des émotions et à des impulsions et qui ne peut rester en repos. SYN. **fébrilité, fièvre, nervosité.** *Être dans un état d'agitation indescriptible.* 3. Mécontentement politique ou social. *L'agitation sociale, paysanne.* CONTR. ① **calme, paix.**
ÉTYM. latin *agitatio.*

AGITÉ, ÉE [aʒite] **adj.** ✦ En proie à une agitation ; troublé. *Une mer agitée.* SYN. **houleux.** *Une vie agitée.* SYN. **mouvementé.** ➖ *Les esprits étaient agités,* en effervescence. ♦ **n.** *Un, une agité(e).* CONTR. ② **calme, paisible.**

AGITER [aʒite] **v. tr.** (conjug. 3a) 1. Remuer vivement en divers sens, en déterminant des mouvements irréguliers. *Agiter son mouchoir en signe d'adieu.* 2. Remuer pour mélanger un liquide. *Agiter avant utilisation* (indication sur un flacon, etc.). SYN. **secouer.** 3. Troubler (qqn) en déterminant un état d'agitation. SYN. **émouvoir, inquiéter.** 4. Examiner et débattre à plusieurs. → **discuter.** 5. S'AGITER **v. pron.** Se mouvoir, aller et venir en tous sens. SYN. **se démener.** ♦ Agir avec excitation. CONTR. **calmer.**
ÉTYM. latin *agitare* «pousser, mettre en mouvement».

AGNEAU, AGNELLE [aɲo, aɲɛl] **n.** 1. Petit de la brebis (→ **mouton**). *Des agneaux.* – *Doux comme un agneau*, d'un caractère doux et pacifique. 2. Viande d'agneau. *Côtelettes d'agneau.* 3. Fourrure, cuir d'agneau. 4. RELIG. *L'agneau de Dieu* : Jésus-Christ. → **Agnus Dei.**
ÉTYM. bas latin *agnellus* «petit agneau *(agnus)*».

AGNOSIE [agnozi] **n. f.** ✦ MÉD. Trouble de la reconnaissance des objets. *Agnosie visuelle, auditive.*
ÉTYM. grec *agnosia.*

AGNOSTIQUE [agnɔstik] **n.** ✦ Personne qui professe que ce qui n'est pas expérimental, que l'absolu, est inconnaissable ; sceptique en matière de métaphysique et de religion.
▶ **AGNOSTICISME** [agnɔstisism] **n. m.**
ÉTYM. anglais *agnostic.*

AGNUS DEI [anysdei ; agnysdei] **n. m. invar.** ✦ Prière de la messe, commençant par ces mots.
ÉTYM. mots latins «agneau de Dieu».

-AGOGUE, -AGOGIE Éléments savants, du grec *agôgos* «qui conduit», signifiant «action de transporter, de conduire».

AGONIE [agɔni] **n. f.** 1. Moments, heures précédant immédiatement la mort. *Une agonie douloureuse, paisible. Être à l'agonie.* 2. LITTÉR. Déclin précédant la fin. *L'agonie d'une dictature.*
ÉTYM. latin *agonia*, du grec.

AGONIR [agɔniʀ] **v. tr.** (conjug. 13) ✦ Injurier, insulter. *Elle s'est fait agonir d'injures.*
ÉTYM. peut-être croisement de *agonie* et de l'ancien verbe *ahonnir* «insulter».

AGONISANT, ANTE [agɔnizɑ̃, ɑ̃t] **adj.** ✦ Qui agonise. SYN. **mourant.** ♦ **n.** Moribond. *La prière des agonisants.*
ÉTYM. du participe présent de *agoniser.*

AGONISER [agɔnize] **v. intr.** (conjug. 3a) 1. (personnes) Être à l'agonie. SYN. **s'éteindre.** 2. (choses) Être près de sa fin. SYN. **décliner.** *Le feu agonise.*
ÉTYM. latin ecclésiastique *agonizare* «lutter», du grec.

AGORA [agɔʀa] **n. f.** ✦ Grande place publique (dans la Grèce antique).
ÉTYM. mot grec, «lieu où l'on se rassemble *(ageirein)*».

AGORAPHOBIE [agɔʀafɔbi] **n. f.** ✦ Phobie des espaces libres et des lieux publics.
ÉTYM. de *agora* et *-phobie.*

AGRAFE [agʀaf] **n. f.** 1. Attache formée d'un crochet qu'on passe dans une boucle. 2. Fil ou lamelle métallique recourbé(e) servant notamment à assembler des papiers. 3. CHIR. Petite lame servant à fermer une plaie ou une incision. 4. TECHN. Pièce métallique (crampon, etc.) qui retient.
ÉTYM. de *agrafer.*

AGRAFER [agʀafe] **v. tr.** (conjug. 3a) ✦ Attacher avec des agrafes ; assembler, fixer en posant des agrafes. *Agrafer un collier, un soutien-gorge.* CONTR. **dégrafer.**
ÉTYM. origine incertaine, p.-ê. de l'ancien verbe *grafer*, de *grafe* «crampon, crochet», d'origine germanique.

AGRAFEUSE [agʀaføz] **n. f.** ✦ Instrument servant à agrafer (des feuilles de papier, etc.). CONTR. **dégrafeur.**

AGRAIRE [agʀɛʀ] **adj.** ✦ Qui concerne la surface, le partage, la propriété des terres. *Réforme* agraire.*
ÉTYM. latin *agrarius*, de *ager* «champ».

AGRAMMATICAL, ALE, AUX [agʀamatikal, o] **adj.** ✦ Qui n'est pas conforme aux règles de grammaire. *Phrase agrammaticale.*
ÉTYM. de ② *a-* et *grammatical.*

AGRANDIR [agʀɑ̃diʀ] **v. tr.** (conjug. 13) 1. Rendre plus grand, plus spacieux, en augmentant les dimensions. → **allonger, élargir, étendre, grossir.** *Agrandir une ouverture.* – *Agrandir une photographie.* ♦ pronom. Devenir plus grand. *Le déficit s'agrandit.* 2. Faire paraître plus grand. *Ce miroir agrandit la pièce.* 3. Rendre plus important, plus considérable. SYN. **développer.** *Agrandir son entreprise.* CONTR. **diminuer, réduire, restreindre.**
ÉTYM. de *grand.*

AGRANDISSEMENT [agʀɑ̃dismɑ̃] **n. m.** 1. Action d'agrandir, fait de s'agrandir. → **élargissement, extension.** 2. Opération photographique consistant à tirer d'un cliché une épreuve agrandie. – La photo ainsi obtenue. *Un bel agrandissement.* CONTR. **réduction.**

AGRÉABLE [agʀeabl] **adj.** 1. Qui fait plaisir (à qqn), qui agrée*. *Il me serait agréable de vous rencontrer.* 2. Qui procure un sentiment de plaisir. SYN. **plaisant.** *Une maison très agréable. Un moment agréable. Une musique agréable à entendre. C'est agréable de ne rien faire.* – (personnes) *Ce sont des gens agréables.* SYN. **charmant,** ② **gentil, sympathique.** ♦ **n. m.** *Joindre l'utile à l'agréable.* CONTR. **déplaisant, désagréable, pénible.**
ÉTYM. de *agréer*, suffixe *-able.*

AGRÉABLEMENT [agʀeabləmɑ̃] **adv.** ✦ D'une manière agréable. *J'en ai été agréablement surpris.* CONTR. **désagréablement.**

AGRÉER [agʀee] **v. tr.** (conjug. 3a) 1. **v. tr. ind.** LITTÉR. AGRÉER À *qqn*, être au gré de. SYN. **convenir, plaire.** *Si cela vous agrée.* 2. **v. tr. dir.** Accueillir avec faveur (qqch.). *Faire agréer une demande. Veuillez agréer mes salutations distinguées.* 3. Admettre (qqn) en donnant son agrément. CONTR. **déplaire · refuser.**
▶ **AGRÉÉ, ÉE adj.** *Fournisseur agréé.*
ÉTYM. de *gré.*

AGRÉGAT [agʀega] **n. m.** ✦ Assemblage hétérogène de substances ou éléments qui adhèrent solidement entre eux. SYN. **agglomérat.** *Les roches sont des agrégats de minéraux.*
ÉTYM. du latin *aggregatum*, participe passé de *aggregare* «réunir».

AGRÉGATIF, IVE [agʀegatif, iv] **n.** ✦ Étudiant(e) préparant l'agrégation.
ÉTYM. de *agrégation.*

AGRÉGATION [agʀegasjɔ̃] **n. f.** 1. RARE Fait d'agréger ; son résultat. SYN. **agrégat.** 2. Admission sur concours au titre d'agrégé ; ce concours, ce titre. – **abrév.** FAM. AGRÉG ou AGRÈG [agʀɛg]. CONTR. **désagrégation.**
ÉTYM. bas latin *aggregatio.*

AGRÉGÉ, ÉE [agʀeʒe] **n.** ✦ Personne déclarée apte, après avoir passé l'agrégation (2), à être titulaire d'un poste de professeur de lycée ou de certaines facultés. *Une agrégée de grammaire.* – **adj.** *Un professeur agrégé.*
ÉTYM. du participe passé de *agréger.*

AGRÉGER [agʀeʒe] **v. tr.** (conjug. 8b) **1.** surtout pronom. et p. passé Unir en un tout (des particules solides). **2.** Adjoindre, rattacher (qqn à une compagnie, une société). SYN. **admettre, incorporer.** – pronom. *S'agréger à un parti.* CONTR. **désagréger.**
ÉTYM. latin *aggregare* «réunir», de *grex, gregis* «troupeau».

AGRÉMENT [agʀemɑ̃] **n. m.** **I** Permission, approbation (d'une personne qui agrée, 2). SYN. **consentement.** *Sous-louer avec l'agrément du propriétaire.* SYN. **accord.** *Soumettre une décision à l'agrément de qqn.* **II** **1.** Qualité d'une chose, d'un être, qui les rend agréables. SYN. **attrait,** ① **charme, grâce.** *L'agrément d'un appartement. Les agréments de la vie, du voyage.* SYN. **plaisir. 2.** *Jardin d'agrément* loc. adj. *D'agrément :* pour le simple plaisir, sans finalité utilitaire. *Voyage d'agrément* (opposé à *d'affaires*). CONTR. **désapprobation • défaut, désagrément.**
ÉTYM. de *agréer.*

AGRÉMENTER [agʀemɑ̃te] **v. tr.** (conjug. 3a) ✦ Améliorer en donnant de l'agrément, par l'addition d'ornements ou d'éléments de variété. SYN. **orner.** *Agrémenter un exposé de petites anecdotes.*

AGRÈS [agʀɛ] **n. m. pl.** **1.** MAR. VIEILLI Éléments du gréement (d'un navire). **2.** Appareils utilisés en gymnastique (barre fixe, barres parallèles, anneaux, corde, poutre, trapèze, etc.), en acrobatie. *Exercices aux agrès.*
ÉTYM. de l'ancien verbe *agre(i)er* «équiper».

AGRESSER [agʀese] **v. tr.** (conjug. 3a) ✦ Commettre une agression sur. SYN. **assaillir.** *Deux individus l'ont agressé.* – (Agression morale) passif et p. passé *Elle s'est sentie agressée.*
ÉTYM. de *agression.*

AGRESSEUR, EUSE [agʀesœʀ, øz] **n.** **1.** Personne, groupe qui attaque le premier. *On ne sait, dans ce conflit, qui a été l'agresseur.* **2.** Personne qui commet une agression sur qqn. *L'agresseuse a pris la fuite.*
ÉTYM. de *agresser.*

AGRESSIF, IVE [agʀesif, iv] **adj.** **1.** Qui a tendance à attaquer (surtout en paroles). *Un garçon agressif.* **n.** *C'est un agressif.* – *Attitude agressive.* SYN. **menaçant.** ♦ par ext. *Un vendeur agressif :* combatif. **2.** Qui agresse la sensibilité. *Une couleur agressive.* SYN. **violent.** CONTR. **doux.**
► **AGRESSIVEMENT** [agʀesivmɑ̃] **adv.**
ÉTYM. de *agression.*

AGRESSION [agʀesjɔ̃] **n. f.** **1.** Attaque armée d'un État contre un autre, non justifiée par la légitime défense. *L'agression hitlérienne contre la Pologne.* **2.** Attaque violente contre une personne. *Être victime d'une agression.* **3.** Attaque morale contre qqn. **4.** Attaque des fonctions physiques ou mentales par un agent externe. *Agression microbienne.*
ÉTYM. latin *aggressio.*

AGRESSIVITÉ [agʀesivite] **n. f.** ✦ Caractère agressif (d'un être vivant). CONTR. **douceur.**

AGRESTE [agʀɛst] **adj.** ✦ LITTÉR. Champêtre.
ÉTYM. latin *agrestis,* de *ager* «champ».

AGRICOLE [agʀikɔl] **adj.** **1.** (pays, peuple) Qui se livre à l'agriculture. *La Chine est un pays agricole. Exploitation agricole.* **2.** Relatif, propre à l'agriculture. → **rural.** *Ouvrier agricole. Travaux agricoles.* – *Industries agricoles.* → **agroalimentaire.**
ÉTYM. latin *agricola* «qui cultive *(colere)* les champs *(ager)*».

AGRICULTEUR, TRICE [agʀikyltœʀ, tʀis] **n.** ✦ Personne exerçant une des activités de l'agriculture. SYN. **cultivateur ;** → **éleveur, fermier, paysan, planteur.**
ÉTYM. latin *agricultor* → agricole.

AGRICULTURE [agʀikyltyʀ] **n. f.** ✦ Culture du sol ; ensemble des travaux transformant le milieu naturel pour la production des végétaux et des animaux utiles à l'homme. → **culture, élevage.** *Agriculture intensive. Agriculture raisonnée, biologique.* → **agroécologie ; permaculture.** ☛ Géographie p. 232.
ÉTYM. latin *agricultura* → agricole.

AGRIPPER [agʀipe] **v. tr.** (conjug. 3a) ✦ Saisir en serrant (pour s'accrocher). *Agripper la rampe. Agripper qqn par la main.* – pronom. S'accrocher en serrant les doigts. SYN. se **cramponner.** *S'agripper à qqch., à qqn.*
► **AGRIPPEMENT** [agʀipmɑ̃] **n. m.**
ÉTYM. de *gripper* «saisir».

AGRO- Élément savant, du grec *agros* «champ», qui signifie «de l'agriculture» (ex. *agrobiologie*).

AGROALIMENTAIRE [agʀoalimɑ̃tɛʀ] **adj.** ✦ Relatif à la transformation par l'industrie des produits agricoles destinés à l'alimentation. *Produits agroalimentaires.* – **n. m.** *L'agroalimentaire :* cette industrie.

AGROCARBURANT [agʀokaʀbyʀɑ̃] **n. m.** ✦ Carburant produit à partir de matériaux organiques renouvelables, non-fossiles. → **biocarburant.**

AGROCHIMIE [agʀoʃimi] **n. f.** ✦ Chimie agronomique.

AGROÉCOLOGIE [agʀoekɔlɔʒi] **n. f.** ✦ Ensemble des méthodes agricoles respectueuses de l'environnement.

AGRO-INDUSTRIE [agʀoɛ̃dystʀi] **n. f.** ✦ Ensemble des industries en rapport avec l'agriculture.

AGRONOME [agʀɔnɔm] **n.** ✦ Spécialiste en agronomie. – appos. *Des ingénieurs agronomes.*
ÉTYM. grec *agronomos* → agro- et -nome.

AGRONOMIE [agʀɔnɔmi] **n. f.** ✦ Étude scientifique des problèmes (physiques, chimiques, biologiques) que pose la pratique de l'agriculture.
► **AGRONOMIQUE** [agʀɔnɔmik] **adj.**
ÉTYM. de *agronome.*

AGRUME [agʀym] **n. m.** ✦ *Les agrumes :* nom collectif des oranges, citrons, mandarines, pamplemousses (fruits du genre *Citrus*).
ÉTYM. italien *agrumi,* du latin *acrumen,* de *acer* «acide».

AGUERRIR [ageʀiʀ] **v. tr.** (conjug. 13) **1.** Habituer aux dangers de la guerre. *Aguerrir des soldats.* – au p. passé *Des troupes aguerries.* **2.** Habituer à des choses pénibles, difficiles. SYN. **endurcir.** – pronom. *Elle s'est aguerrie au froid.*
ÉTYM. de *guerre.*

aux AGUETS [ozagɛ] **loc. adv.** ✦ En position de guetteur, d'observateur en éveil et sur ses gardes. SYN. à **l'affût,** à **l'écoute.** *Être, rester aux aguets.*
ÉTYM. famille de *guetter.*

AGUICHANT, ANTE [agiʃɑ̃, ɑ̃t] **adj.** ✦ Qui aguiche. SYN. **provocant.**
ÉTYM. du participe présent de *aguicher.*

AGUICHER [agiʃe] **v. tr.** (conjug. 3a) ✦ (sujet le plus souvent féminin) Exciter, attirer par des manières provocantes.
► **AGUICHEUR, EUSE** [agiʃœʀ, øz] **adj. et n.**
ÉTYM. de l'ancien verbe *aguichier* « garnir de courroies *(guiche)* ».

***AH** [ɑ] **interj.** 1. Marque un sentiment vif (plaisir, douleur, admiration, impatience, etc.). ◆ Interjection d'insistance, de renforcement. 2. Sert à transcrire le rire. *Ah ! Ah ! Elle est bien bonne !* SYN. **hi.** 3. (en loc. exclam.) *Ah bon !*, très bien, je comprends. *Ah ! mais !*, je vais me fâcher. *Ah oui ?*, vraiment ? *Ah non alors !*, certainement pas. HOM. A (lettre), À (préposition), HA « exclamation »
ÉTYM. onomatopée.

AHAN [aɑ̃] **n. m.** ✦ LITTÉR. Respiration bruyante accompagnant un effort.
ÉTYM. du latin populaire *affanare* « faire des efforts ».

AHANER [aane] **v. intr.** (conjug. 3a) ✦ Peiner ; spécialt respirer bruyamment sous l'effort.
ÉTYM. de *ahan.*

AHURI, IE [ayʀi] **adj. et n.** 1. **adj.** Surpris au point de paraître stupide. *Rester ahuri.* ➖ *Un air ahuri.* SYN. **hébété.** 2. **n.** *Quel ahuri !* SYN. **abruti.**
ÉTYM. du participe passé de *ahurir.*

AHURIR [ayʀiʀ] **v. tr.** (conjug. 13) ✦ Déconcerter complètement en étonnant ou en faisant perdre la tête. ➖ *Son ignorance m'ahurit.*
► **AHURISSEMENT** [ayʀismɑ̃] **n. m.**
ÉTYM. de *hure.*

AHURISSANT, ANTE [ayʀisɑ̃, ɑ̃t] **adj.** 1. Qui ahurit. SYN. **étonnant, stupéfiant.** *Une nouvelle ahurissante.* 2. Scandaleux, excessif. *Il a un culot ahurissant.*
ÉTYM. du participe présent de *ahurir.*

AÏ [ai] **n. m.** ✦ Mammifère des forêts d'Amérique du Sud, aux mouvements lents (appelé communément *paresseux*).
ÉTYM. d'une langue indienne d'Amérique du Sud.

AÏD [aid] **n. m.** ✦ Fête religieuse musulmane.
ÉTYM. de l'arabe *îd* « fête ».

① **AIDE** [ɛd] **n. f.** 1. Action d'intervenir en faveur d'une personne en joignant ses efforts aux siens. SYN. **appui, assistance, concours, coopération, secours, soutien.** *J'ai besoin de votre aide. Faire qqch. avec l'aide de qqn. Venir en aide à qqn. Demander, recevoir de l'aide.* ➖ *À l'aide !* au secours ! 2. Secours financier (à des personnes sans ressources, des pays, etc.). *Aide sociale. Aide au développement.* 3. *À L'AIDE DE* **loc. prép.** : en se servant de, au moyen de. *Marcher à l'aide d'une canne.* SYN. **avec.**
ÉTYM. de *aider.*

② **AIDE** [ɛd] **n.** ✦ Personne qui en aide une autre dans une opération et travaille sous ses ordres. SYN. **adjoint, assistant, auxiliaire, second.** *Un, une aide de laboratoire.* ➖ devant un nom (appos.) *Aide-ménagère. Aide-comptable. Aide-soignante,* qui donne des soins aux malades. ➖ *Aide de camp,* officier d'ordonnance.
ÉTYM. de *aider.*

AIDE-MÉMOIRE [ɛdmemwaʀ] **n. m.** ✦ Abrégé ne présentant que l'essentiel des connaissances qu'un élève doit assimiler. *Des aide-mémoire* (invar.) ou *des aide-mémoires.*
ÉTYM. de *aider* et *mémoire.*

AIDER [ede] **v. tr.** (conjug. 3a) **I** 1. **v. tr. dir.** Appuyer (qqn) en apportant son aide. SYN. **assister, seconder, secourir, soulager, soutenir.** *Aider qqn à se relever. Sa femme l'a aidé dans ses travaux.* ➖ (sujet chose) *Ce dictionnaire m'a beaucoup aidé.* SYN. **servir.** ◆ spécialt *Aider qqn financièrement,* lui donner, lui prêter de l'argent. 2. **v. tr. ind.** *AIDER À (qqch.).* Faciliter ; contribuer à. *Ces mesures pourront aider au rétablissement de l'économie.* SYN. **contribuer.** **II** *S'AIDER* **v. pron.** 1. **réfl. prov.** *Aide-toi, le ciel t'aidera.* ◆ *S'aider de :* se servir de (qqch.). *S'aider d'un dictionnaire pour traduire un texte.* 2. **récipr.** S'entraider.
ÉTYM. latin *adjutare.*

AÏE [aj] **interj.** ✦ Exclamation exprimant la douleur. SYN. **ouille.** HOM. AIL « plante »
ÉTYM. onomatopée.

AÏEUL, AÏEULE [ajœl] **n.** ✦ VX Grand-père, grand-mère. *Hériter de ses père et mère, aïeuls et aïeules.*
ÉTYM. latin populaire *aviolus, aviola,* diminutif de *avus, avia* « grand-père, grand-mère ».

AÏEUX [ajø] **n. m. pl.** ✦ LITTÉR. Ancêtres. ➖ FAM. *Mes aïeux !,* s'emploie pour souligner l'importance de qqch., pour insister.
ÉTYM. → aïeul.

AIGLE [ɛgl] **n. m.** et **n. f.**
I n. m. 1. Grand oiseau de proie diurne, au bec crochu, aux serres puissantes. *L'aigle glatit. Nid d'aigle.* → ② **aire.** ➖ *Des yeux d'aigle,* très perçants. *Nez en bec d'aigle,* aquilin. 2. FAM. *Ce n'est pas un aigle,* il (elle) n'est pas très intelligent(e).
II n. f. 1. Femelle de l'aigle. *Une aigle et ses aiglons.* 2. Figure héraldique, enseigne militaire représentant un aigle. *Les aigles romaines.*
ÉTYM. latin *aquila.*

AIGLEFIN **n. m.** → ÉGLEFIN

AIGLON, ONNE [ɛglɔ̃, ɔn] **n.** ✦ Petit de l'aigle. ◆ *L'Aiglon,* surnom du fils de Napoléon Ier.

AIGRE [ɛgʀ] **adj.** 1. Qui est d'une acidité désagréable au goût ou à l'odorat. SYN. **acide.** *Saveur, odeur aigre. Vin aigre* (→ **vinaigre**). ◆ *Vent aigre,* froid et piquant. ◆ *Une voix aigre,* criarde, perçante. 2. Plein d'aigreur (II). SYN. **acerbe, mordant.** *Des paroles un peu aigres.* ➖ **n. m.** *La discussion tourne à l'aigre,* s'envenime, dégénère en propos blessants. CONTR. **doux ; suave.**
ÉTYM. latin populaire *acrus,* de *acer* « acide ».

AIGRE-DOUX, DOUCE [ɛgʀədu, dus] **adj.** 1. Dont la saveur est à la fois acide et sucrée. *Porc à la sauce aigre-douce.* 2. Où l'aigreur perce sous la douceur. *Un échange de propos aigres-doux.*

AIGREFIN [ɛgʀəfɛ̃] **n. m.** ✦ Homme qui vit d'escroqueries, de procédés indélicats. SYN. **escroc, filou.**
ÉTYM. de *aiglefin,* poisson vorace à la bouche énorme.

AIGRELET, ETTE [ɛgʀəlɛ, ɛt] **adj.** ✦ Légèrement aigre. *Un petit vin blanc aigrelet.* ◆ fig. *Des propos aigrelets.*

AIGREMENT [ɛgʀəmɑ̃] **adv.** ✦ Avec aigreur.
ÉTYM. de *aigre.*

AIGRETTE [ɛgʀɛt] **n. f.** **1.** Héron blanc, remarquable par ses plumes effilées. **2.** Faisceau de plumes surmontant la tête de certains oiseaux. *L'aigrette du paon.* **3.** Bouquet (de plumes, etc.) ; faisceau.
ÉTYM. ancien provençal *aigreta*, de *aigron* «héron».

AIGREUR [ɛgʀœʀ] **n. f.** **I** **1.** Saveur aigre. SYN. **acidité.** **2.** au plur. *DES AIGREURS* : sensation d'acidité. *Avoir des aigreurs (d'estomac).* **II** Mauvaise humeur se traduisant par des remarques désobligeantes ou fielleuses. SYN. **acrimonie, amertume, animosité.** *Répliquer avec aigreur.* CONTR. **douceur, suavité · aménité.**
ÉTYM. de *aigre*.

AIGRIR [egʀiʀ] **v.** (conjug. 13) **I** **v. tr.** **1.** Rendre aigre. – pronom. *S'aigrir* : devenir aigre. **2.** Remplir d'aigreur, rendre amer. *Les échecs l'ont aigri.* – au p. passé *Il est aigri.* **II** **v. intr.** Devenir aigre. *Le lait aigrit facilement.*

AIGU, UË [egy] **adj.** **1.** Terminé en pointe ou en tranchant. SYN. **acéré, coupant, pointu.** *Oiseau au bec aigu.* – *Angle aigu*, plus petit que l'angle droit (opposé à *obtus*). **2.** D'une fréquence élevée, en haut de l'échelle des sons. *Une note aiguë. Des voix aiguës.* SYN. **perçant.** – **n. m.** *L'aigu.* **3.** *Douleur aiguë*, intense et pénétrante. SYN. **vif, violent.** **4.** *Maladie aiguë*, à apparition brusque et évolution rapide. *Bronchite aiguë et bronchite chronique.* **5.** Vif et pénétrant, dans le domaine de l'esprit. SYN. **incisif, perçant, subtil.** *Une intelligence aiguë. Il a un sens aigu des réalités.* CONTR. **émoussé · grave, sourd.**
ÉTYM. latin *acutus*, famille de *acies* «pointe».

AIGUE-MARINE [ɛgmaʀin] **n. f.** ✦ Pierre semi-précieuse, transparente et bleue. *Des aigues-marines.*
ÉTYM. du provençal *aiga* «eau» *marina* «de mer».

AIGUIÈRE [egjɛʀ] **n. f.** ✦ Ancien vase à eau, muni d'une anse et d'un bec.
ÉTYM. provençal *aiguiera*, de *aiga* «eau», latin *aqua*.

AIGUILLAGE [egɥijaʒ] **n. m.** **1.** Manœuvre des aiguilles (5) des voies ferrées. *Poste d'aiguillage.* **2.** Appareil permettant les changements de voie. **3.** fig. Orientation d'une voie qu'on suit. *Une erreur d'aiguillage* : erreur de jugement, d'orientation, etc.
ÉTYM. de *aiguiller*.

AIGUILLE [egɥij] **n. f.** **1.** Fine tige d'acier pointue à une extrémité et percée à l'autre d'un trou (→ **chas**) où passe le fil. *Enfiler une aiguille. Aiguille à coudre, à broder.* – loc. *Chercher une aiguille dans une botte de foin*, une chose impossible à trouver. *De fil* en aiguille.* **2.** *Aiguille à tricoter* : tige pour faire du tricot. **3.** MÉD. Tige effilée servant aux injections, piqûres, sutures, à l'acuponcture... **4.** Tige terminée en pointe qui sert à indiquer une mesure, etc. *Les aiguilles d'une pendule. Aiguille aimantée* (d'une boussole*). **5.** Portion de rail mobile servant à opérer les changements de voie. → **aiguillage ; aiguiller.** **6.** Sommet effilé d'une montagne. → **dent,** ③ **pic.** *L'aiguille Verte du massif du Mont-Blanc.* **7.** Feuille des conifères. *Le sapin de Noël perd ses aiguilles.* **8.** appos. *Talon* aiguille.*
ÉTYM. bas latin *acucula* «petite aiguille *(acus)*, aiguille de pin».

AIGUILLER [egɥije] **v. tr.** (conjug. 3a) **1.** Diriger (un train) d'une voie sur une autre par un système d'aiguillage. **2.** fig. Diriger, orienter. *Aiguiller un jeune vers une profession.*
ÉTYM. de *aiguille*.

AIGUILLETTE [egɥijɛt] **n. f.** **1.** Cordon à bout de métal, pour attacher. ◆ Ornement militaire fait de cordons tressés. **2.** Tranche de filet (de canard). ◆ Partie du romsteck.
ÉTYM. diminutif de *aiguille*.

AIGUILLEUR, EUSE [egɥijœʀ, øz] **n.** ✦ Agent chargé du service et de l'entretien d'un poste d'aiguillage. – *Aiguilleur du ciel* : contrôleur de la navigation aérienne.
ÉTYM. de *aiguiller*.

AIGUILLON [egɥijɔ̃] **n. m.** **1.** Long bâton muni d'une pointe de métal, pour piquer les bœufs. **2.** Dard à venin de certains insectes. *Aiguillon de la guêpe.* **3.** fig. Stimulant. *L'amour, l'ambition sont de puissants aiguillons.*
ÉTYM. latin médiéval *aculeo*, famille de *acus* → aiguille.

AIGUILLONNER [egɥijɔne] **v. tr.** (conjug. 3a) **1.** Piquer (un animal). **2.** fig. Stimuler. *Aiguillonner qqn pour le faire agir.*
ÉTYM. de *aiguillon*.

AIGUISER [egize] **v. tr.** (conjug. 3a) **1.** Rendre tranchant ou pointu. SYN. **affiler, affûter.** *Aiguiser un couteau.* **2.** Rendre plus vif, plus pénétrant. *Aiguiser l'appétit.* **3.** LITTÉR. Affiner, polir. *Aiguiser son style, ses phrases.*
► **AIGUISAGE** [egizaʒ] **n. m.** (sens 1)
► **AIGUISEMENT** [egizmɑ̃] **n. m.** (sens 1, 2 et 3).
ÉTYM. latin populaire *acutiare*, de *acus* «pointe».

AÏKIDO [aikido] **n. m.** ✦ Art martial où l'on neutralise la force adverse par des mouvements de rotation du corps, et l'utilisation de clés aux articulations.
ÉTYM. mot japonais «voie *(do)* de la paix».

AIL [aj] **n. m.** ✦ Plante dont le bulbe (tête) à odeur forte et saveur piquante est utilisé comme condiment. *Gousse d'ail. Mettre de l'ail dans un gigot.* → **ailler.** *Des ails, des aulx* [o]. HOM. AÏE «cri de douleur» ; AU(X) (article), EAU «liquide», ① HAUT «élevé», HO «exclamation», O (lettre), Ô «invocation», OH «exclamation», OS (pluriel) «squelette»
ÉTYM. latin *allium*.

AILE [ɛl] **n. f.** **I** **1.** Chacun des organes du vol chez les oiseaux, les chauves-souris, les insectes. *L'oiseau bat des ailes.* – loc. *Avoir des ailes*, courir très vite. *Avoir du plomb dans l'aile* : être compromis (choses). *Battre de l'aile*, ne pas bien marcher (choses abstraites). *Voler de ses propres ailes*, être indépendant. – *À tire* d'aile.* **2.** Partie charnue d'une volaille comprenant tout le membre qui porte l'aile. *L'aile ou la cuisse ?* **3.** Chacun des plans de sustentation (d'un avion). ◆ *Aile libre, aile delta.* → **deltaplane.** **4.** Chacun des châssis garnis de toile d'un moulin à vent. **II** **1.** Partie latérale (côté) d'un bâtiment. *L'aile droite du château.* **2.** Partie latérale d'une armée en ordre de bataille. SYN. **flanc.** – Gauche et droite de l'attaque d'une équipe (opposé à *centre*). **3.** Partie de la carrosserie enveloppant les roues d'une automobile. **4.** *Ailes du nez* : moitiés inférieures des faces latérales du nez. HOM. ALE «bière», ELLE(S) (pron. personnel), L (lettre).
ÉTYM. latin *ala*.

AILÉ, ÉE [ele] **adj.** ✦ Pourvu d'ailes. *Insectes ailés.* – *Pégase, le cheval ailé.* HOM. HÉLER «appeler»
ÉTYM. latin *alatus*.

AILERON [ɛlʀɔ̃] n. m. 1. Extrémité de l'aile (d'un oiseau). 2. *Ailerons de requin,* ses nageoires. 3. Volet articulé placé à l'arrière de l'aile d'un avion.
ÉTYM. de *aile.*

AILETTE [ɛlɛt] n. f. ✦ Lame métallique (pour stabiliser, augmenter la surface d'un dispositif). *Écrou à ailettes.*
ÉTYM. diminutif de *aile.*

AILIER, IÈRE [elje, jɛʀ] n. ✦ Chacun des deux joueurs situés à l'extrême droite et à l'extrême gauche de la ligne d'attaque, au football (SYN. ② **avant**), au rugby (SYN. **trois-quarts**).
ÉTYM. de *aile.*

-AILLE Élément de noms, collectif à valeur péjorative (ex. *mangeaille*).

AILLER [aje] v. tr. (conjug. 3a) ✦ Piquer d'ail (un gigot), frotter d'ail (du pain). – au p. passé *Croûton aillé.*
ÉTYM. de *ail.*

-AILLER Élément de verbes, fréquentatif et péjoratif (ex. *criailler*).

AILLEURS [ajœʀ] adv. 1. Dans un autre lieu (que celui où l'on est ou dont on parle). *Allons ailleurs, nous sommes mal ici. Nulle part ailleurs,* en aucun autre endroit. *Des gens, des produits venus d'ailleurs,* d'un endroit lointain. 2. loc. adv. *D'AILLEURS. Il est beau, d'ailleurs il le sait.* SYN. d'autre **part**, du **reste**. – *PAR AILLEURS :* à un autre point de vue. *Cet homme bourru est par ailleurs un pianiste sensible.* 3. *Être ailleurs :* penser à autre chose, être distrait. → **absent.**
ÉTYM. latin populaire *aliore,* abréviation de *in aliore loco* «dans un autre *(alius)* lieu».

AILLOLI → AÏOLI

AIMABLE [ɛmabl] adj. ✦ Qui cherche à faire plaisir (par la parole, le sourire). SYN. **affable**, ② **gentil**, **sociable**. *Je vous remercie, vous êtes très aimable.* – loc. *Aimable comme une porte de prison*.* – *Un mot aimable.* CONTR. **désagréable, grincheux, hargneux.**
ÉTYM. latin *amabilis* «digne d'amour».

AIMABLEMENT [ɛmabləmɑ̃] adv. ✦ Avec amabilité.

① **AIMANT, ANTE** [ɛmɑ̃, ɑ̃t] adj. ✦ Naturellement porté à aimer. SYN. **affectueux**, ② **tendre**. *Une personne aimante.*
ÉTYM. du participe présent de *aimer.*

② **AIMANT** [ɛmɑ̃] n. m. ✦ Corps ou substance qui a reçu la propriété d'attirer le fer. *Les pôles de l'aimant.*
ÉTYM. latin populaire *adimas,* de *adamas,* du grec «fer, diamant».

AIMANTATION [ɛmɑ̃tasjɔ̃] n. f. ✦ Action d'aimanter ; état de ce qui est aimanté.

AIMANTER [ɛmɑ̃te] v. tr. (conjug. 3a) ✦ Communiquer la propriété de l'aimant à un métal. SYN. **magnétiser**. – au p. passé *Aiguille aimantée de la boussole.*

AIMER [eme] v. tr. (conjug. 3a) **I** 1. Avoir un sentiment passionné qui pousse à respecter, à vouloir le bien de (qqn, une entité). *Aimer Dieu. Aimer sa patrie, son pays.* 2. Éprouver de l'affection, de l'amitié*, de la sympathie pour (qqn). SYN. **chérir**. *Aimer ses parents, son frère. Il n'aime pas ses collègues.* – (avec un adv., pour distinguer du sens 3) *Un ami que j'aime beaucoup. Je l'aime bien.* 3. Éprouver de l'amour*, de la passion pour (qqn). *Elle a aimé deux hommes dans sa vie.* ♦ passif *Être aimé.* – au p. passé *L'être aimé.* **II** 1. Avoir du goût pour (qqch.). SYN. ① **goûter**, s'**intéresser** à. *Aimer la musique, le sport.* 2. Trouver bon au goût, être friand de. *Il aime beaucoup les radis.* 3. (+ inf.) Trouver agréable, être content de, se plaire à. *J'aimais sortir avec elle.* – LITTÉR. *AIMER À. J'aime à croire que,* je veux croire, espérer que. – *AIMER QUE* (+ subj.). *J'aimerais que vous me jouiez quelque chose,* je désire que. ♦ *AIMER MIEUX :* préférer. *Il aime mieux jouer que travailler. J'aime mieux ne pas y penser.* **III** *S'AIMER* v. pron. 1. (réfl.) Se plaire, se trouver bien. *Je ne m'aime pas dans cette robe.* 2. Être mutuellement attachés par l'affection, l'amour. *Nous nous aimons beaucoup, lui et moi.* 3. LITTÉR. Faire l'amour. *Ils se sont aimés toute la nuit.* CONTR. **détester, haïr.**
ÉTYM. latin *amare.*

AINE [ɛn] n. f. ✦ Partie du corps entre le haut de la cuisse et le bas-ventre. *Hernie de l'aine.* → **inguinal.**
HOM. HAINE «hostilité», N (lettre)
ÉTYM. latin *inguinem.*

AÎNÉ, ÉE [ene] adj. et n. 1. adj. Qui est né le premier (par rapport aux enfants, aux frères et sœurs). *C'est leur fils aîné.* – n. *L'aîné et le cadet.* 2. n. Personne plus âgée que telle autre. *Sa femme est son aînée de deux ans.* – On peut aussi écrire *ainé, ainée,* sans accent circonflexe. CONTR. **benjamin, cadet, puîné.** HOM. HENNÉ «poudre colorante»
ÉTYM. de l'ancien français *ains* «avant» et *né.*

AÎNESSE [ɛnɛs] n. f. ✦ HIST. *DROIT D'AÎNESSE :* droit qui avantageait beaucoup l'aîné dans une succession. – On peut aussi écrire *ainesse,* sans accent circonflexe.
ÉTYM. de *aîné.*

AINSI [ɛ̃si] adv. 1. (manière) De cette façon (comme il a été dit ou comme on va dire). *C'est ainsi qu'il faut agir.* – loc. *Ainsi soit-il,* formule terminant une prière. *S'il en est ainsi,* si les choses sont comme cela. *Pour ainsi dire* (atténue l'expression employée). – *Et ainsi de suite.* 2. (conclusion) Comme vous venez de le voir, de le dire. *Ainsi rien n'a changé depuis mon départ.* 3. (comparaison) De même. *Comme, de même..., ainsi...* – *Les garçons, ainsi que les filles,* tout comme. SYN. **et.**
ÉTYM. d'un élément d'origine incertaine et de ② *si.*

AÏOLI [ajɔli] n. m. ✦ Mayonnaise à l'ail. – On écrit aussi *ailloli.*
ÉTYM. provençal *aioli,* de *ai* «ail» et *oli* «huile».

① **AIR** [ɛʀ] n. m. 1. Fluide gazeux formant l'atmosphère, que respirent les êtres vivants, constitué essentiellement d'oxygène et d'azote (→ **aérien** ; **aéro-**). *La température, la pollution de l'air. Air pur.* loc. *Courant* d'air. Prendre l'air :* sortir de chez soi, aller se promener. *Le médecin lui a recommandé de changer d'air.* SYN. **climat.** ♦ Air pur, bon à respirer. *On manque d'air, ici.* loc. fig. *Il ne manque pas d'air !,* il a du culot. 2. *AIR CONDITIONNÉ,* amené à une température et un degré hygrométrique déterminés. – Installation qui fournit cet air. ♦ *Air liquide*.* 3. Ce fluide en mouvement. SYN. **vent.** *Il y a de l'air aujourd'hui.* loc. *EN PLEIN AIR :* dans le vent, au-dehors. *Le plein air,* activités qui se pratiquent dehors. *Jeux de plein air.* – *LIBRE COMME L'AIR :* libre de ses mouvements. 4. Espace au-dessus de la terre. SYN. **ciel.** *S'élever dans l'air, dans les airs. Transports par air,* par voie aérienne. *Hôtesse de l'air. Armée de l'air,* forces aériennes militaires. 5. *EN L'AIR*

loc. adv. *Regarder en l'air.* SYN. **en haut.** *Paroles, promesses en l'air,* pas sérieuses. *C'est une tête en l'air,* un étourdi. ➝ *Envoyer, flanquer, mettre... en l'air :* jeter. **6.** Atmosphère, ambiance. *Ces idées étaient dans l'air,* appartenaient à l'atmosphère intellectuelle. HOM. voir ③ air
ÉTYM. latin *aer,* du grec.

② **AIR** [ɛʀ] **n. m.** **1.** Apparence générale habituelle à une personne. SYN. **allure.** *Avoir l'air, un air froid, indifférent. Il a un drôle d'air,* un air inquiétant. *Un faux air de,* une vague ressemblance avec. **2.** Apparence expressive manifestée par le visage, la voix, les gestes, à un moment donné. SYN. **expression,** ① **mine.** *Prendre un air moqueur.* **3.** *AVOIR L'AIR :* présenter telle apparence, physique ou morale. *Il a l'air d'une fille.* ➝ (accord) *Elle avait l'air soucieuse* (ou *l'air soucieux*). → **paraître.** *Cette pêche a l'air mûre. Avoir l'air de* (+ inf.). → **sembler.** *Il a l'air de me détester. Ça n'a pas l'air d'aller.* ➝ *N'AVOIR L'AIR DE RIEN :* avoir l'air insignifiant (mais être réellement tout autre chose). ➝ (personnes) *Sans avoir l'air de rien, sans avoir l'air d'y toucher,* discrètement. HOM. voir ③ air
ÉTYM. de ① *air.*

③ **AIR** [ɛʀ] **n. m.** ✦ Mélodie d'une chanson, d'un morceau de musique. *Siffler un air à la mode.*
HOM. ① AIRE «surface», ÈRE «époque», ERRE «lancée (d'un navire)», ERS «plante», HAIRE «chemise rugueuse», HÈRE «pauvre homme», R (lettre)
ÉTYM. de l'italien *aria,* d'abord «expression, manière», emprunté à l'ancien français *aire* «race».

AIRAIN [ɛʀɛ̃] **n. m.** ✦ VX Bronze. ➝ fig. *D'airain :* dur, implacable.
ÉTYM. bas latin *aeramen,* classique *aes, aeris.*

AIRBAG [ɛʀbag] **n. m.** ✦ anglicisme Dispositif de sécurité d'un véhicule, composé d'un coussin qui se gonfle en cas de choc et protège les occupants. ➝ recomm. offic. *sac gonflable, coussin gonflable, coussin de sécurité.*
ÉTYM. mot anglais, de *air* → ① air et *bag* «sac».

① **AIRE** [ɛʀ] **n. f.** **1.** Surface plane (d'abord, où l'on battait le grain). *Aire d'atterrissage.* **2.** GÉOM. Portion limitée de surface, nombre qui la mesure. SYN. **superficie.** **3.** Région plus ou moins étendue occupée par certains êtres, lieu de certaines activités, certains phénomènes. SYN. **domaine, zone.** *Aire linguistique. Aire de répartition d'une espèce animale (aire spécifique).* **4.** *Aire de repos* (le long d'une autoroute). **5.** *Les aires du vent :* les 32 parties de la rose des vents. HOM. voir ② aire
ÉTYM. latin *area,* bas latin *aeramen,* de *aes.*

② **AIRE** [ɛʀ] **n. f.** ✦ DIDACT. Nid (d'un rapace). HOM. ① AIR «atmosphère», ÈRE «époque», ERRE «lancée (d'un navire)», ERS «plante», HAIRE «chemise rugueuse», HÈRE «pauvre homme», R (lettre)
ÉTYM. latin *ager* «champ, territoire».

AIRELLE [ɛʀɛl] **n. f.** **1.** Arbrisseau à baies (myrtilles* et baies semblables). **2.** Baie rouge de cet arbrisseau. *Confiture d'airelles.*
ÉTYM. occitan *airelo ;* famille du latin *ater* «noir».

AISANCE [ɛzɑ̃s] **n. f.** **I** *CABINETS, LIEUX D'AISANCES :* cabinets, toilettes. ➝ *Fosse d'aisances.* **II** **1.** Situation de fortune qui assure une vie facile. *Vivre dans l'aisance sans être vraiment riche.* → **aisé** (1). **2.** Facilité naturelle qui ne donne aucune impression d'effort. SYN. **grâce, naturel.** *S'exprimer avec aisance.* CONTR. **gêne • difficulté, embarras.**
ÉTYM. latin *adjacentia* «environs».

AISE [ɛz] **n. f.** et **adj.**
I **n. f.** **1.** *Être à l'aise :* être bien, confortablement installé. *Je suis à l'aise (à mon aise) dans ce pantalon.* ➝ Être content, détendu. *Se mettre à l'aise,* se débarrasser des vêtements, des objets qui gênent. *Mettre qqn à l'aise, à son aise,* lui épargner toute gêne. *Être mal à l'aise, mal à son aise,* contraint, embarrassé, gêné. *En prendre à son aise avec qqch. :* ne pas se gêner. *Vous en parlez à votre aise,* sans connaître les difficultés que d'autres éprouvent. *À votre aise !* comme vous voudrez. ➝ Dans l'aisance. *Ne vous plaignez pas, vous vivez à l'aise.* ➝ FAM. *À l'aise,* facilement, sans effort. *Ça passe à l'aise. À l'aise, Blaise !* **2.** au plur. *SES AISES :* son bien-être. *Il aime ses aises. Il prend ses aises,* il ne se gêne pas.
II **adj.** LITTÉR. *(Être) BIEN AISE DE* (+ inf.) : très content de. *« Vous chantiez ? j'en suis fort aise »* (La Fontaine).
ÉTYM. latin *adjacens* «qui est auprès (de)».

AISÉ, ÉE [eze] **adj.** **1.** Qui vit dans l'aisance. *Une famille aisée.* **2.** LITTÉR. Qui se fait sans peine. SYN. **facile.** *Un travail aisé.* ➝ prov. *La critique* est aisée...* CONTR. **gêné • difficile, malaisé.**
ÉTYM. du p. passé de l'ancien verbe *aisier,* de *aise.*

AISÉMENT [ezemɑ̃] **adv.** ✦ Facilement. CONTR. **malaisément.**
ÉTYM. de *aisé.*

AISSELLE [ɛsɛl] **n. f.** ✦ Cavité qui se trouve au-dessous de la jonction du bras avec l'épaule. *Les poils des aisselles.*
ÉTYM. latin populaire *axella,* classique *axilla.*

AJONC [aʒɔ̃] **n. m.** ✦ Arbrisseau épineux des landes atlantiques, à fleurs jaunes. *Les ajoncs et les genêts.*
ÉTYM. de *agon,* mot régional (Berry) ou *ajou* (Ouest), d'après *jonc.*

AJOURÉ, ÉE [aʒuʀe] **adj.** ✦ Percé, orné de jours. *Draps ajourés.*
ÉTYM. de *à jour.*

AJOURER [aʒuʀe] **v. tr.** (conjug. 3a) ✦ Orner de jours.
ÉTYM. de *ajouré.*

AJOURNEMENT [aʒuʀnəmɑ̃] **n. m.** ✦ Renvoi à une date ultérieure ou indéterminée. *L'ajournement d'un procès.*
ÉTYM. de *ajourner.*

AJOURNER [aʒuʀne] **v. tr.** (conjug. 3a) **1.** Renvoyer à une date indéterminée. SYN. **différer, remettre.** *Ajourner des élections.* ➝ au p. passé *Une décision ajournée.* **2.** Renvoyer (un conscrit, un candidat à un examen) à une session ultérieure.
ÉTYM. de *jour.*

AJOUT [aʒu] **n. m.** ✦ Élément ajouté à l'original. SYN. **addition ; rajout.** *Épreuves surchargées d'ajouts.* CONTR. **suppression.**
ÉTYM. de *ajouter.*

AJOUTER [aʒute] **v.** (conjug. 3a) **I** **v. tr.** **1.** Mettre en plus ou à côté. SYN. **joindre.** *Ajoutez du sel et du poivre.* ➝ Dire en plus. *Permettez-moi d'ajouter un mot. Ajouter que* (+ indic.). **2.** LITTÉR. *AJOUTER FOI À :* croire à. **II** **v. tr. ind.** Augmenter, accroître. *En intervenant, il ne fait*

qu'ajouter à la pagaille. **III** *S'AJOUTER* **v. pron.** Se joindre, en grossissant, en aggravant. *Au salaire s'ajoutent, viennent s'ajouter diverses primes.* CONTR. **enlever, ôter, retrancher ; déduire.**
ÉTYM. de l'ancien français *jouter* «mettre auprès, réunir», latin populaire *juxtare.*

AJUSTÉ, ÉE [aʒyste] **adj.** ✦ (vêtements) Qui serre le corps de près. *Veste ajustée.* CONTR. **ample,** ③ **vague.**
ÉTYM. du participe passé de *ajuster.*

AJUSTEMENT [aʒystəmɑ̃] **n. m.** 1. Action d'ajuster ; degré de serrage ou de jeu entre deux pièces assemblées. 2. Adaptation, mise en rapport. *L'ajustement de l'offre à la demande.*

AJUSTER [aʒyste] **v. tr.** (conjug. 3a) 1. Mettre aux dimensions convenables, rendre conforme à un étalon. *Ajuster une pièce mécanique.* 2. Viser. *Le chasseur ajuste les canards.* 3. *AJUSTER À* : mettre en état d'être joint à (par adaptation, par ajustage). *Ajuster un manche à un outil.* – **pronom.** *Couvercle qui s'ajuste mal au récipient.* 4. Mettre en conformité, adapter. *Il veut ajuster les faits à sa théorie.*
ÉTYM. de *juste.*

AJUSTEUR, EUSE [aʒystœʀ, øz] **n.** ✦ Ouvrier, ouvrière qui trace et façonne des métaux d'après un plan, réalise des pièces mécaniques.
ÉTYM. de *ajuster.*

Al [aɛl] ✦ CHIM. Symbole de l'aluminium.

ALACRITÉ [alakʀite] **n. f.** ✦ LITTÉR. Vivacité et enjouement.
ÉTYM. latin *alacritas.*

ALAISE → **ALÈSE**

ALAMBIC [alɑ̃bik] **n. m.** ✦ Appareil servant à la distillation. *Des alambics.*
ÉTYM. arabe *al ambîq*, du grec *ambix* «vase».

ALAMBIQUÉ, ÉE [alɑ̃bike] **adj.** ✦ Exagérément compliqué et contourné. *Une phrase alambiquée.* SYN. **tarabiscoté.**
ÉTYM. de l'ancien verbe *alambiquer* «compliquer», de *alambic.*

ALANGUI, IE [alɑ̃gi] **adj.** ✦ Languissant, langoureux. *Des regards alanguis.*
ÉTYM. du participe passé de *alanguir.*

ALANGUIR [alɑ̃giʀ] **v. tr.** (conjug. 13) ✦ Rendre languissant. *La chaleur l'alanguissait.* – **pronom.** *S'alanguir* : tomber dans un état de langueur. CONTR. **exciter, stimuler.**
ÉTYM. de *languir.*

ALANGUISSEMENT [alɑ̃gismɑ̃] **n. m.** ✦ État d'une personne qui s'alanguit. SYN. **langueur.**

ALARMANT, ANTE [alaʀmɑ̃, ɑ̃t] **adj.** ✦ Qui alarme, inquiète en avertissant d'un danger. SYN. **inquiétant.** *Une nouvelle alarmante.* CONTR. **rassurant.**
ÉTYM. du participe présent de *alarmer.*

ALARME [alaʀm] **n. f.** 1. Signal pour annoncer l'approche de l'ennemi, pour avertir d'un danger. SYN. ② **alerte.** *Le chien a donné l'alarme. Sonnette d'alarme. Signal d'alarme,* qui provoque l'arrêt (d'un véhicule public). – **fig.** *Donner, sonner l'alarme,* avertir d'un danger menaçant. ◆ Dispositif de surveillance d'un local, d'un véhicule. 2. Vive inquiétude en présence d'un danger prévu. *Des sujets d'alarme.* – *Fausse alarme.* SYN. ② **alerte.**
ÉTYM. de la locution *à l'arme.*

ALARMER [alaʀme] **v. tr.** (conjug. 3a) ✦ Inquiéter en faisant pressentir un danger. *Il a eu une rechute qui a alarmé son entourage. Alarmer l'opinion.* ◆ *S'ALARMER* **v. pron.** S'inquiéter vivement. *Elle s'alarme pour un rien.* SYN. **effrayer.** *S'alarmer de qqch.* CONTR. **rassurer, tranquilliser.**
ÉTYM. de *alarme.*

ALARMISTE [alaʀmist] **n. et adj.** ✦ Personne qui répand intentionnellement des bruits alarmants. → **défaitiste, pessimiste.** – **adj.** (personnes, choses) *Article alarmiste.*

ALBÂTRE [albɑtʀ] **n. m.** ✦ Minéral formé de gypse ou de calcite très blanc. *Des vases d'albâtre.* – POÉT. *D'albâtre,* d'une blancheur éclatante.
ÉTYM. latin *alabastrum*, du grec.

ALBATROS [albatʀos] **n. m.** ✦ Grand oiseau de mer, au plumage blanc et gris, au bec crochu. «*L'Albatros*» (poème de Baudelaire).
ÉTYM. mot anglais, peut-être du portugais *alcatraz* avec influence du latin *albus* «blanc».

ALBINISME [albinism] **n. m.** ✦ Anomalie congénitale des albinos.

ALBINOS [albinos] **adj.** ✦ Dépourvu de pigmentation (peau, système pileux, yeux). *Un enfant albinos. Lapin albinos.* ◆ **n.** Personne albinos. *Une albinos.*
ÉTYM. espagnol *albino*, du latin *albus* «blanc».

ALBUM [albɔm] **n. m.** 1. VX Livre à pages blanches. *Écrire ses impressions sur son album.* 2. Cahier ou classeur destiné à recevoir des dessins, des photos, des imprimés, etc. *Un album de timbres.* 3. Livre où prédominent les illustrations. *Un album de bandes dessinées.* 4. Enregistrement d'un ou plusieurs disques vendus ensemble.
ÉTYM. mot latin «tableau blanc *(albus)*, liste», par l'allemand.

ALBUMEN [albymɛn] **n. m.** 1. BIOL. Blanc de l'œuf, constitué essentiellement d'albumine, servant de réserve nutritive à l'embryon. 2. BOT. Tissu de réserve d'une graine, source de nourriture pour l'embryon de la plante.
ÉTYM. mot latin «blanc de l'œuf», de *albus* «blanc».

ALBUMINE [albymin] **n. f.** 1. Protéine naturelle présente dans le sérum, le lait, le blanc d'œuf. 2. Albuminurie. *Avoir de l'albumine.*
► **ALBUMINEUX, EUSE** [albyminø, øz] **adj.**
ÉTYM. du latin *albumen* «blanc d'œuf», de *albus* «blanc».

ALBUMINURIE [albyminyʀi] **n. f.** ✦ MÉD. Présence d'albumine dans les urines.
► **ALBUMINURIQUE** [albyminyʀik] **adj. et n.**
ÉTYM. de *albumine* et *-urie.*

ALCALI [alkali] **n. m.** 1. Nom générique des bases et des sels basiques que donnent avec l'oxygène certains métaux dits alcalins (potassium, sodium, etc.). *Des alcalis.* 2. COMM. *Alcali (volatil),* ammoniaque.
ÉTYM. arabe *al qali* «la *(al)* soude *(quali)*».

ALCALIN, INE [alkalɛ̃, in] **adj.** ✦ Qui appartient, a rapport aux alcalis (1). *Solution alcaline,* de pH supérieur à 7. *Propriétés alcalines,* basiques.
► **ALCALINITÉ** [alkalinite] **n. f.**

A B C D E F G H I J K L M N O P Q R S T U V W X Y Z

ALCALOÏDE [alkalɔid] **n. m.** ✦ Substance azotée d'origine végétale, aux propriétés toxiques ou thérapeutiques (caféine, morphine, quinine, etc.).
ÉTYM. de *alcali* et *-oïde*.

ALCANE [alkan] **n. m.** ✦ CHIM. Hydrocarbure saturé, appelé autrefois paraffine.
ÉTYM. de *alcool* et *-ane*.

ALCARAZAS [alkaʀazas] **n. m.** ✦ Récipient de terre poreuse, qui maintient la fraîcheur de l'eau.
ÉTYM. espagnol *alcarraza*, de l'arabe.

ALCAZAR [alkazaʀ] **n. m.** ✦ Palais arabe fortifié. *L'alcazar de Tolède.*
ÉTYM. arabe *al qasr*, par l'espagnol, du latin *castrum* «camp».

ALCHIMIE [alʃimi] **n. f.** ✦ Science occulte en vogue au Moyen Âge, née de la fusion de techniques chimiques gardées secrètes et de spéculations mystiques. → **hermétisme.** ◆ **fig.** Transformation, transmutation mystérieuse. *L'alchimie de l'amour.*
► **ALCHIMIQUE** [alʃimik] **adj.**
ÉTYM. arabe *al kîmîyâ* «la pierre philosophale».

ALCHIMISTE [alʃimist] **n.** ✦ Personne qui pratique l'alchimie.

ALCOOL [alkɔl] **n. m.** **I** 1. Liquide incolore et inflammable obtenu par distillation du vin et des jus sucrés fermentés. CHIM. *Alcool éthylique.* → **éthanol.** *Alcool à 60, à 90 degrés.* 2. UN ALCOOL : eau-de-vie, spiritueux. *Un alcool de fruit.* ◆ *L'alcool* : celui contenu dans les boissons alcoolisées. *Bière sans alcool. Boire trop d'alcool.* **II** CHIM. Corps organique possédant un groupement hydrogène-oxygène et pouvant être considéré comme un dérivé d'hydrocarbure. *Alcool éthylique* : l'alcool, au sens I. *Alcool méthylique.* → **méthanol.** ◆ COUR. *Alcool à brûler*, alcool méthylique utilisé comme combustible. *Réchaud à alcool.*
ÉTYM. latin *alko(ho)l*, arabe *al kuhl* «la poudre d'antimoine» → khol.

ALCOOLÉMIE [alkɔlemi] **n. f.** ✦ Taux d'alcool (I) dans le sang. *Mesure de l'alcoolémie par l'alcootest.*
ÉTYM. de *alcool* et *-émie*.

ALCOOLIQUE [alkɔlik] **adj.** **I** 1. Qui contient de l'alcool. *Les boissons alcooliques.* SYN. **alcoolisé.** 2. Qui boit trop d'alcool, est atteint d'alcoolisme. *Il est alcoolique.* – **n.** *Un, une alcoolique.* – **abrév.** FAM. ALCOOLO [alkolo]. *Elles sont alcoolos.* **II** Relatif aux alcools (II). *Fermentation alcoolique.*

ALCOOLISER [alkɔlize] **v. tr.** (conjug. 3a) 1. Additionner d'alcool. *Alcooliser un vin.* – **au p. passé** *Boisson alcoolisée*, contenant de l'alcool. 2. *S'ALCOOLISER* **v. pron.** FAM. Abuser des boissons alcooliques, s'enivrer.

ALCOOLISME [alkɔlism] **n. m.** ✦ Abus des boissons alcooliques, déterminant un ensemble de troubles ; ces troubles. *La lutte contre l'alcoolisme.*
ÉTYM. de *alcool*.

ALCOOLODÉPENDANCE [alkɔlɔdepɑ̃dɑ̃s] **n. f.** ✦ Dépendance à l'alcool.

ALCOOLOGIE [alkɔlɔʒi] **n. f.** ✦ Discipline médicale qui traite des troubles liés à l'alcoolisme et de leur prévention.
ÉTYM. de *alcool* et *-logie*.

ALCOOTEST [alkɔtɛst] **n. m.** ✦ Épreuve permettant d'estimer la présence d'alcool dans l'air expiré par une personne.
ÉTYM. nom déposé ; de *alcool* et *test*.

ALCÔVE [alkov] **n. f.** 1. Enfoncement ménagé dans une chambre pour un ou des lits. 2. **abstrait** Lieu des rapports amoureux. *Les secrets d'alcôve. Des histoires d'alcôve.*
ÉTYM. espagnol *alcoba*, de l'arabe *al qubba* «la *(al)* chambre *(qubba)*».

ALCYON [alsjɔ̃] **n. m.** ✦ Oiseau mythique, d'heureux présage en mer.
ÉTYM. mot latin, du grec.

ALDÉHYDE [aldeid] **n. m.** ✦ CHIM. Corps formé en enlevant l'hydrogène d'un alcool.
ÉTYM. du latin scientifique *al(cohol)* «alcool» *dehyd(rogenatum)* «déshydrogéné».

AL DENTE [aldɛnte] **loc. adv.** ✦ *Pâtes cuites al dente*, peu cuites et qui restent fermes sous la dent.
ÉTYM. mots italiens «à la dent».

ALE [ɛl] **n. f.** ✦ Bière anglaise blonde. HOM. AILE «organe du vol», ELLE(S) (pron. personnel), L (lettre)
ÉTYM. mot anglais.

ALÉA [alea] **n. m.** ✦ LITTÉR. **surtout plur.** Évènement imprévisible. SYN. **hasard.** *Les aléas du métier. Aléas climatiques.*
ÉTYM. latin *alea*, pluriel «jeu de dés».

ALÉATOIRE [aleatwaʀ] **adj.** 1. Que rend incertain, dans l'avenir, l'intervention du hasard. SYN. **hasardeux.** *Son succès est bien aléatoire.* 2. MATH. Qui dépend d'une loi de probabilité. *Fonction, nombre, valeur aléatoire.*
ÉTYM. latin *aleatorius*, de *alea* → aléa.

ALÉMANIQUE [alemanik] **adj.** ✦ Propre à la Suisse de langue allemande (**dite** *Suisse alémanique*).
ÉTYM. bas latin *Alamannicus*, de *Alemani* «les Alamans», peuple germanique.

ALÈNE ou **ALÊNE** [alɛn] **n. f.** ✦ Poinçon servant à percer le cuir. *Alène de cordonnier.* HOM. HALEINE «souffle»
ÉTYM. germanique *alisna*.

ALENTOUR [alɑ̃tuʀ] **adv.** ✦ LITTÉR. Dans l'espace environnant, tout autour. *Dans les hameaux alentour. La vallée et les montagnes d'alentour.*
ÉTYM. de la locution *à l'entour*.

ALENTOURS [alɑ̃tuʀ] **n. m. pl.** ✦ Lieux voisins, environs. *Les alentours de la ville. Il n'y a personne aux alentours.* ◆ *Aux alentours de* (**marque l'approximation**). *Je viendrai aux alentours de Noël.* → ① **vers.**
ÉTYM. de *alentour*.

① **ALERTE** [alɛʀt] **adj.** ✦ Vif et leste (malgré l'âge, l'embonpoint, etc.). – **abstrait** Éveillé, vif. *Avoir l'esprit alerte.* CONTR. **inerte, lourd.**
ÉTYM. de ② *alerte*.

② **ALERTE** [alɛʀt] **n. f.** 1. Signal prévenant d'un danger et appelant à prendre toutes mesures de sécurité utiles. *Donner l'alerte.* SYN. **alarme.** *Alerte à la bombe.* – *Troupes en état d'alerte*, prêtes à intervenir. 2. Indice d'un danger imminent. *À la moindre alerte, n'hésitez pas à consulter le médecin. Une fausse alerte*, qui ne correspond à aucun danger réel.

ÉTYM. italien *all'erta* «sur ses gardes», proprement «sur la hauteur *(erta)*».

ALERTER [alɛʀte] **v. tr.** (conjug. 3a) **1.** Avertir en cas de danger, de difficulté pour que des mesures soient prises. *Il faut alerter les responsables.* **2.** (choses) Faire pressentir un danger à (qqn). *Le bruit nous a alertés.*
ÉTYM. de ② *alerte.*

ALÉSAGE [alezaʒ] **n. m.** **1.** Calibrage exact des dimensions, des trous (d'une pièce mécanique). **2.** Diamètre intérieur d'un cylindre (spécialt, dans un moteur à explosion). *L'alésage et la course* (du piston) *donnent la cylindrée.*
ÉTYM. de *aléser.*

ALÈSE ou **ALAISE** [alɛz] **n. f.** ✦ Tissu imperméable que l'on place sur ou sous le drap de dessous d'un lit pour protéger le matelas.
ÉTYM. mauvaise coupe de *la* (art. défini) *laize.*

ALÉSER [aleze] **v. tr.** (conjug. 8) ✦ Procéder à l'alésage de (qqch.).
ÉTYM. de l'ancien verbe *alaisier* «élargir» ; famille du latin *latus* «large».

ALÉSEUR, EUSE [alezœʀ, øz] **n.** ✦ Ouvrier, ouvrière spécialiste de l'alésage.
ÉTYM. de *aléser.*

ALEVIN [alvɛ̃] **n. m.** ✦ Jeune poisson destiné au repeuplement, à l'élevage. *Des alevins de truite.*
ÉTYM. latin populaire *allevamen*, de *allevare* «élever».

ALEVINER [alvine] **v. tr.** (conjug. 3a) ✦ Peupler d'alevins. *Aleviner des étangs.*
► **ALEVINAGE** [alvinaʒ] **n. m.**

ALEXANDRIN [alɛksɑ̃dʀɛ̃] **n. m.** ✦ Vers français de douze syllabes. ☛ Littérature p. 122. *Une tragédie en alexandrins.*
ÉTYM. de *(vers) alexandrin* «d'Alexandre», du *Roman d'Alexandre*, poème du XIIe siècle. ☛ ALEXANDRE LE GRAND (noms propres).

ALEZAN, ANE [alzɑ̃, an] **adj.** ✦ (cheval, mulet) À la robe brun rougeâtre. *Jument alezane.* — **n.** *Un alezan.*
ÉTYM. espagnol *alazan*, de l'arabe.

ALFA [alfa] **n. m.** **1.** Plante herbacée dont les feuilles servent de matière première à la fabrication de la vannerie et de certains papiers. *Tapis, panier d'alfa.* **2.** Papier d'alfa. *Exemplaire numéroté sur alfa.* HOM. ALPHA (lettre grecque)
ÉTYM. arabe *halfâ.*

ALGARADE [algaʀad] **n. f.** **1.** VIEILLI Violente réprimande (contre qqn). **2.** Dispute, échange de propos violents.
ÉTYM. espagnol *algarada*, de l'arabe *al garra* «l'attaque».

ALGÈBRE [alʒɛbʀ] **n. f.** **1.** Ensemble d'opérations, de résolutions d'équations avec substitution de lettres aux valeurs numériques et de la formule générale au calcul numérique particulier ; par ext. étude des structures abstraites définies sur des ensembles et des lois de composition. — *Algèbre de Boole*, application de l'algèbre aux relations logiques. ♦ Ouvrage traitant de cette science. **2.** Chose difficile à comprendre, domaine inaccessible à l'esprit. *C'est de l'algèbre pour moi.*
ÉTYM. arabe *al gabr* «la *(al)* réduction *(gabr)*», d'abord «calcul avec les chiffres arabes, arithmétique».

ALGÉBRIQUE [alʒebʀik] **adj.** ✦ De l'algèbre. *Calcul numérique et calcul algébrique.*

ALGÉRIEN, IENNE [alʒeʀjɛ̃, jɛn] **adj.** ✦ D'Algérie. *Le dinar algérien.* — **n.** *Les Algériens.* ♦ **n. m.** *L'algérien*, l'arabe d'Algérie.

-ALGIE Élément savant, du grec *algos* «douleur».

ALGONQUIN, INE [algɔ̃kɛ̃, in] **adj.** et **n.** ✦ De la nation amérindienne du Canada fédérant des tribus (à côté des Hurons et des Iroquois). — **n.** *Les Algonquins* (☛ noms propres). ♦ **n. m.** Famille de langues parlées par ces ethnies.
ÉTYM. de l'algonquin *algumakin* «lieu où l'on pêche au harpon *(algum)*».

ALGORITHME [algɔʀitm] **n. m.** ✦ Ensemble des règles opératoires propres à un calcul ; suite de règles formelles.
► **ALGORITHMIQUE** [algɔʀitmik] **adj.**
ÉTYM. latin médiéval *Algorithmus*, de *Al Kwharizmi*, nom d'un savant arabe.

ALGUE [alg] **n. f.** **1.** Plante aquatique à chlorophylle des eaux douces ou salées. *Algues marines.* → **goémon, varech.** *Algues alimentaires.* **2.** BOT. Végétal sans vaisseaux, sans tiges et sans racines, pourvu de chlorophylle.
ÉTYM. latin *alga.*

ALIAS [aljas] **adv.** ✦ Autrement appelé (de tel ou tel nom). *Jean-Baptiste Poquelin, alias Molière.*
ÉTYM. mot latin, de *alius* «autre».

ALIBI [alibi] **n. m.** **1.** Moyen de défense tiré du fait qu'on se trouvait, au moment d'une infraction, dans un lieu autre que celui où elle a été commise. *Avoir un bon alibi.* **2.** Circonstance, activité qui cache et justifie autre chose. SYN. **justification,** ② **prétexte.**
ÉTYM. mot latin «ailleurs».

ALICAMENT [alikamɑ̃] **n. m.** ✦ Aliment censé avoir un effet actif sur la santé du consommateur.
ÉTYM. mot-valise, de *aliment* et *médicament.*

ALIDADE [alidad] **n. f.** ✦ Règle portant un instrument de visée, pour déterminer les directions, mesurer les angles.
ÉTYM. latin médiéval *alidada*, de l'arabe.

ALIÉNATION [aljenasjɔ̃] **n. f.** **I** **1.** DR. Transmission qu'une personne fait d'une propriété ou d'un droit. **2.** Fait de céder ou de perdre (un droit, un bien naturel). *Ce serait une aliénation de ma liberté.* ♦ (dans le marxisme) État de l'individu qui, par suite des conditions extérieures (économiques, politiques, religieuses), cesse de s'appartenir. **II** Trouble mental grave (qui prive qqn de sa raison). SYN. **démence,** ① **folie.**
ÉTYM. latin *alienatio.*

ALIÉNÉ, ÉE [aljene] **n.** ✦ VIEILLI Personne atteinte d'aliénation mentale. *Asile d'aliénés.*
ÉTYM. du participe passé de *aliéner.*

ALIÉNER [aljene] **v. tr.** (conjug. 8) **1.** Céder (un bien) par aliénation (I, 1). **2.** Perdre (un droit naturel). *Aliéner sa liberté.* **3.** (sujet chose) Éloigner, rendre hostile. *Ses médisances lui ont aliéné ses amis.* — *S'aliéner qqn*, agir de sorte qu'il devienne hostile. **4.** Transformer par

l'aliénation (I, 2). ➝ au p. passé *Prolétaires aliénés.*
ÉTYM. latin *alienare* «rendre autre *(alius)*».

ALIÉNISTE [aljenist] **n.** ✦ VIEILLI Médecin spécialisé dans le traitement des aliénés. SYN. **psychiatre.**

ALIGNÉ, ÉE [aliɲe] **adj.** 1. Disposé, rangé en lignes droites. *Des chaises alignées contre un mur.* 2. Conforme à un parti, une politique. *Les pays alignés sur l'U. R. S. S.* CONTR. **non-aligné.**

ALIGNEMENT [aliɲ(ə)mɑ̃] **n. m.** 1. Fait d'aligner, d'être aligné. *L'alignement des tableaux d'une exposition.* ◆ Rangée (de choses alignées). spécialt *Les alignements* (de menhirs) *de Carnac.* 2. ADMIN. Limite de la voie publique et des propriétés des riverains fixée par l'Administration. 3. fig. Fait de s'aligner, d'aligner (sa politique, sa conduite). *L'alignement d'un parti sur la politique d'un État. Alignement monétaire.* CONTR. **non-alignement.**

ALIGNER [aliɲe] **v. tr.** (conjug. 3a) **I** 1. Ranger sur une ligne droite. *Aligner des chaises.* 2. Inscrire ou prononcer à la suite. *Aligner des chiffres, des phrases.* 3. fig. *ALIGNER sa politique, sa conduite SUR une autre,* la calquer sur elle. **II** *S'ALIGNER* **v. pron.** 1. Se mettre sur la même ligne. *Alignez-vous !* 2. fig. Se conformer (à). *S'aligner sur qqn, qqch., une politique.* 3. spécialt Se mettre en ligne (pour combattre). ➝ loc. FAM. *Tu peux toujours t'aligner,* tu n'es pas de taille, tu seras battu.
ÉTYM. de *ligne.*

ALIMENT [alimɑ̃] **n. m.** 1. Substance susceptible d'être digérée, de servir à la nutrition d'un être vivant. SYN. **denrée, nourriture, vivres.** *Cuisiner, conserver des aliments. Aliments surgelés.* 2. DR. *Aliments* : frais d'entretien (d'une personne).
ÉTYM. latin *alimentum,* de *alere* «nourrir».

ALIMENTAIRE [alimɑ̃tɛʀ] **adj.** 1. Qui peut servir d'aliment. *Denrées, produits alimentaires.* 2. Relatif à l'alimentation. *Régime alimentaire. Intoxication alimentaire.* ➝ *Industries alimentaires.* → **agroalimentaire.** 3. DR. Qui a rapport aux aliments (2). *Pension alimentaire.* 4. Qui n'a d'autre rôle que de fournir de quoi vivre. *Une besogne alimentaire.*
ÉTYM. latin *alimentarius.*

ALIMENTATION [alimɑ̃tasjɔ̃] **n. f.** 1. Action ou manière d'alimenter, de s'alimenter. *Il faut varier votre alimentation.* SYN. **nourriture.** 2. Commerce, industrie des denrées alimentaires. *Magasin d'alimentation.* 3. Action de fournir à la consommation de. *L'alimentation d'une chaudière* (en eau), *d'un moteur* (en combustible). SYN. **approvisionnement.**
ÉTYM. latin médiéval *alimentatio.*

ALIMENTER [alimɑ̃te] **v. tr.** (conjug. 3a) 1. Fournir en alimentation. SYN. **nourrir.** *Vous pouvez alimenter légèrement le malade.* ➝ pronom. *Il recommence à s'alimenter.* 2. Approvisionner en fournissant ce qu'il faut pour fonctionner. *Alimenter une chaudière. Alimenter une ville en eau.* 3. fig. Entretenir, nourrir. *Ce sujet a alimenté la conversation.*
ÉTYM. latin médiéval *alimentare.*

ALINÉA [alinea] **n. m.** 1. Renfoncement de la première ligne d'un paragraphe. 2. Passage compris entre deux de ces lignes en retrait. SYN. **paragraphe.** *Le texte comporte quatre alinéas.*
ÉTYM. du latin *a linea* «(en sortant) de la ligne».

ALISIER [alizje] **n. m.** ✦ Arbre, variété de sorbier.
ÉTYM. de *alise* «fruit de l'alisier», peut-être d'origine gauloise.

ALITER [alite] **v. tr.** (conjug. 3a) ✦ Faire prendre le lit à (un malade). ➝ pronom. *Il a dû s'aliter hier.* ➝ au p. passé *Malade alité.*
► **ALITEMENT** [alitmɑ̃] **n. m.**
ÉTYM. de *lit.*

ALIZÉ [alize] **n. m.** ✦ Vent régulier soufflant toute l'année de l'est, sur la partie orientale du Pacifique et de l'Atlantique comprise entre les parallèles 30° N. et 30° S. ➝ appos. *Les vents alizés.*
ÉTYM. peut-être famille de l'ancien occitan *lis* «doux» ; famille de *lisse.*

ALLAITEMENT [alɛtmɑ̃] **n. m.** ✦ Action d'allaiter, alimentation en lait du nourrisson. *Allaitement mixte,* au sein et au biberon. HOM. HALÈTEMENT «essoufflement»

ALLAITER [alete] **v. tr.** (conjug. 3a) ✦ Nourrir de son lait (un nourrisson, un petit) ; donner le sein à. *Elle allaite son enfant.*
ÉTYM. bas latin *allactare.*

ALLANT, ANTE [alɑ̃, ɑ̃t] **adj.** et **n. m.** 1. **adj.** LITTÉR. Qui fait preuve d'activité. *Elle est très allante.* SYN. ① **actif,** ① **alerte.** 2. **n. m.** Ardeur d'une personne qui va de l'avant, ose entreprendre. SYN. **entrain.** *Il est plein d'allant.*
ÉTYM. du participe présent de ① *aller.*

ALLÉCHANT, ANTE [aleʃɑ̃, ɑ̃t] **adj.** ✦ Qui allèche, fait espérer quelque plaisir. *Une odeur alléchante.* SYN. **appétissant.** ➝ *Une proposition alléchante,* séduisante, tentante. CONTR. **repoussant.**
ÉTYM. du participe présent de *allécher.*

ALLÉCHER [aleʃe] **v. tr.** (conjug. 8) ✦ Attirer par la promesse d'un plaisir. SYN. **appâter.** *Il a choisi ce titre pour allécher les lecteurs.* «*Maître Renard, par l'odeur alléché*» (La Fontaine).
ÉTYM. latin populaire *allecticare.*

ALLÉE [ale] **n. f.** **I** VX Action d'aller. ◆ MOD. *ALLÉE ET VENUE* : fait d'aller et de venir ; déplacement de personnes qui vont et viennent. **II** Chemin bordé d'arbres, de massifs, de verdure. *Tracer des allées dans un parc. Allées et contre-allées.* ◆ (dans un édifice) Espace pour le passage. *Les allées d'un cinéma.* HOM. ① ALLER «avancer», ② ALLER «trajet», HALER «tirer», HÂLER «bronzer»
ÉTYM. du participe passé de *aller.*

ALLÉGATION [a(l)legasjɔ̃] **n. f.** ✦ Affirmation ; ce qu'on allègue*. *Il faudra prouver vos allégations. Allégations mensongères.*
ÉTYM. latin *allegatio.*

ALLÉGEANCE [aleʒɑ̃s] **n. f.** ✦ HIST. Obligation de fidélité, vassalité. ◆ Soumission fidèle. *Faire allégeance à (qqn, un parti).*
ÉTYM. anglais *allegiance,* du français *lige.*

ALLÈGEMENT ou **ALLÉGEMENT** [alɛʒmɑ̃] **n. m.** ✦ Fait ou moyen d'alléger (ce qui constitue une charge trop lourde). *Allègement des programmes scolaires.* CONTR. **alourdissement, surcharge.**

ALLÉGER [aleʒe] **v. tr.** (conjug. 8b) 1. Rendre moins lourd, plus léger. *Alléger un chargement.* ◆ Rendre plus léger (un aliment) en réduisant la teneur en graisse, en sucre. ➝ au p. passé. *Fromage allégé.* SYN. anglic. **light.**

2. Rendre moins pénible (une charge, une peine).
ÉTYM. bas latin *alleviare*, de *levis* «léger».

ALLÉGORIE [a(l)legɔʀi] **n. f.** 1. Suite d'éléments descriptifs ou narratifs concrets dont chacun correspond à une abstraction qu'ils symbolisent. ☛ Littérature p. 116. 2. Œuvre (peinture, sculpture, film...) dont chaque élément évoque les aspects d'une idée.
► **ALLÉGORIQUE** [a(l)legɔʀik] **adj.** *Roman, peinture allégorique.*
ÉTYM. latin *allegoria*, du grec.

ALLÈGRE [a(l)lɛgʀ] **adj.** ✦ Plein d'entrain, vif. *Marcher d'un pas allègre.* SYN. ① **alerte.**
ÉTYM. altération du latin *alacer* «vif».

ALLÈGREMENT ou **ALLÉGREMENT** [a(l)lɛgʀəmɑ̃] **adv.** 1. Avec entrain. SYN. **vivement.** *Il part allègrement au travail.* 2. iron. Avec légèreté ou inconscience. *Il nous a allègrement ruinés.*
ÉTYM. de *allègre.*

ALLÉGRESSE [a(l)legʀɛs] **n. f.** ✦ Joie très vive qui se manifeste publiquement. SYN. **enthousiasme, liesse.** *Au milieu de l'allégresse générale.* CONTR. **consternation, tristesse.**
ÉTYM. de *allègre.*

ALLÉGRO ou **ALLEGRO** [a(l)legʀo] **n. m.** et **adv.** ✦ Morceau de musique exécuté dans un tempo assez rapide (plus vif qu'*allegretto* [a(l)legʀeto]). *Des allégros.* ➔ **adv.** *Jouer allegro,* rapidement et gaiement.
ÉTYM. mot italien «vif» → allègre.

ALLÉGUER [a(l)lege] **v. tr.** (conjug. 8c) 1. Citer comme autorité, pour sa justification. *Alléguer un texte de loi, un auteur.* 2. Mettre en avant, invoquer. SYN. **prétexter.** *Il allégua un mal de tête.*
ÉTYM. latin *allegare.*

ALLÈLE [alɛl] **n. m.** ✦ L'un des deux gènes localisés au même endroit sur deux chromosomes d'une même paire.
ÉTYM. du grec *allêlo-* marquant la réciprocité.

ALLÉLUIA [a(l)leluja] **interj.** et **n. m.** 1. **interj.** Cri de louange et d'allégresse (fréquent dans les psaumes). 2. **n. m.** Chant liturgique chrétien d'allégresse.
ÉTYM. latin chrétien *alleluia*, de l'hébreu «louez Iahvé».

ALLEMAND, ANDE [almɑ̃, ɑ̃d] **adj.** et **n.** 1. De l'Allemagne. SYN. **germanique,** péj. **teuton.** ➔ **n.** *Les Allemands.* ♦ **n. m.** *L'allemand* : langue du groupe germanique parlée en Allemagne, en Autriche et en Suisse. 2. **n. f.** Danse ancienne à quatre temps.
ÉTYM. latin *Alemanus*, d'origine germanique.

① **ALLER** [ale] **v. intr.** (conjug. 15) **I** (mouvement, locomotion) 1. (êtres vivants, véhicules) Se déplacer. *Allons à pied.* ➔ **marcher.** *Ce train va vite.* ➔ **filer.** *Laissons-le aller.* SYN. ① **partir.** ➔ *Aller et venir* : marcher dans des directions indéterminées. ➔ **allée** et venue. ➔ (objets, messages) *Les nouvelles vont vite.* SYN. se **propager.** 2. (avec un compl. de lieu) *Nous irons en Suisse, à Lausanne.* SYN. se **rendre.** *L'avion qui va à Rome. Aller chez le coiffeur. Aller au cinéma. Allez devant, je vous rejoindrai. J'irai à sa rencontre. Où vas-tu ?* 3. (avec un compl. de but) *Je vais à mon travail, à la chasse, aux nouvelles.* ➔ (+ inf.) *Je suis allé me promener. Allez donc le voir.* **II** (sans déplacement) 1. (progression dans l'action) *J'ai fait la moitié du travail, mais je vais très lentement. Nous irons jusqu'au bout. Ce garçon ira loin.* ➔ **réussir.** *Vous allez trop loin !* ➔ **exagérer.** ➔ *Les choses vont trop vite.* 2. *Y ALLER* (en parlant d'un comportement). *Vous y allez fort !,* vous exagérez. *Il n'y va pas par quatre chemins*. Vas-y !* cri d'encouragement. 3. (suivi d'un inf. ; auxiliaire du futur) Être sur le point de. *Il va arriver. Je vais y aller. Nous allions commencer sans toi.* 4. interj. pour exhorter *ALLONS !, ALLEZ ! Allez, un peu de courage ! Allons, allons, vous dites des bêtises !* ➔ (exprimant la résignation) *VA ! ALLEZ ! Je te connais bien, va !* **III** (évolution, fonctionnement) 1. (êtres vivants) Être dans tel état de santé. SYN. se **porter.** *Comment allez-vous ? Comment ça va ? Je vais bien, mieux. Ça va,* je vais bien. FAM. *Ça va pas, la tête ?* tu es fou ? 2. (choses) Être porté dans tel état, tel stade d'une évolution. *Les affaires vont bien !* ♦ loc. *Cela va de soi,* c'est évident. ➔ impers. *Il n'en va pas de même pour moi,* le cas n'est pas le même. *Il y va de notre vie,* notre vie est en jeu. ➔ *Laisser aller,* laisser évoluer sans intervenir. *Se laisser aller,* s'abandonner, se décourager. 3. (mécanismes, appareils) Fonctionner. SYN. **marcher.** 4. Être adapté, convenir à (qqn, qqch.). *Ce costume lui va. Ils vont bien ensemble.* 5. Convenir. *Ça me va. Est-ce que ça va ?,* est-ce satisfaisant ? *Ça va comme ça,* cela suffit. 6. (auxiliaire d'aspect, suivi d'un p. présent) *L'inquiétude allait croissant,* croissait progressivement. *Son mal va en empirant.* **IV** *S'EN ALLER* **v. pron.** 1. Partir du lieu où l'on est. SYN. ① **partir.** *Je m'en vais. Il veut s'en aller. Elle s'en est allée toute triste.* ➔ *Je m'en vais au travail, travailler.* 2. (choses) Disparaître. *Les taches d'encre s'en vont avec ce produit.* 3. (+ inf.) Se mettre en mesure de. *Va-t'en voir un peu ce qu'elle fait.* 4. (auxiliaire de temps, futur ; seulement à la 1re pers. du prés.) *Je m'en vais tout vous raconter.* CONTR. **rester ; revenir.**
HOM. voir ② aller
ÉTYM. latin populaire *allare*, de *ambulare* «marcher» ; du latin *ire* : *j'irai*, etc. ; du latin *vadere* : *je vais, ils vont*, etc.

② **ALLER** [ale] **n. m.** 1. Trajet fait en allant à un endroit déterminé. *J'ai pris à l'aller un raccourci.* 2. Billet de chemin de fer valable pour l'aller. *Je voudrais deux allers pour Marseille.* ♦ loc. *Un aller (et) retour,* billet valable pour l'aller et le retour. ➔ fig. FAM. *Un aller et retour* : une paire de gifles. 3. appos. *Match aller et match retour*. Les matchs allers.* 4. *Au pis aller.* ➔ ② **pis.**
HOM. ALLÉE «chemin», HALER «tirer», HÂLER «bronzer»
ÉTYM. de ① *aller.*

ALLERGÈNE [alɛʀʒɛn] **adj.** et **n. m.** ✦ MÉD. Responsable d'une réaction allergique. ➔ **n. m.** *Le pollen est un allergène.*
ÉTYM. de *allergie* et *-gène.*

ALLERGIE [alɛʀʒi] **n. f.** 1. Modification des réactions d'un organisme à un agent pathogène lorsque cet organisme a été l'objet d'une atteinte antérieure par le même agent. *Allergie aux pollens,* provoquée par les pollens. 2. Réaction hostile, fait de ne pas supporter. *Allergie à la politique.*
ÉTYM. allemand *Allergie*, du grec *allos* «autre» et *ergon* «travail».

ALLERGIQUE [alɛʀʒik] **adj.** 1. Propre à l'allergie. 2. Qui réagit en manifestant une allergie (à une substance). *Être allergique au pollen.* 3. fig. *Il est allergique au rap, aux jeux vidéos,* il ne peut pas les supporter.

ALLERGOLOGIE [alɛʀgɔlɔʒi] **n. f.** ✦ Médecine des allergies.
► **ALLERGOLOGUE** [alɛʀgɔlɔg] **n.**
ÉTYM. de *allergie* et *-logie.*

A B C D E F G H I J K L M N O P Q R S T U V W X Y Z

ALLEU [alø] **n. m.** ✦ HIST. Terre qui ne dépendait d'aucun seigneur, franche de toute redevance.
ÉTYM. peut-être du francique.

ALLIAGE [aljaʒ] **n. m.** **1.** Produit métallique obtenu en incorporant à un métal un ou plusieurs éléments. *L'acier est un alliage à base de fer.* **2.** fig. Mélange.
ÉTYM. de *allier*.

ALLIANCE [aljɑ̃s] **n. f.** **I** **1.** Union contractée par engagement mutuel. *Une alliance avec lui est difficile.* **2.** Pacte avec Dieu, dans la religion juive. *L'arche d'alliance.* **3.** Union de puissances qui s'engagent par un traité à se porter mutuellement secours en cas de guerre. → **coalition, entente, ligue, pacte.** ◆ HIST. *La Triple Alliance,* composée de l'Empire austro-hongrois, de l'Empire allemand et de l'Italie, en 1914, opposée à la Triple Entente*. **4.** Lien juridique établi par le mariage entre les familles de l'un et de l'autre conjoint. → **parenté.** *Neveu par alliance.* **5.** Combinaison d'éléments divers. *Une alliance de couleurs. Alliance de mots* : rapprochement audacieux. **II** Anneau de mariage. *Une alliance en or.*
ÉTYM. de *allier*.

ALLIÉ, ÉE [alje] **adj.** et **n.** **1.** Personne qui apporte à une autre son appui, prend son parti. → **ami.** *J'ai trouvé en lui un allié.* **2.** Uni par un traité d'alliance. *Les pays alliés.* — **n.** *Soutenir ses alliés.* — HIST. *Les Alliés,* les pays alliés contre l'Allemagne au cours des guerres mondiales de 1914-1918 et 1939-1945. **3.** *Les alliés,* les personnes unies par alliance. *Les parents et alliés.* CONTR. **ennemi, opposé.** HOM. ALLIER « associer », HALLIER « buisson »
ÉTYM. du participe passé de *allier*.

ALLIER [alje] **v. tr.** (conjug. 9) **1.** Associer (des éléments dissemblables). *Elle allie la beauté à l'intelligence.* **2.** *S'ALLIER* : s'unir par alliance. *S'allier avec qqn, à qqn contre un adversaire.* — *S'allier à une famille* (par un mariage). → **allié,** 3. *Ces deux pays se sont alliés.* — (choses) Se combiner. CONTR. **désunir, opposer.**
HOM. ALLIÉ « ami », HALLIER « buisson ».
ÉTYM. latin *alligare*.

ALLIGATOR [aligatɔʀ] **n. m.** ✦ Reptile de l'Amérique, voisin du crocodile, au museau large et court. *Des alligators.*
ÉTYM. mot anglais, de l'espagnol *lagarto* « lézard », latin *lacertus*.

ALLITÉRATION [a(l)literasjɔ̃] **n. f.** ✦ Répétition volontaire d'une ou plusieurs consonnes dans une suite de mots rapprochés (ex. « Les souffles de la nuit flottaient sur Galgala » [Hugo]). ☞ Littérature p. 118.
ÉTYM. du latin *littera* « lettre ».

ALLO [alo] **interj.** ✦ Terme d'appel dans les communications téléphoniques. — On écrit aussi *allô*. HOM. HALO « auréole »
ÉTYM. américain *hallo* ou *hello*, onomatopée.

| **ALLO-** Élément, du grec *allos* « autre ».

ALLOCATAIRE [alɔkatɛʀ] **n.** ✦ Bénéficiaire d'une allocation.

ALLOCATION [alɔkasjɔ̃] **n. f.** ✦ Fait d'allouer ; somme allouée. *Allocations familiales. Allocation de rentrée.*
ÉTYM. latin médiéval *allocatio*.

ALLOCUTION [a(l)lɔkysjɔ̃] **n. f.** ✦ Discours familier et bref adressé par une personnalité. *Prononcer, faire une allocution. Une allocution télévisée du chef de l'État.*
ÉTYM. latin *allocutio*, famille de *loqui* « parler ».

ALLOGÈNE [alɔʒɛn] **adj.** ✦ D'une origine différente de celle de la population autochtone. CONTR. **aborigène, autochtone, indigène.** HOM. HALOGÈNE « élément chimique »
ÉTYM. de *allo-* et *-gène*.

ALLOGREFFE [alɔgʀɛf] **n. f.** ✦ MÉD. Greffe pratiquée à l'aide d'un greffon provenant d'un donneur. CONTR. **autogreffe.**

ALLONGE [alɔ̃ʒ] **n. f.** **1.** Pièce servant à allonger. SYN. **rallonge.** **2.** Longueur des bras (d'un boxeur). *Il a une bonne allonge.*
ÉTYM. de *allonger*.

ALLONGÉ, ÉE [alɔ̃ʒe] **adj.** **1.** Étendu en longueur. *Un crâne allongé.* ◆ Étendu de tout son long. *Rester allongé.* **2.** *Café allongé,* auquel on ajoute de l'eau. CONTR. **raccourci, trapu • serré.**

ALLONGEMENT [alɔ̃ʒmɑ̃] **n. m.** ✦ Fait d'allonger, de s'allonger. *L'allongement des jours au printemps.* CONTR. **raccourcissement.**

ALLONGER [alɔ̃ʒe] **v.** (conjug. 5) **I** **v. tr.** **1.** Rendre plus long. SYN. **rallonger.** *Allonger une jupe de quelques centimètres.* **2.** *Allonger une sauce,* la rendre plus fluide. — loc. FAM. *Allonger la sauce,* délayer (un texte, un discours). **3.** Étendre (un membre). *Allonger le bras.* — *Allonger le pas,* marcher plus vite en faisant des pas plus longs. **4.** Étendre qqn (sur un lit, etc.). *On allongea le blessé.* **5.** FAM. Donner (un coup) en étendant la main, la jambe. *Je vais t'allonger une gifle.* **6.** FAM. Tendre, verser (de l'argent). *Il lui a allongé mille euros.* **II** **v. intr.** Devenir plus long (dans le temps). *Les jours commencent à allonger.* SYN. **rallonger.** **III** *S'ALLONGER* **v. pron.** **1.** Devenir plus long (dans l'espace ou dans le temps). **2.** S'étendre de tout son long. *Je vais m'allonger un peu* (sur le lit). SYN. **se coucher.** ◆ FAM. Avouer. CONTR. **écourter, raccourcir • réduire • replier.**
ÉTYM. de *long*.

ALLOPATHIE [alpati] **n. f.** ✦ La médecine classique, quand on l'oppose à l'*homéopathie*.
▶ **ALLOPATHE** [alɔpat] **n.** et **adj.**
▶ **ALLOPATHIQUE** [alɔpatik] **adj.**
ÉTYM. mot allemand, du grec → allo- et -pathie.

ALLOTROPIE [alɔtʀɔpi] **n. f.** ✦ CHIM. Propriété d'un corps chimique qui peut se présenter sous les formes cristalline et amorphe.
▶ **ALLOTROPIQUE** [alɔtʀɔpik] **adj.** *Variétés allotropiques du carbone.*
ÉTYM. mot créé en suédois, du grec → allo- et -tropie.

ALLOUER [alwe] **v. tr.** (conjug. 3a) **1.** Attribuer (une somme d'argent). *Allouer un crédit à qqn.* → **allocation.** **2.** Accorder (des moyens, un temps déterminé). — au p. passé *Le temps alloué est insuffisant.*
ÉTYM. latin populaire *allocare*.

ALLUMAGE [alymaʒ] **n. m.** **1.** Action d'allumer (un feu, un éclairage). **2.** Inflammation du mélange gazeux provenant du carburateur d'un moteur. *Bougies d'allumage. Allumage électronique.*

ALLUME-CIGARE [alymsigaʀ] **n. m.** ✦ Instrument à résistance électrique pour allumer les cigarettes, etc. *Des allume-cigares.*
ÉTYM. de *allumer* et *cigare*.

ALLUME-GAZ [alymgaz] **n. m. invar.** ✦ Instrument pour allumer une cuisinière à gaz.

ALLUMER [alyme] v. tr. (conjug. 3a) 1. Enflammer ; mettre le feu à. *Allumer une cigarette. Allumer le poêle.* – *Allumer le feu.* – pronom. *Le bois sec s'allume bien.* 2. Exciter, éveiller de façon soudaine (une passion). ♦ FAM. Séduire, aguicher (qqn). 3. Rendre lumineux en enflammant ou par un autre moyen. → **éclairer.** *Allumer les bougies, une lampe.* FAM. *Allumer l'électricité, la radio.* ♦ pronom. *Le phare s'allume.* → **briller.** CONTR. **éteindre • arrêter, débrancher.**
ÉTYM. latin populaire *alluminare*, famille de *lumen* «lumière».

ALLUMETTE [alymɛt] n. f. 1. Brin (de bois, carton, etc.) imprégné à une extrémité d'un produit susceptible de s'enflammer par friction. *Gratter, frotter une allumette. Boîte d'allumettes.* 2. appos. *Pommes allumettes*, frites coupées très finement.
ÉTYM. de *allumer*.

ALLUMEUR, EUSE [alymœʀ, øz] n. m. et n. f. **I** n. m. Boîtier rassemblant les dispositifs d'avance à l'allumage, de rupture et de distribution du courant aux bougies dans un moteur. **II** *ALLUMEUSE* n. f. FAM. Femme qui allume, excite le désir des hommes sans vouloir le satisfaire.
ÉTYM. de *allumer*.

ALLURE [alyʀ] n. f. 1. Vitesse de déplacement. *Accélérer, ralentir l'allure. Rouler à toute allure.* 2. Manière de se déplacer, de se tenir, de se comporter. *Il a une allure toujours jeune.* – *Avoir de l'allure*, de la distinction dans le maintien. 3. Apparence générale. *Elle a une drôle d'allure, cette maison.* – *Votre bouquet a beaucoup d'allure*, fait de l'effet.
ÉTYM. de ① *aller*.

ALLUSIF, IVE [a(l)lyzif, iv] adj. ✦ Qui contient une allusion, procède par allusions. *Style allusif.* CONTR. **explicite.**
► **ALLUSIVEMENT** [alyzivmɑ̃] adv.

ALLUSION [a(l)lyzjɔ̃] n. f. ✦ Manière d'éveiller l'idée d'une personne ou d'une chose sans en faire expressément mention. SYN. **insinuation, sous-entendu.** *L'allusion m'échappe. Faire allusion à.* → **évoquer.**
ÉTYM. bas latin *allusio* «jeu (*ludus*) verbal».

ALLUVIAL, ALE, AUX [a(l)lyvjal, o] adj. ✦ Fait d'alluvions. *Vallée alluviale*, à fond plat.

ALLUVION [a(l)lyvjɔ̃] n. f. ✦ au plur. Dépôts (cailloux, sables, boues) provenant d'un transport par les eaux courantes. → **limon, lœss, sédiment.** *Alluvions aurifères.*
ÉTYM. latin *alluvio*.

ALMANACH [almana] n. m. ✦ Annuaire, publication ayant plus ou moins pour base le calendrier.
ÉTYM. latin médiéval *almanachus*, de l'arabe.

ALMÉE [alme] n. f. ✦ Danseuse égyptienne.
ÉTYM. de l'arabe *aluma* «savante».

ALOÈS [alɔɛs] n. m. ✦ Plante grasse, aux feuilles charnues et épineuses, contenant un suc amer.
ÉTYM. latin *aloe*, du grec.

ALOI [alwa] n. m. 1. DIDACT. Titre légal (d'une monnaie). 2. *De bon, de mauvais aloi* loc. adj. : de bonne, de mauvaise qualité ; qui mérite, ne mérite pas l'estime. *Gaieté de bon aloi.*
ÉTYM. de l'ancien verbe *aloier*, variante de *allier*.

ALOPÉCIE [alɔpesi] n. f. ✦ Chute temporaire des cheveux ou des poils, partielle ou totale. → **calvitie.**
ÉTYM. latin *alopecia*, du grec, de *alôpêx* «renard» (qui perd ses poils chaque année).

ALORS [alɔʀ] adv. **I** 1. À ce moment-là ; à cette époque-là. *Il comprit alors son erreur.* – *Les gens d'alors*, de ce temps. *Jusqu'alors*, jusqu'à cette époque. 2. Dans ce cas ; en conséquence. *Alors, n'en parlons plus.* – *Il était tard, alors j'ai pris un taxi.* – (pour réfuter une objection) *Et alors ?* SYN. et **puis.** 3. (renforçant une exclamation, une interrogation) *Alors, qu'en penses-tu ?* ♦ FAM. *Ça alors !* – *Non, mais alors !* exprime l'indignation. **II** *ALORS QUE* loc. conj. (+ indic.) 1. VIEILLI Lorsque. 2. À un moment où au contraire, tandis que. *Il fait bon chez vous, alors que chez moi on gèle.*
ÉTYM. de *à* et *lors*.

ALOSE [aloz] n. f. ✦ Poisson marin voisin du hareng.
ÉTYM. bas latin *alausa*, du gaulois.

ALOUETTE [alwɛt] n. f. ✦ Petit passereau des champs, au plumage grisâtre ou brunâtre.
ÉTYM. diminutif de l'ancien français *aloe*, latin *alauda*, du gaulois.

ALOURDIR [aluʀdiʀ] v. tr. (conjug. 13) 1. Rendre lourd, plus lourd. – fig. *Alourdir les impôts.* 2. Rendre pesant, moins alerte. – fig. *Cette tournure alourdit la phrase.* CONTR. **alléger.**
► **ALOURDISSEMENT** [aluʀdismɑ̃] n. m.
ÉTYM. de *lourd*.

ALOYAU [alwajo] n. m. ✦ Morceau de viande de bœuf, renfermant le filet, le romsteck et le contre-filet.
ÉTYM. p.-ê. de l'ancien français *aloe* «alouette».

ALPAGA [alpaga] n. m. 1. Mammifère d'Amérique du Sud, voisin du lama. 2. Tissu de laine (à l'origine laine d'alpaga) et de soie.
ÉTYM. espagnol *alpaca*, mot indien des Andes.

ALPAGE [alpaʒ] n. m. ✦ Pâturage de haute montagne. – On dit aussi ALPE [alp] n. f.
ÉTYM. de *Alpes*. ☛ noms propres.

ALPAGUER [alpage] v. tr. (conjug. 3b) ✦ ARGOT Arrêter. SYN. FAM. **épingler.** – S'emparer de, saisir (qqn).
ÉTYM. de *alpaga* «manteau».

ALPESTRE [alpɛstʀ] adj. ✦ Propre aux Alpes. *Les paysages alpestres.* SYN. **alpin.**
ÉTYM. mot italien, de *alpe* «montagne haute».

ALPHA [alfa] n. m. invar. ✦ Première lettre (A, α) de l'alphabet grec. – loc. *L'alpha et l'oméga* : le commencement et la fin. HOM. ALFA «plante»
ÉTYM. mot grec, de l'hébreu.

ALPHABET [alfabɛ] n. m. 1. Système de signes graphiques (lettres) servant à écrire les sons (consonnes, voyelles) d'une langue ; série des lettres, rangées dans un ordre traditionnel. *L'alphabet phénicien, arabe, grec* (☛ Langue française p. 86), *latin.* – *Alphabet phonétique* : système de signes conventionnels servant à noter d'une manière uniforme les phonèmes des diverses langues. 2. Livre contenant les premiers éléments de la lecture (lettres, syllabes, mots). SYN. **abc, abécédaire, syllabaire.**
ÉTYM. bas latin *alphabetum*, du grec *alpha* et *bêta*.

ALPHABÉTIQUE [alfabetik] **adj.** 1. Propre à l'alphabet. *Ordre alphabétique.* 2. Qui est dans l'ordre alphabétique. *Index alphabétique.*
► **ALPHABÉTIQUEMENT** [alfabetikmɑ̃] **adv.**

ALPHABÉTISER [alfabetize] **v. tr.** (conjug. 3a) ✦ Apprendre à lire et à écrire à (un groupe social qui ignore une écriture). – **au p. passé** *Population alphabétisée.*
► **ALPHABÉTISATION** [alfabetizasjɔ̃] **n. f.** *Classes d'alphabétisation.* ☛ Géographie p. 223.
ÉTYM. de *alphabet.*

ALPHANUMÉRIQUE [alfanymeʀik] **adj.** ✦ DIDACT. Qui recourt à la fois à des lettres et à des chiffres. *Code alphanumérique.*
ÉTYM. de *alphabet* et *numérique.*

ALPIN, INE [alpɛ̃, in] **adj.** 1. Des Alpes (☛ noms propres). *La chaîne alpine.* – *Chasseurs alpins* : troupes spécialisées dans la guerre de montagne. 2. D'alpinisme. *Club alpin.* ♦ *Ski alpin* (descente et slalom).
ÉTYM. latin *alpinus.*

ALPINISME [alpinism] **n. m.** ✦ Sport des ascensions en montagne. → **escalade.**
ÉTYM. de *alpin.*

ALPINISTE [alpinist] **n.** ✦ Personne qui pratique l'alpinisme. *Cordée d'alpinistes.*

ALSACIEN, IENNE [alzasjɛ̃, jɛn] **adj. et n.** ✦ De l'Alsace. – **n.** *Les Alsaciens.* ♦ **n. m.** Ensemble des parlers germaniques d'Alsace (☛ noms propres).

ALTÉRABLE [alteʀabl] **adj.** ✦ Qui peut être altéré.
► **ALTÉRABILITÉ** [alteʀabilite] **n. f.**
ÉTYM. bas latin *alteratio.*

ALTÉRATION [alteʀasjɔ̃] **n. f.** I Changement en mal par rapport à l'état normal. SYN. ① **dégradation, détérioration.** *L'altération des traits du visage. Cette fresque a subi de nombreuses altérations.* II 1. Signe de musique modifiant la hauteur de la note (dièse, bémol, bécarre). 2. GÉOL. Transformation des roches due à des facteurs chimiques et biologiques.
ÉTYM. bas latin *alteratio.*

ALTERCATION [altɛʀkasjɔ̃] **n. f.** ✦ Échange bref et brutal de propos vifs, de répliques désobligeantes. SYN. **dispute, prise** de bec. *Avoir une légère, une vive altercation avec qqn.*
ÉTYM. latin *altercatio.*

ALTER EGO [altɛʀego] **n. m. invar.** ✦ Personne de confiance qu'on peut charger de tout faire à sa place. → **bras** droit. – *Mon alter ego* : un autre moi-même, un ami inséparable.
ÉTYM. mots latins «autre *(alter)* moi».

ALTÉRER [alteʀe] **v. tr.** (conjug. 8) I 1. Changer en mal. SYN. **détériorer, gâter.** *Le soleil altère les couleurs. Rien ne peut altérer notre amitié.* – **pronom.** *Son visage s'altéra.* – **au p. passé** *D'une voix altérée,* troublée, émue. 2. Falsifier, fausser. *Altérer la vérité.* → **mentir.** II (surtout passif et p. p.) 1. Exciter la soif de (qqn). SYN. **assoiffer.** 2. fig. LITTÉR. *Être altéré de,* avide de. SYN. **assoiffé.** CONTR. **désaltérer.**
ÉTYM. bas latin *alterare,* de *alter* «autre».

ALTÉRITÉ [alteʀite] **n. f.** ✦ DIDACT. Caractère de ce qui est autre. CONTR. **identité.**
ÉTYM. bas latin *alteritas,* famille de *alter* «autre».

ALTERMONDIALISME [altɛʀmɔ̃djalism] **n. m.** ✦ Mouvement qui refuse la mondialisation libérale et réclame une autre politique.
► **ALTERMONDIALISTE** [altɛʀmɔ̃djalist] **adj. et n.**

ALTERNANCE [altɛʀnɑ̃s] **n. f.** 1. Succession répétée, dans l'espace ou dans le temps, qui fait réapparaître dans un ordre régulier, chaque élément d'une série. *L'alternance des saisons. Alternance des cultures.* → **assolement.** – *Formation en alternance à l'école et en entreprise.* 2. Variation subie par un phonème ou un groupe de phonèmes. *Alternance vocalique* (ex. nous pouvons, ils peuvent). 3. Succession au pouvoir de deux tendances politiques par le jeu des suffrages.
ÉTYM. de *alternant.*

ALTERNANT, ANTE [altɛʀnɑ̃, ɑ̃t] **adj.** ✦ Qui alterne.
ÉTYM. du participe présent de *alterner.*

ALTERNATEUR [altɛʀnatœʀ] **n. m.** ✦ Générateur de tension alternative.

ALTERNATIF, IVE [altɛʀnatif, iv] **adj.** 1. Qui présente une alternance. SYN. **périodique.** *Mouvement alternatif,* mouvement régulier de va-et-vient (piston, pendule, etc.). *Courant alternatif,* qui change périodiquement de sens (opposé à *continu*). 2. (emploi critiqué) Qui constitue une alternative (3). *Médecines alternatives.* SYN. **doux, parallèle.** 3. Qui s'oppose au courant principal d'un style. *Le rock alternatif.*
ÉTYM. latin médiéval *alternativus* ; sens 3, de l'anglais.

ALTERNATIVE [altɛʀnativ] **n. f.** 1. au plur. Phénomènes ou états opposés se succédant régulièrement. *Des alternatives d'exaltation et d'abattement.* 2. Situation dans laquelle il n'est que deux partis possibles. *Placer qqn devant une alternative.* 3. anglicisme (emploi critiqué) Solution de remplacement. *Les alternatives écologiques à l'énergie nucléaire.*
ÉTYM. de *alternatif.*

ALTERNATIVEMENT [altɛʀnativmɑ̃] **adv.** ✦ En alternant ; tour à tour, à tour de rôle. SYN. **successivement.**
ÉTYM. de *alternatif.*

ALTERNE [altɛʀn] **adj.** ✦ DIDACT. Qui présente une alternance d'ordre spatial. BOT. *Feuilles alternes,* placées alternativement et non face à face. ♦ MATH. *Angles alternes,* formés par deux droites avec les côtés opposés de la sécante.
ÉTYM. latin *alternus* «un sur deux», de *alter* «autre».

ALTERNER [altɛʀne] **v.** (conjug. 3a) 1. **v. intr.** Se succéder en alternance. *Faire alterner deux spectacles.* 2. **v. tr.** Faire succéder (les cultures) par alternance.
► **ALTERNÉ, ÉE adj.** Qui se fait selon une alternance. *Rimes alternées.*
ÉTYM. latin *alternare,* de *alternus* → alterne.

ALTESSE [altɛs] **n. f.** ✦ Titre d'honneur donné aux princes et princesses du sang. *Son Altesse Royale le prince de...* ♦ *Une altesse* : personne portant ce titre.
ÉTYM. italien *altezza,* de *alto* «haut», latin *altus.*

ALTIER, IÈRE [altje, jɛʀ] **adj.** ✦ Qui a ou marque la hauteur, l'orgueil. SYN. **hautain.** *Un air altier et impérieux.*
ÉTYM. italien *altiero,* de *alto* «haut», latin *altus.*

ALTIMÈTRE [altimɛtʀ] **n. m.** ✦ Appareil indiquant l'altitude du lieu où l'on se trouve. *L'altimètre d'un avion.*
ÉTYM. latin médiéval *altimeter,* de *altus* «haut».

ALTIMÉTRIE [altimetʀi] n. f. ✦ DIDACT. 1. Méthode géométrique de mesure des altitudes. 2. Ensemble des signes qui représentent le relief, sur une carte.
ÉTYM. de *altimètre*.

ALTISTE [altist] n. ✦ Joueur, joueuse d'alto (2).

ALTITUDE [altityd] n. f. 1. Élévation (d'un point, d'un lieu) par rapport au niveau de la mer. *L'altitude d'une plaine, d'une montagne.* 2. Grande altitude. *En altitude* : à une altitude élevée.
ÉTYM. latin *altitudo*.

ALTO [alto] n. m. 1. Voix de contralto. ♦ n. Chanteur (contre-ténor) ou chanteuse (contralto) qui a cette voix. 2. Instrument de la famille des violons, d'une quinte plus grave et un peu plus grand (→ **altiste**). 3. appos. invar. *Des saxophones alto.*
ÉTYM. mot italien «haut», latin *altus*.

ALTRUISME [altʀɥism] n. m. ✦ Disposition à s'intéresser et à se dévouer à autrui. CONTR. **égoïsme.**
ÉTYM. de *autrui*, d'après le latin *alter* «autre».

ALTRUISTE [altʀɥist] adj. ✦ Caractérisé par l'altruisme. *Des sentiments altruistes.* → n. *C'est une altruiste.* CONTR. **égoïste.**

ALU n. m. → ALUMINIUM

ALUMINE [alymin] n. f. ✦ Oxyde ou hydroxyde d'aluminium.
ÉTYM. du latin *alumen* «alun».

ALUMINIUM [alyminjɔm] n. m. ✦ Métal blanc, léger, malléable, bon conducteur de l'électricité (symb. Al). → abrév. FAM. ALU [aly]. *Du papier (d')alu.*
ÉTYM. du latin *alumen* «alun».

ALUN [alœ̃] n. m. ✦ Sulfate double de potassium et d'aluminium hydraté, utilisé en teinture, en médecine. *Pierre d'alun.*
ÉTYM. latin *alumen*.

ALUNIR [alyniʀ] v. intr. (conjug. 13) ✦ Se poser sur la Lune, prendre contact avec la Lune. *Les astronautes ont aluni en 1969.*
► **ALUNISSAGE** [alynisaʒ] n. m.

ALVÉOLAIRE [alveɔlɛʀ] adj. ✦ ANAT. Qui appartient à une alvéole, aux alvéoles.

ALVÉOLE [alveɔl] n. f. ou (VIEILLI) n. m. 1. Cellule de cire que fabrique l'abeille. 2. ANAT. *Alvéoles dentaires* : cavités au bord des maxillaires où sont implantées les racines des dents. *Alvéoles pulmonaires* : culs-de-sac terminaux des ramifications des bronches. 3. Cavité ayant plus ou moins la forme d'une alvéole (1).
ÉTYM. latin *alveolus*, de *alveus* «cavité».

ALVÉOLÉ, ÉE [alveɔle] adj. ✦ Qui présente des alvéoles.

AMABILITÉ [amabilite] n. f. ✦ Qualité d'une personne aimable ; manifestation de cette qualité. SYN. **affabilité, gentillesse, obligeance.** *Auriez-vous l'amabilité de fermer la porte ?* → *Dire des amabilités à qqn*, des paroles aimables. CONTR. **grossièreté.**
ÉTYM. latin *amabilitas*, famille de *amare* «aimer».

AMADOU [amadu] n. m. ✦ Substance spongieuse provenant d'un champignon (*l'amadouvier* [amaduvje] n. m.), préparée pour être inflammable.
ÉTYM. peut-être de *amadouer*.

AMADOUER [amadwe] v. tr. (conjug. 3a) ✦ Amener à ses fins ou apaiser (qqn qui était hostile ou réservé) par de petites flatteries, des attentions adroites. *Se laisser amadouer.*
ÉTYM. de l'ancien provençal *amadou* «amoureux», latin *amator*.

AMAIGRIR [amegʀiʀ] v. tr. (conjug. 13) ✦ Rendre maigre, plus maigre. → pronom. *Elle s'est amaigrie.* CONTR. **engraisser, grossir.**
► **AMAIGRI, IE** adj. *Visage amaigri.* SYN. **émacié.**
ÉTYM. de *maigre*.

AMAIGRISSANT, ANTE [amegʀisɑ̃, ɑ̃t] adj. et n. m. 1. adj. Qui fait maigrir. *Régime amaigrissant.* 2. n. m. Médicament utilisé pour faire maigrir.
ÉTYM. du participe présent de *amaigrir*.

AMAIGRISSEMENT [amegʀismɑ̃] n. m. ✦ Fait de maigrir, d'avoir maigri. *Cure d'amaigrissement.* → ① **régime.**
ÉTYM. de *amaigrir*.

AMALGAME [amalgam] n. m. 1. Mélange métallique servant à l'obturation des dents. 2. fig. Mélange d'éléments hétérogènes. SYN. **assemblage.** *Un curieux amalgame de timidité et d'audace.* 3. Assimilation abusive de diverses formations politiques, pour les discréditer.
ÉTYM. latin médiéval *amalgama*, probablement de l'arabe.

AMALGAMER [amalgame] v. tr. (conjug. 3a) ✦ Unir dans un mélange. SYN. **mélanger.** *Amalgamer des œufs et de la farine.* → fig. Mêler (des éléments différents). ♦ *S'AMALGAMER* v. pron. *S'amalgamer à (ou avec)* : se combiner, s'associer à.
ÉTYM. latin médiéval *amalgamare*.

AMAN [amɑ̃] n. m. ✦ (contexte musulman) Octroi de la vie sauve à un vaincu. *Demander l'aman* : demander grâce*, faire sa soumission. HOM. AMANT «amoureux»
ÉTYM. mot arabe.

AMANDE [amɑ̃d] n. f. 1. Fruit de l'amandier, dont la graine comestible est riche en huile. *Pâte d'amandes.* ♦ *EN AMANDE* : en forme d'amande. *Des yeux en amande.* ♦ appos. invar. *Vert amande* : vert clair. *Des rideaux vert amande.* 2. Graine d'un fruit à noyau. *L'amande de l'abricot.* 3. *Amande de mer*, gros coquillage comestible. HOM. AMENDE «contravention»
ÉTYM. latin populaire *amandula*, classique *amygdala*.

AMANDIER [amɑ̃dje] n. m. ✦ Arbre dont le fruit est l'amande. *Les amandiers en fleurs.*

AMANITE [amanit] n. f. ✦ Champignon à lames dont certaines espèces sont comestibles (*amanite des Césars* → **oronge**), d'autres vénéneuses (*amanite tue-mouche*) ou même mortelles (*amanite phalloïde*).
ÉTYM. grec *amanitês*.

AMANT, ANTE [amɑ̃, ɑ̃t] n. 1. VX ou LITTÉR. Personne qui aime d'amour et qui est aimée. SYN. **amoureux, soupirant.** 2. n. Personne qui a des relations sexuelles régulières avec quelqu'un sans lui être mariée. *Elle a pris un amant. C'est son amante.* SYN. **maîtresse.** → *Les amants* : l'amant et sa maîtresse. HOM. AMAN «grâce»
ÉTYM. du participe présent de *amer*, forme ancienne de *aimer*.

AMARANTE [amaʀɑ̃t] n. f. 1. Plante ornementale, aux nombreuses fleurs rouges en grappes ; fleur de cette plante. 2. adjectif invar. Rouge pourpre. *Des tentures amarante.*
ÉTYM. latin *amarantus*, grec «qui ne peut (*a-*) se flétrir (*marainein*)».

A B C D E F G H I J K L M N O P Q R S T U V W X Y Z

AMARRAGE [amaʀaʒ] **n. m.** ✦ Action, manière d'amarrer. ➜ Position de ce qui est amarré.

AMARRE [amaʀ] **n. f.** ✦ Câble, cordage servant à retenir un navire, un ballon en l'attachant à un point fixe. *Larguer les amarres.*
ÉTYM. de *amarrer.*

AMARRER [amaʀe] **v. tr.** (conjug. 3a) **1.** Maintenir, retenir avec des amarres. ➜ au p. passé *Barque amarrée.* **2.** Attacher avec des cordages. *Amarrer des caisses sur un camion.* SYN. **arrimer.** CONTR. **démarrer.**
ÉTYM. du néerlandais *aenmarren.*

AMARYLLIS [amaʀilis] **n. f.** ✦ Plante bulbeuse ornementale, aux fleurs de couleurs éclatantes.
ÉTYM. latin scientifique, du grec *Amarullis*, nom d'une bergère.

AMAS [ama] **n. m.** ✦ Réunion d'objets venus de divers côtés, généralement par apports successifs. SYN. **amoncellement, entassement, monceau, tas.** *Un amas de paperasses.* ◆ ASTRON. *Amas (d'étoiles).*
ÉTYM. de *amasser.*

AMASSER [amase] **v. tr.** (conjug. 3a) ✦ Réunir en quantité considérable, par additions successives. SYN. **accumuler, amonceler, entasser.** *Amasser des provisions. Amasser de l'argent.* → **capitaliser, thésauriser.** ➜ *Amasser des preuves.* SYN. **réunir.** ◆ *S'AMASSER* **v. pron.** S'entasser, se rassembler. *La foule s'est amassée sur la place.* CONTR. **disperser, éparpiller.**
ÉTYM. de ① *masse.*

AMATEUR, TRICE [amatœʀ, tʀis] **n. 1.** Personne qui aime, cultive, recherche (certaines choses). *Un amateur de musique. La collection d'un amateur* (d'art). ◆ Acheteur éventuel. ➜ FAM. *Je ne suis pas amateur.* SYN. **preneur.** ➜ *Avis aux amateurs,* aux personnes que cela intéresse. **2.** Personne qui cultive un art, une science pour son seul plaisir (et non par profession). *Un talent d'amateur.* ➜ appos. *Des peintres amateurs. Une comédienne amatrice.* **3.** SPORT Athlète, joueur qui pratique un sport sans recevoir de rémunération directe (opposé à *professionnel*). **4.** péj. Personne qui exerce une activité de façon négligente ou fantaisiste. SYN. **dilettante.** *C'est du travail d'amateur.*
ÉTYM. latin *amator* «qui aime *(amare)*».

AMATEURISME [amatœʀism] **n. m. 1.** Condition de l'amateur, en sport. **2.** péj. Caractère d'un travail d'amateur (4) (négligé, non fini, incomplet, etc.). SYN. **dilettantisme.** CONTR. **professionnalisme.**

AMAZONE [amazon] **n. f. 1.** Femme qui monte à cheval. ➜ loc. *Monter en amazone,* les deux jambes du même côté de la selle. **2.** Longue jupe de cavalière.
ÉTYM. latin *Amazones* «femmes guerrières d'Asie Mineure».
☞ noms propres.

AMBAGES [ɑ̃baʒ] **n. f. pl.** ✦ *Sans ambages* **loc. adv.** : sans détour, sans s'embarrasser de circonlocutions. *Il aborda la question sans ambages.*
ÉTYM. mot latin «détours».

AMBASSADE [ɑ̃basad] **n. f. 1.** Représentation permanente d'un État auprès d'un État étranger. *Attaché, secrétaire d'ambassade.* ➜ Ensemble du personnel assurant cette mission ; bureaux, locaux de cette représentation diplomatique*. **2.** Mission délicate auprès d'un particulier. *Ils sont allés en ambassade chez le directeur.*
ÉTYM. italien *ambasciata* «service», d'orig. gauloise.

AMBASSADEUR, DRICE [ɑ̃basadœʀ, dʀis] **n. 1.** Représentant(e) permanent(e) d'un État auprès d'un État étranger, le plus élevé dans la hiérarchie diplomatique. **2.** Personne chargée d'une mission. *Soyez mon ambassadeur auprès de lui.* ➜ Personne qui représente à l'étranger une activité de son pays. *Les ambassadrices de la mode française.*
ÉTYM. italien *ambasciatore,* de *ambasciata* → ambassade.

AMBI- Élément savant, du latin *ambo* «tous les deux».

AMBIANCE [ɑ̃bjɑ̃s] **n. f. 1.** Atmosphère matérielle ou morale qui environne une personne, une réunion de personnes. → **climat.** *Une bonne ambiance de travail.* ➜ *Musique d'ambiance,* discrète et agréable. **2.** FAM. *Il y a de l'ambiance ici,* une atmosphère gaie, pleine d'entrain. *Mettre de l'ambiance.*
ÉTYM. de *ambiant.*

AMBIANT, ANTE [ɑ̃bjɑ̃, ɑ̃t] **adj.** ✦ Qui entoure de tous côtés, constitue le milieu où on se trouve. *L'air ambiant. La température ambiante.* ➜ *La morosité ambiante.*
ÉTYM. du latin *ambiens,* de *ambire* «entourer».

AMBIDEXTRE [ɑ̃bidɛkstʀ] **adj.** et **n.** ✦ Qui possède la même adresse, la même aisance de la main droite et de la main gauche.
ÉTYM. bas latin *ambidexter* → ambi- et dextre.

AMBIGU, UË [ɑ̃bigy] **adj.** ✦ Qui présente deux ou plusieurs sens possibles ; dont l'interprétation est incertaine. SYN. **ambivalent, équivoque.** *Réponse ambiguë.* ➜ *Sourire ambigu.* ➜ Dont la nature est équivoque. *Personnage ambigu.* CONTR. **clair,** ① **précis, univoque.**
► **AMBIGUMENT** [ɑ̃bigymɑ̃] **adv.**
ÉTYM. latin *ambiguus.*

AMBIGUÏTÉ [ɑ̃bigɥite] **n. f. 1.** Caractère de ce qui est ambigu. SYN. **ambivalence, équivoque.** *L'ambiguïté d'une phrase* (→ **amphibologie**), *d'une situation.* **2.** Expression ambiguë ; comportement ambigu. CONTR. **clarté, netteté, univocité.**
ÉTYM. latin *ambiguitas.*

AMBITIEUX, EUSE [ɑ̃bisjø, øz] **adj. 1.** Qui a de l'ambition, désire passionnément réussir. ➜ **n.** *Un ambitieux.* **2.** Qui marque de l'ambition, ou péj. trop d'ambition. SYN. **présomptueux, prétentieux.** *Projet ambitieux.* CONTR. **humble, modeste.**
► **AMBITIEUSEMENT** [ɑ̃bisjøzmɑ̃] **adv.**
ÉTYM. latin *ambitiosus.*

AMBITION [ɑ̃bisjɔ̃] **n. f. 1.** Désir ardent d'obtenir les biens qui peuvent flatter l'amour-propre : pouvoir, honneurs, réussite. *Avoir de l'ambition ; l'ambition de réussir.* ➜ *Ambition littéraire.* **2.** (sens affaibli) Désir, souhait. *Sa seule ambition est de fuir les ennuis.*
ÉTYM. latin *ambitio.*

AMBITIONNER [ɑ̃bisjɔne] **v. tr.** (conjug. 3a) ✦ Rechercher par ambition. *Ambitionner la première place.* SYN. **briguer.** ➜ (avec *de* + inf.) Souhaiter vivement. *Ambitionner de plaire.* CONTR. **dédaigner, mépriser.**

AMBIVALENCE [ɑ̃bivalɑ̃s] **n. f.** ✦ Caractère de ce qui comporte deux composantes de sens contraire, ou de ce qui se présente sous deux aspects. *L'ambivalence de ses sentiments.*
ÉTYM. allemand *Ambivalenz* → ambi- et valence.

AMBIVALENT, ENTE [ɑ̃bivalɑ̃, ɑ̃t] **adj.** ✦ Qui présente une ambivalence. SYN. **ambigu.** *Sentiment ambivalent.*
ÉTYM. mot allemand.

AMBLE [ɑ̃bl] **n. m.** ✦ Allure d'un cheval, etc., qui se déplace en levant en même temps les deux jambes du même côté. *Chameau qui va l'amble.*
ÉTYM. du latin *ambulare* «aller».

AMBLYOPE [ɑ̃blijɔp] **adj.** et **n.** ✦ MÉD. Atteint d'amblyopie.

AMBLYOPIE [ɑ̃blijɔpi] **n. f.** ✦ DIDACT. Grave affaiblissement de la vue, sans lésion organique apparente.
ÉTYM. latin *amblyopia*, du grec, de *amblus* «affaibli» et *ôps* «vue».

AMBRE [ɑ̃bʀ] **n. m.** 1. *Ambre gris* : substance parfumée provenant des concrétions intestinales du cachalot ; parfum qui en est extrait. 2. *Ambre jaune* : résine fossilisée, dure et transparente. *Collier d'ambre.*
ÉTYM. latin médiéval *ambra*, de l'arabe.

AMBRÉ, ÉE [ɑ̃bʀe] **adj.** 1. Parfumé à l'ambre gris. 2. Qui a un reflet jaune doré. *Une bière ambrée.*

AMBROISIE [ɑ̃bʀwazi] **n. f.** ✦ Nourriture des dieux de l'Olympe, source d'immortalité. *Le nectar et l'ambroisie.*
ÉTYM. latin *ambrosia*, du grec «immortelle».

AMBULANCE [ɑ̃bylɑ̃s] **n. f.** ✦ Véhicule automobile aménagé pour le transport des malades ou des blessés. *Être transporté en ambulance à l'hôpital.*
ÉTYM. de *ambulant.*

AMBULANCIER, IÈRE [ɑ̃bylɑ̃sje, jɛʀ] **n.** ✦ Personne qui conduit une ambulance.

AMBULANT, ANTE [ɑ̃bylɑ̃, ɑ̃t] **adj.** ✦ Qui se déplace pour exercer à divers endroits son activité professionnelle. *Marchand de glaces ambulant.* ➝ loc. FAM. *C'est un cadavre ambulant,* une personne pâle et maigre.
ÉTYM. du latin *ambulans*, de *ambulare* «aller, marcher».

AMBULATOIRE [ɑ̃bylatwaʀ] **adj.** ✦ MÉD. Qui peut s'accompagner de déambulation. ➝ *Traitement ambulatoire,* qui laisse au malade la possibilité de mener une vie active.
ÉTYM. latin *ambulatorius*, de *ambulare* «aller, marcher».

ÂME [ɑm] **n. f.** **I** 1. Principe spirituel de l'être humain, conçu dans la religion comme séparable du corps, immortel et jugé par Dieu. *Sauver, perdre son âme. Dieu ait son âme !* ➝ *Les âmes des morts. Attribuer une âme aux choses.* → **animisme.** ➝ *Rendre l'âme* : mourir. 2. Principe de la sensibilité et de la pensée (opposé au corps). loc. *Se donner corps* et âme. De toute son âme. Être musicien dans l'âme,* profondément. ♦ Conscience, esprit. *État d'âme.* ➝ *La paix de l'âme. Grandeur d'âme.* 3. Être vivant, personne. *Un village de cinq cents âmes.* SYN. **habitant.** ➝ loc. *Ne pas trouver ÂME QUI VIVE* : ne trouver personne. *Avoir charge d'âme.* ➝ *Rencontrer L'ÂME SŒUR,* une personne avec laquelle on a beaucoup d'affinités sentimentales. 4. Personne qui anime une entreprise collective. *Il était l'âme de la conjuration.* 5. *ÂME DAMNÉE* : personne dévouée à qqn jusqu'à «encourir la damnation». **II** 1. Évidement intérieur d'une bouche à feu. *L'âme d'un canon.* 2. MUS. Petit cylindre de bois qui réunit la table et le fond (d'un instrument à cordes).
ÉTYM. latin *anima* «souffle».

AMÉLIORATION [ameljɔʀasjɔ̃] **n. f.** ✦ Action de rendre meilleur, de changer en mieux ; fait de devenir meilleur, plus satisfaisant. SYN. **progrès.** *L'amélioration de son état de santé. Nette amélioration du temps en perspective.* CONTR. **aggravation,** ① **dégradation, détérioration.**
ÉTYM. de *améliorer.*

AMÉLIORER [ameljɔʀe] **v. tr.** (conjug. 3a) ✦ Rendre meilleur, plus satisfaisant, changer en mieux. SYN. **perfectionner.** *Améliorer sa situation. Améliorer un texte.* ♦ *S'AMÉLIORER* **v. pron.** Devenir meilleur. *Ce vin s'améliore avec l'âge.* SYN. se **bonifier.** ➝ FAM. (personnes) *Il ne s'améliore pas.* SYN. **s'arranger.** CONTR. ① **dégrader, détériorer, gâter.**
► **AMÉLIORABLE** [ameljɔʀabl] **adj.**
ÉTYM. de l'ancien verbe *ameillorer* «rendre meilleur», influencé par le latin *melior.*

AMEN [amɛn] **interj.** ✦ RELIG. CHRÉT. Mot par lequel se terminent les prières (généralement traduit par «ainsi soit-il»). ➝ loc. fig. *Dire, répondre amen à ce que dit, à ce que fait qqn,* acquiescer sans discuter. HOM. AMÈNE «agréable»
ÉTYM. mot grec, de l'hébreu «oui, ainsi soit-il».

AMÉNAGEMENT [amenaʒmɑ̃] **n. m.** 1. Action, manière d'aménager (1). SYN. **agencement, disposition, distribution, organisation.** *L'aménagement d'une maison.* ➝ *Aménagement du territoire*.* 2. Action d'aménager (2). *L'aménagement des horaires de travail.*

AMÉNAGER [amenaʒe] **v. tr.** (conjug. 5) 1. Disposer et préparer méthodiquement en vue d'un usage déterminé. SYN. **agencer, arranger.** *Aménager le grenier pour en faire une salle de jeux.* 2. Adapter pour rendre plus efficace. *Aménager l'enseignement.*
► **AMÉNAGEABLE** [amenaʒabl] **adj.**
ÉTYM. de *ménage.*

AMENDE [amɑ̃d] **n. f.** 1. Peine pécuniaire prononcée en matière civile, pénale, ou fiscale. SYN. **contravention.** *Encourir une amende. Sous peine d'amende.* 2. loc. *Faire amende honorable* : reconnaître ses torts, demander pardon. HOM. AMANDE «fruit»
ÉTYM. de *amender.*

AMENDEMENT [amɑ̃dmɑ̃] **n. m.** 1. AGRIC. Opération visant à améliorer les propriétés physiques d'un sol. → **fumure.** ➝ Substance incorporée au sol à cet effet. → **engrais.** 2. POLIT. Modification proposée à un texte soumis à une assemblée délibérante. *Voter un amendement.*
ÉTYM. de *amender.*

AMENDER [amɑ̃de] **v. tr.** (conjug. 3a) 1. LITTÉR. Améliorer. 2. AGRIC. Rendre plus fertile (une terre). 3. POLIT. Modifier par amendement (2). *Amender un projet de loi.* 4. *S'AMENDER* **v. pron.** S'améliorer, se corriger. *Il s'est amendé en vieillissant.*
ÉTYM. latin *emendare.*

AMÈNE [amɛn] **adj.** ✦ LITTÉR. Agréable, avenant. SYN. **aimable ; aménité.** *Des propos amènes.* CONTR. **acerbe, désagréable.** HOM. AMEN «ainsi soit-il»
ÉTYM. latin *amoenus.*

AMENÉE [am(ə)ne] **n. f.** ✦ Action d'amener l'eau, un fluide. *Tuyaux d'amenée.*

AMENER [am(ə)ne] **v. tr.** (conjug. 7a) 1. Mener (qqn) à un endroit ou auprès d'une personne. *Amener qqn à, chez qqn.* ♦ loc. *Quel bon vent* vous amène ?* — *Mandat d'amener* : ordre de comparaître devant un juge. 2. fig. *Amener qqn à* : conduire, entraîner petit à petit (à un état, à faire qqch.). *Je l'amènerai à nos idées, à partager notre point de vue.* 3. Faire venir à une destination. *Le taxi qui nous a amenés.* ♦ fig. *N'amenons pas la conversation sur ce sujet.* — au p. passé *Conclusion bien amenée.* 4. Avoir pour suite assez proche. SYN. **occasionner.** *Cela pourrait vous amener des ennuis.* 5. Tirer à soi. *Le pêcheur amène son filet. Amener les voiles,* les abaisser. 6. *S'AMENER* v. pron. FAM. Arriver, venir. *Amène-toi un peu par ici !*
ÉTYM. de *mener.*

AMÉNITÉ [amenite] **n. f.** ✦ Amabilité pleine de charme. *Traiter qqn sans aménité,* durement.
ÉTYM. latin *amoenitas,* de *amoenus* «agréable».

AMÉNORRHÉE [amenɔʀe] **n. f.** ✦ MÉD. Absence de flux menstruel chez une femme en âge d'être réglée.
ÉTYM. de ② *a-*, du grec *men* «mois» et de *-rrhée.*

AMENUISER [amənɥize] **v. tr.** (conjug. 3a) 1. Rendre plus mince, plus fin. SYN. **amincir.** 2. fig. Rendre moins important. SYN. **diminuer, réduire.** 3. *S'AMENUISER* v. pron. Devenir plus petit. SYN. **diminuer.** *Revenus qui s'amenuisent.* CONTR. **épaissir, grossir • augmenter.**
▶ **AMENUISEMENT** [amənɥizmɑ̃] **n. m.** *L'amenuisement des ressources.* SYN. **diminution.**
ÉTYM. de l'ancien verbe *menuiser* «rendre *menu*».

① **AMER, ÈRE** [amɛʀ] **adj.** 1. Qui produit au goût une sensation âpre, désagréable (ex. la bile) ou stimulante. *Confiture d'oranges amères.* ♦ **n. m.** *Un amer* : liqueur tonique et apéritive au goût amer. 2. fig. Qui engendre, marque l'amertume. SYN. **douloureux, pénible, triste.** *Une amère déception. Il m'a fait d'amers reproches.* — *Il est très amer,* triste, plein de ressentiment. CONTR. **doux • agréable, aimable.**
ÉTYM. latin *amarus.*

② **AMER** [amɛʀ] **n. m.** ✦ MAR. Objet fixe et visible servant de point de repère pour la navigation.
ÉTYM. mot normand, du germanique *merki* «marque».

AMÈREMENT [amɛʀmɑ̃] **adv.** ✦ De manière amère. *Il se plaint amèrement de votre silence.*

AMÉRICAIN, AINE [ameʀikɛ̃, ɛn] **adj.** 1. De l'Amérique. *Le continent américain. Les Indiens américains.* → **amérindien.** — loc. *Avoir l'œil américain,* perçant. 2. Des États-Unis d'Amérique. *La politique américaine. Cigarette ; voiture américaine* (subst. : *une américaine*). — **n.** *Les Américains.* — **n. m.** *L'américain,* la langue anglaise des États-Unis.

AMÉRICANISER [ameʀikanize] **v. tr.** (conjug. 3a) ✦ Faire ressembler aux États-Unis, à leur civilisation. — pronom. *Un monde qui s'américanise.*
▶ **AMÉRICANISATION** [ameʀikanizasjɔ̃] **n. f.**
ÉTYM. de *américain.*

AMÉRICANISME [ameʀikanism] **n. m.** 1. Mot, expression, tournure propre à l'américain, en anglais. ♦ Emprunt à l'américain. 2. Ensemble des études consacrées au continent américain, aux Indiens, etc.
▶ **AMÉRICANISTE** [ameʀikanist] **n.**

AMÉRINDIEN, IENNE [ameʀɛ̃djɛ̃, jɛn] **adj.** et **n.** ✦ Relatif aux Indiens d'Amérique (continent). *Langues amérindiennes.* ☛ Langue française p. 105. — **n.** *Les Amérindiens.* (☛ noms propres).
ÉTYM. américain *amerindian,* contraction de *American Indian.*

AMERRIR [ameʀiʀ] **v. intr.** (conjug. 13) ✦ (hydravion, cabine spatiale) Se poser à la surface de l'eau.
▶ **AMERRISSAGE** [ameʀisaʒ] **n. m.**
ÉTYM. de *mer.*

AMERTUME [amɛʀtym] **n. f.** 1. Saveur amère. *L'amertume des endives.* 2. fig. Sentiment durable de tristesse mêlée de rancœur, lié à une humiliation, une déception, une injustice du sort. SYN. **dégoût, dépit, ressentiment.**
ÉTYM. latin *amaritudo,* de *amarus* «amer».

AMÉTHYSTE [ametist] **n. f.** ✦ Pierre fine violette, variété de quartz.
ÉTYM. latin *amethystus,* du grec.

AMEUBLEMENT [amœbləmɑ̃] **n. m.** ✦ Ensemble des meubles d'un logement, considéré dans son agencement. → **décoration, mobilier.** *Tissu d'ameublement.* ♦ Industrie, commerce des objets destinés à meubler.
ÉTYM. de l'ancien verbe *ameubler,* de *meuble* (II).

AMEUBLIR [amœbliʀ] **v. tr.** (conjug. 13) ✦ Rendre meuble (le sol).
▶ **AMEUBLISSEMENT** [amœblismɑ̃] **n. m.**
ÉTYM. de *meuble* (I).

AMEUTER [amøte] **v. tr.** (conjug. 3a) ✦ Attrouper dans une intention de soulèvement ou de manifestation hostile. *Ameuter la foule.* — Alerter, inquiéter (un groupe de personnes). *Ses cris ont ameuté tout le quartier.* ♦ pronom. S'attrouper dans une intention hostile.
ÉTYM. de *meute.*

AMI, IE [ami] **n.** et **adj.**
I n. 1. Personne avec laquelle on est lié d'amitié. SYN. **camarade,** FAM. **copain.** *C'est mon meilleur ami. Un ami d'enfance. Il lui a parlé en ami.* — FAM. *Faire ami-ami avec qqn,* lui faire des démonstrations d'amitié. — *Prix* d'ami.* — *Mon cher ami, ma chère amie,* termes d'affection ou de politesse. 2. par euphémisme Amant, maîtresse. SYN. **compagne, compagnon.** — (même sens) *PETIT(E) AMI(E).* 3. Personne qui est bien disposée, a de la sympathie envers une autre ou une collectivité. *Je viens en ami et non en ennemi. Ses amis politiques,* les gens de même tendance. *Les amis du livre,* les bibliophiles. *La société des amis de...* : l'amicale*. 4. *FAUX AMI* : mot qui, dans une langue étrangère, présente une similitude trompeuse avec un mot de sa propre langue (ex. *actually* «effectivement» en anglais, et *actuellement*). CONTR. **ennemi.**
II adj. 1. Lié d'amitié. *Il est très ami avec elle.* — *Les pays amis,* alliés. 2. D'un ami ; digne d'amis. SYN. **amical.** *Une main amie.* — *Une maison amie.* SYN. **accueillant.** CONTR. **ennemi, hostile, inamical.**
ÉTYM. latin *amicus,* famille de *amare* «aimer».

AMIABLE [amjabl] **adj.** ✦ Qui est fait par voie de conciliation. *Constat amiable.* ♦ *À L'AMIABLE* **loc. adv.** : par voie de conciliation. *Divorcer à l'amiable.*
ÉTYM. bas latin *amicabilis.*

AMIANTE [amjɑ̃t] **n. m.** ✦ Variété de silicate pouvant être travaillée en fibres ; ces fibres, résistantes à l'action du feu. *Combinaison en amiante. L'inhalation prolongée de poussière d'amiante est dangereuse pour la santé.* ☛ Géographie p. 233.
ÉTYM. latin *amiantus*, du grec.

AMIBE [amib] **n. f.** ✦ Protozoaire des eaux douces et salées, qui se déplace à l'aide de pseudopodes. *Certaines amibes sont parasites de l'homme.* ➛ *Avoir des amibes*, de l'amibiase.
► **AMIBIEN, IENNE** [amibjɛ̃, jɛn] **adj.** *Dysenterie amibienne.*
ÉTYM. latin scientifique *amiba*, d'origine grecque.

AMIBIASE [amibjɑz] **n. f.** ✦ MÉD. Maladie parasitaire due à des amibes.

AMICAL, ALE, AUX [amikal, o] **adj.** 1. Qui manifeste, traduit de l'amitié. *Relations amicales. Un geste amical.* ♦ *Association amicale* ou *AMICALE* **n. f.** : association de personnes ayant une même profession, une même activité. *L'amicale des anciens élèves de l'école.* 2. (rencontre sportive) Qui ne compte pas pour un championnat. *Match amical.* CONTR. **hostile, inamical, malveillant.**
ÉTYM. bas latin *amicalis.*

AMICALEMENT [amikalmɑ̃] **adv.** ✦ En amis. *Nous avons causé amicalement.* ➛ *Amicalement vôtre.*

AMIDE [amid] **n. m.** ✦ BIOCHIM. Composé organique dérivant de l'ammoniac ou d'une amine par substitution de radicaux acides à l'hydrogène.
ÉTYM. du radical de *ammoniac.*

AMIDON [amidɔ̃] **n. m.** ✦ Glucide emmagasiné par les végétaux sous forme de granules, qui, broyés, fournissent un empois (➛ **fécule ; amylacé**).
ÉTYM. latin médiéval *amidum*, du grec *amulon.*

AMIDONNER [amidɔne] **v. tr.** (conjug. 3a) ✦ Empeser à l'amidon. ➛ au p. passé *Col amidonné.*
► **AMIDONNAGE** [amidɔnaʒ] **n. m.**

AMINCIR [amɛ̃siʀ] **v.** (conjug. 13) 1. **v. tr.** Rendre plus mince. ➛ pronom. Devenir plus mince. *La colonne s'amincit vers le haut.* ♦ Faire paraître plus mince. *Sa robe noire l'amincissait.* 2. **v. intr.** FAM. *Il a aminci.* SYN. **mincir.** CONTR. **élargir, épaissir, grossir.**
► **AMINCISSEMENT** [amɛ̃sismɑ̃] **n. m.**

AMINCISSANT, ANTE [amɛ̃sisɑ̃, ɑ̃t] **adj.** ✦ Qui amincit. ➛ Qui fait maigrir. SYN. **amaigrissant.**

AMINE [amin] **n. f.** ✦ BIOCHIM. Composé organique dérivé de l'ammoniac, où l'hydrogène est remplacé par un ou plusieurs radicaux de type alcane, privés d'un atome d'hydrogène. ➛ *Fonction amine* ($-NH_2$), spécifique à ces composés.
ÉTYM. du radical de *ammoniac.*

AMINÉ, ÉE [amine] **adj.** ✦ *Acide aminé* : substance organique possédant les fonctions amine et acide, constituant essentiel des protéines. ➛ **aminoacide.**
ÉTYM. de *amine.*

AMINOACIDE [aminoasid] **n. m.** ✦ CHIM. Acide aminé.

AMIRAL, ALE, AUX [amiʀal, o] **n.** et **adj.** ✦ **n.** Officier du grade le plus élevé dans la marine. ➛ **adj.** *Vaisseau amiral*, ayant à son bord un amiral, le chef d'une formation navale.
ÉTYM. de l'arabe *amir* « chef ».

AMIRAUTÉ [amiʀote] **n. f.** ✦ Corps des amiraux, haut commandement de la marine ; siège de ce commandement.
ÉTYM. de *amiral.*

AMITIÉ [amitje] **n. f.** 1. Sentiment réciproque d'affection ou de sympathie qui ne se fonde ni sur la parenté ni sur l'attrait sexuel. *Se lier d'amitié avec qqn.* ➛ VIEILLI *Amitié particulière* : liaison homosexuelle. 2. Marque d'affection, témoignage de bienveillance. *Nous ferez-vous l'amitié de venir ?* ➛ *Faites-lui toutes mes amitiés.* CONTR. **antipathie, inimitié.**
ÉTYM. latin tardif *amicitas.*

AMMONIAC [amɔnjak] **n. m.** ✦ Combinaison gazeuse d'azote et d'hydrogène, gaz à odeur piquante. HOM. AMMONIAQUE « alcali »
► **AMMONIACAL, ALE, AUX** [amɔnjakal, o] **adj.**
ÉTYM. latin *ammoniacus*, du grec.

AMMONIAQUE [amɔnjak] **n. f.** ✦ Solution aqueuse d'ammoniac. SYN. **alcali.** HOM. AMMONIAC « gaz »
ÉTYM. latin *ammoniacus.*

AMMONITE [amɔnit] **n. f.** ✦ Mollusque céphalopode fossile de l'ère secondaire, à coquille enroulée.
ÉTYM. latin scientifique *ammonites*, de *Ammon*, nom grec du dieu égyptien *Amon.*

AMNÉSIE [amnezi] **n. f.** ✦ Perte totale ou partielle de la mémoire.
ÉTYM. grec *amnêsia* → ② a- et -mnésie.

AMNÉSIQUE [amnezik] **adj.** et **n.** ✦ Atteint d'amnésie.

AMNIOCENTÈSE [amnjosɛ̃tɛz] **n. f.** ✦ Prélèvement, par ponction, de liquide amniotique.
ÉTYM. de *amnios* et du grec *kentêsis* « piqûre ».

AMNIOS [amnjos] **n. m.** ✦ DIDACT. Annexe embryonnaire enveloppant l'embryon de certains vertébrés (mammifères, oiseaux, reptiles).
ÉTYM. grec *amneios.*

AMNIOTE [amnjɔt] **adj.** et **n. m.** ✦ DIDACT. Dont l'embryon se développe avec un amnios.

AMNIOTIQUE [amnjɔtik] **adj.** ✦ DIDACT. Qui appartient à l'amnios. *Liquide amniotique* (➛ **amniocentèse**).

AMNISTIE [amnisti] **n. f.** ✦ Acte du pouvoir législatif par lequel sont suspendues des poursuites, des sanctions. *Loi d'amnistie.*
ÉTYM. grec *amnêstia.*

AMNISTIER [amnistje] **v. tr.** (conjug. 9) ✦ Faire bénéficier d'une amnistie (des délinquants ou des délits).

AMOCHER [amɔʃe] **v. tr.** (conjug. 3a) ✦ FAM. Blesser par des coups. *Se faire amocher.* ➛ Abîmer, détériorer. ➛ pronom. *Elle s'est bien amochée.*
ÉTYM. peut-être famille de *moche.*

AMOINDRIR [amwɛ̃dʀiʀ] **v. tr.** (conjug. 13) ✦ Diminuer (la force, la valeur, l'importance) ; diminuer l'importance de (qqch.). SYN. **réduire.** *L'âge amoindrit la vue.* ➛ *S'AMOINDRIR* **v. pron.** *Ses forces s'amoindrissent.* SYN. **décroître, diminuer.** CONTR. **accroître, augmenter.**
ÉTYM. de *moindre.*

AMOINDRISSEMENT [amwɛ̃dʀismɑ̃] **n. m.** ✦ Diminution, réduction. CONTR. **accroissement, augmentation.**
ÉTYM. de *moindre.*

A B C D E F G H I J K L M N O P Q R S T U V W X Y Z

AMOK [amɔk] **n. m.** ✦ Forme de folie homicide observée chez les Malais ; individu qui en est atteint.
ÉTYM. malais *amuk.*

AMOLLIR [amɔliʀ] **v. tr.** (conjug. 13) ✦ Rendre mou, moins ferme. SYN. **ramollir.** ➙ *S'AMOLLIR* **v. pron.** *La cire s'amollit à la chaleur.* ➙ **fig.** *Il s'amollit dans l'oisiveté.* CONTR. **affermir, durcir ; endurcir, fortifier.**
ÉTYM. de *mol*, forme de *mou.*

AMOLLISSANT, ANTE [amɔlisɑ̃, ɑ̃t] **adj.** ✦ Qui amollit, ôte l'énergie. SYN. **débilitant.** CONTR. **fortifiant,** ① **tonique.**
ÉTYM. du participe présent de *amollir.*

AMOLLISSEMENT [amɔlismɑ̃] **n. m.** ✦ Action d'amollir ; état de ce qui est amolli (**surtout fig.**). CONTR. **durcissement ; endurcissement.**

AMONCELER [amɔ̃s(ə)le] **v. tr.** (conjug. 6a) **1.** Réunir en monceau. SYN. **entasser. 2. fig.** Accumuler. *Amonceler des informations, des preuves.* **3.** *S'AMONCELER* **v. pron.** SYN. **s'amasser.** *Les nuages s'amoncellent. La neige s'amoncelait sur le toit.* CONTR. **disperser, éparpiller.**
ÉTYM. de *moncel*, ancienne forme de *monceau.*

AMONCELLEMENT [amɔ̃sɛlmɑ̃] **n. m.** ✦ Entassement, accumulation. *Un amoncellement de rocs.* CONTR. **dissémination, éparpillement.**
ÉTYM. de *amonceler.*

AMONT [amɔ̃] **n. m. 1.** Partie d'un cours d'eau comprise entre un point considéré et sa source. ➙ *EN AMONT DE* **loc. prép.** : au-dessus de (tel point d'un cours d'eau). *Tours est en amont d'Angers.* **2. fig.** Ce qui vient avant (dans une chaîne d'opérations). *Les produits d'amont.* CONTR. ① **aval.**
ÉTYM. de *à mont.*

AMORAL, ALE, AUX [amɔʀal, o] **adj.** ✦ Qui est étranger au domaine de la moralité. *Les lois de la nature sont amorales.* CONTR. ① **moral.**
ÉTYM. de ② *a-* et *moral.*

AMORÇAGE [amɔʀsaʒ] **n. m.** ✦ Action ou manière d'amorcer.

AMORCE [amɔʀs] **n. f.** **I** Produit jeté dans l'eau pour amorcer le poisson. *Le pain, les vers blancs servent d'amorces.* **II 1.** Petite masse de matière détonante servant à provoquer l'explosion d'une charge de poudre ou d'explosif ; dispositif de mise à feu. SYN. **détonateur. 2.** Élément qui sert de début, qui amorce (3) qqch. ➙ **fig.** Manière d'entamer, de commencer. SYN. **commencement, début, ébauche.** *Cette rencontre pourrait être l'amorce d'une négociation.*
ÉTYM. du participe passé de l'ancien verbe *amordre* «faire mordre».

AMORCER [amɔʀse] **v. tr.** (conjug. 4) **I** Garnir d'un appât. SYN. **appâter.** *Amorcer l'hameçon.* ➙ Attirer (le poisson) en répandant des amorces (I). **II 1.** Garnir d'une amorce (une charge explosive, une arme). *Amorcer un pistolet.* **2.** *Amorcer une pompe*, la mettre en état de fonctionner en remplissant d'eau le corps. **3.** Mettre en route (un processus, un fonctionnement) ; entamer, ébaucher. *Amorcer un virage.* ➙ **fig.** *Amorcer une discussion.* CONTR. **désamorcer • achever, conclure.**
ÉTYM. de *amorce.*

AMORPHE [amɔʀf] **adj. 1.** (**roche**) Qui n'a pas de forme cristallisée. *État amorphe* (opposé à *état cristallin*). ✦ **fig.** Qui n'est pas structuré. **2.** Sans réaction, sans énergie. SYN. **apathique, inerte, mou.** *Un garçon amorphe.* CONTR. **dynamique, énergique, vif.**
ÉTYM. grec *amorphos* → ② a- et -morphe.

AMORTIR [amɔʀtiʀ] **v. tr.** (conjug. 13) **1.** Rendre moins violent, atténuer l'effet de. SYN. **affaiblir.** *Des buissons ont amorti sa chute.* ➙ **au p. passé** *Bruit de pas amorti par la neige.* ➙ **fig.** Atténuer. **2.** Éteindre (une dette) par remboursement. *Amortir un emprunt.* **3.** Reconstituer peu à peu le capital employé à l'achat d'un bien grâce aux bénéfices tirés de ce bien. ➙ **au p. passé** *Sa voiture n'est pas encore amortie.* CONTR. **amplifier, exagérer.**
► **AMORTISSABLE** [amɔʀtisabl] **adj.**
ÉTYM. latin populaire *admortire*, de *mortus* «mort».

AMORTISSEMENT [amɔʀtismɑ̃] **n. m. 1.** Action d'amortir. *L'amortissement d'un choc.* **2.** *Amortissement financier* : extinction graduelle d'une dette. **3.** Action d'amortir (3).

AMORTISSEUR [amɔʀtisœʀ] **n. m.** ✦ Dispositif qui amortit (1) les chocs, les trépidations. *Les amortisseurs d'une voiture.*

AMOUR [amuʀ] **n. m. 1.** Sentiment vif qui pousse à aimer (qqn), à vouloir du bien, à aider en s'identifiant plus ou moins. SYN. **affection, attachement, tendresse.** *L'amour et l'amitié. L'amour du prochain, des humains.* → **altruisme, philanthropie.** ✦ **spécialt** *L'amour de Dieu.* **loc.** *Pour l'amour de Dieu !* je vous en prie ! ✦ Ce sentiment, considéré comme naturel entre les membres d'une même famille. *L'amour maternel, paternel ; filial. L'amour qu'elle porte à, qu'elle a pour ses enfants.* **2.** (**souvent en emploi absolu**) Inclination envers une personne, le plus souvent à caractère passionnel, fondée sur l'instinct sexuel, mais entraînant des comportements variés. *Une histoire d'amour. Aimer qqn d'amour. L'amour fou.* → **passion.** *Amour physique.* → **érotisme, sexe, sexualité.** ➙ **au plur.** Liaison, aventure amoureuse. *Comment vont tes amours ? À vos amours !* (**formule de souhait**). ➙ **LITTÉR. fém. au plur.** *De brèves amours.* → **amourette, aventure, béguin, passade.** ✦ *FAIRE L'AMOUR* : avoir des relations sexuelles. → **VULG.** ① **baiser. 3.** Personne aimée. *Mon amour, écris-moi.* ➙ **FAM.** *Vous seriez un amour si* : vous seriez très gentil de. **4.** Personnification mythologique de l'amour. *Peindre des Amours.* **5. FAM.** *Un amour de petit chapeau*, un très joli petit chapeau. **6.** Attachement désintéressé et profond à une valeur. *L'amour de la vérité. Avoir l'amour de son métier.* ➙ *Faire une chose avec amour*, avec le soin, le souci de perfection de celui qui aime ce qu'il fait. **7.** Goût très vif pour qqch. qui procure du plaisir. SYN. **passion.** *L'amour de la nature. Pour l'amour de l'art.*
ÉTYM. de l'ancien occitan *amor*, latin *amor.*

S'AMOURACHER [amuʀaʃe] **v. pron.** (conjug. 3a) ✦ **péj.** *S'amouracher de qqn*, en tomber amoureux. SYN. **s'enticher, se toquer.**
ÉTYM. de l'italien *amoraccio*, de *amore* «amour».

AMOURETTE [amuʀɛt] **n. f.** ✦ Amour passager, sans conséquence. SYN. **aventure, flirt, passade.**

AMOUREUSEMENT [amuʀøzmɑ̃] **adv. 1.** Avec amour (2), tendrement. **2.** Avec un soin tout particulier. *Classer amoureusement ses timbres.* CONTR. **froidement •**

négligemment.
ÉTYM. de *amoureux*.

AMOUREUX, EUSE [amuʀø, øz] **adj.** 1. Qui éprouve de l'amour (2), qui aime. SYN. **épris.** *Tomber amoureux de qqn.* → **n.** *Un amoureux transi.* 2. Propre à l'amour, qui marque de l'amour. *La vie amoureuse de Victor Hugo.* → *Regard amoureux.* 3. Qui a un goût très vif pour (qqch.). SYN. **fervent,** ① **fou, passionné.** CONTR. **froid, indifférent.**
ÉTYM. latin tardif *amorosus*.

AMOUR-PROPRE [amuʀpʀɔpʀ] **n. m.** ✦ Sentiment vif qu'un être a de sa dignité et de sa valeur personnelle. → **fierté.** *Blessures, satisfactions d'amour-propre. Des amours-propres.*
ÉTYM. de *amour* et *propre* (I).

AMOVIBLE [amɔvibl] **adj.** 1. (fonctionnaire, magistrat) Qui peut être déplacé, changé d'emploi, révoqué. 2. Qu'on peut enlever ou remettre à volonté. *Doublure amovible.* CONTR. **inamovible.**
► **AMOVIBILITÉ** [amɔvibilite] **n. f.**
ÉTYM. latin médiéval *amovibilis*, famille de *movere* « bouger ».

AMPÉLOPSIS [ɑ̃pelɔpsis] **n. m.** ✦ Plante grimpante communément appelée *vigne vierge*.
ÉTYM. latin scientifique *ampelopsis*, du grec *ampelos* « vigne » et *opsis* « apparence ».

AMPÉRAGE [ɑ̃peʀaʒ] **n. m.** ✦ Intensité de courant électrique (incorrect en sciences).
ÉTYM. de *ampère*.

AMPÈRE [ɑ̃pɛʀ] **n. m.** ✦ Unité de mesure d'intensité des courants électriques (symb. A). → *Ampère par mètre* (symb. A/m) : unité de mesure de champ magnétique.
ÉTYM. du nom du physicien *Ampère*. ☛ noms propres.

AMPÈREMÈTRE [ɑ̃pɛʀmɛtʀ] **n. m.** ✦ Appareil qui sert à mesurer l'intensité d'un courant électrique.
ÉTYM. de *ampère* et *-mètre*.

AMPHÉTAMINE [ɑ̃fetamin] **n. f.** ✦ Médicament employé comme excitant du système nerveux central. *Dopage aux amphétamines.*
ÉTYM. probablt anglais *amphetamine* → amine.

AMPHI **n. m.** → AMPHITHÉÂTRE

AMPH(I)- Élément, du grec *amphi-* « des deux côtés, en double », ou « autour ».

AMPHIBIE [ɑ̃fibi] **adj.** 1. Capable de vivre à l'air ou dans l'eau, entièrement émergé ou immergé. *La grenouille est amphibie.* 2. Qui peut être utilisé sur terre ou dans l'eau. *Char amphibie.*
ÉTYM. grec *amphibios* → amphi- et -bie.

AMPHIBIEN [ɑ̃fibjɛ̃] **n. m.** ✦ Animal amphibie dont la peau est criblée de glandes à sécrétion visqueuse, dont la respiration est surtout cutanée, et qui subit une métamorphose. SYN. **batracien.** *La classe des amphibiens.*

AMPHIBOLOGIE [ɑ̃fibɔlɔʒi] **n. f.** ✦ DIDACT. Double sens présenté par une proposition (ex. louer un appartement). SYN. **ambiguïté, équivoque.**
► **AMPHIBOLOGIQUE** [ɑ̃fibɔlɔʒik] **adj.**
ÉTYM. bas latin *amphibologia*, de *amphibolia*, du grec.

AMPHIGOURI [ɑ̃figuʀi] **n. m.** ✦ Discours embrouillé.
ÉTYM. origine incertaine.

AMPHIGOURIQUE [ɑ̃figuʀik] **adj.** ✦ (discours) Compliqué et confus. SYN. **embrouillé, incompréhensible.**
ÉTYM. de *amphigouri*.

AMPHITHÉÂTRE [ɑ̃fiteɑtʀ] **n. m.** 1. Vaste édifice circulaire antique, à gradins étagés, occupé au centre par une arène. → *Ville en amphithéâtre,* qui s'étage sur une pente. 2. Salle de cours en gradins dans une université. → **abrév.** FAM. AMPHI. *Des amphis.*
ÉTYM. latin *amphitheatrum*, du grec → amphi- et théâtre.

AMPHITRYON [ɑ̃fitʀijɔ̃] **n. m.** ✦ LITTÉR. Hôte qui offre à dîner.
ÉTYM. du nom d'un roi de la mythologie grecque. ☛ noms propres.

AMPHORE [ɑ̃fɔʀ] **n. f.** ✦ Vase antique à deux anses, pansu, à pied étroit.
ÉTYM. latin *amphora*, du grec.

AMPLE [ɑ̃pl] **adj.** 1. Qui a de l'ampleur. SYN. **large.** *Manteau ample.* → *Mouvement ample.* 2. fig. Abondant, qui se développe largement. *Pour de plus amples renseignements...* CONTR. **étroit.**
ÉTYM. latin *amplus*.

AMPLEMENT [ɑ̃pləmɑ̃] **adv.** ✦ D'une manière large, plus que suffisante. → Copieusement. SYN. **abondamment, largement.** CONTR. **étroitement, peu.**

AMPLEUR [ɑ̃plœʀ] **n. f.** 1. Largeur importante, au-delà du nécessaire. *Donner de l'ampleur à une jupe.* 2. Importance dans l'espace. *L'ampleur de ses gestes.* 3. Caractère de ce qui est abondant, qui a une grande extension ou importance. *Prendre de l'ampleur. Devant l'ampleur du désastre.* CONTR. **étroitesse, petitesse.**
ÉTYM. de *ample*.

AMPLIFICATEUR, TRICE [ɑ̃plifikatœʀ, tʀis] **n. m.** et **adj.** 1. **n. m.** Appareil destiné à augmenter l'amplitude d'un phénomène (oscillations électriques en particulier). ◆ spécialt Élément d'une chaîne acoustique qui précède les haut-parleurs. → **abrév.** FAM. AMPLI [ɑ̃pli]. *Des amplis.* 2. **adj.** Qui amplifie.
ÉTYM. latin *amplificator*.

AMPLIFICATION [ɑ̃plifikasjɔ̃] **n. f.** ✦ Fait d'amplifier. *L'amplification d'un son. L'amplification d'un scandale.*

AMPLIFIER [ɑ̃plifje] **v. tr.** (conjug. 9) 1. Augmenter les dimensions, l'intensité de. *Amplifier un son.* 2. Développer en ajoutant des détails. → péj. Embellir, exagérer. 3. S'AMPLIFIER **v. pron.** Prendre de l'ampleur, de l'amplitude. *La musique s'amplifiait.* → *Détails qui s'amplifient.* CONTR. **diminuer, restreindre.**
ÉTYM. latin *amplificare*.

AMPLITUDE [ɑ̃plityd] **n. f.** 1. Grandeur, étendue importante. SYN. **ampleur.** *L'amplitude des problèmes mondiaux.* 2. Différence entre les valeurs extrêmes d'une grandeur. *L'amplitude d'une onde, d'une vague.*
ÉTYM. latin *amplitudo*.

AMPOULE [ɑ̃pul] **n. f.** I 1. Petite fiole. 2. Tube de verre effilé et fermé destiné à la conservation d'une dose déterminée de médicament liquide ; son contenu. *Ampoule buvable, injectable.* 3. Globe de verre contenant la source d'éclairage d'une lampe. *Changer une ampoule (électrique) grillée.* II Cloque de la peau formée par une accumulation de sérosité. *Avoir des ampoules aux mains, aux pieds.*
ÉTYM. latin *ampulla*.

A B C D E F G H I J K L M N O P Q R S T U V W X Y Z

AMPOULÉ, ÉE [ɑ̃pule] **adj.** ✦ (style, expression) Emphatique, boursouflé. *Un discours ampoulé.*
ÉTYM. de l'anc. v. *ampouler* «gonfler», de *ampoule.*

AMPUTATION [ɑ̃pytasjɔ̃] **n. f.** 1. Opération chirurgicale consistant à couper un membre, un segment de membre, une partie saillante. 2. fig. Retranchement, perte importante.
ÉTYM. latin *amputatio.*

AMPUTER [ɑ̃pyte] **v. tr.** (conjug. 3a) 1. Faire l'amputation de (un membre, etc.). SYN. **couper.** – *Amputer qqn,* lui enlever un membre. *On l'a amputé d'un bras.* 2. fig. Couper, retrancher. SYN. **diminuer, mutiler.** *La pièce a été amputée de plusieurs scènes.*
► **AMPUTÉ, ÉE adj.** *Membre amputé.* – *Blessé amputé.* – **n.** *Un amputé du bras.*
ÉTYM. latin *amputare* «couper, élaguer».

AMULETTE [amylɛt] **n. f.** ✦ Petit objet qu'on porte sur soi par superstition, pour préserver de dangers, etc. SYN. **fétiche, porte-bonheur, talisman.**
ÉTYM. latin *amuletum.*

AMURE [amyʀ] **n. f.** ✦ MAR. *Point d'amure* : fixation inférieure de la voile, du côté du vent. ◆ Côté d'un bateau qui reçoit le vent. (au plur.) *Bâbord amures.*
ÉTYM. provençal *amura,* de *amurar* «fixer au *mur*».

AMUSANT, ANTE [amyzɑ̃, ɑ̃t] **adj.** ✦ Qui amuse, est propre à distraire, à divertir. SYN. **divertissant,** ① **drôle, réjouissant** ; FAM. **marrant, rigolo.** *Un jeu amusant.* – *Tu n'es pas amusant.* – **n. m.** *L'amusant de l'affaire, c'est que...* CONTR. **assommant, ennuyeux.**
ÉTYM. du participe présent de *amuser.*

AMUSE-GUEULE [amyzgœl] **n. m.** ✦ FAM. Petit sandwich, biscuit salé, etc., servi avec l'apéritif ou au cours d'une réception. *Des amuse-gueules.* – Au restaurant, on dit plutôt AMUSE-BOUCHE [amyzbuʃ].
ÉTYM. de *amuser* et *gueule.*

AMUSEMENT [amyzmɑ̃] **n. m.** 1. Caractère de ce qui amuse. *Faire qqch. par amusement.* 2. Distraction agréable, divertissement.

AMUSER [amyze] **v. tr.** (conjug. 3a) **I** 1. Détourner l'attention de (qqn). 2. Distraire agréablement ; faire rire ou sourire. SYN. **divertir.** *Un rien l'amuse.* – **loc.** FAM. *Amuser la galerie* : faire rire l'assistance. **II** *S'AMUSER* **v. pron.** Se distraire agréablement. SYN. **se divertir, jouer.** *Les enfants s'amusent dans leur chambre.* – *S'amuser à des bêtises. S'amuser à taquiner qqn.* CONTR. **ennuyer.**
► **AMUSÉ, ÉE adj.** Qui exprime l'amusement ; empreint d'amusement. *Regard amusé.* – *Étonnement amusé.*
ÉTYM. de *muser.*

AMUSEUR, EUSE [amyzœʀ, øz] **n.** ✦ Personne qui amuse, distrait (une société, un public).

AMYGDALE [amidal] **n. f.** ✦ Chacun des deux organes situés sur la paroi latérale du pharynx, producteur de lymphocytes. *Se faire opérer des amygdales.*
ÉTYM. latin *amygdala* «amande».

AMYLACÉ, ÉE [amilase] **adj.** ✦ DIDACT. De la nature de l'amidon.
ÉTYM. du latin *amylum* «amidon».

AMYLASE [amilaz] **n. f.** ✦ BIOL. Enzyme digestive qui provoque l'hydrolyse de l'amidon, présente notamment dans la salive et le suc pancréatique.
ÉTYM. du latin *amylum* «amidon» et de *-ase.*

AN [ɑ̃] **n. m.** 1. Durée conventionnelle, voisine de celle d'une révolution de la Terre autour du Soleil ; cet espace de temps (12 mois consécutifs), utilisé pour mesurer la durée ou l'âge (→ **année ; annuel**). *Il a vécu (pendant) cinq ans en Italie. Elle vient nous voir trois fois par an, trois fois l'an. Il a vingt ans.* SYN. FAM. ② **balai,** ② **berge,** ① **pige.** *De quarante, cinquante ans* (quadra-, quinquagénaire). – LITTÉR. *Être chargé d'ans,* très âgé. – **loc.** *BON AN, MAL AN* : en faisant la moyenne entre les bonnes et les mauvaises années. 2. Année en tant que point du temps. *L'an dernier, l'an prochain.* – *Le jour de l'an, le premier de l'an* : le 1er janvier. – *L'an 350 avant Jésus-Christ. En l'an de grâce*...* – **loc.** *S'en moquer comme de l'an quarante,* complètement.
HOM. ① EN (prép. et pron. personnel), HAN «cri d'effort»
ÉTYM. latin *annus.*

AN- → ② A-

ANA- Élément signifiant «de bas en haut» (ex. *anaglyphe*), «en arrière» (ex. *anachronisme*), «en sens contraire» (ex. *anagramme*), ou «de nouveau» (ex. *anamorphose*).

ANABOLISANT, ANTE [anabɔlizɑ̃, ɑ̃t] **n. m. et adj.** ✦ Substance qui entraîne un accroissement du système musculaire.
ÉTYM. de *anabolisme,* d'après *métabolisme.*

ANACARDE [anakaʀd] **n. m.** ✦ Fruit d'un arbre tropical (l'*anacardier* **n. m.**), communément appelé *noix de cajou.*
ÉTYM. latin tardif *anacardium,* altération du grec *onakhardion* «cœur *(khardion)* d'âne *(ona)*».

ANACHORÈTE [anakɔʀɛt] **n. m.** ✦ DIDACT. Religieux contemplatif qui se retire dans la solitude. SYN. **ermite.** – *Mener une vie d'anachorète* : vivre en solitaire.
ÉTYM. latin *anachoretas,* du grec «qui se retire».

ANACHRONIQUE [anakʀɔnik] **adj.** 1. Entaché d'anachronisme. 2. Qui est déplacé à son époque, qui est d'un autre âge. *Équipement anachronique.* SYN. **désuet, périmé.**

ANACHRONISME [anakʀɔnism] **n. m.** 1. Confusion de dates, attribution à une époque de ce qui appartient à une autre. 2. Caractère de ce qui est anachronique, périmé ; chose, usage, institution anachronique. SYN. **survivance.**
ÉTYM. de *ana-* et du grec *khronos* «temps».

ANACOLUTHE [anakɔlyt] **n. f.** ✦ DIDACT. Rupture ou discontinuité dans la construction d'une phrase (ex. «Et pleurés du vieillard, il grava sur leur marbre» [La Fontaine]).
ÉTYM. grec *anacoluthos* «sans suite».

ANACONDA [anakɔ̃da] **n. m.** ✦ Grand boa constricteur d'Amérique du Sud.
ÉTYM. peut-être mot tamoul.

ANAÉROBIE [anaeʀɔbi] **adj.** ✦ Qui peut vivre dans un milieu privé d'air (micro-organisme). – Capable de fonctionner sans air (propulseur). *Fusée anaérobie.* CONTR. **aérobie.**
ÉTYM. de ② *a-* et *aérobie.*

ANAGLYPHE [anaglif] **n. m.** ✦ Ouvrage (spécialement inscription ornementale) sculpté en bas-relief.
ÉTYM. latin *anaglyphus,* du grec «ciselé».

ANAGLYPTIQUE [anagliptik] adj. ✦ Se dit d'une écriture ou d'une impression en relief à l'usage des aveugles.
ÉTYM. du latin *anaglypticus*, du grec «ciselé».

ANAGRAMME [anagʀam] n. f. ✦ Mot formé des lettres d'un autre mot placées dans un autre ordre (ex. niche-chien). ☛ Littérature p. 119.
ÉTYM. grec *anagrammatismos*.

ANAL, ALE, AUX [anal, o] adj. ✦ De l'anus. ➛ PSYCH. *Stade anal*, stade de la libido antérieur au stade génital, selon Freud. HOM. ANNALES «chronique»; ANNEAU «bague».
► **ANALITÉ** [analite] n. f.

ANALEPSE [analɛps] n. f. ✦ DIDACT. Dans une narration, Retour sur des évènements passés. *Analepse et prolepse.*
ÉTYM. grec *analêpsis* «récupération».

ANALGÉSIE [analʒezi] n. f. ✦ MÉD. Suppression de la douleur.
ÉTYM. grec *analgêsia*.

ANALGÉSIQUE [analʒezik] adj. ✦ MÉD. Qui supprime ou atténue la sensibilité à la douleur. SYN. **antalgique, antidouleur.** ➛ n. m. *La morphine est un analgésique.*
ÉTYM. de *analgésie*.

ANALLERGIQUE [analɛʀʒik] adj. ✦ Qui ne provoque pas d'allergie.
ÉTYM. de ② *a-* et *allergique*.

ANALOGIE [analɔʒi] n. f. ✦ Ressemblance établie par l'esprit (association d'idées) entre deux ou plusieurs objets de pensée essentiellement différents. SYN. **correspondance, rapport.** *Analogie entre deux comportements.* ➛ *Raisonnement par analogie*, qui conclut d'une ressemblance partielle à une autre ressemblance plus générale. SYN. **induction.** ◆ (dans le langage) *« Vous disez » (incorrect) est formé par analogie avec « vous lisez ». Faute par analogie.* CONTR. **opposition ; différence.**
ÉTYM. latin *analogia*, du grec → ana- et -logie.

ANALOGIQUE [analɔʒik] adj. ✦ Fondé sur l'analogie.
► **ANALOGIQUEMENT** [analɔʒikmɑ̃] adv.
ÉTYM. latin *analogicus*, du grec.

ANALOGUE [analɔg] adj. ✦ Qui présente une analogie. SYN. **comparable, voisin.** *J'ai suivi un raisonnement analogue (au vôtre).* ➛ n. m. *Ce terme n'a pas d'analogue en français.* SYN. **correspondant, équivalent.** CONTR. **contraire, différent, opposé.**
ÉTYM. grec *analogos* → ana- et -logie.

ANALPHABÈTE [analfabɛt] adj. et n. ✦ Qui n'a pas appris à lire et à écrire. ☛ Géographie p. 223.
ÉTYM. grec *analphabêtos* «qui ne sait ni A *(alpha)* ni B *(bêta)*».

ANALPHABÉTISME [analfabetism] n. m. ✦ DIDACT. État de l'analphabète, des analphabètes d'un pays. ☛ Géographie p. 223.

ANALYSABLE [analizabl] adj. ✦ Qui peut être analysé.

ANALYSE [analiz] n. f. 1. Opération intellectuelle consistant à décomposer un tout en ses éléments constituants et à en établir les relations. ➛ GRAMM. Décomposition d'une phrase en mots *(analyse grammaticale)*, en propositions *(analyse logique)*. ◆ Examen qui tente de dégager les éléments propres à expliquer une situation, un sentiment, etc. *Analyse psychologique. L'analyse de la situation politique.* ➛ loc. *En dernière analyse* : au terme de l'analyse, au fond. 2. Séparation d'un composé pour identification ou dosage de ses composants. *Analyse chimique. Analyse du sang, des urines. Laboratoire d'analyses.* 3. Psychanalyse. *Être en analyse.* 4. Opération de logique consistant à remonter d'une proposition à d'autres propositions reconnues pour vraies d'où on puisse ensuite la déduire. 5. MATH. ancienn Algèbre. ➛ MOD. Étude de fonctions, d'ensembles, et des liens entre les objets mathématiques. CONTR. **synthèse.**
ÉTYM. grec *analusis* «décomposition».

ANALYSER [analize] v. tr. (conjug. 3a) 1. Faire l'analyse (1) de. *Tenter d'analyser ce que l'on éprouve.* SYN. **disséquer, étudier, examiner.** ➛ pronom. *Il s'analyse trop.* SYN. **s'étudier.** 2. Faire l'analyse (chimique, biologique) de. *Faire analyser son sang, l'eau d'une source.* 3. Psychanalyser.

ANALYSTE [analist] n. 1. Spécialiste d'un type d'analyse. *Analyste financier.* 2. Personne habile en matière d'analyse psychologique. 3. Psychanalyste.

ANALYSTE-PROGRAMMEUR, EUSE [analist(ə)pʀɔgʀamœʀ, øz] n. ✦ Informaticien chargé des problèmes d'analyse et de la programmation correspondante.

ANALYTIQUE [analitik] adj. 1. MATH. Qui appartient à l'analyse. 2. Qui procède par analyse. *Raisonnement analytique.* ➛ *Esprit analytique*, qui considère les choses dans leurs éléments plutôt que dans leur ensemble. 3. Qui constitue une analyse, un sommaire. *Table analytique.* 4. Psychanalytique. CONTR. **synthétique.**
ÉTYM. grec *analutikos*.

ANAMORPHOSE [anamɔʀfoz] n. f. ✦ Image déformée par un procédé optique ou géométrique (miroir courbe, etc.). ➛ Représentation picturale de cette déformation, qui, observée sous un certain angle ou à l'aide d'un miroir courbe, restitue l'image réelle.
ÉTYM. du grec *anamorphoun* «transformer» → ana- et -morphe.

ANANAS [anana(s)] n. m. ✦ Gros fruit oblong, écailleux, qui porte une touffe de feuilles à son sommet, et dont la pulpe est sucrée et très parfumée ; la plante qui le porte.
ÉTYM. du tupi-guarani, langue amérindienne du Brésil.

ANAPESTE [anapɛst] n. m. ✦ (métrique anc.) Pied composé de deux syllabes brèves et d'une syllabe longue. ➛ Poème qui contient des anapestes.
ÉTYM. latin *anapaestus*, du grec.

ANAPHORE [anafɔʀ] n. f. ✦ DIDACT. Répétition d'un mot en tête de plusieurs membres de phrase, pour obtenir un effet de renforcement ou de symétrie. ☛ Littérature p. 118.
ÉTYM. latin *anaphora*, du grec.

ANAPHORIQUE [anafɔʀik] adj. et n. m. ✦ DIDACT. *Mot anaphorique*, qui en reprend un autre, énoncé précédemment. ➛ n. m. *Le pronom est un anaphorique.*
ÉTYM. de *anaphore*.

ANAPHYLACTIQUE [anafilaktik] adj. ✦ MÉD. *Choc anaphylactique*, réaction très violente qui survient à la suite de l'introduction dans l'organisme d'une substance étrangère à laquelle cet organisme est anormalement sensible.
ÉTYM. de *ana-* et du grec *phulaxis* «protection».

ANARCHIE [anaʀʃi] **n. f.** 1. Désordre résultant d'une absence ou d'une carence d'autorité. *Pays en proie à l'anarchie.* ◆ Attitude de refus d'autorité. 2. Confusion due à l'absence de règles ou d'ordres précis. 3. Anarchisme. CONTR. **despotisme, ordre.**

ÉTYM. grec *anarkhia* «absence du chef» → ② a- et -archie.

ANARCHIQUE [anaʀʃik] **adj.** ✦ Caractérisé par l'anarchie. CONTR. **despotique.**

► **ANARCHIQUEMENT** [anaʀʃikmɑ̃] **adv.** *La ville s'est développée anarchiquement.*

ANARCHISANT, ANTE [anaʀʃizɑ̃, ɑ̃t] **adj. et n.** ✦ Qui tend à l'anarchisme, a des sympathies pour l'anarchisme.

ÉTYM. de *anarchie.*

ANARCHISME [anaʀʃism] **n. m.** 1. Conception politique qui tend à supprimer l'État, à éliminer de la société tout pouvoir disposant d'un droit de contrainte. 2. Refus de toute autorité, de toute règle.

ÉTYM. de *anarchiste.*

ANARCHISTE [anaʀʃist] **n. et adj.** 1. Partisan de l'anarchisme (1). SYN. **libertaire.** – **adj.** *Parti anarchiste.* – **abrév.** FAM. ANAR [anaʀ]. 2. Personne qui rejette toute autorité, toute règle.

ÉTYM. de *anarchie.*

ANARCHOSYNDICALISME [anaʀkosɛ̃dikalism] **n. m.** ✦ Syndicalisme révolutionnaire et antiétatiste.

► **ANARCHOSYNDICALISTE** [anaʀkosɛ̃dikalist] **adj. et n.**

ÉTYM. de *anarchisme* et *syndicalisme.*

ANASTIGMAT [anastigmat] **adj. m.** ✦ Dépourvu d'astigmatisme (objectif). – **variante** ANASTIGMATIQUE [anastigmatik].

ÉTYM. de ② *a-* et *astigmatisme.*

ANASTOMOSE [anastɔmoz] **n. f.** ✦ Communication entre deux organes, deux vaisseaux, deux conduits de même nature ou deux nerfs.

ÉTYM. latin *anastomosis,* du grec «embouchure».

ANASTOMOSER [anastɔmoze] **v. tr.** (conjug. 3a) ✦ Réunir par anastomose chirurgicale.

ANATHÉMATISER [anatematize] **v. tr.** (conjug. 3a) ✦ DIDACT. Frapper d'anathème. → **excommunier.** – **fig.** LITTÉR. Condamner avec force, maudire.

ANATHÈME [anatɛm] **n.** 1. **n. m.** Excommunication majeure prononcée contre les hérétiques ou les ennemis de la foi catholique. – **fig.** Condamnation totale. *Jeter l'anathème sur qqn.* SYN. **malédiction.** 2. **n.** Personne frappée de cette excommunication.

ÉTYM. latin *anathema,* du grec.

ANATIFE [anatif] **n. m.** ✦ ZOOL. Crustacé marin muni d'un pédoncule, qui s'attache aux objets flottants (coques de navires, etc.).

ÉTYM. latin scientifique *anatifa,* de *anas* «canard».

ANATOMIE [anatɔmi] **n. f.** 1. Étude scientifique de la structure et de la forme des êtres organisés ainsi que des rapports entre leurs différents organes. SYN. **morphologie.** *Anatomie humaine, animale, végétale.* – *Anatomie artistique,* étude des formes extérieures du corps en vue de la représentation par l'art. ◆ Ces formes ; le corps. *Dévoiler, montrer son anatomie.* 2. Structure de l'organisme ainsi étudié. *Caractères généraux de l'anatomie d'un crustacé.*

ÉTYM. latin *anatomia,* du grec *anatoun* «couper».

ANATOMIQUE [anatɔmik] **adj.** ✦ Relatif à l'anatomie.

ÉTYM. latin *anatomicus.*

ANATOMISTE [anatɔmist] **n.** ✦ Spécialiste de l'anatomie.

ANATOMO- Élément, tiré de *anatomie,* qui signifie «de l'anatomie et de...».

ANATOMOPATHOLOGIE [anatɔmopatɔlɔʒi] **n. f.** ✦ Étude scientifique des altérations organiques provoquées par la maladie.

► **ANATOMOPATHOLOGISTE** [anatɔmopatɔlɔʒist] **n.**

ANATOXINE [anatɔksin] **n. f.** ✦ DIDACT. Toxine bactérienne traitée, aux propriétés immunisantes.

ÉTYM. de *ana-* et *toxine.*

ANCESTRAL, ALE, AUX [ɑ̃sɛstʀal, o] **adj.** 1. Qui a appartenu aux ancêtres, qu'on tient des ancêtres. 2. Qui remonte très loin. SYN. **immémorial.**

ÉTYM. de *ancestre,* ancienne forme de *ancêtre.*

ANCÊTRE [ɑ̃sɛtʀ] **n. m.** 1. Personne qui est à l'origine d'une famille, dont on descend. SYN. **aïeul.** 2. Espèce dont une autre provient. *Le mammouth est l'ancêtre de l'éléphant.* 3. Initiateur lointain, devancier. SYN. **précurseur.** *Un ancêtre du surréalisme.* 4. **au plur.** Ceux qui ont vécu avant nous, les hommes des siècles passés. *Nos ancêtres les Gaulois.*

ÉTYM. latin *antecessor,* de *antecedere* «marcher *(cedere)* devant».

ANCHE [ɑ̃ʃ] **n. f.** ✦ Languette vibrante qui s'adapte au bec des instruments dits *à anche* (clarinette, saxophone, etc.). HOM. HANCHE «partie du corps»

ÉTYM. mot dialectal (Ouest), du francique *ankja* «tuyau».

ANCHOIS [ɑ̃ʃwa] **n. m.** ✦ Petit poisson commun en Méditerranée, qu'on consomme surtout mariné et salé.

ÉTYM. ancien provençal *anchoia,* d'origine inconnue.

ANCIEN, IENNE [ɑ̃sjɛ̃, jɛn] **adj.** 1. Qui existe depuis longtemps, qui date d'une époque bien antérieure. SYN. **antique, vieux.** *Une coutume ancienne. Acheter un meuble ancien chez un antiquaire.* ◆ **n.** *Aimer l'ancien,* les objets anciens. – *À l'ancienne* **loc. adv.** : à la manière d'autrefois. 2. Qui est du passé et n'existe plus. – *L'Ancien Régime*.* ◆ (devant le nom) Qui a été autrefois tel et ne l'est plus. SYN. ② **ex-.** *Ancien ministre. Son ancien amant* [sɔ̃nɑ̃sjɛnamɑ̃]. 3. Qui a existé il y a longtemps. SYN. **antique,** ② **passé.** *Dans des temps très anciens. Les peuples anciens,* de l'Antiquité. – **loc.** FAM. *C'est de l'histoire ancienne,* c'est du passé. ◆ **n.** *Les Anciens :* les peuples et les écrivains de l'Antiquité. 4. Qui a un certain âge ou de l'ancienneté. *Il est plus ancien que moi dans le métier.* CONTR. **moderne, nouveau, récent** · **actuel.**

ÉTYM. latin tardif *anteanus,* de *ante* «avant».

ANCIENNEMENT [ɑ̃sjɛnmɑ̃] **adv.** ✦ Dans les temps anciens, autrefois. CONTR. **récemment.**

ANCIENNETÉ [ɑ̃sjɛnte] **n. f.** 1. Caractère de ce qui existe depuis longtemps. 2. Temps passé dans une fonction à compter de la date de la nomination. CONTR. **nouveauté.**

ÉTYM. de *ancien.*

ANCILLAIRE [ɑ̃silɛʀ] **adj.** ✦ LITTÉR. *Amours ancillaires,* avec des servantes.

ÉTYM. latin *ancillaris,* de *ancilla* «servante».

ANCOLIE [ɑ̃kɔli] **n. f.** ✦ Plante ornementale, dont les fleurs bleues, blanches ou roses ont des pétales terminés en éperon.
ÉTYM. latin *aquileia*.

ANCRAGE [ɑ̃kʀaʒ] **n. m.** ✦ Action, manière d'ancrer, d'attacher à un point fixe. SYN. **fixation.** ➝ fig. *L'ancrage d'une religion dans une société.* HOM. ENCRAGE «action d'encrer»

ANCRE [ɑ̃kʀ] **n. f.** ✦ Pièce d'acier suspendue à une chaîne, que l'on jette au fond de l'eau pour qu'elle s'y fixe et retienne le navire. *Jeter, lever l'ancre.* HOM. ENCRE «liquide coloré»
ÉTYM. latin *ancora*, du grec.

ANCRER [ɑ̃kʀe] **v. tr.** (conjug. 3a) **1.** Immobiliser (un navire) en jetant l'ancre. **2.** Fixer solidement. **3.** fig. Enraciner. ➝ pronom. *Laisser une idée s'ancrer dans l'opinion.* ➝ au p. passé *Préjugés ancrés dans l'esprit.*
HOM. ENCRER «couvrir d'encre»

ANDAIN [ɑ̃dɛ̃] **n. m.** ✦ Rangée d'herbe fauchée.
ÉTYM. peut-être famille du latin *ambire* «aller *(ire)* autour».

ANDANTE [ɑ̃dɑ̃t ; andante] **adv.** ✦ Dans un mouvement modéré, plus vif que l'adagio. ➝ **n. m.** *L'andante d'une sonate.*
ÉTYM. mot italien «allant».

ANDÉSITE [ɑ̃dezit] **n. f.** ✦ Roche éruptive essentiellement composée d'une variété de feldspath à sodium et calcium.
ÉTYM. de *Andes.* ☛ noms propres.

ANDOUILLE [ɑ̃duj] **n. f.** **1.** Charcuterie faite de boyaux de porc ou de veau, coupés en lanières et enserrés dans une partie du gros intestin. **2.** FAM. Niais, imbécile. *Quelle andouille. Faire l'andouille.*
ÉTYM. latin populaire *inductile*, de *inducere* «introduire».

ANDOUILLER [ɑ̃duje] **n. m.** ✦ Ramification des bois des cervidés (permettant de déterminer l'âge de l'animal).
ÉTYM. latin populaire *anteoculare* «qui se trouve devant *(ante)* les yeux *(oculus)*».

ANDOUILLETTE [ɑ̃dujɛt] **n. f.** ✦ Petite andouille qui se mange grillée.

> **ANDRO-, -ANDRE, -ANDRIE** Éléments savants, du grec *anêr, andros* «homme, mâle» (ex. *polyandre, scaphandre*).

ANDROGÈNE [ɑ̃dʀɔʒɛn] **adj.** ✦ MÉD. *Hormones androgènes*, qui provoquent l'apparition des caractères sexuels masculins (ex. la testostérone).
ÉTYM. de *andro-* et *-gène*.

ANDROGYNE [ɑ̃dʀɔʒin] **adj.** et **n. m.** ✦ Individu qui présente certains des caractères sexuels du sexe opposé. ➝ **hermaphrodite.**
ÉTYM. latin *androgynus*, du grec → andro- et -gyne.

ANDROÏDE [ɑ̃dʀɔid] **adj.** ✦ Qui ressemble à l'homme. *Robots androïdes.* ♦ **n.** *Les androïdes des romans de science-fiction.*
ÉTYM. de *andro-* et *-oïde*.

ANDROPAUSE [ɑ̃dʀopoz] **n. f.** ✦ Diminution naturelle de la fonction sexuelle chez l'homme âgé.
ÉTYM. de *andro-* et *ménopause*.

ANDROSTÉRONE [ɑ̃dʀosteʀɔn] **n. f.** ✦ Hormone sexuelle mâle, dérivée de la testostérone.
ÉTYM. de *andro-* et *(testo)stérone*.

> **-ANE** Élément de mots de chimie, servant à former des noms d'hydrocarbures saturés (opposé à *-ène*).

ÂNE [ɑn] **n. m.** **1.** Mammifère domestique, plus petit que le cheval, à longues oreilles, à robe généralement grise. SYN. FAM. **baudet ;** ➝ **ânesse, ânon, bourricot.** *L'âne brait.* ➝ loc. *Têtu comme un âne.* **2.** fig. Individu à l'esprit borné. SYN. **idiot, imbécile.** *Passer pour un âne.* **3.** loc. *Bonnet d'âne :* bonnet de papier figurant une tête d'âne dont on affublait les cancres. ➝ *Dos d'âne :* bosse perpendiculaire à la chaussée. SYN. ② **cassis.**
ÉTYM. latin *asinus*.

ANÉANTIR [aneɑ̃tiʀ] **v. tr.** (conjug. 13) **1.** Détruire totalement, réduire à néant. SYN. **exterminer, ruiner.** *Anéantir une ville.* **2.** Plonger dans un abattement total. SYN. **abattre.** *L'émotion l'a anéanti.* ➝ passif et p. passé *Être anéanti*, stupéfait et consterné. **3.** *S'ANÉANTIR* **v. pron.** Disparaître complètement. SYN. **s'écrouler, sombrer.**
ÉTYM. famille de *néant*.

ANÉANTISSEMENT [aneɑ̃tismɑ̃] **n. m.** **1.** Destruction complète. **2.** Abattement total. SYN. **accablement, prostration.**
ÉTYM. de *anéantir*.

ANECDOTE [anɛkdɔt] **n. f.** **1.** Récit d'un détail historique, d'un petit fait curieux. **2.** Détail ou aspect secondaire, sans généralisation et sans portée. *Ce peintre ne s'élève pas au-dessus de l'anecdote.*
ÉTYM. grec *anekdota* «choses inédites».

ANECDOTIQUE [anɛkdɔtik] **adj.** **1.** Qui contient des anecdotes. **2.** Qui constitue une anecdote, ne présente pas d'intérêt général. *Détail anecdotique.*

ANÉMIANT, ANTE [anemjɑ̃, ɑ̃t] **adj.** ✦ Qui anémie.
ÉTYM. du participe présent de *anémier*.

ANÉMIE [anemi] **n. f.** **1.** Appauvrissement du sang, caractérisé par la diminution des globules rouges et provoquant un état de faiblesse. **2.** fig. Dépérissement, faiblesse. *L'anémie de la production.* CONTR. **force, santé.**
ÉTYM. latin *anaemia*, du grec → ② a- et -émie.

ANÉMIER [anemje] **v. tr.** (conjug. 9) **1.** Rendre anémique. SYN. **affaiblir, épuiser.** *Ce régime l'a beaucoup anémiée.* **2.** fig. *Une entreprise anémiée par les emprunts.*
ÉTYM. de *anémie*.

ANÉMIQUE [anemik] **adj.** **1.** Atteint d'anémie. **2.** Dépourvu de fermeté, de force. *Un style anémique.*

ANÉMOMÈTRE [anemɔmɛtʀ] **n. m.** ✦ Instrument servant à mesurer la vitesse du vent.
ÉTYM. du grec *anemos* «vent» et de *-mètre*.

ANÉMONE [anemɔn] **n. f.** **1.** Plante herbacée vivace, aux fleurs diversement colorées. **2.** ZOOL. *Anémone de mer :* actinie.
ÉTYM. latin *anemone*, du grec *anemos* «vent».

ÂNERIE [ɑnʀi] **n. f.** ✦ Propos ou acte stupide. SYN. **bêtise, sottise.** *Faire, dire des âneries.*
ÉTYM. de *âne*.

A B C D E F G H I J K L M N O P Q R S T U V W X Y Z

ANÉROÏDE [aneʀɔid] **adj.** ✦ DIDACT. *Baromètre anéroïde,* formé d'une boîte où l'on a fait le vide, et fonctionnant par l'élasticité des métaux.
ÉTYM. de ② *a-*, *aéro-* et *-oïde*.

ÂNESSE [ɑnɛs] **n. f.** ✦ Femelle de l'âne. *Du lait d'ânesse.*
ÉTYM. latin *asina* → âne.

ANESTHÉSIE [anɛstezi] **n. f.** ✦ Suppression de la sensibilité, spécialt de la sensibilité à la douleur. SYN. **insensibilisation.** *Anesthésie générale, locale.*
ÉTYM. latin scientifique *anaesthesia*, du grec.

ANESTHÉSIER [anɛstezje] **v. tr.** (conjug. 9) **1.** Provoquer l'anesthésie de (un organisme, un organe), en soumettant à l'action d'une substance. SYN. **endormir, insensibiliser. 2.** fig. LITTÉR. Apaiser, endormir. *L'opinion était anesthésiée.*

ANESTHÉSIQUE [anɛstezik] **adj.** ✦ Se dit d'une substance médicamenteuse qui provoque l'anesthésie. ➡ **n. m.** *Un anesthésique* (ex. l'éther).

ANESTHÉSISTE [anɛstezist] **n.** ✦ Médecin spécialiste de l'anesthésie. *Anesthésiste-réanimateur.*

ANETH [anɛt] **n. m.** ✦ Plante aromatique dont une variété est utilisée comme condiment. *Saumon à l'aneth.*
ÉTYM. latin *anethum*, du grec.

ANÉVRISME [anevʀism] **n. m.** ✦ Dilatation sur le trajet d'une artère. *Une rupture d'anévrisme,* entraînant une hémorragie. ➡ On écrit parfois *anévrysme.*
ÉTYM. latin *anevrisma*, du grec.

ANFRACTUOSITÉ [ɑ̃fʀaktɥozite] **n. f.** ✦ surtout au plur. Cavité profonde et irrégulière. SYN. **creux, enfoncement.** *Les anfractuosités d'une côte rocheuse.*
ÉTYM. de *anfractueux* «sinueux» ; famille du latin *frangere* «rompre».

ANGE [ɑ̃ʒ] **n. m. 1.** RELIG. Être spirituel, intermédiaire entre Dieu et l'homme, messager des volontés divines. SYN. **chérubin ;** → **archange, séraphin.** *L'ange de l'Annonciation. L'ange et la bête, en l'homme.* ➡ *Ange déchu :* démon. ♦ loc. *ANGE GARDIEN,* appelé à protéger chacun des humains ; fig. personne qui veille sur qqn, le guide et le protège. ➡ *Une patience d'ange,* exemplaire, infinie. ➡ *Être aux anges,* dans le ravissement. ➡ *Un ange passe,* un silence prolongé se produit. **2.** Personne parfaite. *Sa femme est un ange.* ♦ *Mon ange,* terme d'affection.
ÉTYM. latin *angelus*, du grec «messager», traduction de l'hébreu.

① **ANGÉLIQUE** [ɑ̃ʒelik] **adj. 1.** Propre aux anges. **2.** Digne d'un ange, qui évoque la perfection, l'innocence. SYN. **céleste, parfait, séraphique.** *Un sourire angélique.*
ÉTYM. latin *angelicus*.

② **ANGÉLIQUE** [ɑ̃ʒelik] **n. f. 1.** Plante bisannuelle aromatique. **2.** Tige confite de cette plante, utilisée en pâtisserie.
ÉTYM. de ① *angélique*, «plante angélique».

ANGÉLISME [ɑ̃ʒelism] **n. m.** ✦ Désir de pureté, de perfection, par refus des réalités.
ÉTYM. de ① *angélique*.

ANGELOT [ɑ̃ʒ(ə)lo] **n. m.** ✦ Petit ange.

ANGÉLUS [ɑ̃ʒelys] **n. m.** ✦ Prière qui se dit le matin, à midi et le soir ; son de la cloche qui l'annonce aux fidèles. *Sonner l'angélus.*
ÉTYM. latin *angelus* «ange».

ANGINE [ɑ̃ʒin] **n. f. 1.** Inflammation de la gorge. **2.** *Angine de poitrine :* douleurs dans la région du cœur, accompagnées d'angoisse.
ÉTYM. latin *angina*, de *angere* «étrangler».

ANGIO- Élément de mots savants, du grec *angeion* «vaisseau sanguin», parfois «récipient».

ANGIOGRAPHIE [ɑ̃ʒjɔgʀafi] **n. f.** ✦ Radiographie des vaisseaux sanguins après injection d'un liquide opaque aux rayons X.
ÉTYM. de *angio-* et *-graphie*.

ANGIOME [ɑ̃ʒjom] **n. m.** ✦ Tumeur bénigne formée par la prolifération de vaisseaux sanguins ou lymphatiques.
ÉTYM. allemand *Angiom* → angio-.

ANGIOSPERMES [ɑ̃ʒjospɛʀm] **n. f. pl.** ✦ Sous-embranchement des plantes phanérogames, comprenant les plantes à ovules enclos et à graines enfermées dans des fruits.
ÉTYM. latin scientifique *angiosperma*, du grec → angio- et -sperme.

ANGLAIS, AISE [ɑ̃glɛ, ɛz] **adj. et n. 1.** De l'Angleterre. ➡ abusivt De Grande-Bretagne. SYN. **britannique.** ♦ **n.** *Les Anglais.* **2. n. m.** Langue du groupe germanique, parlée notamment en Grande-Bretagne, aux États-Unis (→ **américain**), et dans l'ancien Empire britannique. **3.** *À L'ANGLAISE. Filer à l'anglaise,* partir discrètement, sans prendre congé. *Pommes de terre à l'anglaise,* cuites à la vapeur. **4. n. f. pl.** *ANGLAISES :* longues boucles de cheveux verticales roulées en spirale.
ÉTYM. du bas latin *Anglii* «les Angles». ☛ ANGLES (noms propres).

ANGLE [ɑ̃gl] **n. m. 1.** Coin saillant ou rentrant (d'un meuble, d'une construction, d'une rue, etc.). SYN. **coin ;** → **arête, encoignure ; anguleux. 2.** GÉOM. Figure formée par deux lignes ou deux surfaces qui se coupent, mesurée en degrés (→ ① **-gone ; angulaire**). *Le sommet et les côtés d'un angle. Angle droit* (90°), *aigu, obtus. Mesurer un angle avec un rapporteur.* ♦ *Angle mort :* zone sans visibilité. **3.** *Sous un certain angle,* d'un certain point de vue. SYN. **aspect.**
ÉTYM. latin *angulus*.

ANGLICAN, ANE [ɑ̃glikɑ̃, an] **adj.** ✦ Qui appartient à l'Église d'Angleterre. *Pasteur anglican.* ♦ **adj. et n.** Adepte de l'anglicanisme.
ÉTYM. anglais *anglican*, du bas latin.

ANGLICANISME [ɑ̃glikanism] **n. m.** ✦ Religion officielle de l'Angleterre depuis le XVIe siècle, qui emprunte des éléments au calvinisme et au catholicisme.
ÉTYM. de *anglican*.

ANGLICISER [ɑ̃glisize] **v. tr.** (conjug. 3a) ✦ Rendre anglais d'aspect. ➡ *S'ANGLICISER* **v. pron.** Prendre un air, un caractère anglais. *La mode s'anglicise.*

ANGLICISME [ɑ̃glisism] **n. m. 1.** Tournure propre à la langue anglaise. **2.** Emprunt à la langue anglaise (y compris les américanismes*). ☛ Langue française p. 109.
ÉTYM. anglais *anglicism*.

ANGLICISTE [ɑ̃glisist] **n.** ✦ Spécialiste de la langue, de la littérature et de la civilisation anglaises.

| **ANGLO-** Élément, de *anglais.*

ANGLO-ARABE [ɑ̃gloaʀab] **n. m.** et **adj.** ✦ Cheval issu du croisement de pur-sang anglais et arabe.

ANGLOMANIE [ɑ̃glɔmani] **n. f.** ✦ Goût prononcé pour tout ce qui est anglais. ☛ Langue française p. 107.
ÉTYM. de *anglo-* et *-manie.*

ANGLO-NORMAND, ANDE [ɑ̃glonɔʀmɑ̃, ɑ̃d] **adj. 1.** Qui réunit des éléments anglais et normands. *Les îles Anglo-Normandes* (☛ noms propres) : l'archipel britannique de la Manche. **2. n. m.** Dialecte français (langue d'oïl) parlé en Angleterre au Moyen Âge. ☛ Langue française p. 100.

ANGLOPHILE [ɑ̃glɔfil] **adj.** ✦ Qui a ou marque de la sympathie pour les Anglais, les Britanniques. *Politique anglophile.* CONTR. **anglophobe.**
► **ANGLOPHILIE** [ɑ̃glɔfili] **n. f.**
ÉTYM. de *anglo-* et *-phile.*

ANGLOPHOBE [ɑ̃glɔfɔb] **adj.** ✦ Qui déteste les Anglais. *Sentiments anglophobes.* CONTR. **anglophile.**
► **ANGLOPHOBIE** [ɑ̃glɔfɔbi] **n. f.**
ÉTYM. de *anglo-* et *-phobe.*

ANGLOPHONE [ɑ̃glɔfɔn] **adj.** et **n.** ✦ Qui est de langue anglaise. *L'Afrique anglophone.* – **n.** *Un, une anglophone.*
ÉTYM. de *anglo-* et *-phone.*

ANGLO-SAXON, ONNE [ɑ̃glosaksɔ̃, ɔn] **adj.** et **n.** ✦ Relatif aux peuples de civilisation britannique. *Le monde anglo-saxon.* – **n.** *Les Anglo-Saxons* (☛ noms propres). ♦ **n. m.** Groupe des anciens parlers germaniques de Grande-Bretagne (saxon, langue des Angles, et kentien des Jutes du Danemark), ancêtre de l'anglais.

ANGOISSANT, ANTE [ɑ̃gwasɑ̃, ɑ̃t] **adj.** ✦ Qui cause de l'angoisse. *La situation est angoissante.* CONTR. **apaisant, rassurant.**
ÉTYM. du participe présent de *angoisser.*

ANGOISSE [ɑ̃gwas] **n. f.** ✦ Malaise psychique et physique, né du sentiment de l'imminence d'un danger. SYN. **anxiété, inquiétude, peur.** *L'angoisse de la mort.* CONTR. **sérénité, tranquillité.**
ÉTYM. latin *angustia,* de *angere* «serrer».

ANGOISSER [ɑ̃gwase] **v. tr.** (conjug. 3a) ✦ Inquiéter au point de faire naître l'angoisse. – *S'ANGOISSER* **v. pron.** Être saisi d'angoisse. CONTR. **apaiser, calmer, tranquilliser.**
► **ANGOISSÉ, ÉE adj.** Qui éprouve ou exprime de l'angoisse. *Un regard angoissé.* – **n.** *Un, une angoissé(e).* SYN. **anxieux.**
ÉTYM. latin ecclésiastique *angustiare.*

ANGORA [ɑ̃gɔʀa] **adj.** et **n. 1.** Se dit de races d'animaux (chèvres, chats, lapins) aux poils longs et soyeux. *Des chattes angoras.* – **n.** *Un, une angora.* **2.** *Laine angora,* textile fait de ces poils. – **n. m.** *Pull-over en angora.*
ÉTYM. de *Angora,* ancien nom de *Ankara,* ville de Turquie. ☛ ANKARA (noms propres).

ANGSTRÖM [ɑ̃gstʀøm] **n. m.** ✦ PHYS. Unité de longueur de 1/10 000 de micromètre, soit 10^{-10} m (symb. Å).
ÉTYM. du nom du physicien suédois *A. J. Angström.* ☛ noms propres.

ANGUILLE [ɑ̃gij] **n. f.** ✦ Poisson d'eau douce de forme très allongée, à peau visqueuse et glissante. ♦ loc. *Il y a anguille sous roche,* il y a une chose qu'on nous cache et que nous soupçonnons.
ÉTYM. latin *anguilla,* diminutif de *anguis* «serpent».

ANGULAIRE [ɑ̃gylɛʀ] **adj. 1.** Qui forme un angle. *Secteur* angulaire.* **2.** Situé à, dans un angle. **3.** loc. *Pierre angulaire :* élément fondamental. **4.** Mesurable par un angle. *Distance angulaire.*
ÉTYM. latin *angularis.*

ANGULEUX, EUSE [ɑ̃gylø, øz] **adj.** ✦ Qui présente des angles, des arêtes vives. *Un visage anguleux.*
ÉTYM. latin *angulosus.*

ANHYDRE [anidʀ] **adj.** ✦ CHIM. Qui ne contient pas d'eau. *Sulfate de cuivre anhydre.* CONTR. **aqueux.**
ÉTYM. grec *anudros.*

ANHYDRIDE [anidʀid] **n. m.** ✦ CHIM. *Anhydride d'un acide,* corps qui, une fois combiné avec l'eau, donne cet acide.
ÉTYM. de *anhydre* et *acide.*

ANICROCHE [anikʀɔʃ] **n. f.** ✦ Petite difficulté qui accroche, arrête. SYN. ① **incident.** *Arriver sans anicroche(s).*
ÉTYM. famille de *croc,* premier élément d'origine incertaine.

ÂNIER, IÈRE [ɑnje, jɛʀ] **n.** ✦ Personne qui mène un, des ânes.

ANILINE [anilin] **n. f.** ✦ CHIM. Produit dérivé du nitrobenzène, servant à fabriquer des colorants.
ÉTYM. allemand *Anilin,* du portugais *anil* «indigo», d'origine arabe.

① **ANIMAL, AUX** [animal, o] **n. m. 1.** Être vivant organisé, doué de sensibilité et qui (en général) peut se mouvoir (opposé aux végétaux). – *L'homme, animal social, politique* (selon Aristote). – spécialt (excluant les êtres humains) *Animaux inférieurs, supérieurs* (dans l'évolution des espèces*). *Animaux sauvages, domestiques. Animaux de compagnie. Étude des animaux.* → **zoologie. 2.** injure (faible) Personne grossière, stupide. *Rien à faire avec cet animal-là !*
ÉTYM. mot latin, de *anima* «souffle vital».

② **ANIMAL, ALE, AUX** [animal, o] **adj. 1.** Qui a rapport à l'animal (opposé au végétal). *Le règne animal.* – *Chaleur animale.* **2.** Qui, en l'homme, est propre à l'animal. SYN. ① **physique.** ♦ péj. Bestial. **3.** Qui est propre à l'animal (à l'exclusion de l'homme).
ÉTYM. de ① *animal.*

ANIMALCULE [animalkyl] **n. m.** ✦ Animal microscopique.
ÉTYM. latin scientifique *animalculum.*

ANIMALERIE [animalʀi] **n. f.** ✦ Élevage d'animaux de laboratoire. ♦ Magasin qui vend des animaux de compagnie.

ANIMALIER, IÈRE [animalje, jɛʀ] **n. m.** et **adj. 1. n. m.** Peintre, sculpteur d'animaux. – appos. *Un peintre animalier.* **2. adj.** Qui concerne les animaux. ♦ *Parc animalier,* où les animaux vivent en liberté.

A B C D E F G H I J K L M N O P Q R S T U V W X Y Z

ANIMALITÉ [animalite] n. f. 1. Caractère propre à l'animal. 2. La partie animale de l'homme. SYN. **bestialité.** CONTR. **humanité, spiritualité.**
ÉTYM. latin *animalitas*.

ANIMATEUR, TRICE [animatœʀ, tʀis] n. 1. Personne qui anime une collectivité par son allant, son activité. *C'est un animateur, un entraîneur d'hommes.* 2. Personne qui présente et commente un spectacle, une émission (radio, télévision). 3. Personne qui dirige certaines activités (notamment culturelles, sportives, commerciales). *L'animateur d'une maison de jeunes* (→ **BAFA**), *d'une équipe sportive. Animateur des ventes*, qui coordonne les équipes de vendeurs.
ÉTYM. bas latin *animator*.

ANIMATION [animasjɔ̃] n. f. I 1. Action, fait d'animer ; développement, essor. 2. spécialt Technique cinématographique permettant de donner l'impression du mouvement par une suite d'images fixes (dessins* animés, films de poupées, etc.). *Faire de l'animation. Cinéma, film d'animation.* 3. Méthodes qui favorisent la participation dynamique à la vie collective, dans un groupe. *S'occuper de l'animation dans un lycée, une troupe de théâtre.* → **animateur** (3). 4. Élément graphique animé. *Intégrer des animations sur un site web.* II 1. Caractère de ce qui est animé (2), plein de vie. *Mettre de l'animation dans une réunion.* SYN. **entrain.** 2. (personnes) *Discuter avec animation.* SYN. **fougue, vie.** CONTR. ① **calme, froideur.**
ÉTYM. latin *animatio*.

ANIMÉ, ÉE [anime] adj. 1. Doué de vie. SYN. **vivant.** *Les êtres animés.* ◆ Doué de mouvement. – loc. *Dessins* animés.* 2. Qui donne l'impression de la vie, est plein de mouvement. SYN. **agité.** *Des rues très animées.* 3. Plein de vivacité, d'éclat. *Une conversation animée.* CONTR. **inanimé.**
ÉTYM. du participe passé de *animer*.

ANIMER [anime] v. tr. (conjug. 3a) 1. Douer (qqch., un lieu) de vie ou de mouvement. – pronom. *La rue s'anime.* 2. Donner l'impulsion à (une entreprise), être responsable de (une activité collective). → **animateur** (3), **animation.** *Animer un spectacle.* 3. (sujet chose) Donner de l'éclat, de la vivacité à. SYN. **aviver.** *La joie animait son regard.* – pronom. *La conversation s'anime.* 4. (sentiments) Inspirer, mener (qqn). *L'espérance qui l'anime.* – passif et p. p. *Il est animé des meilleures intentions.* CONTR. **paralyser, retenir** · **éteindre.**
ÉTYM. latin *animare*, de *anima* «souffle vital».

ANIMISME [animism] n. m. ✦ Attitude consistant à attribuer aux choses une âme analogue à l'âme humaine.
► **ANIMISTE** [animist] adj. et n. *Religion animiste.* – *Les animistes.*
ÉTYM. du latin *anima* «âme».

ANIMOSITÉ [animozite] n. f. ✦ Sentiment persistant de malveillance. SYN. **antipathie, malveillance.** *Avoir de l'animosité contre, envers qqn.* CONTR. **bienveillance, cordialité.**
ÉTYM. latin *animositas* «ardeur».

ANION [anjɔ̃] n. m. ✦ PHYS. Ion de charge négative, qui se dirige vers l'anode dans une électrolyse (opposé à *cation*).
ÉTYM. du grec *anion* «ce qui s'élève».

ANIS [ani(s)] n. m. 1. Plante ombellifère cultivée pour ses propriétés aromatiques et médicinales. 2. Boisson alcoolisée à l'anis (dite boisson *anisée*). ◆ *Anis étoilé* : badiane.
ÉTYM. latin *anisum*, du grec.

ANISETTE [anizɛt] n. f. ✦ Liqueur préparée avec des graines d'anis.

ANKYLOSE [ɑ̃kiloz] n. f. ✦ Diminution ou impossibilité des mouvements d'une articulation naturellement mobile.
ÉTYM. grec *ankulosis*, de *ankulos* «recourbé».

ANKYLOSER [ɑ̃kiloze] v. tr. (conjug. 3a) 1. Paralyser par ankylose. 2. *S'ANKYLOSER* v. pron. Être atteint d'ankylose. *Les jambes s'ankylosent à rester longtemps fléchies.* ◆ fig. Perdre de sa rapidité de réaction, de mouvement, par suite d'une inaction prolongée. *Son esprit s'ankylose.*
► **ANKYLOSÉ, ÉE** adj. *Membre ankylosé.*

ANKYLOSTOME [ɑ̃kilostom] n. m. ✦ ZOOL. Ver parasite de l'intestin grêle provoquant une anémie pernicieuse (l'*ankylostomiase* n. f.).
ÉTYM. du grec *ankulos* «recourbé» et *stoma* «bouche».

ANNALES [anal] n. f. pl. 1. Ouvrage rapportant les évènements dans l'ordre chronologique, année par année. SYN. ② **chronique.** 2. Histoire. *Un assassin célèbre dans les annales du crime.* 3. Revue, recueil périodique (en principe annuel). *Annales de géographie.* HOM. ANAL «de l'anus»
ÉTYM. latin *(libri) annales* «(livres) annuels».

ANNEAU [ano] n. m. 1. Cercle de matière dure qui sert à attacher ou retenir. SYN. **boucle.** *Anneaux de rideau. L'anneau d'un porte-clé. Les anneaux d'une chaîne.* SYN. **maillon.** 2. au plur. Cercles métalliques, agrès fixés à l'extrémité de deux cordes suspendues au portique. *Exercices aux anneaux.* 3. Petit cercle (souvent de métal précieux) que l'on met au doigt. *Anneau de mariage.* → **alliance, bague.** 4. MATH. Structure algébrique formée d'un ensemble et de deux lois de composition, la loi d'addition et la loi de multiplication. ◆ GÉOM. Surface comprise entre deux cercles concentriques. 5. ZOOL. Chacun des segments d'un annélide.
HOM. ANAUX (pluriel de *anal* «de l'anus»)
ÉTYM. latin *annellus* «petit anneau *(anulus)*».

ANNÉE [ane] n. f. 1. Temps d'une révolution de la Terre autour du Soleil (365 jours 1/4). 2. Période de douze mois qui se succèdent à partir de n'importe quel moment. *Une année de sécheresse et deux ans de grêle. Partir quelques années, plusieurs années. Il revient chaque année.* – (en comptant à partir de la date de naissance de qqn) *Elle est dans sa vingtième année* (entre 19 et 20 ans). → **anniversaire.** 3. Période de douze mois qui commence le 1er janvier (appelée *année civile*). *L'année en cours. L'année prochaine.* – *Souhaiter à qqn la (une) bonne année le 1er janvier.* → **vœu(x).** *Bonne année !* ◆ Sert à indiquer une date. *L'année 1900. Les années 20, 30*, entre 1920 et 1929, 1930 et 1939. 4. Période d'activité, d'une durée inférieure à une année, mais considérée d'année en année. *Année scolaire, théâtrale.* – *Être en première année de droit.*
ÉTYM. latin populaire *annata*, de *annus* «an».

ANNÉE-LUMIÈRE [anelymjɛʀ] **n. f.** ✦ Unité astronomique (symb. al) correspondant à la distance parcourue par la lumière dans le vide en une année (9 461 milliards de km). *Des années-lumière.* ➝ On a dit aussi *année de lumière*.

ANNELÉ, ÉE [an(ə)le] **adj.** ✦ Disposé en anneaux. ◆ ZOOL. *Vers annelés.* ➙ **annélides.**
ÉTYM. de *anel*, ancienne forme de *anneau*.

ANNÉLIDE [anelid] **n. m.** ✦ ZOOL. Animal à corps segmenté, ver porteur de soies (embranchement des *Annélides* ; ex. sangsues, lombrics).
ÉTYM. de *anel*, ancienne forme de *anneau*.

ANNEXE [anɛks] **adj.** et **n. f.**
I adj. Qui est rattaché à qqch. de plus important, à l'objet principal. SYN. **accessoire, secondaire.** *Les pièces annexes d'un dossier.* CONTR. **essentiel, principal.**
II n. f. 1. Bâtiment annexe. *L'annexe d'un hôtel.* 2. MAR. Embarcation auxiliaire. SYN. **canot.** 3. Pièce, document annexe.
ÉTYM. latin *annexus*.

ANNEXER [anɛkse] **v. tr.** (conjug. 3a) 1. Joindre à un objet principal (une chose qui en devient la dépendance). SYN. **incorporer, rattacher.** *Annexer des pièces à un dossier.* 2. Faire passer sous sa souveraineté. *État qui annexe un territoire.* ➝ au p. passé *Provinces annexées.* 3. fig. S'approprier (qqch.). CONTR. ① **détacher, séparer** · **céder.**
ÉTYM. de *annexe*.

ANNEXION [anɛksjɔ̃] **n. f.** ✦ Action d'annexer (un territoire). SYN. **rattachement.** ◆ Prise de possession, mainmise.
ÉTYM. bas latin *annexio*.

ANNEXIONNISTE [anɛksjɔnist] **adj.** ✦ Qui vise à l'annexion d'un territoire. *Politique annexionniste.*
► **ANNEXIONNISME** [anɛksjɔnism] **n. m.**

ANNIHILER [aniile] **v. tr.** (conjug. 3a) 1. Réduire à rien, rendre sans effet. SYN. **anéantir, annuler, détruire.** *Une difficulté inattendue a annihilé ses efforts.* 2. Briser, paralyser la volonté de (qqn). *L'émotion l'annihile.*
► **ANNIHILATION** [aniilasjɔ̃] **n. f.**
ÉTYM. latin *adnihilare*, de *nihil* « rien ».

ANNIVERSAIRE [anivɛʀsɛʀ] **n. m.** ✦ Jour qui ramène le souvenir d'un évènement arrivé à pareil jour une ou plusieurs années auparavant (donnant lieu généralement à une fête). *Aujourd'hui, c'est mon anniversaire* (de naissance). *Bon, joyeux anniversaire ! Le cinquantième anniversaire de leur mariage, de la Libération de Paris.* ➝ **adj.** *Jour anniversaire.*
ÉTYM. latin *anniversarius* « qui revient (*vertere*) tous les ans (*annus*) ».

ANNONCE [anɔ̃s] **n. f.** 1. Avis par lequel on fait savoir qqch. au public, verbalement ou par écrit. SYN. **communication,** ① **nouvelle.** *L'annonce d'un évènement.* « *L'Annonce faite à Marie* » (de Claudel) : l'Annonciation. ➝ *À l'annonce de l'évènement,* au moment où on l'apprend. ◆ Déclaration par un joueur de certaines cartes ou du contrat qu'il veut réaliser. 2. Texte, publication qui annonce qqch. *Insérer une annonce.* ➝ *Les petites annonces,* textes brefs insérés dans un journal, offres et demandes (d'emploi, de logement, etc.). 3. Ce qui annonce une chose. SYN. **indice, présage, signe.** *Ce ciel noir est l'annonce de la pluie.*
ÉTYM. de *annoncer*.

ANNONCER [anɔ̃se] **v. tr.** (conjug. 4) 1. Faire savoir, connaître. SYN. **apprendre, communiquer.** *Annoncer une bonne nouvelle à qqn. Annoncer à qqn que* (+ indic.). 2. Signaler (qqn) comme arrivant, se présentant. *Hôtesse qui annonce les invités.* 3. Prédire. *La météo annonce du soleil.* 4. (sujet chose) Indiquer comme devant prochainement arriver ou se produire. *Ce début n'annonce rien de bon.* 5. *S'ANNONCER* **v. pron.** Apparaître comme devant prochainement se produire. ◆ Se présenter comme un bon ou un mauvais début. *L'année s'annonce mal !*
ÉTYM. latin *annuntiare*, de *nuntius* « messager ».

ANNONCEUR, EUSE [anɔ̃sœʀ, øz] **n.** 1. RARE Annonciateur. 2. **n. m.** Personne qui fait passer une annonce (2) dans un journal ou un message publicitaire.
ÉTYM. de *annoncer*.

ANNONCIATEUR, TRICE [anɔ̃sjatœʀ, tʀis] **adj.** ✦ Qui présage (qqch.). *Signes annonciateurs d'une révolution.* ➝ **n.** *L'annonciateur d'une bonne nouvelle.*
ÉTYM. latin ecclésiastique *annunciator*.

ANNONCIATION [anɔ̃sjasjɔ̃] **n. f.** ✦ RELIG. CATHOL. Fête commémorant l'annonce faite par l'ange Gabriel à la Vierge Marie de sa conception miraculeuse.
ÉTYM. latin *annuntiatio*.

ANNOTATION [anɔtasjɔ̃] **n. f.** ✦ Note critique ou explicative qu'on inscrit sur un texte, un livre. *Les annotations du professeur.*
ÉTYM. latin *annotatio*.

ANNOTER [anɔte] **v. tr.** (conjug. 3a) ✦ Accompagner (un texte) de notes critiques ; écrire sur (un livre) des notes personnelles. *Annoter une copie.*
ÉTYM. latin *annotare*.

ANNUAIRE [anɥɛʀ] **n. m.** 1. Recueil publié annuellement et qui contient des renseignements variables d'une année à l'autre. *L'annuaire du téléphone.* ➙ **bottin.** 2. Site qui indexe les sites web. *Annuaires et moteurs de recherche.*
ÉTYM. du latin *annuus* « annuel ».

ANNUALISER [anɥalize] **v. tr.** (conjug. 3a) ✦ Rendre annuel.
ÉTYM. de *annuel*.

ANNUEL, ELLE [anɥɛl] **adj.** 1. Qui a lieu, revient chaque année. *Fête annuelle.* 2. Qui dure un an seulement. *Plantes annuelles,* dont la durée de vie est inférieure à une année.
ÉTYM. bas latin *annualis*.

ANNUELLEMENT [anɥɛlmɑ̃] **adv.** ✦ Par an, chaque année.

ANNUITÉ [anɥite] **n. f.** ✦ souvent au plur. Paiement annuel d'une partie du capital emprunté et des intérêts. *Rembourser par annuités.*
ÉTYM. latin médiéval *annuitas*.

ANNULAIRE [anylɛʀ] **n. m.** ✦ Quatrième doigt à partir du pouce.
ÉTYM. latin *(digitus) anularis* « (doigt) qui porte l'anneau ».

ANNULATION [anylasjɔ̃] **n. f.** ✦ Décision par laquelle on annule un acte comme entaché de nullité ou inopportun. *Annulation d'un contrat.* SYN. **abrogation, invalidation, révocation.** *L'annulation d'une commande.* CONTR. **confirmation, validation.**
ÉTYM. latin *annulatio*.

ANNULER [anyle] **v. tr.** (conjug. 3a) **1.** Déclarer ou rendre nul, sans effet. *La cour a annulé le premier jugement.* SYN. **invalider.** *Annuler un rendez-vous.* SYN. **décommander.** **2.** S'ANNULER **v. pron.** Produire un résultat nul en s'opposant (comme un positif et un négatif). *Ces deux forces s'annulent.* SYN. se **neutraliser.** CONTR. **confirmer, valider.**
ÉTYM. latin *annullare* «rendre *nul*».

ANOBLIR [anɔbliʀ] **v. tr.** (conjug. 13) ✦ Conférer un titre de noblesse à (qqn).
► **ANOBLISSEMENT** [anɔblismɑ̃] **n. m.**
ÉTYM. de *noble.*

ANODE [anɔd] **n. f.** ✦ Électrode positive (opposé à *cathode*).
► **ANODIQUE** [anɔdik] **adj.**
ÉTYM. mot anglais, du grec «chemin *(hodos)* vers le haut *(ana)*».

ANODIN, INE [anɔdɛ̃, in] **adj.** **1.** VX Qui calme sans guérir (remède). **2.** (choses) Inoffensif, sans danger. *Une plaisanterie anodine.* **3.** COUR. Sans importance, insignifiant. *Des propos anodins.* CONTR. **grave, important.**
ÉTYM. latin *anodynos*, du grec «qui calme la douleur *(odunê)*».

ANODISER [anɔdize] **v. tr.** (conjug. 3a) ✦ TECHN. Faire subir une oxydation à (un métal) par un procédé électrique. ➡ **au p. passé** *Aluminium anodisé.*
ÉTYM. de *anode.*

ANOMAL, ALE, AUX [anɔmal, o] **adj.** ✦ DIDACT. Irrégulier. CONTR. **régulier.**
ÉTYM. bas latin *anomalus*, du grec.

ANOMALIE [anɔmali] **n. f.** **1.** Déviation du type normal. SYN. **difformité, monstruosité.** **2.** DIDACT. Écart par rapport à la normale ou à la valeur théorique ; caractère anomal*. **3.** Bizarrerie, singularité ; exception à la règle (→ **anormal**). *L'anomalie d'un comportement.* CONTR. **régularité.**
ÉTYM. latin *anomalia* «irrégularité».

ÂNON [ɑnɔ̃] **n. m.** ✦ Petit de l'âne ; petit âne.

ÂNONNER [ɑnɔne] **v. intr.** (conjug. 3a) ✦ Lire, parler, réciter d'une manière pénible et hésitante. ♦ **trans.** *Ânonner un poème.*
► **ÂNONNEMENT** [ɑnɔnmɑ̃] **n. m.**
ÉTYM. de *ânon.*

ANONYMAT [anɔnima] **n. m.** ✦ État d'une personne, d'une chose anonyme. *Garder l'anonymat.* → **incognito.**

ANONYME [anɔnim] **adj.** **1.** (personnes) Qui ne fait pas connaître son nom. *Le maître anonyme qui a peint ce tableau.* **2.** (choses) Où l'auteur n'a pas laissé son nom, l'a caché. *Œuvre anonyme.* ➡ *Des lettres de dénonciation anonymes.* ♦ *Société anonyme* : société par actions qui n'est désignée par le nom d'aucun des associés. **3.** fig. Impersonnel, neutre. *Un décor anonyme.* CONTR. **connu** • **signé** • **personnalisé.**
ÉTYM. latin *anonymus*, du grec, de *onoma* «nom».

ANONYMEMENT [anɔnimmɑ̃] **adv.** ✦ En gardant l'anonymat.

ANONYMISER [anɔnimize] **v. tr.** (conjug. 3a) ✦ Rendre anonyme. *Anonymiser les C. V.*
► **ANONYMISATION** [anɔnimizasjɔ̃] **n. f.**

ANOPHÈLE [anɔfɛl] **n. m.** ✦ Moustique dont la femelle transmet le paludisme.
ÉTYM. grec *anôphelês* «nuisible».

ANORAK [anɔʀak] **n. m.** ✦ Veste de sport courte à capuchon, imperméable.
ÉTYM. mot inuit (esquimau).

ANOREXIE [anɔʀɛksi] **n. f.** ✦ MÉD. Refus passif ou actif de s'alimenter. *Anorexie mentale.*
► **ANOREXIQUE** [anɔʀɛksik] **adj. et n.**
ÉTYM. latin *anorexia*, du grec.

ANORMAL, ALE, AUX [anɔʀmal, o] **adj.** **1.** Qui n'est pas normal, conforme aux règles ou aux lois reconnues ; qui ne se produit pas habituellement. SYN. **irrégulier ; bizarre, étrange, extraordinaire.** *L'évolution de la maladie est anormale. Des bruits anormaux.* **2.** (personnes) Dont l'état mental, le développement est différent, inférieur à la norme. ➡ **n.** *Un anormal.* CONTR. **normal.**
► **ANORMALEMENT** [anɔʀmalmɑ̃] **adv.**
ÉTYM. latin médiéval *anormalis.*

ANOURE [anuʀ] **adj.** ✦ ZOOL. Dépourvu de queue. ➡ **n. m. pl.** Ordre d'animaux amphibies dépourvus de queue à l'âge adulte (crapauds, grenouilles).
ÉTYM. de ② *a-* et *-oure.*

ANOXIE [anɔksi] **n. f.** ✦ MÉD. Diminution de l'apport d'oxygène aux tissus. *Anoxie cérébrale.*
ÉTYM. de *an-* et *ox(ygène).*

ANSE [ɑ̃s] **n. f.** **1.** Poignée recourbée et saillante de certains ustensiles. *L'anse d'un panier, d'une tasse.* **2.** Petite baie peu profonde. SYN. **crique.** HOM. HANSE «association de marchands»
ÉTYM. latin *ansa*, probablement du germanique.

ANTAGONIQUE [ɑ̃tagɔnik] **adj.** ✦ Qui est en antagonisme. *Intérêts antagoniques.* SYN. **opposé.** CONTR. **allié.**

ANTAGONISME [ɑ̃tagɔnism] **n. m.** ✦ État d'opposition de deux forces, de deux principes. SYN. **conflit, opposition, rivalité.** *Antagonisme entre deux personnes. Un antagonisme d'intérêts.* CONTR. **accord, harmonie.**
ÉTYM. grec *antagônisma* «lutte *(agônia)* contre».

ANTAGONISTE [ɑ̃tagɔnist] **adj.** **1.** LITTÉR. Opposé, rival. *Des partis antagonistes.* ➡ **n.** Adversaire, concurrent. **2.** *Muscles antagonistes*, qui agissent en sens opposé (ex. flexion-extension). CONTR. **allié, ami.**
ÉTYM. grec *antagônistês.*

ANTALGIQUE [ɑ̃talʒik] **adj.** ✦ MÉD. Qui calme la douleur. SYN. **analgésique, antidouleur.** ➡ **n. m.** *Prendre un antalgique.*
ÉTYM. de ① *anti-* et *-algie.*

d'ANTAN [dɑ̃tɑ̃] **loc. adj.** ✦ LITTÉR. D'autrefois, du temps passé. *Les coutumes d'antan.* CONTR. **actuel.**
ÉTYM. latin populaire *anteannum* «l'an *(annus)* passé *(ante)*».

ANTARCTIQUE [ɑ̃taʀktik] **adj.** ✦ Se dit du pôle Sud et des régions qui l'environnent (opposé à *arctique*). ➡ **n. m.** *L'Antarctique* (☞ noms propres) : le continent antarctique.
ÉTYM. latin *antarticus*, du grec.

ANTÉ- Élément, du latin *ante* «avant», indiquant l'antériorité dans le temps ou dans l'espace. SYN. ② **anti-.** CONTR. **post-.**

ANTÉCÉDENT [ɑ̃tesedɑ̃] **n. m.** **1.** GRAMM. Mot représenté par le pronom qui le reprend. *Antécédent du pronom relatif* (ex. le train *que je prends*). **2.** MATH. *Antécédent (d'un élément)* : élément qui, dans une relation, admet celui-ci pour image. **3.** MÉD. souvent plur. Faits

antérieurs à une maladie, concernant la santé du sujet examiné, de sa famille. *Y a-t-il des antécédents de diabète dans votre famille ?* 4. plur. Actes, faits appartenant au passé de qqn, en relation avec un aspect de sa vie actuelle.
ÉTYM. du latin *antecedens* «qui va *(cedere)* avant *(ante)*».

ANTÉCHRIST [ɑ̃tekʀist] n. m. ✦ Ennemi du Christ qui, selon l'Apocalypse, viendra prêcher une religion hostile à la sienne un peu avant la fin du monde.
ÉTYM. latin chrétien *antichristus*, du grec.

ANTÉDILUVIEN, IENNE [ɑ̃tedilyvjɛ̃, jɛn] adj. 1. Antérieur au Déluge. 2. FAM. Très ancien, tout à fait démodé. *Des idées antédiluviennes.*
ÉTYM. de *ante-* et du latin *diluvium* «déluge».

ANTENNE [ɑ̃tɛn] n. f. I VIEILLI Vergue d'une voile latine. II 1. Appendice sensoriel à l'avant de la tête de certains arthropodes (insectes, crustacés). ◆ loc. (personnes) *Avoir des antennes,* une sensibilité très aiguë, de l'intuition. ➝ *Avoir une antenne quelque part,* une source de renseignements. 2. Poste avancé en liaison avec un centre. *Antenne chirurgicale.* III Conducteur aérien destiné à diffuser ou à capter les ondes électromagnétiques. *Antenne de télévision. Antenne parabolique.* ➝ Émission par ondes. *Être à l'antenne. À vous l'antenne !*
ÉTYM. latin *antenna.*

ANTÉPÉNULTIÈME [ɑ̃tepenyltjɛm] adj. ✦ DIDACT. Qui précède l'avant-dernier.
ÉTYM. latin *antepaenultimus,* famille de *ultimus* «dernier».

ANTÉPOSER [ɑ̃tepoze] v. tr. (conjug. 3a) ✦ LING. Placer avant, devant. ➝ au p. passé *Adjectif antéposé.* CONTR. **postposer.**
ÉTYM. de *anté-* et *poser.*

ANTÉRIEUR, EURE [ɑ̃teʀjœʀ] adj. 1. Qui est avant, qui précède dans le temps. SYN. **précédent.** *Revenir à l'état antérieur.* ◆ GRAMM. *Passé, futur antérieur.* 2. Qui est placé en avant, devant. *La face antérieure de l'omoplate.* CONTR. **ultérieur** • ② **arrière, postérieur.**
ÉTYM. latin *anterior,* de *ante* «avant».

ANTÉRIEUREMENT [ɑ̃teʀjœʀmɑ̃] adv. ✦ À une époque antérieure ; avant. CONTR. **après, ultérieurement.**

ANTÉRIORITÉ [ɑ̃teʀjɔʀite] n. f. ✦ Caractère de ce qui est antérieur (dans le temps). CONTR. **postériorité.**

ANTHÉMIS [ɑ̃temis] n. f. ✦ BOT. Plante herbacée aux fleurs blanches à cœur jaune, dont certaines espèces sont appelées *camomille.*
ÉTYM. latin *anthemis,* mot grec «camomille».

ANTHÈRE [ɑ̃tɛʀ] n. f. ✦ BOT. Partie terminale de l'étamine dans laquelle se forme le pollen.
ÉTYM. latin *anthera,* du grec, de *anthos* «fleur».

ANTHÉROZOÏDE [ɑ̃teʀɔzɔid] n. m. ✦ BOT. Gamète mâle des plantes. *L'anthérozoïde féconde l'oosphère.*
ÉTYM. de *anthère,* d'après *spermatozoïde.*

ANTHOLOGIE [ɑ̃tɔlɔʒi] n. f. ✦ Recueil de morceaux choisis en prose ou en vers. ➝ *Morceau d'anthologie :* page brillante digne de figurer dans une anthologie.
ÉTYM. grec *anthologia,* de *anthos* «fleur».

ANTHRACITE [ɑ̃tʀasit] n. m. 1. Charbon (houille) à combustion lente qui dégage beaucoup de chaleur. 2. adjectivt invar. Gris foncé. *Des jupes anthracite.* ➝ appos. invar. *Gris anthracite. Des voitures gris anthracite.*
ÉTYM. latin *anthracites,* du grec, de *anthrax* «charbon ardent».

ANTHRAX [ɑ̃tʀaks] n. m. 1. Tumeur inflammatoire, due à un staphylocoque, et qui affecte le tissu sous-cutané. 2. anglicisme Maladie du charbon.
ÉTYM. mot grec «charbon».

-ANTHROPE, -ANTHROPIE, ANTHROPO- Éléments savants, du grec *anthrôpos* «être humain» (ex. *misanthrope, philanthrope, pithécanthrope*).

ANTHROPISATION [ɑ̃tʀɔpizasjɔ̃] n. f. ✦ DIDACT. Modification du milieu naturel par l'action humaine.
ÉTYM. de *anthropo-.*

ANTHROPOCENTRIQUE [ɑ̃tʀɔposɑ̃tʀik] adj. ✦ Qui fait de l'homme le centre du monde.
► **ANTHROPOCENTRISME** [ɑ̃tʀɔposɑ̃tʀism] n. m.

ANTHROPOÏDE [ɑ̃tʀɔpɔid] adj. ✦ Qui ressemble à l'homme. *Singe anthropoïde.* ➝ n. m. Singe de grande taille, le plus proche de l'homme (ex. gorille, orang-outan, chimpanzé).
ÉTYM. grec *anthrôpoeidês* → anthropo- et -oïde.

ANTHROPOLOGIE [ɑ̃tʀɔpɔlɔʒi] n. f. 1. VIEILLI Science physique des variétés humaines. 2. Ensemble des sciences qui étudient l'homme en société. ➝ *Anthropologie culturelle,* qui étudie les croyances, les techniques, les institutions, les structures sociales.
► **ANTHROPOLOGIQUE** [ɑ̃tʀɔpɔlɔʒik] adj.
ÉTYM. du grec → anthropo- et -logie.

ANTHROPOLOGUE [ɑ̃tʀɔpɔlɔg] n. ✦ Spécialiste de l'anthropologie.

ANTHROPOMÉTRIE [ɑ̃tʀɔpɔmetʀi] n. f. ✦ Technique de mensuration du corps humain et de ses différentes parties. *Anthropométrie judiciaire,* méthode d'identification des criminels.
► **ANTHROPOMÉTRIQUE** [ɑ̃tʀɔpɔmetʀik] adj. *Fichiers de police anthropométriques.*
ÉTYM. de *anthropo-* et *-métrie.*

ANTHROPOMORPHE [ɑ̃tʀɔpɔmɔʀf] adj. ✦ DIDACT. Qui a la forme, l'apparence d'un être humain. *Divinités anthropomorphes et zoomorphes de l'Égypte ancienne.*
ÉTYM. grec *anthrôpomorphos* → anthropo- et -morphe.

ANTHROPOMORPHISME [ɑ̃tʀɔpɔmɔʀfism] n. m. ✦ Tendance à concevoir la divinité à l'image de l'homme, et à attribuer aux animaux et aux choses des réactions humaines.
► **ANTHROPOMORPHIQUE** [ɑ̃tʀɔpɔmɔʀfik] adj.
ÉTYM. de *anthropomorphe.*

ANTHROPOPHAGE [ɑ̃tʀɔpɔfaʒ] adj. ✦ (êtres humains) Qui mange de la chair humaine. *Tribu anthropophage.* ➝ n. *Des anthropophages.* SYN. **cannibale.**
ÉTYM. latin *anthropophagus,* du grec → anthropo- et -phage.

ANTHROPOPHAGIE [ɑ̃tʀɔpɔfaʒi] n. f. ✦ Pratique des anthropophages. SYN. **cannibalisme.**
► **ANTHROPOPHAGIQUE** [ɑ̃tʀɔpɔfaʒik] adj.

① **ANTI-** Élément, du grec *anti* «contre», exprimant l'opposition. CONTR. **pro-.**

A B C D E F G H I J K L M N O P Q R S T U V W X Y Z

② **ANTI-** Élément, du latin *anti-*, variante de *ante-* «avant» (ex. *antichambre, anticiper, antidater*). SYN. **anté-**. CONTR. **post-**.

ANTIAÉRIEN, IENNE [ɑ̃tiaeʀjɛ̃, jɛn] adj. ✦ Qui s'oppose aux attaques aériennes. *Défense antiaérienne*. → **D. C. A.**

ANTIALCOOLIQUE [ɑ̃tialkɔlik] adj. ✦ Qui combat l'alcoolisme. *Ligue antialcoolique.*

ANTIALLERGIQUE [ɑ̃tialɛʀʒik] adj. ✦ Qui prévient ou traite les allergies. – n. m. *Un antiallergique.*

ANTIATOMIQUE [ɑ̃tiatɔmik] adj. ✦ Qui s'oppose aux effets nocifs des radiations atomiques. *Abri antiatomique.*

ANTIBIOGRAMME [ɑ̃tibjɔgʀam] n. m. ✦ MÉD. Analyse permettant de déterminer la sensibilité d'une bactérie à divers antibiotiques.

ÉTYM. de *antibiotique* et *-gramme.*

ANTIBIOTHÉRAPIE [ɑ̃tibjoteʀapi] n. f. ✦ MÉD. Traitement par les antibiotiques.

ÉTYM. de *antibiotique* et *-thérapie.*

ANTIBIOTIQUE [ɑ̃tibjɔtik] adj. et n. m. ✦ Qui s'oppose à la vie ou au développement de certains micro-organismes. *Propriétés antibiotiques de la pénicilline.* – n. m. Médicament pour lutter contre les infections microbiennes. *Être sous antibiotiques.*

ÉTYM. anglais *antibiotic*, du grec *anti-* et *biotikos* «de la vie *(bios)*».

ANTIBROUILLARD [ɑ̃tibʀujaʀ] adj. ✦ *Phares antibrouillard(s)*, qui éclairent par temps de brouillard. – n. m. *Des antibrouillards.*

ANTIBRUIT [ɑ̃tibʀɥi] adj. ✦ Qui protège du bruit. *Des murs antibruit* (invar.) ou *antibruits.*

ANTICANCÉREUX, EUSE [ɑ̃tikɑ̃seʀø, øz] adj. et n. m. ✦ Qui combat le cancer. *Médicament anticancéreux.* – n. m. *Les anticancéreux.* CONTR. **cancérigène.**

ÉTYM. de ① *anti-* et *cancéreux.*

ANTICHAMBRE [ɑ̃tiʃɑ̃bʀ] n. f. ✦ Pièce d'attente placée à l'entrée d'un grand appartement, d'un bureau administratif. → **vestibule.** – loc. *Faire antichambre*, attendre d'être reçu.

ÉTYM. italien *anticamera* «chambre *(camera)* de devant (→ ② anti-)».

ANTICHAR [ɑ̃tiʃaʀ] adj. ✦ Qui s'oppose à l'action des chars, des blindés. *Mines antichars.*

ANTICHOC [ɑ̃tiʃɔk] adj. ✦ Qui protège des chocs. *Casques antichocs.*

ANTICIPATION [ɑ̃tisipasjɔ̃] n. f. 1. Exécution anticipée d'un acte. *Régler une dette par anticipation.* → **d'avance.** 2. Mouvement de la pensée qui imagine ou vit d'avance un évènement. SYN. **prévision.** – *Roman, film d'anticipation*, dont le fantastique est emprunté aux réalités supposées de l'avenir. SYN. **science-fiction.**

ÉTYM. latin *anticipatio.*

ANTICIPER [ɑ̃tisipe] v. (conjug. 3a) **I** v. tr. 1. Exécuter avant le temps déterminé. *Anticiper un paiement.* 2. Imaginer, éprouver à l'avance. *Anticiper les réactions d'autrui.* **II** v. intr. *Anticiper sur* : empiéter sur, en entamant à l'avance. *Sans vouloir anticiper sur ce qui va suivre...* – absolt *N'anticipons pas* : respectons l'ordre de succession des faits. CONTR. **différer, retarder** • **revenir.**

► **ANTICIPÉ, ÉE** adj. Qui se fait avant la date prévue ou sans attendre l'évènement. *Retraite anticipée.* CONTR. **tardif.**

ÉTYM. latin *anticipare* «prendre *(capere)* par avance (→ ② anti-)».

ANTICLÉRICAL, ALE, AUX [ɑ̃tikleʀikal, o] adj. ✦ Opposé à l'influence et à l'intervention du clergé dans la vie publique. – n. *Un anticlérical.*

► **ANTICLÉRICALISME** [ɑ̃tikleʀikalism] n. m.

ÉTYM. de ① *anti-* et *clérical.*

ANTICLINAL, ALE, AUX [ɑ̃tiklinal, o] n. m. et adj. ✦ GÉOL. 1. n. m. Pli* convexe vers le haut (opposé à *synclinal*). 2. adj. D'un anticlinal. *Voûte anticlinale.*

ÉTYM. mot anglais, du grec *antiklinein* «pencher *(klinein)* en sens contraire».

ANTICOAGULANT, ANTE [ɑ̃tikɔagylɑ̃, ɑ̃t] adj. ✦ Qui empêche ou retarde la coagulation du sang. – n. m. *Un anticoagulant.*

ANTICOLONIALISME [ɑ̃tikɔlɔnjalism] n. m. ✦ Opposition au colonialisme.

► **ANTICOLONIALISTE** [ɑ̃tikɔlɔnjalist] adj. et n.

ANTICOMMUNISME [ɑ̃tikɔmynism] n. m. ✦ Hostilité, opposition au communisme.

► **ANTICOMMUNISTE** [ɑ̃tikɔmynist] adj. et n.

ANTICONCEPTIONNEL, ELLE [ɑ̃tikɔ̃sɛpsjɔnɛl] adj. ✦ Qui empêche la conception d'un enfant. *Pilule anticonceptionnelle.* SYN. **contraceptif.**

ANTICONFORMISME [ɑ̃tikɔ̃fɔʀmism] n. m. ✦ Attitude opposée au conformisme. SYN. **non-conformisme.**

► **ANTICONFORMISTE** [ɑ̃tikɔ̃fɔʀmist] adj. et n.

ANTICONSTITUTIONNEL, ELLE [ɑ̃tikɔ̃stitysjɔnɛl] adj. ✦ Contraire à la Constitution. *Mesure anticonstitutionnelle.* CONTR. **constitutionnel.**

► **ANTICONSTITUTIONNELLEMENT** [ɑ̃tikɔ̃stitysjɔnɛlmɑ̃] adv.

ANTICORPS [ɑ̃tikɔʀ] n. m. ✦ BIOL. Substance (immunoglobuline) fabriquée par l'organisme en présence d'un antigène dont elle neutralise l'effet toxique. → **antitoxine.**

ÉTYM. de ① *anti-* et *corps.*

ANTICYCLONE [ɑ̃tisiklon] n. m. ✦ Centre de hautes pressions atmosphériques (opposé à *dépression*). *L'anticyclone des Açores.*

► **ANTICYCLONIQUE** [ɑ̃tisiklonik] adj. CONTR. **dépressionnaire.**

ÉTYM. de ① *anti-* et *cyclone.*

ANTIDATER [ɑ̃tidate] v. tr. (conjug. 3a) ✦ Affecter d'une date antérieure à la date réelle. *Antidater une lettre.* CONTR. **postdater.**

ÉTYM. de ② *anti-* et *dater.*

ANTIDÉMOCRATIQUE [ɑ̃tidemɔkʀatik] adj. ✦ Opposé à la démocratie ou à l'esprit démocratique. CONTR. **démocratique.**

ANTIDÉPRESSEUR [ɑ̃tidepʀesœʀ] n. m. ✦ Médicament destiné à combattre les états dépressifs.

ÉTYM. de ① *anti-* et *dépression.*

ANTIDÉRAPANT, ANTE [ɑ̃tideʀapɑ̃, ɑ̃t] **adj.** ✦ Propre à empêcher le dérapage des véhicules. *Pneus antidérapants.*
ÉTYM. de ① *anti-* et participe présent de *déraper.*

ANTIDIPHTÉRIQUE [ɑ̃tidifteʀik] **adj.** ✦ Propre à combattre la diphtérie.

ANTIDOPAGE [ɑ̃tidɔpaʒ] **adj. invar.** ✦ Qui s'exerce contre le dopage. *Des contrôles antidopage.*
ÉTYM. de ① *anti-* et *dopage.*

ANTIDOTE [ɑ̃tidɔt] **n. m.** 1. Contrepoison. 2. fig. Remède (contre un mal moral). *Un antidote à, contre l'ennui.*
ÉTYM. latin *antidotum*, du grec «donné contre».

ANTIDOULEUR [ɑ̃tidulœʀ] **adj.** et **n. m.** ✦ Qui atténue ou supprime la douleur. *Des médicaments antidouleur* (invar.) ou *antidouleurs.* SYN. **analgésique, antalgique.** ➡ **n. m.** *L'aspirine est un antidouleur. Des antidouleurs.*
ÉTYM. de ① *anti-* et *douleur.*

ANTIDROGUE [ɑ̃tidʀɔg] **adj.** ✦ Destiné à lutter contre le trafic et l'usage de la drogue. *Des campagnes antidrogues.*

ANTIENNE [ɑ̃tjɛn] **n. f.** 1. Refrain liturgique repris par le chœur entre chaque verset d'un psaume. 2. Chose que l'on répète. SYN. **refrain.**
ÉTYM. latin *antiphona*, du grec «chant en réponse».

ANTIESCLAVAGISTE [ɑ̃tiɛsklavaʒist] **adj.** ✦ Opposé à l'esclavage, aux esclavagistes.

ANTIÉTATISTE [ɑ̃tietatist] **adj.** et **n.** ✦ (Personne) qui s'oppose à l'étatisme.
► **ANTIÉTATISME** [ɑ̃tietatism] **n. m.**

ANTIFASCISTE [ɑ̃tifaʃist] **adj.** ✦ Opposé au fascisme. *Déclarations antifascistes.* ➡ **n.** *Les antifascistes.*

ANTIFONGIQUE [ɑ̃tifɔ̃ʒik] **adj.** et **n. m.** ✦ DIDACT. Qui détruit les champignons microscopiques (moisissures) ou empêche leur développement. SYN. **fongicide.**
ÉTYM. de ① *anti-* et du latin *fungus* «champignon».

ANTIGANG [ɑ̃tigɑ̃g] **adj.** ✦ *Brigade antigang* : brigade de recherche et d'intervention de la police judiciaire.

ANTIGEL [ɑ̃tiʒɛl] **n. m.** ✦ Produit qui abaisse le point de congélation de l'eau. *Antigel pour radiateurs d'automobiles.*
ÉTYM. de ① *anti-* et *gel.*

ANTIGÈNE [ɑ̃tiʒɛn] **n. m.** ✦ BIOL. Substance (virus, bactérie, parasite...) qui, introduite dans l'organisme, provoque la formation d'anticorps et déclenche la réaction immunitaire.
ÉTYM. de ① *anti-* et *gène.*

ANTIGOUVERNEMENTAL, ALE, AUX [ɑ̃tiguvɛʀnəmɑ̃tal, o] **adj.** ✦ Qui est contre le gouvernement, dans l'opposition.

ANTIHÉROS [ɑ̃tieʀo] **n. m.** ✦ Personnage qui n'a pas les caractéristiques du héros.

ANTIHISTAMINIQUE [ɑ̃tiistaminik] **adj.** et **n. m.** ✦ MÉD. (Médicament) qui combat les effets de l'histamine.

ANTI-INFLAMMATOIRE [ɑ̃tiɛ̃flamatwaʀ] **adj.** et **n. m.** ✦ MÉD. Qui combat l'inflammation. ➡ **n. m.** *La cortisone est un anti-inflammatoire.*
ÉTYM. de ① *anti-* et *inflammatoire.*

ANTIJEUNE ou **ANTIJEUNES** [ɑ̃tiʒœn] **adj.** ✦ Hostile aux jeunes.

ANTILLAIS, AISE [ɑ̃tijɛ, ɛz] **adj.** et **n.** ✦ Relatif aux Antilles. *Les créoles antillais.* ➡ **n.** *Une Antillaise.*

ANTILOPE [ɑ̃tilɔp] **n. f.** ✦ Mammifère ruminant, au corps svelte, aux hautes pattes grêles, à cornes en spirale (chez le mâle).
ÉTYM. latin médiéval *ant(h)alopus*, par l'anglais *antelope*, de l'ancien français «animal fabuleux».

ANTIMATIÈRE [ɑ̃timatjɛʀ] **n. f.** ✦ Matière supposée constituée d'antiparticules.

ANTIMILITARISME [ɑ̃timilitaʀism] **n. m.** ✦ Opposition au militarisme.
► **ANTIMILITARISTE** [ɑ̃timilitaʀist] **adj.** et **n.**

ANTIMISSILE [ɑ̃timisil] **adj.** ✦ Qui peut détruire les missiles.

ANTIMITE [ɑ̃timit] **adj.** ✦ Qui protège contre les mites. *Des plaquettes antimites.* ➡ **n. m.** *La naphtaline est un antimite. Des antimites naturels.*

ANTIMOINE [ɑ̃timwan] **n. m.** ✦ Corps simple intermédiaire entre les métaux et les métalloïdes, cassant, argenté (symb. Sb).
ÉTYM. latin médiéval *antimonium*, d'origine incertaine.

ANTINEUTRON [ɑ̃tinøtʀɔ̃] **n. m.** ✦ PHYS. Antiparticule du neutron.
ÉTYM. de ① *anti-* et *neutron.*

ANTINOMIE [ɑ̃tinɔmi] **n. f.** ✦ Contradiction, opposition totale. *Antinomie entre deux façons de voir.* CONTR. **accord.**
ÉTYM. latin *antinomia*, du grec «contradiction *(anti)* dans les lois *(nomos)*».

ANTINOMIQUE [ɑ̃tinɔmik] **adj.** ✦ Absolument opposé. SYN. **contradictoire, contraire.** CONTR. **concordant.**
ÉTYM. de *antinomie.*

ANTIPAPE [ɑ̃tipap] **n. m.** ✦ HIST. Pape élu irrégulièrement, et non reconnu par l'Église romaine.

ANTIPARASITE [ɑ̃tipaʀazit] **adj.** ✦ Qui s'oppose à la production et à la propagation des parasites. *Dispositif antiparasite d'une radio.*

ANTIPARLEMENTARISME [ɑ̃tipaʀləmɑ̃taʀism] **n. m.** ✦ Opposition au régime parlementaire (accusé d'être peu efficace).
► **ANTIPARLEMENTAIRE** [ɑ̃tipaʀləmɑ̃tɛʀ] **adj.**

ANTIPARTICULE [ɑ̃tipaʀtikyl] **n. f.** ✦ PHYS. Particule élémentaire (antineutron, antiproton, positron) opposée par la charge électrique et le moment magnétique à celle à laquelle elle est associée, et qui peut l'annihiler en la rencontrant.

ANTIPATHIE [ɑ̃tipati] **n. f.** ✦ Aversion instinctive, irraisonnée. SYN. **répugnance.** CONTR. **attirance, sympathie.**
ÉTYM. latin *antipathia*, du grec → ① anti- et -pathie.

ANTIPATHIQUE [ɑ̃tipatik] **adj.** ✦ Qui inspire de l'antipathie. SYN. **désagréable ; déplaisant.** *Elle m'est antipathique.* CONTR. **sympathique.**

ANTIPELLICULAIRE [ɑ̃tipelikylɛʀ] **adj.** ✦ Qui lutte contre les pellicules du cuir chevelu. *Lotion antipelliculaire.*

ANTIPERSONNEL [ɑ̃tipɛʀsɔnɛl] **adj. invar.** ✦ *Mine antipersonnel,* dirigée contre les hommes (et non contre le matériel).

ANTIPHONAIRE [ɑ̃tifɔnɛʀ] **n. m.** ✦ anciennt Grand recueil de chants liturgiques utilisant la notation grégorienne.
ÉTYM. latin médiéval *antiphonarium,* du grec *antiphonê* → antienne.

ANTIPHRASE [ɑ̃tifʀɑz] **n. f.** ✦ Utilisation d'un mot, d'une locution dans un sens contraire au sens véritable, par ironie ou euphémisme (ex. c'est réussi ! ; charmante soirée !). ☛ Littérature p. 117.
ÉTYM. latin *antiphrasis,* du grec «désignation *(phrasis)* par le contraire *(anti)*».

ANTIPIRATAGE [ɑ̃tipiʀataʒ] **adj. invar.** ✦ Destiné à détecter et à éliminer le piratage. *Mesures antipiratage.*
ÉTYM. de ① *anti-* et *piratage.*

ANTIPODE [ɑ̃tipɔd] **n. m.** 1. Lieu de la terre diamétralement opposé à un autre. *La Nouvelle-Zélande est l'antipode de la France.* ➖ loc. fig. *Aux antipodes,* très loin. 2. LITTÉR. Chose, personne exactement opposée. *Aux antipodes de,* à l'opposé de. *Deux êtres aux antipodes l'un de l'autre.*
ÉTYM. latin *antipodes,* du grec → ① anti- et -pode.

ANTIPOISON [ɑ̃tipwazɔ̃] **adj.** ✦ *CENTRE ANTIPOISON :* centre médical destiné à la prévention et au traitement des intoxications. *Des centres antipoisons.*
ÉTYM. de ① *anti-* et *poison.*

ANTIPOLLUTION [ɑ̃tipɔlysjɔ̃] **adj. invar.** ✦ Opposé à la pollution de l'environnement. *Des mesures antipollution.*

ANTIPROTÉASE [ɑ̃tipʀɔteaz] **n. f.** ✦ BIOCHIM. Molécule active contre la réplication d'un virus, spécialt celui du V. I. H. (→ **antirétroviral**).
ÉTYM. de ① *anti-* et *protéase* «enzyme hydrolysant les protéines», de *proté(ine)* et *-ase.*

ANTIPROTON [ɑ̃tipʀɔtɔ̃] **n. m.** ✦ PHYS. Antiparticule du proton.
ÉTYM. de ① *anti-* et *proton.*

ANTIPYRÉTIQUE [ɑ̃tipiʀetik] **adj. et n. m.** ✦ MÉD. (Remède) qui combat la fièvre. SYN. **fébrifuge.**
ÉTYM. de ① *anti-* et du grec *puretos* «fièvre».

ANTIQUAILLE [ɑ̃tikaj] **n. f.** ✦ Objet ancien sans valeur. SYN. **vieillerie.**
ÉTYM. italien *anticaglia,* de *antico* «ancien, antique».

ANTIQUAIRE [ɑ̃tikɛʀ] **n.** 1. VX Archéologue. 2. Marchand d'objets d'art, d'ameublement et de décoration anciens.
ÉTYM. latin *antiquarius* ; sens 2, par l'allemand.

ANTIQUE [ɑ̃tik] **adj.** 1. LITTÉR. Qui appartient à une époque reculée, à un lointain passé. SYN. **ancien, archaïque.** *Une antique tradition.* ◆ Très vieux. *Une antique guimbarde.* SYN. **vétuste.** 2. Qui appartient à l'Antiquité (3). *Les civilisations antiques. La Grèce, l'Italie antique.* ◆ **n. m.** LITTÉR. *L'antique :* l'art, les œuvres d'art antiques. *Imiter l'antique.*
ÉTYM. latin *antiquus.*

ANTIQUITÉ [ɑ̃tikite] **n. f.** 1. VIEILLI Caractère de ce qui est très ancien. SYN. **ancienneté.** 2. LITTÉR. Temps très ancien, très reculé. 3. Les plus anciennes civilisations à écriture. *L'antiquité égyptienne, chinoise.* ➖ Les civilisations qui sont à la source des cultures occidentales (jusqu'aux premiers siècles de l'ère chrétienne). *L'antiquité grecque.* ◆ spécialt (avec maj. ☛ noms propres) L'antiquité gréco-romaine. *Les dieux de l'Antiquité.* 4. au plur. *LES ANTIQUITÉS :* les monuments, les œuvres d'art qui restent de l'Antiquité. ◆ Objets d'art, meubles anciens (→ **antiquaire**).
ÉTYM. latin *antiquitas.*

ANTIRABIQUE [ɑ̃tiʀabik] **adj.** ✦ Employé contre la rage. *Vaccination antirabique.*
ÉTYM. de ① *anti-* et *rabique.*

ANTIRACISTE [ɑ̃tiʀasist] **adj. et n.** ✦ Opposé au racisme. *Une campagne antiraciste.*
► **ANTIRACISME** [ɑ̃tiʀasism] **n. m.**

ANTIREFLET [ɑ̃tiʀəflɛ] **adj.** ✦ Qui diminue les reflets. *Verres antireflets.*

ANTIREJET [ɑ̃tiʀəʒɛ] **adj.** ✦ MÉD. Qui s'oppose au rejet d'une greffe. *Des médicaments antirejets.*

ANTIRELIGIEUX, EUSE [ɑ̃tiʀ(ə)liʒjø, øz] **adj.** ✦ Opposé à la religion.

ANTIRÉTROVIRAL, ALE, AUX [ɑ̃tiʀetʀoviʀal, o] **adj. et n. m.** ✦ Qui agit sur les virus à A. R. N. (rétrovirus) en les empêchant de se multiplier. ➖ **n. m.** *Séropositif traité par antirétroviraux.*
ÉTYM. de ① *anti-* et *rétrovirus,* d'après *antiviral.*

ANTIRIDE ou **ANTIRIDES** [ɑ̃tiʀid] **adj.** ✦ Qui prévient ou combat les rides. *Crème antiride* ou *antirides. Des traitements antirides.*

ANTIROUILLE [ɑ̃tiʀuj] **adj. invar.** ✦ Qui protège contre la rouille.

ANTISCIENTIFIQUE [ɑ̃tisjɑ̃tifik] **adj.** ✦ Contraire à l'esprit scientifique. *Une explication antiscientifique.*

ANTISÈCHE [ɑ̃tisɛʃ] **n. f.** ✦ FAM. Aide-mémoire dont se sert frauduleusement un élève lors d'un examen.
ÉTYM. de ① *anti-* et *sécher.*

ANTISÉMITE [ɑ̃tisemit] **adj.** ✦ Inspiré par la haine des Juifs. *Propos antisémites.* ◆ Qui manifeste de l'hostilité envers les Juifs. ➖ **n.** *Les antisémites.*
ÉTYM. de ① *anti-* et *sémite.*

ANTISÉMITISME [ɑ̃tisemitism] **n. m.** ✦ Hostilité contre les Juifs ; racisme dirigé contre les Juifs.
ÉTYM. de *antisémite.*

ANTISEPSIE [ɑ̃tisɛpsi] **n. f.** ✦ Méthodes destinées à prévenir ou à combattre l'infection en détruisant des microbes.
ÉTYM. de ① *anti-* et du grec *sêpsis* «putréfaction».

ANTISEPTIQUE [ɑ̃tisɛptik] **adj.** ✦ Propre à l'antisepsie, qui emploie l'antisepsie. *Pansement antiseptique.* ➖ **n. m.** *L'eau oxygénée est un antiseptique.*

ANTISIONISME [ɑ̃tisjɔnism] **n. m.** ✦ Hostilité contre l'État d'Israël.
► **ANTISIONISTE** [ɑ̃tisjɔnist] **adj. et n.**
ÉTYM. de ① *anti-* et *sionisme.*

ANTISISMIQUE [ɑ̃tisismik] **adj.** ✦ Conçu pour résister aux séismes. *Construction respectant les normes antisismiques.* ☛ Géographie p. 227.
ÉTYM. de ① *anti-* et *sismique.*

ANTISOCIAL, ALE, AUX [ɑ̃tisɔsjal, o] **adj.** 1. Contraire à la société, à l'ordre social. *Principes antisociaux.* 2. Qui va contre les intérêts des travailleurs. *Mesure antisociale.*

ANTISPASMODIQUE [ɑ̃tispasmɔdik] **adj.** et **n. m.** ✦ MÉD. Destiné à empêcher les spasmes, les convulsions.
ÉTYM. de ① *anti-* et *spasmodique.*

ANTISPORTIF, IVE [ɑ̃tispɔʀtif, iv] **adj.** ✦ Hostile au sport ; contraire à l'esprit du sport.

ANTISTATIQUE [ɑ̃tistatik] **adj.** ✦ Qui empêche ou limite la formation de l'électricité statique. *Moquette antistatique.*

ANTISTROPHE [ɑ̃tistʀɔf] **n. f.** ✦ DIDACT. Seconde stance d'un chœur antique, avant l'épode.
ÉTYM. grec *antistrophê* → ① anti- et strophe.

ANTISYMÉTRIQUE [ɑ̃tisimetʀik] **adj.** ✦ MATH., LOG. *Relation antisymétrique* : relation binaire entre deux éléments a et b d'un ensemble qui n'est pas la même que la relation entre b et a. *La divisibilité d'un nombre par un autre est une relation antisymétrique.* CONTR. **symétrique.**

ANTITABAC [ɑ̃titaba] **adj. invar.** ✦ Qui lutte contre l'usage du tabac. *Des campagnes antitabac.*

ANTITERRORISTE [ɑ̃titeʀɔʀist] **adj.** ✦ Qui lutte contre le terrorisme, est relatif à cette lutte.

ANTITÉTANIQUE [ɑ̃titetanik] **adj.** ✦ Qui agit contre le tétanos. *Sérum antitétanique.*

ANTITHÈSE [ɑ̃titɛz] **n. f.** 1. Opposition de deux pensées, de deux expressions que l'on rapproche dans le discours pour mieux faire ressortir leur contraste. ☛ Littérature p. 117. 2. Chose, personne entièrement opposée à une autre ; contraste absolu. 3. PHILOS. Deuxième moment d'une dialectique*. *Thèse, antithèse et synthèse.*
ÉTYM. latin *antithesis*, du grec → ① anti- et thèse.

ANTITHÉTIQUE [ɑ̃titetik] **adj.** 1. Qui emploie l'antithèse. 2. Opposé, contraire. *Les aspects antithétiques d'un caractère.*
ÉTYM. grec *antithetikos.*

ANTITOXINE [ɑ̃titɔksin] **n. f.** ✦ Anticorps élaboré par l'organisme au contact d'une toxine et qui réagit contre elle.

ANTITUBERCULEUX, EUSE [ɑ̃titybɛʀkylø, øz] **adj.** ✦ Qui combat la tuberculose. *Le B. C. G., vaccin antituberculeux.*

ANTITUSSIF, IVE [ɑ̃titysif, iv] **adj.** ✦ Qui combat, calme la toux. *Sirop antitussif.*
ÉTYM. de ① *anti-* et du latin *tussis* « toux ».

ANTIVIRAL, ALE, AUX [ɑ̃tiviʀal, o] **adj.** ✦ MÉD. Se dit d'une substance active contre les virus.

ANTIVOL [ɑ̃tivɔl] **n. m.** ✦ Dispositif de sécurité destiné à empêcher le vol (des véhicules). *Des antivols.*

ANTONOMASE [ɑ̃tɔnɔmaz] **n. f.** ✦ DIDACT. Figure de style qui consiste à désigner une personne par un nom ou une périphrase qui la caractérise, ou par le nom d'un personnage typique (ex. *un harpagon* pour *un avare ; le petit caporal* pour *Napoléon*).
ÉTYM. latin *antonomasia*, du grec, de *onoma* « nom ».

ANTONYME [ɑ̃tɔnim] **n. m.** ✦ DIDACT. Mot qui, par le sens, s'oppose directement à un autre. SYN. **contraire.** *« Chaud » et « froid » sont des antonymes.* CONTR. **synonyme.**
ÉTYM. de ① *anti-* et *-onyme.*

ANTRE [ɑ̃tʀ] **n. m.** ✦ LITTÉR. Caverne, grotte (spécialt servant de repaire à une bête fauve, à un monstre). *L'antre du lion.* ◆ Lieu inquiétant et mystérieux.
HOM. ENTRE (prép.) « parmi »
ÉTYM. latin *antrum*, du grec.

ANUS [anys] **n. m.** ✦ Orifice du rectum qui donne passage aux matières fécales. SYN. **fondement** ; → **anal.**
ÉTYM. mot latin.

ANXIÉTÉ [ɑ̃ksjete] **n. f.** ✦ État d'angoisse (considéré surtout dans son aspect psychique). *Être en proie à l'anxiété.* ◆ Inquiétude angoissée. CONTR. ① **calme, sérénité.**
ÉTYM. latin *anxietas.*

ANXIEUX, EUSE [ɑ̃ksjø, øz] **adj.** 1. Qui s'accompagne d'anxiété. *Une attente anxieuse.* 2. Qui éprouve de l'anxiété. SYN. **angoissé, inquiet, tourmenté.** – **n.** *C'est un anxieux.* ◆ ANXIEUX DE. *Je suis anxieux du résultat.* – Impatient de. *Il est anxieux de réussir.* CONTR. ② **calme, confiant,** ① **serein.**
► **ANXIEUSEMENT** [ɑ̃ksjøzmɑ̃] **adv.**
ÉTYM. latin *anxiosus.*

ANXIOGÈNE [ɑ̃ksjɔʒɛn] **adj.** ✦ MÉD. Qui produit l'anxiété, l'angoisse.
ÉTYM. de *anxieux* et *-gène.*

ANXIOLYTIQUE [ɑ̃ksjɔlitik] **adj.** ✦ MÉD. Qui combat l'anxiété. SYN. **tranquillisant** – **n. m.** *Un anxiolytique.*
ÉTYM. de *anxieux* et *-lytique.*

AORISTE [aɔʀist] **n. m.** ✦ LING. Temps du verbe grec qui correspond à un passé indéterminé.
ÉTYM. latin *aoristus*, du grec « non limité ».

AORTE [aɔʀt] **n. f.** ✦ Artère qui prend naissance à la base du ventricule gauche du cœur.
► **AORTIQUE** [aɔʀtik] **adj.**
ÉTYM. grec *aortê.*

AOÛT [u(t)] **n. m.** ✦ Huitième mois de l'année. *Partir en vacances en août. Le 15 août* (→ **Assomption**).
HOM. HOU « marque de blâme », HOUE « pioche », HOUX « arbuste », OU (conjonction), OÙ (adverbe de lieu).
ÉTYM. latin populaire *agustus*, de *augustus* proprement « (mois) d'Auguste ».

AOÛTAT [auta] **n. m.** ✦ Larve d'un insecte (le trombidion) qui peut se loger sous la peau et provoquer des démangeaisons.
ÉTYM. de *août.*

AOÛTIEN, IENNE [ausjɛ̃, jɛn] **n.** 1. Personne qui prend ses vacances en août. 2. Personne qui reste à Paris, dans une grande ville, en août.

APAISANT, ANTE [apɛzɑ̃, ɑ̃t] **adj.** ✦ Qui apporte l'apaisement, donne des apaisements. *Des paroles apaisantes.* SYN. **lénifiant, rassurant.** CONTR. **excitant, provocant.**
ÉTYM. du participe présent de *apaiser.*

APAISEMENT [apɛzmɑ̃] **n. m.** 1. Retour à la paix, au calme. *L'apaisement des flots. Éprouver un grand apaisement.* 2. surtout plur. Déclaration ou promesse des-

tinée à rassurer. *Donner des apaisements à qqn.*
ÉTYM. de *apaiser.*

APAISER [apeze] **v. tr.** (conjug. 3a) **1.** Amener (qqn) à des dispositions plus paisibles. SYN. **calmer.** *Apaiser les esprits.* **2.** Rendre (qqch.) moins violent. SYN. **adoucir, assoupir, endormir.** *Apaiser les rancœurs.* **3.** *S'APAISER* **v. pron.** Devenir paisible, calme. *La douleur s'apaise.*
ÉTYM. de *paix.*

APANAGE [apanaʒ] **n. m.** **1.** HIST. Partie du domaine royal accordée à un prince qui renonçait au pouvoir. **2.** Ce qui est le propre de qqn ou de qqch. ; bien exclusif, privilège. *Avoir l'apanage de qqch.* SYN. **monopole.** *Les mensonges sont l'apanage de l'être humain.*
ÉTYM. de l'ancien verbe *apaner* «nourrir», du latin *panis* «pain».

APARTÉ [apaʀte] **n. m.** **1.** Parole(s) que l'acteur dit à part soi (et que les spectateurs seuls sont censés entendre). ☛ Littérature p. 126. **2.** Entretien particulier, dans une réunion. *Faire des apartés. Il me l'a dit en aparté.*
ÉTYM. de la locution italienne *a parte* «à part».

APARTHEID [apaʀtɛd] **n. m.** ✦ Régime de ségrégation des populations basée sur la couleur de la peau, qui existait en Afrique du Sud.
ÉTYM. mot afrikaans, emprunté au français *à part.*

APATHIE [apati] **n. f.** ✦ Incapacité d'être ému ou de réagir (par mollesse, indifférence, état dépressif, etc.). SYN. **indolence, inertie.** *Secouer son apathie.* ◆ *L'apathie d'une société.* CONTR. **activité, dynamisme, énergie.**
ÉTYM. latin *apathia,* du grec → ② a- et -pathie.

APATHIQUE [apatik] **adj. et n.** ✦ Sans ressort, sans activité. *Des élèves apathiques.* CONTR. ① **actif, dynamique, vivant.**
ÉTYM. de *apathie.*

APATRIDE [apatʀid] **n.** ✦ Personne sans nationalité légale, qu'aucun État ne considère comme son ressortissant. ➖ **adj.** *Un réfugié apatride.*
ÉTYM. de ② *a-* et du grec *patris, patridos* «patrie».

APERCEVOIR [apɛʀsəvwaʀ] **v. tr.** (conjug. 32) **I** **1.** Entrevoir un instant. SYN. **découvrir, distinguer, remarquer.** *On apercevait au loin le clocher.* **2.** Saisir par l'esprit. *J'aperçois bien ses intentions.* SYN. **comprendre, deviner.** **II** *S'APERCEVOIR* **v. pron.** **1.** Prendre conscience, se rendre compte (d'un état ou d'un processus). SYN. **remarquer.** *Il s'apercevait bien de leur manège, il s'en est aperçu.* **2.** (récipr.) Se voir mutuellement. *Elles se sont aperçues de loin.* **3.** (passif) *Un détail qui s'aperçoit à peine.*
ÉTYM. de *percevoir.*

APERÇU [apɛʀsy] **n. m.** ✦ Première idée que l'on peut avoir d'une chose vue rapidement. *Donner un aperçu de la situation,* en faire un exposé sommaire.
ÉTYM. du participe passé de *apercevoir.*

APÉRITIF, IVE [apeʀitif, iv] **adj. et n. m.** **1. adj.** LITTÉR. Qui ouvre l'appétit. *Une promenade apéritive.* **2. n. m.** Boisson à base de vin ou d'alcool, supposée apéritive, que l'on prend avant le repas. *Offrir, prendre l'apéritif.* SYN. FAM. **apéro.**
ÉTYM. bas latin *aperitivus,* de *aperire* «ouvrir».

APÉRO [apeʀo] **n. m.** ✦ FAM. Apéritif. *Boire des apéros.*
ÉTYM. abréviation.

APESANTEUR [apəzɑ̃tœʀ] **n. f.** ✦ Absence de pesanteur (dans l'espace, par exemple). SYN. **impesanteur.** *Astronautes en état d'apesanteur.*

À-PEU-PRÈS [apøpʀɛ] **n. m. invar.** ✦ Approximation grossière, donnée imprécise. *Ses calculs ne sont que des à-peu-près.* HOM. À PEU PRÈS «environ»

APEURER [apœʀe] **v. tr.** (conjug. 3a) ✦ LITTÉR. Effrayer. ➖ surtout au p. passé *Un animal apeuré. Des regards apeurés.*
ÉTYM. de *peur.*

APEX [apɛks] **n. m.** ✦ ASTRON. **1.** Point du ciel vers lequel le système solaire semble se diriger. **2.** Pointe de la langue (→ **apical**).
ÉTYM. mot latin «sommet».

APHASIE [afazi] **n. f.** ✦ MÉD. Perte totale ou partielle de la capacité de parler ou de comprendre le langage parlé ou écrit, due à une lésion cérébrale.
► **APHASIQUE** [afazik] **adj. et n.**
ÉTYM. grec *aphasia.*

APHÉLIE [afeli] **n. m.** ✦ ASTRON. Point de l'orbite d'une planète où elle se trouve à la plus grande distance du Soleil (opposé à *périhélie*).
ÉTYM. latin scientifique *aphelium,* du grec *apo* «éloigné» et *hêlios* «soleil».

APHÉRÈSE [afeʀɛz] **n. f.** ✦ LING. Chute d'un ou plusieurs phonèmes au début d'un mot (opposé à *apocope*) (ex. *car* pour *autocar*). ☛ Langue française p. 111.
ÉTYM. latin *aphaeresis,* du grec.

APHONE [afɔn ; afon] **adj.** ✦ Qui n'a plus de voix. *L'orateur, grippé, était aphone.*
► **APHONIE** [afɔni] **n. f.**
ÉTYM. grec *aphônos* → ② a- et -phone.

APHORISME [afɔʀism] **n. m.** ✦ DIDACT. Bref énoncé résumant un point de science, de morale. → **adage, maxime, précepte, sentence.**
ÉTYM. latin *aphorismus,* du grec.

APHRODISIAQUE [afʀɔdizjak] **adj.** ✦ Qui excite (ou est censé exciter) le désir sexuel. *Une substance aphrodisiaque.* ➖ **n. m.** *Un aphrodisiaque.*
ÉTYM. grec *aphrodisiakos,* de *Aphrodite,* déesse de l'amour. ☛ noms propres.

APHTE [aft] **n. m.** ✦ Petite ulcération qui se développe sur la muqueuse de la bouche ou du pharynx.
ÉTYM. latin *aphta,* du grec.

APHTEUX, EUSE [aftø, øz] **adj.** ✦ De l'aphte. *Virus aphteux.* ➖ *Fièvre aphteuse,* maladie éruptive, épidémique et contagieuse, atteignant surtout les bovidés.

API [api] **n. m.** ✦ *Pomme d'api* : variété de pomme croquante, rouge vif d'un côté.
ÉTYM. du latin *appiana mala* «pommes appiennes», du nom d'un certain *Appius.*

À-PIC [apik] **n. m.** ✦ Escarpement vertical. *Des à-pics vertigineux.* HOM. À PIC «verticalement»
ÉTYM. de la locution *à pic* → ③ pic.

APICAL, ALE, AUX [apikal, o] **adj.** ✦ DIDACT. Du sommet, de la pointe. *Consonne apicale,* prononcée avec la pointe de la langue (ex. [t], [d] en français).
ÉTYM. du latin *apex, apicis* «sommet».

APICOLE [apikɔl] **adj.** ✦ De l'apiculture. *Matériel apicole.*
ÉTYM. du latin *apis* «abeille» et de *-cole.*

APICULTEUR, TRICE [apikyltœʀ, tʀis] **n.** ✦ Personne qui élève des abeilles.
ÉTYM. du latin *apis* «abeille», d'après *agriculteur.*

APICULTURE [apikyltyʀ] **n. f.** ✦ Technique de l'élevage des abeilles pour obtenir le miel et la cire.
ÉTYM. du latin *apis* «abeille» et *culture.*

APITOIEMENT [apitwamɑ̃] **n. m.** ✦ Fait de s'apitoyer. → **pitié.** CONTR. **indifférence.**

APITOYER [apitwaje] **v. tr.** (conjug. 10) ✦ Toucher de pitié. SYN. **attendrir, émouvoir.** *Il cherche à m'apitoyer.* ➖ *S'APITOYER* **v. pron.** Être touché de pitié. SYN. **compatir.** *S'apitoyer sur qqn, sur son sort.* CONTR. **endurcir.**
ÉTYM. de *pitié.*

APLANIR [aplaniʀ] **v. tr.** (conjug. 13) **1.** Rendre plan ou uni. SYN. **égaliser, niveler.** *Aplanir un chemin.* **2.** fig. Faire disparaître (ce qui fait obstacle). *Aplanir les difficultés.*
ÉTYM. de ① *plan.*

APLAT [apla] **n. m.** ✦ PEINT. Surface de couleur uniforme.
ÉTYM. de la locution *à plat* → ① plat.

APLATI, IE [aplati] **adj.** ✦ Dont la courbure ou la saillie est moins accentuée que dans l'état premier ou habituel. *La Terre est aplatie aux pôles.*
ÉTYM. du participe passé de *aplatir.*

APLATIR [aplatiʀ] **v. tr.** (conjug. 13) **I** Rendre plat. *Aplatir de la pâte avec un rouleau.* **II** *S'APLATIR* **v. pron.** **1.** Devenir plus plat. **2.** Tomber, se mettre à plat ventre. SYN. **s'étaler.** ◆ fig. *S'aplatir devant qqn,* s'humilier. SYN. **ramper.** **3.** S'écraser. *Sa voiture s'est aplatie contre un arbre.*
► **APLATISSEMENT** [aplatismɑ̃] **n. m.**
ÉTYM. de ① *plat.*

APLOMB [aplɔ̃] **n. m.** **1.** État d'équilibre d'un corps, d'un objet vertical. *Le mur a perdu son aplomb.* **2.** fig. Confiance en soi. *Retrouver son aplomb.* SYN. **sang-froid.** ➖ péj. Assurance qui va jusqu'à l'effronterie. SYN. **culot, toupet.** **3.** *D'APLOMB* **loc. adv.** : en équilibre stable. *Bien d'aplomb sur ses jambes.* ◆ fig. En bon état physique et moral. *Je me sens d'aplomb après cette bonne nuit.* CONTR. **obliquité · timidité.**
ÉTYM. de la locution *à plomb.*

APNÉE [apne] **n. f.** ✦ Suspension momentanée de la respiration. *Plonger en apnée.*
ÉTYM. latin scientifique *apnaea,* du grec.

| **APO-** Élément, du grec *apo* «éloigné, écarté».

APOCALYPSE [apɔkalips] **n. f.** ✦ Fin du monde. *Une vision d'apocalypse.*
ÉTYM. latin *apocalypsis,* grec «révélation divine», nom d'un texte de saint Jean. ☛ APOCALYPSE (noms propres).

APOCALYPTIQUE [apɔkaliptik] **adj.** ✦ Qui évoque la fin du monde, de terribles catastrophes. *Un paysage apocalyptique.*
ÉTYM. de *apocalypse.*

APOCOPE [apɔkɔp] **n. f.** ✦ Chute d'un ou plusieurs phonèmes à la fin d'un mot (opposé à *aphérèse*) (ex. *télé* pour *télévision*). ☛ Langue française p. 111.
ÉTYM. mot latin, du grec.

APOCRYPHE [apɔkʀif] **adj.** ✦ Dont l'authenticité est douteuse ou niée. SYN. **controuvé,** ① **faux, inauthentique.** *Testament apocryphe.* CONTR. **authentique.**
ÉTYM. latin *apocryphus,* du grec.

APOGÉE [apɔʒe] **n. m.** **1.** ASTRON. Point où un astre (Lune, Soleil, etc.) est le plus éloigné de la Terre (opposé à *périgée*). **2.** fig. Point le plus élevé, plus haut degré. SYN. ① **comble, faîte, sommet, zénith.** *Atteindre son apogée.*
ÉTYM. grec «éloigné *(apo)* de la Terre *(gê)*».

APOLITIQUE [apɔlitik] **adj.** ✦ Qui se tient en dehors de la lutte politique. CONTR. **politisé.**
ÉTYM. de ② *a-* et ① *politique.*

APOLLINIEN, IENNE [apɔlinjɛ̃, jɛn] **adj.** ✦ DIDACT. Propre à Apollon, caractérisé par l'ordre, la sérénité (opposé à *dionysiaque*).

APOLLON [apɔlɔ̃] **n. m.** ✦ plais. Homme d'une grande beauté. SYN. **adonis, éphèbe.** *Ce n'est pas un apollon !*
ÉTYM. de *Apollon,* nom d'un dieu grec. ☛ noms propres.

APOLOGÉTIQUE [apɔlɔʒetik] **n. f.** ✦ DIDACT. Partie de la théologie ayant pour objet d'établir, par des arguments historiques et rationnels, le fait de la révélation chrétienne.
ÉTYM. grec *apologêtikos.*

APOLOGIE [apɔlɔʒi] **n. f.** ✦ Discours, écrit visant à défendre, à justifier et par ext. à louer une personne, une doctrine. *Le directeur a fait l'apologie de son prédécesseur.* SYN. **éloge.** CONTR. ② **critique, satire.**
► **APOLOGISTE** [apɔlɔʒist] **n.**
ÉTYM. latin *apologia,* du grec.

APOLOGUE [apɔlɔg] **n. m.** ✦ Petit récit visant essentiellement à illustrer une leçon morale.
ÉTYM. latin *apologus,* du grec.

APONÉVROSE [aponevʀoz] **n. f.** ✦ ANAT. Membrane fibreuse qui enveloppe un muscle.
► **APONÉVROTIQUE** [aponevʀɔtik] **adj.**
ÉTYM. grec *aponeurôsis.*

APOPHTEGME [apɔftɛgm] **n. m.** ✦ DIDACT. Parole mémorable ayant une valeur de maxime. → **aphorisme.**
ÉTYM. grec *apophtegma.*

APOPHYSE [apɔfiz] **n. f.** ✦ ANAT. Saillie à la surface d'un os. *Apophyses vertébrales.*
ÉTYM. grec *apophusis.*

APOPLECTIQUE [apɔplɛktik] **adj.** et **n.** ✦ Qui a ou annonce une prédisposition à l'apoplexie. *Un teint apoplectique.* SYN. **congestionné.**
ÉTYM. latin *apoplecticus,* du grec.

APOPLEXIE [apɔplɛksi] **n. f.** ✦ VIEILLI Perte de connaissance brutale ; congestion cérébrale. *Attaque d'apoplexie.*
ÉTYM. latin *apoplexia,* du grec.

APORIE [apɔʀi] **n. f.** ✦ DIDACT. Difficulté logique insoluble.
ÉTYM. latin ecclésiastique *aporia,* du grec *poros* «chemin».

APOSTASIE [apɔstazi] **n. f.** ✦ Reniement de la foi chrétienne.
ÉTYM. latin *apostasia,* du grec.

APOSTAT, ATE [apɔsta, at] **n.** ✦ Personne qui a renié la foi chrétienne. *Julien l'Apostat* (empereur romain).
ÉTYM. latin *apostata*, du grec.

A POSTERIORI [apɔsteʀjɔʀi] **loc. adj.** et **loc. adv.** **1.** **loc. adj. invar.** Postérieur à l'expérience. *Notion a posteriori*, acquise grâce à l'expérience. **2.** **loc. adv.** Postérieurement à l'expérience. *Il a reconnu a posteriori ses torts.* CONTR. **a priori.**
ÉTYM. mots latins «en partant de ce qui vient après».

APOSTILLE [apɔstij] **n. f.** ✦ DR. Note en addition (à un texte, un acte).
ÉTYM. de l'anc. v. *apostiller* «mettre une annotation *(postille)*», de la loc. latine *post illa* «après ces choses».

APOSTOLAT [apɔstɔla] **n. m.** **1.** Prédication, propagation de la foi. **2.** Mission qui requiert de l'énergie et du désintéressement.
ÉTYM. latin chrétien *apostolatus*, de *apostolus* «apôtre».

APOSTOLIQUE [apɔstɔlik] **adj.** **1.** Relatif aux apôtres ; qui vient d'eux. *L'Église catholique, apostolique et romaine.* **2.** Qui émane ou dépend du Saint-Siège. *Nonce apostolique.*
ÉTYM. latin chrétien *apostolicus*, de *apostolus* «apôtre».

APOSTROPHE [apɔstʀɔf] **n. f.** **I** **1.** Figure de rhétorique par laquelle un orateur interpelle tout à coup une personne ou une chose personnifiée. ☞ Littérature p. 139. **2.** Interpellation brusque, sans politesse (→ **apostropher**). **3.** GRAMM. *Mot (mis) en apostrophe*, en apposition et qui interpelle (ex. Jean dans Jean, tais-toi !). **II** Signe (') qui marque l'élision d'une voyelle.
ÉTYM. latin *apostropha*, du grec ; sens II, latin *apostrophus*.

APOSTROPHER [apɔstʀɔfe] **v. tr.** (conjug. 3a) ✦ Adresser brusquement la parole à (qqn), sans politesse. — pronom. *Conducteurs qui s'apostrophent.*

APOTHÈME [apɔtɛm] **n. m.** ✦ GÉOM. Médiatrice d'un côté d'un polygone régulier.
ÉTYM. du grec *apotithenai* «abaisser», d'après *hypothema* «base».

APOTHÉOSE [apɔteoz] **n. f.** **1.** DIDACT. Déification des empereurs romains, des héros après leur mort. **2.** Honneurs extraordinaires rendus à qqn. **3.** fig. Épanouissement sublime. *L'apothéose de sa carrière.* ◆ Partie la plus brillante (d'une manifestation). *Ce concert a été l'apothéose du festival.*
ÉTYM. latin *apotheosis*, du grec → apo- et théo-.

APOTHICAIRE [apɔtikɛʀ] **n. m.** ✦ VX Pharmacien. ◆ fig. *COMPTE D'APOTHICAIRE*, très long et compliqué.
ÉTYM. latin *apothicarius*, du grec *apothêkê* «magasin, boutique».

APÔTRE [apotʀ] **n. m.** **1.** Chacun des douze disciples que Jésus-Christ choisit pour prêcher l'Évangile. **2.** Celui qui propage la foi chrétienne (→ **prédicateur**), fait des conversions. **3.** Personne qui propage, défend une doctrine, une opinion. *Elle se fit l'apôtre de la paix. Gandhi, apôtre de la non-violence.* **4.** *BON APÔTRE* : personne de mauvaise foi dans ses promesses.
ÉTYM. latin chrétien *apostolus*, du grec «envoyé».

APPARAÎTRE [apaʀɛtʀ] **v. intr.** (conjug. 52) **1.** Devenir visible, distinct ; se montrer soudain. SYN. se **manifester**, se **montrer**, se **présenter**, **surgir** ; → **apparition**. *La lune apparut entre les nuages.* **2.** Commencer d'exister. *Les mammifères sont apparus sur la Terre pendant l'ère tertiaire.* ◆ fig. Se révéler à l'esprit par une manifestation apparente. *Tôt ou tard, la vérité apparaît.* SYN. se **dévoiler**, **jaillir**. **3.** *APPARAÎTRE À qqn* : se présenter à l'esprit (sous un aspect). *Tout cela m'apparaît comme une plaisanterie.* — (suivi d'un adj. attribut) SYN. **paraître**, **sembler**. *Cette tâche apparaît très difficile.* **4.** impers. *IL APPARAÎT QUE* (+ indic.) : il ressort de ces constatations que ; il est clair, manifeste que. CONTR. **disparaître.**
ÉTYM. bas latin *apparescere*, famille de *parere* «paraître».

APPARAT [apaʀa] **n. m.** **1.** Éclat solennel (d'une cérémonie). *Une réception sans apparat.* — *D'APPARAT* : de cérémonie. *Costume d'apparat.* **2.** DIDACT. *APPARAT CRITIQUE* : notes et variantes d'un texte. CONTR. **simplicité.**
ÉTYM. latin *apparatus* «préparation, apprêt».

APPARATCHIK [apaʀatʃik] **n. m.** ✦ Membre de l'appareil d'un parti, spécialt du parti communiste soviétique. *Les apparatchiks.*
ÉTYM. mot russe.

APPARAUX [apaʀo] **n. m. pl.** ✦ MAR. Ensemble des appareils de manœuvre, sur un bateau.
ÉTYM. ancien pluriel de *appareil*.

APPAREIL [apaʀɛj] **n. m.** **I** **1.** VX Déroulement d'un cérémonial. SYN. **apparat.** ◆ loc. *Dans le plus simple appareil* : peu habillé, en négligé ; tout nu. **2.** Ensemble d'éléments qui concourent au même but en formant un tout. *L'appareil des lois.* ◆ Ensemble des organismes et institutions permanents. *L'appareil d'un parti* (→ **apparatchik**). *L'appareil d'État.* **3.** Ensemble des organes remplissant une même fonction physiologique. SYN. **système.** *L'appareil digestif.* **4.** Agencement des matériaux (d'une maçonnerie). **II** **1.** Assemblage de pièces ou d'organes (plus complexe que l'outil*, l'ustensile, moins que la machine*) réunis en un tout pour une fonction. SYN. **instrument** ; **engin.** *Appareils ménagers. Appareil photographique.* ◆ (absolt) Téléphone. *Allô ! Qui est à l'appareil ?* — Avion. *L'appareil décolle.* **2.** Dispositif corrigeant les défauts fonctionnels du corps. *Appareil orthopédique ; de prothèse.* — spécialt Dentier ; tiges métalliques pour corriger la dentition. *Porter un appareil.*
ÉTYM. de ① *appareiller*.

① **APPAREILLAGE** [apaʀɛjaʒ] **n. m.** ✦ Ensemble d'appareils (II) et d'accessoires divers disposés pour un certain usage. *Appareillage électrique.*
ÉTYM. de *appareil* (II, 1).

② **APPAREILLAGE** [apaʀɛjaʒ] **n. m.** ✦ Action d'appareiller, de quitter le port. SYN. ① **départ.** CONTR. **accostage**, **mouillage.**
ÉTYM. de ① *appareiller*.

③ **APPAREILLAGE** [apaʀɛjaʒ] **n. m.** ✦ Pose d'un appareil de prothèse. *L'appareillage d'un sourd.*
ÉTYM. de ③ *appareiller*.

① **APPAREILLER** [apaʀeje] **v.** (conjug. 3a) **I** **v. tr.** **1.** VX Préparer. **2.** MAR. Préparer (des filets, le gréement d'un navire). **II** **v. intr.** (bateaux) Se disposer au départ, quitter le mouillage, le port. *Le yacht a appareillé ce matin.* CONTR. **accoster**, **mouiller.**
ÉTYM. latin populaire *appariculare*, de *apparare* «préparer».

② **APPAREILLER** [apaʀeje] **v. tr.** (conjug. 3a) ✦ Réunir (des choses semblables ou qui s'accordent). SYN. **assortir.** CONTR. **dépareiller.**
ÉTYM. de *pareil*.

③ **APPAREILLER** [apaʀeje] **v. tr.** (conjug. 3a) ✦ Munir d'un appareil de prothèse.
ÉTYM. de *appareil* (II, 2).

APPAREMMENT [apaʀamɑ̃] **adv.** ✦ Selon toute apparence. *Apparemment, il n'a pas changé.*
ÉTYM. de *apparent.*

APPARENCE [apaʀɑ̃s] **n. f.** 1. Ce qu'on voit (de qqch., qqn), manière dont qqch. se montre, est visible. SYN. ② **air, aspect,** ① **mine, tournure.** *Présenter, offrir une belle apparence.* 2. Aspect extérieur, considéré comme différent de la réalité. SYN. **dehors, façade.** *Ne pas se fier aux apparences. Un caractère dur sous une apparence de douceur.* ◆ **au plur.** *Garder, ménager, sauver les apparences* : ne laisser rien apercevoir de ce qui pourrait être mal interprété. → **bienséance, convenance.** ◆ *EN APPARENCE* **loc. adv.** : autant qu'on peut en juger d'après ce qu'on voit. *En apparence, il semble guéri, mais en réalité il souffre encore.* ◆ *CONTRE TOUTE APPARENCE* **loc. adv.** : en dépit de ce qui paraît. *Contre toute apparence, elle est innocente.* CONTR. **fond ; essence, réalité.**
ÉTYM. bas latin *apparentia*, de *apparere* «apparaître».

APPARENT, ENTE [apaʀɑ̃, ɑ̃t] **adj.** 1. Qui apparaît, se montre clairement aux yeux. SYN. **ostensible, visible.** *Des rides très apparentes. Poutres apparentes d'un plafond.* ◆ **fig.** Évident, manifeste. *Sans cause apparente.* 2. Qui n'est pas tel qu'il paraît être ; qui n'est qu'une apparence. *Le mouvement apparent du Soleil autour de la Terre. Contradictions apparentes.*
ÉTYM. du latin *apparens*, participe présent de *apparere* «apparaître».

APPARENTÉ, ÉE [apaʀɑ̃te] **adj.** 1. *Il est apparenté à mon mari,* de la même famille que lui. 2. Allié par l'apparentement électoral. *Listes apparentées.* 3. Qui ressemble à, est en rapport avec. *Deux styles apparentés.*
ÉTYM. de *s'apparenter.*

APPARENTEMENT [apaʀɑ̃tmɑ̃] **n. m.** ✦ Alliance électorale entre deux listes de candidats qui peuvent grouper leurs voix.
ÉTYM. de *s'apparenter.*

S'APPARENTER [apaʀɑ̃te] **v. pron.** (conjug. 3a) ✦ *S'APPARENTER À* 1. RARE S'allier par mariage avec. *S'apparenter à une famille.* 2. S'allier dans une élection. 3. (choses) Avoir une ressemblance avec, être de même nature que. *Le goût de l'orange s'apparente à celui de la mandarine.*
ÉTYM. de *parent.*

APPARIER [apaʀje] **v. tr.** (conjug. 9) ✦ Unir par paire, par couple.
ÉTYM. de l'ancien français *apairier*, de ① *pair, paire*, avec influence du latin médiéval *appariare.*

APPARITEUR, TRICE [apaʀitœʀ, tʀis] **n.** ✦ Huissier ; **spécialt** huissier de faculté.
ÉTYM. latin *apparitor.*

APPARITION [apaʀisjɔ̃] **n. f.** **I** 1. Action, fait d'apparaître, de se montrer aux yeux. SYN. **manifestation.** *L'apparition d'une comète.* ◆ (personnes) Fait d'arriver, d'apparaître dans une compagnie. *Ne faire qu'une courte apparition.* 2. Venue à l'existence (d'une chose nouvelle). *L'apparition d'une technique, de l'informatique.* **II** 1. Manifestation (d'un être invisible qui se montre sous une forme visible). *L'apparition de Jésus-Christ aux apôtres.* ◆ Vision de cette forme. *Avoir des apparitions.* SYN. **vision.** 2. Être imaginaire que l'on croit apercevoir. SYN. **fantôme, revenant, spectre.** CONTR. **disparition.**
ÉTYM. latin ecclésiastique *apparitio.*

APPARTEMENT [apaʀtəmɑ̃] **n. m.** 1. Ensemble de pièces affectées à un usage particulier. *Les appartements du roi.* 2. Partie d'une maison, d'un immeuble composée de plusieurs pièces qui servent d'habitation. *Louer un appartement.* – **abrév.** FAM. APPART [apaʀt].
ÉTYM. italien *appartamento*, de l'espagnol, de *aparte* «à part».

APPARTENANCE [apaʀtənɑ̃s] **n. f.** 1. Fait d'appartenir. *Son appartenance à une secte. Appartenance religieuse, politique.* 2. MATH. Propriété d'être un élément d'un ensemble. *Relation d'appartenance* (notée ∈).

APPARTENIR [apaʀtəniʀ] **v. tr. ind.** (conjug. 16) ✦ *APPARTENIR À* 1. Être à (qqn) en vertu d'un droit, d'un titre. *Ce terrain lui appartient.* 2. (personnes) Être entièrement soumis à (qqn). *Il lui appartenait corps et âme.* – **pronom.** *S'appartenir* : être libre, ne dépendre que de soi-même. *Avec tous ces invités, je ne m'appartiens plus.* 3. Être propre à (qqn). *Pour des raisons qui m'appartiennent...* – **impers.** *Il appartient aux parents de mettre en garde leurs enfants,* c'est leur rôle. 4. Faire partie de (qqch.). *Appartenir à un milieu défavorisé.* – *Cette question appartient à la philosophie,* en relève. – MATH. *Élément qui appartient à un ensemble* (→ **appartenance**).
ÉTYM. latin *adpertinere* «être attenant».

APPAS [apɑ] **n. m. pl.** ✦ VX OU LITTÉR. Attraits, charmes (**spécialt** d'une femme).
ÉTYM. ancien pluriel de *appât.*

APPÂT [apɑ] **n. m.** 1. Produit qui sert à attirer des animaux pour les prendre. SYN. **amorce.** *Poisson qui mord à l'appât.* 2. Ce qui attire, pousse à faire qqch. *L'appât du gain.*
ÉTYM. de *appâter.*

APPÂTER [apɑte] **v. tr.** (conjug. 3a) 1. Garnir d'un appât (1). *Appâter l'hameçon.* SYN. **amorcer.** 2. Attirer (qqn) par l'appât d'un gain, d'une récompense. SYN. **allécher, séduire.** *Appâter qqn par de belles promesses.* CONTR. ① **repousser.**
ÉTYM. de l'ancien français *past* «nourriture», du latin *pastus* «pâture».

APPAUVRIR [apovʀiʀ] **v. tr.** (conjug. 13) 1. Rendre pauvre. *Des guerres continuelles ont appauvri ce pays.* 2. Faire perdre sa qualité, sa fécondité à (qqch.). *Ces cultures appauvrissent le sol.* 3. *S'APPAUVRIR* **v. pron.** Perdre sa richesse. *La langue risque de s'appauvrir.* CONTR. **enrichir.**
► **APPAUVRISSEMENT** [apovʀismɑ̃] **n. m.**
ÉTYM. de *pauvre.*

APPEAU [apo] **n. m.** ✦ CHASSE Instrument avec lequel on imite le cri des oiseaux pour les attirer ; oiseau dressé à appeler les autres.
ÉTYM. forme ancienne de *appel.*

APPEL [apɛl] **n. m.** **I** 1. Action d'appeler pour faire venir à soi, pour obtenir une réponse. *Répondre à un appel. Un appel au secours.* – *Appel téléphonique.* 2. Action d'appeler des personnes par leur nom afin de s'assurer de leur présence. *Faire l'appel.* 3. MILIT. Action

A B C D E F G H I J K L M N O P Q R S T U V W X Y Z

d'appeler sous les drapeaux. *L'appel du contingent.* SYN. **recrutement** ; → **incorporation.** – *Devancer l'appel,* s'engager dans l'armée avant l'âge légal. – loc. *Appel aux armes.* → **mobilisation.** 4. *Faire un* APPEL DE FONDS : demander un nouveau versement de fonds à des actionnaires, des associés, etc. 5. Discours ou écrit dans lequel on s'adresse au public pour l'exhorter. SYN. **exhortation, proclamation.** *Lancer un appel au calme. L'appel du 18 juin* (1940, du général de Gaulle invitant les Français à continuer la lutte). ☞ Deuxième Guerre mondiale p. 195. 6. FAIRE APPEL À : demander, requérir comme une aide. *Faire appel à qqn. Faire appel à ses souvenirs,* les évoquer. ♦ loc. fig. APPEL DU PIED : paroles, allusion constituant une demande. 7. fig. Incitation, invitation. *L'appel de l'aventure.* **II** 1. FAIRE APPEL : recourir à une juridiction supérieure en vue d'obtenir un second jugement. – *Cour d'appel.* 2. SANS APPEL loc. adj. : irrévocable ; loc. adv. : irrémédiablement. **III** (mouvement) 1. APPEL D'AIR : tirage qui facilite la combustion dans un foyer. 2. SPORTS Appui du pied sur le sol qui donne l'élan nécessaire au sauteur. *Prendre son appel.*

ÉTYM. de *appeler.*

APPELÉ, ÉE [ap(ə)le] adj. et n.

I adj. 1. Nommé. 2. Qui reçoit un appel. – n. *« Il y a beaucoup d'appelés et peu d'élus »* (Évangile) : beaucoup voudraient y parvenir mais peu seront choisis. ♦ APPELÉ À (+ inf.) : désigné pour, dans la nécessité de. *Il est appelé à lui succéder.*

II n. Jeune incorporé dans l'armée pour faire son service national. SYN. **conscrit.** *La formation des appelés.*

APPELER [ap(ə)le] v. tr. (conjug. 6a) **I** 1. S'adresser à (qqn) pour l'inviter à venir, à répondre. SYN. **apostropher, interpeler** ; → **appel.** *Appeler la vendeuse. Appeler qqn au secours.* – absolt *Appeler* (à l'aide, etc.). 2. Joindre (qqn) par téléphone. *Je vous appellerai mardi.* 3. Inviter (qqn) à venir. SYN. **convoquer, demander.** *Appelez le médecin.* 4. *Appeler qqn à une fonction, un poste,* le choisir, le désigner pour. 5. (choses) Demander, exiger, entraîner. SYN. **réclamer.** *Ce sujet appelle toute votre attention.* ♦ *Appeler l'attention de qqn sur qqch.* SYN. **attirer.** 6. EN APPELER À : s'en remettre à. *J'en appelle à votre bon cœur.* **II** 1. Donner un nom à (qqn ou qqch.). *Ils ont appelé leur fille Hélène.* SYN. **nommer** ; → **appellation.** *C'est ce qu'on appelle une idiotie !* – loc. *Appeler les choses par leur nom,* ne pas atténuer la vérité en parlant. *Appeler un chat* un chat.* 2. S'APPELER v. pron. Avoir pour nom. *Je m'appelle Paul.* – FAM. *Cela s'appelle parler,* voilà un langage ferme et franc. CONTR. **chasser, congédier, renvoyer.**

ÉTYM. latin *appellare.*

APPELLATIF [apelatif ; apɛlatif] n. m. ✦ LING. Mot permettant d'appeler qqn à qui l'on s'adresse (ex. maman, docteur).

APPELLATION [apelasjɔ̃ ; apɛllasjɔ̃] n. f. 1. Action, façon d'appeler (II). SYN. **dénomination, désignation.** 2. Nom donné à qqch., à qqn. *Une appellation injurieuse.* SYN. **qualificatif.** – *Appellation d'origine,* désignation d'un produit par le nom de sa provenance. *Appellation d'origine contrôlée (A. O. C.).*

ÉTYM. latin *appellatio.*

APPENDICE [apɛ̃dis] n. m. 1. Partie qui prolonge une partie principale, semble ajoutée. 2. Petite cavité en doigt de gant qui prolonge le cæcum. *Inflammation de l'appendice.* → **appendicite.** 3. Supplément placé à la fin d'un livre, contenant des notes, des documents.

ÉTYM. latin *appendix* « ce qui pend (*pendere*) ».

APPENDICECTOMIE [apɛ̃disɛktɔmi] n. f. ✦ CHIR. Ablation de l'appendice.

ÉTYM. de *appendice* et *-ectomie.*

APPENDICITE [apɛ̃disit] n. f. ✦ Inflammation de l'appendice (2). *Crise d'appendicite.*

ÉTYM. de *appendice* et *-ite.*

APPENTIS [apɑ̃ti] n. m. ✦ Auvent à une seule pente, adossé à un mur et soutenu par des poteaux ou des piliers. *Ranger du bois sous l'appentis.*

ÉTYM. du participe passé de l'ancien verbe *appendre* « toucher à », latin *appendere.*

il **APPERT** [apɛʀ] v. impers. ne s'emploie qu'au présent ✦ DR. *Il appert que* (+ indic.) : il est évident que.

ÉTYM. de l'ancien verbe *apparoir,* latin *apparere* « apparaître ».

APPERTISATION [apɛʀtizasjɔ̃] n. f. ✦ Procédé de conservation des aliments par chauffage en récipient clos (→ **conserve**).

ÉTYM. du nom de *Nicolas Appert,* l'inventeur. ☞ noms propres.

APPESANTIR [apəzɑ̃tiʀ] v. tr. (conjug. 13) **I** LITTÉR. Rendre plus lourd, moins actif, moins agile. *L'âge appesantit sa démarche.* **II** S'APPESANTIR v. pron. 1. Devenir plus pesant, moins agile. *Ses yeux s'appesantissaient de sommeil.* 2. *S'appesantir sur un sujet,* s'y arrêter, en parler trop longuement. SYN. **insister.** CONTR. **alléger · glisser.**

► **APPESANTISSEMENT** [apəzɑ̃tismɑ̃] n. m.

ÉTYM. de *pesant.*

APPÉTENCE [apetɑ̃s] n. f. ✦ LITTÉR. Tendance qui porte vers ce qui peut satisfaire les penchants naturels. SYN. **envie.** *Son appétence de nouveauté.* CONTR. **inappétence.**

ÉTYM. latin *appetentia* « envie, désir ».

APPÉTISSANT, ANTE [apetisɑ̃, ɑ̃t] adj. 1. Dont l'aspect, l'odeur met en appétit ; qu'on a envie de manger. *Un plat appétissant.* 2. fig. Qui met en goût, plaît. SYN. **affriolant, attirant, engageant.** *Une fille appétissante.* CONTR. **dégoûtant, rebutant, repoussant.**

ÉTYM. de *appétit.*

APPÉTIT [apeti] n. m. 1. Désir de nourriture, plaisir que l'on trouve à manger. *Avoir de l'appétit. Ouvrir l'appétit* (→ **apéritif**). *Bon appétit ! Excès maladif d'appétit.* → **boulimie.** 2. *Appétit de,* désir pressant de (qqch.). SYN. **soif.** *Un appétit de reconnaissance.* 3. au plur. Mouvement qui porte à rechercher ce qui peut satisfaire un besoin organique, un instinct. SYN. **pulsion.** *Appétits sexuels.* CONTR. **dégoût, inappétence, satiété.**

ÉTYM. latin *appetitus,* de *appetere* « désirer ».

APPLAUDIR [aplodiʀ] v. (conjug. 13) 1. v. intr. Battre des mains en signe d'approbation, d'admiration ou d'enthousiasme. *Le public applaudit.* 2. v. tr. ind. LITTÉR. APPLAUDIR À *qqch.* : donner son complet assentiment à. *J'applaudis à votre initiative.* SYN. **approuver.** 3. v. tr. Accueillir, saluer (qqn, qqch.) par des applaudissements. *Applaudir un acteur.* SYN. **acclamer.** – au p. passé *Discours très applaudi.* 4. S'APPLAUDIR v. pron. S'admirer, s'estimer, être content de soi. S'APPLAUDIR DE *qqch.* SYN. **se féliciter.** CONTR. **huer, siffler · désapprouver.**

ÉTYM. latin *applaudere,* de *plaudere* « battre ».

APPLAUDISSEMENT [aplodismɑ̃] n. m. ✦ Battement des mains en signe d'approbation, d'admiration ou d'enthousiasme. SYN. **bravo.** *Une tempête d'applaudissements.* CONTR. **huée, sifflet.**
ÉTYM. de *applaudir.*

APPLICABLE [aplikabl] adj. ✦ Qui peut être appliqué (à qqn, qqch.). CONTR. **inapplicable.**

APPLICATEUR, TRICE [aplikatœʀ, tʀis] adj. ✦ Qui sert à appliquer, à mettre en place. *Tampon applicateur.*

APPLICATION [aplikasjɔ̃] n. f. **I** 1. Action de mettre une chose sur une autre de manière qu'elle la recouvre et y adhère. *L'application d'un papier sur un mur. Pommade à utiliser en applications locales.* 2. fig. Action de faire porter sur qqch. *Point d'application d'une force.* ➝ MATH. Relation établie sur deux ensembles, telle qu'à tout élément du premier corresponde un seul élément du second (→ **fonction**). ◆ Utilisation. *L'application des sciences à l'industrie.* ◆ souvent au plur. Utilisation possible, cas d'utilisation. *Les applications d'une découverte scientifique.* 3. Mise en pratique. *Mettre une idée, une théorie en application. Le décret entrera en application le mois prochain.* 4. INFORM. Programme écrit en vue d'une utilisation précise (calcul, gestion, jeu). → **logiciel.** ➝ abrév. FAM. APPLI. *Télécharger des applis.* **II** Action d'appliquer son esprit, de s'appliquer ; qualité d'une personne appliquée. SYN. **attention, concentration, soin.** *Travailler avec application.* ➝ *Application à faire qqch.* CONTR. **distraction, inattention.**
ÉTYM. de *appliquer,* influencé par le latin *applicatio.*

APPLIQUE [aplik] n. f. 1. Ce qui est appliqué, fixé, plaqué sur un objet (pour l'orner ou le rendre solide). 2. Appareil d'éclairage fixé au mur.
ÉTYM. de *appliquer.*

APPLIQUER [aplike] v. tr. (conjug. 3a) **I** 1. Mettre (une chose) sur une autre de manière à recouvrir, adhérer ou laisser une empreinte. *Appliquer une couche de peinture sur une porte.* SYN. **étendre.** ➝ *Il lui appliqua un baiser sur la joue.* 2. fig. Faire servir (pour telle ou telle chose). SYN. **employer, utiliser.** *Appliquer un traitement à une maladie.* 3. Mettre en pratique. *Appliquer une peine, le règlement, une recette.* **II** S'APPLIQUER v. pron. 1. Se placer, être appliqué. *Peinture qui s'applique au rouleau.* 2. fig. Être adapté, applicable (à). SYN. **convenir.** *Cette remarque s'applique à tout le monde.* SYN. **concerner.** 3. Apporter une attention soutenue (à qqch.), prendre soin (de faire qqch.). *S'appliquer à la tâche.* ➝ absolt Travailler avec zèle, application. *Enfant qui s'applique.* CONTR. **enlever** • se **dissiper,** se **distraire.**
► **APPLIQUÉ, ÉE** adj. **I** 1. Placé (sur, contre). *Un coup bien appliqué.* 2. Mis en pratique. *Sciences appliquées* (opposé à *pur*). *Recherche appliquée* (opposé à *fondamental*). *Les arts appliqués,* à vocation utilitaire. **II** Qui s'applique. *Élève appliqué.* SYN. **studieux, travailleur.** CONTR. **distrait, négligent.**
ÉTYM. latin *applicare.*

APPOGGIATURE [apɔ(d)ʒjatyʀ] n. f. ✦ MUS. Note d'agrément placée devant une note principale pour la mettre en valeur. ➝ variante APPOGIATURE.
ÉTYM. italien *appoggiatura,* de *appoggiare* «appuyer».

APPOINT [apwɛ̃] n. m. 1. Complément d'une somme en petite monnaie. *Faire l'appoint. Avoir l'appoint,* la somme exacte. 2. fig. Ce qu'on ajoute à qqch. pour compléter. SYN. **complément, supplément.** ➝ *D'APPOINT* loc. adj. *Salaire d'appoint. Chauffage d'appoint.*
ÉTYM. de *appointer.*

APPOINTEMENTS [apwɛ̃tmɑ̃] n. m. pl. ✦ Rétribution fixe attachée à un emploi régulier (surtout pour les employés). SYN. **salaire.**
ÉTYM. de *appointer.*

APPOINTER [apwɛ̃te] v. tr. (conjug. 3a) ✦ Donner des appointements à (qqn). SYN. **payer, rétribuer.**
ÉTYM. de ① *point.*

APPONTEMENT [apɔ̃tmɑ̃] n. m. ✦ Plateforme sur pilotis le long de laquelle un navire vient s'amarrer.
ÉTYM. de *pont.*

APPORT [apɔʀ] n. m. 1. Action d'apporter. *Apport de capitaux.* 2. Ce qu'on apporte ; bien apporté. DR. *Apports en communauté :* biens que chacun des époux apporte à la communauté. 3. fig. Contribution positive. CONTR. **reprise, restitution** • **emprunt.**

APPORTER [apɔʀte] v. tr. (conjug. 3a) **I** concret 1. *Apporter qqch. à qqn,* porter (qqch.) au lieu où est qqn. *Allez me chercher ce livre et apportez-le-moi. Apporter qqch. et amener* qqn.* ➝ Porter avec soi en venant. *Le facteur apporte le courrier.* 2. Fournir pour sa part. *Apporter son écot.* **II** abstrait 1. Employer, mettre. *Il y apporte tout son enthousiasme.* 2. Donner, fournir un élément de connaissance. *Apporter une bonne nouvelle.* SYN. **apprendre.** *Son intervention n'apporte rien.* 3. Fournir (ce qu'on a produit, ce qu'on a fait naître). *Apporter un soulagement à une douleur.* 4. (choses) Être la cause de (qqch.). *Les changements que l'automobile a apportés dans la vie quotidienne.* SYN. **amener, entraîner, produire.** CONTR. **emporter, enlever, remporter, retirer.**
ÉTYM. latin *apportare,* de *portare* «porter».

APPOSER [apoze] v. tr. (conjug. 3a) ✦ DR. Poser, mettre. *Apposer sa signature :* signer. *Apposer les scellés.*
ÉTYM. de *poser.*

APPOSITION [apozisjɔ̃] n. f. 1. Action d'apposer. 2. GRAMM. Procédé par lequel deux termes (noms, pronoms ; propositions) sont juxtaposés sans lien (ex. vert olive). *L'apposition sert de qualification. Mot en apposition.*

APPRÉCIABLE [apʀesjabl] adj. 1. Qui peut être perçu, évalué. *La différence est à peine appréciable.* SYN. **perceptible, sensible, visible.** 2. Assez considérable. SYN. **important, notable.** *Changement appréciable.* 3. Qui a une valeur notable, qui a son prix. SYN. **intéressant, précieux.** *Avantages appréciables.* CONTR. **inappréciable** • **insignifiant.**
ÉTYM. de *apprécier,* suffixe *-able.*

APPRÉCIATEUR, TRICE [apʀesjatœʀ, tʀis] adj. et n. ✦ Qui est capable d'apprécier, d'évaluer.

APPRÉCIATION [apʀesjasjɔ̃] n. f. 1. Action d'apprécier, de déterminer le prix, la valeur (de qqch.). SYN. **estimation, évaluation.** 2. Fait de juger. SYN. **jugement.** *Je soumets cette décision à votre appréciation.* ◆ Opinion. *Noter ses appréciations dans la marge.* SYN. **annotation, note, observation.** *Une appréciation favorable.*
ÉTYM. bas latin *appretiatio.*

APPRÉCIER [apʀesje] v. tr. (conjug. 9) 1. DIDACT. Déterminer le prix, la valeur de (qqch.). SYN. **estimer, évaluer.** *L'expert a apprécié le mobilier à tel prix.* 2. Déterminer

A B C D E F G H I J K L M N O P Q R S T U V W X Y Z

approximativement, par les sens. *Apprécier une distance, une vitesse.* ♦ Sentir, percevoir en jugeant. *Savoir apprécier les nuances.* 3. Porter un jugement favorable sur ; aimer, goûter. *Apprécier un plat. Je n'apprécie pas beaucoup ses façons.* – *Il sait se faire apprécier.* CONTR. **déprécier, mépriser.**

ÉTYM. latin ecclésiastique *appretiare* «évaluer», de *pretium* «prix».

APPRÉHENDER [apʀeɑ̃de] v. tr. (conjug. 3a) I 1. Saisir au corps. SYN. **arrêter.** *La police a appréhendé le malfaiteur.* 2. PHILOS. Saisir par l'esprit. II Envisager (qqch.) avec crainte, s'en inquiéter par avance. SYN. **craindre, redouter ; appréhension.** *Il appréhende cet examen.* CONTR. **relâcher • espérer.**

ÉTYM. latin *apprehendere* «saisir».

APPRÉHENSION [apʀeɑ̃sjɔ̃] n. f. I DIDACT. Fait de saisir par l'esprit. II Action d'envisager qqch. avec crainte ; crainte vague, mal définie. SYN. **anxiété, inquiétude.** CONTR. **confiance, espoir, sérénité, tranquillité.**

ÉTYM. latin *apprehensio.*

APPRENANT, ANTE [apʀənɑ̃, ɑ̃t] n. ✦ Personne qui apprend (une langue).

ÉTYM. du participe présent de *apprendre.*

APPRENDRE [apʀɑ̃dʀ] v. tr. (conjug. 45) I (sens subjectif) 1. Être avisé, informé de (qqch.). *Apprendre une nouvelle par la radio. Je l'ai appris de sa bouche.* 2. Chercher à acquérir (un ensemble de connaissances) par un travail intellectuel ou par l'expérience. *Apprendre un texte par cœur. Il a appris le métier. Apprendre l'italien.* – absolt *Apprendre facilement.* 3. *APPRENDRE À* (+ inf.) : se rendre capable de. *Apprendre à lire, à écrire, à nager, à conduire.* II (sens objectif) 1. *Apprendre qqch. à qqn,* porter à sa connaissance. SYN. **avertir** de. *Je vous apprends son mariage, qu'il est marié.* SYN. **informer.** 2. Donner la connaissance, le savoir, la pratique de (qqch.). SYN. **enseigner.** *Apprendre le français à un ami étranger. Il m'apprend à faire du ski, à jouer au bridge.* – *Ce livre m'a beaucoup appris.* – loc. *Cela lui apprendra à vivre* : cela lui servira de leçon. CONTR. **désapprendre, oublier.**

ÉTYM. latin populaire *apprendere,* classique *apprehendere* «saisir, comprendre».

APPRENTI, IE [apʀɑ̃ti] n. 1. Personne qui est en apprentissage. *Centre de formation des apprentis (CFA).* – *Apprenti pâtissier.* 2. Personne qui s'instruit auprès d'un maître ; débutant, novice. 3. loc. *APPRENTI SORCIER* : personne qui déchaîne des évènements dont elle n'est pas capable d'arrêter le cours.

ÉTYM. de *apprendre.*

APPRENTISSAGE [apʀɑ̃tisaʒ] n. m. 1. Fait d'apprendre un métier manuel ou technique. *Elle est en apprentissage chez un encadreur. Centre d'apprentissage.* 2. LITTÉR. Premières leçons, premiers essais. SYN. **initiation.** *L'apprentissage de la patience.* – *Faire l'apprentissage de la démocratie,* s'y initier.

ÉTYM. de *apprenti.*

APPRÊT [apʀɛ] n. m. I 1. TECHN. Opération que l'on fait subir aux matières premières (cuirs, textiles) avant de les travailler ou de les présenter. 2. Substance qui sert à apprêter (colle, empois, gomme, enduit). II fig. Manière affectée d'agir ou de s'exprimer. SYN. ① **affectation.** *Sans apprêt* : naturellement. HOM. APRÈS (prép.) «derrière»

ÉTYM. de *apprêter.*

APPRÊTÉ, ÉE [apʀete] adj. ✦ Qui est trop étudié, peu naturel. SYN. **affecté.** *Style apprêté.* CONTR. **naturel, simple, spontané.**

ÉTYM. du participe passé de *apprêter.*

APPRÊTER [apʀete] v. tr. (conjug. 3a) I 1. VX ou LITTÉR. Rendre prêt, préparer. SYN. **accommoder.** 2. TECHN. Soumettre à un apprêt. *Apprêter des étoffes, des cuirs, des peaux, du papier,* pour leur donner l'apparence, la consistance voulue. II *S'APPRÊTER* v. pron. 1. Se préparer (à). *S'apprêter au départ.* SYN. se **disposer.** *Je m'apprêtais à vous téléphoner.* 2. Se préparer, préparer sa toilette. *S'apprêter pour sortir.*

ÉTYM. latin populaire *appraestare,* de *praesto* «prêt».

APPRIVOISER [apʀivwaze] v. tr. (conjug. 3a) 1. Rendre moins craintif ou moins dangereux (un animal), rendre familier. *Apprivoiser un oiseau de proie.* – au p. passé *Ours apprivoisé.* 2. Rendre (qqn) plus docile, plus sociable. SYN. **adoucir, amadouer.** *Apprivoiser un enfant. Il ne se laisse pas apprivoiser facilement.* 3. *S'APPRIVOISER* v. pron. (animaux) Devenir moins sauvage ; (personnes) devenir moins farouche, plus sociable. ♦ fig. LITTÉR. *S'apprivoiser à.* SYN. s'**accoutumer,** se **familiariser.** *Je commence à m'apprivoiser à cette idée.* CONTR. **effaroucher • braquer,** ② **buter.**

► **APPRIVOISABLE** [apʀivwazabl] adj.

► **APPRIVOISEMENT** [apʀivwazmɑ̃] n. m.

ÉTYM. latin populaire *apprivatiare,* de *privatus* «particulier, privé».

APPROBATEUR, TRICE [apʀɔbatœʀ, tʀis] n. et adj. 1. n. LITTÉR. Personne qui approuve. 2. adj. *Geste, sourire approbateur.* SYN. **favorable.** *Un silence approbateur.* CONTR. ① **critique, désapprobateur.**

ÉTYM. latin *approbator.*

APPROBATIF, IVE [apʀɔbatif, iv] adj. ✦ Qui marque l'approbation. *Un signe approbatif.* SYN. **approbateur.** CONTR. **réprobateur.**

ÉTYM. bas latin *approbativus.*

APPROBATION [apʀɔbasjɔ̃] n. f. 1. Fait d'approuver ; accord que l'on donne. SYN. **acceptation, acquiescement, adhésion, agrément, assentiment, autorisation, consentement.** *Le préfet a donné son approbation à la manifestation.* 2. Jugement favorable ; témoignage d'estime ou de satisfaction. *Manifester son approbation.* CONTR. **blâme, condamnation,** ② **critique, désapprobation, improbation, opposition, refus.**

ÉTYM. latin *approbatio.*

APPROCHANT, ANTE [apʀɔʃɑ̃, ɑ̃t] adj. ✦ VIEILLI Qui se rapproche de. SYN. **proche, voisin** de. ♦ MOD. *Je crois qu'il est ingénieur, ou quelque chose d'approchant.*

ÉTYM. du participe présent de *approcher.*

APPROCHE [apʀɔʃ] n. f. 1. Fait de s'approcher. *À L'APPROCHE DE* : en approchant de. *Le chat s'enfuit à mon approche.* 2. *D'APPROCHE* : par lequel on s'approche. loc. *Travaux d'approche,* démarches intéressées, manœuvres pour arriver à un but. *Lunette d'approche,* qui fait paraître les objets plus proches. 3. au plur. Ce qui est près de. SYN. **abord.** *Les approches d'une ville.* 4. Fait d'approcher, d'être sur le point de se produire. *L'approche de la nuit. À l'approche, aux approches de la trentaine.* 5. fig. Manière d'aborder un sujet ; démarche, point de vue. *Ils n'ont pas la même approche de la question.*

APPROCHER [apʀɔʃe] v. (conjug. 3a) **I** v. tr. dir. 1. Mettre près, plus près. *Approcher une chaise de la table.* 2. Venir près, s'avancer auprès de (qqn). *Ne m'approchez pas !* – Avoir libre accès auprès de (qqn), le voir habituellement. SYN. **côtoyer, fréquenter.** *Une personne qu'on ne peut approcher,* dont l'accès ou fig. la fréquentation est difficile. **II** *APPROCHER DE* v. tr. ind. 1. Venir près, plus près de (qqn, qqch.). *N'approche pas du feu.* 2. Être près de, sur le point d'atteindre. SYN. ① **toucher** à. *Approcher du but, du résultat. Approcher de la trentaine.* → **friser.** – fig. *Approcher de la vérité.* 3. intrans. Être imminent, proche. *Les vacances approchent.* SYN. **venir.** **III** *S'APPROCHER (DE)* v. pron. Venir près, aller se mettre auprès de (qqn, qqch.). *Le navire s'approche de la terre. Approchez-vous (de moi).* – fig. *S'approcher de la perfection.* CONTR. ① **écarter, séparer • éloigner, éviter,** ① **repousser • reculer.**

► **APPROCHÉ, ÉE** adj. Approximatif. *Résultat approché.* CONTR. ① **précis.**

ÉTYM. latin tardif *appropiare,* de *prope* «près».

APPROFONDIR [apʀɔfɔ̃diʀ] v. tr. (conjug. 13) 1. Rendre plus profond, creuser plus avant. *Approfondir un fossé.* ◆ pronom. Devenir plus profond. *La plaie s'est approfondie.* – fig. *Le silence s'approfondit.* 2. fig. Pénétrer plus avant dans une connaissance ; étudier à fond. SYN. **creuser, fouiller.** *Approfondir son sujet.* CONTR. **combler • effleurer, survoler.**

► **APPROFONDI, IE** adj. *Se livrer à un examen approfondi.* CONTR. **approximatif, sommaire, superficiel.**

ÉTYM. de *profond.*

APPROFONDISSEMENT [apʀɔfɔ̃dismɑ̃] n. m. 1. Action d'approfondir. 2. fig. *L'approfondissement d'un sujet, d'un problème.* SYN. **analyse, étude, examen.** – Fait de s'approfondir. *L'approfondissement d'un sentiment avec le temps.* CONTR. **comblement • survol.**

APPROPRIATION [apʀɔpʀijasjɔ̃] n. f. ✦ Action de s'approprier une chose.

ÉTYM. bas latin *appropriatio.*

APPROPRIER [apʀɔpʀije] v. tr. (conjug. 9) 1. DIDACT. Rendre propre à un usage, une destination. *Approprier son style au sujet.* SYN. **adapter.** 2. *S'APPROPRIER* v. pron. Faire sien ; s'attribuer la propriété de (qqch.), spécialt de manière illicite. *S'approprier le bien d'autrui.* SYN. s'**emparer** de. *S'approprier une invention,* s'en attribuer la paternité. CONTR. **abandonner, rendre.**

► **APPROPRIÉ, ÉE** adj. Qui convient. SYN. **adéquat, idoine.** *La méthode appropriée.* CONTR. **impropre, inadéquat, inapproprié.**

ÉTYM. bas latin *appropriare,* de *proprius* «propre, caractéristique».

APPROUVER [apʀuve] v. tr. (conjug. 3a) 1. Donner son accord à (qqch.). *Le conseil a approuvé l'ordre du jour.* SYN. **accepter, entériner, ratifier ;** → **approbation.** – au p. passé *Lu et approuvé* (formule [invar.] au bas d'un acte). 2. Juger bon, trouver louable. *Approuver l'attitude de qqn.* – *J'approuve qu'il prenne des initiatives.* ◆ *Approuver qqn,* être de son opinion ; lui donner raison. CONTR. **refuser, rejeter,** ① **repousser • blâmer, critiquer, désapprouver.**

ÉTYM. latin *approbare,* de *probare* «prouver».

APPROVISIONNEMENT [apʀɔvizjɔnmɑ̃] n. m. 1. Action d'approvisionner. SYN. **ravitaillement.** 2. Ensemble des provisions rassemblées.

APPROVISIONNER [apʀɔvizjɔne] v. tr. (conjug. 3a) 1. Fournir de provisions. SYN. **alimenter, ravitailler.** *Approvisionner la ville en eau.* – au p. passé *Magasin bien, mal approvisionné.* – *Approvisionner un compte en banque,* y déposer de l'argent. 2. *S'APPROVISIONNER* v. pron. Se munir de provisions. *S'approvisionner en carburant.* – absolt *S'approvisionner chez l'épicier du quartier.* → se **fournir.**

ÉTYM. de *provision.*

APPROXIMATIF, IVE [apʀɔksimatif, iv] adj. 1. Qui est fait par approximation. *Calcul approximatif.* – *Donnez-moi un prix approximatif.* 2. Imprécis, vague. *Je n'en ai qu'une idée approximative.* CONTR. **exact,** ① **précis, rigoureux.**

ÉTYM. de *approximation.*

APPROXIMATION [apʀɔksimasjɔ̃] n. f. 1. Détermination approchée ; estimation par à-peu-près. SYN. **évaluation.** 2. Valeur approchée. *Ce n'est qu'une approximation.* CONTR. **exactitude, précision.**

ÉTYM. latin tardif *approximatio,* de *proximus* «très près».

APPROXIMATIVEMENT [apʀɔksimativmɑ̃] adv. ✦ De manière approximative. *Cela fait approximativement 5%.* SYN. **environ,** à peu **près.** CONTR. **exactement, précisément.**

APPUI [apɥi] n. m. **I** 1. Action d'appuyer, de s'appuyer sur qqch. → **soutien.** *Prendre appui sur :* s'appuyer sur. – *HAUTEUR D'APPUI :* hauteur suffisante pour s'appuyer sur le coude. *Une fenêtre à hauteur d'appui.* ◆ *POINT D'APPUI :* point sur lequel une chose s'appuie. *Le point d'appui d'une poutre.* 2. *À L'APPUI DE* loc. prép. : pour appuyer, confirmer. *À l'appui de cette hypothèse il cite plusieurs auteurs.* – *Avec preuves à l'appui.* **II** (Ce qui sert à soutenir) 1. Soutien, support. *Appui pour le coude* (→ **accoudoir**), *la tête* (→ **appuie-tête**). *L'appui d'une fenêtre,* partie où l'on peut s'accouder. 2. fig. Soutien moral ou aide matérielle. SYN. ① **aide, assistance, protection.** *Vous pouvez compter sur mon appui. C'est un appui sérieux.*

ÉTYM. de *appuyer.*

APPUIE-BRAS [apɥibʀa] n. m. invar. ✦ Support pour appuyer le bras, dans une voiture. SYN. **accoudoir.** *Des appuie-bras.*

APPUIE-TÊTE [apɥitɛt] n. m. ✦ Dispositif destiné à soutenir la tête. *Des appuie-têtes.*

APPUYER [apɥije] v. (conjug. 10) **I** v. tr. 1. Soutenir ou faire soutenir, supporter. *Appuyer* (une chose) *contre, à,* la placer contre une autre. *Appuyer une échelle contre un mur.* SYN. **adosser.** – *Appuyer qqch. sur...* SYN. **mettre, poser.** *Appuyer ses coudes sur la table.* 2. fig. Soutenir, rendre plus ferme, plus sûr. *Il appuie ses accusations sur des preuves solides.* 3. Fournir un moyen d'action, une protection, un soutien à (qqn). SYN. **aider, patronner, protéger, recommander.** *Appuyer un candidat à une élection.* SYN. **soutenir.** – *Appuyer la demande de qqn.* 4. Appliquer, presser (une chose sur, contre une autre). *Appuyer le pied sur la pédale.* **II** v. intr. 1. Être soutenu ; être posé sur. *La voûte appuie sur les arcboutants.* SYN. ① **reposer.** 2. Peser plus ou moins fortement sur. SYN. **presser.** *Appuyez sur le bouton.* 3. Mettre l'accent sur. *Appuyer sur un mot en parlant.* – fig. *Il a appuyé sur l'urgence de ce dossier.* SYN. **insister.** 4. Prendre une direction. *Appuyez sur la droite, à droite.* SYN. se **diriger.** **III** *S'APPUYER* v. pron. 1. S'aider, se servir comme d'un appui, d'un soutien. *Appuyez-vous sur mon bras. S'appuyer contre le mur.* 2. fig. Avoir confiance, trouver une aide en qqn, en qqch. *Vous pouvez vous appuyer entièrement sur lui.* SYN. **compter.** – *S'appuyer sur son expérience.* SYN. se **fonder,** se **référer.** 3. (faux pronom.) FAM. *S'appuyer une corvée,* la faire contre son gré. – *S'appuyer qqn,* devoir le supporter. *Elle se l'est appuyé toute la journée.* CONTR. **élever, retirer • abandonner,** ① **lâcher • effleurer, glisser.**

► **APPUYÉ, ÉE** adj. 1. *Regard appuyé,* insistant. 2. Qui est exprimé en appuyant (II, 3). *Plaisanterie appuyée.* CONTR. ① **discret.**

ÉTYM. latin populaire *appodiare,* de *podium* «support».

APRAXIE [apʀaksi] n. f. ✦ DIDACT. Incapacité d'exécuter des mouvements volontaires adaptés à un but, sans lésion motrice ou sensorielle.

ÉTYM. russe, du grec *apraxia* «inaction».

ÂPRE [ɑpʀ] adj. 1. LITTÉR. Qui a une rudesse désagréable. *Un froid, un vent âpre.* ♦ COUR. *Goût, saveur âpre,* rude, qui racle la gorge. – *Vin âpre.* SYN. **râpeux.** – *Voix âpre.* 2. fig. Dur, pénible. *Une lutte âpre.* 3. loc. *Âpre au gain,* avide. CONTR. **clément, doux • facile, agréable • désintéressé.**

ÉTYM. latin *asper.*

ÂPREMENT [ɑpʀəmɑ̃] adv. ✦ Avec une énergie dure. *Une victoire âprement disputée.* SYN. **farouchement.** CONTR. **doucement, mollement.**

APRÈS [apʀɛ] prép. et adv.

I prép. 1. (postériorité dans le temps) *Le printemps vient après l'hiver. Ils président l'un après l'autre.* – *Après vous, je vous en prie,* formule de politesse. – *Après ce que j'ai fait pour lui, il pourrait être plus aimable !* – *Déjeunons, après quoi nous nous mettrons en route.* – *APRÈS QUE* (+ indic.) loc. conj. *Longtemps après qu'il est parti.* – *APRÈS* (+ inf. passé). *Après avoir dîné, nous sommes sortis.* – *APRÈS COUP* loc. adv. : après l'évènement. → **a posteriori.** *Je n'ai compris qu'après coup.* 2. (postériorité dans l'espace) *Tournez à gauche après le pont.* ♦ Derrière (qqn qui se déplace). *Traîner qqch. après soi.* – *Le chien aboie après les passants.* SYN. **contre.** ♦ *Courir après qqn,* pour le rejoindre, le rattraper. 3. (mouvement de recherche) *Soupirer après qqch., qqn.* – FAM. *ÊTRE APRÈS qqn,* le suivre partout, le harceler. → **importuner.** – *Elle s'acharne après lui.* 4. (subordination dans un ordre, une hiérarchie) *Après le lieutenant vient le sous-lieutenant.* SYN. **sous.** 5. *APRÈS TOUT* loc. adv. : après avoir tout considéré, envisagé. *Après tout, cela m'est égal.* SYN. en **définitive,** au **fond.** 6. *D'APRÈS* loc. prép. : à l'imitation de. SYN. **selon,** ② **suivant.** *Peindre d'après nature.* – En se référant à. *D'après (ce que disent) les journaux, il se serait enfui. D'après moi,...* CONTR. ① **avant.**

II adv. *Vingt ans après.* SYN. plus **tard.** *Ce qui se passa après.* SYN. **ensuite.** *Aussitôt après. Peu de temps, longtemps après.* – *La page d'après* (→ ① **suivant**). – *CI-APRÈS* loc. adv. : plus loin (dans un texte). → **ci-dessous, infra.** – *ET APRÈS ?* (pour engager qqn à poursuivre ; pour marquer l'indifférence ou le défi). *Ça ne vous convient pas ? et après ?* CONTR. **d'abord, auparavant • précédent • ci-dessus • supra.**

HOM. APPRÊT «préparation»

ÉTYM. latin *ad pressum,* de *pressus* «serré».

APRÈS-DEMAIN [apʀɛd(ə)mɛ̃] adv. ✦ Au jour qui suivra demain (→ **surlendemain**). *Nous sommes lundi, revenez après-demain mercredi. À après-demain !*

APRÈS-GUERRE [apʀɛgɛʀ] n. m. ✦ Période qui suit une guerre. *Des après-guerres.* CONTR. **avant-guerre.**

APRÈS-MIDI [apʀɛmidi] n. m. ou n. f. ✦ Partie de la journée comprise entre le déjeuner et le dîner. *Passez cet après-midi.* SYN. **tantôt.** *Des après-midis* ou *des après-midi* (invar.). – appos. *Lundi après-midi.*

APRÈS-RASAGE [apʀɛʀazaʒ] n. m. ✦ Lotion rafraîchissante pour calmer le feu du rasoir. SYN. **after-shave.** *Des après-rasages.* – adj. *Des lotions après-rasage* (invar.) ou *après-rasages.*

APRÈS-SKI [apʀɛski] n. m. ✦ Bottillon chaud que l'on chausse lorsqu'on ne skie pas, aux sports d'hiver. *Des après-skis* ou *des après-ski* (invar.).

APRÈS-VENTE [apʀɛvɑ̃t] adj. ✦ *Service après-vente (S. A. V.)* : services (installation, entretien, réparation) assurés par un commerçant, une firme, après la vente d'un appareil. → **maintenance.** *Des services après-ventes* ou *après-vente* (invar.).

ÂPRETÉ [ɑpʀəte] n. f. 1. LITTÉR. Rudesse désagréable de ce qui est âpre. *L'âpreté de l'hiver.* – *L'âpreté d'un vin.* 2. fig. Caractère dur, pénible, rude ou violent. *L'âpreté d'un combat, d'un reproche.* CONTR. **douceur • facilité.**

ÉTYM. latin *asperitas,* de *asper* «rude, âpre» ; doublet de *aspérité.*

A PRIORI [apʀijɔʀi] loc. adj. et loc. adv. 1. loc. adj. invar. En partant de données antérieures à l'expérience. *Argument a priori,* non fondé sur les faits. – n. m. invar. *Se fonder sur des a priori.* 2. loc. adv. Au premier abord, avant toute expérience. *A priori, c'est une bonne idée.* CONTR. **a posteriori.**

ÉTYM. locution latine «d'après ce qui est avant», de *prior* «précédent».

À-PROPOS [apʀɔpo] n. m. ✦ Ce qui vient à propos, opportunément. – loc. *Esprit d'à-propos :* présence d'esprit. HOM. À PROPOS «au bon moment»

APTE [apt] adj. 1. DR. Qui détient une capacité, un droit (→ **aptitude,** 1). 2. Qui a des dispositions (pour faire qqch.). *Être apte à faire du sport.* SYN. **capable.** *Être apte au travail.* CONTR. **inapte, incapable.**

ÉTYM. latin *aptus.*

APTÈRE [aptɛʀ] adj. ✦ DIDACT. Sans ailes. *Insecte aptère.* CONTR. **ailé.**

ÉTYM. grec *apteros* → ② a- et -ptère.

APTITUDE [aptityd] n. f. 1. DR. Capacité légale, juridique. 2. Disposition naturelle. SYN. **penchant, prédisposition.** *Aptitude à (ou pour) qqch., faire qqch.* 3. Capacité acquise et reconnue. *Avoir les aptitudes requises pour exercer un métier.* SYN. **capacité, qualification.** *Certificat d'aptitude professionnelle (C. A. P.).* CONTR. **inaptitude, incapacité.**

ÉTYM. bas latin *aptitudo,* de *aptus* «approprié à».

APURER [apyʀe] v. tr. (conjug. 3a) ✦ FIN. Reconnaître (un compte) exact.

► **APUREMENT** [apyʀmɑ̃] n. m.

ÉTYM. de *pur.*

| **AQUA-** Élément, du latin *aqua* «eau».

AQUACULTURE [akwakyltyʀ] n. f. ✦ Élevage commercial d'espèces aquatiques. – On dit aussi AQUICULTURE [akɥikyltyʀ].

► **AQUACULTEUR, TRICE** [akwakyltœʀ, tʀis] n. – On dit aussi

AQUICULTEUR, TRICE [akɥikyltœʀ, tʀis].
ÉTYM. de *aqua-* et *culture*.

AQUAFORTISTE [akwafɔʀtist] **n.** ✦ Graveur à l'eau-forte.
ÉTYM. italien *acquafortista*, de *acquaforte* «eau-forte».

AQUARELLE [akwaʀɛl] **n. f.** ✦ Peinture légère sur papier avec des couleurs transparentes délayées dans de l'eau. *Faire de l'aquarelle.* – *Une aquarelle de Klee.*
ÉTYM. italien *acquarella*, de *acqua* «eau».

AQUARELLISTE [akwaʀelist] **n.** ✦ Peintre à l'aquarelle.

AQUARIOPHILIE [akwaʀjɔfili] **n. f.** ✦ Élevage en aquarium des poissons d'ornement.
ÉTYM. de *aquarium* et *-philie*.

AQUARIUM [akwaʀjɔm] **n. m.** ✦ Réservoir à parois de verre dans lequel on entretient des plantes et des animaux aquatiques (poissons, etc.). *Des aquariums.*
ÉTYM. mot latin «réservoir».

AQUATINTE [akwatɛ̃t] **n. f.** ✦ Gravure à l'eau-forte imitant le lavis.
ÉTYM. italien *acqua tinta* «eau teinte».

AQUATIQUE [akwatik] **adj.** 1. Qui croît, vit dans l'eau ou au bord de l'eau. 2. *Centre, parc aquatique,* qui propose des activités en relation avec l'eau. SYN. **nautique.**
ÉTYM. latin *aquaticus*, de *aqua* «eau».

AQUAVIT [akwavit] **n. m.** ✦ Eau-de-vie scandinave parfumée d'épices.
ÉTYM. suédois *akvavit* «eau de vie».

AQUEDUC [ak(ə)dyk] **n. m.** ✦ Canal destiné à capter et à conduire l'eau d'un lieu à un autre. *L'aqueduc romain du pont du Gard.*
ÉTYM. latin *aquaeductus* «qui conduit *(ducere)* l'eau *(aqua)*».

AQUEUX, EUSE [akø, øz] **adj.** ✦ SC. De la nature de l'eau ; qui contient de l'eau. *Fruit aqueux.* – *Solution aqueuse,* dont le solvant est l'eau. CONTR. **anhydre, sec.**
ÉTYM. latin *aquosus*, de *aqua* «eau».

AQUICULTEUR, TRICE ; AQUICULTURE → AQUACULTURE

AQUIFÈRE [akɥifɛʀ] **adj.** ✦ Qui contient de l'eau. ♦ **n. m.** Roche poreuse et perméable qui permet la circulation d'une nappe d'eau souterraine.
ÉTYM. du latin *aqua* «eau» et de *-fère*.

AQUILIN [akilɛ̃] **adj. m.** ✦ *Nez aquilin,* fin et recourbé.
ÉTYM. latin *aquilinus*, de *aquila* «aigle».

AQUILON [akilɔ̃] **n. m.** ✦ POÉT. Vent du nord, froid et violent.
ÉTYM. latin *aquilo*.

Ar [aɛʀ] ✦ CHIM. Symbole de l'argon.

ARA [aʀa] **n. m.** ✦ Grand perroquet d'Amérique centrale et méridionale. HOM. HARAS «élevage de chevaux»
ÉTYM. mot tupi.

ARABE [aʀab] **adj.** et **n.** 1. Des peuples originaires de l'Arabie qui se sont répandus avec l'islam autour du bassin méditerranéen. – **n.** *Les Arabes,* le peuple sémite originaire d'Arabie ; les populations arabophones du Proche-Orient et du nord de l'Afrique (☞ noms propres). *Arabe musulman. Arabe chrétien.* – spécialt Maghrébin. *Les Arabes et les Berbères.* ♦ **n. m.** *L'arabe* (langue sémitique). 2. Issu de la civilisation arabe. *Poésie, musique, calligraphie arabe.* – *Chiffres arabes,* ceux de notre numération (opposé à *romain*).
ÉTYM. latin *arab(u)s*, de l'arabe «bédouin nomade», par le grec.

ARABESQUE [aʀabɛsk] **n. f.** 1. Ornement formé de lettres, de lignes, de feuillages entrelacés. 2. Ligne sinueuse de forme élégante. SYN. **volute.**
ÉTYM. italien *arabesco*, proprt «à la manière arabe».

ARABIQUE [aʀabik] **adj.** ✦ D'Arabie. *Péninsule arabique. Gomme* arabique.*
ÉTYM. latin *arabicus*.

ARABISANT, ANTE [aʀabizɑ̃, ɑ̃t] **n.** ✦ Spécialiste de la langue, de la littérature arabes.

ARABISER [aʀabize] **v. tr.** (conjug. 3a) ✦ Donner un caractère (social, culturel) arabe à. → **islamiser.** *Les Maures arabisèrent l'Espagne.*
► **ARABISATION** [aʀabizasjɔ̃] **n. f.**
ÉTYM. de *arabe*, suffixe *-iser*.

ARABLE [aʀabl] **adj.** ✦ Qui peut être labouré. *Terres arables.*
ÉTYM. latin *arabilis*, de *arare* «labourer».

ARABOPHONE [aʀabɔfɔn] **adj.** et **n.** ✦ Qui parle arabe.
ÉTYM. de *arabe* et *-phone*.

ARAC → ARAK

ARACHIDE [aʀaʃid] **n. f.** ✦ Graine d'une plante tropicale ; cette plante. *Huile d'arachide. Arachides torréfiées.* → **cacahouète.**
ÉTYM. latin *arachidne* «gesse», du grec.

ARACHNÉEN, ENNE [aʀakneɛ̃, ɛn] **adj.** 1. DIDACT. Propre à l'araignée. 2. LITTÉR. Qui a la légèreté, la finesse de la toile d'araignée. *Voile arachnéen.*
ÉTYM. du grec *arakhnê* «araignée».

ARACHNIDE [aʀaknid] **n. m.** ✦ Arthropode sans antennes ni pattes abdominales (classe des *Arachnides ;* ex. acariens, araignées, scorpions).
ÉTYM. latin scientifique *arachnides*, du grec *arakhnê* «araignée».

ARACHNOPHOBIE [aʀaknɔfɔbi] **n. f.** ✦ DIDACT. Phobie des araignées.
► **ARACHNOPHOBE** [aʀaknɔfɔb] **adj.** et **n.**
ÉTYM. du grec *arakhnê* «araignée» et *-phobie*.

ARACK → ARAK

ARAIGNÉE [aʀeɲe] **n. f.** 1. Arachnide muni de crochets à venin et de glandes productrices de soie. *Toile d'araignée,* réseau que l'animal tisse pour capturer ses proies. *Peur des araignées.* → **arachnophobie.** 2. loc. FAM. *Avoir une araignée dans le* (ou *au*) *plafond :* avoir l'esprit quelque peu dérangé. 3. *ARAIGNÉE DE MER :* grand crabe à longues pattes. 4. Morceau prisé de viande de bœuf. *Un bifteck dans l'araignée.*
ÉTYM. latin *aranea*, du grec *arakhnê*.

ARAIRE [aʀɛʀ] **n. m.** ✦ Charrue simple sans avant-train.
ÉTYM. latin *aratrum*, famille de *arare* «labourer».

ARAK [aʀak] **n. m.** ✦ Alcool de riz ou de canne à sucre. – On écrit aussi *arac, arack.*
ÉTYM. de l'arabe *araq (al-tamr)* «vin (de palmier)», de *araq* «sueur».

ARAMÉEN, ENNE [aʀameɛ̃, ɛn] **adj.** ✦ HIST. (☞ noms propres) Des sémites de Syrie, dans l'Antiquité. ✦ **n. m.** Ensemble de dialectes sémitiques parlés au Proche-Orient (entre le IVe siècle avant J.-C. et le VIIe siècle après J.-C.).
ÉTYM. de *Aram*, nom hébreu de la Syrie.

ARASER [aʀɑze] **v. tr.** (conjug. 3a) ✦ TECHN. Mettre de niveau, mettre à ras.
► **ARASEMENT** [aʀazmɑ̃] **n. m.**
ÉTYM. de *raser*.

ARATOIRE [aʀatwaʀ] **adj.** ✦ Qui sert à travailler la terre. *Instruments aratoires.*
ÉTYM. latin *aratorius*, de *arare* « labourer ».

ARAUCARIA [aʀokaʀja] **n. m.** ✦ Grand conifère d'origine andine.
ÉTYM. mot latin scientifique, de *Arauco*, nom d'une province du Chili.

ARBALÈTE [aʀbalɛt] **n. f.** ✦ Ancienne arme de trait, arc d'acier monté sur un fût et dont la corde se tendait avec un ressort.
ÉTYM. latin *arcuballista*, de *arcus* « arc » et *ballista* « baliste ».

ARBITRAGE [aʀbitʀaʒ] **n. m.** 1. Règlement d'un différend par une ou plusieurs personnes (→ ① **arbitre**), auxquelles les parties ont décidé de s'en remettre. *Soumettre un différend à l'arbitrage.* 2. Fonction d'arbitre, en sport ; exercice de ces fonctions.
ÉTYM. de *arbitrer*.

ARBITRAIRE [aʀbitʀɛʀ] **adj.** 1. Qui dépend de la seule volonté (→ **libre arbitre**), n'est pas lié par l'observation de règles (SYN. **gratuit, libre**). *Choix arbitraire.* ➝ péj. Qui ne tient pas compte de la réalité, des exigences de la science. *Le tracé arbitraire des frontières.* 2. Qui dépend du bon plaisir, du caprice de qqn. *Sentence arbitraire.* SYN. **injuste.** *Détention arbitraire.* SYN. **illégal.** ➝ **n. m.** *Lutter contre l'arbitraire.* SYN. **injustice.** 3. LING. Dont la forme et le sens ne sont pas logiquement liés. ➝ **n. m.** *L'arbitraire du signe* (opposé à *motivation*). CONTR. **imposé ; naturel • juste, légal, légitime ; justice, légalité • motivé.**
► **ARBITRAIREMENT** [aʀbitʀɛʀmɑ̃] **adv.**
ÉTYM. latin *arbitrarius* « volontaire ; douteux ».

① **ARBITRE** [aʀbitʀ] **n.** 1. DR. Personne désignée par les parties pour trancher un différend. ➝ COUR. Personne prise pour juge dans un débat, une dispute. 2. Personne apte à juger en une matière. ➝ *Être l'arbitre des élégances.* 3. Personne désignée pour veiller à la régularité d'une compétition, d'une épreuve sportive. *L'arbitre a sifflé un arrêt de jeu.*
ÉTYM. latin *arbiter* « témoin ».

② **ARBITRE** [aʀbitʀ] **n. m.** ✦ VX Volonté. ➝ MOD. → **libre arbitre.**
ÉTYM. du latin *arbitrium* « bon plaisir, gré ».

ARBITRER [aʀbitʀe] **v. tr.** (conjug. 3a) 1. Intervenir, juger en qualité d'arbitre. *Arbitrer un litige.* SYN. ① **juger, trancher.** 2. Contrôler la régularité de (une compétition, une épreuve sportive). *Arbitrer un match de boxe.* ➝ *Arbitrer un débat.*
ÉTYM. latin *arbitrari* « être témoin (*arbiter*) ».

ARBORER [aʀbɔʀe] **v. tr.** (conjug. 3a) 1. Dresser, élever. *Arborer un drapeau.* 2. Porter ostensiblement. *Arborer un insigne.* ➝ fig. *Arborer un air de mépris.* CONTR. **baisser • cacher.**
ÉTYM. italien *arborare*, du latin *arbor* « arbre ».

ARBORESCENCE [aʀbɔʀesɑ̃s] **n. f.** ✦ Partie arborescente d'une plante. ➝ Forme ramifiée.
ÉTYM. de *arborescent*.

ARBORESCENT, ENTE [aʀbɔʀesɑ̃, ɑ̃t] **adj.** ✦ Qui prend la forme ramifiée, l'aspect d'un arbre. *Fougères arborescentes.*
ÉTYM. du latin *arborescens*, de *arbor* « arbre ».

ARBORETUM ou **ARBORÉTUM** [aʀbɔʀetɔm] **n. m.** ✦ Plantation d'arbres d'essences variées pour l'agrément ou l'expérimentation. *Des arboretums, des arborétums.*
ÉTYM. latin *arboretum* « verger, lieu planté d'arbres (*arbor*) ».

ARBOR(I)- Élément savant, du latin *arbor* « arbre ».

ARBORICOLE [aʀbɔʀikɔl] **adj.** ✦ DIDACT. 1. Qui vit sur les arbres. *Singe arboricole.* 2. Relatif à l'arboriculture.
ÉTYM. de *arbori-* et *-cole*.

ARBORICULTEUR, TRICE [aʀbɔʀikyltœʀ, tʀis] **n.** ✦ Personne qui pratique l'arboriculture.

ARBORICULTURE [aʀbɔʀikyltyʀ] **n. f.** ✦ Culture des arbres. *Arboriculture forestière* (→ **sylviculture**), *fruitière.*
ÉTYM. de *arbori-* et *culture*.

ARBORISATION [aʀbɔʀizasjɔ̃] **n. f.** ✦ Dessin naturel ressemblant à des végétations, à des ramifications. *Les arborisations du givre sur les vitres.*
ÉTYM. du latin *arbor* « arbre ».

ARBOUSE [aʀbuz] **n. f.** ✦ Fruit rouge et aigrelet, en forme de fraise, d'un arbre méditerranéen (*l'arbousier* **n. m.**).
ÉTYM. ancien occitan *arbousso*, du latin *arbuteus*.

ARBRE [aʀbʀ] **n. m.** **I** 1. Végétal dont la tige ligneuse se ramifie à partir d'une certaine hauteur au-dessus du sol. *Racines, tronc, branches, feuillage d'un arbre. Arbres fruitiers, forestiers.* ➝ *Monter dans un arbre ; grimper aux arbres.* ➝ loc. prov. *Les arbres cachent la forêt* : les détails empêchent de voir l'ensemble. 2. *ARBRE DE NOËL* : épicéa auquel on suspend des décorations, à Noël. **II** Axe qui reçoit ou transmet un mouvement de rotation. *Arbre moteur. Arbre à cames.* **III** (Ce qui a l'apparence d'un arbre) 1. *ARBRE GÉNÉALOGIQUE* : figure représentant un arbre dont les ramifications montrent la filiation des diverses branches d'une même famille. 2. DIDACT. Schéma représentant des trajets et des bifurcations.
ÉTYM. latin *arbor*.

ARBRISSEAU [aʀbʀiso] **n. m.** ✦ Petit végétal ligneux ramifié dès la base.
ÉTYM. latin populaire *arboriscellus*, de *arbor* « arbre ».

ARBUSTE [aʀbyst] **n. m.** ✦ Petit arbre au tronc bien différencié.
► **ARBUSTIF, IVE** [aʀbystif, iv] **adj.**
ÉTYM. latin *arbustus* « bosquet ».

ARC [aʀk] **n. m.** **I** Arme formée d'une tige souple que l'on courbe au moyen d'une corde attachée aux deux extrémités pour lancer des flèches. *Bander, tendre un arc. Tir à l'arc* (→ **archer**). ➝ loc. *Avoir plus d'une corde, plusieurs cordes à son arc*, plus d'une ressource pour parvenir à ses fins. **II** 1. MATH. Portion de courbe limitée

par deux points. *Arc de parabole. Arc de cercle.* ♦ spécialt Arc de cercle. *Arc de 45°.* ➝ *En arc de cercle* : courbe, cintré. **2.** Ce qui a la forme d'un arc (→ **arqué, courbé**). *L'arc des sourcils.* ♦ PHYS. *Arc électrique* : bande lumineuse qui jaillit entre deux électrodes au passage d'un courant. **3.** Courbe décrite par une voûte (→ **arcade,** ② **arche**). *Arc en plein cintre* : demi-cercle régulier. *Arc en ogive.* ♦ *ARC DE TRIOMPHE* : arcade monumentale sous laquelle passait le général romain triomphateur ; monument commémoratif élevé sur ce modèle. *L'arc de triomphe de l'Étoile, à Paris.*
ÉTYM. latin *arcus.*

ARCADE [aʀkad] **n. f.** **1.** Ouverture en arc ; ensemble formé d'un arc et de ses montants (souvent au plur.). *Les arcades d'un cloître.* **2.** Ce qui a une forme arquée. *Arcade sourcilière.*
ÉTYM. italien *arcata*, de *arco* «arc».

ARCANE [aʀkan] **n. m.** ✦ ALCHIM. Préparation mystérieuse, réservée aux initiés. ♦ LITTÉR. au plur. *Les arcanes de la science, de la politique.* SYN. ① **mystère,** ② **secret.**
ÉTYM. latin *arcanum* «secret».

ARCBOUTANT [aʀkbutɑ̃] **n. m.** ✦ Maçonnerie en forme d'arc qui soutient un mur à l'extérieur d'un édifice. *Les arcboutants d'une cathédrale gothique.* ➝ On écrit aussi *arc-boutant, des arcs-boutants.*
ÉTYM. de *arc* et du p. présent de *bouter* «pousser».

S'ARCBOUTER [aʀkbute] **v. pron.** (conjug. 3a) ✦ Prendre appui pour exercer une poussée, un effort de résistance. *S'arcbouter à, contre un mur.* ➝ On écrit aussi *s'arc-bouter.*
ÉTYM. de *arcboutant.*

ARCEAU [aʀso] **n. m.** ✦ Partie cintrée d'une voûte. ➝ Objet en forme de petite arche. *Les arceaux du jeu de croquet. Les arceaux d'une tonnelle.*
ÉTYM. latin populaire *arcellus*, de *arcus* «arc».

ARC-EN-CIEL [aʀkɑ̃sjɛl] **n. m.** ✦ Phénomène météorologique lumineux en forme d'arc, présentant les couleurs du prisme. *Des arcs-en-ciel. Toutes les couleurs de l'arc-en-ciel.* ➝ adjectivt invar. *Des truites arc-en-ciel.*

ARCHAÏQUE [aʀkaik] **adj.** **1.** (mot, coutume...) Qui est très ancien. *Tournure archaïque.* → **archaïsme.** ♦ Désuet, périmé. *Une méthode archaïque.* **2.** ARTS Antérieur aux époques classiques. *La période archaïque de l'art grec.* SYN. **primitif.** CONTR. **moderne · décadent.**
ÉTYM. grec *arkhaikos.*

ARCHAÏSANT, ANTE [aʀkaizɑ̃, ɑ̃t] **adj. et n.** ✦ LITTÉR. Qui fait usage d'archaïsmes. *Écrivain, style archaïsant.*
ÉTYM. de *archaïsme.*

ARCHAÏSME [aʀkaism] **n. m.** **1.** Caractère d'ancienneté. **2.** Mot, expression, tour ancien qu'on emploie alors qu'il n'est plus en usage. *«Partir» au sens de «partager» est un archaïsme.* **3.** Caractère de ce qui est périmé. CONTR. **actualité, modernisme · néologisme.**
ÉTYM. grec *arkhaismos*, de *arkhaios* «ancien».

ARCHAL [aʀʃal] **n. m.** ✦ *Fil d'archal*, de laiton.
ÉTYM. latin *aurichalcum*, du grec.

ARCHANGE [aʀkɑ̃ʒ] **n. m.** ✦ RELIG. CATHOL. Ange d'un ordre supérieur. *Saint Michel archange.*
ÉTYM. latin *archangelus*, du grec → archi- et ange.

① **ARCHE** [aʀʃ] **n. f.** **1.** *Arche (de Noé)* : vaisseau fermé qui permit à Noé d'échapper aux eaux du Déluge. **2.** *L'arche d'alliance* : coffre où les Hébreux gardaient les tables de la Loi.
ÉTYM. latin *arca* «coffre».

② **ARCHE** [aʀʃ] **n. f.** **1.** Voûte arquée qui s'appuie sur les culées ou les piles d'un pont. **2.** Monument en forme d'arc, de grand portail. *La Grande Arche de la Défense.*
ÉTYM. latin populaire *arca*, de *arcus* «arc».

ARCHÉO- Élément savant, du grec *arkhaios* «ancien».

ARCHÉOLOGIE [aʀkeɔlɔʒi] **n. f.** ✦ Étude scientifique des civilisations disparues à partir de leurs vestiges.
► **ARCHÉOLOGIQUE** [aʀkeɔlɔʒik] **adj.** *Fouilles archéologiques.*
ÉTYM. grec *arkhaiologia* → archéo- et -logie.

ARCHÉOLOGUE [aʀkeɔlɔg] **n.** ✦ Spécialiste d'archéologie.

ARCHÉOPTÉRYX [aʀkeɔpteʀiks] **n. m.** ✦ Oiseau fossile du jurassique encore très proche des reptiles (dents, griffes, écailles).
ÉTYM. de *archéo-* et du grec *pterux* «aile».

ARCHER, ÈRE [aʀʃe, ɛʀ] **n.** **1. n. m.** Soldat armé de l'arc. **2. n. m.** Agent de police, sous l'Ancien Régime. **3. n.** Tireur à l'arc (rare au féminin).
ÉTYM. de *arc.*

ARCHET [aʀʃɛ] **n. m.** ✦ Baguette droite sur laquelle sont tendus des crins qui servent à faire vibrer les cordes de divers instruments de musique. *Archet de violon.*
ÉTYM. diminutif de *arc.*

ARCHÉTYPE [aʀketip] **n. m.** ✦ DIDACT. Type primitif ou idéal ; original qui sert de modèle. SYN. **modèle, prototype.**
► **ARCHÉTYPAL, ALE, AUX** [aʀketipal, o] **adj.**
ÉTYM. latin *archetypum*, du grec.

ARCHEVÊCHÉ [aʀʃəveʃe] **n. m.** **1.** Territoire sous la juridiction d'un archevêque. **2.** Siège, palais archiépiscopal.
ÉTYM. de *archevêque.*

ARCHEVÊQUE [aʀʃəvɛk] **n. m.** ✦ Évêque placé à la tête d'une province ecclésiastique (→ **archiépiscopal**).
ÉTYM. latin ecclésiastique *archiepiscopus*, de *episcopus* «évêque».

ARCHI- Élément, du grec *arkhi-* «en chef, premier». **1.** Exprime la prééminence (ex. *archiduc*). **2.** Exprime le degré extrême ou l'excès, et s'emploie librement pour former des adjectifs. → **extrêmement, très.** *L'autobus est archiplein. C'est archiconnu, archifaux.*

ARCHIDUC, ARCHIDUCHESSE [aʀʃidyk, aʀʃidyʃɛs] **n.** ✦ Titre des princes et princesses de l'ancienne maison d'Autriche. *L'archiduc Rodolphe.*
ÉTYM. de *archi-* et *duc.*

-ARCHIE, -ARQUE Éléments savants, du grec *arkhein* «commander», servant à former des mots désignant des gouvernements, des gouvernants (ex. *monarchie, monarque*).

ARCHIÉPISCOPAL, ALE, AUX [aʀʃiepiskɔpal, o] adj. ✦ Qui appartient à l'archevêque. *Dignité archiépiscopale.*
ÉTYM. latin *archiepiscopalis,* de *archiepiscopus* «archevêque».

ARCHIMANDRITE [aʀʃimɑ̃dʀit] n. m. ✦ Supérieur de certains monastères, dans l'Église grecque.
ÉTYM. latin *archimandrita,* du grec.

ARCHIPEL [aʀʃipɛl] n. m. ✦ Groupe d'îles. *L'archipel des Açores.*
ÉTYM. italien *arcipelago,* du grec *Aigaîos pelagos* «mer Égée».

ARCHITECTE [aʀʃitɛkt] n. 1. Personne diplômée, dont le métier est de concevoir le plan d'un édifice et d'en diriger l'exécution. 2. fig. LITTÉR. Personne ou entité qui élabore qqch. SYN. **créateur.** *Cette réforme dont il fut l'architecte.*
ÉTYM. latin *architectus,* du grec, de *tektôn* «ouvrier».

ARCHITECTONIQUE [aʀʃitɛktɔnik] adj. ✦ DIDACT. Qui est conforme à la technique de l'architecture. ➝ n. f. Art, technique de la construction.
ÉTYM. latin *architectonicus,* du grec → architecte.

ARCHITECTURAL, ALE, AUX [aʀʃitɛktyʀal, o] adj. ✦ Qui a rapport à l'architecture, qui en a le caractère. *Motif, ensemble architectural.*

ARCHITECTURE [aʀʃitɛktyʀ] n. f. 1. Art de construire les édifices. *Architecture et urbanisme.* 2. Disposition, caractère architectural. *La sobre architecture d'une église.* 3. fig. Principe d'organisation, structure. *L'architecture d'un roman.*
ÉTYM. latin *architectura.*

ARCHITECTURER [aʀʃitɛktyʀe] v. tr. (conjug. 3a) ✦ Construire avec rigueur. SYN. **structurer.** ➝ au p. passé *Roman bien architecturé.*
ÉTYM. de *architecture.*

ARCHITRAVE [aʀʃitʀav] n. f. ✦ Partie inférieure de l'entablement qui porte directement sur le chapiteau de colonnes.
ÉTYM. mot italien, de *archi-* et *trave,* du latin *trabs* «poutre».

ARCHIVER [aʀʃive] v. tr. (conjug. 3a) ✦ Classer (un document) dans les archives.
▸ **ARCHIVAGE** [aʀʃivaʒ] n. m.

ARCHIVES [aʀʃiv] n. f. pl. 1. Collection de documents anciens, classés à des fins historiques. *Archives départementales.* 2. Lieu où les archives sont conservées.
ÉTYM. latin tardif *archivum,* du grec.

ARCHIVISTE [aʀʃivist] n. ✦ Spécialiste préposé à la garde, à la conservation des archives.

ARCHONTE [aʀkɔ̃t] n. m. ✦ ANTIQ. Magistrat qui gouvernait une cité grecque.
ÉTYM. grec *arkhôn* «chef, magistrat».

ARÇON [aʀsɔ̃] n. m. ✦ L'une des deux parties arquées qui forment le corps de la selle. loc. *Vider les arçons :* tomber de cheval (→ **désarçonner**). ➝ *Cheval* d'arçons.*
ÉTYM. latin tardif *arcio,* de *arcus* «arc».

ARCTIQUE [aʀktik] adj. ✦ Des régions polaires du nord (opposé à *antarctique*). SYN. **hyperboréen.** ➝ n. m. *Dans l'Arctique.* (☛ noms propres)
ÉTYM. latin *arcticus,* du grec, de *arktos* «ours».

ARDEMMENT [aʀdamɑ̃] adv. ✦ Avec ardeur (fig.). CONTR. **faiblement, mollement.**
ÉTYM. de *ardent.*

ARDENT, ENTE [aʀdɑ̃, ɑ̃t] adj. 1. LITTÉR. Qui est en feu, en combustion ; qui brûle. *Tisons ardents.* SYN. **incandescent ; braise.** ➝ loc. COUR. *Être sur des charbons* ardents.* 2. *CHAPELLE ARDENTE :* salle mortuaire éclairée de nombreux cierges. 3. Qui a la couleur ou l'éclat du feu. *Cheveux d'un roux ardent.* ➝ fig. *Regard ardent.* 4. LITTÉR. Qui dégage une forte chaleur. *Un soleil ardent.* SYN. **brûlant, torride.** 5. Qui a de l'ardeur, est prompt à s'enflammer. SYN. **enthousiaste, fervent, fougueux, passionné.** ➝ *Tempérament ardent,* porté à l'amour. SYN. **amoureux.** 6. Très vif (sentiments) ; violent. *Une ardente conviction.* SYN. **profond.** CONTR. **éteint, terne • froid, tiède • froid, indolent, mou, nonchalant.**
ÉTYM. du participe présent de l'ancien verbe *ardre* «brûler», latin *ardere.*

ARDEUR [aʀdœʀ] n. f. 1. LITTÉR. Chaleur vive. *L'ardeur du soleil.* 2. fig. Énergie pleine de vivacité. *Ardeur juvénile.* ➝ *Ardeur au travail.* SYN. **cœur, énergie, entrain, fougue, zèle.** *Soutenir une opinion avec ardeur.* SYN. **exaltation, ferveur.** ➝ FAM. *Modérez vos ardeurs !* CONTR. **froideur, tiédeur • mollesse, nonchalance.**
ÉTYM. latin *ardor,* de *ardere* «brûler».

ARDILLON [aʀdijɔ̃] n. m. ✦ Pointe de métal d'une boucle de courroie, de ceinture.
ÉTYM. de *hart* «lien d'osier», du francique.

ARDOISE [aʀdwaz] n. f. 1. Pierre tendre et feuilletée (→ **schiste**) d'un gris bleuâtre, qui sert principalement à la couverture des maisons ; plaque de cette pierre. *Toit d'ardoises.* 2. Plaque d'ardoise ou de carton enduit sur laquelle on écrit avec une craie ou un crayon spécial *(crayon d'ardoise),* et qu'on nettoie après usage. 3. fig. FAM. Compte de marchandises, de consommations prises à crédit. SYN. **dette.** 4. appos. invar. *Bleu ardoise, gris ardoise. Des moquettes bleu ardoise.*
ÉTYM. du latin tardif *Arduensis* «des Ardennes».

ARDU, UE [aʀdy] adj. ✦ Qui présente de grandes difficultés. SYN. **difficile.** *Entreprise ardue.* CONTR. **aisé, facile.**
ÉTYM. latin *arduus.*

ARE [aʀ] n. m. ✦ Unité de mesure agraire de superficie (symb. a) valant cent mètres carrés. *Cent ares.* → **hectare.** HOM. ARRHES «somme d'argent», ART «expression de la beauté»
ÉTYM. latin *area* «surface».

AREC [aʀɛk] n. m. ✦ Aréquier. *Noix d'arec :* fruit de cet arbre, qui contient du cachou et entre dans la composition du bétel.
ÉTYM. portugais *hareca,* d'un mot du sud de l'Inde, par l'italien.

ARELIGIEUX, EUSE [aʀ(ə)liʒjø, øz] adj. ✦ Qui n'a aucune religion (→ **athée, irréligieux**), repousse ce qui la concerne. CONTR. **religieux.**
ÉTYM. de ② *a-* et *religieux.*

ARÈNE [aʀɛn] n. f. 1. VX Sable. ♦ GÉOL. Sable grossier issu de l'altération d'une roche cristalline. *Arène granitique.* 2. Aire sablée d'un amphithéâtre où les gladiateurs combattaient ; où ont lieu les courses de taureaux. ➝ loc. *Descendre dans l'arène ;* fig. accepter un défi, s'engager dans un combat. ➝ *L'arène politique.* 3. au plur. Amphithéâtre romain. *Les arènes de Nîmes.* ♦ Amphithéâtre où se déroulent des corridas.
ÉTYM. latin *arena.*

ARÉNICOLE [arenikɔl] **adj. et n. f.** **1. adj.** Qui vit dans le sable. **2. n. f.** Ver qui vit dans le sable où il creuse un tube en U.
ÉTYM. de *arène* (1) et *-cole*.

ARÉOLE [areɔl] **n. f.** **1.** Cercle pigmenté qui entoure le mamelon du sein. **2.** MÉD. Aire rougeâtre qui entoure un point enflammé.
ÉTYM. latin *areola* «petite cour *(area)*».

ARÉOMÈTRE [areɔmɛtʀ] **n. m.** ✦ Instrument qui sert à mesurer la densité d'un liquide. SYN. **densimètre.**
ÉTYM. du grec *araios* «peu dense» et de *-mètre*.

ARÉOPAGE [areɔpaʒ] **n. m.** **1.** ANTIQ. Tribunal d'Athènes. **2. fig.** Assemblée de juges, de savants, d'hommes de lettres très compétents.
ÉTYM. latin *aeropagus*, du grec «colline *(pagos)* d'Arès *(Areios)*».

ARÉQUIER [arekje] **n. m.** ✦ Palmier d'Asie équatoriale (→ **arec**), dont le bourgeon terminal (cœur de palmier) est comestible.
ÉTYM. de *arec*.

ARÊTE [arɛt] **n. f.** **1.** Tige du squelette des poissons osseux. *S'étrangler avec une arête.* **2.** Ligne d'intersection de deux plans. *Les arêtes d'un cube.* – *L'arête du nez. L'arête d'une chaîne de montagnes.* SYN. **crête.**
ÉTYM. latin *arista* «barbe d'épi».

ARGENT [arʒɑ̃] **n. m.** **I** Métal blanc, très ductile et malléable (symb. Ag). *Vaisselle d'argent.* → **argenterie.** *Argent doré.* → ② **vermeil.** **II** **1.** Monnaie métallique, papier-monnaie et ce qui représente cette monnaie. SYN. FAM. **blé, fric, galette, oseille, pèze, pognon, thune ;** → ② **capital, fonds, fortune, richesse.** *Somme d'argent. Argent liquide*.* – *Gagner de l'argent. Avancer, prêter ; emprunter, devoir de l'argent à qqn. Être à court d'argent* (→ FAM. **fauché**). **2. loc.** *Jeter l'argent par les fenêtres* : gaspiller. *En vouloir pour son argent ; en avoir pour son argent*, en proportion de ce qu'on a donné. *Prendre (qqch.) pour argent comptant* : croire naïvement. – **prov.** *L'argent n'a pas d'odeur*, ne garde pas la marque de sa provenance (malhonnête). *Le temps c'est de l'argent*, il ne faut pas perdre de temps. *L'argent ne fait pas le bonheur.*
ÉTYM. latin *argentum*.

ARGENTAN [arʒɑ̃tɑ̃] **n. m.** ✦ Alliage de cuivre, zinc et nickel imitant l'argent. → **maillechort.**
ÉTYM. de *argent* (I).

① **ARGENTÉ, ÉE** [arʒɑ̃te] **adj.** ✦ FAM. *Il n'est pas très argenté* : il n'a pas beaucoup d'argent. CONTR. **désargenté.**
ÉTYM. de *argent* (II).

ARGENTER [arʒɑ̃te] **v. tr.** (conjug. 3a) **1.** Recouvrir d'une feuille d'argent. **2. fig.** Donner la couleur de l'argent à (qqch.).
► ② **ARGENTÉ, ÉE adj.** *Métal argenté.* – *Tempes argentées.*
ÉTYM. de *argent* (I).

ARGENTERIE [arʒɑ̃tri] **n. f.** ✦ Vaisselle, couverts, ustensiles d'argent ou de métal argenté.

ARGENTIER [arʒɑ̃tje] **n. m.** ✦ HIST. *Le grand argentier* : le surintendant des finances ; MOD. **plais.** le ministre des Finances ; FAM. le trésorier.
ÉTYM. de *argent* (II).

ARGENTIFÈRE [arʒɑ̃tifɛʀ] **adj.** ✦ Qui contient de l'argent (minerai).
ÉTYM. de *argent* (I) et *-fère*.

① **ARGENTIN, INE** [arʒɑ̃tɛ̃, in] **adj.** ✦ Qui résonne clair comme l'argent. *Le son argentin d'une clochette. Voix argentine.*
ÉTYM. de *argent* (I).

② **ARGENTIN, INE** [arʒɑ̃tɛ̃, in] **adj. et n.** ✦ D'Argentine. *Le tango argentin.* – **n.** *Les Argentins.*

ARGENTIQUE [arʒɑ̃tik] **adj.** ✦ Relatif à la photographie sur pellicule utilisant des sels d'argent (opposé à *numérique*). *Appareil photo argentique.*

ARGENTURE [arʒɑ̃tyʀ] **n. f.** ✦ Application d'une couche d'argent ; son résultat.
ÉTYM. de *argent* (I).

ARGILE [arʒil] **n. f.** ✦ Roche terreuse, avide d'eau, imperméable et plastique, dite *terre glaise. Argile rouge, jaune.* → **ocre.** – **loc.** *Colosse aux pieds d'argile* : personne, puissance fragile malgré les apparences.
ÉTYM. latin *argilla*, probablement du grec.

ARGILEUX, EUSE [arʒilø, øz] **adj.** ✦ De la nature de l'argile.

ARGON [arɡɔ̃] **n. m.** ✦ Gaz incolore et inodore (symb. Ar), de la famille des gaz rares.
ÉTYM. mot anglais, du grec *argos* «inerte».

ARGONAUTE [arɡonot] **n. m.** **1.** (☛ noms propres) *Les Argonautes*, héros de la mythologie grecque qui partirent avec Jason sur le navire Argo à la conquête de la Toison d'or. **2.** Mollusque céphalopode.
ÉTYM. grec «marin *(nautês)* du navire *Argo*».

ARGOT [arɡo] **n. m.** ✦ Vocabulaire et habitudes de langage propres à un milieu fermé, dont certains mots passent dans la langue commune. *L'argot du milieu* (des malfaiteurs). – *Argot scolaire. L'argot des typographes.* SYN. **jargon.**
► **ARGOTIQUE** [arɡɔtik] **adj.** *Termes argotiques.*
ÉTYM. origine incertaine.

ARGUER [arɡɥe] **v.** (conjug. 3b) **1. v. tr. dir.** LITTÉR. *Arguer qqch. de qqch.*, tirer argument, conséquence. *Vous ne pouvez rien arguer de ce fait.* SYN. **conclure, inférer. 2. v. tr. ind.** *Arguer de qqch.* : en tirer argument ou prétexte. SYN. **alléguer.** *Il a argué qu'il n'était pas prévenu.*
ÉTYM. du latin *argutare* «babiller», influencé par *arguere* «démontrer».

ARGUMENT [arɡymɑ̃] **n. m.** **1.** Preuve à l'appui ou à l'encontre d'une proposition. *La force d'un argument. Être à court d'arguments. Tirer argument de.* → **arguer.** – *Arguments de vente.* → **argumentaire. 2.** Exposé sommaire. *L'argument d'un film.*
ÉTYM. latin *argumentum*, de *arguere* «prouver».

ARGUMENTAIRE [arɡymɑ̃tɛʀ] **n. m.** ✦ Documentation réunissant des arguments de vente.

ARGUMENTATEUR, TRICE [arɡymɑ̃tatœʀ, tʀis] **n.** ✦ Personne qui se plaît à argumenter. SYN. **raisonneur.**

ARGUMENTATIF, IVE [arɡymɑ̃tatif, iv] **adj.** ✦ DIDACT. Relatif à l'argumentation. *Discours argumentatif.* ☛ Littérature p. 139.

ARGUMENTATION [aʀgymɑ̃tasjɔ̃] **n. f.** 1. Ensemble d'arguments tendant à une même conclusion. *Une argumentation convaincante.* 2. Art d'employer des arguments pour influencer, convaincre. SYN. **dialectique.** ☛ Littérature p. 139.
ÉTYM. latin *argumentatio.*

ARGUMENTER [aʀgymɑ̃te] **v.** (conjug. 3a) 1. **v. intr.** Présenter des arguments ; prouver par arguments. *Argumenter contre qqn. Argumenter de qqch.*, en tirer des conséquences. 2. **v. tr.** Justifier, appuyer par des arguments. *Argumenter sa conduite.* — au p. passé *Thèse bien argumentée.*
ÉTYM. latin *argumentari.*

ARGUS [aʀgys] **n. m.** 1. LITTÉR. Surveillant, espion vigilant. 2. (marque déposée ; avec maj.) Publication qui fournit des renseignements spécialisés. *Voiture qui n'est plus cotée à l'Argus* (de l'automobile).
ÉTYM. latin *Argus*, grec *Argos*, personnage mythologique à cent yeux.

ARGUTIE [aʀgysi] **n. f.** ✦ péj. (généralt au plur.) Raisonnement pointilleux, subtilité de langage. *Se perdre en arguties.*
ÉTYM. latin *argutiae*, de *argutus* «fin, subtil».

ARGYR(O)- Élément savant, du grec *argures* «argent» (ex. *argyrisme* **n. m.** «intoxication par les sels d'argent»).

① **ARIA** [aʀja] **n. m.** ✦ FAM. VX Embarras ; tracas.
ÉTYM. de l'ancien français *harier* «tourmenter».

② **ARIA** [aʀja] **n. f.** ✦ MUS. Mélodie chantée par une seule voix accompagnée.
ÉTYM. mot italien «air».

ARIDE [aʀid] **adj.** 1. Sec, desséché. *Climat aride*, très chaud, aux pluies rares. — Qui ne porte aucun végétal, faute d'humidité. SYN. **stérile.** *Sol aride.* 2. fig. Dépourvu d'intérêt, d'agrément, d'attrait. *Sujet aride.* SYN. **ingrat, rébarbatif, sévère.** CONTR. **humide ; fécond, fertile · agréable, attrayant.**
ÉTYM. latin *aridus*, de *arere* «être sec».

ARIDITÉ [aʀidite] **n. f.** 1. Sécheresse. — *L'aridité du sol.* SYN. **stérilité.** 2. fig. *Aridité d'un sujet.* SYN. **sévérité.** CONTR. **humidité ; fertilité · agrément, attrait.**
ÉTYM. latin *ariditas.*

ARIETTE [aʀjɛt] **n. f.** ✦ MUS. Air léger qui s'adapte à des paroles.
ÉTYM. italien *arietta*, diminutif de *aria* «air».

ARISTOCRATE [aʀistɔkʀat] **n.** 1. Partisan de l'aristocratie (1). — péj. Partisan des privilèges de la noblesse, à la Révolution. *Les aristocrates à la lanterne !* (pour être pendus). 2. Membre de l'aristocratie (2). SYN. **noble.** — abrév. FAM. ARISTO [aʀisto].
ÉTYM. de *aristocratie.*

ARISTOCRATIE [aʀistɔkʀasi] **n. f.** 1. Forme de gouvernement où le pouvoir souverain appartient à la noblesse. 2. La noblesse. 3. fig. LITTÉR. *L'aristocratie intellectuelle.* SYN. **élite.**
ÉTYM. grec *aristokratia* «gouvernement *(kratos)* des meilleurs *(aristos)*».

ARISTOCRATIQUE [aʀistɔkʀatik] **adj.** 1. Qui appartient à l'aristocratie. 2. Qui est digne d'un aristocrate. SYN. **distingué, élégant, raffiné.** *Manières aristocratiques.*
ÉTYM. grec *aristokratikos.*

ARISTOLOCHE [aʀistɔlɔʃ] **n. f.** ✦ Plante grimpante, aux fleurs jaunes à corolle tubulaire.
ÉTYM. latin *aristolochia*, du grec «très bon *(aristos)* pour l'accouchement *(lokheia)*».

ARISTOTÉLICIEN, IENNE [aʀistɔteljsjɛ̃, jɛn] **adj.** et **n.** ✦ DIDACT. Relatif à Aristote, à sa philosophie.
ÉTYM. de *Aristoteles*, nom latin et grec d'Aristote (☛ noms propres).

ARISTOTÉLISME [aʀistɔtelism] **n. m.** ✦ DIDACT. Doctrine, philosophie d'Aristote.

ARITHMÉTIQUE [aʀitmetik] **adj.** et **n. f.**
I adj. Relatif à l'arithmétique (II), fondé sur la science des nombres rationnels. — *Progression arithmétique* (opposé à *géométrique*), où la différence entre les termes consécutifs est constante (1, 4, 7, 10, 13...).
II n. f. Partie des mathématiques qui étudie les propriétés élémentaires des nombres rationnels. — Art, méthode du calcul. → ② **calcul.**
ÉTYM. latin *arithmeticus* ; sens II, latin *arithmetica*, du grec *arithmetike (tekhne)* «(art) numérique».

ARLEQUIN, INE [aʀləkɛ̃, in] **n. m.** et **n. f.** 1. **n. m.** Personnage bouffon de la comédie italienne, qui porte un costume fait de pièces triangulaires de toutes les couleurs et un masque noir. *Des arlequins.* 2. **n. f.** Femme déguisée en arlequin.
ÉTYM. italien *Arlecchino*, nom d'un personnage de comédie. ☛ ARLEQUIN (noms propres).

ARLÉSIEN, IENNE [aʀlezjɛ̃, jɛn] **adj.** et **n.** ✦ D'Arles. — loc. *Jouer l'Arlésienne, les Arlésiennes* : ne pas se montrer (allusion à l'opéra de Bizet).

ARMADA [aʀmada] **n. f.** ✦ HIST. (☛ noms propres) *L'Invincible Armada*, flotte de Philippe II d'Espagne. — fig. Grande quantité. *Une armada de photographes.*
ÉTYM. mot espagnol «armée (navale)».

ARMAGNAC [aʀmaɲak] **n. m.** ✦ Eau-de-vie de raisin que l'on fabrique en Armagnac (☛ noms propres). *Des armagnacs.*

ARMATEUR [aʀmatœʀ] **n. m.** ✦ Personne qui s'occupe de l'exploitation commerciale d'un navire.
ÉTYM. italien *armatore*, du latin *armare* «armer (un navire)».

ARMATURE [aʀmatyʀ] **n. f.** 1. Assemblage de pièces qui sert à maintenir les parties d'un ouvrage, qui consolide. SYN. **charpente ; carcasse.** *L'armature d'un vitrail.* — *Soutien-gorge à armature.* 2. fig. Ce qui sert à maintenir, à soutenir. *L'armature économique d'un pays.* SYN. **structure.** 3. MUS. Ensemble des dièses ou des bémols placés à la clef pour indiquer la tonalité d'un morceau.
ÉTYM. latin *armatura* «armure» ; doublet de *armure.*

ARME [aʀm] **n. f.** **I** 1. Instrument ou dispositif servant à tuer, blesser ou réduire un ennemi. *Armes blanches* (couteaux, épées...). *Armes à feu* (pistolets, fusils, carabines...). *Braquer une arme sur qqn. L'arme du crime.* — loc. FAM. *Passer l'arme à gauche* : mourir. ◆ Dispositif ou ensemble de moyens offensifs pour faire la guerre. *Arme chimique. L'arme atomique* ou *nucléaire.* 2. au plur. loc. *Prendre les armes* : s'apprêter au combat. — *Un peuple en armes*, prêt à combattre. — *Déposer les armes* : se rendre. — *Passer qqn par les armes*, le fusiller. 3. spécialt *Salle d'armes, maître d'armes*, d'escrime. **II** 1. Corps de l'armée. *L'arme de l'infanterie, de l'artillerie.*

Dans quelle arme sert-il ? **2.** LITTÉR. *LES ARMES* : le métier militaire. VX *Homme d'armes* : homme de guerre. ➜ *Compagnons, frères d'armes.* **3.** Combat, guerre. *Régler un différend par les armes.* ➜ loc. *Faire ses premières armes,* sa première campagne ; fig. débuter dans une carrière. **III** fig. Ce qui peut agir contre un adversaire. SYN. **argument.** *Donner des armes contre soi-même. Une arme à double tranchant*.* **IV** *ARMES* : signes héraldiques. SYN. **armoiries.** *Les armes d'une famille, d'une ville.*
ÉTYM. latin *arma,* d'abord «ustensiles, instruments».

ARMÉE [aʀme] **n. f.** **1.** Réunion importante de troupes. *Lever une armée. Armée d'occupation, de libération.* ➜ *La Grande Armée* (☞ noms propres), commandée par Napoléon. **2.** Ensemble des forces militaires d'un État. SYN. ① **défense** nationale. *Armée de terre, de l'air. Armée active ; de réserve. Être dans l'armée* (→ **militaire**). *Être à l'armée* : effectuer son service national. **3.** Grande unité militaire réunissant plusieurs divisions (éventuellement réunies en *corps d'armée*). **4.** fig. Grande quantité (avec une idée d'ordre ou de combat). SYN. **foule, multitude.** *Une armée de sauterelles.*
ÉTYM. du participe passé de *armer.*

ARMEMENT [aʀməmɑ̃] **n. m.** **I** **1.** Action d'armer, de pourvoir d'armes. **2.** Ensemble de moyens d'attaque ou de défense. *L'armement d'un soldat.* **3.** au plur. Préparatifs de guerre, moyens offensifs ou défensifs d'un pays. *La course aux armements.* **4.** Étude et technique des armes. *Ingénieur de l'armement.* **II** **1.** Action d'armer un navire. **2.** Entreprise qui arme des navires. *Les armements de Lorient.* **III** Action d'armer (une arme à feu, un appareil). CONTR. **désarmement.**
ÉTYM. de *armer.*

ARMER [aʀme] **v. tr.** (conjug. 3a) **I** **1.** Pourvoir d'armes. *Armer les recrues.* **2.** Garnir d'une sorte d'armure ou d'armature. *Armer le béton.* **II** MAR. *Armer un navire,* l'équiper, le pourvoir de tout ce qu'il faut pour prendre la mer (→ **armateur ; armement, gréement**). **III** **1.** Rendre (une arme à feu) prête à tirer. **2.** Tendre le ressort de (un mécanisme de déclenchement). *Armer un appareil photo* (l'obturateur). **IV** *S'ARMER* **v. pron.** Se munir d'armes. ➜ fig. *S'armer de patience, de courage.* CONTR. **désarmer.**
► **ARMÉ, ÉE p. passé** **1.** Muni d'armes. *Troupes armées. Armé jusqu'aux dents* : très bien armé. *Vol, attaque à main armée.* → **hold-up.** ➜ *Conflit armé.* → **guerre.** **2.** *ARMÉ DE* : garni, pourvu de (ce qui est comparé à une arme). *Plante armée de piquants.* **3.** fig. Pourvu de moyens de défense. *Il est bien armé dans la lutte pour la vie.* **4.** Renforcé de métal. *Béton armé.*
ÉTYM. latin *armare.*

ARMILLAIRE [aʀmilɛʀ] **adj.** ✦ ASTRON. *Sphère armillaire* : globe formé d'anneaux ou de cercles représentant le ciel et les astres (ancienne astronomie).
ÉTYM. latin *armillarius,* de *armilla* «bracelet».

ARMISTICE [aʀmistis] **n. m.** ✦ Convention conclue entre les belligérants afin de suspendre les hostilités. *Signer un armistice.* ➜ (en France) *L'Armistice* : l'anniversaire de l'armistice de 1918, fêté le 11 novembre.
ÉTYM. latin juridique *armistitium* «arrêt (*-stitium,* de *stare*) des armes (*arma*)».

ARMOIRE [aʀmwaʀ] **n. f.** **1.** Haut meuble de rangement fermé par des battants. *Armoire à linge.* ➜ *Armoire à glace,* dont la porte est un miroir ; fig. FAM. personne de carrure impressionnante. **2.** *Armoire à pharmacie,* petit meuble fixé au mur.
ÉTYM. latin *armarium,* de *arma* «ustensiles».

ARMOIRIES [aʀmwaʀi] **n. f. pl.** ✦ Ensemble des emblèmes symboliques qui distinguent une famille noble ou une collectivité. SYN. **arme**(s), **blason** ; → **héraldique ; armorier.**
ÉTYM. famille de *arme.*

ARMOISE [aʀmwaz] **n. f.** ✦ Plante aromatique à usages médicaux.
ÉTYM. latin *artemisia,* du grec, «plante d'Artémis».

ARMORIAL, AUX [aʀmɔʀjal, o] **n. m.** ✦ Recueil d'armoiries.
ÉTYM. de *armorier.*

ARMORIER [aʀmɔʀje] **v. tr.** (conjug. 9) ✦ Orner d'armoiries.
► **ARMORIÉ, ÉE adj.** *Chevalière armoriée.*

ARMURE [aʀmyʀ] **n. f.** **I** **1.** Harnais protecteur, fait d'un assemblage de plaques, que revêtait l'homme d'armes. **2.** fig. Ce qui couvre, défend, protège. SYN. ① **défense, protection.** **II** Mode d'entrecroisement des fils de chaîne et de trame d'un tissu. *Armure toile.*
ÉTYM. latin *armatura* ; doublet de *armature.*

ARMURERIE [aʀmyʀʀi] **n. f.** **1.** Profession d'armurier. **2.** Fabrication, commerce, dépôt d'armes.

ARMURIER [aʀmyʀje] **n. m.** ✦ Celui qui vend ou fabrique des armes.
ÉTYM. de *armure.*

A. R. N. [ɑɛʀɛn] **n. m.** ✦ BIOL. Acide nucléique essentiel dans le transport du message génétique et la synthèse des protéines. ➜ variante ARN.
ÉTYM. sigle de *a(cide) r(ibo)n(ucléique).*

ARNAQUE [aʀnak] **n. f.** ✦ FAM. Escroquerie, vol ; tromperie. *C'est de l'arnaque !*
ÉTYM. de *arnaquer.*

ARNAQUER [aʀnake] **v. tr.** (conjug. 3a) ✦ FAM. **1.** Escroquer, voler. *Tu t'es fait arnaquer.* **2.** Arrêter, prendre. SYN. **alpaguer.**
► **ARNAQUEUR, EUSE** [aʀnakœʀ, øz] **n.**
ÉTYM. altération de *harnacher* «accoutrer ; tromper».

ARNICA [aʀnika] **n. f.** **1.** Plante de montagne à fleurs jaunes, toxique violent du système nerveux. **2.** Teinture qui en est extraite, utilisée contre les contusions.
ÉTYM. latin botanique *arnica,* d'origine incertaine.

AROBASE [aʀɔbaz] **n. f.** ✦ Signe typographique (@) appelé aussi *a commercial.*
ÉTYM. p.-ê. de *a rond bas (de casse).*

AROMATE [aʀɔmat] **n. m.** ✦ Substance végétale odoriférante ; épice, condiment.
ÉTYM. latin médiéval *aromatum* «parfum», de *aroma* «aromate».

AROMATIQUE [aʀɔmatik] **adj.** **1.** De la nature des aromates. *Plante, herbe, essence, huile aromatique.* **2.** CHIM. Se dit de la série de composés dont la molécule contient un ou plusieurs noyaux benzéniques. *Hydrocarbures aromatiques.*
ÉTYM. bas latin *aromaticus.*

AROMATISER [aʀɔmatize] **v. tr.** (conjug. 3a) ✦ Parfumer avec une substance aromatique. – au p. passé *Vinaigre aromatisé à l'estragon.*
ÉTYM. de *aromate.*

ARÔME [aʀom] **n. m.** 1. Odeur agréable qui émane de certaines substances. SYN. **parfum.** *Un délicieux arôme de café.* – *L'arôme d'un vin.* SYN. ① **bouquet.** 2. *Arôme naturel, artificiel* (additif alimentaire).
ÉTYM. latin *aroma.*

ARONDE [aʀɔ̃d] **n. f.** ✦ VX OU LITTÉR. Hirondelle. ◆ TECHN. *Assemblage à queue d'aronde,* à tenon et mortaise en forme de queue d'hirondelle.
ÉTYM. latin *hirundo.*

ARPÈGE [aʀpɛʒ] **n. m.** ✦ MUS. Accord exécuté sur un instrument en égrenant rapidement les notes.
ÉTYM. italien *arpeggio,* de *arpa* «harpe».

ARPÉGER [aʀpeʒe] **v. tr.** (conjug. 8b) ✦ MUS. Exécuter (un passage) en arpèges.

ARPENT [aʀpɑ̃] **n. m.** ✦ Ancienne mesure agraire (de 20 à 50 ares).
ÉTYM. latin *arepennis,* du gaulois.

ARPENTAGE [aʀpɑ̃taʒ] **n. m.** ✦ Mesure de la superficie d'un terrain ; techniques de l'arpenteur. → **géodésie.**
ÉTYM. de *arpenter.*

ARPENTER [aʀpɑ̃te] **v. tr.** (conjug. 3a) 1. Mesurer la superficie de (un terrain). 2. Parcourir à grands pas (un lieu délimité).
ÉTYM. de *arpent.*

ARPENTEUR, EUSE [aʀpɑ̃tœʀ, øz] **n.** ✦ Professionnel(le) des techniques géométriques de mesure des surfaces et des relèvements de terrains. *Chaîne d'arpenteur.*
ÉTYM. de *arpenter.*

ARPENTEUSE [aʀpɑ̃tøz] **n. f.** ✦ Chenille de la phalène (qui semble mesurer, «arpenter» le sol).

ARPÈTE [aʀpɛt] **n. f.** ✦ FAM., VIEILLI Jeune apprentie (surtout modiste, couturière).
ÉTYM. peut-être allemand *Arbeiter* «ouvrier».

ARPION [aʀpjɔ̃] **n. m.** ✦ FAM. Pied.
ÉTYM. occitan *arpiou* «ongle d'oiseau», latin *harpago* «harpon».

ARQUEBUSE [aʀkəbyz] **n. f.** ✦ anciennt Arme à feu qu'on faisait partir au moyen d'une mèche.
▶ **ARQUEBUSIER** [aʀkəbyzje] **n. m.**
ÉTYM. du néerlandais *hakebusse,* littéralement «canon *(busse)* à crochet *(haken)*».

ARQUER [aʀke] **v. tr.** (conjug. 3a) ✦ Courber en arc. CONTR. **redresser.**
▶ **ARQUÉ, ÉE adj.** *Des jambes arquées.* CONTR. ① **droit.**
ÉTYM. de *arc.*

ARRACHAGE [aʀaʃaʒ] **n. m.** ✦ Action d'arracher. *L'arrachage des carottes. L'arrachage d'une dent.* SYN. **extraction.** CONTR. **plantation.**

à l'ARRACHE [alaʀaʃ] **loc. adv.** ✦ FAM. Avec précipitation et sans soin. *Terminer un devoir à l'arrache.*
ÉTYM. de *à l'arraché.*

à l'ARRACHÉ [alaʀaʃe] **loc. adv.** ✦ Par un effort violent. *Gagner une course à l'arraché.* SYN. FAM. **à l'arrache.**
ÉTYM. du participe passé de *arracher.*

ARRACHEMENT [aʀaʃmɑ̃] **n. m.** 1. Action d'arracher. 2. Affliction, peine que cause une séparation, un sacrifice. SYN. **déchirement.** *L'arrachement des adieux.* CONTR. **plantation.**

d'ARRACHE-PIED [daʀaʃpje] **loc. adv.** ✦ Sans désemparer, en soutenant un effort pénible. *Lutter d'arrache-pied.*
ÉTYM. de *arracher* et *pied.*

ARRACHER [aʀaʃe] **v. tr.** (conjug. 3a) **I** 1. Enlever de terre (une plante qui y tient par ses racines). SYN. **déraciner.** *Arracher les mauvaises herbes.* → **désherber.** 2. Détacher avec effort (une chose qui tient ou adhère). SYN. **enlever, extirper.** *Arracher un clou avec des tenailles.* ◆ loc. *S'arracher les cheveux* : être désespéré. 3. Enlever de force à une personne ou à une bête (ce qu'elle retient). SYN. **prendre, ravir.** *Arracher un oiseau des griffes d'un chat.* 4. Obtenir (qqch.) de qqn avec peine, malgré une résistance. SYN. **extorquer.** *Impossible de lui arracher son secret.* ◆ *Arracher des plaintes, des larmes à qqn.* SYN. **tirer.** 5. *Arracher qqn de* (un lieu), le lui faire quitter par force, malgré lui. SYN. **chasser, tirer.** *Il a fallu l'arracher du lit.* ◆ fig. *Arracher qqn à un état, à une situation,* l'en faire sortir malgré les difficultés ou malgré sa résistance. *Arracher qqn au sommeil ; à ses habitudes. Arracher qqn à la misère.* SYN. **tirer** de. **II** *S'ARRACHER* **v. pron.** 1. Arracher l'un à l'autre. 2. Se disputer (une chose) pour se l'approprier. *On s'arrachait les vêtements soldés.* ◆ *S'arracher qqn,* se disputer sa présence. *On se l'arrache.* 3. *S'ARRACHER DE, S'ARRACHER À* : se détacher avec effort, difficulté, peine ou regret de. *S'arracher des bras d'une personne. S'arracher au passé.* CONTR. **fixer, planter** • **attacher.**
ÉTYM. latin populaire *exradicare,* de *eradicare* «enlever la racine *(radix)*».

ARRACHEUR, EUSE [aʀaʃœʀ, øz] **n.** 1. Personne qui arrache. ◆ loc. *Mentir comme un arracheur de dents* (qui promettait de ne pas faire souffrir) : mentir effrontément. 2. *ARRACHEUSE* **n. f.** AGRIC. Machine servant à arracher (des tubercules, racines, graines, etc.).

ARRAISONNER [aʀɛzɔne] **v. tr.** (conjug. 3a) ✦ *Arraisonner un navire, un avion,* procéder à un interrogatoire ou à une visite pour vérifier son chargement, sa destination, etc.
▶ **ARRAISONNEMENT** [aʀɛzɔnmɑ̃] **n. m.**
ÉTYM. de *raison.*

ARRANGEANT, ANTE [aʀɑ̃ʒɑ̃, ɑ̃t] **adj.** ✦ (personnes) Qui est disposé à aplanir toute difficulté. SYN. **accommodant, conciliant.** CONTR. **difficile, exigeant.**
ÉTYM. du participe présent de *arranger.*

ARRANGEMENT [aʀɑ̃ʒmɑ̃] **n. m.** 1. Action de disposer (une chose, ses éléments) dans un certain ordre. SYN. **disposition.** *L'arrangement d'une maison, des meubles.* SYN. **agencement, installation.** 2. MUS. Adaptation d'une composition à d'autres instruments (→ **arrangeur**). *Un arrangement pour piano.* 3. Convention tendant à régler une situation juridique. SYN. **accord, compromis.** CONTR. **dérangement, désordre.**
ÉTYM. de *arranger.*

ARRANGER [aʀɑ̃ʒe] **v. tr.** (conjug. 5) **I** 1. Disposer de manière correcte ou préférée. *Arranger des fleurs dans un vase.* 2. Mettre sur pied, organiser. SYN. **combiner, organiser, préparer.** *Arranger une entrevue.* 3. Améliorer l'apparence, l'état de (qqn, qqch.). – *Faire* *arranger sa voiture.* SYN. **réparer.** ◆ FAM. Donner mauvaise apparence à (qqn). *Le coiffeur t'a bien arrangé !* → Maltraiter (qqn), en dire du mal. 4. Régler par un accord mutuel. *Arranger une affaire.* 5. Être utile, pratique pour (qqn). SYN. **convenir.** *Venez plutôt ce soir, cela m'arrange.* **II** *S'ARRANGER* v. pron. 1. Ajuster sa toilette. *Elle est allée s'arranger.* ◆ FAM. *Il ne s'est pas arrangé :* il a enlaidi ; ses défauts ont empiré. 2. (choses) Être remis en état. SYN. se **réparer.** ◆ Aller mieux. *Le temps va s'arranger.* SYN. **s'améliorer.** 3. Prendre ses dispositions, ses mesures (en vue d'un résultat). *Arrangez-vous comme vous voulez.* SYN. **faire.** *S'arranger pour,* faire en sorte de. 4. Se mettre d'accord. SYN. **s'entendre.** *Avec elle, je m'arrangerai toujours. Ils se sont arrangés.* 5. *S'ARRANGER DE qqch.* SYN. **s'accommoder** de. CONTR. **déranger • désorganiser • envenimer.**

ÉTYM. de ① *a-* et *ranger.*

ARRANGEUR, EUSE [aʀɑ̃ʒœʀ, øz] n. ✦ Personne qui fait un arrangement (2) pour d'autres instruments, ou qui écrit de la musique pour orchestre d'après un thème (jazz, rock, variétés).

ARRÉRAGES [aʀeʀaʒ] n. m. pl. ✦ Montant échu d'une rente, d'une pension.

ÉTYM. de *arriérer* «retarder (un paiement)», de *arrière.*

ARRESTATION [aʀɛstasjɔ̃] n. f. ✦ Action d'arrêter (une personne) pour l'emprisonner. *Arrestation préventive. Mettre qqn en état d'arrestation.* CONTR. **délivrance, libération.**

ÉTYM. latin médiéval *arrestatio.*

ARRÊT [aʀɛ] n. m. 1. Action de s'arrêter (dans sa marche, son mouvement) ; état de ce qui n'est plus en mouvement. *Arrêt d'un train en gare. Signal d'arrêt.* → **stop.** *Faire plusieurs arrêts.* SYN. **halte.** → *Voitures à l'arrêt* (→ **en stationnement**). ◆ *Chien d'arrêt,* qui s'immobilise quand il sent le gibier. → fig. *Tomber EN ARRÊT :* s'immobiliser, l'attention en éveil. ◆ Fin d'un fonctionnement, d'une activité. *Arrêt d'un moteur. Arrêt du cœur :* syncope. *Arrêt des hostilités.* SYN. **cessation.** *Les employés ont voté l'arrêt du travail* (→ ② **grève**). → *Un arrêt de travail* (pour cause médicale). ◆ loc. *SANS ARRÊT :* sans interruption. → sans **cesse.** 2. Endroit où doit s'arrêter un véhicule. *L'arrêt d'autobus.* 3. DR. *Mandat d'arrêt :* ordre d'incarcération délivré par le juge d'instruction (→ **arrestation**). → *Maison d'arrêt,* prison. 4. Décision d'une cour souveraine ou d'une haute juridiction. SYN. **jugement.** *Un arrêt du Conseil d'État.*

ÉTYM. de *(s')arrêter.*

① **ARRÊTÉ** [aʀete] n. m. 1. Règlement définitif. *Arrêté de compte.* 2. Décision écrite d'une autorité administrative. *Des arrêtés préfectoraux.*

ÉTYM. de ② *arrêté.*

② **ARRÊTÉ, ÉE** [aʀete] adj. 1. Convenu, décidé. *C'est une chose arrêtée.* 2. (idées, projets) Inébranlable, irrévocable. SYN. ① **ferme.** *Il a la volonté bien arrêtée de refuser.* CONTR. **indécis.**

ÉTYM. du participe passé de *arrêter.*

ARRÊTE-BŒUF [aʀɛtbœf], plur. **ARRÊTE-BŒUFS** [-bø] n. m. ✦ Plante épineuse aux racines longues et résistantes (qui pourraient arrêter la charrue).

ÉTYM. de *arrêter* et *bœuf.*

ARRÊTER [aʀete] v. (conjug. 3a) **I** v. tr. 1. Empêcher (qqn ou qqch.) d'avancer, d'aller plus loin. SYN. **immobiliser, retenir.** *Arrêter un passant. Arrêter sa voiture.* 2. Interrompre ou faire finir (une activité, un processus). *On n'arrête pas le progrès.* 3. Empêcher (qqn) d'agir ou de poursuivre une action. SYN. ① **entraver.** *Rien ne l'arrête quand il a choisi. Ici, je vous arrête* (dans la conversation). 4. Faire prisonnier. SYN. **appréhender ;** → **arrestation.** *Arrêter un escroc. Se faire arrêter.* 5. Fixer par un choix. *Arrêter la date d'une réunion.* SYN. **fixer, régler.** 6. Décider par un arrêté. *Le ministre arrête que...* **II** v. intr. 1. Cesser d'avancer. *Dites au chauffeur d'arrêter.* 2. Cesser de parler ou d'agir. *Ça suffit, arrête !* → *Il n'arrête pas de gesticuler.* **III** *S'ARRÊTER* v. pron. 1. Interrompre sa marche, ne pas aller plus loin. *S'arrêter pour se reposer. Passer sans s'arrêter.* 2. (mécanisme) Ne plus fonctionner. *Ma montre s'est arrêtée.* 3. (processus, action) S'interrompre ou finir. *L'hémorragie s'arrête.* ◆ (personnes) Cesser d'agir, d'exercer une action. SYN. **cesser.** *S'arrêter de fumer.* 4. *S'ARRÊTER À :* fixer son attention sur, faire attention à. *S'arrêter aux apparences, aux détails.* CONTR. ① **aller, avancer, marcher • continuer, poursuivre, reprendre.**

ÉTYM. latin populaire *arrestare,* de *restare* «s'arrêter».

ARRHES [aʀ] n. f. pl. ✦ Somme d'argent que l'on donne au moment de la conclusion d'un contrat, d'un marché. *Verser des arrhes à la commande.* HOM. ARE «unité de mesure», ART «expression de la beauté»

ÉTYM. latin *arra.*

ARRIÉRATION [aʀjeʀasjɔ̃] n. f. ✦ PSYCH. *Arriération mentale :* état d'un sujet dont l'âge mental est inférieur à l'âge réel.

ÉTYM. de *arriéré.*

① **ARRIÈRE** [aʀjɛʀ] adv. **I** 1. VX Derrière, en reculant. → interj. *Arrière !* allez-vous-en ! 2. (après un nom) *Vent arrière :* en poupe. *Faire machine arrière,* fig. reculer. *Marche* arrière.* **II** 1. *EN ARRIÈRE* loc. adv. : vers le lieu, le côté situé derrière. *Aller, marcher, rouler en arrière* (→ **reculer**). *Renverser la tête en arrière. Cheveux tirés en arrière.* ◆ À une certaine distance derrière. *Rester en arrière.* 2. *EN ARRIÈRE DE* loc. prép. *Se tenir en arrière de qqn ou de qqch.,* derrière. CONTR. ① **avant.**

ÉTYM. latin populaire *adretro,* de *retro* «en arrière».

② **ARRIÈRE** [aʀjɛʀ] n. m. et adj. invar.

I n. m. 1. Partie postérieure (d'une chose). SYN. ② **derrière, dos.** *L'avant et l'arrière d'une voiture. À l'arrière du train.* SYN. **queue.** 2. *L'ARRIÈRE :* le territoire qui se trouve en dehors de la zone des opérations (opposé à front). 3. au plur. *Les arrières d'une armée,* les lignes de communication. ◆ loc. *Assurer ses arrières :* avoir une solution de rechange en cas de difficulté. 4. Joueur qui est placé derrière tous les autres (rugby) ou derrière la ligne des demis (football). CONTR. ② **avant,** ① **devant.**

II adj. invar. Qui est à l'arrière. *Les feux arrière d'un camion. Sièges arrière et sièges avant.* CONTR. ② **avant.**

ÉTYM. de ① *arrière.*

> **ARRIÈRE-** Élément de noms, signifiant «qui est derrière» (ex. *arrière-cuisine, arrière-fond, arrière-salle*) ou «qui est plus loin dans le temps» (ex. *arrière-grand-oncle*).

ARRIÉRÉ, ÉE [aʀjeʀe] adj. et n.

I adj. 1. péj. Qui appartient au temps passé, n'est pas moderne. SYN. **rétrograde.** *Idées arriérées,* en retard. 2.

A B C D E F G H I J K L M N O P Q R S T U V W X Y Z

Qui est en retard dans son développement mental. SYN. **attardé.** *Un enfant arriéré* (→ **arriération**). – n. *Un arriéré.* CONTR. **avancé, évolué, moderne.**
II n. m. 1. Dette échue et qui reste due. 2. fig. Ce qui est en retard. *Un arriéré de sommeil.* CONTR. **avance.**
ÉTYM. de *arrière.*

ARRIÈRE-BAN → BAN

ARRIÈRE-BOUTIQUE [aʀjɛʀbutik] n. f. ✦ Pièce de plain-pied située derrière une boutique. *Des arrière-boutiques.*

ARRIÈRE-COUR [aʀjɛʀkuʀ] n. f. ✦ Petite cour aménagée à l'arrière d'une maison. *Des arrière-cours.*

ARRIÈRE-GARDE [aʀjɛʀgaʀd] n. f. 1. Partie d'un corps d'armée qui ferme la marche. *Des arrière-gardes. Un combat d'arrière-garde,* fig. que l'on continue alors que l'on est déjà sûr de l'échec. 2. fig. Ce qui est en arrière, en retard dans une évolution. CONTR. **avant-garde.**
ÉTYM. de *arrière-* et ① *garde.*

ARRIÈRE-GORGE [aʀjɛʀgɔʀʒ] n. f. ✦ Fond de la gorge. *Des arrière-gorges.*

ARRIÈRE-GOÛT [aʀjɛʀgu] n. m. 1. Goût qui reste dans la bouche après l'absorption. *Des arrière-goûts désagréables.* 2. fig. État affectif qui subsiste après le fait qui l'a provoqué. SYN. ① **souvenir.** *Un arrière-goût de tristesse.* CONTR. **avant-goût.**

ARRIÈRE-GRAND-MÈRE [aʀjɛʀgʀɑ̃mɛʀ] n. f. ✦ Mère du grand-père ou de la grand-mère. *Des arrière-grands-mères.*

ARRIÈRE-GRAND-PÈRE [aʀjɛʀgʀɑ̃pɛʀ] n. m. ✦ Père du grand-père ou de la grand-mère. *Des arrière-grands-pères.*

ARRIÈRE-GRANDS-PARENTS [aʀjɛʀgʀɑ̃paʀɑ̃] n. m. pl. ✦ Parents des grands-parents. SYN. **bisaïeul.**

ARRIÈRE-PAYS [aʀjɛʀpei] n. m. invar. ✦ Région située en arrière d'une région côtière. *Le littoral et l'arrière-pays.*

ARRIÈRE-PENSÉE [aʀjɛʀpɑ̃se] n. f. ✦ Pensée, intention que l'on dissimule. *Des arrière-pensées malveillantes. Je le dis sans arrière-pensée.*

ARRIÈRE-PETIT-FILS [aʀjɛʀpətifis] n. m., **ARRIÈRE-PETITE-FILLE** [aʀjɛʀpətitfij] n. f. ✦ Fils, fille du petit-fils, de la petite-fille. *Des arrière-petits-fils et des arrière-petites-filles.*

ARRIÈRE-PETITS-ENFANTS [aʀjɛʀpətizɑ̃fɑ̃] n. m. pl. ✦ Enfants des petits-enfants.

ARRIÈRE-PLAN [aʀjɛʀplɑ̃] n. m. 1. Plan le plus éloigné de l'œil du spectateur (opposé à *premier plan*). *Des arrière-plans.* 2. fig. *Être à l'arrière-plan,* dans une position secondaire.

ARRIÈRE-SAISON [aʀjɛʀsɛzɔ̃] n. f. ✦ Dernière saison de l'année, automne, fin de l'automne. *Des arrière-saisons ensoleillées.*

ARRIÈRE-SALLE [aʀjɛʀsal] n. f. ✦ Salle derrière une autre. *L'arrière-salle d'un café. Des arrière-salles.*

ARRIÈRE-TRAIN [aʀjɛʀtʀɛ̃] n. m. ✦ Partie postérieure du corps (d'un quadrupède). *Des arrière-trains.* ♦ FAM. Fesses (d'une personne). SYN. **postérieur.**

ARRIMER [aʀime] v. tr. (conjug. 3a) 1. Caler, fixer avec des liens (un chargement, des colis). – au p. passé *Chargement solidement arrimé.* 2. Fixer deux choses l'une à l'autre (dont l'une ou toutes deux sont mobiles). *Arrimer deux engins dans l'espace.*
► **ARRIMAGE** [aʀimaʒ] n. m.
ÉTYM. du moyen anglais *rimen* «arranger».

ARRIVAGE [aʀivaʒ] n. m. ✦ Arrivée de marchandises ; ces marchandises. *Un arrivage de fruits aux halles.* ♦ iron. *Un arrivage de touristes.*
ÉTYM. de *arriver.*

ARRIVANT, ANTE [aʀivɑ̃, ɑ̃t] n. ✦ Personne qui arrive quelque part. *Les nouveaux, les derniers arrivants.* CONTR. ① **partant.**
ÉTYM. du participe présent de *arriver.*

ARRIVÉ, ÉE [aʀive] n. et adj. 1. n. *Premier, dernier arrivé,* personne qui est arrivée la première, la dernière. 2. adj. Qui a réussi (socialement, professionnellement). *Un homme arrivé.* → **parvenu.**

ARRIVÉE [aʀive] n. f. 1. Action, fait d'arriver. *Annoncer son arrivée. Heure d'arrivée du train. La ligne d'arrivée* (d'une course). ♦ Moment où l'on arrive. *Je vous verrai à mon arrivée.* 2. Passage (d'un fluide) qui arrive quelque part. *Arrivée d'essence.* 3. fig. *L'arrivée du printemps.* SYN. **apparition, début.** 4. Lieu où arrivent des voyageurs, des coureurs, etc. *Où se trouve l'arrivée ?* CONTR. ① **départ, sortie.**
ÉTYM. du participe passé de *arriver.*

ARRIVER [aʀive] v. intr. (conjug. 3a) I 1. MAR. Toucher au port, à terre. 2. Toucher au terme d'un trajet ; parvenir au lieu où l'on voulait aller (→ **arrivée**). *Nous arriverons à Londres vers midi. Le train, l'avion qui arrive de Londres.* SYN. **venir** de. – impers. *Il est arrivé une visiteuse inattendue.* 3. Approcher vers qqn. *Le voici qui arrive.* SYN. **venir** ; FAM. s'**amener, rappliquer.** *Arriver en courant.* 4. Atteindre le niveau de, par la taille. – fig. *Il ne lui arrive pas à la cheville.* 5. ARRIVER À (+ nom) : atteindre, parvenir à (un état). *Arriver à un certain âge. Arriver au terme de son existence.* SYN. **atteindre, parvenir,** ① **toucher.** *Arriver à ses fins.* ♦ ARRIVER À (+ inf.) : réussir à ; finir par. *Il n'arrive pas à faire des économies.* 6. Réussir (dans la société). *Elle veut à tout prix arriver* (→ **arriviste**). 7. Aborder (un sujet). *Arriver à la conclusion de son discours. J'y arrive.* 8. EN ARRIVER À : en venir à. *J'en arrive à la dernière question.* – Être sur le point de, après une évolution (souvent malgré soi). *Il faudra bien en arriver là.* II (choses) 1. Parvenir à destination (→ **arrivage**). *Un colis est arrivé pour vous.* – impers. *Il est arrivé une lettre.* 2. Parvenir (jusqu'à qqn). *Le bruit est arrivé jusqu'à ses oreilles.* 3. Atteindre un certain niveau. SYN. **atteindre,** s'**élever, monter.** *L'eau arrive à tel niveau, lui arrive à la ceinture.* 4. Venir, être sur le point d'être. *Le jour, la nuit arrive,* se lève ; tombe. *L'hiver arrive.* SYN. **approcher.** *Un jour arrivera où...* SYN. **venir.** 5. (fait, évènement...) Se produire. SYN. **advenir,** avoir **lieu, survenir.** *Un accident est vite arrivé.* ♦ *Cela ne m'est jamais arrivé. Cela peut arriver à tout le monde,* tout le monde est exposé à pareil accident. *Ça n'arrive qu'aux autres,* on a l'illusion que ça ne peut pas arriver à soi. – *Qu'est-ce qui vous arrive ?* ♦ impers. *Il est arrivé un accident. Quoi qu'il arrive,* en tout cas. *Il lui arrive de mentir.* CONTR. s'**en aller,** s'**éloigner,** ① **partir** · **échouer, manquer.**
ÉTYM. latin populaire *arripare* «atteindre la rive *(ripa)*».

ARRIVISTE [aʀivist] n. et adj. ✦ Personne dénuée de scrupules qui veut arriver, réussir par n'importe quel moyen.
► **ARRIVISME** [aʀivism] n. m.

ARROGANCE [aʀɔgɑ̃s] n. f. ✦ Insolence méprisante ou agressive. SYN. **hauteur, ① morgue.** CONTR. **déférence, humilité, modestie.**
ÉTYM. latin *arrogantia.*

ARROGANT, ANTE [aʀɔgɑ̃, ɑ̃t] adj. ✦ Qui manifeste de l'arrogance. *Une personne arrogante. Air, ton arrogant.* SYN. **orgueilleux ; impudent, insolent, suffisant.** CONTR. **déférent, humble, modeste.**
ÉTYM. latin *arrogans,* participe présent de *arrogare* «s'approprier, s'arroger».

S'ARROGER [aʀɔʒe] v. pron. (conjug. 5) ✦ S'attribuer (un droit, une qualité) sans y avoir droit. SYN. **s'approprier, s'attribuer, usurper.** *Elle s'est arrogé tous les pouvoirs.*
ÉTYM. latin *arrogare,* de *rogare* «demander».

ARROI [aʀwa] n. m. ✦ LITTÉR. *En grand arroi :* avec une suite nombreuse et un brillant équipage.
ÉTYM. de l'ancien verbe *arroier* «équiper, préparer», du germanique.

ARRONDI, IE [aʀɔ̃di] adj. et n. m. 1. adj. À peu près rond. *Un visage arrondi.* 2. n. m. *L'arrondi,* le contour arrondi. SYN. **courbe.** *L'arrondi d'une jupe* (en bas). 3. MATH. Valeur approchée. *Donnez l'arrondi de la longueur l à 1/10 près.*
ÉTYM. du participe passé de *arrondir.*

ARRONDIR [aʀɔ̃diʀ] v. tr. (conjug. 13) 1. Rendre rond. *Le frottement arrondit les galets.* ◆ Donner une forme courbe à. *Arrondir le bras.* 2. fig. loc. *Arrondir les angles :* atténuer les oppositions, les dissentiments. 3. Rendre plus importante (une propriété, sa fortune). *Arrondir sa fortune.* SYN. **augmenter.** ◆ *Arrondir un total, un chiffre,* lui substituer le chiffre rond inférieur ou supérieur. 4. *S'ARRONDIR* v. pron. Devenir rond. *Son ventre s'arrondit.* CONTR. **diminuer, réduire.**
ÉTYM. de *rond.*

ARRONDISSEMENT [aʀɔ̃dismɑ̃] n. m. **I** Action d'arrondir (3). *Arrondissement au franc supérieur.* **II** Division territoriale ; spécialt en France, circonscription administrative. *Le département est divisé en arrondissements. Chef-lieu d'arrondissement.* → **sous-préfecture.** ◆ Subdivision administrative dans certaines grandes villes (Paris, Lyon, Marseille). *Le Vᵉ, le XVIᵉ arrondissement.*
ÉTYM. de *arrondir.*

ARROSAGE [aʀozaʒ] n. m. 1. Action d'arroser. *L'arrosage d'un jardin. Tuyau d'arrosage.* 2. Recommandation officielle pour *spam.*

ARROSÉ, ÉE [aʀoze] adj. 1. Qui reçoit des précipitations, des pluies. 2. À travers quoi coule un cours d'eau. 3. *Un repas bien arrosé,* où l'on a bu du vin, de l'alcool. *Un café arrosé,* dans lequel on a versé de l'alcool.
ÉTYM. du participe passé de *arroser.*

ARROSER [aʀoze] v. tr. (conjug. 3a) 1. Mouiller en versant un liquide, de l'eau sur. *Arroser des plantes.* – FAM. *Se faire arroser,* mouiller par la pluie. ◆ LITTÉR. *Arroser de larmes,* pleurer abondamment sur. 2. Couler à travers. SYN. **traverser.** *La Seine arrose le Bassin parisien.* 3. fig. *Arroser son repas d'un bon vin,* l'accompagner d'un bon vin. *Arroser son café,* y verser de l'alcool. ◆ FAM. Fêter un évènement en buvant. *Il faut arroser ça !* 4. fig. FAM. *Arroser qqn,* lui donner de l'argent (pour obtenir un avantage). SYN. **corrompre, soudoyer.** 5. ARGOT MILIT. Bombarder, mitrailler méthodiquement. 6. Diffuser des informations sur un secteur. *Cette radio arrose toute la région.* SYN. **couvrir.** CONTR. **assécher, dessécher, drainer.**
ÉTYM. latin populaire *arrosare,* de *ros* «rosée».

ARROSEUR, EUSE [aʀozœʀ, øz] n. **I** Personne qui arrose (qqch., qqn). *L'arroseur arrosé.* **II** *ARROSEUSE* n. f. Véhicule destiné à l'arrosage des voies publiques.

ARROSOIR [aʀozwaʀ] n. m. ✦ Ustensile destiné à l'arrosage, récipient muni d'une anse et d'un long col terminé par une pomme* d'arrosoir.
ÉTYM. de *arroser.*

ARROW-ROOT [aʀoʀut] n. m. ✦ Plante d'Amérique tropicale ; fécule comestible tirée du rhizome de cette plante et de diverses autres. *Des arrow-roots.*
ÉTYM. mot anglais «racine *(root)* flèche *(arrow)*».

ARSENAL, AUX [aʀsənal, o] n. m. 1. Centre de construction, de réparation et d'armement des navires de guerre. *Les arsenaux de Toulon.* 2. Dépôt d'armes et de munitions. 3. fig. Moyens de lutte, d'action. *L'arsenal des lois.* 4. FAM. Matériel compliqué. *L'arsenal d'un photographe.*
ÉTYM. italien *arsenale,* de l'arabe.

ARSENIC [aʀsənik] n. m. ✦ Élément chimique (symb. As), substance cassante de couleur gris acier dont un oxyde est un poison violent.
► **ARSENICAL, ALE, AUX** [aʀsənikal, o] adj.
ÉTYM. bas latin *arsenicum,* de *arrhenicum,* du grec.

ARSOUILLE [aʀsuj] n. ✦ VIEILLI Voyou. *Un, une arsouille.* – adj. *Il a un genre arsouille,* vulgaire et canaille.
ÉTYM. probablement famille de *souiller.*

ART [aʀ] n. m. **I** 1. VX Moyen d'obtenir un résultat (par l'effet d'aptitudes naturelles) ; ces aptitudes (adresse, habileté). MOD. *L'art de faire qqch.* SYN. **façon, manière.** *Avoir l'art de plaire.* – *Faire qqch. avec art.* SYN. **② adresse, habileté, savoir-faire.** *L'art et la manière.* 2. Ensemble de connaissances et de règles d'action, dans un domaine particulier. SYN. **technique ;** → **artisan.** *L'art vétérinaire.* – *Les arts ménagers. École des arts et métiers, des arts et manufactures.* – loc. *Dans les règles de l'art,* en utilisant la manière la plus correcte de procéder. – (avec *de* + inf.) *«L'art d'aimer»* (d'Ovide). *L'art de vivre.* ◆ Métier. spécialt *Un homme de l'art :* un médecin. 3. loc. *Le grand art :* l'alchimie. ◆ *Le noble art :* la boxe. *Les arts martiaux.* **II** 1. Expression, par les œuvres de l'homme, d'un idéal esthétique ; ensemble des activités humaines créatrices visant à cette expression (→ **artiste**). *Œuvre d'art, objet d'art. Critique d'art. Histoire de l'art.* 2. Chacun des modes d'expression de la beauté. SYN. **beaux-arts.** *Les arts plastiques. Le septième art :* le cinéma. *Les arts décoratifs.* 3. Création des œuvres d'art ; ensemble des œuvres (à une époque ; dans un lieu particulier). *L'art égyptien. Musée d'art moderne.* – *Le style Art nouveau* (fin XIXᵉ siècle ; ☛ Art nouveau p. 187) ; *le style Art déco* (peu après 1925). – en peinture, en sculpture *Art abstrait ; art figuratif.*
HOM. ARE «unité de mesure», ARRHES «somme d'argent»
ÉTYM. latin *ars, artis* «talent, savoir-faire ; art, science».

A B C D E F G H I J K L M N O P Q R S T U V W X Y Z

ARTÉFACT [artefakt] n. m. ✦ anglicisme 1. Phénomène d'origine humaine, artificielle, intervenant dans l'étude de faits naturels. 2. Produit de l'art ou de l'industrie humaine. → On écrit aussi *artefact*.
ÉTYM. anglais *artefact*, du latin *artis factum* «fait de l'art».

ARTÈRE [artɛʀ] n. f. 1. ANAT. Un des vaisseaux à ramifications divergentes qui, partant des ventricules du cœur, distribuent le sang à tout le corps. *Les artères communiquent avec les veines* par les capillaires.* → appos. *Trachée* artère.* 2. fig. Rue importante (d'une ville).
ÉTYM. latin *arteria*, du grec.

ARTÉRIEL, ELLE [arterjɛl] adj. ✦ Qui a rapport aux artères. *Tension artérielle.*

ARTÉRIOLE [arterjɔl] n. f. ✦ ANAT. Petite artère.

ARTÉRIOSCLÉROSE [arterjoskleroz] n. f. ✦ État pathologique caractérisé par un durcissement progressif des artères. → **athérosclérose.**
ÉTYM. de *artère* et *sclérose*.

ARTÉRITE [arterit] n. f. ✦ MÉD. Affection artérielle d'origine inflammatoire.
ÉTYM. de *artère* et *-ite*.

ARTÉSIEN, IENNE [artezjɛ̃, jɛn] adj. 1. De l'Artois (☞ noms propres). 2. *PUITS ARTÉSIEN,* foré jusqu'à une nappe d'eau souterraine jaillissante.

ARTHRITE [artrit] n. f. ✦ Affection articulaire d'origine inflammatoire.
ÉTYM. latin *arthritis*, du grec «goutte (maladie)».

ARTHRITIQUE [artritik] adj. 1. MÉD. De l'arthrite. 2. Qui souffre d'arthrite. → n. *Les arthritiques.*
ÉTYM. latin *arthriticus*.

ARTHRITISME [artritism] n. m. ✦ MÉD. Arthrite accompagnée de divers troubles.

ARTHRO- Élément, du grec *arthron* «articulation».

ARTHROPODES [artrɔpɔd] n. m. pl. ✦ ZOOL. Embranchement d'invertébrés au corps formé de segments articulés (crustacés, insectes, arachnides...). → au sing. *Un arthropode.*
ÉTYM. latin scientifique *arthropodium* → arthro- et -pode.

ARTHROSE [artroz] n. f. ✦ MÉD. Inflammation chronique des articulations due à la détérioration des cartilages.
ÉTYM. de *arthrite* et ② *-ose*.

ARTICHAUT [artiʃo] n. m. ✦ Plante potagère cultivée pour ses capitules comestibles *(tête d'artichaut). Fond d'artichaut,* le réceptacle central, charnu, qui porte les bractées (*feuilles d'artichaut,* à base charnue). → Partie comestible de la plante. *Cœurs d'artichauts.* ◆ loc. FAM. *Un cœur d'artichaut :* une personne inconstante en amour.
ÉTYM. arabe, par l'italien *carcioffo*.

ARTICLE [artikl] n. m. **I** 1. Partie (numérotée ou non) qui forme une division d'un texte officiel (loi, contrat, traité, etc.). *Article de loi.* ◆ RELIG. *Article de foi :* point essentiel de croyance. → **dogme.** 2. Partie d'un écrit, du point de vue du contenu. SYN. ① **point.** *Sur cet article,* sur ce point, sur ce sujet. SYN. **chapitre.** 3. loc. *À L'ARTICLE DE LA MORT :* sur le point de mourir. 4. Écrit formant un tout, mais faisant partie d'une publication. *Les articles d'un dictionnaire. Un article de journal, de revue.* **II** (Élément d'une liste) 1. Objet de commerce. *Nous n'avons pas cet article en magasin. Articles de pêche.* 2. loc. *FAIRE L'ARTICLE :* vanter sa marchandise pour la vendre. → fig. Faire valoir (qqch., qqn) pour un motif intéressé. **III** Mot qui, placé devant un nom, sert à le déterminer plus ou moins précisément, tout en marquant le genre et le nombre. → **déterminant.** *Article défini* (→ ① **le**), *indéfini* (→ **un,** ② **des**), *partitif* (→ ② **de, du**).
ÉTYM. latin *articulus* «articulation», de *artus* ; doublet de *orteil*.

ARTICULAIRE [artikylɛʀ] adj. ✦ Qui a rapport aux articulations. *Rhumatisme articulaire chronique.* → **arthrose.**
ÉTYM. latin *articularis*.

ARTICULATION [artikylasjɔ̃] n. f. **I** 1. Ensemble des parties molles et dures par lesquelles s'unissent deux ou plusieurs os voisins (→ **arthro-**). *L'articulation du coude, du genou.* 2. Assemblage de plusieurs pièces mobiles les unes sur les autres (cardan, charnière, rotule...). 3. Manière dont un tout complexe est articulé. ◆ Liaison entre des parties. **II** Action de prononcer distinctement les différents sons d'une langue à l'aide des mouvements des lèvres et de la langue. SYN. **prononciation.** *Une articulation nette.*
ÉTYM. de *articuler* ; sens II, latin *articulatio*.

ARTICULATOIRE [artikylatwaʀ] adj. ✦ Qui concerne l'articulation des sons d'une langue. *Mouvement articulatoire.*
ÉTYM. de *articulation* (II).

ARTICULÉ, ÉE [artikyle] adj. **I** Construit de manière à s'articuler. *Support articulé.* **II** Formé de sons différents reconnaissables. *Langage articulé* (opposé à *inarticulé*).

ARTICULER [artikyle] v. tr. (conjug. 3a) **I** Assembler par une articulation*. ◆ pronom. Former une articulation. *Le fémur s'articule avec le tibia.* → Être assemblé par des jointeurs qui permettent le mouvement. **II** Émettre, faire entendre les sons vocaux à l'aide de mouvements des lèvres et de la langue. SYN. **prononcer.** → absolt Prononcer distinctement. ◆ pronom. Être articulé. *Le* [t] *s'articule avec la pointe de la langue.*
ÉTYM. latin *articulare*, de *articulus* «articulation».

ARTIFICE [artifis] n. m. **I** 1. Moyen habile, ingénieux (→ **art,** I). *Un artifice de calcul.* 2. Moyen habile pour déguiser la vérité. SYN. **ruse, subterfuge, tromperie.** **II** *FEU D'ARTIFICE :* explosifs à effet lumineux qu'on fait brûler pour une fête en plein air. → **pyrotechnie.** *Les feux d'artifice du 14 Juillet.* → fig. Ce qui éblouit par le nombre et la rapidité des images ou des traits brillants. CONTR. **droiture, naturel, vérité.**
ÉTYM. latin *artificium* ; sens II, de l'italien.

ARTIFICIEL, ELLE [artifisjɛl] adj. 1. Qui est le produit de l'activité, de l'habileté humaine. *Lac artificiel. Fécondation artificielle. Fleurs artificielles.* SYN. **factice,** ① **faux.** → fig. *Intelligence* artificielle.* 2. Créé par la vie sociale, la civilisation. SYN. **culturel.** *Des besoins artificiels.* 3. Qui ne tient pas compte des caractères naturels, des faits réels. *Classification artificielle.* SYN. **arbitraire.** 4. Qui manque de naturel. SYN. **affecté, feint.** *Une gaieté artificielle,* forcée. CONTR. **naturel, réel, sincère, véritable, vrai.**

► **ARTIFICIELLEMENT** [aʀtifisjɛlmɑ̃] **adv.** CONTR. **naturellement, spontanément.**
ÉTYM. latin *artificialis.*

ARTIFICIER, IÈRE [aʀtifisje, jɛʀ] **n.** 1. Personne qui fabrique, organise ou tire des feux d'artifice. 2. Spécialiste du désamorçage des bombes.
ÉTYM. de *artifice* (II).

ARTIFICIEUX, EUSE [aʀtifisjø, øz] **adj.** ✦ LITTÉR. Plein d'artifices, de ruse. *Un diplomate artificieux.* SYN. **rusé, retors.** *Des paroles artificieuses.*
ÉTYM. latin *artificiosus.*

ARTILLERIE [aʀtijʀi] **n. f.** 1. Matériel de guerre comprenant les canons, obusiers, etc. *Artillerie légère, lourde. Tir d'artillerie.* 2. Arme chargée du service de ce matériel, dans l'armée (→ **artilleur**).
ÉTYM. de l'anc. v. *artillier* «équiper d'engins», de *atilier* «arranger», infl. par *art.*

ARTILLEUR [aʀtijœʀ] **n. m.** ✦ Militaire appartenant à l'artillerie.
ÉTYM. de l'ancien verbe *artillier* → artillerie.

ARTIMON [aʀtimɔ̃] **n. m.** ✦ MAR. Mât le plus en arrière d'un navire à plusieurs mâts. ♦ Voile gréée sur ce mât.
ÉTYM. latin *artemo,* par l'italien de Gênes *artimo* ou par l'influence de *timon* «gouvernail».

ARTISAN, ANE [aʀtizɑ̃, an] **n.** ✦ rare au fém. 1. Personne qui fait un travail manuel, qui exerce une technique traditionnelle (→ **art,** I) à son propre compte, aidée souvent de sa famille et d'apprentis (ex. serrurier, plombier). *Artisan d'art.* 2. fig. Auteur, cause d'une chose. *Elle a été l'artisan de sa fortune.* prov. *À l'œuvre on connaît l'artisan :* on juge qqn sur ce qu'il a fait.
ÉTYM. italien ancien *artesano,* moderne *artegiano,* famille du latin *ars* «métier».

ARTISANAL, ALE, AUX [aʀtizanal, o] **adj.** 1. Relatif à l'artisan. *Métier artisanal.* 2. Qui n'est pas industrialisé. *Fabrication artisanale.*
► **ARTISANALEMENT** [aʀtizanalmɑ̃] **adv.**

ARTISANAT [aʀtizana] **n. m.** 1. Métier, condition d'artisan. 2. Ensemble des artisans.

ARTISTE [aʀtist] **n.** et **adj.**
I n. 1. VX Artisan, technicien (dans les artisanats élaborés) (→ **art,** I). 2. Personne qui se voue à l'expression du beau, pratique l'art (II). *L'inspiration d'un artiste.* 3. Personne qui crée une œuvre d'art, surtout une œuvre plastique. *L'artiste et l'artisan*. La signature de l'artiste.* 4. Professionnel qui interprète une œuvre musicale ou théâtrale. *Cette pianiste est une grande artiste.* → **interprète.** *Entrée des artistes.* – spécialt → **acteur, comédien.** 5. Personne fantaisiste. *Salut, l'artiste !*
II adj. Qui aime l'art. *Il, elle est très artiste.*
ÉTYM. latin médiéval *artista.*

ARTISTEMENT [aʀtistəmɑ̃] **adv.** ✦ Avec goût ; avec sens esthétique. *Des fleurs artistement disposées.*

ARTISTIQUE [aʀtistik] **adj.** 1. Qui a rapport à l'art ou aux productions de l'art. *Les richesses artistiques d'un pays.* 2. Qui est fait, présenté avec art. *L'arrangement artistique d'une vitrine. Patinage artistique.*
► **ARTISTIQUEMENT** [aʀtistikmɑ̃] **adv.**
ÉTYM. de *artiste.*

ARUM [aʀɔm] **n. m.** ✦ Plante dont l'inflorescence est entourée d'un long cornet blanc. *Des arums.*
ÉTYM. latin scientifique *arum,* de *aron,* du grec.

ARUSPICE [aʀyspis] **n. m.** ✦ ANTIQ. ROMAINE Devin qui examinait les entrailles des victimes pour en tirer des présages. – On écrit parfois *haruspice.*
ÉTYM. latin *haruspex.*

ARYEN, ENNE [aʀjɛ̃, ɛn] **n.** ✦ Représentant de la «race supérieure», selon les doctrines racistes. – **adj.** *Race aryenne.*
ÉTYM. latin *Arianus* «des Aryens», habitants d'une région de Perse, du sanskrit *ārya-* «noble». ☛ ARYENS (noms propres).

ARYTHMIE [aʀitmi] **n. f.** ✦ MÉD. Irrégularité du rythme cardiaque.
ÉTYM. de ② *a-* et du grec *rhuthmos* «rythme».

AS [ɑs] **n. m.** 1. ANTIQ. Unité monétaire romaine. 2. Côté du dé à jouer (ou moitié de domino) marqué d'un seul point ou signe. ♦ Carte à jouer, marquée d'un seul signe, la carte maîtresse dans de nombreux jeux. ♦ loc. FAM. *Être ficelé, fichu comme l'as de pique,* être mal habillé ou mal fait. – FAM. *Être plein aux as,* avoir beaucoup d'argent. ♦ FAM. *Passer qqch. à l'as,* l'escamoter. 3. Personne qui réussit excellemment dans une activité. *Un as de l'aviation.* SYN. **champion,** ① **crack.**
ÉTYM. latin *as.*

As [aɛs] ✦ CHIM. Symbole de l'arsenic.

ASCARIS [askaʀis] **n. m.** ✦ Ver parasite de 20 à 30 cm de long, qui s'implante dans l'intestin grêle. – On dit aussi *ascaride.*
ÉTYM. grec *askaris.*

ASCENDANCE [asɑ̃dɑ̃s] **n. f.** ✦ Ligne généalogique par laquelle on remonte de l'enfant aux parents, aux grands-parents ; ensemble des générations dont est issu qqn. *Ascendance paternelle. Il est d'ascendance bretonne.* SYN. **famille.** CONTR. **descendance.**
ÉTYM. de ① *ascendant.*

① **ASCENDANT, ANTE** [asɑ̃dɑ̃, ɑ̃t] **adj.** ✦ Qui va en montant. *Mouvement ascendant.* → **ascension** (3). *Marée ascendante.* SYN. **montant.** CONTR. **descendant.**
ÉTYM. du participe présent de l'ancien verbe *ascendre,* latin *ascendere* «monter».

② **ASCENDANT** [asɑ̃dɑ̃] **n. m.** 1. ASTROL. Point de l'écliptique qui se lève à l'horizon au moment de la naissance de qqn (→ **zodiaque**). *Il est Lion, ascendant Bélier.* 2. Influence dominante. SYN. **autorité, empire,** ② **pouvoir.** *Avoir de l'ascendant sur qqn.* 3. Parent dont on descend. → **ascendance.** *Des ascendants normands.* CONTR. **descendant.**
ÉTYM. du latin médiéval *ascendens,* de *ascendere* «monter».

ASCENSEUR [asɑ̃sœʀ] **n. m.** ✦ Appareil servant au transport vertical des personnes aux différents étages d'un immeuble. *Prendre l'ascenseur.* ♦ loc. FAM. *Renvoyer l'ascenseur :* rendre la pareille à qqn (après un service rendu, etc.). ♦ fig. *Ascenseur social :* occasion de promotion sociale.
ÉTYM. de l'ancien verbe *ascendre* «monter».

ASCENSION [asɑ̃sjɔ̃] **n. f.** 1. (avec maj. ☛ noms propres) dans la religion chrétienne Élévation miraculeuse de Jésus-Christ dans le ciel ; fête commémorant ce miracle. *Le jeudi de l'Ascension.* 2. Action de gravir (une montagne). *L'ascension du Cervin.* 3. Action de s'élever

A B C D E F G H I J K L M N O P Q R S T U V W X Y Z

dans les airs. *L'ascension d'une montgolfière.* 4. Montée vers un idéal ou une réussite sociale. SYN. **montée, progrès.** *L'ascension de Bonaparte.* CONTR. **descente · chute, déclin.**
ÉTYM. latin *ascensio*, de *ascendere* «monter».

ASCENSIONNEL, ELLE [asɑ̃sjɔnɛl] **adj.** ✦ Qui tend à monter ou à faire monter dans les airs. *Parachute ascensionnel.*
ÉTYM. de *ascension.*

ASCENSIONNER [asɑ̃sjɔne] **v. tr.** (conjug. 3a) ✦ Escalader (un sommet) par une ascension.

ASCENSIONNISTE [asɑ̃sjɔnist] **n.** ✦ Personne qui fait une ascension en montagne. SYN. **alpiniste.**

ASCÈSE [asɛz] **n. f.** 1. Ensemble d'exercices physiques et moraux destinés à libérer l'esprit par le mépris du corps en vue d'atteindre la perfection morale. 2. Privation voulue et héroïque. CONTR. **hédonisme, puissance, plaisir.**
ÉTYM. latin *ascesis*, du grec «pratique de l'austérité».

ASCÈTE [asɛt] **n.** 1. Personne qui s'impose, par piété, des exercices de pénitence, des privations, des mortifications (→ **ascèse**). 2. Personne qui mène une vie austère. CONTR. **jouisseur, noceur, viveur.**
ÉTYM. latin *asceta*, du grec.

ASCÉTIQUE [asetik] **adj.** ✦ D'ascète. *Une vie ascétique.*
HOM. ACÉTIQUE «du vinaigre»
► **ASCÉTIQUEMENT** [asetikmɑ̃] **adv.**

ASCÉTISME [asetism] **n. m.** 1. Genre de vie religieuse des ascètes. ◆ Doctrine de perfectionnement par l'ascèse. 2. Vie austère, frugale, rigoriste. CONTR. **hédonisme.**

ASCII [aski] **n.** ✦ anglicisme INFORM. *Code ASCII*, utilisé dans les échanges entre un ordinateur et un périphérique, ou pour le codage interne des données.
ÉTYM. sigle anglais de *American Standard Code for Information Interchange.*

ASCOMYCÈTES [askomisɛt] **n. m. pl.** ✦ BOT. Ordre de champignons au thalle cloisonné (morilles, truffes).
ÉTYM. du grec *askos* «outre» et *mukês* «champignon».

ASCORBIQUE [askɔʀbik] **adj.** ✦ CHIM. *Acide ascorbique*, vitamine C, qui combat le scorbut.
ÉTYM. de ② *a-* et *scorbut.*

-ASE SC. Élément, tiré de *diastase*, servant à désigner certains enzymes. → **n. f. pl.** *LES ASES* [az] : les enzymes.

ASÉMANTIQUE [asemɑ̃tik] **adj.** ✦ LING. *Phrase asémantique*, qui n'a pas de sens (bien qu'elle puisse être grammaticale). CONTR. **signifiant.**
ÉTYM. de ② *a-* et *sémantique.*

ASEPSIE [asɛpsi] **n. f.** ✦ MÉD. Méthode préventive, qui s'oppose aux maladies infectieuses en empêchant l'introduction de microbes dans l'organisme. SYN. **antisepsie** ; → **désinfection, pasteurisation, stérilisation.** CONTR. **contamination.**
ÉTYM. de ② *a-* et du grec *sêpsis* «putréfaction».

ASEPTIQUE [asɛptik] **adj.** ✦ Exempt de tout germe infectieux. *Pansement aseptique.* CONTR. **septique.**
► **ASEPTIQUEMENT** [asɛptikmɑ̃] **adv.**
ÉTYM. de *asepsie.*

ASEPTISER [asɛptize] **v. tr.** (conjug. 3a) ✦ Rendre aseptique. *Aseptiser une plaie.* SYN. **désinfecter.**
► **ASEPTISÉ, ÉE p. p. adj.** *Pansement aseptisé.* ◆ fig. Privé de tout contact ou élément jugé dangereux. → péj. Neutre, sans originalité. *Vocabulaire aseptisé.*
ÉTYM. de *aseptique.*

ASEXUÉ, ÉE [asɛksɥe] **adj.** 1. Qui n'a pas de sexe. *Fleur asexuée.* → *Reproduction asexuée*, sans intervention de gamètes. 2. fig. Qui ne semble pas appartenir à un sexe déterminé. *Une voix asexuée.*
ÉTYM. de ② *a-* et *sexué.*

ASHKÉNAZE [aʃkenaz] **n. et adj.** ✦ Juif d'Europe centrale (s'oppose à *séfarade*).
ÉTYM. nom propre hébreu.

ASHRAM [aʃʀam] **n. m.** ✦ DIDACT. En Inde, Lieu où des disciples se groupent autour d'un gourou pour recevoir son enseignement.
ÉTYM. du sanskrit.

ASIATIQUE [azjatik] **adj. et n.** ✦ Qui appartient à l'Asie ou qui en est originaire. → **n.** *Les Asiatiques.*
ÉTYM. latin *asiaticus.*

ASILE [azil] **n. m.** 1. HIST. Lieu inviolable où pouvait se réfugier une personne poursuivie. ◆ *Droit d'asile*, accordé aux réfugiés politiques. 2. Lieu où l'on se met à l'abri, en sûreté contre un danger. SYN. **abri, refuge.** 3. LITTÉR. Lieu où l'on trouve la paix, le calme. SYN. **retraite.** 4. VX *Asile de vieillards.* → **hospice.** → VIEILLI *Asile d'aliénés* ou ellipt *asile* : hôpital psychiatrique.
► **ASILAIRE** [azilɛʀ] **adj.**
ÉTYM. latin *asylum*, du grec.

ASOCIAL, ALE, AUX [asɔsjal, o] **adj.** ✦ Qui n'est pas adapté à la vie sociale, s'y oppose. *Un individu asocial.* → *Comportement asocial.* ◆ **n.** *Des asociaux.* SYN. **marginal.** CONTR. **sociable, adapté.**

ASPARAGUS [aspaʀagys] **n. m.** ✦ Plante ornementale au feuillage très fin.
ÉTYM. mot latin «asperge».

ASPARTAME [aspaʀtam] **n. m.** ✦ Édulcorant de synthèse (→ **sucrette**). → On écrit aussi *aspartam.*
ÉTYM. anglais *aspartame.*

ASPECT [aspɛ] **n. m.** I 1. VX ou LITTÉR. Fait de s'offrir aux yeux, à la vue. SYN. **spectacle, vue.** ◆ *À L'ASPECT DE* : à la vue de, en voyant. *Il se trouve mal à l'aspect du sang.* 2. Manière dont qqn, qqch. se présente aux yeux. SYN. **apparence** ; ② **air, allure.** *Un homme d'aspect misérable. Cette maison, cette ville a un aspect riant, des aspects agréables.* 3. fig. Manière dont un objet se présente à l'esprit. SYN. **angle, côté, face.** *Envisager un problème sous tous ses aspects.* II LING. Manière dont l'action exprimée par le verbe est envisagée dans son développement, sa durée, son achèvement. *L'aspect inchoatif.*
ÉTYM. latin *aspectus.*

ASPERGE [aspɛʀʒ] **n. f.** 1. Plante vivace à tige souterraine d'où naissent des bourgeons qui s'allongent en tiges charnues comestibles ; cette tige. *Une botte d'asperges.* → *L'asperge du pauvre* : le poireau. 2. fig. FAM. Personne grande et maigre.
ÉTYM. latin *asparagus.*

ASPERGER [aspɛʀʒe] **v. tr.** (conjug. 5) ✦ *Asperger (qqn, qqch.) de :* répandre (un liquide) sur..., sous forme de gouttes ou de jet. → *Voiture qui asperge un passant d'eau sale.* ♦ *S'ASPERGER* **v. pron.** *Elle s'est aspergée de parfum.*
ÉTYM. latin *aspergere,* de *spargere* «répandre».

ASPÉRITÉ [aspeʀite] **n. f.** ✦ Partie saillante d'une surface inégale. SYN. **rugosité, saillie.** *Les aspérités du sol.*
ÉTYM. latin *asperitas,* de *asper* «rugueux» ; doublet de *âpreté.*

ASPERSION [aspɛʀsjɔ̃] **n. f.** ✦ Action d'asperger. *Baptême par aspersion* (opposé à *par immersion*).
ÉTYM. latin *aspersio.*

ASPHALTE [asfalt] **n. m.** 1. SC. Mélange noirâtre naturel de calcaire, de silice et de bitume. 2. TECHN. Préparation destinée au revêtement des chaussées, à base de goudron et de gravillons. → **bitume.** ♦ Chaussée, trottoir asphalté.
ÉTYM. latin *asphaltus* «bitume», du grec.

ASPHALTER [asfalte] **v. tr.** (conjug. 3a) ✦ Revêtir d'asphalte. → au p. passé *Chaussée asphaltée.*
► **ASPHALTAGE** [asfaltaʒ] **n. m.**

ASPHODÈLE [asfɔdɛl] **n. m.** ✦ Plante vivace dont la hampe florale se termine par une grappe de grandes fleurs étoilées, blanches ou jaunes.
ÉTYM. latin *asphodelus,* du grec.

ASPHYXIANT, ANTE [asfiksjɑ̃, ɑ̃t] **adj.** 1. Qui asphyxie. SYN. **suffocant.** 2. fig. Qui empêche tout épanouissement moral ou intellectuel. SYN. **étouffant.**

ASPHYXIE [asfiksi] **n. f.** 1. État pathologique déterminé par le ralentissement ou l'arrêt de la respiration. *Mort par asphyxie.* 2. fig. Étouffement de facultés intellectuelles, morales, dû à une contrainte. *Asphyxie morale.* ♦ Arrêt du développement (d'un secteur économique).
ÉTYM. grec *asphuxia* «arrêt du pouls *(sphuxis)*».

ASPHYXIÉ, ÉE [asfiksje] **adj.** 1. Qu'on a, qui s'est asphyxié. → **n.** *Réanimation des asphyxiés.* 2. fig. Étouffé par une contrainte. *Des libertés asphyxiées.*

ASPHYXIER [asfiksje] **v. tr.** (conjug. 9) **I** 1. Causer l'asphyxie de. *La fumée l'a asphyxiée.* 2. fig. Étouffer par une contrainte ou la suppression d'un élément vital. **II** *S'ASPHYXIER* **v. pron.** 1. Causer sa propre asphyxie. *S'asphyxier au gaz.* 2. fig. *Industrie qui s'asphyxie par manque de crédits.*
ÉTYM. de *asphyxie.*

① **ASPIC** [aspik] **n. m.** ✦ Variété de vipère.
ÉTYM. grec *aspis.*

② **ASPIC** [aspik] **n. m.** ✦ Plat froid en gelée. *Des aspics de foie gras.*
ÉTYM. origine obscure.

ASPIRANT, ANTE [aspiʀɑ̃, ɑ̃t] **adj.** et **n. m.**
I adj. Qui aspire (I). *Pompe aspirante.*
II n. m. Grade d'un élève officier qui n'est pas encore sous-lieutenant.
ÉTYM. du participe présent de *aspirer.*

ASPIRATEUR [aspiʀatœʀ] **n. m.** ✦ Appareil qui aspire l'air, les liquides, et spécialt les poussières. *Passer l'aspirateur.*

ASPIRATION [aspiʀasjɔ̃] **n. f.** **I** 1. Action d'attirer l'air dans ses poumons. SYN. **inspiration.** *L'aspiration et l'expiration.* 2. Action d'aspirer des gaz, des liquides, des poussières, etc. *Le tuyau d'aspiration d'une pompe.* **II** Action de porter ses désirs vers un idéal. *Avoir de nobles aspirations.* SYN. **désir, souhait.** CONTR. **expiration, refoulement • aversion, dégoût.**
ÉTYM. latin *aspiratio.*

ASPIRÉ, ÉE [aspiʀe] **adj.** 1. *H aspiré,* émis en soufflant de l'air (ex. *le* h *de «hot»,* en anglais). 2. Se dit abusivement du *h* français qui ne permet pas la liaison (ex. *le* h *de «haie»*).
ÉTYM. de *aspirer,* au sens ancien de «souffler».

ASPIRER [aspiʀe] **v. tr.** (conjug. 3a) **I v. tr.** 1. Attirer (l'air) dans ses poumons. SYN. **inspirer.** 2. Attirer (un fluide) dans le nez, la bouche. SYN. **avaler, humer, renifler.** *Aspirer une boisson avec une paille.* 3. Attirer (un fluide) en faisant le vide. SYN. **pomper.** **II v. tr. ind.** *ASPIRER À :* porter ses désirs vers (un objet). *Aspirer à un titre.* SYN. **souhaiter ; prétendre à.** *Je n'aspire plus qu'à me reposer.* CONTR. **expirer, refouler • dédaigner, renoncer à.**
ÉTYM. latin *aspirare,* de *spirare* «souffler».

ASPIRINE [aspiʀin] **n. f.** ✦ Acide acétylsalicylique, remède contre la douleur et la fièvre. *Comprimé d'aspirine.* ♦ Ce comprimé. *Prendre deux aspirines.*
ÉTYM. allemand *Aspirin,* littéralement «fait sans *(a-)* spirée (plante qui contient naturellement cet acide)».

ASSAGIR [asaʒiʀ] **v. tr.** (conjug. 13) ✦ (sujet chose) Rendre plus sage, plus calme. *Le temps assagit les passions.* SYN. **calmer, modérer.** ♦ *S'ASSAGIR* **v. pron.** Devenir sage. *Elle s'est assagie depuis son entrée au lycée.* SYN. **se ranger.** → (choses) *Son style s'est assagi.*
► **ASSAGISSEMENT** [asaʒismɑ̃] **n. m.**
ÉTYM. de *sage.*

ASSAILLANT, ANTE [asajɑ̃, ɑ̃t] **adj.** et **n. m.** 1. **adj.** Qui assaille. *L'armée assaillante.* 2. **n. m.** Personne qui assaille, attaque. SYN. **agresseur, attaquant.** *Se défendre contre ses assaillants.* CONTR. **défenseur.**
ÉTYM. du participe présent de *assaillir.*

ASSAILLIR [asajiʀ] **v. tr.** (conjug. 19) 1. Se jeter sur (qqn) pour l'attaquer. SYN. **fondre sur ;** → **assaut.** *Assaillir le camp ennemi. Être assailli par les malfaiteurs.* 2. Se précipiter en masse sur (qqn). *Le ministre était assailli par les journalistes.* → *Assaillir qqn de questions.* SYN. **accabler, harceler.** 3. (sujet chose) Attaquer brusquement. SYN. **tourmenter.** *Les difficultés qui l'assaillent.* CONTR. **défendre.**
ÉTYM. latin populaire *assalire,* de *salire* «sauter, saillir».

ASSAINIR [aseniʀ] **v. tr.** (conjug. 13) 1. Rendre sain ou plus sain. *Assainir une région marécageuse.* 2. ÉCON. *Assainir un marché, une monnaie.* SYN. **équilibrer, stabiliser.** CONTR. **corrompre.**
ÉTYM. de *sain.*

ASSAINISSEMENT [asenismɑ̃] **n. m.** ✦ Action d'assainir. *Travaux d'assainissement.*

ASSAISONNEMENT [asɛzɔnmɑ̃] **n. m.** 1. Action, manière d'assaisonner (1). 2. Ingrédient non sucré utilisé en cuisine pour relever le goût des aliments (ex. sel, poivre, piment, huile, vinaigre...).

A B C D E F G H I J K L M N O P Q R S T U V W X Y Z

ASSAISONNER [asɛzɔne] v. tr. (conjug. 3a) 1. Accommoder (un mets) avec des ingrédients qui en relèvent le goût. *Assaisonner la salade.* 2. LITTÉR. Ajouter de l'agrément, du piquant à (un discours, un acte). SYN. **agrémenter, pimenter, rehausser, relever.** 3. FAM. Réprimander, rudoyer (qqn). *Il va se faire assaisonner.*
ÉTYM. de *saison.*

ASSASSIN, INE [asasɛ̃, in] n. m. et adj.
I n. m. 1. Personne qui commet un meurtre avec préméditation ou guet-apens. → **meurtrier** ; ① **homicide.** *L'assassin était une femme.* 2. Personne qui est cause de la mort (de qqn). *Ce médecin est un assassin.* II adj. 1. LITTÉR. Qui tue. *Une main assassine.* 2. fig. Provocant. *Des œillades assassines.*
ÉTYM. italien *assassino*, de l'arabe « gardiens ».

ASSASSINAT [asasina] n. m. 1. Meurtre commis avec préméditation. → **crime,** ② **homicide.** ♦ Exécution (d'un innocent). *L'assassinat du duc d'Enghien.* 2. fig. Acte qui détruit. *L'assassinat des libertés.*
ÉTYM. de *assassiner.*

ASSASSINER [asasine] v. tr. (conjug. 3a) 1. Tuer par assassinat. – au p. passé *Il est mort assassiné.* ♦ Tuer légalement (un innocent). 2. fig. Causer un grave préjudice à (qqch.). *Assassiner la démocratie,* la détruire.
ÉTYM. italien *assassinare.*

ASSAUT [aso] n. m. 1. Action d'assaillir, d'attaquer de vive force. SYN. **attaque, offensive.** *L'assaut d'une position ennemie. Char d'assaut. Prendre d'assaut.* 2. Attaque brutale, impérieuse. ♦ loc. *Prendre d'assaut* (un lieu), s'y précipiter nombreux. 3. Combat d'escrimeurs (au fleuret, à l'épée). 4. LITTÉR. Compétition, lutte d'émulation. *Faire assaut d'élégance.*
ÉTYM. latin populaire *assaltus*, de *assultus*, de *saltus* « saut ».

-ASSE Élément (suffixe) servant à former des noms et des adjectifs à valeur péjorative (ex. *vinasse, blondasse*).

ASSÈCHEMENT [asɛʃmɑ̃] n. m. ✦ Action d'assécher ; son résultat. *L'assèchement d'une rivière.*

ASSÉCHER [aseʃe] v. tr. (conjug. 8) 1. Enlever l'eau, l'humidité de (un sol). *Assécher un marécage.* SYN. **drainer.** 2. Mettre à sec (un réservoir). *Assécher une citerne.* → **vider.** CONTR. **arroser, inonder, irriguer · remplir.**
ÉTYM. latin *adsiccare*, de *siccus* « sec ».

ASSEMBLAGE [asɑ̃blaʒ] n. m. 1. Action d'assembler (des éléments) pour former un tout. *L'assemblage des pièces d'une machine. Assemblage par emboîtement.* ♦ Opération logique pour former un code (→ **assembleur**). 2. Réunion (de choses assemblées). *Un cahier est un assemblage de feuilles.* SYN. **ensemble, réunion.** *Un heureux assemblage de mots.* CONTR. **séparation.**

ASSEMBLÉE [asɑ̃ble] n. f. 1. Personnes réunies en un même lieu pour un motif commun. *En présence d'une nombreuse assemblée.* SYN. **assistance, auditoire.** 2. Réunion des membres d'un corps constitué ou d'un groupe de personnes, régulièrement convoqués pour délibérer en commun d'affaires déterminées. *L'association a tenu son assemblée générale.* → aussi **conseil.** ♦ Les membres de ce corps. *Convoquer une assemblée. Les délibérations d'une assemblée.* ♦ *L'Assemblée nationale et le Sénat constituent le Parlement français. Les députés, le président de l'Assemblée.*
ÉTYM. du participe passé de *assembler.*

ASSEMBLER [asɑ̃ble] v. tr. (conjug. 3a) 1. Mettre (des choses) ensemble. *Assembler des idées.* SYN. **réunir.** 2. Faire tenir ensemble. *Assembler les pièces d'une charpente.* 3. VIEILLI Réunir (des personnes). SYN. **rassembler.** 4. *S'ASSEMBLER* v. pron. Se réunir (en parlant d'un groupe). *La foule s'assemble sur la place.* SYN. se **rassembler.** – au p. passé *Devant les chambres assemblées.* CONTR. **séparer · disjoindre, éparpiller.**
ÉTYM. latin populaire *assimulare*, de *simul* « ensemble ».

ASSEMBLEUR [asɑ̃blœʀ] n. m. ✦ INFORM. Programme destiné à traduire les instructions d'un langage informatique en langage machine propre à un ordinateur déterminé.
ÉTYM. anglais *assembler (language)* « (langage) d'assemblage », du français.

ASSÉNER [asene] v. tr. (conjug. 8) 1. Donner (un coup violent, bien appliqué). *Il lui a asséné un coup sur la tête.* 2. Dire avec brutalité (qqch. à qqn). *Asséner une vérité.* – Écrire *asséner* avec un accent aigu est permis. – On écrit aussi *assener* [asene] (conjug. 7a).
ÉTYM. de *a-* et ancien français *sen* « direction », d'origine incertaine.

ASSENTIMENT [asɑ̃timɑ̃] n. m. ✦ Acte par lequel on acquiesce (expressément ou tacitement) à une opinion, une proposition. SYN. **accord, approbation, consentement.** *Obtenir l'assentiment de qqn.* CONTR. **désapprobation, désaveu.**
ÉTYM. ancien français *assentir*, latin *assentire*, de *sentire* « être d'un avis ».

ASSEOIR [aswaʀ] v. tr. (conjug. 38) I 1. Mettre (qqn) dans la posture d'appui sur le derrière (sur un siège, etc.). *Ils l'ont assise sur une chaise.* ♦ fig. FAM. Déconcerter. 2. Fonder sur une base solide ; rendre plus assuré, plus stable. SYN. **affermir** ; → ① **assiette** (I). *Asseoir son autorité.* II *S'ASSEOIR* v. pron. Se mettre sur son séant, sur un siège, etc. *Asseyez-vous. S'asseoir à une table,* s'attabler. (ellipse de *se*) *Faire asseoir qqn.* – FAM. *Ton avis, je m'assois dessus,* je n'en fais aucun cas.
ÉTYM. latin populaire *assedere*, de *assidere.*

ASSERMENTÉ, ÉE [asɛʀmɑ̃te] adj. ✦ Qui a prêté serment avant d'exercer une fonction publique, une profession, ou devant un tribunal. *Fonctionnaire assermenté. Témoin assermenté.*
ÉTYM. du participe passé de *assermenter* « faire prêter *serment* ».

ASSERTION [asɛʀsjɔ̃] n. f. ✦ Proposition que l'on avance et que l'on soutient comme vraie. SYN. **affirmation.** *Les faits ont vérifié ses assertions.*
ÉTYM. latin *assertio.*

ASSERVIR [asɛʀviʀ] v. tr. (conjug. 13) 1. Réduire à la servitude, à l'esclavage. SYN. **assujettir.** *Asservir des hommes, un pays.* 2. Maîtriser. *Asservir les forces de la nature.* 3. SC. Relier par un dispositif d'asservissement. CONTR. **affranchir, délivrer, libérer.**
ÉTYM. de *serf.*

ASSERVISSEMENT [asɛʀvismɑ̃] n. m. 1. Action d'asservir ou état de ce qui est asservi. *Tenir des hommes dans l'asservissement.* SYN. **oppression, servitude.** 2. SC. Relation entre deux grandeurs physiques dont l'une impose ses variations à l'autre sans être influencée par elle ; dispositif fondé sur cette relation. CONTR. **affranchissement, délivrance, émancipation, libération.**

ASSESSEUR [asesœʀ] **n.** ✦ Personne qui assiste qqn dans ses fonctions. *Elle est assesseur du bureau de vote.* ➝ Magistrat adjoint à un juge, à un président de tribunal.
ÉTYM. latin médiéval *assessor* «celui qui conseille».

ASSEZ [ase] **adv.** **1.** En suffisance. SYN. **suffisamment.** *L'appartement est assez grand pour eux. Elle ne dort pas assez. Je l'ai assez vu.* ➝ *En voilà assez ! arrêtez-vous,* nous n'en supporterons pas plus. **2.** *ASSEZ DE* (+ n.) : suffisamment de. *Il y a assez de place. AVOIR ASSEZ DE qqch.,* suffisamment. *Je n'ai pas assez d'argent sur moi.* ➝ Être fatigué de. *J'en ai assez de ce bruit.* → FAM. **marre.** **3.** Moyennement. SYN. **passablement, plutôt.** *Elle est assez jolie.* CONTR. **guère, peu.**
ÉTYM. latin populaire *adsatis*, de *satis* «assez ; beaucoup».

ASSIDU, UE [asidy] **adj.** **1.** Qui est régulièrement présent là où il doit être. *Employé assidu à son bureau.* SYN. **exact, ponctuel, régulier.** **2.** Qui est continuellement, fréquemment auprès de qqn. *Un amoureux assidu.* **3.** (choses) Soutenu, régulier. *Travail assidu.* CONTR. **irrégulier ; interrompu, relâché.**
ÉTYM. latin *assiduus*, de *sedere* «être assis ; demeurer».

ASSIDUITÉ [asidɥite] **n. f.** **1.** Présence régulière en un lieu où l'on s'acquitte de ses obligations. *L'assiduité d'un élève.* **2.** Présence continuelle, fréquente auprès de qqn. *Fréquenter qqn avec assiduité.* ◆ **au plur.** VIEILLI Manifestation d'empressement auprès d'une femme. *Il la poursuit de ses assiduités.* CONTR. **irrégularité • interruption, relâchement.**
ÉTYM. latin *assiduitas*.

ASSIDÛMENT ou **ASSIDUMENT** [asidymɑ̃] **adv.** ✦ D'une manière assidue. ➝ Il est permis d'écrire *assidument* sans accent circonflexe, comme *absolument, éperdument, résolument.* CONTR. **irrégulièrement.**

ASSIÉGÉ, ÉE [asjeʒe] **n.** ✦ Personne qui subit un siège. *Les assiégés ne veulent pas se rendre.*
ÉTYM. du participe passé de *assiéger.*

ASSIÉGEANT, ANTE [asjeʒɑ̃, ɑ̃t] **n.** ✦ Personne qui assiège. SYN. **assaillant.** *Repousser les assiégeants.*
ÉTYM. du participe présent de *assiéger.*

ASSIÉGER [asjeʒe] **v. tr.** (conjug. 8b) **1.** Mettre le siège devant. *Assiéger une ville.* SYN. **encercler, investir.** **2.** Entourer ; tenir enfermé dans. SYN. **encercler.** *Les flammes les assiégeaient de toutes parts.* SYN. **assaillir.** ◆ (personnes) Entourer ; essayer de pénétrer dans. *La foule assiégeait les guichets.* **3.** fig. LITTÉR. Fatiguer (qqn) de ses assiduités, de ses sollicitations. ➝ au passif *Être assiégé par des créanciers.* ◆ (choses) Assaillir, obséder. *Les souvenirs qui m'assiègent.* CONTR. **délivrer, libérer.**
ÉTYM. de *siège* (II).

① **ASSIETTE** [asjɛt] **n. f.** **1.** Équilibre, tenue du cavalier assis sur sa selle. **2.** *Ne pas être DANS SON ASSIETTE* : ne pas se sentir bien (physiquement ou moralement). **3.** Base d'un calcul. *Assiette d'un impôt* : matière assujettie à l'impôt, déterminée en quantité et qualité.
ÉTYM. latin populaire *assedita*, du participe passé de *assidere* «placer ; poser».

② **ASSIETTE** [asjɛt] **n. f.** **1.** Pièce de vaisselle individuelle servant à contenir des aliments. *Assiette plate, creuse (ou à soupe). Assiette à dessert. Assiettes et soucoupes.* **2.** Contenu d'une assiette. SYN. **assiettée.** *Une assiette de potage.* ◆ *ASSIETTE ANGLAISE* : assortiment de viandes froides, de charcuteries.
ÉTYM. de ① *assiette*, d'abord «manière dont sont placés les plats».

ASSIETTÉE [asjete] **n. f.** ✦ Ce que contient ou peut contenir une assiette.

ASSIGNAT [asiɲa] **n. m.** ✦ HIST. Papier-monnaie émis en France sous la Révolution.
ÉTYM. de *assigner.*

ASSIGNATION [asiɲasjɔ̃] **n. f.** ✦ Action d'assigner à comparaître. *Assignation de qqn comme témoin.* SYN. **citation.**
ÉTYM. latin *assignatio.*

ASSIGNER [asiɲe] **v. tr.** (conjug. 3a) **1.** *ASSIGNER qqch. À qqn* : attribuer (un bien) à qqn pour sa part ; destiner ou donner à qqn. *Assigner une tâche à qqn.* SYN. ② **affecter.** **2.** *ASSIGNER qqch. À qqch.* : déterminer, fixer. *Assigner des limites à une activité.* ◆ fig. *Assigner une valeur à qqch., un terme, une limite à une opération.* **3.** DR. *ASSIGNER qqn* : appeler (qqn) à comparaître en justice. ◆ *Assigner qqn à résidence,* l'obliger à résider en un lieu déterminé.
ÉTYM. latin *assignare.*

ASSIMILABLE [asimilabl] **adj.** **1.** Que l'on peut assimiler (à qqch.), traiter comme semblable. SYN. **comparable, semblable.** *Deux cas assimilables.* **2.** (choses) Susceptible d'assimilation (II). *Nourriture assimilable.* ◆ fig. *Des connaissances assimilables.* **3.** (personnes) Qui peut s'assimiler, s'intégrer. CONTR. **inassimilable.**

ASSIMILATEUR, TRICE [asimilatœʀ, tʀis] **adj.** ✦ Qui est capable d'assimiler. *Une intelligence assimilatrice.*

ASSIMILATION [asimilasjɔ̃] **n. f.** **I** Acte de l'esprit qui considère (une chose) comme semblable (à une autre). SYN. **identification ;** → **comparaison.** **II** **1.** Processus par lequel les êtres organisés transforment en leur propre substance les matières qu'ils absorbent. *Assimilation des aliments. Assimilation chlorophyllienne.* → **photosynthèse.** **2.** Acte de l'esprit qui s'approprie les connaissances qu'il acquiert. **3.** Processus par lequel des hommes, des peuples s'assimilent. *L'assimilation progressive des immigrants.* SYN. **absorption, intégration.** CONTR. **distinction, séparation • isolement.**
ÉTYM. latin *assimilatio* → assimiler.

ASSIMILÉ, ÉE [asimile] **adj.** ✦ Considéré comme semblable. *Les farines et les produits assimilés.*
ÉTYM. de *assimiler.*

ASSIMILER [asimile] **v. tr.** (conjug. 3a) **I** *ASSIMILER qqch., qqn À* : considérer comme semblable à. *Assimiler une indemnité à un salaire.* SYN. **confondre.** **II** **1.** Transformer, convertir en sa propre substance. *Il assimile mal le calcium.* **2.** abstrait Faire sien, intégrer des éléments acquis à sa vie intellectuelle. *Bien assimiler ce qu'on apprend.* **3.** Rendre semblable (des personnes) au reste de la communauté. *Assimiler des immigrants.* SYN. **intégrer.** **III** *S'ASSIMILER* **v. pron.** **1.** Devenir semblable ; se considérer comme semblable. **2.** Être assimilé, devenir semblable aux citoyens d'un pays.
ÉTYM. latin *assimilare*, de *similis* «semblable».

ASSIS, ISE [asi, iz] **adj.** **1.** Appuyé sur son séant. *Être assis sur ses talons.* → **accroupi.** ➝ FAM. *Il en est resté assis,* déconcerté. ◆ *Personnes debout et assises.* **2.** *Place assise,* où l'on peut s'asseoir. **3.** fig. Assuré, stable. *Une*

coutume bien assise. CONTR. **debout, levé.**
ÉTYM. du participe passé de *asseoir.*

ASSISE [asiz] **n. f.** 1. Rangée de pierres qu'on pose horizontalement pour construire une muraille. 2. Partie d'un siège sur laquelle on s'assoit. *L'assise et le dossier d'un fauteuil.* 3. fig. Base. *Les assises d'une doctrine.* SYN. **fondation, fondement.**
ÉTYM. de *assis.*

ASSISES [asiz] **n. f. pl.** 1. Session de la juridiction appelée *COUR D'ASSISES,* qui juge les crimes et certains délits ; cette cour. *Président d'assises.* ➝ *Être envoyé aux assises,* jugé pour un crime. 2. Réunion d'un parti politique, d'un syndicat. SYN. **congrès.** *Le parti a tenu ses assises à Paris.*
ÉTYM. de *assise.*

ASSISTANAT [asistana] **n. m.** ✦ Fonction d'assistant.
ÉTYM. de *assistant.*

ASSISTANCE [asistɑ̃s] **n. f.** I Personnes réunies pour assister à qqch. SYN. **auditoire, public.** II 1. Secours donné ou reçu. *Il a promis son assistance.* 2. anciennt En France, Institution ou administration chargée de l'aide sociale. *Les enfants de l'Assistance* (remplacée par la D. D. A. S. S. : direction départementale de l'action sanitaire et sociale). ➝ *L'Assistance publique,* chargée de gérer les hôpitaux publics. ➝ *Assistance technique,* aide technique apportée à un pays en voie de développement.
ÉTYM. de *assister* ; sens II, latin chrétien *assistentia* «aide».

ASSISTANT, ANTE [asistɑ̃, ɑ̃t] **n.** I le plus souvent au masc. plur. Personne qui assiste à qqch. SYN. **assistance, public** ; → **auditeur, spectateur, témoin.** *L'un des assistants posa une question.* II Personne qui assiste qqn pour le seconder. SYN. **adjoint,** ② **aide, auxiliaire.** *L'assistant du metteur en scène.* ◆ **n. f.** *ASSISTANTE SOCIALE,* chargée de remplir un rôle social (aide matérielle, médicale et morale). ◆ à l'Université Enseignant chargé d'assurer les travaux dirigés.
ÉTYM. du participe présent de *assister.*

ASSISTÉ, ÉE [asiste] **adj.** et **n.** 1. (personnes) Qui reçoit une aide. *Des populations assistées.* ➝ **n.** *Refuser le statut d'assisté.* 2. (choses) Pourvu d'un système pour amplifier ou répartir l'effort exercé par l'utilisateur. *Voiture à direction assistée.* ➝ *Dessin, enseignement assisté par ordinateur.*
ÉTYM. du participe passé de *assister* (II).

ASSISTER [asiste] **v.** (conjug. 3a) I **v. tr. ind.** *ASSISTER À qqch.,* être présent pour voir, entendre (→ **assistance,** I). *Assister à une conférence, à un match.* II **v. tr.** *ASSISTER QQN* (→ **assistance,** II). 1. Se tenir auprès de (qqn) pour le seconder. *Assister qqn dans son travail.* 2. VIEILLI Aider, secourir. *Dieu vous assiste !* ◆ Être aux côtés de (un mourant). CONTR. **abandonner, délaisser.**
ÉTYM. latin *assistere* «se tenir auprès de».

ASSOCIATIF, IVE [asɔsjatif, iv] **adj.** 1. Qui procède par association. *Mémoire associative.* 2. MATH. *Opération associative,* dans laquelle le résultat de trois termes s'obtient indifféremment en groupant les deux premiers ou les deux derniers. *La soustraction des entiers n'est pas associative.* 3. Qui concerne les associations (3). *La vie associative.*
ÉTYM. de *associer.*

ASSOCIATION [asɔsjasjɔ̃] **n. f.** 1. Action d'associer qqn à qqch. SYN. **participation.** 2. Réunion durable. *Leur association est ancienne.* SYN. **alliance.** 3. Groupement de personnes qui s'unissent en vue d'un but déterminé. *Une association de consommateurs. Une association professionnelle, sportive.* ◆ DR. *Association de malfaiteurs.* 4. Réunion (d'espèces). *Association végétale, microbienne.* 5. Fait psychologique par lequel les représentations et les concepts sont susceptibles de s'évoquer mutuellement. *L'association des idées, des images.* SYN. **enchaînement** ; → **analogie, rapport.** ➝ par ext. *Une association d'idées.* CONTR. **désunion, dissociation, dissolution, division.**
ÉTYM. de *associer.*

ASSOCIATIVITÉ [asɔsjativite] **n. f.** ✦ MATH. Caractère d'une opération associative.
ÉTYM. de *associatif.*

ASSOCIÉ, ÉE [asɔsje] **n.** ✦ Personne qui est unie à une ou plusieurs autres par une communauté d'intérêt (→ **collaborateur, partenaire**) et notamment qui a apporté de l'argent dans une entreprise.

ASSOCIER [asɔsje] **v. tr.** (conjug. 9) I 1. Mettre ensemble. *Associer des mots, des idées.* ➝ *Associer ses efforts.* 2. Réunir (des personnes) par une communauté de travail, d'intérêt, de sentiment. *Associer des ouvriers en un syndicat.* ➝ *Être associés* (→ **associé**). 3. *ASSOCIER qqn À qqch.,* le faire participer à (une activité commune, un bien commun). *Associer qqn à ses affaires.* SYN. **s'adjoindre.** 4. *ASSOCIER* (une chose) *À* (une autre). SYN. **allier, unir.** *Associer le courage à la prudence* : être à la fois courageux et prudent. II *S'ASSOCIER* **v. pron.** 1. (choses) S'allier avec. SYN. **s'accorder.** 2. *S'associer avec qqn pour une entreprise.* SYN. **s'allier.** 3. Participer à ; faire sien. *Je m'associe à ses revendications.* SYN. **adhérer.** 4. Former société. SYN. se **grouper,** se **réunir.** *Plusieurs États se sont associés pour conquérir l'espace.* CONTR. **dissocier, diviser, isoler, séparer.**
ÉTYM. latin *associare,* de *socius* «compagnon, allié».

ASSOIFFER [aswafe] **v. tr.** (conjug. 3a) ✦ Donner soif à (qqn).
► **ASSOIFFÉ, ÉE p. passé** 1. Qui a soif. *Des enfants assoiffés.* ➝ **n.** *Boire comme un assoiffé.* ◆ LITTÉR. *Assoiffé de sang.* SYN. **altéré.** 2. fig. *Être assoiffé d'argent, de pouvoir.* SYN. **affamé, avide.**
ÉTYM. de *soif.*

ASSOLEMENT [asɔlmɑ̃] **n. m.** ✦ AGRIC. Procédé de culture par succession et alternance sur un même terrain pour conserver la fertilité du sol.
ÉTYM. du verbe *assoler,* de *sole* «partie de terre soumise à l'assolement», latin *solea* «sorte de plancher ; semelle».

ASSOMBRIR [asɔ̃bʀiʀ] **v. tr.** (conjug. 13) 1. Rendre sombre. *Ces rideaux assombrissent la pièce.* SYN. **obscurcir.** ➝ pronom. *Le ciel s'assombrit.* 2. fig. Rendre triste, soucieux. *Cette nouvelle a assombri les assistants.* ➝ pronom. *Son visage s'assombrit.* SYN. se **rembrunir.** CONTR. **éclaircir, éclairer · égayer.**
► **ASSOMBRISSEMENT** [asɔ̃bʀismɑ̃] **n. m.**
ÉTYM. de *sombre.*

ASSOMMANT, ANTE [asɔmɑ̃, ɑ̃t] **adj.** ✦ FAM. Qui ennuie. *Un discours assommant.* SYN. **ennuyeux.** *Il est assommant avec ses manies.* SYN. **fatigant.** CONTR. **agréable, plaisant.**
ÉTYM. du participe présent de *assommer.*

ASSOMMER [asɔme] **v. tr.** (conjug. 3a) 1. Tuer à l'aide d'un coup violent sur la tête ; frapper sur (qqn) de manière à étourdir. *Le voleur a assommé le gardien de nuit.* 2. Accabler sous le poids de l'ennui. SYN. **ennuyer, fatiguer, raser** ; → **assommant.** *Il m'assomme avec ses histoires.*

ÉTYM. de ③ *somme.*

ASSOMMOIR [asɔmwaʀ] **n. m.** ✦ VX 1. Instrument pour assommer. 2. Cabaret populaire (où les buveurs s'assommaient). *« L'Assommoir »* (de Zola).

ASSOMPTION [asɔ̃psjɔ̃] **n. f.** I (avec maj. ☞ noms propres) dans la religion catholique Enlèvement miraculeux de la Sainte Vierge au ciel par les anges, célébré le 15 août. II DIDACT. Fait d'assumer. *L'assomption d'un risque.*

ÉTYM. latin *assumptio* ; sens II, de *(s')assumer.*

ASSONANCE [asɔnɑ̃s] **n. f.** ✦ Répétition de la voyelle accentuée à la fin de chaque vers (ex. *belle* et *rêve*). ☞ Littérature p. 118. *Rimes et assonances.*

► **ASSONANCÉ, ÉE** [asɔnɑ̃se] **adj.** *Vers assonancés.*

ÉTYM. espagnol *asonancia,* du latin *assonare* → assonant.

ASSONANT, ANTE [asɔnɑ̃, ɑ̃t] **adj.** ✦ DIDACT. Qui fait assonance. *Voyelle assonante.*

ÉTYM. du latin *assonans,* de *assonare* « répondre à un son *(sonus)* par un autre son ».

ASSORTI, IE [asɔʀti] **adj.** 1. Qui est en harmonie avec autre chose. *Pochette et cravate assorties.* ◆ (personnes) *Ils sont bien assortis.* 2. VIEILLI *Magasin bien assorti,* bien approvisionné. 3. au plur. (aliments) Variés. *Fromages assortis.*

ÉTYM. du participe passé de *assortir.*

ASSORTIMENT [asɔʀtimɑ̃] **n. m.** 1. Manière dont sont assemblées des choses qui produisent un effet d'ensemble. *Un bel assortiment de couleurs.* 2. Assemblage complet de choses qui vont ensemble. *Assortiment de linge de table.* → **service.** 3. Collection de marchandises de même sorte. *Un assortiment de boutons.* — Plat composé d'aliments variés de même sorte. *Un assortiment de charcuterie.*

ÉTYM. de *assortir.*

ASSORTIR [asɔʀtiʀ] **v. tr.** (conjug. 13) I 1. Mettre ensemble (des choses qui se conviennent). SYN. **harmoniser.** *Assortir une cravate à un costume, une cravate et une pochette.* 2. *Assortir un contrat d'une clause spéciale,* la lui ajouter. II *S'ASSORTIR* **v. pron.** 1. Être en harmonie. *Leurs caractères ne s'assortissent pas.* 2. Être orné, enrichi. *Le texte s'assortit de belles enluminures.* ◆ Être complété par (qqch.).

ÉTYM. de *sorte.*

ASSOUPIR [asupiʀ] **v. tr.** (conjug. 13) I 1. Porter à un demi-sommeil. SYN. **endormir.** *La chaleur l'assoupissait.* 2. fig. (compl. chose abstraite) Affaiblir ou suspendre momentanément. SYN. **engourdir.** *Assoupir une angoisse.* II *S'ASSOUPIR* **v. pron. réfl.** 1. S'endormir à demi. SYN. **somnoler.** *Elle s'est assoupie quelques instants.* 2. fig. *Sa douleur s'est assoupie.* SYN. se **calmer.** CONTR. **éveiller, réveiller** • **ranimer.**

ÉTYM. réfection de *assouvir,* d'après *sopire* « endormir ».

ASSOUPISSEMENT [asupismɑ̃] **n. m.** ✦ Le fait d'assoupir, de s'assoupir. — spécialt État voisin du sommeil. SYN. **somnolence.**

ASSOUPLIR [asupliʀ] **v. tr.** (conjug. 13) 1. Rendre souple, plus souple. *Assouplir du cuir.* 2. Rendre plus malléable, maniable. SYN. **adoucir.** ◆ *Assouplir des règles trop strictes.* 3. *S'ASSOUPLIR* **v. pron.** *Le cuir s'assouplit dans l'eau. Son caractère s'est assoupli.* CONTR. **durcir, raidir.**

► **ASSOUPLISSANT, ANTE** [asuplisɑ̃, ɑ̃t] **adj.** — **n.** *Adoucir le linge avec un assouplissant.* SYN. **assouplisseur.**

ÉTYM. de *souple.*

ASSOUPLISSEMENT [asuplismɑ̃] **n. m.** 1. Action d'assouplir. *Exercices d'assouplissement.* → **gymnastique.** 2. *L'assouplissement d'un système trop rigide.*

ASSOUPLISSEUR [asuplisœʀ] **n. m.** ✦ Produit ajouté à l'eau de rinçage pour assouplir le linge.

ÉTYM. de *assouplir.*

ASSOURDIR [asuʀdiʀ] **v. tr.** (conjug. 13) 1. Causer une surdité passagère ; rendre comme sourd. 2. fig. Fatiguer par trop de bruit, de paroles. 3. Rendre moins sonore. SYN. **amortir.** *Un tapis assourdit les pas.* — au p. passé *Des sons assourdis.* → **sourdine.**

ÉTYM. de *sourd.*

ASSOURDISSANT, ANTE [asuʀdisɑ̃, ɑ̃t] **adj.** ✦ Qui assourdit. *Un vacarme assourdissant,* très intense.

ÉTYM. du participe présent de *assourdir.*

ASSOURDISSEMENT [asuʀdismɑ̃] **n. m.** ✦ Action d'assourdir, de s'assourdir. ◆ État d'une personne assourdie.

ASSOUVIR [asuviʀ] **v. tr.** (conjug. 13) 1. LITTÉR. Calmer complètement (un violent appétit). SYN. **apaiser, satisfaire.** *Assouvir sa faim.* → **rassasier.** 2. fig. Satisfaire pleinement (un désir, une passion). *Assouvir sa curiosité.* — au p. passé *Passions assouvies* (s'oppose à *inassouvi*). — pronom. (réfl.) LITTÉR. *Sa haine s'est assouvie.*

► **ASSOUVISSEMENT** [asuvismɑ̃] **n. m.**

ÉTYM. probablement de l'ancien verbe *assevir* « réaliser (un désir) », du latin *assequi* « atteindre », influencé par le français *sofire,* ancienne forme de *suffire.*

ASSUJETTIR [asyʒetiʀ] **v. tr.** (conjug. 13) 1. VX Maintenir (qqn) sous sa domination. SYN. **asservir, soumettre.** *Les peuples que les Romains avaient assujettis.* 2. *ASSUJETTIR À* : soumettre à. SYN. **astreindre.** *Assujettir qqn à des règles.* — au passif. *Être assujetti à l'impôt.* — **adj.** *Les contribuables assujettis* ; **n.** *les assujettis à une taxe.* ◆ pronom. *S'assujettir à un horaire.* 3. Rendre (qqch.) fixe, immobile, stable. SYN. **attacher, fixer, maintenir.** *Assujettir un chargement.* CONTR. **affranchir, délivrer** • **dispenser, exempter.**

ÉTYM. de *sujet.*

ASSUJETTISSANT, ANTE [asyʒetisɑ̃, ɑ̃t] **adj.** ✦ (travail) Qui exige beaucoup d'assiduité. SYN. **astreignant.**

ÉTYM. du participe présent de *assujettir.*

ASSUJETTISSEMENT [asyʒetismɑ̃] **n. m.** ✦ Action d'assujettir ; son résultat. *L'assujettissement d'une personne à l'impôt.* ◆ LITTÉR. Soumission pénible. *Suivre la mode peut être un assujettissement.* SYN. **esclavage.** CONTR. **affranchissement, délivrance.**

ASSUMER [asyme] **v. tr.** (conjug. 3a) 1. Prendre à son compte ; se charger de. *Assumer une responsabilité.* 2. Accepter consciemment (une situation, un état psychique). *Assumer une situation difficile* (→ **assomption,** II). 3. *S'ASSUMER* **v. pron.** Se prendre en charge.

Elle s'assume pleinement. CONTR. se **décharger** • **refuser, rejeter.**
ÉTYM. latin *assumere.*

ASSURANCE [asyʀɑ̃s] **n. f. 1.** Confiance en soi-même. SYN. **aisance, aplomb, audace.** *Parler avec assurance.* **2.** Promesse ou garantie qui assure qqn de qqch. *Il m'a donné des assurances sur ce point. Veuillez agréer l'assurance de ma considération distinguée* (formule épistolaire). **3.** Contrat par lequel un assureur garantit à l'assuré, moyennant une prime ou une cotisation, le paiement d'une somme convenue en cas de réalisation d'un risque déterminé. *Police d'assurance. Assurance contre l'incendie. Assurance maladie ; assurance chômage. Assurance sur la vie.* ➝ *Les ASSURANCES,* organisme qui assure les personnes et les biens. ➝ anciennt *Assurances sociales.* ➙ **Sécurité** sociale. CONTR. **crainte, embarras, méfiance, timidité.**
ÉTYM. de *assurer.*

ASSURÉ, ÉE [asyʀe] **adj. et n.**
I adj. 1. (choses) Certain. SYN. **évident, sûr.** *Le succès est assuré. Tenir pour assuré que...* **2.** (personnes) Qui a de l'assurance. *Un air assuré,* sûr de soi. **3.** Ferme, stable. *Une démarche assurée.* CONTR. **douteux, incertain** • **hésitant, timide** • **vacillant.**
II n. Personne garantie par un contrat d'assurance. ➝ *Les assurés sociaux,* les personnes affiliées à la Sécurité sociale.

ASSURÉMENT [asyʀemɑ̃] **adv.** ✦ D'une manière certaine. SYN. **certainement, sûrement.**

ASSURER [asyʀe] **v. tr.** (conjug. 3a) **I 1.** *ASSURER À qqn QUE,* lui affirmer, lui garantir que. SYN. **certifier.** *Il m'a assuré qu'il m'écrirait.* ➝ sans compl. dir. *C'est vrai, je vous assure.* **2.** *ASSURER qqn DE qqch.,* le prier de n'en pas douter. *Il m'a assuré de son soutien.* **II 1.** VIEILLI Rendre sûr, solide, stable. *Assurer les fondements d'un édifice.* **2.** Rendre sûr, certain, durable ; mettre à l'abri des accidents, des risques. *Ce traité doit assurer la sécurité du pays.* ➝ *ASSURER qqch. À qqn. L'État assure une retraite aux travailleurs* (➙ **assurance**). ◆ *S'assurer qqch.,* en prendre et en garder l'usage, la maîtrise. *S'assurer la protection, la faveur de qqn.* **3.** Faire qu'une chose fonctionne, ne s'arrête pas. *Assurer l'entretien des routes.* **4.** Garantir par un contrat d'assurance. *La Compagnie qui assure l'immeuble contre l'incendie. Assurer qqn,* garantir ses biens, sa vie, etc. **5.** ALPIN. Dans une cordée, Garantir la sécurité de qqn, l'empêcher de tomber. ◆ fig. FAM. absolt *Il assure :* il réagit bien à la situation, il se montre à la hauteur. **III** *S'ASSURER* **v. pron. réfl. 1.** *S'ASSURER DE, QUE, SI :* devenir sûr (de, que). SYN. **vérifier, voir.** *Assurez-vous que la porte est bien fermée.* **2.** *S'ASSURER CONTRE :* contracter une assurance contre. *Ils se sont assurés contre l'incendie.*
ÉTYM. bas latin *assecurare* «rendre sûr *(securus)*».

ASSUREUR [asyʀœʀ] **n. m.** ✦ Personne, compagnie qui assure par contrat d'assurance. *L'assureur et l'assuré. Elle est assureur.*

ASTER [astɛʀ] **n. m.** ✦ BOT. Plante à petites fleurs en forme d'étoile.
ÉTYM. mot latin «étoile», du grec.

ASTÉRIE [asteʀi] **n. f.** ✦ ZOOL. Étoile* de mer.
ÉTYM. du latin *aster* «étoile».

ASTÉRISQUE [asteʀisk] **n. m.** ✦ Signe typographique en forme d'étoile (*) qui indique un renvoi, une note explicative, etc.
ÉTYM. latin *asteriscus,* du grec.

ASTÉROÏDE [asteʀɔid] **n. m.** ✦ ASTRON. Petite planète (invisible à l'œil nu) ; météorite.
ÉTYM. anglais *asteroid,* du grec.

ASTHÉNIE [asteni] **n. f.** ✦ Fatigue générale, état de dépression, de faiblesse. SYN. **neurasthénie.**
► **ASTHÉNIQUE** [astenik] **adj. et n.**
ÉTYM. latin scientifique *asthenia,* du grec «manque *(a-)* de force *(sthenos)*».

ASTHÉNOSPHÈRE [astenɔsfɛʀ] **n. f.** ✦ GÉOL. Couche parfois peu résistante du manteau terrestre, se situant entre 100 et 300 km de profondeur, sous la lithosphère.
ÉTYM. de *asthéno-* (→ asthénie) et *sphère.*

ASTHMATIQUE [asmatik] **adj. et n.** ✦ Qui a de l'asthme. ➝ **n.** *Un asthmatique.*
ÉTYM. latin *asthmaticus,* du grec.

ASTHME [asm] **n. m.** ✦ Affection caractérisée par une gêne respiratoire et une suffocation intermittente. *Asthme bronchique. Elle a de l'asthme. Crise d'asthme.*
ÉTYM. latin *asthma* «respiration difficile», du grec.

ASTICOT [astiko] **n. m. 1.** Larve de la mouche à viande utilisée comme appât pour la pêche. SYN. **ver** blanc. **2.** FAM. Bonhomme, type. *C'est un drôle d'asticot.*
ÉTYM. peut-être de *asticoter.*

ASTICOTER [astikɔte] **v. tr.** (conjug. 3a) ✦ FAM. Agacer, harceler (qqn) pour de petites choses.
ÉTYM. origine incertaine.

ASTIGMATE [astigmat] **adj. et n.** ✦ (Personne) qui souffre d'un trouble de la vision dû à un défaut de la courbure des milieux réfringents de l'œil (*astigmatisme* [astigmatism] **n. m.**).
ÉTYM. du grec *stigma* «point».

ASTIQUER [astike] **v. tr.** (conjug. 3a) ✦ Faire briller en frottant. *Astiquer les cuivres.* SYN. **frotter, polir.** ➝ au p. passé *Un parquet bien astiqué.*
► **ASTIQUAGE** [astikaʒ] **n. m.**
ÉTYM. de *astic* «objet servant à polir le cuir», mot du Nord, d'origine germanique.

ASTRAGALE [astʀagal] **n. m. I** Os du pied, de la rangée postérieure du tarse. **II** Moulure, ornement à formes arrondies.
ÉTYM. latin *astragalus,* du grec.

ASTRAKAN [astʀakɑ̃] **n. m.** ✦ Fourrure d'agneau à poils bouclés. *Bonnet d'astrakan.*
ÉTYM. du nom d'une ville de Russie. ☞ ASTRAKHAN (noms propres).

ASTRAL, ALE, AUX [astʀal, o] **adj.** ✦ ASTROL. Des astres. *Thème astral.* ➙ **horoscope.**
ÉTYM. latin *astralis.*

ASTRE [astʀ] **n. m. 1.** Corps céleste naturel visible. ➙ **étoile, planète ; astéroïde, comète, satellite.** *Étude des astres.* ➙ **astronomie.** ➝ POÉT. *L'astre du jour,* le soleil. ➝ loc. *Il est beau comme un astre,* resplendissant, superbe (souvent iron.). **2.** Corps céleste considéré par rapport à son influence sur les êtres humains (➙ **étoile ; astrologie**). *Consulter les astres.*
ÉTYM. latin *astrum,* du grec *astron.*

ASTREIGNANT, ANTE [astʀɛɲɑ̃, ɑ̃t] **adj.** ✦ Qui constitue une contrainte. SYN. **contraignant**. *Une tâche astreignante.*
ÉTYM. du participe présent de *astreindre*.

ASTREINDRE [astʀɛ̃dʀ] **v. tr.** (conjug. 48b) ✦ Obliger strictement (qqn à qqch.). SYN. **contraindre, forcer, obliger.** *Astreindre qqn à un régime.* ➡ **pronom.** (**réfl.**). *S'astreindre à se lever tôt.* CONTR. **dispenser.**
ÉTYM. latin *astringere* «attacher», de *stringere* «serrer».

ASTREINTE [astʀɛ̃t] **n. f.** 1. Obligation rigoureuse, contrainte. 2. DR. Obligation de payer une certaine somme pour chaque jour de retard dans l'exécution d'un contrat.
ÉTYM. du participe passé de *astreindre*.

ASTRINGENT, ENTE [astʀɛ̃ʒɑ̃, ɑ̃t] **adj.** et **n. m.** ✦ Qui resserre les tissus vivants. *Lotion astringente.* ➡ **n. m.** *Un astringent.*
ÉTYM. latin *astringens*, de *astringere* «serrer».

ASTRO- Élément savant, du latin *astrum* ou du grec *astron* «astre».

ASTROLABE [astʀolab] **n. m.** ✦ **anciennt** Instrument de navigation dont on se servait pour mesurer la hauteur des astres au-dessus de l'horizon. ☛ Islam p. 155.
ÉTYM. latin médiéval *astrolabium*, du grec.

ASTROLOGIE [astʀɔlɔʒi] **n. f.** ✦ Art de déterminer le caractère et de prévoir le destin des hommes par l'étude des influences supposées des astres. → **horoscope.**
► **ASTROLOGIQUE** [astʀɔlɔʒik] **adj.**
ÉTYM. latin *astrologia*, du grec → astro- et -logie.

ASTROLOGUE [astʀɔlɔg] **n.** ✦ Spécialiste de l'astrologie. → **devin, mage.** *Consulter un astrologue.*
ÉTYM. latin *astrologus*, du grec → astro- et -logue.

ASTRONAUTE [astʀonot] **n.** ✦ Personne qui se déplace dans un véhicule spatial, hors de l'atmosphère terrestre. SYN. **cosmonaute.**
ÉTYM. de *astro-* et *-naute*, d'après *aéronaute*.

ASTRONAUTIQUE [astʀonotik] **n. f.** ✦ Science qui a pour objet l'étude de la navigation spatiale ; cette navigation.
ÉTYM. de *astro-* et *-nautique*, d'après *aéronautique*.

ASTRONEF [astʀɔnɛf] **n. m.** ✦ Vaisseau spatial.
ÉTYM. de *astro-* et *nef*.

ASTRONOME [astʀɔnɔm] **n.** ✦ Spécialiste d'astronomie. *Les astronomes d'un observatoire. Astronome amateur.*
ÉTYM. latin tardif *astronomus*, du grec → astro- et -nome.

ASTRONOMIE [astʀɔnɔmi] **n. f.** ✦ Science des astres, des corps célestes (y compris la Terre) et de la structure de l'univers. *Astronomie physique.* → **astrophysique.**
ÉTYM. latin *astronomia*, du grec.

ASTRONOMIQUE [astʀɔnɔmik] **adj.** 1. De l'astronomie. *Lunette astronomique.* 2. *Chiffres, prix astronomiques*, très élevés, très grands.
ÉTYM. latin *astronomicus*.

ASTROPHYSICIEN, IENNE [astʀofizisjɛ̃, jɛn] **n.** ✦ Spécialiste de l'astrophysique.

ASTROPHYSIQUE [astʀofizik] **n. f.** ✦ Partie de l'astronomie qui étudie les astres, les milieux spatiaux du point de vue physique. ➡ **adj.** *Études astrophysiques.*
ÉTYM. de *astro-* et ② *physique*.

ASTUCE [astys] **n. f.** 1. VIEILLI Ruse. 2. Manière d'agir qui suppose de l'ingéniosité. SYN. **artifice, ficelle, finesse.** *Les astuces du métier.* 3. Qualité d'une personne habile et inventive. *Elle a beaucoup d'astuce.* 4. VIEILLI Plaisanterie. *Faire des astuces.*
ÉTYM. latin *astutia* «habileté».

ASTUCIEUSEMENT [astysjøzmɑ̃] **adv.** ✦ Avec astuce.
ÉTYM. de *astucieux*.

ASTUCIEUX, EUSE [astysjø, øz] **adj.** ✦ Qui a ou dénote une habileté fine. SYN. **adroit, malin.** *Réponse astucieuse.*
ÉTYM. de *astuce*.

ASYMÉTRIE [asimetʀi] **n. f.** ✦ Absence de symétrie. *L'asymétrie d'un bâtiment.*

ASYMÉTRIQUE [asimetʀik] **adj.** ✦ Qui n'est pas symétrique. *Barres asymétriques.*

ASYMPTOTE [asɛ̃ptɔt] **n. f.** ✦ MATH. Droite dont une courbe s'approche de plus en plus, sans jamais l'atteindre. *L'asymptote à une ellipse.*
ÉTYM. grec *asumptôtos* «qui ne tombe pas».

ASYNDÈTE [asɛ̃dɛt] **n. f.** ✦ LING. Absence de mot de liaison entre deux termes ou groupes de termes en rapport étroit (ex. Bon gré, mal gré ; «Il suffit, j'ai parlé, tout a changé de face» [Racine]).
ÉTYM. grec *asundeton*.

ATARAXIE [ataʀaksi] **n. f.** ✦ DIDACT. Tranquillité, impassibilité totale.
ÉTYM. grec *ataraxia* «absence de trouble».

ATAVIQUE [atavik] **adj.** ✦ De l'atavisme. *Caractères ataviques.* SYN. **héréditaire.**

ATAVISME [atavism] **n. m.** 1. Hérédité des caractères physiques ou psychologiques. *Son atavisme protestant.* 2. SC. Réapparition d'un caractère primitif après un nombre indéterminé de générations.
ÉTYM. du latin *atavi* «ancêtres», pluriel de *atavus* «aïeul *(avus)* du quatrième degré».

ATAXIE [ataksi] **n. f.** ✦ DIDACT. Désordre physiologique (spécialement dans la coordination des mouvements).
► **ATAXIQUE** [ataksik] **adj.** et **n.**
ÉTYM. grec *ataxia* «désordre».

ATCHOUM [atʃum] **interj.** ✦ Bruit produit par un éternuement. ➡ **n. m.** *Des atchoums sonores.*
ÉTYM. onomatopée.

ATELIER [atəlje] **n. m.** 1. Lieu où des artisans, des ouvriers travaillent en commun. *L'atelier d'un menuisier. Atelier de couture.* 2. Section d'une usine où des ouvriers travaillent à un même ouvrage ; ces ouvriers. *Atelier de montage. Chef d'atelier.* 3. Lieu où travaille un artiste (peintre, sculpteur). *Un grand atelier avec verrière.* ◆ Ensemble d'artistes travaillant sous la direction d'un maître. *Tableau de l'atelier de Rembrandt.*
ÉTYM. de l'ancien français *astelle* «morceau de bois» → attelle.

ATERMOIEMENT [atɛʀmwamɑ̃] **n. m.** ✦ Action d'atermoyer, de remettre à un autre temps. SYN. **ajournement, délai.** *Accepter après bien des atermoiements.*
ÉTYM. de *atermoyer*.

ATERMOYER [atɛʀmwaje] **v. intr.** (conjug. 10) ✦ LITTÉR. Différer de délai en délai, chercher à gagner du temps. *Inutile d'atermoyer, il faut agir.* SYN. **attendre, tergiverser.** CONTR. se **décider.**
ÉTYM. de l'ancien français *termoier* «ajourner», de *terme.*

ATHÉE [ate] **n.** ✦ Personne qui ne croit pas en Dieu. SYN. **incroyant.** — **adj.** *Il est athée.* CONTR. **croyant, religieux, théiste.**
ÉTYM. grec *atheos,* de *theos* «dieu».

ATHÉISME [ateism] **n. m.** ✦ Attitude ou doctrine de l'athée. CONTR. **croyance, théisme.**

ATHÉNÉE [atene] **n. m.** ✦ En Belgique Établissement public d'enseignement secondaire.
ÉTYM. latin *athenaeum,* du grec «temple d'*Athéna*». ☛ noms propres.

ATHÉRO- Élément savant, du grec *athêra* «bouillie», qui signifie «dépôt physiologique».

ATHÉROME [ateʀɔm ; ateʀom] **n. m.** ✦ Dépôt de lipides à la surface interne de la paroi des artères.
► **ATHÉROMATEUX, EUSE** [ateʀɔmatø, øz] **adj.**
ÉTYM. latin *atheroma,* du grec.

ATHÉROSCLÉROSE [ateʀoskleʀoz] **n. f.** ✦ Affection des artères consécutive à la formation de plaques d'athérome.
ÉTYM. de *athéro-* et *sclérose.*

ATHLÈTE [atlɛt] **n.** 1. **n. m.** ANTIQ. Celui qui combattait dans les jeux publics ; gymnaste. 2. **n.** Personne qui pratique l'athlétisme. *Les athlètes françaises. Un corps d'athlète.* ♦ **par ext.** Personne bien musclée.
ÉTYM. latin *athleta,* du grec «lutteur».

ATHLÉTIQUE [atletik] **adj.** ✦ Fort et musclé.
ÉTYM. latin *athleticus.*

ATHLÉTISME [atletism] **n. m.** ✦ Ensemble d'exercices physiques, de sports individuels : course, gymnastique, lancer (du disque, du poids, du javelot), saut. *Épreuves d'athlétisme combinées* (triathlon, pentathlon, décathlon).
ÉTYM. de *athlète.*

ATLANTE [atlɑ̃t] **n. m.** ✦ ARCHIT. Figure d'homme soutenant un entablement.
ÉTYM. mot italien, du grec, pluriel de *Atlas,* nom d'un géant condamné à porter le ciel sur ses épaules.

ATLANTIQUE [atlɑ̃tik] **adj.** et **n. m.** 1. *L'océan Atlantique* et **n. m.** *l'Atlantique* (☛ noms propres), l'océan qui sépare l'Europe et l'Afrique de l'Amérique. *Traversée de l'Atlantique.* → **transatlantique.** 2. Qui a rapport à l'océan Atlantique, aux pays qui le bordent. *La côte atlantique. Les nations atlantiques.*
ÉTYM. latin *atlanticus.*

ATLAS [atlas] **n. m.** I Recueil de cartes géographiques. II **(idée de soutien)** ANAT. Première vertèbre cervicale.
ÉTYM. du nom du géant mythologique *Atlas.* ☛ noms propres.

ATMOSPHÈRE [atmɔsfɛʀ] **n. f.** 1. Couche gazeuse qui entoure le globe terrestre, un astre. 2. Partie de l'atmosphère terrestre la plus proche du sol où apparaissent les nuages, la pluie, la neige. *Étude de l'atmosphère.* → **météorologie.** *Un orage avait un peu rafraîchi l'atmosphère.* 3. Air qu'on respire dans un lieu. *Une atmosphère surchauffée.* 4. Milieu où l'on vit, influence qu'il exerce. SYN. **ambiance, climat.** *Une atmosphère de travail.* FAM. *Changer d'atmosphère.* 5. SC. Unité de mesure de la pression des gaz.
ÉTYM. latin scientifique *athmosphaera,* du grec *athmos* «vapeur» et *sphaira* «sphère».

ATMOSPHÉRIQUE [atmɔsfeʀik] **adj.** ✦ De l'atmosphère. *Mesurer la pression atmosphérique* (→ **baromètre**). *Conditions atmosphériques* (→ **météorologie, temps**). *Pollution atmosphérique.* ☛ Géographie p. 225, 228 et 230.

ATOLL [atɔl] **n. m.** ✦ Île en forme d'anneau constituée de récifs coralliens. *Des atolls.*
ÉTYM. du maldive (îles au sud de Ceylan) *atolu,* par l'anglais.

ATOME [atom] **n. m.** 1. HIST. SC. Élément constitutif de la matière, indivisible et homogène (→ **atomisme**). ♦ *Des atomes crochus,* des affinités. 2. SC. Particule d'un élément chimique qui forme la plus petite quantité susceptible de se combiner. *La molécule d'eau (H_2O) contient deux atomes d'hydrogène et un atome d'oxygène. L'atome est formé d'un noyau (protons, neutrons) et d'électrons. Énergie produite par la fission du noyau de l'atome* (→ **atomique, nucléaire**). ♦ COUR. *L'atome :* la filière électronucléaire. *L'atome militaire, civil.* 3. Très petite quantité (→ **atomiser**). — **loc.** *Il n'a pas un atome de bon sens,* il en est tout à fait dépourvu. SYN. **brin, grain, once.**
ÉTYM. latin *atomus,* du grec «indivisible» → ② a- et -tome.

ATOMICITÉ [atɔmisite] **n. f.** ✦ CHIM. Nombre d'atomes constituant la molécule d'un corps.
ÉTYM. de *atomique* (1).

ATOMIQUE [atɔmik] **adj.** 1. Qui a rapport aux atomes. *Le poids atomique, la masse atomique d'une substance.* — *Numéro, nombre atomique :* nombre d'électrons caractéristique d'un atome, correspondant à son numéro dans la classification périodique des éléments. 2. Qui concerne le noyau de l'atome et sa désintégration. SYN. **nucléaire.** *Bombe atomique.* — *La physique atomique.* 3. Qui utilise les engins atomiques. *L'ère atomique. Les puissances atomiques.*

ATOMISÉ, ÉE [atɔmize] **adj.** ✦ Qui a subi les effets des radiations atomiques. — **n.** *Les atomisés d'Hiroshima.*
ÉTYM. du participe passé de *atomiser* (I).

ATOMISER [atɔmize] **v. tr.** (conjug. 3a) I Détruire par un engin atomique. II Réduire (un corps) en particules extrêmement ténues, en fines gouttelettes. SYN. **pulvériser, vaporiser.**
ÉTYM. de *atome.*

ATOMISEUR [atɔmizœʀ] **n. m.** ✦ Petit flacon, petit bidon qui atomise le liquide qu'il contient lorsqu'on presse sur le bouchon. *Eau de toilette en atomiseur.* SYN. **nébuliseur, vaporisateur.**
ÉTYM. de *atomiser* (II).

ATOMISME [atɔmism] **n. m.** ✦ DIDACT. Doctrine philosophique des Grecs qui considère l'univers comme formé d'atomes associés en combinaisons fortuites.
ÉTYM. de *atome* (1).

ATOMISTE [atɔmist] **n.** ✦ Spécialiste de la physique atomique (ou nucléaire).

ATONAL, ALE, AUX ou **ALS** [atɔnal, o] **adj.** ✦ MUS. Qui n'est pas organisé selon les tons. *Musique atonale,* reposant sur des séries de douze sons (sériel ; dodécaphonique).

► **ATONALITÉ** [atɔnalite] n. f.
ÉTYM. famille de ② *ton.*

ATONE [atɔn ; aton] adj. **I** 1. (tissus vivants) Qui manque de tonicité. *Un intestin atone.* SYN. **paresseux.** 2. Qui manque de vitalité, d'énergie. *Un être atone.* SYN. **amorphe, éteint.** **II** Qui n'est pas accentué. *Voyelle, syllabe atone.* CONTR. ① **actif, dynamique, vif • accentué,** ① **tonique.**
ÉTYM. grec *atonos* «sans vigueur».

ATONIE [atɔni] n. f. ✦ Manque de vitalité, de vigueur. *Atonie musculaire. – Atonie intellectuelle.* CONTR. **énergie, vitalité, vigueur.**
ÉTYM. grec *atonia* «affaiblissement».

ATOURS [atuʀ] n. m. pl. ✦ vx ou plais. Toilette et parure féminine. *Parée de ses plus beaux atours.*
ÉTYM. de l'ancien verbe *atourner* «orner, parer».

ATOUT [atu] n. m. 1. aux cartes Couleur qui l'emporte sur les autres ; carte de cette couleur. *Jouer atout. Atout trèfle.* 2. Moyen de réussir. SYN. **chance.** *Mettre, avoir tous les atouts dans son jeu. Il a des atouts.*
ÉTYM. de la locution *(jouer) à tout.*

ATRABILAIRE [atʀabilɛʀ] adj. ✦ VIEILLI Coléreux, bilieux. *Caractère, humeur atrabilaire.* – n. *Un atrabilaire.*
ÉTYM. de *atrabile*, du latin *atra bilis* «bile noire *(ater)*».

ÂTRE [ɑtʀ] n. m. ✦ Partie dallée de la cheminée où l'on fait le feu ; la cheminée elle-même. SYN. **foyer.**
ÉTYM. latin populaire *astracum*, du grec.

-ÂTRE Élément qui marque un caractère approchant (ex. *blanchâtre*) ou exprime une idée péjorative (ex. *bellâtre, marâtre*).

ATRIUM [atʀijɔm] n. m. ✦ Cour intérieure de la maison romaine antique, généralement entourée d'un portique couvert. *Des atriums.*
ÉTYM. mot latin.

ATROCE [atʀɔs] adj. 1. Horrible, d'une grande cruauté. SYN. **abominable, affreux, effroyable, épouvantable, monstrueux.** *Crime, supplice atroce.* 2. Insupportable. *Des souffrances atroces. Une peur atroce.* 3. FAM. Très désagréable. *Le temps est atroce.* SYN. **horrible, infect.**
► **ATROCEMENT** [atʀɔsmɑ̃] adv.
ÉTYM. latin *atrox.*

ATROCITÉ [atʀɔsite] n. f. 1. Caractère de ce qui est atroce. *L'atrocité d'un crime.* SYN. **cruauté.** 2. Action atroce, affreusement cruelle. SYN. **crime, monstruosité.** *Les atrocités nazies.* 3. Propos blessant, accusation calomnieuse. SYN. **horreur.**
ÉTYM. latin *atrocitas.*

ATROPHIE [atʀɔfi] n. f. ✦ Diminution du volume d'un organe ou d'un tissu, par défaut de nutrition, manque d'usage, etc. *Atrophie musculaire.* CONTR. **hypertrophie.**
ÉTYM. latin *atrophia*, du grec → ② a- et -trophe.

ATROPHIÉ, ÉE [atʀɔfje] adj. ✦ Dont le volume est anormalement petit par atrophie.
ÉTYM. de *atrophie.*

S'ATROPHIER [atʀɔfje] v. pron. (conjug. 9) 1. Dépérir par atrophie. *Les membres immobilisés s'atrophient.* 2. S'arrêter dans son développement. *Cette qualité s'est atrophiée chez lui.* SYN. se **dégrader, diminuer.**
ÉTYM. de *atrophié.*

ATROPINE [atʀɔpin] n. f. ✦ CHIM. Alcaloïde toxique des feuilles de belladone, utilisé en médecine.
ÉTYM. du latin scientifique *atropa* «belladone», de *Atropos*, nom grec de la Parque qui tue.

S'ATTABLER [atable] v. pron. (conjug. 3a) ✦ S'asseoir à table pour manger, boire ou jouer. – au p. passé *Bridgeurs attablés.*
ÉTYM. de *table.*

ATTACHANT, ANTE [ataʃɑ̃, ɑ̃t] adj. ✦ Qui attache, retient en touchant la sensibilité. *Elle a une personnalité attachante.* CONTR. **repoussant.**
ÉTYM. du participe présent de *attacher.*

ATTACHE [ataʃ] n. f. 1. dans des loc. Action d'attacher, de retenir par un lien. *À L'ATTACHE, D'ATTACHE. Point d'attache d'un muscle. Chien à l'attache. Le port d'attache d'un bateau.* 2. Objet servant à attacher. *Réunir deux lettres par une attache* (une agrafe, une épingle...). 3. au plur. Le poignet et la cheville. *Avoir des attaches fines.* 4. fig. *ATTACHES* : rapports affectifs ou relations d'habitude qui attachent une personne à qqn ou à qqch. *Conserver des attaches avec son pays natal.* SYN. **lien.**
ÉTYM. de *attacher.*

ATTACHÉ, ÉE [ataʃe] adj. et n.
I adj. 1. Fixé, lié. *Prisonnier attaché.* ◆ Fermé par une attache. 2. *ATTACHÉ À.* (choses) Qui fait corps avec, associé, joint à. SYN. **inhérent.** *Les avantages attachés à cette situation.* ◆ (personnes) Lié par un sentiment d'amitié, une habitude, un besoin, un goût. *Elle lui est très attachée.* SYN. **dévoué, fidèle.** CONTR. **détaché.**
II n. Personne attachée à un service. *Attaché d'ambassade. Une excellente attachée de presse.*

ATTACHÉ-CASE [ataʃekɛz] n. m. ✦ anglicisme Mallette rectangulaire plate qui sert de porte-document. *Des attachés-cases.*
ÉTYM. mot anglais, de *case* «boîte, mallette» et *attaché* (II), du français.

ATTACHEMENT [ataʃmɑ̃] n. m. ✦ Sentiment d'affection durable (→ **lien**) qui unit aux personnes ou aux choses. SYN. **affection** ; → **amitié, amour.** *Montrer de l'attachement pour qqn. Une preuve d'attachement.* CONTR. **détachement, indifférence.**
ÉTYM. de *attacher.*

ATTACHER [ataʃe] v. tr. (conjug. 3a) **I** 1. Faire tenir (à une chose) au moyen d'une attache, d'un lien. SYN. **fixer, lier, maintenir.** *Attacher une chèvre à un pieu avec une chaîne.* 2. Joindre ou fermer par une attache. SYN. **assembler, réunir.** *Attacher les mains d'un prisonnier. Attacher sa veste.* SYN. **boutonner.** ◆ INFORM. *Attacher un document à un message électronique*, l'y joindre. 3. Faire tenir, joindre ou fermer (en parlant de l'attache). *La ficelle qui attache le paquet.* 4. Unir par un lien moral (volonté, sentiment, obligation). SYN. **lier.** *Des souvenirs l'attachent à cette maison.* 5. *S'attacher qqn*, s'en faire aimer. *Ce professeur a su s'attacher ses élèves.* 6. Mettre (une personne) au service d'une autre. SYN. **prendre.** *Attacher deux adjoints à son service.* **II** 1. Adjoindre par l'esprit. *Attacher un sens à un mot.* SYN. **associer.** 2. Attribuer (une qualité à qqch.). *Attacher du prix, de la valeur à qqch.* SYN. **accorder.** *Il ne faut pas y attacher trop d'importance.* **III** intrans. Coller au fond d'un récipient, en cuisine. **IV** *S'ATTACHER* v. pron. 1. Se fixer, être fixé (à qqch. ou qqn). *Le lierre s'attachait au mur.* – Se

A B C D E F G H I J K L M N O P Q R S T U V W X Y Z

fermer, s'ajuster. *Jupe qui s'attache derrière.* **2.** (choses) Être uni à, accompagner. *Les avantages qui s'attachent à ce poste.* **3.** Prendre de l'attachement pour (qqn, qqch.). *S'attacher à qqn, à un animal, à un lieu. On s'y attache, on finit par s'y attacher.* **4.** S'appliquer avec constance (à une chose). *S'attacher à son travail.* ➙ (+ inf.) *S'attacher à bien faire.* SYN. **s'appliquer, chercher à, s'efforcer.** CONTR. ① **détacher, libérer • dissocier, séparer.**

ÉTYM. origine incertaine, p.-ê. famille de *attaquer.*

ATTAQUANT, ANTE [atakɑ̃, ɑ̃t] n. ✦ Personne qui attaque, engage l'offensive. SYN. **agresseur, assaillant.** *Les attaquants furent repoussés.* CONTR. **défenseur.**

ÉTYM. du participe présent de *attaquer.*

ATTAQUE [atak] n. f. **1.** Action d'attaquer, de commencer le combat. SYN. **offensive.** *Déclencher, repousser une attaque. Passer à l'attaque. À l'attaque !* **2.** Les joueurs qui attaquent, dans les sports d'équipe. **3.** Acte de violence. *Attaque à main armée.* SYN. **agression** ; → **attentat.** *L'attaque d'une banque.* → **hold-up.** **4.** surtout plur. Paroles qui critiquent durement. SYN. **accusation,** ② **critique.** *Subir les attaques de l'opinion.* **5.** Accès subit, brutal (d'une maladie). SYN. **crise.** *Avoir une attaque d'apoplexie* ou absolt *une attaque.* **6.** *D'ATTAQUE* loc. adv. FAM. *Être d'attaque.* CONTR. ① **défense.**

ÉTYM. de *attaquer.*

ATTAQUER [atake] v. tr. (conjug. 3a) **I** **1.** Porter les premiers coups à (l'adversaire), commencer le combat. *Attaquer un poste, une armée.* absolt *L'ennemi a attaqué à l'aube.* ➙ SPORTS Faire une action offensive. **2.** Se porter, se jeter sur (qqn) en maltraitant, tuant ou volant par force. SYN. **agresser, assaillir.** *Attaquer qqn à main armée. Se faire attaquer.* ➙ au p. passé *Passant attaqué par un malfaiteur.* **3.** Intenter une action judiciaire contre. *Attaquer qqn en justice.* **4.** Émettre des jugements qui nuisent à (qqn ou qqch.). SYN. **accuser, combattre, critiquer, dénigrer.** *Attaquer la réputation de qqn.* ➙ *Cet article attaque le ministre.* **5.** S'adresser avec vivacité à (qqn) pour obtenir une réponse. *Attaquer qqn sur un sujet.* **II** Détruire la substance de (une matière). SYN. **entamer, ronger.** *La rouille attaque le fer.* **III** (Commencer) **1.** Aborder sans hésitation. *Attaquer un sujet, un discours.* SYN. **commencer** ; **aborder, entamer.** **2.** FAM. Commencer à manger. *Si on attaquait le pâté ?* SYN. **entamer.** **3.** *Attaquer un morceau de musique,* en commencer l'exécution. **IV** *S'ATTAQUER (À)* v. pron. **1.** Diriger une attaque contre qqn (matériellement ou moralement). SYN. **combattre, critiquer.** *Il est dangereux de s'attaquer à lui.* SYN. s'en **prendre** à. **2.** Chercher à résoudre. *Les plus grands penseurs se sont attaqués à ce problème.* CONTR. **défendre, protéger.**

ÉTYM. italien *attaccare* «assaillir», d'origine incertaine.

ATTARDÉ, ÉE [ataʀde] adj. **1.** Qui est en retard. *Quelques passants attardés* (hors de chez eux, le soir, la nuit). **2.** Qui est en retard dans sa croissance, son développement, son évolution. *Un enfant attardé.* SYN. **arriéré.** ➙ n. *Un attardé.* **3.** Qui est en retard sur son époque. *Des conceptions attardées.* SYN. **rétrograde.** CONTR. en **avance, avancé, précoce.**

S'ATTARDER [ataʀde] v. pron. (conjug. 3a) **1.** Se mettre en retard. SYN. se **retarder.** *Ne nous attardons pas. S'attarder dans un lieu, chez qqn. S'attarder à parler avec qqn.* **2.** fig. Ne pas avancer, ne pas progresser normalement. *S'attarder sur un sujet.* SYN. **s'appesantir, s'arrêter, s'étendre, insister.** CONTR. **avancer,** se **dépêcher.**

ÉTYM. de *tard.*

ATTEINDRE [atɛ̃dʀ] v. tr. (conjug. 48b) **I** (Parvenir au niveau de) **1.** Parvenir à (un lieu). SYN. **arriver à, gagner.** *Nous atteindrons la frontière avant la nuit.* **2.** Parvenir à toucher, à prendre (qqch.). *Pouvez-vous atteindre ce livre là-haut ?* **3.** Parvenir à (un état, une situation). *Atteindre un but, un objectif.* **4.** (choses) Parvenir à (un lieu, une hauteur, une grandeur). *Ce sommet atteint 4 000 mètres.* SYN. **s'élever à.** ➙ *Atteindre une limite, un maximum.* **II** (Parvenir à frapper) **1.** Toucher, blesser au moyen d'une arme, d'un projectile. *Il l'a atteint au front d'un coup de pierre.* ➙ (compl. chose) *Atteindre l'objectif.* ➙ *La balle l'atteignit au genou.* **2.** Faire du mal à (qqn). SYN. **attaquer,** ① **toucher.** *Rien ne l'atteint,* il est indifférent. SYN. **émouvoir, troubler.** *Vos méchancetés ne l'atteignent pas.* CONTR. **manquer, rater.**

ÉTYM. latin populaire *attangere,* classique *attingere* «parvenir à», influencé par *tangere* «toucher».

ATTEINT, EINTE [atɛ̃, ɛ̃t] adj. **1.** Touché par un mal. *Le poumon est atteint.* **2.** FAM. Troublé mentalement. *Il est bien atteint.*

ÉTYM. du participe passé de *atteindre.*

ATTEINTE [atɛ̃t] n. f. **1.** (après *hors de*) Possibilité d'atteindre. *Les fuyards sont hors de son atteinte.* SYN. **portée.** *Sa réputation est hors d'atteinte,* inattaquable. **2.** Dommage matériel ou moral. *C'est une atteinte à la vie privée.* SYN. **injure, outrage.** ➙ loc. *Porter atteinte à la réputation de qqn.* ◆ Effets d'une maladie. SYN. **accès, attaque.** *Il sent les premières atteintes de son mal.*

ÉTYM. du participe passé de *atteindre.*

ATTELAGE [at(ə)laʒ] n. m. **1.** Action ou manière d'atteler. **2.** Bêtes attelées ensemble. *Un attelage de chevaux.*

ATTELER [at(ə)le] v. tr. (conjug. 6a) **1.** Attacher (une ou plusieurs bêtes) à une voiture, une charrue. *Atteler des bœufs à une charrette.* ➙ *Atteler une locomotive à un wagon, une remorque à une voiture.* **2.** *Atteler une voiture,* y atteler le cheval. **3.** *S'ATTELER* v. pron. *S'atteler à* (un travail), s'y mettre sérieusement. *La tâche à laquelle il s'attelle.* CONTR. **dételer.**

ÉTYM. latin populaire *attelare.*

ATTELLE [atɛl] n. f. ✦ Planchette, plaque destinée à maintenir immobile un membre fracturé. SYN. **éclisse.**

ÉTYM. latin *astella,* pour *astula,* de *assula* «fragments de bois».

ATTENANT, ANTE [at(ə)nɑ̃, ɑ̃t] adj. ✦ Qui tient, touche à (un autre terrain, une autre construction, etc.). *La maison et le hangar attenant.* SYN. **contigu.** *La chapelle attenante au château.*

ÉTYM. du participe présent de l'ancien verbe *attenir,* latin populaire *attenire.*

ATTENDRE [atɑ̃dʀ] v. tr. (conjug. 44) **I** v. tr. **1.** Se tenir, rester en un lieu (jusqu'à l'arrivée de qqn, de qqch.). *Je vous attendrai chez moi jusqu'à midi. Attendre le train. Attendre sous un abri la fin de l'orage. On n'attend plus que vous pour partir.* ➙ *«En attendant Godot»* (pièce de Beckett). **2.** *Attendre qqch.,* ne rien faire avant que cette chose ne se produise. *Attendre le moment d'agir. Attendre l'occasion. Qu'attendez-vous pour accepter ?* ➙ *ATTENDRE QUE* (+ subj.). *J'attends que ça soit fini.* ➙ *ATTENDRE DE* (+ inf.). *Attendez de voir le résultat.* **3.**

(femmes) *Attendre un enfant :* être enceinte. **4.** absolt Rester dans un lieu pour attendre (1) qqn ou qqch. *Je suis resté deux heures à attendre ; j'ai attendu (pendant) deux heures. Tu m'as fait attendre.* ➝ (sujet personne) *Faire attendre qqn, se faire attendre,* tarder. ➝ interj. *Attendez ! Attends, je n'ai pas fini.* ➝ (menace) *Attends un peu !* **5.** (choses) Être prêt pour qqn. *La voiture vous attend. Le sort qui nous attend,* qui nous est réservé. **6.** Compter sur (qqn ou qqch.) ; prévoir (un évènement). SYN. **escompter, prévoir.** *On attend un invité d'honneur. On ne vous attendait plus,* on ne comptait plus sur vous. ➝ *ATTENDRE qqch. DE qqn.* SYN. **compter, espérer. 7.** trans. indir. *Attendre après qqn,* l'attendre avec impatience. ➝ *Attendre après qqch.,* en avoir besoin. *Je n'attends pas après ça.* **II** *EN ATTENDANT* loc. adv. : jusqu'au moment attendu. *Le train part dans une heure ; prenons un verre en attendant.* ➝ Toujours est-il que... *C'est nécessaire, mais en attendant, c'est très désagréable.* ➝ *En attendant de* (+ inf.) loc. prép. ; *en attendant que* (+ subj.) loc. conj. **III** *S'ATTENDRE* v. pron. *S'attendre à* (qqch.), penser que cette chose arrivera. SYN. **escompter, prévoir.** *Au moment où il s'y attend le moins. On ne s'y attendait plus.* ➝ *S'ATTENDRE À* (+ inf.). *Je m'attendais un peu à vous voir.* ➝ *S'ATTENDRE À CE QUE* (+ subj.). *On s'attend à ce qu'il soit élu ; on s'y attend.*

ÉTYM. latin *attendere* «être attentif à», de *tendere* «tendre, tendre vers».

ATTENDRIR [atɑ̃dʀiʀ] v. tr. (conjug. 13) **I** Rendre plus tendre, moins dur. *Attendrir une viande.* **II** Rendre (qqn) plus sensible. SYN. **émouvoir,** ① **toucher.** *Elle m'attendrit, ses larmes m'attendrissent.* ➝ au p. passé *Un air attendri.* SYN. **ému.** ➝ *S'ATTENDRIR* v. pron. *S'attendrir sur le sort de qqn.* CONTR. **durcir, endurcir • agacer, irriter.**

ÉTYM. de ② *tendre.*

ATTENDRISSANT, ANTE [atɑ̃dʀisɑ̃, ɑ̃t] adj. ✦ Qui porte à une indulgence attendrie. *Une naïveté attendrissante.* CONTR. **agaçant, irritant.**

ÉTYM. du participe présent de *attendrir.*

ATTENDRISSEMENT [atɑ̃dʀismɑ̃] n. m. ✦ Fait de s'attendrir, état d'une personne attendrie. SYN. **émotion ; compassion.** *Des larmes d'attendrissement. Allons ! Pas d'attendrissement !* CONTR. **dureté, insensibilité ; agacement, irritation.**

ATTENDRISSEUR [atɑ̃dʀisœʀ] n. m. ✦ Appareil de boucherie pour attendrir la viande.

ÉTYM. de *attendrir* (I).

① **ATTENDU, UE** [atɑ̃dy] adj. et prép.

I adj. Qu'on attend, qu'on a attendu. *Un discours très attendu.* CONTR. **imprévu, inattendu.**

II **1.** prép. Étant donné ; étant considéré. SYN. **vu.** *Attendu vos résultats...* **2.** loc. conj. *ATTENDU QUE,* étant donné que. SYN. **comme, parce que, puisque.** *Attendu que vous n'êtes pas venus...* ➝ DR. *Attendu que...* (➙ ② **attendu**). CONTR. **malgré.**

ÉTYM. du participe passé de *attendre.*

② **ATTENDU** [atɑ̃dy] n. m. ✦ DR. *Les attendus d'un jugement :* les motifs.

ÉTYM. de ① *attendu.*

ATTENTAT [atɑ̃ta] n. m. **1.** Tentative criminelle contre une personne (surtout dans un contexte idéologique). ➙ **agression.** *Préparer un attentat contre un homme politique.* ◆ Agression violente. *L'attentat terroriste a fait cinq morts. Attentat djihadiste. Revendiquer un attentat.* **2.** Tentative criminelle contre qqch. *Attentat à la liberté.* DR. ANC. *Attentat à la pudeur.* SYN. **outrage.**

ÉTYM. latin *attentatum,* de *attemptare* «attenter».

ATTENTATOIRE [atɑ̃tatwaʀ] adj. ✦ Qui porte atteinte. *Enquête attentatoire à la vie privée.*

ÉTYM. de *attentat.*

ATTENTE [atɑ̃t] n. f. **1.** Fait d'attendre ; temps pendant lequel on attend. *L'attente n'a pas été longue. Dans l'attente de vous voir.* ➝ *Salle d'attente,* aménagée pour ceux qui attendent. *Dossiers en attente.* **2.** État de conscience d'une personne qui attend. *Une attente insupportable.* **3.** Fait de compter sur qqch. ou sur qqn. SYN. **désir, espoir.** *Répondre à l'attente de qqn.* ➝ *Contre toute attente,* contrairement à ce qu'on attendait.

ÉTYM. latin *attendita,* du participe passé de *attendere* «être attentif», influencé par le sens de *attendre.*

ATTENTER [atɑ̃te] v. tr. ind. (conjug. 3a) ✦ *ATTENTER À :* faire une tentative criminelle contre (quel qu'en soit le résultat). ➙ **attentat.** *Attenter à la vie de qqn. Attenter à ses jours :* tenter de se suicider. CONTR. **respecter.**

ÉTYM. latin *attemptare,* de *temptare* «tenter».

ATTENTIF, IVE [atɑ̃tif, iv] adj. **1.** Qui écoute, regarde, agit avec attention. *Auditeur, spectateur, élève attentif.* **2.** LITTÉR. *ATTENTIF À :* qui se préoccupe avec soin (de). *Être attentif aux moindres détails.* **3.** Qui marque de la prévenance, des attentions. *Soins attentifs.* SYN. **assidu, zélé.** CONTR. **distrait, étourdi, inattentif • indifférent.**

ÉTYM. du latin *attentum,* de *attendere* «être attentif».

ATTENTION [atɑ̃sjɔ̃] n. f. **1.** au sing. Concentration de l'activité mentale sur un objet. *Faire un effort d'attention. Examiner avec attention. Capter, détourner l'attention de qqn. Fixer son attention sur... J'attire votre attention sur les délais. Votre attention, s'il vous plaît !* ➝ *À l'attention de M. Untel* (mention sur un courrier). ➝ *Prêter attention à...,* en tenir compte. ➝ *FAIRE ATTENTION À qqch.,* l'observer, s'en occuper ; en avoir conscience. *Faites bien attention, très attention à ma question.* ➝ *Elle ne fait pas attention à lui.* ➝ *FAIRE ATTENTION QUE* (+ subj.). *Fais attention que personne ne te voie.* ◆ interj. *Attention ! danger.* **2.** au plur. Soins attentifs. SYN. **égard(s), prévenance(s).** *Avoir des attentions délicates pour qqn.* CONTR. **inattention ; dissipation ; distraction, indifférence • brutalité, grossièreté.**

ÉTYM. latin *attentio,* de *attendere* «être attentif».

ATTENTIONNÉ, ÉE [atɑ̃sjɔne] adj. ✦ Qui est plein d'attentions pour qqn. SYN. **empressé, prévenant.**

ÉTYM. de *attention.*

ATTENTISME [atɑ̃tism] n. m. ✦ Attitude politique consistant à attendre que les évènements s'annoncent pour prendre une décision.

► **ATTENTISTE** [atɑ̃tist] adj. et n.

ÉTYM. de *attente.*

ATTENTIVEMENT [atɑ̃tivmɑ̃] adv. ✦ D'une manière attentive. *Lire attentivement le mode d'emploi.* CONTR. **distraitement.**

ATTÉNUANT, ANTE [atenɥɑ̃, ɑ̃t] adj. ✦ DR. *Circonstances atténuantes :* faits qui atténuent la gravité d'une infraction, d'une mauvaise action. CONTR. **aggravant.**

ÉTYM. du participe présent de *atténuer.*

ATTÉNUATION [atenɥasjɔ̃] **n. f.** ✦ Action d'atténuer. SYN. **diminution.** CONTR. **aggravation, augmentation.**
ÉTYM. latin *attenuatio.*

ATTÉNUER [atenɥe] **v. tr.** (conjug. 3a) ✦ Rendre moins grave, moins vif, moins violent. SYN. **diminuer.** *Les calmants atténuent la douleur.* SYN. **apaiser.** *Atténuer les termes d'une déclaration.* SYN. **adoucir, modérer.** ➝ pronom. (réfl.). *Les désaccords se sont atténués.* CONTR. **aggraver, amplifier, augmenter.**
ÉTYM. latin *attenuare,* de *tenuis* «faible, ténu».

ATTERRAGE [ateʀaʒ] **n. m.** 1. Espace marin proche de la terre. 2. Lieu où les navires peuvent aborder.
ÉTYM. de *terre.*

ATTERRANT, ANTE [ateʀɑ̃, ɑ̃t] **adj.** ✦ Qui atterre. SYN. **accablant, consternant.**
ÉTYM. du participe présent de *atterrer.*

ATTERRER [ateʀe] **v. tr.** (conjug. 3a) ✦ Jeter dans l'abattement, la consternation. SYN. **consterner, stupéfier.** ➝ au passif *Je suis atterré par cette nouvelle.*
ÉTYM. de *terre.*

ATTERRIR [ateʀiʀ] **v. intr.** (conjug. 13) 1. MAR., VIEILLI Approcher de la terre, toucher terre. ➝ **atterrage.** 2. (avion, engin, passagers) Se poser à terre, au sol. *L'avion vient d'atterrir.* ➝ *Atterrir sur l'eau* (➝ **amerrir**), *sur la Lune* (➝ **alunir**). 3. FAM. Arriver finalement. *Nous avons fini par atterrir dans un petit hôtel.*
ÉTYM. de *terre.*

ATTERRISSAGE [ateʀisaʒ] **n. m.** ✦ Action d'atterrir. *Terrain, piste ; train* d'atterrissage.*

ATTERRISSEMENT [ateʀismɑ̃] **n. m.** ✦ DR. Terres apportées par la mer ou un cours d'eau.
ÉTYM. de *atterrir* vx «remplir de *terre*».

ATTESTATION [atɛstasjɔ̃] **n. f.** ✦ Acte, écrit ou pièce qui atteste qqch. SYN. **certificat.** *Une attestation d'assurance.*
ÉTYM. latin *attestatio.*

ATTESTER [atɛste] **v. tr.** (conjug. 3a) 1. Rendre témoignage de (qqch.). SYN. **certifier, garantir, témoigner.** *J'atteste la vérité de ce fait. J'atteste que cet homme est innocent.* 2. Servir de témoignage. SYN. **prouver, témoigner** de. *Ces documents attestent son innocence.* ➝ au p. passé *C'est un fait (bien) attesté.*
ÉTYM. latin *attestari,* de *testis* «témoin».

ATTICISME [atisism] **n. m.** ✦ Qualité des écrivains attiques ; fig. style pur, élégant.
ÉTYM. latin *atticismus,* du grec.

ATTIÉDIR [atjediʀ] **v. tr.** (conjug. 13) 1. LITTÉR. Rendre tiède. *Attiédir une boisson.* 2. fig. Rendre moins vif. *Le temps attiédit les passions.* SYN. **affaiblir.**
► **ATTIÉDISSEMENT** [atjedismɑ̃] **n. m.**

ATTIFER [atife] **v. tr.** (conjug. 3a) ✦ FAM. Habiller, parer d'une manière ridicule. SYN. **accoutrer.** ➝ *S'ATTIFER* **v. pron.** *Tu as vu comment elle s'attife ?*
► **ATTIFAGE** [atifaʒ] ou **ATTIFEMENT** [atifmɑ̃] **n. m.**
ÉTYM. de l'anc. v. *tifer* «parer», d'orig. germanique.

ATTIGER [atiʒe] **v. intr.** (conjug. 5) ✦ FAM. Exagérer. *Il attige, celui-là !*
ÉTYM. origine inconnue.

ATTIQUE [atik] **adj.** et **n. m.**
I adj. Qui a rapport à l'Attique, à Athènes, aux Athéniens. *Littérature attique.*
II n. m. Étage surélevé.
ÉTYM. latin *atticus,* du grec «d'Athènes».

ATTIRAIL, AILS [atiʀaj] **n. m.** ✦ FAM. Équipement compliqué, encombrant ou ridicule. *L'attirail du campeur, du photographe.* SYN. **barda, fourbi.**
ÉTYM. de l'ancien français *atir(i)er* «mettre en ordre», d'origine germanique.

ATTIRANCE [atiʀɑ̃s] **n. f.** ✦ Force qui attire vers qqn ou vers qqch. *Éprouver de l'attirance, une certaine attirance pour qqn, qqch.* SYN. **attrait.** CONTR. **dégoût, répulsion.**

ATTIRANT, ANTE [atiʀɑ̃, ɑ̃t] **adj.** ✦ Qui attire, exerce un attrait, une séduction. SYN. **attrayant, séduisant.** *Une femme très attirante.* CONTR. **repoussant.**
ÉTYM. du participe présent de *attirer.*

ATTIRER [atiʀe] **v. tr.** (conjug. 3a) 1. Tirer, faire venir à soi par une action matérielle. *L'aimant attire le fer* (➝ **attraction**). 2. Inciter, inviter, déterminer (un être vivant) à venir. *La lumière attire les papillons. Ce spectacle attire tout Paris.* 3. Capter, solliciter (le regard, l'attention). *J'attire votre attention sur ce point.* 4. Inspirer à (qqn) un sentiment agréable qui l'incite à vouloir qqch., à se rapprocher de qqn (➝ **attrait**). *Ce projet l'attire.* SYN. **tenter.** 5. *ATTIRER qqch. À, SUR qqn,* lui faire avoir qqch. d'heureux ou de fâcheux. *Sa bonne humeur lui attira la sympathie du public.* SYN. **procurer, valoir.** *Ça va lui attirer des ennuis.* SYN. ① **causer, occasionner.** ➝ *S'ATTIRER qqch.,* l'attirer à soi, sur soi. *Elle s'est attiré des reproches.* SYN. **encourir.** CONTR. **chasser, détourner, éloigner,** ① **repousser.**
ÉTYM. de *tirer.*

ATTISER [atize] **v. tr.** (conjug. 3a) 1. Aviver, ranimer (un feu). 2. Rendre plus vif. *Attiser les désirs, les haines.* SYN. **exciter, enflammer.** *Attiser une querelle.* SYN. **envenimer.** CONTR. **éteindre, étouffer • assoupir, calmer.**
ÉTYM. latin populaire *attitiare,* de *titio* «tison».

ATTITRÉ, ÉE [atitʀe] **adj.** 1. Qui est chargé par un titre de telle ou telle fonction. *Représentant attitré.* 2. Habituel. *Marchand attitré,* celui chez qui l'on a l'habitude de se servir.
ÉTYM. de *attitrer* vx «nommer en *titre*».

ATTITUDE [atityd] **n. f.** 1. Manière de tenir son corps. SYN. **contenance, maintien,** ② **port, pose, position, posture.** *Attitude gracieuse, nonchalante, gauche.* 2. Manière de se tenir, comportement qui correspond à une disposition psychologique. SYN. ② **air, allure, manière(s).** *Attitude arrogante, insouciante.* ◆ Affectation de ce qu'on n'éprouve pas. 3. Disposition à l'égard de qqn ou qqch. ; jugements, tendances provoquant un comportement. SYN. **disposition, position.** *Quelle est son attitude à l'égard de ce problème ? Il a changé d'attitude.*
ÉTYM. italien *attitudine,* du latin populaire *actitudo* (famille de *agere* «faire»), d'après *aptitudo* «propriété, aptitude».

ATTORNEY [atɔʀnɛ] **n. m.** ✦ Homme d'affaires (Grande-Bretagne), homme de loi (États-Unis) dont les fonctions correspondent à celles du notaire et de l'avocat français. *Attorney général* (ministre de la Justice aux États-Unis).

ÉTYM. mot anglais, de l'ancien français *atorner* «régler», de *tourner*.

ATTOUCHEMENT [atuʃmɑ̃] n. m. ✦ Action de toucher. ➝ Caresse légère.

ÉTYM. de *attoucher* «toucher légèrement».

ATTRACTIF, IVE [atʀaktif, iv] adj. ✦ Qui a la propriété d'attirer (1). *La force attractive de l'aimant.* CONTR. **répulsif.**

ÉTYM. latin *attractivus.*

ATTRACTION [atʀaksjɔ̃] n. f. I 1. Force qui attire. *Attraction magnétique. La loi de l'attraction universelle.* SYN. **gravitation.** 2. Force qui tend à attirer les êtres vers qqn ou vers qqch. SYN. **attirance, attrait.** *L'attraction qu'exerce un parti, une idéologie.* II 1. Ce qui attire le public ; centre d'intérêt. *La tour Eiffel est une attraction pour les touristes.* 2. au plur. Élément d'un spectacle de variétés. ◆ Distractions mises à la disposition du public. *Parc d'attractions.* CONTR. **répulsion.**

ÉTYM. latin *attractio,* de *attrahere* «attirer».

ATTRAIT [atʀɛ] n. m. 1. Ce qui attire agréablement, charme, séduit. SYN. ① **charme, séduction** ; ➝ **attrayant.** *L'attrait de la nouveauté.* 2. au plur. LITTÉR. *Les attraits d'une femme,* ce qui attire en elle. SYN. **appas.** 3. Fait d'être attiré, de se sentir attiré. SYN. **attirance.** *Éprouver un vif attrait pour qqn, qqch.* CONTR. **répulsion • dégoût.**

ÉTYM. du participe passé de l'ancien verbe *attraire,* latin *attrahere* «attirer».

ATTRAPE [atʀap] n. f. ✦ surtout au plur. Objet destiné à tromper qqn pour s'amuser. *Marchand de farces et attrapes.*

ÉTYM. de *attraper.*

ATTRAPE-NIGAUD [atʀapnigo] n. m. ✦ Ruse grossière (qui ne peut attraper qu'un nigaud). *Des publicités qui ne sont que des attrape-nigauds.*

ATTRAPER [atʀape] v. tr. (conjug. 3a) I 1. Rejoindre (qqn) et s'en saisir. SYN. **prendre.** ◆ Surprendre. *Je l'ai attrapé à fouiller dans mes papiers.* 2. Tromper par une ruse. SYN. **abuser, duper.** *Il m'a bien attrapé avec ses promesses.* ➝ passif et p. p. *Être attrapé, bien attrapé,* avoir subi une déception (qu'on ait été trompé ou non). 3. Faire des reproches à. SYN. **gronder, réprimander.** *Elle s'est fait attraper par ses parents.* II 1. Arriver à prendre, à saisir (une chose, un animal). *Attraper une balle à la volée.* ➝ fig. *Attraper des bribes d'une conversation.* SYN. **saisir.** 2. *Attraper un coup.* SYN. **recevoir.** *Attraper une maladie.* SYN. ① **contracter.** ➝ pronom. (passif) *Une maladie qui s'attrape.* ➝ **contagieux.** 3. *Attraper le train, l'autobus,* réussir à le prendre. SYN. ① **avoir.** 4. Arriver à saisir par l'esprit, l'imitation. *Attraper un style, un genre.* SYN. **imiter.** CONTR. ① **lâcher, relâcher • manquer.**

ÉTYM. de ① *trappe.*

ATTRAYANT, ANTE [atʀɛjɑ̃, ɑ̃t] adj. ✦ (spectacle, situation) Qui a de l'attrait. *Cet endroit n'a rien d'attrayant.* SYN. **agréable, attirant, plaisant.** CONTR. **déplaisant, repoussant.**

ÉTYM. du p. présent de l'anc. verbe *attraire* → attrait.

ATTRIBUABLE [atʀibɥabl] adj. ✦ Qui peut être attribué (à). *Une erreur attribuable à sa négligence.* SYN. **imputable.**

ATTRIBUER [atʀibɥe] v. tr. (conjug. 3a) 1. Allouer (qqch.) à qqn ou à qqch.). *Les avantages qui lui ont été attribués.* SYN. **octroyer.** 2. Considérer comme propre (à qqn). SYN. **prêter.** *N'attribuez pas aux autres vos propres défauts.* 3. Rapporter (qqch.) à un auteur, à une cause ; mettre sur le compte de. *À quoi attribuer ce changement ? Attribuer une toile anonyme à tel peintre.* 4. *S'ATTRIBUER qqch.* Se donner (qqch.) en partage. SYN. **s'adjuger.** *S'attribuer un titre auquel on n'a pas droit.* SYN. **s'approprier, s'arroger.** *S'attribuer tout le mérite de qqch.* CONTR. **ôter, reprendre, retirer • décliner, renoncer.**

ÉTYM. latin *attribuere,* d'abord «répartir entre les *tribus*».

ATTRIBUT [atʀiby] n. m. 1. Ce qui est propre, appartient particulièrement à un être, à une chose. SYN. **caractère, qualité.** *La raison, le langage, attributs essentiels de l'être humain.* 2. Emblème, symbole d'une figure mythologique, d'une chose personnifiée, d'un personnage. *Le sceptre est l'attribut de la royauté.* 3. GRAMM. Terme relié au sujet ou au complément d'objet par un verbe d'état (➝ **attributif**). ➝ *Attribut du sujet* (ex. il est *médecin* ; elle semble *intelligente*). *Attribut du complément, du COD* (on le nomme *trésorier*). ➝ appos. *Les adjectifs attributs ou épithètes.*

ÉTYM. latin médiéval *attributum,* d'abord «fonds attribués».

ATTRIBUTIF, IVE [atʀibytif, iv] adj. ✦ GRAMM. *Verbe attributif,* qui admet un attribut (ex. être, sembler, passer pour...).

ATTRIBUTION [atʀibysjɔ̃] n. f. 1. Action d'attribuer. *Concours pour l'attribution d'un prix.* SYN. **distribution, remise.** ◆ Fait d'attribuer (une œuvre) à un auteur. 2. GRAMM. *Complément d'attribution :* complément d'objet second. 3. au plur. Pouvoirs attribués au titulaire d'une fonction, à un organisme. SYN. ② **pouvoir, prérogative.** *Définir les attributions d'un employé. Cela n'entre pas dans ses attributions.*

ÉTYM. latin *attributio.*

ATTRISTANT, ANTE [atʀistɑ̃, ɑ̃t] adj. ✦ Qui attriste. SYN. **affligeant, désolant, navrant.** *Un spectacle attristant.* SYN. **pénible, triste.** CONTR. **consolant, réconfortant, réjouissant.**

ÉTYM. du participe présent de *attrister.*

ATTRISTER [atʀiste] v. tr. (conjug. 3a) ✦ Rendre triste. SYN. **chagriner, désoler, peiner.** *Son départ nous a attristés.* ➝ au p. passé *Un air attristé.* CONTR. **divertir, égayer, réconforter, réjouir.**

ÉTYM. de *triste.*

ATTROUPEMENT [atʀupmɑ̃] n. m. ✦ Réunion de personnes sur la voie publique, spécialt troublant l'ordre public. SYN. **manifestation, rassemblement.** *Former, faire un attroupement. Le service d'ordre a dispersé l'attroupement.*

ATTROUPER [atʀupe] v. tr. (conjug. 3a) ✦ Assembler en troupe, spécialt de manière à troubler l'ordre public. SYN. **ameuter, rassembler.** *Ses cris attroupèrent les passants.* ➝ pronom. (réfl.) *Les manifestants commencèrent à s'attrouper.* CONTR. **disperser.**

ÉTYM. de *troupe.*

ATYPIQUE [atipik] adj. ✦ Qui ne répond pas au type habituel. *Maladie atypique.* CONTR. **typique.**

ÉTYM. de ② *a-* et *type.*

AU, AUX ➝ À et ① LE

Au [ay] ✦ CHIM. Symbole de l'or.

AUBADE [obad] n. f. ✦ Air chanté ou joué, à l'aube ou le matin, sous les fenêtres de qqn. *Donner l'aubade.*
ÉTYM. de l'anc. occitan *albade* «chanson de l'*aube*».

AUBAINE [obɛn] n. f. **1.** anciennt *Droit d'aubaine,* par lequel le seigneur recueillait les biens que l'étranger (*aubain* n. m.) laissait en mourant. **2.** Avantage, profit inattendu, inespéré. *Profiter de l'aubaine. Quelle (bonne) aubaine !* SYN. **chance, occasion.**
ÉTYM. de l'ancien français *aubain* «étranger protégé et soumis à des taxes», d'origine inconnue.

① **AUBE** [ob] n. f. **I 1.** Première lueur du soleil levant qui commence à blanchir l'horizon ; moment de cette lueur. *L'aube précède l'aurore.* **2.** LITTÉR. Commencement. *À l'aube de la Révolution.* **II** Vêtement de lin blanc que le prêtre met pour célébrer la messe. ➜ Robe blanche des premiers communiants.
ÉTYM. latin populaire *alba,* de *albus* «blanc» ; sens II, latin ecclésiastique *alba (vestis)* «(vêtement) blanc».

② **AUBE** [ob] n. f. ✦ Palette (d'une roue hydraulique, d'une turbine). *Les aubes d'une roue de moulin. Roue à aubes.*
ÉTYM. latin populaire *alapa,* d'origine inconnue.

AUBÉPINE [obepin] n. f. ✦ Arbuste épineux à fleurs odorantes blanches ou roses, à floraison précoce. *Une haie d'aubépine.*
ÉTYM. latin *alba spina* «épine *(spina)* blanche *(alba)*».

AUBERGE [obɛʀʒ] n. f. **1.** anciennt Maison où l'on trouvait à loger et manger en payant. ➜ loc. *Auberge espagnole :* lieu où l'on ne trouve que ce qu'on a apporté. FAM. *On n'est pas sorti de l'auberge,* les difficultés augmentent, vont nous retarder, nous retenir. ◆ MOD. Hôtel-restaurant d'apparence rustique. **2.** *Auberge de jeunesse :* centre d'accueil hébergeant les jeunes pour une somme modique.
ÉTYM. ancien occitan *alberga,* du germanique.

AUBERGINE [obɛʀʒin] n. f. **1.** Fruit oblong et violet d'une plante potagère, consommé comme légume. **2.** adjectivt invar. De la couleur violet foncé de l'aubergine. *Des chaussettes aubergine.*
ÉTYM. catalan *albergina,* de l'arabe *al badingan.*

AUBERGISTE [obɛʀʒist] n. ✦ Personne qui tient une auberge.

AUBETTE [obɛt] n. f. ✦ RÉGIONAL (Belgique) Abri public ; kiosque. ➜ recomm. offic. pour *abribus.*
ÉTYM. de l'ancien français *hobe,* du francique *huba* «coiffe».

AUBIER [obje] n. m. ✦ Partie tendre et blanchâtre qui se forme chaque année entre le bois dur et l'écorce d'un arbre.
ÉTYM. de l'ancien français *aubour,* latin *alburnum,* de *albus* «blanc».

AUBURN [obœʀn] adj. invar. ✦ Se dit d'une couleur de cheveux châtain roux. *Des cheveux auburn.*
ÉTYM. mot anglais, du français *auborne* «blond» ; famille du latin *albus* «blanc».

AUCUBA [okyba] n. m. ✦ BOT. Arbuste ornemental à feuilles persistantes, originaire du Japon.
ÉTYM. origine inconnue.

AUCUN, UNE [okœ̃, yn] adj. et pron.
I adj. 1. LITTÉR. (positif) Quelque ; quelque... que ce soit, qu'il soit (dans les phrases comparatives, dubitatives ou hypothétiques). *Il l'aime plus qu'aucune autre.* **2.** (négatif) *Ne... aucun, aucun... ne ; sans aucun.* ➜ ② **pas** un. *Il n'a plus aucun ami. Sans aucun doute.* SYN. **nul.** (S'emploie au pluriel devant un nom sans singulier : *sans aucuns frais*).
II pron. 1. (positif) *Aucun de,* quiconque parmi. *Il travaille plus qu'aucun de ses collègues.* ➜ VX ou LITTÉR. *D'AUCUNS :* certains, plusieurs. *D'aucuns diront que...* **2.** (négatif ; avec *ne* ou *sans*) *Je ne connais aucun de ses amis, aucun d'eux. Il n'en est venu aucun.* ➜ (dans une réponse) Pas un. CONTR. **beaucoup, maint, plusieurs, tous.**
ÉTYM. latin populaire *aliquunus,* de *alcunus,* de *aliquis* «quelque» et *unus* «un».

AUCUNEMENT [okynmɑ̃] adv. ✦ En aucune façon, pas du tout. SYN. **nullement.**

AUDACE [odas] n. f. **1.** Disposition qui porte à des actions difficiles, dangereuses, au mépris des obstacles. *La confiance en soi donne de l'audace.* SYN. **hardiesse.** *Une folle audace.* **2.** *UNE, DES AUDACES :* action, procédé qui brave les habitudes, les goûts dominants. SYN. **innovation, originalité.** *Les audaces de la mode.* **3.** péj. Hardiesse insolente. SYN. **aplomb, culot.** *Il n'aura pas l'audace de réclamer. Quelle audace !* CONTR. **lâcheté, peur, timidité • réserve, retenue.**
ÉTYM. latin *audacia,* de *audax* «audacieux».

AUDACIEUX, EUSE [odasjø, øz] adj. **1.** (personnes) Qui a de l'audace (1). SYN. **courageux, hardi.** *Trop audacieux.* SYN. **téméraire.** ➜ n. prov. *La fortune sourit aux audacieux.* **2.** (choses) Qui dénote de l'audace (1). *Un audacieux cambriolage. Conceptions audacieuses.* SYN. **hardi, novateur.** CONTR. **craintif, lâche, peureux, timide, timoré.**
► **AUDACIEUSEMENT** [odasjøzmɑ̃] adv.

AU-DELÀ [od(ə)la] n. m. ✦ Ce qui est au-delà de la mort (selon les religions...). *Dans l'au-delà. Les au-delàs des diverses religions.*
ÉTYM. de *au* et *delà.*

AU-DESSOUS, AU-DESSUS, AU-DEVANT ➜ ② DESSOUS, ② DESSUS, ② DEVANT.

AUDIBLE [odibl] adj. ✦ Qui est perceptible par l'oreille. *Sons à peine audibles.* CONTR. **inaudible.**
ÉTYM. latin *audibilis,* de *audire* «entendre».

AUDIENCE [odjɑ̃s] n. f. **1.** LITTÉR. Intérêt porté à qqch. par le public. *Cet ouvrage a l'audience des lecteurs les plus exigeants.* **2.** Réception où l'on admet qqn pour l'écouter. SYN. **entretien.** *Demander une audience. Donner audience à qqn.* **3.** Séance d'un tribunal. *Audience publique, à huis clos.* **4.** Public touché par un média. SYN. **auditoire.** *Mesure de l'audience d'une chaîne de télévision* (➜ **audimat, audimètre**).
ÉTYM. latin *audientia,* de *audire* «entendre, écouter».

AUDIMAT [odimat] n. m. ✦ Nom d'un audimètre permettant de mesurer l'audience des chaînes de télévision. *Des audimats* ou *des audimat* (invar.). ◆ L'audience (4). *Les champions de l'audimat.*
ÉTYM. nom déposé, de *audi(mètre)* et *(auto)mat(ique).*

AUDIMÈTRE [odimɛtʀ] n. m. ✦ Appareil qui permet de mesurer l'audience des émissions de radio ou de télévision. ➜ **audimat.**
ÉTYM. de *audi(o)-* et *-mètre.*

AUDIO [odjo] **adj.** ✦ Qui concerne l'enregistrement ou la transmission des sons. *Des fichiers audios* ou *audio* (invar.).
ÉTYM. mot anglais, du latin *audio* «j'entends».

AUDIO- Élément savant, du latin *audire* «entendre», qui signifie «sonore».

AUDIODESCRIPTION [odjodɛskʀipsjɔ̃] **n. f.** ✦ Description orale des éléments visuels d'un film, d'une exposition, à destination des aveugles et malvoyants.

AUDIOGRAMME [odjɔgʀam] **n. m.** ✦ Représentation graphique (obtenue à partir d'un appareil, l'*audiomètre* **n. m.**) traduisant le degré d'acuité auditive.
ÉTYM. de *audio-* et *-gramme*.

AUDIOGUIDE [odjogid] **n. m.** ✦ Appareil portatif sur lequel sont enregistrées les explications sur la visite d'un site, d'un musée, d'une exposition.
ÉTYM. de *audio-* et *guide*.

AUDIOLIVRE [odjolivʀ] **n. m.** ✦ Enregistrement audionumérique du texte d'un livre.

AUDIONUMÉRIQUE [odjonymeʀik] **adj.** ✦ Dont le son est enregistré sous forme de signaux numériques. *Disque audionumérique* (disque compact).
ÉTYM. de *audio-* et *numérique*.

AUDIOVISUEL, ELLE [odjovizɥɛl] **adj.** 1. Se dit d'une méthode pédagogique qui joint le son à l'image (notamment dans l'apprentissage des langues). *Méthodes audiovisuelles.* 2. **n. m.** Les moyens de communication, d'apprentissage audiovisuels. *Les métiers de l'audiovisuel.*
ÉTYM. de *audio-* et *visuel*.

AUDIT [odit] **n. m.** 1. Procédure de contrôle de la comptabilité et de la gestion d'une entreprise. 2. Personne qui pratique l'audit. SYN. **auditeur.**
ÉTYM. mot anglais, du latin *auditus*, de *audire* «écouter».

AUDITEUR, TRICE [oditœʀ, tʀis] **n.** 1. Personne qui écoute. *Les auditeurs d'un conférencier.* SYN. **auditoire.** *Les auditeurs d'une émission de radio.* 2. Fonctionnaire qui n'est pas encore conseiller (conseil d'État, Cour des comptes). 3. Personne chargée d'un audit.
ÉTYM. latin *auditor*, de *audire* «écouter».

AUDITIF, IVE [oditif, iv] **adj.** ✦ Qui appartient à l'organe de l'ouïe. *Appareil auditif. Mémoire auditive*, des sons.
ÉTYM. de *audition*.

AUDITION [odisjɔ̃] **n. f.** 1. Perception des sons par l'ouïe. *Troubles de l'audition.* 2. Action d'entendre ou d'être entendu. *Procéder à l'audition des témoins.* 3. Séance d'essai donnée par un artiste. SYN. **essai** ; → **casting.** *Passer une audition.* → **auditionner.** 4. Séance musicale où l'on entend une œuvre. *La première audition mondiale d'une œuvre.*
ÉTYM. latin *auditio*, de *audire* «entendre».

AUDITIONNER [odisjɔne] **v.** (conjug. 3a) **I v. intr.** Donner une audition (3) pour obtenir un engagement. **II v. tr.** 1. Écouter (un artiste) qui donne une audition. 2. Procéder à l'audition de (qqn) pour recueillir sa déposition, sa déclaration. *Juge qui auditionne un prévenu.*

AUDITOIRE [oditwaʀ] **n. m.** ✦ L'ensemble des personnes qui écoutent. SYN. **auditeur** (1) ; **assistance, audience** (4), **public.** *Il a joué devant un auditoire nombreux.*
ÉTYM. latin *auditorium*.

AUDITORIUM [oditɔʀjɔm] **n. m.** ✦ Salle aménagée pour les auditions, les émissions de radio ou de télévision. *Les auditoriums.*
ÉTYM. mot latin «salle où l'on s'assemble pour écouter *(audire)*».

AU FUR ET À MESURE → au FUR ET À MESURE

AUGE [oʒ] **n. f.** 1. Mangeoire (surtout du porc). 2. GÉOGR. *Auge glaciaire* : vallée à fond plat.
ÉTYM. latin *alveus* «récipient».

AUGMENTATIF, IVE [ɔgmɑ̃tatif, iv] **adj.** ✦ GRAMM. Se dit de mots, d'affixes qui renforcent le sens d'un mot (ex. *-on* dans *caisson, ceinturon*). CONTR. **diminutif.**

AUGMENTATION [ɔgmɑ̃tasjɔ̃] **n. f.** 1. Action d'augmenter ; son résultat. SYN. **accroissement.** *Augmentation de volume, de longueur, de durée. Augmentation de prix.* SYN. **hausse.** 2. absolt Accroissement de salaire. *Demander une augmentation.* CONTR. **diminution ; baisse, réduction.**
ÉTYM. bas latin *augmentatio*.

AUGMENTER [ɔgmɑ̃te] **v.** (conjug. 3a) **I v. tr.** 1. Rendre plus grand, plus considérable par addition d'une chose de même nature. SYN. **accroître, agrandir.** *Augmenter les salaires.* ➝ **au p. passé** *Édition revue et augmentée.* 2. *Augmenter qqn*, augmenter son salaire. **II v. intr.** 1. Devenir plus grand, plus considérable. SYN. **croître.** *La population augmente chaque année. Aller en augmentant. Augmenter de volume.* 2. Devenir plus cher. *Le café a augmenté.* **III** *S'AUGMENTER* **v. pron.** Devenir plus grand, plus considérable. *L'équipe s'est augmentée de cinq personnes.* CONTR. **diminuer ; baisser, réduire.**
ÉTYM. latin *augmentare*, de *augere* «faire croître».

AUGURE [ogyʀ] **n. m.** **I** Prêtre de l'Antiquité chargé d'observer certains signes afin d'en tirer des présages. **II** 1. Ce qui semble présager qqch. ; signe par lequel on juge de l'avenir. *Être de BON, de MAUVAIS AUGURE* : être un présage favorable, défavorable. *J'en accepte l'augure.* 2. loc. *Oiseau de bon, de mauvais augure* : personne qui annonce de bonnes, de mauvaises nouvelles.
► **AUGURAL, ALE, AUX** [ogyʀal, o] **adj.**
ÉTYM. latin *augur* ; sens II, latin *augurium* «présage» ; doublet de *heur*.

AUGURER [ogyʀe] **v. tr.** (conjug. 3a) ✦ LITTÉR. *Augurer une chose d'une autre*, en tirer une conjecture, un présage. SYN. **présager.** *Que faut-il augurer de tout cela ?*
ÉTYM. latin *augurare* «prendre les augures, prédire».

AUGUSTE [ogyst] **adj.** et **n. m.** **I** ANTIQ. Qualifie le nom d'un empereur romain. ➝ **n. m.** *Un Auguste et un César* (titres impériaux). **II** LITTÉR. ou plais. Qui inspire de la vénération. SYN. **vénérable.** *Une auguste assemblée.* **III** **n. m.** Personnage comique de cirque, grimé (→ **clown**).
ÉTYM. latin *augustus* «vénérable» ; sens III, par l'allemand.

AUJOURD'HUI [oʒuʀdɥi] **adv.** 1. Ce jour même, au jour où l'on est. *Il part aujourd'hui, dès aujourd'hui. C'est tout pour aujourd'hui. Jusqu'aujourd'hui, jusqu'à*

aujourd'hui. 2. Le temps où l'on est ; la période actuelle. SYN. **actuellement, maintenant,** à **présent.** *Les jeunes d'aujourd'hui.* CONTR. **demain, hier ; autrefois.**
ÉTYM. de *au jour de* et *hui,* latin *hodie* «en ce jour».

AULNE [o(l)n] **n. m.** ✦ Arbre d'Europe qui croît dans les lieux humides. ➝ *«Le Roi des aulnes»* (légende allemande ; ballade de Goethe ; roman de M. Tournier). HOM. AUNE «mesure de longueur»
ÉTYM. latin *alnus.*

AUMÔNE [omon] **n. f.** ✦ VIEILLI Don charitable fait aux pauvres. SYN. **bienfait, charité, obole.** *La misère l'a réduit à vivre d'aumône. Demander l'aumône :* mendier. *Faire l'aumône à un mendiant.*
ÉTYM. latin populaire *alemosina,* de *eleemosyna,* du grec.

AUMÔNIER [omonje] **n. m.** ✦ Ecclésiastique chargé de l'instruction religieuse, de la direction spirituelle dans un établissement, un corps. *Aumônier militaire.*
► **AUMÔNERIE** [omonʀi] **n. f.**
ÉTYM. de *aumône.*

AUMÔNIÈRE [omonjɛʀ] **n. f.** ✦ Petit sac de femme.
ÉTYM. de *aumône.*

AUNE [on] **n. f.** ✦ Ancienne mesure de longueur (1,18 m) supprimée en 1840. *Long d'une aune :* très long. HOM. AULNE «arbre»
ÉTYM. du francique *alina* «avant-bras».

AUPARAVANT [opaʀavɑ̃] **adv.** ✦ Avant tel évènement, telle action (priorité dans le temps). SYN. ① **avant,** au **préalable.** *Vous me raconterez cela, mais auparavant asseyez-vous. Un mois auparavant.* CONTR. **après.**
ÉTYM. de *au, par* et ① *avant.*

AUPRÈS DE [opʀɛdə] **loc. prép.** 1. Tout près de (qqn). SYN. à **côté, près** de. *Venez vous asseoir auprès de moi.* ➝ *Auprès du feu.* 2. **fig.** En s'adressant à. *S'enquérir de qqch. auprès de qqn.* 3. *Il passe pour un impoli auprès d'elle,* à ses yeux, dans son esprit. 4. En comparaison de. *Ce service n'est rien auprès de ce qu'il a fait pour moi.*
ÉTYM. de *au* et *près.*

AUQUEL [okɛl] **pron. rel.** → LEQUEL

AURA [ɔʀa] **n. f.** ✦ LITTÉR. Atmosphère qui entoure ou semble entourer un être. SYN. **émanation.** *Une aura de mystère. Des auras.*
ÉTYM. mot latin «souffle».

AURÉOLE [ɔʀeɔl] **n. f.** 1. Cercle qui entoure la tête de Jésus-Christ, de la Vierge et des saints dans les images. SYN. **nimbe.** 2. Degré de gloire qui distingue qqn. *L'auréole des martyrs.* 3. Trace circulaire laissée sur le papier, le tissu par une tache qui a été nettoyée.
ÉTYM. latin ecclésiastique *(corona) aureola* «(couronne) d'or», de *aurum* «or».

AURÉOLER [ɔʀeɔle] **v. tr.** (conjug. 3a) 1. Entourer d'une auréole. 2. Donner de l'éclat, du prestige. SYN. **glorifier.** *Un grand nom que la légende auréole.* ➝ **au p. passé** *Auréolé de gloire.*

AU REVOIR [ɔʀvwaʀ] → REVOIR (I, 1)

AURICULAIRE [ɔʀikylɛʀ] **adj.** et **n. m.** 1. **adj.** Qui a rapport à l'oreille. *Pavillon auriculaire.* 2. **n. m.** *L'auriculaire,* le petit doigt de la main.
ÉTYM. bas latin *auricularius,* de *auricula* «oreille».

AURIFÈRE [ɔʀifɛʀ] **adj.** ✦ Qui contient de l'or. *Rivière aurifère.*
ÉTYM. latin *aurifer,* de *aurum* «or».

AURIFIER [ɔʀifje] **v. tr.** (conjug. 9) ✦ Obturer (une dent avec de l'or). ➝ **au p. passé** *Dents aurifiées.* HOM. HORRIFIER «frapper d'horreur»
ÉTYM. du latin *aurum* «or».

AURIGE [ɔʀiʒ] **n. m.** ✦ ANTIQ. Conducteur de char, dans les courses.
ÉTYM. latin *auriga* «cocher».

AURIQUE [ɔʀik] **adj.** ✦ MAR. *Voile aurique,* en quadrilatère irrégulier.
ÉTYM. néerlandais *oorig.*

AUROCHS [ɔʀɔk] **n. m.** ✦ Bœuf sauvage de grande taille dont la race est éteinte. *L'aurochs ressemble au bison.*
ÉTYM. allemand *Auerochs,* de *Ochs* «bœuf» et *Auer* «mâle».

AURORE [ɔʀɔʀ] **n. f.** 1. Lueur brillante et rosée qui suit l'aube et précède le lever du soleil ; moment où le soleil va se lever. *Se lever à l'aurore.* 2. **fig.** Aube, commencement. *L'aurore des Temps modernes.* 3. *AURORE BORÉALE :* arc lumineux (jet d'électrons solaires) qui apparaît dans les régions polaires de l'atmosphère.
► **AURORAL, ALE, AUX** [ɔʀɔʀal, o] **adj.**
ÉTYM. latin *aurora.*

AUSCULTATION [ɔskyltasjɔ̃] **n. f.** ✦ Action d'écouter les bruits qui se produisent à l'intérieur de l'organisme pour faire un diagnostic. *Auscultation au stéthoscope.*
ÉTYM. latin *auscultatio.*

AUSCULTER [ɔskylte] **v. tr.** (conjug. 3a) ✦ Explorer les bruits de l'organisme par l'auscultation. *Ausculter un malade.*
ÉTYM. latin *auscultare* «écouter avec attention» ; doublet de *écouter.*

AUSPICES [ɔspis] **n. m. pl.** 1. ANTIQ. Présage tiré du comportement des oiseaux. *Prendre les auspices.* 2. Circonstances permettant d'envisager l'avenir. *De favorables, d'heureux auspices.* SYN. **influence, présage.** ➝ *SOUS LES AUSPICES de qqn,* avec son appui. SYN. **égide, patronage.** HOM. HOSPICE «maison de retraite»
ÉTYM. latin *auspicium,* de *avis* «oiseau» et *spicere* «examiner».

AUSSI [osi] **adv.** et **conj.**
I adv. 1. De la même manière. (+ adj.) *Il est aussi grand que vous ; aussi grand que beau.* (+ adv.) *Aussi vite que vous (le) pourrez, que possible.* ◆ D'une manière si importante. SYN. ② **si.** *Je n'ai jamais rien vu d'aussi joli. Je ne pensais pas qu'il était aussi âgé.* ➝ (avant le v.) SYN. **pour, quelque,** ② **si.** *Aussi invraisemblable que cela paraisse. Aussi riche soit-il.* 2. De la même façon. SYN. **pareillement.** *C'est aussi mon avis.* SYN. **également.** *Dormez bien. – Vous aussi.* SYN. **de même.** ➝ *AUSSI BIEN QUE :* de même que. SYN. **autant** que, **comme.** 3. Pareillement et de plus. SYN. **encore,** en **outre.** *Il parle l'anglais et aussi l'allemand. Non seulement... mais aussi.*
II conj. En conséquence de quoi. *Ces fruits sont rares, aussi coûtent-ils cher.* SYN. c'est **pourquoi.**
ÉTYM. latin populaire *alid sic,* de *aliud* «autre» et *sic* «ainsi».

AUSSITÔT [osito] **adv.** 1. Dans le moment même, au même instant. SYN. **immédiatement ;** tout de **suite.** *J'ai compris aussitôt ce qu'il voulait. Aussitôt après son départ.* 2. *AUSSITÔT QUE* **loc. conj.** *Il le reconnut aussitôt*

qu'il le vit. SYN. **dès, sitôt.** loc. *Aussitôt dit, aussitôt fait* : l'idée est exécutée dès qu'elle vient à l'esprit.
HOM. AUSSI TÔT «également tôt»
ÉTYM. de *aussi* et *tôt*.

AUSTÈRE [ostɛʀ] adj. 1. Qui se montre sévère pour soi, se prive. SYN. **ascète, puritain.** 2. Dur, rigoureux, sans plaisirs. *Une vie, une morale austère.* 3. (choses) Sans ornement. SYN. **sévère, strict.** *Cette robe est un peu austère.* CONTR. **dissolu, voluptueux • gai.**
ÉTYM. latin *austerus*, du grec.

AUSTÉRITÉ [osteʀite] n. f. 1. Caractère de ce qui est austère. *Une austérité puritaine, sévère, stricte.* SYN. **rigueur.** 2. Gestion stricte de l'économie d'un pays, avec des mesures restreignant la consommation. *Une politique d'austérité.* CONTR. **facilité, plaisir • abondance.**
ÉTYM. latin *austeritas*.

AUSTRAL, ALE, AUX [ostʀal, o] adj. ✦ Qui est au sud du globe terrestre (opposé à *boréal*). *Hémisphère austral. Terres australes,* avoisinant le pôle Sud (→ **antarctique**).
ÉTYM. latin *australis*, de *auster* «vent du sud».

AUSTRALOPITHÈQUE [ɔstʀalopitɛk] n. m. ✦ Hominidé fossile découvert en Afrique du Sud et de l'Est. *L'australopithèque disposait des outils et du feu.* ☛ Préhistoire p. 148.
ÉTYM. latin scientifique *australopithecus*, de *australis* «austral» et du grec *pithêkos* «singe».

AUTAN [otɑ̃] n. m. ✦ Vent d'orage qui souffle du sud.
HOM. AUTANT (adverbe) «en même quantité»
ÉTYM. ancien provençal *auta*, latin *altanus* «vent de la haute mer».

AUTANT [otɑ̃] adv. 1. *AUTANT QUE* : en même quantité, au même degré, de la même façon. *Il travaille autant que vous* (opposé à *moins, plus*). *Rien ne plaît autant que la nouveauté.* SYN. **comme, tant.** ellipt *Autant dire la vérité,* il vaudrait mieux. → loc. FAM. *Autant pour moi* : je reconnais m'être trompé. *Autant que possible,* dans la mesure du possible. *Autant que je sache,* dans la mesure où je suis au courant. 2. *AUTANT DE* (suivi d'un nom) : la même quantité, le même nombre de. *Il est né autant de garçons que de filles.* → (avec *en*) La même chose. *Tâchez d'en faire autant.* → *Pour autant,* pour, malgré cela. *Il a fait un effort, mais il n'a pas progressé pour autant.* 3. Une telle quantité, un tel nombre de. SYN. **tant.** *Je ne pensais pas qu'il aurait autant de patience.* 4. *AUTANT... AUTANT... Autant il est charmant avec elle, autant il est désagréable avec nous.* 5. *D'AUTANT* loc. adv. : à proportion. *Cela augmente d'autant son profit.* → *D'AUTANT QUE* loc. conj. : vu, attendu que. *Je n'y suis pas allé, d'autant qu'il était déjà tard.* → *D'AUTANT PLUS (MOINS) QUE* : encore plus (moins) pour la raison que. *La chaleur est accablante, d'autant plus que le vent est tombé. D'AUTANT PLUS !* loc. adv., à plus forte raison. → *D'AUTANT MIEUX QUE* : encore mieux pour la raison que. HOM. AUTAN «vent»
ÉTYM. latin populaire *al tantu*, de *alterum tantum* «une autre (fois) autant».

AUTARCIE [otaʀsi] n. f. ✦ État d'un pays qui se suffit à lui-même ; économie fermée. SYN. **autosuffisance.** *Vivre en autarcie.*
► **AUTARCIQUE** [otaʀsik] adj.
ÉTYM. grec *autarkeia*, de *arkein* «suffire».

AUTEL [otɛl] n. m. 1. ANTIQ. Tertre ou table de pierre qui sert aux sacrifices offerts aux dieux. *Autel consacré à Jupiter.* 2. Table où l'on célèbre la messe. appos. *Le maître-autel* (principal). HOM. HÔTEL «auberge»
ÉTYM. de l'ancien français *alter*, latin *altare*.

AUTEUR [otœʀ] n. m., RARE **AUTRICE** [otʀis] n. f. 1. DIDACT. Personne qui est à l'origine (de qqch.). SYN. **créateur.** *L'auteur d'une découverte.* SYN. **inventeur.** *Il nie être l'auteur du crime.* 2. Personne qui écrit un livre, qui fait une œuvre d'art. *L'auteur d'un livre, d'un tableau, d'un film.* → absolt Écrivain. *L'auteur et le narrateur. Colette est un auteur célèbre.* → Œuvre d'un auteur. *Étudier, citer un auteur.* ◆ DR. Bénéficiaire de droits exclusifs, dits *droits d'auteur,* sur l'exploitation d'une œuvre de l'esprit divulguée sous le nom de cette personne. → *Droits d'auteur* (→ **copyright**), profits pécuniaires résultant de cette exploitation. *Toucher des droits d'auteur.* 3. Personne qui écrit des textes de chanson. SYN. **parolier.** HOM. HAUTEUR «élévation»
ÉTYM. latin *auctor* «celui qui accroît la confiance» et «celui qui pousse à agir», de *augere* «augmenter».

AUTHENTICITÉ [otɑ̃tisite] n. f. 1. Qualité d'un écrit, d'une œuvre authentique (2). *Vérifier l'authenticité d'un document.* 2. Qualité d'un fait conforme à la vérité. *L'authenticité d'un évènement historique.* SYN. **véracité.** 3. Qualité d'une personne, d'un sentiment authentique (4). SYN. **sincérité.** CONTR. **fausseté, imitation.**
ÉTYM. de *authentique*.

AUTHENTIFIER [otɑ̃tifje] v. tr. (conjug. 9) 1. Rendre authentique. *Un sceau authentifie cette pièce.* 2. Reconnaître comme authentique. *L'expert hésite à authentifier ce tableau.*
► **AUTHENTIFICATION** [otɑ̃tifikasjɔ̃] n. f.
ÉTYM. de *authentique*, suffixe *-fier*.

AUTHENTIQUE [otɑ̃tik] adj. 1. DR. *Acte authentique* (opposé à *acte sous seing privé*), qui fait foi par lui-même en raison des formes légales dont il est revêtu. SYN. **notarié.** 2. Qui est véritablement de l'auteur auquel on l'attribue. *Un Picasso authentique.* 3. Dont l'autorité, la réalité, la vérité ne peut être contestée. SYN. **indéniable, réel, véridique, véritable, vrai.** *Les faits authentiques et la légende.* 4. Qui exprime une vérité profonde de l'individu et non des habitudes superficielles, des conventions. SYN. **sincère.** *Une personnalité authentique.* CONTR. ① **faux, inauthentique • douteux, incertain • affecté,** ① **conventionnel.**
ÉTYM. bas latin *authenticus*, du grec.

AUTHENTIQUEMENT [otɑ̃tikmɑ̃] adv. ✦ D'une manière authentique.

AUTISME [otism] n. m. ✦ PSYCH. Détachement de la réalité extérieure accompagné de repliement sur soi-même.
ÉTYM. allemand *Autismus*, du grec *autos* «soi-même».

AUTISTE [otist] adj. ✦ Atteint d'autisme. *Un enfant autiste.* → n. *Un, une autiste.*
ÉTYM. de *autisme*.

AUTO [oto] n. f. 1. VIEILLI Voiture* automobile. *Une grosse auto.* → *Le Salon de l'auto.* 2. appos. *Assurance auto.* 3. *Petites autos* (jouets). → *Autos tamponneuses*.*
ÉTYM. abréviation de *automobile*.

① **AUTO-** Élément savant, du grec *autos* qui signifie « soi-même, lui-même ». CONTR. **allo-, hétéro-.**

② **AUTO-** Élément, tiré de *automobile* (ex. *auto-école*).

AUTOACCUSATION [otoakyzasjɔ̃] **n. f.** ✦ Fait de s'accuser soi-même.

AUTOALLUMAGE [otoalymaʒ] **n. m.** ✦ Allumage spontané anormal du mélange carburant dans un cylindre de moteur à explosion.

AUTOBERGE [otobɛʀʒ] **n. f.** ✦ Voie sur berge pour les automobiles.
ÉTYM. de ② *auto-* et *berge*.

AUTOBIOGRAPHIE [otobjɔgʀafi] **n. f.** ✦ Biographie d'un auteur faite par lui-même. ☛ Littérature p. 140.
► **AUTOBIOGRAPHIQUE** [otobjɔgʀafik] **adj.**

AUTOBUS [ɔtɔbys ; otobys] **n. m.** ✦ Véhicule automobile pour le transport en commun des voyageurs, dans les villes (à la différence de l'autocar). SYN. **bus.**
ÉTYM. de ② *auto-* et *(omni)bus*.

AUTOCAR [ɔtɔkaʀ ; otokaʀ] **n. m.** ✦ Grand véhicule automobile pour le transport collectif des personnes (hors des villes). SYN. ② **car.**
ÉTYM. mot anglais, de ① *auto-* et *car* « voiture ».

AUTOCENSURE [otosɑ̃syʀ] **n. f.** ✦ DIDACT. Censure exercée sur soi-même.

AUTOCHTONE [ɔtɔktɔn ; otokton] **adj.** ✦ Qui est issu du sol même où il vit. SYN. **aborigène, indigène.** *La flore autochtone.* SYN. ① **local.** *Population autochtone.* ➖ **n.** *Les autochtones.* CONTR. **allogène, étranger.**
ÉTYM. grec *autokhthôn*, de *khthôn* « terre ».

AUTOCLAVE [otoklav] **n. m.** ✦ Récipient métallique à fermeture extérieure hermétique, résistant à des pressions élevées. SYN. **étuve.**
ÉTYM. de ① *auto-* et du latin *clavis* « clé ».

AUTOCOLLANT, ANTE [otokɔlɑ̃, ɑ̃t] **adj.** ✦ Qui adhère sans être humecté. *Enveloppes autocollantes.* ➖ **n. m.** Image, vignette autocollante. SYN. **sticker** (anglicisme). *Un autocollant publicitaire.*
ÉTYM. de ① *auto-* et du participe présent de *coller*.

AUTOCOUCHETTE [otokuʃɛt] **adj.** ✦ *Train autocouchette* : train de nuit transportant à la fois des voyageurs et leur voiture. ➖ **n. m.** *Voyager en autocouchette.* ➖ Écrire *autocouchette* en un seul mot est permis. ➖ On écrit aussi *autos-couchettes*.
ÉTYM. de ② *auto* et *couchette*.

AUTOCRATE [otokʀat ; ɔtɔkʀat] **n. m.** ✦ Souverain dont la puissance n'est soumise à aucun contrôle. SYN. **despote, dictateur, tyran.**
ÉTYM. grec *autokratês* → ① auto- et -crate.

AUTOCRATIE [otokʀasi ; ɔtɔkʀasi] **n. f.** ✦ Forme de gouvernement où le souverain exerce lui-même une autorité sans limites. SYN. **absolutisme, despotisme, dictature, tyrannie.**
► **AUTOCRATIQUE** [otokʀatik ; ɔtɔkʀatik] **adj.**
ÉTYM. grec *autokrateia* → ① auto- et -cratie.

AUTOCRITIQUE [otokʀitik] **n. f.** ✦ Critique de son propre comportement. *Faire son autocritique.*

AUTOCUISEUR [otokɥizœʀ] **n. m.** ✦ Appareil pour cuire les aliments sous pression, plus rapidement.
ÉTYM. de ① *auto-* et *cuire*.

AUTODAFÉ [otodafe] **n. m.** **1.** Cérémonie où des hérétiques étaient condamnés au supplice du feu par l'Inquisition. *Des autodafés.* **2.** Action de détruire par le feu. *Un autodafé de livres.* ☛ Fascisme p. 192.
ÉTYM. portugais *auto da fe* « acte de foi ».

AUTODÉFENSE [otodefɑ̃s] **n. f.** ✦ Le fait de se défendre contre un agresseur sans recourir aux institutions (armée, police). *Groupe, milices d'autodéfense.*

AUTODESTRUCTION [otodɛstʀyksjɔ̃] **n. f.** ✦ Destruction de soi (matérielle ou morale) par soi-même.
► **AUTODESTRUCTEUR, TRICE** [otodɛstʀyktœʀ, tʀis] ou **AUTODESTRUCTIF, IVE** [otodɛstʀyktif, iv] **adj.**

AUTODÉTERMINATION [otodetɛʀminasjɔ̃] **n. f.** ✦ Détermination du statut politique d'un pays par ses habitants. *Droit des peuples à l'autodétermination.*

AUTODICTÉE [otodikte] **n. f.** ✦ Exercice scolaire consistant à reproduire par écrit un texte appris par cœur.

AUTODIDACTE [otodidakt] **adj.** ✦ Qui s'est instruit lui-même, sans maître. *Un écrivain autodidacte.* ➖ **n.** *Un, une autodidacte.*
ÉTYM. grec *autodidaktos*, de *didaskein* « s'instruire » → didactique.

AUTODISCIPLINE [otodisiplin] **n. f.** ✦ Discipline que s'impose un individu, un groupe, sans intervention extérieure.

AUTODROME [otodʀom] **n. m.** ✦ Piste fermée pour courses automobiles. SYN. **circuit.** *L'autodrome de Montlhéry.*
ÉTYM. de ② *auto-* et *-drome*.

AUTOÉCOLE ou **AUTO-ÉCOLE** [otoekɔl] **n. f.** ✦ École de conduite des automobiles, qui prépare les candidats au permis de conduire. *Des autoécoles, des autos-écoles.* ➖ Écrire *autoécole* en un seul mot est permis.
ÉTYM. de ② *auto-* et *école*.

AUTOENTREPRENEUR, EUSE [otoɑ̃tʀəpʀənœʀ, øz] **n.** ✦ En France, Personne qui crée une entreprise individuelle sous le régime fiscal de la microentreprise.
► **AUTOENTREPRENEURIAT** [otoɑ̃tʀəpʀənœʀja] **n. m.**

AUTOENTREPRISE [otoɑ̃tʀəpʀiz] **n. f.** ✦ Entreprise individuelle créée par un autoentrepreneur. SYN. **microentreprise.**

AUTOÉROTIQUE [otoeʀɔtik] **adj.** ✦ Dont l'érotisme est centré sur le sujet même.
► **AUTOÉROTISME** [otoeʀɔtism] **n. m.**

AUTOFÉCONDATION [otofekɔ̃dasjɔ̃] **n. f.** ✦ BOT. Fécondation par les propres organes (mâles et femelles) de la plante.

AUTOFINANCEMENT [otofinɑ̃smɑ̃] **n. m.** ✦ Financement des investissements d'une entreprise par ses propres capitaux.

AUTOGÉRÉ, ÉE [otoʒeʀe] **adj.** ✦ Géré par son personnel. *Entreprise autogérée.*

AUTOGESTION [otoʒɛstjɔ̃] **n. f.** ✦ Gestion d'une entreprise par le personnel.

AUTOGRAPHE [ɔtɔgʀaf ; otogʀaf] adj. et n. m. 1. adj. Qui est écrit de la propre main de qqn. *Lettre autographe.* 2. n. m. Texte écrit à la main par une personne célèbre.
ÉTYM. grec *autographos* → ① auto- et -graphe.

AUTOGREFFE [otogʀɛf] n. f. ✦ MÉD. Greffe pratiquée à l'aide d'un greffon provenant du sujet lui-même. CONTR. **allogreffe.**

AUTO-IMMUN, UNE [otoi(m)mœ̃, yn] adj. ✦ *Maladie auto-immune,* causée par la production par un organisme d'anticorps dirigés contre ses propres protéines.
ÉTYM. de ① *auto-* et du latin *immunis* «exempt».

AUTOLYSE [otoliz] n. f. 1. Destruction des tissus par leurs enzymes. 2. MÉD. Suicide.
ÉTYM. de ① *auto-* et *-lyse.*

AUTOMATE [ɔtɔmat] n. m. 1. Appareil mû par un mécanisme intérieur et imitant les mouvements d'un être vivant. 2. Homme qui agit comme une machine. SYN. **robot.** *Agir comme un automate.*
ÉTYM. grec *automatos* «qui se met en mouvement par soi-même (→ ① auto-)».

AUTOMATION [ɔtɔmasjɔ̃] n. f. ✦ Fonctionnement automatique d'un ensemble productif, sous le contrôle d'un programme unique.
ÉTYM. mot anglais.

AUTOMATIQUE [ɔtɔmatik] adj. et n.
I adj. 1. Qui s'accomplit sans la participation de la volonté. *Réflexe automatique.* SYN. **inconscient, involontaire.** ➝ LITTÉR. *L'écriture automatique des surréalistes.* 2. Qui, une fois mis en mouvement, fonctionne de lui-même, opère par des moyens mécaniques. *Distributeur automatique. Boîte de vitesses automatique. Arme automatique,* dans laquelle la pression des gaz de combustion est utilisée pour réarmer. ➝ n. m. *Un automatique,* un pistolet automatique. 3. Qui s'accomplit avec une régularité déterminée. *Prélèvement automatique sur un compte bancaire.* 4. FAM. Qui doit forcément se produire. SYN. **forcé, sûr.** CONTR. **conscient, délibéré, volontaire.**
II n. f. Ensemble des sciences et des techniques consacrées aux dispositifs qui fonctionnent sans intervention du travail humain. → **cybernétique, informatique, robotique.**
ÉTYM. de *automate.*

AUTOMATIQUEMENT [ɔtɔmatikmɑ̃] adv. ✦ D'une manière automatique. ➝ FAM. *Si vous l'en empêchez, automatiquement il en aura bien plus envie.* SYN. **forcément.** CONTR. **consciemment, délibérément, volontairement.**

AUTOMATISATION [ɔtɔmatizasjɔ̃] n. f. ✦ Emploi de machines, d'automatismes.
ÉTYM. de *automatiser.*

AUTOMATISER [ɔtɔmatize] v. tr. (conjug. 3a) ✦ Rendre automatique (2). *Automatiser la production.*
ÉTYM. de *automatique.*

AUTOMATISME [ɔtɔmatism] n. m. 1. Accomplissement de mouvements, d'actes, sans participation de la volonté. *L'automatisme cardiaque.* ➝ Acte, geste rendu automatique par habitude. 2. Fonctionnement automatique d'une machine. 3. Régularité dans l'accomplissement de certains actes, le déroulement d'évènements.
ÉTYM. de *automate.*

AUTOMÉDICATION [otomedikasjɔ̃] n. f. ✦ Prise de médicaments sans prescription médicale.

AUTOMITRAILLEUSE [otomitʀajøz] n. f. ✦ Automobile blindée armée de mitrailleuses.
ÉTYM. de ② *auto-* et *mitrailleuse.*

AUTOMNAL, ALE, AUX [ɔtɔnal ; otɔnal, o] adj. ✦ D'automne. *Les brumes automnales.*

AUTOMNE [ɔtɔn ; otɔn] n. m. 1. Saison qui succède à l'été et précède l'hiver dans l'hémisphère Nord : du 22 ou 23 septembre *(équinoxe d'automne)* au 21 ou 22 décembre, caractérisée par le déclin des jours, la chute des feuilles. SYN. **arrière-saison.** 2. *L'automne de la vie,* le début de la vieillesse.
ÉTYM. latin *automnus.*

AUTOMOBILE [ɔtɔmɔbil ; otomɔbil] adj. et n. f.
I adj. (véhicule) Mû par un moteur. *Voiture automobile. Canot automobile.*
II 1. n. f. Véhicule automobile à quatre roues (ou plus), à l'exclusion des camions, autobus, autocars. SYN. **auto, voiture** (plus cour.). *Conduire une automobile.* ◆ *L'automobile,* la conduite des automobiles, le sport ; les activités économiques liées à la construction, à la vente des automobiles. 2. adj. Relatif aux véhicules automobiles. *L'industrie automobile. Assurances automobiles. Sport, course, coureur automobile.*
ÉTYM. de ① *auto-* et *mobile* (I).

AUTOMOBILISME [ɔtɔmɔbilism ; otomɔbilism] n. m. ✦ Tout ce qui concerne l'automobile ; le sport automobile.

AUTOMOBILISTE [ɔtɔmɔbilist ; otomɔbilist] n. ✦ Personne qui conduit une voiture, une automobile, qui s'en sert. *Les automobilistes et les piétons.*

AUTOMOTEUR, TRICE [otomɔtœʀ, tʀis] adj. et n. f. 1. adj. Qui se déplace à l'aide d'un moteur (d'un objet habituellement sans moteur). 2. *AUTOMOTRICE* n. f. Autorail.

AUTOMUTILATION [otomytilasjɔ̃] n. f. ✦ Mutilation qu'on s'inflige à soi-même.

AUTONETTOYANT, ANTE [otonetwajɑ̃, ɑ̃t] adj. ✦ *Four autonettoyant :* four qui brûle les dépôts graisseux après usage, et ne nécessite pas de nettoyage.
ÉTYM. de ① *auto-* et du p. présent de *nettoyer.*

AUTONOME [ɔtɔnɔm ; otonom] adj. 1. Qui s'administre lui-même. *Gouvernement autonome. Les régions autonomes d'un État.* ◆ Administré par une collectivité autonome. *Budget autonome.* 2. Qui ne dépend de personne. SYN. **indépendant, libre.** *Il travaille pour être autonome.* 3. INFORM. Qui est indépendant des autres éléments d'un système. *Calculateur autonome.* CONTR. **dépendant, soumis, subordonné.**
ÉTYM. grec *autonomos* → ① auto- et -nome.

AUTONOMIE [ɔtɔnɔmi ; otonomi] n. f. 1. Droit de se gouverner par ses propres lois, à l'intérieur d'un État. 2. Faculté d'agir librement, indépendance. *Tenir à son autonomie.* 3. Distance que peut parcourir un véhicule sans être ravitaillé en carburant. *Autonomie de vol.* 4. Durée de fonctionnement indépendant. *La batterie a* *deux heures d'autonomie.* CONTR. **dépendance, soumission, subordination, tutelle.**

ÉTYM. grec *autonomia* → ① auto- et -nomie.

AUTONOMISTE [ɔtɔnɔmist ; otonomist] **n. et adj.** ✦ Partisan de l'autonomie politique. SYN. **nationaliste, séparatiste.** *Les autonomistes corses.*

AUTOPARTAGE [otopaʀtaʒ] **n. m.** ✦ Utilisation partagée d'un ensemble de véhicules par plusieurs usagers, par abonnement. *Voiture en autopartage.*

ÉTYM. de ② *auto-* et *partage.*

AUTOPOMPE [otopɔ̃p] **n. f.** ✦ Camion automobile équipé d'une pompe à incendie actionnée par le moteur.

ÉTYM. de ② *auto-* et ② *pompe.*

AUTOPORTRAIT [otopɔʀtʀɛ] **n. m.** ✦ Portrait d'un peintre, d'un photographe exécuté par lui-même. *Un autoportrait de Rembrandt, de Van Gogh. Autoportrait numérique.* → **selfie** (anglicisme).

AUTOPROPULSÉ, ÉE [otopʀɔpylse] **adj.** ✦ Propulsé par ses propres moyens, qui se dirige sans pilote.

► **AUTOPROPULSION** [otopʀɔpylsjɔ̃] **n. f.**

ÉTYM. de ① *auto-* et du participe passé de *propulser.*

AUTOPSIE [ɔtɔpsi ; otɔpsi] **n. f.** ✦ Examen de toutes les parties d'un cadavre (notamment pour connaître les causes de la mort). *Pratiquer une autopsie.*

ÉTYM. grec *autopsia* «vue *(opsis)* par soi-même *(autos)*».

AUTOPSIER [ɔtɔpsje ; otɔpsje] **v. tr.** (conjug. 9) ✦ Faire l'autopsie de. *Le médecin légiste autopsie la victime.*

AUTORADIO [otoʀadjo] **n. m.** ✦ Poste de radio conçu pour fonctionner à bord d'une automobile.

ÉTYM. de ② *auto-* et ① *radio.*

AUTORAIL [otoʀaj] **n. m.** ✦ Véhicule automoteur sur rails. SYN. **automotrice ;** → **micheline.** *Des autorails.*

ÉTYM. de ② *auto-* et *rail.*

AUTORISATION [ɔtɔʀizasjɔ̃] **n. f. 1.** Action d'autoriser, droit accordé par la personne qui autorise. *Autorisation de bâtir.* SYN. **permis.** *J'ai l'autorisation de sortir.* SYN. **permission.** *Obtenir, donner une autorisation.* **2.** Acte, écrit par lequel on autorise. SYN. **permis.** *Autorisation de sortie du territoire* (pour un mineur non accompagné de ses parents). CONTR. ① **défense, interdiction, refus.**

AUTORISÉ, ÉE [ɔtɔʀize] **adj. 1.** Qui est permis. SYN. **toléré.** *Stationnement autorisé.* **2.** Qui a reçu autorité ou autorisation. *Association autorisée. Je me crois autorisé à dire que...* SYN. **fondé** à. **3.** Qui fait autorité, mérite d'être cru. *Un critique autorisé. Les milieux autorisés démentent la nouvelle.* CONTR. **illicite,** ① **interdit.**

AUTORISER [ɔtɔʀize] **v. tr.** (conjug. 3a) **1.** *AUTORISER qqn À* (+ inf.) : accorder à (qqn) un droit, une permission. *Autoriser qqn à faire qqch. Je vous autorise à ne pas y aller.* → **dispenser, exempter.** – (sujet chose) *Rien ne vous autorise à dire que...* SYN. **permettre. 2.** *AUTORISER qqch.*, rendre licite. *Autoriser les sorties.* SYN. **permettre.** CONTR. **défendre, interdire, proscrire ; empêcher.**

ÉTYM. latin médiéval *auctorizare* «confirmer», de *auctor* «garant».

AUTORITAIRE [ɔtɔʀitɛʀ] **adj. 1.** Qui aime l'autorité ; qui en use ou en abuse. *Un régime autoritaire.* SYN. **dictatorial, totalitaire. 2.** Qui aime à être obéi. *Homme autoritaire.* – *Un air, un ton autoritaire,* qui exprime le commandement, n'admet pas la contradiction. SYN. **impératif, impérieux.** CONTR. **doux, libéral.**

► **AUTORITAIREMENT** [ɔtɔʀitɛʀmɑ̃] **adv.**

ÉTYM. de *autorité.*

AUTORITARISME [ɔtɔʀitaʀism] **n. m. 1.** Caractère d'un régime politique, d'un gouvernement autoritaire. **2.** Comportement d'une personne autoritaire. CONTR. **libéralisme.**

► **AUTORITARISTE** [ɔtɔʀitaʀist] **adj. et n.**

ÉTYM. de *autoritaire.*

AUTORITÉ [ɔtɔʀite] **n. f. 1.** Droit de commander, pouvoir d'imposer l'obéissance. *L'autorité du supérieur sur ses subordonnés. Autorité reconnue, contestée. Crise d'autorité.* – *De sa propre autorité,* sans autorisation. – *D'AUTORITÉ* : sans tolérer de discussion ; sans consulter personne. **2.** Les organes du pouvoir. *Les représentants de l'autorité.* – au plur. *LES AUTORITÉS* : les personnes qui exercent l'autorité. *Les autorités militaires.* **3.** Pouvoir de se faire obéir. *Ce professeur a de l'autorité.* **4.** Supériorité de mérite ou de séduction qui impose l'obéissance, le respect, la confiance. SYN. ② **ascendant, empire, influence, prestige.** *Avoir, prendre de l'autorité sur qqn.* – *FAIRE AUTORITÉ* : s'imposer auprès de tous comme incontestable, servir de règle. *Un savant, un ouvrage qui fait autorité.* **5.** Personne qui fait autorité. *Cet historien est une autorité.*

ÉTYM. latin *auctoritas,* de *auctor* «maître».

AUTOROUTE [otoʀut] **n. f.** ✦ Large route à chaussées séparées, réservée aux véhicules automobiles, protégée, sans croisements ni passages à niveau. *Une autoroute à quatre voies. Des autoroutes à péage.*

► **AUTOROUTIER, IÈRE** [otoʀutje, jɛʀ] **adj.**

ÉTYM. de ② *auto-* et *route.*

AUTOSATISFACTION [otosatisfaksjɔ̃] **n. f.** ✦ Satisfaction de soi-même. SYN. **vanité.**

AUTOS-COUCHETTES → AUTOCOUCHETTE

AUTOSTOP ou **AUTO-STOP** [otostɔp] **n. m.** ✦ Le fait d'arrêter une voiture pour se faire transporter gratuitement. SYN. **stop.** *Faire de l'autostop.* – Écrire *autostop* en un seul mot est permis.

ÉTYM. de ② *auto-* et anglais *to stop* «arrêter».

AUTOSTOPPEUR, EUSE ou **AUTO-STOPPEUR, EUSE** [otostɔpœʀ, øz] **n.** ✦ Personne qui fait de l'autostop. – Écrire *autostoppeur, autostoppeuse* en un seul mot est permis.

AUTOSUFFISANCE [otosyfizɑ̃s] **n. f.** ✦ Capacité de subvenir à ses propres besoins (→ **autarcie**). *Autosuffisance énergétique d'un pays.*

► **AUTOSUFFISANT, ANTE** [otosyfizɑ̃, ɑ̃t] **adj.**

AUTOSUGGESTION [otosygʒɛstjɔ̃] **n. f.** ✦ Action de se suggestionner soi-même, volontairement ou non.

AUTOTROPHE [ototʀɔf] **adj.** ✦ BIOL. (organisme) Capable d'élaborer sa propre substance, indépendamment des autres êtres vivants (ex. les végétaux chlorophylliens). CONTR. **hétérotrophe.**

► **AUTOTROPHIE** [ototʀɔfi] **n. f.**

ÉTYM. de ① *auto-* et *-trophe.*

① **AUTOUR** [otuʀ] **adv.** ✦ Dans l'espace qui environne qqn, qqch. – *AUTOUR DE* **loc. prép.** *Faire cercle autour de qqn, de qqch.* → **entourer.** *Les planètes gravitent autour du Soleil. Regarder tout autour de soi.* – abstrait

Vous tournez autour du sujet, autour du pot. Il a autour de quarante ans,* environ, à peu près. ◆ En entourant. *Mettez une ficelle autour.*

ÉTYM. de *au* et ② *tour.*

② **AUTOUR** [otuʀ] **n. m.** ✦ Oiseau rapace voisin de l'épervier.

ÉTYM. bas latin *auceptor,* de *accipiter* «oiseau de proie».

AUTRE [otʀ] **adj.** et **pron.**

I adj. (épithète, avant le nom) **1.** Qui n'est pas le même. → **allo-, hétér(o)-.** *J'ai une autre idée. Bien d'autres choses encore. Sans autre indication. Je ne vois aucun autre moyen.* – *Une autre fois, un autre jour. À un autre moment,* un peu plus tard. – *L'autre fois, l'autre jour,* dans le passé. → **autrefois.** *L'autre monde,* l'au-delà. – loc. prov. *Autres temps, autres mœurs.* **2.** Différent par une supériorité. *C'est un tout autre écrivain.* **3.** *AUTRE CHOSE* (sans art.) : quelque chose de différent. *C'est (tout) autre chose,* c'est différent. *Parlons d'autre chose.* **4.** *AUTRE PART* **loc. adv.** : ailleurs. – *D'AUTRE PART* : par ailleurs. CONTR. **même ; identique, pareil, semblable.**

II adj. (après le n. ou le pron.) Qui est différent de ce qu'il était. *Il est devenu autre.* – au plur. FAM. ou RÉGIONAL Pour opposer le groupe désigné au reste. *Nous autres, nous partons. Eux autres.*

III pron. (nominal ou représentant un nom) **1.** *Un, une autre,* personne, chose différente. *Prendre qqn pour un autre* (une autre personne), *une chose pour une autre. De l'un à l'autre. Je n'en veux pas d'autre. Il faut penser aux autres.* SYN. **autrui.** – *Quelqu'un, personne d'autre (que...).* – loc. *Il n'en fait jamais d'autres* (erreurs, bêtises). *J'en ai vu d'autres* (choses étonnantes). *À d'autres !* allez dire cela à des gens plus crédules. *Parler de choses et d'autres.* – *ENTRE AUTRES* : parmi plusieurs (personnes, choses). – *RIEN D'AUTRE* : rien de plus. **2.** *L'UN... L'AUTRE ; LES UNS... LES AUTRES. L'un est blond, l'autre pas. L'un et l'autre,* les deux ou l'un aussi bien que l'autre. *L'un et l'autre sont venus, est venu. C'est tout l'un ou tout l'autre,* il n'y a pas de milieu. *Ni l'une ni l'autre.* – *Aimez-vous les uns les autres.* – (avec une prép.) *Il nous a présentés l'un à l'autre. Marcher l'un à côté de l'autre, l'un derrière l'autre.* – loc. *L'un dans l'autre* : tout compte fait. **3.** PHILOS. *L'Autre* : autrui.

ÉTYM. latin *alter.*

AUTREFOIS [otʀəfwa] **adv.** ✦ Dans un temps passé. SYN. **anciennement, jadis.** *Les mœurs d'autrefois.* SYN. **d'antan.** *Autrefois, on moissonnait à la faucille.* CONTR. **actuellement, aujourd'hui, maintenant.**

ÉTYM. de *autre* et *fois.*

AUTREMENT [otʀəmɑ̃] **adv.** **1.** D'une manière différente. SYN. **différemment.** *Il faut agir autrement. Je n'ai pas pu faire autrement que d'y aller.* – *AUTREMENT DIT* : en d'autres termes. **2.** Dans un autre cas, dans le cas contraire. SYN. **sinon.** **3.** *PAS AUTREMENT* : pas beaucoup. SYN. **guère.** *Je ne m'en étonne pas autrement.* **4.** (comparatif de supériorité) *Elle est autrement intelligente que sa sœur.* SYN. ① **plus ; beaucoup.**

ÉTYM. de *autre* (I).

AUTRUCHE [otʀyʃ] **n. f.** **1.** Oiseau coureur de grande taille, à ailes rudimentaires. *Plume d'autruche.* – *Un estomac d'autruche,* qui digère tout. **2.** loc. *Pratiquer la politique de l'autruche, faire l'autruche,* refuser de voir le danger (comme l'autruche qui se cache la tête pour échapper au péril).

ÉTYM. latin populaire *austruthia,* de *avis* «oiseau» *struthio* «autruche», d'origine grecque.

AUTRUI [otʀɥi] **pron.** ✦ Un autre, les autres hommes (en complément). SYN. **prochain** (II). *Agir pour le compte d'autrui. L'amour d'autrui.* → **altruisme.**

ÉTYM. cas complément de *autre,* en ancien français.

AUVENT [ovɑ̃] **n. m.** ✦ Petit toit en saillie pour garantir de la pluie.

ÉTYM. du gaulois *ande-banno-* «pignon *(banno-)* en avant *(ande-)*», influencé par la locution *au vent.*

AUX → À et ① LE

AUXILIAIRE [ɔksiljɛʀ] **adj.** et **n.** **1.** Qui aide par son concours (sans être indispensable). *Moyen auxiliaire.* SYN. **accessoire, annexe, complémentaire.** *Moteur auxiliaire.* **2. n.** Personne qui aide en apportant son concours. SYN. **adjoint,** ② **aide, assistant, collaborateur.** **3.** Employé recruté à titre provisoire par l'Administration (non fonctionnaire, non titulaire). **4.** *Verbe auxiliaire* ou **n. m.** *un auxiliaire,* verbe qui est réduit à la fonction grammaticale de former les temps composés des verbes. *«Avoir» et «être» sont des auxiliaires ; «faire» peut être auxiliaire.* → **semi-auxiliaire.**

ÉTYM. latin *auxiliaris,* de *auxilium* «secours, aide».

AUXINE [ɔksin] **n. f.** ✦ BIOL. Hormone végétale, facteur de croissance.

ÉTYM. allemand *Auxin,* du grec *auxein* «accroître».

AUXQUELS, AUXQUELLES [okɛl] → LEQUEL

AVACHI, IE [avaʃi] **adj.** **1.** Déformé et flasque. **2.** (personnes) Sans aucune énergie, sans fermeté.

S'AVACHIR [avaʃiʀ] **v. pron.** (conjug. 13) **1.** Devenir mou, flasque. *Ces souliers commencent à s'avachir.* **2.** (personnes) Se laisser aller. SYN. **se relâcher.**

► **AVACHISSEMENT** [avaʃismɑ̃] **n. m.**

ÉTYM. du francique ; influence de *vache.*

① **AVAL** [aval] **n. m. sing.** **1.** Le côté vers lequel descend un cours d'eau. – *EN AVAL DE* **loc. prép.** : au-delà, dans le sens de la pente, du courant. *Valence est en aval de Lyon.* **2.** abstrait Ce qui vient après, dans un processus. *Si la production s'arrête, cela créera des problèmes en aval.* CONTR. **amont.**

ÉTYM. de la locution *à val.*

② **AVAL, ALS** [aval] **n. m.** ✦ Engagement de payer à la place de qqn, s'il ne peut le faire (→ **avaliser**). – fig. *Donner son aval à une politique,* son soutien. *Des avals.*

ÉTYM. origine incertaine.

AVALANCHE [avalɑ̃ʃ] **n. f.** **1.** Masse de neige qui se détache et dévale en entraînant des pierres, des boues. *Skieur entraîné par une avalanche. Risque d'avalanche.* ☛ Géographie p. 227. – *Couloir d'avalanche.* **2.** Grande quantité de. *Une avalanche de coups.* SYN. **pluie.** *J'ai reçu une avalanche de lettres.*

ÉTYM. mot régional (Alpes), de ① *aval* et *lavanche* (mot de Savoie), du bas latin *labina* «glissement de terrain».

AVALER [avale] **v. tr.** (conjug. 3a) **1.** Faire descendre par le gosier. SYN. **absorber,** ② **ingérer, ingurgiter ;** → ① **boire,** ① **manger.** *Avaler une gorgée d'eau. Avaler qqch. d'un seul coup, sans mâcher.* → **engloutir, gober.** *Avaler de travers,* l'épiglotte ayant laissé passer des particules alimentaires dans la trachée. ◆ loc. fig. *Avoir avalé sa langue,* garder le silence. *Avaler des couleuvres*. Avaler la pilule*.* **2.** fig. Lire avec avidité. SYN. **dévorer.** **3.** Supporter sans réagir. *Vous n'allez pas avaler ça sans réagir ?* ◆ Croire ; accepter sans critique.

A B C D E F G H I J K L M N O P Q R S T U V W X Y Z

C'est une histoire difficile à avaler.
ÉTYM. de ① *aval.*

AVALEUR, EUSE [avalœʀ, øz] **n.** ✦ Personne qui avale (qqch.). – loc. *Avaleur de sabres,* saltimbanque qui introduit une lame dans son tube digestif.

AVALISER [avalize] **v. tr.** (conjug. 3a) ✦ Donner son aval à. *Avaliser une traite.*
ÉTYM. de ② *aval.*

À-VALOIR [avalwaʀ] **n. m. invar.** ✦ Paiement partiel anticipé. *Toucher des à-valoir sur les droits d'auteur.* SYN. **acompte, avance.**
ÉTYM. de *à* et *valoir.*

AVANCE [avɑ̃s] **n. f.** 1. Action, fait d'avancer. *L'avance d'une armée.* SYN. ① **marche, progression.** 2. Espace parcouru avant qqn, distance qui en sépare. *Prendre de l'avance sur qqn. Garder, perdre son avance.* 3. Anticipation sur un moment prévu. *Avoir une heure d'avance.* 4. *À L'AVANCE* **loc. adv.** : avant le moment fixé. *Tout a été préparé à l'avance. Deux jours à l'avance.* – *D'AVANCE* : avant le temps, avant un moment quelconque. *Payer d'avance. Merci d'avance.* – *EN AVANCE* (en attribut) : avant le temps fixé, l'horaire prévu. *Il est en avance, en avance d'une heure* (opposé à *en retard*). – Avancé dans son développement. *Ce bébé est en avance pour son âge.* ◆ LITTÉR. *PAR AVANCE* : à l'avance ; d'avance. 5. *Une avance* : somme versée par anticipation. *Faire une avance sur salaire.* SYN. **acompte, à-valoir, provision.** 6. au plur. Premières démarches auprès d'une personne pour nouer ou renouer des relations (en général des relations amoureuses) avec elle. *Il lui a fait des avances.* CONTR. **recul, repli, retraite ; arrêt • retard.**
ÉTYM. de *avancer.*

AVANCÉ, ÉE [avɑ̃se] **adj.** 1. Qui est en avant. *Poste avancé.* 2. (temps) Dont une grande partie est écoulée. *La nuit, la saison est déjà bien avancée. À une heure avancée de la nuit.* SYN. **tardif.** ◆ Qui s'approche du terme. *Le travail est bien avancé.* ◆ Qui commence à se gâter. *Ce poisson est un peu avancé.* 3. Qui est en avance (sur les autres), qui a fait des progrès. *Un enfant avancé pour son âge.* SYN. **précoce.** *Opinions, idées avancées,* en avance sur les idées dominantes ; favorables au progrès. SYN. **d'avant-garde, progressiste.** 4. (personnes) (iron.) *Être (bien) avancé* : avoir obtenu des avantages. *Vous voilà bien avancé !,* ce que vous avez fait ne vous a servi à rien. CONTR. **reculé • arriéré,** en **retard.**

AVANCÉE [avɑ̃se] **n. f.** I Action d'avancer. SYN. **avance.** ◆ fig. Progrès important. *Une avancée technique décisive.* SYN. **progrès.** II Ce qui avance, forme saillie.
ÉTYM. de *avance.*

AVANCEMENT [avɑ̃smɑ̃] **n. m.** 1. État de ce qui avance, progresse. SYN. **progression.** *L'avancement des travaux.* 2. (personnes) Le fait de s'élever dans une hiérarchie. SYN. **promotion.** *Elle a eu de l'avancement mais pas d'augmentation.*

AVANCER [avɑ̃se] **v.** (conjug. 4) I **v. tr.** 1. Pousser, porter en avant. *Avancer une chaise.* – passif *Votre voiture est avancée.* 2. Mettre en avant, dans le discours. *Avancer une idée. Il faut prouver ce que vous avancez.* SYN. **affirmer, alléguer, prétendre.** 3. Faire arriver avant le temps prévu ou normal. *Il a avancé son retour, la date de son retour.* 4. Faire progresser qqch. *Avancer son travail.* – (sujet chose) *Ce retard n'avance pas mes affaires.* ◆ *À quoi cela vous avancera-t-il ?,* quel avantage en aurez-vous ? → **avancé** (4). 5. Prêter (de l'argent). *Il lui a avancé mille euros.* II **v. intr.** 1. Aller, se porter en avant. *Avancer lentement, rapidement.* 2. Être placé en avant, faire saillie (→ **avancée**). *Ce cap avance dans la mer.* 3. Avoir déjà fait beaucoup. SYN. **progresser.** *Avancer dans son travail.* 4. (choses) Aller vers son achèvement. *Les travaux n'avancent pas.* 5. S'écouler, être en train de passer (temps) ; approcher de sa fin (durée). *La nuit avance, il est déjà bien tard.* ◆ (personnes) *Avancer en âge.* 6. (pendules) Être en avance. *Ma montre avance.* III *S'AVANCER* **v. pron.** 1. Aller en avant. *Il s'avance vers nous.* SYN. **approcher, venir.** 2. Prendre de l'avance. *Il s'est avancé pour partir plus tôt.* 3. fig. Émettre des idées peu sûres, ou compromettantes. *Tu t'avances un peu en disant cela. S'avancer jusqu'à dire... Il s'avance trop.* CONTR. **reculer • retarder • s'éloigner.**
ÉTYM. latin populaire *abantiare,* de *abante* «avant».

AVANIE [avani] **n. f.** ✦ plus cour. au plur. Traitement humiliant, affront public. SYN. **affront, humiliation, insulte.** *Infliger des avanies à qqn.*
ÉTYM. italien *avania,* du grec «calomnie», de l'arabe.

① **AVANT** [avɑ̃] **prép.** et **adv.**
I **prép.** 1. (priorité de temps, antériorité) → **anté-, pré-.** *Il est debout avant le lever du soleil. Il est arrivé avant moi,* plus tôt que moi. *C'était un peu avant deux heures.* – *AVANT DE* (+ inf.). *Réfléchissez bien avant de vous décider.* – *AVANT QUE* (+ subj.). *Ne parlez pas avant qu'il ait fini, qu'il n'ait fini.* 2. (antériorité dans l'espace) *C'est la maison juste avant l'église.* 3. (priorité dans un ordre) *Faire passer qqn avant les autres.* – *AVANT TOUT.* → **d'abord,** ① **surtout.** *Avant tout, il faut éviter la panique.* CONTR. **après ; depuis • ensuite.**
II **adv.** 1. (temps) Plus tôt. *Quelques jours avant.* SYN. **auparavant.** *Le jour, la nuit d'avant,* précédente. *Réfléchissez avant.* SYN. **d'abord.** 2. (espace ; ordre ou situation) *Lequel des deux doit-on mettre avant ?* SYN. ① **devant.** ◆ après le nom *Marche* avant.* 3. LITTÉR. (précédé de *assez, bien, plus, si, trop...*) Marque un éloignement du point de départ. *S'enfoncer trop avant dans la forêt.* SYN. **loin, profondément.** *Je n'irai pas plus avant.* CONTR. **après ;** ① **suivant •** ① **derrière ;** ① **arrière.**
III 1. *EN AVANT* **loc. adv.** : vers le lieu, le côté qui est devant, devant soi. *En avant, marche ! Se pencher en avant. Marcher en avant.* SYN. en **tête.** – fig. *Regarder en avant,* vers l'avenir. ◆ *Mettre qqch. en avant,* l'affirmer, s'en servir comme argument. – *Mettre qqn en avant,* s'abriter derrière son autorité. *Se mettre en avant,* se faire valoir par ses propos, son comportement. 2. *EN AVANT DE* **loc. prép.** *L'éclaireur marche en avant de la troupe.* SYN. ① **devant.** CONTR. en **arrière.**
HOM. AVENT «temps précédant Noël»
ÉTYM. latin *abante,* de *ab-* et *ante* «avant».

② **AVANT** [avɑ̃] **n. m.** et **adj.**
I **n. m.** 1. Partie antérieure. *L'avant d'une voiture. Vous serez mieux à l'avant. Vers l'avant du train.* 2. *Aller de l'avant,* faire du chemin en avançant ; fig. s'engager dans une affaire. 3. Zone des combats. SYN. **front.** 4. au football, etc. Joueur placé devant les autres. *La ligne des avants.* CONTR. ② **arrière,** ① **derrière.**
II **adj. invar.** Qui est à l'avant. *Les roues avant et les roues arrière.* CONTR. ② **arrière.**

HOM. AVENT « temps précédant Noël »
ÉTYM. de ① *avant.*

AVANTAGE [avɑ̃taʒ] **n. m.** **I** **1.** Ce par quoi on est supérieur (qualité ou biens) ; supériorité. *Avantage naturel. L'avantage de l'expérience.* ➝ *À l'avantage de qqn,* de manière à lui donner une supériorité. *La situation a tourné à son avantage.* ➝ *Être à son avantage,* être momentanément supérieur à ce qu'on est d'habitude. **2.** (dans un combat, une lutte) *Avoir, prendre, perdre l'avantage.* SYN. ② **dessus** ; → **succès, victoire.** *Tirer avantage de qqch.* **3.** Point marqué au tennis par un joueur, lorsque la marque est à 40 partout. *Avantage dedans* (point pour le serveur). **II** Ce qui est utile, profitable. SYN. **intérêt.** *Cette solution offre de grands avantages.* ➝ *Avoir avantage à* (faire qqch.). *Il aurait avantage à se taire,* il ferait mieux de. CONTR. **désavantage, détriment, dommage, préjudice.**
ÉTYM. de ① *avant.*

AVANTAGER [avɑ̃taʒe] **v. tr.** (conjug. 5) **1.** Accorder un avantage à (qqn) ; rendre supérieur. SYN. **favoriser** ; → **doter, douer.** *Je ne veux pas l'avantager au détriment des autres.* **2.** (sujet chose) Faire valoir les avantages naturels de. *Cette coiffure l'avantage.* CONTR. **désavantager, léser.**

AVANTAGEUSEMENT [avɑ̃taʒøzmɑ̃] **adv.** ✦ D'une manière avantageuse. CONTR. **défavorablement.**

AVANTAGEUX, EUSE [avɑ̃taʒø, øz] **adj.** **1.** Qui offre, procure un avantage. SYN. **fructueux, profitable.** *Une offre avantageuse. Prix avantageux.* **2.** Qui est à l'avantage de qqn, propre à lui faire honneur. SYN. **favorable, flatteur.** *Présenter qqn sous un jour avantageux.* **3.** Prétentieux. SYN. **fat, présomptueux.** *Un air, un ton avantageux.* CONTR. **désavantageux · contraire, défavorable, préjudiciable · modeste.**

AVANT-BRAS [avɑ̃bʀa] **n. m. invar.** ✦ Partie du bras qui va du coude au poignet. *Os de l'avant-bras.* → **cubitus, radius.**

AVANT-CENTRE [avɑ̃sɑ̃tʀ] **n. m.** ✦ Joueur (de football) placé le plus près du centre du terrain. *Des avants-centres.*
ÉTYM. de ② *avant* et *centre.*

AVANT-COUREUR [avɑ̃kuʀœʀ] **adj. m.** ✦ Annonciateur, précurseur. *Les signes avant-coureurs du changement.*
ÉTYM. de ① *avant* et *coureur.*

AVANT-DERNIER, IÈRE [avɑ̃dɛʀnje, jɛʀ] **adj.** ✦ Qui est avant le dernier. *L'avant-dernier jour. L'avant-dernière syllabe,* la pénultième. ➝ **n.** *Il est l'avant-dernier de la course. Les avant-derniers.*

AVANT-GARDE [avɑ̃gaʀd] **n. f.** **1.** Partie d'une armée qui marche en avant du gros des troupes. *Des avant-gardes.* **2.** fig. *À L'AVANT-GARDE DE :* devant, à la pointe de. *Être à l'avant-garde du progrès.* ➝ *D'AVANT-GARDE :* qui joue un rôle de précurseur. *Littérature d'avant-garde.* CONTR. **arrière-garde.**
► **AVANT-GARDISME** [avɑ̃gaʀdism] **n. m.**
► **AVANT-GARDISTE** [avɑ̃gaʀdist] **adj. et n.**
ÉTYM. de ① *avant* et ① *garde.*

AVANT-GOÛT [avɑ̃gu] **n. m.** ✦ Sensation que procure l'idée d'un bien, d'un mal futur. *Un avant-goût des vacances. Des avant-goûts.* CONTR. **arrière-goût.**

AVANT-GUERRE [avɑ̃gɛʀ] **n. m.** ou **f.** ✦ Période qui a précédé une guerre. CONTR. **après-guerre.**

AVANT-HIER [avɑ̃tjɛʀ] **adv.** ✦ Le jour qui a précédé hier (→ **avant-veille**). *Il est parti avant-hier.*

AVANT-POSTE [avɑ̃pɔst] **n. m.** ✦ MILIT. Poste avancé. *Des avant-postes.*
ÉTYM. de ① *avant* et ② *poste* (I).

AVANT-PREMIÈRE [avɑ̃pʀəmjɛʀ] **n. f.** **1.** Réunion d'information pour présenter un spectacle, une exposition avant la présentation au public. *Des avant-premières.* **2.** *En avant-première,* avant la présentation officielle, publique.

AVANT-PROJET [avɑ̃pʀɔʒɛ] **n. m.** ✦ Rédaction provisoire d'un projet. ➝ Maquette ou esquisse d'une construction, d'une œuvre d'art. *Des avant-projets.*

AVANT-PROPOS [avɑ̃pʀɔpo] **n. m. invar.** ✦ Courte introduction (présentation, avis au lecteur, etc.). SYN. **avertissement, introduction, préface.**

AVANT-SCÈNE [avɑ̃sɛn] **n. f.** ✦ Loge placée près de la scène. *Une avant-scène. De belles avant-scènes.* ➝ *L'avant-scène,* le devant de la scène.

AVANT-TRAIN [avɑ̃tʀɛ̃] **n. m.** ✦ Partie antérieure du corps (d'un quadrupède). *Des avant-trains.* CONTR. **arrière-train.**

AVANT-VEILLE [avɑ̃vɛj] **n. f.** ✦ Jour qui précède la veille (→ **avant-hier**). *L'avant-veille de son arrivée. Des avant-veilles.*

AVARE [avaʀ] **adj. et n.** **1.** Qui a de l'argent et refuse de le dépenser, quitte à se priver. SYN. **avaricieux,** ② **chiche,** LITTÉR. **ladre, pingre, regardant** ; FAM. **radin, rapia.** *Économe sans être avare. Être avide et avare.* ➝ prov. *À père avare, fils prodigue.* **2. n.** *Un vieil avare.* « *L'Avare* » (pièce de Molière, dont le héros est Harpagon). **3.** LITTÉR. *AVARE DE qqch. :* qui ne prodigue pas. *Il est avare de compliments.* CONTR. **dépensier, gaspilleur, généreux, prodigue.**
ÉTYM. latin *avarus,* de *avere* « désirer vivement ».

AVARICE [avaʀis] **n. f.** ✦ Comportement de l'avare. SYN. **pingrerie.** *Il est d'une avarice sordide.* CONTR. **générosité, largesse, prodigalité.**
ÉTYM. latin *avaritia.*

AVARICIEUX, EUSE [avaʀisjø, øz] **adj. et n.** ✦ VX ou plais. Qui se montre d'une avarice mesquine. SYN. **avare.**
ÉTYM. de *avarice.*

AVARIE [avaʀi] **n. f.** ✦ Dommage survenu à un navire ou aux marchandises qu'il transporte. *La cargaison a subi des avaries.* ➝ Dommage survenu au cours d'un transport (terrestre ou aérien).
ÉTYM. italien *avaria,* p.-ê. du grec *abaria* « sans poids », d'abord « défaut de poids (d'un navire) ».

AVARIÉ, ÉE [avaʀje] **adj.** ✦ (choses périssables) Détérioré. SYN. **gâté, pourri.** *Marchandises avariées, produits avariés.*
ÉTYM. de *avarie.*

AVATAR [avataʀ] **n. m.** **1.** Dans la religion hindouiste, Chacune des incarnations du dieu Vishnou. **2.** fig. Métamorphose, transformation. **3.** abusivt Mésaventure, malheur.
ÉTYM. du sanskrit, proprement « descente ».

À VAU-L'EAU [avolo] **loc. adv.** → à VAU-L'EAU

AVC [avese] n. m. ✦ Accident vasculaire* cérébral.

AVE [ave] ou **AVE MARIA** [avemaʀja] n. m. invar. ✦ Salutation angélique, prière à la Sainte Vierge. *Dire des Ave.*
ÉTYM. mot latin «salut (Marie)».

AVEC [avɛk] prép. **I** 1. En compagnie de (qqn). *Se promener avec qqn.* ➛ En ayant (qqch.) avec soi. ➛ (accord, association) *Être d'accord avec qqn. Il s'est marié avec elle.* ➛ (conformité) *Je pense avec cet auteur que...* SYN. **comme.** 2. (relations entre personnes) *Faire connaissance avec qqn. Comment se comporte-t-il avec vous ?* SYN. ① **envers, vis-à-vis** de. *Être bien avec qqn,* en bonnes relations avec lui. 3. (opposition) *Se battre avec qqn, avec la maladie.* SYN. **contre.** 4. (en tête de phrase) *Avec lui, il n'y a que l'argent qui compte,* à l'entendre, selon lui. ➛ En ce qui concerne (qqn). *Avec elle, on peut s'attendre à tout.* **II** 1. En même temps que. *Se lever avec le jour.* 2. En plus. SYN. **ainsi** que, **et.** ➛ FAM. *Avec ça, avec cela* : en plus, en outre. 3. Malgré. *Avec tant de qualités, il n'a pas réussi.* 4. (en tête de phrase) Étant donné la présence de. *Avec tous ces touristes, les hôtels sont complets.* SYN. **à cause** de. 5. Garni de. *Servir le poisson avec du riz. Une robe avec des dentelles.* SYN. **à.** ➛ Qui comporte. *Une chambre avec vue sur la mer.* **III** 1. (moyen) À l'aide de, grâce à, au moyen de. *Avec cinquante euros, vous pouvez l'acquérir.* SYN. **moyennant.** *Tout s'arrange avec le temps,* grâce à lui. 2. (manière) *J'accepte avec plaisir.* **IV** adv. FAM. (choses) *Il a pris son manteau et il est parti avec.* ➛ loc. *Il faudra bien* FAIRE AVEC, s'en arranger. CONTR. **sans.**
ÉTYM. latin populaire *apud hoc,* de *apud* «auprès» et *hoc* «cela».

AVELINE [av(ə)lin] n. f. ✦ Noisette oblongue.
► **AVELINIER** [av(ə)linje] n. m.
ÉTYM. latin *abellana,* de *Abella,* nom de lieu.

AVE MARIA [avemaʀja] → **AVE**

AVEN [avɛn] n. m. ✦ Gouffre naturel creusé par les eaux dans un terrain calcaire. *Des avens.*
ÉTYM. mot occitan (Rouergue), probablt du celtique.

AVENANT, ANTE [av(ə)nɑ̃, ɑ̃t] adj. et n. m.
I adj. Qui plaît par son bon air, sa bonne grâce. SYN. **agréable, aimable, gracieux.** *Manières avenantes.* CONTR. **déplaisant, désagréable.**
II n. m. 1. DR. Clause ajoutée (à une police d'assurance). 2. À L'AVENANT loc. adv. : en accord, en conformité, en rapport. *Le jardin est à l'abandon et la maison est à l'avenant.* CONTR. à l'**inverse,** à l'**opposé.**
ÉTYM. du participe présent de l'ancien verbe *avenir* «arriver», latin *advenire.*

AVÈNEMENT [avɛnmɑ̃] n. m. 1. Accession au trône. *L'avènement de Louis XIV.* 2. fig. Début du règne (de qqch.). *L'avènement de l'informatique.* CONTR. **abdication • déclin.**
ÉTYM. de l'anc. v. *avenir* «arriver», latin *advenire.*

AVENIR [av(ə)niʀ] n. m. 1. Temps à venir. *Penser à l'avenir.* ➛ *Projets d'avenir. Dans un avenir proche, lointain. Expression de l'avenir en grammaire.* → **futur.** ➛ À L'AVENIR loc. adv. : à partir de maintenant. → **désormais, dorénavant.** *À l'avenir, soyez plus prudent.* 2. État, situation future (de qqn). SYN. **destinée.** *Assurer son avenir et celui de ses enfants. Un jeune médecin* D'AVENIR, qui réussira. ➛ (choses) *Ce projet n'a aucun avenir.* CONTR. ① **passé.**
ÉTYM. de *(temps) à venir.*

AVENT [avɑ̃] n. m. ✦ RELIG. CATHOL. Temps liturgique de préparation à la fête de Noël. HOM. ① AVANT «plus tôt»
ÉTYM. latin *adventus* «venue (du Christ)».

AVENTURE [avɑ̃tyʀ] n. f. **I** VX Destin. ♦ loc. *Dire la* BONNE AVENTURE *à qqn,* lui prédire son avenir par la divination. **II** 1. UNE, DES AVENTURES : ce qui arrive d'imprévu, de surprenant ; ensemble d'évènements qui concernent qqn. *Une fâcheuse aventure.* → **accident, affaire, mésaventure.** *Raconter les aventures d'un héros. Roman d'aventures.* ☛ Littérature p. 134. ♦ (en amour) *Avoir une aventure.* SYN. **intrigue, liaison.** 2. L'AVENTURE : ensemble d'activités, d'expériences qui comportent du risque et de l'imprévu. *L'attrait de l'aventure. L'aventure sportive.* ♦ loc. adv. À L'AVENTURE : au hasard, sans dessein arrêté. *Marcher à l'aventure.* ➛ LITTÉR. D'AVENTURE, PAR AVENTURE : par hasard.
ÉTYM. latin populaire *adventura,* de *advenire* «survenir».

AVENTURER [avɑ̃tyʀe] v. tr. (conjug. 3a) 1. Exposer avec un certain risque. SYN. **hasarder, risquer.** *Aventurer une grosse somme dans une affaire.* 2. S'AVENTURER v. pron. Se risquer, aller avec un certain risque. *S'aventurer la nuit sur une route peu sûre.*
► **AVENTURÉ, ÉE** adj. (choses) Exposé avec risque. *Des affirmations aventurées.* SYN. **hasardeux.** CONTR. **sûr.**
ÉTYM. de *aventure.*

AVENTUREUX, EUSE [avɑ̃tyʀø, øz] adj. 1. Qui aime l'aventure, se lance volontiers dans les aventures. SYN. **audacieux, hardi, téméraire.** *Homme, esprit aventureux.* 2. Qui est plein d'aventures. *Une vie aventureuse.* 3. Plein de risques. SYN. **hasardeux, risqué.** *Un projet aventureux.* CONTR. **prudent, sage • sûr.**
► **AVENTUREUSEMENT** [avɑ̃tyʀøzmɑ̃] adv.

AVENTURIER, IÈRE [avɑ̃tyʀje, jɛʀ] n. 1. (parfois péj.) Personne qui cherche l'aventure, par curiosité et goût du risque. 2. péj. Personne qui vit d'intrigues, d'expédients. SYN. **intrigant.** *Une dangereuse aventurière.*

AVENTURISME [avɑ̃tyʀism] n. m. ✦ POLIT. Tendance à prendre des décisions hâtives, dangereuses.
► **AVENTURISTE** [avɑ̃tyʀist] adj. et n.
ÉTYM. de *aventure.*

AVENU, UE [av(ə)ny] adj. ✦ loc. NUL ET NON AVENU : inexistant, sans effet. *Je considère cette déclaration comme nulle et non avenue.*
ÉTYM. du participe passé de l'ancien verbe *avenir* «arriver», latin *advenire.*

AVENUE [av(ə)ny] n. f. ✦ Voie plantée d'arbres qui conduit à une habitation (→ **allée**), ou large voie urbaine (→ **boulevard, cours**). ➛ fig. Voie d'accès. *Les avenues du pouvoir.*
ÉTYM. du p. passé de l'anc. v. *avenir* «arriver» ; d'abord «venue», puis «lieu par lequel on vient».

AVÉRÉ, ÉE [aveʀe] adj. ✦ Reconnu vrai. SYN. **certain.** *C'est un fait avéré.* CONTR. **contestable, douteux,** ① **faux.**
ÉTYM. de *(s')avérer.*

S'AVÉRER [aveʀe] v. pron. (conjug. 8) ✦ LITTÉR. Être reconnu comme vrai (affirmation). *La nouvelle s'est avérée.* ♦ COUR. (+ adj.) SYN. **apparaître,** se **montrer,** se **révéler.** *Ce médicament s'avère dangereux. Ce raisonnement s'est avéré juste.* ➛ abusivt *S'avérer faux.*
ÉTYM. latin médiéval *averare,* de *verus* «vrai».

AVERS [avɛʀ] **n. m.** ✦ Face (d'une pièce, d'une médaille). SYN. **recto.** CONTR. ② **envers,** ③ **pile, revers.**
ÉTYM. du latin *adversus* «qui fait face».

AVERSE [avɛʀs] **n. f.** ✦ Pluie soudaine et abondante. SYN. **grain, ondée,** FAM. **saucée.**
ÉTYM. de *(pleuvoir) à verse.*

AVERSION [avɛʀsjɔ̃] **n. f.** ✦ Vive répulsion. SYN. **dégoût, haine, horreur, répugnance.** *Avoir de l'aversion pour, contre qqn. Son aversion pour le mensonge.* CONTR. **amour, attirance, goût, sympathie.**
ÉTYM. latin *aversio,* de *avertere* «détourner».

AVERTI, IE [avɛʀti] **adj.** ✦ Qui connaît bien, qui est au courant. SYN. **expérimenté, instruit ; avisé.** *Un public averti.* CONTR. **ignorant.**
ÉTYM. du participe passé de *avertir.*

AVERTIR [avɛʀtiʀ] **v. tr.** (conjug. 13) **1.** Informer (qqn) de (qqch.) afin qu'il y prenne garde. SYN. **prévenir.** *Nous l'avons averti du risque, qu'il y avait un risque. Son instinct l'avertissait de se méfier.* ➝ passif et p. passé *Être averti de qqch.,* informé, prévenu. **2.** par menace ou réprimande (→ **avertissement**). *Je vous avertis qu'il faudra changer de conduite.*
ÉTYM. latin populaire *advertire,* classique *advertere* «faire attention, remarquer».

AVERTISSEMENT [avɛʀtismɑ̃] **n. m.** **1.** Action d'avertir ; appel à l'attention, à la prudence. *Négliger un avertissement.* SYN. **avis, conseil, recommandation.** **2.** Petite préface pour attirer l'attention du lecteur. → **introduction.** **3.** Avis adressé au contribuable, lui faisant connaître le montant de ses impôts. **4.** Réprimande. ➝ Mesure disciplinaire.

AVERTISSEUR, EUSE [avɛʀtisœʀ, øz] **n. m.** et **adj.** **1.** Appareil destiné à avertir, à donner un signal. *Avertisseur d'incendie.* ➝ spécialt *Avertisseur (sonore).* SYN. **klaxon.** **2. adj.** Qui avertit. *Panneau avertisseur.*

AVEU [avø] **n. m.** **I** VX Fait de reconnaître (avouer) pour seigneur. ➝ loc. *Homme SANS AVEU,* qui n'était protégé par aucun seigneur ; MOD. personne sans répondant, sans garantie sociale, ou sans scrupule. **II** **1.** Action d'avouer (II), de reconnaître des faits difficiles ou pénibles à révéler ; ce que l'on avoue. SYN. **confession, déclaration.** *Un aveu sincère. Faire l'aveu d'un secret.* **2.** au plur. Reconnaissance de sa culpabilité. *Arracher des aveux à un suspect.* **3.** loc. *DE L'AVEU DE :* au témoignage de. CONTR. **désaveu ; dénégation, silence.**
ÉTYM. des anciennes formes de *avouer.*

AVEUGLANT, ANTE [avœglɑ̃, ɑ̃t] **adj.** ✦ Qui éblouit. *Un soleil aveuglant.* SYN. **éblouissant.** ➝ fig. *Une vérité aveuglante,* qui éclate avec force.
ÉTYM. du participe présent de *aveugler.*

AVEUGLE [avœgl] **adj.** et **n.**
I adj. **1.** Qui est privé du sens de la vue. *Devenir aveugle.* **2.** fig. Dont le jugement est incapable de rien discerner. *La passion le rend aveugle.* ◆ (sentiments, passions) Qui ne permet ni réflexion, ni jugement. SYN. **absolu, total.** *Une confiance aveugle. Une colère aveugle.* ◆ *Attentat aveugle,* qui frappe au hasard. **3.** Qui ne laisse pas passer le jour. *Fenêtre aveugle.* CONTR. ① **voyant • clairvoyant, lucide, réfléchi.**
II n. **1.** Personne privée de la vue. SYN. **non-voyant.** *Une jeune aveugle. Un aveugle-né.* ➝ prov. *Au royaume des aveugles, les borgnes sont rois :* les médiocres brillent lorsqu'ils se trouvent parmi les sots. **2. loc. adv.** *EN AVEUGLE :* sans discernement. SYN. **à l'aveuglette, aveuglément.** ➝ *Test effectué en aveugle,* sans connaître les hypothèses de départ.
ÉTYM. de la locution latine *ab oculis* «privé *(ab)* d'yeux *(oculus)*».

AVEUGLEMENT [avœgləmɑ̃] **n. m.** ✦ État d'une personne dont la raison est obscurcie, le discernement troublé. SYN. **égarement, erreur, illusion.** *Dans l'aveuglement de la colère. Son indulgence va jusqu'à l'aveuglement.* CONTR. **clairvoyance, lucidité, perspicacité.**
ÉTYM. de *aveugler.*

AVEUGLÉMENT [avœglemɑ̃] **adv.** ✦ Sans réflexion. *Se lancer aveuglément dans une entreprise.* CONTR. **lucidement.**
ÉTYM. de *aveugle.*

AVEUGLER [avœgle] **v. tr.** (conjug. 3a) **I** **1.** Rendre aveugle. *On l'aveugla en lui crevant les yeux.* **2.** Gêner la vue, éblouir. *Le soleil m'aveugle.* **3.** Priver du jugement. *Vos préjugés vous aveuglent.* SYN. **égarer, troubler.** ➝ pronom. fig. Se cacher la vérité. *S'aveugler sur qqn, qqch.* **II** Boucher (une ouverture). *Aveugler une voie d'eau.* CONTR. **dessiller, éclairer.**

à l'**AVEUGLETTE** [alavœglɛt] **loc. adv.** **1.** Sans y voir clair. *Chercher qqch. à l'aveuglette.* SYN. **à tâtons.** **2.** fig. Au hasard, sans prendre de précautions. SYN. **aveuglément.** *Agir à l'aveuglette.*
ÉTYM. de *aveugle.*

AVIAIRE [avjɛʀ] **adj.** ✦ DIDACT. Des oiseaux. *Grippe aviaire.*
ÉTYM. du latin *avis* «oiseau».

AVIATEUR, TRICE [avjatœʀ, tʀis] **n.** ✦ Personne qui pilote un avion (→ **pilote**) ou appartient au personnel navigant de l'aviation.
ÉTYM. du latin *avis* «oiseau».

AVIATION [avjasjɔ̃] **n. f.** **1.** Navigation aérienne par les engins plus lourds que l'air. SYN. **aéronautique.** ➝ Ensemble des techniques et des activités relatives au transport aérien. *Aviation civile, commerciale. Compagnie d'aviation. Terrain d'aviation.* → **aérodrome, aéroport.** **2.** MILIT. Armée de l'air. ◆ Ensemble d'avions militaires. *Aviation de chasse, de bombardement.* **3.** Industrie de la fabrication des avions.
ÉTYM. du latin *avis* «oiseau».

AVICOLE [avikɔl] **adj.** ✦ De l'élevage des oiseaux, des volailles. *Ferme avicole.*
ÉTYM. du latin *avis* «oiseau» et de *-cole.*

AVICULTEUR, TRICE [avikyltœʀ, tʀis] **n.** ✦ Personne qui pratique l'aviculture.
ÉTYM. du latin *avis,* d'après *apiculteur,* etc.

AVICULTURE [avikyltyʀ] **n. f.** ✦ Élevage des oiseaux, des volailles.
ÉTYM. du latin *avis,* d'après *apiculture,* etc.

AVIDE [avid] **adj.** **1.** Qui a un désir immodéré de nourriture. SYN. **glouton, vorace.** ➝ LITTÉR. *Être avide de sang :* se plaire à répandre le sang. SYN. **altéré, assoiffé.** **2.** Qui désire (qqch., notamment des biens, de l'argent) avec violence. *Un héritier avide. Il est plus avide qu'avare.* ◆ *AVIDE DE. Être avide de richesses ; de plaisirs.* ➝ (+ inf.) *Avide d'apprendre.* SYN. **désireux, impatient.** **3.** Qui exprime l'avidité. *Des regards avides.* CONTR. **assouvi, rassasié • désintéressé, indifférent.**
ÉTYM. latin *avidus,* de *avere* «désirer».

A B C D E F G H I J K L M N O P Q R S T U V W X Y Z

AVIDEMENT [avidmɑ̃] **adv.** ✦ Avec avidité.

AVIDITÉ [avidite] **n. f.** ✦ Désir ardent, immodéré de qqch. ; vivacité avec laquelle on le satisfait. *Manger avec avidité.* SYN. **gloutonnerie, voracité.** *Son avidité pour l'argent.* CONTR. **détachement, indifférence.**
ÉTYM. latin *aviditas.*

AVILIR [aviliʀ] **v. tr.** (conjug. 13) **1.** Rendre vil, méprisable. SYN. **abaisser,** ① **dégrader, déshonorer, rabaisser.** *On cherche à l'avilir par des calomnies.* ➝ pronom. *Il s'avilit par sa lâcheté.* **2.** Abaisser la valeur de. SYN. **déprécier.** *L'inflation avilit la monnaie.* CONTR. **élever, glorifier, honorer.**
ÉTYM. de *vil.*

AVILISSANT, ANTE [avilisɑ̃, ɑ̃t] **adj.** ✦ Qui avilit (1). *Une dépendance avilissante.* SYN. **dégradant, déshonorant.** CONTR. **digne, glorieux, honorable.**
ÉTYM. du participe présent de *avilir.*

AVILISSEMENT [avilismɑ̃] **n. m.** **1.** LITTÉR. Action d'avilir ; état d'une personne avilie. SYN. **abaissement, abjection.** *Tomber dans l'avilissement.* **2.** DIDACT. (valeurs, monnaies) Fait de se déprécier. SYN. **baisse.** CONTR. **élévation, gloire, honneur • hausse.**

AVINÉ, ÉE [avine] **adj.** ✦ Qui a trop bu de vin. SYN. **ivre.** ➝ *Une haleine avinée,* qui sent le vin.
ÉTYM. du p. passé de *(s')aviner* «se gorger de vin».

AVION [avjɔ̃] **n. m.** ✦ Appareil capable de se déplacer en l'air, plus lourd que l'air, muni d'ailes et d'un organe propulseur. SYN. VX **aéroplane.** *Vieil avion.* → FAM. **coucou.** *Avion à hélices, à turbines. Avion à réaction.* → ② **jet.** *Piloter un avion de ligne, de transport. Avions de chasse, de bombardement.* → **bombardier, chasseur.** *Avions-cargos. Avions-citernes* (pour le ravitaillement en vol). ➝ *Voyager en avion ; prendre l'avion.* ➝ *PAR AVION. Lettre par avion.*
ÉTYM. du nom de l'appareil inventé par Clément Ader, du latin *avis* «oiseau».

AVIRON [aviʀɔ̃] **n. m.** **1.** MAR. Rame. ➝ COUR. Rame légère, à long manche, des embarcations sportives. **2.** Sport du canotage. *Faire de l'aviron. Épreuves d'aviron.*
ÉTYM. famille de *virer.*

AVIS [avi] **n. m.** **1.** Ce que l'on pense, ce que l'on exprime sur un sujet. SYN. **jugement, opinion, point de vue.** *Donner son avis. Changer d'avis.* ➝ *Être du même avis, d'un autre avis* (que qqn). *Être d'avis de faire, qu'on fasse qqch. Les avis sont partagés.* ➝ *À mon avis,* selon moi. **2.** Opinion exprimée dans une délibération. → **voix, vote.** *Avis du Conseil d'État.* **3.** Opinion donnée à qqn sur une conduite à tenir. *Demander l'avis d'un expert.* **4.** Ce que l'on porte à la connaissance de qqn. SYN. **annonce, information ;** → ② **aviser.** *Avis au public. Sauf avis contraire.* ◆ Écrit qui avertit. *Avis de décès.*
ÉTYM. de *ce m'est à vis* «ce me semble», du latin *videre* «voir».

AVISÉ, ÉE [avize] **adj.** ✦ Qui agit avec à-propos et réflexion. *Un homme avisé. Vous avez été bien avisé de venir.* CONTR. **irréfléchi.**
ÉTYM. du participe passé de ② *aviser.*

① **AVISER** [avize] **v. tr.** (conjug. 3a) **I 1.** Apercevoir inopinément (qqch.) pour prendre, utiliser. *Il avise une pièce sur le trottoir, il la ramasse.* **2.** trans. indir. *AVISER À :* réfléchir, songer à (qqch.). *J'aviserai à la situation, à ce qu'il faut faire.* ➝ absolt *On avisera le moment venu.*

II *S'AVISER* **v. pron.** **1.** Faire attention à qqch. que l'on n'avait pas remarqué tout d'abord. *Elle s'est alors avisée de ma présence, que j'étais là.* SYN. **s'apercevoir.** **2.** *S'aviser de* (+ inf.) : être assez audacieux pour. *Ne t'avise pas de recommencer !* SYN. **essayer.**
ÉTYM. de *viser.*

② **AVISER** [avize] **v. tr.** (conjug. 3a) ✦ LITTÉR. OU ADMIN. Avertir (qqn de qqch.) par un avis. SYN. **avertir, informer.** *Elle avait été avisée de sa nomination.*
ÉTYM. de *avis* (4).

AVISO [avizo] **n. m.** ✦ MAR. Petit bâtiment de guerre employé comme escorteur.
ÉTYM. espagnol *barca de aviso* «barque d'avis».

AVITAMINOSE [avitaminoz] **n. f.** ✦ Maladie déterminée par une carence en vitamines (ex. scorbut, rachitisme).
ÉTYM. de ② *a-, vitamine,* et ② *-ose.*

AVIVER [avive] **v. tr.** (conjug. 3a) **1.** Rendre plus vif, plus éclatant. SYN. **animer.** *Aviver le feu.* SYN. **activer.** *L'émotion avivait son teint.* **2.** fig. Rendre plus fort. SYN. **exciter, raviver.** *Aviver des regrets.* SYN. **augmenter.** ➝ *Douleur avivée.* **3.** MÉD. Mettre à vif. *Aviver une plaie.* CONTR. **adoucir, apaiser, calmer.**
► **AVIVEMENT** [avivmɑ̃] **n. m.**
ÉTYM. de *vif.*

① **AVOCAT, ATE** [avɔka, at] **n.** **1.** Personne régulièrement inscrite à un barreau*, qui conseille en matière juridique, assiste ou représente ses clients en justice. *Un avocat d'affaires. Elle est avocat* ou *avocate. L'Ordre des avocats.* **2.** *AVOCAT GÉNÉRAL :* membre du ministère public qui supplée le procureur général (accusateur). **3.** fig. Personne qui défend (une cause, une personne). SYN. **défenseur.** *Se faire l'avocat d'une cause.* ➝ loc. *L'avocat du diable,* personne qui défend volontairement une mauvaise cause (pour prouver qqch.).
ÉTYM. latin *advocatus,* de *vocare* «appeler (en justice)» ; doublet de *avoué.*

② **AVOCAT** [avɔka] **n. m.** ✦ Fruit en forme de poire, à peau verte et à gros noyau, dont le goût rappelle celui de l'artichaut.
ÉTYM. espagnol *avocado,* d'un mot indien du Mexique.

AVOCATIER [avɔkatje] **n. m.** ✦ Arbre dont le fruit est l'avocat.

AVOCETTE [avɔsɛt] **n. f.** ✦ ZOOL. Petit échassier au bec recourbé vers le haut.
ÉTYM. italien *avocetta,* d'origine inconnue.

AVOINE [avwan] **n. f.** ✦ Plante graminée (céréale) dont le grain sert surtout à l'alimentation des chevaux et des volailles. *Folle avoine* (avoine stérile).
ÉTYM. latin *avena.*

① **AVOIR** [avwaʀ] **v. tr.** (conjug. 1) **I** (possession) **1.** *Avoir qqch.,* posséder, disposer de. *Avoir une maison, de l'argent. Il n'a rien (à lui). Auriez-vous un stylo ?* (pour me l'offrir, me le prêter). ◆ Bénéficier de. *Nous avons eu du soleil. Avoir le temps, le droit de faire qqch.* ➝ (choses négatives) *Il a des ennuis.* SYN. **subir.** **2.** Être parent de (qqn) ; avoir une relation stable avec (qqn). *Avoir des enfants. Il a encore son père,* son père est vivant. ➝ *Elle a un amant. Il a vingt employés.* **3.** Entrer en possession de. SYN. **obtenir,** se **procurer.** *J'ai eu ce livre pour presque rien.* SYN. **acheter.** *Il a eu son bac, il a*

été reçu. *Avoir son train,* l'attraper. ♦ *EN AVOIR POUR :* obtenir d'une chose moyennant (une somme). *Il en a eu pour cent euros :* il a payé cent euros. *En avoir pour son argent :* faire un marché avantageux. 4. Mettre (un certain temps) à une action. *J'en ai pour cinq minutes.* 5. FAM. *Avoir qqn,* le tromper, le vaincre. *Il nous a bien eus.* SYN. **duper, posséder, rouler ;** FAM. ① **baiser.** *Se faire avoir.* **II** (manière d'être) 1. Présenter en soi (une partie, un aspect de soi-même). *Il a de grandes jambes, des cheveux blancs. Quel âge avez-vous ? Avoir du courage. Avoir bonne allure.* ➛ (choses) *Ce mur a deux mètres de haut.* SYN. **mesurer.** 2. Éprouver dans son corps, sa conscience. SYN. **ressentir, sentir.** *Avoir mal à la tête. Avoir faim, soif. Avoir de la peine. Qu'est-ce qu'il a ? Il n'a rien.* 3. (présentant l'attribut, le complément ou l'adverbe qui détermine un substantif) *Avoir les yeux bleus. Avoir la tête qui tourne.* 4. *EN AVOIR À, APRÈS* (FAM.), *CONTRE qqn,* lui en vouloir. **III** (verbe auxiliaire) 1. *AVOIR À* (+ inf.) : être dans l'obligation de. SYN. ① **devoir.** *Avoir des lettres à écrire.* ➛ (sans compl. direct) *J'ai à lui parler.* ➛ *N'AVOIR QU'À :* avoir seulement à. *Vous n'avez qu'à tourner le bouton. Vous n'avez plus qu'à signer.* 2. auxiliaire des temps composés pour les verbes transitifs, la plupart des intransitifs (pour les autres → 1 **être**), les verbes *avoir* [il a eu...] et *être* [il a été...] *J'ai écrit. Quand il eut terminé. Vous l'aurez voulu. Quand il a eu fini.* **IV** *IL Y A* loc. impers. : (telle chose) existe. *Il y a du pain sur la table. Il n'y en a pas. Où y a-t-il une pharmacie ? Il y en a encore,* il en reste. ➛ loc. *Quand (il n')y en a plus, (il) y en a encore :* c'est inépuisable. ➛ *Il n'y a que cela de vrai. Il n'y a pas que lui,* il n'est pas le seul. ♦ *Qu'est-ce qu'il y a ? :* que se passe-t-il ? ♦ *Il y a... et...* (s'emploie pour exprimer des différences de qualité). *Il y a champagne et champagne,* il est plus ou moins bon. ♦ *IL N'Y A QU'À* (+ inf.) : il suffit de. *Il n'y a qu'à attendre.* FAM. *N'y a qu'à, y a qu'à :* il faudrait (solutions faciles, imaginaires). ♦ *IL N'Y EN A QUE POUR lui :* il prend beaucoup de place, on ne s'occupe, on ne parle que de lui. ♦ (+ adv. de temps) *Il y a longtemps. Il y a peu.* VX *Il n'y a guère.* → **naguère.**
HOM. (de *ont*) ON (pronom), (de *ai, ait*) EST (forme du verbe *être*)
ÉTYM. latin *habere.*

② **AVOIR** [avwaʀ] n. m. 1. Ce que l'on possède. SYN. **argent, fortune.** *Il dilapide son avoir.* SYN. ② **bien.** *Des avoirs.* 2. Partie d'un compte où l'on porte les sommes dues. SYN. ② **actif, crédit.** CONTR. ② **débit, doit, passif.**
ÉTYM. de ① *avoir.*

AVOISINANT, ANTE [avwazinɑ̃, ɑ̃t] adj. ✦ Qui est dans le voisinage. SYN. **proche, voisin.** *Dans les rues avoisinantes.* CONTR. **éloigné, lointain.**
ÉTYM. du participe présent de *avoisiner.*

AVOISINER [avwazine] v. tr. (conjug. 3a) 1. Être dans le voisinage, à proximité (d'un lieu). SYN. **jouxter.** *Les villages qui avoisinent la forêt.* 2. fig. Être proche de. *Un prix qui avoisine les mille euros.*
ÉTYM. de *voisin.*

AVORTEMENT [avɔʀtəmɑ̃] n. m. 1. Interruption d'une grossesse, naturelle (fausse couche) ou provoquée. ♦ Interruption volontaire de la grossesse (→ **I. V. G.**). 2. AGRIC. Arrêt du développement (d'une plante). 3. fig. Échec (d'une entreprise, d'un projet). CONTR. **aboutissement, réussite, succès.**
ÉTYM. de *avorter.*

AVORTER [avɔʀte] v. intr. (conjug. 3a) 1. Accoucher avant terme (naturellement ou par intervention) d'un fœtus ou d'un enfant mort. ➛ trans. *Avorter une femme,* provoquer chez elle un avortement. *Elle s'est fait avorter.* 2. (fruits, fleurs) Ne pas arriver à son plein développement. 3. fig. (projet, entreprise) Ne pas réussir. SYN. **échouer.** *Faire avorter un projet.* CONTR. **aboutir, réussir.**
ÉTYM. latin *abortare,* de *oriri* «naître».

AVORTEUR, EUSE [avɔʀtœʀ, øz] n. ✦ Personne qui provoque un avortement (1) illégal.
ÉTYM. de *avorter.*

AVORTON [avɔʀtɔ̃] n. m. ✦ péj. Être petit, chétif, mal conformé.
ÉTYM. de *avorter.*

AVOUABLE [avwabl] adj. ✦ Qui peut être avoué sans honte. *Des motifs avouables.* SYN. **honnête.** CONTR. **inavouable.**

AVOUÉ [avwe] n. m. ✦ anciennt Officier ministériel chargé de représenter les parties devant certains tribunaux, de rédiger les actes de procédure (en France). *Les avocats assument aujourd'hui les fonctions de l'ancien avoué.*
ÉTYM. latin *advocatus ;* doublet de *avocat.*

AVOUER [avwe] v. tr. (conjug. 3a) **I** VX Reconnaître (qqn) pour seigneur. → **aveu** (I). **II** 1. Reconnaître qu'une chose est ou n'est pas ; reconnaître pour vrai (des choses difficiles à révéler, par honte, pudeur). SYN. **admettre, reconnaître ;** → **aveu.** *Avouer ses erreurs, ses fautes, qu'on s'est trompé.* 2. Faire des aveux. *L'assassin a avoué.* 3. pronom. *S'AVOUER* (+ adj.) : reconnaître qu'on est. *S'avouer vaincu.* CONTR. **dissimuler, nier, taire.**
ÉTYM. latin *advocare* «appeler auprès de soi».

AVRIL [avʀil] n. m. ✦ Quatrième mois de l'année. ➛ *Poisson d'avril,* plaisanterie, mystification traditionnelle du 1er avril.
ÉTYM. latin *aprilis.*

AVULSION [avylsjɔ̃] n. f. ✦ DIDACT. Arrachement, extraction. *Avulsion d'une dent.*
ÉTYM. latin *avulsio.*

AVUNCULAIRE [avɔ̃kylɛʀ] adj. ✦ DIDACT. Qui a rapport à un oncle ou à une tante.
ÉTYM. du latin *avunculus* «oncle».

AXE [aks] n. m. 1. Ligne idéale autour de laquelle s'effectue une rotation. *L'axe de la Terre.* ➛ GÉOM. Droite autour de laquelle tourne une figure plane de manière à engendrer un solide de révolution. *L'axe d'un cylindre.* ➛ *Axe de symétrie.* 2. MATH. Droite sur laquelle un sens a été défini. *Axe des x, des y.* → **coordonnées.** 3. Pièce allongée qui sert à faire tourner un objet sur lui-même ou à assembler plusieurs pièces. SYN. **arbre, essieu, pivot.** 4. Ligne qui passe par le centre, dans la plus grande dimension. *L'axe du corps.* ♦ Voie routière importante. 5. fig. Direction générale. SYN. **ligne.** *Les grands axes d'une politique.* ➛ HIST. *L'axe Rome-Berlin,* l'alliance conclue en 1936 entre l'Italie et l'Allemagne. *Les puissances de l'Axe.*
ÉTYM. latin *axis* «essieu».

AXEL [aksɛl] n. m. ✦ En patinage artistique, Saut au cours duquel le patineur tourne une fois et demie sur lui-même. *Double, triple axel.*
ÉTYM. du nom du patineur suédois *Axel Polsen.*

AXER [akse] **v. tr.** (conjug. 3a) **1.** Diriger, orienter suivant un axe. **2.** fig. Orienter. *Axer sa vie sur le profit. Il est axé sur,* son esprit est dirigé vers. CONTR. **désaxer.**

AXIAL, ALE, AUX [aksjal, o] **adj.** ✦ De l'axe, qui est dans l'axe. *Symétrie axiale. Éclairage axial d'une route.* CONTR. **périphérique.**

AXIOMATIQUE [aksjɔmatik] **adj.** et **n. f. 1. adj.** Relatif aux axiomes ; qui sert de base à un système de déductions. **2. n. f.** Branche de la logique qui recherche et organise en système l'ensemble des axiomes d'une science.
ÉTYM. grec *axiomatikos.*

AXIOME [aksjom] **n. m.** ✦ SC. Proposition considérée comme évidente, admise sans démonstration. → aussi **postulat.**
► **AXIOMATISER** [aksjɔmatize] **v. tr.** (conjug. 3a)
► **AXIOMATISATION** [aksjɔmatizasjɔ̃] **n. f.**
ÉTYM. latin *axioma,* du grec *axioun* «juger valable».

AXOLOTL [aksɔlɔtl] **n. m.** ✦ ZOOL. Larve d'un reptile (salamandre) du Mexique.
ÉTYM. mot aztèque, par l'espagnol *ajolote.*

AXONE [akson] **n. m.** ✦ ANAT. Prolongement de la cellule nerveuse.
ÉTYM. anglais *axon,* du grec *axôn* «axe».

AXONOMÉTRIE [aksɔnɔmetʀi] **n. f.** ✦ DIDACT. Représentation d'une figure à trois dimensions par projection orthogonale ou oblique.
► **AXONOMÉTRIQUE** [aksɔnɔmetʀik] **adj.**
ÉTYM. du grec *axôn, axonos* «axe» et *-métrie.*

AYANT [ɛjɑ̃] ✦ Participe présent du verbe *avoir.*

AYANT CAUSE [ɛjɑ̃koz] **n. m.** ✦ DR. Personne qui a acquis d'une autre un droit ou une obligation. *Les ayants cause.*

AYANT DROIT [ɛjɑ̃dʀwa] **n. m.** ✦ Personne qui a des droits à qqch. *Les ayants droit à une prestation.*

AYATOLLAH [ajatɔla] **n. m.** ✦ Religieux musulman chiite d'un rang élevé. *Des ayatollahs.*
ÉTYM. mot arabe, de *'āyāt 'allah* «versets d'Allah».

AYE-AYE [ajaj] **n. m.** ✦ ZOOL. Mammifère lémurien de Madagascar.
ÉTYM. mot malgache.

AZALÉE [azale] **n. f.** ✦ Arbuste cultivé pour ses fleurs colorées ; ces fleurs. *Une azalée rose, blanche.*
ÉTYM. du grec *azaleos* «desséché».

AZIMUT [azimyt] **n. m. 1.** ASTRON. Angle formé par le plan vertical d'un astre et le plan méridien du point d'observation. **2.** FAM. *Dans tous les azimuts,* dans toutes les directions, dans tous les sens. ◆ *TOUS AZIMUTS :* capable d'intervenir dans toutes les directions ; fig. qui utilise tous les moyens et a des objectifs très variés.
ÉTYM. arabe *'as (al-) samt* «le chemin».

AZIMUTÉ, ÉE [azimyte] **adj.** ✦ FAM. Un peu fou.
ÉTYM. de *azimut* (2).

AZOTATE [azɔtat] **n. m.** ✦ CHIM. VIEILLI Sel de l'acide nitrique. SYN. **nitrate.**
ÉTYM. de *azote.*

AZOTE [azɔt] **n. m.** ✦ CHIM. Corps simple (symb. N), gaz incolore, inodore, qui entre (pour 4/5) dans la composition de l'atmosphère et des tissus vivants. *L'azote est impropre à la respiration. Cycle de l'azote :* circulation des composés de l'azote dans la nature, par l'intermédiaire des organismes végétaux et animaux.
ÉTYM. du grec *a-* (→ ② a-) et *zoê* «vie».

AZOTÉ, ÉE [azɔte] **adj.** ✦ Qui contient de l'azote. *Engrais azotés.*

AZTÈQUE [astɛk] **adj.** et **n.** ✦ Relatif à un ancien peuple du Mexique. *L'art aztèque.* ➖ **n.** *Les Aztèques* (☞ noms propres). ◆ **n. m.** Langue aztèque.
ÉTYM. mot de la langue aztèque.

AZULEJO [asulexo] **n. m.** ✦ Carreau de faïence émaillée et décorée (d'abord bleu). ➖ **On peut aussi écrire** *azuléjo,* **avec un accent aigu.**
ÉTYM. mot espagnol, de *azul* «bleu».

AZUR [azyʀ] **n. m. 1.** LITTÉR. Couleur bleue du ciel, des flots. *Un ciel d'azur.* ➖ *La Côte d'Azur,* de la Méditerranée, entre Menton et Toulon. ◆ POÉT. Le ciel, l'infini. **2.** appos. invar. *Bleu azur. Des yeux bleu azur.*
ÉTYM. latin médiéval *azurium,* de l'arabe.

AZURÉ, ÉE [azyʀe] **adj.** ✦ Couleur d'azur. *Une teinte azurée.*

AZURER [azyʀe] **v. tr.** (conjug. 3a) ✦ Teindre, colorer d'un bleu d'azur.

AZYME [azim] **adj.** ✦ *Pain azyme,* pain sans levain (dont on fait les hosties).
ÉTYM. grec *azumos,* de *a-* (→ ② a-) et *zumê* «levain».

B

B [be] **n. m. invar.** 1. Deuxième lettre, première consonne de l'alphabet. 2. *B* [be] CHIM. Symbole du bore. HOM. (BOUCHE) BÉE « (bouche) ouverte »

Ba [ba] ✦ CHIM. Symbole du baryum.

B. A. [bea] **n. f. invar.** ✦ Bonne action, dans le langage des scouts. *Faire une B. A., sa B. A.* HOM. BÉAT « bienheureux »
ÉTYM. abréviation.

① **BABA** [baba] **n. m.** ✦ Gâteau à pâte légère imbibée d'un sirop alcoolisé. *Des babas au rhum.*
ÉTYM. mot polonais.

② **BABA** [baba] **adj.** ✦ FAM. Frappé d'étonnement. SYN. **ébahi, stupéfait.** *Elles en sont restées babas.*
ÉTYM. onomatopée, famille de *babiller.*

③ **BABA** [baba] **n.** ✦ Personne marginale non violente, plus ou moins écologiste et nomade, vivant parfois en communauté. *Des babas.*
ÉTYM. mot hindi « père », par l'anglais.

B. A.-BA [beaba] **n. m.** ✦ Premiers rudiments. SYN. **abc.** *C'est le b. a.-ba du métier.*
ÉTYM. du nom des lettres *b* et *a.*

BABEURRE [babœʀ] **n. m.** ✦ Liquide blanc qui reste du lait après le barattage de la crème dans la préparation du beurre.
ÉTYM. de ① *bas* et *beurre.*

BABIL [babil] **n. m.** ✦ LITTÉR. Babillage. ➜ Bruit rappelant une voix qui babille.
ÉTYM. de *babiller.*

BABILLAGE [babijaʒ] **n. m.** ✦ Action de babiller.

BABILLARD, ARDE [babijaʀ, aʀd] **adj.** et **n.** ✦ LITTÉR. Bavard.
ÉTYM. de *babiller,* suffixe *-ard.*

BABILLER [babije] **v. intr.** (conjug. 3a) ✦ Parler beaucoup d'une manière futile, enfantine. SYN. **bavarder.** *Les jeunes enfants babillent.* SYN. **gazouiller.**
ÉTYM. de l'onomatopée *bab-* exprimant le mouvement des lèvres.

BABINES [babin] **n. f. pl.** 1. Lèvres pendantes (de certains animaux). 2. FAM. Lèvres. *S'en lécher les babines :* se réjouir à la pensée d'une chose agréable.
ÉTYM. de l'onomatopée *bab-* → babiller.

BABIOLE [babjɔl] **n. f.** 1. Petit objet de peu de valeur. SYN. **bibelot.** 2. Chose sans importance. SYN. **bagatelle, broutille.**
ÉTYM. de l'italien *babbola* « bêtise ».

BABIROUSSA [babiʀusa] **n. m.** ✦ ZOOL. Sanglier de Malaisie.
ÉTYM. malais *babi rusa* « porc-cerf ».

BÂBORD [babɔʀ] **n. m.** ✦ Le côté gauche d'un navire, en se tournant vers l'avant (s'oppose à *tribord*). *Terre à bâbord !* ➜ On peut aussi écrire *babord,* sans accent circonflexe.
ÉTYM. néerlandais *bakboord,* de *bak* « dos » et *boord* « bord ».

BABOUCHE [babuʃ] **n. f.** ✦ Pantoufle laissant libre le talon.
ÉTYM. turc *pāpuš* « chaussure », du persan, de *pā* « pied » et *puš* « couvrir ».

BABOUIN [babwɛ̃] **n. m.** ✦ Singe d'Afrique à museau allongé et aux lèvres proéminentes, vivant en société.
ÉTYM. de l'onomatopée *bab-* → babiller.

BABYBOOM ou **BABY-BOOM** [babibum ; bebibum] **n. m.** ✦ anglicisme Forte augmentation de la natalité. *Des babybooms, des baby-booms.* ➜ Écrire *babyboom* en un seul mot est permis.
ÉTYM. mot anglais, de *baby* « bébé » et *boom* « explosion ».

BABYFOOT ou **BABY-FOOT** [babifut] **n. m.** ✦ anglicisme Football de table. *Jouer au babyfoot ; une partie de babyfoot.* ➜ La table de jeu. *Des babyfoots, des baby-foots.* ➜ Écrire *babyfoot* en un seul mot est permis.
ÉTYM. faux anglicisme, de l'anglais *baby* « miniature » et *foot(ball).*

BABYSITTER ou **BABY-SITTER** [babisitœʀ ; bebisitœʀ] **n.** ✦ anglicisme Personne qui, moyennant rétribution, garde de jeunes enfants en l'absence de leurs parents. *Des babysitters, des baby-sitters.* ➜ Écrire *babysitter* en un seul mot est permis.
► **BABYSITTING** ou **BABY-SITTING** [babisitiŋ ; bebisitiŋ] **n. m.** *Des babysittings, des baby-sittings.* ➜ Écrire *babysitting* en un seul mot est permis.
ÉTYM. mot anglais, de *baby* « bébé » et *sitter* « poule couveuse », de *to sit* « couver ; s'asseoir ».

① **BAC** [bak] **n. m.** I Bateau à fond plat servant à passer un cours d'eau, un lac. *Le passeur du bac.* II Grand récipient. SYN. **baquet, bassin, cuve.** *Évier à deux bacs.*

Bac à fleurs. → **jardinière.** *Bac à sable.*
ÉTYM. latin populaire *baccus* «récipient».

② **BAC** [bak] **n. m.** ✦ Baccalauréat. SYN. FAM. ① **bachot.** *Passer le bac.* – *Boîte à bac :* école privée qui prépare au bac.
ÉTYM. abréviation.

BACANTE → ② BACCHANTE

BACCALAURÉAT [bakalɔʀea] **n. m.** ✦ Grade universitaire et examen qui terminent les études secondaires (en France). SYN. ② **bac,** FAM. ① **bachot.**
ÉTYM. latin tardif *baccalaureatus,* croisement de *baccalarius* «bachelier» et *laureatus* «couronné de laurier *(laurea)*».

BACCARA [bakaʀa] **n. m.** ✦ Jeu de cartes (où le dix, appelé *baccara,* équivaut à zéro), qui se joue surtout dans les casinos. SYN. **chemin de fer.** HOM. BACCARAT «cristal»
ÉTYM. origine inconnue.

BACCARAT [bakaʀa] **n. m.** ✦ Cristal de la manufacture de Baccarat. *Verres en baccarat.* HOM. BACCARA «jeu de cartes»
ÉTYM. nom de ville. ☞ noms propres.

BACCHANALE [bakanal] **n. f.** **1.** ANTIQ. *Les Bacchanales,* fêtes débridées que les Romains célébraient en l'honneur de Bacchus, dieu du vin. **2.** LITTÉR. Orgie.
ÉTYM. latin *bacchanalia* «mystères de *Bacchus*». ☞ noms propres.

① **BACCHANTE** [bakɑ̃t] **n. f.** **1.** ANTIQ. Prêtresse de Bacchus. **2.** LITTÉR. Femme débauchée.
ÉTYM. latin *bacchans, bacchantis* «qui célèbre *Bacchus*». ☞ BACCHANTES, BACCHUS (noms propres).

② **BACCHANTE** [bakɑ̃t] **n. f.** ✦ FAM. Moustache. *De belles bacchantes.* – On écrit aussi *bacante.*
ÉTYM. origine obscure ; p.-ê. de ① *bacchante.*

BÂCHAGE [bɑʃaʒ] **n. m.** ✦ Action de bâcher.

BÂCHE [bɑʃ] **n. f.** ✦ Pièce de forte toile imperméabilisée qui sert à préserver qqch. des intempéries. *Couvrir un étal, un camion d'une bâche.*
ÉTYM. origine obscure.

BACHELIER, IÈRE [baʃəlje, jɛʀ] **n.** ✦ Titulaire du baccalauréat.
ÉTYM. latin *baccalarius,* d'origine inconnue.

BACHELOR [baʃ(ə)lɔʀ] **n. m.** ✦ Diplôme international d'études supérieures, équivalant à la licence.
ÉTYM. mot anglais

BÂCHER [bɑʃe] **v. tr.** (conjug. 3a) ✦ Couvrir d'une bâche. – au p. passé *Un camion bâché.*

BACHIBOUZOUK ou **BACHI-BOUZOUK** [baʃibuzuk] **n. m.** ✦ HIST. Cavalier mercenaire de l'armée turque. *Des bachibouzouks, des bachi-bouzouks.*
ÉTYM. mot turc, proprement «mauvaise tête».

BACHIQUE [baʃik] **adj.** ✦ LITTÉR. Qui a rapport à Bacchus. *Fêtes bachiques.* → **bacchanale.** *Chansons bachiques :* chansons à boire.
ÉTYM. de *Bacchus,* dieu du vin.

① **BACHOT** [baʃo] **n. m.** ✦ FAM. VIEILLI Baccalauréat. SYN. ② **bac.**
ÉTYM. de *bachelier.*

② **BACHOT** [baʃo] **n. m.** ✦ Petit bateau à fond plat.
ÉTYM. de ① *bac.*

BACHOTER [baʃɔte] **v. intr.** (conjug. 3a) ✦ Préparer hâtivement un examen en vue du seul succès pratique.
► **BACHOTAGE** [baʃɔtaʒ] **n. m.**
ÉTYM. de ① *bachot.*

BACILLAIRE [basilɛʀ] **adj.** ✦ (maladie) Dont la cause est un bacille. ♦ **n.** et **adj.** Tuberculeux contagieux.

BACILLE [basil] **n. m.** ✦ Bactérie en forme de bâtonnet. *Bacille lactique.* ♦ Toute bactérie pathogène. *Bacille de Koch* (de la tuberculose).
ÉTYM. latin *bacillus* «petit bâton».

BÂCLER [bɑkle] **v. tr.** (conjug. 3a) ✦ Expédier (un travail) sans soin. *Ils ont bâclé ça en dix minutes.* – au p. passé *C'est du travail bâclé.*
► **BÂCLAGE** [bɑklaʒ] **n. m.**
ÉTYM. origine incertaine, peut-être latin populaire *bacculare,* de *baculum* «bâton».

BACON [bekɔn] **n. m.** **1.** Lard fumé, assez maigre, consommé en fines tranches en Grande-Bretagne. *Œufs au bacon.* **2.** Filet de porc fumé et maigre.
ÉTYM. du francique *bakko* «jambon», repris de l'anglais.

BACTÉRICIDE [bakteʀisid] **adj.** ✦ Qui tue les bactéries.
ÉTYM. de *bactérie* et *-cide.*

BACTÉRIE [bakteʀi] **n. f.** ✦ Micro-organisme formé d'une seule cellule, sans noyau, à structure très simple, se reproduisant par scissiparité. SYN. **bacille, vibrion ;** → **-coque.**
► **BACTÉRIEN, IENNE** [bakteʀjɛ̃, jɛn] **adj.** *Contamination bactérienne.*
ÉTYM. grec *bakterion* «petit bâton».

BACTÉRIOLOGIE [bakteʀjɔlɔʒi] **n. f.** ✦ Partie de la microbiologie qui étudie les bactéries.
ÉTYM. de *bactérie* et *-logie.*

BACTÉRIOLOGIQUE [bakteʀjɔlɔʒik] **adj.** ✦ Qui se rapporte à la bactériologie. *Guerre bactériologique,* où les bactéries seraient utilisées comme arme.

BACTÉRIOLOGISTE [bakteʀjɔlɔʒist] **n.** ✦ Spécialiste en bactériologie.

BADABOUM [badabum] **interj.** ✦ Onomatopée exprimant le bruit d'un corps qui roule avec fracas. *Badaboum ! tout s'est écroulé !*

BADAUD, AUDE [bado, od] **n.** et **adj.** ✦ rare au fém. Personne qui s'attarde à regarder le spectacle de la rue. SYN. **curieux, flâneur.** *Attroupement de badauds.*
ÉTYM. occitan *badau,* de *badar* «regarder bouche bée» ; famille de *béer, bayer.*

BADERNE [badɛʀn] **n. f.** ✦ VIEILLI *Vieille baderne :* homme (souvent militaire) âgé et borné.
ÉTYM. origine obscure.

BADGE [badʒ] **n. m.** ✦ anglicisme **1.** Insigne comportant des inscriptions (humoristiques, subversives, informatives...). SYN. **macaron.** **2.** INFORM. Document d'identité à piste magnétique permettant l'accès à certains locaux, le pointage.
ÉTYM. mot anglais.

BADIANE [badjan] **n. f.** ✦ Arbuste d'Asie dont les graines aromatiques (anis étoilé) ont des propriétés pharmaceutiques.
ÉTYM. du persan «anis».

BADIGEON [badiʒɔ̃] **n. m.** ✦ Couleur en détrempe à base de lait de chaux, avec laquelle on peint les murs, etc.
ÉTYM. origine inconnue.

BADIGEONNAGE [badiʒɔnaʒ] **n. m.** ✦ Action de badigeonner.

BADIGEONNER [badiʒɔne] **v. tr.** (conjug. 3a) 1. Enduire d'un badigeon. 2. Enduire d'une préparation pharmaceutique. *Badigeonner une plaie. Elle s'est badigeonné la gorge.*

BADIN, INE [badɛ̃, in] **adj.** ✦ LITTÉR. Qui aime à rire, à plaisanter. ➡ *Être d'humeur badine.* CONTR. **grave, sérieux.**
ÉTYM. mot provençal «nigaud», de *badar* «rester bouche bée» ; famille de *béer.*

BADINAGE [badinaʒ] **n. m.** ✦ Action de badiner. SYN. **jeu, plaisanterie.** *Un ton de badinage.* CONTR. **gravité, sérieux.**

BADINE [badin] **n. f.** ✦ Baguette mince et souple qu'on tient à la main.
ÉTYM. origine obscure.

BADINER [badine] **v. intr.** (conjug. 3a) ✦ Plaisanter avec enjouement. SYN. **s'amuser.** *«On ne badine pas avec l'amour»* (pièce de Musset). *C'est un homme qui ne badine pas,* sévère.
ÉTYM. de *badin.*

BADMINTON [badmintɔn] **n. m.** ✦ anglicisme. Jeu de volant apparenté au tennis.
ÉTYM. mot anglais, du nom d'un château.

BAFA [bafa] **n. m. invar.** ✦ Brevet d'aptitude aux fonctions d'animateur. *Passer le BAFA.*
ÉTYM. sigle.

BAFFE [baf] **n. f.** ✦ FAM. Gifle.
ÉTYM. de l'onomatopée *baf-* exprimant l'idée de «gonflé», puis de «coup».

BAFFLE [bafl] **n. m.** ✦ anglicisme Boîte qui entoure un haut-parleur, améliorant la sonorité. SYN. ① **enceinte.** *Les baffles d'une chaîne.*
ÉTYM. mot anglais «écran».

BAFOUER [bafwe] **v. tr.** (conjug. 3a) ✦ LITTÉR. Traiter (qqn, qqch.) avec un mépris outrageant. *Bafouer les droits de l'homme.* ◆ Tourner en dérision. SYN. **se moquer, ridiculiser.** *Se laisser bafouer.* CONTR. **exalter,** ① **louer.**
ÉTYM. de l'onomatopée *baf-* → baffe.

BAFOUILLAGE [bafujaʒ] **n. m.** ✦ Action de bafouiller. ◆ Propos incohérents.

BAFOUILLER [bafuje] **v. intr.** (conjug. 3a) ✦ Parler d'une façon embarrassée, parfois incohérente. SYN. **bredouiller.**
► **BAFOUILLEUR, EUSE** [bafujœʀ, øz] **n. et adj.**
ÉTYM. origine incertaine.

BÂFRER [bɑfʀe] **v. intr.** (conjug. 3a) ✦ FAM. Manger gloutonnement et avec excès. SYN. **bouffer, s'empiffrer.**
► **BÂFREUR, EUSE** [bɑfʀœʀ, øz] **n.**
ÉTYM. de l'onomatopée *baf-* → baffe.

BAGAGE [bagaʒ] **n. m.** 1. Effets, objets que l'on emporte en déplacement, en voyage. *Elle avait pour tout bagage un sac et un parapluie.* loc. *Plier bagage :* partir. ➡ plus cour. au plur. *Les bagages :* les malles, valises, sacs... que l'on emporte en voyage. *Bagages à main,* que l'on peut porter facilement, que l'on garde avec soi (dans un avion...). 2. Ensemble des connaissances acquises. *Son bagage scientifique est insuffisant.* HOM. BAGUAGE «action de baguer»
ÉTYM. de l'ancien français *bagues* «habits», d'origine incertaine.

BAGAGISTE [bagaʒist] **n. m.** ✦ Employé chargé de la manutention des bagages dans un hôtel, une gare ou un aéroport.

BAGARRE [bagaʀ] **n. f.** 1. Mêlée de gens qui se battent. SYN. **échauffourée, rixe.** *Se trouver pris dans une bagarre.* 2. FAM. Échange de coups ; fait de se battre. SYN. **bataille, querelle.** *Chercher la bagarre.* ◆ Lutte violente. *La bagarre pour le pouvoir.*
ÉTYM. peut-être du basque *batzarre* «confusion», par l'occitan *bagarro.*

BAGARRER [bagaʀe] **v.** (conjug. 3a) 1. *SE BAGARRER* **v. pron.** Se battre, se quereller. *Ils se sont bagarrés.* 2. **v. intr.** FAM. Lutter (pour). *Il va falloir bagarrer pour l'obtenir.*
ÉTYM. de *bagarre.*

BAGARREUR, EUSE [bagaʀœʀ, øz] **n. et adj.** ✦ FAM. Personne qui aime la bagarre. SYN. **batailleur.**

BAGASSE [bagas] **n. f.** ✦ Résidu des tiges de canne à sucre dont on a extrait le jus.
ÉTYM. espagnol *bagazo* «marc (de raisin)», du latin *baca* «baie».

BAGATELLE [bagatɛl] **n. f.** 1. Chose sans importance. SYN. **babiole, futilité, rien.** *Perdre son temps à des bagatelles.* 2. Somme d'argent peu importante. 3. plais. *La bagatelle :* l'amour physique.
ÉTYM. italien *bagatella,* d'origine incertaine.

BAGEL [begœl ; bagɛl] **n. m.** ✦ Petit pain en forme d'anneau. *Des bagels au saumon.* HOM. BÉGUEULE «prude»
ÉTYM. yiddish *beig(e)l,* de l'allemand.

BAGGY [bagi] **n. m.** ✦ anglicisme Pantalon à coupe large, porté bas sur les hanches. *Des baggys* ou *des baggies* (plur. anglais).
ÉTYM. mot anglais «ample, large», de *bag* «sac».

BAGNARD [baɲaʀ] **n. m.** ✦ Forçat interné dans un bagne.

BAGNE [baɲ] **n. m.** 1. anciennt Établissement pénitentiaire où étaient internés les forçats après la suppression des galères ; lieu où se purgeait la peine des travaux forcés. *Le bagne de Cayenne.* 2. Lieu où l'on est astreint à un travail pénible. SYN. **enfer.** *Quel bagne !* SYN. **galère.**
ÉTYM. italien *bagno* «bain», à cause des bains de Livourne, sur l'emplacement desquels fut construite une prison.

BAGNOLE [baɲɔl] **n. f.** ✦ FAM. Automobile. SYN. **voiture.** *Une belle bagnole.*
ÉTYM. de *banne* «tombereau», influencé par *carriole.*

BAGOU [bagu] **n. m.** ✦ Disposition à parler beaucoup, souvent en essayant de faire illusion ou de tromper. *Avoir du bagou.*
ÉTYM. de l'ancien verbe *bagouler* «parler à tort et à travers», croisement de *bavarder* et *goule* «gueule».

BAGUAGE [bagaʒ] **n. m.** ✦ Action de baguer ; son résultat. *Le baguage d'un pigeon.* HOM. BAGAGE «affaires de voyage»

BAGUE [bag] n. f. 1. Anneau que l'on met au doigt. → **chevalière.** *Bague de fiançailles. Une main chargée de bagues.* – loc. *Avoir la bague au doigt* : être marié. → **alliance.** 2. Objet de forme annulaire (anneau de papier qui entoure un cigare, cercle métallique servant à accoupler deux pièces d'une machine, à fixer un appareil dentaire...). SYN. **collier, manchon.**
ÉTYM. origine incertaine, p.-ê. du néerlandais *bagge* «anneau».

BAGUENAUDER [bagnode] v. intr. (conjug. 3a) ✦ FAM. Se promener en flânant. SYN. se **balader.** – pronom. *Se baguenauder.*
ÉTYM. de *baguenaude* «petit fruit» puis «chose de peu de valeur», d'origine incertaine.

BAGUER [bage] v. tr. (conjug. 3b) 1. Garnir d'une bague, de bagues. *On bague les pigeons voyageurs pour les distinguer.* – au p. passé *Mains baguées.* 2. Inciser (un arbre) en enlevant un anneau d'écorce.

BAGUETTE [bagɛt] n. f. 1. Petit bâton mince et flexible. SYN. **badine.** ♦ *Commander, mener les gens à la baguette,* avec autorité et rigueur. ♦ *Baguette magique,* servant aux fées, enchanteurs, magiciens pour accomplir leurs prodiges. – fig. *D'un coup de baguette magique,* comme par enchantement. ♦ *Baguette (de chef d'orchestre),* avec laquelle il dirige. ♦ *BAGUETTES DE TAMBOUR* : les deux petits bâtons avec lesquels on bat la caisse ; fig. cheveux très raides. ♦ Chacun des deux petits bâtons utilisés pour manger les plats d'Extrême-Orient. 2. Petite moulure arrondie ou plate. *Poser des baguettes décoratives sur une porte.* 3. Ligne verticale. 4. Pain long et mince. *Une demi-baguette pas trop cuite.*
ÉTYM. italien *bacchetta,* du latin *baculum* «bâton».

BAH [ba] interj. ✦ Exclamation exprimant l'insouciance, l'indifférence. *Bah ! j'en ai vu bien d'autres.*
HOM. ① BAS «peu élevé», BÂT «chargement»

BAHUT [bay] n. m. 1. Buffet rustique large et bas. 2. FAM. Lycée, collège. SYN. **boîte** (4). 3. ARGOT Taxi, voiture.
ÉTYM. origine obscure.

BAI, BAIE [bɛ] adj. ✦ *Une jument baie, des étalons bais,* à la robe d'un brun rouge. HOM. ① BAIE «golfe», ② BAIE «ouverture», ③ BAIE «fruit», BEY «fonctionnaire turc»
ÉTYM. latin *badius,* peut-être du gaulois.

① **BAIE** [bɛ] n. f. ✦ Échancrure d'une côte, dont l'entrée est resserrée ; petit golfe. SYN. **anse, calanque, crique.** HOM. voir ③ *baie*
ÉTYM. origine inconnue.

② **BAIE** [bɛ] n. f. ✦ Ouverture pratiquée dans un mur, dans un assemblage de charpente pour faire une porte, une fenêtre. *Une large baie vitrée.* HOM. voir ③ *baie*
ÉTYM. de *bayer.*

③ **BAIE** [bɛ] n. f. ✦ Petit fruit charnu qui renferme des graines ou pépins. HOM. BAI «brun (cheval)», BEY «fonctionnaire turc»
ÉTYM. latin *baca.*

BAIGNADE [bɛɲad] n. f. 1. Action de se baigner en mer, dans un lac... SYN. **bain.** 2. Endroit d'un cours d'eau, d'un lac où l'on peut se baigner. *Baignade surveillée.*

BAIGNER [beɲe] v. (conjug. 3a) **I** v. tr. 1. Mettre et maintenir (un corps, un objet) dans l'eau, un liquide pour laver, imbiber. SYN. **plonger, tremper.** *Baigner ses pieds dans l'eau.* ♦ Faire prendre un bain à (qqn) pour le laver. 2. (mer) Entourer, toucher. *La mer qui baigne cette côte.* ♦ LITTÉR. Envelopper complètement. *La lumière qui baignait son visage.* 3. Mouiller. SYN. **inonder.** *Il était baigné de sueur.* **II** v. intr. 1. Être plongé entièrement (dans un liquide, ou fig. dans une ambiance). 2. FAM. *Ça baigne (dans l'huile),* ça marche, ça va très bien. **III** *SE BAIGNER* v. pron. plus cour. 1. Prendre un bain (dans une baignoire). 2. Prendre un bain pour le plaisir, pour nager (dans la mer, dans une piscine...).
ÉTYM. bas latin *balneare,* de *balneum* «bain».

BAIGNEUR, EUSE [bɛɲœʀ, øz] n. 1. Personne qui se baigne (2). *« Les Baigneuses »* (titre de tableaux : Fragonard, Cézanne, etc.). 2. n. m. Poupée figurant un bébé.
ÉTYM. bas latin *balneator* «celui qui tient un établissement de bains *(balneum)*».

BAIGNOIRE [bɛɲwaʀ] n. f. **I** Grand récipient allongé, recevant l'eau courante, où une personne peut se baigner (1). **II** Loge de rez-de-chaussée, dans une salle de spectacle.

BAIL, plur. **BAUX** [baj, bo] n. m. 1. Contrat par lequel une personne (→ **bailleur**) laisse à une autre (→ **locataire, fermier**) le droit de se servir d'une chose pendant un certain temps moyennant un certain prix (→ **loyer**). *Résilier le bail d'une maison. Donner, céder ; prendre À BAIL* : louer (dans les deux sens du mot). 2. loc. FAM. *Ça fait un bail,* voilà bien longtemps. HOM. (du pluriel) ① BEAU «joli», BOT «difforme (pied)»
ÉTYM. de *bailler* «donner».

BÂILLEMENT [bɑjmɑ̃] n. m. 1. Action de bâiller (1). *Un bâillement d'ennui.* 2. État de ce qui bâille (2).

BAILLER [baje] v. tr. (conjug. 3a) ✦ VX Donner. – loc. *Vous me la baillez belle* : vous vous moquez de moi.
HOM. BÂILLER «ouvrir la bouche», BAYER (aux corneilles) «rêver»
ÉTYM. latin *bajulare.*

BÂILLER [bɑje] v. intr. (conjug. 3a) 1. Ouvrir involontairement la bouche en aspirant. *Bâiller de sommeil, de faim, d'ennui. Bâiller à se décrocher la mâchoire.* 2. (choses) Être entrouvert, mal fermé. *Son col bâille.*
HOM. BAILLER «donner», BAYER (aux corneilles) «rêver»
ÉTYM. latin populaire *bataculare,* de *batare* «tenir la bouche ouverte».

BAILLEUR, BAILLERESSE [bajœʀ, baj(ə)ʀɛs] n. 1. DR. Personne qui donne une chose à bail. 2. *BAILLEUR DE FONDS* : personne qui fournit des fonds pour une entreprise déterminée. SYN. **commanditaire.**
ÉTYM. de *bailler.*

BAILLI [baji] n. m. 1. HIST. Officier qui rendait la justice au nom du roi ou d'un seigneur. *Les baillis et les sénéchaux.* 2. Dignité dans l'ordre de Malte. *Le bailli de Suffren.*
ÉTYM. ancien français *bail* «gouverneur», latin *bajulus,* d'abord «porteur».

BAILLIAGE [bajaʒ] n. m. ✦ HIST. Circonscription d'un bailli.

BÂILLON [bɑjɔ̃] n. m. ✦ Ce que l'on met contre la bouche de qqn pour l'empêcher de parler, de crier.
ÉTYM. de *bâiller.*

BÂILLONNER [bɑjɔne] v. tr. (conjug. 3a) 1. Mettre un bâillon à (une personne). 2. Empêcher la liberté d'expression, réduire au silence. *Gouvernement qui veut bâillonner la presse.* SYN. **museler.**

BAIN [bɛ̃] **n. m.** **I** **1.** Action de plonger le corps (d'une personne, d'un animal) ou une partie du corps dans l'eau ou un autre liquide (pour laver, soigner). *Prendre un bain,* se baigner. *Faire prendre un bain, donner le bain à... Bain de pieds. Bain de vapeur* (hammam, sauna). *Peignoir de bain.* → *SALLE DE BAINS* : pièce réservée aux soins de toilette et contenant une baignoire. **2.** L'eau, le liquide dans lequel on (se) baigne. *Faire couler un bain.* ◆ loc. *ÊTRE DANS LE BAIN* : participer à une affaire, être compromis, ou être pleinement engagé dans une entreprise et bien au courant. → *ÊTRE DANS LE MÊME BAIN,* dans la même situation (mauvaise). **3.** Action d'entrer dans l'eau pour le plaisir, pour nager. SYN. **baignade.** *Prendre un bain de mer, de rivière. Maillot, slip de bain.* ◆ Bassin d'une piscine. *Petit bain* (où l'on a pied), *grand bain* (plus profond). **4.** fig. *BAIN DE SOLEIL* : exposition volontaire au soleil, pour bronzer, pour se soigner. **5.** fig. Action de se plonger dans, de s'imprégner de. *Bain de foule,* fait de se mêler à la foule. **II** au plur. **1.** Établissement public où l'on prend des bains. SYN. **hammam, thermes.** **2.** VIEILLI *Aller aux bains de mer* (→ **balnéaire**). **III** Préparation liquide dans laquelle on plonge un corps, une pellicule photographique... HOM. BEN «eh ! bien»
ÉTYM. latin *balneum,* du grec.

BAIN-MARIE [bɛ̃maʀi] **n. m.** ✦ Liquide chaud dans lequel on met un récipient contenant ce que l'on veut faire chauffer. *Sauce réchauffée au bain-marie.* → Le récipient qui contient ce liquide. *Des bains-marie.*
ÉTYM. latin médiéval *balneum Mariae* «bain de Marie», nom de la sœur de Moïse, connue comme alchimiste.

BAÏONNETTE [bajɔnɛt] **n. f.** **1.** Arme pointue qui s'ajuste au canon d'un fusil. *Une sentinelle, baïonnette au canon.* **2.** *À BAÏONNETTE,* dont le mode de fixation rappelle celui de cette arme. *Douille à baïonnette d'une ampoule électrique.*
ÉTYM. de *Bayonne.* ☞ noms propres.

BAISABLE [bɛzabl] **adj.** ✦ FAM. Désirable (sexuellement).
ÉTYM. de ① *baiser,* suffixe *-able.*

BAISEMAIN [bɛzmɛ̃] **n. m.** ✦ Le fait de baiser la main d'une dame (politesse masculine). *Faire le baisemain.*
ÉTYM. de ① *baiser* et *main.*

① **BAISER** [beze] **v. tr.** (conjug. 3a) **I** LITTÉR. et VX Donner un baiser à. SYN. **embrasser** ; → **baisemain.** *Baiser les mains, le front de qqn.* **II** FAM. **1.** Faire l'amour à (qqn). → absolt *Elle baise bien.* **2.** Duper, attraper. SYN. ① **avoir, posséder.** *Se faire baiser.*
ÉTYM. latin *basiare.*

② **BAISER** [beze] **n. m.** ✦ Action de poser sa bouche sur une personne, une chose, en signe d'affection, de respect. *Donner un baiser à qqn.* SYN. FAM. **bécot,** ② **bise, bisou.** *Baiser d'adieu.* → *Baiser de paix,* de réconciliation. → *Baiser de Judas,* perfide.
ÉTYM. de ① *baiser.*

BAISSE [bɛs] **n. f.** **1.** Le fait de baisser de niveau, de descendre à un niveau plus bas. SYN. **diminution.** *Baisse de température.* ◆ fig. Affaiblissement. *Baisse d'influence.* **2.** Diminution de prix, de valeur. *La baisse des actions.* SYN. **chute, effondrement.** → *Jouer, spéculer à la baisse,* spéculer sur la baisse des marchandises ou des valeurs. → *EN BAISSE* : en train de baisser. *Le cours de l'or est en baisse.* CONTR. **augmentation, hausse, montée.**
ÉTYM. de *baisser.*

BAISSER [bese] **v.** (conjug. 3a) **I** **v. tr.** **1.** Mettre plus bas. SYN. **descendre.** *Baisser les stores.* ◆ Diminuer la hauteur de. *Baisser une clôture.* **2.** Incliner vers la terre (une partie du corps). *Baisser la tête.* SYN. **courber, pencher.** → *Baisser le nez* : être confus, honteux. → *Baisser les yeux,* les diriger vers la terre. → *Baisser les bras* : s'avouer battu, ne plus lutter. **3.** Diminuer la force, l'intensité de. *Baisser la voix. Baisser la radio,* diminuer l'intensité du son. ◆ fig. *Baisser le ton* : être moins arrogant. **4.** Diminuer (un prix). *Les commerçants ont baissé leurs prix.* **II** **v. intr.** **1.** Diminuer de hauteur. SYN. **descendre.** *Le niveau de l'eau a baissé.* ◆ fig. *Il a baissé dans mon estime,* je le juge moins bien. **2.** Diminuer d'intensité. *Le jour baisse* : il fait plus sombre. *Sa vue baisse* : il y voit moins bien. **3.** (personnes) Perdre sa vigueur et ses moyens intellectuels. *Il a beaucoup baissé depuis cinq ans.* SYN. **décliner.** **4.** Diminuer de valeur, de prix. *Ses notes baissent.* **III** *SE BAISSER* **v. pron.** SYN. se **courber,** s'**incliner,** se **pencher.** *Se baisser pour passer sous une voûte.* → loc. *Il n'y a qu'à se baisser (pour les ramasser)* : il y en a en grande quantité. CONTR. **élever, hausser,** ① **lever, monter • augmenter.**
ÉTYM. latin populaire *bassiare,* de *bassus* «bas».

BAJOUE [baʒu] **n. f.** **1.** Partie latérale inférieure de la tête (de certains animaux), de l'œil à la mâchoire. *Les bajoues du porc.* **2.** Joue pendante (d'une personne).
ÉTYM. de ① *bas* et *joue.*

BAKCHICH [bakʃiʃ] **n. m.** ✦ Pourboire, pot-de-vin. *Des bakchichs.*
ÉTYM. mot turc.

BAKÉLITE [bakelit] **n. f.** ✦ Matière plastique obtenue en traitant le formol par le phénol.
ÉTYM. du nom du chimiste *Baekeland.*

BAKLAVA [baklava] **n. m.** ✦ Gâteau oriental à pâte feuilletée avec du miel et des amandes. *Des baklavas.*
ÉTYM. mot turc.

BAL [bal] **n. m.** **1.** Réunion où l'on danse. *Ouvrir le bal,* y danser le premier. *Les bals populaires du 14 Juillet. Bal masqué,* où l'on porte des masques. *Bal costumé. Robe de bal.* **2.** Lieu où se donnent des bals. *Un petit bal musette.* → **dancing, guinguette** ; FAM. **bastringue.** *Les bals musettes.* HOM. ① BALLE «boule»
ÉTYM. de l'ancien français *baller* «danser», latin *ballare,* du grec.

BALADE [balad] **n. f.** ✦ FAM. Action de se promener. *Être en balade.* SYN. **promenade.** → Excursion, sortie, voyage. *Une belle balade en forêt.* HOM. BALLADE «poème»
ÉTYM. de *balader.*

BALADER [balade] **v. tr.** (conjug. 3a) ✦ FAM. **1.** Promener sans but précis. **2.** Emmener avec soi. **3.** intrans. *Envoyer balader* (qqn, qqch.) : envoyer promener. **4.** *SE BALADER* **v. pron.** Se promener sans but. SYN. **baguenauder, errer, flâner.**
ÉTYM. de *ballade.*

BALADEUR, EUSE [baladœʀ, øz] **adj.** et **n.**
I adj. *Avoir l'humeur baladeuse,* aimer se promener. ◆ *Micro baladeur,* muni d'un long fil permettant de le déplacer.
II n. m. Petit récepteur radio ou lecteur de cassettes portatif, muni d'écouteurs. SYN. **walkman** (anglicisme).
III n. f. *BALADEUSE.* **1.** Voiture accrochée à la motrice

A B C D E F G H I J K L M N O P Q R S T U V W X Y Z

d'un tramway. SYN. **remorque.** 2. Lampe électrique portative munie d'un long fil.
ÉTYM. de *balader.*

BALADIN [baladɛ̃] n. m. ✦ LITTÉR. Comédien ambulant. SYN. **saltimbanque.**
ÉTYM. probablement de *ballade.*

BALAFON [balafɔ̃] n. m. ✦ Instrument de musique (xylophone) africain.
ÉTYM. mot malinké (Guinée).

BALAFRE [balafʀ] n. f. ✦ Longue entaille faite par une arme tranchante, particulièrement au visage. SYN. **coupure, estafilade.** ◆ Cicatrice de cette blessure.
ÉTYM. croisement de *balèvre* «saillie» et ancien français *leffre* «lèvre».

BALAFRER [balafʀe] v. tr. (conjug. 3a) ✦ Blesser par une balafre. – au p. passé *Un visage balafré.*

① **BALAI** [balɛ] n. m. 1. Ustensile ménager formé d'un long manche et d'une brosse, servant à enlever la poussière, les détritus. *Donner un coup de balai,* balayer rapidement. *Manche* à balai.* ◆ loc. *COUP DE BALAI* : fait de se débarrasser de personnes (licenciement, etc.). – FAM. *Du balai !* allez-vous-en ! 2. *Balai mécanique,* appareil à brosses roulantes, monté sur un petit chariot. 3. Frottoir en charbon établissant le contact dans une dynamo. 4. *Balai d'essuie-glace* : lame de caoutchouc qui nettoie le parebrise d'un véhicule. 5. en composition *Voiture-balai,* chargée de ramasser les coureurs cyclistes qui abandonnent la course. *Des voitures-balais.* 6. MUS. Accessoire de percussionniste formé d'un manche court et d'un faisceau métallique. HOM. BALLET «danse»
ÉTYM. mot celtique, du gaulois ou du breton.

② **BALAI** [balɛ] n. m. ✦ FAM. An (dans un âge). *Il a cinquante balais.* HOM. BALLET «danse»
ÉTYM. origine obscure.

BALAI-BROSSE [balɛbʀɔs] n. m. ✦ Brosse de chiendent montée sur un manche à balai, pour frotter le sol. *Des balais-brosses.*
ÉTYM. de ① *balai* et *brosse.*

BALAISE → **BALÈZE**

BALALAÏKA [balalaika] n. f. ✦ Instrument de musique russe à cordes pincées, comprenant un manche et une caisse triangulaire. *Des balalaïkas.*
ÉTYM. mot russe.

BALANCE [balɑ̃s] n. f. **I** 1. Instrument qui sert à peser, formé d'une tige mobile (le fléau) et de plateaux dont l'un porte la chose à peser, l'autre les poids marqués. *Balance de précision. Balance électronique à un plateau. Balance à bascule.* → **bascule.** – *Balance romaine,* à poids constant et qui est mobile par rapport au point de suspension. *Se peser sur une balance.* SYN. **pèse-personne.** 2. Petit filet en forme de poche pour la pêche aux écrevisses. 3. Septième signe du zodiaque (23 septembre-22 octobre). *Être du signe de la Balance.* – ellipt invar. *Ils sont Balance.* **II** 1. loc. fig. *Mettre dans la balance,* examiner en comparant. *Mettre en balance* (deux choses), opposer le pour et le contre. → **peser.** – *Faire pencher la balance du côté de, en faveur de* : favoriser, avantager. 2. État d'équilibre. *La balance des forces.* 3. COMM. *La balance de l'actif et du passif d'un compte.* SYN. **bilan.** ◆ ÉCON. *La balance commerciale,* la différence entre les importations et les exportations d'un pays. *Balance excédentaire, déficitaire.*
ÉTYM. latin populaire *bilancia,* de *bis* «deux fois» et *lanx* «plateau de (balance)».

BALANCÉ, ÉE [balɑ̃se] adj. ✦ FAM. *Une fille bien balancée,* bien bâtie.
ÉTYM. de *balancer* (3).

BALANCELLE [balɑ̃sɛl] n. f. ✦ Fauteuil balançoire de jardin à plusieurs places, avec un toit en tissu.
ÉTYM. de *balance.*

BALANCEMENT [balɑ̃smɑ̃] n. m. 1. Mouvement alternatif et lent d'un corps, de part et d'autre de son centre d'équilibre. SYN. **oscillation.** 2. fig. État d'équilibre. – Disposition symétrique (→ **balancer,** I, 3).
ÉTYM. de *balancer.*

BALANCER [balɑ̃se] v. (conjug. 4) **I** v. tr. 1. Mouvoir lentement (qqch.) tantôt d'un côté, tantôt d'un autre. *Il balance les bras en marchant.* 2. FAM. Jeter (en balançant le bras). *Il lui a balancé une gifle.* SYN. **envoyer.** ◆ FAM. Se débarrasser de (qqch., qqn). SYN. **jeter.** *Balancer un employé.* SYN. **renvoyer.** ◆ FAM. Trahir, dénoncer (à la police). 3. Équilibrer. *Balancer ses phrases,* en soigner la symétrie, le rythme. 4. LITTÉR. Comparer, peser. *Balancer le pour et le contre.* **II** v. intr. LITTÉR. Être incertain. *Sans balancer* : sans hésiter. **III** *SE BALANCER* v. pron. 1. Se mouvoir alternativement d'un côté et de l'autre. *Se balancer sur sa chaise.* ◆ Être sur une balançoire en mouvement. 2. FAM. *S'en balancer* : s'en moquer, s'en ficher. *Leurs histoires, on s'en balance.*
ÉTYM. de *balance.*

BALANCIER [balɑ̃sje] n. m. 1. Pièce dont les oscillations régularisent le mouvement d'une machine. *Le balancier d'une horloge.* 2. Long bâton utilisé par les danseurs de corde pour maintenir leur équilibre. 3. Flotteur de bois stabilisant une embarcation. *Pirogue à balancier.*
ÉTYM. de *balancer.*

BALANÇOIRE [balɑ̃swaʀ] n. f. 1. Bascule sur laquelle deux personnes peuvent se balancer. 2. Planche ou nacelle suspendue entre deux cordes et sur laquelle on se balance. SYN. **escarpolette.**
ÉTYM. de *balancer.*

BALAYAGE [balɛjaʒ] n. m. 1. Action de balayer. SYN. **nettoyage.** 2. TECHN. Action de parcourir une étendue donnée avec un faisceau d'ondes ou de particules.

BALAYER [baleje] v. tr. (conjug. 12) **I** 1. Pousser, enlever avec un balai (la poussière, les ordures...). 2. Entraîner avec soi. *Le vent balaye les nuages.* SYN. **chasser.** *Le torrent balayait tout sur son passage.* SYN. **emporter.** 3. fig. Faire disparaître. SYN. **rejeter,** ① **repousser, supprimer.** *Balayer les préjugés, les soucis.* **II** 1. Nettoyer avec un balai (un lieu). *Balayer le trottoir.* 2. Passer sur (comme le fait un balai). *Les faisceaux lumineux des projecteurs balayaient la scène.*
ÉTYM. de *balai.*

BALAYETTE [balɛjɛt] n. f. ✦ Petit balai à manche court.

BALAYEUR, EUSE [balɛjœʀ, øz] n. 1. n. Personne qui balaie (notamment les rues, les lieux publics). 2. n. f. *BALAYEUSE.* Véhicule destiné au balayage des voies publiques.

BALAYURES [balejyʀ] n. f. pl. ✦ Ce que l'on enlève avec un balai. SYN. **ordure ; détritus.**
ÉTYM. de *balayer.*

BALBUTIANT, ANTE [balbysjɑ̃, ɑ̃t] adj. ✦ Qui balbutie. *Une voix balbutiante.*
ÉTYM. du participe présent de *balbutier.*

BALBUTIEMENT [balbysimɑ̃] n. m. 1. Action de balbutier, manière de parler de qqn qui balbutie. *Le balbutiement d'une personne émue.* 2. fig. au plur. Débuts maladroits (dans un domaine). *Les balbutiements du cinéma.*

BALBUTIER [balbysje] v. (conjug. 9) 1. v. intr. Articuler d'une manière hésitante et imparfaite les mots que l'on veut prononcer. SYN. **bafouiller, bégayer, bredouiller.** 2. v. tr. Dire en balbutiant. *Balbutier des excuses.*
ÉTYM. latin populaire *balbutiare,* de *balbus* «bègue».

BALBUZARD [balbyzaʀ] n. m. ✦ Rapace diurne qui vit au bord de l'eau.
ÉTYM. anglais *bald buzzard* «busard chauve».

BALCON [balkɔ̃] n. m. 1. Plateforme en saillie sur la façade d'un bâtiment et qui communique avec une pièce. *Un balcon fleuri.* 2. Balustrade d'un balcon. *Balcon en fer forgé.* 3. Galerie d'une salle de spectacle s'étendant d'une avant-scène à l'autre. ☞ Littérature p. 127. *Fauteuils de balcon.*
ÉTYM. italien *balcone,* du francique.

BALDAQUIN [baldakɛ̃] n. m. 1. Dais garni de rideaux, placé au-dessus d'un lit, d'un trône. *Lit à baldaquin.* 2. ARCHIT. Ouvrage à colonnes surmontant un autel, un trône.
ÉTYM. italien *baldacchino* «étoffe de soie de Bagdad (*Baldacco*)».

BALEINE [balɛn] n. f. I Mammifère cétacé de très grande taille (jusqu'à 20 m de long), dont la bouche est garnie de lames cornées (les fanons). *Pêche à la baleine.* II Fanon dont on se servait pour la garniture des corsets. ➝ Lame flexible (d'acier, de plastique...) pour tendre, maintenir un tissu. *Baleines de parapluie.*
ÉTYM. latin *ballaena,* du grec.

BALEINÉ, ÉE [balene] adj. ✦ Maintenu par des baleines (II). *Bustier baleiné.*

BALEINEAU [balɛno] n. m. ✦ Petit de la baleine.

BALEINIER, IÈRE [balenje, jɛʀ] adj. et n. 1. adj. Relatif à la pêche à la baleine. *Nantucket, port baleinier.* 2. n. m. Navire équipé pour la pêche à la baleine. 3. *BALEINIÈRE.* n. f. anciennt Embarcation longue et légère pour la pêche à la baleine. ◆ Canot de bord, de forme identique.

BALÈZE [balɛz] adj. ✦ FAM. 1. Grand et fort. ➝ n. m. *Un gros balèze.* 2. Qui a de grandes connaissances dans un domaine. *Il est balèze en maths.* ➝ On écrit aussi *balaise.*
ÉTYM. occitan *balès* «gros».

BALISAGE [balizaʒ] n. m. 1. Pose de balises, de signaux pour indiquer les dangers à éviter ou la route à suivre ; ces signaux. *Le balisage d'un aérodrome, d'une piste de ski.* 2. INFORM. Fait de munir un texte de balises.
ÉTYM. de *baliser.*

BALISE [baliz] n. f. 1. Objet, dispositif destiné à guider un navigateur, un pilote. ➙ **bouée,** ① **feu, signal.** 2. Émetteur radioélectrique permettant au pilote d'un navire ou d'un avion de se diriger ou d'être repéré. *Balise radio* (ou *radiobalise* n. f.). 3. INFORM. Marque servant à identifier un élément d'un texte.
ÉTYM. portugais *balisa,* par le mozarabe, du latin *palus* «pieu».

BALISER [balize] v. (conjug. 3a) I v. tr. 1. Garnir, jalonner (un lieu) de balises. 2. INFORM. Munir (un texte) de balises. II v. intr. FAM. Avoir peur.
ÉTYM. de *balise.*

BALISTE [balist] n. f. ✦ HIST. Machine de guerre de l'Antiquité qui servait à lancer des projectiles.
ÉTYM. latin *balista,* du grec.

BALISTIQUE [balistik] adj. et n. f. 1. adj. Qui est relatif aux projectiles. *Engin balistique* : fusée, missile. 2. n. f. Science du mouvement des projectiles.
ÉTYM. latin scientifique *ballistica,* de *bal(l)ista* «baliste».

BALIVEAU [balivo] n. m. ✦ Arbre réservé dans la coupe des taillis pour qu'il puisse croître en futaie.
ÉTYM. p.-ê. l'ancien français *baïf* «étonné».

BALIVERNE [balivɛʀn] n. f. ✦ Propos sans intérêt, sans vérité. SYN. **calembredaine, faribole, sornette.** *Débiter des balivernes.*
ÉTYM. origine obscure.

BALKANIQUE [balkanik] adj. ✦ Des Balkans (☞ noms propres), péninsule au sud-est de l'Europe.

BALKANISATION [balkanizasjɔ̃] n. f. ✦ Morcellement politique d'un État, d'un pays.
► **BALKANISER** [balkanize] v. tr. (conjug. 3a)
ÉTYM. de *balkanique.*

BALLADE [balad] n. f. 1. Petit poème de forme régulière, composé de trois couplets ou plus, avec un refrain et un envoi. ☞ Littérature p. 123. «*La Ballade des pendus*» (de Villon). 2. Poème de forme libre, d'un genre familier ou légendaire. «*Odes et Ballades*» (de Victor Hugo). 3. MUS. Composition musicale sur le texte d'une ballade. *Les ballades de Chopin.* HOM. BALADE «promenade»
ÉTYM. ancien occitan «chanson à danser» ; famille de *bal.*

BALLANT, ANTE [balɑ̃, ɑ̃t] adj. et n. m. 1. adj. Qui remue, se balance (faute d'être appuyé, fixé). *Rester les bras ballants.* 2. n. m. Mouvement d'oscillation. *Voiture chargée en hauteur, qui a du ballant.*
ÉTYM. du participe présent de *baller.*

BALLAST [balast] n. m. 1. Réservoir d'eau de mer sur un navire. ◆ Réservoir de plongée d'un sous-marin. SYN. **water-ballast.** 2. Pierres concassées que l'on tasse sous les traverses d'une voie ferrée.
ÉTYM. mot néerlandais «lest», par le bas allemand ancien.

BALLASTER [balaste] v. tr. (conjug. 3a) 1. MAR. Équilibrer (un navire) en remplissant ou en vidant les ballasts. 2. Garnir de ballast (une voie ferrée).
► **BALLASTAGE** [balastaʒ] n. m.

① **BALLE** [bal] n. f. I 1. Petite sphère, boule élastique dont on se sert pour divers jeux. SYN. ① **ballon, pelote.** *Balle de ping-pong, de tennis. Jouer à la balle.* 2. Le fait de lancer une balle. ➝ loc. (au tennis) *Faire des balles* : jouer sans compter les points. *Balle de set, de match,* le coup qui décide du set, du match. 3. loc. fig. *Saisir la balle au bond* : saisir avec à-propos une occasion favorable. ➝ *Renvoyer la balle* : répliquer. ➝ *La balle est dans votre camp,* c'est à vous d'agir. 4. au plur. FAM. Franc, puis euro. *Prête-moi cent balles.* SYN. **boule** (6). II Petit projectile métallique dont on charge les armes à feu. *Balle de révolver, de mitrailleuse. Blessure par balle.*

➡ FAM. *Recevoir douze balles dans la peau :* être exécuté (par le peloton). ➡ loc. FAM. *Trou* de balle.* **III** loc. *Enfant de la balle :* comédien, artiste élevé dans le métier.
HOM. BAL «danse»
ÉTYM. italien *palla*, mot germanique ; famille de ② *balle*.

② **BALLE** [bal] **n. f.** ✦ Gros paquet de marchandises. SYN. **ballot.** *Une balle de coton.* HOM. BAL «danse»
ÉTYM. du francique.

③ **BALLE** [bal] **n. f.** ✦ Enveloppe des graines (de céréales). *Balle d'avoine.* ➡ variante BALE. HOM. BAL «danse»
ÉTYM. peut-être du gaulois.

BALLER [bale] **v. intr.** (conjug. 3a) **1.** VX Danser. **2.** Osciller, être ballant*. *Laisser baller ses bras.*
ÉTYM. bas latin *ballare*, du grec *ballein* «jeter».

BALLERINE [bal(ə)ʀin] **n. f. 1.** Danseuse de ballet. *Les ballerines de l'Opéra.* **2.** Chaussure de femme rappelant un chausson de danse.
ÉTYM. italien *ballerina*, du latin *ballare* «danser».

BALLET [balɛ] **n. m.** ✦ Danse classique exécutée par plusieurs personnes. *Le corps de ballet de l'Opéra,* l'ensemble des danseurs de ballets. *Un maître de ballet.* ♦ Ce spectacle de danse. ♦ Musique de cette danse.
HOM. ① BALAI «ustensile»
ÉTYM. italien *balletto*, de *ballo* «danse, bal».

① **BALLON** [balɔ̃] **n. m. I 1.** Grosse balle dont on se sert pour jouer. SYN. ① **balle.** *Jouer au ballon.* ➡ SPORTS *Le ballon rond* (du football), *ovale* (du rugby). ♦ Jouet d'enfant formé d'une pellicule de caoutchouc très mince gonflée de gaz. SYN. **baudruche.** *Un lâcher de ballons.* **2.** Jeu de ballon. *Le ballon ovale,* le rugby. **3.** appos. *Manches ballon,* gonflantes. **II** Aérostat gonflé d'un gaz plus léger que l'air. *Les premières ascensions en ballon.* SYN. **montgolfière.** *«Cinq semaines en ballon»* (de Jules Verne). ♦ *BALLON D'ESSAI :* petit ballon qu'on lance pour connaître la direction du vent ; fig. expérience que l'on tente pour connaître les dispositions des gens. ♦ *BALLON CAPTIF,* retenu à terre par des cordes. ♦ *BALLON-SONDE,* servant à l'étude de la haute atmosphère. *Des ballons-sondes.* **III 1.** Récipient en verre de forme sphérique. **2.** appos. invar. *Verre ballon :* verre à boire, à pied, de forme sphérique. *Des verres ballon. Un ballon de rouge.* **3.** Récipient, bouteille, réservoir (de forme quelconque). *BALLON D'OXYGÈNE :* récipient contenant de l'oxygène à usage thérapeutique (aide à la respiration, réanimation) ; fig. ce qui ranime, maintient en vie, en activité. ♦ Chauffe-eau électrique à réservoir sphérique ou cylindrique.
ÉTYM. italien *pallone*, de *palla* «① balle».

② **BALLON** [balɔ̃] **n. m.** ✦ Nom donné aux montagnes des Vosges. *Le ballon d'Alsace.*
ÉTYM. d'après l'allemand *Belchen* «montagne au sommet arrondi».

BALLONNÉ, ÉE [balɔne] **adj.** ✦ Gonflé comme un ballon. ➡ (intestin) Distendu par les gaz. *Ventre ballonné.*
ÉTYM. de *ballonner* «gonfler comme un *ballon*».

BALLONNEMENT [balɔnmɑ̃] **n. m.** ✦ Gonflement de l'abdomen dû à l'accumulation des gaz intestinaux.
ÉTYM. de *ballonner* → ballonné.

BALLONNET [balɔnɛ] **n. m.** ✦ Petit ballon.

BALLOT [balo] **n. m. I 1.** Petite balle de marchandises. **2.** Paquet. **II** FAM. Imbécile, idiot.
ÉTYM. de ② *balle*.

BALLOTTAGE [balɔtaʒ] **n. m.** ✦ (dans une élection au scrutin majoritaire) Résultat négatif d'un premier tour, aucun des candidats n'ayant recueilli le nombre de voix nécessaire pour être élu. *Il y a ballottage. Deux candidats sont en ballottage.*
ÉTYM. de *ballotte* «boule pour voter» → ballotter.

BALLOTTEMENT [balɔtmɑ̃] **n. m.** ✦ Mouvement d'un corps qui ballotte.

BALLOTTER [balɔte] **v.** (conjug. 3a) **I v. tr. 1.** Faire aller alternativement dans un sens et dans l'autre. SYN. **agiter, balancer, remuer, secouer.** *Un navire ballotté par la tempête.* **2.** fig. passif *Être ballotté entre des sentiments contraires,* tiraillé. **II v. intr.** Être agité, secoué en tous sens. *Poitrine qui ballotte.*
ÉTYM. de l'ancien mot *ballotte* «petite balle», de l'italien *ballota*.

BALLOTTINE [balɔtin] **n. f.** ✦ Préparation de viande désossée et roulée. *Ballottine de volaille.*
ÉTYM. de *ballotte* → ballotter.

BALLTRAP ou **BALL-TRAP** [baltʀap] **n. m.** ✦ anglicisme Appareil à ressort qui lance une cible (plateau d'argile, etc.) simulant un oiseau en plein vol, et que le tireur doit toucher. *Des balltraps, des ball-traps.* ➡ Écrire *balltrap* en un seul mot est permis.
ÉTYM. mot anglais, de *ball* «balle» et *trap* «ressort».

BALLUCHON ou **BALUCHON** [balyʃɔ̃] **n. m.** ✦ Petit paquet de vêtements, de linge, maintenus dans un carré d'étoffe noué aux quatre coins. ➡ *Faire son balluchon,* partir.
ÉTYM. de ② *balle*.

BALNÉAIRE [balneɛʀ] **adj.** ✦ Relatif aux bains de mer. *Station balnéaire.*
ÉTYM. latin *balnearius*, de *balneum* «bain».

BALOURD, OURDE [baluʀ, uʀd] **adj.** ✦ Maladroit et sans délicatesse. SYN. **lourdaud.** *Il est un peu balourd.* ➡ **n.** *Un gros balourd.*
ÉTYM. de l'ancien français *bellourd*, de *bes* «deux» et *lourd*, d'après l'italien *balordo*.

BALOURDISE [baluʀdiz] **n. f. 1.** Propos ou action de balourd. SYN. ② **gaffe, maladresse, stupidité. 2.** Caractère balourd. *Il est d'une balourdise étonnante.*

BALSA [balza] **n. m.** ✦ Bois très léger utilisé pour les maquettes.
ÉTYM. mot espagnol.

BALSAMINE [balzamin] **n. f.** ✦ Plante annuelle aux fleurs à quatre pétales, appelée également *impatiente,* dont la capsule éclate dès qu'on la touche.
ÉTYM. du latin *balsamum* «baume».

BALSAMIQUE [balzamik] **adj. 1.** Qui a des propriétés comparables à celles du baume. **2.** Qui rappelle l'odeur du baume (2). *Vinaigre balsamique,* à la saveur douce et aromatique.
ÉTYM. du latin *balsamum* «baume».

BALTE [balt] **adj.** et **n.** ✦ Des pays situés au sud de la Finlande, entre Russie et Allemagne, au bord de la mer Baltique (Lituanie, Lettonie, Estonie). ♦ Originaire de ces pays. ➡ **n.** *Les Baltes.*
ÉTYM. de *Baltique.* ☞ noms propres.

BALUCHON → BALLUCHON

BALUSTRADE [balystʀad] n. f. 1. Rangée de balustres portant une tablette d'appui. *La balustrade d'une terrasse.* 2. Clôture à hauteur d'appui et à jour. *La balustrade d'un pont.* SYN. **garde-fou, parapet, rambarde.**
ÉTYM. italien *balaustrata*, de *balaustro* «balustre».

BALUSTRE [balystʀ] n. m. 1. Petite colonne renflée supportant un appui. 2. Colonnette ornant le dos d'un siège.
ÉTYM. italien *balaustro*, du latin *balaustium* «fleur du grenadier», du grec.

BAMBIN [bɑ̃bɛ̃] n. m. ✦ FAM. Jeune enfant.
ÉTYM. italien *bambino*, de l'onomat. *bamb-* «puéril».

BAMBOCHE [bɑ̃bɔʃ] n. f. ✦ FAM. et VX Bombance, ripaille.
ÉTYM. de *bambochade*, de l'italien *bambocciata*, de *bamboccio* «gros bambin», surnom d'un peintre (Pieter van Laer).

BAMBOCHER [bɑ̃bɔʃe] v. intr. (conjug. 3a) ✦ VX Faire la noce, faire la fête.
► **BAMBOCHEUR, EUSE** [bɑ̃bɔʃœʀ, øz] n.
ÉTYM. de *bamboche*.

BAMBOU [bɑ̃bu] n. m. 1. Plante à tige cylindrique ligneuse, souvent creuse et cloisonnée au niveau des nœuds. *Une canne de bambou. Des pousses de bambou*, les bourgeons comestibles. ➝ *Fibre de bambou* ou *bambou* : fibre textile fabriquée à partir de la cellulose de la fibre de bambou. 2. FAM. *COUP DE BAMBOU* : insolation ; accès de folie ; crise de fatigue. *C'est le coup de bambou* : c'est trop cher.
ÉTYM. portugais *bambu*, du malais.

BAMBOULA [bɑ̃bula] n. f. ✦ FAM. VIEILLI *Faire la bamboula*, la fête, la noce.
ÉTYM. mot d'une langue de Guinée.

BAN [bɑ̃] n. m. 1. HIST. Convocation des vassaux par le suzerain ; les vassaux convoqués. ➝ loc. *Convoquer le ban et l'arrière-ban (de...)*, tout le monde. 2. RÉGIONAL (Suisse) au plur. Proclamation, interdiction. 3. au plur. Proclamation solennelle d'un futur mariage à l'église ou à la mairie. *Publier les bans.* 4. Roulement de tambour précédant la proclamation d'un ordre, la remise d'une décoration. ♦ FAM. Applaudissements rythmés. *Un ban pour le vainqueur !* 5. HIST. Mesure d'exil proclamée. *Mettre qqn au ban.* → **bannir.** ♦ fig. *Être en rupture de ban*, affranchi des contraintes de son état. ➝ *Mettre qqn AU BAN DE la société, un pays AU BAN DES nations*, le rejeter, le déclarer indigne, le dénoncer au mépris public. HOM. BANC «siège»
ÉTYM. mot francique.

BANAL, ALE [banal] adj.
I (pluriel *banaux*) HIST. Appartenant à la circonscription d'un seigneur. *Four, moulin banal*, d'usage obligatoire et payant. SYN. **communal.**
II (pluriel *banals*) Extrêmement commun, sans originalité. SYN. ① **courant, ordinaire.** *Un cas assez banal.* CONTR. **extraordinaire,** ② **original, remarquable.**
► **BANALEMENT** [banalmɑ̃] adv.
ÉTYM. de *ban* «circonscription du suzerain».

BANALISATION [banalizasjɔ̃] n. f. ✦ Action de rendre ou de devenir ordinaire, de rentrer dans les mœurs. *La banalisation du divorce.*
ÉTYM. de *banaliser*.

BANALISER [banalize] v. tr. (conjug. 3a) ✦ Rendre banal, ordinaire. ➝ au p. passé *Voiture de police banalisée*, dépourvue de signes distinctifs. ➝ pronom. *Cette profession s'est banalisée.*

BANALITÉ [banalite] n. f. I HIST. Obligation d'utiliser le moulin, le four, le pressoir dont le seigneur a le monopole, moyennant redevance. II 1. Caractère de ce qui est banal. *La banalité d'une remarque.* 2. Propos, écrit banal. SYN. **cliché,** ① **lieu** commun, **poncif.** *Échanger des banalités.* CONTR. **nouveauté, originalité.**

BANANE [banan] n. f. I Fruit oblong à pulpe farineuse, à épaisse peau jaune, que produit la grappe de fleurs du bananier. *Un régime de bananes. Peau de banane* ; fig. procédé déloyal, piège. *Banane à cuire* (→ ② **plantain**). II fig. 1. Hélicoptère allongé. 2. Élément vertical d'un parechoc. 3. Grosse mèche enroulée au-dessus du front. 4. Sac formant ceinture.
ÉTYM. portugais *banana*, mot bantou.

BANANERAIE [bananʀɛ] n. f. ✦ Plantation de bananiers.
ÉTYM. de *banane*.

BANANIER [bananje] n. m. 1. Plante arborescente dont le fruit est la banane. 2. Cargo équipé pour le transport des bananes.

BANC [bɑ̃] n. m. I 1. Long siège, avec ou sans dossier, sur lequel plusieurs personnes peuvent s'asseoir à la fois. *Banc de pierre, de bois. Bancs publics.* 2. Ce siège, réservé, dans une assemblée. *Le banc des accusés, au tribunal.* II 1. TECHN. Assemblage de montants et de traverses. SYN. ① **bâti, établi.** *Un banc de tourneur.* 2. *BANC D'ESSAI* : bâti sur lequel on monte les moteurs pour les éprouver, les tester ; fig. ce par quoi on éprouve les capacités d'une personne, d'une chose. *Les aspirateurs au banc d'essai.* III 1. Amas de matières formant une couche plus ou moins horizontale. *Banc de sable. Banc de glace.* → **banquise.** *Banc de coraux.* → **récif.** ➝ (Canada) *Banc de neige* : congère. 2. Grande quantité de poissons d'une espèce, se déplaçant ensemble. *Un banc de sardines.* HOM. BAN «interdiction»
ÉTYM. du germanique.

BANCAIRE [bɑ̃kɛʀ] adj. ✦ Qui a rapport aux banques, aux opérations de banque. *Chèque bancaire.*
ÉTYM. de *banque*.

BANCAL, ALE, ALS [bɑ̃kal] adj. 1. FAM. (personnes) Qui a une jambe ou les jambes torses et dont la marche est inégale. SYN. **boiteux.** 2. (meuble) Qui a des pieds inégaux, et qui n'est pas d'aplomb. *Une table bancale.*
ÉTYM. de *banc* (I).

BANCO [bɑ̃ko] n. m. ✦ au jeu *Faire banco* : tenir seul l'enjeu contre la banque. *Des bancos de 1 000 euros.* ♦ interj. *Banco !* formule par laquelle on relève un défi.
ÉTYM. mot italien «comptoir de banque».

BANC-TITRE [bɑ̃titʀ] n. m. ✦ TECHN. Dispositif servant à filmer image par image (titres, génériques, trucages). *Des bancs-titres.*
ÉTYM. de *banc* (II) et *titre*.

BANDAGE [bɑ̃daʒ] n. m. 1. Bandes de tissu appliquées sur une partie du corps, pour maintenir un pansement, un organe, etc. SYN. ① **bande, écharpe.** *Bandage herniaire. Desserrer un bandage.* 2. Bande de métal ou de caoutchouc qui entoure la jante d'une roue.
ÉTYM. de *bander* (I, 1).

A B C D E F G H I J K L M N O P Q R S T U V W X Y Z

BANDANA [bɑ̃dana] n. m. ✦ Petit foulard carré de coton imprimé.
ÉTYM. mot hindi, probablement par le portugais.

① **BANDE** [bɑ̃d] n. f. 1. Pièce souple plus longue que large, qui sert à lier, maintenir, recouvrir, border ou orner qqch. SYN. **lanière, lien, ruban.** *Bande de papier, de tissu. Bande Velpeau,* servant à maintenir un pansement. → **bandage.** ◆ Pellicule d'un film. – *Bande-annonce :* montage d'extraits d'un film projeté à des fins publicitaires. ◆ *La bande magnétique d'un magnétophone, d'un ordinateur. Enregistrer une bande. La bande-son d'un film. Des bandes-sons.* 2. Partie étroite et allongée de qqch. *Chaussée à trois bandes.* SYN. **voie.** ◆ Large rayure. *Les bandes d'un drapeau.* ◆ PHYS. *Bande de fréquence :* ensemble des fréquences comprises entre deux limites. 3. *BANDE DESSINÉE :* suite horizontale de dessins qui racontent une histoire, et où les paroles et les pensées des personnages sont inscrites dans des bulles. – Le genre de narration dessinée (en bandes, pages, livres et albums) ; œuvre de ce genre. ☛ Littérature p. 115. *Festival de la bande dessinée.* SYN. **B. D.** 4. Rebord élastique qui entoure le tapis d'un billard. ◆ loc. *PAR LA BANDE :* par des moyens indirects. *Je l'ai su par la bande.*
ÉTYM. du francique *bindo* «lien».

② **BANDE** [bɑ̃d] n. f. 1. Groupe de personnes (notamment de rebelles ou de malfaiteurs) qui combattent ensemble sous un même chef. *Des bandes armées.* SYN. **horde, troupe.** *Bande de voleurs.* → **gang.** ◆ Groupe associé. *Je ne suis pas de leur bande.* SYN. **clan, clique, coterie.** – *Des bandes de jeunes.* ◆ loc. *Faire BANDE À PART :* se mettre à l'écart d'un groupe. ◆ (insulte collective) *Bande d'incapables !* → **tas.** 2. Groupe d'animaux. SYN. **harde, meute.**
ÉTYM. ancien occitan *banda* «troupe», du germanique, d'abord «étendard».

③ **BANDE** [bɑ̃d] n. f. ✦ (navire) *Donner de la bande :* pencher sur un bord.
ÉTYM. de ① *bande* «côté, flanc (d'un navire)».

BANDÉ, ÉE [bɑ̃de] adj. 1. Couvert d'un bandeau. *Les yeux bandés.* 2. Entouré d'un bandage. *Main bandée.*
ÉTYM. du participe passé de *bander.*

BANDEAU [bɑ̃do] n. m. 1. Bande qui sert à entourer le front, la tête. SYN. **serre-tête.** *Bandeaux de joueurs de tennis.* 2. Cheveux appliqués contre les tempes, dans une coiffure féminine à cheveux longs. 3. Morceau d'étoffe que l'on met sur les yeux de qqn pour l'empêcher de voir.
ÉTYM. de ① *bande.*

BANDELETTE [bɑ̃d(ə)lɛt] n. f. ✦ Petite bande de tissu. *Les bandelettes des momies égyptiennes.*
ÉTYM. de *bandeau.*

BANDER [bɑ̃de] v. (conjug. 3a) **I** v. tr. 1. Entourer d'une bande que l'on serre. *Bander le bras d'un blessé.* 2. Couvrir (les yeux) d'un bandeau. 3. Tendre avec effort. *Le tireur bande son arc.* – *Bander ses muscles.* **II** v. intr. FAM. Être en érection. CONTR. ① **débander · détendre, relâcher.**
ÉTYM. de ① *bande.*

BANDERILLE [bɑ̃d(ə)ʀij] n. f. ✦ Pique ornée de bandes (de tissu, papier) multicolores que le toréro plante sur le garrot du taureau pendant la corrida.
ÉTYM. espagnol *banderilla,* de *bandera* «drapeau» ; famille de ① *bande.*

BANDEROLE [bɑ̃dʀɔl] n. f. ✦ Petite bannière. ◆ Longue bande de tissu portant une inscription, portée dans les défilés, lors des manifestations.
ÉTYM. italien *banderuola,* de *bandiera* «drapeau» ; famille de ① *bande.*

BANDIT [bɑ̃di] n. m. 1. Malfaiteur vivant hors la loi. SYN. **brigand** (VX), **criminel, gangster.** 2. Homme avide et sans scrupules. SYN. **filou, forban, pirate.** ◆ Fripon, enfant turbulent.
ÉTYM. italien *bandito* «hors-la-loi», de *bandire* «bannir» ; famille de *ban.*

BANDITISME [bɑ̃ditism] n. m. ✦ Activités des bandits. *Acte de banditisme. Le grand banditisme,* les crimes graves ; les personnes, les organisations criminelles qui les commettent.

BANDONÉON [bɑ̃dɔneɔ̃] n. m. ✦ Petit accordéon des orchestres de tango, à soufflet de section carrée.
ÉTYM. allemand *Bandoneon,* du nom de *H. Band* inventeur de cet instrument.

BANDOULIÈRE [bɑ̃duljɛʀ] n. f. ✦ Bande de cuir ou d'étoffe qui passe d'une épaule au côté opposé du corps pour soutenir qqch. *Bandoulière d'un fusil.* – *Porter un sac EN BANDOULIÈRE.*
ÉTYM. catalan *bandolera,* de *bandoler* «bandit».

BANG [bɑ̃g] interj. ✦ Bruit d'explosion. SYN. **boum.** – n. m. *Les bangs des avions supersoniques.* → aussi **big bang.**
ÉTYM. de l'anglais.

BANIAN [banjɑ̃] n. m. ✦ Figuier de l'Inde, aux racines aériennes.
ÉTYM. mot tamoul (sud de l'Inde) par le portugais.

BANJO [bɑ̃(d)ʒo] n. m. ✦ Instrument de musique à cordes, dont la caisse de résonance est formée d'une membrane tendue sur un cercle de bois. *Jouer du banjo.*
ÉTYM. mot américain de l'anglais *bandore* «instrument semblable au luth», latin *pandura.*

BANLIEUE [bɑ̃ljø] n. f. ✦ Ensemble des agglomérations qui entourent une grande ville. SYN. **environs.** *La banlieue de Bruxelles, de Marseille. La grande banlieue,* la plus éloignée. *Habiter en banlieue* (→ **banlieusard**). *Pavillon de banlieue. Train de banlieue.* ◆ *Les banlieues,* communes suburbaines récentes, à grands immeubles collectifs et population défavorisée. *Les problèmes sociaux des banlieues.*
ÉTYM. latin médiéval *banleuca,* d'abord «espace d'une *lieue* autour d'une ville, pour les proclamations du *ban*».

BANLIEUSARD, ARDE [bɑ̃ljøzaʀ, aʀd] n. ✦ Habitant de la banlieue.

BANNE [ban] n. f. 1. Grand panier de vannerie. 2. Bâche protégeant les marchandises d'un éventaire.
ÉTYM. bas latin *benna,* du gaulois.

BANNI, IE [bani] adj. et n. ✦ Qui est banni de son pays. SYN. **exilé, proscrit.** – n. *Les bannis.*

BANNIÈRE [banjɛʀ] n. f. 1. Enseigne guerrière des anciens seigneurs féodaux. ◆ loc. *Se ranger sous la bannière de qqn,* avec lui, dans son parti. 2. *La bannière étoilée,* drapeau des États-Unis. 3. Étendard que l'on porte aux processions. – loc. *La croix* et la bannière.* 4. MAR. *Voile en bannière,* dont les coins inférieurs ne sont pas fixés et qui flotte au vent. 5. FAM. Pan de

chemise. *Se promener en bannière.* 6. Espace publicitaire en tête d'une page web.
ÉTYM. de *ban* «convocation par le seigneur» ; sens 2 et 6, de l'anglais *banner.*

BANNIR [baniʀ] **v. tr.** (conjug. 13) 1. Condamner (qqn) à quitter un pays, avec interdiction d'y rentrer. SYN. **exiler, expulser, proscrire, refouler** ; mettre au **ban.** ◆ LITTÉR. Éloigner en chassant. *Bannir qqn de sa maison.* 2. (compl. chose) Écarter, supprimer. *Bannir un sujet de la conversation.* SYN. **chasser, rejeter.**
ÉTYM. du francique ; famille de *ban.*

BANNISSEMENT [banismɑ̃] **n. m.** ✦ DR. Peine criminelle qui consiste à interdire à qqn le séjour dans son pays.
ÉTYM. de *bannir.*

BANQUE [bɑ̃k] **n. f.** I 1. FIN. Commerce de l'argent et des titres, effets de commerce et valeurs de Bourse. *Les opérations de banque.* 2. Établissement où se fait ce commerce. *Avoir un compte en banque. La salle des coffres d'une banque.* 3. JEU Somme que l'un des joueurs tient devant lui pour payer ceux qui jouent contre la banque (pontes) lorsqu'ils gagnent. *Faire sauter la banque,* gagner tout l'argent en jeu. II 1. MÉD. *Banque du sang, d'organes :* service qui recueille du sang, des organes pour les transfusions, les greffes. 2. INFORM. *Banque de données :* ensemble d'informations sur un sujet, organisées en base de données, accessible par télématique.
ÉTYM. italien *banca* «banc ; comptoir» ; sens II, de l'anglais *bank.*

BANQUEROUTE [bɑ̃kʀut] **n. f.** ✦ Faillite accompagnée d'infractions à la loi. SYN. **déconfiture.** *Faire banqueroute. Banqueroute d'État.*
► **BANQUEROUTIER, IÈRE** [bɑ̃kʀutje, jɛʀ] **n.**
ÉTYM. italien *banca rotta* «banc rompu».

BANQUET [bɑ̃kɛ] **n. m.** ✦ Grand repas, repas officiel où sont conviées de nombreuses personnes. *Salle pour noces et banquets.*
ÉTYM. italien *banchetto,* de *banco* «banc».

BANQUETER [bɑ̃k(ə)te] **v. intr.** (conjug. 6b) 1. Participer à un banquet. 2. Faire un bon repas à plusieurs. SYN. **festoyer.**

BANQUETTE [bɑ̃kɛt] **n. f.** 1. Siège à plusieurs places, rembourré ou canné avec ou sans dossier. 2. Plateforme située derrière un parapet, derrière le revers d'une tranchée. ◆ Talus, plateforme. *Une banquette rocheuse.*
ÉTYM. ancien occitan, diminutif de *banc.*

BANQUIER, IÈRE [bɑ̃kje, jɛʀ] **n.** 1. Personne qui fait le commerce de la banque, dirige une banque. SYN. **financier.** ◆ Personne qui fournit de l'argent. 2. Personne qui tient la banque à certains jeux.
ÉTYM. italien *banchiere,* de *banca* «banque».

BANQUISE [bɑ̃kiz] **n. f.** ✦ Amas de glace (eau de mer gelée) formant un immense banc (III). *Icebergs détachés de la banquise.*
ÉTYM. du scandinave *pa(c)kis,* de *pa(c)k* «paquet» et *is* «glace».

BANTOU, E [bɑ̃tu] **adj.** et **n.** 1. Relatif à un groupe d'ethnies du centre et du sud de l'Afrique. → **n.** *Les Bantous sont sédentaires.* 2. **n. m.** Famille de langues africaines parlées par ces groupes humains.
ÉTYM. du bantou *ba-ntu* «hommes».

BAOBAB [baɔbab] **n. m.** ✦ Arbre d'Afrique tropicale, à tronc énorme. *Des baobabs.*
ÉTYM. mot arabe «fruit aux nombreuses graines».

BAPTÊME [batɛm] **n. m.** 1. RELIG. Sacrement destiné à laver du péché originel et à faire chrétienne la personne qui le reçoit. *Recevoir le baptême. Nom de baptême :* prénom chrétien. 2. Bénédiction (d'un navire, d'une cloche...). 3. loc. fig. *Baptême du feu :* premier combat. *Baptême de l'air :* premier vol en avion.
ÉTYM. latin chrétien *baptisma,* du grec, de *baptein* «plonger».

BAPTISER [batize] **v. tr.** (conjug. 3a) 1. RELIG. CHRÉT. Administrer le baptême à (qqn). 2. Bénir solennellement. *Baptiser une cloche, un navire.* 3. FAM. *Baptiser du vin, du lait,* y mettre de l'eau. 4. Donner un surnom à (qqn), une appellation à (qqch.). SYN. **appeler.** → au p. passé *La petite pièce baptisée salon.* CONTR. **débaptiser.**
ÉTYM. latin *baptizare,* du grec → baptême.

BAPTISMAL, ALE, AUX [batismal, o] **adj.** ✦ LITTÉR. Qui a rapport au baptême. *Les fonts* baptismaux.*
ÉTYM. du latin *baptisma* «baptême».

BAPTISTÈRE [batistɛʀ] **n. m.** ✦ Lieu où l'on administre le baptême (édifice séparé ou chapelle d'une église).
ÉTYM. latin chrétien *baptisterium.*

BAQUET [bakɛ] **n. m.** 1. Récipient de bois, à bords bas, servant à divers usages domestiques. SYN. **cuve.** 2. Siège bas et très emboîtant des voitures de sport. → appos. *Des sièges baquets.*
ÉTYM. diminutif de ① *bac* (II).

① **BAR** [baʀ] **n. m.** ✦ Poisson marin appelé aussi *loup,* à chair très estimée. HOM. BARRE «bâton»
ÉTYM. du néerlandais ancien.

② **BAR** [baʀ] **n. m.** 1. Débit de boissons où l'on consomme debout, ou assis sur de hauts tabourets, devant un long comptoir. 2. Comptoir (de bar, de café). ◆ Meuble, comptoir analogue. HOM. BARRE «bâton»
ÉTYM. de *bar-room,* mot anglais, de *bar* «comptoir» et *room* «pièce».

③ **BAR** [baʀ] **n. m.** ✦ Unité de mesure de pression atmosphérique valant 10^5 pascals. *Le millième du bar.* → **millibar.** HOM. BARRE «bâton»
ÉTYM. du grec *baros* «pesanteur».

BARAGOUIN [baʀagwɛ̃] **n. m.** ✦ Langage incorrect et inintelligible. ◆ Langue que l'on ne comprend pas et qui paraît barbare. SYN. **jargon ; charabia.**
ÉTYM. p.-ê. du breton *bara* «pain» et *gwin* «vin».

BARAGOUINER [baʀagwine] **v. tr.** (conjug. 3a) ✦ Parler mal (une langue).
ÉTYM. de *baragouin.*

BARAKA [baʀaka] **n. f.** ✦ FAM. Chance. *Il a vraiment la baraka.*
ÉTYM. mot arabe «bénédiction».

BARAQUE [baʀak] **n. f.** 1. Construction provisoire en planches. SYN. **cabane.** *Des baraques de chantier.* 2. FAM. Maison mal bâtie, peu solide. SYN. **bicoque, masure.** 3. fig. Maison où l'on ne se trouve pas bien. SYN. FAM. **boîte, boutique.** *On gèle dans cette baraque.* ◆ FAM. Maison. *Une belle baraque.*
ÉTYM. catalan *barraca* «hutte».

BARAQUÉ, ÉE [baʀake] **adj.** ✦ FAM. (personnes) Bien fait, bien bâti. SYN. **balèze.** *Il est bien baraqué,* grand et fort.
ÉTYM. de *baraque* «bâtiment».

A B C D E F G H I J K L M N O P Q R S T U V W X Y Z

BARAQUEMENT [baʀakmɑ̃] **n. m.** ✦ Ensemble de baraques (surtout militaires).
ÉTYM. du v. *baraquer* «loger dans une *baraque*».

BARATIN [baʀatɛ̃] **n. m.** ✦ FAM. Discours abondant (pour tromper, séduire). SYN. **boniment.** *Le baratin du vendeur.*
ÉTYM. probablement de *barat*, de *barater* «tromper», d'origine incertaine.

BARATINER [baʀatine] **v. tr.** (conjug. 3a) ✦ FAM. Essayer d'abuser (qqn) par un baratin.
► **BARATINEUR, EUSE** [baʀatinœʀ, øz] **n. et adj.**

BARATTE [baʀat] **n. f.** ✦ Instrument ou machine à battre la crème pour faire du beurre.
ÉTYM. de *baratter.*

BARATTER [baʀate] **v. tr.** (conjug. 3a) ✦ Battre (la crème) dans une baratte pour obtenir le beurre.
► **BARATTAGE** [baʀataʒ] **n. m.**
ÉTYM. origine incertaine.

BARBACANE [baʀbakan] **n. f.** 1. au Moyen Âge Ouvrage avancé percé de meurtrières. ♦ Meurtrière pratiquée dans le mur d'une forteresse. 2. Ouverture haute et étroite dans le mur d'une terrasse pour l'écoulement des eaux.
ÉTYM. origine incertaine.

BARBANT, ANTE [baʀbɑ̃, ɑ̃t] **adj.** ✦ FAM. Ennuyeux. SYN. **rasant.**
ÉTYM. du participe présent de *barber.*

BARBAQUE [baʀbak] **n. f.** ✦ FAM. Viande. SYN. FAM. **bidoche.**
ÉTYM. origine obscure.

BARBARE [baʀbaʀ] **adj. et n.** 1. Étranger, pour les Grecs et les Romains et, plus tard, pour la chrétienté. *Les invasions barbares. Les peuples barbares.* – **n.** *Rome face aux Barbares.* ☞ noms propres. 2. VIEILLI Qui n'est pas civilisé. SYN. **primitif, sauvage.** ♦ **n.** *Des coutumes de barbares.* – **fig.** Personne inculte. SYN. **béotien.** 3. Qui choque, qui est contraire aux règles, au goût, à l'usage. SYN. **grossier.** *Musique barbare. Terme barbare.* SYN. **incorrect ; barbarisme.** 4. LITTÉR. Cruel, sauvage. *Un crime barbare.* CONTR. **civilisé, policé, raffiné • humain.**
ÉTYM. latin *barbarus*, du grec «les non-Grecs».

BARBARESQUE [baʀbaʀɛsk] **adj. et n.** ✦ HIST. Qui a rapport aux pays autrefois désignés sous le nom de *Barbarie* (Afrique du Nord). *Les États, les pirates barbaresques.*
ÉTYM. italien *barbaresco* «barbare».

BARBARIE [baʀbaʀi] **n. f.** 1. État d'un peuple considéré comme non civilisé. 2. Absence de goût, grossièreté de barbare. 3. Cruauté de barbare. → **sauvagerie.** *Des actes de barbarie.* CONTR. **civilisation • raffinement • humanité.**
ÉTYM. latin *barbaria.*

BARBARISME [baʀbaʀism] **n. m.** ✦ Faute grossière de langage, utilisation d'un mot dans un sens qu'il n'a pas, emploi de mots forgés ou déformés ; mot ainsi employé (ex. *aréoport* pour *aéroport*).
ÉTYM. latin *barbarismus.*

① **BARBE** [baʀb] **n. f.** I 1. Poils du menton, des joues et de la lèvre supérieure. *Visage sans barbe.* → **glabre, imberbe.** *Se faire faire la barbe.* → **raser.** ♦ loc. fig. *Rire dans sa barbe*, en se cachant. *Parler dans sa barbe*, de manière inaudible. – *À la barbe de qqn*, devant lui, malgré sa présence. – *Une vieille barbe* : un vieil homme sérieux et ennuyeux. → **barbon.** ♦ *BARBE À PAPA* : confiserie formée de filaments de sucre. 2. spécialt Poils que les hommes laissent pousser sur le menton et les joues (à l'exclusion de la moustache et des favoris). *Il porte la barbe.* 3. Longs poils que certains animaux ont à la mâchoire, au museau. *Barbe de chèvre.* 4. Cartilages servant de nageoires aux poissons plats (ex. la barbue). 5. Pointe effilée de certains épis. ♦ *BARBE-DE-CAPUCIN* : chicorée sauvage. *Des barbes-de-capucin.* ♦ Chacun des filaments serrés formant la plume d'un oiseau. 6. au plur. Petites irrégularités au bord d'une chose coupée. II interj. *La barbe !, quelle barbe !*, quel ennui ! (→ **barbant, barber.**)
ÉTYM. latin *barba.*

② **BARBE** [baʀb] **n. m. et adj.** ✦ Cheval d'Afrique du Nord. *Un barbe ; un cheval barbe.*
ÉTYM. italien *barbero* «berbère».

BARBEAU [baʀbo] **n. m.** I Poisson d'eau douce, à barbillons, à chair estimée. II FAM. Souteneur. SYN. ② **maquereau.**
ÉTYM. latin populaire *barbellus*, de *barba* «barbe».

BARBECUE [baʀbəkju ; baʀbəky] **n. m.** ✦ Appareil de cuisson pour faire des grillades en plein air. *Barbecue au charbon de bois.* → **braséro.** *Barbecue électrique.*
ÉTYM. mot américain d'origine caraïbe (indien).

BARBELÉ, ÉE [baʀbəle] **adj. et n. m.** ✦ Garni de pointes. *Fil de fer barbelé* ou **n. m.** *du barbelé*, utilisé pour les clôtures ou pour les lignes de défense militaire. – loc. *Derrière les barbelés* : dans un camp de prisonniers.
ÉTYM. de l'ancien français *barbel*, diminutif de *barbe* «pointe».

BARBER [baʀbe] **v. tr.** (conjug. 3a) ✦ FAM. Ennuyer. SYN. **raser.** *Ça me barbe d'y aller.* – pronom. *Se barber à une conférence.*
ÉTYM. de ① *barbe.*

BARBET, ETTE [baʀbɛ, ɛt] **n.** ✦ rare au fém. Chien d'arrêt. – **adj.** *Chien barbet.*
ÉTYM. de ① *barbe* (3).

BARBICHE [baʀbiʃ] **n. f.** ✦ Petite barbe (I, 2).

BARBICHETTE [baʀbiʃɛt] **n. f.** ✦ Petite barbiche.

BARBIER [baʀbje] **n. m.** ✦ anciennt Celui dont le métier était notamment de faire la barbe au rasoir à main. *La corporation des barbiers-chirurgiens.* «*Le Barbier de Séville*» (pièce de Beaumarchais).
ÉTYM. de ① *barbe.*

BARBILLON [baʀbijɔ̃] **n. m.** ✦ Filament charnu aux bords de la bouche de certains poissons, tel le barbeau.
ÉTYM. de ① *barbe.*

BARBITURIQUE [baʀbityʀik] **n. m.** ✦ Médicament dérivé de l'*acide barbiturique* et utilisé comme sédatif, somnifère. *Prendre un, des barbituriques.*
ÉTYM. de l'allemand *Barbitursäure* et de *urique.*

BARBON [baʀbɔ̃] **n. m.** ✦ VX ou plais. Homme d'âge plus que mûr.
ÉTYM. italien *barbone* «grande barbe (*barba*)».

BARBOTAGE [baʀbɔtaʒ] **n. m.** 1. Action de barboter dans l'eau. 2. Passage d'un gaz dans un liquide.

BARBOTER [baʀbɔte] v. (conjug. 3a) **I** v. intr. 1. S'agiter, remuer dans l'eau, la boue. *Les canards barbotent dans la mare.* SYN. **patauger.** 2. (gaz) Traverser un liquide. **II** v. tr. FAM. Voler. SYN. FAM. **faucher, piquer.** *Il s'est fait barboter son portefeuille.*
ÉTYM. origine incertaine.

BARBOTEUSE [baʀbɔtøz] n. f. ✦ Vêtement de jeune enfant, qui laisse nus les bras et les jambes.
ÉTYM. de *barboter* (I, 1).

BARBOUILLAGE [baʀbujaʒ] n. m. 1. Action de barbouiller ; son résultat. SYN. **gribouillage.** 2. spécialt Mauvaise peinture.

BARBOUILLER [baʀbuje] v. tr. (conjug. 3a) **I** 1. Couvrir d'une substance salissante. SYN. **salir, tacher.** ➛ au p. passé *Visage barbouillé de confiture.* 2. Étaler grossièrement une couleur sur (qqch.) ; par ext. peindre grossièrement. *Barbouiller des toiles.* SYN. **peinturlurer.** 3. Couvrir de gribouillages. **II** *Barbouiller l'estomac, le cœur,* donner la nausée. ➛ au p. passé *Avoir l'estomac barbouillé.* ➛ *Je me sentais tout barbouillé.*
ÉTYM. origine incertaine.

BARBOUILLEUR, EUSE [baʀbujœʀ, øz] n. ✦ Personne qui barbouille. FAM. *Barbouilleur de papier,* mauvais écrivain. ◆ spécialt Mauvais peintre.

BARBOUZE [baʀbuz] n. ✦ FAM. 1. n. f. Barbe. 2. n. m. ou n. f. Agent secret (police, espionnage).
ÉTYM. de ① *barbe.*

BARBU, UE [baʀby] adj. et n. m. ✦ Qui a de la barbe, porte la barbe. ➛ n. m. *Les barbus* : personnages barbus (intégristes musulmans, etc.). HOM. BARBUE «poisson»
ÉTYM. latin populaire *barbutus,* de *barba* «barbe».

BARBUE [baʀby] n. f. ✦ Poisson de mer plat voisin du turbot. HOM. BARBU «qui porte la barbe»
ÉTYM. de *barbu,* avec influence de ① *barbe* (4).

BARCAROLLE [baʀkaʀɔl] n. f. ✦ Chanson des gondoliers vénitiens. ➛ Air, musique sur un rythme berceur à trois temps.
ÉTYM. italien *barcarola,* de *barca* «barque».

BARCASSE [baʀkas] n. f. ✦ Grosse barque.
ÉTYM. de *barque.*

BARDA [baʀda] n. m. ✦ FAM. 1. Équipement du soldat. 2. Bagage, chargement. *Prenez tout votre barda.* SYN. **attirail.**
ÉTYM. arabe «bât ; couverture de selle».

BARDANE [baʀdan] n. f. ✦ Plante dont les capitules s'accrochent aux vêtements, et dont la racine a des vertus thérapeutiques.
ÉTYM. latin médiéval *bardana,* d'origine obscure.

① **BARDE** [baʀd] n. m. ✦ Poète celtique qui célébrait les héros et leurs exploits.
ÉTYM. latin *bardus,* probablement d'origine gauloise.

② **BARDE** [baʀd] n. f. ✦ *Barde (de lard)* : fine tranche de lard dont on entoure les viandes à rôtir.
ÉTYM. peut-être de l'italien *barda* «armure de lames de fer», probablement de l'arabe → barda.

BARDEAU [baʀdo] n. m. ✦ Petite planche clouée sur volige. *Chalet au toit de bardeaux.* HOM. BARDOT «animal»
ÉTYM. peut-être de ② *barde.*

① **BARDER** [baʀde] v. tr. (conjug. 3a) 1. Couvrir d'une armure. ➛ au p. passé *Un chevalier bardé de fer,* recouvert d'une armure. ➛ **cuirassé.** ➛ fig. *Être bardé de décorations.* 2. Entourer de bardes. *Barder une volaille.*
ÉTYM. de ② *barde.*

② **BARDER** [baʀde] v. intr. impers. (conjug. 3a) ✦ FAM. Prendre une tournure violente. *Ça va barder !* SYN. FAM. **chauffer.**
ÉTYM. origine incertaine, peut-être de ① *barder* ou du verbe dialectal *barder* «glisser».

BARDOT [baʀdo] n. m. ✦ Animal né de l'accouplement du cheval et de l'ânesse. ➛ aussi ① **mulet.**
HOM. BARDEAU «planchette»
ÉTYM. arabe → barda.

BARÈME [baʀɛm] n. m. ✦ Tableaux numériques donnant le résultat de certains calculs. *Le barème des impôts.*
ÉTYM. du nom de *François Barrême,* mathématicien du XVIIe s.

BARGE [baʀʒ] n. f. 1. Bateau à fond plat et à voile. 2. Grande péniche plate.
ÉTYM. famille de *barque.*

BARGUIGNER [baʀgiɲe] v. intr. (conjug. 3a) ✦ VIEILLI Hésiter. ➛ loc. *Sans barguigner* : sans hésiter.
ÉTYM. du francique.

BARIGOULE [baʀigul] n. f. ✦ *Artichauts à la barigoule,* farcis et cuits dans l'huile d'olive.
ÉTYM. provençal *barigoulo* «agaric».

BARIL [baʀi(l)] n. m. 1. Petit tonneau. *Baril de poudre.* ➛ *Baril de lessive.* 2. Unité anglo-saxonne de mesure de capacité (environ 159 litres) réservée au commerce du pétrole. *Le prix du baril.*
ÉTYM. gallo-roman *barriculus,* de *barrica* «barrique».

BARILLET [baʀijɛ ; baʀilɛ] n. m. 1. VX Petit baril. 2. Dispositif de forme cylindrique. TECHN. *Barillet de serrure.* ➛ COUR. *Révolver à barillet,* muni d'un cylindre tournant où sont logées les cartouches.

BARIOLÉ, ÉE [baʀjɔle] adj. ✦ Coloré de tons vifs et variés. SYN. **bigarré, multicolore.** *Tissu bariolé.* CONTR. **neutre, uni.**
ÉTYM. origine incertaine, peut-être de l'ancien français *barré* et *riolé* «rayé».

BARIOLER [baʀjɔle] v. tr. (conjug. 3a) ✦ Peindre de diverses couleurs peu harmonieuses.
► **BARIOLAGE** [baʀjɔlaʒ] n. m.
ÉTYM. de *bariolé.*

BARISTA [baʀista] n. ✦ Spécialiste de la préparation du café.
ÉTYM. mot anglais, de l'italien *barista* «barman»

BARJO [baʀʒo] adj. et n. ✦ FAM. Fou. *Elles sont un peu barjos.*
ÉTYM. interversion de *jobard.*

BARMAID [baʀmɛd] n. f. ✦ anglicisme Serveuse d'un bar. *Des barmaids.*
ÉTYM. mot anglais, de *bar* et *maid* «fille».

BARMAN [baʀman] n. m. ✦ anglicisme Serveur d'un bar. *Des barmans* ou *des barmen* [baʀmɛn] (plur. anglais).
ÉTYM. mot anglais, de *bar* et *man* «homme».

BAR-MITSVAH [baʀmitsva] n. f. invar. ✦ RELIG. JUD. Accès du jeune garçon à la majorité religieuse. *Fêter sa bar-mitsvah.* ➛ Cérémonie marquant cet évènement.
ÉTYM. mot hébreu, de l'araméen «fils *(bar)* du commandement».

A B C D E F G H I J K L M N O P Q R S T U V W X Y Z

BARO- Élément savant, du grec *baros* «pesanteur, pression» (→ ③ **bar, bary-**).

BAROMÈTRE [barɔmɛtʀ] **n. m.** ✦ Instrument qui sert à mesurer la pression atmosphérique. *Le baromètre est au beau fixe.* ♦ **fig.** Ce qui est sensible à des variations et permet de les apprécier. *Les sondages, baromètres politiques.*

ÉTYM. anglais *barometer* → baro- et -mètre.

BAROMÉTRIQUE [barɔmetʀik] **adj.** ✦ *Hauteur barométrique* : hauteur de la colonne de mercure du baromètre.

ÉTYM. de *baromètre*.

① **BARON, ONNE** [barɔ̃, ɔn] **n.** **1.** **n. m.** Grand seigneur féodal. **2.** **n.** Possesseur du titre de noblesse entre celui de chevalier et celui de vicomte. **3.** **n. m.** FAM. Personnage important. *Les barons du gaullisme, de la presse.*

ÉTYM. du francique «homme libre».

② **BARON** [barɔ̃] **n. m.** ✦ *BARON D'AGNEAU*, les deux gigots et les lombes.

ÉTYM. origine incertaine.

BARONNET [barɔnɛ] **n. m.** ✦ En Angleterre, Titre héréditaire d'un ordre de chevalerie.

ÉTYM. anglais *baronet*, diminutif de *baron*, du français.

BARONNIE [barɔni] **n. f.** ✦ HIST. Seigneurie et terre d'un baron.

BAROQUE [barɔk] **adj.** et **n. m.** **1.** Qui est d'une irrégularité bizarre. SYN. **biscornu, étrange, excentrique, saugrenu.** *Idée baroque.* **2.** ARCHIT. Se dit d'un style qui s'est développé du XVIe au XVIIIe siècle, caractérisé par la liberté des formes et la profusion des ornements. ☛ Baroque p. 169. *Les églises baroques de Bavière.* – **n. m.** *Le baroque*, ce style. ♦ ARTS Qui est à l'opposé du classicisme, laisse libre cours à la sensibilité, la fantaisie. ♦ **spécialt** *Musique baroque* (occidentale ; XVIIe et XVIIIe siècles). *Musicien baroque* (FAM. BAROQUEUX [barɔkø]). – **n. m.** *Aimer le baroque.* **3.** De l'époque où ces styles prédominaient.

ÉTYM. portugais *barroco* «irrégulier» (rocher, perle).

BAROUD [baʀud] **n. m.** ✦ ARGOT MILIT. Combat. – **loc.** *Baroud d'honneur* : dernier combat d'une guerre perdue, pour sauver l'honneur.

ÉTYM. mot berbère du Maroc.

BAROUDEUR, EUSE [baʀudœʀ, øz] **n.** ✦ FAM. **1.** **n. m.** Celui qui aime le baroud. **2.** **n.** Grand reporteur.

BAROUF [baʀuf] **n. m.** ✦ FAM. Grand bruit. SYN. FAM. ① **boucan.**

ÉTYM. italien *baruffa* «bagarre,» du germanique.

BARQUE [baʀk] **n. f.** ✦ Petit bateau ponté ou non. SYN. **embarcation.** *Des barques de pêche.* – **loc. fig.** *Bien mener sa barque* : bien conduire ses affaires.

ÉTYM. italien *barca*, du bas latin «chaloupe».

BARQUETTE [baʀkɛt] **n. f.** **1.** Tartelette de forme allongée. **2.** Petit récipient rigide et léger pour les denrées alimentaires. *Barquette de fraises.*

ÉTYM. diminutif de *barque*.

BARRACUDA [baʀakyda ; baʀakuda] **n. m.** ✦ Gros poisson carnivore des mers chaudes.

ÉTYM. mot anglais, probablement de l'espagnol.

BARRAGE [baʀaʒ] **n. m.** **1.** Action de barrer (un passage). ♦ **plus cour.** Ce qui barre le passage. SYN. **barrière.** *Établir un barrage à l'entrée d'une rue. Barrage de police.* – **loc.** *Faire barrage à (qqn, qqch.)*, **fig.** empêcher d'agir. → faire **obstacle.** **2.** **fig.** Obstacle ; opposition. *Il y a eu un barrage à la direction.* **3.** Ouvrage hydraulique qui a pour objet de relever le plan d'eau, d'accumuler ou de dériver l'eau d'une rivière. *Lac de retenue d'un barrage. Barrage d'une usine hydroélectrique.* ☛ Géographie p. 229.

ÉTYM. de ① *barrer*.

BARRE [baʀ] **n. f.** **1.** Pièce longue et rigide. *Assommer qqn à coups de barre de fer.* – **loc.** FAM. *C'est le coup de barre* : c'est trop cher. → **bambou,** ②**masse, massue.** *Avoir un* (ou *le*) *coup de barre* : se sentir soudain épuisé. ♦ *Une barre d'or.* → **lingot.** – **loc.** *C'est de l'or en barre*, une valeur, un placement sûr. **2.** *Barre d'appui*, qui sert d'appui à une fenêtre. – Traverse horizontale scellée au mur et qui sert d'appui aux danseurs pour leurs exercices. *Exercices à la barre.* – SPORTS *BARRE FIXE* : traverse horizontale sur deux montants. *Barres parallèles*, horizontales, de même hauteur sur des montants. *Barres asymétriques.* – **loc. fig.** *Placer la barre trop haut, trop bas* : exiger trop, pas assez. **3.** Dispositif au moyen duquel on actionne le gouvernail d'un navire. *Être à la barre.* → ① **barrer.** *L'homme de barre.* → **barreur, timonier.** – **loc. fig.** *Prendre, tenir la barre* : prendre, avoir la direction. **4.** Lieu où comparaissent les témoins, où plaident les avocats à l'audience. **5.** Amas de sable qui barre l'entrée d'un port, d'un fleuve. – Déferlement violent de la houle. SYN. **mascaret.** **6.** *Barres du cheval*, espace vide de sa mâchoire. **7.** Trait droit. *La barre dut.* – MUS. *Barre de mesure* : trait vertical qui sépare les mesures musicales. ♦ *Code-barre, code à barres.* → **code.** **8.** *BARRES* : jeu de course entre deux camps limités chacun par une barre tracée sur le sol. ♦ **loc.** *AVOIR BARRE SUR QQN* : être en position de force. **9.** Grand immeuble construit en longueur. *Les tours et les barres des grands ensembles.* HOM. ② BAR «débit de boissons», ① BAR «poisson», ③ BAR «unité de pression»

ÉTYM. latin populaire *barra*, d'origine gauloise.

BARREAU [baʀo] **n. m.** **1.** Barre servant de clôture ou de support. *Les barreaux d'une cage, d'une fenêtre.* – *Les barreaux d'une échelle, d'une chaise* (entre les montants). **2.** Espace (autrefois fermé par une barrière) qui est réservé au banc des avocats dans les salles d'audience. ♦ Profession, ordre des avocats. *Être inscrit au barreau de Marseille.*

ÉTYM. de *barre*.

①**BARRER** [baʀe] **v. tr.** (conjug. 3a) **1.** Fermer (une voie). SYN. ① **boucher, couper, obstruer.** *Barrer une rue.* – *Des rochers nous barraient la route.* – **loc.** *Barrer le passage, la route à qqn*, l'empêcher de passer ; **fig.** lui faire obstacle. → faire **barrage.** **2.** Tenir la barre de (une embarcation). *Barrer un voilier.* – **absolt** *Il barre bien, mal.* **3.** Marquer d'une ou de plusieurs barres. *Barrer un t.* **4.** Annuler au moyen d'une barre. SYN. **biffer, rayer.** *Barrer une phrase.*

► **BARRÉ, ÉE** **adj.** **1.** Fermé par une barrière, une barre... *Rue barrée.* **2.** SPORTS Se dit d'un équipage dirigé par un barreur. **3.** Marqué, rayé d'une ou de plusieurs barres. *Chèque barré.*

ÉTYM. de *barre*.

② **BARRER** [baʀe] **v.** (conjug. 3a) 1. ARGOT **v. intr.** Partir, filer. 2. FAM. *SE BARRER* **v. pron.** S'enfuir. *Barrez-vous !* SYN. se **tirer.** 3. **loc.** FAM. *Être mal barré* : être mal parti, commencer mal.
ÉTYM. origine incertaine.

① **BARRETTE** [baʀɛt] **n. f.** 1. Ornement en forme de petite barre. *La barrette de la Légion d'honneur.* 2. Pince à cheveux, souvent munie d'un système de fermeture.
ÉTYM. diminutif de *barre.*

② **BARRETTE** [baʀɛt] **n. f.** ✦ Toque carrée des ecclésiastiques. ➛ Calotte de cardinal.
ÉTYM. italien *barretta, berretta,* de l'ancien occitan *berret* «béret».

BARREUR, EUSE [baʀœʀ, øz] **n.** ✦ Personne qui tient la barre du gouvernail dans une embarcation.
ÉTYM. de ① *barrer* (2).

BARRICADE [baʀikad] **n. f.** ✦ Obstacle fait de l'amoncellement d'objets divers pour se protéger dans un combat de rues. *Dresser, élever des barricades.* ➛ **loc. fig.** *Être de l'autre côté de la barricade,* dans le camp opposé.
ÉTYM. de *barrique,* dont étaient faites les barricades.

BARRICADER [baʀikade] **v. tr.** (conjug. 3a) **I** 1. Fermer par une barricade. 2. Fermer solidement. *Barricader une porte avec une barre de fer.* **II** *SE BARRICADER* **v. pron.** 1. Se retrancher derrière une barricade. 2. S'enfermer soigneusement ; **spécialt** pour ne voir personne. ➛ **fig.** *Se barricader dans le mutisme.*

BARRIÈRE [baʀjɛʀ] **n. f.** 1. Assemblage de pièces de bois, de métal qui ferme un passage, sert de clôture. SYN. **clôture, palissade.** *Les barrières d'un passage à niveau* (→ **garde-barrière**). 2. Obstacle naturel. *Barrière de corail.* → **récif.** 3. **fig.** Ce qui sépare, fait obstacle. *Barrières douanières.* ➛ BIOL. *Barrière des espèces,* qui s'oppose au croisement, à la transmission entre espèces vivantes différentes.
ÉTYM. de *barre.*

BARRIQUE [baʀik] **n. f.** ✦ Tonneau d'environ 200 litres. ➛ **loc.** FAM. *Être plein comme une barrique,* pour avoir trop mangé, trop bu.
ÉTYM. occitan *barrica* → baril.

BARRIR [baʀiʀ] **v. intr.** (conjug. 13) ✦ **(éléphant, rhinocéros)** Pousser un cri. *Les éléphants barrissent.*
▸ **BARRISSEMENT** [baʀismɑ̃] **n. m.**
ÉTYM. latin *barrire,* de *barrus* «éléphant».

BARTAVELLE [baʀtavɛl] **n. f.** ✦ Perdrix rouge du Midi.
ÉTYM. provençal *bartavella,* du latin.

BARY- Élément, du grec *barus* «lourd», signifiant «poids, pression» (→ ③ **bar, baro-**).

BARYCENTRE [baʀisɑ̃tʀ] **n. m.** ✦ SC. Centre de gravité.
ÉTYM. de *bary-* et *centre.*

BARYTE [baʀit] **n. f.** ✦ CHIM. Oxyde de baryum.
ÉTYM. du grec *barus* «lourd».

BARYTON [baʀitɔ̃] **n. m.** ✦ Voix d'homme intermédiaire entre le ténor et la basse. ➛ Chanteur qui a cette voix.
ÉTYM. grec *barutonos* «ton grave».

BARYUM [baʀjɔm] **n. m.** ✦ Métal d'un blanc argenté, qui décompose l'eau à la température ordinaire (symb. Ba).
ÉTYM. anglais *barium,* du français *baryte.*

BARZOÏ [baʀzɔj] **n. m.** ✦ Lévrier russe à poil long. *Des barzoïs.*
ÉTYM. mot russe «lévrier».

① **BAS, BASSE** [bɑ, bɑs] **adj.** et **n. m.**
I adj. 1. Qui a peu de hauteur. *Un mur bas. Un appartement bas de plafond.* ➛ **loc.** *Être bas sur pattes* : avoir les pattes, les jambes courtes. 2. Qui se trouve à une faible hauteur. *Les nuages sont bas.* ➛ *Ce bas monde,* la terre (par opposition au ciel). → **ici** (-bas). ➛ *COUP* BAS.* 3. Dont le niveau, l'altitude est faible. *Les basses eaux.* → **étiage.** *Marée basse. Le bas Rhin,* la région où le Rhin coule à faible altitude. *Les bas quartiers d'une ville.* 4. **dans des loc.** Baissé. *Marcher la tête* basse.* ➛ **fig.** *S'en aller l'oreille basse,* confus, mortifié. ➛ *Faire MAIN BASSE sur qqch.,* s'en emparer. ➛ *Avoir la vue basse,* une vue courte (**aussi fig.**). 5. Peu élevé. *Basse pression.* SYN. **faible.** ➛ **(dans l'échelle des sons)** *Les notes basses.* SYN. **grave.** ➛ **(dans un compte, une évaluation)** *Enfant en bas âge,* très jeune. *À bas prix.* SYN. **vil.** ➛ *AU BAS MOT* : en faisant l'évaluation la plus faible. ➛ *Bas morceaux,* les morceaux de viande de qualité inférieure, de prix moindre. ➛ **(dans le rang, la hiérarchie)** *Les basses couches de la société.* SYN. **inférieur** ; → **subalterne.** *Le bas clergé. De bas étage*.* 6. Moralement méprisable. SYN. **abject, ignoble, infâme, vil.** *Une âme basse.* ➛ *Basse vengeance.* 7. **(temporel)** De la partie d'une période historique qui est la plus proche de nous. *Le Bas-Empire* : l'Empire romain après Constantin. ➛ *Le BAS LATIN,* qui succède au latin impérial et se pratique pendant tout le Moyen Âge. CONTR. ① **haut** · **élevé** · ① **droit** ; **digne** · **noble, sublime.**
II n. m. 1. *LE BAS* : la partie inférieure. *Le bas du visage. Aller de bas en haut. Le haut et le bas* (d'un maillot, d'un vêtement). ◆ *AU BAS DE.* **loc. prép.** *Signer au bas de la page.* 2. **fig.** *Avoir des hauts* et des bas.*
III adv. 1. À faible hauteur, à un niveau inférieur. *Les hirondelles volent bas. Mettre plus bas.* → **baisser.** *Il habite deux étages plus bas.* → **au-dessous.** ◆ **loc. fig.** *Ça vole bas* : c'est d'un faible niveau. ➛ *Mettre qqn plus bas que terre,* le rabaisser, le maltraiter. ➛ *TOMBER* BAS.* ➛ *Être bas,* en mauvais état physique ou moral. *Elle est au plus bas.* ➛ *Le moral est bas.* ◆ VIEILLI *METTRE BAS* : poser à terre (ce qu'on portait). ➛ *Mettre bas les armes,* les déposer ; **fig.** s'avouer vaincu. ➛ **absolt** *Mettre bas* : accoucher **(animaux supérieurs).** ➛ FAM. *Bas les pattes !* n'y touchez pas ! 2. *Plus bas* : plus loin, dans un écrit. → **ci-dessous, infra.** 3. En dessous, dans l'échelle des sons. ➛ À voix basse. *Parler tout bas.* → **murmurer.** ➛ *TOUT BAS* : intérieurement, à part soi. 4. *À BAS* **loc. adv.** *Jeter qqch. à bas.* → **abattre, détruire.** ➛ **exclamation hostile** *À bas le tyran !* 5. *EN BAS* **loc. adv.** : vers le bas, vers la terre. *La tête en bas.* ➛ En dessous. *Il loge en bas.* ➛ *EN BAS DE* **loc. prép.** *En bas de la côte.*
HOM. voir ② *bas*
ÉTYM. latin *bassus.*

② **BAS** [bɑ] **n. m.** 1. Vêtement souple qui sert à couvrir le pied et la jambe. *Bas de laine.* ➛ **spécialt** Vêtement féminin qui couvre le pied et la jambe jusqu'au haut des cuisses (→ **aussi collant**). *Bas attachés par un porte-jarretelle.* 2. **fig.** *BAS DE LAINE* : argent économisé (d'après la coutume de garder ses économies dans un bas de laine). HOM. BAH «marque d'indifférence», BÂT «chargement»
ÉTYM. de *bas-de-chausses.*

BASALTE [bazalt] n. m. ✦ Roche éruptive compacte et noire. *Une coulée de basalte.*
► **BASALTIQUE** [bazaltik] adj. *Orgues* basaltiques.*
ÉTYM. latin *basaltes*, du grec.

BASANE [bazan] n. f. ✦ Peau de mouton tannée. *Livre relié en basane.*
ÉTYM. ancien occitan *basanna*, de l'arabe «doublure» par l'espagnol.

BASANÉ, ÉE [bazane] adj. ✦ Se dit d'une peau brune (naturellement ou par bronzage). SYN. **bistré ; bronzé.** *Un teint basané. Visage basané.*
ÉTYM. de *basane*.

BAS-BLEU [bablø] n. m. ✦ péj. VIEILLI Femme à prétentions littéraires ; intellectuelle pédante. *Des bas-bleus.*
ÉTYM. calque de l'anglais *blue stocking*.

BAS-CÔTÉ [bakote] n. m. 1. Nef latérale d'une église, à voûte plus basse que la nef principale. 2. Côté d'une voie où les piétons peuvent marcher. SYN. **accotement.** *Des bas-côtés.*

BASCULANT, ANTE [baskylɑ̃, ɑ̃t] adj. ✦ Qui peut basculer. *Benne basculante.*
ÉTYM. du participe présent de *basculer*.

BASCULE [baskyl] n. f. 1. Pièce ou machine mobile sur un pivot dont une extrémité se lève quand on abaisse l'autre. ➝ *Jeu de bascule.* → **balançoire.** ➝ *À BASCULE. Fauteuil à bascule,* monté sur des arcs de cercle. → **rocking-chair.** 2. Instrument ou appareil à plateforme qui sert à peser les objets lourds.
ÉTYM. de *basculer*.

BASCULER [baskyle] v. (conjug. 3a) 1. v. intr. Faire un mouvement de bascule. ➝ Se renverser, tomber la tête la première. SYN. **culbuter.** *Basculer dans le vide.* 2. fig. Passer brusquement d'une position à une autre. *Basculer dans l'opposition.* 3. v. tr. Faire basculer (qqn, qqch.).
► **BASCULEMENT** [baskylmɑ̃] n. m.
ÉTYM. de ① *bas* (III) et *cul*.

BASE [bɑz] n. f. **I** 1. Partie inférieure sur laquelle une chose porte, repose. SYN. **assise, fondement.** *La base d'une colonne.* ♦ (sans idée d'appui) Partie inférieure. *La base d'une montagne.* SYN. ① **bas, pied.** ➝ *La base du crâne.* 2. MATH. Droite ou plan à partir duquel on mesure perpendiculairement la hauteur d'un corps ou d'une figure plane. *La base d'une pyramide, d'un triangle.* 3. Point d'appui, de ravitaillement d'une armée en campagne. *Base d'opérations.* ➝ Lieu équipé pour le stationnement et l'entretien du matériel et du personnel. *Base navale, aérienne.* 4. Principal ingrédient d'un mélange. *Poison à base d'arsenic.* **II** 1. MATH. Nombre qui sert à définir un système de numération, de référence, etc. *La base du système décimal est dix.* 2. CHIM. Substance susceptible de réagir avec les acides pour former des sels. 3. *BASE DE DONNÉES* : ensemble de données informatiques accessibles au moyen d'un logiciel. **III** fig. 1. Principe fondamental sur lequel repose un raisonnement, un système, une institution. SYN. **assise, fondement.** *Jeter les bases de qqch. Être À LA BASE de qqch.*, à l'origine, à la source. ➝ *DE BASE. Vocabulaire de base.* → **basique.** *Salaire de base,* le plus bas, qui sert de référence. 2. *La base* : ensemble des militants d'un parti, d'un syndicat, par rapport aux dirigeants. *Militant de (la) base.* ➝ Masse des travailleurs. *Mouvement de grève déclenché par la base.* CONTR. **cime, sommet.**
ÉTYM. latin *basis*, mot grec.

BASEBALL ou **BASE-BALL** [bɛzbol] n. m. ✦ Jeu de balle dérivé du cricket. ➝ Écrire *baseball* en un seul mot, sur le modèle de *football*, est permis.
ÉTYM. mot américain, de *base* «ligne de jeu» et *ball* «balle».

BASER [bɑze] v. tr. (conjug. 3a) **I** abstrait Faire reposer sur une base. *Baser une théorie sur des faits.* SYN. **fonder.** ➝ pronom. *Se baser sur* : s'appuyer sur. *Sur quoi vous basez-vous pour dire cela ?* **II** *Être basé quelque part,* avoir pour base (militaire). ➝ au p. passé *Navire basé à Brest.*
ÉTYM. de *base*.

BAS-FOND [bafɔ̃] n. m. 1. Partie du fond de la mer, d'un fleuve, où l'eau est peu profonde mais où la navigation est praticable. 2. Terrain bas et enfoncé. *Un bas-fond marécageux.* 3. fig. au plur. Couches misérables de la société. *«Les Bas-Fonds»* (drame de Gorki). CONTR. **hauteur, sommet.**

BASIC [bazik] n. m. ✦ anglicisme Langage informatique bien adapté au mode conversationnel sur micro-ordinateur. HOM. BASIQUE «de base»
ÉTYM. sigle de *Beginners All-purpose Symbolic Instruction Code* «code symbolique universel à l'usage des débutants».

BASIDIOMYCÈTES [bazidjomisɛt] n. m. pl. ✦ Classe de champignons supérieurs.
ÉTYM. de *baside* «cellule reproductrice (des champignons)» et *-mycètes*.

① **BASILIC** [bazilik] n. m. ✦ Grand lézard d'Amérique, à crête dorsale, voisin de l'iguane. HOM. BASILIQUE «église»
ÉTYM. latin *basiliscus*, du grec «petit roi».

② **BASILIC** [bazilik] n. m. ✦ Plante à feuilles aromatiques employée comme condiment (→ **pistou**). HOM. BASILIQUE «église»
ÉTYM. bas latin *basilicum*, du grec «plante royale».

BASILIQUE [bazilik] n. f. 1. ANTIQ. Vaste édifice divisé en nefs, servant de tribunal, de lieu de réunion, etc. 2. ARCHIT. Église chrétienne divisée en plusieurs nefs parallèles. 3. Église privilégiée ; sanctuaire. HOM. ① BASILIC «lézard», ② BASILIC «plante»
ÉTYM. latin *basilica*, du grec «(portique) royal».

BASIQUE [bazik] adj. 1. CHIM. Qui se rapporte à une base, qui en a les propriétés. *Solution basique,* au pH supérieur à 7. ➝ *Roche basique.* SYN. **alcalin.** 2. anglicisme De base, fondamental. *Vocabulaire basique.* HOM. BASIC «langage informatique»
ÉTYM. de *base* ; sens 2, américain *basic*, sigle de *British American Scientific International Commercial*.

① **BASKET** → BASKETBALL

② **BASKET** [baskɛt] n. f. ✦ Chaussure de sport assez souple, en toile, à semelle et rebords de caoutchouc. SYN. **tennis.** ♦ loc. FAM. *Être à l'aise dans ses baskets* : être décontracté. *Lâche-moi les baskets* : laisse-moi tranquille.
ÉTYM. de ① *basket*.

BASKETBALL ou **BASKET-BALL** [baskɛtbol] n. m. ✦ Jeu entre deux équipes de cinq joueurs qui doivent lancer un ballon dans le panier du camp adverse. ➝ On dit souvent *basket* : *jouer au basket.* ➝ Écrire *basketball* en

un seul mot, sur le modèle de *football*, est permis.
► **BASKETTEUR, EUSE** [baskɛtœʀ, øz] **n.**
ÉTYM. mot américain «balle au panier *(basket)*».

BASOCHE [bazɔʃ] **n. f.** ✦ FAM. et péj. Ensemble des gens de justice.
ÉTYM. latin *basilica* «tribunal» et «basilique».

BASQUAISE [baskɛz] **adj. f.** et **n. f.** ✦ Du Pays basque. ➝ CUIS. *À la basquaise* : avec des tomates, des poivrons et du jambon cru. *Poulet basquaise*, cuit avec des tomates et des poivrons.

① **BASQUE** [bask] **n. f.** ✦ Partie rapportée d'une veste qui part de la taille et descend plus ou moins bas sur les hanches. *Les basques d'une jaquette.* ➝ loc. FAM. *Être toujours pendu aux basques de qqn*, ne pas le quitter d'un pas.
ÉTYM. de l'ancien français *baste*, de l'ancien occitan *basto* «pli fait à une robe pour la relever».

② **BASQUE** [bask] **adj.** et **n.** ✦ Se dit du pays qui s'étend sur les deux versants (espagnol et français) des Pyrénées occidentales et de ce qui s'y rapporte. *Le Pays basque. Béret basque.* ➝ **n.** *Les Basques.* ♦ **n. m.** *Le basque*, langue antérieure à celles des Celtes, non indo-européenne (la plus ancienne d'Europe occidentale).
ÉTYM. latin *Vascones* ; doublet de *gascon.* ☛ BASQUE (noms propres).

BAS-RELIEF [baʀəljɛf] **n. m.** ✦ Ouvrage de sculpture en faible saillie sur un fond uni. *Des bas-reliefs.* CONTR. **haut-relief, ronde-bosse.**

BASSE [bas] **n. f. 1.** Partie faisant entendre les sons les plus graves des accords de l'harmonie. *Basse continue*, accompagnant tout le morceau (en musique ancienne). **2.** *Voix de basse* : voix d'homme la plus grave. ➝ *La basse* (➝ **basse-taille**). ♦ Chanteur qui a cette voix. *Une basse de l'Opéra.* **3.** (jazz) Contrebasse (➝ **bassiste**).
ÉTYM. italien *basso* «bas».

BASSE-COUR [baskuʀ] **n. f. 1.** Cour de ferme réservée à l'élevage de la volaille et des petits animaux domestiques. *Animaux de basse-cour. Des basses-cours.* **2.** L'ensemble de ces animaux. ➝ On peut aussi écrire *bassecour* en un seul mot, *des bassecours.*

BASSE-FOSSE ➝ **CUL-DE-BASSE-FOSSE**

BASSEMENT [basmɑ̃] **adv.** ✦ D'une manière basse, indigne, vile. *Se venger bassement.* CONTR. **noblement.**

BASSESSE [basɛs] **n. f. 1.** État d'infériorité morale. **2.** Manque d'élévation dans les sentiments, les pensées ; absence de dignité, de fierté. SYN. **petitesse ; mesquinerie, servilité. 3.** Action basse, qui fait honte. SYN. **lâcheté.** ➝ Action servile. *Il ferait des bassesses pour réussir.* CONTR. **grandeur, noblesse.**
ÉTYM. de ① *bas.*

BASSET [basɛ] **n. m.** ✦ Chien courant très bas sur pattes.
ÉTYM. de ① *bas.*

BASSE-TAILLE [bastaj] **n. f.** ✦ MUS., ANC. Voix d'homme plus grave que la voix de baryton. ➝ **basse.** *Des basses-tailles.*
ÉTYM. de ① *bas* et *taille* «ténor», de *tailler.*

BASSIN [basɛ̃] **n. m. I 1.** Récipient portatif souvent rond ou ovale. SYN. ① **bac, bassine, cuvette ;** ➝ **bassinoire.** ➝ *Bassin (hygiénique)*, dans lequel les malades alités font leurs besoins. **2.** Construction destinée à recevoir de l'eau. *Le grand bassin d'un parc. Grand, petit bassin d'une piscine.* ➝ **bain. 3.** Enceinte, partie d'un port où les navires sont à flot. *Bassin de radoub*, que l'on assèche pour réparer ou construire des navires. **II 1.** Territoire arrosé (par un fleuve et ses affluents). *Le bassin d'un fleuve.* **2.** Vaste dépression naturelle. *Le Bassin parisien. Bassin sédimentaire.* **3.** Groupement de gisements. *Bassin minier.* **III** Ceinture osseuse qui forme la base du tronc et sert de point d'attache aux membres inférieurs. SYN. **pelvis.**
ÉTYM. latin populaire *baccinus* ; famille de ① *bac.*

BASSINE [basin] **n. f.** ✦ Bassin (I, 1) large et profond. *Bassine à confitures.*
ÉTYM. de *bassin.*

BASSINER [basine] **v. tr.** (conjug. 3a) **I** Chauffer (un lit) avec une bassinoire. **II** FAM. Ennuyer, importuner de manière lassante.
ÉTYM. de *bassin.*

BASSINET [basinɛ] **n. m. I** VX Petit bassin où l'on met de l'argent. ➝ loc. FAM. *Cracher au bassinet* : donner de l'argent à la requête de quelqu'un (souvent à contre-cœur). **II** ANAT. Partie élargie des voies excrétrices du rein, qui se continue par l'uretère.

BASSINOIRE [basinwaʀ] **n. f.** ✦ anciennt Bassin emmanché à couvercle percé, qui, rempli de braise, servait à chauffer les lits.
ÉTYM. de *bassiner.*

BASSISTE [basist] **n. m.** ✦ (jazz) Contrebassiste.
ÉTYM. de *basse.*

BASSON [basɔ̃] **n. m. 1.** Instrument à vent en bois, à anche double, formant dans l'orchestre la basse de la série des bois. **2.** Musicien qui joue de cet instrument. SYN. **bassoniste.**
ÉTYM. italien *bassone*, de *basso* «basse».

BASSONISTE [basɔnist] **n.** ✦ Musicien(ne) qui joue du basson. SYN. **basson** (2).

BASTA [basta] **interj.** ✦ FAM. Ça suffit ! Assez !
ÉTYM. mot italien «assez».

BASTIDE [bastid] **n. f. 1.** Village fortifié du Sud-Ouest. **2.** Maison de campagne, en Provence.
ÉTYM. ancien occitan *bastida* ; famille de *bâtir.*

BASTILLE [bastij] **n. f.** ✦ Ouvrage de fortification, château fort. ➝ spécialt (☛ noms propres) *La Bastille* (à Paris, forteresse qui servit de prison d'État). *La prise de la Bastille* (14 juillet 1789).
ÉTYM. de *bastide.*

BASTINGAGE [bastɛ̃gaʒ] **n. m.** ✦ Parapet bordant le pont d'un navire. *S'appuyer au bastingage.*
ÉTYM. famille de *bâtir*, par l'occitan.

BASTION [bastjɔ̃] **n. m. 1.** Ouvrage de fortification faisant saillie sur l'enceinte d'une place forte. **2.** fig. Ce qui soutient, défend efficacement. *L'Espagne, bastion du catholicisme.*
ÉTYM. italien *bastione*, du franç. *bastillon*, de *bastille.*

BASTON [bastɔ̃] **n. m.** ou **n. f.** ✦ ARGOT Bagarre. *Il y a eu du baston.*
ÉTYM. de *bastonner* «frapper avec un *bâton*».

BASTONNADE [bastɔnad] **n. f.** ✦ Volée de coups de bâton.
ÉTYM. origine incertaine ; famille de *bâton.*

BASTRINGUE [bastʀɛ̃g] n. m. ✦ FAM. 1. Bal de guinguette. 2. Orchestre tapageur. ➙ appos. *Piano bastringue,* volontairement désaccordé. Tapage, vacarme. 3. Choses, affaires. *Emporter tout son bastringue.* SYN. **attirail, fourbi.**
ÉTYM. origine incertaine.

BAS-VENTRE [bɑvɑ̃tʀ] n. m. ✦ Partie inférieure du ventre, au-dessous du nombril. ➙ par euphémisme Parties génitales.

BÂT [bɑ] n. m. ✦ Dispositif que l'on place sur le dos des bêtes de somme pour le transport de leur charge (→ **bâter**). ➙ loc. *C'est là que le bât blesse :* c'est là le point sensible ; là réside la difficulté. HOM. BAH « marque d'indifférence », ① BAS « peu élevé »
ÉTYM. latin populaire *bastum,* de *bastare* « porter ».

BATACLAN [bataklɑ̃] n. m. ✦ FAM. Attirail, équipage embarrassant. ➙ loc. *Et tout le bataclan :* et tout le reste.
ÉTYM. probablement onomatopéique.

BATAILLE [bataj] n. f. 1. Combat entre deux armées. *La bataille de la Marne* (septembre 1914). ➙ *Livrer bataille :* combattre. ➙ *BATAILLE RANGÉE,* où les troupes manœuvrent en rangs ; fig. mêlée générale. ➙ *Champ* de bataille. Ordre de bataille. Cheval* de bataille. Plan de bataille* (aussi fig.). 2. Échange de coups. ♦ fig. Lutte. SYN. **bagarre, combat, rixe.** ➙ *Bataille électorale.* 3. *EN BATAILLE. Chapeau en bataille,* mis de travers, n'importe comment. *Avoir les cheveux, la barbe en bataille,* en désordre. 4. Jeu de cartes très simple. ➙ *Bataille navale* (jeu de société pour deux joueurs).
ÉTYM. bas latin *battualia,* de *battuere* « battre ».

BATAILLER [bataje] v. intr. (conjug. 3a) ✦ Lutter pour surmonter une difficulté, un obstacle. *Il m'a fallu batailler pour réussir.* SYN. se **battre.**
ÉTYM. de *bataille.*

BATAILLEUR, EUSE [batajœʀ, øz] adj. et n. ✦ Qui aime à se battre ; qui recherche les querelles. SYN. **belliqueux, querelleur.** CONTR. **conciliant, pacifique.**
ÉTYM. de *batailler.*

BATAILLON [batajɔ̃] n. m. 1. Unité militaire de l'infanterie groupant plusieurs compagnies. *Bataillon d'Afrique* (ARGOT BAT' D'AF' [batdaf]), ancien bataillon disciplinaire. ♦ loc. FAM. *Inconnu au bataillon :* totalement inconnu. 2. *Un bataillon de :* un grand nombre de. SYN. **légion, troupe.**
ÉTYM. italien *battaglione,* de *battaglia* « bataille ».

BÂTARD, ARDE [bɑtaʀ, aʀd] adj. et n. 1. Né hors mariage. SYN. **naturel ; illégitime.** ➙ n. *Les bâtards de Louis XIV.* 2. Qui n'est pas de race pure. SYN. ② **croisé.** *Chien bâtard* ou n. m. *un bâtard.* SYN. **corniaud.** 3. fig. Qui tient de deux genres différents ou qui n'a pas de caractère nettement déterminé. *Une solution bâtarde.* 4. *Pain bâtard* ou n. m. *un bâtard :* pain de fantaisie pesant une demi-livre. CONTR. **légitime** • de **race.**
ÉTYM. origine incertaine.

BATARDEAU [bataʀdo] n. m. ✦ Digue, barrage provisoire établi sur un cours d'eau afin d'effectuer des travaux.
ÉTYM. origine incertaine.

BÂTARDISE [bɑtaʀdiz] n. f. ✦ État de bâtard.

BATAVIA [batavja] n. f. ✦ Laitue à feuilles ondulées et croquantes.
ÉTYM. de *Batavia,* nom latin de la Hollande.

BATEAU [bato] n. m. 1. Construction flottante destinée à la navigation. SYN. **bâtiment, embarcation, navire ;** → **barque, paquebot, vaisseau.** *Bateau à voiles* (→ **voilier**), *à vapeur, à moteur.* ➙ *Bateau de pêche.* ➙ (élément de mots composés) *BATEAU-CITERNE,* pour le transport des liquides. → **tanker.** *Des bateaux-citernes.* ➙ (*bateaux-mouches* marque déposée) *BATEAU-MOUCHE :* bateau qui circule sur la Seine pour faire visiter Paris. *Des bateaux-mouches.* 2. *Le bateau :* la navigation de plaisance. *Faire du bateau.* 3. appos. En forme de bateau. *Lit bateau. Décolleté bateau,* droit et dégageant les épaules. 4. Dépression du trottoir devant une porte cochère. 5. FAM. *Monter un bateau à qqn,* inventer une plaisanterie, une histoire pour le tromper, le mystifier. 6. appos. Banal, rebattu. *Des questions bateaux* ou *bateau* (invar.).
ÉTYM. de l'ancien anglais *bat* (moderne *boat*).

BATELEUR, EUSE [bat(ə)lœʀ, øz] n. ✦ VIEILLI Personne qui fait des tours d'acrobatie, d'escamotage, sur les places publiques, dans les foires. SYN. **saltimbanque.**
ÉTYM. de l'ancien français *bastel* « tour d'escamoteur », d'origine incertaine.

BATELIER, IÈRE [batəlje, jɛʀ] n. ✦ Personne dont le métier est de conduire un bateau sur les rivières et canaux. SYN. **marinier.** ➙ Passeur (1).
ÉTYM. de *batel,* ancienne forme de *bateau.*

BATELLERIE [batɛlʀi] n. f. 1. Industrie du transport fluvial. 2. Ensemble des bateaux de rivière.
ÉTYM. de *bateau.*

BÂTER [bɑte] v. tr. (conjug. 3a) ✦ Mettre un bât à (une bête de somme). ♦ loc. fig. *ÂNE BÂTÉ :* ignorant, imbécile.

BAT-FLANC [baflɑ̃] n. m. 1. Pièce de bois qui sépare les chevaux dans une écurie. 2. Lit de planche le long d'un mur. *Les bat-flancs d'un cachot.*
ÉTYM. de *battre* et *flanc.*

BATHY- Élément savant, du grec *bathus* « profond » (ex. *bathymétrie* n. f. DIDACT. « mesure des profondeurs marines »).

BATHYSCAPHE [batiskaf] n. m. ✦ Appareil destiné à conduire des observateurs dans les grandes profondeurs sous-marines.
ÉTYM. de *bathy-* et du grec *skaphê* « objet creux ».

① **BÂTI** [bɑti] n. m. 1. Assemblage de montants et de traverses ; charpente qui supporte les pièces d'une machine. SYN. **châssis.** 2. Couture provisoire à grands points. *Faire un bâti.* → **bâtir, faufiler.**
ÉTYM. de *bâtir.*

② **BÂTI, IE** → BÂTIR

BATIFOLER [batifɔle] v. intr. (conjug. 3a) ✦ S'amuser à des jeux folâtres. SYN. **folâtrer.**
► **BATIFOLAGE** [batifɔlaʒ] n. m.
► **BATIFOLEUR, EUSE** [batifɔlœʀ, øz] n.
ÉTYM. origine obscure.

BATIK [batik] n. m. ✦ Technique artisanale de décoration des tissus à base de réserves à la cire ; tissu ainsi décoré.
ÉTYM. mot javanais.

BÂTIMENT [batimɑ̃] n. m. 1. Ensemble des industries et métiers qui concourent à la construction des édifices. *Entrepreneur de* (ou *en*) *bâtiment. Ouvrier du bâtiment.* ➙ prov. *Quand le bâtiment va, tout va* (dans les affaires). 2. Construction. SYN. **bâtisse, édifice, immeuble, maison.** *Les bâtiments d'une ferme.* 3. Gros bateau.
ÉTYM. de *bâtir.*

BÂTIR [batiʀ] v. tr. (conjug. 13) 1. Élever sur le sol, à l'aide de matériaux assemblés. SYN. **construire, édifier.** *Bâtir une maison. Bâtir une ville.* ➙ absolt *Terrain à bâtir,* destiné à la construction. ➙ loc. fig. *Bâtir sur le sable :* entreprendre sur des bases peu solides. 2. fig. *Bâtir une théorie.* SYN. **fonder.** 3. Assembler provisoirement (les pièces d'un vêtement) à grands points. SYN. **faufiler.** CONTR. **démolir, détruire, raser.**
► **BÂTI, IE** adj. 1. Sur lequel est construit un bâtiment. *Propriété bâtie, non bâtie.* 2. (personnes) Fait. *Bien, mal bâti.* SYN. FAM. **balancé, baraqué.**
ÉTYM. peut-être du francique *bastjan* «réunir, construire avec de l'écorce *(bast)*».

BÂTISSE [batis] n. f. ✦ Bâtiment de grandes dimensions (parfois avec l'idée de laideur).
ÉTYM. de *bâtir.*

BÂTISSEUR, EUSE [batisœʀ, øz] n. ✦ Personne qui bâtit, fait beaucoup bâtir. SYN. **architecte, constructeur.** ➙ fig. *Un bâtisseur d'empire.*
ÉTYM. de *bâtir.*

BATISTE [batist] n. f. ✦ Toile de lin très fine. SYN. **linon.**
ÉTYM. de *battre.*

BÂTON [batɔ̃] n. m. 1. Long morceau de bois rond que l'on peut tenir à la main. ◆ (servant d'appui) *Bâton de berger. Bâton d'aveugle, de pèlerin.* ➙ *Bâton de vieillesse ;* fig. soutien d'un vieillard. ➙ *Bâton de ski,* tige d'acier munie d'une rondelle à la base. ◆ (servant à frapper) → **gourdin, matraque, trique ; bastonnade.** *Coups de bâton.* ➙ *RETOUR DE BÂTON :* réaction imprévue en sens opposé. 2. Symbole d'autorité. *Bâton de commandement.* ➙ loc. *C'est son bâton de maréchal,* le couronnement de sa carrière. 3. *Mener une vie de bâton de chaise,* une vie agitée, déréglée. ➙ *Mettre des bâtons dans les roues :* susciter des difficultés, des obstacles. ➙ *Parler À BÂTONS ROMPUS,* de manière peu suivie, en changeant de sujet. 4. Objet en forme de bâton. *Bâton de craie, de rouge à lèvres.* 5. Trait vertical. 6. FAM. Somme de un million de centimes (ou anciennt, de francs). SYN. **brique.**
ÉTYM. latin populaire *bastum,* de *bastare* «porter».

BÂTONNER [batɔne] v. tr. (conjug. 3a) ✦ Frapper à coups de bâton.

BÂTONNET [batɔnɛ] n. m. 1. Petit bâton. 2. PHYSIOL. Cellule nerveuse de la rétine fonctionnant en lumière faible. *Cônes et bâtonnets.*

BÂTONNIER, IÈRE [batɔnje, jɛʀ] n. ✦ Avocat élu par ses confrères pour présider le Conseil de l'Ordre des avocats d'un barreau.
ÉTYM. de *bâton* d'une confrérie, symbole d'autorité.

BATRACIEN [batʀasjɛ̃] n. m. 1. SYN. **amphibien.** 2. COUR. Crapaud, grenouille.
ÉTYM. du grec *batrakhos* «grenouille».

BATTAGE [bataʒ] n. m. I Action de battre. ➙ Opération agricole qui consiste à séparer les grains de l'épi ou de la tige. II fig. Publicité tapageuse, exagérée. SYN. **bruit, réclame.** *On a fait beaucoup de battage autour de ce film.*

① **BATTANT** [batɑ̃] n. m. 1. Pièce métallique suspendue à l'intérieur d'une cloche contre les parois de laquelle elle vient frapper. 2. Partie d'un panneau double mobile sur ses gonds. SYN. **vantail.** *Porte à deux battants.* 3. TECHN. Pièce mobile qui vient battre sur une autre.
ÉTYM. de ② *battant.*

② **BATTANT, ANTE** [batɑ̃, ɑ̃t] adj. ✦ dans des expr. Qui bat. *Pluie battante,* très violente. *Porte battante,* qui se referme d'elle-même. ➙ *Le cœur battant :* avec une grande émotion. ➙ *Tambour battant* loc. adv. : au son du tambour ; fig. rapidement, rondement. *Une affaire menée tambour battant.*
ÉTYM. du participe présent de *battre.*

③ **BATTANT, ANTE** [batɑ̃, ɑ̃t] n. ✦ Personne très combative. CONTR. **loser, perdant.**
ÉTYM. de ② *battant.*

BATTE [bat] n. f. ✦ Instrument pour battre, fouler, tasser. SYN. **battoir.** ◆ Large bâton pour renvoyer la balle au cricket, au baseball.
ÉTYM. de *battre.*

BATTEMENT [batmɑ̃] n. m. 1. Choc ou mouvement de ce qui bat ; bruit qui en résulte. SYN. **coup, heurt, martèlement.** *Le battement de la pluie contre les vitres.* ➙ *Battement de mains.* → **applaudissement.** *Battements d'ailes. Un battement de cils.* 2. (mouvement alternatif) *Le battement du cœur,* mouvement alternatif de contraction et de dilatation. *Avoir des battements de cœur :* sentir son cœur battre plus fort. → **palpitation.** *Battement du pouls.* → **pulsation.** 3. Intervalle de temps. *Nous avons vingt minutes de battement pour changer de train.*
ÉTYM. de *battre.*

BATTERIE [batʀi] n. f. I Réunion de pièces d'artillerie et du matériel nécessaire à leur service ; emplacement destiné à les recevoir. *Batterie de D. C. A. Mettre EN BATTERIE,* en position de tir. ➙ Unité d'un régiment d'artillerie. ➙ au plur., loc. *Dresser ses batteries,* ses plans. *Dévoiler ses batteries,* ses plans, ses intentions cachées. II 1. *BATTERIE DE CUISINE :* ensemble des ustensiles de métal servant à faire la cuisine. 2. Assemblage de générateurs de courant électrique (condensateurs, piles, accumulateurs). *Recharger une batterie de voiture à plat.* 3. *Élevage en batterie,* en logeant les animaux en grand nombre dans des cages. III 1. Manière de battre le tambour ; roulement particulier. 2. Instrument réunissant plusieurs instruments à percussion (→ **batteur**). *Solo de batterie.*
ÉTYM. de *battre.*

BATTEUR [batœʀ] n. m. I Personne qui tient la batterie dans un orchestre. *Un grand batteur de jazz.* II Ustensile ménager pour battre, mêler. *Batteur à œufs.*
ÉTYM. de *battre.*

BATTEUSE [batøz] n. f. ✦ Machine qui sert à égrener des céréales, des plantes fourragères (→ **battage**).
ÉTYM. de *batteur.*

BATTOIR [batwaʀ] n. m. 1. Instrument qui sert à battre (le linge, les tapis...). 2. fig. FAM. Main large et forte.

A B C D E F G H I J K L M N O P Q R S T U V W X Y Z

BATTRE [batʀ] v. (conjug. 47) **I** v. tr. dir. 1. Frapper à plusieurs reprises (un être vivant). SYN. **maltraiter, rosser.** *Battre son chien. Il a été battu à mort.* → **lyncher.** ♦ loc. fig. FAM. *Je m'en bats l'œil* : je m'en moque. 2. fig. Avoir le dessus sur (un adversaire). SYN. **vaincre.** *Se faire battre* : perdre. 3. Frapper (qqch.) avec un instrument. *Battre un tapis. Battre le blé* (→ **battage ; batteuse**). *Battre le tambour.* – *Battre l'or, l'argent, le cuivre,* pour le réduire en feuilles très minces. ♦ loc. *Battre le fer pendant qu'il est chaud* : profiter sans tarder d'une occasion favorable. *BATTRE FROID à qqn,* le traiter avec froideur. ♦ *BATTRE MONNAIE* : fabriquer de la monnaie. 4. Frapper sur ou dans (qqch.) pour remuer, agiter. *Battre le beurre.* → **baratter.** – *Battre les cartes* (avant de les distribuer). SYN. **mêler.** 5. Parcourir pour rechercher, explorer. *Battre les buissons, des taillis* (→ **battue**). *BATTRE LA CAMPAGNE* ; fig. déraisonner, divaguer. – *BATTRE LE PAVÉ* : errer par les rues. – *Battre la semelle* : frapper le sol avec ses pieds pour les réchauffer. 6. *BATTRE LA MESURE* : marquer la mesure, indiquer le rythme. 7. Heurter. *Les vagues battent la falaise. La pluie bat les vitres.* SYN. ② **cingler, fouetter.** ♦ *BATTRE EN BRÈCHE*.* 8. loc. *BATTRE PAVILLON* : naviguer sous un pavillon. *Un navire battant pavillon britannique.* 9. *BATTRE SON PLEIN*.* **II** v. tr. ind. et intr. 1. *BATTRE EN RETRAITE*.* 2. Produire des mouvements répétés. *Battre des mains.* → **applaudir, claquer.** *Battre des ailes.* 3. Être animé de mouvements répétés. *Son cœur bat vite.* → **palpiter.** 4. *BATTRE CONTRE.* SYN. **cogner, frapper, heurter.** *La pluie bat contre la vitre. Une porte qui bat.* **III** *SE BATTRE* v. pron. 1. récipr. Lutter, se donner des coups. loc. *Se battre comme des chiffonniers.* – *Se battre en duel. Les troupes se sont bien battues.* 2. réfl. Combattre contre un adversaire. *Se battre avec, contre qqn au pistolet.* – fig. *Voilà une heure qu'il se bat avec cette serrure.* SYN. se **débattre.** 3. fig. *Se battre pour un idéal.* ► **BATTU, UE** adj. 1. Qui a reçu des coups. loc. *Avoir l'air d'un chien battu.* 2. Vaincu. loc. *Ne pas se tenir pour battu* : ne pas se résigner à la défaite. 3. fig. *Avoir les yeux battus,* cernés. 4. Frappé avec un instrument. *Blancs d'œufs battus* (en neige). *Fromage blanc battu* (pour qu'il soit lisse). – *Sol en terre battue. Sentiers* battus.*

ÉTYM. latin *batt(u)ere.*

BATTUE [baty] n. f. ✦ Action de battre les taillis, les bois pour en faire sortir le gibier, retrouver qqn.

ÉTYM. du participe passé de *battre.*

BAUDET [bodɛ] n. m. ✦ FAM. Âne. – loc. *Être chargé comme un baudet,* très chargé. *Crier haro* sur le baudet.*

ÉTYM. de l'ancien français *baud* «impudique, lascif», du francique.

BAUDRIER [bodʀije] n. m. 1. Bande de cuir ou d'étoffe qui se porte en bandoulière et soutient un sabre, une épée, un ceinturon. 2. Harnais de sécurité à l'usage des personnes pratiquant des travaux, des sports comportant un risque de chute dans le vide.

ÉTYM. origine incertaine, peut-être du latin *balteus* «ceinture de cuir».

BAUDROIE [bodʀwa] n. f. ✦ Grand poisson de mer à grosse tête surmontée de tentacules. SYN. **lotte.**

ÉTYM. provençal *baudroi,* d'origine inconnue.

BAUDRUCHE [bodʀyʃ] n. f. 1. Pellicule provenant de l'intestin de bœuf ou de mouton. 2. Fine pellicule de caoutchouc. *Ballon de baudruche.* ♦ *Une baudruche* : ce ballon ; fig. personne sans consistance.

ÉTYM. origine inconnue.

BAUGE [boʒ] n. f. ✦ Gîte fangeux (de mammifères, notamment porcins). *La bauge du sanglier.*

ÉTYM. peut-être du gaulois *balcos* «fort».

BAUME [bom] n. m. 1. Se dit de plantes odoriférantes (notamment les menthes). 2. Résine odoriférante (→ **balsamique**). *Baume du Pérou.* 3. Préparation médicamenteuse employée comme calmant et cicatrisant. SYN. **liniment.** ♦ fig. Ce qui apaise, réconforte. *La nouvelle me mit du baume au cœur.*

ÉTYM. latin *balsamum,* du grec.

BAUX [bo] n. m. pl. → BAIL

BAUXITE [boksit] n. f. ✦ Roche siliceuse, principal minerai d'aluminium.

ÉTYM. de *Baux-de-Provence,* nom d'une localité des Bouches-du-Rhône (☞ noms propres).

BAVARD, ARDE [bavaʀ, aʀd] adj. et n. 1. Qui aime à parler, parle avec abondance. SYN. **loquace, volubile.** *Bavard comme une pie.* – n. *Un intarissable bavard.* 2. Qui ne sait pas tenir un secret, parle quand il convient de se taire. SYN. **cancanier, indiscret.** CONTR. **silencieux, taciturne** • ① **discret, muet.**

ÉTYM. de *bave* «bavardage».

BAVARDAGE [bavaʀdaʒ] n. m. 1. Action de bavarder. – Fait d'être prolixe et futile (par écrit). SYN. **verbiage.** 2. Propos de bavard. – spécialt Discours calomnieux. SYN. ① **cancan, ragot.**

BAVARDER [bavaʀde] v. intr. (conjug. 3a) 1. Parler beaucoup, de choses et d'autres. *Nous bavardions amicalement.* SYN. ② **causer, converser, discuter.** 2. Divulguer des choses qu'on devrait taire. *Quelqu'un aura bavardé.* SYN. **jaser.** CONTR. se **taire.**

ÉTYM. de *bavard.*

BAVAROIS, OISE [bavaʀwa, waz] adj. et n. 1. De Bavière. 2. *Bavarois* n. m. et *bavaroise* n. f. : entremets froid en gelée. *Bavarois au cassis.*

BAVE [bav] n. f. 1. Salive qui s'écoule de la bouche, ou de la gueule de certains animaux. 2. Sécrétion visqueuse de certains mollusques. 3. fig. Propos malveillants. SYN. **venin.**

ÉTYM. latin populaire *baba,* onomatopée exprimant le gazouillis des enfants.

BAVER [bave] v. intr. (conjug. 3a) 1. Laisser couler de la bave. *Bébé qui bave* (→ **bavoir**). – fig. FAM. *Il en bave d'envie.* 2. FAM. *EN BAVER* : peiner, souffrir. *Il va vous en faire baver.* 3. *Baver sur qqn,* salir par des médisances. *Baver sur la réputation de qqn.* 4. Se répandre, s'étaler. *L'encre a bavé.* – par ext. *Stylo qui bave.*

BAVETTE [bavɛt] n. f. **I** 1. Bavoir. 2. Haut d'un tablier, d'une salopette, qui couvre la poitrine. 3. Partie inférieure de l'aloyau. *Un bifteck dans la bavette.* **II** loc. FAM. *Tailler une bavette* : bavarder (avec qqn).

ÉTYM. de *bave.*

BAVEUX, EUSE [bavø, øz] adj. 1. Qui bave (1). 2. *Omelette baveuse,* dont l'intérieur, peu cuit, reste liquide.

ÉTYM. de *bave.*

BAVOIR [bavwaʀ] n. m. ✦ Pièce de tissu qui protège la poitrine des bébés. SYN. **bavette.**

ÉTYM. de *baver.*

BAVOLET [bavɔlɛ] **n. m.** ✦ Ancienne coiffure de paysanne couvrant les côtés et le derrière de la tête. *Bonnet à bavolet.*
ÉTYM. de ① *bas* et ancien français *volet* «voile».

BAVURE [bavyʀ] **n. f. 1.** Trace de métal, relief laissé par les joints d'un moule. **2.** Trace d'encre empâtant une écriture, un dessin, une épreuve d'imprimerie. ➝ loc. FAM. *Sans bavure(s)* : parfaitement exécuté ; impeccablement. **3.** Erreur regrettable, abus aux conséquences fâcheuses. *Bavure policière.*
ÉTYM. de *baver.*

BAYADÈRE [bajadɛʀ] **n. f.** ✦ Danseuse sacrée de l'Inde.
ÉTYM. portugais *balhadeira*, de *bailar* «danser».

BAYER [baje] **v. intr.** (conjug. 3a) ✦ loc. *Bayer aux corneilles* : perdre son temps en regardant en l'air niaisement. HOM. BAILLER «donner», BÂILLER «ouvrir la bouche»
ÉTYM. variante de *béer.*

BAYOU [baju] **n. m.** ✦ (Louisiane, bas Mississippi) Eaux peu profondes à faible courant, ou stagnantes. *Les bayous.*
ÉTYM. d'un mot indien «rivière».

BAZAR [bazaʀ] **n. m. 1.** Marché public en Orient. SYN. **souk. 2.** Lieu, magasin où l'on vend toutes sortes d'objets, d'ustensiles. **3.** fig. FAM. Lieu en désordre. *Quel bazar !* ➝ FAM. Objets en désordre ; affaires, attirail. fig. *Et tout le bazar.*
ÉTYM. mot persan.

BAZARDER [bazaʀde] **v. tr.** (conjug. 3a) ✦ FAM. Se débarrasser, se défaire rapidement de (qqch.). SYN. **abandonner, liquider.**
ÉTYM. de *bazar.*

BAZOOKA [bazuka] **n. m.** ✦ Lance-roquette antichar.
ÉTYM. mot américain.

B. C. B. G. [besebeʒe] **adj.** ✦ FAM. Bon chic bon genre, classique, de bon ton. *Une tenue B. C. B. G.*
ÉTYM. sigle.

B. C. G. [beseʒe] **n. m.** ✦ Vaccin antituberculeux.
ÉTYM. nom déposé ; sigle de *(bacille) bilié de Calmette et Guérin.*

B. D. [bede] **n. f.** ✦ FAM. Bande dessinée. ☛ Littérature p. 115. ➝ variante BÉDÉ. *Des bédés.*
ÉTYM. sigle.

Be [bee] ✦ CHIM. Symbole du béryllium.

BEAGLE [bigl] **n. m.** ✦ Chien courant, basset à jambes droites. HOM. BIGLE «qui louche»
ÉTYM. mot anglais.

BÉANCE [beɑ̃s] **n. f.** ✦ LITTÉR. État de ce qui est béant (1). ➝ fig. Ouverture, vide impossible à combler.
ÉTYM. de *béer.*

BÉANT, ANTE [beɑ̃, ɑ̃t] **adj.** ✦ LITTÉR. **1.** Grand ouvert. *Une blessure béante.* **2.** Qui ouvre grand la bouche. *Béant d'étonnement, d'admiration.*
ÉTYM. du participe présent de *béer.*

BÉARNAIS, AISE [beaʀnɛ, ɛz] **adj.** et **n. 1.** Du Béarn. **2.** *Sauce béarnaise* ou **n. f.** *une béarnaise* : sauce épaisse au beurre, aux œufs et à l'échalote.

BÉAT, ATE [bea, at] **adj.** ✦ Exagérément satisfait et tranquille. *Sourire béat. Optimisme béat.* CONTR. **inquiet, tourmenté.** HOM. B. A. «bonne action»
► **BÉATEMENT** [beatmɑ̃] **adv.**
ÉTYM. latin *beatus* «heureux».

BÉATIFICATION [beatifikasjɔ̃] **n. f.** ✦ Acte pontifical par lequel une personne défunte est mise au rang des bienheureux.
► **BÉATIFIER** [beatifje] **v. tr.** (conjug. 9)
ÉTYM. latin médiéval *beatificatio*, de *beatus* «bienheureux».

BÉATITUDE [beatityd] **n. f. 1.** THÉOL. Félicité parfaite des élus au paradis. **2.** Bonheur parfait. SYN. **euphorie, extase.** *Plongé dans une douce béatitude.* CONTR. **inquiétude, malheur, tourment.**
ÉTYM. latin chrétien *beatitudo*, de *beatus* «heureux».

① **BEAU** (ou **BEL** devant un nom commençant par une voyelle ou un *h* muet et dans quelques locutions), **BELLE** [bo, bɛl] **adj. I** Qui fait éprouver une émotion esthétique ; qui plaît à l'œil. SYN. **joli, magnifique, ravissant, splendide,** ② **superbe.** *Un beau paysage.* ➝ *Un bel homme, une belle femme. Beau, belle comme un astre, un ange, comme le jour.* ♦ Bien habillé, apprêté. *Se faire beau, belle.* ♦ loc. *Pour les beaux yeux* de qqn.* ➝ FAM. *Cela me fait une belle jambe*.* **II** Qui fait naître un sentiment d'admiration ou de satisfaction. **1.** Admirable. *Un beau talent.* SYN. **supérieur.** ➝ *Un beau geste, une belle action.* SYN. ① **bon, généreux, grand, noble, sublime.** ➝ FAM. lang. enfantin *C'est* (ce n'est) *pas beau de mentir.* **2.** Très satisfaisant, très réussi dans son genre. *Un beau gâteau. Un beau match. Un beau voyage. Une belle situation. Un beau coup* : bien exécuté. ♦ *UN BEAU JOUR*.* ➝ *À la belle étoile*.* ♦ (temps) Clair, ensoleillé. *Quel beau temps ! Il fait beau.* ➝ **n. m.** *Le baromètre est au beau, au beau fixe*.* **3.** Qui est grand, nombreux ou important. *Un beau poulet.* SYN. **gros.** *Une belle somme.* SYN. **considérable, grand. 4.** par antiphrase Mauvais, vilain. *Une belle bronchite.* SYN. ① **bon.** *C'est du beau travail !* ➝ **n. f.** *En faire, en dire de belles* (des sottises). *J'en apprends de belles.* ➝ **n. m.** FAM. *C'est du beau !*, se dit à un enfant qui se conduit mal. **5.** *AVOIR BEAU* (+ inf.) loc. verbale : s'efforcer en vain de. *J'ai beau crier, il n'entend rien*, quoique je crie... *On a beau dire, ça ne va pas si mal.* **6.** *BEL ET BIEN* loc. adv. : réellement, véritablement. *Il s'est bel et bien trompé.* ➝ *DE PLUS BELLE* : de nouveau et encore plus fort. *Il pleut de plus belle.* **III n.** → ② **beau ; belle.** CONTR. **affreux, hideux, laid, vilain · mauvais, médiocre · décevant, épouvantable.**
HOM. voir ② *beau*
ÉTYM. latin *bellus* «joli».

② **BEAU** [bo] **n. m. I** (Beauté) **1.** Ce qui fait éprouver une émotion esthétique, un sentiment d'admiration. → **beauté.** *Le culte du beau.* **2.** FAM. Choses de belle qualité. *Elle n'aime que le beau.* **II 1.** *Un vieux beau* : un vieil homme trop coquet, qui cherche encore à plaire. **2.** loc. *Faire le beau*, se tenir debout sur ses pattes postérieures (chien). CONTR. **laid, laideur.** HOM. BAUX (pluriel de *bail* «contrat»), BOT «(pied) difforme»
ÉTYM. de ① *beau.*

BEAUCOUP [boku] **adv. 1.** devant un nom *Beaucoup de* : un grand nombre de, une grande quantité de, un haut degré de. *Avoir beaucoup de choses à faire.* ➝ *Beaucoup d'argent.* SYN. ③ **plein.** *Beaucoup de monde.* ➝ *Beaucoup de chance.* **2.** nominal De nombreuses choses, personnes. *Parmi ces objets, beaucoup sont rares. Beaucoup sont de mon avis.* ➝ *C'est déjà beaucoup* : c'est déjà un beau résultat. *DE BEAUCOUP* : avec une grande différence. *Se tromper de beaucoup. Il est de beaucoup son aîné* → **de loin. 3.** avec un verbe *Il travaille beaucoup.* SYN. **énormément.** *Il a beaucoup changé.* SYN. FAM. **drôlement, rudement. 4.** avec un com-

A B C D E F G H I J K L M N O P Q R S T U V W X Y Z

paratif. *C'est beaucoup plus rapide. Beaucoup mieux. Beaucoup trop.* CONTR. **peu • aucun, nul,** ② **personne.**
ÉTYM. de *beau* et *coup.*

BEAU-FILS [bofis] n. m. 1. Pour un conjoint, Fils que l'autre conjoint a eu précédemment. *Des beaux-fils.* 2. Gendre.
ÉTYM. de ① *beau,* terme d'affection, et *fils.*

BEAU-FRÈRE [bofʀɛʀ] n. m. 1. Frère du conjoint, pour l'autre conjoint. 2. Mari de la sœur ou de la belle-sœur d'une personne. *Des beaux-frères.*
ÉTYM. de ① *beau,* terme d'affection, et *frère.*

BEAUJOLAIS [boʒɔlɛ] n. m. ✦ Vin du Beaujolais (➡ noms propres). *Le beaujolais nouveau est arrivé.*

BEAU-PARENT [bopaʀɑ̃] n. m. 1. au plur. Le père et la mère de son conjoint. → **beau-père, belle-mère.** 2. Celui ou celle qui vit avec leur mère ou leur père, pour les enfants d'une première union.
ÉTYM. de ① *beau,* terme d'affection, et *parent.*

BEAU-PÈRE [bopɛʀ] n. m. 1. Père du conjoint, pour l'autre conjoint. 2. Le second conjoint de leur mère, pour les enfants d'une première union. *Des beaux-pères.*
ÉTYM. de ① *beau,* terme d'affection, et *père.*

BEAUPRÉ [bopʀe] n. m. ✦ *(Mât de) beaupré :* mât plus ou moins oblique à l'avant du navire. *Voile du beaupré.* → **foc.**
ÉTYM. anglais anc. «mât de proue», du bas allemand.

BEAUTÉ [bote] n. f. I 1. Caractère de ce qui est beau (I). *Étude de la beauté.* → **esthétique.** – *DE TOUTE BEAUTÉ :* très beau. – *EN BEAUTÉ* loc. adv. : magnifiquement. *Terminer une course en beauté.* 2. Qualité d'une personne belle. *Être dans tout l'éclat de sa beauté.* – *Un institut, des produits de beauté.* – *La beauté du diable :* la beauté que confère la jeunesse à une personne sans beauté réelle. – *ÊTRE EN BEAUTÉ :* paraître plus beau, plus belle que d'habitude. – FAM. *Se faire, se refaire une beauté :* se coiffer, se farder. 3. *Une beauté :* une femme très belle. SYN. **belle.** 4. au plur. *LES BEAUTÉS.* Les belles choses, les beaux détails (d'un lieu, d'une œuvre...). *Les beautés d'un musée.* II Caractère de ce qui est moralement admirable. *Pour la beauté du geste :* dans un esprit désintéressé. CONTR. **laideur • bassesse.**
ÉTYM. de ① *beau.*

BEAUX-ARTS [bozaʀ] n. m. pl. ✦ Arts* (techniques) qui ont pour objet la représentation du beau et, spécialt, du beau plastique. → **architecture, gravure, peinture, sculpture.** *L'École des beaux-arts ;* ellipt *les Beaux-Arts.*

BÉBÉ [bebe] n. m. 1. Enfant en bas âge. SYN. **nourrisson, nouveau-né, poupon, tout-petit.** – *Attendre un bébé :* être enceinte. – *Un bébé-éprouvette,* conçu par fécondation in vitro. *Des bébés-éprouvette.* – loc. *Jeter le bébé avec l'eau du bain :* rejeter en bloc qqch., sans tenir compte d'éventuels aspects positifs. 2. Poupon. SYN. **baigneur.** 3. Très jeune animal (avec un nom en apposition). *Des bébés phoques.*
ÉTYM. de l'onomatopée *bab-* (→ babiller), avec influence de l'anglais.

BÉBÊTE [bebɛt] adj. et n. f. 1. adj. Un peu bête ; niais. SYN. **nigaud.** 2. n. f. Petite bête.
ÉTYM. de *bête.*

BE-BOP [bibɔp] ou **BOP** [bɔp] n. m. ✦ Style de jazz développé vers 1944 aux États-Unis, au tempo rapide, aux accords harmoniques complexes.
ÉTYM. mot anglais américain, d'origine onomatopéique.

BEC [bɛk] n. m. 1. Bouche cornée et saillante des oiseaux, démunie de dents. *Le bec crochu de l'aigle.* – Bouche cornée (des tortues, céphalopodes...). 2. loc. FAM. *Être LE BEC DANS L'EAU,* en suspens, dans l'incertitude ; sans avoir rien obtenu. – *Se défendre bec et ongles,* par tous les moyens, avec acharnement. ◆ (dans des loc.) Bouche de l'homme. *Ouvrir, fermer le bec* (parole). – loc. *PRISE DE BEC :* altercation. → **dispute.** 3. Extrémité (d'un objet terminé en pointe). *Le bec d'une plume.* ◆ Petite avancée en pointe d'un récipient, pour verser le liquide. *Casserole à bec verseur.* ◆ Embouchure d'un instrument à vent. *Le bec d'une clarinette. Flûte à bec.* 4. Brûleur. *Bec Bunsen.* – *BEC DE GAZ :* réverbère (autrefois à gaz). – FAM. *Tomber sur un bec :* rencontrer un obstacle imprévu, insurmontable.
ÉTYM. latin *beccus.*

BÉCANE [bekan] n. f. ✦ FAM. 1. Machine, ordinateur. *Il travaille sur sa bécane.* 2. Bicyclette ou moto. *Il va au lycée en bécane.*
ÉTYM. origine obscure.

BÉCARRE [bekaʀ] n. m. ✦ Signe de musique (♮) placé devant une note haussée par un dièse ou baissée par un bémol, pour la rétablir dans un ton naturel. – appos. invar. *Des mi bécarre.*
ÉTYM. italien *bequadro* «b carré», *b* étant l'ancien nom de la note *si.*

BÉCASSE [bekas] n. f. 1. Oiseau échassier migrateur, au long bec, à chair très estimée. 2. FAM. Femme sotte. *Quelle bécasse !*
ÉTYM. de *bec.*

BÉCASSINE [bekasin] n. f. 1. Oiseau échassier migrateur de petite taille, au bec long, aux pattes dénudées. 2. FAM. Jeune fille niaise.
ÉTYM. de *bécasse.*

BEC-DE-CANE [bɛkdəkan] n. m. ✦ Pêne d'une serrure qui rentre lorsqu'on manœuvre le bouton, la poignée. – Cette poignée. *Des becs-de-cane.*

BEC-DE-LIÈVRE [bɛkdəljɛvʀ] n. m. ✦ Malformation congénitale de la face, fissure de la lèvre supérieure (parfois associée à une fente du palais). *Des becs-de-lièvre.*

BÉCHAMEL [beʃamɛl] n. f. ✦ Sauce blanche à base de lait. *Endives à la béchamel.* – *Sauce béchamel.*
ÉTYM. du nom de *Louis de Béchamel,* maître d'hôtel de Louis XIV.

BÊCHE [bɛʃ] n. f. ✦ Outil de jardinage composé d'un fer large, plat et tranchant, adapté à un manche.
ÉTYM. de *bêcher.*

BÉCHER [beʃɛʀ] n. m. ✦ CHIM. Petit récipient cylindrique en verre, muni d'un bec verseur. *Des béchers gradués.*
ÉTYM. allemand *Becher* «gobelet».

BÊCHER [beʃe] v. tr. (conjug. 3a) ✦ Fendre, retourner (la terre) avec une bêche.
ÉTYM. latin populaire *bessicare,* de *bessus* «bêche».

BÊCHEUR, EUSE [bɛʃœʀ, øz] n. ✦ Personne prétentieuse et snob. *Une petite bêcheuse.*
ÉTYM. de l'argot *bêcher* «injurier».

BÉCOT [beko] n. m. ✦ FAM. Baiser affectueux.
ÉTYM. de *bec.*

BÉCOTER [bekɔte] **v. tr.** (conjug. 3a) ✦ FAM. Donner des bécots à. ➞ **pronom.** S'embrasser. *Des amoureux qui se bécotent.*

BECQUÉE ou **BÉQUÉE** [beke] **n. f.** ✦ Ce qu'un oiseau prend dans son bec pour se nourrir ou nourrir ses petits. *Donner la becquée.* HOM. BÉKÉ «créole»
ÉTYM. de *bec.*

BECQUEREL [bɛkʀɛl] **n. m.** ✦ PHYS. Unité de mesure d'activité radioactive, correspondant à une désintégration par seconde (symb. Bq).
ÉTYM. du nom de *Henri Becquerel*, physicien. ☞ noms propres.

BECQUET [bekɛ] **n. m.** ➞ BÉQUET

① **BECQUETER** ou **BÉQUETER** [bɛkte] **v. tr.** (conjug. 6b) ✦ Piquer avec le bec. SYN. **picorer.**
ÉTYM. de *bec.*

② **BECQUETER** ➞ BECTER

BECTANCE ou **BECQUETANCE** [bɛktɑ̃s] **n. f.** ✦ FAM. Nourriture.
ÉTYM. de *becter, becqueter.*

BECTER (conjug. 3a) ou **BECQUETER** [bɛkte] **v. tr.** (conjug. 6b) ✦ FAM. Manger. *Il n'y a rien à becter.*
ÉTYM. de *bec.*

BEDAINE [bədɛn] **n. f.** ✦ FAM. Gros ventre. SYN. FAM. **bedon, bide.** *Il a de la bedaine.*
ÉTYM. de l'ancien français *boudine* «nombril, ventre».

BEDEAU [bədo] **n. m.** ✦ Employé laïque préposé au service matériel et à l'ordre dans une église. SYN. **sacristain.** *Des bedeaux.*
ÉTYM. du francique «officier de justice».

BEDON [bədɔ̃] **n. m.** ✦ FAM. Ventre rebondi.
ÉTYM. → bedaine.

BEDONNANT, ANTE [bədɔnɑ̃, ɑ̃t] **adj.** ✦ FAM. Qui a un gros ventre. SYN. **ventripotent.**
ÉTYM. du participe présent de *bedonner.*

BEDONNER [bədɔne] **v. intr.** (conjug. 3a) ✦ FAM. Avoir du ventre.
ÉTYM. de *bedon.*

BÉDOUIN, INE [bedwɛ̃, in] **n.** ✦ Arabe nomade du désert. *Les Bédouins* (☞ noms propres). ➞ **adj.** *Tentes bédouines.*
ÉTYM. de l'arabe «habitant du désert».

BÉE [be] **adj. f.** ✦ (seul emploi) *BOUCHE BÉE* : la bouche ouverte d'admiration, d'étonnement. *J'en suis resté bouche bée.* HOM. B (lettre)
ÉTYM. du participe passé de *béer.*

BÉER [bee] **v. intr.** (conjug. 3a) ✦ LITTÉR. Ouvrir tout grand la bouche (➞ **béant, bée**).
ÉTYM. latin *batare.*

BEFFROI [befʀwa] **n. m.** ✦ RÉGIONAL Tour, clocher. *Des beffrois.*
ÉTYM. de l'allemand anc. «celui qui garde la paix».

BÉGAIEMENT [begɛmɑ̃] **n. m. 1.** Trouble de la parole qui se manifeste par la répétition saccadée d'une syllabe ou par le blocage involontaire du débit des mots. **2.** Balbutiement.
ÉTYM. de *bégayer.*

BÉGAYER [begeje] **v. intr.** (conjug. 12) **1.** Souffrir de bégaiement. **2.** S'exprimer d'une manière maladroite, hésitante, confuse. SYN. **bafouiller, bredouiller.** ➞ **trans.** *Bégayer une excuse.* SYN. **balbutier.**
► **BÉGAYANT, ANTE** [begejɑ̃, ɑ̃t] **adj.**
ÉTYM. de *bègue.*

BÉGONIA [begɔnja] **n. m.** ✦ Plante originaire d'Amérique tropicale, ornementale, cultivée pour ses fleurs.
ÉTYM. du nom de *Bégon*, intendant de Saint-Domingue.

BÈGUE [bɛg] **adj.** ✦ Qui bégaie. ➞ **n.** *Un, une bègue.*
ÉTYM. de l'ancien verbe *béguer*, de l'ancien néerlandais «bavarder».

BÉGUEULE [begœl] **n. f.** ✦ VIEILLI Femme qui manifeste une pruderie affectée. ➞ **adj.** (aussi masculin) *Il est un peu bégueule.* CONTR. **dévergondé, libertin.** HOM. BAGEL «pain»
ÉTYM. de *bée* et *gueule.*

BÉGUIN [begɛ̃] **n. m.** **I** VX Coiffe (d'abord, de béguine). **II 1.** Amour vif et passager. *Avoir le béguin pour qqn.* **2.** Personne qui en est l'objet. SYN. **amoureux.** *C'est son béguin.*
ÉTYM. de *béguine.*

BÉGUINAGE [beginaʒ] **n. m.** ✦ Communauté de béguines.

BÉGUINE [begin] **n. f.** ✦ Religieuse de Belgique ou des Pays-Bas soumise à la vie conventuelle sans avoir prononcé de vœux.
ÉTYM. peut-être du néerlandais ancien *beg(g)aert* «moine récitant».

BÉGUM [begɔm] **n. f.** ✦ dans l'Hindoustan Titre équivalant à celui de princesse. «*Les Cinq Cents Millions de la Bégum*» (roman de Jules Verne).
ÉTYM. de l'hindi.

BÉHAVIORISME [beavjɔʀism] **n. m.** ✦ DIDACT. Théorie qui limite la psychologie à l'étude du comportement. ➞ On écrit aussi *behaviorisme* [bievjɔʀism ; beavjɔʀism], sans accent.
► **BÉHAVIORISTE** [beavjɔʀist] **adj. et n.** ➞ On écrit aussi behavioriste [bievjɔʀist ; beavjɔʀist], sans accent.
ÉTYM. américain *behaviourisme*, de l'anglais.

BEIGE [bɛʒ] **adj.** ✦ De la couleur de la laine naturelle, d'un brun très clair. *Des imperméables beiges. Des tissus beige clair.*
ÉTYM. origine obscure.

BEIGNE [bɛɲ] **n. f.** ✦ FAM. Coup, gifle.
ÉTYM. origine incertaine.

BEIGNET [bɛɲɛ] **n. m.** ✦ Pâte frite enveloppant un aliment. *Beignets aux pommes. Beignet soufflé.* ➞ **pet-de-nonne.**
ÉTYM. de *beigne* «bosse».

BÉKÉ [beke] **n.** ✦ Créole né aux Antilles françaises. *De riches békés.* HOM. BECQUÉE «nourriture»
ÉTYM. mot créole.

BEL [bɛl] **adj. et adv.** ➞ ① BEAU

BÊLANT, ANTE [bɛlɑ̃, ɑ̃t] **adj.** ✦ Qui bêle.
ÉTYM. du participe présent de *bêler.*

BEL CANTO [bɛlkɑ̃to] **n. m. invar.** ✦ L'art du chant selon les traditions de l'opéra italien. *Il est amateur de bel canto.*
ÉTYM. mots italiens «beau chant».

BÊLEMENT [bɛlmɑ̃] **n. m.** 1. Cri du mouton, de la chèvre. 2. Plainte niaise. SYN. **jérémiade.**
ÉTYM. de *bêler.*

BÉLEMNITE [belɛmnit] **n. f.** ✦ PALÉONT. Céphalopode fossile de l'ère secondaire, dont on trouve le rostre, en forme de pointe de flèche.
ÉTYM. grec *belemnitês* «pierre en forme de flèche».

BÊLER [bele] **v. intr.** (conjug. 3a) 1. Pousser un bêlement. 2. Se plaindre sur un ton niais.
ÉTYM. latin *belare* pour *balare,* d'origine onomatopéique.

BELETTE [bəlɛt] **n. f.** ✦ Petit mammifère carnassier, bas sur pattes, de forme effilée, de couleur fauve.
ÉTYM. diminutif de *bel,* «petite belle» → ① beau.

BELGE [bɛlʒ] **adj.** ✦ De Belgique. → **flamand, wallon.** *Bière belge.* – **n.** *Les Belges.*
ÉTYM. latin *Belga.*

BELGICISME [bɛlʒisism] **n. m.** ✦ Particularité du français de Belgique.
ÉTYM. de *Belgique.*

BÉLIER [belje] **n. m.** I 1. Mâle non châtré de la brebis (→ **mouton**). *Le bélier blatère.* 2. HIST. Machine de guerre servant à enfoncer les murailles, les portes des villes assiégées. *Coups de bélier.* 3. TECHN. Machine à enfoncer les pieux. → **mouton.** – Machine hydraulique. II (avec maj.) Premier signe du zodiaque (21 mars-20 avril). – *Être Bélier,* de ce signe.
ÉTYM. de l'ancien français *belin,* probablement du néerlandais «cloche (du mouton)».

BÉLÎTRE [belitʀ] **n. m.** ✦ VX Mendiant ; vaurien (terme d'injure). – On peut aussi écrire *bélitre,* sans accent circonflexe.
ÉTYM. peut-être du néerlandais ancien *bedelare* ou de l'allemand ancien *betelaere* «mendiant».

BELLADONE [beladɔn ; bɛlladɔn] **n. f.** ✦ Plante vénéneuse à baies noires, contenant un alcaloïde (l'atropine) utilisé en médecine.
ÉTYM. latin scientifique *belladona,* de l'italien «belle dame *(donna)*».

BELLÂTRE [bɛlɑtʀ] **n. m.** ✦ Bel homme fat et niais.
ÉTYM. de *bel, beau* et suffixe *-âtre.*

BELLE [bɛl] **n. f.** I Belle femme, fille. – «*La Belle et la Bête*» (conte de Mme de Villeneuve ; film de J. Cocteau). II Partie qui doit départager deux joueurs à égalité. *Jouer la revanche et la belle.* III loc. FAM. *SE FAIRE LA BELLE* : s'évader.
ÉTYM. féminin de ① *beau.*

BELLE-DE-JOUR [bɛldəʒuʀ] **n. f.** ✦ Le liseron, dont les fleurs s'ouvrent pendant la journée. *Des belles-de-jour.*

BELLE-DE-NUIT [bɛldənɥi] **n. f.** ✦ Plante ornementale à grandes fleurs qui s'ouvrent le soir. *Des belles-de-nuit.*

BELLE-FAMILLE [bɛlfamij] **n. f.** ✦ Famille du conjoint. *Des belles-familles.*
ÉTYM. de ① *beau,* terme d'affection, et *famille.*

BELLE-FILLE [bɛlfij] **n. f.** 1. Épouse du fils. SYN. **bru.** *Des belles-filles.* 2. Fille que l'autre conjoint a eue précédemment.
ÉTYM. de ① *beau,* terme d'affection, et *fille.*

BELLE-MÈRE [bɛlmɛʀ] **n. f.** 1. Mère de l'autre conjoint. *Des belles-mères.* 2. Pour les enfants d'un premier mariage, la seconde femme de leur père. SYN. **marâtre** (VX).
ÉTYM. de ① *beau,* terme d'affection, et *mère.*

BELLES-LETTRES [bɛllɛtʀ] **n. f. pl.** ✦ VIEILLI La littérature (du point de vue esthétique).

BELLE-SŒUR [bɛlsœʀ] **n. f.** 1. Sœur du conjoint (pour l'autre). 2. Femme du frère ou du beau-frère d'une personne. *Des belles-sœurs.*
ÉTYM. de ① *beau,* terme d'affection, et *sœur.*

BELLICISME [belisism ; bɛllisism] **n. m.** ✦ Amour de la guerre ; attitude des bellicistes. CONTR. **pacifisme.**
ÉTYM. du latin *bellicus* «de guerre *(bellum)*».

BELLICISTE [belisist ; bɛllisist] **adj.** ✦ Qui pousse à la guerre. – **n.** *Un, une belliciste.* CONTR. **pacifiste.**
ÉTYM. du latin *bellicus* «de guerre *(bellum)*».

BELLIGÉRANCE [beliʒeʀɑ̃s ; bɛlliʒeʀɑ̃s] **n. f.** ✦ État de belligérant. CONTR. **neutralité.**

BELLIGÉRANT, ANTE [beliʒeʀɑ̃ ; bɛlliʒeʀɑ̃, ɑ̃t] **adj.** et **n. m.** ✦ (État) Qui prend part à une guerre. ◆ **n. m.** État en guerre. *Les belligérants.* CONTR. **neutre.**
ÉTYM. du latin *belligerare* «faire la guerre *(bellum)*».

BELLIQUEUX, EUSE [belikø ; bɛllikø, øz] **adj.** 1. Qui aime la guerre, est empreint d'esprit guerrier. 2. Agressif. *Être d'humeur belliqueuse.* CONTR. **pacifique, pacifiste • paisible.**
ÉTYM. latin *bellicosus,* de *bellum* «guerre».

BELLUAIRE [belɥɛʀ] **n. m.** ✦ HIST. Gladiateur qui combattait des fauves. SYN. ① **bestiaire.**
ÉTYM. du latin *bellua* «bête fauve».

BELON [bəlɔ̃] **n. f.** ou **n. m.** ✦ Huître plate et arrondie, à chair brune, très appréciée.
ÉTYM. du nom d'une rivière bretonne.

BELOTE [bəlɔt] **n. f.** ✦ Jeu de cartes. *Faire une belote.* – *Belote et rebelote* (figure de ce jeu).
ÉTYM. origine incertaine.

BÉLOUGA [beluga] **n. m.** 1. Mammifère cétacé des mers arctiques, parfois appelé *baleine blanche.* 2. Esturgeon des mers Noire et Caspienne. *Le caviar de bélouga est le plus apprécié.* – Ce caviar. – On écrit aussi *béluga.*
ÉTYM. russe *bieluga,* de *biely* «blanc».

BELVÉDÈRE [bɛlvedɛʀ] **n. m.** ✦ Construction ou terrasse établie en un lieu élevé, et d'où la vue s'étend au loin.
ÉTYM. italien *belvedere,* de *bel* «beau» et *vedere* «voir».

BÉMOL [bemɔl] **n. m.** ✦ Signe musical (♭) abaissant d'un demi-ton la note devant laquelle il est placé. ◆ loc. FAM. *Mettre un bémol* : parler moins fort ; modérer ses propos, ses exigences. – appos. invar. *Des mi bémol.*
ÉTYM. italien *bemolle* «b mou».

BEN [bɛ̃] **adv.** et **interj.** 1. **adv.** (rural) Bien. *P'têt ben qu'oui* [ptɛtbɛ̃kwi], peut-être bien que oui. 2. **interj.** FAM. Eh bien ! *Ben quoi ? Ben voyons !* HOM. BAIN «baignade»
ÉTYM. de *bien.*

BÉNÉDICITÉ [benedisite] **n. m.** ✦ Prière catholique prononcée avant le repas. *Des bénédicités.*
ÉTYM. du latin *benedicite* «bénissez».

BÉNÉDICTIN, INE [benediktɛ̃, in] **n.** I Religieux, religieuse de l'ordre de saint Benoît. – loc. *Un travail de bénédictin,* qui exige beaucoup d'érudition, de

patience et de soins. **II** n. f. (marque déposée) *BÉNÉDICTINE.* Liqueur fabriquée à l'origine dans un couvent de bénédictins.
ÉTYM. latin ecclésiastique *benedictinus,* de *Benedictus,* nom latin de *(saint) Benoît.* ☞ noms propres.

BÉNÉDICTION [benediksjɔ̃] n. f. 1. Grâce, faveur accordée par Dieu. → FAM. *C'est une bénédiction,* une grande chance. 2. Action du prêtre qui bénit (qqn, qqch.). *Donner, recevoir la bénédiction.* 3. Expression d'un assentiment, d'un souhait. *Il y est allé avec la bénédiction de la direction.* CONTR. **malédiction** • **désapprobation.**
ÉTYM. latin *benedictio,* de *benedicere* «bénir».

BÉNÉFICE [benefis] n. m. **I** Avantage. *Tirer un bénéfice moral d'une action.* → *AU BÉNÉFICE DE :* au profit de. *Donner un spectacle au bénéfice d'une œuvre.* → loc. *Le bénéfice du doute* (quand on doute de la culpabilité). **II** HIST. Patrimoine et revenus attachés à une fonction ecclésiastique (abbé, etc.). **III** 1. DR. Faveur, privilège que la loi accorde à (qqn). *Le bénéfice des circonstances atténuantes.* ◆ Gain réalisé dans une opération ou une entreprise (abrév. FAM. BÉNEF [benɛf]). SYN. **excédent, profit.** *Bénéfice net,* tous frais déduits. *Être intéressé aux bénéfices.* 2. COMPTAB. Différence entre le prix de vente et le prix de revient. CONTR. **désavantage, inconvénient** • **déficit, perte.**
ÉTYM. latin *beneficium* «bienfait».

BÉNÉFICIAIRE [benefisjɛʀ] n. et adj. 1. n. Personne qui bénéficie d'un avantage, d'un droit, d'un privilège. 2. adj. Qui a rapport au bénéfice commercial. *La marge bénéficiaire du commerçant.*
ÉTYM. latin *beneficiarius.*

BÉNÉFICIER [benefisje] v. tr. ind. (conjug. 9) ✦ *BÉNÉFICIER DE :* profiter de (un avantage). *Bénéficier d'une remise.* ◆ *BÉNÉFICIER À :* apporter un profit à. CONTR. **pâtir, souffrir.**
ÉTYM. latin médiéval *beneficiare.*

BÉNÉFIQUE [benefik] adj. ✦ Qui fait du bien. *Ce séjour lui a été bénéfique.* SYN. **favorable, salutaire.** CONTR. **maléfique, néfaste.**
ÉTYM. latin *beneficus.*

BENÊT [bənɛ] n. m. ✦ Homme, garçon niais. SYN. **nigaud.** *Un grand benêt.*
ÉTYM. variante de *benoît,* latin *benedictus* «béni».

BÉNÉVOLAT [benevɔla] n. m. ✦ Situation d'une personne qui accomplit un travail gratuitement, sans y être obligée.
ÉTYM. de *bénévole.*

BÉNÉVOLE [benevɔl] adj. 1. Qui fait (qqch.) sans obligation et gratuitement. *Une infirmière bénévole.* → n. *Faire appel à des bénévoles.* 2. Fait gratuitement et sans obligation. *Une assistance bénévole.* SYN. **désintéressé, gratuit.** CONTR. **payé, rétribué** • **payant.**
► **BÉNÉVOLEMENT** [benevɔlmɑ̃] adv.
ÉTYM. latin *benevolus* «bienveillant», de *bene* «bien» et *volere* «vouloir».

BENGALI, E [bɛ̃gali] n. et adj.
I n. m. Petit oiseau passereau au plumage bleu et brun, originaire d'Inde. *Des bengalis.*
II adj. et n. Du Bengale (☞ noms propres). *La poésie bengalie.* → n. m. Langue indo-européenne parlée au Bengale.
ÉTYM. mot hindi.

BÉNI, IE [beni] adj. ✦ Qui a été béni (I, 1). *Des jours bénis. Être béni des dieux,* avoir beaucoup de chance.
HOM. BÉNIT (par le prêtre)
ÉTYM. du participe passé de *bénir.*

BÉNIGNITÉ [beniɲite] n. f. ✦ LITTÉR. 1. Caractère de ce qui est bénin, sans gravité. *La bénignité d'une maladie.* 2. LITTÉR. Qualité d'une personne bienveillante et douce. SYN. **bonté.** CONTR. **malignité, gravité** • **malveillance, méchanceté.**
ÉTYM. latin *benignitas,* de *benignus* «bon, amical».

BÉNIN, IGNE [benɛ̃, iɲ] adj. 1. Sans conséquence grave. *Accident bénin. Tumeur bénigne* (opposé à *maligne*). 2. VIEILLI Bienveillant, indulgent. SYN. **doux.** *Une humeur, une critique bénigne.* CONTR. **dangereux, grave** • **malveillant, méchant.**
ÉTYM. latin *benignus* «bienveillant».

BÉNIR [beniʀ] v. tr. (conjug. 13) **I** 1. (Dieu) Répandre sa bénédiction* sur. SYN. **protéger.** → FAM. *Dieu vous bénisse,* souhait adressé à qqn qui éternue. 2. Appeler la bénédiction de Dieu sur les hommes. *Bénir les fidèles. Le prêtre qui a béni leur union.* ◆ Consacrer (un objet) par des cérémonies rituelles. *Bénir un bateau.* SYN. **baptiser.** 3. Souhaiter solennellement bonheur et prospérité à (qqn) en invoquant l'intervention de Dieu. → au p. passé *Soyez béni !* **II** 1. Glorifier, remercier (qqn, qqch.). *Je bénis le médecin qui m'a sauvé. Vous pouvez bénir ce hasard.* 2. Louer, glorifier (Dieu). *Béni soit le Seigneur.* CONTR. **maudire.**
ÉTYM. latin *benedicere,* de *bene* «bien» et *dicere* «dire».

BÉNIT, ITE [beni, it] adj. ✦ (choses) Qui a reçu la bénédiction du prêtre avec les cérémonies prescrites. *Eau bénite.* → loc. *C'est pain bénit :* c'est une aubaine.
HOM. BÉNI (de Dieu)
ÉTYM. du latin *benedictus,* participe passé de *benedicere* «bénir».

BÉNITIER [benitje] n. m. ✦ Vasque contenant l'eau bénite. ◆ loc. FAM. *Grenouille de bénitier :* bigote.
ÉTYM. du participe passé de l'ancien verbe *beneir* «bénir», d'après *bénit.*

BENJAMIN, INE [bɛ̃ʒamɛ̃, in] n. ✦ Le, la plus jeune d'une famille, d'un groupe. *L'aîné, le cadet et le benjamin.* CONTR. **aîné ; doyen.**
ÉTYM. du n. du plus jeune fils de Jacob dans la Bible ☞ BENJAMIN (noms propres).

BENJOIN [bɛ̃ʒwɛ̃] n. m. ✦ Résine aromatique utilisée en parfumerie, en médecine.
ÉTYM. catalan *benjui,* de l'arabe «eau de Java».

BENNE [bɛn] n. f. 1. Caisse servant au transport de matériaux dans les mines, les chantiers. *Benne de charbon.* SYN. **berline.** 2. Partie basculante d'un camion, pour décharger des matériaux. Le camion. *Benne à ordures.* 3. Cabine de téléférique.
ÉTYM. variante de *banne.*

BENOÎT, OÎTE [bənwa, wat] adj. ✦ VX Bon et doux. ◆ VIEILLI Doucereux.
► **BENOÎTEMENT** [bənwatmɑ̃] adv.
ÉTYM. p. passé de l'ancien français *beneir* «bénir».

BENTHIQUE [bɛ̃tik] adj. ✦ DIDACT. Relatif au fond des eaux ; qui vit au fond des eaux. *La faune et la flore benthiques.*
ÉTYM. de *benthos.*

BENTHOS [bɛ̃tos] n. m. ✦ DIDACT. Fond marin.
ÉTYM. mot grec «profondeur».

BENTO [bɛnto] **n. m.** ✦ Repas à emporter, conservé dans un récipient compartimenté ; ce récipient. *Préparer son bento.*
ÉTYM. japonais *bentō.*

BENZÈNE [bɛ̃zɛn] **n. m.** ✦ Carbure d'hydrogène, liquide incolore, inflammable, dissolvant les corps gras, extrait des goudrons de houille.
► **BENZÉNIQUE** [bɛ̃zenik] **adj.**
ÉTYM. du latin *benzoe* → benzine.

BENZINE [bɛ̃zin] **n. f.** ✦ Mélange d'hydrocarbures (benzol) vendu dans le commerce, employé notamment comme détachant.
ÉTYM. allemand *Benzin,* du latin *benzoe,* nom latinisé du *benjoin.*

BENZOL [bɛ̃zɔl] **n. m.** ✦ Mélange de carbures composé de benzène, de toluène et de xylène.
ÉTYM. de *benzène.*

BÉOTIEN, IENNE [beɔsjɛ̃, jɛn] **n.** I De Béotie (☞ noms propres), province grecque. II Lourd, peu ouvert aux lettres et aux arts, qui a des goûts grossiers.

B. E. P. [beøpe] **n. m.** ✦ Diplôme sanctionnant une formation de deux ans en lycée professionnel, conférant la qualification d'ouvrier ou d'employé qualifié. *Un B. E. P. de comptabilité.*
ÉTYM. sigle de *brevet d'études professionnelles.*

BÉQUÉE **n. f.** → BECQUÉE

BÉQUET [bekɛ] **n. m.** ✦ IMPRIM. Petit morceau de papier écrit qu'on ajoute à une épreuve pour signaler une correction, etc. – On écrit aussi *becquet.*
ÉTYM. de *bec.*

BÉQUETER → ① BECQUETER

BÉQUILLE [bekij] **n. f.** 1. Bâton surmonté d'une traverse sur laquelle on appuie l'aisselle ou la main pour se soutenir. *Marcher avec des béquilles.* 2. Instrument, dispositif de soutien, de support. SYN. ② **cale, étai.** *La béquille d'une moto.*
ÉTYM. de *béquillon* «petit bec».

BER [bɛʀ] **n. m.** ✦ MAR. Charpente soutenant un bateau en construction.
ÉTYM. latin populaire *bertium* «berceau», d'orig. gauloise.

BERBÈRE [bɛʀbɛʀ] **adj.** et **n.** ✦ Du peuple autochtone d'Afrique du Nord. – **n.** *Les Touareg, les Kabyles sont des Berbères* (☞ noms propres). ♦ **n. m.** Langue sémitique des Berbères.
ÉTYM. arabe, par l'espagnol.

BERCAIL [bɛʀkaj] **n. m. sing.** ✦ plais. Famille, foyer, pays (natal). *Rentrer au bercail.*
ÉTYM. du latin populaire *berbicale* «bergerie», de *berbex, berbix* «mouton».

BERCEAU [bɛʀso] **n. m.** I 1. Petit lit de bébé (que l'on peut balancer). – LITTÉR. La petite enfance. *Du berceau à la tombe.* 2. Lieu de naissance, d'origine (d'une personne, d'une institution...). *Le berceau de la civilisation.* II 1. ARCHIT. Voûte en plein cintre. ♦ Voûte de feuillage. SYN. **tonnelle.** 2. Partie où s'appuie un moteur.
ÉTYM. de l'ancien français *bers* «berceau» → ber.

BERCEMENT [bɛʀsəmɑ̃] **n. m.** ✦ Action de bercer, balancement.

BERCER [bɛʀse] **v. tr.** (conjug. 4) 1. Balancer dans un berceau. – Balancer, agiter doucement. *Bercer un enfant dans ses bras.* 2. passif et p. passé LITTÉR. *ÊTRE BERCÉ, ÉE DE,* accompagné de façon continue par qqch., imprégné de qqch. *Ma jeunesse a été bercée de, par cette musique.* 3. LITTÉR. Apaiser, consoler. 4. LITTÉR. Leurrer. *Bercer qqn de vaines promesses.* SYN. **tromper.** – pronom. *Se bercer d'illusions.* → **s'illusionner.**
ÉTYM. de l'ancien français *bers* «berceau» → ber.

BERCEUSE [bɛʀsøz] **n. f.** ✦ Chanson pour endormir un enfant. – Musique analogue.
ÉTYM. de *bercer.*

BÉRET [beʀɛ] **n. m.** ✦ Coiffure de laine souple, ronde et plate. *Un béret basque. Un béret de marin.*
ÉTYM. béarnais *berret,* du bas latin *birrum* «capote».

BERGAMOTE [bɛʀgamɔt] **n. f.** 1. Variété de poire fondante. 2. Fruit acide (agrume) d'un arbre (*bergamotier* **n. m.**). *Essence de bergamote.* 3. Bonbon à la bergamote.
ÉTYM. italien *bergamotta,* du turc «poire du seigneur».

① **BERGE** [bɛʀʒ] **n. f.** 1. Bord relevé d'un cours d'eau, d'un canal. *La berge du fleuve.* SYN. **rive.** 2. Bord relevé d'un chemin, d'un fossé. SYN. **talus.**
ÉTYM. latin populaire *barica,* d'origine gauloise.

② **BERGE** [bɛʀʒ] **n. f.** ✦ FAM. Année (d'âge). *Un type de cinquante berges.* SYN. FAM. ② **balai.**
ÉTYM. tsigane *berj.*

BERGER, ÈRE [bɛʀʒe, ɛʀ] **n.** 1. Personne qui garde les moutons. *Chien de berger,* dressé pour garder les troupeaux. *La bergère de Domrémy,* Jeanne d'Arc. *L'étoile du berger :* la planète Vénus. ♦ Personnage des pastorales et des chansons (XVIIe-XVIIIe siècles). *«Il pleut, il pleut, bergère...»* (chanson de Fabre d'Églantine). – loc. *La réponse du berger à la bergère :* le mot de la fin, qui clôt la discussion. 2. **n. m.** Chien de berger. *Un berger allemand.*
ÉTYM. latin populaire *berbecarius,* de *berbex, berbix* «mouton».

BERGÈRE [bɛʀʒɛʀ] **n. f.** ✦ Fauteuil large et profond, à joues pleines, dont le siège est garni d'un coussin.
ÉTYM. de *berger.*

BERGERIE [bɛʀʒəʀi] **n. f.** 1. Lieu, bâtiment où l'on abrite les moutons. → **parc.** – *Faire entrer, enfermer le loup dans la bergerie,* introduire qqn dans un lieu où il peut faire du mal. 2. Poème mettant en scène les amours de bergers* et bergères.
ÉTYM. de *berger.*

BERGERONNETTE [bɛʀʒəʀɔnɛt] **n. f.** ✦ Oiseau passereau qui vit au bord de l'eau. SYN. **hochequeue, lavandière.**
ÉTYM. du féminin de *berger.*

BÉRIBÉRI [beʀibeʀi] **n. m.** ✦ Maladie due au manque de vitamine B, causée par la consommation exclusive de riz décortiqué.
ÉTYM. mot malais.

BERLINE [bɛʀlin] **n. f.** 1. Automobile à quatre portes et quatre glaces latérales. 2. Benne roulante, chariot pour le transport de la houille dans les mines.
ÉTYM. de *Berlin,* ville d'Allemagne. ☞ noms propres.

BERLINGOT [bɛʀlɛ̃go] **n. m.** 1. Bonbon aux fruits, à la menthe en forme de tétraèdre (→ **bêtise**). 2. Emballage pour le lait, qui a la forme de ce bonbon.
ÉTYM. de l'italien *berlingozzo* «sorte de gâteau».

BERLUE [bɛʀly] **n. f.** ✦ *Avoir la berlue :* avoir des visions.
ÉTYM. origine obscure.

BERME [bɛʀm] **n. f.** ✦ Chemin laissé entre une levée et le bord d'un canal ou d'un fossé.
ÉTYM. néerlandais *berm* «talus».

BERMUDA [bɛʀmyda] **n. m.** ✦ Short descendant jusqu'aux genoux. *Des bermudas à fleurs.*
ÉTYM. mot américain, de *Bermuda shorts* «short des *Bermudes*».
☛ noms propres.

BERNACHE [bɛʀnaʃ] ou **BERNACLE** [bɛʀnakl] **n. f.** 1. Petite oie sauvage. 2. Crustacé marin appelé aussi *anatife.*
ÉTYM. origine incertaine.

BERNARD-L'ERMITE [bɛʀnaʀlɛʀmit] **n. m. invar.** ✦ Crustacé qui loge dans une coquille vide de mollusque. ➛ On écrit aussi *bernard-l'hermite.*
ÉTYM. occitan *bernat* «Bernard» (sobriquet) et *l'ermito* → ermite.

en BERNE [ɑ̃bɛʀn] **loc. adj.** 1. *Pavillon en berne,* hissé à mi-mât en signe de deuil ou de détresse. ➛ *Drapeaux en berne,* non déployés, roulés. 2. fig. Qui a atteint un très bas niveau. *Avoir le moral en berne. Croissance en berne,* en baisse.
ÉTYM. peut-être de *berme.*

BERNER [bɛʀne] **v. tr.** (conjug. 3a) ✦ Tromper en ridiculisant. SYN. **duper, jouer.**
ÉTYM. p.-ê. famille de *bren* «③ son», du gaulois.

① **BERNIQUE** [bɛʀnik] ou **BERNICLE** [bɛʀnikl] **n. f.** ✦ Patelle*.
ÉTYM. origine obscure.

② **BERNIQUE** [bɛʀnik] **interj.** ✦ VIEILLI Rien à faire. *Pour en savoir plus, bernique !*
ÉTYM. p.-ê. de l'ancien français *bren* «③ son».

BÉRYL [beʀil] **n. m.** ✦ Pierre précieuse, silicate d'aluminium et de béryllium. *Béryl vert* (→ **émeraude**), *béryl bleu* (→ **aigue-marine**).
ÉTYM. latin *beryllus,* du grec.

BÉRYLLIUM [beʀiljɔm] **n. m.** ✦ CHIM. Métal gris, dur et léger (symb. Be). *Alliage au béryllium.*
ÉTYM. de *béryl.*

BESACE [bəzas] **n. f.** ✦ Sac long, ouvert par le milieu et dont les extrémités forment deux poches. *Besace de mendiant, de pèlerin.*
ÉTYM. latin *bisaccium,* de *bis* «deux» (→ ② bis) et *saccus* «sac».

BESANT [bəzɑ̃] **n. m.** 1. Ancienne monnaie byzantine. 2. Ornement architectural, de style roman, en forme de disque saillant.
ÉTYM. latin *byzantium.*

BÉSEF ou **BÉZEF** [bezɛf] **adv.** ✦ (surtout en emploi négatif) FAM. Beaucoup. *Il n'en a pas bésef.*
ÉTYM. de l'arabe.

BÉSICLES [bezikl] **n. f. pl.** ✦ VX ou plais. Lunettes. ➛ On écrit aussi *besicles* [bezikl ; bəzikl], sans accent.
ÉTYM. de l'ancien français *bericle* «béryl», cette pierre ayant servi à faire des lunettes.

BESOGNE [bəzɔɲ] **n. f.** ✦ Travail imposé (par la profession, etc.). SYN. **ouvrage, tâche.** *Abattre de la besogne.* ➛ *Aller vite en besogne,* travailler rapidement ; brûler les étapes, précipiter les choses.
ÉTYM. du francique *bisunnia,* de *sunnja* «soin, souci» ; même famille que *besoin.*

BESOGNER [bəzɔɲe] **v. intr.** (conjug. 3a) ✦ LITTÉR. Travailler péniblement.

BESOGNEUX, EUSE [bəzɔɲø, øz] **adj.** 1. VX Miséreux (dans le besoin). 2. Qui fait une médiocre besogne mal rétribuée. *Un gratte-papier besogneux.* 3. Qui doit beaucoup travailler pour arriver à un résultat médiocre. *Un élève besogneux.* CONTR. **riche.**
ÉTYM. de *besoin* «nécessité».

BESOIN [bəzwɛ̃] **n. m.** **I** 1. Exigence pour l'être humain ou l'animal, provenant de la nature ou de la vie sociale. SYN. **appétit, envie.** *La satisfaction d'un besoin. Le besoin de nourriture. Éprouver un besoin de changement.* ➛ au plur. *Les besoins de qqn,* les choses considérées comme nécessaires à l'existence. *Subvenir aux besoins de qqn. Il a de grands besoins.* ➛ *Les besoins naturels,* la nécessité d'uriner, d'aller à la selle. FAM. *Ses petits besoins. Aller faire ses besoins.* 2. *Le besoin de la cause,* ce qui soutient la cause qu'on défend. loc. *Pour les besoins de la cause.* 3. *AVOIR BESOIN DE qqn, qqch.* loc. verb. : ressentir la nécessité de. → **désirer,** avoir **envie,** ① **vouloir.** ➛ Manquer (d'une chose objectivement nécessaire). *Il a besoin de repos.* → **falloir.** *Je n'ai besoin de rien, de personne.* ➛ (+ inf.) Éprouver la nécessité, l'utilité de. *Il a besoin de gagner sa vie. Je n'ai pas besoin d'ajouter que,* inutile d'ajouter que. ➛ (*que* + subj.) *Il a besoin qu'on le conseille,* il faut que. 4. impers. *Point n'est besoin de* (+ inf.), il n'est pas nécessaire de. *S'il en est besoin, si besoin est,* si cela est nécessaire. 5. *AU BESOIN* loc. adv. : en cas de nécessité, s'il le faut. *Au besoin, je vous téléphonerai.* **II** État de privation. SYN. **dénuement, gêne, indigence, pauvreté.** *Être dans le besoin.* CONTR. **dégoût, satiété • abondance, aisance, opulence, richesse.**
ÉTYM. du francique *bisunni,* de *sunnja* «soin, souci» ; même famille que *besogne.*

BESSON, ONNE [besɔ̃, ɔn] **n.** ✦ RÉGIONAL Jumeau, jumelle.
ÉTYM. latin populaire *bissus,* de *bis* «deux fois».

① **BESTIAIRE** [bɛstjɛʀ] **n. m.** ✦ HIST. Gladiateur qui combattait les bêtes féroces, à Rome. SYN. **belluaire.**
ÉTYM. latin *bestiarius,* de *bestia* «bête».

② **BESTIAIRE** [bɛstjɛʀ] **n. m.** ✦ Recueil de fables, de textes sur les bêtes.
ÉTYM. latin *bestiarium,* de *bestia* «bête».

BESTIAL, ALE, AUX [bɛstjal, o] **adj.** ✦ Qui tient de la bête, qui assimile l'homme à la bête. SYN. ② **animal, brutal.** *Un instinct bestial.* CONTR. **délicat, raffiné.**
► **BESTIALEMENT** [bɛstjalmɑ̃] **adv.**
ÉTYM. latin *bestialis,* de *bestia* «bête».

BESTIALITÉ [bɛstjalite] **n. f.** 1. Caractère bestial. 2. Relations sexuelles avec des animaux (perversion).
ÉTYM. latin médiéval *bestialitas.*

BESTIAUX [bɛstjo] **n. m. pl.** ✦ Ensemble des animaux qu'on élève pour la production agricole dans une ferme (à l'exclusion des animaux de basse-cour). SYN. **bétail.** ➛ *Wagon à bestiaux.*
ÉTYM. pluriel de l'ancien *bestial* «bétail».

BESTIOLE [bɛstjɔl] **n. f.** ✦ Petite bête. ➛ spécialt Insecte.
ÉTYM. latin *bestiola,* diminutif de *bestia* «bête».

BEST-SELLER [bɛstsɛlœʀ] **n. m.** ✦ anglicisme Livre qui a obtenu un grand succès de librairie. *Des best-sellers.*
ÉTYM. mot américain, de *best* «le mieux» et *seller* «article vendu».

① **BÊTA** [bɛta] **n. m. invar.** ✦ Deuxième lettre de l'alphabet grec (Β, β). ◆ **appos. invar.** SC. *Rayons bêta,* émis par certains éléments radioactifs.
ÉTYM. mot grec.

② **BÊTA, ASSE** [bɛta, as] **n. et adj.** ✦ FAM. Personne bête, niaise. *C'est un gros bêta.*
ÉTYM. de *bête.*

BÊTABLOQUANT [bɛtablɔkɑ̃] **n. m.** ✦ MÉD. Substance qui empêche la fixation d'adrénaline sur certains récepteurs (récepteurs bêta) du système sympathique.
ÉTYM. de ① *bêta* et du participe présent de *bloquer.*

BÉTAIL [betaj] **n. m. sing.** ✦ Ensemble des animaux élevés pour la production agricole. SYN. **bestiaux, cheptel.** *Le gros bétail,* les bovins, les chevaux. *Le petit bétail,* les ovins, les porcins. *Cent têtes de bétail.*
ÉTYM. de *bête.*

BÉTAILLÈRE [betajɛʀ] **n. f.** ✦ Véhicule servant à transporter le bétail.

BÊTE [bɛt] **n. f. et adj.**
I n. f. 1. Tout être animé, à l'exception de l'homme*. SYN. ② **animal.** *Les bêtes à cornes. Bête de somme. Bêtes féroces.* — *Nourrir les bêtes.* SYN. **bestiaux, bétail.** — loc. *Bête à bon Dieu :* coccinelle. — *La belle* et la bête.* 2. loc. *Regarder qqn comme une bête curieuse,* avec une insistance déplacée. — *Chercher la petite bête,* être extrêmement méticuleux dans la recherche des erreurs, dans la critique. — *C'est sa bête noire,* il déteste cette personne, cette chose. — *Comme une bête :* avec acharnement, intensément. *Foncer, s'éclater comme une bête.* 3. Personne dominée par ses instincts. *La sale bête !* ◆ Personne inintelligente (→ **abêtir**). loc. *Faire la bête,* jouer l'ignorant. ◆ (affectueux) *Grosse bête, grande bête !* SYN. FAM. ② **bêta.**
II adj. 1. Qui manque d'intelligence, de jugement. SYN. **idiot, imbécile ;** FAM. **con, débile, nul.** *Bête comme un pied, ses pieds. Il n'est pas bête, il est loin d'être bête.* — *Pas si bête,* pas assez sot pour se laisser tromper. 2. Qui manque d'attention, d'à-propos. *Suis-je bête ! cela m'avait échappé.* ◆ (choses) Regrettable. *C'est bête, je ne m'en souviens pas.* CONTR. ② **fin, intelligent, subtil.**
HOM. BETTE «plante»
ÉTYM. latin *bestia,* d'abord «bête féroce» ; doublet de *biche.*

BÉTEL [betɛl] **n. m.** ✦ Mélange de feuilles d'un poivrier exotique, de tabac, de noix d'arec, utilisé dans les régions tropicales. *Mâcher du bétel.*
ÉTYM. portugais *betel,* d'une langue du sud de l'Inde.

BÊTEMENT [bɛtmɑ̃] **adv.** ✦ D'une manière bête, stupide. *Agir bêtement.* ◆ loc. *Tout bêtement :* tout simplement. SYN. **bonnement.**
ÉTYM. de *bête* (II, 1).

BÊTIFIER [betifje] **v. intr.** (conjug. 9) ✦ Faire l'enfant, dire des bêtises.
► **BÊTIFIANT, ANTE** [betifjɑ̃, ɑ̃t] **adj.**
ÉTYM. de *bête,* suffixe *-ifier.*

BÊTISE [betiz] **n. f.** **I** 1. Manque d'intelligence et de jugement. SYN. **sottise, idiotie, imbécillité, stupidité ;** FAM. **connerie.** *Il est d'une rare bêtise.* 2. Action ou parole sotte ou maladroite. *Faire, dire des bêtises.* SYN. **ânerie.** ◆ Action, parole, chose sans valeur ou sans importance. SYN. **bagatelle, broutille, enfantillage.** *Se brouiller pour une bêtise,* pour un motif futile. 3. Action déraisonnable, imprudente. SYN. ① **folie.** *Il faut l'empêcher de faire des bêtises.* **II** *Bêtise de Cambrai :* berlingot à la menthe. CONTR. **intelligence ; finesse, subtilité.**
ÉTYM. de *bête* (II).

BÊTISIER [betizje] **n. m.** ✦ Recueil plaisant de bêtises. SYN. **sottisier.**

BÉTON [betɔ̃] **n. m.** ✦ Matériau de construction issu du mélange d'un mortier et de gravier. *Béton armé,* coulé autour d'une armature métallique. *Un immeuble en béton.* — *Un alibi en béton,* solide. **appos. invar.** *Des excuses béton.*
ÉTYM. latin *bitumen* «bitume» ; doublet de *bitume.*

BÉTONNER [betɔne] **v. tr.** (conjug. 3a) ✦ Construire en béton. ◆ **fig.** Rendre solide et sûr.
► **BÉTONNÉ, ÉE adj.** *Terrasse bétonnée.*

BÉTONNIÈRE [betɔnjɛʀ] **n. f.** ✦ Machine comprenant une cuve tournante, pour fabriquer le béton. — On dit aussi (critiqué) BÉTONNEUSE [betɔnøz].

BETTE [bɛt] ou **BLETTE** [blɛt] **n. f.** ✦ Plante voisine de la betterave, dont on mange cuites les feuilles et les côtes. HOM. BÊTE «animal», BÊTE «stupide»
ÉTYM. latin *beta* (bette) et latin médiéval *bleta* (blette).

BETTERAVE [bɛtʀav] **n. f.** ✦ Plante cultivée à racine charnue. *Betterave fourragère,* pour l'alimentation du bétail. — *Betterave potagère, betterave rouge,* à petite racine ronde, rouge et sucrée. *Salade de betteraves.* — *Betterave sucrière,* dont on extrait le sucre.
ÉTYM. de *bette* et *rave.*

BETTERAVIER, IÈRE [bɛtʀavje, jɛʀ] **adj. et n. m.** 1. **adj.** De la betterave. 2. **n. m.** Producteur de betteraves sucrières.

BÉTYLE [betil] **n. m.** ✦ DIDACT. Pierre sacrée à valeur symbolique.
ÉTYM. latin *baetulus,* du grec «pierre sacrée».

BEUGLEMENT [bøgləmɑ̃] **n. m.** 1. Cri des bovins. SYN. **meuglement.** 2. Son puissant, prolongé et désagréable. *Le beuglement d'une radio.*
ÉTYM. de *beugler.*

BEUGLER [bøgle] **v. intr.** (conjug. 3a) 1. (bovins) Pousser des cris, des beuglements. SYN. **meugler.** 2. FAM. Hurler, gueuler.
ÉTYM. de l'ancien français *bugler* «corner», de *bugle* «buffle» ; famille du latin *bos, bovis* «bœuf».

BEUR [bœʀ] **n.** ✦ FAM. Personne née en France de parents immigrés maghrébins. — au féminin *Une beur(e).*
ÉTYM. verlan de *arabe.*

BEURRE [bœʀ] **n. m.** 1. Corps gras alimentaire onctueux qu'on obtient en battant la crème du lait. *Beurre salé, pasteurisé, demi-sel. Cuisine au beurre.* — *BEURRE NOIR :* beurre fondu qu'on laisse noircir à la cuisson. *Beurre blond. Raie au beurre noir.* — loc. *Œil au beurre noir,* poché. ◆ loc. FAM. *Compter* pour du beurre.* — *Mettre du beurre dans les épinards,* améliorer sa situation financière. — *Faire son beurre,* s'enrichir. — *Vouloir le beurre et l'argent du beurre.* 2. *Beurre de...,* pâte formée d'une substance écrasée dans du beurre. *Beurre d'anchois.* 3. Substance grasse extraite de certains végétaux. *Beurre de cacao.*
ÉTYM. latin *butyrum,* du grec, littéralement «fromage *(turon)* de la vache *(bou)*».

BEURRER [bœʀe] **v. tr.** (conjug. 3a) ✦ Recouvrir ou enduire de beurre. *Beurrer des biscottes.*
► **BEURRÉ, ÉE adj.** 1. *Tartine beurrée.* 2. FAM. Ivre, soûl. *Il est complètement beurré.*

BEURRIER [bœʀje] **n. m.** ✦ Récipient dans lequel on conserve, on sert le beurre.

BEUVERIE [bøvʀi] **n. f.** ✦ Réunion où l'on s'enivre. SYN. **orgie, soûlerie.**
ÉTYM. de l'ancien radical *bev-* de *boire.*

BÉVUE [bevy] **n. f.** ✦ Méprise, erreur grossière due à l'ignorance ou à l'inadvertance. SYN. **étourderie,** ② **gaffe, impair.**
ÉTYM. de *vue.*

BEY [bɛ] **n. m.** ✦ Titre porté par les souverains vassaux du sultan ou par certains hauts fonctionnaires turcs.
HOM. BAI «(cheval) brun», ① BAIE «golfe», ② BAIE «fenêtre» et ③ BAIE «fruit»
► **BEYLICAL, ALE, AUX** [belikal, o] **adj.**
ÉTYM. mot turc.

BÉZEF [bezɛf] **adv.** → BÉSEF

BI- Élément, du latin *bis* «deux ; deux fois». SYN. **bis-, di-.**

Bi [bei] ✦ CHIM. Symbole du bismuth.

BIAIS [bjɛ] **n. m.** 1. Ligne, direction oblique. – (dans un tissu) Sens de la diagonale par rapport au droit fil. *Tailler dans le biais.* ◆ *DE BIAIS, EN BIAIS* **loc. adv.** : obliquement, de travers. 2. fig. Côté, aspect. *C'est par ce biais qu'il faut considérer le problème.* ◆ Moyen détourné. SYN. **détour.**
ÉTYM. peut-être du latin populaire *biaxius* «qui a deux *(bi)* axes *(axis)*», par l'ancien occitan.

BIAISER [bjeze] **v. intr.** (conjug. 3a) ✦ Employer des moyens détournés, artificieux. *Avec lui, inutile de biaiser.*
ÉTYM. de *biais* (2).

BIATHLON [biatlɔ̃] **n. m.** ✦ Épreuve olympique associant une épreuve de ski de fond au tir à la carabine.
ÉTYM. formé sur *triathlon, pentathlon,* avec *bi-* «deux».

BIBELOT [biblo] **n. m.** ✦ Petit objet décoratif. SYN. **babiole,** ② **souvenir.** *Une étagère encombrée de bibelots.*
ÉTYM. peut-être ancien français *beubelet,* famille de *bel, beau.*

BIBERON [bibʀɔ̃] **n. m.** ✦ Petite bouteille munie d'une tétine, servant à nourrir, abreuver un bébé ; son contenu. *Stériliser un biberon.*
ÉTYM. du latin chrétien *biber* «boisson», de *bibere* «boire».

① **BIBI** [bibi] **n. m.** ✦ FAM. VIEILLI Petit chapeau de femme. *Des bibis.*
ÉTYM. peut-être onomatopée.

② **BIBI** [bibi] **pron.** ✦ POP. Moi.
ÉTYM. origine inconnue.

BIBINE [bibin] **n. f.** ✦ Mauvaise boisson. – Bière de qualité inférieure.
ÉTYM. peut-être du radical de *biberon.*

BIBLE [bibl] **n. f.** 1. (avec maj. ☞ noms propres). Recueil de textes tenus pour sacrés par les religions juive et chrétienne. → **écriture.** *Les versets de la Bible.* 2. Le livre lui-même. *Une Bible de poche.* 3. Ouvrage faisant autorité. *Ce dictionnaire est ma bible.*
ÉTYM. latin *biblia,* du grec, d'abord «papyrus».

BIBLIO- Élément, du grec *biblion* «livre».

BIBLIOBUS [biblijobys] **n. m.** ✦ Véhicule aménagé en bibliothèque de prêt.
ÉTYM. de *biblio(thèque)* et *(auto)bus.*

BIBLIOGRAPHE [biblijɔgʀaf] **n.** ✦ Spécialiste de bibliographie.
ÉTYM. de *bibliographie* → biblio- et -graphe.

BIBLIOGRAPHIE [biblijɔgʀafi] **n. f.** 1. Liste des écrits concernant un auteur, un sujet donné ou servant de référence. 2. Science des documents écrits, des livres.
► **BIBLIOGRAPHIQUE** [biblijɔgʀafik] **adj.** *Notice, revue bibliographique.*
ÉTYM. du grec → biblio- et -graphie.

BIBLIOPHILE [biblijɔfil] **n.** ✦ Personne qui aime, recherche et conserve avec soin les livres rares, précieux.
ÉTYM. de *biblio-* et *-phile.*

BIBLIOPHILIE [biblijɔfili] **n. f.** ✦ Passion et science du bibliophile.

BIBLIOTHÉCAIRE [biblijɔtekɛʀ] **n.** ✦ Personne préposée à une bibliothèque.
ÉTYM. latin *bibliothecarius.*

BIBLIOTHÉCONOMIE [biblijɔtekɔnɔmi] **n. f.** ✦ Organisation et gestion des bibliothèques.
ÉTYM. de *bibliothèque* et *économie.*

BIBLIOTHÈQUE [biblijɔtɛk] **n. f.** 1. Meuble permettant de ranger et de classer des livres. → aussi **rayonnage.** *Une bibliothèque vitrée.* 2. Salle, édifice où sont classés des livres, pour la lecture ou pour le prêt. *Bibliothèque de prêt, de consultation. Bibliothèque municipale.* – *La bibliothèque d'Alexandrie. La Bibliothèque de France.* 3. Collection de livres. *Un ouvrage de sa bibliothèque personnelle.*
ÉTYM. latin *bibliotheca,* du grec → biblio- et -thèque.

BIBLIQUE [biblik] **adj.** ✦ Relatif à la Bible. *Études bibliques.* – FAM. *D'une simplicité biblique* (comme les mœurs patriarcales).

BICARBONATE [bikaʀbɔnat] **n. m.** ✦ Carbonate acide. *Bicarbonate de soude* (de sodium), employé contre les maux d'estomac.
ÉTYM. de *bi-* et *carbonate.*

BICENTENAIRE [bisɑ̃t(ə)nɛʀ] **adj.** et **n. m.** 1. **adj.** Qui a deux cents ans. 2. **n. m.** Deux centième anniversaire. *Le bicentenaire de la Révolution française.*
ÉTYM. de *bi-* et *centenaire.*

BICÉPHALE [bisefal] **adj.** ✦ Qui a deux têtes, fig. deux directions.
ÉTYM. de *bi-* et *-céphale.*

BICEPS [bisɛps] **n. m.** ✦ Muscle du bras qui gonfle quand on fléchit celui-ci. SYN. FAM. **biscoteau.** – FAM. *Avoir des biceps,* être musclé, fort.
ÉTYM. mot latin «qui a deux têtes *(caput)*».

BICHE [biʃ] **n. f.** ✦ Femelle du cerf. *Une biche et son faon.*
ÉTYM. latin populaire *bistia,* de *bestia* «bête» ; doublet de *bête.*

BICHER [biʃe] **v. intr.** (conjug. 3a) ✦ FAM. VIEILLI 1. impers. Aller bien. *Ça biche.* 2. Se réjouir. *Il biche !*
ÉTYM. variante de *bécher* «piquer du bec».

BICHON, ONNE [biʃɔ̃, ɔn] **n.** ✦ Petit chien d'appartement, au nez court, au poil long et soyeux.
ÉTYM. abréviation de *barbichon*, de *barbe*.

BICHONNER [biʃɔne] **v. tr.** (conjug. 3a) **1.** Arranger avec soin et coquetterie. SYN. **pomponner.** ➛ pronom. *Passer des heures à se bichonner.* **2.** Être aux petits soins pour. → **soigner.**
ÉTYM. de *bichonné* « frisé comme un *bichon* ».

BICOLORE [bikɔlɔʀ] **adj.** ✦ Qui présente deux couleurs. *Une couverture bicolore.*
ÉTYM. de *bi-* et *-colore*.

BICONCAVE [bikɔ̃kav] **adj.** ✦ Qui a deux surfaces concaves. *Lentille biconcave.*
ÉTYM. de *bi-* et *concave*.

BICONVEXE [bikɔ̃vɛks] **adj.** ✦ Qui a deux surfaces convexes.
ÉTYM. de *bi-* et *convexe*.

BICOQUE [bikɔk] **n. f.** ✦ souvent péj. Petite maison de médiocre apparence. *Une vieille bicoque.* SYN. **baraque, cabane.**
ÉTYM. italien *bicocca* « petite forteresse au sommet d'une montagne », d'origine incertaine.

BICORNE [bikɔʀn] **n. m.** ✦ Chapeau à deux pointes. *Un bicorne d'académicien.*
ÉTYM. latin *bicornis* « qui a deux *(bi)* cornes *(cornu)* ».

BICROSS [bikʀɔs] **n. m.** ✦ Vélo tout-terrain, sans suspension ni garde-boues. ➛ Sport pratiqué avec ce vélo. SYN. **cyclocross.**
ÉTYM. marque déposée ; de *bi(cyclette)* et *cross*.

BICYCLETTE [bisiklɛt] **n. f.** ✦ Véhicule à deux roues mû par un système de pédalier qui entraîne la roue arrière. SYN. **vélo ;** FAM. **bécane.** *Aller à bicyclette.*
ÉTYM. diminutif de *bicycle*, de l'anglais → bi- et ② cycle.

BIDASSE [bidas] **n. m.** ✦ FAM. Soldat.
ÉTYM. nom propre, d'une chanson.

BIDE [bid] **n. m.** ✦ FAM. **I** Ventre. *Avoir du bide.* **II** Échec total. *Ç'a été un bide. Faire un bide.* SYN. ② **four.**
ÉTYM. de *bidon*.

BIDET [bidɛ] **n. m.** **1.** Petit cheval de selle. ➛ plais. Cheval. **2.** Cuvette oblongue et basse, sur pied, servant à la toilette intime.
ÉTYM. de l'ancien français *bider* « trotter », d'origine inconnue.

BIDOCHE [bidɔʃ] **n. f.** ✦ FAM. Viande. SYN. FAM. **barbaque.**
ÉTYM. peut-être de *bidet* (1).

BIDON [bidɔ̃] **n. m.** **I** **1.** Récipient portatif pour les liquides qui se ferme avec un bouchon ou un couvercle. *Un bidon de lait. Un bidon d'essence.* → **jerricane.** **2.** FAM. Ventre. SYN. FAM. **bedaine, bide.** **II** FAM. **1.** *Son héritage, c'est du bidon,* du bluff, des mensonges. *Ce n'est pas du bidon,* c'est vrai. **2.** appos. invar. Faux, simulé. *Des promesses bidon.*
ÉTYM. origine obscure, p.-ê. scandinave « vase ».

se BIDONNER [bidɔne] **v. pron.** (conjug. 3a) ✦ FAM. Rire beaucoup. SYN. FAM. **se marrer.**
ÉTYM. de *bidon* ; proprement « secouer le ventre ».

BIDONVILLE [bidɔ̃vil] **n. m.** ✦ Agglomération de baraques sans hygiène où vit la population la plus misérable des pays pauvres. ☛ Géographie p. 223 et 228.
ÉTYM. de *bidon* et *ville*.

BIDOUILLER [biduje] **v. tr.** (conjug. 3a) ✦ FAM. **1.** Faire fonctionner de façon improvisée, arranger en bricolant. *Bidouiller son portable.* **2.** fig. Truquer. SYN. **trafiquer.** *Élections bidouillées.*
ÉTYM. origine inconnue.

BIDULE [bidyl] **n. m.** ✦ FAM. Objet quelconque. SYN. **machin, truc.**
ÉTYM. origine obscure (dialectale).

-BIE Élément savant, du grec *bioun* « vivre », qui signifie « qui vit, être qui vit » (ex. *aérobie, anaérobie*).

BIEF [bjɛf] **n. m.** **1.** Portion d'un cours d'eau, d'un canal entre deux chutes, deux écluses. **2.** Canal de dérivation qui conduit les eaux. *Le bief d'un moulin.*
ÉTYM. gaulois *bedul* « canal, fosse ».

BIELLE [bjɛl] **n. f.** ✦ Tige rigide, articulée à ses extrémités et destinée à la transmission du mouvement entre deux pièces mobiles. *Les bielles d'un moteur.* ➛ *Couler* une bielle.*
ÉTYM. origine obscure.

BIÉLORUSSE [bjelɔʀys] **adj.** et **n.** ✦ De Biélorussie (☛ noms propres). ➛ **n.** *Les Biélorusses.* ◆ **n. m.** *Le biélorusse* (langue slave).

① **BIEN** [bjɛ̃] **adv.** et **adj. invar.** ✦ comparatif *mieux*
I adv. **1.** D'une manière satisfaisante. *Elle danse bien. Il a très bien réussi.* → **admirablement.** *Comment vas-tu ? Bien. Un roman bien écrit.* ➛ loc. *Tant bien que mal ; ni bien ni mal.* → **passablement.** **2.** D'une manière conforme à la raison, à la morale. *Il s'est bien conduit.* → **honnêtement.** ➛ loc. *C'est bien fait ! bien fait pour lui !*, ce qui lui arrive est mérité. ➛ *Vous feriez bien de* (+ inf.), vous devriez. **3.** Avec force, intensité. SYN. ① **tout** à fait, **très.** *Nous sommes bien contents. Bien souvent. Bien sûr, bien entendu* [bjɛ̃nɑ̃tɑ̃dy], c'est évident, cela va de soi. *Il est bien jeune pour cet emploi.* → **trop.** *Nous avons bien ri.* SYN. **beaucoup.** ➛ BIEN DE, DES : beaucoup de. *Depuis bien des années.* **4.** Au moins. *Cela vaut bien le double.* SYN. **largement.** **5.** (renforçant l'affirmation) *Nous le savons bien. C'est bien lui.* → **vraiment.** ➛ iron. *C'était bien la peine !* **6.** En fait et en dépit des difficultés (quoi qu'on dise, pense, fasse ; quoi qu'il arrive). *Cela finira bien un jour. J'irais bien avec vous, mais...* **7.** EH BIEN !, interjection marquant l'interrogation, l'étonnement. → FAM. **ben.** **8.** BIEN QUE **loc. conj.** (marquant la concession) Quoique. ➛ (+ subj.) *J'accepte, bien que je ne sois pas convaincu.* ➛ (+ p. prés.) *Bien que sachant nager, il n'osait pas plonger.* ➛ (avec ellipse du verbe) *Bien que malade, il continue de travailler.* CONTR. ② **mal.**
II adj. invar. **1.** Satisfaisant. *Ce sera très bien ainsi.* → **parfait.** ➛ prov. *Tout est bien qui finit bien,* se dit quand qqch. connaît une issue heureuse. **2.** Juste, moral. *Ce n'est pas bien, ce qu'il a fait.* SYN. **correct.** ➛ (personnes) *Un garçon très bien.* SYN. FAM. **chic, épatant.** **3.** En bonne santé, en bonne forme. *Il est très bien en ce moment.* **4.** Capable de faire ce qu'il faut. *Elle est bien dans ce rôle.* ◆ FAM. Convenable, distingué (→ comme il faut). *Des gens très bien.* **5.** À l'aise, content. *Qu'on est bien !* ➛ ÊTRE BIEN AVEC qqn, être en bons termes avec lui. *Il est bien avec ses voisins.* CONTR. ① **mal.**
ÉTYM. latin *bene*.

② **BIEN** [bjɛ̃] **n. m.** **I** **1.** Ce qui est avantageux, agréable, utile. *Ce remède lui a fait (le plus) grand bien. Le bien commun.* → **intérêt.** *C'est pour son bien. Un ami*

qui vous veut du bien. *La santé est le plus précieux des biens.* → iron. *Grand bien vous fasse !* → *Dire du bien de qqn, de qqch.* 2. Chose matérielle que l'on peut posséder. SYN. ② **capital, fortune, richesse.** *Avoir du bien.* → prov. *Bien mal acquis ne profite jamais.* → DR. *Biens meubles, immeubles, publics, privés.* → **propriété.** ♦ Produits de l'économie. *Les biens de consommation.* II Ce qui possède une valeur morale, ce qui est juste, honnête. *Discerner le bien du mal.* → VIEILLI *Un homme de bien,* qui pratique le bien, honnête, intègre. → ② **devoir.** → FAM. *En tout bien tout honneur,* sans mauvaise intention ; spécialt chastement. CONTR. ③ **mal.**
ÉTYM. de ① *bien.*

BIEN-AIMÉ, ÉE [bjɛ̃neme] **adj.** et **n.** 1. **adj.** Qui est aimé d'une affection particulière. *Mes fils bien-aimés.* 2. **n.** LITTÉR. Personne aimée d'amour. *Ma bien-aimée.* CONTR. **mal-aimé.**

BIEN-ÊTRE [bjɛ̃nɛtʀ] **n. m. invar.** 1. Sensation agréable procurée par la satisfaction de besoins physiques, l'absence de soucis. SYN. **bonheur, plaisir.** 2. Situation matérielle qui permet de satisfaire les besoins de l'existence. SYN. **aisance, confort.** *Jouir d'un certain bien-être.* CONTR. **angoisse, inquiétude, malaise, mal-être • besoin, gêne, misère.**
ÉTYM. de ① *bien* et ① *être.*

BIENFAISANCE [bjɛ̃fəzɑ̃s] **n. f.** ✦ Action de faire du bien dans un intérêt social. SYN. **assistance.** *Une association, une œuvre de bienfaisance.*
ÉTYM. de *bienfaisant.*

BIENFAISANT, ANTE [bjɛ̃fəzɑ̃, ɑ̃t] **adj.** ✦ (choses) Qui fait du bien, apporte un mieux, un soulagement. SYN. **bénéfique, salutaire.** *L'action bienfaisante d'une cure.* CONTR. **malfaisant, néfaste, nocif, nuisible.**
ÉTYM. du p. présent de l'ancien verbe *bienfaire.*

BIENFAIT [bjɛ̃fɛ] **n. m.** 1. LITTÉR. Acte de générosité, bien que l'on fait à qqn. SYN. **faveur, largesse.** *Combler qqn de bienfaits.* 2. (choses) Avantage procuré, action bienfaisante. *Les bienfaits de la civilisation, d'un traitement médical.* CONTR. **méfait, préjudice.**
ÉTYM. du p. passé de l'ancien verbe *bienfaire.*

BIENFAITEUR, TRICE [bjɛ̃fɛtœʀ, tʀis] **n.** ✦ Personne qui a fait du bien, apporté une aide. *La bienfaitrice d'un orphelinat. Membre bienfaiteur d'une association.* → **donateur.**
ÉTYM. latin *benefactor.*

BIEN-FONDÉ [bjɛ̃fɔ̃de] **n. m.** 1. DR. Conformité au droit. SYN. **légitimité.** *Le bien-fondé d'une réclamation.* 2. Conformité à la raison. *Le bien-fondé d'une opinion. Des bien-fondés.*
ÉTYM. de ① *bien* et du participe passé de *fonder.*

BIEN-FONDS [bjɛ̃fɔ̃] **n. m.** ✦ DR. Bien immeuble (terre, bâtiment). *Des biens-fonds.*
ÉTYM. de ② *bien* et *fonds.*

BIENHEUREUX, EUSE [bjɛ̃nœʀø, øz] **adj.** et **n.** 1. LITTÉR. Heureux. 2. **n.** Personne dont l'Église reconnaît, par la béatification*, la perfection chrétienne. *Les saints et les bienheureux.* CONTR. **malheureux ; maudit.**

BIENNAL, ALE, AUX [bjenal, o] **adj.** et **n. f.** 1. **adj.** Qui dure deux ans. → Qui a lieu tous les deux ans. SYN. **bisannuel.** 2. **n. f.** *BIENNALE.* Manifestation, exposition qui a lieu tous les deux ans. *La Biennale de Venise.*
ÉTYM. bas latin *biennalis,* de *annus* «an».

BIEN-PENSANT, ANTE [bjɛ̃pɑ̃sɑ̃, ɑ̃t] **adj.** ✦ Dont les idées sont conformistes. *Des gens bien-pensants.* → **n.** *Les bien-pensants.*
ÉTYM. de ① *bien* et *pensant.*

BIENSÉANCE [bjɛ̃seɑ̃s] **n. f.** ✦ LITTÉR. Conduite sociale en accord avec les usages, respect de certaines formes. SYN. **correction, savoir-vivre.** → au plur. Usages à respecter. SYN. **convenance.** *Respecter les bienséances.* CONTR. **impolitesse, inconvenance, sans-gêne.**
ÉTYM. de *bienséant.*

BIENSÉANT, ANTE [bjɛ̃seɑ̃, ɑ̃t] **adj.** ✦ VIEILLI Qu'il est séant (convenable) de dire, de faire. SYN. **correct.** CONTR. **inconvenant, malséant.**
ÉTYM. de ① *bien* et ② *séant.*

BIENTÔT [bjɛ̃to] **adv.** 1. Dans peu de temps, dans un proche futur. SYN. **incessamment, prochainement.** *Nous reviendrons bientôt.* → FAM. *C'est pour bientôt,* cela arrivera dans peu de temps. → *À BIENTÔT* **loc. adv.** *Au revoir et à bientôt !* 2. En un court espace de temps. SYN. **rapidement, tôt, vite.** *Ce sera bientôt fait.* CONTR. **plus tard, tardivement • lentement.**
ÉTYM. de ① *bien* et *tôt.*

BIENVEILLANCE [bjɛ̃vɛjɑ̃s] **n. f.** ✦ Disposition favorable envers une personne inférieure (en âge, en mérite). SYN. **bonté, indulgence.** *Je vous remercie de votre bienveillance.* CONTR. **hostilité, malveillance.**
ÉTYM. de *bienveillant.*

BIENVEILLANT, ANTE [bjɛ̃vɛjɑ̃, ɑ̃t] **adj.** ✦ Qui a ou marque de la bienveillance. SYN. **indulgent.** *Se montrer bienveillant à l'égard de qqn.* → *Une critique bienveillante.* CONTR. **désobligeant, hostile, malveillant.**
ÉTYM. de ① *bien* et ancien p. présent de *vouloir.*

BIENVENU, UE [bjɛ̃v(ə)ny] **adj.** et **n.** 1. **adj.** LITTÉR. Qui arrive à propos. SYN. **opportun.** *Une remarque bienvenue.* 2. **n.** Personne, chose accueillie avec plaisir. *Soyez la bienvenue. Votre offre est la bienvenue.*
ÉTYM. de ① *bien* et *venu.*

BIENVENUE [bjɛ̃v(ə)ny] **n. f.** ✦ (dans un souhait) Heureuse arrivée de qqn. *Souhaiter la bienvenue à qqn,* lui faire bon accueil. *Bienvenue à nos invités ! Un discours de bienvenue.*
ÉTYM. de *bienvenu.*

① **BIÈRE** [bjɛʀ] **n. f.** ✦ Boisson alcoolique fermentée, faite avec de l'orge germée et aromatisée avec des fleurs de houblon. *Bière brune, blonde. Verre de bière.* → **bock, demi.** *Chope à bière. Bière en bouteille ; bière pression*.*
ÉTYM. mot germanique (Allemagne ou Flandre) ; famille du latin *bibere* «boire».

② **BIÈRE** [bjɛʀ] **n. f.** ✦ Caisse oblongue où l'on enferme un mort. SYN. **cercueil.** *Mise en bière.*
ÉTYM. du francique *bera* «civière».

BIFACE [bifas] **n. m.** ✦ DIDACT. Silex taillé sur deux faces ; coup-de-poing préhistorique.
ÉTYM. de *bi-* et *face.*

BIFFER [bife] **v. tr.** (conjug. 3a) ✦ Supprimer, rayer (ce qui est écrit). SYN. ① **barrer.** *Biffer un mot.*
ÉTYM. peut-être de l'ancien français *biffe* «tissu rayé», d'origine incertaine.

BIFFIN [bifɛ̃] **n. m.** 1. VX Chiffonnier. 2. VIEILLI Fantassin.
ÉTYM. de l'ancien français *biffe* «chiffon sans valeur» → biffer.

BIFIDE [bifid] **adj.** ✦ SC. NAT. Fendu en deux. *La langue bifide du serpent.*
ÉTYM. latin *bifidus.*

BIFIDUS [bifidys] **n. m.** ✦ Bactérie utilisée dans l'industrie alimentaire comme ferment. *Lait fermenté au bifidus,* abusivt *yaourt au bifidus.*
ÉTYM. mot latin «fendu en deux» → bifide.

BIFTECK [biftɛk] **n. m.** ✦ Tranche de bœuf grillée ou destinée à l'être. → **chateaubriand, steak, tournedos.** *Un bifteck bleu, saignant, à point, bien cuit.* ➖ loc. FAM. *Gagner son bifteck,* sa vie. *Défendre son bifteck,* ses intérêts.
ÉTYM. anglais *beefsteak* «tranche *(steak)* de bœuf *(beef)*».

BIFURCATION [bifyʀkasjɔ̃] **n. f.** 1. Division en deux branches. SYN. **embranchement, fourche.** 2. fig. Possibilité d'option entre plusieurs voies. *La bifurcation des études après le baccalauréat.* CONTR. **jonction, raccordement.**
ÉTYM. de *bifurquer.*

BIFURQUER [bifyʀke] **v. intr.** (conjug. 3a) 1. Se diviser en deux, en forme de fourche. *La route bifurque ici.* 2. Abandonner une voie pour en suivre une autre. *Le train a bifurqué sur une voie de garage.* 3. fig. Prendre une autre orientation. *Bifurquer vers les sciences.*
ÉTYM. du latin *bifurcus* «fourchu», de *furca* «fourche».

BIGAME [bigam] **adj.** et **n.** ✦ Personne ayant contracté un second mariage sans qu'il y ait dissolution du premier.
► **BIGAMIE** [bigami] **n. f.**
ÉTYM. latin chrétien *bigamus,* calque du grec *digamos* → -game.

BIGARRÉ, ÉE [bigaʀe] **adj.** 1. Qui a des couleurs variées. SYN. **bariolé.** *Des tissus bigarrés.* 2. Formé d'éléments disparates. SYN. **hétéroclite, mêlé.** *Une population bigarrée.*
ÉTYM. peut-être de l'ancien français *garre* «de deux couleurs», d'origine inconnue.

BIGARREAU [bigaʀo] **n. m.** ✦ Cerise rouge et blanche, à la chair ferme. *Des bigarreaux.*
ÉTYM. du verbe *bigarrer,* de *bigarré.*

BIGARRURE [bigaʀyʀ] **n. f.** ✦ Aspect bigarré.

BIG BANG [bigbɑ̃g] **n. m.** ✦ anglicisme Explosion de matière ayant provoqué la formation de l'univers connu, selon une théorie compatible avec une création soudaine. *Des big bangs.* ➖ On écrit aussi *big-bang.*
ÉTYM. mot américain «grand *bang*».

BIG DATA [bigdata] **n. m.** ✦ anglicisme *Le big data* : volume colossal de données générées par les nouvelles technologies. ➖ recomm. offic. *mégadonnées.*
ÉTYM. mot anglais «données massives».

BIGLE [bigl] **adj.** et **n.** ✦ VX (Personne) qui louche.
HOM. BEAGLE «chien»
ÉTYM. peut-être de l'ancien français *bigre,* d'origine inconnue, d'après *aveugle.*

BIGLER [bigle] **v.** (conjug. 3a) ✦ FAM. 1. **v. intr.** Loucher. 2. **v. tr.** Regarder du coin de l'œil. SYN. FAM. **zieuter.**
ÉTYM. de l'ancien français *biscler,* latin populaire *bisoculare,* de *oculus* «œil», influencé par *bigle.*

BIGLEUX, EUSE [biglø, øz] **adj.** et **n.** ✦ FAM. 1. Qui louche. 2. Qui voit mal.
ÉTYM. de *bigle.*

BIGOPHONE [bigɔfɔn] **n. m.** ✦ FAM. VIEILLI Téléphone. *Passer un coup de bigophone (bigophoner* **v. intr.** [conjug. 3a]).
ÉTYM. de *Bigot,* nom de l'inventeur d'un instrument de musique, et *-phone.*

BIGORNEAU [bigɔʀno] **n. m.** ✦ Petit coquillage comestible à coquille grise en spirale. *Des bigorneaux.*
ÉTYM. de *bigorne* «petite enclume», du latin *bicornis* «qui a deux *(bi)* cornes *(cornu)*».

BIGOT, OTE [bigo, ɔt] **adj.** et **n.** ✦ Qui manifeste une dévotion outrée et étroite. ➖ **n.** *Une vieille bigote* (→ FAM. *grenouille de bénitier**).
ÉTYM. p.-ê. anglais anc. *be gode (by God)* «par Dieu».

BIGOTERIE [bigɔtʀi] **n. f.** ✦ Dévotion étroite du bigot.

BIGOUDI [bigudi] **n. m.** ✦ Petit rouleau autour duquel on enroule une mèche de cheveux pour la friser. *Mettre des bigoudis. Une femme en bigoudis.*
ÉTYM. origine obscure.

BIGRE [bigʀ] **interj.** ✦ FAM. Exclamation exprimant la colère, le dépit, l'étonnement. SYN. FAM. **bougre.** *Bigre ! c'est une somme !*
ÉTYM. pour *bougre.*

BIGREMENT [bigʀəmɑ̃] **adv.** ✦ FAM. Très. SYN. FAM. **bougrement.** *Il fait bigrement chaud.*
ÉTYM. de *bigre.*

BIGUINE [bigin] **n. f.** ✦ Danse des Antilles.
ÉTYM. mot créole des Antilles.

BIJECTION [biʒɛksjɔ̃] **n. f.** ✦ MATH. Application qui établit entre deux ensembles une relation telle que tout élément de l'un soit l'image d'un seul élément de l'autre.
► **BIJECTIF, IVE** [biʒɛktif, iv] **adj.**
ÉTYM. de *bi-* et *injection.*

BIJOU [biʒu] **n. m.** 1. Petit objet ouvragé, précieux par la matière ou par le travail et servant à la parure. SYN. **joyau.** *Bijou en or. Une femme couverte de bijoux.* 2. Ouvrage d'une grande beauté de détails. *Un bijou d'architecture.*
ÉTYM. breton *bizou* «anneau», de *biz* «doigt».

BIJOUTERIE [biʒutʀi] **n. f.** 1. Fabrication, commerce des bijoux. 2. Magasin où l'on vend, où l'on expose des bijoux. *Cambrioler une bijouterie.*

BIJOUTIER, IÈRE [biʒutje, jɛʀ] **n.** ✦ Personne qui fabrique, qui vend des bijoux. → **joaillier, orfèvre.**

BIKINI [bikini] **n. m.** ✦ VIEILLI Maillot de bain formé d'un slip et d'un soutien-gorge. SYN. **deux-pièces.** *Des bikinis.*
ÉTYM. du nom d'un atoll du Pacifique ☛ BIKINI (noms propres), où eut lieu une explosion atomique ; marque déposée.

BILAN [bilɑ̃] **n. m.** 1. Tableau résumé de l'inventaire ou de la comptabilité (d'une entreprise). SYN. **balance.** *L'actif et le passif d'un bilan.* ➖ *Déposer son bilan,* être en faillite. 2. Inventaire chiffré (d'un évènement). *Bilan : cent morts.* 3. État, résultat global. *Faire le bilan de la situation.* ◆ loc. *Bilan de santé* : ensemble d'examens médicaux. → **check-up** (anglic.).
ÉTYM. italien *bilancio* «balance».

BILATÉRAL, ALE, AUX [bilateʀal, o] **adj.** 1. Qui a deux côtés, qui se rapporte à deux côtés. *Stationnement bilatéral,* des deux côtés de la voie. 2. Qui engage les parties contractantes l'une envers l'autre. SYN. **réci-**

proque. *Contrat bilatéral.* CONTR. **unilatéral.**
ÉTYM. de *bi-* et *latéral.*

BILBOQUET [bilbɔkɛ] n. m. ✦ Jouet formé d'un bâton sur lequel on doit enfiler une boule percée qui lui est reliée par une cordelette.
ÉTYM. de ① ou ② *bille* et *bouque* «boule», d'origine germanique.

BILE [bil] n. f. 1. Liquide visqueux et amer sécrété par le foie. SYN. **fiel.** 2. loc. FAM. *Se faire de la bile,* s'inquiéter, se tourmenter. → FAM. se **biler.** HOM. BILL «projet de loi»
ÉTYM. latin *bilis.*

se **BILER** [bile] v. pron. (conjug. 3a) ✦ FAM. S'inquiéter. SYN. s'en **faire.** *Ne vous bilez pas !*
ÉTYM. de *bile.*

BILEUX, EUSE [bilø, øz] adj. ✦ FAM. Soucieux. *Il n'est pas bileux.* CONTR. **insouciant.**
ÉTYM. de *bile.*

BILHARZIOSE [bilaʀzjoz] n. f. ✦ MÉD. Maladie parasitaire causée par les larves d'un ver, qui provoque de l'hématurie.
ÉTYM. de *Bilharz,* nom propre, et ② *-ose.*

BILIAIRE [biljɛʀ] adj. ✦ Qui a rapport à la bile. *Sécrétion biliaire.* – *La vésicule* biliaire.*

BILIEUX, EUSE [biljø, øz] adj. 1. Qui abonde en bile ; qui résulte de l'abondance de bile. *Un teint bilieux.* 2. LITTÉR. Enclin à la colère, rancunier. CONTR. **jovial.**
ÉTYM. latin *biliosus,* de *bilis* «bile».

BILINGUE [bilɛ̃g] adj. ✦ Qui est en deux langues. *Édition, enseignement, dictionnaire bilingue.* ◆ Où l'on parle deux langues. *Une région bilingue.* ◆ Qui parle deux langues. *Secrétaire bilingue.* – n. *Un, une bilingue.*
ÉTYM. latin *bilinguis.*

BILINGUISME [bilɛ̃gɥism] n. m. 1. Caractère bilingue (d'un pays, d'une région, de ses habitants). *Le bilinguisme en Belgique, au Québec. Le bilinguisme des Catalans.* 2. (personnes) Qualité de bilingue. *Le bilinguisme parfait est rare.*

BILL [bil] n. m. ✦ Projet de loi du Parlement anglais.
HOM. BILE «fiel»
ÉTYM. mot anglais.

BILLARD [bijaʀ] n. m. 1. Jeu où les joueurs font rouler sur une table spéciale des billes lancées au moyen d'un bâton *(queue de billard). Boule de billard.* → ① **bille.** – *Billard américain, japonais, russe* (jeux analogues). – *Billard électrique.* → ① **flipper** (anglic.). ◆ Partie de billard. *Faire un billard.* 2. Table recouverte d'un tapis vert, sur laquelle on joue au billard. 3. FAM. Table d'opération chirurgicale. *Passer sur le billard,* subir une opération.
ÉTYM. de ② *bille* «bâton recourbé».

① **BILLE** [bij] n. f. 1. Boule avec laquelle on joue au billard. – loc. fig. *Bille en tête,* directement et avec force. *Toucher sa bille :* être compétent. 2. Petite boule de pierre, d'argile, de verre servant à des jeux d'enfants. *Une bille d'agate.* → **agate.** *Grosse bille.* → ② **calot.** – loc. *Placer ses billes,* se mettre en bonne position pour obtenir qqch. *Reprendre ses billes,* se retirer d'une association. ◆ *Les billes,* ce jeu. *Jouer aux billes. Une partie de billes.* 3. TECHN. Petite sphère d'acier. *Roulement à billes.* – *Stylo à bille.* 4. FAM. Figure. *Bille de clown,* figure comique, ridicule.
ÉTYM. peut-être du francique *bikkil* «dé».

② **BILLE** [bij] n. f. ✦ Pièce de bois prise dans la grosseur du tronc ou de grosses branches, destinée à être débitée en planches. *Une bille de chêne.*
ÉTYM. latin médiéval *billia* «tronc d'arbre», d'origine gauloise.

BILLET [bijɛ] n. m. 1. LITTÉR. Courte lettre. SYN. **mot.** – loc. *Billet doux,* lettre d'amour. ◆ Petit article de journal qui présente un évènement de façon légère. *Le billet du jour.* – L'un des articles composant un blog. *Poster un billet.* 2. Promesse écrite, engagement de payer. SYN. **effet, traite.** *Billet au porteur,* payable au détenteur à l'échéance. *Billet à ordre :* → **lettre de change.** 3. *Billet (de banque),* papier-monnaie. SYN. **coupure.** *Le billet vert :* le dollar des États-Unis. *Un billet de dix euros.* 4. Petit imprimé donnant entrée, accès quelque part. SYN. aussi **ticket.** *Billet d'avion, de train. Billet de loterie.* 5. loc. *Je vous donne, je vous fiche mon billet que...,* je vous certifie que...
ÉTYM. de l'ancien français *billette,* de *bullette,* diminutif de *bulle.*

BILLETTE [bijɛt] n. f. 1. BLASON Petit rectangle. 2. *Billettes :* moulure interrompue.
ÉTYM. de ② *bille.*

BILLETTERIE [bijɛtʀi] n. f. ✦ Distributeur de billets fonctionnant avec une carte magnétique.

BILLEVESÉE [bilvəze] n. f. ✦ LITTÉR. Parole vide de sens, idée creuse. SYN. **baliverne, sornette.**
ÉTYM. origine obscure.

BILLOT [bijo] n. m. 1. Bloc de bois sur lequel on appuyait la tête d'un condamné à la décapitation. 2. Masse de bois ou de métal à hauteur d'appui sur laquelle on fait un ouvrage. SYN. **bloc.** *Billot de boucher.*
ÉTYM. de ② *bille.*

BIMANE [biman] adj. ✦ Qui a deux mains. – n. *L'homme est un bimane.*
ÉTYM. de *bi-* et ① *-mane.*

BIMBELOTERIE [bɛ̃blɔtʀi] n. f. ✦ Fabrication ou commerce de bibelots ; ensemble de bibelots.
ÉTYM. de *bimbelot,* variante de *bibelot.*

BIMÉDIA [bimedja] adj. ✦ Qui utilise conjointement deux médias ou deux supports, spécialt le papier et le numérique. *Manuel scolaire bimédia. Journaux bimédias.*

BIMENSUEL, ELLE [bimɑ̃sɥɛl] adj. ✦ Qui a lieu, paraît deux fois par mois. *Revue bimensuelle.*
ÉTYM. de *bi-* et *mensuel.*

BIMESTRIEL, ELLE [bimɛstʀijɛl] adj. ✦ Qui a lieu, paraît tous les deux mois. *Une publication bimestrielle.*
ÉTYM. de *bimestre* «durée de deux mois».

BIMOTEUR [bimɔtœʀ] adj. et n. m. ✦ (avion) Muni de deux moteurs. → aussi **biréacteur.**

BINAGE [binaʒ] n. m. ✦ Action de biner.

BINAIRE [binɛʀ] adj. 1. Composé de deux unités, deux éléments. – INFORM. Qui ne comporte que deux états. *Codage binaire. Élément binaire.* → **bit ; booléen.** 2. *Rythme binaire,* à deux temps.
ÉTYM. latin *binarius,* de *bini* «deux objets faisant paire».

BINER [bine] v. tr. (conjug. 3a) ✦ Remuer (la terre) pour l'ameublir, l'aérer, désherber.
ÉTYM. latin populaire *binare* «refaire deux fois», de *bini* → binaire.

① **BINETTE** [binɛt] n. f. ✦ Outil servant à biner la terre.
ÉTYM. de *biner.*

A B C D E F G H I J K L M N O P Q R S T U V W X Y Z

② **BINETTE** [binɛt] **n. f.** ✦ FAM. Visage. *Une drôle de binette.*
ÉTYM. peut-être de *trombine* ou *bobinette.*

BING [biŋ] **interj.** ✦ Onomatopée évoquant un bruit de choc, de heurt.
ÉTYM. onomatopée.

BINIOU [binju] **n. m.** ✦ Cornemuse bretonne. *Binious et bombardes.*
ÉTYM. mot breton.

BINOCLE [binɔkl] **n. m.** ✦ VX Lunettes sans branches se fixant sur le nez. SYN. **lorgnon, pince-nez.**
ÉTYM. latin scientifique *binoculus,* de *bini* (→ binaire) et *oculus* «œil».

BINOCULAIRE [binɔkylɛʀ] **adj.** 1. Qui se fait par les deux yeux. *Vision binoculaire.* 2. (appareil) Muni de deux oculaires. *Microscope, loupe binoculaire.* 3. **n. f.** Jumelle à prisme employée pour l'observation, dans l'armée.
ÉTYM. du latin *binoculus* → binocle.

BINÔME [binom] **n. m.** ✦ MATH. Polynôme composé de deux termes (somme algébrique de deux monômes*). *Le binôme* $5x^3 - 2x$.
ÉTYM. probablement latin médiéval *binomium,* famille de *nomen* «nom».

BINTJE [bintʃ] **n. f.** ✦ Pomme de terre d'une variété à chair jaune.
ÉTYM. mot néerlandais.

| **BIO-** Élément savant, du grec *bios* «vie».

BIOCARBURANT [bjokaʀbyʀɑ̃] **n. m.** ✦ Carburant d'origine végétale (→ **agrocarburant**) ou animale. ☛ Géographie p. 230.

BIOCHIMIE [bjoʃimi] **n. f.** ✦ Partie de la chimie qui traite des phénomènes vitaux.
► **BIOCHIMIQUE** [bjoʃimik] **adj.**

BIOCLIMATIQUE [bjoklimatik] **adj.** ✦ Qui concerne les relations entre les facteurs climatiques et le monde vivant.

BIOCOMPATIBLE [bjokɔ̃patibl] **adj.** ✦ MÉD. Qui est toléré par l'organisme. *Matériau biocompatible.* → **biomatériau.**
► **BIOCOMPATIBILITÉ** [bjokɔ̃patibilite] **n. f.**

BIODÉGRADABLE [bjodegʀadabl] **adj.** ✦ Susceptible d'être décomposé par des organismes vivants. *Lessive, emballage biodégradable.*

BIODIVERSITÉ [bjodivɛʀsite] **n. f.** ✦ Diversité des espèces vivantes. ☛ Géographie p. 226 et 232.
ÉTYM. de *bio-* et *diversité.*

BIOÉTHIQUE [bjoetik] **n. f.** ✦ DIDACT. Étude des problèmes moraux que soulèvent la recherche et les techniques biologiques, génétiques. *La bioéthique médicale.* – **adj.** *Problèmes bioéthiques.*
ÉTYM. de *bio-* et *éthique.*

BIOGAZ [bjogaz] **n. m.** ✦ Gaz produit par la fermentation anaérobie de matières organiques (→ **méthanisation**).

BIOGÉOGRAPHIE [bjoʒeɔgʀafi] **n. f.** ✦ Étude de la répartition de la faune, de la flore en fonction des conditions naturelles (climat, relief, sol, etc.).
► **BIOGÉOGRAPHIQUE** [bjoʒeɔgʀafik] **adj.**

BIOGRAPHE [bjɔgʀaf] **n.** ✦ Personne qui compose une, des biographie(s).
ÉTYM. de *bio-* et *-graphe.*

BIOGRAPHIE [bjɔgʀafi] **n. f.** 1. Ouvrage qui a pour objet l'histoire de la vie (d'une personne). ☛ Littérature p. 140. *Écrire sa propre biographie.* → **autobiographie.** 2. Évènements de la vie (d'une personne).
► **BIOGRAPHIQUE** [bjɔgʀafik] **adj.** *Notice biographique.*
ÉTYM. de *biographe.*

BIO-INDUSTRIE [bjoɛ̃dystʀi] **n. f.** ✦ Industrie fondée sur les biotechnologies.

BIOLOGIE [bjɔlɔʒi] **n. f.** ✦ Science qui a pour objet l'étude de la matière vivante et des êtres vivants : reproduction (embryologie, génétique), habitat, environnement (écologie), comportement (éthologie). *Biologie animale* (zoologie), *végétale* (botanique) ; *cellulaire* (cytologie, histologie). *Biologie moléculaire. Biologie des micro-organismes* (microbiologie).
ÉTYM. de *bio-* et *-logie.*

BIOLOGIQUE [bjɔlɔʒik] **adj.** 1. Relatif à la biologie. *Études biologiques.* 2. Qui a rapport à la vie, aux organismes vivants. *Rythme biologique.* 3. *Arme biologique,* constituée d'organismes vivants (virus, bactéries). *Guerre biologique.* SYN. **bactériologique.** 4. COUR. De la vie spontanée, naturelle. *Culture biologique,* sans substances chimiques artificielles. ☛ Géographie p. 232. *Aliment, produit biologique,* élaboré à partir de matières premières issues de l'agriculture biologique. – abrév. FAM. BIO [bjo]. *Des légumes bios.*

BIOLOGISTE [bjɔlɔʒist] **n.** ✦ Spécialiste de la biologie.

BIOMASSE [bjomas] **n. f.** ✦ ÉCOL., GÉOGR. 1. Quantité de matière vivante présente sur une surface ou dans un volume donnés. ☛ Géographie p. 230. *La biomasse maritime.* 2. Ensemble des matières organiques d'origine végétale. *La biomasse, source d'énergie.*

BIOMATÉRIAU [bjomateʀjo] **n. m.** ✦ MÉD. Matériau biocompatible, utilisé pour remplacer ou traiter un tissu, un organe. *Les biomatériaux sont utilisés pour fabriquer des prothèses.*

BIOMÉTRIE [bjɔmetʀi] **n. f.** ✦ Mesure des caractéristiques physiques uniques d'une personne (voix, iris, empreintes digitales).
► **BIOMÉTRIQUE** [bjɔmetʀik] **adj.**
ÉTYM. de *bio-* et *-métrie.*

BIOMIMÉTISME [bjomimetism] **n. m.** ✦ DIDACT. Imitation technique des processus à l'œuvre dans la nature.
ÉTYM. de *bio-* et *mimétisme.*

BIONIQUE [bjɔnik] **n. f.** ✦ anglicisme Discipline qui cherche à utiliser dans l'électronique les dispositifs imités du monde vivant (notamment le fonctionnement du cerveau). SYN. **cybernétique.**
ÉTYM. de l'anglais *bionics* → bio- et électronique.

BIOPHYSIQUE [bjofizik] **n. f.** ✦ Étude des phénomènes vitaux à l'aide des méthodes de la physique.

BIOPIC [bjɔpik] **n. m.** ✦ anglicisme Film sur la vie d'une personnalité. – recomm. offic. *film biographique.*
ÉTYM. mot-valise anglais, de *bio(graphical) pic(ture)* «film biographique».

BIOPSIE [bjɔpsi] **n. f.** ✦ Prélèvement d'un fragment de tissu sur un être vivant en vue d'un examen microscopique.
ÉTYM. de *bio-* et du grec *opsis* «vue».

BIORYTHME [bjoʀitm] n. m. ✦ Rythme biologique (d'un individu) déterminé par les variations de son organisme.
ÉTYM. américain *biorythm* → bio- et rythme.

BIOSPHÈRE [bjɔsfɛʀ] n. f. ✦ Ensemble des êtres vivants qui vivent sur la Terre. ☛ Géographie p. 226.
ÉTYM. de *bio-* et *sphère.*

BIOTECHNOLOGIE [bjotɛknɔlɔʒi] n. f. ✦ anglicisme Utilisation industrielle des micro-organismes pour réaliser des transformations organiques (pharmacie, agroalimentaire, etc.).
► **BIOTECHNOLOGIQUE** [bjotɛknɔlɔʒik] adj.
ÉTYM. probablt de l'anglais → bio- et technologie.

BIOTERRORISME [bjoteʀɔʀism] n. m. ✦ Utilisation de l'arme biologique à des fins terroristes.
► **BIOTERRORISTE** [bjoteʀɔʀist] adj. et n.

BIOTOPE [bjɔtɔp] n. m. ✦ BIOL. Milieu biologique présentant des conditions de vie homogènes. *Les biotopes marins.*
ÉTYM. de *bio-* et du grec *topos* «lieu».

BIOXYDE [bijɔksid] n. m. → DIOXYDE

BIP [bip] n. m. 1. Signal sonore émis à intervalles réguliers. *Parlez après le bip sonore* (sur un répondeur). 2. FAM. Dispositif (d'alarme, d'alerte) émettant ce signal. *Le bip du médecin de garde* (→ **biper**).
ÉTYM. onomatopée.

BIPARTISME [bipaʀtism] n. m. ✦ Système politique qui s'appuie sur la coexistence de deux partis. *Le bipartisme aux États-Unis.*

BIPARTITE [bipaʀtit] adj. ✦ Qui est composé de deux éléments, de deux groupes. *Un gouvernement bipartite. Accord bipartite,* entre deux partis.
ÉTYM. bas latin *bipartitus* «partagé *(partire)* en deux *(bi)*».

BIPÈDE [bipɛd] adj. ✦ Qui marche sur deux pieds. *Singe bipède.* ➝ n. m. *Un bipède.*
ÉTYM. latin *bipes, bipedis,* de *pes, pedis* «pied».

BIPÉDIE [bipedi] n. f. ✦ Fait d'être bipède.

BIPER [bipe] v. (conjug. 3a) **I** v. tr. 1. Joindre (qqn) à l'aide d'un appareil émettant un signal sonore. 2. Lire le code-barre de (un article). *La caissière bipe les achats.* **II** v. intr. Produire un signal sonore. *Le portique a bipé lorsque nous sommes sortis du magasin.*
ÉTYM. de *bip.*

BIPLAN [biplɑ̃] n. m. ✦ Avion à deux plans de sustentation (opposé à *monoplan*).

BIPOLAIRE [bipɔlɛʀ] adj. ✦ PHYS. Qui a deux pôles. *Aimant bipolaire.* ➝ MATH. *Coordonnées bipolaires d'un point,* distance de ce point à deux autres points du plan.
ÉTYM. de *bi-* et *polaire* (II, 2).

BIPOLARISATION [bipɔlaʀizasjɔ̃] n. f. ✦ Tendance au regroupement en deux blocs des diverses forces politiques d'une nation.
ÉTYM. de *bi-* et *polarisation* (1).

BIQUE [bik] n. f. ✦ FAM. 1. Chèvre. *Une peau de bique.* ➝ *Crotte* de bique !* 2. péj. *Vieille bique,* vieille femme méchante. *Grande bique,* grande fille.
ÉTYM. p.-ê. altération de *biche* croisé avec *bouc.*

BIQUET, ETTE [bikɛ, ɛt] n. ✦ FAM. Petit de la chèvre. SYN. **chevreau.**
ÉTYM. de *bique.*

BIRÉACTEUR [biʀeaktœʀ] n. m. ✦ Avion à deux réacteurs. → aussi **bimoteur.**

① **BIS, BISE** [bi, biz] adj. ✦ D'un gris tirant sur le brun. *Pain bis,* renfermant du son. HOM. ① BISE «vent», ② BISE «baiser»
ÉTYM. origine obscure, peut-être famille de *beige.*

② **BIS** [bis] interj. et adv. 1. interj. Cri par lequel le public demande à un artiste la répétition d'un morceau, etc. (→ **bisser**). ➝ n. m. *Un, des bis.* SYN. **rappel.** 2. adv. MUS. Indication d'avoir à répéter une phrase, un refrain. 3. adv. Indique la répétition du numéro (sur une maison, devant un paragraphe, etc.).
ÉTYM. mot latin «deux fois».

> **BIS-** Élément, du latin *bis* «deux fois», qui indique le redoublement. SYN. **bi-.**

BISAÏEUL, EULE [bizajœl] n. ✦ LITTÉR. Arrière-grand-père, arrière-grand-mère. *Des bisaïeuls.*
ÉTYM. de *bis-* et *aïeul.*

BISANNUEL, ELLE [bizanɥɛl] adj. 1. Qui revient tous les deux ans. SYN. **biennal.** 2. (plante) Qui vit deux ans.

BISBILLE [bizbij] n. f. ✦ FAM. Petite querelle pour un motif futile. *Être en bisbille avec qqn.*
ÉTYM. italien *bisbiglio* «chuchotement», d'une onomatopée.

BISCORNU, UE [biskɔʀny] adj. 1. Qui a une forme irrégulière, présentant des saillies. 2. FAM. Compliqué et bizarre. *Une idée biscornue.* SYN. **extravagant, saugrenu.**
ÉTYM. de *bis-,* préfixe péjoratif, et *cornu.*

BISCOTEAU [biskɔto] n. m. ✦ FAM. Biceps. *De gros biscoteaux.*
ÉTYM. de *biceps,* avec influence de *costaud.*

BISCOTTE [biskɔt] n. f. ✦ Tranche de pain de mie séchée au four. *Un paquet de biscottes.*
ÉTYM. italien *biscotto* «cuit deux fois».

BISCUIT [biskɥi] n. m. **I** Gâteau sec (galette, petit-beurre, sablé...). **II** Porcelaine blanche non émaillée, qui imite le grain du marbre. ➝ Ouvrage fait en cette matière. *Un biscuit de Saxe.*
ÉTYM. de *bis-* et *cuit.*

① **BISE** [biz] n. f. ✦ Vent sec et froid soufflant du nord ou du nord-est. HOM. ① BISE «grise» (féminin de ① *bis*)
ÉTYM. mot germanique.

② **BISE** [biz] n. f. ✦ FAM. Baiser. SYN. **bisou.** *Se faire la bise :* s'embrasser sur les joues. HOM. ① BISE «grise» (féminin de ① *bis*)
ÉTYM. du v. *biser,* variante dialectale de ① *baiser.*

BISEAU [bizo] n. m. 1. Bord taillé obliquement. SYN. **biais.** *Le biseau d'un miroir. Sifflet en biseau.* 2. Outil acéré dont le tranchant est ainsi taillé. *Des biseaux.*
ÉTYM. probablement de *biais.*

BISEAUTER [bizote] v. tr. (conjug. 3a) 1. Tailler en biseau. ➝ au p. passé *Une glace biseautée.* 2. Marquer (des cartes à jouer) d'un signe sur la tranche, pour tricher au jeu.

BISEXUÉ, ÉE [bisɛksɥe] **adj.** ✦ BIOL. Qui porte les organes des deux sexes. SYN. **hermaphrodite.** CONTR. **unisexué.**
ÉTYM. de *bi-* et *sexué.*

BISEXUEL, ELLE [bisɛksɥɛl] **adj.** 1. Qui concerne les deux sexes dans l'individu humain. *Tendances bisexuelles.* 2. À la fois homosexuel et hétérosexuel. ➡ **n.** *Un bisexuel, une bisexuelle.*
► **BISEXUALITÉ** [bisɛksɥalite] **n. f.**
ÉTYM. de *bi-* et *sexuel.*

BISMUTH [bismyt] **n. m.** 1. Métal brillant à reflets rouges, très cassant (symb. Bi). 2. Sel ou composé du bismuth utilisé comme médicament.
ÉTYM. latin scientifique *bisemutum*, de l'allemand *Wismut.*

BISON [bizɔ̃] **n. m.** ✦ Bœuf sauvage grand et massif, armé de cornes courtes et possédant une bosse entre les épaules. *Le massacre des bisons.*
ÉTYM. mot latin «bœuf sauvage», d'origine germanique.

BISOU [bizu] **n. m.** ✦ FAM. Bise, baiser. *Gros bisous.*
ÉTYM. de ② *bise.*

BISPHÉNOL [bisfenɔl] **n. m.** ✦ CHIM. *Bisphénol A (BPA)* : composé organique de synthèse entrant dans la composition de matières plastiques, de résines. *En France, le bisphénol A est interdit dans la fabrication des contenants alimentaires.*
ÉTYM. de *bis-* et *phénol.*

BISQUE [bisk] **n. f.** ✦ Potage fait avec un coulis de crustacés. *Une bisque de homard.*
ÉTYM. origine incertaine, p.-ê. de *Biscaye*, nom d'une province espagnole.

BISQUER [biske] **v. intr.** (conjug. 3a) ✦ FAM. Éprouver du dépit, de la mauvaise humeur. SYN. **rager, râler.** *Faire bisquer qqn. Bisque, bisque rage !* (formule enfantine pour narguer qqn).
ÉTYM. origine obscure.

BISSAC [bisak] **n. m.** ✦ Sac à deux poches et ouverture centrale. SYN. **besace.**
ÉTYM. de *bis-* et *sac.*

BISSECTEUR, TRICE [bisɛktœʀ, tʀis] **adj.** et **n. f.** ✦ GÉOM. 1. **adj.** Qui divise en deux secteurs. 2. **n. f.** BISSECTRICE. Droite qui divise un angle en deux parties égales. *Tracer la bissectrice d'un angle.*

BISSER [bise] **v. tr.** (conjug. 3a) ✦ Répéter (ce qu'on vient d'exécuter), à la demande du public.
ÉTYM. de ② *bis.*

BISSEXTILE [bisɛkstil] **adj. f.** ✦ *Année bissextile* : année de 366 jours qui revient tous les quatre ans, le jour supplémentaire étant le 29 février.
ÉTYM. latin *bissextilis*, de *sextus* «sixième».

BISTOURI [bistuʀi] **n. m.** ✦ Instrument de chirurgie en forme de couteau, à lame courte, qui sert à faire des incisions. *Donner un coup de bistouri.*
ÉTYM. peut-être de *Pistorium*, nom latin de *Pistoia*, ville de Toscane.

BISTRE [bistʀ] **n. m.** ✦ Couleur d'un brun noirâtre.
ÉTYM. origine inconnue.

BISTRÉ, ÉE [bistʀe] **adj.** ✦ D'un brun noirâtre. *Un teint bistré.*
ÉTYM. de *bistre.*

BISTRONOMIE [bistʀɔnɔmi] **n. f.** ✦ Cuisine inventive proposée dans de petits établissements à l'ambiance conviviale.
► **BISTRONOMIQUE** [bistʀɔnɔmik] **adj.** *Restaurant bistronomique.*
ÉTYM. mot-valise, de *bistrot* et *gastronomie.*

BISTROT ou **BISTRO** [bistʀo] **n. m.** ✦ FAM. 1. Tenancier de café (fém. BISTROTE [bistʀɔt]). 2. Café (②), débit de boissons (généralement petit et modeste). SYN. **troquet.**
ÉTYM. peut-être de *bistouille* «café arrosé», de *bis-* et *touiller.*

BIT [bit] **n. m.** ✦ anglicisme INFORM. Unité élémentaire d'information pouvant prendre deux valeurs distinctes, notées 0 et 1 (→ **binaire**). HOM. BITE «pénis», BITTE «borne»
ÉTYM. mot américain, abréviation de *binary digit.*

BITCOIN [bitkɔjn] **n. m.** ✦ anglicisme Unité monétaire en usage sur Internet, indépendante des réseaux bancaires.
ÉTYM. marque déposée ; mot anglais, de *bit* → bit et *coin* «pièce de monnaie».

BITE [bit] **n. f.** ✦ FAM. VULG. Pénis. HOM. BIT «unité informatique», BITTE «borne»
ÉTYM. origine obscure.

BITTE [bit] **n. f.** ✦ *Bitte (d'amarrage)* : borne sur un quai, sur le pont d'un navire, à laquelle on amarre les câbles. HOM. BIT «unité informatique», BITE «pénis»
ÉTYM. norrois «poutre».

BITUME [bitym] **n. m.** ✦ Mélange d'hydrocarbures utilisé comme revêtement des chaussées et des trottoirs. → **asphalte, goudron.**
ÉTYM. latin *bitumen* ; doublet de *béton.*

BIVALVE [bivalv] **adj.** ✦ Qui a deux valves. *Coquillage bivalve.* ➡ **n. m. pl.** *Les bivalves* : classe des mollusques bivalves.

BIVOUAC [bivwak] **n. m.** ✦ Campement provisoire en plein air d'une troupe, d'une expédition. ➡ Lieu du campement.
ÉTYM. allemand ou néerlandais «garde».

BIVOUAQUER [bivwake] **v. intr.** (conjug. 3a) ✦ Installer un, son bivouac. SYN. **camper.**

BIZARRE [bizaʀ] **adj.** 1. Qui est inhabituel, qu'on s'explique mal. SYN. **curieux, insolite, saugrenu.** *Il a des idées bizarres. Il n'écrit pas, c'est bizarre.* SYN. **anormal, étrange.** 2. (personnes) D'un caractère difficile à comprendre, fantasque. *Il, elle est un peu bizarre.* SYN. **excentrique,** ② **original.** CONTR. **banal, normal, ordinaire.**
► **BIZARREMENT** [bizaʀmɑ̃] **adv.**
ÉTYM. italien *bizzarro*, d'abord «coléreux», d'origine obscure.

BIZARRERIE [bizaʀʀi] **n. f.** 1. Caractère de ce qui est bizarre, d'une personne bizarre. SYN. **étrangeté, excentricité.** 2. Chose, élément, action bizarre. *Les bizarreries de la langue française.* CONTR. **banalité.**

BIZARROÏDE [bizaʀɔid] **adj.** ✦ FAM. Bizarre.
ÉTYM. de *bizarre* et *-oïde.*

BIZNESS [biznɛs] **n. m.** → BUSINESS

BIZUT ou **BIZUTH** [bizy(t)] **n. m.** ✦ FAM. Élève de première année, dans une grande école, une faculté. SYN. **bleu, nouveau.**
ÉTYM. origine obscure.

BIZUTAGE [bizytaʒ] **n. m.** ✦ Cérémonie d'initiation des bizuts, comportant des brimades.

BLABLA [blabla] **n. m.** ✦ FAM. Bavardage, verbiage sans intérêt. *C'est du blabla. Encore des blablas !*
ÉTYM. onomatopée.

BLACK [blak] **n.** ✦ anglicisme FAM. Personne noire (souvent jeune, en France). *Les beurs et les blacks.* ➜ **adj.** *Musique black.*
ÉTYM. mot anglais «noir».

BLACKBOULER [blakbule] **v. tr.** (conjug. 3a) **1.** Mettre en minorité dans un vote. *Se faire blackbouler aux élections.* **2.** FAM. Refuser à un examen. SYN. **coller.**
ÉTYM. de l'anglais *to blackball*, de *black* «noir» et *ball* «boule (pour voter)».

BLACK-OUT [blakaut] **n. m. invar. 1.** Obscurité totale commandée par la défense passive. **2. fig.** Silence gardé (sur une nouvelle, une décision officielle).
ÉTYM. mot anglais, de *black* «noir» et *out* «complètement».

BLAFARD, ARDE [blafaʀ, aʀd] **adj.** ✦ D'une teinte pâle et sans éclat. SYN. **blême.** *Un teint blafard.* SYN. **livide.** ➜ *Une lumière blafarde.* CONTR. **coloré, vif.**
ÉTYM. ancien allemand *bleichvar*, de *bleich* «pâle, blême».

① **BLAGUE** [blag] **n. f.** ✦ Petit sac souple dans lequel les fumeurs mettent leur tabac. *Blague à tabac.*
ÉTYM. néerlandais *blag* «gaine, enveloppe».

② **BLAGUE** [blag] **n. f. 1.** Histoire inventée à laquelle on essaie de faire croire. SYN. FAM. **bobard.** *Raconter des blagues.* ➜ FAM. *Blague à part,* pour parler sérieusement. ➜ *Sans blague !,* interjection de doute, étonnement, ironie. **2.** Farce, plaisanterie. *Faire une bonne blague à qqn.* **3.** Erreur, maladresse. *Il faut réparer cette blague.* SYN. FAM. **boulette.**
ÉTYM. métaphore de ① *blague.*

BLAGUER [blage] **v. intr.** (conjug. 3b) ✦ FAM. Dire des blagues. SYN. **plaisanter.** *Vous blaguez !*

BLAGUEUR, EUSE [blagœʀ, øz] **n.** ✦ FAM. Personne qui a l'habitude de dire des blagues.

BLAIREAU [blɛʀo] **n. m.** **I** Petit mammifère carnivore, bas sur pattes, de pelage clair sur le dos et foncé sous le ventre. *Des blaireaux.* **II** Brosse pour la barbe (généralement en poil de blaireau) utilisée pour faire mousser le savon. **III** FAM. Personnage ridicule.
ÉTYM. de l'ancien français *bler* «tacheté», d'origine gauloise.

BLAIRER [bleʀe] **v. tr.** (conjug. 3a) ✦ FAM. Aimer (surtout négatif). *Je ne peux pas le blairer,* je le déteste.
ÉTYM. de *blair* «nez» (argot).

BLÂMABLE [blamabl] **adj.** ✦ Qui mérite le blâme. SYN. **condamnable, répréhensible.** *Une action blâmable.* CONTR. ① **louable.**
ÉTYM. de *blâmer.*

BLÂME [blam] **n. m. 1.** Jugement par lequel on blâme (qqn, qqch.). SYN. **condamnation,** ② **critique, réprobation, reproche.** *S'attirer, encourir le, les blâme(s) de qqn.* **2.** Sanction disciplinaire (élèves, fonctionnaires...). CONTR. **approbation, éloge, louange.**
ÉTYM. de *blâmer.*

BLÂMER [blame] **v. tr.** (conjug. 3a) **1.** Former un jugement moral défavorable sur (qqn ou qqch.). SYN. **condamner, critiquer, désapprouver.** *Il est plus à plaindre qu'à blâmer.* **2.** Réprimander officiellement. CONTR. **approuver, complimenter, encourager, féliciter,** ① **louer.**
ÉTYM. latin populaire *blastemare*, famille de *blasphemia* «blasphème».

① **BLANC, BLANCHE** [blɑ̃, blɑ̃ʃ] **adj. et n.**
I adj. 1. D'une clarté neutre, sans couleur (résultant du mélange de toutes les couleurs du spectre solaire). *Blanc comme (la) neige, le lait, le lis. Fromage blanc, drapeau blanc.* **2.** D'une couleur pâle voisine du blanc. *Peau blanche, cheveux blancs.* ➜ D'un groupe humain à la peau peu pigmentée (opposé à *noir, jaune, de couleur*). ◆ Se dit des choses claires, par opposition à celles de même espèce qui sont d'une autre couleur. *Vin blanc. Boudin blanc.* **3.** Qui n'est pas écrit. *Page blanche.* SYN. **vierge.** *Bulletin* (de vote) *blanc.* **4. fig.** Qui n'a pas les effets habituels. *Examen blanc,* qui sert de préparation à l'épreuve officielle. *Nuit blanche,* sans sommeil. *Mariage blanc,* sans relations sexuelles. **5.** Innocent. *Il n'est pas tout blanc.*
II n. UN BLANC, UNE BLANCHE : homme, femme d'un groupe ethnique à la peau peu pigmentée.
ÉTYM. germanique *blank.*

② **BLANC** [blɑ̃] **n. m.** **I 1.** Couleur blanche. *Un blanc éclatant, mat.* ➜ **blancheur.** *Être vêtu de blanc,* de vêtements blancs. *Le blanc, symbole de pureté.* **2.** Matière colorante, qui sert à peindre. *Blanc de zinc,* oxyde de zinc. **3.** *EN BLANC* : avec la couleur blanche. *Peint en blanc. Photo en noir et blanc.* ◆ Sans écriture. *Chèque en blanc.* **4.** *À BLANC* : de manière à devenir blanc. *Métal chauffé à blanc.* ➜ *Tirer à blanc,* avec des projectiles inoffensifs. **II 1.** Se dit d'une partie blanche. *Blanc de poulet,* la chair de la poitrine. *Blanc d'œuf,* partie visqueuse formée d'albumine. ➜ **albumen.** ➜ *Le blanc de l'œil. Regarder qqn dans le blanc des yeux,* bien en face. ◆ Intervalle, espace libre qu'on laisse dans un écrit. ➜ **interligne.** *Laissez ici un blanc.* **2.** Linge blanc. *Une exposition de blanc* (dans un magasin). **3.** Vin blanc (fait avec des raisins sans peau). *Un petit blanc sec. Blanc de blancs,* vin blanc fait avec du raisin blanc.
ÉTYM. → ① blanc.

BLANC-BEC [blɑ̃bɛk] **n. m.** ✦ Jeune homme sans expérience et sûr de soi. *Des blancs-becs.*
ÉTYM. de ① *blanc* et *bec.*

BLANCHÂTRE [blɑ̃ʃatʀ] **adj.** ✦ D'une teinte tirant sur le blanc. *Un ciel blanchâtre.*

BLANCHE [blɑ̃ʃ] **n. f.** ✦ Note de musique qui vaut deux noires.
ÉTYM. de ① *blanc.*

BLANCHEUR [blɑ̃ʃœʀ] **n. f.** ✦ Couleur blanche ; qualité de ce qui est blanc. *Linge d'une blancheur éclatante.*

BLANCHIMENT [blɑ̃ʃimɑ̃] **n. m.** ✦ Action de blanchir (I). *Le blanchiment d'un mur au lait de chaux.* ➜ **fig.** *Le blanchiment de l'argent.*

BLANCHIR [blɑ̃ʃiʀ] **v.** (conjug. 13) **I v. tr. 1.** Rendre blanc. SYN. **éclaircir.** ◆ *Blanchir des légumes,* les passer à l'eau bouillante. **2.** Couvrir d'une couche blanche ; enduire de blanc. *La neige blanchit les sommets.* ➜ au p. passé *Un mur blanchi à la chaux.* **3.** Laver, nettoyer (le linge blanc). ➜ au p. passé *Un pensionnaire logé et blanchi,* et dont on lave le linge. **4. fig.** Disculper, innocenter (qqn). *Il fut blanchi lors de son procès.* ◆ (choses) Donner une existence légale à (des fonds dont l'origine est frauduleuse ou illicite). *Blanchir*

A B C D E F G H I J K L M N O P Q R S T U V W X Y Z

l'argent de la drogue. ➞ au p. passé *Argent blanchi.* **II** v. intr. Devenir blanc. *Ses cheveux blanchissent.*

BLANCHISSAGE [blɑ̃ʃisaʒ] n. m. ✦ Action de blanchir le linge. SYN. **lessive.** *Envoyer du linge au blanchissage.*

BLANCHISSEMENT [blɑ̃ʃismɑ̃] n. m. ✦ Fait de blanchir (II).

BLANCHISSERIE [blɑ̃ʃisʀi] n. f. ✦ Établissement où l'on fait le blanchissage et le repassage du linge. SYN. **laverie, pressing.**

BLANCHISSEUR, EUSE [blɑ̃ʃisœʀ, øz] n. ✦ Personne dont le métier est de blanchir le linge et de le repasser.

BLANDICE [blɑ̃dis] n. f. ✦ LITTÉR. surtout au plur. Ce qui séduit. SYN. ① **charme, délice.**
ÉTYM. latin *blanditia* «flatteries».

BLANQUETTE [blɑ̃kɛt] n. f. **1.** Vin blanc mousseux. *La blanquette de Limoux.* **2.** Ragoût de viande blanche. *Une blanquette de veau.*
ÉTYM. occitan *blanquetto,* diminutif de *blanc.*

BLASÉ, ÉE [blaze] adj. ✦ (personnes) Dont les sensations, les émotions sont émoussées, qui n'éprouve plus de plaisir à rien. SYN. **indifférent, insensible.** *Après tant de succès, il est blasé.* CONTR. **enthousiaste.**
ÉTYM. du participe passé de *blaser.*

BLASER [blaze] v. tr. (conjug. 3a) ✦ LITTÉR. Émousser, atténuer (les sens, les sensations). ◆ *SE BLASER* v. pron. Devenir blasé. *Finir par se blaser (de qqch.).*
ÉTYM. du germanique «souffler».

BLASON [blazɔ̃] n. m. ✦ Ensemble des signes distinctifs et emblèmes d'une famille noble, d'une collectivité. SYN. **arme(s), armoiries, écu ;** ➞ **héraldique.** ➞ loc. *Redorer son blason :* rétablir son prestige par une réussite.
ÉTYM. origine incertaine, peut-être germanique.

BLASPHÉMATEUR, TRICE [blasfematœʀ, tʀis] n. ✦ Personne qui blasphème.
ÉTYM. de *blasphémer.*

BLASPHÉMATOIRE [blasfematwaʀ] adj. ✦ Qui contient ou constitue un blasphème. SYN. **impie, sacrilège.** *Propos blasphématoires.*
ÉTYM. de *blasphémer.*

BLASPHÈME [blasfɛm] n. m. ✦ Parole qui outrage la divinité, la religion, le sacré.
ÉTYM. latin *blasphemia,* du grec.

BLASPHÉMER [blasfeme] v. intr. (conjug. 8) ✦ Proférer des blasphèmes, des imprécations.
ÉTYM. latin *blasphemare.*

> **-BLASTE, BLASTO-** Éléments, du grec *blastos* «bourgeon», qui signifient «germe» (ex. *blastomère* n. f. BIOL. «cellule provenant des premières divisions de l'œuf fécondé»).

BLASTODERME [blastɔdɛʀm] n. m. ✦ BIOL. Membrane de l'œuf qui donnera naissance à l'embryon.
ÉTYM. de *blasto-* et *-derme.*

BLATÉRER [blateʀe] v. intr. (conjug. 8) ✦ Pousser son cri (chameau, bélier).
ÉTYM. latin *blaterare.*

BLATTE [blat] n. f. ✦ Insecte nocturne au corps aplati. SYN. **cafard, cancrelat.**
ÉTYM. latin *blatta.*

BLAZER [blazɛʀ ; blazœʀ] n. m. ✦ Veste de sport (d'abord à rayures de couleur vive, puis unie).
ÉTYM. mot anglais, de *to blaze* «flamboyer».

BLÉ [ble] n. m. **I 1.** Céréale dont le grain sert à l'alimentation (farine, pain). SYN. **froment.** *Semer du blé. Un champ de blé.* loc. *Blond comme les blés.* **2.** Le grain seul. *Moudre le blé. Un silo à blé.* **3.** *Blé noir.* SYN. ② **sarrasin.** **II** FAM. Argent. SYN. **fric.**
ÉTYM. du francique «produit de la terre».

BLED [blɛd] n. m. **1.** en Afrique, au Maghreb L'intérieur des terres, la campagne. **2.** FAM. Lieu, village isolé, offrant peu de ressources. SYN. FAM. ② **patelin, trou.** *On s'ennuie dans ce bled. Des bleds.*
ÉTYM. mot arabe «pays».

BLÉDARD, ARDE [bledaʀ, aʀd] adj. ✦ Originaire du bled, qui habite le bled. ➞ n. *Les blédards.*

BLÊME [blɛm] adj. ✦ (visage) D'une blancheur maladive. SYN. **blafard, livide.** *Blême de colère.* SYN. **pâle.** ➞ (jour, lueur) Très pâle. *Un petit matin blême.* CONTR. **coloré, hâlé,** ① **vermeil.**
ÉTYM. de *blêmir.*

BLÊMIR [blemiʀ] v. intr. (conjug. 13) ✦ Devenir blême.
ÉTYM. du francique.

BLENDER [blɛndɛʀ ; -œʀ] n. m. ✦ anglicisme Mixeur composé d'une base sur laquelle se fixe un bol haut.
ÉTYM. mot anglais, de *to blend* «mélanger».

> **BLENNO-** Élément savant, du grec *blennos* «mucus».

BLENNORRAGIE [blenɔʀaʒi] n. f. ✦ Maladie sexuellement transmissible caractérisée par une inflammation des voies urogénitales.
ÉTYM. de *blenno-* et *-rragie.*

> **BLÉPHAR(O)-** Élément savant, du grec *blepharon* «paupière».

BLESSANT, ANTE [blesɑ̃, ɑ̃t] adj. ✦ Qui blesse, offense. SYN. **désobligeant.** *Des paroles blessantes.*
ÉTYM. du participe présent de *blesser.*

BLESSÉ, ÉE [blese] adj. et n. **1.** adj. Qui a reçu une blessure. *Un soldat blessé.* **2.** n. Personne blessée. *Deux morts et dix blessés. Des blessés de guerre.*

BLESSER [blese] v. tr. (conjug. 3a) **1.** Frapper d'un coup qui cause une blessure. SYN. **contusionner, meurtrir.** *Blesser grièvement, mortellement qqn.* ➞ pronom. *Se blesser en tombant.* ◆ choses Occasionner une blessure à (qqn). *Ce clou m'a blessé.* ➞ (vêtements) Causer une douleur, faire mal. *Ces souliers me blessent.* **2.** Causer une impression désagréable, pénible à. *Des sons discordants qui blessent l'oreille.* SYN. **déchirer, écorcher.** ➞ *Blesser les yeux, la vue.* **3.** Porter un coup pénible à (qqn), toucher ou impressionner désagréablement. SYN. **offenser, ulcérer.** *Blesser l'amour-propre de qqn,* le froisser, le vexer.
ÉTYM. francique *blettjan* «meurtrir».

BLESSURE [blesyʀ] n. f. **1.** Lésion faite, involontairement ou pour nuire, aux tissus vivants par une pression, un choc, un coup, une arme ou la chaleur. SYN. **plaie.** *Soigner, panser ses blessures.* **2.** Atteinte morale. SYN. **offense.** *Blessure d'amour-propre.*
ÉTYM. de *blesser.*

BLET, BLETTE [blɛ, blɛt] **adj.** ✦ (fruits) Qui est trop mûr, dont la chair s'est ramollie. *Une poire blette. Les nèfles se mangent blettes.*
ÉTYM. même origine que *blesser.*

BLETTE n. f. → BETTE

BLEU, BLEUE [blø] **adj.** et **n. m.**
I adj. 1. De la couleur du ciel pur, sans nuages, de la mer où le ciel se reflète, etc. *Des yeux bleus. Une robe bleue.* ➡ *Bifteck bleu,* très saignant. ◆ *Étoffe bleue, vêtement bleu.* ➡ *Carte bleue* (nom d'une carte de crédit). 2. (peau) D'une couleur livide. → **cyanosé.** *Œdème bleu.* ➡ *Être bleu de froid.* ➡ loc. *Il en est resté bleu* (de peur). ➡ *Une peur* bleue.* ◆ *Maladie bleue* (par malformation congénitale du cœur). 3. loc. (métaphore) *Sang bleu,* noble.
II n. m. 1. La couleur bleue. *Bleu horizon, lavande, marine, ardoise. Des manteaux bleu-vert.* ◆ Matière colorante bleue. → **indigo, pastel, tournesol.** *Bleu de Prusse,* cyanure de fer. 2. (personne vêtue de bleu) *Les Bleus :* les soldats républicains (pour les royalistes vendéens). ◆ Jeune recrue. *L'arrivée des bleus à la caserne.* SYN. **conscrit, nouveau.** ➡ Nouvel élève. SYN. FAM. **bizut.** 3. Marque livide sur la peau résultant d'un coup. SYN. **ecchymose, meurtrissure.** *Être couvert de bleus. Se faire un bleu au bras.* 4. *AU BLEU :* façon de préparer certains poissons au court-bouillon vinaigré. *Truite au bleu.* 5. Fromage de vache à pâte parsemée de moisissures (quand il n'a pas un nom spécifique : roquefort, gorgonzola, etc.). *Bleu d'Auvergne, de Bresse.* 6. *Bleu de méthylène :* antiseptique. 7. Combinaison d'ouvrier, généralement en toile bleue. *Des bleus de travail.*
ÉTYM. du francique *blao,* qualifie d'abord la peau livide.

BLEUÂTRE [bløɑtʀ] **adj.** ✦ Qui tire sur le bleu, n'est pas franchement bleu.

BLEUET [bløɛ] **n. m.** **I** Centaurée à fleur bleue. **II** (Québec) Variété d'airelle à grosses baies. *Tarte aux bleuets.* ➡ On dit aussi BLUET [blyɛ] (VIEILLI).

BLEUIR [bløiʀ] **v.** (conjug. 13) 1. **v. tr.** Rendre bleu. 2. **v. intr.** Devenir bleu. *L'horizon bleuit.*

BLEUTÉ, ÉE [bløte] **adj.** ✦ Qui a une nuance bleue. *Des reflets bleutés.*

BLINDAGE [blɛ̃daʒ] **n. m.** ✦ Protection (d'un navire, d'un abri, d'un véhicule, d'une porte) par des plaques de métal ; ces plaques.
ÉTYM. de *blinder.*

BLINDÉ, ÉE [blɛ̃de] **adj.** 1. Protégé par un blindage. *Porte blindée. Voiture blindée. Régiment blindé,* composé de véhicules blindés. ➡ **n. m.** Véhicule blindé. 2. FAM. Endurci. SYN. **immunisé.** *Il en a vu d'autres, il est blindé.* CONTR. **délicat, vulnérable.**

BLINDER [blɛ̃de] **v. tr.** (conjug. 3a) 1. Protéger par un blindage. *Blinder une porte.* 2. FAM. Endurcir, armer. *L'adversité l'a blindé.*
ÉTYM. de *blinde* «structure d'une tranchée pour mettre les soldats à couvert», de l'allemand *blenden* «aveugler».

BLING-BLING [bliŋbliŋ] **adj. invar.** ✦ FAM. Qui affiche un luxe clinquant, tape-à-l'œil. *Un mariage bling-bling.*
ÉTYM. mot anglais américain «bijoux voyants», de *bling,* onomatopée.

BLINIS [blinis] **n. m.** ✦ Petite crêpe très épaisse, souvent servie chaude avec du saumon fumé ou du caviar.
ÉTYM. du russe *bliny,* pluriel.

BLITZ [blits] **n. m.** ✦ HIST. Attaques aériennes allemandes contre la Grande-Bretagne, en 1940.
ÉTYM. de l'allemand *Blitzkrieg* «guerre *(Krieg)* éclair *(Blitz)*», par l'anglais.

BLIZZARD [blizaʀ] **n. m.** ✦ Vent accompagné de tourmentes de neige, dans le Grand Nord.
ÉTYM. mot américain.

BLOC [blɔk] **n. m.** **I** 1. Masse solide et pesante constituée d'un seul morceau. *Un bloc de marbre, de bois. Colonne d'un seul bloc* (monolithe). *Un bloc de rocher.* 2. *Bloc de papier à lettres,* feuillets collés ensemble sur un seul côté et facilement détachables. → **bloc-note.** 3. Éléments groupés en une masse compacte, homogène. *BLOC MOTEUR,* formé par le moteur, l'embrayage, la boîte de vitesses d'une automobile. ➡ Ensemble d'appareils (sanitaires, ménagers...) groupés pour occuper le moins de place possible. *Bloc-cuisine.* ➡ *Bloc opératoire.* 4. Coalition politique, union de partis, d'États aux idéaux communs. HIST. *Le bloc de l'Est, le bloc occidental* (jusqu'en 1989). *Le bloc des gauches,* les gauches alliées au début du XXe siècle. ➡ loc. *Faire bloc (avec...),* former un ensemble solide, s'unir. *Faire bloc contre l'agresseur.* 5. *EN BLOC* **loc. adv.** : en totalité, sans partage. SYN. en **masse.** *Il rejette cette théorie en bloc.* **II** *À BLOC* **loc. adv.** : en forçant, coinçant. *Serrer, visser à bloc avec une clé. Gonflé* à bloc.* **III** FAM. Prison. *Mettre qqn au bloc.*
ÉTYM. mot néerlandais ancien «tronc abattu».

BLOCAGE [blɔkaʒ] **n. m.** 1. Action de bloquer (II). *Le blocage des freins, du ballon.* ➡ *Blocage des prix,* action de fixer les prix. 2. Réaction négative d'adaptation d'un être vivant confronté à une situation nouvelle. *Faire un blocage psychologique.*

BLOCKBUSTER [blɔkbœstœʀ] **n. m.** ✦ anglicisme Film à gros budget réalisant des profits importants. ➡ recomm. offic. *grosse machine.*
ÉTYM. mot américain «bombe de forte puissance».

BLOCKHAUS [blɔkos] **n. m.** ✦ Ouvrage militaire défensif, fortifié de béton. SYN. **fortin.** *Des blockhaus.*
ÉTYM. mot allemand, de *Block* «bloc» et *Haus* «maison».

BLOC-NOTE [blɔknɔt] **n. m.** ✦ Bloc de papier pour prendre des notes. *Des blocs-notes.*

BLOCUS [blɔkys] **n. m.** ✦ Investissement (d'une ville ou d'un port, d'un littoral, d'un pays) pour isoler, couper les communications avec l'extérieur. → aussi **embargo.** *Lever un blocus.* HIST. *Le Blocus continental* (contre l'Angleterre à partir de 1806, par Napoléon). *Le blocus de Berlin* (1948-1949, par Staline). ➡ *Blocus économique,* mesures d'isolement économique contre un pays.
ÉTYM. néerlandais *blokhuis,* de *Blok* «bloc» et *huis* «maison».

BLOG [blɔg] **n. m.** ✦ anglicisme Site Internet sur lequel une personne publie son journal, des chroniques régulières. *Des blogs.* ➡ recomm. offic. BLOGUE.
► **BLOGUER** [blɔge] **v. intr.** (conjug. 3b)
► **BLOGUEUR, EUSE** [blɔgœʀ, øz] **n.**
ÉTYM. mot anglais, de *weblog* «carnet de bord *(log)* sur Internet».

A B C D E F G H I J K L M N O P Q R S T U V W X Y Z

BLOGOSPHÈRE [blɔgɔsfɛʀ] **n. f.** ✦ Ensemble du réseau Internet formé par les blogs et la communauté de leurs rédacteurs.
ÉTYM. de *blog* et *sphère*.

BLOND, BLONDE [blɔ̃, blɔ̃d] **adj. et n.** **I 1. adj.** (poil, cheveux) De la couleur la plus claire, proche du jaune. *Les cheveux blonds des Nordiques.* ➝ (personnes) Qui a les cheveux blonds. *Il est blond comme les blés.* ♦ **n.** *Un blond, une blonde.* **2. n. m.** La couleur blonde. *Blond cendré, doré, vénitien.* **II adj.** D'un jaune très doux. *Sable blond. Bière blonde.* ➝ *Tabac blond. Cigarette blonde* ou **n. f.** *une blonde.* CONTR. **brun, noir.**
ÉTYM. origine inconnue.

BLONDASSE [blɔ̃das] **adj.** ✦ D'un vilain blond. *Des cheveux blondasses.*
ÉTYM. de *blond*, suffixe péjoratif *-asse*.

BLONDEUR [blɔ̃dœʀ] **n. f.** ✦ Qualité de ce qui est blond. *La blondeur des cheveux.*

BLONDINET, ETTE [blɔ̃dinɛ, ɛt] **n.** ✦ Enfant blond. *Une blondinette.*

BLONDIR [blɔ̃diʀ] **v. intr.** (conjug. 13) ✦ Devenir blond. *Ses cheveux blondissent au soleil.*

BLOQUER [blɔke] **v. tr.** (conjug. 3a) **I** Réunir, mettre en bloc. SYN. **grouper,** ① **masser.** *Bloquer deux paragraphes. J'ai bloqué mes jours de congé.* **II 1.** Empêcher de se mouvoir. SYN. **immobiliser.** *Un navire bloqué par les glaces.* ➝ *Bloquer le ballon.* ♦ *Bloquer les prix, les salaires,* en interdire l'augmentation. **2.** Boucher, obstruer. *La route est bloquée.* **3. fig.** Inhiber par un blocage (2).
ÉTYM. de *bloc*.

se BLOTTIR [blɔtiʀ] **v. pron.** (conjug. 13) **1.** Se ramasser sur soi-même, de manière à occuper le moins de place possible. SYN. se **lover,** se **pelotonner,** se **recroqueviller,** se **tapir.** *Se blottir sous sa couette.* **2.** Se mettre à l'abri, en sûreté. SYN. se **réfugier.** *L'enfant se blottit contre sa mère.*
ÉTYM. peut-être bas allemand *blotten* «écraser».

BLOUSANT, ANTE [bluzɑ̃, ɑ̃t] **adj.** ✦ Qui blouse (②).
ÉTYM. du participe présent de ② *blouser*.

BLOUSE [bluz] **n. f.** **1.** Vêtement de travail que l'on met par-dessus les autres pour les protéger. *Blouse blanche de dentiste.* **2.** Chemisier de femme, large du bas. HOM. BLUES «musique»
ÉTYM. origine inconnue.

① **BLOUSER** [bluze] **v. tr.** (conjug. 3a) ✦ FAM. Tromper (qqn). *Il s'est fait blouser,* il s'est fait avoir.
ÉTYM. de *blouse*, terme du jeu de billard.

② **BLOUSER** [bluze] **v. intr.** (conjug. 3a) ✦ (vêtements) Bouffer à la taille.
ÉTYM. de *blouse*.

BLOUSON [bluzɔ̃] **n. m.** ✦ Veste courte resserrée aux hanches. *Blouson de cuir.* ♦ VIEILLI *(UN) BLOUSON NOIR :* jeune voyou vêtu d'un blouson de cuir noir. *Une bande de blousons noirs.*
ÉTYM. de *blouse*.

BLUE-JEAN [bludʒin] **n. m.** ✦ anglicisme Pantalon de toile solide. SYN. **jean.** *Des blue-jeans.*
ÉTYM. mot américain, littéralt «*jean* bleu *(blue)*».

BLUES [bluz] **n. m.** **I** Forme musicale élaborée par les Noirs des États-Unis d'Amérique, caractérisée par une formule harmonique constante, un rythme à quatre temps. *Un chanteur de blues.* **II** Mélancolie, cafard. *Un coup de blues.* HOM. BLOUSE «vêtement»
ÉTYM. mot américain «idées noires, cafard».

BLUET **n. m.** → BLEUET

BLUETOOTH [blutus] **n. m.** ✦ anglicisme Technologie de transmission de données à courte distance (moins de 10 mètres) sans fil, entre appareils électroniques.
ÉTYM. marque déposée ; mot anglais.

BLUFF [blœf] **n. m.** ✦ Attitude destinée à impressionner, intimider un adversaire. *C'est du bluff, ne vous y laissez pas prendre. Il nous a eus au bluff.*
ÉTYM. mot américain.

BLUFFER [blœfe] **v.** (conjug. 3a) **1. v. intr.** Pratiquer le bluff. *Bluffer au poker.* **2. v. tr.** *Bluffer qqn,* l'abuser. ♦ Impressionner (qqn).
ÉTYM. de *bluff*.

BLUFFEUR, EUSE [blœfœʀ, øz] **n. et adj.** ✦ Personne qui bluffe.

BLU-RAY [bluʀɛ] **n. m.** ✦ anglicisme Format de disque numérique permettant de stocker et lire des fichiers vidéos en haute définition ; disque de ce format.
ÉTYM. marque déposée ; de l'anglais *blu-ray disc*, de *blue* «bleu» et *ray* «rayon».

BLUTAGE [blytaʒ] **n. m.** ✦ Séparation du son et de la farine.
ÉTYM. de *bluter*.

BLUTER [blyte] **v. tr.** (conjug. 3a) ✦ Tamiser (la farine) pour la séparer du son (avec un tamis appelé *blutoir* [blytwaʀ] **n. m.**).
ÉTYM. de l'ancien français *beluter*, probablement de l'allemand ancien *biuteln* «tamiser».

BMX [beɛmiks] **n. m.** ✦ Vélo tout-terrain à cadre court et muni d'un seul frein arrière ; sport pratiqué avec ce vélo. *Le BMX est une discipline olympique.*
ÉTYM. mot anglais, sigle de *bicycle moto X*, *X* symbolisant la croix *(cross)*.

BOA [bɔa] **n. m.** **1.** Gros serpent d'Amérique du Sud, non venimeux, qui étouffe sa proie dans ses anneaux. *Boa constricteur.* **2.** Long tour de cou en plumes.
ÉTYM. mot latin «serpent d'eau».

BOAT PEOPLE [botpipœl] **n. invar.** ✦ anglicisme (surtout au plur.) Personne fuyant son pays sur un bateau. *Des boat people.*
ÉTYM. mots anglais «gens *(people)* des bateaux *(boat)*».

BOBARD [bɔbaʀ] **n. m.** ✦ FAM. Propos, récit fantaisiste et mensonger. SYN. ② **blague, boniment.** *Raconter des bobards. Les bobards de la presse.*
ÉTYM. de l'ancien français *bober* «tromper», onomatopée *bob-* exprimant l'idée de «gonflé».

BOBÈCHE [bɔbɛʃ] **n. f.** ✦ Disque adapté aux chandeliers et destiné à recueillir la cire qui coule.
ÉTYM. de l'onomatopée *bob-* exprimant l'idée de «gonflé».

BOBINAGE [bɔbinaʒ] **n. m.** **1.** Enroulement du fil (avant tissage). **2.** ÉLECTR. Fils conducteurs enroulés autour d'un noyau.
ÉTYM. de *bobiner*.

BOBINE [bɔbin] n. f. **I** 1. Petit cylindre à rebords (pour enrouler du fil, du ruban, un film...). *Une bobine de fil. Les bobines d'un métier à tisser. Changer de bobine pendant une projection.* 2. ÉLECTR. Ensemble de spires formé par un fil conducteur. **II** FAM. Figure, tête. *Faire une drôle de bobine.*
ÉTYM. de l'onomatopée *bob-*, idée de «gonflé».

BOBINEAU [bɔbino] n. m. ✦ Petite bobine (spécialt de magnétophone).

BOBINER [bɔbine] v. tr. (conjug. 3a) ✦ Dévider (un fil, un ruban, une bande) et l'enrouler sur une bobine. CONTR. **débobiner.**

BOBINETTE [bɔbinɛt] n. f. ✦ VX Loquet cylindrique en bois. « *Tire la chevillette, la bobinette cherra* [tombera] » (Perrault).

① **BOBO** [bobo] n. m. 1. lang. enfantin Douleur physique. *Avoir bobo.* ♦ (plainte) *Maman, bobo !* j'ai mal. 2. Petite plaie insignifiante. *Soigner des bobos.*
ÉTYM. onomatopée.

② **BOBO** [bobo] n. et adj. ✦ anglicisme Personne d'un milieu aisé, jeune et cultivée, qui recherche des valeurs authentiques, la créativité. ➜ adj. *Un quartier bobo.*
ÉTYM. mot américain, sigle de *bourgeois bohemian* «bourgeois bohème».

BOBSLEIGH [bɔbslɛg] n. m. ✦ Traîneau articulé à plusieurs places muni d'un volant de direction, pour descendre à grande vitesse sur des pistes de neige aménagées ; sport pratiqué avec ce traîneau. ➜ abrév. BOB [bɔb]
ÉTYM. mot anglais, de *to bob* «se balancer» et *sleigh* «traîneau».

BO BUN [bɔbun] n. m. ✦ Salade vietnamienne à base de vermicelles de riz et de bœuf sauté.
ÉTYM. mot vietnamien, de *bò* «bœuf» et *bùn* «vermicelle de riz».

BOCAGE [bɔkaʒ] n. m. 1. Type de paysage formé de prés clos par des levées de terre plantées d'arbres. *Le bocage vendéen.* 2. LITTÉR. Petit bois ; lieu ombragé.
► **BOCAGER, ÈRE** [bɔkaʒe, ɛʀ] adj.
ÉTYM. de *bosc*, ancienne forme de *bois*.

BOCAL, AUX [bɔkal, o] n. m. ✦ Récipient à col très court et à large ouverture. *Fruits conservés en bocaux.* ➜ *Un bocal à poissons rouges.*
ÉTYM. italien *boccale*, du latin, du grec «vase à rafraîchir».

BOCARD [bɔkaʀ] n. m. ✦ TECHN. Appareil pour broyer le minerai de fer.
ÉTYM. de l'allemand *Pochwerk*.

BOCHE [bɔʃ] n. et adj. ✦ péj. VIEILLI (injure xénophobe) Allemand.
ÉTYM. de *alboche* «allemand», avec influence de *tête de boche* «tête de bois».

BOCK [bɔk] n. m. ✦ COMM. Verre de bière (d'une contenance équivalant à environ la moitié d'un demi).
ÉTYM. mot allemand, de *Bockbier* «bière de Bock», nom régional de la ville de *Einbeck* en Allemagne.

BODY [bɔdi] n. m. ✦ anglicisme Sous-vêtement féminin, collant, d'une seule pièce, couvrant le tronc. SYN. **justaucorps.** *Des bodys* ou *des bodies* (plur. anglais).
ÉTYM. mot anglais «corps».

BODYBOARD [bɔdibɔʀd] n. m. ✦ anglicisme Courte planche de surf ; sport de glisse pratiqué avec cette planche.
ÉTYM. de l'anglais *body* «corps» et *board* «planche».

BODYBUILDING [bɔdibildiŋ] n. m. ✦ anglicisme Musculation destinée à «remodeler» le corps. SYN. **culturisme.**
ÉTYM. mot anglais, de *body* «corps» et *to build* «construire».

BŒUF [bœf], plur. **BŒUFS** [bø] n. m. **I** 1. Mammifère ruminant domestique (bovin), lorsqu'il est mâle (opposé à *vache*), castré (opposé à *taureau*) et adulte (opposé à *veau*). *Bœuf de boucherie,* élevé pour l'alimentation. ➜ FAM. *Être fort comme un bœuf,* très fort. ➜ loc. *Mettre la charrue* avant les bœufs.* 2. *Bœuf sauvage,* bison, aurochs. 3. *(Le, du bœuf).* Viande de bœuf ou de vache. *Un rôti de bœuf. Pièce, côte de bœuf.* → aussi **bifteck, steak.** *Bœuf (à la) mode :* pièce de bœuf cuite à l'étouffée, avec des carottes. 4. **adjectivt invar.** FAM. *Un effet, un succès bœuf,* très grand et étonnant. **II** ARGOT MUS. Improvisation collective de jazz.
ÉTYM. latin *bos, bovis* ; sens II, peut-être allusion au cabaret *le Bœuf sur le toit.*

BOF [bɔf] interj. ✦ Exclamation exprimant le mépris, la lassitude, l'indifférence. *Bof ! Faire ça ou autre chose !*
ÉTYM. onomatopée.

BOGIE [bɔʒi] ou **BOGGIE** [bɔgi] n. m. ✦ Chariot sur lequel est articulé le châssis d'un wagon pour lui permettre de prendre les courbes. *Des bogies, des boggies.*
ÉTYM. mot anglais.

① **BOGUE** [bɔg] n. f. ✦ Enveloppe piquante de la châtaigne, du marron.
ÉTYM. du breton.

② **BOGUE** [bɔg] n. m. ✦ INFORM. Défaut d'un logiciel entraînant des anomalies de fonctionnement.
ÉTYM. de l'anglais *bug*, d'abord «cafard, punaise».

BOGUER [bɔge] v. intr. (conjug. 3b) ✦ INFORM. Présenter des anomalies de fonctionnement. SYN. **bugger** (anglicisme). *L'ordinateur a bogué.* SYN. **planter.**
ÉTYM. de ② *bogue.*

BOHÈME [bɔɛm] adj. ✦ Qui mène une vie vagabonde, sans règles ni souci du lendemain. *Il est un peu bohème.* ➜ *Des mœurs bohèmes.* ➜ n. *Un, une bohème,* personne qui mène cette vie. *Une vie de bohème ; la bohème.*
ÉTYM. de *Bohême.* ☞ noms propres.

BOHÉMIEN, IENNE [bɔemjɛ̃, jɛn] n. ✦ Tsigane nomade.
ÉTYM. de *Bohême.* ☞ noms propres.

① **BOIRE** [bwaʀ] v. tr. (conjug. 56) 1. Avaler (un liquide). SYN. **absorber, ingurgiter, prendre.** *Boire de l'eau, du vin.* ➜ pronom. (passif) *Un vin qui se boit au dessert,* qu'on boit. ➜ (vin, alcool) *Boire un coup, un verre. Payer à boire, un coup à boire à qqn. Boire à la santé de qqn.* ➜ loc. *Il y a à boire et à manger,* de bonnes et de mauvaises choses. ➜ *Boire la tasse*.* ➜ *Boire du lait*, du petit-lait.* ➜ fig. *Boire les paroles de qqn,* les écouter avec attention et admiration. 2. absolt Prendre des boissons alcoolisées avec excès. SYN. FAM. **picoler.** *Une personne qui boit.* → **alcoolique, ivrogne.** *Boire comme un trou.* ➜ prov. *Qui a bu boira :* on ne se corrige pas de ses vieux défauts. 3. (corps poreux, perméable) Absorber. *Ce papier boit l'encre ;* absolt *il boit.*
ÉTYM. latin *bibere.*

② **BOIRE** [bwaʀ] n. m. ✦ loc. *Le boire et le manger :* l'action de boire et de manger. ➜ loc. *En perdre, en oublier le boire et le manger,* être entièrement absorbé.
ÉTYM. de ① *boire.*

BOIS [bwɑ] **n. m.** **I** Espace de terrain couvert d'arbres (en principe plus petit que la forêt*). *Un bois de hêtres. Se promener dans les bois.* **II** *LE BOIS, DU BOIS.* Matière ligneuse et compacte des arbres (→ **ligni-, xylo-**). *Bois vert. Bois mort, sec.* ◆ *Bois de chauffage. Feu de bois.* ◆ loc. *Montrer à qqn de quel bois on se chauffe,* de quoi l'on est capable (menace). ◆ *Bois de charpente, de menuiserie. Bois blanc,* sapin, bois léger. *Bois précieux.* ◆ *DE BOIS, EN BOIS :* dont la matière est le bois. *Cheval de bois.* loc. *N'être pas de bois,* ne pas manquer de sensualité. loc. FAM. *Avoir la gueule* de bois.* ◆ *Langue* de bois.* **III** 1. *Bois de lit,* cadre en bois qui supporte le sommier. 2. Gravure sur bois. 3. *LES BOIS :* les instruments à vent, munis de trous, en bois (parfois en métal). 4. *Les bois d'un cerf,* ses cornes.
ÉTYM. francique *bosk* «buisson».

BOISÉ, ÉE [bwaze] **adj.** ✦ Couvert de bois (I) (opposé à *déboisé*). *Une région boisée.*
ÉTYM. de *bois.*

BOISEMENT [bwazmɑ̃] **n. m.** ✦ Action de garnir d'arbres un terrain. CONTR. **déboisement.**
ÉTYM. de *boiser.*

BOISER [bwaze] **v. tr.** (conjug. 3a) 1. Garnir, renforcer de charpentes en bois. *Boiser une galerie de mines.* 2. Planter d'arbres. CONTR. **déboiser.**
ÉTYM. de *bois* ; sens 2, de *boisé.*

BOISERIE [bwazʀi] **n. f.** 1. Revêtement en bois de menuiserie. 2. au plur. Éléments de menuiserie d'une maison (à l'exclusion des parquets). *Boiseries peintes.*
ÉTYM. de *boiser.*

BOISSEAU [bwaso] **n. m.** ✦ Ancienne mesure de capacité utilisée pour les matières sèches. ◆ loc. *Mettre, laisser, garder qqch. sous le boisseau,* le dissimuler.
ÉTYM. ancien français *boisse,* du gaulois «creux de la main».

BOISSON [bwasɔ̃] **n. f.** 1. Liquide qui se boit. SYN. **breuvage.** *Boisson froide, chaude. Boisson gazeuse. Boissons alcoolisées.* 2. Boisson alcoolique. *Un débit de boissons,* un café, un bar. 3. Habitude de boire de l'alcool. *S'adonner à la boisson.*
ÉTYM. bas latin *bibitio,* de *bibere* «boire».

BOÎTE [bwat] **n. f.** 1. Récipient de matière rigide, facilement transportable, souvent muni d'un couvercle. *Boîte en bois, en carton. Boîte de conserve. Boîte à,* destinée à recevoir (une chose). *Boîte à bijoux. Boîte à ouvrage,* pour ranger les objets de couture. *Boîte de,* contenant (qqch.). *Boîte d'allumettes.* ◆ *EN BOÎTE :* dans une boîte. ◆ loc. FAM. *METTRE qqn EN BOÎTE,* se moquer de lui, le faire marcher. 2. loc. *BOÎTE À MUSIQUE,* dont le mécanisme reproduit quelques mélodies. ◆ *BOÎTE À LETTRES, AUX LETTRES,* réceptacle sur la voie publique pour poster les lettres ; boîte privée d'une maison où le facteur dépose le courrier. *BOÎTE POSTALE,* boîte aux lettres réservée à un particulier ou à une entreprise dans un bureau de poste (abrév. B. P. [bepe]). ◆ *Boîte à gants d'une voiture.* ◆ fig. *Boîte à malice.* ◆ *BOÎTE NOIRE,* contenant un dispositif d'enregistrement ; ce dispositif (avions, camions...). 3. Cavité, organe creux qui protège et contient un organe, un mécanisme. *Boîte crânienne,* partie du crâne qui renferme le cerveau. ◆ *Boîte de vitesses,* organe renfermant les engrenages des changements de vitesse. 4. FAM. Maison, lieu de travail. *Il veut changer de boîte.* SYN. **entreprise.** ◆ ARGOT SCOL. Lycée. SYN. FAM. **bahut.** 5. *BOÎTE (DE NUIT) :* lieu ouvert la nuit où l'on boit, danse. SYN. **discothèque.** *Aller en boîte.*
ÉTYM. latin populaire *buxida,* du grec, de *puxos* «buis».

BOITER [bwate] **v. intr.** (conjug. 3a) 1. Marcher en inclinant le corps d'un côté plus que de l'autre, ou alternativement de l'un et de l'autre. SYN. **boitiller, claudiquer.** *En boitant.* → **clopin-clopant.** 2. fig. *Un raisonnement qui boite,* défectueux, imparfait. SYN. ② **clocher.**
ÉTYM. de *boiteux.*

BOITERIE [bwatʀi] **n. f.** ✦ Infirmité, mouvement d'une personne qui boite. SYN. **claudication.**

BOITEUX, EUSE [bwatø, øz] **adj.** 1. Qui boite. ◆ **n.** *Un boiteux, une boiteuse.* 2. (choses) Qui n'est pas d'aplomb sur ses pieds. SYN. **bancal, branlant.** *Une chaise boiteuse.* 3. Qui manque d'équilibre, de solidité. *Un projet boiteux.* ◆ Qui présente une irrégularité. *Vers boiteux,* qui n'a pas le nombre de syllabes voulu. CONTR. **ingambe • harmonieux, symétrique.**
ÉTYM. de *boîte* «cavité (de l'articulation)».

BOÎTIER [bwatje] **n. m.** ✦ Boîte à compartiments destinés à recevoir différents objets. ◆ *Boîtier de montre,* où s'emboîtent le cadran et le mécanisme. *Boîtier d'appareil photo :* corps de l'appareil.

BOITILLER [bwatije] **v. intr.** (conjug. 3a) ✦ Boiter légèrement.

① **BOL** [bɔl] **n. m.** **I** Pièce de vaisselle, récipient individuel hémisphérique. ◆ Son contenu. SYN. **bolée.** *Manger un bol de riz.* ◆ loc. *Prendre un bol d'air,* aller au grand air. **II** 1. loc. FAM. *RAS LE BOL. En avoir ras le bol,* en avoir assez. *J'en ai vraiment ras le bol.* 2. Chance. *Avoir du bol.* SYN. FAM. **pot** (II, 2). *Manque de bol !*
ÉTYM. anglais *bowl.*

② **BOL** [bɔl] **n. m.** ✦ *Bol alimentaire,* masse d'aliments déglutis en une seule fois.
ÉTYM. latin *bolus,* du grec «motte de terre».

BOLCHEVIK [bɔlʃəvik ; bɔlʃevik] **n.** 1. Partisan du bolchevisme, pendant la révolution russe. *Les bolcheviks* (☛ noms propres). 2. Russe communiste. ◆ péj. Communiste.
ÉTYM. mot russe «partisan de la majorité».

BOLCHEVISME [bɔlʃəvism ; bɔlʃevism] **n. m.** ✦ Doctrine adoptée en 1917, en Russie, par les partisans du collectivisme marxiste.
ÉTYM. de *bolchevik.*

BOLDUC [bɔldyk] **n. m.** ✦ Ruban plat pour ficeler les petits paquets, les cadeaux.
ÉTYM. de *Bois-le-Duc,* ville des Pays-Bas.

BOLÉE [bɔle] **n. f.** ✦ Contenu d'un bol, quand il s'agit d'un liquide. *Une bolée de cidre.*
ÉTYM. de ① *bol.*

BOLÉRO [bɔleʀo] **n. m.** 1. Danse espagnole à trois temps, de rythme lent ; air sur lequel on la danse. ◆ Composition musicale inspirée de cette danse. *« Le Boléro » de Ravel.* 2. Petite veste de femme, courte et sans manches.
ÉTYM. espagnol *bolero* «danseur».

BOLET [bɔlɛ] **n. m.** ✦ Champignon charnu. SYN. **cèpe.**
ÉTYM. latin *boletus.*

BOLIDE [bɔlid] **n. m.** 1. loc. *Comme un bolide,* très vite, très brusquement. *Passer, filer comme un bolide.* 2. Véhicule très rapide. *Un bolide de course.*
ÉTYM. latin *bolis, bolidis,* du grec, de *ballein* «lancer».

BOLOSS ou **BOLOSSE** [bɔlɔs] n. et adj. ✦ FAM. Imbécile, naïf. *Elle a l'air d'une boloss.*
ÉTYM. origine inconnue.

BOMBANCE [bɔ̃bɑ̃s] n. f. ✦ *Faire bombance* : faire un repas excellent et abondant. SYN. **festoyer** ; FAM. faire **ripaille.**
ÉTYM. de l'ancien français *bobance*, de l'onomatopée *bob-* exprimant l'idée de «gonflé».

BOMBARDE [bɔ̃baʀd] n. f. **I** au Moyen Âge Machine de guerre qui servait à lancer de grosses pierres. **II** Instrument à vent, à anche, au son très puissant, en usage en Bretagne. *Binious et bombardes.*
ÉTYM. du latin *bombus* «bruit sourd», du grec.

BOMBARDEMENT [bɔ̃baʀdəmɑ̃] n. m. **1.** Action de bombarder, de lancer des bombes ou des obus. *Un bombardement aérien. Un bombardement atomique.* **2.** PHYS. Projection de particules.

BOMBARDER [bɔ̃baʀde] v. tr. (conjug. 3a) **1.** Attaquer, endommager en lançant des bombes, des obus. – au p. passé *Des villes bombardées par l'aviation.* **2.** Lancer de nombreux projectiles sur (qqn ou qqch.). *Bombarder un artiste de tomates.* – FAM. Harceler de. *On le bombardait de télégrammes.* **3.** FAM. Nommer brusquement, élever avec précipitation (qqn), à un poste, un emploi, une dignité. *On l'a bombardé inspecteur général.*
ÉTYM. de *bombarde* (I).

BOMBARDIER [bɔ̃baʀdje] n. m. **1.** Avion de bombardement. **2.** Aviateur chargé du lancement des bombes.
ÉTYM. de *bombarde* (I).

① **BOMBE** [bɔ̃b] n. f. **1.** Projectile creux rempli d'explosif, lancé autrefois par des canons, de nos jours lâché par des avions. *Bombe explosive, incendiaire, au napalm. Lâcher, larguer des bombes sur une ville.* → **bombarder.** – *Bombe atomique*, utilisant l'énergie de la transmutation nucléaire. *Bombe H*, à hydrogène. – Tout appareil explosible. *Bombe à retardement.* **2.** FAM. *Tomber, arriver comme une bombe*, brusquement. – *La nouvelle a éclaté comme une bombe.* ♦ *Une bombe* : fille ou garçon très sexy. **3.** GÉOL. *Bombe volcanique* : fragment de lave projeté par les gaz qui se dégagent d'un volcan. **4.** *Bombe glacée*, glace en forme de cône, de pyramide. **5.** *Bombe au cobalt*, appareil de traitement médical du cancer. **6.** Casquette hémisphérique renforcée des cavaliers. **7.** Atomiseur de grande dimension. *Déodorant en bombe. Bombe de peinture* (→ **bomber**, II).
ÉTYM. italien *bomba*, du latin *bombus* «bruit sourd».

② **BOMBE** [bɔ̃b] n. f. ✦ FAM. *Faire la bombe* : faire bombance*, faire la noce.
ÉTYM. de *bombance*.

BOMBÉ, ÉE [bɔ̃be] adj. ✦ Qui est ou qui est devenu convexe. SYN. **renflé.** *Un front bombé. Une route bombée.* CONTR. **concave, creux.**
ÉTYM. du participe passé de *bomber* (I, 2).

BOMBEMENT [bɔ̃bmɑ̃] n. m. ✦ État de ce qui est bombé. ♦ Partie bombée.

BOMBER [bɔ̃be] v. (conjug. 3a) **I** **1.** v. tr. Rendre convexe. *Bomber la poitrine. Bomber le torse*, faire le fier. **2.** v. intr. Devenir convexe, gonfler. *Ce mur bombe.* **II** FAM. Peindre, inscrire à la bombe. SYN. **graffiter, taguer.** CONTR. **aplatir, creuser.**
► **BOMBEUR, EUSE** [bɔ̃bœʀ, øz] n.
ÉTYM. de ① *bombe*.

BOMBYX [bɔ̃biks] n. m. ✦ Papillon dont le principal type, le *bombyx du mûrier*, a pour chenille le ver à soie.
ÉTYM. mot latin «ver à soie», du grec.

① **BON, BONNE** [bɔ̃, bɔn] adj. REM. Le comparatif de *bon* est *meilleur* ; *plus... bon* peut s'employer lorsque les deux mots ne se suivent pas : *Plus ou moins bon* ; *plus il est bon...* **I** Qui convient, a une valeur. **1.** Qui a les qualités utiles qu'on en attend ; qui fonctionne bien. SYN. **satisfaisant.** *Un bon outil. Un bon lit. Une bonne vue. De bonnes raisons.* – en attribut *Il est bon de* (+ inf.), *que* (+ subj.), souhaitable, salutaire. *Trouver bon de* (+ inf.), *que* (+ subj.). **2.** (personnes) Qui fait bien son travail ; tient bien son rôle. *Un bon acteur. Un bon père.* ♦ *ÊTRE BON EN* : réussir dans (un domaine). *Il est bon en latin.* **3.** Qui convient bien, est utile. *Ce ticket est encore bon.* SYN. **valable, valide.** ♦ *BON POUR* : adapté, approprié à qqch. *Remède bon pour la gorge. Conscrit bon pour le service*, déclaré apte à faire son service national. – FAM. *Être bon (pour...)* : ne pas échapper à... ♦ *BON À. Chose bonne à manger. C'est bon à savoir.* SYN. **utile.** – (personnes) *Il n'est bon à rien* : il ne sait rien faire. – *À QUOI BON ?* : à quoi cela sert-il ? → **pourquoi.** *À quoi bon continuer ?* **4.** Qui est bien fait, mérite l'estime. *C'est du très bon travail.* SYN. **excellent.** *Un bon livre, un bon film.* **5.** Qui répond aux exigences de la morale. SYN. **convenable, honorable.** *Une bonne conduite.* SYN. **honnête, vertueux.** **6.** Agréable au goût ou à l'odorat. *Un très bon plat.* SYN. **délicieux, succulent.** **7.** Qui donne du plaisir. SYN. **agréable.** *De bonnes vacances. Passer un bon moment, avoir du bon temps. Une bonne histoire*, qui amuse. → ① **drôle.** – attribut *L'eau est bonne*, agréable pour le bain. – FAM. *En avoir de bonnes*, plaisanter. ♦ (en souhait) *Bonne année !* SYN. **heureux, joyeux.** **8.** *LE BON* (+ n.) : qui convient. *C'est la bonne route.* **9.** *Arriver au bon moment.* SYN. **opportun.** **II** (personnes ; actes) **1.** Qui veut du bien, fait du bien à autrui. SYN. **charitable, généreux** ; → **bonté.** *Il était bon avec, pour les malheureux.* loc. *Être bon comme le pain.* – *Le bon Dieu.* – *Avoir bon cœur*.* *Il, elle a une bonne tête.* **2.** Qui entretient avec autrui des relations agréables ; qui a de la bonhomie. SYN. **brave,** ② **gentil.** *Une bonne fille. Être bon public*, être indulgent, ne pas faire le difficile. – → **bon enfant.** – *Merci, vous êtes bien bon.* SYN. **aimable, obligeant.** – (pour souligner la difficulté) *Demain ? Vous êtes bon ! C'est impossible !* **3.** Qui témoigne de bonté. *Une bonne action.* **III** **1.** Qui atteint largement la mesure exprimée. SYN. **grand, gros.** *Trois bons kilomètres.* **2.** Intense, violent. *Une bonne gifle.* **3.** Définitif, total. *Finissons-en une bonne fois.* **IV** n. m. **1.** Ce qui est bon. *Il y a du bon et du moins bon, et du mauvais.* – loc. *AVOIR DU BON* : présenter des avantages. *Cette solution a du bon.* ♦ loc. adv. *POUR DE BON* : réellement, véritablement. – LITTÉR. *TOUT DE BON.* **2.** (BON À... : chose, personne bonne à...) – *BON À TIRER* : épreuve d'imprimerie bonne à tirer. – *Un BON À RIEN* : une personne bonne à rien. **3.** *LES BONS* : ceux qui sont bons. *Les bons et les méchants.* – FAM. au sing. *C'est un bon !* il est bon (dans tel domaine). **V** **1.** adv. (loc.) *Sentir bon* : avoir une bonne odeur. – *Il fait bon* : le temps est doux, agréable. – *Tenir bon* : ne pas céder. **2.** interj. *Bon !*, marque la satisfaction (*bon ! c'est fini, on peut partir* SYN. ① **bien**), la surprise (*ah, bon ?*), le mécontentement (*bon, ça recommence !*). ♦ loc. *ALLONS BON !*

(étonnement ou mécontentement). CONTR. **mauvais · méchant.**
HOM. BOND « saut » ; BONNE « servante »
ÉTYM. latin *bonus* « convenable ».

② **BON** [bɔ̃] **n. m.** ✦ Écrit constatant le droit d'exiger une prestation, de toucher une somme d'argent, etc. *Bon d'achat. Bons du Trésor,* émis par l'État. HOM. BOND « saut »
ÉTYM. de ① *bon.*

BONACE [bɔnas] **n. f.** ✦ MAR. État d'une mer très tranquille. HOM. BONASSE « trop bon »
ÉTYM. latin populaire *bonacia,* de *bonus* « bon ».

BONAPARTISME [bɔnapaʀtism] **n. m.** ✦ Attachement à la dynastie des Bonaparte (☛ noms propres) ou à leur système politique, l'Empire.
► **BONAPARTISTE** [bɔnapaʀtist] **n. et adj.**

BONASSE [bɔnas] **adj.** ✦ D'une bonté excessive. SYN. **faible, mou.** CONTR. **énergique, sévère.** HOM. BONACE « mer tranquille »
ÉTYM. de ① *bon.*

BONBON [bɔ̃bɔ̃] **n. m.** ✦ Petite friandise faite de sirop aromatisé et parfois coloré.
ÉTYM. redoublement de ① *bon.*

BONBONNE [bɔ̃bɔn] **n. f.** ✦ Gros récipient à col étroit et court. SYN. **dame-jeanne.** *Une bonbonne de vin.*
ÉTYM. occitan *boumbouno* ; famille de ① *bombe.*

BONBONNIÈRE [bɔ̃bɔnjɛʀ] **n. f. 1.** Petite boîte à bonbons. **2.** fig. Petit appartement ravissant.

BOND [bɔ̃] **n. m. 1.** (personnes, animaux) Action de bondir. SYN. **saut.** *Franchir un obstacle d'un bond.* — (choses) *Faire un bond :* progresser, augmenter subitement de façon notable. *Les prix ont fait un bond.* — *Bond en avant,* progrès soudain et rapide. **2.** loc. *Faire FAUX BOND à qqn,* ne pas venir à un rendez-vous ; ne pas faire ce qu'on a promis à qqn. HOM. ① BON « agréable »
ÉTYM. de *bondir.*

BONDE [bɔ̃d] **n. f. 1.** Ouverture de fond, destinée à vider l'eau d'un réservoir, d'une baignoire... — Le système de fermeture. *Lâcher, lever la bonde,* l'ouvrir pour faire écouler l'eau. **2.** Trou percé dans un tonneau (pour le remplir ou le vider).
ÉTYM. probablement gaulois.

BONDÉ, ÉE [bɔ̃de] **adj.** ✦ (espace clos) Qui contient le maximum de personnes. SYN. ② **comble,** ① **plein.** *Trains bondés.* CONTR. **vide.**
ÉTYM. participe passé de *bonder* « remplir entièrement », de *bonde.*

BONDIEUSERIE [bɔ̃djøzʀi] **n. f.** ✦ FAM. Objet de piété de mauvais goût.
ÉTYM. de *bon Dieu.*

BONDIR [bɔ̃diʀ] **v. intr.** (conjug. 13) **1.** S'élever brusquement en l'air par un saut. SYN. **sauter.** *Le tigre bondit sur sa proie.* ◆ fig. *Cela me fait bondir* (d'indignation, de colère). **2.** S'élancer précipitamment. SYN. **courir.** *Il bondit à la porte.*
► **BONDISSANT, ANTE** [bɔ̃disɑ̃, ɑ̃t] **adj.**
► **BONDISSEMENT** [bɔ̃dismɑ̃] **n. m.**
ÉTYM. latin populaire *bombitire,* de *bombire* « bourdonner ».

BON ENFANT [bɔnɑ̃fɑ̃] **adj. invar.** ✦ Qui a une gentillesse simple et naïve. *Des manières bon enfant.*

BONHEUR [bɔnœʀ] **n. m.** **I** Chance. *Porter bonheur* (→ **porte-bonheur**). — *AU PETIT BONHEUR (LA CHANCE)* **loc. adv.** : au hasard. — *PAR BONHEUR :* heureusement. **II 1.** État de pleine satisfaction. SYN. **béatitude, félicité, plaisir.** *Le bonheur d'aimer. Faire le bonheur de qqn,* le rendre heureux. FAM. *Si ce crayon peut faire votre bonheur,* vous être utile. — prov. *L'argent ne fait pas le bonheur.* **2.** *UN BONHEUR :* ce qui rend heureux. *C'est un grand bonheur pour moi.* CONTR. **malchance · malheur.**
ÉTYM. de ① *bon* et *heur.*

BONHEUR-DU-JOUR [bɔnœʀdyʒuʀ] **n. m.** ✦ Petit bureau ouvragé. *Des bonheurs-du-jour.*

BONHOMIE ou **BONHOMMIE** [bɔnɔmi] **n. f.** ✦ Simplicité dans les manières, unie à la bonté du cœur. SYN. **bonté, simplicité.** — Écrire *bonhommie* avec deux *m* comme dans *bonhomme* est permis. CONTR. ① **affectation, suffisance.**
ÉTYM. de *bonhomme.*

BONHOMME [bɔnɔm] plur. **BONSHOMMES** [bɔ̃zɔm] **n. m. 1.** FAM. Homme, monsieur. SYN. FAM. **mec, type.** *Un drôle de bonhomme.* **2.** Jeune garçon (souvent *petit bonhomme*). *Ce petit bonhomme a déjà cinq ans.* — appellatif *Alors bonhomme !, mon bonhomme !* **3.** Figure humaine dessinée ou façonnée grossièrement. *Bonhomme de neige.* **4.** loc. *Aller son petit bonhomme de chemin :* poursuivre ses entreprises sans hâte, sans bruit, mais sûrement.
ÉTYM. de ① *bon* et *homme.*

BONI [bɔni] **n. m. 1.** FIN. Excédent des recettes sur les dépenses ; économie de dépense par rapport aux prévisions. **2.** Bénéfice ; gratification. CONTR. **déficit.**
ÉTYM. du latin *(aliquid) boni* « qqch. de bon ».

BONICHE [bɔniʃ] **n. f.** ✦ péj. VIEILLI Bonne (I). — On écrit aussi *bonniche.*

BONIFICATION [bɔnifikasjɔ̃] **n. f. 1.** Amélioration. *Bonification des terres.* **2.** Avantage accordé par l'État sur le taux d'intérêt d'un emprunt. **3.** SPORTS Avantage accordé à un concurrent lors d'une épreuve, en fonction de performances particulières. CONTR. **détérioration.**
ÉTYM. de *bonifier.*

BONIFIER [bɔnifje] **v. tr.** (conjug. 9) **1.** Rendre meilleur, améliorer le rendement de (qqch.). *Bonifier les terres par l'assolement.* — pronom. S'améliorer. *Le vin se bonifie en vieillissant.* **2.** spécialt *Bonifier un prêt.* — au p. passé *Taux bonifié,* allégé par une prise en charge partielle de l'État. *Prêt bonifié.* CONTR. **aggraver, gâter.**
ÉTYM. latin médiéval *bonificare,* de *bonus* « bon ».

BONIMENT [bɔnimɑ̃] **n. m. 1.** Propos débité pour convaincre et attirer la clientèle. *Le boniment d'un camelot.* **2.** FAM. Propos mensonger. SYN. ② **blague ;** FAM. **baratin, bobard.** *Raconter des boniments. C'est du boniment.*
ÉTYM. de l'argot *bonir, bonnir* « dire », p.-ê. de ① *bon.*

BONIMENTER [bɔnimɑ̃te] **v. intr.** (conjug. 3a) ✦ Faire du boniment.
► **BONIMENTEUR, EUSE** [bɔnimɑ̃tœʀ, øz] **adj. et n.**

BONJOUR [bɔ̃ʒuʀ] **n. m.** ✦ Souhait de bonne journée (adressé en arrivant, en rencontrant). SYN. FAM. **salut.** — sans article *Dire bonjour. Bonjour, Monsieur.* loc. *C'est simple, facile comme bonjour,* très simple, très facile. — (saluant l'arrivée, le début de qqch.) *« Bonjour tristesse »*

(Éluard ; titre d'un roman de F. Sagan). loc. *Bonjour les dégâts !* ♦ (avec article) *Je vous souhaite le bonjour.* FAM. *Bien le bonjour !*
ÉTYM. de ① *bon* et *jour.*

BONMARCHÉ [bɔ̃maʀʃe] loc. adj. invar. ✦ Qui n'est pas cher. *Des chaussures bon marché ;* au comparatif *meilleur marché*.* CONTR. **cher, onéreux.**
ÉTYM. de l'expression *à bon marché.*

BONNE [bɔn] n. f. I 1. VIEILLI Servante. SYN. **domestique.** *Bonne d'enfants.* 2. *Bonne (à tout faire)* : employée de maison à plein temps, qui vit chez ses patrons. II loc. *AVOIR (qqn) À LA BONNE,* avoir de la sympathie pour lui. HOM. BONNE «agréable» (féminin de ① *bon*)
ÉTYM. de *ma bonne,* terme d'affection, de ① *bon.*

BONNE FEMME [bɔnfam] n. f. 1. FAM. Femme. *Je ne connais pas ces bonnes femmes.* ➝ péj. Épouse. 2. *Petite bonne femme,* petite fille. 3. *Remèdes de bonne femme,* transmis par tradition populaire.

BONNE-MAMAN [bɔnmamɑ̃] n. f. ✦ Grand-mère (surtout en appellatif). SYN. **mamie, mémé.** *Des bonnes-mamans.*

BONNEMENT [bɔnmɑ̃] adv. 1. VX Avec bonté. ♦ VX Vraiment. 2. MOD. *TOUT BONNEMENT,* franchement, simplement. ➝ *C'est tout bonnement impossible,* vraiment impossible.
ÉTYM. de ① *bon.*

BONNET [bɔnɛ] n. m. 1. Coiffure souple sans bord. *Bonnet pointu. Bonnet de laine, de fourrure. Bonnet de bain,* pour protéger les cheveux. *Bonnet phrygien, bonnet rouge* : bonnet des révolutionnaires (1789), devenu l'emblème de la République. ➝ *Bonnet d'âne :* bonnet de papier dont on affublait les cancres. ➝ *Bonnet de nuit,* qu'on portait pour dormir ; fig. personne triste, ennuyeuse. ➝ loc. *Avoir la tête près du bonnet,* se mettre facilement en colère. ➝ *Prendre qqch. sous son bonnet,* faire qqch. de sa propre autorité, en prendre la responsabilité. ➝ *Jeter son bonnet par-dessus les moulins* : braver la bienséance, l'opinion ; se dévergonder (femme). ➝ *C'est blanc bonnet et bonnet blanc,* cela revient au même. ♦ *Un gros bonnet,* un personnage important, influent. 2. Chacune des deux poches d'un soutien-gorge. 3. Second estomac d'un ruminant.
ÉTYM. p.-ê. latin médiéval *abonnis* «bandeau».

BONNETEAU [bɔnto] n. m. ✦ Jeu de trois cartes que le *bonneteur* mélange après les avoir retournées, le joueur devant deviner où se trouve une de ces cartes.
ÉTYM. de *bonneteur* «filou qui fait des politesses (coups de *bonnet*)».

BONNETERIE [bɔn(ə)tʀi ; bɔnɛtʀi] ou **BONNÈTERIE** [bɔnɛtʀi] n. f. ✦ Industrie, commerce d'articles d'habillement en tissu à mailles. ➝ Ces articles (bas, chaussettes, collants, lingerie). ➝ Écrire *bonnèterie* avec un accent est permis.
ÉTYM. de *bonnet.*

BONNETIER, IÈRE [bɔntje, jɛʀ] n. 1. Personne qui fabrique ou vend de la bonneterie. 2. n. f. *BONNETIÈRE.* Petite armoire à une porte.
ÉTYM. de *bonnet.*

BONNICHE n. f. ➝ BONICHE

BONOBO [bɔnɔbo] n. m. ✦ Chimpanzé de la forêt congolaise.
ÉTYM. mot d'une langue du Congo.

BON-PAPA [bɔ̃papa] n. m. ✦ VIEILLI Grand-père. SYN. **papi, pépé.** *Des bons-papas.*

BONSAÏ [bɔ̃(d)zaj] n. m. ✦ Arbre nain cultivé en pot (obtenu par taille des racines, ligature).
ÉTYM. mot japonais «arbre *(saï)* en pot *(bon)*».

BONSOIR [bɔ̃swaʀ] n. m. ✦ Salutation du soir (qu'on emploie lorsqu'on rencontre qqn, ou, plus souvent, lorsqu'on le quitte). *Bonsoir, Madame.* ♦ fig. FAM. *Bonsoir !,* se dit pour marquer qu'une affaire est finie, qu'on s'en désintéresse. *S'il refuse, bonsoir !*
ÉTYM. de ① *bon* et *soir.*

BONTÉ [bɔ̃te] n. f. 1. Qualité morale qui porte à faire le bien, à être bon pour les autres. SYN. **altruisme, bienveillance, humanité.** *Il est d'une grande bonté.* ➝ interj. *Bonté divine !* 2. Amabilité, gentillesse. *Voulez-vous avoir la bonté de...* SYN. **obligeance.** 3. au plur. VIEILLI ou LITTÉR. Acte de bonté, d'amabilité. *Merci pour toutes vos bontés.* CONTR. **méchanceté.**
ÉTYM. latin *bonitas,* de *bonus* «bon».

BONUS [bɔnys] n. m. 1. Avantage consenti par un assureur au conducteur qui n'a pas d'accidents (opposé à *malus*). 2. Ce qui est ajouté à un salaire, à un montant. SYN. ② **prime.** 3. Supplément gratuit (d'un CD, d'un DVD).
ÉTYM. mot latin «bon».

BON VIVANT [bɔ̃vivɑ̃] adj. m. et n. m. ✦ Qui est d'humeur joviale et facile, qui aime les plaisirs de la vie. ➝ n. m. *Des bons vivants.* CONTR. **rabat-joie, triste.**
ÉTYM. de ① *bon* et du participe présent de *vivre.*

BONZE [bɔ̃z] n. m. ✦ Prêtre de la religion bouddhique.
ÉTYM. japonais *bozu,* par le portugais.

BOOKMAKER [bukmɛkœʀ] n. m. ✦ Celui qui, dans les courses de chevaux, prend des paris et les inscrit. *Des bookmakers.* ➝ abrév. BOOK [buk]. ➝ Écrire *bookmakeur* avec le suffixe français *-eur* est permis. HOM. BOUC «animal»
ÉTYM. mot anglais «celui qui tient les livres *(books)* de paris».

BOOLÉEN, ENNE [buleɛ̃, ɛn] adj. ✦ DIDACT. Relatif à l'algèbre* de Boole. *Opérateurs booléens.*
ÉTYM. du nom du mathématicien anglais G. *Boole.*

BOOM [bum] n. m. 1. Brusque hausse des valeurs, en Bourse. 2. ÉCON. Croissance soudaine et peu stable. *Des booms.* CONTR. **chute, krach.** HOM. BOUM «bruit d'explosion»
ÉTYM. mot américain «détonation, boum».

BOOMERANG [bumʀɑ̃g] n. m. 1. Arme de jet des aborigènes australiens, formée d'une pièce de bois dur courbée, qui revient à son point de départ si le but est manqué. 2. fig. Acte dont les effets se retournent contre l'auteur. ➝ appos. *Effet boomerang.* ➝ loc. *Faire boomerang.*
ÉTYM. mot anglais, d'une langue d'Australie.

BOOTS [buts] n. f. pl. ✦ anglicisme Bottes courtes s'arrêtant au-dessus de la cheville.
ÉTYM. mot anglais «bottes».

BOQUETEAU [bɔkto] n. m. ✦ Petit bois ; bouquet d'arbres. SYN. **bosquet.**
ÉTYM. de l'ancien français (picard) *boquet,* de *bosc* «bois».

BORATE [bɔʀat] n. m. ✦ CHIM. Sel de l'acide borique.
ÉTYM. de *borax.*

BORAX [bɔʀaks] n. m. ✦ Borate de sodium (cristaux solubles dans l'eau).
ÉTYM. latin médiéval *borax*, de l'arabe «salpêtre».

BORBORYGME [bɔʀbɔʀigm] n. m. ✦ Bruit produit par le déplacement des gaz dans l'intestin ou l'estomac. SYN. **gargouillement.**
ÉTYM. grec *borborugmos*, origine onomatopéique.

BORD [bɔʀ] n. m. I MAR. 1. Extrémité supérieure des bordages, de chaque côté d'un navire. *Navire de haut bord,* haut sur l'eau. *Jeter qqn par-dessus bord,* à la mer. 2. *Monter* À BORD, sur le navire. *Journal, livre* DE BORD, compte rendu de la vie à bord. ➙ loc. *Les moyens du bord,* ce qu'on a sous la main. ◆ *À bord d'une voiture, d'un avion.* ➙ *Tableau* de bord.* 3. *Être du bord de qqn, du même bord que qqn,* de son parti. II 1. Contour, limite, extrémité (d'une surface). SYN. **bordure.** *Le bord d'une assiette* (SYN. **rebord**). *Le bord de la mer. Le bord d'une rivière* (SYN. ① **berge, rive**), *d'un bois* (SYN. **lisière, orée**), *de la route* (SYN. **bas-côté**). ➙ *Verre plein jusqu'au bord, à ras bord* (→ **déborder**). ◆ BORD À BORD loc. adv. : en mettant un bord contre l'autre, sans les croiser. 2. Partie circulaire (d'un chapeau), perpendiculaire à la calotte. SYN. **rebord.** *Chapeau à bord relevé, roulé.* 3. ÊTRE AU BORD DE *qqch.*, en être tout près. ➙ (temporel) *Au bord des larmes,* près de pleurer. ◆ FAM. SUR LES BORDS : légèrement, à l'occasion. *Il est un peu escroc sur les bords.* HOM. BORE «élément atomique»
ÉTYM. francique «bordages d'un vaisseau».

BORDAGES [bɔʀdaʒ] n. m. pl. ✦ Planches épaisses ou tôles recouvrant la membrure d'un navire.
ÉTYM. de *bord.*

BORDEAUX [bɔʀdo] n. m. 1. Vin des vignobles du département de la Gironde. 2. n. m. et adj. Couleur rouge foncé ; de cette couleur. *Des vestes bordeaux.*
ÉTYM. nom de ville. ☞ noms propres.

BORDÉE [bɔʀde] n. f. 1. Salve de l'artillerie du bord. *Tirer une bordée.* ◆ fig. *Une bordée d'injures.* 2. Partie de l'équipage de service à bord. 3. Route parcourue par un navire qui louvoie sans virer de bord. ◆ loc. FAM. *Marins* EN BORDÉE, qui courent les cabarets, les lieux de plaisir.
ÉTYM. de *bord* (I).

BORDEL [bɔʀdɛl] n. m. 1. VULG. Maison de prostitution. 2. fig. FAM. Grand désordre. *Quel bordel dans sa chambre !* ◆ *Tout le bordel :* tout le reste.
ÉTYM. de l'ancien français *bord, borde* «cabane».

BORDÉLIQUE [bɔʀdelik] adj. ✦ FAM. 1. Où il y a du désordre. 2. (personnes) Qui crée du désordre. CONTR. **ordonné.**
ÉTYM. de *bordel* (2).

BORDER [bɔʀde] v. tr. (conjug. 3a) 1. Occuper le bord de (qqch.). ➙ au p. passé *Route bordée d'arbres.* 2. Garnir (un vêtement) d'un bord, d'une bordure. *Border une nappe d'un galon.* 3. *Border un lit :* replier le bord des draps, des couvertures sous le matelas. ➙ *Border qqn dans son lit.* 4. MAR. *Border une voile,* tendre les écoutes pour la raidir.
ÉTYM. de *bord* (II).

BORDEREAU [bɔʀdəʀo] n. m. ✦ Relevé détaillé énumérant les articles ou pièces d'un compte, d'un dossier... SYN. **état.** *Des bordereaux d'achat.*
ÉTYM. de *bord.*

BORDIER, IÈRE [bɔʀdje, jɛʀ] adj. ✦ Situé en bordure. *Mer bordière.*
ÉTYM. de *bord* (II).

BORDURE [bɔʀdyʀ] n. f. ✦ Ce qui borde en servant d'ornement. *La bordure d'un chapeau.* ➙ EN BORDURE : sur le bord, le long du bord. *Jardin en bordure de la rivière.*
ÉTYM. de *bord* (II).

BORE [bɔʀ] n. m. ✦ CHIM. Corps simple, métalloïde, voisin du carbone (symb. B). HOM. BORD «contour»
ÉTYM. de *borax.*

BORÉAL, ALE, AUX [bɔʀeal, o] adj. ✦ Qui est au nord du globe terrestre. *Hémisphère boréal.* ➙ Voisin du pôle Nord. SYN. **arctique ;** → **hyperboréen.** *Aurore boréale.* CONTR. **austral.**
ÉTYM. latin *borealis,* du grec *Boreas* «Borée», dieu du vent du Nord.

BORGNE [bɔʀɲ] adj. 1. Qui a perdu un œil ou ne voit que d'un œil. *Un accident l'a rendu borgne.* ➙ n. *Un, une borgne.* prov. *Au royaume des aveugles*, les borgnes sont rois.* 2. *Hôtel borgne,* malfamé.
ÉTYM. mot prélatin.

BORIQUE [bɔʀik] adj. ✦ Formé d'hydrogène et de bore. *Acide borique.*
ÉTYM. de *bore.*

BORNAGE [bɔʀnaʒ] n. m. ✦ Opération consistant à délimiter deux propriétés contiguës par la pose de bornes.

BORNE [bɔʀn] n. f. 1. Pierre ou autre marque servant à délimiter un champ, une propriété foncière, et qui sert de repère. ➙ *Borne-fontaine.* → **fontaine.** ➙ *Borne kilométrique,* plantée à chaque kilomètre d'une route. FAM. Kilomètre. 2. Pièce correspondant à l'un des pôles d'un circuit électrique. *Les bornes d'un générateur, d'un dipôle.* 3. au plur. fig. Frontières, limites. *Ma patience a des bornes.* ➙ Limite permise. *Vous dépassez les bornes !* SYN. **mesure.** ➙ *Sans bornes,* illimité. → **démesuré, infini.** 4. MATH. *Borne inférieure, supérieure d'un ensemble ordonné :* élément extrême, inférieur ou supérieur, de cet ensemble.
ÉTYM. latin populaire *bodina,* p.-ê. d'origine gauloise.

BORNÉ, ÉE [bɔʀne] adj. 1. (choses) Qui a des bornes. ➙ Limité par un obstacle. *Un horizon borné.* 2. (personnes) Dont les capacités intellectuelles sont limitées. SYN. **bouché, obtus.** *Esprit borné,* étroit, limité. 3. MATH. Qui admet une, des bornes. CONTR. **étendu · intelligent, large, ouvert.**

BORNER [bɔʀne] v. tr. (conjug. 3a) 1. Délimiter. *Les montagnes qui bornent l'horizon.* 2. fig. Mettre des bornes à ; renfermer, resserrer dans des limites précises. SYN. **limiter, réduire.** *Savoir borner ses recherches.* 3. SE BORNER (À) v. pron. S'en tenir à. SYN. se **contenter** de. *Les critiques se sont bornés à résumer la pièce.* ➙ (choses) Se limiter à. *L'examen s'est borné à deux questions.* CONTR. **élargir, étendre.**
ÉTYM. de *borne.*

BORTCH [bɔʀtʃ] n. m. ✦ Soupe aux betteraves et à la viande, avec de la crème (plat ukrainien) ; abusivt soupe russe analogue, aux choux. *Des bortchs.* ➙ On écrit aussi *bortsch, des bortschs.*
ÉTYM. mot ukrainien.

BOSCO [bɔsko] **n. m.** ✦ MAR. Maître de manœuvre sur un navire.
ÉTYM. de l'anglais *bosseman*, néerlandais *bootsman*, littéralement «homme *(man)* de bateau *(boot)*».

BOSKOOP [bɔskɔp] **n. f.** ✦ Variété de pomme à peau rugueuse gris-vert et rouge.
ÉTYM. du nom d'une localité des Pays-Bas.

BOSON [bozɔ̃] **n. m.** ✦ PHYS. Particule fondamentale (symb. W+, W–), atome dont le nombre de spin est entier ou nul. *Boson de Higgs,* qui est à l'origine de la masse des particules.
ÉTYM. de *Bose*, nom d'un physicien indien, et *-on*, de *électron*.

BOSQUET [bɔskɛ] **n. m.** ✦ Petit bois ; groupe d'arbres plantés pour l'agrément. SYN. **boqueteau,** ① **bouquet.**
ÉTYM. mot occitan, de *bosc* «bois».

BOSS [bɔs] **n. m.** ✦ **anglicisme** FAM. Patron, chef. *Le big boss :* le grand patron. HOM. ① BOSSE «enflure»
ÉTYM. mot américain.

BOSSAGE [bɔsaʒ] **n. m.** ✦ ARCHIT. Saillie laissée comme ornement (à la surface d'un mur, d'une porte, etc.).
ÉTYM. de *bosse*.

BOSSANOVA ou **BOSSA-NOVA** [bɔsanɔva] **n. f.** ✦ Musique de danse brésilienne. *Danser des bossanovas, des bossas-novas.* ➛ **Écrire** *bossanova* **en un seul mot est permis.**
ÉTYM. mots portugais «nouvelle vague».

① **BOSSE** [bɔs] **n. f. 1.** Enflure due à un choc sur une région osseuse. *Une bosse au front.* **2.** Grosseur dorsale, difformité de la colonne vertébrale (➛ **bossu**). **loc.** FAM. *Rouler sa bosse,* voyager sans cesse, bourlinguer. **3.** *Bosse du crâne,* protubérance du crâne considérée autrefois (dans la phrénologie) comme le signe d'une aptitude. ➛ FAM. *Avoir la bosse du commerce.* ➛ ① **don. 4.** Protubérance naturelle sur le dos (d'animaux). *Les deux bosses du chameau.* **5.** Partie renflée et arrondie. *Les bosses d'une piste de ski. Creux et bosses.* ◆ ➛ **ronde-bosse.** CONTR. **cavité, creux, trou.** HOM. BOSS «patron»
ÉTYM. latin populaire *bottia*.

② **BOSSE** [bɔs] **n. f.** ✦ MAR. Cordage fin.
ÉTYM. peut-être de ① *bosse* à cause des nœuds.

BOSSELER [bɔsle] **v. tr.** (conjug. 6a) ✦ Déformer (qqch.) par des bosses. SYN. **cabosser.** ➛ **au p. passé** *Une casserole bosselée.*
► **BOSSELURE** [bɔslyʀ] **n. f.**
ÉTYM. de *bosse*.

BOSSER [bɔse] **v.** (conjug. 3a) ✦ FAM. **1. v. intr.** Travailler. **2. v. tr.** *Bosser un examen,* le préparer activement. SYN. ② **bûcher.**
ÉTYM. de *bosse* ; peut-être «courber le dos sur un travail».

BOSSEUR, EUSE [bɔsœʀ, øz] **n. et adj.** ✦ FAM. Personne qui travaille beaucoup. ➛ **adj.** *Elle est très bosseuse.*
ÉTYM. de *bosser*.

BOSSOIR [bɔswaʀ] **n. m.** ✦ MAR. Dispositif de levage à bord d'un navire, pour lever l'ancre, descendre les canots, etc.
ÉTYM. de ② *bosse*.

BOSSU, UE [bɔsy] **adj.** ✦ Qui a une ou plusieurs bosses (2) par une malformation. *Elle est bossue.* ◆ **n.** *Une bossue. «Le Bossu»* (roman de Paul Féval). ➛ **loc.** FAM. *Rire comme un bossu,* à gorge déployée.
ÉTYM. de ① *bosse*.

BOSSUÉ, ÉE [bɔsye] **adj.** ✦ Qui présente des bosses. *Un crâne bossué.*
ÉTYM. de *bossu*.

BOSTON [bɔstɔn] **n. m.** ✦ Valse lente.
ÉTYM. du nom de la ville des États-Unis.

BOT [bo] **adj.** ✦ *Pied bot,* rendu difforme par la rétraction de certains muscles. *Des pieds bots.* HOM. BAUX (pluriel de *bail* «contrat»), ① BEAU «joli»
ÉTYM. orig. incertaine, p.-ê. francique «crapaud».

BOTANIQUE [bɔtanik] **adj. et n. f. 1. adj.** Relatif à l'étude des végétaux. *Jardin botanique,* qui rassemble des végétaux cultivés pour l'étude scientifique. **2. n. f.** Science qui a pour objet l'étude des végétaux.
ÉTYM. grec *botanikê*, de *botanê* «plante».

BOTANISTE [bɔtanist] **n.** ✦ Spécialiste de botanique.

BOTOX [bɔtɔks] **n. m.** ✦ Toxine botulique utilisée en injections locales pour atténuer les rides.
ÉTYM. marque déposée ; sigle anglais, de *botulinum toxin* «toxine botulique».

① **BOTTE** [bɔt] **n. f.** ✦ Chaussure qui enferme le pied et la jambe. *Des bottes de cuir. Petites bottes* (➛ **aussi boots, bottine**). ◆ **loc.** *Être à la botte de qqn,* lui obéir servilement. ➛ FAM. *En avoir plein les bottes :* être très fatigué, excédé. ➛ *Bruits de bottes :* rumeurs de guerre, d'invasion. ➛ *Vivre sous la botte de,* sous l'oppression (d'un régime militaire, autoritaire).
ÉTYM. peut-être famille de *bot*.

② **BOTTE** [bɔt] **n. f. 1.** Réunion de tiges de végétaux attachés ensemble. *Une botte de paille, de radis, d'asperges.* **2.** ARGOT Groupe des élèves de Polytechnique classés dans les premiers rangs. *Sortir dans la botte.*
ÉTYM. ancien néerlandais *bote* «touffe».

③ **BOTTE** [bɔt] **n. f.** ✦ Coup d'épée, de fleuret, porté à l'adversaire selon les règles. *Une botte secrète.*
ÉTYM. italien *botta* «coup», de *bottare* «battre», du français *bouter*.

BOTTELER [bɔtle] **v. tr.** (conjug. 6a) ✦ Attacher en botte(s).
ÉTYM. de l'ancien français *bottel*, diminutif de ② *botte*.

BOTTER [bɔte] **v. tr.** (conjug. 3a) **I 1.** Chausser de bottes. ➛ **au p. passé** *Des motards bottés et casqués.* **2.** Donner un coup de pied à. *Il lui a botté les fesses.* ◆ SPORTS Frapper du pied (le ballon). SYN. **shooter.** ➛ **absolt** *Botter en touche.* **II** FAM. Convenir, plaire à (qqn). *Cette idée me botte.*
ÉTYM. de ① *botte*.

BOTTIER [bɔtje] **n. m.** ✦ Artisan qui fabrique des chaussures, des bottes sur mesure. SYN. **chausseur.**
ÉTYM. de ① *botte*.

BOTTILLON [bɔtijɔ̃] **n. m.** ✦ Chaussure montante confortable. SYN. **boots.**

BOTTIN [bɔtɛ̃] **n. m.** ✦ Annuaire* téléphonique. ➛ *Le Bottin mondain :* répertoire des personnalités de la haute société.
ÉTYM. du nom de *Sébastien Bottin* ; nom déposé.

BOTTINE [bɔtin] **n. f.** ✦ Chaussure montante qui serre la cheville.
ÉTYM. de ① *botte*.

BOTULIQUE [bɔtylik] **adj.** ✦ *Toxine botulique,* puissante toxine produite par le *bacille botulique,* bactérie anaérobie présente dans les conserves et la charcuterie avariées, agent du botulisme.
ÉTYM. de *botulisme.*

BOTULISME [bɔtylism] **n. m.** ✦ Intoxication alimentaire causée par la toxine botulique.
ÉTYM. du latin *botulus* «boudin».

BOUBOU [bubu] **n. m.** ✦ Longue tunique ample, vêtement traditionnel africain. *Des boubous.*
ÉTYM. mot malinké (Guinée).

BOUC [buk] **n. m.** 1. Mâle de la chèvre. ➛ loc. *BOUC ÉMISSAIRE :* bouc que le prêtre, dans la religion hébraïque, chargeait symboliquement des péchés d'Israël ; fig. personne sur laquelle on fait retomber les torts des autres. *Jouer les boucs émissaires.* 2. Barbiche. *Porter le bouc.* HOM. BOOK «bookmaker»
ÉTYM. du gaulois.

① **BOUCAN** [bukã] **n. m.** ✦ FAM. Grand bruit. SYN. **tapage, vacarme.**
ÉTYM. peut-être famille de *bouc.*

② **BOUCAN** [bukã] **n. m.** ✦ Gril de bois pour fumer viandes et poissons (aux Caraïbes). → **boucaner.**
ÉTYM. d'un mot indien du Brésil «viande fumée».

BOUCANER [bukane] **v. tr.** (conjug. 3a) 1. Faire sécher à la fumée (de la viande, du poisson). 2. Dessécher et colorer (la peau). SYN. **tanner.** ➛ au p. passé *Teint boucané.*
ÉTYM. de ② *boucan.*

BOUCANIER [bukanje] **n. m.** ✦ Aventurier, pirate des Antilles, des Caraïbes.
ÉTYM. de ② *boucan.*

BOUCHAGE [buʃaʒ] **n. m.** ✦ Action de boucher.

BOUCHARDE [buʃaʀd] **n. f.** ✦ TECHN. Marteau, rouleau à aspérités.
► **BOUCHARDER** [buʃaʀde] **v. tr.** (conjug. 3a)
ÉTYM. peut-être de *bocard.*

BOUCHE [buʃ] **n. f.** 1. Cavité située au bas du visage humain, communiquant avec l'appareil digestif et avec les voies respiratoires. SYN. FAM. **bec, gueule ;** → **buccal.** *Ouvrir, fermer la bouche. Un baiser sur la bouche.* ◆ Les lèvres et leur expression. *Une bouche sensuelle.* ➛ loc. *Faire la fine bouche,* le difficile. *La bouche en cœur,* en minaudant. ◆ (servant à manger) *Avoir la bouche pleine* (de nourriture). ➛ loc. *Garder qqch. pour la bonne bouche,* le manger en dernier pour en conserver le goût agréable ; fig. garder pour la fin. ➛ *Une fine bouche :* un gourmet. ➛ *Une bouche inutile,* une personne que l'on doit nourrir et qui ne rapporte rien. ◆ (servant à parler) *De bouche à oreille :* en confidence. ➛ *Le bouche à oreille :* ce qui se transmet seulement par la parole. *Bouche cousue !* gardez le secret. → **motus.** 2. Cavité buccale (d'animaux). SYN. **gueule.** 3. Ouverture, orifice. *Une bouche de métro,* l'entrée d'une station de métro. *Bouche d'égout. Bouche de chaleur.* ➛ *Bouche à feu :* canon.
ÉTYM. latin *bucca* «bouche ; joue».

BOUCHÉ, ÉE [buʃe] **adj.** 1. Fermé, obstrué. *Avoir le nez bouché* (par des mucosités). *Un temps bouché,* couvert. *Du cidre bouché,* en bouteille bouchée. 2. (personnes) Borné, imbécile. *Il est bouché (à l'émeri).* SYN. **obtus.** CONTR. **dégagé ; ouvert.** HOM. BOUCHÉE «quantité d'aliment», ① BOUCHER «fermer», ② BOUCHER «commerçant»
ÉTYM. participe passé de ① *boucher.*

BOUCHE-À-BOUCHE [buʃabuʃ] **n. m. invar.** ✦ Procédé de respiration artificielle par lequel une personne insuffle avec sa bouche de l'air dans la bouche de l'asphyxié. *Faire du bouche-à-bouche à un noyé.*

BOUCHÉE [buʃe] **n. f.** 1. Quantité d'aliment qu'on met dans la bouche en une seule fois. *Une bouchée de pain.* ➛ loc. *Pour une bouchée de pain :* pour presque rien. *Ne faire qu'une bouchée de qqn,* en triompher aisément. ➛ *Mettre les bouchées doubles :* aller plus vite (dans un travail, etc.). 2. *BOUCHÉE À LA REINE :* croûte feuilletée garnie de viandes blanches en sauce. SYN. **vol-au-vent.** *Des bouchées à la reine.* 3. Morceau de chocolat fin fourré. HOM. BOUCHÉ «imbécile», ① BOUCHER «fermer», ② BOUCHER «commerçant»
ÉTYM. de *bouche.*

① **BOUCHER** [buʃe] **v. tr.** (conjug. 3a) 1. Fermer (une ouverture, un trou, un récipient...). *Boucher une bouteille* (→ **bouchon, capsule**). ➛ *Se boucher le nez* (en le pinçant), pour ne pas sentir une odeur. ➛ *Se boucher les yeux, les oreilles,* refuser de voir, d'entendre. 2. Obstruer (un passage, une porte...). SYN. ① **barrer.** *Ce mur bouche la vue.* ◆ FAM. *En boucher un coin à qqn,* le rendre muet d'étonnement. HOM. BOUCHÉ «imbécile», BOUCHÉE «quantité d'aliment»
ÉTYM. de l'ancien français *bousche* «poignée de paille» ; famille de *bois.*

② **BOUCHER** [buʃe] **n. m.** 1. Commerçant qui prépare et vend la viande. 2. Homme cruel et sanguinaire. 3. Chirurgien maladroit. ➛ Général peu économe de la vie de ses hommes. HOM. BOUCHÉ «imbécile», BOUCHÉE «quantité d'aliment».
ÉTYM. probablement de *bouc ;* d'abord «personne chargée d'abattre le bouc et d'autres animaux».

BOUCHÈRE [buʃɛʀ] **n. f.** ✦ Femme de boucher ; femme qui tient une boucherie.
ÉTYM. féminin de ② *boucher.*

BOUCHERIE [buʃʀi] **n. f.** 1. Commerce de la viande crue de bœuf (et veau), de mouton (et agneau), de porc, de cheval. *Animaux de boucherie,* élevés pour leur chair. 2. Magasin du boucher. 3. fig. Tuerie, carnage.
ÉTYM. de ② *boucher.*

BOUCHE-TROU [buʃtʀu] **n. m.** ✦ Personne, objet n'ayant pas d'autre utilité que de combler une place vide. *Des bouche-trous.*
ÉTYM. de ① *boucher* et *trou.*

BOUCHON [buʃɔ̃] **n. m.** I 1. VX Poignée de paille tordue (pour frotter, nettoyer → **bouchonner**). 2. Cabaret, petit restaurant. *Les bouchons lyonnais.* 3. VIEILLI Terme d'affection. *Mon petit bouchon.* II 1. Pièce qui sert à boucher, fermer les bouteilles, flacons. *Le bouchon d'une carafe.* ◆ spécialt Pièce cylindrique de liège obturant les bouteilles. *Ce vin sent le bouchon* (→ **bouchonné**). *Bouchon de champagne* (retenu par une armature métallique). 2. Flotteur de ligne de pêche (qui permet de surveiller le fil). 3. Pièce cylindrique vissée, servant à boucher (flacons, tubes...). 4. fig. Ce qui bouche accidentellement un conduit, un passage. ◆ Encombrement qui arrête ou ralentit fortement la circulation. SYN. **embouteillage.** 5. Ancien jeu où on lançait des bouchons de liège. ➛ loc. *C'est plus*

fort que de jouer au bouchon ! c'est extraordinaire ! *Envoyer le bouchon un peu loin* : exagérer.
ÉTYM. de l'ancien français *bousche* «poignée de paille» → ① boucher.

BOUCHONNÉ, ÉE [buʃɔne] adj. ✦ *Vin bouchonné,* qui a un goût, une odeur de bouchon.

BOUCHONNER [buʃɔne] v. tr. (conjug. 3a) ✦ Frotter vigoureusement, frictionner. ➜ *Bouchonner un cheval,* frotter son poil avec un bouchon de paille ou de foin.
ÉTYM. de *bouchon* (I, 1).

BOUCHOT [buʃo] n. m. ✦ Parc à moules (et autres coquillages), en bois. *Moules de bouchot.*
ÉTYM. mot poitevin, du latin médiéval, famille de *bucca* «bouche».

BOUCLAGE [buklaʒ] n. m. 1. Mise sous clé. 2. Opération militaire, policière par laquelle on boucle une région, un quartier. 3. (presse, journalisme) Action de boucler (I, 2).
ÉTYM. de *boucler.*

BOUCLE [bukl] n. f. 1. Anneau ou rectangle métallique muni d'une ou plusieurs pointes (→ **ardillon**) pour tendre une courroie, une ceinture. 2. Objet en forme d'anneau. ➜ *Boucle d'oreille* : petit bijou qu'on fixe à l'oreille. *Une paire de boucles d'oreilles.* 3. Ligne courbe qui s'enroule, se recoupe. *Faire une boucle avec un lacet.* ➜ *Boucles de cheveux.* ➜ Courbe très accentuée (d'un fleuve). *Les boucles de la Seine.* SYN. **méandre.** 4. INFORM. Partie d'un programme qui revient à son point de départ.
ÉTYM. latin *buccula* «petite bouche *(bucca)*».

BOUCLÉ, ÉE [bukle] adj. ✦ Disposé en boucle. *Cheveux bouclés.* ➜ *Un bébé tout bouclé.*

BOUCLER [bukle] v. (conjug. 3a) **I** v. tr. 1. Attacher, serrer au moyen d'une boucle. *Boucler sa ceinture.* ➜ *Boucler sa valise, sa malle,* les fermer ; fig. s'apprêter à partir. 2. (presse, journalisme) Finir de rassembler les articles et les tenir prêts à partir en composition. *Il faut boucler ce numéro avant le 15.* 3. FAM. *Boucler le magasin.* SYN. **fermer.** ♦ *La boucler,* se taire. ♦ Enfermer, emprisonner (qqn). 4. Parcourir entièrement (une boucle qu'on décrit, un circuit). *Il a bouclé le second tour en 8 minutes.* ➜ fig. *Boucler son budget,* le mettre en équilibre (→ joindre* les deux bouts). 5. Entourer complètement par des troupes ou des forces de police. SYN. **cerner, encercler.** *La police a bouclé le quartier.* **II** v. intr. Avoir, prendre la forme de boucles. *Ses cheveux bouclent naturellement.* SYN. **friser, onduler.** CONTR. **déboucler.**
ÉTYM. de *boucle.*

BOUCLETTE [buklɛt] n. f. ✦ Petite boucle. SYN. ① **frisette.** ➜ appos. *Laine bouclette,* qui présente de petites boucles.
ÉTYM. diminutif de *boucle* (3).

BOUCLIER [buklije] n. m. 1. Ancienne arme défensive, épaisse plaque portée par les gens de guerre pour se protéger. SYN. **écu.** ➜ loc. *Levée de boucliers* : démonstration d'opposition. 2. Plaque de blindage ; appareil étanche (creusement, etc.). *Bouclier thermique.* 3. fig. LITTÉR. Ce qui constitue un moyen de défense, de protection. SYN. **rempart.** *Faire un bouclier de son corps à qqn,* se mettre devant lui pour le protéger. 4. ZOOL. Carapace (de certains crustacés). 5. Plateforme étendue de roches primitives. *Le bouclier canadien.*
ÉTYM. de *(écu) bouclier* «(écu) à bosse» → boucle.

BOUDDHISME [budism] n. m. ✦ Doctrine religieuse fondée dans l'Inde, qui succéda au brahmanisme et se répandit en Asie. *Le bouddhisme zen* (au Japon).
► **BOUDDHIQUE** [budik] adj. *Temple bouddhique.*
ÉTYM. de *Bouddha.* ☛ noms propres.

BOUDDHISTE [budist] adj. et n. ✦ Adepte du bouddhisme. *Prêtre bouddhiste.* → **bonze,** ② **lama.**

BOUDER [bude] v. (conjug. 3a) 1. v. intr. Montrer du mécontentement par une attitude renfrognée, maussade. *Un enfant qui boude.* ➜ loc. *Bouder contre son ventre* : refuser de manger, alors qu'on a faim. 2. v. tr. Montrer de l'hostilité à (qqn) par cette attitude. *J'ai l'impression qu'elle me boude.* ♦ FAM. Éviter (qqch.). *Le public a boudé son dernier film.* SYN. **ignorer.**
ÉTYM. probablt de l'onomat. *bod-* (gonflement, moue).

BOUDERIE [budʀi] n. f. ✦ Action de bouder ; état de la personne qui boude.

BOUDEUR, EUSE [budœʀ, øz] adj. ✦ Qui boude fréquemment. SYN. **grognon, maussade.** ➜ n. *Un vilain boudeur.* ♦ Qui marque la bouderie. *Visage boudeur.*

BOUDIN [budɛ̃] n. m. 1. Boyau rempli de sang et de graisse de porc assaisonnés et cuits. *Boudin grillé.* ➜ *Boudin blanc* : charcuterie de forme semblable faite avec du lait et des viandes blanches. ➜ loc. FAM. *S'en aller, tourner en eau de boudin,* se dit d'une affaire qui échoue progressivement. 2. Objet cylindrique. ♦ Bourrelet. 3. FAM. Fille mal faite, petite et grosse.
ÉTYM. de l'onomat. *bod-* exprimant le gonflement.

BOUDINÉ, ÉE [budine] adj. 1. Serré dans un vêtement étroit. 2. En forme de boudin. *Des doigts boudinés.*
ÉTYM. de *boudin.*

BOUDINER [budine] v. tr. (conjug. 3a) 1. Tordre en écheveau, en spirale. 2. Serrer (qqn) dans des vêtements trop étroits. *Cette veste te boudine.*
ÉTYM. de *boudin.*

BOUDOIR [budwaʀ] n. m. 1. Petit salon élégant de dame, réservé aux intimes. 2. Biscuit oblong recouvert de sucre cristallisé.
ÉTYM. de *bouder.*

BOUE [bu] n. f. 1. Terre, poussière détrempée (dans les rues, les chemins). SYN. **gadoue.** *Patauger dans la boue.* ➜ loc. *Traîner qqn dans la boue, le couvrir de boue,* l'accabler de propos infamants. 2. Limon imprégné d'éléments minéraux. *Le médecin lui a prescrit des bains de boue.* 3. Déchets, résidus liquides (→ ② **boueux, éboueur**). *Des boues industrielles.* HOM. BOUT «extrémité»
ÉTYM. du gaulois «saleté».

BOUÉE [bwe] n. f. ✦ Corps flottant qui signale l'emplacement d'un mouillage, d'un écueil, d'un obstacle ou qui délimite une passe, un chenal. SYN. **balise, flotteur.** ➜ *Bouée (de sauvetage),* anneau d'une matière insubmersible. *Apprendre à nager avec une bouée.*
ÉTYM. p.-ê. néerlandais anc., du germanique «signe».

① **BOUEUX, BOUEUSE** [bwø, bwøz] adj. 1. Plein de boue. *Chemin boueux.* SYN. **bourbeux.** *Chaussures boueuses.* 2. Qui a la consistance, l'aspect de la boue. *Café boueux.*
ÉTYM. de *boue.*

② **BOUEUX** [bwø] **n. m.** ✦ Employé chargé d'enlever les ordures ménagères des voies publiques. SYN. **éboueur.**
ÉTYM. mot régional, de *boue.*

BOUFFANT, ANTE [bufɑ̃, ɑ̃t] **adj.** ✦ Qui bouffe. *Manches bouffantes.* → ① **ballon.**
ÉTYM. du participe présent de *bouffer* (I).

BOUFFARDE [bufaʀd] **n. f.** ✦ FAM. Grosse pipe à tuyau court.
ÉTYM. de *bouffée* (1).

① **BOUFFE** [buf] **adj.** ✦ *Opéra bouffe,* du genre lyrique léger.
ÉTYM. italien *opera buffa* «opéra comique», de *buffone* «bouffon».

② **BOUFFE** [buf] **n. f.** ✦ FAM. Action de bouffer, de manger. — Nourriture. SYN. **boustifaille.** — *Faire la bouffe,* la cuisine.
ÉTYM. de *bouffer* (II).

BOUFFÉE [bufe] **n. f. 1.** Souffle qui sort par intermittence de la bouche. *Tirer des bouffées de sa pipe.* **2.** Souffle d'air qui arrive par intermittence. *Une bouffée de parfum.* ♦ Sensation brusque et passagère. *Bouffée de chaleur.* **3.** fig. Manifestation, mouvement subit, passager. SYN. **accès.** *Des bouffées de colère, d'orgueil. Par bouffées,* par intervalles.
ÉTYM. de *bouffer* (I).

BOUFFER [bufe] **v.** (conjug. 3a) **I v. intr.** (matière souple, légère) Se gonfler et augmenter de volume. *Des cheveux qui bouffent.* **II v. tr.** FAM. **1.** Manger. SYN. **becter, boulotter.** absolt. *À quelle heure on bouffe ?* — loc. *Se bouffer le nez,* se disputer. **2.** (choses) Consommer. *Voiture qui bouffe de l'huile.*
ÉTYM. de l'onomat. *buff-* indiquant ce qui est gonflé.

BOUFFETANCE [buftɑ̃s] **n. f.** ✦ FAM. Nourriture.
ÉTYM. de *bouffer* (II) et *bequetance.*

BOUFFI, IE [bufi] **adj. 1.** Gonflé, enflé de manière disgracieuse. SYN. **boursouflé, soufflé.** *Un visage bouffi. Yeux bouffis,* aux paupières gonflées. **2.** fig., péj. *Bouffi d'orgueil,* rempli d'un orgueil démesuré. *Un style bouffi.* CONTR. **creux, émacié, maigre.**
ÉTYM. participe passé de *bouffir.*

BOUFFIR [bufiʀ] **v. tr.** (conjug. 13) ✦ Déformer par une enflure morbide, disgracieuse. SYN. **enfler, gonfler.** *L'alcool bouffit les traits.*
ÉTYM. de l'onomatopée *buff-* → bouffer.

BOUFFISSURE [bufisyʀ] **n. f. 1.** Enflure des chairs bouffies. **2.** fig. Caractère de ce qui est bouffi (2).
ÉTYM. de *bouffir.*

BOUFFON, ONNE [bufɔ̃, ɔn] **n.** et **adj.**
I n. 1. n. m. Personnage qui était chargé de divertir un prince par ses plaisanteries. SYN. ① **fou.** ♦ Celui qui amuse. SYN. **clown, farceur, pitre. 2. n.** FAM. (injure) Personne sans intérêt, niaise, ridicule. CONTR. **rabat-joie.**
II adj. Qui excite le gros rire, a quelque chose de grotesque et d'un peu fou. SYN. **comique, ridicule.** *Une scène bouffonne.* CONTR. **grave, sérieux.**
ÉTYM. italien *buffone,* de l'onomat. *buff-* → bouffer.

BOUFFONNERIE [bufɔnʀi] **n. f. 1.** Caractère bouffon. *La bouffonnerie de la situation.* **2.** Action ou parole bouffonne. SYN. ② **farce.** CONTR. **gravité.**

BOUGAINVILLÉE [bugɛ̃vile] **n. f.** ✦ Arbrisseau grimpant à feuilles persistantes, aux bractées violettes, roses ou orangées. — On trouve aussi BOUGAINVILLIER [bugɛ̃vilje] **n. m.**
ÉTYM. du nom du navigateur *Bougainville.* ➡ noms propres.

BOUGE [buʒ] **n. m.** ✦ Café, cabaret sordide, sale, mal fréquenté. *Les bouges du port.*
ÉTYM. latin *bulga* «sac de cuir».

BOUGEOIR [buʒwaʀ] **n. m.** ✦ Support bas pour les bougies.
ÉTYM. de *bougie.*

BOUGEOTTE [buʒɔt] **n. f.** ✦ FAM. Manie de bouger ; de voyager. *Avoir la bougeotte.*
ÉTYM. de *bouger.*

BOUGER [buʒe] **v.** (conjug. 5) **I v. intr. 1.** Faire un mouvement. SYN. **remuer.** — Se déplacer. *Je ne bouge pas de chez moi,* je ne sors pas. **2.** FAM. Changer. *Les prix n'ont pas bougé.* **3.** (groupe de personnes) S'agiter sous l'effet du mécontentement. SYN. se **soulever. II v. tr.** FAM. Remuer, déplacer. *Bouger un meuble.* — pronom. *Bouge-toi de là.* CONTR. **s'immobiliser, rester, stagner.**
ÉTYM. latin populaire *bullicare* «bouillonner», de *bullire* «bouillir».

BOUGIE [buʒi] **n. f. 1.** Appareil d'éclairage formé d'une mèche tressée enveloppée de cire. *Bougies, chandelles et cierges. Souffler les bougies d'un gâteau d'anniversaire.* **2.** Appareil d'allumage (d'un moteur à explosion). *Bougies encrassées.*
ÉTYM. de *Bougie,* anc. n. de *Béjaïa,* ville d'Algérie.

BOUGNAT [buɲa] **n. m.** ✦ FAM. et VIEILLI Marchand de charbon, qui tenait souvent un café.
ÉTYM. de *charbougna,* création plaisante sur *charbonnier* imitant la prononciation des Auvergnats.

BOUGON, ONNE [bugɔ̃, ɔn] **adj.** et **n.** ✦ FAM. Qui a l'habitude de bougonner. SYN. **grognon,** FAM. **ronchon.** *Il est un peu bougon.* — *Un air bougon.*

BOUGONNER [bugɔne] **v. intr.** (conjug. 3a) ✦ FAM. Exprimer pour soi seul, souvent entre les dents, son mécontentement. SYN. **grogner, grommeler,** FAM. **râler.**
▶ **BOUGONNEMENT** [bugɔnmɑ̃] **n. m.**
ÉTYM. origine inconnue.

BOUGRE, BOUGRESSE [bugʀ, bugʀɛs] **n. 1.** FAM. Gaillard. *Il n'a pas froid au yeux, le bougre !* ♦ Individu. SYN. **type.** *Un bon bougre,* un brave type. **2.** *Bougre d'idiot !* SYN. **espèce. 3.** interj. VIEILLI SYN. **bigre.**
ÉTYM. latin *Bulgares* «Bulgare».

BOUGREMENT [bugʀəmɑ̃] **adv.** ✦ FAM. Très. SYN. **bigrement, rudement.** *C'est bougrement cher.*
ÉTYM. de *bougre.*

BOUIBOUI ou **BOUI-BOUI** [bwibwi] **n. m.** ✦ FAM. Café, restaurant de dernier ordre. *Des bouibouis, des bouis-bouis.*
ÉTYM. origine obscure.

BOUILLABAISSE [bujabɛs] **n. f.** ✦ Plat provençal de poissons, fortement épicé, que l'on sert dans son bouillon avec des tranches de pain.
ÉTYM. du provençal, de *bouli* «bouillir» et *abaissa* «abaisser».

BOUILLANT, ANTE [bujɑ̃, ɑ̃t] **adj. 1.** Qui bout. *Eau bouillante* (→ **ébouillanter**). **2.** Très chaud, brûlant. **3.** fig. Ardent, emporté. *Un bouillant jeune homme.*
ÉTYM. du participe présent de *bouillir.*

BOUILLE [buj] **n. f.** ✦ FAM. Figure, tête. *Il a une bonne bouille.*
ÉTYM. abréviation de *bouillotte*, figuré.

BOUILLEUR, EUSE [bujœʀ, øz] **n.** ✦ Distillateur. ➖ *BOUILLEUR DE CRU* : propriétaire qui distille chez lui ses récoltes de fruits. *Des bouilleuses de cru.*
ÉTYM. de *bouillir.*

BOUILLI [buji] **n. m.** ✦ Viande bouillie. SYN. **pot-au-feu.**
HOM. BOUILLIE «crème au lait»

BOUILLIE [buji] **n. f.** 1. Aliment fait de lait et de farine, destiné surtout aux bébés. ➖ loc. *C'est de la bouillie pour les chats,* un texte confus, incompréhensible. 2. *EN BOUILLIE* : écrasé. *Réduire qqch. en bouillie.* ➖ par exagér. *Réduire son adversaire en bouillie.* → FAM. **écrabouiller.** 3. Liquide pâteux. HOM. BOUILLI «viande bouillie»
ÉTYM. de *bouillir.*

BOUILLIR [bujiʀ] **v. intr.** (conjug. 20) 1. (liquides) S'agiter en formant des bulles, par ébullition. *L'eau bout à 100 degrés. Faire bouillir du lait.* ➖ au p. passé *Eau bouillie.* 2. Faire cuire dans un liquide qui bout (de la viande, des légumes...). ➖ au p. passé *Bœuf bouilli.* → **bouilli.** ♦ Stériliser ou nettoyer dans l'eau qui bout. 3. fig. (personnes) *Bouillir de colère, d'impatience,* être emporté par la colère, l'impatience. ➖ sans compl. S'impatienter, s'emporter. *Ça me fait bouillir.*
ÉTYM. latin *bullire,* de *bulla* «bulle».

BOUILLOIRE [bujwaʀ] **n. f.** ✦ Récipient métallique à bec destiné à faire bouillir de l'eau.

BOUILLON [bujɔ̃] **n. m.** 1. Bulles qui se forment au sein d'un liquide en ébullition. *Retirer au premier bouillon,* dès l'ébullition. *Bouillir À GROS BOUILLONS,* très fort. → **bouillonnement.** 2. Liquide dans lequel ont bouilli des substances comestibles (→ **court-bouillon**). *Bouillon gras. Bouillon de légumes.* 3. *Boire un bouillon,* avaler de l'eau en nageant (→ boire la tasse) ; fig. FAM. subir une perte considérable. 4. *Bouillon de culture :* liquide destiné à la culture des microbes ; fig. milieu favorable.
ÉTYM. de *bouillir.*

BOUILLONNANT, ANTE [bujɔnɑ̃, ɑ̃t] **adj.** 1. Qui bouillonne. *L'eau bouillonnante d'un torrent.* 2. fig. En effervescence. *Une imagination bouillonnante.*
ÉTYM. du participe présent de *bouillonner.*

BOUILLONNEMENT [bujɔnmɑ̃] **n. m.** 1. Agitation, mouvement d'un liquide qui bouillonne. 2. LITTÉR. Effervescence. *Un bouillonnement d'idées nouvelles.*

BOUILLONNER [bujɔne] **v. intr.** (conjug. 3a) 1. (liquides) Être agité en formant des bouillons. *La source bouillonne.* 2. LITTÉR. Être en effervescence, s'agiter. *Les idées bouillonnent dans sa tête.*
ÉTYM. de *bouillon.*

BOUILLOTTE [bujɔt] **n. f.** ✦ Récipient que l'on remplit d'eau bouillante pour se chauffer (dans un lit, etc.).
ÉTYM. de *bouillir.*

BOULANGER, ÈRE [bulɑ̃ʒe, ɛʀ] **n.** ✦ Personne qui fait et vend du pain. *Garçon boulanger.* → **mitron.** ♦ loc. *Pommes (à la) boulangère,* cuites au four avec des oignons.
ÉTYM. du picard *boulenc* «celui qui fabrique du pain en boule», du germanique «pain rond».

BOULANGERIE [bulɑ̃ʒʀi] **n. f.** 1. Fabrication et commerce du pain. 2. Magasin du boulanger. *Boulangerie-pâtisserie.*

BOULE [bul] **n. f.** 1. Objet sphérique. *Boule de pain.* SYN. **miche.** ♦ *BOULE DE NEIGE. Une bataille de boules de neige.* loc. *Faire boule de neige :* augmenter de volume en roulant ; fig. grossir, prendre de l'ampleur. ♦ *BOULE DE GOMME :* bonbon de gomme. ➖ loc. FAM. *Mystère et boule de gomme !* je n'en sais rien ! 2. *EN BOULE :* en forme de boule. *Arbres taillés en boule. Le hérisson se met en boule.* ➖ FAM. *Se mettre en boule,* en colère. 3. Corps plein sphérique que l'on fait rouler (dans certains jeux). *Boule de billard.* → ① **bille.** *Boule de bowling, de croquet. Jeux de boules (boule lyonnaise, pétanque). Le cochonnet et les boules.* ♦ Jeu de casino proche de la roulette. 4. FAM. Tête. *Coup de boule.* ➖ *Perdre la boule,* devenir fou, s'affoler, déraisonner. 5. loc. FAM. *Avoir les boules,* être en colère, énervé ou anxieux. 6. (toujours au plur. et avec un numéral) FAM. Franc, puis euro. SYN. ① **balle.** *Ça m'a coûté deux cents boules.*
ÉTYM. latin *bulla* «bulle» ; doublet de *bulle.*

BOULEAU [bulo] **n. m.** ✦ Arbre des régions froides et tempérées, à écorce blanche, à petites feuilles. *Un bois de bouleaux.* HOM. ② BOULOT «travail», ① BOULOT «petit et gros»
ÉTYM. de l'ancien français *boul,* latin populaire *betullus,* peut-être gaulois.

BOULEDOGUE [buldɔg] **n. m.** ✦ Petit dogue à mâchoires saillantes.
ÉTYM. anglais *bulldog* «chien *(dog)* taureau *(bull)*».

BOULER [bule] **v. intr.** (conjug. 3a) 1. VIEILLI OU RÉGIONAL Rouler comme une boule. 2. fig. FAM. *Envoyer bouler qqn,* le repousser, l'éconduire.

BOULET [bulɛ] **n. m.** 1. Projectile sphérique de métal dont on chargeait les canons. ➖ loc. FAM. *Arriver comme un boulet de canon,* en trombe. ♦ *Boulet rouge,* que l'on faisait rougir au feu. ➖ loc. *Tirer à boulets rouges sur qqn,* l'attaquer violemment. 2. Boule de métal qu'on attachait aux pieds de condamnés (bagnards, etc.). ➖ fig. *C'est un boulet (à traîner),* une obligation pénible, une charge dont on ne peut se délivrer.
ÉTYM. diminutif de *boule.*

BOULETTE [bulɛt] **n. f.** 1. Petite boule façonnée à la main. *Boulette de pain, de papier.* ➖ Petite boule de viande hachée, de pâte. SYN. **croquette.** 2. FAM. *Faire une boulette,* une bévue, une gaffe.

BOULEVARD [bulvaʀ] **n. m.** 1. VX Rempart. ➖ fig. Défense. 2. MOD. Rue très large, généralement plantée d'arbres. ➖ *Les grands boulevards,* à Paris (entre la Madeleine et la Bastille). 3. *Théâtre, pièce de boulevard,* d'un comique léger, traditionnel. ☞ Littérature p. 128. ➖ *Le boulevard,* ce genre de théâtre.
ÉTYM. néerlandais *bolwerc* «ouvrage *(werc)* en planches *(bol)*».

BOULEVARDIER, IÈRE [bulvaʀdje, jɛʀ] **adj.** ✦ Qui a les caractères du théâtre, de l'esprit de boulevard.

BOULEVERSANT, ANTE [bulvɛʀsɑ̃, ɑ̃t] **adj.** ✦ Très émouvant. *Un récit bouleversant.*
ÉTYM. du participe présent de *bouleverser.*

BOULEVERSEMENT [bulvɛʀsəmɑ̃] **n. m.** ✦ Action de bouleverser ; son résultat. SYN. **changement.** *Bouleversements politiques, économiques.* → **révolution.**

A B C D E F G H I J K L M N O P Q R S T U V W X Y Z

BOULEVERSER [bulvɛʀse] v. tr. (conjug. 3a) 1. Mettre en grand désordre, par une action violente. SYN. **chambouler, déranger.** 2. Apporter des changements brutaux dans. SYN. **troubler.** *Cet évènement a bouleversé sa vie.* 3. (choses) Causer une émotion violente et pénible, un grand trouble à (qqn). SYN. **émouvoir, secouer.** *La nouvelle de sa mort nous a bouleversés.* ➝ au p. passé *Un visage bouleversé.* CONTR. ① **ranger • apaiser, calmer.**
ÉTYM. de *bouler* et *verser.*

BOULIER [bulje] n. m. ✦ Cadre portant des tringles sur lesquelles sont enfilées des boules et qui sert à compter. SYN. **abaque.**
ÉTYM. de *boule.*

BOULIMIE [bulimi] n. f. 1. Faim excessive pathologique. ➝ Grande faim. 2. fig. *Une boulimie de lecture.*
ÉTYM. grec *boulimia* «faim *(limos)* de bœuf *(bos)*».

BOULIMIQUE [bulimik] adj. et n. 1. Relatif à la boulimie. *Comportement boulimique.* 2. Atteint de boulimie. ➝ n. *Un, une boulimique.*

BOULIN [bulɛ̃] n. m. ✦ Trou dans un mur, spécialt pour les pigeons d'un colombier.
ÉTYM. peut-être de ① *boule.*

BOULINGRIN [bulɛ̃gʀɛ̃] n. m. ✦ Parterre de gazon généralement entouré de bordures, de talus.
ÉTYM. anglais *bowling green,* de *bowling* (→ bowling) et *green* «gazon».

BOULISTE [bulist] n. ✦ Personne qui joue aux boules.

BOULOCHE [bulɔʃ] n. f. ✦ Petite boule pelucheuse qui se forme à l'usage sur les lainages.
ÉTYM. de *boule.*

BOULOCHER [bulɔʃe] v. intr. (conjug. 3a) ✦ (lainage) Former des bouloches. *Pull qui bouloche.*

BOULODROME [bulodʀom] n. m. ✦ Terrain aménagé pour le jeu de boules.
ÉTYM. de *boule* (3) et *-drome.*

BOULON [bulɔ̃] n. m. ✦ Ensemble constitué par une vis et l'écrou qui s'y adapte. ➝ loc. fig. *Serrer les boulons :* réorganiser avec plus de rigueur.
ÉTYM. de *boule* «pièce à tête ronde».

BOULONNER [bulɔne] v. (conjug. 3a) 1. v. tr. Fixer au moyen de boulons. 2. v. intr. FAM. Travailler.
▸ **BOULONNAGE** [bulɔnaʒ] n. m.

① **BOULOT, OTTE** [bulo, ɔt] adj. et n. ✦ Gros et court. *Une femme boulotte.* ➝ n. *Une petite boulotte.*
HOM. BOULEAU «arbre»
ÉTYM. de *boule.*

② **BOULOT** [bulo] n. m. ✦ FAM. Travail. *Chercher du boulot.* SYN. **emploi.** HOM. BOULEAU «arbre»
ÉTYM. origine obscure.

BOULOTTER ou **BOULOTER** [bulɔte] v. intr. (conjug. 3a) ✦ FAM. Manger. SYN. **bouffer.** ➝ trans. *Il n'y a rien à boulotter.* SYN. **becter.** ➝ Écrire *bouloter* avec un seul *t* est permis.
ÉTYM. p.-ê. de *(pain) boulot* «en forme de boule».

BOUM [bum] interj. et n. 1. interj. Bruit de ce qui tombe, explose. SYN. **bang.** *Ça a fait boum !* 2. n. m. *Un grand boum !* ◆ loc. *En plein boum,* en pleine activité. 3. n. f. Surprise-partie. HOM. BOOM «hausse des valeurs»
ÉTYM. onomatopée.

BOUMER [bume] v. intr. impers. (conjug. 3a) ✦ FAM. *Ça boume,* ça va bien.
ÉTYM. de *boum.*

① **BOUQUET** [bukɛ] n. m. 1. Groupe serré (d'arbres). SYN. **boqueteau.** 2. Assemblage décoratif de fleurs, de feuillages coupés dont les tiges sont disposées dans le même sens. SYN. ② **botte, gerbe.** *Un bouquet de violettes. La fleuriste compose un bouquet.* ◆ CUIS. *Bouquet garni,* thym, laurier, persil. ◆ Ensemble (de choses groupées) évoquant un bouquet de fleurs. *Bouquet de cerises.* 3. *Bouquet numérique, bouquet de programmes,* ensemble de programmes télévisés payants, diffusés par câble ou satellite. 4. *Le bouquet d'un feu d'artifice,* les plus belles fusées, tirées à la fin. ➝ iron. *C'est le bouquet.* SYN. ① **comble.** 5. Parfum (d'un vin, d'une liqueur). SYN. **arôme.** *Ce vin a du bouquet.*
ÉTYM. normand, picard «petit *bois*».

② **BOUQUET** [bukɛ] n. m. ✦ Grosse crevette rose qui rougit à la cuisson.
ÉTYM. de *bouc,* à cause des barbes.

BOUQUETIÈRE [buk(ə)tjɛʀ] n. f. ✦ Celle qui fait et vend des bouquets de fleurs dans les lieux publics.
ÉTYM. de ① *bouquet.*

BOUQUETIN [buk(ə)tɛ̃] n. m. ✦ Mammifère ruminant à longues cornes annelées, vivant à l'état sauvage dans les montagnes d'Europe.
ÉTYM. de l'allemand *Steinbock,* littéralement «bouc *(Bock)* de rocher *(Stein)*».

BOUQUIN [bukɛ̃] n. m. ✦ FAM. Livre, ouvrage. *Son bouquin va paraître.*
ÉTYM. du néerlandais ancien *boec* «livre».

BOUQUINER [bukine] v. intr. (conjug. 3a) ✦ FAM. 1. Fouiller dans de vieux livres. 2. Lire un livre. *Bouquiner au lit.*
ÉTYM. de *bouquin.*

BOUQUINISTE [bukinist] n. ✦ Personne qui vend des livres d'occasion. *Les bouquinistes des quais de la Seine, à Paris.*
ÉTYM. de *bouquin.*

BOURBE [buʀb] n. f. ✦ Dépôt qui s'accumule au fond des eaux stagnantes. SYN. **boue.** *La bourbe d'un marais.*
ÉTYM. gaulois.

BOURBEUX, EUSE [buʀbø, øz] adj. ✦ Qui est plein de bourbe. SYN. ① **boueux.** *Eau bourbeuse.*

BOURBIER [buʀbje] n. m. 1. Lieu creux plein de bourbe. *S'enfoncer dans un bourbier* (→ **s'embourber**). 2. fig. Situation très embarrassante. *Comment sortir de ce bourbier ?*

BOURBON [buʀbɔ̃] n. m. ✦ Alcool analogue au whisky, à base de maïs, fabriqué aux États-Unis.
ÉTYM. mot américain, du nom d'un comté du Kentucky.

BOURBONIEN, IENNE [buʀbɔnjɛ̃, jɛn] adj. ✦ Qui a rapport à la famille des Bourbons (☛ noms propres). ➝ *Nez bourbonien,* long et un peu busqué.

BOURDAINE [buʀdɛn] n. f. ✦ Arbuste à écorce laxative. *Une tisane de bourdaine.* ➝ Cette tisane.
ÉTYM. origine obscure.

BOURDE [buʀd] n. f. ✦ Faute lourde, grossière. *Faire, dire une bourde.* SYN. **bêtise,** FAM. ② **gaffe.**
ÉTYM. origine obscure.

① **BOURDON** [buʀdɔ̃] **n. m.** **I** 1. Insecte hyménoptère au corps lourd et velu, qui butine comme l'abeille. 2. *Faux bourdon* : mâle de l'abeille. **II** 1. Ton qui sert de basse continue dans certains instruments. → *Bourdon d'orgue,* jeu de l'orgue qui fait la basse. 2. Grosse cloche à son grave. *Le bourdon d'une cathédrale.* **III** FAM. *Avoir le bourdon,* être mélancolique, avoir le cafard.
ÉTYM. probablement d'origine onomatopéique.

② **BOURDON** [buʀdɔ̃] **n. m.** ✦ Long bâton de pèlerin, orné d'une boule. *Le bourdon des pèlerins de Saint-Jacques.*
ÉTYM. bas latin *burdo,* d'abord «mulet».

BOURDONNANT, ANTE [buʀdɔnɑ̃, ɑ̃t] **adj.** ✦ Qui bourdonne. *Guêpes bourdonnantes.*
ÉTYM. du participe présent de *bourdonner.*

BOURDONNEMENT [buʀdɔnmɑ̃] **n. m.** 1. Bruit sourd et continu que font en volant certains insectes (bourdon, mouche). *Le bourdonnement de la ruche.* 2. Murmure sourd, confus. *Un bourdonnement de voix.* → *Bourdonnement d'oreilles.*
ÉTYM. de *bourdonner.*

BOURDONNER [buʀdɔne] **v. intr.** (conjug. 3a) 1. Faire entendre un bourdonnement. *Abeille qui bourdonne.* ♦ Émettre un son grave et continu, vibrant. → fig. *Usine qui bourdonne d'activité.* 2. Percevoir un bruit sourd et confus (oreilles).
ÉTYM. de *bourdon.*

BOURG [buʀ] **n. m.** 1. HIST. Petite ville fortifiée. 2. Agglomération relativement importante ; centre commercial en milieu rural. *Le marché du bourg.* HOM. ① BOURRE «amas de poils», ② BOURRE «fait de se presser»
ÉTYM. bas latin *burgus,* du grec *purgos* «enceinte fortifiée», peut-être avec influence du germanique *Burg.*

BOURGADE [buʀgad] **n. f.** ✦ Petit bourg.

BOURGEOIS, OISE [buʀʒwa, waz] **n. et adj.** 1. au Moyen Âge Citoyen d'une ville, bénéficiant d'un statut privilégié. *Les bourgeois de Calais.* 2. sous l'Ancien Régime Membre du tiers état qui ne travaillait pas de ses mains et possédait des biens. SYN. **roturier.** *«Le Bourgeois gentilhomme»* (pièce de Molière). 3. MOD. Personne de la classe moyenne et dirigeante, qui ne travaille pas manuellement. *Bourgeois, ouvriers et paysans. Un grand bourgeois.* ♦ **adj.** Propre à cette classe. *Une éducation bourgeoise. Un quartier bourgeois. Les valeurs bourgeoises.* ⇢ aussi **petit-bourgeois.** 4. péj. Qui a un goût excessif de la sécurité et respecte les convenances sociales. *Ce qu'il peut être bourgeois !* 5. **n. f.** POP. Femme, épouse. *Sa bourgeoise.*
ÉTYM. de *bourg.*

BOURGEOISEMENT [buʀʒwazmɑ̃] **adv.** ✦ D'une manière bourgeoise, avec un esprit bourgeois. *Il vit bourgeoisement.*

BOURGEOISIE [buʀʒwazi] **n. f.** 1. HIST. État de bourgeois (1). *Droit de bourgeoisie.* → (Suisse) Droit de cité. 2. Ensemble des bourgeois (2). *La noblesse et la bourgeoisie.* 3. Ensemble des bourgeois (3). → (marxisme) Classe dominante en régime capitaliste, qui possède les moyens de production. *La bourgeoisie et le prolétariat.*

BOURGEON [buʀʒɔ̃] **n. m.** ✦ Excroissance qui apparaît sur la tige ou la branche d'un arbre, et qui contient en germe les tiges, branches, feuilles, fleurs ou fruits. *Un arbre en bourgeons.* SYN. **bouton, œil.**
ÉTYM. latin populaire *burrionem* ; famille de ① *bourre.*

BOURGEONNEMENT [buʀʒɔnmɑ̃] **n. m.** ✦ Action de bourgeonner ; naissance de bourgeons.

BOURGEONNER [buʀʒɔne] **v. intr.** (conjug. 3a) 1. Pousser des bourgeons. *Les arbres bourgeonnent au printemps.* 2. *Son visage bourgeonne,* il y vient des boutons.
► **BOURGEONNANT, ANTE** [buʀʒɔnɑ̃, ɑ̃t] **adj.**

BOURGERON [buʀʒəʀɔ̃] **n. m.** ✦ anciennt Blouse en grosse toile.
ÉTYM. de l'ancien français *bourge* «toile», du latin populaire *burrica* ; famille de ① *bourre.*

BOURGMESTRE [buʀgmɛstʀ] **n. m.** ✦ (Belgique) Premier magistrat d'une ville (équivalant au maire). *Bourgmestre et échevins.* → Homologue du maire, aux Pays-Bas, en Allemagne.
ÉTYM. allemand ancien *Burgmeister* «maître *(Meister)* du bourg *(Burg)*».

BOURGOGNE [buʀgɔɲ] **n. m.** ✦ Vin des vignobles de Bourgogne (☛ noms propres). *Un bourgogne blanc.*

BOURGUIGNON, ONNE [buʀgiɲɔ̃, ɔn] **adj. et n.** ✦ De la Bourgogne. → **n.** *Les Bourguignons.* ♦ *Bœuf bourguignon* et **n. m.** *bourguignon,* bœuf accommodé au vin rouge et aux oignons.

BOURLINGUER [buʀlɛ̃ge] **v. intr.** (conjug. 3b) 1. (navire) Avancer péniblement contre le vent et la mer. SYN. **rouler.** 2. Naviguer beaucoup. *Il a bourlingué dans toutes les mers.* → FAM. Voyager beaucoup ; avoir une vie aventureuse. *«Bourlinguer»* (récit de Cendrars).
► **BOURLINGUEUR, EUSE** [buʀlɛ̃gœʀ, øz] **n.**
ÉTYM. origine obscure.

BOURRACHE [buʀaʃ] **n. f.** ✦ Plante à grandes fleurs bleues, employée en tisane comme médicament.
ÉTYM. latin médiéval *borrago,* de l'arabe *'abû 'araq* «père de la sueur».

BOURRADE [buʀad] **n. f.** ✦ Brusque poussée que l'on donne à qqn. *Une bourrade amicale.*
ÉTYM. de *bourrer.*

BOURRAGE [buʀaʒ] **n. m.** **I** 1. Action de bourrer. 2. fig. FAM. *BOURRAGE DE CRÂNE* : éducation, propagande intensive. **II** Matière servant à bourrer. SYN. ① **bourre.** *Le bourrage d'une paillasse.*

BOURRASQUE [buʀask] **n. f.** ✦ Coup de vent violent et de courte durée. SYN. **tornade.** *Des bourrasques de pluie, de neige* (⇢ **tempête**). CONTR. **bonace,** ① **calme.**
ÉTYM. italien *burrasca,* de *bora* «vent du Nord».

BOURRATIF, IVE [buʀatif, iv] **adj.** ✦ FAM. (aliment) Qui bourre. CONTR. **léger.**
ÉTYM. de *bourrer.*

① **BOURRE** [buʀ] **n. f.** 1. Amas de poils, détachés avant le tannage de la peau de certains animaux. 2. Déchets du peignage ou du dévidage de matières textiles servant à emplir des coussins, des matelas... → loc. FAM. *De première bourre* : de première qualité. 3. Duvet qui recouvre les bourgeons de certains arbres. HOM. BOURG «ville»
ÉTYM. bas latin *burra* «étoffe grossière en laine, bure».

A B C D E F G H I J K L M N O P Q R S T U V W X Y Z

② **BOURRE** [buʀ] n. f. ✦ FAM. Fait de se presser. ➝ loc. *À LA BOURRE* : en retard. *Je suis désolé, je suis encore à la bourre.* HOM. BOURG «ville»
ÉTYM. de *bourrer.*

BOURRÉ, ÉE [buʀe] adj. 1. Rempli, plein (de qqch.). *Texte bourré d'erreurs.* SYN. **farci.** 2. Très plein. *La salle est bourrée.* SYN. **bondé,** ② **comble.** 3. FAM. Ivre. CONTR. **vide.**
ÉTYM. participe passé de *bourrer.*

BOURREAU [buʀo] n. m. 1. Celui qui exécute les peines corporelles ordonnées par une cour de justice, et spécialt la peine de mort. 2. Personne qui martyrise (qqn), physiquement ou moralement. SYN. **tortionnaire.** *Des bourreaux d'enfants.* ➝ plais. *Un bourreau des cœurs* : homme qui a du succès auprès des femmes. → **don Juan, séducteur.** 3. *Bourreau de travail,* personne qui abat beaucoup de travail.
ÉTYM. de *bourrer* (II).

BOURRÉE [buʀe] n. f. I Petites branches (avec lesquelles on bourre un fagot). II Danse du folklore du centre de la France ; air sur lequel on l'exécute. *Bourrée auvergnate.*
ÉTYM. de *bourrer.*

BOURRELÉ, ÉE [buʀle] adj. ✦ *Bourrelé de remords* : tourmenté par le remords.
ÉTYM. de *bourrel,* ancienne forme de *bourreau.*

BOURRELET [buʀlɛ] n. m. 1. Bande que l'on fixe au bord des battants des portes et des fenêtres pour calfeutrer. 2. Renflement allongé. ➝ spécialt Pli de chair, de graisse. *Avoir des bourrelets.*
ÉTYM. de l'ancien français *bourrel,* de ① *bourre.*

BOURRELIER, IÈRE [buʀəlje, jɛʀ] n. ✦ Artisan qui fait et vend des harnais, des sacs, des courroies. SYN. **sellier.**
ÉTYM. de l'ancien français *bourrel* «harnais, collier rempli de *bourre*».

BOURRELLERIE [buʀɛlʀi] n. f. ✦ Métier et commerce du bourrelier.

BOURRER [buʀe] v. tr. (conjug. 3a) I 1. Emplir de bourre. SYN. **rembourrer.** *Bourrer un coussin.* 2. Remplir complètement en tassant. *Bourrer sa valise. Bourrer une pipe.* 3. Gaver (qqn) de nourriture. ➝ pronom. *Elle s'est bourrée de gâteaux.* SYN. FAM. se **goinfrer.** ♦ intrans. FAM. *Un aliment qui bourre,* qui cale l'estomac. → **bourratif.** 4. *BOURRER LE CRÂNE À QQN,* lui raconter des histoires, essayer de lui en faire accroire ; FAM. *bourrer le mou à qqn* (même sens). II VX Maltraiter (→ **bourreau**). ➝ MOD. *Bourrer qqn de coups,* le frapper à coups redoublés.
ÉTYM. de ① *bourre.*

BOURRICHE [buʀiʃ] n. f. ✦ Panier sans anse. *Une bourriche d'huîtres.*
ÉTYM. origine obscure.

BOURRICHON [buʀiʃɔ̃] n. m. ✦ FAM. Tête. *Se monter le bourrichon* : se faire des illusions.
ÉTYM. de *bourriche,* au figuré «tête».

BOURRICOT [buʀiko] n. m. ✦ Petit âne.
ÉTYM. espagnol *borrico* «âne».

BOURRIDE [buʀid] n. f. ✦ Plat de poissons bouillis, voisin de la bouillabaisse.
ÉTYM. provençal *bourrido,* de *boulido* «bouilli».

BOURRIN [buʀɛ̃] n. m. ✦ FAM. Cheval. SYN. **canasson.**
ÉTYM. dialectal (Ouest), de *bourrique.*

BOURRIQUE [buʀik] n. f. 1. Âne ou ânesse. ➝ loc. *Faire tourner qqn en bourrique,* l'abêtir à force d'exigences, de taquineries. 2. fig. FAM. Personne bête et têtue.
ÉTYM. espagnol *borrico* «âne».

BOURRU, UE [buʀy] adj. 1. (choses) Qui a la rudesse, la grossièreté de la bourre. *Fil bourru.* ➝ *Vin bourru,* vin nouveau, non fermenté. 2. (personnes) Rude, peu aimable. SYN. **renfrogné.** CONTR. **aimable, avenant, causant.**
ÉTYM. de ① *bourre.*

① **BOURSE** [buʀs] n. f. I 1. Petit sac arrondi destiné à contenir des pièces de monnaie. SYN. **portemonnaie.** ➝ loc. *Tenir les cordons de la bourse,* disposer des finances. *Sans bourse délier,* sans qu'il en coûte rien, sans rien débourser. ➝ *La bourse ou la vie !* ♦ L'argent dont qqn dispose. *À la portée de toutes les bourses,* bon marché. 2. *Bourse (d'études),* pension accordée à un élève, à un étudiant pour la durée de ses études. II au plur. Enveloppe des testicules. SYN. **scrotum.**
ÉTYM. bas latin *bursa,* d'abord «cuir», du grec «dépouille d'un animal».

② **BOURSE** ou **BOURSE** [buʀs] n. f. 1. Réunion périodique de personnes qui effectuent des opérations sur les valeurs mobilières ou sur des marchandises ; lieu où elles se réunissent. *Bourse du commerce.* ➝ spécialt Bourse des valeurs. *Les agents de change travaillent à la Bourse.* 2. Ensemble des opérations traitées à la Bourse (des valeurs). *Société de Bourse. Jouer à la Bourse.* → **spéculer.** *Valeurs cotées en Bourse.* ➝ Les cours de la Bourse. *La Bourse a monté.* 3. *BOURSE DU TRAVAIL* : réunion des adhérents des syndicats ouvriers d'une ville ou d'une région. 4. Lieu où l'on échange certaines marchandises. *Bourse aux timbres.*
ÉTYM. de ① *bourse,* peut-être avec influence du nom de nobles brugeois *van der Burse,* dont la maison ornée de trois bourses servait de lieu de réunion aux marchands et commerçants.

BOURSICOTER [buʀsikɔte] v. intr. (conjug. 3a) ✦ Faire de petites opérations en Bourse. SYN. **spéculer.**
► **BOURSICOTAGE** [buʀsikɔtaʒ] n. m.
► **BOURSICOTEUR, EUSE** [buʀsikɔtœʀ, øz] n.
ÉTYM. de l'ancien *boursicot* «petite *bourse*».

① **BOURSIER, IÈRE** [buʀsje, jɛʀ] n. et adj. ✦ Élève ou étudiant qui a obtenu une bourse d'études.
ÉTYM. de ① *bourse.*

② **BOURSIER, IÈRE** [buʀsje, jɛʀ] n. et adj. 1. n. Personne qui exerce sa profession à la Bourse (fém. rare). 2. adj. De la Bourse. *Opérations boursières.*
ÉTYM. de ② *bourse.*

BOURSOUFLÉ, ÉE ou **BOURSOUFFLÉ, ÉE** [buʀsufle] adj. ✦ Qui présente des gonflements disgracieux. *Un visage boursouflé.* SYN. **bouffi, enflé.** ➝ Écrire *boursoufflé* avec deux *f* comme dans *souffler* est permis. CONTR. **creux, émacié.**
ÉTYM. probablement de ① *bourre* et *soufflé* (I).

BOURSOUFLER ou **BOURSOUFFLER** [buʀsufle] v. tr. (conjug. 3a) ✦ Faire enfler, gonfler. ➝ Écrire *boursouffler* avec deux *f* comme dans *souffler* est permis.
ÉTYM. de *boursouflé.*

BOURSOUFLURE ou **BOURSOUFFLURE** [buʀsuflyʀ] n. f. ✦ Gonflement que présente par endroits une surface unie. *Boursouflure de la peinture sur un mur.* SYN. **cloque.** ➝ Enflure disgracieuse des chairs. SYN. **bouffis-**

sure. ➝ Écrire *boursoufflure* avec deux *f* comme dans *souffler*, mot de la même famille, est permis.

BOUSCULADE [buskylad] n. f. 1. Remous de foule. SYN. **cohue.** *Bousculade au guichet.* 2. Grande agitation, précipitation. *La bousculade du départ.*
ÉTYM. de *bousculer.*

BOUSCULER [buskyle] v. tr. (conjug. 3a) 1. Pousser, heurter brutalement par inadvertance. *Les voyageurs pressés le bousculaient.* ➝ pronom. *Les idées se bousculent dans sa tête.* 2. Modifier avec brusquerie. SYN. **culbuter.** *Bousculer les traditions.* 3. Faire se dépêcher (qqn). SYN. **presser.** *Il n'aime pas qu'on le bouscule. Être très bousculé,* très occupé à des choses urgentes.
ÉTYM. des anciens verbes *bousser* «heurter» (famille de *bouter*) et *culer* «reculer».

BOUSE [buz] n. f. ✦ Fiente des bovins. *Bouse de vache.*
ÉTYM. peut-être famille de *boue.*

BOUSEUX [buzø] n. m. ✦ FAM. et péj. Paysan.
ÉTYM. de *bouse.*

BOUSIER [buzje] n. m. ✦ Scarabée vivant dans les excréments de mammifères, qu'il roule en boulettes.
ÉTYM. de *bouse.*

BOUSILLAGE [buzijaʒ] n. m. 1. Torchis. 2. Action de bousiller ; gâchis.

BOUSILLER [buzije] v. tr. (conjug. 3a) 1. VX Construire en torchis. 2. fig. Mal faire (qqch.). *Bousiller son travail.* ➝ FAM. Rendre inutilisable. SYN. **abîmer, casser, détraquer.** *Il a bousillé son moteur.* 3. FAM. Tuer. SYN. **massacrer.**
ÉTYM. de *bouse.*

BOUSSOLE [busɔl] n. f. ✦ Appareil composé d'un cadran et d'une aiguille aimantée mobile, dont la pointe marque la direction du nord. *Naviguer à la boussole.* → **compas.** ➝ FAM. *Perdre la boussole,* être troublé, affolé (→ être déboussolé, perdre le nord*).
ÉTYM. italien *bussola,* d'un dérivé du latin *buxa* «boîte».

BOUSTIFAILLE [bustifaj] n. f. ✦ FAM. Nourriture, repas.
ÉTYM. de *bouffer.*

BOUSTROPHÉDON [bustrɔfedɔ̃] n. m. ✦ DIDACT. Écriture ancienne (du grec, de l'étrusque...) où l'on traçait les lettres de gauche à droite, puis de droite à gauche.
☛ Langue française p. 85.
ÉTYM. du grec *bous* «bœuf» et *strophein* «tourner».

BOUT [bu] n. m. I 1. Partie qui termine (un objet) dans le sens de la longueur. SYN. **extrémité.** *Le bout d'une canne. Le bout du nez.* fig. *Avoir un mot sur le bout de la langue*.* ➝ loc. *À bout de bras* : au bout du bras tendu. *Bout à bout* : l'extrémité d'un objet touchant l'extrémité d'un autre. *Tirer à bout portant,* de très près. ➝ loc. *On ne sait (pas) par quel bout le prendre,* il est d'une humeur difficile. *Tenir le bon bout,* être en passe de réussir. ➝ *Joindre* les deux bouts.* 2. Extrémité (d'un espace). *Le bout de la route.* SYN. ① **fin.** ➝ *De bout en bout* : d'une extrémité à l'autre. *D'un bout à l'autre* : dans toute son étendue. ➝ fig. *À tout bout de champ* : à chaque instant, à tout propos. 3. Fin d'une durée, de ce qui se termine, s'épuise. SYN. ① **terme** ; → **aboutir.** *Jusqu'au bout* : jusqu'à la fin ; complètement. *Être au bout de,* à la fin de. *Arriver au bout de sa carrière. Au bout d'un moment.* ➝ *Au bout du compte,* finalement. ◆ *ÊTRE À BOUT DE,* ne plus avoir de. *Être à bout de forces, d'arguments. Être à bout,* n'en pouvoir plus, être épuisé. *Il me pousse à bout,* il m'exaspère. ➝ *VENIR À BOUT d'un travail,* l'achever ; *d'un adversaire,* le vaincre. II 1. Partie, fragment. SYN. **morceau.** *Un bout de papier. Un petit bout de bois.* ➝ loc. FAM. *En connaître un bout,* être compétent. ◆ *Jouer un bout de rôle,* un rôle sans importance. ➝ Partie d'une étendue, d'un espace. *Faire un bout de chemin.* ➝ Partie d'une durée. *Un bon bout de temps,* longtemps. 2. loc. FAM. *METTRE LES BOUTS* : partir. III MAR. [but] Cordage. HOM. BOUE «gadoue»
ÉTYM. de *bouter.*

BOUTADE [butad] n. f. ✦ Trait d'esprit, propos plaisant. SYN. **plaisanterie.**
ÉTYM. de *bouter,* au figuré «pousser une pointe».

BOUT-DEHORS [budəɔʀ] n. m. ✦ MAR. Espar horizontal à l'avant d'un voilier, pour fixer une voile. *Des bouts-dehors.*
ÉTYM. de *bouter* et *dehors,* avec influence de *bout.*

BOUTE-EN-TRAIN [butɑ̃tʀɛ̃] n. m. invar. ✦ Personne qui met en train, en gaieté. *Elle est le boute-en-train de la bande.*
ÉTYM. de *bouter* («mettre») *en train.*

BOUTEILLE [butɛj] n. f. I 1. Récipient à goulot étroit, destiné à contenir un liquide. *Une bouteille de vin, de bière, d'huile... Le fond (cul) d'une bouteille. Mettre du vin en bouteilles.* 2. Récipient contenant à peu près 75 cl de vin. *Des bouteilles et des litres. Une bouteille vide.* → FAM. **cadavre.** ➝ loc. (personnes) *Prendre de la bouteille* : vieillir. ◆ Son contenu. *Une bonne bouteille.* ➝ *Être porté sur la bouteille* : s'adonner à la boisson. 3. Récipient métallique destiné à contenir un gaz sous pression, de l'air liquide... *Bouteille d'air comprimé.* ◆ *Bouteille thermos,* isolante. II appos. invar. *Vert bouteille,* foncé.
ÉTYM. latin populaire *butticula,* de *buttis* «récipient».

BOUTER [bute] v. tr. (conjug. 3a) ✦ VX Pousser, chasser. *Jeanne d'Arc bouta l'ennemi hors de France.*
ÉTYM. francique *botan* «pousser» et «frapper».

BOUTEUR [butœʀ] n. m. ✦ Recommandation officielle pour *bulldozer.*
ÉTYM. de *bouter.*

BOUTIQUE [butik] n. f. 1. Petit local où un commerçant, un artisan expose, vend sa marchandise. SYN. **magasin.** *La devanture d'une boutique.* ➝ *Fermer, plier boutique,* cesser son commerce. ◆ Magasin de confection d'un grand couturier. appos. invar. *Des robes boutique.* 2. FAM. *Parler boutique,* des activités professionnelles.
ÉTYM. du grec *apothêkê,* par l'ancien occitan.

BOUTIQUIER, IÈRE [butikje, jɛʀ] n. ✦ péj. Commerçant, marchand.
ÉTYM. de *boutique.*

BOUTOIR [butwaʀ] n. m. ✦ Extrémité du groin avec lequel le sanglier, le porc fouissent la terre. ➝ loc. *Coup de boutoir* : vive attaque, propos dur et blessant.
ÉTYM. de *bouter.*

BOUTON [butɔ̃] n. m. I Bourgeon, notamment bourgeon à fleur. *Un bouton de rose. Rose en bouton.* II Petite tumeur à la surface de la peau. SYN. **pustule.** *Bouton d'acné. Avoir des boutons.* ➝ loc. fig. *Donner des boutons à qqn,* lui répugner, le rendre malade. III 1. Petite pièce, généralement ronde, cousue sur les vête-

A B C D E F G H I J K L M N O P Q R S T U V W X Y Z

ments pour les fermer. *Boutons de chemise. Un bouton et sa boutonnière. Des boutons-pression.* → **pression.** 2. Petite commande (d'un mécanisme, d'un appareil) que l'on tourne ou sur laquelle on appuie (→ **touche**). *Un bouton de porte.* → **poignée.** *Tourner le bouton d'un poste de radio. Appuyer sur le bouton. Bouton électrique.* → **interrupteur.**

ÉTYM. de *bouter* «germer, pousser».

BOUTON-D'OR [butɔ̃dɔʀ] **n. m.** ✦ Renoncule sauvage, à fleurs jaune doré. *Des boutons-d'or.* – **adjectivt invar.** De la couleur de cette fleur. *Des soies bouton-d'or.*

BOUTONNAGE [butɔnaʒ] **n. m.** ✦ Manière dont un vêtement se boutonne. *Manteau à double boutonnage.*

BOUTONNER [butɔne] **v. tr.** (conjug. 3a) **I** Fermer, attacher (un vêtement) au moyen de boutons. *Boutonner sa veste.* **II** *SE BOUTONNER* **v. pron.** 1. **passif** *Cette robe se boutonne par-derrière.* 2. **réfl.** FAM. Boutonner ses vêtements. *Boutonne-toi avant de sortir.*

BOUTONNEUX, EUSE [butɔnø, øz] **adj.** ✦ Qui a des boutons (II) sur la peau.

BOUTONNIÈRE [butɔnjɛʀ] **n. f.** 1. Petite fente faite à un vêtement pour y passer un bouton. – *Avoir une fleur, une décoration à la boutonnière* (du revers de veste). 2. Incision longue et étroite dans les chairs.

BOUTRE [butʀ] **n. m.** ✦ Petit voilier à la poupe élevée (mer Rouge, etc.).

ÉTYM. peut-être arabe *bût* «bateau à voile».

BOUT-RIMÉ [buʀime] **n. m.** ✦ Petite pièce de vers à rimes imposées. *Des bouts-rimés.*

ÉTYM. de *bout* et *rimé.*

BOUTURAGE [butyʀaʒ] **n. m.** ✦ Action de multiplier des végétaux par boutures.

ÉTYM. de *bouturer.*

BOUTURE [butyʀ] **n. f.** ✦ Jeune pousse coupée, plantée en terre pour former une nouvelle plante.

ÉTYM. de *bouter* «pousser».

BOUTURER [butyʀe] **v. tr.** (conjug. 3a) ✦ Reproduire (une plante) par boutures. *Bouturer des géraniums.*

BOUVIER, IÈRE [buvje, jɛʀ] **n.** 1. Personne qui garde et conduit les bœufs. *Les bouviers et les bergers.* 2. **n. m.** *Bouvier des Flandres* : chien de bouvier.

ÉTYM. du bas latin *bovarius* «qui concerne les bœufs *(bos, bovis)*».

BOUVREUIL [buvʀœj] **n. m.** ✦ Oiseau passereau au plumage gris et noir, rouge sur la poitrine.

ÉTYM. de *bouv-*, radical de *bœuf.*

BOVARYSME [bɔvaʀism] **n. m.** ✦ Tendance à s'imaginer autre que l'on est, à rêver un autre destin (pour une personne insatisfaite).

ÉTYM. de *Emma Bovary*, personnage de Flaubert ☞ MADAME BOVARY (noms propres).

BOVIDÉS [bɔvide] **n. m. pl.** ✦ Famille de mammifères ongulés ruminants comprenant les bovins, les ovins (moutons), les chèvres, antilopes, gazelles et chamois.

ÉTYM. du latin *bos, bovis* «bœuf».

BOVIN, INE [bɔvɛ̃, in] **adj.** et **n. m.** 1. **adj.** Qui a rapport au bœuf (espèce). *Races bovines. L'élevage bovin.* – **(personnes)** FAM. *Regard bovin,* morne et sans intelligence. 2. **n. m. pl.** *Les bovins* : les bœufs, vaches, taureaux et veaux. *Les bovins sont des bovidés.*

ÉTYM. bas latin *bovinus*, de *bos, bovis* «bœuf».

BOWLING [buliŋ] **n. m.** ✦ **anglicisme** Jeu de quilles et de boules (grosses boules à trois trous) aménagé en couloirs (avec un dispositif pour relever les quilles). ♦ Salle où l'on y joue.

ÉTYM. mot américain, de *bowl* «boule», du français *boule.*

BOW-WINDOW [bowindo] **n. m.** ✦ **anglicisme** Fenêtre en saillie, en façade. *Des bow-windows.*

ÉTYM. mot anglais, de *bow* «arc» et *window* «fenêtre».

① **BOX** [bɔks] **n. m.** ✦ **anglicisme** 1. Stalle d'écurie servant à loger un seul cheval. 2. Compartiment cloisonné (d'un garage, d'un dortoir, d'une salle). *Des box à louer.* ♦ *Le box des accusés,* au tribunal. HOM. BOXE «sport»

ÉTYM. mot anglais «boîte».

② **BOX** [bɔks] **n. m.** ✦ **anglicisme** Cuir fait de peaux de veau tannées au chrome. *Un sac en box noir.* HOM. BOXE «sport»

ÉTYM. de *box-calf*, du nom du bottier *Joseph Box* et de *calf* «veau».

③ **BOX** [bɔks] **n. f.** ✦ **anglicisme** Boîtier électronique fourni par un opérateur à ses abonnés, permettant d'accéder à des services de télécommunication (téléphone, télévision, Internet). – **recomm. offic.** *boîtier multiservice.* HOM. BOXE «sport»

ÉTYM. de *Freebox*, marque déposée, de *Free*, n. de l'opérateur, et anglais *box* «boîte».

BOXE [bɔks] **n. f.** ✦ Sport de combat opposant deux adversaires (de la même catégorie de poids) qui se frappent à coups de poing, en portant des gants spéciaux. *Gants de boxe. Match, combat de boxe.* HOM. ① BOX «compartiment», ② BOX «cuir», ③ BOX «BOÎTIER».

ÉTYM. anglais *box* «coup».

① **BOXER** [bɔkse] **v.** (conjug. 3a) 1. **v. intr.** Livrer un combat de boxe, pratiquer la boxe. 2. **v. tr.** FAM. Frapper (qqn) à coups de poing.

ÉTYM. de *boxe.*

② **BOXER** [bɔksɛʀ] **n. m.** ✦ Chien de garde, à robe fauve ou tachetée. *Des boxers.*

ÉTYM. mot allemand «boxeur».

BOXEUR, EUSE [bɔksœʀ, øz] **n.** ✦ Personne qui pratique la boxe. SYN. **pugiliste.** *Boxeurs amateurs, professionnels.*

BOX-OFFICE [bɔksɔfis] **n. m.** ✦ **anglicisme** Échelle de succès d'un spectacle, d'un artiste, d'après le montant des recettes. *Les box-offices.*

ÉTYM. mot américain «guichet de location», de *box* «loge» et *office* «bureau».

BOXON [bɔksɔ̃] **n. m.** ✦ FAM. 1. Maison de prostitution. SYN. **bordel.** 2. Désordre ; chahut.

ÉTYM. mot anglais, de *box* «boîte».

BOY [bɔj] **n. m.** ✦ Domestique indigène en Extrême-Orient, en Afrique, etc.

ÉTYM. mot anglais «garçon».

BOYARD [bɔjaʀ] **n. m.** ✦ **ancienn^t** Noble, en Russie. *Le boyard et ses moujiks.*

ÉTYM. du russe *boïarin.*

BOYAU [bwajo] n. m. **I** 1. Intestin d'un animal (ou, au plur., FAM. de l'homme). SYN. **entrailles, tripe, viscère.** *Boyaux utilisés en charcuterie.* → loc. *Rendre tripes et boyaux* : vomir. 2. Mince corde faite avec la membrane intestinale de certains animaux, servant à garnir des instruments de musique, à corder des raquettes. **II** MILIT. Fossé en zigzag reliant des tranchées, etc. ◆ Galerie de mine étroite. **III** Pneu à une seule enveloppe pour bicyclette de course.
ÉTYM. latin *botellus* «saucisse».

se **BOYAUTER** [bwajote] v. pron. (conjug. 3a) ✦ FAM., VIEILLI Rire très fort. SYN. se **bidonner,** se **tordre.**
ÉTYM. de *boyau.*

BOYCOTT [bɔjkɔt] n. m. ✦ anglicisme Boycottage. *Le boycott d'un produit. Des boycotts.*
ÉTYM. mot anglais, du nom de *Charles Boycott.*

BOYCOTTAGE [bɔjkɔtaʒ] n. m. ✦ Cessation volontaire de toute relation avec un individu, un groupe, un pays, et refus des biens qu'il met en circulation, pour exercer une pression ou pour punir.
ÉTYM. de *boycotter.*

BOYCOTTER [bɔjkɔte] v. tr. (conjug. 3a) ✦ Soumettre au boycottage ; mettre à l'index, en quarantaine. *Boycotter un spectacle, un produit, une entreprise.* ◆ Refuser de participer à. *Boycotter les élections.*

BOY-SCOUT [bɔjskut] n. m. 1. Scout. 2. FAM. Idéaliste naïf. *Une mentalité de boy-scout. Des boy-scouts.*
ÉTYM. mot anglais, de *boy* «garçon» et *scout* «action d'observer», du français ① *écoute.*

Br [beɛʀ] ✦ CHIM. Symbole du brome.

BRACELET [bʀas(ə)lɛ] n. m. ✦ Bijou en forme d'anneau, de cercle porté autour du poignet (parfois de la cheville). *Bracelet d'une montre,* qui fait tenir la montre au poignet. ◆ Enveloppe de cuir que certains travailleurs portent autour du poignet. *Bracelet de force.*
ÉTYM. de *bras.*

BRACELET-MONTRE [bʀas(ə)lɛmɔ̃tʀ] n. m. ✦ Montre montée sur un bracelet. *Des bracelets-montres.*

BRACHIAL, ALE, AUX [bʀakjal, o] adj. ✦ DIDACT. Du bras. *Nerf brachial.*
ÉTYM. latin *brachialis.*

BRACHYCÉPHALE [bʀakisefal] adj. et n. ✦ (Personne) qui a le crâne arrondi, presque aussi large que long (opposé à *dolichocéphale*).
ÉTYM. du grec *brakhus* «court» et de *-céphale.*

BRACONNAGE [bʀakɔnaʒ] n. m. ✦ Action de braconner, délit d'une personne qui braconne.

BRACONNER [bʀakɔne] v. intr. (conjug. 3a) ✦ Chasser (et parfois pêcher) sans permis, ou à une période, en un lieu, avec des engins interdits.
ÉTYM. de l'ancien français *bracon* «chien de chasse, braque».

BRACONNIER [bʀakɔnje] n. m. ✦ Personne qui se livre au braconnage.
ÉTYM. de *braconner.*

BRACTÉE [bʀakte] n. f. ✦ BOT. Petite feuille qui accompagne la fleur (colorée, elle ressemble à une fleur).
ÉTYM. latin *bractea* «feuille de métal».

BRADER [bʀade] v. tr. (conjug. 3a) 1. Vendre en braderie. 2. Se débarrasser de (qqch.) à n'importe quel prix. SYN. **liquider, sacrifier.** *Il a bradé sa voiture.* ◆ fig. Abandonner. *Pays qui brade un territoire, son industrie.*
ÉTYM. néerlandais ancien *braden.*

BRADERIE [bʀadʀi] n. f. ✦ Foire où chacun peut vendre à bas prix des vêtements ou objets usagés. *La braderie de Lille.* ◆ Liquidation de soldes en plein air.
ÉTYM. de *brader.*

BRAGUETTE [bʀagɛt] n. f. 1. anciennt Pièce de tissu devant le haut-de-chausses. 2. MOD. Ouverture verticale sur le devant (d'un pantalon, d'un short...).
ÉTYM. diminutif de l'ancien français *brague* «culotte» → braies.

BRAHMANE [bʀaman] n. m. ✦ Membre de la caste sacerdotale, la première des grandes castes traditionnelles de l'Inde.
ÉTYM. du sanskrit.

BRAHMANISME [bʀamanism] n. m. ✦ Système social et religieux de l'Inde, caractérisé par la suprématie des brahmanes et l'intégration de tous les actes de la vie civile aux rites et devoirs religieux. → **hindouisme.**
► **BRAHMANIQUE** [bʀamanik] adj.

BRAIES [bʀɛ] n. f. pl. ✦ anciennt Pantalon ample en usage chez les Gaulois et les peuples germaniques.
ÉTYM. latin *bracae,* mot gaulois.

BRAILLARD, ARDE [bʀɑjaʀ, aʀd] n. et adj. ✦ FAM. Personne en train de brailler, ou qui est toujours à brailler. SYN. **brailleur** ; → FAM. ② **gueulard.**

BRAILLE [bʀɑj] n. m. ✦ Système d'écriture en points saillants à l'usage des aveugles. *Livre écrit en braille.*
ÉTYM. du nom de *Louis Braille.* ☛ noms propres.

BRAILLER [bʀɑje] v. intr. (conjug. 3a) ✦ FAM. Crier fort, parler ou chanter de façon assourdissante et ridicule. *Faire brailler sa radio.* → trans. *Brailler une chanson.* → (enfants) Pleurer bruyamment. *Arrête de brailler !*
► **BRAILLEMENT** [bʀɑjmɑ̃] n. m.
ÉTYM. latin populaire *bragulare,* de *bragere* «braire».

BRAILLEUR, EUSE [bʀɑjœʀ, øz] adj. et n. ✦ Qui braille. SYN. **braillard.** *Un enfant brailleur.*

BRAIMENT [bʀɛmɑ̃] n. m. ✦ Cri de l'âne, du mulet.
ÉTYM. de *braire.*

BRAINSTORMING [bʀɛnstɔʀmiŋ] n. m. ✦ anglicisme Technique de recherche d'idées originales dans une réunion, chacun émettant ses suggestions spontanément (recomm. offic. remue-méninges).
ÉTYM. mot américain, de *brain* «cerveau» et *storm* «tempête».

BRAIN-TRUST [bʀɛntʀœst] n. m. ✦ anglicisme Petite équipe d'experts, de techniciens, etc., qui assiste une direction. *Des brain-trusts.*
ÉTYM. mot américain «trust du cerveau *(brain)*».

BRAIRE [bʀɛʀ] v. intr. (conjug. 43) 1. (âne) Pousser son cri (→ **braiment**). 2. FAM. Crier, pleurer bruyamment. → FAM. **brailler.**
ÉTYM. latin populaire *bragere.*

BRAISE [bʀɛz] n. f. ✦ Bois réduit en charbons ardents. ◆ *Des yeux de braise,* ardents.
ÉTYM. germanique *brasa.*

BRAISER [bʀeze] v. tr. (conjug. 3a) ✦ Faire cuire (un aliment) à feu doux et à l'étouffée. → p. passé adj. *Bœuf braisé.*
ÉTYM. de *braise.*

BRAISILLER [bʀezije] v. intr. (conjug. 3a) ✦ (braises) Scintiller, luire.
ÉTYM. de *braiser.*

BRAMER [bʀame] v. intr. (conjug. 3a) 1. Pousser son cri (notamment, du cerf en rut). 2. FAM. Crier fort ou sur un ton de lamentation. SYN. **brailler, braire.**
▶ **BRAME** [bʀam] ; **BRAMEMENT** [bʀammɑ̃] n. m.
ÉTYM. ancien occitan, du gotique.

BRANCARD [bʀɑ̃kaʀ] n. m. 1. Bras d'une civière ; civière. *Transporter un blessé sur un brancard.* 2. Chacune des deux barres de bois entre lesquelles on attache une bête de trait. *Ruer* dans les brancards.*
ÉTYM. du normand *branque* «branche».

BRANCARDIER, IÈRE [bʀɑ̃kaʀdje, jɛʀ] n. ✦ Personne qui porte un brancard (1). *Brancardiers militaires.*

BRANCHAGE [bʀɑ̃ʃaʒ] n. m. 1. RARE Ensemble des branches d'un arbre. SYN. **ramure.** 2. COUR. au plur. Branches coupées. *Fagot de branchages.*

BRANCHE [bʀɑ̃ʃ] n. f. I 1. Ramification latérale du tronc d'un arbre. *L'écureuil sautait de branche en branche.* ◆ (autres plantes) *Épinards, céleris en branches,* servis avec la tige complète. 2. Chacune des ramifications ou divisions (d'un organe, d'un appareil, d'un schéma en arbre*, etc.), qui partent d'un axe ou d'un centre. *Les branches collatérales, terminales d'un nerf. Les branches d'un compas.* ◆ MATH. Portion d'une courbe géométrique non fermée (parabole, etc.). 3. fig. Division (d'une œuvre ou d'un système complexe). *Les différentes branches de l'économie* (SYN. **secteur**), *de l'enseignement* (SYN. **discipline, section**). 4. loc. *AVOIR DE LA BRANCHE* : être racé, distingué. II POP., VIEILLI *VIEILLE BRANCHE* : vieux camarade. *Salut, vieille branche !*
ÉTYM. latin *branca* «patte d'animal», puis «branche» en gallo-roman.

BRANCHEMENT [bʀɑ̃ʃmɑ̃] n. m. 1. Action de brancher ; son résultat. *Réaliser le branchement d'un lave-linge.* 2. Conduite, galerie, voie secondaire partant de la voie principale pour aboutir au point d'utilisation.

BRANCHER [bʀɑ̃ʃe] v. tr. (conjug. 3a) 1. Rattacher (un circuit secondaire) à un circuit principal. SYN. **connecter.** *Brancher le téléphone. Brancher une lampe,* la connecter au réseau électrique. ➙ pronom. (passif) *Ventilateur qui se branche sur l'allume-cigare.* 2. fig. Orienter, diriger sur un thème (la conversation ; qqn). 3. FAM. Mettre au courant, intéresser (qqn). *Ça te branche ?* ➙ (surtout passif) *Il n'est pas branché (sur le) cinéma.* ◆ p. p. adj. FAM. À la mode. *La jeunesse branchée.*
ÉTYM. de *branche.*

BRANCHIAL, ALE, AUX [bʀɑ̃ʃjal, o] adj. ✦ ZOOL. Des branchies. *La respiration branchiale.*

BRANCHIE [bʀɑ̃ʃi] n. f. ✦ Organe respiratoire des poissons, des mollusques, des crustacés.
ÉTYM. latin *branchia,* du grec.

BRANDADE [bʀɑ̃dad] n. f. ✦ Morue émiettée finement, mélangée à de l'huile, du lait et de l'ail.
ÉTYM. provençal *brandada,* de *brandar* «remuer».

BRANDE [bʀɑ̃d] n. f. ✦ Ensemble des plantes de sous-bois (bruyères, ajoncs, genêts, fougères). ◆ Terre où poussent ces plantes.
ÉTYM. d'abord «bruyère», de l'ancien français *brander* «brûler» parce que l'on brûlait la bruyère, du germanique.

BRANDEBOURG [bʀɑ̃dbuʀ] n. m. ✦ Passementerie, galon ornant un vêtement, une boutonnière. *Veste à brandebourgs.*
ÉTYM. du nom de l'État allemand du Brandebourg d'où venait cette mode. ☛ noms propres.

BRANDIR [bʀɑ̃diʀ] v. tr. (conjug. 13) 1. Agiter en tenant en l'air de façon menaçante. *Brandir une arme.* 2. Agiter en élevant pour attirer l'attention. *Brandir des pancartes.*
ÉTYM. de l'ancien français *brand* «épée», d'origine germanique.

BRANDON [bʀɑ̃dɔ̃] n. m. 1. Débris enflammé. 2. LITTÉR. *Brandon de discorde* : personne, chose qui est source de discorde.
ÉTYM. du francique *brand* «tison».

BRANDY [bʀɑ̃di] n. m. ✦ anglicisme Eau-de-vie de raisins. *Des brandys* ou *des brandies* (plur. anglais).
ÉTYM. mot anglais, de *brand-wine* «vin *(wine)* brûlé».

BRANLANT, ANTE [bʀɑ̃lɑ̃, ɑ̃t] adj. ✦ Qui branle (II), est instable. *Une chaise branlante.* SYN. **bancal.** CONTR. **solide, stable.**
ÉTYM. du participe présent de *branler.*

en **BRANLE** [ɑ̃bʀɑ̃l] loc. adv. 1. En oscillation. *Mettre en branle une cloche.* 2. fig. *METTRE EN BRANLE* : donner l'impulsion initiale. *Il va mettre en branle la presse.* ➙ *Se mettre en branle* : commencer à bouger, à agir.
ÉTYM. de *branler.*

BRANLE-BAS [bʀɑ̃lba] n. m. invar. 1. *Branle-bas de combat* : préparation au combat sur un navire de guerre. 2. Agitation, désordre précédant l'action. *Dans le branle-bas des élections. Des branle-bas.*
ÉTYM. de la locution *(mettre) bas les branles* «replier les hamacs», de *branler.*

BRANLER [bʀɑ̃le] v. (conjug. 3a) I v. tr. 1. VX Agiter, secouer (➙ **ébranler**). 2. loc. *Branler la tête,* la remuer d'avant en arrière, ou d'un côté à l'autre. SYN. **hocher, secouer.** II v. intr. Être instable, mal fixé. SYN. **chanceler, vaciller.** *Une chaise, une dent qui branle.* ➙ loc. *Branler dans le manche* ; fig. être précaire. III VULG. Masturber. ◆ pronom. FAM. Se masturber. ➙ fig. *S'en branler* : s'en moquer.
ÉTYM. de *brandeler* «vaciller», de *brandir.*

BRAQUAGE [bʀakaʒ] n. m. I Action de braquer (II). *Rayon de braquage* : rayon du cercle tracé par les roues extérieures braquées au maximum. II FAM. Attaque à main armée.

BRAQUE [bʀak] n. m. et adj.
I n. m. Chien d'arrêt à poil ras et à oreilles pendantes. *Braque d'Auvergne, de Weimar.*
II adj. FAM. Un peu fou, écervelé. SYN. **timbré, toqué.**
ÉTYM. germanique *brakko* «chien de chasse».

BRAQUER [bʀake] v. (conjug. 3a) I v. tr. 1. Tourner (une arme à feu, un instrument d'optique) dans la direction de l'objectif. SYN. **diriger,** ① **pointer.** *Braquer son révolver sur qqn.* 2. Fixer (le regard, l'attention, etc.). *Son regard était braqué sur nous.* 3. FAM. Mettre en joue (qqn) ; attaquer à main armée. *Braquer une banque.* 4. fig. *Braquer qqn contre (qqn, un projet),* l'amener à s'opposer obstinément à lui. SYN. ① **dresser.** *Elle l'a braqué contre son ami.* ➙ pronom. (réfl.) *Il s'est braqué* : il s'est buté. II v. intr. Faire tourner un véhicule (au maximum). *Braquer (à fond) pour se garer.* ◆ (véhicule) *Cette voiture braque bien, mal,* son rayon de bra-

quage est petit, trop grand.
ÉTYM. p.-ê. famille du latin *brachium* «bras».

BRAQUET [bʀakɛ] n. m. ✦ Rapport, entre le pignon et le plateau, qui commande le développement d'une bicyclette. *Le dérailleur permet de changer de braquet.*
ÉTYM. peut-être de l'anglais *bracket.*

BRAS [bʀɑ] n. m. 1. ANAT. Segment du membre supérieur compris entre l'épaule et le coude. *Le bras et l'avant-bras. Muscles du bras.* → **biceps, triceps ; brachial.** *Os du bras.* → **humérus.** ♦ COUR. Membre supérieur, de l'épaule à la main. *Porter un enfant dans ses bras. À bout* de bras. Tenir, serrer qqn dans ses bras.* → **embrasser, étreindre.** *Donner le bras à qqn,* pour qu'il puisse s'y appuyer en marchant. *Être au bras de qqn, prendre le bras de qqn. Marcher bras dessus, bras dessous,* en se donnant le bras. ➝ loc. *BRAS DE FER :* jeu où deux adversaires mesurent la force de leur bras ; fig. épreuve de force. ➝ *BRAS D'HONNEUR,* geste injurieux du bras (simulacre d'érection). ➝ *Jouer les GROS BRAS,* les durs. *Un gros bras :* un dur ; spécialt un homme de main. → **gorille.** *Des gros bras chargés de la sécurité.* ➝ *Les bras m'en tombent :* je suis stupéfait. *Baisser les bras :* abandonner, renoncer à agir. *Rester les bras croisés,* sans rien faire. ➝ *Accueillir qqn à bras ouverts,* avec effusion, empressement. ➝ *À bras le corps* (→ **à bras-le-corps**). ➝ *Avoir qqn, qqch. sur les bras,* être obligé de s'en occuper. ➝ *Avoir le bras long,* du crédit, de l'influence. 2. Symbole de la force, du pouvoir. *Le bras de la justice.* 3. Personne qui agit, travaille, combat. *Les hôpitaux manquent de bras.* ➝ *Le BRAS DROIT de qqn,* son principal agent d'exécution. 4. *À BRAS* loc. adv. : à l'aide des seuls bras (sans machine). *Charrette à bras,* qu'on meut avec les bras. ➝ *Se jeter sur qqn À BRAS RACCOURCIS,* avec la plus grande violence. 5. Partie du membre antérieur du cheval. ♦ Tentacule (des céphalopodes). *Les bras d'une pieuvre.* 6. (Objets fonctionnant comme le bras) Brancard. *Les bras d'une brouette.* ➝ Partie mobile d'un dispositif. *Bras d'une manivelle.* ➝ *BRAS DE LEVIER :* distance d'une force à son point d'appui, perpendiculairement à la direction de cette force. ♦ (Objet en rapport avec le bras humain) *Les bras d'un fauteuil.* SYN. **accoudoir.** 7. Division d'un cours d'eau que partagent des îles. *Bras mort,* où l'eau ne circule plus. *Bras de mer :* détroit, passage.
ÉTYM. latin *brac(c)hium,* du grec.

BRASER [bʀaze] v. tr. (conjug. 3a) ✦ TECHN. Souder en interposant un métal, un alliage fusible.
► **BRASAGE** [bʀazaʒ] n. m. *Brasage à l'étain.*
ÉTYM. de *braise.*

BRASÉRO ou **BRASERO** [bʀazeʀo] n. m. ✦ Bassin de métal rempli de charbons ardents, posé sur un trépied. *Des braséros, des braseros.* ➝ Écrire braséro avec un accent est permis.
ÉTYM. espagnol *brasero,* de *brasa* «braise».

BRASIER [bʀazje] n. m. ✦ Masse d'objets ou matières en complète combustion du fait d'un incendie.
ÉTYM. de *braise.*

BRASILLER [bʀazije] v. intr. (conjug. 3a) ✦ Scintiller, étinceler (comme de la braise). ➝ Braisiller.
► **BRASILLEMENT** [bʀazijmɑ̃] n. m.
ÉTYM. de *braise.*

à **BRAS-LE-CORPS** [abʀal(ə)kɔʀ] loc. adv. ✦ Avec les bras et par le milieu du corps. *Saisir qqn à bras-le-corps.*

BRASSAGE [bʀasaʒ] n. m. 1. Action de brasser (spécialt la bière). 2. Mélange. *Le brassage des chromosomes lors de la reproduction.* ➝ fig. *Brassage culturel.*

BRASSARD [bʀasaʀ] n. m. 1. Pièce d'armure qui couvrait le bras. 2. Bande d'étoffe ou ruban porté au bras comme insigne. *Brassard d'infirmier.*
ÉTYM. italien *bracciale,* de *braccio* «bras».

BRASSE [bʀas] n. f. **I** Ancienne mesure de longueur égale à cinq pieds (environ 1,60 m). ➝ Mesure marine de profondeur (environ 1,60 m). **II** Nage ventrale réalisée en pliant et détendant alternativement bras et jambes ; chacun des espaces successifs ainsi parcourus. *Brasse coulée,* avec passages de la tête sous l'eau. *Brasse papillon*.*
ÉTYM. latin *bracchia,* pluriel de *bracchium* «bras».

BRASSÉE [bʀase] n. f. ✦ Ce que les bras peuvent contenir, porter. *Une brassée de fleurs.*
ÉTYM. de *bras.*

BRASSER [bʀase] v. tr. (conjug. 3a) 1. *Brasser la bière :* préparer le moût en faisant macérer le malt dans l'eau ; fabriquer la bière. 2. Remuer en mêlant. *Brasser la salade.* ➝ au p. passé *Fromage blanc brassé* (pour être rendu plus lisse). 3. fig. Manier (beaucoup d'argent), traiter (beaucoup d'affaires). *Brasser des millions.*
ÉTYM. latin populaire *braciare,* de *braces* «malt» ; influence de *bras.*

BRASSERIE [bʀasʀi] n. f. 1. Fabrique de bière ; industrie de la bière. 2. Grand café-restaurant.
ÉTYM. de *brasser* (1).

① **BRASSEUR, EUSE** [bʀasœʀ, øz] n. 1. Personne, entreprise qui fabrique de la bière ou en vend en gros. 2. *Brasseur, brasseuse d'affaires :* personne qui s'occupe de nombreuses affaires.
ÉTYM. de *brasser* (1).

② **BRASSEUR, EUSE** [bʀasœʀ, øz] n. ✦ Nageur, nageuse de brasse.
ÉTYM. de *brasse* (II).

BRASSIÈRE [bʀasjɛʀ] n. f. ✦ Courte chemise de bébé, à manches longues, qui se ferme dans le dos.
ÉTYM. de *bras.*

BRAVACHE [bʀavaʃ] n. m. ✦ Faux brave, fanfaron. ➝ adj. *Un air bravache.*
ÉTYM. italien *bravaccio,* de *bravo* «brave».

BRAVADE [bʀavad] n. f. 1. Ostentation de bravoure. *S'exposer par bravade.* 2. Action ou attitude de défi insolent envers une autorité.
ÉTYM. italien *bravata,* de *bravare* «faire le brave *(bravo)*».

BRAVE [bʀav] adj. et n. 1. (après le nom) Courageux au combat, devant un ennemi. SYN. **vaillant, valeureux ; bravoure.** ➝ n. *La paix des braves.* 2. (avant le nom) Honnête et bon avec simplicité. *Un brave homme, une brave femme. De braves gens. C'est un brave garçon.* ➝ n. *Mon brave* (appellation condescendante). ➝ par ext. *Un brave chien.* 3. attribut D'une bonté ou d'une gentillesse un peu naïve. CONTR. **lâche, peureux • mauvais.**
ÉTYM. probablement italien *bravo,* du latin *barbarus* «barbare ; fier» ; doublet de *barbare.*

BRAVEMENT [bʀavmɑ̃] adv. 1. Avec bravoure, courageusement. SYN. **hardiment, vaillamment.** 2. D'une manière décidée, sans hésitation. SYN. **résolument.** CONTR. **lâchement, timidement.**

BRAVER [bʀave] v. tr. (conjug. 3a) 1. Défier orgueilleusement en montrant qu'on ne craint pas. SYN. **narguer, provoquer.** 2. Se comporter sans crainte devant (qqch. de redoutable). SYN. **mépriser.** *Braver le danger, la mort.* – Oser ne pas respecter (une règle, une tradition). *Braver les convenances.* CONTR. **éviter, fuir • respecter,** se **soumettre** à.
ÉTYM. de *brave*, d'après l'italien *bravare*.

BRAVISSIMO [bʀavisimo] interj. ✦ Exclamation exprimant un très haut degré de contentement. *Bravo ! Bravissimo !*
ÉTYM. superlatif italien de *bravo*.

BRAVO [bʀavo] interj. et n. m. 1. interj. Exclamation dont on se sert pour applaudir, pour approuver. *Bravo ! c'est parfait.* 2. n. m. Applaudissement, marque d'approbation. *Un tonnerre de bravos.*
ÉTYM. mot italien «bon».

BRAVOURE [bʀavuʀ] n. f. 1. Qualité d'une personne brave. SYN. **courage, héroïsme, vaillance.** 2. MUS. *Air de bravoure* : air brillant destiné à faire valoir le chanteur. – *Morceau de bravoure* : passage (d'une œuvre littéraire, etc.) particulièrement brillant. CONTR. **lâcheté.**
ÉTYM. italien *bravura*, de *bravo* «brave».

① **BREAK** [bʀɛk] n. m. ✦ anglicisme Type de carrosserie automobile en forme de fourgonnette, mais à arrière vitré.
ÉTYM. mot anglais.

② **BREAK** [bʀɛk] n. m. ✦ anglicisme 1. TENNIS loc. *Faire le break* : creuser à son avantage un écart de deux jeux sur son adversaire. 2. MUS. (jazz) Interruption du jeu de l'orchestre créant un effet d'attente. 3. critiqué Pause. *Faire un break.*
ÉTYM. mot américain, de *to break* «rompre».

BREAKDANCE ou **BREAK DANCE** [bʀɛkdɛns] n. f. ou m. ✦ anglicisme Danse acrobatique urbaine comportant des figures au sol, caractéristique du hip-hop.
ÉTYM. mot américain, de *break* «interruption, rupture» et *dance* «danse».

BREAKFAST [bʀɛkfœst] n. m. ✦ anglicisme Petit déjeuner à la manière anglo-saxonne. → aussi **brunch.**
ÉTYM. mot anglais «ce qui rompt *(to break)* le jeûne *(fast)*».

BREBIS [bʀəbi] n. f. 1. Femelle adulte du mouton. *Lait, fromage de brebis.* 2. loc. *Brebis galeuse* : personne dangereuse et indésirable dans un groupe.
ÉTYM. latin *berbix*, de *vervex* «mouton» ; famille de *bercail, berger*.

① **BRÈCHE** [bʀɛʃ] n. f. 1. Ouverture d'un mur, d'une clôture. – Ouverture dans une enceinte fortifiée ; percée d'une ligne fortifiée, d'un front. SYN. **trouée.** *Faire, ouvrir, colmater une brèche.* – loc. *Être toujours sur la brèche* : être toujours à combattre ; fig. être toujours en pleine activité. *BATTRE EN BRÈCHE un argument, le crédit de qqn,* l'attaquer, le ruiner. 2. Petite entaille sur un objet d'où s'est détaché un éclat (→ **ébrécher**). – fig. Dommage qui entame. *Faire une brèche sérieuse à ses économies.*
ÉTYM. germanique *brecha*, de *brechen* «casser».

② **BRÈCHE** [bʀɛʃ] n. f. ✦ Roche formée d'éléments anguleux agglomérés.
ÉTYM. italien *breccia*, d'origine incertaine.

BRÉCHET [bʀeʃɛ] n. m. ✦ Sternum saillant (des oiseaux).
ÉTYM. de l'ancien anglais *brusket*, du germanique.

BREDOUILLE [bʀəduj] adj. ✦ *Être, rentrer, revenir bredouille,* sans avoir rien pris (à la chasse, à la pêche), obtenu ou trouvé.
ÉTYM. p.-ê. de *bredouiller* ou de *berdouille* «boue».

BREDOUILLEMENT [bʀədujmɑ̃] n. m. ✦ Paroles confuses.

BREDOUILLER [bʀəduje] v. (conjug. 3a) 1. v. intr. Parler d'une manière précipitée et peu distincte. SYN. **bafouiller, balbutier.** 2. v. tr. Dire en bredouillant. *Bredouiller une excuse.*
ÉTYM. peut-être de l'ancien français *bredeler*, littéralement «parler comme un *Breton*».

① **BREF, BRÈVE** [bʀɛf, bʀɛv] adj. et adv.
I adj. 1. De peu de durée. SYN. ① **court.** *Une brève rencontre. À bref délai* : bientôt. 2. (dans l'expression) *Une brève allocution.* SYN. **succinct.** – *Soyez bref.* SYN. **concis, laconique** ; → **abréger.** 3. LING. *Syllabe, voyelle brève,* qui a une durée d'émission plus courte que la moyenne. → **brève.** CONTR. **long • bavard, prolixe, verbeux.**
II adv. 1. Pour résumer les choses en peu de mots. SYN. **enfin,** en **résumé.** *Bref, tout va bien.* 2. LITTÉR. *EN BREF* loc. adv. : en peu de mots. SYN. **brièvement.** *Racontez-moi ça en bref.*
ÉTYM. latin *brevis*.

② **BREF** [bʀɛf] n. m. ✦ Lettre du pape, plus courte que la bulle.
ÉTYM. latin *brevis* «court (écrit)» ; même famille que *brevet, bréviaire*.

BRÉHAIGNE [bʀeɛɲ] adj. f. ✦ Stérile. *Jument bréhaigne.*
ÉTYM. origine obscure.

BRELAN [bʀəlɑ̃] n. m. ✦ Réunion de trois cartes de même valeur, à certains jeux. *Avoir un brelan d'as, au poker.* – aux dés Coup amenant trois faces semblables.
ÉTYM. ancien allemand *bretling*, diminution de *Brett* «planche» et «table de jeu».

BRELOQUE [bʀəlɔk] n. f. 1. Petit bijou de fantaisie que l'on suspend. 2. loc. VIEILLI *Battre la breloque* : fonctionner mal ; être dérangé, un peu fou.
ÉTYM. origine inconnue.

BRÈME [bʀɛm] n. f. ✦ Poisson d'eau douce long et plat.
ÉTYM. du francique.

BRETELLE [bʀətɛl] n. f. 1. Courroie que l'on passe sur les épaules pour porter un fardeau. SYN. **bandoulière.** *Porter l'arme à la bretelle.* 2. Bande de tissu, de ruban qui maintient aux épaules les pièces de lingerie féminine ou de certains vêtements. *Robe à bretelles.* – Bande passant sur les épaules, servant à retenir un pantalon. *Une paire de bretelles.* – loc. FAM. *Remonter les bretelles à qqn,* le réprimander. 3. Voie de raccordement. *La bretelle d'une autoroute.*
ÉTYM. anc. allemand *brettil* «rêne» ; famille de *bride*.

BRETON, ONNE [bʀətɔ̃, ɔn] adj. et n. 1. De Bretagne. *Gâteau breton.* → **far.** – n. *Les Bretons.* ♦ n. m. *Le breton* (langue celtique). 2. DIDACT. Qui appartient aux peuples celtiques de Grande-Bretagne et de Bretagne. *Les romans bretons du XII*e *siècle.*
ÉTYM. du latin *brit(t)o, brit(t)onis*.

BRETONNANT, ANTE [bʀətɔnɑ̃, ɑ̃t] **adj.** ✦ Où l'on parle (parlait) breton. *La Bretagne bretonnante.* ◆ Qui garde ou fait revivre les traditions et la langue bretonnes. *Un Breton bretonnant.*

BRETTEUR [bʀetœʀ] **n. m.** ✦ anciennt Celui qui aime se battre à l'épée. SYN. ① **ferrailleur.**
ÉTYM. de *brette* vx «épée».

BRETZEL [bʀɛtzɛl] **n. m.** ✦ Biscuit léger en forme de huit, salé et saupoudré de cumin. *Des bretzels.*
ÉTYM. allemand *Brezel* ; famille du latin *brachium* «bras».

BREUVAGE [bʀœvaʒ] **n. m.** 1. VX ou LITTÉR. Boisson. 2. Boisson d'une composition spéciale ou ayant une vertu particulière.
ÉTYM. famille de *boire.*

BRÈVE [bʀɛv] **n. f.** 1. LING. Voyelle, syllabe brève. 2. Information brièvement annoncée, sans titre.
ÉTYM. de ① *bref.*

BREVET [bʀəvɛ] **n. m.** 1. Titre ou diplôme délivré par l'État, donnant des droits au titulaire. ➜ *Brevet d'invention,* conférant à l'auteur d'une invention un droit exclusif d'exploitation pour un temps déterminé. *Déposer un brevet.* ◆ (attestant des connaissances) Diplôme sanctionnant le premier cycle de l'enseignement secondaire. *Diplôme national du brevet (DNB).* ➜ *Brevet de technicien supérieur (B. T. S.). Brevet d'études professionnelles (B. E. P.).* ➜ *Brevet de pilote* (d'avion). *Brevet de sécurité routière (B. S. R.),* exigé pour la conduite des cyclomoteurs. 2. fig. LITTÉR. Garantie, assurance. *C'est un brevet de moralité.*
ÉTYM. diminutif de ② *bref.*

BREVETER [bʀəv(ə)te] **v. tr.** (conjug. 6b) ✦ Protéger par un brevet. *Faire breveter une invention.*
► **BREVETÉ, ÉE adj.** Qui a obtenu un brevet (civil, militaire). *Ingénieur breveté.* ➜ Garanti par un brevet. *Procédé breveté.*
► **BREVETABLE** [bʀəv(ə)tabl] **adj.**

BRÉVIAIRE [bʀevjɛʀ] **n. m.** 1. Livre de l'office divin, renfermant les formules de prières. 2. fig. Ouvrage, auteur servant de modèle.
ÉTYM. latin *breviarium* «abrégé», de *brevis* «court, bref».

BRIARD, ARDE [bʀijaʀ, aʀd] **adj.** et **n.** ✦ De la Brie. ➜ *Chien briard* ou **n. m.** *briard* : chien de berger à poil long.

BRIBE [bʀib] **n. f.** ✦ Petit morceau, petite quantité. ◆ fig. au plur. *Surprendre des bribes de conversation.*
ÉTYM. onomatopée.

BRIC-À-BRAC [bʀikabʀak] **n. m. invar.** 1. Amas de vieux objets hétéroclites, destinés à la revente. *Le bric-à-brac d'un brocanteur.* 2. Amas d'objets hétéroclites en désordre. *Quel bric-à-brac !*
ÉTYM. onomatopée.

de BRIC ET DE BROC [d(ə)bʀiked(ə)bʀɔk] **loc. adv.** ✦ En employant des morceaux de toute provenance, au hasard des occasions. *Une chambre meublée de bric et de broc.*
ÉTYM. onomatopée.

① **BRICK** [bʀik] **n. m.** ✦ Voilier à deux mâts gréés à voiles carrées. HOM. BRIQUE «matériau»
ÉTYM. de l'anglais *brig,* abréviation de *brigantine,* du français.

② **BRICK** [bʀik] **n. m.** ✦ Beignet salé fait d'une pâte très fine. *Un brick à l'œuf.* HOM. BRIQUE «matériau»
ÉTYM. mot arabe de Tunisie.

BRICOLAGE [bʀikɔlaʒ] **n. m.** 1. Action de bricoler ; travail de bricoleur. 2. Réparation ou travail sommaire. 3. fig. Travail intellectuel à la méthode improvisée, soumise aux circonstances.

BRICOLE [bʀikɔl] **n. f.** 1. Courroie du harnais passée sur la poitrine du cheval ; bretelle de porteur. 2. Petit accessoire, menu objet : chose insignifiante. SYN. **babiole.** *Je lui offrirai une petite bricole. Discuter de bricoles.* ➜ loc. FAM. *Il va lui arriver des bricoles,* des ennuis.
ÉTYM. italien *briccola* «catapulte», peut-être du germanique.

BRICOLER [bʀikɔle] **v.** (conjug. 3a) 1. **v. intr.** Gagner sa vie en faisant toutes sortes de petites besognes. ➜ Se livrer à de petits travaux manuels (aménagements, réparations, etc.). 2. **v. tr.** Installer, aménager en amateur et avec ingéniosité. ➜ péj. Arranger, réparer tant bien que mal. ◆ Faire, avoir une occupation. *Qu'est-ce qu'il bricole ?*
ÉTYM. de *bricole* (2).

BRICOLEUR, EUSE [bʀikɔlœʀ, øz] **n.** ✦ Personne qui aime bricoler. ➜ **adj.** *Il n'est pas très bricoleur.*

BRIDE [bʀid] **n. f.** 1. Pièce du harnais fixée à la tête du cheval pour le diriger. ◆ loc. *Tenir son cheval en bride,* le maintenir à l'aide de la bride. ➜ fig. *Tenir qqn en bride.* ➜ *Lâcher la bride,* laisser libre de ses mouvements. ➜ *Avoir la bride sur le cou* : être libre. ➜ *À BRIDE ABATTUE* : très vite ; sans retenue. ➜ *TOURNER BRIDE* : rebrousser chemin ; fig. changer d'avis, de conduite. 2. Lien servant à retenir ou à relier. *Les brides d'un bonnet.*
ÉTYM. germanique ; même famille que *bretelle.*

BRIDÉ, ÉE [bʀide] **adj.** ✦ *Yeux bridés,* présentant un repli qui retient la paupière supérieure quand l'œil est ouvert ; par ext. yeux dont les paupières sont comme étirées latéralement.
ÉTYM. participe passé de *brider.*

BRIDER [bʀide] **v. tr.** (conjug. 3a) 1. Mettre la bride à (un cheval). ◆ *Brider une volaille,* ficeler ses membres avant cuisson. 2. fig. LITTÉR. Contenir, gêner dans son développement. SYN. **freiner, réfréner, réprimer.** *Brider ses instincts.* CONTR. **débrider, libérer.**

① **BRIDGE** [bʀidʒ] **n. m.** ✦ Jeu de cartes qui se joue à quatre (deux contre deux), et qui consiste, pour l'équipe qui a fait la plus forte enchère, à réussir le nombre de levées correspondant. *Jouer au bridge. Table de bridge.*
ÉTYM. mot américain, peut-être d'origine russe.

② **BRIDGE** [bʀidʒ] **n. m.** ✦ Appareil de prothèse dentaire en forme de pont, qui prend appui sur des dents solides.
ÉTYM. mot anglais «pont».

BRIDGER [bʀidʒe] **v. intr.** (conjug. 5) ✦ Jouer au bridge.
► **BRIDGEUR, EUSE** [bʀidʒœʀ, øz] **n.**
ÉTYM. de ① *bridge.*

BRIDON [bʀidɔ̃] **n. m.** ✦ Bride légère à mors articulé.

BRIE [bʀi] **n. m.** ✦ Fromage fermenté à pâte molle et croûte fleurie. HOM. BRIS «action de casser»
ÉTYM. de *Brie,* région du Bassin parisien. ☛ noms propres.

BRIEFER [bʀife] **v. tr.** (conjug. 3a) ✦ anglicisme critiqué Mettre au courant (un groupe) par un briefing, informer collectivement. *Briefer son équipe.* ◆ par ext.

A B C D E F G H I J K L M N O P Q R S T U V W X Y Z

Briefer qqn, lui donner des instructions. ➛ recomm. offic. *instruire.*
ÉTYM. de *briefing.*

BRIEFING [brifiŋ] **n. m.** ✦ anglicisme Réunion d'information.
ÉTYM. mot anglais.

BRIÈVEMENT [brijɛvmɑ̃] **adv.** ✦ En peu de mots. SYN. en **bref, succinctement.** CONTR. **longuement.**
ÉTYM. de ① *bref.*

BRIÈVETÉ [brijɛvte] **n. f.** ✦ Caractère de ce qui est bref. CONTR. **longueur.**
ÉTYM. de ① *bref.*

BRIGADE [brigad] **n. f.** 1. dans l'armée Unité tactique à l'intérieur de la division. ➛ HIST. *Brigades internationales* : formations de volontaires qui combattirent aux côtés des républicains pendant la guerre civile espagnole. 2. Petit détachement. *Brigade de gendarmerie. Brigade antigang.*
ÉTYM. italien *brigata,* de *brigare* «fréquenter», de *briga* → brigue.

BRIGADIER, IÈRE [brigadje, jɛr] **n.** 1. Général de brigade. 2. Personne qui a dans certains corps d'armée le grade le moins élevé (correspondant à *caporal*). ◆ Chef d'une brigade de gendarmes. 3. **n. m.** Bâton pour frapper les trois coups, au théâtre.
ÉTYM. de *brigade.*

BRIGAND [brigɑ̃] **n. m.** 1. VIEILLI Homme qui se livre au brigandage. SYN. **bandit, malfaiteur, voleur.** *Un repaire de brigands.* ➛ *Des histoires de brigands,* invraisemblables, mensongères. 2. Homme malhonnête. ◆ (à un enfant) *Petit brigand !* SYN. **chenapan, coquin.**
ÉTYM. italien *brigante,* de *brigare* «être ensemble, se joindre à», de *briga* → brigue.

BRIGANDAGE [brigɑ̃daʒ] **n. m.** ✦ Vol ou pillage commis avec violence et à main armée par des malfaiteurs généralement en bande.
ÉTYM. de *brigand.*

BRIGUE [brig] **n. f.** ✦ VX ou LITTÉR. Manœuvre pour obtenir un avantage, une place.
ÉTYM. italien *briga* «difficulté ; querelle», d'origine obscure.

BRIGUER [brige] **v. tr.** (conjug. 3b) 1. VX Tenter d'obtenir par brigue. 2. LITTÉR. Rechercher avec ardeur. SYN. **ambitionner, convoiter.** *Briguer un poste.*
ÉTYM. de *brigue.*

BRILLAMMENT [brijamɑ̃] **adv.** ✦ D'une manière brillante, avec éclat. *Réussir brillamment.* CONTR. **médiocrement.**
ÉTYM. de *brillant.*

BRILLANCE [brijɑ̃s] **n. f.** ✦ Caractère de ce qui est brillant.

BRILLANT, ANTE [brijɑ̃, ɑ̃t] **adj.** et **n. m.**
I adj. 1. Qui brille. SYN. **éblouissant, éclatant, lumineux, radieux, rayonnant, resplendissant.** *Des chromes brillants. Des yeux brillants de fièvre.* 2. fig. Qui sort du commun, s'impose à la vue, à l'imagination par sa qualité. SYN. **magnifique, splendide.** *Être promis à un brillant avenir.* spécialt Qui éblouit, réussit par une intelligence, un esprit remarqués. *Un esprit brillant. Brillant élève.* SYN. **remarquable.** ➛ *Exposé, texte brillant.* 3. (avec une négation) *Le résultat n'est pas brillant,* est médiocre. *Ses affaires ne sont guère brillantes,* guère prospères. CONTR. ① **mat, sombre, terne • effacé, médiocre.**
II n. m. 1. Éclat, caractère brillant. *Le brillant de l'acier. Donner du brillant aux cheveux.* 2. Diamant taillé à facettes.
ÉTYM. du participe présent de *briller.*

BRILLANTINE [brijɑ̃tin] **n. f.** ✦ Cosmétique parfumé pour faire briller les cheveux.
ÉTYM. de *brillant.*

BRILLER [brije] **v. intr.** (conjug. 3a) 1. Émettre ou réfléchir une lumière vive. SYN. **étinceler, luire, rayonner, resplendir.** *Le soleil brille. Briller de mille feux.* SYN. **scintiller.** ➛ *Faire briller des chaussures, des meubles,* en les astiquant, en les cirant. 2. Se manifester, se distinguer avec éclat. *Briller en société* (→ **brillant**). ➛ FAM. *Il ne brille pas par son courage* : il est plutôt peureux. ➛ iron. *Briller par son absence,* la faire remarquer. CONTR. **s'assombrir, s'obscurcir • s'effacer.**
ÉTYM. italien *brillare,* d'origine onomatopéique ou du latin *beryllum* «béryl».

BRIMADE [brimad] **n. f.** ✦ Épreuve vexatoire que les anciens imposent aux nouveaux dans les régiments, les écoles. SYN. **bizutage.** ➛ par ext. Vexation. *Infliger des brimades à qqn.*
ÉTYM. de *brimer.*

BRIMBALER [brɛ̃bale] **v.** (conjug. 3a) ✦ VIEILLI Bringuebaler.
ÉTYM. formation expressive, de *baller* (1).

BRIMBORION [brɛ̃bɔrjɔ̃] **n. m.** ✦ VIEILLI Petit objet de peu de valeur.
ÉTYM. altér. du latin ecclésiastique *breviarium* «bréviaire».

BRIMER [brime] **v. tr.** (conjug. 3a) ✦ Soumettre à des brimades. ◆ Soumettre à des vexations, des tracasseries. ➛ au p. passé *Se sentir brimé.*
ÉTYM. probablt mot dialectal (Ouest) «geler», de *brime* «givre, vent froid», croisement de *brume* et *frimas.*

BRIN [brɛ̃] **n. m.** 1. Filament qui constitue un fil, une corde. 2. Tige, jeune pousse (d'un végétal). *Un brin d'herbe, de muguet.* ➛ loc. *Un beau brin de fille* : une fille grande et bien faite. 3. Petite partie longue et mince (de qqch.). *Un brin de paille.* → **fétu.** 4. fig. *Un brin de* : parcelle, quantité infime. *Faire un brin de toilette.* ➛ *UN BRIN* **loc. adv.** : un petit peu. *Il est un brin loufoque.*
ÉTYM. origine inconnue.

BRINDILLE [brɛ̃dij] **n. f.** ✦ Menue branche (surtout sèche).
ÉTYM. de *brin.*

① **BRINGUE** [brɛ̃g] **n. f.** ✦ FAM. et PÉJ. *Une grande bringue,* une grande fille dégingandée.
ÉTYM. probablement de *brin.*

② **BRINGUE** [brɛ̃g] **n. f.** ✦ FAM. Noce, foire. *Faire la bringue, une bringue à tout casser.* SYN. FAM. ② **bombe.**
ÉTYM. variante de *brinde,* de *brinder* «boire à la santé», d'origine germanique.

BRINGUEBALER [brɛ̃g(ə)bale] **v.** (conjug. 3a) 1. **v. tr.** Agiter, secouer. 2. **v. intr.** Osciller de façon brusque et irrégulière. SYN. **cahoter.** ➛ variante BRINQUEBALER.
► **BRINGUEBALANT, ANTE** [brɛ̃g(ə)balɑ̃, ɑ̃t] **adj.**
ÉTYM. formation expressive à partir de *brimbaler.*

BRIO [bʀijo] **n. m.** ✦ Technique aisée et brillante dans l'exécution musicale. SYN. **maestria.** *Jouer avec, sans brio.* ➙ Talent brillant, virtuosité. *Parler avec brio.*
ÉTYM. mot italien «entrain», probablt d'orig. gauloise.

BRIOCHE [bʀijɔʃ] **n. f.** 1. Pâtisserie légère, souvent ronde, faite avec une pâte levée. 2. FAM. Ventre replet (d'un adulte).
ÉTYM. de *brier* «pétrir», forme normande de *broyer.*

BRIOCHÉ, ÉE [bʀijɔʃe] **adj.** ✦ Qui a la consistance, le goût de la brioche. *Pain brioché.*

BRIQUE [bʀik] **n. f.** 1. Matériau fabriqué avec de la terre argileuse pétrie, façonnée et séchée (souvent en parallélépipède). *Maison en brique(s).* ➙ appos. invar. *Rouge brique,* rouge brun. **adjectivt invar.** *Un teint brique.* 2. Matière compacte moulée en parallélépipède. ➙ Emballage parallélépipédique utilisé pour certains liquides alimentaires. *Une brique de lait.* 3. FAM. Somme de un million de centimes. SYN. **bâton.** *Un chèque de cent briques.* HOM. ① BRICK «navire», ② BRICK «beignet»
ÉTYM. néerlandais *bricke,* de *breken* «casser en morceaux».

BRIQUER [bʀike] **v. tr.** (conjug. 3a) ✦ Nettoyer en frottant vigoureusement. SYN. **astiquer.**
ÉTYM. de *brique.*

① **BRIQUET** [bʀikɛ] **n. m.** 1. VX Pièce d'acier produisant une étincelle en heurtant un caillou. ➙ *Battre le briquet.* 2. Petit appareil pouvant produire du feu à répétition. *Briquet à gaz.*
ÉTYM. de *brique.*

② **BRIQUET** [bʀikɛ] **n. m.** ✦ Petit chien de chasse.
ÉTYM. de *brique,* au sens ancien «petit morceau».

BRIQUETERIE [bʀik(ə)tʀi ; bʀikɛtʀi] ou **BRIQUÈTERIE** [bʀikɛtʀi] **n. f.** ✦ Fabrique de briques. ➙ Écrire *briquèterie* avec un accent est permis.

BRIQUETTE [bʀikɛt] **n. f.** 1. Petite brique. 2. Combustible en forme de brique. *Briquettes de charbon.*

BRIS [bʀi] **n. m.** ✦ Action de briser ou de se briser ; son résultat. ➙ DR. *Bris de scellés* (délit). HOM. BRIE «fromage»
ÉTYM. de *briser.*

BRISANT [bʀizɑ̃] **n. m.** ✦ Rocher sur lequel la mer se brise et déferle. SYN. **écueil, récif.**
ÉTYM. du participe présent de *briser.*

BRISCARD [bʀiskaʀ] **n. m.** ✦ HIST. Vieux soldat de métier. ➙ loc. *Vieux briscard :* homme pourvu d'une longue expérience.
ÉTYM. de *brisque* VX «chevron de soldat rengagé», origine obscure.

BRISE [bʀiz] **n. f.** ✦ Vent peu violent. *Brise de mer, de terre,* soufflant de la mer vers la terre, de la terre vers la mer.
ÉTYM. de l'espagnol *brisa,* d'origine obscure.

BRISÉES [bʀize] **n. f. pl.** 1. Branches que le veneur casse (sans les couper) pour marquer la voie de la bête. 2. loc. LITTÉR. *Aller, marcher SUR LES BRISÉES de qqn,* entrer en concurrence avec lui sur un terrain qu'il s'était réservé. HOM. BRISER «casser»
ÉTYM. du participe passé de *briser.*

BRISE-FER [bʀizfɛʀ] **n.** ✦ FAM. Personne, enfant qui casse les objets les plus solides. SYN. **brise-tout.** *Des brise-fers* ou *des brise-fer* (invar.).

BRISE-GLACE [bʀizglas] **n. m.** ✦ Navire à étrave renforcée pour briser la glace. *Des brise-glaces.*

BRISE-JET [bʀizʒɛ] **n. m.** ✦ Embout que l'on adapte à un robinet pour atténuer et diriger le jet. *Des brise-jets.*

BRISE-LAME [bʀizlam] **n. m.** ✦ Construction élevée à l'entrée d'un port pour le protéger contre les vagues du large. SYN. **digue.** *Des brise-lames.*
ÉTYM. de *briser* et *lame,* d'après l'anglais *break-water.*

BRISEMENT [bʀizmɑ̃] **n. m.** ✦ Action de (se) briser. SYN. **bris.** *Le brisement des vagues sur les rochers.* ➙ fig. *Brisement de cœur.*

BRISE-MOTTE [bʀizmɔt] **n. m.** ✦ Rouleau servant à écraser les mottes de terre. *Des brise-mottes.*

BRISER [bʀize] **v. tr.** (conjug. 3a) 1. LITTÉR. Casser, mettre en pièces. ➙ loc. *Briser les liens, les chaînes de qqn,* le libérer d'une sujétion. *Briser le cœur à qqn,* lui faire beaucoup de peine. ➙ *Briser qqn.* SYN. **abattre, anéantir.** 2. fig. Rendre inefficace par une intervention violente. SYN. **anéantir, détruire, ruiner.** *Briser la carrière, la résistance de qqn. Briser une grève,* la faire échouer. ◆ Interrompre, rompre. *Briser le silence.* ➙ *Briser un ménage.* 3. *SE BRISER* **v. pron.** Se casser. ➙ (mer) Déferler. CONTR. **consolider, réparer.**
► **BRISÉ, ÉE adj.** 1. Cassé. ➙ fig. *Cœur brisé. Voix brisée. Être brisé de fatigue.* → **moulu.** 2. *Ligne brisée,* composée de droites qui se succèdent en formant des angles variables. ➙ ARCHIT. *Arc brisé,* formant un angle au faîte (opposé à *plein cintre*). 3. *Pâte brisée,* pâte à tarte non feuilletée. HOM. BRISÉES «branches cassées»
ÉTYM. latin populaire *brisiare,* peut-être du bas latin *brisare* «fouler le raisin», d'origine obscure.

BRISE-TOUT [bʀiztu] **n. invar.** ✦ FAM. Personne maladroite qui casse tout ce qu'elle touche. SYN. **brise-fer.**

BRISEUR, EUSE [bʀizœʀ, øz] **n.** ✦ loc. *Briseur de grève :* personne qui ne fait pas la grève lorsqu'elle a été décidée (→ **jaune**) ; personne embauchée pour remplacer un gréviste.
ÉTYM. de *briser.*

BRISTOL [bʀistɔl] **n. m.** 1. Papier satiné fort et blanc. 2. VIEILLI *Un bristol :* carte de visite ou d'invitation.
ÉTYM. du nom d'une ville anglaise. ☞ noms propres.

BRISURE [bʀizyʀ] **n. f.** ✦ Cassure, fêlure.
ÉTYM. de *briser.*

BRITANNIQUE [bʀitanik] **adj.** ✦ Qui se rapporte à la Grande-Bretagne, au Royaume-Uni et à l'Irlande. SYN. **anglais, anglo-saxon.** *Les îles Britanniques* (☞ noms propres). *Le flegme, l'humour britannique.* ➙ **n.** *Les Britanniques.*
ÉTYM. latin *britanicus,* de *Britannia* «(Grande-)Bretagne».

BROC [bʀo] **n. m.** ✦ Récipient profond à anse, à bec évasé, dont on se sert pour transporter les liquides.
ÉTYM. mot ancien provençal, d'origine incertaine.

BROCANTE [bʀɔkɑ̃t] **n. f.** ✦ Commerce du brocanteur.
ÉTYM. du v. *brocanter,* probablt d'orig. germanique.

BROCANTEUR, EUSE [bʀɔkɑ̃tœʀ, øz] **n.** ✦ Personne qui fait commerce d'objets anciens et de curiosités qu'elle achète d'occasion pour la revente. SYN. **antiquaire.** *Chiner chez les brocanteurs.*
ÉTYM. du verbe *brocanter* → brocante.

① **BROCARD** [bʀɔkaʀ] n. m. ✦ VX Petit trait moqueur, raillerie. HOM. BROCART «tissu»
ÉTYM. de *broquer* «piquer», variante dialectale de *brocher*.

② **BROCARD** [bʀɔkaʀ] n. m. ✦ Chevreuil mâle d'un an. HOM. BROCART «tissu»
ÉTYM. de *broque* «bois (d'un animal)», variante dialectale de *broche*.

BROCARDER [bʀɔkaʀde] v. tr. (conjug. 3a) ✦ VX OU LITTÉR. Railler par des brocards.
ÉTYM. de ① *brocard*.

BROCART [bʀɔkaʀ] n. m. ✦ Riche tissu de soie rehaussé de dessins brochés en fils d'or et d'argent. HOM. ① BROCARD «moquerie», ② BROCARD «chevreuil»
ÉTYM. italien *broccato*, de *broccare* «brocher».

BROCHAGE [bʀɔʃaʒ] n. m. 1. Action, manière de brocher (les feuilles imprimées). SYN. **reliure**. 2. Procédé de tissage des étoffes brochées.

BROCHE [bʀɔʃ] n. f. 1. Tige de fer pointue qu'on passe au travers d'une volaille ou d'une pièce de viande à rôtir, pour la faire tourner pendant la cuisson. ➝ Tige de fer recevant la bobine, sur les métiers à filer. ◆ CHIR. Tige métallique utilisée en chirurgie osseuse pour fixer un os fracturé. 2. Bijou muni d'une épingle et d'un fermoir. 3. au plur. Défenses du sanglier.
ÉTYM. latin populaire *brocca*, de *broccus* «saillant», d'origine germanique ou celtique.

BROCHER [bʀɔʃe] v. tr. (conjug. 3a) 1. Relier sommairement, en cousant et en collant les feuillets d'un livre. 2. Tisser en entremêlant sur le fond des fils de soie, d'argent ou d'or, et en formant des dessins en relief. ◆ fig. VX OU LITTÉR. *BROCHANT SUR LE TOUT* : par surcroît, pour comble.
► **BROCHÉ, ÉE** adj. 1. *Livre broché.* 2. *Tissu broché.* ➝ n. m. *Du broché.*
ÉTYM. de *broche*.

BROCHET [bʀɔʃɛ] n. m. ✦ Poisson d'eau douce long et étroit, carnassier, aux dents aiguës. *Quenelles de brochet.*
ÉTYM. de *broche* à cause du museau.

BROCHETTE [bʀɔʃɛt] n. f. 1. Petite broche servant à faire rôtir ou griller des morceaux d'aliments ; les morceaux ainsi embrochés. *Des brochettes de mouton, de fruits de mer.* 2. Petite broche servant à porter des décorations ; cette série. 3. fig. Ensemble disposé en ligne. *Une brochette de généraux.*

BROCHEUR, EUSE [bʀɔʃœʀ, øz] n. 1. Ouvrier, ouvrière dont le métier est de brocher (des tissus, des livres). 2. *BROCHEUSE* n. f. Machine pour le brochage des livres.

BROCHURE [bʀɔʃyʀ] n. f. 1. Décor d'un tissu broché. 2. Livret broché. *Brochure publicitaire.*
ÉTYM. de *brocher*.

BROCOLI [bʀɔkɔli] n. m. ✦ Chou originaire d'Italie, à longue tige et fleurs vertes. *Des brocolis.*
ÉTYM. de l'italien *broccoli* (pluriel) «pousses *(brocco)* de chou».

BRODEQUIN [bʀɔd(ə)kɛ̃] n. m. 1. Chaussure montante de marche, lacée sur le cou-de-pied. *Brodequins militaires.* SYN. **godillot**. 2. ANTIQ. Chaussure des personnages de comédie. 3. HIST. *Les brodequins,* instrument de supplice, pour serrer les pieds.
ÉTYM. origine inconnue.

BRODER [bʀɔde] v. (conjug. 3a) 1. v. tr. Orner (un tissu) de broderies. *Broder un napperon.* ➝ Exécuter en broderie. *Broder des initiales sur du linge.* 2. v. intr. fig. Amplifier ou exagérer à plaisir. *Un petit fait sur lequel l'auteur a brodé.*
► **BRODÉ, ÉE** adj. *Mouchoir brodé. Initiales brodées.*
ÉTYM. origine germanique.

BRODERIE [bʀɔdʀi] n. f. ✦ Ouvrage consistant en points qui recouvrent un motif dessiné sur un tissu ou un canevas. ➝ *Broderie anglaise,* effectuée autour de parties évidées. ◆ Technique, commerce, industrie des brodeurs.
ÉTYM. de *broder*.

BRODEUR, EUSE [bʀɔdœʀ, øz] n. 1. Ouvrier, ouvrière en broderie. 2. n. f. Métier, machine à broder.
ÉTYM. de *broder*.

BROIEMENT [bʀwamɑ̃] n. m. ✦ RARE Broyage.
ÉTYM. de *broyer*.

BROME [bʀom] n. m. ✦ Corps chimique simple, gaz suffocant extrait des eaux marines et des gisements salins (symb. Br).
► **BROMIQUE** [bʀɔmik] adj. *Acide bromique.*
ÉTYM. grec *brômos* «puanteur».

BROMURE [bʀɔmyʀ] n. m. 1. Composé du brome avec un corps simple. *Bromure de potassium* ou absolt *bromure,* puissant sédatif. 2. TECHN. Épreuve de photogravure ou de photocomposition sur papier au bromure d'argent.

BRONCHE [bʀɔ̃ʃ] n. f. ✦ Chacun des deux conduits cartilagineux qui naissent par bifurcation de la trachée et se ramifient dans les poumons.
► **BRONCHIQUE** [bʀɔ̃ʃik] adj. *L'arbre bronchique.*
ÉTYM. latin médiéval *bronchia*, du grec «gorge, trachée».

BRONCHER [bʀɔ̃ʃe] v. intr. (conjug. 3a) 1. VIEILLI Trébucher. 2. LITTÉR. Buter sur une difficulté. 3. (surtout négatif) Réagir. *Se faire insulter sans broncher. Il ne bronchait pas.*
ÉTYM. latin populaire *bruncare*, d'origine obscure.

BRONCHIOLE [bʀɔ̃ʃjɔl] n. f. ✦ Ramification terminale des bronches.
ÉTYM. diminutif de *bronche*.

BRONCHITE [bʀɔ̃ʃit] n. f. ✦ Inflammation des bronches.
ÉTYM. de *bronche* et *-ite*.

BRONCHITEUX, EUSE [bʀɔ̃ʃitø, øz] adj. et n. ✦ (Personne) qui a de la bronchite.

BRONCHITIQUE [bʀɔ̃ʃitik] adj. ✦ Relatif à la bronchite.

> **BRONCHO-** Élément savant, du grec *bronkhia* «bronche», qui signifie «des bronches» (ex. *bronchoscopie* n. f.).

BRONCHOPNEUMONIE [bʀɔ̃kopnømɔni] n. f. ✦ Inflammation du poumon et des bronches.
ÉTYM. de *broncho-* et *pneumonie*.

BRONTOSAURE [bʀɔ̃tozɔʀ] n. m. ✦ Reptile fossile gigantesque de l'ère secondaire.
ÉTYM. latin scientifique *brontosaurus*, du grec *brontê* «tonnerre» et de *-saure*.

BRONZAGE [bʀɔ̃zaʒ] n. m. 1. TECHN. Action de bronzer un métal. 2. Fait de bronzer ; son résultat. SYN. **hâle**. *Bronzage intégral,* sur tout le corps.

BRONZANT, ANTE [bʀɔ̃zɑ̃, ɑ̃t] **adj.** ✦ Qui facilite, provoque le bronzage. *Crème bronzante.* → **solaire.**
ÉTYM. du participe présent de *bronzer.*

BRONZE [bʀɔ̃z] **n. m.** 1. Alliage de cuivre et d'étain. → **airain.** *Statue de bronze. Médaille de bronze,* 3e prix dans une compétition. ➞ *L'âge du bronze :* période préhistorique de diffusion de la technique du bronze (environ IIe millénaire avant J.-C.). 2. Objet d'art (surtout sculpture) en bronze. ➞ Médaille, monnaie de bronze antique. 3. fig. LITTÉR. *De bronze :* dur, insensible.
ÉTYM. italien *bronzo,* d'origine incertaine.

BRONZER [bʀɔ̃ze] **v.** (conjug. 3a) 1. v. tr. TECHN. Recouvrir d'une couche de bronze, donner l'aspect du bronze. 2. v. tr. (soleil, radiations artificielles) Brunir (qqn). SYN. **hâler.** ➞ pronom. *Se bronzer au soleil.* 3. v. intr. Brunir. *Il bronze facilement.* ➞ *Lampe à bronzer.*
► **BRONZÉ, ÉE adj.** Bruni, hâlé. *Visage bronzé.* ➞ n. Personne bronzée. CONTR. **pâle.**

BROSSE [bʀɔs] **n. f.** 1. Ustensile de nettoyage, assemblage de filaments fixés sur une monture perpendiculaire. *Brosse à habits, à chaussures, à cheveux. Brosse à dents.* ➞ loc. FAM. *Manier la* BROSSE À RELUIRE : être servilement flatteur. *Passer un coup de brosse à reluire.* 2. *Cheveux en brosse,* coupés court et droit comme les poils d'une brosse. ➞ *Porter la brosse,* les cheveux en brosse. 3. Pinceau de peintre. 4. chez certains insectes Rangées de poils pour recueillir le pollen.
ÉTYM. latin populaire *bruscia,* d'origine obscure.

BROSSER [bʀɔse] **v. tr.** (conjug. 3a) 1. Nettoyer, frotter avec une brosse. *Brosser un vêtement. Se brosser les dents.* ◆ pronom. *Se brosser :* brosser ses vêtements. ➞ loc. FAM. *Tu peux toujours te brosser :* tu te passeras de ce que tu désires. 2. Peindre à la brosse par grandes touches. ➞ fig. Décrire à grands traits. *Brosser le tableau de la situation.*
► **BROSSAGE** [bʀɔsaʒ] **n. m.**

BROSSERIE [bʀɔsʀi] **n. f.** ✦ Fabrication, commerce des brosses et ustensiles analogues (balais, plumeaux, etc.).

BROU [bʀu] **n. m.** 1. BOT. Péricarpe externe de divers fruits. 2. *BROU DE NOIX :* teinture brune de menuisier, faite avec le brou de la noix.
ÉTYM. de *brout* «pousse», de *brouter.*

BROUET [bʀuɛ] **n. m.** ✦ VX Potage. ➞ Mets grossier.
ÉTYM. de l'ancien français *breu* «bouillon», mot germanique.

BROUETTE [bʀuɛt] **n. f.** ✦ Petit véhicule à une roue muni de deux brancards, qui sert à transporter (*brouetter* v. tr., conjug. 3a) des fardeaux à bras d'homme.
ÉTYM. bas latin *birota,* littéralement «à deux *(bi)* roues *(rota)*».

BROUETTÉE [bʀuete] **n. f.** ✦ Contenu d'une brouette.

BROUHAHA [bʀuaa] **n. m.** ✦ Bruit confus qui s'élève d'une foule.
ÉTYM. probablement de l'hébreu.

BROUILLAGE [bʀujaʒ] **n. m.** ✦ Trouble introduit (accidentellement ou délibérément) dans la réception des ondes de radio, de télévision, de radar. ➞ recomm. offic. EMBROUILLAGE.
ÉTYM. de *brouiller.*

BROUILLAMINI [bʀujamini] **n. m.** ✦ VIEILLI Embrouillamini.
ÉTYM. du latin *boli armenii* «pilule d'Arménie» (→ ② bol), avec influence de *brouiller.*

① **BROUILLARD** [bʀujaʀ] **n. m.** ✦ Phénomène atmosphérique produit par de fines gouttelettes d'eau en suspension dans l'air qui limitent la visibilité. → aussi **brume.** *Brouillard épais, à couper* au couteau.* ➞ fig. *Être dans le brouillard :* ne pas voir clair dans une situation qui pose des problèmes. *Foncer dans le brouillard,* sans se soucier des difficultés.
ÉTYM. de l'ancien français *brouillas,* de *brouiller.*

② **BROUILLARD** [bʀujaʀ] **n. m.** ✦ Livre de commerce où l'on note les opérations à mesure qu'elles se font.
ÉTYM. de *brouiller.*

BROUILLASSER [bʀujase] **v. intr. impers.** (conjug. 3a) ✦ Faire du brouillard. *Il brouillasse.*
ÉTYM. famille de *brouillard.*

BROUILLE [bʀuj] **n. f.** ✦ Mésentente survenant entre personnes qui entretenaient des rapports familiers ou affectueux. *Brouille passagère.* CONTR. **réconciliation.**
ÉTYM. de *brouiller.*

BROUILLER [bʀuje] **v. tr.** (conjug. 3a) **I** 1. Mêler en agitant, en dérangeant. ➞ loc. *Brouiller les cartes*, les pistes*.* 2. Rendre trouble. *La buée brouille les verres de mes lunettes.* ➞ *Brouiller une émission de radio,* la troubler par brouillage. 3. fig. Rendre confus. SYN. **embrouiller.** *Vous me brouillez les idées.* ➞ Confondre (des choses différentes). 4. Désunir en provoquant une brouille. *Elle l'a brouillé avec sa famille.* ➞ au passif *Ils sont brouillés.* ➞ FAM. *Être brouillé avec les chiffres,* ne pas y comprendre grand-chose. **II** *SE BROUILLER* **v. pron.** 1. Devenir trouble, confus. *Sa vue se brouille.* 2. Cesser d'être ami. SYN. **se fâcher.** *Se brouiller avec sa famille.* CONTR. **classer, débrouiller, démêler • clarifier, éclaircir • réconcilier.**
► **BROUILLÉ, ÉE adj.** 1. Mêlé, mélangé. *Œufs brouillés,* mêlés en cours de cuisson. 2. fig. Confus, peu net. *Teint brouillé. Yeux brouillés de sommeil.*
ÉTYM. gallo-roman, du germanique *brod* «bouillon».

① **BROUILLON, ONNE** [bʀujɔ̃, ɔn] **adj.** ✦ Qui mêle, qui brouille (3) tout, n'a pas d'ordre, de méthode. SYN. **confus, désordonné.** *Un esprit brouillon.* ➞ *Une activité brouillonne.* CONTR. **méthodique, ordonné.**
ÉTYM. de *brouiller.*

② **BROUILLON** [bʀujɔ̃] **n. m.** ✦ Première rédaction d'un écrit qu'on se propose de mettre au net par la suite. *Faire un brouillon de lettre. Cahier de brouillon.* ➞ loc. adv. *Au brouillon* (opposé à *au propre*). *Faire un plan au brouillon.*
ÉTYM. de *brouiller* «faire hâtivement».

BROUSSAILLE [bʀusaj] **n. f.** 1. au plur. Végétation touffue des terrains incultes. *Des ruines envahies par les broussailles.* 2. fig. *Cheveux en broussaille,* emmêlés et touffus.
ÉTYM. famille de *brosse.*

BROUSSAILLEUX, EUSE [bʀusajø, øz] **adj.** ✦ Couvert de broussailles. ➞ fig. En broussaille. *Sourcils broussailleux.* SYN. **hirsute.**

① **BROUSSE** [bʀus] **n. f.** 1. Végétation arbustive des pays tropicaux. 2. Zone éloignée des centres urbains, en Afrique. *Aller en brousse.*
ÉTYM. probablement occitan *brousso* «brosse».

② **BROUSSE** [bʀus] **n. f.** ✦ Fromage frais de Provence, à base de lait de chèvre ou de brebis.
ÉTYM. anc. occitan *broce*, p.-ê. du germanique «briser».

BROUTER [bʀute] **v.** (conjug. 3a) **1. v. tr.** (animaux) Manger en arrachant sur place (l'herbe, les pousses, les feuilles). SYN. **paître.** ➝ absolt *Mouton, vache qui broute.* **2. v. intr.** Fonctionner par saccades (outil, organe mécanique). *L'embrayage broute.* ➝ *Voiture qui broute au démarrage.*
ÉTYM. de l'ancien français *brost* «bourgeon», du germanique.

BROUTILLE [bʀutij] **n. f.** ✦ Objet ou élément sans valeur, insignifiant. SYN. **babiole, bricole.** *Se disputer pour des broutilles.* SYN. **vétille.**
ÉTYM. de l'ancien français *brout* «rameau», de *brouter.*

BROWNIEN, IENNE [bʀonjɛ̃, jɛn] **adj.** ✦ PHYS. *Mouvement brownien* : mouvement désordonné des très petites particules dans les systèmes liquides ou gazeux.
ÉTYM. de *Robert Brown*, savant britannique.

BROWNING [bʀoniŋ] **n. m.** ✦ Pistolet automatique à chargeur.
ÉTYM. du nom de l'inventeur.

BROYAGE [bʀwajaʒ] **n. m.** ✦ TECHN. Action de broyer.

BROYER [bʀwaje] **v. tr.** (conjug. 10) **1.** Réduire en parcelles très petites, par pression ou choc. SYN. **écraser,** ① **piler, triturer.** *Les molaires broient les aliments. Broyer les couleurs,* pulvériser les matières colorantes en les écrasant. ➝ loc. fig. *Broyer du noir* : s'abandonner à des réflexions tristes, avoir le cafard. **2.** Écraser. *La machine lui a broyé la main.*
ÉTYM. du germanique *brekan* «casser».

BROYEUR, EUSE [bʀwajœʀ, øz] **n. et adj.** **1.** Ouvrier chargé du broyage. **2. n. m.** Machine à broyer. SYN. **concasseur. 3. adj.** *Insectes broyeurs.*
ÉTYM. de *broyer.*

BRRR [bʀʀ] **interj.** ✦ S'emploie pour exprimer une sensation de frisson (froid, peur).
ÉTYM. onomatopée.

BRU [bʀy] **n. f.** ✦ VIEILLI OU RÉGIONAL Épouse d'un fils. SYN. **belle-fille.**
ÉTYM. bas latin *brutis*, du germanique «jeune mariée».

BRUANT [bʀyɑ̃] **n. m.** ✦ Petit passereau de la taille du moineau, nichant à terre ou très près du sol.
ÉTYM. variante ancienne de *bruyant.*

BRUCELLES [bʀysɛl] **n. f. pl.** ✦ TECHN. Pince très fine à ressort. *Brucelles d'horloger.*
ÉTYM. origine incertaine, peut-être du latin populaire *brucella*, de *volsella.*

BRUCELLOSE [bʀyseloz] **n. f.** ✦ MÉD. Maladie infectieuse due à des bacilles, transmise à l'homme par les animaux domestiques.
ÉTYM. germe découvert par *David Bruce.*

BRUGNON [bʀyɲɔ̃] **n. m.** ✦ Hybride de pêche à peau lisse et noyau adhérent. ➝ aussi **nectarine.**
ÉTYM. anc. occitan, du latin populaire *prunea* «prune».

BRUINE [bʀɥin] **n. f.** ✦ Petite pluie très fine et froide, qui résulte de la condensation du brouillard. SYN. **crachin.**
► **BRUINEUX, EUSE** [bʀɥinø, øz] **adj.**
ÉTYM. latin *pruina*, d'après *bruma* «brume».

BRUINER [bʀɥine] **v. impers.** (conjug. 3a) ✦ Tomber de la bruine. *Il bruine.*

BRUIRE [bʀɥiʀ] **v. intr.** (conjug. 13 ; défectif : seulement inf., 3e pers. prés. et imp., p. présent) ✦ LITTÉR. Produire un bruit léger et confus. *Les feuilles mortes bruissent sous les pas.*
ÉTYM. latin populaire *brugere*, croisement de *bragere* «braire» et *rugere* «rugir».

BRUISSEMENT [bʀɥismɑ̃] **n. m.** ✦ Bruit faible, confus et continu. SYN. **frémissement, murmure.** *Bruissement d'étoffe.*
ÉTYM. de *bruire.*

BRUIT [bʀɥi] **n. m.** **1.** Sensation perçue par l'oreille. *Les bruits de la rue. Le bruit de la mer, de la pluie. Bruit de fond,* auquel se superpose un autre bruit. ◆ (sens collectif) *Faire du bruit, un bruit d'enfer.* ➝ **vacarme ;** FAM. ① **boucan.** *Le bruit se mesure en décibels.* ➝ *Marcher sans bruit.* ➝ loc. fig. *Faire grand bruit, faire du bruit,* avoir un grand retentissement. ➝ loc. prov. *« Beaucoup de bruit pour rien »* (titre français d'une comédie de Shakespeare). **2.** Nouvelle répandue, propos rapportés dans le public. SYN. **rumeur.** *Un bruit qui court.* ➝ **on-dit.** *Des bruits de couloir* : des informations officieuses dont on ignore la source. *Un faux bruit* : une fausse nouvelle. **3.** PHYS. Phénomène qui se superpose à un signal utile et en perturbe la réception. CONTR. **silence.**
ÉTYM. de *bruire.*

BRUITAGE [bʀɥitaʒ] **n. m.** ✦ Reconstitution artificielle des bruits qui doivent accompagner l'action (au théâtre, au cinéma, etc.).

BRUITEUR, EUSE [bʀɥitœʀ, øz] **n.** ✦ Spécialiste du bruitage.
ÉTYM. de *bruit.*

BRÛLAGE [bʀylaʒ] **n. m.** ✦ Action de brûler.

BRÛLANT, ANTE [bʀylɑ̃, ɑ̃t] **adj.** **1.** Qui peut causer une brûlure ; très ou trop chaud. *Boire un thé brûlant.* SYN. **bouillant.** *Un soleil brûlant.* ➝ fig. *Sujet brûlant,* qui soulève les passions. *Un terrain brûlant* : un sujet à éviter. **2.** Affecté d'une sensation de chaleur intense. *Mains brûlantes, brûlantes de fièvre.* **3.** fig. Ardent, passionné. *Regard brûlant.* CONTR. **froid, glacé.**
ÉTYM. du participe présent de *brûler.*

BRÛLE-GUEULE [bʀylgœl] **n. m.** ✦ Pipe à tuyau très court. SYN. **bouffarde.** *Des brûle-gueules.*

BRÛLE-PARFUM [bʀylpaʀfœ̃] **n. m.** ✦ Cassolette à parfums. SYN. **encensoir.** *Des brûle-parfums.*

à BRÛLE-POURPOINT [abʀylpuʀpwɛ̃] **loc. adv.** ✦ après un verbe de déclaration Sans préparation, brusquement. *Vous me posez une question à brûle-pourpoint.*
ÉTYM. de *brûler* et *pourpoint* ; d'abord «tout près, à bout portant».

BRÛLER [bʀyle] **v.** (conjug. 3a)
I v. tr. **1.** Détruire par le feu. SYN. **consumer, embraser, incendier.** *Brûler des mauvaises herbes. Brûler un cadavre.* ➝ **incinérer ; crémation.** ◆ *Brûler (vif) qqn* (supplice) (➝ ① **bûcher**). ◆ (pour un résultat utile) *Brûler du bois pour se chauffer.* ➝ *Brûler de l'encens.* ◆ Consumer (de l'énergie) pour éclairer, chauffer. *Brûler du fioul, du gaz.* ➝ *Brûler des calories.* SYN. **dépenser. 2.** Altérer par l'action du feu, de la chaleur, d'un caustique. *Brûler un gâteau. Elle s'est brûlé les doigts* (➝ **brûlure**). ➝ *Brûler une verrue.* SYN. **cautériser.**

3. Produire les mêmes effets qu'une brûlure. *La neige brûle les mains.* 4. Passer sans s'arrêter à (un point d'arrêt prévu). *L'autobus a brûlé la station. Brûler un feu rouge.* – loc. *Brûler les étapes**.
II v. intr. 1. Se consumer par le feu. *Matière incombustible qui ne brûle pas.* – Être calciné, cuire à feu trop vif. *Le rôti brûle.* ◆ Flamber. *La maison brûle.* ◆ Se consumer en éclairant ; être allumé. *Laisser brûler l'électricité.* 2. Ressentir une sensation de brûlure, de fièvre. – fig. *Brûler d'impatience.* – *BRÛLER DE* (+ inf.) : être impatient de. *Il brûle de vous connaître.* 3. à certains jeux ou devinettes Être tout près du but. *Tu brûles !*
III *SE BRÛLER* v. pron. 1. S'immoler par le feu. 2. Subir une brûlure partielle. *Elle s'est brûlée à la main.*
► **BRÛLÉ, ÉE** adj. et n. m. I adj. 1. Qui a brûlé. SYN. **calciné, carbonisé.** *Du pain brûlé.* – *Elle est morte brûlée vive.* 2. loc. fig. *Une tête brûlée, un cerveau brûlé* : un individu exalté. 3. Dont l'activité clandestine est désormais connue de l'adversaire. *Notre espion est brûlé,* démasqué. ◆ Qui a perdu tout crédit. II n. 1. n. m. Odeur, goût d'une chose qui brûle ou a brûlé. *Ça sent le brûlé ;* fig. l'affaire tourne mal. SYN. **roussi.** 2. n. Personne atteinte de brûlures. *Les grands brûlés.*
ÉTYM. p.-ê. croisement de l'ancien français *bruir* «brûler», du francique, et *uller* «brûler», latin *ustulare.*

BRÛLERIE [bʀylʀi] n. f. 1. RARE Distillerie d'eau-de-vie. 2. Usine, atelier de torréfaction du café.
ÉTYM. de *brûler.*

BRÛLEUR [bʀylœʀ] n. m. ✦ Appareil qui met en présence un combustible et un comburant afin de permettre et de régler la combustion à sa sortie. *Les brûleurs d'une cuisinière à gaz.*
ÉTYM. de *brûler.*

BRÛLIS [bʀyli] n. m. ✦ Défrichement par le feu. – Terrain ainsi traité. *Culture sur brûlis.*
ÉTYM. de *brûler.*

BRÛLOT [bʀylo] n. m. 1. anciennt Petit navire chargé de matières combustibles, qui servait à incendier les bâtiments ennemis. 2. fig. Ce qui est susceptible de causer des dégâts, un scandale ; spécialt journal, article polémique.
ÉTYM. de *brûler.*

BRÛLURE [bʀylyʀ] n. f. 1. Lésion produite sur une partie du corps par l'action du feu, de la chaleur, des radiations ou d'une substance corrosive. *Brûlures du premier, du deuxième, du troisième degré* (selon leur gravité). 2. Marque à l'endroit où qqch. a brûlé. *Des brûlures de cigarette sur la moquette.* 3. Sensation de chaleur intense, d'irritation dans l'organisme. *Des brûlures d'estomac.* → **aigreur.**

BRUMAIRE [bʀymɛʀ] n. m. ✦ HIST. Deuxième mois du calendrier républicain (22 octobre-21 novembre). *Le coup d'État du 18 Brumaire* (☞ noms propres).
ÉTYM. de *brume.*

BRUME [bʀym] n. f. 1. Brouillard léger. – MAR. Brouillard de mer. *Signal, corne de brume,* pour signaler sa présence. 2. fig. *Les brumes du sommeil, de l'ivresse.*
ÉTYM. latin *bruma* «solstice d'hiver».

BRUMEUX, EUSE [bʀymø, øz] adj. 1. Couvert, chargé de brume. *Temps brumeux.* 2. fig. Qui manque de clarté. *Esprit brumeux.* SYN. **confus.** CONTR. **clair, lumineux.**

BRUMISATEUR [bʀymizatœʀ] n. m. ✦ Atomiseur pour les soins de la peau, qui projette de l'eau minérale en fines gouttelettes.
ÉTYM. marque déposée ; de *brume.*

BRUN, BRUNE [bʀœ̃, bʀyn] adj. et n. 1. adj. De couleur sombre, entre le roux et le noir. → **bistre,** ① **marron,** ① **tabac.** *La couleur brune de la châtaigne. Chemises brunes* (des hitlériens). – (opposé à *blond*) *Tabac brun ; cigarettes brunes* ou n. f. *des brunes. Bière brune* ou n. f. *une brune.* – *Cheveux bruns. Peau brune.* ◆ (personnes) Qui a les cheveux (souvent le teint) bruns. *Elle est brune.* – n. *Une brune aux yeux bleus.* 2. n. m. Cette couleur. *Un brun clair.* – appos. *Des yeux brun foncé.* – adj. invar. *Des cheveux brun-roux.*
ÉTYM. latin médiéval *brunus,* d'origine germanique.

BRUNÂTRE [bʀynɑtʀ] adj. ✦ Tirant sur le brun. *Une sauce brunâtre.*

BRUNCH [bʀœnʃ] n. m. ✦ anglicisme Repas pris dans la matinée qui sert à la fois de petit-déjeuner et de déjeuner. *Des brunchs* ou *des brunches* (plur. anglais).
ÉTYM. mot américain, de *breakfast* «petit-déjeuner» et *lunch* «déjeuner».

BRUNE [bʀyn] n. f. ✦ LITTÉR. *À la brune* loc. adv. : au crépuscule.
ÉTYM. de *brun.*

BRUNET, ETTE [bʀynɛ, ɛt] n. ✦ VIEILLI Petit brun, petite brune.

BRUNIR [bʀyniʀ] v. (conjug. 13) I v. tr. 1. TECHN. Polir (un métal) en frottant, en oxydant. 2. Rendre brun. *Le soleil brunit la peau.* SYN. **hâler.** II v. intr. Devenir brun, prendre une teinte brune. *Vous avez bruni.* SYN. **bronzer.** CONTR. **éclaircir.**
ÉTYM. de *brun.*

BRUNISSAGE [bʀynisaʒ] n. m. ✦ TECHN. Action de brunir (1) un métal. *Le brunissage de l'or.*

BRUNISSEMENT [bʀynismɑ̃] n. m. ✦ Fait de brunir, d'être bruni. *Brunissement de la peau.* SYN. **bronzage.**

BRUSHING [bʀœʃiŋ] n. m. ✦ anglicisme Mise en plis où les cheveux sont travaillés à la brosse ronde et au séchoir à main.
ÉTYM. mot anglais «brossage».

BRUSQUE [bʀysk] adj. 1. Qui agit avec rudesse et d'une manière soudaine. SYN. **abrupt, brutal, rude.** – *Ton brusque.* SYN. **cassant.** 2. Qui est soudain, que rien ne prépare ni ne laisse prévoir. SYN. **inattendu, subit.** *Le brusque retour du froid.* CONTR. **doux, mesuré · progressif.**
ÉTYM. italien *brusco* «âpre, non poli».

BRUSQUEMENT [bʀyskəmɑ̃] adv. ✦ D'une manière brusque, soudaine. CONTR. **doucement · progressivement.**

BRUSQUER [bʀyske] v. tr. (conjug. 3a) 1. Traiter d'une manière brusque sans se soucier de ne pas heurter. *Brusquer un enfant.* SYN. **malmener, secouer.** 2. Précipiter (ce dont le cours est lent, l'échéance éloignée). SYN. **hâter.** *Ne brusquons pas les choses.* – au p. passé *Une attaque brusquée,* soudaine. CONTR. ② **ménager · ralentir.**

BRUSQUERIE [bʀyskəʀi] n. f. 1. Façons brusques dans le comportement envers autrui. SYN. **rudesse.** 2. LITTÉR. Soudaineté, précipitation. CONTR. **douceur · lenteur.**

A B C D E F G H I J K L M N O P Q R S T U V W X Y Z

BRUT, BRUTE [bʀyt] **adj.** 1. VX À l'état le plus primitif. ♦ Le plus proche de l'animalité. *Bête brute. Force brute.* SYN. **brutal.** 2. Qui est à l'état naturel, n'a pas encore été élaboré par l'homme. SYN. **naturel, sauvage.** *Diamant brut,* non taillé, non poli. *Pétrole brut,* non raffiné ; **n. m.** *prix du baril de brut. Soie brute.* SYN. **grège.** ♦ Qui résulte d'une première élaboration (avant d'autres transformations). *Toile brute.* SYN. **écru.** – *Champagne brut,* sans ajout de sucre. → **sec.** – **loc. fig.** *Brut de fonderie, de décoffrage,* à l'état brut (3). 3. Qui n'a subi aucune élaboration intellectuelle, est à l'état de donnée immédiate. *Les faits bruts, à l'état brut.* ♦ *ART BRUT,* spontané, échappant à toute norme culturelle. 4. Dont le montant est évalué avant déduction des taxes et frais divers (opposé à *net*). *Salaire, bénéfice brut. Produit national brut.* – *Poids brut :* poids total, emballage ou chargement compris. CONTR. **façonné, raffiné, travaillé** • ① **net.**
ÉTYM. latin *brutus,* d'abord «lourd, pesant».

BRUTAL, ALE, AUX [bʀytal, o] **adj.** 1. VX Qui tient de la brute, de l'animal. *Instincts brutaux.* SYN. **bestial.** 2. Qui use volontiers de violence, du fait de son tempérament rude et grossier. *Il est brutal avec ses soldats.* – *Des manières brutales.* ♦ Qui est sans ménagement, ne craint pas de choquer. SYN. **brusque, direct.** *Une franchise brutale.* 3. Soudain et violent. *Le choc a été brutal. Changement brutal.* SYN. **subit.** CONTR. **aimable, délicat, doux** • **progressif.**
ÉTYM. latin médiéval *brutalis,* de *brutus* «brut».

BRUTALEMENT [bʀytalmɑ̃] **adv.** 1. D'une manière brutale (1). 2. Avec soudaineté, de manière imprévisible et violente. *Il est mort brutalement.* CONTR. **délicatement, doucement** • **progressivement.**

BRUTALISER [bʀytalize] **v. tr.** (conjug. 3a) ✦ Traiter d'une façon brutale. SYN. **malmener, maltraiter, molester, rudoyer.**

BRUTALITÉ [bʀytalite] **n. f.** 1. Caractère d'une personne brutale. *Agir, s'exprimer avec brutalité.* 2. Acte brutal, violence. *Victime de brutalités policières.* SYN. **sévices.** 3. Caractère inattendu et violent. *La brutalité du choc, de l'accident.* CONTR. **délicatesse, douceur.**

BRUTE [bʀyt] **n. f.** 1. LITTÉR. L'animal considéré dans ce qu'il a de plus éloigné de l'homme. SYN. **bête.** 2. Personne grossière, sans esprit. *Il n'a aucun goût, c'est une brute.* FAM. *Brute épaisse.* 3. Personne brutale, violente. *Frapper comme une brute.*
ÉTYM. de *brut.*

BRUYAMMENT [bʀyjamɑ̃ ; bʀɥijamɑ̃] **adv.** 1. D'une manière bruyante. *Éternuer bruyamment.* 2. En faisant grand bruit, bien haut. *Protester bruyamment.* CONTR. **silencieusement.**

BRUYANT, ANTE [bʀyjɑ̃ ; bʀɥijɑ̃, ɑ̃t] **adj.** 1. Qui fait beaucoup de bruit. *Musique bruyante.* – *Voisins bruyants.* 2. Où il y a beaucoup de bruit. *Un quartier bruyant.* CONTR. **silencieux, tranquille.**
ÉTYM. de l'ancien participe présent de *bruire.*

BRUYÈRE [bʀyjɛʀ ; bʀɥijɛʀ] **n. f.** 1. Arbrisseau des landes à fleurs variant du blanc au pourpre. 2. Racine de cette plante. *Une pipe de bruyère.* – *Terre de bruyère,* légère, siliceuse, formée notamment par la décomposition des bruyères.
ÉTYM. latin populaire *brucaria,* de *brucus,* du gaulois.

BRYO- Élément savant, du grec *bruon* «mousse» (ex. *bryologie* **n. f.** «étude des mousses»).

BRYOPHYTES [bʀijɔfit] **n. f. pl.** ✦ BOT. Embranchement du règne végétal regroupant les cryptogames non vasculaires (mousses, etc.).
ÉTYM. de *bryo-* et *-phyte.*

B. T. S. [beteɛs] **n. m.** ✦ Diplôme qui se prépare en deux ans après le baccalauréat, dans les sections de techniciens supérieurs. *Un B. T. S. d'électronique, de tourisme.*
ÉTYM. sigle de *brevet de technicien supérieur.*

BU, BUE [by] ✦ Participe passé du verbe *boire.*
HOM. BUT «objectif»

BUANDERIE [bɥɑ̃dʀi] **n. f.** ✦ Local réservé à la lessive, aux lavages, dans une maison.
ÉTYM. de l'anc. v. *buer* «faire la lessive» → buée.

BUBALE [bybal] **n. m.** ✦ Grande antilope d'Afrique aux cornes en forme de lyre.
ÉTYM. latin *bubalus,* du grec.

BUBON [bybɔ̃] **n. m.** ✦ Inflammation et gonflement des ganglions lymphatiques, dans certaines maladies (syphilis, peste, etc.).
► **BUBONIQUE** [bybɔnik] **adj.** *Peste bubonique.*
ÉTYM. latin médiéval *bubo,* du grec «glandes de l'aine».

BUCCAL, ALE, AUX [bykal, o] **adj.** ✦ DIDACT. De la bouche. *La cavité buccale. Par voie buccale.* SYN. **oral.**
ÉTYM. du latin *bucca* «bouche».

BUCCIN [byksɛ̃] **n. m.** 1. ANTIQ. Trompette romaine. 2. Gros mollusque gastéropode des côtes de l'Atlantique. SYN. **bulot.**
ÉTYM. latin *buccina.*

BUCCO- Élément, du latin *bucca* «bouche».

BUCCODENTAIRE [bykodɑ̃tɛʀ] **adj.** ✦ DIDACT. Qui se rapporte à la bouche et aux dents. *Hygiène buccodentaire.*
ÉTYM. de *bucco-* et *dentaire.*

BÛCHE [byʃ] **n. f.** **I** 1. Morceau de bois de chauffage. *Mettre une bûche dans la cheminée.* ♦ *Bûche de Noël,* pâtisserie en forme de bûche servie traditionnellement aux fêtes de fin d'année. *Bûche aux marrons.* 2. **fig.** *Dormir comme une bûche,* très profondément. SYN. **souche.** – FAM. *Quelle bûche !,* se dit d'une personne stupide et apathique. **II** FAM. Chute. *Prendre, ramasser une bûche :* tomber.
ÉTYM. latin populaire *buska* «bois».

① **BÛCHER** [byʃe] **n. m.** 1. Local où l'on range le bois à brûler. 2. Amas de bois sur lequel on brûle les morts ou les condamnés au supplice du feu, les livres interdits. *Jeanne d'Arc fut condamnée au bûcher.*
ÉTYM. de *bûche.*

② **BÛCHER** [byʃe] **v. tr.** (conjug. 3a) ✦ FAM. Étudier, travailler avec acharnement. *Bûcher sa physique.* – **absolt** *Il a bûché ferme.* SYN. FAM. **bosser.**
ÉTYM. de *bûche.*

BÛCHERON, ONNE [byʃʀɔ̃, ɔn] **n.** ✦ Personne dont le métier est d'abattre du bois, des arbres dans une forêt.
ÉTYM. famille de *bois* ; influence de *bûche.*

BÛCHETTE [byʃɛt] **n. f.** ✦ Petite bûche.

BÛCHEUR, EUSE [byʃœʀ, øz] n. ✦ FAM. Personne qui étudie, travaille avec acharnement. SYN. **bosseur.**
ÉTYM. de ② *bûcher.*

BUCOLIQUE [bykɔlik] n. f. et adj. 1. n. f. Poème pastoral. SYN. **églogue, idylle.** « *Les Bucoliques* » (de Virgile). 2. adj. Relatif à la poésie pastorale. *Un poète bucolique.* ➝ par ext. Qui a rapport à la vie de la campagne. *Une scène bucolique.*
ÉTYM. latin *bucolicus*, du grec, de *boukolos* « bouvier ».

BUDDLEIA ou **BUDDLÉIA** [bydleja] n. m. ✦ BOT. Arbuste aux fleurs violettes ou mauves en grappes, appelé aussi *arbre aux papillons.* ➝ Écrire *buddléia* avec un accent est permis.
ÉTYM. de *Buddle*, botaniste.

BUDGET [bydʒɛ] n. m. 1. Acte par lequel sont prévues et autorisées les recettes et les dépenses annuelles de l'État ou d'autres services assujettis aux mêmes règles. *Le budget de l'État, d'une commune. Le budget de l'Éducation nationale.* 2. par ext. *Budget familial, domestique. Boucler, équilibrer son budget.* ➝ *Le budget d'un voyage,* somme dont on dispose pour l'effectuer. *Ça dépasse notre budget.*
ÉTYM. mot anglais, du français *bougette* « petit sac *(bouge)* ».

BUDGÉTAIRE [bydʒetɛʀ] adj. ✦ Qui a rapport au budget.

BUDGÉTISER [bydʒetize] v. tr. (conjug. 3a) ✦ Inscrire au budget. ➝ On dit aussi BUDGÉTER [bydʒete] (conjug. 8).
► **BUDGÉTISATION** [bydʒetizasjɔ̃] n. f.

BUÉE [bɥe] n. f. ✦ Vapeur qui se dépose en fines gouttelettes formées par condensation. *Vitre couverte de buée.*
ÉTYM. gallo-roman *bucata* « lessive », de *bucare* « faire la lessive », d'origine germanique.

BUFFET [byfɛ] n. m. 1. Meuble servant à ranger la vaisselle, le linge de table, certaines provisions. SYN. **bahut.** *Buffet de cuisine.* 2. Table garnie de mets froids, de rafraîchissements à l'occasion d'une réception ; l'ensemble de ces mets et boissons. *Buffet campagnard :* avec des charcuteries et du vin. 3. *Buffet de gare :* café-restaurant d'une gare. SYN. **buvette.** 4. *Buffet d'orgue,* sa menuiserie. 5. FAM. Ventre, estomac. *Il n'avait rien dans le buffet,* rien mangé.
ÉTYM. peut-être onomatopée *buff-* exprimant le bruit d'un souffle.

BUFFLE [byfl] n. m. ✦ Mammifère ruminant d'Afrique et d'Asie, voisin du bœuf, aux longues cornes arquées. *Femelle du buffle (bufflonne* ou *bufflesse* n. f.). ➝ Sa peau. *Sac en buffle.*
ÉTYM. italien *bufalo*, du latin *bubalus*, du grec.

BUFFLETERIE [byflətʀi ; byflɛtʀi] ou **BUFFLÈTERIE** [byflɛtʀi] n. f. ✦ Équipement en cuir soutenant des armes. ➝ Écrire *bufflèterie* avec un accent est permis.
ÉTYM. de *buffle.*

BUG [bœg] n. m. ✦ anglicisme INFORM. → ② **bogue** (recomm. offic.).
ÉTYM. mot anglais « bestiole ».

BUGGER [bœge] v. intr. (conjug. 3a) ✦ anglicisme INFORM. Boguer.
ÉTYM. anglais *to bug.*

BUGLE [bygl] n. m. ✦ Instrument à pistons de la famille des cuivres, utilisé notamment dans les fanfares.
ÉTYM. mot anglais, de l'ancien français *bugle* « buffle » ; famille de *beugler.*

BUILDING [b(ɥ)ildiŋ] n. m. ✦ anglicisme Vaste immeuble moderne, à nombreux étages. SYN. **gratte-ciel,** ① **tour.**
ÉTYM. mot anglais, de *to build* « construire ».

BUIS [bɥi] n. m. ✦ Arbuste à feuilles persistantes vert foncé. *Buis taillé en boule. Buis bénit :* branche de buis que le prêtre bénit le jour des Rameaux. ◆ Bois jaunâtre, dense et dur de cette plante. *Sculpter du buis.*
ÉTYM. latin *buxus*, du grec *pyxos.*

BUISSON [bɥisɔ̃] n. m. 1. Touffe d'arbrisseaux sauvages. *Un buisson de ronces. Battre les buissons* (pour lever le gibier). 2. Mets arrangé en forme de pyramide hérissée. *Buisson d'écrevisses.*
ÉTYM. famille de *bois.*

BUISSONNER [bɥisɔne] v. intr. (conjug. 3a) ✦ Pousser en forme de buisson.
► **BUISSONNANT, ANTE** [bɥisɔnɑ̃, ɑ̃t] adj.

BUISSONNEUX, EUSE [bɥisɔnø, øz] adj. ✦ Couvert de buissons ; fait de buissons.

BUISSONNIER, IÈRE [bɥisɔnje, jɛʀ] adj. ✦ loc. *Faire l'école buissonnière :* flâner, se promener au lieu d'aller en classe ; par ext. ne pas aller travailler.
ÉTYM. de *buisson.*

BULBAIRE [bylbɛʀ] adj. ✦ Du bulbe rachidien. *Syndrome bulbaire.*

BULBE [bylb] n. m. 1. Organe végétal souterrain, renflé, qui contient des réserves nutritives. SYN. **oignon.** *Plantes à bulbe* (lis, glaïeul, tulipe...). 2. ANAT. Renflement arrondi. *Bulbe rachidien,* à la base de l'encéphale. 3. Coupole renflée au faîte resserré en pointe. *Les bulbes d'une église russe.*
ÉTYM. latin *bulbus*, du grec.

BULBEUX, EUSE [bylbø, øz] adj. 1. BOT. Qui a un bulbe. 2. En forme de bulbe.

BULGARE [bylgaʀ] adj. et n. ✦ De Bulgarie (☞ noms propres). ➝ n. *Les Bulgares.* ◆ n. m. *Le bulgare* (langue slave).
ÉTYM. latin *Bulgarus* ; doublet de *bougre.*

BULLDOZER [byldɔzɛʀ ; buldozœʀ] n. m. ✦ anglicisme 1. Engin de terrassement, tracteur à chenilles très puissant. *Des bulldozers.* ➝ recomm. offic. BOUTEUR. 2. fig. FAM. Personne décidée que rien n'arrête.
ÉTYM. mot américain.

BULLE [byl] n. f. **I** 1. HIST. Boule de métal attachée à un sceau ; ce sceau. 2. Lettre patente du pape, portant son sceau. *Fulminer une bulle. Une bulle d'excommunication.* **II** 1. Petite sphère remplie d'air ou de gaz qui s'élève à la surface d'un liquide en mouvement, en ébullition. *Liquide qui fait des bulles.* → **effervescent, gazeux, pétillant.** ◆ Sphère formée d'une pellicule remplie d'air. *Bulles de savon qui s'envolent.* ◆ Globule gazeux qui se forme dans une matière en fusion. *Les bulles du verre.* 2. Enceinte stérile dans laquelle sont placés les enfants atteints de déficience immunitaire (dits *bébés-bulle*). 3. Espace délimité par une ligne fermée, où sont inscrites les paroles ou les pensées d'un personnage de bande dessinée.
ÉTYM. latin *bulla* ; doublet de *boule.*

BULLETIN [bylt̃ɛ] **n. m.** **1.** Information émanant d'une autorité, d'une administration, et communiquée au public. SYN. **communiqué.** *Bulletin d'état civil, de naissance,* établi dans une mairie. – *Bulletin (scolaire) :* rapport contenant les notes d'un élève. ◆ Article de journal donnant des nouvelles dans un certain domaine. *Bulletin de l'étranger.* – *Bulletin d'information* (radio, télévision). **2.** Certificat ou récépissé. *Bulletin de salaire.* → **feuille,** ① **fiche. 3.** *Bulletin de vote,* papier indicatif d'un vote, que l'électeur dépose dans l'urne. *Bulletin nul,* irrégulier. *Bulletin blanc,* vierge (en signe d'abstention).
ÉTYM. famille de *bulle* «sceau».

BULL-TERRIER [bultɛʀje] **n. m.** ✦ Chien ratier d'une race anglaise. *Des bull-terriers.*
ÉTYM. mot anglais, de *bulldog* et *terrier.*

BULOT [bylo] **n. m.** ✦ Gros mollusque gastéropode comestible, appelé aussi *buccin.*
ÉTYM. mot du Nord-Ouest, p.-ê. germanique.

BUNGALOW [bœ̃galo] **n. m.** **1.** Maison indienne basse entourée de vérandas. **2.** Petit pavillon en rez-de-chaussée. *Des bungalows.*
ÉTYM. mot anglais, de l'hindi «(maison) du *Bengale*». ☞ noms propres.

BUNKER [bunkœʀ ; bunkɛʀ] **n. m.** ✦ Casemate construite par les Allemands pendant la Seconde Guerre mondiale. – Construction souterraine très protégée. *Des bunkers.*
ÉTYM. mot allemand, de l'anglais.

BURALISTE [byʀalist] **n.** ✦ Personne préposée à un bureau de recette, de timbre, de poste. – Personne qui tient un bureau de tabac.
ÉTYM. de *bureau.*

BURE [byʀ] **n. f.** ✦ Grossière étoffe de laine brune. – Vêtement de cette étoffe. *La bure du moine.*
ÉTYM. peut-être latin populaire *burra* ; famille de ① *bourre.*

BUREAU [byʀo] **n. m.** **I 1.** Table sur laquelle on écrit, on travaille ; meuble de travail où l'on peut enfermer des papiers, etc. SYN. **secrétaire.** *Bureau ministre :* grand bureau. *Être assis à, derrière son bureau.* **2.** Pièce où est installée la table de travail, avec les meubles indispensables (bibliothèque, etc.). → **cabinet.** *Le bureau d'un avocat.* **3.** INFORM. Espace de travail sur l'écran d'un ordinateur. **II 1.** Lieu de travail des employés (d'une administration, d'une entreprise). *Les bureaux d'une société.* → **siège.** *Employé de bureau. Aller au bureau, à son bureau.* ◆ Établissement ouvert au public et où s'exerce un service d'intérêt collectif. *Bureau de poste. Bureau de vote.* – *BUREAU DE TABAC,* où se fait la vente du tabac. ◆ *Jouer une pièce de théâtre à bureaux fermés.* SYN. **guichet. 2.** Service (assuré dans un bureau). *Un bureau d'étude.* anciennt *Deuxième Bureau,* service de renseignements de l'armée. **3.** VIEILLI Membres d'une assemblée élus par leurs collègues pour diriger les travaux, mener l'action. *Bureau politique d'un parti,* sa direction.
ÉTYM. peut-être de *bure* ; d'abord «tapis de table» puis «table ainsi couverte».

BUREAUCRATE [byʀokʀat] **n.** **1.** Fonctionnaire, employé imbu de son importance et abusant de son pouvoir sur le public. **2.** péj. Employé de bureau.
ÉTYM. de *bureaucratie.*

BUREAUCRATIE [byʀokʀasi] **n. f.** **1.** Pouvoir politique des bureaux ; influence abusive de l'Administration. **2.** L'ensemble des fonctionnaires ; leur pouvoir dans l'État.
ÉTYM. de *bureau* (II) et *-cratie.*

BUREAUCRATIQUE [byʀokʀatik] **adj.** ✦ Propre à la bureaucratie. *Une société bureaucratique.*

BUREAUCRATISER [byʀokʀatize] **v. tr.** (conjug. 3a) ✦ Transformer par la mise en place d'une bureaucratie.
► **BUREAUCRATISATION** [byʀokʀatizasjɔ̃] **n. f.**

BUREAUTIQUE [byʀotik] **n. f.** ✦ Ensemble des techniques visant à automatiser les travaux de bureau. – **adj.** *Logiciels bureautiques.*
ÉTYM. nom déposé, de *bureau* et *informatique.*

BURETTE [byʀɛt] **n. f.** **1.** Flacon destiné à contenir les saintes huiles, ou l'eau et le vin de la messe. **2.** Petit flacon à goulot. **3.** Récipient à tubulure, spécialt pour injecter l'huile de graissage.
ÉTYM. de *buire* «vase», probablement du francique.

BURGER [bœʀgœʀ] **n. m.** ✦ anglicisme Hamburger.
ÉTYM. mot américain, abréviation de *hamburger.*

BURGRAVE [byʀgʀav] **n. m.** ✦ HIST. Commandant d'une place forte ou d'une ville, dans le Saint Empire romain germanique. *« Les Burgraves »* (drame de Victor Hugo).
ÉTYM. allemand ancien, littéralement «comte *(Graf)* d'un château, d'une ville *(Burg)*».

BURIN [byʀɛ̃] **n. m.** **1.** Ciseau d'acier qui sert à graver. – par ext. Gravure au burin. **2.** TECHN. Ciseau d'acier pour couper les métaux, dégrossir les pièces.
ÉTYM. probablt italien anc. *burino,* d'origine germanique.

BURINER [byʀine] **v. tr.** (conjug. 3a) ✦ Graver, travailler au burin.
► **BURINÉ, ÉE adj. 1.** Gravé au burin. **2.** fig. *Visage buriné, traits burinés,* marqués et énergiques.

BURLAT [byʀla] **n. f.** ✦ Grosse cerise bigarreau rouge foncé, à chair ferme.
ÉTYM. du nom d'un botaniste.

BURLESQUE [byʀlɛsk] **adj. et n. m. 1. adj.** D'un comique extravagant et déroutant. SYN. **bouffon.** *Accoutrement burlesque. Film burlesque.* – Ridicule et absurde. SYN. **grotesque.** *Idée burlesque.* **2. n. m.** Caractère d'une chose burlesque, absurde et ridicule. ◆ Genre littéraire parodique, à la mode au XVIIe siècle. – Genre comique du cinéma.
ÉTYM. italien *burlesco,* de *burla* «plaisanterie», de l'espagnol.

BURNOUS [byʀnu(s)] **n. m.** ✦ Grand manteau de laine à capuchon et sans manches, en usage dans les pays du Maghreb. – loc. FAM. *Faire suer le burnous,* exploiter durement qqn (à la manière des colons qui exploitaient la main-d'œuvre locale).
ÉTYM. de l'arabe.

BURN-OUT [bœʀnaut] **n. m. invar.** ✦ anglicisme Syndrome d'épuisement professionnel, caractérisé par une fatigue intense et une grande détresse.
ÉTYM. mot anglais, de *to burn out* «s'user, s'épuiser».

BURQA [byʀka] **n. f.** ✦ Voile épais, ajouré au niveau des yeux, recouvrant intégralement le corps des femmes, dans certains pays musulmans.
ÉTYM. de l'arabe *burq'* «voile».

BURRITO [burito] **n. m.** ✦ Tortilla de blé roulée, garnie de viande et de légumes (cuisine mexicaine).
ÉTYM. mot hispano-américain, diminutif de *burro* «âne».

BUS [bys] **n. m.** ✦ Autobus. *Ticket de bus.*
ÉTYM. abréviation de *omnibus.*

BUSARD [byzaʀ] **n. m.** ✦ Oiseau rapace diurne, à longues ailes et longue queue.
ÉTYM. de ① *buse.*

BUSC [bysk] **n. m.** ✦ **ancienn^t** Corset renforcé. ◆ Baleine de corset.
ÉTYM. italien *busco* «bûchette», croisé avec *buste.*

① **BUSE** [byz] **n. f.** 1. Oiseau rapace diurne, aux formes lourdes, qui se nourrit de rongeurs. 2. **fig. FAM.** Personne sotte et ignorante. *Triple buse !*
ÉTYM. de l'ancien français *buison*, latin *buteo.*

② **BUSE** [byz] **n. f.** ✦ Conduit, tuyau. *Buse en ciment.*
ÉTYM. peut-être de l'ancien français *busel*, du latin *buccina* «trompette, buccin».

BUSINESS [biznɛs] **n. m.** ✦ **anglicisme FAM.** 1. **VX** Travail. 2. Chose, truc. 3. Commerce, affaires. *Faire du business. Le big business* : le monde du grand capitalisme. ➛ **variante** BIZNESS.
ÉTYM. mot anglais, de *busy* «occupé».

BUSINESSMAN [biznɛsman] **n. m.** ✦ **anglicisme** Homme d'affaires. *Des businessmans* ou *des businessmen* [biz nɛsmɛn] **(plur. anglais).**
ÉTYM. mot anglais.

BUSQUÉ, ÉE [byske] **adj.** ✦ (nez) Qui présente une courbure convexe. SYN. **aquilin.**
ÉTYM. de *busc.*

BUSTE [byst] **n. m.** 1. Partie supérieure du corps humain, de la tête à la ceinture. SYN. **torse.** 2. Portrait sculpté représentant la tête et une partie des épaules, de la poitrine, souvent sans les bras.
ÉTYM. italien *busto*, du latin *bustum* «bûcher funéraire» puis «monument funéraire (en buste)».

BUSTIER [bystje] **n. m.** ✦ Sous-vêtement féminin ou corsage sans bretelles qui maintient le buste jusqu'à la taille.

BUT [by(t)] **n. m.** 1. Point visé, objectif. SYN. **cible.** *Atteindre, toucher le but.* ➛ **loc. adv.** *De but en blanc* : sans préparation, brusquement. *Interroger qqn de but en blanc.* 2. Point que l'on se propose d'atteindre. SYN. ① **terme.** *Un but de promenade. Errer sans but.* 3. **SPORTS** Espace déterminé que doit franchir le ballon pour qu'un point soit marqué. *Gardien de but.* → **goal.** ➛ **par ext.** Le point marqué. *Marquer un but. Gagner par trois buts à un.* 4. **fig.** Ce que l'on se propose d'atteindre, ce à quoi l'on tente de parvenir. SYN. **dessein,** ② **objectif.** *Avoir un but dans la vie. Avoir pour but de...* **GRAMM.** *Complément circonstanciel de but* (introduit par *pour, afin de, en vue de...*). ➛ **loc.** *Toucher au but* : être près de réussir. *Aller droit au but*, sans détour. ➛ **loc. prép.** *Dans un but* (+ adj.) ; dans le but de, dans le dessein, l'intention de. HOM. BU (p. passé de *boire*), BUTTE «monticule»
ÉTYM. peut-être ancien scandinave *butr* «bûche (servant de cible)» ou variante de *bout.*

BUTANE [bytan] **n. m.** ✦ Hydrocarbure gazeux saturé employé comme combustible. *Une bouteille de butane.* ➛ **appos.** *Gaz butane.*
ÉTYM. famille de *butyro-.*

BUTÉ, ÉE [byte] **adj.** ✦ Entêté dans son opinion, dans son refus de comprendre. SYN. **obstiné, têtu.** *Il est buté.* ➛ *Un air buté.* CONTR. **ouvert.**
ÉTYM. du participe passé de ① *buter.*

BUTÉE [byte] **n. f.** 1. Massif de maçonnerie destiné à supporter une poussée. ➛ Culée d'un pont. 2. Organe, pièce limitant un mouvement. *La butée d'un tiroir.* HOM. BUTÉ «têtu», ① BUTER «heurter», ② BUTER «tuer», BUTTER «garnir (une plante) de terre»
ÉTYM. du participe passé de ① *buter.*

① **BUTER** [byte] **v.** (conjug. 3a) **I v. intr.** 1. Heurter le pied (contre qqch. de saillant). *Buter contre une pierre.* ➛ **fig.** *Buter sur, contre* (une difficulté). SYN. se **heurter** à. *Buter sur un mot*, avoir du mal à le prononcer. 2. S'appuyer, être calé. *La poutre bute contre le mur.* **II v. tr.** *Buter qqn*, l'acculer à une position de refus entêté. SYN. **braquer. III** *SE BUTER* **v. pron.** S'entêter, se braquer. HOM. BUTÉ «têtu», BUTÉE «pièce qui bute», BUTTER «garnir (une plante) de terre»
ÉTYM. de *but.*

② **BUTER** [byte] **v. tr.** (conjug. 3a) ✦ **ARGOT** Tuer, assassiner. *Se faire buter.*
ÉTYM. de *butte*, argot «échafaud».

BUTEUR, EUSE [bytœʀ, øz] **n.** ✦ **au football, au rugby** Joueur, joueuse qui marque des buts.

BUTIN [bytɛ̃] **n. m.** 1. Ce qu'on prend aux ennemis, pendant une guerre, après la victoire. 2. Produit d'un vol, d'un pillage. *Partager le butin.* 3. Produit, récolte qui résulte d'une recherche. *Le butin des abeilles.*
ÉTYM. de l'allemand ancien «partage».

BUTINER [bytine] **v.** (conjug. 3a) 1. **v. intr.** (abeille) Visiter les fleurs pour y chercher la nourriture de la ruche. 2. **v. tr.** *Les abeilles butinent les fleurs.* ➛ **fig.** *Butiner des renseignements.* SYN. **glaner.**
ÉTYM. de *butin* (3).

BUTOIR [bytwaʀ] **n. m.** 1. Pièce ou dispositif servant à arrêter. *Le butoir d'une porte.* 2. **fig.** *Date butoir* : dernier délai. SYN. **limite.**
ÉTYM. de ① *buter.*

BUTOR [bytɔʀ] **n. m.** 1. Échassier des marais au plumage fauve et tacheté, aux formes lourdes. 2. **fig.** Grossier personnage, sans finesse ni délicatesse. SYN. **lourdaud, malappris, rustre.**
ÉTYM. probablement du latin populaire *buti-taurus*, de *buteo* «buse» et *taurus* «taureau».

BUTTE [byt] **n. f.** 1. Tertre naturel ou artificiel où l'on adosse la cible. *Butte de tir.* ➛ *ÊTRE EN BUTTE À* : être exposé à. *Être en butte à des moqueries.* 2. Petite éminence de terre, petite colline. SYN. **monticule, tertre.** *La butte Montmartre* ou **absolt** *la Butte.* ➛ **GÉOL.** *Butte-témoin* : relief résiduel. HOM. BUT «objectif»
ÉTYM. de *but.*

BUTTER [byte] **v. tr.** (conjug. 3a) ✦ Garnir (une plante) de terre qu'on élève autour du pied. HOM. BUTÉ «têtu», BUTÉE «pièce qui bute», ① BUTER «heurter», ② BUTER «tuer»
ÉTYM. de *butte.*

BUTTERNUT [bœtœʀnœt] **n. m.** ✦ **anglicisme** Variété de courge en forme de poire, à la saveur douce.
ÉTYM. mot anglais.

BUTYR(O)- Élément savant, du latin *butyrum* «beurre».

A B C D E F G H I J K L M N O P Q R S T U V W X Y Z

BUVABLE [byvabl] **adj.** **1.** Qui peut se boire. *Ce vin est à peine buvable.* ➛ *Ampoule buvable* (opposé à *injectable*). **2.** **fig.** **FAM.** (en tournure négative) Supportable, tolérable. *Ce type n'est pas buvable.* CONTR. **imbuvable.**

ÉTYM. du radical *buv-* de *boire* et suffixe *-able.*

BUVARD [byvaʀ] **n. m.** ✦ Papier qui boit l'encre. ➛ **appos.** *Papier buvard.*

ÉTYM. du radical *buv-* de *boire.*

BUVETTE [byvɛt] **n. f.** ✦ Petit local ou comptoir où l'on sert à boire. *La buvette du stade.* SYN. **buffet.**

ÉTYM. du radical *buv-* de *boire.*

BUVEUR, EUSE [byvœʀ, øz] **n.** **1.** Personne qui aime boire du vin, des boissons alcoolisées. SYN. **alcoolique.** *Un buveur invétéré.* **2.** Personne qui est en train de boire. ➛ Personne qui a l'habitude de boire (telle ou telle boisson). *Une grande buveuse de thé.*

ÉTYM. du radical *buv-* de *boire.*

BUZZ [bœz] **n. m.** ✦ **anglicisme** Rumeur destinée à créer l'évènement. *Cette vidéo fait le buzz sur Internet.* ➜ **buzzer.** ➛ **recomm. offic.** *bouche à oreille.*

ÉTYM. mot anglais, d'une onomatopée évoquant le bourdonnement.

BUZZER [bœze] **v. intr.** (conjug. 3a) ✦ **anglicisme** Créer du buzz. *Cette vidéo buzze sur le Net.*

BYE-BYE [bajbaj] **interj.** ✦ **anglicisme** **FAM.** Au revoir. SYN. **salut.**

ÉTYM. mot anglais.

BYSSUS [bisys] **n. m.** ✦ **ZOOL.** Faisceau de filaments qui permet à certains mollusques (moules, etc.) de se fixer.

ÉTYM. mot latin, du grec *bussos* «lin».

BYZANTIN, INE [bizɑ̃tɛ̃, in] **adj.** **1.** De Byzance (☛ noms propres). *L'Empire byzantin :* Empire romain d'Orient (fin IVe siècle-1453). *L'art byzantin,* de l'Empire byzantin. ➛ **n.** *Les Byzantins.* **2.** **fig.** Qui évoque, par son excès de subtilité, son caractère formel et oiseux, les disputes théologiques de Byzance. *Querelles byzantines.*

BZZZ... [bzz] **interj.** ✦ Bruit de sifflement continu. SYN. **zzz.**

ÉTYM. onomatopée.

C

C [se] **n. m. invar.** **1.** Troisième lettre, deuxième consonne de l'alphabet, servant à noter les sons [s] *(céleste, cymbale)* ou [k] *(car, court).* ◆ REM. C cédille (ç) se prononce toujours [s] : *garçon, façade ; ch* se prononce [ʃ] : *chanson, chemin,* ou [k] : *chœur.* **2.** C (majuscule), chiffre romain (cent). **3.** C [se] CHIM. Symbole du carbone.
HOM. CES (adj. dém.), SES (adj. poss.)

CA [sea] **n. m. invar.** ✦ GRAMM. Complément d'agent*. *Le CA est introduit par «de» ou «à».*
ÉTYM. sigle.

Ca [sea] ✦ CHIM. Symbole du calcium.

① **ÇA** [sa] **pron. dém.** **1.** FAM. Cela, ceci. *Il ne manquait plus que ça. À part ça.* ➝ *C'est comme ça :* c'est ainsi. *Il y a de ça :* c'est assez vrai. *Comme ça, vous ne restez pas ? Ça a marché. Sans ça :* sinon. ➝ (personnes) *Les enfants, ça grandit vite.* **2.** (pour marquer l'approbation) *C'est ça !* ◆ (pour marquer l'indignation, l'étonnement, la surprise) *Ah ça, alors !* HOM. voir ② ça
ÉTYM. de *cela.*

② **ÇA** [sa] **n. m.** ✦ PSYCH. L'une des trois instances de la personnalité (selon Freud), ensemble des pulsions inconscientes. HOM. ÇÀ (adv. de lieu), SA (adj. poss.)
ÉTYM. traduction de l'allemand *Es.*

ÇÀ [sa] **adv. de lieu** ✦ *ÇÀ ET LÀ :* de côté et d'autre. *Quelques arbres sont plantés çà et là.* HOM. ① ÇA (pron. dém.), SA (adj. poss.)
ÉTYM. latin *ecce hac* «voici par ici».

CABALE [kabal] **n. f.** **I** VX Magie ésotérique, occultisme. ➝ **cabalistique.** **II** VIEILLI **1.** Entente secrète de plusieurs personnes dirigée contre (qqn, qqch.). SYN. **complot, conjuration, conspiration.** *Faire, monter une cabale contre qqn.* **2.** Ceux qui forment une cabale. SYN. **faction, ligue.**
ÉTYM. de l'hébreu *qabbala* «tradition» ; d'abord «interprétation de la Bible».

CABALISTIQUE [kabalistik] **adj.** **1.** Qui a rapport à la science occulte. SYN. **ésotérique, magique.** **2.** Mystérieux, incompréhensible. *Des caractères, des signes cabalistiques.*
ÉTYM. de *cabale,* I.

CABAN [kabɑ̃] **n. m.** ✦ Manteau court en drap de laine (porté à l'origine par les marins). SYN. **vareuse.** *Un caban bleu marine.*
ÉTYM. du sicilien, de l'arabe *qaba* «tunique».

CABANE [kaban] **n. f.** **1.** Petite habitation grossièrement construite. SYN. **cahute, case, hutte.** *Une cabane en planches.* **2.** *Cabane à lapins,* pour élever des lapins. SYN. **clapier.** **3.** FAM. *Mettre qqn en cabane,* en prison.
ÉTYM. occitan *cabanna,* du latin d'Espagne *capanna.*

CABANON [kabanɔ̃] **n. m.** **1.** Cachot où l'on enfermait les fous jugés dangereux. **2.** en Provence Petite maison de campagne. **3.** Petite cabane de jardin.
ÉTYM. de *cabane.*

CABARET [kabaʀɛ] **n. m.** **1.** VX Établissement où l'on sert des boissons. SYN. ② **café, estaminet.** **2.** Établissement où l'on présente un spectacle et où les clients peuvent consommer des boissons, souper, danser.
ÉTYM. néerlandais ancien *cabret,* du picard *camberete* «petite chambre».

CABARETIER, IÈRE [kabaʀ(ə)tje, jɛʀ] **n.** ✦ anciennt Personne qui tient un cabaret.

CABAS [kaba] **n. m.** ✦ Panier souple, sac à provisions que l'on porte au bras. *Faire son marché avec un cabas.*
ÉTYM. ancien occitan, peut-être famille du latin *capax* «qui contient beaucoup».

CABERNET [kabɛʀnɛ] **n. m.** ✦ Cépage à petits grains (grains rouges). *Cabernet sauvignon.*
ÉTYM. mot du Médoc, de *carmenet,* peut-être de *carmin* ou de l'arabe *karm* «vigne».

CABESTAN [kabɛstɑ̃] **n. m.** ✦ Treuil à axe vertical sur lequel peut s'enrouler un câble, et qui sert à tirer, à monter des fardeaux.
ÉTYM. origine obscure.

CABILLAUD [kabijo] **n. m.** ✦ Morue fraîche.
ÉTYM. ancien néerlandais *kabeljau,* du basque *bacallao.*

CABINE [kabin] **n. f.** **1.** Petite chambre, à bord d'un navire. *Les cabines d'un paquebot.* **2.** Habitacle. *La cabine et le poste de pilotage d'un avion. Cabine spatiale* (d'un engin spatial). **3.** Petit réduit. *Cabine de bain,* où l'on se déshabille, à la plage ou à la piscine. ➝ *Cabine téléphonique. Cabine d'essayage.* ➝ *La cabine d'un*

ascenseur, d'un téléférique.
ÉTYM. peut-être anglais *cabin* par l'ancien picard ; apparenté à *cabane*.

CABINET [kabinɛ] **n. m.** **I** **1.** Petite pièce située à l'écart. SYN. **cagibi,** ② **réduit.** – *CABINET DE TOILETTE :* petite salle d'eau (avec lavabo). **2.** *CABINET DE TRAVAIL :* pièce où l'on se retire (pour travailler). SYN. **bureau. 3.** Lieu d'exercice de certaines professions libérales (avocat, médecin...). *Cabinet médical.* **4.** *Les cabinets.* SYN. **toilette**(s), **waters, W.-C.** *Aller aux cabinets.* **II** Le gouvernement. *Le cabinet a été renversé.* – Service d'un ministère, d'une préfecture. *Le cabinet du ministre. Chef de cabinet.*
ÉTYM. de *cabine.*

CÂBLAGE [kɑblaʒ] **n. m.** **1.** Action de câbler. **2.** TECHN. Fils de montage d'un appareil électrique ; connexions d'un appareil électronique.

CÂBLE [kɑbl] **n. m.** **1.** Faisceau de fils tressés. SYN. **corde.** – Gros cordage ou amarre en acier. *Câble de remorque.* **2.** *Câble électrique,* fil conducteur métallique protégé. *Poser des câbles sous-marins.* ◆ *Câble de télévision. Télévision par câble.* → **câblodistribution.** – *Le câble :* la télévision par câble. **3.** VIEILLI Télégramme. *Envoyer un câble.*
ÉTYM. bas latin *capulum.*

CÂBLER [kɑble] **v. tr.** (conjug. 3a) **1.** Assembler (plusieurs fils) en (les) tordant ensemble en un seul câble. **2.** Équiper de câbles, **spécialt** en télévision. **3.** VIEILLI Envoyer (une dépêche) par câble télégraphique.

CÂBLIER [kɑblije] **n. m.** **1.** Fabricant de câbles. **2.** Navire qui pose, répare des câbles sous-marins.

CÂBLODISTRIBUTION [kablodistʀibysjɔ̃] **n. f.** ✦ TECHN. Diffusion d'émissions télévisées par câbles, par réseaux d'abonnés (appelée couramment *le câble*).
ÉTYM. de *câble* et *distribution.*

CABOCHARD, ARDE [kabɔʃaʀ, aʀd] **adj. et n.** ✦ FAM. Entêté. SYN. **têtu.**
ÉTYM. de *caboche*, suffixe *-ard.*

CABOCHE [kabɔʃ] **n. f.** ✦ FAM. Tête. *Il a une sacrée caboche ! :* il est têtu.
ÉTYM. de l'ancien picard *caboce ;* famille de *bosse.*

CABOCHON [kabɔʃɔ̃] **n. m.** ✦ Pierre précieuse ou pièce de cristal polie, non taillée en facettes.
ÉTYM. de *caboche.*

CABOSSER [kabɔse] **v. tr.** (conjug. 3a) ✦ Faire des bosses à. SYN. **bosseler, déformer.** *Cabosser une valise.* – **au p. passé** *Une vieille voiture toute cabossée.*
ÉTYM. de *bosse.*

① **CABOT** [kabo] **n. m.** **1.** FAM. Chien. **2.** Chabot.
ÉTYM. p.-ê. du latin *caput,* idée de «grosse tête».

② **CABOT** [kabo] **n. m.** ✦ Cabotin. – **adj.** (**invar. en genre**) *Il, elle est vraiment trop cabot.*
ÉTYM. abréviation de *cabotin.*

CABOTAGE [kabɔtaʒ] **n. m.** ✦ Navigation près des côtes.
ÉTYM. de *caboter,* p.-ê. de l'espagnol *cabo* «cap».

CABOTEUR [kabɔtœʀ] **n. m.** ✦ Bateau qui fait du cabotage.
ÉTYM. de *caboter* → cabotage.

CABOTIN, INE [kabɔtɛ̃, in] **n.** **1.** Mauvais acteur. **2.** Personne qui cherche à se faire remarquer par des manières affectées. SYN. ② **cabot.** – **adj.** *Elle est un peu cabotine.*
ÉTYM. origine incertaine, p.-ê. d'un nom propre, ou famille du latin *caput* «tête».

CABOTINER [kabɔtine] **v. intr.** (conjug. 3a) ✦ Se comporter comme un cabotin.
► **CABOTINAGE** [kabɔtinaʒ] **n. m.**

CABOULOT [kabulo] **n. m.** ✦ FAM. VX Café, cabaret populaire.
ÉTYM. mot franc-comtois «réduit», de *cabane* et de *boulo* «étable», d'origine gauloise.

CABRER [kabʀe] **v. tr.** (conjug. 3a) **I** *SE CABRER* **v. pron.** **1.** (**animaux**) Se dresser sur les pattes de derrière. *Cheval qui se cabre devant l'obstacle.* **2.** **fig.** (**personnes**) Se révolter. SYN. se **braquer,** se **buter.** *Se cabrer à l'idée de céder.* **II** **1.** Faire se dresser (un animal). *Cabrer son cheval.* **2.** *Cabrer un avion,* en redresser l'avant. **3.** **fig.** *Cabrer qqn.*
► **CABRAGE** [kabʀaʒ] **n. m.**
ÉTYM. de l'ancien occitan *cabra* «chèvre».

CABRI [kabʀi] **n. m.** **1.** Petit de la chèvre. SYN. **biquet, chevreau.** *Des sauts de cabri.* **2.** Chèvre naine, en Afrique noire.
ÉTYM. ancien occitan, du latin *capra* «chèvre».

CABRIOLE [kabʀijɔl] **n. f.** **1.** **au plur.** Bonds légers, capricieux, désordonnés. SYN. **galipette, gambade. 2.** Culbute, pirouette.
ÉTYM. italien *capriola,* de *capra* «chèvre».

CABRIOLER [kabʀijɔle] **v. intr.** (conjug. 3a) ✦ Faire la cabriole, des cabrioles.

CABRIOLET [kabʀijɔlɛ] **n. m.** **1.** **anciennt** Voiture à cheval, à deux roues, à capote mobile. **2.** Automobile décapotable. *Un cabriolet grand sport.* **3.** **anciennt** Chapeau de femme dont les bords encadraient le visage. SYN. **capote.**
ÉTYM. de *cabrioler,* parce que la voiture saute.

CACA [kaka] **n. m.** **1.** FAM. **ou lang. enfantin** Excrément. *Un caca de chien.* SYN. **crotte.** *Du caca. Faire caca dans sa culotte.* – **exclam.** *Caca boudin !* **2.** *CACA D'OIE :* couleur jaune verdâtre. – **adj. invar.** *Des uniformes caca d'oie.*
ÉTYM. du latin *cacare* «aller à la selle».

CACAHOUÈTE ou **CACAHUÈTE** [kakawɛt] **n. f.** ✦ Fruit, graine de l'arachide, qui se mange grillé. *Un paquet de cacahouètes.*
ÉTYM. aztèque *tlacacahuatl,* littéralement «cacao de terre», par l'espagnol *cacahuete.*

CACAO [kakao] **n. m.** **1.** Graine du cacaoyer qui sert à fabriquer le chocolat. **2.** Poudre de cette graine que l'on dissout pour en faire une boisson chaude. *Une tasse de cacao.* SYN. **chocolat.**
ÉTYM. aztèque *cacahuatl.*

CACAOTÉ, ÉE [kakaɔte] **adj.** ✦ Qui contient du cacao. SYN. **chocolaté.** *Boisson cacaotée.*

CACAOYER [kakaɔje] **n. m.** ✦ Arbre d'Amérique du Sud dont les fruits contiennent les fèves de cacao. – **On dit aussi** CACAOTIER [kakaɔtje].

CACARDER [kakaʀde] **v. intr.** (conjug. 3a) ✦ Crier (de l'oie).
ÉTYM. onomatopée.

CACATOÈS [kakatɔɛs] **n. m.** ✦ Perroquet dont la tête est ornée d'une huppe aux vives couleurs.
ÉTYM. malais *kakatua,* par le néerlandais.

CACATOIS [kakatwa] **n. m.** ✦ Petite voile carrée au-dessus du perroquet.
ÉTYM. variante de *cacatoès.*

CACHALOT [kaʃalo] **n. m.** ✦ Mammifère marin (cétacé) de la taille de la baleine, pourvu de dents.
ÉTYM. espagnol *cachalote,* de *cachola* «grosse tête».

① **CACHE** [kaʃ] **n. f.** ✦ Cachette. *Une cache d'armes.*
HOM. CASH «argent comptant»
ÉTYM. de *cacher.*

② **CACHE** [kaʃ] **n. m.** ✦ Papier destiné à cacher une partie d'une surface (une partie de la pellicule à impressionner, etc.). HOM. CASH «argent comptant»
ÉTYM. de *cacher.*

CACHE-CACHE [kaʃkaʃ] **n. m. invar.** ✦ Jeu où l'un des joueurs doit découvrir les autres qui sont cachés. ➛ loc. fig. *Jouer à cache-cache,* ne pas se rencontrer, alors qu'on se cherche.
ÉTYM. de *cacher.*

CACHE-COL [kaʃkɔl] **n. m.** ✦ Écharpe qui entoure le cou. SYN. **cache-nez.** *Des cache-cols.*
ÉTYM. de *cacher* et *col,* ancienne forme de *cou.*

CACHEMIRE [kaʃmiʀ] **n. m.** 1. Tissu ou tricot fin en poil de chèvre, mêlé de laine. *Pull-over en cachemire.* ➛ On emploie parfois la variante *cashmere* (anglicisme). 2. *Châle de cachemire,* à impression de feuilles stylisées. ➛ appos. invar. *Motifs cachemire.*
ÉTYM. du nom de l'État du *Cachemire.* ☞ noms propres.

CACHE-MISÈRE [kaʃmizɛʀ] **n. m.** ✦ Vêtement de bonne apparence sous lequel on cache des habits usés. *Des cache-misère* (invar.) ou *des cache-misères.*
ÉTYM. de *cacher* et *misère.*

CACHE-NEZ [kaʃne] **n. m. invar.** ✦ Grosse écharpe protégeant le cou et le bas du visage. SYN. **cache-col.**
ÉTYM. de *cacher* et *nez.*

CACHE-POT [kaʃpo] **n. m.** ✦ Vase décoratif qui sert à cacher un pot de fleurs. *Des cache-pots.*

CACHE-PRISE [kaʃpʀiz] **n. m.** ✦ Dispositif de sécurité en matière isolante qui se place dans les prises de courant. *Des cache-prises.*

CACHER [kaʃe] **v. tr.** (conjug. 3a) **I** 1. Soustraire (qqch.) à la vue ; empêcher (qqch.) d'être vu. SYN. **dissimuler,** FAM. **planquer.** *Cacher des bijoux.* 2. (choses) Empêcher de voir. *Cet arbre cache le soleil, la vue.* SYN. ① **boucher, masquer.** 3. Empêcher (qqch.) d'être su, connu (SYN. **déguiser, dissimuler**) ; ne pas exprimer (SYN. **rentrer**). *Cacher sa déception.* ➛ Ne pas dire. *Elle cache son âge. Je ne vous cache pas que...* (+ indic.) : je l'avoue, je le reconnais. **II** *SE CACHER* **v. pron.** 1. Faire en sorte de n'être pas vu, trouvé, se mettre à l'abri, en lieu sûr. *Se cacher derrière un arbre, sous un lit.* ➛ (choses) *Le soleil s'est caché* (derrière un nuage). 2. *SE CACHER DE qqn :* lui cacher ce que l'on fait ou dit. ➛ *Se cacher de qqch.,* ne pas reconnaître qqch. *Il a peur et ne s'en cache pas.*
CONTR. **exposer, montrer** • **avouer, exprimer, révéler** • **apparaître,** se **manifester.**
► **CACHÉ, ÉE adj.** *Un trésor caché.* ➛ *La face cachée de la Lune.* SYN. **invisible.** ➛ *Des sentiments cachés.*
ÉTYM. latin populaire *coacticare* «serrer», de *coactare* «contraindre».

CACHE-SEXE [kaʃsɛks] **n. m.** ✦ Petit triangle de tissu couvrant le bas-ventre. *Des cache-sexes.*

CACHET [kaʃɛ] **n. m.** **I** 1. anciennt Plaque ou cylindre d'une matière dure gravée avec laquelle on imprime une marque (sur de la cire). SYN. **sceau.** ➛ HIST. *LETTRE DE CACHET :* lettre au cachet du roi, contenant un ordre d'emprisonnement ou d'exil. *Les lettres de cachet.* 2. Marque apposée à l'aide d'un cachet (ou d'un tampon). SYN. **empreinte.** *Le cachet (d'oblitération) de la poste.* 3. Marque, signe caractéristique, distinctif. *Ce village a du cachet,* est pittoresque. 4. Rétribution d'un artiste, pour un engagement déterminé. *Le cachet d'un acteur.* **II** 1. Enveloppe de pain sans levain contenant un médicament en poudre. 2. abusivt Comprimé. *Un cachet d'aspirine.*
ÉTYM. de *cacher,* au sens de «presser».

CACHETAGE [kaʃtaʒ] **n. m.** ✦ Action de cacheter.

CACHE-TAMPON [kaʃtɑ̃pɔ̃] **n. m.** ✦ Jeu où l'on cache un objet que l'un des joueurs doit découvrir. *Jouer à cache-tampon. Des cache-tampons.*

CACHETER [kaʃte] **v. tr.** (conjug. 6b) 1. Fermer avec un cachet (I, 1) ; marquer d'un cachet (I, 2). SYN. **estampiller, sceller.** 2. Fermer (une enveloppe). ➛ au p. passé *Pli cacheté.* CONTR. **décacheter.**
ÉTYM. de *cachet,* I.

CACHETTE [kaʃɛt] **n. f.** 1. *EN CACHETTE* **loc. adv. :** en se cachant. SYN. en **catimini, discrètement,** en **secret ;** FAM. en **douce.** *Il fume en cachette.* **loc. prép.** *En cachette de qqn,* à son insu. CONTR. **franchement, ouvertement.** 2. Endroit retiré, propice à cacher (qqch. ou qqn). SYN. ① **cache,** FAM. **planque.**
ÉTYM. de *cacher.*

CACHEXIE [kaʃɛksi] **n. f.** ✦ Amaigrissement et fatigue généralisée dus à une grave maladie ou à la sous-alimentation.
ÉTYM. latin médiéval *cachexia,* du grec, de *kakos* «mauvais» et *hexis* «constitution».

CACHOT [kaʃo] **n. m.** 1. Cellule obscure, dans une prison. SYN. **geôle.** *Mettre, jeter un prisonnier dans un cachot.* 2. Punition (dans une prison) qui consiste à être enfermé seul dans une cellule. *Trois jours de cachot.* SYN. ARGOT **mitard.**
ÉTYM. de *cacher.*

CACHOTTERIE [kaʃɔtʀi] **n. f.** ✦ (surtout au plur.) Petit secret que l'on affecte de taire. *Faire des cachotteries.*
ÉTYM. de l'ancien verbe *cachotter,* de *cacher.*

CACHOTTIER, IÈRE [kaʃɔtje, jɛʀ] **n.** ✦ Personne qui aime faire des cachotteries. *Un petit cachottier.* ➛ **adj.** *Elle est cachottière.*
ÉTYM. de l'ancien verbe *cachotter,* de *cacher.*

CACHOU [kaʃu] **n. m.** 1. Extrait d'un acacia ou de la noix d'arec*. ◆ Pastille parfumée au cachou. *Boîte de cachous.* 2. **adjectivt invar.** De la couleur brun rouge du cachou. *Des volets cachou.*
ÉTYM. portugais *cacho,* du tamoul *kacu.*

CACIQUE [kasik] **n. m.** ✦ Ancien chef amérindien d'Amérique centrale.
ÉTYM. mot espagnol d'une langue indienne des Antilles (caraïbe).

| **CACO-** Élément, du grec *kakos* «mauvais».

CACOCHYME [kakɔʃim] **adj.** ✦ VX OU PLAIS. D'une constitution faible, d'une santé déficiente. SYN. **maladif.** ➡ *Un vieillard cacochyme.* CONTR. **valide, vigoureux.**
ÉTYM. grec *kakokhumos*, de *khumos* «humeur».

CACOPHONIE [kakɔfɔni] **n. f.** 1. Rencontre ou répétition désagréable de sons. SYN. **dissonance.** 2. Mélange confus, discordant de voix, de sons.
► **CACOPHONIQUE** [kakɔfɔnik] **adj.**
ÉTYM. grec *kakophônia* → caco- et -phonie.

CACTUS [kaktys] **n. m.** ✦ Plante grasse à tige charnue et épineuse, riche en sucs, en forme de palette ou de colonne.
ÉTYM. mot latin scientifique, du grec *kaktos* «plante épineuse».

C.-À-D. [sɛtadiʀ] ✦ Abréviation de *c'est-à-dire.*

CADASTRE [kadastʀ] **n. m.** ✦ Registre public où figurent les renseignements sur la surface et la valeur des propriétés foncières. *Consulter le cadastre.*
► **CADASTRAL, ALE, AUX** [kadastʀal, o] **adj.** *Plan cadastral.*
ÉTYM. mot occitan, de l'italien *catastico*, du grec *katastikhon.*

CADASTRER [kadastʀe] **v. tr.** (conjug. 3a) ✦ Mesurer, inscrire au cadastre.

CADAVÉRIQUE [kadaveʀik] **adj.** ✦ De cadavre. *Lividité, pâleur cadavérique.*
ÉTYM. du latin *cadaver* «cadavre».

CADAVRE [kadavʀ] **n. m.** **I** Corps mort, de l'homme et des animaux. SYN. **corps, dépouille.** ➡ HIST. LITTÉR. *Le cadavre exquis* : jeu surréaliste consistant à composer collectivement une phrase, chaque joueur écrivant un élément en ignorant les autres. ☛ Littérature p. 119. **II** FAM. Bouteille bue, vidée.
ÉTYM. latin *cadaver.*

① **CADDIE** [kadi] **n. m.** ✦ Garçon qui porte le matériel d'un joueur de golf. *Des caddies.* ➡ On écrit aussi *caddy, des caddys* ou *des caddies* (plur. anglais). HOM. CADI «juge musulman»
ÉTYM. mot anglais, du français *cadet.*

② **CADDIE** [kadi] **n. m.** 1. Petit chariot métallique (de gare, d'aéroport, de libre-service). 2. Châssis à roulettes portant un sac à provisions. HOM. CADI «juge musulman»
ÉTYM. nom déposé, de l'anglais *caddie car(t)* «chariot de caddie ①».

CADEAU [kado] **n. m.** 1. Objet que l'on offre à (qqn). SYN. ① **don,** ③ **présent.** loc. prov. *Les petits cadeaux entretiennent l'amitié. Cadeau de nouvel an.* → **étrenne.** *Faire cadeau de qqch. à qqn,* offrir. ➡ loc. FAM. *Ne pas faire de cadeau à qqn,* être dur avec lui (en affaires, etc.). *C'est pas un cadeau,* c'est une chose, une personne pénible, insupportable. 2. appos. *Paquet cadeau,* joliment présenté. *Des paquets cadeaux. Du papier cadeau.*
ÉTYM. latin populaire *capitellum*, de *caput* «tête» ; doublet de *chapiteau* et de *cadet.*

CADENAS [kad(ə)na] **n. m.** ✦ Serrure mobile munie d'un arceau qu'on accroche à (une porte, ce que l'on veut fermer).
ÉTYM. latin *catenatum*, de *catena* «chaîne», par l'occitan.

CADENASSER [kad(ə)nase] **v. tr.** (conjug. 3a) ✦ Fermer avec un cadenas. ➡ pronom. *Se cadenasser* : s'enfermer.

CADENCE [kadɑ̃s] **n. f.** 1. Rythme de l'accentuation, en poésie ou en musique ; effet qui en résulte. SYN. **harmonie, nombre.** ➡ Rythme. *La cadence des pas.* 2. Terminaison d'une phrase musicale, résolution sur un accord consonant. *Cadence parfaite,* qui aboutit à la tonique. 3. loc. *EN CADENCE* : d'une manière rythmée, régulière. *Marcher en cadence.* 4. Répétition régulière de mouvements ou de sons. *La cadence de tir d'une arme.* 5. Rythme du travail, de la production. *Forcer, ralentir la cadence. Une cadence infernale.*
ÉTYM. italien *cadenza* ; famille du latin *cadere* «tomber, se terminer».

CADENCÉ, ÉE [kadɑ̃se] **adj.** ✦ Qui est rythmé. *Défiler au pas cadencé.*

CADENCER [kadɑ̃se] **v. tr.** (conjug. 4) 1. Donner de la cadence à (des phrases, des vers). SYN. **rythmer.** 2. Conformer (ses mouvements) à un rythme. *Cadencer son pas,* le régler.

CADENETTE [kadnɛt] **n. f.** ✦ Petite tresse (portée autrefois aussi par des hommes).
ÉTYM. du nom du seigneur de *Cadenet.*

CADET, ETTE [kadɛ, ɛt] **n.** 1. Personne qui, par ordre de naissance, vient après l'aîné. *L'aîné, le cadet et le benjamin. Le cadet, la cadette de qqn,* son frère, sa sœur plus jeune. ➡ **adj.** *Sœur cadette.* 2. Moins âgé (sans relation de parenté). *Il est mon cadet de deux ans,* il a deux ans de moins que moi. 3. loc. *C'EST LE CADET DE MES SOUCIS* : c'est mon plus petit souci, ça m'est égal. 4. anciennt Gentilhomme qui servait comme soldat pour apprendre le métier des armes. *Les cadets de Gascogne.* 5. Sportif, sportive de 15 à 17 ans, entre les minimes et les juniors.
ÉTYM. gascon *capdet* «chef», du latin *caput* «tête» ; doublet de *cadeau* et de *chapiteau.*

CADI [kadi] **n. m.** ✦ Magistrat musulman qui remplit des fonctions civiles, judiciaires et religieuses.
HOM. ① CADDIE «porteur», ② CADDIE «chariot»
ÉTYM. arabe *qâdi* «juge».

CADMIUM [kadmjɔm] **n. m.** ✦ Métal blanc, malléable, utilisé en alliage (protection des métaux) (symb. Cd).
ÉTYM. mot allemand, du latin *Cadmea* «la Cadmée», citadelle de Thèbes fondée par *Kadmos.*

CADRAGE [kadʀaʒ] **n. m.** ✦ Mise en place de l'image (en photo, etc.).
ÉTYM. de *cadrer.*

CADRAN [kadʀɑ̃] **n. m.** 1. *CADRAN SOLAIRE* : surface où l'heure est marquée par l'ombre d'une tige projetée par le soleil. 2. Cercle divisé en heures (et minutes), sur lequel se déplacent les aiguilles (d'une montre, horloge, pendule). ➡ loc. FAM. *Faire le tour du cadran* : dormir douze heures d'affilée. 3. Surface plane, divisée et graduée, d'un appareil. *Les cadrans d'un tableau de bord.*
ÉTYM. latin *quadrans*, famille de *quattuor* «quatre», avec influence de *quadrare* «être carré».

CADRE [kadʀ] n. m. **I** 1. Bordure entourant une glace, un tableau. SYN. **encadrement.** 2. Châssis fixe. *Le cadre d'une porte.* → **chambranle.** – *Cadre de bicyclette,* tube creux qui en forme la charpente. 3. Petit conteneur. **II** fig. 1. Ce qui entoure un espace, une scène, une action. SYN. **décor, entourage, milieu.** *Un cadre champêtre.* – *Cadre de vie. Sortir de son cadre familier.* 2. *Être dans le cadre de..., sortir du cadre de...,* des limites prévues. – *Dans le cadre de... :* dans l'ensemble organisé. 3. Ensemble des officiers et sous-officiers qui encadrent les soldats. *Le cadre de réserve.* 4. Tableau des emplois et du personnel qui les remplit. *Figurer sur les cadres. Être rayé des cadres :* être libéré ou licencié. **III** Membre du personnel d'encadrement, qui a des fonctions de direction. *Les cadres et les employés. Un cadre moyen, supérieur. Il est passé cadre. Un jeune cadre dynamique* (type social). *Elle est cadre.* appos. *Des femmes cadres.*
ÉTYM. italien *cuadro,* du latin *quadrus* «carré».

CADRER [kadʀe] v. (conjug. 3a) 1. v. intr. Aller bien (avec qqch.). SYN. **s'accorder, s'assortir, concorder, convenir.** *Son alibi ne cadre pas avec les témoignages.* 2. v. tr. Disposer, mettre en place (les éléments de l'image), en photo, etc. (→ **cadrage**). – Projeter en bonne place (sur l'écran). – au p. passé *Image mal cadrée.*
ÉTYM. de *cadre* ou latin *quadrare.*

CADREUR, EUSE [kadʀœʀ, øz] n. ✦ Technicien(ne) qui manie la caméra. SYN. **caméraman, opérateur.**
ÉTYM. de *cadrer.*

CADUC, UQUE [kadyk] adj. 1. LITTÉR. Qui n'a plus cours. SYN. **démodé, dépassé, périmé, vieux.** 2. *Arbres à feuilles caduques,* qui tombent en hiver (opposé à *persistant*). 3. *E caduc : e* instable [ə].
ÉTYM. latin *caducus,* de *cadere* «tomber».

CADUCÉE [kadyse] n. m. ✦ Attribut de Mercure, constitué par une baguette entourée de deux serpents entrelacés (symbole du corps médical et des pharmaciens).
ÉTYM. latin *caduceus,* du grec *kerukeion* «insigne du héraut».

CADUCITÉ [kadysite] n. f. ✦ LITTÉR. ou DIDACT. État de ce qui est caduc.

CÆCUM [sekɔm] n. m. ✦ Première partie du côlon, fermée à sa base et communiquant avec d'autres parties de l'intestin. *Appendice* du cæcum.*
ÉTYM. mot latin «aveugle».

CAFARD, ARDE [kafaʀ, aʀd] n. **I** 1. VX Personne qui affecte l'apparence de la dévotion. SYN. **bigot, cagot.** – adj. *Un air cafard.* 2. Personne qui dénonce sournoisement les autres. SYN. **dénonciateur, mouchard.** **II** n. m. 1. Blatte. 2. fig. *Avoir le cafard,* des idées noires, être triste.
ÉTYM. arabe *kâfir* «infidèle».

CAFARDAGE [kafaʀdaʒ] n. m. ✦ Fait de cafarder.

CAFARDER [kafaʀde] v. (conjug. 3a) 1. v. tr. Dénoncer (qqn) en faisant le cafard (I, 2). SYN. **cafter, moucharder, rapporter.** 2. v. intr. Avoir le cafard, être déprimé.

CAFARDEUX, EUSE [kafaʀdø, øz] adj. ✦ Qui a le cafard (II, 2). SYN. **triste.** – Qui donne le cafard. SYN. **déprimant.**

① **CAFÉ** [kafe] n. m. 1. Graines du caféier. *Récolte du café.* – Ces graines torréfiées. *Café en grains, moulu. Moulin à café. Paquet de café.* ◆ *Au café,* parfumé à l'essence de café. 2. Boisson obtenue par infusion de grains de café torréfiés et moulus. *Un café filtre. Un café express.* → ② **express.** *Cuillère à café. Café noir,* sans lait. *Café au lait. Café crème* (→ **crème**). – FAM. *C'est fort de café,* c'est exagéré. 3. Moment du repas où l'on prend le café. *Venez pour le café.*
ÉTYM. turc *kahve,* de l'arabe *qahwa.*

② **CAFÉ** [kafe] n. m. ✦ Lieu public où l'on consomme des boissons. SYN. FAM. **bistrot.** *Garçon de café,* chargé de servir les consommations. *Café bar* (→ ② **bar**). *Café restaurant* (→ **brasserie**). – loc. *Discussions, opinions du café du Commerce,* politiques et simplettes.
ÉTYM. de *cabaret de café,* de ① *café.*

CAFÉ-CONCERT [kafekɔ̃sɛʀ] n. m. ✦ anciennt Café où les consommateurs pouvaient écouter des chansonniers, de la musique. *Des cafés-concerts.* – abrév. CAF'CONC' [kafkɔ̃s].
ÉTYM. de ② *café* et *concert.*

CAFÉIER [kafeje] n. m. ✦ Arbuste tropical, originaire d'Abyssinie, dont le fruit contient les grains de café.

CAFÉINE [kafein] n. f. ✦ Alcaloïde contenu dans le café, le thé, la noix de cola.

CAFETAN → **CAFTAN**

CAFÉTÉRIA [kafeterja] n. f. ✦ Lieu public où l'on sert du café, des boissons non alcoolisées, des plats très simples, etc.
ÉTYM. américain *cafeteria,* de l'espagnol du Mexique «boutique où l'on vend du *café*».

CAFÉ-THÉÂTRE [kafeteatʀ] n. m. ✦ Petite salle où l'on peut consommer et où se donnent des spectacles. *Des cafés-théâtres.*
ÉTYM. de ② *café* et *théâtre.*

CAFETIER, IÈRE [kaftje, jɛʀ] n. ✦ Personne qui tient un café (rare au fém.).
ÉTYM. de ② *café.*

CAFETIÈRE [kaftjɛʀ] n. f. 1. Récipient permettant de préparer, de servir le café. *Cafetière électrique.* → aussi **percolateur.** 2. FAM. Tête. *Recevoir un coup sur la cafetière.*
ÉTYM. de ① *café.*

CAFOUILLAGE [kafujaʒ] n. m. ✦ FAM. Fait de cafouiller ; mauvais fonctionnement. *Le cafouillage de la rentrée.*

CAFOUILLER [kafuje] v. intr. (conjug. 3a) ✦ FAM. Agir d'une façon désordonnée, confuse ; marcher mal. SYN. FAM. **vasouiller.** *Cafouiller dans ses explications.*
► **CAFOUILLEUX, EUSE** [kafujø, øz] adj.
ÉTYM. de *fouiller,* par le picard.

CAFOUILLIS [kafuji] n. m. ✦ Désordre.
ÉTYM. de *cafouiller.*

CAFTAN [kaftɑ̃] n. m. ✦ Vêtement oriental, ample et long. – On écrit aussi *cafetan.*
ÉTYM. turc *qaftān* «robe d'honneur», du persan.

CAFTER [kafte] v. tr. (conjug. 3a) ✦ FAM. Dénoncer. SYN. **cafarder.**
ÉTYM. de *cafard* (I, 2).

CAGE [kaʒ] n. f. **I 1.** Loge fermée par des barreaux, du grillage, servant à tenir enfermés des animaux vivants. *Les cages d'un cirque. Cage à oiseaux.* → **volière.** *Cage à poules.* **2.** football Les buts. **II 1.** Espace clos servant à enfermer, à limiter (qqch.). → sc. *Cage de Faraday* (☞ noms propres), enceinte qui constitue un écran pour les forces électriques. **2.** *Cage d'escalier, d'ascenseur,* espace où est placé l'escalier, où fonctionne l'ascenseur. **3.** *Cage thoracique,* ensemble formé par les vertèbres, les côtes et le sternum, contenant le cœur et les poumons.
ÉTYM. latin *cavea,* de *cavus* «creux».

CAGEOT [kaʒo] n. m. ✦ Emballage léger à claire-voie. *Des cageots de laitues, de fruits.* SYN. **caisse.**
ÉTYM. de *cage.*

CAGIBI [kaʒibi] n. m. ✦ FAM. Pièce de dimensions étroites, servant de rangement. SYN. **débarras,** ② **réduit.**
ÉTYM. mot de l'Ouest, de *cabagetis* «bicoque», de *cabas* «vieux meubles» et *jeter.*

CAGNA [kaɲa] n. f. ✦ VX (surtout 1914-1918) Abri militaire (de tranchée).
ÉTYM. de l'annamite «la maison».

CAGNE → KHÂGNE

① **CAGNEUX, EUSE** [kaɲø, øz] adj. ✦ Qui a les genoux tournés en dedans. *Un cheval cagneux.* → *Des jambes cagneuses.* SYN. **tordu.** HOM. KHÂGNEUX «élève»
ÉTYM. de l'ancien substantif *cagne* «chienne» ; famille du latin *canis* «chien».

② **CAGNEUX, EUSE** → KHÂGNEUX

CAGNOTTE [kaɲɔt] n. f. **1.** Caisse commune (jeu, etc.). **2.** Argent d'une cagnotte.
ÉTYM. occitan *cagnoto* «petite cuve», peut-être de *cagno* «récipient».

CAGOT, OTE [kago, ɔt] n. ✦ LITTÉR. Faux dévot ; hypocrite. SYN. **cafard** (I, 1).
ÉTYM. mot béarnais «lépreux», peut-être de *cagar* «chier».

CAGOULE [kagul] n. f. **1.** Manteau ou cape sans manches, muni d'un capuchon percé d'ouvertures à la place des yeux ; ce capuchon. *Cagoule de pénitent.* **2.** Passe-montagne porté par les enfants.
▸ **CAGOULÉ, ÉE** [kagule] adj.
ÉTYM. latin *cuculla* «vêtement de moine à capuchon *(cucullus)*».

CAHIER [kaje] n. m. **1.** Feuilles de papier assemblées et munies d'une couverture. → **album, calepin, carnet.** *Cahiers d'écolier. Cahier de brouillon. Cahier de textes :* agenda scolaire. **2.** *CAHIER DES CHARGES :* document qui énumère clauses et conditions pour l'exécution d'un contrat. HOM. CAILLER «coaguler»
ÉTYM. bas latin *quaternio,* famille de *quattuor* «quatre».

CAHIN-CAHA [kaɛ̃kaa] adv. ✦ FAM. Tant bien que mal, péniblement. SYN. **clopin-clopant.** CONTR. **aisément, facilement.**
ÉTYM. formation onomatopéique, p.-ê. d'après *cahot.*

CAHOT [kao] n. m. ✦ Saut que fait une voiture en roulant sur un terrain inégal. SYN. **heurt, secousse.** HOM. CHAOS «confusion», K.-O. «assommé»
ÉTYM. de *cahoter.*

CAHOTANT, ANTE [kaɔtɑ̃, ɑ̃t] adj. ✦ Qui fait cahoter ; qui cahote.
ÉTYM. du participe présent de *cahoter.*

CAHOTEMENT [kaɔtmɑ̃] n. m. ✦ Fait de cahoter. → Cahot.

CAHOTER [kaɔte] v. (conjug. 3a) **1.** v. tr. Secouer par des cahots. **2.** v. intr. Être secoué. *La voiture cahote sur la piste.* SYN. **bringuebaler.**
ÉTYM. origine incertaine.

CAHOTEUX, EUSE [kaɔtø, øz] adj. ✦ Qui provoque des cahots. *Chemin cahoteux.*
ÉTYM. de *cahoter.*

CAHUTE ou **CAHUTTE** [kayt] n. f. ✦ Mauvaise hutte. SYN. **cabane.** → Écrire *cahutte* avec deux *t* comme dans *hutte* est permis.
ÉTYM. peut-être de *cabane* et *hutte.*

CAÏD [kaid] n. m. **1.** (Afrique du Nord) Fonctionnaire musulman qui cumule les fonctions de juge, d'administrateur, de chef de police. **2.** FAM. Chef d'une bande. ◆ FAM. Personnage très important dans son milieu. *Les caïds de l'industrie.* SYN. FAM. **manitou,** ② **ponte.**
ÉTYM. arabe *qaïd* «celui qui conduit».

CAÏEU [kajø] n. m. ✦ BOT. Petit bulbe qui se développe à partir du bulbe principal. *Caïeu de tulipe. Des caïeux d'ail.* SYN. **gousse.**
ÉTYM. mot normand «rejeton», ancien français *chael,* du latin *catellus* «petit chien».

CAILLASSE [kajas] n. f. ✦ FAM. Cailloux, pierraille. *Marcher dans la caillasse.*
ÉTYM. de *caillou.*

CAILLASSER [kajase] v. tr. (conjug. 3a) ✦ FAM. Jeter des pierres sur (qqn, qqch.). *Caillasser un bus.*
▸ **CAILLASSAGE** [kajasaʒ] n. m.
ÉTYM. de *caillasse.*

CAILLE [kaj] n. f. ✦ Oiseau migrateur des champs et des prés, voisin de la perdrix.
ÉTYM. bas latin *quaccola,* d'origine onomatopéique.

CAILLEBOTIS ou **CAILLEBOTTIS** [kajbɔti] n. m. ✦ Panneau de lattes ou assemblage de rondins servant de passage (sur un sol boueux...). ◆ Treillis de bois servant de plancher amovible. *Les caillebotis d'un sauna.*
ÉTYM. de *caillebotte* «lait caillé».

CAILLER [kaje] v. (conjug. 3a) **1.** v. tr. Faire prendre en caillots. SYN. **coaguler, figer.** *La présure caille le lait.* → pronom. *Le sang se caille.* → au p. passé *Lait caillé* et n. m. *caillé,* sorte de fromage blanc. **2.** v. intr. FAM. Avoir froid. SYN. **geler.** *On caille, ici !* HOM. CAHIER «carnet»
ÉTYM. latin *coagulare ;* doublet de *coaguler.*

① **CAILLETTE** [kajɛt] n. f. ✦ Quatrième compartiment de l'estomac des ruminants.
ÉTYM. famille de *cailler.*

② **CAILLETTE** [kajɛt] n. f. ✦ VX Femme bavarde, frivole.
ÉTYM. peut-être d'un nom propre.

CAILLOT [kajo] n. m. ✦ Petite masse de sang coagulé. *Embolie causée par un caillot.*
ÉTYM. famille de *cailler.*

CAILLOU [kaju] n. m. **1.** Pierre de petite ou moyenne dimension. → **gravier ; galet, rocaille.** *Des cailloux.* **2.** FAM. Pierre précieuse, diamant. **3.** FAM. *Il n'a pas un poil sur le caillou,* sur le crâne.
ÉTYM. d'un mot gaulois «pierre».

CAILLOUTAGE [kajutaʒ] n. m. ✦ Ouvrage, pavage de cailloux.

CAILLOUTER [kajute] v. tr. (conjug. 3a) ✦ Garnir de cailloux (1). SYN. **empierrer.** *Caillouter une route.* ➛ au p. passé *Allée caillouteé.*

CAILLOUTEUX, EUSE [kajutø, øz] adj. ✦ Où il y a beaucoup de cailloux. *Chemin caillouteux.*

CAILLOUTIS [kajuti] n. m. ✦ Amas ou ouvrage de petits cailloux concassés (plus gros que les graviers, les gravillons). *Recouvrir une route de cailloutis.*

CAÏMAN [kaimɑ̃] n. m. ✦ Crocodile d'Amérique à museau large et court. SYN. **alligator.**
ÉTYM. espagnol d'Amérique *caiman*, d'origine caraïbe.

CAÏQUE [kaik] n. m. ✦ Embarcation légère, étroite et pointue, utilisée dans la mer Égée et sur le Bosphore.
ÉTYM. turc *kaik.*

CAIRN [kɛʀn] n. m. ✦ Monticule, tumulus de pierres.
ÉTYM. gaélique *carn* «tas de pierres».

CAISSE [kɛs] n. f. **I** 1. Grande boîte (souvent en bois) utilisée pour l'emballage, le transport de marchandises. *Une caisse de champagne. Charger des caisses sur, dans un camion.* ➛ *Caisse à outils.* 2. Dispositif rigide (de protection, etc.). SYN. **caisson.** ◆ Carrosserie d'automobile (opposé à *châssis*). ➛ FAM. Voiture. loc. *À fond la caisse* : à toute allure. 3. *La caisse du tympan* : la cavité du fond de l'oreille. **II** MUS. Cylindre d'un instrument à percussion. SYN. **tambour.** *Caisse claire* : tambour plat. ➛ *GROSSE CAISSE*, que l'on frappe avec une mailloche. **III** 1. Coffre dans lequel on dépose de l'argent, des valeurs (spécialt, dans un commerce). *Caisse enregistreuse. Tiroir-caisse. Tenir la caisse* (➛ **caissier**). ➛ *Avoir deux mille euros en caisse.* 2. Bureau, guichet où se font les paiements, les versements. *Passer à la caisse.* 3. Argent en caisse. *Faire sa caisse* : compter l'argent. *Partir avec la caisse.* 4. *CAISSE D'ÉPARGNE* : établissement où l'on dépose de l'argent pour l'économiser et en avoir des intérêts.
ÉTYM. ancien occitan *caissa*, du latin *capsa* «coffre» ; doublet de *châsse.*

CAISSETTE [kɛsɛt] n. f. ✦ Petite caisse (I, 1).

CAISSIER, IÈRE [kesje, jɛʀ] n. ✦ Personne qui tient la caisse (III). *Caissière d'un cinéma.*

CAISSON [kɛsɔ̃] n. m. **I** 1. anciennt Chariot de l'armée utilisé pour transporter des munitions. 2. Caisse métallique pleine d'air permettant d'effectuer des travaux sous l'eau. SYN. ① **cloche** à plongeur. 3. loc. FAM. *Se faire sauter le caisson* : se tirer une balle dans la tête. **II** ARCHIT. Compartiment creux, orné de moulures, servant à décorer un plafond. *Une voûte, un plafond à caissons.*
ÉTYM. ancien occitan, de *caissa* «caisse».

CAJOLER [kaʒɔle] v. tr. (conjug. 3a) ✦ Avoir envers (qqn) des manières, des paroles tendres et caressantes. *Cajoler un enfant.* SYN. **câliner, choyer, dorloter.**
► **CAJOLERIE** [kaʒɔlʀi] n. f.
ÉTYM. de l'ancien français *gayoler* «babiller comme un oiseau», d'une forme picarde de *geôle* «cage», influence de *enjôler.*

CAJOLEUR, EUSE [kaʒɔlœʀ, øz] n. et adj. 1. n. Personne qui cajole. SYN. **enjôleur, flatteur.** 2. adj. Câlin. *Une voix cajoleuse.*

CAJOU [kaʒu] n. m. ✦ Fruit d'un arbre exotique dont l'amande se mange. SYN. **anacarde.** *Des noix de cajou.*
ÉTYM. de *acajou.*

CAJUN [kaʒœ̃] n. et adj. ✦ Francophone de la Louisiane. *Les Cajuns.* ➛ adj. invar. en genre *La musique cajun.*
ÉTYM. altération de *Acadien.*

CAKE [kɛk] n. m. ✦ anglicisme Gâteau garni de raisins secs, de fruits confits. *Une tranche de cake.*
ÉTYM. de l'anglais *plum-cake* «gâteau *(cake)* aux raisins secs *(plum)*».

CAL [kal] n. m. ✦ Épaississement et durcissement de l'épiderme produits par frottement. SYN. **callosité, durillon.** *Des mains pleines de cals.* HOM. ① CALE «fond de navire», ② CALE «objet pour caler»
ÉTYM. latin *callus.*

CALAMAR ➛ CALMAR

CALAME [kalam] n. m. ✦ HIST. Roseau taillé dont les Anciens se servaient pour écrire. *Le calame du scribe.*
ÉTYM. latin *calamus* «roseau» ; doublet de *chaume.*

CALAMINE [kalamin] n. f. 1. MINÉR. Silicate hydraté naturel de zinc. ➛ Minerai de zinc. 2. Résidu de la combustion d'un carburant dans un moteur à explosion.
ÉTYM. bas latin *calamina*, altération de *cadmia.*

CALAMINÉ, ÉE [kalamine] adj. ✦ Couvert de calamine (2). *Cylindres calaminés.*

CALAMITÉ [kalamite] n. f. 1. Grand malheur public. SYN. **catastrophe, désastre,** ② **fléau.** *Les épidémies, la guerre, les inondations sont des calamités.* 2. Grande infortune personnelle. SYN. **malheur.** *Les calamités de la vieillesse.* CONTR. **bénédiction, bonheur, félicité.**
ÉTYM. latin *calamitas.*

CALAMITEUX, EUSE [kalamitø, øz] adj. ✦ LITTÉR. Désastreux, catastrophique.
ÉTYM. de *calamité.*

CALANDRAGE [kalɑ̃dʀaʒ] n. m. ✦ Action de calandrer.

CALANDRE [kalɑ̃dʀ] n. f. 1. Machine formée de cylindres, de rouleaux, et qui sert à lisser, lustrer les étoffes, à glacer les papiers. 2. Garniture métallique verticale sur le devant du radiateur de certaines automobiles.
ÉTYM. bas latin *calendra*, du grec *kulindros* «cylindre».

CALANDRER [kalɑ̃dʀe] v. tr. (conjug. 3a) ✦ Faire passer (une étoffe, un papier) à la calandre (1). SYN. **lisser, lustrer.**

CALANQUE [kalɑ̃k] n. f. ✦ Crique entourée de rochers abrupts, en Méditerranée. *Se baigner dans une calanque.*
ÉTYM. provençal *calanco*, d'une racine *cala-* «pente raide ; abri de montagne».

CALCAIRE [kalkɛʀ] adj. et n. m.
I adj. 1. Qui contient du carbonate de calcium. *Eau calcaire. Terrain calcaire.* 2. CHIM. De calcium. *Sels calcaires.*
II n. m. Roche composée surtout de carbonate de calcium. ➛ **calcite, craie, marbre.**
ÉTYM. latin *calcarius*, de *calx* «chaux».

A B C D E F G H I J K L M N O P Q R S T U V W X Y Z

CALCÉDOINE [kalsedwan] **n. f.** ✦ Pierre fine (silice cristallisée) d'une transparence laiteuse, légèrement teintée. → **agate, cornaline, jaspe, onyx.**
ÉTYM. latin *calcedonius*, du grec *Khalkêdôn*, nom de ville.

CALCIFICATION [kalsifikasjɔ̃] **n. f.** ✦ Dépôt de calcium dans les tissus organiques (ossification ; dégénérescence calcaire).
ÉTYM. de *calcifier.*

CALCIFIÉ, ÉE [kalsifje] **adj.** ✦ Qui a subi une calcification. *Artères calcifiées* (athérome).
ÉTYM. du latin *calx* «chaux».

CALCIFIER [kalsifje] **v. tr.** (conjug. 9) ✦ Rendre calcaire. → pronom. *Se calcifier.*
ÉTYM. de *calcifié.*

CALCINER [kalsine] **v. tr.** (conjug. 3a) ✦ Soumettre un corps à l'action d'une haute température. *Calciner un métal.* ◆ Brûler, griller. → au p. passé *Une forêt calcinée.*
▶ **CALCINATION** [kalsinasjɔ̃] **n. f.**
ÉTYM. latin médiéval *calcinare*, de *calx* «chaux».

CALCITE [kalsit] **n. f.** ✦ Carbonate naturel de calcium, cristallisé. → **calcaire.**
ÉTYM. du latin *calx* «chaux», par l'allemand.

CALCIUM [kalsjɔm] **n. m.** ✦ Métal blanc, mou (symb. Ca). *Oxyde de calcium.* → **chaux.** *Carbonate de calcium.* → **calcaire, calcite.** → *Prendre du calcium*, des sels de calcium comme remède.
ÉTYM. du latin *calx, calcis* «chaux».

① **CALCUL** [kalkyl] **n. m.** ✦ Concrétion pierreuse qui se forme dans l'organisme, et qui cause des troubles. *Calcul rénal, urinaire* (→ **gravelle, lithiase, pierre**).
ÉTYM. latin *calculus* «caillou».

② **CALCUL** [kalkyl] **n. m. 1.** SC. Opérations effectuées sur des symboles représentant des grandeurs. → Méthode pour représenter des relations logiques, les transformer, les développer, etc. → **algèbre, arithmétique, mathématique.** *Calcul numérique, littéral. Calcul différentiel, calcul intégral.* **2.** COUR. Action de calculer, opération numérique. *Faire un calcul. Calcul exact, juste, faux. Erreur de calcul.* → CALCUL MENTAL, effectué de tête, sans poser l'opération. ◆ *Le calcul* : les opérations arithmétiques. *Un élève bon en calcul.* **3.** Appréciation, évaluation, estimation. *D'après mes calculs, il arrivera demain.* **4.** Moyens que l'on combine pour arriver à un but, à une fin. SYN. **combinaison,** ③ **plan, projet, stratégie.** *Faire un mauvais calcul. Agir par calcul*, d'une manière intéressée.
ÉTYM. de *calculer.*

CALCULABLE [kalkylabl] **adj.** ✦ Qui peut se calculer. CONTR. **incalculable.**

CALCULATEUR, TRICE [kalkylatœʀ, tʀis] **n. et adj.** **I 1.** **n.** Personne qui sait calculer. **2. adj.** Habile à combiner des projets, des plans. *Elle est un peu calculatrice.* CONTR. **désintéressé, spontané.** **II n. m.** Ordinateur pour les calculs.
ÉTYM. du latin impérial *calculator.*

CALCULATRICE [kalkylatʀis] **n. f.** ✦ Machine qui effectue des calculs. *Calculatrice de poche.* → **calculette.**

CALCULER [kalkyle] **v. tr.** (conjug. 3a) **1.** Chercher, déterminer par le calcul. *Calculer un bénéfice.* → **chiffrer, compter.** → absolt Faire des calculs. SYN. **compter.** *Machine à calculer* (→ **calculateur, calculatrice, calculette**). **2.** Apprécier (qqch.) ; déterminer la probabilité d'un évènement. SYN. **estimer, évaluer, peser, supputer.** *Calculer ses chances de réussite. Calculer que...* **3.** Décider ou faire après avoir prémédité, réglé. *Calculer le moindre de ses gestes.* → au p. passé *Une bonté calculée*, intéressée.
ÉTYM. latin *calculare*, de *calculus* «caillou, jeton pour les comptes».

CALCULETTE [kalkylɛt] **n. f.** ✦ Machine à calculer de poche.
ÉTYM. de *calcul.*

CALDARIUM [kaldaʀjɔm] **n. m.** ✦ HIST. Étuve des bains romains.
ÉTYM. mot latin, de *caldus* «chaud».

① **CALE** [kal] **n. f. 1.** Espace situé entre le pont et le fond d'un navire. *Mettre des marchandises dans la cale, à fond de cale.* **2.** Partie en pente d'un quai. *Cale de chargement.* **3.** Bassin que l'on peut mettre à sec, servant à la construction, à la réparation des navires. *Cale sèche, cale de radoub.* HOM. CAL «durillon»
ÉTYM. de ① *caler.*

② **CALE** [kal] **n. f.** ✦ Ce que l'on place sous un objet pour lui donner de l'aplomb, pour le mettre de niveau ou l'empêcher de bouger. *Mettre une cale à un meuble bancal.* HOM. CAL «durillon»
ÉTYM. allemand *Keil* «coin» (I, 1).

CALÉ, ÉE [kale] **adj.** ✦ FAM. **1.** (personnes) Savant, instruit. *Il est rudement calé en physique.* SYN. ① **fort. 2.** (choses) Difficile. *C'est trop calé pour lui.* SYN. **ardu.** CONTR. **nul · simple.**
ÉTYM. du participe passé de ① *caler.*

CALEBASSE [kalbas] **n. f.** ✦ Fruit d'un arbre tropical (le *calebassier*) qui, vidé et séché, sert de récipient. → Ce récipient ; son contenu. *Une calebasse de riz.*
ÉTYM. espagnol *calabaza*, d'origine obscure.

CALÈCHE [kalɛʃ] **n. f.** ✦ Voiture à cheval, découverte, à quatre roues, munie d'une capote à l'arrière, et d'un siège surélevé à l'avant.
ÉTYM. allemand *Kalesche*, du tchèque, du nom slave de la roue.

CALEÇON [kalsɔ̃] **n. m. 1.** Sous-vêtement masculin, culotte courte et légère. *Il préfère le caleçon au slip.* **2.** Pantalon de maille, très collant, pour femmes.
ÉTYM. italien *calzone*, de *calza* ; même famille que *chausses.*

CALÉDONIEN, IENNE [kaledɔnjɛ̃, jɛn] **adj. et n. 1.** De Calédonie. **2.** De Nouvelle-Calédonie (☛ noms propres). → n. *Les Calédoniennes.*

CALEMBOUR [kalɑ̃buʀ] **n. m.** ✦ Jeu de mots fondé sur des ressemblances de sons et des différences de sens.
☛ Littérature p. 119.
ÉTYM. probablement du radical de *calembredaine* et de *bourde.*

CALEMBREDAINE [kalɑ̃bʀədɛn] **n. f.** ✦ surtout au plur. VIEILLI Propos extravagant ; plaisanterie cocasse. SYN. **sornette, sottise.**
ÉTYM. peut-être radical *ca-*, idée de «creux», et famille de *bredouiller.*

CALENDES [kalɑ̃d] **n. f. pl.** ✦ Premier jour de chaque mois chez les Romains. ➛ loc. *Renvoyer qqch. aux CALENDES GRECQUES* : reporter à un temps qui ne viendra jamais (les Grecs n'avaient pas de calendes).
ÉTYM. latin *calendae*.

CALENDRIER [kalɑ̃dʀije] **n. m.** 1. Système de division du temps en années, en mois et en jours. → **chronologie.** *Calendrier grégorien, julien. Calendrier républicain révolutionnaire,* utilisé en France de 1793 (an I) à 1806. 2. Emploi du temps ; programme. *Établir un calendrier de travail.* SYN. **planning.** 3. Tableau présentant les mois, les jours, les fêtes d'une année déterminée. *Le calendrier des postes.*
ÉTYM. bas latin *calendarium*, de *calendae* «calendes».

CALE-PIED [kalpje] **n. m.** ✦ Petit butoir adapté à la pédale de la bicyclette, et qui maintient le pied. *Des cale-pieds.*
ÉTYM. de ① *caler* et *pied*.

CALEPIN [kalpɛ̃] **n. m.** ✦ Petit carnet de poche.
ÉTYM. italien *calepino* «dictionnaire», du nom de *Calepino*, auteur de dictionnaires.

① **CALER** [kale] **v. tr.** (conjug. 3a) 1. Mettre d'aplomb au moyen d'une cale. SYN. **assujettir, fixer.** *Caler la roue d'une automobile.* ◆ Rendre stable. *Caler une pile de linge contre un mur.* ➛ au p. passé *Avoir le dos bien calé dans un fauteuil.* 2. Rendre fixe ou immobile (une pièce mécanique). SYN. **fixer.** 3. FAM. *Se caler l'estomac, les joues,* les remplir, manger. ➛ *Je suis calé* : j'ai l'estomac plein.
ÉTYM. de ② *cale*.

② **CALER** [kale] **v. intr.** (conjug. 3a) **I** S'arrêter, s'immobiliser. *Moteur, voiture qui cale.* **II** (personnes) Céder, reculer ; s'arrêter. *Il a calé devant la difficulté.*
ÉTYM. de ① *caler*.

CALFAT [kalfa] **n. m.** ✦ Ouvrier, ouvrière qui calfate.
ÉTYM. de *calfater* ou italien *calfato* (de même origine que *calfater*).

CALFATER [kalfate] **v. tr.** (conjug. 3a) ✦ Garnir d'étoupe goudronnée les interstices d'une coque (de navire). SYN. **caréner, radouber.**
► **CALFATAGE** [kalfataʒ] **n. m.**
ÉTYM. de l'arabe *qalfata* «rendre étanche».

CALFEUTRAGE [kalføtʀaʒ] **n. m.** ✦ Action de calfeutrer ; son résultat.

CALFEUTRER [kalføtʀe] **v. tr.** (conjug. 3a) 1. Boucher les fentes avec un bourrelet (pour empêcher l'air de pénétrer). 2. *SE CALFEUTRER* **v. pron.** S'enfermer (confortablement, durablement). *Se calfeutrer chez soi.*
ÉTYM. de *calfater*, influence de *feutre*.

CALIBRAGE [kalibʀaʒ] **n. m.** ✦ Action de calibrer. SYN. **étalonnage.**

CALIBRE [kalibʀ] **n. m.** **I** 1. Diamètre intérieur (d'un tube, du canon d'une arme). ◆ Grosseur (d'un projectile). *Obus de gros calibre.* ◆ ARGOT Arme à feu. 2. Diamètre. *Œufs de calibres différents.* 3. Instrument servant à mesurer un diamètre, une forme, etc. SYN. ② **étalon.** *Calibre pour bagues.* **II** FAM. Importance. *Un escroc de ce calibre.* SYN. **acabit, classe, envergure.**
ÉTYM. arabe *qâlib* «forme, moule».

CALIBRER [kalibʀe] **v. tr.** (conjug. 3a) 1. Donner le calibre (I) convenable à. 2. Mesurer le calibre de. *Calibrer une machine.* ◆ Trier selon le calibre. *Calibrer des fruits.*

CALIBREUR, EUSE [kalibʀœʀ, øz] **n.** ✦ Appareil, machine pour calibrer.

① **CALICE** [kalis] **n. m.** 1. Vase sacré dans lequel est consacré le vin lors de la messe. 2. loc. *Boire le calice jusqu'à la lie,* endurer jusqu'au bout qqch. de pénible.
ÉTYM. latin *calix* «coupe, vase à boire».

② **CALICE** [kalis] **n. m.** ✦ Enveloppe extérieure de la fleur, formée par les sépales.
ÉTYM. latin *calyx*, du grec.

CALICOT [kaliko] **n. m.** 1. Toile de coton assez grossière. *Une chemise de calicot.* 2. Bande de calicot portant une inscription. SYN. **banderole.**
ÉTYM. de *Calicut*, nom d'une ville du sud de l'Inde.

CALIFAT [kalifa] **n. m.** ✦ Dignité, pouvoir, règne d'un calife. *Le califat de Bagdad.* ➛ On écrit aussi *khalifat.*

CALIFE [kalif] **n. m.** ✦ Souverain musulman, successeur de Mahomet, investi du pouvoir spirituel et temporel. ➛ On écrit aussi *khalife.*
ÉTYM. arabe *khalifa* «successeur».

à CALIFOURCHON [akalifuʀʃɔ̃] **loc. adv.** ✦ Une jambe d'un côté, la deuxième de l'autre. SYN. **à cheval.** *Se mettre, monter à califourchon.* → **enfourcher.**
ÉTYM. de *fourche*, premier élément obscur.

CÂLIN, INE [kalɛ̃, in] **adj.** et **n. m.**
I adj. Qui aime à être caressé, à être traité avec douceur, ou qui aime câliner. *Un enfant câlin.* ➛ *Un air câlin.* SYN. **caressant, doux.** CONTR. **brusque, brutal.**
II n. m. Échange de caresses, de baisers. *Un gros câlin.* ◆ FAM. Acte sexuel.
ÉTYM. de *câliner*.

CÂLINER [kaline] **v. tr.** (conjug. 3a) ✦ Traiter avec douceur, tendresse. SYN. **cajoler, dorloter.** *Câliner un enfant.* CONTR. **brusquer, rudoyer.**
ÉTYM. probablement du latin populaire *calina*, famille de *calor* «chaleur».

CÂLINERIE [kalinʀi] **n. f.** ✦ souvent au plur. Manières câlines.

CALISSON [kalisɔ̃] **n. m.** ✦ Petit gâteau d'amandes pilées en forme de losange. *Les calissons d'Aix-en-Provence.*
ÉTYM. provençal *canisso* «claie de roseaux», du latin *canna* «roseau».

CALLEUX, EUSE [kalø, øz] **adj.** 1. Dont la peau est durcie et épaissie (→ **cal**). *Des mains calleuses.* 2. ANAT. *Corps calleux* : bande médullaire qui joint les deux hémisphères du cerveau.
ÉTYM. latin *callosus*, de *callus* «cal».

CALL-GIRL [kolgœʀl] **n. f.** ✦ anglicisme Prostituée que l'on appelle par téléphone à son domicile. *Des call-girls.*
ÉTYM. mot américain, de *to call* «appeler» et *girl* «fille».

| **CALLI-** Élément, du grec *kallos* «beauté».

CALLIGRAMME [kaligʀam] **n. m.** ✦ Poème dont les vers sont disposés de manière à former un dessin. ☞ Littérature p. 119. *Les « Calligrammes »* (d'Apollinaire).
ÉTYM. de *calli-* et *-gramme.*

CALLIGRAPHE [ka(l)ligʀaf] **n.** ✦ Spécialiste de la calligraphie.
ÉTYM. grec *kalligraphos* → calli- et -graphe.

CALLIGRAPHIE [ka(l)ligʀafi] **n. f.** ✦ Art de bien former les caractères d'écriture ; écriture formée selon cet art. ☞ Écriture p. 149.
► **CALLIGRAPHIQUE** [ka(l)ligʀafik] **adj.**
ÉTYM. grec *kalligraphia* → calli- et -graphie.

CALLIGRAPHIER [ka(l)ligʀafje] **v. tr.** (conjug. 9) ✦ Former avec application, art et soin (les caractères écrits).
ÉTYM. de *calligraphie.*

CALLIPYGE [ka(l)lipiʒ] **adj.** ✦ DIDACT. Qui a de belles fesses. *La Vénus callipyge.*
ÉTYM. grec *kallipugos,* de *kallos* et *pugê* « fesse ».

CALLOSITÉ [kalozite] **n. f.** ✦ Épaississement et durcissement de l'épiderme. SYN. **cal, cor, durillon.**
ÉTYM. latin *callositas,* de *callosus* « calleux ».

CALMANT, ANTE [kalmɑ̃, ɑ̃t] **adj.** et **n. m. 1. adj.** Qui calme la douleur, l'excitation nerveuse. *Piqûre calmante.* ➙ Qui calme, apaise, tranquillise. *Des paroles calmantes.* SYN. **apaisant, lénifiant. 2. n. m.** Remède calmant. SYN. **sédatif, tranquillisant.** *Prendre des calmants.* CONTR. **excitant, stimulant.**
ÉTYM. du participe présent de *calmer.*

CALMAR [kalmaʀ] **ou CALAMAR** [kalamaʀ] **n. m.** ✦ Céphalopode à nageoires triangulaires, voisin de la seiche, comestible. SYN. **encornet.**
ÉTYM. italien *calamaro* « écritoire », du latin *calamus* « roseau (pour écrire) ».

① **CALME** [kalm] **n. m. 1.** Absence d'agitation, de bruit. *Le calme de la campagne.* **2.** Immobilité de l'atmosphère, de la mer. *Calme plat :* calme absolu de la mer. *Le calme après la tempête.* → **accalmie. 3.** État d'une personne qui n'est ni agitée ni énervée. SYN. **apaisement, détente, soulagement.** *Calme de l'âme, calme intérieur.* SYN. **paix, quiétude, sérénité, tranquillité.** ➙ *Garder, perdre son calme.* SYN. **assurance, maîtrise de soi, sang-froid.** ➙ *Du calme !* CONTR. **agitation, désordre, énervement,** ② **trouble.**
ÉTYM. grec *kauma* « chaleur brûlante ».

② **CALME** [kalm] **adj. 1.** Qui n'est pas troublé, agité. SYN. **tranquille.** *Air, caractère calme.* SYN. **flegmatique, impassible, paisible, placide,** ① **serein. 2.** Qui a une faible activité. *Les affaires sont calmes.* CONTR. **agité, emporté, turbulent, violent** • ① **actif.**
ÉTYM. de ① *calme.*

CALMEMENT [kalməmɑ̃] **adv.** ✦ Avec calme. SYN. **tranquillement.**

CALMER [kalme] **v. tr.** (conjug. 3a) **1.** Rendre calme, en apaisant, en diminuant (la douleur, les passions). *Cela calmera la douleur.* SYN. **apaiser, soulager.** *Calmer son impatience.* SYN. **maîtriser, modérer. 2.** Rendre (qqn) plus calme. SYN. **apaiser.** *Calmer les esprits.* **3.** SE CALMER **v. pron.** Devenir calme. *La tempête, la mer s'est calmée.* ➙ (personnes) Reprendre son sang-froid. loc. FAM. *On se calme !* CONTR. **agiter, énerver, exciter, troubler.**
ÉTYM. de ② *calme.*

CALOMEL [kalɔmɛl] **n. m.** ✦ Sel de mercure (chlorure) utilisé comme purgatif.
ÉTYM. du grec *kalos* « beau » et *melas* « noir ».

CALOMNIATEUR, TRICE [kalɔmnjatœʀ, tʀis] **n.** ✦ Personne qui calomnie. SYN. **accusateur, dénonciateur.** CONTR. **défenseur, laudateur.**
ÉTYM. latin *calumniator.*

CALOMNIE [kalɔmni] **n. f.** ✦ Accusation fausse, mensonge qui attaque la réputation, l'honneur (de qqn). SYN. **attaque, diffamation.** CONTR. **apologie,** ① **défense, éloge.**
ÉTYM. latin *calumnia.*

CALOMNIER [kalɔmnje] **v. tr.** (conjug. 9) ✦ Attaquer l'honneur, la réputation de (qqn), par des calomnies. SYN. **attaquer, décrier, diffamer.** CONTR. **défendre, glorifier.**
ÉTYM. latin *calumniari.*

CALOMNIEUX, EUSE [kalɔmnjø, øz] **adj.** ✦ Qui contient de la calomnie. SYN. **diffamatoire.** *Dénonciation calomnieuse.* CONTR. **élogieux, flatteur.**
ÉTYM. latin *calumniosus.*

| **CALOR(I)-** Élément, du latin *calor* « chaleur ».

CALORIE [kalɔʀi] **n. f. 1.** Ancienne unité de mesure de quantité de chaleur. **2.** Unité de mesure de la valeur énergétique des aliments. *Un plat riche en calories* (→ **calorique**). *Menu basses calories.* → **hypocalorique.**
ÉTYM. du latin *calor* « chaleur ».

CALORIFÈRE [kalɔʀifɛʀ] **n. m.** ✦ VIEILLI Appareil de chauffage distribuant dans une maison, au moyen de tuyaux, la chaleur que fournit un foyer. SYN. **chaudière.**
ÉTYM. de *calori-* et *-fère.*

CALORIFIQUE [kalɔʀifik] **adj.** ✦ Qui donne de la chaleur, produit des calories. *Rayons, radiations calorifiques.*
ÉTYM. latin *calorificus* « qui échauffe ».

CALORIFUGE [kalɔʀifyʒ] **adj.** ✦ Qui empêche la déperdition de la chaleur. ➙ **n. m.** *Un calorifuge.*
ÉTYM. de *calori-* et *-fuge.*

CALORIFUGER [kalɔʀifyʒe] **v. tr.** (conjug. 5) ✦ Isoler par un revêtement calorifuge.
► **CALORIFUGEAGE** [kalɔʀifyʒaʒ] **n. m.**

CALORIMÉTRIE [kalɔʀimetʀi] **n. f.** ✦ PHYS. Mesure des échanges calorifiques entre les corps.
► **CALORIMÉTRIQUE** [kalɔʀimetʀik] **adj.**
ÉTYM. de *calori-* et *-métrie.*

CALORIQUE [kalɔʀik] **adj.** ✦ Qui apporte des calories. *Aliment calorique.* SYN. **énergétique.**
ÉTYM. de *calorie.*

① **CALOT** [kalo] **n. m.** ✦ Coiffure militaire (dite aussi *bonnet de police*).
ÉTYM. de l'ancien français *cale* « bonnet », peut-être de *écale* « brou de la noix ».

② **CALOT** [kalo] **n. m.** ✦ Grosse bille.
ÉTYM. du moyen français *cale* « noix », de *écale* « brou de la noix ».

CALOTIN [kalɔtɛ̃] **n. m.** ✦ FAM. et PÉJ. Ecclésiastique ; partisan des prêtres. SYN. **clérical.**
ÉTYM. de *calotte.*

CALOTTE [kalɔt] n. f. **I** 1. Petit bonnet rond qui ne couvre que le sommet de la tête. 2. péj. *La calotte* : le clergé, les prêtres (→ **calotin**). **II** fig. *Calotte du crâne* : partie supérieure de la boîte crânienne. ◆ GÉOGR. *Calotte glaciaire* : glacier de forme convexe qui recouvre tout le relief. *La calotte glaciaire des pôles.* **III** FAM. Tape sur la tête. SYN. **gifle.**
ÉTYM. occitan *calota* ; famille de ① *calot* ou bas latin *calautica* «coiffure de femme».

CALOTTER [kalɔte] v. tr. (conjug. 3a) ✦ FAM. Gifler.
ÉTYM. de *calotte* (III).

CALQUE [kalk] n. m. 1. Copie, reproduction calquée. appos. *Papier calque* : papier transparent pour calquer. *Des papiers calques.* 2. fig. Imitation étroite. SYN. **plagiat.** 3. LING. Traduction littérale d'un mot, d'une expression. *« Lune de miel » est un calque de l'anglais « honeymoon ».*
ÉTYM. italien *calco*, de *calcare* → calquer.

CALQUER [kalke] v. tr. (conjug. 3a) 1. Copier les traits d'un modèle sur une surface contre laquelle il est appliqué. SYN. **décalquer.** *Calquer une carte de géographie.* 2. abstrait Imiter exactement. *Ils ont calqué leur organisation sur celle de leur concurrent.*
ÉTYM. italien *calcare* «presser».

CALUMET [kalymɛ] n. m. ✦ Pipe à long tuyau que les Indiens d'Amérique fumaient pendant les discussions importantes. *Le calumet de la paix* (aussi fig.).
ÉTYM. forme régionale (normand, picard) de *chalumeau.*

CALVADOS [kalvados] n. m. ✦ Eau-de-vie de cidre. → abrév. FAM. CALVA. *De vieux calvas.*
ÉTYM. du nom du département. ☞ noms propres.

CALVAIRE [kalvɛʀ] n. m. 1. RELIG. *Le Calvaire* : la colline où Jésus fut crucifié. → *Un calvaire* : représentation de la passion du Christ. *Calvaires bretons.* 2. fig. Épreuve longue et douloureuse. SYN. **martyre.**
ÉTYM. latin *calvariae (locus)* «(lieu) du crâne», pour traduire *Golgotha*, colline en forme de *crâne.*

CALVINISME [kalvinism] n. m. ✦ Doctrine du réformateur Calvin (☞ noms propres), qui créa le protestantisme en France.

CALVINISTE [kalvinist] adj. ✦ De Calvin, de sa doctrine. ◆ adj. et n. Qui professe la religion de Calvin. SYN. **protestant.**

CALVITIE [kalvisi] n. f. ✦ Absence totale ou partielle de cheveux. → **alopécie ; chauve.** *Une calvitie précoce.*
ÉTYM. latin *calvities*, de *calvus* «chauve».

CAMAÏEU [kamajø] n. m. ✦ Peinture où l'on n'emploie qu'une couleur avec des tons différents. *Un paysage en camaïeu.* → *Un camaïeu de bleu. Des camaïeux.*
ÉTYM. origine obscure, peut-être de l'arabe *quamā'il* «bourgeons».

CAMAIL, AILS [kamaj] n. m. 1. au Moyen Âge Armure de tête en tissu de mailles. 2. Courte pèlerine des ecclésiastiques. *Des camails.*
ÉTYM. ancien occitan *capmalh*, du latin *caput* «tête» et *macula* «maille».

CAMARADE [kamaʀad] n. 1. Personne qui a les mêmes occupations qu'une autre et des liens de familiarité avec elle. SYN. **collègue, compagnon, confrère ;** FAM. **copain, pote.** *Un, une camarade de classe.* 2. Appellation que se donnent entre eux les membres des partis communistes.
ÉTYM. espagnol *camarada*, du latin *camera* «chambre».

CAMARADERIE [kamaʀadʀi] n. f. ✦ Relations familières entre camarades.

CAMARD, ARDE [kamaʀ, aʀd] adj. ✦ LITTÉR. Qui a le nez plat, écrasé. SYN. **camus.** → n. f. *La camarde*, la mort (représentée avec une tête de mort).
ÉTYM. de *camus.*

CAMBISTE [kɑ̃bist] n. ✦ Spécialiste des opérations de change.
ÉTYM. italien *cambista*, de *cambio* «change».

CAMBIUM [kɑ̃bjɔm] n. m. ✦ BOT. Tissu des tiges et des racines qui donne naissance au bois, au liège.
ÉTYM. mot latin scientifique, de *cambiare* «changer».

CAMBOUIS [kɑ̃bwi] n. m. ✦ Graisse, huile noircie par le frottement. *Des mains noires de cambouis.* → loc. fig. et FAM. *Mettre les mains dans le cambouis* : s'atteler à une tâche ingrate, difficile.
ÉTYM. origine inconnue.

CAMBRÉ, ÉE [kɑ̃bʀe] adj. ✦ Qui forme un arc. *Taille cambrée*, creusée par-derrière. *Pied cambré.* CONTR. ① **droit,** ① **plat.**
ÉTYM. participe passé de *cambrer.*

CAMBRER [kɑ̃bʀe] v. tr. (conjug. 3a) 1. Courber légèrement en forme d'arc. SYN. **arquer, infléchir.** 2. Redresser (la taille) en se penchant légèrement en arrière. *Cambrer les reins.* → *SE CAMBRER* v. pron. *Elle se cambre en marchant.*
ÉTYM. de l'ancien français *cambre* «courbé», du latin *camurus.*

CAMBRIEN, IENNE [kɑ̃bʀijɛ̃, ijɛn] n. m. et adj. ✦ GÉOL. Première période de l'ère primaire. → adj. *Période cambrienne* (→ **précambrien**).
ÉTYM. anglais *cambrian*, de *Cambria*, nom latin du pays de Galles.

CAMBRIOLAGE [kɑ̃bʀijɔlaʒ] n. m. ✦ Vol par effraction.

CAMBRIOLER [kɑ̃bʀijɔle] v. tr. (conjug. 3a) ✦ Dévaliser en pénétrant par effraction. *Cambrioler un appartement.* → *Cambrioler qqn.*
ÉTYM. de l'argot *cambriole* «chambre», de l'occitan *cambro.*

CAMBRIOLEUR, EUSE [kɑ̃bʀijɔlœʀ, øz] n. ✦ Voleur qui cambriole. SYN. ARGOT **casseur.**

CAMBROUSSE [kɑ̃bʀus] n. f. ✦ FAM. et PÉJ. Campagne. *Il sort de sa cambrousse.*
ÉTYM. occitan *cambrousso* «cabane», de *cambro* «chambre».

CAMBRURE [kɑ̃bʀyʀ] n. f. 1. État de ce qui est cambré. SYN. **cintrage, courbure.** *La cambrure d'une pièce de bois. La cambrure des reins.* 2. Partie courbée entre la semelle et le talon d'une chaussure.
ÉTYM. de *cambrer.*

CAMBUSE [kɑ̃byz] n. f. 1. Magasin du bord, sur un bateau. 2. FAM. Chambre, habitation mal tenue.
ÉTYM. néerlandais *kombuis.*

① **CAME** [kam] n. f. ✦ Pièce (arrondie ou présentant une encoche, une saillie) destinée à transmettre et à transformer le mouvement d'un mécanisme. *Arbre à cames.*
ÉTYM. allemand *Kamm* «peigne».

A B C D E F G H I J K L M N O P Q R S T U V W X Y Z

② **CAME** [kam] n. f. ✦ ARGOT 1. Cocaïne, drogue (→ **se camer**). 2. Marchandise.
ÉTYM. abréviation de *camelote*.

CAMÉE [kame] n. m. ✦ Pierre fine (agate, améthyste, onyx) sculptée en relief. *Un camée monté en broche.*
HOM. CAMER «se droguer»
ÉTYM. italien *cammeo*, d'origine incertaine.

CAMÉLÉON [kameleɔ̃] n. m. 1. Petit reptile d'Afrique et d'Inde, de couleur gris verdâtre. *La peau du caméléon change de couleur par mimétisme.* 2. fig. Personne qui change de conduite, d'opinion selon les circonstances.
ÉTYM. latin *chamaeleon*, du grec «lion nain».

CAMÉLIA [kamelja] n. m. ✦ Arbrisseau à feuilles persistantes, à somptueuse floraison ; sa fleur. *«La Dame aux camélias»* (d'Alexandre Dumas fils).
ÉTYM. latin scientifique *camellia*, du nom du botaniste *Kamel*.

CAMELOT [kamlo] n. m. ✦ Marchand ambulant qui vend des marchandises à bas prix. SYN. **colporteur.** *Boniment de camelot.* ◆ HIST. *Les camelots du roi* : vendeurs de journaux de propagande royaliste.
ÉTYM. de *cameloter* «marchander» → camelote.

CAMELOTE [kamlɔt] n. f. ✦ FAM. 1. Marchandise de mauvaise qualité. SYN. **pacotille,** ② **toc.** *C'est de la camelote.* 2. Toute marchandise. *Ce boucher a de la bonne camelote.*
ÉTYM. du moyen français *cœsme* «gros mercier», d'origine inconnue.

CAMEMBERT [kamɑ̃bɛʀ] n. m. 1. Fromage de vache, de forme ronde, à croûte blanche. 2. Graphique en forme de cercle divisé en secteurs représentant des pourcentages.
ÉTYM. de *Camembert* nom d'un village de l'Orne. ☛ noms propres.

se **CAMER** [kame] v. pron. (conjug. 3a) ✦ FAM. Se droguer. HOM. CAMÉE «bijou»
ÉTYM. de ② *came*.

CAMÉRA [kameʀa] n. f. ✦ Appareil cinématographique de prise de vues. *Caméra de télévision* : tube électronique de prise de vues. → **caméscope.** *Caméra numérique.* → **webcam** (anglicisme).
ÉTYM. anglais *camera* «appareil de photo», du latin «chambre».

CAMÉRAMAN [kameʀaman] n. ✦ anglicisme Technicien(ne) qui utilise la caméra. SYN. **cadreur, opérateur.** *Des caméramans.* – On écrit parfois *cameraman* sans accent, *des cameramen* (plur. anglais).
ÉTYM. anglais *cameraman*, de *camera* et *man* «homme».

CAMÉRIER [kameʀje] n. m. ✦ Prélat au service du pape.
ÉTYM. italien *cameriere*, de *camera* «chambre».

CAMÉRISTE [kameʀist] n. f. ✦ HIST. Femme de chambre.
ÉTYM. espagnol *camarista*, de *camara* «chambre».

CAMÉSCOPE [kameskɔp] n. m. ✦ Caméra vidéo avec un magnétoscope intégré.
ÉTYM. de *caméra* et *magnétoscope*.

CAMION [kamjɔ̃] n. m. ✦ Gros véhicule automobile transportant des marchandises. SYN. **poids** lourd ; **semi-remorque.** – *CAMION-CITERNE* n. m. : camion pour le transport des liquides en vrac. *Des camions-citernes de lait.*
ÉTYM. origine inconnue.

CAMIONNAGE [kamjɔnaʒ] n. m. ✦ Transport par camion. SYN. **routage.**

CAMIONNETTE [kamjɔnɛt] n. f. ✦ Véhicule utilitaire, plus petit que le camion. SYN. **fourgonnette.**

CAMIONNEUR, EUSE [kamjɔnœʀ, øz] n. 1. Conducteur de camions. SYN. ① **routier.** 2. Personne qui gère ou possède une entreprise de transports par camion.

CAMISARD [kamizaʀ] n. m. ✦ HIST. (☛ noms propres) Calviniste cévenol insurgé, durant les persécutions qui suivirent au début du XVIIIe siècle la révocation de l'édit de Nantes.
ÉTYM. du languedocien *camiso* «chemise».

CAMISOLE [kamizɔl] n. f. 1. ancienn^t Vêtement court, à manches, porté sur la chemise. 2. *CAMISOLE DE FORCE* : chemise de toile à manches fermées, garnie de liens paralysant les mouvements, qui était utilisée pour maîtriser des malades mentaux agités.
ÉTYM. occitan *camisola*, de *camisa* «chemise».

CAMOMILLE [kamɔmij] n. f. 1. Plante odorante, dont les fleurs ont des propriétés digestives. 2. Tisane, infusion de fleurs de cette plante.
ÉTYM. bas latin *camomilla*, du grec.

CAMOUFLAGE [kamuflaʒ] n. m. ✦ Action de camoufler. ◆ Ce qui camoufle.

CAMOUFLER [kamufle] v. tr. (conjug. 3a) ✦ Rendre méconnaissable ou invisible. SYN. **dissimuler, maquiller.** – au p. passé *Matériel de guerre camouflé par une peinture bigarrée.* – fig. *Camoufler une faute.*
ÉTYM. de *camouflet*.

CAMOUFLET [kamuflɛ] n. m. ✦ LITTÉR. Vexation humiliante. SYN. **affront, offense.**
ÉTYM. de *chaud mouflet*, littéralement «souffle chaud», de *moufle*, de l'allemand *Muffel* «mufle».

CAMP [kɑ̃] n. m. **I** 1. Lieu, constructions où des troupes s'installent pour le repos ou la défense. SYN. **bivouac, campement, cantonnement, quartier.** *Camp retranché, fortifié.* – *LIT DE CAMP*, facilement transportable. 2. *Camp de prisonniers*, où sont groupés des prisonniers de guerre. – *CAMP DE CONCENTRATION*, où sont regroupés des opposants, des personnes que le pouvoir suspecte et veut neutraliser. – *Camps d'extermination (nazis)*, où furent affamés, suppliciés et exterminés certains groupes religieux ou ethniques (Juifs, Tsiganes), politiques (communistes) et sociaux. 3. Terrain où s'installent des campeurs. → **camping.** *Feux de camp. Camp de vacances.* 4. loc. fig. *Lever le camp*, FAM. *ficher, foutre* le camp* : s'en aller. → **décamper. II** Se dit de groupes qui s'opposent, se combattent. *Être dans un camp. Il est passé dans le camp opposé.* SYN. **faction, groupe,** ② **parti.** HOM. KHAN «souverain mongol», QUAND (conj. de temps), QUANT
ÉTYM. forme régionale de *champ*, latin *campus*.

CAMPAGNARD, ARDE [kɑ̃paɲaʀ, aʀd] adj. et n. 1. adj. De la campagne. – Qui vit à la campagne. 2. n. *Un campagnard, une campagnarde.* SYN. **paysan.**

CAMPAGNE [kɑ̃paɲ] **n. f.** **I** 1. VX Plaine. ➖ *En rase* campagne.* 2. *La campagne,* la terre cultivée, hors d'une ville. *Les travaux de la campagne.* → **champ**(s), **terre.** 3. Ensemble des lieux fertiles, hors des villes. *La mer, la campagne, la montagne. Vivre à la campagne.* ➖ *Maison de campagne* (→ **résidence secondaire**). ➖ *Pâté, pain de campagne.* **II** 1. Ensemble des manœuvres des troupes. *Les troupes sont en campagne.* ➖ *Une campagne,* une opération de guerre. *La campagne d'Italie, d'Égypte* (de Bonaparte). ➖ loc. *Se mettre en campagne :* partir à la recherche de qqn, de qqch. ➖ *Faire campagne pour, contre qqn,* militer pour, contre lui. 2. *Une campagne :* période d'activité, d'affaires, de prospection, de propagande. *Campagne électorale. Campagne de presse.*

ÉTYM. famille de *camp ;* doublet de *champagne.*

CAMPAGNOL [kɑ̃paɲɔl] **n. m.** ✦ Mammifère rongeur, au corps plus ramassé que le rat, à queue courte et poilue. *Le rat des champs est un campagnol.*

ÉTYM. italien *campagnolo* «campagnard».

CAMPANILE [kɑ̃panil] **n. m.** ✦ Tour isolée (clocher) souvent près d'une église (surtout en Italie).

ÉTYM. mot italien «clocher».

CAMPANULE [kɑ̃panyl] **n. f.** ✦ Plante herbacée, aux fleurs en forme de cloche.

ÉTYM. latin scientifique *campanula,* de *campana* «cloche».

CAMPÊCHE [kɑ̃pɛʃ] **n. m.** ✦ Arbre tropical à bois dur, dont on peut tirer une matière colorante rouge. *Bois de campêche.*

ÉTYM. du nom d'une ville du Mexique.

CAMPEMENT [kɑ̃pmɑ̃] **n. m.** 1. Action de camper. *Matériel de campement.* SYN. **camping.** 2. Lieu, installations où l'on campe. SYN. **bivouac, cantonnement.** *Rentrer au campement.*

CAMPER [kɑ̃pe] **v.** (conjug. 3a) **I** **v. intr.** 1. S'installer, être installé dans un camp. 2. Coucher sous la tente, faire du camping. 3. S'installer provisoirement quelque part. *Je campe à l'hôtel.* **II** **v. tr.** 1. Placer, poser (qqch.) avec décision, avec une certaine audace. SYN. **installer.** *Camper son chapeau sur sa tête.* 2. fig. *Camper un personnage, une scène,* représenter avec vigueur (par l'écriture, le dessin). ➖ *Camper le décor d'une intrigue.* **III** *SE CAMPER* **v. pron.** Se tenir dans une attitude hardie ou provocante. SYN. se **dresser,** se **planter.**

► **CAMPÉ, ÉE adj.** *Solidement campé sur ses jambes.*

ÉTYM. de *camp* «champ».

CAMPEUR, EUSE [kɑ̃pœʀ, øz] **n.** ✦ Personne qui pratique le camping.

ÉTYM. de *camper.*

CAMPHRE [kɑ̃fʀ] **n. m.** ✦ Substance aromatique, blanche, transparente, d'une odeur vive, provenant du camphrier.

ÉTYM. latin médiéval *camphora,* de l'arabe *kafur.*

CAMPHRÉ, ÉE [kɑ̃fʀe] **adj.** ✦ Qui contient du camphre. *Alcool camphré.*

CAMPHRIER [kɑ̃fʀije] **n. m.** ✦ Arbuste d'Extrême-Orient, appelé aussi *laurier du Japon,* dont le bois distillé donne le camphre.

CAMPING [kɑ̃piŋ] **n. m.** 1. Activité touristique qui consiste à vivre en plein air, sous une tente, dans une caravane, et à voyager avec le matériel nécessaire. *Faire du camping* (→ **campeur**). *Terrain de camping.* ➖ *Camping sauvage,* en dehors des lieux réservés à cet effet. 2. Terrain aménagé pour camper. *Camping municipal.*

ÉTYM. mot anglais, de *to camp* «camper».

CAMPING-CAR [kɑ̃piŋkaʀ] **n. m.** ✦ anglicisme Camionnette aménagée pour le camping. *Des camping-cars.*

ÉTYM. de *camping* et de l'anglais *car* «voiture».

CAMPING-GAZ [kɑ̃piŋgɑz] **n. m. invar.** ✦ Réchaud portatif à gaz pour le camping.

ÉTYM. marque déposée ; de *camping* et *gaz.*

CAMPUS [kɑ̃pys] **n. m.** ✦ Ensemble des bâtiments d'une université située hors de la ville ; espace où ils se trouvent.

ÉTYM. mot américain, du latin «champ, plaine».

CAMUS, USE [kamy, yz] **adj.** ✦ Qui a le nez court et plat. SYN. **camard.**

ÉTYM. probablement du gaulois *kamusio,* de *kam-* «courbe».

CANADA [kanada] **n. f.** ✦ Variété de pomme. *Des canadas.*

ÉTYM. du nom du pays.

CANADAIR [kanadɛʀ] **n. m.** ✦ Avion équipé de réservoirs d'eau pour l'extinction des incendies de forêt.

ÉTYM. nom déposé ; du nom de la firme canadienne *Canadair* qui mit au point ces appareils.

CANADIANISME [kanadjanism] **n. m.** ✦ Mot, tournure propre au français parlé au Canada (québécisme, acadianisme...).

ÉTYM. de *canadien.*

CANADIEN, IENNE [kanadjɛ̃, jɛn] **adj.** ✦ Du Canada ou qui concerne le Canada (☛ noms propres). ➖ **n.** *Les Canadiens. Les Canadiens français* (Québécois, Acadiens).

CANADIENNE [kanadjɛn] **n. f.** 1. Longue veste doublée de peau de mouton. 2. Petite tente de camping.

ÉTYM. de *canadien.*

CANAILLE [kanɑj] **n. f.** 1. *La canaille :* ensemble de gens méprisables. SYN. **pègre, racaille.** 2. *Une canaille :* une personne malhonnête, nuisible. SYN. **coquin, crapule, fripouille.** *Petite canaille !* (à un enfant). SYN. FAM. **bandit.** 3. **adj.** Vulgaire. *Des manières canailles.*

ÉTYM. italien *canaglia,* de *cane* «chien», latin *canis.*

CANAILLERIE [kanɑjʀi] **n. f.** ✦ Malhonnêteté ; action malhonnête.

CANAL, AUX [kanal, o] **n. m.** **I** 1. Cours d'eau artificiel. *Canal navigable ; d'irrigation. Canal maritime. Le canal de Suez.* 2. Bras de mer. SYN. **détroit,** ① **passe.** *Le canal de Mozambique.* **II** 1. Conduit permettant le passage d'un fluide. SYN. **conduite, tube, tuyau ; canalisation.** 2. Cavité allongée ou conduit de l'organisme, autre que les artères et les veines. SYN. **vaisseau.** *Canal biliaire, rachidien.* ➖ *Canaux semi-circulaires* (oreille interne). **III** fig. 1. Agent ou moyen de transmission. SYN. **intermédiaire.** *J'ai appris cela par le canal d'un ami.* 2. Domaine de fréquence occupé par une émission de télévision. SYN. **chaîne.** *Sur quel canal émettent-ils ?* 3. *Canal de distribution :* circuit de commercialisation d'un produit. HOM. (du pluriel) CANOT «barque»

ÉTYM. latin *canalis*, de *canna* «roseau» ; doublet de *chenal*.

CANALISATION [kanalizasjɔ̃] **n. f.** ✦ Ensemble des conduits (canaux) qui assurent la circulation d'un fluide. SYN. **branchement, tuyauterie.** *Une canalisation de gaz, d'électricité. Vidanger les canalisations.*

ÉTYM. de *canaliser*.

CANALISER [kanalize] **v. tr.** (conjug. 3a) **1.** Rendre (un cours d'eau) navigable. ➝ Sillonner (une région) de canaux. **2.** Empêcher de se disperser, diriger dans un sens déterminé. SYN. **centraliser, concentrer.** *Canaliser la foule.* ➝ *Canaliser son énergie.* CONTR. **disperser, éparpiller.**

ÉTYM. de *canal*.

CANAPÉ [kanape] **n. m.** **1.** Long siège à dossier où plusieurs personnes peuvent s'asseoir ensemble. SYN. **sofa.** *Canapé-lit,* qui, déplié, fait office de lit. → **convertible.** **2.** Tranche de pain sur laquelle on dispose un mets.

ÉTYM. latin *conopeum* «moustiquaire, tenture», du grec, de *kônôps* «moustique».

CANAQUE → KANAK

CANARD [kanaʀ] **n. m.** **I** **1.** Oiseau palmipède, au bec large, aux ailes longues et pointues. *Le canard cancane. Femelle du canard* (→ **cane**), *petit du canard* (→ **caneton**). *Canard sauvage* (colvert). *Canard de basse-cour.* ➝ *Canard à l'orange. Magret de canard.* **2.** loc. *Marcher comme un canard.* → se **dandiner.** ➝ *Un froid de canard,* très vif. ➝ *Canard boiteux :* personne, entreprise qui a du mal à s'adapter, qui échoue. **II** fig. **1.** Morceau de sucre trempé dans une liqueur, du café. **2.** Son criard, fausse note. SYN. **couac.** **3.** FAM. VIEILLI Fausse nouvelle lancée dans la presse. SYN. **bobard, bruit.** *Lancer des canards.* **4.** péj. Journal. *Il n'y a rien à lire, dans ce canard !*

ÉTYM. de l'ancien français *caner* «caqueter», onomatopée.

CANARDER [kanaʀde] **v. tr.** (conjug. 3a) ✦ FAM. Tirer sur (qqn, qqch.) d'un lieu où l'on est à couvert. SYN. **tirer.** *Se faire canarder.*

ÉTYM. de *canard*, d'abord «chasser le *canard*».

CANARI [kanaʀi] **n. m.** **1.** Serin à la livrée jaune et brun olivâtre. **2.** appos. invar. *Des polos jaune canari.*

ÉTYM. espagnol *canario* «oiseau des îles *Canaries*» ☞ noms propres.

CANASSON [kanasɔ̃] **n. m.** ✦ FAM. Cheval.

ÉTYM. de *canard*.

CANASTA [kanasta] **n. f.** ✦ Jeu de cartes (2 jeux de 52 et 4 jokers) qui consiste à réaliser des séries de 7 cartes de même valeur.

ÉTYM. mot espagnol d'Uruguay «corbeille».

① **CANCAN** [kɑ̃kɑ̃] **n. m.** ✦ Bavardage médisant. SYN. **potin, ragot.** *Colporter des cancans.*

ÉTYM. latin *quamquam* «quoique».

② **CANCAN** [kɑ̃kɑ̃] **n. m.** ✦ Danse excentrique et tapageuse (quadrille), spectacle traditionnel du Montmartre de 1900.

ÉTYM. de *cancan*, nom enfantin du canard, origine onomatopéique.

CANCANER [kɑ̃kane] **v. intr.** (conjug. 3a) **1.** Faire des cancans ①. **2.** Pousser son cri (canard).

ÉTYM. onomatopée → ② cancan.

CANCANIER, IÈRE [kɑ̃kanje, jɛʀ] **adj.** ✦ Qui cancane.

CANCER [kɑ̃sɛʀ] **n. m.** **I** (avec maj.) Quatrième signe du zodiaque représentant un crabe (22 juin-22 juillet). ➝ *Être Cancer,* de ce signe. **II** **1.** Tumeur maligne, maladie grave causée par une multiplication anarchique de cellules. *Cancer du foie, du sein. Cancer du sang.* → **leucémie.** **2.** fig. Ce qui ronge, détruit.

ÉTYM. mot latin «chancre» ; doublet de *chancre*.

CANCÉREUX, EUSE [kɑ̃seʀø, øz] **adj.** et **n.** **1.** De la nature du cancer. *Tumeur cancéreuse.* **2.** Qui est atteint d'un cancer. ➝ **n.** *Un, des cancéreux.*

CANCÉRIGÈNE [kɑ̃seʀiʒɛn] **adj.** ✦ Qui cause ou peut causer le cancer. SYN. **carcinogène, oncogène.** CONTR. **anticancéreux.**

ÉTYM. de *cancer* et *-gène*.

CANCÉROLOGIE [kɑ̃seʀɔlɔʒi] **n. f.** ✦ Étude, médecine du cancer. SYN. **carcinologie, oncologie.**

ÉTYM. de *cancer* et *-logie*.

CANCÉROLOGUE [kɑ̃seʀɔlɔg] **n.** ✦ Spécialiste du cancer.

ÉTYM. de *cancérologie*.

CANCRE [kɑ̃kʀ] **n. m.** ✦ FAM. Écolier paresseux et nul.

ÉTYM. latin *cancer* «crabe, chancre».

CANCRELAT [kɑ̃kʀəla] **n. m.** ✦ Blatte d'Amérique.

ÉTYM. néerlandais *kakkerlak*, avec influence de *cancre* «crabe, chancre».

CANDELA ou **CANDÉLA** [kɑ̃dela] **n. f.** ✦ Unité de mesure d'intensité lumineuse (symb. cd). ➝ Écrire *candéla* avec un accent est permis.

ÉTYM. latin *candela* «chandelle».

CANDÉLABRE [kɑ̃delabʀ] **n. m.** ✦ Grand chandelier à plusieurs branches. SYN. **flambeau.**

ÉTYM. latin *candelabrum*, de *candela* «chandelle».

CANDEUR [kɑ̃dœʀ] **n. f.** ✦ Qualité d'une personne pure et innocente, sans défiance. SYN. **ingénuité, innocence, naïveté ;** → **candide.** CONTR. **fourberie, ruse.**

ÉTYM. latin *candor* «blancheur ; éclat».

CANDI [kɑ̃di] **adj. m.** ✦ *SUCRE CANDI,* purifié et cristallisé.

ÉTYM. arabe, de *qanda* «sucre de canne».

CANDIDAT, ATE [kɑ̃dida, at] **n.** ✦ Personne qui postule une place, un poste, un titre. *Il y a plusieurs candidats à ce concours.* SYN. **concurrent.** *Se porter candidat à des élections.*

ÉTYM. latin *candidatus*, de *candidus* «blanc, vêtu de blanc».

CANDIDATER [kɑ̃didate] **v. tr. ind.** (conjug. 3a) ✦ Se porter candidat. *Candidater à un poste.* SYN. **postuler.**

CANDIDATURE [kɑ̃didatyʀ] **n. f.** ✦ État de candidat. *Annoncer, poser sa candidature à un poste.*

CANDIDE [kɑ̃did] **adj.** **1.** LITTÉR. Blanc. **2.** Qui a de la candeur, exprime la candeur. SYN. **ingénu, innocent, naïf, pur, simple.** *Air candide. Réponse candide.* CONTR. **fourbe, rusé.**

► **CANDIDEMENT** [kɑ̃didmɑ̃] **adv.**

ÉTYM. latin *candidus* «éclatant ; blanc».

CANE [kan] **n. f.** ✦ Femelle du canard. HOM. CANNE «bâton»

ÉTYM. de *canard*, influencé par l'ancien français *ane* «canard», latin *anas*.

CANER [kane] **v. intr.** (conjug. 3a) ✦ FAM. Reculer devant le danger ou la difficulté. SYN. **céder, flancher.**
HOM. CANNER «rempailler»
ÉTYM. de *faire la cane* «le poltron».

CANETON [kantɔ̃] **n. m.** ✦ Petit du canard.
ÉTYM. de *cane.*

① **CANETTE** [kanɛt] **n. f.** ✦ Jeune cane.
ÉTYM. diminutif de *cane.*

② **CANETTE** [kanɛt] **n. f.** ✦ Bobine recevant le fil de trame.
ÉTYM. italien de Gênes *cannetta,* de *canna* «roseau ; bâton».

③ **CANETTE** [kanɛt] **n. f.** 1. Bouteille de bière de forme et bouchage spécifiques. 2. anglicisme Boîte métallique cylindrique contenant une boisson.
ÉTYM. de *canne ;* sens 2, de l'anglais *can* «boîte de conserve».

CANEVAS [kanva] **n. m.** 1. Grosse toile claire et à jour qui sert de support aux ouvrages de tapisserie à l'aiguille. *Broderie sur canevas.* 2. Donnée première d'un ouvrage. SYN. **ébauche, esquisse,** ③ **plan, scénario.** *Le canevas d'un exposé.*
ÉTYM. de l'ancien picard *caneve,* forme ancienne de *chanvre.*

CANICHE [kaniʃ] **n. m.** ✦ Chien barbet à poil frisé. ➛ *Suivre qqn comme un caniche,* pas à pas, fidèlement.
ÉTYM. de *cane,* parce que ce chien aime l'eau.

CANICULAIRE [kanikylɛʀ] **adj.** ✦ (chaleur) Torride.
ÉTYM. latin *canicularis* → canicule.

CANICULE [kanikyl] **n. f.** ✦ Grande chaleur de l'atmosphère.
ÉTYM. latin *canicula,* proprement «petite chienne *(canis)*» et nom de la constellation où l'étoile Sirius se lève avec le Soleil du 22 juillet au 23 août.

CANIF [kanif] **n. m.** ✦ Petit couteau de poche à lames qui se replient dans le manche.
ÉTYM. francique *knif.*

CANIN, INE [kanɛ̃, in] **adj.** ✦ Relatif au chien. *Race, espèce canine. Exposition canine.*
ÉTYM. latin *caninus,* de *canis* «chien».

CANINE [kanin] **n. f.** ✦ Dent pointue entre les prémolaires et les incisives.
ÉTYM. de *canin.*

CANISSE → CANNISSE

CANIVEAU [kanivo] **n. m.** ✦ Bordure pavée d'une rue, le long d'un trottoir, qui sert à l'écoulement des eaux. SYN. **ruisseau.**
ÉTYM. peut-être famille de *canna* «tuyau (d'écoulement)».

CANNABIS [kanabis] **n. m.** ✦ Chanvre indien (stupéfiant).
ÉTYM. mot latin «chanvre».

CANNAGE [kanaʒ] **n. m.** ✦ Fait de canner. ➛ Partie cannée.

CANNE [kan] **n. f.** I Tige droite de certaines plantes (roseau, bambou...). ➛ *CANNE À SUCRE :* haute plante herbacée, de laquelle on extrait du sucre *(sucre de canne).* II 1. Bâton travaillé sur lequel on s'appuie en marchant. *Pommeau de canne. Canne blanche d'aveugle.* 2. *CANNE À PÊCHE :* gaule portant une ligne de pêche. HOM. CANE «femelle du canard»
ÉTYM. latin *canna* «roseau», du grec *kanna.*

CANNEBERGE [kanbɛʀʒ] **n. f.** ✦ Airelle des marais. SYN. **cranberry** (anglicisme).
ÉTYM. origine inconnue.

CANNELÉ, ÉE [kanle] **adj.** ✦ Qui présente des cannelures. *Colonne cannelée.*
ÉTYM. de *cannelle* «petit tuyau *(canne) ;* petit robinet».

CANNELLE [kanɛl] **n. f.** ✦ Écorce aromatique d'une variété de laurier (le *cannelier* [kanəlje] **n. m.**) utilisée en cuisine. *Cannelle en poudre, en bâtonnets.*
ÉTYM. de *canne* «tuyau», latin *canna* «roseau».

CANNELLONI [kanelɔni] **n. m.** ✦ Pâte alimentaire en forme de tube et garnie d'une farce. *Des cannellonis.*
ÉTYM. mot italien «gros tuyau *(canna)*», du latin.

CANNELURE [kanlyʀ] **n. f.** ✦ Sillon longitudinal creusé dans du bois, de la pierre, du métal. SYN. **moulure, rainure.** *Les cannelures d'une colonne.* ➛ BOT. Strie sur la tige de certaines plantes. *Les cannelures du céleri.* SYN. ① **côte.**
ÉTYM. italien *cannellatura,* de *cannellato* «cannelé».

CANNER [kane] **v. tr.** (conjug. 3a) ✦ Garnir le fond, le dossier de (un siège) avec des cannes de jonc, de rotin entrelacées. ➛ au p. passé *Chaise cannée.* HOM. CANER «reculer»
ÉTYM. de *canne,* I.

CANNIBALE [kanibal] **n. m.** ✦ Anthropophage.
ÉTYM. espagnol *canibal,* de l'arawak *caniba,* nom des Caraïbes antillais.

CANNIBALISER [kanibalize] **v. tr.** (conjug. 3a) ✦ anglicisme COMM. Concurrencer (un produit) du même producteur, sans que cela ait été voulu.
► **CANNIBALISATION** [kanibalizasjɔ̃] **n. f.**
ÉTYM. américain *to cannibalize.*

CANNIBALISME [kanibalism] **n. m.** ✦ Anthropophagie.
ÉTYM. de *cannibale.*

CANNISSE ou **CANISSE** [kanis] **n. f.** ✦ RÉGIONAL Assemblage de cannes de roseau fendues, servant notamment de coupe-vent.
ÉTYM. occitan, du latin *canna* «roseau».

CANOË [kanɔe] **n. m.** ✦ Embarcation légère et portative manœuvrée à la pagaie ; sport ainsi pratiqué (→ **pirogue ; kayak**). *Faire du canoë.*
ÉTYM. anglais *canoe,* de l'espagnol *canoa* → canot.

CANOÉISTE [kanɔeist] **n.** ✦ Personne qui pratique le sport du canoë.

① **CANON** [kanɔ̃] **n. m.** I 1. Pièce d'artillerie servant à lancer des projectiles lourds (obus). *Poudre à canon. Boulet* de canon. Canon antiaérien, antichar. Canon à tube court (à tir courbe).* → **mortier, obusier.** ◆ loc. *CHAIR À CANON :* les soldats exposés à être tués. ➛ *Marchand de canons,* d'armes. 2. Tube (d'une arme à feu). *Le canon d'un fusil. Dimension du canon* (→ **calibre**). 3. *Canon à neige :* appareil qui fabrique et projette de la neige artificielle sur les pistes de ski. II FAM. Verre de vin (offert) ; coup* à boire. III appos. invar. FAM. Très bien, formidable. *Il est canon son short. Des filles canon,* belles et désirables.
ÉTYM. italien *canonne* «gros tube *(canna)*», du latin.

A B C D E F G H I J K L M N O P Q R S T U V W X Y Z

② **CANON** [kanɔ̃] **n. m.** **1.** Loi ecclésiastique. ➖ **adj.** *Droit canon :* droit ecclésiastique. **2.** Ensemble des livres reconnus par les Églises chrétiennes comme appartenant à la Bible. ◆ *Canon de la messe :* partie essentielle de la messe qui va de la Préface au Pater. **3.** Règles pour déterminer les proportions idéales. *Le canon de la beauté.* SYN. **idéal, type ;** → **canonique.** **4.** Composition musicale dans laquelle les voix partent l'une après l'autre et répètent le même chant. *Canon à deux, trois voix. Chanter en canon.*
ÉTYM. mot latin, du grec «règle».

CAÑON → CANYON

CANONIQUE [kanɔnik] **adj.** **1.** DIDACT. Conforme aux canons ②. *Livres canoniques,* qui composent le canon. **2.** loc. *ÂGE CANONIQUE :* âge de quarante ans (minimum pour être servante chez un ecclésiastique). ➖ FAM. *Être d'un âge canonique,* respectable. **3.** DIDACT. Qui pose une règle ou correspond à une règle. SYN. **normatif.**
ÉTYM. latin *canonicus,* du grec ; doublet de *chanoine.*

CANONISER [kanɔnize] **v. tr.** (conjug. 3a) ✦ Inscrire une personne, après sa mort, sur la liste des saints ; reconnaître comme saint.
► **CANONISATION** [kanɔnizasjɔ̃] **n. f.**
ÉTYM. latin chrétien *canonizare* → ② canon.

CANONNADE [kanɔnad] **n. f.** ✦ Tir soutenu d'un ou de plusieurs canons.
ÉTYM. de ① *canon.*

CANONNER [kanɔne] **v. tr.** (conjug. 3a) ✦ Tirer au canon sur (un objectif). SYN. **bombarder.**

CANONNIER [kanɔnje] **n. m.** ✦ Soldat qui sert un canon ①.

CANONNIÈRE [kanɔnjɛʀ] **n. f.** ✦ Petit navire armé de canons.

CANOPE [kanɔp] **n. m.** ✦ DIDACT. Vase funéraire égyptien dont le couvercle représente une tête.
ÉTYM. latin *canopus,* du grec, nom d'une ville d'Égypte.

CANOPÉE [kanɔpe] **n. f.** ✦ DIDACT. Zone d'une forêt qui correspond à la cime des grands arbres.
ÉTYM. anglais *canopy* «dais».

CANOT [kano], MAR. [kanɔt] **n. m.** **1.** VX OU RÉGIONAL (Canada) Canoë, kayak, pirogue. **2.** Petite embarcation sans pont (à aviron, rame, moteur, voile). → **barque, chaloupe.** ➖ *Canot de sauvetage. Canot pneumatique. Canot automobile.* → **vedette.** HOM. CANAUX (pluriel de *canal* «conduit»)
ÉTYM. de l'espagnol *canoa,* d'un mot indien arawak.

CANOTER [kanɔte] **v. intr.** (conjug. 3a) ✦ Se promener en canot, en barque.
► **CANOTAGE** [kanɔtaʒ] **n. m.**

CANOTEUR, EUSE [kanɔtœʀ, øz] **n.** ✦ Personne qui fait du canot.

CANOTIER [kanɔtje] **n. m.** ✦ Chapeau de paille à bords et à fond plats.
ÉTYM. de *canot.*

CANTABILE [kɑ̃tabile] **adj.** ✦ MUS. (d'un mouvement lent) Chantant. *«Moderato cantabile»* (titre d'un roman de M. Duras). ➖ **adv.** *Jouer cantabile.*
ÉTYM. mot italien «qu'on peut chanter».

CANTAL, ALS [kɑ̃tal] **n. m.** ✦ Fromage de lait de vache fabriqué dans le Cantal (☛ noms propres). → **fourme.** *Des cantals.*

CANTALOUP [kɑ̃talu] **n. m.** ✦ Melon à côtes rugueuses.
ÉTYM. de *Cantalupo,* localité italienne près de Rome.

CANTATE [kɑ̃tat] **n. f.** ✦ Poème lyrique destiné à être mis en musique ; cette musique. *Une cantate de Bach.*
ÉTYM. italien *cantata* «ce qui se chante *(cantare)*».

CANTATRICE [kɑ̃tatʀis] **n. f.** ✦ Chanteuse professionnelle d'opéra ou de chant classique. *Une grande cantatrice.* SYN. **diva.**
ÉTYM. mot italien, latin *cantatrix* «celle qui chante *(cantare)*».

CANTHARIDE [kɑ̃taʀid] **n. f.** ✦ Insecte coléoptère de couleur vert doré et brillant.
ÉTYM. latin *cantharis,* du grec, de *kantharos* «scarabée».

CANTILÈNE [kɑ̃tilɛn] **n. f.** **1.** Chant profane. ➖ LITTÉR. Texte lyrique. SYN. **complainte.** *«La Cantilène de sainte Eulalie»* (premier poème en langue romane). ☛ Langue française p. 85. **2.** Chant monotone, mélancolique.
ÉTYM. latin *cantilena* «petit chant *(cantus)*».

CANTINE [kɑ̃tin] **n. f.** **1.** Restaurant d'une collectivité. SYN. **réfectoire.** *La cantine d'une école, d'une entreprise.* **2.** Coffre de voyage, malle rudimentaire (en bois, métal).
ÉTYM. italien *cantina* «cave ; lieu où l'on vend du vin», de *canto* «coin, réserve».

CANTINIÈRE [kɑ̃tinjɛʀ] **n. f.** ✦ anciennt Gérante d'une cantine militaire. SYN. **vivandière.**

CANTIQUE [kɑ̃tik] **n. m.** **1.** Poème, chant d'action de grâces. *«Le Cantique des cantiques»* (livre de la Bible). **2.** Chant religieux, consacré à la gloire de Dieu.
HOM. QUANTIQUE «des quanta»
ÉTYM. latin ecclésiastique *canticum* «chant *(cantus)* religieux».

CANTON [kɑ̃tɔ̃] **n. m.** **I** Chacun des États composant la Confédération helvétique (la Suisse). *Le canton de Berne.* **II** Division territoriale (en France). *L'arrondissement est divisé en cantons. Chef-lieu de canton.* **III** (Canada) *Les Cantons-de-l'Est.*
ÉTYM. mot occitan, de *can* «côté, bord», forme de ② *chant.*

à la **CANTONADE** [alakɑ̃tɔnad] **loc. adv.** ✦ *Parler à la cantonade,* à un groupe sans s'adresser à qqn en particulier.
ÉTYM. occitan *cantonada,* de *canton* «coin».

CANTONAL, ALE, AUX [kɑ̃tɔnal, o] **adj.** **I** (en Suisse) Du canton (I). *Lois cantonales* (opposé à *fédéral*). **II** (en France) Du canton (II). *Élections cantonales,* qui élisaient les conseillers généraux.

CANTONNEMENT [kɑ̃tɔnmɑ̃] **n. m.** ✦ Action de cantonner des troupes ; lieu où elles cantonnent. SYN. **bivouac, campement.**

CANTONNER [kɑ̃tɔne] **v.** (conjug. 3a) **1.** **v. tr.** Établir, faire séjourner (des troupes) en un lieu. **2.** **v. intr.** Camper. *Les troupes cantonnent dans la région.* **3.** **v. tr.** Établir (qqn) d'autorité dans un lieu, dans un état. **4.** *SE CANTONNER* **v. pron.** VIEILLI Se retirer dans un lieu où l'on se croit en sûreté. ➖ fig. *Ne vous cantonnez pas au XVIIIe siècle, élargissez votre recherche.* SYN. se **borner,** se **limiter.**
ÉTYM. de *canton.*

CANTONNIER [kɑ̃tɔnje] n. m. ✦ Ouvrier qui travaille à l'entretien des routes.
ÉTYM. de *canton*.

CANULAR [kanylaʀ] n. m. ✦ FAM. Blague, farce ; fausse nouvelle. *Monter un canular.*
ÉTYM. de *canule*.

CANULE [kanyl] n. f. ✦ Tube servant à injecter un liquide dans un conduit de l'organisme.
ÉTYM. latin *canula* «petit tuyau *(canna)*».

CANUT, CANUSE [kany, kanyz] n. ✦ RÉGIONAL Ouvrier, ouvrière spécialiste du tissage de la soie (Lyon).
ÉTYM. p.-ê. de *canne* «bobine de fil» → ② canette.

CANYON [kanjɔ̃ ; kanjɔn] n. m. ✦ Gorge profonde, creusée par un cours d'eau dans une chaîne de montagnes. *Les canyons du Colorado.* ➛ On écrit aussi *cañon*.
ÉTYM. espagnol *cañon*, de *caña*, proprement «gros tuyau», du latin *canna* «roseau, tuyau».

C. A. O. [seao] n. f. ✦ Conception assistée par ordinateur.
ÉTYM. sigle.

CAOUTCHOUC [kautʃu] n. m. 1. Substance élastique, imperméable, provenant du latex de certaines plantes ou fabriquée artificiellement. SYN. ① **gomme**. *Gants, bottes en caoutchouc.* 2. *Un caoutchouc* : VIEILLI un vêtement caoutchouté (→ **imperméable**) ; un élastique. 3. Plante d'appartement (ficus) à feuilles épaisses et brillantes.
ÉTYM. de l'espagnol *caucho*, de la langue maya.

CAOUTCHOUTER [kautʃute] v. tr. (conjug. 3a) ✦ Enduire de caoutchouc. ➛ au p. passé *Tissu caoutchouté*, imperméabilisé.

CAOUTCHOUTEUX, EUSE [kautʃutø, øz] adj. ✦ Qui a la consistance du caoutchouc.

CAP [kap] n. m. I loc. *DE PIED EN CAP* : des pieds à la tête, complètement. II 1. Pointe de terre qui s'avance dans la mer. SYN. **pointe, promontoire**. *Le cap Horn.* 2. loc. fig. *Franchir, dépasser le cap de la trentaine.* 3. Direction d'un navire. *Mettre le cap sur* : se diriger vers. *Changer de cap.* HOM. CAPE «vêtement»
ÉTYM. ancien provençal *cap* «tête», du latin *caput*.

C. A. P. [seape] n. m. ✦ Diplôme délivré aux élèves de l'enseignement technique court. *Un C. A. P. de coiffure.*
ÉTYM. sigle de *certificat d'aptitude professionnelle*.

CAPABLE [kapabl] adj. 1. *Capable de qqch.* : qui est en état, a le pouvoir d'avoir (une qualité), de faire (qqch.). *Capable de tout, du pire.* 2. *CAPABLE DE* (+ inf.). SYN. **apte** à, **propre** à, **susceptible** de. *Il est, il se sent capable de réussir.* 3. Qui a de l'habileté, de la compétence. SYN. **adroit, compétent, habile**. CONTR. **incapable** ; **inapte, incompétent, nul**.
ÉTYM. latin chrétien *capabilis*, de *capere* «comprendre, contenir».

CAPACITÉ [kapasite] n. f. I Propriété de contenir une quantité de substance. SYN. **contenance, mesure, volume**. *La capacité d'un récipient. Mesures de capacité.* II 1. Puissance, pouvoir (de faire qqch.). SYN. **aptitude, force**. *Capacité de réagir.* ➛ *L'usine a doublé sa capacité de production.* 2. Qualité d'une personne qui est en état de comprendre, de faire (qqch.). SYN. **compétence, faculté**. *Avoir une grande capacité de travail.* SYN. **puissance**. ➛ au plur. Moyens, possibilités. *Capacités intellectuelles.* 3. *Capacité en droit*, diplôme délivré après deux ans d'études. CONTR. **inaptitude, incapacité, incompétence**.
ÉTYM. latin *capacitas*.

CAPARAÇON [kapaʀasɔ̃] n. m. ✦ Harnais d'ornement ou housse de protection dont on équipe les chevaux.
ÉTYM. espagnol *caparazon*, p.-ê. de *capa* «cape».

CAPARAÇONNER [kapaʀasɔne] v. tr. (conjug. 3a) ✦ Revêtir, couvrir (un cheval) d'un caparaçon.

CAPE [kap] n. f. I 1. Vêtement de dessus, sans manches, qui enveloppe le corps et les bras. SYN. **houppelande, pèlerine**. ➛ loc. *Histoire, roman DE CAPE ET D'ÉPÉE*, dont les personnages sont des héros chevaleresques. 2. loc. fig. *RIRE SOUS CAPE*, en cachette. II MAR. *À la cape* : en réduisant la voilure. HOM. CAP «promontoire»
ÉTYM. bas latin *cappa* «capuchon», par l'occitan ; doublet de *chape*.

CAPELINE [kaplin] n. f. ✦ Chapeau de femme à très larges bords souples.
ÉTYM. ancien occitan *capelina* «chapeau de fer».

C. A. P. E. S. [kapɛs] n. m. ✦ Concours de recrutement des professeurs de l'enseignement secondaire. *Passer le C. A. P. E. S.*
ÉTYM. sigle de *Certificat d'Aptitude au Professorat de l'Enseignement Secondaire*.

CAPÉTIEN, IENNE [kapesjɛ̃, jɛn] adj. et n. ✦ HIST. Relatif à la dynastie des rois de France du sacre de Hugues Capet (987) à la mort de Charles IV (1328). ➛ n. *Les Capétiens.* ☛ Capétiens p. 157.
ÉTYM. de *Capet*, surnom de Hugues Ier, du latin *cappa* «cape»
☛ CAPET (noms propres).

CAPHARNAÜM [kafaʀnaɔm] n. m. ✦ FAM. Lieu qui renferme beaucoup d'objets en désordre. SYN. **bazar, bric-à-brac**.
ÉTYM. du nom d'une ville de Galilée (Bible).

CAPILLAIRE [kapilɛʀ] adj.
I adj. 1. Se dit des vaisseaux sanguins les plus fins (dernières ramifications). *Veines, vaisseaux capillaires ;* n. m. *les capillaires.* ➛ PHYS. *Tube capillaire*, très fin. 2. Relatif aux cheveux, à la chevelure. *Lotion capillaire.*
II n. m. BOT. Fougère à pétioles très fins.
ÉTYM. latin *capillaris*, de *capillus* «cheveu».

CAPILLARITÉ [kapilaʀite] n. f. 1. État de ce qui est fin comme un cheveu. 2. Phénomènes qui se produisent à la surface des liquides (dans les tubes *capillaires*, notamment).
ÉTYM. du latin *capillaris*, de *capillus* «cheveu».

en CAPILOTADE [ɑ̃kapilɔtad] loc. adv. ✦ En piteux état, en miettes. SYN. en **marmelade**. *J'ai le dos en capilotade.*
ÉTYM. espagnol *capirotada* «préparation qui recouvre un mets», de *capa* «cape», par le gascon.

CAPITAINE [kapitɛn] n. 1. n. m. LITTÉR. Chef militaire. *Les grands capitaines de l'Antiquité.* 2. (en France) Officier qui commande une compagnie. *Capitaine d'artillerie, de cavalerie. Bien, mon capitaine.* ➛ *Capitaine de gendarmerie. Capitaine des pompiers.* 3. Officier qui commande un navire de commerce. *Capitaine commandant un paquebot.* SYN. **commandant.** 4. Chef (d'une équipe sportive). *La capitaine de l'équipe de basket.*

ÉTYM. latin *capitaneus*, de *caput* «tête».

① **CAPITAL, ALE, AUX** [kapital, o] **adj.** 1. Qui est le plus important, le premier. SYN. **essentiel, fondamental, primordial, principal.** *C'est d'un intérêt capital, c'est capital. Un évènement capital. Les sept péchés* capitaux.* 2. PEINE CAPITALE : peine de mort. CONTR. **accessoire, secondaire ; insignifiant, minime.**

ÉTYM. latin *capitalis*, de *caput* «tête».

② **CAPITAL, AUX** [kapital, o] **n. m.** 1. Somme d'argent que l'on possède ou que l'on prête (opposé à *intérêt*). 2. Ensemble des biens que l'on fait valoir dans une entreprise. *Capital en nature, capital fixe* (terres, bâtiments, matériel). *Capital en valeur, capital financier* (argent, fonds). *Engager, investir des capitaux. Augmentation de capital.* ♦ Fortune. *Avoir un joli capital.* 3. absolt Richesse destinée à produire un revenu ou de nouveaux biens ; moyens de production. *Le capital provient du travail et des richesses naturelles.* «*Le Capital*» (œuvre principale de Karl Marx). ➛ *Les CAPITAUX* : les sommes en circulation. 4. Ensemble de ceux qui possèdent les moyens de production. ➜ **capitaliste.** *Le capital et le prolétariat.*

ÉTYM. de ① *capital*, peut-être influencé par l'italien *capitale* «somme principale».

CAPITALE [kapital] **n. f.** 1. Ville qui occupe le premier rang dans un État, une province ; siège du gouvernement. *Rome, capitale de l'Italie.* ➛ Ville la plus importante dans un domaine. *Limoges, capitale de la porcelaine.* 2. Grande lettre. SYN. **majuscule.** *Les titres sont imprimés en capitales.*

ÉTYM. de *ville, lettre capitale* → ① capital.

CAPITALISER [kapitalize] **v.** (conjug. 3a) 1. **v. tr.** Transformer en capital 2. *Capitaliser des intérêts.* 2. **v. intr.** Amasser de l'argent. SYN. **thésauriser.**

► **CAPITALISATION** [kapitalizasjɔ̃] **n. f.**

ÉTYM. de ② *capital.*

CAPITALISME [kapitalism] **n. m.** 1. Régime économique et social dans lequel les capitaux, source de revenu, appartiennent à des personnes privées et sont gérés par des entreprises, des banques privées *(capitalisme libéral)* ou partiellement contrôlées par l'État. *Capitalisme d'État.* ➜ **étatisme.** 2. Ensemble des capitalistes, des pays capitalistes libéraux *(capitalisme privé).*

ÉTYM. de ② *capital.*

CAPITALISTE [kapitalist] **n.** et **adj.** 1. **n.** Personne qui possède des capitaux. ➛ FAM. Personne riche. *Un gros capitaliste.* 2. **adj.** Relatif au capitalisme. *Économie capitaliste.* SYN. **libéral.** *Les pays capitalistes.* CONTR. **prolétaire · communiste.**

ÉTYM. de ② *capital.*

CAPITEUX, EUSE [kapitø, øz] **adj.** 1. Qui monte à la tête, qui produit une certaine ivresse. SYN. **enivrant, grisant.** *Vin, parfum capiteux.* 2. fig. *Une femme capiteuse,* qui trouble les sens.

ÉTYM. italien *capitoso* «obstiné», du latin *caput* «tête».

CAPITON [kapitɔ̃] **n. m.** ✦ Chacune des divisions formées par la piqûre dans un siège rembourré.

ÉTYM. italien *capitone* «grosse tête», du latin *caput.*

CAPITONNAGE [kapitɔnaʒ] **n. m.** ✦ Action de capitonner ; rembourrage. *Un capitonnage épais, moelleux.*

CAPITONNER [kapitɔne] **v. tr.** (conjug. 3a) ✦ Rembourrer en piquant (l'étoffe) d'espace en espace. *Capitonner une porte.* ➛ au p. passé *Fauteuil capitonné.*

ÉTYM. de *capiton.*

CAPITULAIRE [kapitylɛʀ] **adj.** et **n. m.** 1. **adj.** Relatif aux assemblées d'un chapitre (de religieux). *La salle capitulaire d'un monastère.* 2. **n. m.** HIST. Ordonnance des rois et empereurs francs.

ÉTYM. latin médiéval *capitularis*, de *capitulum* → chapitre.

CAPITULATION [kapitylasjɔ̃] **n. f.** ✦ Action de capituler. SYN. **reddition.** *Capitulation sans conditions. La capitulation de l'Allemagne le 8 mai 1945.* CONTR. **résistance.**

CAPITULE [kapityl] **n. m.** ✦ BOT. Partie d'une plante formée de fleurs insérées les unes à côté des autres, formant une seule fleur (au sens courant). *Les capitules de la pâquerette.*

ÉTYM. latin *capitulum* «petite tête *(caput)*».

CAPITULER [kapityle] **v. intr.** (conjug. 3a) 1. Se rendre à un ennemi par un pacte. *Capituler avec les honneurs de la guerre.* 2. fig. Abandonner sa position, s'avouer vaincu. SYN. **céder.** CONTR. **résister, tenir.**

ÉTYM. latin médiéval *capitulare*, de *capitulum* «clause».

CAPOEIRA [kapue(i)ʀa] **n. f.** ✦ Danse brésilienne qui enchaîne des figures acrobatiques et des mouvements de combat.

ÉTYM. mot brésilien, du tupi.

CAPON, ONNE [kapɔ̃, ɔn] **adj.** et **n.** ✦ VX Peureux. CONTR. **brave, courageux.**

ÉTYM. forme régionale (normand, picard) de *chapon.*

CAPORAL, ALE, AUX [kapɔʀal, o] **n.** 1. Militaire qui a le grade le moins élevé dans les armes à pied, l'aviation. SYN. **brigadier.** ➛ *Le Petit Caporal* : Napoléon Ier. ➛ *CAPORAL-CHEF*, qui a le grade supérieur au caporal. *Des caporaux-chefs. La caporale-chef.* 2. **n. m.** Tabac juste supérieur au tabac de troupe. *Du caporal ordinaire.*

ÉTYM. italien *caporale*, de *capo* «tête».

CAPORALISME [kapɔʀalism] **n. m.** ✦ Militarisme tyrannique et borné.

① **CAPOT** [kapo] **n. m.** ✦ Couverture métallique protégeant un moteur. *Le capot d'une automobile.*

HOM. KAPO «détenu»

ÉTYM. de *cape* «ce qui recouvre».

② **CAPOT** [kapo] **adj. invar.** ✦ VX Battu complètement, au jeu. ♦ fig. Humilié, confus. HOM. KAPO «détenu»

ÉTYM. origine incertaine ; peut-être de *caper* «se cacher», de *cape* ou de ① *capot* «ce qui recouvre».

CAPOTE [kapɔt] **n. f.** 1. Grand manteau militaire. 2. Couverture mobile de certains véhicules. *Capote de landau.* 3. FAM. *Capote anglaise* : préservatif masculin.

ÉTYM. de ① *capot* «sorte de cape».

CAPOTER [kapɔte] **v. intr.** (conjug. 3a) 1. (bateau, véhicule) Être renversé, se retourner. *Le bateau a capoté.* SYN. **chavirer.** 2. fig. Échouer. *Le projet a capoté.*

► **CAPOTAGE** [kapɔtaʒ] **n. m.**

ÉTYM. de *faire capot* «chavirer» → ② capot.

a CAPPELLA ➜ A CAPPELLA

CAPPUCCINO [kaputʃino] n. m. ✦ Café noir serré nappé de crème mousseuse. *Des cappuccinos.*
ÉTYM. mot italien «capucin», à cause de la couleur de la robe.

CÂPRE [kɑpʀ] n. f. ✦ Bouton à fleur du câprier, confit dans le vinaigre pour servir de condiment.
ÉTYM. italien *cappero*, du latin *capparis*.

CAPRICE [kapʀis] n. m. 1. Envie subite et passagère, fondée sur la fantaisie et l'humeur. SYN. **désir ; boutade, lubie, tocade.** *Suivre son caprice.* ➝ Amour passager. SYN. **béguin, tocade.** ➝ (enfants) Exigence accompagnée de colère. *Faire un caprice. On lui passe tous ses caprices.* 2. au plur. (choses) Changements fréquents, imprévisibles. *Les caprices de la mode.* CONTR. **constance.**
ÉTYM. italien *capriccio*, de *capo* «tête».

CAPRICIEUX, EUSE [kapʀisjø, øz] adj. et n. 1. Qui a des caprices. SYN. **fantasque, instable.** *Enfant capricieux.* ➝ n. *Un capricieux, une capricieuse.* 2. (choses) Dont la forme, le mouvement varie. SYN. **irrégulier.** ➝ *Un temps capricieux.* SYN. **changeant.** CONTR. **raisonnable • stable.**
► **CAPRICIEUSEMENT** [kapʀisjøzmɑ̃] adv.
ÉTYM. italien *capriccioso*.

CAPRICORNE [kapʀikɔʀn] n. m. 1. Animal fabuleux, à tête de chèvre et queue de poisson (et constellation). ◆ Dixième signe du zodiaque (21 décembre-19 janvier). ➝ *Être Capricorne*, de ce signe. 2. Grand coléoptère dont la larve creuse de longues galeries dans le bois.
ÉTYM. latin *capricornus*, de *caper* «bouc» et *cornu* «corne».

CÂPRIER [kɑpʀije] n. m. ✦ Arbre à tige souple produisant des boutons à fleurs (➝ **câpre**).
ÉTYM. de *câpre*.

CAPRIN, INE [kapʀɛ̃, in] adj. ✦ DIDACT. Relatif à la chèvre. *Espèces caprines.*
ÉTYM. latin *caprinus*, de *capra* «chèvre».

CAPSULE [kapsyl] n. f. 1. ANAT. Membrane, cavité en forme de poche, de sac. *Capsule articulaire, synoviale.* ➝ BOT. Fruit dont l'enveloppe est sèche et dure. *La capsule du coquelicot.* 2. Petite coupe de métal garnie de poudre (armes à feu). SYN. **amorce.** 3. Calotte de métal qui sert à fermer une bouteille. 4. *Capsule spatiale*, habitacle d'un engin spatial.
ÉTYM. latin *capsula* «petite boîte *(capsa)*».

CAPSULER [kapsyle] v. tr. (conjug. 3a) ✦ Boucher avec une capsule. CONTR. **décapsuler.**

CAPTER [kapte] v. tr. (conjug. 3a) 1. Chercher à obtenir (une chose abstraite). *Capter l'attention.* 2. Recueillir une énergie, un fluide pour l'utiliser. *Capter une source.* 3. *Capter un message, une émission de radio*, recevoir ou intercepter.
► **CAPTAGE** [kaptaʒ] n. m.
ÉTYM. latin *captare*, de *capere* «prendre».

CAPTEUR [kaptœʀ] n. m. ✦ SC. Dispositif pour détecter (SYN. **détecteur**), capter. *Capteur solaire*, emmagasinant l'énergie solaire.

CAPTIEUX, EUSE [kapsjø, øz] adj. ✦ LITTÉR. Qui cherche, sous des apparences de vérité, à tromper. SYN. **fallacieux, spécieux.** *Raisonnement, discours captieux.* CONTR. ① **droit, loyal, sincère.**
ÉTYM. latin *captiosus*, de *capere* «prendre par ruse».

CAPTIF, IVE [kaptif, iv] adj. 1. LITTÉR. Qui a été fait prisonnier au cours d'une guerre (➝ **captivité**). ➝ n. *Captifs réduits en esclavage.* 2. *BALLON CAPTIF*, retenu par un câble. 3. (animaux) Privé de liberté. CONTR. **libre.**
ÉTYM. latin *captivus*, de *capere* «prendre».

CAPTIVER [kaptive] v. tr. (conjug. 3a) ✦ Attirer et fixer (l'attention) ; retenir en séduisant. SYN. **charmer, enchanter, passionner, séduire.** *Captiver l'attention. Ce livre me captive.*
► **CAPTIVANT, ANTE** [kaptivɑ̃, ɑ̃t] adj.
ÉTYM. bas latin *captivare*, de *captivus* «captif».

CAPTIVITÉ [kaptivite] n. f. ✦ Situation d'une personne captive, prisonnière (SYN. **emprisonnement**), spécialt d'un prisonnier de guerre. *Vivre en captivité. Retour de captivité.* CONTR. **libération, liberté.**
ÉTYM. de *captif*.

CAPTURE [kaptyʀ] n. f. 1. Action de capturer. SYN. **prise, saisie.** *La capture d'un navire. Capture d'un criminel.* SYN. **arrestation.** 2. Ce qui est pris. *Une belle capture.*
ÉTYM. latin *captura*, de *capere* «prendre».

CAPTURER [kaptyʀe] v. tr. (conjug. 3a) ✦ S'emparer de (un être vivant). SYN. **arrêter, prendre.** *Capturer un animal féroce.*
ÉTYM. de *capture*.

CAPUCHE [kapyʃ] n. f. ✦ Petit capuchon.
ÉTYM. de *cape*.

CAPUCHON [kapyʃɔ̃] n. m. 1. Large bonnet attaché à un vêtement, et que l'on peut rabattre sur la tête. *Le capuchon d'un imperméable.* SYN. **capuche.** 2. Bouchon fileté. *Capuchon de stylo.*
ÉTYM. de *capuche*.

CAPUCIN, INE [kapysɛ̃, in] n. ✦ Religieux, religieuse d'une branche réformée de l'ordre de saint François. SYN. **franciscain.**
ÉTYM. italien *cappuccino*.

CAPUCINE [kapysin] n. f. ✦ Plante à feuilles rondes et à fleurs jaunes, orangées ou rouges ; cette fleur. ➝ *« Dansons la capucine »* (ronde enfantine).
ÉTYM. de *capuce* «capuchon pointu».

CAQUE [kak] n. f. ✦ Barrique pour conserver les harengs salés.
ÉTYM. du norrois *kaggr* «tonneau».

CAQUELON [kaklɔ̃] n. m. ✦ Poêlon en fonte ou en terre.
ÉTYM. d'un mot suisse alémanique *kakel* «brique vernissée», allemand *Kachel*.

CAQUET [kakɛ] n. m. 1. Gloussement de la poule quand elle pond. 2. VX Bavardage prétentieux, jactance. loc. *Rabattre le caquet de, à (qqn)* : faire taire. 3. Bavardage inepte.
ÉTYM. de *caqueter*.

CAQUETAGE [kaktaʒ] n. m. 1. Action de caqueter. 2. Bavardage.

CAQUETER [kakte] v. intr. (conjug. 7b) 1. Glousser au moment de pondre. *Les poules caquètent.* 2. fig. Bavarder d'une façon indiscrète, désagréable. SYN. **jacasser.**
ÉTYM. onomatopée.

① **CAR** [kaʀ] **conj.** ✦ Conjonction de coordination qui introduit une explication (preuve, raison de la proposition qui précède). SYN. **parce que, puisque.** *Il n'ira pas, car il est malade.* HOM. voir ② *car*
ÉTYM. latin *quare* «c'est pourquoi».

② **CAR** [kaʀ] **n. m.** ✦ Autocar. HOM. CARRE «angle», ① QUART «quatrième», ② QUART «fraction»

CARABE [kaʀab] **n. m.** ✦ Insecte coléoptère, à reflets métalliques. → **scarabée.** *Le carabe doré.*
ÉTYM. latin *carabus*, du grec.

CARABIN [kaʀabɛ̃] **n. m.** ✦ FAM. Étudiant en médecine.
ÉTYM. de *carabin* «cavalier», d'origine incertaine.

CARABINE [kaʀabin] **n. f.** ✦ Fusil léger à canon court. *Tir à la carabine.*
ÉTYM. de *carabin* «cavalier», d'origine incertaine.

CARABINÉ, ÉE [kaʀabine] **adj.** ✦ FAM. Fort, violent. *Un orage carabiné.*
ÉTYM. de *carabiner* «se battre» et «souffler en tempête», de *carabin* «cavalier».

CARABINIER [kaʀabinje] **n. m.** 1. VX Soldat armé d'une carabine. 2. **en Italie** Gendarme. ♦ **en Espagne** Douanier. ♦ **loc.** *Arriver comme les carabiniers*, trop tard.

CARACO [kaʀako] **n. m.** 1. VX Corsage de femme droit et assez ample. 2. MOD. Sous-vêtement féminin couvrant le buste.
ÉTYM. origine obscure.

CARACOLER [kaʀakɔle] **v. intr.** (conjug. 3a) ✦ **(chevaux, cavaliers)** 1. VX Faire des voltes. 2. Chevaucher en sautant, en cabrant le cheval. → **loc. fig.** *Caracoler en tête des sondages.*
ÉTYM. de *caracole* «spirale, volte», espagnol *caracol* «escargot».

CARACTÈRE [kaʀaktɛʀ] **n. m.** **I** Marque, signe gravé ou écrit, élément d'une écriture. SYN. **lettre, symbole ;** → **idéogramme, pictogramme.** *Caractères chinois, grecs.* ♦ *Caractères d'imprimerie. Caractères romains, italiques.* **II** 1. Trait distinctif propre à une personne, à une chose. SYN. **attribut, caractéristique, particularité.** *Caractères physiques héréditaires.* → *Présenter un caractère d'urgence, de gravité.* 2. **absolt** Air personnel, original. SYN. **originalité, personnalité.** *Cette maison a du caractère.* SYN. **cachet.** **III** 1. Ensemble des manières habituelles de sentir et de réagir qui distinguent un individu. SYN. **individualité, nature, personnalité, tempérament.** *Caractère froid, exubérant, passionné. Avoir mauvais caractère.* 2. **absolt** *Avoir du caractère.* SYN. **énergie, fermeté, volonté.** 3. Personne considérée dans son individualité, son originalité. SYN. **personnalité.**
ÉTYM. latin *character*, du grec «graveur», puis «signe gravé, marque».

CARACTÉRIEL, ELLE [kaʀakteʀjɛl] **adj.** 1. DIDACT. Du caractère (III, 1). *Troubles caractériels.* 2. **(personnes)** Qui présente des troubles du caractère. *Un enfant caractériel.* → **n.** *Un caractériel.*

CARACTÉRISER [kaʀakteʀize] **v. tr.** (conjug. 3a) 1. Montrer avec précision, mettre en relief les caractères distinctifs de (qqn, qqch.). SYN. **distinguer, marquer, préciser.** 2. Constituer le caractère ou l'une des caractéristiques de. SYN. **définir, déterminer.** *Les traits, les particularités qui caractérisent un personnage, une activité.* → **au p. passé** *Une agression caractérisée.* SYN. ① **net.**
► **CARACTÉRISATION** [kaʀakteʀizasjɔ̃] **n. f.**
ÉTYM. de *caractère* (II, 1).

CARACTÉRISTIQUE [kaʀakteʀistik] **adj.** et **n. f.** 1. **adj.** Qui permet de distinguer, de reconnaître. SYN. **propre, spécifique, typique.** *Les propriétés caractéristiques du cuivre.* 2. **n. f.** Ce qui sert à caractériser. SYN. **caractère.** *Les caractéristiques d'une machine, d'un avion.* SYN. **particularité.**

CARACTÉROLOGIE [kaʀakteʀɔlɔʒi] **n. f.** ✦ Étude des types de caractères.
ÉTYM. de *caractère* et *-logie*, d'après l'allemand.

CARAFE [kaʀaf] **n. f.** 1. Récipient à base large et col étroit. *Une carafe d'eau. Vin en carafe.* 2. **loc.** FAM. *Rester EN CARAFE* : être oublié, laissé de côté.
ÉTYM. italien *caraffa*, de l'arabe du Maghreb.

CARAFON [kaʀafɔ̃] **n. m.** 1. Petite carafe. *Un carafon de vin.* 2. FAM. Tête.

CARAÏBE [kaʀaib] **adj.** et **n.** ✦ De la population autochtone (Amérindiens) du golfe du Mexique. → aussi **antillais.** → **n.** *Le massacre des Caraïbes.* ♦ **n. m.** Groupe de langues amérindiennes de cette région.
ÉTYM. mot amérindien.

CARAMBOLAGE [kaʀɑ̃bɔlaʒ] **n. m.** 1. **au billard** Coup dans lequel une bille en touche deux autres. 2. Série de chocs, de chutes. *Carambolage de voitures sur l'autoroute.*
ÉTYM. de *caramboler*.

CARAMBOLER [kaʀɑ̃bɔle] **v.** (conjug. 3a) 1. **v. intr.** Faire un carambolage. 2. **v. tr.** Bousculer, heurter. → **pronom.** *Six voitures se sont carambolées au carrefour.*
ÉTYM. de *carambole* «boule de billard», d'une langue de l'Inde, par l'espagnol et le portugais.

CARAMEL [kaʀamɛl] **n. m.** 1. Produit brun, brillant, aromatique, obtenu en faisant fondre et chauffer du sucre. *Crème (au) caramel.* 2. Bonbon au caramel. *Caramels mous.* 3. **adj. invar.** Roux clair.
ÉTYM. portugais *caramelo*, par l'espagnol, probablement du latin *calamellus* «petit roseau *(calamus)*».

CARAMÉLISER [kaʀamelize] **v. tr.** (conjug. 3a) 1. Transformer (du sucre) en caramel. 2. Mêler, enduire de caramel.

CARAPACE [kaʀapas] **n. f.** 1. Organe dur, qui protège le corps. *La carapace des tortues.* 2. Ce qui protège. SYN. **blindage, cuirasse.** → **fig.** *La carapace de l'égoïsme.*
ÉTYM. espagnol *carapacho*.

se **CARAPATER** [kaʀapate] **v. pron.** (conjug. 3a) ✦ FAM. S'enfuir. SYN. **décamper.**
ÉTYM. de *patte* et peut-être de l'argot *se carrer* «se cacher».

CARAT [kaʀa] **n. m.** 1. Chaque vingt-quatrième d'or fin contenu dans une quantité d'or. *Or à dix-huit carats.* 2. Unité de poids (0,2 g) des pierres précieuses. *Diamant de dix carats.* 3. **loc.** FAM. *Dernier carat* : dernière limite.
ÉTYM. italien *carato*, de l'arabe *qîrât* «petit poids».

CARAVANE [kaʀavan] **n. f.** **I** 1. Groupe de voyageurs réunis pour franchir une région désertique, peu sûre. → **prov.** *Les chiens aboient, la caravane passe*, il faut laisser crier les envieux, les médisants. 2. Groupe de

personnes qui se déplacent. *Une caravane de touristes.* **II** Remorque d'automobile aménagée pour servir de logement, pour le camping.
ÉTYM. persan *kārwān* ; sens II, de l'anglais.

CARAVANIER [kaʀavanje] n. m. ✦ Conducteur d'une caravane (I, 1).

CARAVANSÉRAIL, AILS [kaʀavɑ̃seʀaj] n. m. 1. en Orient Vaste cour entourée de bâtiments où les caravanes font halte. *Des caravansérails.* 2. Lieu très animé, fréquenté par des gens de toute provenance.
ÉTYM. persan «abri des caravanes», influence de *sérail.*

CARAVELLE [kaʀavɛl] n. f. ✦ Ancien navire à voiles (XVe-XVIe siècles). *Les caravelles de Christophe Colomb.*
☛ Grandes Découvertes p. 166.
ÉTYM. portugais *caravela*, du latin *carabus* «canot».

CARBOCHIMIE [kaʀbɔʃimi] n. f. ✦ TECHN. Chimie industrielle de la houille et de ses dérivés.
ÉTYM. du latin *carbo* «charbon» et de *chimie.*

CARBONARO [kaʀbɔnaʀo] n. m. ✦ HIST. Membre des sociétés secrètes italiennes qui luttaient au XIXe siècle pour la liberté nationale (*carbonarisme* n. m.). *Réunion de carbonari* (plur. italien) ou *de carbonaros.*
ÉTYM. mot italien «charbonnier».

CARBONATE [kaʀbɔnat] n. m. ✦ CHIM. Sel ou ester de l'acide carbonique. → **bicarbonate.**
ÉTYM. de *carbone.*

CARBONATER [kaʀbɔnate] v. tr. (conjug. 3a) ✦ Transformer en carbonate. – Additionner de carbonate.

CARBONE [kaʀbɔn] n. m. 1. Corps simple (symb. C), métalloïde qui se trouve dans tous les corps vivants. *Carbone cristallisé* (→ **diamant, graphite**), *amorphe* (→ **charbon**). *OXYDE DE CARBONE* : gaz toxique incolore et inodore. *Dioxyde de carbone. Cycle du carbone*, série de ses combinaisons dans les êtres vivants. – *CARBONE 14* : isotope radioactif du carbone qui permet de dater les restes d'origine animale ou végétale (bois, etc.). 2. Émission atmosphérique de carbone sous forme de dioxyde ; gaz à effet de serre. ☛ Géographie p. 225, 228 et 230. 3. *PAPIER CARBONE*, chargé de couleur et destiné à obtenir des doubles, en dactylographie.
ÉTYM. latin *carbo, carbonis* «charbon».

CARBONÉ, ÉE [kaʀbɔne] adj. ✦ CHIM. Qui contient du carbone. *Le pétrole est une roche carbonée.*

CARBONIFÈRE [kaʀbɔnifɛʀ] adj. et n. m. 1. adj. Qui contient du charbon. *Terrain carbonifère.* 2. n. m. GÉOL. Époque géologique de la fin de l'ère primaire.
ÉTYM. du latin *carbo* «charbon» et de *-fère.*

CARBONIQUE [kaʀbɔnik] adj. ✦ *Anhydride carbonique* ou *gaz carbonique* : gaz incolore, présent dans l'atmosphère, résultant de la combinaison du carbone et de l'oxygène, appelé aussi *dioxyde de carbone.* ♦ *NEIGE CARBONIQUE* : anhydride carbonique solide.
ÉTYM. de *carbone.*

CARBONISER [kaʀbɔnize] v. tr. (conjug. 3a) ✦ Transformer en charbon. SYN. **brûler, calciner.** – au p. passé *Forêt carbonisée par un incendie.* ♦ Cuire à l'excès. *Le rôti est carbonisé.*
► **CARBONISATION** [kaʀbɔnizasjɔ̃] n. f.
ÉTYM. de *carbone.*

CARBURANT [kaʀbyʀɑ̃] n. m. ✦ Combustible liquide qui, mélangé à l'air (→ **carburation**), peut être utilisé dans un moteur à explosion (ex. essence, gazole).
ÉTYM. de *carbure.*

CARBURATEUR [kaʀbyʀatœʀ] n. m. ✦ Appareil qui, dans un moteur à explosion, sert à effectuer la carburation (2).
ÉTYM. de *carbure.*

CARBURATION [kaʀbyʀasjɔ̃] n. f. 1. TECHN. Enrichissement en carbone d'un corps métallique. 2. Formation, dans un carburateur, d'un mélange gazeux inflammable composé d'air et de carburant. *Carburation et allumage.*
ÉTYM. de *carbure.*

CARBURE [kaʀbyʀ] n. m. 1. CHIM. Composé du carbone avec un autre corps simple. *Carbures d'hydrogène.* → **hydrocarbure.** *Carbures à chaîne ouverte*, saturés (ex. méthane, propane) et non saturés (ex. éthylène, acétylène). *Carbures à chaîne fermée* (ex. benzène). 2. Carbure de calcium.
ÉTYM. de *carbone.*

CARBURER [kaʀbyʀe] v. (conjug. 3a) 1. v. intr. Effectuer la carburation. *Ce moteur carbure mal.* 2. v. tr. TECHN. Enrichir (un métal) en carbone.
ÉTYM. de *carbure.*

CARCAN [kaʀkɑ̃] n. m. 1. anciennt Collier de fer fixé à un poteau. → **pilori.** 2. Ce qui engonce, serre le cou. 3. fig. Ce qui entrave la liberté. SYN. **assujettissement, contrainte.** *Le carcan de la discipline.*
ÉTYM. latin médiéval *carcanum*, probablement d'origine germanique.

CARCASSE [kaʀkas] n. f. 1. Ensemble des ossements décharnés du corps. SYN. **squelette.** – *La carcasse d'une volaille.* 2. FAM. Le corps humain. 3. Charpente (d'un appareil, d'un ouvrage) ; assemblage des pièces soutenant un ensemble. SYN. **armature, charpente, structure.** *La carcasse d'un parapluie.*
ÉTYM. origine obscure.

CARCÉRAL, ALE, AUX [kaʀseʀal, o] adj. ✦ De la prison. *L'univers carcéral.*
ÉTYM. du latin *carcer* «prison».

CARCINO- Élément, du grec *karkinos* «crabe ; chancre», signifiant «crabe» ou «cancer».

CARCINOGÈNE [kaʀsinɔʒɛn] adj. ✦ DIDACT. Cancérigène.
ÉTYM. de *carcino-* et *-gène.*

CARCINOLOGIE [kaʀsinɔlɔʒi] n. f. ✦ DIDACT. 1. Étude des crustacés. 2. Étude du cancer. SYN. **cancérologie, oncologie.**
ÉTYM. de *carcino-* et *-logie.*

CARCINOME [kaʀsinom] n. m. ✦ Tumeur cancéreuse (épithélium, glandes).
ÉTYM. grec *karkinôma.*

CARDAGE [kaʀdaʒ] n. m. ✦ Opération par laquelle on carde.

CARDAMOME [kaʀdamɔm] n. f. ✦ Plante aromatique d'Asie. – Sa graine.
ÉTYM. latin *cardamomum*, du grec.

CARDAN [kaʀdɑ̃] n. m. 1. Système de suspension dans lequel le corps suspendu conserve une position invariable malgré les mouvements de son support. 2. *Cardan* ou *joint de cardan :* articulation permettant de transmettre le mouvement entre deux axes d'arbres concourants.
ÉTYM. du nom de *Girolamo Cardano*, savant italien.

CARDE [kaʀd] n. f. I Peigne ou machine à tambours servant à carder. II Côte comestible des feuilles de cardon et de bette.
ÉTYM. du latin *carda* «chardon», de *carduus*.

-CARDE, -CARDIE Éléments savants, du grec *kardia* «cœur».

CARDER [kaʀde] v. tr. (conjug. 3a) ✦ Peigner, démêler grossièrement (des fibres textiles). *Carder de la laine, du coton.* ➡ au p. passé *Laine cardée* (opposé à *peigné*).
ÉTYM. de *carde*.

CARDEUR, EUSE [kaʀdœʀ, øz] n. 1. Personne qui carde la laine. 2. CARDEUSE n. f. Machine qui nettoie la laine des matelas.

CARDIA [kaʀdja] n. m. ✦ ANAT. Orifice supérieur de l'estomac (près du cœur).
ÉTYM. grec *kardia* «cœur».

CARDIAQUE [kaʀdjak] adj. et n. 1. Du cœur. *Un malaise cardiaque. Crise cardiaque :* infarctus du myocarde. *Le muscle cardiaque :* le cœur. 2. Atteint d'une maladie de cœur. ➡ n. *Les cardiaques.*
ÉTYM. latin *cardiacus*, du grec.

CARDIGAN [kaʀdigɑ̃] n. m. ✦ Veste de laine tricotée à manches longues, boutonnée devant. SYN. **gilet, tricot.**
ÉTYM. mot anglais, du nom du comte de *Cardigan*.

① **CARDINAL, ALE, AUX** [kaʀdinal, o] adj. 1. LITTÉR. Qui sert de pivot, de centre. SYN. ① **capital, essentiel, fondamental.** *Idées cardinales.* 2. *Nombre cardinal* (opposé à *ordinal*), désignant une quantité (ex. *quatre* dans *maison de quatre pièces*). ◆ n. m. *Cardinal d'un ensemble E fini (card. E),* nombre de ses éléments. 3. *Les quatre points cardinaux* (nord, est, sud, ouest). → ① **rose** des vents. CONTR. **accessoire, secondaire.**
ÉTYM. latin ecclésiastique *cardinalis*, de *cardo, cardinis* «gond, pivot».

② **CARDINAL, AUX** [kaʀdinal, o] n. m. 1. Prélat* participant au gouvernement de l'Église catholique (électeur et conseiller du pape). *Réunion des cardinaux.* → **conclave.** 2. Oiseau passereau d'Amérique au plumage rouge foncé.
ÉTYM. latin chrétien *cardinalis*, de *cardo* «pivot» et fig. «principal».

CARDIO- Élément, du grec *kardia* «cœur».

CARDIOGRAMME [kaʀdjɔgʀam] n. m. ✦ MÉD. Enregistrement des mouvements du cœur. SYN. **électrocardiogramme.**
ÉTYM. de *cardio-* et *-gramme*.

CARDIOGRAPHE [kaʀdjɔgʀaf] n. m. ✦ MÉD. Appareil qui enregistre les mouvements du cœur.
ÉTYM. de *cardio-* et *-graphe*.

CARDIOGRAPHIE [kaʀdjɔgʀafi] n. f. ✦ MÉD. Étude et enregistrement graphique des mouvements du cœur.
ÉTYM. de *cardio-* et *-graphie*.

CARDIOLOGIE [kaʀdjɔlɔʒi] n. f. ✦ Étude du cœur et de ses affections.
ÉTYM. de *cardio-* et *-logie*.

CARDIOLOGUE [kaʀdjɔlɔg] n. ✦ Médecin spécialisé dans les maladies du cœur.
ÉTYM. de *cardiologie*.

CARDIOPATHIE [kaʀdjɔpati] n. f. ✦ MÉD. Maladie du cœur.
ÉTYM. de *cardio-* et *-pathie*.

CARDIOVASCULAIRE [kaʀdjovaskylɛʀ] adj. ✦ MÉD. Relatif à la fois au cœur et aux vaisseaux sanguins. *Troubles, maladies cardiovasculaires.*
ÉTYM. de *cardio-* et *vasculaire*.

CARDON [kaʀdɔ̃] n. m. ✦ Plante potagère voisine de l'artichaut, dont on mange la côte médiane (carde) des feuilles.
ÉTYM. forme picarde de *chardon*.

CARÊME [kaʀɛm] n. m. ✦ Période de pénitence, d'abstinence, qui va du mercredi des Cendres au jour de Pâques (relig. chrét.). ◆ loc. FAM. *Face de carême,* maigre ; triste.
ÉTYM. latin populaire *quaresima*, de *quadragesima* «quarantième (jour avant Pâques)».

CARÉNAGE [kaʀenaʒ] n. m. 1. Action de caréner. 2. Lieu où l'on carène les navires. SYN. **radoub.** 3. Carrosserie carénée, aérodynamique. *Le carénage d'une moto.*

CARENCE [kaʀɑ̃s] n. f. 1. Incapacité à faire face à ses responsabilités. *La carence des pouvoirs publics.* SYN. **impuissance, inaction.** 2. Absence ou insuffisance d'éléments indispensables à la nutrition. *Carence en vitamine C. Maladie de carence.* ◆ PSYCH. *Carence affective.*
ÉTYM. bas latin *carentia*, de *carere* «manquer de».

CARÈNE [kaʀɛn] n. f. 1. Partie immergée de la coque (d'un navire). 2. Carénage. *Mettre un navire en carène.*
ÉTYM. italien de Gênes *carena*, du latin «demi-coquille de noix».

CARÉNER [kaʀene] v. tr. (conjug. 8) 1. Nettoyer, réparer la carène de (un navire). SYN. **radouber.** 2. Donner un profil aérodynamique à (une carrosserie). ➡ au p. passé *Train caréné.*

CARESSANT, ANTE [kaʀesɑ̃, ɑ̃t] adj. 1. Qui aime les caresses, tendre et affectueux. SYN. **cajoleur, câlin.** *Un enfant caressant.* 2. (gestes, manières) Doux comme une caresse. SYN. ② **tendre.** *Une voix caressante.* CONTR. **froid, indifférent, insensible · brutal, dur.**
ÉTYM. du participe présent de *caresser*.

CARESSE [kaʀɛs] n. f. ✦ Manifestation physique de la tendresse. ➡ Attouchement tendre ou érotique. SYN. **cajolerie, câlin, étreinte.** *Couvrir qqn de caresses.* ◆ fig. *La caresse du vent, du soleil.* CONTR. **brutalité ; coup.**
ÉTYM. italien *carezza*, de *caro* «cher».

CARESSER [kaʀese] v. tr. (conjug. 3a) 1. Toucher en signe de tendresse. *Caresser un enfant.* SYN. **cajoler, câliner.** *Caresser un chien.* SYN. **flatter.** 2. Effleurer doucement, agréablement. *Le vent caresse ses cheveux.* 3. fig. Entretenir complaisamment (une idée, un espoir). SYN. **nourrir.** *Caresser un rêve, des projets.* CONTR. **battre, brutaliser, frapper, rudoyer.**
ÉTYM. italien *carezzare* «chérir».

① **CARET** [karɛ] n. m. ✦ Dévidoir des cordiers. ➝ *Fil de caret* : gros fil de chanvre.
ÉTYM. mot normand, picard, de *car* «char».

② **CARET** [karɛ] n. m. ✦ Grande tortue carnivore des mers chaudes.
ÉTYM. mot indien caraïbe.

CAR-FERRY [karferi ; karferɛ] n. m. ✦ anglicisme Bateau servant au transport des voyageurs et de leur voiture. SYN. **ferry-boat.** *Des car-ferrys* ou *des car-ferries* (plur. anglais). ➝ abrév. FERRY [feri].
ÉTYM. mot anglais, de *car* «voiture» et *to ferry* «transporter».

CARGAISON [kargɛzɔ̃] n. f. 1. Marchandises chargées sur un navire, ou dans un camion. SYN. **chargement, fret.** *Arrimer une cargaison. Une cargaison de vin.* 2. FAM. SYN. **collection, réserve.** *Une cargaison d'histoires drôles.*
ÉTYM. famille de *charger*, par l'ancien gascon.

CARGO [kargo] n. m. ✦ Navire destiné surtout au transport des marchandises. *Cargo minéralier.* ◆ *Avions-cargos.*
ÉTYM. de l'anglais *cargo-boat* «navire *(boat)* de charge *(cargo)*» ; *cargo*, mot espagnol «charge».

CARGUER [karge] v. tr. (conjug. 3b) ✦ Serrer (les voiles) contre leurs vergues ou contre le mât au moyen de cordages (*cargue* [karg] n. f.).
ÉTYM. bas latin *carricare* «charger», par l'espagnol ou l'occitan.

CARIATIDE [karjatid] n. f. ✦ ARCHIT. Statue de femme soutenant une corniche sur sa tête. ➝ On écrit aussi *caryatide.*
ÉTYM. latin *caryatides*, du grec «femmes de *Karues*», nom d'une ville du Péloponnèse.

CARIBOU [karibu] n. m. ✦ Renne du Canada. *Troupeau de caribous.*
ÉTYM. mot canadien, de l'amérindien (algonquin).

CARICATURAL, ALE, AUX [karikatyral, o] adj. 1. Qui tient de la caricature, qui y prête. SYN. **burlesque, grotesque.** *Un profil caricatural.* 2. Qui déforme en ridiculisant. *Une description caricaturale.* CONTR. **conforme, fidèle.**

CARICATURE [karikatyr] n. f. 1. Représentation qui, par la déformation, l'exagération de détails (traits du visage, proportions), tend à ridiculiser le modèle. SYN. **charge.** 2. fig. Ce qui évoque sous une forme déplaisante ou ridicule. *Faire la caricature de la société, d'un milieu.* SYN. **satire.** ➝ Simulacre, parodie. *Une caricature de la vérité.* 3. Personne ridicule.
ÉTYM. italien *caricatura*, de *caricare* «charger».

CARICATURER [karikatyre] v. tr. (conjug. 3a) 1. Faire la caricature de (qqn). 2. Représenter sous une forme caricaturale. SYN. **parodier, railler, ridiculiser.** CONTR. **enjoliver, idéaliser.**

CARICATURISTE [karikatyrist] n. ✦ Artiste (spécialt dessinateur) qui fait des caricatures.

CARIE [kari] n. f. ✦ Maladie des os et des dents qui entraîne leur destruction. ◆ spécialt Lésion qui détruit l'émail et l'ivoire de la dent en formant une cavité.
ÉTYM. latin *caries* «pourriture».

CARIER [karje] v. tr. (conjug. 9) ✦ Attaquer par la carie. SYN. **gâter.** ➝ pronom. (passif) *Cette dent s'est cariée.* ➝ au p. passé *Molaire cariée.* HOM. CARRIER «ouvrier»

CARILLON [karijɔ̃] n. m. 1. Ensemble de cloches accordées à différents tons. 2. Système de sonnerie (d'une horloge) qui se déclenche automatiquement pour indiquer les heures. ◆ *Carillon électrique* : sonnerie produisant plusieurs tons. 3. Air exécuté par un carillon ; sonnerie de cloches vive et gaie.
ÉTYM. latin populaire *quadrinio*, de *quaternio* «groupe de quatre *(quattuor)*».

CARILLONNER [karijɔne] v. intr. (conjug. 3a) 1. Sonner en carillon. *Les cloches carillonnent.* ➝ trans. *Carillonner une fête*, l'annoncer par un carillon. ➝ au p. passé *Fête carillonnée*, solennelle. 2. FAM. Sonner bruyamment. *Carillonner à la porte.*

CARISTE [karist] n. ✦ TECHN. Conducteur de chariot automoteur de manutention.
ÉTYM. du latin *carrus* «chariot».

CARITATIF, IVE [karitatif, iv] adj. ✦ Destiné à porter secours aux plus défavorisés. *Association caritative.*
ÉTYM. latin médiéval *caritativus*, de *caritas* «charité».

CARLIN [karlɛ̃] n. m. ✦ Petit chien à poil ras, au museau noir et écrasé. ➝ **dogue.**
ÉTYM. italien *carlino*, surnom d'un acteur, de *Carlo* «Charles».

CARLINGUE [karlɛ̃g] n. f. 1. Pièce de charpente renforçant la carène (d'un navire). 2. Partie habitable (d'un avion).
ÉTYM. scandinave *kerling.*

CARMAGNOLE [karmaɲɔl] n. f. ✦ Ronde chantée et dansée par les révolutionnaires.
ÉTYM. peut-être de *Carmagnola*, nom d'une ville du Piémont.

CARME [karm] n. m. ✦ Religieux de l'ordre du Carmel.

CARMEL [karmɛl] n. m. ✦ Couvent de carmes, de carmélites.
ÉTYM. du nom d'un mont d'Israël, dans la Bible. ☛ CARMEL (noms propres).

CARMÉLITE [karmelit] n. f. ✦ Religieuse de l'ordre du Carmel.

CARMIN [karmɛ̃] n. m. ✦ Colorant ou couleur rouge vif. SYN. **rouge, vermillon.** ➝ adj. invar. *Des ongles carmin.* SYN. **carminé.**
ÉTYM. bas latin *carminium*, peut-être de l'arabe *qirmiz* «cochenille» et latin *minium.*

CARMINÉ, ÉE [karmine] adj. ✦ Rouge vif. *Un vernis à ongles carminé.*
ÉTYM. de *carmin.*

CARNAGE [karnaʒ] n. m. ✦ Action de tuer un grand nombre (d'animaux, d'hommes). SYN. **boucherie, massacre, tuerie.** *Un monstrueux carnage.*
ÉTYM. forme picarde de *charnage*, de *charn*, ancienne forme de *chair.*

CARNASSIER, IÈRE [karnasje, jɛr] adj. ✦ Qui se nourrit de viande, de chair crue. *Le lion, la belette, animaux carnassiers.* ➝ n. m. *Un carnassier.* SYN. **carnivore.**
ÉTYM. occitan, de *carn* «chair».

CARNASSIÈRE [karnasjɛr] n. f. ✦ Sac servant au chasseur pour porter le gibier. SYN. **carnier, gibecière.**
ÉTYM. de *carnassier.*

CARNATION [karnasjɔ̃] n. f. ✦ Couleur, aspect de la chair d'une personne. SYN. ② **teint.** *Une carnation de blonde.*
ÉTYM. italien *carnagione*, de *carne* «chair».

CARNAVAL, ALS [karnaval] n. m. **1.** Période de réjouissances profanes qui va de l'Épiphanie au début du carême. → jours **gras. 2.** Divertissements publics (bals, défilés) du carnaval. *Déguisements, masques de carnaval. Le carnaval de Nice, de Rio.*
ÉTYM. italien *carnevalo*, du bas latin *carnelevare* «ôter *(levare)* la viande *(caro, carnis)*».

CARNAVALESQUE [karnavalɛsk] adj. ✦ Digne du carnaval.
ÉTYM. italien *carnevalesco.*

CARNE [karn] n. f. ✦ FAM. **1.** Viande de mauvaise qualité. **2.** Mauvais cheval. ➖ (personnes) *Quelle carne !* SYN. **rosse.**
ÉTYM. mot normand, de *carn*, forme ancienne de *chair.*

CARNÉ, ÉE [karne] adj. ✦ Composé de viande. *Régime carné.*
ÉTYM. du latin *caro, carnis* «chair, viande».

CARNET [karnɛ] n. m. **1.** Petit cahier de poche. → **agenda, calepin, répertoire.** *Carnet d'adresses. Carnet de notes.* ➖ *Carnet de commandes* : total des commandes d'une entreprise. **2.** Assemblage de feuillets détachables. *Carnet à souche. Carnet de chèques.* → **chéquier. 3.** Réunion de tickets, de timbres, etc., détachables.
ÉTYM. de l'ancien occitan *quern*, ancien français *quaer* «cahier».

CARNIER [karnje] n. m. ✦ Petite carnassière. SYN. **gibecière.**
ÉTYM. occitan, de *carn*, forme de «chair».

CARNIVORE [karnivɔr] adj. et n. **1.** adj. Qui se nourrit de chair. SYN. **carnassier.** ➖ *Plantes carnivores*, qui peuvent capturer de petits animaux, des insectes. **2.** n. *Les* CARNIVORES : ordre de mammifères munis de canines pointues (crocs) et de molaires tranchantes adaptées à un régime carné. *Le chat est un carnivore.*
ÉTYM. latin *carnivorus*, de *caro, carnis* «chair» et *vorare* «dévorer».

CAROLINGIEN, IENNE [karɔlɛ̃ʒjɛ̃, jɛn] adj. et n. ✦ HIST. ☛ Carolingiens p. 156 et cartes 10, 11. De Charlemagne, de son époque, de sa dynastie. *L'Empire carolingien. Art carolingien.* ➖ n. *Les Carolingiens* (☛ noms propres) *succédèrent aux Mérovingiens.*
ÉTYM. du latin *Carolus* «Charles».

CARONCULE [karɔ̃kyl] n. f. ✦ ANAT. Petite excroissance charnue.
ÉTYM. latin *caruncula*, de *caro* «chair».

CAROTÈNE [karɔtɛn] n. m. ✦ Pigment jaune ou rouge que l'on trouve dans certains tissus végétaux (carottes) et animaux.
ÉTYM. de *carotte.*

CAROTIDE [karɔtid] n. f. ✦ Chacune des deux grosses artères qui conduisent le sang du cœur à la tête.
ÉTYM. du grec *karôtis*, proprement «(artères) du sommeil».

CAROTTAGE [karɔtaʒ] n. m. ✦ Action de carotter (I ou II).

CAROTTE [karɔt] n. f. **I 1.** Plante potagère dont la racine est sucrée et comestible. ◆ Cette racine (rouge orangé). *Manger des carottes râpées.* ➖ loc. FAM. *Les carottes sont cuites* : tout est fini, perdu. **2.** en France Enseigne des bureaux de tabac. **3.** adjectivt invar. *Cheveux carotte.* SYN. **roux.** ➖ *«Poil de carotte»* (de Jules Renard). **II** Échantillon cylindrique tiré du sol.
ÉTYM. latin *carota*, du grec.

CAROTTER [karɔte] v. tr. (conjug. 3a) **I** FAM. Prendre (qqch.) par ruse. SYN. **extorquer, soutirer,** ② **voler.** *Il vous a carotté dix euros. Carotter une permission.* **II** Extraire un échantillon de (un terrain).
ÉTYM. de *carotte.*

CAROTTEUSE [karɔtøz] n. f. ✦ TECHN. Machine servant à prélever des échantillons du sous-sol.

CAROUBIER [karubje] n. m. ✦ Arbre méditerranéen à feuilles persistantes, à fleurs rougeâtres, qui produit un fruit sucré (*caroube* [karub] n. f.).
ÉTYM. du latin médiéval *carrubia*, de l'arabe.

CARPACCIO [karpatʃ(j)o] n. m. ✦ Plat fait de très fines tranches de bœuf cru, assaisonné.
ÉTYM. mot italien, du nom d'un peintre vénitien. ☛ noms propres.

① **CARPE** [karp] n. f. **1.** Gros poisson d'eau douce couvert de larges écailles. **2.** loc. *SAUT DE CARPE* : saut où l'on se rétablit sur les pieds, d'une détente. ➖ FAM. *Bâiller comme une carpe*, en ouvrant largement la bouche. ➖ *Muet comme une carpe.*
ÉTYM. bas latin *carpa.*

② **CARPE** [karp] n. m. ✦ ANAT. Double rangée de petits os (huit chez l'homme) qui soutiennent le poignet.
ÉTYM. grec *karpos* «poignet».

CARPELLE [karpɛl] n. m. ✦ BOT. Chaque élément du pistil (d'une fleur).
ÉTYM. du grec *karpos* «fruit».

CARPETTE [karpɛt] n. f. **1.** Petit tapis. SYN. **descente** de lit. **2.** fig. FAM. Personnage plat, rampant, servile.
ÉTYM. anglais *carpet*, de l'ancien français ; famille du latin *carpere* «déchirer».

CARQUOIS [karkwa] n. m. ✦ Étui destiné à contenir des flèches.
ÉTYM. altération de *tarquais*, du grec médiéval *tarkasion*, du persan.

CARRE [kar] n. f. **1.** TECHN. Angle qu'une face d'un objet forme avec les autres faces. **2.** Baguette d'acier qui borde la semelle d'un ski. HOM. ① CAR (conj.), ② CAR «autocar», ① QUART «quatrième», ② QUART «fraction»
ÉTYM. de *carrer.*

CARRÉ, ÉE [kare] adj. et n. m.
I adj. 1. Qui a quatre angles droits et quatre côtés égaux. *Plan carré.* ➖ *Mètre carré* : unité de mesure de surface équivalant à la surface d'un carré ayant un mètre de côté (symb. m^2). *Une chambre de douze mètres carrés.* **2.** Qui a à peu près cette forme. *Tour carrée*, dont la base est carrée. ◆ *Épaules carrées*, larges, robustes (→ **carrure**). **3.** fig. Dont le caractère est nettement tranché, accentué. *Une réponse carrée* (→ **carrément**). **4.** MATH. *Racine* carrée.*
II n. m. 1. Quadrilatère dont les quatre angles sont droits et les quatre côtés égaux. *Les carrés d'un damier,*

d'un tissu. SYN. **carreau** ; → **quadrillage.** – Rectangle proche d'un carré. *Un carré de terre.* 2. Foulard, fichu carré. *Carré de soie.* ◆ Parallélépipède. – spécialt *Carré de l'Est* (fromage). 3. Troupe disposée pour faire face des quatre côtés. *Former le carré.* 4. Chambre d'un navire servant de salon ou de salle à manger aux officiers. *Le carré des officiers.* 5. MATH. Produit d'un nombre par lui-même. *Seize est le carré de quatre et quatre la racine* carrée de seize. Le carré de a* (a^2). 6. au poker *Un carré d'as* : les quatre as.

ÉTYM. latin *quadratus,* de *quadrare* «rendre carré *(quadrus)*».

CARREAU [kaʀo] n. m. **I** 1. Pavé plat, de forme carrée. SYN. ① **dalle, pavé.** *Des carreaux de faïence.* 2. Sol pavé de carreaux. SYN. **carrelage.** *Laver le carreau.* – loc. *Rester sur le carreau,* être tué ou grièvement blessé ; être abandonné. ◆ *Carreau de mine* : emplacement où sont déposés les minéraux, le charbon, etc. 3. Plaque de verre dont sont munies les fenêtres, les portes vitrées. SYN. **vitre.** *Laveur de carreaux.* **II** 1. au plur. Assemblage symétrique de plusieurs carrés. *Étoffe à carreaux.* 2. (cartes à jouer) Série dont la marque distincte est un losange rouge. 3. loc. *Se tenir À CARREAU* : être sur ses gardes.

ÉTYM. latin populaire *quadrellus,* de *quadrus* «carré».

CARRÉE [kaʀe] n. f. ✦ FAM. Chambre.

ÉTYM. de *carré.*

CARREFOUR [kaʀfuʀ] n. m. 1. Endroit où se croisent plusieurs voies. SYN. **bifurcation, croisement, embranchement.** 2. fig. Situation nouvelle où l'on doit choisir entre diverses voies. *Parvenir, se trouver à un carrefour.* ◆ Lieu de rencontre, de confrontation. *Carrefour de civilisations.* 3. Réunion pour un échange d'idées.

ÉTYM. latin *quadrifurcus* «qui a quatre fourches».

CARRELAGE [kaʀlaʒ] n. m. ✦ Action de carreler. *Le carrelage d'une cuisine.* ◆ Pavage fait de carreaux. SYN. **dallage.** *Carrelage mural.*

CARRELER [kaʀle] v. tr. (conjug. 6a) 1. Paver avec des carreaux. – au p. passé *Une cuisine carrelée.* 2. Tracer des carrés sur (une feuille de papier, une toile). SYN. **quadriller.**

► **CARRELEUR, EUSE** [kaʀlœʀ, øz] n.

ÉTYM. de *quarel,* ancienne forme de *carreau.*

CARRELET [kaʀlɛ] n. m. 1. Poisson plat de forme quadrangulaire. SYN. **plie.** 2. Filet de pêche carré tendu sur une armature.

ÉTYM. diminutif de *quarel,* ancienne forme de *carreau.*

CARRÉMENT [kaʀemɑ̃] adv. 1. D'une façon nette, décidée, sans détours. SYN. **fermement, franchement, nettement.** *Parler, répondre carrément,* sans ambages. – *Allez-y carrément !* SYN. **hardiment** ; FAM. **franco.** 2. Complètement. *Il est carrément nul.* CONTR. **indirectement, timidement.**

ÉTYM. de *carré.*

CARRER [kaʀe] v. tr. (conjug. 3a) 1. TECHN. Donner une forme carrée à (qqch.). 2. *SE CARRER* v. pron. *Se carrer dans un fauteuil,* s'y installer confortablement ; s'y mettre à l'aise. SYN. **s'étaler,** se **prélasser.**

ÉTYM. latin *quadrare* «rendre carré *(quadrus)*».

CARRIER [kaʀje] n. m. ✦ Personne qui exploite une carrière comme entrepreneur ou comme ouvrier.

HOM. CARIER «gâter»

ÉTYM. de ② *carrière.*

① **CARRIÈRE** [kaʀjɛʀ] n. f. 1. Lieu disposé pour les courses de chars. – loc. *DONNER CARRIÈRE À* : donner libre cours à. 2. LITTÉR. Voie où l'on s'engage. *La carrière de la gloire.* 3. Métier, profession qui présente des étapes, une progression. *Le choix d'une carrière.* – *FAIRE CARRIÈRE* : réussir dans une profession (→ **carriériste**). – *Militaire DE CARRIÈRE,* de métier.

ÉTYM. italien *carriera* «chemin de chars», du latin *carrus* «char».

② **CARRIÈRE** [kaʀjɛʀ] n. f. ✦ Lieu d'où l'on extrait des matériaux de construction (pierre, roche), surtout à ciel ouvert (s'oppose à *mine*). *Carrière de pierre, de marbre.*

ÉTYM. latin populaire *quadraria,* de *quadrus* «carré».

CARRIÉRISTE [kaʀjeʀist] adj. et n. ✦ péj. Qui recherche avant tout la réussite professionnelle. SYN. **ambitieux, arriviste.**

► **CARRIÉRISME** [kaʀjeʀism] n. m.

ÉTYM. de ① *carrière* (3).

CARRIOLE [kaʀjɔl] n. f. ✦ Petite charrette.

ÉTYM. ancien occitan ou italien *carriola* «brouette», du latin *carrus* «char».

CARROSSABLE [kaʀɔsabl] adj. ✦ Où peuvent circuler des voitures. *Chemin carrossable.* SYN. **praticable.**

ÉTYM. de *carrosse.*

CARROSSE [kaʀɔs] n. m. ✦ Ancienne voiture à chevaux, de luxe, à quatre roues, suspendue et couverte.

ÉTYM. italien *carrozza,* de *carro* «char».

CARROSSER [kaʀɔse] v. tr. (conjug. 3a) ✦ Munir (un véhicule) d'une carrosserie. – au p. passé *Châssis carrossé.*

► **CARROSSAGE** [kaʀɔsaʒ] n. m.

ÉTYM. de *carrosse.*

CARROSSERIE [kaʀɔsʀi] n. f. 1. Industrie, commerce des carrossiers. 2. Caisse d'un véhicule automobile (capot, toit, coffre, portes, ailes).

ÉTYM. de *carrosse.*

CARROSSIER [kaʀɔsje] n. m. 1. anciennt Fabricant de carrosses. 2. Tôlier spécialisé dans la construction, la réparation de carrosseries d'automobiles.

CARROUSEL [kaʀuzɛl] n. m. 1. Parade au cours de laquelle des cavaliers se livrent à des exercices variés. 2. fig. Ensemble d'objets mobiles qui évoluent. *Un carrousel d'avions, de motos.*

ÉTYM. mot napolitain, nom d'un jeu, de *caruso* «tête rasée».

CARRURE [kaʀyʀ] n. f. 1. Largeur du dos, d'une épaule à l'autre. *Veste trop étroite de carrure.* 2. fig. Force, valeur (d'une personne). SYN. **envergure, stature.**

ÉTYM. de *carrer.*

CARTABLE [kaʀtabl] n. m. ✦ Sac, sacoche d'écolier. SYN. **serviette.** *Cartable à poignée, à bretelles.*

ÉTYM. latin populaire *cartabulum* «récipient à papier *(charta)*».

CARTE [kaʀt] n. f. **I** 1. Rectangle ou carré de papier, de carton. – loc. *Donner CARTE BLANCHE à qqn,* le laisser libre de choisir, de décider. 2. *Carte à jouer* ou *carte* : carton rectangulaire dont l'une des faces porte une illustration et qui est utilisé dans différents jeux. *Un jeu de 32, de 52 cartes* (→ **carreau, cœur,** ① **pique, trèfle**). *Jouer aux cartes.* – loc. fig. *BROUILLER LES CARTES* : compliquer, obscurcir volontairement une affaire. *Jouer sa DERNIÈRE CARTE* : tenter sa dernière chance.

A B C D E F G H I J K L M N O P Q R S T U V W X Y Z

Jouer CARTES SUR TABLE : agir franchement, sans rien cacher. ➝ *Le dessous des cartes.* ➝ *CARTE FORCÉE* : obligation à laquelle on ne peut échapper. ➝ *Tirer les cartes à qqn* (→ **cartomancie**). **3.** Liste des plats, des consommations avec leurs prix. *Manger à la carte,* en choisissant librement (s'oppose à *au menu*). **4.** *CARTE (DE VISITE)* : petit carton sur lequel on fait imprimer son nom, son adresse, sa profession, etc. → **bristol.** **5.** *CARTE (POSTALE)* : carte dont l'une des faces sert à la correspondance, l'autre portant une illustration. ➝ *Carte-lettre* **n. f.** ➝ *Carte-réponse* **n. f.** ➝ Belgique *Carte-vue* **n. f.** **6.** Document personnel. *Carte d'identité ; carte électorale.* → **papier**(s). *Carte vermeil*.* ♦ *CARTE GRISE* : titre de propriété d'une automobile. **7.** *CARTE DE CRÉDIT* : carte magnétique ou à puce permettant de débiter automatiquement le compte bancaire du titulaire. **II** **1.** Représentation à échelle réduite de la surface du globe. *Carte universelle.* → **mappemonde, planisphère.** *Recueil de cartes.* → **atlas.** *Carte géographique, routière. Carte d'état-major. Carte de France.* ♦ *Carte du ciel.* **2.** Relevé descriptif d'une répartition. *La carte scolaire.* HOM. QUARTE (féminin de *quart* «quatrième»), QUARTE «intervalle musical»

ÉTYM. latin *charta* «feuille de papier» ; doublet de *charte.*

CARTEL [kartɛl] **n. m.** **I** vx Carte, billet par lequel on provoquait en duel. **II** **1.** Encadrement décoratif qui entoure certaines pendules. ➝ Cette pendule. *Un cartel Louis XV.* **2.** Petite plaque informative placée à proximité d'une œuvre artistique, d'un objet exposé. **III** **1.** Entente regroupant des entreprises ayant des activités proches en vue de maîtriser la concurrence. SYN. **consortium, trust.** **2.** Association de groupements (politiques, syndicaux) en vue d'une action commune. *Le cartel des gauches* (1924-1926).

ÉTYM. italien *cartella* «affiche», de *carta* «papier».

CARTER [kartɛʀ] **n. m.** ✦ Enveloppe de métal servant à protéger un mécanisme. *Le carter d'une chaîne de bicyclette, d'un moteur.*

ÉTYM. mot anglais, du nom de l'inventeur.

CARTÉSIANISME [kartezjanism] **n. m.** ✦ Philosophie de Descartes, de ses disciples, de ses successeurs.

ÉTYM. de *Cartesius,* nom latin de *Descartes.* ☞ noms propres.

CARTÉSIEN, IENNE [kartezjɛ̃, jɛn] **adj.** **1.** Relatif à Descartes, à sa philosophie (→ **cartésianisme**). **2.** (raisonnement ; personnes) Logique. *Un esprit cartésien.* **3.** MATH. *Graphique cartésien,* permettant de visualiser l'évolution d'une grandeur en fonction d'une autre.

ÉTYM. de *Cartesius,* nom latin de *Descartes.* ☞ noms propres.

CARTILAGE [kartilaʒ] **n. m.** ✦ Tissu animal résistant mais élastique et souple qui, chez les vertébrés supérieurs, recouvre la surface des os aux articulations, forme la charpente de certains organes (nez, oreille) et le squelette des embryons.

ÉTYM. latin *cartilago.*

CARTILAGINEUX, EUSE [kartilaʒinø, øz] **adj.** ✦ Composé de cartilage. *Squelette cartilagineux des vertébrés inférieurs.* ➝ *Poissons cartilagineux* (opposé à *osseux*).

ÉTYM. latin *cartilaginosus.*

CARTOGRAPHE [kartɔgʀaf] **n.** ✦ Spécialiste qui dresse et dessine les cartes de géographie.

ÉTYM. de *cartographie.*

CARTOGRAPHIE [kartɔgʀafi] **n. f.** ✦ Technique de l'établissement du dessin et de l'édition des cartes et plans.

► **CARTOGRAPHIQUE** [kartɔgʀafik] **adj.**

ÉTYM. de *carte* et *-graphie.*

CARTOMANCIE [kartɔmɑ̃si] **n. f.** ✦ Pratique consistant à prédire l'avenir par l'interprétation des cartes, des tarots.

ÉTYM. de *carte* et *-mancie.*

CARTOMANCIEN, IENNE [kartɔmɑ̃sjɛ̃, jɛn] **n.** ✦ Personne qui tire les cartes. SYN. ① **voyant.**

ÉTYM. de *cartomancie.*

CARTON [kartɔ̃] **n. m.** **1.** Matière assez épaisse, faite de pâte à papier (papier grossier ou ensemble de feuilles collées). *Du carton-pâte* ou *carton gris.* ♦ Feuille de cette matière. *Carton ondulé.* **2.** fig. *En CARTON-PÂTE* : factice. **3.** Boîte, réceptacle en carton fort. *Emballer des vêtements dans un carton. Carton à chapeaux.* **4.** *CARTON À DESSIN,* grand dossier servant à ranger des dessins, des plans. **5.** *FAIRE UN CARTON* : tirer à la cible* ; fig. FAM. tirer (sur qqn) ; marquer des points (aux dépens d'un adversaire). **6.** *Faire carton plein* : remporter un grand succès, réussir pleinement.

ÉTYM. italien *cartone,* de *carta* «papier, carte».

CARTONNAGE [kartɔnaʒ] **n. m.** **1.** Fabrication des objets en carton. **2.** Reliure en carton avec un dos en toile. ♦ Emballage en carton.

CARTONNÉ, ÉE [kartɔne] **adj.** ✦ (livre) Recouvert d'une reliure en carton (opposé à *broché* et à *relié*).

CARTONNIER [kartɔnje] **n. m.** **1.** Fabricant, marchand de carton. **2.** Meuble de bureau à tiroirs en carton épais, servant à classer les dossiers.

① **CARTOUCHE** [kartuʃ] **n. f.** **1.** Enveloppe contenant la charge d'une arme à feu. *La douille, l'amorce d'une cartouche. Cartouche à blanc.* ♦ fig. *Les DERNIÈRES CARTOUCHES* : les dernières réserves. **2.** Petit étui cylindrique. *Cartouche d'encre.* **3.** Paquets de cigarettes emballés et vendus ensemble.

ÉTYM. italien *cartuccia,* de *carta* «papier épais».

② **CARTOUCHE** [kartuʃ] **n. m.** **1.** Ornement sculpté ou dessiné, en forme de carte à demi déroulée. **2.** Encadrement elliptique entourant certains hiéroglyphes (noms de pharaons, etc.).

ÉTYM. italien *cartoccio* «cornet de papier *(carta)*».

CARTOUCHERIE [kartuʃʀi] **n. f.** ✦ Fabrique de cartouches ①.

CARTOUCHIÈRE [kartuʃjɛʀ] **n. f.** ✦ Sac ou boîte à cartouches ①.

CARYATIDE → CARIATIDE

CARYOTYPE [karjotip] **n. m.** ✦ BIOL. Arrangement des chromosomes (nombre, forme) d'une cellule, classés par dimension. *Le caryotype est caractéristique de chaque espèce.*

ÉTYM. du grec *karuon* «noix ; noyau» et de *-type.*

① **CAS** [kɑ] **n. m.** **I** emplois généraux **1.** Ce qui arrive. SYN. **circonstance, évènement,** ② **fait.** *Un cas grave, étrange, imprévu. Un cas d'espèce*. C'est le cas de* (+ inf.), le moment. *C'est bien le cas de le dire.* ➝ *Dans le cas présent ; dans ce cas-là.* SYN. **situation.** ➝ (avec *en*) *En ce* cas. → **alors.** ➛ EN CAS DE loc. prép. : dans l'hypothèse de. *En cas d'accident, qui faut-il prévenir ? En cas de besoin* : s'il est besoin. 2. AU CAS OÙ (+ cond.) loc. conj. : en admettant que, à supposer que. → **quand,** ① **si.** *Au cas où il viendrait.* ➛ EN AUCUN CAS (dans une proposition négative) : jamais. *En aucun cas je n'accepterai de signer.* ➛ EN TOUT CAS loc. adv. : quoi qu'il arrive, de toute façon. 3. FAIRE GRAND CAS DE *qqn, qqch.*, lui accorder beaucoup d'importance. FAIRE CAS DE. → **apprécier, considérer, estimer.** *Faire peu de cas, ne faire aucun cas de qqn, qqch.* **II** 1. Situation définie par la loi pénale. SYN. **crime, délit.** *Soumettre un cas au juge.* 2. CAS DE CONSCIENCE : RELIG. difficulté sur un point de morale, de religion (→ **casuiste**). ➛ COUR. Scrupule. 3. État ou évolution d'un sujet, du point de vue médical. *Un cas grave.* ♦ Personne présentant des caractères psychologiques singuliers. ➛ FAM. (souvent péj.) *Lui, c'est un cas !* 4. CAS SOCIAL : personne dont la situation sociale est difficile. HOM. K (lettre)

ÉTYM. latin *casus* «chute, circonstance, ce qui arrive», de *cadere* «tomber».

② **CAS** [ka] n. m. ✦ Dans les langues à déclinaisons, Chacune des formes d'un mot qui correspond à une fonction grammaticale précise dans la phrase. → **désinence.** *Le russe, l'allemand ont conservé des cas. Les six cas du latin* (nominatif, vocatif, accusatif, génitif, datif, ablatif). HOM. K (lettre)

ÉTYM. latin *casus*, pour traduire le grec *ptôsis* «chute» d'où «terminaison».

CASANIER, IÈRE [kazanje, jɛʀ] adj. ✦ Qui aime à rester chez soi. SYN. **sédentaire** ; FAM. **pantouflard.** *Une femme casanière.*

ÉTYM. peut-être italien *casaniere*, de *casana* «boutique de prêteur», d'origine incertaine.

CASAQUE [kazak] n. f. 1. Veste en soie des jockeys. 2. loc. fig. TOURNER CASAQUE : fuir ; changer de parti, d'opinion.

ÉTYM. du turc *kazak* «aventurier».

CASBAH [kazba] n. f. ✦ Citadelle (dans un pays arabe). ➛ Quartier de la citadelle.

ÉTYM. arabe *qaçba* «forteresse».

CASCADE [kaskad] n. f. 1. Chute d'eau. SYN. **cataracte.** 2. Ce qui se produit de manière saccadée. *Une cascade de rires, d'applaudissements.* 3. Acrobatie des cascadeurs.

ÉTYM. italien *cascata*, de *cascare* «tomber».

CASCADER [kaskade] v. intr. (conjug. 3a) ✦ Tomber en cascade. *Torrent qui cascade sur une pente.*

CASCADEUR, EUSE [kaskadœʀ, øz] n. ✦ Spécialiste qui tourne les scènes dangereuses, acrobatiques d'un film (parfois à la place d'un acteur).

ÉTYM. de *cascade* (3).

CASE [kɑz] n. f. **I** Habitation traditionnelle, dans des pays tropicaux. SYN. **hutte, paillote.** **II** 1. Carré ou rectangle dessiné sur un damier, un échiquier, etc. *Les 64 cases de l'échiquier.* ➛ loc. *Revenir à la case départ*, à une situation que l'on croyait dépassée. 2. Compartiment (d'un meuble, d'un casier). *Tiroir à plusieurs cases* (→ **casier**). 3. FAM. *Il lui manque une case, il a une case en moins*, il est anormal, fou.

ÉTYM. latin *casa* «cabane, chaumière» ; sens II, espagnol *casa*, du latin.

CASÉINE [kazein] n. f. ✦ Protéines qui constituent l'essentiel des matières azotées du lait. *La caséine se sépare du petit-lait lorsque le lait caille.*

ÉTYM. du latin *caseus* «fromage».

CASEMATE [kazmat] n. f. ✦ Abri enterré, protégé contre les obus, les bombes. SYN. **blockhaus, fortin.** *Casemates d'un fort.*

ÉTYM. italien *casamatta*, d'origine incertaine.

CASER [kɑze] v. tr. (conjug. 3a) 1. Mettre à la place qu'il faut ; dans une place qui suffit. SYN. ① **placer** ; FAM. **fourrer.** *Je ne sais plus où caser mes livres.* 2. fig. FAM. Établir (qqn) dans une situation. *Caser un ami dans l'Administration.* ➛ pronom. *Il cherche à se caser*, à se marier.

ÉTYM. de *case*.

CASERNE [kazɛʀn] n. f. 1. Bâtiment destiné au logement des militaires. SYN. **baraquement, quartier.** ♦ Troupes logées dans une caserne. *Plaisanteries de caserne*, de soldat. 2. FAM. Grand immeuble peu plaisant. 3. FAM. Établissement où règne une discipline sévère.

ÉTYM. ancien occitan *cazerna*, du latin *quaternus* «quatre par quatre».

CASERNEMENT [kazɛʀnəmɑ̃] n. m. ✦ Ensemble des constructions d'une caserne.

CASH [kaʃ] adv. ✦ anglicisme FAM. *Payer cash.* SYN. **comptant.** HOM. ① CACHE «cachette», ② CACHE «papier qui cache»

ÉTYM. mot anglais.

CASHER [kaʃɛʀ] adj. ✦ (aliments) Conforme aux prescriptions rituelles de la loi juive. *Viande casher.* parfois variable en genre *Des volailles cashères.* ♦ (lieux) Où l'on prépare ou vend des aliments casher. *Boucherie casher. Des restaurants casher* (invar.) ou *cashers.* ➛ On écrit aussi *kasher.*

ÉTYM. mot hébreu.

CASHMERE [kaʃmiʀ] → CACHEMIRE

CASIER [kazje] n. m. 1. Ensemble de cases, de compartiments formant meuble. *Casier à disques, à bouteilles.* 2. CASIER JUDICIAIRE : relevé des condamnations prononcées contre qqn. *Casier judiciaire vierge*, sans condamnation. 3. Nasse pour la capture des crustacés. *Casiers à homards.*

ÉTYM. de *case* ; sens 3, famille du latin *caseus* «fromage».

CASINO [kazino] n. m. ✦ Établissement de plaisir, de spectacle, où les jeux d'argent sont autorisés.

ÉTYM. mot italien, de *casa* «maison».

CASOAR [kazɔaʀ] n. m. 1. Grand oiseau coureur qui porte sur le front une sorte de casque. 2. Touffe de plumes ornant la coiffure des saint-cyriens.

ÉTYM. latin scientifique *casoaris*, d'un mot d'une langue de Nouvelle-Guinée.

CASQUE [kask] n. m. 1. Coiffure rigide (métal, cuir, plastique) qui couvre et protège la tête. *Casque de motocycliste. Le port du casque est obligatoire sur le chantier.* ➛ loc. *Les Casques bleus* : la force militaire de l'O. N. U. 2. Ensemble constitué par deux écouteurs montés sur un serre-tête. 3. Appareil à air chaud qui sert à sécher les cheveux. SYN. **séchoir.** *Être sous le casque.*

ÉTYM. espagnol *casco* «tesson» et «crâne», du latin *quassare* «casser».

CASQUÉ, ÉE [kaske] **adj.** ✦ Coiffé d'un casque.

CASQUER [kaske] **v. intr.** (conjug. 3a) ✦ FAM. Donner de l'argent, payer. SYN. **débourser.** *Faire casquer qqn.*
ÉTYM. italien *cascare* «tomber (dans le panneau)».

CASQUETTE [kaskɛt] **n. f.** ✦ Coiffure garnie d'une visière. *Casquette d'aviateur.*
ÉTYM. diminutif de *casque.*

CASSABLE [kasabl] **adj.** ✦ Qui risque de se casser facilement. SYN. **cassant, fragile.** CONTR. **incassable.**

CASSANT, ANTE [kasɑ̃, ɑ̃t] **adj. 1.** Qui se casse. *Métal cassant.* **2.** Qui manifeste son autorité par des paroles dures. SYN. **brusque, sec, tranchant.** ➖ *Un ton cassant.* CONTR. **flexible, résistant, solide, souple • doux.**
ÉTYM. du participe présent de *casser.*

CASSATE [kasat] **n. f.** ✦ Glace aux fruits confits.
ÉTYM. sicilien *cassata* «gâteau aux fruits confits».

CASSATION [kasasjɔ̃] **n. f.** ✦ Annulation (d'une décision) par une cour compétente. *Cassation d'un testament.* ➖ *La COUR DE CASSATION* : la juridiction suprême de l'ordre judiciaire français. *Pourvoi* en cassation.*
ÉTYM. de *casser* (I, 6).

① **CASSE** [kas] **n. f.** ✦ IMPRIM. Boîte plate sans couvercle, divisée en casiers contenant les différents caractères typographiques en plomb.
ÉTYM. italien *cassa* «caisse».

② **CASSE** [kas] **n. f. 1.** Action de casser. SYN. **bris.** *Ces verres sont mal emballés, il y aura de la casse.* **2.** FAM. Violence ; dégâts. **3.** *Mettre une voiture à la casse,* à la ferraille.
ÉTYM. de *casser.*

③ **CASSE** [kas] **n. m.** ✦ ARGOT Cambriolage. *Faire un casse* (→ **casseur,** II).
ÉTYM. de ② *casse.*

CASSÉ, ÉE [kase] **adj. 1.** → **casser. 2.** *Col cassé* : col dur à coins rabattus. **3.** (personnes) Courbé, voûté (par l'âge). **4.** *Blanc cassé,* mêlé d'une faible quantité d'une autre couleur.

CASSE-COU [kasku] **n. 1. n. m.** *Crier casse-cou à qqn,* l'avertir d'un danger. **2. n.** FAM. Personne qui s'expose, sans réflexion, à un danger. *Des casse-cous* ou *des casse-cou* (invar.). *Une vraie casse-cou.* ➖ **adj.** *Elles sont casse-cou* (invar.) ou *casse-cous.* SYN. **téméraire.**
ÉTYM. de *casser* et *cou.*

CASSE-CROÛTE [kaskʀut] **n. m. invar.** ✦ FAM. Repas léger pris rapidement ; sandwich. *Des casse-croûte.*
ÉTYM. de *casser la croûte* «manger».

CASSE-NOISETTE [kasnwazɛt] **n. m.** ✦ Pince servant à casser des noisettes, des noix. SYN. **casse-noix.** *Des casse-noisettes.* ➖ On écrit aussi *un casse-noisettes* (invar.), avec *s* final au singulier.

CASSE-NOIX [kasnwa] **n. m. invar. 1.** Pince servant à casser les noix. **2.** ZOOL. Gros oiseau d'Eurasie, espèce de corneille.

CASSE-PIED [kaspje] **n.** ✦ FAM. Personne insupportable, ennuyeuse. SYN. **importun.** *Des casse-pieds.* ➖ **adj.** *Ce qu'elles sont casse-pieds !* ➖ On écrit aussi *un, une casse-pieds* (invar.), avec *s* final au singulier.

CASSE-PIPE [kaspip] **n. m.** ✦ FAM. Guerre. *Aller au casse-pipe. Des casse-pipes.*
ÉTYM. de *casser sa pipe* «mourir».

CASSER [kase] **v.** (conjug. 3a) **I v. tr. 1.** Mettre en morceaux, diviser (une chose rigide) d'une manière soudaine, par choc, coup, pression. SYN. **briser, broyer, écraser, rompre.** *Casser une assiette, une vitre. Casser qqch. en (deux,... mille) morceaux.* ➖ au p. passé *Du verre cassé.* ◆ loc. FAM. *Casser la croûte* : manger (→ **casse-croûte**). ➖ *Casser sa pipe* : mourir (→ **casse-pipe**). ➖ *Casser la tête à qqn,* le fatiguer, l'importuner. *Se casser la tête* : se donner beaucoup de mal (→ **casse-tête**). ➖ *Casser la figure, la gueule à qqn,* se battre avec lui, le rosser. **2.** Rompre l'os de (un membre, le nez, etc.). SYN. **fracturer.** *Elle s'est cassé la jambe.* ➖ au p. passé *Un bras cassé.* ➖ fig. FAM. *Casser les pieds à qqn,* l'ennuyer, le déranger (→ **casse-pied**). **3.** Endommager de manière à empêcher le fonctionnement. SYN. **détériorer.** *Il a cassé sa montre.* ◆ *Se casser la voix.* ➖ au p. passé *Voix cassée,* rauque, voilée. ◆ fig. FAM. *Casser le moral* : démoraliser. **4.** FAM. *Ça ne casse rien* : ça n'a rien d'extraordinaire. **5.** FAM. *À TOUT CASSER* **loc. adv.** : tout au plus. *Ça coûtera cent euros à tout casser.* ◆ **loc. adj.** Extraordinaire. *Une fête à tout casser.* **6.** DR. Annuler (un acte, un jugement, une sentence) (→ **cassation**). **7.** fig. *Casser les prix,* les faire diminuer brusquement. **8.** Dégrader, démettre (qqn) de ses fonctions. SYN. **destituer, révoquer.** *Casser un officier.* **II v. intr.** Se rompre, se briser. *Le verre a cassé en tombant.* **III** *SE CASSER* **v. pron. 1.** (passif) *Le verre se casse facilement.* **2.** FAM. Se fatiguer. *Elle ne s'est pas cassée.* SYN. **se fouler. 3.** FAM. S'en aller. *On se casse.* CONTR. **arranger, réparer • confirmer, ratifier, valider.**
ÉTYM. latin *quassare.*

CASSEROLE [kasʀɔl] **n. f. 1.** Ustensile de cuisine de forme cylindrique, à manche ; son contenu. ◆ loc. FAM. *Passer à la casserole* : être mis dans une situation pénible. **2.** FAM. Mauvais piano. **3.** fig. FAM. *Traîner une casserole,* une affaire compromettante.
ÉTYM. de *casse* «récipient», du latin populaire *cattia* «poêle», par l'occitan.

CASSE-TÊTE [kastɛt] **n. m. 1.** Massue grossière ; matraque. **2.** Jeu de patience, assemblage compliqué. ◆ Problème difficile à résoudre. *Des casse-têtes.*

CASSETTE [kasɛt] **n. f. 1.** VX Petit coffre destiné à ranger de l'argent, des bijoux. SYN. **coffret.** *La cassette d'Harpagon* (dans *« L'Avare »,* de Molière). ◆ *Je prendrai cette somme sur ma cassette,* mon argent. **2.** Boîtier de petite taille contenant une bande magnétique qui permet d'enregistrer le son, ou l'image et le son. *Lecteur de cassettes. Cassette pour magnétoscope.* → **vidéocassette.** ◆ Cette bande. *Cassette vierge.*
ÉTYM. diminutif de ① *casse.*

CASSEUR, EUSE [kasœʀ, øz] **n. I 1.** Personne qui casse (qqch.). **2. n. m.** Personne qui vend des pièces de voitures mises à la casse. **3. n. m.** Personne qui, au cours d'une manifestation, endommage volontairement des biens. **II n. m.** ARGOT Cambrioleur.

① **CASSIS** [kasis] **n. m.** ✦ Groseillier à baies noires et à feuilles odorantes. ◆ Son fruit. *Gelée de cassis.* ➖ *Crème de cassis, cassis* : liqueur faite avec ce fruit. *Un vin blanc cassis.* → **kir.**
ÉTYM. peut-être latin *cassia,* nom d'une plante.

② **CASSIS** [kasi(s)] **n. m.** ✦ Rigole ou dépression en travers d'une route ; dos d'âne*.
ÉTYM. de *casser*.

CASSOLETTE [kasɔlɛt] **n. f.** **1.** Réchaud à couvercle dans lequel on fait brûler des parfums. SYN. **encensoir.** **2.** Petit récipient individuel pouvant aller au four. ♦ Plat cuit dans ce récipient.
ÉTYM. diminutif de l'ancien français *cassole*, de *casse* → casserole.

CASSONADE [kasɔnad] **n. f.** ✦ Sucre roux.
ÉTYM. ancien occitan ; famille de *casser*.

CASSOULET [kasulɛ] **n. m.** ✦ Ragoût préparé avec de la viande (confit d'oie, de canard, mouton ou porc) et des haricots blancs assaisonnés.
ÉTYM. mot languedocien «plat cuit au four», de *casso* «poêlon» → casserole.

CASSURE [kɑsyʀ] **n. f.** **1.** Endroit où un objet a été cassé. SYN. ① **brèche,** ① **faille, fracture.** **2.** abstrait Coupure, rupture. *Une cassure dans une vie, une amitié.*
ÉTYM. de *casser*.

CASTAGNETTES [kastaɲɛt] **n. f. pl.** ✦ Petit instrument de musique espagnol composé de deux pièces de bois que l'on fait claquer l'une contre l'autre.
ÉTYM. espagnol *castañeta*, de *castaña* «châtaigne».

CASTE [kast] **n. f.** **1.** Classe sociale fermée (d'abord en Inde). *La caste des prêtres, des guerriers.* **2.** péj. Groupe social fermé, jaloux de ses privilèges. SYN. **clan.**
ÉTYM. portugais *casta* «race», féminin de *casto* «pur, *chaste*».

CASTEL [kastɛl] **n. m.** ✦ Petit château.
ÉTYM. mot provençal, forme de *château*.

CASTER [kaste] **v. tr.** (conjug. 3a) ✦ Sélectionner (un candidat, un acteur...) au cours d'une audition. *Caster des figurants.*
ÉTYM. de *casting*.

CASTILLAN, ANE [kastijɑ̃, an] **adj. et n.** ✦ De la Castille (☞ noms propres). → **n.** *Les Castillans.* ♦ **n. m.** Dialecte espagnol, devenu la langue officielle de l'Espagne. SYN. **espagnol.** *Le catalan et le castillan.*

CASTING [kastiŋ] **n. m.** ✦ anglicisme **1.** Sélection des acteurs, des figurants, etc. (d'un film, d'un spectacle). → recomm. offic. *audition.* **2.** Ensemble des acteurs (d'un film, d'un spectacle). *Une superproduction au casting impressionnant.*
ÉTYM. mot anglais, de *to cast* «jeter», spécialement «distribuer».

CASTOR [kastɔʀ] **n. m.** **1.** Mammifère rongeur amphibie des pays froids, à large queue plate. **2.** Fourrure de cet animal.
ÉTYM. mot latin, du grec.

CASTRAT [kastʀa] **n. m.** ✦ Homme castré ; spécialt chanteur castré, qui conservait la voix de soprano.
ÉTYM. italien *castrato*, du latin *castrare* «châtrer».

CASTRATION [kastʀasjɔ̃] **n. f.** ✦ Opération par laquelle on prive un individu, mâle ou femelle, de la faculté de se reproduire.
ÉTYM. latin *castratio*.

CASTRER [kastʀe] **v. tr.** (conjug. 3a) ✦ Pratiquer la castration sur. SYN. **châtrer.**
ÉTYM. latin *castrare* ; doublet de *châtrer*.

CASUISTE [kazɥist] **n.** ✦ Théologien qui s'applique à résoudre les cas* de conscience.
ÉTYM. espagnol *casuista*, du latin *casus* «cas de conscience».

CASUISTIQUE [kazɥistik] **n. f.** **1.** RELIG. Partie de la théologie morale qui s'occupe des cas de conscience. **2.** péj. Subtilité complaisante (en morale).
ÉTYM. de *casuiste*.

CASUS BELLI [kazysbɛlli ; kazysbeli] **n. m. invar.** ✦ DIDACT. Acte de nature à motiver une déclaration de guerre.
ÉTYM. mots latins «cas *(casus)* de guerre *(bellum)*».

CATACHRÈSE [katakʀɛz] **n. f.** ✦ Figure de rhétorique détournant un mot de son sens (métaphore, figure).
ÉTYM. latin *catachresis*, du grec.

CATACLYSME [kataklism] **n. m.** **1.** Bouleversement de la surface de la terre par une catastrophe (inondation, tremblement de terre, etc.). **2.** Terrible catastrophe. SYN. **calamité.**
ÉTYM. latin *cataclysmos*, du grec «inondation».

CATACOMBE [katakɔ̃b] **n. f.** ✦ Cavité souterraine ayant servi de sépulture. SYN. **hypogée.** *Les catacombes de Rome.*
ÉTYM. latin chrétien *catacumbae*, du grec *kata* «en bas» et latin *tumba* «tombe».

CATADIOPTRE [katadjɔptʀ] **n. m.** ✦ Dispositif optique renvoyant la lumière en sens inverse et rendant visible de nuit le véhicule, l'objet qui en est muni. SYN. **cataphote.** *Catadioptre d'une bicyclette.*
ÉTYM. du grec *katoptron* «miroir» et *dioptron* «système optique».

CATAFALQUE [katafalk] **n. m.** ✦ Estrade décorée sur laquelle on place un cercueil.
ÉTYM. italien *catafalco*, du latin populaire *catafalicum* ; même famille que *échafaud*.

CATALAN, ANE [katalɑ̃, an] **adj. et n.** ✦ De Catalogne (☞ noms propres). → **n.** *Les Catalans.* ♦ **n. m.** *Le catalan,* langue romane parlée en Catalogne, aux Baléares, ainsi que dans le Roussillon.

CATALEPSIE [katalɛpsi] **n. f.** ✦ MÉD. Suspension complète du mouvement volontaire des muscles. SYN. **léthargie, paralysie.**
► **CATALEPTIQUE** [katalɛptik] **adj.**
ÉTYM. latin *catalepsia*, du grec, de *kata-* et *lambanein* «prendre».

CATALOGUE [katalɔg] **n. m.** **1.** Liste méthodique accompagnée de détails, d'explications. SYN. **index, inventaire, répertoire.** *Les catalogues d'une bibliothèque.* **2.** Liste de marchandises, d'objets à vendre. *Un catalogue de vente par correspondance.*
ÉTYM. bas latin *catalogus*, du grec *legein* «rassembler».

CATALOGUER [katalɔge] **v. tr.** (conjug. 3b) **1.** Classer, inscrire par ordre. **2.** péj. Classer (qqn ou qqch.) en le jugeant de manière définitive.
ÉTYM. de *catalogue*.

CATALPA [katalpa] **n. m.** ✦ Arbre décoratif d'Amérique du Nord, à très grandes feuilles et à fleurs en grappes dressées.
ÉTYM. mot anglais, d'une langue amérindienne.

CATALYSE [kataliz] **n. f.** 1. CHIM. Accélération ou ralentissement d'une réaction chimique sous l'effet d'une substance (→ **catalyseur**) qui ne subit elle-même aucune transformation. 2. Fait de catalyser (2).
ÉTYM. grec *katalusis*, de *kata* «en bas» et *luein* «dissoudre» (→ -lyse).

CATALYSER [katalize] **v. tr.** (conjug. 3a) 1. CHIM. Agir comme catalyseur. 2. fig. Déclencher, par sa seule présence (une réaction, un processus). *Catalyser l'enthousiasme, la haine.*
ÉTYM. de *catalyse.*

CATALYSEUR [katalizœʀ] **n. m.** 1. CHIM. Substance qui catalyse. 2. fig. *Un catalyseur de l'agressivité.*
ÉTYM. de *catalyser.*

CATALYTIQUE [katalitik] **adj.** ✦ CHIM. Relatif à la catalyse. *Action catalytique du platine.* ➛ COUR. *Pot catalytique :* pot d'échappement antipollution utilisant la catalyse.
ÉTYM. de *catalyse.*

CATAMARAN [katamaʀɑ̃] **n. m.** ✦ Bateau multicoque à deux flotteurs. *Catamarans et trimarans.*
ÉTYM. mot tamoul.

CATAPHOTE [katafɔt] **n. m.** ✦ Catadioptre.
ÉTYM. nom déposé ; du grec *kata-* et *phos, photos* «lumière».

CATAPLASME [kataplasm] **n. m.** ✦ Bouillie médicinale que l'on applique, entre deux linges, sur une partie du corps pour combattre l'inflammation. SYN. **sinapisme.**
ÉTYM. latin *cataplasma*, du grec «emplâtre».

CATAPULTAGE [katapyltaʒ] **n. m.** ✦ Action de catapulter. *Catapultage d'une fusée.*

CATAPULTE [katapylt] **n. f.** 1. Ancienne machine de guerre qui lançait de lourds projectiles. SYN. **baliste.** 2. Dispositif de lancement des avions à bord d'un porte-avion.
ÉTYM. latin *catapulta*, du grec.

CATAPULTER [katapylte] **v. tr.** (conjug. 3a) 1. Lancer par catapulte (2). 2. Lancer, projeter violemment. ♦ fig. Envoyer subitement (qqn) (dans un lieu, une situation). SYN. FAM. **bombarder.**

CATARACTE [kataʀakt] **n. f.** I Chute des eaux d'un grand cours d'eau. SYN. **cascade, chute.** ♦ *Des cataractes de pluie,* des chutes violentes. II Opacité du cristallin ou de sa membrane, qui entraîne des troubles de la vision. *Être opéré de la cataracte.*
ÉTYM. latin *cataracta*, du grec «chute d'eau ; herse d'une porte».

CATARRHE [kataʀ] **n. m.** ✦ MÉD. Inflammation des muqueuses provoquant une sécrétion excessive. *Catarrhe nasal.* HOM. CATHARE «hérétique»
► **CATARRHEUX, EUSE** [kataʀø, øz] **adj. et n.**
ÉTYM. bas latin *catarrhus*, du grec «écoulement».

CATASTROPHE [katastʀɔf] **n. f.** I 1. VX Dénouement tragique (d'une pièce de théâtre...). 2. Malheur effroyable et brusque. SYN. **calamité, cataclysme, désastre.** *Une catastrophe aérienne.* ➛ appos. *Film catastrophe,* dans lequel les personnages doivent affronter une catastrophe, une situation périlleuse. *Des films catastrophes* ou *catastrophe* (invar.). ➛ loc. *EN CATASTROPHE :* d'urgence ; très vite. *Atterrir en catastrophe. Partir en catastrophe.* 3. FAM. Évènement fâcheux. SYN. **accident, ennui.** II MATH. *Théorie des catastrophes,* qui, à partir de l'observation de phénomènes discontinus (situations de conflit), cherche à construire un modèle dynamique continu. CONTR. **bonheur, chance, succès.**
ÉTYM. latin *catastropha*, du grec «bouleversement».

CATASTROPHÉ, ÉE [katastʀɔfe] **adj.** ✦ FAM. Abattu, comme par une catastrophe. ➛ *Un air catastrophé.*

CATASTROPHIQUE [katastʀɔfik] **adj.** 1. Qui a les caractères d'une catastrophe. SYN. **désastreux, effroyable.** *Conséquences catastrophiques.* 2. FAM. Qui peut provoquer une catastrophe. *Une décision catastrophique.* 3. FAM. Très mauvais.

CATASTROPHISME [katastʀɔfism] **n. m.** ✦ Attitude pessimiste, qui prévoit le pire.
ÉTYM. de *catastrophe.*

CATCH [katʃ] **n. m.** ✦ Forme spectaculaire de la lutte libre. *Prise de catch. Match de catch.*
ÉTYM. mot anglais, de *catch as catch can* «attrape comme tu peux attraper *(to catch)*».

CATCHER [katʃe] **v. intr.** (conjug. 3a) ✦ Lutter au catch.

CATCHEUR, EUSE [katʃœʀ, øz] **n.** ✦ Lutteur qui pratique le catch.
ÉTYM. de *catcher.*

CATÉCHÈSE [kateʃɛz] **n. f.** ✦ DIDACT. Instruction religieuse donnée par oral.
ÉTYM. latin *catechesis*, du grec.

CATÉCHISER [kateʃize] **v. tr.** (conjug. 3a) 1. Instruire dans la religion chrétienne. 2. fig. Endoctriner, sermonner.
ÉTYM. latin *catechizare*, du grec.

CATÉCHISME [kateʃism] **n. m.** ✦ Enseignement de la doctrine et de la morale chrétiennes. ♦ Cours où cet enseignement est dispensé. *Aller au catéchisme.* ➛ abrév. FAM. CATÉ [kate].
ÉTYM. latin chrétien *catechismus*, du grec, de *katêkhizein* «instruire oralement».

CATÉCHUMÈNE [katekymɛn] **n.** ✦ Personne qu'on instruit dans la foi chrétienne pour la préparer au baptême.
ÉTYM. latin chrétien *catechumenus*, du grec.

CATÉGORIE [kategɔʀi] **n. f.** 1. PHILOS. *Les catégories de l'être,* ses attributs généraux. ➛ Chez Kant, concept fondamental de l'entendement. 2. Classe dans laquelle on range des objets de même nature. SYN. **espèce, famille, genre, groupe, ordre, série.** *Ranger des marchandises par catégories.* ♦ *Catégories grammaticales,* qui classent les mots (ex. verbe, nom, adverbe). ♦ (personnes) *Catégories socioprofessionnelles.*
ÉTYM. latin *categoria*, du grec.

CATÉGORIEL, ELLE [kategɔʀjɛl] **adj.** ✦ Propre à une catégorie de travailleurs. *Revendications catégorielles.*

CATÉGORIQUE [kategɔʀik] **adj.** ✦ Qui ne permet aucun doute, ne souffre pas de discussion. SYN. **absolu, indiscutable.** *Refus catégorique.* SYN. **formel.** *Une position catégorique.* SYN. **clair,** ① **net.** ♦ *Il a été catégorique sur ce point.* CONTR. **équivoque, évasif.**
ÉTYM. latin *categoricus*, du grec.

CATÉGORIQUEMENT [kategɔʀikmɑ̃] **adv.** ✦ D'une manière catégorique. SYN. **carrément, franchement.**

CATÉNAIRE [katenɛʀ] **n. f.** ✦ Dispositif qui soutient le fil conducteur à distance constante d'une voie de chemin de fer électrique.
ÉTYM. latin *catenarius*, de *catena* «chaîne».

CATHARE [kataʀ] **n. et adj.** ✦ HIST. (☛ noms propres) *Les cathares*, secte chrétienne hérétique du Moyen Âge, dans le sud-ouest de la France. — **adj.** *L'hérésie cathare.*
HOM. CATARRHE «écoulement (nasal)»
ÉTYM. grec *katharos* «pur».

CATHARSIS [kataʀsis] **n. f.** ✦ DIDACT. Purgation des passions (selon Aristote). ◆ Libération affective.
► **CATHARTIQUE** [kataʀtik] **adj.**
ÉTYM. mot grec «purification».

CATHÉDRALE [katedʀal] **n. f.** 1. Église principale d'un diocèse où se trouve le siège de l'évêque. *La cathédrale de Chartres.* 2. **appos. invar.** *Verre cathédrale*, translucide.
ÉTYM. de l'adj. *cathédral*, du latin *cathedra* «siège».

CATHERINETTE [katʀinɛt] **n. f.** ✦ Jeune fille qui fête la Sainte-Catherine (fête traditionnelle des ouvrières de la mode, etc., non mariées à 25 ans).

CATHÉTER [katetɛʀ] **n. m.** ✦ MÉD. Tige pleine ou creuse servant à explorer, à dilater un canal, un orifice, ou à administrer, prélever des liquides.
ÉTYM. latin médical *catheter*, du grec.

CATHÉTÉRISME [kateteʀism] **n. m.** ✦ Sondage par cathéter.

CATHODE [katɔd] **n. f.** ✦ ÉLECTR. Électrode négative par laquelle sort le courant dans l'électrolyse (opposé à *anode*). ◆ Source d'électrons dans un tube cathodique.
ÉTYM. mot anglais, du grec *kata* «en bas» et *hodos* «chemin».

CATHODIQUE [katɔdik] **adj.** ✦ Qui provient de la cathode. *Rayons cathodiques.* — *Tube cathodique*, à rayons cathodiques.

CATHOLICISME [katɔlisism] **n. m.** ✦ Religion chrétienne dans laquelle le pape exerce l'autorité en matière de dogme et de morale. SYN. **Église.**
ÉTYM. de *catholique.*

CATHOLIQUE [katɔlik] **adj. et n.** 1. Relatif au catholicisme ; qui le professe. *L'Église catholique, apostolique et romaine. La religion catholique.* ◆ **n.** *Un bon catholique.* → **croyant, pratiquant.** 2. FAM. *Une allure pas (très) catholique*, louche.
ÉTYM. latin chrétien *catholicus*, du grec chrétien «universel».

CATILINAIRE [katilinɛʀ] **n. f.** ✦ LITTÉR. Discours violemment hostile.
ÉTYM. de *Catilina* (☛ noms propres), homme politique romain contre lequel Cicéron prononça des harangues.

en CATIMINI [ɑ̃katimini] **loc. adv.** ✦ En cachette, discrètement, secrètement. SYN. en **tapinois.**
ÉTYM. p.-ê. grec *katamênia* «menstrues» ou de *cate*, forme picarde de *chatte*, et radical *min-* désignant le chat, avec influence de *catir* «se cacher», du latin.

CATIN [katɛ̃] **n. f.** 1. VX Poupée. 2. VIEILLI Prostituée.
ÉTYM. diminutif de *Catherine.*

CATION [katjɔ̃] **n. m.** ✦ Ion chargé positivement (opposé à *anion*).
ÉTYM. du grec *kata* «en bas» et *ion.*

CATOGAN [katɔgɑ̃] **n. m.** ✦ Nœud, ruban, élastique qui attache les cheveux sur la nuque. ◆ Cette coiffure.
ÉTYM. du nom du comte anglais de *Cadogan.*

CAUCHEMAR [koʃmaʀ] **n. m.** 1. Rêve pénible dont l'élément dominant est l'angoisse. *Faire un cauchemar.* 2. Personne ou chose qui effraie, obsède. SYN. **hantise, tourment.** *L'orthographe est son cauchemar.*
ÉTYM. mot picard, de l'impératif de *cauchier* «presser» (latin *calcare*) et du germanique *mare* «fantôme».

CAUCHEMARDER [koʃmaʀde] **v. intr.** (conjug. 3a) ✦ Faire des cauchemars.

CAUCHEMARDESQUE [koʃmaʀdɛsk] **adj.** ✦ D'un cauchemar ; digne d'un cauchemar. *Une vision cauchemardesque.*

CAUDAL, ALE, AUX [kodal, o] **adj.** ✦ De la queue. *Nageoire caudale.*
ÉTYM. du latin *cauda* «queue».

CAUDATAIRE [kodatɛʀ] **n. m.** ✦ HIST. Dignitaire qui portait la «queue» de la robe des prélats. ◆ **fig.** Vil flatteur.
ÉTYM. latin *caudatarius*, de *cauda* «queue».

CAUSAL, ALE, ALS [kozal] **adj.** ✦ Qui concerne la cause, lui appartient, ou la constitue. *Lien causal.* — GRAMM. *Proposition causale*, subordonnée qui annonce la raison de ce qui a été dit. *Conjonctions causales* (car, parce que, comme, puisque...).
ÉTYM. latin *causalis.*

CAUSALITÉ [kozalite] **n. f.** 1. Caractère causal. 2. Rapport de la cause à son effet.

CAUSANT, ANTE [kozɑ̃, ɑ̃t] **adj.** ✦ FAM. Qui parle volontiers ; qui aime à causer 2. SYN. **bavard, communicatif.** *Il n'est pas très causant.*
ÉTYM. du participe présent de ② *causer.*

CAUSE [koz] **n. f.** **I** Ce qui produit un effet. 1. Ce par quoi un évènement, une action humaine arrive, se fait. SYN. **origine ; motif, raison.** *Il n'y a pas d'effet sans cause. Les causes de l'accident.* — *Être cause de* (+ n.), *que* (+ indic.). — *À CAUSE DE qqn, qqch.* **loc. prép.** : par l'action, l'influence de ; en raison de. *À cause de lui*, par sa faute. *Décollage retardé à cause du mauvais temps.* — *POUR CAUSE DE. Magasin fermé pour cause d'inventaire.* — *ET POUR CAUSE* : pour une raison bien connue, qu'il est inutile de rappeler. 2. Ce qui fait qu'une chose existe. SYN. **fondement, origine.** *Cause première*, indépendante de toute autre cause. 3. **loc.** *Pour la bonne cause*, le bon motif, sans intérêt personnel. **II** 1. DR. Affaire, procès qui se plaide. *Cause civile, criminelle.* ◆ **loc.** *PLAIDER (une, sa) CAUSE* : défendre (qqn, qqch., soi). — *Obtenir GAIN DE CAUSE* : l'emporter, obtenir ce qu'on voulait. — *EN TOUT ÉTAT DE CAUSE* : de toute manière. 2. *EN CAUSE. Être en cause* : être l'objet du débat, de l'affaire. — *METTRE EN CAUSE* : appeler, citer (qqn) au débat ; accuser, attaquer, suspecter. — *REMETTRE EN CAUSE* : remettre en question. ◆ *METTRE HORS DE CAUSE* : dégager de tout soupçon, disculper. 3. Ensemble des intérêts à soutenir, à faire triompher. SYN. ① **parti.** *La cause de la liberté.* — **loc.** *Prendre fait* et cause pour qqn. FAIRE CAUSE COMMUNE avec qqn*, mettre en commun ses intérêts. CONTR. **conséquence, effet, résultat.**
ÉTYM. latin *causa* ; doublet de *chose.*

① **CAUSER** [koze] v. tr. (conjug. 3a) ✦ Être cause de. SYN. **amener, entraîner, motiver, occasionner, produire, provoquer, susciter.** *Causer un malheur. L'incendie a causé des dégâts.*
ÉTYM. de *cause*, I.

② **CAUSER** [koze] v. intr. (conjug. 3a) ✦ S'entretenir familièrement avec qqn. SYN. **bavarder.** *Nous causons ensemble. Causer avec qqn.* ♦ FAM., RÉGIONAL *Causer de qqch. à qqn.* SYN. ① **parler.** *Je te cause !*
ÉTYM. latin *causari* «plaider».

CAUSERIE [kozʀi] n. f. 1. Entretien familier. SYN. **conversation.** 2. Discours, conférence sans prétention. *Une causerie littéraire.*
ÉTYM. de ② *causer*.

CAUSETTE [kozɛt] n. f. ✦ FAM. *Faire la causette, un brin de causette* : bavarder familièrement.
ÉTYM. de ② *causer*.

CAUSEUR, EUSE [kozœʀ, øz] adj. ✦ Qui aime à causer. SYN. **causant.** ➝ n. *Un brillant causeur* : une personne qui parle bien, avec aisance.
ÉTYM. de ② *causer*.

CAUSEUSE [kozøz] n. f. ✦ Petit canapé bas, à deux places.
ÉTYM. de ② *causer*.

CAUSSE [kos] n. m. ✦ Plateau calcaire, dans le centre et le sud-ouest de la France. *Le causse du Larzac. Les Causses* (☛ noms propres).
ÉTYM. mot occitan (Rouergue) ; famille de *caillou*.

CAUSTICITÉ [kostisite] n. f. 1. Caractère d'une substance caustique. *Causticité d'un acide.* 2. fig. Tendance à dire, à écrire des choses caustiques, mordantes. ♦ *La causticité d'une remarque.* CONTR. **bienveillance, douceur.**
ÉTYM. de *caustique*.

CAUSTIQUE [kostik] adj. 1. Qui désorganise, brûle les tissus animaux et végétaux. SYN. **acide, brûlant, corrosif.** *Substance caustique.* ➝ n. m. *La soude est un caustique.* 2. fig. Qui attaque, blesse par la moquerie et la satire. SYN. **mordant, narquois.** *Avoir l'esprit caustique.* CONTR. **bienveillant.**
ÉTYM. latin *causticus*, du grec.

CAUTÈLE [kotɛl] n. f. ✦ LITTÉR. Prudence rusée. CONTR. **franchise, naïveté.**
ÉTYM. latin *cautela*.

CAUTELEUX, EUSE [kotlø, øz] adj. ✦ Qui agit d'une manière hypocrite et habile. CONTR. ② **franc.**
ÉTYM. de *cautèle*.

CAUTÈRE [kotɛʀ ; kɔtɛʀ] n. m. ✦ Instrument qui brûle les tissus vivants, pour cicatriser et guérir. ➝ loc. FAM. *Un cautère sur une jambe de bois* : un remède inefficace.
ÉTYM. latin *cauterium*, du grec, de *kaiein* «brûler».

CAUTÉRISATION [koteʀizasjɔ̃ ; kɔteʀizasjɔ̃] n. f. ✦ Action de cautériser.

CAUTÉRISER [koteʀize ; kɔteʀize] v. tr. (conjug. 3a) ✦ Brûler au cautère. *Cautériser une plaie.*

CAUTION [kosjɔ̃] n. f. 1. Garantie d'un engagement. SYN. **cautionnement** ; ➝ **assurance, gage.** *Verser une caution*, de l'argent pour servir de garantie. ➝ *Mise en liberté sous caution.* 2. *SUJET À CAUTION* loc. adj. : sur qui ou sur quoi l'on ne peut compter (➝ **douteux, suspect**). *Des informations sujettes à caution.* 3. Personne qui fournit une garantie, un témoignage. SYN. **garant, témoin.**
ÉTYM. latin *cautio*, de *cavere* «prendre garde».

CAUTIONNEMENT [kosjɔnmɑ̃] n. m. ✦ Somme d'argent destinée à servir de garantie. *Déposer des valeurs en cautionnement.* SYN. **gage, garantie.**
ÉTYM. de *cautionner*.

CAUTIONNER [kosjɔne] v. tr. (conjug. 3a) ✦ Être la caution de (une idée, une action) en l'approuvant. SYN. **soutenir.** *Refuser de cautionner une politique.* CONTR. **désapprouver, désavouer.**

CAVALCADE [kavalkad] n. f. 1. Chevauchée animée. ♦ FAM. Troupe désordonnée, bruyante. 2. Défilé de chars, de cavaliers.
ÉTYM. italien *cavalcata*, de *cavallo* «cheval».

CAVALCADER [kavalkade] v. intr. (conjug. 3a) ✦ Courir en groupe bruyamment.
ÉTYM. de *cavalcade*.

① **CAVALE** [kaval] n. f. ✦ LITTÉR. Jument de race.
ÉTYM. italien *cavalla*, du féminin latin de *caballus* «cheval».

② **CAVALE** [kaval] n. f. ✦ ARGOT Action de s'enfuir de prison. *Être en cavale*, en fuite après une évasion ou pour ne pas être arrêté.
ÉTYM. de *cavaler*.

CAVALER [kavale] v. intr. (conjug. 3a) ✦ FAM. Courir, fuir, filer.
ÉTYM. de ① *cavale* ; d'abord «chevaucher».

CAVALERIE [kavalʀi] n. f. 1. Ensemble de troupes à cheval, d'unités de cavaliers. *Cavalerie légère* (chasseurs, hussards, spahis). 2. L'un des corps de l'armée ne comprenant, à l'origine, que des troupes à cheval. *La cavalerie moderne est motorisée.* ➝ **blindé,** ① **char.** 3. Ensemble de chevaux. SYN. **écurie.** *La cavalerie d'un cirque.* 4. COMM. *Traites de cavalerie,* de complaisance ou frauduleuses.
ÉTYM. italien *cavallera*, de *cavallo* «cheval».

① **CAVALIER, IÈRE** [kavalje, jɛʀ] n. I (personnes) 1. Personne qui est à cheval. *Un bon cavalier,* qui monte bien à cheval. 2. n. m. Militaire servant dans la cavalerie. II 1. n. m. Homme qui accompagne une dame. *Elle donnait le bras à son cavalier.* 2. Celui, celle avec qui l'on forme un couple dans une réunion, un bal. *Danser avec sa cavalière.* ➝ loc. fig. *Faire cavalier seul,* agir isolément. III n. m. (choses) 1. Pièce du jeu d'échecs. 2. Pièce métallique, clou en U.
ÉTYM. italien *cavalliere*, de *cavallo* «cheval».

② **CAVALIER, IÈRE** [kavalje, jɛʀ] adj. I Destiné aux cavaliers. *Allée cavalière.* II Qui traite les autres sans égards, sans respect. SYN. **brusque, hardi, insolent.** *Réponse cavalière.* SYN. **impertinent.** CONTR. **respectueux.**
ÉTYM. de ① *cavalier*.

CAVALIÈREMENT [kavaljɛʀmɑ̃] adv. ✦ D'une manière brusque et un peu insolente. *Traiter qqn cavalièrement.* CONTR. **respectueusement.**
ÉTYM. de ② *cavalier* (II).

① **CAVE** [kav] n. f. 1. Local souterrain, ordinairement situé sous une habitation. *Cave voûtée.* — *Cave à vin.* → **cellier.** — loc. *De la cave au grenier* : de bas en haut, entièrement. 2. Cave servant de cabaret, de dancing. 3. Les vins conservés dans une cave. *La cave d'un restaurant.* 4. Coffret (à liqueurs, à cigares).
ÉTYM. bas latin *cava* «fossé», de *cavus* «creux».

② **CAVE** [kav] adj. 1. *Œil cave*, enfoncé. 2. *Veines caves*, grosses veines qui amènent au cœur tout le sang du corps par l'oreillette droite.
ÉTYM. latin *cavus* «creux».

③ **CAVE** [kav] n. m. ✦ ARGOT Celui qui se laisse duper ; qui n'est pas du «milieu».
ÉTYM. peut-être de *caver* «tromper», de l'italien *cavare* «creuser».

CAVEAU [kavo] n. m. 1. Petite cave. 2. Cabaret, théâtre de chansonniers. *Les caveaux de Montmartre.* 3. Construction souterraine servant de sépulture. *Caveau de famille.*
ÉTYM. de ① *cave.*

CAVERNE [kavɛʀn] n. f. 1. Cavité naturelle creusée dans la roche. SYN. **grotte.** — *L'âge des cavernes* : la préhistoire. *Homme des cavernes* (→ **troglodyte**). 2. Cavité qui se forme dans un organe malade. *Cavernes pulmonaires.*
ÉTYM. latin *caverna*, de *cavus* «creux».

CAVERNEUX, EUSE [kavɛʀnø, øz] adj. ✦ (son) Qui semble venir des profondeurs d'une caverne. *Voix caverneuse.* SYN. **grave, sépulcral.**

CAVERNICOLE [kavɛʀnikɔl] adj. et n. ✦ Qui vit en permanence dans l'obscurité. *Animaux cavernicoles.*
ÉTYM. de *caverne* et *-cole.*

CAVIAR [kavjaʀ] n. m. ✦ Œufs d'esturgeon préparés et salés, mets estimé et très coûteux.
ÉTYM. du turc *haviar*, par l'italien *caviale.*

CAVIARDER [kavjaʀde] v. tr. (conjug. 3a) ✦ Biffer à l'encre noire. — Supprimer (un passage censuré) dans un texte. *Caviarder un article.*
ÉTYM. de *passer au caviar* «noircir à l'encre».

CAVISTE [kavist] n. ✦ Personne chargée des soins de la cave, des vins. *Caviste d'un restaurant.* SYN. **sommelier.**
ÉTYM. de ① *cave.*

CAVITÉ [kavite] n. f. ✦ Espace vide à l'intérieur d'un corps solide. SYN. **creux, trou, vide.** *Boucher une cavité. Les cavités d'un rocher.* — *Les cavités du nez* (→ **narine**), *des yeux* (→ **orbite**).
ÉTYM. latin *cavitas*, de *cavus* «creux».

C. B. [sibi] n. f. ✦ anglicisme Bande de fréquences radio mise à la disposition du public pour communiquer (notamment en voiture).
ÉTYM. sigle de *Citizens' Band.*

C. C. P. [sesepe] n. m. ✦ Compte chèque* postal.
ÉTYM. sigle.

CD [sede] → DISQUE compact

Cd [sede] ✦ CHIM. Symbole du cadmium.

CDI ou **C. D. I.** [sedei] n. m. invar. ✦ Centre de documentation et d'information d'un établissement scolaire, où l'élève peut consulter livres, encyclopédies, revues, CD-ROM, etc. *Le documentaliste du CDI.*
ÉTYM. sigle.

CD-ROM n. m. invar. ou **CÉDÉROM** [sedeʀɔm] n. m. ✦ anglicisme Disque optique numérique à lecture seule, où sont stockées des données (texte, son, images). *Des CD-ROM, des cédéroms.* — recomm. offic. *cédérom.*
ÉTYM. sigle anglais de *Compact Disc Read Only Memory.*

① **CE** [sə], **CETTE** [sɛt], **CES** [se] adj. dém. (*ce* prend la forme *cet* devant voyelle ou *h* muet) ✦ Devant un nom, sert à montrer la personne ou la chose désignée par le nom. *Regardez cet arbre. Ces enfants sont insupportables.* — Sert à indiquer un temps rapproché (passé ou présent). *Ces derniers temps. Ce soir.* — renforcé par les particules adverbiales *-ci* et *-là*, après le nom *Ce livre-ci. Cet homme-là.* HOM. SE (pron. pers.) ; SEPT (chiffre), SET «napperon» ; (du pluriel *ces*) C (lettre), SES (adj. poss.)
ÉTYM. bas latin *ecce isti*, de *ecce* «voici» et *iste* «celui-ci».

② **CE** [sə] pron. dém. (*ç'* devant les formes des verbes *être* et *avoir* commençant par *a*, *c'* devant celles qui commencent par *e*) **I** Désignant la chose que la personne qui parle a dans l'esprit. → ① **ça.** 1. *C'EST ; CE DOIT, CE PEUT ÊTRE.* (avec un adj. ou un p. passé) *C'est fini.* — (avec un compl. prép.) *C'est à vous. C'est pour demain. C'est à voir* : il faut voir. ◆ (avec un nom ou un pronom) *C'était le bon temps. Ce sont eux* (mais *c'est vous, c'est nous*). 2. en phrase interrog. *Est-ce vous ?* — *Qu'est-ce que c'est ? Qui est-ce ?* 3. *C'EST... QUI, C'EST... QUE* : sert à détacher en tête un élément. *C'est une bonne idée que vous avez là.* ◆ *C'EST QUE*, exprime la cause (*s'il sort, c'est qu'il va mieux*), l'effet (*puisqu'il la cherche, c'est qu'il veut lui parler*). 4. *C'EST À... DE... C'est à lui de jouer.* **II** suivi d'un pronom relatif *Ce que je crois. Ce qui importe. Ce dont on parle.* ◆ FAM. *CE QUE* : combien, comme. *Ce que c'est beau !* **III** loc. (*ce* compl. direct) *Ce me semble* : il me semble. *Ce disant, ce faisant. Pour ce faire.* — *Sur ce* : là-dessus. *Sur ce, je vous quitte.* HOM. SE (pron. pers.)
ÉTYM. bas latin *ecce (hoc)* «voici (ceci)».

CÉANS [seɑ̃] adv. ✦ vx Ici, dedans. — loc. *Le maître de céans* : le maître de maison. HOM. ② SÉANT «convenable»
ÉTYM. de *çà* et ancien français *enz* «dans», latin *intus.*

CECI [səsi] pron. dém. ✦ (opposé à *cela*) Désigne la chose la plus proche, ce qui va suivre, ou simplement une chose opposée à une autre. *Retenez bien ceci. Ceci n'empêche pas cela.*
ÉTYM. de ② *ce* et ① *ci.*

CÉCITÉ [sesite] n. f. ✦ État d'une personne aveugle. *Être frappé de cécité.*
ÉTYM. latin *caecitas*, de *caecus* «aveugle».

CÉDER [sede] v. (conjug. 8) **I** v. tr. 1. Abandonner, laisser (qqch.) à qqn. SYN. **concéder, donner, livrer.** *Céder sa place, son tour à qqn. Céder du terrain*, reculer. 2. Transporter la propriété de (qqch.) à une autre personne. SYN. **vendre** ; → **cessible, cession.** **II** v. tr. ind. 1. *CÉDER À* : ne plus résister, se conformer à la volonté de (qqn). SYN. **obéir,** se **soumettre.** *Céder à qqn, à ses prières.* — *Céder à la tentation, à la fatigue.* SYN. **succomber.** ◆ loc. *Il ne lui cède en rien*, il est son égal. 2. absolt *Céder par faiblesse, par lassitude.* SYN. **capituler,**

A B C D E F G H I J K L M N O P Q R S T U V W X Y Z

renoncer. 3. (choses) Ne plus résister à la pression, à la force. SYN. **fléchir, plier, rompre.** *Branche qui cède sous le poids des fruits.* 4. fig. *Céder devant, à... La fièvre a cédé aux antibiotiques.* CONTR. **conserver, garder** • **résister, tenir** bon.
ÉTYM. latin *cedere*, d'abord «marcher, aller, s'en aller».

CÉDÉROM [sedeʀɔm] **n. m.** ✦ Recommandation officielle pour *CD-ROM. Des cédéroms.*

CÉDÉTISTE [sedetist] **adj.** ✦ Qui concerne la Confédération française démocratique du travail (C. F. D. T.). ➙ **n.** *Les cédétistes.*
ÉTYM. de *C. (F.) D. T.*

CEDEX ou **CÉDEX** [sedɛks] **n. m.** ✦ Système spécial de distribution de courrier aux entreprises ou organismes importants.
ÉTYM. sigle de *courrier d'entreprise à distribution exceptionnelle.*

CÉDILLE [sedij] **n. f.** ✦ Petit signe que l'on place sous la lettre c *(ç)* suivie des voyelles *a, o, u* pour indiquer qu'elle doit être prononcée [s] (ex. garçon, aperçu).
ÉTYM. espagnol *cedilla* «petit z» puis «petit c».

CÉDRAT [sedʀa] **n. m.** ✦ Fruit (agrume) d'un citronnier sauvage (*cédratier*, n. m.), plus gros que le citron. *Confiture de cédrats.*
ÉTYM. italien *cedrato*, de *cedro* «citron», du latin *citrus*.

CÈDRE [sɛdʀ] **n. m.** ✦ Grand arbre (conifère) originaire d'Afrique et d'Asie, à branches presque horizontales en étages. *Les cèdres du Liban.*
ÉTYM. latin *cedrus*, du grec.

CÉGEP [seʒɛp] **n. m.** ✦ au Québec Collège d'enseignement général et professionnel. *Aller au CÉGEP, au cégep.*
ÉTYM. sigle.

CÉGÉTISTE [seʒetist] **adj.** ✦ Qui concerne la Confédération générale du travail (C. G. T.). ➙ **n.** *Les cégétistes.*
ÉTYM. de *C. G. T.*

CEINDRE [sɛ̃dʀ] **v. tr.** (conjug. 48b) 1. LITTÉR. Entourer, serrer (une partie du corps). *Un bandeau ceignait sa tête.* 2. Mettre autour du corps, de la tête de (qqn). *Ceindre qqn d'une écharpe.* ➙ Mettre autour de son corps. *Ceindre une cuirasse.* 3. (compl. chose) *Ceindre une ville de murailles ; les murailles qui ceignent la ville.*
ÉTYM. latin *cingere* «entourer».

CEINTURE [sɛ̃tyʀ] **n. f.** I 1. Bande servant à serrer la taille, à ajuster les vêtements à la taille ; partie d'un vêtement (jupe, robe, pantalon) qui l'ajuste autour de la taille. *Boucler sa ceinture.* ➙ fig. FAM. *Se serrer la ceinture* : se priver de nourriture ; se passer de qqch. ♦ Bande tissée dont la couleur symbolise un grade aux arts martiaux. *Être ceinture noire de judo*, de la catégorie la plus forte. 2. Dispositif qui entoure la taille. *Ceinture (de sécurité)*, dans un avion, une voiture. ➙ *Attachez vos ceintures !* II Partie du corps serrée par la ceinture. SYN. ③ **taille.** *Entrer dans l'eau jusqu'à la ceinture.* III Ce qui entoure. *Chemin de fer de ceinture*, qui circule autour d'une ville.
ÉTYM. latin *cinctura*, de *cingere* «ceindre, entourer».

CEINTURER [sɛ̃tyʀe] **v. tr.** (conjug. 3a) 1. Entourer d'une enceinte. SYN. **ceindre.** *Ceinturer une ville de murailles.* 2. Prendre (qqn) par la taille, en le serrant avec les bras. *Ceinturer son adversaire.*
ÉTYM. de *ceinture*.

CEINTURON [sɛ̃tyʀɔ̃] **n. m.** ✦ Grosse ceinture, notamment dans l'uniforme militaire.

CELA [s(ə)la] **pron. dém.** 1. (opposé à *ceci*) Désigne ce qui est plus éloigné ; ce qui précède. 2. Cette chose. SYN. ① **ça.** *Cela ne fait rien. Tout cela.*
ÉTYM. de ② *ce* et *là*.

CÉLADON [seladɔ̃] **adj. invar.** ✦ Vert pâle. ➙ **n. m.** Porcelaine chinoise de cette couleur.
ÉTYM. du nom d'un personnage de *L'Astrée*.

CÉLÉBRANT [selebʀɑ̃] **n. m.** ✦ Prêtre qui célèbre la messe.
ÉTYM. du participe présent de *célébrer*.

CÉLÉBRATION [selebʀasjɔ̃] **n. f.** ✦ Action de célébrer une cérémonie, une fête.
ÉTYM. latin *celebratio*.

CÉLÈBRE [selɛbʀ] **adj.** ✦ Très connu. SYN. **fameux, illustre, renommé.** *Un musicien célèbre. Un lieu célèbre. Date tristement célèbre.* CONTR. **ignoré, inconnu, obscur.**
ÉTYM. latin *celeber*, d'abord «nombreux» et «fréquenté».

CÉLÉBRER [selebʀe] **v. tr.** (conjug. 8) 1. Accomplir solennellement. *Le maire a célébré le mariage.* ➙ *Célébrer la messe.* 2. Marquer (un évènement) par une cérémonie, une démonstration. SYN. **fêter.** *Célébrer un anniversaire.* SYN. **commémorer.** 3. LITTÉR. Faire publiquement la louange de. SYN. **glorifier, vanter.** *Célébrer qqn, les mérites, les exploits de qqn.* CONTR. **déprécier.**
ÉTYM. latin *celebrare*.

CÉLÉBRITÉ [selebʀite] **n. f.** 1. Réputation qui s'étend au loin. SYN. **notoriété, renom, renommée.** *Parvenir à la célébrité.* 2. Personne célèbre, illustre. SYN. **personnalité.** *Les célébrités du monde politique.* CONTR. **oubli** • **inconnu.**
ÉTYM. latin *celebritas*.

CELER [səle ; sele] **v. tr.** (conjug. 7a) ✦ LITTÉR. Garder, tenir secret. SYN. **cacher, dissimuler.**
ÉTYM. latin *celare*.

CÉLERI [sɛlʀi] **n. m.** ✦ Plante alimentaire dont on consomme les côtes *(céleri en branches)* ou la racine charnue *(céleri-rave).* ➙ *Céleri rémoulade.*
ÉTYM. italien de Lombardie *seleri*, du latin *selinon* «persil ; céleri», du grec.

CÉLÉRITÉ [seleʀite] **n. f.** ✦ LITTÉR. Grande rapidité (dans le geste, l'action). SYN. **promptitude, vitesse.** CONTR. **lenteur.**
ÉTYM. latin *celeritas*, de *celer* «rapide».

CÉLESTA [selɛsta] **n. m.** ✦ Instrument de musique à percussion et à clavier, au son cristallin.
ÉTYM. de *céleste*.

CÉLESTE [selɛst] **adj.** 1. Relatif au ciel. SYN. **aérien.** *Les espaces célestes. La voûte céleste* : le ciel. 2. Qui appartient au ciel (considéré comme le séjour de la divinité, des bienheureux). *La béatitude céleste.* 3. Merveilleux, surnaturel. SYN. **divin.** *Une beauté céleste.* CONTR. **terrestre** • **humain.**
ÉTYM. latin *caelestis*, de *caelum* «ciel».

CÉLIBAT [seliba] **n. m.** ✦ État d'une personne en âge d'être mariée et qui ne l'est pas, ne l'a jamais été. *Le célibat des prêtres.*
ÉTYM. latin *caelibatus*, de *caelebs* «célibataire».

CÉLIBATAIRE [selibatɛʀ] **adj.** ✦ Qui vit dans le célibat. *Elle est célibataire.* ➖ **n.** *Un célibataire endurci.* ➖ **adj.** *Des mères célibataires.*

CÉLIOSCOPIE → CŒLIOSCOPIE

CELLE, CELLES → CELUI

CELLIER [selje] **n. m.** ✦ Lieu aménagé pour y conserver du vin, des provisions. → ① **cave, chai.** HOM. SELLIER «fabricant de selles»
ÉTYM. latin *cellarium,* de *cella* «grenier à provisions».

CELLOPHANE [selɔfan] **n. f.** ✦ Feuille transparente obtenue à partir de la cellulose et utilisée pour l'emballage. *Fromage sous cellophane.*
ÉTYM. nom déposé ; de *cellulose* et du grec *phanein* «briller».

CELLULAIRE [selylɛʀ] **adj.** 1. BIOL. De la cellule vivante. *Biologie cellulaire.* → **cytologie.** 2. Qui présente des alvéoles, des pores. *Béton cellulaire.* 3. Relatif aux cellules de prison. *Régime cellulaire,* dans lequel les prisonniers sont isolés. *Fourgon cellulaire,* voiture de police divisée en cellules pour le transport des prisonniers.

CELLULE [selyl] **n. f.** I Pièce utilisée pour isoler ou enfermer qqn. *Les cellules d'un monastère, d'une prison.* II 1. Cavité qui isole ce qu'elle enferme. SYN. **alvéole.** 2. Élément fondamental constituant tous les organismes vivants (→ **cyto-**). *Noyau, membrane, cytoplasme de la cellule. Cellules nerveuses* (neurones). 3. Ensemble des structures d'un avion (ailes, fuselage). 4. SC. Unité productrice d'énergie. *Cellule photoélectrique.* III abstrait Élément isolable d'un ensemble. *La famille, cellule de la société. La cellule familiale. Les cellule d'un parti politique.* SYN. **section.**
ÉTYM. latin *cellula,* diminutif de *cella* «chambre».

CELLULITE [selylit] **n. f.** ✦ Dépôt de graisse sous-cutané.
ÉTYM. de *cellule,* II.

CELLULOÏD [selylɔid] **n. m.** ✦ Matière plastique flexible, inflammable.
ÉTYM. mot américain, de *cellulose* et *-oïd* → -oïde.

CELLULOSE [selyloz] **n. f.** ✦ Matière organique contenue dans la membrane des cellules végétales.
ÉTYM. de *cellule* et ① *-ose.*

CELLULOSIQUE [selylozik] **adj.** ✦ Constitué de cellulose.

CELTE [sɛlt] **n.** ✦ *Les Celtes* (☛ noms propres) : groupe de peuples dont la civilisation s'étendit sur l'Europe, notamment l'Europe occidentale (XIIe au IIe siècle avant J.-C.). ➖ **n. m.** *Le celte.* SYN. **celtique.** ➖ **adj.** *La langue celte.*
ÉTYM. latin *Celtae.*

CELTIQUE [sɛltik] **adj.** ✦ Qui a rapport aux Celtes (☛ noms propres). *Les Gaulois, peuple celtique.* ➖ **n. m.** *Le celtique* (langue indo-européenne), breton, gaulois, irlandais.
ÉTYM. latin *celticus,* de *Celtae.*

CELUI [səlɥi], **CELLE** [sɛl], **CEUX** [sø], **CELLES** [sɛl] **pron. dém.** ✦ Désigne la personne ou la chose dont il est question dans le discours. *Les modes actuelles et celles d'autrefois. Celui qui vient.* HOM. SEL «assaisonnement», ① SELLE «pièce de cuir»
ÉTYM. latin *ecce illi.*

CELUI-CI [səlɥisi], **CELLE-CI** [sɛlsi], **CEUX-CI** [søsi], **CELLES-CI** [sɛlsi] et **CELUI-LÀ** [səlɥila], **CELLE-LÀ** [sɛlla], **CEUX-LÀ** [søla], **CELLES-LÀ** [sɛlla] **pron. dém.** ✦ Marque la même opposition que *ceci* et *cela. Des deux maisons, celle-ci est la plus jolie, mais celle-là est plus confortable.*
ÉTYM. de *celui* et ① *ci.*

CÉMENT [semɑ̃] **n. m.** 1. TECHN. Substance qui, chauffée au contact d'un métal, en modifie la composition et lui fait acquérir de nouvelles propriétés. 2. ANAT. Substance osseuse recouvrant l'ivoire à la racine des dents.
ÉTYM. latin *caementum* «moellon» ; doublet de *ciment.*

CÉMENTATION [semɑ̃tasjɔ̃] **n. f.** ✦ TECHN. Chauffage d'un métal ou d'un alliage au contact d'un cément, pour lui faire acquérir certaines propriétés. *On transforme le fer en acier par cémentation.*
ÉTYM. de *cément.*

CÉNACLE [senakl] **n. m.** 1. Salle où Jésus-Christ se réunit avec ses disciples pour la Cène*. 2. LITTÉR. Réunion d'un petit nombre d'hommes de lettres, d'artistes, de philosophes. SYN. **cercle, club, société.**
ÉTYM. latin *cenaculum,* de *cena* «repas du soir».

CENDRE [sɑ̃dʀ] **n. f.** 1. Poudre qui reste quand on a brûlé certaines matières organiques. *Cendres de cigarettes* (→ **cendrier**). 2. Matière pulvérulente. *Cendres volcaniques.* 3. loc. *Mettre, réduire en cendres,* détruire par le feu, l'incendie. 4. *Les cendres de qqn,* ce qui reste de son cadavre après incinération. ♦ *Les cendres des morts,* leurs restes. ➖ *Renaître de ses cendres :* revivre, se ranimer. 5. RELIG. CATHOL. *Les Cendres,* symbole de la dissolution du corps (→ **poussière**). *Mercredi des Cendres* (premier jour du carême). HOM. SANDRE «poisson»
ÉTYM. latin *cinis, cineris.*

CENDRÉ, ÉE [sɑ̃dʀe] **adj.** ✦ Qui a la couleur grisâtre de la cendre. *Des cheveux blond cendré. Héron cendré.*

CENDRÉE [sɑ̃dʀe] **n. f.** ✦ Mélange de mâchefer et de sable utilisé comme revêtement des pistes de stade.
ÉTYM. de *cendre.*

CENDREUX, EUSE [sɑ̃dʀø, øz] **adj.** ✦ Qui contient de la cendre ; qui a l'aspect de la cendre. *Teint cendreux.*

CENDRIER [sɑ̃dʀije] **n. m.** 1. Partie mobile d'un foyer, où tombent les cendres. *Le cendrier d'un poêle.* 2. COUR. Petit récipient destiné à recevoir les cendres de tabac.

CÈNE [sɛn] **n. f.** ✦ RELIG. CHRÉT. (☛ noms propres) *La Cène :* repas que Jésus-Christ prit avec ses apôtres la veille de la Passion et au cours duquel il institua l'Eucharistie. ♦ Communion sous les deux espèces, chez les protestants. HOM. SAINE (féminin de *sain*) «en bonne santé», SCÈNE «plateau de théâtre», SEINE «filet de pêche»
ÉTYM. latin *cena* «souper».

CÉNOBITE [senɔbit] **n. m.** ✦ DIDACT. Moine qui vivait en communauté (opposé à *anachorète*).
ÉTYM. latin chrétien *coenobita,* du grec «vie en commun».

CÉNOTAPHE [senɔtaf] **n. m.** ✦ DIDACT. Tombeau élevé à la mémoire d'un mort et qui ne contient pas son corps. SYN. **sépulcre.**
ÉTYM. latin *cenotaphium,* du grec «tombeau *(taphos)* vide *(kenos)*».

CENS [sɑ̃s] **n. m.** ✦ HIST. **1.** ANTIQ. Dénombrement des citoyens romains (→ **recensement**) et évaluation de leur fortune. **2.** Redevance fixe que le possesseur d'une terre payait au seigneur féodal. **3.** Montant de l'impôt que devait payer un individu pour être électeur ou éligible (→ **censitaire**). HOM. ① SENS «faculté de sentir», ② SENS «direction»
ÉTYM. latin *census*, de *censere* «compter».

CENSÉ, ÉE [sɑ̃se] **adj.** ✦ (+ inf.) Qui est supposé, réputé (être, faire...). *Il est censé être à Paris.* SYN. **présumé.** HOM. SENSÉ «raisonnable»
ÉTYM. de l'ancien verbe *censer* «réfléchir ; réformer», du latin *censere* «compter ; juger».

CENSÉMENT [sɑ̃semɑ̃] **adv.** ✦ Apparemment, prétendument.
ÉTYM. de *censé*.

CENSEUR [sɑ̃sœʀ] **n.** **I** **n. m.** HIST. Magistrat romain qui contrôlait les mœurs de ses concitoyens. **II** **1.** LITTÉR. Personne qui contrôle, critique les opinions, les actions des autres. *Un censeur sévère. S'ériger en censeur des actes d'autrui.* **2.** Personne qui applique la censure. **3.** Personne qui était chargée de la discipline, de la surveillance des études, dans un lycée. *Madame le censeur* ou *la censeur.*
ÉTYM. latin *censor*, de *censere* «évaluer ; juger ; décider».

CENSITAIRE [sɑ̃sitɛʀ] **adj.** ✦ HIST. *Suffrage censitaire*, réservé aux personnes qui payaient le cens (3).
ÉTYM. de *cens*.

CENSURE [sɑ̃syʀ] **n. f.** **I** HIST. Charge de censeur (I). **II** **1.** LITTÉR. Action de critiquer ; condamnation d'une opinion. **2.** Examen des publications, des spectacles, exigé par les pouvoirs publics avant d'autoriser leur diffusion. *Visa de censure d'un film.* – Service qui délivre cette autorisation. **3.** Sanction défavorable votée contre la politique d'un gouvernement. *Motion de censure.*
ÉTYM. latin *censura*, de *censere* «évaluer ; décider».

CENSURER [sɑ̃syʀe] **v. tr.** (conjug. 3a) **1.** VX Critiquer ; condamner. **2.** Interdire (une publication, un spectacle). – au p. passé *Article de journal censuré.*
ÉTYM. de *censure*.

① **CENT** [sɑ̃] **adj. numéral** et **n. m.**
I **adj. numéral cardinal invar.** (sauf s'il est précédé d'un nombre qui le multiplie et non suivi d'un autre adj. numéral : *deux cents*, mais *deux cent un*) ◆ REM. On fait la liaison avec les mots commençant par une voyelle ou un *h* muet : *cent ans* [sɑ̃tɑ̃], *deux cents hommes* [døsɑ̃zɔm], sauf devant *un, une, unième, onze, onzième.* **1.** Dix fois dix (100). → **hect(o)-.** *La guerre de Cent Ans. Les Cents-Jours,* retour au pouvoir de Napoléon, après l'île d'Elbe (1815). *Onze cents,* mille cent. ◆ Un grand nombre. *Je lui ai dit cent fois. Faire les cent pas,* aller et venir. **2.** **adj. numéral ordinal invar.** Centième. *Page trois cent.*
II **n. m.** Le nombre cent. *Compter jusqu'à cent.* – loc. *Gagner des mille et des cents,* beaucoup d'argent. ◆ *POUR CENT* (précédé d'un numéral) : pour une quantité de cent unités (→ **pourcentage**). *Cinquante pour cent* (50%), la moitié. – *Chemise cent pour cent coton* (→ **entièrement**).
HOM. ③ CENT «monnaie», SANG «liquide», SANS «dépourvu de»
ÉTYM. latin *centum*.

② **CENT** [sɛnt] **n. m.** ✦ Centième partie du dollar. *Pièce de dix cents.*
ÉTYM. mot américain «centième».

③ **CENT** [sɑ̃] **n. m.** ✦ Centième partie de l'euro. SYN. **centime.** *Une pièce de dix cents. Cinq euros et vingt-quatre cents.*

CENTAINE [sɑ̃tɛn] **n. f.** ✦ Groupe de cent unités *(le chiffre des centaines)* ou d'environ cent unités *(une centaine de personnes).*
ÉTYM. latin *centena*, de *centum* «cent».

CENTAURE [sɑ̃tɔʀ] **n. m.** ✦ Être fabuleux, moitié homme, moitié cheval. *Les Centaures* (☛ noms propres). ◆ Nom d'une constellation.
ÉTYM. latin *centaurus*, du grec.

CENTAURÉE [sɑ̃tɔʀe] **n. f.** ✦ Fleur aux nombreuses espèces, dont le bleuet.
ÉTYM. latin *centaurea*, du grec «plante du *centaure*».

CENTENAIRE [sɑ̃t(ə)nɛʀ] **adj.** et **n.** **1.** **adj.** Qui a au moins cent ans. *Un chêne centenaire.* SYN. **séculaire.** – **n.** Personne qui a cent ans. **2.** **n. m.** Centième anniversaire.
ÉTYM. latin *centenarius*.

CENTÉSIMAL, ALE, AUX [sɑ̃tezimal, o] **adj.** ✦ MATH. Dont les parties sont des centièmes ; divisé en cent. *Échelle centésimale.* – *Dilution centésimale* (en homéopathie).
ÉTYM. du latin *centesimus* «centième».

> **CENTI-** Élément, du latin *centum* «cent», qui divise par cent l'unité dont il précède le nom (symb. c).

CENTIÈME [sɑ̃tjɛm] **adj.** et **n.** **1.** **adj.** (ordinal) Qui a rapport à cent, pour l'ordre, le rang. – **n.** *La centième sur la liste.* **2.** **n. m.** Chacune des parties d'un tout divisé en cent parties égales. *Le centime est le centième de l'euro.*
ÉTYM. latin *centesimus*.

CENTIGRADE [sɑ̃tigʀad] **adj.** ✦ VIEILLI Divisé en cent degrés. *Thermomètre centigrade* (divisé en *degrés centigrades* : degrés Celsius).
ÉTYM. de *centi-* et *grade*.

CENTIGRAMME [sɑ̃tigʀam] **n. m.** ✦ Centième partie du gramme (symb. cg).

CENTILITRE [sɑ̃tilitʀ] **n. m.** ✦ Centième partie du litre (symb. cl).

CENTIME [sɑ̃tim] **n. m.** **1.** Centième partie du franc. *Une pièce de vingt centimes.* **2.** Centième partie de l'euro. SYN. ③ **cent.** *Une pièce de dix centimes (d'euro).*
ÉTYM. de ① *cent.*

CENTIMÈTRE [sɑ̃timɛtʀ] **n. m.** **1.** Centième partie du mètre (symb. cm). *Centimètre carré* (cm^2), *cube* (cm^3). **2.** Ruban gradué servant à prendre les mesures. SYN. ② **mètre.**

CENTRAGE [sɑ̃tʀaʒ] **n. m.** ✦ Action de centrer (qqch.). *Centrage d'une pièce mécanique.*

① **CENTRAL, ALE, AUX** [sɑ̃tʀal, o] **adj.** **1.** Qui est au centre, qui a rapport au centre. *Point central. L'Asie centrale. Quartier central.* **2.** Qui constitue l'organe directeur, principal. *Pouvoir central.* – *Chauffage* cen-*

tral. ➝ *Maison, prison centrale* ou **n. f.** *centrale,* où sont regroupés des prisonniers purgeant une longue peine. ➝ *École centrale (des arts et manufactures)* ou **n. f.** *Centrale. Les ingénieurs de Centrale.* CONTR. **excentrique, périphérique.**
ÉTYM. latin *centralis.*

② **CENTRAL** [sɑ̃tʀal] **n. m.** ✦ *Central télégraphique, téléphonique,* lieu où aboutissent les éléments d'un réseau.
ÉTYM. de ① *central.*

CENTRALE [sɑ̃tʀal] **n. f.** 1. Usine qui produit de l'électricité. *Centrale nucléaire.* 2. Groupement national de syndicats. SYN. **confédération.** 3. Organisme qui centralise. *Centrale d'achat.* 4. Prison centrale. ➝ ① **central** (2).
ÉTYM. de ① *central.*

CENTRALISATEUR, TRICE [sɑ̃tʀalizatœʀ, tʀis] **adj.** ✦ Qui centralise.

CENTRALISATION [sɑ̃tʀalizasjɔ̃] **n. f.** ✦ Action de centraliser. CONTR. **décentralisation.**

CENTRALISER [sɑ̃tʀalize] **v. tr.** (conjug. 3a) ✦ Réunir dans un même centre, ramener à une direction unique. SYN. **concentrer, rassembler, réunir.** *Centraliser les pouvoirs.* ➝ **au p. passé** *Un pays centralisé.* CONTR. **décentraliser.**
ÉTYM. de ① *central.*

CENTRALISME [sɑ̃tʀalism] **n. m.** ✦ Système de centralisation (politique, économique).
ÉTYM. de ① *central.*

CENTRE [sɑ̃tʀ] **n. m.** 1. Point intérieur situé à égale distance de tous les points de la circonférence d'un cercle, de la surface d'une sphère. *« Voyage au centre de la Terre »* (de Jules Verne). 2. Milieu approximatif. *Les départements du centre de la France.* 3. Point intérieur doué de propriétés actives, dynamiques. ◆ PHYS. *CENTRE DE GRAVITÉ d'un corps,* point où s'applique la résultante des forces exercées par la pesanteur sur ce corps. ◆ *Centres nerveux :* parties du système nerveux constituées de substance grise et reliées par les nerfs aux organes. 4. Lieu caractérisé par l'importance de ses activités, de son influence. *La Bourse est le centre des affaires.* ➝ **siège.** ◆ *UN CENTRE :* un lieu où diverses activités sont groupées. SYN. **agglomération, ville.** *Un grand centre industriel, d'affaires.* ➝ *Centre commercial :* ensemble de magasins. ◆ Organisme qui coordonne plusieurs activités. *Centre national de la recherche scientifique (C. N. R. S.).* 5. **fig.** Point où des forces sont concentrées. *Un centre d'intérêt.* ➝ Chose, personne principale. *Il se croit le centre du monde* (➝ **égocentrique**). 6. Parti politique, électorat modéré. *Un député du centre* (➝ **centriste**). 7. SPORTS Joueur placé dans l'axe du terrain. *Les centres et les ailiers* (rugby). CONTR. **bord, extrémité, périphérie.**
ÉTYM. latin *centrum,* du grec.

CENTRER [sɑ̃tʀe] **v. tr.** (conjug. 3a) 1. Ramener, disposer au centre, au milieu. *Centrer l'image* (en photo). 2. Ajuster au centre. *Centrer une roue* (➝ **centrage**). 3. *CENTRER SUR :* donner comme centre (d'action, d'intérêt). *Centrer le débat sur l'avenir.* SYN. **axer, orienter.** 4. **absolt** Ramener le ballon vers l'axe du terrain.
ÉTYM. de *centre.*

CENTRIFUGE [sɑ̃tʀifyʒ] **adj.** ✦ Qui tend à s'éloigner du centre. *Force centrifuge* (opposé à *centripète*).
ÉTYM. de *centre* et *-fuge.*

CENTRIFUGER [sɑ̃tʀifyʒe] **v. tr.** (conjug. 5) ✦ Séparer par un mouvement de rotation très rapide (des éléments de densité différente).
► **CENTRIFUGATION** [sɑ̃tʀifygasjɔ̃] **n. f.**
ÉTYM. de *centrifuge.*

CENTRIFUGEUSE [sɑ̃tʀifyʒøz] **n. f.** et **CENTRIFUGEUR** [sɑ̃tʀifyʒœʀ] **n. m.** ✦ Appareil agissant par force centrifuge.
ÉTYM. de *centrifuger.*

CENTRIPÈTE [sɑ̃tʀipɛt] **adj.** ✦ Qui tend à rapprocher du centre. *Force centripète* (opposé à *centrifuge*).
ÉTYM. de *centre* et du latin *petere* « tendre vers ».

CENTRISTE [sɑ̃tʀist] **adj.** ✦ Qui appartient au centre politique. *Les députés centristes.* ➝ **n.** *Les centristes.*
ÉTYM. de *centre* (6).

| **CENTRO-** Élément, du latin *centrum* « centre ».

CENTROMÈRE [sɑ̃tʀɔmɛʀ] **n. m.** ✦ BIOL. Partie resserrée du chromosome, qui sépare celui-ci en deux bras.
ÉTYM. de *centro-* et du grec *meros* « partie ».

CENTUPLE [sɑ̃typl] **adj.** ✦ Qui est cent fois plus grand. ➝ **n. m.** *Être récompensé au centuple.*
ÉTYM. latin *centuplex.*

CENTUPLER [sɑ̃typle] **v.** (conjug. 3a) 1. **v. tr.** Multiplier par cent. 2. **v. intr.** Être porté au centuple. *La production a centuplé en cinquante ans.*
ÉTYM. de *centuple.*

CENTURION [sɑ̃tyʀjɔ̃] **n. m.** ✦ ANTIQ. Officier de la légion romaine qui commandait une compagnie de cent hommes (*centurie* [sɑ̃tyʀi] **n. f.**).
ÉTYM. latin *centurio.*

CEP [sɛp] **n. m.** ✦ Pied (de vigne). *Des ceps de vigne.*
HOM. CÈPE « champignon »
ÉTYM. latin *cippus* « pieu, borne ».

CÉPAGE [sepaʒ] **n. m.** ✦ Variété de plant de vigne cultivée. *Cépage blanc, noir.*
ÉTYM. de *cep.*

CÈPE [sɛp] **n. m.** ✦ Champignon à chapeau brun (bolet comestible). HOM. CEP « pied (de vigne) »
ÉTYM. gascon *cep* « tronc », du latin *cippus* « pieu, borne ».

CEPENDANT [s(ə)pɑ̃dɑ̃] **adv.** ✦ Exprime une opposition, une restriction. SYN. **néanmoins, pourtant, toutefois.** *Personne ne l'a cru, cependant il disait la vérité.*
ÉTYM. de ① *ce* et ③ *pendant.*

CÉPHALÉE [sefale] **n. f.** ✦ MÉD. Mal de tête.
ÉTYM. latin *cephalea,* du grec.

CÉPHALIQUE [sefalik] **adj.** ✦ DIDACT. De la tête. *Douleurs céphaliques.*
ÉTYM. bas latin *cephalicus,* du grec.

| **CÉPHAL(O)-, -CÉPHALE** Éléments savants, du grec *kephalê* « tête » (ex. *brachycéphale, dolichocéphale*).

CÉPHALOPODE [sefalɔpɔd] **n. m.** ✦ ZOOL. Membre d'une classe de mollusques supérieurs dont la tête porte des tentacules munis de ventouses. *La seiche est*

A B C D E F G H I J K L M N O P Q R S T U V W X Y Z

un céphalopode.
ÉTYM. de *céphalo-* et *-pode.*

CÉPHALORACHIDIEN, IENNE [sefalorafidjɛ̃, jɛn] adj. ✦ MÉD. Qui concerne à la fois l'encéphale et la colonne vertébrale (ou rachis). SYN. **cérébrospinal.**
ÉTYM. de *céphalo-* et *rachidien.*

CÉPHALOTHORAX [sefalotɔraks] n. m. ✦ Partie antérieure du corps de certains invertébrés, tête et thorax soudés.
ÉTYM. de *céphalo-* et *thorax.*

CÉRAMIQUE [seramik] n. f. 1. Technique et art du potier, de la fabrication des objets en terre cuite (poterie, faïence, grès, porcelaine). 2. Matière dont sont faits ces objets. *Des carreaux de céramique.* ♦ Objet en céramique. *Une céramique de Picasso.* 3. TECHN. Matériau manufacturé inorganique (céramique, verre, émaux, liants et *céramiques nouvelles* : oxydes, carbures...).
ÉTYM. grec *keramikos*, de *keramos* «argile à potier».

CÉRAMISTE [seramist] n. ✦ Artiste qui fait, décore des objets en céramique.

CÉRASTE [serast] n. m. ✦ ZOOL. Vipère cornue.
ÉTYM. latin *cerastes*, du grec «cornu».

CERBÈRE [sɛrbɛr] n. m. ✦ iron. Portier, gardien sévère et intraitable.
ÉTYM. latin *cerberus*, du grec, nom du chien à trois têtes, gardien des Enfers. ➠ CERBÈRE (noms propres).

CERCEAU [sɛrso] n. m. 1. Cintre, demi-cercle en bois, en fer qui sert de support. SYN. **arceau.** *Cerceaux d'une bâche ; d'une tonnelle.* 2. Cercle (de bois, métal...). *Cerceaux d'un tonneau.* – Jouet d'enfant.
ÉTYM. latin *circellus* «petit cercle *(circus)*».

CERCLAGE [sɛrklaʒ] n. m. ✦ Action de cercler. *Le cerclage d'une barrique.* – MÉD. *Cerclage du col utérin.*

CERCLE [sɛrkl] n. m. I 1. Courbe plane fermée dont tous les points sont à égale distance d'un point (le centre). *Diamètre, rayon d'un cercle. Longueur d'un cercle.* SYN. **circonférence.** *Cercles concentriques.* – *Cercles que décrit un oiseau.* 2. (impropre en sc.) Surface plane limitée par un cercle. → **disque ; rond.** 3. Objet circulaire (anneau, disque, collier, instrument). 4. Disposition en rond. *Un cercle de chaises. Former un cercle autour de qqn.* 5. Groupe de personnes qui ont l'habitude de se réunir. *Un petit cercle d'amis.* 6. Local dont disposent les membres d'une association pour se réunir. SYN. **club.** *Cercle militaire.* II fig. 1. Espace, milieu limité. SYN. **domaine, étendue, limite.** *Élargir le cercle de ses relations.* 2. CERCLE VICIEUX : raisonnement faux où l'on donne pour preuve la supposition d'où l'on est parti ; situation dans laquelle on est enfermé.
ÉTYM. latin *circulus*, diminutif de *circus* «cercle».

CERCLER [sɛrkle] v. tr. (conjug. 3a) ✦ Entourer, munir (qqch.) de cercles, de cerceaux. *Cercler un tonneau.*

CERCUEIL [sɛrkœj] n. m. ✦ Longue caisse dans laquelle on enferme le corps d'un mort pour l'ensevelir. SYN. ② **bière, sarcophage.** *Des cercueils.*
ÉTYM. grec *sarkophagos* «pierre qui consume la chair» ; doublet de *sarcophage.*

CÉRÉALE [sereal] n. f. ✦ Plante dont les grains servent de base à l'alimentation (avoine, blé, maïs, millet, orge, riz, sarrasin, seigle, sorgo). *Farine de céréales.*
ÉTYM. latin *cerealis*, de *Ceres*, déesse des moissons. ➠ CÉRES (noms propres).

CÉRÉALIER, IÈRE [serealje, jɛr] adj. 1. De céréales ; des céréales. *Cultures céréalières.* 2. n. m. Producteur de céréales. ♦ Navire transportant des céréales en vrac.

CÉRÉBELLEUX, EUSE [serebelø, øz] adj. ✦ ANAT. Du cervelet.
ÉTYM. du latin *cerebellum* «cervelet».

CÉRÉBRAL, ALE, AUX [serebral, o] adj. 1. Qui a rapport au cerveau. *Les hémisphères cérébraux,* les deux moitiés du cerveau. ♦ MÉD. *Congestion, hémorragie cérébrale. Troubles cérébraux.* 2. Qui concerne l'esprit, l'intelligence, la pensée. SYN. **intellectuel.** *Travail cérébral.* 3. (personnes) Qui vit surtout par la pensée, par l'esprit. – n. *C'est un cérébral pur.*
ÉTYM. du latin *cerebrum* «cerveau».

CÉRÉBROSPINAL, ALE, AUX [serebrospinal, o] adj. ✦ MÉD. Relatif au cerveau et à la moelle épinière. SYN. **céphalorachidien.**
ÉTYM. du latin *cerebrum* «cerveau» et *spinal.*

CÉRÉMONIAL, ALS [seremɔnjal] n. m. ✦ Ensemble de règles que l'on observe lors d'une cérémonie. *Cérémonial de cour.* SYN. **étiquette.**
ÉTYM. latin *caerimonialis.*

CÉRÉMONIE [seremɔni] n. f. 1. Ensemble d'actes solennels accompagnant la célébration d'un culte religieux. 2. Formes extérieures (gestes, décor...) destinées à marquer, à commémorer un évènement de la vie sociale. *La cérémonie du mariage. Célébrer qqch. en grande cérémonie.* SYN. ① **pompe.** 3. au plur. Manifestations excessives de politesse dans la vie privée. *Recevoir qqn avec beaucoup de cérémonies.* – loc. fig. *Faire des cérémonies,* des manières (→ **cérémonieux**). *Sans cérémonie,* avec simplicité. SYN. **complication, façon, formalité.**
ÉTYM. latin *caerimonia* «culte».

CÉRÉMONIEUX, EUSE [seremɔnjø, øz] adj. ✦ Qui fait trop de cérémonies (3), qui manque de naturel. SYN. **affecté.** – *Un ton, un air cérémonieux.* SYN. **solennel.**
▶ **CÉRÉMONIEUSEMENT** [seremɔnjøzmɑ̃] adv.

CERF [sɛr] n. m. ✦ Animal ruminant vivant en troupeaux dans les forêts ; spécialt le mâle adulte, qui porte de longues cornes ramifiées (→ **bois**). *Femelle* (→ **biche**), *petit* (→ **faon**) *du cerf. Le cerf brame.*
HOM. SERF «sujet», SERRE «griffe», SERRE «abri pour les plantes»
ÉTYM. latin *cervus.*

CERFEUIL [sɛrfœj] n. m. ✦ Plante herbacée aromatique cultivée comme condiment.
ÉTYM. latin *caerefolium*, du grec, de *kharein* «réjouir» et *phullon* «feuille».

CERF-VOLANT [sɛrvɔlɑ̃] n. m. I Gros insecte volant (coléoptère) dont les pinces dentelées rappellent les bois du cerf. SYN. **lucane.** II Armature tendue de papier ou de tissu, qui peut s'élever en l'air. *Des cerfs-volants.*
ÉTYM. de *cerf* et ① *volant.*

CERISAIE [s(ə)rizɛ] n. f. ✦ Lieu planté de cerisiers.
ÉTYM. de *cerise.*

CERISE [s(ə)ʀiz] **n. f.** 1. Petit fruit charnu arrondi, à noyau, à peau lisse brillante, rouge, parfois jaune pâle, produit par le cerisier. → **bigarreau, griotte.** *Cerises sauvages.* → **merise.** *Le kirsch, eau-de-vie de cerise. « Le Temps des cerises »* (chanson de J.-B. Clément). 2. **adjectivt** D'un rouge assez vif. *Des rubans cerise.* **appos. invar.** *Rouge cerise,* vermeil. *Des vernis rouge cerise.* 3. **appos.** *Tomate cerise,* de petite taille. *Des tomates cerises.*
ÉTYM. latin *cerasium,* du grec.

CERISIER [s(ə)ʀizje] **n. m.** ✦ Arbre fruitier à fleurs blanches en bouquet, qui produit la cerise. ◆ Bois de cet arbre.

CERNE [sɛʀn] **n. m.** 1. Cercle bistre ou bleuâtre qui entoure parfois les yeux, une plaie (→ **bleu**). 2. Trace laissée par une tache mal nettoyée. SYN. **auréole.** 3. Chacun des cercles concentriques visibles sur le tronc coupé d'un arbre.
ÉTYM. latin *circinus* « compas », de *circus* « cercle ».

CERNÉ, ÉE [sɛʀne] **adj.** ✦ Entouré d'une zone de couleur brune ou bleuâtre. *Avoir les yeux cernés.*
ÉTYM. participe passé de *cerner.*

CERNEAU [sɛʀno] **n. m.** ✦ Chair de la noix épluchée.
ÉTYM. de *cerner* « sortir (des noix) de leur coque ».

CERNER [sɛʀne] **v. tr.** (conjug. 3a) 1. Entourer par des troupes. SYN. **encercler.** – **passif et p. passé** *Quartier cerné par la police.* 2. Entourer par un trait. *Cerner une figure d'un trait bleu.* 3. **fig.** Délimiter en définissant. *Cerner un problème, une question.*
ÉTYM. latin *circinare,* de *circinus* → cerne.

CERTAIN, AINE [sɛʀtɛ̃, ɛn] **adj. et pron.**
I adj. **épithète après le nom** 1. Qui est effectif, sans aucun doute. SYN. **assuré, incontestable, indubitable** ; → **certitude.** *Une bonne volonté certaine.* ◆ *Un âge certain,* avancé. 2. Qui ne peut manquer de se produire. SYN. **inéluctable, inévitable, sûr.** *Voués à une mort certaine.* – **(attribut)** *C'est probable, mais pas certain.* 3. Qui considère une chose pour vraie. SYN. **assuré, convaincu.** *Je suis certain d'y arriver, que j'y arriverai.* CONTR. **contestable, discutable, douteux, incertain · aléatoire, improbable · hésitant, sceptique.**
II adj. **avant le nom** 1. **(précédé de l'art. indéf.)** Imprécis, difficile à fixer. *Pendant un certain temps. Jusqu'à un certain point.* ◆ *D'un certain âge :* qui n'est plus tout jeune. *Il lui a fallu un certain courage,* du courage. 2. **au plur.** Quelques-uns parmi d'autres. *Certaines personnes. Dans certains pays.* 3. *Un certain* **(et nom de personne)** : exprime le dédain ou une ignorance feinte.
III pron. pl. *CERTAINS :* certaines personnes. *Certains disent.* → **plusieurs, quelques-uns.** *Certains de vos amis.*
ÉTYM. latin populaire *certanus,* de *certus* « assuré ».

CERTAINEMENT [sɛʀtɛnmɑ̃] **adv.** 1. D'une manière certaine. *Cela arrivera certainement.* SYN. **fatalement, nécessairement, sûrement.** 2. **(renforce une affirmation)** *Il est certainement le plus doué.* SYN. **assurément, certes, évidemment.** *Cela en vaut-il la peine ? – Certainement.* 3. Très probablement. *Il avait certainement trop bu.*

CERTES [sɛʀt] **adv.** ✦ **VIEILLI ou LITTÉR.** 1. Certainement. *Certes, il a raison.* 2. **(concession)** *Il l'a dit, certes, mais...*
ÉTYM. latin populaire *certas,* de *certus* « assuré, certain ».

CERTIFICAT [sɛʀtifika] **n. m.** 1. Écrit qui émane d'une autorité compétente et atteste un fait. SYN. **attestation.** *Certificat médical. Certificat de travail,* indiquant la nature et la durée du travail d'un salarié. 2. Acte attestant la réussite à un examen ; cet examen. *Certificat d'études* (primaires). *Certificats de licence. Certificat d'aptitude professionnelle (C. A. P.).*
ÉTYM. latin médiéval *certificatus,* de *certificare* « rendre certain *(certus)* ».

CERTIFIER [sɛʀtifje] **v. tr.** (conjug. 9) 1. Assurer qu'une chose est vraie. SYN. **affirmer, garantir.** *Certifier qqch. à qqn. Je vous certifie que* (+ **indic.**). 2. **DR.** Garantir par un acte. *Certifier une signature.* – **au p. passé** *Copie certifiée conforme* (à l'original).
ÉTYM. latin *certificare* → certificat.

CERTITUDE [sɛʀtityd] **n. f.** 1. Caractère certain, indubitable ; ce qui est certain. SYN. **évidence, vérité.** *La certitude d'un fait. C'est une certitude absolue.* 2. État de l'esprit qui ne doute pas. SYN. **assurance, conviction.** *J'ai la certitude qu'il viendra.* – **loc. adv.** *Avec certitude. En toute certitude.*
ÉTYM. latin *certitudo,* de *certus* « assuré, certain ».

CÉRULÉEN, ÉENNE [seʀyleɛ̃, eɛn] **adj.** ✦ **LITTÉR.** D'une couleur bleu ciel.
ÉTYM. du latin *caeruleus, de caelum* « ciel ».

CÉRUMEN [seʀymɛn] **n. m.** ✦ Matière onctueuse jaune sécrétée dans le conduit auditif externe. *Bouchon de cérumen.*
ÉTYM. latin médiéval *caerumen,* de *cera* « cire ».

CÉRUSE [seʀyz] **n. f.** ✦ Colorant blanc très toxique (aujourd'hui interdit). *Blanc de céruse.*
ÉTYM. latin *cerussa.*

CERVEAU [sɛʀvo] **n. m.** **I concret** 1. Masse nerveuse contenue dans le crâne de l'être humain (cerveau (2), cervelet, bulbe, pédoncules cérébraux). SYN. **encéphale.** 2. **ANAT.** Partie antérieure et supérieure de l'encéphale* des vertébrés (deux hémisphères cérébraux, méninges). *Lobes, circonvolutions du cerveau.* → **cérébral.** **II abstrait** 1. Le siège de la vie psychique et des facultés intellectuelles. SYN. **esprit, tête ; cervelle.** *Cerveau bien organisé.* – **FAM.** *Avoir le cerveau dérangé, fêlé :* être fou. ◆ Personne, quant à l'esprit. *C'est un grand cerveau,* **absolt** *un cerveau :* une personne d'une grande intelligence. *L'exode, la fuite des cerveaux* (vers des pays proposant de meilleures conditions de travail). 2. **fig.** Organe, centre de direction. – *On a arrêté le cerveau de la bande.*
ÉTYM. latin *cerebellum,* diminutif de *cerebrum* « cerveau ».

CERVELAS [sɛʀvəla] **n. m.** ✦ Saucisson cuit, gros et court, assez épicé.
ÉTYM. italien *cervellato,* de *cervello* « cerveau ».

CERVELET [sɛʀvəlɛ] **n. m.** ✦ Partie postérieure et inférieure de l'encéphale (→ **cérébelleux**).
ÉTYM. proprement « petit *cerveau* ».

CERVELLE [sɛʀvɛl] **n. f.** 1. Substance nerveuse constituant le cerveau. – **loc.** *Se brûler, se faire sauter la cervelle :* se tuer d'un coup de pistolet dans la tête. ◆ Cerveau comestible de certains animaux. *Cervelle d'agneau au beurre.* 2. Les facultés mentales. SYN. **cerveau** (II). *Tête sans cervelle.* → **écervelé.** *Cervelle d'oiseau.* – **loc.** *Se creuser* la cervelle.*
ÉTYM. latin *cerebella,* diminutif de *cerebrum* « cerveau ».

A B C D E F G H I J K L M N O P Q R S T U V W X Y Z

CERVICAL, ALE, AUX [sɛʀvikal, o] adj. 1. De la région du cou. *Vertèbres cervicales.* 2. Relatif au col (de l'utérus, de la vessie). *Frottis cervical.*
ÉTYM. du latin *cervix* «cou, nuque».

CERVIDÉ [sɛʀvide] n. m. ✦ *Les cervidés* : famille de mammifères ongulés dont les mâles portent des bois (cerf, chevreuil, daim, élan, orignal, renne,...).
ÉTYM. du latin *cervus* «cerf».

CERVOISE [sɛʀvwaz] n. f. ✦ Bière d'orge, de blé (chez les Anciens, les Gaulois jusqu'au Moyen Âge).
ÉTYM. latin *cerevisia*, mot gaulois.

CES → ① CE

C. E. S. [seøɛs] n. m. ✦ en France Collège d'enseignement secondaire.
ÉTYM. sigle.

CÉSAR [sezaʀ] n. m. ✦ Titre d'empereur romain *(les Césars)*, puis germanique (→ **kaiser, tsar**).
ÉTYM. latin *Caesar*, surnom de Julius (Jules César) et de la gens Julia. ☛ CÉSAR (noms propres).

CÉSARIENNE [sezaʀjɛn] n. f. ✦ Opération chirurgicale permettant d'extraire l'enfant de l'utérus de la mère.
ÉTYM. du latin *caesar* «tiré du sein de sa mère par incision», peut-être famille de *caedere* «couper».

CÉSARISME [sezaʀism] n. m. ✦ Système de gouvernement d'un dictateur s'appuyant sur le peuple. SYN. **absolutisme, dictature.**
ÉTYM. de *César* ☛ noms propres.

CÉSIUM [sezjɔm] n. m. ✦ CHIM. Métal (symb. Cs) mou, jaune pâle, utilisé notamment dans les cellules photoélectriques.
ÉTYM. du latin *caesius* «bleu».

CESSANT, ANTE [sesɑ̃, ɑ̃t] adj. ✦ loc. *Toute(s) chose(s), toute(s) affaire(s) cessante(s)* : en interrompant tout le reste, en priorité. *Prévenez-le, toute affaire cessante.*
ÉTYM. du participe présent de *cesser*.

CESSATION [sesasjɔ̃] n. f. ✦ Fait de prendre fin ou de mettre fin à qqch. SYN. **arrêt, ① fin, interruption.** *Cessation des hostilités* : armistice, trêve. → **cessez-le-feu.**
ÉTYM. de *cesser*.

CESSE [sɛs] n. f. 1. Fait de cesser (sans art. et en loc. négatives). *N'avoir de cesse que* (+ subj.) : ne pas arrêter avant que... *Il n'aura (pas) de cesse qu'il n'obtienne ce qu'il veut.* 2. *SANS CESSE* loc. adv. : sans discontinuer. SYN. **constamment, continuellement.** *Il en parle sans cesse.*
ÉTYM. de *cesser*.

CESSER [sese] v. (conjug. 3a) 1. v. intr. Se terminer ou s'interrompre. SYN. **s'arrêter, finir.** *Le vent, la fièvre a cessé.* SYN. **s'apaiser, tomber.** — *FAIRE CESSER* : mettre fin à. → **arrêter, interrompre.** *Faire cesser un abus.* 2. v. tr. ind. *CESSER DE* (+ inf.). SYN. **s'arrêter** de. *Cesser d'agir, de parler.* — *Journal qui cesse de paraître.* ◆ *NE (PAS) CESSER DE*, continuer à. *La pluie n'a pas cessé de tomber.* 3. v. tr. (sujet animé) LITTÉR. Mettre fin à. SYN. **arrêter.** *Cesser le travail.* CONTR. **continuer, durer, persister • poursuivre.**
ÉTYM. latin *cessare*, de *cedere* «s'en aller ; céder».

CESSEZ-LE-FEU [sesel(ə)fø] n. m. invar. ✦ Arrêt officiel des combats.
ÉTYM. de l'impératif de *cesser* et *feu*.

CESSIBLE [sesibl] adj. ✦ DR. Qui peut être cédé. SYN. **négociable.** *Ces actions ne sont pas cessibles avant deux ans.* CONTR. **incessible.**
ÉTYM. latin *cessibilis*, de *cedere* «céder».

CESSION [sesjɔ̃] n. f. ✦ DR. Action de céder (un droit, un bien). SYN. **transmission.** *Cession de bail.* CONTR. **achat, acquisition.** HOM. SESSION «période»
ÉTYM. latin *cessio*, de *cedere* «céder».

CESSIONNAIRE [sesjɔnɛʀ] n. ✦ DR. Personne à qui une cession a été faite. SYN. **bénéficiaire.**

C'EST-À-DIRE [sɛtadiʀ] loc. conj. 1. Annonçant une explication, une précision ou une qualification (abrév. C.-À-D.). *Un ictère, c'est-à-dire une jaunisse* : en d'autres termes. 2. *C'est-à-dire que* : cela signifie que. ◆ (annonçant une rectification ou une restriction) *Serez-vous des nôtres ? – C'est-à-dire que je me suis déjà engagé ailleurs.*
ÉTYM. traduction du latin *id est*.

CESTE [sɛst] n. m. ✦ ANTIQ. Courroie garnie de plomb dont les pugilistes s'entouraient les mains.
ÉTYM. latin *caestus*, p.-ê. de *caedere* «couper».

CÉSURE [sezyʀ] n. f. ✦ Repos à l'intérieur d'un vers après une syllabe accentuée. SYN. ② **coupe.** ☛ Littérature p. 122.
ÉTYM. latin *caesura*, de *caedere* «couper».

CET, CETTE → ① CE

C. E. T. [seøte] n. m. ✦ en France Collège d'enseignement technique.
ÉTYM. sigle.

CÉTACÉ [setase] n. m. ✦ Grand mammifère aquatique possédant des nageoires antérieures et une nageoire caudale horizontale. *L'ordre des cétacés* (baleine, cachalot...). *Étude des cétacés.* → **cétologie.**
ÉTYM. latin scientifique *cetaceus*, de *cetus*, du grec «monstre marin».

CÉTOINE [setwan] n. f. ✦ Insecte coléoptère de la famille des scarabées. *Cétoine dorée.*
ÉTYM. latin scientifique *cetonia*, d'origine inconnue.

CÉTOLOGIE [setɔlɔʒi] n. f. ✦ DIDACT. Étude des cétacés.
► **CÉTOLOGIQUE** [setɔlɔʒik] adj.
► **CÉTOLOGUE** [setɔlɔg] ou **CÉTOLOGISTE** [setɔlɔʒist] n.
ÉTYM. du grec *kêtos* «gros animal marin» et *-logie*.

CÉTONE [setɔn] n. f. ✦ Corps chimique de constitution analogue à celle de l'acétone.
ÉTYM. de *acétone*.

CEUX → CELUI

CF. [kɔ̃fɛʀ] ✦ Indication invitant le lecteur à se référer à ce qui suit.
ÉTYM. abrév. du latin *confer* «compare, rapproche».

C. F. A. [seɛfa] adj. ✦ *FRANC C. F. A.* : unité monétaire de certains États africains.
ÉTYM. sigle de *Communauté Financière Africaine*.

C. G. S. [seʒeɛs] adj. ✦ *Système C. G. S.* : ancien système d'unités de mesure (centimètre, gramme, seconde).
ÉTYM. sigle.

CHABOT [ʃabo] n. m. ✦ Poisson à grosse tête.
ÉTYM. ancien occitan, du latin *caput* «tête».

CHABROL [ʃabʀɔl] ou **CHABROT** [ʃabʀo] **n. m.** ✦ *FAIRE CHABROL* : verser du vin dans le fond de son assiette de soupe et boire le mélange.
ÉTYM. variante de *chevreau* ; d'une locution occitane (Sud-Ouest) «boire comme une chèvre».

CHACAL, ALS [ʃakal] **n. m.** ✦ Mammifère carnivore d'Asie et d'Afrique, voisin du renard. *Le chacal jappe.*
ÉTYM. du turc.

CHACUN, UNE [ʃakœ̃, yn] **pron. indéf.** 1. Personne ou chose prise individuellement dans un ensemble. *Chacun de nous s'en alla. Chacun des deux* : l'un et l'autre. *Ils ont bu chacun sa* (ou *leur*) *bouteille. Chacun son tour.* 2. Toute personne. *À chacun selon son mérite. Chacun pour soi.* ➡ *TOUT UN CHACUN* [tutœ̃ʃakœ̃] : n'importe qui, tout le monde.
ÉTYM. latin populaire *cascuunus*, croisement de *quisque (unus)* «chaque (un)» et de *(unus) cata unum* «un par un».

CHAFOUIN, INE [ʃafwɛ̃, in] **adj.** ✦ Rusé, sournois. *Mine chafouine.*
ÉTYM. de *chat* et *fouin*, ancien masculin de *fouine*.

① **CHAGRIN, INE** [ʃagʀɛ̃, in] **adj.** 1. VIEILLI Rendu triste. SYN. **affligé, peiné.** *J'en suis fort chagrin.* 2. LITTÉR. Qui est d'un caractère triste, morose. SYN. **maussade, mélancolique.** ➡ *Être d'humeur chagrine. Avoir l'air chagrin.* CONTR. **enjoué, gai, joyeux, réjoui.**
ÉTYM. de *chagriner.*

② **CHAGRIN** [ʃagʀɛ̃] **n. m.** ✦ État moralement douloureux. SYN. **affliction, douleur, peine.** *Avoir du chagrin.* ◆ *Un chagrin*, peine ou déplaisir causé par un évènement précis. *Il en a eu un terrible chagrin. Chagrin d'amour. Un gros chagrin* (d'enfant). ➡ **loc.** FAM. *Noyer son chagrin dans l'alcool.* CONTR. **gaieté, joie.**
ÉTYM. de ① *chagrin.*

③ **CHAGRIN** [ʃagʀɛ̃] **n. m.** ✦ Cuir grenu utilisé en reliure. *Livre relié en chagrin.* ➡ **loc. fig.** *C'est une peau de chagrin* : cela ne cesse de rétrécir (allusion à «*La Peau de chagrin*», roman de Balzac).
ÉTYM. turc *sagri* «croupe d'animal», influencé par ① *chagrin.*

CHAGRINER [ʃagʀine] **v. tr.** (conjug. 3a) ✦ Rendre triste, faire de la peine à. SYN. **affliger, peiner.** CONTR. **réjouir.**
ÉTYM. peut-être de *chat* et ancien verbe *grigner* «être maussade», d'origine germanique.

CHAHUT [ʃay] **n. m.** ✦ Agitation bruyante, spécialt pendant un cours. *Faire du chahut. Déclencher un chahut.*
ÉTYM. de *chahuter.*

CHAHUTER [ʃayte] **v.** (conjug. 3a) **I v. intr.** Faire du chahut dans une classe. **II v. tr.** 1. *Chahuter un professeur*, manifester contre lui par un chahut. 2. Bousculer, taquiner. *Il aime chahuter les filles.*
► **CHAHUTEUR, EUSE** [ʃaytœʀ, øz] **adj. et n.** *Élèves chahuteurs.*
ÉTYM. origine obscure.

CHAI [ʃɛ] **n. m.** ✦ Lieu en rez-de-chaussée où l'on emmagasine les alcools, les vins en fûts. SYN. **cellier.** *Visiter les chais d'une coopérative vinicole.*
ÉTYM. forme dialectale (Ouest) de *quai.*

CHAÎNE [ʃɛn] **n. f.** **I** Suite d'anneaux entrelacés (→ **chaînon**, ① **maille, maillon**). 1. (servant à orner) *Chaîne d'or. Chaîne de cou.* ◆ (servant à manœuvrer, attacher) *La chaîne d'un puits.* ➡ *Chaîne de sûreté*, qui retient une porte entrebâillée. ◆ (servant à transmettre un mouvement) *Chaîne de bicyclette.* ◆ (servant à mesurer) *Chaîne d'arpenteur.* ◆ **au plur.** Assemblage de chaînes qu'on place sur les pneus d'un véhicule pour éviter de glisser sur la neige, le verglas. 2. Cette suite d'anneaux, pour attacher un animal ou une personne (→ **enchaîner**). *Les chaînes d'un forçat.* ◆ **fig.** Ce qui enchaîne, rend esclave. SYN. **lien.** *Briser, secouer ses chaînes* : s'affranchir, se délivrer. **II** Objet (concret ou abstrait) composé d'éléments successifs solidement liés. 1. Ensemble des fils d'un tissu disposés suivant sa longueur (opposé à *trame*). 2. Suite d'accidents du relief rattachés entre eux. *Chaîne de montagnes.* 3. CHIM. Molécule organique composée d'atomes de carbone ou de radicaux liés. *Chaîne lipidique.* 4. Ensemble d'appareils concourant à la transmission de signaux. *Chaîne (haute-fidélité)* : système de reproduction du son formé d'éléments séparés (lecteur, amplificateur, tuner, haut-parleurs). ➡ Ensemble d'émetteurs de radiodiffusion, de télévision émettant un même programme. *Chaîne cryptée.* 5. Installation formée de postes successifs de travail et du système les intégrant. *Chaîne de montage. Travail à la chaîne* : organisation du travail dans laquelle le produit à assembler, à fabriquer se déplace devant les ouvriers qui répètent la même opération sans quitter leur poste. 6. Réseau d'entreprises associées. *Chaîne de magasins, d'hôtels.* 7. *Chaîne alimentaire*, transfert de matière entre les différentes espèces ; succession d'êtres vivants dont chacun est mangé par le suivant. 8. *Chaîne du froid* : ensemble des moyens de conservation frigorifique des denrées périssables, de la production à la consommation. 9. *RÉACTION EN CHAÎNE* : ensemble de phénomènes déclenchés les uns par les autres. **III** Ensemble de personnes qui se transmettent qqch. de l'une à l'autre. ➡ **loc.** *Faire la chaîne.* HOM. CHÊNE «arbre»
ÉTYM. latin *catena.*

CHAÎNETTE [ʃɛnɛt] **n. f.** ✦ Petite chaîne.

CHAÎNON [ʃɛnɔ̃] **n. m.** 1. Anneau d'une chaîne. SYN. ① **maille, maillon.** 2. **fig.** Lien intermédiaire. **loc.** *Le chaînon manquant* : l'élément à découvrir pour reconstituer une suite logique.

CHAIR [ʃɛʀ] **n. f.** **I** 1. Substance molle du corps humain ou animal (muscles et tissu conjonctif). *La chair et les os.* ➡ **loc.** *EN CHAIR ET EN OS* : en personne. ➡ *Être BIEN EN CHAIR* : avoir de l'embonpoint, avoir la chair ferme. 2. Aspect de la peau. *Une chair ferme, flasque.* ➡ *Avoir LA CHAIR DE POULE*, la peau qui se hérisse (de froid, de peur). → **frisson.** *Couleur chair*, beige rosé, de la couleur naturelle de la peau des personnes blanches. ➡ **adjectivt invar.** *Des collants chair.* **II** 1. RELIG. La nature humaine, le corps. *Le Verbe s'est fait chair.* → **incarnation.** 2. LITTÉR. Les instincts, les besoins du corps ; les sens (→ **charnel**). *Les plaisirs de la chair.* **III** 1. Partie comestible (de certains animaux). *Se nourrir de chair crue.* SYN. **viande.** 2. *CHAIR À SAUCISSE* : préparation de viande hachée à base de porc. ➡ **loc.** FAM. *Hacher menu comme chair à pâté*, très fin. 3. Partie comestible (d'animaux non mammifères, de fruits). *Volaille, poisson à chair délicate. Une pêche à chair blanche.* SYN. **pulpe.** HOM. CHAIRE «tribune», CHER «aimé» et «coûteux», CHÈRE «nourriture»
ÉTYM. latin *caro, carnis.*

CHAIRE [ʃɛʀ] n. f. 1. Siège d'un pontife. 2. Tribune élevée où prend place le prédicateur, dans une église. 3. Tribune du professeur. ➛ Poste le plus élevé du professorat dans l'enseignement supérieur. *Être titulaire d'une chaire de droit.* HOM. CHAIR «muscle», CHER «aimé» et «coûteux», CHÈRE «nourriture»
ÉTYM. latin *cathedra*, du grec.

CHAISE [ʃɛz] n. f. I 1. Siège à dossier et sans bras pour une personne. ➛ loc. *Être assis ENTRE DEUX CHAISES :* être dans une situation incertaine, instable. 2. anciennt *CHAISE PERCÉE*, dans laquelle s'encastrait un pot de chambre. 3. *CHAISE LONGUE :* siège à inclinaison réglable, permettant de s'allonger. SYN. **relax, transatlantique.** 4. *CHAISE ÉLECTRIQUE :* chaise au moyen de laquelle on électrocute les condamnés à mort, dans certains États des États-Unis. II 1. *CHAISE À PORTEURS :* petit abri muni d'un siège, dans lequel on se faisait porter par deux hommes. → **palanquin.** 2. anciennt Véhicule hippomobile. *Chaise de poste.*
ÉTYM. variante de *chaire.*

CHAISIER, IÈRE [ʃezje, jɛʀ] n. 1. Personne qui fabrique des chaises. 2. (surtout n. f.) Loueuse de chaises.

① **CHALAND** [ʃalɑ̃] n. m. ✦ Bateau à fond plat pour le transport des marchandises. SYN. **péniche.**
ÉTYM. du grec byzantin *khelandion.*

② **CHALAND, ANDE** [ʃalɑ̃, ɑ̃d] n. ✦ vx Client, cliente. *Avoir des chalands :* être achalandé.
ÉTYM. du participe présent de *chaloir* «s'intéresser, importer».

CHALANDISE [ʃalɑ̃diz] n. f. ✦ COMM. *Zone de chalandise :* aire sur laquelle se trouvent les clients virtuels d'un magasin, d'une localité.
ÉTYM. de ② *chaland.*

CHALCO- Élément savant, du grec *khalkos* «cuivre».

CHALCOGRAPHIE [kalkɔgʀafi] n. f. 1. Gravure sur métal. 2. Collection de planches gravées.
ÉTYM. de *chalco-* et *-graphie.*

CHÂLE [ʃɑl] n. m. ✦ Grande pièce d'étoffe que l'on drape sur les épaules. ➛ *Col châle,* à larges revers arrondis.
ÉTYM. hindi *shal*, du persan ; infl. de l'anglais *shawl.*

CHALENGE ; CHALENGEUR, EUSE → CHALLENGE ; CHALLENGEUR

CHALET [ʃalɛ] n. m. 1. Maison de bois des pays de montagne européens. 2. Maison de plaisance imitée des chalets suisses.
ÉTYM. mot suisse romand, du latin *cala* «abri».

CHALEUR [ʃalœʀ] n. f. I 1. Température élevée de la matière (par rapport au corps humain) ; sensation produite par un corps chaud. *La chaleur d'un fer rouge.* → **brûlure.** ♦ Température de l'air qui donne à l'organisme une sensation de chaud. *Chaleur douce, modérée* (→ **tiédeur**) ; *accablante, étouffante* (→ **canicule, étuve, fournaise**). ➛ au plur. Époque de l'année où il fait chaud. *Les premières chaleurs.* 2. SC. Phénomène physique qui se transmet et dont l'augmentation se traduit notamment par l'élévation de la température (→ **calorifique, thermique**). *L'unité de quantité de chaleur est le joule.* 3. CHALEUR ANIMALE, chaleur naturelle de l'organisme. II 1. *Coup de chaleur :* malaise causé par l'excès de chaleur. *Bouffée* de chaleur.* 2. État des femelles des mammifères quand elles acceptent l'approche du mâle. SYN. **rut.** *Chatte en chaleur.* III fig. Animation, ardeur, passion. *La chaleur de ses convictions. La chaleur de son amitié* (→ **chaleureux**). CONTR. **froid · froideur, indifférence.**
ÉTYM. latin *calor.*

CHALEUREUX, EUSE [ʃalœʀø, øz] adj. ✦ Qui manifeste de la chaleur (III). SYN. **ardent, enthousiaste.** *Il a été très chaleureux.* ➛ *Accueil chaleureux.* CONTR. **froid, glacial, tiède.**
► **CHALEUREUSEMENT** [ʃalœʀøzmɑ̃] adv.

CHÂLIT [ʃɑli] n. m. ✦ Cadre de lit.
ÉTYM. latin populaire *catalectus*, de *lectus* «lit».

CHALLENGE [ʃalɑ̃ʒ ; tʃalɛn(d)ʒ] n. m. ✦ anglicisme 1. Épreuve sportive dont le vainqueur sort avec un titre, un prix, jusqu'à ce qu'un vainqueur nouveau l'en dépossède. 2. fig. Situation où la difficulté stimule. SYN. **défi, gageure.** ➛ recomm. offic. CHALENGE.
ÉTYM. mot anglais «défi», de l'ancien français *chalenge* «accusation ; défi».

CHALLENGEUR, EUSE [ʃalɑ̃ʒœʀ, øz] n. ou **CHALLENGER** [tʃalɛn(d)ʒœʀ] n. m. ✦ anglicisme 1. Sportif qui cherche à enlever son titre au champion. 2. Compétiteur, rival. ➛ Écrire *challengeur, euse* avec le suffixe français est permis. ➛ recomm. offic. CHALENGEUR, EUSE n.
ÉTYM. anglais *challenger* → challenge.

CHALOIR [ʃalwaʀ] v. impers. ✦ loc. VIEILLI *Peu me (ou m'en) chaut :* peu m'importe.
ÉTYM. latin *calere*, fig. «s'échauffer pour».

CHALOUPE [ʃalup] n. f. ✦ Embarcation non pontée. *Chaloupes de sauvetage.* SYN. **canot.**
ÉTYM. p.-ê. de l'ancien français *chaloppe* «coquille de noix», famille de *écale*, finale de *enveloppe.*

CHALOUPÉ, ÉE [ʃalupe] adj. ✦ (démarche, danse) Qui est balancé. *Valse chaloupée.*
ÉTYM. de *chaloupe.*

CHALUMEAU [ʃalymo] n. m. 1. Tuyau (d'abord de roseau, de paille). 2. Outil qui produit et dirige un jet de gaz enflammé. *Soudure au chalumeau.*
ÉTYM. bas latin *calamellus* «petit roseau *(calamus)*».

CHALUT [ʃaly] n. m. ✦ Filet en forme d'entonnoir, attaché à l'arrière d'un bateau.
ÉTYM. probablement mot dialectal de l'Ouest, d'origine inconnue.

CHALUTIER [ʃalytje] n. m. 1. Bateau armé pour la pêche au chalut. 2. Marin qui sert sur un chalutier.

CHAMADE [ʃamad] n. f. 1. anciennt Signal militaire de reddition. 2. *Battre la chamade :* battre à grands coups (du cœur).
ÉTYM. italien du Nord (Piémont) *ciamada* «appel», du latin *clamare* «appeler».

se **CHAMAILLER** [ʃamaje] v. pron. (conjug. 3a) ✦ FAM. Se quereller bruyamment pour des raisons futiles.
► **CHAMAILLEUR, EUSE** [ʃamajœʀ, øz] adj. et n.
ÉTYM. croisement de deux verbes anciens signifiant «frapper».

CHAMAILLERIE [ʃamajʀi] n. f. ✦ FAM. Dispute, querelle.
ÉTYM. de *chamailler.*

CHAMAN [ʃaman] n. m. ✦ Prêtre-sorcier, à la fois devin et guérisseur (Asie centrale et septentrionale). ➛ On écrit parfois *shaman.*
ÉTYM. d'une langue de Sibérie.

CHAMANISME [ʃamanism] n. m. ✦ DIDACT. Religion centrée sur le personnage du chaman.

CHAMARRER [ʃamaʀe] v. tr. (conjug. 3a) ✦ Rehausser d'ornements aux couleurs éclatantes.
► **CHAMARRÉ, ÉE** adj. *Des tissus chamarrés d'or.* ➛ *Uniforme chamarré de décorations.*
► **CHAMARRURE** [ʃamaʀyʀ] n. f.
ÉTYM. de l'ancien français *chamarre* «vêtement fait de bandes alternées», du basque *zammar* «peau de mouton», par l'espagnol.

CHAMBARDEMENT [ʃɑ̃baʀdəmɑ̃] n. m. ✦ FAM. Action de chambarder. ➛ loc. *Le grand chambardement* : la révolution.

CHAMBARDER [ʃɑ̃baʀde] v. tr. (conjug. 3a) 1. Bouleverser de fond en comble. *On a tout chambardé dans la maison.* 2. fig. Changer brutalement, révolutionner. SYN. FAM. **chambouler.**
ÉTYM. de *chamberder, chamberter,* d'orig. obscure.

CHAMBELLAN [ʃɑ̃belɑ̃ ; ʃɑ̃bɛllɑ̃] n. m. ✦ HIST. Gentilhomme de la cour chargé du service de la chambre du souverain.
ÉTYM. francique *kamarling,* du latin *camera* «chambre».

CHAMBOULER [ʃɑ̃bule] v. tr. (conjug. 3a) ✦ FAM. Bouleverser, mettre sens dessus dessous. SYN. FAM. **chambarder.**
ÉTYM. mot de l'Est, de *bouler* ; l'élément *cham-* est obscur.

CHAMBRANLE [ʃɑ̃bʀɑ̃l] n. m. ✦ Encadrement (d'une porte, d'une fenêtre, d'une cheminée).
ÉTYM. famille du latin *camera* «chambre».

CHAMBRE [ʃɑ̃bʀ] n. f. I 1. Pièce où l'on couche. SYN. FAM. **piaule.** *Chambre à coucher. Chambre d'amis. Chambre d'hôtel.* ◆ GARDER LA CHAMBRE : ne pas sortir de chez soi, par suite d'une maladie. *Faire* CHAMBRE À PART : coucher dans deux chambres séparées (couple). 2. *Travailler* EN CHAMBRE, chez soi (ouvrier, artisan). ➛ *Robe* de chambre.* ➛ *Valet*, femme* de chambre.* ◆ *Musique* de chambre.* 3. Pièce, compartiment à bord d'un navire. *Chambre de chauffe.* 4. Pièce spécialement aménagée (pour la conservation des denrées périssables). *Chambre froide.* 5. *Chambre à gaz*.* II fig. 1. Section d'une cour ou d'un tribunal judiciaire. *Chambre d'accusation* (cour d'appel). 2. Assemblée législative. *La Chambre des députés* : l'Assemblée nationale. *La Chambre des communes et la Chambre des lords, chambre basse et chambre haute* (en Grande-Bretagne). 3. Assemblée s'occupant des intérêts d'un corps. *Chambre de commerce et d'industrie.* III (Cavité) 1. OPT., PHOTOGR. CHAMBRE NOIRE : enceinte fermée percée d'une petite ouverture et munie d'un écran sur lequel se forme l'image. ➛ CHAMBRE CLAIRE, formée d'un dispositif optique et d'un écran sur lequel on peut dessiner l'image. 2. (dans un moteur) *Chambre de combustion.* 3. CHAMBRE À AIR : enveloppe de caoutchouc gonflée d'air, partie intérieure d'un pneumatique. 4. ANAT. *Chambre de l'œil,* espace entre l'iris et la cornée.
ÉTYM. latin *camera* «voûte» puis «pièce», du grec.

CHAMBRÉE [ʃɑ̃bʀe] n. f. 1. Ensemble des personnes qui couchent dans une même pièce. 2. Pièce où logent les soldats. SYN. **dortoir.**
ÉTYM. de *chambre.*

CHAMBRER [ʃɑ̃bʀe] v. tr. (conjug. 3a) 1. FAM. *Chambrer qqn,* se moquer de lui en paroles. 2. Mettre (le vin) à la température de la pièce, le réchauffer légèrement (opposé à *frapper*).
ÉTYM. de *chambre.*

CHAMBRETTE [ʃɑ̃bʀɛt] n. f. ✦ Petite chambre.

CHAMBRIÈRE [ʃɑ̃bʀijɛʀ] n. f. 1. VX Femme de chambre. 2. Long fouet de manège.

CHAMBRISTE [ʃɑ̃bʀist] n. ✦ Musicien spécialiste de musique* de chambre.

CHAMEAU [ʃamo] n. m. 1. Grand ruminant à une ou deux bosses, à pelage laineux ; spécialt chameau à deux bosses, vivant en Asie (par opposition à *dromadaire*). *La sobriété du chameau. Le chameau blatère. Caravane de chameaux.* ➛ *Poil de chameau* : tissu en poils de chameau. 2. fig. FAM. Personne méchante, désagréable. *Cette femme est un chameau.* ➛ (au fém.) *Ah ! la chameau !* ➛ adj. *Il, elle est drôlement chameau.* SYN. **vache.**
ÉTYM. latin *camelus,* du grec.

CHAMELIER [ʃaməlje] n. m. ✦ Personne qui conduit les chameaux, les dromadaires et en prend soin.

CHAMELLE [ʃamɛl] n. f. ✦ Femelle du chameau et du dromadaire.

CHAMELON [ʃam(ə)lɔ̃] n. m. ✦ Petit du chameau, du dromadaire.

CHAMOIS [ʃamwa] n. m. 1. Ruminant à cornes recourbées qui vit dans les montagnes. SYN. **isard.** 2. Peau de mouton, de chèvre, préparée par chamoisage. ➛ *Peau de chamois,* qui sert au nettoyage. ◆ adj. Couleur jaune clair. *Veste chamois.* 3. Épreuve de ski, slalom spécial chronométré ; insigne attestant la réussite à cette épreuve. *Chamois d'or.*
ÉTYM. latin de Gaule *camox,* d'origine préromane.

CHAMOISAGE [ʃamwazaʒ] n. m. ✦ Préparation d'une peau pour la rendre aussi souple que la peau de chamois véritable.

CHAMOISINE [ʃamwazin] n. f. ✦ Petit torchon jaune duveteux qui sert à faire briller.
ÉTYM. de *chamois.*

CHAMP [ʃɑ̃] n. m. I 1. Étendue de terre propre à la culture. *Champ de blé.* 2. LES CHAMPS : toute étendue rurale. → **campagne ; champêtre.** *La vie des champs. Fleurs des champs.* ➛ *En plein(s) champ(s)* : au milieu de la campagne. *À travers champs* : hors des chemins. 3. Terrain, espace. CHAMP DE BATAILLE ; terrain où se livre la bataille. ➛ *Mourir, tomber au* CHAMP D'HONNEUR, à la guerre. ◆ Espace déterminé réservé à une activité. *Champ de manœuvre, d'exercices* (militaires). *Champ d'aviation.* SYN. **terrain.** *Champ de courses.* → **hippodrome.** ◆ *Champ clos,* où avaient lieu les tournois. ➛ loc. PRENDRE DU CHAMP : reculer pour prendre de l'élan ; prendre du recul. *Laisser* LE CHAMP LIBRE : se retirer ; fig. donner toute liberté. II fig. 1. Domaine d'action. SYN. **sphère.** *Élargir le champ de ses connaissances. Donner libre champ à son imagination.* 2. SUR-LE-CHAMP loc. adv. SYN. **aussitôt, immédiatement.**

A B C D E F G H I J K L M N O P Q R S T U V W X Y Z

Il partit sur-le-champ. ➝ *À TOUT BOUT* DE CHAMP.* **III** Espace limité réservé à certaines opérations ou doué de propriétés. 1. *Le champ d'un instrument optique,* le secteur qu'il couvre. *Le champ de la caméra. Sortir du champ. Être hors champ. Profondeur de champ.* 2. *CHAMP OPÉRATOIRE :* zone dans laquelle une opération chirurgicale est pratiquée. 3. PHYS. Zone où se manifeste un phénomène physique. *Champ magnétique.* 4. LING. Ensemble structuré (de sens, de mots...). *Champ lexical :* mots d'un texte se rapportant à la même idée, au même thème. *Le champ lexical du froid* (neige, grelotter, frileux, gelé, etc.). *Champ sémantique d'un mot,* les différents sens qu'il peut prendre selon le contexte. HOM. ① CHANT «chanson», ② CHANT «petit côté»

ÉTYM. latin *campus* «plaine, terrain cultivé» ; doublet de *camp.*

CHAMPAGNE [ʃɑ̃paɲ] **n. m.** ✦ Vin blanc de Champagne, rendu mousseux. *Champagne brut, sec. Sabler le champagne.*

ÉTYM. nom de région (☞ noms propres), bas latin *campania* «plaine» ; doublet de *campagne.*

CHAMPAGNISER [ʃɑ̃paɲize] **v. tr.** (conjug. 3a) ✦ Traiter (les vins de Champagne) pour en faire du champagne.
▸ **CHAMPAGNISATION** [ʃɑ̃paɲizasjɔ̃] **n. f.**

CHAMPÊTRE [ʃɑ̃pɛtʀ] **adj.** ✦ LITTÉR. Qui appartient aux champs, à la campagne cultivée. SYN. **agreste, bucolique, rural, rustique.** *Vie champêtre.* ➝ *Garde* champêtre.*

ÉTYM. latin *campestris,* de *campus* «champ».

CHAMPI [ʃɑ̃pi] **n. et adj.** ✦ RÉGIONAL et VX Enfant trouvé (dans les champs). *«François le Champi»* (de George Sand).

ÉTYM. de *champ.*

CHAMPIGNON [ʃɑ̃piɲɔ̃] **n. m.** 1. Organisme sans feuille ni fleur, formé généralement d'un pied surmonté d'un chapeau, à nombreuses espèces, comestibles ou vénéneuses. *Ramasser, cueillir des champignons. Champignon de couche* ou *champignon de Paris :* agaric. ➝ loc. *Pousser comme un champignon,* très vite. appos. *Ville champignon,* qui se développe très vite. *Des villes champignons.* 2. Ce qui a la forme d'un champignon à chapeau. ➝ FAM. Pédale d'accélérateur. *Appuyer sur le champignon :* accélérer. ➝ *Champignon atomique :* nuage produit lors d'une explosion nucléaire. 3. BOT. au plur. Classe de végétaux comprenant les champignons (1), les moisissures, les levures et des parasites des plantes, des animaux ou de l'homme (➝ **mycologie**).

ÉTYM. latin populaire *(fungus) campaniolus* «(champignon) des champs».

CHAMPIGNONNIÈRE [ʃɑ̃piɲɔnjɛʀ] **n. f.** ✦ Lieu où l'on cultive les champignons (1) sur couche.

CHAMPIGNONNISTE [ʃɑ̃piɲɔnist] **n.** ✦ Personne qui cultive les champignons.

CHAMPION, ONNE [ʃɑ̃pjɔ̃, ɔn] **n.** 1. **n. m.** anciennt Celui qui combattait en champ* clos, pour soutenir une cause. 2. fig. Défenseur attitré d'une cause. *Elle s'était faite la championne de la liberté.* 3. Athlète qui remporte un championnat. *Champion du monde en titre.* ➝ *Champion d'échecs.* 4. fig. FAM. Personne remarquable. SYN. **as.** ➝ **adj.** *Il est champion ; c'est champion !*

ÉTYM. latin médiéval *campio,* du germanique *kamp* «lieu du combat», du latin *campus* «champ».

CHAMPIONNAT [ʃɑ̃pjɔna] **n. m.** ✦ Épreuve sportive officielle (ou épreuve de jeux ➝ **tournoi**) à l'issue de laquelle le vainqueur obtient un titre.

CHAMSIN [xamsin] ➝ **KHAMSIN**

CHANÇARD, ARDE [ʃɑ̃saʀ, aʀd] **adj. et n.** ✦ FAM. (Personne) qui a de la chance. SYN. **chanceux.**

CHANCE [ʃɑ̃s] **n. f.** **I** 1. Manière (favorable ou défavorable) dont un évènement se produit. ➝ **hasard.** *Souhaiter bonne chance à qqn.* ◆ *La chance :* le sort. ➝ loc. *La chance a tourné.* 2. Possibilité de se produire par hasard. SYN. **éventualité, probabilité.** *Il y a de fortes chances que cela se produise. Une chance sur deux. Calculer ses chances de succès.* ➝ *Donner sa chance à qqn.* **II** *La chance :* la bonne chance. *Avoir de la chance.* SYN. FAM. ① **bol, pot, veine.** *Avoir la chance de* (+ inf.). *Quelle chance que tu sois là ! Par chance.* ➝ *Pas de chance !* ➝ iron. *C'est bien ma chance !* CONTR. **déveine, malchance.**

ÉTYM. latin populaire *cadentia* «manière dont tombent les osselets au jeu», de *cadere* «tomber» ; famille de *choir.*

CHANCELANT, ANTE [ʃɑ̃s(ə)lɑ̃, ɑ̃t] **adj.** 1. Qui chancelle. *Un pas chancelant.* 2. fig. Fragile. *Santé chancelante.* SYN. **faible.** CONTR. **assuré,** ① **ferme, solide.**

ÉTYM. du participe présent de *chanceler.*

CHANCELER [ʃɑ̃s(ə)le] **v. intr.** (conjug. 6a) 1. Vaciller sur sa base, pencher de côté et d'autre en menaçant de tomber. SYN. **tituber.** 2. fig. Être menacé de ruine, de chute. *Le pouvoir chancelle.* ➝ Donner des signes de faiblesse. *Sa mémoire chancelle.* CONTR. **s'affermir.**

ÉTYM. latin *cancellare* «barrer, biffer».

CHANCELIER, IÈRE [ʃɑ̃səlje, jɛʀ] **n.** 1. Personne chargée de garder les sceaux, qui en dispose. 2. *Chancelier de l'Échiquier :* ministre des Finances (Royaume-Uni). 3. Premier ministre (Autriche, Allemagne). *En 1933, Hitler est nommé chancelier.*

ÉTYM. latin *cancellarius* «surveillant de la grille».

CHANCELIÈRE [ʃɑ̃səljɛʀ] **n. f.** ✦ Sac fourré pour tenir les pieds au chaud.

ÉTYM. d'abord «femme d'un *chancelier*».

CHANCELLERIE [ʃɑ̃sɛlʀi] **n. f.** ✦ Services d'un chancelier ; spécialt administration centrale du ministère de la Justice.

CHANCEUX, EUSE [ʃɑ̃sø, øz] **adj.** ✦ Qui a de la chance (II). SYN. FAM. **chançard, veinard.**

CHANCRE [ʃɑ̃kʀ] **n. m.** 1. MÉD. Érosion ou ulcération de la peau ou d'une muqueuse. *Chancre syphilitique.* 2. fig. Ce qui ronge, détruit.

ÉTYM. bas latin *cancrus,* de *cancer* «crabe, cancer» ; doublet de *cancer.*

CHANDAIL, AILS [ʃɑ̃daj] **n. m.** ✦ Gros tricot de laine qu'on enfile par la tête. SYN. **pull-over.**

ÉTYM. de *chand (marchand) d'ail,* nom du tricot des vendeurs de légumes aux Halles.

CHANDELEUR [ʃɑ̃d(ə)lœʀ] **n. f.** ✦ CATHOL. Fête de la présentation de Jésus-Christ au Temple et de la purification de la Vierge (2 février). ➝ *Les crêpes de la Chandeleur.*

ÉTYM. latin *(festa) candelarum* «(fête) des chandelles».

CHANDELIER [ʃɑ̃dəlje] n. m. ✦ Support destiné à recevoir des chandelles, cierges, bougies. SYN. **bougeoir, candélabre, flambeau.** *Les bobèches d'un chandelier.* ➖ *Le chandelier à sept branches* (religion juive).

CHANDELLE [ʃɑ̃dɛl] n. f. 1. Appareil d'éclairage fait d'une mèche tressée enveloppée de suif. 2. loc. *Devoir une fière chandelle à qqn,* lui être redevable d'un grand service rendu. ➖ *Des économies de bouts de chandelles,* insignifiantes. ➖ *Brûler la chandelle par les deux bouts :* gaspiller son argent, sa santé. ➖ *En voir trente-six chandelles :* être ébloui, étourdi par un coup. 3. Montée verticale (d'une balle, d'un avion). *L'avion monte en chandelle.*
ÉTYM. bas latin *candela.*

① **CHANFREIN** [ʃɑ̃fʀɛ̃] n. m. ✦ Partie de la tête du cheval qui va du front aux naseaux.
ÉTYM. famille de *frein.*

② **CHANFREIN** [ʃɑ̃fʀɛ̃] n. m. ✦ TECHN. Biseau obtenu en abattant l'arête d'une pierre ou d'une pièce de bois, de métal.
ÉTYM. de *chanfraindre* «tailler en biseau», de ② *chant* et de l'anc. v. *fraindre,* latin *frangere* «briser».

CHANGE [ʃɑ̃ʒ] n. m. I 1. loc. *Gagner, perdre au change,* à l'échange. 2. Échange de deux monnaies de pays différents. *Bureau de change. Contrôle des changes.* ◆ Valeur de l'indice monétaire étranger en monnaie nationale. *Taux de change. Cours des changes.* ◆ LETTRE DE CHANGE. ➙ **billet** à ordre, **effet.** II DONNER LE CHANGE *à qqn,* lui faire prendre une chose pour une autre. SYN. **tromper ; abuser.** III *Change, change complet :* couche*-culotte jetable.
ÉTYM. de *changer.*

CHANGEABLE [ʃɑ̃ʒabl] adj. ✦ Qui peut être changé. SYN. **modifiable, remplaçable.**

CHANGEANT, ANTE [ʃɑ̃ʒɑ̃, ɑ̃t] adj. 1. Qui est sujet à changer. SYN. **variable ; incertain, instable.** *Temps changeant. Humeur changeante.* SYN. **inégal.** *Esprit changeant.* 2. Dont l'aspect, la couleur change suivant le jour sous lequel on le regarde. *Étoffe changeante, aux reflets changeants.* SYN. **chatoyant.** CONTR. **constant, égal, fixe, invariable, stable.**
ÉTYM. du participe présent de *changer.*

CHANGEMENT [ʃɑ̃ʒmɑ̃] n. m. 1. *Changement de,* modification quant à (tel caractère) ; fait de changer. *Changement d'état, de forme.* ➙ **déformation, transformation.** *Changement de temps.* SYN. **variation.** *Changement de programme. Changement de décor.* 2. Fait de ne plus être le même. *Son changement est radical.* 3. *Changement de,* fait de quitter une chose pour une autre. *Changement d'adresse.* ➖ *C'est direct, il n'y a pas de changement* (de ligne de transport). ➙ **correspondance.** 4. *Le changement :* état de ce qui évolue, se modifie (choses, circonstances, états psychologiques). *Changement brusque, total.* SYN. **bouleversement, transformation.** *Changement graduel, progressif.* SYN. **évolution, gradation, progression.** ◆ *Un changement :* ce qui change, évolue. *Cela a été un grand changement dans sa vie.* 5. Dispositif permettant de changer. *Changement de vitesse.*
ÉTYM. de *changer.*

CHANGER [ʃɑ̃ʒe] v. (conjug. 5) I v. tr. 1. Céder (une chose) contre une autre. SYN. **échanger, troquer.** *Changer une chose pour une autre.* ➖ *Changer de l'argent.* ➙ **change.** 2. Remplacer (qqch., qqn) par une chose, une personne (de même nature). *Changer une roue.* ➖ *Changer la couche d'un bébé ;* par ext. *changer un bébé.* 3. CHANGER *qqch., qqn* DE : faire subir une modification quant à. *Changer qqch. de place ; qqn de poste.* ➙ **déplacer, transférer ; muter.** 4. Rendre autre ou différent (compl. abstrait ou indéfini). SYN. **modifier.** *Changer sa manière de vivre, ses plans, ses projets.* ➖ *Cela ne change rien à l'affaire. Ça m'a changé la vie.* ➖ FAM. *Avoir besoin de se changer les idées,* de se distraire. ➖ (sujet chose) *Changer qqn,* le faire paraître différent. *Cette coiffure la change beaucoup.* 5. CHANGER *qqch., qqn* EN. SYN. **convertir, transformer.** *Changer un doute en certitude.* 6. CHANGER *qqch.* À : modifier un élément de. *Ne rien changer à ses habitudes.* II v. tr. ind. (sujet personne) CHANGER DE. 1. *Changer de place :* quitter un lieu pour un autre. *Changer de place avec qqn.* ➙ **permuter.** *Changer de cap.* 2. Abandonner, quitter (une chose, une personne) pour une autre du même genre. *Changer de vêtement, de coiffure, de voiture.* ➖ *Changer* (de métro) *à Odéon.* ➖ *Changer d'avis.* ◆ (sens passif) *La rue a changé de nom.* ➖ *Son visage changea de couleur.* III v. intr. Devenir autre, différent, éprouver un changement. SYN. **évoluer,** se **modifier,** se **transformer, varier.** *Elle n'a pas changé.* ◆ iron. POUR CHANGER : comme d'habitude. *Il est en retard, pour changer.* IV SE CHANGER v. pron. 1. *Se changer en :* se transformer en. 2. Changer de vêtements. *Se changer pour sortir.*
► **CHANGÉ, ÉE** p. passé *Je l'ai trouvée changée.* ➖ *Une voix changée.*
ÉTYM. latin tardif *cambiare* «troquer».

CHANGEUR, EUSE [ʃɑ̃ʒœʀ, øz] n. 1. Personne qui effectue des opérations de change. SYN. **cambiste.** 2. n. m. Machine, dispositif permettant de changer. *Changeur de monnaie.* ➙ **monnayeur.**

CHANLATTE [ʃɑ̃lat] n. f. ✦ TECHN. Latte mise de chant au bas du versant d'un toit.
ÉTYM. de ② *chant* et *latte.*

CHANOINE [ʃanwan] n. m. ✦ Dignitaire ecclésiastique. *Assemblée de chanoines.* ➙ **chapitre** (II).
ÉTYM. latin chrétien *canonicus ;* doublet de *canonique.*

CHANSON [ʃɑ̃sɔ̃] n. f. I 1. Texte mis en musique, souvent divisé en couplets et refrain, destiné à être chanté. SYN. ① **chant, mélodie.** *Chanson d'amour. Chansons à boire. Les chansons de Brassens.* ➖ HIST. *Chanson de toile,* que les femmes chantaient en filant, au Moyen Âge. ◆ *La chanson :* le genre musical. ◆ Texte de chanson. ☛ Littérature p. 125. *Les chansons d'Aragon, de Boris Vian.* 2. Chant, bruit harmonieux. *La chanson du vent dans les feuilles.* 3. fig. FAM. Propos rebattus. SYN. **disque, refrain, rengaine.** *C'est toujours la même chanson.* II Poème épique du Moyen Âge, divisé en couplets. *Chanson de geste*. La Chanson de Roland* (☛ noms propres).
ÉTYM. latin *cantio.*

CHANSONNETTE [ʃɑ̃sɔnɛt] n. f. ✦ Petite chanson populaire. *Pousser la chansonnette.*

A B C D E F G H I J K L M N O P Q R S T U V W X Y Z

CHANSONNIER, IÈRE [ʃɑ̃sɔnje, jɛʀ] n. 1. n. m. Recueil de chansons. 2. Artiste qui compose ou improvise des chansons ou des monologues satiriques, des sketchs. *Chansonnier qui se produit dans un cabaret.*

① **CHANT** [ʃɑ̃] n. m. 1. Émission de sons musicaux par la voix humaine ; technique, art de la musique vocale. SYN. **voix.** *Exercices de chant.* 2. Composition musicale destinée à la voix, généralement sur des paroles. SYN. ③ **air, chanson, mélodie.** *Entonner un chant. Chants populaires. Chants sacrés.* → **cantique.** 3. Forme particulière de musique vocale. *Chant grégorien. Chant choral.* → **polyphonie.** 4. Bruit harmonieux. *Le chant des oiseaux.* → **ramage.** ▬ fig. *Le chant des baleines.* ▬ loc. *Au chant du coq :* au point du jour. *Le chant du cygne*.* 5. Poésie lyrique ou épique. ▬ Division d'un poème épique. *Les douze chants de l'Énéide.*
HOM. CHAMP «terrain»
ÉTYM. latin *cantus.*

② **CHANT** [ʃɑ̃] n. m. ✦ Face étroite d'un objet. *Mettre, poser une brique DE CHANT,* de sorte que sa face longue soit horizontale. HOM. CHAMP «terrain»
ÉTYM. latin *canthus.*

CHANTAGE [ʃɑ̃taʒ] n. m. ✦ Action d'extorquer à qqn de l'argent ou un avantage sous la menace d'une révélation compromettante. *Faire du chantage* (→ **maître chanteur**). ▬ par ext. Moyen de pression. *Chantage au suicide.*
ÉTYM. de *chanter* (4).

CHANTANT, ANTE [ʃɑ̃tɑ̃, ɑ̃t] adj. 1. Qui chante, a un rôle mélodique. *Basse chantante.* 2. *Voix chantante,* mélodieuse. *Accent chantant.* 3. Où l'on chante. VX *Café chantant.*
ÉTYM. du participe présent de *chanter.*

CHANTEFABLE [ʃɑ̃t(ə)fabl] n. f. ✦ Récit médiéval en prose (récit) et en vers (chant).
ÉTYM. de *chanter* et *fable.*

CHANTER [ʃɑ̃te] v. (conjug. 3a) **I** v. intr. 1. Former avec la voix une suite de sons musicaux (→ ① **chant**). *Chanter juste, faux. Chanter à tue-tête, chanter fort. Chanter à mi-voix.* → **chantonner, fredonner.** *Chanter en chœur.* 2. (oiseaux, certains insectes) Crier. → **gazouiller, siffler.** *L'alouette, le coq chantent.* 3. LITTÉR. Produire un effet agréable, poétique. *Des lendemains qui chantent.* 4. *FAIRE CHANTER qqn,* exercer un chantage sur lui. 5. loc. FAM. *Si ça te chante,* si ça te convient, te plaît. **II** v. tr. 1. Exécuter (un morceau de musique vocale). *Chanter un air, une chanson.* ♦ FAM. *Que me chantes-tu là ?* SYN. ① **dire, raconter.** 2. LITTÉR. Célébrer. SYN. **exalter.** *Homère a chanté les exploits d'Ulysse.* ▬ *Chanter les louanges de qqn,* en faire de grands éloges.
ÉTYM. latin *cantare.*

① **CHANTERELLE** [ʃɑ̃tʀɛl] n. f. ✦ Corde la plus fine et la plus aiguë d'un instrument à cordes.
ÉTYM. de *chanter.*

② **CHANTERELLE** [ʃɑ̃tʀɛl] n. f. ✦ Champignon jaune en forme de coupe à bords ondulés, appelé aussi *girolle.*
ÉTYM. du latin botanique *cantharella,* littéralement «petite coupe», du grec.

CHANTEUR, EUSE [ʃɑ̃tœʀ, øz] n. et adj. 1. n. Personne qui chante, qui fait métier de chanter. *Chanteur populaire. Chanteur de charme. Chanteuse d'opéra.* ▬ (Antiquité, Moyen Âge) → **aède,** ① **barde, ménestrel, troubadour, trouvère.** 2. adj. *Oiseaux chanteurs.*
ÉTYM. latin *cantorem,* accusatif de *cantor* → chantre.

CHANTIER [ʃɑ̃tje] n. m. 1. Lieu où se fait un vaste travail collectif sur des matériaux. *Chantier de construction, de démolition.* ▬ *Chantier naval.* ♦ Travail, projet de grande envergure. *Les grands chantiers du gouvernement.* 2. loc. *Mettre* (un travail, etc.) *sur le chantier, en chantier,* le commencer. 3. FAM. Lieu en désordre.
ÉTYM. latin *cantherius* «mauvais cheval» ; d'abord «cale, support, tréteau (pour les tonneaux)».

CHANTILLY [ʃɑ̃tiji] n. f. ✦ *Crème chantilly ; de la chantilly :* crème fouettée et sucrée.
ÉTYM. du nom d'une ville de l'Oise. ☛ noms propres.

CHANTONNER [ʃɑ̃tɔne] v. (conjug. 3a) ✦ Chanter à mi-voix. SYN. **fredonner.**
▸ **CHANTONNEMENT** [ʃɑ̃tɔnmɑ̃] n. m.

CHANTOUNG [ʃɑ̃tuŋ] → SHANTUNG

CHANTOURNER [ʃɑ̃tuʀne] v. tr. (conjug. 3a) ✦ TECHN. Découper suivant un profil donné.
ÉTYM. de ② *chant* et *tourner.*

CHANTRE [ʃɑ̃tʀ] n. m. 1. Chanteur dans un service religieux. 2. LITTÉR. *Le chantre de :* personne qui célèbre (qqn, qqch.).
ÉTYM. latin *cantor* → chanteur.

CHANVRE [ʃɑ̃vʀ] n. m. 1. Plante dont la tige fournit un textile. ♦ Ce textile. *Cordage de chanvre.* 2. *Chanvre indien,* qui produit le haschich.
ÉTYM. latin *cannabis ;* doublet de *cannabis.*

CHAOS [kao] n. m. 1. Confusion, désordre grave. *Jeter un pays dans le chaos.* 2. Entassement naturel et désordonné de rochers. HOM. CAHOT «secousse», K.-O. «assommé»
ÉTYM. mot latin, du grec *khaos* désignant le premier état de l'Univers.

CHAOTIQUE [kaɔtik] adj. ✦ Qui a l'aspect d'un chaos (2). *Amas chaotique.*
ÉTYM. de *chaos.*

CHAPARDER [ʃapaʀde] v. tr. (conjug. 3a) ✦ FAM. Dérober, voler (de petites choses). SYN. FAM. **chiper.**
▸ **CHAPARDAGE** [ʃapaʀdaʒ] n. m.
ÉTYM. origine inconnue.

CHAPARDEUR, EUSE [ʃapaʀdœʀ, øz] adj. et n. ✦ (Personne) qui chaparde.

CHAPE [ʃap] n. f. 1. Long manteau de cérémonie, sans manches. *Chape de cardinal.* ♦ fig. Ce qui pèse, étouffe. *Le ciel semblait une chape de plomb.* 2. Objet recouvrant qqch. *Chape de poulie.*
ÉTYM. bas latin *cappa* «capuchon».

CHAPEAU [ʃapo] n. m. **I** Coiffure de forme souvent rigide. SYN. **couvre-chef.** *Chapeaux d'homme* (canotier, feutre, haut-de-forme, melon...). *Chapeau mou. Mettre, enlever son chapeau.* → se **couvrir,** se **découvrir.** ▬ loc. *Donner un coup de chapeau, tirer son chapeau à qqn :* saluer qqn en soulevant légèrement son chapeau ; fig. lui rendre hommage. *Chapeau bas !* ellipt et

FAM. *Chapeau !* SYN. **bravo.** ◆ *Chapeaux de femme* (capeline, feutre, toque...). **II** **1.** Partie supérieure d'un champignon. **2.** Partie supérieure ou latérale (qui protège). *Chapeau de roue.* → **enjoliveur.** – loc. FAM. *Démarrer, prendre un virage SUR LES CHAPEAUX DE ROUES,* très vite. **3.** Texte court qui surmonte et présente un article de journal (après le titre).
ÉTYM. bas latin *capellus,* diminutif de *cappa* «capuchon».

CHAPEAUTER [ʃapote] **v. tr.** (conjug. 3a) **1.** Coiffer d'un chapeau. **2.** fig. Exercer un contrôle sur (qqn, qqch.).

CHAPELAIN [ʃaplɛ̃] **n. m.** ✦ Prêtre qui dessert une chapelle.
ÉTYM. de *chapelle.*

CHAPELET [ʃaplɛ] **n. m.** **1.** Objet de dévotion formé de grains enfilés que l'on fait glisser entre ses doigts en récitant des prières ; ces prières. *Dire, réciter son chapelet.* **2.** Succession de choses identiques ou analogues. *Un chapelet de saucisses.* – fig. *Un chapelet d'injures.*
ÉTYM. d'abord «couronne de fleurs» ; diminutif de *chapel,* ancienne forme de *chapeau.*

CHAPELIER, IÈRE [ʃapəlje, jɛʀ] **n.** **1.** Personne qui fait ou vend des chapeaux pour hommes, pour femmes (→ **modiste**). **2. adj.** *L'industrie chapelière.*
ÉTYM. de *chapel,* ancienne forme de *chapeau.*

CHAPELLE [ʃapɛl] **n. f.** **1.** Lieu consacré au culte dans une demeure, un établissement. SYN. ② **oratoire.** **2.** Église n'ayant pas le titre de paroisse. **3.** Partie d'une église où se dresse un autel secondaire. *Chapelle latérale.* ◆ *Chapelle ardente**. **4.** Chanteurs et instrumentistes d'une église. *MAÎTRE DE CHAPELLE,* celui qui les dirige. **5.** fig. Groupe très fermé. SYN. **clan, coterie.** *Avoir l'esprit de chapelle.*
ÉTYM. latin populaire *capella* «lieu où l'on gardait la *chape* de saint Martin».

CHAPELLERIE [ʃapɛlʀi] **n. f.** ✦ Industrie, commerce des chapeaux.
ÉTYM. de *chapel,* ancienne forme de *chapeau.*

CHAPELURE [ʃaplyʀ] **n. f.** ✦ Pain séché (ou biscotte) râpé ou émietté, dont on saupoudre (→ **paner**) certains mets.
ÉTYM. de l'ancien français *chapeler,* du latin *capulare* «émietter».

CHAPERON [ʃapʀɔ̃] **n. m.** **1.** anciennt Capuchon. «*Le Petit Chaperon rouge*» (conte de Perrault). **2.** fig. Personne qui accompagne une jeune fille ou une jeune femme par souci des convenances. SYN. **duègne.**
► **CHAPERONNER** [ʃapʀɔne] **v. tr.** (conjug. 3a)
ÉTYM. diminutif de *chape.*

CHAPITEAU [ʃapito] **n. m.** **1.** Partie élargie qui couronne une colonne. *Chapiteaux grecs* (corinthien, dorique, ionien). *Chapiteau roman historié.* **2.** Tente (d'un cirque).
ÉTYM. latin *capitellum,* de *caput* «tête» ; doublet de *cadeau.*

CHAPITRE [ʃapitʀ] **n. m.** **I** **1.** Chacune des parties suivant lesquelles se divise un livre. *Tête de chapitre.* → **lettrine.** **2.** Division d'un budget. *Voter le budget par chapitres.* **3.** fig. Sujet dont on parle. SYN. **matière, question.** *Être sévère sur le chapitre de la discipline. Ce chapitre est clos.* **II** **1.** Assemblée délibérante de religieux, de chanoines (→ **capitulaire**). – Communauté de chanoines. **2.** loc. *Avoir VOIX AU CHAPITRE :* avoir le droit de donner son avis, avoir droit à la parole.
ÉTYM. latin *capitulum* «article, titre d'une loi», de *caput* «tête».

CHAPITRER [ʃapitʀe] **v. tr.** (conjug. 3a) ✦ Réprimander (qqn), lui faire la morale. SYN. **admonester, sermonner.**
ÉTYM. d'abord «réprimander (un religieux) au *chapitre*» (II, 1).

CHAPKA [ʃapka] **n. f.** ✦ Coiffure de fourrure à rabats pour les oreilles.
ÉTYM. mot russe.

CHAPON [ʃapɔ̃] **n. m.** ✦ Jeune coq châtré que l'on engraisse pour la table.
ÉTYM. bas latin *cappo.*

CHAPTALISER [ʃaptalize] **v. tr.** (conjug. 3a) ✦ Ajouter du sucre à (un moût) avant la fermentation, afin d'augmenter la teneur en alcool.
► **CHAPTALISATION** [ʃaptalizasjɔ̃] **n. f.**
ÉTYM. de *Chaptal.* ☞ noms propres.

CHAQUE [ʃak] **adj. indéf. sing.** **1.** Qui fait partie d'un tout et qui est considéré à part. *Chaque personne. Chaque chose à sa place. À chaque instant.* – prov. *Chaque chose en son temps. À chaque jour suffit sa peine.* **2.** (négligé) Chacun. *Ces livres coûtent dix euros chaque.*
ÉTYM. de *chacun.*

① **CHAR** [ʃaʀ] **n. m.** **1.** Voiture rurale à quatre roues, tirée par un animal. SYN. **chariot, charrette.** *Char à foin. Char à bœufs. Char à bancs,* pour le transport des personnes. **2.** ANTIQ. Voiture à deux roues utilisée dans les combats, les jeux. SYN. **quadrige.** *Course de chars. Conducteur de char.* → **aurige.** ◆ par métaphore *Le char de l'État.* **3.** Voiture décorée, pour les réjouissances publiques. *Char fleuri.* **4.** *Char (d'assaut), char (de combat) :* engin blindé et armé monté sur chenilles.
ÉTYM. latin *carrus,* mot gaulois.

② **CHAR** [ʃaʀ] **n. m.** ✦ ARGOT Bluff. – loc. FAM. *Arrête ton char ! :* cesse de raconter des histoires. – variante CHARRE.
ÉTYM. de *charrier.*

CHARABIA [ʃaʀabja] **n. m.** ✦ FAM. Langage, style incompréhensible ou incorrect. SYN. **baragouin, jargon.**
ÉTYM. peut-être occitan *charrá* «bavarder», d'origine onomatopéique.

CHARADE [ʃaʀad] **n. f.** ✦ Jeu où l'on doit deviner un mot dont chaque syllabe fait l'objet d'une définition. SYN. **devinette.** *Le mot de la charade s'appelle «le tout»* (mon premier, mon second..., mon tout).
ÉTYM. peut-être de l'occitan *charrá* «bavarder», d'origine onomatopéique.

CHARANÇON [ʃaʀɑ̃sɔ̃] **n. m.** ✦ Insecte coléoptère nuisible. *Charançon du riz.*
► **CHARANÇONNÉ, ÉE** [ʃaʀɑ̃sɔne] **adj.** *Blé charançonné.*
ÉTYM. peut-être du gaulois *karantionos* «petit cerf *(kar-)*».

CHARBON [ʃaʀbɔ̃] **n. m.** **I** **1.** Combustible solide, noir, d'origine végétale, tiré du sol (*charbon minéral* → **anthracite, houille, lignite**) ou obtenu par la combustion lente et incomplète du bois *(charbon de bois).* ☞ Géographie p. 230. *Mine de charbon.* – loc. FAM. *Aller au charbon,* au travail. **2.** Morceau ou parcelle de charbon. – loc. *Être sur des charbons ardents :* brûler, griller d'impatience ; se consumer d'inquiétude. **3.**

A B C D E F G H I J K L M N O P Q R S T U V W X Y Z

Fusain. *Dessin au charbon.* II 1. Maladie infectieuse de l'homme et des animaux domestiques. 2. Maladie cryptogamique des végétaux.
ÉTYM. latin *carbo, carbonis.*

CHARBONNAGE [ʃaʀbɔnaʒ] **n. m.** ✦ Exploitation de la houille. ➙ au plur. Mines de houille.
ÉTYM. de *charbon.*

CHARBONNER [ʃaʀbɔne] **v.** (conjug. 3a) 1. **v. tr.** Noircir, dessiner avec du charbon. 2. **v. intr.** Se réduire en charbon, sans flamber.

CHARBONNEUX, EUSE [ʃaʀbɔnø, øz] **adj.** 1. Qui a l'aspect du charbon. ➙ fig. *Des yeux charbonneux,* noircis de fard. 2. De la nature du charbon (II). *Fièvre charbonneuse.*

CHARBONNIER, IÈRE [ʃaʀbɔnje, jɛʀ] **n. et adj.** 1. **n.** Personne qui vend du charbon. SYN. FAM. **bougnat.** ➙ loc. *La foi du charbonnier :* la foi naïve de l'homme simple. prov. *Charbonnier est maître chez soi.* 2. **n. m.** Cargo pour le transport du charbon. 3. **adj.** Qui a rapport au charbon. *Industrie charbonnière.* SYN. **houiller.** 4. **adj.** *Mésange charbonnière,* à tête et cou noirs.
ÉTYM. latin *carbonarius.*

CHARCUTER [ʃaʀkyte] **v. tr.** (conjug. 3a) ✦ FAM. Opérer (qqn) maladroitement. *Le chirurgien l'a charcuté.*
► **CHARCUTAGE** [ʃaʀkytaʒ] **n. m.**
ÉTYM. de *charcutier.*

CHARCUTERIE [ʃaʀkytʀi] **n. f.** 1. Industrie et commerce de la viande de porc, des préparations à base de porc. 2. Spécialité à base de viande de porc (andouille, boudin, cervelas, jambon, pâté, saucisse, saucisson...). 3. Boutique de charcutier.
ÉTYM. de *charcutier.*

CHARCUTIER, IÈRE [ʃaʀkytje, jɛʀ] **n.** ✦ Personne qui apprête et vend du porc frais, de la charcuterie (et divers plats, conserves).
ÉTYM. de *chair cuite.*

CHARDON [ʃaʀdɔ̃] **n. m.** ✦ Plante à feuilles et bractées épineuses.
ÉTYM. bas latin *cardo.*

CHARDONNERET [ʃaʀdɔnʀɛ] **n. m.** ✦ Oiseau chanteur au plumage coloré, friand de graines de chardon.
ÉTYM. de *chardon.*

CHARENTAISE [ʃaʀɑ̃tɛz] **n. f.** ✦ Pantoufle fourrée, en tissu à carreaux.
ÉTYM. de *Charente.*

CHARGE [ʃaʀʒ] **n. f.** I 1. Ce qui pèse sur ; ce que porte ou peut porter une personne, un animal, un véhicule, un bâtiment. SYN. **fardeau, poids.** *Ployer sous la charge. Charge utile*.* ➙ *Prendre en charge un passager dans un véhicule.* 2. TECHN. Poussée. *Pilier supportant une charge.* 3. Quantité de poudre, projectiles, que l'on met dans une arme à feu, une mine. *La charge d'un fusil. Charge de dynamite.* 4. PHYS. Action d'accumuler l'électricité. *La charge d'une batterie* (de voiture). ♦ Quantité d'électricité à l'état statique. SYN. **potentiel.** *Charge négative, positive. Charge d'une particule.* II abstrait 1. Ce qui cause de l'embarras, de la peine. *ÊTRE À CHARGE :* être pénible. *La vie lui est à charge.* ➙ loc. *À CHARGE DE REVANCHE*.* 2. Ce qui met dans la nécessité de faire des frais, des dépenses. *Charges de famille.* ➙ *Être À LA CHARGE de qqn. Foyer avec deux enfants À CHARGE.* ➙ *Prise en charge.* ♦ *Charges d'habitation* (entretien de l'immeuble, chauffage). ♦ *Charges sociales,* imposées par l'État aux employeurs. 3. Fonction dont qqn a tout le soin ; responsabilité publique. SYN. **dignité, emploi,** ② **poste.** *Charge de notaire. Les devoirs de sa charge.* ♦ Responsabilité. *On lui a confié la charge de...* ➙ loc. *Avoir CHARGE D'ÂME,* la responsabilité morale de qqn. *PRENDRE EN CHARGE,* sous sa responsabilité. *Se prendre en charge :* compter sur soi-même. ➙ (anglicisme) *En charge de :* responsable, chargé de. 4. Fait qui pèse sur la situation d'un accusé. SYN. **présomption, preuve.** *Ceci constitue une charge contre le prévenu. Témoin À CHARGE,* qui accuse. 5. LITTÉR. Ce qui outre le caractère de qqn pour le rendre ridicule ; exagération comique. SYN. **caricature.** *Portrait-charge.* III Attaque rapide et violente. SYN. **assaut.** *Charge de police. À la charge !* ➙ loc. *Revenir à la charge :* insister (pour obtenir qqch.). CONTR. **allègement · décharge.**
ÉTYM. de *charger.*

CHARGEMENT [ʃaʀʒəmɑ̃] **n. m.** 1. Action de charger (un animal, un véhicule, un navire). *Appareils de chargement.* → **levage, manutention.** ➙ Marchandises chargées. SYN. **cargaison, charge.** *Un lourd chargement.* 2. Action de charger, de garnir (une arme à feu, un appareil photographique...).

CHARGER [ʃaʀʒe] **v. tr.** (conjug. 5) I 1. Mettre sur (un homme, un animal, un véhicule, un bâtiment) un certain poids d'objets à transporter. *Charger un navire.* 2. Placer, disposer pour être porté. *Charger du charbon sur une péniche.* ➙ FAM. *Taxi qui charge un client,* le fait monter. 3. Mettre dans (une arme à feu) ce qui est nécessaire au tir. *Charger un fusil.* ➙ *Charger un appareil photo,* y mettre la pellicule. 4. Accumuler de l'électricité dans. *Charger une batterie d'accumulateurs.* 5. *Charger de :* garnir abondamment de. *Charger ses mains de bagues.* II abstrait 1. *CHARGER qqch., qqn DE :* faire porter à. *Charger le pays de taxes.* ➙ *Charger sa mémoire de détails.* SYN. **encombrer, surcharger.** ♦ Confier (une fonction, un office). *On l'a chargé de faire le compte rendu de la séance.* 2. *CHARGER qqn,* apporter des preuves ou des indices de sa culpabilité ; par ext. le calomnier, le noircir. III Attaquer avec impétuosité (→ **charge,** III). *Charger l'ennemi.* ➙ absolt *Chargez !* IV *SE CHARGER* **v. pron.** 1. *Se charger d'un fardeau.* 2. Assumer, endosser. *Se charger d'une responsabilité.* ➙ Prendre le soin, la responsabilité. *Je me charge de tout.* ➙ iron. *Se charger de qqn,* en faire son affaire. CONTR. **décharger · alléger, soulager · disculper.**
► **CHARGÉ, ÉE adj. et n.** I **p. passé et adj.** 1. *Les bras chargés de paquets.* 2. *Appareil photo, fusil chargé.* 3. Alourdi, embarrassé. *Avoir la langue chargée,* couverte d'un dépôt blanchâtre. ♦ Plein, rempli (de). *Nuages chargés de pluie.* ➙ absolt *Un décor trop chargé. Casier judiciaire chargé.* II **n.** 1. *CHARGÉ(E) D'AFFAIRES :* agent diplomatique, représentant accrédité d'un État. ➙ Personne qui gère un portefeuille de clients (banque). 2. *CHARGÉ(E) DE COURS :* professeur délégué de l'enseignement supérieur. 3. *CHARGÉ(E) DE MISSION :* fonctionnaire ou membre d'un ministère responsable d'une étude, d'un secteur.
ÉTYM. bas latin *carricare,* de *carrus* «char».

CHARGEUR [ʃaʀʒœʀ] **n. m.** 1. Personne qui charge (des marchandises ; une arme à feu). ♦ Entreprise qui possède et transporte des cargaisons. 2. Dispositif permettant d'introduire plusieurs cartouches dans le magasin d'une arme à répétition.

CHARIA [ʃaʀja] **n. f.** ✦ DIDACT. Loi islamique*. ➛ On écrit parfois *sharia* (anglicisme).
ÉTYM. mot arabe.

CHARIOT ou **CHARRIOT** [ʃaʀjo] **n. m.** 1. Voiture à quatre roues pour le transport des fardeaux (→ **charroi**). *Chariot de supermarché.* → ② **caddie.** ♦ Appareil de manutention. SYN. **diable.** *Chariot élévateur.* 2. Pièce d'une machine qui transporte, déplace (une charge). *Chariot de machine-outil.* ➛ Écrire *charriot* avec deux *r*, comme dans *charrette, charrue,* est permis.
ÉTYM. de *char.*

CHARISME [kaʀism] **n. m.** 1. THÉOL. Don conféré par la grâce divine pour le bien commun. 2. Qualité d'une personnalité qui a le don de plaire, de s'imposer, dans la vie publique.
► **CHARISMATIQUE** [kaʀismatik] **adj.**
ÉTYM. grec chrétien *kharisma* « don divin ».

CHARITABLE [ʃaʀitabl] **adj.** 1. Qui a de la charité pour son prochain. SYN. **altruiste, généreux.** 2. Inspiré par la charité (SYN. **caritatif, humanitaire**). *Un conseil charitable* (souvent ironique).
► **CHARITABLEMENT** [ʃaʀitabləmɑ̃] **adv.**
ÉTYM. de *charité,* suffixe *-able.*

CHARITÉ [ʃaʀite] **n. f.** 1. Amour du prochain (vertu chrétienne). SYN. **bienfaisance, humanité, miséricorde.** ➛ prov. *Charité bien ordonnée commence par soi-même.* 2. Bienfait envers les pauvres. *Faire la charité. Demander la charité.* SYN. **aumône.** CONTR. **dureté, égoïsme.**
ÉTYM. latin *caritas,* de *carus* « cher ».

CHARIVARI [ʃaʀivaʀi] **n. m.** 1. Tumulte organisé (acte rituel et ludique). 2. Grand bruit, tumulte. SYN. **tapage, vacarme.**
ÉTYM. peut-être famille du provençal *charrá* « bavarder », d'origine onomatopéique.

CHARLATAN [ʃaʀlatɑ̃] **n. m.** 1. anciennt Vendeur ambulant qui débitait des drogues, arrachait les dents. 2. Imposteur qui exploite la crédulité publique. *Un charlatan politique.*
ÉTYM. italien *ciarlatano,* de *cerretano* « de *Cerreto* (ville) » et influence de *ciarlare* « bavarder ».

CHARLATANESQUE [ʃaʀlatanɛsk] **adj.** ✦ De charlatan.

CHARLATANISME [ʃaʀlatanism] **n. m.** ✦ Caractère, comportement du charlatan (surtout sens 2).

CHARLESTON [ʃaʀlɛstɔn] **n. m.** ✦ Danse rapide (à la mode vers 1920-1925).
ÉTYM. du nom de la ville de Caroline du Sud, aux États-Unis.

CHARLOTTE [ʃaʀlɔt] **n. f.** I Entremets à base de fruits ou de crème aromatisée, qu'on entoure de biscuits. *Charlotte aux poires.* II Ancienne coiffure de femme à bord froncé.
ÉTYM. du prénom ; sens II, de *Charlotte* Corday. ☞ CORDAY (noms propres).

CHARMANT, ANTE [ʃaʀmɑ̃, ɑ̃t] **adj.** 1. Qui a un grand charme, qui plaît beaucoup. SYN. **séduisant ; charmeur.** *Le prince charmant des contes de fées.* 2. Qui est très agréable à regarder, à fréquenter. SYN. **délicieux, ravissant.** *Un village charmant.* ➛ (personnes) *Une jeune fille charmante.* SYN. **agréable, plaisant.** ➛ iron. Désagréable. *Charmante soirée !*
ÉTYM. du participe présent de *charmer.*

① **CHARME** [ʃaʀm] **n. m.** 1. Enchantement ; action magique. *Jeter un charme.* SYN. **sort.** ➛ fig. *Être sous le charme,* charmé. *Le charme est rompu :* l'illusion cesse. ➛ *Se porter* COMME UN CHARME : jouir d'une santé robuste. 2. Qualité de ce qui attire, plaît ; attirance. SYN. **agrément, attrait, séduction.** *Le charme de la nouveauté.* ➛ Aspect agréable. *L'automne a son charme.* 3. *Faire du charme :* essayer de plaire. 4. VIEILLI ou iron. *Les charmes d'une femme,* ce qui fait sa beauté, sa grâce. SYN. **appas.** CONTR. **malédiction • horreur, laideur.**
ÉTYM. latin *carmen* « chant magique ».

② **CHARME** [ʃaʀm] **n. m.** ✦ Arbre à bois blanc et dur, répandu en France.
ÉTYM. latin *carpinus.*

CHARMER [ʃaʀme] **v. tr.** (conjug. 3a) 1. VX Exercer une action magique sur. ➛ loc. *Charmer des serpents* (→ **charmeur**). 2. Attirer, plaire par son charme. SYN. **ravir, séduire.** *Ce spectacle nous a charmés.* SYN. **captiver, transporter.** 3. (ÊTRE) CHARMÉ, ÉE (terme de politesse), ravi, enchanté. *J'ai été charmé de vous voir.* CONTR. **déplaire, mécontenter.**
ÉTYM. de *charme.*

CHARMEUR, EUSE [ʃaʀmœʀ, øz] **n.** 1. Personne qui plaît, qui séduit les gens. SYN. **séducteur.** *C'est un grand charmeur.* ➛ **adj.** *Un sourire charmeur.* SYN. **charmant.** 2. *Charmeur de serpents :* personne qui présente des serpents venimeux et les rend inoffensifs en les tenant « sous le charme » d'une musique.
ÉTYM. de *charmer.*

CHARMILLE [ʃaʀmij] **n. f.** ✦ Berceau de verdure ; allée, haie de charmes.
ÉTYM. de ② *charme.*

CHARNEL, ELLE [ʃaʀnɛl] **adj.** 1. Qui a trait aux choses du corps, de la chair. SYN. **corporel,** ① **matériel, sensible.** 2. Relatif à la chair, à l'instinct sexuel. SYN. **sensuel.** *Amour charnel. Acte charnel.* SYN. **sexuel.** CONTR. **spirituel • platonique, pur.**
► **CHARNELLEMENT** [ʃaʀnɛlmɑ̃] **adv.**
ÉTYM. latin *carnalis,* de *caro, carnis* « chair ».

CHARNIER [ʃaʀnje] **n. m.** 1. Lieu où l'on déposait les ossements des morts. SYN. **ossuaire.** 2. Lieu où sont entassés des cadavres. *Les charniers des camps de concentration.*
ÉTYM. latin *carnarium,* de *caro, carnis* « chair ».

CHARNIÈRE [ʃaʀnjɛʀ] **n. f.** 1. Assemblage de deux pièces métalliques réunies par un axe (autour duquel l'une des deux peut tourner). *Charnière de porte.* SYN. **gond.** 2. fig. Point de jonction, de transition. *À la charnière de deux époques.* ➛ **adj.** *Période charnière.*
ÉTYM. de l'ancien français *charne* « pivot », du latin *cardo.*

CHARNU, UE [ʃaʀny] **adj.** ✦ Bien fourni de chair, de muscles. *Lèvres charnues.* ♦ *Fruit charnu,* dont la pulpe est épaisse.
ÉTYM. de *charn,* ancienne forme de *chair.*

A B C D E F G H I J K L M N O P Q R S T U V W X Y Z

CHAROGNARD [ʃaʀɔɲaʀ] n. m. 1. Vautour ; animal sauvage qui se nourrit de charognes. 2. injure Exploiteur impitoyable des malheurs des autres. SYN. **chacal, vautour.**
ÉTYM. de *charogne.*

CHAROGNE [ʃaʀɔɲ] n. f. 1. Corps de bête morte ou cadavre abandonné en putréfaction. 2. FAM. injure *Les charognes !* SYN. **ordure, saleté.**
ÉTYM. latin populaire *caronia,* de *caro, carnis* «chair».

CHARPENTE [ʃaʀpɑ̃t] n. f. 1. Assemblage de pièces de bois ou de métal destinées à soutenir une construction. *Bois de charpente.* 2. *La charpente du corps humain,* ses parties osseuses. SYN. **carcasse, ossature, squelette.** 3. Plan, structure (d'un ouvrage). *La charpente d'un roman.*
ÉTYM. de *charpenter.*

CHARPENTER [ʃaʀpɑ̃te] v. tr. (conjug. 3a) 1. Tailler (des pièces de bois) pour une charpente. 2. fig. Organiser, construire.
► **CHARPENTÉ, ÉE** p. passé adj. *Roman bien charpenté.* ♦ (personnes) *Homme solidement charpenté.* SYN. **bâti.**
ÉTYM. probablement de *charpentier.*

CHARPENTIER, IÈRE [ʃaʀpɑ̃tje, jɛʀ] n. ✦ Celui, celle qui fait des travaux de charpente. → **menuisier.** *Charpentier de marine.*
ÉTYM. latin *carpentarius* «charron».

CHARPIE [ʃaʀpi] n. f. 1. anciennt Amas de fils tirés de vieilles toiles, servant à faire des pansements. 2. loc. *Mettre, réduire EN CHARPIE :* déchirer, déchiqueter.
ÉTYM. de l'ancien français *charpir* «déchirer», du latin *carpere* «cueillir».

CHARRE [ʃaʀ] → ② **CHAR**

CHARRETÉE [ʃaʀte] n. f. ✦ Contenu d'une charrette. *Une charretée de foin.*

CHARRETIER [ʃaʀtje] n. m. ✦ Conducteur de charrette. – loc. *Jurer comme un charretier,* grossièrement.

CHARRETTE [ʃaʀɛt] n. f. 1. Voiture à deux roues, à ridelles, servant à transporter des fardeaux. SYN. **carriole, ① char, chariot, tombereau.** *Atteler une charrette* (→ **charretier**). *Fabricant de charrettes.* → **charron.** ♦ *Charrette à bras,* tirée par une ou deux personnes. 2. Groupe de personnes licenciées. 3. FAM. Période de travail intensif. *Être en charrette ; faire charrette.*
ÉTYM. de *char.*

CHARRIAGE [ʃaʀjaʒ] n. m. ✦ Action de charrier (I). – GÉOL. *Nappe de charriage :* ensemble de terrains qui a avancé, venant recouvrir un autre ensemble de caractères différents.

CHARRIER [ʃaʀje] v. tr. (conjug. 9) I Entraîner, emporter dans son cours. *La rivière charrie du sable.* II FAM. *Charrier qqn,* se moquer de lui, abuser de sa crédulité. SYN. **mystifier ;** FAM. faire **marcher.** – intrans. *Tu charries.* SYN. **exagérer, plaisanter.**
ÉTYM. d'abord «transporter par *char*».

CHARRIOT → **CHARIOT**

CHARROI [ʃaʀwa] n. m. ✦ Transport par chariot.
ÉTYM. de *charroyer,* de *char.*

CHARRON [ʃaʀɔ̃] n. m. ✦ Celui qui fabrique des chariots, des charrettes et leurs roues.
ÉTYM. de *char.*

CHARRUE [ʃaʀy] n. f. ✦ Instrument agricole servant à labourer. *Soc de charrue. Charrue tirée par un tracteur.* – loc. *Mettre la charrue avant les bœufs :* faire d'abord ce qui devrait être fait ensuite.
ÉTYM. latin *carruca,* de *carrus* «char».

CHARTE [ʃaʀt] n. f. 1. au Moyen Âge Titre de propriété, de vente, de privilège accordé par un seigneur. – *L'École des chartes,* formant des spécialistes des documents anciens (→ **chartiste**). 2. HIST. Constitution politique accordée par un souverain. ♦ Lois et règles fondamentales d'une organisation officielle. *La charte des Nations unies.*
ÉTYM. latin *charta* «papier» ; doublet de *carte.*

CHARTER [ʃaʀtɛʀ] n. m. ✦ anglicisme Avion affrété. *Compagnie de charters.* – appos. *Des vols charters.*
ÉTYM. mot anglais, de *to charter* «affréter».

CHARTISTE [ʃaʀtist] n. ✦ Élève de l'École des chartes.

CHARTREUSE [ʃaʀtʀøz] n. f. I Couvent de chartreux. II (marque déposée) Liqueur aux herbes (fabriquée par ces religieux).
ÉTYM. du nom d'un massif du Dauphiné. ☛ noms propres.

CHARTREUX, EUSE [ʃaʀtʀø, øz] n. I Religieux, religieuse de l'ordre de Saint-Bruno. II n. m. Chat à poil gris bleuté, à tête ronde.
ÉTYM. de *Chartreuse.* ☛ noms propres.

CHAS [ʃa] n. m. ✦ Trou (d'une aiguille), par où passe le fil. HOM. ① CHAT «animal», SHAH «souverain persan»
ÉTYM. peut-être famille du latin *capsus* «coffre».

CHASSE [ʃas] n. f. I 1. Action de chasser, de poursuivre les animaux (→ **gibier**) pour les manger ou les détruire (→ **cynégétique**). *Aller à la chasse.* – *DE CHASSE. Permis de chasse. Chiens de chasse.* – *CHASSE À COURRE,* avec des chiens, sans armes à feu. → **vénerie.** – *Chasse à tir, au fusil. Chasse organisée.* → **battue.** *Chasse aux canards.* – *Chasse sous-marine.* → ② **pêche.** 2. Période où l'on a le droit de chasser. *La chasse est ouverte.* 3. Terre réservée pour la chasse. *Chasse gardée ;* fig. activité que l'on se réserve exclusivement. II Poursuite ; action de poursuivre. *Faire, donner la chasse (à...) ; prendre en chasse.* – *Chasse à l'homme,* poursuite d'un individu recherché. ♦ *Avion de chasse,* chargé de poursuivre et de détruire les avions ennemis. → **chasseur.** III Écoulement rapide donné à une retenue d'eau (pour nettoyer un conduit, dégager un chenal). *Bassin, écluse de chasse.* – loc. *CHASSE (D'EAU) :* dispositif servant à nettoyer la cuvette des W.-C. *Tirer la chasse.* HOM. CHÂSSE «coffre»
ÉTYM. de *chasser.*

CHÂSSE [ʃɑs] n. f. 1. Coffre où l'on garde les reliques d'un saint. *Une châsse de bois doré.* 2. ARGOT Œil.
HOM. CHASSE «action de chasser»
ÉTYM. latin *capsa ;* doublet de *caisse.*

CHASSÉ-CROISÉ [ʃasekʀwaze] n. m. 1. Mouvement par lequel deux danseurs se croisent. 2. Échange réciproque et simultané (de place, de situation...). *Des chassés-croisés. Le chassé-croisé des vacanciers.*
ÉTYM. du participe passé de *chasser* et de *croiser.*

CHASSELAS [ʃasla] n. m. ✦ Raisin de table blanc.
ÉTYM. d'un nom de lieu, près de Mâcon.

CHASSE-MOUCHE [ʃasmuʃ] n. m. ✦ Petite raquette ou petit balai de crins pour écarter les mouches. *Des chasse-mouches.*

CHASSE-NEIGE [ʃasnɛʒ] n. m. 1. Engin muni d'un dispositif pour enlever la neige. *Les chasse-neiges* (ou *les chasse-neige*, invar.) *ont déblayé la route.* 2. Position des skis, talons écartés, servant à freiner. *Descendre une pente en chasse-neige.*

CHASSER [ʃase] v. (conjug. 3a) **I** v. tr. 1. Poursuivre (les animaux) pour les tuer ou les prendre (→ **chasse**). *Chasser le lièvre, le tigre.* – absolt *Il aime chasser.* 2. Mettre dehors ; faire sortir de force. SYN. **expulser, renvoyer.** *Chasser un indésirable.* SYN. **congédier, renvoyer.** 3. Faire partir (qqn). *Les peintres le chassent de chez lui.* 4. Faire partir, éliminer (qqch.). *Le vent chasse les nuages.* – *Chasser une idée de son esprit.* SYN. **dissiper.** **II** v. intr. Être poussé, entraîné malgré une résistance. *Le navire chasse sur son ancre. L'ancre chasse. Les roues chassent sur le verglas.* SYN. **déraper,** ① **patiner.** CONTR. **accueillir, engager, recevoir.**
ÉTYM. bas latin *captiare*, variante de *captare* «chercher à prendre».

CHASSERESSE [ʃasʀɛs] n. f. et adj. ✦ LITTÉR. Femme qui chasse. *Diane chasseresse*, déesse de la chasse.
ÉTYM. ancien féminin de *chasseur.*

CHASSEUR, EUSE [ʃasœʀ, øz] n. ✦ le féminin ne s'emploie qu'au sens 1 → aussi **chasseresse** 1. Personne qui pratique la chasse (surtout au fusil). *Chasseur sans permis.* → **braconnier.** ◆ fig. *Chasseur(euse) de têtes*, personne qui recrute des cadres dirigeants. – *Chasseur(euse) d'images* : photographe, cinéaste à la recherche d'images, de scènes. 2. n. m. Employé en livrée, attaché à un hôtel, à un restaurant. SYN. **groom.** 3. n. m. Membre de certains corps de troupes. *Chasseurs à pied, chasseurs alpins.* 4. n. m. Avion léger, rapide et maniable destiné aux combats aériens. *Chasseur à réaction.*

CHASSIE [ʃasi] n. f. ✦ Matière gluante qui coule des yeux infectés. HOM. CHÂSSIS «cadre»
ÉTYM. probablement latin populaire *cacata*, de *cacare* «aller à la selle».

CHASSIEUX, EUSE [ʃasjø, øz] adj. ✦ Qui a de la chassie. *Des yeux chassieux.*

CHÂSSIS [ʃɑsi] n. m. 1. Cadre destiné à maintenir en place des planches, des vitres, du tissu, du papier. SYN. ① **bâti, cadre.** ◆ Cadre sur lequel on tend la toile d'un tableau. 2. Encadrement (d'une ouverture ou d'un vitrage) ; vitrage encadré. *Châssis des portes et des fenêtres.* 3. Charpente ou bâti de machines, de véhicules. *Le châssis d'une voiture supporte la carrosserie.*
HOM. CHASSIE «humeur»
ÉTYM. de *châsse.*

CHASTE [ʃast] adj. 1. Qui s'abstient volontairement des plaisirs sexuels. SYN. **pur.** 2. (choses, actions) Dénué d'érotisme. SYN. **décent, modeste, pudique.** *Amour chaste. Des oreilles chastes.* SYN. **innocent.** CONTR. **débauché • impudique, indécent, libidineux, lubrique.**
► **CHASTEMENT** [ʃastəmɑ̃] adv.
ÉTYM. latin *castus* «conforme aux rites», puis «pur».

CHASTETÉ [ʃastəte] n. f. ✦ Comportement d'une personne chaste. *Moines qui font vœu de chasteté.*
ÉTYM. latin *castitas.*

CHASUBLE [ʃazybl] n. f. 1. Manteau à deux pans, que le prêtre revêt pour célébrer la messe. *Chasuble brodée.* 2. Vêtement sans manches qui a cette forme. – appos. *Des robes chasubles.*
ÉTYM. bas latin *casabula*, de *casula.*

① **CHAT, CHATTE** [ʃa, ʃat] n. **I** 1. Petit mammifère familier à poil doux, aux yeux oblongs et brillants, à oreilles triangulaires, aux griffes rétractiles. SYN. **matou,** FAM. **minet.** *Chat de gouttière. Chat angora, siamois. Le chat miaule, ronronne. Une chatte et ses chatons.* 2. (au masc.) prov. *La nuit, tous les chats sont gris* : on confond tout dans l'obscurité. – *Quand le chat n'est pas là, les souris dansent* : les gens en profitent quand il n'y a plus de surveillance. – *Chat échaudé craint l'eau froide* : une mésaventure rend trop prudent. – *À bon chat, bon rat* : la défense, la réplique vaut, vaudra l'attaque. ◆ loc. *Appeler un chat un chat* : appeler les choses par leur nom. – *Avoir un chat dans la gorge* : être enroué. – *Il n'y a pas un chat*, absolument personne. – *Avoir d'autres chats à fouetter*, des affaires plus importantes. – *Donner sa langue au chat* : avouer son ignorance. 3. adj. *Elle est chatte*, câline (→ **chatterie**). – n. (terme d'affection) *Mon chat, ma petite chatte.* 4. n. m. Personne qui poursuit les autres (à un jeu) ; jeu de poursuite. *Jouer à chat perché.* 5. Mammifère carnivore dont le chat (1) est le type. *Chats sauvages.* → **chat-tigre, guépard, ocelot.** **II** *CHAT À NEUF QUEUES* : fouet à neuf lanières. HOM. CHAS «trou (aiguille)», SHAH «souverain persan»
ÉTYM. latin tardif *cattus, gattus* ; sens II, de l'anglais.

② **CHAT** [tʃat] n. m. ✦ anglicisme Communication en direct entre internautes, par échange de messages électroniques.
ÉTYM. mot anglais «bavardage».

CHÂTAIGNE [ʃɑtɛɲ] n. f. **I** Fruit du châtaignier, masse farineuse enveloppée d'une écorce lisse de couleur brun rougeâtre. SYN. ① **marron** (I, 1). *La bogue d'une châtaigne.* **II** FAM. Coup de poing. SYN. ① **marron** (II). *Il lui a flanqué une châtaigne.*
ÉTYM. latin *castanea*, du grec.

CHÂTAIGNERAIE [ʃɑtɛɲʀɛ] n. f. ✦ Lieu planté de châtaigniers.

CHÂTAIGNIER [ʃɑtɛɲe] n. m. 1. Arbre de grande taille, à feuilles dentées dont le fruit est la châtaigne. 2. Bois de cet arbre.

CHÂTAIN [ʃɑtɛ̃] adj. ✦ De couleur brun clair. *Cheveux châtains.* – *Une femme châtain* ou RARE *châtaine*, aux cheveux châtains.
ÉTYM. latin *castaneus.*

CHÂTEAU [ʃɑto] n. m. 1. *CHÂTEAU (FORT)* : demeure féodale fortifiée et défendue par des remparts, des tours et des fossés. → **citadelle,** ③ **fort, forteresse.** 2. Habitation seigneuriale ou royale ; grande et belle demeure. → ① **palais.** *Les châteaux de la Loire. Petit château.* → **castel, gentilhommière, manoir.** – *Mener une vie de château*, une vie oisive, opulente. 3. loc. *Faire des châteaux en Espagne* : échafauder des projets chimériques. 4. *CHÂTEAU DE CARTES* : échafaudage de cartes, fragile. – *Projet qui s'écroule comme un château de cartes.* 5. *CHÂTEAU D'EAU* : grand réservoir à eau. 6. Propriété productrice de vins de Bordeaux.
ÉTYM. latin *castellum* «forteresse», de *castrum* «place forte».

CHATEAUBRIAND ou **CHÂTEAUBRIANT** [ʃatobʀijɑ̃] n. m. ✦ Épaisse tranche de filet de bœuf grillé. — abrév. FAM. CHÂTEAU.

ÉTYM. du nom de l'écrivain ou du nom de la ville de *Châteaubriant* (Loire-Atlantique).

CHÂTELAIN, AINE [ʃɑt(ə)lɛ̃, ɛn] n. 1. Seigneur ou dame d'un château féodal. 2. Personne qui possède ou qui habite un château.

ÉTYM. de *chastel*, ancienne forme de *château*.

CHAT-HUANT [ʃayɑ̃] n. m. ✦ Rapace nocturne qui possède deux touffes de plumes semblables à des oreilles de chat. SYN. ① **chouette, hulotte.** *Des chats-huants.*

ÉTYM. latin populaire *cavannus*, d'après *chat* et le participe présent de *huer*.

CHÂTIER [ʃɑtje] v. tr. (conjug. 9) ✦ LITTÉR. 1. Infliger une peine à (qqn) pour corriger. SYN. **punir.** *Châtier un coupable.* prov. *Qui aime bien châtie bien.* — *Châtier l'insolence de qqn.* 2. fig. Rendre (son style) plus correct et plus pur. SYN. **corriger, épurer.** — au p. passé *Un langage châtié.* SYN. **académique, correct.** CONTR. **récompenser ; encourager.**

ÉTYM. latin *castigare*, de *castus* «pur, vertueux».

CHATIÈRE [ʃatjɛʀ] n. f. ✦ Petite ouverture (passage pour les chats, trou d'aération).

ÉTYM. de *chat*.

CHÂTIMENT [ʃɑtimɑ̃] n. m. ✦ Peine sévère. SYN. **punition** ; → **châtier.** *Châtiment corporel. Infliger, subir un châtiment.* «*Crime et Châtiment*» (roman de Dostoïevski). CONTR. **récompense.**

ÉTYM. de *châtier*.

CHATOIEMENT [ʃatwamɑ̃] n. m. ✦ Reflet changeant de ce qui chatoie. SYN. **miroitement.** *Le chatoiement du satin.*

ÉTYM. de *chatoyer*.

① **CHATON** [ʃatɔ̃] n. m. ✦ Jeune chat.

ÉTYM. de *chat*.

② **CHATON** [ʃatɔ̃] n. m. ✦ Tête d'une bague où s'enchâsse une pierre ; cette pierre.

ÉTYM. francique *kasto* «boîte».

③ **CHATON** [ʃatɔ̃] n. m. ✦ Assemblage de fleurs de certains arbres, épi duveteux. *Chatons de noisetier.*

ÉTYM. de ① *chaton*.

CHATOUILLE [ʃatuj] n. f. ✦ FAM. Action de chatouiller. *Faire des chatouilles.* SYN. **chatouillement,** FAM. **guili.**

CHATOUILLEMENT [ʃatujmɑ̃] n. m. 1. Chatouille. 2. Léger picotement. *Un léger chatouillement dans la gorge.*

ÉTYM. de *chatouiller*.

CHATOUILLER [ʃatuje] v. tr. (conjug. 3a) 1. Produire, par des attouchements légers et répétés sur la peau, des sensations qui provoquent un rire convulsif. *Chatouiller la plante des pieds (à qqn).* — pronom. *Enfants qui se chatouillent.* 2. Faire subir un léger picotement à qqn. SYN. **agacer, picoter.** *Le nez me chatouille, je vais éternuer.* 3. LITTÉR. Exciter doucement par une sensation, une émotion agréable. SYN. **titiller.** *Chatouiller le palais. Chatouiller la vanité de qqn.* SYN. **flatter.**

ÉTYM. origine obscure.

CHATOUILLEUX, EUSE [ʃatujø, øz] adj. 1. Qui est sensible au chatouillement. 2. Qui se fâche aisément ; qui réagit vivement. SYN. **irritable, susceptible.** *Il est chatouilleux sur ce sujet.*

ÉTYM. de *chatouiller*.

CHATOYANT, ANTE [ʃatwajɑ̃, ɑ̃t] adj. ✦ Qui a des reflets vifs et changeants. ♦ fig. *Style chatoyant*, coloré et imagé.

ÉTYM. du participe présent de *chatoyer*.

CHATOYER [ʃatwaje] v. intr. (conjug. 10) ✦ Changer de couleur, avoir des reflets différents suivant le jeu de la lumière. SYN. **miroiter.** *L'opale est une pierre qui chatoie.*

ÉTYM. de ① *chat*, à cause des reflets de l'œil du chat.

CHÂTRER [ʃɑtʀe] v. tr. (conjug. 3a) 1. Rendre (un homme, un animal mâle) impropre à la reproduction en mutilant les testicules. SYN. **castrer.** *Châtrer un taureau, un chat.* — au p. passé *Homme châtré.* → **castrat, eunuque.** 2. fig. *Châtrer un livre, un ouvrage littéraire*, le mutiler en supprimant des passages. SYN. **expurger.**

ÉTYM. latin *castrare* ; doublet de *castrer*.

CHATTE n. f. → ① CHAT

CHATTEMITE [ʃatmit] n. f. ✦ loc. FAM. VIEILLI *Faire la chattemite*, prendre un air doux, pour tromper.

ÉTYM. de *chatte* et ancien français *mite*, nom populaire du chat et «hypocrite».

CHATTER [tʃate] v. intr. (conjug. 3a) ✦ anglicisme Participer, prendre part à un chat. — On écrit aussi *tchat(t)er.*

ÉTYM. de ② *chat*.

CHATTERIE [ʃatʀi] n. f. ✦ VIEILLI 1. Caresse, câlinerie. 2. Choses délicates à manger. SYN. **douceur, friandise, gâterie.**

ÉTYM. de *chat*.

CHATTERTON [ʃatɛʀtɔn] n. m. ✦ Ruban isolant et très adhésif. *Recouvrir un fil électrique de chatterton.*

ÉTYM. du nom de l'inventeur.

CHATTEUR, EUSE [tʃatœʀ, øz] n. ✦ anglicisme Internaute qui prend part à un chat. — On écrit aussi *tchat(t)eur, euse.*

ÉTYM. de ② *chat*.

CHAT-TIGRE [ʃatigʀ] n. m. ✦ Nom de certaines espèces de chat sauvage (ex. l'ocelot). *Des chats-tigres.*

CHAUD, CHAUDE [ʃo, ʃod] adj. et n. m.

I adj. 1. (opposé à *froid, frais*) Qui est à une température plus élevée que celle du corps ; qui donne une sensation de chaleur (→ **chaleur, chauffer**). *Eau chaude. À peine chaud* (→ **tiède**) ; *très, trop chaud* (→ **bouillant, brûlant**). *Repas chaud. Climat chaud et humide.* ♦ adv. *Boire chaud.* 2. Qui réchauffe ou garde la chaleur. *Un pyjama chaud.* 3. Qui met de l'animation, de la passion dans ce qu'il fait. SYN. **ardent, chaleureux, enthousiaste, fervent, passionné.** *De chauds admirateurs. Il n'est pas très chaud pour cette affaire.* ♦ Où il y a de l'animation, de la passion. *Une chaude discussion.* SYN. **animé, vif.** — FAM. *Ça devient chaud !*, dangereux, risqué. *C'est chaud !*, difficile, compliqué. *Ça va être chaud pour arriver à l'heure.* 4. Qui donne une impression de chaleur. *Une voix chaude*, grave et bien timbrée. — *Tons chauds*, à base de rouge, de jaune. 5. (Sensuel) loc. *Un chaud lapin*.* ♦ *Quartier chaud, rue chaude* (prostitution). CONTR. ① **frais, froid, gelé, glacé** • ② **calme, fleg-**

matique, indifférent.
II n. m. 1. (employé avec *le froid*) *Le chaud*, la chaleur. ➛ *Un chaud et froid* : un refroidissement. 2. *AU CHAUD* : en conservant la chaleur. *Rester au chaud.* 3. nominal (après un verbe) *Avoir chaud, très, trop chaud.* ➛ FAM. *On crève de chaud, ici !* ➛ *Il fait chaud.* ♦ *AVOIR CHAUD* : avoir peur, l'échapper belle. *On a eu chaud !* ♦ loc. *Cela ne me fait ni chaud ni froid*, m'est indifférent. 4. *À CHAUD* loc. adv. : en mettant au feu, en chauffant. ➛ *Opérer à chaud* : faire une opération chirurgicale en pleine crise.
CONTR. **froid.**
HOM. CHAUX «calcaire», SHOW «spectacle»
ÉTYM. latin *cal(i)dus.*

CHAUDEMENT [ʃodmɑ̃] adv. 1. De manière à conserver sa chaleur. *S'habiller chaudement.* 2. fig. Avec chaleur, animation. *Féliciter chaudement qqn.* SYN. **chaleureusement.**

CHAUD-FROID [ʃofʀwa] n. m. ✦ Plat de volaille ou de gibier cuit et servi froid. *Des chauds-froids de volaille.*

CHAUDIÈRE [ʃodjɛʀ] n. f. ✦ Récipient où l'on transforme de l'eau en vapeur, pour fournir de l'énergie thermique (chauffage) ou mécanique, électrique. *Chaudière à mazout d'un chauffage central.*
ÉTYM. latin *caldaria*, de *caldus* «chaud».

CHAUDRON [ʃodʀɔ̃] n. m. ✦ Récipient métallique à anse mobile, qui va au feu. *Un chaudron de cuivre.*
ÉTYM. de *chaudière.*

CHAUDRONNERIE [ʃodʀɔnʀi] n. f. ✦ Industrie, commerce des récipients métalliques ; ces objets.
ÉTYM. de *chaudron.*

CHAUDRONNIER, IÈRE [ʃodʀɔnje, jɛʀ] n. et adj. 1. n. Artisan qui fabrique et vend des ustensiles de chaudronnerie. 2. adj. Qui concerne la chaudronnerie.

CHAUFFAGE [ʃofaʒ] n. m. 1. Action de chauffer ; production de chaleur. *Appareils de chauffage* (calorifère, chaudière, poêle, radiateur). *Chauffage au gaz.* ➛ *CHAUFFAGE CENTRAL*, par distribution de la chaleur provenant d'une source unique. 2. Les installations qui chauffent. *Réparer le chauffage.*

CHAUFFAGISTE [ʃofaʒist] n. ✦ Personne qui installe, entretient une installation de chauffage.

CHAUFFANT, ANTE [ʃofɑ̃, ɑ̃t] adj. ✦ Qui chauffe. *Plaque chauffante. Couverture chauffante* (électrique).
ÉTYM. du participe présent de *chauffer.*

CHAUFFARD [ʃofaʀ] n. m. ✦ Mauvais conducteur, dangereux.
ÉTYM. de *chauffeur*, suffixe péjoratif *-ard.*

CHAUFFE [ʃof] n. f. ✦ TECHN. Fait de chauffer. SYN. **chauffage.** *Surface de chauffe d'une chaudière. Chambre de chauffe.* ➛ **chaufferie.** ➛ *Bleu de chauffe*, combinaison de chauffeur (I).

CHAUFFE-BAIN [ʃofbɛ̃] n. m. ✦ Appareil qui produit de l'eau chaude, pour l'hygiène. *Des chauffe-bains.*

CHAUFFE-EAU [ʃofo] n. m. invar. ✦ Appareil producteur d'eau chaude.

CHAUFFE-PLAT [ʃofpla] n. m. ✦ Réchaud qui tient les plats au chaud pendant le repas. *Des chauffe-plats.*

CHAUFFER [ʃofe] v. (conjug. 3a) I v. tr. Élever la température de ; rendre (plus) chaud. *Chauffer trop fort.* ➛ **brûler,** ① **griller, surchauffer.** ➛ au p. passé *Métal chauffé à blanc.* II v. intr. 1. Devenir chaud. *Faire chauffer de l'eau.* 2. S'échauffer à l'excès, dangereusement. *Le moteur chauffe.* 3. Produire de la chaleur. *Ce radiateur chauffe bien.* 4. FAM. *Ça va chauffer.* SYN. FAM. ② **barder.** III *SE CHAUFFER* v. pron. 1. S'exposer à la chaleur. *Se chauffer au soleil.* 2. Chauffer sa maison. *Se chauffer au gaz.* ➛ loc. fig. *Montrer de quel bois on se chauffe*, de quoi on est capable (pour punir, attaquer...). 3. (sportifs, etc.) Se mettre en train avant un effort. SYN. **s'échauffer.** CONTR. **rafraîchir, refroidir.**
ÉTYM. latin populaire *calefare*, de *calefacere* «rendre chaud *(caldus)*».

CHAUFFERETTE [ʃofʀɛt] n. f. ✦ Petit appareil contenant des braises pour se chauffer les pieds, etc.

CHAUFFERIE [ʃofʀi] n. f. ✦ Endroit d'une usine, d'un navire, d'un immeuble, où sont les chaudières.
ÉTYM. de *chauffer.*

CHAUFFEUR [ʃofœʀ] n. m. I Celui qui est chargé d'entretenir le feu d'une chaudière. II Personne dont le métier est de conduire un véhicule automobile. *Chauffeur de camion.* ➛ ① **routier.** *Elle est chauffeur de taxi ; c'est une chauffeur* (parfois *une chauffeuse*). ➛ FAM. *Chauffeur du dimanche* : mauvais conducteur. ➛ **chauffard.**
ÉTYM. de *chauffer.*

CHAUFFEUSE [ʃoføz] n. f. ✦ Chaise basse. ➛ Fauteuil bas, sans accoudoirs.
ÉTYM. siège pour se *chauffer.*

CHAULER [ʃole] v. tr. (conjug. 3a) 1. Traiter par la chaux. *Chauler des arbres fruitiers* (pour détruire les parasites). 2. Blanchir à la chaux. *Chauler un mur.*
▶ **CHAULAGE** [ʃolaʒ] n. m.
ÉTYM. de *chaux.*

CHAUME [ʃom] n. m. 1. Partie de la tige des céréales qui reste sur pied après la moisson. SYN. **paille.** 2. Paille qui couvre le toit des maisons. *Un toit de chaume.*
ÉTYM. latin *calamus* «roseau», du grec ; doublet de *calame.*

CHAUMIÈRE [ʃomjɛʀ] n. f. ✦ Petite maison couverte de chaume. ➛ fig. *Dans les chaumières* : chez les gens simples.

CHAUSSÉE [ʃose] n. f. 1. Partie d'une voie publique où circulent les voitures (opposé à *trottoir, bas-côté*). SYN. **route.** *Chaussée glissante, déformée.* 2. Talus, levée de terre (digue ou chemin).
ÉTYM. latin populaire *(via) calciata*, probablement «(route) pavée de chaux *(calx)*».

CHAUSSE-PIED [ʃospje] n. m. ✦ Lame incurvée employée pour faciliter l'entrée du pied dans la chaussure. SYN. **corne.** *Des chausse-pieds.*
ÉTYM. de *chausser* et *pied.*

CHAUSSER [ʃose] v. tr. (conjug. 3a) I 1. Mettre (des chaussures) à ses pieds. *Chausser des pantoufles.* SYN. **enfiler.** ♦ *Chausser du 40*, avoir cette pointure. 2. Mettre des chaussures à (qqn). ➛ pronom. *Se chausser.* II 1. Entourer de terre le pied (d'une plante). *Chausser un arbre.* 2. Garnir de pneus (une voiture). CONTR. **déchausser.**
ÉTYM. latin *calceare*, de *calceus* «soulier».

CHAUSSES [ʃos] n. f. pl. ✦ VX Vêtement masculin couvrant le corps de la taille aux genoux (→ **haut-de-chausses**) ou aux pieds.
ÉTYM. latin populaire *calcea*, de *calceus* «soulier».

CHAUSSE-TRAPE [ʃostʀap] n. f. 1. Trou recouvert, cachant un piège. 2. fig. Embûche. *Une dictée pleine de chausse-trapes.* ➛ On trouve la graphie *chausse-trappe*, avec deux *p* comme dans *trappe*, bien que ces mots ne soient pas de la même famille.
ÉTYM. de l'ancien français *chaucher* «fouler» et *treper* «sauter», avec influence de *trappe*.

CHAUSSETTE [ʃosɛt] n. f. ✦ Vêtement tricoté qui couvre le pied et le bas de la jambe ou le mollet. SYN. **mi-bas.** *Une paire de chaussettes de laine. Chaussettes courtes.* SYN. **socquette.** ➛ loc. FAM. *Jus de chaussette* : mauvais café.
ÉTYM. diminutif de *chausse(s)*.

CHAUSSEUR [ʃosœʀ] n. m. ✦ Fabricant, vendeur de chaussures. SYN. **bottier.**
ÉTYM. de *chausser*.

CHAUSSON [ʃosɔ̃] n. m. 1. Chaussure d'intérieur souple, légère et chaude ; chaussure tricotée pour bébé. ♦ Chaussure souple employée pour certains exercices. *Chaussons de danse.* 2. Pâtisserie formée d'un rond de pâte feuilletée replié, fourré de compote. *Chausson aux pommes.*
ÉTYM. de *chausse(s)*.

CHAUSSURE [ʃosyʀ] n. f. 1. Partie du vêtement qui protège le pied. 2. Chaussure (1) solide, basse et fermée (opposé à *chausson, sabot, sandale, botte*). SYN. **soulier** ; FAM. **godasse, grolle,** ② **pompe, tatane.** *Chaussures de marche, de sport. Faire réparer des chaussures chez le cordonnier.* ➛ loc. *Trouver chaussure à son pied,* la personne ou la chose qui convient. 3. Industrie, commerce des chaussures. *Les ouvriers de la chaussure.*
ÉTYM. de *chausser*.

peu me **CHAUT** → CHALOIR

CHAUVE [ʃov] adj. et n. ✦ Qui n'a plus ou presque plus de cheveux. SYN. **dégarni, déplumé** ; → **calvitie.** CONTR. **chevelu.**
ÉTYM. latin *calvus*.

CHAUVE-SOURIS [ʃovsuʀi] n. f. ✦ Mammifère volant à ailes membraneuses, qui aime l'obscurité. *Des chauves-souris.*
ÉTYM. bas latin *calva* («chauve») *sorice* («souris»).

CHAUVIN, INE [ʃovɛ̃, in] adj. et n. ✦ Qui a une admiration exagérée, partiale et exclusive pour son pays ; nationaliste et parfois xénophobe.
ÉTYM. nom propre d'un soldat de l'Empire.

CHAUVINISME [ʃovinism] n. m. ✦ Nationalisme, patriotisme agressif et exclusif.
ÉTYM. de *chauvin*.

CHAUX [ʃo] n. f. ✦ Oxyde de calcium ; substance blanche obtenue par la calcination des calcaires (marbre, craie) dans des *fours à chaux. Chaux vive,* qui ne contient pas d'eau. *Le ciment, mélange de chaux et d'argile.* ➛ loc. *Être bâti à chaux et à sable* : être très robuste. HOM. CHAUD «de température élevée», SHOW «spectacle»
ÉTYM. latin *calx, calcis*.

CHAVIRER [ʃaviʀe] v. (conjug. 3a) I v. intr. 1. (navire) Se retourner sens dessus dessous. SYN. **couler, sombrer.** *La barque a chaviré.* 2. Se renverser. *Ses yeux chavirèrent.* SYN. se **révulser.** II v. tr. 1. Faire chavirer. *Chavirer un navire pour le réparer.* SYN. **renverser.** 2. Émouvoir, perturber (qqn). ➛ au p. passé *J'en suis tout chaviré.*
ÉTYM. du provençal *cap vira* «tourner *(vira)* la tête *(cap)* en bas».

CHÈCHE [ʃɛʃ] n. m. ✦ Longue écharpe de coton léger, au Maghreb.
ÉTYM. de l'arabe.

CHÉCHIA [ʃeʃja] n. f. ✦ Coiffure en forme de calotte portée dans certains pays d'Islam. SYN. **fez.** *Des chéchias rouges.*
ÉTYM. de l'arabe.

CHECK-UP [(t)ʃɛkœp] n. m. invar. ✦ anglicisme Examen systématique de l'état de santé d'une personne. SYN. **bilan** de santé.
ÉTYM. mot anglais, de *to check up* «vérifier complètement».

CHEF [ʃɛf] n. m. I 1. VX Tête (→ **couvre-chef**). 2. DE SON (PROPRE) CHEF : de sa propre initiative. → **autorité.** 3. AU PREMIER CHEF : essentiellement ; avant tout. 4. DR. *Les chefs d'accusation,* les points principaux sur lesquels elle se fonde. II 1. Personne qui est à la tête, qui dirige, commande, gouverne. SYN. **commandant, directeur, dirigeant, maître,** ① **patron.** *Chefs hiérarchiques.* SYN. **supérieur.** *Obéir à ses chefs.* ♦ appellatif *Bien, chef !* SYN. ① **patron.** ♦ n. f. *C'est la chef.* 2. CHEF DE... : personne qui dirige en titre. *Le chef de l'État, un chef d'État,* monarque, président, roi, empereur. *Chef de service. La chef de rayon. Chef d'entreprise.* SYN. **directeur,** ① **patron, P.-D. G.** *Chef d'équipe.* → **contremaître.** *Chef de gare.* 3. dans un corps hiérarchisé militaire Celui qui commande. *Les soldats et leurs chefs.* SYN. **gradé,** ① **officier.** ➛ *Chef de bataillon* : commandant. 4. Personne qui dirige, commande effectivement (sans titre). SYN. **leader, meneur.** *Un chef de bande* (brigands, gangsters). ➛ CHEF DE FAMILLE : personne sur qui repose la responsabilité de la famille. 5. CHEF D'ORCHESTRE : personne qui dirige l'orchestre (→ **maestro**) ; fig. personne qui organise. 6. CHEF (CUISINIER). *Spécialité, terrine du chef.* 7. appos. *Adjudant-chef, médecin-chef. Gardien-chef.* ➛ (élément de mots composés, avec un n. fém.) *Infirmière-chef. Des gardiennes-chefs.* 8. FAM. Personne remarquable. SYN. **as, champion.** *C'est un chef.* 9. EN CHEF loc. adv. : en qualité de chef ; en premier. *Ingénieur, rédacteur en chef.*
ÉTYM. latin populaire *capum*, de *caput* «tête».

CHEF-D'ŒUVRE [ʃɛdœvʀ] n. m. 1. Œuvre capitale et difficile qu'un compagnon doit faire pour passer maître dans son métier. ♦ La meilleure œuvre (d'un auteur). *C'est son chef-d'œuvre.* 2. Œuvre, chose très remarquable, parfaite. SYN. **merveille.** *Des chefs-d'œuvre d'habileté, d'intelligence.* SYN. **prodige.**

CHEF-LIEU [ʃɛfljø] n. m. ✦ en France Ville qui est le centre administratif d'une circonscription territoriale (arrondissement, canton, commune). *Des chefs-lieux de département.* → **préfecture.**
ÉTYM. de *chef* et ① *lieu*.

CHEFTAINE [ʃɛftɛn] n. f. ✦ Jeune fille, jeune femme responsable d'un groupe de jeunes scouts (louveteaux), de guides, d'éclaireuses.
ÉTYM. anglais *chieftain*, de l'ancien français *chevetaine* «capitaine».

CHEIK [ʃɛk] **n. m.** ✦ Chef de tribu, chez les Arabes. ➛ On écrit aussi *cheikh, sheikh.* HOM. CHÈQUE «écrit bancaire»
ÉTYM. arabe *chaikh* «vieillard».

CHÉIROPTÈRE [keiʀɔptɛʀ] **n. m.** → CHIROPTÈRE

CHELEM [ʃlɛm] **n. m. 1.** (jeux de cartes) *Grand chelem :* réunion, dans la même main, de toutes les levées. *Petit chelem,* toutes les levées moins une. **2.** SPORTS *Grand chelem :* série déterminée de victoires (tennis [n. déposé], rugby). *Remporter, réussir le grand chelem.* ➛ On écrit aussi *schelem.*
ÉTYM. de l'anglais *slam.*

CHELOU, E [ʃəlu] **adj.** ✦ FAM. Bizarre ; douteux. *On a croisé des types chelous.*
ÉTYM. verlan de ① *louche.*

CHEMIN [ʃ(ə)mɛ̃] **n. m. I 1.** Bande déblayée assez étroite, en général non revêtue, qui suit les accidents du terrain (opposé à *route*). SYN. **piste, sentier.** *Le chemin qui mène à la ferme. Un chemin caillouteux.* **2.** *CHEMIN DE RONDE :* étroit couloir aménagé au sommet de fortifications. **3.** Distance, espace à parcourir d'un lieu à un autre. SYN. **parcours, route, trajet.** *La ligne droite est le plus court chemin d'un point à un autre. Ils ont fait la moitié du chemin.* → **à mi-chemin.** ♦ loc. *Poursuivre, passer son chemin :* continuer à marcher ; ne pas s'arrêter. ➛ *Faire du chemin :* aller loin ; fig. progresser ; réussir. *CHEMIN FAISANT :* pendant le trajet. ➛ *EN CHEMIN :* en cours de route. **4.** Direction, voie d'accès. *Demander son chemin.* ➛ prov. *Tous les chemins mènent à Rome :* il y a de nombreux moyens pour obtenir un résultat. ➛ loc. *Le chemin des écoliers,* le plus long. ♦ *LE CHEMIN DE (LA) CROIX,* suivi par Jésus portant sa croix. ➛ *UN CHEMIN DE CROIX :* les quatorze tableaux (→ **station**) qui illustrent ce chemin, dans les églises. **II** abstrait Conduite qu'il faut suivre pour arriver à un but. SYN. ② **moyen, voie.** *S'il veut réussir, il n'en prend pas le chemin. Être, ne pas être en bon chemin pour...* ➛ *Je n'irai pas par quatre chemins :* j'agirai franchement, sans détour, j'irai droit au but.
ÉTYM. latin populaire *camminus,* du gaulois.

CHEMIN DE FER [ʃ(ə)mɛ̃d(ə)fɛʀ] **n. m. 1.** Moyen de transport utilisant la voie ferrée (→ **ferroviaire**). *Voie, ligne de chemin de fer.* SYN. **train. 2.** Entreprise qui exploite des lignes de chemin de fer. *Employés des chemins de fer.* → **cheminot. 3.** Jeu d'argent, variété de baccara.
ÉTYM. calque de l'anglais *railway.*

CHEMINEAU [ʃ(ə)mino] **n. m.** ✦ VIEILLI Celui qui parcourt les chemins et qui vit de petites besognes, d'aumônes, de larcins. SYN. **vagabond.** *Des chemineaux.*
HOM. CHEMINOT «employé de chemin de fer»
ÉTYM. de *chemin.*

CHEMINÉE [ʃ(ə)mine] **n. f. 1.** Construction comprenant un espace aménagé pour faire du feu et un tuyau qui sert à évacuer la fumée. SYN. **âtre, foyer.** *Faire une flambée dans la cheminée.* **2.** Encadrement du foyer. *Cheminée de marbre.* **3.** Partie supérieure du conduit qui évacue la fumée. *Les cheminées fument sur les toits.* ➛ *Cheminée de navire, d'usine.* **4.** *Cheminée d'un volcan,* par où passent les matières volcaniques. **5.** ALPIN. Couloir de montagne vertical et étroit. **6.** Trou, conduit cylindrique. *Cheminée d'aération.* HOM. CHEMINER «avancer»
ÉTYM. bas latin *caminata,* de *caminus,* du grec «four».

CHEMINEMENT [ʃ(ə)minmɑ̃] **n. m. 1.** Action de cheminer. SYN. ① **marche. 2.** fig. Avance lente, progressive. *Cheminement de la pensée.*

CHEMINER [ʃ(ə)mine] **v. intr.** (conjug. 3a) **1.** (personnes) Faire du chemin, et spécialt un chemin long et pénible, que l'on parcourt lentement. SYN. ① **aller, marcher. 2.** fig. (choses) Avancer lentement. *Cette idée a cheminé dans son esprit.* SYN. **progresser.** HOM. CHEMINÉE «âtre»

CHEMINOT [ʃ(ə)mino] **n. m.** ✦ Employé de chemin de fer. HOM. CHEMINEAU «vagabond»
ÉTYM. de *chemineau,* et *-ot.*

CHEMISE [ʃ(ə)miz] **n. f. I 1.** Vêtement couvrant le torse, qui se boutonne sur le devant. SYN. ARGOT **liquette.** *Chemise d'homme. Col, pan de chemise.* ➛ *Être en chemise,* sans autre vêtement. ➛ *En manches de chemise :* sans veston. ♦ *CHEMISE DE NUIT :* long vêtement de nuit (analogue à une robe). **2.** Chemise d'uniforme de certaines formations politiques paramilitaires ; ces formations. *Chemises rouges :* partisans de Garibaldi. *Chemises noires :* fascistes. *Chemises brunes :* nazis. **3.** loc. *Se soucier de qqch. comme de sa première chemise,* n'y accorder aucun intérêt. ➛ *Changer d'avis comme de chemise,* en changer souvent. ➛ FAM. *Être comme cul et chemise,* inséparables. **II 1.** Couverture (cartonnée, toilée) dans laquelle on insère les pièces d'un dossier. **2.** TECHN. Revêtement de protection.
ÉTYM. bas latin *camisia.*

CHEMISER [ʃ(ə)mize] **v. tr.** (conjug. 3a) ✦ TECHN. Garnir d'un revêtement protecteur.
ÉTYM. de *chemise* (II, 2).

CHEMISERIE [ʃ(ə)mizʀi] **n. f.** ✦ Industrie et commerce des chemises et sous-vêtements d'homme, d'accessoires vestimentaires ; magasin où l'on vend ces vêtements, ces objets.

CHEMISETTE [ʃ(ə)mizɛt] **n. f.** ✦ Chemise, blouse ou corsage à manches courtes.

CHEMISIER [ʃ(ə)mizje] **n. m. I** Personne qui fabrique ou vend des articles de chemiserie. **II** Corsage de femme, à col, fermé par-devant. SYN. **blouse.**

CHÊNAIE [ʃɛnɛ] **n. f.** ✦ Plantation, bois de chênes.

CHENAL, AUX [ʃənal, o] **n. m.** ✦ Passage navigable entre un port, une rivière ou un étang et la mer, entre des rochers, ou dans le lit d'un fleuve. SYN. **canal,** ① **passe.**
ÉTYM. latin *canalis ;* doublet de *canal.*

CHENAPAN [ʃ(ə)napɑ̃] **n. m.** ✦ VX OU PLAIS. Jeune voyou. SYN. **bandit, vaurien.** ➛ (à des enfants) *Sortez d'ici, chenapans !* SYN. **galopin, garnement.**
ÉTYM. néerlandais *snaphaan* «voleur de grand chemin», de l'allemand.

CHÊNE [ʃɛn] **n. m. 1.** Grand arbre à feuilles lobées, aux fruits à cupule (→ **gland**), répandu surtout en Europe. *«Le Chêne et le Roseau»* (fable de La Fontaine). ➛ *CHÊNE VERT,* à feuilles persistantes. SYN. **yeuse. 2.** Bois du chêne. *Un parquet de chêne.* HOM. CHAÎNE «anneaux liés»
ÉTYM. de *chasne,* latin populaire *cassanus,* du gaulois.

CHÉNEAU [ʃeno] **n. m.** ✦ Conduit qui longe le toit et recueille les eaux de pluie. SYN. **gouttière.** *Chéneaux en zinc.*
ÉTYM. de *chenal.*

CHÊNE-LIÈGE [ʃɛnljɛʒ] **n. m.** ✦ Variété de chêne à feuillage persistant, qui fournit le liège. *Des chênes-lièges.*

CHENET [ʃ(ə)nɛ] **n. m.** ✦ Une des pièces métalliques jumelles sur lesquelles on dispose les bûches, dans une cheminée.
ÉTYM. de *chien,* les premiers chenets représentant des chiens accroupis.

CHÈNEVIS [ʃɛnvi] **n. m.** ✦ Graine de chanvre.
ÉTYM. latin populaire *canaputium,* de *cannabis.*

CHENIL [ʃ(ə)nil] **n. m.** 1. Abri pour les chiens (de chasse). 2. Lieu où l'on élève ou garde des chiens.
ÉTYM. latin populaire *canile,* de *canis* «chien».

CHENILLE [ʃ(ə)nij] **n. f.** I Larve des papillons, à corps allongé formé d'anneaux et généralement velu. *La chenille file une enveloppe où elle s'enferme* (→ **cocon** ; **chrysalide**). II Dispositif de transmission articulé isolant du sol les roues d'un véhicule (char, chenillette, tracteur...) pour lui permettre de se déplacer sur tous les terrains.
ÉTYM. latin populaire *canicula* «petite chienne *(canis)*».

CHENILLÉ, ÉE [ʃ(ə)nije] **adj.** ✦ Muni de chenilles. *Véhicule chenillé.*
ÉTYM. de *chenille* (II).

CHENILLETTE [ʃ(ə)nijɛt] **n. f.** ✦ Petit véhicule automobile sur chenilles.
ÉTYM. diminutif de *chenille.*

CHENU, UE [ʃəny] **adj.** ✦ LITTÉR. Qui est devenu blanc de vieillesse. *Tête chenue.* ▬ *Un vieillard chenu.*
ÉTYM. latin *canutus,* de *canus* «blanc».

CHEPTEL [ʃɛptɛl ; ʃtɛl] **n. m.** ✦ Ensemble des bestiaux (d'une exploitation, d'une région). *Le cheptel ovin, porcin d'une région.*
ÉTYM. du latin *capitale* «bétail», d'après *chef* «principal».

CHÈQUE [ʃɛk] **n. m.** ✦ Écrit par lequel une personne (tireur) donne l'ordre de remettre, soit à son profit, soit au profit d'un tiers, une somme à prélever sur le crédit (de son compte ou d'un autre). *Chèque bancaire. Carnet de chèques.* → **chéquier.** *Chèque sans provision**. Chèque de voyage.* ▬ *Chèque en blanc,* où la somme à payer n'est pas indiquée. **fig.** *Donner un chèque en blanc à qqn,* lui donner carte blanche. ▬ *Chèque postal,* tiré sur l'Administration des Postes. **appos.** *Compte chèque postal (C. C. P.). Des comptes chèques postaux.* HOM. CHEIK «chef»
ÉTYM. anglais *cheque,* américain *check.*

CHÉQUIER [ʃekje] **n. m.** ✦ Carnet de chèques.

CHER, CHÈRE [ʃɛʀ] **adj.** I 1. Qui est aimé ; pour qui l'on éprouve une vive affection. *Mon cher petit. Les êtres qui lui sont chers.* 2. (tournures amicales, formules de politesse) *Cher Monsieur.* ▬ **n.** *Mon cher, ma chère.* 3. (choses) *CHER À* : considéré comme précieux par. *Le thé est cher aux Anglais. Son souvenir nous est cher.* II (attribut ou après le nom) 1. D'un prix élevé. SYN. **coûteux, onéreux.** *Une voiture très chère.* 2. Qui exige de grandes dépenses. SYN. **dispendieux.** *La vie est chère à Paris* (→ **cherté**). 3. Qui pratique des prix élevés. *Ce magasin est cher.* III *CHER* **adv.** À haut prix. *Cela me coûte cher. Ce livre vaut cher.* FAM. *Je l'ai eu pour pas cher.* CONTR. **désagréable, détestable, odieux • avantageux, bon marché, économique.** HOM. CHAIR «muscle», CHAIRE «tribune», CHÈRE «nourriture»
ÉTYM. latin *carus.*

CHERCHER [ʃɛʀʃe] **v. tr.** (conjug. 3a) 1. S'efforcer de découvrir, de trouver (qqn ou qqch.). SYN. **rechercher.** *Chercher qqn dans la foule. Chercher un objet perdu.* 2. Essayer de découvrir (la solution d'une difficulté, une idée, etc.). *Chercher un prétexte, un moyen. Chercher ses mots. Qu'allez-vous chercher là ?* SYN. **imaginer, inventer.** loc. *Chercher midi à quatorze heures* : compliquer les choses inutilement. ◆ **pronom.** (réfl.) *Elle se cherche* : elle cherche à connaître sa véritable personnalité. 3. *CHERCHER À* (+ inf.) : essayer de parvenir à. SYN. **s'efforcer, tâcher, tenter,** ① **viser.** *Chercher à comprendre.* 4. Essayer d'obtenir. *Chercher un emploi, un appartement.* ▬ loc. *Chercher fortune, querelle.* 5. Envoyer, venir prendre (qqn ou qqch.). *Aller chercher qqn à la gare.* 6. FAM. Provoquer, agacer (qqn). 7. (choses) FAM. Atteindre. *Ça va chercher dans les mille euros* : le prix atteindra environ mille euros. CONTR. **retrouver, trouver • amener.**
ÉTYM. latin *circare* «aller autour *(circa)*».

CHERCHEUR, EUSE [ʃɛʀʃœʀ, øz] **n.** I (personnes) 1. RARE ou dans des loc. Personne qui cherche. *Un chercheur d'or.* 2. Personne qui se consacre à la recherche scientifique. SYN. **savant, scientifique.** II 1. **n. m.** Petite lunette adaptée à un télescope. 2. **adj.** *Tête chercheuse d'une fusée.*

CHÈRE [ʃɛʀ] **n. f.** ✦ LITTÉR. Nourriture. *Ils apprécient la bonne chère.* loc. *FAIRE BONNE CHÈRE* : bien manger. HOM. CHAIR «muscle», CHAIRE «tribune», CHER «aimé» et «coûteux»
ÉTYM. de *faire bonne chère* «bon visage, bon accueil», du latin *cara* «visage», du grec.

CHÈREMENT [ʃɛʀmɑ̃] **adv.** 1. Affectueusement, tendrement. 2. En consentant de grands sacrifices. *Il paya chèrement son succès.* SYN. **cher.**

CHÉRI, IE [ʃeʀi] **adj.** et **n.** 1. **adj.** Tendrement aimé. *Sa femme chérie.* 2. **n.** *Le chéri de ses parents.* ▬ *Ma chérie. Oui, chéri.* HOM. CHERRY «liqueur de cerise», SHERRY «apéritif»
ÉTYM. du participe passé de *chérir.*

CHÉRIR [ʃeʀiʀ] **v. tr.** (conjug. 13) ✦ LITTÉR. 1. Aimer tendrement, avoir beaucoup d'affection pour. SYN. **affectionner.** *Chérir ses amis, le souvenir de qqn* (→ **vénérer**). 2. S'attacher, être attaché à (qqch.). *Chérir la solitude.*
ÉTYM. de *cher* (I).

CHERRY [ʃeʀi] **n. m.** ✦ Liqueur de cerise. *Des cherrys* ou *des cherries* (plur. anglais). HOM. CHÉRI «aimé», SHERRY «apéritif»
ÉTYM. mot anglais «cerise».

CHERTÉ [ʃɛʀte] **n. f.** ✦ Prix élevé. → **coût ; prix.** *La cherté de la vie.*
ÉTYM. latin *caritas,* d'après *cher* (II).

CHÉRUBIN [ʃeʀybɛ̃] **n. m.** 1. Ange. 2. *Avoir une face, un teint de chérubin,* un visage rond et des joues colorées. ▬ Bel enfant.
ÉTYM. latin chrétien *cherubin,* de l'hébreu «les anges».

CHÉTIF, IVE [ʃetif, iv] adj. ✦ De faible constitution ; d'apparence fragile. SYN. **malingre, rachitique.** *Enfant chétif. Un arbre chétif.* CONTR. ① **fort, robuste, solide, vigoureux.**
ÉTYM. latin populaire *cactivus*, croisement d'un mot gaulois et du latin *captivus*.

CHEVAINE → CHEVESNE

CHEVAL, AUX [ʃ(ə)val, o] n. m. I 1. Grand mammifère (équidé) à crinière, domestiqué par l'homme comme animal de trait et de transport ; spécialt le mâle adulte (opposé à *jument, poulain*). SYN. FAM. **bidet, canasson,** ① **dada** ; → **hipp(o)-**. *Buffon appelle le cheval « la plus noble conquête que l'Homme ait jamais faite ». Cheval sauvage.* → **mustang.** *Cheval reproducteur.* → ① **étalon.** *Petit cheval.* → **poney.** *Cheval de course* (→ **hippisme**). *Cheval de selle.* → ① **monture.** ➝ *Cheval qui trotte, galope, hennit, rue, se cabre.* 2. *À CHEVAL* loc. adj. et adv. : sur un cheval. *Monter à cheval.* → **chevaucher ; équitation.** ➝ À califourchon (une jambe d'un côté, et l'autre de l'autre). *Être à cheval sur une branche d'arbre.* ➝ fig. Une partie d'un côté, une partie de l'autre. *Être à cheval sur deux périodes* (→ **chevaucher**). 3. Équitation. *Faire du cheval. Culotte de cheval*, de cavalier. 4. loc. *Fièvre de cheval*, très forte. ➝ *Monter sur ses grands chevaux* : s'emporter. *Être à cheval sur les principes*, y tenir rigoureusement. 5. FAM. *Un grand cheval* : une grande femme masculine. *Un vrai cheval* : une personne très solide, infatigable. *C'est pas le mauvais cheval* : il n'est pas méchant. ➝ *CHEVAL DE RETOUR* : récidiviste. 6. fig. *CHEVAL DE BATAILLE* : argument, sujet favori auquel on revient. SYN. FAM. ① **dada.** II Figure représentant un cheval. *CHEVAL DE BOIS* : jouet d'enfant. *Cheval à bascule.* ➝ *CHEVAUX DE BOIS* : manège circulaire des foires. ➝ *CHEVAL D'ARÇONS* : appareil de gymnastique, gros cylindre rembourré sur quatre pieds. *Des chevaux d'arçons* ou *des cheval d'arçons.* ➝ *Cheval de frise*.* ♦ HIST. *Le cheval de Troie* (☛ noms propres). ♦ *Les petits chevaux* : jeu de hasard où les pions représentent des chevaux. III *CHEVAL-VAPEUR* (symb. ch), ou *cheval* : ancienne unité de puissance équivalant à 736 watts. *Des chevaux-vapeur.* ♦ *Cheval fiscal* (symb. CV) : unité de calcul équivalant à 1/6 environ du litre de cylindrée. ➝ *Une sept chevaux* : une voiture de sept chevaux (fiscaux).
ÉTYM. latin populaire *caballus* « mauvais cheval ».

CHEVALEMENT [ʃ(ə)valmɑ̃] n. m. ✦ Assemblage de madriers et de poutres qui soutiennent une construction et peut supporter des appareils (poulies, etc.). SYN. **étai.**
ÉTYM. de *chevaler*, de *cheval*.

CHEVALERESQUE [ʃ(ə)valʀɛsk] adj. ✦ Digne d'un chevalier (1). SYN. **généreux.** *Bravoure, honneur, générosité chevaleresque.*
ÉTYM. italien *cavalleresco*.

CHEVALERIE [ʃ(ə)valʀi] n. f. ✦ HIST. Ordre militaire d'un caractère religieux, propre à la noblesse féodale. → **chevalier.** *Les règles, l'idéal de la chevalerie.* ♦ au Moyen Âge Corps militaire formé par les chevaliers. *Romans de chevalerie.* ☛ Littérature p. 133.
ÉTYM. de *chevalier*.

CHEVALET [ʃ(ə)valɛ] n. m. 1. Support servant à tenir à la hauteur voulue l'objet sur lequel on travaille. *Chevalet de peintre*, qui supporte la toile. 2. MUS. Mince pièce de bois placée sur la table d'un instrument pour soutenir les cordes tendues.
ÉTYM. d'abord « petit cheval ».

CHEVALIER, IÈRE [ʃ(ə)valje, jɛʀ] n. 1. n. m. au Moyen Âge Noble admis dans l'ordre de la chevalerie. SYN. **paladin, preux.** *Être armé chevalier* (→ **adoubement**). *Les chevaliers de la Table ronde. Bayard, le chevalier sans peur et sans reproche.* ♦ fig. *Chevalier servant* : homme dévoué à une femme, qui lui fait la cour. ♦ *Chevalier d'industrie* : homme qui vit d'expédients. 2. n. m. au Moyen Âge Membre d'un ordre militaire et religieux. *Les chevaliers de Malte.* 3. n. Membre d'un ordre honorifique. *Chevalier de la Légion d'honneur. Elle a été faite chevalière.* 4. n. m. Titre de noblesse inférieur à celui de baron.
ÉTYM. latin populaire *caballarius*.

CHEVALIÈRE [ʃ(ə)valjɛʀ] n. f. ✦ Bague à chaton plat sur lequel sont gravées des armoiries, des initiales.
ÉTYM. de *(bague à la) chevalière*, de *chevalier*.

CHEVALIN, INE [ʃ(ə)valɛ̃, in] adj. 1. Du cheval. *Races chevalines.* ➝ *Boucherie chevaline.* SYN. **hippophagique.** 2. Qui évoque le cheval. *Avoir un visage chevalin.*
ÉTYM. latin populaire *caballinus*.

CHEVAUCHÉE [ʃ(ə)voʃe] n. f. ✦ Promenade, course à cheval.
ÉTYM. du participe passé de *chevaucher*.

CHEVAUCHEMENT [ʃ(ə)voʃmɑ̃] n. m. ✦ Position de choses qui chevauchent.

CHEVAUCHER [ʃ(ə)voʃe] v. (conjug. 3a) 1. v. intr. LITTÉR. Aller à cheval. 2. v. tr. Être à cheval, à califourchon sur. *Sorcières qui chevauchent des manches à balai.* 3. v. intr. (choses) Se recouvrir en partie, empiéter l'une sur l'autre. SYN. **se recouvrir.** *Dents qui chevauchent.* 4. *SE CHEVAUCHER* v. pron. *Tuiles qui se chevauchent.*
ÉTYM. bas latin *caballicare*, de *caballus* « cheval ».

CHEVÊCHE [ʃəvɛʃ] n. f. ✦ Petite chouette.
ÉTYM. latin populaire *cavannus* « chat-huant ».

CHEVELU, UE [ʃəv(ə)ly] adj. 1. Garni de cheveux. *Le cuir chevelu.* 2. Qui a de longs cheveux. *Des jeunes gens chevelus.* CONTR. **chauve.**
ÉTYM. de *chevel*, ancienne forme de *cheveu*.

CHEVELURE [ʃəv(ə)lyʀ] n. f. 1. Ensemble des cheveux. *Une chevelure abondante* (→ **toison ; crinière**), *emmêlée* (→ **tignasse**). 2. Traînée lumineuse (d'une comète).
ÉTYM. bas latin *capillatura* « arrangement de cheveux *(capillus)* ».

CHEVESNE [ʃəvɛn] n. m. ✦ Poisson d'eau douce à dos brun et ventre argenté. ➝ On écrit aussi *chevaine*.
ÉTYM. latin populaire *capitinem* « grosse tête *(caput)* ».

CHEVET [ʃ(ə)vɛ] n. m. I 1. Partie du lit où l'on pose la tête. SYN. **tête.** *Lampe, table DE CHEVET*, qui sont à la tête du lit. *Livre de chevet*, livre de prédilection. 2. *AU CHEVET de qqn*, auprès de son lit. *Rester au chevet d'un malade.* II Partie (d'une église) qui se trouve à la tête de la nef, derrière le chœur. → **abside.**
ÉTYM. latin *capitium*, de *caput* « tête ».

CHEVEU [ʃ(ə)vø] n. m. 1. Poil qui recouvre le crâne humain. surtout au plur. *Les cheveux.* SYN. **chevelure,** FAM. **tif(s).** *Cheveux plats, raides ; frisés, bouclés, crépus.* ➝ *Cheveux noirs, bruns, châtains, roux, blonds ; gris,*

A B C D E F G H I J K L M N O P Q R S T U V W X Y Z

poivre et sel (semés de blanc), *blancs.* ◆ *Avoir le cheveu rare. Perdre ses cheveux* (→ **chauve**). *Avoir les cheveux en désordre, en bataille, hirsutes* (→ **échevelé**). *Démêler, peigner ses cheveux.* → se **coiffer.** ◆ loc. *Cheveux au vent,* libres de toute attache. 2. loc. fig. *S'arracher les cheveux* : être furieux et désespéré. ◆ *Faire dresser les cheveux sur la tête* (à qqn) : inspirer un sentiment d'horreur. ◆ FAM. *Avoir mal aux cheveux,* mal à la tête pour avoir trop bu. ◆ *Se faire des cheveux (blancs)* : se faire du souci. ◆ *Tiré par les cheveux* : amené d'une manière forcée et peu logique (raisonnement, récit...). ◆ *Couper les cheveux en quatre* : se perdre dans un raisonnement pointilleux. → **pinailler.** ◆ au sing. *À un cheveu (près)* : à très peu de chose (près). ◆ *Comme un cheveu sur la soupe* : à contretemps, mal à propos.

ÉTYM. latin *capillus.*

CHEVILLARD [ʃ(ə)vijaʀ] n. m. ✦ Boucher en gros ou en demi-gros.

ÉTYM. de *cheville* (I, 4).

CHEVILLE [ʃ(ə)vij] n. f. **I** 1. Tige rigide dont on se sert pour boucher un trou, assembler des pièces. *Cheville d'assemblage.* → **boulon, clou, goupille, taquet.** *Enfoncer, planter une cheville.* 2. CHEVILLE OUVRIÈRE : grosse cheville qui joint l'avant-train avec le corps d'une voiture ; fig. agent, instrument essentiel (d'une entreprise, d'un organisme). *Être la cheville ouvrière d'un complot.* → **centre, pivot.** 3. MUS. Pièce qui sert à tendre les cordes d'un instrument de musique. 4. Crochet servant à suspendre la viande. *Viande vendue à la cheville,* en gros (→ **chevillard**). 5. loc. FAM. *Être EN CHEVILLE avec qqn,* associé plus ou moins secrètement avec lui. **II** Saillie des os de l'articulation du pied ; partie située entre le pied et la jambe. *Elle s'est foulé la cheville.* ◆ fig. *Il ne lui arrive pas à la cheville,* il lui est inférieur. **III** Terme de remplissage permettant la rime ou la mesure, en poésie ; expression inutile au sens. *Poésie bourrée de chevilles.*

ÉTYM. latin populaire *cavicula,* de *clavicula* «petite clé *(clavis)*» ; doublet de *clavicule.*

CHEVILLER [ʃ(ə)vije] v. tr. (conjug. 3a) ✦ Joindre, assembler (des pièces) avec des chevilles. *Cheviller une armoire.* ◆ (au p. passé) loc. *Avoir l'âme chevillée au corps* : avoir la vie dure, beaucoup de résistance.

CHEVIOTTE [ʃəvjɔt] n. f. ✦ Laine des moutons d'Écosse ; étoffe faite avec cette laine. *Une veste de cheviotte.*

ÉTYM. anglais *cheviot* «mouton élevé dans les monts *Cheviot*», n. de montagnes entre l'Angleterre et l'Écosse.

CHÈVRE [ʃɛvʀ] n. f. **I** 1. Mammifère ruminant, à cornes arquées, à pelage fourni, apte à grimper et à sauter ; spécialt la femelle adulte (opposé à *bouc, chevreau*). SYN. FAM. **bique, biquette** ; → **caprin.** *La chèvre bêle.* → **chevroter.** *Lait de chèvre. Fromage de chèvre* ; n. m. *du chèvre.* 2. loc. *Faire devenir chèvre* (qqn) : exaspérer, faire enrager (→ faire tourner en bourrique). ◆ *Ménager la chèvre et le chou* : ménager les deux camps en évitant de prendre parti. **II** Appareil servant à soulever des fardeaux ; poulie montée sur un trépied ou chevalet.

ÉTYM. latin *capra.*

CHEVREAU [ʃəvʀo] n. m. 1. Petit de la chèvre. SYN. **biquet, cabri.** 2. Peau de chèvre ou de chevreau tannée. *Gants de chevreau.*

CHÈVREFEUILLE [ʃɛvʀəfœj] n. m. ✦ Liane à fleurs jaunes parfumées.

ÉTYM. latin *caprifolium* «feuille *(folium)* de chèvre *(capra)*».

CHEVRETTE [ʃəvʀɛt] n. f. ✦ Jeune chèvre.

ÉTYM. de *chèvre.*

CHEVREUIL [ʃəvʀœj] n. m. 1. Mammifère sauvage, assez petit, à robe fauve et ventre blanchâtre. ◆ *Cuissot de chevreuil.* 2. RÉGIONAL (Canada) Cerf de Virginie.

ÉTYM. latin *capreolus,* de *capra* «chèvre».

CHEVRIER, IÈRE [ʃəvʀije, ijɛʀ] n. ✦ Berger, bergère qui mène paître les chèvres.

CHEVRON [ʃəvʀɔ̃] n. m. 1. Pièce de bois sur laquelle on fixe des lattes qui soutiennent la toiture. SYN. **madrier.** 2. Galon en V renversé porté sur les manches des uniformes. *Chevrons de sergent* (→ **chevronné**). ◆ Motif décoratif en zigzag. *Tissu à chevrons.*

ÉTYM. latin populaire *capr(i)o,* de *capra* «chèvre».

CHEVRONNÉ, ÉE [ʃəvʀɔne] adj. ✦ Expérimenté. *Un conducteur chevronné.* CONTR. **débutant, novice.**

ÉTYM. de *chevron* (2).

CHEVROTANT, ANTE [ʃəvʀɔtɑ̃, ɑ̃t] adj. ✦ *Voix chevrotante,* tremblante et cassée.

ÉTYM. du participe présent de *chevroter.*

CHEVROTEMENT [ʃəvʀɔtmɑ̃] n. m. ✦ Tremblement (de la voix).

CHEVROTER [ʃəvʀɔte] v. intr. (conjug. 3a) ✦ Parler, chanter d'une voix tremblotante (comme un bêlement de chèvre). *Vieillard dont la voix chevrote.*

ÉTYM. de *chevrot,* variante de *chevreau.*

CHEVROTINE [ʃəvʀɔtin] n. f. ✦ Balle sphérique, gros plomb pour tirer le chevreuil, les bêtes fauves.

ÉTYM. de *chevrotin* «petit chevreuil», de *chevrot,* variante de *chevreau.*

CHEWING-GUM [ʃwiŋgɔm] n. m. ✦ anglicisme Gomme à mâcher aromatisée. *Des chewing-gums à la menthe.*

ÉTYM. mot anglais, de *to chew* «mâcher» et *gum* «gomme».

CHEZ [ʃe] prép. 1. Dans la demeure de, au logis de (qqn). *Venez chez moi. Je vais chez Monsieur X, chez le coiffeur, chez le dentiste.* ◆ loc. *Se sentir chez soi* : ne pas être gêné. *Faites comme chez vous* : mettez-vous à l'aise. ◆ précédé d'une autre prép. *Je viens de chez eux. Passez par chez nous.* ◆ *Bien de chez nous* loc. adj. : typiquement français (souvent iron.). 2. Dans la nation de. *Chez les Anglais. Chez les Romains.* 3. Dans l'esprit, dans le caractère, dans les œuvres, le discours de (qqn). *C'est une réaction courante chez lui. On trouve ceci chez Voltaire.* → **dans.**

ÉTYM. du latin *casa* «maison».

CHEZ-MOI [ʃemwa], **CHEZ-TOI** [ʃetwa], **CHEZ-SOI** [ʃeswa] n. m. invar. ✦ Domicile personnel (avec valeur affective). SYN. **home, maison.** *Ton petit chez-toi.*

CHIALER [ʃjale] v. intr. (conjug. 3a) ✦ FAM. Pleurer.

ÉTYM. origine incertaine.

CHIANT, CHIANTE [ʃjɑ̃, ʃjɑ̃t] adj. ✦ FAM. VULG. Qui ennuie ou contrarie. SYN. **ennuyeux.** *C'est chiant !* SYN. FAM. **emmerdant.**

ÉTYM. du participe présent de *chier.*

CHIANTI [kjɑ̃ti] n. m. ✦ Vin rouge de la province de Sienne (Italie).
ÉTYM. nom de lieu.

CHIASME [kjasm] n. m. ✦ Figure de rhétorique formée d'une inversion de groupes de mots de composition identique (ex. Blanc bonnet et bonnet blanc ; «Vous êtes aujourd'hui ce qu'autrefois je fus» [Corneille]).
ÉTYM. grec *khiasma* «croisement».

CHIASSE [ʃjas] n. f. ✦ VULG. Colique. *Avoir la chiasse.* SYN. **courante.**
ÉTYM. de *chier.*

CHIC [ʃik] n. m. et adj.
I n. m. 1. *AVOIR LE CHIC POUR* (+ inf.) : faire (qqch.) avec facilité, aisance, élégance. ➡ iron. *Il a le chic pour m'énerver.* 2. Élégance hardie, désinvolte. SYN. **caractère, chien, originalité.** *Son chapeau a du chic, beaucoup de chic. Le chic parisien.* CONTR. **maladresse** • **banalité, vulgarité.**
II adj. 1. Élégant. *Elle est chic,* bien habillée. ➡ *Les quartiers chics* : les beaux quartiers. 2. (avant le nom) FAM. Beau, agréable. *On a fait un chic voyage.* SYN. ② **chouette.** 3. (personnes ; actes) Sympathique, généreux, serviable. *Un chic type ; une chic fille. C'est chic de sa part.* SYN. ② **gentil.** 4. *BON CHIC BON GENRE* loc. adj. : d'une élégance discrète et traditionnelle. ➡ abrév. FAM. → **B. C. B. G.** CONTR. **inélégant** • **déplaisant ; méchant.**
III interj. FAM. Marquant le plaisir, la satisfaction. SYN. ② **chouette.** *Chic alors !*
HOM. CHIQUE «tabac à mâcher»
ÉTYM. peut-être allemand *Schick* «façon, manière d'arranger».

CHICANE [ʃikan] n. f. **I** 1. Difficulté, incident qu'on suscite dans un procès pour embrouiller l'affaire. ➡ péj. La procédure. 2. Querelle, contestation où l'on est de mauvaise foi. SYN. **argutie, dispute, tracasserie.** *Les éternelles chicanes entre voisins.* **II** Passage en zigzag qu'on est obligé d'emprunter. *Les chicanes d'un barrage de police.*
ÉTYM. de *chicaner.*

CHICANER [ʃikane] v. (conjug. 3a) 1. v. intr. Élever des contestations mal fondées, chercher querelle sur des riens. SYN. **contester, ergoter.** *Chicaner sur, à propos de qqch.* 2. v. tr. Chercher querelle à (qqn). *Je ne vous chicanerai pas là-dessus.*
ÉTYM. peut-être de *ricaner* et radical onomatopéique *tchikk-, chi-* «petit coup».

CHICANIER, IÈRE [ʃikanje, jɛʀ] adj. et n. ✦ (Personne) qui chicane sur les moindres choses. *Il est très chicanier.* ➡ On dit aussi CHICANEUR, EUSE [ʃikanœʀ, øz].

CHICHA [ʃiʃa] n. f. ✦ Pipe à eau. SYN. **narguilé.** *Fumer la chicha.*
ÉTYM. mot arabe d'Égypte.

① **CHICHE** [ʃiʃ] adj. ✦ *Pois chiche* : graine comestible d'une plante méditerranéenne. *Couscous aux pois chiches.*
ÉTYM. latin *cicer* «pois chiche».

② **CHICHE** [ʃiʃ] adj. 1. VIEILLI Qui répugne à dépenser. ➡ MOD. fig. *Il est chiche de compliments.* SYN. **avare.** 2. Peu abondant. *Une nourriture chiche.* SYN. **maigre, pauvre.** CONTR. **généreux, prodigue** • **abondant, copieux.**
ÉTYM. peut-être onomatopée.

③ **CHICHE** [ʃiʃ] interj. ✦ FAM. Exclamation de défi : je vous prends au mot. *Tu n'oserais jamais. – Chiche !* ➡ *Être CHICHE DE* (+ inf.) : être capable de, oser. *Tu n'es pas chiche de plonger d'ici.*
ÉTYM. peut-être de ② *chiche.*

CHICHE-KÉBAB ou **CHICHE-KEBAB** [ʃiʃkebab] n. m. ✦ Brochette de mouton. *Des chiches-kébabs, des chiches-kebabs.*
ÉTYM. mot turc.

CHICHEMENT [ʃiʃmɑ̃] adv. ✦ Pauvrement, comme un avare. *Vivre chichement.* SYN. **modestement, petitement.**
ÉTYM. de ② *chiche.*

CHICHI [ʃiʃi] n. m. ✦ Comportement qui manque de simplicité. SYN. ① **affectation, minauderie.** *Faire des chichis.* SYN. **embarras, façon, manière, simagrée.** CONTR. **simplicité.**
ÉTYM. onomatopée.

CHICHITEUX, EUSE [ʃiʃitø, øz] adj. et n. ✦ FAM. (Personne) qui fait des chichis, des manières. SYN. **prétentieux.**

CHICON [ʃikɔ̃] n. m. ✦ RÉGIONAL (Belgique, nord de la France) Endive.
ÉTYM. de *chicot.*

CHICORÉE [ʃikɔʀe] n. f. 1. Plante herbacée dont les feuilles se mangent en salade. SYN. **scarole.** *Chicorée frisée.* 2. Racine torréfiée de la chicorée ; boisson chaude qu'on en tire. *Une tasse de chicorée.*
ÉTYM. bas latin *cicorea,* de *cichorium,* du grec.

CHICOT [ʃiko] n. m. ✦ Morceau qui reste d'une dent ; dent cassée, usée.
ÉTYM. du rad. onomat. *tchikk-* exprimant la petitesse.

CHICOTIN [ʃikɔtɛ̃] n. m. ✦ Suc très amer d'un aloès. ➡ loc. *Amer comme chicotin.*
ÉTYM. de *cicotrin,* pour *socotrin,* du nom de l'île de *Socot(o)ra.*

CHIEN [ʃjɛ̃] n. m. **I** 1. Mammifère domestique dont de nombreuses races sont élevées ; spécialt le mâle (opposé à *chienne*). → **canin, cyno-.** *Le chien aboie.* SYN. **roquet ;** FAM. ① **cabot, clébard, toutou.** *Une portée de petits chiens.* → **chiot.** *La niche, la laisse d'un chien. Chien de race* (→ **pedigree**). *Chien bâtard.* → **corniaud.** ➡ *Chien de chasse. Meute de chiens. Chien couchant* ou *chien d'arrêt,* qui lève le gibier en plaine et le rapporte quand il est abattu. *Chien courant,* qui aboie lorsqu'il est sur la piste du gibier. ➡ *Chien de garde. Attention, chien méchant ! Chien policier.* ➡ *Chien de berger.* 2. loc. *Se regarder en chiens de faïence* : se dévisager avec hostilité. ➡ *Recevoir qqn comme un chien dans un jeu de quilles,* très mal. ➡ *S'entendre, vivre comme chien et chat,* en se disputant constamment. ➡ *Entre chien et loup* : au crépuscule. ➡ *Nom d'un chien !* (juron faible). ➡ prov. *Qui veut noyer son chien l'accuse de la rage* : tout prétexte est bon quand on veut se débarrasser de qqn ou de qqch. *Les chiens aboient, la caravane* passe.* ◆ *Avoir un mal de chien,* rencontrer bien des difficultés. ➡ *DE CHIEN* (travail, métier) : très pénible. *Vie de chien,* difficile, misérable. ➡ *Temps de chien,* très mauvais. ◆ *Traiter qqn comme un chien,* très mal, sans égard ni pitié. ➡ *Malade comme un chien,* extrêmement malade. 3. loc. *Les CHIENS ÉCRASÉS* : les faits divers sans importance (dans un journal). 4. (personnes) péj.

A B C D E F G H I J K L M N O P Q R S T U V W X Y Z

Ce sont de vrais chiens. Ah ! les chiens ! SYN. **salaud.** ◆ **adj.** Dur, avare. **II** Pièce coudée d'une arme à feu qui guide le percuteur. *Le chien d'un fusil de chasse.* ◆ **loc.** *Être couché* EN CHIEN DE FUSIL, les genoux repliés. **III** Charme, allure (d'une femme). *Elle a du chien.*
ÉTYM. latin *canis.*

CHIENDENT [ʃjɛ̃dɑ̃] **n. m.** 1. Mauvaise herbe vivace très commune, à racines développées. 2. Racine de chiendent séchée. *Brosse de chiendent.*
ÉTYM. de *chien* et *dent* (à cause de la forme de la feuille).

CHIENLIT [ʃjɑ̃li] **n. f.** 1. LITTÉR. Mascarade, déguisement grotesque. 2. Désordre. SYN. **pagaille.**
ÉTYM. de *chier, en* et *lit.*

CHIEN-LOUP [ʃjɛ̃lu] **n. m.** ✦ Chien qui ressemble au loup, berger allemand. *Des chiens-loups.*

CHIENNE [ʃjɛn] **n. f.** 1. Femelle du chien. 2. **péj.** (injure) Femme détestable.

CHIER [ʃje] **v. intr.** (conjug. 9) ✦ FAM. et VULG. 1. Se décharger le ventre des excréments. SYN. **déféquer ;** FAM. faire **caca.** 2. **fig.** *Faire chier qqn,* l'embêter, lui causer des ennuis. ➔ *Se faire chier :* s'ennuyer.
ÉTYM. latin *cacare.*

CHIFFE [ʃif] **n. f.** 1. VX Chiffon. 2. FAM. *Chiffe molle :* personne d'un caractère faible. *Mou comme une chiffe.*
ÉTYM. de l'ancien français *chipe,* de l'ancien anglais *chip* «petit morceau».

CHIFFON [ʃifɔ̃] **n. m.** 1. Morceau de vieille étoffe (→ **chiffonnier**). ➔ *Chiffon à poussière,* morceau de toile, de laine, servant à enlever la poussière. ➔ EN CHIFFON : chiffonné (vêtements, etc.). 2. **fig.** UN CHIFFON DE PAPIER : un document sans valeur ; un traité qu'on n'a pas l'intention de respecter. 3. **au plur.** FAM. *Parler chiffons :* parler de vêtements, de parures.
ÉTYM. de *chiffe.*

CHIFFONNÉ, ÉE [ʃifɔne] **adj.** 1. Froissé. *Un papier chiffonné. Repasser un vêtement chiffonné.* SYN. **fripé.** 2. **fig.** (visage) Fatigué. ➔ Aux traits peu réguliers, mais agréables. CONTR. **repassé • reposé ; régulier.**

CHIFFONNER [ʃifɔne] **v. tr.** (conjug. 3a) 1. Froisser, mettre en chiffon. SYN. **friper.** *Chiffonner une robe.* 2. **fig.** *Cela me chiffonne.* SYN. **chagriner, intriguer, tracasser.** CONTR. **défroisser, repasser.**

CHIFFONNIER, IÈRE [ʃifɔnje, jɛʀ] **n.** 1. Personne qui ramasse les vieux objets, les chiffons pour les vendre. 2. **loc.** *Se battre comme des chiffonniers,* d'une manière violente et bruyante.

CHIFFRABLE [ʃifʀabl] **adj.** ✦ Qu'on peut chiffrer, qu'on peut exprimer par des chiffres. *Des pertes chiffrables.*

CHIFFRAGE [ʃifʀaʒ] **n. m.** 1. Évaluation en chiffres. 2. Opération par laquelle on chiffre un message. SYN. **codage.**
ÉTYM. de *chiffrer.*

CHIFFRE [ʃifʀ] **n. m.** **I** 1. Chacun des caractères qui représentent les nombres. *Chiffres arabes* (1, 2, 3, 4, 5, 6, 7, 8, 9, 0). *Chiffres romains* (I, V, X, L, C, D, M). *Un nombre de cinq chiffres. Le chiffre des centaines.* ➔ *Les chiffres et les lettres.* 2. Nombre représenté par les chiffres. *Le chiffre des dépenses.* → **montant,** ① **somme, total.** *Le chiffre de la population. En chiffres ronds* (→ **arrondir**). ➔ CHIFFRE D'AFFAIRES : montant total des ventes effectuées pendant une année. **II** 1. Signe de convention servant à correspondre secrètement, à coder des messages (→ **chiffrer, déchiffrer**). ➔ *Le chiffre :* l'ensemble de ces signes. SYN. **code.** *Service du chiffre, dans l'armée* (→ **cryptographie**). 2. Entrelacement de lettres initiales. SYN. **monogramme.** *Chevalière gravée à son chiffre.*
ÉTYM. latin médiéval *cifra,* de l'arabe *sifr* «rien», «zéro».

CHIFFRER [ʃifʀe] **v.** (conjug. 3a) **I** 1. **v. tr.** Noter à l'aide de chiffres. ➔ Évaluer en chiffres. *Chiffrer des travaux.* 2. **v. intr.** (sujet chose) Atteindre un prix élevé. *Toutes ces dépenses finissent par chiffrer.* **II** **v. tr.** Écrire en chiffre (II, 1). *Chiffrer une correspondance secrète.* SYN. **coder, crypter.** ➔ **au p. passé** *Message chiffré.*

CHIFFREUR, EUSE [ʃifʀœʀ, øz] **n.** ✦ Employé(e) qui chiffre (II) les messages.

CHIGNOLE [ʃiɲɔl] **n. f.** **I** FAM. Mauvaise voiture. SYN. **guimbarde, tacot.** **II** Perceuse à main (→ **vilebrequin**) ou électrique.
ÉTYM. bas latin *ciconiola* «petite cigogne *(ciconia)*».

CHIGNON [ʃiɲɔ̃] **n. m.** 1. Coiffure féminine consistant à relever et rassembler la chevelure derrière ou sur la tête. 2. **loc.** FAM. (femmes) *Se crêper le chignon :* se battre, se disputer.
ÉTYM. bas latin *catenio* «chaîne *(catena)* des vertèbres, nuque».

CHIHUAHUA [ʃiwawa] **n.** ✦ Très petit chien à poil ras et à museau pointu. *Une portée de chihuahuas. Une (chienne) chihuahua.*
ÉTYM. du nom d'une ville du Mexique.

CHIISME [ʃiism] **n. m.** ✦ Doctrine des chiites. *Chiisme et sunnisme.*

CHIITE [ʃiit] **adj.** et **n.** ✦ Dans l'islam, Relatif à la secte des partisans d'Ali, gendre du prophète Mahomet, et de ses descendants. ➔ **n.** *Les chiites et les sunnites.* ➔ On écrit aussi *shiite.*
ÉTYM. de l'arabe *chî'î.*

CHIMÈRE [ʃimɛʀ] **n. f.** 1. Monstre imaginaire (à tête de lion et queue de dragon) qui crache des flammes. 2. Idée sans rapport avec la réalité. SYN. **illusion, mirage, rêve, utopie.** *Ses projets sont des chimères.*
ÉTYM. latin *Chimaera,* du grec «la Chimère», monstre mythologique. ☞ noms propres.

CHIMÉRIQUE [ʃimeʀik] **adj.** 1. Sans rapport avec la réalité. *Projets, rêves chimériques.* SYN. **illusoire, irréalisable, utopique.** 2. LITTÉR. Qui se complaît dans les chimères. *Un esprit chimérique.* SYN. **rêveur, utopiste, visionnaire.** CONTR. **positif, réalisable, réel.**
ÉTYM. de *chimère.*

CHIMIE [ʃimi] **n. f.** ✦ Science qui étudie les divers constituants de la matière, leurs propriétés, transformations et interactions. *Chimie générale. Chimie minérale, organique. Chimie biologique* (→ **biochimie**). *Chimie industrielle. La chimie du pétrole* (pétrochimie), *de la houille* (carbochimie). ➔ *Laboratoire, expérience de chimie.*
ÉTYM. latin médiéval *chimia,* peut-être du grec *khêmeia* «magie noire».

CHIMIOTHÉRAPIE [ʃimjoteʀapi] **n. f.** ✦ MÉD. Traitement médical par des substances chimiques. *Chimiothérapie des cancers.*
ÉTYM. de *chimie* et *-thérapie.*

CHIMIQUE [ʃimik] **adj.** ✦ Relatif à la chimie, aux corps qu'elle étudie. *Formule, symbole chimique. Propriétés chimiques d'un corps.* – *Produits chimiques,* corps obtenus par l'*industrie chimique* (opposé à *naturel*).

CHIMIQUEMENT [ʃimikmɑ̃] **adv.** ✦ D'après les lois, les formules de la chimie. *De l'eau chimiquement pure.*

CHIMISTE [ʃimist] **n.** ✦ Personne qui s'occupe de chimie, pratique et étudie la chimie. *Une chimiste.* – appos. *Expert chimiste. Des ingénieurs chimistes.*

CHIMPANZÉ [ʃɛ̃pɑ̃ze] **n. m.** ✦ Grand singe anthropoïde d'Afrique.
ÉTYM. d'un mot bantou.

CHINCHILLA [ʃɛ̃ʃila] **n. m. 1.** Petit mammifère rongeur qui vit au Pérou et au Chili. **2.** Sa fourrure gris clair, d'une grande valeur. *Manteau de chinchilla.*
ÉTYM. mot espagnol, d'une langue indienne du Pérou.

CHINÉ, ÉE [ʃine] **adj.** ✦ (étoffe, laine) Fait de fils de couleurs alternées. *Veste chinée noir et blanc.*
ÉTYM. de *Chine.*

CHINER [ʃine] **v. tr.** (conjug. 3a) **I** Chercher des occasions chez les brocanteurs, les chiffonniers, etc. (→ **chineur**). *Chiner aux Puces.* **II** Se moquer gentiment de (qqn). SYN. **plaisanter, railler, taquiner.**
ÉTYM. peut-être de *échiner.*

CHINEUR, EUSE [ʃinœʀ, øz] **n.** ✦ FAM. Brocanteur ; amateur qui aime à chiner (I).

CHINOIS, OISE [ʃinwa, waz] **adj. et n. I 1. adj.** De Chine. → **sino-.** *L'écriture chinoise* (→ **idéogramme**). *La population chinoise.* – **n.** *Les Chinois.* ◆ Qui imite un style de la Chine. ◆ Subtil, raffiné. *Casse-tête chinois.* **2. fig. n.** Personne qui subtilise à l'excès. *Quel chinois !* (→ **chinoiserie**). – **adj.** *C'est un peu chinois.* **3. n. m.** Ensemble des langues parlées en Chine, écrites en idéogrammes ; spécialt le mandarin (langue de la région de Pékin [Beijing]). – fig. *C'est du chinois,* c'est incompréhensible. **II n. m.** Passoire conique fine utilisée pour la cuisine.

CHINOISERIE [ʃinwazʀi] **n. f. 1.** Œuvre d'art, bibelot dans le goût chinois. **2.** fig. Complication inutile et extravagante. *Des chinoiseries administratives.*

CHIOT [ʃjo] **n. m.** ✦ Jeune chien. *Une portée de chiots.*
ÉTYM. forme dialectale de l'ancien français *chael,* latin *catellus* «petit d'animal».

CHIOTTES [ʃjɔt] **n. f. pl.** ✦ FAM. Cabinets d'aisances. SYN. **toilette(s).**
ÉTYM. de *chier.*

CHIOURME [ʃjuʀm] **n. f.** ✦ anciennt Ensemble des rameurs d'une galère, des forçats d'un bagne (→ **garde-chiourme**).
ÉTYM. italien *ciurma,* du latin *celeusma* «chant des galériens», du grec.

CHIPER [ʃipe] **v. tr.** (conjug. 3a) ✦ FAM. Dérober, voler. SYN. FAM. **faucher, piquer.** *On m'a chipé mon stylo.*
ÉTYM. p.-ê. de *chipe* «petit morceau» → chiffe.

CHIPIE [ʃipi] **n. f.** ✦ Femme au caractère désagréable. SYN. **mégère, pimbêche.** – Fillette qui aime narguer.
ÉTYM. peut-être de *chiper* et de ① *pie.*

CHIPOLATA [ʃipɔlata] **n. f.** ✦ Petite saucisse longue et mince. *Des chipolatas.*
ÉTYM. italien *cipollata,* de *cipolla* «oignon» ; même origine que *ciboule.*

CHIPOTER [ʃipɔte] **v. intr.** (conjug. 3a) **1.** Manger par petits morceaux, sans plaisir. **2.** Discuter sur des vétilles. SYN. **ergoter, pinailler.** *Il chipote sur les dépenses.*
► **CHIPOTAGE** [ʃipɔtaʒ] **n. m.**
► **CHIPOTEUR, EUSE** [ʃipɔtœʀ, øz] **n. et adj.**
ÉTYM. de *chipe* → chiffe.

CHIPS [ʃips] **n. f. pl.** ✦ Pommes de terre frites en minces rondelles. *Un paquet de chips.* – appos. *Pommes chips.*
ÉTYM. mot anglais, de *to chip* «couper en petits morceaux».

CHIQUE [ʃik] **n. f. I** Morceau de tabac à mâcher. – loc. FAM. *COUPER LA CHIQUE à qqn,* l'interrompre brutalement. **II** Puce dont la femelle peut s'enfoncer dans la chair de l'homme et y provoquer des abcès. HOM. CHIC «élégant»
ÉTYM. peut-être du radical onomatopéique *tchikk-* exprimant la petitesse.

CHIQUÉ [ʃike] **n. m.** ✦ FAM. **1.** Attitude prétentieuse, affectée, pour se faire valoir. SYN. **bluff, cinéma, esbroufe.** *Faire du chiqué,* des manières. → **frimer. 2.** Bluff, simulation. *Il n'a pas mal, c'est du chiqué.* HOM. CHIQUER «mâcher (du tabac)»
ÉTYM. de *chic.*

CHIQUENAUDE [ʃiknod] **n. f.** ✦ Coup donné avec un doigt replié contre le pouce et que l'on détend brusquement. SYN. **pichenette.**
ÉTYM. peut-être du radical onomatopéique *tchikk-* exprimant un bruit sec.

CHIQUER [ʃike] **v. tr.** (conjug. 3a) ✦ Mâcher (du tabac). *Tabac à chiquer.* HOM. CHIQUÉ «esbroufe»
ÉTYM. de *chique* (I).

CHIR(O)- Élément savant, du grec *kheir* qui signifie «main».

CHIROMANCIE [kiʀɔmɑ̃si] **n. f.** ✦ Art de deviner l'avenir, le caractère de qqn par les lignes de sa main.
ÉTYM. de *chiro-* et *-mancie.*

CHIROMANCIEN, IENNE [kiʀɔmɑ̃sjɛ̃, jɛn] **n.** ✦ Diseur, diseuse de bonne aventure. SYN. ① **voyant.**
ÉTYM. de *chiromancie.*

CHIROPRACTEUR, TRICE [kiʀɔpʀaktœʀ, tʀis] **n.** ✦ Personne qui pratique la chiropraxie. – recomm. offic. CHIROPRATICIEN, IENNE [kiʀɔpʀatisjɛ̃, jɛn].
ÉTYM. anglais *chiropractor.*

CHIROPRAXIE [kiʀɔpʀaksi] **n. f.** ✦ Thérapeutique par manipulation des vertèbres.
ÉTYM. adaptation de l'anglais *chiropractic* ; de *chir(o)-* et du grec *praxis* «action».

CHIROPTÈRE [kiʀɔptɛʀ] **n. m.** ✦ *Les chiroptères* : ordre de mammifères placentaires adaptés au vol. → **chauve-souris.** – On dit aussi CHÉIROPTÈRE [keiʀɔptɛʀ].
ÉTYM. de *chiro-* et *-ptère.*

CHIRURGICAL, ALE, AUX [ʃiʀyʀʒikal, o] **adj.** ✦ Relatif à la chirurgie. *Opération chirurgicale.*
ÉTYM. latin *chirurgicalis.*

CHIRURGIE [ʃiʀyʀʒi] **n. f.** ✦ Partie de la médecine qui comporte une intervention manuelle et instrumentale (surtout à l'intérieur du corps). *Chirurgie du cœur. Opération de chirurgie esthétique. Chirurgie dentaire.*
ÉTYM. latin *chirurgia*, du grec «opération manuelle».

CHIRURGIEN, IENNE [ʃiʀyʀʒjɛ̃, jɛn] **n.** 1. Médecin qui pratique la chirurgie. 2. *Chirurgien dentiste.* → **dentiste.**

CHISTÉRA ou **CHISTERA** [(t)ʃisteʀa] **n. f.** ou **m.** ✦ Instrument d'osier en forme de gouttière recourbée, qui sert à lancer la balle à la pelote basque.
ÉTYM. basque *xistera*, du latin *cistella* «petite corbeille *(cista)*».

CHITINE [kitin] **n. f.** ✦ Substance organique constituant la cuticule des insectes, la carapace des crustacés, etc.
ÉTYM. du grec *khitôn* «tunique».

CHIURE [ʃjyʀ] **n. f.** ✦ Excrément d'insectes. *Des chiures de mouches.*
ÉTYM. de *chier.*

CHLAMYDE [klamid] **n. f.** ✦ ANTIQ. Manteau court et fendu, agrafé sur l'épaule.
ÉTYM. latin *chlamys*, du grec.

CHLINGUER ou **SCHLINGUER** [ʃlɛ̃ge] **v. intr.** (conjug. 3b) ✦ FAM. Sentir mauvais. SYN. **puer.**
ÉTYM. allemand *schlingen* «avaler» ou *schlagen* «fouetter».

CHLORATE [klɔʀat] **n. m.** ✦ CHIM. Sel de l'acide chlorique.
ÉTYM. de *chlore.*

CHLORE [klɔʀ] **n. m.** ✦ Corps simple (symb. Cl), jaune verdâtre, d'odeur suffocante. *Propriétés décolorantes, antiseptiques du chlore.* HOM. CLORE «fermer»
ÉTYM. du grec *khlôros* «vert ; jaune clair».

CHLORÉ, ÉE [klɔʀe] **adj.** ✦ Qui contient du chlore. *L'eau chlorée d'une piscine.*

CHLORHYDRATE [klɔʀidʀat] **n. m.** ✦ CHIM. Sel hydraté de l'acide chlorhydrique.
ÉTYM. de *chlorhydrique.*

CHLORHYDRIQUE [klɔʀidʀik] **adj.** ✦ *Acide chlorhydrique* : solution de chlorure d'hydrogène (gaz chlorhydrique) dans l'eau, liquide incolore, fumant, corrosif.
ÉTYM. de *chlore* et *hydrique.*

CHLORIQUE [klɔʀik] **adj.** ✦ CHIM. Du chlore. *Acide chlorique.*

CHLOROFORME [klɔʀɔfɔʀm] **n. m.** ✦ Liquide incolore, employé naguère comme anesthésique.
ÉTYM. de *chlore* et *(acide) formique.*

CHLOROFORMER [klɔʀɔfɔʀme] **v. tr.** (conjug. 3a) ✦ Anesthésier au chloroforme.

CHLOROPHYLLE [klɔʀɔfil] **n. f.** ✦ Membre d'une classe de pigments contribuant à la couleur verte des plantes, qui joue un rôle essentiel dans la photosynthèse.
ÉTYM. du grec *khlôros* «vert» et de *-phylle.*

CHLOROPHYLLIEN, IENNE [klɔʀɔfiljɛ̃, jɛn] **adj.** ✦ De la chlorophylle. *Fonction, assimilation chlorophyllienne,* par laquelle, sous l'action de la lumière, la chlorophylle absorbe le gaz carbonique et rejette l'oxygène. → **photosynthèse.**

CHLOROSE [klɔʀoz] **n. f.** 1. MÉD. Anémie causée par le manque de fer. 2. BOT. Étiolement et jaunissement des végétaux dus au manque de chlorophylle.
► **CHLOROTIQUE** [klɔʀɔtik] **adj.**
ÉTYM. latin médiéval *chlorosis*, du grec *khlôros* «vert».

CHLORURE [klɔʀyʀ] **n. m.** 1. Sel résultant de la combinaison de l'acide chlorhydrique avec une base. SYN. **sel.** *Chlorure de sodium* (sel marin). 2. Mélanges industriels utilisés pour le blanchiment, la désinfection. → eau de **Javel.**
ÉTYM. de *chlore.*

CHNOQUE ou **SCHNOCK** [ʃnɔk] **n.** ✦ FAM. Imbécile. *Quel vieux chnoque !*
ÉTYM. origine incertaine.

CHOC [ʃɔk] **n. m.** 1. Entrée en contact de deux corps qui se rencontrent violemment ; ébranlement qui en résulte. SYN. **coup, heurt, percussion.** *Choc violent.* → **collision.** 2. Rencontre violente (d'hommes). *Le choc de deux armées ennemies.* → **bataille, combat.** *Troupes, unités* DE CHOC, qui sont toujours en première ligne. → **commando.** 3. fig. *Le choc des opinions, des cultures, des intérêts.* SYN. **affrontement, conflit, opposition.** 4. Émotion brutale. SYN. **traumatisme.** → appos. Qui produit de l'effet (surprise, intérêt, émotion). *Photo-choc. Des prix chocs* ou *choc* (invar.). ◆ *Choc opératoire, anesthésique.* 5. Évènement qui provoque un ébranlement durable. *Les chocs pétroliers de 1973 et 1979.* 6. CHOC EN RETOUR : contrecoup d'un choc, d'un évènement sur la personne qui l'a provoqué ou sur le point d'où il est parti.
ÉTYM. de *choquer.*

CHOCOLAT [ʃɔkɔla] **n. m.** 1. Substance alimentaire (pâte solidifiée) faite de cacao broyé avec du sucre, de la vanille, etc. *Chocolat au lait, aux noisettes. Plaque, tablette de chocolat.* ◆ Bonbon au chocolat. *Une boîte de chocolats.* 2. Boisson faite de poudre de cacao. *Une tasse de chocolat. Un chocolat chaud.* 3. Brun rouge foncé. → **adjectivt invar.** *Des canapés chocolat.* 4. **adj.** FAM. *Être chocolat* : être privé d'une chose sur laquelle on comptait.
ÉTYM. espagnol *chocolate*, d'un mot indien du Mexique.

CHOCOLATÉ, ÉE [ʃɔkɔlate] **adj.** ✦ Parfumé au chocolat. SYN. **cacaoté.**

CHOCOLATIER, IÈRE [ʃɔkɔlatje, jɛʀ] **n.** et **adj.** 1. Personne qui fabrique, qui vend du chocolat. → **adj.** *L'industrie chocolatière.* 2. CHOCOLATIÈRE **n. f.** Récipient pour servir le chocolat liquide.

CHOÉPHORE [kɔefɔʀ] **n.** ✦ ANTIQ. Personne qui portait les libations destinées aux morts, chez les Grecs.
ÉTYM. grec *khoêphoros*, de *khoê* «libation» et *phoros* «qui porte».

CHŒUR [kœʀ] **n. m.** I 1. Réunion de chanteurs (→ **choriste**) qui exécutent un morceau ensemble. SYN. **chorale.** *Orchestre et chœur.* 2. Composition musicale destinée à être chantée par plusieurs personnes (→ **choral**). 3. (théâtre antique) Troupe de personnes qui dansent et chantent en accompagnant l'action. *Le chœur des tragédies grecques.* 4. *Le chœur des mécontents,* l'ensemble qui s'exprime. 5. EN CHŒUR : ensemble, unanimement. *Répondre en chœur.* II Partie de la nef d'une église, devant le maître-autel.

➥ *Enfant* de chœur.* HOM. CŒUR «organe»
ÉTYM. latin *chorus*, du grec.

CHOIR [ʃwaʀ] v. intr. surtout : *je chois, tu chois, il choit ; je chus ; chu, chue* au p. passé 1. LITTÉR. Être entraîné de haut en bas. SYN. **tomber.** 2. FAM. *LAISSER CHOIR.* SYN. **abandonner, plaquer.** *Après de belles promesses, il nous a laissés choir.*
ÉTYM. latin *cadere* «tomber».

CHOISI, IE [ʃwazi] adj. ✦ Excellent ; pris pour sa qualité. *Morceaux, textes choisis* : recueil d'extraits d'œuvres, anthologie. *S'exprimer en termes choisis*, élégants, recherchés.
ÉTYM. participe passé de *choisir.*

CHOISIR [ʃwaziʀ] v. tr. (conjug. 13) 1. Prendre de préférence, faire choix de. *Choisir une carrière. On l'a choisi pour ce poste.* SYN. **désigner, distinguer, nommer, retenir.** ➥ *Choisir ses vêtements, ses amis, ses lectures.* SYN. **sélectionner.** 2. Se décider entre deux ou plusieurs partis ou plusieurs solutions. SYN. **opter,** se **prononcer, trancher.** *Choisir de* (+ inf.), *choisir si...* ➥ absolt *Décidez-vous, il faut choisir.*
ÉTYM. gotique *kausjan* «goûter, éprouver».

CHOIX [ʃwa] n. m. 1. Action de choisir, décision par laquelle on donne la préférence à qqch. *Son choix est fait.* SYN. **décision, résolution.** 2. Pouvoir, liberté de choisir (actif) ; existence de plusieurs partis entre lesquels choisir (passif). *On lui laisse le choix.* SYN. **option.** *Choix entre deux solutions.* → **alternative, dilemme.** *Vous avez le choix. Au choix.* ➥ *L'embarras* du choix.* ➥ *Ne pas avoir le choix* : être obligé. 3. Ensemble de choses parmi lesquelles on peut choisir. *Un très grand choix d'articles de sport.* SYN. **assortiment, éventail.** 4. Ensemble de choses choisies pour leurs qualités. SYN. **sélection.** *Choix de poésies.* → **anthologie, recueil.** ➥ *DE CHOIX* : de prix, de qualité. *Un morceau de choix.* CONTR. **abstention, hésitation • obligation.**
ÉTYM. de *choisir.*

CHOL(É)- Élément savant, du grec *kholê* «bile».

CHOLÉDOQUE [kɔledɔk] adj. m. ✦ *Canal cholédoque*, qui conduit la bile de la vésicule biliaire au duodénum.
ÉTYM. latin médiéval *choledocus*, du grec, de *kholê* «bile» et *dekhestai* «recevoir».

CHOLÉRA [kɔleʀa] n. m. 1. Très grave maladie intestinale contagieuse. *Une épidémie de choléra.* 2. FAM. Personne méchante, nuisible. SYN. **peste.**
ÉTYM. latin *cholera*, du grec.

CHOLÉRIQUE [kɔleʀik] adj. ✦ Du choléra. *Vibrion cholérique.* HOM. COLÉRIQUE «irascible»

CHOLESTÉROL [kɔlɛsteʀɔl] n. m. ✦ Substance lipidique toujours présente dans l'organisme. *Dépôt de cholestérol sur la paroi des artères.* ◆ FAM. *Avoir du cholestérol*, un taux de cholestérol trop élevé dans le sang.
ÉTYM. de *cholé-* et du grec *stereos* «solide».

CHÔMAGE [ʃomaʒ] n. m. 1. VIEILLI Interruption du travail. 2. Inactivité forcée (des personnes) due au manque de travail, d'emploi. *Ouvriers en chômage.* ➥ *Être au chômage. Allocations de chômage.*
ÉTYM. de *chômer.*

CHÔMER [ʃome] v. intr. (conjug. 3a) 1. VX Suspendre son travail pendant les jours fériés. ➥ au p. passé *Jours chômés*, pendant lesquels on ne travaille pas. 2. VX Cesser le travail volontairement. 3. Ne pas avoir de travail, par manque d'emploi. 4. loc. *Ne pas chômer*, travailler beaucoup, s'activer.
ÉTYM. latin *caumare* «se reposer pendant les chaleurs *(cauma)*», du grec.

CHÔMEUR, EUSE [ʃomœʀ, øz] n. ✦ Travailleur, travailleuse qui se trouve involontairement privé(e) d'emploi ; demandeur d'emploi.

CHOPE [ʃɔp] n. f. ✦ Récipient cylindrique à anse, pour boire la bière (SYN. **bock**), des boissons chaudes (SYN. **mug**). ➥ Son contenu.
ÉTYM. alsacien *schoppe.*

CHOPER [ʃɔpe] v. tr. (conjug. 3a) ✦ FAM. 1. Arrêter, prendre (qqn). SYN. **pincer.** 2. Attraper. *Il a chopé un rhume.* SYN. **ramasser.**
ÉTYM. de *chopper* «boiter, trébucher», d'origine onomatopéique.

CHOQUANT, ANTE [ʃɔkɑ̃, ɑ̃t] adj. ✦ Qui heurte la bienséance, le goût, le bon sens. SYN. **déplacé, inconvenant, indécent, malséant.** *Des propos choquants. Une injustice choquante*, révoltante. CONTR. **bienséant, convenable.**
ÉTYM. du participe présent de *choquer.*

CHOQUER [ʃɔke] v. tr. (conjug. 3a) 1. Faire se heurter (des choses). *Choquons nos verres.* → **trinquer.** 2. Contrarier ou gêner en heurtant les goûts, les bienséances. SYN. **indigner, offusquer, scandaliser.** 3. Agir, aller contre, être opposé à. *Choquer le bon sens.* CONTR. **charmer, plaire.**
ÉTYM. origine allemande ou onomatopéique.

CHORAL, ALE [kɔʀal] adj., n. m. et n. f.
I adj. (plur. *chorals* ou *choraux*) Qui a rapport aux chœurs. *Chants chorals* ou *choraux.*
II n. m. (plur. *chorals*) Chant religieux. *Des chorals de Bach.*
III n. f. *CHORALE.* Société musicale qui exécute des œuvres vocales, des chœurs. SYN. **chœur.**
HOM. CORRAL «enclos» ; CORAUX (pluriel de *corail* «animal marin»)
ÉTYM. latin médiéval *choralis*, de *chorus* «chœur».

CHORÉE [kɔʀe] n. f. ✦ Contractions musculaires pathologiques ; spécialt danse de Saint-Guy.
ÉTYM. latin *chorea*, du grec «danse».

CHORÉGRAPHE [kɔʀegʀaf] n. ✦ Personne qui règle les figures, les pas des ballets.
ÉTYM. de *chorégraphie.*

CHORÉGRAPHIE [kɔʀegʀafi] n. f. 1. Art de composer des ballets, d'en régler les figures et les pas. → **danse.** ◆ Enchaînement de figures et de pas ainsi réglés. ➥ abrév. FAM. CHORÉ [kɔʀe]. 2. Notation d'une danse sur le papier au moyen de signes spéciaux.
► **CHORÉGRAPHIQUE** [kɔʀegʀafik] adj.
ÉTYM. du grec *khoreia* «danse» et de *-graphie.*

CHORISTE [kɔʀist] n. ✦ Personne qui chante dans un chœur. *Choristes et solistes.*
ÉTYM. latin religieux *chorista*, de *chorus* «chœur».

CHORIZO [ʃɔʀizo ; tʃɔʀiso] n. m. ✦ Saucisson espagnol pimenté. *Des chorizos.*
ÉTYM. mot espagnol.

CHOROÏDE [kɔʀɔid] n. f. ✦ ANAT. Membrane de l'œil, entre la sclérotique et la rétine.
ÉTYM. grec *khoroeidês*, de *khorion* «membrane».

CHORUS [kɔʀys] n. m. **I** loc. *FAIRE CHORUS* : se joindre à d'autres pour dire comme eux, être du même avis. SYN. **approuver.** **II** JAZZ Improvisation sur la durée du thème. *Un chorus de trompette.*
ÉTYM. mot latin «chœur» ; sens II, par l'anglais.

CHOSE [ʃoz] n. f. **I** 1. Réalité concrète ou abstraite perçue ou concevable comme un objet unique. → ② **être, évènement, objet.** *Voir, percevoir, imaginer une chose. Avant toute chose,* premièrement. *De deux choses l'une* : il existe deux possibilités. 2. *Les choses* : le réel. → ② **fait, phénomène, réalité.** *Regarder les choses en face.* ➙ *Appeler les choses par leur nom,* parler franchement. *«Les Mots et les Choses»* (de M. Foucault). 3. spécialt Réalité matérielle non vivante. SYN. **objet.** *Les êtres, les personnes et les choses.* ➙ *Un tas de choses.* 4. surtout plur. Ce qui a lieu, ce qui se fait, ce qui existe. *Les choses de la vie. C'est la moindre des choses,* le minimum que l'on puisse faire. 5. *La chose* : ce dont il s'agit. *Je vais vous expliquer la chose. C'est chose faite.* 6. (avec *dire, répéter,* etc.) Paroles, discours. *Je vais vous dire une bonne chose. Dites-lui bien des choses de ma part,* faites-lui mes amitiés. 7. DR. *La chose jugée.* SYN. **cause.** **II** loc. 1. *AUTRE CHOSE. C'est (tout) autre chose.* → **différent.** ➙ *LA MÊME CHOSE. Ce n'est pas la même chose.* 2. *QUELQUE CHOSE* loc. indéf. masc. *Quelque chose de bon. Il faut faire quelque chose,* intervenir. *Il lui est arrivé quelque chose,* un accident, un ennui. ➙ FAM. *C'est quelque chose !* : c'est un peu fort ! 3. *PEU DE CHOSE* : une chose (acte, objet) peu importante. → **peu** ; pas **grand-chose.** **III** (ce qu'on ne nomme pas précisément) 1. n. m. Objet indéterminé. SYN. **machin, truc.** *Qu'est-ce que c'est que ce... chose ?* ➙ (personnes) *Eh ! Chose ! «Le Petit Chose»* (☞ noms propres) ; roman d'Alphonse Daudet). 2. n. f. (euphémisme) *Être porté sur la chose,* attiré par la sexualité. 3. adj. FAM. *Se sentir TOUT CHOSE* : éprouver un malaise difficile à analyser.
ÉTYM. latin *causa,* d'abord «affaire» en droit ; doublet de *cause.*

CHOTT [ʃɔt] n. m. ✦ Lac salé, en Afrique du Nord.
ÉTYM. mot arabe maghrébin.

CHOU [ʃu] n. m. 1. Plante crucifère à plusieurs variétés sauvages ou cultivées pour l'alimentation. ➙ spécialt Le chou pommé. *Soupe aux choux.* ➙ (autres espèces) *Chou rouge,* que l'on consomme cru, en salade. *Chou de Bruxelles,* à longues tiges et bourgeons comestibles. ➙ → aussi **brocoli, chou-fleur, chou-rave.** 2. loc. FAM. *Feuille de chou* : journal de peu de valeur. ➙ *C'est bête comme chou,* facile à comprendre. → **enfantin.** ➙ *Faire chou blanc* : ne pas réussir. *Être dans les choux,* avoir échoué. ➙ *Rentrer dans le chou à qqn,* l'attaquer, lui donner des coups. ➙ *Faire ses choux gras de qqch.,* en tirer profit. 3. *Mon chou, mon petit chou,* expression de tendresse (fém. CHOUTE [ʃut]). → **chouchou.** *Bout de chou,* petit enfant. ➙ FAM. adj. invar. *Ce qu'elles sont chou !* SYN. ② **gentil, joli.** 4. *CHOU À LA CRÈME* : pâtisserie légère et soufflée. *Pâte à choux,* dont on fait ces choux. 5. ARGOT Tête. *T'as rien dans le chou !*
ÉTYM. latin *caulis.*

CHOUAN [ʃwɑ̃] n. m. ✦ HIST. (☞ noms propres) Insurgé royaliste de l'ouest de la France, pendant la Révolution.
ÉTYM. de *Jean Chouan,* surnom d'un insurgé, du nom régional (Ouest) du hibou, de l'ancien français *choe* «chouette».

CHOUANNERIE [ʃwanʀi] n. f. ✦ HIST. Mouvement des chouans.

CHOUCAS [ʃuka] n. m. ✦ Oiseau noir, voisin de la corneille.
ÉTYM. peut-être onomatopée.

CHOUCHOU, OUTE [ʃuʃu, ut] n. ✦ FAM. Favori, préféré. *Les chouchous du professeur.*
ÉTYM. de *chou* (3) redoublé.

CHOUCHOUTER [ʃuʃute] v. tr. (conjug. 3a) ✦ FAM. Dorloter, gâter. *Malade qui se fait chouchouter.*
ÉTYM. de *chouchou.*

CHOUCROUTE [ʃukʀut] n. f. ✦ Chou blanc découpé en rubans, légèrement fermenté dans une saumure. ➙ *Choucroute (garnie)* : plat de choucroute cuite accompagnée de charcuterie.
ÉTYM. de l'alsacien *sûrkrût,* allemand *Sauerkraut,* proprement «herbe *(Kraut)* sure, aigre *(sauer)*».

① **CHOUETTE** [ʃwɛt] n. f. ✦ Oiseau rapace nocturne. SYN. **chevêche, effraie, hulotte.** *La chouette hulule.*
ÉTYM. croisement de l'ancien français *choe* (du francique *kawa*) et de *suette,* onomatopée.

② **CHOUETTE** [ʃwɛt] adj. ✦ FAM. 1. Agréable, beau. *Elle est chouette, ta moto. C'est chouette,* c'est digne d'admiration, d'éloge. SYN. ② **super.** 2. interj. *Ah, chouette, alors !* SYN. **chic.** CONTR. **moche.**
ÉTYM. de ① *chouette.*

CHOU-FLEUR [ʃuflœʀ] n. m. ✦ Chou dont on mange les fleurs qui forment une masse blanche, charnue. *Des choux-fleurs.*

CHOU-RAVE [ʃuʀav] n. m. ✦ Chou d'une variété cultivée pour ses racines. *Des choux-raves.*
ÉTYM. de *chou* et *rave.*

CHOYER [ʃwaje] v. tr. (conjug. 10) ✦ Soigner avec tendresse, entourer de prévenances. SYN. **cajoler, combler, entourer, gâter.** ➙ au p. passé *Une enfant très choyée.*
ÉTYM. origine obscure.

CHRÊME [kʀɛm] n. m. ✦ Huile consacrée, employée dans des sacrements ou cérémonies des Églises catholique et orthodoxe. *Le saint chrême.* HOM. CRÈME «laitage»
ÉTYM. latin chrétien *chrisma,* du grec «onguent».

CHRÉTIEN, IENNE [kʀetjɛ̃, jɛn] adj. et n.
I adj. 1. Qui professe la foi en Jésus-Christ. *Le monde chrétien.* 2. Du christianisme. *La religion chrétienne. L'ère chrétienne,* qui commence à la naissance de Jésus-Christ.
II n. Personne qui professe le christianisme. → **catholique, orthodoxe, protestant, réformé.** *Les chrétiens coptes, maronites.*
ÉTYM. latin *christianus.*

CHRÉTIENNEMENT [kʀetjɛnmɑ̃] adv. ✦ Conformément à la religion chrétienne.

CHRÉTIENTÉ [kʀetjɛ̃te] n. f. ✦ Ensemble des peuples, des pays chrétiens.

CHRIST [kʀist] **n. m.** 1. (avec une maj. ☞ noms propres) Nom donné à Jésus de Nazareth. SYN. **Messie, Seigneur.** ➡ appos. *Jésus-Christ.* 2. Figure du Christ sur la croix. SYN. **crucifix.** *Un christ d'ivoire.*
ÉTYM. latin *Christus*, du grec «celui qui est oint».

CHRISTIANIA [kʀistjanja] **n. m.** ✦ Technique de virage ou d'arrêt en skis, les skis restant parallèles.
ÉTYM. de l'ancien nom d'Oslo.

CHRISTIANISER [kʀistjanize] **v. tr.** (conjug. 3a) ✦ Rendre chrétien. SYN. **évangéliser.** ➡ au p. passé *Pays christianisé.*
► **CHRISTIANISATION** [kʀistjanizasjɔ̃] **n. f.**
ÉTYM. latin *christianisare.*

CHRISTIANISME [kʀistjanism] **n. m.** ✦ Religion fondée sur l'enseignement, la personne et la vie de Jésus-Christ. *Se convertir au christianisme. L'expansion du christianisme pendant l'Antiquité* (☞ carte 7).
ÉTYM. latin *christianismus*, du grec.

CHROMATIQUE [kʀɔmatik] **adj.** 1. MUS. Qui est composé d'une suite de demi-tons (opposé à *diatonique*). *Gamme chromatique.* 2. Relatif aux couleurs. 3. BIOL. Des chromosomes. *Réduction chromatique.* → **méiose.**
ÉTYM. du grec *khrôma* «mélodie» et «couleur» (→ -chrome).

CHROMATISME [kʀɔmatism] **n. m.** ✦ DIDACT. 1. Ensemble de couleurs. → **coloration.** 2. MUS. Caractère chromatique.
ÉTYM. grec, de *khrôma* «couleur» et «mélodie».

CHROMATOGRAMME [kʀɔmatɔgʀam] **n. m.** ✦ DIDACT. Image obtenue par chromatographie.
ÉTYM. du grec *krôma, krômatos* «couleur» et *-gramme.*

CHROMATOGRAPHIE [kʀɔmatɔgʀafi] **n. f.** ✦ Méthode d'analyse d'un mélange chimique (identification ou dosage des constituants) utilisée en chimie et en biologie.
ÉTYM. du grec *kromas, kromatos* «couleur» et de *-graphie.*

CHROME [kʀom] **n. m.** 1. Corps simple (symb. Cr), métal gris, brillant, dur (utilisé en alliages : acier inoxydable, etc.). 2. Pièce métallique en acier chromé. *Astiquer les chromes de sa voiture.*
ÉTYM. grec *khrôma* «teint ; couleur».

CHROMER [kʀome] **v. tr.** (conjug. 3a) ✦ Recouvrir (un métal) de chrome. ➡ au p. passé *Acier chromé.*

CHROMO [kʀomo] **n. m.** 1. Image lithographique en couleur. 2. Image en couleur de mauvais goût.
ÉTYM. abréviation de *chromolithographie* n. f., de *chromo-* et *lithographie.*

> **CHROMO-, -CHROMIE, -CHROME** Éléments savants, du grec *khrôma* «couleur» (ex. *chromolithographie* **n. f.** «lithographie en couleur»).

CHROMOSOME [kʀomozom] **n. m.** ✦ Élément situé dans le noyau de la cellule, de forme caractéristique et en nombre constant (23 paires chez l'être humain), porteur de l'information génétique (→ **gène**).
ÉTYM. allemand *Chromosom*, du grec *khrôma* «couleur» et *sôma* «corps».

CHROMOSOMIQUE [kʀomozomik] **adj.** ✦ Relatif aux chromosomes. → aussi **chromatique** (3). *Déterminisme chromosomique du sexe et de certaines anomalies. Maladie chromosomique.*

① **CHRONIQUE** [kʀɔnik] **adj.** 1. (maladie) Qui dure longtemps, se développe lentement. 2. (chose nuisible) Qui dure ou se répète. *Chômage chronique.* CONTR. **aigu • passager, temporaire.**
► **CHRONIQUEMENT** [kʀɔnikmɑ̃] **adv.**
ÉTYM. latin *chronicus*, du grec, de *khrônos* «temps».

② **CHRONIQUE** [kʀɔnik] **n. f.** 1. Recueil de faits historiques, rapportés dans l'ordre de leur déroulement. SYN. **annales, histoire, mémoire(s), récit.** *Les chroniques de Froissart.* 2. au sing. L'ensemble des nouvelles qui circulent. ➡ loc. *Défrayer la chronique*, en être l'objet. 3. Partie d'un journal consacrée à un sujet particulier. *La chronique littéraire.*
ÉTYM. latin *chronica*, du grec, de *khrônos* «temps».

> **-CHRONIQUE, -CHRONISME** Éléments, du grec *khrônos* «temps».

CHRONIQUER [kʀɔnike] **v. tr.** (conjug. 3a) 1. Traiter dans une chronique. 2. intrans. Faire des chroniques.
ÉTYM. de ② *chronique.*

CHRONIQUEUR, EUSE [kʀɔnikœʀ, øz] **n.** 1. **n. m.** Auteur de chroniques historiques. SYN. **historien, mémorialiste.** 2. Personne chargée d'une chronique de journal. *Chroniqueur sportif.*

CHRONO → CHRONOMÈTRE

> **CHRONO-, -CHRONE, -CHRONIE** Éléments savants, du grec *khrônos* «temps».

CHRONOLOGIE [kʀɔnɔlɔʒi] **n. f.** 1. Science de la fixation des dates des évènements historiques. SYN. **annales, calendrier.** 2. Ouvrage décrivant une évolution, l'histoire, par une succession de grandes dates. 3. Succession des évènements dans le temps.
► **CHRONOLOGIQUE** [kʀɔnɔlɔʒik] **adj.** *L'ordre chronologique.*
► **CHRONOLOGIQUEMENT** [kʀɔnɔlɔʒikmɑ̃] **adv.**
ÉTYM. grec *khrônologia* → chrono- et -logie.

CHRONOMÈTRE [kʀɔnɔmɛtʀ] **n. m.** ✦ Montre de précision. ➡ abrév. FAM. CHRONO [kʀono]. *Faire du 120 (km/h) chrono*, mesuré au chronomètre (s'oppose à *au compteur*).
ÉTYM. de *chrono-* et *-mètre.*

CHRONOMÉTRER [kʀɔnɔmetʀe] **v. tr.** (conjug. 8) ✦ Mesurer la durée de (une action, une épreuve, une opération) avec précision, à l'aide d'un chronomètre. *Chronométrer une course.*
► **CHRONOMÉTRAGE** [kʀɔnɔmetʀaʒ] **n. m.**

CHRONOMÉTREUR, EUSE [kʀɔnɔmetʀœʀ, øz] **n.** ✦ Personne qui chronomètre (une course, etc.).

CHRONOMÉTRIQUE [kʀɔnɔmetʀik] **adj.** ✦ Relatif à la mesure exacte du temps. *Une exactitude, une précision chronométrique.*

CHRONOPHAGE [kʀɔnɔfaʒ] **adj.** ✦ Qui nécessite du temps. *Une activité chronophage.*
ÉTYM. de *chrono-* et *-phage.*

CHRYSALIDE [kʀizalid] **n. f.** 1. État intermédiaire par lequel passe la chenille avant de devenir papillon. SYN. **nymphe.** *Certaines chrysalides s'entourent d'un cocon.* 2. loc. fig. *Sortir de sa chrysalide*, de l'obscurité, prendre son essor.
ÉTYM. latin *chrysallis*, du grec, de *khrusos* «or».

CHRYSANTHÈME [kʀizɑ̃tɛm] **n. m.** ✦ Plante ornementale qui fleurit en automne. ➙ Fleur composée, en boule, de cette plante, de couleurs variées. *Tombe fleurie de chrysanthèmes.*
ÉTYM. latin *chrysanthemon*, du grec, de *khrusos* «or» et *anthemon* «fleur».

| **CHRYSO-** Élément, du grec *khrusos* «or».

C. H. U. [seaʃy] **n. m. invar.** ✦ Centre hospitalier universitaire, hôpital dispensant un enseignement médical. *Le C. H. U. de Lille.*
ÉTYM. sigle.

CHUCHOTEMENT [ʃyʃɔtmɑ̃] **n. m.** ✦ Action de chuchoter. SYN. **murmure.**

CHUCHOTER [ʃyʃɔte] **v. intr.** (conjug. 3a) **1.** Parler bas, indistinctement. SYN. **murmurer, susurrer.** *Chuchoter à l'oreille de qqn.* **2.** Produire un bruit confus, indistinct. SYN. **bruire.** CONTR. **crier, hurler.**
ÉTYM. onomatopée.

CHUINTANT, ANTE [ʃɥɛ̃tɑ̃, ɑ̃t] **adj.** ✦ Qui chuinte. ➙ **n. f.** PHONÉT. Se dit des sons [ʃ] (ex. chat) et [ʒ] (ex. je). *Une chuintante.*
ÉTYM. du participe présent de *chuinter.*

CHUINTEMENT [ʃɥɛ̃tmɑ̃] **n. m.** ✦ Bruit continu et assourdi. *Le chuintement de la vapeur.*
ÉTYM. de *chuinter.*

CHUINTER [ʃɥɛ̃te] **v. intr.** (conjug. 3a) **1.** (choses) Produire un sifflement assourdi. *Jet de vapeur qui chuinte.* **2.** (aussi trans.) (personnes) Prononcer les consonnes sifflantes *s* et *z* comme *ch* et *j.*
ÉTYM. onomatopée.

CHURRO [(t)ʃuʀo] **n. m.** ✦ Beignet espagnol allongé et cannelé. *Des churros* [(t)ʃuʀo(s)].
ÉTYM. catalan *xurro*, d'origine incertaine.

CHUT [ʃyt] **interj.** ✦ Se dit pour demander le silence. SYN. **silence.** *Chut ! on pourrait nous entendre. Faire chut.*
HOM. CHUTE «fait de tomber»
ÉTYM. onomatopée.

CHUTE [ʃyt] **n. f.** **I** Le fait de tomber. **1.** (personnes) *Faire une chute dans un escalier. Bruit de chute.* ♦ (choses) *Chutes de neige.* ➙ SC. *Lois de la chute des corps.* → **pesanteur.** ➙ *CHUTE LIBRE*, d'un corps lâché sans vitesse initiale, soumis à l'accélération de la pesanteur. ➙ *POINT DE CHUTE :* lieu où tombe un projectile ; fig. endroit où l'on s'arrête. ♦ loc. *CHUTE D'EAU*, produite par la différence de niveau entre deux parties consécutives d'un cours d'eau. → **cascade, cataracte, saut.** ➙ plur. *Les chutes du Niagara.* **2.** Action de se détacher (de son support naturel). *Chute de pierres.* → **éboulement.** *La chute des feuilles.* **3.** fig. Le fait de passer dans une situation plus mauvaise, d'échouer. SYN. **échec, faillite.** *La chute de Robespierre. Entraîner qqn dans sa chute.* loc. prov. *Plus dure sera la chute* (lorsqu'on tombe de plus haut). ➙ (institutions, gouvernement) *La chute d'un régime.* ♦ Action de tomber moralement. SYN. **déchéance, faute, péché.** *La chute d'Adam par le péché.* **4.** (choses) Diminution de valeur ou d'intensité. *Chute de pression, de température.* SYN. **baisse.** **II** **1.** Partie où une chose se termine, s'arrête, cesse. *La chute des reins :* le bas du dos. **2.** LITTÉR. Partie par laquelle une phrase, un poème, une histoire s'achève. ☛ Littérature p. 123. *La chute d'une nouvelle.* **3.** surtout au plur. Reste de tissu, de bois... inutilisé (tombé en coupant qqch.). CONTR. **ascension, montée • augmentation.** HOM. CHUT «silence !»
ÉTYM. de *chu*, participe passé de *choir.*

CHUTER [ʃyte] **v. intr.** (conjug. 3a) **1.** Subir un échec. **2.** FAM. Faire une chute, tomber. **3.** fig. Diminuer brusquement. *Les prix ont chuté.* CONTR. se **relever • augmenter.**
ÉTYM. de *chute.*

CHYLE [ʃil] **n. m.** ✦ Produit de la digestion, destiné à passer de l'intestin grêle dans le sang.
ÉTYM. latin médiéval *chylus*, grec *khulos* «suc».

CHYME [ʃim] **n. m.** ✦ Bouillie formée par le bol alimentaire qui a subi l'action de la salive et du suc gastrique.
ÉTYM. grec *khumos* «humeur».

① **CI** [si] **adv.** **I** **1.** (placé immédiatement devant un adjectif ou un participe) Ici. ➙ *CI-INCLUS, INCLUSE ; CI-JOINT, JOINTE* (→ **inclus** ; ① **joint**). *La copie ci-incluse, ci-jointe. Vous trouverez ci-inclus, ci-joint une copie.* **2.** (après un nom précédé de *ce, cette, ces, celui, celle*) *Cet homme-ci. Ces jours-ci.* **II** **loc. adv.** *CI-DESSUS :* plus haut, supra ; *CI-DESSOUS :* plus bas, infra ; *CI-CONTRE :* en regard, en face. *Voir la carte ci-contre.* ➙ *DE-CI DE-LÀ :* de côté et d'autre. ➙ *PAR-CI PAR-LÀ :* en divers endroits (→ çà et là) ; à diverses reprises, de temps à autre. **III** *CI-GÎT* [siʒi] : ici est enterré. HOM. voir ② *ci*
ÉTYM. latin *ecce* («voici») *hic* («ici»).

② **CI** [si] **pron. dém.** ✦ (employé avec *ça*) *Demander ci et ça.* ➙ FAM. *Comme* ci, comme ça.* HOM. SCIE «outil», ② SI «tellement», ③ SI «note», SIX (chiffre) ; ② S'Y (pronoms *se* et *y*)
ÉTYM. de *ceci.*

CIAO → **TCHAO**

CIBISTE [sibist] **n.** ✦ anglicisme Utilisateur de la bande de fréquences radio mise à la disposition du public pour communiquer. *Les surnoms des cibistes.*
ÉTYM. de *C. B.*

CIBLE [sibl] **n. f.** **1.** But que l'on vise et contre lequel on tire. *Cible mouvante.* **2.** fig. *Servir de cible aux railleries de qqn*, en être l'objet. ➙ *Cible, cœur de cible*, public, clientèle à atteindre (en commerce, publicité). ➙ appos. *Langue cible*, celle dans laquelle on doit traduire la langue source*. *Des cellules cibles.*
ÉTYM. suisse alémanique *schibe*, allemand *Scheibe* «disque», «cible».

CIBLER [sible] **v. tr.** (conjug. 3a) ✦ Viser (un objectif commercial, publicitaire ; un public).

CIBOIRE [sibwaʀ] **n. m.** ✦ Vase sacré en forme de coupe, où l'on conserve les hosties consacrées.
ÉTYM. latin ecclésiastique *ciborium*, du grec «fleur du nénuphar».

CIBOULE [sibul] **n. f.** ✦ Variété d'ail.
ÉTYM. ancien occitan *cebula*, latin *caepulla* «petit oignon (*caepa*)».

CIBOULETTE [sibulɛt] **n. f.** ✦ Plante à petits bulbes dont les feuilles, appelées aussi *fines herbes*, sont employées comme condiment.
ÉTYM. de *ciboule.*

CIBOULOT [sibulo] **n. m.** ✦ FAM. Tête.
ÉTYM. de *ciboule.*

CICATRICE [sikatʀis] **n. f.** 1. Marque laissée par une plaie après la guérison. *Cicatrice d'écorchure, de brûlure. Avoir une cicatrice à la face.* → **balafre.** 2. Trace d'une souffrance morale. *Les cicatrices d'une enfance malheureuse.*
ÉTYM. latin *cicatrix*, d'origine inconnue.

CICATRICIEL, ELLE [sikatʀisjɛl] **adj.** ✦ D'une cicatrice.

CICATRISATION [sikatʀizasjɔ̃] **n. f.** ✦ Processus par lequel se réparent les plaies, les blessures. *Une cicatrisation rapide.* CONTR. **avivement.**
ÉTYM. de *cicatriser.*

CICATRISER [sikatʀize] **v. tr.** (conjug. 3a) 1. Faire guérir, faire se refermer (une plaie, la partie du corps blessée). ➝ pronom. *La brûlure ne se cicatrise pas.* ➝ au p. passé *Sa jambe est cicatrisée.* 2. fig. *Cicatriser une blessure d'amour-propre.* SYN. **apaiser, guérir.** CONTR. **aviver.**
ÉTYM. de *cicatrice.*

CICÉRONE [sisеʀɔn] **n. m.** ✦ Guide pour les touristes. *Des cicérones.*
ÉTYM. italien *cicerone*, du nom de l'orateur romain Cicéron
☛ noms propres.

CI-CONTRE → CONTRE

-CIDE Élément, du latin *caedere* «abattre, tuer», qui signifie «qui tue, qui fait disparaître ; meurtre (de...)».

CI-DESSOUS → ① DESSOUS

CI-DESSUS → ① DESSUS

CIDRE [sidʀ] **n. m.** ✦ Boisson obtenue par la fermentation alcoolique du jus de pomme. *Une bolée de cidre. Pommes à cidre.*
ÉTYM. latin *sicera* «liqueur forte», de l'hébreu.

Cie [kɔ̃pani] ✦ Abréviation de *compagnie* (3). *Transports Duval et Cie.*

CIEL [sjɛl], plur. **CIEUX** [sjø] et **CIELS** [sjɛl] **n. m. pluriel** : *ciels* (multiplicité réelle ou d'aspects), *cieux* (collectif à nuance affective ou sens religieux) **I** 1. Espace visible limité par l'horizon. *La voûte du ciel, des cieux.* → **firmament.** *Un ciel étoilé.* ➝ loc. *SOUS LE CIEL* : ici-bas, au monde. *Sous d'autres cieux* : ailleurs. ➝ *Lever les yeux AU CIEL. Tomber du ciel* : arriver à l'improviste. *Remuer ciel et terre*.* ➝ (qualifié) *Ciel bleu ; nuageux. Des ciels orageux, de plomb.* ➝ appos. invar. *Bleu ciel* : bleu clair. *Des chemises bleu ciel.* 2. sc. Apparence de l'espace extra-terrestre, vu de la Terre ; voûte où semblent se mouvoir les astres. *La carte du ciel.* → **cosmographie.** ➝ loc. *Être au septième ciel*, dans le ravissement. **II** (plur. *cieux*) 1. Séjour des dieux, de Dieu, des puissances surnaturelles. SYN. **au-delà.** «*Notre père qui êtes aux cieux*» (prière du «Pater»). *Le royaume des cieux.* 2. Séjour des bienheureux, des élus. SYN. **paradis.** *Mériter le ciel.* 3. La divinité, la providence. *La justice, la clémence du ciel.* prov. *Aide-toi, le ciel t'aidera.* ➝ interj. *Ciel !* (surprise désagréable). *Ciel, mon mari !* (formule de vaudeville). *Plût au ciel que... !*, pourvu que... ! **III** fig. *Un ciel, des ciels.* 1. *CIEL DE LIT* : baldaquin au-dessus d'un lit. SYN. **dais.** *Des ciels de lit.* 2. Voûte, plafond d'une excavation. *Des ciels de carrière. Carrière à ciel ouvert*, exploitée en plein air, sans puits.
ÉTYM. latin *caelum.*

CIERGE [sjɛʀʒ] **n. m.** 1. Chandelle de cire, longue et effilée, en usage dans les églises. *Brûler un cierge à un saint* (en remerciement...). 2. Plante grasse de l'Amérique tropicale qui forme de hautes colonnes verticales.
ÉTYM. latin *cereus*, de *cera* «cire».

CIGALE [sigal] **n. f.** ✦ Insecte dont les quatre ailes sont membraneuses, abondant dans les régions chaudes. *Le chant des cigales.* → **stridulation.**
ÉTYM. provençal *cigala*, latin *cicada.*

CIGARE [sigaʀ] **n. m.** ✦ Petit rouleau de feuilles de tabac que l'on fume. → **havane.**
ÉTYM. espagnol *cigarro*, peut-être mot maya ou de *cigarra* «cigale».

CIGARETTE [sigaʀɛt] **n. f.** 1. Petit rouleau de tabac haché et enveloppé dans un papier fin. SYN. FAM. **clope.** 2. *Cigarette électronique* : petit appareil produisant de la vapeur destinée à être inhalée. SYN. FAM. **vapoteuse.**
ÉTYM. diminutif de *cigare.*

CI-GÎT [siʒi] → ① CI ; GÉSIR

CIGOGNE [sigɔɲ] **n. f.** ✦ Oiseau échassier migrateur aux longues pattes, au bec rouge, long, droit. *La cigogne craquette.*
ÉTYM. provençal *cigognia*, latin *ciconia.*

CIGUË [sigy] **n. f.** ✦ Plante très toxique ; poison extrait d'une variété de cette plante *(grande ciguë). Socrate fut condamné à boire la ciguë.*
ÉTYM. latin *cicuta.*

CI-INCLUS → INCLUS

CI-JOINT → ① JOINT

CIL [sil] **n. m.** 1. Chacun des poils garnissant le bord libre des paupières et protégeant le globe oculaire. *Battre des cils. Faux cils* (qui se collent au bord des paupières). 2. BIOL. Filament fin du cytoplasme de certains organismes (bactéries, protozoaires) qui assure leur déplacement. SYN. **flagelle.** *Cils vibratiles des protozoaires.*
ÉTYM. latin *cilium.*

CILICE [silis] **n. m.** ✦ Chemise, ceinture rugueuse (poils de chèvre, etc.) portée par pénitence. HOM. SILICE «minéral»
ÉTYM. latin *cilicium* «étoffe de poils de chèvre de Cilicie».

CILIÉ, ÉE [silje] **adj.** 1. Garni de cils. *Cellules ciliées.* 2. **n. m. pl.** *Les ciliés* : classe de protozoaires à cils vibratiles (ex. paramécie).
ÉTYM. latin *ciliatus.*

CILLER [sije] **v. intr.** (conjug. 3a) ✦ Fermer et rouvrir rapidement les yeux. SYN. **cligner.** *La lumière trop vive le faisait ciller.* ➝ loc. *Ne pas ciller* : rester impassible.
ÉTYM. de *cil.*

CIMAISE [simɛz] **n. f.** 1. Moulure qui forme la partie supérieure d'une corniche. 2. Moulure à hauteur d'appui ; spécialt pour accrocher des tableaux, bien en vue.
ÉTYM. latin *cymatium*, du grec, de *kuma* «vague».

CIME [sim] **n. f.** ✦ Extrémité pointue (d'un arbre, d'un rocher, d'une montagne). SYN. **faîte, sommet.** *Les cimes neigeuses d'une chaîne de montagnes.* CONTR. **base, pied, racine.**
ÉTYM. latin *cyma*, du grec «gonflement ; vague».

CIMENT [simɑ̃] **n. m.** ✦ Matière calcaire qui, mélangée avec un liquide, forme une pâte durcissant à l'air ou dans l'eau. *Sac de ciment. Mélanger du ciment, du sable et de l'eau* (→ **mortier**).
ÉTYM. latin *caementum* «pierre brute» ; doublet de *cément.*

CIMENTER [simɑ̃te] **v. tr.** (conjug. 3a) **1.** Lier avec du ciment ; enduire de ciment. *Cimenter des briques.* – au p. passé *Sol cimenté.* **2.** fig. Rendre plus ferme, plus solide. *Cimenter une amitié.*

CIMENTERIE [simɑ̃tʀi] **n. f.** ✦ Industrie du ciment. – Usine où l'on fabrique le ciment.

CIMETERRE [simtɛʀ] **n. m.** ✦ Sabre oriental, à lame large et recourbée. SYN. **yatagan.**
ÉTYM. italien *scimitarra,* probablement du persan.

CIMETIÈRE [simtjɛʀ] **n. m.** ✦ Lieu où l'on enterre les morts. SYN. **nécropole, ossuaire.** – fig. *Un cimetière de voitures.* → ② **casse.**
ÉTYM. latin *coemeterium,* du grec «dortoir».

CIMIER [simje] **n. m.** ✦ Ornement qui forme la partie supérieure d'un casque.
ÉTYM. de *cime.*

CINABRE [sinabʀ] **n. m.** ✦ LITTÉR. Couleur rouge du sulfure de mercure. SYN. **vermillon.**
ÉTYM. latin *cinnabaris,* du grec.

CINÉ [sine] **n. m.** ✦ FAM. Cinéma. *Aller au ciné.*
ÉTYM. abréviation.

> **CINÉ-** Élément, du grec *kinein* «mouvoir», qui signifie «mouvement».

CINÉASTE [sineast] **n.** ✦ Personne qui exerce une activité créatrice et technique de cinéma (metteur en scène, opérateur, réalisateur).
ÉTYM. italien *cineasta* ou de *ciné(ma).*

CINÉCLUB ou **CINÉ-CLUB** [sineklœb] **n. m.** ✦ Club d'amateurs de cinéma, où l'on étudie la technique, l'histoire du cinéma. *Des cinéclubs, des ciné-clubs.* – Écrire *cinéclub* en un seul mot est permis.

CINÉMA [sinema] **n. m. 1.** Procédé permettant d'enregistrer photographiquement et de projeter des vues animées. *Le cinéma muet ; parlant.* – *Salle de cinéma.* **2.** Salle de projections. SYN. FAM. **ciné.** *Un grand cinéma.* **3.** Art de composer et de réaliser des films (→ le septième art). *Studio de cinéma. Acteur, réalisateur* (→ **metteur en scène**) *de cinéma.* – Ensemble de films ; art, industrie cinématographique. **4.** *C'est du cinéma,* c'est invraisemblable. *Faire son cinéma.* SYN. **comédie** (II).
ÉTYM. abréviation de *cinématographe.*

CINÉMASCOPE [sinemaskɔp] **n. m.** ✦ Cinéma sur écran large par anamorphose.
ÉTYM. nom déposé ; de *cinéma* et *-scope.*

CINÉMATHÈQUE [sinematɛk] **n. f.** ✦ Endroit où l'on conserve les films de cinéma.
ÉTYM. de *cinéma* et *-thèque.*

CINÉMATIQUE [sinematik] **n. f.** et **adj.** ✦ SC. **1. n. f.** Partie de la mécanique qui étudie le mouvement. **2. adj.** Du mouvement.
ÉTYM. grec *kinêmatikos,* de *kinêma* «mouvement».

CINÉMATOGRAPHE [sinematɔgʀaf] **n. m. 1.** HIST. Appareil capable de reproduire le mouvement par une suite de photographies, inventé par les frères Lumière. **2.** DIDACT. Cinéma.
ÉTYM. du grec *kinêma* «mouvement» et de *-graphe.*

CINÉMATOGRAPHIQUE [sinematɔgʀafik] **adj.** ✦ Qui se rapporte au cinéma. *Art, technique cinématographique.*

CINÉMOMÈTRE [sinemɔmɛtʀ] **n. m.** ✦ TECHN. Appareil servant à mesurer la vitesse d'un mobile.
ÉTYM. du grec *kinêma* «mouvement» et de *-mètre.*

CINÉPHILE [sinefil] **adj.** et **n.** ✦ Amateur et connaisseur en matière de cinéma.
ÉTYM. de *ciné(ma)* et *-phile.*

CINÉRAIRE [sineʀɛʀ] **adj.** ✦ LITTÉR. Qui renferme ou est destiné à renfermer les cendres d'un mort. *Vase, urne cinéraire.*
ÉTYM. latin *cinerarius,* de *cinis, cineris* «cendre».

CINÉTIQUE [sinetik] **adj.** ✦ Qui a le mouvement pour principe. *Énergie cinétique* (d'un point matériel en mouvement).
ÉTYM. grec *kinêtikos* «qui met en mouvement *(kinêma)*».

CINGLANT, ANTE [sɛ̃glɑ̃, ɑ̃t] **adj. 1.** Qui cingle. *Une bise cinglante.* **2.** fig. Qui blesse. SYN. **blessant, vexant.** *Une remarque cinglante.* CONTR. **aimable.**
ÉTYM. du participe présent de *cingler.*

CINGLÉ, ÉE [sɛ̃gle] **adj.** ✦ FAM. Un peu fou. – **n.** *C'est un vrai cinglé.*
ÉTYM. du participe passé de ② *cingler.*

① **CINGLER** [sɛ̃gle] **v. intr.** (conjug. 3a) ✦ (navire) Faire voile dans une direction. SYN. **naviguer.** *Le navire cingle vers les Antilles.*
ÉTYM. de l'ancien français *sigler,* du norrois.

② **CINGLER** [sɛ̃gle] **v. tr.** (conjug. 3a) **1.** Frapper fort (qqn) avec un objet mince et flexible (baguette, corde...). **2.** (vent, pluie, neige) Frapper, fouetter.
ÉTYM. peut-être altération de *sangler.*

CINNAMOME [sinamɔm] **n. m. 1.** Arbrisseau aromatique (camphrier, cannelier). **2.** Aromate tiré du cannelier. SYN. **cannelle.**
ÉTYM. latin *cinnamomum,* du grec.

CINOCHE [sinɔʃ] **n. m.** ✦ POP. Cinéma. SYN. **ciné.**

CINQ [sɛ̃k] **adj. numéral invar.** et **n. m. invar.**
I adj. numéral invar. ([sɛ̃] devant consonne ; [sɛ̃k] dans les autres cas) **1. adj. numéral cardinal invar.** Quatre plus un (5 ; V). *Les cinq doigts de la main. Cinq fois.* → **quintuple.** – *Dans cinq minutes :* très bientôt. *Il était moins cinq :* cela allait arriver. **2. adj. numéral ordinal invar.** Cinquième. *Page cinq. Il est cinq heures.*
II n. m. invar. [sɛ̃k] **1.** Nombre premier (quatre plus un). *Le nombre cinq.* ◆ Carte à jouer marquée de cinq points. *Le cinq de pique.* – loc. FAM. *EN CINQ SEC :* très rapidement. **2.** Chiffre qui représente ce nombre (5).
HOM. SAIN «en bonne santé», SAINT «vertueux», SEIN «poitrine», SEING «signature»
ÉTYM. latin populaire *cinque,* de *quinque.*

CINQUANTAINE [sɛ̃kɑ̃tɛn] **n. f.** ✦ Nombre de cinquante ou environ. *Approcher de la cinquantaine,* de cinquante ans.

CINQUANTE [sɛ̃kɑ̃t] **adj. numéral invar.** et **n. m. invar.**
I adj. numéral cardinal invar. (50 ; L). Dix fois cinq. *Cinquante pages.* ➙ **adj. numéral ordinal invar.** Cinquantième. *La page cinquante.*
II n. m. invar. Le nombre cinquante.
ÉTYM. latin populaire *cinquaginta*, de *quinquaginta*.

CINQUANTENAIRE [sɛ̃kɑ̃tnɛʀ] **n. m.** ✦ Cinquantième anniversaire. SYN. **jubilé.**

CINQUANTIÈME [sɛ̃kɑ̃tjɛm] **adj. 1.** Qui a le numéro cinquante pour rang. **2. adj.** et **n. m.** Se dit d'une fraction d'un tout divisé également en cinquante.

CINQUIÈME [sɛ̃kjɛm] **adj. 1.** Qui a le numéro cinq pour rang. *Le cinquième étage.* **2.** Se dit d'une fraction d'un tout divisé également en cinq. *La cinquième partie d'un héritage.* ➙ **n. m.** *Consacrer un cinquième du budget au loyer.*
► **CINQUIÈMEMENT** [sɛ̃kjɛmmɑ̃] **adv.**

CINTRE [sɛ̃tʀ] **n. m. I 1.** Courbure de la surface intérieure (d'un voûte, d'un arc). ➙ *EN PLEIN CINTRE* : dont la courbure est un demi-cercle. *Arc en plein cintre.* → **berceau. 2.** TECHN. Échafaudage en arc de cercle sur lequel on construit les voûtes. SYN. **coffrage. II** Barre courbée munie d'un crochet servant à suspendre les vêtements.
ÉTYM. de *cintrer*.

CINTRER [sɛ̃tʀe] **v. tr.** (conjug. 3a) **1.** Bomber, courber. *Cintrer une barre.* **2.** Rendre (un vêtement) ajusté à la taille. *Cintrer une veste.* ➙ **au p. passé** *Chemise cintrée.* CONTR. **redresser.**
► **CINTRAGE** [sɛ̃tʀaʒ] **n. m.**
ÉTYM. latin populaire *cincturare*, de *cinctura* « ceinture ».

C. I. O. [seio] **n. m.** ✦ Centre d'information et d'orientation.
ÉTYM. sigle.

CIPPE [sip] **n. m.** ✦ DIDACT. Petite colonne (tronquée ou sans chapiteau) servant de borne, de stèle.
ÉTYM. latin *cippus*.

CIRAGE [siʀaʒ] **n. m. 1.** Action de cirer. *Le cirage des parquets.* **2.** Produit servant à nettoyer, lustrer le cuir. ◆ FAM. *Être dans le cirage* : ne plus rien voir ; ne plus rien comprendre.

CIRCADIEN, IENNE [siʀkadjɛ̃, jɛn] **adj.** ✦ BIOL. D'une période d'environ 24 heures. *Rythme circadien.*
ÉTYM. latin *circa diem* « presque un jour ».

CIRCONCIRE [siʀkɔ̃siʀ] **v. tr.** (conjug. 65b) ✦ Exciser le prépuce de (un garçon).
► **CIRCONCIS, ISE** [siʀkɔ̃si, iz] **adj.**
ÉTYM. latin *circumcidere* « couper *(caedere)* autour *(circum)* ».

CIRCONCISION [siʀkɔ̃sizjɔ̃] **n. f.** ✦ Excision totale ou partielle du prépuce, ablation rituelle (judaïsme, islam, animisme).

CIRCONFÉRENCE [siʀkɔ̃feʀɑ̃s] **n. f. 1.** VIEILLI Courbe plane fermée dont tous les points sont à égale distance d'un point appelé centre. SYN. **cercle. 2.** MOD. Périmètre d'un cercle. *La circonférence est égale au produit du diamètre par pi* (π = 3,1416...). **3.** Pourtour. *La circonférence d'une ville.*
ÉTYM. latin *circumferentia*, de *circumferre* « faire le tour ».

CIRCONFLEXE [siʀkɔ̃flɛks] **adj.** ✦ *ACCENT CIRCONFLEXE* : signe (ˆ) placé sur certaines voyelles longues (ex. pâte) ou comme signe distinctif (ex. mûr-mur).
ÉTYM. latin *circumflexus*, de *circumflectere* « faire une courbe ».

CIRCONLOCUTION [siʀkɔ̃lɔkysjɔ̃] **n. f.** ✦ Manière d'exprimer sa pensée d'une façon indirecte. SYN. **périphrase.**
ÉTYM. latin *circumlocutio*.

CIRCONSCRIPTION [siʀkɔ̃skʀipsjɔ̃] **n. f.** ✦ Division légale (d'un territoire). *Circonscription territoriale, administrative, militaire.*
ÉTYM. latin *circumscriptio*.

CIRCONSCRIRE [siʀkɔ̃skʀiʀ] **v. tr.** (conjug. 67) **1.** Décrire une ligne qui limite (une surface). *Circonscrire un secteur à prospecter.* **2.** fig. Enfermer dans des limites. SYN. **borner, limiter.** *Circonscrire son sujet.* SYN. **délimiter. 3.** Limiter, empêcher la propagation de. *Circonscrire un incendie.* CONTR. **élargir, étendre.**
ÉTYM. latin *circumscribere*, de *scribere* « écrire ».

CIRCONSPECT, ECTE [siʀkɔ̃spɛ(kt), ɛkt] **adj.** ✦ Qui est attentif et prudent dans ses actes. SYN. **avisé, réservé.** ➙ *Tenir un langage circonspect.* CONTR. **aventureux, imprudent, téméraire.**
ÉTYM. latin *circumspectus*, de *spicere* « regarder ».

CIRCONSPECTION [siʀkɔ̃spɛksjɔ̃] **n. f.** ✦ Attitude de retenue prudente. *Agir avec circonspection.* SYN. **précaution.** CONTR. **imprudence, témérité.**
ÉTYM. latin *circumspectio*, de *spicere* « regarder ».

CIRCONSTANCE [siʀkɔ̃stɑ̃s] **n. f. 1.** Particularité qui accompagne un évènement, une situation. SYN. **condition.** ➙ DR. *Circonstances atténuantes*, qui atténuent la peine normale. ➙ GRAMM. *Complément de circonstance* (de temps, de lieu, de manière, de cause, de condition...). → **circonstanciel. 2.** Ce qui constitue, caractérise le moment présent. SYN. **conjoncture, situation.** *Il faut profiter de la circonstance.* ➙ *LES CIRCONSTANCES* : la situation. *Dans les circonstances actuelles, présentes. Être à la hauteur des circonstances. Un concours* de circonstances.* ➙ *DE CIRCONSTANCE* : adapté à la situation momentanée. *Un discours de circonstance.* ➙ *Une figure de circonstance* (grave et triste).
ÉTYM. latin *circumstantia*, de *circumstare* « se tenir autour ».

CIRCONSTANCIÉ, ÉE [siʀkɔ̃stɑ̃sje] **adj.** ✦ Qui comporte les circonstances, les détails (récit).

CIRCONSTANCIEL, ELLE [siʀkɔ̃stɑ̃sjɛl] **adj.** ✦ De circonstance. ◆ GRAMM. Qui apporte une information sur les circonstances de l'action. *Proposition subordonnée conjonctive circonstancielle* : proposition subordonnée introduite par une conjonction de subordination, ayant une fonction de *complément circonstanciel de temps, de cause, de but, de condition, de conséquence...*

CIRCONVALLATION [siʀkɔ̃valasjɔ̃] **n. f.** ✦ TECHN. Tranchée fortifiée établie par l'assiégeant pour se défendre des secours.
ÉTYM. du latin *circumvallare* « cerner », de *vallus* « pieu, palissade ».

CIRCONVENIR [siʀkɔ̃v(ə)niʀ] **v. tr.** (conjug. 16) ✦ Agir sur (qqn) avec ruse pour obtenir ce que l'on souhaite. SYN. FAM. **entortiller.**
ÉTYM. latin *circumvenire* « entourer ».

A B C D E F G H I J K L M N O P Q R S T U V W X Y Z

CIRCONVOLUTION [siʀkɔ̃vɔlysjɔ̃] **n. f.** 1. Enroulement, sinuosité autour d'un point central. *Décrire des circonvolutions.* 2. *Les circonvolutions cérébrales,* replis sinueux du cortex cérébral, en forme de bourrelets.
ÉTYM. latin *circumvolutio*, de *volvere* «rouler».

CIRCUIT [siʀkɥi] **n. m.** I 1. Distance à parcourir pour faire le tour (d'une surface). 2. Chemin (long et compliqué) parcouru pour atteindre un lieu. – Parcours organisé. *Circuit touristique.* 3. Itinéraire en circuit fermé de certaines courses (auto, moto...). – Piste de compétition automobile. *Le circuit du Mans.* 4. TECHN. Suite ininterrompue de conducteurs électriques. *Couper le circuit. Mettre une lampe en circuit, hors circuit.* – *Circuit intégré* : circuit électronique sur une plaquette semi-conductrice. → **microprocesseur, puce.** – loc. fig. *ÊTRE HORS CIRCUIT* : ne pas être impliqué dans une affaire. 5. Ensemble de conduits pour les fluides. *Circuit de refroidissement.* II fig. Mouvement d'aller et retour (des biens, des services). *Le circuit des capitaux. Circuit de distribution. Circuit commercial.*
ÉTYM. latin *circuitus*, de *circuire* «aller *(ire)* autour *(circum)*».

CIRCULAIRE [siʀkylɛʀ] **adj.** et **n. f.**
I **adj.** 1. Qui décrit un cercle. *Mouvement circulaire.* 2. Qui a ou rappelle la forme d'un cercle. SYN. **rond.** *Une scie circulaire.* 3. Dont l'itinéraire ramène au point de départ (SYN. **circuit,** ① **tour**). *Boulevard circulaire.* SYN. **périphérique.** ♦ Qui fonctionne en circuit fermé. *Économie circulaire,* basée sur une meilleure gestion des ressources et le recyclage des déchets.
► **CIRCULAIREMENT** [siʀkylɛʀmɑ̃] **adv.**
II **n. f.** Lettre reproduite à plusieurs exemplaires et adressée à plusieurs personnes à la fois. *Circulaire administrative.*
ÉTYM. latin *circularis*.

CIRCULATION [siʀkylasjɔ̃] **n. f.** 1. Déplacement utilisant les voies de communication. SYN. **trafic.** *La circulation des trains. Circulation automobile.* ☞ Géographie p. 228. *Une circulation fluide, difficile. Accident de la circulation.* 2. Les véhicules qui circulent. *Détourner la circulation.* 3. Mouvement des fluides, notamment physiologiques. *La circulation du sang.* absolt *Trouble de la circulation.* → **circulatoire.** *Petite circulation (ou circulation pulmonaire),* entre le cœur et les poumons. *La circulation de la sève dans les plantes.* 4. Mouvement (des biens, des produits) ; échanges. *Circulation de l'argent, des capitaux.* SYN. **roulement.** – *Mettre EN CIRCULATION* : diffuser, répandre.
ÉTYM. latin *circulatio*.

CIRCULATOIRE [siʀkylatwaʀ] **adj.** ✦ Relatif à la circulation du sang. *Troubles circulatoires.*
ÉTYM. de *circuler*.

CIRCULER [siʀkyle] **v. intr.** (conjug. 3a) 1. Aller et venir ; se déplacer sur les voies de communication. *Les passants circulent.* SYN. **passer,** se **promener.** *Circulez !* avancez, ne restez pas là ! 2. (fluides) Passer dans un circuit. *Le sang circule dans le corps.* – (air, fumée) Se renouveler par la circulation. 3. Passer, aller de main en main. *Les capitaux circulent.* 4. (information) Se propager. SYN. **courir.** *Ce bruit circule dans la ville.*
ÉTYM. latin *circulari*, de *circulus* «cercle».

CIRCUM- Élément, du latin *circum* «autour» (ex. *circumnavigation* [siʀkɔmnavigasjɔ̃] **n. f.**).

CIRE [siʀ] **n. f.** 1. Matière molle, jaunâtre, produite par les abeilles. *Alvéoles en cire d'une ruche.* 2. Préparation (cire et essence de térébenthine) pour l'entretien du bois. SYN. **encaustique.** 3. *Cire à cacheter,* préparation de gomme laque et de résine. HOM. SIRE «seigneur»
ÉTYM. latin *cera*.

CIRÉ, ÉE [siʀe] **adj.** et **n. m.**
I **adj.** 1. Enduit de cire ou de cirage. *Parquet ciré.* 2. *TOILE CIRÉE,* enduite d'un vernis.
II **n. m.** Vêtement imperméable de tissu plastifié. *Un ciré jaune.*
ÉTYM. de *cirer*.

CIRER [siʀe] **v. tr.** (conjug. 3a) 1. Enduire, frotter de cire, d'encaustique. SYN. **encaustiquer.** *Cirer un parquet, des meubles.* 2. Enduire de cirage. *Cirer ses bottes.*

CIREUR, EUSE [siʀœʀ, øz] **n.** 1. Personne chargée de cirer. *Un petit cireur (de chaussures).* 2. CIREUSE **n. f.** Appareil ménager qui cire les parquets.

CIREUX, EUSE [siʀø, øz] **adj.** ✦ Qui a la consistance, l'aspect blanc jaunâtre de la cire. *Un teint cireux.*

CIRON [siʀɔ̃] **n. m.** ✦ VX ou DIDACT. Insecte minuscule, symbole de l'extrême petitesse.
ÉTYM. de l'ancien français *suiron*, de l'anc. allemand.

CIRQUE [siʀk] **n. m.** I 1. HIST. Amphithéâtre pour les jeux publics (Rome antique, Gaule). *Les jeux du cirque* (courses de chars, combats de gladiateurs, etc.). ☞ Rome p. 154. 2. Amphithéâtre naturel de parois abruptes, d'origine glaciaire. *Le cirque de Gavarnie.* II 1. Édifice ou tente (circulaire, ovale...) où ont lieu des exercices d'équitation, de domptage, d'équilibre, des exhibitions, des scènes comiques (clowns, augustes). *Cirque forain.* 2. *Le cirque* : ce type de spectacle. ♦ *Un cirque* : entreprise qui organise ce genre de spectacle. 3. FAM. Activité désordonnée. *Qu'est-ce que c'est que ce cirque ?* – *Faire son cirque.* SYN. **cinéma** (4).
ÉTYM. latin *circus*, du grec.

CIRRHOSE [siʀoz] **n. f.** ✦ Maladie du foie caractérisée par des granulations. *Cirrhose alcoolique.*
► **CIRRHOTIQUE** [siʀɔtik] **adj.** et **n.**
ÉTYM. du grec *kirros* «roux».

CIRRUS [siʀys] **n. m.** ✦ Nuage élevé, en flocons ou filaments.
ÉTYM. mot latin «boucle de cheveux».

CIS- Élément, du latin *cis* «en deçà» (ex. *cisalpin, ine* [sizalpɛ̃, in] **adj.** ; opposé à *transalpin*).

CISAILLE [sizaj] **n. f.** ✦ Gros ciseaux (ou pinces coupantes) servant à couper les métaux, à élaguer les arbres. SYN. **sécateur.**
ÉTYM. latin populaire *cisacula*, de *caedere* «couper».

CISAILLER [sizaje] **v. tr.** (conjug. 3a) ✦ Couper (qqch.) avec des cisailles. *Cisailler des fils de fer barbelés.*
► **CISAILLEMENT** [sizajmɑ̃] **n. m.**

CISALPIN, INE [sizalpɛ̃, in] **adj.** ✦ Situé de ce côté-ci des Alpes. (Pour les Romains) *Gaule cisalpine* (Lombardie, Piémont) *et Gaule transalpine* (Gaule proprement dite).
ÉTYM. du latin *cis* «en deçà» et de *alpin*.

CISEAU [sizo] **n. m.** **I** Outil d'acier, en biseau à l'une de ses extrémités, qui sert à tailler des matières dures. *Un ciseau de sculpteur, de graveur* (→ **burin**). **II** au plur. Instrument formé de deux branches d'acier, tranchantes sur la lame, réunies et croisées en leur milieu sur un pivot, et qui sert à couper. *Des ciseaux* ou *une paire de ciseaux. Ciseaux à ongles.*
ÉTYM. latin populaire *cisellus*, de *caedere* «couper».

CISELER [siz(ə)le] **v. tr.** (conjug. 7a) ✦ Travailler avec un ciseau (des ouvrages de métal, de pierre). *Ciseler un bijou.* – au p. passé *Des motifs ciselés.*
► **CISELEUR, EUSE** [siz(ə)lœʀ, øz] **n.**
ÉTYM. de *cisel*, ancienne forme de *ciseau.*

CISELURE [siz(ə)lyʀ] **n. f.** ✦ Ornement ciselé.
ÉTYM. de *ciseler.*

① **CISTE** [sist] **n. m.** ✦ Arbrisseau méditerranéen à résine aromatique.
ÉTYM. latin *cisthos*, du grec.

② **CISTE** [sist] **n. f.** ✦ DIDACT. Corbeille portée dans les mystères antiques.
ÉTYM. latin *cista*, du grec «panier».

CISTERCIEN, IENNE [sistɛʀsjɛ̃, jɛn] **adj. et n.** ✦ Qui appartient à l'ordre de Cîteaux. *Moine cistercien. Abbaye cistercienne.* – **n.** Religieux de cet ordre. SYN. **trappiste.**
ÉTYM. de *Cistercium*, nom latin de Cîteaux. ☛ noms propres.

CITADELLE [sitadɛl] **n. f. 1.** Forteresse qui commandait une ville. SYN. **château** fort, **fortification. 2.** fig. Centre, bastion ; lieu en butte à des attaques.
ÉTYM. italien *cittadella*, proprt «petite cité *(città)*».

CITADIN, INE [sitadɛ̃, in] **adj. et n. 1. adj.** DIDACT. De la ville. SYN. **urbain.** *Populations, habitudes citadines.* **2. n.** Habitant d'une grande ville. *Les citadins.* CONTR. **campagnard, paysan, rural.**
ÉTYM. italien *cittadino*, de *città* «cité».

CITATION [sitasjɔ̃] **n. f. 1.** Passage cité (d'un auteur, d'un personnage célèbre). SYN. **exemple, extrait.** – loc. *FIN DE CITATION*, signale qu'on a fini de rapporter les paroles d'autrui. **2.** Sommation de comparaître en justice ; acte qui la notifie. *Citation devant le tribunal civil.* **3.** Mention honorable d'un militaire, d'une unité, qui se sont distingués. *Citation à l'ordre de la Nation.*
ÉTYM. latin *citatio.*

CITÉ [site] **n. f.** **I** **1.** ANTIQ. Fédération autonome de tribus, avec une ville-métropole. *Les cités grecques.* **2.** Ville importante considérée sous son aspect de personne morale. ♦ Partie la plus ancienne d'une ville. *L'île de la Cité* (à Paris). *La Cité de Londres.* **3.** Groupe isolé d'immeubles ayant même destination. *Cités ouvrières. Cités universitaires*, où habitent les étudiants. *Cité-dortoir.* **II** loc. *Avoir DROIT DE CITÉ*, être admis à, dans, à faire partie de... HOM. CITER «rapporter»
ÉTYM. latin *civitas, civitatis.*

CITER [site] **v. tr.** (conjug. 3a) **1.** Rapporter (ce qu'a dit ou écrit quelqu'un d'autre). *Citer un passage.* – *Citer un auteur.* **2.** Désigner précisément, mentionner. *Citez trois pièces de Corneille. Citer ses références. Citer un exemple à l'appui.* **3.** Désigner comme digne d'attention. *Citer qqn en exemple*, le donner en exemple. **4.** Sommer (qqn) à comparaître en justice. **5.** Décerner une citation militaire à (qqn, une unité). HOM. CITÉ «ville»
ÉTYM. latin *citare* «convoquer en justice».

CITERNE [sitɛʀn] **n. f. 1.** Réservoir d'eau de pluie. *Eau de citerne.* **2.** Cuve contenant un carburant, un liquide. – (élément de mots composés) *Bateau-citerne. Des camions-citernes.*
ÉTYM. latin *cisterna*, de *cista* «panier, coffre».

CITHARE [sitaʀ] **n. f.** ✦ Instrument de musique à cordes tendues sur une caisse de résonance dépourvue de manche. HOM. SITAR «instrument de musique indien»
► **CITHARISTE** [sitaʀist] **n.**
ÉTYM. latin *cithara*, du grec.

CITOYEN, ENNE [sitwajɛ̃, ɛn] **n. 1.** Individu considéré du point de vue de ses droits politiques, civiques et juridiques. – National d'un pays à régime républicain. SYN. **ressortissant.** *Un citoyen français et un sujet britannique. Accomplir son devoir de citoyen :* voter. – *Citoyen du monde*, qui met l'intérêt de l'humanité au-dessus du nationalisme. **2.** sous la Révolution Appellatif pour monsieur, madame, mademoiselle. *Le citoyen Capet* (Louis XVI). **3.** FAM. *Un drôle de citoyen :* un individu bizarre. **4. adj.** Relatif au sens civique. *Une initiative citoyenne. Attitude citoyenne et responsable.*
ÉTYM. de *cité.*

CITOYENNETÉ [sitwajɛnte] **n. f.** ✦ Qualité de citoyen. *La citoyenneté française.*

CITRATE [sitʀat] **n. m.** ✦ CHIM. Sel de l'acide citrique.
ÉTYM. du latin *citrus* «cédrat».

CITRIQUE [sitʀik] **adj.** ✦ CHIM. *Acide citrique :* triacide alcool (que l'on peut extraire de certains fruits : citron, groseille...).
ÉTYM. du latin *citrus* «cédrat».

CITRON [sitʀɔ̃] **n. m. 1.** Fruit jaune du citronnier, agrume de saveur acide. *Écorce, zeste de citron. Jus de citron. Citron pressé.* – *Citron vert.* **2.** FAM. Tête. *Il n'a rien dans le citron.* **3. adjectivt invar.** De la couleur du citron. *Tissus citron.* – **appos. invar.** *Des nappes jaune citron.*
ÉTYM. du latin *citrus* «cédrat».

CITRONNADE [sitʀɔnad] **n. f.** ✦ Boisson rafraîchissante et sucrée, au jus de citron.

CITRONNELLE [sitʀɔnɛl] **n. f. 1.** Plante contenant une essence à odeur de citron. SYN. **mélisse. 2.** Graminée d'Asie aux tiges aromatiques. *Poulet à la citronnelle.*

CITRONNIER [sitʀɔnje] **n. m.** ✦ Arbre qui produit le citron jaune ou vert. ♦ Son bois. *Table en citronnier.*

CITROUILLE [sitʀuj] **n. f.** ✦ Courge arrondie et volumineuse d'un jaune orangé. SYN. **potiron.** *Soupe à la citrouille.* – *La citrouille transformée en carrosse, dans «Cendrillon».*
ÉTYM. du bas latin *citrium*, de *citrus* «cédrat», à cause de la couleur.

CIVET [sivɛ] **n. m.** ✦ Ragoût (de lièvre, lapin, gibier) cuit avec du vin, des oignons. *Lapin en civet. Civet de chevreuil.*
ÉTYM. de *cive* «ciboule», latin *caepa* «oignon».

CIVETTE [sivɛt] **n. f.** 1. Petit mammifère au pelage gris, sécrétant une matière odorante. 2. Parfum extrait de cette matière.
ÉTYM. arabe *zabad* «substance à odeur de musc», par le catalan *civetta.*

CIVIÈRE [sivjɛʀ] **n. f.** ✦ Brancard pour transporter les malades, les blessés.
ÉTYM. peut-être latin populaire *cibaria,* de *cibus* «sac à provisions».

CIVIL, ILE [sivil] **adj.** I 1. Relatif à l'ensemble des citoyens. *GUERRE CIVILE,* entre les citoyens d'un même État. – *Droits civils,* que la loi garantit à tous les citoyens. – *État* civil.* 2. DR. Relatif aux rapports entre les individus (opposé à *criminel*). *Droit civil. Le Code civil.* ♦ *Se porter PARTIE CIVILE :* demander des dommages-intérêts pour un préjudice, en dehors de l'aspect pénal. 3. Qui n'est pas militaire. *Les autorités civiles.* – n. *Les militaires et les civils. Policier en civil,* sans uniforme. – *Dans le civil :* dans la vie, ordinairement. 4. Qui n'est pas religieux. *Mariage civil,* à la mairie seulement. II VIEILLI Qui observe les usages de la bonne société. SYN. **courtois,** ① **poli ;** → **civilité.** CONTR. **correctionnel, criminel · militaire · religieux · grossier, impoli, incivil.**
ÉTYM. latin *civilis,* de *civis* «citoyen».

CIVILEMENT [sivilmɑ̃] **adv.** I 1. En matière civile. *Être civilement responsable.* 2. *Se marier civilement,* à la mairie. II Avec civilité. *Il nous a reçus fort civilement.* CONTR. **religieusement · impoliment.**

CIVILISATEUR, TRICE [sivilizatœʀ, tʀis] **adj. et n.** ✦ Qui répand la civilisation. *Religion, philosophie civilisatrice.*
ÉTYM. de *civiliser.*

CIVILISATION [sivilizasjɔ̃] **n. f.** 1. *La civilisation :* ensemble des caractères communs aux sociétés les plus complexes ; ensemble des acquisitions des sociétés humaines (opposé à *nature, barbarie*). SYN. **progrès.** 2. *(Une, des civilisations)* Ensemble de phénomènes sociaux (religieux, moraux, esthétiques, scientifiques, techniques) d'une grande société. SYN. **culture.** *La civilisation chinoise, égyptienne. Les civilisations disparues.*
ÉTYM. de *civiliser.*

CIVILISÉ, ÉE [sivilize] **adj. et n.** ✦ Doté d'une civilisation. CONTR. **barbare, sauvage.**

CIVILISER [sivilize] **v. tr.** (conjug. 3a) 1. Faire passer une collectivité à un état social plus complexe, plus évolué (dans l'ordre moral, intellectuel, artistique, technique). → **civilisation.** *Les Grecs ont civilisé l'Occident.* 2. FAM. Rendre plus raffiné, plus aimable. – pronom. (réfl.) *Il se civilise à votre contact.*
ÉTYM. de *civil.*

CIVILITÉ [sivilite] **n. f.** 1. VIEILLI Politesse. 2. au plur. Démonstration de politesse. *Présenter ses civilités à qqn,* ses compliments. SYN. **hommage, salutation.** CONTR. **grossièreté, impolitesse, incivilité · injure.**
ÉTYM. latin *civilitas,* d'abord «qualité de citoyen *(civis)*».

CIVIQUE [sivik] **adj.** ✦ Relatif au citoyen. *Droits civiques. Courage, vertu civique.* → **patriotique.** – *Éducation civique,* portant sur les devoirs du citoyen. *Sens civique :* sens des responsabilités et des devoirs de citoyen. → **civisme.**
ÉTYM. latin *civicus,* de *civis* «citoyen».

CIVISME [sivism] **n. m.** ✦ Sens civique.

Cl [seɛl] ✦ CHIM. Symbole du chlore.

CLABAUDER [klabode] **v. intr.** (conjug. 3a) ✦ LITTÉR. Crier sans motif ; protester sans sujet et de manière malveillante. *Clabauder sur, contre qqn.* SYN. **dénigrer, médire.**
► **CLABAUDAGE** [klabodaʒ] **n. m.**
ÉTYM. de l'ancien français *clabaud* «chien», d'origine onomatopéique.

CLAC [klak] **interj.** ✦ Interjection imitant un bruit sec, un claquement. HOM. CLAQUE «gifle»
ÉTYM. onomatopée.

CLAFOUTIS [klafuti] **n. m.** ✦ Gâteau à base de lait, d'œufs et de fruits. *Clafoutis aux cerises.*
ÉTYM. de l'ancien français *claufir* «fourrer», latin *clavo figere* «fixer avec un clou *(clavis)*», croisé avec *foutre.*

CLAIE [klɛ] **n. f.** 1. Treillis d'osier à claire-voie. *Claie à sécher les fromages.* 2. Treillage en bois ou en fer. *Claie métallique.* → **grille.**
ÉTYM. latin médiéval *clida,* du gaulois.

CLAIR, CLAIRE [klɛʀ] **adj. et n. m.**
I **adj.** 1. Qui a l'éclat du jour, reçoit beaucoup de lumière. *Temps clair,* sans nuage. SYN. **lumineux.** *Il fait plus clair. Un bureau clair.* 2. Faiblement coloré. *Couleur claire. Cheveux châtain clair. Vert clair.* 3. Peu serré, peu épais. *Les blés sont clairs.* SYN. **clairsemé.** 4. Pur et transparent. *De l'eau claire.* SYN. **limpide.** 5. (sons) Net et pur. SYN. ① **argentin.** *Son, timbre clair. D'une voix claire.* CONTR. ② **couvert, obscur, sombre · foncé · dense, dru, épais, serré · impur, sale,** ① **trouble · rauque, sourd, voilé.**
II **adj.,** fig. 1. Aisé, facile à comprendre. SYN. **lumineux,** ① **net.** *Des idées claires et précises. Rendre plus clair.* → **clarifier.** – loc. *C'est clair comme le jour, comme de l'eau de roche.* 2. Manifeste, sans équivoque. SYN. **apparent, certain, évident ;** → **sûr.** *La chose est claire. Il est clair que... C'est clair !* CONTR. **compliqué, confus, difficile, embrouillé, fumeux · ambigu, équivoque, flou,** ③ **vague.**
III **n. m.** (dans des expr.) 1. concret *CLAIR DE LUNE :* lumière que donne la Lune. – *Le clair de terre* (vu de la Lune). ♦ ARTS *Les clairs :* les parties éclairées. *Les clairs et les noirs d'un dessin.* 2. fig. *Tirer AU CLAIR :* éclaircir, élucider (une affaire confuse, obscure). ♦ *Dépêche EN CLAIR,* en langage ordinaire (opposé à *chiffré, codé*). – *En clair :* exprimé clairement. *En clair, cela signifie que...* ♦ *LE PLUS CLAIR :* la plus grande partie. *Il passe le plus clair de son temps à dormir.*
IV **adv.** 1. D'une manière claire. SYN. **clairement.** *Essayons d'y voir clair,* de comprendre. 2. *Parler clair.* SYN. **franchement, nettement.**
HOM. CLAIRE «bassin», CLERC «employé»
ÉTYM. latin *clarus.*

CLAIRE [klɛʀ] **n. f.** 1. Bassin d'eau de mer dans lequel se fait l'affinage des huîtres. *Fine de claire :* huître affinée en claire. *Des fines de claire.* 2. Huître (de claire). *Des claires.* HOM. CLAIR «lumineux», CLERC «employé»
ÉTYM. de *clair.*

CLAIREMENT [klɛʀmɑ̃] **adv.** 1. D'une manière claire. SYN. **distinctement, nettement.** *Distinguer clairement la côte.* 2. D'une manière claire à l'esprit ; avec clarté. SYN. **explicitement.** *Répondez-moi clairement.* CONTR. **confusément, vaguement.**

CLAIRET, ETTE [klɛʀɛ, ɛt] **adj.** ✦ Un peu clair. *Du vin clairet.*

CLAIRETTE [klɛʀɛt] **n. f.** ✦ Cépage blanc du midi de la France ; vin mousseux qu'il produit. *La clairette de Die.*
ÉTYM. de *clairet.*

CLAIRE-VOIE [klɛʀvwa] **n. f.** **1.** Clôture à jour. SYN. **barrière, grillage, treillage.** *Des claires-voies.* **2.** loc. *À CLAIRE-VOIE :* qui présente des vides, des jours. *Volet à claire-voie.*
ÉTYM. de *clair* et *voie.*

CLAIRIÈRE [klɛʀjɛʀ] **n. f.** ✦ Endroit dégarni d'arbres (dans un bois, une forêt).
ÉTYM. de *clair.*

CLAIR-OBSCUR [klɛʀɔpskyʀ] **n. m.** **1.** PEINT. Opposition des lumières et des ombres. *Des clairs-obscurs.* **2.** Lumière douce, tamisée. SYN. **pénombre.** CONTR. **clarté.**
ÉTYM. italien *chiaroscuro.*

CLAIRON [klɛʀɔ̃] **n. m.** **1.** Instrument à vent (cuivre) sans pistons ni clés, au son clair et puissant. *Sonner du clairon.* **2.** Soldat qui joue du clairon.
ÉTYM. de *clair* «sonore».

CLAIRONNER [klɛʀɔne] **v. tr.** (conjug. 3a) **1.** Parler d'une voix aiguë et forte. **2.** Annoncer avec éclat, affectation. *Claironner son succès, sa victoire.*
▶ **CLAIRONNANT, ANTE** [klɛʀɔnɑ̃, ɑ̃t] **adj.** *D'une voix claironnante.*
ÉTYM. de *clairon.*

CLAIRSEMÉ, ÉE [klɛʀsəme] **adj.** **1.** Qui est peu serré, répandu de distance en distance. *Des arbres clairsemés. Cheveux clairsemés.* **2.** fig. Peu dense, dispersé. *Population clairsemée.* CONTR. **dense, dru, serré.**
ÉTYM. de *clair* et *semé.*

CLAIRVOYANCE [klɛʀvwajɑ̃s] **n. f.** ✦ Vue claire et lucide des choses. SYN. **discernement, lucidité, perspicacité.** CONTR. **aveuglement.**
ÉTYM. de *clairvoyant.*

CLAIRVOYANT, ANTE [klɛʀvwajɑ̃, ɑ̃t] **adj.** **1.** VX Qui voit bien. ➛ **n.** *Les clairvoyants et les aveugles.* SYN. ① **voyant.** **2.** Qui a de la clairvoyance. *Un esprit clairvoyant.* SYN. **lucide, pénétrant.**
ÉTYM. de *clair* et participe présent de *voir.*

CLAMER [klame] **v. tr.** (conjug. 3a) ✦ Manifester en termes violents, par des cris. SYN. **crier, hurler.** *Clamer son indignation ; son innocence.* SYN. **proclamer.** CONTR. **taire.**
ÉTYM. latin *clamare.*

CLAMEUR [klamœʀ] **n. f.** ✦ Ensemble de cris confus. SYN. **bruit, tumulte.** *Une immense clameur.*
ÉTYM. latin *clamor.*

CLAMP [klɑ̃p] **n. m.** ✦ CHIR. Pince chirurgicale à deux branches pour obturer un vaisseau, le tube digestif.
ÉTYM. mot anglais.

CLAMPER [klɑ̃pe] **v. tr.** (conjug. 3a) ✦ Serrer, interrompre avec un clamp.
▶ **CLAMPAGE** [klɑ̃paʒ] **n. m.** *Clampage de l'aorte.*
ÉTYM. de *clamp.*

CLAMSER [klamse] **v. intr.** (conjug. 3a) ✦ FAM. Mourir. SYN. **claquer, crever.**
ÉTYM. origine incertaine.

CLAN [klɑ̃] **n. m.** **1.** Groupe ethnique, tribu (d'abord Écosse et Irlande). ♦ ETHNOL. Groupe composé de parents ayant à l'origine un ancêtre unique. *Chef de clan.* **2.** Petit groupe de personnes qui ont des idées, des goûts communs. *Esprit de clan. Groupe scindé en deux clans.* SYN. **camp.**
ÉTYM. mot anglais, du gaélique *clann* «race, famille».

CLANDESTIN, INE [klɑ̃dɛstɛ̃, in] **adj.** ✦ Qui se fait en cachette et qui a un caractère illicite. SYN. ① **secret.** *Réunion clandestine.* ➛ *Passager clandestin,* sans billet. ➛ *Immigrés clandestins,* qui ont passé illégalement une frontière. ➛ **n.** *Un clandestin.*
▶ **CLANDESTINEMENT** [klɑ̃dɛstinmɑ̃] **adv.**
ÉTYM. latin *clandestinus.*

CLANDESTINITÉ [klɑ̃dɛstinite] **n. f.** ✦ Caractère clandestin. *Vivre dans la clandestinité.*

CLANIQUE [klanik] **adj.** ✦ ETHNOL. D'un clan.
ÉTYM. de *clan.*

CLAP [klap] **n. m.** ✦ anglicisme Dispositif formé de deux planchettes articulées et d'un tableau sur lequel sont numérotées les prises d'un tournage. SYN. **claquette.**
ÉTYM. mot anglais, de *to clap* «choquer».

CLAPET [klapɛ] **n. m.** **1.** Soupape en forme de couvercle à charnière. *Les clapets d'une pompe.* **2.** FAM. Bouche (qui parle). *Ferme ton clapet :* tais-toi.
ÉTYM. de *clapper.*

CLAPIER [klapje] **n. m.** ✦ Cabane où l'on élève des lapins. *Lapin de clapier et lapin de garenne.*
ÉTYM. de *clap* «tas de pierre», mot d'origine préromane.

CLAPOTER [klapɔte] **v. intr.** (conjug. 3a) ✦ (surface liquide) Être agité de petites vagues qui font un bruit caractéristique.
ÉTYM. de l'onomatopée *klapp-.*

CLAPOTIS [klapɔti] **n. m.** ✦ Bruit et mouvement de l'eau qui clapote. *Le clapotis des vagues.* ➛ On dit aussi CLAPOTEMENT [klapɔtmɑ̃].

CLAPPER [klape] **v. intr.** (conjug. 3a) ✦ Produire un bruit sec avec la langue en la détachant brusquement du palais. *Faire clapper sa langue.*
▶ **CLAPPEMENT** [klapmɑ̃] **n. m.**
ÉTYM. de l'onomatopée *klapp-.*

CLAQUAGE [klakaʒ] **n. m.** ✦ Distension d'un ligament musculaire.
ÉTYM. de *claquer.*

CLAQUANT, ANTE [klakɑ̃, ɑ̃t] **adj.** ✦ FAM. Qui fatigue, éreinte. SYN. **crevant.** *Un travail claquant.*
ÉTYM. du participe présent de *claquer* (II, 4).

CLAQUE [klak] **n. f.** **1.** Coup donné avec le plat de la main. *Donner, recevoir une claque sur la joue.* SYN. **gifle, soufflet.** ➛ loc. *Tête à claques,* visage déplaisant ; personne déplaisante. **2.** Personnes payées pour applaudir un spectacle. *Faire la claque.* **3.** FAM. *EN AVOIR SA CLAQUE :* en avoir assez. ➙ **marre.** *J'en ai ma claque.*
HOM. CLAC «bruit sec»
ÉTYM. de l'onomatopée *klakk-* exprimant un bruit sec.

CLAQUEMENT [klakmɑ̃] **n. m.** ✦ Le fait de claquer ; choc, bruit de ce qui claque. SYN. **coup.** *Le claquement d'un fouet. Un claquement sec.*

se CLAQUEMURER [klakmyʀe] **v. pron.** (conjug. 3a) ✦ Se tenir enfermé (chez soi). ➡ au p. passé *Il passe son temps claquemuré dans sa chambre.*
ÉTYM. de *jouer à claquemur* «cerner un joueur jusqu'à ce qu'il touche le mur», de *claquer* et *mur*.

CLAQUER [klake] **v.** (conjug. 3a) **I v. intr. 1.** Produire un bruit sec et sonore. *Faire claquer ses doigts, sa langue. Ses dents claquent.* ➡ par ext. (personnes) *Claquer des dents* (de froid, de peur) : grelotter, trembler. ➡ *Un volet qui claque.* SYN. **battre, cogner. 2.** FAM. *L'affaire lui a claqué dans les doigts,* lui a échappé. **3.** FAM. (personnes) Mourir. SYN. FAM. **clamser, crever. II v. tr. 1.** Donner une claque à (qqn). SYN. **gifler. 2.** Faire claquer (en signe de mécontentement). *Claquer la porte.* **3.** FAM. (personnes) Dépenser en gaspillant. SYN. **dilapider.** *Il a claqué son salaire.* **4.** FAM. Éreinter, fatiguer. SYN. **exténuer** ; → **claquant.** *Ce travail m'a claqué.* ➡ au p. passé *Être complètement claqué.* SYN. **crevé. 5.** *Se claquer un muscle.* → **claquage.**
ÉTYM. de l'onomatopée *klakk-* exprimant un bruit sec.

CLAQUETTE [klakɛt] **n. f. 1.** Petit instrument formé de deux planchettes réunies par une charnière, et servant à donner un signal (en claquant). *Claquette de plan de tournage d'un film.* SYN. **clap. 2.** plur. Lames de métal fixées aux semelles qui permettent de marquer le rythme en dansant. ◆ Cette danse. *Faire des claquettes.*
ÉTYM. de *claquer*.

CLARIFIER [klaʀifje] **v. tr.** (conjug. 9) **1.** Rendre plus pur en éliminant les substances étrangères. SYN. **décanter, filtrer, purifier.** *Clarifier un sirop.* **2.** fig. Rendre plus clair, plus facile à comprendre. SYN. **éclaircir, élucider.** *Clarifier une situation embrouillée.* CONTR. **troubler** · **embrouiller.**
▶ **CLARIFICATION** [klaʀifikasjɔ̃] **n. f.**
ÉTYM. latin *clarificare* «glorifier», de *clarus* «clair, brillant, illustre».

CLARINE [klaʀin] **n. f.** ✦ Clochette placée au cou du bétail (vaches, béliers...).
ÉTYM. famille de *clair*.

CLARINETTE [klaʀinɛt] **n. f.** ✦ Instrument de musique (bois) à anche ajustée sur un bec.
ÉTYM. du provençal *clarin*, de *clar* «clair».

CLARINETTISTE [klaʀinetist] **n.** ✦ Personne qui joue de la clarinette.

CLARISSE [klaʀis] **n. f.** ✦ Religieuse de l'ordre de Sainte-Claire.
ÉTYM. du nom de sainte *Claire*.

CLARTÉ [klaʀte] **n. f. I 1.** Lumière ; caractère de ce qui est clair. *Faible clarté.* → **lueur.** *La clarté intense du soleil.* → **éclat. 2.** Transparence, limpidité. **II 1.** fig. Qualité de ce qui est facilement intelligible. SYN. **netteté, précision.** *S'exprimer avec clarté.* → **clairement.** *Clarté d'esprit.* **2.** au plur. LITTÉR. Connaissances, notions. *J'ai quelques clartés là-dessus.* CONTR. **obscurité, ombre** · **opacité** · **confusion.**
ÉTYM. latin *claritas*, de *clarus* «clair».

CLASH [klaʃ] **n. m.** ✦ anglicisme Conflit, désaccord violent. *Des clashs inévitables.*
ÉTYM. mot anglais «fracas».

CLASHER [klaʃe] **v. intr.** (conjug. 3a) ✦ anglicisme FAM. Donner lieu à un conflit. *Ça a failli clasher.*
ÉTYM. anglais *to clash* → clash.

CLASSABLE [klasabl] **adj.** ✦ Qui peut être classé. *Une œuvre originale, difficilement classable.* CONTR. **inclassable.**

CLASSE [klas] **n. f. I 1.** (dans un groupe social) Ensemble des personnes qui ont en commun une fonction, un genre de vie, une idéologie et surtout un même niveau social. SYN. **caste, groupe.** *Les classes sociales. Les classes dirigeantes. Classes moyennes. La classe ouvrière. Lutte des classes.* **2.** Ensemble d'individus ou d'objets qui ont des caractères communs. SYN. **catégorie, espèce, sorte.** *Ce livre s'adresse à toutes les classes de lecteurs. Classe grammaticale d'un mot* (nom, verbe, adjectif, déterminant). *La classe des verbes.* **3.** BIOL. Grande division d'un embranchement. *La classe des reptiles.* **4.** (après un ordinal, etc.) Grade, rang. *Voyager en première classe* (train, avion...) ; ellipt *en première.* ➡ *Un soldat de deuxième classe ;* ellipt *un deuxième classe.* ◆ absolt *Avoir de la classe,* de la distinction. SYN. **allure.** FAM. *C'est la classe, ce blouson !* **II 1.** Ensemble d'élèves groupés selon les différents degrés d'études. *Classes supérieures ; petites classes. Camarade de classe.* ➡ *La rentrée des classes.* **2.** L'enseignement donné en classe ; sa durée. → **cours, leçon.** *Faire la classe* : enseigner. ➡ *Livres de classe.* → **scolaire. 3.** Salle de classe. *Entrer dans la classe.* ➡ loc. *Aller en classe,* à l'école. **III** Contingent des conscrits nés la même année. *Ils sont de la même classe. Faire ses classes* : recevoir l'instruction militaire ; fig. acquérir de l'expérience. ◆ Libération. *Vive la classe !* SYN. ① **quille.**
ÉTYM. latin *classis*.

CLASSEMENT [klasmɑ̃] **n. m. 1.** Action de ranger dans un ordre ; façon dont un ensemble est classé. SYN. **arrangement, classification.** *Classement alphabétique, logique.* **2.** Place d'une personne dans une compétition, un concours. *Avoir un bon classement.* CONTR. **déclassement.**
ÉTYM. de *classer*.

CLASSER [klase] **v. tr.** (conjug. 3a) **1.** Diviser en classes (I), en catégories. SYN. ① **répartir ; diviser.** *Classer les plantes, les insectes.* **2.** Ranger (dans une catégorie). *Classer le mulot parmi les rongeurs. Classer un château monument historique.* ➡ au p. passé *Site classé.* ➡ pronom. (réfl.) *Se classer dans, parmi* : être au rang de. **3.** Mettre dans un certain ordre, à son ordre. SYN. **arranger,** ① **ranger, trier.** *Classer des papiers. Classer un dossier.* ◆ fig. *Classer une affaire,* la considérer comme terminée, ne plus s'en occuper. ➡ au p. passé *Affaire classée.* CONTR. **déclasser, déranger.**

CLASSEUR [klasœʀ] **n. m.** ✦ Reliure ou meuble qui sert à classer des papiers. *Il range ses notes de cours dans un classeur.*

CLASSICISME [klasisism] **n. m. 1.** Caractères propres aux œuvres classiques de l'Antiquité et du XVIIe siècle (en Europe occidentale). ☛ Classicisme p. 170. **2.** Caractère de ce qui est classique. *Le classicisme de ses tenues.* SYN. **conformisme.** CONTR. **excentricité, fantaisie.**
ÉTYM. de *classique*.

CLASSIFICATEUR, TRICE [klasifikatœʀ, tʀis] **adj.** et **n.** ✦ (personnes) Qui établit des classifications.
ÉTYM. de *classifier*, latin *classificare*.

CLASSIFICATION [klasifikasjɔ̃] **n. f.** ✦ Action de distribuer par classes, par catégories. SYN. **classement.** *La classification de Linné* (botanique).
ÉTYM. de *classifier*, latin *classificare*.

CLASSIQUE [klasik] **adj.** et **n. m.**
I adj. 1. (écrivain, texte) Qui fait autorité, digne d'être imité. 2. Qui appartient à l'antiquité gréco-latine. *Langues classiques. Enseignement classique* (incluant le latin, et parfois le grec) *et enseignement moderne.* 3. Qui appartient aux grands auteurs du XVIIe siècle, imitateurs des Anciens (opposé à *romantique*) ; qui en a les caractères (→ **classicisme**). *Théâtre classique.* ◆ *Style classique* (opposé à *romantique, baroque*). ➛ *Architecture classique.* 4. *MUSIQUE CLASSIQUE* : musique des grands auteurs de la tradition musicale occidentale (s'oppose à *folklorique, légère, de variétés*). *Disques classiques.* ◆ **n. m.** *Aimer le classique.* 5. Conforme aux usages, qui ne s'écarte pas des règles établies, de la mesure. *Un veston de coupe classique.* → **sobre.** ◆ Conforme aux habitudes. SYN. **habituel, traditionnel.** FAM. *C'est le coup classique* : c'était prévu. CONTR. **moderne** • ② **original ; excentrique, fantaisiste.**
II n. m. 1. Auteur classique (I). *Connaître ses classiques.* 2. Ouvrage pour les classes. *Collection des classiques latins, français.* ◆ Œuvre caractéristique (d'un genre...). *Ce film est un classique (du genre), un grand classique.*
ÉTYM. latin *classicus* «de première classe *(classis)*» (citoyens, écrivains).

CLASSIQUEMENT [klasikmɑ̃] **adv.** ✦ D'une manière classique (I, 5), habituelle.

CLAUDICATION [klodikasjɔ̃] **n. f.** ✦ LITTÉR. ou DIDACT. Le fait de boiter. SYN. **boiterie.**
ÉTYM. latin *claudicatio*.

CLAUDIQUER [klodike] **v. intr.** (conjug. 3a) ✦ LITTÉR. Boiter.
ÉTYM. latin *claudicare*, de *claudus* «boiteux».

CLAUSE [kloz] **n. f.** ✦ Disposition particulière (d'un acte). SYN. ① **convention, disposition.** *Les clauses d'un contrat. Respecter, violer une clause. Une clause stipule que...* ➛ DR. *CLAUSE DE STYLE*, que l'on retrouve habituellement dans tous les contrats de même nature ; fig. disposition toute formelle, sans importance.
HOM. CLOSE (féminin de ① *clos* «fermé»)
ÉTYM. latin *clausa* «membre de phrase», de *claudere* «clore».

CLAUSTRA [klostʀa] **n. m.** ou **f.** ✦ Cloison légère, évidée.
ÉTYM. mot latin «clôture».

CLAUSTRAL, ALE, AUX [klostʀal, o] **adj.** ✦ Relatif au cloître ou qui l'évoque. SYN. **monacal, religieux.** *Un silence claustral.*
ÉTYM. latin médiéval *claustralis*, de *claustrum* «cloître».

CLAUSTRATION [klostʀasjɔ̃] **n. f.** ✦ LITTÉR. État de qqn qui est enfermé dans un lieu clos. SYN. **isolement.**
ÉTYM. de *claustral*.

se CLAUSTRER [klostʀe] **v. pron.** (conjug. 3a) ✦ S'enfermer. SYN. se **cloîtrer.** ➛ fig. *Se claustrer dans le silence.* SYN. se **murer.**
ÉTYM. de *claustral*.

CLAUSTROPHOBE [klostʀɔfɔb] **adj.** et **n.** ✦ Qui souffre de claustrophobie.
ÉTYM. de *claustrophobie*.

CLAUSTROPHOBIE [klostʀɔfɔbi] **n. f.** ✦ Peur maladive des espaces clos.
ÉTYM. de *claustrer* et *-phobie*.

CLAVEAU [klavo] **n. m.** ✦ ARCHIT. Pierre taillée en coin, utilisée dans la construction des voûtes, des corniches. *Les claveaux d'une arcade.*
ÉTYM. du radical du latin *clavis* «clé».

CLAVECIN [klav(ə)sɛ̃] **n. m.** ✦ Instrument de musique à claviers et à cordes pincées.
► **CLAVECINISTE** [klav(ə)sinist] **n.**
ÉTYM. du latin médiéval *clavicymbalum*, de *clavis* «clé» et *cymbalum* «cymbale».

CLAVETTE [klavɛt] **n. f.** ✦ Petite cheville servant à immobiliser (un boulon, une cheville). *Clavette de sûreté.*
ÉTYM. du latin *clavus* «clou».

CLAVICULE [klavikyl] **n. f.** ✦ Os en forme de S très allongé, formant la partie antérieure de l'épaule.
ÉTYM. latin *clavicula* «petite clé *(clavis)*» ; doublet de *cheville*.

CLAVIER [klavje] **n. m.** 1. Ensemble des touches de certains instruments de musique (piano, clavecin, orgue...). 2. Dispositif à touches permettant d'actionner un appareil. *Clavier de machine à écrire, d'ordinateur. Clavier alphanumérique.*
ÉTYM. du latin *clavis* «clé».

CLAVISTE [klavist] **n.** ✦ Personne qui saisit un texte sur ordinateur.
ÉTYM. de *clavier*.

CLAYETTE [klɛjɛt] **n. f.** 1. Emballage à claire-voie, cageot. 2. Support à claire-voie. *Les clayettes d'un réfrigérateur.*
ÉTYM. diminutif de *claie*.

CLAYONNAGE [klɛjɔnaʒ] **n. m.** ✦ Assemblage de pieux et de branches d'arbres destiné à soutenir des terres (→ **claie**).
ÉTYM. de *clayon*, diminutif de *claie*.

CLÉ [kle] **n. f.** ➛ On écrit parfois CLEF. **I** Ce qui sert à ouvrir. 1. Instrument de métal servant à faire fonctionner le mécanisme d'une serrure. *Des clés de voiture. Trousseau de clés.* → **porte-clé.** *La porte est fermée à clé.* ➛ loc. *Mettre la clé sous la porte* : partir, disparaître, déménager. *Clés en main* : prêt à l'usage. *Acheter une usine clés en main.* ➛ *Mettre qqch. sous clé*, dans un meuble fermé. 2. loc. *La CLÉ DES CHAMPS* : la liberté. *Prendre la clé des champs*, s'enfuir. **II** 1. Outil servant à serrer ou à démonter des pièces. *Clé à molette. Clé anglaise* ou *à mâchoires mobiles.* 2. *CLEF DE VOÛTE* : pierre en forme de coin (→ **claveau**) placée à la partie centrale d'une voûte et servant à maintenir en équilibre les autres pierres. ➛ fig. Point important, partie essentielle, capitale d'un système. *La clef de voûte d'une théorie.* 3. MUS. Pièce qui commande l'ouverture des trous du tuyau (d'un instrument à vent). **III** fig. 1. Signe de référence placé au début d'une portée musicale et qui indique, par sa forme et sa position, la hauteur des notes. *Clé de sol, de fa.* ➛ loc. *À LA CLÉ* : avec, à la fin de l'opération. *Il y a une récompense à la clé.* 2. Caractère chinois, de nature

A B C D E F G H I J K L M N O P Q R S T U V W X Y Z

phonétique, permettant de classer et comprendre un autre caractère. 3. Ce qui permet de comprendre, donne accès (à une connaissance). *La clé du mystère. Roman à clés.* ◆ appos. Qui joue un rôle important, dont le reste dépend. *Une position-clé. Les mots-clés d'un texte,* qui portent l'information.
ÉTYM. latin *clavis.*

CLÉBARD [klebaʀ] n. m. ✦ FAM. Chien. ➡ On dit aussi CLEBS [klɛps].
ÉTYM. de l'arabe maghrébin *klab* «chiens».

CLEF [kle] → CLÉ

CLÉMATITE [klematit] n. f. ✦ Plante grimpante à fleurs. SYN. **viorne.**
ÉTYM. latin *clematitis,* du grec, de *klêma* «sarment».

CLÉMENCE [klemɑ̃s] n. f. 1. LITTÉR. Vertu qui consiste, de la part de qqn qui dispose d'une autorité, à pardonner les offenses et à adoucir les châtiments. SYN. **indulgence, magnanimité.** *Un acte de clémence.* ➡ *La clémence d'Auguste* (envers Cinna). 2. fig. *La clémence de la température.* SYN. **douceur.** CONTR. **sévérité · inclémence, rigueur.**
ÉTYM. latin *clementia.*

CLÉMENT, ENTE [klemɑ̃, ɑ̃t] adj. 1. Qui manifeste de la clémence. SYN. **généreux, humain, indulgent, magnanime.** 2. *Un hiver clément,* peu rigoureux. SYN. **doux.** CONTR. **sévère · inclément, rigoureux.**
ÉTYM. latin *clemens.*

CLÉMENTINE [klemɑ̃tin] n. f. ✦ Petite mandarine à peau fine.
ÉTYM. du nom du père *Clément.*

CLENCHE [klɑ̃ʃ] n. f. ✦ Petit bras de levier, dans le loquet d'une porte.
ÉTYM. mot du Nord, du francique *klinka* «levier».

CLEPSYDRE [klɛpsidʀ] n. f. ✦ DIDACT. Horloge à eau.
ÉTYM. latin *clepsydra,* du grec, proprt «qui vole l'eau».

CLEPTOMANE [klɛptɔman] n. et adj. ✦ (Personne) qui a une propension pathologique à commettre des vols. ➡ On écrit aussi *kleptomane.*
ÉTYM. du grec *kleptês* «voleur» et de ② *-mane.*

CLEPTOMANIE [klɛptɔmani] n. f. ✦ Obsession du cleptomane. ➡ On écrit aussi *kleptomanie.*
ÉTYM. du grec *kleptês* «voleur» et de *-manie.*

CLERC [klɛʀ] n. m. 1. Homme qui est entré dans l'état ecclésiastique (→ **clergé**). *Clerc tonsuré.* 2. VX Personne instruite. SYN. **lettré, savant.** «*La Trahison des clercs*» [des intellectuels] (ouvrage de J. Benda). ➡ loc. *Il est GRAND CLERC en la matière,* très compétent. *Pas besoin d'être grand clerc pour savoir cela.* 3. Employé des études d'officiers publics et ministériels. *Clerc de notaire.* ◆ loc. *PAS DE CLERC :* maladresse par inexpérience. CONTR. **laïc · ignorant.** HOM. CLAIR «lumineux», CLAIRE «bassin»
ÉTYM. latin *clericus,* du grec.

CLERGÉ [klɛʀʒe] n. m. ✦ Ensemble des ecclésiastiques. *Le clergé catholique. Clergé régulier.*
ÉTYM. latin *clericatus,* de *clericus* «clerc».

CLERGYMAN [klɛʀʒiman] n. m. 1. Pasteur anglo-saxon. *Des clergymans* ou *des clergymen* [klɛʀʒimɛn] (plur. anglais). 2. Vêtement ecclésiastique (de clergyman).
ÉTYM. mot anglais, de *clergy* «clergé».

CLÉRICAL, ALE, AUX [kleʀikal, o] adj. 1. Relatif au clergé. 2. Partisan du cléricalisme. *Parti clérical.* ➡ n. *Les cléricaux.* CONTR. **anticlérical, laïque.**
ÉTYM. latin *clericalis.*

CLÉRICALISME [kleʀikalism] n. m. ✦ Opinion des partisans d'une intervention du clergé dans la politique. CONTR. **anticléricalisme.**
ÉTYM. de *clérical.*

CLIC [klik] n. m. 1. Bruit sec, bref (alternant parfois avec *clac*). 2. Pression exercée par le doigt sur le bouton d'une souris d'ordinateur (→ **cliquer**). HOM. CLIQUE «bande»
ÉTYM. onomatopée.

CLICHÉ [kliʃe] n. m. 1. Image négative (d'une photo). ➡ Photographie. 2. péj. Idée ou expression trop souvent utilisée. SYN. **banalité,** ① **lieu** (commun), **poncif.** 3. TECHN. Plaque en relief pour la reproduction, l'impression.
ÉTYM. du participe passé de *clicher.*

CLICHER [kliʃe] v. tr. (conjug. 3a) ✦ TECHN. Fabriquer une empreinte pour la reproduction de. *Clicher une page.*
ÉTYM. peut-être de l'onomatopée *klitch-.*

CLIENT, CLIENTE [klijɑ̃, klijɑ̃t] n. 1. anciennt ou POLIT. Personne qui dépend d'un protecteur (→ **clientélisme**). 2. Personne qui achète ou demande des services moyennant rétribution. *Les clients d'un médecin.* → **patient.** *Magasin plein de clients,* d'acheteurs. → **achalandé.** ◆ Acheteur (d'un fournisseur) ; spécialt acheteur habituel, régulier. → **clientèle.** 3. n. m. Consommateur, importateur (→ **marché**).
ÉTYM. latin *cliens.*

CLIENTÈLE [klijɑ̃tɛl] n. f. **I** 1. Protégés d'un homme politique ; ceux qui servent son influence. *Clientèle électorale.* 2. Ensemble de clients. SYN. **marché.** *Viser une clientèle jeune.* SYN. **cible.** **II** Fait d'être client, d'acheter. *Obtenir la clientèle d'un pays.* SYN. **marché.**
ÉTYM. latin *clientela.*

CLIENTÉLISME [klijɑ̃telism] n. m. ✦ péj. (pour un politicien, un parti) Fait de chercher à élargir son influence en attribuant des privilèges.
ÉTYM. de *clientèle.*

CLIGNEMENT [kliɲ(ə)mɑ̃] n. m. 1. Action, fait de cligner. *Clignement d'yeux.* 2. LITTÉR. (lumière) Le fait de briller par intermittence. SYN. **clignotement.**

CLIGNER [kliɲe] v. (conjug. 3a) 1. v. tr. Fermer à demi ou fermer et ouvrir rapidement (les yeux). SYN. **ciller.** ➡ v. tr. ind. *CLIGNER DE L'ŒIL* (pour faire un signe, pour aguicher). → **clin d'œil, œillade.** 2. v. intr. (yeux, paupières) Se fermer et s'ouvrir.
ÉTYM. peut-être latin populaire *cludiniare,* de *claudere* «clore».

CLIGNOTANT, ANTE [kliɲɔtɑ̃, ɑ̃t] adj. et n. m.
I adj. 1. (yeux) Qui clignote. 2. (lumière) Scintillant, intermittent.
II n. m. 1. Lumière intermittente, qui, sur un véhicule, sert à indiquer un changement de direction. 2. Indice dont l'apparition signale un danger (dans un plan, un programme économique).
ÉTYM. du participe présent de *clignoter.*

CLIGNOTER [kliɲɔte] **v.** (conjug. 3a) **1. v. tr. ind.** Cligner coup sur coup rapidement et involontairement. *Clignoter des yeux.* **2. v. intr.** Éclairer et s'éteindre alternativement à brefs intervalles. *Le phare clignote.*
► **CLIGNOTEMENT** [kliɲɔtmɑ̃] **n. m.**
ÉTYM. de *cligner.*

CLIMAT [klima] **n. m. 1.** Ensemble de circonstances atmosphériques et météorologiques (humidité, pressions, températures...) propres à une région (→ aussi **microclimat**). ☛ Géographie p. 225. *Climat équatorial, tropical, désertique, tempéré* (☛ carte 56). *Un climat sec, humide, pluvieux.* **2.** Atmosphère morale. SYN. **ambiance, milieu.** *Travailler dans un climat de confiance.*
ÉTYM. latin *climatis,* du grec *klima* «inclinaison».

CLIMATIQUE [klimatik] **adj.** ✦ Relatif au climat (1). *Conditions climatiques. Réchauffement, changement climatique.* ☛ Géographie p. 225.

CLIMATISATION [klimatizasjɔ̃] **n. f.** ✦ Moyens employés pour obtenir, dans un lieu fermé, une atmosphère constante (température, humidité), à l'aide d'appareils.
ÉTYM. de *climatiser.*

CLIMATISER [klimatize] **v. tr.** (conjug. 3a) **1.** Maintenir (un lieu) à une température agréable. **2.** Équiper (un local) de la climatisation.
► **CLIMATISÉ, ÉE adj.** *Salle, voiture climatisée.*
ÉTYM. de *climat.*

CLIMATISEUR [klimatizœʀ] **n. m.** ✦ Appareil de climatisation.

CLIMATOLOGIE [klimatɔlɔʒi] **n. f.** ✦ Étude des phénomènes climatiques et météorologiques dans les différentes parties du globe.
► **CLIMATOLOGIQUE** [klimatɔlɔʒik] **adj.**
► **CLIMATOLOGUE** [klimatɔlɔg] **n.**
ÉTYM. de *climat* et *-logie.*

CLIN D'ŒIL [klɛ̃dœj] **n. m. 1.** Mouvement rapide de la paupière (→ **clignement**) pour faire signe. *Des clins d'œil, des clins d'yeux.* SYN. **œillade. 2.** *EN UN CLIN D'ŒIL :* très rapidement.
ÉTYM. de *cligner* et *œil.*

CLINICIEN, IENNE [klinisjɛ̃, jɛn] **n.** ✦ Médecin praticien. ➡ **adj.** *Psychologue clinicienne.*
ÉTYM. de *clinique* (I).

CLINIQUE [klinik] **adj.** et **n. f.**
I 1. adj. Qui observe directement (au lit des malades) les manifestations de la maladie. *Médecine clinique.* ➡ *Signe clinique,* perceptible à l'observation. **2. n. f.** Enseignement médical donné au chevet des malades.
II n. f. Établissement de soins privé.
ÉTYM. latin *clinicus,* du grec, de *klinê* «lit».

CLINQUANT, ANTE [klɛ̃kɑ̃, ɑ̃t] **n. m.** et **adj.**
I n. m. 1. Mauvaise imitation de métaux, de pierreries. SYN. **camelote,** ① **faux. 2.** Éclat trompeur ou de mauvais goût.
II adj. Qui brille d'un éclat voyant, vulgaire. *Des bijoux clinquants.* SYN. FAM. **bling-bling.**
ÉTYM. du p. présent de *clinquer,* variante de *cliquer.*

① **CLIP** [klip] **n. m.** ✦ anglicisme Bijou qui se fixe par une pince.
ÉTYM. mot anglais «agrafe».

② **CLIP** [klip] **n. m.** ✦ anglicisme. Film vidéo, assez court, réalisé pour promouvoir (une chanson, etc.). *Des clips. Clip vidéo* (ou VIDÉOCLIP [videoklip] **n. m.**).
ÉTYM. mot américain «extrait».

CLIQUE [klik] **n. f. 1.** Groupe de personnes peu estimables. SYN. ② **bande. 2.** Ensemble des tambours et des clairons d'une musique militaire. SYN. **fanfare.** HOM. CLIC «bruit sec»
ÉTYM. peut-être de *cliquer* (1).

CLIQUER [klike] **v. intr.** (conjug. 3a) **1.** VX Faire un bruit sec. SYN. **cliqueter. 2.** anglicisme Actionner le bouton d'une souris pour effectuer une sélection sur l'écran d'un ordinateur.
ÉTYM. de *clic.*

CLIQUES [klik] **n. f. pl.** ✦ loc. FAM. *PRENDRE SES CLIQUES ET SES CLAQUES :* s'en aller en emportant ce que l'on possède. HOM. CLIC «bruit sec», CLIQUE «bande»
ÉTYM. mot régional (Bourgogne) «jambes», d'après l'expr. *clic-clac* «c'est fini», d'origine onomatopéique.

CLIQUETER [klik(ə)te] **v. intr.** (conjug. 6b) ✦ Produire un cliquetis.
ÉTYM. de *cliquer.*

CLIQUETIS [klik(ə)ti] **n. m.** ✦ Série de bruits secs que produisent certains corps sonores qui se choquent. *Un cliquetis de clés.*
ÉTYM. de *cliqueter.*

CLITORIDECTOMIE [klitɔʀidɛktɔmi] **n. f.** ✦ DIDACT. Ablation (rituelle) du clitoris.
ÉTYM. de *clitoris* et *-ectomie.*

CLITORIS [klitɔʀis] **n. m.** ✦ Petit organe érectile de la vulve.
► **CLITORIDIEN, IENNE** [klitɔʀidjɛ̃, jɛn] **adj.**
ÉTYM. grec *kleitoris.*

CLIVAGE [klivaʒ] **n. m. 1.** Action de cliver, de se cliver. **2.** fig. Séparation par plans, par niveaux. *Le clivage des opinions. Clivages sociaux.*
ÉTYM. de *cliver.*

CLIVANT, ANTE [klivɑ̃, ɑ̃t] **adj.** ✦ Qui crée un clivage (2) au sein d'un groupe, qui divise.
ÉTYM. du participe présent de *cliver.*

CLIVER [klive] **v. tr.** (conjug. 3a) ✦ Fendre (un corps minéral, un diamant) dans le sens naturel de ses couches. ➡ **pronom.** *Le mica se clive en fines lamelles.*
ÉTYM. néerlandais *klieven* «fendre».

CLOAQUE [klɔak] **n. m. I 1.** Lieu destiné à recevoir les immondices, les eaux usées. **2.** Lieu malpropre. **II** ZOOL. Orifice commun des cavités urinaire, intestinale et génitale (oiseaux, reptiles).
ÉTYM. latin *cloaca* «égout».

CLOCHARD, ARDE [klɔʃaʀ, aʀd] **n.** ✦ Personne socialement inadaptée, sans travail et sans domicile, dans les grandes villes.
ÉTYM. de ② *clocher.*

① **CLOCHE** [klɔʃ] **n. f. 1.** Instrument creux, évasé, en métal sonore (bronze), dont on tire des vibrations retentissantes et prolongées en en frappant les parois intérieures ou extérieures. → ① **bourdon, carillon.** *Les cloches sonnent à toute volée. Les cloches de Pâques.* ➡ loc. *N'entendre qu'un SON DE CLOCHE,* qu'une opi-

A B C D E F G H I J K L M N O P Q R S T U V W X Y Z

nion. *Déménager À LA CLOCHE DE BOIS*, en cachette. ➝ loc. FAM. *SONNER LES CLOCHES à qqn*, le réprimander fortement. *Il s'est fait sonner les cloches.* 2. Objet creux qui recouvre, protège. *Cloche à fromage.* ➝ *CLOCHE À PLONGEUR* : dispositif à l'abri duquel on peut séjourner sous l'eau. 3. loc. FAM. *SE TAPER LA CLOCHE* : bien manger.
ÉTYM. latin *clocca*, d'origine celtique.

② **CLOCHE** [klɔʃ] **n. f.** I FAM. Personne niaise et maladroite. ➝ **adj.** *Elle est un peu cloche.* II *La cloche* : les clochards.
ÉTYM. de ② *clocher*.

à CLOCHE-PIED [aklɔʃpje] **loc. adv.** ✦ En tenant un pied en l'air et en sautant sur l'autre. *Sauter à cloche-pied.*
ÉTYM. de ② *clocher* et *pied*.

① **CLOCHER** [klɔʃe] **n. m.** 1. Bâtiment élevé d'une église dans lequel on place les cloches. SYN. **campanile.** *La flèche, le coq du clocher.* 2. loc. *Querelles, rivalités de clocher*, purement locales, insignifiantes. *Esprit de clocher* : chauvinisme.
ÉTYM. de ① *cloche*.

② **CLOCHER** [klɔʃe] **v. intr.** (conjug. 3a) ✦ Être défectueux ; aller de travers. *Raisonnement qui cloche. Il y a quelque chose qui cloche*, qui ne va pas.
ÉTYM. latin populaire *cloppicare* «boiter».

CLOCHETON [klɔʃtɔ̃] **n. m.** ✦ Ornement en forme de petit clocher.
ÉTYM. de *clochette* (1).

CLOCHETTE [klɔʃɛt] **n. f.** 1. Petite cloche. SYN. **sonnette.** 2. Fleur, corolle en forme de petite cloche. *Les clochettes du muguet.*

CLOISON [klwazɔ̃] **n. f.** 1. Paroi plus légère que le mur, qui limite les pièces d'une maison. *Abattre une cloison.* 2. Séparation entre les parties intérieures (d'un navire). *Cloison étanche* (aussi fig.). 3. Ce qui divise l'intérieur (d'une cavité). *Cloison des fosses nasales.* 4. fig. Barrière, séparation. *Abattre, faire tomber les cloisons.*
ÉTYM. latin populaire *clausio*, de *claudere* «clore».

CLOISONNEMENT [klwazɔnmɑ̃] **n. m.** ✦ Division entre des personnes, des choses. CONTR. **décloisonnement.**
ÉTYM. de *cloisonner*.

CLOISONNER [klwazɔne] **v. tr.** (conjug. 3a) ✦ Séparer par des cloisons. SYN. **compartimenter.** ➝ **au p. passé** *Émaux cloisonnés.* **n.** *Un cloisonné.* ➝ **fig.** *Une société cloisonnée.* CONTR. **décloisonner.**

CLOÎTRE [klwatʀ] **n. m.** 1. Partie d'un monastère interdite aux profanes et fermée par une enceinte. SYN. **clôture.** ➝ Le monastère. SYN. **abbaye, couvent** ; ➝ **claustral.** 2. **dans un monastère ou une église** Galerie à colonnes qui encadre une cour ou un jardin carré. *Cloître roman.*
ÉTYM. latin *claustrum*.

CLOÎTRER [klwatʀe] **v. tr.** (conjug. 3a) 1. Faire entrer comme religieux, religieuse dans un monastère fermé. ➝ **au p. passé** *Religieux cloîtrés.* 2. Enfermer, mettre à l'écart (qqn). ➝ **pronom.** (réfl.) *Se cloîtrer* : vivre à l'écart du monde. SYN. se **claustrer,** se **retirer.**
ÉTYM. de *cloître*.

CLOM ou **CLOM** [klɔm] **n. m.** ✦ Recommandation officielle pour remplacer l'anglicisme *MOOC*.
ÉTYM. sigle de *cours en ligne ouvert et massif*.

CLONE [klon] **n. m.** 1. BIOL. Individu provenant de la reproduction d'un individu unique. ➝ Lignée de cellules résultant des divisions d'une cellule unique. 2. Copie d'un modèle d'ordinateurs, compatible avec ce modèle.
► **CLONER** [klone] **v. tr.** (conjug. 3a)
► **CLONAGE** [klonaʒ] **n. m.**
ÉTYM. mot anglais, du grec *klôn* «rejeton».

CLOPE [klɔp] **n. m. et n. f.** ✦ FAM. 1. **n. m.** Mégot. 2. **n. f.** Cigarette. *Un paquet de clopes.*
ÉTYM. origine inconnue.

CLOPER [klɔpe] **v. intr.** (conjug. 3a) ✦ FAM. Fumer une, des cigarettes.
ÉTYM. de *clope*.

CLOPIN-CLOPANT [klɔpɛ̃klɔpɑ̃] **loc. adv.** ✦ FAM. En clopinant. *Aller clopin-clopant.* SYN. **cahin-caha.**
ÉTYM. de l'ancien verbe *cloper* «boiter».

CLOPINER [klɔpine] **v. intr.** (conjug. 3a) ✦ Marcher avec peine, en traînant le pied. SYN. **boiter.**
ÉTYM. de l'ancien français *clop*, latin *cloppus* «boiteux».

CLOPINETTES [klɔpinɛt] **n. f. pl.** ✦ FAM. *Des clopinettes* : rien. *Ça rapporte des clopinettes.*
ÉTYM. de *clope*.

CLOPORTE [klɔpɔʀt] **n. m.** ✦ Petit animal arthropode qui vit sous les pierres.
ÉTYM. peut-être de *clore* et *porte*.

CLOQUE [klɔk] **n. f.** 1. Petite poche de la peau pleine de sérosité. SYN. **ampoule.** 2. Boursouflure (d'un matériau de revêtement). *La peinture fait des cloques.* 3. loc. FAM. *Être en cloque*, enceinte.
ÉTYM. forme picarde de *cloche*.

CLOQUER [klɔke] **v. intr.** (conjug. 3a) ✦ Former des cloques, se boursoufler.

CLORE [klɔʀ] **v. tr.** (conjug. 58) 1. VX Fermer pour empêcher l'accès. ➝ fig. *Clore le bec à qqn*, l'empêcher de parler. 2. Terminer ; déclarer terminé. *Clore un débat, une négociation.* SYN. **clôturer** (2). CONTR. **ouvrir** • **commencer.** HOM. CHLORE «corps simple»
ÉTYM. latin *claudere*.

① **CLOS, CLOSE** [klo, kloz] **adj.** 1. LITTÉR. Fermé. *Volets clos. Trouver porte close* : ne trouver personne. *Les yeux clos.* 2. Achevé, terminé. *La séance est close. L'incident est clos.* HOM. (du féminin) CLAUSE «convention»
ÉTYM. du participe passé de *clore*.

② **CLOS** [klo] **n. m.** 1. Terrain cultivé et fermé par des haies, des murs, des fossés. 2. Vignoble. *Le clos Vougeot* (bourgogne).
ÉTYM. du participe passé de *clore*.

CLÔTURE [klotyʀ] **n. f.** 1. Ce qui sert à fermer un passage, à enclore un espace. SYN. **barrière,** ① **enceinte.** *Mur, porte de clôture. Clôture métallique.* ➝ **grille.** 2. Enceinte où des religieux vivent cloîtrés. SYN. **cloître.** 3. Action de terminer, de déclarer la fin (de qqch.). *Séance de clôture.* CONTR. **ouverture ; commencement, début.**
ÉTYM. bas latin *clausura*, de *claudere* «clore».

CLÔTURER [klotyʀe] v. tr. (conjug. 3a) 1. Fermer par une clôture. 2. Déclarer terminé. SYN. **achever, clore.** *Clôturer les débats, la séance.* → ① **lever.**

CLOU [klu] n. m. I 1. Petite tige de métal à pointe, souvent à tête, qui sert à fixer, assembler, suspendre. *Petits clous.* SYN. **semence.** *Tête de clou. Planter des clous.* → **clouer.** ➝ fig. *Enfoncer* le clou.* 2. FAM. *Les clous* : passage pour piétons (autrefois signalé par de gros clous). *Traverser dans les clous.* → passage **clouté.** ◆ fig. *Dans les clous* : dans les limites fixées. *Rester dans les clous. Sortir des clous* : dépasser les limites ; se démarquer. 3. loc. fig. *Maigre comme un clou* : très maigre. ➝ FAM. *Ça ne vaut pas un clou* : cela ne vaut rien. ➝ *Des clous !* : rien du tout (→ des clopinettes). II fig. 1. *Clou de girofle*.* 2. FAM. Furoncle. III 1. FAM. Mont-de-piété. *Mettre ses bijoux au clou.* 2. *Le clou du spectacle* : ce qui accroche le plus l'attention des spectateurs. 3. Mauvais véhicule. SYN. FAM. **bagnole, guimbarde.** *Un vieux clou.*

ÉTYM. latin *clavus.*

CLOUER [klue] v. tr. (conjug. 3a) 1. Fixer, assembler avec des clous. *Clouer une caisse. Clouer un tableau au mur.* 2. Fixer avec un objet pointu. *Il le cloua au sol d'un coup d'épée.* ➝ fig. Immobiliser. *Une maladie le cloue au lit.* ➝ passif *Être, rester cloué sur place* (par la peur, l'émotion, la surprise). SYN. **paralyser.** 3. loc. *CLOUER LE BEC à qqn* : réduire (qqn) au silence. SYN. **clore.** CONTR. **déclouer.**

CLOUTÉ, ÉE [klute] adj. 1. Garni de clous. *Des pneus cloutés.* 2. *PASSAGE CLOUTÉ* : passage pour piétons limité par des bandes peintes (autrefois par des têtes de clous). SYN. FAM. **clou** (I, 2).

ÉTYM. de *clouter*, de *clouet* «petit clou».

CLOVISSE [klɔvis] n. f. ✦ RÉGIONAL (Provence) Palourde.

ÉTYM. provençal *clauvisso* ; famille de *clore.*

CLOWN [klun] n. m. 1. Personnage de cirque vêtu et maquillé de blanc. ◆ abusivt Comique de cirque qui, très maquillé et grotesquement accoutré, fait des pantomimes et des scènes de farce. SYN. **auguste.** ➝ Au féminin, on trouve aussi *la clown.* 2. Farceur, pitre. *Elle fait le clown.* SYN. **guignol.**

ÉTYM. mot anglais «rustre, farceur».

CLOWNERIE [klunʀi] n. f. ✦ Pitrerie.

ÉTYM. de *clown.*

CLOWNESQUE [klunɛsk] adj. ✦ Qui a rapport au clown. ➝ Digne d'un clown. *Maquillage clownesque.*

CLUB [klœb] n. m. I 1. Société constituée pour aider ses membres à exercer des activités désintéressées (sports, voyages). SYN. **association.** *Le Club Alpin.* 2. Cercle où des habitués (membres) passent leurs heures de loisir. ◆ *Club de vacances* : structure d'hébergement pour les loisirs organisés. 3. Groupe politique. II Large et profond fauteuil de cuir. ➝ appos. *Des fauteuils clubs.* III Crosse de golf. *Le caddie transporte les clubs des joueurs.*

ÉTYM. mot anglais «réunion» et «gros bâton».

CLUSE [klyz] n. f. ✦ Coupure encaissée perpendiculaire, dans une chaîne de montagnes. *La cluse de Nantua.*

ÉTYM. latin médiéval *clusa*, de *cludere*, variante de *claudere* «clore».

CLYSTÈRE [klistɛʀ] n. m. ✦ VX Lavement.

ÉTYM. grec *klustêr.*

Cm [seɛm] ✦ CHIM. Symbole du curium.

CNIDAIRES [knidɛʀ] n. m. pl. ✦ ZOOL. Embranchement d'animaux à symétrie radiale (rayonnée), possédant des cellules urticantes (ex. méduses, coraux,...).

ÉTYM. du grec *knidê* «ortie».

Co [seo] ✦ CHIM. Symbole du cobalt.

| **CO-** Élément, du latin *cum* «avec, ensemble».

COACH [kotʃ] n. ✦ anglicisme Personne chargée de l'entraînement d'une équipe, d'un sportif. SYN. **entraîneur** (recomm. offic.). *Des coachs.*

ÉTYM. mot anglais.

COADJUTEUR [koadʒytœʀ] n. m. ✦ Ecclésiastique adjoint à un prélat. *Le coadjuteur d'un évêque.*

ÉTYM. latin *coadjutor*, de *adjuvere* «aider».

COAGULATION [kɔagylasjɔ̃] n. f. ✦ Fait de se coaguler. *La coagulation du sang.* CONTR. **liquéfaction.**

ÉTYM. de *coaguler.*

COAGULER [kɔagyle] v. (conjug. 3a) 1. v. tr. Transformer (une substance organique liquide) en une masse solide. SYN. **cailler, figer.** *La présure coagule le lait.* ➝ pronom. *Le lait se coagule.* 2. v. intr. Se coaguler. *L'albumine coagule à la chaleur.*

ÉTYM. latin *coagulare* ; doublet de *cailler.*

COALISER [kɔalize] v. tr. (conjug. 3a) I *SE COALISER* v. pron. 1. Former une coalition. SYN. **s'allier,** se **liguer.** *Les puissances européennes se coalisèrent contre Napoléon.* ➝ au p. passé *Les puissances coalisées.* ➝ n. *Les coalisés.* 2. S'unir, s'entendre (contre qqn). II v. tr. Unir (contre). SYN. **liguer.** *Il a coalisé tout le monde contre nous.*

ÉTYM. de *coalition.*

COALITION [kɔalisjɔ̃] n. f. 1. Réunion momentanée (de puissances, de partis ou de personnes) dans la poursuite d'un intérêt commun. SYN. **alliance, association, entente, ligue.** 2. Union. *Une coalition d'intérêts.* CONTR. **discorde, rupture.**

ÉTYM. latin médiéval *coalitio*, par l'anglais.

COALTAR [koltaʀ ; kɔltaʀ] n. m. ✦ Goudron de houille. ➝ loc. FAM. *Être dans le coaltar* : être inconscient, ahuri (→ être dans le cirage).

ÉTYM. mot anglais, de *coal* «charbon» et *tar* «goudron».

COASSEMENT [kɔasmɑ̃] n. m. ✦ Cri de la grenouille, du crapaud.

ÉTYM. de *coasser.*

COASSER [kɔase] v. intr. (conjug. 3a) ✦ (grenouille, crapaud) Pousser son cri.

ÉTYM. latin *coaxare*, du grec *koax*, onomatopée.

COAUTEUR [kootœʀ] n. m. ✦ Personne qui a écrit un livre en collaboration avec une autre.

ÉTYM. de *co-* et *auteur.*

COAXIAL, ALE, AUX [koaksjal, o] adj. ✦ Qui a le même axe qu'un autre objet. *Câble coaxial*, formé de deux conducteurs concentriques.

ÉTYM. de *axial.*

COBALT [kɔbalt] n. m. ✦ Métal dur (symb. Co), blanc gris à reflets. *Acier au cobalt. Cobalt radioactif* (ou n. m. *radiocobalt*). *Bombe au cobalt* (irradiations médicales).
ÉTYM. allemand *Kobalt*, de *Kobold* «lutin».

COBAYE [kɔbaj] n. m. ✦ Petit mammifère rongeur, appelé aussi *cochon d'Inde. On utilise les cobayes comme sujets d'expérience dans les laboratoires.* – loc. *Servir de cobaye* : être utilisé comme sujet d'expérience.
ÉTYM. latin scientifique *cobaya*, du tupi par le portugais.

COBRA [kɔbʀa] n. m. ✦ Serpent venimeux, à cou dilatable orné d'un dessin rappelant des lunettes (appelé aussi *serpent à lunettes*). SYN. **naja.**
ÉTYM. du portugais *cobra de capel* «couleuvre *(cobra)* à capuchon *(capel)*».

COCA [kɔka] n. f. ✦ Substance extraite de la feuille d'un arbrisseau d'Amérique, aux propriétés stimulantes.
ÉTYM. d'une langue indienne du Pérou.

COCA-COLA [kɔkakɔla] n. m. invar. ✦ Boisson gazéifiée à base de coca et de cola. – abrév. COCA. *Un whisky coca.*
ÉTYM. nom déposé ; de *coca* et *cola* (2).

COCAGNE [kɔkaɲ] n. f. 1. *PAYS DE COCAGNE* : pays imaginaire où l'on a tout en abondance. 2. *MÂT DE COCAGNE,* au sommet duquel sont suspendus des objets qu'il s'agit de détacher.
ÉTYM. ancien occitan *cocanha*, d'origine inconnue.

COCAÏNE [kɔkain] n. f. ✦ Alcaloïde extrait du végétal qui donne la coca, utilisé en médecine pour ses propriétés analgésiques et anesthésiques. – Cet alcaloïde, utilisé comme stupéfiant. *Snifer de la cocaïne.* SYN. FAM. ② **coke**
ÉTYM. de *coca.*

COCAÏNOMANE [kɔkainɔman] n. ✦ Toxicomane qui use de cocaïne.
ÉTYM. de *cocaïne* et ② *-mane.*

COCARDE [kɔkaʀd] n. f. 1. Insigne aux couleurs nationales. *Cocarde tricolore.* 2. Ornement en ruban, nœud décoratif.
ÉTYM. de l'ancien adj. *coquard* «vaniteux», de *coq.*

COCARDIER, IÈRE [kɔkaʀdje, jɛʀ] adj. ✦ D'un patriotisme chauvin.
ÉTYM. de *cocarde.*

COCASSE [kɔkas] adj. ✦ FAM. Qui est d'une étrangeté comique, qui étonne et fait rire. *Une situation cocasse.* SYN. **burlesque.**
► **COCASSEMENT** [kɔkasmɑ̃] adv.
ÉTYM. de l'ancien adj. *coquard* «vaniteux», de *coq.*

COCASSERIE [kɔkasʀi] n. f. ✦ Bouffonnerie, drôlerie.

COCCINELLE [kɔksinɛl] n. f. ✦ Insecte coléoptère au corps rouge ou orangé garni de points noirs (aussi appelé *bête à bon Dieu*).
ÉTYM. du latin *coccinus* «écarlate».

COCCYX [kɔksis] n. m. ✦ Petit os (vertèbres atrophiées et soudées) situé à l'extrémité inférieure de la colonne vertébrale, articulé avec le sacrum. – FAM. *Se faire mal au coccyx,* au derrière.
ÉTYM. grec *kokkux*, d'abord «coucou».

① **COCHE** [kɔʃ] n. f. ✦ Encoche, entaille.
ÉTYM. peut-être latin populaire *cocca.*

② **COCHE** [kɔʃ] n. m. 1. anciennt Grande voiture tirée par des chevaux, qui servait au transport des voyageurs. *Conducteur de coche.* → ② cocher. – *La mouche* du coche.* ♦ *Coche d'eau* : chaland halé pour le transport des voyageurs. 2. loc. fig. *MANQUER, RATER LE COCHE* : perdre l'occasion de faire une chose utile, profitable.
ÉTYM. hongrois *kocsi*, de *Kocs*, nom de lieu.

COCHENILLE [kɔʃnij] n. f. ✦ Insecte dont on tirait une teinture rouge écarlate (→ **carmin**).
ÉTYM. espagnol *cochinilla*, proprement «cloporte».

① **COCHER** [kɔʃe] v. tr. (conjug. 3a) ✦ Marquer d'un trait, d'un signe. *Cocher un nom sur une liste.* CONTR. ② **décocher.**
ÉTYM. de ① *coche.*

② **COCHER** [kɔʃe] n. m. ✦ Personne qui conduit une voiture à cheval. SYN. **conducteur ; postillon.** *Cocher de fiacre. Fouette, cocher !* en avant !, plus vite !
ÉTYM. de ② *coche.*

COCHÈRE [kɔʃɛʀ] adj. f. ✦ *PORTE COCHÈRE,* dont les dimensions permettent l'entrée d'une voiture.
ÉTYM. de ② *coche.*

① **COCHON** [kɔʃɔ̃] n. m. 1. Porc élevé pour l'alimentation (mâle, opposé à *truie ;* châtré, opposé à *verrat*). SYN. **goret, pourceau.** *Cochon de lait* : jeune cochon. – *Viande de cochon.* SYN. **porc ; charcuterie ; cochonnaille.** ♦ loc. *Gros, sale comme un cochon. Manger, écrire comme un cochon,* malproprement. → **cochonner.** – *Avoir une tête de cochon,* mauvais caractère. 2. *COCHON D'INDE* : cobaye.
ÉTYM. peut-être onomatopée.

② **COCHON, ONNE** [kɔʃɔ̃, ɔn] n. et adj. 1. n. FAM. Personne malpropre (aussi au fig.). *Quel cochon !* – *Un travail de cochon.* → **dégoûtant, sale ; cochonner.** 2. adj. *Histoire cochonne,* licencieuse.
ÉTYM. → ① cochon.

COCHONNAILLE [kɔʃɔnaj] n. f. ✦ FAM. souvent plur. Charcuterie (préparations simples, campagnardes).
ÉTYM. de ① *cochon.*

COCHONNER [kɔʃɔne] v. tr. (conjug. 3a) ✦ FAM. Faire (un travail) mal, salement. – au p. passé *Un devoir cochonné.*
ÉTYM. de ② *cochon.*

COCHONNERIE [kɔʃɔnʀi] n. f. 1. FAM. Malpropreté ; chose sale. 2. Chose mal faite, cochonnée, ou sans valeur. *Il ne vend que des cochonneries.* SYN. **saleté, saloperie.** 3. Acte, parole obscène. *Dire des cochonneries.*
ÉTYM. de ② *cochon.*

COCHONNET [kɔʃɔnɛ] n. m. ✦ Petite boule servant de but aux joueurs de boules.
ÉTYM. diminutif de *cochon.*

COCKER [kɔkɛʀ] n. m. ✦ Chien de chasse voisin de l'épagneul, à longues oreilles pendantes. *Des cockers roux.*
ÉTYM. mot anglais, de *cocking* «chasse à la bécasse».

COCKNEY [kɔknɛ] **n. et adj.** ✦ Londonien populaire (de l'est de la ville). ➛ *L'accent cockney.*
ÉTYM. mot anglais, de *cocken-egg* «œuf de coq», surnom des Londoniens.

COCKPIT [kɔkpit] **n. m.** ✦ Cabine de pilotage d'un avion.
ÉTYM. mot anglais.

COCKTAIL [kɔktɛl] **n. m.** 1. Mélange de boissons. *Un cocktail au gin. Un cocktail de jus de fruits. Préparer un cocktail dans un shaker.* 2. Réunion mondaine où l'on boit. *Inviter des amis à un cocktail.* 3. *COCKTAIL MOLOTOV* : bouteille remplie de liquide inflammable utilisée comme projectile incendiaire. *Lancer des cocktails Molotov.*
ÉTYM. mot américain.

① **COCO** [koko] **n. m.** ✦ *COCO* ou *NOIX DE COCO* : fruit du cocotier. *Des cocos, des noix de coco. Lait de coco. Beurre, huile de coco.*
ÉTYM. mot portugais, par l'italien et l'espagnol ; même origine que *coque.*

② **COCO** [koko] **n. m.** 1. lang. enfantin Œuf. 2. terme d'affection *Mon petit coco.* → ① **cocotte.** 3. Individu, personnage bizarre, dangereux. SYN. **type, zèbre.** *Méfie-toi, c'est un drôle de coco.*
ÉTYM. de *coque* «coquille d'œuf», d'après le cri de la poule.

③ **COCO** [koko] **n. f.** ✦ FAM. VIEILLI Cocaïne.
ÉTYM. abréviation.

④ **COCO** [koko] **n.** ✦ FAM. VIEILLI Communiste.
ÉTYM. abréviation.

COCON [kɔkɔ̃] **n. m.** ✦ Enveloppe formée d'un fil de soie enroulé, dont les chenilles de certains papillons s'entourent pour se transformer en chrysalide. *Cocon de ver à soie.* ♦ loc. *S'enfermer dans son cocon* : s'isoler, se retirer.
ÉTYM. provençal *coucoun*, même origine que *coque.*

COCORICO [kɔkɔʀiko] **n. m.** ✦ Chant du coq. ➛ fig. *Les supporteurs ont poussé des cocoricos à l'annonce de la victoire* (de la France).
ÉTYM. onomatopée.

COCOTIER [kɔkɔtje] **n. m.** ✦ Palmier au tronc élancé surmonté d'un faisceau de feuilles, et qui produit la noix de coco. ➛ loc. *Secouer le cocotier* : modifier les habitudes ; éliminer les personnes les plus âgées, les moins productives.
ÉTYM. de ① *coco.*

① **COCOTTE** [kɔkɔt] **n. f.** 1. lang. enfantin Poule. ➛ *COCOTTE EN PAPIER* : papier plié en forme d'oiseau. 2. VIEILLI Femme de mœurs légères. SYN. FAM. ① **poule.** 3. Terme d'encouragement adressé à un cheval. *Hue, cocotte !* 4. terme d'affection à l'égard d'une jeune fille, d'une femme. *Viens me voir, ma cocotte.* → ② **coco.**
ÉTYM. de l'onomatopée *cot... cot...*

② **COCOTTE** [kɔkɔt] **n. f.** ✦ Marmite en fonte.
ÉTYM. du moyen français *cocasse* «récipient», d'origine incertaine.

COCU, E [kɔky] **n. et adj.** ✦ FAM. 1. **n.** Personne dont le conjoint est infidèle (surtout : mari trompé). ♦ loc. *Une veine de cocu* : beaucoup de chance. 2. **adj.** *Un mari cocu. Elle est cocue.*
ÉTYM. variante de *coucou.*

COCUAGE [kɔkɥaʒ] **n. m.** ✦ FAM. État de cocu.

COCUFIER [kɔkyfje] **v. tr.** (conjug. 9) ✦ FAM. Faire cocu. SYN. **tromper.**

COD ou **C. O. D.** [seode] **n. m. invar.** ✦ GRAMM. Complément d'objet* direct. *Le COD se joint au verbe sans préposition.*
ÉTYM. sigle.

CODA [kɔda] **n. f.** ✦ Conclusion d'un morceau de musique. *Des codas.*
ÉTYM. mot italien «queue».

CODAGE [kɔdaʒ] **n. m.** ✦ Action d'appliquer un code.
ÉTYM. de *coder.*

CODE [kɔd] **n. m.** 1. Recueil de lois. ➛ Ensemble de lois et dispositions légales. *Le Code civil. Code de commerce. Code pénal.* 2. Décret ou loi de grande importance. ➛ *CODE DE LA ROUTE* ; absolt *le code. Apprendre le code pour passer le permis de conduire. Phares code* ou *codes* : phares d'automobile à puissance et distance réduites, feux de croisement. *Allumer ses codes.* 3. Ensemble de règles, de préceptes, de prescriptions. SYN. **règlement.** *Le code de l'honneur.* 4. Système de symboles destinés à représenter et à transmettre une information. *Code secret. Déchiffrer, décrypter un code* (→ **décoder**). *Code postal. Code-barre* ou *code-barres* : fines barres parallèles imprimées sur l'emballage permettant l'identification d'un produit par lecture optique. *Des codes-barres.* ♦ DIDACT. Structure qui permet de produire des messages. *Les langues sont des codes.* ♦ BIOL. *Code génétique* : dispositif matériel disposé sur les gènes et permettant la transmission des caractères héréditaires.
ÉTYM. latin *codex* ; doublet de *codex.*

CODÉINE [kɔdein] **n. f.** ✦ Alcaloïde dérivé de la morphine. *Sirop antitussif à la codéine.*
ÉTYM. du grec *kôdeia* «pavot».

CODER [kɔde] **v. tr.** (conjug. 3a) ✦ Mettre en code ; procéder au codage de. ➛ au p. passé *Message codé.*
CONTR. **décoder.**

CODÉTENU, UE [kodet(ə)ny] **n.** ✦ Personne qui est détenue avec une ou plusieurs autres personnes.

CODEX [kɔdɛks] **n. m.** ✦ Recueil officiel des formules pharmaceutiques et des médicaments. SYN. **pharmacopée.**
ÉTYM. mot latin «recueil» ; doublet de *code.*

CODICILLE [kɔdisil] **n. m.** ✦ Acte ajouté à un testament pour le modifier.
ÉTYM. latin *codicillus* «tablette», de *codex* «code».

CODIFIER [kɔdifje] **v. tr.** (conjug. 9) 1. Réunir des dispositions légales dans un code. *Codifier le droit aérien.* 2. Rendre rationnel ; ériger en système organisé.
► **CODIFICATION** [kɔdifikasjɔ̃] **n. f.**

COEFFICIENT [kɔefisjɑ̃] **n. m.** 1. MATH. Nombre qui multiplie la valeur d'une quantité. SYN. ② **facteur.** ♦ Valeur relative d'une épreuve d'examen. *Matière à fort coefficient.* 2. PHYS. Nombre caractérisant une propriété. *Coefficient de dilatation, d'élasticité d'un métal.* 3. Facteur, pourcentage. *Prévoir un coefficient d'erreur.*
ÉTYM. de *co-* et *efficient.*

A B C D E F G H I J K L M N O P Q R S T U V W X Y Z

CŒLACANTHE [selakɑ̃t] **n. m.** ✦ Grand poisson osseux, très primitif. *Le cœlacanthe des Comores, fossile vivant.*
ÉTYM. latin scientifique *cœlacanthus,* du grec *koilos* «creux» et *akantha* «épine».

CŒLIOSCOPIE ou **CÉLIOSCOPIE** [seljɔskɔpi] **n. f.** ✦ MÉD. Examen de la cavité abdominale par endoscopie.
ÉTYM. du grec *koilia* «creux, ventre» et de *-scopie.*

COÉQUIPIER, IÈRE [koekipje, jɛʀ] **n.** ✦ Personne qui fait équipe avec d'autres.

COERCITIF, IVE [kɔɛʀsitif, iv] **adj.** ✦ DIDACT. Qui exerce une contrainte. *Force coercitive. Des moyens coercitifs.*
ÉTYM. du latin *coercitum,* participe passé de *coercere* «contraindre».

COERCITION [kɔɛʀsisjɔ̃] **n. f.** ✦ DIDACT. Contrainte. *Moyens de coercition.*
ÉTYM. latin *coercitio,* de *coercere* «contraindre».

CŒUR [kœʀ] **n. m.** **I** **1.** Organe central de l'appareil circulatoire (animaux supérieurs). ➝ chez l'homme Viscère musculaire conique situé entre les deux poumons (➝ **cardiaque, cardio-**). *Cœur droit, cœur gauche,* moitiés du cœur divisées, chacune, en deux cavités (oreillette, ventricule). *Contraction* (systole), *dilatation* (diastole) *du cœur. Battement du cœur. Opération chirurgicale À CŒUR OUVERT.* ♦ (animaux) *Cœur de poulet, de bœuf.* **2.** Poitrine. *Il la serra tendrement sur, contre son cœur.* **3.** *Avoir MAL AU CŒUR,* des nausées. *Soulever le cœur de qqn.* ➝ **écœurer ; haut-le-cœur.** **II** **1.** FAM. *Faire la BOUCHE EN CŒUR,* des manières. **2.** Image conventionnelle du cœur. ➝ aux cartes Une des quatre couleurs, dont les points sont figurés par des cœurs. *As de cœur.* **3.** Partie centrale (de qqch.). SYN. **centre, milieu.** *Le cœur d'une laitue.* ➝ *Un fromage fait À CŒUR,* jusqu'en son centre. ➝ *Cœur de palmier* : chou-palmiste comestible. **4.** *AU CŒUR DE l'hiver, de l'été.* ➝ *Le cœur du sujet, de la question,* le point essentiel. **III** **1.** Le siège des sensations et émotions. *Serrement de cœur. Briser, fendre, serrer le cœur. Avoir le cœur gros* (de peine). **2.** loc. Siège du désir, de l'humeur. *DE BON CŒUR, de grand cœur, de tout cœur, de gaieté de cœur* : avec plaisir. ➝ *Si le cœur vous en dit* : si vous en avez le désir. *Je n'ai pas le cœur à rire.* ➝ *Prendre qqch. À CŒUR,* y prendre un intérêt passionné. *Cela lui tient à cœur,* il y tient. ➝ *Un coup de cœur* : un enthousiasme subit. ➝ *À CŒUR JOIE* : avec grand plaisir. **3.** Le siège des sentiments, des passions. *Avoir un cœur sensible.* ♦ Siège de l'amour. *Cœur fidèle. Affaire de cœur. Offrir, refuser son cœur.* **4.** Bonté, sentiments altruistes. *Avoir bon cœur, avoir du cœur.* ➝ **charité, générosité, sensibilité.** *Avoir un cœur d'or.* ➝ *Être sans cœur,* dur. *Une personne sans cœur.* ➝ **sans-cœur.** ➝ *Avoir le cœur sur la main* : être généreux. ♦ terme d'affection *Oui, mon cœur.* SYN. **chéri.** **5.** LITTÉR. Les qualités de caractère, le siège de la conscience. *Noblesse du cœur. Avoir du cœur,* de l'honneur. ➝ Courage. *Le cœur lui manqua.* **6.** La pensée secrète, intime de (qqn). *Ouvrir son cœur à qqn* : se confier. ➝ loc. *Parler à cœur ouvert.* **7.** Esprit, raison. loc. *Je veux en avoir le CŒUR NET,* être fixé. ♦ *PAR CŒUR* : de mémoire. *Apprendre, savoir, réciter par cœur.*
HOM. CHŒUR «chorale»
ÉTYM. latin *cor, cordis.*

COEXISTENCE [kɔɛgzistɑ̃s] **n. f.** **1.** Existence simultanée. **2.** *Coexistence pacifique* : principe de tolérance réciproque entre États ou blocs d'idéologie différente.

COEXISTER [kɔɛgziste] **v. intr.** (conjug. 3a) ✦ Exister ensemble, en même temps.
► **COEXISTANT, ANTE** [kɔɛgzistɑ̃, ɑ̃t] **adj.**

COFFRAGE [kɔfʀaʒ] **n. m.** ✦ Dispositif qui moule et maintient le béton que l'on coule ; sa pose. *Retirer le coffrage.*
ÉTYM. de *coffre.*

COFFRE [kɔfʀ] **n. m.** **I** **1.** Meuble de rangement en forme de caisse qui s'ouvre en soulevant le couvercle. **2.** Caisse où l'on range de l'argent, des choses précieuses. SYN. **coffre-fort.** *Les coffres des banques.* **3.** Espace aménagé pour le rangement, souvent à l'arrière (d'une voiture). SYN. **malle.** **II** FAM. Thorax. *Avoir du coffre,* du souffle, une voix forte.
ÉTYM. latin *cophinus* ; doublet de *couffin.*

COFFRE-FORT [kɔfʀəfɔʀ] **n. m.** ✦ Coffre métallique destiné à recevoir de l'argent, des objets précieux. *La combinaison d'un coffre-fort. Des coffres-forts.*

COFFRER [kɔfʀe] **v. tr.** (conjug. 3a) **1.** FAM. *Coffrer qqn.* ➝ **emprisonner.** **2.** TECHN. Couler dans un coffrage.
ÉTYM. de *coffre.*

COFFRET [kɔfʀɛ] **n. m.** ✦ Boîte. *Un coffret à bijoux.*
ÉTYM. diminutif de *coffre.*

COFONDATEUR, TRICE [kofɔ̃datœʀ, tʀis] **n.** ✦ Personne qui a fondé (qqch.) avec une ou plusieurs autres personnes.

COGITER [kɔʒite] **v. intr.** (conjug. 3a) ✦ iron. Réfléchir. *Ne le dérange pas, il cogite.*
► **COGITATION** [kɔʒitasjɔ̃] **n. f.,** iron.
ÉTYM. latin *cogitare.*

COGITO [kɔʒito] **n. m.** ✦ Argument de base de la philosophie de Descartes : «je pense» (donc je suis).
ÉTYM. mot latin, de *cogito, ergo sum* «je pense, donc je suis».

COGNAC [kɔɲak] **n. m.** ✦ Eau-de-vie de raisin réputée de la région de Cognac. *Boire un bon cognac. Des cognacs.*
ÉTYM. de *Cognac,* ville de Charente. ☛ noms propres.

COGNASSIER [kɔɲasje] **n. m.** ✦ Arbre qui produit les coings.
ÉTYM. d'un dérivé de *coing.*

COGNÉE [kɔɲe] **n. f.** ✦ Grosse hache à biseau étroit. ➝ loc. *Jeter le manche après la cognée* : se décourager, renoncer par lassitude, dégoût. HOM. COGNER «frapper»
ÉTYM. latin *cuneata,* de *cuneus* «coin (1)».

COGNER [kɔɲe] **v.** (conjug. 3a) **I** **v. tr. dir.** FAM. **1.** Heurter (qqch.). *Cogner un meuble.* **2.** (compl. personne) Battre, rosser. SYN. FAM. **tabasser.** *Il s'est fait cogner.* **II** **v. tr. ind.** Frapper fort, à coups répétés. *Cogner sur ; à la porte.* SYN. **heurter.** **III** **v. intr.** Frapper ; heurter. *J'entends le volet qui cogne.* ♦ FAM. *Le soleil cogne,* est très ardent. **IV** *SE COGNER* **v. pron.** Se heurter. *Se cogner à un meuble.* HOM. COGNÉE «hache»
ÉTYM. latin *cuneare,* de *cuneus* «coin (I, 1)».

COGNITIF, IVE [kɔgnitif, iv] **adj.** ✦ DIDACT. **1.** VX *La faculté cognitive,* de connaissance. **2.** Qui concerne la connaissance rationnelle. *Sciences cognitives* (psychologie,

biologie, linguistique, logique, informatique...).
ÉTYM. du latin *cognitum*, de *cognoscere* «connaître» ; sens 2, par l'anglais.

COHABITATION [kɔabitasjɔ̃] n. f. 1. Fait de cohabiter. 2. (en France) Coexistence d'un président de la République et d'un gouvernement de tendances politiques opposées. ☞ Vᵉ République p. 197.

COHABITER [kɔabite] v. intr. (conjug. 3a) ✦ Habiter, vivre ensemble. ➛ Pratiquer la cohabitation (2).

COHÉRENCE [kɔeʀɑ̃s] n. f. ✦ Liaison, rapport étroit d'idées qui s'accordent entre elles ; absence de contradiction. CONTR. **incohérence.**
ÉTYM. latin *coherentia* → cohérent.

COHÉRENT, ENTE [kɔeʀɑ̃, ɑ̃t] adj. ✦ Qui se compose de parties liées et harmonisées entre elles. SYN. **harmonieux,** ② **logique, ordonné.** *Idées cohérentes.* CONTR. **incohérent.**
ÉTYM. latin *cohaerens*, de *haerere* «être fixé».

COHÉSION [kɔezjɔ̃] n. f. 1. PHYS. Force qui unit les parties d'une substance matérielle (molécules). 2. Caractère d'un ensemble dont les parties sont unies, harmonisées. *La cohésion d'un groupe.* SYN. **solidarité, union, unité.** CONTR. **désagrégation, dispersion.**
ÉTYM. latin *cohesio* → cohérent.

COHORTE [kɔɔʀt] n. f. 1. ANTIQ. Corps d'infanterie, constitué de centuries (➛ **centurion**), formait la dixième partie de la légion romaine. 2. FAM. Groupe. *Une joyeuse cohorte.*
ÉTYM. latin *cohors*.

COHUE [kɔy] n. f. 1. Assemblée nombreuse et tumultueuse ; foule en désordre. 2. Bousculade, désordre, dans une assemblée nombreuse. SYN. **mêlée.** *La cohue des heures de pointe.*
ÉTYM. du breton *kok'hu(i)* «halle».

① **COI, COITE** [kwa, kwat] adj. ✦ VX Tranquille et silencieux. ➛ loc. *Se tenir coi.* SYN. **muet, pantois.** *Ils en sont restés cois.* HOM. QUOI (pronom relatif)
ÉTYM. latin populaire *quetus*, de *quietus* «quiet».

② **COI** ou **C. O. I.** [seoi] adj. ✦ GRAMM. Complément d'objet* indirect. *Le COI est relié au verbe par une préposition* (ex. on se moque de *lui*).
ÉTYM. sigle.

COIFFE [kwaf] n. f. ✦ Coiffure féminine en tissu, encore portée dans quelques régions. *Coiffe de Bretonne, de Hollandaise.* ➛ *Des religieuses en coiffes.*
ÉTYM. bas latin *cufia*, peut-être germanique.

COIFFER [kwafe] v. tr. (conjug. 3a) 1. Couvrir la tête de (qqn). *Coiffer qqn, se coiffer d'un chapeau.* ➛ *Coiffer sainte Catherine* (d'une jeune fille encore célibataire à vingt-cinq ans). 2. Recouvrir (qqch.), surmonter (de qqch.). 3. Arranger les cheveux de (qqn). SYN. **peigner.** ➛ pronom. (réfl.) *Elle est en train de se coiffer.* ➛ au p. passé *Il est toujours mal coiffé.* 4. loc. *Être né coiffé* : avoir de la chance. 5. Réunir sous son autorité, être à la tête de. SYN. **chapeauter.** *Ce directeur coiffe les services commerciaux.* 6. fig. *Coiffer un concurrent au poteau,* le dépasser à l'arrivée. CONTR. **découvrir · décoiffer.**
ÉTYM. de *coiffe*.

COIFFEUR, EUSE [kwafœʀ, øz] n. ✦ Personne qui fait le métier de couper et d'arranger les cheveux. *Coiffeur pour dames. Aller chez le coiffeur.*

COIFFEUSE [kwaføz] n. f. ✦ Table de toilette munie d'une glace.
ÉTYM. de *coiffer*.

COIFFURE [kwafyʀ] n. f. 1. VIEILLI Ce qui sert à couvrir la tête ou à l'orner (béret, bonnet, chapeau, coiffe, toque ; filet, mantille, etc.). 2. Arrangement des cheveux. *Coiffure en brosse.* 3. Métier de coiffeur. *Salon de coiffure.*

COIN [kwɛ̃] n. m. **I** 1. Instrument triangulaire (en bois, en métal) pour fendre, ou serrer et assujettir. SYN. ② **cale** ; ➛ **coincer.** 2. Morceau d'acier gravé en creux servant à frapper les monnaies et médailles ; poinçon. ➛ loc. *Une réflexion marquée au coin du bon sens.* **II** 1. Angle rentrant ou saillant. *Les quatre coins d'une table.* ➛ *Les quatre coins d'une pièce.* ➛ **encoignure.** ➛ *Au coin du feu* : près du feu, à l'angle de la cheminée. ➛ *Le coin de la rue* : l'endroit où deux rues se coupent. ➛ loc. *Je ne voudrais pas le rencontrer au coin d'un bois,* dans un lieu isolé. ➛ *Le coin de la bouche, des yeux.* SYN. **commissure.** *Regarder qqn du coin de l'œil, à la dérobée. Regard en coin,* oblique, dissimulé. 2. Petit espace ; portion d'un espace. *Un coin tranquille pour pêcher.* ➛ loc. *Un coin de terre.* ♦ Endroit retiré. *Chercher dans tous les coins.* ➛ **recoin.** ♦ FAM. *Aller au PETIT COIN,* aux toilettes. HOM. COING «fruit»
ÉTYM. latin *cuneus*.

COINCEMENT [kwɛ̃smɑ̃] n. m. ✦ État de ce qui est coincé.
ÉTYM. de *coincer*.

COINCER [kwɛ̃se] v. tr. (conjug. 4) 1. Assujettir, fixer en immobilisant. SYN. **bloquer,** ① **caler.** ➛ pronom. *Serrure qui se coince.* 2. fig. FAM. Mettre (qqn) dans l'impossibilité de se mouvoir, d'agir. *On a coincé le voleur.* SYN. **pincer.** ➛ *Coincer qqn,* le mettre dans l'embarras, dans l'impossibilité de répondre. *L'examinateur l'a coincé sur les dates.* ➛ passif et p. passé *Être coincé dans une situation impossible.* CONTR. **décoincer.**
► **COINCÉ, ÉE** adj. *Un garçon coincé,* inhibé.
ÉTYM. de *coin* (I, 1).

COÏNCIDENCE [kɔɛ̃sidɑ̃s] n. f. ✦ Fait de coïncider. SYN. **concordance.** ♦ Évènements qui arrivent ensemble par hasard. SYN. **concours** de circonstances, **rencontre.** *Coïncidence troublante.* CONTR. **divergence.**
ÉTYM. de *coïncider*.

COÏNCIDENT, ENTE [kɔɛ̃sidɑ̃, ɑ̃t] adj. ✦ DIDACT. Qui coïncide (dans l'espace ou dans le temps). CONTR. **divergent.**
ÉTYM. de *coïncider*.

COÏNCIDER [kɔɛ̃side] v. intr. (conjug. 3a) 1. Arriver, se produire en même temps ; être synchrone. *Sa venue coïncide avec l'évènement.* 2. (figures géométriques) Se recouvrir exactement. *Deux cercles de même rayon coïncident.* 3. Correspondre exactement, s'accorder. *Les deux témoignages coïncident.* SYN. **concorder.** CONTR. **diverger.**
ÉTYM. latin médiéval *coincidere*.

COIN-COIN [kwɛ̃kwɛ̃] n. m. invar. ✦ Cri du canard.
ÉTYM. onomatopée.

COÏNCULPÉ, ÉE [kɔɛ̃kylpe] n. ✦ DR. Personne inculpée en même temps que d'autres, pour le même délit.
ÉTYM. du participe passé de *inculper*.

COING [kwɛ̃] n. m. ✦ Fruit du cognassier, en forme de poire, de couleur jaune. *Gelée de coings.* ➜ loc. (personnes) *Être jaune comme un coing,* avoir le teint jaune. HOM. COIN «angle»
ÉTYM. latin *cotoneum,* du grec *kudonia (mala)* «pomme de *Cydonia*», en Crète.

COÏT [kɔit] n. m. ✦ Accouplement du mâle avec la femelle. SYN. **copulation.** ➜ *Coït interrompu* (avant l'éjaculation ; méthode contraceptive).
ÉTYM. latin *coitus,* de *coire* «aller *(ire)* avec».

COÏTER [kɔite] v. intr. (conjug. 3a) ✦ S'accoupler, copuler.
ÉTYM. de *coït.*

① **COKE** [kɔk] n. m. ✦ Charbon résultant de la carbonisation ou de la distillation de certaines houilles grasses. HOM. ① COQ «oiseau», COQUE «coquille»
ÉTYM. mot anglais.

② **COKE** [kok] n. f. ✦ FAM. Cocaïne.

COKÉFIER [kɔkefje] v. tr. (conjug. 9) ✦ TECHN. Transformer (la houille) en coke.
▸ **COKÉFACTION** [kɔkefaksjɔ̃] n. f.
ÉTYM. de *coke,* suffixe *-fier.*

COL [kɔl] n. m. **I** VX ou LITTÉR. Cou. ➜ loc. *Se pousser du col :* prendre de grands airs, être prétentieux. **II** 1. Partie étroite, rétrécie (d'un récipient). SYN. **goulot.** *Le col d'un vase.* 2. ANAT. Partie rétrécie (d'une cavité de l'organisme *[col de l'utérus],* d'un os *[col du fémur]*). **III** Passage entre deux sommets de montagne. ➜ **défilé, gorge.** *Col enneigé, fermé aux voitures.* **IV** 1. Partie du vêtement qui entoure le cou. *Col de chemise. Col dur, empesé. Col anglais. Col Mao :* col droit semblable à celui des vestes chinoises. *Des cols Mao. Chandail à col roulé.* ➜ *Col marin.* FAM. *COL-BLEU :* marin de la Marine nationale. ➜ *Les COLS BLANCS :* les employés de bureaux. 2. *FAUX COL d'un verre de bière,* la mousse.
HOM. COLLE «matière adhésive»
ÉTYM. latin *collum.*

COLA [kɔla] n. m. et n. f. 1. n. m. BOT. Arbre d'Afrique (appelé aussi *colatier* ou *kolatier*) qui produit la *noix de cola.* 2. n. m. ou f. Noix de cola ; produit stimulant extrait de cette noix ; boisson à base de ce produit (➜ **coca-cola**). *Croquer la cola.* ➜ On écrit aussi *kola.*
ÉTYM. mot africain, par le portugais.

COLBACK [kɔlbak] n. m. 1. Ancienne coiffure militaire. 2. FAM. *Il l'a attrapé par le colback,* par le col, le collet.
ÉTYM. turc *qalpâk* «bonnet de fourrure».

COLCHICINE [kɔlʃisin] n. f. ✦ Alcaloïde toxique extrait des grains de colchique.
ÉTYM. de *colchique.*

COLCHIQUE [kɔlʃik] n. m. ✦ Plante des prés humides, très vénéneuse, qui fleurit en automne.
ÉTYM. latin *colchicum,* du grec «herbe de *Colchide*», pays de l'empoisonneuse Médée.

COLD-CREAM [kɔldkʀim] n. m. ✦ anglicisme VIEILLI Crème pour la peau, faite de blanc de baleine, de cire blanche, d'huile d'amandes douces. *Des cold-creams.*
ÉTYM. mot anglais «crème froide *(cold)*».

COL-DE-CYGNE [kɔldəsiɲ] n. m. ✦ Pièce ou robinet à double courbe. *Des cols-de-cygne.*

-COLE Élément, du latin *colere* «cultiver, habiter», signifiant «qui concerne la culture (ex. *viticole*) ou l'habitation (ex. *arboricole*)».

COLÉOPTÈRE [kɔleɔptɛʀ] n. m. ✦ ZOOL. Insecte à quatre ailes dont deux (les élytres) sont cornées. *Le scarabée est un coléoptère.* ➜ *L'ordre des coléoptères.*
ÉTYM. grec *koleopteros,* de *koleon* «étui» et *pteron* «aile».

COLÈRE [kɔlɛʀ] n. f. 1. Violent mécontentement accompagné d'agressivité. SYN. **courroux, emportement, fureur, irritation,** ① **rage ;** FAM. **rogne ;** VX **ire.** *Une colère noire,* terrible. ➜ *Être EN COLÈRE.* ➜ **furieux, hors de soi.** 2. Accès, crise de colère. *Une colère violente.* ➜ FAM. *Faire une colère.* CONTR. ① **calme.**
ÉTYM. latin *cholera,* du grec «maladie de la bile *(khôlê)*».

COLÉREUX, EUSE [kɔleʀø, øz] adj. ✦ Qui se met facilement en colère. SYN. **agressif, emporté, irascible, violent.** ➜ *Un tempérament coléreux.* CONTR. ② **calme, doux.**

COLÉRIQUE [kɔleʀik] adj. ✦ VIEILLI Coléreux. SYN. **irascible.** HOM. CHOLÉRIQUE «du choléra»

COLIBACILLE [kɔlibasil] n. m. ✦ Bactérie intestinale qui peut devenir pathogène.
ÉTYM. du grec *kolon* «gros intestin, côlon» et de *bacille.*

COLIBACILLOSE [kɔlibasiloz] n. f. ✦ MÉD. Infection due au colibacille. *Colibacillose urinaire.*
ÉTYM. de *colibacille* et ② *-ose.*

COLIBRI [kɔlibʀi] n. m. ✦ Oiseau de très petite taille, à plumage éclatant, à long bec. SYN. **oiseau-mouche.**
ÉTYM. origine obscure.

COLIFICHET [kɔlifiʃɛ] n. m. ✦ Petit objet de fantaisie, sans grande valeur. SYN. **babiole, bagatelle.**
ÉTYM. de *coefficher,* peut-être de *coiffe* et *ficher.*

COLIMAÇON [kɔlimasɔ̃] n. m. 1. Escargot. 2. loc. adv. *EN COLIMAÇON :* en hélice. *Escalier en colimaçon.*
ÉTYM. d'un mot régional (normand et picard), de *limaçon.*

COLIN [kɔlɛ̃] n. m. ✦ Gros poisson de mer comestible à dos noir, appelé aussi *lieu noir.* ♦ COMM. Merlu.
ÉTYM. du néerlandais *kool(visch)* «(poisson) charbon».

COLINÉAIRE [kolineɛʀ] adj. ✦ MATH. *Vecteurs colinéaires,* qui ont la même direction.
ÉTYM. de *co-* et *linéaire.*

COLIN-MAILLARD [kɔlɛ̃majaʀ] n. m. ✦ Jeu où l'un des joueurs, les yeux bandés, doit chercher les autres à tâtons, en saisir un et le reconnaître. *Jouer à colin-maillard. Des colin-maillards.*
ÉTYM. de *Colin* (de *Colas, Nicolas*) et *Maillard,* nom propre.

COLINOT ou **COLINEAU** [kɔlino] n. m. ✦ Jeune colin. *Des colinots, des colineaux.*

COLIQUE [kɔlik] n. f. 1. souvent au plur. Douleur ressentie au niveau des viscères abdominaux. SYN. **colite, entérite.** *Colique hépatique, néphrétique,* due à l'obstruction des canaux biliaires, des uretères par un calcul. 2. Diarrhée. *Avoir la colique.* ➜ fig. FAM. *Quelle colique !,* chose, personne ennuyeuse.
ÉTYM. latin *colica,* du grec, de *kôlon* «gros intestin, côlon».

COLIS [kɔli] n. m. ✦ Objet emballé destiné à être expédié et remis à qqn. SYN. **paquet.** *Faire, ficeler un colis. Colis postal.*
ÉTYM. italien *colli,* pluriel de *collo* «cou».

COLISTIER, IÈRE [kolistje, jɛʀ] **n.** ✦ Chacun des candidats inscrits sur une même liste électorale.
ÉTYM. de *co-* et *liste.*

COLITE [kɔlit] **n. f.** ✦ MÉD. Inflammation du côlon ; douleur qui en résulte. SYN. **colique** (1).
ÉTYM. du grec *kôlon* «gros intestin, côlon» et de *-ite.*

COLLABORATEUR, TRICE [kɔ(l)labɔʀatœʀ, tʀis] **n. 1.** Personne qui collabore à une œuvre commune. SYN. **adjoint,** ② **aide, associé, collègue.** *Les collaborateurs d'une revue scientifique.* **2.** pendant l'Occupation (1940-1944) Français partisan de la collaboration avec les Allemands. ➖ abrév. FAM. COLLABO [kɔ(l)labo]. *Les collabos.*
ÉTYM. du latin *collaborare* → collaborer.

COLLABORATIF, IVE [kɔ(l)labɔʀatif, iv] **adj.** ✦ Qui concerne la collaboration, le travail collectif, le partage d'informations en ligne. *Site, logiciel collaboratif.* → **wiki.** ♦ par ext. Fondé sur le partage (des équipements, des services). *La consommation collaborative.*
ÉTYM. de *collaboration,* peut-être influencé par l'anglais.

COLLABORATION [kɔ(l)labɔʀasjɔ̃] **n. f. 1.** Travail en commun, action de collaborer. *Livre écrit EN COLLABORATION* (→ **collectif**). *Apporter sa collaboration à une œuvre.* SYN. ① **aide, concours, participation. 2.** HIST. (☛ noms propres) Mouvement, attitude des collaborateurs (2).
ÉTYM. latin médiéval *collaboratio.*

COLLABORER [kɔ(l)labɔʀe] **v.** (conjug. 3a) **1. v. tr. ind.** (à, avec) Travailler en commun (à qqch. ; avec qqn). *Collaborer à un journal.* SYN. **participer.** *Ils ont longtemps collaboré.* **2. v. intr.** Agir en tant que collaborateur (2). *Elle a refusé de collaborer.*
ÉTYM. latin *collaborare,* de *laborare* «travailler».

COLLAGE [kɔlaʒ] **n. m. 1.** Action de coller. *Le collage des affiches.* ➖ État de ce qui est collé. **2.** Composition artistique faite d'éléments collés. *Les collages de Braque.* ☛ Cubisme p. 188. CONTR. **décollement.**

COLLAGÈNE [kɔlaʒɛn] **n. m.** ✦ BIOCHIM. Protéine fibreuse du tissu conjonctif. *Crème au collagène.*
ÉTYM. de *colle* et *-gène.*

COLLANT, ANTE [kɔlɑ̃, ɑ̃t] **adj.** et **n. m. 1.** Qui adhère, qui colle. *Papier collant.* SYN. **adhésif, autocollant.** ➖ Gluant. *Avoir les mains collantes.* **2.** Qui s'applique exactement sur une partie du corps. SYN. **ajusté, moulant, serré.** *Robe collante.* ♦ **n. m.** *UN COLLANT :* pantalon, maillot collant. ➖ Sous-vêtement féminin qui réunit culotte et bas. **3.** FAM. (personnes) Ennuyeux, dont on ne peut se débarrasser. SYN. **importun ;** FAM. **crampon.** CONTR. **ample, bouffant,** ③ **vague** • ① **discret.**
ÉTYM. du participe présent de *coller.*

COLLANTE [kɔlɑ̃t] **n. f.** ✦ ARGOT SCOL. Lettre de convocation à un examen. ♦ Feuille de résultats d'examen, relevé de notes. *La collante du bac.*
ÉTYM. du participe présent de *coller.*

COLLAPSUS [kɔlapsys] **n. m.** ✦ MÉD. **1.** Malaise brutal, intense, accompagné d'une chute de tension. **2.** Affaissement d'un organe.
ÉTYM. mot latin, p. passé de *collabi* «s'affaisser».

COLLATÉRAL, ALE, AUX [kɔ(l)lateʀal, o] **adj. 1.** DIDACT. Qui est sur le côté. *Nef collatérale d'une église.* → **bas-côté.** ➖ **n. m.** Nef collatérale. **2.** *Parents collatéraux :* membres d'une famille descendant d'un même ancêtre sans descendre les uns des autres (ex. frères, cousins, oncles). ➖ **n.** *Les collatéraux.* **3.** *Dégâts, dommages collatéraux :* conséquences secondaires non maîtrisées d'une opération militaire, notamment pertes civiles.
ÉTYM. latin médiéval *collateralis.*

COLLATION [kɔlasjɔ̃] **n. f.** ✦ Repas léger. SYN. **encas,** ② **goûter, lunch ;** FAM. **casse-croûte.**
ÉTYM. latin médiéval *collatio,* d'abord «rencontre».

COLLATIONNEMENT [kɔlasjɔnmɑ̃] **n. m.** ✦ Action de collationner.

COLLATIONNER [kɔlasjɔne] **v. tr.** (conjug. 3a) ✦ Comparer (plusieurs versions ou copies d'un texte) pour reconnaître les concordances, les divergences. *Collationner un texte avec l'original, le manuscrit.* SYN. **confronter.**
ÉTYM. de *collation* «comparaison».

COLLE [kɔl] **n. f.** **I 1.** Matière gluante utilisée pour assembler durablement deux surfaces. SYN. **glu.** *Colle à bois. Tube, bâton de colle. Enduire qqch. de colle.* → **encoller. 2.** fig. *POT DE COLLE :* personne dont on ne peut se débarrasser (→ FAM. **collant**). **II** ARGOT SCOLAIRE. **1.** Interrogation préparatoire aux examens. ➖ Question difficile. *Vous me posez une colle.* **2.** Consigne, retenue donnée en punition. *Deux heures de colle.*
HOM. COL «partie d'un vêtement»
ÉTYM. latin populaire *colla,* du grec «gomme» ; sens II, de *coller* (I, 5).

COLLECTE [kɔlɛkt] **n. f. 1.** Action de recueillir des dons, des contributions. SYN. **quête.** *Faire une collecte au profit d'une œuvre.* **2.** Ramassage. *La collecte du lait dans les fermes.*
ÉTYM. latin *collecta,* de *colligere* «rassembler» ; doublet de *cueillette.*

COLLECTER [kɔlɛkte] **v. tr.** (conjug. 3a) ✦ Recueillir par une collecte. *Collecter des fonds, des informations.*

COLLECTEUR, TRICE [kɔlɛktœʀ, tʀis] **n.** et **adj. 1. n.** Personne qui recueille les cotisations, les taxes. *Collecteur d'impôts.* → **percepteur. 2. n. m.** Organe ou dispositif qui recueille ce qui était épars. *Collecteur d'ondes.* → **antenne.** ➖ Conduite qui recueille le contenu d'autres conduites. *Collecteur d'eaux pluviales.* **3. adj.** Qui recueille. *Égout collecteur.*
ÉTYM. latin *collector* → collecte.

COLLECTIF, IVE [kɔlɛktif, iv] **adj.** et **n. m.**
I adj. 1. Qui comprend ou concerne un ensemble de personnes. *Œuvre collective. Démission collective. Propriété collective.* → **collectivisme. 2.** LING. Se dit d'un terme singulier représentant un ensemble d'individus ou d'objets. *«La foule» est un (nom) collectif.* CONTR. **individuel, particulier** • **distributif.**
II n. m. 1. Ensemble des dispositions d'un projet de loi de finance. *Le collectif budgétaire.* **2.** Équipe, groupe (de travail, de recherche).
ÉTYM. latin *collectivus,* de *colligere* → collecte.

COLLECTION [kɔlɛksjɔ̃] **n. f. 1.** Réunion d'objets (notamment d'objets précieux, intéressants). *Les collections d'un musée. Une belle collection de livres* (→ **bibliothèque**), *de timbres. Faire collection de papillons.* → **collectionner.** ➖ Grand nombre. SYN. **quan-**

tité. *Avoir toute une collection d'admirateurs.* **2.** Série d'ouvrages, de publications ayant une unité. *Ouvrage publié dans une collection de poche.* **3.** Ensemble des modèles présentés en même temps. *Collections d'été des grands couturiers.*
ÉTYM. latin *collectio,* de *colligere* «rassembler».

COLLECTIONNER [kɔlɛksjɔne] **v. tr.** (conjug. 3a) **1.** Réunir pour faire une collection (1). **2.** fig. FAM. *Il collectionne les punitions,* il en a beaucoup. SYN. **accumuler.**

COLLECTIONNEUR, EUSE [kɔlɛksjɔnœʀ, øz] **n.** ✦ Personne qui fait des collections. → **amateur.** *Collectionneur de timbres.* → **philatéliste.**

COLLECTIVEMENT [kɔlɛktivmɑ̃] **adv.** ✦ De façon collective ; ensemble. CONTR. **individuellement, séparément.**
ÉTYM. de *collectif.*

COLLECTIVISATION [kɔlɛktivizasjɔ̃] **n. f.** ✦ Appropriation collective (des moyens de production).
ÉTYM. de *collectiviser.*

COLLECTIVISER [kɔlɛktivize] **v. tr.** (conjug. 3a) ✦ Mettre (les moyens de production) en possession de la collectivité. SYN. **étatiser, nationaliser.** *Collectiviser des terres.*
ÉTYM. de *collectif.*

COLLECTIVISME [kɔlɛktivism] **n. m.** ✦ Système social dans lequel les moyens de production et d'échange sont la propriété de la collectivité (souvent, de l'État → **étatisme**). SYN. **communisme.**
▸ **COLLECTIVISTE** [kɔlɛktivist] **adj. et n.**
ÉTYM. de *collectif.*

COLLECTIVITÉ [kɔlɛktivite] **n. f.** **1.** Ensemble de personnes groupées (naturellement ou pour atteindre un but commun). SYN. **communauté, société.** **2.** Circonscription administrative (commune, département, région,...) dotée de la personnalité morale. *Le budget des collectivités locales, territoriales. Collectivité d'outre-mer.*
ÉTYM. de *collectif.*

COLLÈGE [kɔlɛʒ] **n. m.** **I** Réunion de personnes ayant la même dignité, la même fonction. ➝ *Le collège des cardinaux* ou *le Sacré Collège.* ◆ COLLÈGE ÉLECTORAL : ensemble des électeurs d'une circonscription. **II** Établissement d'enseignement secondaire du premier cycle. *Brevet des collèges. Lycées* et collèges.* ◆ *Le Collège de France,* établissement d'enseignement supérieur (☛ noms propres).
ÉTYM. latin *collegium.*

COLLÉGIAL, ALE, AUX [kɔleʒjal, o] **adj.** **1.** Qui a rapport à un collège (I) de chanoines. *Église collégiale* et **n. f.** *une collégiale.* **2.** Exercé par un collège, un groupe. *Direction collégiale.*

COLLÉGIALITÉ [kɔleʒjalite] **n. f.** ✦ Caractère collégial.

COLLÉGIEN, IENNE [kɔleʒjɛ̃, jɛn] **n.** ✦ Élève d'un collège (II).

COLLÈGUE [kɔ(l)lɛg] **n.** **1.** Personne qui exerce la même fonction qu'une autre ou appartient à la même entreprise. → **confrère, consœur.** *Sa collègue de bureau.* **2.** RÉGIONAL (Midi) Ami, camarade.
ÉTYM. latin *collega,* de *legare* «nommer».

COLLER [kɔle] **v.** (conjug. 3a) **I** **v. tr.** **1.** Joindre et faire adhérer deux surfaces avec de la colle. SYN. **fixer.** *Coller une affiche sur un mur.* **2.** (sujet chose) Faire adhérer, rendre gluant. *La sueur collait ses cheveux.* **3.** *Coller* (le corps, qqn) *contre, sur, à* (qqch.), l'appliquer étroitement. *Coller son visage contre la vitre.* ➝ **pronom.** *Se coller à, contre* (qqch., qqn). **4.** FAM. Donner ; mettre. *Collez ça dans un coin ! SYN.* ① **ficher.** *Il lui a collé un zéro.* SYN. ② **flanquer.** **5.** FAM. *Coller qqn,* lui poser une question à laquelle il ne peut répondre. ◆ Infliger une retenue à. SYN. **consigner, punir.** ◆ *Coller un candidat,* le refuser à un examen. SYN. **ajourner, refuser.** ➝ **passif** *Il a été reçu à l'écrit mais collé à l'oral.* **6.** Rester obstinément avec (qqn), suivre partout. *Il nous a collés tout l'après-midi.* **II** **v. intr.** **1.** Adhérer. ◆ Être gluant. *Ses mains collent.* **2.** FAM. *Ça colle : ça va, ça marche.* **III** **v. tr. ind.** COLLER À : s'adapter étroitement. *Pneu qui colle à la route. Mot qui colle à une idée,* qui la traduit exactement. CONTR. **arracher, décoller,** ① **détacher** • **admettre, recevoir.**
ÉTYM. de *colle.*

COLLERETTE [kɔlʀɛt] **n. f.** **1.** Tour de cou plissé ou froncé (→ ③ **fraise**). *Une collerette en dentelle.* **2.** Objet, chose en forme de couronne, d'anneau.
ÉTYM. diminutif de *coller,* variante ancienne de *collier.*

COLLET [kɔlɛ] **n. m.** **I** **1.** VX Col (vêtement). ◆ **loc. adj. invar.** COLLET MONTÉ : prude, austère. → **affecté, guindé.** *Ils sont très collet monté.* ➝ *Prendre qqn* AU COLLET : arrêter qqn, le faire prisonnier, l'attaquer (→ **se colleter**). **2.** Cou (d'animal de boucherie). *Collet de mouton.* **II** Nœud coulant pour prendre certains animaux (au cou). SYN. **lacet.** *Braconnier qui tend des collets à lapin.* **III** Partie (d'une dent) entre la couronne et la gencive. ◆ Zone située entre la tige et la racine (d'une plante).
ÉTYM. de *col.*

se COLLETER [kɔlte] **v. pron.** (conjug. 6b) ✦ Se battre, lutter. SYN. **s'empoigner.** *Se colleter avec qqn.* ➝ **fig.** *Se colleter avec les difficultés.* SYN. **affronter.**
ÉTYM. de *collet.*

COLLEUR, EUSE [kɔlœʀ, øz] **n.** **1.** Professionnel(le) qui colle du papier peint, des affiches,... **2.** COLLEUSE **n. f.** Appareil servant à coller (notamment des films).

COLLEY [kɔlɛ] **n. m.** ✦ Chien de berger écossais. *Des colleys.*
ÉTYM. anglais *collie.*

COLLIER [kɔlje] **n. m.** **1.** Objet que l'on passe autour du cou d'un animal pour l'attacher ou le harnacher. ➝ **loc.** *Reprendre le collier* : se remettre au travail. *Donner un* COUP DE COLLIER : fournir un effort énergique mais momentané. **2.** Bijou, ornement qui se porte autour du cou. *Collier de perles ; de diamants.* → **rivière.** **3.** *Collier de barbe* : barbe courte rejoignant les cheveux des tempes. **4.** TECHN. Cercle de renfort (par ex. autour d'un tuyau). *Collier de serrage.*
ÉTYM. latin *collarium,* de *collum* «cou».

COLLIGER [kɔliʒe] **v. tr.** (conjug. 5) ✦ DIDACT. Recueillir (des objets, des textes, des informations).
ÉTYM. latin *colligere ;* doublet de *cueillir.*

COLLIMATEUR [kɔlimatœʀ] **n. m.** ✦ Dispositif de visée qui permet d'orienter avec précision (un instrument d'optique, une arme). ➝ **loc.** *Avoir qqn dans le collimateur,* le surveiller très étroitement, attendre l'occa-

sion de l'attaquer.
ÉTYM. de *collimation*, du latin *colineare* «avoir en ligne (*linea*) de mire».

COLLINE [kɔlin] n. f. ✦ Petite élévation de terrain de forme arrondie. SYN. **butte, coteau, hauteur.**
ÉTYM. bas latin *collina*, de *collis* «colline».

COLLISION [kɔlizjɔ̃] n. f. 1. Choc de deux corps qui se rencontrent. SYN. **heurt, impact.** *Collision entre deux voitures. Entrer en collision avec,* heurter. 2. fig. Lutte, conflit. *La collision des intérêts opposés.*
ÉTYM. latin *collisio.*

COLLOÏDAL, ALE, AUX [kɔlɔidal, o] adj. ✦ sc. Se dit de corps qui ressemblent à une colle, une gelée. *État colloïdal. Systèmes colloïdaux.*
ÉTYM. de *colloïde.*

COLLOÏDE [kɔlɔid] n. m. ✦ sc. Substance à l'état colloïdal ; fluide contenant des particules en suspension. *Floculation d'un colloïde.*
ÉTYM. anglais *colloid*, du grec *kolla* «colle» et *-oid* → -oïde.

COLLOQUE [kɔ(l)lɔk] n. m. ✦ Débat entre plusieurs personnes sur des questions théoriques, scientifiques. SYN. **conférence, discussion.** ◆ Réunion organisée pour ce débat. SYN. **séminaire, table ronde.**
ÉTYM. latin *colloquium* «entretien», famille de *loqui* «parler».

COLLUSION [kɔlyzjɔ̃] n. f. ✦ Entente secrète au préjudice d'un tiers. SYN. **complicité, connivence.** *La collusion du pouvoir et du patronat.*
ÉTYM. latin *collusio*, famille de *ludere* «jouer».

COLLUTOIRE [kɔlytwaʀ] n. m. ✦ Médicament liquide destiné à agir sur les parois de la bouche, du pharynx.
ÉTYM. du latin *colluere* «laver».

COLLYRE [kɔliʀ] n. m. ✦ Médicament liquide qu'on instille dans l'œil.
ÉTYM. latin *collyrium*, du grec «onguent».

COLMATER [kɔlmate] v. tr. (conjug. 3a) ✦ Boucher, fermer. *Colmater une fissure avec du plâtre.* ◆ fig. *Colmater un déficit, une lacune.* SYN. **combler.** ➖ MILIT. *Colmater une brèche.*
► **COLMATAGE** [kɔlmataʒ] n. m.
ÉTYM. italien *colmata*, de *colmare* «combler».

COLOCATAIRE [kolɔkatɛʀ] n. 1. Personne qui est locataire avec d'autres dans le même immeuble. 2. Personne qui loue un logement avec d'autres locataires.

COLOCATION [kolɔkasjɔ̃] n. f. ✦ Situation des colocataires. *Des étudiants en colocation.*

COLOMBAGE [kɔlɔ̃baʒ] n. m. ✦ (souvent au plur.) Mur présentant une charpente apparente en bois, garnie de maçonnerie légère. *Maison normande à colombages.*
ÉTYM. de l'ancien français *colombe*, doublet de *colonne.*

COLOMBE [kɔlɔ̃b] n. f. 1. LITTÉR. Pigeon blanc, considéré comme symbole de douceur, de pureté, de paix. *La colombe de la paix.* 2. fig. Partisan d'une solution pacifique aux conflits politiques. *Les colombes et les faucons.*
ÉTYM. latin *columba.*

COLOMBIER [kɔlɔ̃bje] n. m. ✦ LITTÉR. Pigeonnier.
ÉTYM. latin *columbarium.*

COLOMBOPHILE [kɔlɔ̃bɔfil] adj. et n. ✦ Qui élève, dresse des pigeons voyageurs. *Société colombophile.* ➖ n. *Des colombophiles.*
► **COLOMBOPHILIE** [kɔlɔ̃bɔfili] n. f.
ÉTYM. de *colombe* et *-phile.*

COLON [kɔlɔ̃] n. m. I Personne qui est allée peupler, exploiter une colonie ; habitant d'une colonie. *Les premiers colons d'Amérique.* → **pionnier.** II Enfant, adolescent d'une colonie (II).
ÉTYM. latin *colonus*, de *colere* «cultiver».

CÔLON [kolɔ̃] n. m. ✦ Portion moyenne du gros intestin. *Inflammation du côlon.* → **colite.**
ÉTYM. grec *kolon.*

COLONEL, ELLE [kɔlɔnɛl] n. ✦ Officier, officière supérieur(e) qui commande un régiment, ou une formation, un service de même importance. *Les cinq galons d'un colonel. La colonelle a été promue générale.*
ÉTYM. italien *colonnello* «chef de colonne (*colonna*)».

COLONIAL, ALE, AUX [kɔlɔnjal, o] adj. et n. 1. Relatif aux colonies. *Expansion coloniale* (→ **colonialisme**). *Les anciens empires coloniaux* (☛ cartes 14, 17). 2. n. m. Militaire de l'armée coloniale. *Un colonial.* ➖ Habitant des colonies. SYN. **colon.** 3. n. f. anciennt *La coloniale* : les troupes coloniales.

COLONIALISME [kɔlɔnjalism] n. m. ✦ Doctrine visant à légitimer l'occupation, la domination politique et l'exploitation économique de territoires par certains États. SYN. **impérialisme.** CONTR. **anticolonialisme.**
ÉTYM. de *colonial.*

COLONIALISTE [kɔlɔnjalist] adj. et n. ✦ Relatif au colonialisme. *Politique colonialiste.* ◆ adj. et n. Partisan du colonialisme. CONTR. **anticolonialiste.**

COLONIE [kɔlɔni] n. f. I 1. Établissement fondé dans un pays moins développé par une nation appartenant à un groupe dominant ; ce pays, placé sous la dépendance du pays occupant, qui en tire profit. *Les anciennes colonies britanniques* (→ **dominion ; empire**). *Indépendance des colonies.* → **décolonisation.** 2. Population des colons d'une colonie. II 1. anciennt COLONIE (PÉNITENTIAIRE) : établissement pour jeunes délinquants. 2. COLONIE DE VACANCES : groupe d'enfants réunis pour un séjour de vacances. *Moniteurs d'une colonie de vacances.* ➖ abrév. FAM. COLO [kolo]. III 1. Ensemble des personnes originaires d'un même lieu (pays, province, ville) et qui en habite un autre. *La colonie vietnamienne de Paris.* ➖ Groupe de personnes vivant en communauté. *Une petite colonie d'artistes.* 2. Réunion d'animaux vivant en commun. *Une colonie d'abeilles.* ◆ BIOL. Population d'individus issus d'un même organisme et vivant en relation étroite. *Colonie de bactéries.*
ÉTYM. latin *colonia*, de *colonus* «colon».

COLONISATEUR, TRICE [kɔlɔnizatœʀ, tʀis] adj. et n. ✦ Qui colonise, fonde, exploite une colonie. *Nation colonisatrice.* ➖ n. *Les colonisateurs.*

COLONISATION [kɔlɔnizasjɔ̃] n. f. 1. Le fait de peupler de colons, de transformer en colonie. *La colonisation de l'Afrique par l'Europe* (☛ Colonisation p. 179). 2. Mise en valeur, exploitation des pays devenus colonies. 3. Occupation (d'un nouveau milieu). CONTR. **décolonisation.**

A B C D E F G H I J K L M N O P Q R S T U V W X Y Z

COLONISER [kɔlɔnize] v. tr. (conjug. 3a) 1. Transformer (un pays) en colonie (I, 1). ➝ au p. passé *Pays colonisés.* ➝ n. *Les colonisés et les colonisateurs.* 2. (plantes, animaux) Envahir, occuper (un milieu).
ÉTYM. anglais *to colonize.*

COLONNADE [kɔlɔnad] n. f. ✦ File de colonnes sur une ou plusieurs rangées, formant un ensemble architectural. *La colonnade du Louvre* (attribuée à Claude Perrault).

COLONNE [kɔlɔn] n. f. I 1. Support vertical d'un édifice, ordinairement cylindrique. SYN. **pilastre, pilier, poteau.** *Base, fût d'une colonne. Colonne dorique. Rangée de colonnes.* ➝ **colonnade.** 2. Monument formé d'une colonne isolée. SYN. **obélisque, stèle.** *La colonne Vendôme.* ◆ GÉOL. Formation verticale constituée par la rencontre d'une stalactite et d'une stalagmite. II (objets dressés ou allongés) 1. loc. *COLONNE VERTÉBRALE,* axe articulé formé par les vertèbres (33 chez l'homme), soutien du squelette et axe nerveux des vertébrés. 2. *Colonne d'air, d'eau, de mercure,* masse de ce fluide dans un tube vertical. ➝ *Une colonne de fumée.* 3. *COLONNE MONTANTE :* maçonnerie verticale groupant les canalisations d'un immeuble. 4. fig. Section qui divise verticalement une page manuscrite ou imprimée. *Titres sur deux colonnes.* ◆ loc. *Cinq colonnes à la une,* espace occupé en première page par les grands titres, dans certains journaux. III Corps de troupe disposé sur peu de front et beaucoup de profondeur. *Colonne d'infanterie.* ◆ loc. *La CINQUIÈME COLONNE :* les services secrets d'espionnage ennemi sur un territoire.
ÉTYM. latin *columna.*

COLONNETTE [kɔlɔnɛt] n. f. ✦ Petite colonne.

COLOPHANE [kɔlɔfan] n. f. ✦ Résine dont on frotte les crins des archets (de violons, etc.).
ÉTYM. latin *colophonia,* du grec, de *Kolophôn (Colophon),* ville d'Asie Mineure.

COLOQUINTE [kɔlɔkɛ̃t] n. f. ✦ Plante dont les fruits ronds, amers fournissent un purgatif ; ces fruits.
ÉTYM. latin *coloquinthis,* du grec.

COLORANT, ANTE [kɔlɔʀɑ̃, ɑ̃t] adj. et n. m. 1. adj. Qui colore. *Substances, matières colorantes. Shampoing colorant.* 2. n. m. Substance colorée qui peut se fixer à une matière pour la teindre. SYN. **couleur, teinture.** *Colorants alimentaires. Bonbon garanti sans colorants.* CONTR. **décolorant.**
ÉTYM. du participe présent de *colorer.*

COLORATION [kɔlɔʀasjɔ̃] n. f. 1. Action de colorer ; état de ce qui est coloré. SYN. **coloris.** *La coloration de la peau.* 2. fig. *Coloration de la voix,* son aspect particulier. CONTR. **décoloration.**

COLORATURE [kɔlɔʀatyʀ] n. f. 1. Musique vocale très ornée (vocalises, etc.). 2. Chanteuse apte à chanter ce type de musique. ➝ appos. *Soprano colorature.*
ÉTYM. italien *coloratura* «coloration».

-COLORE Élément, du latin *color* «couleur» (ex. *incolore, tricolore*).

COLORÉ, ÉE [kɔlɔʀe] adj. 1. Qui a de vives couleurs. *Un teint coloré.* 2. fig. Animé, expressif. *Une description colorée et pittoresque.* SYN. **imagé.** CONTR. **décoloré, pâle ; incolore** • ① **plat, terne.**

COLORER [kɔlɔʀe] v. tr. (conjug. 3a) 1. Revêtir de couleur, donner une teinte à. SYN. **teindre, teinter.** *Colorer en rouge* (rougir). *Le soleil colore le couchant.* 2. fig. Donner un aspect particulier à. ➝ pronom. *Son étonnement se colorait d'inquiétude.* SYN. **se teinter.** CONTR. **décolorer.**
ÉTYM. de *couleur* et latin *colorare.*

COLORIAGE [kɔlɔʀjaʒ] n. m. ✦ Action de colorier ; son résultat. ➝ Dessin à colorier. *Un album de coloriages.*

COLORIER [kɔlɔʀje] v. tr. (conjug. 9) ✦ Appliquer des couleurs sur (une surface, notamment du papier). *Colorier un dessin à l'aquarelle.*
ÉTYM. de *coloris.*

COLORIS [kɔlɔʀi] n. m. 1. Effet qui résulte du choix, du mélange et de l'emploi des couleurs dans un tableau. *L'éclat, la vivacité d'un coloris.* 2. Couleur d'objets fabriqués. *Ce pull existe dans plusieurs coloris.*
ÉTYM. italien *colorito,* de *colorire* «colorier».

COLORISER [kɔlɔʀize] v. tr. (conjug. 3a) ✦ Mettre en couleur informatiquement (un film en noir et blanc) par interprétation des gris.
► **COLORISATION** [kɔlɔʀizasjɔ̃] n. f.
ÉTYM. anglais to *colorize,* du latin *color, coloris* «couleur».

COLORISTE [kɔlɔʀist] n. ✦ Peintre qui s'exprime surtout par la couleur. *Les coloristes et les dessinateurs.*
ÉTYM. de *coloris.*

COLOSSAL, ALE, AUX [kɔlɔsal, o] adj. ✦ Extrêmement grand. SYN. **démesuré, énorme, gigantesque, immense, titanesque.** *Une statue colossale.* ◆ fig. *Une mémoire colossale. Hériter d'une fortune colossale.*
► **COLOSSALEMENT** [kɔlɔsalmɑ̃] adv.
ÉTYM. de *colosse.*

COLOSSE [kɔlɔs] n. m. 1. Statue d'une grandeur extraordinaire. *Le colosse de Rhodes.* 2. Homme, animal de haute et forte stature, d'une grande force apparente. SYN. **géant, hercule.** 3. Personne ou institution considérable, très puissante. CONTR. **nain.**
ÉTYM. latin *colossus,* du grec.

COLPORTAGE [kɔlpɔʀtaʒ] n. m. ✦ Action de colporter. ➝ Métier de colporteur.

COLPORTER [kɔlpɔʀte] v. tr. (conjug. 3a) 1. Transporter avec soi (des marchandises) pour vendre. 2. Transmettre (une information) à de nombreuses personnes (souvent péj.). SYN. **divulguer, propager, répandre.** *Colporter une histoire scandaleuse ; une nouvelle.*
ÉTYM. latin *comportare* «transporter», d'après *col* «cou».

COLPORTEUR, EUSE [kɔlpɔʀtœʀ, øz] n. ✦ Marchand(e) ambulant(e) qui vend ses marchandises de porte en porte. SYN. **camelot, démarcheur.**

COLT [kɔlt] n. m. ✦ Révolver ou pistolet automatique. *Le cow-boy tira son colt. Des colts.*
ÉTYM. mot américain, du nom de l'inventeur.

COLTAN [kɔltɑ̃] n. m. ✦ Minerai de couleur noire ou brun-rouge, principale source de tantale.
ÉTYM. mot-valise, de *col(ombite)* et *tan(talite)* (➝ tantale), d'après l'anglais.

COLTINER [kɔltine] v. tr. (conjug. 3a) 1. Porter (un lourd fardeau). SYN. **transbahuter.** *Il va falloir coltiner ce sac jusqu'à la gare.* 2. FAM. *SE COLTINER.* SYN. **exécuter, faire.**

Se coltiner tout le travail.
ÉTYM. de *colletin* «pourpoint en cuir», de *collet.*

COLUMBARIUM [kɔlɔ̃baʀjɔm] n. m. ✦ Édifice pourvu de niches où l'on place les urnes funéraires. *Des columbariums.*
ÉTYM. mot latin «colombier».

COLVERT [kɔlvɛʀ] n. m. ✦ Canard sauvage très commun.
ÉTYM. de *col* (ancienne forme de *cou*) et *vert.*

COLZA [kɔlza] n. m. ✦ Plante à fleurs jaunes cultivée comme plante fourragère, et pour ses graines. *Huile de colza.*
ÉTYM. néerlandais *koolzaad* «semence *(zaad)* de chou *(kool)*».

COMA [kɔma] n. m. ✦ Perte prolongée de la conscience, de la sensibilité, dans de graves états pathologiques. *Être dans le coma.* ➝ *Coma dépassé,* irréversible, où la survie est assurée artificiellement.
ÉTYM. grec *kôma* «sommeil profond».

COMATER [kɔmate] v. intr. (conjug. 3a) ✦ FAM. Être dans un état de somnolence.
ÉTYM. de *coma.*

COMATEUX, EUSE [kɔmatø, øz] adj. ✦ Qui a rapport au coma. *État comateux.* ◆ Qui est dans le coma. ➝ n. *Un comateux.*
ÉTYM. du grec *kôma, kômatos* «sommeil profond».

COMBAT [kɔ̃ba] n. m. 1. Action de deux ou de plusieurs adversaires armés, de deux armées qui se battent. SYN. **bataille, engagement, mêlée, rencontre.** *Combat offensif* (→ **attaque**). *Combat aérien, naval. Engager le combat, livrer combat.* ➝ *Être mis HORS DE COMBAT,* dans l'impossibilité de poursuivre la lutte. ➝ *DE COMBAT :* de guerre. *Char, gaz de combat.* 2. Lutte organisée. *Sports de combat :* arts martiaux. *Combat de boxe.* → **match.** ➝ (animaux) *Combat de coqs.* 3. fig. LITTÉR. Lutte, opposition. *Un combat d'esprit.* SYN. **assaut, émulation.** ◆ Lutte de l'homme contre les obstacles, les difficultés. *La vie, l'existence est un combat.*
ÉTYM. de *combattre.*

COMBATIF ou **COMBATTIF, IVE** [kɔ̃batif, iv] adj. ✦ Qui est porté au combat, à la lutte. SYN. **agressif, belliqueux.** *Humeur combative.* ➝ REM. Écrire *combattif* avec deux *t* comme dans *battre, combattre,* est permis. CONTR. **pacifique, paisible, placide.**
ÉTYM. de *combattre.*

COMBATIVITÉ ou **COMBATTIVITÉ** [kɔ̃bativite] n. f. ✦ Goût du combat, de la lutte ; ardeur belliqueuse. *La combativité d'une troupe.* ➝ REM. Écrire *combattivité* avec deux *t* comme dans *battre, combattre,* est permis. CONTR. **placidité.**

COMBATTANT, ANTE [kɔ̃batɑ̃, ɑ̃t] n. **I** 1. Personne qui prend part à un combat, à une guerre. SYN. **soldat ; guerrier.** *Une armée de cent mille combattants.* ➝ *ANCIENS COMBATTANTS :* combattants d'une guerre terminée, groupés en associations. ➝ adj. *Unité combattante.* 2. FAM. Personne qui se bat à coups de poing. SYN. **adversaire, antagoniste.** *Séparer les combattants.* **II** adj. et n. m. 1. *(Poisson) combattant :* poisson d'Extrême-Orient, de couleurs vives. 2. *(Chevalier) combattant :* oiseau échassier migrateur.
ÉTYM. du participe présent de *combattre.*

COMBATTRE [kɔ̃batʀ] v. (conjug. 47) **I** v. tr. 1. Se battre, lutter contre (qqn). *Combattre un adversaire, l'ennemi.* ➝ Faire la guerre à. *Napoléon combattit l'Europe.* 2. S'opposer à. *Combattre un argument.* SYN. **attaquer, réfuter.** 3. Aller contre, s'efforcer d'arrêter (un mal, un danger). *Combattre un incendie. Combattre ses habitudes.* **II** v. tr. ind. et intr. 1. Livrer combat. *Combattre contre l'ennemi, avec ses alliés, pour une cause.* 2. Lutter (contre un obstacle, un danger, un mal). *Combattre contre la faim, la maladie.* CONTR. **pacifier • approuver, soutenir.**
ÉTYM. latin populaire *combattere,* de *battuere* «battre».

COMBE [kɔ̃b] n. f. ✦ RÉGIONAL Dépression, vallée profonde. *Les combes du Jura.*
ÉTYM. gaulois *cumba* «vallée».

COMBIEN [kɔ̃bjɛ̃] adv. 1. Dans quelle mesure, à quel point. SYN. **comme.** *Si vous saviez combien je l'aime ! Combien il a changé !* SYN. ② **que.** 2. *COMBIEN DE :* quelle quantité, quel nombre. *Depuis combien de temps ?* ➝ sans compl. Quelle quantité (distance, temps, prix, etc.). *Combien vous dois-je ?* FAM. *Ça fait combien ?* ◆ exclam. Quel grand nombre (de). 3. n. m. invar. FAM. *Le combien.* SYN. **quantième.** *On est le combien ?,* quel jour sommes-nous ? 4. *Ô combien !* (souvent en incise). *Un homme égoïste, ô combien !,* très égoïste.
ÉTYM. de l'ancien français *com* «comme» et ① *bien.*

COMBINAISON [kɔ̃binɛzɔ̃] n. f. **I** 1. Assemblage d'éléments dans un arrangement déterminé. *Combinaison de couleurs, de lignes.* SYN. **disposition, organisation.** 2. MATH. Chacune des manières de choisir un nombre d'objets parmi un nombre plus grand (→ **combinatoire**). ◆ Système d'ouverture d'un coffre-fort. SYN. **chiffre.** 3. SC. Union des atomes, des éléments qui entrent dans un composé. *La combinaison de deux volumes d'hydrogène et d'un volume d'oxygène donne de l'eau.* → **synthèse.** 4. souvent péj. Organisation précise de moyens en vue d'assurer le succès d'une entreprise. SYN. **arrangement, combine,** ① **manœuvre.** *Des combinaisons financières, politiques.* **II** 1. Sous-vêtement féminin, comportant un haut et une partie remplaçant le jupon. 2. Vêtement (surtout de travail, de sport, de combat...) d'une seule pièce réunissant veste et pantalon. *Combinaison de mécanicien.* → **bleu.**
ÉTYM. de *combiner.*

COMBINARD, ARDE [kɔ̃binaʀ, aʀd] adj. et n. ✦ péj. Qui utilise la combine. *C'est un combinard.* SYN. **débrouillard.**

COMBINAT [kɔ̃bina] n. m. ✦ HIST. En U. R. S. S., Unité industrielle qui regroupait plusieurs industries connexes.
ÉTYM. russe *kombinat,* d'un v. emprunté à *combiner.*

COMBINATOIRE [kɔ̃binatwaʀ] adj. et n. f. ✦ MATH. 1. adj. Relatif aux combinaisons (I, 2). 2. n. f. Arrangement (d'éléments) selon un nombre limité de combinaisons. ◆ Analyse systématique des combinaisons possibles.
ÉTYM. de *combiner.*

COMBINE [kɔ̃bin] n. f. ✦ FAM. Moyen astucieux et souvent déloyal employé pour parvenir à ses fins. SYN. **système, truc.** *Il a une combine pour entrer sans payer.*
ÉTYM. abréviation de *combinaison.*

COMBINÉ [kɔ̃bine] n. m. **1.** Partie mobile d'un appareil téléphonique, réunissant écouteur et microphone. *Décrocher le combiné.* **2.** Épreuve sportive complexe (en ski : descente et slalom).
ÉTYM. du participe passé de *combiner* (1).

COMBINER [kɔ̃bine] v. tr. (conjug. 3a) **1.** Réunir (des éléments), le plus souvent dans un arrangement déterminé. SYN. **arranger, disposer.** *Combiner des signes, des mouvements, des sons.* **2.** Organiser en vue d'un but précis. *Combiner un voyage.* SYN. **préparer.** *Combiner un mauvais coup.* SYN. **manigancer, tramer.** CONTR. **disperser, isoler, séparer.**
ÉTYM. bas latin *combinare.*

① **COMBLE** [kɔ̃bl] n. m. **I** Le plus haut degré. SYN. **maximum, sommet, summum.** *C'est le comble du ridicule. Être AU COMBLE DE la joie.* ➙ ellipt *C'est le comble, c'est un comble !,* il ne manquait plus que cela. **II 1.** Construction surmontant un édifice et destinée à en supporter le toit. SYN. **charpente.** *Comble métallique, comble en bois.* **2.** au plur. Partie la plus haute d'une construction. *Loger SOUS LES COMBLES,* sous le toit. **3.** loc. *DE FOND EN COMBLE :* de bas en haut (de la cave au grenier). *Fouiller de fond en comble,* complètement. CONTR. **minimum** • ① **bas, base.**
ÉTYM. latin *cumulus* «tas, amas» ; doublet de *cumulus.*

② **COMBLE** [kɔ̃bl] adj. **1.** Rempli de monde. SYN. ① **plein.** *Spectacle qui fait salle comble. L'autobus est comble.* SYN. **bondé, bourré, complet. 2.** loc. *La mesure est comble :* on n'en supportera pas plus. CONTR. ② **désert, vide.**
ÉTYM. de *combler.*

COMBLEMENT [kɔ̃bləmɑ̃] n. m. **1.** Action de combler (1). *Le comblement d'un puits.* **2.** Le fait d'être comblé.

COMBLER [kɔ̃ble] v. tr. (conjug. 3a) **1.** Remplir (un vide, un creux). SYN. ① **boucher.** *Combler un fossé.* SYN. **remblayer.** *Combler un interstice.* SYN. **colmater, obturer. 2.** fig. *Combler une lacune. Combler les vœux de qqn,* les exaucer. **3.** *COMBLER qqn DE,* lui donner (qqch.) à profusion. *On l'a comblé de cadeaux.* ➙ fig. *Sa venue nous comble de joie.* ◆ *Combler qqn,* le satisfaire pleinement. *C'est trop gentil, vous me comblez !* ➙ au p. passé *Être comblé.* CONTR. **creuser, vider** • **nuire.**
ÉTYM. latin *cumulare* «amonceler» ; doublet de *cumuler.*

COMBURANT, ANTE [kɔ̃byʀɑ̃, ɑ̃t] adj. ✦ Se dit d'un corps qui, en se combinant avec un combustible, opère la combustion de ce dernier. ➙ n. m. *L'oxygène est un comburant.*
ÉTYM. du participe présent de l'ancien verbe *comburer,* du latin *comburere* → combustion.

COMBUSTIBLE [kɔ̃bystibl] adj. et n. m. **1.** adj. Qui a la propriété de brûler. *Le carton est très combustible.* **2.** n. m. Corps dont la combustion produit de la chaleur. *Combustibles solides* (anthracite, bois, houille...), *liquides* (essence, mazout, pétrole), *gazeux* (butane, propane). *Combustibles fossiles.* ☛ Géographie p. 225. ➙ *Combustible nucléaire :* matière qui entretient une réaction atomique en chaîne.
ÉTYM. de *combustion.*

COMBUSTION [kɔ̃bystjɔ̃] n. f. **1.** Le fait de brûler entièrement. *La combustion d'un gaz dans un brûleur.* **2.** CHIM. Combinaison d'un corps avec l'oxygène. → **oxydation.** *Combustion vive,* avec un dégagement de lumière et de chaleur. *Combustion lente,* oxydation sans flamme (ex. la rouille).
ÉTYM. latin *combustio,* de *comburere* «brûler *(urere)* entièrement».

COMÉDIE [kɔmedi] n. f. **I 1.** VX Théâtre. *Aller à la comédie.* ➙ MOD. *La Comédie-Française* (☛ noms propres). ◆ Pièce de théâtre (en général). **2.** Pièce de théâtre ayant pour but de divertir en représentant les ridicules des caractères et des mœurs d'une société. ☛ Littérature p. 128. *Une courte comédie.* → ② **farce, sketch.** ➙ *Comédie musicale :* spectacle, film musical et dansé. **3.** Le genre comique*. *Comédie et tragédie.* **II** Attitude fausse et théâtrale. *Jouer la comédie,* affecter, feindre (des sentiments, des pensées).
ÉTYM. latin *comoedia* «pièce de théâtre», du grec.

COMÉDIEN, IENNE [kɔmedjɛ̃, jɛn] n. **1.** Personne qui joue au théâtre, au cinéma, à la télévision. SYN. **acteur, artiste.** *Une troupe de comédiens.* ☛ Littérature p. 128. *Mauvais comédien.* → **cabotin. 2.** fig. Personne qui se compose une attitude. SYN. **hypocrite.** *Quel comédien !* ➙ adj. *Elle est un peu comédienne.* **3.** (opposé à *tragédien*) Acteur comique.

COMÉDON [kɔmedɔ̃] n. m. ✦ Petit amas de matière sébacée qui bouche un pore de la peau, appelé aussi *point noir.*
ÉTYM. latin *comedo* «mangeur».

COMESTIBLE [kɔmɛstibl] adj. et n. m. **1.** adj. Qui peut servir d'aliment à l'homme. *Denrées comestibles. Champignons comestibles.* **2.** n. m. pl. Denrées alimentaires. CONTR. **immangeable, vénéneux.**
ÉTYM. latin médiéval *comestibilis,* de *comedere* «manger *(edere)* avec».

COMÈTE [kɔmɛt] n. f. **1.** Astre présentant un noyau brillant (tête) et une traînée gazeuse (chevelure et queue), qui décrit une orbite en forme d'ellipse autour du Soleil. *La comète de Halley.* **2.** loc. *TIRER DES PLANS SUR LA COMÈTE :* faire des projets chimériques.
ÉTYM. latin *cometa,* du grec «chevelu».

COMICE [kɔmis] n. m. **I** ANTIQ. Assemblée du peuple à Rome. **II** (souvent au plur.) *COMICES AGRICOLES :* réunion des cultivateurs d'une région pour le développement de l'agriculture.
ÉTYM. latin *comitium.*

COMICS [kɔmiks] n. m. pl. ✦ anglicisme Bande dessinée américaine.
ÉTYM. mot américain, de *comic strips* «bandes (dessinées) comiques».

COMIQUE [kɔmik] adj. et n. **I 1.** VX Théâtral ; des comédiens. *« Le Roman comique »* (de Scarron). **2.** Qui appartient à la comédie. *Le genre, le style comique.* ☛ Littérature p. 128. *Auteur comique.* **3.** n. Acteur, actrice jouant des personnages comiques. **4.** n. m. *Le comique :* le genre comique ; les éléments comiques. *Le comique de caractère, de situation, de mots.* **II** Qui provoque le rire. SYN. **amusant, burlesque, cocasse,** ① **drôle.** *Un film comique.* ➙ (involontairement) *Un visage comique. Il est comique avec ses grands airs.* CONTR. **dramatique, grave, pathétique, tragique.**
ÉTYM. latin *comicus,* du grec.

COMIQUEMENT [kɔmikmɑ̃] adv. ✦ D'une manière risible.

COMITÉ [kɔmite] **n. m. 1.** Réunion de personnes choisies dans une assemblée plus nombreuse pour s'occuper de certaines affaires. SYN. **commission.** *Élire, désigner un comité.* ➝ *Comité d'entreprise (C. E.),* composé de représentants élus par les salariés. *Comité des fêtes.* ➝ *Le Comité de salut public* (instrument principal de la Terreur, 1793-95). **2.** *EN PETIT COMITÉ* : entre intimes.
ÉTYM. anglais *committee*, de *to commit* «confier».

COMMANDANT, ANTE [kɔmɑ̃dɑ̃, ɑ̃t] **n. 1.** Personne qui a un commandement militaire. **2.** Titre donné aux chefs de bataillon, d'escadron, de groupe aérien (quatre galons). **3.** Officier qui commande (un navire, un avion). *Le commandant est sur la passerelle.* SYN. **capitaine.** ➝ *Commandant de bord.* SYN. **pilote.**
ÉTYM. du participe présent de *commander.*

COMMANDE [kɔmɑ̃d] **n. f.** **I** **1.** Ordre par lequel un client demande une marchandise ou un service dans un délai déterminé (→ **achat**). *Passer une commande au fournisseur. Bon de commande.* ◆ La chose commandée. *Livrer une commande.* **2.** loc. *SUR COMMANDE* : à la demande ou sur ordre. ➝ *DE COMMANDE.* → **affecté, artificiel.** *Rire, sourire de commande.* **II** Organe capable de déclencher, arrêter, régler des mécanismes (→ **télécommande**). *Moteur à commande électrique.* ➝ *Être AUX COMMANDES d'un avion.* ◆ *Tenir les commandes* : diriger, avoir en main une affaire.
ÉTYM. de *commander.*

COMMANDEMENT [kɔmɑ̃dmɑ̃] **n. m. 1.** Ordre bref, donné à voix haute. *À mon commandement : garde-à-vous !* **2.** Règle de conduite édictée par Dieu, une Église. SYN. **loi, précepte.** *Les dix commandements.* → **décalogue. 3.** Pouvoir, droit de commander. SYN. **autorité, direction.** *Prendre, exercer le commandement.* **4.** Autorité militaire qui détient le commandement des forces armées. *Le haut commandement des armées.* → **état-major.** CONTR. **interdiction • obéissance, soumission.**
ÉTYM. de *commander.*

COMMANDER [kɔmɑ̃de] **v.** (conjug. 3a) **I** **v. tr. dir. 1.** *COMMANDER qqn* : exercer son autorité sur (qqn) en lui dictant sa conduite. SYN. **conduire, diriger.** ➝ Détenir l'autorité hiérarchique sur. *L'officier qui commande le régiment.* **2.** *COMMANDER qqch.* : donner l'ordre de ; diriger (une action). *Commander une attaque, la retraite.* ◆ pronom. (passif) *La sympathie ne se commande pas,* elle ne dépend pas de la volonté. **3.** (sujet chose) Rendre absolument nécessaire. *Ce que les circonstances commandent.* SYN. **exiger, nécessiter. 4.** Demander à un fabricant, à un fournisseur par une commande (→ **acheter**). *Commander qqch. sur catalogue, sur Internet.* **II** **v. tr. ind.** *COMMANDER À* **1.** *Commander à qqn de* (+ inf.), lui donner ordre de. SYN. **enjoindre,** ① **imposer, ordonner, prescrire. 2.** fig. *Commander à ses instincts,* les dominer. **III** **v. intr.** Exercer son autorité ; donner des ordres et les faire exécuter. *Qui est-ce qui commande ici ?* SYN. **décider.** **IV** **v. tr.** (sujet et compl. n. de chose) **1.** Dominer en empêchant l'accès de. *Cette position d'artillerie commande toute la plaine.* **2.** Faire fonctionner. *La pédale qui commande les freins* (→ **commande**). CONTR. **défendre, interdire • décommander • exécuter, obéir, servir,** se **soumettre.**
ÉTYM. latin *commandare*, de *mandare* «confier».

COMMANDEUR, EUSE [kɔmɑ̃dœʀ, øz] **n. 1. n. m.** Chevalier d'un ordre (militaire, hospitalier). ◆ **n.** *Commandeur de la Légion d'honneur* (grade au-dessus de l'officier). *Elle a été promue commandeuse.* **2. n. m.** HIST. *Commandeur des croyants* : calife.
ÉTYM. de *commander.*

COMMANDITAIRE [kɔmɑ̃ditɛʀ] **n. m. 1.** Bailleur de fonds dans une société en commandite. ◆ par ext. Personne qui finance une entreprise. **2.** Personne, organisme qui ordonne et finance l'exécution d'un attentat.
ÉTYM. de *commandite.*

COMMANDITE [kɔmɑ̃dit] **n. f.** ✦ Société formée d'associés *(commanditaires)* qui avancent des fonds à d'autres (*commandités* ou gérants) responsables de la gestion et répondant des dettes de la société.
ÉTYM. italien *accomandita* «dépôt».

COMMANDITER [kɔmɑ̃dite] **v. tr.** (conjug. 3a) **1.** Fournir des fonds à (une société en commandite). **2.** Financer (une entreprise, qqn).
ÉTYM. de *commandite.*

COMMANDO [kɔmɑ̃do] **n. m.** ✦ Groupe de combat employé pour les opérations rapides, isolées. *Un commando de parachutistes.*
ÉTYM. mot anglais, du portugais par l'afrikaans (guerre des Boers).

COMME [kɔm] **conj.** et **adv.**
I conj. **1.** (comparaison) De la même manière que, au même degré que. *Il a réussi comme son frère. Il écrit comme il parle. Courir comme un lièvre. Il fait doux comme au printemps.* ◆ *TOUT COMME. Ils ne sont pas divorcés mais c'est tout comme,* c'est la même chose. ◆ FAM. *COMME TOUT.* → **extrêmement.** *Joli comme tout.* **2.** (addition) Ainsi que ; et. *J'oublierai cela comme le reste.* **3.** (manière) De la manière que. *Riche comme il est, il pourrait vous aider. Comme il vous plaira,* selon votre désir. ➝ *COMME IL FAUT.* → **falloir.** ◆ *COMME QUOI... Un certificat comme quoi il a besoin de repos* (un certificat disant que...). *Il en est mort ; comme quoi j'avais vu juste* (ce qui prouve que...). ◆ ellipt (pour atténuer) *Il était comme fou.* ◆ *COMME CELA,* FAM. *COMME ÇA.* → **ainsi.** *Comme ça tout le monde sera content.* ➝ *Comme ci, comme ça,* ni bien ni mal. → FAM. **couci-couça. 4.** Tel (telle) que. *Une intelligence comme la sienne.* **5.** (attribution, qualité) En tant que, pour. *Comme directeur, il est efficace.*
II conj. **1.** cause (de préférence en tête de phrase) Étant donné que. SYN. **parce que, puisque.** *Comme elle arrive ce soir, j'ai préparé sa chambre.* **2.** temps (simultanéité) Au moment où. SYN. **alors que, tandis que.**
III adv. **1.** Marque l'intensité. SYN. **combien,** ② **que.** *Comme c'est cher !* **2.** en subordonnée *Regardez comme il court !* SYN. **comment.**
ÉTYM. latin *comodo* «de quelle manière *(modus)*».

COMMEDIA DELL'ARTE [kɔmedjadɛlaʀt(e)] **n. f.** ✦ Genre de comédie italienne dans laquelle les acteurs improvisaient à partir d'un scénario. ☛ Littérature p. 128.
ÉTYM. mots italiens «comédie de fantaisie».

COMMÉMORATIF, IVE [kɔmemɔʀatif, iv] **adj.** ✦ Qui rappelle le souvenir d'une personne, d'un évènement. *Plaque commémorative.*
ÉTYM. de *commémorer.*

COMMÉMORATION [kɔmemɔʀasjɔ̃] **n. f.** 1. Cérémonie destinée à commémorer. 2. Souvenir. *En commémoration de...*
ÉTYM. latin *commemoratio.*

COMMÉMORER [kɔmemɔʀe] **v. tr.** (conjug. 3a) ✦ Rappeler par une cérémonie le souvenir de (une personne, un évènement). SYN. **célébrer, fêter.** *Commémorer la victoire.*
ÉTYM. latin *commemorare.*

COMMENÇANT, ANTE [kɔmɑ̃sɑ̃, ɑ̃t] **adj. et n.** ✦ Qui commence, débute. SYN. **débutant.** CONTR. **finissant.**
ÉTYM. du participe présent de *commencer.*

COMMENCEMENT [kɔmɑ̃smɑ̃] **n. m.** 1. Ce qui vient d'abord (dans une durée, un processus) ; première partie. SYN. **début.** *Au commencement de l'année. Le commencement du monde.* → **genèse, origine.** *Le commencement des hostilités.* → **déclenchement, ouverture.** ➖ **loc.** *Il y a un commencement à tout :* les choses sont progressives. *Commencer par le commencement :* faire les choses dans l'ordre. 2. Partie qui se présente, que l'on voit avant les autres (dans l'espace). *Le commencement d'une rue.* → **entrée.** 3. **au plur.** Premiers développements, débuts. CONTR. **achèvement,** ① **fin,** ① **terme.**
ÉTYM. de *commencer.*

COMMENCER [kɔmɑ̃se] **v.** (conjug. 4) **I v. tr.** 1. Faire la première partie de (une chose ou une série de choses) ; faire exister (ce qui est le résultat d'une activité). SYN. **amorcer, entamer, entreprendre.** *Commencer un travail, une entreprise* (→ **créer, fonder**). 2. Être au commencement de. *Le mot qui commence la phrase prend une majuscule.* ➖ **(durée)** *Commencer ses études.* 3. **v. tr. ind.** COMMENCER DE, À (+ **inf.**) : être aux premiers instants (de l'action indiquée par le verbe). *Je commence à croire que...* ➖ **FAM.** *Ça commence à bien faire !,* ça suffit ! ➖ **impers.** *Il commence à pleuvoir.* 4. **(personnes)** *Commencer son travail par la fin.* ➖ **(sans compl. dir.)** *Par où, par quoi allez-vous commencer ?* **II v. intr.** 1. Entrer dans son commencement. *L'année commence au 1er janvier. Ça commence bien.* SYN. **débuter, démarrer,** ① **partir.** 2. **(choses)** COMMENCER PAR *qqch.* : avoir pour début. *Le texte commence par une description.* CONTR. **achever, finir, terminer.**
ÉTYM. latin populaire *cominitiare,* de *initiare* «débuter».

COMMENSAL, ALE, AUX [kɔmɑ̃sal, o] **n.** ✦ DIDACT. Personne qui mange habituellement à la même table qu'une ou plusieurs autres. SYN. **hôte.**
ÉTYM. latin *commensalis,* de *mensa* «table».

COMMENSURABLE [kɔmɑ̃syʀabl] **adj.** ✦ DIDACT. *Grandeur commensurable,* qui a une commune mesure avec une autre. SYN. **comparable.** CONTR. **incommensurable, incomparable.**
ÉTYM. bas latin *commensurabilis,* de *mensura* «mesure».

COMMENT [kɔmɑ̃] **adv. I adv.** De quelle manière ; par quel moyen. 1. **(interrog. dir.)** *Comment allez-vous ?* [kɔmɑ̃talevu]. *Comment cela ?,* expliquez mieux. *Comment* (dites-vous) ?, exclamation qui invite à répéter. SYN. **pardon ; FAM. hein, quoi.** 2. **(dans une interrog. indir.)** *Il ne sait comment elle prendra la chose.* SYN. **comme.** ◆ *N'importe comment,* mal. **II n. m. invar.** Manière. *Chercher les pourquoi et les comment.* **III adv.** 1. Exclamation exprimant l'étonnement, l'indignation. SYN. **quoi.** *Comment ! tu es encore ici ?* 2. *Comment donc !,* en signe d'approbation. → **bien sûr, évidemment.** FAM. *Et comment !* (souligne une évidence). *Tu viens ? – Et comment !*
ÉTYM. de l'ancien français *com* «comme».

COMMENTAIRE [kɔmɑ̃tɛʀ] **n. m.** ✦ Ensemble des explications, des remarques à propos de qqch. *Commentaire d'un texte.* → **exégèse, explication** de texte, **glose.** ➖ *Commentaires de presse* (à propos d'un évènement). ◆ *Cela se passe de commentaires,* c'est évident. ➖ **FAM. (souvent péj.)** *Sans commentaire(s) !,* la chose se suffit à elle-même.
ÉTYM. latin *commentarius* «compte rendu», de *commentari* → commenter.

COMMENTATEUR, TRICE [kɔmɑ̃tatœʀ, tʀis] **n.** ✦ Personne qui commente (un texte, des évènements). *Les commentateurs de la Bible.* → ② **critique, exégète.** ➖ *Commentateur sportif* (à la radio, la télévision). → **présentateur.**

COMMENTER [kɔmɑ̃te] **v. tr.** (conjug. 3a) ✦ Faire des remarques, des observations sur (un texte, un fait) pour expliquer, exposer. *Commenter les nouvelles.*
ÉTYM. latin *commentari* «réfléchir ; expliquer».

COMMÉRAGE [kɔmeʀaʒ] **n. m.** ✦ FAM. Bavardage indiscret. SYN. **ragot ; médisance.** *Des commérages malveillants.*
ÉTYM. de *commère.*

COMMERÇANT, ANTE [kɔmɛʀsɑ̃, ɑ̃t] **n. et adj.** 1. **n.** Personne qui fait du commerce. SYN. **marchand, négociant.** *Commerçant en gros* (→ **grossiste**), *au détail* (→ **détaillant**). 2. **adj.** Qui a le sens du commerce. *Vendeuse très commerçante.* ➖ Où il y a de nombreux commerces. *Rue commerçante.*
ÉTYM. du participe présent de *commercer.*

COMMERCE [kɔmɛʀs] **n. m. I** 1. Opération de vente, ou d'achat et de revente d'une marchandise, d'une valeur. Prestation de ce type de service. *Être dans le commerce, faire du commerce.* SYN. **négoce ;** → **commerçant.** *Voyageur de commerce.* → **représentant, V. R. P.** *Commerce international. Ce produit n'est pas encore dans le commerce,* pas encore en vente (→ **commercialiser**). 2. *Le commerce :* le monde commercial, les commerçants. *Le commerce, l'agriculture et l'industrie. Le petit commerce et la grande distribution.* 3. *Un commerce,* magasin de détail. *Ouvrir un commerce. Commerces de proximité.* **II** LITTÉR. Relations que l'on entretient dans la société. SYN. **fréquentation, rapport.** loc. *Être d'un commerce agréable.*
ÉTYM. latin *commercium,* de *merx, mercis* «marchandise».

COMMERCER [kɔmɛʀse] **v. intr.** (conjug. 4) ✦ Faire du commerce.

COMMERCIAL, ALE, AUX [kɔmɛʀsjal, o] **adj.** 1. Qui a rapport au commerce. *Droit commercial. Société commerciale. Circuits commerciaux.* 2. **péj.** *Film, livre commercial,* fait dans un but lucratif, pour plaire au grand public.

COMMERCIALEMENT [kɔmɛʀsjalmɑ̃] **adv.** ✦ Du point de vue commercial. *Produit commercialement rentable.*

COMMERCIALISER [kɔmɛʀsjalize] **v. tr.** (conjug. 3a) 1. Faire de (qqch.) l'objet d'un commerce. *Commercialiser un brevet.* 2. Mettre en vente.

► **COMMERCIALISATION** [kɔmɛʀsjalizasjɔ̃] n. f.
ÉTYM. de *commercial.*

COMMÈRE [kɔmɛʀ] n. f. ✦ Personne (souvent femme) curieuse, bavarde qui sait et colporte toutes les nouvelles (→ **commérage**).
ÉTYM. latin *commater* «marraine», littéralement «mère *(mater)* avec».

COMMETTRE [kɔmɛtʀ] v. tr. (conjug. 46) 1. Accomplir, faire (une action blâmable ou regrettable). *Commettre des erreurs. Commettre une maladresse, une injustice à l'égard de qqn. Commettre un crime.* SYN. **perpétrer.** ➝ pronom (impers.) *Il s'est commis beaucoup d'atrocités pendant la guerre.* 2. LITTÉR. *Commettre qqn à* (une fonction), le désigner pour (cette fonction), l'en charger. ➝ au p. passé DR. *Avocat commis d'office,* chargé par la justice de défendre ceux qui ne peuvent payer les services d'un avocat. 3. *SE COMMETTRE* v. pron. LITTÉR. Compromettre sa dignité, sa réputation, ses intérêts. *Se commettre avec des gens méprisables.* CONTR. ② **démettre.**
ÉTYM. latin *committere* «mettre *(mittere)* ensemble».

COMMINATOIRE [kɔminatwaʀ] adj. ✦ Destiné à intimider. SYN. **menaçant.** *Une lettre comminatoire.*
ÉTYM. latin médiéval *comminatorius,* de *minari* «menacer».

COMMIS [kɔmi] n. m. 1. VX Agent subalterne (administration, banque, bureau, maison de commerce). SYN. **employé.** *Commis aux écritures.* 2. *Les GRANDS COMMIS de l'État* : les hauts fonctionnaires. 3. VX *COMMIS VOYAGEUR* : représentant, voyageur de commerce.
ÉTYM. du participe passé de *commettre.*

COMMISÉRATION [kɔmizeʀasjɔ̃] n. f. ✦ Sentiment de pitié qui fait prendre part à la misère d'autrui. SYN. **compassion, miséricorde.** CONTR. **dureté, indifférence.**
ÉTYM. latin *commiseratio,* de *miserari* «plaindre».

COMMISSAIRE [kɔmisɛʀ] n. 1. Fonctionnaire chargé de fonctions spéciales. *Commissaire du gouvernement.* 2. *COMMISSAIRE AUX COMPTES,* mandaté pour vérifier les comptes des administrateurs d'une société anonyme. 3. Personne qui vérifie qu'une épreuve sportive se déroule régulièrement. 4. *COMMISSAIRE (DE POLICE)* : officier de police judiciaire (supérieur à l'inspecteur). *Commissaire divisionnaire, principal. La nouvelle commissaire.* 5. *COMMISSAIRE DE BORD,* chargé, à bord d'un paquebot, du service des passagers, du ravitaillement.
ÉTYM. latin médiéval *commissarius,* de *committere* «donner à exécuter».

COMMISSAIRE-PRISEUR, EUSE [kɔmisɛʀpʀizœʀ, øz] n. ✦ Officier ministériel chargé de l'estimation des objets mobiliers et de leur vente aux enchères. *Des commissaires-priseurs.*
ÉTYM. de *priser* «mettre un *prix* à».

COMMISSARIAT [kɔmisaʀja] n. m. 1. Emploi, fonction de commissaire. 2. Bureau et services d'un commissaire de police. *Déposer une plainte au commissariat.*
ÉTYM. de *commissaire.*

COMMISSION [kɔmisjɔ̃] n. f. I 1. DR. COMM. Charge, mandat. 2. Pourcentage qu'un intermédiaire perçoit pour sa rémunération. *Toucher quinze pour cent de commission.* 3. Marchandise achetée, service rendu, message transmis pour qqn d'autre. *J'ai une commission à vous faire de la part de...* ♦ au plur. *Les commissions* : les achats de provisions pour l'usage quotidien. SYN. **course, emplette.** II Réunion de personnes déléguées pour étudier un projet, préparer ou contrôler un travail. SYN. **bureau, comité.** *Les membres d'une commission parlementaire. Commission d'enquête. Commission paritaire.*
ÉTYM. latin *commissio,* de *committere* «donner à exécuter».

COMMISSIONNAIRE [kɔmisjɔnɛʀ] n. 1. Personne qui fait les commissions du public. SYN. ② **coursier, porteur.** 2. Personne qui agit pour le compte d'une autre, dans une opération commerciale.

COMMISSURE [kɔmisyʀ] n. f. ✦ Point de jonction (des lèvres, des paupières).
ÉTYM. latin *commissura,* de *committere* «joindre».

① **COMMODE** [kɔmɔd] adj. 1. (choses) Qui se prête aisément à l'usage qu'on en fait. SYN. ② **pratique.** 2. Facile, simple. *Un moyen commode.* ➝ FAM. *C'est trop commode* : c'est une solution de facilité. 3. (personnes) *PAS COMMODE* : bourru, sévère, exigeant. CONTR. **incommode, malcommode.**
ÉTYM. latin *commodus.*

② **COMMODE** [kɔmɔd] n. f. ✦ Meuble à hauteur d'appui, muni de tiroirs, où l'on range du linge, des objets.
ÉTYM. de *meuble commode* → ① commode.

COMMODÉMENT [kɔmɔdemɑ̃] adv. ✦ D'une manière commode. *S'installer commodément,* à son aise.
ÉTYM. de ① *commode.*

COMMODITÉ [kɔmɔdite] n. f. 1. Qualité de ce qui est commode. SYN. **agrément.** *La commodité d'un lieu. Pour plus de commodité.* SYN. **facilité.** 2. au plur. *Les commodités de la vie,* ce qui rend la vie plus agréable, plus confortable. SYN. **aise.** ➝ plais. *Les commodités de la conversation* : les sièges (langage précieux, au XVIIe siècle). ♦ Équipements apportant le confort, l'hygiène à un logement. *Appartement pourvu de toutes les commodités.*
ÉTYM. latin *commoditas.*

COMMOTION [kɔmɔsjɔ̃] n. f. 1. Ébranlement violent (de l'organisme ou d'une de ses parties) par un choc direct ou indirect. SYN. **traumatisme.** *Commotion cérébrale.* 2. Violente émotion. SYN. **choc, ébranlement.**
ÉTYM. latin *commotio* «secousse».

COMMOTIONNER [kɔmɔsjɔne] v. tr. (conjug. 3a) ✦ (sujet chose) Frapper (qqn) d'une commotion. SYN. **choquer, traumatiser.** *La décharge électrique l'a fortement commotionné.*

COMMUER [kɔmɥe] v. tr. (conjug. 3a) ✦ Changer (une peine) en une peine moindre. *Sa peine de prison à perpétuité a été commuée en quinze ans* (→ **commutation**).
ÉTYM. latin *commutare* «échanger» ; doublet de *commuter.*

COMMUN, UNE [kɔmœ̃, yn] adj. et n. m.
I adj. 1. Qui appartient, qui s'applique à plusieurs personnes ou choses. *Les parties communes d'un immeuble. Leurs intérêts communs. Un but commun. Avoir des caractères communs.* SYN. **comparable, identique, semblable.** ➝ *COMMUN À* : propre également à (plusieurs). ♦ *Marché* commun.* 2. Qui se fait ensemble, à plusieurs. *Œuvre commune.* SYN. **collectif.** *Vie commune. D'un commun accord.* ♦ *EN COMMUN* :

A B C D E F G H I J K L M N O P Q R S T U V W X Y Z

ensemble. *Vivre en commun* (→ **communauté**). *Mettre en commun :* partager. 3. Du plus grand nombre. SYN. ① **général, public, universel.** *L'intérêt, le bien commun.* ◆ *NOM COMMUN :* nom de tous les individus de la même espèce, correspondant à un concept (opposé à *nom propre*). *« Arbre », « livre » sont des noms communs.* ◆ n. m. loc. *Le commun des mortels :* la majorité. CONTR. **individuel, particulier, singulier • personnel.**

II adj. 1. Ordinaire. SYN. **banal,** ① **courant, habituel.** *C'est une réaction assez commune.* → *PEU COMMUN. Une force peu commune,* très grande. → n. m. *Hors du commun,* extraordinaire. 2. Qui se rencontre fréquemment. SYN. **répandu.** *Une fleur commune.* → *Lieu* commun.* 3. (personnes, manières) Qui n'appartient pas à l'élite. SYN. **quelconque, vulgaire.** CONTR. **exceptionnel, extraordinaire • rare • distingué.**

III n. m. 1. VX Le peuple. *Les gens du commun.* 2. au plur. *LES COMMUNS :* les dépendances d'une propriété (écuries, garages, buanderies, etc.).

ÉTYM. latin *communis.*

COMMUNAL, ALE, AUX [kɔmynal, o] adj. ✦ Qui appartient à une commune. *Bois communaux. École communale.* → n. f. VIEILLI *La communale.*

ÉTYM. de *commun.*

COMMUNARD, ARDE [kɔmynaʀ, aʀd] n. et adj. ✦ HIST. Partisan de la Commune de Paris, en 1871.

ÉTYM. de *Commune.* ☞ noms propres.

COMMUNAUTAIRE [kɔmynotɛʀ] adj. 1. Qui a rapport à la communauté, à une communauté. *Vie communautaire.* 2. Relatif à la Communauté européenne. *Importations communautaires.*

COMMUNAUTARISME [kɔmynotaʀism] n. m. ✦ Système qui développe la formation de communautés (ethniques, religieuses, culturelles, sociales...), pouvant diviser la nation au détriment de l'intégration.

► **COMMUNAUTARISTE** [kɔmynotaʀist] adj. et n.

COMMUNAUTÉ [kɔmynote] n. f. I 1. Groupe social dont les membres vivent ensemble, ou ont des biens, des intérêts communs. SYN. **collectivité.** *Vivre en communauté. Communauté nationale,* État, nation. → ADMIN. *Communauté urbaine.* 2. Groupe de religieux vivant ensemble. SYN. **congrégation, ordre.** 3. Groupe d'États. *La Communauté économique européenne (C. E. E.).* → **Marché** commun. II État, caractère de ce qui est commun. *Une communauté d'idées, d'intérêts.* III Régime matrimonial où les biens des deux époux sont communs ; ces biens. *Communauté réduite aux acquêts.*

ÉTYM. latin *communitas.*

COMMUNAUX [kɔmyno] n. m. pl. ✦ HIST. Landes, friches, bois qui étaient utilisés collectivement par les villageois comme pâture.

ÉTYM. de *communal.*

COMMUNE [kɔmyn] n. f. 1. La plus petite subdivision administrative du territoire français, administrée par un maire, des adjoints et un conseil municipal. SYN. **municipalité.** *Chaque commune est responsable de l'état civil.* 2. HIST. Ville administrée par ses citoyens (indépendante du seigneur féodal). → *La Commune de Paris,* la municipalité qui devint Gouvernement révolutionnaire, en 1789, puis en 1871 (→ **communard**). ☞ noms propres. → *La Chambre des communes* et ellipt *les Communes,* la chambre élective (chambre basse), en Grande-Bretagne.

ÉTYM. latin *communia,* de *communis* « commun ».

COMMUNÉMENT [kɔmynemɑ̃] adv. ✦ Suivant l'usage commun, ordinaire. SYN. **couramment, habituellement, ordinairement.** CONTR. **exceptionnellement, extraordinairement, rarement.**

COMMUNIANT, ANTE [kɔmynjɑ̃, ɑ̃t] n. ✦ Personne qui communie. → *Premier communiant :* enfant qui fait sa première communion.

ÉTYM. du participe présent de *communier.*

COMMUNICABLE [kɔmynikabl] adj. ✦ Qui peut, qui doit être communiqué. *Une impression difficilement communicable.* CONTR. **incommunicable.**

ÉTYM. de *communiquer.*

COMMUNICANT, ANTE [kɔmynikɑ̃, ɑ̃t] adj. 1. Qui communique (III). *Des chambres communicantes.* 2. INFORM. *Objet communicant,* pouvant être relié à un réseau. → **connecté.** HOM. COMMUNIQUANT (p. présent de *communiquer*)

COMMUNICATEUR, TRICE [kɔmynikatœʀ, tʀis] adj. et n. 1. adj. Qui sert aux communications. 2. n. Personne qui exerce efficacement les techniques de communication*.

ÉTYM. de *communiquer.*

COMMUNICATIF, IVE [kɔmynikatif, iv] adj. 1. Qui se communique facilement. *Rire communicatif.* SYN. **contagieux.** 2. (personnes) Qui aime à communiquer ses idées, ses sentiments. SYN. **expansif.** CONTR. ① **secret, taciturne.**

ÉTYM. bas latin *communicativus.*

COMMUNICATION [kɔmynikasjɔ̃] n. f. I 1. Le fait de communiquer, d'établir une relation avec (qqn, qqch.). *Être en communication avec un ami, un correspondant.* SYN. **correspondance, rapport.** ◆ SC. Relation dynamique qui intervient dans un fonctionnement ; échange de signes, de messages entre un émetteur et un récepteur. SYN. **information.** *Étude du sens et de la communication.* → **sémiologie, sémiotique.** 2. Action de communiquer qqch. à qqn ; résultat de cette action. SYN. **information.** *La communication d'un renseignement à un journaliste. Demander communication d'un dossier.* → *J'ai une communication importante à vous faire.* → **message.** 3. Moyen technique par lequel des personnes communiquent. SYN. **transmission.** *Communication téléphonique, par télécopie.* 4. Ensemble des techniques médiatiques d'information et de publicité. *La communication d'une entreprise* (→ *relations publiques*). II Ce qui permet de communiquer dans l'espace ; passage d'un lieu à un autre. *Porte de communication. Voie, moyens de communication.*

ÉTYM. latin *communicatio* « mise en commun, échange de propos ».

COMMUNIER [kɔmynje] v. intr. (conjug. 9) 1. RELIG. CHRÉT. Recevoir le sacrement de l'eucharistie. *Communier sous les deux espèces.* 2. Être en union spirituelle (→ **communion**).

ÉTYM. latin chrétien *communicare* « partager » ; doublet de *communiquer.*

COMMUNION [kɔmynjɔ̃] n. f. 1. RELIG. CHRÉT. Le fait de communier. *Faire sa première communion.* ◆ Partie de l'office au cours de laquelle a lieu la communion. 2. Union de ceux qui ont la même religion. *La communion des fidèles.* 3. *Être EN COMMUNION d'idées, de sentiments avec qqn,* partager les mêmes idées, etc. SYN. **accord.**
ÉTYM. latin chrétien *communio.*

COMMUNIQUÉ [kɔmynike] n. m. ✦ Avis qu'un service compétent communique au public. SYN. **annonce, bulletin, note.** *Des communiqués de presse.*
ÉTYM. du participe passé de *communiquer.*

COMMUNIQUER [kɔmynike] v. (conjug. 3a) **I** v. tr. 1. Faire connaître (qqch. à qqn). SYN. **divulguer, livrer, publier.** *Communiquer un renseignement à qqn. Communiquer ses sentiments* (→ **communicatif**). 2. Faire partager. *Il nous a communiqué son enthousiasme.* 3. (choses) Rendre commun à ; transmettre (qqch.). *Corps qui communique son mouvement à un autre.* **II** v. intr. 1. Être, se mettre en relation. *Communiquer par lettres* (→ **correspondre**), *par téléphone, par mail.* 2. Exercer les techniques de communication. **III** v. intr. (choses) Être en rapport avec, par un passage. *Cette chambre communique avec la salle de bains.* HOM. (du p. présent *communiquant*) COMMUNICANT « connecté »
ÉTYM. latin *communicare* « entrer en relation avec qqn » ; doublet de *communier.*

COMMUNISANT, ANTE [kɔmynizɑ̃, ɑ̃t] adj. et n. ✦ Qui sympathise avec les communistes.

COMMUNISME [kɔmynism] n. m. 1. VX Organisation politique, sociale, fondée sur la propriété collective. → **collectivisme, socialisme.** 2. Dans le marxisme, Système social, économique et politique où les biens de production appartiennent à la communauté et qui tend à la disparition des classes sociales. 3. Politique, doctrine des partis communistes.
ÉTYM. de *communiste.*

COMMUNISTE [kɔmynist] adj. et n. 1. Du communisme. *Doctrines communistes.* 2. Qui appartient aux organisations, aux États qui se réclament du marxisme. 3. adj. et n. Partisan du communisme. ➝ Membre d'un parti communiste. SYN. FAM. ④ **coco.**
ÉTYM. de *commun.*

COMMUNS n. m. pl. → COMMUN (III)

COMMUTATEUR [kɔmytatœʀ] n. m. ✦ Appareil permettant de modifier un circuit électrique ou les connexions entre circuits. SYN. **bouton, interrupteur.**
ÉTYM. du latin *commutare* « échanger ».

COMMUTATIF, IVE [kɔmytatif, iv] adj. 1. DR. Relatif à l'échange. 2. MATH. Se dit d'une opération dont le résultat est invariable quel que soit l'ordre des facteurs. *L'addition est commutative.*
▶ **COMMUTATIVITÉ** [kɔmytativite] n. f.
ÉTYM. du latin *commutare* « échanger ».

COMMUTATION [kɔmytasjɔ̃] n. f. 1. DIDACT. Substitution, remplacement. 2. DR. *COMMUTATION DE PEINE* : substitution d'une peine plus faible à la première peine, à la suite d'un recours en grâce (→ **commuer**).
ÉTYM. latin *commutatio* → commuter.

COMMUTER [kɔmyte] v. intr. (conjug. 3a) ✦ Modifier en substituant un élément à un autre. *Faire commuter deux éléments, deux mots dans une phrase.*
ÉTYM. latin *commutare* « échanger » ; doublet de *commuer.*

COMPACITÉ [kɔ̃pasite] n. f. ✦ DIDACT. Caractère de ce qui est compact.

COMPACT, ACTE [kɔ̃pakt] adj. 1. Qui est formé de parties serrées, dont les éléments constitutifs sont très cohérents. SYN. **dense, serré.** *Foule compacte.* 2. (appareils) D'un faible encombrement relatif. ◆ *Disque* compact.* → **audionumérique.** CONTR. **dispersé, épars.**
ÉTYM. latin *compactus* « assemblé » ; sens 2, par l'anglais.

COMPACTER [kɔ̃pakte] v. tr. (conjug. 3a) ✦ Faire réduire de volume en comprimant. *Compacter des déchets.* ➝ *Compacter des fichiers.*
▶ **COMPACTAGE** [kɔ̃paktaʒ] n. m.
ÉTYM. de *compact.*

COMPACTEUR [kɔ̃paktœʀ] n. m. ✦ Appareil servant au compactage.
ÉTYM. de *compacter.*

COMPAGNE [kɔ̃paɲ] n. m. 1. Camarade (femme). *Des compagnes de classe.* SYN. FAM. **copine.** 2. LITTÉR. Épouse, concubine, maîtresse. SYN. **ami.**
ÉTYM. de l'ancien français *compain* → compagnon.

COMPAGNIE [kɔ̃paɲi] n. f. 1. Présence auprès de qqn, fait d'être avec qqn. *Apprécier la compagnie de qqn.* SYN. **présence, société.** ➝ loc. *Aller DE COMPAGNIE avec.* → **accompagner.** *Voyager de compagnie,* ensemble. ➝ *Dame de compagnie,* qui reste auprès d'une personne âgée, malade. ➝ *EN COMPAGNIE de,* avec. ➝ *Être en bonne compagnie.* ➝ *Fausser compagnie à qqn.* → **quitter.** *Tenir compagnie à qqn,* rester auprès de lui, distraire. *La télévision tient compagnie aux malades.* ➝ *Être de bonne compagnie,* bien élevé. 2. VX Réunion, assemblée. ➝ loc. FAM. *Bonsoir, salut la compagnie !* 3. Association de personnes que rassemblent des statuts communs. SYN. **entreprise, société.** *Compagnie commerciale, financière. Compagnie d'assurances. Compagnie aérienne. Compagnie de ballets.* ◆ Troupe de spectacle permanente. 4. MILIT. Unité de formation d'infanterie placée sous les ordres d'un capitaine. *Les compagnies d'un bataillon.* ➝ *Compagnies républicaines de sécurité.* → **C. R. S.**
ÉTYM. de l'ancien français *compain* ou du latin populaire *compania,* de *companio* → compagnon.

COMPAGNON [kɔ̃paɲɔ̃] n. m. 1. Personne qui partage la vie, les occupations d'autres personnes, par rapport à elles. SYN. **camarade.** *Compagnon d'études* (SYN. **condisciple**), *de travail* (SYN. **collègue**), *de voyage. Compagnon d'infortune. Le compagnon d'une femme.* SYN. **concubin, conjoint.** 2. Celui qui n'est plus apprenti et n'est pas encore maître, dans certaines corporations d'artisans. *Les compagnons du Tour de France.*
ÉTYM. bas latin *companionem,* accusatif de *companio,* littéralement « celui qui partage le pain *(panis)* avec *(cum)* ».

COMPAGNONNAGE [kɔ̃paɲɔnaʒ] n. m. ✦ Organisation d'ouvriers, d'artisans axée sur la formation professionnelle et la solidarité (→ **compagnon,** 2).

COMPARABLE [kɔ̃paʀabl] adj. 1. Qui peut être comparé (avec qqn ou qqch.). *Une ville comparable aux plus grandes capitales.* 2. Peu différent. SYN. **analogue,**

A B C D E F G H I J K L M N O P Q R S T U V W X Y Z

approchant. *Ces deux fours sont d'un prix comparable.* SYN. **voisin.** CONTR. **incomparable.**

COMPARAISON [kɔ̃paʀɛzɔ̃] **n. f. 1.** Fait d'envisager ensemble (deux ou plusieurs objets de pensée) pour en chercher les différences ou les ressemblances. SYN. **rapprochement.** *Établir une comparaison entre... ; faire la comparaison.* → **comparer.** *Mettre une chose* EN COMPARAISON *avec une autre.* → en **parallèle.** ◆ *Adverbes de comparaison,* indiquant un rapport de supériorité, d'égalité ou d'infériorité (ex. comme, plus, moins, autant). **2.** loc. *EN COMPARAISON DE :* par rapport à. → **auprès de, relativement à.** – *Par comparaison à, avec.* – *Sans comparaison,* d'une manière nette, évidente. **3.** Rapprochement entre deux mots ou deux groupes de mots. → **image, métaphore ; comparant, comparé.** ☛ Littérature p. 116.
ÉTYM. latin *comparatio.*

COMPARAÎTRE [kɔ̃paʀɛtʀ] **v. intr.** (conjug. 52) ✦ Se présenter par ordre. *Comparaître en justice, devant un juge* (→ **comparution**).
ÉTYM. de l'ancien français *comparoir ;* famille du latin *parere* «paraître».

COMPARANT [kɔ̃paʀɑ̃] **n. m.** ✦ Deuxième partie d'une comparaison, ce à quoi l'on compare. ☛ Littérature p. 116. *Le comparé et le comparant.*

COMPARATIF, IVE [kɔ̃paʀatif, iv] **adj.** et **n. m. 1. adj.** Qui contient ou établit une comparaison. *Étude comparative.* ◆ GRAMM. Qui exprime le degré d'une comparaison. **2. n. m.** *Le comparatif,* le second degré dans la signification des adjectifs et de certains adverbes. *Comparatif de supériorité* (→ ① **plus**), *d'égalité* (→ **aussi**), *d'infériorité* (→ **moins**). *Comparatif et superlatif. Comparatif irrégulier* (ex. meilleur, pire).
ÉTYM. latin *comparativus.*

COMPARATISME [kɔ̃paʀatism] **n. m.** ✦ DIDACT. Ensemble des sciences comparées. ◆ Aspect comparatiste des études littéraires.
ÉTYM. de *comparé.*

COMPARATISTE [kɔ̃paʀatist] **adj.** ✦ DIDACT. Relatif aux études comparées, notamment à la littérature comparée. ◆ **n.** Spécialiste de ces études.
ÉTYM. de *comparé.*

COMPARATIVEMENT [kɔ̃paʀativmɑ̃] **adv.** ✦ Par comparaison, par rapport. *Comparativement aux chiffres de l'année dernière, le résultat est bon.*
ÉTYM. de *comparatif.*

COMPARÉ, ÉE [kɔ̃paʀe] **adj.** et **n. m. 1. adj.** Qui étudie les rapports entre plusieurs objets d'étude. *Anatomie comparée* (des espèces différentes). *Littérature comparée,* étudiant les influences, les échanges entre littératures. **2. n. m.** Première partie d'une comparaison. ☛ Littérature p. 116. *Le comparé et le comparant.*
ÉTYM. participe passé de *comparer.*

COMPARER [kɔ̃paʀe] **v. tr.** (conjug. 3a) **1.** Examiner les rapports de ressemblance et de différence (entre plusieurs choses ou personnes). SYN. **confronter, rapprocher ; comparaison.** *Comparer un matelas avec un autre, à un autre.* – absolt *Comparer avant de choisir.* **2.** Rapprocher en vue d'assimiler ; mettre en parallèle. *Comparer la vie à une aventure.*
ÉTYM. latin *comparare,* de *compar* «pareil».

COMPARSE [kɔ̃paʀs] **n.** ✦ Personnage dont le rôle est peu important.
ÉTYM. italien *comparsa* «acteur muet» ; même origine que *comparaître.*

COMPARTIMENT [kɔ̃paʀtimɑ̃] **n. m. 1.** Division pratiquée dans un espace pour loger des personnes ou des choses en les séparant. SYN. **case.** *Coffre, tiroir à compartiments.* ◆ Division d'une voiture de chemin de fer (voyageurs), délimitée par des cloisons. *Compartiment (pour) non-fumeurs.* **2.** Subdivision d'une surface (par des figures régulières). *Les compartiments d'un échiquier.*
ÉTYM. italien *compartimento,* de *compartire* «partager».

COMPARTIMENTER [kɔ̃paʀtimɑ̃te] **v. tr.** (conjug. 3a) ✦ Diviser en compartiments, par classes, par catégories nettement séparées. SYN. **cloisonner.** – au p. passé *Une société très compartimentée.*
► **COMPARTIMENTAGE** [kɔ̃paʀtimɑ̃taʒ] **n. m.**

COMPARUTION [kɔ̃paʀysjɔ̃] **n. f.** ✦ DR. Action de comparaître.
ÉTYM. de *comparu,* participe passé de *comparaître.*

COMPAS [kɔ̃pa] **n. m. 1.** Instrument composé de deux branches mobiles que l'on écarte plus ou moins pour mesurer des angles, tracer des circonférences. – loc. fig. *Avoir le compas dans l'œil :* juger à vue d'œil, avec une grande précision. **2.** Instrument de navigation indiquant la direction du nord magnétique et la direction du bateau. SYN. **boussole.** *Naviguer au compas.*
ÉTYM. de *compasser.*

COMPASSÉ, ÉE [kɔ̃pase] **adj.** ✦ Dont le comportement est affecté et guindé. *Un homme compassé.* – *Manières compassées.* CONTR. **naturel, simple.**
ÉTYM. participe passé de *compasser.*

COMPASSER [kɔ̃pase] **v. tr.** (conjug. 3a) **1.** Mesurer exactement (→ **compas**). **2.** LITTÉR. Régler minutieusement (ses actes). → **compassé.**
ÉTYM. bas latin *compassare* «mesurer avec le pas *(passus)*».

COMPASSION [kɔ̃pasjɔ̃] **n. f.** ✦ LITTÉR. Sentiment qui porte à plaindre autrui et à partager ses souffrances. SYN. **sympathie ; commisération, pitié.** *Avoir de la compassion pour qqn* (→ **compatir**). CONTR. **cruauté, dureté, insensibilité.**
ÉTYM. latin chrétien *compassio,* de *compati* «compatir».

COMPATIBILITÉ [kɔ̃patibilite] **n. f.** ✦ Caractère, état de ce qui est compatible. *Compatibilité d'humeur.* CONTR. **incompatibilité.**

COMPATIBLE [kɔ̃patibl] **adj.** ✦ Qui peut s'accorder avec autre chose, exister en même temps. SYN. **conciliable.** *La fonction de préfet n'est pas compatible avec celle de député.* ◆ INFORM. *Ordinateurs compatibles,* qui peuvent utiliser les mêmes logiciels, les mêmes périphériques, et être connectés entre eux. CONTR. **incompatible, inconciliable.**
ÉTYM. latin médiéval *compatibilis,* de *compati* «exister avec».

COMPATIR [kɔ̃patiʀ] **v. tr. ind.** (conjug. 13) ✦ *COMPATIR À.* Avoir de la compassion pour (une souffrance). *Je compatis à votre douleur.*
ÉTYM. latin *compati* «souffrir *(pati)* avec».

COMPATISSANT, ANTE [kɔ̃patisɑ̃, ɑ̃t] **adj.** ✦ Qui ressent ou manifeste de la compassion. *Il est compatissant aux malheurs d'autrui. Un regard compatissant.* CONTR. **dur, insensible.**
ÉTYM. du participe présent de *compatir.*

COMPATRIOTE [kɔ̃patʀijɔt] **n.** ✦ Personne originaire du même pays qu'une autre. *Nous sommes compatriotes. Aider un compatriote.*
ÉTYM. latin *compatriota.*

COMPENSATEUR, TRICE [kɔ̃pɑ̃satœʀ, tʀis] **adj.** ✦ Qui compense. *Indemnité compensatrice.* SYN. **compensatoire.**

COMPENSATION [kɔ̃pɑ̃sasjɔ̃] **n. f. 1.** Avantage qui compense (un désavantage). *Compensation reçue pour des services rendus, des dommages.* SYN. **indemnité ; dédommagement, réparation.** ➜ *EN COMPENSATION :* en revanche ; en échange. **2.** L'action, le fait de compenser, de rendre égal. *Compensation entre les dépenses et les recettes.* SYN. **balance, équilibre.** ◆ FIN. Procédé de règlement comptable par balance des comptes débiteurs et créditeurs entre deux ou plusieurs parties.
ÉTYM. latin *compensatio.*

COMPENSATOIRE [kɔ̃pɑ̃satwaʀ] **adj.** ✦ DIDACT. Qui compense. **loc.** *Montants compensatoires :* sommes reversées aux agriculteurs de la C. E. E. pour compenser la disparité des prix agricoles dans les pays membres.
ÉTYM. de *compenser.*

COMPENSÉ, ÉE [kɔ̃pɑ̃se] **adj.** ✦ Équilibré. ➜ *Semelle compensée,* qui forme un seul bloc avec le talon haut.

COMPENSER [kɔ̃pɑ̃se] **v. tr.** (conjug. 3a) ✦ Équilibrer (un effet par un autre). SYN. **contrebalancer, corriger, neutraliser.** *Compenser une perte par un gain.* ➜ **absolt** *Pour compenser, je t'emmènerai au restaurant.* CONTR. **accentuer, aggraver.**
ÉTYM. latin *compensare,* de *pensare* «peser».

COMPÈRE [kɔ̃pɛʀ] **n. m. 1.** VIEILLI et FAM. (terme d'amitié) Ami, camarade. **2.** Complice d'une supercherie. SYN. **acolyte.** *Le prestidigitateur avait deux compères dans la salle.*
ÉTYM. latin chrétien *compater,* littéralement «père *(pater)* avec».

COMPÈRE-LORIOT [kɔ̃pɛʀlɔʀjo] **n. m.** ✦ Petit furoncle au bord de la paupière. SYN. **orgelet.** *Des compères-loriots.*
ÉTYM. de *compère* et *loriot.*

COMPÉTENCE [kɔ̃petɑ̃s] **n. f. 1.** Connaissance approfondie, reconnue, qui confère le droit de juger ou de décider en certaines matières. SYN. **capacité, qualité.** *S'occuper d'une affaire avec compétence. Cela n'entre pas dans mes compétences.* ➜ FAM. Personne compétente. *C'est une compétence en la matière.* **2.** Aptitude légale ; aptitude d'une juridiction à instruire et juger un procès. *Cette affaire relève de la compétence du préfet.* SYN. **attribution, domaine,** ② **ressort.** CONTR. **incompétence.**
ÉTYM. latin *competentia.*

COMPÉTENT, ENTE [kɔ̃petɑ̃, ɑ̃t] **adj. 1.** Capable de juger, d'agir avec compétence. SYN. **capable, expert, qualifié.** *Un critique compétent. Il est compétent en archéologie.* **2.** Qui a la compétence légale, juridique. *Le tribunal compétent est la cour d'appel d'Aix.* CONTR. **incapable, incompétent.**
ÉTYM. latin *competens.*

COMPÉTITEUR, TRICE [kɔ̃petitœʀ, tʀis] **n.** ✦ Personne qui entre en compétition. SYN. **concurrent.**
ÉTYM. latin *competitor.*

COMPÉTITIF, IVE [kɔ̃petitif, iv] **adj.** ✦ Qui peut supporter la concurrence du marché. SYN. **concurrentiel.** *Prix compétitifs.*
► **COMPÉTITIVITÉ** [kɔ̃petitivite] **n. f.**
ÉTYM. anglais *competitive* → compétition.

COMPÉTITION [kɔ̃petisjɔ̃] **n. f. 1.** Recherche simultanée par deux ou plusieurs personnes d'un même résultat. SYN. **concurrence, rivalité.** *Sortir vainqueur d'une compétition. Deux villes sont en compétition pour organiser les Jeux olympiques.* **2.** Épreuve sportive disputée entre plusieurs concurrents. *Une compétition de natation.*
ÉTYM. anglais *competition,* du latin, de *competere* «chercher à atteindre».

COMPILATEUR, TRICE [kɔ̃pilatœʀ, tʀis] **n. I n. 1.** DIDACT. Personne qui réunit des documents dispersés. **2.** péj. Auteur qui emprunte aux autres. SYN. **plagiaire. II n. m.** INFORM. Programme d'ordinateur qui traduit un programme écrit en langage évolué en «langage machine».
ÉTYM. latin *compilator ;* sens II, par l'anglais *compiler.*

COMPILATION [kɔ̃pilasjɔ̃] **n. f. 1.** Action de compiler. ➜ Rassemblement de documents. **2.** INFORM. Traduction (d'un programme) par un compilateur. **3.** Enregistrement réunissant des chansons, des morceaux à succès. ➜ **abrév.** FAM. COMPIL, COMPILE [kɔ̃pil].
ÉTYM. latin *compilatio.*

COMPILER [kɔ̃pile] **v. tr.** (conjug. 3a) **I** Rassembler (des documents, des extraits de textes) pour former un recueil. **II** INFORM. **anglicisme** Traduire (un programme écrit en langage évolué) en «langage machine».
ÉTYM. latin *compilare,* de *pilare* «piller» ; sens II, par l'anglais *to compile.*

COMPLAINTE [kɔ̃plɛ̃t] **n. f. 1.** VX ou LITTÉR. Plainte, lamentation. **2.** Chanson populaire sur un sujet triste. *Des complaintes de matelots.*
ÉTYM. du participe passé féminin de l'ancien français *complaindre* «plaindre».

COMPLAIRE [kɔ̃plɛʀ] **v. tr. ind.** (conjug. 42) **1.** LITTÉR. *Complaire à qqn,* lui être agréable (→ **complaisance**). **2. v. pron.** *SE COMPLAIRE (À, DANS)* trouver son plaisir, sa satisfaction à, dans. *Se complaire dans ses illusions.* SYN. **se délecter, se plaire.** CONTR. **blesser, déplaire, heurter.**
ÉTYM. latin *complacere* «plaire», d'après *plaire.*

COMPLAISAMMENT [kɔ̃plɛzamɑ̃] **adv.** ✦ Avec complaisance.
ÉTYM. de *complaisant.*

COMPLAISANCE [kɔ̃plɛzɑ̃s] **n. f. 1.** Disposition à être agréable, à rendre service à autrui pour lui plaire. *Montrer de la complaisance.* SYN. **amabilité, empressement, serviabilité.** ◆ **péj.** *Sourire DE COMPLAISANCE,* peu sincère. *Certificat de complaisance,* délivré à une personne qui n'y a pas droit. **2.** Sentiment dans lequel on se complaît par faiblesse, vanité. SYN. **contentement.**

S'écouter, se regarder avec complaisance, être content de soi. → **autosatisfaction.** CONTR. **dureté, sévérité.**
ÉTYM. latin *complacentia,* du participe présent de *complacere* «plaire».

COMPLAISANT, ANTE [kɔ̃plɛzɑ̃, ɑ̃t] **adj.** 1. Qui a de la complaisance envers autrui. SYN. **aimable, empressé, obligeant, prévenant, serviable.** *Un collègue complaisant.* ◆ Qui ferme les yeux sur les infidélités de son conjoint. 2. Qui a ou témoigne de la complaisance envers soi-même. SYN. **indulgent.** *Se regarder d'un œil complaisant.* SYN. **satisfait.** CONTR. **dur, sévère.**
ÉTYM. du participe présent de *complaire.*

COMPLÉMENT [kɔ̃plemɑ̃] **n. m.** 1. Ce qui s'ajoute ou doit s'ajouter à une chose pour qu'elle soit complète. *Un complément d'information. Fournir le complément d'une somme d'argent.* 2. GRAMM. Mot ou proposition rattaché(e) à un autre mot ou à une autre proposition, pour en compléter ou en préciser le sens. *Complément du nom, du verbe, de l'adjectif. Complément d'agent. Complément d'objet* direct. Complément de détermination. Complément essentiel, circonstanciel.* 3. GÉOM. *Complément d'un angle aigu,* ce qu'il faut ajouter pour obtenir un angle droit. ➝ MATH. *Complément d'un ensemble A inclus dans un ensemble E :* ensemble formé de tous les éléments de E qui n'appartiennent pas à A.
ÉTYM. latin *complementum,* de *complere* «emplir entièrement».

COMPLÉMENTAIRE [kɔ̃plemɑ̃tɛʀ] **adj.** 1. Qui apporte un complément. *Renseignement complémentaire.* 2. MATH. Qui constitue un complément (3). *Angle, nombre complémentaire.* 3. *Couleurs complémentaires,* dont la combinaison donne la lumière blanche.

COMPLÉMENTARITÉ [kɔ̃plemɑ̃taʀite] **n. f.** ✦ Caractère de ce qui est complémentaire. *La complémentarité de leurs caractères.*

COMPLÉMENTER [kɔ̃plemɑ̃te] **v. tr.** (conjug. 3a) ✦ Rendre complet (→ **compléter**) par un complément.
ÉTYM. de *complément.*

COMPLET, ÈTE [kɔ̃plɛ, ɛt] **adj.** et **n. m.**
I adj. 1. Auquel ne manque aucun des éléments qui doivent le constituer. *Œuvres complètes. Aliment complet,* qui réunit tous les éléments nécessaires à l'organisme. ➝ *Pain complet,* qui renferme du son. 2. Qui a un ensemble achevé de qualités, de caractères. *Un homme complet,* sans lacunes. *Une étude complète.* SYN. **exhaustif.** *Destruction complète.* SYN. **total.** ➝ *C'est complet !,* c'est le comble. 3. (parfois avant le nom) Qui possède tous les caractères de son genre. SYN. **accompli, achevé, parfait.** *C'est un complet idiot. Tomber dans un oubli complet.* 4. Tout à fait réalisé. *Dans l'obscurité complète.* SYN. **absolu.** ◆ Écoulé. *Dix années complètes.* SYN. **accompli, révolu.** 5. Avec toutes les parties, tous les éléments qui le composent en fait. SYN. **entier, total.** *Son mobilier complet se réduit à deux chaises.* 6. Qui n'a plus de place disponible. SYN. **bondé, bourré,** ① **plein.** *Train complet.* CONTR. **incomplet • élémentaire, rudimentaire • partiel •** ① **désert, vide.**
II n. m. 1. *AU COMPLET :* en entier. SYN. **intégralement.** *Réunir la famille au complet. Au grand complet.* 2. VIEILLI Vêtement masculin en deux (ou trois) pièces assorties : veste, pantalon (et gilet). SYN. **costume.** *Des complets ou des complets-vestons.*
ÉTYM. latin *completus,* de *complere* «achever».

COMPLÈTEMENT [kɔ̃plɛtmɑ̃] **adv.** 1. D'une manière complète. SYN. **entièrement.** *Lire un ouvrage complètement.* 2. Tout à fait, vraiment. *Il est complètement guéri.* CONTR. **incomplètement, partiellement.**

COMPLÉTER [kɔ̃plete] **v. tr.** (conjug. 8) 1. Rendre complet. *Compléter une collection.* 2. **v. pron.** (récipr.) *SE COMPLÉTER :* se parfaire en s'associant. *Leurs caractères se complètent* (→ **complémentaire**). ➝ (passif) Être complété.

COMPLÉTIF, IVE [kɔ̃pletif, iv] **adj.** ✦ *Proposition subordonnée conjonctive complétive :* proposition subordonnée introduite par la conjonction de subordination *que,* qui joue le rôle d'un complément (ex. je voyais bien *que ma mère me regardait*). ➝ **n. f.** *Une complétive.*
ÉTYM. bas latin *completivus.*

COMPLÉTUDE [kɔ̃pletyd] **n. f.** ✦ DIDACT. Caractère complet, achevé.

COMPLEXE [kɔ̃plɛks] **adj.** et **n. m.**
I adj. 1. Qui contient, qui réunit plusieurs éléments différents. *Un problème très complexe* (→ **complexité**). ◆ MATH. *Nombre complexe,* comportant une partie réelle et une partie imaginaire, s'écrivant sous la forme : a + ib avec i^2 = ht–1. 2. Difficile, à cause de sa complexité. SYN. **compliqué.** CONTR. **simple.**
II n. m. Ensemble des traits personnels, acquis dans l'enfance, doués d'une puissance affective et généralement inconscients. *Complexe d'Œdipe* (☞ noms propres), attachement érotique de l'enfant au parent du sexe opposé. ➝ *Complexe d'infériorité,* conduites provenant d'un sentiment d'infériorité. ➝ FAM. *Avoir des complexes,* être timide, inhibé.
III n. m. Grand ensemble industriel. *Un complexe sidérurgique.* ➝ Ensemble de bâtiments groupés en fonction de leur utilisation. *Un complexe hôtelier.*
ÉTYM. latin *complexus,* de *complecti* «contenir, comprendre».

COMPLEXÉ, ÉE [kɔ̃plɛkse] **adj.** ✦ Inhibé, timide. *Un adolescent complexé.* CONTR. **décomplexé.**
ÉTYM. de *complexe* (II).

COMPLEXER [kɔ̃plɛkse] **v. tr.** (conjug. 3a) ✦ FAM. Donner des complexes (II), un sentiment d'infériorité à (qqn). SYN. **inhiber.** *Sa petite taille le complexe.* CONTR. **décomplexer.**

COMPLEXIFIER [kɔ̃plɛksifje] **v. tr.** (conjug. 9) ✦ Rendre complexe. CONTR. **simplifier.**
► **COMPLEXIFICATION** [kɔ̃plɛksifikasjɔ̃] **n. f.**
ÉTYM. de *complexe* (I), suffixe *-ifier.*

COMPLEXION [kɔ̃plɛksjɔ̃] **n. f.** ✦ LITTÉR. Constitution, tempérament. *Être d'une complexion délicate.* SYN. **nature.**
ÉTYM. latin *complexio,* de *complexus* «complexe».

COMPLEXITÉ [kɔ̃plɛksite] **n. f.** ✦ État, caractère de ce qui est complexe. SYN. **complication, difficulté.** CONTR. **simplicité.**
ÉTYM. de *complexe* (I).

COMPLICATION [kɔ̃plikasjɔ̃] **n. f.** 1. Caractère de ce qui est compliqué. *La situation est d'une complication inextricable.* SYN. **complexité.** 2. Concours de circonstances capables de créer ou d'augmenter des difficultés. *Éviter les complications.* 3. au plur. Phénomènes morbides nouveaux, au cours d'une maladie. SYN.

aggravation. *La péritonite fait partie des complications de l'appendicite.* CONTR. **simplicité.**
ÉTYM. bas latin *complicatio.*

COMPLICE [kɔ̃plis] adj. et n.
I adj. 1. Qui participe avec qqn à une action répréhensible. *Être complice d'un vol.* 2. Qui favorise l'accomplissement d'une chose. *Le silence, la nuit semblaient complices.* → *Un sourire complice,* de connivence.
II n. *L'auteur du crime et ses complices.* SYN. **acolyte.**
ÉTYM. latin *complex, complicis,* de *complecti* «embrasser».

COMPLICITÉ [kɔ̃plisite] n. f. 1. Participation à la faute, au délit ou au crime commis par un autre. *Être accusé de complicité de meurtre.* 2. Entente profonde, spontanée entre personnes. SYN. **accord, connivence.** *Une complicité muette.* CONTR. **désaccord ; hostilité.**
ÉTYM. de *complice.*

COMPLIES [kɔ̃pli] n. f. pl. ✦ RELIG. CATHOL. La dernière heure de l'office divin (après les vêpres).
ÉTYM. latin chrétien *completa (hora)* «(heure) qui complète (l'office)».

COMPLIMENT [kɔ̃plimɑ̃] n. m. 1. Paroles louangeuses que l'on adresse à qqn pour le féliciter. SYN. **éloge, félicitation, louange.** *Faire des compliments à qqn. Tous mes compliments pour votre réussite !* → **bravo.** 2. Paroles de politesse. *Faites mes compliments à M. Faure.* 3. Petit discours adressé à qqn pour lui faire honneur. *Réciter un compliment.* CONTR. **blâme, reproche.**
ÉTYM. espagnol *cumplimiento,* de *cumplir con alguien* «accomplir des politesses envers qqn», par l'italien *complimento.*

COMPLIMENTER [kɔ̃plimɑ̃te] v. tr. (conjug. 3a) ✦ Faire un compliment, des compliments à. SYN. **féliciter.** *Complimenter qqn sur, pour son élégance.* CONTR. **blâmer.**

COMPLIMENTEUR, EUSE [kɔ̃plimɑ̃tœʀ, øz] adj. ✦ Qui fait des compliments. SYN. **flatteur.** → *Des propos complimenteurs.* CONTR. **agressif,** ② **critique.**

COMPLIQUÉ, ÉE [kɔ̃plike] adj. 1. Qui possède de nombreux éléments difficiles à analyser. *Un mécanisme compliqué.* SYN. **complexe.** *Une intrigue compliquée.* 2. Difficile à comprendre. SYN. **ardu.** *C'est trop compliqué pour moi.* 3. Qui aime la complication, n'agit pas simplement. *Un esprit compliqué.* → n. FAM. *Vous, vous êtes un compliqué.* CONTR. **clair, facile, simple.**
ÉTYM. latin *complicatus* «confus», de *complicare* «plier *(plicare)* en roulant».

COMPLIQUER [kɔ̃plike] v. tr. (conjug. 3a) 1. Rendre complexe et difficile à comprendre. SYN. **embrouiller.** *Ce n'est pas la peine de compliquer cette affaire.* 2. *SE COMPLIQUER* v. pron. Devenir compliqué. *La situation se complique.* ◆ S'aggraver. *Sa grippe s'est compliquée.* CONTR. **éclaircir, simplifier.**
ÉTYM. de *compliqué.*

COMPLOT [kɔ̃plo] n. m. ✦ Projet concerté secrètement (contre qqn, contre une institution). *Faire, tramer un complot. Tremper dans un complot contre l'État.* SYN. **conjuration, conspiration, machination.**
ÉTYM. origine obscure.

COMPLOTER [kɔ̃plɔte] v. (conjug. 3a) 1. v. tr. ind. *COMPLOTER DE* : préparer par un complot. *Comploter de tuer qqn.* 2. v. tr. dir. Préparer secrètement et à plusieurs. SYN. **manigancer, tramer.** *Qu'est-ce que vous complotez là ?* 3. v. intr. Conspirer, intriguer. *Comploter contre qqn.*
ÉTYM. de *complot.*

COMPLOTEUR, EUSE [kɔ̃plɔtœʀ, øz] n. ✦ Personne qui complote. SYN. **conspirateur.**

COMPONCTION [kɔ̃pɔ̃ksjɔ̃] n. f. ✦ Gravité recueillie et affectée. CONTR. **désinvolture.**
ÉTYM. bas latin *compunctio,* de *compungere* «piquer».

COMPORTEMENT [kɔ̃pɔʀtəmɑ̃] n. m. 1. Manière de se comporter. SYN. **attitude, conduite.** *Le comportement d'un auditoire.* 2. PSYCH. Ensemble des réactions objectivement observables. *Psychologie du comportement.* → **comportemental.**

COMPORTEMENTAL, ALE, AUX [kɔ̃pɔʀtəmɑ̃tal, o] adj. ✦ DIDACT. Du comportement. *Troubles comportementaux.*
► **COMPORTEMENTALISME** [kɔ̃pɔʀtəmɑ̃talism] n. m. SYN. **béhaviorisme.**

COMPORTER [kɔ̃pɔʀte] v. tr. (conjug. 3a) 1. Inclure en soi ou être la condition de. SYN. **contenir, impliquer.** *Toute règle comporte des exceptions. Cette solution comporte de nombreux avantages.* 2. concret Comprendre en soi. SYN. ① **avoir.** *Le concours comporte trois épreuves.* SYN. se **composer** de. 3. *SE COMPORTER* v. pron. Se conduire, agir d'une certaine manière. *Comment s'est-elle comportée face au danger ?* SYN. **réagir.** CONTR. **exclure.**
ÉTYM. latin *comportare* «amasser, réunir».

COMPOSANT, ANTE [kɔ̃pozɑ̃, ɑ̃t] adj. et n. m. 1. adj. Qui entre dans la composition de qqch. 2. n. m. CHIM. Élément d'un corps composé. SYN. **constituant.** ◆ TECHN. Élément qui entre dans la composition d'un circuit électronique. *L'industrie des composants.*
ÉTYM. du participe présent de *composer.*

COMPOSANTE [kɔ̃pozɑ̃t] n. f. ✦ Chacune des forces qui se combinent pour produire une résultante. ◆ Élément d'un ensemble complexe. *Les quatre composantes du goût.*
ÉTYM. de *composant.*

COMPOSÉ, ÉE [kɔ̃poze] adj. et n. m. 1. Formé de plusieurs éléments. SYN. **complexe.** *Bouquet composé,* formé de fleurs différentes. ◆ CHIM. *Corps composé,* formé par la combinaison d'un corps simple avec d'autres corps. → n. m. *Un composé chimique.* ◆ *Mot composé,* formé de plusieurs mots (ex. chou-fleur, chemin de fer) ou d'un élément (préfixe, etc.) et d'un mot (ex. antigel). → n. m. *Composés et dérivés.* ◆ *Temps composé,* formé de l'auxiliaire (avoir, être) et du participe passé du verbe. 2. n. m. Ensemble formé de parties différentes. SYN. **amalgame, mélange.** CONTR. **simple.**

COMPOSÉES [kɔ̃poze] n. f. pl. ✦ BOT. Très vaste famille de plantes dicotylédones aux fleurs groupées en capitules (ex. l'artichaut, le bleuet, le pissenlit).
ÉTYM. de *composé.*

COMPOSER [kɔ̃poze] v. (conjug. 3a) **I** v. tr. 1. Former par la réunion d'éléments. SYN. **agencer, assembler, constituer.** *Composer un bouquet de fleurs. Composer un cocktail.* → *Composer un poème.* SYN. **créer, écrire.** → *Composer une chanson, une sonate* (→ **compositeur**). 2. Assembler des caractères (d'imprimerie) pour former (un texte). SYN. **photocomposer.** ◆ *Composer un*

A B C D E F G H I J K L M N O P Q R S T U V W X Y Z

numéro de téléphone. **3.** Élaborer, adopter (une apparence, un comportement). *L'acteur compose son personnage.* **4.** Constituer en tant qu'élément. SYN. **former.** *Les experts qui composent le jury. Les pièces qui composent cet appareil.* → passif *La matière vivante est composée de cellules.* **II** v. intr. **1.** S'accorder (avec qqn ou qqch.) en faisant des concessions. SYN. **traiter, transiger.** *Composer avec l'ennemi.* **2.** Faire une composition (parfois, pour un examen). *Les élèves sont en train de composer.* **III** *SE COMPOSER* v. pron. Être formé de. SYN. **comporter, comprendre.** *La maison se compose de deux étages.* CONTR. **décomposer, défaire, dissocier.**
ÉTYM. latin *componere*, d'après *poser.*

COMPOSITE [kɔ̃pozit] adj. ✦ Formé d'éléments très différents. *Style composite. Assemblée composite.* SYN. **disparate, hétérogène.** CONTR. **homogène, pur, simple.**
ÉTYM. latin *compositus*, participe passé de *componere* «composer».

COMPOSITEUR, TRICE [kɔ̃pozitœʀ, tʀis] n. **I** Personne qui compose des œuvres musicales. **II** Personne dont le métier est la réalisation de textes au moyen de caractères d'imprimerie. SYN. **typographe.**
ÉTYM. latin *compositor.*

COMPOSITION [kɔ̃pozisjɔ̃] n. f. **I 1.** Action ou manière de former un tout en assemblant plusieurs éléments ; disposition des éléments. SYN. **agencement, arrangement, organisation, structure.** *La composition d'un mélange.* ♦ *La composition d'une assemblée.* ♦ *Mot formé par composition* (→ **composé**). ☛ Langue française p. 111. **2.** IMPRIM. Action de composer un texte (→ **photocomposition**). **3.** MATH. *Loi de composition*, application qui fait correspondre un élément à un couple d'éléments d'un ensemble. *Loi de composition interne*, entre deux éléments d'un même ensemble (ex. l'addition, la multiplication). **4.** loc. (personnes) *Être de bonne composition*, accommodant, facile à vivre. **II 1.** Action de composer (une œuvre d'art) ; façon dont une œuvre est composée. *La composition d'un opéra. Un poème de sa composition.* ♦ *Une composition* : l'œuvre composée. **2.** *Composition (française)*, exercice scolaire de français et de littérature. SYN. **dissertation, rédaction. 3.** VIEILLI Épreuve scolaire comptant pour un classement. SYN. **contrôle.** *Composition d'histoire.* → abrév. FAM. COMPO [kɔ̃po]. CONTR. **décomposition, dissociation.**
ÉTYM. latin *compositio.*

COMPOST [kɔ̃pɔst] n. m. ✦ Engrais végétal. *Faire son compost* (→ ② **composteur**).
ÉTYM. mot anglais, de l'ancien français *compost* «(engrais) composé».

① **COMPOSTER** [kɔ̃pɔste] v. tr. (conjug. 3a) ✦ Perforer, valider à l'aide d'un composteur. *Composter son billet à la gare.* → au p. passé *Billets compostés.*
ÉTYM. de *composteur.*

② **COMPOSTER** [kɔ̃pɔste] v. tr. (conjug. 3a) ✦ Transformer en compost. ☛ Géographie p. 233.
► **COMPOSTAGE** [kɔ̃pɔstaʒ] n. m.

① **COMPOSTEUR** [kɔ̃pɔstœʀ] n. m. ✦ Appareil mécanique portant des lettres ou des chiffres et servant à perforer et à marquer des titres de transport, des factures.
ÉTYM. italien *compositore* «compositeur».

② **COMPOSTEUR** [kɔ̃pɔstœʀ] n. m. ✦ Bac à composter les déchets organiques. *Composteur de jardin.*
ÉTYM. de ② *composter.*

COMPOTE [kɔ̃pɔt] n. f. **1.** Fruits coupés en quartiers ou écrasés, cuits avec de l'eau et du sucre. SYN. **marmelade.** *Une compote de pommes.* ♦ VX Ragoût, fricassée ; pâté. **2.** FAM. *Avoir les pieds en compote*, meurtris.
ÉTYM. latin *composita.*

COMPOTIER [kɔ̃pɔtje] n. m. ✦ Plat en forme de coupe. → Son contenu.
ÉTYM. de *compote.*

COMPRÉHENSIBLE [kɔ̃pʀeɑ̃sibl] adj. **1.** Qui peut être compris. SYN. **clair, intelligible.** *Expliquer qqch. d'une manière compréhensible.* **2.** Qui s'explique facilement. SYN. **concevable.** *Une réaction compréhensible. C'est bien compréhensible.* SYN. **naturel, normal.** CONTR. **incompréhensible.**
ÉTYM. latin *comprehensibilis*, de *comprehendere.*

COMPRÉHENSIF, IVE [kɔ̃pʀeɑ̃sif, iv] adj. **1.** (personnes) Qui comprend les autres avec sympathie. SYN. **bienveillant, indulgent, tolérant ; compréhension** (II). *Des parents compréhensifs.* **2.** LOG. Qui comprend (I) dans son sens un grand nombre de caractères (opposé à *extensif*). CONTR. **incompréhensif, intolérant.**
ÉTYM. latin *comprehensivus*, de *comprehendere.*

COMPRÉHENSION [kɔ̃pʀeɑ̃sjɔ̃] n. f. **I 1.** Faculté de comprendre, de percevoir par l'esprit, par le raisonnement. SYN. **intelligence.** *La compréhension du problème.* **2.** (choses) Possibilité d'être compris. SYN. **clarté. 3.** Caractère de ce qui est compréhensif (2). **II** Qualité par laquelle on comprend autrui. SYN. **indulgence, tolérance ; compréhensif.** *Manquer de compréhension.* CONTR. **incompréhension · obscurité · intolérance.**
ÉTYM. latin *comprehensio*, de *comprehendere.*

COMPRENDRE [kɔ̃pʀɑ̃dʀ] v. tr. (conjug. 45) **I 1.** (sujet chose) Contenir en soi. SYN. **comporter,** se **composer, renfermer.** *Le logement comprend trois pièces.* **2.** (sujet personne) Faire entrer dans un ensemble. SYN. **intégrer.** *Le propriétaire a compris les charges dans le prix du loyer* (→ **compris**). **II** (sujet personne) **1.** Avoir une idée de ; saisir le sens de (→ **compréhension**). *Comprendre une explication, un raisonnement, un texte, une leçon...* SYN. **saisir.** *Tout comprendre. Comprendre quelque chose à...*, comprendre un peu, en partie. *Je n'y comprends rien. Il comprend l'italien, mais il le parle mal.* → *Comprendre qqn*, ce qu'il dit, écrit. **2.** Se faire une idée claire des causes, des motifs de (qqch.). SYN. **saisir, sentir.** → *COMPRENDRE QUE* (+ subj.). *Je comprends, je ne comprends pas qu'il puisse s'ennuyer.* SYN. **concevoir. 3.** Se rendre compte de (qqch.). SYN. **s'apercevoir, voir.** *Il comprenait enfin la gravité de la situation. Ah ! Je comprends ! (→ j'y suis, je vois !). Ça va, j'ai compris.* *COMPRENDRE POURQUOI, COMMENT* (+ indic.). *COMPRENDRE QUE* (+ indic.). *Je comprends que tu es d'accord.* **4.** Avoir une attitude compréhensive envers (qqch., qqn). *Comprendre la plaisanterie*, l'admettre sans se vexer. *Comprendre les choses*, avoir l'esprit large. *Il faut le comprendre. Personne ne me comprend* (→ **incompris**). **5.** *SE COMPRENDRE* v. pron. (réfl.) *Je me comprends* : je sais ce que je veux dire. → (récipr.) *Ils ne se sont jamais compris.* CONTR. **excepter, exclure, omettre · ignorer,**

méconnaître.
ÉTYM. latin *comprehendere*, de *prehendere* «prendre».

COMPRENETTE [kɔ̃pʀənɛt] **n. f.** ✦ FAM. Faculté de comprendre. *Il a la comprenette difficile.*

COMPRESSE [kɔ̃pʀɛs] **n. f.** ✦ Morceau de linge fin plusieurs fois replié que l'on applique sur une partie malade. → **pansement.**
ÉTYM. de l'ancien français *compresser* «presser sur».

COMPRESSEUR [kɔ̃pʀesœʀ] **n. m.** et **adj. m.** 1. **n. m.** Appareil qui comprime les gaz. *Le compresseur d'un congélateur.* 2. **adj. m.** *ROULEAU COMPRESSEUR* : véhicule muni d'un gros cylindre, employé dans les travaux publics pour tasser, aplanir.
ÉTYM. du latin *compressus*, de *comprimere* «comprimer».

COMPRESSIBILITÉ [kɔ̃pʀesibilite] **n. f.** 1. Propriété (d'un corps, d'un gaz) à pouvoir diminuer (plus ou moins) de volume sous l'effet d'une pression. 2. fig. *La compressibilité des effectifs.*
ÉTYM. de *compressible.*

COMPRESSIBLE [kɔ̃pʀesibl] **adj.** 1. Qui peut être comprimé. *L'air est compressible.* 2. fig. Qui peut être diminué, restreint. *Des dépenses compressibles.* CONTR. **incompressible.**
ÉTYM. du latin *compressus*, de *comprimere*, suffixe *-ible.*

COMPRESSION [kɔ̃pʀesjɔ̃] **n. f.** 1. Action de comprimer ; son résultat. SYN. **pression.** *La compression de l'air.* 2. Réduction forcée. *La compression des dépenses. Compression de personnel.* CONTR. **décompression, détente, dilatation, expansion.**
ÉTYM. latin *compressio*, de *comprimere* «comprimer».

① **COMPRIMÉ, ÉE** [kɔ̃pʀime] **adj.** ✦ Diminué de volume par pression. *Air comprimé.*
ÉTYM. participe passé de *comprimer.*

② **COMPRIMÉ** [kɔ̃pʀime] **n. m.** ✦ Pastille pharmaceutique (faite de poudre comprimée). *Comprimés, cachets, pilules et gélules.*
ÉTYM. de ① *comprimé.*

COMPRIMER [kɔ̃pʀime] **v. tr.** (conjug. 3a) 1. Exercer une pression sur (qqch.) et en diminuer le volume. SYN. **presser, serrer** ; → **compression.** *Comprimer un objet entre deux choses.* SYN. **coincer, écraser.** 2. Empêcher de se manifester. *Comprimer sa colère, ses larmes.* SYN. **refouler, réprimer, retenir.** 3. *Comprimer les dépenses, les effectifs*, les réduire (→ **compression**).
ÉTYM. latin *comprimere*, de *premere* «serrer».

COMPRIS, ISE [kɔ̃pʀi, iz] **adj.** 1. Contenu dans qqch. SYN. **inclus.** *Le pourboire n'est pas compris. Cent euros, tout compris.* ➝ *Il s'est fâché avec sa famille, y compris sa sœur* (*sa sœur y comprise* ou *sa sœur comprise*). 2. Dont le sens, les raisons, les idées sont saisis. *Une leçon comprise.* ➝ *Compris ?* CONTR. **exclu ; excepté, hormis, sauf • incompris.**
ÉTYM. participe passé de *comprendre.*

COMPROMETTANT, ANTE [kɔ̃pʀɔmetɑ̃, ɑ̃t] **adj.** ✦ Qui compromet ou peut compromettre. *Un document compromettant.*
ÉTYM. du participe présent de *compromettre.*

COMPROMETTRE [kɔ̃pʀɔmɛtʀ] **v. tr.** (conjug. 46) 1. Mettre dans une situation critique (en exposant au jugement d'autrui). SYN. **exposer, impliquer.** *Son associé l'a compromis dans une affaire malhonnête.* ➝ au p. passé *Les associés les plus compromis.* ➝ pronom. *Il ne veut pas se compromettre.* SYN. FAM. **se mouiller.** 2. Mettre en péril. *Compromettre sa santé, sa réputation.* SYN. **risquer.** *Compromettre ses chances.* SYN. **diminuer.** CONTR. **affermir, assurer.**
ÉTYM. latin *compromittere.*

COMPROMIS [kɔ̃pʀɔmi] **n. m.** ✦ Arrangement dans lequel on se fait des concessions mutuelles. SYN. **accord, transaction.** *En arriver, consentir à un compromis.*
ÉTYM. latin *compromissum*, de *compromittere* «compromettre».

COMPROMISSION [kɔ̃pʀɔmisjɔ̃] **n. f.** 1. Action par laquelle une personne est compromise. 2. Acte par lequel on transige avec ses principes. SYN. **accommodement.** *Elle n'accepte aucune compromission.*
ÉTYM. de *compromettre.*

COMPTABILISER [kɔ̃tabilize] **v. tr.** (conjug. 3a) ✦ Inscrire dans la comptabilité.
► **COMPTABILISATION** [kɔ̃tabilizasjɔ̃] **n. f.**
ÉTYM. de *comptable* (I).

COMPTABILITÉ [kɔ̃tabilite] **n. f.** 1. Tenue des comptes ; ensemble des comptes tenus selon les règles. *La comptabilité d'une entreprise. Livres de comptabilité.* 2. Service chargé d'établir les comptes. *Transmettre une facture à la comptabilité.* ➝ abrév. FAM. COMPTA [kɔ̃ta].
ÉTYM. de *comptable* (I).

COMPTABLE [kɔ̃tabl] **adj.** et **n.**
I adj. 1. LITTÉR. Qui a des comptes à rendre ; responsable. *N'être comptable à personne de ses actions.* 2. Qui concerne la comptabilité. *Plan comptable.*
II n. Personne dont la profession est de tenir les comptes. *Expert-comptable* (voir ce mot). *Chef comptable. Une bonne comptable.*
ÉTYM. de *compter*, suffixe *-able.*

COMPTAGE [kɔ̃taʒ] **n. m.** ✦ Le fait de compter. *Faire un comptage rapide.*

COMPTANT [kɔ̃tɑ̃] **adj.** et **n. m.** 1. **adj. m.** Que l'on peut compter immédiatement ; disponible. *Argent comptant*, payé immédiatement et en espèces. ➝ loc. *Prendre qqch. pour argent comptant* : croire trop facilement ce qui est dit. 2. **n. m.** loc. *Au comptant* : en payant immédiatement (en argent comptant ou par chèque). *Acheter, vendre au comptant* (opposé à *à crédit*). 3. **adv.** *Payer, régler comptant*, immédiatement.
HOM. CONTENT «satisfait»

COMPTE [kɔ̃t] **n. m.** 1. Action d'évaluer une quantité (→ **compter**) ; cette quantité (SYN. ② **calcul, énumération**). *Faire un compte. Le compte exact des dépenses. Faire le compte des points.* SYN. ① **somme, total.** ➝ loc. *Compte à rebours*.* 2. Énumération, calcul des recettes et des dépenses. SYN. **comptabilité.** *Les comptes d'une entreprise.* ➝ au plur. *Faire ses comptes. Livre de comptes.* prov. *Les bons comptes font les bons amis.* ➝ *La Cour* des comptes.* ◆ État de l'avoir et des dettes d'une personne, dans un établissement financier, une banque. *Un compte en banque. Compte courant*, représentant les opérations entre une personne et la banque. *Un compte chèque. Approvisionner, débiter son compte. Compte débiteur*, créditeur*.* 3. Argent dû. *Pour solde de tout compte.* ➝ fig. *RÉGLER SON COMPTE à qqn*, lui faire un mauvais parti. *RÈGLEMENT DE COMPTES :*

explication violente ; attentat. ➡ *Son compte est bon :* il aura ce qu'il mérite. **4.** *À BON COMPTE :* à bon prix. *S'en tirer à bon compte,* sans trop de dommage. **5.** *Trouver son compte.* SYN. **avantage, bénéfice, intérêt, profit.** **6.** loc. *À CE COMPTE-LÀ :* d'après ce raisonnement. *Au bout du compte :* tout bien considéré. *EN FIN DE COMPTE :* après tout, pour conclure. ➡ *Être LOIN DU COMPTE :* se tromper de beaucoup. ➡ *TOUT COMPTE FAIT :* tout bien considéré. **7.** loc. *Au compte de (à son compte), pour le compte de qqn. Travailler à son compte :* travailler pour soi, être autonome. ➡ *Il n'y a rien à dire sur son compte,* à son sujet. *METTRE* (un acte, une erreur) *SUR LE COMPTE DE qqch.* → **imputer.** *Faute à mettre sur le compte de l'étourderie.* **8.** *TENIR COMPTE DE qqch. :* prendre en considération, accorder de l'importance à. **9.** Explication, rapport détaillé ; fait de donner des informations. *Demander, rendre des comptes.* ➡ *RENDRE COMPTE de.* → **rapporter, relater.** *Rendre compte de sa mission* (→ **compte rendu**). *SE RENDRE COMPTE.* → **s'apercevoir, comprendre, découvrir, remarquer, voir.** *Se rendre compte de qqch., que* (+ indic.). *Il ne se rend pas compte, pas bien compte.*
HOM. COMTE «titre de noblesse», CONTE «récit»
ÉTYM. latin *computus,* de *computare* «compter».

COMPTE-FIL [kɔ̃tfil] n. m. ✦ Loupe montée, de fort grossissement. *Des compte-fils.* ➡ On écrit aussi *un compte-fils* (invar.).
ÉTYM. de *compter* et *fil.*

COMPTE-GOUTTE [kɔ̃tgut] n. m. ✦ Petite pipette en verre servant à doser des médicaments. *Des compte-gouttes.* ➡ loc. *Au compte-goutte :* avec parcimonie. ➡ On écrit aussi *un compte-gouttes* (invar.).
ÉTYM. de *compter* et *goutte.*

COMPTER [kɔ̃te] v. (conjug. 3a) **I** v. tr. **1.** Déterminer (une quantité) par le calcul ; établir le nombre de. SYN. **chiffrer, dénombrer, évaluer.** *Compter les auditeurs, les téléspectateurs d'une émission. Compter une somme d'argent. Compter les points.* ➡ pronom. (passif) *Ses erreurs ne se comptent plus,* sont innombrables. **2.** Mesurer avec parcimonie. *Compter l'argent, ses sous* (en dépensant, en payant). ➡ au p. passé *Marcher à pas comptés.* **3.** Mesurer. *Compter les jours, les heures :* trouver le temps long. ➡ (passif) loc. *Ses jours sont comptés :* il lui reste peu de temps à vivre. **4.** Prévoir, évaluer (une quantité, une durée). *Il faut compter une heure de marche. Comptez deux cents euros pour la réparation.* **5.** Comprendre dans un compte, un total. SYN. **inclure.** *Ils étaient quatre, sans compter les enfants. N'oubliez pas de me compter.* **6.** Avoir l'intention de (+ inf.). *Il compte partir demain.* SYN. **espérer, penser ; prévoir** (de). ➡ (avec *que* + indic.) *Je compte bien qu'il viendra.* SYN. **s'attendre, croire.** **7.** *SANS COMPTER QUE :* sans considérer que. **II** v. intr. **1.** Calculer. *Compter sur ses doigts. Apprendre à lire, à écrire et à compter. Donner, dépenser SANS COMPTER.* **2.** *COMPTER AVEC qqn, qqch. :* tenir compte de. *Il faut compter avec l'opinion.* **3.** *COMPTER SUR :* s'appuyer sur. *Comptez sur moi.* ➡ *J'y compte bien,* je l'espère bien. **4.** Avoir de l'importance. SYN. ② **importer.** *Cela compte peu, ne compte pas.* ➡ FAM. *Compter pour du beurre,* ne pas compter. **5.** Être (parmi). *Compter parmi, au nombre de.* SYN. **figurer.** **6.** *À COMPTER DE :* à partir de. *À compter d'aujourd'hui.*
HOM. ① COMTÉ «domaine du comte», ② COMTÉ «fromage», CONTER «raconter»
ÉTYM. latin *computare ;* doublet de *conter.*

COMPTE RENDU [kɔ̃tʀɑ̃dy] n. m. ✦ Texte par lequel on rend compte, on expose. *Faire le compte rendu d'une réunion. Des comptes rendus.*
ÉTYM. de *compte* et participe passé de *rendre.*

COMPTE-TOUR [kɔ̃ttuʀ] n. m. ✦ Appareil comptant les tours faits par l'arbre d'un moteur, dans un temps donné. *Des compte-tours.* ➡ On écrit aussi *un compte-tours* (invar.).

COMPTEUR [kɔ̃tœʀ] n. m. ✦ Appareil servant à compter, à mesurer. *Compteur de vitesse. Faire du cent* (kilomètres) *à l'heure au compteur* (opposé à *chrono*). *Compteur Geiger,* qui compte les particules émises par un corps radioactif. ➡ *Compteur à gaz, à eau, d'électricité. Relever les compteurs ;* fig. contrôler (un travail, une rentrée d'argent). HOM. CONTEUR «diseur de contes»

COMPTINE [kɔ̃tin] n. f. ✦ Formule enfantine, chantée, parlée ou scandée (ex. am, stram, gram). ➡ Littérature p. 119.
ÉTYM. de *compter.*

COMPTOIR [kɔ̃twaʀ] n. m. **1.** Table, support long et étroit, sur lequel le commerçant reçoit l'argent, montre les marchandises. *Comptoir (d'un débit de boissons),* sur lequel sont servies les consommations. SYN. ② **bar, zinc.** *Un café pris au comptoir.* **2.** HIST. Installation commerciale d'une entreprise dans un pays éloigné. *Les comptoirs des Indes.* **3.** Entente entre producteurs pour la vente ; entreprise commerciale, financière.
ÉTYM. latin médiéval *computorium,* de *computare* «compter».

COMPULSER [kɔ̃pylse] v. tr. (conjug. 3a) ✦ Consulter, examiner, feuilleter. *Compulser ses notes.*
ÉTYM. latin *compulsare,* de *pulsare* «pousser».

COMPULSIF, IVE [kɔ̃pylsif, iv] adj. ✦ PSYCH. Qui constitue une compulsion.
ÉTYM. anglais *compulsive,* du latin *compulsare* «pousser».

COMPULSION [kɔ̃pylsjɔ̃] n. f. ✦ PSYCH. Acte que le sujet est forcé d'accomplir sous peine d'angoisse, de culpabilité.
ÉTYM. mot anglais → compulsif.

COMPUT [kɔ̃pyt] n. m. ✦ HIST. ou RELIG. Calcul du calendrier des fêtes mobiles.
ÉTYM. latin *computus,* de *computare* «compter».

COMTE [kɔ̃t] n. m. ✦ Titre de noblesse (après le marquis et avant le vicomte). HOM. COMPTE «calcul», CONTE «récit»
ÉTYM. latin *comes, comitis.*

① **COMTÉ** [kɔ̃te] n. m. **1.** Domaine dont le possesseur prenait le titre de comte. *Terre érigée en comté.* **2.** Circonscription administrative, dans les pays anglosaxons. HOM. COMPTER «dénombrer», CONTER «raconter»
ÉTYM. de *comte ;* sens 2, anglais *county.*

② **COMTÉ** [kɔ̃te] n. m. ✦ Fromage de Franche-Comté, à pâte pressée cuite et fruitée. HOM. voir ① *comté*
ÉTYM. de *(Franche-)Comté.* ➡ noms propres.

COMTESSE [kɔ̃tɛs] n. f. ✦ Femme possédant le titre équivalant à celui de comte. ➡ Femme d'un comte.

CON, CONNE [kɔ̃, kɔn] **n. et adj.** ✦ FAM. et VULG.
I n. m. Sexe de la femme.
II 1. n. Imbécile, idiot. *Quel bande de cons ! C'est une conne.* **2. adj.** *Elle est vraiment con* (ou *conne*). ➡ impers. *C'est con :* c'est bête. **3.** *À LA CON* **loc. adj. :** mal fait, inepte. SYN. FAM. à la **noix**.
ÉTYM. latin *cunnus.*

CON- Élément, du latin *cum* «avec». → **co-**. ➡ variantes COL-, COM-, COR-.

CONARD, ARDE ou **CONNARD, ARDE** [kɔnaʀ, aʀd] **adj. et n.** ✦ VULG. Con (II).

CONCASSAGE [kɔ̃kɑsaʒ] **n. m.** ✦ Action de concasser.

CONCASSER [kɔ̃kɑse] **v. tr.** (conjug. 3a) ✦ Réduire (une matière solide) en petits fragments. SYN. **broyer, écraser**. *Concasser du poivre.*
ÉTYM. latin *conquassare*, de *quassare* «casser».

CONCASSEUR [kɔ̃kɑsœʀ] **n. m.** ✦ Appareil servant à concasser.

CONCATÉNATION [kɔ̃katenasjɔ̃] **n. f.** ✦ DIDACT. Enchaînement (de termes).
ÉTYM. latin *concatenatio*, de *catena* «chaîne».

CONCAVE [kɔ̃kav] **adj.** ✦ Qui présente une surface courbe en creux. *Surface, miroir concave.* CONTR. **bombé, convexe.**
ÉTYM. latin *concavus*, de *cavus* «creux».

CONCAVITÉ [kɔ̃kavite] **n. f.** **1.** Forme concave. *La concavité d'une lentille.* **2.** Cavité, creux. *Les concavités du sol, de la roche.* CONTR. **convexité.**

CONCÉDER [kɔ̃sede] **v. tr.** (conjug. 8) **I** Accorder (qqch.) à qqn comme une faveur. SYN. **céder, donner, octroyer.** *Concéder un privilège.* **II 1.** Céder sur (un point en discussion). → **concession** (II). *Je vous concède ce point. Concédez que j'ai raison sur ce point.* **2.** SPORTS *Concéder un but à l'équipe adverse.* CONTR. **contester, refuser, rejeter.**
ÉTYM. latin *concedere*, de *cedere* «céder».

CONCENTRATION [kɔ̃sɑ̃tʀasjɔ̃] **n. f.** **I 1.** Réunion dans un même lieu. *La concentration des troupes ; une concentration de troupes.* SYN. **rassemblement.** *Concentration d'entreprises,* réunion sous une direction commune, pour maîtriser les étapes de fabrication d'un produit *(concentration verticale)* ou pour regrouper les entreprises de même production *(concentration horizontale).* ➡ *Camp* de concentration.* **2.** Ce qui réunit des éléments assemblés. *Les grandes concentrations urbaines.* → **agglomération. 3.** CHIM. Le fait de concentrer ou d'être concentré. *Point, degré de concentration* (rapport entre la quantité d'un corps et sa solution). **II** Application de l'effort intellectuel sur un seul objet. *Ce travail exige une grande concentration.* SYN. **attention.** CONTR. **déconcentration, dilution • distraction.**
ÉTYM. de *concentrer.*

CONCENTRATIONNAIRE [kɔ̃sɑ̃tʀasjɔnɛʀ] **adj.** ✦ Relatif aux camps de concentration.

CONCENTRÉ, ÉE [kɔ̃sɑ̃tʀe] **adj.** **I** Qui contient une faible proportion d'eau. *Du bouillon concentré. Lait concentré.* ➡ **n. m.** *Du concentré de tomate.* **II** Dont l'esprit est accaparé par qqch. ; attentif. *Un pianiste concentré.* CONTR. **dilué • distrait.**
ÉTYM. participe passé de *concentrer.*

CONCENTRER [kɔ̃sɑ̃tʀe] **v. tr.** (conjug. 3a) **I 1.** Réunir en un point (ce qui était dispersé). *Concentrer des troupes,* rassembler, réunir. *Concentrer le tir.* **2.** Diminuer la quantité d'eau de (un mélange, un liquide). *Concentrer un bouillon.* SYN. **réduire. II** Appliquer avec force sur un seul objet. *Concentrer son énergie, son attention.* ➡ *SE CONCENTRER* **v. pron. réfl.** *Se concentrer sur un problème. Taisez-vous, je me concentre.* CONTR. **disperser, éparpiller • déconcentrer, diluer • distraire.**
ÉTYM. de *centrer.*

CONCENTRIQUE [kɔ̃sɑ̃tʀik] **adj.** **1.** (courbes, cercles, sphères) De même centre. **2.** *Mouvement concentrique,* qui tend à se rapprocher du centre. SYN. **centripète.** CONTR. **excentrique • centrifuge.**
► **CONCENTRIQUEMENT** [kɔ̃sɑ̃tʀikmɑ̃] **adv.**
ÉTYM. de *centre.*

CONCEPT [kɔ̃sɛpt] **n. m.** **1.** Idée générale ; représentation abstraite d'un objet ou d'un ensemble d'objets ayant des caractères communs. SYN. **conception, notion.** *Le concept de chien, de liberté. Les concepts scientifiques, philosophiques. Le terme qui désigne un concept.* **2.** Idée efficace. *Un nouveau concept de vacances.*
ÉTYM. latin *conceptus*, de *concipere* «concevoir».

CONCEPTEUR, TRICE [kɔ̃sɛptœʀ, tʀis] **n.** ✦ Personne chargée de trouver des idées, des concepts nouveaux. *Concepteur-rédacteur, en publicité.*
ÉTYM. de *conception* (II).

CONCEPTION [kɔ̃sɛpsjɔ̃] **n. f.** **I** Formation d'un nouvel être dans l'utérus maternel à la suite de la réunion d'un spermatozoïde et d'un ovule ; moment où un enfant est conçu. SYN. **fécondation, génération.** *La date de la conception.* **II 1.** Action de concevoir (II, 1 et 2), acte de l'intelligence. **2.** Manière de concevoir (qqch.). *Ils n'ont pas la même conception de la justice.* **3.** Action de concevoir (II, 3), de créer. *Conception et réalisation artistiques.* ➡ *Conception assistée par ordinateur (C. A. O.).*
ÉTYM. latin *conceptio*, de *concipere* «se former, naître» et «concevoir».

CONCEPTUALISER [kɔ̃sɛptɥalize] **v.** (conjug. 3a) **1. v. intr.** Élaborer des concepts. **2. v. tr.** Organiser (des connaissances) selon des concepts.
► **CONCEPTUALISATION** [kɔ̃sɛptɥalizasjɔ̃] **n. f.**
ÉTYM. de *conceptuel.*

CONCEPTUEL, ELLE [kɔ̃sɛptɥɛl] **adj.** **1.** Du concept. ➡ Qui constitue un, des concepts. *La pensée conceptuelle.* **2.** *Art conceptuel,* privilégiant l'idée sur la réalisation.
ÉTYM. latin *conceptualis.*

CONCERNANT [kɔ̃sɛʀnɑ̃] **prép.** ✦ À propos, au sujet de. SYN. ① **touchant.** ➡ *Concernant cette affaire...*
ÉTYM. du participe présent de *concerner.*

CONCERNER [kɔ̃sɛʀne] **v. tr.** (conjug. 3a) **1.** (sujet chose) Avoir rapport à, s'appliquer à. SYN. **intéresser, regarder,** ① **toucher.** *Voici une lettre qui vous concerne. Cela ne vous concerne pas.* ➡ *EN CE QUI CONCERNE... :* pour ce qui est de... → **quant à.** *En ce qui me concerne,* pour ma part. **2.** passif et p. passé Être intéressé, touché (par qqch.). *Je ne me sens pas concerné (par le problème).*
ÉTYM. latin *concernere* «considérer l'ensemble».

CONCERT [kɔ̃sɛʀ] **n. m.** **I** Séance musicale. *Concert donné par un soliste.* → **audition, récital.** *Aller au concert. Salle de concerts.* ➝ fig. *Le concert des oiseaux. Un concert d'avertisseurs.* **II** **1.** VX Accord, bonne entente. *Le concert des nations.* **2.** *DE CONCERT* **loc. adv.** : en accord. SYN. **ensemble.** *Ils ont agi de concert.* **3.** *Un concert de louanges, d'approbations,* des louanges, etc., nombreuses et concordantes.

ÉTYM. italien *concerto* «accord».

CONCERTANT, ANTE [kɔ̃sɛʀtɑ̃, ɑ̃t] **adj.** ✦ MUS. Qui exécute une partie. ♦ *Symphonie concertante* : concerto à plusieurs solistes.

ÉTYM. du participe présent de *concerter* «tenir sa partie dans un *concert*».

CONCERTATION [kɔ̃sɛʀtasjɔ̃] **n. f.** ✦ POLIT. Fait de se concerter.

CONCERTER [kɔ̃sɛʀte] **v. tr.** (conjug. 3a) **1.** Projeter ensemble, en discutant. SYN. **arranger, organiser.** *Concerter un projet, une décision.* ➝ **au p. passé** *Une action concertée.* ➝ **pronom.** *Se concerter* : s'entendre pour agir de concert. **2.** Décider après réflexion. SYN. **calculer.** ➝ **au p. passé** *Une prudence concertée.*

ÉTYM. italien *concertare*, du latin «agir dans un but commun».

CONCERTISTE [kɔ̃sɛʀtist] **n.** ✦ Musicien, interprète qui donne des concerts.

CONCERTO [kɔ̃sɛʀto] **n. m.** ✦ Composition de forme sonate, pour orchestre et un instrument soliste. *Concerto pour piano et orchestre. Des concertos.*

ÉTYM. mot italien «concert».

CONCESSIF, IVE [kɔ̃sesif, iv] **adj.** ✦ GRAMM. Qui indique une opposition, une restriction. *Proposition concessive,* **n. f.** *une concessive* (introduite par *bien que, même si,* etc.).

ÉTYM. de *concession*.

CONCESSION [kɔ̃sesjɔ̃] **n. f.** **I** **1.** Action de concéder (un droit, un privilège, une terre). SYN. **cession.** **2.** Contrat accordant le droit d'assurer un service public. *Concession d'électricité.* **3.** Droit, privilège, terre concédé(e). *Concession pétrolière, forestière.* **II** fig. Fait d'abandonner à son adversaire un point de discussion, de concéder (II) ; ce qui est abandonné. *Faire une concession à un adversaire. Ils se sont fait des concessions mutuelles.* SYN. **compromis.** CONTR. **refus, rejet · contestation.**

ÉTYM. latin *concessio*.

CONCESSIONNAIRE [kɔ̃sesjɔnɛʀ] **n.** **1.** Personne qui a obtenu une concession. ➝ **adj.** *Société concessionnaire.* **2.** Intermédiaire qui a reçu un droit exclusif de vente dans une région. *Les concessionnaires d'une marque d'automobiles.*

ÉTYM. de *concession* (I).

CONCEVABLE [kɔ̃s(ə)vabl] **adj.** ✦ Que l'on peut imaginer, concevoir ; que l'on peut comprendre. SYN. **compréhensible, imaginable.** *Cela n'est pas concevable.* SYN. **pensable.** CONTR. **inconcevable.**

ÉTYM. de *concevoir*.

CONCEVOIR [kɔ̃s(ə)vwaʀ] **v. tr.** (conjug. 32) **I** Former (un enfant) dans son utérus par la conjonction d'un ovule et d'un spermatozoïde ; devenir, être enceinte. SYN. **engendrer** ; → **conception.** **II** **1.** Former (une idée, un concept). → **conception** (II). **2.** Avoir une idée claire de. SYN. **comprendre, saisir.** *Je ne conçois pas ce qu'il veut dire.* ➝ **pronom.** *Cela se conçoit facilement.* ➝ *CONCEVOIR QUE* (+ indic.), se rendre compte ; (+ subj.) comprendre. *Je conçois que tu sois fatigué.* **3.** Créer par l'imagination. SYN. **imaginer, inventer.** *Concevoir un projet, un dessein.* ➝ **au p. passé** *Un ouvrage bien conçu.* **4.** Éprouver (un état affectif). *Concevoir de l'amitié pour qqn.*

ÉTYM. latin *concipere*, de *capere* «contenir».

CONCHYLICULTURE [kɔ̃kilikyltyʀ] **n. f.** ✦ Élevage des coquillages comestibles (→ **mytiliculture, ostréiculture**).

ÉTYM. du grec *kogkulion* «coquillage» et de *culture*.

CONCIERGE [kɔ̃sjɛʀʒ] **n.** **1.** Personne qui a la garde d'un immeuble, d'une maison importante. SYN. **gardien, portier.** *La loge du concierge.* ♦ FAM. *C'est une vraie concierge,* une personne bavarde. **2.** Employé(e) d'un grand hôtel chargé(e) d'accueillir les clients et de satisfaire leurs demandes.

ÉTYM. latin populaire *conservius*, de *servus* «esclave, serf».

CONCIERGERIE [kɔ̃sjɛʀʒəʀi] **n. f.** ✦ Charge de concierge (d'un château, etc.). ➝ Bâtiment où est logé le concierge. ♦ Service de réception d'un grand hôtel.

CONCILE [kɔ̃sil] **n. m.** ✦ Assemblée des évêques de l'Église catholique. *Les décisions, les actes d'un concile.*

ÉTYM. latin *concilium* «réunion, assemblée».

CONCILIABLE [kɔ̃siljabl] **adj.** ✦ Que l'on peut concilier. SYN. **compatible.** CONTR. **inconciliable.**

CONCILIABULE [kɔ̃siljabyl] **n. m.** ✦ Conversation où l'on chuchote, comme pour se confier des secrets.

ÉTYM. latin *conciliabulum* «lieu de réunion *(concilium)*».

CONCILIAIRE [kɔ̃siljɛʀ] **adj.** ✦ D'un concile. *Décisions conciliaires.*

CONCILIANT, ANTE [kɔ̃siljɑ̃, ɑ̃t] **adj.** ✦ Qui est porté à maintenir la bonne entente avec les autres, par des concessions (II). SYN. **accommodant.** *Il est d'un caractère conciliant.* CONTR. **intraitable, intransigeant.**

ÉTYM. du participe présent de *concilier*.

CONCILIATEUR, TRICE [kɔ̃siljatœʀ, tʀis] **n.** ✦ Personne qui s'efforce de concilier les personnes entre elles, de faciliter le règlement à l'amiable des conflits. SYN. ① **arbitre, médiateur.**

ÉTYM. latin *conciliator*.

CONCILIATION [kɔ̃siljasjɔ̃] **n. f.** **1.** Action de concilier des opinions, des intérêts. SYN. **arbitrage, médiation.** **2.** Règlement amiable d'un conflit.

ÉTYM. latin *conciliatio*.

CONCILIER [kɔ̃silje] **v. tr.** (conjug. 9) **1.** Faire aller ensemble, rendre harmonieux (ce qui était très différent, contraire). *Concilier des intérêts divergents.* ➝ *Concilier la richesse du style avec (et) la simplicité.* SYN. **allier, réunir.** **2.** LITTÉR. Mettre d'accord (des personnes). SYN. **réconcilier.** **3.** *SE CONCILIER qqn*, le disposer favorablement envers soi. *Se concilier l'amitié, les bonnes grâces de qqn.* SYN. **s'attirer, gagner.**

ÉTYM. latin *conciliare* «faire une réunion *(concilium)*».

CONCIS, ISE [kɔ̃si, iz] **adj.** ✦ Qui s'exprime en peu de mots. SYN. ① **bref, dense, dépouillé, laconique, sobre, succinct.** *Pensée claire et concise. Écrivain concis.* CONTR. **diffus, prolixe, redondant, verbeux.**

ÉTYM. latin *consisus*, famille de *caedere* «couper».

CONCISION [kɔ̃sizjɔ̃] **n. f.** ✦ Qualité de ce qui est concis. SYN. **brièveté, sobriété.** *La concision du style, de la pensée.*
ÉTYM. latin *concisio* → concis.

CONCITOYEN, ENNE [kɔ̃sitwajɛ̃, ɛn] **n.** ✦ Citoyen du même État, d'une même ville (qu'un autre). SYN. **compatriote.**
ÉTYM. de *citoyen*.

CONCLAVE [kɔ̃klav] **n. m.** ✦ Assemblée des cardinaux pour élire un nouveau pape.
ÉTYM. mot latin «pièce fermée à clé *(clavis)*».

CONCLUANT, ANTE [kɔ̃klyɑ̃, ɑ̃t] **adj.** ✦ Qui apporte une preuve irréfutable. *Argument concluant.* SYN. **convaincant, décisif, probant.** *Des expériences concluantes.*
ÉTYM. du participe présent de *conclure*.

CONCLURE [kɔ̃klyʀ] **v. tr.** (conjug. 57) **I v. tr. dir.** 1. Amener à sa fin par un accord. SYN. **régler, résoudre.** *Conclure une affaire. Conclure un traité, la paix.* → ① **signer.** – au p. passé *Marché conclu.* 2. Terminer (un discours, un ouvrage) (→ **conclusion**). *Il a conclu son livre par une citation.* – absolt *Concluez !* 3. Tirer (une conséquence) de prémisses. SYN. **déduire.** *Conclure qqch. d'une expérience. J'en conclus que* (+ indic.). **II v. tr. ind.** *Conclure de qqch. à qqch.* : donner comme cause d'une conséquence. ◆ *CONCLURE À* : tirer (une conclusion, un enseignement). *Les enquêteurs concluent à l'assassinat.* CONTR. **commencer, entreprendre • exposer, présenter.**
ÉTYM. latin *concludere*, de *claudere* «clore, fermer».

CONCLUSION [kɔ̃klyzjɔ̃] **n. f.** 1. Arrangement final (d'une affaire). SYN. **règlement, solution.** 2. Fin. *Les évènements approchent de la (de leur) conclusion.* ◆ Ce qui termine (un récit, un discours, un ouvrage). SYN. **dénouement, épilogue.** 3. Jugement qui suit un raisonnement. *Tirer une conclusion, des conclusions de qqch.* SYN. **enseignement.** *Arriver à la conclusion que...* – *EN CONCLUSION* **loc. adv.** : pour conclure, en définitive. → **ainsi, donc.** CONTR. **commencement, début • exorde, introduction, préambule.**
ÉTYM. latin *conclusio*.

CONCOCTER [kɔ̃kɔkte] **v. tr.** (conjug. 3a) ✦ plais. Préparer, élaborer. *Concocter un plat compliqué.* – fig. *Concocter un discours.*
ÉTYM. de *concoction* «digestion» ; famille du latin *coctio* «cuisson».

CONCOMBRE [kɔ̃kɔ̃bʀ] **n. m.** ✦ Plante herbacée rampante (cucurbitacée) ; son fruit, consommé généralement cru. *Concombre en salade. Petit concombre au vinaigre.* → **cornichon.**
ÉTYM. ancien occitan *cogombre*, du latin *cucumis*.

CONCOMITANT, ANTE [kɔ̃kɔmitɑ̃, ɑ̃t] **adj.** ✦ Qui accompagne, coïncide avec (un autre fait). SYN. **coexistant, simultané.** *Symptômes concomitants d'une maladie.*
ÉTYM. latin *concomitans*, participe présent de *concomitari* «accompagner».

CONCORDANCE [kɔ̃kɔʀdɑ̃s] **n. f.** **I** 1. Le fait d'être semblable, de correspondre aux mêmes idées, de tendre au même résultat. SYN. **accord, conformité.** *La concordance de deux situations, de témoignages.* SYN. **ressemblance, similitude.** – *Mettre ses actes en concordance avec ses principes.* 2. GRAMM. *Concordance des temps* : règle subordonnant le choix du temps du verbe dans certaines propositions subordonnées (complétives) à celui du temps dans la proposition principale (ex. je regrette qu'il vienne ; je regrettais qu'il vînt). **II** Index alphabétique des mots contenus dans un texte, avec l'indication des passages où ils se trouvent (pour comparer). *Concordance de la Bible.* CONTR. **désaccord • contradiction, discordance.**
ÉTYM. latin médiéval *concordantia*.

CONCORDANT, ANTE [kɔ̃kɔʀdɑ̃, ɑ̃t] **adj.** ✦ Qui concorde avec autre chose. *Témoignages concordants.* CONTR. **discordant, divergent, opposé.**
ÉTYM. du participe présent de *concorder*.

CONCORDAT [kɔ̃kɔʀda] **n. m.** ✦ Accord écrit à caractère de compromis. SYN. ① **convention.** *Concordat entre le pape et un État souverain. Le Concordat de 1801,* entre Napoléon et Pie VII (☛ noms propres).
► **CONCORDATAIRE** [kɔ̃kɔʀdatɛʀ] **adj.**
ÉTYM. latin médiéval *concordatum*, du participe passé de *concordare* «concorder».

CONCORDE [kɔ̃kɔʀd] **n. f.** ✦ LITTÉR. Paix qui résulte de la bonne entente ; union des volontés. SYN. **accord, entente.** *Un esprit de concorde. La concorde règne.* CONTR. **désaccord, discorde, mésentente.**
ÉTYM. latin *concordia* «harmonie».

CONCORDER [kɔ̃kɔʀde] **v. intr.** (conjug. 3a) 1. Être semblable ; correspondre au même contenu. *Les témoignages concordent.* SYN. **coïncider, correspondre.** *Faire concorder des chiffres.* 2. Pouvoir s'accorder. *Ses projets concordent avec les nôtres.* CONTR. **diverger, s'opposer.**
ÉTYM. latin *concordare*, famille de *cors, cordis* «cœur».

CONCOURANT, ANTE [kɔ̃kuʀɑ̃, ɑ̃t] **adj.** ✦ MATH. *Droites concourantes,* qui passent toutes par un même point.
ÉTYM. du participe présent de *concourir*.

CONCOURIR [kɔ̃kuʀiʀ] **v.** (conjug. 17) **I v. tr. ind.** *CONCOURIR À*. Tendre à un but commun ; contribuer avec d'autres à un même résultat. *Ces efforts concourent au même but. Les facteurs qui concourent à la réussite.* SYN. **contribuer, participer.** **II v. intr.** 1. DIDACT. (directions) Converger. *Droites qui concourent vers un point.* 2. (personnes) COUR. Entrer en compétition ; participer à un concours* (→ **concurrent**). *Notre équipe concourt en finale.* CONTR. **s'opposer • diverger.**
ÉTYM. latin *concurrere*, de *currere* → courir.

CONCOURS [kɔ̃kuʀ] **n. m.** **I** Fait d'aider, de participer. *Prêter son concours à un projet.* **II** VX Rencontre, réunion. ◆ loc. MOD. *CONCOURS DE CIRCONSTANCES* : rencontre de circonstances, hasard (heureux ou non). → **coïncidence.** *Par un heureux concours de circonstances.* **III** Épreuve dans laquelle plusieurs candidats entrent en compétition pour un nombre limité de places, de récompenses. *Concours d'entrée aux grandes écoles.* ◆ Jeu public doté de prix. *Grand concours publicitaire.* ◆ SPORTS *Concours hippique. Participant hors concours.* → **hors-concours.**
ÉTYM. latin *concursus*, du participe passé de *concurrere* «concourir».

A B C D E F G H I J K L M N O P Q R S T U V W X Y Z

CONCRET, ÈTE [kɔ̃kʀɛ, ɛt] **adj.** et **n. m.**
I adj. 1. Qui peut être perçu par les sens ou imaginé ; qui correspond à un élément de la réalité. *« Homme », terme concret ; « humanité », terme abstrait. Rendre concret.* → **concrétiser.** – *Tirer d'une situation des avantages concrets.* SYN. ① **matériel.** 2. *Musique concrète,* constituée de divers bruits enregistrés et transformés. CONTR. **abstrait.**
II n. m. *LE CONCRET :* qualité de ce qui est concret. – Ensemble des choses concrètes. SYN. **réel.**
ÉTYM. latin *concretus* « épais », de *concrescere* « croître *(crescere)* ensemble ».

CONCRÈTEMENT [kɔ̃kʀɛtmɑ̃] **adv.** 1. Relativement à ce qui est concret. 2. En fait, en pratique. SYN. **pratiquement.** CONTR. **abstraitement · théoriquement.**

CONCRÉTION [kɔ̃kʀesjɔ̃] **n. f.** ✦ Réunion de parties en un corps solide ; ce corps. GÉOL. *Concrétion calcaire, pierreuse.*
ÉTYM. latin *concretio,* de *concrescere* « s'épaissir, se durcir ».

CONCRÉTISER [kɔ̃kʀetize] **v. tr.** (conjug. 3a) ✦ Rendre concret (ce qui était abstrait). SYN. **matérialiser.** *Concrétiser sa pensée par des exemples. Concrétiser un projet.* – pronom. Devenir concret, réel. *Ses espoirs se sont enfin concrétisés.* SYN. **se réaliser.**
► **CONCRÉTISATION** [kɔ̃kʀetizasjɔ̃] **n. f.**
ÉTYM. de *concret.*

CONÇU, UE → CONCEVOIR

CONCUBIN, INE [kɔ̃kybɛ̃, in] **n.** ✦ Personne qui vit en concubinage (avec qqn). *C'est son concubin. Ils sont concubins.*
ÉTYM. latin *concubina* « qui couche *(cubare)* avec ».

CONCUBINAGE [kɔ̃kybinaʒ] **n. m.** ✦ État d'un homme et d'une femme qui vivent comme mari et femme sans être mariés ensemble. SYN. **union** libre. *Vivre en concubinage.*

CONCUPISCENCE [kɔ̃kypisɑ̃s] **n. f.** 1. RELIG. Désir des biens et plaisirs terrestres. 2. VIEILLI ou plais. Désir sexuel. SYN. **sensualité.** CONTR. **détachement, indifférence.**
ÉTYM. latin chrétien *concupiscentia,* famille de *cupere* « désirer ».

CONCUPISCENT, ENTE [kɔ̃kypisɑ̃, ɑ̃t] **adj.** ✦ LITTÉR. ou plais. Empreint de concupiscence. *Regard concupiscent.* CONTR. **détaché, indifférent.**
ÉTYM. du latin *concupiscens.*

CONCURREMMENT [kɔ̃kyʀamɑ̃] **adv.** ✦ Conjointement, de concert.
ÉTYM. de *concurrent.*

CONCURRENCE [kɔ̃kyʀɑ̃s] **n. f.** **I** 1. LITTÉR. Rivalité entre plusieurs personnes, plusieurs forces poursuivant un même but. SYN. **compétition, rivalité.** *Entrer, se trouver en concurrence avec qqn.* – *Faire concurrence à qqn.* 2. Rapport entre producteurs, commerçants qui se disputent une clientèle. *Libre concurrence. Concurrence déloyale. Se faire concurrence. Des prix défiant toute concurrence,* très bas. ♦ L'ensemble des concurrents. *La concurrence n'a pas réagi.* **II** VX Rencontre. ♦ loc. *JUSQU'À CONCURRENCE DE :* jusqu'à ce qu'une somme parvienne à en égaler une autre.
ÉTYM. de *concurrent.*

CONCURRENCER [kɔ̃kyʀɑ̃se] **v. tr.** (conjug. 4) ✦ Faire concurrence à (qqn, qqch.).

CONCURRENT, ENTE [kɔ̃kyʀɑ̃, ɑ̃t] **adj.** et **n.**
I adj. VX Qui concourt au même résultat.
II n. 1. Personne en concurrence avec une autre, d'autres. SYN. **émule, rival.** *Les concurrents pour un poste.* SYN. **candidat.** – *Les concurrents d'une compétition sportive.* SYN. **participant.** 2. Fournisseur, commerçant qui fait concurrence à d'autres. *Son concurrent vend moins cher que lui.* – adj. *Entreprises concurrentes.*
ÉTYM. du latin *concurrens,* de *concurrere* → concourir.

CONCURRENTIEL, ELLE [kɔ̃kyʀɑ̃sjɛl] **adj.** ✦ Où la concurrence (2) s'exerce. – *Prix concurrentiels,* qui permettent de soutenir la concurrence. SYN. **compétitif.**

CONCUSSION [kɔ̃kysjɔ̃] **n. f.** ✦ Perception illicite d'argent par un fonctionnaire. SYN. **escroquerie,** ② **vol.**
ÉTYM. latin *concussio.*

CONCUSSIONNAIRE [kɔ̃kysjɔnɛʀ] **adj.** ✦ De la concussion. ♦ Qui commet des concussions.

CONDAMNABLE [kɔ̃danabl] **adj.** ✦ Qui mérite d'être condamné. SYN. **blâmable, critiquable.** *Acte, attitude, opinion condamnable.* CONTR. ① **louable, recommandable.**

CONDAMNATION [kɔ̃danasjɔ̃] **n. f.** 1. Décision de justice qui condamne une personne à une obligation ou à une peine. *Condamnation pour vol. Infliger une condamnation à qqn.* SYN. **peine, sanction.** *Condamnation à la prison.* 2. Action de blâmer (qqn ou qqch.). SYN. **attaque,** ② **critique.** *Ce livre est la condamnation du régime actuel.* CONTR. **acquittement · approbation, éloge.**
ÉTYM. bas latin *condamnatio.*

CONDAMNÉ, ÉE [kɔ̃dane] **adj.** 1. Que la justice a condamné. – **n.** *« Le Dernier Jour d'un condamné »* (récit de Victor Hugo). 2. Qui n'a aucune chance de guérison, va bientôt mourir. *Un malade condamné.* SYN. **incurable, perdu.**

CONDAMNER [kɔ̃dane] **v. tr.** (conjug. 3a) **I** 1. Frapper d'une peine, faire subir une punition à (qqn), par un jugement. *Condamner un coupable (à une peine). Il a été condamné pour escroquerie.* 2. Obliger (à une chose pénible). SYN. **contraindre, forcer.** *Sa maladie le condamne à l'inaction.* 3. Interdire ou empêcher formellement (qqch.). *La loi condamne la bigamie.* 4. Blâmer avec rigueur. SYN. **réprouver.** *Condamner la violence.* **II** Faire en sorte qu'on n'utilise pas (un lieu, un passage). *Condamner une porte.* – au p. passé *Chambre condamnée.* CONTR. **acquitter, disculper · approuver, encourager, recommander.**
ÉTYM. latin *condemnare,* d'après *damner.*

CONDENSATEUR [kɔ̃dɑ̃satœʀ] **n. m.** ✦ Appareil permettant d'accumuler de l'énergie électrique. SYN. **accumulateur.**
ÉTYM. de *condenser.*

CONDENSATION [kɔ̃dɑ̃sasjɔ̃] **n. f.** 1. Phénomène par lequel un corps passe de l'état gazeux à l'état liquide ou solide. *La condensation de la vapeur d'eau en buée, en rosée.* 2. Accumulation d'énergie électrique sur une surface (→ **condensateur**). CONTR. **dilatation, évaporation, sublimation.**
ÉTYM. latin *condensatio.*

CONDENSER [kɔ̃dɑ̃se] **v. tr.** (conjug. 3a) 1. Rendre (un fluide) plus dense ; réduire à un plus petit volume. SYN. **comprimer, réduire.** *Condenser un gaz par pression.*

→ pronom. Passer à l'état liquide. *Le brouillard se condense en gouttelettes.* 2. Réduire, ramasser (l'expression de la pensée). *Condenser un récit.* SYN. **abréger, résumer.** CONTR. **dilater, diluer, évaporer • développer.**

► **CONDENSÉ, ÉE** adj. 1. *Lait condensé.* SYN. **concentré.** 2. *Texte condensé.* → n. m. *Un condensé.* SYN. **abrégé, résumé.**

ÉTYM. latin *condensare* «rendre épais *(densus)*».

CONDENSEUR [kɔ̃dɑ̃sœʀ] n. m. ✦ TECHN. Appareil où se fait une condensation (1).

ÉTYM. anglais *condenser.*

CONDESCENDANCE [kɔ̃desɑ̃dɑ̃s] n. f. ✦ Supériorité bienveillante mêlée de mépris. SYN. **arrogance, hauteur.** *Un air de condescendance insupportable.*

ÉTYM. de *condescendre.*

CONDESCENDANT, ANTE [kɔ̃desɑ̃dɑ̃, ɑ̃t] adj. ✦ Hautain, supérieur. *Un ton condescendant.*

ÉTYM. du participe présent de *condescendre.*

CONDESCENDRE [kɔ̃desɑ̃dʀ] v. tr. ind. (conjug. 44) ✦ *CONDESCENDRE À* : daigner consentir (avec hauteur) à. *Il a condescendu à nous recevoir.*

ÉTYM. latin chrétien *condescendere* «se mettre au même niveau».

CONDIMENT [kɔ̃dimɑ̃] n. m. ✦ Substance de saveur forte destinée à relever le goût des aliments. → **assaisonnement, épice.** *Les câpres, les cornichons sont des condiments.*

ÉTYM. latin *condimentum.*

CONDISCIPLE [kɔ̃disipl] n. m. ✦ Compagnon d'études. *Ils furent condisciples au lycée.* SYN. **camarade, collègue.**

ÉTYM. latin *condiscipulus.*

CONDITION [kɔ̃disjɔ̃] n. f. **I** 1. Rang social, place dans la société. SYN. **classe.** *L'inégalité des conditions sociales.* 2. La situation où se trouve un être vivant (notamment l'être humain). *La condition humaine.* → **destinée, sort.** 3. État passager, relativement au but visé. *Être EN (bonne) CONDITION (pour),* dans un état favorable à. *La condition physique d'un athlète.* SYN. **forme.** 4. loc. *METTRE EN CONDITION* : préparer les esprits (par la propagande). → **conditionner.** **II** 1. État, situation, fait dont l'existence est indispensable pour qu'un autre état, un autre fait existe. *Remplir les conditions exigées. Condition sine qua non.* SC. *Condition nécessaire et suffisante.* 2. *Dicter, poser ses conditions.* SYN. **exigence.** → *Se rendre SANS CONDITION* : sans restriction. *Capitulation sans condition.* → **inconditionnel.** 3. loc. *À CONDITION de* (+ inf.) ; *que* (+ indic. futur ou subj.). *C'est faisable, à condition d'être patient ; que vous serez patient, que vous soyez patient.* → *SOUS CONDITION. Accepter sous condition.* 4. plur. Ensemble de faits dont dépend qqch. SYN. **circonstance.** *Les conditions de vie dans un milieu donné. Dans de bonnes, de mauvaises conditions. Dans ces conditions* : dans ce cas. → *Conditions atmosphériques.* 5. plur. Moyens d'acquérir ; tarif. *Conditions de prix. Obtenir des conditions avantageuses.*

ÉTYM. latin *conditio,* d'abord «formule d'entente», famille de *dicere* «dire».

CONDITIONNÉ, ÉE [kɔ̃disjɔne] adj. **I** 1. Soumis à des conditions. *Réflexe* conditionné.* 2. Qui a subi un conditionnement. *Produits conditionnés.* **II** *Air* conditionné.*

ÉTYM. de *conditionner* ; sens II, de l'anglais.

CONDITIONNEL, ELLE [kɔ̃disjɔnɛl] adj. et n. m. 1. adj. Qui dépend de certaines conditions. SYN. **hypothétique.** *Détenu mis en liberté conditionnelle* (→ *sous condition*). 2. n. m. Mode du verbe (comprenant un temps présent et deux passés) exprimant un état ou une action subordonnés à une condition (ex. j'irais *si vous le vouliez*). → La même forme du verbe, affectée au futur dans le passé, dans la concordance des temps (ex. j'affirmais qu'*il viendrait*). CONTR. **absolu, formel, inconditionnel.**

ÉTYM. bas latin *condicionalis.*

CONDITIONNELLEMENT [kɔ̃disjɔnɛlmɑ̃] adv. ✦ Sous une ou plusieurs conditions. *Libéré conditionnellement.* CONTR. **inconditionnellement.**

CONDITIONNEMENT [kɔ̃disjɔnmɑ̃] n. m. 1. ÉCON. Fait de conditionner (1). *Le conditionnement du blé.* ♦ COUR. Emballage et présentation (d'un produit) pour la vente. 2. Fait de conditionner (3), de provoquer des réflexes conditionnés. *Le conditionnement du public par la publicité.*

CONDITIONNER [kɔ̃disjɔne] v. tr. (conjug. 3a) 1. Préparer, traiter (des produits) selon certaines règles, avant de les présenter au public. → spécialt Emballer. *Conditionner de la moutarde en pot ou en tube.* → au p. passé *Café moulu conditionné sous vide.* 2. (sujet chose) Être la condition de. *Son retour conditionne mon départ* : de son retour dépend* mon départ. 3. Déterminer le comportement de (par le conditionnement*). → Influencer moralement ou intellectuellement.

ÉTYM. de *condition.*

CONDOLÉANCES [kɔ̃dɔleɑ̃s] n. f. pl. ✦ Expression de la part que l'on prend à la douleur de qqn. → **sympathie.** *Présenter ses condoléances à l'occasion d'un deuil.* → *Toutes mes condoléances.*

ÉTYM. de l'ancien français *condoloir,* latin *condolere,* de *dolere* «souffrir».

CONDOM [kɔ̃dɔm] n. m. ✦ VX ou DIDACT. Préservatif masculin.

ÉTYM. mot anglais, d'origine inconnue.

CONDOMINIUM [kɔ̃dɔminjɔm] n. m. ✦ anglicisme Souveraineté exercée par deux ou plusieurs États sur un même pays colonisé.

ÉTYM. mot anglais, du latin *dominium* «autorité».

CONDOR [kɔ̃dɔʀ] n. m. ✦ Grand vautour des Andes.

ÉTYM. mot espagnol, du quechua (Pérou) *kuntur.*

CONDOTTIERE [kɔ̃dɔ(t)tjɛʀ] n. m. ✦ au Moyen Âge Chef de soldats mercenaires, en Italie. *Des condottieres ;* (plur. ital.) *des condottieri.* → fig. Aventurier. → On peut aussi écrire *condottière,* avec un accent grave.

ÉTYM. mot italien, de *condotta* «conduite» ; même origine que *conduite.*

CONDUCTEUR, TRICE [kɔ̃dyktœʀ, tʀis] n. et adj. **I** n. 1. Personne qui dirige, mène. *Un conducteur d'hommes.* SYN. **meneur.** 2. Personne qui conduit (un véhicule). SYN. **chauffeur, pilote.** *Conducteur, conductrice de camion* (→ **camionneur,** ① **routier**), *de taxi, d'autobus* (→ **chauffeur**). *Le conducteur et les passagers d'une voiture.* 3. *CONDUCTEUR DE TRAVAUX* :

contremaître, technicien qui dirige des travaux. **II** adj. 1. Qui conduit. *Fil conducteur.* 2. Qui conduit l'électricité. *Corps conducteurs* (opposé à *isolant*). – n. m. *Les métaux sont de bons conducteurs.* → aussi **semi-conducteur**. *Conducteur de chaleur.*
ÉTYM. de *conduire*, d'après le latin *conductor*.

CONDUCTION [kɔ̃dyksjɔ̃] n. f. ✦ DIDACT. Transmission de la chaleur, de l'électricité dans un corps conducteur ; de l'influx nerveux.
ÉTYM. latin *conductio*, de *conducere* «conduire».

CONDUCTIVITÉ [kɔ̃dyktivite] n. f. ✦ ÉLECTR. Inverse de la résistivité.
ÉTYM. de *conduire*, d'après *résistivité*.

CONDUIRE [kɔ̃dɥiʀ] v. tr. (conjug. 64b) **I** 1. Mener (qqn) quelque part. SYN. **accompagner, emmener, guider.** *Conduire qqn chez le médecin, un enfant à l'école.* 2. Diriger (un animal, un véhicule). *Conduire une voiture* (→ **conducteur**). – absolt *Apprendre à conduire. Permis* de conduire.* 3. (choses) Faire passer, transmettre. *Certains corps conduisent l'électricité* (→ **conducteur**). 4. (sujet chose) Faire aller (qqn, un animal quelque part). *Ses traces nous ont conduits jusqu'ici.* – *Cette route conduit à la ville.* SYN. **mener. II** 1. Faire agir, mener en étant à la tête. SYN. **commander, diriger.** *Conduire une entreprise.* 2. fig. Entraîner (à un sentiment, un comportement). *Conduire qqn au désespoir.* SYN. **pousser, réduire. III** *SE CONDUIRE* v. pron. Agir, se comporter. *Les façons de se conduire.* → **conduite.** *Se conduire mal.* CONTR. **abandonner, laisser · isoler · obéir.**
ÉTYM. latin *conducere*, de *ducere* «mener ensemble ; diriger».

CONDUIT [kɔ̃dɥi] n. m. ✦ Canal étroit, tuyau par lequel s'écoule un fluide. SYN. **tube ; conduite.** *Conduit de fumée. Conduit souterrain.* – *Conduit auditif, lacrymal.*
ÉTYM. du participe passé de *conduire* (I, 3).

CONDUITE [kɔ̃dɥit] n. f. **I** 1. Action de conduire qqn ou qqch. ; son résultat. SYN. **accompagnement.** *Sous la conduite de qqn.* FAM. *Faire un bout, un brin de conduite à qqn,* l'accompagner. ◆ Action de conduire une automobile. *La conduite en ville, sur route. Conduite accompagnée,* pour apprendre à conduire à partir de 16 ans. 2. Action de diriger, de commander. SYN. **commandement, direction.** *La conduite d'une affaire.* 3. Façon d'agir, manière de se comporter. SYN. **attitude, comportement.** *Une conduite étrange, exemplaire. Bonne, mauvaise conduite* (→ **inconduite**). **II** Canalisation qui conduit un fluide. *Conduite d'eau, de gaz.*
ÉTYM. du participe passé de *conduire*.

CÔNE [kon] n. m. 1. Figure géométrique engendrée par une droite mobile passant par un point fixe (sommet) et dont la base est une courbe fermée. *Cône elliptique.* – spécialt COUR. Cône circulaire droit. 2. Objet, forme conique. *Le cône d'un volcan.*
ÉTYM. latin *conus*, du grec.

CONFECTION [kɔ̃fɛksjɔ̃] n. f. 1. Préparation (d'un plat...). 2. *La confection :* l'industrie des vêtements qui ne sont pas faits sur mesure. SYN. **prêt-à-porter.**
ÉTYM. latin *confectio*.

CONFECTIONNER [kɔ̃fɛksjɔne] v. tr. (conjug. 3a) 1. Faire, préparer. SYN. plais. **concocter.** *Confectionner un plat.* 2. Fabriquer (des vêtements).
ÉTYM. de *confection*.

CONFÉDÉRAL, ALE, AUX [kɔ̃fedeʀal, o] adj. ✦ De la confédération.
ÉTYM. de *confédération*, d'après *fédéral*.

CONFÉDÉRATION [kɔ̃fedeʀasjɔ̃] n. f. 1. Union d'États qui s'associent tout en gardant leur souveraineté. → aussi **fédération.** *La Confédération suisse.* 2. Groupement d'associations, de fédérations. *La Confédération générale du travail (C. G. T.).* → **syndicat.**
ÉTYM. latin *confederatio*.

CONFÉDÉRÉ, ÉE [kɔ̃fedeʀe] n. 1. Membre de la Confédération suisse. 2. *Les Confédérés,* les Sudistes, pendant la guerre de Sécession américaine.
ÉTYM. du participe passé de *confédérer*, latin *confoederare* → fédérer.

CONFER [kɔ̃fɛʀ] → CF.

CONFÉRENCE [kɔ̃feʀɑ̃s] n. f. 1. Assemblée de personnes discutant d'un sujet important, officiel, politique... SYN. **assemblée, congrès.** *Conférence internationale ; conférence au sommet. La conférence de Yalta* (☛ noms propres). – Réunion de travail (dans une entreprise). *Être en conférence. Conférence par téléphone.* → **téléconférence.** 2. Discours en public sur une question. *Faire, donner une conférence.* 3. *CONFÉRENCE DE PRESSE :* réunion où une personnalité s'adresse aux journalistes et répond à leurs questions.
ÉTYM. latin *conferentia* «rapprochement» → conférer.

CONFÉRENCIER, IÈRE [kɔ̃feʀɑ̃sje, jɛʀ] n. ✦ Personne qui parle en public, qui fait des conférences (2).

CONFÉRER [kɔ̃feʀe] v. (conjug. 8) **I** v. tr. 1. Accorder (qqch. à qqn) en vertu du pouvoir qu'on a de le faire. SYN. **attribuer.** *Conférer un grade, un titre à qqn.* 2. (sujet chose) Donner. *Les privilèges que confère l'âge.* **II** v. tr. ind. ou intr. LITTÉR. S'entretenir (de qqch. avec qqn). *Conférer de son affaire avec son avocat. Ils en ont conféré ensemble.* – *Conférer avec qqn.*
ÉTYM. latin *conferre* «rassembler», de *ferre* «porter».

CONFESSE [kɔ̃fɛs] n. f. ✦ *Aller à confesse,* se confesser.
ÉTYM. de *confesser*.

CONFESSER [kɔ̃fese] v. tr. (conjug. 3a) **I** 1. Déclarer (ses péchés) à un prêtre catholique, dans le sacrement de la pénitence. – pronom. *Se confesser à un prêtre.* 2. Déclarer spontanément, reconnaître pour vrai (qqch. qu'on a honte ou réticence à confier). SYN. **avouer, reconnaître.** *Confesser ses torts. Je confesse mon ignorance.* 3. LITTÉR. Proclamer (sa croyance). **II** Entendre (qqn) en confession. *Le prêtre qui confesse.* ◆ Faire parler. *On a eu du mal à le confesser.* CONTR. **cacher, contester, nier.**
ÉTYM. de l'ancien français *(être) confes*, latin *confessus*, de *confiteri* «avouer».

CONFESSEUR [kɔ̃fesœʀ] n. m. ✦ Prêtre à qui l'on se confesse. SYN. **directeur** de conscience.

CONFESSION [kɔ̃fesjɔ̃] n. f. **I** 1. Aveu de ses péchés à un prêtre. SYN. **confesse, pénitence.** *Entendre qqn en confession.* – FAM. *On lui donnerait le bon Dieu sans confession* (d'une personne d'apparence vertueuse et

trompeuse). **2.** Déclaration que l'on fait (d'un acte blâmable) ; action de se confier. SYN. **aveu.** *La confession d'un crime, d'une faute.* ➜ *Les «Confessions»* (récit de Jean-Jacques Rousseau). **II** Religion, croyance (→ **confessionnel**).
ÉTYM. latin *confessio.*

CONFESSIONNAL, AUX [kɔ̃fesjɔnal, o] **n. m.** ✦ Lieu fermé, isoloir où le prêtre entend le fidèle en confession.

CONFESSIONNEL, ELLE [kɔ̃fesjɔnɛl] **adj.** ✦ Relatif à une confession (II), à une religion. *Querelles confessionnelles.* SYN. **religieux.**

CONFETTI [kɔ̃feti] **n. m.** ✦ Petite rondelle de papier coloré qu'on lance par poignées pendant le carnaval, les fêtes. *Des confettis.*
ÉTYM. mot italien «bonbons» ; famille du latin *conficere* «faire entièrement».

CONFIANCE [kɔ̃fjɑ̃s] **n. f.** **1.** Espérance ferme, assurance d'une personne qui se fie à qqn ou à qqch. *Avoir une confiance absolue en (qqch., qqn). Avoir confiance dans une marque. Un témoin digne de confiance.* SYN. **foi.** *Donner, témoigner sa confiance. Obtenir, tromper la confiance de qqn.* ➜ *Abus* de confiance.* ➜ *Homme, personne* DE CONFIANCE, à qui l'on se fie. → **sûr.** *Poste de confiance,* qui exige une personne sûre. ➜ *De confiance* **loc. adv.** : sans doute ni méfiance. ➜ *Acheter qqch. en toute confiance.* SYN. **sécurité. 2.** Sentiment de sécurité d'une personne qui se fie à elle-même. SYN. **assurance, hardiesse.** *Manquer de confiance (en soi).* **3.** Sentiment collectif de sécurité. *Ce gouvernement fait renaître la confiance.* ➜ POLIT. *Vote de confiance,* d'approbation. CONTR. **défiance, méfiance • doute.**
ÉTYM. latin *confidentia,* d'après l'ancien français *fiance* «foi» ; doublet de *confidence.*

CONFIANT, ANTE [kɔ̃fjɑ̃, ɑ̃t] **adj.** **1.** Qui a confiance (en qqn ou en qqch.). *Être confiant dans le succès.* **2.** Qui a confiance en soi. *Il attend, confiant et tranquille.* **3.** Enclin à la confiance, à l'épanchement. *Elle est d'un caractère trop confiant.* → **crédule.** CONTR. **défiant, méfiant.**
ÉTYM. du participe présent de *confier.*

CONFIDENCE [kɔ̃fidɑ̃s] **n. f.** **1.** Communication d'un secret qui concerne soi-même. SYN. **confession.** *Faire une confidence à qqn.* → **se confier.** *Il ne m'a pas fait de confidences.* **2.** loc. *Dans la confidence* : dans le secret. ➜ *EN CONFIDENCE* **loc. adv.** : secrètement.
ÉTYM. latin *confidentia,* de *confidere* «confier» ; doublet de *confiance.*

CONFIDENT, ENTE [kɔ̃fidɑ̃, ɑ̃t] **n.** ✦ Personne qui reçoit les plus secrètes pensées de qqn. SYN. **confesseur.** *Être le confident des projets de qqn. Un confident discret.* ➜ (théâtre classique) Personnage secondaire auquel un personnage se confie. *Confidentes et suivantes.*
ÉTYM. italien *confidente* ; famille du latin *confidere* «confier».

CONFIDENTIALITÉ [kɔ̃fidɑ̃sjalite] **n. f.** ✦ Maintien du secret des informations (dans une administration, un système informatisé).
ÉTYM. de *confidentiel.*

CONFIDENTIEL, ELLE [kɔ̃fidɑ̃sjɛl] **adj.** **1.** Qui se dit, se fait sous le sceau du secret. *Avis, entretien confidentiel.* SYN. ① **secret. 2.** Qui s'adresse à un nombre restreint de personnes. *Une revue confidentielle.*
► **CONFIDENTIELLEMENT** [kɔ̃fidɑ̃sjɛlmɑ̃] **adv.**
ÉTYM. de *confidence.*

CONFIER [kɔ̃fje] **v. tr.** (conjug. 9) **1.** Remettre (qqn, qqch.) aux soins d'un tiers dont on est sûr. SYN. **abandonner, laisser.** *Confier l'un de ses enfants à un ami.* ➜ *Confier une mission à qqn.* **2.** Communiquer (qqch. de personnel) sous le sceau du secret. *Confier ses soupçons à un ami.* ➜ pronom. *Se confier* (→ **confidence**).
ÉTYM. latin *confidere,* famille de *fides* «foi», d'après ① *fier.*

CONFIGURATION [kɔ̃figyʀasjɔ̃] **n. f.** ✦ DIDACT. **1.** Forme extérieure (d'une chose). *La configuration du terrain.* **2.** Ensemble des éléments d'un système (spécialt, en informatique).
ÉTYM. latin *configuratio.*

CONFIGURER [kɔ̃figyʀe] **v. tr.** (conjug. 3a) **1.** Donner une forme à (qqch.). **2.** INFORM. Programmer (un élément d'un système) pour assurer son fonctionnement selon un certain mode. *Configurer une imprimante.*
ÉTYM. latin *configurare,* famille de *figura* «figure, forme».

CONFINÉ, ÉE [kɔ̃fine] **adj.** **1.** Enfermé. *Elle reste confinée dans sa chambre.* **2.** *Air confiné,* non renouvelé.
ÉTYM. du participe passé de *confiner.*

CONFINER [kɔ̃fine] **v. tr.** (conjug. 3a) **1. v. tr. ind.** Toucher aux limites. *Les prairies qui confinent à la rivière.* ➜ fig. *Sa gentillesse confine à la bêtise.* **2. v. tr. dir.** Forcer à rester dans un espace limité. SYN. **enfermer.** *Il voudrait confiner les femmes dans leur rôle de mère.* ♦ *SE CONFINER* **v. pron.** *Se confiner chez soi.* SYN. **s'isoler.** ➜ *Se confiner dans un rôle.* SYN. **se cantonner.**
► **CONFINEMENT** [kɔ̃finmɑ̃] **n. m.**
ÉTYM. de *confins.*

CONFINS [kɔ̃fɛ̃] **n. m. pl.** ✦ Parties (d'un territoire) situées à l'extrémité, à la frontière. SYN. **limite.** *Le Tchad, aux confins du Sahara.*
ÉTYM. latin *confines,* de *finis* «limite».

CONFIRE [kɔ̃fiʀ] **v. tr.** (conjug. 65b) ✦ Mettre (des aliments) dans un élément qui les conserve. *Confire des cornichons dans du vinaigre.* ➜ *Confire des fruits dans du sucre* (→ **confit**).
ÉTYM. latin *conficere.*

CONFIRMATION [kɔ̃fiʀmasjɔ̃] **n. f.** **I** Ce qui rend une chose plus certaine. SYN. **affirmation, certitude.** *La confirmation d'une nouvelle.* ➜ *J'en ai eu confirmation.* **II** Sacrement de l'Église catholique destiné à confirmer le chrétien dans la grâce du baptême. CONTR. **démenti, réfutation.**
ÉTYM. latin *confirmatio.*

CONFIRMER [kɔ̃fiʀme] **v. tr.** (conjug. 3a) **I 1.** *CONFIRMER qqn DANS* : rendre (qqn) plus ferme, plus assuré. SYN. **affermir, encourager, fortifier.** *Nous l'avons confirmé dans sa résolution.* **2.** Affirmer l'exactitude, l'existence de (qqch.). SYN. **assurer, certifier, corroborer.** *Confirmer l'exactitude d'un fait. Confirmer que* (+ ind. ou cond.). ➜ (sujet chose) *Les résultats confirment que...* SYN. **démontrer, prouver.** ➜ *L'exception confirme la règle.* ➜ pronom. *La nouvelle se confirme.* **II** Conférer le sacrement de la confirmation (II) à (un chrétien). CONTR. **démentir, infirmer, réfuter.**
ÉTYM. latin *confirmare,* famille de *firmus* «② ferme».

A B C D E F G H I J K L M N O P Q R S T U V W X Y Z

CONFISCATION [kɔ̃fiskasjɔ̃] **n. f.** ✦ Peine par laquelle un bien est confisqué à son propriétaire. CONTR. **restitution.**

ÉTYM. latin *confiscatio.*

CONFISERIE [kɔ̃fizʀi] **n. f.** **1.** Commerce, magasin, usine du confiseur. **2.** Produits à base de sucre, fabriqués et vendus par les confiseurs. *Des confiseries, de la confiserie.* SYN. **sucrerie ;** → **bonbon.**

ÉTYM. de *confiseur.*

CONFISEUR, EUSE [kɔ̃fizœʀ, øz] **n.** ✦ Personne qui fabrique et vend des sucreries. ➖ loc. *La trêve des confiseurs* (trêve politique entre Noël et le nouvel an).

ÉTYM. de *confissant,* ancien p. présent de *confire.*

CONFISQUER [kɔ̃fiske] **v. tr.** (conjug. 3a) **1.** Prendre (ce qui appartient à qqn) par une mesure de punition. SYN. **saisir.** *Confisquer des marchandises de contrebande.* → **confiscation.** *Le professeur lui a confisqué son ballon.* **2.** Prendre (qqch.) à son profit. SYN. **accaparer,** ② **voler.** CONTR. **rendre, restituer.**

ÉTYM. latin *confiscare,* de *fiscus* «fisc».

CONFIT, ITE [kɔ̃fi, it] **adj. et n. m.**

I adj. **1.** *FRUITS CONFITS,* trempés dans des solutions de sucre (et glacés, givrés). **2.** fig. *Être CONFIT EN DÉVOTION,* très dévot.

II n. m. Préparation de viande cuite et mise en conserve dans sa graisse. *Un confit de porc, d'oie.*

ÉTYM. du participe passé de *confire.*

CONFITEOR [kɔ̃fiteɔʀ] **n. m.** ✦ RELIG. Prière de contrition de la liturgie catholique.

ÉTYM. mot latin «je confesse, j'avoue».

CONFITURE [kɔ̃fityʀ] **n. f.** ✦ Fruits qu'on a fait cuire dans du sucre pour les conserver (au sens large, inclut les marmelades et les gelées, mais exclut les compotes). *Faire de la confiture, des confitures. De la confiture de fraises.*

ÉTYM. de *confit.*

CONFLAGRATION [kɔ̃flagʀasjɔ̃] **n. f.** ✦ Bouleversement de grande portée. *La menace d'une conflagration mondiale.* → **conflit, guerre.**

ÉTYM. latin *conflagratio,* de *flagare* «brûler».

CONFLICTUEL, ELLE [kɔ̃fliktyɛl] **adj.** ✦ Qui constitue une source de conflits. *Situation conflictuelle.*

ÉTYM. du radical latin de *conflit.*

CONFLIT [kɔ̃fli] **n. m.** **1.** Guerre ou contestation entre États. *Les conflits internationaux. Conflit armé.* SYN. **guerre.** **2.** Rencontre d'éléments, de sentiments contraires, qui s'opposent. SYN. **antagonisme, lutte, opposition.** *Un conflit d'intérêts, de passions. Entrer en conflit avec qqn. Les conflits sociaux.* CONTR. **accord, paix • harmonie.**

ÉTYM. latin *conflictus.*

CONFLUENCE [kɔ̃flyɑ̃s] **n. f.** **1.** Jonction de cours d'eau. **2.** fig. Convergence.

ÉTYM. latin *confluentia* → confluent.

CONFLUENT [kɔ̃flyɑ̃] **n. m.** ✦ Endroit où deux cours d'eau se joignent. SYN. **jonction, rencontre.** *Lyon est au confluent du Rhône et de la Saône.*

ÉTYM. latin *confluens,* famille de *fluere* «couler».

CONFONDANT, ANTE [kɔ̃fɔ̃dɑ̃, ɑ̃t] **adj.** ✦ Très étonnant. *Une ressemblance confondante.*

ÉTYM. du participe présent de *confondre.*

CONFONDRE [kɔ̃fɔ̃dʀ] **v. tr.** (conjug. 44) **I** **1.** LITTÉR. Remplir d'un grand étonnement. SYN. **déconcerter, étonner.** *Son insolence me confond.* ➖ **passif et p. passé** *Il restait confondu.* **2.** Réduire (qqn) au silence, en prouvant publiquement son erreur, ses torts. *Confondre un menteur.* SYN. **démasquer.** **II** **1.** LITTÉR. Réunir, mêler pour ne former qu'un tout. SYN. **mêler, unir.** *Fleuves qui confondent leurs eaux* (→ **confluent).** ➖ **(au p. passé) loc.** *Toutes choses confondues* : sans faire le détail. **2.** Prendre une personne, une chose pour une autre. *Confondre une chose et une autre, avec une autre. Confondre des dates.* ➖ **absolt** Faire une confusion (II, 3). SYN. se **tromper.** *Je dois confondre.* **III** *SE CONFONDRE* **v. pron.** **1.** LITTÉR. *Se confondre en excuses* : multiplier les excuses. **2.** Se mêler, s'unir ; être impossible à distinguer de. *Les souvenirs se confondaient dans son esprit.* CONTR. **séparer ; dissocier, distinguer.**

ÉTYM. latin *confundere* «mélanger».

CONFORMATION [kɔ̃fɔʀmasjɔ̃] **n. f.** ✦ Disposition des différentes parties (d'un corps organisé). SYN. **constitution, forme, organisation, structure.** *La conformation du squelette. Présenter un vice de conformation.* → **malformation.**

ÉTYM. latin *conformatio.*

CONFORME [kɔ̃fɔʀm] **adj.** ✦ **(construit avec *à*)** **1.** Dont la forme est semblable (à celle d'un modèle). SYN. **semblable.** ➖ **(sans compl.)** *Copie conforme* (à l'original). **2.** Qui s'accorde (avec qqch.), qui convient à sa destination. SYN. **assorti.** *Mener une vie conforme à ses goûts.* **3.** **absolt** Conforme à la norme, à la majorité. SYN. **conformiste.** CONTR. **contraire, différent.**

ÉTYM. latin *conformis.*

CONFORMÉMENT [kɔ̃fɔʀmemɑ̃] **adv.** ✦ D'après, selon. *Conformément à la loi.* CONTR. **contrairement.**

ÉTYM. de *conforme.*

CONFORMER [kɔ̃fɔʀme] **v. tr.** (conjug. 3a) **1.** LITTÉR. Rendre conforme, semblable (au modèle). SYN. **adapter.** *Conformer son attitude à celle d'autrui* (→ **conformisme).** **2.** *SE CONFORMER* **v. pron.** Devenir conforme (à) ; se comporter de manière à être en accord (avec). SYN. **s'accommoder.** *Se conformer à la mode.* SYN. se **plier,** se **soumettre, suivre.** *Conformez-vous strictement aux ordres.* CONTR. **opposer.** ► **CONFORMÉ, ÉE adj.** Qui a telle conformation. *(Être) bien, mal conformé.*

ÉTYM. latin *conformare.*

CONFORMISME [kɔ̃fɔʀmism] **n. m.** ✦ Fait de se conformer aux normes, aux usages (→ **traditionalisme)** ; attitude passive qui en résulte. CONTR. **anticonformisme, non-conformisme, originalité.**

ÉTYM. de *conformiste.*

CONFORMISTE [kɔ̃fɔʀmist] **adj.** ✦ Qui fait preuve de conformisme. ➖ **n.** *Un, une conformiste.* CONTR. **anticonformiste, non-conformiste.**

ÉTYM. anglais *conformist,* de *to conform.*

CONFORMITÉ [kɔ̃fɔʀmite] **n. f.** ✦ Caractère de ce qui est conforme. SYN. **accord, concordance.** *La conformité de la copie avec l'original, et de l'original.* ➖ *Être EN CONFORMITÉ de goûts. Agir en conformité avec ses principes,* conformément à. CONTR. **désaccord, opposition.**

ÉTYM. latin *conformitas.*

CONFORT [kɔ̃fɔʀ] **n. m.** **I** 1. Ce qui contribue au bien-être, à la commodité de la vie matérielle. *Le confort d'un appartement. Avoir tout le confort.* 2. fig. Situation psychologiquement confortable. *« Le Confort intellectuel »* (ouvrage de M. Aymé). **II** *Médicament de confort,* qui permet de mieux supporter un mal (sans le traiter).
ÉTYM. anglais *comfort,* de l'ancien français *confort* « aide », de *conforter ;* sens II, de *conforter.*

CONFORTABLE [kɔ̃fɔʀtabl] **adj.** 1. Qui procure, présente du confort. *Maison confortable.* 2. fig. Qui assure un bien-être psychologique. *Une vie confortable.* 3. (quantité) Assez important. *Des revenus confortables.* CONTR. **inconfortable · pénible.**
► **CONFORTABLEMENT** [kɔ̃fɔʀtabləmɑ̃] **adv.**
ÉTYM. anglais *comfortable,* du français *confortable* « qui aide, réconforte ».

CONFORTER [kɔ̃fɔʀte] **v. tr.** (conjug. 3a) 1. VX Réconforter. 2. Renforcer (qqn) dans un comportement, une idée. *Cette expérience l'a conforté dans ses certitudes.* CONTR. **affaiblir, ébranler.**
ÉTYM. latin chrétien *confortare* « consoler », de *fortis* « ① fort ».

CONFRATERNEL, ELLE [kɔ̃fʀatɛʀnɛl] **adj.** ✦ De confrère ou de consœur. *Salutations confraternelles.*
ÉTYM. de *fraternel.*

CONFRÈRE [kɔ̃fʀɛʀ] **n. m.** ✦ Celui qui appartient à une société, à une compagnie, considéré par rapport aux autres membres. SYN. **collègue ;** → **consœur.** *Mon cher confrère.*
ÉTYM. latin *confrater,* de *frater* « frère », ou de *confrérie.*

CONFRÉRIE [kɔ̃fʀeʀi] **n. f.** 1. RELIG. Association pieuse de laïcs. 2. Association.
ÉTYM. latin *confratria,* de *frater* « frère ».

CONFRONTATION [kɔ̃fʀɔ̃tasjɔ̃] **n. f.** ✦ Action de confronter (des personnes, des choses). *Confrontation de témoins. Une confrontation d'idées.* CONTR. **isolement, séparation.**
ÉTYM. latin *confrontatio.*

CONFRONTER [kɔ̃fʀɔ̃te] **v. tr.** (conjug. 3a) 1. Mettre en présence (des personnes) pour comparer leurs affirmations. *Confronter un témoin avec l'accusé. Confronter des témoins.* 2. ÊTRE CONFRONTÉ À, AVEC (qqch.) : se trouver en face de. 3. Comparer pour mettre en évidence des ressemblances ou des différences. *Confronter deux textes.* CONTR. **isoler, séparer.**
ÉTYM. latin médiéval *confrontare,* de *frons* « front ».

CONFUS, USE [kɔ̃fy, yz] **adj.** **I** (personnes) Qui est embarrassé par pudeur, par honte. SYN. **honteux, troublé ;** → **confusion** (I). *Je suis confus d'arriver si tard.* SYN. **désolé.** *Je suis confus, excusez-moi.* **II** (choses) 1. Dont les éléments sont mêlés, impossibles à distinguer. SYN. **désordonné, indistinct.** *Un amas confus. Un bruit confus de voix.* → **brouhaha.** 2. Qui manque de clarté. SYN. **embrouillé, obscur.** *Idées confuses. Style, langage confus. Une situation confuse.* CONTR. **clair, distinct, ① net, ① précis.**
ÉTYM. latin *confusus,* participe passé de *confundere* « mélanger ».

CONFUSÉMENT [kɔ̃fyzemɑ̃] **adv.** ✦ Indistinctement. *Comprendre confusément qqch.* SYN. **vaguement.** CONTR. **clairement, précisément.**
ÉTYM. de *confus.*

CONFUSION [kɔ̃fyzjɔ̃] **n. f.** **I** Trouble d'une personne confuse (I). SYN. **embarras, gêne.** *Remplir qqn de confusion.* **II** 1. État de ce qui est confus ; situation embrouillée. SYN. **désordre, ② trouble.** *Une confusion indescriptible.* 2. (abstrait) Manque de clarté, d'ordre. *La confusion des idées. Jeter la confusion dans les esprits.* SYN. ② **trouble.** ➝ *Confusion mentale.* → **démence.** 3. Action de confondre (II, 2) entre elles (des personnes, des choses). SYN. **erreur, méprise.** *Confusion de noms, de dates. Une confusion grossière. Prêter à confusion.* CONTR. **assurance · ordre · clarté, précision.**
ÉTYM. latin *confusio.*

CONFUSIONNEL, ELLE [kɔ̃fyzjɔnɛl] **adj.** ✦ De la confusion mentale. *État confusionnel.*

CONGÉ [kɔ̃ʒe] **n. m.** 1. Permission de s'absenter, de quitter un service, un emploi, un travail. *Congé de maladie, de maternité.* → **repos.** *Congé d'été, d'hiver.* SYN. **vacance(s).** ➝ loc. *Congés payés,* auxquels les salariés ont droit annuellement. *Les premiers congés payés, en 1936.* ☞ Front populaire p. 194. 2. *Donner son congé à qqn,* le renvoyer. 3. *PRENDRE CONGÉ de qqn,* le saluer avant de le quitter.
ÉTYM. latin *commeatus,* de *meare* « circuler ».

CONGÉDIER [kɔ̃ʒedje] **v. tr.** (conjug. 9) 1. Inviter à se retirer, à s'en aller. SYN. **éconduire.** *Il le congédia d'un signe, après l'entrevue.* 2. Renvoyer. *Congédier un employé.* SYN. **licencier.** CONTR. **convoquer, inviter · embaucher, engager.**
► **CONGÉDIEMENT** [kɔ̃ʒedimɑ̃] **n. m.**
ÉTYM. de *congé,* probablement d'après l'italien *congedo* « congé ».

CONGÉLATEUR [kɔ̃ʒelatœʀ] **n. m.** ✦ Appareil pour la congélation des aliments.
ÉTYM. de *congeler.*

CONGÉLATION [kɔ̃ʒelasjɔ̃] **n. f.** 1. Passage de l'état liquide à l'état solide par refroidissement. *Point de congélation de l'eau,* 0 °C. 2. Action de soumettre un produit au froid (–18 °C) pour le conserver. *Congélation de la viande.*
ÉTYM. latin *congelatio.*

CONGELER [kɔ̃ʒ(ə)le] **v. tr.** (conjug. 7a) 1. Faire passer à l'état solide par l'action du froid. SYN. **geler.** ➝ pronom. *L'eau se congèle à 0 °C en augmentant de volume.* 2. Soumettre au froid (–18 °C) pour conserver. *Congeler de la viande, des fruits.* ➝ au p. passé *Viande congelée.* → aussi **surgelé.**
ÉTYM. latin *congelare.*

CONGÉNÈRE [kɔ̃ʒenɛʀ] **n.** ✦ Animal qui appartient au même genre, à la même espèce. *Ce chien est très sociable avec ses congénères.* ➝ FAM. (personnes) *Observer ses congénères.* SYN. **pareil, semblable.**
ÉTYM. latin *congener,* de *genus* « genre ».

CONGÉNITAL, ALE, AUX [kɔ̃ʒenital, o] **adj.** 1. (opposé à *acquis*) (caractère) Qui est présent à la naissance (sans être génétique). *Surdité héréditaire congénitale.* 2. fig. FAM. Inné. *Un optimisme congénital.*
ÉTYM. du latin *congenitus* « né *(genitus)* avec ».

CONGÈRE [kɔ̃ʒɛʀ] **n. f.** ✦ Amas de neige entassée par le vent.
ÉTYM. latin *congeries,* de *congerere* « amasser ».

A B C D E F G H I J K L M N O P Q R S T U V W X Y Z

CONGESTIF, IVE [kɔ̃ʒɛstif, iv] **adj.** ✦ Qui a rapport à la congestion.

CONGESTION [kɔ̃ʒɛstjɔ̃] **n. f.** ✦ Afflux de sang dans une partie du corps. *Congestion cérébrale, pulmonaire.* CONTR. **décongestion.**
ÉTYM. latin *congestio,* de *congerere* «amasser».

CONGESTIONNER [kɔ̃ʒɛstjɔne] **v. tr.** (conjug. 3a) ✦ Produire une congestion dans. ➡ (surtout passif et p. passé) *Avoir le visage congestionné,* rouge. CONTR. **décongestionner.**

CONGLOMÉRAT [kɔ̃glɔmeʀa] **n. m. 1.** Roche formée par des fragments agglomérés. **2.** Groupe d'entreprises unies par des liens financiers mais exerçant des activités très différentes.
ÉTYM. du latin *conglomerare* «entasser» ; sens 2, de l'américain.

CONGLOMÉRER [kɔ̃glɔmeʀe] **v. tr.** (conjug. 8) ✦ Réunir en masse compacte. *Conglomérer des particules.* SYN. **agglomérer, agréger.** CONTR. **désagréger, disséminer, éparpiller.**
ÉTYM. latin *conglomerare,* famille de *glomus* «boule».

CONGOLAIS, AISE [kɔ̃gɔlɛ, ɛz] **adj.** et **n. 1.** Du Congo (☞ noms propres). **2. n. m.** Gâteau à la noix de coco.

CONGRATULATION [kɔ̃gʀatylasjɔ̃] **n. f.** ✦ (souvent plur.) Compliment, félicitation.
ÉTYM. latin *congratulatio,* de *gratus* «agréable».

CONGRATULER [kɔ̃gʀatyle] **v. tr.** (conjug. 3a) ✦ (souvent iron.) Faire un compliment, des félicitations. SYN. **féliciter.** ♦ *SE CONGRATULER* **v. pron.** Échanger des compliments. *Les chefs d'État se sont longuement congratulés.*
ÉTYM. latin *congratulari,* de *gratus* «agréable».

CONGRE [kɔ̃gʀ] **n. m.** ✦ Poisson de mer au corps cylindrique, sans écailles (anguille de mer).
ÉTYM. latin *congrus,* du grec.

CONGRÉGATION [kɔ̃gʀegasjɔ̃] **n. f.** ✦ Compagnie de prêtres, de religieux, de religieuses. SYN. **communauté, ordre.**
ÉTYM. latin *congregatio,* famille de *grex, gregis* «troupeau».

CONGRÈS [kɔ̃gʀɛ] **n. m. 1.** Réunion diplomatique. *Le congrès de Vienne.* **2.** (avec majuscule) Corps législatif des États-Unis. **3.** Réunion de personnes qui se rassemblent pour échanger leurs idées ou se communiquer leurs études. *Congrès et colloques.*
ÉTYM. latin *congressus,* de *gradi* «marcher» ; sens 2, de l'anglais *congress.*

CONGRESSISTE [kɔ̃gʀesist] **n.** ✦ Personne qui prend part à un congrès.

CONGRU, UE [kɔ̃gʀy] **adj. 1.** LITTÉR. Qui convient, approprié. ➡ loc. *PORTION CONGRUE :* ressources à peine suffisantes pour subsister. *Réduire qqn à la portion congrue.* **2.** MATH. *Nombres congrus par rapport à un troisième,* dont la différence est divisible par ce dernier (module). CONTR. **inadéquat, incongru.**
► **CONGRUENCE** [kɔ̃gʀyɑ̃s] **n. f.**
ÉTYM. latin *congruus* «conforme».

CONIFÈRE [kɔnifɛʀ] **n. m.** ✦ Arbre dont les organes reproducteurs sont en forme de cônes (pomme de pin) et qui porte des aiguilles persistantes (ex. cèdre, if, pin, sapin...). *Les conifères produisent de la résine.*
ÉTYM. latin *conifer* → cône et -fère.

CONIQUE [kɔnik] **adj.** et **n. f. 1. adj.** Qui a la forme d'un cône. *Engrenage, pignon conique.* **2. n. f.** Courbe qui résulte de la section d'un cône par un plan (ne contenant pas le sommet de ce cône).
ÉTYM. grec *kônikos.*

CONJECTURAL, ALE, AUX [kɔ̃ʒɛktyʀal, o] **adj.** ✦ Fondé sur des suppositions. CONTR. **certain.**
ÉTYM. de *conjecture.*

CONJECTURE [kɔ̃ʒɛktyʀ] **n. f.** ✦ Opinion fondée sur des probabilités. SYN. **hypothèse, supposition.** *En être réduit aux conjectures. Se perdre en conjectures :* envisager de nombreuses hypothèses, être perplexe.
ÉTYM. latin *conjectura.*

CONJECTURER [kɔ̃ʒɛktyʀe] **v. tr.** (conjug. 3a) ✦ LITTÉR. Croire, juger, se représenter par conjecture. SYN. **présumer, supposer.** *Conjecturer le résultat d'un scrutin.*
ÉTYM. bas latin *conjecturare.*

CONJOINDRE [kɔ̃ʒwɛ̃dʀ] **v. tr.** (conjug. 49) ✦ VX OU LITTÉR. Joindre, conjuguer.
ÉTYM. latin *conjungere,* de *jungere* «joindre».

CONJOINT, OINTE [kɔ̃ʒwɛ̃, wɛ̃t] **adj.** et **n.**
I adj. Joint avec ; uni. *Problèmes conjoints. Note conjointe.* CONTR. **disjoint, divisé, séparé.**
II n. Personne unie (à une autre) par les liens du mariage, par un Pacs. SYN. **époux.** *Le conjoint de..., son conjoint.*
ÉTYM. du participe passé de *conjoindre.*

CONJOINTEMENT [kɔ̃ʒwɛ̃tmɑ̃] **adv.** ✦ Ensemble. CONTR. **à part, séparément.**
ÉTYM. de *conjoint.*

CONJONCTIF, IVE [kɔ̃ʒɔ̃ktif, iv] **adj. 1.** *Tissu conjonctif,* qui occupe les intervalles entre les organes. **2.** GRAMM. *Locutions conjonctives,* jouant le rôle de conjonctions (ex. bien que, après que, de telle sorte que). ➡ *Proposition conjonctive :* subordonnée introduite par une conjonction.
ÉTYM. latin *conjunctivus,* de *conjungere* «joindre ; unir».

CONJONCTION [kɔ̃ʒɔ̃ksjɔ̃] **n. f.** **I** Action de joindre. SYN. **rencontre, réunion.** *La conjonction de la science et de l'imagination. La conjonction et l'opposition des planètes en astrologie.* **II** GRAMM. Mot invariable qui sert à joindre deux mots ou groupes de mots. *Conjonctions de coordination,* qui marquent l'union (ex. et), l'opposition (mais, pourtant), l'alternative ou la négation (ni, ou), la conséquence (donc), la conclusion (ainsi, enfin). *Conjonctions de subordination,* qui établissent une dépendance entre les éléments qu'elles unissent, qui relient une subordonnée à la principale (comme, quand, que). CONTR. **disjonction, séparation.**
ÉTYM. latin *conjunctio.*

CONJONCTIVE [kɔ̃ʒɔ̃ktiv] **n. f.** ✦ Membrane muqueuse qui joint le globe de l'œil aux paupières.
ÉTYM. de *conjonctif.*

CONJONCTIVITE [kɔ̃ʒɔ̃ktivit] **n. f.** ✦ Inflammation de la conjonctive.
ÉTYM. de *conjonctive* et *-ite.*

CONJONCTURE [kɔ̃ʒɔ̃ktyʀ] **n. f.** ✦ Situation qui résulte d'une rencontre de circonstances. *Une conjoncture favorable, difficile. Dans la conjoncture actuelle... Étude de conjoncture,* étude d'une situation occasionnelle (opposé à *structure*).

► **CONJONCTUREL, ELLE** [kɔ̃ʒɔ̃ktyʀɛl] **adj.** *Chômage conjoncturel* (opposé à *structurel*).

ÉTYM. de l'ancien français *conjointure*, de *conjoint*, d'après le latin *conjunctus*.

CONJUGAISON [kɔ̃ʒygɛzɔ̃] **n. f.** **I** Ensemble des formes verbales suivant les voix, les modes, les temps, les personnes, les nombres. *Cet ouvrage comprend en annexe des tableaux de conjugaison.* **II** **1.** LITTÉR. Combinaison, union. *La conjugaison de leurs efforts.* **2.** BIOL. Mode de reproduction sexuée de certaines algues et de protozoaires. *La conjugaison des paramécies.* CONTR. **dispersion, éparpillement.**

ÉTYM. latin *conjugatio.*

CONJUGAL, ALE, AUX [kɔ̃ʒygal, o] **adj.** ✦ Relatif à l'union entre le mari et la femme. SYN. **matrimonial.** *Amour conjugal.*

ÉTYM. latin *conjugalis*, de *conjugare* «joindre ensemble».

CONJUGUER [kɔ̃ʒyge] **v. tr.** (conjug. 3b) **I** LITTÉR. Joindre ensemble. SYN. **combiner, unir.** *Ils ont conjugué leurs efforts.* – au p. passé *La force conjuguée à, avec l'intelligence.* **II** Réciter ou écrire la conjugaison de (un verbe).

ÉTYM. latin *conjugare.*

CONJURATION [kɔ̃ʒyʀasjɔ̃] **n. f.** **1.** Action préparée secrètement par un groupe de personnes (contre qqn ou qqch.). SYN. **complot, conspiration.** *La conjuration d'Amboise.* **2.** Rite, formule magique pour chasser les démons, orienter des influences maléfiques.

ÉTYM. latin *conjuratio.*

CONJURÉ, ÉE [kɔ̃ʒyʀe] **n.** ✦ Membre d'une conjuration.

ÉTYM. du participe passé de *conjurer.*

CONJURER [kɔ̃ʒyʀe] **v. tr.** (conjug. 3a) **I** VX Préparer par un complot (la perte de qqn). SYN. **comploter, conspirer ; conjuré.** **II** **1.** Détourner, dissiper (une menace), écarter (un danger). *Conjurer le mauvais sort.* **2.** Chasser (les démons, les esprits). **III** LITTÉR. Adjurer, implorer. *Je vous conjure de me croire ; je vous en conjure.* CONTR. **attirer, invoquer.**

ÉTYM. latin *conjurare* «jurer ensemble ; se liguer».

CONNAISSANCE [kɔnɛsɑ̃s] **n. f.** **I** **1.** Le fait ou la manière de connaître. → **conscience ; compréhension.** *La connaissance de qqch. Connaissance intuitive ; expérimentale. Théorie de la connaissance.* → **épistémologie.** **2.** loc. *Avoir connaissance de*, connaître, savoir. – *À ma connaissance*, autant que je sache. – *Prendre connaissance* (d'un texte, etc.). – *En (toute) connaissance de cause*, avec raison et justesse. **3.** (dans des loc.) Le fait de sentir, de percevoir. SYN. **conscience, sentiment.** *Avoir toute sa connaissance.* SYN. **lucidité.** – loc. *Perdre connaissance.* → **s'évanouir.** *Être sans connaissance.* **4.** *Les connaissances* (sens objectif), ce que l'on sait, pour l'avoir appris. SYN. **culture, éducation,** ② **savoir.** *Approfondir, enrichir ses connaissances.* **II** **1.** *FAIRE CONNAISSANCE*, connaître (qqn) pour la première fois. *Faire connaissance avec qqn, faire sa connaissance.* – *DE CONNAISSANCE* : connu. *Une personne, un visage de connaissance.* **2.** *UNE CONNAISSANCE* : une personne que l'on connaît. SYN. **relation.** *Ses amis et connaissances.* CONTR. **doute, ignorance • inconscience • inconnu.**

ÉTYM. de *connaissant*, p. présent de *connaître.*

CONNAISSEMENT [kɔnɛsmɑ̃] **n. m.** ✦ DR., COMM. Reçu de marchandises expédiées par mer.

ÉTYM. de *connaître.*

CONNAISSEUR [kɔnɛsœʀ] **n. m.** ✦ Personne experte, compétente (dans un domaine). *Être connaisseur en vins. Parler en connaisseur.* – **adj.** *Il, elle est très connaisseur.*

ÉTYM. de *connaître.*

CONNAÎTRE [kɔnɛtʀ] **v. tr.** (conjug. 52) ✦ Avoir présent à l'esprit ; être capable de former l'idée, l'image de. **I** *CONNAÎTRE qqch.* **1.** Se faire une idée claire de. *Connaître un fait.* SYN. ① **savoir.** *Faire connaître une chose, une idée à qqn*, apprendre. – pronom. *«Connais-toi toi-même»* (trad. de Socrate). **2.** Avoir l'expérience de. *Connaître un pays, une ville. Connaître son métier.* **3.** Avoir présent à l'esprit ; pouvoir utiliser. *Connaître une œuvre à fond. Ne pas connaître grand-chose à la peinture moderne.* – *SE CONNAÎTRE à qqch. ; S'Y CONNAÎTRE en qqch.* : être compétent. **4.** Éprouver, ressentir. *À cette époque, il a connu la faim, les privations.* **5.** (sujet chose) Avoir. *Ce modèle connaît un grand succès.* SYN. **rencontrer.** *Sa gentillesse ne connaît pas de bornes.* **II** *CONNAÎTRE qqn.* **1.** Être conscient de l'existence de (qqn). *Connaître qqn de nom.* – Être capable de reconnaître. *Connaître qqn de vue.* **2.** Avoir des relations sociales avec. *Chercher à connaître un homme en vue.* – pronom. *Ils se sont connus en Italie.* **3.** Se faire une idée de la personnalité de (qqn). SYN. **apprécier, comprendre,** ① **juger.** *Vous apprendrez à le connaître.* – *Ne plus se connaître*, perdre son sang-froid. CONTR. **ignorer, méconnaître • dédaigner, négliger.**

ÉTYM. latin *cognoscere.*

CONNARD → CONARD

CONNECTÉ, ÉE [kɔnɛkte] **adj.** ✦ *Objets connectés*, permettant d'obtenir des services, des informations, en communiquant avec d'autres objets connectés à Internet. *Montre, maison connectée.*

CONNECTER [kɔnɛkte] **v. tr.** (conjug. 3a) ✦ Unir par une connexion ; mettre en liaison (plusieurs appareils électriques), relier à un réseau. – pronom. *Se connecter à Internet.* CONTR. **débrancher, déconnecter, séparer.**

ÉTYM. latin *connectere.*

CONNECTEUR [kɔnɛktœʀ] **n. m.** **1.** Dispositif qui connecte. **2.** GRAMM. Mot (ou locution) de liaison qui joue le rôle d'organisateur textuel. *Connecteurs temporels* (ex. puis, soudain...), *spatiaux* (ici, en haut...), *logiques* ou *argumentatifs* (mais, en revanche...).

CONNERIE [kɔnʀi] **n. f.** ✦ FAM. **1.** Imbécillité, absurdité. **2.** Action, parole inepte. *Dire des conneries.* → FAM. **déconner.**

ÉTYM. de *con.*

CONNÉTABLE [kɔnetabl] **n. m.** ✦ HIST. sous l'Ancien Régime Grand officier de la Couronne, chef suprême de l'armée.

ÉTYM. latin *comes stabuli* «dignitaire (*comes*) des écuries (*stabula*), grand écuyer».

CONNEXE [kɔnɛks] **adj.** ✦ Qui a des rapports étroits avec autre chose. SYN. **analogue, uni, voisin.** *Sciences connexes* (entre elles). CONTR. **indépendant, séparé.**

► **CONNEXITÉ** [kɔnɛksite] **n. f.**

ÉTYM. latin *connexus*, de *connectere* «attacher ensemble».

CONNEXION [kɔnɛksjɔ̃] n. f. 1. Fait d'être connexe. SYN. **affinité, analogie.** *La connexion des faits entre eux.* 2. Liaison d'un appareil à un circuit électrique, à un réseau (→ **connecter**).
ÉTYM. latin *connexio.*

CONNIVENCE [kɔnivɑ̃s] n. f. ✦ Entente secrète. ➛ Accord tacite. SYN. **entente, intelligence.** *Échanger un sourire DE CONNIVENCE. Agir, être de connivence avec qqn (→ être de mèche).*
ÉTYM. latin *coniventia,* de *conivere* «fermer les yeux».

CONNOTATION [kɔnɔtasjɔ̃] n. f. ✦ Sens particulier ou effet de sens (d'un mot, d'un énoncé) qui vient s'ajouter au sens ordinaire selon la situation ou le contexte (opposé à *dénotation*).
ÉTYM. latin *connoter.*

CONNOTER [kɔnɔte] v. tr. (conjug. 3a) ✦ DIDACT. (mot) Évoquer (qqch.) en plus de son sens (→ **connotation**).
ÉTYM. anglais *to connote,* du latin *notare* «noter».

CONNU, UE [kɔny] adj. 1. Que tout le monde sait, connaît. *Une théorie très connue. C'est bien connu.* SYN. **évident, notoire.** ➛ loc. *Ni vu ni connu,*personne n'en saura rien. 2. (personnes) Qui a une grande réputation. SYN. **célèbre, renommé.** *Un auteur connu.* CONTR. **inconnu, obscur.**
ÉTYM. du participe passé de *connaître.*

CONQUE [kɔ̃k] n. f. ✦ Mollusque bivalve de grande taille ; sa coquille. *Conque marine.*
ÉTYM. latin *concha,* du grec.

CONQUÉRANT, ANTE [kɔ̃keʀɑ̃, ɑ̃t] n. 1. Personne qui fait des conquêtes par les armes. → **guerrier, vainqueur.** *Guillaume le Conquérant.* ➛ adj. *Les nations conquérantes.* 2. Personne qui séduit les cœurs, les esprits. 3. adj. FAM. *Un air conquérant,* prétentieux, un peu fat.
ÉTYM. du participe présent de *conquérir.*

CONQUÉRIR [kɔ̃keʀiʀ] v. tr. (conjug. 27) 1. Acquérir par les armes, soumettre par la force. *Conquérir un pays.* SYN. **soumettre, vaincre.** ➛ Obtenir en luttant. *Conquérir le pouvoir, un marché.* 2. Acquérir une forte influence sur (qqn). SYN. **envoûter, séduire, subjuguer.** *Conquérir les cœurs, qqn.* ➛ passif *Elle a été conquise par sa gentillesse.* CONTR. **abandonner, perdre.**
ÉTYM. latin populaire *conquaerere,* de *quaerere* «chercher».

CONQUÊTE [kɔ̃kɛt] n. f. I 1. Action de conquérir. SYN. **domination, soumission.** *Faire la conquête d'un pays.* ➛ *La conquête de l'espace.* 2. au plur. Ce qui est conquis. *Les conquêtes sociales. Les conquêtes de la science.* II 1. Action de séduire (qqn) ; pouvoir sur ceux que l'on a conquis. *Il a fait sa conquête,* il lui a plu. 2. FAM. Personne séduite, conquise. *Sa dernière conquête.* CONTR. **abandon, défaite, perte.**
ÉTYM. latin populaire *conquaesita.*

CONQUISTADOR [kɔ̃kistadɔʀ] n. m. ✦ HIST. Conquérant espagnol ou portugais de l'Amérique, au XVIe siècle. *Des conquistadors ou des conquistadores.*
ÉTYM. mot espagnol ; même origine que *conquérir.*

CONSACRÉ, ÉE [kɔ̃sakʀe] adj. ✦ Qui est de règle, normal dans une circonstance. *Selon l'expression consacrée.*

CONSACRER [kɔ̃sakʀe] v. tr. (conjug. 3a) 1. Rendre sacré en dédiant à Dieu (→ **consécration**). *Consacrer une église.* 2. CONSACRER *qqch.* À : destiner (qqch.) à un usage. SYN. **vouer.** *Consacrer sa jeunesse à l'étude. Combien de temps pouvez-vous me consacrer ?* SYN. **accorder.** ➛ pronom. *Il se consacre à la musique.* CONTR. **profaner · abandonner.**
ÉTYM. latin *consecrare.*

CONSANGUIN, INE [kɔ̃sɑ̃gɛ̃, in] adj. 1. Qui est parent du côté du père (opposé à *utérin*). *Des cousins consanguins.* 2. Qui a un ascendant commun. ➛ *Union consanguine.*
ÉTYM. latin *consanguineus,* de *sanguis* «sang».

CONSANGUINITÉ [kɔ̃sɑ̃g(ɥ)inite] n. f. ✦ DIDACT. Lien entre parents consanguins.

CONSCIEMMENT [kɔ̃sjamɑ̃] adv. ✦ D'une façon consciente. CONTR. **inconsciemment.**

CONSCIENCE [kɔ̃sjɑ̃s] n. f. ✦ Faculté humaine de connaître sa propre réalité et de la juger. I 1. Connaissance immédiate de sa propre activité psychique. 2. Connaissance immédiate, spontanée. *Avoir, prendre conscience de qqch. Avoir conscience de sa force. Cet enfant n'a aucune conscience du danger.* II 1. Faculté ou fait de porter des jugements de valeur sur ses propres actes. *Une conscience droite, pure. Cas* de conscience. Agir selon sa conscience. Avoir la conscience tranquille. Avoir (une faute, un poids)* SUR LA CONSCIENCE, quelque chose à se reprocher. ➛ EN CONSCIENCE : en toute franchise, honnêtement. *En mon âme et conscience* (formule de serment). ➛ RELIG. *Directeur* de conscience.* 2. BONNE CONSCIENCE : état d'une personne qui estime (souvent à tort) n'avoir rien à se reprocher. ➛ *Avoir* MAUVAISE CONSCIENCE (→ **culpabilité**). 3. CONSCIENCE PROFESSIONNELLE : honnêteté, soin dans son travail. CONTR. **inconscience.**
ÉTYM. latin *conscientia* → conscient.

CONSCIENCIEUSEMENT [kɔ̃sjɑ̃sjøzmɑ̃] adv. ✦ Avec application.
ÉTYM. de *consciencieux.*

CONSCIENCIEUX, EUSE [kɔ̃sjɑ̃sjø, øz] adj. 1. Qui obéit à la conscience morale. ♦ spécialt Qui accomplit ses devoirs avec conscience. SYN. **honnête, sérieux.** *Employé consciencieux.* 2. Qui est fait avec conscience. *Un travail consciencieux.* CONTR. **malhonnête · bâclé.**
ÉTYM. de *conscience.*

CONSCIENT, ENTE [kɔ̃sjɑ̃, ɑ̃t] adj. 1. (personnes) Qui a conscience (I) de ce qu'il fait ou éprouve. *L'homme est un être conscient. Elle est consciente de la situation.* ♦ Qui a sa conscience, sa connaissance. SYN. **lucide.** *Après l'accident, il était encore conscient.* 2. (choses) Dont on a conscience (I). *États semi-conscients. Mouvements conscients et volontaires.* ➛ n. m. *Le conscient et l'inconscient.* CONTR. **inconscient · comateux, évanoui.**
ÉTYM. latin *consciens,* participe présent de *conscire* «connaître», de *scire* «savoir».

CONSCRIPTION [kɔ̃skʀipsjɔ̃] n. f. ✦ Inscription des jeunes gens pour le service national. SYN. **recrutement.**
ÉTYM. latin *conscriptio* «rédaction», d'après *conscrit.*

CONSCRIT [kɔ̃skʀi] n. m. ✦ Jeune homme inscrit pour accomplir son service militaire. ➛ Soldat nouvellement recruté. SYN. **recrue** ; FAM. **bleu.** *« Histoire d'un conscrit de*

1813» (roman d'Erckmann-Chatrian).
ÉTYM. latin *conscriptus* «enrôlé», famille de *scribere* «écrire».

CONSÉCRATION [kɔ̃sekʀasjɔ̃] **n. f.** **I** Action de consacrer à la divinité. *La consécration d'un temple.* ➝ Action par laquelle le prêtre consacre le pain et le vin, à la messe. *L'élévation suit la consécration.* **II** Action de sanctionner, de rendre durable (→ **consacré**). *Recevoir la consécration du temps* (par le temps). *Le prix Goncourt apporte la consécration littéraire.* → **reconnaissance.** CONTR. **profanation.**
ÉTYM. latin *consecratio.*

CONSÉCUTIF, IVE [kɔ̃sekytif, iv] **adj.** **1.** au plur. Qui se suit dans le temps. *Pendant six jours consécutifs.* ➝ (dans l'espace) *Angles consécutifs.* **2.** *CONSÉCUTIF À* : qui suit, résulte de. *La fatigue consécutive à un effort violent.* **3.** GRAMM. *Proposition consécutive,* qui exprime une conséquence. **n. f.** *Une consécutive.*
ÉTYM. latin *consecutivus,* famille de *sequi* «suivre».

CONSÉCUTION [kɔ̃sekysjɔ̃] **n. f.** ✦ DIDACT. Suite, enchaînement ; caractère de ce qui est consécutif.
ÉTYM. latin *consecutio.*

CONSÉCUTIVEMENT [kɔ̃sekytivmɑ̃] **adv.** **1.** Sans interruption. SYN. **successivement.** **2.** *Consécutivement à* : par suite de. CONTR. **simultanément.**
ÉTYM. de *consécutif.*

CONSEIL [kɔ̃sɛj] **n. m.** **I** **1.** Opinion donnée à qqn sur ce qu'il doit faire. SYN. **avis, recommandation.** *Donner un bon conseil à qqn.* → ② **conseiller.** *Un conseil judicieux. Mauvais conseil. Demander conseil à qqn. Suivre un conseil. Être de bon conseil.* **2.** Incitation qui résulte de qqch. *Les conseils de la colère.* ➝ prov. *La nuit porte conseil.* **3.** (élément de mots composés). *Avocat-conseil, ingénieur-conseil* (qui donnent des avis). *Des avocats-conseils.* ◆ *Conseil juridique.* **II** Réunion de personnes qui délibèrent, donnent leur avis sur des affaires publiques ou privées. SYN. **assemblée.** *Les membres, le président d'un conseil.* ◆ (institutions françaises) *Le Conseil d'État* (☞ noms propres). ➝ *Le Conseil des ministres,* réunion des ministres sous la présidence du chef de l'État. → **gouvernement.** *Président du Conseil* : chef du gouvernement sous la IIIe République. ➝ *Le Conseil constitutionnel* (☞ noms propres). ➝ *Conseil départemental,* assemblée élue chargée de l'administration du département. *Conseils municipaux* (maire et adjoint, conseillers). ◆ (institutions internationales) *Le Conseil de sécurité* (de l'O. N. U.). ➝ *Le Conseil de l'Europe.* ◆ *CONSEIL D'ADMINISTRATION* : dans une société anonyme, réunion d'actionnaires pour gérer les affaires. ➝ *LE CONSEIL DE L'ORDRE des médecins.* ➝ *Conseil de discipline.* ➝ *Conseil de classe,* réunion trimestrielle des professeurs, des conseillers d'éducation et d'orientation, des délégués des élèves et parents d'élèves des lycées et collèges, présidée par le proviseur ou le principal.
ÉTYM. latin *consilium* «délibération, conseil, plan».

① **CONSEILLER, ÈRE** [kɔ̃seje, ɛʀ] **n.** **I** Personne qui donne des conseils. *Conseillère d'orientation ; conseiller principal d'éducation (C. P. E.)* (dans un collège). ➝ prov. *La colère est mauvaise conseillère.* **II** Membre d'un conseil. *Le maire et les conseillers municipaux. Elle est conseillère à la Cour des comptes.*
ÉTYM. latin *consiliarius,* de *consilium* «conseil».

② **CONSEILLER** [kɔ̃seje] **v. tr.** (conjug. 3a) **1.** Indiquer à qqn (ce qu'il doit faire ou ne pas faire). *Conseiller qqch. à qqn.* SYN. **recommander, suggérer.** *Je vous conseille la plus grande prudence.* ◆ **v. tr. ind.** *Je vous conseille de lire ce livre.* **2.** Guider (qqn) en lui indiquant ce qu'il doit faire. *Conseiller un ami dans l'embarras.* ➝ au passif *Vous avez été mal conseillé.* CONTR. **déconseiller, dissuader** • **désorienter.**
ÉTYM. latin populaire *consiliare,* de *consilium* «conseil».

CONSEILLEUR, EUSE [kɔ̃sɛjœʀ, øz] **n.** ✦ Personne qui donne des conseils. ➝ prov. *Les conseilleurs ne sont pas les payeurs.*
ÉTYM. de ② *conseiller.*

CONSENSUS [kɔ̃sɛ̃sys] **n. m.** ✦ Accord entre personnes. *Le consensus social. Des consensus.*
► **CONSENSUEL, ELLE** [kɔ̃sɑ̃sɥɛl] **adj.**
ÉTYM. mot latin «accord».

CONSENTANT, ANTE [kɔ̃sɑ̃tɑ̃, ɑ̃t] **adj.** ✦ Qui consent, accepte. CONTR. **opposant, récalcitrant.**

CONSENTEMENT [kɔ̃sɑ̃tmɑ̃] **n. m.** ✦ Acquiescement donné à un projet ; décision de ne pas s'y opposer. SYN. **accord, assentiment, permission.** *Accorder, refuser son consentement. Divorce par consentement mutuel.* CONTR. **désaccord, interdiction, opposition, refus.**
ÉTYM. de *consentir.*

CONSENTIR [kɔ̃sɑ̃tiʀ] **v. tr.** (conjug. 23) **I** **v. tr. ind.** *CONSENTIR À,* accepter qu'une chose se fasse. SYN. **acquiescer.** *Les parents ont consenti au mariage. J'y consens avec plaisir. Je consens à ce qu'il y aille.* ➝ prov. *Qui ne dit mot consent,* celui qui se tait ne s'oppose pas. **II** **v. tr. dir.** **1.** *Consentir que* (+ subj.). SYN. **admettre, permettre.** **2.** Accorder (un avantage) à qqn. *Consentir un prêt.* CONTR. **empêcher, interdire, s'opposer, refuser.**
ÉTYM. latin *consentire.*

CONSÉQUENCE [kɔ̃sekɑ̃s] **n. f.** **1.** Suite qu'une action, un fait entraîne. SYN. **effet, résultat, suite.** *La cause et les conséquences. Conséquences sérieuses, graves. Avoir (qqch.) pour conséquence.* ➝ loc. *Tirer, ne pas tirer à conséquence* : avoir, ne pas avoir d'inconvénient. *Sans conséquence,* sans suite fâcheuse ; insignifiant. **2.** *EN CONSÉQUENCE* **loc. adv.** : compte tenu de ce qui précède. *Nous agirons en conséquence. En conséquence de quoi...* **3.** GRAMM. *Proposition de conséquence,* qui marque une relation entre une cause (la principale) et un effet (la consécutive).
ÉTYM. latin *consequentia* → conséquent.

CONSÉQUENT, ENTE [kɔ̃sekɑ̃, ɑ̃t] **adj.** **I** **1.** Qui agit ou raisonne avec esprit de suite. SYN. ② **logique.** *Être conséquent avec ses principes, avec soi-même.* **2.** *PAR CONSÉQUENT* **loc. adv.** : comme suite logique. SYN. **ainsi, donc.** **II** FAM. (critiqué) Important. *Une somme conséquente.* CONTR. **illogique, incohérent, inconséquent.**
ÉTYM. latin *consequens,* famille de *sequi* «suivre».

CONSERVATEUR, TRICE [kɔ̃sɛʀvatœʀ, tʀis] **n.** et **adj.**
I **n.** Personne qui a la charge de conserver des choses précieuses. *Le conservateur, la conservatrice d'un musée.*
II **adj.,** fig. (en politique) Qui veut conserver, préserver ce qui existe. *Un parti conservateur,* défenseur de l'ordre social, des valeurs traditionnelles. ➝ **n.** *Les conservateurs,* la droite. CONTR. **progressiste, révolutionnaire.**

A B C D E F G H I J K L M N O P Q R S T U V W X Y Z

III n. m. 1. Produit destiné à la conservation des aliments. 2. Congélateur.
ÉTYM. latin *conservator.*

CONSERVATION [kɔ̃sɛʀvasjɔ̃] **n. f.** 1. Action de conserver, de maintenir intact ou dans le même état. SYN. **entretien,** ① **garde, sauvegarde.** *Instinct de conservation* (de soi-même, de sa propre vie). – *Conservation des aliments par congélation, déshydratation, stérilisation, salage, fumage. Agent de conservation.* → **conservateur** (III, 1). 2. État de ce qui est conservé. *Fossile en excellent état de conservation.* CONTR. **altération, détérioration.**
ÉTYM. latin *conservatio.*

CONSERVATISME [kɔ̃sɛʀvatism] **n. m.** ✦ État d'esprit des conservateurs. SYN. **conformisme, traditionalisme.** CONTR. **progressisme.**

① **CONSERVATOIRE** [kɔ̃sɛʀvatwaʀ] **adj.** ✦ DR. Destiné à conserver (des biens, des droits menacés). *Mesures conservatoires.*
ÉTYM. de *conserver.*

② **CONSERVATOIRE** [kɔ̃sɛʀvatwaʀ] **n. m.** 1. École de musique. *Un premier prix du Conservatoire.* ♦ École qui forme des comédiens. 2. *Conservatoire national des arts et métiers,* établissement qui conserve des collections relatives aux sciences et techniques et forme des ingénieurs.
ÉTYM. italien *conservatorio* «école où l'on *conserve* le niveau et la tradition».

CONSERVE [kɔ̃sɛʀv] **n. f.** I 1. Substance alimentaire conservée dans un récipient hermétique. *Faire, acheter des conserves de légumes. Des boîtes de conserve.* 2. *EN CONSERVE* : en boîte (opposé à *frais*). *Petits-pois, sardines en conserve.* II *DE CONSERVE* **loc. adv.** : ensemble. *Naviguer de conserve.* – *Agir de conserve,* en accord avec qqn. SYN. **de concert.**
ÉTYM. de *conserver* ; sens II, de *conserver* «suivre la même route (navires)».

CONSERVER [kɔ̃sɛʀve] **v. tr.** (conjug. 3a) 1. Maintenir en bon état, préserver de l'altération, de la destruction. SYN. **entretenir, garder.** *Conserver des denrées alimentaires* (→ **conserve**). – pronom. *Les poires se conservent mal.* 2. Ne pas laisser disparaître ; faire durer. SYN. **garder.** *Conserver un souvenir, une tradition.* 3. Ne pas perdre, garder (avec soi). *Conserver son emploi. Conserver son calme. Conserver un espoir.* 4. Ne pas jeter. *Conserver des lettres.* CONTR. **abîmer, altérer, détériorer, gâter** • se **départir** de, **perdre, renoncer** à • **jeter.**
► **CONSERVÉ, ÉE p. passé,** spécialt *Être bien conservé,* ne pas paraître son âge.
ÉTYM. latin *conservare.*

CONSERVERIE [kɔ̃sɛʀvəʀi] **n. f.** 1. Usine de conserves alimentaires. 2. Industrie des conserves.

CONSERVEUR, EUSE [kɔ̃sɛʀvœʀ, øz] **n.** ✦ Producteur, industriel de la conserverie.
ÉTYM. de *conserve.*

CONSIDÉRABLE [kɔ̃sideʀabl] **adj.** ✦ (grandeur, quantité) Très important. SYN. **grand.** *Des sommes considérables.* CONTR. **faible, insignifiant.**
ÉTYM. de *considérer,* suffixe *-able.*

CONSIDÉRABLEMENT [kɔ̃sideʀabləmɑ̃] **adv.** ✦ En grande quantité ; beaucoup. SYN. **énormément.** CONTR. **faiblement.**
ÉTYM. de *considérable.*

CONSIDÉRATION [kɔ̃sideʀasjɔ̃] **n. f.** 1. Motif, raison que l'on considère pour agir. *Je ne peux pas entrer dans ces considérations.* 2. Fait de considérer, d'envisager. *Digne de considération,* d'attention. ♦ *Prendre EN CONSIDÉRATION* : tenir compte de. – *En considération de* **loc. prép.,** en tenant compte de, eu égard à. 3. Estime que l'on porte à qqn. SYN. **déférence, égard.** CONTR. **déconsidération, discrédit, mépris.**
ÉTYM. latin *consideratio.*

CONSIDÉRER [kɔ̃sideʀe] **v. tr.** (conjug. 8) 1. Regarder attentivement. *Considérer qqn avec arrogance.* 2. Envisager par un examen attentif, critique. SYN. **examiner, observer.** *Considérer une chose sous tous ses aspects.* loc. *Tout bien considéré.* 3. Faire cas de (qqn). SYN. **estimer.** – passif *Il est très bien considéré dans son entreprise.* 4. *CONSIDÉRER qqn, qqch. COMME.* SYN. ① **juger, tenir** pour. *Je le considère comme un ami.* – pronom. *Il se considère comme un personnage important.* – passif *Il est considéré comme le meilleur skieur français.* 5. *CONSIDÉRER QUE.* SYN. **estimer, penser.** *Je considère qu'il a raison.* CONTR. **déconsidérer, mépriser.**
ÉTYM. latin *considerare.*

CONSIGNATION [kɔ̃siɲasjɔ̃] **n. f.** 1. Fait de consigner (III). 2. Consigne (II). 3. *CAISSE DES DÉPÔTS ET CONSIGNATIONS* (dépôt de valeurs dues à un créancier).

CONSIGNE [kɔ̃siɲ] **n. f.** I 1. Instruction stricte. *Lire la consigne d'un exercice,* ce qu'il s'agit de faire. *Donner, transmettre la consigne. Suivre les consignes.* – loc. *Manger la consigne,* l'oublier. 2. Défense de sortir par punition. SYN. **retenue** ; FAM. **colle.** II 1. Service chargé de la garde des bagages ; lieu où les bagages sont déposés. *Mettre sa valise à la consigne automatique.* 2. Somme remboursable versée à la personne qui consigne un emballage. *Se faire rembourser la consigne d'une bouteille.*
ÉTYM. de *consigner.*

CONSIGNER [kɔ̃siɲe] **v. tr.** (conjug. 3a) I Mentionner, rapporter par écrit. SYN. **enregistrer.** *Consigner un détail au procès-verbal. Consigner ses réflexions sur un carnet.* SYN. **noter.** II Empêcher (qqn) de sortir par mesure d'ordre, par punition. SYN. **retenir.** *Consigner un élève.* SYN. FAM. **coller ; consigne.** III 1. Interdire l'accès de. *La police a consigné la salle.* 2. Mettre à la consigne. *Consigner ses bagages.* 3. Facturer (un emballage) en s'engageant à reprendre et à rembourser. – au p. passé *Bouteille consignée.*
ÉTYM. latin *consignare* «revêtir d'un sceau *(signum)*».

CONSISTANCE [kɔ̃sistɑ̃s] **n. f.** 1. Degré plus ou moins grand de solidité ou d'épaisseur (d'un corps). SYN. **dureté, fermeté.** *La consistance de la boue. Consistance ferme, élastique, molle, visqueuse d'une substance.* – (liquide) *Prendre consistance,* épaissir. 2. fig. État de ce qui est ferme, solide. SYN. **solidité.** *Caractère, esprit sans consistance.* CONTR. **inconsistance.**
ÉTYM. de *consister.*

CONSISTANT, ANTE [kɔ̃sistɑ̃, ɑ̃t] **adj.** 1. Qui est ferme, épais. *Une sauce trop consistante.* SYN. **épais.** 2. Qui nourrit. *Un repas consistant.* SYN. **copieux.** 3. fig. Qui a

de la consistance (2). *Un argument consistant.* CONTR. **inconsistant.**
ÉTYM. du participe présent de *consister.*

CONSISTER [kɔ̃siste] **v. tr. ind.** (conjug. 3a) 1. *CONSISTER EN, DANS* : se composer de. *Ce bâtiment consiste en trente appartements.* SYN. **comporter, comprendre.** *En quoi consiste ce projet ?* quel est-il ? 2. *CONSISTER À. La sagesse consisterait à patienter.*
ÉTYM. latin *consistere.*

CONSISTOIRE [kɔ̃sistwaʀ] **n. m.** ✦ Assemblée de cardinaux. ♦ Assemblée de ministres du culte et de laïcs élus pour diriger une communauté religieuse. *Consistoire protestant, israélite.*
► **CONSISTORIAL, ALE, AUX** [kɔ̃sistɔʀjal, o] **adj.**
ÉTYM. latin *consistorium* → consister.

CONSŒUR [kɔ̃sœʀ] **n. f.** ✦ Femme qui appartient à une société, à une compagnie, considérée par rapport aux autres membres (et notamment aux autres femmes). SYN. **collègue** ; → **confrère.**
ÉTYM. de *sœur,* d'après *confrère.*

CONSOLANT, ANTE [kɔ̃sɔlɑ̃, ɑ̃t] **adj.** ✦ Propre à consoler. SYN. **consolateur, réconfortant.** *Des paroles consolantes. Il est consolant de se dire que...* CONTR. **désolant, navrant.**
ÉTYM. du participe présent de *consoler.*

CONSOLATEUR, TRICE [kɔ̃sɔlatœʀ, tʀis] **adj.** ✦ Qui console. *Des paroles consolatrices.* SYN. **consolant.**
ÉTYM. latin *consolator.*

CONSOLATION [kɔ̃sɔlasjɔ̃] **n. f.** ✦ Soulagement apporté à la douleur, à la peine de qqn. SYN. **réconfort.** *Paroles de consolation. C'est une consolation de savoir que...* ➝ *Prix, lot de consolation.* CONTR. **affliction,** ② **chagrin, désolation, malheur.**
ÉTYM. latin *consolatio.*

CONSOLE [kɔ̃sɔl] **n. f.** 1. Moulure saillante en forme de S, qui sert de support. *La console d'une corniche.* 2. Table adossée contre un mur, aux pieds galbés. 3. *Console d'orgue,* le meuble qui porte les claviers, etc. 4. Élément périphérique (d'un ordinateur) ; terminal de commande. ➝ Pupitre d'enregistrement sonore.
ÉTYM. abréviation de *consolateur,* au sens de «statue servant d'accoudoir».

CONSOLER [kɔ̃sɔle] **v. tr.** (conjug. 3a) 1. Soulager (qqn) dans son chagrin, dans sa douleur. SYN. **apaiser, soulager.** *Consoler un enfant qui pleure.* 2. (choses) Apporter un réconfort, une compensation à. *Ce souvenir le console de bien des regrets.* 3. *SE CONSOLER* **v. pron.** Trouver en soi une consolation. *Il ne se console pas de la mort de sa femme* (→ **inconsolable**). CONTR. **accabler, affliger, désoler, peiner.**
ÉTYM. latin *consolari,* de *solari* «soulager».

CONSOLIDER [kɔ̃sɔlide] **v. tr.** (conjug. 3a) 1. Rendre (qqch.) plus solide, plus stable. SYN. **renforcer, soutenir.** *Consolider un édifice, une charpente.* 2. fig. Rendre solide, durable. SYN. **affermir, confirmer.** *Consolider sa position.* 3. *Consolider une rente, un emprunt,* le garantir. ➝ au p. passé *Fonds consolidés,* garantis. ➝ *Bilan consolidé* (par mise en commun de tous les comptes). CONTR. **affaiblir, ébranler,** ① **saper.**
► **CONSOLIDATION** [kɔ̃sɔlidasjɔ̃] **n. f.**
ÉTYM. latin *consolidare.*

CONSOMMATEUR, TRICE [kɔ̃sɔmatœʀ, tʀis] **n.** 1. Personne qui consomme (des marchandises, des richesses). *Du producteur au consommateur.* SYN. **acheteur.** 2. Personne qui prend une consommation dans un café.

CONSOMMATION [kɔ̃sɔmasjɔ̃] **n. f.** **I** VX ou LITTÉR. Achèvement, fin. *Jusqu'à la consommation des temps, des siècles.* **II** 1. Usage. *Faire une grande consommation de café. Consommation d'énergie. Ampoule basse consommation.* ☛ Géographie p. 228. ➝ absolt (s'oppose à production ; à conservation, investissement). *Biens de consommation. Société de consommation,* dont l'équilibre économique repose sur l'importance de la consommation. ☛ Géographie p. 233. 2. Ce qu'un client consomme au café. *Payer les consommations.*
ÉTYM. latin *consommatio* ; sens II, de *consommer.*

① **CONSOMMÉ, ÉE** [kɔ̃sɔme] **adj.** ✦ LITTÉR. Parvenu à un degré élevé de perfection. SYN. **accompli, achevé, parfait.** *Un artiste consommé. Habileté consommée.*
ÉTYM. du participe passé de *consommer* (I).

② **CONSOMMÉ** [kɔ̃sɔme] **n. m.** ✦ Bouillon de viande concentré. *Un consommé de poulet.*
ÉTYM. de ① *consommé.*

CONSOMMER [kɔ̃sɔme] **v. tr.** (conjug. 3a) **I** LITTÉR. 1. Mener (une chose) au terme de son accomplissement (→ **consommation,** I). *Consommer son œuvre.* 2. *Consommer un forfait, un crime.* SYN. **accomplir, commettre.** **II** 1. Amener (une chose) à destruction en utilisant sa substance ; en faire un usage qui la rend ensuite inutilisable. SYN. **user de, utiliser.** *Consommer ses provisions. Consommer des aliments,* boire, manger. ➝ pronom. (passif) *Ce plat se consomme froid.* ♦ *Consommer de l'électricité.* 2. intrans. Prendre une consommation au café. *Consommer à la terrasse, au comptoir.* 3. (choses) User (du combustible, etc.). *Cette voiture consomme trop d'huile.*
ÉTYM. latin *consummare,* d'abord «faire la somme *(summa)*».

CONSOMPTION [kɔ̃sɔ̃psjɔ̃] **n. f.** ✦ VIEILLI Amaigrissement et dépérissement, dans une maladie grave et prolongée.
ÉTYM. latin *consumptio,* de *consumere* «consumer».

CONSONANCE [kɔ̃sɔnɑ̃s] **n. f.** 1. Ensemble de sons (accord) considéré dans la musique occidentale comme plus agréable à l'oreille. 2. Uniformité ou ressemblance du son final (de mots). → **assonance, rime.** 3. Succession, ensemble de sons. *Un nom aux consonances harmonieuses.* CONTR. **dissonance.**
ÉTYM. latin *consonantia,* famille de *sonus* «② son».

CONSONANT, ANTE [kɔ̃sɔnɑ̃, ɑ̃t] **adj.** ✦ Qui produit une consonance ; est formé de consonances (1, 2). *Accords consonants.* CONTR. **dissonant.**
ÉTYM. latin *consonans,* participe présent de *consonare* «produire un son *(sonus)* ensemble».

CONSONANTIQUE [kɔ̃sɔnɑ̃tik] **adj.** ✦ Relatif aux consonnes (opposé à *vocalique*).

CONSONNE [kɔ̃sɔn] **n. f.** 1. Son produit par un rétrécissement ou un arrêt du passage de l'air dans la bouche, la gorge. *Les consonnes et les voyelles.* 2. Lettre représentant une consonne.
ÉTYM. latin *consona,* de *sonus* «② son».

CONSORT [kɔ̃sɔʀ] **n. m.** et **adj.** **1.** **n. m. pl.** *Un tel* ET *CONSORTS* : et ceux qui agissent avec lui ; et les gens de même espèce (souvent péj.). **2.** **adj.** *PRINCE CONSORT* : époux d'une reine, quand il ne règne pas lui-même.
ÉTYM. latin *consors* « qui partage le même *sort* ».

CONSORTIUM [kɔ̃sɔʀsjɔm] **n. m.** ✦ Groupement d'entreprises. *Des consortiums d'achat* (→ **comptoir**).
ÉTYM. mot anglais, du latin « communauté ».

CONSPIRATEUR, TRICE [kɔ̃spiʀatœʀ, tʀis] **n.** ✦ Personne qui conspire. SYN. **comploteur.** *Des airs de conspirateurs,* mystérieux.

CONSPIRATION [kɔ̃spiʀasjɔ̃] **n. f.** **1.** Accord secret entre plusieurs personnes pour renverser le pouvoir établi. SYN. **complot, conjuration.** **2.** Entente dirigée contre qqn ou qqch. *La conspiration du silence* : entente pour taire qqch.
ÉTYM. latin *conspiratio.*

CONSPIRATIONNISME [kɔ̃spiʀasjɔnism] **n. m.** ✦ Mode de pensée expliquant chaque évènement par l'action de conspirateurs.
► **CONSPIRATIONNISTE** [kɔ̃spiʀasjɔnist] **n. et adj.**

CONSPIRER [kɔ̃spiʀe] **v. intr.** (conjug. 3a) ✦ S'entendre secrètement pour renverser le pouvoir ou contre qqn, qqch. SYN. **comploter.** *Conspirer pour renverser le gouvernement.*
ÉTYM. latin *conspirare* « être d'accord ».

CONSPUER [kɔ̃spɥe] **v. tr.** (conjug. 3a) ✦ Manifester bruyamment et en groupe contre (qqn). SYN. **huer.** *Conspuer un orateur.* CONTR. **acclamer, applaudir.**
ÉTYM. latin *conspuere* « cracher ».

CONSTAMMENT [kɔ̃stamɑ̃] **adv.** ✦ D'une manière constante. SYN. **continuellement, toujours.** CONTR. **jamais, quelquefois, rarement.**

CONSTANCE [kɔ̃stɑ̃s] **n. f.** **1.** VIEILLI OU LITTÉR. Force morale, courage. **2.** Persévérance dans ce que l'on entreprend. *La constance en amour.* SYN. **fidélité.** → FAM. Patience. **3.** DIDACT. Caractère durable, constant. SYN. **continuité, permanence, persistance.** *La constance d'un phénomène.* CONTR. **inconstance • instabilité, variabilité.**
ÉTYM. de *constant.*

CONSTANT, ANTE [kɔ̃stɑ̃, ɑ̃t] **adj.** et **n. f.** **1.** **adj.** (personnes ; actes) LITTÉR. Persévérant. **2.** **adj.** (choses) Qui persiste dans l'état où il se trouve ; qui ne s'interrompt pas. SYN. **continuel, permanent, persistant.** *Manifester un intérêt constant. Qualité constante.* **3.** *CONSTANTE* **n. f.** Élément qui ne varie pas. ♦ SC. *Constante physique.* CONTR. **inconstant, instable, variable.**
ÉTYM. latin *constans,* famille de *stare* « tenir bon ».

CONSTAT [kɔ̃sta] **n. m.** **1.** Procès-verbal dressé pour décrire un état de fait. *Constat d'huissier. Établir un constat amiable en cas d'accident.* **2.** *Constat de...,* ce par quoi on constate (qqch.). *Dresser un constat d'échec.*
ÉTYM. mot latin « il est établi ».

CONSTATATION [kɔ̃statasjɔ̃] **n. f.** ✦ Action de constater pour attester ; fait constaté. *Constatation du décès par un médecin.*

CONSTATER [kɔ̃state] **v. tr.** (conjug. 3a) ✦ Établir par expérience directe la vérité, la réalité de. SYN. **observer, reconnaître.** *Constater des erreurs.*
ÉTYM. du latin *constat* « il est établi », de *constare.*

CONSTELLATION [kɔ̃stelasjɔ̃] **n. f.** ✦ Groupe apparent d'étoiles qui présente un aspect reconnaissable. *La constellation de la Grande Ourse.*
ÉTYM. latin *constellatio,* de *stella* « étoile ».

CONSTELLER [kɔ̃stele] **v. tr.** (conjug. 3a) ✦ Couvrir d'étoiles, d'astres.
► **CONSTELLÉ, ÉE adj.** *Un ciel constellé.* → *Robe constellée de paillettes.*
ÉTYM. de *constellation.*

CONSTERNANT, ANTE [kɔ̃stɛʀnɑ̃, ɑ̃t] **adj.** ✦ Qui consterne. *Une nouvelle consternante.*
ÉTYM. du participe présent de *consterner.*

CONSTERNATION [kɔ̃stɛʀnasjɔ̃] **n. f.** ✦ Abattement, accablement. CONTR. **joie.**
ÉTYM. latin *consternatio.*

CONSTERNER [kɔ̃stɛʀne] **v. tr.** (conjug. 3a) **1.** Jeter brusquement (qqn) dans un abattement profond. SYN. **abattre, accabler, atterrer, désoler, navrer.** *Son départ m'a consterné.* → passif et p. passé *Je suis consterné par son attitude. Un visage consterné.* SYN. **atterré, abattu.** **2.** Attrister en étonnant. *Son incompétence nous consterne.* CONTR. **réjouir.**
ÉTYM. latin *consternere* « renverser ».

CONSTIPATION [kɔ̃stipasjɔ̃] **n. f.** ✦ Difficulté dans l'évacuation des selles. *Laxatif contre la constipation.* CONTR. **diarrhée.**
ÉTYM. de *constiper.*

CONSTIPER [kɔ̃stipe] **v. tr.** (conjug. 3a) **1.** Causer la constipation de (qqn). → absolt *Le riz constipe.* → au p. passé *Il est constipé.* **2.** *CONSTIPÉ, ÉE* **p. p. adj.,** fig. Anxieux, contraint, embarrassé. SYN. **coincé.** *Un sourire constipé.*
ÉTYM. latin *constipare* « serrer, bourrer ».

CONSTITUANT, ANTE [kɔ̃stitɥɑ̃, ɑ̃t] **adj.** **1.** Qui entre dans la composition de. *Les éléments constituants d'un mélange.* SYN. **constitutif.** **2.** *Assemblée constituante,* chargée d'établir une constitution (II). → **n. f.** HIST. *La Constituante* : l'Assemblée française de 1789. **n. m.** *Les constituants,* les membres de cette assemblée.
ÉTYM. du participe présent de *constituer.*

CONSTITUER [kɔ̃stitɥe] **v. tr.** (conjug. 3a) **1.** DR. Établir (qqn) dans une situation légale. → pronom. *Se constituer prisonnier. Se constituer partie civile.* **2.** DR. *Constituer une rente à qqn,* la créer à son intention. **3.** (sujet choses) Concourir, avec d'autres éléments, à former (un tout). SYN. **composer.** *Les articles qui constituent un traité.* ♦ Être. *Cette action constitue un délit.* **4.** Organiser, créer (une chose complexe). *Constituer un gouvernement, une société.* **5.** *Être bien constitué* : avoir une bonne constitution (I, 4). CONTR. **destituer • défaire, renverser.**
ÉTYM. latin *constituere* « dresser », de *statuere* « établir, statuer ».

CONSTITUTIF, IVE [kɔ̃stitytif, iv] **adj.** **1.** DR. Qui établit juridiquement qqch. *Titre constitutif de propriété.* **2.** Qui entre dans la composition de. *Le cuivre et l'étain sont les éléments constitutifs du bronze.* SYN. **constituant.**

CONSTITUTION [kɔ̃stitysjɔ̃] **n. f.** **I** 1. DR. Action d'établir légalement. 2. Manière dont une chose est composée. SYN. **arrangement, disposition, forme, organisation.** *La constitution d'une substance.* 3. Action de constituer (un ensemble) ; son résultat. SYN. **composition, création, élaboration.** *La constitution d'un jury.* 4. Ensemble des caractères congénitaux (d'un individu). SYN. **tempérament.** *Une robuste constitution.* **II** Charte, textes fondamentaux qui déterminent la forme du gouvernement d'un pays. *Voter une constitution. Réviser la Constitution. Loi conforme à la Constitution.* → **constitutionnel.** CONTR. **décomposition, dissolution.**
ÉTYM. latin *constitutio.*

CONSTITUTIONNEL, ELLE [kɔ̃stitysjɔnɛl] **adj.** **I** Qui constitue, forme l'essence (de qqch.). ♦ Qui tient à la constitution (de qqn.). *Faiblesse constitutionnelle.* **II** 1. Relatif ou soumis à une constitution. *Monarchie constitutionnelle.* ♦ Conforme à la Constitution du pays. *Cette loi n'est pas constitutionnelle.* 2. *Droit constitutionnel,* qui étudie la structure et le fonctionnement du pouvoir politique (branche du droit public). CONTR. **anticonstitutionnel, inconstitutionnel.**
► **CONSTITUTIONNALITÉ** [kɔ̃stitysjɔnalite] **n. f.**
ÉTYM. de *constitution.*

CONSTITUTIONNELLEMENT [kɔ̃stitysjɔnɛlmɑ̃] **adv.** ✦ D'une manière conforme à la Constitution. CONTR. **anticonstitutionnellement.**

CONSTRICTEUR [kɔ̃striktœr] **adj. m.** ✦ ANAT. Qui resserre (→ **vasoconstricteur**). *Muscles constricteurs* (opposé à *dilatateur*). – ZOOL. *Boa constricteur* ou *CONSTRICTOR,* qui étouffe sa proie en la serrant dans ses anneaux.
ÉTYM. du latin *constrictum,* de *constringere* «lier étroitement».

CONSTRICTION [kɔ̃striksjɔ̃] **n. f.** ✦ Action de serrer, de resserrer en pressant autour. SYN. **étranglement.** ♦ Fait de se resserrer.
ÉTYM. latin *constrictio.*

CONSTRUCTEUR, TRICE [kɔ̃stryktœr, tris] **n.** 1. Personne qui bâtit, construit. *Les constructeurs de cathédrales.* SYN. **architecte, bâtisseur.** *Constructeur d'automobiles, d'avions.* 2. fig. *Un constructeur d'empire.* SYN. **bâtisseur.** CONTR. **démolisseur, destructeur.**
ÉTYM. latin *constructor,* de *construere* «construire».

CONSTRUCTIBLE [kɔ̃stryktibl] **adj.** ✦ Où l'on a le droit de construire un édifice. CONTR. **inconstructible.**
ÉTYM. du latin *constructum* et suffixe *-ible.*

CONSTRUCTIF, IVE [kɔ̃stryktif, iv] **adj.** ✦ Capable de construire, d'élaborer, de créer. SYN. **créateur.** *Un esprit constructif.* ♦ Qui aboutit à des résultats positifs. *Une proposition constructive.* CONTR. **destructeur, destructif ; négatif, subversif.**
ÉTYM. latin *constructivus,* de *construere* «construire».

CONSTRUCTION [kɔ̃stryksjɔ̃] **n. f.** 1. Action de construire. SYN. **assemblage, édification.** *La construction d'une maison.* – *Immeuble EN CONSTRUCTION,* en train d'être construit. – *La construction d'une automobile.* SYN. **fabrication.** ♦ Ensemble des activités de conception, de fabrication, de commercialisation de matériel lourd. *La construction navale, automobile.* 2. Ce qui est construit, bâti. SYN. **bâtiment, édifice, immeuble.** *Une construction en pierres de taille.* 3. Action de composer, d'élaborer une chose abstraite ; cette chose. SYN. **composition.** *C'est une construction de l'esprit. Construction géométrique,* figure. ♦ Place relative des mots dans la phrase (→ **syntaxe**). *Construction grammaticale.* CONTR. **démolition, destruction.**
ÉTYM. latin *constructio,* de *construere* «construire».

CONSTRUCTIVISME [kɔ̃stryktivism] **n. m.** ✦ Mouvement artistique né en Russie dans les années 20, où l'effet plastique est obtenu par des lignes et des plans assemblés, construits.
ÉTYM. de *constructif.*

CONSTRUIRE [kɔ̃strɥir] **v. tr.** (conjug. 64b) 1. Bâtir, suivant un plan déterminé. SYN. **édifier.** *Construire un pont sur une rivière. Construire un navire.* – *Permis de construire.* – au p. passé *Une maison bien construite.* 2. fig. Faire exister (un système complexe) en organisant des éléments mentaux. SYN. **composer.** *Construire un système, une théorie.* ♦ Tracer (une figure géométrique) selon un schéma. 3. fig. Organiser (un énoncé) selon un ordre déterminé. *Construire une phrase.* CONTR. **démolir, détruire.**
ÉTYM. latin *construere,* de *struere* «ranger, édifier».

CONSUBSTANTIALITÉ [kɔ̃sypstɑ̃sjalite] **n. f.** ✦ THÉOL. CHRÉT. Unité et identité de substance des personnes de la Trinité (→ **consubstantiel**).
ÉTYM. latin chrétien *consubstantialitas.*

CONSUBSTANTIEL, ELLE [kɔ̃sypstɑ̃sjɛl] **adj.** ✦ THÉOL. CHRÉT. Qui est unique par la substance. *Le Fils est consubstantiel au Père.* ♦ LITTÉR. *Consubstantiel à :* inséparable de.
ÉTYM. latin chrétien *consubstantialis.*

CONSUL, E [kɔ̃syl] **n.** **I** **n. m.** HIST. 1. ANTIQ. L'un des deux magistrats qui exerçaient l'autorité suprême, sous la République romaine. 2. L'un des trois magistrats auxquels la Constitution de l'an VIII avait confié le gouvernement de la République française. *Bonaparte, Premier consul.* **II** **n.** Agent chargé par un gouvernement de la défense des intérêts de ses nationaux, et de fonctions administratives dans un pays étranger. *Le consul de France à Rome.*
ÉTYM. mot latin.

CONSULAIRE [kɔ̃sylɛr] **adj.** ✦ D'un consul.

CONSULAT [kɔ̃syla] **n. m.** 1. Charge de consul. ♦ HIST. (☞ noms propres) Gouvernement par trois consuls* (1799-1804), en France. *Le Consulat et l'Empire.* 2. Bureaux, services dirigés par un consul (II). *Aller au consulat pour obtenir un visa.*
ÉTYM. latin *consulatus.*

CONSULTABLE [kɔ̃syltabl] **adj.** ✦ Que l'on peut consulter.

CONSULTANT, ANTE [kɔ̃syltɑ̃, ɑ̃t] **n.** ✦ Personne qui donne des consultations. SYN. **conseil.** – appos. *Avocat, médecin consultant.*
ÉTYM. du participe présent de *consulter.*

CONSULTATIF, IVE [kɔ̃syltatif, iv] **adj.** ✦ Qui est constitué pour donner des avis mais non pour décider. *Comité consultatif. À titre consultatif :* pour simple avis.
ÉTYM. de *consulter.*

CONSULTATION [kɔ̃syltasjɔ̃] n. f. 1. Action de prendre avis. *Consultation de l'opinion.* SYN. **enquête, sondage.** ♦ *La consultation d'un document.* SYN. **examen.** 2. (savant, avocat, médecin) Action de donner avis. *Les consultations données par un expert.* 3. Fait de recevoir des patients. *Cabinet, heures de consultation.*
ÉTYM. latin *consultatio.*

CONSULTER [kɔ̃sylte] v. (conjug. 3a) I v. tr. 1. Demander avis, conseil à (qqn). *Consulter un médecin, un expert.* 2. Regarder (qqch.) pour y chercher des explications, des renseignements. *Consulter un dictionnaire.* II v. intr. (médecin) Donner des consultations (3). *Le pédiatre consulte tous les matins.* CONTR. ② **conseiller, répondre.**
ÉTYM. latin *consultare.*

CONSUMER [kɔ̃syme] v. tr. (conjug. 3a) 1. LITTÉR. Épuiser complètement les forces de (qqn). SYN. **abattre, miner, user.** *Le chagrin le consume. La maladie qui le consumait.* – pronom. *Se consumer :* épuiser sa santé, ses forces. *Elle se consumait en efforts inutiles.* SYN. **s'épuiser.** 2. Détruire par le feu. SYN. **brûler, calciner.** *Le feu a consumé tout un quartier.* – au p. passé *Bois à demi consumé.* CONTR. **fortifier.**
ÉTYM. latin *consumere.*

CONSUMÉRISME [kɔ̃symeʀism] n. m. ✦ anglicisme Protection des intérêts du consommateur par des associations.
► **CONSUMÉRISTE** [kɔ̃symeʀist] adj. et n.
ÉTYM. américain *consumerism,* de *to consume* «consommer».

CONTACT [kɔ̃takt] n. m. 1. Position, état relatif de corps qui se touchent. *Le contact entre deux choses, d'une chose et d'une autre.* – *Être, entrer EN CONTACT,* se joindre, se toucher. *Au contact de l'air.* – *Lentilles, verres DE CONTACT :* verres correcteurs de la vue qui s'appliquent sur l'œil (→ **cornéen**). 2. *Contact électrique,* entre conducteurs, permettant le passage du courant. ♦ Dispositif permettant l'allumage d'un moteur à explosion. *Clé de contact. Couper le contact.* 3. Relation entre personnes. *Les contacts humains.* – *Entrer, rester EN CONTACT avec qqn,* en relation. – *Au contact de qqn,* sous son influence. – *Prendre contact avec qqn.* 4. Personne avec laquelle on est en contact par un moyen de communication (téléphone, réseau social...) ; son nom, ses coordonnées. *Liste des contacts.* CONTR. **éloignement, séparation.**
ÉTYM. latin *contactus,* famille de *tangere* «toucher».

CONTACTER [kɔ̃takte] v. tr. (conjug. 3a) ✦ (critiqué) Prendre contact avec (qqn). SYN. ① **toucher.** *Contacter qqn par téléphone.* SYN. **joindre.**
ÉTYM. de *contact,* influencé par l'anglais *to contact.*

CONTAGIEUX, EUSE [kɔ̃taʒjø, øz] adj. 1. Qui se communique par la contagion. *Maladie contagieuse.* 2. Qui peut communiquer une maladie. – n. *Un contagieux.* 3. fig. Qui se communique facilement. *Rire, enthousiasme contagieux.* SYN. **communicatif.**
ÉTYM. latin *contagiosus.*

CONTAGION [kɔ̃taʒjɔ̃] n. f. 1. Transmission d'une maladie à une personne bien portante, par contact (direct ou indirect). SYN. **contamination, infection.** *S'exposer à la contagion.* 2. Imitation involontaire. SYN. **propagation, transmission.** *La contagion du bâillement.*
ÉTYM. latin *contagio,* famille de *tangere* «toucher».

CONTAINER [kɔ̃tɛnɛʀ] n. m. → CONTENEUR

CONTAMINANT, ANTE [kɔ̃taminɑ̃, ɑ̃t] adj. et n. m. ✦ Qui provoque une contamination. *Agents contaminants.* ♦ n. m. Agent (physique, chimique ou biologique) qui provoque la contamination d'un organisme ou d'un milieu. *Émission de contaminants dans l'atmosphère.* SYN. **polluant.**

CONTAMINATION [kɔ̃taminasjɔ̃] n. f. ✦ Envahissement (d'un organisme SYN. **contagion** ; d'un milieu) par des agents pathogènes ou des polluants. *La contamination de l'eau d'une rivière.* CONTR. **décontamination.**
ÉTYM. de *contaminer.*

CONTAMINER [kɔ̃tamine] v. tr. (conjug. 3a) ✦ Transmettre une maladie à. SYN. **infecter.** – Polluer (par la radioactivité, des micro-organismes, etc.). – au p. passé *Eau contaminée. Une région contaminée,* rendue dangereuse (par la radioactivité, etc.). – *Sang contaminé* (par un virus). CONTR. **décontaminer.**
ÉTYM. latin *contaminare* «souiller».

CONTE [kɔ̃t] n. m. 1. Récit de faits, d'aventures imaginaires, destiné à distraire. SYN. **histoire, récit** ; → **conter.** *Les contes de Perrault, d'Andersen.* ☛ Littérature p. 131. – *CONTE DE FÉES :* récit merveilleux ; fig. aventure étonnante et heureuse. 2. LITTÉR. Histoire fausse et invraisemblable. SYN. **baliverne, sornette.** *Des contes à dormir debout.* HOM. COMPTE «calcul», COMTE «titre de noblesse»
ÉTYM. de *conter.*

CONTEMPLATIF, IVE [kɔ̃tɑ̃platif, iv] adj. 1. Qui aime la contemplation, la méditation. *Esprit contemplatif.* 2. RELIG. *Ordre contemplatif,* voué à la méditation. *Religieux contemplatif.* – n. *Un contemplatif.*
ÉTYM. latin *contemplativus.*

CONTEMPLATION [kɔ̃tɑ̃plasjɔ̃] n. f. 1. Fait de s'absorber dans l'observation attentive (de qqn, qqch.). *La contemplation des étoiles. Rester en contemplation devant une œuvre d'art.* 2. Concentration de l'esprit sur des sujets intellectuels ou religieux. SYN. **méditation ; contemplatif.** *«Les Contemplations»* (poèmes de Victor Hugo).
ÉTYM. latin *contemplatio.*

CONTEMPLER [kɔ̃tɑ̃ple] v. tr. (conjug. 3a) ✦ Considérer attentivement ; s'absorber dans l'observation de. *Contempler les merveilles de la nature.*
ÉTYM. latin *contemplari.*

CONTEMPORAIN, AINE [kɔ̃tɑ̃pɔʀɛ̃, ɛn] adj. 1. *CONTEMPORAIN DE :* qui est de la même époque que. *Jeanne d'Arc était contemporaine de Charles VII.* – n. *Les contemporains de Voltaire.* ♦ *Des évènements contemporains,* qui se sont produits à la même époque. 2. Du temps actuel. SYN. **moderne.** *L'art contemporain ; la littérature contemporaine.*
► **CONTEMPORANÉITÉ** [kɔ̃tɑ̃pɔʀaneite] n. f.
ÉTYM. latin *contemporaneus,* de *tempus* «temps».

CONTEMPTEUR, TRICE [kɔ̃tɑ̃ptœʀ, tʀis] n. ✦ LITTÉR. Personne qui méprise, dénigre (qqn, qqch.). *Les contempteurs de la morale.* CONTR. **laudateur.**
ÉTYM. latin *contemptor,* de *temnere* «mépriser».

CONTENANCE [kɔ̃t(ə)nɑ̃s] n. f. I Quantité de ce qu'un récipient peut contenir. SYN. **capacité,** ② **contenu.** *La contenance d'un réservoir.* II Manière de se tenir,

de se présenter. SYN. ② **air, allure, attitude,** ① **mine.** *Une contenance gênée, embarrassée.* → loc. *Se donner une contenance :* déguiser son embarras. *Faire bonne contenance :* garder son sang-froid, montrer du courage. *Perdre contenance :* être subitement déconcerté, se troubler (→ **décontenancé**).
ÉTYM. de *contenir.*

CONTENANT [kɔ̃t(ə)nɑ̃] **n. m.** ✦ Ce qui contient qqch. SYN. **récipient.** *Le contenant et le contenu.*
ÉTYM. du participe présent de *contenir.*

CONTENEUR [kɔ̃t(ə)nœʀ] **n. m.** ✦ Grande caisse métallique pour le transport des marchandises. SYN. **cadre.** *Décharger des conteneurs.* → Recommandation officielle pour remplacer l'anglicisme *container* [kɔ̃tɛnɛʀ].
ÉTYM. de *contenir,* adaptation de l'anglais *container* «récipient».

CONTENIR [kɔ̃t(ə)niʀ] **v. tr.** (conjug. 16) **1.** Avoir, comprendre en soi, dans sa capacité, son étendue, sa substance. SYN. **renfermer.** *Ce minerai contient une forte proportion de métal. Une enveloppe contenant des photos.* **2.** Avoir une capacité de. *Cette salle contient mille spectateurs.* SYN. **accueillir, recevoir. 3.** Empêcher (des personnes, des groupes) d'avancer, de s'étendre. SYN. **limiter, maintenir, retenir.** *Contenir les manifestants.* **4.** Empêcher (un sentiment) de se manifester, de s'exprimer. *Contenir ses larmes.* SYN. **refouler, retenir.** *Contenir son émotion, sa colère.* **5.** *SE CONTENIR* **v. pron.** Ne pas exprimer un sentiment fort. SYN. se **contrôler,** se **dominer,** se **maîtriser.** *Essayez de vous contenir.*
► ① **CONTENU, UE adj.** *Une émotion contenue,* que l'on se retient d'exprimer. CONTR. **exprimé, violent.**
ÉTYM. latin *continere,* de *tenere* «tenir».

CONTENT, ENTE [kɔ̃tɑ̃, ɑ̃t] **adj.** et **n. m.**
I adj. Satisfait. **1.** *Content de qqch.* SYN. **enchanté, ravi.** *Je suis content de mon achat,* il me plaît. ♦ *NON CONTENT d'être endetté, il emprunte à tous ses amis,* il ne lui suffit pas de (→ **non seulement**). **2.** *Être content que* (+ subj.). *Je serais content que tu viennes.* **3.** *Content de qqn,* satisfait de son comportement. → *Content de soi :* vaniteux. **4.** sans compl. Gai, joyeux. *Il a l'air tout content.* CONTR. **ennuyé, fâché, insatisfait, mécontent.**
II n. m. *AVOIR SON CONTENT DE qqch.,* être comblé, avoir assez de. *Dormir, manger son content.* SYN. **soûl.**
HOM. COMPTANT «argent disponible»
ÉTYM. latin *contentus,* littéralement «qui se contient *(continere)*».

CONTENTEMENT [kɔ̃tɑ̃tmɑ̃] **n. m.** ✦ Satisfaction. *Son contentement fait plaisir à voir. Contentement de soi.* → **autosatisfaction.** CONTR. **contrariété, mécontentement.**
ÉTYM. de *contenter.*

CONTENTER [kɔ̃tɑ̃te] **v. tr.** (conjug. 3a) **1.** Rendre (qqn) content en lui donnant ce qu'il désire. SYN. **combler, satisfaire.** loc. prov. *On ne peut pas contenter tout le monde.* SYN. **plaire** à. **2.** *SE CONTENTER (DE)* **v. pron.** Être satisfait de (qqch.), ne rien demander de plus que. SYN. s'**accommoder,** s'**arranger.** *Se contenter d'un repas par jour. Elle s'est contentée de sourire en guise de réponse.* SYN. se **borner** à, s'en **tenir** à. CONTR. **contrarier, mécontenter.**
ÉTYM. de *content.*

CONTENTIEUX [kɔ̃tɑ̃sjø] **n. m.** ✦ Ensemble des litiges ; service qui s'occupe des affaires litigieuses (dans une entreprise). *Chef du contentieux.*
ÉTYM. latin *contentiosus* «querelleur», de *contendere* «lutter».

CONTENTION [kɔ̃tɑ̃sjɔ̃] **n. f. I** LITTÉR. Tension (des facultés intellectuelles). ♦ Effort physique intense. **II** CHIR. Maintien, par des moyens artificiels, d'organes accidentellement déplacés. *La contention des fractures osseuses.*
ÉTYM. latin *contentio,* de *contendere* «tendre».

① **CONTENU, UE** → CONTENIR

② **CONTENU** [kɔ̃t(ə)ny] **n. m. 1.** Ce qui est dans un contenant. *Le contenu d'un récipient.* **2.** fig. Substance, teneur. *Le contenu d'une lettre.* → *Analyse de contenu :* analyse sémantique.
ÉTYM. de ① *contenu.*

CONTER [kɔ̃te] **v. tr.** (conjug. 3a) **1.** Dire (une histoire imaginaire, un conte) pour distraire. SYN. **raconter. 2.** VIEILLI Dire (une chose inventée) pour tromper. *Que me contez-vous là ?* → loc. *EN CONTER à qqn :* l'abuser, le tromper. *Il ne s'en laisse pas conter.* HOM. COMPTER «dénombrer», ① COMTÉ «domaine du comte», ② COMTÉ «fromage»
ÉTYM. latin *computare* «calculer» puis «raconter» ; doublet de *compter.*

CONTESTABLE [kɔ̃tɛstabl] **adj.** ✦ Qui peut être contesté. SYN. **discutable.** *Un argument contestable.* CONTR. **certain, incontestable, indiscutable.**

CONTESTATAIRE [kɔ̃tɛstatɛʀ] **adj.** et **n.** ✦ Qui conteste. *Des étudiants contestataires.* → **n.** *Des contestataires.*

CONTESTATION [kɔ̃tɛstasjɔ̃] **n. f. 1.** Le fait de contester qqch. ; discussion sur un point contesté. SYN. **controverse, débat.** *La contestation porte sur le montant de la facture.* **2.** Vive opposition. *Entrer en contestation avec qqn.* SYN. **dispute, opposition, querelle. 3.** Remise en cause de l'ordre établi (→ **contestataire**).
ÉTYM. bas latin *contestatio.*

sans CONTESTE [sɑ̃kɔ̃tɛst] **loc. adv.** ✦ Sans discussion possible. SYN. **assurément, incontestablement, indéniablement.** *Il est le meilleur, sans conteste.*
ÉTYM. de *contester.*

CONTESTER [kɔ̃tɛste] **v. tr.** (conjug. 3a) **1.** Mettre en discussion (le droit, les prétentions de qqn). SYN. **discuter.** *Contester à qqn le droit de s'exprimer.* → absolt *Ils aiment contester* (→ **contestataire, contestation**). **2.** Mettre en doute. SYN. **nier.** *Je conteste son talent.* → au p. passé *Cette théorie est très contestée.* SYN. **controversé.**
ÉTYM. latin *contestari,* de *testari* «déposer comme témoin *(testis)*».

CONTEUR, EUSE [kɔ̃tœʀ, øz] **n.** ✦ Personne qui compose, dit ou écrit des contes. *Les poètes conteurs* (aèdes, troubadours...). HOM. COMPTEUR «appareil de mesure»
ÉTYM. de *conter.*

CONTEXTE [kɔ̃tɛkst] **n. m. 1.** Ensemble du texte qui entoure un élément de la langue (un mot, une phrase...). *Citation séparée de son contexte.* **2.** Ensemble des circonstances dans lesquelles se produit un fait. SYN. **situation.** *Le contexte politique. Dans un contexte tendu.*
ÉTYM. latin *contextus,* de *texere* «tisser».

CONTEXTUEL, ELLE [kɔ̃tɛkstɥɛl] **adj.** ✦ Relatif au contexte. *Sens contextuel d'un mot.*

CONTEXTURE [kɔ̃tɛkstyʀ] **n. f.** ✦ Manière dont se présentent les éléments d'un tout complexe (notamment organique). SYN. **constitution, organisation, structure.** *La contexture des os.*
ÉTYM. du latin *contextus* «contexte».

CONTIGU, UË [kɔ̃tigy] **adj.** ✦ Qui touche (à autre chose). SYN. **attenant, voisin.** *Deux jardins contigus. Chambre contiguë à une autre.* CONTR. **distant, éloigné, séparé.**
ÉTYM. latin *contiguus,* de *contingere* «toucher».

CONTIGUÏTÉ [kɔ̃tigɥite] **n. f.** ✦ État de ce qui est contigu. SYN. **mitoyenneté, proximité.** CONTR. **distance, éloignement, séparation.**

CONTINENCE [kɔ̃tinɑ̃s] **n. f.** ✦ État d'une personne qui s'abstient de tout plaisir charnel. SYN. **abstinence, chasteté, pureté.** CONTR. **intempérance, luxure.**
ÉTYM. de ① *continent.*

① **CONTINENT, ENTE** [kɔ̃tinɑ̃, ɑ̃t] **adj.** ✦ VIEILLI Qui pratique la continence. SYN. **chaste.** CONTR. **intempérant.**
ÉTYM. latin *continens,* participe présent de *continere* «contenir».

② **CONTINENT** [kɔ̃tinɑ̃] **n. m.** 1. Grande étendue de terre limitée par un ou plusieurs océans. 2. Partie du monde. *Les six continents* (l'Europe, l'Asie, l'Afrique, l'Amérique, l'Océanie et l'Antarctique). 3. *Le continent,* par rapport à une île proche.
ÉTYM. latin *continens (terra),* de *continere* «maintenir relié».

CONTINENTAL, ALE, AUX [kɔ̃tinɑ̃tal, o] **adj.** 1. D'un continent. *Climat continental,* des régions éloignées des mers, froid en hiver et chaud en été. 2. **n.** Personne qui habite sur le continent. *Les continentaux et les insulaires.*

CONTINGENCE [kɔ̃tɛ̃ʒɑ̃s] **n. f.** 1. PHILOS. Caractère de ce qui est contingent. SYN. **éventualité.** 2. **au plur.** Les choses qui peuvent changer, qui n'ont pas une importance capitale. *Les contingences de la vie quotidienne :* les évènements terre à terre.

CONTINGENT, ENTE [kɔ̃tɛ̃ʒɑ̃, ɑ̃t] **adj. et n. m.**
I adj. Qui peut se produire ou non. SYN. **accidentel, éventuel, occasionnel.** *Évènement contingent,* soumis au hasard.
II n. m. 1. Effectif des appelés au service national pour une période déterminée. SYN. **classe.** *Appel d'un contingent.* 2. Part que chacun apporte ou reçoit. 3. Quantité de marchandises dont l'importation ou l'exportation est autorisée. SYN. **quota.**
ÉTYM. latin *contingens,* participe présent de *contingere* «arriver, se produire».

CONTINGENTEMENT [kɔ̃tɛ̃ʒɑ̃tmɑ̃] **n. m.** ✦ Action de contingenter ; son résultat. SYN. **limitation.**

CONTINGENTER [kɔ̃tɛ̃ʒɑ̃te] **v. tr.** (conjug. 3a) ✦ Fixer un contingent (II, 3) limité, précis à. SYN. **limiter.** *Contingenter les importations.*

CONTINU, UE [kɔ̃tiny] **adj.** 1. Qui n'est pas interrompu dans le temps. SYN. **continuel, incessant, ininterrompu.** *Un bruit continu. Fournir un effort continu.* SYN. **assidu.** – *Courant continu,* constant au cours du temps (opposé à *alternatif*). – *Journée continue :* horaire de travail ne comportant qu'une brève interruption pour le repas. – **n. m.** *Fonctionner EN CONTINU,* sans interruption. 2. Composé de parties non séparées. *Ligne continue.* CONTR. **intermittent, sporadique • discontinu.**
ÉTYM. latin *continuus,* participe passé de *continere* «maintenir relié».

CONTINUATEUR, TRICE [kɔ̃tinɥatœʀ, tʀis] **n.** ✦ Personne qui continue ce qu'une autre a commencé. SYN. **épigone, successeur.** *Les continuateurs de Darwin.* CONTR. **devancier, prédécesseur.**

CONTINUATION [kɔ̃tinɥasjɔ̃] **n. f.** ✦ Action de continuer (qqch.) ; le fait d'être continué. SYN. **poursuite.** *La continuation de la guerre.* – POP. *Bonne continuation !* CONTR. **arrêt, cessation, interruption.**

CONTINUEL, ELLE [kɔ̃tinɥɛl] **adj.** ✦ Qui dure sans interruption ou se répète à intervalles rapprochés. SYN. **continu, perpétuel.** *Pluies continuelles.* SYN. **ininterrompu.** *Faire des efforts continuels.* CONTR. **momentané, rare.**
ÉTYM. de *continu.*

CONTINUELLEMENT [kɔ̃tinɥɛlmɑ̃] **adv.** ✦ D'une manière continuelle, sans arrêt, sans relâche. *Nous avons continuellement des réclamations.* SYN. **constamment, toujours.** CONTR. **momentanément, rarement.**

CONTINUER [kɔ̃tinɥe] **v.** (conjug. 3a) **I v. tr.** 1. Faire ou maintenir encore, plus longtemps ; ne pas interrompre (ce qui est commencé). *Continuer ses études. Continuer son chemin.* SYN. **poursuivre.** – **trans. ind.** *CONTINUER À, DE* (+ inf.). *Continuer à parler, de parler.* – **absolt** *Vous pouvez continuer.* 2. Prolonger (qqch.) dans l'espace. *Continuer une ligne, une route.* **II v. intr.** (sujet chose) 1. Ne pas s'arrêter. *La pluie continue.* SYN. **durer, persister ;** → **continuel.** *La vie continue.* 2. S'étendre plus loin. SYN. **se prolonger.** *Cette route continue jusqu'à Paris.* → ① **aller.** CONTR. **abandonner, arrêter, cesser, discontinuer, interrompre, suspendre.**
ÉTYM. latin *continuare,* de *continere* «maintenir relié».

CONTINUITÉ [kɔ̃tinɥite] **n. f.** ✦ Caractère de ce qui est continu. SYN. **persistance.** *Assurer la continuité d'une tradition.* – *Solution* de continuité.* CONTR. **discontinuité, interruption.**
ÉTYM. de *continu.*

CONTINÛMENT ou **CONTINUMENT** [kɔ̃tinymɑ̃] **adv.** ✦ D'une manière continue. – Écrire *continument* sans accent circonflexe (comme *absolument, éperdument, résolument...*) est permis.

CONTINUO [kɔ̃tinɥo] **n. m.** ✦ MUS. Basse continue.
ÉTYM. mot italien «continu».

CONTINUUM [kɔ̃tinɥɔm] **n. m.** 1. PHYS. Ensemble d'éléments homogènes. – *Le continuum espace-temps.* 2. DIDACT. Phénomène progressif dont on ne peut considérer une partie que par abstraction.
ÉTYM. mot latin «le continu».

CONTONDANT, ANTE [kɔ̃tɔ̃dɑ̃, ɑ̃t] **adj.** ✦ DIDACT. *Instrument contondant, arme contondante,* qui blesse, meurtrit sans couper ni percer. CONTR. **coupant, tranchant.**
ÉTYM. du participe présent de l'ancien français *contondre,* latin *contundere* «écraser, assommer».

CONTORSION [kɔ̃tɔʀsjɔ̃] **n. f.** ✦ Attitude anormale par torsion des membres, du corps.
ÉTYM. latin *contorsio*, de *torquere* «tordre».

se CONTORSIONNER [kɔ̃tɔʀsjɔne] **v. pron.** (conjug. 3a) ✦ Faire des contorsions.

CONTOUR [kɔ̃tuʀ] **n. m.** ✦ Limite extérieure (d'un objet, d'un corps). SYN. **bord,** ② **tour.** *Le contour des montagnes à l'horizon.* SYN. **silhouette.** *Tracer les contours d'une figure. Les contours du corps humain.* SYN. **courbe, forme, galbe, ligne.**
ÉTYM. de *contourner.*

CONTOURNÉ, ÉE [kɔ̃tuʀne] **adj. 1.** Qui présente des courbes, a un contour compliqué. **2.** Affecté et compliqué. *Style contourné.* SYN. **tarabiscoté.**
ÉTYM. du participe passé de *contourner.*

CONTOURNER [kɔ̃tuʀne] **v. tr.** (conjug. 3a) ✦ Faire le tour de, passer autour. *L'autoroute contourne la ville.* ◆ fig. *Contourner une difficulté.* SYN. **éviter.**
► **CONTOURNEMENT** [kɔ̃tuʀnəmɑ̃] **n. m.**
ÉTYM. latin populaire *contornare*, de *tornare* «tourner».

CONTRA- Élément savant, du latin *contra* «contre ; en sens contraire». → **contre-.**

CONTRACEPTIF, IVE [kɔ̃tʀasɛptif, iv] **adj.** ✦ Qui empêche les rapports sexuels d'aboutir à la conception d'un enfant. *Pilule contraceptive.* ➖ **n. m.** Produit, dispositif contraceptif. *Contraceptif mécanique, chimique, hormonal.*
ÉTYM. de *contraception.*

CONTRACEPTION [kɔ̃tʀasɛpsjɔ̃] **n. f.** ✦ anglicisme Ensemble des moyens employés pour rendre les rapports sexuels temporairement inféconds, chez la femme ou chez l'homme. *Contraception chimique, mécanique.*
ÉTYM. mot anglais, de *contra-* et *(con)ception.*

CONTRACTANT, ANTE [kɔ̃tʀaktɑ̃, ɑ̃t] **adj. et n.** ✦ DR. Qui s'engage par contrat.
ÉTYM. du participe présent de ① *contracter.*

CONTRACTÉ, ÉE [kɔ̃tʀakte] **adj. 1.** Qui est tendu, crispé. *Visage contracté.* ➖ (personnes) Inquiet, nerveux. **2.** LING. Formé de deux éléments réunis en un seul. *«Au» et «du», formes contractées de «à le» et «de le».* CONTR. **décontracté, détendu.**
ÉTYM. du participe passé de ② *contracter.*

① **CONTRACTER** [kɔ̃tʀakte] **v. tr.** (conjug. 3a) **I** S'engager à faire, à respecter par contrat. *Contracter une alliance, une assurance.* **II 1.** Prendre, acquérir (une habitude, un sentiment). SYN. **former, prendre.** *Contracter une manie.* **2.** Attraper (une maladie). CONTR. **dissoudre, rompre • abandonner, perdre.**
ÉTYM. du latin *contractus*, participe passé de *contrahere* «engager une affaire avec qqn».

② **CONTRACTER** [kɔ̃tʀakte] **v. tr.** (conjug. 3a) ✦ Réduire dans sa longueur, son volume. SYN. **raccourcir, resserrer.** *Le froid contracte les corps.* ➖ *Contracter ses muscles.* SYN. **raidir,** ① **tendre.** ◆ *SE CONTRACTER* **v. pron.** *Le cœur se contracte et se dilate alternativement* (→ **contraction**). CONTR. **dilater, gonfler ; décontracter, détendre.**
ÉTYM. du latin *contractus*, participe passé de *contrahere* «resserrer».

CONTRACTILE [kɔ̃tʀaktil] **adj.** ✦ PHYSIOL. Qui peut être contracté. *Muscles contractiles.*
ÉTYM. du latin *contractus* → ② contracter.

CONTRACTION [kɔ̃tʀaksjɔ̃] **n. f. 1.** Réaction du muscle qui se raccourcit et se gonfle. *Contraction violente.* SYN. **crampe, spasme.** *Les contractions de l'utérus lors de l'accouchement.* → **douleur(s). 2.** *Contraction de texte :* exercice scolaire consistant à résumer un texte. CONTR. **décontraction, détente, relâchement.**
ÉTYM. de ② *contracter.*

CONTRACTUEL, ELLE [kɔ̃tʀaktɥɛl] **adj. et n. 1.** Stipulé par contrat. *Obligation contractuelle.* **2.** *Agent contractuel :* agent non fonctionnaire coopérant à un service public. ◆ **n.** Auxiliaire de police chargé de faire respecter les règles de stationnement.
ÉTYM. du latin *contractus* → ① contracter.

CONTRACTURE [kɔ̃tʀaktyʀ] **n. f.** ✦ MÉD. Contraction musculaire prolongée.
ÉTYM. latin *contractura*, de *contractus* → ① contracter.

CONTRADICTEUR [kɔ̃tʀadiktœʀ] **n. m.** ✦ Personne qui contredit. SYN. **adversaire, opposant.** CONTR. **approbateur.**
ÉTYM. latin *contradictor.*

CONTRADICTION [kɔ̃tʀadiksjɔ̃] **n. f. 1.** Action de contredire qqn ; échange d'idées entre personnes qui se contredisent. SYN. **contestation, objection, opposition.** *Il ne supporte pas la contradiction.* ➖ *Esprit de contradiction :* disposition à contredire, à s'opposer. ◆ Action de se contredire. *Être en contradiction avec ses principes.* **2.** LOG. Relation entre deux termes, deux propositions affirmant et niant une même proposition. ◆ Réunion d'éléments incompatibles. *Les contradictions internes d'un système.* CONTR. **accord, approbation, entente • identité.**
ÉTYM. latin *contradictio.*

CONTRADICTOIRE [kɔ̃tʀadiktwaʀ] **adj. 1.** Qui contredit une affirmation. SYN. **contraire. 2.** Où il y a contradiction, discussion. *Débat contradictoire.* **3.** Qui implique contradiction, incompatibilité. SYN. **incompatible.** *Tendances, influences contradictoires.* CONTR. **concordant, identique, semblable.**
► **CONTRADICTOIREMENT** [kɔ̃tʀadiktwaʀmɑ̃] **adv.**
ÉTYM. latin *contradictorius.*

CONTRAGESTIF, IVE [kɔ̃tʀaʒɛstif, iv] **adj. et n. m.** ✦ Qui empêche l'œuf fécondé de s'implanter dans l'utérus. ➖ **n. m.** *La pilule du lendemain (RU 486) est un contragestif.*
ÉTYM. de *contragestion*, de *contra-* et *gestation*, d'après *contraceptif.*

CONTRAIGNANT, ANTE [kɔ̃tʀɛɲɑ̃, ɑ̃t] **adj.** ✦ Qui contraint, gêne et oblige. SYN. **astreignant, pénible.** *Des horaires contraignants.*
ÉTYM. du participe présent de *contraindre.*

CONTRAINDRE [kɔ̃tʀɛ̃dʀ] **v. tr.** (conjug. 48a) ✦ *Contraindre qqn à faire qqch.*, lui imposer de faire qqch. contre sa volonté. SYN. **forcer, obliger.** ➖ au passif *ÊTRE CONTRAINT DE* (+ inf.). *Elle a été contrainte d'accepter.* loc. *(Être) contraint et forcé (de...).* ◆ *SE CONTRAINDRE* **v. pron.** *Se contraindre à faire qqch.*, se forcer.
► **CONTRAINT, AINTE** [kɔ̃tʀɛ̃, ɛ̃t] **adj.** Gêné, mal à l'aise.

A B C D E F G H I J K L M N O P Q R S T U V W X Y Z

Un sourire contraint. SYN. **embarrassé, emprunté.** CONTR. **naturel, spontané.**
ÉTYM. latin *constringere* «enchaîner».

CONTRAINTE [kɔ̃tʀɛ̃t] **n. f.** 1. Violence exercée contre qqn ; entrave à la liberté d'action. *Contrainte sociale, morale.* – *Agir sous la contrainte.* 2. Gêne, retenue. *Parlez sans contrainte.* 3. DR. *Contrainte par corps* : emprisonnement destiné à forcer qqn au paiement d'une amende. 4. PHYS. Ensemble des forces qui tendent à déformer un corps.
ÉTYM. du participe passé de *contraindre.*

CONTRAIRE [kɔ̃tʀɛʀ] **adj. et n. m.**
I adj. 1. Qui présente la plus grande différence possible (en parlant de deux choses du même genre) ; qui s'oppose (à qqch.). SYN. **contradictoire, incompatible, inverse, opposé.** *Deux opinions contraires. Son attitude est contraire à la raison.* 2. Qui, en s'opposant, gêne le cours d'une chose. SYN. **défavorable.** *Vents contraires.* – *La chance lui est contraire.* CONTR. **identique, même, pareil, semblable ; conforme · favorable, propice.**
II n. m. 1. Ce qui est opposé (logiquement). SYN. **antithèse, opposition.** *Faire le contraire de ce que l'on a dit. C'est tout le contraire. Il dit toujours le contraire* (→ **contredire**). 2. Mot de sens opposé à un autre. SYN. **antonyme.** *«Chaud» est le contraire de «froid». Les synonymes et les contraires.* 3. *AU CONTRAIRE* **loc. adv.** : d'une manière opposée. SYN. **contrairement, par contre.** *Il ne le regrette pas ; au contraire, il en est ravi.*
► **CONTRAIREMENT** [kɔ̃tʀɛʀmɑ̃] **adv.** *Contrairement à ce qu'on pensait...*
ÉTYM. latin *contrarius,* de *contra* «contre».

CONTRALTO [kɔ̃tʀalto] **n. m.** ✦ La plus grave des voix de femme. – Femme qui a cette voix. *Des contraltos.*
ÉTYM. mot italien «près *(contra)* de l'*alto*».

CONTRAPONTIQUE ou **CONTRAPUNTIQUE** [kɔ̃tʀapɔ̃tik] **adj.** ✦ MUS. Du contrepoint.
ÉTYM. de l'italien *contrappunto* «contrepoint».

CONTRARIANT, ANTE [kɔ̃tʀaʀjɑ̃, ɑ̃t] **adj.** 1. Qui est porté à contrarier (1). *Un esprit contrariant.* 2. Qui contrarie. *Comme c'est contrariant !* SYN. **agaçant, ennuyeux.** CONTR. **accommodant, conciliant · agréable, réjouissant.**
ÉTYM. du participe présent de *contrarier.*

CONTRARIER [kɔ̃tʀaʀje] **v. tr.** (conjug. 9) 1. Avoir une action contraire, s'opposer à (qqch.). SYN. **combattre, contrecarrer, gêner.** *Contrarier les projets de qqn.* – au p. passé *Des amours contrariées.* 2. Causer du dépit, du mécontentement à (qqn) en s'opposant à lui. SYN. **chagriner, fâcher, mécontenter.** *Il cherche à vous contrarier.* ♦ (sujet chose) Rendre inquiet, mal à l'aise. *Cette histoire me contrarie.* – au p. passé *Il a l'air très contrarié.* CONTR. **aider, favoriser · contenter, réjouir.**
ÉTYM. bas latin *contrariare* «contredire», de *contrarius* «contraire».

CONTRARIÉTÉ [kɔ̃tʀaʀjete] **n. f.** ✦ Déplaisir causé par ce qui contrarie. SYN. **mécontentement.** *Éprouver une vive contrariété.* CONTR. **plaisir, satisfaction.**
ÉTYM. bas latin *contrarietas.*

CONTRASTE [kɔ̃tʀast] **n. m.** 1. Opposition de deux choses dont l'une fait ressortir l'autre. *Contraste d'idées.* → **antithèse.** *Un contraste de couleurs.* – *Par contraste,* par l'opposition avec son contraire. → **comparaison.** 2. Variation de l'ombre et de la lumière, dans une image. *Régler le contraste de la télévision.* ♦ MÉD. *Produit DE CONTRASTE,* produit opaque aux rayons X, utilisé en radiographie. CONTR. **analogie, similitude.**
ÉTYM. de *contraster.*

CONTRASTÉ, ÉE [kɔ̃tʀaste] **adj.** ✦ Qui présente des contrastes. *Couleurs contrastées.*
ÉTYM. du participe passé de *contraster.*

CONTRASTER [kɔ̃tʀaste] **v. intr.** (conjug. 3a) ✦ *Contraster avec qqn, qqch.,* être en contraste (avec) ; s'opposer d'une façon frappante. CONTR. **s'accorder, s'harmoniser.**
ÉTYM. latin *contrastare* ; infl. par l'italien *contrastare.*

CONTRASTIF, IVE [kɔ̃tʀastif, iv] **adj.** 1. Qui produit un, des contrastes. 2. Qui compare deux langues. *Méthode d'apprentissage contrastive.*
ÉTYM. de *contraster* ; sens 2, américain *contrastive.*

CONTRAT [kɔ̃tʀa] **n. m.** 1. Convention par laquelle une ou plusieurs personnes s'obligent à donner, à faire ou à ne pas faire qqch. vis-à-vis de qqn. SYN. ① **convention, pacte.** *Un contrat d'échange, de location, de vente. Contrat de travail. Stipuler par contrat* (→ **contractuel**). ♦ *«Contrat social»* (Rousseau) : convention entre les membres du corps social, entre gouvernés et gouvernants. 2. Acte qui enregistre cette convention. *Rédiger, signer un contrat.*
ÉTYM. latin juridique *contractus,* de *contrahere* «engager une affaire avec qqn».

CONTRAVENTION [kɔ̃tʀavɑ̃sjɔ̃] **n. f.** ✦ DR. Infraction que les lois punissent d'une amende. *Être en contravention* (→ **contrevenant**). ♦ Cette amende. *Contravention pour excès de vitesse.* SYN. FAM. **contredanse.** ♦ Procès-verbal de cette infraction. *Trouver une contravention sur son parebrise.*
ÉTYM. du latin *contravenire* «s'opposer à», de *venire* «venir».

CONTRE [kɔ̃tʀ] **prép., adv. et n. m.**
I prép. et adv. 1. (Proximité, contact). SYN. **auprès de, près de,** ① **sur.** *Pousser le lit contre le mur.* ♦ **adv.** *Tout contre* : très près. – *Ci-contre* : en regard. 2. À l'opposé de, dans le sens contraire à. *Nager contre le courant.* – *PAR CONTRE* **loc. adv.** : au contraire, en revanche (critiqué). 3. En dépit de. → **malgré, nonobstant.** *Contre vents et marées. Contre toute apparence, c'est lui qui a raison. Contre toute attente.* 4. En opposition à, dans la lutte avec (surtout après les verbes *combattre, lutter,* etc.). SYN. **avec.** *Se battre, être en colère contre qqn.* – **adv.** *Voter pour ou contre.* ♦ *Avoir qqch. contre* (qqch., qqn), ne pas approuver entièrement, ne pas aimer. – **adv.** *Je n'ai rien contre.* 5. Pour se défendre, se protéger de (→ ① **anti-,** ② **para-**). *S'assurer contre l'incendie. Sirop contre la toux.* 6. (proportion, comparaison) *Parier à cent contre un.* 7. En échange de. *Envoi contre remboursement.* CONTR. **loin · conformément, selon,** ② **suivant · avec · pour.**
II n. m. 1. *LE POUR ET LE CONTRE* : les avantages et les inconvénients. 2. Parade ou riposte. – Action de contrer (aux cartes).
ÉTYM. latin *contra.*

> **CONTRE-** Élément, du latin *contra* «contre», qui signifie «opposé, contraire» (reste invar. dans les composés : *des contre-attaques*) ou «près, proche» *(contre-allée).*

CONTRE-ALLÉE [kɔ̃tʀale] **n. f.** ✦ Allée latérale, parallèle à la voie principale. *Voitures garées dans les contre-allées.*

CONTRE-AMIRAL, ALE, AUX [kɔ̃tʀamiʀal, o] **n.** ✦ Officier général de la marine, immédiatement au-dessous du vice-amiral. *Des contre-amiraux.*

CONTRE-ATTAQUE [kɔ̃tʀatak] **n. f.** ✦ Riposte offensive à une attaque. SYN. **contre-offensive.** *Des contre-attaques.*

CONTRE-ATTAQUER [kɔ̃tʀatake] **v. intr.** (conjug. 3a) ✦ Faire une contre-attaque. SYN. **riposter.**

CONTREBALANCER [kɔ̃tʀəbalɑ̃se] **v. tr.** (conjug. 4) **1.** Faire équilibre à. **2.** Compenser en étant égal à. *Les avantages contrebalancent les inconvénients.*
ÉTYM. de *balancer.*

CONTREBANDE [kɔ̃tʀəbɑ̃d] **n. f.** ✦ Introduction clandestine de marchandises dans un pays ; ces marchandises. *Cigarettes de contrebande. Faire de la contrebande.*
ÉTYM. italien *contrabbando* «contre le ban *(bando)*».

CONTREBANDIER, IÈRE [kɔ̃tʀəbɑ̃dje, jɛʀ] **n.** ✦ Personne qui fait de la contrebande.

en CONTREBAS [ɑ̃kɔ̃tʀəbɑ] **loc. adv.** ✦ À un niveau inférieur. *La route passe en contrebas.* ➝ **loc. prép.** *La maison se trouve en contrebas du chemin.* CONTR. **en contre-haut.**
ÉTYM. de *bas.*

CONTREBASSE [kɔ̃tʀəbɑs] **n. f.** **1.** Le plus grand et le plus grave des instruments à archet. **2.** Musicien qui joue de la contrebasse. SYN. **contrebassiste.**
ÉTYM. italien *contrabbasso.*

CONTREBASSISTE [kɔ̃tʀəbɑsist] **n.** ✦ Musicien qui joue de la contrebasse. SYN. **bassiste, contrebasse** (2).

CONTRECARRER [kɔ̃tʀəkaʀe] **v. tr.** (conjug. 3a) ✦ S'opposer directement à. SYN. **gêner.** *Contrecarrer les projets de qqn.* SYN. **contrarier.** CONTR. **aider, favoriser.**
ÉTYM. de l'ancien français *contrecarre* «opposition» → carrer.

CONTRECHAMP [kɔ̃tʀəʃɑ̃] **n. m.** ✦ CIN. Prise de vues dans le sens opposé à celui de la précédente (→ **champ**) ; plan ainsi filmé. HOM. CONTRE-CHANT «musique»

CONTRE-CHANT ou **CONTRECHANT** [kɔ̃tʀəʃɑ̃] **n. m.** ✦ MUS. Phrase mélodique sur les harmonies du thème, et jouée en même temps que lui. *Des contre-chants, des contrechants.* HOM. CONTRECHAMP «prise de vues»

à CONTRECŒUR [akɔ̃tʀəkœʀ] **loc. adv.** ✦ Malgré soi, avec répugnance. *Faire une chose à contrecœur.* CONTR. de bon cœur, de bonne **grâce, volontiers.**

CONTRECOUP [kɔ̃tʀəku] **n. m.** ✦ Évènement qui se produit en conséquence indirecte d'un autre. SYN. **réaction.** *Subir le contrecoup d'une opération. Par contrecoup.*

CONTRE-COURANT [kɔ̃tʀəkuʀɑ̃] **n. m.** **1.** Courant contraire (au courant principal). *Des contre-courants.* **2.** *À CONTRE COURANT* **loc. adv.** En remontant le courant. *Nager à contre-courant.* ➝ **fig.** *Aller à contre-courant de son époque,* dans un sens opposé à l'évolution, à la tendance générale.

CONTRE-CULTURE [kɔ̃tʀəkyltyʀ] **n. f.** ✦ Courant culturel qui se définit en opposition à la culture dominante. *Des contre-cultures.*

CONTREDANSE [kɔ̃tʀədɑ̃s] **n. f.** **I** Danse ancienne où les couples de danseurs se faisaient vis-à-vis et exécutaient des figures ; son air. **II** FAM. Contravention. SYN. **amende.**
ÉTYM. anglais *countrydance* «danse de campagne *(country)*».

CONTREDIRE [kɔ̃tʀədiʀ] **v. tr.** (conjug. 65a ; 2ᵉ pers. du plur. *vous contredisez*) **1.** S'opposer à (qqn) en disant le contraire de ce qu'il dit. SYN. **démentir ;** → **contradiction.** *Contredire qqn ; son témoignage.* **2.** (choses) Aller à l'encontre de. *Les évènements ont contredit ses prédictions.* **3.** *SE CONTREDIRE* **v. pron.** Dire des choses contradictoires successivement. *Elle s'est contredite en affirmant...* CONTR. **approuver • confirmer.**
ÉTYM. latin *contradicere,* de *dicere* «dire».

CONTREDIT [kɔ̃tʀədi] **n. m.** **1.** VX Affirmation contradictoire. **2.** *SANS CONTREDIT* **loc. adv.** : sans qu'il soit possible d'affirmer le contraire. SYN. **assurément, certainement,** sans **conteste.**
ÉTYM. de *contredire.*

CONTRÉE [kɔ̃tʀe] **n. f.** ✦ LITTÉR. Étendue de pays. SYN. **région.** *Une contrée riche, fertile.* HOM. CONTRER «s'opposer»
ÉTYM. latin *contrata (regio)* «(pays) en face», de *contra* «vis-à-vis».

CONTRE-ÉLECTROMOTRICE [kɔ̃tʀelɛktʀɔmɔtʀis] **adj. f.** ✦ ÉLECTR. *Force contre-électromotrice (f. c. e. m.),* qui s'oppose au courant direct.
ÉTYM. de *électromoteur.*

CONTRE-EMPLOI [kɔ̃tʀɑ̃plwa] **n. m.** ✦ Rôle qui ne correspond ni au physique ni au tempérament d'un acteur. *Des contre-emplois.*

CONTRE-ENQUÊTE [kɔ̃tʀɑ̃kɛt] **n. f.** ✦ Enquête destinée à vérifier les résultats d'une enquête précédente. *Des contre-enquêtes.*

CONTRE-ÉPREUVE [kɔ̃tʀepʀœv] **n. f.** **1.** Épreuve tirée sur une estampe ; reproduction. **2.** Second essai pour vérifier. *Des contre-épreuves.*

CONTRE-ESPIONNAGE [kɔ̃tʀɛspjɔnaʒ] **n. m.** ✦ Organisation chargée de la surveillance des espions ; cette surveillance. *Faire du contre-espionnage.*

CONTRE-EXEMPLE [kɔ̃tʀɛgzɑ̃pl] **n. m.** ✦ Exemple qui contredit une affirmation, une thèse. *Des contre-exemples.*

CONTRE-EXPERTISE [kɔ̃tʀɛkspɛʀtiz] **n. f.** ✦ Expertise destinée à en contrôler une autre. *Des contre-expertises.*

CONTREFAÇON [kɔ̃tʀəfasɔ̃] **n. f.** ✦ Imitation frauduleuse. SYN. **copie, plagiat.** *La contrefaçon d'un livre, d'un produit.*
ÉTYM. de *contrefaire,* d'après *façon.*

CONTREFAIRE [kɔ̃tʀəfɛʀ] **v. tr.** (conjug. 41) **1.** Imiter pour tourner en dérision. SYN. **caricaturer.** *Contrefaire la démarche de qqn.* **2.** Imiter frauduleusement (→ **contrefaçon**). *Contrefaire une monnaie, une signature.* **3.** Feindre (un sentiment) ; changer, modifier l'apparence de (qqch.) pour tromper. SYN. **déguiser.**

Contrefaire sa voix au téléphone.
ÉTYM. latin *contrafacere*, d'après *faire*.

CONTREFAIT, AITE [kɔ̃tʀəfɛ, ɛt] **adj.** ✦ (personnes) Difforme, mal bâti.
ÉTYM. du participe passé de *contrefaire*.

CONTRE-FEU [kɔ̃tʀəfø] **n. m.** ✦ Feu allumé pour arrêter un incendie en créant un espace vide. *Les pompiers ont allumé des contre-feux.*

se CONTREFICHER [kɔ̃tʀəfiʃe] ou **se CONTREFICHE** [kɔ̃tʀəfiʃ] **v. pron.** (conjug. 3a) ✦ FAM. Se moquer complètement (de). *Je me contrefiche de son avis.*
ÉTYM. de ② *ficher*.

CONTRE-FILET [kɔ̃tʀəfilɛ] **n. m.** ✦ Morceau de bœuf correspondant aux lombes. SYN. **faux-filet.** *Des contre-filets.*

CONTREFORT [kɔ̃tʀəfɔʀ] **n. m.** 1. Pilier, mur servant d'appui à un autre mur. *Les contreforts d'une voûte.* SYN. **arcboutant.** 2. Chaîne de montagnes latérales. *Les contreforts des Alpes.*
ÉTYM. de *contre* et ① *fort*.

en CONTRE-HAUT [ɑ̃kɔ̃tʀəo] **loc. adv.** ✦ À un niveau supérieur. *La route passe en contre-haut.* ➤ **loc. prép.** *Maison bâtie en contre-haut d'une rivière.* CONTR. **en contrebas.**

CONTRE-INDICATION [kɔ̃tʀɛ̃dikasjɔ̃] **n. f.** ✦ MÉD. Circonstance où il serait dangereux d'employer un traitement, un médicament. *Des contre-indications.*

CONTRE-INDIQUÉ, ÉE [kɔ̃tʀɛ̃dike] **adj.** ✦ Qui ne convient pas, est dangereux (dans un cas déterminé). SYN. **déconseillé.** *Médicaments contre-indiqués pour les enfants.*

CONTRE-INTERROGATOIRE [kɔ̃tʀɛ̃teʀɔgatwaʀ] **n. m.** ✦ Interrogatoire d'un témoin, d'un accusé par la partie adverse. *Des contre-interrogatoires.*

CONTRE-JOUR [kɔ̃tʀəʒuʀ] **n. m.** ✦ Éclairage d'un objet qui vient du côté opposé à celui d'où l'on regarde. *Des contre-jours.* ➤ *À contre-jour* **loc. adv.** : dans ce type d'éclairage.

CONTREMAÎTRE [kɔ̃tʀəmɛtʀ] **n.** ✦ Personne responsable d'une équipe d'ouvriers. ➤ fém. *Elle est contremaître* ou *contremaîtresse. La contremaître.*

CONTRE-MANIFESTATION [kɔ̃tʀəmanifɛstasjɔ̃] **n. f.** ✦ Manifestation organisée pour faire échec à une autre. *Des contre-manifestations.*
► **CONTRE-MANIFESTANT, ANTE** [kɔ̃tʀəmanifɛstɑ̃, ɑ̃t] **n.** *Les contre-manifestants.*

CONTREMARCHE [kɔ̃tʀəmaʀʃ] **n. f.** I Partie verticale de chaque marche d'un escalier. II Marche (d'une troupe) en direction opposée à la marche précédente.

CONTREMARQUE [kɔ̃tʀəmaʀk] **n. f.** ✦ Ticket délivré à des spectateurs qui sortent momentanément d'une salle de spectacle.

CONTRE-MESURE [kɔ̃tʀəm(ə)zyʀ] **n. f.** ✦ Mesure contraire à une autre mesure. *Des contre-mesures inefficaces.*

CONTRE-OFFENSIVE [kɔ̃tʀɔfɑ̃siv] **n. f.** ✦ Contre-attaque en vue d'enlever à l'ennemi l'initiative des opérations. *Des contre-offensives.*

CONTREPARTIE [kɔ̃tʀəpaʀti] **n. f.** 1. Sentiment, avis contraire. *Soutenir la contrepartie d'une opinion.* 2. Chose qui s'oppose à une autre en la complétant ou en l'équilibrant. *Une contrepartie financière.* SYN. **compensation.** *Accorder qqch. sans contrepartie,* sans rien exiger. ➤ **loc. adv.** *En contrepartie* : en compensation, en échange.

CONTREPENTE [kɔ̃tʀəpɑ̃t] **n. f.** ✦ Pente opposée à une autre pente. *À contrepente. Des contrepentes.* ➤ On écrit aussi *contre-pente, des contre-pentes.*

CONTRE-PERFORMANCE [kɔ̃tʀəpɛʀfɔʀmɑ̃s] **n. f.** ✦ Mauvais résultat (d'une personne, d'un concurrent dont on attendait un succès).

CONTREPÈTERIE [kɔ̃tʀəpɛtʀi] **n. f.** ✦ Interversion des lettres ou des syllabes d'un ensemble de mots produisant un sens burlesque, souvent obscène (ex. chez Rabelais «femme folle à la messe» et «femme molle à la fesse»).
ÉTYM. de l'ancien français *contrepéter* «rendre un son pour un autre», de *péter*.

CONTREPIED [kɔ̃tʀəpje] **n. m.** 1. Ce qui est diamétralement opposé à (une opinion, un comportement). SYN. **contraire, contrepartie.** ➤ loc. *Prendre le contrepied de qqch.* : faire exactement le contraire pour s'opposer. 2. SPORT *À CONTREPIED*, sur le mauvais pied (pour une action), du côté opposé à celui prévu par l'adversaire. *Prendre le gardien de but à contrepied.* ➤ On écrit aussi *contre-pied.*

CONTREPLAQUÉ [kɔ̃tʀəplake] **n. m.** ✦ Matériau formé de minces plaques de bois collées, à fibres opposées.
ÉTYM. du participe passé de *plaquer*.

CONTRE-PLONGÉE [kɔ̃tʀəplɔ̃ʒe] **n. f.** ✦ Prise de vues faite de bas en haut (opposé à *plongée*). *Séquence filmée en contre-plongée. Des contre-plongées.*

CONTREPOIDS [kɔ̃tʀəpwa] **n. m.** 1. Poids qui fait équilibre à un autre poids. *Les contrepoids d'une horloge.* 2. Ce qui équilibre, neutralise. SYN. **contrepartie.** *Faire contrepoids à qqch.* → **contrebalancer.**

CONTREPOINT [kɔ̃tʀəpwɛ̃] **n. m.** 1. MUS. Art de composer en superposant des dessins mélodiques (→ ① **canon, fugue ; contrapontique**). *Apprendre l'harmonie et le contrepoint.* 2. fig. Motif secondaire qui se superpose à qqch. *La musique doit fournir un contrepoint aux images d'un film.* ➤ **loc. adv.** *En contrepoint* : simultanément et comme une sorte d'accompagnement.
ÉTYM. de *point* «note».

CONTREPOISON [kɔ̃tʀəpwazɔ̃] **n. m.** ✦ Substance destinée à neutraliser l'effet d'un poison. SYN. **antidote.** *Administrer un contrepoison.*

CONTRE-PORTE [kɔ̃tʀəpɔʀt] **n. f.** ✦ Face intérieure d'une porte (de voiture, de réfrigérateur, etc.) aménagée pour recevoir des accessoires. *Des contre-portes.*

CONTRE-POUVOIR [kɔ̃tʀəpuvwaʀ] **n. m.** ✦ Pouvoir qui s'oppose ou fait équilibre à l'autorité établie. *Des contre-pouvoirs.*

CONTRE-PROPOSITION [kɔ̃tʀəpʀɔpozisjɔ̃] **n. f.** ✦ Proposition qu'on fait pour l'opposer à une autre. *Des contre-propositions.* ➤ On peut aussi écrire *contreproposition, des contrepropositions.*

CONTRE-PUBLICITÉ [kɔ̃tʀəpyblisite] **n. f.** 1. Publicité qui a un effet contraire au but recherché, qui nuit à ce qu'elle veut vanter. *Ce slogan leur fait de la contre-publicité.* 2. Publicité destinée à lutter contre une autre publicité. *Des contre-publicités.*

CONTRER [kɔ̃tʀe] **v.** (conjug. 3a) 1. **v. tr.** FAM. S'opposer avec succès à (qqn). *Contrer son interlocuteur. Se faire contrer.* 2. **v. intr.** S'opposer à l'annonce d'un joueur (→ **contre**, II, 2), aux cartes. HOM. CONTRÉE «région»
ÉTYM. de *contre.*

CONTRE-RÉVOLUTION [kɔ̃tʀəʀevɔlysjɔ̃] **n. f.** ✦ Mouvement politique, social, destiné à combattre une révolution. *Des contre-révolutions.*
► **CONTRE-RÉVOLUTIONNAIRE** [kɔ̃tʀəʀevɔlysjɔnɛʀ] **adj. et n.**

CONTRESENS [kɔ̃tʀəsɑ̃s] **n. m.** I 1. Interprétation contraire à la signification véritable. *Faire un contresens et des faux sens dans une traduction.* ◆ **fig.** Erreur dans une interprétation. *Un contresens historique.* 2. Erreur de choix. II Sens, direction contraire. *À CONTRESENS* **loc. adv.** : dans un sens contraire au sens normal. SYN. à **l'envers**, à **rebours**. *Prendre l'autoroute à contresens.*

CONTRESIGNER [kɔ̃tʀəsiɲe] **v. tr.** (conjug. 3a) ✦ Apposer une deuxième signature à. *Décret contresigné par le ministre.*

CONTRETEMPS [kɔ̃tʀətɑ̃] **n. m.** 1. MUS. Action d'attaquer un son sur un temps faible. 2. Évènement, circonstance qui s'oppose à ce que l'on attendait. SYN. **difficulté, empêchement, ennui.** *Un fâcheux contretemps.* ➖ *À CONTRETEMPS* **loc. adv.** : au mauvais moment. *Intervenir à contretemps.*

CONTRE-TÉNOR [kɔ̃tʀətenɔʀ] **n. m.** 1. MUS. Voix d'un ténor qui chante dans le registre supérieur. SYN. **haute-contre.** 2. Chanteur qui a cette voix. *Des contre-ténors.*

CONTRE-TERRORISME [kɔ̃tʀəteʀɔʀism] **n. m.** ✦ Lutte violente contre le terrorisme, par les mêmes méthodes. *Des contre-terrorismes.*
► **CONTRE-TERRORISTE** [kɔ̃tʀəteʀɔʀist] **n. et adj.**

CONTRE-TORPILLEUR [kɔ̃tʀətɔʀpijœʀ] **n. m.** ✦ Navire de guerre rapide, de tonnage réduit, fortement armé. SYN. **destroyer.** *Des contre-torpilleurs.*

CONTRETYPE [kɔ̃tʀətip] **n. m.** ✦ Cliché négatif inversé. ➖ Copie d'une épreuve ou d'un cliché photographique.
ÉTYM. de *type* «empreinte».

CONTRE-UT [kɔ̃tʀyt] **n. m. invar.** ✦ MUS. Ut d'une octave au-dessus de l'ut supérieur d'un registre normal.

CONTRE-VALEUR [kɔ̃tʀəvalœʀ] **n. f.** ✦ FIN. Valeur échangée contre une autre. *Contre-valeur en dollars d'une devise étrangère. Des contre-valeurs.*

CONTREVENANT, ANTE [kɔ̃tʀəv(ə)nɑ̃, ɑ̃t] **n.** ✦ Personne qui contrevient à la loi, à un règlement.
ÉTYM. du participe présent de *contrevenir.*

CONTREVENIR [kɔ̃tʀəv(ə)niʀ] **v. tr. ind.** (conjug. 16) ✦ *CONTREVENIR À* : agir contrairement à (une prescription, une obligation). SYN. **enfreindre, transgresser.** *Il a contrevenu à la loi, au règlement* (→ **contravention, contrevenant**).
ÉTYM. latin médiéval *contravenire* «aller *(venire)* à l'encontre de».

CONTREVENT [kɔ̃tʀəvɑ̃] **n. m.** ✦ Volet extérieur d'une fenêtre. SYN. ① **jalousie, persienne.**
ÉTYM. de *contre* et *vent.*

CONTREVÉRITÉ [kɔ̃tʀəveʀite] **n. f.** ✦ Affirmation visiblement contraire à la vérité. SYN. **mensonge.** *Des contrevérités.* ➖ On écrit aussi *contre-vérité, des contre-vérités.*

CONTRE-VISITE [kɔ̃tʀəvizit] **n. f.** ✦ Nouvelle visite destinée à contrôler les résultats d'une première inspection. *Des contre-visites.*

à **CONTRE-VOIE** [akɔ̃tʀəvwa] **loc. adv.** ✦ Du côté du train où n'est pas le quai. *Descendre à contre-voie.*
ÉTYM. de *voie* (I, 4).

CONTRIBUABLE [kɔ̃tʀibɥabl] **n.** ✦ Personne qui paie des impôts.
ÉTYM. de *contribuer.*

CONTRIBUER [kɔ̃tʀibɥe] **v. tr. ind.** (conjug. 3a) ✦ *CONTRIBUER À* : aider à l'exécution d'une œuvre commune ; avoir part (à un résultat). SYN. **concourir, coopérer, participer.** *Contribuer au succès d'une entreprise.*
ÉTYM. latin *contribuere*, de *tribuere* «répartir entre les tribus *(tribus)*».

CONTRIBUTIF, IVE [kɔ̃tʀibytif, iv] **adj.** 1. DR. Qui concerne une contribution. *Part contributive.* 2. À quoi chacun peut contribuer. SYN. **participatif.** *Site contributif.*

CONTRIBUTION [kɔ̃tʀibysjɔ̃] **n. f.** 1. Part que chacun donne pour une charge, une dépense commune. SYN. **quote-part.** 2. **au plur.** Impôt (→ **contribuable**). *Contributions directes, indirectes.* ◆ Administration chargée de la répartition et du recouvrement des impôts. SYN. **fisc.** *Fonctionnaires des contributions.* 3. Collaboration à une œuvre commune. SYN. **concours.** *Apporter sa contribution à un projet.* ➖ **loc.** *METTRE qqn, qqch. À CONTRIBUTION* : utiliser les services de (qqn, qqch.).
ÉTYM. latin *contributio.*

CONTRISTER [kɔ̃tʀiste] **v. tr.** (conjug. 3a) ✦ LITTÉR. Causer de la tristesse à (qqn). SYN. **attrister.** CONTR. **ravir, réjouir.**
ÉTYM. latin *contristare.*

CONTRIT, ITE [kɔ̃tʀi, it] **adj.** ✦ Qui marque le repentir. *Air contrit.* SYN. **penaud, repentant** ; → **contrition.** CONTR. **impénitent.**
ÉTYM. latin *contritus* «accablé», d'abord «broyé».

CONTRITION [kɔ̃tʀisjɔ̃] **n. f.** 1. Douleur vive et sincère d'avoir offensé Dieu. SYN. **pénitence.** *Acte de contrition.* 2. LITTÉR. Remords, repentir.
ÉTYM. bas latin *contritio.*

CONTRÔLABLE [kɔ̃tʀolabl] **adj.** ✦ Qui peut être contrôlé. *Un alibi contrôlable.* CONTR. **incontrôlable.**

CONTRÔLE [kɔ̃tʀol] **n. m.** 1. Vérification (d'actes, de droits, de documents). SYN. **inspection.** *Le contrôle d'une comptabilité. Contrôle des billets. Contrôle d'identité, par la police.* ◆ *Contrôle des connaissances.* → **examen.** ➖ Devoir fait en classe. *Un contrôle de maths.* 2. Examen pour surveiller ou vérifier. *Exercer un contrôle sur qqn, qqch.* 3. Le fait de maîtriser. *Perdre le*

A B C D E F G H I J K L M N O P Q R S T U V W X Y Z

contrôle de sa voiture. ➝ *Le contrôle de soi-même.* SYN. **maîtrise.** 4. anglicisme Fait de régler (qqch.), de faire agir. ➝ *Contrôle des naissances :* maîtrise de la fécondité, grâce aux méthodes contraceptives.
ÉTYM. de *contre-* et *rôle* «registre».

CONTRÔLER [kɔ̃tʀole] **v. tr.** (conjug. 3a) 1. Soumettre à un contrôle. SYN. **examiner, inspecter, vérifier.** 2. Maîtriser ; dominer. *Contrôler ses réactions.* ➝ pronom. *SE CONTRÔLER :* rester maître de soi. SYN. se **maîtriser.** 3. Avoir sous sa domination, sa surveillance. *L'armée contrôle cette région stratégique.* 4. anglicisme Être en mesure de régler (un phénomène), de faire agir (qqn).
ÉTYM. de *contrôle.*

CONTRÔLEUR, EUSE [kɔ̃tʀolœʀ, øz] **n.** 1. Personne qui exerce un contrôle, une vérification. SYN. **inspecteur.** *Un contrôleur des contributions.* 2. **n. m.** Appareil de réglage, de contrôle. *Contrôleur de marche, de vitesse.*

CONTRORDRE [kɔ̃tʀɔʀdʀ] **n. m.** ✦ Ordre qui annule un ordre précédent. *Partez demain, sauf contrordre.*

CONTROUVÉ, ÉE [kɔ̃tʀuve] **adj.** ✦ LITTÉR. Inventé ; qui n'est pas exact. SYN. **apocryphe ; mensonger.** *Nouvelle controuvée.* CONTR. **authentique, exact.**
ÉTYM. du participe passé de l'ancien verbe *controuver* «imaginer», de *trouver.*

CONTROVERSE [kɔ̃tʀɔvɛʀs] **n. f.** ✦ Discussion sur une question, une opinion. SYN. **polémique.** *Controverse scientifique.*
ÉTYM. latin *controversia.*

CONTROVERSÉ, ÉE [kɔ̃tʀɔvɛʀse] **adj.** ✦ Qui fait l'objet d'une controverse. SYN. **contesté, discuté.** *Un choix controversé.*

CONTUMACE [kɔ̃tymas] **n. f.** 1. DR. Refus de comparaître devant un tribunal. 2. *PAR CONTUMACE.* **loc. adv.** *Être condamné par contumace,* sans être présent, après avoir refusé de comparaître. SYN. par **défaut.**
ÉTYM. latin *contumacia* «fierté».

CONTUMAX [kɔ̃tymaks] **adj.** ✦ DR. Se dit de l'accusé en état de contumace. ➝ **n.** *Un, une contumax.*
ÉTYM. mot latin «fier».

CONTUSION [kɔ̃tyzjɔ̃] **n. f.** ✦ Meurtrissure produite par un choc, sans déchirure de la peau. SYN. **bleu,** ① **bosse, ecchymose.** *Légère contusion.*
ÉTYM. latin *contusio,* famille de *tundere* «battre».

CONTUSIONNER [kɔ̃tyzjɔne] **v. tr.** (conjug. 3a) ✦ Blesser par contusion. SYN. **meurtrir.** ➝ au p. passé *Genou contusionné.*
ÉTYM. de *contusion.*

CONURBATION [kɔnyʀbasjɔ̃] **n. f.** ✦ Agglomération urbaine formée par plusieurs villes dont les banlieues se rejoignent. *Conurbation très importante.* SYN. **mégalopole.**
ÉTYM. mot anglais, du latin *urbs* «ville».

CONVAINCANT, ANTE [kɔ̃vɛ̃kɑ̃, ɑ̃t] **adj.** ✦ Qui est propre à convaincre. *Une démonstration convaincante.*
HOM. CONVAINQUANT (p. présent de *convaincre*)
ÉTYM. du participe présent de *convaincre.*

CONVAINCRE [kɔ̃vɛ̃kʀ] **v. tr.** (conjug. 50) 1. Amener (qqn) à reconnaître la vérité, la nécessité d'une proposition ou d'un fait. SYN. **persuader ; conviction.** *Nous l'avons convaincu de nous laisser partir.* 2. *Convaincre* (qqn) *de* (qqch.), donner (à qqn) des preuves de (sa faute, sa culpabilité). ➝ au p. passé *(Être) convaincu d'imposture.* CONTR. **dissuader.** HOM. (du p. présent *convainquant*) CONVAINCANT «concluant»
ÉTYM. latin *convincere* «vaincre *(vincere)* entièrement».

CONVAINCU, UE [kɔ̃vɛ̃ky] **adj.** ✦ Qui possède, qui exprime la certitude (de). SYN. **certain, persuadé, sûr.** *Il est convaincu que je me trompe, de mon erreur.* ♦ Sûr de son opinion. *Parler d'un ton convaincu.* SYN. **assuré.** ➝ **n.** *Prêcher un convaincu.* CONTR. **hésitant, incrédule, sceptique.**
ÉTYM. du participe passé de *convaincre.*

CONVALESCENCE [kɔ̃valesɑ̃s] **n. f.** ✦ Période de transition entre la fin d'une maladie et le retour à la santé. *Une longue convalescence.* ➝ *Être en convalescence :* aller mieux.
ÉTYM. latin *convalescentia,* famille de *valere* «être bien portant».

CONVALESCENT, ENTE [kɔ̃valesɑ̃, ɑ̃t] **adj.** ✦ Qui est en convalescence. *Il est encore convalescent.* ➝ **n.** *Les malades et les convalescents.*
ÉTYM. latin *convalescens* → convalescence.

CONVECTEUR [kɔ̃vɛktœʀ] **n. m.** 1. Dispositif transportant de l'énergie. 2. Appareil de chauffage électrique où l'air est chauffé par convection.
ÉTYM. de *convection.*

CONVECTION [kɔ̃vɛksjɔ̃] **n. f.** ✦ PHYS. Transport de chaleur dans un fluide, par déplacement de molécules. *Four à convection naturelle.*
ÉTYM. du latin *convectum,* de *vehere* «transporter».

CONVENABLE [kɔ̃v(ə)nabl] **adj.** 1. Qui convient, est approprié. *Choisir le moment convenable.* SYN. **favorable, opportun.** 2. Suffisant, acceptable. *Un salaire à peine convenable.* SYN. **correct, décent.** 3. Conforme aux règles, aux conventions de la bienséance. SYN. **correct, honnête.** *Une tenue convenable.* CONTR. **déplacé, inconvenant, incorrect, indécent, inopportun.**
ÉTYM. de *convenir,* suffixe *-able.*

CONVENABLEMENT [kɔ̃v(ə)nabləmɑ̃] **adv.** ✦ D'une manière convenable. ♦ Correctement.

CONVENANCE [kɔ̃v(ə)nɑ̃s] **n. f.** 1. LITTÉR. Caractère de ce qui convient. SYN. **conformité, harmonie.** *Convenance de goûts, de milieu social. Mariage de convenance.* 2. Ce qui convient à qqn. SYN. **goût.** *Congé pour convenance personnelle.* ➝ *À MA, TA, SA CONVENANCE :* quand cela me, te, lui conviendra. *Choisissez une heure à votre convenance.* 3. *Les convenances :* ce qui est en accord avec les usages SYN. **bienséance.** CONTR. **inconvenance.**
ÉTYM. de l'ancien français *convenant,* participe présent de *convenir.*

CONVENIR [kɔ̃v(ə)niʀ] **v. tr. ind.** (conjug. 16) **I** (auxiliaire *avoir*) 1. *CONVENIR À (qqch.) :* être approprié à (qqch.). *Les vêtements qui conviennent à la circonstance.* ➝ absolt *Cela pourrait convenir.* SYN. ① **aller.** 2. *CONVENIR À (qqn),* être agréable ou utile (à qqn) ; être conforme à son goût. SYN. **agréer, plaire.** *J'irai si ça me convient.* 3. impers. *IL CONVIENT :* il est conforme aux usages, aux nécessités, aux besoins. *Il convient d'y aller, que vous y alliez,* il le faut. **II** (auxiliaire *être* [LITTÉR.] ou *avoir*) *CONVENIR DE.* 1. (sujet sing.) Reconnaître la vérité de ; tomber

d'accord sur. SYN. **avouer, reconnaître.** *Vous devriez en convenir.* ➙ *CONVENIR QUE* (+ indic. ou cond.). *Je conviens que c'est, que ce serait prudent.* SYN. **admettre.** 2. (sujet plur.) Faire un accord, s'accorder sur. SYN. **s'entendre** ; ➙ ① **convention.** ➙ LITTÉR. (auxiliaire *être*) *Ils sont convenus d'une date. Nous sommes convenus de* (+ inf.). SYN. **décider.** ➙ COUR. (auxiliaire *avoir*) *Ils ont convenu d'y aller.* ➙ passif *Il a été convenu que* : on a décidé que. ➙ loc. *COMME CONVENU* : comme il a été décidé, comme prévu. CONTR. **disconvenir** • **s'opposer, refuser.**
ÉTYM. latin *convenire*, d'abord «venir *(venire)* avec».

① **CONVENTION** [kɔ̃vɑ̃sjɔ̃] n. f. 1. Accord de deux ou plusieurs personnes portant sur un fait. SYN. **arrangement, contrat, entente.** *Conventions diplomatiques, commerciales.* SYN. **accord, traité.** *Convention internationale des droits de l'enfant.* ➙ *Convention collective* : accord entre salariés et employeurs réglant les conditions de travail. ☛ Front populaire p. 194. 2. *Les conventions* : ce qu'il est convenu de penser, de faire, dans une société ; ce qui est admis sans critique. *Les conventions sociales.* SYN. **convenance(s).** ➙ *Les conventions du théâtre, du roman.* SYN. **procédé.** 3. *DE CONVENTION* loc. adj. : qui est admis par convention. SYN. ① **conventionnel.**
ÉTYM. latin *conventio*, de *convenire* «convenir».

② **CONVENTION** [kɔ̃vɑ̃sjɔ̃] n. f. 1. Assemblée exceptionnelle réunie pour établir ou modifier la constitution d'un État. ➙ HIST. (en France ☛ noms propres) *La Convention nationale* ou *la Convention* (1792-1795). 2. anglicisme Congrès d'un parti pour désigner son candidat à la présidence des États-Unis. *La convention démocrate.*
ÉTYM. mot anglais, du latin *conventio* «assemblée».

CONVENTIONNÉ, ÉE [kɔ̃vɑ̃sjɔne] adj. ✦ Lié par une convention, un accord avec la Sécurité sociale. *Clinique conventionnée.*

① **CONVENTIONNEL, ELLE** [kɔ̃vɑ̃sjɔnɛl] adj. 1. Qui résulte d'une convention, d'une décision. *Valeur conventionnelle de la monnaie. Signe conventionnel.* SYN. **arbitraire.** 2. Conforme aux conventions sociales ; peu naturel, peu sincère. *Des idées très conventionnelles. Non conventionnel* : libéré des conventions. 3. anglicisme Traditionnel, classique. *Armement conventionnel,* non nucléaire. *Cultures conventionnelles,* non transgéniques.
► **CONVENTIONNELLEMENT** [kɔ̃vɑ̃sjɔnɛlmɑ̃] adv.
ÉTYM. de ① *convention.*

② **CONVENTIONNEL** [kɔ̃vɑ̃sjɔnɛl] n. m. ✦ HIST. Membre de la Convention.
ÉTYM. de ② *convention* (1).

CONVENTUEL, ELLE [kɔ̃vɑ̃tɥɛl] adj. ✦ Qui appartient à une communauté religieuse. *La vie conventuelle.*
ÉTYM. latin médiéval *conventualis*, de *conventus* «couvent».

CONVENU, UE [kɔ̃v(ə)ny] adj. 1. Qui est le résultat d'un accord. SYN. **décidé.** *Payer le prix convenu.* 2. péj. Conventionnel, banal. *Un style convenu.*
ÉTYM. du participe passé de *convenir.*

CONVERGENCE [kɔ̃vɛʀʒɑ̃s] n. f. 1. Fait de converger. *La convergence de deux lignes.* 2. Action d'aboutir au même résultat, de tendre vers un but commun. SYN. **concours.** *La convergence de nos efforts.* CONTR. **divergence.**
ÉTYM. de *convergent.*

CONVERGENT, ENTE [kɔ̃vɛʀʒɑ̃, ɑ̃t] adj. 1. Qui converge. *Lignes convergentes.* ♦ *Lentille convergente,* qui fait converger les rayons lumineux. 2. Qui tend au même résultat, se rapproche des autres. *Des efforts convergents.* CONTR. **divergent.**
ÉTYM. du latin scientifique *convergens*, participe présent de *convergere* «converger».

CONVERGER [kɔ̃vɛʀʒe] v. intr. (conjug. 5) 1. Se diriger (vers un point commun). SYN. se **concentrer.** *Les regards convergèrent sur lui,* se dirigèrent tous sur lui. 2. fig. Tendre au même résultat ; aller en se rapprochant. *Leurs théories convergent.* CONTR. **diverger.**
ÉTYM. latin *convergere.*

CONVERSATION [kɔ̃vɛʀsasjɔ̃] n. f. 1. Échange spontané de propos. SYN. **bavardage, discussion, entretien.** *Engager, détourner la conversation. Un sujet de conversation. Une conversation animée, languissante. Conversation téléphonique.* SYN. **communication.** 2. *La conversation de qqn,* sa manière de parler ; ce qu'il dit dans la conversation. ➙ FAM. *Avoir de la conversation,* parler avec aisance.
ÉTYM. latin *conversatio* «fréquentation».

CONVERSATIONNEL, ELLE [kɔ̃vɛʀsasjɔnɛl] adj. ✦ anglicisme INFORM. *Mode conversationnel,* qui permet à l'utilisateur de dialoguer avec l'ordinateur.
ÉTYM. anglais *conversational*, même origine que *conversation.*

CONVERSER [kɔ̃vɛʀse] v. intr. (conjug. 3a) ✦ Parler avec (une ou plusieurs personnes) d'une manière spontanée. SYN. **bavarder,** ② **causer.** *Nous avons conversé un moment.*
ÉTYM. latin *conversari* «vivre avec».

CONVERSION [kɔ̃vɛʀsjɔ̃] n. f. 1. Fait de passer d'une croyance considérée comme fausse à une vérité religieuse admise. *La conversion d'un athée.* 2. Fait de transformer (qqch. en autre chose). *La conversion d'une somme d'argent en valeurs.*
ÉTYM. latin *conversio*, de *convertere* «faire se tourner *(vertere)*».

CONVERTI, IE [kɔ̃vɛʀti] adj. ✦ Qui a abandonné une croyance (religion) pour une autre (considérée comme vraie). *Des chrétiens convertis au judaïsme.* ➙ n. *Les nouveaux convertis.* ➙ loc. *Prêcher un converti,* vouloir convaincre qqn qui l'est déjà.
ÉTYM. du participe passé de *convertir.*

CONVERTIBILITÉ [kɔ̃vɛʀtibilite] n. f. ✦ FIN. Qualité de ce qui est convertible. *La convertibilité d'une monnaie* (en or, en devises).

CONVERTIBLE [kɔ̃vɛʀtibl] adj. 1. FIN. Qui peut être converti (2). *Monnaie convertible.* 2. (meubles) Transformable. *Canapé convertible* (en lit) ; n. m. *un convertible.* CONTR. **inconvertible.**
ÉTYM. latin *convertibilis.*

CONVERTIR [kɔ̃vɛʀtiʀ] v. tr. (conjug. 13) 1. Amener (qqn) à croire, à adopter une croyance, une religion (considérée comme vraie). *Convertir des Africains à l'islam ; des Européens au bouddhisme* (➙ **conversion**). ➙ pronom. *Il s'est converti au judaïsme.* ♦ Faire adhérer (à une opinion). SYN. **rallier.** 2. (compl. chose) Transformer, changer. *Convertir ses biens en espèces.* SYN. **réaliser.** *Convertir une rente* (➙ **convertible**). *Convertir*

A B C D E F G H I J K L M N O P Q R S T U V W X Y Z

une fraction en nombre décimal.
ÉTYM. latin *convertere* → conversion.

CONVERTISSEUR [kɔ̃vɛʀtisœʀ] n. m. 1. TECHN. Se dit d'appareils qui transforment. *Convertisseur Bessemer* (où l'on transforme la fonte en acier). 2. Dispositif (calculette, tableau...) permettant de connaître l'équivalent en euros d'un montant exprimé dans l'une des anciennes monnaies nationales, et vice versa.
ÉTYM. de *convertir.*

CONVEXE [kɔ̃vɛks] adj. ✦ Courbé, arrondi vers l'extérieur. SYN. **bombé, renflé.** *Miroir convexe.* CONTR. **concave, creux.**
ÉTYM. latin *convexus.*

CONVEXITÉ [kɔ̃vɛksite] n. f. ✦ État, forme d'un corps convexe. SYN. **courbure.** CONTR. **concavité.**

CONVICTION [kɔ̃viksjɔ̃] n. f. 1. VX Preuve de culpabilité. – loc. *PIÈCE À CONVICTION :* objet dont se sert la justice comme élément de preuve dans un procès pénal. 2. Certitude fondée sur des preuves évidentes. *Parler avec conviction. J'en ai la conviction :* j'en suis convaincu. ♦ *Jouer son rôle avec beaucoup de conviction,* de sérieux. 3. *UNE CONVICTION :* une opinion ferme. SYN. **croyance.** *Agir selon ses convictions.* CONTR. **doute, scepticisme.**
ÉTYM. latin chrétien *convictio,* de *convincere* «convaincre».

CONVIER [kɔ̃vje] v. tr. (conjug. 9) 1. Inviter (qqn) à un repas, une réunion. 2. fig. Inviter, engager (qqn) à (une activité). *Le beau temps nous convie à la promenade.*
ÉTYM. latin médiéval *convitare* «inviter à un repas *(convivium)*».

CONVIVE [kɔ̃viv] n. ✦ Personne invitée à un repas en même temps que d'autres. *Un agréable convive.* SYN. **hôte.**
ÉTYM. latin *conviva,* de *convivere* «manger ensemble».

CONVIVIAL, ALE, AUX [kɔ̃vivjal, o] adj. ✦ anglicisme 1. Relatif à la nourriture prise en commun et avec plaisir. 2. De la convivialité sociale. 3. INFORM. Facilement utilisable par un non-professionnel.
ÉTYM. mot anglais ; même origine que *convive.*

CONVIVIALITÉ [kɔ̃vivjalite] n. f. ✦ anglicisme Rapports positifs entre personnes, dans la société. – Caractère convivial (1 et 3).
ÉTYM. américain *conviviality.*

CONVOCATION [kɔ̃vɔkasjɔ̃] n. f. 1. Action de convoquer (qqn, un ensemble de personnes). *Se rendre, répondre à une convocation.* 2. Feuille, lettre de convocation. *Recevoir sa convocation à un examen.* SYN. FAM. **collante.**
ÉTYM. latin *convocatio.*

CONVOI [kɔ̃vwa] n. m. 1. Ensemble de voitures militaires, de navires faisant route sous la protection d'une escorte. 2. Groupe de véhicules, de personnes qui font route ensemble. *Se déplacer en convoi. Des convois de nomades.* SYN. **caravane.** 3. Train. *Ajouter une rame au convoi.* 4. Cortège funèbre.
ÉTYM. de *convoyer.*

CONVOITER [kɔ̃vwate] v. tr. (conjug. 3a) ✦ Désirer avec avidité (une chose disputée ou qui appartient à un autre). *Convoiter un héritage, la première place.* CONTR. **dédaigner, mépriser.**
ÉTYM. ancien français *coveitier ;* famille du latin *cupiditas* «cupidité».

CONVOITISE [kɔ̃vwatiz] n. f. ✦ Désir extrême et sans scrupule de posséder une chose. SYN. **avidité, envie.** *Regarder qqch. avec convoitise.* CONTR. **indifférence, répulsion.**
ÉTYM. de *convoiter.*

CONVOLER [kɔ̃vɔle] v. intr. (conjug. 3a) ✦ plais. *Convoler (en justes noces),* se marier. *Ils viennent de convoler.*
ÉTYM. latin juridique *convolare,* proprt «voler ensemble».

CONVOLVULUS [kɔ̃vɔlvylys] n. m. ✦ BOT. Liseron.
ÉTYM. mot latin, de *convolvere* «s'enrouler».

CONVOQUER [kɔ̃vɔke] v. tr. (conjug. 3a) 1. Appeler (plusieurs personnes) à se réunir. *Convoquer une assemblée. On les a convoqués par lettre* (→ **convocation**). 2. Faire venir (qqn) auprès de soi de manière autoritaire. *Le directeur l'a convoqué dans son bureau.*
ÉTYM. latin *convocare,* de *vocare* «appeler».

CONVOYER [kɔ̃vwaje] v. tr. (conjug. 10) ✦ Accompagner pour protéger. SYN. **escorter.** *Blindés qui convoient un transport de troupes* (→ **convoi**).
ÉTYM. latin populaire *conviare,* famille de *via* «voie».

CONVOYEUR, EUSE [kɔ̃vwajœʀ, øz] n. 1. Personne qui convoie qqch. *Convoyeur de fonds.* 2. n. m. Transporteur automatique de marchandises. *Tapis roulant servant de convoyeur.*
ÉTYM. de *convoyer.*

CONVULSER [kɔ̃vylse] v. tr. (conjug. 3a) ✦ Agiter, tordre par des convulsions. SYN. ② **contracter, crisper.** *La peur convulsait ses traits.* – au p. passé *Visage convulsé par la douleur.* – pronom. *Membres qui se convulsent.*
ÉTYM. du latin *convulsus,* proprement «arraché».

CONVULSIF, IVE [kɔ̃vylsif, iv] adj. 1. Caractérisé par des convulsions. *Maladies convulsives.* 2. Qui a le caractère mécanique, involontaire et violent des convulsions. SYN. **spasmodique ;** → **nerveux.** *Sanglot, rire convulsif.*
ÉTYM. de *convulsion.*

CONVULSION [kɔ̃vylsjɔ̃] n. f. 1. Contraction violente, involontaire des muscles. SYN. **spasme.** 2. Agitation violente ; trouble soudain. SYN. **secousse.** *Les convulsions politiques d'une révolution.*
ÉTYM. latin *convulsio,* de *convulsus* → convulser.

CONVULSIONNER [kɔ̃vylsjɔne] v. tr. (conjug. 3a) ✦ MÉD. Donner des convulsions à.

CONVULSIVEMENT [kɔ̃vylsivmɑ̃] adv. ✦ D'une manière convulsive.

COOKIE [kuki] n. m. ✦ anglicisme 1. Biscuit rond comportant des éclats de chocolat, de fruits secs. 2. INFORM. Petit fichier installé par un serveur sur le disque dur d'un utilisateur lorsqu'il consulte un site web. *Les cookies permettent d'accéder plus rapidement à une page déjà visitée et de mémoriser des informations sur l'internaute.*
ÉTYM. mot anglais américain «biscuit sec».

COOL [kul] adj. 1. *Jazz cool,* aux sonorités douces. 2. FAM. (personnes) Calme et détendu. SYN. **relax.** *Il a des parents cools.* 3. FAM. Agréable, excellent. HOM. (à la) COULE «averti»
ÉTYM. mot anglais «frais».

COOLIE [kuli] **n. m.** ✦ en Inde, en Chine Travailleur, porteur. *Des coolies.* HOM. COULIS «sauce»
ÉTYM. mot anglais, d'une langue de l'Inde, par le portugais.

COOPÉRANT, ANTE [kɔɔpeʀɑ̃, ɑ̃t] **n.** ✦ Spécialiste envoyé(e) au titre de la coopération (2) dans un pays étranger.
ÉTYM. du participe présent de *coopérer.*

COOPÉRATIF, IVE [k(ɔ)ɔpeʀatif, iv] **adj. 1.** Qui est fondé sur la coopération (1), la solidarité. *Système coopératif.* **2.** anglicisme (personnes) Qui apporte volontairement son aide. *Il s'est montré coopératif.*
ÉTYM. bas latin *cooperativus* ; sens 2, par l'anglais.

COOPÉRATION [kɔɔpeʀasjɔ̃] **n. f. 1.** Action de participer à une œuvre commune. SYN. **collaboration.** *Apporter sa coopération à une entreprise.* SYN. ① **aide, concours. 2.** Politique d'entente et d'échanges culturels, économiques ou scientifiques entre États ; spécialt aide au développement de nations moins développées. *Coopération agricole, industrielle. Faire son service national dans la coopération* (→ **coopérant**).
ÉTYM. latin chrétien *cooperatio.*

COOPÉRATIVE [k(ɔ)ɔpeʀativ] **n. f.** ✦ Entreprise associative qui a pour objectif de procurer des avantages à ses membres qui en assurent la gestion. SYN. **association, mutuelle.** *Coopérative d'achat, de production. Coopérative agricole.*
ÉTYM. de *société coopérative*, d'après l'anglais *cooperative.*

COOPÉRER [kɔɔpeʀe] **v. intr.** (conjug. 8) **1.** Agir, travailler conjointement (avec qqn). SYN. **collaborer.** → trans. ind. *Coopérer à une entreprise.* SYN. **contribuer. 2.** anglicisme Apporter son aide, être coopératif (2).
ÉTYM. latin chrétien *cooperare*, de *operare* «œuvrer».

COOPTATION [kɔɔptasjɔ̃] **n. f.** ✦ Dans une assemblée, nomination d'un nouveau membre par ceux qui en font déjà partie.
ÉTYM. latin *cooptatio.*

COOPTER [kɔɔpte] **v. tr.** (conjug. 3a) ✦ Admettre par cooptation.
ÉTYM. latin *cooptare*, de *optare* «choisir».

COORDINATEUR, TRICE [kɔɔʀdinatœʀ, tʀis] **adj.** ✦ Qui coordonne. *Bureau coordinateur.* → **n.** *Un coordinateur.* → On dit aussi COORDONNATEUR, TRICE [kɔɔʀdɔnatœʀ, tʀis].
ÉTYM. de *coordination*, d'après l'anglais.

COORDINATION [kɔɔʀdinasjɔ̃] **n. f. 1.** Agencement logique des parties d'un tout en vue d'obtenir un résultat déterminé. SYN. **organisation** ; → **coordonner.** *La coordination des secours.* **2.** *Conjonction* de coordination*, liant des mots ou des propositions de même nature ou fonction (et, ou, donc, or, ni, mais, car). CONTR. **confusion, désordre.**
ÉTYM. latin *coordinatio*, famille de *ordinare* «mettre en ordre».

COORDONNÉ, ÉE [kɔɔʀdɔne] **adj. 1.** Disposé, ordonné avec d'autres en vue d'une fin. *Actions coordonnées.* **2.** Harmonisé (avec). *Des rideaux coordonnés au papier peint, avec le papier peint. Pull et veste coordonnés.* → **n. m.** *Des coordonnés* (objets, vêtements). **3.** Relié par une conjonction de coordination, un adverbe (aussi, pourtant...). *Propositions coordonnées.*
ÉTYM. de *coordonner.*

COORDONNÉES [kɔɔʀdɔne] **n. f. pl. 1.** MATH. Éléments qui déterminent la position d'un point par rapport à un système de référence, dans un plan (abscisse, ordonnée) ou dans l'espace (abscisse, ordonnée, cote). *Les coordonnées d'un vecteur.* ◆ *Coordonnées géographiques* : latitude et longitude. **2.** fig. FAM. Renseignements sur le moment et le lieu où l'on peut trouver qqn (adresse, etc.). *Laissez-moi vos coordonnées.*
ÉTYM. de *co-* et *ordonnée.*

COORDONNER [kɔɔʀdɔne] **v. tr.** (conjug. 3a) **1.** Organiser (les différentes parties d'un ensemble) pour former un tout efficace ou harmonieux. SYN. **agencer, combiner, ordonner, organiser.** *Coordonner une chose à une autre, avec une autre. Coordonner les travaux de différentes équipes.* **2.** Relier (des mots, des propositions) par une conjonction de coordination, un adverbe. CONTR. **désorganiser.**
ÉTYM. de *co-* et *ordonner*, d'après *coordination.*

COPAIN, COPINE [kɔpɛ̃, kɔpin] **n.** ✦ FAM. Camarade (de classe, de travail). *Une bande de copains. Une copine de classe.* → *Favoriser les copains* (→ **copinage**). ◆ **adj.** *Ils sont très copains.* SYN. **ami.**
ÉTYM. de l'ancien français *compain*, latin *companio* → compagnon.

COPEAU [kɔpo] **n. m.** ✦ Éclat, mince ruban détaché (d'une pièce de bois, etc.) par un instrument tranchant. *Brûler des copeaux.* → *Copeaux d'acier.*
ÉTYM. du latin *cuspis* «pointe (d'un objet)».

COPIAGE [kɔpjaʒ] **n. m.** ✦ Fait de copier (dans un examen) ou d'imiter servilement.

COPIE [kɔpi] **n. f.** **I** **1.** Reproduction d'un écrit. SYN. **double, duplicata, photocopie.** *L'original et la copie.* **2.** Texte (d'un ouvrage), servant de référence aux différents stades de la publication. → **manuscrit, tapuscrit.** *Respecter la copie.* → FAM. *Journaliste en mal de copie*, de sujet d'article. **3.** Devoir rédigé sur une feuille volante. *Corriger des copies.* → Cette feuille. *Un paquet de copies doubles.* **II** **1.** Reproduction (d'une œuvre d'art originale). SYN. **imitation.** *La copie d'un tableau. Ce meuble est une copie* (d'ancien). SYN. **réplique.** → Exemplaire (d'un film de cinéma). *Copie neuve.* **2.** Imitation (d'une œuvre). *Ce livre n'est qu'une pâle copie.* SYN. **plagiat.**
ÉTYM. latin *copia* «abondance».

COPIER [kɔpje] **v. tr.** (conjug. 9) **1.** Reproduire (un écrit ; une œuvre d'art). SYN. **calquer, transcrire** ; **imiter.** *Copier un texte, un tableau.* **2.** Imiter frauduleusement. → intrans. *Il a copié* (sur le voisin). **3.** Imiter (qqn, ses manières...). *Il copie les Américains qu'il fréquente.*
ÉTYM. latin médiéval *copiare* «reproduire en abondance *(copia)*».

COPIER-COLLER [kɔpjekɔle] **n. m. invar.** ✦ INFORM. Action de copier puis d'insérer un texte, une portion de texte, une image... dans un document.

COPIEUR, EUSE [kɔpjœʀ, øz] **n.** **I** **n.** Élève qui copie en fraude. **II** **n. m.** Photocopieur. HOM. COPIEUSE «abondante» (féminin de *copieux*)
ÉTYM. de *copier* ; sens II, abréviation de *photocopieur.*

COPIEUSEMENT [kɔpjøzmɑ̃] **adv.** ✦ Beaucoup ; abondamment. *Manger copieusement.* CONTR. **chichement, peu.**

A B C D E F G H I J K L M N O P Q R S T U V W X Y Z

COPIEUX, EUSE [kɔpjø, øz] **adj.** ✦ Abondant. *Un repas copieux.* SYN. **plantureux.** HOM. COPIEUSE «tricheuse» (féminin de *copieur*)
ÉTYM. latin *copiosus* «abondant», de *copia* «abondance».

COPILOTE [kopilɔt] **n.** ✦ AVIAT. Pilote en second.

COPINAGE [kɔpinaʒ] **n. m.** ✦ FAM. péj. Favoritisme (dans le monde politique, des affaires, etc.).
ÉTYM. de *copiner.*

COPINE **n. f.** → COPAIN

COPINER [kɔpine] **v. intr.** (conjug. 3a) ✦ FAM. Avoir des relations de camaraderie.
ÉTYM. de *copin,* ancienne forme de *copain.*

COPINERIE [kɔpinʀi] **n. f.** ✦ FAM. Relations de copains ; ensemble de copains.
ÉTYM. de *copiner.*

COPISTE [kɔpist] **n.** 1. ancienn Professionnel qui copiait des manuscrits, de la musique. SYN. **scribe.** 2. Personne qui copie une œuvre artistique ou littéraire. SYN. **plagiaire.**
ÉTYM. de *copier.*

COPLANAIRE [kɔplanɛʀ] **adj.** ✦ MATH. Situé dans un même plan. *Droites coplanaires.*

COPPA [kɔ(p)pa] **n. f.** ✦ Charcuterie italienne, échine désossée, salée, fumée et roulée.
ÉTYM. mot italien, proprement «① coupe», à cause de la forme.

COPRA ou **COPRAH** [kɔpʀa] **n. m.** ✦ Amande de la noix de coco décortiquée, fournissant de l'huile.
ÉTYM. portugais *copra,* d'une langue dravidienne du sud de l'Inde.

COPRO- Élément, du grec *kopros* «excrément».

COPRODUCTION [kopʀɔdyksjɔ̃] **n. f.** ✦ Production (d'un film, d'un spectacle) par plusieurs producteurs *(coproducteurs)* ; le spectacle lui-même. *Une coproduction franco-italienne.*

COPROPRIÉTAIRE [kopʀɔpʀijetɛʀ] **n.** ✦ Personne qui possède qqch. en copropriété.
ÉTYM. de *copropriété,* d'après *propriétaire.*

COPROPRIÉTÉ [kopʀɔpʀijete] **n. f.** ✦ Propriété de plusieurs personnes sur un seul bien. *Immeuble en copropriété.*

COPTE [kɔpt] **adj.** et **n.** ✦ Des chrétiens d'Égypte. – **n.** *Les Coptes* (☞ noms propres). ◆ **n. m.** Langue liturgique des Coptes, issue de l'ancien égyptien.
ÉTYM. du grec *Aiguptios* «Égyptien».

COPULATION [kɔpylasjɔ̃] **n. f.** ✦ Accouplement du mâle avec la femelle.
ÉTYM. latin *copulatio* «union».

COPULE [kɔpyl] **n. f.** ✦ DIDACT. Mot qui relie le sujet au prédicat. *Le verbe «être» est une copule.*
ÉTYM. latin *copula* «lien, union» ; doublet de *couple.*

COPULER [kɔpyle] **v. intr.** (conjug. 3a) ✦ DIDACT. S'unir charnellement. SYN. **coïter.**
ÉTYM. latin *copulare «lier» ; doublet de coupler.*

COPYRIGHT [kɔpiʀajt] **n. m.** ✦ Droit exclusif que détient un auteur ou son représentant d'exploiter une œuvre (symb. ©).
ÉTYM. mot anglais «droit *(right)* de copie».

① **COQ** [kɔk] **n. m.** **I** 1. Oiseau de basse-cour, mâle de la poule. *Crête de coq. Le chant du coq.* → **cocorico.** *Combat de coqs.* – *Le coq gaulois,* symbole de la France. ◆ *Manger du coq au vin.* 2. iron. *Le coq du village :* le garçon le plus admiré des femmes. 3. loc. *Être comme un* COQ EN PÂTE : être soigné, dorloté. ◆ *Passer du coq à l'âne.* → **coq-à-l'âne.** 4. appos. *Poids coq,* catégorie de boxeurs (51 à 54 kg). *Les poids coqs.* **II** Mâle d'une autre espèce de gallinacés. *Coq de bruyère :* tétras. *Coq de roche.* HOM. ① COKE «charbon», COQUE «coquille»
ÉTYM. d'une onomatopée imitant le cri du coq.

② **COQ** [kɔk] **n. m.** ✦ Cuisinier à bord d'un navire. *Maître-coq,* le cuisinier en chef. *Des maîtres-coqs.* HOM. ① COKE «charbon», COQUE «coquille»
ÉTYM. néerlandais *kok,* du latin *coquere* «cuire».

COQ-À-L'ÂNE [kɔkalɑn] **n. m. invar.** ✦ Passage sans transition et sans motif d'un sujet à un autre.
ÉTYM. de *(saillir* «sauter») *du coq à l'âne.*

COQUE [kɔk] **n. f.** **I** 1. Enveloppe rigide (de certains fruits). *Coque d'amande, de noix.* SYN. **coquille.** 2. Coquillage comestible (mollusque bivalve). 3. *ŒUF À LA COQUE,* cuit dans sa coquille, au jaune encore mou (→ **coquetier**). **II** 1. Ensemble de la membrure et du revêtement extérieur (d'un navire). → **monocoque, multicoque.** 2. Bâti rigide qui remplace le châssis et la carrosserie (d'une automobile). HOM. ① COKE «charbon», ① COQ «oiseau», ② COQ «cuisinier»
ÉTYM. p.-ê. latin *coccum* «kermès» et «écarlate».

-COQUE Élément savant, du grec *kokkos* «grain», caractérisant certains micro-organismes (ex. *staphylocoque, streptocoque*).

COQUELET [kɔklɛ] **n. m.** ✦ CUIS. Jeune poulet.

COQUELICOT [kɔkliko] **n. m.** ✦ Petit pavot sauvage à fleur rouge vif, qui croît dans les champs. – loc. *Rouge comme un coquelicot,* rouge de confusion, de timidité.
ÉTYM. de *coquerico* «cocorico», à cause de la crête du coq.

COQUELUCHE [kɔklyʃ] **n. f.** 1. Maladie contagieuse, caractérisée par une toux convulsive. 2. *Être LA COQUELUCHE DE :* être aimé, admiré de. *La coqueluche du lycée.*
ÉTYM. peut-être famille de *coque, coquille.*

COQUET, ETTE [kɔkɛ, ɛt] **adj.** **I** 1. Qui cherche à plaire aux personnes du sexe opposé. – **n. f.** *Une coquette.* SYN. **aguicheuse, allumeuse.** 2. Qui veut plaire par sa tenue, qui a le goût de la toilette. *Une petite fille coquette.* 3. Qui a un aspect plaisant, soigné. *Un logement coquet.* **II** FAM. D'une importance assez considérable. *Un héritage assez coquet. Il m'en a coûté la coquette somme de...*
ÉTYM. de *coq,* au sens figuré de «séducteur».

COQUETIER [kɔk(ə)tje] **n. m.** ✦ Petite coupe dans laquelle on met un œuf pour le manger à la coque.
ÉTYM. de *coque.*

COQUETTEMENT [kɔkɛtmɑ̃] **adv.** ✦ D'une manière coquette (I). *S'habiller coquettement. Maison coquettement meublée.*

COQUETTERIE [kɔkɛtʀi] **n. f.** 1. Souci de plaire en attirant l'attention ; comportement qui en résulte. ◆ Légère affectation. *Son refus, c'est de la coquetterie.* ◆ loc. FAM. *Avoir une coquetterie dans l'œil :* loucher

légèrement. 2. Goût de la toilette, souci d'élégance.
ÉTYM. de *coquet.*

COQUILLAGE [kɔkijaʒ] **n. m.** 1. Mollusque marin comestible pourvu d'une coquille. *Manger des coquillages,* des fruits de mer. 2. La coquille. *Un collier de coquillages.*
ÉTYM. de *coquille.*

COQUILLE [kɔkij] **n. f.** I 1. Enveloppe calcaire qui recouvre le corps de la plupart des mollusques et d'autres animaux aquatiques. SYN. **carapace, coque, coquillage.** *Coquille bivalve. Coquille de moule ; d'escargot.* ➝ loc. *Rentrer dans sa coquille* (comme l'escargot) : se replier sur soi. *Sortir de sa coquille.* ◆ *COQUILLE SAINT-JACQUES :* coquille d'un mollusque (que les pèlerins de Saint-Jacques-de-Compostelle (☛ noms propres) fixaient à leur manteau et à leur chapeau) ; ce mollusque comestible. → **peigne.** *Des coquilles Saint-Jacques.* 2. Objet représentant ou évoquant une coquille. *Coquille à hors-d'œuvre.* ◆ loc. *La coquille d'une épée :* partie concave qui protège la main. ➝ *Coquille (de boxeur),* protégeant les parties génitales. II 1. Enveloppe dure (des noix, noisettes, etc.) ; enveloppe calcaire (des œufs d'oiseaux). *La coquille de cet œuf est fêlée.* 2. fig. *COQUILLE DE NOIX :* petit bateau, barque. III Faute typographique, lettre substituée à une autre. *Corriger une coquille.*
ÉTYM. latin populaire *conchilia,* de *conchylium,* du grec, influence du latin *coccum* «coque».

COQUILLETTE [kɔkijɛt] **n. f.** ✦ (généralt au plur.) Pâte alimentaire en forme de petite coquille.
ÉTYM. diminutif de *coquille.*

COQUIN, INE [kɔkɛ̃, in] **n. et adj.** 1. VX Personne vile, capable d'actions blâmables. SYN. **bandit, canaille ; s'acoquiner.** *Un infâme coquin.* 2. (surtout enfants) Personne espiègle, malicieuse. *Petit coquin !* SYN. **garnement.** ➝ **adj.** (enfants) *Elle est coquine.*
ÉTYM. origine obscure.

COR [kɔʀ] **n. m.** I 1. anciennt Corne, trompe. *Le cor de Roland.* SYN. **olifant.** 2. Instrument à vent en métal, contourné en spirale et terminé par une partie évasée (→ **corniste**). *Cor de chasse* (les chasseurs disent *trompe*). *Cor d'harmonie* (instrument d'orchestre). *Cor à piston* ou *cor chromatique.* ◆ *COR ANGLAIS :* hautbois alto. 3. loc. *À COR ET À CRI :* en insistant bruyamment. *Réclamer qqch., qqn à cor et à cri.* II (Matière cornée) 1. Petite callosité située sur les orteils ou la plante des pieds. *Avoir des cors au pied.* 2. au plur. Ramifications des bois du cerf. ➝ appos. *Un cerf dix cors.* ➝ *Un dix cors.*
HOM. CORPS «organisme»
ÉTYM. ancien français *corn,* latin *cornu* «corne».

CORAIL, AUX [kɔʀaj, o] **n. m.** 1. Animal marin des mers chaudes, qui sécrète un squelette calcaire (→ **polypier**), de couleur rouge ou blanche. SYN. **madrépore.** *Récifs de corail.* → **atoll.** 2. La matière calcaire qui forme les coraux, appréciée en bijouterie. 3. appos. *Couleur corail,* celle du corail rouge. ➝ adjectivt invar. *Des lentilles corail. Des vernis corail.* 4. Partie rouge orangé d'une coquille Saint-Jacques. HOM. CHORAUX (pluriel de *choral* «des chœurs»)
ÉTYM. latin *corallium,* du grec.

CORALLIEN, IENNE [kɔʀaljɛ̃, jɛn] **adj.** ✦ Formé de coraux. *Récifs coralliens.*
ÉTYM. de *coral,* ancienne forme de *corail.*

CORAN [kɔʀɑ̃] **n. m.** ✦ Livre sacré des musulmans contenant la doctrine islamique. *Versets du Coran* (→ **sourate**).
ÉTYM. arabe *qur'ān* «lecture» ; d'abord *alcoran.* ☛ CORAN (noms propres).

CORANIQUE [kɔʀanik] **adj.** ✦ Qui a rapport au Coran. *École coranique :* école musulmane traditionnelle.

CORBEAU [kɔʀbo] **n. m.** I 1. Grand oiseau à plumage noir ou gris (→ **choucas, corneille, freux**). *Le corbeau croasse. «Le Corbeau et le Renard»* (fable de La Fontaine). ◆ spécialt Le grand corbeau (à plumage noir). 2. Auteur de lettres anonymes. II ARCHIT. Pierre, poutre en saillie sur un mur, servant à soutenir un linteau, une corniche (→ **encorbellement**).
ÉTYM. latin populaire *corbellus,* de *corbus* pour *corvus* «corbeau».

CORBEILLE [kɔʀbɛj] **n. f.** I 1. Panier léger. *Corbeille de jonc. Corbeille à ouvrage. Corbeille à pain.* ➝ *Corbeille à papier,* où l'on jette des papiers. ◆ Contenu d'une corbeille. *Une corbeille de fruits.* 2. fig. VIEILLI *Corbeille de mariage :* cadeaux offerts aux nouveaux mariés. II 1. Massif de fleurs rond ou ovale. 2. Espace circulaire entouré d'une balustrade et réservé aux agents de change, à la Bourse. 3. Balcon situé immédiatement au-dessus de l'orchestre d'une salle de spectacle. SYN. **mezzanine.**
ÉTYM. latin *corbicula* «petite corbeille *(corbis)*».

CORBILLARD [kɔʀbijaʀ] **n. m.** ✦ Voiture, fourgon servant à transporter les morts jusqu'à leur sépulture. *Mettre un cercueil dans le corbillard.*
ÉTYM. de *(coche de) Corbeil,* nom d'une ville de l'Essonne. ☛ CORBEIL-ESSONNES (noms propres).

CORDAGE [kɔʀdaʒ] **n. m.** 1. Lien servant au gréement d'un navire ou à la manœuvre d'une machine. SYN. **corde.** *Hisser avec un cordage.* SYN. **filin.** 2. Ensemble des cordes d'une raquette.
ÉTYM. de *corde.*

CORDE [kɔʀd] **n. f.** I 1. (sens général) Réunion de brins d'une matière textile tordus ensemble. SYN. **câble, cordage, ficelle.** *Alpinistes reliés par une corde.* → **cordée.** *Échelle de corde. Espadrilles à semelles de corde.* ➝ *Une corde en matière plastique.* ◆ *CORDE À LINGE :* fil sur lequel on met le linge à sécher. → **étendoir.** ➝ *CORDE À SAUTER,* corde munie de poignées, que l'on fait tourner. ➝ *CORDE LISSE, CORDE À NŒUDS,* servant à grimper. ➝ *Tendre la corde d'un arc.* loc. *Avoir plus d'une corde, plusieurs cordes à son arc,* plusieurs moyens pour parvenir à ses fins. ➝ loc. *Tirer sur la corde,* abuser d'un avantage, de la patience d'une personne. 2. GÉOM. Segment de droite joignant deux points d'une courbe. 3. Lien servant à pendre qqn. ➝ Supplice de la pendaison. ◆ loc. *Se mettre la corde au cou :* se mettre dans une situation pénible de dépendance. ➝ *Parler de corde dans la maison d'un pendu,* faire une gaffe. 4. Trame d'une étoffe devenue visible par l'usure. *Vêtement usé jusqu'à la corde.* 5. SPORTS *Tenir la corde :* rester près de l'intérieur de la piste ; fig. avoir l'avantage. ➝ *Prendre un virage à la corde.* 6. Fil sur lequel les acrobates font des exercices. *Danseur de corde.* ➝ loc. *Être sur la corde raide,* dans une situation délicate. 7. *Les cordes du ring,* qui le limitent. *Boxeur envoyé dans les cordes.* 8. loc. fig. *Il pleut des cordes,* très fort, à verse. II 1. Boyau, crin, fil métallique tendu qui produit les

A B C D E F G H I J K L M N O P Q R S T U V W X Y Z

sons sur certains instruments. *Instruments à cordes et instruments à vent.* ➜ *Les cordes d'un orchestre* (violons, altos, violoncelles, contrebasses). *Quatuor à cordes.* **2.** loc. *Faire vibrer, toucher la corde sensible :* parler à une personne de ce qui la touche le plus. **III** **1.** *CORDES VOCALES :* replis fibreux du larynx, dont les vibrations produisent les sons de la voix. **2.** loc. *Ce n'est pas DANS MES CORDES :* ce n'est pas de ma compétence.

ÉTYM. latin *chorda*, du grec «boyau».

CORDEAU [kɔʀdo] **n. m.** **1.** Petite corde que l'on tend entre deux points pour obtenir une ligne droite. *Jardinier qui plante au cordeau. Platebande tirée au cordeau.* ➜ fig. *AU CORDEAU :* de façon nette et régulière. *Ici, tout semble tiré au cordeau.* **2.** Mèche de mise à feu.

ÉTYM. de *corde.*

CORDÉE [kɔʀde] **n. f.** ✦ Groupe d'alpinistes attachés pour faire une ascension (→ **s'encorder**). *Premier de cordée,* celui qui mène le groupe (titre d'un roman de Frison-Roche). HOM. CORDER «lier»

ÉTYM. de *corde.*

CORDELETTE [kɔʀdəlɛt] **n. f.** ✦ Corde fine.

ÉTYM. de *cordel*, ancienne forme de *cordeau.*

CORDELIER [kɔʀdəlje] **n. m.** ✦ Religieux franciscain. ➜ HIST. (☛ noms propres) Membre d'un club révolutionnaire (fondé dans un ancien couvent de Cordeliers).

ÉTYM. de *cordel*, ancienne forme de *cordeau.*

CORDELIÈRE [kɔʀdəljɛʀ] **n. f.** ✦ Corde à plusieurs nœuds servant de ceinture ; gros cordon. *La cordelière d'une robe de chambre.*

ÉTYM. de *cordelier.*

CORDER [kɔʀde] **v. tr.** (conjug. 3a) **1.** Lier avec une corde. *Corder une malle.* → **cercler. 2.** Garnir de cordes (une raquette de tennis). HOM. CORDÉE «alpinistes attachés»

CORDIAL, ALE, AUX [kɔʀdjal, o] **adj.** **I** VX Qui stimule le cœur. *Remède cordial.* ♦ **n. m.** Remède cordial ; COUR. boisson alcoolisée. *Prendre un cordial.* **II** Qui vient du cœur, de l'affection ; sincère et spontané. SYN. **affectueux, bienveillant, chaleureux.** *Un accueil cordial.* ♦ iron. *Une haine cordiale :* très vive. CONTR. **froid, hostile, indifférent.**

ÉTYM. latin médiéval *cordialis* «du cœur (*cor, cordis*)».

CORDIALEMENT [kɔʀdjalmɑ̃] **adv.** ✦ D'une manière cordiale, spontanée. *Parler cordialement à qqn.* ♦ iron. *Ils se haïssent cordialement.* CONTR. **froidement.**

CORDIALITÉ [kɔʀdjalite] **n. f.** ✦ Affection, bienveillance qui se manifeste avec simplicité. SYN. **chaleur, sympathie.** *Accueillir qqn avec cordialité.* CONTR. **froideur, hostilité.**

CORDILLÈRE [kɔʀdijɛʀ] **n. f.** ✦ Chaîne de montagnes. *La cordillère des Andes.*

ÉTYM. espagnol *cordillera*, de *cuerda* «corde».

CORDON [kɔʀdɔ̃] **n. m.** **I** **1.** Petite corde (attache, ornement, tirage). SYN. **cordelière, lacet, lien.** *Cordon de rideaux.* ➜ loc. *Tenir les cordons de la bourse :* régler les dépenses. **2.** Mèche de mise à feu. SYN. **cordeau** (2). ➜ *Cordon Bickford,* pour l'allumage des explosifs. **II** Ruban qui sert d'insigne aux membres d'un ordre honorifique. *Le grand cordon de la Légion d'honneur,* l'écharpe de grand-croix. **III** **1.** *Cordon ombilical,* qui relie l'embryon au placenta. **2.** Tendon saillant. **3.** Série (de choses ou de personnes alignées). SYN. **file, ligne, rangée.** *Un cordon d'agents de police.* ➜ *Cordon sanitaire,* ligne de postes de surveillance sanitaire. **4.** *Cordon littoral :* bande de terre qui émerge à peu de distance d'une côte. SYN. **lido.**

ÉTYM. de *corde.*

CORDON-BLEU [kɔʀdɔ̃blø] **n. m.** ✦ Personne qui fait très bien la cuisine. *Des cordons-bleus.*

ÉTYM. plaisanterie sur la décoration de l'ordre du Saint-Esprit, le *cordon bleu.*

CORDONNERIE [kɔʀdɔnʀi] **n. f.** ✦ Commerce, métier, atelier du cordonnier.

ÉTYM. de *cordonnier.*

CORDONNET [kɔʀdɔnɛ] **n. m.** ✦ Petit cordon (I).

CORDONNIER, IÈRE [kɔʀdɔnje, jɛʀ] **n.** ✦ Artisan qui répare, entretient les chaussures. *Le cordonnier ressemelle les chaussures.* ➜ prov. *Les cordonniers sont toujours les plus mal chaussés.*

ÉTYM. de *cordouan* «de *Cordoue*», ville espagnole célèbre pour ses cuirs. ☛ noms propres.

CORÊ → KORÊ

CORELIGIONNAIRE [kɔʀ(ə)liʒjɔnɛʀ] **n.** ✦ Personne qui professe la même religion qu'une autre. *Les coreligionnaires de qqn.*

ÉTYM. de *religion.*

CORIACE [kɔʀjas] **adj.** **1.** (viande) Très dur ; qui ne se laisse pas couper, mâcher, etc. **2.** (personnes) Qui ne cède pas. SYN. **dur, tenace.** *Il est coriace en affaires.* ➜ **n.** *C'est un coriace.* CONTR. **mou,** ② **tendre** · **souple.**

ÉTYM. p.-ê. latin *coriaceus*, de *corium* «cuir».

CORIANDRE [kɔʀjɑ̃dʀ] **n. f.** ✦ Plante aromatique dont les feuilles fraîches ou le fruit séché sont employés comme assaisonnement.

ÉTYM. latin *coriandrum*, grec *koriannon.*

CORICIDE [kɔʀisid] **n. m.** ✦ Préparation qu'on applique sur les cors aux pieds, pour les détruire.

ÉTYM. de *cor* et *-cide.*

CORINDON [kɔʀɛ̃dɔ̃] **n. m.** ✦ Alumine cristallisée, pierre très dure, dont les variétés colorées sont utilisées en joaillerie (ex. aigue-marine, améthyste, rubis, saphir, topaze).

ÉTYM. du tamoul *corundum.*

CORINTHIEN, IENNE [kɔʀɛ̃tjɛ̃, jɛn] **adj.** ✦ Se dit d'un ordre d'architecture grecque (succédant au dorique et à l'ionique) caractérisé par des colonnes élancées, aux chapiteaux ornés de feuilles d'acanthe. *Ordre corinthien* et **n. m.** *le corinthien.* ➜ *Chapiteau corinthien.*

ÉTYM. de *Corinthe*, ville de Grèce. ☛ noms propres.

CORMIER [kɔʀmje] **n. m.** ✦ Sorbier cultivé.

ÉTYM. de *corme* «fruit du cormier», mot d'origine gauloise.

CORMORAN [kɔʀmɔʀɑ̃] **n. m.** ✦ Oiseau palmipède côtier, au plumage sombre, bon plongeur.

ÉTYM. de l'ancien français *corp* «corbeau» et *mareng* «marin».

CORNAC [kɔʀnak] **n. m.** **1.** Celui qui est chargé des soins et de la conduite d'un éléphant domestiqué. **2.** fig. FAM. Personne qui introduit, guide (qqn, un personnage officiel, etc.).

ÉTYM. portugais *cornaca*, d'une langue de l'Inde.

CORNALINE [kɔʀnalin] **n. f.** ✦ Variété de calcédoine translucide, rouge.
ÉTYM. de *corne*, II.

CORNAQUER [kɔʀnake] **v. tr.** (conjug. 3a) ✦ FAM. Servir de guide à (qqn).
ÉTYM. de *cornac*.

CORNE [kɔʀn] **n. f.** **I** 1. Excroissance épidermique, dure et pointue, sur la tête de certains animaux. *Les cornes des ruminants. Cornes ramifiées du cerf.* → **andouiller, bois.** *Transpercer à coups de corne.* → **encorner.** ➛ BÊTES À CORNES : bœufs, vaches, chèvres. ➛ loc. *Prendre le taureau par les cornes,* prendre de front les difficultés. ♦ loc. FAM. *Avoir, porter des cornes,* être trompé (mari, femme). 2. Appendice comparé à une corne. *Les cornes* (pédicules oculaires) *d'un escargot.* 3. Corne d'animal évidée. *Corne d'abondance.* ➛ *Corne de gazelle :* gâteau oriental. 4. Angle saillant, coin. *À la corne du bois.* ♦ *Faire une corne à la page d'un livre.* → ① **corner.** **II** 1. Substance compacte qui constitue les productions dures de l'épiderme (ongles, cornes, sabots, griffes, bec des oiseaux, fanons de baleine, écailles de tortue). → **kératine.** *Peigne de corne. Des couteaux à manches de corne.* ➛ CORNE À CHAUSSURES : chausse-pied. 2. Couches mortes de l'épiderme qui forment des callosités. **III** 1. Instrument sonore fait d'une corne (I, 1) creuse. → **cor, cornet, trompe.** *Une corne de berger.* 2. VX Avertisseur sonore (→ ① **corner**). ➛ MAR. *Corne de brume.*
ÉTYM. latin *corna*, de *cornua*, plur. de *cornu* «corne».

CORNÉ, ÉE [kɔʀne] **adj.** ✦ Qui a la consistance dure de la corne (II).

CORNED-BEEF [kɔʀnɛdbif ; kɔʀnbif] **n. m.** ✦ Viande de bœuf en conserve. SYN. **singe** (4). *Des corned-beefs.*
ÉTYM. mot anglais, littéralement «bœuf *(beef)* conservé avec des grains *(corned)* de sel».

CORNÉE [kɔʀne] **n. f.** ✦ Enveloppe antérieure et transparente de l'œil.
ÉTYM. du latin *cornea (tunica)* «(tunique) cornée», de *cornu* «corne».

CORNÉEN, ENNE [kɔʀneɛ̃, ɛn] **adj.** ✦ De la cornée. *Lentilles cornéennes,* verres optiques de contact.

CORNEILLE [kɔʀnɛj] **n. f.** ✦ Oiseau du genre corbeau, plus petit que le grand corbeau, à queue arrondie et plumage foncé. *Corneille grise ; noire* (souvent appelée *corbeau*).
ÉTYM. latin *cornicula*, de *cornix* «corneille».

CORNÉLIEN, IENNE [kɔʀneljɛ̃, jɛn] **adj.** ✦ Relatif à Pierre Corneille (☞ noms propres), qui évoque ses héros, ses tragédies. *Un héros cornélien.* ➛ *Un choix, un dilemme cornélien,* qui oppose le sentiment et le devoir.

CORNEMUSE [kɔʀnəmyz] **n. f.** ✦ Instrument de musique à vent composé d'un sac de cuir et de deux ou trois tuyaux, dont un percé de trous. SYN. **musette.** *Cornemuse bretonne.* SYN. **biniou.**
ÉTYM. de *cornemuser*, de ① *corner* (II) et *muser*.

① **CORNER** [kɔʀne] **v.** (conjug. 3a) **I** **v. tr.** Plier en forme de corne (I, 4), relever un coin de. *Corner les pages d'un livre.* ➛ au p. passé *Feuille cornée.* **II** **v. intr.** VX Faire fonctionner une corne (III), une trompe. SYN. **klaxonner.** ♦ trans. FAM. *Corner qqch. aux oreilles de qqn,* le lui dire bruyamment.
ÉTYM. de *corne*, I et III.

② **CORNER** [kɔʀnɛʀ] **n. m.** ✦ anglicisme Faute commise par un footballeur qui envoie le ballon derrière la ligne de but de son équipe. ♦ Coup franc accordé à l'équipe adverse à la suite de cette faute. *Le corner est tiré d'un angle du terrain.*
ÉTYM. mot anglais «coin».

CORNET [kɔʀnɛ] **n. m.** **I** Objet en forme de corne ; récipient conique (→ **cône**). *Une glace en cornet. Cornet de papier,* papier roulé en corne et susceptible de contenir qqch. *Un cornet de frites.* ♦ *Cornet à dés,* godet qui sert à agiter et à jeter les dés. **II** Petite trompe. ➛ *CORNET (À PISTONS) :* cuivre plus court que la trompette.
ÉTYM. diminutif de *corne*.

CORNETTE [kɔʀnɛt] **n. f.** 1. Coiffure de certaines religieuses. 2. anciennt Étendard de cavalerie. ➛ Officier qui le portait.
ÉTYM. de *corne*, I.

CORNETTISTE [kɔʀnetist] **n.** ✦ Joueur, joueuse de cornet (à pistons).
ÉTYM. de *cornet* (II).

CORNFLAKES [kɔʀnflɛks] **n. m. pl.** ✦ anglicisme Flocons de maïs grillés et croustillants, consommés avec du lait au petit-déjeuner. ➛ On écrit aussi *corn-flakes.*
ÉTYM. américain *cornflakes*, de *corn* «maïs» et *flake* «flocon».

CORNIAUD [kɔʀnjo] **n. m.** 1. Chien bâtard. 2. FAM. Imbécile. ➛ **adj.** *Ce qu'il peut être corniaud !*
ÉTYM. p.-ê. de *corne* «coin» (né au coin des rues).

CORNICHE [kɔʀniʃ] **n. f.** 1. Partie saillante qui couronne un édifice. ➛ Ornement en saillie sur un mur, un meuble, autour d'un plafond. *La corniche d'une armoire.* 2. Saillie naturelle surplombant un escarpement. *Route en corniche,* qui surplombe un lac, la mer.
ÉTYM. italien *cornice*, latin *cornix, cornicis* «corneille».

CORNICHON [kɔʀniʃɔ̃] **n. m.** 1. Petit concombre cueilli avant sa maturité et conservé dans du vinaigre. *Bocal de cornichons.* 2. FAM. Niais, naïf. SYN. **imbécile.** *Quel cornichon !*
ÉTYM. diminutif de *corne*, I.

CORNIER, IÈRE [kɔʀnje, jɛʀ] **adj.** ✦ Qui est au coin, à l'angle. *Les poteaux corniers d'une charpente.*
ÉTYM. de *corne* (I) «coin».

CORNIÈRE [kɔʀnjɛʀ] **n. f.** ✦ Pièce cornière, en équerre.
ÉTYM. de *cornier*.

CORNISTE [kɔʀnist] **n.** ✦ Personne qui joue du cor, du cor anglais.
ÉTYM. de *cor*.

CORNOUILLER [kɔʀnuje] **n. m.** ✦ Arbre commun dans les haies, les bois.
ÉTYM. de *cornouille* «fruit du *cornouiller*» ; famille du latin *cornum* «arbre à bois dur».

CORNU, UE [kɔʀny] **adj.** 1. Qui a des cornes. *Animal cornu. Diable cornu.* 2. Qui a la forme d'une corne, présente des saillies en forme de corne. *Blé cornu.*
ÉTYM. latin *cornutus*.

CORNUE [kɔʀny] **n. f.** ✦ Récipient à col étroit, long et courbé, qui sert à distiller. SYN. **alambic.** *Le col d'une cornue.*
ÉTYM. de *cornu.*

COROLLAIRE [kɔʀɔlɛʀ] **n. m.** ✦ DIDACT. Proposition dérivant immédiatement d'une autre. — MATH. Conséquence directe d'un théorème. ◆ Conséquence, suite naturelle.
ÉTYM. latin *corollarium,* de *corolla* «couronne».

COROLLE [kɔʀɔl] **n. f.** ✦ Ensemble des pétales d'une fleur. — *En corolle,* en forme de corolle de fleur. *Jupe en corolle.*
ÉTYM. latin *corolla* «couronne».

CORON [kɔʀɔ̃] **n. m.** ✦ Ensemble d'habitations identiques des cités minières, dans le Nord et en Belgique. *Habiter un coron.*
ÉTYM. p.-ê. de l'ancien français *corn* «coin».

CORONAIRE [kɔʀɔnɛʀ] **adj.** ✦ ANAT. Disposé en couronne. *Artères coronaires,* qui partent de l'aorte et irriguent le cœur.
ÉTYM. latin *coronarius,* de *corona* «couronne».

CORONARIEN, IENNE [kɔʀɔnaʀjɛ̃, jɛn] **adj.** ✦ MÉD. Des artères coronaires. *Lésions coronariennes.*

COROSSOL [kɔʀɔsɔl] **n. m.** ✦ Gros fruit tropical, aussi appelé *anone,* à la peau parsemée de pointes.
ÉTYM. mot créole.

COROZO [kɔʀozo] **n. m.** ✦ Matière blanche tirée de la noix d'un palmier et dite *ivoire végétal. Boutons de corozo.*
ÉTYM. mot espagnol d'Amérique, du latin populaire *carudium* «noyau».

CORPORATIF, IVE [kɔʀpɔʀatif, iv] **adj.** ✦ Des corporations. — *Esprit corporatif :* esprit de corps.

CORPORATION [kɔʀpɔʀasjɔ̃] **n. f.** 1. HIST. Association d'artisans, groupés en vue de réglementer leur profession et de défendre leurs intérêts. *Maîtres, apprentis, compagnons d'une corporation.* SYN. **communauté.** *Une corporation d'artisans.* 2. Ensemble des personnes qui exercent la même profession. SYN. **corps** de métier. *La corporation des notaires.*
ÉTYM. mot anglais «ensemble de personnes organisé en corps», latin médiéval *corporatio.*

CORPORATISME [kɔʀpɔʀatism] **n. m.** ✦ Doctrine qui préconise les groupements professionnels du type des corporations.
► **CORPORATISTE** [kɔʀpɔʀatist] **adj. et n.**

CORPOREL, ELLE [kɔʀpɔʀɛl] **adj.** ✦ Relatif au corps. SYN.① **physique.** *Châtiment corporel. Hygiène corporelle.* CONTR. **incorporel, spirituel.**
ÉTYM. latin *corporalis,* de *corpus* «corps».

CORPS [kɔʀ] **n. m.** I Partie matérielle des êtres animés. 1. L'organisme humain (opposé à l'esprit, à l'âme). *Étude du corps humain.* → **anatomie, anthropométrie, physiologie.** *Les parties du corps. Les attitudes, les gestes, les mouvements du corps.* ◆ loc. *Trembler de tout son corps. Être sain de corps et d'esprit.* — *CORPS À CORPS,* en serrant le corps d'un autre contre le sien (dans la lutte). **n. m.** *Un corps à corps.* — *CORPS ET ÂME,* tout entier, sans restriction. — *Se jeter À CORPS PERDU dans une entreprise,* avec fougue, impétuosité. 2. Cadavre. *La levée* du corps. Porter un corps en terre.* 3. Le tronc (distinct de la tête et des membres). *Une grosse tête sur un petit corps. Entrer dans l'eau jusqu'au milieu du corps.* → **mi-corps.** 4. (dans des loc.) Homme, individu. *Garde du corps.* — DR. *Séparation* de corps.* — loc. *À son corps défendant.* → **défendre.** II Partie principale. *Le corps et les ailes du château. Le corps de ferme et les dépendances.* — loc. *Navire perdu CORPS ET BIENS,* le navire lui-même et les marchandises. III Objet matériel. 1. *Les corps célestes.* → **astre, satellite.** 2. Objet matériel caractérisé par ses propriétés physiques. *Volume, masse d'un corps. La chute des corps* (→ **pesanteur**). *Corps solides, fluides* (liquides, gaz). — CHIM. *CORPS SIMPLE,* constitué par un seul élément chimique. *Corps pur.* — PHYS. *CORPS NOIR :* corps absorbant toutes les radiations qu'il reçoit. 3. Élément anatomique qui peut être étudié isolément (organe, etc.). *Corps calleux, jaune, strié.* IV 1. Épaisseur, consistance. *Ce papier a du corps.* 2. Force (d'un vin) (→ **corsé**). 3. loc. *PRENDRE CORPS :* devenir réel ; commencer à s'organiser. — *FAIRE CORPS AVEC,* adhérer, ne faire qu'un. V abstrait 1. Groupe formant un ensemble organisé sur le plan des institutions. SYN. **association, communauté.** *Le corps politique. Le corps électoral,* l'ensemble des électeurs. *Les corps constitués,* les organes de l'Administration et les tribunaux. 2. Compagnie, ordre, administration. *Le corps diplomatique. Le corps enseignant.* — *Corps de métier,* ensemble organisé de personnes exerçant la même profession. SYN. **corporation.** ◆ *Esprit* de corps.* 3. Unité militaire administrativement indépendante (bataillon, régiment). *Rejoindre son corps. Chef de corps.* — *Corps d'armée,* formé de plusieurs divisions. 4. *Corps de ballet.* → **ballet.** 5. MATH. Ensemble ayant une structure d'anneau (et dont les éléments forment un groupe). HOM. COR «trompe de chasse» et «durillon»

CORPULENCE [kɔʀpylɑ̃s] **n. f.** ✦ Ampleur du corps humain (taille, grosseur). *Il est de forte corpulence.* — Forte corpulence. *Avoir de la corpulence.* SYN. **embonpoint.** CONTR. **maigreur.**
ÉTYM. latin *corpulentia* → corpulent.

CORPULENT, ENTE [kɔʀpylɑ̃, ɑ̃t] **adj.** ✦ Qui est de forte corpulence. SYN. **gras, gros.** CONTR. **maigre.**
ÉTYM. latin *corpulens,* de *corpus* «corps».

CORPUS [kɔʀpys] **n. m.** ✦ DIDACT. Ensemble limité de textes fournissant de l'information pour l'étude d'un phénomène.
ÉTYM. mot latin «corps».

CORPUSCULAIRE [kɔʀpyskylɛʀ] **adj.** ✦ PHYS. Des corpuscules. *La théorie corpusculaire de la lumière* (s'oppose à *ondulatoire*). *Physique corpusculaire.* SYN. **atomique, nucléaire.**

CORPUSCULE [kɔʀpyskyl] **n. m.** 1. Petite parcelle de matière (atome, molécule). — Petit élément anatomique. 2. PHYS. VX Particule.
ÉTYM. latin *corpusculum* «petit corps *(corpus),* atome».

CORRAL, ALS [kɔʀal] **n. m.** ✦ Enclos où l'on parque le bétail (bœufs, taureaux), dans certains pays. *Des corrals.* HOM. CHORAL «du chœur»
ÉTYM. mot espagnol d'Amérique.

CORRECT, ECTE [kɔʀɛkt] **adj.** I 1. Qui respecte les règles. *Phrase grammaticalement correcte.* 2. Conforme aux usages, aux mœurs. SYN. **bienséant, convenable.**

Des manières correctes. **3.** Conforme à la morale. *Correct en affaires.* SYN. **honnête, régulier.** **4.** loc. (anglicisme) *Politiquement correct* : conforme à l'idéologie d'une société moralisée ; bienséant. **II** FAM. Qui, sans présenter de graves fautes, n'est pas remarquable par sa qualité. SYN. ① **moyen, passable.** *Un hôtel modeste, mais correct.* SYN. **convenable.** CONTR. **incorrect, inexact • inconvenant, indécent • malhonnête.**

ÉTYM. latin *correctus*, du participe passé de *corrigere* «corriger».

CORRECTEMENT [kɔʀɛktəmɑ̃] **adv.** **1.** Sans faute, d'une manière correcte. *Tiens-toi correctement !* SYN. **convenablement.** **2.** Assez bien. *Elle gagne correctement sa vie.*

CORRECTEUR, TRICE [kɔʀɛktœʀ, tʀis] **n.** **1.** Personne qui corrige en relevant les fautes et en les jugeant. *Les correcteurs du brevet.* SYN. **examinateur.** **2.** Personne qui lit et corrige les épreuves d'imprimerie. *Elle est chef correcteur* (ou *chef correctrice*). **3.** **adj.** Qui a pour but de corriger. *Lunettes à verres correcteurs.*

ÉTYM. latin *corrector.*

CORRECTIF, IVE [kɔʀɛktif, iv] **adj.** et **n. m.**

I adj. Qui a le pouvoir de corriger. *Gymnastique corrective.*

II n. m. Terme par lequel on atténue un propos.

ÉTYM. latin *correctivus.*

CORRECTION [kɔʀɛksjɔ̃] **n. f.** **I** (Action de corriger) **1.** Changement fait à un ouvrage pour l'améliorer. SYN. **rectification, remaniement, retouche.** *Corrections de forme, de fond.* ◆ spécialt *Correction des épreuves d'imprimerie*, indication des erreurs ; exécution matérielle des changements. ➝ Action de corriger des devoirs, les épreuves d'un examen. *La correction des copies.* **2.** Opération qui rend exact. *La correction d'une observation.* **3.** VX Fait de corriger qqn, sa conduite. ➝ anciennt *MAISON DE CORRECTION*, où des mineurs délinquants étaient détenus. **II** Châtiment corporel ; coups. SYN. **punition.** *Recevoir une correction.* **III** **1.** Qualité de ce qui est correct. *La correction d'une traduction, du langage.* **2.** Comportement correct (2 ou 3). *Être d'une parfaite correction.* CONTR. **aggravation • récompense • impolitesse, incorrection.**

ÉTYM. latin *correctio.*

CORRECTIONNEL, ELLE [kɔʀɛksjɔnɛl] **adj.** ✦ Qui a rapport aux actes qualifiés de délits par la loi. *Tribunal de police correctionnelle* ou **n. f.** FAM. *la correctionnelle. Passer en correctionnelle.*

ÉTYM. de *correction* (II).

CORRÉLAT [kɔʀela] **n. m.** ✦ DIDACT. Terme d'une corrélation.

ÉTYM. de *corrélation.*

CORRÉLATIF, IVE [kɔʀelatif, iv] **adj.** ✦ Qui est en corrélation, qui présente une relation logique avec autre chose. *La notion de droit est corrélative de, à celle de devoir.* ➝ GRAMM. *Mots, termes corrélatifs*, qui, employés ensemble, servent à indiquer une relation entre deux membres de phrase. **n. m.** *Le corrélatif* : le premier de ces termes, qui appartient à la principale, le second étant le relatif (ex. il est *tellement* bête *qu'*il ne comprend rien).

► **CORRÉLATIVEMENT** [kɔʀelativmɑ̃] **adv.**

ÉTYM. latin médiéval *correlativus.*

CORRÉLATION [kɔʀelasjɔ̃] **n. f.** ✦ Lien, rapport réciproque. *Il n'y a aucune corrélation entre ces évènements.* SYN. **correspondance, interdépendance.** CONTR. **autonomie, indépendance.**

ÉTYM. latin *correlatio*, de *relatio* «relation».

CORRÉLER [kɔʀele] **v. tr.** (conjug. 8) ✦ Établir une corrélation entre (des phénomènes) ; mettre en corrélation avec (qqch.). *Corréler des indices pour résoudre une énigme.*

ÉTYM. de *corrélation*, d'après l'anglais *to correlate.*

CORRESPONDANCE [kɔʀɛspɔ̃dɑ̃s] **n. f.** **I** Rapport logique entre un terme et un ou plusieurs autres (➝ **conséquent**), déterminés par le premier ; rapport de conformité. SYN. **accord, analogie.** *Correspondance d'idées, de sentiments entre deux personnes.* SYN. **affinité.** **II** **1.** Relation par écrit entre deux personnes ; échange de lettres. SYN. **courrier.** *Une correspondance amicale. Avoir, entretenir une correspondance avec qqn.* ➝ *Cours par correspondance.* ➝ aussi **téléenseignement.** *Vente par correspondance (V. P. C.).* ◆ Les lettres qui constituent la correspondance. *La correspondance de Madame de Sévigné.* ☛ Littérature p. 138. **2.** Relation entre deux moyens de transport. SYN. **changement.** *Un autocar assurera la correspondance à la gare.* ➝ Le moyen de transport qui assure la correspondance (chemin de fer, autocar). *Attendre la correspondance.* CONTR. **désaccord, discordance, opposition.**

ÉTYM. de *correspondant.*

CORRESPONDANT, ANTE [kɔʀɛspɔ̃dɑ̃, ɑ̃t] **adj.** et **n.**

I adj. Qui a un rapport avec qqch. ; qui y correspond. SYN. **relatif.** *Cocher la case correspondante.* CONTR. **antagoniste, opposé.**

II n. **1.** Personne avec qui l'on entretient des relations épistolaires. *Avoir des correspondants dans plusieurs pays.* ➝ Personne à qui on téléphone, avec qui on correspond par télématique. **2.** Personne employée par un journal, une agence d'informations pour transmettre des nouvelles d'un lieu éloigné. SYN. **envoyé.** *Correspondant de guerre. De notre correspondant à Londres...*

ÉTYM. du participe présent de *correspondre.*

CORRESPONDRE [kɔʀɛspɔ̃dʀ] **v.** (conjug. 44) **I v. tr. ind.** *CORRESPONDRE À.* Être en rapport de conformité (avec qqch.), être conforme, se rapporter (à). SYN. **s'accorder, concorder.** *L'an I de l'hégire correspond à l'an 622 de l'ère chrétienne.* SYN. **équivaloir.** *Ce récit ne correspond pas à la réalité.* ➝ pronom. *Se correspondre.* SYN. **se répondre.** **II v. intr.** *(correspondre avec)* **1.** Avoir des relations par lettres, par téléphone, par Internet (avec qqn). *Nous avons cessé de correspondre.* SYN. **s'écrire.** **2.** (sujet chose) Être en communication. SYN. **communiquer.** *La chambre correspond avec la salle de bains.* CONTR. **s'opposer.**

ÉTYM. latin *correspondere*, de *respondere* «répondre».

CORRIDA [kɔʀida] **n. f.** **1.** Course de taureaux. *Des corridas.* **2.** FAM. Dispute, agitation. SYN. **cirque.** *Quelle corrida !*

ÉTYM. mot espagnol «course» ; famille du latin *currere* «courir».

CORRIDOR [kɔʀidɔʀ] **n. m.** ✦ Passage couvert mettant en communication plusieurs pièces d'un même étage. SYN. **couloir, passage.**

ÉTYM. italien *corridore*, littéralement «lieu où l'on court *(correre)*».

CORRIGÉ [kɔʀiʒe] n. m. ✦ Devoir donné comme modèle. SYN. **modèle, solution.** *Les corrigés des sujets du brevet.*
ÉTYM. du participe passé de *corriger.*

CORRIGER [kɔʀiʒe] v. tr. (conjug. 5) **I** 1. Ramener à la règle (ce qui s'en écarte ou la personne qui s'en écarte). SYN. **amender, reprendre.** *Corriger qqn d'un défaut.* – pronom. *Elle s'est corrigée de son mauvais caractère.* 2. Supprimer (les fautes, les erreurs). SYN. **remanier, reprendre, revoir.** *Corriger des épreuves d'imprimerie.* → **correction ; correcteur.** 3. Relever les fautes de (qqch.) en vue de donner une appréciation, une note. *Corriger des devoirs.* 4. Rendre exact ou plus exact. SYN. **rectifier.** *Corriger une observation.* 5. Rendre normal ce qui ne l'est pas. *Corriger une mauvaise posture.* 6. Ramener à la mesure (qqch. d'excessif) par une action contraire. SYN. **adoucir, atténuer, compenser ; correctif.** *Corriger l'effet d'une parole trop dure.* **II** Infliger un châtiment corporel, donner des coups à. SYN. **battre.** CONTR. **corrompre, gâter • aggraver • épargner, récompenser.**
ÉTYM. latin *corrigere* « améliorer ; corriger », de *regere* « diriger ; régler ».

CORROBORER [kɔʀɔbɔʀe] v. tr. (conjug. 3a) ✦ Donner appui, ajouter de la force à (une idée, une opinion). SYN. **confirmer, renforcer.** *Plusieurs indices corroborent les soupçons.* CONTR. **démentir, infirmer.**
ÉTYM. latin *corroborare*, famille de *robur* « force ».

CORRODER [kɔʀɔde] v. tr. (conjug. 3a) ✦ Détruire lentement, progressivement, par une action chimique. SYN. **attaquer, ronger.** *Les acides corrodent les métaux* (→ **corrosif**). – pronom. *Le fer se corrode.*
ÉTYM. latin *corrodere*, de *rodere* « ronger ».

CORROI [kɔʀwa] n. m. ✦ TECHN. Corroyage.
ÉTYM. de *corroyer.*

CORROMPRE [kɔʀɔ̃pʀ] v. tr. (conjug. 51) **I** Altérer en décomposant. SYN. **gâter.** **II** fig. 1. LITTÉR. Altérer, gâter (ce qui était pur, bon). 2. LITTÉR. Altérer ce qui est sain, honnête, dans l'âme. SYN. **avilir, dépraver, pervertir.** 3. Engager (qqn) par des dons, des promesses ou par la persuasion, à agir contre sa conscience, son devoir. SYN. **acheter, soudoyer ;** → **corruption.** *Corrompre un témoin.* CONTR. **assainir, purifier • améliorer, perfectionner.**
ÉTYM. latin *corrumpere*, de *rumpere* « rompre ; détruire ».

CORROMPU, UE [kɔʀɔ̃py] adj. 1. Altéré, en décomposition. 2. (sens moral) Dénaturé moralement. SYN. **dépravé, dissolu ; vil.** 3. Que l'on a corrompu, que l'on peut corrompre. *Policier corrompu.* SYN. **vénal ;** FAM. **ripou.** CONTR. ① **frais • pur, vertueux • intègre.**
ÉTYM. du participe passé de *corrompre.*

CORROSIF, IVE [kɔʀozif, iv] adj. 1. Qui corrode ; qui a la propriété de corroder. SYN. **caustique.** *Les acides sont corrosifs.* 2. Qui attaque avec violence. *Une œuvre, une ironie corrosive.* SYN. **acerbe, caustique, virulent.**
ÉTYM. du latin *corrosum*, de *corrodere* → corroder.

CORROSION [kɔʀozjɔ̃] n. f. ✦ Action de corroder ; son résultat. *Corrosion par un acide.*
ÉTYM. du latin *corrosum* → corrosif.

CORROYAGE [kɔʀwajaʒ] n. m. ✦ Action de corroyer.

CORROYER [kɔʀwaje] v. tr. (conjug. 10) ✦ TECHN. Apprêter (le cuir), l'assouplir après le tannage. – au p. passé *Peaux corroyées.*
ÉTYM. latin populaire *conredare*, du gotique *garedan* « apprêter ».

CORROYEUR [kɔʀwajœʀ] n. m. ✦ Ouvrier qui corroie les cuirs.
ÉTYM. de *corroyer.*

CORRUPTEUR, TRICE [kɔʀyptœʀ, tʀis] n. et adj. 1. n. Personne qui soudoie, achète qqn. *Le corrupteur et les témoins corrompus ont été punis.* 2. adj. LITTÉR. Qui corrompt moralement. SYN. **malfaisant, nuisible.** *Des spectacles corrupteurs.*
ÉTYM. latin *corruptor*, de *corrumpere* « corrompre ».

CORRUPTIBLE [kɔʀyptibl] adj. ✦ Qui peut être corrompu. CONTR. **incorruptible.**
ÉTYM. latin *corruptibilis.*

CORRUPTION [kɔʀypsjɔ̃] n. f. **I** Altération (de la substance) par décomposition. SYN. **pourriture, putréfaction.** **II** 1. LITTÉR. Altération (du jugement, du goût, du langage). 2. Le fait de corrompre moralement ; état de ce qui est corrompu. SYN. **avilissement, perversion.** *La corruption des mœurs.* DR. *Corruption de mineurs.* 3. Moyens que l'on emploie pour faire agir qqn contre son devoir, sa conscience ; fait de se laisser corrompre. *Corruption de fonctionnaire.* CONTR. **assainissement, purification • amélioration, correction • moralisation.**
ÉTYM. latin *corruptio*, de *corrumpere* « corrompre ».

CORS n. m. pl. → **COR** (II, 2)

CORSAGE [kɔʀsaʒ] n. m. ✦ Vêtement féminin qui recouvre le buste. SYN. **blouse, chemisier.**
ÉTYM. de *cors*, ancienne forme de *corps.*

CORSAIRE [kɔʀsɛʀ] n. m. 1. anciennt Navire armé par des particuliers, avec l'autorisation du gouvernement d'attaquer les navires d'autres pays. ♦ Le capitaine de ce navire. *Jean Bart, Surcouf, célèbres corsaires français.* 2. Aventurier, pirate.
ÉTYM. italien *corsaro*, bas latin *cursarius*, de *cursus* « course ».

CORSE [kɔʀs] adj. et n. ✦ De la Corse (☛ noms propres). – n. *Les Corses.* – n. m. *Le corse :* parler italo-roman en usage en Corse et au nord de la Sardaigne.

CORSÉ, ÉE [kɔʀse] adj. 1. Fort (au goût). *Un café corsé.* – *Un vin corsé,* qui a du corps. *Un assaisonnement corsé.* SYN. **relevé.** 2. Compliqué. *Une affaire corsée.* – *Une histoire corsée,* scabreuse. CONTR. **fade.**
ÉTYM. du participe passé de *corser.*

CORSELET [kɔʀsəlɛ] n. m. **I** anciennt Vêtement féminin qui serre la taille et se lace sur le corsage. **II** Partie antérieure du thorax, chez certains insectes, comme les coléoptères. *Le corselet d'une abeille.*
ÉTYM. de *cors*, ancienne forme de *corps.*

CORSER [kɔʀse] v. tr. (conjug. 3a) 1. Rendre plus forte (une substance comestible). *Corser une sauce.* 2. *Corser l'intrigue d'un roman,* en accroître l'intérêt. – pronom. *L'affaire se corse,* elle se complique. CONTR. **édulcorer.**
ÉTYM. de *corps* (IV).

CORSET [kɔʀsɛ] n. m. 1. Gaine baleinée et lacée, en tissu résistant, qui serre la taille et le ventre des femmes. 2. Corselet.
ÉTYM. de *cors*, ancienne forme de *corps.*

CORSETÉ, ÉE [kɔʀsəte] **adj.** ✦ Raide, guindé (comme quelqu'un qui porte un corset).
ÉTYM. de *corset.*

CORTÈGE [kɔʀtɛʒ] **n. m.** 1. Suite de personnes qui en accompagnent une autre lors d'une cérémonie. SYN. **suite.** *Cortège nuptial. Cortège funèbre. Se former en cortège.* 2. Groupe organisé qui avance. SYN. **défilé, procession.** *Un cortège de manifestants.* 3. PHYS. *Cortège électronique,* l'ensemble des électrons d'un atome.
ÉTYM. italien *corteggio,* famille de *corte* «cour».

CORTEX [kɔʀtɛks] **n. m.** ✦ PHYSIOL. Partie périphérique externe de certains organes. *Cortex cérébral. Cortex surrénal* (→ **cortisone**). ➛ **absolt.** L'écorce cérébrale, formée de substance grise.
ÉTYM. mot latin «écorce».

CORTICAL, ALE, AUX [kɔʀtikal, o] **adj.** ✦ PHYSIOL. Relatif au cortex.
ÉTYM. du latin *cortex.*

CORTISONE [kɔʀtizɔn] **n. f.** ✦ Hormone du cortex des glandes surrénales, antiallergique et anti-inflammatoire.
ÉTYM. mot américain, de *corticosterone,* du latin *cortex, ster-* (→ cholestérol) et *-one.*

CORUSCANT, ANTE [kɔʀyskɑ̃, ɑ̃t] **adj.** ✦ LITTÉR. Brillant, éclatant.
ÉTYM. latin *coruscans,* de *coruscare* «étinceler».

CORVÉABLE [kɔʀveabl] **adj.** ✦ HIST. Soumis à la corvée (1). *Taillable* et corvéable à merci.*

CORVÉE [kɔʀve] **n. f.** 1. HIST. Travail gratuit que les serfs, les roturiers devaient au seigneur (→ **corvéable**). 2. Obligation ou travail pénible et inévitable. *Quelle corvée, cette réunion !* 3. Travail que font à tour de rôle les hommes d'un corps de troupe, les membres d'une communauté. *Être de corvée. Corvée de patates* (épluchage des pommes de terre), *de ravitaillement.*
ÉTYM. latin *corrogata (opera)* «(travail) obligatoire», de *corrogare* «solliciter».

CORVETTE [kɔʀvɛt] **n. f.** ✦ Ancien navire d'escorte. ➛ *Capitaine de corvette,* grade équivalant à celui de commandant dans l'armée de terre.
ÉTYM. de l'ancien néerlandais *corver,* de *corf* «panier» et «bateau de pêche».

CORVIDÉ [kɔʀvide] **n. m.** ✦ ZOOL. Oiseau de la famille des corbeaux, corneilles, geais, pies, etc.
ÉTYM. du latin *corvus* «corbeau».

CORYPHÉE [kɔʀife] **n. m.** 1. Chef de chœur, dans les pièces du théâtre antique. 2. LITTÉR. Celui qui tient le premier rang dans un parti, une secte, une société. SYN. **chef.**
ÉTYM. grec *koruphaios,* de *koruphê* «sommet».

CORYZA [kɔʀiza] **n. m.** ✦ Inflammation de la muqueuse des fosses nasales (rhume de cerveau). *Des coryzas.*
ÉTYM. mot latin, du grec *koruza* «flux (du nez)».

COS ou **C. O. S.** [seoɛs] **n. m.** ✦ Complément d'objet* second.
ÉTYM. sigle.

COSAQUE [kɔzak] **n. m.** 1. (☛ noms propres). Membre d'une population du sud de la Russie, de l'Ukraine. *Les Cosaques du Don.* 2. Cavalier cosaque de l'armée impériale russe.
ÉTYM. ukrainien *kozak,* par le polonais.

COSINUS [kɔsinys] **n. m.** ✦ MATH. Sinus* du complément d'un angle (symb. cos). *Des cosinus.*
ÉTYM. de *co-* et ② *sinus.*

> **-COSME** Élément, du grec *kosmos* «monde, univers» (ex. *microcosme*).

COSMÉTIQUE [kɔsmetik] **n. m.** ✦ Tout produit (non médicamenteux) destiné aux soins de beauté. *Rayon des cosmétiques d'un magasin.*
ÉTYM. grec *kosmêtikos* «relatif à la parure *(kosmos)*».

COSMIQUE [kɔsmik] **adj.** 1. Du cosmos (2). *Les corps cosmiques.* SYN. **astral, céleste.** *Vaisseau cosmique.* SYN. **spatial.** 2. *RAYONS COSMIQUES* : rayonnement de grande énergie, d'origine cosmique, que l'on peut étudier sur Terre par ses effets sur l'atmosphère (ionisation).
ÉTYM. grec *kosmikos,* de *kosmos.*

> **COSM(O)-** Élément, du grec *kosmos* «univers».

COSMOGONIE [kɔsmɔgɔni] **n. f.** ✦ Théorie (scientifique ou mythique) expliquant la formation de l'univers, de certains objets célestes.
► **COSMOGONIQUE** [kɔsmɔgɔnik] **adj.**
ÉTYM. grec *kosmogonia,* de *kosmos* «monde» et *gonia* «origine».

COSMOGRAPHIE [kɔsmɔgʀafi] **n. f.** ✦ Astronomie descriptive du système solaire.
► **COSMOGRAPHIQUE** [kɔsmɔgʀafik] **adj.**
ÉTYM. grec *kosmographeia* → cosmo- et -graphie.

COSMOLOGIE [kɔsmɔlɔʒi] **n. f.** ✦ Science des lois physiques de l'univers, de sa formation.
► **COSMOLOGIQUE** [kɔsmɔlɔʒik] **adj.**
ÉTYM. grec *kosmologia* → cosmo- et -logie.

COSMONAUTE [kɔsmɔnot] **n.** ✦ Voyageur de l'espace (dans le contexte soviétique, puis russe). SYN. **astronaute.**
ÉTYM. de *cosmos* (2), d'après *astronaute.*

COSMOPOLITE [kɔsmɔpɔlit] **adj.** 1. Qui s'accommode de tous les pays, de mœurs nationales variées. *Une existence cosmopolite.* 2. Qui comprend des personnes de tous les pays, subit des influences de nombreux pays. *Ville cosmopolite.*
ÉTYM. grec *kosmopolitês* «citoyen *(politês)* du monde *(kosmos)*».

COSMOPOLITISME [kɔsmɔpɔlitism] **n. m.** ✦ Caractère cosmopolite. *Le cosmopolitisme d'un milieu.*

COSMOS [kɔsmos] **n. m.** 1. PHILOS. L'univers considéré comme un système bien ordonné. 2. Espace extraterrestre. *Du cosmos.* → **cosmique.** *Envoyer une fusée dans le cosmos* (→ **cosmonaute**).
ÉTYM. grec *kosmos* «ornement, mise en ordre», puis «organisation» et «monde, univers», par l'allemand ; sens 2, d'après le russe.

COSSE [kɔs] **n. f.** ✦ Enveloppe qui renferme les graines de certaines légumineuses. *Ôter les petits-pois de leur cosse.* → **écosser.**
ÉTYM. peut-être bas latin *coccia,* de *cochlea* «coquille d'escargot».

COSSU, UE [kɔsy] adj. ✦ Qui vit dans l'aisance. SYN. **riche.** ◆ Qui dénote l'aisance. *Maison cossue.* CONTR. **pauvre.**
ÉTYM. de *cosse.*

COSTAL, ALE, AUX [kɔstal, o] adj. ✦ Des côtes. *Muscles costaux. Vertèbres costales.* HOM. COSTAUD «robuste»
ÉTYM. latin *costalis,* de *costa* «① côte».

COSTARD [kɔstaʀ] n. m. ✦ FAM. Costume d'homme.
ÉTYM. de *costume.*

COSTAUD, AUDE [kɔsto, od] adj. ✦ FAM. 1. Fort, robuste. *Un type costaud.* ➝ n. *Une grande costaude.* 2. (choses) Solide. HOM. COSTAUX (pluriel de *costal* «des côtes»)
ÉTYM. de *coste,* ancienne forme de ① *côte.*

COSTUME [kɔstym] n. m. 1. Pièces d'habillement qui constituent un ensemble. SYN. **vêtement ; tenue.** *Costume de théâtre.* ☛ Littérature p. 127. 2. Vêtement d'homme composé d'une veste, d'un pantalon et parfois d'un gilet. SYN. **complet,** FAM. **costard.**
ÉTYM. mot italien «coutume».

COSTUMER [kɔstyme] v. tr. (conjug. 3a) ✦ Revêtir d'un déguisement. ➝ pronom. *Se costumer en Pierrot.* SYN. **se déguiser,** se **travestir.** ➝ au p. passé *Bal costumé.*
ÉTYM. de *costume.*

COSTUMIER, IÈRE [kɔstymje, jɛʀ] n. ✦ Personne qui fait, vend ou loue des costumes de théâtre.

COTANGENTE [kotɑ̃ʒɑ̃t] n. f. ✦ MATH. Rapport du cosinus au sinus (d'un angle, d'un arc) ; tangente du complément (de cet angle, de cet arc) (symb. cotg).
ÉTYM. de *tangente.*

COTATION [kɔtasjɔ̃] n. f. ✦ Action de coter. *Cotation des titres en Bourse.* SYN. **cours.**

COTE [kɔt] n. f. 1. Montant d'une cotisation, d'un impôt. SYN. **quote-part, part ;** ➝ **cotiser.** *Cote mobilière.* ➝ loc. *COTE MAL TAILLÉE* : répartition approximative ; compromis. 2. Constatation officielle des cours (d'une valeur, d'une monnaie), par exemple en Bourse. 3. Appréciation. *La cote d'un cheval.* ➝ *COTE D'AMOUR* : appréciation d'un candidat (basée sur une estimation de sa valeur). *La cote de popularité d'un homme politique.* ➝ FAM. *Avoir la cote* : être apprécié, estimé. 4. Troisième coordonnée d'un point dans l'espace ; chiffre indiquant une dimension, un niveau. ◆ *COTE D'ALERTE* : niveau d'un cours d'eau au-delà duquel commence l'inondation ; fig. point critique. *Le chômage a atteint, dépassé la cote d'alerte.* HOM. COTTE «armure»
ÉTYM. latin *quota (pars)* «(part) qui revient à chacun».

① **CÔTE** [kot] n. f. **I** 1. Os plat du thorax, de forme courbe, qui s'articule sur la colonne vertébrale et le sternum. *Les douze paires de côtes,* délimitant la cage thoracique. ➝ loc. *SE TENIR LES CÔTES* : rire très fort. ◆ *Côte de bœuf, de veau, d'agneau.* SYN. **côtelette ;** ➝ **entrecôte.** 2. *CÔTE À CÔTE* : l'un à côté de l'autre. *Marcher côte à côte.* **II** 1. Partie saillante (d'un végétal). 2. Rayure saillante (d'un tissu, d'un tricot). *Le point de côte* (au tricot). *Velours à côtes.* ➝ **côtelé.**
ÉTYM. latin *costa.*

② **CÔTE** [kot] n. f. **I** 1. Pente qui forme l'un des côtés d'une colline. SYN. **coteau.** *Les Côtes du Rhône sont plantées de vignobles* (➝ **côtes-du-rhône**). 2. Route en pente. SYN. **montée, pente.** *Monter la côte.* **II** Rivage de la mer. SYN. **bord, littoral, rivage.** *Côte rocheuse. La Côte d'Azur ;* absolt *la Côte.* ➝ Régions proches d'une côte (➝ **côtier**). *Les côtes françaises.*
ÉTYM. de ① *côte.*

COTÉ, ÉE [kɔte] adj. ✦ Qui a une cote (2 et 3). *Un peintre très coté.*
ÉTYM. du participe passé de *coter.*

CÔTÉ [kote] n. m. 1. Région des côtes (de l'aisselle à la hanche). SYN. **flanc.** *Recevoir un coup dans le côté.* ➝ loc. *POINT* DE CÔTÉ.* ◆ La partie droite ou gauche de tout le corps. *Se coucher sur le côté.* ➝ *À mes côtés,* près de moi. 2. (choses) Partie qui est à droite ou à gauche (➝ **latéral**). *Monter dans une voiture par le côté gauche. Les côtés de la route.* SYN. **accotement, bas-côté.** *Côté cour, côté jardin,* les côtés droit, gauche d'une scène de théâtre (vus de la salle). ☛ Littérature p. 127. ➝ *Mettez-vous de l'autre côté.* 3. Ligne ou surface qui constitue la limite (d'une chose). *Les quatre côtés d'un carré. Les deux côtés d'une feuille de papier,* recto, verso. *Côté pile, face.* 4. fig. Aspect. *Les bons et les mauvais côtés de qqch., de qqn. Prendre les choses par le bon côté.* 5. (après *de, du*) SYN. **endroit, partie,** ① **point.** *De ce côté-ci ; de ce côté-là,* par ici, par là. *De tous côtés,* partout. ➝ *DU CÔTÉ DE* : dans la direction de (avec mouvement) ; aux environs de (sans mouvement). *Du côté de la fenêtre. Il habite du côté de l'église.* ◆ fig. *De mon côté,* pour ma part. *De mon côté, j'essaierai de vous aider.* ➝ FAM. *De ce côté, je n'ai pas à me plaindre. Côté finances, ça peut aller.* ➝ *Du côté de.* ➝ ① **parti, camp.** ➝ *Du côté de mon père, ils sont blonds,* dans ma famille paternelle. ◆ *DE CÔTÉ* loc. adv. *Se jeter de côté,* faire un écart. *Laisser de côté,* à l'écart. *Mettre de côté,* en réserve (économiser). 6. *À CÔTÉ* loc. adv. : à une distance proche. *Il demeure à côté. Passons à côté,* dans la pièce voisine. ➝ *À CÔTÉ DE* loc. prép. : auprès de, contre. *Marcher à côté de qqn.* ➝ fig. *Vos ennuis ne sont pas graves à côté des miens,* comparés aux miens. ➝ *Être à côté de la question.*
ÉTYM. latin populaire *costatum,* de *costa* «côte» et «côté».

COTEAU [kɔto] n. m. ✦ Petite colline ; son versant. *À flanc de coteau.*
ÉTYM. de ② *côte.*

CÔTELÉ, ÉE [kot(ə)le] adj. ✦ Qui présente des côtes. *Tissu, velours côtelé.*
ÉTYM. de ① *côte.*

CÔTELETTE [kot(ə)lɛt ; kɔt(ə)lɛt] n. f. ✦ Côte comestible des animaux de boucherie de taille moyenne (mouton, porc). *Côtelettes d'agneau.*
ÉTYM. de ① *côte.*

COTER [kɔte] v. tr. (conjug. 3a) 1. Marquer d'une cote, de cotes. SYN. **numéroter.** 2. Indiquer le cours de (une valeur, une marchandise). SYN. **estimer, évaluer.** ➝ au p. passé *Valeur cotée en Bourse.*
ÉTYM. de *cote.*

COTERIE [kɔtʀi] n. f. ✦ LITTÉR. Réunion de personnes soutenant ensemble leurs intérêts. SYN. **caste, chapelle.** *Une coterie politique.*
ÉTYM. de l'ancien français *cotier,* de *cote* «cabane», mot germanique.

CÔTES-DU-RHÔNE [kotdyʀon] n. m. invar. ✦ Vin rouge des Côtes du Rhône. *Un côtes-du-rhône.*
ÉTYM. de ② *côte* et *Rhône.* ☛ noms propres.

COTHURNE [kɔtyʀn] n. m. ✦ Chaussure montante à semelle très épaisse portée par les tragédiens du théâtre antique.
ÉTYM. latin *cothurnus,* du grec.

CÔTIER, IÈRE [kotje, jɛʀ] adj. ✦ Relatif aux côtes, au bord de la mer. *Navigation côtière. Région côtière. Fleuve côtier,* dont la source est proche de la côte.
ÉTYM. de ② *côte.*

COTILLON [kɔtijɔ̃] n. m. I ancienn† Jupon. II Réunion accompagnée de danses et de jeux avec accessoires (serpentins, confettis, etc.), à l'occasion d'une fête ; ces accessoires.
ÉTYM. de *cotte.*

COTISANT, ANTE [kɔtizɑ̃, ɑ̃t] adj. et n. ✦ Qui cotise. *Les cotisants d'une assurance.*
ÉTYM. du participe présent de *cotiser.*

COTISATION [kɔtizasjɔ̃] n. f. ✦ Somme à verser par les membres d'un groupe, en vue des dépenses communes. *Cotisation syndicale. Payer, verser sa cotisation.* SYN. **quote-part.** *Cotisation de la Sécurité sociale,* prélevée sur le salaire des assurés sociaux.
ÉTYM. de *cotiser.*

COTISER [kɔtize] v. (conjug. 3a) 1. *SE COTISER* v. pron. Contribuer, chacun pour sa part (→ **quote-part**), à réunir une certaine somme en vue d'une dépense commune. *Se cotiser pour offrir un cadeau à qqn.* 2. v. intr. (même sens) *Cotiser pour un cadeau.* ➖ Verser une cotisation. *Cotiser à la Sécurité sociale.*
ÉTYM. de *cote.*

COTON [kɔtɔ̃] n. m. 1. Filaments soyeux qui entourent les graines du cotonnier. *Balle de coton. Tissu de coton.* ♦ Fil de coton. *Coton à broder, à repriser.* ♦ Tissu de coton. 2. *Coton (hydrophile),* dont on a éliminé les substances grasses et résineuses. SYN. **ouate.** ♦ loc. *Élever un enfant dans du coton,* en l'entourant de soins excessifs. ➖ *Avoir les jambes en coton :* être très faible. 3. loc. *Filer un mauvais coton,* être dans une situation dangereuse. 4. appos. invar. FAM. Difficile, ardu. *Des problèmes coton.*
ÉTYM. arabe *qutun.*

COTONNADE [kɔtɔnad] n. f. ✦ Étoffe fabriquée avec du coton.

COTONNEUX, EUSE [kɔtɔnø, øz] adj. 1. Couvert d'un duvet ressemblant au coton. *Feuille cotonneuse.* 2. Semblable à de la ouate. *Brume cotonneuse.* 3. Fade et sans jus. *Pomme cotonneuse.*

COTONNIER, IÈRE [kɔtɔnje, jɛʀ] n. m. et adj.
I n. m. Arbrisseau aux fleurs jaunes ou pourpres, aux graines entourées de poils soyeux (→ **coton**).
II adj. Qui a rapport au coton. *Industrie cotonnière.*

CÔTOYER [kotwaje] v. tr. (conjug. 10) 1. Aller le long de. SYN. **border, longer.** *Côtoyer la rivière.* 2. Être en contact avec (qqn). *Dans son métier, il côtoie beaucoup d'artistes.* SYN. **fréquenter.** 3. fig. Se rapprocher de. SYN. **frôler.** *Son attitude côtoie le ridicule.*
ÉTYM. de ① *côte* «côté».

COTRE [kɔtʀ] n. m. ✦ Petit navire à voile à un seul mât.
ÉTYM. anglais *cutter* «qui coupe [*to cut*] (l'eau)».

COTTAGE [kɔtaʒ ; kɔtɛdʒ] n. m. ✦ anglicisme Petite maison de campagne élégante, de style rustique. *Des cottages.*
ÉTYM. mot anglais ; même origine que *coterie.*

COTTE [kɔt] n. f. 1. ancienn† *COTTE DE MAILLES :* armure défensive à mailles métalliques. SYN. **haubert.** 2. VX Jupe courte. SYN. **cotillon.** 3. Vêtement de travail, pantalon et devant montant sur la poitrine. SYN. **bleu, combinaison, salopette.** HOM. COTE «appréciation»
ÉTYM. francique *kotta.*

COTYLÉDON [kɔtiledɔ̃] n. m. ✦ BOT. Feuille ou lobe qui naît sur l'axe de l'embryon d'une plante (réserve nutritive). *Plantes à un* (→ **monocotylédone**), *deux cotylédons* (→ **dicotylédone**).
ÉTYM. grec *kotulêdôn* «creux, cavité».

COU [ku] n. m. 1. Partie du corps (de certains vertébrés) qui unit la tête au tronc. *Le long cou de la girafe.* ➖ (chez l'être humain) SYN. VX **col** ; → **gorge, nuque ; cervical.** *Un cou de taureau,* large, puissant. *Porter un bijou autour du cou.* ♦ loc. *Sauter, se jeter au cou de qqn,* l'embrasser avec effusion. ➖ *Tordre le cou à qqn,* l'étrangler. ➖ *Couper le cou à qqn,* le décapiter. ➖ *Se rompre, se casser le cou,* se blesser en tombant. ➖ *Prendre ses jambes à son cou,* fuir en courant. ➖ *Jusqu'au cou,* complètement. *Être endetté jusqu'au cou.* 2. *Le cou d'une bouteille,* le goulot. SYN. **col.**
HOM. COUP «choc», COÛT «prix»
ÉTYM. latin *collum* ; doublet de *col.*

COUAC [kwak] n. m. ✦ Son faux et discordant. SYN. **canard.** *Des couacs.*
ÉTYM. onomatopée.

COUARD, COUARDE [kwaʀ, kwaʀd] adj. et n. ✦ LITTÉR. Qui est lâchement peureux. SYN. **lâche, poltron.** CONTR. **courageux.**
ÉTYM. de *coe,* ancienne forme de *queue.*

COUARDISE [kwaʀdiz] n. f. ✦ LITTÉR. Poltronnerie, lâcheté.
ÉTYM. de *couard.*

COUCHAGE [kuʃaʒ] n. m. 1. Action de coucher, de se coucher. *Le couchage des troupes.* 2. *Matériel, sac de couchage,* qui sert au coucher.

COUCHANT, ANTE [kuʃɑ̃, ɑ̃t] adj. et n. m.
I adj. 1. *Chien couchant.* → **chien.** 2. *Soleil couchant,* près de disparaître sous l'horizon.
II n. m. Le côté de l'horizon où le soleil se couche (opposé à *levant*). SYN. **occident, ouest.**
ÉTYM. du participe présent de ① *coucher.*

COUCHE [kuʃ] n. f. I 1. VX Lit. *Partager la couche de qqn. Couche nuptiale.* 2. Linge dont on enveloppe les bébés au-dessous de la ceinture. *Changer la couche, les couches d'un bébé.* ➖ *Couche lavable, jetable. Des couches-culottes.* → **change** (III). II au plur. État de la femme qui accouche ; enfantement. → **accoucher.** *Être en couches.* ➖ au sing. *Fausse couche.* → **fausse couche.** III 1. Substance étalée sur une surface. SYN. **enduit, pellicule.** *Couche de peinture. Étaler une couche de beurre sur une tartine.* ➖ loc. FAM. *En tenir une couche* (de bêtise), être stupide. 2. *Champignons de couche,* cultivés sur une couche d'engrais. 3. Disposition d'éléments en zones superposées. *Couches géologiques.* SYN. **strate.** ➙ *Les couches de l'atmosphère.* 4. Catégorie, classe. *Les couches sociales.*

ÉTYM. de ① *coucher.*

① **COUCHER** [kuʃe] v. (conjug. 3a) **I** v. tr. 1. Mettre (qqn) au lit. *Coucher un enfant.* ➙ *Je ne pourrai pas vous coucher,* vous offrir un lit. ➙ *Coucher un blessé sur un brancard,* l'étendre. 2. Rapprocher de l'horizontale (ce qui est naturellement vertical). SYN. **courber, incliner, pencher.** *Coucher une échelle le long d'un mur.* ➙ au p. passé *Écriture couchée,* penchée. 3. *COUCHER un fusil EN JOUE,* l'ajuster à l'épaule et contre la joue pour tirer. → **épauler.** ➙ *Coucher qqn en joue,* le viser. 4. Mettre par écrit. SYN. **consigner, inscrire.** *Coucher qqn sur son testament.* **II** v. intr. 1. S'étendre pour prendre du repos. *Coucher tout habillé.* ➙ loc. *Chambre* à coucher.* ➙ *Allez, va coucher !* (à un chien). 2. Loger, passer la nuit. SYN. **dormir, gîter.** *Coucher chez des amis. Coucher sous les ponts.* ➙ loc. *Un nom À COUCHER DEHORS,* difficile à prononcer et à retenir. 3. *Coucher avec qqn,* avoir des relations sexuelles avec lui, elle (→ faire l'amour avec). **III** *SE COUCHER* v. pron. 1. Se mettre au lit (pour se reposer, dormir). SYN. **s'allonger, s'étendre** ; FAM. aller au **dodo,** se **pieuter.** *Se coucher tôt. Se coucher sur le dos, sur le ventre. C'est l'heure de se coucher.* ➙ au p. passé *Rester couché,* au lit. ➙ prov. *Comme on fait son lit on se couche,* il faut subir les conséquences de ses actes. 2. S'étendre. *Se coucher dans l'herbe.* 3. Se courber (sur qqch.). *Les rameurs se couchent sur les avirons.* 4. (Soleil, astre) Descendre vers l'horizon. *La lune va se coucher.* CONTR. ① **lever** ; ① **dresser.**

ÉTYM. latin *collocare* «placer *(locare)* horizontalement».

② **COUCHER** [kuʃe] n. m. **I** Action de se coucher. *L'heure du coucher.* **II** Moment où un astre (spécialt le Soleil) descend et se cache sous l'horizon. → **crépuscule ; couchant.** *Un coucher de soleil.* CONTR. ② **lever.**

ÉTYM. de ① *coucher.*

COUCHE-TARD [kuʃtaʀ] n. invar. et adj. invar. ✦ (Personne) qui se couche habituellement tard. CONTR. **couche-tôt.**

COUCHE-TÔT [kuʃto] n. invar. et adj. invar. ✦ (Personne) qui se couche tôt de manière habituelle. CONTR. **couche-tard.**

COUCHETTE [kuʃɛt] n. f. 1. Petit lit. 2. Lit sommaire (navire, train). *Compartiment à couchettes. Réserver une couchette de seconde.*

ÉTYM. de *couche.*

COUCHEUR, EUSE [kuʃœʀ, øz] n. ✦ loc. *MAUVAIS COUCHEUR, MAUVAISE COUCHEUSE* : personne de caractère difficile. SYN. **hargneux, querelleur.**

ÉTYM. de ① *coucher.*

COUCI-COUÇA [kusikusa] loc. adv. ✦ FAM. À peu près, ni bien ni mal. *Comment allez-vous ? Couci-couça.*

ÉTYM. de *couci-couci,* italien *cosi cosi* «ainsi ainsi», influencé par *comme ci comme ça.*

COUCOU [kuku] n. m. **I** 1. Oiseau grimpeur, de la taille d'un pigeon, au plumage gris cendré barré de noir, dont la femelle pond ses œufs dans le nid d'autres oiseaux. *Un nid de coucous.* 2. Pendule qui imite le cri du coucou (en guise de sonnerie). **II** Primevère sauvage, à fleurs jaunes. **III** HIST. Avion (guerre de 1914-1918). ◆ FAM. Vieil avion. **IV** interj. Cri des enfants qui jouent à cache-cache. ➙ *Coucou, me voilà !* (pour annoncer son arrivée).

ÉTYM. latin *cuculus,* onomatopée.

COUDE [kud] n. m. **I** 1. Partie extérieure du bras, à l'endroit où il se plie. *Le coude et la saignée du bras. S'appuyer sur le coude.* → **s'accouder.** *Donner un coup de coude à qqn pour l'avertir.* ◆ loc. FAM. *Lever le coude,* boire beaucoup. *L'huile de coude,* l'énergie physique (pour frotter, etc.). *Garder un dossier SOUS LE COUDE,* en attente. *Travailler coude à coude,* côte à côte. *Jouer des coudes,* pour se frayer un passage à travers une foule. *Se tenir, se serrer les coudes,* s'entraider. 2. Partie de la manche d'un vêtement qui recouvre le coude. *Veste trouée aux coudes.* **II** Angle saillant. *Les coudes d'une rivière.* SYN. **détour, méandre.** ◆ Tuyauterie formant un angle.

ÉTYM. latin *cubitus* ; doublet de *cubitus.*

COUDÉ, ÉE [kude] adj. ✦ Qui présente un coude (II). *Tuyau, levier coudé.*

ÉTYM. de *couder* «plier en forme de *coude*».

COUDÉE [kude] n. f. 1. Ancienne mesure de longueur (50 cm). 2. loc. *Dépasser qqn de cent coudées,* de beaucoup. ◆ *Avoir ses, les COUDÉES FRANCHES,* la liberté d'agir.

ÉTYM. de *coude.*

COU-DE-PIED [kud(ə)pje] n. m. ✦ Le dessus du pied. *Un cou-de-pied cambré. Des cous-de-pied.* HOM. COUP (de pied) «choc avec le pied»

ÉTYM. de *cou* et *pied.*

COUDOIEMENT [kudwamɑ̃] n. m. ✦ Fait de coudoyer (qqn, qqch.).

ÉTYM. de *coudoyer.*

COUDOYER [kudwaje] v. tr. (conjug. 10) 1. Passer tout près de. *Coudoyer des gens dans la foule.* 2. fig. Être en contact avec. SYN. **côtoyer.**

ÉTYM. de *coude.*

COUDRE [kudʀ] v. tr. (conjug. 59) ✦ Assembler au moyen d'un fil passé dans une aiguille. *Coudre un bouton à un vêtement.* ➙ *Coudre un vêtement,* assembler, coudre ses éléments. → **couture.** ◆ absolt *Savoir coudre.* ➙ *Machine à coudre. Dé à coudre.* ◆ au p. passé → **cousu.**

ÉTYM. latin populaire *cosere,* de *consuere* «coudre *(suere)* ensemble».

COUDRIER [kudʀije] n. m. ✦ Noisetier. *Bois de coudrier. Baguette de coudrier.*

ÉTYM. latin populaire *colurus,* de *corylus,* d'après le gaulois *collo.*

COUENNE [kwan] n. f. ✦ Peau de porc, flambée et raclée. *La couenne et le lard. Jambon sans couenne.*

ÉTYM. latin populaire *cutina,* de *cutis* «peau».

① **COUETTE** [kwɛt] n. f. 1. anciennt Lit de plumes. 2. MOD. Édredon que l'on met dans une housse amovible, qui tient lieu de couverture et de drap de dessus.

ÉTYM. latin *culcita* «coussin».

② **COUETTE** [kwɛt] n. f. ✦ FAM. Touffe de cheveux retenue par un lien de chaque côté de la tête. ◆ Mèche (de cheveux) pendante.

ÉTYM. diminutif de *coue,* ancienne forme de *queue.*

COUFFIN [kufɛ̃] **n. m. 1.** RÉGIONAL Panier souple tressé. SYN. **cabas. 2.** Corbeille souple de paille, d'osier servant de berceau.

ÉTYM. ancien occitan *coffin*, latin *cophinus* «corbeille», du grec ; doublet de *coffre*.

COUFIQUE [kufik] **adj.** ✦ D'une écriture arabe ornementale (calligraphie et inscriptions coraniques). ☛ Écriture p. 149. ➛ **n. m.** *Le coufique.*

ÉTYM. de l'arabe *al-Kufah*, ville d'Irak.

COUGAR [kugaʀ] **n. f.** ✦ Femme mûre qui recherche la compagnie amoureuse d'hommes jeunes. HOM. COUGUAR «puma»

ÉTYM. mot anglais.

COUGUAR [kugwaʀ ; kugaʀ] **n. m.** ✦ Puma. ➛ On écrit parfois *cougouar*. HOM. COUGAR «femme»

ÉTYM. du tupi, par le portugais *cucuarana*.

COUIC [kwik] **interj.** ✦ Onomatopée imitant un petit cri, un cri étranglé.

COUILLE [kuj] **n. f.** ✦ VULG. Testicule.

ÉTYM. latin populaire *colea*, de *coleus*.

COUILLON [kujɔ̃] **n. m.** et **adj.** ✦ TRÈS FAM. Imbécile.

ÉTYM. bas latin *coleonem*, accusatif de *coleo*, de *coleus*.

COUILLONNADE [kujɔnad] **n. f.** ✦ FAM. Bêtise. SYN. **connerie.**

ÉTYM. de *couillon*.

COUILLONNER [kujɔne] **v. tr.** (conjug. 3a) ✦ FAM. Tromper.

ÉTYM. de *couillon*.

COUINER [kwine] **v. intr.** (conjug. 3a) ✦ FAM. **1.** Pousser de petits cris ; pleurer. SYN. **piailler. 2.** (choses) Grincer.

► **COUINEMENT** [kwinmɑ̃] **n. m.**

ÉTYM. onomatopée.

COULAGE [kulaʒ] **n. m. 1.** Action de couler (I). *Le coulage d'un métal en fusion dans un moule.* **2.** FAM. Gaspillage. *Il y a du coulage.*

COULANT, ANTE [kulɑ̃, ɑ̃t] **adj.** et **n. m.**

I adj. 1. *Nœud coulant*, formant une boucle qui se resserre quand on tire. **2.** Qui coule, est d'une consistance fluide. *Camembert coulant*, très fait. **3.** Qui semble se faire aisément, sans effort. SYN. **aisé, facile.** *Un style coulant.* **4.** FAM. (personnes) Accommodant, facile. *Le patron est coulant.* SYN. **indulgent.** CONTR. **difficile, laborieux · exigeant, sévère.**

II n. m. Pièce qui coulisse le long de qqch. SYN. **anneau.** *Le coulant d'une ceinture.*

ÉTYM. du participe présent de *couler* «glisser».

à la COULE [alakul] **loc. adv.** ✦ FAM. VIEILLI *Être à la coule*, au courant, averti. *Un type à la coule.* HOM. COOL «calme»

ÉTYM. de *couler*.

COULÉE [kule] **n. f. 1.** Écoulement. *Une coulée de lave.* **2.** Masse de matière en fusion que l'on verse dans un moule. *Trou de coulée.*

ÉTYM. du participe passé de *couler*.

COULER [kule] **v.** (conjug. 3a) **I v. tr. 1.** RARE Faire passer (un liquide) d'un lieu à un autre. SYN. **transvaser, verser. 2.** Jeter (une matière en fusion) dans le moule. → **coulage.** *Couler du bronze.* ➛ *Couler du béton.* ◆ *Couler une bielle*, faire fondre l'alliage dont elle est revêtue. **3.** Faire passer, transmettre discrètement. SYN. **glisser.** *Couler un mot à l'oreille de qqn.* **4.** *Couler une vie heureuse, des jours heureux.* SYN. **passer.** ➛ loc. FAM. *Se la couler douce*, mener une vie heureuse, sans s'en faire.

II v. intr. 1. (liquides) Se déplacer, se mouvoir naturellement. SYN. **s'écouler.** *Eau qui coule d'une source.* SYN. **jaillir, sourdre.** ➛ *Couler à flots.* → **ruisseler.** ➛ *Laisser couler ses larmes. Le sang coulait de la blessure.* ➛ loc. *Cette histoire a fait couler beaucoup d'encre*, on en a beaucoup parlé. **2.** S'en aller rapidement. SYN. **s'écouler.** *L'argent lui coule des doigts. Le temps coule.* ➛ loc. *Couler de source* : être évident, être une conséquence logique ou naturelle. **3.** Laisser échapper un liquide. SYN. **fuir.** *Le robinet coule. Avoir le nez qui coule.*

III 1. v. intr. S'enfoncer dans l'eau (objet flottant, navire, être vivant). *Le bateau a coulé à pic.* SYN. **sombrer. 2. v. tr.** Faire sombrer. ◆ fig. Ruiner qqn, une entreprise.

IV *SE COULER* **v. pron.** (personne ; animal) Passer d'un lieu à un autre, sans faire de bruit. SYN. se **glisser.** *Se couler dans son lit.*

ÉTYM. latin *colare* «passer, filtrer».

COULEUR [kulœʀ] **n. f. I 1.** Qualité de la lumière renvoyée par la surface d'un objet (indépendamment de sa forme), selon l'impression visuelle qu'elle produit *(une couleur, des couleurs)* ; propriété que l'on attribue à la lumière, aux objets, de produire une telle impression *(la couleur).* SYN. **coloris, nuance, teinte,** ② **ton** ; → **chromo-.** *Couleur claire ; foncée. Les couleurs du spectre* (violet, indigo, bleu, vert, jaune, orangé, rouge). *Couleurs fondamentales, primaires* (jaune, rouge et bleu). ➛ avec un nom en appos. *Des collants couleur chair. Un ciel couleur feu.* ➛ loc. *En voir, en faire voir à qqn* DE TOUTES LES COULEURS, subir, faire subir des choses désagréables. **2.** au plur. Les zones colorées d'un drapeau. *Les couleurs nationales.* → **drapeau. 3.** Chacune des quatre marques, aux cartes (carreau, cœur, pique, trèfle). ➛ Atout. loc. *Annoncer la couleur*, celle qui servira d'atout ; fig. dévoiler ses intentions. **4.** Teinte naturelle (de la peau humaine). SYN. **carnation,** ② **teint.** *Avoir des couleurs*, bonne mine. *Changer de couleur*, sous le coup d'une émotion. → **blêmir, pâlir, rougir, verdir.** *Reprendre des couleurs.* ➛ loc. *HAUT EN COULEUR*, qui a un teint très coloré ; fig. très pittoresque. *Une description haute en couleur.* ◆ *Homme, femme* DE COULEUR : qui n'est pas blanc (se dit surtout des Noirs). **5.** Teintes, coloris (d'un tableau). *Le fondu des couleurs.* ◆ en art Caractère, répartition des éléments colorés (par rapport au dessin, au modelé, etc.). *La couleur et la lumière. Les arts de la couleur* (peinture, émail, mosaïque, tapisserie...). ◆ loc. *COULEUR LOCALE* : couleur propre à chaque objet, indépendamment des lumières et des ombres. ➛ fig. Ensemble des traits extérieurs caractérisant les personnes et les choses dans un lieu, un temps précis. *L'abus de la couleur locale, du pittoresque.* ➛ **loc. adj. invar.** *Des scènes de rue très couleur locale.*

II Couleur du spectre (excluant le blanc, le noir, le gris) ; couleur vive. *Vêtements de couleur. Film* EN COULEUR (opposé à *en noir et blanc*). ➛ appos. invar. *Des téléviseurs couleur.* ◆ spécialt Tissu, linge de couleur. *Le blanc et la couleur.*

III Substance colorante. SYN. **colorant, pigment** ; → **peinture, teinture.** *Couleurs délavées, à l'huile.* ➛ (à Paris) VIEILLI *Marchand de couleurs.* → **droguiste.** ➛ *Tube, crayon de couleur.*

IV 1. Apparence, aspect particulier que prennent les choses suivant la présentation, les circonstances. *Le récit prend une couleur tragique.* ➛ *La couleur*

politique d'un journal. SYN. **tendance.** 2. *SOUS COULEUR DE* **loc. prép.** : avec l'apparence de, sous le prétexte de. *Attaquer sous couleur de se défendre.* 3. FAM. *On n'en voit pas la couleur,* l'apparence.
ÉTYM. latin *color.*

COULEUVRE [kulœvʀ] **n. f.** 1. Serpent non venimeux commun en Europe. 2. loc. *AVALER DES COULEUVRES :* subir des affronts sans protester ; croire n'importe quoi.
ÉTYM. latin populaire *colobra,* classique *colubra.*

COULEUVRINE [kulœvʀin] **n. f.** ✦ ancienn' Canon à tube long et fin.
ÉTYM. de *couleuvre.*

COULIS [kuli] **adj. m.** et **n. m.**
I adj. m. loc. *VENT COULIS :* air qui se glisse par les ouvertures ; courant d'air.
II n. m. Sauce résultant de la cuisson concentrée de substances alimentaires passées au tamis. *Un coulis de tomates, de framboises. Coulis d'écrevisses.* SYN. **bisque.**
HOM. COOLIE «porteur»
ÉTYM. de *couler.*

COULISSANT, ANTE [kulisɑ̃, ɑ̃t] **adj.** ✦ Qui glisse sur des coulisses. *Porte coulissante.*
ÉTYM. du participe présent de *coulisser.*

COULISSE [kulis] **n. f.** **I** 1. Support ayant une rainure le long de laquelle une pièce mobile peut glisser ; cette pièce. SYN. **glissière.** *Porte À COULISSE.* → **coulissant.** *Trombone à coulisse.* 2. Ourlet que l'on fait à un vêtement, une étoffe, pour y passer un cordon, un lacet de serrage. 3. (regard) *EN COULISSE :* en coin, oblique. **II** (surtout au plur.) 1. Partie d'un théâtre située sur les côtés et en arrière de la scène, derrière les décors, et qui est cachée aux spectateurs. ☛ Littérature p. 127. *Le machiniste, l'électricien sont dans les coulisses.* 2. fig. Le côté caché, secret. *Les coulisses de la politique.* SYN. ② **dessous.**
ÉTYM. de *coulis* «qui glisse».

COULISSER [kulise] **v.** (conjug. 3a) 1. **v. intr.** Glisser sur des coulisses. *Porte qui coulisse.* 2. **v. tr.** Garnir de coulisses (I, 2). *Coulisser des rideaux.*

COULOIR [kulwaʀ] **n. m.** 1. Passage étroit et long, pour aller d'une pièce à l'autre. SYN. **corridor, galerie.** *Le couloir d'un appartement. Les couloirs du métro.* – *Bruits de couloir :* rumeurs. 2. Passage étroit. *Couloir d'autobus,* partie de la chaussée réservée aux autobus et aux taxis. *Couloir aérien,* itinéraire que doivent suivre les avions. 3. Une des deux bandes situées de part et d'autre du rectangle formant la partie médiane du court de tennis. ♦ Zone d'une piste d'athlétisme réservée à chaque coureur.
ÉTYM. de *se couler* «se glisser».

COULOMB [kulɔ̃] **n. m.** ✦ Unité de mesure de quantité d'électricité et de charge électrique, égale à la quantité d'électricité transportée en une seconde par un courant de un ampère (symb. C).
ÉTYM. du n. du physicien *Coulomb* ☛ noms propres.

COULPE [kulp] **n. f.** ✦ loc. *BATTRE SA COULPE,* témoigner son repentir ; s'avouer coupable.
ÉTYM. latin *culpa* «faute».

COULURE [kulyʀ] **n. f.** ✦ Traînée d'une matière molle qui a coulé. *Coulure de bougie.*
ÉTYM. de *couler.*

COUNTRY [kuntʀi] **n. f.** ou **m.** ✦ anglicisme Musique américaine dérivée du folklore du sud des États-Unis. SYN. **folk.**
ÉTYM. mot anglais *country (music)* «(musique) de la campagne».

COUP [ku] **n. m.** **I** 1. Mouvement par lequel un corps matériel vient en heurter un autre ; impression produite par ce qui heurte. SYN. **choc, heurt.** *Coup sec, violent. Donner un coup de poing sur la table. Se donner un coup contre un meuble.* → se **cogner.** ♦ Choc brutal que l'on fait subir à qqn pour faire mal, blesser. *Donner un coup, des coups à qqn.* → **battre, frapper.** *Rendre coup pour coup. Rouer qqn de coups. COUP DE POING. COUP DE PIED*.* *Coup bas,* donné plus bas que la ceinture ; fig. procédé déloyal. – (Coups donnés par les animaux) *Coup de bec, de corne, de griffe.* – Choc donné à qqn avec un objet, une arme blanche. *Coup de bâton. Coup de couteau.* 2. Décharge (d'une arme à feu) ; ses effets (action du projectile). *Coup de feu. Le coup est parti.* – *COUP DOUBLE :* coup qui tue deux pièces de gibier ; fig. double résultat par un seul effort. 3. fig. Acte, action qui attaque, frappe qqn. *Frapper, porter un grand coup.* FAM. *TENIR LE COUP :* résister, supporter. *Prendre un coup de vieux*.* – FAM. *COUP DUR :* accident, ennui grave, pénible. – *SOUS LE COUP DE :* sous la menace, l'action, l'effet de. *Pleurer sous le coup de l'émotion.* **II** (souvent *coup de...*) 1. Mouvement (d'une partie du corps de l'homme ou d'un animal). *Coup d'aile.* SYN. **battement.** *Coup de reins.* – *Coup d'œil :* regard bref. ♦ loc. fig. *COUP DE MAIN.* Aide, appui. *Donner un coup de main à qqn.* – Attaque exécutée à l'improviste, avec hardiesse et promptitude. 2. Mouvement (d'un objet, d'un instrument). *Coup de balai, de brosse, de torchon,* nettoyage rapide. *Coup de peigne. Coup de marteau. Coup de chapeau* (salut). *Coup de fil, coup de téléphone.* – FAM. *En mettre un coup,* travailler dur. – loc. *À COUPS DE :* à l'aide de. *Traduire à coups de dictionnaire.* 3. Fonctionnement, bruit (d'un appareil sonore). *Coup de sifflet. Les douze coups de midi.* – *Sur le coup de midi,* à midi. 4. Action brusque, soudaine ou violente (d'un élément, du temps) ; impression qu'elle produit. *Coup de chaleur, de froid. Coup de soleil.* 5. Fait de lancer (les dés) ; action d'un joueur (jeux de hasard, puis d'adresse). *Un coup bien joué.* loc. *Coup de dé*.* – *COUP DROIT :* fait de frapper la balle avec la face de la raquette, au tennis (opposé à *volée, à revers*). – *Coup franc*. Coup d'envoi.* 6. Quantité absorbée en une fois. *Boire un coup de trop.* FAM. *Je te paye un coup* (à boire), *le coup.* **III** 1. Action subite et hasardeuse. *Coup de chance :* action réussie par hasard ; hasard heureux. *Mauvais coup. Manigancer, préparer son coup. Réussir, manquer son coup.* – loc. *Discuter* le coup.* – *Un coup monté,* préparé à l'avance. – spécialt *Coup de force,* manœuvre politique, intervention militaire soudaine. *Coup d'État,* révolution, putsch. *Coup de théâtre*.* 2. loc. FAM. *Être, mettre DANS LE COUP,* participer, faire participer à une affaire. *Être hors du coup.* – *Être AUX CENT COUPS,* très inquiet. – *Faire les QUATRE CENTS COUPS :* commettre des actes dangereux, se livrer à des excès. 3. (au sens de *fois*) dans des loc. *Du premier coup. DU COUP :* de ce fait. *À tous les coups :* chaque fois. *Du même coup,* par la même

action, occasion. *Ce coup-ci, c'est le bon.* 4. loc. Action rapide, faite en une fois. *D'un seul coup. Coup sur coup,* sans interruption, l'un après l'autre. → *Sur le coup :* immédiatement. → *Après coup :* plus tard, après. → *À coup sûr :* sûrement, infailliblement. → *Tout d'un coup ; tout à coup :* brusquement, soudain. HOM. COU «partie du corps», COÛT «prix»
ÉTYM. bas latin *colpus,* de *colaphus,* du grec «gifle».

COUPABLE [kupabl] adj. 1. Qui a commis une faute. SYN. **fautif ;** → **culpabilité.** *Être coupable d'un délit* (→ **délinquant**), *d'un crime* (→ **criminel**). *Plaider coupable, non coupable.* → n. *Rechercher les coupables.* 2. (choses) Blâmable, condamnable. *Commettre une action coupable. Un amour coupable.* SYN. **illicite.** CONTR. **innocent.**
ÉTYM. latin *culpabilis,* de *culpa* «faute».

COUPAGE [kupaʒ] n. m. 1. RARE Action de couper. 2. Action de couper, de mélanger des liquides différents. *Le coupage d'un vin par un autre. Vins de coupage.*

COUPANT, ANTE [kupɑ̃, ɑ̃t] adj. 1. Qui coupe. SYN. **aigu.** *Pince coupante.* 2. Autoritaire. *Un ton coupant.* SYN. ① **bref, tranchant.** CONTR. **contondant.**
ÉTYM. du participe présent de *couper.*

COUP-DE-POING [kud(ə)pwɛ̃] n. m. ✦ Arme de main, masse métallique percée pour le passage des doigts. *Des coups-de-poing américains.*

① **COUPE** [kup] n. f. 1. Verre à pied, plus large que profond. *Coupe de cristal. Une coupe à champagne.* → prov. *Il y a loin de la coupe aux lèvres,* d'un plaisir imaginé à sa réalisation. 2. Prix qui récompense le vainqueur d'une compétition sportive. *Gagner la coupe.* → La compétition. *La coupe du monde de football.*
ÉTYM. latin *cuppa,* var. de *cupa* «barrique, cuve».

② **COUPE** [kup] n. f. **I** 1. Action de couper, de tailler. *Fromage, beurre vendu à la coupe,* coupé au moment de l'achat. 2. Abattage des arbres en forêt ; étendue de forêt à abattre. *Coupe sombre* (où on laisse une partie des arbres), *coupe claire* (où on ne laisse que des arbres clairsemés). ◆ loc. fig. *COUPE SOMBRE,* suppression importante (mais moins que la *coupe claire*). *On a fait une coupe sombre dans le personnel.* → *Mettre en COUPE RÉGLÉE,* exploiter systématiquement (une personne, une population). 3. Manière dont on taille l'étoffe, le cuir, pour en assembler les pièces. *Suivre des cours de coupe.* 4. *Coupe de cheveux.* **II** 1. Contour, forme de ce qui est coupé ; endroit où une chose a été coupée. *La coupe d'un tronc d'arbre scié.* 2. Dessin d'un objet que l'on suppose coupé par un plan. *Plan en coupe.* 3. Légère pause dans une phrase (en poésie → **césure**). ☛ Littérature p. 122. **III** 1. Division d'un jeu de cartes en deux paquets. 2. loc. *Être SOUS LA COUPE de qqn,* sous sa dépendance.
ÉTYM. de *couper.*

COUPÉ [kupe] n. m. ✦ Voiture à deux portes. *Ce modèle existe en berline et en coupé.*
ÉTYM. du participe passé de *couper.*

COUPE-CIGARE [kupsigaʀ] n. m. ✦ Instrument pour couper les bouts des cigares. *Des coupe-cigares.*

COUPE-CIRCUIT [kupsiʀkɥi] n. m. ✦ Appareil qui interrompt un circuit électrique (→ **fusible**), lorsque le courant est trop important, en cas de court-circuit. SYN. **disjoncteur ;** → **plomb.** *Des coupe-circuits.*

COUPE-COUPE [kupkup] n. m. invar. ✦ Sabre pour couper les branches, ouvrir une voie dans la forêt vierge. SYN. **machette.**
ÉTYM. de *couper.*

COUPÉE [kupe] n. f. ✦ Ouverture dans la muraille d'un navire, qui permet l'entrée ou la sortie du bord. *Échelle de coupée.*
ÉTYM. du participe passé de *couper.*

COUPE-FAIM [kupfɛ̃] n. m. ✦ Substance médicamenteuse qui provoque une diminution de l'appétit. *Des coupe-faim* (invar.) ou *des coupe-faims.*

COUPE-FEU [kupfø] n. m. ✦ Espace libre ou obstacle artificiel destiné à interrompre la propagation d'un incendie. *Des coupe-feux.* → appos. invar. *Des portes coupe-feu.*

COUPE-FILE [kupfil] n. m. ✦ Carte officielle de passage, de priorité. *Les coupe-files d'un journaliste.*

COUPE-GORGE [kupgɔʀʒ] n. m. ✦ Lieu, passage dangereux, fréquenté par des malfaiteurs. *Des coupe-gorges.*

COUPE-JARRET [kupʒaʀɛ] n. m. ✦ VX ou plais. Bandit, assassin. *Une bande de coupe-jarrets.*

COUPELLE [kupɛl] n. f. ✦ Petite coupe.
ÉTYM. de ① *coupe.*

COUPE-ONGLE [kupɔ̃gl] n. m. ✦ Pince pour couper les ongles. *Des coupe-ongles.*

COUPE-PAPIER [kuppapje] n. m. ✦ Instrument (lame de bois, d'os, de corne) pour couper le papier. *Des coupe-papiers* ou *des coupe-papier* (invar.).

COUPER [kupe] v. tr. (conjug. 3a) **I** concret 1. Diviser (un corps solide) avec un instrument tranchant ; séparer en tranchant. *Couper du pain avec un couteau. Couper du bois. Couper qqch. en tranches. Couper en deux morceaux.* SYN. **partager.** ◆ Préparer des morceaux de tissu à assembler pour en faire (un vêtement). *Couper une jupe.* SYN. **tailler.** au p. passé *Veste bien coupée.* → ② **coupe.** 2. Enlever une partie de (qqch.) avec un instrument tranchant. *Couper les branches mortes d'un arbre. Couper de l'herbe. Couper les cheveux, les ongles (de, à qqn).* SYN. **tailler.** *Couper la tête, le cou à qqn.* → **décapiter.** → loc. *Un brouillard à couper au couteau,* très épais. 3. intrans. Être tranchant. *Ce couteau ne coupe plus, il faut l'aiguiser.* 4. Faire une entaille à la peau. *Elle s'est coupé le doigt.* pronom. *Ils se sont coupés avec la scie.* **II** 1. Diviser en plusieurs parties. SYN. **fractionner, partager, scinder.** → (sujet chose) *Cette haie coupe le champ.* 2. Passer au milieu, au travers de (qqch.). SYN. **traverser.** *Ce chemin en coupe un autre.* SYN. **croiser.** → pronom. *Les deux routes se coupent à angle droit.* → absolt (sujet personne) *Couper à travers champs.* 3. Enlever (une partie d'un texte, d'un récit, d'un film, d'une émission...). 4. Interrompre. *Couper sa journée par une sieste.* SYN. **entrecouper.** *Couper l'appétit à qqn.* ◆ Interrompre (un discours). *Couper la parole à qqn.* → FAM. *Couper le sifflet*.* 5. Arrêter, barrer. *Couper les voies ferrées, les ponts,* les rendre impraticables. fig.

*Couper les ponts**. ➝ *Couper le crédit, les vivres à qqn,* lui refuser de l'argent. **6.** Interrompre le passage de. *Couper le contact. Couper l'eau.* absolt *Coupez !,* arrêtez la prise de vues, la prise de son. **III** **1.** Mélanger à un autre liquide. → **coupage.** *Couper son vin,* l'additionner d'eau. **2.** *Couper un jeu de cartes,* le diviser en deux. absolt *Battre et couper.* ➝ Jouer avec l'atout. *Je coupe le carreau ;* absolt *je coupe à carreau.* **IV** v. tr. ind. **1.** FAM. *COUPER À.* SYN. **éviter.** *Couper à une corvée,* y échapper. *Il n'y coupera pas.* **2.** loc. fig. *Couper court** (II, 2) *à qqch.* **V** *SE COUPER* v. pron. Se contredire par inadvertance, laisser échapper la vérité. SYN. se **trahir.** *Le menteur s'est coupé.*

ÉTYM. de *coup,* «diviser d'un coup».

COUPER-COLLER [kupekɔle] n. m. invar. ✦ INFORM. Action de supprimer un texte, une portion de texte... d'un document pour l'insérer ailleurs.

COUPERET [kupʀɛ] n. m. **1.** Couteau à large lame pour trancher ou hacher la viande. SYN. **hachoir.** **2.** *Le couperet de la guillotine,* sa lame tranchante.

ÉTYM. de *couper.*

COUPEROSE [kupʀoz] n. f. ✦ Dilatation des petits vaisseaux du visage, se traduisant par des rougeurs.

ÉTYM. latin médiéval *cuperosa,* peut-être de *cuprum* «cuivre» et *rosa* «rose».

COUPEROSÉ, ÉE [kupʀoze] adj. ✦ Atteint de couperose. *Teint, visage couperosé.*

COUPEUR, EUSE [kupœʀ, øz] n. **1.** Personne dont la profession est de couper les vêtements. SYN. **tailleur.** **2.** *Coupeur de,* personne qui coupe (qqch.). *Les coupeurs de têtes d'Amazonie.* ➝ *Un coupeur de cheveux en quatre.* → **chicanier.**

COUPE-VENT [kupvɑ̃] n. m. **1.** Dispositif à angle aigu à l'avant d'une locomotive, pour réduire la résistance de l'air. **2.** Blouson léger qui protège contre le vent. *Des coupe-vents* ou *des coupe-vent* (invar.).

COUPLAGE [kuplaʒ] n. m. ✦ Fait de coupler ; assemblage (de pièces mécaniques, d'éléments électriques).

COUPLE [kupl] n. m. **I** Un homme et une femme réunis. *Former un beau couple. Un couple de jeunes mariés. Un couple mal assorti.* ➝ (animaux) *Un couple de pigeons,* le mâle et la femelle. **II** (Ensemble de deux choses) **1.** RÉGIONAL *Un couple d'heures,* deux heures. ➝ VX ou RÉGIONAL au fém. *Une couple d'heures.* **2.** Élément de la charpente d'un navire, membrure. **3.** SC. Système de deux forces parallèles égales entre elles, de sens contraire.

ÉTYM. latin *copula* «union, liaison» ; doublet de *copule.*

COUPLER [kuple] v. tr. (conjug. 3a) ✦ Assembler deux à deux. *Coupler des roues de wagon.* ➝ au p. passé *Roues couplées.*

ÉTYM. latin *copulare* «lier» ; doublet de *copuler.*

COUPLET [kuplɛ] n. m. **1.** Chacune des parties d'une chanson comprenant généralement un même nombre de vers, et séparées par le refrain. SYN. **stance, strophe.** ☛ Littérature p. 125. **2.** FAM. Propos répété, ressassé. SYN. **refrain.**

ÉTYM. diminutif de l'ancien français *couple* «groupe de deux vers», par l'anc. occitan *cobla* «couplet».

COUPOLE [kupɔl] n. f. ✦ Voûte hémisphérique d'un dôme. *Église à coupoles.* ➝ *Être reçu sous la Coupole,* à l'Académie française.

ÉTYM. italien *cupola,* latin *cupula* «petite cuve *(cupa)*».

COUPON [kupɔ̃] n. m. **1.** Fin d'une pièce de tissu. **2.** Feuillet que l'on détache d'un titre financier. *Coupon d'action.* **3.** Élément détachable correspondant à l'acquittement d'un droit. *Coupon d'une carte de transport.* SYN. **ticket.** **4.** *COUPON-RÉPONSE :* partie détachable d'une annonce publicitaire qu'on renvoie à l'annonceur. *Des coupons-réponses.*

ÉTYM. de *couper.*

COUPONNAGE [kupɔnaʒ] n. m. ✦ COMM. Technique de vente par correspondance, par coupons-réponses.

COUPURE [kupyʀ] n. f. **I** (Action de couper) **1.** Blessure faite par un instrument tranchant. SYN. **entaille.** *Coupure au visage.* → **balafre, estafilade.** **2.** Séparation nette, brutale. SYN. **cassure, fossé.** *Il y a une coupure entre ces deux périodes de sa vie.* **3.** Suppression d'une partie (d'un ouvrage, d'une pièce de théâtre, d'un film). **4.** Interruption (du courant électrique, du gaz, de l'eau). *Coupure de courant.* **II** (Chose coupée) **1.** *Coupures de journaux,* articles découpés. **2.** Billet de banque. *Payer en petites coupures.*

COUR [kuʀ] n. f. **I** Espace découvert, clos de murs ou de bâtiments et dépendant d'une habitation. *La cour d'honneur d'un château. La cour intérieure d'une maison.* → **patio ; atrium.** *Au fond de la cour. Chambre, fenêtre sur cour,* donnant sur la cour. *Cour d'école, cour de récréation.* ➝ *Cour de ferme.* → **basse-cour.** **II** **1.** Résidence du souverain et de son entourage. *La ville* (Paris) *et la cour* (Versailles) *sous Louis XIV. La noblesse de cour.* **2.** L'entourage du souverain. → **courtisan.** *Toute la cour assistait à la cérémonie.* ➝ loc. fig. *Être bien en cour,* bien vu de qqn d'important. **3.** Cercle de personnes empressées autour d'une autre. *La cour d'un auteur célèbre. Une cour d'admirateurs.* loc. *FAIRE LA COUR à une femme,* chercher à lui plaire, à obtenir ses faveurs. → **courtiser.** **III** Tribunal. ➝ *COUR D'APPEL :* juridiction permanente du second degré, chargée de juger les appels. *Une cour d'assises. La Cour de cassation.* ➝ *LA COUR DES COMPTES,* chargée de contrôler l'observation des règles de la comptabilité publique dans l'exécution des budgets. ➝ *Cour de justice de la République* (appelée naguère *Haute Cour de justice* ou *HAUTE COUR*) : tribunal chargé de juger le président de la République et les ministres en cas de faute très grave. *La Cour pénale internationale,* chargée de juger les crimes de guerre et de génocide, les crimes contre l'humanité. HOM. COURRE «poursuivre», COURS «écoulement (d'un fleuve)» et «enseignement», ① COURT «bref», ② COURT «terrain de tennis»

ÉTYM. bas latin *curtis,* de *cohors, cohortis* «enclos, cour de ferme».

COURAGE [kuʀaʒ] n. m. **1.** Force morale ; fait d'agir malgré les difficultés, énergie dans l'action, dans une entreprise. *Je n'ai pas le courage de continuer. Entreprendre, faire qqch. avec courage.* ➝ loc. *S'armer de courage. Perdre courage,* se préparer à abandonner, à céder. ➝ *Bon courage !* formule d'encouragement. **2.** Fait de ne pas avoir peur ; force devant le danger ou la souffrance. SYN. **bravoure.** *Combattre, se battre avec courage.* SYN. **héroïsme, vaillance.** *Un courage téméraire.*

SYN. **audace, témérité.** ➜ loc. *Prendre son courage à deux mains,* se décider malgré la difficulté, la peur, la timidité. ➜ *Avoir le courage de ses opinions,* les affirmer. 3. *Le courage de faire qqch.,* la volonté plus ou moins cruelle. *Je n'ai pas le courage de lui refuser cette aide.* CONTR. **faiblesse, paresse • lâcheté, peur.**
ÉTYM. de *cuer,* ancienne forme de *cœur.*

COURAGEUSEMENT [kuʀaʒøzmɑ̃] **adv.** ✦ Avec courage. CONTR. **lâchement.**

COURAGEUX, EUSE [kuʀaʒø, øz] **adj.** 1. VIEILLI OU RÉGIONAL Énergique ; travailleur. 2. Qui a du courage (2) ; agit malgré le danger ou la peur. SYN. **brave, vaillant ; héroïque, intrépide, téméraire.** 3. Qui manifeste du courage. *Attitude, réponse courageuse.* CONTR. **faible, paresseux • lâche, peureux • timide, timoré.**

COURAMMENT [kuʀamɑ̃] **adv.** 1. Sans difficulté, avec aisance. *Parler couramment une langue étrangère.* 2. D'une façon habituelle, ordinaire. SYN. **communément, habituellement.** *Cela se fait couramment.* CONTR. **difficilement • rarement.**
ÉTYM. de ① *courant.*

① **COURANT, ANTE** [kuʀɑ̃, ɑ̃t] **adj.** **I** 1. *CHIEN COURANT.* ➜ **chien.** 2. *EAU COURANTE,* distribuée par tuyaux. 3. loc. *MAIN COURANTE :* rampe parallèle à celle de l'escalier et fixée au mur. 4. (temps, action) Qui est présent, s'écoule, se fait au moment où l'on parle. SYN. **en cours ; actuel.** *L'année courante. Le dix courant :* le dix de ce mois. *Les affaires courantes* (s'oppose à *affaires extraordinaires*). **II** 1. Qui a cours d'une manière habituelle. SYN. **commun, habituel, normal, ordinaire.** *Le langage courant. C'est une réaction courante chez les timides. Mot courant,* fréquent, usuel. 2. *Compte* courant.* CONTR. **extraordinaire, inhabituel, rare.**
ÉTYM. du participe présent de *courir.*

② **COURANT** [kuʀɑ̃] **n. m.** 1. Mouvement de l'eau, d'un liquide. SYN. **cours.** *Le courant de la rivière. Un courant rapide, impétueux. Suivre, remonter le courant.* ➜ *Les courants marins,* déplacements de masses d'eau. 2. *COURANT D'AIR :* passage d'air froid. *Des courants d'air violents.* 3. *Courant (électrique) :* déplacement d'électricité dans un conducteur. *Courant continu ; alternatif. Fréquence, intensité d'un courant. Couper le courant.* 4. Déplacement orienté. *Les courants de populations* (émigration, immigration). ➜ fig. *Les courants de la mode.* SYN. **mouvement, tendance.** 5. Cours d'une durée. *Dans le courant de la semaine,* pendant. 6. *(Être) AU COURANT,* informé. *Mettre, tenir qqn au courant de qqch.,* avertir. *Se mettre au courant.*
ÉTYM. du participe présent de *courir* «couler».

COURANTE [kuʀɑ̃t] **n. f.** **I** Ancienne danse à trois temps ; sa musique. **II** FAM. Diarrhée.
ÉTYM. de ① *courant.*

COURBATU, UE ou **COURBATTU, UE** [kuʀbaty] **adj.** ✦ LITTÉR. Qui ressent une lassitude extrême dans tout le corps. SYN. **moulu.** ➜ Écrire *courbattu* avec deux *t,* comme dans *battre, battu,* est permis.
ÉTYM. de *court* et *battu.*

COURBATURE ou **COURBATTURE** [kuʀbatyʀ] **n. f.** ✦ Sensation de fatigue douloureuse due à un effort prolongé ou à un état fébrile. SYN. **lassitude.** *Ressentir des courbatures dans les membres.* ➜ Écrire *courbatture* avec deux *t* comme dans *battre* est permis.
ÉTYM. de *courbatu.*

COURBATURER ou **COURBATTURER** [kuʀbatyʀe] **v. tr.** (conjug. 3a) ✦ Donner une courbature à (qqn). *La gymnastique l'a courbaturé.* ➜ au p. passé Qui souffre de courbature. SYN. **courbatu.** ➜ Écrire *courbatturer* avec deux *t* comme dans *battre* est permis.

COURBE [kuʀb] **adj.** et **n. f.**
I adj. Qui change de direction sans former d'angles ; qui n'est pas droit (surtout des figures géom.). SYN. **arrondi, incurvé, recourbé ; curv(i)-.** *Surface courbe.* SYN. **bombé.** CONTR. ① **droit, rectiligne.**
II n. f. 1. Ligne courbe. *La route fait une courbe.* SYN. ② **tournant.** ➜ GÉOM. Lieu des positions successives d'un point qui se meut d'après une loi. *Courbes fermées* (cercle, ellipse), *ouvertes.* 2. Ligne représentant la loi, l'évolution d'un phénomène (➜ **graphique**). *Une courbe de température. Les courbes de la production, des prix.* CONTR. ① **droite.**
ÉTYM. latin populaire *curbus,* classique *curvus.*

COURBER [kuʀbe] **v. tr.** (conjug. 3a) 1. Rendre courbe (ce qui est droit). SYN. **arrondir, incurver.** *Courber une branche.* 2. Pencher en abaissant. *Courber le front, la tête.* SYN. **incliner.** ➜ au p. passé *Un vieillard tout courbé.* ➜ loc. fig. *Courber la tête, le front :* obéir. 3. intrans. Devenir courbe. SYN. **ployer.** *Courber sous le poids.* 4. *SE COURBER* **v. pron.** *La branche se courbe sous le poids des fruits.* ➜ (personnes) Se baisser. *On devait se courber pour entrer.* CONTR. ① **dresser, redresser • se relever.**
ÉTYM. latin populaire *curbare,* classique *curvare.*

COURBETTE [kuʀbɛt] **n. f.** ✦ surtout au plur. Action de s'incliner exagérément, avec une politesse obséquieuse. SYN. **révérence.** ➜ loc. *Faire des courbettes à, devant qqn,* être servile avec lui.
ÉTYM. de *courber.*

COURBURE [kuʀbyʀ] **n. f.** ✦ Forme de ce qui est courbe. *Courbure rentrante* (➜ **concavité**), *sortante* (➜ **convexité**).
ÉTYM. de *courber.*

COUREUR, EUSE [kuʀœʀ, øz] **n.** **I** (rare au fém.) 1. Personne qui court. *Un coureur rapide.* ➜ appos. *Oiseaux coureurs* (autruche, casoar, émeu). 2. Athlète qui participe à une course sportive. *Coureur à pied. Coureur de 110 mètres haies.* ➜ *Coureur cycliste sur route, sur piste* (routier, pistard). ➜ *Coureur automobile.* **II** Homme, femme constamment à la recherche d'aventures amoureuses. *Un coureur de jupons. C'est une petite coureuse.* ➜ **adj.** *Il est très coureur.*
ÉTYM. de *courir.*

COURGE [kuʀʒ] **n. f.** 1. Plante potagère, cultivée pour ses fruits appelés *courges, citrouilles, potirons.* 2. Le fruit d'une variété de courge.
ÉTYM. latin tardif *cucurbica,* classique *cucurbita.*

COURGETTE [kuʀʒɛt] **n. f.** ✦ Fruit d'une variété de courge, vert, de forme oblongue.

COURIR [kuʀiʀ] **v.** (conjug. 17) **I v. intr.** (êtres animés) 1. Se déplacer par une suite d'élans, en reposant alternativement le corps sur l'une puis l'autre jambe, et d'une allure, la course*, plus rapide que la marche. SYN. **filer, trotter ;** FAM. **cavaler, foncer.** *Courir à toutes jambes* (➜ *prendre ses jambes à son cou*). *à perdre haleine, à*

A B C D E F G H I J K L M N O P Q R S T U V W X Y Z

fond de train, très vite. ➛ prov. « *Rien ne sert de courir, il faut partir à point* » (La Fontaine). ➛ *Courir après qqn*, pour le rattraper. ➛ *Courir* (+ inf.) : aller en courant (faire qqch.). *Cours le prévenir.* **2.** Aller vite. SYN. se **dépêcher**, se **précipiter**. *Ce n'est pas la peine de courir, nous avons le temps. J'y cours. Les gens courent à ce spectacle*, ils y vont avec empressement. ➛ fig. *Courir à sa perte, à sa ruine, à un échec.* ➛ FAM. *Courir après qqn*, le rechercher avec assiduité. *Courir après une femme* (→ **coureur**). *Courir après qqch.*, essayer de l'obtenir. *Courir après le succès.* ➛ FAM. *Tu peux toujours courir !*, attendre (tu n'auras rien). **3.** (choses) Se mouvoir avec rapidité. *L'ombre des nuages courait sur la plaine. L'eau qui court.* SYN. **couler** ; ② **courant, cours. 4.** Être répandu, passer de l'un à l'autre. SYN. **circuler**, se **propager**, se **répandre**. *Faire courir une nouvelle. Le bruit court que...* **5.** (temps) Suivre son cours, passer. → ① **courant** (I, 4). ➛ loc. *Par les temps qui courent* : actuellement. ➛ *L'intérêt de cette rente court à partir de tel jour*, sera compté à partir de ce jour. ➛ FAM. *Laisser courir* : laisser faire, laisser aller. **II** v. tr. **1.** VX ou loc. Poursuivre à la course, chercher à attraper. *Courir deux lièvres* à la fois.* **2.** Participer à (une épreuve de course). *Courir le cent mètres. Ce cheval a couru le Grand Prix.* **3.** Rechercher, aller au-devant de. *Courir les aventures.* ➛ *Courir un danger*, y être exposé. *Courir un risque. Courir sa chance.* → **essayer, tenter. 4.** Parcourir. *Courir la campagne.* ➛ loc. *Ça court les rues* : c'est banal, commun. **5.** Fréquenter assidûment. SYN. **hanter**. *Courir les magasins. Courir les filles* (→ **coureur**, II). ◆ FAM. *Courir qqn*, l'ennuyer. *Tu nous cours avec tes histoires.*

ÉTYM. latin *currere*.

COURLIS [kuʀli] n. m. ✦ Oiseau échassier migrateur, à long bec courbe, qui vit près de l'eau.

ÉTYM. origine obscure ; peut-être onomatopée.

COURONNE [kuʀɔn] n. f. **I 1.** Cercle que l'on met autour de la tête comme parure ou marque d'honneur. *Une couronne de lauriers.* **2.** Cercle de métal posé sur la tête comme insigne d'autorité, de dignité. SYN. **diadème**. *Couronne de prince, de roi.* **3.** Royauté, souveraineté (→ **couronner**). *La couronne de France, d'Angleterre. Héritier de la Couronne.* **II** (Forme circulaire) **1.** *EN COURONNE* : en cercle. *Greffe en couronne.* **2.** Objet circulaire ; choses disposées en cercle. *Ni fleurs ni couronnes* (se dit d'un enterrement très simple). ◆ Pain en forme d'anneau. ◆ Partie visible de la dent. ➛ Capsule de métal, de porcelaine, dont on entoure une dent abîmée. ◆ Cercle lumineux. SYN. **auréole, halo**. *La couronne d'une aurore boréale. Couronne solaire.* **III** Unité monétaire de la République tchèque, du Danemark, de l'Islande, de la Norvège, de la Suède, etc.

ÉTYM. latin *corona*, du grec.

COURONNEMENT [kuʀɔnmɑ̃] n. m. **I** Cérémonie au cours de laquelle on couronne un souverain. SYN. ① **sacre**. **II 1.** Ce qui termine et orne le sommet (d'un édifice, d'un meuble). *Le couronnement d'un édifice, d'une colonne.* **2.** Ce qui achève, rend complet. *Ce prix est le couronnement de sa carrière.*

COURONNER [kuʀɔne] v. tr. (conjug. 3a) **I 1.** Coiffer (qqn) d'une couronne. ➛ Décerner un prix, une récompense à (qqn, qqch.). *Couronner le lauréat. Couronner un livre.* **2.** Proclamer (qqn) souverain en ceignant d'une couronne. *Couronner un roi.* SYN. ① **sacrer**. ➛ au p. passé *Les têtes couronnées* : les souverains. **II 1.** LITTÉR. Orner, entourer (la tête, le sommet) comme fait une couronne. *Un diadème couronnait son front.* SYN. **ceindre**. *La neige qui couronne les cimes.* **2.** Garnir (une dent) d'une couronne. ➛ au p. passé *Molaire couronnée.* **3.** Blesser au genou. ➛ au p. passé *Genou couronné.* **III** LITTÉR. Achever en complétant, en rendant parfait. *Ce prix couronne son œuvre.* ➛ iron. *Et pour couronner le tout, il arrive en retard.* CONTR. **découronner • détrôner, renverser**.

COURRE [kuʀ] v. tr. (seulement inf.) ✦ VX Poursuivre (en courant). *Courre le chevreuil.* ◆ loc. MOD. *CHASSE À COURRE*, avec des chiens courants et à cheval.

HOM. COUR « espace clos », COURS « écoulement (d'un fleuve) » et « enseignement », ① COURT « bref », ② COURT « terrain de tennis »

ÉTYM. ancienne forme de *courir*.

COURRIEL [kuʀjɛl] n. m. ✦ Message échangé entre ordinateurs. SYN. **e-mail**. *Envoyer un courriel.*

ÉTYM. de *courri(er) él(ectronique)*.

COURRIER [kuʀje] n. m. **I** anciennt Homme qui précédait les voitures de poste (→ **postillon**) ou portait les lettres à cheval. *L'affaire du courrier de Lyon.* **II 1.** Transport des dépêches, des lettres, des journaux. SYN. ① **poste**. *Courrier maritime, aérien. Je vous réponds par retour du courrier.* ➛ *Courrier électronique*, permettant l'échange d'informations à l'intérieur d'un réseau informatique, télématique. → **messagerie ; télécopie. 2.** Ensemble des lettres, dépêches, journaux envoyés ou à envoyer. *Lire son courrier. Envoyer, poster le courrier. Courrier des lecteurs* (aux journaux). **3.** Article, chronique d'un journal. *Courrier mondain, littéraire.* ➛ *Le COURRIER DU CŒUR*, concernant les problèmes sentimentaux.

ÉTYM. italien *corriere*, de *correre* « courir ».

COURRIÉRISTE [kuʀjeʀist] n. ✦ Journaliste qui fait une chronique. SYN. **chroniqueur**.

ÉTYM. de *courrier* (II, 3).

COURROIE [kuʀwa] n. f. ✦ Bande étroite d'une matière souple et résistante servant à lier, à attacher. *Les courroies d'un harnais.* ➛ *Courroie de transmission*, bande fermée sur elle-même qui transmet le mouvement d'une poulie à une autre ; fig. moyen ou personne servant d'intermédiaire.

ÉTYM. latin *corrigia*, peut-être gaulois.

COURROUCER [kuʀuse] v. tr. (conjug. 4) ✦ LITTÉR. Mettre en colère, irriter. ➛ au p. passé *Un air courroucé.* CONTR. **apaiser, calmer**.

ÉTYM. bas latin *corruptiare*, de *corrumpere* « détériorer ».

COURROUX [kuʀu] n. m. ✦ LITTÉR. Irritation vive contre un offenseur. SYN. **colère**.

ÉTYM. de *courroucer*.

COURS [kuʀ] n. m. **I** Écoulement continu (de l'eau des fleuves, rivières, ruisseaux). SYN. ② **courant**. *Descendre le cours du fleuve.* ➛ loc. *DONNER LIBRE COURS À sa douleur, sa joie*, ne plus la contenir. → **manifester**. ◆ *COURS D'EAU.* → **fleuve, rivière, ruisseau, torrent**. *Des cours d'eau navigables.* **II 1.** Suite continue dans le temps. SYN. **déroulement, succession**. *Le cours des saisons. Le cours de la vie.* SYN. **durée**. *Le cours des évènements. Suivre son cours* : évoluer normalement. ◆ loc. *AU, EN COURS (DE).* SYN. **durant**, ③ **pendant**. *Au cours de sa carrière. L'année en cours. Les travaux sont en cours.*

Affaires en cours. ➜ *EN COURS DE ROUTE* : pendant. **2.** Enseignement suivi sur une matière déterminée. *Faire un cours. Suivre un cours. Prendre des cours de musique, de danse.* SYN. **leçon.** ➜ *Cours du soir,* pour adultes après leurs heures de travail. ➜ Notes prises par un élève et reproduisant un cours. *Un cours polycopié.* ♦ Degré des études. (en France) *Cours préparatoire* (CP), *cours élémentaire* (CE1, CE2), *cours moyen* (CM1, CM2). ♦ Établissement d'enseignement privé. **III** **1.** Prix auquel sont négociées des marchandises, des valeurs (qui circulent normalement). SYN. **cote, taux.** *Le cours du yen. Acheter, vendre au cours de la Bourse.* **2.** *AVOIR COURS* : avoir valeur légale. ➜ Être reconnu, utilisé. *Ces usages n'ont plus cours.* **IV** loc. *AU LONG COURS* : à longue distance sur mer (➜ **long-courrier**). **V** Avenue servant de promenade (dans quelques villes). *Le cours Mirabeau, à Aix-en-Provence.* HOM. COUR «espace clos», COURRE «poursuivre», ① COURT «bref», ② COURT «terrain de tennis»

ÉTYM. latin *cursus,* de *currere* «courir».

COURSE [kuʀs] n. f. **I** **1.** Action de courir ; mode de locomotion plus rapide que la marche. *Une course effrénée. Faire la course avec qqn. Rattraper qqn à la course.* ➜ loc. *Au pas de course* : en marchant très vite. ➜ loc. fig. *À BOUT DE COURSE* : épuisé. **2.** Épreuve de vitesse (➜ **coureur**). *Course à pied. Course de vitesse, de fond. Course de chevaux. Course cycliste.* ➜ au plur. Courses de chevaux. *Champ de courses* : hippodrome. *Jouer aux courses.* ➜ *DE COURSE* : destiné à la course. *Cheval de course. Voiture de course.* **3.** *COURSE DE TAUREAUX* : corrida. **II** **1.** Action de parcourir un espace. SYN. **parcours, trajet** ; ➜ **cours** (IV). *Faire une longue course en montagne.* SYN. **excursion, randonnée.** ➜ Trajet payé (en taxi). *Le prix de la course.* **2.** HIST. Poursuite de navires ennemis. *Faire la course* (➜ **corsaire**). *Guerre de course.* **3.** au plur. Déplacement pour porter, aller chercher qqch. *GARÇON DE COURSES.* ➜ ② **coursier.** ♦ Achats. *Faire des courses dans plusieurs magasins.* SYN. **commission.** **4.** (choses) LITTÉR. Mouvement plus ou moins rapide. SYN. **cours, mouvement.** *La course d'un projectile. La course du temps, des jours.* SYN. **fuite, succession, suite.** CONTR. **arrêt, immobilité.**

ÉTYM. féminin de *cours* ; influencé par l'italien *corsa.*

COURSER [kuʀse] v. tr. (conjug. 3a) ✦ FAM. Poursuivre (qqn) à la course. *Se faire courser par la police.* pronom *Ils se coursent dans les couloirs.*

① **COURSIER** [kuʀsje] n. m. ✦ LITTÉR. Grand et beau cheval de bataille, de tournoi (palefroi), d'allure rapide.

ÉTYM. de l'ancien adjectif *coursier,* de *cours* «allure rapide».

② **COURSIER, IÈRE** [kuʀsje, jɛʀ] n. ✦ Personne chargée de faire les courses (II, 3) dans une entreprise, une administration, un hôtel. SYN. **chasseur, commissionnaire.**

ÉTYM. de *course.*

COURSIVE [kuʀsiv] n. f. ✦ Couloir étroit à l'intérieur d'un navire.

ÉTYM. de l'ancien français *coursie,* italien *corsia,* du latin *cursivus* «courant».

① **COURT, COURTE** [kuʀ, kuʀt] adj. et adv.

I adj. **1.** Qui a peu de longueur d'une extrémité à l'autre (relativement à la taille normale ou par comparaison avec une autre chose). *Rendre court, plus court,* raccourcir, écourter. *Robe courte. Cheveux courts.* ➜ *Aller par le plus court chemin.* **2.** Qui a peu de durée. SYN. ① **bref, éphémère, fugitif, passager.** *Les jours d'hiver sont courts.* ♦ Peu développé. *Récit, roman très court.* SYN. ① **bref.** **3.** Qui est rapproché dans le temps. loc. *À COURT TERME* : dans un avenir rapproché. **4.** De fréquence rapide. *Ondes courtes.* ➜ *Avoir l'haleine, la respiration courte, le souffle court,* s'essouffler facilement et très vite. **5.** FAM. *Dix euros, c'est un peu court,* insuffisant. CONTR. **allongé, long • durable, prolongé.**

II adv. **1.** De manière à rendre court. *Il lui coupa les cheveux court.* **2.** loc. fig. *COUPER COURT À un entretien,* l'interrompre au plus vite. ➜ *TOURNER COURT* : ne pas aboutir. ➜ *Rester court* : manquer d'idées. **3.** *TOUT COURT* : sans rien d'autre. *La vérité tout court.* **4.** *DE COURT. Prendre qqn de court,* à l'improviste ; ne pas lui laisser de temps pour agir. **5.** *À COURT (DE). Être à court d'argent,* en manquer. *À court d'arguments, d'idées.*

HOM. voir ② *court*

ÉTYM. latin *curtus,* d'abord «tronqué, coupé».

② **COURT** [kuʀ] n. m. ✦ Terrain aménagé pour le tennis. HOM. COUR «espace clos», COURRE «poursuivre», COURS «écoulement (d'un fleuve)» et «enseignement»

ÉTYM. mot anglais, de l'ancien français *court,* ancienne forme de *cour.*

COURTAGE [kuʀtaʒ] n. m. **1.** Profession de courtier. *Faire du courtage en librairie.* SYN. **démarchage.** **2.** Commission de courtier.

ÉTYM. de *courtier.*

COURT-BOUILLON [kuʀbujɔ̃] n. m. ✦ Bouillon dans lequel on fait cuire du poisson. *Truite au court-bouillon. Des courts-bouillons.*

ÉTYM. de ① *court* et *bouillon.*

COURT-CIRCUIT [kuʀsiʀkɥi] n. m. ✦ Interruption du courant par fusion des plombs. *Des courts-circuits.*

ÉTYM. de ① *court* et *circuit.*

COURT-CIRCUITER [kuʀsiʀkɥite] v. tr. (conjug. 3a) **1.** Mettre en court-circuit. **2.** FAM. Laisser de côté (un intermédiaire normal) en passant par une voie plus rapide. *Se faire court-circuiter par un concurrent.*

COURTEPOINTE [kuʀtəpwɛ̃t] n. f. ✦ Couverture de lit ouatée et piquée. SYN. **couvre-pied.**

ÉTYM. de *coute* «lit de plumes» (ancienne forme de ① *couette*) et p. passé féminin de *poindre* «piquer».

COURTIER, IÈRE [kuʀtje, jɛʀ] n. ✦ Agent qui met en rapport vendeurs et acheteurs pour des opérations de Bourse ou de commerce. SYN. **agent, commissionnaire, représentant, V. R. P.**

ÉTYM. de *courre,* ancienne forme de *courir.*

COURTILIÈRE [kuʀtiljɛʀ] n. f. ✦ Insecte fouisseur, appelé aussi *taupe-grillon,* nuisible pour les cultures potagères.

ÉTYM. de l'ancien français *courtil* «petit jardin».

COURTINE [kuʀtin] n. f. **1.** anciennt Rideau de lit. **2.** Tenture de porte.

ÉTYM. bas latin *cortina.*

COURTISAN [kuʀtizɑ̃] n. m. **1.** Personne attachée à la cour, qui fréquente la cour d'un souverain. **2.** fig. Personne qui cherche à plaire aux gens influents en leur faisant la cour. SYN. **flatteur.** ➜ adj. m. *Poète courtisan.*

ÉTYM. italien *cortigiano,* de *corte* «cour (II)».

A B C D E F G H I J K L M N O P Q R S T U V W X Y Z

COURTISANE [kuʀtizan] **n. f.** ✦ VIEILLI Femme entretenue, d'un rang social assez élevé.
ÉTYM. italien *cortigiana* «dame de la cour *(corte)*».

COURTISER [kuʀtize] **v. tr.** (conjug. 3a) ✦ Faire la cour à (qqn), chercher à plaire. *Courtiser une femme.*
ÉTYM. italien *corteggiare*, de *corte* «cour».

COURTOIS, OISE [kuʀtwa, waz] **adj.** 1. Qui est très poli, qui agit avec raffinement. SYN. **aimable.** *Un homme courtois.* ➝ Qui manifeste de la courtoisie. *Un refus courtois.* 2. *Littérature, poésie courtoise* (du Moyen Âge), qui exalte l'amour d'une manière raffinée. ➝ *L'amour courtois,* tel qu'il était codifié par cette littérature. CONTR. **discourtois, grossier, impoli.**
ÉTYM. de *court*, ancienne forme de *cour* (II).

COURTOISEMENT [kuʀtwazmɑ̃] **adv.** ✦ D'une manière courtoise (1).

COURTOISIE [kuʀtwazi] **n. f.** 1. Politesse raffinée. SYN. **civilité.** *Visite de courtoisie.* 2. LITTÉR. Attitude conforme à l'esprit de la littérature courtoise (2).
ÉTYM. de *courtois*.

COURT-VÊTU, UE [kuʀvety] **adj.** ✦ Dont le vêtement est court. *Des femmes court-vêtues.*

COURU, UE [kuʀy] **adj.** 1. Recherché. *C'est un spectacle très couru.* 2. FAM. *C'était couru,* prévu. SYN. **certain, sûr.**
ÉTYM. du participe passé de *courir*.

COUSCOUS [kuskus] **n. m.** 1. Semoule de blé dur. 2. Plat constitué de cette semoule servie avec de la viande, des légumes et du bouillon. *Couscous au poulet.*
ÉTYM. mot arabe maghrébin.

COUSETTE [kuzɛt] **n. f.** ✦ VX Jeune ouvrière de la couture.
ÉTYM. du radical de *cousu*.

① **COUSIN, INE** [kuzɛ̃, in] **n.** ✦ Enfant, descendant de personnes qui sont frères et sœurs. *Cousins germains*. Des cousins éloignés.*
ÉTYM. latin *consobrinus* «cousin germain (du côté maternel)», de *sobrinus* «sœur».

② **COUSIN** [kuzɛ̃] **n. m.** ✦ Moustique.
ÉTYM. peut-être famille du latin *culex*.

COUSINADE [kuzinad] **n. f.** ✦ Réunion festive rassemblant les descendants d'un ancêtre commun.
ÉTYM. de ① *cousin*.

COUSSIN [kusɛ̃] **n. m.** 1. Pièce d'une matière souple, cousue et remplie d'un rembourrage, servant à supporter une partie du corps. *Les coussins d'un fauteuil, d'un siège de voiture.* 2. *Coussin d'air :* zone d'air comprimé qui sert de support. *Véhicule sur coussin d'air* (aéroglisseur, etc.).
ÉTYM. bas latin *coxinus*, de *coxa* «hanche».

COUSSINET [kusinɛ] **n. m.** 1. Petit coussin. 2. TECHN. Pièce soutenant une extrémité d'un arbre de transmission. 3. Partie charnue sous la patte (d'un chat).

COUSU, UE [kuzy] **adj.** 1. Joint par une couture. *Feuillets cousus.* ➝ loc. *Être COUSU D'OR,* très riche. 2. FAM. *COUSU MAIN,* à la main. *Des gants cousus main.* ➝ FAM. *C'est du cousu main :* c'est de première qualité.
ÉTYM. du participe passé de *coudre*.

COÛT [ku] **n. m.** ✦ Somme que coûte une chose. SYN. **montant, prix.** *Le coût d'une marchandise.* ➝ *Le coût de la vie augmente.* HOM. COU «partie du corps», COUP «choc»
ÉTYM. de *coûter*.

COÛTANT [kutɑ̃] **adj. m.** ✦ loc. *PRIX COÛTANT :* prix qu'une chose a coûté. *Revendre qqch. à, au prix coûtant,* sans bénéfice.
ÉTYM. du participe présent de *coûter*.

COUTEAU [kuto] **n. m.** 1. Instrument tranchant servant à couper, composé d'une lame et d'un manche. *Couper qqch. avec un couteau. Couteaux à fromage. Couteau de poche, couteau pliant,* dont la lame rentre dans le manche. → **canif.** *Couteau de cuisine. Couteau électrique.* ➝ Cet instrument, utilisé comme arme blanche. SYN. **coutelas, poignard,** arg. **surin.** *Couteau à cran d'arrêt.* ♦ *Affûter, aiguiser un couteau,* la lame. ♦ loc. *Être à couteaux tirés,* en guerre ouverte. *Jouer du couteau :* se battre au couteau. *Coup de couteau. Mettre le couteau sous la gorge à* (qqn) : contraindre par la menace. ♦ (Homme armé de couteau) loc. *Deuxième, second couteau :* personnage de second plan. 2. Outil, instrument tranchant. *Couteau à papier.* → **coupe-papier.** *Couteau de vitrier.* → **spatule.** ♦ Petite truelle de peintre. *Peindre au couteau.* 3. *Couteau de balance,* arête du prisme triangulaire qui porte le fléau. 4. Coquillage qui ressemble à un manche de couteau.
ÉTYM. latin *cultellus*, diminutif de *culter* «coutre» et «couteau».

COUTEAU-SCIE [kutosi] **n. m.** ✦ Couteau dont la lame porte des dents, et qu'on utilise pour couper le pain, les aliments. *Des couteaux-scies.*

COUTELAS [kut(ə)lɑ] **n. m.** ✦ Grand couteau à lame large et tranchante utilisé en cuisine ou comme arme.
ÉTYM. de *coutel*, ancienne forme de *couteau*.

COUTELLERIE [kutɛlʀi] **n. f.** 1. Industrie, fabrication des couteaux, instruments tranchants. ♦ Produits de cette industrie. 2. Usine, atelier où l'on fabrique des couteaux.
ÉTYM. de *coutel*, ancienne forme de *couteau*.

COÛTER [kute] **v.** (conjug. 3a) **I v. intr.** et **tr. ind.** *Coûter à qqn.* 1. Nécessiter le paiement d'une somme pour être obtenu. SYN. **revenir, valoir ;** → **coût, montant, prix.** *Combien cela coûte-t-il ? Combien ça coûte ? Coûter cher. Les vingt euros que ce livre m'a coûté sont justifiés.* ➝ loc. FAM. *Coûter les yeux de la tête, la peau des fesses, un bras, un rein,* très cher. 2. *COÛTER CHER :* causer, entraîner des dépenses. *Cette habitude lui coûte cher.* ➝ loc. fig. *Cela pourrait vous coûter cher,* vous attirer des ennuis. **II** fig. 1. **v. tr.** Causer (une peine, un effort) à qqn. *Les efforts que ce travail lui a coûtés.* ➝ Causer (une perte). *Cela lui coûte sa tranquillité. Coûter la vie à qqn,* faire mourir. 2. **v. intr.** et **tr. ind.** *COÛTER À.* Être pénible, difficile. *Cet effort lui a coûté.* loc. *Il n'y a que le premier pas qui coûte.* 3. *COÛTE QUE COÛTE* loc. adv. : à n'importe quel prix.
ÉTYM. latin *constare* «être établi» puis latin populaire «valoir».

COÛTEUSEMENT [kutøzmɑ̃] **adv.** ✦ D'une manière coûteuse.

COÛTEUX, EUSE [kutø, øz] **adj.** ✦ Qui coûte cher ; cause de grandes dépenses. SYN. **cher, dispendieux, ruineux.** *Les voyages sont coûteux.* CONTR. **bon marché,**

économique.
ÉTYM. de *coûter.*

COUTIL [kuti] **n. m.** ✦ Toile croisée et serrée, en fil ou coton. *Pantalon de coutil.*
ÉTYM. de *coute*, ancienne forme de ① *couette.*

COUTRE [kutʀ] **n. m.** ✦ TECHN. Partie tranchante du soc (d'une charrue).
ÉTYM. latin *culter* → couteau.

COUTUME [kutym] **n. f.** 1. Manière à laquelle la plupart se conforment, dans un groupe social. *Vieille, ancienne coutume.* SYN. **tradition, usage.** *Les coutumes d'un peuple.* SYN. **mœurs.** *Les us* et coutumes.* ◆ absolt *La coutume et le droit écrit.* 2. VX *La coutume* : l'habitude. ◆ loc. MOD. *Une fois n'est pas coutume* : pour une fois, on peut faire une exception. ➝ *AVOIR COUTUME DE* : avoir l'habitude de. *Ils ont coutume de passer Noël à la montagne.* ➝ *DE COUTUME* **loc. adv.** (surtout employé dans des comparaisons) : d'habitude, d'ordinaire. *Il est moins aimable que de coutume.*
ÉTYM. latin *consuetudo* «habitude».

COUTUMIER, IÈRE [kutymje, jɛʀ] **adj.** et **n. m.**
I adj. 1. LITTÉR. Que l'on fait d'ordinaire. SYN. **habituel.** *Les travaux coutumiers.* 2. *Droit coutumier* : ensemble de règles juridiques que constituent les coutumes. 3. loc. *Être COUTUMIER DU FAIT*, avoir déjà fait la même chose (répréhensible). 4. Qui suit la loi non écrite ancestrale (par ex. en Afrique). *Mariage coutumier.* CONTR. **exceptionnel, inaccoutumé.**
II n. m. DIDACT. Recueil des coutumes (d'un pays, d'une province).
ÉTYM. de *coutume.*

COUTURE [kutyʀ] **n. f.** **I** 1. Action de coudre. *Faire de la couture.* 2. Confection professionnelle des vêtements. *Être dans la couture.* ➝ Profession de couturier*. *Une maison de couture.* ➝ *La HAUTE COUTURE* : la conception et la fabrication de vêtements féminins uniques, qui créent la mode. ➝ appos. invar. *Des robes couture.* **II** 1. Assemblage par une suite de points exécutés avec du fil et une aiguille. *Les coutures d'un vêtement, d'une chaussure. Bas sans coutures.* 2. loc. *Examiner SOUS TOUTES LES COUTURES*, dans tous les sens, très attentivement. ➝ *BATTRE À PLATE COUTURE*, complètement. 3. Cicatrice laissée par des points chirurgicaux (→ **couturé**).
ÉTYM. latin populaire *co(n)sutura*, de *consuere* «coudre».

COUTURÉ, ÉE [kutyʀe] **adj.** ✦ Marqué de cicatrices. SYN. **balafré.** *Visage couturé.*
ÉTYM. p. passé de l'anc. verbe *couturer* «coudre».

COUTURIER [kutyʀje] **n. m.** ✦ Personne qui dirige une maison de couture, crée des modèles ; cette maison. *Collection d'un grand couturier. La griffe d'un couturier.*

COUTURIÈRE [kutyʀjɛʀ] **n. f.** ✦ Celle qui coud, qui exécute, à son propre compte, des vêtements (surtout de femme).
ÉTYM. de *couture.*

COUVAIN [kuvɛ̃] **n. m.** ✦ Amas d'œufs, de larves, de nymphes (d'abeilles, d'insectes).
ÉTYM. de *couver.*

COUVÉE [kuve] **n. f.** 1. Ensemble des œufs couvés par un oiseau. *Ces poussins sont de la même couvée.* 2. Les petits qui viennent d'éclore. SYN. **nichée.** *Toute la couvée piaillait.*
ÉTYM. du participe passé de *couver.*

COUVENT [kuvɑ̃] **n. m.** 1. Maison dans laquelle des religieux ou des religieuses vivent en commun ; ces religieux. SYN. **communauté, monastère** ; → **conventuel.** *Un couvent de carmélites, de chartreux. Le cloître, la chapelle d'un couvent.* ➝ *Entrer au couvent*, se faire religieuse (→ prendre le voile). 2. Pensionnat de jeunes filles dirigé par des religieuses.
ÉTYM. latin *conventus* «réunion», de *convenire* «se rassembler».

COUVER [kuve] **v.** (conjug. 3a) **I v. tr.** 1. (oiseaux) Se tenir pendant un certain temps sur des œufs pour les faire éclore. *La poule couve ses œufs* (→ **couvée, couveuse**). 2. *Couver qqn*, l'entourer de soins attentifs. *Elle couve ses enfants.* SYN. **protéger.** ➝ *COUVER DES YEUX* : regarder (qqn, qqch.) avec convoitise ou admiration, désir de protection. 3. Entretenir, nourrir, préparer mystérieusement. *Couver des projets de vengeance.* SYN. **tramer.** 4. *Couver une maladie*, porter en soi les germes (→ **incubation**). **II v. intr.** Être entretenu sourdement jusqu'au moment de se découvrir, de paraître. *Le feu couve sous la cendre.* ➝ fig. *La révolte couvait depuis longtemps.* SYN. **se préparer.**
ÉTYM. latin *cubare* «être couché, alité».

COUVERCLE [kuvɛʀkl] **n. m.** ✦ Pièce mobile qui s'adapte à l'ouverture (d'un récipient) pour le fermer. *Le couvercle d'une boîte, d'un coffre. Mettre, soulever le couvercle d'une marmite.*
ÉTYM. latin *cooperculum*, de *cooperire* «couvrir».

① **COUVERT** [kuvɛʀ] **n. m.** **I** 1. VX Logement (où l'on est couvert). ◆ loc. *Le vivre* (la nourriture) *et le couvert* (le logement). 2. loc. *À COUVERT DE* **loc. prép.** ; *À COUVERT* **loc. adv.** : dans un lieu où l'on est couvert, protégé. *À couvert de la pluie. Se mettre à couvert.* 3. *SOUS LE COUVERT, SOUS COUVERT DE* : sous la responsabilité ou la garantie de (qqn) ; sous l'apparence, le prétexte de (qqch.). **II** 1. Ce que l'on met sur la table pour le repas. *Mettre le couvert.* 2. Ustensiles de table pour une personne. *Une table de six couverts.* 3. Cuillère, fourchette et (parfois) couteau. *Des couverts à dessert.*
ÉTYM. du participe passé de *couvrir.*

② **COUVERT, ERTE** [kuvɛʀ, ɛʀt] **adj.** **I** 1. Qui a un vêtement. *Bien couvert ; chaudement couvert.* ➝ *Restez couvert* : gardez votre chapeau. 2. Qui a sur lui (qqch.). *Il est couvert de boue.* ➝ *Ciel couvert*, nuageux. ➝ *Piscine couverte.* 3. *À MOTS COUVERTS* : en termes obscurs, voilés. **II** Protégé par qqn. *Il est couvert par le directeur. Être couvert contre le vol.* → **assurer.** CONTR. ① **découvert.**
ÉTYM. du participe passé de *couvrir.*

COUVERTURE [kuvɛʀtyʀ] **n. f.** **I** concret 1. Pièce de toile, de drap pour recouvrir. *Couverture de voyage.* → ① **plaid.** ➝ Pièce de laine, etc. qu'on place sur les draps, qu'on borde sous le matelas pour tenir chaud. ➝ loc. fig. *Tirer la couverture à soi* : s'approprier la meilleure ou la plus grosse part d'une chose. 2. Ce qui recouvre un livre, un cahier. *Couverture cartonnée.* ➝ Enveloppe dont on recouvre un livre pour le protéger. SYN. **couvre-livre,** ② **jaquette.** 3. Toit, toiture. *Le couvreur répare la couverture.* **II** abstrait 1. Ce qui sert à couvrir (II), à protéger. *Couverture sociale* : protection dont bénéficie un assuré social. 2. fig. Affaire servant à dissimuler une activité secrète. *Son commerce est une couverture.* 3. Garantie donnée pour assurer le paie-

A B C D E F G H I J K L M N O P Q R S T U V W X Y Z

ment d'une dette. SYN. **provision.** 4. Fait de couvrir (un évènement, pour un journaliste). *La couverture d'un fait divers.*
ÉTYM. de ② *couvert* ; infl. par le bas latin *coopertura.*

COUVEUSE [kuvøz] n. f. 1. Poule qui couve. *Une bonne couveuse.* 2. *Couveuse artificielle* : étuve où l'on fait éclore les œufs. ♦ Enceinte close maintenue à température constante où l'on place les nouveau-nés fragiles. SYN. **incubateur.** *Mettre un prématuré en couveuse.*
ÉTYM. de *couver.*

COUVRE- Élément invariable de noms composés, tiré du verbe *couvrir.*

COUVRE-CHEF [kuvʀəʃɛf] n. m. ✦ plais. Ce qui couvre la tête. SYN. **chapeau, coiffure.** *Des couvre-chefs.*

COUVRE-FEU [kuvʀəfø] n. m. 1. Signal qui indique l'heure de rentrer chez soi. *Des couvre-feux.* 2. Interdiction de sortir après une heure fixée (mesure de police).

COUVRE-LIT [kuvʀəli] n. m. ✦ Couverture légère servant de dessus-de-lit. SYN. **dessus-de-lit.** *Des couvre-lits.*

COUVRE-LIVRE [kuvʀəlivʀ] n. m. ✦ Protection souple recouvrant un livre. SYN. **couverture.** *Des couvre-livres.*

COUVRE-PIED [kuvʀəpje] n. m. ✦ Couverture qui recouvre une partie du lit, à partir des pieds. → aussi **édredon.** *Des couvre-pieds.*

COUVREUR, EUSE [kuvʀœʀ, øz] n. ✦ Personne qui fait ou répare les toitures des maisons. *Couvreur zingueur.*
ÉTYM. de *couvrir.*

COUVRIR [kuvʀiʀ] v. tr. (conjug. 22) ✦ Revêtir d'une chose, d'une matière pour cacher, fermer, orner, protéger. **I** 1. Garnir (un objet) en disposant quelque chose dessus. SYN. **recouvrir.** *Couvrir un plat avec un couvercle. Couvrir un objet d'un enduit.* ➝ (sujet chose) Être disposé sur. *La housse qui couvre ce fauteuil. Moquette qui couvre le sol.* 2. Habiller chaudement. *Couvrir un enfant.* ➝ pronom. *Se couvrir chaudement. Couvre-toi, il fait froid !* 3. Parsemer (qqch., qqn) d'une grande quantité de. *Couvrir une tombe de fleurs.* ➝ *COUVRIR qqn DE*, lui donner beaucoup de. *Couvrir qqn de baisers. On l'a couvert de cadeaux.* SYN. **combler.** *On l'a couvert d'injures.* SYN. **accabler.** ➝ pronom. *Il s'est couvert de ridicule.* ➝ (choses) Être éparpillé, répandu sur. *Les feuilles couvrent le sol.* SYN. **joncher.** ➝ pronom. *Le ciel, le temps se couvre* (de nuages). → ② **couvert.** 4. Cacher en mettant qqch. par-dessus, autour. *Masque qui couvre le visage.* SYN. **dissimuler, masquer.** *Couvrir la voix de qqn.* SYN. **dominer, étouffer.** ♦ fig. LITTÉR. Recouvrir en compensant ; effacer ou réparer. *Couvrir ses fautes.* **II** 1. Interposer (qqch.) comme défense, protection. SYN. **protéger.** *Couvrir qqn de son corps.* 2. Abriter (qqn) par son autorité, sa protection. *Le ministre a couvert le préfet. Se couvrir.* ➝ passif *Être couvert par qqn.* → ② **couvert** (II). 3. Donner une garantie, la somme d'argent qu'il faut. SYN. **garantir, approvisionner.** *Cette somme doit suffire à couvrir vos dépenses.* ➝ *Couvrir un emprunt, une souscription,* souscrire la somme demandée. **III** 1. Parcourir (une distance). *Les concurrents ont couvert les cent kilomètres en deux heures.* 2. Assurer l'information concernant un évènement. *Les journalistes qui couvrent un championnat.*
ÉTYM. latin *cooperire*, de *operire* « couvrir » ; sens III, 2, de l'anglais.

COVER-GIRL [kɔvœʀgœʀl] n. f. ✦ anglicisme VIEILLI Jeune femme qui pose pour les photographies de mode des magazines. *Des cover-girls.* SYN. **modèle.**
ÉTYM. mot américain, littéralement « fille *(girl)* de couverture *(cover)* ».

COVOITURAGE [kovwatyʀaʒ] n. m. ✦ Utilisation d'une voiture par plusieurs personnes qui effectuent le même trajet. ☞ Géographie p. 235.

COVOITURER [kovwatyʀe] v. intr. (conjug. 3a) ✦ Pratiquer le covoiturage. *Elle covoiture avec des collègues.*

COW-BOY [kobɔj ; kaobɔj] n. m. ✦ anglicisme Gardien de troupeaux à cheval dans l'ouest des États-Unis, personnage essentiel de la légende de l'Ouest américain. *Film de cow-boys.* → **western.** *Les cow-boys et les Indiens.*
ÉTYM. mot anglais « garçon *(boy)* de vaches *(cow)* ».

COXAL, ALE, AUX [kɔksal, o] adj. ✦ DIDACT. De la hanche.
ÉTYM. du latin *coxa* « hanche ».

COXALGIE [kɔksalʒi] n. f. ✦ MÉD. Douleur de la hanche.
ÉTYM. du latin *coxa* « hanche » et de *-algie.*

COYOTE [kɔjɔt] n. m. ✦ Mammifère carnivore d'Amérique, voisin du chacal.
ÉTYM. langue indienne d'Amérique centrale *coyotl*, par l'espagnol *coyote.*

C. Q. F. D. [sekyɛfde] ✦ Abréviation de *ce qu'il fallait démontrer* (formule finale d'une démonstration mathématique, d'une argumentation).

Cr [seɛʀ] ✦ CHIM. Symbole du chrome.

CRABE [kʀab] n. m. ✦ Crustacé marin à corps arrondi, à cinq paires de pattes (araignée de mer, étrille, tourteau, etc.). *Les pinces, la carapace du crabe.* ➝ spécialt Crabe comestible. *Crabes farcis.* ♦ loc. *Marcher en crabe*, de côté. ➝ *PANIER DE CRABES* : groupe d'individus intriguant les uns contre les autres.
ÉTYM. norrois *krabbi* ou ancien néerlandais *crabbe.*

CRAC [kʀak] interj. ✦ Mot imitant un bruit sec (choc, rupture), ou évoquant un évènement brusque. *Crac, boum !* HOM. ① CRACK « champion », ② CRACK « cocaïne », CRAQUE « mensonge », KRACH « banqueroute », KRAK « château fort »
ÉTYM. onomatopée.

CRACHAT [kʀaʃa] n. m. ✦ Salive, mucosité rejetée par la bouche.
ÉTYM. de *cracher.*

CRACHÉ [kʀaʃe] adj. invar. ✦ FAM. *(TOUT) CRACHÉ* (après un nom, un pronom) : très ressemblant. *C'est sa mère tout craché. Son portrait craché.*

CRACHEMENT [kʀaʃmɑ̃] n. m. 1. Action de cracher. ➝ Ce que l'on crache. *Un crachement de sang.* 2. Projection (de gaz, de vapeurs, de flammes). 3. Crépitement (→ **crachotement**).

CRACHER [kʀaʃe] v. (conjug. 3a) **I** v. intr. 1. Projeter de la salive, des mucosités par la bouche. SYN. **expectorer.** *Cracher par terre.* 2. fig. FAM. *Cracher sur qqch., qqn,* exprimer un violent mépris. ➝ *Il ne crache pas sur le chocolat,* il l'aime bien. ➝ loc. FAM. *Cracher dans la soupe* : critiquer, mépriser ce qui procure des moyens d'existence. 3. *Ce stylo crache,* l'encre en jaillit. SYN.

couler. 4. Émettre des crépitements. SYN. **crachoter.** II v. tr. 1. Lancer (qqch.) de la bouche. *Cracher les noyaux.* SYN. **rejeter.** 2. fig. *Cracher des injures.* SYN. **proférer.** 3. FAM. Donner (de l'argent) ; payer. SYN. **casquer.** 4. Émettre en lançant. *Le volcan crache de la lave.*
ÉTYM. latin populaire *craccare*, onomatopée *krakk-*.

CRACHEUR, EUSE [kʀaʃœʀ, øz] n. ✦ Personne qui crache (qqch.).

CRACHIN [kʀaʃɛ̃] n. m. ✦ Pluie fine et serrée. SYN. **bruine.**
ÉTYM. mot de l'Ouest, de *cracher.*

CRACHINER [kʀaʃine] v. impers. (conjug. 3a) ✦ Faire du crachin. SYN. **bruiner.**

CRACHOIR [kʀaʃwaʀ] n. m. ✦ Petit récipient muni d'un couvercle dans lequel on peut cracher. ➖ loc. FAM. *TENIR LE CRACHOIR* : parler sans arrêt.
ÉTYM. de *cracher.*

CRACHOTEMENT [kʀaʃɔtmɑ̃] n. m. 1. Action de crachoter. 2. Bruit de ce qui crachote.

CRACHOTER [kʀaʃɔte] v. intr. (conjug. 3a) 1. Cracher un peu. 2. Émettre des crépitements. *Vieille radio qui crachote.*

① **CRACK** [kʀak] n. m. 1. Poulain préféré, dans une écurie de course. ➖ Cheval qui gagne les courses. 2. FAM. *C'est un crack*, un sujet remarquable. SYN. **as.** *Des cracks.* HOM. CRAC «bruit sec», CRAQUE «mensonge», KRACH «banqueroute», KRAK «château fort»
ÉTYM. mot anglais «fameux», de *to crack up* «faire l'éloge».

② **CRACK** [kʀak] n. m. ✦ ARGOT Dérivé cristallisé de la cocaïne, fumable et très toxique. HOM. voir ① *crack*
ÉTYM. mot américain «coup de fouet», d'un sens de *to crack.*

CRACKING [kʀakiŋ] n. m. ✦ anglicisme Craquage (du pétrole).
ÉTYM. mot anglais, de *to crack* «briser, écraser».

CRAIE [kʀɛ] n. f. 1. Calcaire naturel. *Falaise de craie* (→ **crayeux**). 2. Calcaire réduit en poudre et moulé (en bâtons) pour écrire, tracer des signes. *Écrire au tableau avec de la craie, à la craie.* ➖ *(Une, des craies)* Bâtonnet de craie. HOM. CRÊT «escarpement»
ÉTYM. latin *creta* → crétacé.

CRAINDRE [kʀɛ̃dʀ] v. (conjug. 48a) I v. tr. 1. Envisager (qqn, qqch.) comme dangereux, nuisible, et en avoir peur. SYN. **redouter.** *Craindre le danger.* ◆ *CRAINDRE QUE* (+ subj.). ➖ avec la négation complète *Je crains qu'il ne parte pas*, qu'il reste. ➖ (*ne* explétif) *Je crains qu'il ne parte*, je crains son départ. ➖ *Je ne crains pas qu'il parte.* ◆ *CRAINDRE DE* (+ inf.). *Il craint d'être découvert.* 2. (plantes, choses) Être sensible à, ne pas supporter. *Ces arbres craignent le froid.* II v. intr. FAM. *Ça craint* : c'est désagréable, pénible, laid, dangereux. CONTR. **affronter, braver, mépriser.**
ÉTYM. latin populaire *cremere*, altération de *tremere* «trembler (de peur)».

CRAINTE [kʀɛ̃t] n. f. 1. Sentiment par lequel on craint (qqn ou qqch.) ; appréhension inquiète. SYN. **angoisse, anxiété, frayeur, peur.** *La crainte de l'avenir. Soyez sans crainte à ce sujet. N'ayez crainte, il viendra.* 2. loc. prép. *DANS LA CRAINTE DE ; DE CRAINTE DE ; PAR CRAINTE DE* (devant un n. de chose ou un inf.). *Dans la crainte, de crainte de l'échec, d'échouer.* ➖ loc. conj. *DE CRAINTE QUE* (+ subj., avec *ne* explétif). *De crainte qu'on ne vous entende.* CONTR. **audace, bravoure, courage.**
ÉTYM. du participe passé de *craindre.*

CRAINTIF, IVE [kʀɛ̃tif, iv] adj. ✦ Qui est sujet à la crainte. SYN. **inquiet, peureux.** *Un enfant craintif.* ◆ Qui manifeste de la crainte. *Des yeux craintifs.* CONTR. **assuré, audacieux, brave, courageux.**
► **CRAINTIVEMENT** [kʀɛ̃tivmɑ̃] adv.

CRAMER [kʀame] v. (conjug. 3a) ✦ FAM. 1. v. tr. Brûler (qqch.) légèrement. *Cramer un rôti.* ➖ intrans. *Les œufs ont cramé.* 2. v. intr. Brûler. SYN. **flamber.** *Toute la bicoque a cramé.*
ÉTYM. mot dialectal (Centre, Sud), du latin *cremare* «brûler».

CRAMIQUE [kʀamik] n. m. ✦ Pain brioché aux raisins (Belgique, nord de la France).
ÉTYM. flamand *kraammik*, peut-être de l'ancien français *cramiche*, de *crème* et *miche.*

CRAMOISI, IE [kʀamwazi] adj. 1. D'une couleur rouge foncé, tirant sur le violet. *Soie cramoisie.* 2. (teint, peau) Très rouge. *Il est devenu cramoisi.*
ÉTYM. arabe *qirmizī* «de la couleur du kermès *(qirmiz)*».

CRAMPE [kʀɑ̃p] n. f. ✦ Contraction douloureuse, involontaire et passagère des muscles. *Avoir une crampe au mollet.* ➖ *Crampes d'estomac*, douleurs gastriques.
ÉTYM. francique *krampa*, de *kramp* «courbé».

CRAMPON [kʀɑ̃pɔ̃] n. m. I 1. Pièce de métal servant à attacher, assembler deux éléments (agrafe, crochet). 2. *Chaussures à crampons*, munies de clous, de petits cylindres de cuir, caoutchouc, etc., pour empêcher de glisser. 3. Racine de fixation située le long de la tige (d'une plante grimpante). *Les crampons du lierre.* II fig. FAM. Personne importune et tenace. *Quel crampon !* ➖ adj. *Ils, elles sont crampons.*
ÉTYM. francique *krampo* «crochet», de *kramp* «courbé».

CRAMPONNER [kʀɑ̃pɔne] v. tr. (conjug. 3a) 1. FAM. Agir comme un crampon (II) avec (qqn). *Cramponner qqn.* SYN. **importuner** ; FAM. **coller.** 2. v. pron. réfl. *SE CRAMPONNER À* : s'accrocher, s'attacher ; se tenir fermement. SYN. **s'agripper**, se **retenir.** *Se cramponner au bras de qqn.* ➖ fig. *Se cramponner à un espoir.* CONTR. ① **lâcher, laisser.**

CRAN [kʀɑ̃] n. m. I 1. Entaille faite à un corps dur et destinée à accrocher, à arrêter qqch. SYN. **encoche** ; **créneler** (2). *Les crans d'une crémaillère.* ◆ fig. *Monter, baisser d'un cran* : passer à qqch. de supérieur (augmenter), d'inférieur (diminuer). 2. Entaille où s'engage une pièce mobile (tête de gâchette d'une arme à feu, etc.). *Couteau à cran d'arrêt.* 3. Entaille servant de repère. 4. Trou servant d'arrêt dans une sangle, une courroie. *Serrer sa ceinture de deux crans.* 5. Ondulation (notamment des cheveux). II 1. FAM. Audace, courage. *Elle a du cran. Avoir le cran de refuser.* 2. *ÊTRE À CRAN*, prêt à se mettre en colère. → **exaspéré.**
ÉTYM. de l'ancien français *créner* «entamer», latin populaire *crinare*, d'origine gauloise.

CRANBERRY [kʀanbeʀi] n. f. ✦ anglicisme Canneberge. *Jus de cranberry.*
ÉTYM. mot anglais.

① **CRÂNE** [kʀɑn] **n. m.** **1.** Boîte osseuse renfermant le cerveau. *Les os du crâne et ceux de la face forment la tête. Fracture du crâne.* **2.** Tête, sommet de la tête. *Avoir le crâne chauve.* ➝ FAM. *Avoir mal au crâne.* ➝ fig. Cerveau. *Bourrer le crâne.*
ÉTYM. latin médiéval *cranium*, du grec.

② **CRÂNE** [kʀɑn] **adj.** ✦ VIEILLI Courageux, décidé. *Un air crâne.* CONTR. **peureux, timoré.**
► **CRÂNEMENT** [kʀɑnmɑ̃] **adv.**
ÉTYM. de ① *crâne.*

CRÂNER [kʀɑne] **v. intr.** (conjug. 3a) ✦ FAM. **1.** Affecter la bravoure, le courage, la décision. **2.** Prendre un air vaniteux. SYN. FAM. **frimer.** CONTR. se **dégonfler.**
ÉTYM. de ② *crâne.*

CRÂNEUR, EUSE [kʀɑnœʀ, øz] **n.** et **adj.** ✦ FAM. Personne qui crâne. SYN. **prétentieux.** *Faire le crâneur.* ➝ **adj.** *Elle est un peu crâneuse.* CONTR. **modeste, simple.**
ÉTYM. de *crâner.*

CRÂNIEN, IENNE [kʀɑnjɛ̃, jɛn] **adj.** ✦ Du crâne. *Boîte crânienne.*
ÉTYM. de ① *crâne.*

CRANTER [kʀɑ̃te] **v. tr.** (conjug. 3a) ✦ Faire des crans à (qqch.). ➝ *Ciseaux à cranter.* ➝ **p. p. adj.** *Pignon cranté.*
► **CRANTAGE** [kʀɑ̃taʒ] **n. m.**
ÉTYM. de *cran.*

CRAPAHUTER [kʀapayte] **v. intr.** (conjug. 3a) ✦ FAM. (d'abord armée) Marcher, progresser en terrain difficile.
ÉTYM. prononciation comique de *crapaud (a-u).*

CRAPAUD [kʀapo] **n. m.** **I** Batracien à tête large, au corps trapu recouvert d'une peau verruqueuse. *Le crapaud coasse.* **II** fig. **1.** Défaut dans un diamant, une pierre précieuse. **2.** Le plus petit des pianos à queue. **3.** appos. *Fauteuil crapaud,* bas et ramassé. *Des fauteuils crapauds* ou *crapaud* (invar.).
ÉTYM. du germanique *krappa* «crochet».

CRAPOUILLOT [kʀapujo] **n. m.** ✦ Mortier de tranchée (en 1914-1918) ; son obus.
ÉTYM. de *crapaud* «canon court».

CRAPULE [kʀapyl] **n. f.** **1.** VIEILLI *(La crapule)* Ensemble de débauchés vulgaires et malhonnêtes. **2.** *(Une crapule)* Individu très malhonnête. SYN. **bandit, canaille.** *C'est une crapule.* ➝ **adj.** *Il est un peu crapule.*
ÉTYM. latin *crapula* «ivresse», peut-être du grec *kraipalê* «abus de boisson».

CRAPULEUX, EUSE [kʀapylø, øz] **adj.** ✦ Très malhonnête et sordide. SYN. **infâme.** *Crime crapuleux,* accompli pour voler. *Mener une vie crapuleuse,* de débauche sordide.
► **CRAPULEUSEMENT** [kʀapyløzmɑ̃] **adv.**
ÉTYM. de *crapule.*

CRAQUAGE [kʀakaʒ] **n. m.** ✦ Procédé de raffinage du pétrole. SYN. anglicisme **cracking.**
ÉTYM. de *craquer,* pour traduire *cracking.*

CRAQUANT, ANTE [kʀakɑ̃, ɑ̃t] **adj.** **1.** Qui craque. **2.** Qui fait craquer (I, 3), est très tentant.
ÉTYM. du participe présent de *craquer.*

CRAQUE [kʀak] **n. f.** ✦ FAM. Mensonge par exagération. *Il nous a raconté des craques.* SYN. ② **blague.** HOM. CRAC «bruit sec», ① CRACK «champion», ② CRACK «cocaïne», KRACH «banqueroute», KRAK «château fort»
ÉTYM. de *craquer* «mentir».

CRAQUELER [kʀak(ə)le] **v. tr.** (conjug. 6a) ✦ Fendiller (une surface unie). *Craqueler de la porcelaine.* ➝ **pronom.** *La terre se craquelle sous l'effet de la sécheresse.* ➝ **au p. passé** *Émail craquelé.*
ÉTYM. de *craquer.*

CRAQUELIN [kʀak(ə)lɛ̃] **n. m.** ✦ Biscuit dur et croquant.
ÉTYM. néerlandais anc. *crakeline,* de *cracken* «craquer».

CRAQUELURE [kʀak(ə)lyʀ] **n. f.** ✦ Fendillement du vernis, de l'émail, etc.
ÉTYM. de *craqueler.*

CRAQUEMENT [kʀakmɑ̃] **n. m.** ✦ Bruit sec (d'une chose qui se rompt, éclate, etc.). *On entend des craquements sinistres.*

CRAQUER [kʀake] **v.** (conjug. 3a) **I** **v. intr.** **1.** Produire un bruit sec, bref. *Les feuilles mortes craquent sous les pieds.* **2.** Se déchirer brusquement. *Les coutures ont craqué.* ➝ Se casser. ◆ loc. fig. *PLEIN À CRAQUER* : rempli jusqu'aux limites. SYN. **bondé,** ② **comble.** *La salle était pleine à craquer.* **3.** fig. *Ses nerfs ont craqué,* il a eu une défaillance nerveuse. ➝ (sujet personne) S'effondrer. *Tu te surmènes, tu vas craquer.* ◆ FAM. Céder à la tentation. *Du gâteau au chocolat, je craque !* ➝ S'attendrir, fondre. *Elle le fait craquer* (→ **craquant**). **II** **v. tr.** **1.** *Craquer une allumette,* l'allumer en la frottant. **2.** Traiter (un produit pétrolier) par craquage. **3.** INFORM. Forcer la protection de. SYN. **pirater.**
ÉTYM. de l'onomatopée *crac.*

CRAQUETER [kʀak(ə)te] **v. intr.** (conjug. 6b) **1.** Produire des craquements répétés. **2.** (cigogne, grue) Crier.
► **CRAQUÈTEMENT** ou **CRAQUETTEMENT** [kʀakɛtmɑ̃] **n. m.**
ÉTYM. de *craquer.*

CRASE [kʀɑz] **n. f.** ✦ LING. Contraction de syllabes (en grec), d'éléments.
ÉTYM. grec *krasis* «mélange».

CRASH [kʀaʃ] **n. m.** ✦ anglicisme Atterrissage forcé, souvent brutal (d'un avion). ➝ Écrasement au sol. *Des crashs* ou *des crashes* (plur. anglais).
ÉTYM. mot anglais, de *to crash* «s'écraser», onomatopée.

CRASSE [kʀas] **adj. f.** et **n. f.**
I **adj. f.** *IGNORANCE (bêtise...) CRASSE,* totale et grossière.
II **n. f.** **1.** Couche de saleté. *Mains couvertes de crasse. Enlever la crasse.* → **décrasser.** **2.** FAM. *Une crasse* : une méchanceté, une indélicatesse. SYN. **vacherie.** *Faire une crasse à qqn.* CONTR. **propreté.**
ÉTYM. de l'ancien adj. *cras,* latin *crassus* «gras».

CRASSEUX, EUSE [kʀasø, øz] **adj.** ✦ Qui est couvert de crasse (II, 1), très sale. *Une chemise crasseuse.* CONTR. **impeccable.**

CRASSIER [kʀasje] **n. m.** ✦ Amoncellement des scories de hauts-fourneaux. SYN. **terril.**
ÉTYM. de *crasse* (II), emploi technique.

-CRATE, -CRATIE, -CRATIQUE Éléments savants, du grec *kratos* «force, pouvoir» (ex. *aristocrate, technocrate, démocratie, théocratie*).

CRATÈRE [kʀatɛʀ] **n. m.** **I** ANTIQ. Vase évasé à deux anses dans lequel on mélangeait l'eau et le vin. **II** Ouverture créée par une éruption volcanique, par laquelle sortent du volcan des matières en fusion (laves, cendres).
ÉTYM. latin *crater*, du grec.

CRAVACHE [kʀavaʃ] **n. f.** ✦ Baguette mince et flexible dont se servent les cavaliers. SYN. **badine, jonc.** *Coup de cravache.* ◆ **loc. adv. fig.** *À la cravache* : brutalement. *Mener qqn à la cravache.*
ÉTYM. allemand *Karbatsche*, du turc *qirbac* «fouet» par le polonais ou le russe.

CRAVACHER [kʀavaʃe] **v.** (conjug. 3a) **1. v. tr.** Frapper à coups de cravache. *Cravacher un cheval.* **2. v. intr.** FAM. Aller vite, travailler dur.

CRAVATE [kʀavat] **n. f.** **I** HIST. Soldat de cavalerie légère (d'abord des mercenaires croates). **II** **1.** Bande d'étoffe que l'on noue autour du cou et qui passe sous le col de chemise. *Nœud papillon et cravate. Faire un nœud de cravate. Costume cravate.* **2.** Bande d'étoffe, insigne de haute décoration. *Cravate de commandeur de la Légion d'honneur.*
ÉTYM. forme de *croate*, de l'allemand ou du slave.

CRAVATER [kʀavate] **v. tr.** (conjug. 3a) **1.** Attaquer (qqn) en le prenant et en le serrant par le cou. **2.** FAM. Prendre, attraper (qqn). *Le voleur s'est fait cravater.*
ÉTYM. de *cravate*.

CRAWL [kʀol] **n. m.** ✦ **anglicisme** Nage rapide qui consiste en un battement continu des jambes et une rotation alternative des bras. *Nager le crawl.*
ÉTYM. mot anglais, de *to crawl* «ramper».

CRAWLER [kʀole] **v. intr.** (conjug. 3a) ✦ Nager le crawl. ➛ **au. p. passé** *Dos crawlé* : crawl nagé sur le dos.

CRAYEUX, EUSE [kʀɛjø, øz] **adj.** **1.** De la nature de la craie. *Sol crayeux.* **2.** De la couleur de la craie. SYN. **blanchâtre.** *Un teint crayeux.*
ÉTYM. de *craie*.

CRAYON [kʀɛjɔ̃] **n. m.** **I** **1.** Petite baguette, généralement en bois, servant de gaine à une longue mine. *Écrire, dessiner au crayon. Crayons de couleur.* ➛ *Crayon à papier.* ◆ **par ext.** *Crayon à bille.* → **stylo** à bille. *Crayon feutre.* → **feutre.** **2.** Bâtonnet. *Crayon de rouge à lèvres.* SYN. **bâton, tube.** **II** Dessin au crayon.
ÉTYM. de *craie*, d'abord «petite craie».

CRAYONNAGE [kʀɛjɔnaʒ] **n. m.** ✦ Action de crayonner. ➛ Griffonnage au crayon.

CRAYONNER [kʀɛjɔne] **v. tr.** (conjug. 3a) ✦ Dessiner, écrire au crayon, de façon sommaire. *Crayonner des notes, un croquis.*

CRÉANCE [kʀeɑ̃s] **n. f.** **I** VX Croyance, foi. **II** Droit en vertu duquel une personne (→ **créancier**) peut exiger qqch., une somme d'argent de qqn. *Avoir une créance sur qqn. Recouvrer une créance.* ◆ Le titre établissant la créance.
ÉTYM. des anciennes formes de *croire* ou du latin médiéval *credentia*, de *credere* «croire».

CRÉANCIER, IÈRE [kʀeɑ̃sje, jɛʀ] **n.** ✦ Titulaire d'une créance ; personne à qui de l'argent est dû. *Rembourser ses créanciers.* CONTR. **débiteur.**

CRÉATEUR, TRICE [kʀeatœʀ, tʀis] **n. et adj.**
I n. **1. n. m.** Puissance qui crée, qui tire du néant. ➛ **absolt** *Adorer le Créateur,* Dieu. **2.** Auteur (d'une chose nouvelle). *Le créateur d'un genre littéraire, d'une œuvre artistique.* SYN. **inventeur.** *Créatrice (de mode).* SYN. **styliste.** ◆ Premier interprète (d'un rôle). **3.** *Le créateur d'un produit.* SYN. **producteur.** *La maison X, créatrice exclusive de ce modèle.*
II adj. Qui crée ou invente. *Industrie créatrice d'emplois. Esprit créateur.* SYN. **créatif, inventif.** CONTR. **destructeur.**
ÉTYM. latin *creator*, de *creare* «créer».

CRÉATIF, IVE [kʀeatif, iv] **adj.** ✦ Qui est d'esprit inventif. *Un esprit créatif.* ➛ **n. m.** (publicité) *Les créatifs* : ceux qui inventent (opposés à ceux qui administrent, gèrent). ◆ Qui favorise la création. *Ambiance créative.*
ÉTYM. latin médiéval *creativus*, de *creare* «créer».

CRÉATION [kʀeasjɔ̃] **n. f.** **I** **1.** Action de donner l'existence, de créer (I, 1). *La création du monde.* → **genèse.** **2.** L'ensemble des choses créées ; le monde considéré comme l'œuvre d'un créateur. *Les merveilles de la création.* ➛ **loc.** *Toutes les plantes* DE LA CRÉATION, toutes celles qui existent. **II** **1.** Action de faire, d'organiser (une chose qui n'existait pas encore). SYN. **élaboration, invention.** *La création d'une ville.* SYN. **fondation.** *Ils font partie de l'entreprise depuis sa création.* SYN. **commencement, début, naissance.** ➛ Le fait de créer une œuvre (opposé à *imitation*). ➛ *La création d'un rôle,* sa première interprétation théâtrale. **2.** Ce qui est créé. *Les plus belles créations de l'homme.* SYN. **œuvre.** ◆ Nouvelle fabrication ; modèle inédit. *Les dernières créations des grands couturiers.* SYN. **réalisation.** CONTR. **destruction** • **contrefaçon, copie, imitation.**
ÉTYM. latin *creatio*, de *creare* «créer».

CRÉATIVITÉ [kʀeativite] **n. f.** ✦ Pouvoir de création, d'invention. *La créativité d'une entreprise.*
ÉTYM. de *créatif*.

CRÉATURE [kʀeatyʀ] **n. f.** **1.** Être qui a été créé, tiré du néant. **2.** *Créature humaine.* SYN. **humain** ; → **femme, homme.** *Une créature,* un être humain. SYN. ① **personne.** **3.** Femme. *Une superbe, une malheureuse créature.* **4.** *La créature de qqn,* personne qui tient sa fortune, sa position de qqn à qui elle est dévouée. *La créature du ministre.* SYN. **favori, protégé.**
ÉTYM. latin chrétien *creatura*, de *creare* «créer».

CRÉCELLE [kʀesɛl] **n. f.** **1.** Moulinet de bois formé d'une planchette mobile qui tourne bruyamment autour d'un axe cranté. *Bruit de crécelle,* sec et aigu. **2. fig.** *Voix de crécelle,* aiguë, désagréable.
ÉTYM. probablement de l'onomatopée *krek-*.

CRÉCERELLE [kʀes(ə)ʀɛl] **n. f.** ✦ Petit rapace diurne (faucon).
ÉTYM. de *crécelle*, à cause du cri.

CRÈCHE [kʀɛʃ] **n. f.** **I** **1.** La mangeoire où Jésus fut placé à sa naissance, dans l'étable de Bethléem, selon la tradition de Noël. **2.** Représentation de cette étable, de la Nativité. *Les personnages de la crèche* (→ **santon**). **II** Établissement destiné à recevoir dans la journée les enfants de moins de trois ans dont les parents travaillent.
ÉTYM. francique *krippia*.

A B C D E F G H I J K L M N O P Q R S T U V W X Y Z

CRÉCHER [kʀeʃe] v. intr. (conjug. 8) ✦ FAM. Habiter, loger. *Il crèche chez un copain.*

ÉTYM. de *crèche.*

CRÉDENCE [kʀedɑ̃s] n. f. ✦ Buffet dont les tablettes superposées servent à poser les plats, la verrerie. SYN. ② **desserte.**

ÉTYM. de l'italien *(fare la) credenza* «(faire l')essai», d'un dérivé latin de *credere* «croire».

CRÉDIBILITÉ [kʀedibilite] n. f. ✦ Caractère de ce qui est croyable. SYN. **vraisemblance.** *La crédibilité d'un témoignage.* CONTR. **invraisemblance.**

ÉTYM. de *crédible.*

CRÉDIBLE [kʀedibl] adj. ✦ anglicisme Qui est digne de confiance, qui mérite d'être cru. *Un témoignage crédible.* SYN. **vraisemblable.** *Il n'est pas crédible dans ce rôle.*

ÉTYM. anglais *credible,* latin *credibilis,* de *credere* «croire».

CRÉDIT [kʀedi] n. m. **I** 1. VX Confiance inspirée par qqn, qqch. (→ **accréditer**). 2. LITTÉR. Influence due à cette confiance. SYN. **autorité,** ② **pouvoir.** *Jouir d'un grand crédit, de peu de crédit auprès de qqn. Cette opinion acquiert du crédit.* **II** Situation d'une personne autorisée à ne pas payer immédiatement, à emprunter. 1. loc. *À CRÉDIT :* sans paiement immédiat (opposé à *au comptant*). *Vendre, acheter à crédit.* — *FAIRE CRÉDIT À qqn.* 2. Opération par laquelle une personne (le créancier) met une somme d'argent à la disposition d'une autre ; cette somme. SYN. ② **prêt ; avance.** *Établissement de crédit. Obtenir un crédit.* — *Carte* de crédit.* — Établissement de crédit. SYN. **banque.** *Le Crédit agricole.* 3. au plur. Sommes allouées sur un budget pour un usage déterminé. *Crédits budgétaires. Vote des crédits.* 4. Partie d'un compte où sont inscrites les sommes remises ou payées à la personne qui possède le compte. SYN. ② **avoir.** *Balance du crédit et du débit.* CONTR. **discrédit • défiance, méfiance • emprunt •** ② **débit, doit.**

ÉTYM. italien *credito,* du latin *creditum,* de *credere* «croire».

CRÉDITER [kʀedite] v. tr. (conjug. 3a) ✦ Porter au crédit de (qqn, son compte). *Créditer un compte de cinq mille euros.* CONTR. ② **débiter.**

CRÉDITEUR, TRICE [kʀeditœʀ, tʀis] n. ✦ Personne qui a des sommes portées à son crédit. — adj. *Solde créditeur,* positif. CONTR. **débiteur.**

CREDO [kʀedo] n. m. invar. 1. (avec majuscule) Formule contenant les articles fondamentaux d'une foi religieuse. *Le Credo catholique :* symbole* des Apôtres. 2. Principes sur lesquels on fonde son opinion, sa conduite. SYN. **règle.** *Exposer son credo politique.* — En ce sens, on peut aussi écrire *crédo, des crédos.*

ÉTYM. mot latin «je crois».

CRÉDULE [kʀedyl] adj. ✦ Qui a une confiance aveugle en ce qu'on lui dit. SYN. **naïf, simple ;** FAM. ② **gogo.** CONTR. **incrédule, méfiant, sceptique.**

ÉTYM. latin *credulus,* de *credere* «croire».

CRÉDULITÉ [kʀedylite] n. f. ✦ Grande facilité à croire. SYN. **candeur, confiance, naïveté.** *Charlatan qui abuse de la crédulité du public.* CONTR. **incrédulité, méfiance, scepticisme.**

ÉTYM. latin *credulitas.*

CRÉER [kʀee] v. tr. (conjug. 3a) **I** (sens fort) 1. RELIG. Donner l'existence, l'être à ; tirer du néant. *Dieu créa le ciel et la terre.* 2. Faire, réaliser (qqch. qui n'existait pas encore). SYN. **concevoir, élaborer, inventer, produire.** *Créer une science, des personnages.* — absolt *L'artiste, le poète créent.* **II** (sens faible) 1. Établir ou organiser. *Créer une ville* (SYN. **fonder**), *des emplois.* 2. *Créer un rôle,* en être le premier interprète. *Créer un spectacle,* le mettre en scène. 3. Fabriquer ou mettre en vente (un produit nouveau). 4. (sujet chose) Être la cause de. SYN. **produire, provoquer, susciter.** *La publicité crée des besoins nouveaux.* — (sujet personne) *Sa famille lui crée des ennuis.* 5. *SE CRÉER qqch.,* susciter pour soi-même. SYN. **imaginer.** *Se créer des illusions, des besoins.* CONTR. **anéantir, détruire.**

ÉTYM. latin *creare.*

CRÉMAILLÈRE [kʀemajɛʀ] n. f. 1. anciennt Tige de fer à crans suspendue dans une cheminée pour y accrocher une marmite. — loc. MOD. *PENDRE LA CRÉMAILLÈRE :* célébrer, par un repas, une fête, son installation dans un nouveau logement. 2. Pièce munie de crans. *Étagère à crémaillère.* — Rail denté. *Train, funiculaire à crémaillère.*

ÉTYM. de l'ancien français *craimail,* d'une variante du bas latin *cremasculus,* du grec *kremastêr* «qui suspend».

CRÉMATION [kʀemasjɔ̃] n. f. ✦ LITTÉR. Action de brûler le corps des morts. SYN. **incinération.**

ÉTYM. latin *crematio,* de *cremare* «brûler».

CRÉMATOIRE [kʀematwaʀ] adj. ✦ *FOUR CRÉMATOIRE,* où l'on réduit les corps en cendres. — n. m. *Les crématoires et les chambres à gaz des camps d'extermination nazis.*

ÉTYM. du latin *crematum,* de *cremare* «brûler».

CRÉMATORIUM [kʀematɔʀjɔm] n. m. ✦ Lieu où l'on incinère les morts, dans un cimetière. *Des crématoriums.* — On écrit aussi *crematorium,* sans accent, *des crematoriums.*

ÉTYM. latin moderne *crematorium,* de *cremare* «brûler».

CRÈME [kʀɛm] n. f.

I n. f. 1. Matière grasse du lait, dont on fait le beurre. *Crème fraîche. Crème fouettée, crème chantilly,* fortement émulsionnée (pour la pâtisserie, etc.). — en appos. invar. *CAFÉ CRÈME,* avec de la crème ou du lait. *Des cafés crème.* — n. m. *Un crème,* un café crème. 2. FAM. *C'est la crème des hommes,* le meilleur des hommes. 3. Entremets composé surtout de lait et d'œufs. *Crème pâtissière. Crème renversée.* 4. Liqueur épaisse (en général sucrée). *Crème de cassis.* 5. Préparation utilisée dans la toilette et les soins de la peau. *Crème à raser. Crème solaire.*

II adjectivt invar. D'une couleur blanche légèrement teintée de jaune. *Des chaussures crème.*

HOM. CHRÊME «huile bénite»

ÉTYM. mot bas latin *crama,* d'origine gauloise et influence du latin chrétien *chrisma* «onction, huile consacrée» → chrême.

CRÉMERIE [kʀɛmʀi] n. f. ✦ Magasin où l'on vend des produits laitiers. ♦ loc. FAM. *CHANGER DE CRÉMERIE :* aller ailleurs.

ÉTYM. de *crème.*

CRÉMEUX, EUSE [kʀemø, øz] adj. 1. Qui contient beaucoup de crème (I, 1). *Du lait bien crémeux.* 2. Qui a la consistance, l'aspect de la crème.

CRÉMIER, IÈRE [kʀemje, jɛʀ] **n.** ✦ Commerçant qui vend des produits laitiers, des œufs, etc.
ÉTYM. de *crème.*

CRÉMONE [kʀemɔn] **n. f.** ✦ Espagnolette servant à fermer les fenêtres, tige de fer qu'on hausse ou qu'on baisse en faisant tourner une poignée.
ÉTYM. peut-être du radical de *crémaillère* ou de *Crémone*, nom d'une ville d'Italie.

CRÉNEAU [kʀeno] **n. m.** **I** Ouverture pratiquée au sommet d'un rempart et qui servait à la défense. *Des créneaux.* ➔ **loc. fig.** *Monter au créneau* : s'engager personnellement dans une lutte (politique, etc.). **II** (Espace disponible) **1.** Manœuvre pour se garer, en marche arrière. **2.** Place disponible sur un marché économique ; domaine de commercialisation. *Il y a un créneau à prendre.*
ÉTYM. de *cren*, ancienne forme de *cran.*

CRÉNELER [kʀen(ə)le] **v. tr.** (conjug. 6a) **1.** Munir de créneaux. ➔ **au p. passé** *Muraille, tour crénelée.* **2.** Entailler par des crans. ➔ *Roue crénelée* (➔ **denté**).
ÉTYM. de *crenel*, ancienne forme de *créneau.*

CRÉOLE [kʀeɔl] **n. et adj.** **1. n.** Blanc, Blanche né(e) dans les colonies intertropicales (en particulier aux Antilles). *Un, une créole.* **2. adj. et n. m.** *Les parlers créoles, les créoles* : langues provenant du contact des langues européennes avec des langues indigènes ou importées (africaines), devenues langues maternelles. *Les créoles français des Caraïbes, de l'océan Indien. Créole anglais de la Jamaïque.* **3. adj.** Propre à la société de la Caraïbe (et d'autres lieux où l'on parle créole). *La culture créole. Partisans des valeurs créoles ou de la négritude, aux Antilles.*
ÉTYM. espagnol *criollo*, du portugais *crioulo*, de *criar* «élever, nourrir», latin *creare* «faire naître».

CRÉOSOTE [kʀeɔzɔt] **n. f.** ✦ Liquide huileux, désinfectant, qui protège le bois contre la pourriture (➔ **crésyl**).
ÉTYM. du grec *kreas* «chair» et *sôzein* «conserver».

CRÊPAGE [kʀɛpaʒ] **n. m.** ✦ Action de crêper (les cheveux). ◆ **loc. FAM.** *CRÊPAGE DE CHIGNON* : violente dispute.

① **CRÊPE** [kʀɛp] **n. f.** ✦ Fine galette faite d'une pâte liquide composée de lait, de farine et d'œufs, cuite à la poêle. *Crêpe de sarrasin* (➔ **galette**), *de froment.* ➔ **loc. FAM.** *Retourner qqn comme une crêpe*, le faire complètement changer d'avis.
ÉTYM. de *crespe*, féminin de l'ancien adjectif *cresp* «frisé, ondulé», latin *crispus.*

② **CRÊPE** [kʀɛp] **n. m.** **I** Tissu léger de soie, de laine fine, ayant un aspect granuleux. *Crêpe de Chine.* ➔ Morceau de crêpe noir, porté en signe de deuil. **II** Caoutchouc laminé en feuilles. *Chaussures à semelles de crêpe* ou **appos.** (invar.) *à semelles crêpe.*
ÉTYM. de l'ancien adjectif *cresp* «frisé», latin *crispus.*

CRÊPER [kʀepe] **v. tr.** (conjug. 3a) **1.** Rebrousser (les cheveux) de manière à les faire gonfler. ➔ **au p. passé** *Cheveux crêpés.* **2. loc. FAM.** *SE CRÊPER LE CHIGNON* : se battre, se prendre aux cheveux. CONTR. **décrêper.**
ÉTYM. de l'ancien adjectif *cresp* «frisé, ondulé», latin *crispus.*

CRÊPERIE [kʀɛpʀi] **n. f.** ✦ Lieu où l'on vend, où l'on consomme des crêpes. *Crêperie bretonne.*
ÉTYM. de ① *crêpe.*

CRÉPI [kʀepi] **n. m.** ✦ Couche de plâtre, de ciment non lissée, dont on revêt une muraille.
ÉTYM. de *crépir.*

CRÊPIER, IÈRE [kʀepje, jɛʀ] **n.** **I n.** Personne qui fait des crêpes pour les vendre. **II** *CRÊPIÈRE* **n. f.** Appareil (à plaques) ou poêle plate pour faire des crêpes.
ÉTYM. de ① *crêpe.*

CRÉPINE [kʀepin] **n. f.** ✦ BOUCHERIE Membrane graisseuse qui entoure les viscères de certains animaux.
ÉTYM. de l'ancien adjectif *cresp* «frisé», latin *crispus.*

CRÉPINETTE [kʀepinɛt] **n. f.** ✦ Saucisse plate entourée de crépine.

CRÉPIR [kʀepiʀ] **v. tr.** (conjug. 13) ✦ Garnir (une muraille) d'un crépi. ➔ **au p. passé** *Des murs crépis.* CONTR. **décrépir.**
ÉTYM. de l'ancien adjectif *cresp* «frisé, ondulé», latin *crispus.*

CRÉPISSAGE [kʀepisaʒ] **n. m.** ✦ Action de crépir (un mur). *Crépissage à la truelle.*

CRÉPITATION [kʀepitasjɔ̃] **n. f.** ✦ Fait de crépiter ; bruit de ce qui crépite.
ÉTYM. bas latin *crepitatio* «bruit sec».

CRÉPITEMENT [kʀepitmɑ̃] **n. m.** ✦ Crépitation. *Le crépitement de la pluie.*
ÉTYM. de *crépiter.*

CRÉPITER [kʀepite] **v. intr.** (conjug. 3a) ✦ Faire entendre une succession de bruits secs. *Le feu crépite.* SYN. **grésiller, pétiller.** *Les applaudissements crépitaient.*
ÉTYM. latin *crepitare.*

CRÉPON [kʀepɔ̃] **n. m.** ✦ Crêpe épais. ◆ **appos.** *Papier crépon* : papier gaufré décoratif.
ÉTYM. de ② *crêpe.*

CRÉPU, UE [kʀepy] **adj.** ✦ (cheveux) Dont la frisure est très serrée.
ÉTYM. de l'ancien adjectif *cresp* «frisé», latin *crispus.*

CRÉPUSCULAIRE [kʀepyskylɛʀ] **adj.** ✦ LITTÉR. Du crépuscule.

CRÉPUSCULE [kʀepyskyl] **n. m.** **1.** Lumière incertaine qui succède immédiatement au coucher du soleil. *Au crépuscule* : à la nuit tombante. ◆ LITTÉR. *Le crépuscule du matin* : l'aube, le petit jour. **2. fig. LITTÉR.** Déclin, fin. «*Le Crépuscule des dieux*» (opéra de Wagner).
ÉTYM. latin *crepusculum*, de *creper* «obscur».

CRESCENDO [kʀeʃɛndo ; kʀeʃɛ̃do] **adv. et n. m.** ✦ MUS. **1. adv.** En augmentant progressivement l'intensité sonore. *Jouer crescendo.* ◆ *Aller crescendo*, en augmentant. *Les ennuis vont crescendo.* **2. n. m.** Son d'intensité croissante ; amplification (d'un son). *Des crescendos.* CONTR. **decrescendo.**
ÉTYM. mot italien «en croissant», de *crescere* «croître, augmenter».

CRESSON [kʀesɔ̃ ; kʀəsɔ̃] **n. m.** ✦ Plante herbacée à tige rampante et à petites feuilles rondes ; ces feuilles comestibles. *Salade de cresson.*
ÉTYM. francique *kresso.*

CRESSONNIÈRE [kʀesɔnjɛʀ] **n. f.** ✦ Lieu baigné d'eau où l'on cultive le cresson.

CRÉSUS [kʀezys] **n. m.** ✦ Homme extrêmement riche. *C'est un crésus* (→ **riche* comme Crésus**).
ÉTYM. latin *Croesus*, grec *Kroisos*, nom d'un roi de Lydie très riche. ☞ CRÉSUS (noms propres).

CRÉSYL [kʀezil] **n. m.** ✦ Désinfectant formé par le mélange de phénols.
ÉTYM. marque déposée ; de *crésol*, nom de phénols, de *créosote*, et *-yle*.

CRÊT [kʀɛ] **n. m.** ✦ RÉGIONAL Escarpement rocheux qui borde une combe. HOM. CRAIE «calcaire»
ÉTYM. mot du Jura ; de *crête* (II).

CRÉTACÉ, ÉE [kʀetase] **n. m. et adj.** ✦ GÉOL. Période de la fin du secondaire, au cours de laquelle se sont formés (notamment) les terrains à craie.
ÉTYM. du latin *creta* «craie».

CRÊTE [kʀɛt] **n. f.** **I** Excroissance charnue, rouge, dentelée, sur la tête de certains oiseaux gallinacés. *Crête de coq.* **II** 1. Ligne de faîte. *La crête d'un toit. Route des crêtes* (en montagne). 2. Arête supérieure (d'une vague).
ÉTYM. latin *crista*.

CRÉTIN, INE [kʀetɛ̃, in] **n.** 1. MÉD. Personne atteinte de débilité mentale (crétinisme). 2. COUR. Personne stupide. SYN. **idiot, imbécile.** *Bande de crétins !* – **adj.** *Il est vraiment crétin.*
ÉTYM. mot des Alpes ; même mot que *chrétien*, à cause du caractère sacré des simples d'esprit.

CRÉTINERIE [kʀetinʀi] **n. f.** ✦ Action de crétin. SYN. **bêtise, sottise ;** FAM. **connerie.**

CRÉTINISER [kʀetinize] **v. tr.** (conjug. 3a) ✦ Rendre crétin. SYN. **abêtir, abrutir.** CONTR. **éveiller.**

CRÉTINISME [kʀetinism] **n. m.** 1. MÉD. Arriération mentale avec retard du développement physique et affectif. 2. Grande bêtise. SYN. **idiotie, imbécillité.**
ÉTYM. de *crétin*.

CRETONNE [kʀətɔn] **n. f.** ✦ Toile de coton très forte. *Des rideaux de cretonne.*
ÉTYM. p.-ê. de *Courtonne*, nom de lieu du Calvados.

CREUSEMENT [kʀøzmɑ̃] **n. m.** ✦ Action de creuser ; son résultat. *Le creusement d'un puits.* – On dit aussi CREUSAGE [kʀøzaʒ].

CREUSER [kʀøze] **v.** (conjug. 3a) **I** **v. tr.** 1. Rendre creux en enlevant de la matière ; faire un, des trous dans (qqch.). SYN. **évider, trouer.** *Creuser la terre.* – *La promenade m'a creusé (l'estomac),* donné faim. – *SE CREUSER la tête, la cervelle* : faire un grand effort de réflexion, de mémoire. 2. Donner une forme concave à. *La maladie lui a creusé les joues.* – au p. passé *Un visage creusé de rides.* 3. fig. Approfondir. *Creuser une idée, un sujet.* **II** **v. tr.** Faire (qqch.) en enlevant de la matière. *Creuser une fosse, un tunnel.* SYN. **excaver.** **III** **v. intr.** Faire, approfondir un trou. *Les sauveteurs ont creusé toute la nuit.* **IV** *SE CREUSER* **v. pron.** 1. Devenir creux, prendre une forme creuse. *Ses joues se creusent.* 2. (trou) Se former, devenir plus profond. *Plaie qui se creuse.* – fig. *Un fossé s'est creusé entre eux.* CONTR. **combler, remplir · bomber, gonfler.**
ÉTYM. de *creux* (I).

CREUSET [kʀøzɛ] **n. m.** 1. Récipient qui sert à faire fondre ou calciner certaines substances. – Partie inférieure d'un haut-fourneau où se trouve le métal en fusion. 2. LITTÉR. Lieu où diverses choses se mêlent, où une chose s'épure. *Un creuset de cultures.*
ÉTYM. de *croiset* (d'après *creux*), de *croisol* «lampe», latin populaire *croseolus*.

CREUX, CREUSE [kʀø, kʀøz] **adj.** et **n. m.**
I **adj.** 1. Qui est vide à l'intérieur. *Tige creuse, arbre creux. Ventre, estomac creux,* vide. ♦ *Son creux,* celui d'un objet creux sur lequel on frappe. – **adv.** *Sonner creux.* 2. Vide de sens. *Des paroles creuses.* SYN. **vain.** 3. *Heures creuses,* pendant lesquelles les activités sont ralenties. 4. Qui présente une courbe rentrante, une concavité. *Assiette creuse,* qui peut contenir des liquides. – *Pli creux,* qui forme un creux en s'ouvrant. – *Chemin creux,* en contrebas, entre des haies, des talus. – *Visage creux, joues creuses.* SYN. **émacié, maigre.** CONTR. ① **plein · dense ·** ① **plat ; bombé, convexe, renflé.**
II **n. m.** *(Un, des creux)* 1. Vide intérieur dans un corps. SYN. **cavité, enfoncement, trou.** 2. Partie concave. *Présenter des creux et des bosses. Le creux de la main* : la paume. – *Avoir un creux (à l'estomac)* : avoir faim. – *Le creux d'une vague* (opposé à *crête*). loc. fig. *Être dans le creux de la vague,* au plus bas (du succès, de la réussite). CONTR. ① **bosse, proéminence, relief, saillie.**
ÉTYM. probablt latin populaire *crosus*, du gaulois.

CREVAISON [kʀəvɛzɔ̃] **n. f.** ✦ Action de crever (objet gonflé : ballon, pneu) ; son résultat. *Réparer une crevaison.*

CREVANT, ANTE [kʀəvɑ̃, ɑ̃t] **adj.** ✦ FAM. 1. Qui exténue. SYN. **épuisant, fatigant.** *Un métier crevant.* 2. Qui fait crever, éclater de rire. SYN. **amusant,** ① **drôle.** CONTR. **reposant · navrant.**
ÉTYM. du participe présent de *crever*.

CREVARD, ARDE [kʀəvaʀ, aʀd] **n. et adj.** ✦ FAM. 1. Personne qui est en très mauvaise santé. 2. Personne avide, égoïste.
ÉTYM. de *crever*.

CREVASSE [kʀəvas] **n. f.** 1. Fente profonde à la surface (d'une chose). *Les crevasses d'un mur.* SYN. **fissure, lézarde.** – Cassure étroite et profonde dans un glacier. 2. plur. Petites fentes de la peau, généralement provoquées par le froid. SYN. **engelure, gerçure.** *Avoir des crevasses aux mains.*
ÉTYM. bas latin *crevacia*, de *crepare* «crever».

CREVASSER [kʀəvase] **v. tr.** (conjug. 3a) ✦ Faire des crevasses sur, à (qqch.). *Le froid lui a crevassé les mains.* SYN. **craqueler, fissurer.** – pronom. *Le mur se crevasse.* – au p. passé *Sol crevassé.*

CRÈVE [kʀɛv] **n. f.** ✦ FAM. *Attraper la crève,* attraper froid, attraper du mal. – *Avoir la crève.*
ÉTYM. de *crever*.

CREVÉ, ÉE [kʀəve] **adj.** 1. (animaux) Mort. *Un rat crevé.* 2. FAM. (personnes) Épuisé, très fatigué. SYN. **claqué.**

CRÈVE-CŒUR [kʀɛvkœʀ] **n. m.** ✦ Peine profonde mêlée de regret. *Des crève-cœurs. «Le Crève-Cœur»* (poème d'Aragon). CONTR. **joie, soulagement.**
ÉTYM. de *crever* et *cœur*.

CRÈVE-LA-FAIM [kʀɛvlafɛ̃] **n. invar.** ✦ FAM. Miséreux qui ne mange pas à sa faim.
ÉTYM. de l'expression *crever de faim*.

CREVER [kʀəve] v. (conjug. 7a) **I** v. intr. 1. S'ouvrir en éclatant, par excès de tension. *Sac trop plein qui risque de crever.* SYN. **craquer.** *Un pneu a crevé ;* FAM. *on a crevé.* SYN. **éclater ;** → **crevaison.** ➝ *Nuage de pluie qui crève.* 2. (personnes) Être trop gros, trop rempli de. *Crever de graisse.* ➝ fig. *Crever d'orgueil, de jalousie, de dépit. C'est à crever de rire,* à éclater de rire. → **crevant** (2). 3. (animaux, plantes) Mourir. *Le rosier est en train de crever.* ◆ (personnes) POP. Mourir. *Il va crever.* SYN. **claquer.** ➝ par ext. Mettre dans un état pénible. *Une chaleur à crever. Crever de faim, de soif, de froid,* en souffrir. **II** v. tr. 1. Faire éclater (une chose gonflée ou tendue). *Crever un ballon.* ➝ au p. passé *Pneu crevé.* 2. (choses) loc. *Crever les yeux :* être bien en vue ; être évident. ➝ *Crever le plafond :* dépasser la limite supérieure. 3. Exténuer (un animal, une personne) par un effort excessif. *Crever un cheval.* ◆ FAM. *Ce travail nous crève.* SYN. **épuiser, fatiguer ;** → **claquer ; crevé** (2). *Rien ne le crève* (→ **increvable**). ➝ pronom. *Se crever au travail.*
ÉTYM. latin *crepare.*

CREVETTE [kʀəvɛt] n. f. ✦ Petit crustacé marin, ou d'eau douce, dont certaines espèces sont comestibles. *Crevette rose* (bouquet), *grise.*
ÉTYM. forme normande et picarde de *chevrette.*

CRI [kʀi] n. m. 1. Son perçant émis par la voix. *Jeter, pousser des cris.* → **crier.** *Cri aigu, strident* (→ **hurlement**), *étouffé. Des cris de joie, de souffrance.* 2. Parole(s) prononcée(s) très fort, sur un ton aigu. *Cri d'alarme, de protestation* (→ **clameur**), *d'approbation* (→ **acclamation, hourra**). loc. *Jeter les hauts cris,* protester. ◆ fig. FAM. *Le dernier cri* (de la mode), sa toute dernière nouveauté. ➝ appos. *Des bottes dernier cri.* 3. Opinion manifestée hautement. 4. Mouvement intérieur (de la conscience). *Le cri du cœur,* l'expression non maîtrisée d'un sentiment sincère. 5. Son émis par les animaux. *Le cri du chat* (miaulement), *de la chouette* (hululement), etc. CONTR. **chuchotement, murmure.**
ÉTYM. de *crier.*

CRIAILLER [kʀijaje] v. intr. (conjug. 3a) ✦ Crier sans cesse, se plaindre fréquemment. SYN. **brailler, piailler.**

CRIAILLERIE [kʀijajʀi] n. f. ✦ (surtout au plur.) Plainte criarde et répétée sur des sujets anodins. SYN. **jérémiade.**
ÉTYM. de *criailler.*

CRIANT, CRIANTE [kʀijɑ̃, kʀijɑ̃t] adj. 1. Qui fait protester. *Une injustice criante.* SYN. **choquant, révoltant.** 2. Très manifeste. SYN. **évident, flagrant.** *Une preuve criante.*
ÉTYM. du participe présent de *crier.*

CRIARD, CRIARDE [kʀijaʀ, kʀijaʀd] adj. **I** (sons) 1. Qui crie désagréablement. *Un enfant criard.* 2. Aigu et désagréable. *Voix criarde.* SYN. **aigu, perçant.** **II** Qui choque la vue. *Couleur criarde,* trop vive. SYN. **hurlant.**

CRIBLE [kʀibl] n. m. 1. Instrument percé d'un grand nombre de trous, et qui sert à trier des objets de grosseur inégale. SYN. **passoire, sas, tamis.** 2. fig. *PASSER AU CRIBLE,* examiner avec soin, pour distinguer le vrai du faux, le bon du mauvais. ➝ *Le crible de la mémoire.*
ÉTYM. bas latin *criblum,* classique *cribrum.*

CRIBLER [kʀible] v. tr. (conjug. 3a) 1. Trier avec un crible. SYN. **tamiser.** 2. Percer de nombreux trous. *Cribler une cible de flèches.* ➝ au p. passé *Des corps criblés de balles.* ➝ loc. *Être criblé de dettes,* en avoir beaucoup.
ÉTYM. de *crible.*

CRIC [kʀik] n. m. ✦ Appareil permettant de soulever à une faible hauteur certains fardeaux très lourds. SYN. **vérin.** *Cric de voiture.* HOM. CRIQUE «baie»
ÉTYM. ancien allemand *kriec.*

CRICKET [kʀikɛt] n. m. ✦ Sport britannique, qui se pratique avec des battes de bois et une balle. *Le baseball vient du cricket.*
ÉTYM. mot anglais «bâton».

CRIÉE [kʀije] n. f. 1. *Vente à la criée* ou ellipt *criée :* vente publique aux enchères. 2. Annonce à voix forte de la marchandise à vendre. *La criée du poisson.*
ÉTYM. du participe passé de *crier.*

CRIER [kʀije] v. (conjug. 9) **I** v. intr. 1. Produire (jeter, pousser) un ou plusieurs cris. SYN. **beugler, brailler, gueuler, hurler.** *Bébé qui crie.* SYN. **pleurer.** *Crier très fort,* (loc.) *comme un sourd.* ➝ (animaux, et spécialt, oiseaux) Pousser son cri. 2. Parler fort, élever la voix. SYN. FAM. **gueuler.** *Parlez sans crier.* ➝ *Crier contre qqn, après qqn.* SYN. **attraper,** FAM. **engueuler.** ➝ *CRIER À qqch.,* dénoncer *(crier à l'injustice, au scandale)* ou proclamer *(crier au miracle).* 3. (choses) Produire un bruit aigre, désagréable. SYN. **grincer.** *Les essieux crient.* **II** v. tr. 1. Dire d'une voix forte. *Crier des slogans dans une manifestation. Il lui criait de se taire, qu'il se taise.* ◆ Faire connaître avec force. *Crier son innocence.* SYN. **affirmer, clamer, proclamer.** *N'allez pas le crier sur les toits.* 2. loc. *Crier famine, crier misère,* se plaindre de la faim, de la misère. *Crier vengeance.* SYN. **réclamer.** CONTR. **chuchoter, murmurer.**
ÉTYM. latin populaire *critare,* classique *quiritare* «appeler au secours».

CRIEUR, CRIEUSE [kʀijœʀ, kʀijøz] n. ✦ Marchand ambulant qui annonce en criant ce qu'il vend. *Crieur de journaux.* ➝ *Crieur public,* personne qui annonçait à haute voix des proclamations publiques.

CRIME [kʀim] n. m. 1. DR. Infraction grave, que les lois punissent d'une peine de réclusion ou de détention de 10 ans au moins. *Crimes, délits et infractions. En France, les crimes sont jugés par la cour d'assises.* ◆ *Crime contre l'humanité. Crimes de guerre.* ◆ loc. *Accuser (qqn, qqch.) de tous les crimes.* → **incriminer.** 2. Assassinat, meurtre. SYN. ⓐ **homicide.** *Commettre un crime. L'arme, le mobile du crime. Un crime parfait,* dont on ne trouve pas l'auteur. ➝ prov. *Le crime ne paie pas :* on ne profite jamais d'un crime. 3. Action blâmable que l'on grossit. *C'est un crime d'avoir abattu de si beaux arbres.*
ÉTYM. latin *crimen,* d'abord «accusation, grief».

CRIMINALITÉ [kʀiminalite] n. f. 1. Ensemble des actes criminels. *Augmentation de la criminalité.* 2. Le milieu des criminels.

CRIMINEL, ELLE [kʀiminɛl] n. et adj.
I n. 1. Personne coupable d'un crime (1). SYN. **malfaiteur, voleur.** *Le criminel et ses complices. Criminel de guerre,* qui commet des atrocités au cours d'une guerre. 2. Assassin, meurtrier.
II adj. 1. Relatif à un crime. *Intention criminelle, acte*

A B C D E F G H I J K L M N O P Q R S T U V W X Y Z

criminel. *Un incendie criminel.* 2. Relatif aux actes délictueux et à leur répression. *Droit criminel.* SYN. **pénal.** 3. FAM. (acte, geste) Très regrettable. *C'est criminel d'abattre cet arbre.*

► **CRIMINELLEMENT** [kʀiminɛlmɑ̃] **adv.**

ÉTYM. latin *criminalis*, de *crimen, criminis* «crime».

CRIMINOLOGIE [kʀiminɔlɔʒi] **n. f.** ✦ Science qui étudie les causes, les manifestations et la prévention de la criminalité.

ÉTYM. du latin *crimen, criminis* «crime» et de *-logie.*

CRIMINOLOGUE [kʀiminɔlɔg] **n.** ✦ Spécialiste de criminologie. – On dit parfois CRIMINOLOGISTE [kʀiminɔlɔʒist].

CRIN [kʀɛ̃] **n. m.** 1. Poil long et rude qui pousse au cou (→ **crinière**) et à la queue de certains animaux (chevaux, lions, etc.). 2. Ce poil utilisé à divers usages. *Gant de crin. Les crins d'un archet de violon.* 3. *Crin végétal,* fibres préparées pour remplacer le crin animal. 4. loc. *À TOUS CRINS* : complet, entier ; ardent, énergique. *Révolutionnaire à tous crins* ou *à tout crin.*

ÉTYM. latin *crinis* «cheveu, chevelure».

CRINCRIN [kʀɛ̃kʀɛ̃] **n. m.** ✦ FAM. Mauvais violon.

ÉTYM. de *cri cri* «jouet d'enfant (attaché par un *crin*)», onomatopée.

CRINIÈRE [kʀinjɛʀ] **n. f.** 1. Ensemble des crins qui garnissent le cou (de certains animaux). *La crinière du lion, du cheval.* 2. FAM. Chevelure abondante.

ÉTYM. de *crin.*

CRINOLINE [kʀinɔlin] **n. f.** ✦ Armature de crins, de baleines et de cercles d'acier flexibles, que les femmes portaient pour faire bouffer les jupes. → aussi **panier.** *Robe à crinoline.*

ÉTYM. italien *crinolino*, d'abord «étoffe de crin *(crino)* et de lin *(lino)*».

CRIQUE [kʀik] **n. f.** ✦ Enfoncement du rivage, petite baie. SYN. **anse, calanque.** HOM. CRIC «appareil de levage»

ÉTYM. mot normand, du norrois *kriki* «creux».

CRIQUET [kʀikɛ] **n. m.** ✦ Insecte volant et sauteur, gris ou brun, très vorace, appelé abusivement *sauterelle. Les criquets pèlerins dévorent les récoltes.*

ÉTYM. d'une onomatopée.

CRISE [kʀiz] **n. f.** 1. Manifestation brutale d'une maladie ou aggravation brusque d'un état chronique. SYN. **accès, attaque** ; → ① **critique.** *Crise d'appendicite, d'asthme. Crise cardiaque.* 2. Manifestation soudaine et violente (d'émotions). *Piquer une crise de colère.* – loc. *CRISE DE NERFS* : état de grande agitation, de fureur. – par ext. *Une crise d'identité.* 3. Phase grave dans une évolution (évènements, idées). *Pays en crise. Crise économique* (→ **dépression**), *politique. La grande crise, la crise de 1929* (☛ Crise de 1929 p. 193). *Une société en crise.* – *Crise ministérielle* : période pendant laquelle le ministère démissionnaire n'est pas remplacé par un nouveau.

ÉTYM. latin *crisis*, du grec «décision», de *krinein* «juger».

CRISPANT, ANTE [kʀispɑ̃, ɑ̃t] **adj.** ✦ (personnes, actes) Qui crispe (2). SYN. **agaçant.** *Une attente crispante.* CONTR. **relaxant.**

CRISPATION [kʀispasjɔ̃] **n. f.** 1. Contraction involontaire et brusque des muscles. 2. Tension, conflit larvé. CONTR. **décrispation, détente.**

ÉTYM. de *crisper.*

CRISPER [kʀispe] **v. tr.** (conjug. 3a) 1. Contracter les muscles, la peau de. *L'angoisse, la douleur crispe le visage.* – *SE CRISPER.* **v. pron.** *Sa figure se crispe. Ne vous crispez pas, détendez-vous.* SYN. se **contracter.** 2. FAM. *Crisper qqn*, lui causer une vive impatience. SYN. **agacer, irriter** ; → **crispant.** *Son entêtement me crispe.* CONTR. **détendre · apaiser, décrisper.**

► **CRISPÉ, ÉE adj.** *Poings crispés. Visage crispé.* – *Sourire crispé,* tendu. – *Il est un peu crispé.*

ÉTYM. latin *crispare* «plisser, rider», de *crispus* «ondulé».

CRISS [kʀis] **n. m.** → **KRISS**

CRISSEMENT [kʀismɑ̃] **n. m.** ✦ Fait de crisser ; bruit de ce qui crisse. *Le crissement des pneus dans les virages.*

CRISSER [kʀise] **v. intr.** (conjug. 3a) ✦ (choses) Produire un bruit aigu de frottement. → aussi **grincer.** *Le gravier crisse sous les pas.*

ÉTYM. francique *krisjan* «grincer».

CRISTAL, AUX [kʀistal, o] **n. m.** I COUR. 1. Minéral naturel transparent et dur. *Cristal de roche* (quartz hyalin). 2. Substance transparente analogue au verre (verre au plomb), plus limpide. *Cristal de Bohême, de Baccarat. Coupes en cristal.* → **cristallerie.** 3. fig. (symbole de pureté, de limpidité) *Une voix de cristal.* II Forme géométrique définie (→ **cristallin** I, 2), prise par certaines substances minérales ou solidifiées. *Cristaux de glace. Les facettes d'un cristal.* ◆ *Cristaux liquides* (utilisés pour l'affichage électronique).

ÉTYM. latin *crystallos*, du grec, de *kruos* «froid».

CRISTALLERIE [kʀistalʀi] **n. f.** 1. Fabrication, fabrique d'objets en cristal (I, 2). SYN. **verrerie.** 2. Ensemble d'objets en cristal. *Cristallerie de Baccarat.*

CRISTALLIN, INE [kʀistalɛ̃, in] **adj.** et **n. m.**

I **adj.** 1. Clair, transparent comme le cristal. SYN. **limpide, pur.** *Des eaux cristallines.* – *Un son cristallin,* pur et clair. 2. SC. Relatif à un état solide où la disposition des atomes *(réseau cristallin)* produit des formes géométriques définies (opposé à *amorphe*). → **cristal** (II). – *Roche cristalline,* formée de cristaux.

II **n. m.** Partie transparente de l'œil, en arrière de la pupille, en forme de lentille à deux faces convexes. *La courbure du cristallin détermine la myopie, la presbytie, l'astigmatisme, etc.*

ÉTYM. latin *crystallinus.*

CRISTALLISATION [kʀistalizasjɔ̃] **n. f.** 1. SC. Phénomène par lequel un corps passe à l'état de cristal. 2. Concrétion de cristaux. *De belles cristallisations.* 3. LITTÉR. (sentiments, idées) Action de se cristalliser, de se fixer. *La cristallisation des souvenirs.*

ÉTYM. de *cristalliser.*

CRISTALLISER [kʀistalize] **v.** (conjug. 3a) I 1. **v. tr.** Faire passer (un corps) à l'état de cristaux (II). *Cristalliser un sel par dissolution.* – pronom. *Se cristalliser.* – au p. passé *Sucre cristallisé,* en petits cristaux. 2. **v. intr.** et **pron.** Passer à l'état cristallin. *Substance qui (se) cristallise lentement.* II fig. LITTÉR. 1. **v. tr.** Rassembler (des éléments épars) en un tout cohérent ; rendre fixe, stable. SYN. **fixer, stabiliser.** *Cristalliser les énergies.* – pronom. *Souvenirs qui se cristallisent* (→ **cristallisation,** 3). 2. **v. intr.** (sentiments, idées) Se préciser, prendre corps.

ÉTYM. de *cristal.*

CRISTALLISOIR [kʀistalizwaʀ] **n. m.** ✦ CHIM. Récipient en verre, à bords bas, utilisé dans les laboratoires.
ÉTYM. de *cristalliser.*

CRISTALLO- Élément savant, du grec *krustallos* «cristal».

CRISTALLOGRAPHIE [kʀistalɔgʀafi] **n. f.** ✦ Science qui étudie les formes cristallines (minéralogie).
► **CRISTALLOGRAPHIQUE** [kʀistalɔgʀafik] **adj.**
ÉTYM. de *cristallo-* et *-graphie.*

CRITÈRE [kʀitɛʀ] **n. m.** 1. Caractère, signe qui permet de distinguer une chose, une notion ; de porter sur un objet un jugement d'appréciation. 2. Ce qui sert de base à un jugement. *Des critères subjectifs.* – *Ce n'est pas un critère,* une raison ou une preuve.
ÉTYM. latin tardif *criterium,* du grec, de *krinein* «juger».

CRITÉRIUM [kʀiteʀjɔm] **n. m.** 1. VX Critère. 2. SPORTS Épreuve servant à classer, à éliminer les concurrents. *Critérium cycliste. Des critériums.*
ÉTYM. latin *criterium.*

CRITIQUABLE [kʀitikabl] **adj.** ✦ Qui mérite d'être critiqué. SYN. **discutable.** *Son attitude est très critiquable.* CONTR. ① **louable.**

① **CRITIQUE** [kʀitik] **adj.** 1. Qui a rapport à une crise (1) ; qui correspond à un seuil. *La phase critique d'une maladie. Le blessé est dans un état critique.* 2. Qui décide du sort de qqn ou de qqch. ; qui amène des changements importants. SYN. **décisif ; crucial.** *Se trouver dans une situation critique.* SYN. **dangereux, grave.** 3. PHYS. Où se produit un changement dans l'état ou les propriétés d'un corps. *Point critique,* limite entre l'état liquide et l'état gazeux. *Pression, température critique. Vitesse critique.*
ÉTYM. latin tardif *criticus,* du grec, de *krinein* «juger».

② **CRITIQUE** [kʀitik] **n.** et **adj.**
I n. f. *(La, une critique)* 1. Examen en vue de porter un jugement. *La critique de la connaissance. «Critique de la raison pure», «Critique du jugement»* (œuvres de Kant). – *Critique de soi-même.* → **autocritique.** 2. **spécialt** Art de juger les ouvrages de l'esprit, les œuvres littéraires, artistiques. *La critique dramatique, musicale.* **prov.** *«La critique est aisée, et l'art est difficile»* (Destouches). – Analyse, examen d'une œuvre pour la juger. *Faire la critique d'une pièce de théâtre.* 3. Action de critiquer (II) ; jugement défavorable. *Ne pas supporter les critiques.* CONTR. **apologie, éloge, louange.**
II n. 1. Professionnel qui juge, commente les ouvrages de l'esprit, les œuvres d'art (à la radio, dans la presse). SYN. **commentateur.** *Critique littéraire, critique d'art.* 2. **n. f.** *La critique* : l'ensemble des critiques. *La critique a bien accueilli son livre.*
III adj. 1. Qui décide de la valeur des œuvres ; de la critique (I, 1). *Considérations, jugements critiques.* 2. Qui examine la valeur logique d'une assertion, l'authenticité d'un texte. *Examen critique.* – *Édition critique,* établie après comparaison des textes originaux. ◆ *ESPRIT CRITIQUE,* qui n'accepte aucune assertion sans s'interroger sur sa valeur. ◆ *D'UN ŒIL CRITIQUE.* SYN. **curieux, soupçonneux.** 3. Qui critique (II). SYN. **négatif.** *Elle s'est montrée très critique.* CONTR. **crédule, naïf • élogieux, flatteur • constructif, positif.**
ÉTYM. latin *criticus,* du grec → ① critique.

CRITIQUEMENT [kʀitikmɑ̃] **adv.** ✦ De manière critique (III, 1 et 2).

CRITIQUER [kʀitike] **v. tr.** (conjug. 3a) **I** Examiner (les ouvrages d'art ou d'esprit) de manière critique pour en faire ressortir les qualités et les défauts. SYN. **analyser, étudier,** ① **juger. II** Émettre un jugement négatif sur (qqn, qqch.). SYN. **blâmer, condamner, dénigrer ;** FAM. ① **débiner, éreinter, taper** sur. *Il a peur de se faire critiquer.* CONTR. **féliciter,** ① **louer.**

CROASSER [kʀɔase] **v. intr.** (conjug. 3a) ✦ (corbeau, corneille) Pousser son cri.
► **CROASSEMENT** [kʀɔasmɑ̃] **n. m.** *Les croassements des corbeaux.*
ÉTYM. de l'onomatopée *kro-.*

CROC [kʀo] **n. m.** 1. Instrument, bâton muni d'un crochet. *Croc de boucher.* 2. Dent pointue de certains animaux (SYN. **canine**). *Le chien grogne et montre les crocs* (attitude menaçante). – **loc.** FAM. *Avoir les crocs,* extrêmement faim. 3. *Moustache en croc(s),* aux pointes recourbées.
ÉTYM. francique *krok* «crochet».

CROC-EN-JAMBE [kʀɔkɑ̃ʒɑ̃b] **n. m.** ✦ VIEILLI Croche-pied. *Des crocs-en-jambe* [kʀɔkɑ̃ʒɑ̃b].
ÉTYM. d'abord *croc de la jambe* ; de *croc* (de *crocher*) et *jambe.*

CROCHE [kʀɔʃ] **n. f.** ✦ Note de musique dont la queue porte un crochet et qui vaut la moitié d'une noire. *Double, triple croche,* portant deux, trois crochets et valant la moitié, le quart de la croche.
ÉTYM. de *(note) croche* «crochue», de *croc.*

CROCHE-PATTE [kʀɔʃpat] **n. m.** ✦ FAM. Croche-pied. *Ils se font des croche-pattes.*
ÉTYM. de *crocher* et *patte.*

CROCHE-PIED [kʀɔʃpje] **n. m.** ✦ Manière de faire tomber qqn en lui tirant une jambe à l'aide du pied. SYN. **croc-en-jambe,** FAM. **croche-patte.** *Les enfants se font des croche-pieds.*
ÉTYM. de *crocher* et *pied.*

CROCHER [kʀɔʃe] **v.** (conjug. 3a) **I v. tr.** VX ou RÉGIONAL Attraper, saisir. → **accrocher. II v. intr.** MAR. S'agripper.
ÉTYM. de *croc.*

CROCHET [kʀɔʃɛ] **n. m. I** 1. Pièce de métal recourbée, pour prendre ou retenir qqch. *Un crochet de boucher.* ◆ *Pendre un tableau à un crochet.* ◆ **loc. fig.** *Être, vivre aux crochets de qqn,* à ses dépens, à ses frais. 2. Instrument présentant une extrémité recourbée. *Crochet de serrurier.* ◆ **spécialt** Tige dont l'extrémité recourbée retient le fil qui doit passer dans la maille. *Dentelle au crochet.* – Ouvrage fait avec cet instrument. *Faire du crochet.* 3. ZOOL. Dent à pointe recourbée. *Crochet à venin des serpents.* **II** 1. **fig.** Signe graphique, parenthèse à extrémité en angle droit ([...]). *Mettre un mot entre crochets.* 2. Tournant brusque. *La route fait un crochet.* ◆ Changement de direction qui allonge l'itinéraire. SYN. **détour.** 3. BOXE Coup de poing où le bras frappe vers l'intérieur, en se pliant. *Envoyer un crochet du droit.*
ÉTYM. diminutif de *croc.*

CROCHETER [kʀɔʃte] **v. tr.** (conjug. 7b) ✦ Ouvrir (une serrure) avec un crochet (I, 2).
► **CROCHETAGE** [kʀɔʃtaʒ] **n. m.**

A B C D E F G H I J K L M N O P Q R S T U V W X Y Z

CROCHETEUR, EUSE [kʀɔʃtœʀ, øz] **n.** ✦ Personne qui crochète les serrures.
ÉTYM. de *crocheter.*

CROCHU, UE [kʀɔʃy] **adj.** 1. Recourbé en forme de crochet. *Nez crochu.* 2. loc. *Ils ont des ATOMES CROCHUS,* des affinités, des sympathies. CONTR. ① **droit.**
ÉTYM. de *croc.*

CROCODILE [kʀɔkɔdil] **n. m.** 1. Grand reptile à fortes mâchoires, à quatre courtes pattes, qui vit dans les fleuves des régions chaudes. *Les crocodiles du Nil.* ➝ Crocodilien (→ **alligator, caïman, gavial**). ➝ loc. *LARMES DE CROCODILE :* larmes hypocrites. 2. Peau de crocodile traitée. *Sac en crocodile.* ➝ abrév. FAM. CROCO [kʀɔko ; kʀoko].
ÉTYM. latin *crocodilus,* du grec.

CROCODILIEN [kʀɔkɔdiljɛ̃] **n. m.** ✦ Grand reptile (crocodiles et analogues : famille des *Crocodiliens*).

CROCUS [kʀɔkys] **n. m.** ✦ Plante à bulbe dont une espèce est le safran. ➝ Fleur printanière de cette plante. *Des crocus jaunes.*
ÉTYM. mot latin, du grec *krokos* «safran».

CROIRE [kʀwaʀ] **v.** (conjug. 55 ; p. passé *cru, ue*) **I v. tr. dir.** 1. Penser que (qqch.) est véritable, donner une adhésion de principe à. SYN. **accepter, admettre, penser.** *Il ne croit que ce qu'il voit. Faire croire qqch. à qqn,* convaincre, persuader. 2. *Croire qqn,* penser que ce qu'il dit est vrai. *Vous pouvez me croire. Croire qqn sur parole,* sans vérifier. ➝ FAM. *Je vous crois !, je te crois !,* je pense ainsi, et aussi c'est évident ! 3. (dans quelques constructions) *EN CROIRE,* s'en rapporter à (qqn). *À l'en croire, il sait tout faire. Si j'en crois ce qu'on raconte.* ➝ loc. *Ne pas en croire ses yeux, ses oreilles,* s'étonner de ce qu'on voit, entend. 4. *CROIRE QUE* (+ indic.) : considérer comme vraisemblable ou probable (sans être sûr). SYN. **estimer,** ① **juger, penser.** *Je crois qu'il viendra. Je crois que oui. On lui a fait croire que...* ➝ *On croirait qu'il dort* (mais il ne dort pas) *(→ on dirait que). Je vous prie de croire que,* vous pouvez être sûr que. *Je ne crois pas qu'il est venu, qu'il soit venu* (doute plus grand). *Crois-tu qu'il vienne ?* 5. (+ inf.) Sentir, éprouver comme vrai (ce qui ne l'est pas absolument). *J'ai bien cru réussir. Je croyais arriver plus tôt.* 6. *Croire (qqn, qqch.)* (suivi d'un attribut) SYN. **estimer, supposer.** *On l'a cru mort.* ➝ pronom. Se prendre pour ; s'imaginer être. *Il se croit plus fort, plus malin qu'il n'est. Elle s'est crue morte. On se croirait en été.* **II v. tr. ind.** *CROIRE À, EN.* 1. *Croire à une chose,* penser qu'elle est réelle, vraisemblable ou possible. *Croire aux promesses de qqn.* SYN. **compter** sur. *Croire au succès,* le considérer comme très probable. loc. *Croire à qqch. dur comme fer*.* ➝ iron. *Il y croit* (mais il se trompe). 2. *CROIRE EN qqn, qqch. :* avoir confiance en. SYN. **compter** sur, se **fier** à. *Croire en l'avenir.* 3. (avec *à*) Être persuadé de l'existence et de la valeur de (tel dogme, tel être religieux ou mythique). *Croire aux extraterrestres.* ➝ *CROIRE EN DIEU :* avoir la foi religieuse. **III v. intr.** (sens fort) 1. Avoir une attitude d'adhésion intellectuelle. *Il croit sans comprendre.* 2. Avoir la foi religieuse (→ **credo ; croyant**). *Le besoin de croire.* CONTR. **douter ; contester, démentir, nier.** HOM. (du p. passé *cru*) ② CRU «pas cuit» ; CRÛ (p. passé de *croître*)
ÉTYM. latin *credere.*

CROISADE [kʀwazad] **n. f.** 1. HIST. (☛ noms propres et carte 12) Expédition entreprise au Moyen Âge par les chrétiens coalisés pour délivrer les lieux saints qu'occupaient les musulmans. 2. Tentative pour créer un mouvement d'opinion dans une lutte (souvent, au nom d'un principe religieux, moral traditionnel). SYN. **campagne.** *Une croisade contre le tabac.* ➝ loc. *Partir en croisade contre...*
ÉTYM. de *croix ;* influencé par l'ancien occitan *crozata* ou l'ancien espagnol *cruzada.*

① **CROISÉ** [kʀwaze] **n. m.** ✦ Celui qui partait en croisade. *L'armée des croisés.*
ÉTYM. de l'ancien verbe *se croiser,* de *croix.*

② **CROISÉ, ÉE** [kʀwaze] **adj. I** 1. Disposé en croix, qui se croisent. *Bretelles croisées.* ➝ *Rester les bras croisés ;* fig. rester à ne rien faire. ➝ (vêtements) Dont les bords se croisent. *Veste croisée* (s'oppose à *veste droite*). 2. *Rimes croisées,* qui alternent (a, b, a, b ; b, c, b, c). ◆ *Mots croisés.* → **mots croisés.** 3. SPORTS (balle) Dont la direction est oblique par rapport au terrain. *Revers croisé* (au tennis). **II** (animal, plante) Qui est le résultat d'un croisement, n'est pas de race pure. *Race croisée.* SYN. **hybride.** *Chien croisé.* SYN. **bâtard.**
ÉTYM. du participe passé de *croiser.*

CROISÉE [kʀwaze] **n. f.** 1. *La croisée des chemins,* l'endroit où ils se coupent. SYN. **croisement.** 2. Châssis vitré qui ferme une fenêtre ; la fenêtre. *Ouvrir, fermer la croisée.*
ÉTYM. de ② *croisé.*

CROISEMENT [kʀwazmɑ̃] **n. m. I** 1. Action de disposer en croix, de faire se croiser ; disposition croisée. *Le croisement de deux voitures sur une route.* 2. Point où se coupent deux ou plusieurs voies. SYN. **croisée, intersection.** *Croisement dangereux.* SYN. **carrefour. II** fig. 1. Hybridation, métissage. *Améliorer une race de bovins par des croisements.* 2. LING. Composition d'un mot par contamination ou télescopage de deux mots. *L'interjection «fichtre» est issue d'un croisement des verbes «fiche» et «foutre».*
ÉTYM. de *croiser.*

CROISER [kʀwaze] **v.** (conjug. 3a) **I v. tr.** 1. Disposer (deux choses) l'une sur l'autre, en forme de croix. *Croiser les jambes. Se croiser les bras ;* fig. rester dans l'inaction. 2. *CROISER LE FER :* se battre à l'épée ; fig. s'affronter. 3. Passer au travers de (une ligne, une route). SYN. **couper, traverser.** *La voie ferrée croise la route.* ➝ Passer à côté de, en allant en sens contraire. *Croiser qqn dans la rue. Train qui en croise un autre.* **II v. tr.** (fig.) Procéder au croisement de (deux variétés, deux races ou deux espèces différentes). SYN. **métisser.** *Croiser deux races de chevaux.* **III v. intr.** 1. (bords d'un vêtement) Passer l'un sur l'autre. 2. (navire) Aller et venir dans un même parage. *La flotte croise dans la Manche* (→ **croisière, croiseur**). **IV** *SE CROISER* **v. pron.** 1. Être ou se mettre en travers l'un de l'autre. *Les deux chemins se croisent à angle droit.* 2. (personnes, véhicules) Passer l'un près de l'autre en allant dans une direction différente ou opposée. ➝ *Leurs regards se sont croisés,* se sont rencontrés rapidement. ➝ *Nos lettres se sont croisées,* ont été envoyées en même temps. CONTR. **décroiser.**
ÉTYM. de *croix.*

CROISEUR [kʀwazœʀ] n. m. ✦ Navire de guerre rapide, armé de canons, de missiles.
ÉTYM. de *croiser* (III, 2).

CROISIÈRE [kʀwazjɛʀ] n. f. 1. Voyage effectué par un paquebot, un navire de plaisance. *Partir en croisière. Faire une croisière.* 2. loc. *VITESSE DE CROISIÈRE* : (bateau, avion) la meilleure allure moyenne sur une longue distance ; fig. rythme normal d'activité après une période d'adaptation.
ÉTYM. de *croiser* (III, 2).

CROISILLON [kʀwazijɔ̃] n. m. 1. Traverse d'une croix. ➝ ARCHIT. Moitié du transept (d'une église). *Le croisillon nord.* 2. Barre qui partage une baie, un châssis de fenêtre. *Fenêtre à croisillons.*
ÉTYM. de l'ancien français *croisille* « petite *croix* ».

CROISSANCE [kʀwasɑ̃s] n. f. 1. (organisme) Fait de croître, de grandir. SYN. **développement.** *La croissance d'une plante, d'un animal.* 2. (choses) Action d'augmenter. SYN. **accroissement, augmentation, développement, progression.** *La croissance d'une ville. Croissance de la population, croissance démographique.* ☛ Géographie p. 222. ➝ *Croissance économique* (développement de la production). *Période de forte croissance.* CONTR. **atrophie • déclin, décroissance, diminution ; dépression, récession.**
ÉTYM. latin *crescentia.*

① **CROISSANT** [kʀwasɑ̃] n. m. **I** 1. Forme échancrée de la partie éclairée de la Lune (pendant qu'elle croît et décroît). *Croissant de lune.* 2. Forme du croissant de lune. ➝ *Le Croissant-Rouge,* équivalent islamique de la Croix-Rouge. ➝ GÉOGR. *Le Croissant fertile* (☛ noms propres). **II** Petite pâtisserie feuilletée, d'abord en forme de croissant de lune. *Un croissant au beurre. Les croissants du petit-déjeuner français.*
ÉTYM. de *croître* ; sens II, trad. de l'allemand *Hörnchen* « petite corne *(Horn)* », à cause du croissant (I), emblème des Turcs vaincus devant Vienne en 1683.

② **CROISSANT, ANTE** [kʀwasɑ̃, ɑ̃t] adj. ✦ Qui croît, s'accroît, augmente. *Un nombre croissant. Avec une colère croissante.* SYN. **grandissant.** ♦ MATH. *Fonction croissante,* qui varie comme sa variable. CONTR. ① **décroissant.**
ÉTYM. du participe présent de *croître.*

CROÎTRE [kʀwatʀ] v. intr. (conjug. 54 ; au p. passé *crû, crue, crus*) 1. (êtres organisés) Grandir progressivement jusqu'au terme du développement normal. SYN. se **développer, pousser ;** ➝ **croissance.** *Les végétaux croissent lentement.* ♦ LITTÉR. (personnes) Devenir plus grand. SYN. **grandir.** ➝ *Il croissait en sagesse,* devenait plus sage, en grandissant. ➝ loc. *Ne faire que croître et embellir,* se dit d'une chose qui augmente en bien, et iron. en mal. 2. (choses) Devenir plus grand, plus nombreux. SYN. **s'accroître, augmenter,** se **développer.** *La chaleur ne cesse de croître, va croissant.* CONTR. **baisser, décliner, décroître, diminuer.** HOM. (du p. passé *crû*) ② CRU « pas cuit » ; CRU (p. passé de *croire*)
ÉTYM. latin *crescere* « pousser, grandir ».

CROIX [kʀwa] n. f. 1. Poteau muni d'une traverse et sur lequel on attachait des condamnés pour les faire mourir ; spécialt celui où Jésus fut cloué et mis à mort. *Le supplice de la croix* (➝ **crucifier**). ➝ loc. *Porter sa croix* : supporter ses épreuves avec résignation. ♦ *Le signe* de la croix, un signe de croix.* 2. Représentation ou évocation symbolique de la croix de Jésus-Christ. SYN. **calvaire, crucifix.** *Les croix d'un cimetière.* ➝ loc. FAM. *C'est la croix et la bannière,* c'est toute une histoire (pour faire, obtenir qqch.). ➝ (Autres symboles) *Croix de Lorraine,* à double croisillon. *Croix grecque,* à branches égales. *Croix de Saint-André,* en X. ➝ *Croix gammée*.* ♦ Bijou en forme de croix. 3. Décoration, insigne d'un ordre honorifique. ➝ *La croix de la Légion d'honneur. CROIX DE GUERRE* : médaille conférée aux soldats qui se sont distingués au cours d'une guerre. 4. (☛ noms propres) *La CROIX-ROUGE,* organisation humanitaire (qui porte le nom de *Croissant-Rouge* en pays musulman). 5. Marque formée par deux traits croisés. *Faire une croix au bas d'un acte* (en guise de signature). ➝ loc. fig. *Faire une croix sur qqch.,* y renoncer définitivement. 6. *EN CROIX* : à angle droit ou presque droit. *Les bras en croix.* 7. *La CROIX DU SUD,* constellation de l'hémisphère austral (☛ noms propres).
ÉTYM. latin *crux, crucis.*

CROMLECH [kʀɔmlɛk] n. m. ✦ ARCHÉOL. Monument mégalithique formé de menhirs placés en cercle.
ÉTYM. mot gallois et breton, de *lech* « pierre » et *crom* « courbe ».

CROMORNE [kʀɔmɔʀn] n. m. ✦ MUS. Instrument à vent ancien, en bois et à anche. ➝ Jeu de l'orgue.
ÉTYM. allemand *Krummhorn,* de *krumm* « courbe » et *Horn* « cor ».

① **CROQUANT** [kʀɔkɑ̃] n. m. ✦ HIST. Paysan révolté, sous Henri IV et Louis XIII. ➝ péj. Paysan. *« Jacquou le Croquant »* (roman d'Eugène Le Roy).
ÉTYM. peut-être du participe présent de *croquer* « détruire » ou du provençal *croucant,* de *crouca* « arracher », famille de *croc.*

② **CROQUANT, ANTE** [kʀɔkɑ̃, ɑ̃t] adj. ✦ Qui croque sous la dent. *Biscuit croquant.* SYN. **croustillant.**
ÉTYM. du participe présent de *croquer.*

à la CROQUE AU SEL [alakʀɔkosɛl] loc. adv. ✦ Cru, avec du sel. *Radis à la croque au sel.*
ÉTYM. de *croquer* et *sel.*

CROQUEMITAINE [kʀɔkmitɛn] n. m. ✦ Personnage imaginaire qu'on évoque pour effrayer les enfants. ➝ Personne qui fait peur. *Il veut jouer les croquemitaines.* ➝ On écrit aussi *croque-mitaine, des croque-mitaines.*
ÉTYM. de *croquer* et de *mitaine,* d'origine obscure.

CROQUE-MONSIEUR [kʀɔkməsjø] n. m. invar. ✦ Sandwich chaud fait de pain de mie grillé, au jambon et au fromage. *Des croque-monsieur.* ➝ abrév. FAM. CROQUE.
ÉTYM. de *croquer* et *monsieur.*

CROQUEMORT [kʀɔkmɔʀ] n. m. ✦ FAM. Employé des pompes funèbres chargé du transport des morts au cimetière. *Des croquemorts.* ➝ On écrit aussi *croque-mort, des croque-morts.*
ÉTYM. de *croquer* « faire disparaître » et ② *mort* (II).

CROQUENOT [kʀɔkno] n. m. ✦ FAM. Gros soulier. SYN. **godillot.**
ÉTYM. peut-être de *croquer* « craquer ».

CROQUER [kʀɔke] v. (conjug. 3a) **I** v. intr. Faire un bruit sec (en parlant des choses que l'on broie avec les dents). SYN. **craquer.** *Un bonbon qui croque sous la dent.* **II** v. tr. 1. Broyer sous la dent (ce qui fait un bruit sec). *Croquer un bonbon. Chocolat à croquer.* ➝ intrans. *Croquer dans une pomme,* mordre. 2. fig. FAM. *Croquer de*

A B C D E F G H I J K L M N O P Q R S T U V W X Y Z

l'argent, dépenser beaucoup. SYN. **claquer.** *Croquer un héritage.* SYN. **dilapider.** **II** v. tr. 1. Prendre rapidement sur le vif en quelques coups de crayon, de pinceau. SYN. **ébaucher, esquisser** ; → **croquis.** *Croquer une silhouette.* 2. loc. FAM. *Jolie, mignonne À CROQUER,* très jolie.
ÉTYM. de l'onomatopée *krok-* exprimant un bruit sec.

① **CROQUET** [kRɔkɛ] n. m. ✦ Jeu consistant à faire passer des boules de bois sous des arceaux au moyen d'un maillet, selon un trajet déterminé. *Faire une partie de croquet.*
ÉTYM. mot anglais, de l'ancien français, de *croquer* «donner un coup sec».

② **CROQUET** [kRɔkɛ] n. m. ✦ Petit galon décoratif formant des dents.
ÉTYM. variante de *crochet.*

CROQUETTE [kRɔkɛt] n. f. 1. Boulette de pâte, de hachis, frite dans l'huile. *Croquettes de poisson.* 2. Petit disque de chocolat. 3. au plur. Préparation industrielle alimentaire pour animaux, déshydratée, en forme de petites boulettes.
ÉTYM. de *croquer.*

CROQUEUSE [kRɔkøz] n. f. ✦ FAM. *CROQUEUSE DE DIAMANTS* : femme entretenue qui dilapide l'argent, les bijoux.
ÉTYM. de *croquer* (II, 2).

CROQUIGNOLET, ETTE [kRɔkiɲɔlɛ, ɛt] adj. ✦ FAM. Amusant, mignon et un peu ridicule. *Un chapeau croquignolet.*
ÉTYM. de *croquignol* «bizarre et ridicule», de *croquignole* «chiquenaude», famille de *croquer* «donner un coup sec».

CROQUIS [kRɔki] n. m. 1. Dessin, esquisse rapide. SYN. **ébauche.** *Il nous a fait un croquis pour montrer comment sont disposées les pièces de l'appartement.* 2. *Croquis coté.* → **épure.**
ÉTYM. de *croquer* «dessiner».

CROSNE [kRon] n. m. ✦ Plante originaire du Japon, aux petits tubercules comestibles dont le goût rappelle le salsifis.
ÉTYM. de *Crosne,* nom d'une localité de l'Essonne.

CROSS [kRɔs] n. m. 1. Course à pied en terrain varié, avec des obstacles. *Faire du cross.* 2. Course de vélo, de moto, en terrain accidenté. → **bicross, cyclocross, motocross.** HOM. CROSSE «bâton», CROSSES «querelle»
ÉTYM. abréviation de *cross-country,* de l'anglais *cross country running* «course *(running)* à travers *(across)* la campagne *(country)*».

CROSSE [kRɔs] n. f. **I** 1. Bâton pastoral (d'évêque ou d'abbé) dont l'extrémité supérieure se recourbe en volute. 2. Bâton recourbé utilisé dans certains jeux pour pousser la balle. *Crosse de hockey.* 3. Extrémité recourbée. *La crosse de l'aorte.* – *Les crosses des fougères.* **II** Partie postérieure (d'une arme à feu portative). *Appuyer la crosse du fusil contre l'épaule pour tirer (→ mettre en joue). Donner un coup de crosse* (de pistolet) *à qqn.* – loc. *Mettre la crosse en l'air,* refuser de combattre. HOM. CROSS «course», CROSSES «querelle»
ÉTYM. germanique *kruka* «bâton recourbé».

CROSSES [kRɔs] n. f. pl. ✦ loc. FAM. *Chercher des crosses à qqn,* lui chercher querelle. HOM. CROSS «course», CROSSE «bâton»

ÉTYM. de *crosser* «se plaindre», du latin *glocire* «glousser», influence de *crosser* «assommer à coup de *crosse*».

CROTALE [kRɔtal] n. m. **I** ANTIQ. Instrument à percussion. **II** Serpent très venimeux, appelé aussi *serpent à sonnette* à cause de sa queue formée d'écailles creuses qui vibre avec un bruit de crécelle.
ÉTYM. latin *crotalum,* du grec, de *krotein* «faire résonner».

CROTTE [kRɔt] n. f. **I** 1. Excrément solide. *Crottes de lapin.* – FAM. *Des crottes de chien. CROTTE DE BIQUE* : chose sans valeur. 2. FAM. *Crotte !,* interjection de dépit. SYN. **flûte, zut** ; VULG. **merde.** 3. *Crotte de, en chocolat,* bonbon de chocolat. **II** VX Boue (→ **crotté**).
ÉTYM. francique *krotta.*

CROTTÉ, ÉE [kRɔte] adj. ✦ Couvert, sali de boue. SYN. ① **boueux.** *Bottes crottées.*
ÉTYM. de l'ancien verbe *crotter,* de *crotte* (II).

CROTTIN [kRɔtɛ̃] n. m. 1. Excrément du cheval. 2. Petit fromage de chèvre.
ÉTYM. de *crotte* (I).

CROULANT, ANTE [kRulɑ̃, ɑ̃t] adj. et n. 1. adj. Qui menace ruine. *Des murs croulants.* 2. n. FAM. Personne âgée ou d'âge mûr.
ÉTYM. du participe présent de *crouler.*

CROULER [kRule] v. intr. (conjug. 3a) 1. (construction, édifice) Tomber en s'affaissant, ou menacer de tomber. SYN. **s'écrouler, s'effondrer.** *Cette maison menace de crouler.* – fig. *La salle croule sous les applaudissements.* 2. fig. S'effondrer, aller à la ruine.
ÉTYM. peut-être latin populaire *crotalare* «secouer», de *crotalum* «crotale» ou de *corrotulare* «faire rouler», famille de *rota* «roue».

CROUP [kRup] n. m. ✦ MÉD. VIEILLI Laryngite diphtérique très grave. HOM. CROUPE «postérieur»
ÉTYM. mot anglais, d'origine inconnue.

CROUPE [kRup] n. f. 1. Partie postérieure arrondie qui s'étend des hanches à la queue de certains animaux (cheval, âne...). – *EN CROUPE* : à cheval et sur la croupe, derrière la personne en selle. *Prendre qqn en croupe.* ◆ (personnes) FAM. Partie du corps qui comprend les fesses. SYN. ② **derrière, fesse(s), postérieur.** *Une croupe rebondie.* 2. Sommet arrondi (d'une colline, d'une montagne). HOM. CROUP «maladie»
ÉTYM. francique *kruppa.*

à **CROUPETONS** [akRup(ə)tɔ̃] loc. adv. ✦ Dans une position accroupie.
ÉTYM. de *croupe.*

CROUPIER, IÈRE [kRupje, jɛR] n. ✦ Employé(e) d'une maison de jeu qui tient le jeu, paie et ramasse l'argent pour le compte de l'établissement.
ÉTYM. de *(cavalier) croupier* «qui monte en *croupe*», puis *croupier* au fig. «joueur assis derrière son associé».

CROUPIÈRE [kRupjɛR] n. f. ✦ Longe de cuir qui passe sur la croupe et sous la queue du cheval. – loc. VIEILLI *TAILLER DES CROUPIÈRES à qqn,* lui créer des difficultés, faire obstacle à ses projets.
ÉTYM. de *croupe.*

CROUPION [kRupjɔ̃] n. m. ✦ Extrémité postérieure du corps (de l'oiseau), supportant les plumes de la queue.
ÉTYM. de *croupe.*

CROUPIR [kʀupiʀ] v. intr. (conjug. 13) 1. (personnes) Demeurer (dans un état mauvais, pénible) sans pouvoir en sortir. SYN. **moisir.** *Ils croupissent dans l'ignorance.* 2. Rester sans couler et se corrompre (liquide) ; demeurer dans l'eau stagnante. SYN. **pourrir.** *Eau qui croupit au fond d'une mare. Fleurs fanées croupissant dans un vase.* → au p. passé *Eau croupie.*
ÉTYM. de *croupe.*

CROUPISSANT, ANTE [kʀupisɑ̃, ɑ̃t] adj. ✦ Qui croupit. *Eaux croupissantes.* SYN. **stagnant.**
ÉTYM. du participe présent de *croupir.*

CROUSTADE [kʀustad] n. f. ✦ Croûte de pâte feuilletée garnie. *Croustade de fruits de mer.*
ÉTYM. italien *crostata,* de *crosta* «croûte».

CROUSTILLANT, ANTE [kʀustijɑ̃, ɑ̃t] adj. 1. Qui croustille. SYN. ② **croquant.** *Pain croustillant.* 2. Amusant, léger, grivois. *Des détails assez croustillants.* CONTR. **mou.**
ÉTYM. du participe présent de *croustiller.*

CROUSTILLER [kʀustije] v. intr. (conjug. 3a) ✦ Croquer sous la dent (sans résister autant que ce qui croque). *Des biscuits qui croustillent.*
ÉTYM. occitan *croustilha,* de *crousta* «croûte».

CROÛTE [kʀut] n. f. I 1. Partie extérieure du pain, durcie par la cuisson. *Manger la croûte et laisser la mie. Des croûtes de pain,* des restes de pain sec. 2. loc. FAM. *Casser la croûte,* manger. → FAM. **croûter.** → *Gagner sa croûte,* sa nourriture, sa vie. 3. Pâte cuite qui enveloppe un pâté, un vol-au-vent. SYN. **croustade.** *Pâté en croûte.* 4. Partie superficielle du fromage. II 1. Couche superficielle durcie. *Croûte de calcaire dans une bouilloire.* → GÉOL. *La croûte terrestre.* SYN. **écorce.** ◆ Plaque qui se forme sur une plaie. 2. FAM. Mauvais tableau. *Ce peintre ne fait que des croûtes.* 3. Côté chair d'un cuir (opposé à *fleur*). III FAM. Personne bornée, encroûtée dans la routine. SYN. FAM. **croûton.**
ÉTYM. latin *crusta.*

CROÛTER [kʀute] v. intr. (conjug. 3a) ✦ FAM. Manger.
ÉTYM. de *croûte* (I, 2).

CROÛTON [kʀutɔ̃] n. m. I Extrémité d'un pain long. SYN. **quignon.** *Manger le croûton.* ◆ Morceau de pain frit utilisé en cuisine. II FAM. Personne arriérée, d'esprit borné. SYN. FAM. **croûte.** *Un vieux croûton.*
ÉTYM. de *croûte* (I, 1).

CROYABLE [kʀwajabl] adj. ✦ (choses) Qui peut ou doit être cru (surtout restrictif, négatif). *C'est à peine croyable.* SYN. **imaginable, pensable, possible.** CONTR. **impensable, incroyable, inimaginable.**
ÉTYM. de *croire,* suffixe *-able.*

CROYANCE [kʀwajɑ̃s] n. f. 1. Action, fait de croire une chose vraie, vraisemblable ou possible. SYN. **certitude, conviction, foi.** *La croyance à, en qqch.* 2. Ce que l'on croit (surtout en matière religieuse). *Croyances religieuses.* SYN. **conviction.** CONTR. **doute, incroyance, scepticisme.**
ÉTYM. de *créance,* d'après *croire.*

CROYANT, ANTE [kʀwajɑ̃, ɑ̃t] adj. et n. 1. adj. Qui a une foi religieuse. SYN. **pieux, religieux.** 2. n. *Un croyant, une croyante.* SYN. **fidèle.** CONTR. **athée, incroyant, mécréant.**
ÉTYM. du participe présent de *croire.*

C. R. S. [seɛʀɛs] n. m. ✦ en France Policier membre d'une compagnie républicaine de sécurité. *C. R. S. qui dispersent une manifestation.*
ÉTYM. sigle de *compagnie républicaine de sécurité.*

① **CRU** [kʀy] n. m. I 1. Vignoble. → *Un grand cru.* SYN. **vin.** 2. loc. *DU CRU. Un vin du cru,* du terroir. *Les pêcheurs du cru,* de l'endroit où l'on se trouve. II loc. *DE SON CRU :* de sa production, de son invention propre. *Raconter une histoire de son cru.* HOM. CRUE «élévation des eaux» ; CRU (p. passé de *croire*), CRÛ (p. passé de *croître*)
ÉTYM. de *crû,* participe passé de *croître.*

② **CRU, CRUE** [kʀy] adj. 1. (aliment) Qui n'est pas cuit. *Légumes qui se mangent crus.* → **crudité.** *Bifteck presque cru.* → **bleu.** 2. (couleur, lumière) Que rien n'atténue. SYN. **brutal.** *Une lumière crue. Couleur crue,* qui tranche violemment sur le reste. 3. Exprimé sans ménagement. *Faire une description crue.* → adv. *Je vous le dis tout cru.* SYN. **crûment.** 4. *À CRU. Monter à cru :* monter à cheval sans selle. CONTR. **cuit • atténué, tamisé, voilé.** HOM. CRUE «élévation des eaux» ; CRU (p. passé de *croire*), CRÛ (p. passé de *croître*)
ÉTYM. latin *crudus,* de *cruor* «chair saignante».

CRUAUTÉ [kʀyote] n. f. 1. Tendance à faire souffrir. SYN. **férocité, méchanceté, sadisme.** *Traiter qqn avec cruauté.* → *Cruauté mentale.* → *La cruauté d'un acte.* 2. (choses) Caractère de ce qui est très nuisible. SYN. **dureté, rigueur.** *La cruauté du sort.* 3. *(Une, des cruautés)* Action cruelle. SYN. **atrocité.** CONTR. **bienveillance, bonté, charité, indulgence, pitié.**
ÉTYM. latin *crudelitas,* de *crudelis* «cruel».

CRUCHE [kʀyʃ] n. f. 1. Récipient pansu, à bec et à anse, souvent de grès ou de terre. *Cruche à eau.* → loc. prov. *Tant va la cruche à l'eau (qu'à la fin elle se casse) :* à s'exposer à un danger, on finit par le subir. 2. FAM. Personne niaise, bête et ignorante. SYN. FAM. **gourde.** *Quelle cruche !*
ÉTYM. francique *krukka.*

CRUCHON [kʀyʃɔ̃] n. m. ✦ Petite cruche. SYN. **pichet.** *Un cruchon à vin.*

> **CRUCI-** Élément savant, du latin *crux, crucis* «croix».

CRUCIAL, ALE, AUX [kʀysjal, o] adj. 1. DIDACT. Qui permet de décider, de choisir entre des hypothèses. 2. Fondamental, très important. SYN. ① **capital, décisif.** *Moment crucial.*
ÉTYM. du latin *crux, crucis* «croix», par l'anglais.

CRUCIFÈRE [kʀysifɛʀ] adj. ✦ BOT. Dont les fleurs ont des pétales en croix. → n. f. *La giroflée est une crucifère.*
ÉTYM. latin *crucifer* → cruci- et -fère.

CRUCIFIEMENT [kʀysifimɑ̃] n. m. ✦ Supplice de la croix. SYN. **crucifixion.** *Le crucifiement de saint Pierre.*
ÉTYM. de *crucifier.*

CRUCIFIER [kʀysifje] v. tr. (conjug. 9) ✦ Attacher (un condamné) sur la croix pour l'y faire mourir. *Jésus fut crucifié sur le Calvaire.* → n. *Un crucifié.*
ÉTYM. latin chrétien *crucifigere* «ficher en croix *(crux)*».

CRUCIFIX [kʀysifi] n. m. ✦ Croix sur laquelle est représenté Jésus crucifié. *Un crucifix d'ivoire.*
ÉTYM. latin *crucifixus,* de *crucifigere* «crucifier».

CRUCIFIXION [kʀysifiksjɔ̃] **n. f.** ✦ Crucifiement du Christ. ➖ Sa représentation en peinture, en sculpture.
ÉTYM. latin chrétien *crucifixio* → crucifix.

CRUCIFORME [kʀysifɔʀm] **adj.** ✦ DIDACT. En forme de croix. *Plan cruciforme d'une église.* ◆ *Tournevis cruciforme,* à l'extrémité en forme de croix.
ÉTYM. de *cruci-* et *-forme.*

CRUCIVERBISTE [kʀysivɛʀbist] **n.** ✦ Amateur de mots croisés. SYN. **mots-croisiste.**
ÉTYM. de *cruci-* et du latin *verbum* «mot».

CRUDITÉ [kʀydite] **n. f.** **I** surtout au plur. Légumes consommés crus. *Assiette de crudités.* **II** **1.** Brutalité (d'une sensation). *La crudité des couleurs, de la lumière.* **2.** Caractère cru (②, 3). *La crudité d'une description.* CONTR. **douceur · délicatesse, réserve.**
ÉTYM. latin *cruditas,* de *crudus* «② cru».

CRUE [kʀy] **n. f.** ✦ Élévation du niveau dans un cours d'eau, un lac. *Les crues du Nil. Rivière en crue.* CONTR. **baisse, décrue.** HOM. ① CRU «vignoble», ② CRU «pas cuit»
ÉTYM. du participe passé de *croître.*

CRUEL, ELLE [kʀyɛl] **adj.** **1.** Qui prend plaisir à faire, à voir souffrir. SYN. **féroce, inhumain, sadique.** *Homme cruel.* → **bourreau, monstre.** *Être cruel avec les animaux.* **2.** Qui témoigne de cruauté. *Un acte cruel. Joie cruelle.* SYN. **mauvais.** *Ironie cruelle.* SYN. **féroce.** ➖ *Guerre cruelle.* SYN. **sanglant.** **3.** (choses) Qui fait souffrir. *Destin cruel.* SYN. **implacable, inexorable.** *Une épreuve, une perte cruelle.* SYN. **douloureux, pénible.** CONTR. **bienveillant,** ① **bon, doux, humain, indulgent.**
ÉTYM. latin *crudelis* «qui aime voir couler le sang», de *crudus* → ② cru.

CRUELLEMENT [kʀyɛlmɑ̃] **adv.** **1.** Avec cruauté. → **férocement, méchamment.** *Traiter qqn cruellement.* **2.** D'une façon douloureuse, pénible. *Souffrir cruellement.* SYN. **affreusement, atrocement.** *Les médicaments font cruellement défaut.* CONTR. **doucement, humainement, tendrement.**

CRÛMENT ou **CRUMENT** [kʀymɑ̃] **adv.** **1.** D'une manière crue (②, 3), sèche et dure, sans ménagement. SYN. **brutalement, durement.** *Il lui a dit (tout) crûment qu'il le méprisait.* **2.** *Éclairer crûment,* d'une lumière crue. ➖ Écrire *crument* sans accent circonflexe, comme *absolument, éperdument, résolument...,* est permis.
ÉTYM. de ② *cru.*

CRURAL, ALE, AUX [kʀyʀal, o] **adj.** ✦ DIDACT. De la cuisse. *Artère crurale.*
ÉTYM. latin *cruralis,* de *crus, cruris* «jambe».

CRUSTACÉ [kʀystase] **n. m.** **1.** ZOOL. Animal arthropode à carapace, au corps formé de segments munis chacun d'une paire d'appendices. *La daphnie, le cloporte sont des crustacés.* **2.** COUR. Ces animaux aquatiques et comestibles (crabe, crevette, écrevisse, homard, langouste, langoustine).
ÉTYM. latin scientifique *crustaceus,* de *crusta* «croûte».

CRUZADO [kʀuzado ; kʀusado] **n. m.** ✦ Monnaie du Brésil (a remplacé le *cruzeiro* en 1985). *Des cruzados.*
ÉTYM. mot portugais, de *cruz* «croix».

| **CRYO-** Élément savant, du grec *kruos* «froid».

CRYOCONSERVATION [kʀijokɔ̃sɛʀvasjɔ̃] **n. f.** ✦ BIOL. Conservation des tissus ou d'organismes vivants (ovules, sperme, embryons...) à une température très basse (inférieure à –153 °C). SYN. **congélation.**
ÉTYM. de *cryo-* et *conservation.*

CRYOTHÉRAPIE [kʀijoteʀapi] **n. f.** ✦ MÉD. Traitement local par le froid.
ÉTYM. de *cryo-* et *-thérapie.*

CRYPTE [kʀipt] **n. f.** ✦ Caveau souterrain servant de sépulcre (dans certaines églises). ◆ Chapelle souterraine. *La crypte d'une cathédrale. Crypte romane.* ☛ Art roman p. 159.
ÉTYM. latin *crypta,* du grec, de *kruptein* «cacher».

CRYPTER [kʀipte] **v. tr.** (conjug. 3a) ✦ Coder (un message) pour protéger son caractère secret. ➖ au p. passé *Chaîne de télévision cryptée,* nécessitant un décodeur pour être reçue en clair. CONTR. **décrypter.**
ÉTYM. du grec *kruptein* «cacher».

| **CRYPTO-** Élément savant, du grec *kruptos* «caché».

CRYPTOGAME [kʀiptɔgam] **adj. et n. m.** ✦ BOT. (plante) Qui a les organes de la fructification peu apparents. *Les champignons, plantes cryptogames.* ➖ **n. m.** *Les cryptogames :* l'un des deux embranchements du règne végétal. *Cryptogames et phanérogames.*
ÉTYM. de *crypto-* et *-game.*

CRYPTOGAMIQUE [kʀiptɔgamik] **adj.** ✦ BOT., VX Des plantes cryptogames. ➖ MOD. *Maladies cryptogamiques* (des végétaux), provoquées par des champignons.
ÉTYM. de *cryptogame.*

CRYPTOGRAMME [kʀiptɔgʀam] **n. m.** ✦ Ce qui est écrit en caractères secrets, en langage chiffré.
ÉTYM. de *crypto-* et *-gramme.*

CRYPTOGRAPHIE [kʀiptɔgʀafi] **n. f.** ✦ Code graphique déchiffrable par l'émetteur et le destinataire seulement.
► **CRYPTOGRAPHIQUE** [kʀiptɔgʀafik] **adj.**
ÉTYM. de *crypto-* et *-graphie.*

Cs [seɛs] ✦ CHIM. Symbole du césium.

Cu [sey] ✦ CHIM. Symbole du cuivre.

CUBAGE [kybaʒ] **n. m.** ✦ Évaluation d'un volume ; volume évalué. *Le cubage d'air d'une pièce.*
ÉTYM. de *cuber.*

CUBE [kyb] **n. m.** **1.** GÉOM. Solide (parallélépipède) à six faces carrées égales (hexaèdre régulier). ◆ Objet cubique (ou parallélépipède). *Jeu de cubes,* de construction, avec des cubes en bois, en plastique. **2.** appos. Se dit d'une mesure qui exprime le volume. *Mètre cube* (m^3), *centimètre cube* (cm^3). *Dix mètres cubes d'eau.* ◆ *Cylindrée de 1 500 cm^3.* ➖ FAM. *Gros cube :* moto de grosse cylindrée. **3.** MATH. *Cube d'un nombre :* produit de trois facteurs égaux à ce nombre. → **puissance.** *Le cube de 2 est 8 ; a^3 est le cube de a.*
ÉTYM. latin *cubus,* du grec «dé à jouer».

CUBER [kybe] **v.** (conjug. 3a) **I** **v. tr.** **1.** Évaluer (un volume) en unités cubiques. *Cuber des bois de construction.* **2.** MATH. Élever (un nombre) au cube. **II** **v. intr.** **1.** Avoir un volume de. *Citerne qui cube 500 litres.* **2.** FAM. VIEILLI Atteindre un chiffre élevé. *Tous*

ces frais finissent par cuber. SYN. **chiffrer.**
ÉTYM. de *cube* (2).

CUBILOT [kybilo] **n. m.** ✦ TECHN. Fourneau pour la préparation de la fonte de seconde fusion.
ÉTYM. peut-être de l'anglais *cupilo*, variante régionale de *cupola* «four à *coupole*».

CUBIQUE [kybik] **adj.** 1. Du cube. *Forme cubique. Une maison cubique.* 2. *RACINE CUBIQUE d'un nombre n :* nombre qui, élevé au cube (à la puissance 3), donne n. *La racine cubique de 27 est 3.*

CUBISME [kybism] **n. m.** ✦ École d'art, qui, entre 1907 et 1914, se proposait de représenter les objets décomposés en éléments géométriques simples. ☛ Cubisme p. 188.
ÉTYM. de *cube*.

CUBISTE [kybist] **adj.** ✦ Qui appartient au cubisme ou s'y rattache. *Peintre cubiste.* ➛ **n.** *Les cubistes.*

CUBITAINER [kybitɛnɛʀ] **n. m.** ✦ Récipient en plastique, à peu près cubique, servant au transport des liquides. *Vin en cubitainer.* ➛ **abrév.** FAM. CUBI [kybi].
ÉTYM. mot-valise, de *cube* et anglais *container* ; marque déposée.

CUBITUS [kybitys] **n. m.** ✦ Le plus gros des deux os de l'avant-bras, articulé avec l'humérus. → **coude.**
► **CUBITAL, ALE, AUX** [kybital, o] **adj.**
ÉTYM. mot latin ; doublet de *coude*.

CUCUL [kyky] **adj.** ✦ FAM. Niais, un peu ridicule. *Elles sont un peu cuculs.* **loc.** *Cucul la praline**.
ÉTYM. de *cul*, redoublé.

CUCURBITACÉE [kykyʀbitase] **n. f.** ✦ Plante appartenant à la famille comprenant le concombre, la courge (citrouille, potiron), le melon, etc.
ÉTYM. du latin *cucurbita* «courge».

CUEILLETTE [kœjɛt] **n. f.** 1. Action de cueillir. *La cueillette des pommes.* SYN. **récolte.** 2. Les fleurs ou les fruits cueillis. *Une belle cueillette.* 3. Ramassage des produits végétaux comestibles (dans les groupes humains où la culture n'est pas exclusive ou est inconnue). *Ils vivent de chasse et de cueillette.*
ÉTYM. latin *collecta*, de *colligere* «recueillir, rassembler» ; doublet de *collecte*.

CUEILLIR [kœjiʀ] **v. tr.** (conjug. 18) 1. Détacher (une partie d'un végétal) de la tige. *Cueillir des fleurs, des fruits.* 2. LITTÉR. Prendre. *Cueillir un baiser.* 3. FAM. *Cueillir qqn*, le prendre aisément au passage. *Cueillir un voleur.* SYN. FAM. **pincer.** ➛ **loc.** *Être cueilli à froid*, être pris au dépourvu.
ÉTYM. latin *colligere* «rassembler», de *legere* «cueillir» ; doublet de *colliger*.

CUESTA [kwɛsta] **n. f.** ✦ GÉOGR. Plateau dont les deux pentes sont asymétriques.
ÉTYM. mot espagnol «côte».

CUILLÈRE [kɥijɛʀ] **n. f.** ➛ On écrit aussi *cuiller*. 1. Ustensile formé d'un manche et d'une partie creuse, qui sert à transvaser ou à porter à la bouche les aliments liquides ou peu consistants. *Cuillère et fourchette.* → ① **couvert.** *Cuillère à soupe. Cuillère à dessert, à café (petite cuillère).* ◆ **loc.** *Faire qqch. en deux coups de cuillère à pot*, très vite. ➛ *Être à ramasser à la petite cuillère*, en piteux état. ➛ *Ne pas y aller avec le dos de la cuillère :* agir sans modération. 2. Ustensile de forme analogue. *Pêcher à la cuillère* (ou *à la cuiller*), avec une petite plaque de métal garnie d'hameçons. ◆ Pièce qui maintient la goupille d'une grenade.
ÉTYM. latin *cochlearium*, de *cochlea* «coquille d'escargot».

CUILLÉRÉE [kɥijeʀe] **n. f.** ✦ Contenu d'une cuillère. *Une cuillérée à café de sirop matin et soir.* ➛ On écrit aussi *cuillerée* [kɥijʀe ; kɥijeʀe].

CUIR [kɥiʀ] **n. m.** **I** 1. Peau des animaux séparée de la chair, tannée et préparée. *Cuir de bœuf, de veau* (→ ② **box ; vélin**), *de chèvre* (→ **maroquin**), *de mouton* (→ **basane,** ③ **chagrin**). *Semelles de cuir.* 2. *Le CUIR CHEVELU :* la peau du crâne. 3. (animaux ; humains) Peau épaisse et dure. **II** FAM. Faute de langage qui consiste à faire des liaisons incorrectes (ex. les chemins de fer [z] anglais). HOM. CUIRE «rôtir»
ÉTYM. latin *corium* «peau».

CUIRASSE [kɥiʀas] **n. f.** 1. Partie de l'armure qui recouvre le buste. ➛ *Le DÉFAUT DE LA CUIRASSE :* l'intervalle entre le bord de la cuirasse et les pièces qui s'y joignent ; fig. le point faible, le côté sensible. 2. Revêtement d'acier qui protège les navires. SYN. **blindage ;** → **cuirassé.** 3. fig. Défense, protection. *Une cuirasse d'indifférence.* SYN. **carapace.**
ÉTYM. occitan *coirassa* ou italien *corazza* ; famille du latin *corium* «cuir».

CUIRASSÉ [kɥiʀase] **n. m.** ✦ Grand navire de guerre blindé et armé d'artillerie lourde. *Le cuirassé Potemkine.*
ÉTYM. de *cuirasse*.

CUIRASSER [kɥiʀase] **v. tr.** (conjug. 3a) ✦ Armer, revêtir d'une cuirasse. SYN. **blinder.** ◆ *SE CUIRASSER* **v. pron.** Se revêtir d'une cuirasse. ➛ fig. *SE CUIRASSER contre* (qqch.), se protéger contre, se rendre insensible à. SYN. **s'aguerrir, s'endurcir.** *Se cuirasser contre la douleur.*
► **CUIRASSÉ, ÉE p. passé** *Être cuirassé*, protégé, endurci. CONTR. **vulnérable.**

CUIRASSIER [kɥiʀasje] **n. m.** ✦ anciennt Soldat d'un régiment de grosse cavalerie.
ÉTYM. de *cuirasse*.

CUIRE [kɥiʀ] **v.** (conjug. 64b ; p. passé *cuit, cuite*) **I** **v. tr.** 1. Rendre propre à l'alimentation par le feu, la chaleur (→ **cuisson**). *Cuire des légumes. Cuire un morceau de viande.* → ① **griller, rôtir ; frire.** 2. Transformer par l'action du feu, de la chaleur. *Cuire une poterie (→ terre* cuite).* 3. loc. FAM. *Être DUR À CUIRE :* opposer une grande résistance. ➛ **n.** *Un dur à cuire.* **II** **v. intr.** 1. Devenir propre à l'alimentation par l'action du feu, de la chaleur. *Le gigot cuit. La soupe cuit à feu doux.* → **mijoter.** 2. FAM. (sujet personne) Avoir très chaud. *Ouvrez les fenêtres, on cuit là-dedans !* SYN. **étouffer.** 3. Produire une sensation d'échauffement, de brûlure. SYN. **brûler ;** → **cuisant.** *Les yeux me cuisent.* SYN. **piquer.** ➛ **loc.** *Il vous en cuira :* vous vous en repentirez, vous en souffrirez par votre faute. HOM. CUIR «peau»
ÉTYM. bas latin *cocere*, classique *coquere*.

CUISANT, ANTE [kɥizɑ̃, ɑ̃t] **adj.** ✦ Qui provoque une douleur, une peine très vive. *Une déception cuisante.* SYN. **aigu, douloureux, vif.**
ÉTYM. du participe présent de *cuire*.

A B C D E F G H I J K L M N O P Q R S T U V W X Y Z

CUISINE [kɥizin] **n. f.** **I** Pièce d'une habitation, dans laquelle on prépare et fait cuire les aliments. *Table, éléments de cuisine. Ustensiles de cuisine* (casseroles, poêles, etc.). ➝ **appos.** *Studio avec coin cuisine.* **II 1.** Préparation des aliments ; art de préparer les aliments. SYN. art **culinaire** ; FAM. **cuistance.** *Faire la cuisine. Les recettes de la cuisine chinoise.* **2.** FAM. Manœuvre, intrigue louche. SYN. FAM. **magouille.** *La cuisine électorale.* **III** Aliments préparés qu'on sert aux repas. SYN. FAM. ② **bouffe, tambouille.** *Être amateur de bonne cuisine,* gourmet.
ÉTYM. bas latin *cocina*, famille de *coquere* «cuire».

CUISINÉ, ÉE [kɥizine] **adj.** ✦ Préparé selon les règles de la cuisine. *Plats cuisinés.*
ÉTYM. du participe passé de *cuisiner.*

CUISINER [kɥizine] **v.** (conjug. 3a) **1. v. intr.** Faire la cuisine. *Elle cuisine bien.* **2. v. tr.** Préparer, accommoder. *Cuisiner de bons petits plats.* **3. v. tr. fig.** FAM. *Cuisiner qqn,* l'interroger, chercher à obtenir de lui des aveux par tous les moyens.

CUISINETTE [kɥizinɛt] **n. f.** ✦ Partie de pièce utilisée comme cuisine (recomm. offic. pour l'anglicisme kitchenette).

CUISINIER, IÈRE [kɥizinje, jɛʀ] **n.** ✦ Personne qui a pour fonction de faire la cuisine. SYN. **chef,** FAM. **cuistot.** *Aide-cuisinier.* ➔ **marmiton.** ➝ Personne qui sait faire la cuisine. *Elle est très bonne cuisinière.* SYN. **cordon-bleu.**

CUISINIÈRE [kɥizinjɛʀ] **n. f.** ✦ Fourneau de cuisine servant à chauffer, à cuire les aliments. *Cuisinière à gaz* (➔ **gazinière**), *électrique, mixte.*
ÉTYM. de *cuisinier.*

CUISSAGE [kɥisaʒ] **n. m.** ✦ HIST. *DROIT DE CUISSAGE :* droit qu'avait le seigneur féodal de poser symboliquement sa jambe nue sur le lit de la nouvelle mariée, et, parfois, de passer la nuit de noces avec elle.
ÉTYM. de *cuisse.*

CUISSARD, ARDE [kɥisaʀ, aʀd] **n.** et **adj.** **1. n. m.** Garniture de protection de la cuisse dans une armure. **2. adj.** *Bottes cuissardes,* qui montent jusqu'au milieu des cuisses. ➝ **n. f. pl.** *Des cuissardes.*

CUISSE [kɥis] **n. f.** **1.** Partie du membre inférieur qui s'articule à la hanche et va jusqu'au genou (➔ **crural**). *Short qui s'arrête à mi-cuisse.* ➝ (animaux) *Une cuisse de poulet.* ➔ **pilon.** *Cuisse du mouton* (➔ **gigot**), *du cochon* (➔ **jambon**), *du chevreuil* (➔ **cuissot,** ① **gigue**). **2. loc.** FAM. *Se croire sorti de la cuisse de Jupiter :* se croire supérieur.
ÉTYM. latin *coxa* «hanche».

CUISSEAU [kɥiso] **n. m.** **1.** BOUCHERIE Partie du veau dépecé, du dessous de la queue au rognon. **2.** ➔ **cuissot.** HOM. CUISSOT «cuisse de gros gibier»
ÉTYM. de *cuisse.*

CUISSON [kɥisɔ̃] **n. f.** **1.** Action de cuire ; préparation des aliments par le feu, la chaleur. *Cuisson au four, à la vapeur. Temps de cuisson.* **2.** Préparation par le feu. *Cuisson industrielle de la porcelaine.* **3.** Sensation analogue à une brûlure ; douleur cuisante (➔ **cuire,** II, 3). *La cuisson d'une piqûre de guêpe.*
ÉTYM. latin *coctio*, de *coquere* «cuire».

CUISSOT ou **CUISSEAU** [kɥiso] **n. m.** ✦ Cuisse (du gros gibier). *Cuissot de chevreuil.* HOM. CUISSEAU «morceau de veau»
ÉTYM. de *cuisse.*

CUISTANCE [kɥistɑ̃s] **n. f.** ✦ FAM. Cuisine (II, 1 et III).
ÉTYM. de *cuisine,* peut-être d'après *bectance.*

CUISTOT [kɥisto] **n. m.** ✦ FAM. Cuisinier professionnel (surtout dans une communauté).
ÉTYM. de *cuistance.*

CUISTRE [kɥistʀ] **n. m.** ✦ LITTÉR. Pédant vaniteux et ridicule. ➝ **adj.** *Il est un peu cuistre.*
ÉTYM. bas latin *coquistro* «valet de cuisine», de *coquere* «cuire».

CUISTRERIE [kɥistʀəʀi] **n. f.** ✦ Pédantisme, procédé de cuistre.

CUIT, CUITE [kɥi, kɥit] **adj.** **1.** Qui a subi la cuisson afin d'être consommé. *Gigot cuit à point. Légumes cuits à l'eau, à la vapeur.* **2.** Qui a subi la cuisson pour un usage particulier. *Terre cuite.* **3.** FAM. *Être cuit,* pris, vaincu. SYN. FAM. ① **fait,** ① **fichu, refait.** ➝ *C'est du tout cuit,* c'est réussi d'avance. CONTR. ② **cru.**
ÉTYM. du participe passé de *cuire.*

CUITE [kɥit] **n. f.** ✦ FAM. Ivresse. *Une bonne cuite. Prendre une cuite :* s'enivrer. ➔ **se cuiter.**
ÉTYM. de *cuit.*

se CUITER [kɥite] **v. pron.** (conjug. 3a) ✦ FAM. S'enivrer.
ÉTYM. de *cuite.*

CUIVRE [kɥivʀ] **n. m.** **I** Corps simple (symb. Cu), métal rouge, très malléable, bon conducteur électrique. *Mine de cuivre. Alliages de cuivre :* airain, bronze, laiton. **II au plur.** Objets en cuivre. **1.** *LES CUIVRES :* ensemble d'instruments de cuisine, d'objets d'ornement en cuivre ou en laiton. *Faire les cuivres,* les nettoyer. **2.** Ensemble des instruments à vent en cuivre employés dans un orchestre.
ÉTYM. latin *cuprum*, de *(aes) cyprium* «(bronze) de *Chypre*», du grec.

CUIVRÉ, ÉE [kɥivʀe] **adj.** **1.** Qui a la couleur rougeâtre du cuivre. *Reflets cuivrés. Avoir la peau cuivrée.* SYN. **bronzé, hâlé.** **2.** Qui a un timbre éclatant (comme un instrument de cuivre). *Voix chaude et cuivrée.*
ÉTYM. de *cuivre.*

CUIVRER [kɥivʀe] **v. tr.** (conjug. 3a) **1.** TECHN. Recouvrir d'une feuille de cuivre. **2.** Donner une teinte de cuivre à (qqch.). *Le soleil avait cuivré sa peau.* ➔ **cuivré.**

CUL [ky] **n. m.** **1.** FAM. Derrière, postérieur humain. *Tomber sur le cul.* **2.** *FAUX CUL :* ancienn tournure portée par les femmes. ➝ **fig. n.** et **adj.** Hypocrite. **3.** par analogie (emploi non vulgaire) Fond de certains objets. *Cul de bouteille.* ➔ **cul-de-...** (à l'ordre alphabétique). ➝ *Faire CUL SEC* (en buvant), vider le verre d'un trait. HOM. Q (lettre)
ÉTYM. latin *culus.*

CULASSE [kylas] **n. f.** **1.** Extrémité postérieure du canon (d'une arme à feu). *Culasse mobile,* pièce d'acier contenant le percuteur. **2.** dans un moteur à explosion ou à combustion Partie supérieure du cylindre, dans laquelle les gaz sont comprimés. *Joint de culasse.*
ÉTYM. de *cul* (3).

CULBUTE [kylbyt] **n. f.** 1. Tour qu'on fait en mettant la tête en bas et les jambes en haut, de façon à retomber de l'autre côté. SYN. **cabriole, galipette, roulade.** 2. Chute à la renverse. SYN. **dégringolade.** ➜ **fig.** FAM. *Faire la culbute* : faire faillite, être ruiné. 3. **loc.** COMM. *Faire la culbute,* revendre qqch. au double du prix d'achat.
ÉTYM. de *culbuter.*

CULBUTER [kylbyte] **v.** (conjug. 3a) **I v. intr.** Faire une culbute (2), tomber à la renverse. SYN. **dégringoler.** *La voiture a culbuté dans le fossé.* SYN. **verser. II v. tr. 1.** Faire tomber brusquement (qqn). SYN. **renverser. 2.** Bousculer, pousser. *Culbuter l'ennemi.* SYN. **enfoncer,** ① **repousser.** ➜ **fig.** *Culbuter les traditions.*
ÉTYM. d'abord *cullebuter,* de *culer* «pousser au *cul*» et ① *buter.*

CULBUTEUR [kylbytœʀ] **n. m.** ✦ TECHN. 1. Appareil qui sert à faire basculer un récipient, un wagon pour le vider de son contenu. 2. Levier oscillant placé au-dessus des cylindres et servant à ouvrir et à fermer les soupapes d'un moteur à explosion.
ÉTYM. de *culbuter.*

CUL-DE-BASSE-FOSSE [kyd(ə)bɑsfos] **n. m.** ✦ Cachot souterrain. *Des culs-de-basse-fosse.*
ÉTYM. de *cul* (3), *bas* et *fosse.*

CUL-DE-FOUR [kyd(ə)fuʀ] **n. m.** ✦ Voûte formée d'une demi-coupole (quart de sphère). *Des culs-de-four.*
ÉTYM. de *cul* (3) et *four.*

CUL-DE-JATTE [kyd(ə)ʒat] **n. et adj.** ✦ Infirme qui n'a plus de jambes. *Des culs-de-jatte.*
ÉTYM. de *cul* (3) et *jatte.*

CUL-DE-LAMPE [kyd(ə)lɑ̃p] **n. m.** ✦ Ornement, dans un texte, un livre, à la fin d'un chapitre (la forme de certains rappelle le dessous d'une lampe d'église). *Des culs-de-lampe.*
ÉTYM. de *cul* (3) et *lampe.*

en CUL-DE-POULE [ɑ̃kyd(ə)pul] **loc. adj.** ✦ *Bouche en cul-de-poule,* qui s'arrondit et se resserre en faisant une petite moue.

CUL-DE-SAC [kyd(ə)sak] **n. m.** 1. Rue sans issue. SYN. **impasse.** *Des culs-de-sac.* 2. Carrière, entreprise sans issue, qui ne mène à rien. *Cette situation est un cul-de-sac.*
ÉTYM. de *cul* (3) et *sac.*

CULÉE [kyle] **n. f.** ✦ Massif de maçonnerie destiné à contenir la poussée d'un arc, d'une arche, d'une voûte.
ÉTYM. de *cul* (3).

CULINAIRE [kylinɛʀ] **adj.** ✦ Qui a rapport à la cuisine (II, 1). *Spécialités culinaires. L'art culinaire et la gastronomie.*
ÉTYM. latin *culinarius,* de *culina* «cuisine».

CULMINANT, ANTE [kylminɑ̃, ɑ̃t] **adj.** ✦ Qui atteint sa plus grande hauteur. ◆ *POINT CULMINANT,* qui domine. *Le point culminant d'une chaîne de montagnes.* ➜ **fig.** *Le point culminant d'une évolution* (➜ **apogée**), *d'une crise* (➜ ① **comble, maximum**).
ÉTYM. latin *culminans,* de *culminare* «culminer».

CULMINER [kylmine] **v. intr.** (conjug. 3a) 1. Atteindre la plus grande hauteur. *Montagne, pic qui culmine au-dessus des sommets voisins.* SYN. **dominer.** 2. **fig.** LITTÉR. Dominer, atteindre son maximum.
ÉTYM. latin *culminare,* de *culmen, culminis* «sommet».

CULOT [kylo] **n. m. I 1.** Partie inférieure (de certains objets). SYN. **fond.** ➜ Fond métallique. *Un culot d'obus.* 2. Résidu métallique au fond d'un creuset. ➜ Résidu qui se forme au fond d'une pipe (➜ ① **culotter**). **II** Aplomb, audace. *Quel culot !* SYN. **toupet.** *Il a du culot* (➜ **culotté**). CONTR. ② **haut, sommet • réserve, timidité.**
ÉTYM. de *cul* (3).

CULOTTE [kylɔt] **n. f.** 1. Vêtement masculin de dessus formé d'un haut et de deux jambes, qui couvre de la ceinture aux genoux (d'abord serré aux genoux, et opposé au pantalon). *Culottes courtes* (de jeune garçon, d'adulte). ➜ **short.** *Culottes longues.* ➜ **pantalon.** *User ses fonds de culotte sur les bancs de l'école. Culotte de pyjama. Culotte de cheval.* ➜ **loc.** FAM. *Trembler, faire dans sa culotte* : avoir très peur. ➜ *Porter la culotte* : commander (dans un ménage). 2. Sous-vêtement féminin qui couvre les fesses et le bas du ventre, avec deux ouvertures pour les jambes. SYN. **slip.** ➜ *Culotte de bébé.*
ÉTYM. de *cul* (1).

CULOTTÉ, ÉE [kylɔte] **adj.** ✦ FAM. Qui a du culot, de l'aplomb. SYN. **gonflé.**
ÉTYM. de *culot* (II).

① **CULOTTER** [kylɔte] **v. tr.** (conjug. 3a) 1. Fumer (une pipe) jusqu'à ce que son fourneau soit couvert d'un dépôt noir. ➜ **au p. passé** *Pipe culottée.* 2. Noircir par l'usage, le temps. ➜ **au p. passé** *Une théière culottée.*
ÉTYM. de *culot* (I).

② **CULOTTER** [kylɔte] **v. tr.** (conjug. 3a) ✦ Mettre une culotte à (qqn). ➜ **passif et p. passé** « *Votre majesté Est mal culottée* » (chanson du roi Dagobert). CONTR. **déculotter.**
ÉTYM. de *culotte.*

CULPABILISER [kylpabilize] **v. tr.** (conjug. 3a) ✦ Donner un sentiment de culpabilité à (qqn). CONTR. **déculpabiliser.**
► **CULPABILISANT, ANTE** [kylpabilizɑ̃, ɑ̃t] **adj.**
ÉTYM. du latin *culpabilis* «coupable».

CULPABILITÉ [kylpabilite] **n. f.** ✦ État d'une personne qui est coupable. *Prouver la culpabilité d'un accusé.* ◆ *Sentiment de culpabilité,* par lequel on se sent coupable. CONTR. **innocence.**
ÉTYM. du latin *culpabilis* «coupable».

CULTE [kylt] **n. m.** 1. Hommage religieux rendu à la divinité ou à un saint personnage. *Rendre un culte à un saint.* 2. Pratiques réglées par une religion, pour rendre hommage à la divinité. SYN. **liturgie ;** ➜ **rite, rituel.** *Ministre du culte,* prêtre. 3. Service religieux protestant. *Assister au culte.* 4. Admiration mêlée de vénération (pour qqn ou qqch.). SYN. **adoration, amour, dévouement.** *Vouer un culte à ses parents. Avoir le culte de l'argent.* ➜ **appos.** *Un film culte,* qui fait l'objet d'une admiration fanatique. *Des œuvres cultes.*
ÉTYM. latin *cultus* «soin, éducation», de *colere* «honorer».

CUL-TERREUX [kyteʀø] **n. m.** ✦ **péj. et injurieux** Paysan. *Les culs-terreux.*
ÉTYM. de *cul* (1) et *terreux.*

A B C D E F G H I J K L M N O P Q R S T U V W X Y Z

-CULTEUR, -CULTRICE Élément, qui signifie «qui cultive, élève» (ex. *agriculteur, apiculteur*).

CULTIVABLE [kyltivabl] **adj.** ✦ Qui peut être cultivé. *Terre cultivable.*

CULTIVATEUR, TRICE [kyltivatœʀ, tʀis] **n.** **I** **n.** Personne qui cultive la terre, exploite une terre. SYN. **agriculteur, paysan.** **II** **n. m.** Machine qui fait un labourage superficiel. SYN. **charrue.**

CULTIVÉ, ÉE [kyltive] **adj.** ✦ Qui a de la culture (II). *Esprit cultivé. Il est peu cultivé, mais intelligent.* CONTR. **inculte.**
ÉTYM. de *cultiver* (II).

CULTIVER [kyltive] **v. tr.** (conjug. 3a) **I** **1.** Travailler (la terre) pour lui faire produire des végétaux utiles aux besoins de l'homme. → **défricher, labourer ; agriculture, culture** (I). *Cultiver un champ* (→ **cultivateur**). – pronom. (passif) *Cette terre se cultive facilement.* – au p. passé *Terre cultivée.* **2.** Soumettre (une plante) à divers soins en vue de favoriser sa venue ; faire pousser. *Cultiver la vigne, des céréales.* – au p. passé *Plantes sauvages et plantes cultivées.* **II** fig. **1.** Former par l'éducation, l'instruction. SYN. **éduquer, former, perfectionner ;** → **culture.** *Cultiver sa mémoire, un don.* **2.** S'intéresser activement à (qqch.). SYN. **s'adonner** à, **s'intéresser** à. *Cultiver un art. Cultiver le paradoxe.* **3.** Entretenir des relations amicales avec (qqn). *Cultiver ses relations.* SYN. **soigner.** **4.** *SE CULTIVER* **v. pron.** Cultiver son esprit, son intelligence.
ÉTYM. du latin populaire *cultivus*, famille de *colere* «cultiver ; pratiquer».

CULTUEL, ELLE [kyltɥɛl] **adj.** ✦ Du culte. *Édifices cultuels.*

CULTURE [kyltyʀ] **n. f.** **I** **1.** Action de cultiver (I, 1) la terre pour la production de végétaux (à l'exception des arbres forestiers). SYN. **agriculture.** *La culture d'un champ, d'un verger.* **2.** Terres cultivées. *L'étendue des cultures.* SYN. **plantation.** **3.** Action de cultiver (un végétal). *Culture de la vigne* (viticulture), *culture fruitière* (arboriculture), *etc. Cultures tropicales.* **4.** BIOL. Méthode consistant à faire vivre et proliférer des micro-organismes, des cellules en milieu approprié. *Culture microbienne. Bouillon* de culture.* **II** **1.** Développement de certaines facultés de l'esprit par des exercices intellectuels appropriés ; ensemble des connaissances acquises. SYN. **éducation, formation.** *La culture philosophique, scientifique. Culture générale,* dans les domaines considérés comme nécessaires à tous (en dehors des spécialités, des métiers). *Culture de masse.* – *Avoir une vaste culture* (→ **cultivé**). **2.** Ensemble des aspects intellectuels, artistiques d'une civilisation. *La culture occidentale, orientale. Politique en faveur de la culture.* → **culturel.** ♦ DIDACT. Ensemble des formes acquises de comportement dans les sociétés humaines. *Nature et culture. Le choc des cultures.* – *Culture d'entreprise.* **3.** *CULTURE PHYSIQUE* : développement méthodique du corps par des exercices appropriés et gradués. SYN. **éducation** physique, **gymnastique.** CONTR. **friche, jachère · inculture.**
ÉTYM. latin *cultura*, famille de *colere* «cultiver ; pratiquer».

CULTUREL, ELLE [kyltyʀɛl] **adj.** ✦ Qui est relatif à la culture (II, 2), à la civilisation dans ses aspects intellectuels, artistiques. *Relations culturelles. Centre culturel,* lieu public destiné à accueillir des activités culturelles (arts, musique, spectacles). – **n. m.** *Le culturel et le social.*
► **CULTURELLEMENT** [kyltyʀɛlmɑ̃] **adv.**

CULTURISME [kyltyʀism] **n. m.** ✦ Culture physique permettant de développer certains muscles de façon apparente. SYN. **musculation.**
► **CULTURISTE** [kyltyʀist] **adj. et n.**
ÉTYM. de *culture* (II, 3).

CUMIN [kymɛ̃] **n. m.** ✦ Plante à graines aromatiques ; ces graines utilisées comme assaisonnement. *Le kummel, liqueur au cumin.*
ÉTYM. latin *cuminum*, du grec *kuminon*, mot sémitique.

CUMUL [kymyl] **n. m.** ✦ Action de cumuler. *Cumul de mandats* (électifs).

CUMULABLE [kymylabl] **adj.** ✦ Que l'on peut cumuler. *Escomptes non cumulables.*

CUMULATIF, IVE [kymylatif, iv] **adj.** ✦ Qui s'ajoute à, qui ajoute. *Un effet cumulatif.*
ÉTYM. de *cumuler.*

CUMULER [kymyle] **v. tr.** (conjug. 3a) ✦ Avoir à la fois (plusieurs avantages, plusieurs activités ; des caractères, des qualités). *Cumuler deux fonctions. Cumuler la réussite et le bonheur.* CONTR. **dissocier, séparer.**
ÉTYM. latin *cumulare* «amasser» ; doublet de *combler.*

CUMULUS [kymylys] **n. m.** **I** Gros nuage arrondi présentant des parties éclairées. *Des cumulus et des nimbus* (composés *cumulonimbus, cumulostratus*). **II** Chauffe-eau électrique en forme de gros cylindre. SYN. ① **ballon.**
ÉTYM. mot latin «amas, tas» ; doublet de ① *comble.*

CUNÉIFORME [kyneifɔʀm] **adj.** ✦ Qui a la forme d'un coin. *Écriture cunéiforme* (des Assyriens, des Mèdes, des Perses), constituée de signes en forme de clous, de coins.
ÉTYM. du latin *cuneus* «coin» et de *-forme.*

CUNNILINGUS [kynilɛ̃gys] **n. m.** ✦ DIDACT. Pratique sexuelle, caresses buccales des parties génitales féminines.
ÉTYM. du latin *cunnus* «con» et *lingere* «lécher».

CUPCAKE [kœpkɛk] **n. m.** ✦ anglicisme Petit gâteau individuel, souvent recouvert d'un glaçage.
ÉTYM. mot anglais, de *cup* «coupe, godet» et *cake* «gâteau».

CUPIDE [kypid] **adj.** ✦ LITTÉR. Avide d'argent. SYN. **rapace.** *Un homme d'affaires cupide.* CONTR. **désintéressé, généreux.**
ÉTYM. latin *cupidus*, de *cupere* «désirer».

CUPIDITÉ [kypidite] **n. f.** ✦ Désir immodéré de l'argent, des richesses. SYN. **âpreté, avidité.** CONTR. **désintéressement, générosité.**
ÉTYM. latin *cupiditas*, de *cupidus* → cupide.

CUPRI-, CUPRO- Élément savant, du latin *cuprum* «cuivre».

CUPULE [kypyl] **n. f.** ✦ Partie d'un végétal formant une petite coupe couverte d'écailles. *La cupule du gland, de la noisette.*
ÉTYM. latin *cupula* «petit tonneau *(cupa)*».

CURABLE [kyʀabl] **adj.** ✦ Qui peut être guéri. SYN. **guérissable.** *Malade, maladie curable.* CONTR. **incurable, inguérissable.**
ÉTYM. latin *curabilis*, de *curare* «soigner».

CURAÇAO [kyʀaso] **n. m.** ✦ Liqueur faite avec de l'eau-de-vie, de l'écorce d'oranges amères et du sucre.
ÉTYM. du nom d'une île des Antilles. ☛ noms propres.

CURARE [kyʀaʀ] **n. m.** ✦ Substance végétale qui provoque une paralysie musculaire. *Certains Indiens d'Amazonie enduisent leurs flèches de curare.* – MÉD. *Anesthésie au curare.*
ÉTYM. mot caraïbe «là où il vient, on tombe», par l'espagnol *curare.*

CURATELLE [kyʀatɛl] **n. f.** ✦ DR. Charge du curateur.
ÉTYM. latin médiéval *curatella*, de *curare* «prendre soin de».

CURATEUR, TRICE [kyʀatœʀ, tʀis] **n.** ✦ DR. Personne qui a la charge d'assister une personne majeure incapable*, de veiller à ses intérêts.
ÉTYM. latin *curator*, de *curare* «prendre soin de».

CURATIF, IVE [kyʀatif, iv] **adj.** ✦ Relatif à la cure d'une maladie. *Traitement curatif* (opposé à *préventif*).
ÉTYM. latin médiéval *curativus*, de *curare* «soigner».

① **CURE** [kyʀ] **n. f.** **I** loc. *N'AVOIR CURE DE qqch.*, ne pas s'en soucier. *Il n'en a cure.* **II** **1.** Traitement médical d'une certaine durée ; méthode thérapeutique particulière. – Traitement dans une station thermale. *Faire une cure* (→ **curiste**). **2.** Usage abondant (de qqch.) par hygiène ou pour se soigner. *Faire une cure de raisin. Cure d'air, de repos.*
ÉTYM. latin *cura* «soin, souci».

② **CURE** [kyʀ] **n. f.** **1.** Fonction de curé. ◆ Paroisse. *Une cure de village.* **2.** Résidence du curé. SYN. **presbytère.**
ÉTYM. latin médiéval *cura*, de *cura* → ① cure.

CURÉ [kyʀe] **n. m.** **1.** Prêtre placé à la tête d'une paroisse. *L'abbé X, curé de telle paroisse. Monsieur le curé et son vicaire.* **2.** FAM. souvent péj. Prêtre catholique. SYN. **abbé.** *Les curés,* le clergé. HOM. CURÉE «ruée», CURER «nettoyer»
ÉTYM. latin chrétien *curatus*, de *curare* «prendre soin de».

CURE-DENT [kyʀdɑ̃] **n. m.** ✦ Petit bâtonnet pointu pour se curer les dents. *Des cure-dents.*

CURÉE [kyʀe] **n. f.** **1.** VÉN. Portion de la bête tuée que l'on donne aux chiens de chasse. **2.** fig. Ruée vers les places, le butin. *«La Curée»* (roman de Zola). HOM. CURÉ «prêtre», CURER «nettoyer»
ÉTYM. d'abord *cuiriée*, de *cuir* «peau».

CURE-OREILLE [kyʀɔʀɛj] **n. m.** ✦ Instrument, petite spatule, pour se nettoyer l'intérieur de l'oreille. *Des cure-oreilles.*

CURE-PIPE [kyʀpip] **n. m.** ✦ Instrument servant à nettoyer le fourneau d'une pipe. *Des cure-pipes.*

CURER [kyʀe] **v. tr.** (conjug. 3a) ✦ Nettoyer (qqch.) en raclant. SYN. **racler.** *Curer une citerne. Se curer les ongles.*
HOM. CURÉ «prêtre», CURÉE «ruée»
ÉTYM. latin *curare*, d'abord «soigner».

CURETAGE [kyʀtaʒ] **n. m.** ✦ MÉD. Opération qui consiste à nettoyer avec une curette une cavité naturelle (utérus, articulation) ou pathologique (abcès).
ÉTYM. de *cureter* «racler avec une curette».

CURETTE [kyʀɛt] **n. f.** **1.** Outil muni d'une partie tranchante, pour racler. SYN. **racloir.** **2.** MÉD. Instrument chirurgical en forme de cuillère servant à effectuer les curetages.
ÉTYM. de *curer.*

① **CURIE** [kyʀi] **n. f.** **1.** ANTIQ. ROMAINE Subdivision de la tribu. **2.** *LA CURIE :* l'ensemble des administrations qui constituent le gouvernement pontifical. HOM. CURRY «épice»
ÉTYM. latin *curia.*

② **CURIE** [kyʀi] **n. m.** ✦ Ancienne unité de mesure de l'activité d'une substance radioactive (remplacée aujourd'hui par le becquerel) [symb. Ci]. HOM. CURRY «épice»
ÉTYM. du nom de Pierre et Marie *Curie*. ☛ noms propres.

CURIETHÉRAPIE [kyʀiteʀapi] **n. f.** ✦ SC. Emploi thérapeutique des éléments radioactifs.
ÉTYM. de *Curie* (☛ noms propres) et *-thérapie.*

CURIEUSEMENT [kyʀjøzmɑ̃] **adv.** ✦ Bizarrement, étrangement. *Curieusement, il n'a pas réagi à la nouvelle.*
ÉTYM. de *curieux.*

CURIEUX, EUSE [kyʀjø, øz] **adj.** **I** **1.** Qui est désireux (de voir, de savoir). *Curieux d'apprendre. Je serais curieux de savoir... Il est curieux de botanique.* – *Esprit curieux.* **2.** sans compl. Qui cherche à connaître ce qui ne le regarde pas. SYN. **indiscret.** *Vous êtes trop curieux.* – n. *Une petite curieuse.* **3.** n. Personne qui s'intéresse à qqch. par simple curiosité. *Un attroupement de curieux.* SYN. **badaud.** ◆ Amateur d'objets, collectionneur. *Chercheurs et curieux.* **II** Qui donne de la curiosité ; qui attire et retient l'attention. SYN. **bizarre,** ① **drôle, étonnant, étrange, singulier.** *Une habitude curieuse. Par une curieuse coïncidence. C'est un curieux personnage.* loc. *Regarder qqn comme une bête curieuse.* CONTR. **indifférent** • ① **discret** • **banal, ordinaire, quelconque.**
ÉTYM. latin *curiosus*, de *cura* «soin, souci».

CURIOSITÉ [kyʀjozite] **n. f.** **I** **1.** Tendance qui porte à apprendre, à connaître des choses nouvelles ou cachées. **2.** Désir de savoir les secrets, les affaires d'autrui. SYN. **indiscrétion.** **II** *(Une, des curiosités)* Chose curieuse (II) ; objet recherché par les curieux, les amateurs. SYN. **nouveauté, rareté.** *Magasin de curiosités. Une curiosité de la nature.* CONTR. **indifférence** • **discrétion** • **banalité.**
ÉTYM. latin *curiositas*, de *curiosus* «curieux».

CURISTE [kyʀist] **n.** ✦ Personne qui fait une cure thermale.
ÉTYM. de ① *cure.*

CURIUM [kyʀjɔm] **n. m.** ✦ CHIM. Élément radioactif artificiel produit par l'uranium (symb. Cm).
ÉTYM. du nom de Marie *Curie*. ☛ noms propres.

CURLING [kœʀliŋ] **n. m.** ✦ anglicisme Sport d'hiver qui consiste à faire glisser un palet sur la glace.
ÉTYM. mot anglais, de *to curl* «enrouler».

CURRICULUM VITÆ [kyʀikylɔmvite] ou **CURRICULUM** [kyʀikylɔm] **n. m.** ✦ Ensemble des indications relatives à l'état civil, aux capacités, aux diplômes et aux activités passées (d'une personne). *Envoyer son curriculum vitæ à un employeur éventuel. Des curriculum*

A B C D E F G H I J K L M N O P Q R S T U V W X Y Z

vitæ (invar.) ou *des curriculums vitæ, des curriculums.* → abrév. C. V. [seve].

ÉTYM. mots latins «course *(curriculum)* de la vie *(vita)*».

CURRY [kyʀi] n. m. ✦ Assaisonnement indien composé de piment et d'autres épices pulvérisées. *Riz au curry.* → Plat préparé au curry. *Un curry de volaille. Des currys.*

HOM. ① CURIE «division de la tribu romaine», ② CURIE «unité»

ÉTYM. anglais, de langues dravidiennes (sud de l'Inde).

CURSEUR [kyʀsœʀ] n. m. 1. Petit index qui glisse dans une coulisse graduée pour effectuer un réglage. 2. INFORM. Marque mobile, sur un écran de visualisation, indiquant l'endroit où va s'effectuer la prochaine opération.

ÉTYM. latin *cursor*, de *currere* «courir».

CURSIF, IVE [kyʀsif, iv] adj. ✦ *Écriture cursive*, tracée rapidement. ◆ fig. Rapide, bref. *Style cursif. Lecture cursive.*

ÉTYM. latin médiéval *cursivus*, de *currere* «courir».

CURSUS [kyʀsys] n. m. ✦ Ensemble des études à poursuivre dans une matière donnée. *Des cursus universitaires.*

ÉTYM. mot latin «cours».

CURULE [kyʀyl] adj. ✦ ANTIQ. ROMAINE *CHAISE CURULE* : siège d'ivoire réservé aux premiers magistrats de Rome.

ÉTYM. latin *curulis*.

CURV(I)- Élément savant, du latin *curvus* «courbe».

CURVILIGNE [kyʀviliɲ] adj. ✦ DIDACT. Formé par des lignes courbes.

ÉTYM. de *curv(i)-* et *ligne*.

CUSCUTE [kyskyt] n. f. ✦ BOT. Plante herbacée parasite de certains végétaux cultivés (blé, luzerne).

ÉTYM. latin médiéval *cuscuta*, de l'arabe *kusut*, du grec *kasutas*.

CUSTODE [kystɔd] n. f. 1. RELIG. Boîte où le prêtre enferme l'hostie pour l'exposer, la transporter. 2. TECHN. Panneau latéral arrière d'une carrosserie de voiture. *Glace de custode.*

ÉTYM. latin *custodia* «garde».

CUTANÉ, ÉE [kytane] adj. ✦ De la peau. SYN. **épidermique**. *Lésion cutanée.*

ÉTYM. du latin *cutis* «peau».

CUTICULE [kytikyl] n. f. 1. ZOOL. Membrane externe (insectes, crustacés), qui contient de la chitine. 2. BOT. Pellicule luisante sur la tige, les feuilles de certaines plantes. 3. ANAT. Mince couche de peau, membrane qui recouvre. *Repousser la cuticule des ongles.*

ÉTYM. latin *cuticula* «petite peau *(cutis)*».

CUTIRÉACTION [kytiʀeaksjɔ̃] ou **CUTI** [kyti] n. f. ✦ Test médical pour déceler certaines maladies (tuberculose). *Des cutiréactions. Des cutis positives.* ◆ loc. *Virer sa cuti* : réagir positivement à ce test pour la première fois ; fig. FAM. changer radicalement sa façon de vivre, de penser. → On écrit aussi *cuti-réaction, des cuti-réactions.*

ÉTYM. du latin *cutis* «peau» et de *réaction*.

CUTTER [kœtœʀ ; kytɛʀ] n. m. ✦ anglicisme Instrument tranchant à lame coulissante, servant à couper le papier, le carton. → On peut aussi écrire *cutteur*, avec le suffixe français.

ÉTYM. mot anglais, de *to cut* «couper».

CUVE [kyv] n. f. 1. Grand récipient utilisé pour la fermentation du raisin. 2. Grand récipient. → *Cuve à mazout. Cuve de teinturier, de blanchisseur.* SYN. **baquet.**

ÉTYM. latin *cupa*, variante de *cuppa* «coupe».

CUVÉE [kyve] n. f. 1. Quantité de vin qui se fait à la fois dans une cuve. *Vin de la première cuvée.* ◆ loc. fig. *De la même cuvée*, de même origine, de même nature. 2. Produit de toute une vigne. *La cuvée (de) 2003.*

ÉTYM. de *cuve*.

CUVELAGE [kyvlaʒ] n. m. ✦ TECHN. Action de cuveler ; revêtement destiné à cuveler.

CUVELER [kyv(ə)le] v. tr. (conjug. 6a) ✦ TECHN. Revêtir les parois de (un puits de mine, de pétrole...) de planches ou de solives.

ÉTYM. de *cuve*.

CUVER [kyve] v. (conjug. 3a) **I** v. intr. (vin) Séjourner dans la cuve pendant la fermentation. **II** v. tr. *Cuver son vin* : dissiper son ivresse en dormant, en se reposant. → *Cuver sa colère* : se calmer.

ÉTYM. de *cuve*.

CUVETTE [kyvɛt] n. f. 1. Récipient portatif large et peu profond. SYN. **bassine**. *Cuvette en plastique.* ◆ Partie du lavabo où coule l'eau. → *La cuvette des toilettes.* 2. Renflement au bas du tube d'un baromètre. 3. GÉOGR. Dépression de terrain fermée de tous côtés. SYN. **bassin, entonnoir**. *Ville construite dans une cuvette.*

ÉTYM. de *cuve*.

C. V. [seve] → CURRICULUM VITÆ

CYAN-, CYANO- Élément savant, du grec *kuanos* «bleu sombre».

CYANHYDRIQUE [sjanidʀik] adj. ✦ CHIM. *Acide cyanhydrique*, acide (HCN), poison violent.

ÉTYM. de *cyan-* et *hydrique*.

CYANOSE [sjanoz] n. f. ✦ MÉD. Coloration bleue ou noirâtre de la peau due à diverses maladies (notamment troubles circulatoires ou respiratoires).

► **CYANOSER** [sjanoze] v. tr. (conjug. 3a)

ÉTYM. grec *kuanôsis* → cyan- et ② -ose.

CYANURE [sjanyʀ] n. m. ✦ CHIM. Sel de l'acide cyanhydrique. → *Cyanure (de potassium)*, poison violent.

ÉTYM. du grec *kuanos* «bleu».

CYBER- Élément, de *cybernétique*, utilisé dans le contexte des réseaux informatiques.

CYBERATTAQUE [sibɛʀatak] n. f. ✦ Acte de piratage informatique sur Internet.

CYBERCAFÉ [sibɛʀkafe] n. m. ✦ Café dans lequel des ordinateurs permettent aux consommateurs de se connecter à Internet.

CYBERCRIME [sibɛʀkʀim] n. m. ✦ Activité criminelle pratiquée sur les réseaux informatiques.

CYBERDÉPENDANCE [sibɛʀdepɑ̃dɑ̃s] n. f. ✦ Dépendance liée à une utilisation intensive d'Internet.

► **CYBERDÉPENDANT, ANTE** [sibɛʀdepɑ̃dɑ̃, ɑ̃t] adj.

CYBERESPACE [sibɛʀɛspas] n. m. ✦ Univers créé par les ordinateurs organisés en réseaux.

ÉTYM. américain *cyberspace* → cyber- et ① espace.

CYBERNÉTICIEN, IENNE [sibɛʀnetisjɛ̃, jɛn] **n.** ✦ Spécialiste de la cybernétique.

CYBERNÉTIQUE [sibɛʀnetik] **n. f.** ✦ Science des communications et de la régulation dans l'être vivant et la machine. *La cybernétique est à l'origine de l'informatique.* ➙ **adj.** De la cybernétique.
ÉTYM. anglais *cybernetics*, du grec *kubernêtikê* «art de gouverner».

CYBORG [sibɔʀg] **n.** ✦ anglicisme Personnage de science-fiction aux capacités accrues par des éléments mécaniques, électroniques.
ÉTYM. mot-valise anglais, de *cyb(er-)* et *org(anism)* «organisme».

CYCLABLE [siklabl] **adj.** ✦ Réservé aux cyclistes, aux cycles ②. *Piste cyclable.*
ÉTYM. de *cycler* «faire du vélo» (de ② *cycle*), suffixe *-able*.

CYCLAMEN [siklamɛn] **n. m.** ✦ Plante à tubercule, dont les fleurs roses ou blanches très décoratives sont portées par un pédoncule recourbé en crosse.
ÉTYM. mot latin, du grec, de *kuklos* «cercle».

① **CYCLE** [sikl] **n. m. 1.** Suite de phénomènes se renouvelant sans arrêt dans un ordre immuable. *Le cycle des saisons. Le cycle de l'eau dans la nature.* ☛ Géographie p. 229. *Cycle de vie d'un produit.* ☛ Géographie p. 233. ➙ SC. Série de changements subis par un système, qui le ramène à son état primitif. *Le cycle du carbone. Nombre de cycles par seconde d'un courant alternatif* (fréquence). *Cycle (d'un moteur à explosion) à quatre temps, à deux temps.* ◆ *Cycle (menstruel)* (de la femme) : déroulement régulier des phénomènes physiologiques permettant la reproduction (→ **menstrues, règles**). **2.** Série de poèmes se déroulant autour d'un même sujet et où l'on retrouve les mêmes personnages. *Le cycle de la Table Ronde.* SYN. ② **geste. 3.** *Cycle d'études* : division de l'enseignement regroupant plusieurs années scolaires ou universitaires. *Premier cycle* (6e, 5e, 4e, 3e), *second cycle* (jusqu'au baccalauréat), dans l'enseignement secondaire français.
ÉTYM. latin *cyclus*, du grec *kuklos* «roue» et «cercle».

② **CYCLE** [sikl] **n. m.** ✦ Véhicule à deux roues, sans moteur (→ **bicyclette**) ou avec un petit moteur (→ **cyclomoteur**). *Piste réservée aux cycles* (→ **cyclable**).
ÉTYM. mot anglais → ① cycle.

CYCLIQUE [siklik] **adj.** **I** Relatif à un cycle ; qui se produit selon un cycle. *Phénomène cyclique.* **II** CHIM. *COMPOSÉS CYCLIQUES*, dont la molécule forme une chaîne fermée (s'oppose à *acyclique*). *Série cyclique.*
ÉTYM. latin *cyclicus*, de *cyclus* «① cycle».

CYCLISME [siklism] **n. m.** ✦ Pratique ou sport de la bicyclette. SYN. **vélo.**
ÉTYM. de ② *cycle.*

CYCLISTE [siklist] **adj.** et **n. 1. adj.** Qui concerne le cyclisme. *Courses, coureurs cyclistes.* **2. n.** Personne qui va à bicyclette. *La voiture a renversé un cycliste.*
ÉTYM. de ② *cycle.*

CYCLO- Élément savant, du grec *kuklos* «cercle».

CYCLOCROSS [siklokʀɔs] **n. m.** ✦ Épreuve de cyclisme en terrain accidenté. ➙→ **bicross, cross.** ➙ On écrit aussi *cyclo-cross.*
ÉTYM. de *cyclo-* et *cross.*

CYCLOÏDE [siklɔid] **n. f.** ✦ GÉOM. Courbe décrite par un point d'un cercle qui roule (sans glisser) sur une droite fixe.
ÉTYM. de *cyclo-* et *-oïde.*

CYCLOMOTEUR [siklomɔtœʀ] **n. m.** ✦ Bicyclette à moteur (moins de 50 cm^3). SYN. **vélomoteur.**
ÉTYM. de ② *cycle* et *moteur.*

CYCLOMOTORISTE [siklomɔtɔʀist] **n.** ✦ Personne qui roule en cyclomoteur.

CYCLONE [siklon] **n. m. 1.** Bourrasque, tempête violente caractérisée par des vents tourbillonnants. SYN. **ouragan, tornade, typhon.** ☛ Géographie p. 225 et 227. *L'œil* d'un cyclone.* **2.** Zone de basse pression (opposé à *anticyclone*). SYN. **dépression. 3.** fig. Personne, évènement qui bouleverse tout. *Arriver comme un cyclone,* en trombe.
ÉTYM. mot anglais, du grec *kuklos* «mouvement circulaire».

CYCLONIQUE [siklonik] **adj.** ✦ Relatif à un cyclone (2). *Système cyclonique.* CONTR. **anticyclonique.**

CYCLOPE [siklɔp] **n. m. 1.** MYTHOL. GRECQUE (☛ noms propres) Géant monstrueux n'ayant qu'un œil au milieu du front. *Les cyclopes, forgerons de Vulcain. Le cyclope Polyphème, dans l'Odyssée.* ➙ *Un travail de cyclope* : une œuvre gigantesque. → **cyclopéen. 2.** Petit crustacé d'eau douce dont l'œil unique est très apparent.
ÉTYM. latin *Cyclops*, du grec, de *kuklos* «rond» et *ôps* «œil».

CYCLOPÉEN, ENNE [siklɔpeɛ̃, ɛn] **adj. 1.** MYTHOL. Des Cyclopes (☛ noms propres). **2.** fig. LITTÉR. Énorme, gigantesque. SYN. **colossal, titanesque.** *Un travail cyclopéen.*

CYCLOTHYMIE [siklotimi] **n. f.** ✦ MÉD. Trouble psychique faisant alterner des périodes d'excitation et de dépression.
► **CYCLOTHYMIQUE** [siklotimik] **adj. et n.**
ÉTYM. allemand *Zyklothymisch*, du grec *kuklos* «cercle» et *thumos* «état d'esprit».

CYCLOTOURISME [sikloturism] **n. m.** ✦ Tourisme à bicyclette.
► **CYCLOTOURISTE** [sikloturist] **adj. et n.**
ÉTYM. de ② *cycle* et *tourisme.*

CYCLOTRON [siklɔtʀɔ̃] **n. m.** ✦ PHYS. Accélérateur circulaire de particules lourdes.
ÉTYM. de *cyclo-* et *électron.*

CYGNE [siɲ] **n. m. 1.** Grand oiseau palmipède, à plumage blanc (rarement noir), à long cou flexible. *Une blancheur de cygne,* éclatante. ➙ *Un cou de cygne,* long et flexible. **2.** loc. *Le CHANT DU CYGNE* : le dernier chef-d'œuvre (de qqn). **3.** Duvet de cygne. *Pantoufles bordées de cygne.* **4.** *BEC DE CYGNE* : robinet dont la forme évoque un bec de cygne. ◆→ **col-de-cygne.**
HOM. SIGNE «marque»
ÉTYM. de l'ancien français *cine*, latin populaire *cicinus*, d'après latin *cycnus*, du grec, peut-être «le blanc».

CYLINDRE [silɛ̃dʀ] **n. m. 1.** GÉOM. Solide engendré par une droite mobile tournant autour d'un axe auquel elle est parallèle. *Un tuyau, un tube sont des cylindres. Le diamètre, la hauteur d'un cylindre.* **2.** Rouleau exerçant une pression uniforme. *Cylindre de laminoir.* **3.** Enveloppe cylindrique, dans laquelle se meut le piston d'un moteur à explosion. ➙ *Une six cylindres,* une automobile à six cylindres.
ÉTYM. latin *cylindrus*, du grec.

A B C D E F G H I J K L M N O P Q R S T U V W X Y Z

CYLINDRÉE [silɛ̃dʀe] **n. f.** ✦ Volume des cylindres (d'un moteur à explosion). *Voiture de 1 500 cm³ de cylindrée. Une grosse cylindrée* (moto ou voiture). → FAM. gros **cube**.
ÉTYM. de *cylindre.*

CYLINDRER [silɛ̃dʀe] **v. tr.** (conjug. 3a) 1. Faire passer (qqch.) sous un rouleau. 2. Donner la forme d'un cylindre à (qqch.).

CYLINDRIQUE [silɛ̃dʀik] **adj.** ✦ Qui a la forme d'un cylindre (bobine, tambour, tube, etc.). *Colonne cylindrique.*

CYMBALE [sɛ̃bal] **n. f.** ✦ Chacun des deux disques de cuivre ou de bronze, légèrement coniques au centre, qui composent un instrument de musique à percussion. *Coup de cymbales.*
ÉTYM. latin *cymbalum*, du grec.

CYN-, CYNO- Élément savant, du grec *kuôn, kunos* «chien».

CYNÉGÉTIQUE [sineʒetik] **adj.** ✦ DIDACT. Qui se rapporte à la chasse.
ÉTYM. grec *kunêgetikos*, famille de *kuôn, kunos* «chien».

CYNIQUE [sinik] **adj.** et **n.** 1. HIST. PHILOS. Qui appartient à l'école philosophique de l'Antiquité qui cherchait le retour à la nature en méprisant les conventions sociales, l'opinion publique et la morale commune. 2. Qui exprime sans ménagement des sentiments, des opinions contraires à la morale reçue. SYN. **impudent**. *Un individu cynique.* – *Une attitude cynique.* ◆ **n.** *Un, une cynique.*
► **CYNIQUEMENT** [sinikmɑ̃] **adv.**
ÉTYM. latin *cynicus*, du grec, de *kuôn* «chien», aussi «impudent».

CYNISME [sinism] **n. m.** 1. Doctrine des philosophes cyniques. 2. Attitude cynique.
ÉTYM. bas latin *cynismus*, du grec → cynique.

CYNOCÉPHALE [sinɔsefal] **n. m.** ✦ Singe à museau allongé comme celui d'un chien. SYN. **babouin**.
ÉTYM. de *cyno-* et *-céphale*.

CYNODROME [sinodʀom] **n. m.** ✦ Piste aménagée pour les courses de lévriers.
ÉTYM. de *cyno-* et *-drome*.

CYPHOSE [sifoz] **n. f.** ✦ MÉD. Déviation de la colonne vertébrale qui rend le dos convexe.
ÉTYM. grec *kuphôsis* «bosse».

CYPRÈS [sipʀɛ] **n. m.** ✦ Arbre (conifère) à feuillage vert sombre, à forme droite et élancée.
ÉTYM. latin *cypressus*, du grec.

CYPRIN [sipʀɛ̃] **n. m.** ✦ Poisson d'eau douce. *Cyprin doré* : poisson rouge.
ÉTYM. latin *cyprinus*, du grec, peut-être de *kupros* «henné».

CYRILLIQUE [siʀilik] **adj.** ✦ *Alphabet cyrillique*, l'alphabet slave, attribué à saint Cyrille de Salonique. *Le russe s'écrit en caractères cyrilliques.*
ÉTYM. de *Cyrille*. ☛ noms propres.

CYST-, CYSTI-, CYSTO- Élément savant, du grec *kustis* «vessie».

CYSTITE [sistit] **n. f.** ✦ Inflammation de la vessie. *Crise de cystite.*
ÉTYM. latin scientifique *cystitis*, du grec → cyst- et -ite.

CYTISE [sitiz] **n. m.** ✦ Arbrisseau vivace aux fleurs en grappes jaunes.
ÉTYM. latin *cytisus*, du grec.

CYT(O)-, -CYTE Éléments savants, du grec *kutos* «cavité, cellule» (ex. *leucocyte, lymphocyte*).

CYTOGÉNÉTIQUE [sitoʒenetik] **n. f.** ✦ BIOL. Partie de la génétique qui étudie les chromosomes.
ÉTYM. de *cyto-* et *génétique*.

CYTOKINES [sitokin] **n. f. pl.** ✦ BIOL. Substances élaborées par le système immunitaire, réglant la prolifération de cellules.
ÉTYM. de *cyto-* et du grec *kinein* «bouger».

CYTOLOGIE [sitɔlɔʒi] **n. f.** ✦ Partie de la biologie qui étudie la cellule vivante. SYN. **histologie**.
► **CYTOLOGISTE** [sitɔlɔʒist] **ou CYTOLOGUE** [sitɔlɔg] **n.**
ÉTYM. de *cyto-* et *-logie*.

CYTOPLASME [sitɔplasm] **n. m.** ✦ BIOL. Partie de la cellule qui entoure le noyau.
► **CYTOPLASMIQUE** [sitɔplasmik] **adj.** *Membrane cytoplasmique.*
ÉTYM. de *cyto-* et *protoplasme*.

CYTOSINE [sitozin] **n. f.** ✦ BIOL. Constituant des acides nucléiques (A. D. N. et A. R. N.).
ÉTYM. de *cyto-* et *-ine*.

CYTOTOXIQUE [sitotɔksik] **adj.** ✦ BIOL. Toxique pour la cellule. *Lymphocytes cytotoxiques.*
► **CYTOTOXICITÉ** [sitotɔksisite] **n. f.**
ÉTYM. de *cyto-* et *toxique*.

CZARDAS [gzaʀdas ; tsaʀdas] **n. f.** ✦ Danse hongroise formée d'une partie lente et d'une partie rapide ; sa musique.
ÉTYM. mot hongrois.

D

D [de] **n. m.** 1. Quatrième lettre, troisième consonne de l'alphabet, notant la dentale sonore [d], qui s'assourdit en liaison : *un grand homme* [œgʀɑ̃tɔm]. 2. FAM. *Le système D* : le système débrouille. 3. *D* : cinq cents, en chiffres romains. 4. *2D, 3D* : deux, trois dimensions. *Film en 3D.* — *Imprimante 3D*, pouvant produire de véritables objets. HOM. ① DÉ «cube», ② DES (article indéf. pluriel de *un*), DES (prép.), DES (art. partitif)

D' **prép. élidée** ou **art. élidé** → ① DE

D'ABORD **loc. adv.** → ABORD

D'ACCORD **loc. adv.** → ACCORD (I, 2)

DACTYLE [daktil] **n. m.** ✦ DIDACT. Pied formé d'une syllabe longue suivie de deux brèves. *Dactyles et spondées.*
ÉTYM. latin *dactylus*, du grec.

DACTYLIQUE [daktilik] **adj.** ✦ Relatif au dactyle. *Hexamètre dactylique,* dont le dernier pied est un dactyle.

DACTYLO [daktilo] **n.** 1. Personne dont la profession est d'écrire ou de transcrire des textes en se servant de la machine à écrire, d'un logiciel de traitement de texte. → aussi **sténodactylo.** 2. **n. f.** Dactylographie.
ÉTYM. abréviation de *dactylographe, dactylographie.*

> **DACTYLO-, -DACTYLE** Éléments savants, du grec *daktulos* «doigt».

DACTYLOGRAPHE [daktilɔgʀaf] **n.** ✦ VIEILLI Dactylo (1).
ÉTYM. de *dactylo-* et *-graphe.*

DACTYLOGRAPHIE [daktilɔgʀafi] **n. f.** ✦ Technique de l'écriture à la machine à écrire, sur ordinateur.
► **DACTYLOGRAPHIQUE** [daktilɔgʀafik] **adj.**
ÉTYM. de *dactylographe* → dactylo- et -graphie.

DACTYLOGRAPHIER [daktilɔgʀafje] **v. tr.** (conjug. 9) ✦ Écrire en dactylographie. SYN. **taper.** — **au p. passé** *Texte dactylographié.* → **tapuscrit.**
ÉTYM. de *dactylographie.*

DACTYLOLOGIE [daktilɔlɔʒi] **n. f.** ✦ Langage gestuel (digital) à l'usage des sourds-muets.
ÉTYM. de *dactylo-* et *-logie.*

DACTYLOSCOPIE [daktilɔskɔpi] **n. f.** ✦ Procédé d'identification par les empreintes digitales.
ÉTYM. de *dactylo-* et *-scopie.*

① **DADA** [dada] **n. m.** 1. **lang. enfantin** Cheval. *À dada.* 2. **fig.** FAM. Sujet favori, idée à laquelle on revient sans cesse. SYN. **marotte.** *Enfourcher son dada.*
ÉTYM. onomatopée.

② **DADA** [dada] **n. m.** (☛ noms propres) ✦ Dénomination adoptée en 1916 par un mouvement artistique et littéraire révolutionnaire. — **adjectivt invar.** *Le mouvement dada* (ou *dadaïsme,* **n. m.**). *Les artistes dada. Marcel Duchamp, peintre dada* (ou *dadaïste,* **adj. et n.**).
ÉTYM. mot pris au hasard dans un dictionnaire.

DADAIS [dadɛ] **n. m.** ✦ Garçon niais et de maintien gauche. SYN. **nigaud, sot.** *Grand dadais.*
ÉTYM. onomatopée.

DAGUE [dag] **n. f.** ✦ Épée courte.
ÉTYM. peut-être latin tardif *daca (spatha)* «(épée) de *Dacie*».

DAGUERRÉOTYPE [dageʀeɔtip] **n. m.** ✦ Procédé primitif de la photographie par lequel l'image était fixée sur une plaque métallique ; cette image.
ÉTYM. de *Daguerre* (nom de l'inventeur ☛ noms propres) et *-type.*

DAHLIA [dalja] **n. m.** ✦ Plante ornementale à tubercules, aux fleurs de couleurs riches et variées ; sa fleur.
ÉTYM. de *Dahl*, botaniste suédois.

DAHU [day] **n. m.** ✦ Animal imaginaire à l'affût duquel on poste une personne crédule. *Chasse au dahu.*
ÉTYM. origine inconnue.

DAIGNER [deɲe] **v. tr.** (conjug. 3a) ✦ Consentir à (faire qqch.). SYN. **condescendre** à. *Elle n'a pas daigné me répondre.*
ÉTYM. latin tardif *dignare* «juger digne *(dignus)*».

DAIM [dɛ̃] **n. m.** 1. Cervidé d'Europe aux andouillers en palette et à robe tachetée. → aussi **daine, faon.** 2. Cuir suédé. *Veste de daim.*
ÉTYM. bas latin *damus*, peut-être gaulois.

DAINE [dɛn] **n. f.** ✦ Femelle du daim.
ÉTYM. de *daim.*

DAIS [dɛ] **n. m.** 1. Ouvrage (de bois, de tissu) qui s'étend au-dessus d'un autel, d'une chaire ou d'un lit. SYN. **baldaquin.** 2. Voûte saillante au-dessus d'une statue. HOM. DÈS «depuis», DEY «chef algérien»
ÉTYM. latin *discus* «plateau» ; doublet de *disque.*

DALAÏ-LAMA [dalailama] **n. m.** ✦ Souverain spirituel et temporel du Tibet. *Les dalaï-lamas.*
ÉTYM. mot tibétain → ② lama.

DALLAGE [dalaʒ] **n. m.** ✦ Action de daller ; ensemble de dalles. *Dallage de marbre.*

① **DALLE** [dal] **n. f.** 1. Plaque (de pierre dure, de béton, etc.), destinée au pavement du sol. 2. FAM. Gorge, gosier (dans des loc.). *Se rincer la dalle* : boire. ➖ *Avoir la dalle* : avoir faim.
ÉTYM. mot normand, probablement du norrois *daela* «rigole d'écoulement».

② **que DALLE** [kədal] **loc.** ✦ ARGOT Rien. *On n'y comprend que dalle.*
ÉTYM. orig. obscure : p.-ê. du refrain *daye dan daye.*

DALLER [dale] **v. tr.** (conjug. 3a) ✦ Revêtir de dalles.

DALMATIEN, IENNE [dalmasjɛ̃, jɛn] **n.** ✦ Chien, chienne à poil ras, à robe blanche tachetée de noir ou de brun.
ÉTYM. américain *dalmatian* «chien de *Dalmatie*». ☛ noms propres.

DALTONIEN, IENNE [daltɔnjɛ̃, jɛn] **adj.** ✦ Atteint de daltonisme. ➖ **n.** *Un daltonien, une daltonienne.*
ÉTYM. de *Dalton* → daltonisme.

DALTONISME [daltɔnism] **n. m.** ✦ Anomalie héréditaire de la vue (non-perception ou confusion de certaines couleurs).
ÉTYM. de *Dalton*, physicien anglais. ☛ noms propres.

DAM [dɑ̃ ; dam] **n. m.** ✦ LITTÉR. *AU GRAND DAM de qqn,* à son préjudice. HOM. DANS (prép.), DENT «partie du corps» ; ① DAME «femme»
ÉTYM. latin *damnum.*

DAMAS [dama(s)] **n. m.** ✦ Tissu dont les dessins brillants sur fond mat à l'endroit se retrouvent mats sur fond brillant à l'envers.
ÉTYM. de *Damas*, ville de Syrie. ☛ noms propres.

DAMASQUINER [damaskine] **v. tr.** (conjug. 3a) ✦ Incruster un filet d'or, d'argent formant un dessin dans (une surface métallique). ➖ au p. passé *Poignard damasquiné.*
ÉTYM. de *damasquin* «de *Damas*» (☛ noms propres), par l'italien *damaschino.*

DAMASSÉ, ÉE [damase] **adj.** ✦ Tissé comme le damas. *Nappe damassée.*

① **DAME** [dam] **n. f.** **I** 1. HIST. Suzeraine ; châtelaine. ➖ *Le chevalier et sa dame* (qui règne sur son cœur). 2. VX ou HIST. Femme de haute naissance. ◆ MOD. *Agir en grande dame,* avec noblesse. ➖ loc. *Dame patronnesse*. Dame de compagnie*.* 3. VIEILLI Femme mariée. ➖ POP. *Ma petite dame, ma bonne dame.* → **madame.** ◆ POP. Épouse. *Dites-le à votre dame.* 4. Femme. *Une vieille dame.* **II** Une des pièces maîtresses, dans certains jeux. ◆ aux échecs La reine. ◆ *Jeu de dames,* qui se joue à deux avec des pions sur un damier. *Jouer aux dames.* ➖ *DAME* : pion doublé qui joue comme la dame. ◆ cartes Chacune des quatre cartes où est figurée une reine. *Dame de pique.* **III** Lourde masse de paveur. SYN. **hie** ; → **damer** (II). HOM. DAM «dommage»
ÉTYM. latin *domina* «maîtresse de maison *(domus)*».

② **DAME** [dam] **interj.** ✦ FAM. et RÉGIONAL Assurément, pardi. *« Ils sont partis ? – Dame oui ! » Mais dame !,* mais naturellement. HOM. DAM «dommage»
ÉTYM. abréviation de *par nostre dame,* ou de *damedieu* «Seigneur Dieu».

DAME-JEANNE [damʒan] **n. f.** ✦ Bonbonne. *Des dames-jeannes.*
ÉTYM. de ① *dame* et *Jeanne,* prénom.

DAMER [dame] **v. tr.** (conjug. 3a) **I** loc. *DAMER LE PION à qqn,* l'emporter sur lui. **II** TECHN. Tasser (avec une dame ou tout autre engin). *Damer une piste de ski.*
ÉTYM. de ① *dame.*

DAMIER [damje] **n. m.** ✦ Surface divisée en cent carreaux (→ **case**) alternativement blancs et noirs (jeu de dames). ➖ *Tissu en damier,* à carreaux.
ÉTYM. de ① *dame* (II).

DAMNATION [dɑnasjɔ̃] **n. f.** ✦ Condamnation aux peines de l'enfer ; ces peines. ➖ VX ou plais. *Enfer et damnation !* (imprécation de colère ou de désespoir). CONTR. **salut.**
ÉTYM. latin *damnatio.*

DAMNER [dɑne] **v. tr.** (conjug. 3a) 1. Condamner aux peines de l'enfer. 2. Conduire à la damnation. *Damner son âme.*
► **DAMNÉ, ÉE adj.** 1. (attribut ou après le n.) Condamné aux peines de l'enfer. ➖ **n.** *Les damnés.* SYN. **réprouvé.** *Souffrir comme un damné.* 2. (avant le n.) FAM. Qui cause du désagrément. SYN. **maudit, satané.** *Cette damnée pluie.*
ÉTYM. latin ecclésiastique *damnare,* de *damnum* → dam.

DAMOISEAU [damwazo] **n. m.** ✦ anciennt Jeune gentilhomme qui n'était pas encore chevalier.
ÉTYM. latin populaire *dominicellus,* diminutif de *dominus* «maître de maison *(domus)*».

DAMOISELLE [damwazɛl] **n. f.** ✦ anciennt Jeune fille noble ou femme d'un damoiseau.
ÉTYM. latin populaire *dominicella,* diminutif de *domina* «dame».

DAN [dan] **n. m.** ✦ Chacun des grades de la ceinture noire (arts martiaux). ➖ par ext. *Il, elle est troisième dan.*
ÉTYM. mot japonais.

DANCING [dɑ̃siŋ] **n. m.** ✦ VIEILLI Établissement public où l'on danse.
ÉTYM. des mots anglais *dancing-house,* de *to dance* «danser».

se **DANDINER** [dɑ̃dine] **v. pron.** (conjug. 3a) ✦ Se balancer gauchement en étant debout.
► **DANDINEMENT** [dɑ̃dinmɑ̃] **n. m.**
ÉTYM. de l'ancien français *dandin* «clochette», onomatopée.

DANDY [dɑ̃di] **n. m.** ✦ Homme d'une suprême élégance dans sa mise et ses manières (type social et moral du XIXe siècle). *Des dandys* ou *des dandies* (plur. anglais).
ÉTYM. mot anglais.

DANDYSME [dɑ̃dism] **n. m.** ✦ Attitude raffinée du dandy.

DANGER [dɑ̃ʒe] **n. m.** ✦ Ce qui menace la sûreté, l'existence de qqn ou de qqch. SYN. **péril.** *Danger de mort.* ➖ *Sa vie est en danger. Le malade est hors de danger.* ➖ *Les dangers du voyage.* SYN. **risque.** ➖ *DANGER PUBLIC* (personnes). *Cet automobiliste est un danger public.* ➖ FAM. *Il n'y a pas de danger qu'il revienne !* ça

n'arrivera sûrement pas. CONTR. **sécurité, sûreté.**
ÉTYM. bas latin *dominiarium* «pouvoir ; puissance», de *dominus* «maître».

DANGEREUSEMENT [dɑ̃ʒ(ə)ʀøzmɑ̃] **adv.** ✦ De manière dangereuse. *Être dangereusement blessé.* SYN. **gravement, grièvement.** – *Vivre dangereusement.*

DANGEREUX, EUSE [dɑ̃ʒ(ə)ʀø, øz] **adj.** 1. Qui constitue ou présente un danger. SYN. **périlleux.** *Produit dangereux.* ☛ Géographie p. 227. *Virage dangereux. Un sport dangereux.* – fig. *S'engager sur un terrain dangereux.* – *Entreprise dangereuse.* SYN. **aventureux, hasardeux, risqué, téméraire.** *L'abus est dangereux.* 2. (personnes) Qui est capable de nuire. *Un dangereux malfaiteur. Votre rival n'est pas dangereux.* – (animaux) *La vipère est dangereuse.* CONTR. **inoffensif.**

DANOIS, OISE [danwa, waz] **adj.** et **n.** 1. Du Danemark. – **n.** *Les Danois.* ◆ **n. m.** *Le danois* (langue germanique). 2. **n. m.** Grand chien de garde, à poil court.
ÉTYM. latin médiéval *danensis*, du francique *danisk-*.

DANS [dɑ̃] **prép.** ✦ Préposition indiquant la situation d'une personne, d'une chose par rapport à ce qui la contient (→ **intra-**). 1. (lieu) À l'intérieur de. *Marcher dans les bois, dans la ville. Être dans sa chambre.* – *La clé est dans ma poche.* – *Lire qqch. dans un livre. Être assis dans un fauteuil* (mais *sur une chaise*). *Flâner dans la rue* (mais *sur le boulevard*). – *Monter dans une voiture.* → ① **en.** *Apercevoir qqn dans la foule.* SYN. **au milieu, parmi.** – fig. *C'est dans ses projets.* → faire **partie.** *Cette idée est dans Descartes.* SYN. **chez.** *Il travaille dans, il est dans l'édition.* 2. (manière, situation) *Il est dans le coma.* – *Agir dans les règles.* SYN. **selon.** *Dans l'attente, l'espoir de.* 3. (temps) Pendant. *Dans son enfance.* – (futur) D'ici (un laps de temps). *Je pars dans dix jours. Dans un instant* : bientôt. 4. *DANS LES* : approximativement, environ. *Cela coûte dans les cent euros.* – FAM. *Il est dans tes âges.* HOM. DAM «dommage», DENT «partie du corps» ; D'EN «de cela ; du»
ÉTYM. bas latin *deintus*, de *intus* «dedans».

DANSANT, ANTE [dɑ̃sɑ̃, ɑ̃t] **adj.** 1. Qui danse. *Mannequin dansant.* – fig. *Des reflets dansants sur l'eau.* 2. Qui fait danser. *Une musique très dansante.* 3. Pendant lequel on danse. *Soirée dansante.*
ÉTYM. du participe présent de *danser*.

DANSE [dɑ̃s] **n. f.** 1. Suite de mouvements rythmés du corps (le plus souvent au son d'une musique) ; art, technique qui règle ces mouvements (→ **chorégraphie**). *Pas, figure de danse. Danse folklorique, classique* (→ **ballet**). *Chaussons de danse,* permettant de faire les pointes. – Fait de danser en société (→ **bal, boîte, dancing, discothèque**). *Piste, orchestre de danse.* – loc. *Ouvrir la danse* : être le premier, la première à danser. 2. Musique sur laquelle on danse. 3. loc. fig. *Entrer dans la danse,* entrer en action, participer à qqch. – péj. *MENER LA DANSE* : diriger une action collective. 4. *Danse de Saint-Guy,* maladie nerveuse de nature épileptique.
HOM. DENSE «épais»
ÉTYM. de *danser*.

DANSER [dɑ̃se] **v.** (conjug. 3a) **I v. intr.** Exécuter une danse. *Faire danser qqn,* danser avec lui. – loc. FAM. *Ne pas savoir sur quel pied danser,* ne savoir que faire, hésiter. **II v. tr.** Exécuter (une danse). *Danser la valse, une valse.* – pronom. *Le menuet ne se danse plus.*
ÉTYM. probablement d'origine germanique.

DANSEUR, EUSE [dɑ̃sœʀ, øz] **n.** 1. Personne dont la profession est la danse. *Danseuse de ballet.* → **ballerine.** *Danseuse étoile.* – *Danseur, danseuse de corde.* → **funambule.** ◆ fig. *C'est sa danseuse,* ce à quoi il consacre par plaisir beaucoup d'argent. 2. *EN DANSEUSE* : en pédalant debout, le corps balancé à droite et à gauche. 3. Personne qui danse avec un ou une partenaire. SYN. ① **cavalier.**
ÉTYM. de *danser*.

DANTESQUE [dɑ̃tɛsk] **adj.** ✦ Qui a le caractère sombre et sublime de l'œuvre de Dante. *Vision dantesque.*
ÉTYM. du nom de *Dante* (☛ noms propres), auteur de «*L'Enfer*».

DAPHNIE [dafni] **n. f.** ✦ Petit crustacé d'eau douce.
ÉTYM. latin scientifique *daphnia*, du grec *daphnê* «laurier».

DARD [daʀ] **n. m.** 1. Ancienne arme de jet. 2. Organe pointu et creux servant à piquer, à inoculer un venin. SYN. **aiguillon.** *Dard d'abeille, de scorpion.* – Langue (inoffensive) des serpents.
ÉTYM. latin médiéval *dardus*, du francique *daroth*.

DARDER [daʀde] **v. tr.** (conjug. 3a) ✦ Jeter, lancer. *Le soleil darde ses rayons. Darder sur qqn des regards furibonds.*
ÉTYM. de *dard*.

DARE-DARE [daʀdaʀ] **loc. adv.** ✦ FAM. En toute hâte, très vite. *Accourir dare-dare.*
ÉTYM. p.-ê. d'une variante régionale de *darder*.

DARNE [daʀn] **n. f.** ✦ Tranche de gros poisson.
ÉTYM. breton *darn* «fragment».

DARON, ONNE [daʀɔ̃, ɔn] **n.** ✦ arg. Père, mère. *Mes darons* : mes parents.
ÉTYM. origine obscure.

DARSE [daʀs] **n. f.** ✦ Bassin à l'intérieur d'un port.
ÉTYM. arabe *dar-as-sina'a* «maison de fabrication», par le génois *darsena*.

DARTRE [daʀtʀ] **n. f.** ✦ Desquamation de l'épiderme, accompagnée de rougeurs.
ÉTYM. bas latin *derbita*.

DARWINIEN, IENNE [daʀwinjɛ̃, jɛn] **adj.** ✦ Relatif au darwinisme.
ÉTYM. de *Darwin.* ☛ noms propres.

DARWINISME [daʀwinism] **n. m.** ✦ Théorie de Darwin (☛ noms propres) d'après laquelle les espèces évoluent selon les lois de la sélection* naturelle.

DATABLE [databl] **adj.** ✦ Que l'on peut dater.

DATATION [datasjɔ̃] **n. f.** 1. Action de mettre la date. 2. Attribution d'une date. *La datation d'une fresque préhistorique. Datations au carbone 14* (radioactif).
ÉTYM. de *dater*.

DATCHA [datʃa] **n. f.** ✦ Maison de campagne russe.
ÉTYM. mot russe.

DATE [dat] **n. f.** 1. Indication du jour, du mois et de l'année où un acte a été passé, où s'est produit un fait. *Lettre sans date. Date de naissance. À quelle date ?,* quel jour ? *En date du..., à la date du...* – loc. *Prendre date* : fixer avec qqn la date d'un rendez-vous. 2. L'époque, le moment où un évènement s'est produit. *Science des dates.* → **chronologie.** ◆ loc. *Une amitié DE VIEILLE DATE,* ancienne. *Ils se connaissent DE LONGUE DATE,* depuis longtemps. *DE FRAÎCHE DATE* : depuis peu (de temps). ➝ *FAIRE DATE* : marquer un moment important. ➝ *Être le premier en date,* le premier à avoir fait qqch. HOM. DATTE «fruit»

ÉTYM. latin médiéval *data (littera)* «(lettre) donnée», famille de *dare* «donner».

DATER [date] **v.** (conjug. 3a) **1. v. tr.** Mettre la date sur. *Dater une lettre.* **2. v. tr.** Déterminer la date de. *Dater un fossile au carbone 14.* **3. v. intr.** *DATER DE* : avoir commencé d'exister (à telle époque). SYN. **remonter** à. *Dater de loin.* ➝ **loc.** *Cela ne date pas d'hier* : c'est ancien. ♦ **loc. prép.** *À dater de* : à partir de, à compter de. *À dater d'aujourd'hui.* **4. v. intr.** Faire date. *Une invention qui datera dans l'histoire.* SYN. **marquer.** ♦ Être démodé. *Une coiffure qui date.*

DATEUR, EUSE [datœʀ, øz] **adj.** et **n. m. 1. adj.** Qui sert à dater. *Tampon dateur.* **2. n. m.** Dispositif qui indique la date.

DATIF [datif] **n. m.** ✦ Cas marquant le complément d'objet second, dans les langues à déclinaisons.

ÉTYM. latin *dativus (casus),* de *dare* «donner».

DATION [dasjɔ̃] **n. f.** ✦ DR. Action de donner en paiement. ➝ **spécialt** Possibilité d'acquitter un impôt en œuvres d'art ; ces œuvres.

ÉTYM. latin *datio.*

DATTE [dat] **n. f.** ✦ Fruit comestible du dattier. *Régime de dattes.* HOM. DATE «époque»

ÉTYM. ancien occitan *datil,* latin *dactylus* «doigt».

DATTIER [datje] **n. m.** ✦ Palmier qui porte les dattes. ➝ **appos.** *Des palmiers dattiers.*

DATURA [datyʀa] **n. m.** ✦ Plante toxique à espèces ornementales.

ÉTYM. mot hindi.

DAUBE [dob] **n. f.** ✦ Manière de faire cuire certaines viandes à l'étouffée. *Bœuf en daube.*

ÉTYM. italien *addobbo* «assaisonnement», du germanique *daubjan* «préparer».

DAUBER [dobe] **v.** (conjug. 3a) ✦ LITTÉR. **1. v. tr.** Railler, dénigrer (qqn). **2. v. intr.** *Dauber sur qqn.*

ÉTYM. origine obscure ; p.-ê. de l'ancien français *dauber* «crépir», latin *dealbare* «rendre blanc *(albus)*».

① **DAUPHIN** [dofɛ̃] **n. m.** ✦ Mammifère marin dont la tête se prolonge en forme de bec armé de dents.

ÉTYM. latin *delphinus,* du grec *delphis.*

② **DAUPHIN** [dofɛ̃] **n. m. 1.** HIST. *Le Dauphin* : le fils aîné du roi de France. **2.** Successeur choisi par un chef d'État, une personnalité importante.

ÉTYM. de *Dauphiné.* ☛ noms propres.

DAUPHINE [dofin] **n. f. 1.** HIST. *La Dauphine* : la femme du Dauphin. **2. appos. invar.** *Pommes dauphine* : boulettes de purée de pommes de terre et de pâte à choux, frites dans l'huile.

DAUPHINOIS, OISE [dofinwa, waz] **adj.** et **n.** ✦ Du Dauphiné. *Gratin dauphinois,* à base de pommes de terre et de lait.

DAURADE ➙ DORADE

DAVANTAGE [davɑ̃taʒ] **adv. 1.** Plus. *En vouloir davantage. Bien davantage.* ➝ *Son frère est beau, mais lui l'est davantage.* **2.** Plus longtemps. *Inutile d'attendre davantage.* **3.** *Davantage de* : plus de. ➝ *Davantage que* (+ n. ou pron.) : plus que. CONTR. **moins.**

ÉTYM. de *de* et *avantage.*

DAVIER [davje] **n. m.** ✦ Pince servant notamment à l'extraction des dents.

ÉTYM. de l'ancien français *david* «outil de menuisier», nom propre.

DAZIBAO [da(d)zibao] **n. m.** ✦ Journal mural chinois, affiché dans les lieux publics.

ÉTYM. mot chinois.

D. C. A. [desea] **n. f.** ✦ Défense antiaérienne. *Canon de D. C. A.*

ÉTYM. sigle de *défense contre avions.*

D. D. T. [dedete] **n. m.** ✦ Insecticide organique, toxique pour les animaux à sang chaud.

ÉTYM. sigle de *dichloro-diphényl-trichloréthane.*

① **DE** [də], **DU** [dy] (pour *de le*), **DES** [de] (pour *de les*) **prép.** ✦ *de* s'élide en *d'* devant une voyelle ou un *h* muet **I** après un verbe ou un nom (Marque l'origine) **1.** (lieu, provenance) *Sortir de chez soi. Vase de Chine.* ➝ *Se tirer d'embarras.* ♦ Particule nobiliaire. *Pierre de Ronsard.* **2.** (temps) À partir de (tel moment). *Du 15 mars au 15 mai.* ➝ Pendant. *Travailler de nuit.* **3.** À cause de. *Être puni de ses fautes.* SYN. **pour.** *Fou de joie. Mourir de faim. Être contrarié de ce qu'il pleut* (ou *de ce qu'il pleuve*). SYN. **parce que.** *Être heureux de sortir.* **4.** (moyen) ➙ **avec.** *Être armé d'un bâton.* **5.** (manière) *Citer de mémoire. De l'avis général.* SYN. **selon. 6.** (mesure) *Avancer d'un pas. Retarder de cinq minutes. Gagner dix euros de l'heure.* ♦ *DE... EN* (marque l'intervalle) *D'heure en heure. De loin en loin.* ➝ *DE... À. D'une minute à l'autre.* ➙ **incessamment. 7.** (agent, auteur) *Les œuvres de Bossuet.* ➝ *Être aimé de tous.* SYN. **par. II** (Relations d'appartenance, de détermination) **1.** (appartenance) *Le fils d'Henri. Le style de Céline.* **2.** (qualité, détermination) *La couleur du ciel.* **3.** (matière) *Sac de papier.* SYN. ② **en.** *Tas de sable.* **4.** (genre, espèce) *Robe de bal.* ➝ *Un regard de pitié.* **5.** (contenu) *Un verre d'eau.* ➝ *Troupeau de moutons.* **6.** (Totalité ou partie d'un ensemble) *Les membres du jury. L'un de nous.* SYN. **entre, parmi.** *Le meilleur de tous.* ➝ (entre deux noms répétés pour marquer l'excellence) *Le Cantique des cantiques. Le fin du fin.* ➝ (après un adj.) En ce qui concerne. *Être large d'épaules. Fragile du foie.* **III** fonctions grammaticales **1.** (complément, objet d'une action) ➝ construction des v. tr. ind. *Se souvenir de qqn.* ➝ construction du nom *La pensée de la mort.* ➝ construction de l'adj., de l'adv. *Être avide de richesses. Beaucoup de courage.* **2.** (appos.) *La ville de Lausanne.* **3.** attribut (avec les v. *traiter, qualifier*) *Qualifier un journal de tendancieux. Traiter qqn de menteur.* ➝ (emphatique) *C'est d'un mauvais !, d'un bête !* **4.** devant un inf. *Cesser de parler.* **5.** devant adj., pron., adv. ➝ (facultatif) *Avoir trois jours (de) libres.* ➝ (obligatoire) *Cinq minutes de plus. Quoi de neuf ? Il y en a trois de plus, deux de cassés.* HOM. voir ② *de*

ÉTYM. latin *de,* utilisé à la place du génitif.

② **DE** [də], **DU** [dy] (pour *de le*), **DE LA** [d(ə)la], **DES** [de] (pour *de les*) **art. partitif** ✦ article précédant les noms de choses qu'on ne peut compter **1.** devant un nom concret *Boire du vin.* ➝ *Manger des épinards.* **2.** devant un nom concret nombrable qui a la valeur d'une espèce *Manger du lapin.* **3.** devant un nom abstrait *Jouer de la musique.* ➝ *C'est du Mozart, du Gide.* HOM. (du pluriel *des*) D (lettre), ① DÉ «cube», ② DES (article indéfini, pluriel de *un*)

ÉTYM. de ① *de.*

③ **DE** art. indéf. → ② DES

① **DÉ** [de] n. m. 1. Petit cube dont chaque face est marquée de un à six points. ♦ loc. *COUP DE DÉ(S)* : affaire qu'on laisse au hasard. – *Les dés (en) sont jetés,* la résolution est prise quoi qu'il advienne. 2. Petit cube. *Couper du lard en dés.* HOM. D (lettre), DES (prép.), DES (article partitif), ② DES (article indéfini)
ÉTYM. peut-être du latin *datum*, participe passé de *dare* «donner».

② **DÉ** [de] n. m. ✦ *Dé* ou *dé à coudre* : petit étui rigide destiné à protéger le doigt qui pousse l'aiguille. – fig. FAM. *DÉ À COUDRE* : verre à boire très petit ; son contenu.
HOM. voir ① *dé*
ÉTYM. bas latin *ditale* pour *digitale*, de *digitus* «doigt».

① **DÉ-, DES-, DÉS-** Élément, du latin *dis-*, qui indique la négation, la privation, la séparation, l'action contraire.

② **DÉ-, DES-, DÉS-** Élément, du latin *de-*, à valeur intensive (ex. *découper*).

DEALEUR, EUSE [dilœʀ, øz] n. ou **DEALER** [dilœʀ] n. m. ✦ anglicisme Revendeur de drogue. – Écrire *dealeur, euse* avec le suffixe français est permis.
ÉTYM. anglais *(drug) dealer*, de *to deal* «distribuer».

DÉAMBULATEUR [deɑ̃bylatœʀ] n. m. ✦ Cadre à pieds qui sert d'appui aux malades ayant des difficultés à marcher.
ÉTYM. de *déambuler*.

DÉAMBULATOIRE [deɑ̃bylatwaʀ] n. m. ✦ DIDACT. Galerie entourant le chœur d'une église.
ÉTYM. bas latin *deambulatorium*, d'une forme de *deambulare* «se promener».

DÉAMBULER [deɑ̃byle] v. intr. (conjug. 3a) ✦ Marcher sans but précis, selon sa fantaisie. SYN. **errer, flâner, se promener.**
► **DÉAMBULATION** [deɑ̃bylasjɔ̃] n. f.
ÉTYM. latin *deambulare*, de *ambulare* «marcher».

DÉBÂCLE [debɑkl] n. f. 1. Rupture subite de la couche de glace (d'un cours d'eau) dont les morceaux sont emportés par le courant. 2. fig. Fuite soudaine (d'une armée). *Retraite qui s'achève en débâcle.* SYN. **débandade, déroute.** – Effondrement soudain. *C'est la débâcle pour son entreprise.* SYN. **faillite, ruine.** CONTR. **embâcle.**
ÉTYM. de *débâcler* «dégeler brusquement», de *bâcler*.

DÉBALLER [debale] v. tr. (conjug. 3a) 1. Sortir et étaler (ce qui était dans un contenant). *Déballer des marchandises. Déballer ses affaires.* 2. fig. FAM. Exposer sans retenue (ce qui était caché). *Déballer ses petits secrets.* CONTR. **emballer • taire.**
► **DÉBALLAGE** [debalaʒ] n. m.
ÉTYM. de ① *dé-* et ② *balle*.

DÉBANDADE [debɑ̃dad] n. f. 1. Fait de se disperser rapidement et en tous sens. SYN. **débâcle, déroute, fuite.** *Ce fut la débandade générale.* 2. *À LA DÉBANDADE* loc. adv. : dans la confusion. *Tout va à la débandade* (SYN. **à vau-l'eau**). CONTR. **discipline, ordre.**
ÉTYM. de ② *débander*.

① **DÉBANDER** [debɑ̃de] v. (conjug. 3a) 1. v. tr. Ôter la bande de. *On lui débanda les yeux.* 2. v. tr. Détendre (ce qui est bandé). 3. v. intr. FAM. Cesser d'être en érection. CONTR. **bander • ① tendre.**
ÉTYM. de ① *dé-* et ① *bande*.

② **se DÉBANDER** [debɑ̃de] v. pron. (conjug. 3a) ✦ Rompre les rangs et se disperser.
ÉTYM. de ① *dé-* et ② *bande*.

DÉBAPTISER [debatize] v. tr. (conjug. 3a) ✦ Changer le nom de. *Débaptiser une rue.*
ÉTYM. de ① *dé-* et *baptiser*.

DÉBARBOUILLER [debaʀbuje] v. tr. (conjug. 3a) ✦ Débarrasser la figure de (qqn) de ce qui l'a salie, barbouillée. SYN. **laver.** *Débarbouiller un enfant.* – pronom. *Se débarbouiller le matin.*
ÉTYM. de ① *dé-* et *barbouiller*.

DÉBARCADÈRE [debaʀkadɛʀ] n. m. ✦ Lieu aménagé pour l'embarquement et le débarquement des navires. SYN. **appontement, embarcadère, ponton, quai.**
ÉTYM. de *débarquer*, d'après *embarcadère*.

DÉBARDEUR, EUSE [debaʀdœʀ, øz] n. 1. Personne qui décharge et charge un navire, une voiture. SYN. **docker.** 2. n. m. Tricot sans manches, très échancré.
ÉTYM. du verbe *débarder* «décharger», de *bard*, d'origine incertaine.

DÉBARQUEMENT [debaʀkəmɑ̃] n. m. 1. Action de débarquer. *Formalités de débarquement.* – *Il fut arrêté à son débarquement.* 2. Opération militaire consistant à débarquer un corps expéditionnaire en territoire ennemi. – spécialt *Le débarquement*, celui des Alliés en Normandie en 1944. CONTR. **embarquement.**

DÉBARQUER [debaʀke] v. (conjug. 3a) **I** v. tr. Faire sortir d'un navire, mettre à terre. *Débarquer des marchandises, des passagers.* **II** v. intr. 1. Quitter un navire, descendre à terre. *Tous les passagers ont débarqué.* – par ext. *Débarquer du train, de l'avion. Il vient juste de débarquer.* SYN. **arriver.** 2. FAM. *Débarquer chez qqn* : arriver à l'improviste. 3. fig. FAM. Ne pas être au courant (de faits récents). *Tu débarques !* CONTR. **embarquer.**
ÉTYM. de ① *dé-* et *barque*.

DÉBARRAS [debaʀa] n. m. 1. FAM. Délivrance de qui embarrassait. *Ouf, bon débarras !* 2. Endroit où l'on met les objets qui encombrent.
ÉTYM. de *débarrasser*.

DÉBARRASSER [debaʀase] v. tr. (conjug. 3a) 1. Dégager de ce qui embarrasse. *Débarrasser la voie. Débarrasser une pièce.* – *Débarrasser (la table)*, enlever le couvert. ♦ *Débarrasser qqn de son manteau.* – fig. *Débarrasser qqn d'un souci.* SYN. **soulager.** 2. *SE DÉBARRASSER* v. pron. *Se débarrasser d'un objet inutile* (SYN. **jeter**), *d'une affaire* (SYN. **liquider, vendre**). – *Se débarrasser de qqn*, l'éloigner, et par euphémisme, le faire mourir. ♦ *Débarrassez-vous,* enlevez votre manteau. CONTR. **embarrasser, gêner.**
ÉTYM. de *désembarrasser*, par l'espagnol.

DÉBAT [deba] n. m. 1. Action de débattre une question. SYN. **discussion.** *Soulever un débat.* ☛ Littérature p. 139. – Discussion organisée et dirigée. *Débat télévisé.* ♦ *Débat intérieur.* 2. au plur. Discussion des assemblées politiques. *Débats parlementaires.* – Phase d'un procès. *La clôture des débats.*
ÉTYM. de *débattre*.

A B C D E F G H I J K L M N O P Q R S T U V W X Y Z

DÉBATTRE [debatʀ] v. tr. (conjug. 47) 1. Examiner contradictoirement avec un ou plusieurs interlocuteurs. SYN. **délibérer** de, **discuter**. *Débattre un projet. Prix à débattre.* SYN. **marchander, négocier**. ➙ trans. ind. *Débattre d'une affaire.* 2. *SE DÉBATTRE* v. pron. Lutter, en faisant beaucoup d'efforts pour résister, se dégager. SYN. se **démener**. *Se débattre comme un beau diable.* ➙ fig. *Se débattre contre les difficultés.* CONTR. **céder**.
ÉTYM. de ② *dé-* et *battre*.

DÉBAUCHE [deboʃ] n. f. 1. Usage excessif des plaisirs sensuels. SYN. **dépravation, dévergondage, luxure**. *Vivre dans la débauche.* ➙ DR. ANC. *Incitation des mineurs à la débauche.* 2. fig. Abus, excès ; profusion. *Une débauche de couleurs.* CONTR. **chasteté, vertu · modération**.
ÉTYM. de *débaucher*.

DÉBAUCHER [deboʃe] v. tr. (conjug. 3a) **I** 1. Détourner (qqn) d'un travail, de ses occupations. 2. Renvoyer (qqn) faute de travail. SYN. **congédier, licencier**. *Débaucher du personnel.* **II** Entraîner (qqn) à l'inconduite, notamment sexuelle. SYN. **corrompre, dépraver**. CONTR. **embaucher**.
► **DÉBAUCHÉ, ÉE** adj. et n. Qui vit dans la débauche. ➙ n. *Un débauché.* SYN. **coureur, libertin, noceur**. CONTR. **chaste, rangé, vertueux**.
ÉTYM. origine germanique, p.-ê. de *balk* «poutre».

DÉBILE [debil] adj. et n. 1. adj. Qui manque de force physique. SYN. **faible, fragile, malingre**. *Un vieillard débile.* 2. n. *Un, une débile mental(e)*, personne atteinte de débilité (2). 3. adj. FAM. Imbécile, idiot. SYN. FAM. **demeuré**. ➙ *Un raisonnement débile.* SYN. **inepte, nul**. *Un film débile.* SYN. **idiot**. CONTR. ① **fort, vigoureux**.
ÉTYM. latin *debilis* «faible».

DÉBILITANT, ANTE [debilitɑ̃, ɑ̃t] adj. ✦ Qui affaiblit. *Climat débilitant.* ➙ fig. Démoralisant. *Atmosphère débilitante.* CONTR. **fortifiant**, ① **tonique, vivifiant**.
ÉTYM. du participe présent de *débiliter*.

DÉBILITÉ [debilite] n. f. 1. État d'une personne débile (1). 2. *Débilité mentale* : déficience de l'intelligence, correspondant pour un adulte à un âge mental de 7 à 10 ans. SYN. **arriération**. CONTR. **force, vigueur**.
ÉTYM. latin *debilitas*.

DÉBILITER [debilite] v. tr. (conjug. 3a) 1. DIDACT. Rendre débile (1), faible. SYN. **affaiblir**. 2. fig. Démoraliser. CONTR. **fortifier, tonifier, vivifier**.
ÉTYM. latin *debilitare*.

DÉBINE [debin] n. f. ✦ FAM. et VIEILLI Pauvreté, gêne matérielle.
ÉTYM. de ① *débiner*.

① **DÉBINER** [debine] v. tr. (conjug. 3a) ✦ FAM. Dénigrer, médire de. *Ils débinent le gouvernement.*
ÉTYM. peut-être de *biner*.

② **se DÉBINER** [debine] v. pron. (conjug. 3a) ✦ FAM. Se sauver, s'enfuir.
ÉTYM. origine obscure.

① **DÉBIT** [debi] n. m. 1. Écoulement continu des marchandises par la vente au détail. *Il y a beaucoup de débit.* 2. (dans des loc.) Magasin, boutique. *Débit de tabac.* ➙ *Débit de boissons*, bar, café. 3. Manière d'énoncer, de réciter. SYN. **élocution**. *Un débit monotone, précipité.* 4. Volume (de fluide, etc.) écoulé par unité de temps. *Débit d'un fleuve, d'un robinet. Débit horaire.* ♦ Quantité fournie, produite par unité de temps. ➙ INFORM. *Réseau, connexion à haut débit.*
ÉTYM. de ① *débiter*.

② **DÉBIT** [debi] n. m. ✦ Compte des sommes dues par une personne à une autre. *Nous mettons ces frais à votre débit.* ➙ Enregistrement immédiat d'une vente. ♦ Partie d'une comptabilité où figurent les sommes déboursées. *Inscrire, porter une somme au débit.* CONTR. **crédit** ; ② **actif**, ② **avoir**.
ÉTYM. latin *debitum* «ce qui est dû, dette».

DÉBITANT, ANTE [debitɑ̃, ɑ̃t] n. ✦ Personne qui tient un débit (2). *Débitant de boissons, de tabac.*
ÉTYM. du participe présent de ① *débiter*.

① **DÉBITER** [debite] v. tr. (conjug. 3a) **I** Découper (du bois, etc.) en morceaux. *Débiter un arbre.* ➙ *Débiter un bœuf.* **II** 1. Écouler (une marchandise) par la vente au détail (➙ ① **débit**). 2. Dire à la suite (des choses incertaines ou sans intérêt). *Débiter des fadaises.* ➙ Dire en public (un texte étudié) ; spécialt réciter mécaniquement. *Débiter un compliment.* 3. Faire s'écouler en un temps donné. ➙ au p. passé *Le courant débité par une dynamo.*
ÉTYM. de ① *dé-* et *bitte* «billot de bois» → bitte.

② **DÉBITER** [debite] v. tr. (conjug. 3a) ✦ Porter au débit de (qqn). *Débiter qqn d'une somme.* ♦ par ext. *Débiter un compte de telle somme.* ➙ passif *Votre chèque n'a pas encore été débité.* CONTR. **créditer**.
ÉTYM. de ② *débit*.

DÉBITEUR, TRICE [debitœʀ, tʀis] n. 1. Personne qui doit (spécialt de l'argent) à qqn. ➙ adj. *Solde débiteur d'un compte* (dont le débit est supérieur au crédit). 2. fig. Personne qui a une dette morale (➙ **redevable**). *Je reste votre débiteur.* CONTR. **créancier, prêteur ; créditeur**.
ÉTYM. latin *debitor* → ② débit.

DÉBLAI [deblɛ] n. m. 1. Action de déblayer. 2. au plur. Terres, décombres déblayés. CONTR. **remblai**.
ÉTYM. de *déblayer*.

DÉBLAIEMENT [deblɛmɑ̃] n. m. ✦ Opération par laquelle on déblaie (un lieu, un passage). CONTR. **remblayage**.

DÉBLATÉRER [deblateʀe] v. intr. (conjug. 8) ✦ Parler longuement et avec violence (contre qqn, qqch.). SYN. **médire** de, **vitupérer**. *Déblatérer contre qqn, qqch.* ➙ trans. *Déblatérer des injures.*
ÉTYM. latin *deblaterare* «dire à tort et à travers».

DÉBLAYER [debleje] v. tr. (conjug. 12) 1. Débarrasser (un lieu) de ce qui encombre, obstrue. SYN. **dégager**. ➙ Aplanir par des travaux de terrassement. 2. fig. loc. *Déblayer le terrain* : faire disparaître les premiers obstacles avant d'entreprendre. SYN. **aplanir, préparer**. 3. Retirer (ce qui encombre). *Déblayer la neige.* CONTR. **remblayer**.
ÉTYM. d'abord «moissonner le blé» ; de ① *dé-* et *blé*.

DÉBLOCAGE [deblɔkaʒ] n. m. ✦ Action de débloquer. CONTR. **blocage**.

DÉBLOQUER [deblɔke] v. (conjug. 3a) **I** v. tr. 1. Remettre (une chose bloquée) en marche. 2. Remettre en circulation, en exercice. *Débloquer des crédits.* ➙ Libérer. *Débloquer les prix.* **II** v. intr. FAM. Divaguer, déraisonner. **III** *SE DÉBLOQUER* v. pron. Se dégager d'un blocage. ➙ fig. *La situation se débloque.* CONTR. **bloquer** ;

geler.
ÉTYM. de ① *dé-* et *bloquer.*

DÉBOBINER [debɔbine] v. tr. (conjug. 3a) ✦ Dérouler (ce qui était en bobine). ➞ pronom. Se dérouler. CONTR. **rembobiner.**
ÉTYM. de ① *dé-* et *bobine.*

DÉBOGUER [debɔge] v. tr. (conjug. 3b) ✦ INFORM. Supprimer les erreurs de programmation de.
ÉTYM. anglais *to debug.*

DÉBOIRE [debwaʀ] n. m. ✦ LITTÉR. Impression pénible laissée par un évènement dont on avait espéré mieux. SYN. **déception, déconvenue, désillusion.** ➞ surtout au plur. Évènement décevant, fâcheux. *Il a eu bien des déboires.* CONTR. **réussite, satisfaction, succès.**
ÉTYM. de ① *dé-* et *boire.*

DÉBOISER [debwaze] v. tr. (conjug. 3a) ✦ Dégarnir (un terrain) des bois qui le recouvrent. CONTR. **boiser, reboiser.**
▶ **DÉBOISEMENT** [debwazmɑ̃] n. m.
ÉTYM. de ① *dé-* et *boiser.*

DÉBOÎTER [debwate] v. (conjug. 3a) **I** v. tr. 1. Faire sortir de ce qui emboîte. *Déboîter une porte.* SYN. **démonter.** 2. Sortir (un os) de l'articulation. SYN. ① **démettre, luxer.** *Elle s'est déboîté l'épaule.* **II** v. intr. (véhicule) Sortir d'une file. *Déboîter pour doubler.* CONTR. **emboîter, remboîter.**
▶ **DÉBOÎTEMENT** [debwatmɑ̃] n. m.
ÉTYM. de ① *dé-* et *boîte.*

DÉBONDER [debɔ̃de] v. tr. (conjug. 3a) ✦ Ouvrir en retirant la bonde. *Débonder un réservoir.*
ÉTYM. de ① *dé-* et *bonde.*

DÉBONNAIRE [debɔnɛʀ] adj. ✦ D'une bonté extrême, un peu faible. ➞ *Air débonnaire.* SYN. **bonasse, inoffensif.** CONTR. **cruel, dur, méchant, sévère.**
▶ **DÉBONNAIRETÉ** [debɔnɛʀte] n. f.
ÉTYM. de *de bonne aire*, vx, «de bonne race», latin *ager* «champ, domaine».

DÉBORDANT, ANTE [debɔʀdɑ̃, ɑ̃t] adj. ✦ Qui déborde. ➞ fig. *Joie débordante.* SYN. **exubérant.** *Être débordant de vie.* SYN. **pétulant.** *Activité débordante.*
ÉTYM. du participe présent de *déborder.*

DÉBORDÉ, ÉE [debɔʀde] adj. ✦ Submergé. *Être complètement débordé* (de travail). ➞ Dépassé. *Être débordé par les évènements.* CONTR. **inoccupé.**

DÉBORDEMENT [debɔʀdəmɑ̃] n. m. 1. Action de déborder ; son résultat. 2. fig. Fait de se répandre en abondance. *Débordement d'injures* (SYN. **déluge, flot, torrent**), *de joie* (SYN. **effusion, explosion**), *de vie* (SYN. **exubérance**).

DÉBORDER [debɔʀde] v. (conjug. 3a) **I** v. intr. 1. Répandre une partie de son contenu liquide par-dessus bord. *Le fleuve risque de déborder. Verre plein à déborder.* ➞ loc. *C'est la goutte d'eau qui fait déborder le vase*, la petite chose pénible qui s'ajoute à tout le reste et fait que l'ensemble devient insupportable. ♦ *DÉBORDER DE* : être rempli de. *Déborder de vie, de joie.* 2. Se répandre par-dessus bord (contenu). *Le lait monte et déborde.* ➞ fig. *Son enthousiasme déborde* (➞ **débordant**). **II** v. tr. 1. Dépasser (le bord), aller au-delà de. absolt *Déborder en coloriant.* ➞ *Cette maison déborde les autres.* ➞ *Déborder le front ennemi.* ➞ fig. *Déborder le cadre du débat.* 2. Défaire (ce qui était bordé). *Déborder un lit.* ➞ par ext. *Déborder un malade.* ➞ pronom. *Se déborder en dormant.* CONTR. **contenir • border.**
ÉTYM. de ① *dé-* et *bord.*

DÉBOTTÉ [debɔte] n. m. ✦ loc. *Au débotté* : au moment où l'on arrive, sans préparation.
ÉTYM. du p. passé de *débotter* «retirer ses *bottes*».

DÉBOUCHAGE [debuʃaʒ] n. m. ✦ Action de déboucher. *Le débouchage d'un évier.*
ÉTYM. de ① *déboucher.*

DÉBOUCHÉ [debuʃe] n. m. 1. Issue, passage vers un lieu plus ouvert. *Débouché d'une vallée. Au débouché de la forêt.* 2. Moyen d'écouler un produit. ➞ Lieu où une industrie, un pays trouve la vente de ses produits. SYN. **marché.** 3. fig. Perspective de situation. *Ces études offrent beaucoup de débouchés.*
ÉTYM. du participe passé de ② *déboucher.*

① **DÉBOUCHER** [debuʃe] v. tr. (conjug. 3a) 1. Débarrasser de ce qui bouche. *Déboucher un lavabo.* 2. Débarrasser de son bouchon. SYN. **ouvrir.** *Déboucher une bouteille.* CONTR. ① **boucher, engorger.**
ÉTYM. de ① *dé-* et ① *boucher.*

② **DÉBOUCHER** [debuʃe] v. intr. (conjug. 3a) ✦ (personnes) Passer d'un lieu resserré dans un lieu plus ouvert. *Nous débouchâmes sur une clairière.* ♦ (voie, passage) *Cette rue débouche sur la place de l'église.* SYN. **aboutir à, donner sur.** ➞ fig. *Des discussions qui ne débouchent sur rien.* SYN. **mener à.**
ÉTYM. de ① *dé-* et *bouche.*

DÉBOUCLER [debukle] v. tr. (conjug. 3a) 1. Ouvrir la boucle de. 2. Défaire les boucles de cheveux de (qqn). CONTR. **boucler.**
ÉTYM. de ① *dé-* et *boucle.*

DÉBOULER [debule] v. intr. (conjug. 3a) ✦ FAM. 1. Tomber en roulant. *Le car a déboulé dans le ravin.* 2. Faire irruption. *Débouler chez qqn en pleine nuit.* SYN. **débarquer.** 3. Fuir après avoir surgi soudainement (gibier).
ÉTYM. de ② *dé-* et *boule.*

DÉBOULONNER [debulɔne] v. tr. (conjug. 3a) 1. Démonter (ce qui était boulonné). 2. fig. FAM. Détruire le prestige de (qqn) ; déposséder de sa place. *Déboulonner un homme politique.*
▶ **DÉBOULONNAGE** [debulɔnaʒ] ou **DÉBOULONNEMENT** [debulɔnmɑ̃] n. m.

DÉBOURREMENT [debuʀmɑ̃] n. m. ✦ Éclosion des bourgeons.
ÉTYM. de *débourrer.*

DÉBOURRER [debuʀe] v. (conjug. 3a) **I** v. tr. 1. Ôter la bourre de. 2. *Débourrer une pipe*, en ôter le tabac. 3. Commencer le dressage de (un cheval). **II** v. intr. Sortir de la bourre, éclore (bourgeons). *Les bourgeons débourrent au printemps.* CONTR. **bourrer, rembourrer.**

DÉBOURS [debuʀ] n. m. ✦ souvent au plur. Somme déboursée.
ÉTYM. de *débourser.*

DÉBOURSER [debuʀse] v. tr. (conjug. 3a) ✦ Tirer de son avoir (une certaine somme). SYN. **dépenser, payer.** *Sans rien débourser, sans débourser un sou.*
▶ **DÉBOURSEMENT** [debuʀsəmɑ̃] n. m.
ÉTYM. de ① *dé-* et ① *bourse.*

A B C D E F G H I J K L M N O P Q R S T U V W X Y Z

DÉBOUSSOLER [debusɔle] **v. tr.** (conjug. 3a) ✦ FAM. Désorienter (qqn), faire qu'il ne sache plus où il en est. – au p. passé *Se sentir déboussolé.* SYN. **désemparé.**
ÉTYM. de *boussole.*

DEBOUT [d(ə)bu] **adv.** 1. (choses) Verticalement ; sur l'un des bouts. *Mettre des livres debout.* 2. (personnes) Sur ses pieds (opposé à *assis, couché*). *Se tenir debout. Se mettre debout.* → se **lever.** – **interj.** *Debout !* ◆ Pas couché, levé. *Être debout dès l'aube. Il va mieux, il est déjà debout,* guéri, rétabli. 3. *Être (encore) debout,* être en bon état (mur, construction). ◆ *TENIR DEBOUT :* être solide. – *NE PAS TENIR DEBOUT :* être malade, épuisé ou ivre. ◆ fig. *Cette histoire ne tient pas debout.* → **incohérent, invraisemblable.** CONTR. **assis, couché** • **alité, malade** • **détruit, ruiné.**
ÉTYM. de *de bout.*

DÉBOUTÉ, ÉE [debute] **n.** ✦ DR. 1. **n. m.** Rejet d'une demande en justice. 2. **n.** Personne qui en fait l'objet.
ÉTYM. du participe passé de *débouter.*

DÉBOUTER [debute] **v. tr.** (conjug. 3a) ✦ DR. Rejeter par jugement, par arrêt, la demande en justice de (qqn). *Le tribunal l'a débouté de sa demande* (→ **débouté**).
ÉTYM. de ① *dé-* et *bouter.*

DÉBOUTONNER [debutɔne] **v. tr.** (conjug. 3a) 1. Ouvrir en dégageant les boutons de leur boutonnière. SYN. **défaire.** *Déboutonner son gilet.* 2. *SE DÉBOUTONNER* **v. pron.** Déboutonner ses vêtements. – *Mon col s'est déboutonné.* ◆ fig. Se confier avec une sincérité complète. CONTR. **boutonner.**

DÉBRAILLÉ, ÉE [debʀɑje] **adj.** 1. Dont les vêtements sont en désordre, ouverts. *Être tout débraillé.* – *Une tenue débraillée.* SYN. **négligé.** – **n. m.** *Le débraillé de sa tenue.* SYN. **laisser-aller.** 2. fig. *Une conversation débraillée,* libre, sans retenue. CONTR. **correct, décent, strict.**
ÉTYM. famille de *braie.*

DÉBRANCHER [debʀɑ̃ʃe] **v. tr.** (conjug. 3a) ✦ Arrêter (un appareil électrique) en supprimant son branchement. SYN. **déconnecter.** *Débrancher une lampe.* ◆ FAM. *Débrancher un malade,* déconnecter les appareils qui le maintiennent en vie. CONTR. **brancher.**

DÉBRAYAGE [debʀɛjaʒ] **n. m.** 1. Fait de débrayer. 2. Cessation du travail ; mouvement de grève.

DÉBRAYER [debʀeje] **v.** (conjug. 12) 1. **v. tr.** Interrompre la liaison entre (un mécanisme) et l'arbre moteur. – absolt (entre le moteur et les roues) *Débrayer, passer les vitesses et embrayer.* 2. **v. intr.** FAM. Cesser le travail, se mettre en grève. *Les ouvriers ont débrayé.*
ÉTYM. de ① *dé-* et *embrayer.*

DÉBRIDER [debʀide] **v. tr.** (conjug. 3a) 1. Ôter la bride à (une bête de somme). 2. Dégager en incisant. *Débrider un abcès.* CONTR. **brider.**
► **DÉBRIDÉ, ÉE adj.** Sans retenue. SYN. **déchaîné, effréné.** *Imagination débridée.* CONTR. ① **contenu, modéré, retenu.**

DÉBRIEFER [debʀife] **v. tr.** (conjug. 3a) ✦ anglicisme 1. Échanger des informations, des impressions avec (les membres d'un groupe, d'une équipe) à l'issue d'une réunion, d'une mission. *Débriefer les stagiaires.* 2. Faire le bilan de (une mission, une action). *Débriefer un match.*
ÉTYM. anglais *to debrief* «faire un compte rendu».

DÉBRIS [debʀi] **n. m.** 1. rare au sing. Reste (d'un objet brisé, d'une chose en partie détruite). SYN. **fragment, morceau.** *Des débris de bouteille.* → **tesson.** 2. au plur. fig. LITTÉR. SYN. **reste.** *Les débris d'une armée,* ce qui en reste après la défaite.
ÉTYM. de l'anc. verbe *débriser,* de ② *dé-* et *briser.*

DÉBROUILLARD, ARDE [debʀujaʀ, aʀd] **adj.** et **n.** ✦ FAM. Qui sait se débrouiller. SYN. **adroit, habile, malin.** CONTR. **empoté, gauche, maladroit.**

DÉBROUILLARDISE [debʀujaʀdiz] **n. f.** ✦ Qualité d'une personne débrouillarde. CONTR. **maladresse.**

DÉBROUILLE [debʀuj] **n. f.** ✦ FAM. *La débrouille,* l'art de se tirer d'affaire.
ÉTYM. de *débrouiller.*

DÉBROUILLER [debʀuje] **v. tr.** (conjug. 3a) 1. Démêler (ce qui est embrouillé). *Débrouiller les fils d'un écheveau.* 2. fig. Tirer de la confusion. SYN. **éclaircir, élucider.** *Débrouiller une affaire.* 3. *SE DÉBROUILLER* **v. pron.** Se comporter habilement, se tirer d'affaire. *Se débrouiller tout seul. Se débrouiller avec ce qu'on a.* SYN. **s'arranger.** CONTR. **brouiller, embrouiller, emmêler.**
ÉTYM. de ① *dé-* et *brouiller.*

DÉBROUSSAILLANT [debʀusajɑ̃] **n. m.** ✦ Agent chimique utilisé pour débroussailler.

DÉBROUSSAILLER [debʀusaje] **v. tr.** (conjug. 3a) 1. Débarrasser (un terrain) des broussailles. SYN. **défricher.** 2. fig. Éclairer (ce qui est confus). *Débroussailler un problème.* SYN. **débrouiller.**

DÉBUCHÉ ou **DÉBUCHER** [debyʃe] **n. m.** 1. Moment où la bête débuche. 2. Sonnerie de trompe qui l'annonce.

DÉBUCHER [debyʃe] **v.** (conjug. 3a) 1. **v. intr.** Sortir du bois, du refuge (gibier). 2. **v. tr.** Faire sortir (une bête) du bois. SYN. **débusquer.**
ÉTYM. de *bûche.*

DÉBUSQUER [debyske] **v.** (conjug. 3a) **I v. tr.** 1. Chasser (le gibier) du bois. SYN. **débucher.** *Débusquer un lièvre.* 2. Faire sortir (qqn) de sa position, de son refuge. SYN. **chasser, déloger. II v. intr.** Sortir du bois (gibier).
ÉTYM. de *débucher,* d'après *embusquer.*

DÉBUT [deby] **n. m.** 1. Commencement. *Le début d'un livre. Du début.* → **initial.** – *En début de mois. Début mai.* – *AU DÉBUT. Tout au début, au tout début.* – *Un début d'angine.* 2. *Les débuts de qqn,* ses premières apparitions (à la scène, dans le monde, etc.). *Faire ses débuts au théâtre.* CONTR. ① **fin,** ① **terme.**
ÉTYM. de *débuter.*

DÉBUTANT, ANTE [debytɑ̃, ɑ̃t] **adj.** ✦ Qui débute. – **n.** *Une débutante.* SYN. **apprenti, novice.** *Cours pour débutants.*

DÉBUTER [debyte] **v. intr.** (conjug. 3a) 1. Faire ses premiers pas dans une carrière, une activité. *Débuter comme simple apprenti.* – *Un comédien qui débute* (→ **début,** 2). 2. (choses) Commencer. *Le livre débute par une longue préface.* CONTR. **finir,** se **terminer.**
ÉTYM. de *but.*

DÉCA [deka] **n. m.** ✦ FAM. Café décaféiné. *Un café et deux décas.*
ÉTYM. abréviation de *décaféiné.*

DÉCA- Élément savant, du grec *deka* «dix» (symb. da) (ex. *décalitre, décamètre*).

DEÇÀ [dəsa] **adv.** ✦ *EN DEÇÀ DE* **loc. prép.** : de ce côté-ci de (opposé à *au-delà de*). ➡ **fig.** *Rester en deçà de la vérité,* ne pas l'atteindre. ◆ *EN DEÇÀ* **loc. adv.** *La flèche tomba en deçà.*
ÉTYM. de *de ça.*

DÉCACHETER [dekaʃ(ə)te] **v. tr.** (conjug. 6b) ✦ Ouvrir (ce qui est cacheté). *Décacheter une lettre.* SYN. **ouvrir.** CONTR. **cacheter.**

DÉCADE [dekad] **n. f.** 1. Période de dix jours. *Le mois était divisé en trois décades dans le calendrier républicain.* 2. (**anglicisme critiqué**) Période de dix ans. SYN. **décennie.**
ÉTYM. bas latin *decas, decadis,* du grec.

DÉCADENCE [dekadɑ̃s] **n. f.** ✦ Acheminement vers la ruine. SYN. **chute, déclin.** *Tomber en décadence. La décadence des mœurs. «Grandeur et décadence de César Birotteau»* (roman de Balzac). ➡ **HIST.** Les derniers siècles de l'Empire romain. *Les poètes de la décadence.* CONTR. **épanouissement, progrès.**
ÉTYM. latin médiéval *decadentia,* de *cadere* «tomber».

DÉCADENT, ENTE [dekadɑ̃, ɑ̃t] **adj.** ✦ Qui est en décadence. *Civilisation décadente. Art décadent.* ◆ **n. m.** *Les décadents,* écrivains d'une école pessimiste, avant les symbolistes.
ÉTYM. latin médiéval *decadens.*

DÉCAÈDRE [dekaɛdʀ] **adj.** et **n. m.** ✦ **GÉOM.** Qui a dix faces.
ÉTYM. de *déca-* et *-èdre.*

DÉCAFÉINÉ, ÉE [dekafeine] **adj.** ✦ Dont on a enlevé la caféine. *Café décaféiné.* ➡ **n. m.** *Une tasse de décaféiné.* ➡ **abrév. FAM.** ➙ **déca.**

DÉCAGONE [dekagon ; dekagɔn] **n. m.** ✦ **GÉOM.** Polygone à dix côtés.
ÉTYM. de *déca-* et ① *-gone.*

DÉCALAGE [dekalaʒ] **n. m.** 1. Fait de décaler ; écart temporel ou spatial. *Décalage horaire* (entre deux pays). 2. **fig.** Défaut de concordance. SYN. **écart.** *Le décalage entre le rêve et la réalité.*

DÉCALAMINER [dekalamine] **v. tr.** (conjug. 3a) ✦ Ôter la calamine de (une surface mécanique).
ÉTYM. de ① *dé-* et *calamine.*

DÉCALCIFICATION [dekalsifikasjɔ̃] **n. f.** ✦ Diminution de la quantité de calcium organique. *La décalcification des os.*
ÉTYM. de *décalcifier.*

DÉCALCIFIER [dekalsifje] **v. tr.** (conjug. 9) ✦ Priver d'une partie de son calcium. ➡ **pronom.** *Organisme qui se décalcifie.*
ÉTYM. de ① *dé-* et du radical de *calcium.*

DÉCALCOMANIE [dekalkɔmani] **n. f.** ✦ Procédé par lequel on transfère des images colorées sur un support ; ces images.
ÉTYM. de *décalquer* et *-manie.*

DÉCALER [dekale] **v. tr.** (conjug. 3a) ✦ Déplacer un peu de la position normale. SYN. **avancer, reculer.** *Décaler qqch. d'une rangée.* ➡ **pronom.** *Se décaler d'un rang.* ◆ *Décaler un rendez-vous.*
ÉTYM. de ① *dé-* et ① *caler.*

DÉCALITRE [dekalitʀ] **n. m.** ✦ Mesure de capacité qui vaut dix litres.
ÉTYM. de *déca-* et *litre.*

DÉCALOGUE [dekalɔg] **n. m.** ✦ Les dix commandements reçus de Dieu par Moïse sur le Sinaï, selon la Bible.
ÉTYM. latin *decalogus,* du grec → déca- et -logue.

DÉCALOTTER [dekalɔte] **v. tr.** (conjug. 3a) 1. Enlever la calotte de. ➡ **FAM.** Déboucher (une bouteille). 2. *Décalotter le gland,* le découvrir en dégageant le prépuce.

DÉCALQUE [dekalk] **n. m.** ✦ Reproduction par décalquage.
ÉTYM. de *décalquer.*

DÉCALQUER [dekalke] **v. tr.** (conjug. 3a) ✦ Reporter le calque de (un dessin, etc.) sur un support. *Décalquer une carte de géographie.*
► **DÉCALQUAGE** [dekalkaʒ] **n. m.**
ÉTYM. de ① *dé-* et *calquer.*

DÉCAMÈTRE [dekamɛtʀ] **n. m.** ✦ Mesure de longueur valant dix mètres.
ÉTYM. de *déca-* et *mètre.*

DÉCAMPER [dekɑ̃pe] **v. intr.** (conjug. 3a) ✦ S'en aller précipitamment. SYN. **déguerpir, s'enfuir, fuir,** se **sauver.**
ÉTYM. de ① *dé-* et *camper.*

DÉCAN [dekɑ̃] **n. m.** ✦ Chacune des trois dizaines de degrés comptées par chaque signe du zodiaque. *Le premier décan du Lion.*
ÉTYM. bas latin *decanus,* de *decem* «dix» ; doublet de *doyen.*

DÉCANTER [dekɑ̃te] **v.** (conjug. 3a) 1. Séparer (un liquide) des matières en suspension en les laissant se déposer. SYN. **clarifier, épurer.** *Décanter du vin.* ➡ **fig.** *Décanter ses idées,* se donner un temps de réflexion afin d'y voir plus clair. 2. *SE DÉCANTER* **v. pron.** Devenir plus clair. ➡ **fig.** *Attendre que la situation se décante.* SYN. se **clarifier.**
► **DÉCANTATION** [dekɑ̃tasjɔ̃] **n. f.**
ÉTYM. latin des alchimistes *decantare,* de *cant(h)us* «bec d'une cruche».

DÉCAPANT, ANTE [dekapɑ̃, ɑ̃t] **adj.** 1. Qui décape. *Produit décapant* ou **n. m.** *un décapant.* 2. **fig.** *Un humour décapant.* SYN. **corrosif.**

DÉCAPER [dekape] **v. tr.** (conjug. 3a) ✦ Débarrasser (une surface) des dépôts, des matières qui y adhèrent fortement. *Décaper un volet avant de le repeindre.* SYN. **gratter** ; ➙ **décapant.** ➡ **absolt fig.** *Une satire qui décape.*
► **DÉCAPAGE** [dekapaʒ] **n. m.**
ÉTYM. de ① *dé-* et *cape.*

DÉCAPITATION [dekapitasjɔ̃] **n. f.** 1. Décollation. 2. **fig.** *La décapitation d'un réseau terroriste.*
ÉTYM. de *décapiter.*

DÉCAPITER [dekapite] **v. tr.** (conjug. 3a) 1. Trancher la tête de (qqn). SYN. **couper** la tête, **guillotiner.** 2. *Décapiter un arbre,* en enlever la partie supérieure. SYN. **étêter.** 3. **fig.** Détruire ce qui est à la tête de, ce qui est essentiel. SYN. **abattre.** *Décapiter un complot.*
ÉTYM. bas latin *decapitare,* de *caput* «tête».

DÉCAPODE [dekapɔd] **adj.** et **n. m.** 1. **adj.** Qui a cinq paires de pattes. 2. **n. m.** Crustacé à cinq paires de pattes (crevette, crabe, etc.).
ÉTYM. de *déca-* et *-pode.*

DÉCAPOTABLE [dekapɔtabl] **adj.** ✦ Qui peut être décapoté. *Voiture décapotable,* ou **n. f.** *une décapotable.* SYN. **cabriolet.**

DÉCAPOTER [dekapɔte] **v. tr.** (conjug. 3a) ✦ Enlever ou ouvrir la capote, le toit mobile de. ➖ **au p. passé** *Voiture décapotée.*

DÉCAPSULER [dekapsyle] **v. tr.** (conjug. 3a) ✦ Enlever la capsule de. SYN. **ouvrir.** *Décapsuler une bouteille.*

DÉCAPSULEUR [dekapsylœʀ] **n. m.** ✦ Ustensile qui fait levier, pour enlever les capsules de bouteilles.
ÉTYM. de *décapsuler.*

DÉCAPUCHONNER [dekapyʃɔne] **v. tr.** (conjug. 3a) ✦ Ôter le capuchon de. *Décapuchonner un stylo.*

se **DÉCARCASSER** [dekaʀkase] **v. pron.** (conjug. 3a) ✦ FAM. Se donner beaucoup de peine pour parvenir à un résultat. SYN. se **démener.**
ÉTYM. de ① *dé-* et *carcasse.*

DÉCASYLLABE [dekasi(l)lab] **adj.** et **n. m.** ✦ Qui a dix syllabes. ➖ **n. m.** Vers de dix syllabes. ☛ Littérature p. 122.
ÉTYM. de *déca-* et *syllabe.*

DÉCATHLON [dekatlɔ̃] **n. m.** ✦ Ensemble de dix épreuves (courses, saut, lancer) disputées par les mêmes athlètes.
ÉTYM. de *déca-,* d'après *pentathlon.*

DÉCATIR [dekatiʀ] **v. tr.** (conjug. 13) ✦ TECHN. Débarrasser (une étoffe) du lustre que lui ont donné les apprêts. ◆ *SE DÉCATIR* **v. pron.** Perdre sa fraîcheur ; vieillir.
► **DÉCATI, IE** [dekati] **adj.** 1. *Tissu décati.* 2. **fig.** *Vieillard décati.*
ÉTYM. de *catir* «lustrer» ; famille du latin *cogere* «presser, serrer».

DÉCAVÉ, ÉE [dekave] **adj.** ✦ Qui a perdu sa cave, au jeu. ➖ **n.** *Un décavé.* ◆ **par ext.** Ruiné. ➖ *Un air décavé,* défait, abattu.
ÉTYM. du participe passé de *décaver,* de ③ *cave.*

DÉCÉDER [desede] **v. intr.** (conjug. 8) ✦ (personnes) Mourir. *Il est décédé depuis peu.*
► **DÉCÉDÉ, ÉE adj.** *Un parent décédé.*
ÉTYM. latin *decedere* «s'en aller».

DÉCELER [des(ə)le] **v. tr.** (conjug. 7a) 1. Découvrir (ce qui était celé, caché). *Déceler une intrigue.* ➖ *Déceler une fuite de gaz.* SYN. **détecter.** 2. (choses) Être l'indice de. SYN. **révéler, trahir.** *Sa voix décèle de l'inquiétude.* CONTR. **cacher, celer.**
ÉTYM. de ① *dé-* et *celer.*

DÉCÉLÉRATION [deseleʀasjɔ̃] **n. f.** ✦ Réduction de la vitesse (accélération* négative). SYN. **ralentissement.** *La décélération d'une fusée.*
ÉTYM. de ① *dé-* et *accélération.*

DÉCÉLÉRER [deseleʀe] **v. intr.** (conjug. 8) ✦ Ralentir (véhicule ; conducteur).
ÉTYM. de ① *dé-* et *accélérer.*

DÉCEMBRE [desɑ̃bʀ] **n. m.** ✦ Le douzième et dernier mois de l'année.
ÉTYM. latin *decembris (mensis)* «dixième mois de l'année», de *decem* «dix».

DÉCEMMENT [desamɑ̃] **adv.** 1. D'une manière décente. SYN. **convenablement.** *S'habiller décemment.* 2. Raisonnablement. *Décemment, il ne pouvait pas s'absenter.*
ÉTYM. de *décent.*

DÉCENCE [desɑ̃s] **n. f.** 1. Respect de ce qui touche les bonnes mœurs, les convenances. SYN. **bienséance, pudeur.** 2. Tact, discrétion, retenue. CONTR. **inconvenance, indécence, obscénité • indiscrétion.**
ÉTYM. latin *decentia* → décent.

DÉCENNAL, ALE, AUX [desenal, o] **adj.** 1. Qui dure dix ans. *Garantie décennale.* 2. Qui a lieu tous les dix ans.
ÉTYM. bas latin *decennalis,* de *decem* «dix» et *annus* «an».

DÉCENNIE [deseni] **n. f.** ✦ Période de dix ans.
ÉTYM. de *décennal.*

DÉCENT, ENTE [desɑ̃, ɑ̃t] **adj.** 1. Qui est conforme à la décence. SYN. **bienséant, convenable.** *Tenue décente.* 2. Acceptable. SYN. **correct.** *Un salaire décent.* CONTR. **inconvenant, incorrect, indécent, obscène.** HOM. DESCENTE «chute»
ÉTYM. latin *decens,* participe présent de *decere* «convenir».

DÉCENTRALISATION [desɑ̃tʀalizasjɔ̃] **n. f.** ✦ Action de décentraliser ; son résultat. SYN. **régionalisation ; délocalisation.** CONTR. **centralisation.**

DÉCENTRALISER [desɑ̃tʀalize] **v. tr.** (conjug. 3a) 1. Rendre plus autonome (ce qui dépend d'un pouvoir central). 2. Déplacer (une activité située dans la capitale) en banlieue ou en province. SYN. **délocaliser.** CONTR. **centraliser.**
► **DÉCENTRALISATEUR, TRICE** [desɑ̃tʀalizatœʀ, tʀis] **adj.** et **n.** *Politique décentralisatrice.*
ÉTYM. de ① *dé-* et *centraliser.*

DÉCENTRER [desɑ̃tʀe] **v. tr.** (conjug. 3a) ✦ Déplacer le centre de. SYN. **excentrer.** *Décentrer un objectif,* pour que son axe ne soit pas au centre du cliché.
ÉTYM. de ① *dé-* et *centre.*

DÉCEPTION [desɛpsjɔ̃] **n. f.** 1. Fait d'être déçu. SYN. **déconvenue, désappointement, désillusion.** 2. Ce qui déçoit. *Ce fut une amère, une cruelle déception.* CONTR. **satisfaction.**
ÉTYM. bas latin *deceptio.*

DÉCERNER [desɛʀne] **v. tr.** (conjug. 3a) 1. DR. Ordonner juridiquement. *Décerner un mandat d'arrêt.* 2. Accorder à qqn (une récompense, une distinction). SYN. **attribuer, donner.** *Décerner un prix.*
ÉTYM. latin *decernere* «décréter».

DÉCÈS [desɛ] **n. m.** ✦ Mort d'une personne. *Acte, faire-part de décès.*
ÉTYM. latin *decessus,* participe passé de *decedere* → décéder.

DÉCEVANT, ANTE [des(ə)vɑ̃, ɑ̃t] **adj.** ✦ Qui déçoit, ne répond pas à ce qu'on espérait. *Un film décevant.* CONTR. **satisfaisant.**
ÉTYM. du participe présent de *décevoir.*

DÉCEVOIR [des(ə)vwaʀ] **v. tr.** (conjug. 32) ✦ Tromper (qqn) dans ses espoirs, son attente. SYN. **désappointer.** *Son comportement m'a déçu* (↔ **décevant**). ➖ LITTÉR. *Décevoir la confiance de qqn.* CONTR. **contenter, satisfaire.**
ÉTYM. latin *decipere* «surprendre, tromper».

DÉCHAÎNEMENT [deʃɛnmɑ̃] n. m. ✦ Action de (se) déchaîner ; son résultat. *Le déchaînement des éléments.* SYN. **fureur.** ➔ *Le déchaînement de la violence.* CONTR. **apaisement.**

DÉCHAÎNER [deʃene] v. tr. (conjug. 3a) 1. Donner libre cours à (une force). *Déchaîner les passions.* SYN. **provoquer, soulever.** 2. SE DÉCHAÎNER v. pron. Se déclencher avec violence. *La tempête se déchaîne.* ➔ Se mettre en colère, s'emporter (contre qqn, qqch.). *La presse se déchaîna contre lui.* CONTR. **apaiser, calmer.**
► **DÉCHAÎNÉ, ÉE** adj. 1. Qui s'agite avec violence. *Mer déchaînée.* SYN. **démonté.** 2. Très excité, qu'on ne peut arrêter. *Cet enfant est déchaîné.* ➔ *Instincts déchaînés.* CONTR. ② **calme • sage.**
ÉTYM. de ① dé- et *chaîne.*

DÉCHANTER [deʃɑ̃te] v. intr. (conjug. 3a) ✦ Rabattre de ses prétentions, de ses espérances, perdre ses illusions. *Il a vite déchanté.*
ÉTYM. de ① *dé-* et *chanter.*

DÉCHARGE [deʃaʀʒ] n. f. I Lieu où l'on jette les ordures, les décombres. *Décharge publique.* II 1. Libération d'une obligation, d'une dette ; acte qui atteste cette libération. *Signer une décharge.* 2. À DÉCHARGE : qui lève les charges pesant sur un accusé. *Témoin à décharge,* qui dépose en faveur de l'accusé. ➔ *Il faut dire, à sa décharge...,* pour l'excuser. III 1. Fait de décharger une ou des armes à feu. SYN. **fusillade, salve.** 2. Brusque perte d'une charge électrique. *Décharge atmosphérique.* → ① **foudre.** *Recevoir une décharge (électrique) en touchant un fil électrifié.* CONTR. **charge • chargement.**
ÉTYM. de *décharger.*

DÉCHARGEMENT [deʃaʀʒəmɑ̃] n. m. ✦ Action de décharger (I, 1). CONTR. **chargement.**

DÉCHARGER [deʃaʀʒe] v. tr. (conjug. 5) I 1. Débarrasser de sa charge (une personne, un navire, etc.). *Décharger un camion.* 2. Enlever (un chargement). SYN. **débarquer.** *Décharger une cargaison.* 3. *Décharger une arme,* en enlever la charge. ➔ au p. passé *Pistolet déchargé.* ➔ *Décharger son arme sur qqch., qqn, dans qqch.* → **tirer.** 4. Débarrasser d'un excès. ➔ absolt *Étoffe qui décharge,* qui perd sa couleur. ♦ fig. *Décharger sa colère sur qqn.* 5. Diminuer la charge électrique de. ➔ au p. passé *Pile déchargée.* II fig. 1. Débarrasser ou libérer (qqn) d'une charge, d'une obligation, d'une responsabilité. SYN. **dispenser.** *Décharger qqn d'une corvée.* ➔ Dispenser (qqn) d'un travail en le faisant soi-même. ➔ pronom. *Se décharger d'un travail sur ses collaborateurs.* 2. Libérer d'une accusation. *Décharger un accusé.* SYN. **disculper, innocenter.** 3. *Décharger sa conscience,* avouer, se confesser. SYN. **soulager.** CONTR. **charger, surcharger • accuser, condamner.**
ÉTYM. de ① *dé-* et *charger.*

DÉCHARNÉ, ÉE [deʃaʀne] adj. 1. Qui n'a plus de chair. 2. Très maigre. *Visage décharné.* SYN. **émacié.** 3. fig. *Style décharné,* dépouillé, sec. CONTR. **charnu, gras.**
ÉTYM. de ① *dé-* et *charn,* ancienne forme de *chair.*

DÉCHAUSSEMENT [deʃosmɑ̃] n. m. ✦ Rétraction de la gencive autour d'une dent, qui bouge dans son alvéole.

DÉCHAUSSER [deʃose] v. tr. (conjug. 3a) 1. Enlever les chaussures de (qqn). *Déchausser un enfant.* ➔ pronom. *Déchaussez-vous en entrant.* ♦ absolt *Déchausser,* enlever ou perdre ses skis. 2. TECHN. Dénuder, dégarnir à la base. ➔ pronom. *Dent qui se déchausse,* qui n'est plus bien maintenue par la gencive dans l'alvéole dentaire, et bouge. CONTR. **chausser • butter.**
ÉTYM. de ① *dé-* et *chausser.*

DÈCHE [dɛʃ] n. f. ✦ FAM. Manque d'argent, grande gêne. SYN. **misère, pauvreté.** *C'est la dèche.*
ÉTYM. probablement famille de *déchoir.*

DÉCHÉANCE [deʃeɑ̃s] n. f. 1. Fait de déchoir ; état d'une personne déchue. SYN. **chute, disgrâce.** *La déchéance d'un souverain.* ➔ *Déchéance physique.* SYN. **décrépitude.** 2. Perte (d'un droit). *Déchéance de l'autorité parentale.*
ÉTYM. de *déchoir.*

DÉCHET [deʃɛ] n. m. 1. Perte qu'une chose subit dans l'emploi qui en est fait. *Il y a du déchet,* une partie à jeter. 2. surtout au plur. Résidu inutilisable. SYN. **détritus.** *Déchets industriels. Traitement, recyclage des déchets.* ☞ Géographie p. 227, 228, 230 et 233. 3. fig. Personne déchue, méprisable.
ÉTYM. de *déchoir.*

DÉCHETTERIE [deʃɛtʀi] n. f. ✦ Lieu aménagé pour recueillir et traiter certains déchets.
ÉTYM. de *déchet.*

DÉCHIFFRABLE [deʃifʀabl] adj. ✦ Qui peut être déchiffré. CONTR. **indéchiffrable.**

DÉCHIFFRAGE [deʃifʀaʒ] n. m. ✦ Action de déchiffrer (de la musique, un texte).

DÉCHIFFREMENT [deʃifʀəmɑ̃] n. m. ✦ Action de déchiffrer (une écriture, un message chiffré).

DÉCHIFFRER [deʃifʀe] v. tr. (conjug. 3a) 1. Lire (ce qui est chiffré), traduire en clair. *Déchiffrer un message codé.* SYN. **décoder, décrypter.** 2. Parvenir à lire, à comprendre. *Déchiffrer des hiéroglyphes.* ➔ *Une ordonnance médicale difficile à déchiffrer.* 3. *Déchiffrer de la musique, une partition,* la lire à première vue. ➔ absolt *Apprendre à déchiffrer.* CONTR. **chiffrer, coder.**
ÉTYM. de ① *dé-* et *chiffre* «code».

DÉCHIQUETER [deʃik(ə)te] v. tr. (conjug. 6b) 1. Déchirer irrégulièrement en petits morceaux. SYN. **déchirer.** *Le chien déchiquetait la viande à belles dents.* 2. Mettre en pièces, en lambeaux. ➔ au p. passé *Corps déchiqueté par un obus.*
ÉTYM. famille de *échiquier.*

DÉCHIRANT, ANTE [deʃiʀɑ̃, ɑ̃t] adj. ✦ Qui déchire le cœur, émeut fortement. *Des cris, des adieux déchirants.* CONTR. **gai, heureux.**
ÉTYM. du participe présent de *déchirer.*

DÉCHIREMENT [deʃiʀmɑ̃] n. m. 1. Action de déchirer ; son résultat. 2. fig. Grande douleur morale avec impression de rupture intérieure. *Le déchirement des séparations.*

DÉCHIRER [deʃiʀe] v. tr. (conjug. 3a) I 1. Séparer en morceaux par des tractions opposées. *Déchirer une photo en petits morceaux.* ➔ *Se déchirer un muscle,* se rompre des fibres musculaires. 2. Faire un accroc à. *Déchirer sa robe.* 3. Rompre violemment par un son

éclatant. *Un cri déchira le silence.* **4.** Causer une vive douleur à. *Toux qui déchire la poitrine.* — fig. *Déchirer le cœur.* SYN. **fendre. 5.** Troubler par de tragiques divisions. SYN. **diviser.** *La guerre civile déchire le pays.* — au p. passé *Être déchiré* (entre deux sentiments contraires). **II** *SE DÉCHIRER* **v. pron. 1.** Se rompre, se fendre. *L'emballage s'est déchiré.* **2.** (récipr.) fig. Se faire du mal, de la peine avec violence. *Des amants qui se déchirent.* SYN. **s'entre-déchirer.** CONTR. **consoler, pacifier, réconcilier.**
ÉTYM. de l'ancien français *escirer*, francique *skerian* «partager».

DÉCHIRURE [deʃiʀyʀ] **n. f. 1.** Fente faite en déchirant. SYN. **accroc. 2.** Rupture ou ouverture irrégulière dans les tissus, les chairs. *Une déchirure musculaire.* SYN. **claquage.**

DÉCHOIR [deʃwaʀ] **v.** (conjug. 34 ; pas d'impératif ni de p. présent) **1. v. intr.** Tomber dans un état inférieur à celui où l'on était. *Il a déchu dans mon estime.* SYN. **baisser.** *Vous pouvez accepter sans déchoir.* SYN. **s'abaisser. 2. v. tr.** *Déchoir qqn de* (un droit...), l'en priver à titre de sanction. — au p. passé *Être déchu de ses droits civiques.* CONTR. **s'élever, monter, progresser.**
ÉTYM. bas latin *decadere* «tomber» ; famille de *choir*.

DÉCHRISTIANISER [dekʀistjanize] **v. tr.** (conjug. 3a) ✦ Éloigner du christianisme (un groupe humain).
▶ **DÉCHRISTIANISATION** [dekʀistjanizasjɔ̃] **n. f.** *Déchristianisation du calendrier par la Convention.*
ÉTYM. de ① *dé-* et *christianiser*.

DÉCHU, UE [deʃy] **adj.** ✦ Qui n'a plus (une position supérieure, un avantage). *Prince déchu* (→ **déchéance**). ◆ Privé de l'état de grâce. *Ange déchu.*
ÉTYM. du participe passé de *déchoir*.

DÉCI- Préfixe, du latin *decimus* «dixième», qui signifie «dixième partie» (symb. d) (ex. *décigramme, décilitre, décimètre*).

DÉCIBEL [desibɛl] **n. m.** ✦ Unité de puissance sonore (symb. dB).
ÉTYM. de *déci-* et *bel*, autre unité, du nom de *Graham Bell.* ☛ noms propres.

DÉCIDÉ, ÉE [deside] **adj. 1.** Qui n'hésite pas pour prendre un parti. SYN. **déterminé, résolu.** *Un homme décidé.* — *Un air décidé.* **2.** Arrêté par décision. *C'est (une) chose décidée.* SYN. **réglé, résolu.** CONTR. **hésitant, indécis, irrésolu, perplexe · incertain.**

DÉCIDÉMENT [desidemɑ̃] **adv.** ✦ D'une manière décisive, définitive. *Décidément, j'ai de la chance.* SYN. **manifestement.**

DÉCIDER [deside] **v. tr.** (conjug. 3a) **I v. tr. dir. 1.** Prendre la décision (2) de. *Décider une opération.* — absolt *C'est moi qui décide. Il décide qu'il ira ; il a décidé qu'il irait.* **2.** Amener (qqn à agir). *Décider qqn à faire qqch.* SYN. **convaincre, persuader.** *Je l'ai décidé à rester.* ◆ passif *Je suis décidé à y aller.* SYN. **déterminé.** — absolt *Quand vous serez décidé.* **II v. tr. ind.** *DÉCIDER DE qqch.* Disposer en maître par son action ou son jugement. *Le chef de l'État décide de la paix et de la guerre.* — (+ inf.) *Décider de partir.* — (choses) Déterminer, être la cause principale. *Une rencontre qui décida de son avenir.* **III** *SE DÉCIDER* **v. pron. 1.** Être tranché, résolu. *Ça s'est décidé hier.* **2.** *Se décider à :* prendre la décision de. SYN. **se résoudre** à. *Se décider à travailler.* — absolt *Il n'arrive pas à se décider* (→ **indécis**). **3.** *Se décider pour :* donner la préférence à, opter pour. *Elle s'est décidée pour la deuxième solution.* CONTR. **hésiter.**
ÉTYM. latin *decidere* «trancher», de *caedere* «couper».

DÉCIDEUR, EUSE [desidœʀ, øz] **n.** ✦ Personne ayant le pouvoir de décision.
ÉTYM. de *décider.*

DÉCIGRAMME [desigʀam] **n. m.** ✦ Dixième partie d'un gramme (symb. dg).
ÉTYM. de *déci-* et *gramme.*

DÉCILITRE [desilitʀ] **n. m.** ✦ Dixième partie d'un litre (symb. dl).
ÉTYM. de *déci-* et *litre.*

DÉCILLER → **DESSILLER**

DÉCIMAL, ALE, AUX [desimal, o] **adj.** et **n. f. 1. adj.** Qui procède par dix ; qui a pour base le nombre dix. *Système décimal. Nombre décimal,* pouvant s'écrire sous la forme d'une fraction dont le dénominateur est une puissance de 10. *3,25 est un nombre décimal* (il peut s'écrire). **2.** *DÉCIMALE* **n. f.** Chiffre placé après la virgule, dans un nombre décimal. *3,25 a deux décimales.*
ÉTYM. de *décime* «dixième partie», latin *decimus.*

DÉCIMER [desime] **v. tr.** (conjug. 3a) ✦ Faire périr un grand nombre d'individus dans (un ensemble, un lieu). *Épidémie qui décime un troupeau.*
ÉTYM. latin *decimare* «punir de mort une personne sur dix *(decem)* tirée au sort».

DÉCIMÈTRE [desimɛtʀ] **n. m. 1.** Dixième partie d'un mètre (symb. dm). **2.** Règle graduée mesurant un ou deux décimètres. *Un double décimètre.*
ÉTYM. de *déci-* et *mètre.*

DÉCISIF, IVE [desizif, iv] **adj.** ✦ (choses) Qui résout une difficulté, tranche un débat. SYN. **concluant, péremptoire.** *Un argument décisif.* — Qui conduit à un résultat définitif, capital. *Moment décisif.*
ÉTYM. latin médiéval *decisivus*, de *decidere* «trancher».

DÉCISION [desizjɔ̃] **n. f. 1.** Jugement qui apporte une solution. SYN. **arrêt, décret, sentence, verdict.** *Décision judiciaire.* **2.** Fin de la délibération dans l'acte volontaire de faire ou ne pas faire (une chose). SYN. **détermination,** ① **parti, résolution.** *Prendre une décision. Il a pris la décision de refuser. Sa décision est prise. Revenir sur une, sur sa décision,* l'annuler. **3.** Qualité qui consiste à ne pas atermoyer ou changer sans motif ce qu'on a décidé. SYN. **caractère, fermeté, volonté.** *Esprit de décision.* CONTR. **hésitation, indécision.**
ÉTYM. latin *decisio.*

DÉCLAMATION [deklamasjɔ̃] **n. f. 1.** Art de déclamer. **2.** péj. Emploi de phrases emphatiques ; ces phrases.
ÉTYM. latin *declamatio.*

DÉCLAMATOIRE [deklamatwaʀ] **adj.** ✦ Emphatique. *Ton, style déclamatoire.* SYN. **pompeux.** CONTR. **naturel, sobre.**
ÉTYM. latin *declamatorius* «relatif à l'exercice de la parole».

DÉCLAMER [deklame] **v. tr.** (conjug. 3a) **1.** Dire en rythmant fortement ou avec emphase. *Déclamer des vers.* **2.** VIEILLI *Déclamer contre* (qqn, qqch.), attaquer en paroles, invectiver.
ÉTYM. latin *declamare*, de *clamare* «crier».

DÉCLARATIF, IVE [deklaʀatif, iv] **adj.** ✦ Qui donne déclaration de qqch. ➝ GRAMM. *Verbe déclaratif,* qui énonce une simple communication (ex. dire, expliquer). *Phrase déclarative,* qui présente un fait, des évènements, une opinion (ex. Vous lisez ; elle est belle).
ÉTYM. bas latin *declarativus* «qui montre clairement».

DÉCLARATION [deklaʀasjɔ̃] **n. f.** 1. Action de déclarer ; discours ou écrit par lequel on déclare. *Selon les déclarations du témoin.* ➝ *La Déclaration des droits de l'homme et du citoyen* (1789). ☛ Révolution française p. 175 et noms propres. 2. Aveu qu'on fait à une personne de l'amour qu'on éprouve pour elle. *Déclaration d'amour. Il lui a fait sa* (ou *une*) *déclaration.* 3. Affirmation orale ou écrite par laquelle on déclare l'existence d'une situation de fait ou de droit. *Déclaration de vol.* ➝ *Déclaration de revenus,* ou abusivt *déclaration d'impôts.* 4. *Déclaration de guerre* : action de déclarer la guerre.
ÉTYM. latin *declaratio.*

DÉCLARER [deklaʀe] **v. tr.** (conjug. 3a) **I** 1. Faire connaître d'une façon claire, manifeste. SYN. **affirmer, annoncer, proclamer.** *Déclarer ses intentions.* ➝ *Déclarer la guerre à un pays,* lui faire savoir qu'on ouvre les hostilités contre lui. ♦ (avec attribut) *On l'a déclaré coupable.* ♦ *DÉCLARER QUE* (+ indic.). SYN. **assurer, prétendre.** *Il a déclaré que c'était faux.* 2. Faire connaître (à une autorité) l'existence de (une chose, une personne, un fait). *N'avez-vous rien à déclarer ?* (à la douane). *Déclarer ses revenus* (au fisc). ➝ *Déclarer un enfant à la mairie.* **II** *SE DÉCLARER* **v. pron.** 1. Donner son avis. *Il ne veut pas se déclarer sur ce point.* SYN. **se prononcer.** *Se déclarer pour, contre.* ➝ (avec attribut) Se dire (tel). *Se déclarer satisfait.* ➝ Révéler son amour. *Ne pas oser se déclarer.* 2. (phénomène dangereux) Commencer à se manifester. *La fièvre, la tempête se déclara brusquement.*
► **DÉCLARÉ, ÉE adj.** *Être l'ennemi déclaré de qqn.* SYN. **juré.**
ÉTYM. latin *declarare,* famille de *clarus* «clair».

DÉCLASSEMENT [deklasmɑ̃] **n. m.** ✦ Action de déclasser. *Le déclassement des fiches.*

DÉCLASSER [deklase] **v. tr.** (conjug. 3a) **I** 1. Faire passer dans une classe, une catégorie inférieure. *Déclasser un hôtel.* 2. *Déclasser un voyageur,* le faire changer de classe (pour une classe inférieure). **II** Déranger (des objets classés). *Déclasser des livres.* CONTR. **classer, reclasser.**
► **DÉCLASSÉ, ÉE adj.** 1. Qui n'appartient plus à sa classe sociale, mais à une classe inférieure. ➝ n. *Les déclassés.* 2. Qu'on a déclassé (I, 1). *Athlète déclassé.*
ÉTYM. de ① *dé-* et *classer.*

DÉCLENCHEMENT [deklɑ̃ʃmɑ̃] **n. m.** ✦ Fait de déclencher, de se déclencher. *Le déclenchement des hostilités.*

DÉCLENCHER [deklɑ̃ʃe] **v. tr.** (conjug. 3a) 1. Déterminer le fonctionnement de (un système) par un mécanisme. *Déclencher une alarme,* la faire sonner. ➝ pronom. *L'alarme s'est déclenchée.* 2. Déterminer brusquement (une action, un phénomène). SYN. **entraîner, provoquer.** *Déclencher une crise. Déclencher un accouchement,* le provoquer. ➝ pronom. *Le processus se déclenche.*
ÉTYM. de ① *dé-* et *clenche.*

DÉCLENCHEUR [deklɑ̃ʃœʀ] **n. m.** ✦ Pièce qui déclenche un mécanisme. *Le déclencheur d'un appareil photographique.*

DÉCLIC [deklik] **n. m.** 1. Mécanisme qui déclenche. *Faire jouer un déclic.* ➝ fig. et FAM. *Avoir un déclic :* comprendre soudainement. 2. Bruit sec produit par ce qui se déclenche. *Le déclic de la serrure.*
ÉTYM. de l'ancien verbe *décliquer,* de *clique* «loquet», onomatopée.

DÉCLIN [deklɛ̃] **n. m.** ✦ État de ce qui diminue, commence à régresser. *Le déclin du jour.* ➝ **crépuscule.** *Être sur le, sur son déclin.* ➝ *Le déclin de la vie.* ➝ **vieillesse.** *Une civilisation en déclin.* SYN. **décadence.** CONTR. **épanouissement, essor, progrès.**
ÉTYM. de *décliner.*

DÉCLINABLE [deklinabl] **adj.** ✦ Susceptible d'être décliné (2).

DÉCLINAISON [deklinɛzɔ̃] **n. f.** 1. ASTRON. Distance angulaire d'un astre au plan équatorial. 2. GRAMM. Ensemble des formes (➝ ② **cas, désinence**) que prennent les noms, pronoms et adjectifs des langues à flexion, suivant les nombres, les genres et les cas. *Les cinq déclinaisons du latin.*
ÉTYM. latin *declinatio.*

DÉCLINANT, ANTE [deklinɑ̃, ɑ̃t] **adj.** ✦ Qui est sur son déclin. *Forces déclinantes.*
ÉTYM. du participe présent de *décliner.*

DÉCLINER [dekline] **v.** (conjug. 3a) **I** **v. tr.** 1. Repousser (ce qui est proposé, attribué). *Décliner une invitation, un honneur.* SYN. **refuser.** ➝ *Décliner toute responsabilité.* SYN. **rejeter.** 2. GRAMM. Donner toutes ses désinences à (➝ **déclinaison**). 3. COMM. Donner plusieurs formes à (un produit). *Décliner un tissu en plusieurs coloris.* 4. Dire à la suite. *Décliner ses nom, prénoms, titres et qualités.* SYN. **énoncer.** **II** **v. intr.** 1. ASTRON. Approcher de l'horizon (astre). 2. Être dans son déclin. SYN. **baisser, diminuer, tomber.** *Le jour décline.* ➝ *Le malade décline.* SYN. **s'affaiblir.** CONTR. **accepter • s'épanouir, progresser.**
ÉTYM. latin *declinare,* de *clinare* «pencher».

DÉCLIVE [dekliv] **adj.** ✦ Qui est incliné, en pente.
ÉTYM. latin *declivis,* de *clivus* «pente».

DÉCLIVITÉ [deklivite] **n. f.** ✦ État de ce qui est en pente. *La déclivité d'un terrain.* SYN. **inclinaison.**
ÉTYM. latin *declivitas,* de *clivus* «pente».

DÉCLOISONNER [deklwazɔne] **v. tr.** (conjug. 3a) ✦ Ôter les cloisons (4) administratives, économiques, psychologiques de (qqch.) pour faciliter la communication.
► **DÉCLOISONNEMENT** [deklwazɔnmɑ̃] **n. m.**

DÉCLOUER [deklue] **v. tr.** (conjug. 3a) ✦ Défaire (ce qui est cloué). *Déclouer une caisse.* CONTR. **clouer.**

① **DÉCOCHER** [dekɔʃe] **v. tr.** (conjug. 1) 1. Lancer avec un arc. *Décocher des flèches.* ➝ Lancer par une brusque détente. *Décocher un coup à qqn.* 2. fig. *Décocher une œillade, une méchanceté.*
ÉTYM. de ① *dé-* et ① *coche.*

② **DÉCOCHER** [dekɔʃe] **v. tr.** (conjug. 3a) ✦ *Décocher une case,* enlever le signe qui y figure. CONTR. ① **cocher.**
ÉTYM. de *dé-* et ① *cocher.*

A B C D E F G H I J K L M N O P Q R S T U V W X Y Z

DÉCOCTION [dekɔksjɔ̃] **n. f.** ✦ Action de faire bouillir dans l'eau une substance pour en extraire les principes solubles ; liquide ainsi obtenu. SYN. **tisane.**
ÉTYM. bas latin *decoctio*, de *coquere* «cuire».

DÉCODER [dekɔde] **v. tr.** (conjug. 3a) ✦ Traduire en langage clair (un message codé). SYN. **décrypter.**
► **DÉCODAGE** [dekɔdaʒ] **n. m.**

DÉCODEUR [dekɔdœʀ] **n. m.** ✦ Dispositif de décodage, **spécialt** destiné à restituer en clair un signal de télévision crypté à l'émission.
ÉTYM. de *décoder*.

DÉCOIFFER [dekwafe] **v. tr.** (conjug. 3a) **1.** Déranger la coiffure de (qqn). SYN. **dépeigner.** *Le vent l'a décoiffé.* ➝ **au p. passé** *Être décoiffé.* **2. fig. FAM. absolt** Déranger, surprendre. *Un slogan qui décoiffe.* CONTR. **coiffer, recoiffer.**
ÉTYM. de ① *dé-* et *coiffer*.

DÉCOINCER [dekwɛ̃se] **v. tr.** (conjug. 4) **1.** Dégager (ce qui est coincé, bloqué). SYN. **débloquer. 2. fig. FAM.** Détendre, mettre à l'aise. CONTR. **coincer.**

DÉCOLÉRER [dekɔleʀe] **v. intr.** (conjug. 8) ✦ *Ne pas décolérer* : ne pas cesser d'être en colère.

DÉCOLLAGE [dekɔlaʒ] **n. m.** ✦ Action de décoller, de quitter le sol. *Décollage et atterrissage.* ➝ **fig.** *Décollage économique.* SYN. **démarrage, essor.**

DÉCOLLATION [dekɔlasjɔ̃] **n. f.** ✦ Action de couper la tête (d'une personne). SYN. **décapitation.**
ÉTYM. bas latin *decollatio*, famille de *collum* «cou».

DÉCOLLEMENT [dekɔlmɑ̃] **n. m.** ✦ Action de décoller ; état de ce qui est décollé, n'adhère plus. *Décollement de la rétine.*

DÉCOLLER [dekɔle] **v.** (conjug. 3a) **I v. tr. dir.** Détacher (ce qui est collé). *Décoller un timbre.* ➝ **pronom.** *Affiche qui se décolle.* ➝ **au p. passé** *Oreilles décollées*, qui s'écartent de la tête. **II v. tr. ind.** (avec *de*) **1. FAM.** S'en aller, partir. *Il ne décolle pas d'ici.* **2.** Se détacher de. *Skieur qui décolle du tremplin.* ➝ **fig.** *Décoller de la réalité.* **III v. intr.** Quitter le sol (avion). SYN. **s'envoler.** ♦ **fig.** Prendre son essor. *Les ventes décollent.* CONTR. **coller • atterrir ; sombrer.**

DÉCOLLETÉ, ÉE [dekɔlte] **adj.** et **n. m. 1. adj.** Qui laisse voir le cou et une partie de la gorge, du dos. *Robe décolletée.* ➝ **par ext.** *Femme très décolletée.* **2. n. m.** Bords d'un vêtement décolleté. *Décolleté plongeant.* ➝ Partie laissée nue par le décolleté. *Elle a un beau décolleté.* CONTR. **montant.**

DÉCOLLETER [dekɔlte] **v. tr.** (conjug. 6b) ✦ Couper (un vêtement) de sorte qu'il dégage le cou. SYN. **échancrer.** *Décolleter un corsage.* ♦ **pronom.** *Se décolleter* : porter un vêtement décolleté.
ÉTYM. de ① *dé-* et *collet*.

DÉCOLONISATION [dekɔlɔnizasjɔ̃] **n. f.** ✦ Cessation, pour un pays, de l'état de colonie ; processus par lequel une colonie devient indépendante. → **indépendance.** ☛ Décolonisation p. 196. CONTR. **colonisation.**

DÉCOLONISER [dekɔlɔnize] **v. tr.** (conjug. 3a) ✦ Permettre, effectuer la décolonisation de (un pays, un peuple colonisé). CONTR. **coloniser.**
ÉTYM. de ① *dé-* et *coloniser*.

DÉCOLORANT, ANTE [dekɔlɔʀɑ̃, ɑ̃t] **adj.** ✦ Qui décolore. ➝ **n. m.** *L'eau de Javel est un décolorant.* CONTR. **colorant.**
ÉTYM. du participe présent de *décolorer*.

DÉCOLORATION [dekɔlɔʀasjɔ̃] **n. f.** ✦ Action de décolorer. *Décoloration des cheveux.* CONTR. **coloration, teinture.**
ÉTYM. latin *decoloratio*.

DÉCOLORER [dekɔlɔʀe] **v. tr.** (conjug. 3a) **I** Altérer, effacer la couleur de. *Ce produit décolore le linge.* ➝ *Décolorer les cheveux*, leur ôter leur couleur naturelle. **II** *SE DÉCOLORER* **v. pron. 1.** Perdre sa couleur. *L'affiche s'est décolorée.* **2.** Décolorer ses cheveux. CONTR. **colorer, teindre, teinter.**
► **DÉCOLORÉ, ÉE adj.** *Cheveux décolorés.*
ÉTYM. latin *decolorare*.

DÉCOMBRES [dekɔ̃bʀ] **n. m. pl.** ✦ Amas de matériaux provenant d'un édifice détruit. SYN. **gravats, ruine.**
ÉTYM. de l'ancien verbe *décombrer* «débarrasser de ce qui encombre», d'après *encombrer*.

DÉCOMMANDER [dekɔmɑ̃de] **v. tr.** (conjug. 3a) ✦ Annuler la commande de (une marchandise). ➝ Annuler (une invitation). *Décommander une soirée*, **par ext.** *des invités.* ➝ **pronom.** *Se décommander* : annuler un rendez-vous. *Elle est malade, elle s'est décommandée.*
ÉTYM. de ① *dé-* et *commander*.

DÉCOMPENSER [dekɔ̃pɑ̃se] **v. intr.** (conjug. 3a) ✦ **FAM.** Agir de façon inattendue, inhabituelle, après avoir éprouvé une grande tension nerveuse. *Décompenser après un examen.*
ÉTYM. de *décompensation*, de *compensation*.

DÉCOMPLEXÉ, ÉE [dekɔ̃plɛkse] **adj.** ✦ Sans complexe. *Un ado décomplexé.* ♦ **fig.** Qui assume ses choix, ses idées. *Un libéralisme décomplexé.* CONTR. **complexé.**

DÉCOMPLEXER [dekɔ̃plɛkse] **v. tr.** (conjug. 3a) ✦ **FAM.** Libérer (qqn) de ses inhibitions, de ses complexes. SYN. **FAM. décoincer.** *Décomplexer un timide.* CONTR. **complexer, inhiber.**

DÉCOMPOSABLE [dekɔ̃pozabl] **adj.** ✦ Qui peut être décomposé.

DÉCOMPOSER [dekɔ̃poze] **v. tr.** (conjug. 3a) **I** Diviser, séparer en éléments constitutifs. SYN. **désagréger, dissocier.** *Décomposer de l'eau par électrolyse. Le prisme décompose la lumière solaire.* ➝ *Décomposer un mot.* ♦ Effectuer lentement pour montrer les éléments. *Décomposer un pas de danse.* **II 1.** Altérer chimiquement (une substance organique). SYN. **putréfier.** ➝ **pronom.** *Cadavre qui se décompose.* SYN. **pourrir. 2.** Altérer passagèrement (les traits du visage). *La peur décomposait ses traits.* ➝ **pronom.** *Son visage se décomposa.* ♦ **au p. passé** *Visage décomposé.* ➝ *Être décomposé.* CONTR. **combiner, composer, synthétiser • conserver.**
ÉTYM. de ① *dé-* et *composer*.

DÉCOMPOSEUR [dekɔ̃pozœʀ] **n. m.** ✦ Organisme qui vit dans le sol et se nourrit de matière organique. SYN. **détritivore.** *Le décomposeur, dernier maillon de la chaîne alimentaire.*

DÉCOMPOSITION [dekɔ̃pozisjɔ̃] **n. f. I** Action de décomposer (I). **II** Altération (d'une substance organique, chimique) suivie de putréfaction. SYN. **pourri-**

ture. *Cadavre en décomposition.* ➛ fig. *La décomposition d'une dictature.* CONTR. **combinaison, composition** • **conservation.**

DÉCOMPRESSER [dekɔ̃pʀese] v. intr. (conjug. 3a) ✦ FAM. Relâcher sa tension nerveuse, à la suite d'un effort intense. SYN. se **détendre.**

ÉTYM. de ① *dé-* et *compresser,* de *con-* et *presser.*

DÉCOMPRESSION [dekɔ̃pʀesjɔ̃] n. f. ✦ Action de décomprimer. ➛ *Accident de décompression,* provoqué chez les plongeurs par un retour trop brusque à la pression atmosphérique. CONTR. **compression.**

ÉTYM. de ① *dé-* et *compression.*

DÉCOMPRIMER [dekɔ̃pʀime] v. tr. (conjug. 3a) ✦ Faire cesser ou diminuer la compression de (un gaz). CONTR. **comprimer.**

ÉTYM. de ① *dé-* et *comprimer.*

DÉCOMPTE [dekɔ̃t] n. m. 1. Ce qu'il y a à déduire sur une somme qu'on paie. SYN. **déduction, réduction.** 2. Décomposition d'une somme, d'un ensemble en ses éléments. *Le décompte des frais.*

ÉTYM. de *décompter.*

DÉCOMPTER [dekɔ̃te] v. tr. (conjug. 3a) ✦ Déduire, retrancher. SYN. **soustraire.** *Décompter les arrhes.* CONTR. **ajouter.**

ÉTYM. de ① *dé-* et *compter.*

DÉCONCENTRER [dekɔ̃sɑ̃tʀe] v. tr. (conjug. 3a) 1. Diminuer la concentration de. *Déconcentrer un quartier surpeuplé.* 2. Cesser de concentrer (son attention). ➛ *Cette pause m'a déconcentré.*

► **DÉCONCENTRATION** [dekɔ̃sɑ̃tʀasjɔ̃] n. f.

DÉCONCERTANT, ANTE [dekɔ̃sɛʀtɑ̃, ɑ̃t] adj. ✦ Qui déconcerte. SYN. **déroutant.** *Attitude déconcertante.*

DÉCONCERTER [dekɔ̃sɛʀte] v. tr. (conjug. 3a) ✦ Faire perdre contenance à (qqn) ; jeter dans l'incertitude. SYN. **décontenancer, dérouter, surprendre.** *Ses caprices me déconcertent.* CONTR. **rassurer.**

ÉTYM. de ① *dé-* et *concerter.*

DÉCONFIT, ITE [dekɔ̃fi, it] adj. ✦ Penaud, dépité. *Air déconfit, mine déconfite.* CONTR. **triomphant.**

ÉTYM. du participe passé de l'ancien verbe *déconfire* «défaire, battre», de *confire* «préparer».

DÉCONFITURE [dekɔ̃fityʀ] n. f. 1. FAM. Échec, défaite morale. *La déconfiture d'un parti.* 2. Ruine financière. SYN. **banqueroute, faillite.** *L'entreprise est en pleine déconfiture.* CONTR. **succès, triomphe.**

ÉTYM. de l'ancien verbe *déconfire* → déconfit.

DÉCONGELER [dekɔ̃ʒ(ə)le] v. tr. (conjug. 7a) ✦ Ramener (ce qui est congelé) à une température supérieure à 0 °C. *Décongeler de la viande.* CONTR. **congeler.**

► **DÉCONGÉLATION** [dekɔ̃ʒelasjɔ̃] n. f.

DÉCONGESTIONNER [dekɔ̃ʒɛstjɔne] v. tr. (conjug. 3a) 1. Faire cesser la congestion de. 2. fig. Dégager, faciliter la circulation dans (une rue...). CONTR. **congestionner.**

► **DÉCONGESTION** [dekɔ̃ʒɛstjɔ̃] n. f.

ÉTYM. de ① *dé-* et *congestionner.*

DÉCONNECTER [dekɔnɛkte] v. tr. (conjug. 3a) ✦ Supprimer la connexion électrique, la liaison à un réseau de. SYN. **débrancher.** ➛ pronom. *Se déconnecter et éteindre son ordinateur.* ◆ fig. Séparer. *Déconnecter l'enseignement de la réalité.* ➛ au p. passé. *Être déconnecté :* ne plus être intéressé, concerné. CONTR. **brancher, connecter** • **lier, relier.**

ÉTYM. de ① *dé-* et *connecter.*

DÉCONNER [dekɔne] v. intr. (conjug. 3a) ✦ FAM. 1. (personnes) Dire, faire des absurdités, des bêtises. ➛ *Sans déconner :* sérieusement. 2. (choses) Mal fonctionner. *Ma montre déconne.*

ÉTYM. de *con.*

DÉCONNEXION [dekɔnɛksjɔ̃] n. f. ✦ Action de déconnecter ; son résultat. CONTR. **connexion, liaison.**

ÉTYM. de ① *dé-* et *connexion.*

DÉCONSEILLER [dekɔ̃seje] v. tr. (conjug. 3a) ✦ Conseiller de ne pas faire. SYN. **dissuader.** *Il lui a déconseillé de partir. Je vous déconseille cette voiture.* ➛ au p. passé *C'est tout à fait déconseillé,* contre-indiqué. CONTR. ② **conseiller, recommander.**

DÉCONSIDÉRER [dekɔ̃sideʀe] v. tr. (conjug. 8) ✦ Priver (qqn) de la considération, de l'estime d'autrui. SYN. **discréditer.** *Ce scandale l'a déconsidéré.* ➛ pronom. *Il se déconsidère par sa conduite.*

► **DÉCONSIDÉRATION** [dekɔ̃sideʀasjɔ̃] n. f. LITTÉR. *Porter, jeter la déconsidération sur qqch.* SYN. **discrédit.**

ÉTYM. de ① *dé-* et *considérer.*

DÉCONTAMINER [dekɔ̃tamine] v. tr. (conjug. 3a) ✦ Éliminer ou réduire les effets d'une contamination sur (qqn, qqch.). CONTR. **contaminer.**

► **DÉCONTAMINATION** [dekɔ̃taminasjɔ̃] n. f.

ÉTYM. de ① *dé-* et *contaminer.*

DÉCONTENANCER [dekɔ̃t(ə)nɑ̃se] v. tr. (conjug. 4) ✦ Faire perdre contenance à (qqn). SYN. **déconcerter, démonter.** ➛ pronom. *Se décontenancer facilement.* ➛ au p. passé *Être tout décontenancé.* CONTR. **encourager, rassurer.**

ÉTYM. de ① *dé-* et *contenance* (II).

DÉCONTRACTER [dekɔ̃tʀakte] v. tr. (conjug. 3a) 1. Faire cesser la contraction musculaire de. SYN. **relâcher.** *Décontracter ses muscles.* 2. fig. FAM. *Décontracter qqn,* l'aider à se détendre. ➛ *SE DÉCONTRACTER* v. pron. Se détendre, se relaxer. CONTR. ② **contracter, crisper, raidir,** ① **tendre.**

► **DÉCONTRACTÉ, ÉE** adj. 1. (muscle) Relâché. ➛ Détendu. 2. fig. FAM. Insouciant, sans crainte ni angoisse. *Il est très décontracté.* ➛ *Une allure très décontractée* (SYN. anglicisme **cool**). CONTR. **contracté, tendu** • **soucieux ; guindé, strict.**

ÉTYM. de ① *dé-* et ② *contracter.*

DÉCONTRACTION [dekɔ̃tʀaksjɔ̃] n. f. 1. Relâchement du muscle. 2. Détente du corps. SYN. **relaxation.** 3. fig. Désinvolture. CONTR. **contraction, tension** • **raideur.**

ÉTYM. de *décontracter.*

DÉCONVENUE [dekɔ̃v(ə)ny] n. f. ✦ Désappointement causé par un insuccès, une mésaventure, une erreur. SYN. **déception.** *Amère déconvenue.* CONTR. **triomphe.**

ÉTYM. de ① *dé-* et *convenu.*

DÉCOR [dekɔʀ] n. m. 1. Ce qui sert à décorer (un édifice, un intérieur). *Un décor très moderne.* 2. Représentation figurée du lieu où se passe l'action (théâtre, cinéma, télévision ; images en général). ☞ Littérature p. 127. *Ranger les décors.* ➛ loc. fig. *CHANGEMENT DE DÉCOR :* modification brusque d'une situation. *Faire partie du décor :* passer inaperçu. 3. Cadre, environ-

nement. *Un décor champêtre.* ➛ loc. FAM. *Foncer, partir DANS LE DÉCOR, quitter accidentellement la route.*
ÉTYM. de *décorer.*

DÉCORATEUR, TRICE [dekɔʀatœʀ, tʀis] n. ✦ Personne qui conçoit des décors pour un spectacle ; qui conçoit ou exécute des travaux de décoration. ➛ appos. *Des tapissiers décorateurs.*
ÉTYM. de *décorer.*

DÉCORATIF, IVE [dekɔʀatif, iv] adj. 1. Destiné à décorer. *Motif décoratif.* SYN. **ornemental.** ➛ *ARTS DÉCORATIFS,* appliqués aux choses utilitaires. → **design.** *Exposition internationale des arts décoratifs* (Paris, 1925). → **art** déco. ♦ *Une plante très décorative.* 2. Agréable, mais accessoire. *Un rôle purement décoratif.*

DÉCORATION [dekɔʀasjɔ̃] n. f. I 1. Action, art de décorer. *Décoration intérieure.* 2. Ce qui décore. *Les décorations de Noël.* II Insigne d'un ordre honorifique. → **cordon, croix, médaille, palme, rosette, ruban.** *Remise de décorations.*
ÉTYM. latin *decoratio* « ornement ».

DÉCORER [dekɔʀe] v. tr. (conjug. 3a) I Pourvoir d'accessoires destinés à embellir. SYN. **orner.** *Décorer une vitrine, un appartement* (→ **décorateur**). II Remettre à (qqn) une décoration. *Décorer un soldat. Elle va être décorée de la Légion d'honneur.*
ÉTYM. latin *decorare,* de *decus, decoris* « ornement ».

DÉCORTIQUER [dekɔʀtike] v. tr. (conjug. 3a) 1. Dépouiller de son écorce ; séparer de son enveloppe. *Décortiquer des noix.* ➛ par ext. *Décortiquer un crabe.* ➛ p. passé *Crevettes décortiquées.* 2. fig. Analyser à fond. SYN. **éplucher.** *Décortiquer un texte.*
► **DÉCORTICAGE** [dekɔʀtikaʒ] n. m. *Le décorticage du riz.*
ÉTYM. latin impérial *decorticare,* de *cortex* « écorce ».

DÉCORUM [dekɔʀɔm] n. m. sing. ✦ Ensemble des règles à observer pour tenir son rang dans une bonne société. SYN. **bienséance, protocole.** *Observer le décorum.*
ÉTYM. latin *decorum,* de *decere* « convenir ».

DÉCOUCHER [dekuʃe] v. intr. (conjug. 3a) ✦ Coucher hors de chez soi.

DÉCOUDRE [dekudʀ] v. tr. (conjug. 59) 1. Défaire (ce qui est cousu). ➛ pronom. *Le bouton s'est décousu.* 2. *EN DÉCOUDRE :* se battre. *Il va falloir en découdre.* CONTR. **coudre, recoudre.**

DÉCOULER [dekule] v. intr. (conjug. 3a) ✦ S'ensuivre par développement naturel. SYN. **émaner, provenir, résulter.** *Les conséquences qui découlent de son acte, qui en découlent.* CONTR. ① **causer, entraîner, provoquer.**
ÉTYM. de ② *dé-* et *couler.*

DÉCOUPAGE [dekupaʒ] n. m. 1. Action de découper. 2. Image à découper. *Enfant qui fait des découpages.* 3. CIN. Division du scénario en séquences et plans. 4. *Découpage électoral,* division du territoire en circonscriptions électorales.

DÉCOUPE [dekup] n. f. ✦ Morceau d'étoffe rapporté sur un vêtement à des fins décoratives.
ÉTYM. de *découper.*

DÉCOUPER [dekupe] v. tr. (conjug. 3a) 1. Diviser en morceaux, en coupant ou en détachant. *Découper un gâteau, un gigot.* 2. Couper régulièrement suivant un contour, un tracé. *Découper un article de presse.* ➛ absolt *Découpez suivant le pointillé.* 3. *SE DÉCOUPER* v. pron. *Se découper sur :* se détacher avec des contours nets. *Cheminées qui se découpent sur le ciel.*
► **DÉCOUPÉ, ÉE** adj. Qu'on a découpé. ♦ Dont les bords présentent des entailles aiguës. *Rivage découpé.*
ÉTYM. de ② *dé-* et *couper.*

DÉCOUPLÉ, ÉE [dekuple] adj. ✦ *BIEN DÉCOUPLÉ, ÉE :* qui a un corps souple, agile ; bien bâti(e), de belle taille.
ÉTYM. de ① *dé-* et *coupler* « attacher (les chiens) avec une *couple* », latin *copula* « lien ».

DÉCOUPURE [dekupyʀ] n. f. ✦ État, forme de ce qui est découpé ; bord découpé.

DÉCOURAGEANT, ANTE [dekuʀaʒɑ̃, ɑ̃t] adj. ✦ Propre à décourager. *Les résultats sont un peu décourageants.* ➛ *Vous êtes décourageant avec vos critiques.* CONTR. **encourageant, réconfortant.**
ÉTYM. du participe présent de *décourager.*

DÉCOURAGEMENT [dekuʀaʒmɑ̃] n. m. ✦ État d'une personne découragée. SYN. **abattement, écœurement.** CONTR. **courage, entrain.**
ÉTYM. de *décourager.*

DÉCOURAGER [dekuʀaʒe] v. tr. (conjug. 5) 1. Rendre (qqn) sans courage, sans énergie ni envie d'action. SYN. **abattre, accabler, démoraliser.** *Cet échec l'a découragé.* ➛ pronom. *SE DÉCOURAGER :* perdre courage. ➛ au p. passé *Être découragé.* 2. *Décourager qqn de* (+ inf.), lui ôter l'envie, le désir de. *Il m'a découragé de partir.* SYN. **dissuader.** 3. Diminuer, arrêter l'élan de. *Décourager l'ardeur de qqn.* CONTR. **encourager, réconforter.**
ÉTYM. de ① *dé-* et *courage.*

DÉCOURONNER [dekuʀɔne] v. tr. (conjug. 3a) ✦ Priver de la couronne. *La révolution découronna le roi.* SYN. **détrôner.** CONTR. **couronner.**

DÉCOUSU, UE [dekuzy] adj. 1. Dont la couture a été défaite. *Ourlet décousu.* 2. fig. Qui est sans suite, sans liaison. *Des propos décousus.* SYN. **incohérent.** *Conversation décousue.* CONTR. **cousu** • **cohérent,** ② **logique, suivi.**
ÉTYM. du participe passé de *découdre.*

à DÉCOUVERT [adekuvɛʀ] loc. adv. 1. Dans une position qui n'est pas couverte, protégée. *Se trouver à découvert dans la campagne.* ➛ fig. Franchement, ouvertement. *Agir à découvert.* 2. *Compte bancaire à découvert,* dont le solde est débiteur. ➛ par ext. *Vous êtes à découvert.*
ÉTYM. de ① *découvert.*

① **DÉCOUVERT, ERTE** [dekuvɛʀ, ɛʀt] adj. ✦ Qui n'est pas couvert. *Avoir la tête découverte.* ➛ loc. fig. *À VISAGE DÉCOUVERT :* sans masque, sans détour. → **ouvertement.** ➛ *Terrain découvert.* CONTR. ② **couvert.**
ÉTYM. du participe passé de *découvrir.*

② **DÉCOUVERT** [dekuvɛʀ] n. m. ✦ Avance à court terme consentie par une banque. *Le découvert d'une caisse, d'un compte. Couvrir un découvert.*
ÉTYM. de ① *découvert.*

DÉCOUVERTE [dekuvɛʀt] n. f. 1. Action de découvrir ce qui était ignoré, inconnu, caché. *La découverte d'un trésor, d'un secret.* ➛ *À LA DÉCOUVERTE* loc. adv. : afin d'explorer, de découvrir. *Partir à la découverte.* ♦ spécialt Connaissances nouvelles (sur qqch.) en

sciences. *La découverte de la radioactivité. Les applications d'une découverte.* ♦ Voyage de découverte ; terres nouvelles qu'on découvre. ☛ Grandes Découvertes p. 166 et carte 13. 2. Ce qu'on a découvert. *Montrez-moi votre découverte.* SYN. **trouvaille.** ➜ *Cet acteur est la découverte de la saison.* SYN. **révélation.**
ÉTYM. de ① *découvert.*

DÉCOUVREUR, EUSE [dekuvʀœʀ, øz] n. ✦ Personne qui découvre.

DÉCOUVRIR [dekuvʀiʀ] v. tr. (conjug. 22) **I** concret 1. Dégarnir de ce qui couvre. *Découvrir un plat.* 2. Laisser voir, montrer. *Robe qui découvre le dos.* SYN. **dénuder.** 3. Priver de ce qui protège. SYN. **exposer.** *Découvrir la frontière.* **II** (abstrait) 1. Faire connaître (ce qui est caché). SYN. **dévoiler, divulguer, révéler.** *Découvrir ses projets.* ➜ loc. *Découvrir son jeu* (aux cartes), le montrer ; fig. laisser connaître ses intentions. 2. Apercevoir. *D'ici on découvre toute la ville.* ➜ *Découvrir un ami dans la foule.* 3. Arriver à connaître (ce qui était resté caché ou ignoré). SYN. **trouver.** *Découvrir un trésor. Découvrir un pays,* être le premier à y aller ; y aller pour la première fois. *On a découvert une tumeur.* SYN. **déceler.** ➜ *DÉCOUVRIR QUE* (+ indic.). SYN. **comprendre.** *J'ai découvert qu'il était très timide.* 4. Parvenir à connaître (ce qui était délibérément caché ou qqn qui se cachait). SYN. **surprendre.** *Découvrir un complot. Découvrir le coupable.* SYN. **démasquer.** **III** *SE DÉCOUVRIR* v. pron. 1. Ôter ce dont on est couvert. *Il s'est découvert en dormant.* ♦ Enlever ou soulever son chapeau. *Se découvrir par respect.* 2. (temps) Devenir moins couvert. *Le ciel se découvre.* SYN. se **dégager,** s'**éclaircir.** 3. Déclarer sa pensée. *Se découvrir à un ami.* SYN. se **confier.** 4. Apprendre à se connaître. ♦ récipr. *Ils se sont découverts.*
CONTR. **couvrir • cacher, dissimuler.**
ÉTYM. bas latin *discooperire,* de *cooperire* «couvrir».

DÉCRASSER [dekʀase] v. tr. (conjug. 3a) ✦ Débarrasser de la crasse. SYN. **laver, nettoyer.** CONTR. **encrasser, salir.**
► **DÉCRASSAGE** [dekʀasaʒ] n. m.

DÉCRÊPER [dekʀepe] v. tr. (conjug. 3a) ✦ Rendre lisses (des cheveux crêpés ou crépus). CONTR. **crêper.**
► **DÉCRÊPAGE** [dekʀɛpaʒ] n. m.

DÉCRÉPIR [dekʀepiʀ] v. tr. (conjug. 13) ✦ Dégarnir du crépi. ➜ au p. passé *Mur décrépi. Façade décrépie.*
HOM. (du p. passé *décrépi, ie*) DÉCRÉPIT, ITE «vieux»
ÉTYM. de ① *dé-* et *crépir.*

DÉCRÉPIT, ITE [dekʀepi, it] adj. 1. Qui est dans une extrême déchéance physique. SYN. **usé, vieux.** *Vieillard décrépit.* 2. Qui menace ruine. *Maison décrépite.*
HOM. DÉCRÉPI, IE (p. passé de *décrépir* «ôter le crépi»)
ÉTYM. latin *decrepitus.*

DÉCRÉPITUDE [dekʀepityd] n. f. ✦ Déchéance, décadence. *La décrépitude d'une civilisation. Tomber en décrépitude.* CONTR. **jeunesse, vigueur.**
ÉTYM. de *décrépit.*

DÉCRESCENDO ou **DECRESCENDO** [dekʀeʃɛndo ; dekʀeʃẽdo] adv. ✦ MUS. En diminuant progressivement l'intensité d'un son. CONTR. **crescendo.**
ÉTYM. italien *decrescendo* «en décroissant».

DÉCRET [dekʀɛ] n. m. 1. Décision écrite émanant du pouvoir exécutif. ➜ aussi ① **arrêté, ordonnance.** *Publication des décrets au Journal officiel. Décret-loi.* 2. LITTÉR. Décision, volonté d'une puissance supérieure. *Se soumettre aux décrets du sort. Les décrets de la Providence.*
ÉTYM. latin juridique *decretum* «décision», de *decernere* «décider».

DÉCRÉTALE [dekʀetal] n. f. ✦ Lettre du pape répondant à une consultation de discipline ou d'administration.
ÉTYM. latin religieux *decretalis* «ordonné par décret».

DÉCRÉTER [dekʀete] v. tr. (conjug. 8) 1. Ordonner par un décret. *Décréter la mobilisation.* 2. Décider avec autorité. *Il décrète qu'il restera ; il a décrété qu'il resterait.*
ÉTYM. de *décret.*

DÉCRIER [dekʀije] v. tr. (conjug. 9) ✦ LITTÉR. Attaquer, rabaisser dans sa réputation. CONTR. ① **louer, vanter.**
► **DÉCRIÉ, ÉE** adj. Contesté et critiqué. *Une mesure décriée.*
ÉTYM. de ② *dé-* et *crier.*

DÉCRIRE [dekʀiʀ] v. tr. (conjug. 67) 1. Représenter dans son ensemble, par écrit ou oralement. SYN. **dépeindre** ; ➜ **description.** *Décrire une plante, un animal. Décrire en détail.* 2. Tracer ou suivre (une ligne courbe). *La route décrit une courbe.* ➜ au p. passé *L'orbe décrite par une planète.*
ÉTYM. latin *describere,* d'après *écrire.*

DÉCRISPATION [dekʀispasjɔ̃] n. f. ✦ Fait de détendre (les rapports politiques et sociaux). CONTR. **crispation.**
► **DÉCRISPER** [dekʀispe] v. tr. (conjug. 3a)
ÉTYM. de ① *dé-* et *crispation.*

DÉCROCHEMENT [dekʀɔʃmɑ̃] n. m. ✦ État de ce qui est décroché. ➜ Forme de ce qui est en retrait. *En décrochement :* en retrait par rapport à un alignement.

DÉCROCHER [dekʀɔʃe] v. (conjug. 3a) **I** v. tr. 1. Détacher (ce qui était accroché). *Décrocher un tableau.* SYN. ② **dépendre.** ➜ *Décrocher le téléphone,* ou absolt *décrocher.* 2. fig. FAM. Obtenir. *Décrocher le premier prix.* 3. fig. Distancer. *Cycliste qui décroche le peloton dans une échappée.* **II** v. intr. 1. MILIT. Se replier, reculer. 2. FAM. Renoncer à suivre. *Le film était si long que j'ai décroché.* ♦ Abandonner la fréquentation scolaire. *Élève qui décroche.* CONTR. **accrocher, raccrocher.**
► **DÉCROCHAGE** [dekʀɔʃaʒ] n. m.
ÉTYM. de ① *dé-* et *croc.*

DÉCROISER [dekʀwaze] v. tr. (conjug. 3a) ✦ Faire cesser d'être croisé. *Décroiser les bras, les jambes.* CONTR. **croiser.**

DÉCROISSANCE [dekʀwasɑ̃s] n. f. 1. État de ce qui décroît. SYN. **baisse, déclin, diminution.** *La décroissance de la natalité.* 2. Projet politique remettant en cause la croissance économique. CONTR. **accroissement, augmentation, croissance.**
ÉTYM. de *décroître,* d'après *croissance.*

① **DÉCROISSANT, ANTE** [dekʀwasɑ̃, ɑ̃t] adj. ✦ Qui décroît. *Par ordre décroissant.* CONTR. ② **croissant, grandissant.**
ÉTYM. du participe présent de *décroître.*

② **DÉCROISSANT, ANTE** [dekʀwasɑ̃, ɑ̃t] adj. et n. ✦ Partisan de la décroissance (2).
ÉTYM. de *décroissance.*

DÉCROÎTRE [dekʀwatʀ] **v. intr.** (conjug. 54 ; sauf p. passé : *décru,* sans accent circonflexe) ✦ Diminuer progressivement. SYN. **baisser.** *Les eaux ont décru* (➜ **décrue**). *Ses forces décroissent. La lumière, le bruit décroissait.* CONTR. **s'accroître, augmenter, croître, grandir.**
ÉTYM. de ① *dé-* et *croître.*

DÉCROTTER [dekʀɔte] **v. tr.** (conjug. 3a) ✦ Nettoyer en ôtant la boue. *Décrotter des chaussures.*
ÉTYM. de ① *dé-* et *crotte* «boue».

DÉCROTTOIR [dekʀɔtwaʀ] **n. m.** ✦ Lame de fer ou petite grille servant à décrotter les chaussures.

DÉCRUE [dekʀy] **n. f.** ✦ Baisse du niveau des eaux (après une crue). CONTR. **crue.**
ÉTYM. du participe passé de *décroître.*

DÉCRYPTER [dekʀipte] **v. tr.** (conjug. 3a) ✦ Traduire en clair (un message chiffré dont on ignore la clé). SYN. **déchiffrer, décoder.** CONTR. **crypter.**
► **DÉCRYPTAGE** [dekʀiptaʒ] **n. m.**
ÉTYM. de ① *dé-* et du grec *kruptos* «caché».

DÉÇU, UE [desy] **adj. 1.** Qui n'est pas réalisé. *Amour, espoir déçu.* **2.** Qui a éprouvé une déception.
ÉTYM. du participe passé de *décevoir.*

DÉCULOTTÉE [dekylɔte] **n. f.** ✦ FAM. Défaite humiliante.
ÉTYM. du participe passé de *déculotter.*

DÉCULOTTER [dekylɔte] **v. tr.** (conjug. 3a) ✦ Enlever la culotte, le pantalon de (qqn). ♦ *SE DÉCULOTTER* **v. pron.** Enlever sa culotte, son pantalon. ➖ **fig.** FAM. Avoir une attitude servile ; se soumettre. CONTR. ② **culotter.**
ÉTYM. de ① *dé-* et ② *culotter.*

DÉCULPABILISER [dekylpabilize] **v. tr.** (conjug. 3a) **1.** Libérer (qqn) d'un sentiment de culpabilité. **2.** Ôter à (qqch.) son caractère de faute. *Déculpabiliser l'avortement.* CONTR. **culpabiliser.**
► **DÉCULPABILISATION** [dekylpabilizasjɔ̃] **n. f.**
ÉTYM. de ① *dé-* et *culpabiliser.*

DÉCUPLE [dekypl] **adj.** ✦ Qui vaut dix fois (la quantité désignée). ➖ **n. m.** *100 est le décuple de 10.*
ÉTYM. latin *decuplus,* de *decem* «dix».

DÉCUPLER [dekyple] **v.** (conjug. 3a) **1. v. tr.** Rendre dix fois plus grand. *Décupler la production.* ➖ **fig.** *La colère décuplait ses forces.* **2. v. intr.** Devenir dix fois plus grand. *Les prix ont décuplé en vingt ans.*
ÉTYM. de *décuple.*

DÉCURIE [dekyʀi] **n. f.** ✦ ANTIQ. ROMAINE Groupe de dix soldats ou de dix citoyens dont le chef était le *décurion.*
ÉTYM. latin *decuria,* de *decem* «dix».

DÉDAIGNABLE [dedɛɲabl] **adj.** ✦ (surtout en tournure négative) Qu'on peut négliger. *Avantage non dédaignable,* dont on peut tenir compte. CONTR. **appréciable, estimable.**
ÉTYM. de *dédaigner,* suffixe *-able.*

DÉDAIGNER [dedeɲe] **v.** (conjug. 3a) **1. v. tr. dir.** Considérer avec dédain. SYN. **mépriser.** ➖ Négliger. *Ce n'est pas à dédaigner* (➜ **dédaignable**). **2. v. tr. ind.** LITTÉR. *DÉDAIGNER DE* (+ inf.). *Il dédaigne de répondre :* il ne daigne pas répondre. CONTR. **apprécier, faire cas de, considérer, estimer.**
ÉTYM. de ① *dé-* et *daigner.*

DÉDAIGNEUSEMENT [dedɛɲøzmɑ̃] **adv.** ✦ D'une manière dédaigneuse. *Regarder dédaigneusement qqn, qqch.*

DÉDAIGNEUX, EUSE [dedɛɲø, øz] **adj. 1.** Qui a ou exprime du dédain. SYN. **altier, arrogant, hautain.** *Un homme dédaigneux.* ➖ *Moue dédaigneuse.* ♦ **n.** *Faire le dédaigneux.* **2.** LITTÉR. *DÉDAIGNEUX DE :* qui dédaigne de. *Être dédaigneux de plaire.* CONTR. **admiratif, respectueux • soucieux.**
ÉTYM. de *dédaigner.*

DÉDAIN [dedɛ̃] **n. m.** ✦ Fait de dédaigner. SYN. **arrogance, mépris.** *Regarder qqn avec dédain.* SYN. **hauteur.** *N'avoir que du dédain pour qqn, qqch.* CONTR. **admiration, considération, estime, respect.**
ÉTYM. de *dédaigner.*

DÉDALE [dedal] **n. m. 1.** Lieu où l'on risque de s'égarer à cause de la complication des détours. SYN. **labyrinthe.** *Un dédale inextricable de ruelles.* **2. fig.** Ensemble de choses embrouillées. *Se perdre dans un dédale de contradictions.*
► **DÉDALÉEN, ENNE** [dedaleɛ̃, ɛn] **adj.**
ÉTYM. latin *Daedalus,* du grec ; nom de l'architecte légendaire qui construisit le labyrinthe de Crète. ☛ DÉDALE (noms propres).

DEDANS [dədɑ̃] **adv.** et **n. m.**
I adv. de lieu 1. À l'intérieur. *Vous attendrai-je dehors ou dedans ? Le tube est vide, il n'y a rien dedans.* ♦ *Attention au poteau, vous allez rentrer dedans,* le heurter. ➖ *Il va lui rentrer dedans,* l'attaquer violemment. **2.** loc. *LÀ-DEDANS :* à l'intérieur de ce lieu, en cet endroit. ➖ **fig.** *Il y a du vrai là-dedans.* ♦ *DE DEDANS :* de l'intérieur. *Le froid saisit lorsqu'on vient de dedans.* ➖ *EN DEDANS :* à l'intérieur. *Rire en dedans.* ➖ *Marcher les pieds en dedans,* les pointes tournées vers l'intérieur. CONTR. **dehors.**
II 1. n. m. *Le dedans.* SYN. **intérieur.** *Ce bruit vient du dedans.* **2.** *AU(-)DEDANS* **loc. adv.** : à l'intérieur. ➖ *Au(-)dedans de* **loc. prép.** : à l'intérieur de. *Au-dedans de nous :* dans notre for* intérieur. CONTR. ② **extérieur.**
ÉTYM. de *de* et *dans.*

DÉDICACE [dedikas] **n. f.** ✦ Hommage qu'un auteur fait de son œuvre à qqn, par une inscription imprimée en tête de l'ouvrage (➜ **dédier**). ➖ Formule manuscrite sur un livre, etc. pour en faire hommage à qqn. SYN. **envoi ;** ➜ **dédicacer.**
ÉTYM. latin *dedicatio* «consécration», de *dedicare* «dédier».

DÉDICACER [dedikase] **v. tr.** (conjug. 4) ✦ Mettre une dédicace sur. ➖ **au p. passé** *Exemplaire dédicacé.*

DÉDIER [dedje] **v. tr.** (conjug. 9) **1.** Mettre (un ouvrage) sous le patronage de qqn, par une inscription imprimée ou gravée, une dédicace. *Il a dédié son roman à sa mère.* **2.** LITTÉR. Consacrer, vouer. *Dédier ses efforts à la lutte contre le sida.*
ÉTYM. latin *dedicare* «déclarer, consacrer».

se DÉDIRE [dediʀ] **v. pron.** (conjug. 65a) ✦ Se rétracter, ne pas tenir sa parole. *Se dédire d'une promesse.* ➖ **loc.** FAM. *Cochon qui s'en dédit* (formule qui accompagne un serment). CONTR. **confirmer, maintenir.**
ÉTYM. de ① *dé-* et ① *dire.*

DÉDIT [dedi] **n. m. 1.** Action de se dédire. **2.** DR. Faculté de ne pas exécuter ou d'interrompre son engagement (le plus souvent contre une indemnité). *En cas de dédit.* ♦ Cette indemnité. *Payer son dédit.* CONTR. **confir-**

mation.
ÉTYM. du participe passé de *dédire.*

DÉDOMMAGEMENT [dedɔmaʒmɑ̃] n. m. 1. Réparation d'un dommage. SYN. **indemnisation.** *Argent versé à titre de dédommagement.* 2. Ce qui compense un dommage. SYN. **consolation.** *Acceptez ce dédommagement.*
ÉTYM. de *dédommager.*

DÉDOMMAGER [dedɔmaʒe] v. tr. (conjug. 5) 1. Indemniser (qqn) d'un dommage subi. *Dédommager qqn d'une perte.* 2. Donner une compensation à (qqn). *Je ne sais comment vous dédommager, vous dédommager de vos efforts.*
ÉTYM. de ① *dé-* et *dommage.*

DÉDORER [dedɔʀe] v. tr. (conjug. 3a) ✦ Ôter la dorure de. ➝ au p. passé *Cadre dédoré.* CONTR. **dorer.**
ÉTYM. de ① *dé-* et *dorer.*

DÉDOUANEMENT [dedwanmɑ̃] n. m. 1. Action de dédouaner (1) ; son résultat. 2. fig. Justification, réhabilitation.

DÉDOUANER [dedwane] v. tr. (conjug. 3a) 1. Faire sortir (une marchandise) en acquittant les droits de douane. ➝ au p. passé *Voiture dédouanée.* 2. fig. *Dédouaner qqn,* le relever du discrédit dans lequel il était tombé. SYN. **blanchir, disculper.** ➝ pronom. *Il cherche à se dédouaner.*

DÉDOUBLEMENT [dedubləmɑ̃] n. m. 1. Action de dédoubler ; son résultat. 2. PSYCH. *Dédoublement de la personnalité* : trouble d'un sujet qui présente deux types de comportement (l'un normal, l'autre pathologique).

DÉDOUBLER [deduble] v. tr. (conjug. 3a) ✦ Partager en deux. SYN. **diviser.** *Dédoubler un brin de laine.* ➝ *Dédoubler un train,* faire partir deux trains au lieu d'un. ◆ *SE DÉDOUBLER* v. pron. Se séparer en deux. *Ongles qui se dédoublent.* ➝ fig. *Je ne peux pas me dédoubler,* être à deux endroits à la fois (→ **ubiquité**). CONTR. **doubler.**
ÉTYM. de ① *dé-* et *doubler.*

DÉDRAMATISER [dedʀamatize] v. tr. (conjug. 3a) ✦ Ôter à (qqch.) son caractère dramatique. *Dédramatiser le divorce.* CONTR. **dramatiser.**
ÉTYM. de ① *dé-* et *dramatiser.*

DÉDUCTIBLE [dedyktibl] adj. ✦ Que l'on peut déduire (d'un revenu, d'un bénéfice). *Frais déductibles.*
ÉTYM. du latin *deductum,* de *deducere* «faire descendre».

DÉDUCTIF, IVE [dedyktif, iv] adj. ✦ DIDACT. Qui procède par déduction (II). *Raisonnement déductif.* CONTR. **inductif.**

DÉDUCTION [dedyksjɔ̃] n. f. I Fait de déduire (I). SYN. **décompte, soustraction.** *Déduction faite des arrhes.* II Raisonnement par lequel on déduit, on conclut. → **démonstration ; conclusion.** CONTR. **induction.**
ÉTYM. latin *deductio.*

DÉDUIRE [dedɥiʀ] v. tr. (conjug. 64b) I Retrancher (une certaine somme) d'un total à payer. SYN. **défalquer, retenir.** ➝ au p. passé *Tous frais déduits.* II Conclure, décider ou trouver (qqch.) par un raisonnement, à titre de conséquence (en allant, en principe, du particulier au général). ➝ pronom. *La solution se déduit naturellement de l'hypothèse.* SYN. **découler.** CONTR. **additionner, ajouter.**
ÉTYM. latin *deducere* «faire descendre».

DÉESSE [deɛs] n. f. 1. Divinité féminine. *Vénus, Aphrodite, déesse de l'amour.* 2. loc. *Un corps de déesse. Un port de déesse,* majestueux. *Une allure de déesse.*
ÉTYM. du latin *dea,* féminin de *deus* «dieu», et suffixe *-esse.*

DE FACTO [defakto] loc. adv. ✦ DR. De fait (par oppos. à *de jure*). *Gouvernement reconnu de facto.*
ÉTYM. mots latins.

DÉFAILLANCE [defajɑ̃s] n. f. 1. Diminution importante et momentanée des forces physiques. SYN. **faiblesse, malaise.** *Tomber en défaillance* : se trouver mal. 2. Faiblesse, incapacité. *Devant la défaillance des pouvoirs publics. L'accident est dû à une défaillance du système de freinage.* ◆ loc. *Sans défaillance* : sans défaut, qui fonctionne parfaitement. CONTR. **énergie, force, puissance.**
ÉTYM. de *défaillant.*

DÉFAILLANT, ANTE [defajɑ̃, ɑ̃t] adj. 1. Qui fait défaut, qui manque. ➝ DR. *Témoin défaillant.* 2. (forces physiques ou morales) Qui défaille, décline. SYN. **chancelant, faible.** *Mémoire défaillante.* CONTR. ① **ferme,** ① **fort.**
ÉTYM. du participe présent de *défaillir.*

DÉFAILLIR [defajiʀ] v. intr. (conjug. 19) 1. Tomber en défaillance. SYN. **s'évanouir,** se trouver **mal.** *Être sur le point de défaillir. Il défaillait de faim.* 2. S'affaiblir, décliner. *Ses forces défaillent de jour en jour.* SYN. **baisser.** CONTR. **augmenter.**
ÉTYM. de ① *dé-* et *faillir.*

DÉFAIRE [defɛʀ] v. tr. (conjug. 41) I 1. Réduire à l'état d'éléments (ce qui était construit, assemblé). *Défaire un paquet, un nœud.* 2. Supprimer l'ordre, l'arrangement de (qqch.). *Défaire sa valise,* en sortir le contenu. *Défaire son lit. Défaire sa cravate, sa ceinture.* SYN. **dénouer,** ① **détacher.** 3. LITTÉR. Mettre en déroute. *Défaire une armée.* SYN. **vaincre ;** → **défaite.** II *SE DÉFAIRE* v. pron. 1. Cesser d'être fait, arrangé. *Le nœud se défait. Les destinées se font et se défont.* 2. *Se défaire de* : se débarrasser de. *Se défaire d'un importun. Se défaire d'une mauvaise habitude.* ◆ Se débarrasser de (qqch.) en vendant. *Se défaire d'un vieux meuble.* CONTR. **assembler, construire, fabriquer, faire, monter ; attacher, nouer • conserver, garder.**
► **DÉFAIT, AITE** adj. 1. Qui n'est plus fait, arrangé. *Lit défait.* 2. Qui semble épuisé. *Visage défait,* pâle, décomposé. 3. Vaincu, battu. *Armée défaite.* CONTR. ① **fait • vainqueur, victorieux.**
ÉTYM. de ① *dé-* et *faire.*

DÉFAITE [defɛt] n. f. 1. Perte d'une bataille. *Subir une défaite.* ➝ Perte d'une guerre. *La défaite française de 1871.* 2. Échec. *Défaite électorale.* CONTR. **succès, triomphe, victoire.**
ÉTYM. du participe passé de *défaire.*

DÉFAITISME [defetism] n. m. ✦ Attitude de ceux qui ne croient pas à une victoire et préconisent l'abandon de la lutte. ◆ par ext. Pessimisme.
► **DÉFAITISTE** [defetist] adj. et n. *Propos défaitistes.*
ÉTYM. de *défaite.*

DÉFALQUER [defalke] v. tr. (conjug. 3a) ✦ Retrancher d'une somme, d'une quantité. SYN. **déduire.** *Défalquer ses frais d'une somme à payer.* CONTR. **ajouter.**
► **DÉFALCATION** [defalkasjɔ̃] n. f.
ÉTYM. latin médiéval *defalcare* «couper avec la faux *(falx)*».

DÉFATIGUER [defatige] v. tr. (conjug. 3b) ✦ Dissiper la fatigue de. *Massage qui défatigue le dos.* CONTR. **fatiguer.**

A B C D E F G H I J K L M N O P Q R S T U V W X Y Z

se DÉFAUSSER [defose] **v. pron.** (conjug. 3a) ✦ JEUX Se débarrasser d'une carte inutile ou dangereuse à conserver. *Se défausser à trèfle.*
ÉTYM. de ① *dé-* et *faux* ou de *fausser* «tromper».

DÉFAUT [defo] **n. m.** **I** **1.** Absence de ce qui serait nécessaire ou désirable. SYN. ① **manque.** *Défaut d'organisation, d'attention.* ♦ *FAIRE DÉFAUT* : manquer. *Le temps nous fait défaut.* ♦ DR. *Jugement par défaut,* rendu par le tribunal contre une personne qui n'a pas comparu et ne s'est pas fait représenter. → par **contumace.** **2.** *EN DÉFAUT. Être en défaut* : manquer à ses engagements ou commettre une erreur. *Prendre qqn en défaut.* **3.** *À DÉFAUT DE* **loc. prép.** : en l'absence de, faute de. *À défaut d'une victoire, l'équipe s'est contentée d'un match nul.* **II** **1.** Imperfection physique. SYN. **anomalie.** *Défaut congénital.* – *Défaut de prononciation.* **2.** Détail irrégulier, partie imparfaite, défectueuse*. *Défaut de fabrication.* → **malfaçon.** *Ce diamant a un léger défaut.* **3.** Imperfection morale. SYN. **travers.** *Les qualités et les défauts de qqn.* **4.** Ce qui est imparfait, insuffisant dans une œuvre, une activité. *Les défauts d'un film.* – *Les défauts d'une théorie.* SYN. **faiblesse,** ① **faille.** CONTR. **abondance, excès** • **perfection, qualité, vertu** • **mérite.**
ÉTYM. de l'ancien participe passé de *défaillir.*

DÉFAVEUR [defavœʀ] **n. f.** ✦ Perte de la faveur, de l'estime. SYN. **discrédit.** *S'attirer la défaveur du public. Être en défaveur auprès de qqn,* en disgrâce. CONTR. **faveur.**

DÉFAVORABLE [defavɔʀabl] **adj.** ✦ Qui n'est pas favorable. *Être défavorable à un projet. Avis défavorable.* – *Circonstances défavorables.* SYN. **contraire, désavantageux.** CONTR. **favorable.**
► **DÉFAVORABLEMENT** [defavɔʀabləmɑ̃] **adv.**

DÉFAVORISER [defavɔʀize] **v. tr.** (conjug. 3a) ✦ Priver (qqn) d'un avantage. SYN. **désavantager, frustrer.** *Cette loi nous défavorise par rapport à nos concurrents.* – **passif** *Être défavorisé par le sort.* CONTR. **avantager, favoriser.**
► **DÉFAVORISÉ, ÉE adj.** *Les classes sociales les plus défavorisées.* – **n.** *Les défavorisés.* CONTR. **privilégié.**
ÉTYM. de ① *dé-* et *favoriser.*

DÉFÉCATION [defekasjɔ̃] **n. f.** ✦ DIDACT. Expulsion des matières fécales.
ÉTYM. latin *defaecatio* → déféquer.

DÉFECTIF, IVE [defɛktif, iv] **adj.** ✦ GRAMM. *Verbe défectif,* dont certaines formes de conjugaison sont inusitées (ex. choir, clore, quérir).
ÉTYM. bas latin *defectivus,* de *deficere* «faire défaut».

DÉFECTION [defɛksjɔ̃] **n. f.** **1.** Abandon (par qqn) d'une cause, d'un parti. *Faire défection* : abandonner. **2.** Fait de ne pas venir là où l'on était attendu. *Malgré la défection du remplaçant, le cours aura lieu.*
ÉTYM. latin *defectio,* de *deficere* «faire défaut».

DÉFECTUEUX, EUSE [defɛktɥø, øz] **adj.** ✦ Qui présente des imperfections, des défauts. SYN. **imparfait, insuffisant, mauvais.** *Marchandise, installation défectueuse.* – *Ce raisonnement est défectueux par un point.* SYN. **fautif, incorrect, vicieux.** CONTR. **correct, exact, parfait.**
ÉTYM. latin médiéval *defectuosus,* de *deficere* «faire défaut».

DÉFECTUOSITÉ [defɛktɥozite] **n. f.** **1.** État de ce qui est défectueux. **2.** Défaut, malfaçon.

DÉFENDABLE [defɑ̃dabl] **adj.** **1.** Qui peut être défendu (I, 1 et 2). *Cette ville n'est pas défendable.* **2.** Qui peut se défendre (2), se justifier. *Une opinion défendable.* CONTR. **indéfendable.**

DÉFENDEUR, DERESSE [defɑ̃dœʀ, dʀɛs] **n.** ✦ DR. Personne contre laquelle est intentée une action judiciaire. CONTR. ② **demandeur, plaignant.**
ÉTYM. de *défendre.*

DÉFENDRE [defɑ̃dʀ] **v. tr.** (conjug. 44) **I** **1.** Protéger (qqn, qqch.) contre une attaque en se battant. *Défendre qqn au péril de sa vie.* – **au p. passé** *Pays mal défendu.* – *Défendre chèrement sa vie.* ♦ **loc.** *À SON CORPS DÉFENDANT* : à contrecœur, malgré soi. **2. fig.** Soutenir (qqn, qqch.) contre des accusations, des attaques. *L'avocat défend son client.* SYN. **plaider** pour. ♦ Justifier. *Défendre une opinion.* SYN. **soutenir. 3.** (choses) *Défendre de* : garantir, préserver, protéger de. *Vêtement qui défend du froid.* **II** *DÉFENDRE qqch. À qqn ; DÉFENDRE À qqn DE* (+ inf.), interdire, proscrire. *Le médecin lui défend le sel, de manger salé.* – *Défendre que* (+ subj.). *Il défend qu'on sorte.* ♦ **passif** *Le sel lui est défendu.* – **impers.** *Il est strictement défendu de fumer ; c'est défendu.* → ① **défense** de. **III** *SE DÉFENDRE* **v. pron.** **1.** Résister à une attaque. SYN. se **battre, lutter.** *Se défendre comme un lion.* – **fig. FAM.** Être apte à faire qqch. *Il se défend bien en affaires.* **2.** Se justifier. *Se défendre contre une accusation.* ♦ LITTÉR. Nier. *Il se défend d'avoir triché.* ♦ **passif** (choses) Être défendable. *Votre point de vue se défend.* – FAM. *Ça se défend.* **3.** *SE DÉFENDRE DE, CONTRE,* se protéger, se préserver. *Se défendre du froid.* SYN. se **prémunir.** *Se défendre contre la maladie.* – *SE DÉFENDRE DE* (+ inf.) SYN. **s'interdire.** *Il ne put se défendre de sourire.* SYN. **s'abstenir,** se **garder,** se **retenir.** CONTR. **attaquer** • **accuser** • **autoriser, permettre.**
ÉTYM. latin *defendere.*

DÉFENESTRER [defənɛstʀe] **v. tr.** (conjug. 3a) ✦ RARE Précipiter (qqn) d'une fenêtre.
► **DÉFENESTRATION** [defənɛstʀasjɔ̃] **n. f.**
ÉTYM. du latin *fenestra* «fenêtre».

① **DÉFENSE** [defɑ̃s] **n. f.** **I** **1.** Action de défendre (un lieu) contre des ennemis. *La défense du pays.* – *Ligne, position de défense. Défense contre avions.* → **D. C. A.** – *DÉFENSE NATIONALE* : ensemble des moyens visant à assurer l'intégrité matérielle d'un territoire contre les agressions de l'étranger. *Ministère de la Défense (nationale). Appel de préparation à la défense* : journée remplaçant le service national, en France. – *Défense passive* : moyens de protection de la population civile contre les bombardements aériens. **2. fig.** Action de défendre, de protéger, de soutenir (qqn, qqch.). *Prendre la défense des opprimés. La défense d'un idéal.* **3.** Fait de se défendre, de résister (au moral et au physique). *Il est sans défense.* – DR. *Légitime défense,* fait enlevant son caractère illégal à un homicide, etc. lorsqu'il a été commandé par la nécessité de se défendre ou de défendre autrui. ♦ *La défense de l'organisme contre les microbes. Défenses immunitaires.* – *Défenses psychologiques.* **4.** Action de défendre qqn ou de se défendre contre une accusation. *Prendre la défense de qqn. N'avoir rien à dire pour sa défense.* ♦ *Un avocat assurera la défense de l'accusé.* – Représentation en justice des intérêts des parties. → ① **avocat, défenseur.** *La parole est à la défense* (opposé à *accusation*). **II** Fait de défendre (II), d'interdire. SYN. **interdic-**

tion. ➝ *Défense de* (+ inf.). *Défense d'afficher.* CONTR. **attaque, offensive • accusation • autorisation, permission.**
ÉTYM. bas latin *defensa.*

② **DÉFENSE** [defɑ̃s] **n. f.** ✦ Longue dent saillante de certains mammifères. *Les défenses du sanglier, du morse. Défenses d'éléphant,* ou absolt *défenses. L'ivoire des défenses.*
ÉTYM. de ① *défense.*

DÉFENSEUR [defɑ̃sœʀ] **n. 1.** Personne qui défend qqn ou qqch. contre des agresseurs. *Les défenseurs d'une ville assiégée.* **2.** fig. Personne qui soutient une cause, une doctrine. SYN. ① **avocat, champion.** *La défenseur des droits des femmes.* **3.** Personne chargée de soutenir les intérêts d'une partie, devant le tribunal. SYN. ① **avocat** ; → ① **défense** (I, 4). ➝ Au féminin, on trouve *défenseure* et parfois *défenseuse* (mal formé). CONTR. **agresseur, assaillant • adversaire • accusateur.**
ÉTYM. latin *defensor.*

DÉFENSIF, IVE [defɑ̃sif, iv] **adj.** ✦ Qui est fait pour la défense. *Armes défensives. Politique défensive.* CONTR. **agressif, offensif.**
ÉTYM. latin médiéval *defensivus.*

DÉFENSIVE [defɑ̃siv] **n. f.** ✦ Disposition à se défendre sans attaquer. *Être, se tenir, rester sur la défensive,* prêt à répondre à toute attaque (être sur ses gardes, sur le qui-vive). CONTR. **attaque, offensive.**
ÉTYM. de *défensif.*

DÉFÉQUER [defeke] **v. intr.** (conjug. 8) ✦ DIDACT. Expulser les matières fécales. SYN. FAM. faire **caca.**
ÉTYM. latin *defaecare* «séparer de la lie *(faex)*».

DÉFÉRENCE [defeʀɑ̃s] **n. f.** ✦ Considération très respectueuse que l'on témoigne à qqn. *Traiter qqn avec déférence.* CONTR. **arrogance, insolence, irrespect.**
ÉTYM. de *déférent.*

DÉFÉRENT, ENTE [defeʀɑ̃, ɑ̃t] **adj.** **I** DIDACT. Qui conduit vers l'extérieur. ➝ ANAT. *Canal déférent* : canal excréteur des testicules. **II** Qui a, témoigne de la déférence. SYN. **respectueux.** *Ton déférent.* CONTR. **arrogant, insolent, irrespectueux.** HOM. DÉFÉRANT (p. présent de *déférer*).
ÉTYM. latin *deferens,* du participe présent de *deferre* → déférer.

DÉFÉRER [defeʀe] **v.** (conjug. 8) **1. v. tr.** Porter (une affaire), traduire (un accusé) devant l'autorité judiciaire compétente. *Déférer une affaire à un tribunal* (→ **saisir**), *un coupable à la justice* (→ **citer, traduire**). **2. v. tr. ind.** LITTÉR. *Déférer à,* accorder qqch. à qqn, lui céder par respect. *Déférer au vœu de qqn.* HOM. DÉFERRER «ôter les fers» ; (du p. présent *déférant*) DÉFÉRENT «respectueux».
ÉTYM. latin *deferre* «porter *(ferre)* de haut en bas».

DÉFERLANT, ANTE [defɛʀlɑ̃, ɑ̃t] **adj.** ✦ Qui déferle. *Vague déferlante,* ou **n. f.** *une déferlante.*

DÉFERLEMENT [defɛʀləmɑ̃] **n. m.** ✦ Action de déferler ; son résultat. *Le déferlement des vagues.* ➝ fig. *Un déferlement d'enthousiasme.*

DÉFERLER [defɛʀle] **v. intr.** (conjug. 3a) ✦ Se briser en écume en roulant sur le rivage (vagues). ➝ fig. Se répandre comme une vague. *La foule déferle.*
ÉTYM. de ① *dé-* et *ferler.*

DÉFERRER [defeʀe] **v. tr.** (conjug. 3a) ✦ Ôter les fers, les ferrures de (ce qui était ferré). *Déferrer un cheval,* lui retirer le ou les fers qu'il a aux sabots. HOM. DÉFÉRER «traduire en justice»
ÉTYM. de ① *dé-* et *ferrer.*

DÉFI [defi] **n. m. 1.** Fait de défier (1) ; invitation au combat. *Lancer un défi.* ➝ loc. *Relever le défi,* l'accepter. **2.** Fait de provoquer qqn en le déclarant incapable de faire qqch. loc. *Mettre qqn au défi de* (+ inf.). **3.** Refus de s'incliner, de se soumettre. SYN. **bravade, provocation.** *Regard de défi. C'est un défi au bon sens.* SYN. **insulte.** CONTR. **obéissance, respect, soumission.**
ÉTYM. de *défier.*

DÉFIANCE [defjɑ̃s] **n. f.** ✦ Sentiment d'une personne qui se défie. SYN. **méfiance, suspicion.** *Inspirer la défiance, mettre (qqn) en défiance.* CONTR. **confiance.**
ÉTYM. de *défiant.*

DÉFIANT, ANTE [defjɑ̃, ɑ̃t] **adj.** ✦ Qui est porté à se défier d'autrui. SYN. **méfiant, soupçonneux.** CONTR. **confiant.**
ÉTYM. du participe présent de ② *se défier.*

DÉFIBRILLATEUR [defibʀijatœʀ] **n. m.** ✦ Appareil électrique servant à rétablir le rythme cardiaque d'un patient en fibrillation.
ÉTYM. de *défibriller* «faire cesser la *fibrillation*».

DÉFICIENCE [defisjɑ̃s] **n. f.** ✦ Insuffisance organique ou mentale.
ÉTYM. de *déficient.*

DÉFICIENT, ENTE [defisjɑ̃, ɑ̃t] **adj.** ✦ Qui présente une déficience. *Organisme déficient. Intelligence déficiente.*
ÉTYM. latin *deficiens,* participe présent de *deficere* «manquer».

DÉFICIT [defisit] **n. m. 1.** Ce qui manque pour équilibrer les recettes avec les dépenses. *Combler le déficit budgétaire.* ➝ *Être en déficit.* **2.** Manque, insuffisance. *Déficit immunitaire.* → **immunodéficience.** CONTR. **excédent.**
ÉTYM. latin *deficit* «il manque», de *deficere.*

DÉFICITAIRE [defisitɛʀ] **adj.** ✦ Qui se solde par un déficit. *Budget, entreprise déficitaire,* en déficit. ➝ Insuffisant. *Récolte déficitaire.* CONTR. **excédentaire.**

① **DÉFIER** [defje] **v. tr.** (conjug. 9) **1.** Inviter (qqn) à venir se mesurer comme adversaire. *Défier qqn en combat singulier. Défier qqn aux échecs.* **2.** Mettre (qqn) au défi (de faire qqch.). *Je vous défie d'y arriver.* **3.** (choses) N'être aucunement menacé par. *Des prix défiant toute concurrence.* **4.** fig. Refuser de se soumettre à. SYN. **affronter, braver.** *Défier la mort.* CONTR. **accepter, céder.**
ÉTYM. de ① *fier.*

② **se DÉFIER** [defje] **v. pron.** (conjug. 9) ✦ LITTÉR. Avoir peu de confiance en ; être, se mettre en garde contre. SYN. se **méfier.** *Se défier de soi-même.* → **douter.** *Se défier de qqn, de ses promesses.* CONTR. se **fier** à.
ÉTYM. de *se fier.*

DÉFIGURER [defigyʀe] **v. tr.** (conjug. 3a) **1.** Altérer l'aspect de (qqch.). *Ces constructions défigurent le littoral.* ◆ Abîmer le visage de. *Des brûlures l'ont défiguré.* ➝ au passif *Être défiguré par une balafre.* **2.** fig. Dénaturer, travestir. *Défigurer les faits.* SYN. **déformer.** *Défigurer la pensée de qqn.* SYN. **fausser, trahir.** CONTR. **embellir • respecter, restituer.**
ÉTYM. de ① *dé-* et *figure* «forme extérieure».

A B C D E F G H I J K L M N O P Q R S T U V W X Y Z

DÉFILÉ [defile] **n. m.** **I** Couloir naturel encaissé et si étroit qu'on ne peut y passer qu'à la file. SYN. **passage.** *Le défilé des Thermopyles.* **II** Manœuvre des troupes qui défilent. *Le défilé du 14 Juillet.* ♦ Marche de personnes, de voitures disposées en file, en rang. *Défilé de manifestants. Un défilé de mode.* ➛ Succession. *Un défilé de visiteurs.*
ÉTYM. du participe passé de ① *défiler.*

① **DÉFILER** [defile] **v. intr.** (conjug. 3a) **1.** Marcher en file, en colonne. *Les troupes, les manifestants défilent.* **2.** Se succéder sans interruption. *Les visiteurs ont défilé toute la journée. Images qui défilent devant les yeux.*
ÉTYM. de ② *dé-* et *file.*

② **se DÉFILER** [defile] **v. pron.** (conjug. 3a) ✦ FAM. S'esquiver ou se récuser au moment critique. SYN. **se dérober.** *Elle s'est défilée au moment de payer.*
ÉTYM. de ① *dé-* et *fil.*

DÉFINI, IE [defini] **adj.** **1.** Qui est défini (➛ **définir,** 1). *Mot bien défini.* **2.** Déterminé, précis. *Avoir une tâche définie à remplir.* **3.** *ARTICLE DÉFINI,* qui se rapporte (en principe) à un objet particulier, déterminé (➛ ① **le**).
CONTR. **indéfini, indéterminé.**

DÉFINIR [definiʀ] **v. tr.** (conjug. 13) **1.** Déterminer par une formule précise (➛ **définition**) les caractères de (un concept, une idée générale). *On définit un concept et on décrit un objet. Définir un mot,* en donner le, les sens. **2.** Caractériser. *Une sensation difficile à définir* (➛ **indéfinissable**). ➛ **pronom.** *Il se définit comme (un) artiste.* **3.** Préciser l'idée de. SYN. **déterminer.** *Conditions qui restent à définir.*
ÉTYM. latin *definire* «déterminer ; délimiter», de *finire* «finir».

DÉFINISSABLE [definisabl] **adj.** ✦ Que l'on peut définir. CONTR. **indéfinissable.**

DÉFINITIF, IVE [definitif, iv] **adj.** **1.** Qui est défini, fixé une fois pour toutes. *Résultats définitifs. Leur séparation est définitive.* **2.** *EN DÉFINITIVE* **loc. adv.** : après tout, tout bien considéré, en dernière analyse. SYN. **finalement.** *Que choisissez-vous en définitive ?* CONTR. **momentané, passager, provisoire, temporaire.**
ÉTYM. latin *definitivus.*

DÉFINITION [definisjɔ̃] **n. f.** **1.** Opération par laquelle on détermine le contenu d'un concept en énumérant ses caractères. **2.** Formule qui donne le ou les sens d'un mot, d'une expression et qui vise à être synonyme de ce qui est défini. *Définitions et exemples d'un dictionnaire.* ➛ *Par définition* **loc. adv.** : en vertu d'une définition donnée. *Par définition, l'inconscient est inconnaissable.* **3.** Grandeur caractérisant le degré de finesse d'une image de télévision, exprimée en nombre de lignes.
ÉTYM. latin *definitio,* de *definire* «définir».

DÉFINITIVEMENT [definitivmɑ̃] **adv.** ✦ D'une manière définitive. SYN. **irrémédiablement, irrévocablement.** CONTR. **momentanément, passagèrement, temporairement.**

DÉFISCALISER [defiskalize] **v. tr.** (conjug. 3a) ✦ ADMIN. Libérer de tout impôt.
► **DÉFISCALISATION** [defiskalizasjɔ̃] **n. f.**
ÉTYM. de ① *dé-* et *fiscaliser.*

DÉFLAGRATION [deflagʀasjɔ̃] **n. f.** ✦ Explosion. *Une violente déflagration. Le bruit de la déflagration.*
ÉTYM. latin *deflagratio.*

DÉFLATION [deflasjɔ̃] **n. f.** ✦ Freinage de l'inflation (par la diminution de la masse monétaire, la réduction du pouvoir d'achat, etc.).
ÉTYM. anglais *deflation,* de *inflation.*

DÉFLATIONNISTE [deflasjɔnist] **n.** et **adj.** **1. n.** Partisan d'une politique de déflation. **2. adj.** Qui se rapporte à la déflation. *Mesures déflationnistes.*

DÉFLECTEUR [deflɛktœʀ] **n. m.** ✦ Petit volet orientable d'une vitre de portière d'automobile, servant à aérer.
ÉTYM. du latin *deflectere* «fléchir».

DÉFLORAISON [deflɔʀɛzɔ̃] **n. f.** ✦ BOT. Chute des fleurs.
ÉTYM. de ① *dé-* et *floraison.*

DÉFLORATION [deflɔʀasjɔ̃] **n. f.** ✦ Action de déflorer une fille vierge.
ÉTYM. latin *defloratio.*

DÉFLORER [deflɔʀe] **v. tr.** (conjug. 3a) **1.** Faire perdre sa virginité à (une fille). SYN. FAM. **dépuceler.** **2. fig.** Enlever la fraîcheur, l'originalité de. SYN. **gâter.** *Déflorer un film policier en racontant la fin.*
ÉTYM. de *fleur* «virginité», d'après le latin *deflorare* «perdre ses fleurs *(flos, floris)*».

DÉFOLIANT, ANTE [defɔljɑ̃, ɑ̃t] **adj.** ✦ Qui provoque la défoliation. *Produit chimique défoliant* ou **n. m.** *un défoliant.*
ÉTYM. américain *defoliant.*

DÉFOLIATION [defɔljasjɔ̃] **n. f.** **1.** BOT. Chute naturelle des feuilles. **2.** Destruction artificielle massive de la végétation, des feuilles d'arbres au moyen de défoliants.
ÉTYM. du latin *defoliare* → défolier.

DÉFOLIER [defɔlje] **v. tr.** (conjug. 9) ✦ Provoquer la défoliation (2) de.
ÉTYM. latin *defoliare* «dépouiller de ses feuilles *(folium)*».

DÉFONCE [defɔ̃s] **n. f.** ✦ ARGOT Perte de conscience ou délire éprouvé après l'absorption de drogue.
ÉTYM. de *défoncer.*

DÉFONCÉ, ÉE [defɔ̃se] **adj.** **1.** Brisé, abîmé par enfoncement. *Un vieux fauteuil défoncé.* **2.** Qui présente de grandes inégalités, de larges trous. *Route, chaussée défoncée.*
ÉTYM. du participe passé de *défoncer.*

DÉFONCER [defɔ̃se] **v. tr.** (conjug. 4) **I** **1.** TECHN. Enlever le fond de. *Défoncer un tonneau.* **2.** Briser, abîmer par enfoncement. *Défoncer une porte.* SYN. **enfoncer.** **3.** Creuser profondément. *L'averse a défoncé la route.* **4.** FAM. Provoquer chez (qqn) un état hallucinatoire (en parlant d'une drogue) (➛ **défonce**). **II** *SE DÉFONCER* **v. pron.** FAM. **1.** Atteindre par la drogue ou un autre moyen un état d'ivresse hallucinatoire. **2.** Se donner à une activité avec intensité. *Elle s'est défoncée pour ce travail.*
ÉTYM. de ① *dé-* et *foncer* (I).

DÉFORESTATION [defɔʀɛstasjɔ̃] **n. f.** ✦ Action de détruire une forêt ; son résultat. ☛ Géographie p. 226.
ÉTYM. américain *deforestation,* de *forest* «forêt».

DÉFORMANT, ANTE [defɔʀmɑ̃, ɑ̃t] **adj.** ✦ Qui déforme. *Glaces déformantes.*
ÉTYM. du participe présent de *déformer.*

DÉFORMATION [defɔrmasjɔ̃] n. f. 1. Action de déformer, de se déformer. 2. fig. Altération, falsification. → loc. *Déformation professionnelle* : manières de penser, d'agir prises dans l'exercice d'une profession, et abusivement appliquées à la vie courante. CONTR. **redressement.**
ÉTYM. latin *deformatio.*

DÉFORMER [defɔrme] v. tr. (conjug. 3a) 1. Altérer la forme de. *L'usage a déformé ses chaussures.* ♦ pronom. Perdre sa forme. *L'étagère s'est déformée.* 2. Altérer en changeant. *Vous déformez ma pensée.* SYN. **dénaturer, travestir.** → passif *Être déformé par son métier.* CONTR. **redresser, reformer.**
► **DÉFORMÉ, ÉE** adj. *Une veste toute déformée.*
ÉTYM. latin *deformare.*

DÉFOULEMENT [defulmɑ̃] n. m. ✦ Fait de se défouler.

DÉFOULER [defule] v. tr. (conjug. 3a) 1. FAM. (choses) Permettre, favoriser l'extériorisation des pulsions. *Sors, va danser, ça te défoulera.* 2. SE DÉFOULER v. pron. (personnes) Se libérer des contraintes, des tensions ; faire une dépense d'énergie vitale. *Se défouler en jouant au tennis. Se défouler sur qqn, qqch.*
ÉTYM. de ① *dé-* et *fouler.*

DÉFRAÎCHIR [defʀeʃiʀ] v. tr. (conjug. 13) ✦ Dépouiller de sa fraîcheur. ♦ *SE DÉFRAÎCHIR* v. pron. (couleur, étoffe, vêtement) Perdre sa fraîcheur.
► **DÉFRAÎCHI, IE** adj. Qui n'a plus l'éclat du neuf. *Chapeau défraîchi.* CONTR. ① **frais, pimpant.**
ÉTYM. de ① *dé-* et *frais.*

DÉFRAYER [defʀeje] v. tr. (conjug. 12) 1. Décharger (qqn) de ses frais. SYN. **indemniser, payer, rembourser.** *Sa société ne l'a pas défrayé.* → passif *Être défrayé de tout.* 2. fig. loc. *Défrayer la chronique,* faire parler de soi (surtout en mal).
ÉTYM. de ① *dé-* et ancien français *frayer* «faire des *frais*».

DÉFRICHER [defʀiʃe] v. tr. (conjug. 3a) ✦ Rendre propre à la culture (une terre en friche) en détruisant la végétation spontanée. → fig. *Défricher un sujet, une science.* SYN. **déblayer, préparer.**
► **DÉFRICHEMENT** [defʀiʃmɑ̃] ou **DÉFRICHAGE** [defʀiʃaʒ] n. m.
ÉTYM. de ① *dé-* et *friche.*

DÉFRISER [defʀize] v. tr. (conjug. 3a) 1. Défaire la frisure de. *Défriser des cheveux crépus.* 2. fig. FAM. Déplaire à, contrarier (en parlant d'un fait). *Ça te défrise ?* CONTR. **friser.**
ÉTYM. de ① *dé-* et *friser.*

DÉFROISSER [defʀwase] v. tr. (conjug. 3a) ✦ Remettre en état (ce qui est froissé). *Défroisser un billet.* CONTR. **froisser.**

DÉFROQUE [defʀɔk] n. f. ✦ Vieux vêtements qu'on abandonne. → Habillement démodé ou bizarre.
ÉTYM. de *froc* (I).

DÉFROQUÉ, ÉE [defʀɔke] adj. ✦ Qui a abandonné l'état ecclésiastique. *Un prêtre, un moine défroqué.* → n. *Un défroqué.*
ÉTYM. du participe passé de *se défroquer,* de *froc.*

DÉFUNT, UNTE [defœ̃, œ̃t] adj. ✦ LITTÉR. 1. Qui est mort. *Sa défunte mère.* → n. *Les enfants de la défunte.* 2. fig. *Gloire défunte.* SYN. ② **passé, révolu.** *Des sentiments défunts.* CONTR. **vivant.**
ÉTYM. latin *defunctus,* famille de *fungi* «accomplir (sa vie)».

DÉGAGEMENT [degaʒmɑ̃] n. m. 1. Action de dégager, de libérer. 2. Passage ; espace libre. *Il y a un grand dégagement devant la maison.* → *Itinéraire de dégagement.* SYN. **délestage.** 3. (choses) Action de sortir, de se dégager. *Dégagement de vapeur.*

DÉGAGER [degaʒe] v. tr. (conjug. 5) I 1. Retirer (ce qui était en gage). → fig. *Dégager sa parole,* la reprendre ; *sa responsabilité* (SYN. **décliner**). 2. Libérer de ce qui enveloppe, retient. *Dégager un blessé des décombres.* → Laisser libre, mettre en valeur. *Une robe qui dégage les épaules.* SYN. **découvrir.** 3. Rendre disponible (une somme d'argent). *Dégager des crédits.* 4. Laisser échapper (un fluide, une émanation). SYN. **exhaler, répandre.** *Les plantes dégagent du gaz carbonique.* 5. Isoler (un élément, un aspect) d'un ensemble. SYN. **extraire, tirer.** *Dégager l'idée principale d'un texte.* II 1. *Dégager (qqn) de,* soustraire à. *Dégager qqn de sa promesse.* 2. Débarrasser de ce qui encombre. *Dégager la voie publique.* → FAM. *Allons, dégagez !,* partez, circulez ! III *SE DÉGAGER* v. pron. 1. Libérer son corps (de ce qui l'enveloppe, le retient). *Se dégager d'une étreinte.* ♦ fig. Se libérer (d'une obligation, d'une contrainte). *Se dégager d'une promesse.* 2. Devenir libre de ce qui encombre. *Le ciel se dégage.* SYN. **s'éclaircir.** 3. Sortir d'un corps. SYN. **s'échapper, émaner, s'exhaler.** *Odeur qui se dégage.* → fig. *Il se dégage de cet endroit un sentiment de tristesse.* 4. Se faire jour, émerger. *La vérité se dégage peu à peu.* CONTR. **engager • absorber • encombrer.**
► **DÉGAGÉ, ÉE** adj. 1. Qui n'est pas recouvert, encombré. *Ciel dégagé,* sans nuages. *Nuque, front dégagé. Vue dégagée,* large et libre. 2. Qui a de la liberté, de l'aisance. *Démarche dégagée.* → *Un air, un ton dégagé.* SYN. ② **cavalier, désinvolte.** CONTR. ② **couvert • emprunté, gauche, gêné.**
ÉTYM. de ① *dé-* et *gage.*

DÉGAINE [degɛn] n. f. ✦ FAM. Tournure ridicule, bizarre. SYN. **allure.** *Drôle de dégaine !*
ÉTYM. de *dégainer.*

DÉGAINER [degene] v. tr. (conjug. 3a) ✦ Tirer (une arme) de son étui. → absolt Sortir une arme de son étui (spécialt un révolver) pour se battre. *Il dégaina le premier.* CONTR. **rengainer.**
ÉTYM. de ① *dé-* et *gaine.*

se DÉGANTER [degɑ̃te] v. pron. (conjug. 3a) ✦ Ôter ses gants. CONTR. **ganter.**

DÉGARNIR [degaʀniʀ] v. tr. (conjug. 13) ✦ Dépouiller de ce qui garnit. SYN. **vider.** *Dégarnir une vitrine.* ♦ *SE DÉGARNIR* v. pron. Perdre une partie de ce qui garnit. → spécialt Perdre ses cheveux. *Ses tempes se dégarnissent. Il se dégarnit.* → au p. passé *Un front dégarni.* CONTR. **garnir, pourvoir.**

DÉGÂT [dega] n. m. ✦ Dommage résultant d'une cause violente. *Constater les dégâts occasionnés par un incendie.* → FAM. au sing. *Il y a du dégât.* → loc. *Limiter les dégâts* : éviter le pire.
ÉTYM. de l'anc. v. *degaster* «ravager», de *gâter.*

DÉGAZAGE [degazaʒ] n. m. ✦ TECHN. 1. Action de dégazer (1). 2. Nettoyage des citernes et des soutes d'un pétrolier, pour en ôter les résidus d'hydrocarbures.

A B C D E F G H I J K L M N O P Q R S T U V W X Y Z

DÉGAZER [degaze] **v.** (conjug. 3a) **1. v. tr.** CHIM. Expulser les gaz contenus dans (un liquide, un solide). **2. v. intr.** TECHN. Procéder au dégazage (2).

DÉGEL [deʒɛl] **n. m. 1.** Fonte naturelle de la glace et de la neige, lorsque la température s'élève. **2. fig.** Reprise de l'activité ; remise en circulation, déblocage. *Le dégel des salaires.* CONTR. **gel.**
ÉTYM. de *dégeler.*

DÉGELER [deʒ(ə)le] **v.** (conjug. 7a) **I v. tr. 1.** Faire fondre (ce qui était gelé). **2.** FAM. Faire perdre à (qqn) sa froideur, sa réserve. SYN. **dérider.** ➝ pronom. *Il se dégelait peu à peu.* ➝ *Dégeler l'atmosphère,* la détendre. **3.** Débloquer. *Dégeler des crédits.* **II v. intr.** Cesser d'être gelé. *Le lac a dégelé.* CONTR. **congeler, geler** · **figer** · **bloquer.**

DÉGÉNÉRATIF, IVE [deʒeneʀatif, iv] **adj.** ✦ DIDACT. Relatif à la dégénérescence. *Maladie dégénérative du système nerveux.*
ÉTYM. de *dégénérer.*

DÉGÉNÉRER [deʒeneʀe] **v. intr.** (conjug. 8) **1.** LITTÉR. Perdre les qualités naturelles de sa race, de son espèce. SYN. **s'abâtardir.** *Espèce animale qui dégénère.* **2.** Perdre ses qualités, se dégrader. **3.** *DÉGÉNÉRER EN :* se transformer en (ce qui est pis). SYN. **tourner.** *Son rhume dégénère en bronchite.* ➝ absolt *La situation dégénère.* CONTR. **s'améliorer, régénérer.**
► **DÉGÉNÉRÉ, ÉE adj.** VX *Race dégénérée.* ➝ MOD. FAM. *Il est un peu dégénéré.* SYN. **taré.**
ÉTYM. latin *degenerare,* de *genus, generis* «race, genre».

DÉGÉNÉRESCENCE [deʒeneʀesɑ̃s] **n. f.** ✦ Fait de dégénérer. ➝ MÉD. *Dégénérescence du tissu nerveux.* SYN. **détérioration.** CONTR. **amélioration, progrès.**

DÉGINGANDÉ, ÉE [deʒɛ̃gɑ̃de] **adj.** ✦ Qui est disproportionné dans sa haute taille et déséquilibré dans sa démarche. CONTR. **râblé, trapu.**
ÉTYM. de l'ancien verbe *dehingander* «disloquer», d'origine germanique.

DÉGIVRER [deʒivʀe] **v. tr.** (conjug. 3a) ✦ Enlever le givre de. *Dégivrer un réfrigérateur.*
► **DÉGIVRAGE** [deʒivʀaʒ] **n. m.**

DÉGLACER [deglase] **v. tr.** (conjug. 4) ✦ Mouiller et réchauffer les sucs de cuisson adhérant au fond de (un récipient) pour préparer une sauce.
ÉTYM. de ① *dé-* et *glace.*

DÉGLINGUER [deglɛ̃ge] **v. tr.** (conjug. 3b) ✦ FAM. Disloquer, détraquer. ➝ pronom. *Le réveil s'est déglingué.* ➝ au p. passé *Vélo tout déglingué.*
ÉTYM. origine obscure.

DÉGLUTIR [deglytiʀ] **v. tr.** (conjug. 13) ✦ Avaler (la salive, les aliments). ➝ absolt Déglutir sa salive.
► **DÉGLUTITION** [deglytisjɔ̃] **n. f.**
ÉTYM. bas latin *deglutire,* de *glutus* «gosier».

DÉGOBILLER [degɔbije] **v. tr. et intr.** (conjug. 3a) ✦ FAM. Vomir.
ÉTYM. de ① *dé-* et *gober.*

DÉGOMMER [degɔme] **v. tr.** (conjug. 3a) ✦ FAM. Destituer d'un emploi ; faire perdre une place à. *Il s'est fait dégommer.* ◆ Faire tomber. *Dégommer des quilles.*
ÉTYM. de ① *dé-* et *gommer.*

DÉGONFLARD, ARDE [degɔ̃flaʀ, aʀd] **n.** ✦ FAM. Personne dégonflée, lâche.

DÉGONFLER [degɔ̃fle] **v. tr.** (conjug. 3a) **I 1.** Faire cesser d'être gonflé. *Dégonfler un ballon.* ◆ **intrans.** *Sa paupière a dégonflé.* SYN. **désenfler. 2. fig.** Minimiser (la portée de qqch.). *Dégonfler l'importance d'une nouvelle.* ➝ *Dégonfler les prix.* SYN. **diminuer. II** *SE DÉGONFLER* **v. pron. 1.** *Pneu qui se dégonfle.* **2.** FAM. Manquer de courage, d'énergie au moment d'agir. SYN. **flancher.** CONTR. **gonfler ; enfler.**
► **DÉGONFLÉ, ÉE adj. 1.** *Bouée dégonflée.* **2.** FAM. Sans courage, lâche. ➝ **n.** *Passer pour un dégonflé. Bande de dégonflés !*

DÉGORGER [degɔʀʒe] **v.** (conjug. 5) **I v. tr. 1.** Faire sortir de soi, déverser. *Égout qui dégorge de l'eau sale.* **2.** Vider, déboucher. *Dégorger un évier.* **II v. intr.** Rendre un liquide. *Faire dégorger des escargots, des concombres,* leur faire rendre leur eau. CONTR. **absorber** · ① **boucher, engorger.**
► **DÉGORGEMENT** [degɔʀʒəmɑ̃] **n. m.**
ÉTYM. de ① *dé-* et *gorge.*

DÉGOTER [degɔte] **v. tr.** (conjug. 3a) ✦ FAM. Trouver, découvrir par chance. SYN. **dénicher.** *Où as-tu dégoté ça ?* ➝ On écrit aussi *dégotter.*
ÉTYM. origine obscure, de *go, got* «trou», d'origine inconnue.

DÉGOULINADE [degulinad] **n. f.** ✦ FAM. Trace de liquide qui a coulé.
ÉTYM. de *dégouliner.*

DÉGOULINER [deguline] **v. intr.** (conjug. 3a) ✦ FAM. Couler lentement, goutte à goutte ou en filet. *La peinture dégouline du pinceau, sur le pot.*
ÉTYM. de ① *dé-* et *goule,* forme ancienne de *gueule.*

DÉGOUPILLER [degupije] **v. tr.** (conjug. 3a) ✦ Enlever la goupille de. *Dégoupiller une grenade.*

DÉGOURDIR [deguʀdiʀ] **v. tr.** (conjug. 13) **1.** Faire sortir de l'engourdissement. *Se dégourdir les jambes en marchant.* **2. fig.** Débarrasser (qqn) de sa timidité, de sa gêne. **3.** *SE DÉGOURDIR* **v. pron.** *Se dégourdir entre deux cours.* ➝ **fig.** *Il va se dégourdir en grandissant.*
► **DÉGOURDI, IE adj.** Qui n'est pas gêné pour agir ; habile et actif. *Il n'est pas très dégourdi.* SYN. **débrouillard, déluré, malin.** ➝ **n.** *C'est une dégourdie.* CONTR. **engourdi, gauche, maladroit.**
ÉTYM. de ① *dé-* et *gourd,* d'après *engourdir.*

DÉGOÛT [degu] **n. m. 1.** Manque de goût, d'appétit, entraînant de la répugnance. *Avoir du dégoût pour la viande.* **2.** Aversion (pour qqch., qqn). *Le dégoût du travail. Il m'inspire un profond dégoût.* **3.** Fait de se désintéresser par lassitude (de...). *Le dégoût de la vie.* CONTR. **appétit, envie, goût.**
ÉTYM. de *dégoûter.*

DÉGOÛTANT, ANTE [degutɑ̃, ɑ̃t] **adj. 1.** Qui inspire du dégoût, de la répugnance. SYN. **écœurant, répugnant.** *C'est dégoûtant ici !* SYN. **sale.** ➝ FAM. *Tu es dégoûtant.* **2.** (moral) *C'est un type dégoûtant.* SYN. **abject, ignoble.** ◆ FAM. Grossier, obscène. *Des histoires dégoûtantes.* SYN. ② **cochon.** ➝ **n.** *Ce vieux dégoûtant !* CONTR. **appétissant, propre, ragoûtant** · **correct, sérieux.**
HOM. DÉGOUTTANT (p. présent de *dégoutter*)
ÉTYM. du participe présent de *dégoûter.*

DÉGOÛTER [degute] **v. tr.** (conjug. 3a) **1.** Inspirer du dégoût, une répugnance (physique, morale) à. *Les escargots le dégoûtent.* ➝ *Sa lâcheté me dégoûte.* SYN. **écœurer, répugner, révolter. 2.** *DÉGOÛTER DE :* ôter

l'envie de. *C'est à vous dégoûter de rendre service.* 3. *SE DÉGOÛTER* v. pron. Prendre en dégoût. *Se dégoûter de qqch., de qqn.* SYN. se **lasser**. CONTR. **attirer, charmer, plaire • encourager.** HOM. DÉGOUTTER «couler»
► **DÉGOÛTÉ, ÉE** adj. 1. Qui éprouve facilement du dégoût (pour la nourriture). SYN. **délicat, difficile.** — n. *Faire le dégoûté* : se montrer difficile (sans raison). 2. *DÉGOÛTÉ DE.* SYN. ① **las** de, **lassé** de. *Être dégoûté de vivre, de tout.*
ÉTYM. de ① *dé-* et *goût.*

DÉGOUTTER [degute] v. intr. (conjug. 3a) 1. Couler goutte à goutte. *La sueur lui dégoutte du front.* 2. *Dégoutter de* : laisser tomber goutte à goutte. *Son front dégoutte de sueur.* HOM. DÉGOÛTER «répugner»
ÉTYM. de ① *dé-* et *goutte.*

DÉGRADANT, ANTE [degʀadɑ̃, ɑ̃t] adj. ✦ Qui abaisse moralement. SYN. **avilissant.** *Une conduite dégradante.*
ÉTYM. du participe présent de *dégrader.*

① **DÉGRADATION** [degʀadasjɔ̃] n. f. 1. Destitution infamante d'un grade, d'une dignité. *Dégradation militaire.* 2. Fait de se dégrader, de s'avilir. SYN. **déchéance.** 3. Détérioration (d'un édifice, d'une propriété, d'un site). *La dégradation d'un monument.* — fig. *La dégradation du climat social.* SYN. **détérioration.** CONTR. **réhabilitation • amélioration ; réparation.**
ÉTYM. bas latin *degradatio* → ① dégrader.

② **DÉGRADATION** [degʀadasjɔ̃] n. f. ✦ Affaiblissement graduel, continu (de la lumière, des couleurs). SYN. **dégradé.**
ÉTYM. italien *digradazione* → ② dégrader.

DÉGRADÉ [degʀade] n. m. 1. Affaiblissement ou modification progressive (d'une couleur, d'une lumière). *Effets de dégradé dans un tableau.* 2. Technique de coupe consistant à diminuer progressivement l'épaisseur des cheveux.
ÉTYM. du participe passé de ② *dégrader.*

① **DÉGRADER** [degʀade] v. tr. (conjug. 3a) I 1. Destituer (qqn) d'une manière infamante de sa dignité, de son grade. 2. fig. LITTÉR. Faire perdre sa dignité, son honneur à (qqn). SYN. **avilir.** 3. Rabaisser, dévaloriser (qqch.). *Sa jalousie a dégradé nos relations.* 4. Détériorer (un édifice, un objet). *Dégrader une statue.* II *SE DÉGRADER* v. pron. 1. Déchoir, s'avilir. 2. Se détériorer. *La situation se dégrade.* CONTR. **réhabiliter • améliorer.**
ÉTYM. latin chrétien *degradare*, de *gradus* «grade ; degré».

② **DÉGRADER** [degʀade] v. tr. (conjug. 3a) 1. Affaiblir progressivement (un ton, une couleur). — au p. passé *Tons dégradés.* 2. Couper (les cheveux) en dégradé.
ÉTYM. italien *digradare*, latin *degradare* «descendre» → ① dégrader.

DÉGRAFER [degʀafe] v. tr. (conjug. 3a) ✦ Défaire, détacher (ce qui est agrafé). ♦ pronom. *Sa jupe s'est dégrafée.* CONTR. **agrafer.**

DÉGRAFEUR [degʀafœʀ] n. m. ✦ Instrument de bureau pour dégrafer des feuilles.

DÉGRAISSER [degʀese] v. tr. (conjug. 3a) 1. Enlever la graisse de. *Dégraisser une sauce.* 2. VIEILLI Nettoyer de ses taches de graisse. 3. FAM. Alléger les frais de, effectuer des économies sur. *Dégraisser les effectifs d'une entreprise* (par des licenciements).
► **DÉGRAISSAGE** [degʀɛsaʒ] n. m.

DEGRÉ [dəgʀe] n. m. I LITTÉR. Marche (d'un escalier). *Les degrés d'un perron.* — *Les degrés d'une échelle.* II 1. Niveau, position dans un ensemble hiérarchisé. SYN. **échelon.** *Les degrés de l'échelle sociale. Le degré de perfection d'une machine.* — *Enseignement du second degré* (secondaire). 2. État, dans une évolution. SYN. **stade.** *Le premier, le dernier degré de qqch.*, son état de développement. ♦ loc. *À, jusqu'à un certain degré.* — *AU PLUS HAUT DEGRÉ.* → au plus haut **point.** *Être avare au plus haut degré.* → **extrêmement.** ♦ *PAR DEGRÉ(S)* loc. adv. → **graduellement, progressivement.** *Augmenter par degrés.* 3. État intermédiaire. SYN. **gradation.** *Il y a des degrés dans le malheur.* 4. *AU PREMIER DEGRÉ* : à la lettre. *Prendre une plaisanterie au premier degré.* — *AU SECOND (TROISIÈME...) DEGRÉ* : à un autre niveau d'interprétation (avec une distanciation). III (dans un système organisé, et sans idée de hiérarchie, de valeur) 1. Proximité relative dans la parenté. *Degrés de parenté. Le père et le fils sont parents au premier degré.* 2. GRAMM. *Degrés de comparaison* (de l'adjectif qualificatif, de l'adverbe). → **comparatif, superlatif.** 3. MATH. *Équation du premier, du second degré*, dont l'inconnue est à la première, à la seconde puissance. IV (Unité) 1. Unité de mesure des angles, 360e partie de la circonférence du cercle (symb. °). *Arc de cercle de 40 degrés.* — *Angle de 180 degrés* (angle plat), *de 90 degrés* (angle droit). *Degrés, minutes et secondes.* 2. Division d'une échelle de mesure. SYN. **graduation.** — Unité de mesure de la température. *Degré centigrade* ou *Celsius* (symb. °C). ☛ CELSIUS (noms propres). *Il fait trente degrés à l'ombre. Degré Fahrenheit* (symb. °F), mesure anglaise. ☛ FAHRENHEIT (noms propres). ♦ *Degré alcoolique d'une solution*, la proportion d'alcool qu'elle contient. *Alcool à 90 degrés. Vin de 11 degrés.*
ÉTYM. famille de *grade.*

DÉGRESSIF, IVE [degʀesif, iv] adj. ✦ Qui va en diminuant. *Tarif dégressif.* — *Impôt dégressif*, dont le taux diminue à mesure que le revenu est plus faible. CONTR. **progressif.**
► **DÉGRESSIVITÉ** [degʀesivite] n. f.
ÉTYM. du latin *degressus*, de *degredi* «descendre».

DÉGRÈVEMENT [degʀɛvmɑ̃] n. m. ✦ Action de dégrever. *Accorder un dégrèvement d'impôt.* SYN. **réduction.**

DÉGREVER [degʀəve] v. tr. (conjug. 7a) ✦ Alléger, atténuer la charge fiscale de. *Dégrever un contribuable.* CONTR. **alourdir, grever.**
ÉTYM. de ① *dé-* et *grever.*

DÉGRIFFÉ, ÉE [degʀife] adj. ✦ Qui est vendu moins cher parce qu'il n'a plus sa griffe d'origine (vêtement, accessoire, etc.). SYN. **démarqué.**

DÉGRINGOLADE [degʀɛ̃gɔlad] n. f. ✦ FAM. Action de dégringoler ; son résultat. SYN. **chute.**

DÉGRINGOLER [degʀɛ̃gɔle] v. (conjug. 3a) 1. v. intr. Descendre précipitamment. SYN. **tomber.** *Dégringoler d'un toit. Dégringoler dans l'escalier.* — FAM. *Le baromètre dégringole*, baisse rapidement. ♦ fig. *La Bourse dégringole.* 2. v. tr. Descendre très rapidement. *Dégringoler l'escalier.* SYN. **dévaler.** CONTR. ① **grimper, monter.**
ÉTYM. peut-être ancien néerlandais *crinkelen* «friser (des cheveux)».

DÉGRIPPER [degʀipe] v. tr. (conjug. 3a) ✦ Faire cesser le grippage de (un mécanisme).
ÉTYM. de ① *dé-* et *gripper.*

A B C D E F G H I J K L M N O P Q R S T U V W X Y Z

DÉGRISER [degʀize] v. tr. (conjug. 3a) 1. Tirer (qqn) de l'état d'ivresse. *L'air frais l'a dégrisé.* 2. fig. Détruire les illusions, l'enthousiasme, l'exaltation de (qqn). SYN. **désillusionner, refroidir.** *Cet échec l'a dégrisé.* CONTR. **enivrer, griser • exalter.**
ÉTYM. de ① *dé-* et *gris* (5).

DÉGROSSIR [degʀosiʀ] v. tr. (conjug. 13) 1. Donner une première forme à (qqch. que l'on façonne) en enlevant le plus gros. *Dégrossir un bloc de marbre.* ➝ fig. *Dégrossir un problème.* 2. FAM. *Dégrossir qqn,* lui donner des rudiments de formation, de savoir-vivre. ➝ pronom. Devenir moins grossier, se civiliser. ➝ au p. passé loc. *MAL DÉGROSSI :* grossier. CONTR. **fignoler, finir.**
► **DÉGROSSISSAGE** [degʀosisaʒ] n. m.
ÉTYM. de ① *dé-* et *gros,* d'après *grossir.*

DÉGUENILLÉ, ÉE [deg(ə)nije] adj. ✦ Vêtu de guenilles. SYN. **dépenaillé, loqueteux.** ➝ n. *Des déguenillés.*

DÉGUERPIR [degɛʀpiʀ] v. intr. (conjug. 13) ✦ S'en aller précipitamment. SYN. **décamper, s'enfuir.**
ÉTYM. de ① *dé-* et ancien français *guerpir* «abandonner», francique *werpjan* «jeter».

DÉGUEULASSE [degœlas] adj. ✦ FAM. Sale, répugnant (au physique ou au moral). SYN. **dégoûtant, infect.** *Les vitres sont dégueulasses. Un procédé dégueulasse.* ➝ n. *Quel dégueulasse !* SYN. **salaud.**
ÉTYM. de *dégueuler.*

DÉGUEULASSER [degœlase] v. tr. (conjug. 3a) ✦ FAM. Salir énormément. SYN. **saloper.**

DÉGUEULER [degœle] v. tr. (conjug. 3a) ✦ FAM. et VULG. Vomir. *Dégueuler son repas.*
► **DÉGUEULIS** [degœli] n. m. *Nettoyer le dégueulis.* SYN. **vomi, vomissure.**
ÉTYM. de ① *dé-* et *gueule.*

DÉGUISEMENT [degizmɑ̃] n. m. ✦ Vêtement qui déguise. *Un déguisement de carnaval.*

DÉGUISER [degize] v. tr. (conjug. 3a) 1. Vêtir (qqn) de manière à rendre méconnaissable. ◆ *SE DÉGUISER* v. pron. *Se déguiser en mousquetaire.* SYN. **se costumer, se travestir.** ➝ loc. *Se déguiser en courant d'air :* s'esquiver sans être vu. 2. Modifier pour tromper. *Déguiser sa voix, son écriture.* SYN. **contrefaire, maquiller.** 3. fig. LITTÉR. Cacher sous des apparences trompeuses. *Déguiser sa pensée.* SYN. **dissimuler.**
► **DÉGUISÉ, ÉE** adj. 1. *Homme déguisé en femme* (➝ **travesti**). 2. *FRUITS DÉGUISÉS :* fruits enrobés de sucre et fourrés de pâte d'amandes.
ÉTYM. de ① *dé-* et *guise* «manière d'être».

DÉGUSTATEUR, TRICE [degystatœʀ, tʀis] n. ✦ Spécialiste qui goûte les vins.
ÉTYM. de *déguster.*

DÉGUSTATION [degystasjɔ̃] n. f. ✦ Action de déguster (1 et 2).
ÉTYM. bas latin *degustatio.*

DÉGUSTER [degyste] v. tr. (conjug. 3a) 1. Goûter (un vin, une liqueur) pour juger de la qualité. 2. Boire ou manger avec grand plaisir ; savourer. *Déguster des chocolats.* 3. FAM. absolt Subir un mauvais traitement. *Qu'est-ce qu'on a dégusté !*
ÉTYM. latin *degustare,* de *gustare* «① goûter».

DÉHANCHEMENT [deɑ̃ʃmɑ̃] n. m. 1. Mouvement d'une personne qui se déhanche (1). 2. Position d'un corps qui se déhanche (2).

se DÉHANCHER [deɑ̃ʃe] v. pron. (conjug. 3a) 1. Se balancer sur ses hanches en marchant. SYN. se **dandiner.** 2. Faire reposer le poids du corps sur une hanche, en étant debout.
ÉTYM. de ① *dé-* et *hanche.*

DÉHISCENT, ENTE [deisɑ̃, ɑ̃t] adj. ✦ BOT. Se dit des organes clos qui s'ouvrent d'eux-mêmes à maturité.
ÉTYM. latin *dehiscens,* participe présent de *dehiscere* «s'ouvrir».

DEHORS [dəɔʀ] adv. et n. m.
I adv. 1. À l'extérieur. *Aller dehors :* sortir. *Je serai dehors toute la journée,* hors de chez moi. ➝ *Mettre, jeter qqn dehors,* le chasser, congédier, renvoyer. ➝ *Dehors !* sortez ! 2. loc. adv. *DE DEHORS, PAR-DEHORS :* de, par l'extérieur. ➝ *EN DEHORS :* vers l'extérieur. *Marcher les pieds en dehors.* ➝ *AU(-)DEHORS :* à l'extérieur. *Ne pas se pencher au dehors.* 3. *EN DEHORS DE* loc. prép. : hors de, à l'extérieur de. *En dehors de vous, personne n'est au courant.* SYN. **excepté, hormis.** CONTR. **dans, dedans.**
II n. m. 1. *Le dehors :* l'extérieur. *Le dehors et le dedans. Les ennemis du dehors,* extérieurs. 2. *LES DEHORS :* l'aspect, l'apparence extérieure. *Cacher son hostilité sous des dehors aimables.* CONTR. **dedans, intérieur • fond.**
ÉTYM. bas latin *deforis,* de *foris* «dehors».

DÉICIDE [deisid] n. et adj. ✦ DIDACT. 1. n. m. Meurtre de Dieu (spécialt, du Christ). 2. n. et adj. Meurtrier de Dieu.
ÉTYM. latin chrétien *deicida,* de *deus* «dieu» et *caedere* «tuer».

DÉICTIQUE [deiktik] n. m. ✦ LING. Mot dont le sens est déterminé par la situation d'énonciation (ex. je, tu, ici, là-bas, maintenant...). SYN. **embrayeur.** *Déictique spatial, temporel.*
ÉTYM. du grec *deiktikos* «démonstratif».

DÉIFIER [deifje] v. tr. (conjug. 9) ✦ Considérer (qqn, qqch.) comme un dieu ; adorer comme un être inaccessible. SYN. **diviniser.** *Les empereurs romains étaient déifiés.* ➝ *Déifier l'argent.*
► **DÉIFICATION** [deifikasjɔ̃] n. f.
ÉTYM. latin chrétien *deificare,* de *deus* «dieu» et *facere* «faire».

DÉISME [deism] n. m. ✦ Position philosophique de ceux qui admettent l'existence d'une divinité, sans accepter de religion. SYN. **théisme.**
► **DÉISTE** [deist] n. et adj.
ÉTYM. du latin *deus* «dieu».

DÉJÀ [deʒa] adv. de temps 1. Dès maintenant. *Il a déjà fini. Il est déjà midi.* ➝ Dès ce moment-là. *Quand il arriva, j'étais déjà parti.* ➝ loc. adv. *D'ores* et déjà.* 2. Auparavant, avant. *Tu l'as déjà dit.* 3. FAM. (renforçant une constatation) *C'est déjà beau. Ce n'est déjà pas si mal.* ➝ (en fin de phrase, pour réitérer une question) *Comment vous appelez-vous, déjà ?* CONTR. **seulement • après, ensuite.**
ÉTYM. de *dès* et ancien français *ja* «tout de suite», latin *jam.*

DÉJANTER [deʒɑ̃te] v. (conjug. 3a) **I** v. tr. Faire sortir (un pneu) de la jante. ➝ pronom. *Le pneu s'est déjanté.* **II** v. intr. 1. *Le pneu a déjanté.* 2. FAM. Devenir un peu fou. *Il a déjanté.*

DÉJECTION [deʒɛksjɔ̃] n. f. 1. Évacuation d'excréments ; au plur. excréments. 2. Matières rejetées par les volcans.
ÉTYM. latin *dejectio* «action de jeter hors».

DÉJETER [deʒ(ə)te] **v. tr.** (conjug. 6b) ✦ Écarter de sa direction naturelle, de sa position normale. SYN. **dévier.** CONTR. **redresser.**
ÉTYM. de ① *dé-* et *jeter.*

① **DÉJEUNER** [deʒœne] **v. intr.** (conjug. 3a) **1.** Prendre le petit-déjeuner. **2.** Prendre le repas du milieu de la journée (repas de midi). *Déjeuner d'un sandwich.*
ÉTYM. bas latin *dis(je)junare,* de *jejunare* «jeûner» ; doublet de ① *dîner.*

② **DÉJEUNER** [deʒœne] **n. m. 1.** VX ou RÉGIONAL Premier repas du matin (qui rompt le jeûne). SYN. ① **petit-déjeuner. 2.** (remplace *dîner,* en France, mais non au Québec) Repas pris au milieu du jour. *Un déjeuner d'affaires.* **3.** Mets qui composent ce repas. *Faire un bon déjeuner.* **4. fig.** *DÉJEUNER DE SOLEIL* : ce qui ne dure pas longtemps (objet, sentiment, résolution, entreprise).
ÉTYM. de ① *déjeuner.*

DÉJOUER [deʒwe] **v. tr.** (conjug. 3a) ✦ Faire échouer (les manœuvres de qqn). *Déjouer un attentat.* ➛ *Déjouer la surveillance de l'ennemi.* SYN. **tromper.**
ÉTYM. de ① *dé-* et *jouer.*

se **DÉJUGER** [deʒyʒe] **v. pron.** (conjug. 5) ✦ Revenir sur un jugement exprimé, un parti pris. SYN. **changer** d'avis. CONTR. **persister.**
ÉTYM. de ① *dé-* et ① *juger.*

DE JURE [deʒyʀe] **loc. adv.** ✦ De droit, selon le droit. *Reconnaître un gouvernement de jure* (opposé à *de facto*).
ÉTYM. mots latins.

DELÀ [dəla] **prép.** et **adv. de lieu 1.** *PAR-DELÀ* **loc. prép.** : plus loin que, de l'autre côté de. *Par-delà les mers.* ➛ **fig.** *Par-delà les apparences.* **2.** *AU-DELÀ* ou *AU DELÀ* [od(ə)la] **loc. adv.** : plus loin. *La maison est un petit peu au-delà.* ➛ *AU-DELÀ* (ou *AU DELÀ*) *DE* **loc. prép.** (opposé à *en deçà de*). *C'est au-delà de mes espérances.* **3.** *L'AU-DELÀ* **n. m.** → **au-delà.**
ÉTYM. de *de* et *là.*

DÉLABREMENT [delabʀəmɑ̃] **n. m.** ✦ État de ce qui est délabré. SYN. **ruine.**

DÉLABRER [delabʀe] **v. tr.** (conjug. 3a) ✦ Mettre en mauvais état. SYN. **abîmer,** ① **dégrader, détériorer, endommager.** ♦ *SE DÉLABRER* **v. pron.** Devenir en mauvais état, menacer ruine. *La tour se délabre.* ➛ **fig.** *Sa santé se délabre.*
▶ **DÉLABRÉ, ÉE adj.** *Une bicoque délabrée.* ➛ **fig.** *Une santé délabrée.* CONTR. ② **neuf, pimpant ; florissant, robuste.**
ÉTYM. origine obscure ; p.-ê. famille de *lambeau.*

DÉLACER [delase] **v. tr.** (conjug. 4) ✦ Desserrer ou retirer (une chose lacée). *Délacer ses chaussures.* CONTR. **lacer.** HOM. DÉLASSER «reposer»

DÉLAI [delɛ] **n. m. 1.** Temps accordé pour faire qqch. *Travail exécuté dans le délai fixé. Être dans les délais,* dans les temps. **2.** Prolongation de temps accordée pour faire qqch. SYN. **répit, sursis.** *Se donner un délai d'un mois pour réfléchir.* ➛ *SANS DÉLAI* : sur-le-champ. **3.** Temps à l'expiration duquel on sera tenu de faire une certaine chose. *Accorder un délai de paiement.* ➛ *Expiration du délai* (→ **échéance,** ① **terme**). ➛ *Délai de préavis.* ➛ *À BREF DÉLAI, dans les plus brefs délais* : très bientôt.
ÉTYM. de l'ancien verbe *delaier* «différer», peut-être famille de *laisser.*

DÉLAISSEMENT [delɛsmɑ̃] **n. m.** ✦ LITTÉR. **1.** Abandon. ➛ DR. *Délaissement d'un héritage.* **2.** État d'une personne abandonnée, délaissée. SYN. **isolement.** CONTR. **appui, secours, soutien.**
ÉTYM. de *délaisser.*

DÉLAISSER [delese] **v. tr.** (conjug. 3a) **1.** Laisser (qqn) sans secours ou sans affection. SYN. **abandonner.** *Il délaisse ses amis.* **2.** Abandonner (une activité). *Délaisser le sport.* CONTR. **aider, entourer, secourir.**
▶ **DÉLAISSÉ, ÉE adj. 1.** Laissé sans secours, sans affection. *Enfant délaissé.* **2.** (choses) Abandonné. *Un métier un peu délaissé.*
ÉTYM. de ② dé- et *laisser.*

DÉLASSANT, ANTE [delasɑ̃, ɑ̃t] **adj.** ✦ Qui délasse. CONTR. **fatigant.**

DÉLASSEMENT [delasmɑ̃] **n. m. 1.** Fait de se délasser, physiquement ou intellectuellement. SYN. **détente, loisir, repos. 2.** Ce qui délasse. SYN. **distraction, divertissement.** *La lecture est pour lui un délassement.* CONTR. **fatigue.**

DÉLASSER [delase] **v. tr.** (conjug. 3a) ✦ Tirer (qqn) de l'état de lassitude, de fatigue. SYN. **détendre,** ① **reposer.** ➛ **absolt** *La musique délasse.* ♦ *SE DÉLASSER* **v. pron.** Se reposer en se distrayant. CONTR. **fatiguer, lasser.**
HOM. DÉLACER «détacher»
ÉTYM. de ① dé- et *las.*

DÉLATEUR, TRICE [delatœʀ, tʀis] **n.** ✦ Personne qui dénonce pour des motifs méprisables. SYN. **dénonciateur.**
ÉTYM. latin *delator,* de *delatus,* participe passé de *deferre* «dénoncer».

DÉLATION [delasjɔ̃] **n. f.** ✦ Dénonciation inspirée par des motifs méprisables. *Faire une délation.* → **dénoncer, trahir, vendre.**
ÉTYM. latin *delatio* → délateur.

DÉLAVÉ, ÉE [delave] **adj.** ✦ Dont la couleur est, ou semble trop étendue d'eau. SYN. **décoloré, pâle.** *Bleu délavé.* ➛ *Ciel délavé.* ♦ Éclairci, notamment à l'eau de Javel. *Un jean délavé.*

DÉLAVER [delave] **v. tr.** (conjug. 3a) **1.** Enlever ou éclaircir avec de l'eau (une couleur). **2.** Imbiber, détremper.
ÉTYM. de ① dé- et *laver.*

DÉLAYAGE [delɛjaʒ] **n. m.** ✦ Action de délayer. ➛ **fig.** *Ce journaliste fait du délayage.* SYN. **remplissage, verbiage.**

DÉLAYER [deleje] **v. tr.** (conjug. 12) **1.** Mélanger (une substance) à un liquide. SYN. **diluer, dissoudre.** *Délayer de la farine dans de l'eau.* **2. fig.** Exposer trop longuement, de manière diffuse. *Délayer une idée.* ➛ **au p. passé** *Récit délayé.*
ÉTYM. latin *delicare* «transvaser».

DELCO [dɛlko] **n. m.** ✦ Système d'allumage d'un moteur à explosion (bobine).
ÉTYM. nom déposé ; mot américain, sigle de *Dayton Engineering Laboratories Company.*

A B C D E F G H I J K L M N O P Q R S T U V W X Y Z

DELEATUR n. m. invar. ou **DÉLÉATUR** [deleatyʀ] n. m. ✦ Signe de correction typographique (₰) indiquant qu'il faut supprimer qqch. *Des deleatur, des déléaturs.* ➖ Écrire *déléatur*, avec accents aigus et *s* au pluriel, est permis.
ÉTYM. latin *deleatur* «qu'il soit effacé».

DÉLECTABLE [delɛktabl] adj. ✦ LITTÉR. Qui est très agréable. SYN. **délicieux, exquis.** *Mets délectable.* CONTR. **infect, mauvais.**
ÉTYM. latin *delectabilis.*

DÉLECTATION [delɛktasjɔ̃] n. f. ✦ Plaisir que l'on savoure. SYN. **délice.** *Déguster une glace avec délectation. Écouter avec délectation.* SYN. **ravissement.** CONTR. **dégoût.**
ÉTYM. latin *delectatio.*

se **DÉLECTER** [delɛkte] v. pron. (conjug. 3a) ✦ Prendre un plaisir délicieux (à qqch.). SYN. se **régaler, savourer.** *Se délecter de qqch., à faire qqch.*
ÉTYM. latin *delectare.*

DÉLÉGATION [delegasjɔ̃] n. f. **1.** Acte par lequel on délègue ; attribution, transmission pour un objet déterminé. *Donner une délégation de pouvoir à qqn.* **2.** Ensemble des personnes déléguées. *Recevoir une délégation de grévistes.*
ÉTYM. latin *delegatio.*

DÉLÉGUÉ, ÉE [delege] n. ✦ Personne chargée de représenter les intérêts d'une personne, d'un groupe. SYN. **mandataire, représentant.** *Élection des délégués du personnel. Délégué de classe. Délégué syndical.*

DÉLÉGUER [delege] v. tr. (conjug. 8c) **1.** Charger (qqn) d'une fonction, d'une mission, en transmettant son pouvoir. *Déléguer un représentant à une assemblée.* **2.** Transmettre, confier (une autorité, un pouvoir). *Déléguer sa signature à qqn.*
ÉTYM. latin *delegare,* de *legare* «nommer comme légat ; léguer».

DÉLESTAGE [delɛstaʒ] n. m. ✦ Action de délester (1 et 3). *Itinéraire de délestage.* SYN. **déviation.**

DÉLESTER [delɛste] v. tr. (conjug. 3a) **1.** Décharger de son lest. SYN. **alléger.** *Délester un navire.* **2.** fig. et iron. Voler. *On l'a délesté de son portefeuille.* **3.** Décongestionner (une route principale), par des déviations. CONTR. **charger, lester.**
ÉTYM. de ① dé- et *lest.*

DÉLÉTÈRE [deletɛʀ] adj. ✦ Qui met la santé, la vie en danger. *Gaz délétère.* SYN. **nocif, toxique.** ➖ fig. LITTÉR. Nuisible, pernicieux. *Doctrine délétère.* CONTR. **sain, salubre.**
ÉTYM. grec *dêlêtêrios* «nuisible».

DÉLIBÉRANT, ANTE [delibeʀɑ̃, ɑ̃t] adj. ✦ Qui délibère (opposé à *consultatif*). *Assemblée délibérante.*

DÉLIBÉRATIF, IVE [delibeʀatif, iv] adj. ✦ Qui a qualité pour voter, décider dans une délibération (opposé à *consultatif*). *Avoir voix délibérative dans une assemblée.*
ÉTYM. latin *deliberativus.*

DÉLIBÉRATION [delibeʀasjɔ̃] n. f. **1.** Action de délibérer avec d'autres personnes. SYN. **débat, discussion.** *Mettre une question en délibération.* **2.** Examen réfléchi. SYN. **réflexion.** *Après mûre délibération.*
ÉTYM. latin *deliberatio.*

DÉLIBÉRÉ, ÉE [delibeʀe] adj. et n. m.
I adj. **1.** Qui a été délibéré et décidé. SYN. **intentionnel, réfléchi, voulu.** ➖ *DE PROPOS DÉLIBÉRÉ :* exprès, volontairement. **2.** Assuré, décidé. *D'un air délibéré.* CONTR. **involontaire • hésitant.**
II n. m. DR. Délibération des magistrats avant de rendre leur décision. *Le secret du délibéré.*

DÉLIBÉRÉMENT [delibeʀemɑ̃] adv. ✦ De manière délibérée. CONTR. **involontairement.**

DÉLIBÉRER [delibeʀe] v. intr. (conjug. 8) **1.** Discuter avec d'autres personnes en vue d'une décision à prendre. SYN. se **consulter.** *Le jury délibère.* ➖ trans. indir. *Délibérer de, sur qqch.* **2.** LITTÉR. Peser le pour et le contre. SYN. **réfléchir.** *Après avoir longuement délibéré, il accepta.*
ÉTYM. latin *deliberare,* de *libra* «balance» ou de *liber* «libre».

DÉLICAT, ATE [delika, at] adj. **1.** LITTÉR. Qui plaît par la qualité, la finesse. *Parfum délicat.* SYN. **subtil.** *Des mets délicats.* SYN. **raffiné.** ◆ Qui plaît par la finesse de l'exécution. SYN. **élégant, gracieux, soigné.** *Travail délicat.* **2.** Que sa finesse rend sensible aux moindres influences extérieures. SYN. **fragile.** *Peau, fleur délicate.* ➖ *Santé délicate.* **3.** Dont la subtilité, la complexité rend la compréhension ou l'exécution difficile. SYN. **difficile, épineux.** *Question, situation délicate.* **4.** Qui est doué d'une grande sensibilité. SYN. **subtil.** ◆ (dans les relations avec autrui) *Un ami délicat.* ➖ *Attention, pensée délicate,* pleine de sensibilité, de tact. **5.** Que sa grande sensibilité rend difficile à contenter. SYN. **exigeant.** *Vous êtes trop délicat.* SYN. **difficile.** ➖ n. *Faire le délicat, la délicate.* CONTR. **grossier • robuste • facile, simple • balourd, indélicat.**
ÉTYM. latin *delicatus* «délicieux ; de goût difficile», influencé par *deliciae* «délices» ; doublet de ① *délié.*

DÉLICATEMENT [delikatmɑ̃] adv. ✦ Avec délicatesse. *Bijou délicatement ciselé.* SYN. **finement.** ➖ *Prendre délicatement qqch.* ➖ *Agir délicatement.* CONTR. **grossièrement.**

DÉLICATESSE [delikatɛs] n. f. **1.** LITTÉR. Qualité de ce qui est fin, délicat (1). *La délicatesse d'un coloris.* **2.** Finesse et précision dans l'exécution, le toucher. *Faire, prendre qqch. avec délicatesse* (➜ **délicatement**). **3.** Caractère de ce qui est fragile à cause de sa finesse. *La délicatesse de sa peau.* **4.** Aptitude à sentir, à juger, à exprimer finement. SYN. **sensibilité.** *Délicatesse de goût, du jugement, de l'expression.* **5.** Sensibilité morale dans les relations avec autrui. SYN. **discrétion, tact.** *Se taire par délicatesse. La délicatesse de ses manières.* CONTR. **grossièreté • brutalité • robustesse • indélicatesse.**
ÉTYM. de *délicat,* d'après l'italien *delicatezza.*

DÉLICE [delis] n. m. (n. f. au plur.) **I** n. f. pl. LITTÉR. *DÉLICES :* plaisir qui ravit, transporte. *Lieu de délices* (➜ **paradis**). ➖ loc. *Faire ses délices de qqch.,* y prendre un grand plaisir. ➜ se **délecter.** **II** n. m. Plaisir vif et délicat. SYN. **félicité, joie.** *C'est un délice de l'écouter chanter. Quel délice !* ➖ *Ce rôti est un délice.* SYN. **régal.** CONTR. **horreur, supplice.**
ÉTYM. latin *deliciae,* de *delicere* «attirer».

DÉLICIEUX, EUSE [delisjø, øz] adj. ✦ Qui est extrêmement agréable, procure des délices. SYN. **exquis.** *Sensation délicieuse. Mets délicieux.* ➖ *Femme délicieuse.* SYN. **charmant.** CONTR. **affreux, horrible, mauvais ; déplaisant.**
► **DÉLICIEUSEMENT** [delisjøzmɑ̃] adv. *Il fait délicieusement bon.*
ÉTYM. bas latin *deliciosus.*

DÉLICTUEUX, EUSE [deliktɥø, øz] adj. ✦ DR. Qui a le caractère d'un délit. *Fait délictueux.*
ÉTYM. du latin *delictum* «délit».

① **DÉLIÉ, ÉE** [delje] adj. 1. LITTÉR. Fin, mince. *Taille déliée.* SYN. **élancé.** ♦ n. m. *Un délié* : la partie fine, déliée d'une lettre. *Les pleins et les déliés d'une écriture à la plume.* 2. fig. *Un esprit délié.* SYN. ② **fin, pénétrant, subtil.** CONTR. **épais, gros, lourd.**
ÉTYM. latin *delicatus* ; doublet de *délicat.*

② **DÉLIÉ, ÉE** → DÉLIER

DÉLIER [delje] v. tr. (conjug. 9) 1. Dégager de ce qui lie. SYN. ① **détacher.** *Délier les mains d'un prisonnier.* SYN. **libérer.** 2. Défaire le nœud de. SYN. **dénouer.** *Délier une corde.* ➝ loc. *Sans bourse délier* : sans rien payer. → FAM. **gratis.** ➝ fig. *Délier la langue de qqn,* le faire parler. ➝ pronom. *Les langues se délient,* on parle. 3. fig. Libérer (d'un engagement, d'une obligation). SYN. **dégager, relever.** *Délier qqn d'une promesse.* CONTR. **lier ; attacher, nouer.**
► ② **DÉLIÉ, ÉE** adj. *Cordons déliés.* ➝ loc. *Avoir la langue déliée* : être bavard.
ÉTYM. de ① dé- et *lier.*

DÉLIMITATION [delimitasjɔ̃] n. f. ✦ Action de délimiter ; son résultat. *La délimitation des frontières.* SYN. **démarcation.**
ÉTYM. latin *delimitatio.*

DÉLIMITER [delimite] v. tr. (conjug. 3a) ✦ Déterminer les limites de. *Délimiter la frontière entre deux États.* ➝ Former la limite de. *Haies qui délimitent un pré.* ♦ fig. *Délimiter les attributions de qqn.* SYN. **définir, fixer.** *Délimiter son sujet.* SYN. **circonscrire.** ➝ au p. passé *Une fonction bien délimitée.*
ÉTYM. latin *delimitare.*

DÉLINQUANCE [delɛ̃kɑ̃s] n. f. ✦ Ensemble des délits considérés sur le plan social. SYN. **criminalité.** *Délinquance juvénile.*
ÉTYM. de *délinquant.*

DÉLINQUANT, ANTE [delɛ̃kɑ̃, ɑ̃t] n. ✦ Personne qui commet un délit. ➝ adj. *L'enfance délinquante.*
ÉTYM. du participe présent de l'ancien verbe *délinquer* «commettre un délit», latin *delinquere.*

DÉLIQUESCENCE [delikesɑ̃s] n. f. 1. DIDACT. Propriété qu'ont certains corps de se liquéfier en absorbant l'humidité de l'air. 2. fig. Décadence complète ; perte de la force, de la cohésion. SYN. **décomposition, ruine.** *Société en déliquescence.*
ÉTYM. de *déliquescent.*

DÉLIQUESCENT, ENTE [delikesɑ̃, ɑ̃t] adj. 1. DIDACT. Qui peut fondre par déliquescence. 2. fig. En complète décadence. *Mœurs déliquescentes.*
ÉTYM. latin *deliquescens,* participe présent de *deliquescere* «se liquéfier».

DÉLIRANT, ANTE [delirɑ̃, ɑ̃t] adj. 1. DIDACT. Qui présente les caractères du délire. *Bouffée délirante.* 2. fig. Qui manque de mesure, exubérant. *Imagination, joie délirante.* ♦ FAM. Totalement déraisonnable. *Des prix délirants.* SYN. **démentiel,** ① **fou.** CONTR. **modéré ; raisonnable, sage.**
ÉTYM. du participe présent de *délirer.*

DÉLIRE [deliʀ] n. m. 1. Trouble psychique d'une personne qui a perdu le contact avec la réalité, qui perçoit et dit des choses qui ne concordent pas avec la réalité ou l'évidence. *Être en plein délire. Délire alcoolique.* → **delirium tremens.** *Délire de persécution.* → **paranoïa.** ➝ *C'est du délire !* SYN. ① **folie.** 2. Exaltation, enthousiasme exubérant. ➝ *La foule en délire.*
ÉTYM. latin *delirium.*

DÉLIRER [deliʀe] v. intr. (conjug. 3a) 1. Avoir le délire. SYN. **divaguer.** *Le malade délirait de fièvre.* ➝ FAM. *Tu délires !* SYN. **dérailler.** 2. Être en proie à une émotion qui trouble l'esprit. *Délirer de joie.*
ÉTYM. latin *delirare,* propri «s'écarter du sillon *(lira)*».

DELIRIUM TREMENS [deliʀjɔmtʀemɛ̃s] n. m. invar. ou **DÉLIRIUM** [deliʀjɔm] n. m. ✦ DIDACT. Délire (1) aigu accompagné d'agitation et de tremblement, particulier aux alcooliques. *Des delirium tremens, des déliriums.* ➝ Écrire *délirium* avec un accent aigu et un *s* final au pluriel est permis.
ÉTYM. mots latins «délire tremblant».

DÉLIT [deli] n. m. 1. (sens large) Fait prohibé ou dont la loi prévoit la sanction par une peine. → **contravention, crime, infraction ; délictueux ; délinquant.** ➝ *Le CORPS DU DÉLIT* : le fait, l'élément matériel qui constitue le délit. ➝ *FLAGRANT DÉLIT* : infraction qui est en train ou qui vient de se commettre. *Flagrant délit d'adultère. Prendre qqn en flagrant délit.* 2. (sens restreint) *Délit (correctionnel),* infraction punie de peines correctionnelles (opposé à *contravention* et à *crime*).
ÉTYM. latin *delictum,* de *delinquere* → délinquant.

DÉLITER [delite] v. tr. (conjug. 3a) ✦ Diviser (une pierre) dans le sens des couches de stratification. SYN. **cliver.** ➝ pronom. *L'ardoise se délite.*
ÉTYM. de ① *dé-* et *lit* (II).

DÉLIVRANCE [delivʀɑ̃s] n. f. **I** 1. Action de délivrer (I, 1). SYN. **libération.** 2. fig. Fin d'une gêne, d'un mal, d'un tourment ; impression agréable qui en résulte. SYN. **soulagement.** *Sa mort a été une délivrance.* 3. MÉD. Fin de l'accouchement. **II** Action de délivrer (II), de remettre qqch. à qqn. SYN. **livraison.** *La délivrance des billets.*

DÉLIVRER [delivʀe] v. tr. (conjug. 3a) **I** 1. Rendre libre. SYN. **libérer.** *Délivrer un prisonnier.* 2. *Délivrer qqn de,* rendre libre en écartant, en supprimant. SYN. **débarrasser, libérer.** *Délivrer qqn d'un importun. Délivrer qqn d'une crainte.* **II** Remettre (qqch.) à qqn. *Délivrer un certificat, un reçu. Le médecin délivre une ordonnance.* **III** *SE DÉLIVRER* v. pron. 1. Se libérer, se dégager. *Se délivrer d'une obsession.* 2. Être délivré (II). *Le bureau où se délivrent les passeports.* CONTR. **détenir, emprisonner • garder.**
ÉTYM. latin chrétien *deliberare,* de *liberare* «libérer».

DÉLOCALISER [delɔkalize] v. tr. (conjug. 3a) ✦ Changer l'emplacement, le lieu d'implantation de (une activité). SYN. **décentraliser.**
► **DÉLOCALISATION** [delɔkalizasjɔ̃] n. f.
ÉTYM. de ① dé- et *localiser.*

DÉLOGER [delɔʒe] v. tr. (conjug. 5) ✦ Faire sortir (qqn) du lieu qu'il occupe. SYN. **chasser, expulser.** *Déloger un locataire.*
ÉTYM. de ① *dé-* et *loger.*

A B C D E F G H I J K L M N O P Q R S T U V W X Y Z

DÉLOYAL, ALE, AUX [delwajal, o] **adj.** ✦ Qui n'est pas loyal. SYN. ① **faux, perfide, traître, trompeur.** *Un adversaire déloyal.* – *Procédé déloyal. Concurrence déloyale.* CONTR. **loyal, régulier.**
▶ **DÉLOYALEMENT** [delwajalmɑ̃] **adv.**

DÉLOYAUTÉ [delwajote] **n. f.** ✦ Manque de loyauté. SYN. **fausseté,** mauvaise **foi, fourberie, malhonnêteté.**

DELTA [dɛlta] **n. m.** **I** **n. m. invar.** Quatrième lettre de l'alphabet grec (Δ, δ). – *Aile (en) delta.* → **deltaplane.** **II** **n. m.** Dépôt d'alluvions émergeant à l'embouchure d'un fleuve et la divisant en bras de plus en plus ramifiés. *Le delta du Nil, du Rhône. Des deltas.*
ÉTYM. mot grec.

DELTAPLANE [dɛltaplan] **n. m.** ✦ Aile triangulaire utilisée pour le vol libre ; sport pratiqué avec cet engin.
ÉTYM. nom déposé ; de *aile delta* et *planer.*

DELTOÏDE [dɛltɔid] **n. m.** ✦ ANAT. Muscle triangulaire de l'épaule.
ÉTYM. grec *deltoeidês* → delta et -oïde.

DÉLUGE [delyʒ] **n. m.** **1.** Cataclysme consistant en précipitations continues submergeant la Terre. – **spécialt** (☛ noms propres) *Le Déluge* (dans la Bible). – **loc.** *Remonter au déluge :* être très ancien (→ **antédiluvien**) ; parler des causes les plus éloignées. – *Après moi (nous) le déluge !,* profitons du présent sans souci des catastrophes à venir. **2.** Pluie très abondante, torrentielle. SYN. **cataracte, trombe ;** → **diluvien.** – **fig.** *Un déluge de larmes, de paroles.* SYN. **flot, torrent.**
ÉTYM. du latin *diluvium,* de *diluere* «détremper».

DÉLURÉ, ÉE [delyʀe] **adj.** ✦ Qui a l'esprit vif et avisé, qui est habile à se tirer d'embarras. SYN. **dégourdi, futé, malin.** *Un enfant déluré.* – *Air déluré.* SYN. **éveillé, vif.** ♦ **péj.** D'une hardiesse excessive. SYN. **effronté.** CONTR. **empoté, niais.**
ÉTYM. mot dialectal ; famille de *leurre.*

DÉMAGNÉTISER [demaɲetize] **v. tr.** (conjug. 3a) ✦ Supprimer le caractère magnétique, l'aimantation de. – **au p. passé.** *Sa carte de crédit est démagnétisée.*
▶ **DÉMAGNÉTISATION** [demaɲetizasjɔ̃] **n. f.**
ÉTYM. de ① dé- et *magnétiser.*

DÉMAGOGIE [demagɔʒi] **n. f.** ✦ Politique par laquelle on flatte les masses pour gagner et exploiter leur adhésion. *Il fait de la démagogie pour se faire élire.*
▶ **DÉMAGOGIQUE** [demagɔʒik] **adj.** *Discours démagogique.*
ÉTYM. grec *demagôgia* → démagogue.

DÉMAGOGUE [demagɔg] **n.** et **adj.** ✦ (Personne) qui fait de la démagogie. *Un politicien démagogue.* – **abrév.** FAM. DÉMAGO [demago]. *Des politiciens démagos. Des démagos.*
ÉTYM. grec *demagôgos,* de *dêmos* «peuple» et *-agôgos* «qui conduit».

DÉMAILLER [demaje] **v. tr.** (conjug. 3a) ✦ Défaire en rompant les mailles. – **pronom.** *Son collant s'est démaillé.* SYN. **filer.** CONTR. **remmailler.**

DÉMAILLOTER [demajɔte] **v. tr.** (conjug. 3a) ✦ VIEILLI Débarrasser (un bébé) du maillot (II). – **par ext.** *Démailloter une momie.* CONTR. **emmailloter.**

DEMAIN [d(ə)mɛ̃] **adv.** et **n. m.** **I** Le jour suivant celui où s'exprime la personne qui parle. **1. adv.** *Je le vois, je le verrai demain.* ♦ **loc.** *Demain il fera jour :* rien ne presse d'agir aujourd'hui. – FAM. *C'est pas demain la veille :* ce n'est pas pour bientôt. **2. n. m.** *Demain est jour férié.* – **prov.** *Demain est un autre jour.* – **loc.** *À* DEMAIN : nous nous reverrons demain. *À demain, à demain soir.* – *À partir de demain. C'est pour demain.* **II** **1. adv.** Dans un avenir plus ou moins proche. **2. n. m.** L'avenir. *Le monde de demain.* → **futur.**
ÉTYM. latin *de mane* «tôt le matin».

DÉMANCHER [demɑ̃ʃe] **v. tr.** (conjug. 3a) **1.** Séparer de son manche. *Démancher une hache.* **2.** FAM. Démettre, disloquer. *Se démancher le cou pour voir qqch.* CONTR. **emmancher.**
ÉTYM. de ① *dé-* et ② *manche.*

DEMANDE [d(ə)mɑ̃d] **n. f.** **I** **1.** Action de demander (I). *Demande pressante, insistante.* SYN. **réclamation, revendication ; sollicitation.** *Humble demande.* SYN. **requête.** *Demande d'emploi.* → **candidature.** – *Adresser, formuler une demande.* – *Satisfaire une demande. Faire qqch. sur, à la demande de qqn, à la demande générale.* **2.** *Demande en mariage,* démarche par laquelle on demande une jeune fille en mariage à ses parents. – **absolt** VIEILLI *Faire sa demande.* **3.** Ensemble des biens ou des services demandés par les acheteurs. *Faire face à la demande. La loi de l'offre et de la demande.* **4.** DR. Action intentée en justice. *Former une demande en divorce.* **5.** Annonce par laquelle on s'engage à réaliser un contrat, au bridge. **II** Question. *Faire les demandes et les réponses.*

DEMANDER [d(ə)mɑ̃de] **v. tr.** (conjug. 3a) **I** **1.** Faire connaître à qqn (ce qu'on désire obtenir de lui) ; exprimer (un souhait). *Demander du feu à qqn. Demander son avis à qqn. Demander une faveur.* SYN. **solliciter.** *Demander son dû avec insistance.* SYN. **réclamer, revendiquer.** – Indiquer (ce que l'on veut gagner). *Demander tant, X euros de l'heure.* – *Demander grâce. Demander pardon. Demander la tête d'un coupable,* réclamer la peine capitale. *Ne pas demander son reste*.* ♦ *DEMANDER À* (+ **inf.** ; **les deux v. ont le même sujet**). *Demander à s'asseoir. Je demande à voir,* exprime l'incrédulité. – *NE DEMANDER QU'À,* désirer uniquement, être prêt à. *Je ne demande qu'à vous croire.* FAM. *Il ne demande que ça.* – *DEMANDER DE* (+ **inf.** ; **les deux v. n'ont pas le même sujet**). SYN. **enjoindre, ordonner, prier.** *Je vous demande de m'écouter.* ♦ *DEMANDER QUE* (+ **subj.**) *Il demande que tu viennes. NE PAS DEMANDER MIEUX QUE,* consentir volontiers ; être content, ravi. *Je ne demande pas mieux que de l'aider.* **2.** DR. Réclamer par une demande (4) en justice. SYN. **requérir.** *Demander des dommages-intérêts.* **3.** Prier de donner, d'apporter (qqch.). SYN. **réclamer.** *Demander la note, l'addition au serveur.* **4.** Faire venir, faire chercher (qqn). *Demander un médecin. Descendez, on vous demande.* – Rechercher pour un travail. *On demande un coursier.* ♦ *Demander la main de qqn, demander qqn en mariage.* **5.** *Demander qqch. à qqn.* SYN. **attendre, exiger.** *C'est beaucoup lui demander.* – FAM. *Il ne faut pas trop lui en demander.* **6.** (**choses**) Avoir pour condition de succès, de réalisation. SYN. **exiger, nécessiter, réclamer, requérir.** *Votre proposition demande réflexion. Un travail qui demande du soin.* – *DEMANDER À* (+ **inf.**). *Cette toile demande à être regardée de loin.* **II** **1.** Essayer de savoir (en interrogeant qqn). *Demander* son chemin, son nom à qqn. *Je lui ai demandé quand, comment, s'il irait.* ➞ FAM. *Je ne te demande pas l'heure qu'il est :* mêle-toi de ce qui te regarde. ➞ FAM. *Je vous (le) demande ; je vous demande un peu !,* marque la réprobation. **2.** *SE DEMANDER* **v. pron.** Se poser une question à soi-même. *Je me demande ce qu'il va faire. Je me demande s'il va pleuvoir.* CONTR. **obtenir, prendre, recevoir • répondre.**

► **DEMANDÉ, ÉE adj.** Qui fait l'objet d'une forte demande. *Un article très demandé,* en vogue. ➞ *Un décorateur très demandé.*

ÉTYM. latin *demandare* «confier», de *mandare* «donner en mission, mander».

① **DEMANDEUR, EUSE** [d(ə)mɑ̃dœʀ, øz] **n.** ✦ Personne qui demande qqch. *Demandeur d'emploi. Demandeur d'asile* (politique).

② **DEMANDEUR, DERESSE** [d(ə)mɑ̃dœʀ, dʀɛs] **n.** ✦ DR. Personne qui a l'initiative du procès. SYN. **plaignant.** CONTR. **défendeur.**

DÉMANGEAISON [demɑ̃ʒɛzɔ̃] **n. f.** **1.** Sensation d'irritation au niveau de la peau, qui incite à se gratter. **2.** **fig.** FAM. Désir irrépressible.

ÉTYM. de *démanger.*

DÉMANGER [demɑ̃ʒe] **v. intr.** (conjug. 5) **1.** Faire ressentir une démangeaison (à qqn). *Le bras lui démange.* ➞ **trans.** *Ma cicatrice me démange.* SYN. **gratter. 2. fig. loc.** *La main lui démange :* il a envie de frapper. *La langue lui démange :* il a envie de parler. ➞ **trans.** *Ça me démange de lui dire son fait.*

ÉTYM. de ② *dé-* et *manger.*

DÉMANTELER [demɑ̃t(ə)le] **v. tr.** (conjug. 7a) **1.** Démolir les murailles, les fortifications de. SYN. **raser.** *Démanteler un fort.* **2. fig.** Abattre, détruire, désorganiser. *Démanteler un empire.* CONTR. **fortifier • construire, organiser.**

► **DÉMANTÈLEMENT** [demɑ̃tɛlmɑ̃] **n. m.** *Le démantèlement d'un réseau d'espionnage.*

ÉTYM. de ① *dé-* et *mantel,* ancienne forme de *manteau.*

DÉMANTIBULER [demɑ̃tibyle] **v. tr.** (conjug. 3a) ✦ FAM. Démolir de manière à rendre inutilisable ; mettre en pièces. SYN. **casser, démonter, disloquer.** *Démantibuler une chaise.* ➞ **au p. passé** *Voiture démantibulée.*

ÉTYM. famille de *mandibule.*

DÉMAQUILLANT, ANTE [demakijɑ̃, ɑ̃t] **adj.** ✦ Qui sert à démaquiller. *Lait démaquillant.* ➞ **n. m.** *Un démaquillant pour les yeux.*

DÉMAQUILLER [demakije] **v. tr.** (conjug. 3a) ✦ Enlever le maquillage, le fard de. *Se démaquiller les yeux.* ➞ **pronom.** *Acteur qui se démaquille.* CONTR. **maquiller.**

► **DÉMAQUILLAGE** [demakijaʒ] **n. m.**

ÉTYM. de ① *dé-* et *maquiller.*

DÉMARCAGE [demaʀkaʒ] **n. m.** ✦ Action de démarquer (2) ; son résultat. *Cette thèse est un démarcage grossier.* ➞ On écrit aussi *démarquage.*

DÉMARCATION [demaʀkasjɔ̃] **n. f.** ✦ Action de limiter ; ce qui limite. SYN. **délimitation, frontière, séparation.** *Ligne de démarcation :* frontière ; HIST. ligne qui séparait la zone libre de la zone occupée par les Allemands (1940-1942). ➞ **fig.** *La démarcation entre la philosophie et la psychologie.* SYN. **limite.**

ÉTYM. espagnol *demarcacion,* de *demarcar* «marquer».

DÉMARCHAGE [demaʀʃaʒ] **n. m.** ✦ Activité commerciale qui consiste à solliciter la clientèle à son domicile. ➞ **porte-à-porte ; courtage.** *Démarchage par téléphone.*

ÉTYM. de *démarcher.*

DÉMARCHE [demaʀʃ] **n. f.** **I 1.** Manière de marcher. SYN. **allure,** ① **marche,** ① **pas.** *Démarche assurée, élastique, incertaine.* **2. fig.** Manière dont l'esprit progresse dans son activité. SYN. **cheminement.** *Démarche intellectuelle.* **II** Tentative auprès de qqn pour réussir une entreprise. *Faire des démarches à la préfecture.*

ÉTYM. de l'ancien verbe *démarcher* «marcher».

DÉMARCHER [demaʀʃe] **v. tr.** (conjug. 3a) ✦ Effectuer le démarchage pour un produit auprès de (qqn). *Démarcher un client.*

ÉTYM. de *démarche.*

DÉMARCHEUR, EUSE [demaʀʃœʀ, øz] **n.** ✦ Personne qui fait du démarchage.

ÉTYM. de *démarche.*

DÉMARQUAGE ➞ **DÉMARCAGE**

DÉMARQUE [demaʀk] **n. f.** ✦ Fait de démarquer des marchandises, de les mettre en solde.

ÉTYM. de *démarquer.*

DÉMARQUER [demaʀke] **v. tr.** (conjug. 3a) **1.** Priver de la marque indiquant le possesseur. *Démarquer du linge.* **2. fig.** Copier, plagier (une œuvre, un auteur) en cherchant à dissimuler l'emprunt. **3.** Baisser le prix de (un article) ; priver (un article) de sa marque d'origine et le vendre moins cher. SYN. **solder.** ➞ **au p. passé** *Robe démarquée.* SYN. **dégriffé. 4.** *SE DÉMARQUER* **v. pron.** *Se démarquer de qqn,* prendre ses distances par rapport à lui, tenter de s'en distinguer avantageusement. *Il tient à se démarquer de son prédécesseur.*

DÉMARRAGE [demaʀaʒ] **n. m.** ✦ Fait de démarrer, de partir (véhicule). *Démarrage en côte.* ♦ **fig.** *Le démarrage d'une campagne électorale.* SYN. ① **départ.** *Démarrage économique.* SYN. **décollage.** CONTR. **arrêt.**

DÉMARRER [demaʀe] **v.** (conjug. 3a) **I v. tr. 1.** MAR. Larguer les amarres de. *Démarrer un canot.* **2.** FAM. Commencer, entreprendre. *Démarrer un traitement.* **II v. intr. 1.** Partir (navire). **2.** Commencer à fonctionner, à rouler. SYN. ① **partir.** *La moto démarra en trombe.* ➞ **fig.** *Son affaire a du mal à démarrer.* CONTR. **amarrer • arrêter, finir • s'arrêter,** ① **stopper.**

ÉTYM. de ① *dé-* et *amarrer.*

DÉMARREUR [demaʀœʀ] **n. m.** ✦ Appareil servant à mettre en marche un moteur (spécialt, d'automobile).

ÉTYM. de *démarrer.*

DÉMASQUER [demaske] **v. tr.** (conjug. 3a) **1.** Enlever le masque de (qqn). **2. fig.** Faire connaître (qqn) pour ce qu'il est sous des apparences trompeuses. SYN. **confondre.** *Démasquer un imposteur.* CONTR. **masquer • cacher, dissimuler.**

DÉMÂTER [demate] **v.** (conjug. 3a) **1. v. tr.** Priver (un navire) de ses mâts. **2. v. intr.** Perdre ses mâts. *Le navire a démâté.* CONTR. **mâter.**

DÉMATÉRIALISER [dematerjalize] **v. tr.** (conjug. 3a) **1.** Rendre immatériel. **2.** Priver de support matériel tangible. *Titres dématérialisés.*

► **DÉMATÉRIALISATION** [dematerjalizasjɔ̃] **n. f.**

ÉTYM. de ① *dé-* et ① *matériel.*

DÈME [dɛm] **n. m.** ✦ Division territoriale et unité administrative de la Grèce antique.
ÉTYM. du grec *dêmos* «peuple».

DÉMÉDICALISER [demedikalize] **v. tr.** (conjug. 3a) ✦ Ôter à (qqch.) son caractère médical. *Démédicaliser la grossesse.* CONTR. **médicaliser.**
► **DÉMÉDICALISATION** [demedikalizasjɔ̃] **n. f.**
ÉTYM. de ① *dé-* et *médicaliser.*

DÉMÊLÉ [demele] **n. m.** ✦ Conflit né d'une opposition entre deux parties. SYN. **différend, dispute.** *Ils ont eu un démêlé à propos de l'héritage.* ♦ **au plur.** Difficultés qui en résultent. *Avoir des démêlés avec qqn, avec la justice.* CONTR. **accord, entente.**
ÉTYM. du participe passé de *démêler.*

DÉMÊLER [demele] **v. tr.** (conjug. 3a) **1.** Séparer (ce qui était emmêlé). *Se démêler les cheveux.* **2. fig.** Débrouiller, éclaircir (une chose compliquée). *Démêler une intrigue.* CONTR. **brouiller, emmêler, mêler.**
► **DÉMÊLAGE** [demɛlaʒ] **n. m.** (sens 1) ; **DÉMÊLEMENT** [demɛlmɑ̃] **n. m.** (sens 2).
ÉTYM. de ① *dé-* et *mêler.*

DÉMÊLOIR [demɛlwaʀ] **n. m.** ✦ Peigne à dents espacées servant à démêler les cheveux.

DÉMEMBRER [demɑ̃bʀe] **v. tr.** (conjug. 3a) ✦ Diviser en parties (ce qui forme un tout, devrait rester entier). SYN. **découper, morceler, partager.** *Démembrer un domaine, un empire.* CONTR. **remembrer, unifier.**
► **DÉMEMBREMENT** [demɑ̃bʀəmɑ̃] **n. m.**
ÉTYM. de ① *dé-* et *membre.*

DÉMÉNAGEMENT [demenaʒmɑ̃] **n. m.** ✦ Action de déménager ; son résultat. CONTR. **emménagement.**

DÉMÉNAGER [demenaʒe] **v.** (conjug. 5) **I v. tr.** Transporter (des objets) d'un logement à un autre. *Déménager ses meubles, ses livres.* **II v. intr. 1.** Changer de logement. *Nous déménageons fin mai.* **2. FAM.** *Tu déménages !* SYN. **déraisonner.** CONTR. **emménager, s'installer.**
ÉTYM. de ① *dé-* et *ménage*, sens vieux «maison».

DÉMÉNAGEUR, EUSE [demenaʒœʀ, øz] **n.** ✦ Personne dont le métier est de faire des déménagements.
ÉTYM. de *déménager.*

DÉMENCE [demɑ̃s] **n. f. 1.** Ensemble des troubles mentaux graves. SYN. **aliénation, ① folie.** *Sombrer dans la démence.* ♦ **MÉD.** Déchéance irréversible des activités intellectuelles. *Démence sénile.* **2.** Comportement extravagant. *C'est de la démence de conduire aussi vite.* SYN. **① folie, inconscience.**
ÉTYM. latin *dementia* → dément.

se DÉMENER [dem(ə)ne] **v. pron.** (conjug. 7a) **1.** S'agiter violemment. SYN. **se débattre. loc.** *Se démener comme un beau diable.* **2. fig.** Se donner beaucoup de peine pour arriver à un résultat. SYN. **se remuer ; FAM. se décarcasser.** *Il se démène pour trouver des crédits.*
ÉTYM. de ① *dé-* et *mener.*

DÉMENT, ENTE [demɑ̃, ɑ̃t] **adj. 1.** Qui est atteint de démence. SYN. **aliéné, ① fou.** – **n.** *Un regard de dément.* **2.** Déraisonnable, insensé. ♦ **FAM.** Extraordinaire. *Un concert dément.*
ÉTYM. latin *demens* «privé de son esprit *(mens)*».

DÉMENTI [demɑ̃ti] **n. m.** ✦ Action de démentir ; ce qui dément qqch. SYN. **dénégation, désaveu.** *Opposer un démenti formel à une accusation.* CONTR. **confirmation.**
ÉTYM. du participe passé de *démentir.*

DÉMENTIEL, ELLE [demɑ̃sjɛl] **adj. 1.** De la démence. *État démentiel.* **2.** Excessif, fou. *Un projet démentiel.*

DÉMENTIR [demɑ̃tiʀ] **v. tr.** (conjug. 23) **1.** Contredire (qqn) en prétendant qu'il n'a pas dit la vérité. *Démentir formellement un témoin.* **2.** Prétendre (qqch.) contraire à la vérité. SYN. **nier ;** → **démenti.** *Démentir une nouvelle, une rumeur.* **3.** (choses) Aller à l'encontre de. SYN. **contredire, infirmer.** *Ses actes démentent ses paroles.* **4. v. pron.** *NE PAS SE DÉMENTIR* : ne pas cesser de se manifester. *Son succès ne se dément pas*, persiste, se maintient. CONTR. **certifier, confirmer.**
ÉTYM. de ① *dé-* et *mentir.*

DÉMERDARD, ARDE [demɛʀdaʀ, aʀd] **n. et adj.** ✦ **FAM.** (Personne) qui sait se tirer habilement d'affaire. SYN. **débrouillard.**
ÉTYM. de *se démerder.*

se DÉMERDER [demɛʀde] **v. pron.** (conjug. 3a) ✦ **FAM.** Se débrouiller. *Démerde-toi tout seul.*
ÉTYM. de ① *dé-* et *merde* «ennui».

DÉMÉRITE [demeʀit] **n. m.** ✦ **LITTÉR.** Ce qui fait que l'on démérite, que l'on attire sur soi la désapprobation, le blâme. SYN. **faute, tort.** CONTR. **mérite.**
ÉTYM. de ① *dé-* et *mérite.*

DÉMÉRITER [demeʀite] **v. intr.** (conjug. 3a) ✦ Agir de manière à encourir le blâme, la désapprobation (de qqn). *Démériter aux yeux de qqn. En quoi a-t-il démérité ?*
ÉTYM. de ① *dé-* et *mérite.*

DÉMESURE [dem(ə)zyʀ] **n. f.** ✦ Manque de mesure dans les sentiments, les attitudes. SYN. **excès, outrance.** CONTR. **mesure, modération.**
ÉTYM. de ① *dé-* et *mesure.*

DÉMESURÉ, ÉE [dem(ə)zyʀe] **adj. 1.** Qui dépasse la mesure ordinaire. SYN. **colossal, gigantesque, immense.** *Un homme d'une taille démesurée.* **2.** D'une très grande importance, intensité. SYN. **énorme, excessif, immense.** *Avoir une ambition démesurée.* CONTR. **① moyen, normal, ordinaire · mesuré, modéré.**
ÉTYM. de ① *dé-* et *mesuré.*

DÉMESURÉMENT [dem(ə)zyʀemɑ̃] **adv.** ✦ D'une manière démesurée. SYN. **énormément, excessivement.** CONTR. **modérément.**

① DÉMETTRE [demɛtʀ] **v. tr.** (conjug. 46) ✦ Déplacer (un os, une articulation). SYN. **disloquer, luxer.** *Il lui a démis l'épaule. Elle s'est démis le pied.* CONTR. **remettre.**
ÉTYM. de ① *dé-* et *mettre.*

② DÉMETTRE [demɛtʀ] **v. tr.** (conjug. 46) ✦ Retirer (qqn) d'un emploi, d'un poste, etc. SYN. **destituer, relever, révoquer.** *On l'a démis de ses fonctions.* ♦ *SE DÉMETTRE* **v. pron.** Quitter ses fonctions (volontairement ou sous une contrainte). SYN. **abandonner, abdiquer, démissionner.** *Se démettre d'une charge.*
ÉTYM. latin *demittere* «laisser tomber».

au DEMEURANT [od(ə)mœʀɑ̃] **loc. adv.** ✦ **LITTÉR.** D'ailleurs, au fond ; tout bien considéré.
ÉTYM. du participe présent de *demeurer.*

DEMEURE [d(ə)mœʀ] **n. f.** **I** dans des loc. (Fait de demeurer, de rester) **1.** *MISE EN DEMEURE :* sommation, ultimatum. – *METTRE qqn EN DEMEURE DE* (+ inf.). → **enjoindre, ordonner, sommer.** ♦ *Il y a PÉRIL EN LA DEMEURE :* il peut être dangereux de tarder, il faut agir vite. *Il n'y a pas péril en la demeure :* rien ne presse. **2.** *À DEMEURE* **loc. adv.** : en permanence. *S'installer à demeure à la campagne.* **II 1.** VIEILLI ou LITTÉR. Domicile, habitation. ♦ MOD. Maison (belle ou importante, souvent ancienne). **2.** fig. LITTÉR. *La dernière demeure :* le tombeau. *Accompagner qqn à sa dernière demeure,* aller à ses obsèques.
ÉTYM. de *demeurer.*

DEMEURÉ, ÉE [d(ə)mœʀe] **adj.** ✦ FAM. Intellectuellement retardé. SYN. **attardé, simple** d'esprit. *Il est un peu demeuré.* – **n.** *Des demeurés.*

DEMEURER [d(ə)mœʀe] **v. intr.** (conjug. 3a) **I** (auxiliaire *être*) **1.** (personnes) Rester. *Il ne peut pas demeurer en place.* SYN. **tenir.** ♦ *EN DEMEURER LÀ :* ne pas donner suite à une affaire, en rester là. – *Les choses en demeurèrent là,* n'allèrent pas plus loin. **2.** LITTÉR. Passer du temps (à). *Demeurer longtemps à rêver.* SYN. **s'attarder** à. **3.** Continuer à être (dans une situation). SYN. **rester.** *Demeurer sans secours. Il préfère demeurer inconnu.* **4.** Continuer d'exister. *Les souvenirs demeurent.* **II** (auxiliaire *avoir*) Habiter, résider. *Nous avons demeuré à Paris pendant cinq ans.*
ÉTYM. du latin *demorari* «tarder».

DEMI, IE [d(ə)mi] **adj.** et **n.**
I adj. Qui est la moitié d'un tout (*demi* reste invar. et se rattache au nom qu'il qualifie par un trait d'union → **demi-** et composés). *ET DEMI(E)* (après un nom) : et la moitié. *Cinq heures et demie. Il a deux ans et demi.* – fig. Plus grand encore. *À malin*, malin et demi.* CONTR. **complet, entier.**
II adv. À moitié, pas entièrement. → **mi-.** *Lait demi-écrémé.*
III *À DEMI* **loc. adv.** : à moitié. SYN. **partiellement, à moitié.** ♦ après un verbe *Faire qqch. à demi.* SYN. **imparfaitement.** ♦ devant un adj. ou un p. passé *Elle est à demi sourde. Ils sont à demi morts.* SYN. **presque.** CONTR. **complètement, entièrement, totalement.**
IV n. **1.** Moitié d'une unité. *Un demi ou 1/2 ou 0,5.* – *Une baguette ? – Non, une demie seulement.* **2. n. m.** Verre de bière (qui contenait à l'origine un demi-litre, un quart aujourd'hui). *Garçon, trois demis pression !* **3. n. f.** *LA DEMIE :* la fin de la demi-heure (qui suit une heure quelconque). *La demie de cinq heures. Je pars à la demie. Pendule qui sonne les heures et les demies.* **4. n. m.** SPORTS Joueur placé entre les avants et les arrières. – *Demi de mêlée,* qui lance le ballon dans la mêlée (au rugby).
ÉTYM. latin tardif *dimedius,* de *dimidius,* d'après *medius* «qui est au milieu».

> **DEMI-** Élément invariable qui désigne la division par deux (*demi-litre*) ou le caractère incomplet, imparfait (*demi-jour*). SYN. **semi-.**

DEMI-BOUTEILLE [d(ə)mibutɛj] **n. f.** ✦ Petite bouteille contenant environ 37 cl. *Deux demi-bouteilles.* – abrév. DEMIE. *Une demie Vichy.*

DEMI-CERCLE [d(ə)misɛʀkl] **n. m.** ✦ Moitié d'un cercle limitée par un diamètre. *Des demi-cercles.*
► **DEMI-CIRCULAIRE** [d(ə)misiʀkylɛʀ] **adj.**

DEMI-DIEU [d(ə)midjø] **n. m.** ✦ Personnage mythologique né d'une mortelle et d'un dieu, d'une déesse et d'un mortel, ou divinisé pour ses exploits. SYN. **héros.** *Hercule était un demi-dieu. Des demi-dieux.*

DEMI-DOUZAINE [d(ə)miduzɛn] **n. f.** ✦ Moitié d'une douzaine ou six unités. *Trois demi-douzaines d'huîtres.*

DEMI-DROITE [d(ə)midʀwat] **n. f.** ✦ GÉOM. Portion de droite limitée par un point appelé origine. *La demi-droite [AB). Deux demi-droites.*

DEMIE n. f. → **DEMI** (IV, 3)

DEMI-FINALE [d(ə)mifinal] **n. f.** ✦ Avant-dernière épreuve d'une coupe, d'une compétition. *Aller en demi-finale. Des demi-finales.*
► **DEMI-FINALISTE** [d(ə)mifinalist] **n.**

DEMI-FOND [d(ə)mifɔ̃] **n. m.** ✦ SPORTS *Course de demi-fond,* de moyenne distance (entre 800 et 3 000 mètres).
ÉTYM. de *fond* (IV, 6).

DEMI-FRÈRE [d(ə)mifʀɛʀ] **n. m.** ✦ Frère par le père ou la mère seulement. *Ses demi-frères.*

DEMI-GROS [d(ə)migʀo] **n. m.** ✦ Commerce intermédiaire entre la vente en gros et la vente au détail. *Vente en demi-gros.*
ÉTYM. de *gros* (III, 4).

DEMI-HEURE [d(ə)mijœʀ ; dəmjœʀ] **n. f.** ✦ Moitié d'une heure, soit trente minutes. *Toutes les demi-heures.*

DEMI-JOUR [d(ə)miʒuʀ] **n. m.** ✦ Clarté faible comme celle de l'aube ou du crépuscule. *Des demi-jours.*

DEMI-JOURNÉE [d(ə)miʒuʀne] **n. f.** ✦ Moitié d'une journée (matinée ou après-midi). *Des demi-journées de travail.*

DÉMILITARISER [demilitaʀize] **v. tr.** (conjug. 3a) ✦ Priver (une zone, un pays) de sa force militaire. SYN. **désarmer.** CONTR. **armer, militariser.**
► **DÉMILITARISATION** [demilitaʀizasjɔ̃] **n. f.**
ÉTYM. de ① *dé-* et *militariser.*

DEMI-LITRE [d(ə)militʀ] **n. m.** ✦ Moitié d'un litre. *Des demi-litres.*

DEMI-LONGUEUR [d(ə)milɔ̃gœʀ] **n. f.** ✦ SPORTS *Gagner d'une demi-longueur,* de la moitié de la longueur du cheval, du bateau, dans une course. *Deux demi-longueurs.*

DEMI-LUNE [d(ə)milyn] **n. f.** **1.** Espace en demi-cercle, devant une construction, etc. **2.** Ouvrage fortifié en forme de demi-cercle.

DEMI-MAL, MAUX [d(ə)mimal, mo] **n. m.** ✦ Inconvénient moins grave que celui qu'on prévoyait. *C'est un demi-mal. Il n'y a que demi-mal. Ce ne sont que des demi-maux.*

DEMI-MESURE [d(ə)mim(ə)zyʀ] **n. f.** **1.** Moyen insuffisant et provisoire. SYN. **compromis.** *Avec lui, c'est tout ou rien : il a horreur des demi-mesures.* **2.** Confection de costumes d'homme d'après les mesures principales.

DEMI-MONDAINE [d(ə)mimɔ̃dɛn] **n. f.** ✦ anciennt Femme légère qui fréquentait les milieux mondains. SYN. **courtisane.** *Des demi-mondaines.*

DEMI-MOT [d(ə)mimo] **n. m.** ✦ *À DEMI-MOT* **loc. adv.** : sans qu'il soit nécessaire de tout exprimer. *Ils se comprennent à demi-mot.*

DÉMINER [demine] **v. tr.** (conjug. 3a) ✦ Débarrasser (un lieu) des mines qui en interdisent l'accès. CONTR. **miner.**
► **DÉMINAGE** [deminaʒ] **n. m.**

DÉMINÉRALISER [demineʀalize] **v. tr.** (conjug. 3a) **1.** MÉD. Faire perdre les sels minéraux à (l'organisme). – pronom. *Son organisme se déminéralise.* **2.** Éliminer les sels minéraux de (l'eau). – au p. passé *Eau déminéralisée.*
► **DÉMINÉRALISATION** [demineʀalizasjɔ̃] **n. f.**
ÉTYM. de ① *dé-* et *minéral* (II).

DÉMINEUR [deminœʀ] **n. m.** ✦ Technicien du déminage.
ÉTYM. de *déminer.*

DEMI-PENSION [d(ə)mipɑ̃sjɔ̃] **n. f. 1.** Pension partielle, dans laquelle on ne prend qu'un repas. *Être en demi-pension dans un hôtel. Des demi-pensions.* **2.** Régime scolaire où l'élève prend son repas de midi sur place (opposé à *externat, internat*).

DEMI-PENSIONNAIRE [d(ə)mipɑ̃sjɔnɛʀ] **n.** ✦ Élève qui suit le régime de la demi-pension (opposé à *externe, interne*). *Des demi-pensionnaires.*

DEMI-PLACE [d(ə)miplas] **n. f.** ✦ Place à demi-tarif (transports, spectacles). *Deux demi-places.*

DEMI-PLAN [d(ə)miplɑ̃] **n. m.** ✦ Portion de plan limitée par une droite de ce plan appelée *frontière. Des demi-plans.*

DEMI-PORTION [d(ə)mipɔʀsjɔ̃] **n. f.** ✦ FAM. péj. Personne petite, insignifiante. *Ces demi-portions ne lui font pas peur.*

DEMI-QUEUE [d(ə)mikø] **adj.** ✦ *Piano demi-queue,* plus petit que le piano à queue. – **n. m.** *Des demi-queues.*

DÉMIS, ISE [demi, iz] **adj.** ✦ (os, articulation) Déplacé, luxé. *Épaule démise.*
ÉTYM. du participe passé de ① *démettre.*

DEMI-SAISON [d(ə)misɛzɔ̃] **n. f.** ✦ L'automne ou le printemps. *Vêtement de demi-saison,* ni trop léger, ni trop chaud. *Pendant les demi-saisons.*

DEMI-SANG [d(ə)misɑ̃] **n. m.** ✦ Cheval issu de reproducteurs dont un seul est de pur sang. *Des demi-sang* (invar.) ou *des demi-sangs.*

DEMI-SEL [d(ə)misɛl] **adj. invar.** ✦ Qui n'est que légèrement salé. *Du beurre demi-sel. Des palettes demi-sel.* – *Fromage demi-sel* : fromage frais de vache légèrement salé.

DEMI-SŒUR [d(ə)misœʀ] **n. f.** ✦ Sœur par le père ou la mère seulement. *Elle a deux demi-sœurs.*

DEMI-SOLDE [d(ə)misɔld] **n. f.** et **n. m. invar. 1. n. f.** Solde réduite d'un militaire en non-activité. *Des demi-soldes.* **2. n. m. invar.** Militaire non actif qui touchait une demi-solde (spécialt soldat de l'Empire, sous la Restauration).

DEMI-SOMMEIL [d(ə)misɔmɛj] **n. m.** ✦ État intermédiaire entre le sommeil et l'état de veille. SYN. **somnolence.** *Être dans un demi-sommeil.*

DEMI-SOUPIR [d(ə)misupiʀ] **n. m.** ✦ MUS. Silence dont la durée est égale à la moitié d'un soupir. *Des demi-soupirs.*

DÉMISSION [demisjɔ̃] **n. f. 1.** Acte par lequel on se démet d'une fonction, d'une charge, d'un emploi. *Donner sa démission.* **2.** fig. Acte par lequel on renonce à qqch. ; attitude de fuite devant les difficultés. SYN. **abandon, abdication, résignation.** *La démission de certains parents.*
ÉTYM. latin *demissio* «abaissement», d'après ② *démettre.*

DÉMISSIONNAIRE [demisjɔnɛʀ] **n.** et **adj. 1. n.** Personne qui vient de donner sa démission. – **adj.** *Ministre démissionnaire.* **2. adj.** fig. Qui a une attitude de démission (2).

DÉMISSIONNER [demisjɔne] **v. intr.** (conjug. 3a) **1.** Donner sa démission. **2.** fig. FAM. Renoncer à qqch. SYN. **abdiquer, capituler.** *C'est trop compliqué, je démissionne.* **3.** fig. Ne plus exercer ses responsabilités. *Parents qui démissionnent.*

DEMI-TARIF [d(ə)mitaʀif] **n. m.** ✦ Tarif réduit de moitié. *Billet à demi-tarif.* – **adj.** *Des billets demi-tarifs.* ♦ Billet à demi-tarif. *Deux demi-tarifs.*

DEMI-TEINTE [d(ə)mitɛ̃t] **n. f.** ✦ Teinte qui n'est ni claire ni foncée. *Des demi-teintes.* ♦ *EN DEMI-TEINTE(S). Peinture en demi-teintes.* – fig. Tout en nuances. *Un bilan en demi-teinte.*

DEMI-TON [d(ə)mitɔ̃] **n. m.** ✦ MUS. Le plus petit intervalle entre deux degrés conjoints. *Il y a un demi-ton entre mi et fa, si et do. Des demi-tons.*
ÉTYM. de ② *ton* (II, 2).

DEMI-TOUR [d(ə)mituʀ] **n. m. 1.** Moitié d'un tour que l'on fait sur soi-même. *Des demi-tours.* **2.** loc. *Faire demi-tour* : retourner sur ses pas.

DÉMIURGE [demjyʀʒ] **n. m.** ✦ DIDACT. Créateur de l'univers. – par ext. LITTÉR. Créateur, animateur d'un monde.
ÉTYM. grec *dêmiourgos* «artisan».

DÉMOBILISABLE [demɔbilizabl] **adj.** ✦ Qui doit être officiellement démobilisé. CONTR. **mobilisable.**

DÉMOBILISATEUR, TRICE [demɔbilizatœʀ, tʀis] **adj.** ✦ Propre à démobiliser (2). CONTR. **mobilisateur.**

DÉMOBILISATION [demɔbilizasjɔ̃] **n. f.** ✦ Action, fait de démobiliser (1 et 2). CONTR. **mobilisation ; motivation.**

DÉMOBILISER [demɔbilize] **v. tr.** (conjug. 3a) **1.** Rendre à la vie civile (des troupes mobilisées). – au p. passé *Soldats démobilisés.* **2.** fig. Priver (les militants, les masses) de toute combativité. SYN. **démotiver.** CONTR. **appeler, mobiliser • motiver.**

DÉMOCRATE [demɔkʀat] **n.** et **adj. 1.** Partisan de la démocratie. **2.** *Parti démocrate* : l'un des deux grands partis politiques américains. – **n.** Membre, électeur de ce parti. *Les démocrates et les républicains.*

DÉMOCRATIE [demɔkʀasi] **n. f.** ✦ Forme de gouvernement dans laquelle la souveraineté appartient au peuple ; État ainsi gouverné. *La démocratie athénienne. Démocratie parlementaire. Être en démocratie.* – *Les démocraties populaires* : régimes à parti unique, d'inspiration marxiste (supprimées pour la plupart en

1990).
ÉTYM. grec *dêmokratia*, de *dêmos* «peuple».

DÉMOCRATIQUE [demɔkʀatik] adj. 1. Qui appartient à la démocratie. *Principes démocratiques. Régime démocratique.* 2. Conforme à la démocratie. *Loi démocratique.* ➞ Respectueux de la volonté, de la liberté de chacun. *Vote démocratique.*
► **DÉMOCRATIQUEMENT** [demɔkʀatikmɑ̃] adv. *Président démocratiquement élu au suffrage universel.*
ÉTYM. grec *dêmokratikos*.

DÉMOCRATISER [demɔkʀatize] v. tr. (conjug. 3a) 1. Introduire la démocratie dans. *Démocratiser un pays.* 2. Rendre démocratique, populaire. ➞ pronom. *Ce sport se démocratise,* devient accessible à tous.
► **DÉMOCRATISATION** [demɔkʀatizasjɔ̃] n. f.

se **DÉMODER** [demɔde] v. pron. (conjug. 3a) ✦ Passer de mode, n'être plus à la mode.
► **DÉMODÉ, ÉE** adj. Qui n'est plus à la mode. *Vêtement, prénom démodé.* SYN. **suranné, vieillot.** ➞ *Procédé démodé.* SYN. **dépassé, désuet, obsolète, périmé.** CONTR. d'**avant-garde,** à la **mode.**
ÉTYM. de ① *dé-* et ① *mode.*

DÉMOGRAPHE [demɔgʀaf] n. ✦ Spécialiste de la démographie.

DÉMOGRAPHIE [demɔgʀafi] n. f. 1. Étude statistique des populations humaines. 2. État quantitatif d'une population. *Démographie galopante.*
ÉTYM. du grec *dêmos* «peuple» et de *-graphie.*

DÉMOGRAPHIQUE [demɔgʀafik] adj. 1. Qui appartient à la démographie. *Bilan démographique.* 2. De la population (du point de vue du nombre). *Poussée démographique.* ☛ Géographie p. 222.

DEMOISELLE [d(ə)mwazɛl] n. f. **I** 1. Femme célibataire (➞ **mademoiselle**). ♦ courtois ou iron. Jeune fille. 2. *DEMOISELLE D'HONNEUR* : jeune fille ou fillette qui accompagne la mariée. *Les demoiselles et les garçons d'honneur.* **II** Libellule.
ÉTYM. latin populaire *dom(i)nicella,* diminutif de *domina* «dame».

DÉMOLIR [demɔliʀ] v. tr. (conjug. 13) **I** *Démolir qqch.* 1. Défaire (une construction) en abattant pièce à pièce. SYN. **abattre, détruire, raser.** *Démolir un mur, un vieux quartier.* ➞ au p. passé *Ville démolie par la guerre.* 2. fig. Détruire entièrement. SYN. **anéantir, ruiner.** *Démolir un raisonnement, une théorie.* 3. Mettre (qqch.) en pièces. SYN. **casser** ; FAM. **bousiller.** *Démolir une voiture.* ➞ Mettre en mauvais état. SYN. FAM. **esquinter.** **II** *Démolir qqn.* 1. FAM. Mettre hors de combat, en frappant. SYN. **battre.** *Je vais le démolir.* ♦ Fatiguer, épuiser. *La chaleur me démolit.* 2. Ruiner le crédit, la réputation, l'influence de (qqn). *Démolir un concurrent.* CONTR. **bâtir, construire • créer, élaborer • arranger, réparer.**
► **DÉMOLISSAGE** [demɔlisaʒ] n. m.
ÉTYM. latin *demoliri,* de *moles* «masse».

DÉMOLISSEUR, EUSE [demɔlisœʀ, øz] n. 1. Personne qui démolit un bâtiment. *Une équipe de démolisseurs.* 2. fig. Destructeur. CONTR. **bâtisseur, constructeur.**

DÉMOLITION [demɔlisjɔ̃] n. f. **I** 1. Action de démolir (une construction). *Maison en démolition. Chantier de démolition.* 2. fig. Destruction. **II** au plur. Matériaux des constructions démolies. SYN. **décombres, gravats, ruine(s).** CONTR. **construction.**
ÉTYM. latin *demolitio.*

DÉMON [demɔ̃] n. m. **I** MYTHOL. Être surnaturel, bon ou mauvais, attaché à la destinée d'une personne, d'une collectivité. SYN. **génie.** *Le démon de Socrate.* **II** 1. RELIG. Ange déchu, révolté contre Dieu, et dans lequel réside l'esprit du mal. SYN. **diable.** ➞ *LE DÉMON* : Satan, prince des démons. *Le démon, appelé aussi Belzébuth, Lucifer.* 2. Personne méchante, malfaisante. ➞ *Cet enfant est un petit démon,* il est très espiègle, très turbulent. SYN. **diable.** 3. *LE DÉMON DE,* personnification d'une mauvaise tentation, d'un défaut. *Le démon du jeu, de la curiosité.* ➞ loc. *Le DÉMON DE MIDI* : tentation d'ordre sexuel qui s'empare des humains vers le milieu de leur vie.
ÉTYM. latin *daemon,* grec *daimôn* «destin ; divinité, génie protecteur».

DÉMONÉTISER [demɔnetize] v. tr. (conjug. 3a) ✦ Retirer (une monnaie) de la circulation.
► **DÉMONÉTISATION** [demɔnetizasjɔ̃] n. f.
ÉTYM. du latin *moneta* «monnaie».

DÉMONIAQUE [demɔnjak] adj. et n. 1. adj. et n. Possédé du démon. 2. adj. Digne du démon. SYN. **diabolique, satanique.** *Un rire démoniaque.*
ÉTYM. latin chrétien *daemoniacus,* du grec.

DÉMONSTRATEUR, TRICE [demɔ̃stʀatœʀ, tʀis] n. ✦ Personne qui montre, explique le fonctionnement, l'utilité d'un objet pour en faire la publicité et tenter de le vendre.
ÉTYM. latin *demonstrator.*

DÉMONSTRATIF, IVE [demɔ̃stʀatif, iv] adj. **I** 1. Qui démontre. *Preuve démonstrative.* 2. GRAMM. Qui sert à montrer. *Adjectif, déterminant démonstratif.* ➞ ① **ce.** ➞ *Pronom démonstratif.* ➞ ② **ce ; celui ; ceci, cela ;** ① **ça.** ➞ n. m. *Les démonstratifs.* **II** Qui manifeste vivement ses sentiments (éprouvés ou simulés). SYN. **communicatif, expansif.** *Cet enfant est peu démonstratif.* CONTR. **renfermé, réservé, taciturne.**
ÉTYM. latin *demonstrativus.*

DÉMONSTRATION [demɔ̃stʀasjɔ̃] n. f. 1. Opération mentale, raisonnement par lequel on établit la vérité d'une proposition. *La démonstration d'un théorème. Rôle de la déduction dans la démonstration.* 2. Action de montrer par des expériences les principes d'une science, le fonctionnement d'un appareil. *Le professeur de chimie a fait une démonstration.* ♦ *Aspirateur de démonstration* (➞ **démonstrateur**). 3. souvent au plur. Signes extérieurs volontaires qui manifestent les intentions, les sentiments. SYN. **manifestation, marque.** *Des démonstrations de joie, d'amitié.*
ÉTYM. latin *demonstratio,* de *demonstrare* «montrer, démontrer».

DÉMONTABLE [demɔ̃tabl] adj. ✦ Qui peut être démonté (3). *Bibliothèque démontable.*

DÉMONTAGE [demɔ̃taʒ] n. m. ✦ Action de démonter (I, 3).

DÉMONTE-PNEU [demɔ̃t(ə)pnø] n. m. ✦ Levier destiné à retirer un pneu de sa jante. *Des démonte-pneus.*

DÉMONTER [demɔ̃te] v. tr. (conjug. 3a) **I** 1. Jeter (qqn) à bas de sa monture. SYN. **désarçonner.** 2. fig. Étonner au point de faire perdre l'assurance. SYN. **déconcerter,**

interloquer. 3. Défaire (un tout, un assemblage) en séparant les éléments. *Démonter un échafaudage, une machine, une pendule.* II *SE DÉMONTER* v. pron. 1. Perdre son sang-froid. *Il ne s'est pas démonté pour si peu.* 2. passif *Ce lit se démonte* (→ **démontable**). CONTR. **assembler, monter, remonter.**

► **DÉMONTÉ, ÉE** adj. 1. *Un moteur démonté,* en pièces détachées. 2. *Mer démontée,* bouleversée par la tempête. SYN. **agité, déchaîné, houleux.**

ÉTYM. de ① *dé-* et *monter.*

DÉMONTRABLE [demɔ̃tʀabl] adj. ✦ Qui peut être démontré. CONTR. **indémontrable.**

DÉMONTRER [demɔ̃tʀe] v. tr. (conjug. 3a) 1. Établir la vérité de (qqch.) d'une manière évidente et rigoureuse. SYN. **établir, prouver** ; → **démonstration.** *Démontrer un théorème.* – *Ce n'est plus à démontrer* : on le sait, c'est admis. – → aussi **C. Q. F. D.** 2. (sujet chose) Fournir une preuve de. SYN. **montrer, prouver.** *Cela démontre la nécessité d'une réforme.*

ÉTYM. latin *demonstrare,* de *monstrare* «montrer».

DÉMORALISANT, ANTE [demɔʀalizɑ̃, ɑ̃t] adj. ✦ Qui démoralise, qui est de nature à décourager. *Un échec démoralisant.* SYN. **décourageant, déprimant.** CONTR. **encourageant, réconfortant.**

DÉMORALISATEUR, TRICE [demɔʀalizatœʀ, tʀis] adj. ✦ LITTÉR. Qui tend à décourager. *Propagande démoralisatrice.*

ÉTYM. de *démoraliser.*

DÉMORALISATION [demɔʀalizasjɔ̃] n. f. ✦ Fait de démoraliser, d'être démoralisé. CONTR. **encouragement.**

DÉMORALISER [demɔʀalize] v. tr. (conjug. 3a) ✦ Affaiblir le moral, le courage de (qqn). SYN. **abattre, décourager, déprimer.** *Son échec l'a démoralisé.* – pronom. *Ne vous démoralisez pas !* CONTR. **encourager, remonter.**

ÉTYM. de ① *dé-* et ② *moral.*

DÉMORDRE [demɔʀdʀ] v. tr. ind. (conjug. 44) ✦ *DÉMORDRE DE* (surtout négatif) : renoncer à. SYN. **abandonner, renoncer.** *Il ne veut pas en démordre.*

ÉTYM. de ① *dé-* et *mordre.*

DÉMOTIVER [demɔtive] v. tr. (conjug. 3a) ✦ Faire perdre à (qqn) toute motivation, toute envie ou raison de continuer un travail, une action. – au p. passé *Le personnel est complètement démotivé par la baisse des salaires.* CONTR. **encourager, motiver.**

► **DÉMOTIVATION** [demɔtivasjɔ̃] n. f.

ÉTYM. de ① *dé-* et *motiver.*

DÉMOULER [demule] v. tr. (conjug. 3a) ✦ Retirer (qqch.) du moule. *Démouler une statue en plâtre. Démouler un gâteau.* CONTR. **mouler.**

► **DÉMOULAGE** [demulaʒ] n. m.

ÉTYM. de ① *dé-* et ② *moule.*

DÉMULTIPLICATION [demyltiplikasjɔ̃] n. f. ✦ Rapport de réduction de vitesse.

ÉTYM. de *démultiplier,* d'après *multiplication.*

DÉMULTIPLIER [demyltiplije] v. tr. (conjug. 9) ✦ Réduire la vitesse de (un mouvement transmis). – au p. passé *Pignons démultipliés.*

ÉTYM. de ① *dé-* et *multiplier.*

DÉMUNIR [demyniʀ] v. tr. (conjug. 13) ✦ Priver (qqn, qqch. d'une chose essentielle). – pronom. *Refuser de se démunir de son passeport.* SYN. se **dessaisir.** ♦ au p. passé *Être démuni d'argent, être complètement démuni* : ne plus avoir d'argent.

ÉTYM. de ① *dé-* et *munir.*

DÉMYSTIFICATEUR, TRICE [demistifikatœʀ, tʀis] n. ✦ Personne qui démystifie. – adj. *Action démystificatrice.* CONTR. **mystificateur.**

DÉMYSTIFICATION [demistifikasjɔ̃] n. f. ✦ Fait de démystifier. CONTR. **mystification.**

DÉMYSTIFIER [demistifje] v. tr. (conjug. 9) 1. Détromper (les victimes d'une mystification collective, d'un mythe). *Démystifier un public crédule.* 2. Priver (qqch.) de son mystère en apportant des explications claires. CONTR. **mystifier.**

ÉTYM. de ① *dé-* et *mystifier.*

DÉMYTHIFIER [demitifje] v. tr. (conjug. 9) ✦ DIDACT. Supprimer en tant que mythe. *Démythifier une notion. Démythifier un acteur célèbre.* CONTR. **mythifier.**

► **DÉMYTHIFICATION** [demitifikasjɔ̃] n. f.

DÉNATALITÉ [denatalite] n. f. ✦ DIDACT. Diminution des naissances.

ÉTYM. de ① *dé-* et *natalité.*

DÉNATIONALISER [denasjɔnalize] v. tr. (conjug. 3a) ✦ Restituer à la propriété privée (une entreprise nationalisée). SYN. **privatiser.** CONTR. **nationaliser.**

► **DÉNATIONALISATION** [denasjɔnalizasjɔ̃] n. f.

DÉNATURALISER [denatyʀalize] v. tr. (conjug. 3a) ✦ DR. Priver (qqn) des droits acquis par naturalisation. CONTR. **naturaliser.**

DÉNATURÉ, ÉE [denatyʀe] adj. 1. TECHN. *Alcool dénaturé* (→ **dénaturer,** 1). 2. Altéré jusqu'à perdre les caractères considérés comme naturels, chez l'homme. *Goûts dénaturés.* SYN. **dépravé, pervers.** ♦ *Parents dénaturés,* qui négligent de remplir leurs devoirs envers leurs enfants.

ÉTYM. du participe passé de *dénaturer.*

DÉNATURER [denatyʀe] v. tr. (conjug. 3a) 1. Changer, altérer la nature de (qqch.). *Dénaturer du vin.* SYN. **frelater.** ♦ TECHN. Rendre impropre à la consommation, par ajout de substances. 2. abstrait Changer la nature de, donner une fausse apparence à. *Dénaturer un fait.* SYN. **déformer.** *Dénaturer la pensée, les paroles de qqn,* par une fausse interprétation. SYN. **défigurer, déformer, travestir.**

ÉTYM. de ① *dé-* et *nature.*

DENDRITE [dɑ̃dʀit ; dɛ̃dʀit] n. f. ✦ Prolongement ramifié du neurone.

ÉTYM. grec *dendritês* «qui concerne les arbres *(dendron)*».

DÉNÉGATION [denegasjɔ̃] n. f. 1. Action de dénier (qqch.). SYN. **démenti, désaveu.** *Malgré ses dénégations, on le crut coupable. Signe, geste de dénégation.* 2. PSYCH. Paroles, attitudes qui révèlent une tendance, un sentiment en le niant, en le refusant consciemment. CONTR. **aveu, reconnaissance.**

ÉTYM. latin *denegatio,* de *denegare* «dénier».

DÉNEIGER [deneʒe] v. tr. (conjug. 5) ✦ Débarrasser (un lieu, en particulier une voie de communication) de la neige.

► **DÉNEIGEMENT** [denɛʒmɑ̃] n. m.

DÉNI [deni] n. m. 1. *Déni (de justice)* : refus de rendre justice à qqn, d'être équitable envers lui. → **injustice.** 2. PSYCH. *Déni (de la réalité)* : refus de reconnaître une réalité traumatisante. CONTR. **acceptation, reconnaissance.**
ÉTYM. de *dénier.*

DÉNIAISER [denjeze] v. tr. (conjug. 3a) 1. Rendre (qqn) moins niais, moins gauche. SYN. **dégourdir.** 2. Faire perdre son innocence, sa virginité à (qqn).

DÉNICHER [deniʃe] v. tr. (conjug. 3a) 1. Enlever (un oiseau) du nid. ♦ fig. Faire sortir (qqn) de sa cachette. *On finira bien par le dénicher.* 2. Découvrir à force de recherches. SYN. **trouver** ; FAM. **dégoter.** *Dénicher un appartement.*
ÉTYM. de ① *dé-* et *nicher.*

DÉNICOTINISER [denikɔtinize] v. tr. (conjug. 3a) ✦ Retirer la nicotine de. → au p. passé *Cigarettes dénicotinisées.*

DENIER [dənje] n. m. 1. Ancienne monnaie romaine d'argent. *Les trente deniers de Judas.* 2. Ancienne monnaie française, valant le douzième d'un sou. 3. loc. *Denier du culte* : somme d'argent versée par les catholiques pour subvenir aux besoins du culte. 4. au plur. loc. *DE SES DENIERS* : avec son propre argent. *Je l'ai payé de mes deniers.* → *Les DENIERS PUBLICS* : les revenus de l'État.
ÉTYM. latin *denarius.*

DÉNIER [denje] v. tr. (conjug. 9) 1. Refuser de reconnaître comme sien. SYN. **nier.** *Je dénie toute responsabilité.* 2. Refuser injustement d'accorder. *Dénier à qqn le droit de...* CONTR. **reconnaître · donner.**
ÉTYM. latin *denegare*, de *negare* «nier».

DÉNIGREMENT [denigʀəmɑ̃] n. m. ✦ Action de dénigrer. *Une campagne de dénigrement.* CONTR. **éloge, louange.**

DÉNIGRER [denigʀe] v. tr. (conjug. 3a) ✦ S'efforcer de faire mépriser (qqn, qqch.) en disant du mal, en niant les qualités. SYN. **critiquer, décrier, noircir, rabaisser** ; FAM. ① **débiner.** *Dénigrer ses collègues.* CONTR. **approuver,** ① **louer, vanter.**
ÉTYM. latin *denigrare* «noircir», de *niger* «noir».

DENIM [dənim] n. m. ✦ anglicisme Toile servant à fabriquer les jeans. SYN. **jean.**
ÉTYM. mot anglais, du nom de la ville *de Nîmes.*

DÉNIVELÉE n. f. ou **DÉNIVELÉ** [deniv(ə)le] n. m. ✦ Différence de niveau, d'altitude. SYN. **dénivellation.**
ÉTYM. du participe passé de *déniveler*, de *niveler.*

DÉNIVELLATION [denivelasjɔ̃] n. f. ✦ Différence de niveau. *Une dénivellation de cent mètres.* SYN. **dénivelée.**
ÉTYM. de *déniveler*, de *niveler.*

DÉNOMBRABLE [denɔ̃bʀabl] adj. ✦ Que l'on peut dénombrer, compter. → LING. *Noms dénombrables*, qui désignent ce que l'on peut compter (ex. dix timbres, trois enfants) ; *noms non dénombrables* (du miel, le sable, le froid). CONTR. **innombrable.**

DÉNOMBREMENT [denɔ̃bʀəmɑ̃] n. m. ✦ Action de dénombrer (des personnes, des choses). SYN. **compte, recensement.**

DÉNOMBRER [denɔ̃bʀe] v. tr. (conjug. 3a) ✦ Faire le compte de ; énoncer (chaque élément) en comptant. SYN. **compter, énumérer, recenser.** *Dénombrer les habitants d'une ville.*
ÉTYM. latin *dinumerare*, d'après *nombre.*

DÉNOMINATEUR [denɔminatœʀ] n. m. ✦ MATH. Terme situé sous la barre de fraction, qui indique le diviseur. *Numérateur et dénominateur.* ♦ *DÉNOMINATEUR COMMUN*, obtenu en réduisant plusieurs fractions au même dénominateur. *12 et 24 sont des dénominateurs communs de 1/6 et 3/4.* → fig. Élément commun (à des choses ou des personnes).
ÉTYM. bas latin *denominator.*

DÉNOMINATION [denɔminasjɔ̃] n. f. ✦ Nom affecté (à une chose, une notion). SYN. **appellation.**
ÉTYM. bas latin *denominatio.*

DÉNOMMER [denɔme] v. tr. (conjug. 3a) ✦ Donner un nom à (une personne, une chose). SYN. **appeler, désigner, nommer.** → au p. passé *C'est un dénommé Dupont qui a gagné.* SYN. **certain.** *Le dénommé Untel.* SYN. **sieur.**
ÉTYM. latin impérial *denominare*, de *nominare* «nommer».

DÉNONCER [denɔ̃se] v. tr. (conjug. 4) 1. Annoncer la rupture de. SYN. **annuler.** *Dénoncer un contrat.* 2. Faire connaître (une chose répréhensible). *Dénoncer des abus.* ♦ Signaler (qqn) comme coupable. *Dénoncer qqn à la police.* SYN. **livrer, trahir, vendre.** *Dénoncer ses complices.* → pronom. *Se dénoncer à la police.* CONTR. **confirmer · cacher, taire.**
ÉTYM. latin *denuntiare* «faire savoir».

DÉNONCIATEUR, TRICE [denɔ̃sjatœʀ, tʀis] n. ✦ Personne qui dénonce à une autorité. SYN. **indicateur,** FAM. **mouchard.** → adj. *Lettre dénonciatrice.*
ÉTYM. bas latin *denuntiator.*

DÉNONCIATION [denɔ̃sjasjɔ̃] n. f. 1. Annonce de la fin d'un accord. SYN. **annulation, rupture.** *La dénonciation d'un traité.* 2. Action de dénoncer (2). SYN. **accusation, délation, trahison.** *Être arrêté sur dénonciation.*
ÉTYM. latin *denuntiatio.*

DÉNOTATION [denɔtasjɔ̃] n. f. ✦ LING. Élément invariant et non subjectif de signification (opposé à *connotation*).
ÉTYM. latin *denotatio.*

DÉNOTER [denɔte] v. tr. (conjug. 3a) ✦ (sujet chose) Indiquer, désigner par une caractéristique. SYN. **marquer, révéler, signifier.** *Un acte qui dénote un certain courage.*
ÉTYM. latin *denotare*, de *notare* «marquer, noter».

DÉNOUEMENT [denumɑ̃] n. m. 1. Ce qui termine, dénoue une action au théâtre. ☞ Littérature p. 127. *Un dénouement imprévu.* 2. Manière dont se dénoue une affaire difficile. SYN. **issue.** *Cette disparition a eu un heureux dénouement.* CONTR. **commencement, début.**
ÉTYM. de *dénouer.*

DÉNOUER [denwe] v. tr. (conjug. 3a) 1. Défaire (un nœud, une chose nouée). SYN. **délier,** ① **détacher.** *Dénouer une ficelle.* → pronom. *Lacets qui se dénouent.* ♦ loc. *DÉNOUER LA LANGUE* : faire parler. 2. fig. Démêler, résoudre (une difficulté, une intrigue). → pronom. *La crise se dénoue enfin.* CONTR. **attacher, lier, nouer.**
ÉTYM. de ① *dé-* et *nouer.*

DÉNOYAUTER [denwajote] **v. tr.** (conjug. 3a) ✦ Séparer (un fruit) de son noyau. ➖ au p. passé *Olives dénoyautées.*
► **DÉNOYAUTAGE** [denwajotaʒ] **n. m.**
ÉTYM. de ① *dé-* et *noyau.*

DENRÉE [dɑ̃ʀe] **n. f.** 1. Produit comestible servant à l'alimentation de l'homme *(denrées alimentaires)* ou du bétail. SYN. **aliment.** *Denrées périssables.* 2. **fig.** *Une denrée rare :* une chose, une qualité rare.
ÉTYM. de *denier.*

DENSE [dɑ̃s] **adj.** 1. Qui est compact, épais. *Brouillard dense. Feuillage dense.* SYN. **touffu.** ➖ *Une foule dense,* nombreuse et rassemblée. *Circulation dense.* 2. (paroles, écrits) Qui renferme beaucoup d'éléments en peu de place. *Un récit dense. Style dense.* SYN. **concis, ramassé.** 3. Qui a une certaine densité (2). *Le plomb, métal très dense.* CONTR. **clairsemé, léger, rare.** HOM. DANSE « mouvements rythmés du corps »
ÉTYM. latin *densus.*

DENSIFIER [dɑ̃sifje] **v. tr.** (conjug. 9) ✦ Augmenter la densité de. ➖ pronom. *La population se densifie.* CONTR. se **raréfier.**
ÉTYM. de *dense,* suffixe *-ifier.*

DENSIMÈTRE [dɑ̃simɛtʀ] **n. m.** ✦ TECHN. Instrument de mesure des densités des liquides. SYN. **aréomètre.**
► **DENSIMÉTRIE** [dɑ̃simetʀi] **n. f.**
ÉTYM. de *dense* et *-mètre.*

DENSITÉ [dɑ̃site] **n. f.** 1. Qualité de ce qui est dense. ➖ *Densité de population :* nombre moyen d'habitants au km^2. 2. PHYS. Rapport entre la masse d'un corps et celle d'un même volume d'eau (ou d'air, pour les gaz). *La densité du fer est 7,8.* 3. **fig.** Qualité de ce qui est dense (2).
ÉTYM. latin *densitas* « épaisseur ».

DENT [dɑ̃] **n. f.** **I** 1. Chacun des organes annexes de la bouche, durs et calcaires, implantés sur le bord libre des deux maxillaires. *Les 32 dents de l'homme.* ➙ **dentition ; canine, incisive,** ① **molaire, prémolaire ; odonto-.** *Les dents du haut, du bas. Dents de lait,* premières dents, qui tombent vers l'âge de six ans. *Enfant qui fait ses dents,* dont les premières dents percent. *Dents de sagesse,* les quatre troisièmes molaires qui poussent plus tardivement. *Des petites dents.* ➙ FAM. **quenotte.** *De belles dents blanches. Se laver les dents. Brosse à dents.* ➖ *Dent cariée. N'avoir plus de dents* (➙ **édenté**). *Mal, rage de dents.* ➖ *Fausses dents.* ➙ **appareil, prothèse ;** ② **bridge, dentier.** ♦ (animaux) *Les dents d'un chien.* SYN. **croc.** *Dents de requin.* 2. loc. (dents humaines) *Serrer les dents* (de douleur, de colère) ; fig. s'apprêter à un dur effort, à supporter une chose désagréable. *Claquer* des dents. Grincer* des dents.* ➖ *Ne pas desserrer* les dents. Parler entre ses dents,* peu distinctement. ➖ *Montrer les dents* (comme pour mordre) : menacer. ➖ *Avoir, garder une dent contre qqn,* de l'animosité, du ressentiment. *Avoir la dent dure :* être sévère dans la critique. ➖ FAM. *Avoir la dent :* avoir faim. ➖ *Coup de dent :* morsure ; fig. critique acerbe. ♦ *Mordre À BELLES DENTS,* vigoureusement. *Avoir les dents longues,* de l'ambition. *Se casser les dents :* échouer. *Être armé jusqu'aux dents. Être SUR LES DENTS,* très occupé. *Quand les poules auront des dents :* jamais. ➖ *Manger DU BOUT DES DENTS.* ➙ **chipoter.** *N'avoir rien à se mettre sous la dent,* rien à manger. **II** (Objet ou forme pointue) 1. Découpure pointue (➙ **dentelé, dentelle**). *Les dents des timbres.* 2. Élément allongé et pointu. *Les dents d'un peigne, d'une fourchette.* ➖ *Les dents d'une scie, d'une roue d'engrenage* (➙ **denté**). ➖ loc. *En dents de scie :* qui présente des pointes et des creux aigus. HOM. DAM « dommage », DANS (préposition)
ÉTYM. latin *dens, dentis.*

DENTAIRE [dɑ̃tɛʀ] **adj.** ✦ Relatif aux dents. *Carie dentaire. Plaque* dentaire.* ➖ *École dentaire,* où l'on forme les dentistes.
ÉTYM. latin *dentarius.*

DENTAL, ALE, AUX [dɑ̃tal, o] **adj.** ✦ *Consonnes dentales,* qui se prononcent en appliquant la langue contre les dents. ➖ **n. f.** *Les consonnes d* [d] *et t* [t] *sont des dentales.*
ÉTYM. de *dent.*

DENTÉ, ÉE [dɑ̃te] **adj.** ✦ Dont le bord présente des saillies pointues, aiguës. *Roue dentée.*
ÉTYM. de *dent.*

DENTELÉ, ÉE [dɑ̃t(ə)le] **adj.** ✦ Qui présente des pointes et des creux aigus. *Côte dentelée.* ➖ BOT. *Feuille dentelée.*
ÉTYM. de *dentele* « petite dent ».

DENTELLE [dɑ̃tɛl] **n. f.** 1. Tissu fin à motifs ajourés et qui présente généralement un bord dentelé. *Col de dentelle. Dentelle à l'aiguille, au fuseau, à la machine.* ♦ Technique, art de la dentelle. ➖ loc. FAM. *Ne pas faire dans la dentelle :* travailler, agir sans délicatesse. 2. appos. invar. *Crêpes dentelle,* très fines.
ÉTYM. diminutif de *dent.*

DENTELLIER, IÈRE ou **DENTELIER, IÈRE** [dɑ̃təlje, jɛʀ] **n. f.** et **adj.** 1. **n. f.** Personne qui fait la dentelle. *« La Dentellière »* (tableau de Vermeer). 2. **adj.** *Industrie dentellière,* de la dentelle. ➖ Écrire *dentelier, dentelière* avec un seul *l* est permis.

DENTELURE [dɑ̃t(ə)lyʀ] **n. f.** ✦ Découpure de ce qui est dentelé.
ÉTYM. de *dentele* « petite dent ».

DENTIER [dɑ̃tje] **n. m.** ✦ Prothèse amovible remplaçant tout ou partie des dents. SYN. **appareil,** FAM. **râtelier.**
ÉTYM. de *dent.*

DENTIFRICE [dɑ̃tifʀis] **n. m.** ✦ Préparation pour nettoyer les dents. *Tube de dentifrice.* ➖ appos. invar. *Pâte dentifrice.*
ÉTYM. latin impérial *dentifricium,* de *dens* « dent » et *fricare* « frotter ».

DENTISTE [dɑ̃tist] **n.** ✦ Praticien diplômé spécialiste des soins dentaires. SYN. aussi **orthodontiste, stomatologue.** *Chirurgien dentiste.*
ÉTYM. de *dent.*

DENTISTERIE [dɑ̃tistəʀi] **n. f.** ✦ DIDACT. Étude et pratique des soins dentaires. ➙ **odontologie.**

DENTITION [dɑ̃tisjɔ̃] **n. f.** 1. DIDACT. Formation et apparition des dents. *Première dentition.* 2. COUR. Ensemble des dents. SYN. **denture.** *Avoir une bonne dentition.*
ÉTYM. latin impérial *dentitio.*

DENTURE [dɑ̃tyʀ] **n. f.** ✦ Ensemble des dents (d'une personne, d'un animal). SYN. **dentition.**

DÉNUCLÉARISER [denykleaʀize] **v. tr.** (conjug. 3a) ✦ DIDACT. Diminuer ou interdire la fabrication et le stockage des armes nucléaires dans (un pays, une région).
► **DÉNUCLÉARISATION** [denykleaʀizasjɔ̃] **n. f.**
ÉTYM. de ① *dé-* et *nucléaire.*

DÉNUDER [denyde] **v. tr.** (conjug. 3a) ✦ Mettre à nu ; dépouiller (qqch.) de ce qui recouvre. SYN. **découvrir.** *Une robe qui dénude le dos.* – *Dénuder un fil électrique. Pince à dénuder.* ♦ **pronom.** (personnes) Se déshabiller, se dévêtir. CONTR. **couvrir, recouvrir ; garnir.**
► **DÉNUDÉ, ÉE adj. 1.** Mis à nu. *Bras dénudés.* **2.** Dégarni. *Crâne dénudé,* chauve. *Sol dénudé,* sans végétation.
ÉTYM. latin *denudare,* de *nudus* «nu» ; doublet de *dénuer.*

DÉNUÉ, ÉE [denɥe] **adj.** ✦ *DÉNUÉ DE* : démuni, dépourvu de. *Être dénué de tout.* → **manquer.** – *Être dénué de tact.* SYN. **dépourvu ;** → **sans.** *Un livre dénué d'intérêt.*
ÉTYM. du participe passé de *dénuer.*

DÉNUEMENT [denymɑ̃] **n. m.** ✦ État d'une personne qui est dénuée du nécessaire. SYN. **indigence, misère, pauvreté.** *Être dans un grand dénuement.* CONTR. **abondance, richesse.**
ÉTYM. de *se dénuer.*

se **DÉNUER** [denɥe] **v. pron.** (conjug. 3a) ✦ LITTÉR. Se priver. *Il s'est dénué de tout pour faire des études.*
ÉTYM. latin *denudare* ; doublet de *dénuder.*

DÉNUTRITION [denytʀisjɔ̃] **n. f.** ✦ DIDACT. Ensemble des troubles provoqués par une alimentation ou une assimilation insuffisante. SYN. **malnutrition.**
ÉTYM. de ① *dé-* et *nutrition.*

DÉODORANT [deɔdɔʀɑ̃] **n. m.** et **adj.** ✦ **anglicisme** Désodorisant contre les odeurs corporelles.
ÉTYM. anglais *deodorant.*

DÉONTOLOGIE [deɔ̃tɔlɔʒi] **n. f.** ✦ DIDACT. Ensemble des règles et des devoirs régissant une profession. *Code de déontologie des médecins.*
► **DÉONTOLOGIQUE** [deɔ̃tɔlɔʒik] **adj.**
ÉTYM. anglais *deontology,* du grec *deon, deontos* «devoir».

DÉPANNAGE [depanaʒ] **n. m. 1.** Réparation de ce qui était en panne. *Voiture de dépannage.* **2. fig.** Action de dépanner (2).

DÉPANNER [depane] **v. tr.** (conjug. 3a) **1.** Réparer (un mécanisme en panne). *Dépanner une voiture.* – *Un mécanicien est venu nous dépanner.* **2. fig.** FAM. Tirer (qqn) d'embarras en rendant service, notamment en prêtant de l'argent. *Peux-tu me dépanner jusqu'à demain ?*
ÉTYM. de ① *panne* (2).

DÉPANNEUR, EUSE [depanœʀ, øz] **n.** et **adj.** **I 1. n.** Professionnel (mécanicien, électricien, etc.) chargé de dépanner. ♦ **adj.** Qui dépanne. **2.** *DÉPANNEUSE* **n. f.** Voiture de dépannage qui peut remorquer les automobiles en panne. **II n. m.** au Québec Magasin, épicerie ouvert(e) tard le soir.

DÉPAQUETER [depak(ə)te] **v. tr.** (conjug. 6b) ✦ Défaire (un paquet) ; retirer (le contenu) d'un paquet. SYN. **ouvrir, déballer.** CONTR. **empaqueter.**

DÉPAREILLER [depaʀeje] **v. tr.** (conjug. 3a) ✦ Rendre incomplet (un ensemble de choses assorties ou semblables). SYN. **désassortir.** CONTR. ② **appareiller, apparier ; assortir.**
► **DÉPAREILLÉ, ÉE adj. 1.** Qui n'est pas complet (collection, série) ; qui est composé d'éléments qui ne sont pas assortis. *Service de table dépareillé.* **2.** Qui est séparé d'un ensemble. *Gant dépareillé.* CONTR. **complet ; assorti.**
ÉTYM. de ① *dé-* et *pareil.*

DÉPARER [depaʀe] **v. tr.** (conjug. 3a) ✦ Nuire à la beauté, à l'harmonie de. SYN. **enlaidir.** *Cette tour dépare le quartier. Cette pièce ne déparerait pas sa collection.* CONTR. **agrémenter, embellir.**
ÉTYM. de ① *dé-* et ① *parer.*

① **DÉPART** [depaʀ] **n. m. 1.** Action de partir. *Départ en voyage. Préparatifs de départ. Être sur le départ,* prêt à partir. ♦ SPORTS *Ligne de départ. Starter qui donne le départ. Prendre le départ.* → **démarrer.** ♦ **fig.** *Prendre un bon, un mauvais départ dans la vie.* **2.** Lieu d'où l'on part. *Quai de départ.* **3.** Fait de quitter un lieu, une situation. *Exiger le départ d'un employé.* SYN. **démission, licenciement, renvoi.** – *Départ à la* (ou *en*) *retraite.* **4. fig.** Commencement d'une action, d'une série, d'un mouvement. *Nous n'avions pas prévu cela AU DÉPART,* au début. – *DE DÉPART* : initial. *L'idée de départ. Le point de départ d'une discussion.* → **commencement, origine.** CONTR. **arrivée • aboutissement,** ① **fin.**
ÉTYM. de *départir,* au sens ancien de «s'en aller».

② **DÉPART** [depaʀ] **n. m.** ✦ **loc.** LITTÉR. *FAIRE LE DÉPART entre* (deux choses abstraites), les séparer, les distinguer nettement. → **départager.**
ÉTYM. de *départir* «partager».

DÉPARTAGER [depaʀtaʒe] **v. tr.** (conjug. 5) **1.** Séparer (un groupe) en deux parties inégales. *Départager les votes,* de manière à établir une majorité. **2.** Choisir entre (des opinions, des camps). SYN. **arbitrer.** *Venez nous départager.* – Faire cesser d'être à égalité. *Question subsidiaire pour départager les gagnants.*
ÉTYM. de ① *dé-* et *partager.*

DÉPARTEMENT [depaʀtəmɑ̃] **n. m. 1.** Division administrative du territoire français placée sous l'autorité d'un préfet et administrée par un conseil départemental. *Le département du Var. Chef-lieu du département* (→ **préfecture**). *Départements d'outre-mer (D. O. M.)* : Guadeloupe, Martinique, Réunion, Guyane. **2.** Secteur administratif dont s'occupe un ministre. *Le département de l'Intérieur.* ♦ Branche spécialisée d'une administration, d'un organisme. *Le département des antiquités du musée du Louvre.*
ÉTYM. de *départir* «partager».

DÉPARTEMENTAL, ALE, AUX [depaʀtəmɑ̃tal, o] **adj.** ✦ Qui appartient au département. *Budget départemental.* – *Route départementale* ou **n. f.** *une départementale.*

DÉPARTIR [depaʀtiʀ] **v. tr.** (conjug. 23) **I** Attribuer en partage. SYN. **accorder, impartir.** – **au passif** *Les tâches qui leur ont été départies.* **II** *SE DÉPARTIR DE* **v. pron.** Se séparer de ; abandonner (une attitude). *Sans se départir de son calme* : en gardant son calme. CONTR. **conserver, garder.**
ÉTYM. de ② *partir* ; sens II, de ① *partir.*

A B C D E F G H I J K L M N O P Q R S T U V W X Y Z

DÉPASSEMENT [depasmɑ̃] **n. m.** 1. Action de dépasser. *Dépassement dangereux* (véhicule). 2. Fait de dépasser (un budget). *Dépassement de crédit. Dépassement d'honoraires.* 3. Action de se dépasser soi-même.

DÉPASSER [depase] **v. tr.** (conjug. 3a) **I** 1. Laisser derrière soi en allant plus vite. *Il nous a dépassés à mi-côte.* SYN. **distancer.** *Dépasser un cycliste.* SYN. **doubler.** 2. Aller plus loin que (qqch.). *Dépasser la ligne d'arrivée.* 3. Aller plus loin en quantité, dimensions, importance. *Dépasser qqn d'une tête,* être plus grand d'une tête. ➝ *Dépasser le temps imparti.* ➝ **intrans.** *Sa jupe dépasse de son manteau ; elle dépasse un peu.* 4. Être plus, faire plus que (un autre) dans un domaine. SYN. **surpasser.** *Dépasser qqn en cruauté.* 5. Aller au-delà de (certaines limites, de ce qui est attendu, normal, de ce qui est possible). SYN. **excéder, outrepasser.** *Dépasser la mesure, les bornes, les limites :* exagérer. *Le succès a dépassé notre attente. Cela dépasse mes forces. Cela me dépasse :* c'est trop difficile pour moi ; je ne peux l'imaginer, l'admettre. SYN. **dérouter, étonner.** **II** *SE DÉPASSER* **v. pron.** 1. *Les coureurs cherchent à se dépasser,* à passer l'un devant l'autre. 2. Se surpasser.

► **DÉPASSÉ, ÉE adj.** 1. Dont le but a été mieux réalisé par un autre. *Vous êtes dépassé dans ce domaine.* 2. Qui n'a plus cours, parce qu'on a trouvé mieux depuis. *Théorie dépassée.* SYN. **caduc, obsolète, périmé.** 3. Qui ne peut plus maîtriser la situation. *Être dépassé par les évènements. Il est complètement dépassé !* CONTR. **actuel, nouveau.**

ÉTYM. de ② *dé-* et *passer.*

DÉPASSIONNER [depasjɔne] **v. tr.** (conjug. 3a) ✦ Rendre moins passionné, plus objectif (une discussion, un sujet). *Dépassionner le débat.* SYN. **dédramatiser.**

se DÉPATOUILLER [depatuje] **v. pron.** (conjug. 3a) ✦ FAM. Se débrouiller, se tirer d'une situation embarrassante.

ÉTYM. de *patouiller* «patauger», famille de *patte.*

DÉPAVER [depave] **v. tr.** (conjug. 3a) ✦ Dégarnir de pavés. *Dépaver une rue.*

► **DÉPAVAGE** [depavaʒ] **n. m.**

DÉPAYSANT, ANTE [depeizɑ̃, ɑ̃t] **adj.** ✦ Qui procure un dépaysement (2).

ÉTYM. du participe présent de *dépayser.*

DÉPAYSEMENT [depeizmɑ̃] **n. m.** 1. État d'une personne dépaysée. 2. Changement agréable d'habitudes. *Rechercher le dépaysement.*

DÉPAYSER [depeize] **v. tr.** (conjug. 3a) 1. VX Faire changer de pays, de lieu, de milieu. 2. Troubler, désorienter par un changement de décor, de milieu, d'habitudes.

ÉTYM. de *pays.*

DÉPECER [depəse] **v. tr.** (conjug. 4 et 7a) 1. Mettre en pièces, en morceaux (un animal). SYN. ① **débiter, découper.** *Le lion dépèce sa proie.* 2. fig. Morceler, démembrer. *Dépecer un empire.*

► **DÉPEÇAGE** [depəsaʒ] **n. m.**

ÉTYM. de *pièce.*

DÉPÊCHE [depɛʃ] **n. f.** 1. Lettre concernant les affaires publiques. *Dépêche diplomatique.* 2. Communication transmise par voie rapide. *Dépêche de presse, d'agence.*

ÉTYM. de *dépêcher.*

DÉPÊCHER [depeʃe] **v. tr.** (conjug. 3a) 1. Envoyer (qqn) en hâte pour porter un message. *Il m'a dépêché auprès de vous pour avoir votre réponse.* 2. *SE DÉPÊCHER* **v. pron.** Se hâter, faire vite. SYN. **se presser.** *Se dépêcher de finir.*

ÉTYM. du radical de *empêcher.*

DÉPEIGNER [depeɲe] **v. tr.** (conjug. 3a) ✦ Déranger l'arrangement des cheveux de (qqn). SYN. **décoiffer.** ➝ **au p. passé** *Être dépeigné.* CONTR. **peigner.**

ÉTYM. de ① *dé-* et *peigner.*

DÉPEINDRE [depɛ̃dʀ] **v. tr.** (conjug. 48b) ✦ Décrire et représenter par le discours. *Il est bien tel qu'on me l'a dépeint.*

ÉTYM. latin *depingere,* d'après *peindre.*

DÉPENAILLÉ, ÉE [dep(ə)naje] **adj.** ✦ FAM. Qui est en lambeaux, en loques. ➝ Dont la mise est négligée, en désordre. SYN. **débraillé.**

ÉTYM. de l'ancien français *penaille,* famille de ① *pan* «morceau d'étoffe».

DÉPÉNALISER [depenalize] **v. tr.** (conjug. 3a) ✦ DR. Soustraire (une infraction, une action) à la sanction du droit pénal.

► **DÉPÉNALISATION** [depenalizasjɔ̃] **n. f.** DR. *La dépénalisation de l'avortement.*

ÉTYM. de ① *dé-* et *pénal.*

DÉPENDANCE [depɑ̃dɑ̃s] **n. f.** 1. Rapport qui fait qu'une chose dépend d'une autre. SYN. **corrélation, enchaînement, interdépendance.** 2. Terre, bâtiment dépendant d'un domaine, d'un bien immeuble (surtout plur.). *Les dépendances du château.* 3. Fait pour une personne de dépendre de qqn ou de qqch. SYN. **assujettissement, servitude, sujétion.** *Être dans, sous la dépendance de qqn.* SYN. ② **coupe, joug.** ◆ **spécialt** État résultant de la consommation régulière d'une substance toxique. *Dépendance physique, psychique.* SYN. **accoutumance.** *Dépendance au tabac.* SYN. **addiction.** 4. État d'une personne qui n'est pas autonome dans la vie quotidienne. CONTR. **indépendance · autonomie, liberté.**

ÉTYM. de ① *dépendre.*

DÉPENDANT, ANTE [depɑ̃dɑ̃, ɑ̃t] **adj.** ✦ Qui dépend de qqn ou de qqch. ➝ *Personne dépendante* (vieillard, handicapé), qui nécessite une assistance constante, n'a pas son autonomie. CONTR. **autonome, indépendant, libre.**

ÉTYM. du participe présent de ① *dépendre.*

① **DÉPENDRE** [depɑ̃dʀ] **v. tr. ind.** (conjug. 44) ✦ *DÉPENDRE DE* 1. Ne pouvoir se réaliser sans l'action ou l'intervention de (une personne, une chose). SYN. **résulter** de. *L'effet dépend de la cause.* ◆ **impers.** *Je vais plus ou moins bien, cela (ça) dépend des jours. Si cela ne dépendait que de moi !* SYN. **tenir** à. *Cela dépend des circonstances. Ça dépend qui, où...* ➝ (en réponse) *Ça dépend :* peut-être. *Il dépend de qqn de* (+ inf.) ou *que* (+ subj.). *Il dépend de vous de réussir, que vous réussissiez.* 2. Faire partie de (qqch.). SYN. **appartenir** à. *Ce parc dépend de la propriété. Dépendre d'une juridiction.* SYN. **relever** de. 3. Être sous l'autorité de. *Ne dépendre de personne, ne dépendre que de soi.* CONTR. **s'affranchir,** se **libérer.**

ÉTYM. latin *dependere* «être suspendu», fig. «rattaché à».

② **DÉPENDRE** [depɑ̃dʀ] **v. tr.** (conjug. 44) ✦ Retirer (ce qui est pendu). SYN. **décrocher,** ② **détacher.** *Dépendre un tableau.* CONTR. **accrocher, pendre, suspendre.**

ÉTYM. de ① *dé-* et *pendre.*

DÉPENS [depɑ̃] **n. m. pl.** 1. *AUX DÉPENS DE* (qqn) : en faisant supporter la dépense par. *Il vit à mes dépens.* SYN. à la **charge,** aux **crochets** de. ♦ **fig.** En causant du dommage à (qqn ou qqch.). SYN. au **détriment** de. *Rire aux dépens de qqn. Apprendre qqch. à ses dépens,* par une expérience désagréable, cuisante. 2. DR. Frais judiciaires à la charge de la personne condamnée. *Être condamné aux dépens.*
ÉTYM. latin *dispensum,* de *dispendere* «peser en distribuant» et «distribuer».

DÉPENSE [depɑ̃s] **n. f.** 1. Action de dépenser. *Le montant d'une dépense. S'engager dans des dépenses.* SYN. ② **frais.** ➝ **loc.** *Regarder à la dépense :* être économe, regardant. *Il ne regarde pas à la dépense.* ♦ COMPTAB. Sortie d'argent ; compte sur lequel est portée la dépense. *Colonne des dépenses.* SYN. ② **débit.** ♦ *Dépenses publiques,* faites par les collectivités publiques. 2. **fig.** Usage, emploi (de qqch.). *Dépense physique ; dépense de forces ; dépense nerveuse.* ➝ *Dépense de chaleur, de combustible.* SYN. **consommation.** CONTR. **gain, revenu ; crédit, recette.**
ÉTYM. latin *dispensa,* de *dispendere* → dépens.

DÉPENSER [depɑ̃se] **v. tr.** (conjug. 3a) 1. Employer (de l'argent). *Dépenser une somme importante. Ne pas dépenser un sou.* SYN. **débourser.** ➝ **absolt** *Dépenser sans compter.* 2. Consommer (une certaine quantité d'énergie). *Voiture qui dépense peu d'essence.* 3. **fig.** Employer (son temps, ses efforts). SYN. **consacrer, déployer.** 4. *SE DÉPENSER* **v. pron.** Se donner du mouvement. *Les enfants ont besoin de se dépenser.* ➝ Faire des efforts. SYN. se **démener.** CONTR. **amasser, économiser, épargner** • ② **ménager.**
ÉTYM. de *dépense.*

DÉPENSIER, IÈRE [depɑ̃sje, jɛʀ] **adj.** ✦ Qui aime dépenser (1), qui dépense excessivement. CONTR. **avare, économe.**

DÉPERDITION [depɛʀdisjɔ̃] **n. f.** ✦ Diminution, perte. *Déperdition de chaleur, d'énergie, des forces.*
ÉTYM. de l'ancien français *deperdre,* de *perdre,* d'après *perdition.*

DÉPÉRIR [depeʀiʀ] **v. intr.** (conjug. 13) 1. S'affaiblir, perdre progressivement sa vigueur. *Cet enfant dépérit faute de soins. Plante qui dépérit.* SYN. s'**étioler.** ➝ *Ses forces dépérissent.* 2. S'acheminer vers la ruine, la destruction. *Cette affaire dépérit.* SYN. **péricliter.** CONTR. **s'épanouir, prospérer.**
ÉTYM. latin *deperire,* de *perire* «périr».

DÉPÉRISSEMENT [depeʀismɑ̃] **n. m.** ✦ Fait de dépérir (1 et 2). CONTR. **épanouissement ; essor.**

DÉPERSONNALISER [depɛʀsɔnalize] **v. tr.** (conjug. 3a) ✦ DIDACT. Ôter sa personnalité à ; rendre impersonnel. ♦ Rendre banal, anonyme. CONTR. **personnaliser.**
► **DÉPERSONNALISATION** [depɛʀsɔnalizasjɔ̃] **n. f.**
ÉTYM. de ① *dé-* et *personnel.*

DÉPÊTRER [depetʀe] **v. tr.** (conjug. 3a) ✦ Dégager de ce qui empêche les mouvements. ➝ **fig.** Dégager d'un embarras, d'une difficulté. ♦ *SE DÉPÊTRER* **v. pron.** SYN. se **libérer,** se **débarrasser.** *Se dépêtrer d'une situation épineuse.* ➝ Se dégager (de quelqu'un). *Je ne peux pas m'en dépêtrer.* CONTR. **empêtrer ; encombrer,** ① **entraver.**
ÉTYM. de ① *dé-* et *empêtrer.*

DÉPEUPLEMENT [depœpləmɑ̃] **n. m.** ✦ Fait de se dépeupler. *Le dépeuplement des campagnes.* CONTR. **repeuplement.**

DÉPEUPLER [depœple] **v. tr.** (conjug. 3a) 1. Dégarnir d'habitants (une région, une agglomération). *La famine a dépeuplé le pays.* ➝ **pronom.** *Région qui se dépeuple.* SYN. se **désertifier.** 2. Dégarnir (un lieu) d'animaux. *Dépeupler un étang.* CONTR. **peupler, repeupler.**
► **DÉPEUPLÉ, ÉE adj.** *Village dépeuplé.* SYN. **abandonné,** ① **désert.**
ÉTYM. de ① *dé-* et *peupler.*

DÉPHASÉ, ÉE [defaze] **adj.** ✦ FAM. Qui n'est pas en accord, en harmonie avec la réalité présente. *Je me sens complètement déphasé.* SYN. **désorienté.**
ÉTYM. de ① *dé-* et *phase.*

DÉPIAUTER [depjote] **v. tr.** (conjug. 3a) ✦ FAM. 1. Dépouiller (un animal) de sa peau. SYN. **écorcher.** *Dépiauter un lapin.* 2. Débarrasser de ce qui recouvre comme une peau. *Dépiauter des bonbons.*
ÉTYM. famille de *peau.*

DÉPILATOIRE [depilatwaʀ] **adj.** ✦ Qui fait tomber les poils. SYN. **épilatoire.** *Crème dépilatoire* et **n. m.** *un dépilatoire.*
ÉTYM. de *dépiler.*

DÉPILER [depile] **v. tr.** (conjug. 3a) ✦ MÉD. Provoquer la chute des poils, des cheveux de (qqn).
ÉTYM. latin *depilare,* de *pilus* «poil».

DÉPISTAGE [depistaʒ] **n. m.** ✦ Action de dépister (surtout sens 2). *Centre de dépistage du sida.*
ÉTYM. de ① *dépister.*

① **DÉPISTER** [depiste] **v. tr.** (conjug. 3a) 1. Découvrir (le gibier) en suivant sa piste. ♦ Retrouver (qqn) en suivant sa piste. *Dépister un fuyard.* 2. **fig.** Découvrir (ce qui est peu apparent, ce qu'on dissimule). SYN. **déceler.** *Dépister une maladie* (→ **dépistage**).
ÉTYM. de ② *dé-* et *piste.*

② **DÉPISTER** [depiste] **v. tr.** (conjug. 3a) ✦ Détourner (qqn) de la piste. *Dépister la police.* SYN. FAM. **semer.** ➝ *Dépister les soupçons.* SYN. **déjouer.**
ÉTYM. de ① *dé-* et *piste.*

DÉPIT [depi] **n. m.** 1. Chagrin mêlé de colère, dû à une déception, à un froissement d'amour-propre. SYN. **amertume, rancœur, ressentiment ;** → **dépiter.** *Faire qqch. par dépit. Pleurer de dépit.* 2. *EN DÉPIT DE* **loc. prép.** : sans tenir compte de. SYN. **malgré.** *Il a agi en dépit de mes conseils. EN DÉPIT DU BON SENS :* très mal. *Travail fait en dépit du bon sens.* CONTR. **joie, satisfaction.**
ÉTYM. latin *despectus* «mépris».

DÉPITER [depite] **v. tr.** (conjug. 3a) ✦ Causer du dépit à (qqn). *Ce refus l'a dépité.* SYN. **vexer.** CONTR. **combler, contenter, satisfaire.**
► **DÉPITÉ, ÉE adj.** Qui éprouve du dépit. *Il est tout dépité.* ➝ *Avoir l'air dépité.*

DÉPLACEMENT [deplasmɑ̃] **n. m.** 1. Action de déplacer, de se déplacer. *Moyens de déplacement.* SYN. **locomotion.** *Modes de déplacement.* ☛ Géographie p. 228. ➝ **loc.** FAM. *Ça vaut le déplacement.* SYN. **détour.** 2. Voyage auquel oblige un métier, une charge. *Être en déplacement.*

A B C D E F G H I J K L M N O P Q R S T U V W X Y Z

DÉPLACER [deplase] **v. tr.** (conjug. 4) **I 1.** Changer (qqch.) de place. *Déplacer un objet, un meuble.* SYN. **bouger, déménager.** – *Se déplacer une vertèbre.* ♦ fig. *Déplacer la question, le problème* : changer le point sur lequel porte la difficulté. **2.** Faire changer (qqn) de poste. *Déplacer un fonctionnaire.* SYN. ① **détacher, muter. II** *SE DÉPLACER* **v. pron. 1.** (choses) Changer de place. *Masses d'air qui se déplacent.* **2.** (êtres vivants) Quitter sa place. SYN. **bouger, circuler.** *Sans se déplacer.* – Avancer, marcher, se mouvoir. *Avoir de la difficulté à se déplacer.* – Voyager. CONTR. **laisser, maintenir, replacer.**

► **DÉPLACÉ, ÉE adj. 1.** Qui n'est pas dans le lieu, la situation appropriée. *Un enthousiasme déplacé.* **2.** Qui manque aux convenances, est de mauvais goût. SYN. **choquant, incongru, inconvenant.** *Des propos déplacés.* **3.** *PERSONNE DÉPLACÉE*, qui a dû quitter son pays lors d'une guerre, d'un changement de régime politique. CONTR. **bienvenu, opportun.**

ÉTYM. de ① *dé-* et *place.*

DÉPLAFONNEMENT [deplafɔnmɑ̃] **n. m.** ✦ Suppression du plafond, de la limite supérieure (d'un crédit, d'une cotisation). CONTR. **plafonnement.**

DÉPLAFONNER [deplafɔne] **v. tr.** (conjug. 3a) ✦ Opérer le déplafonnement de. CONTR. **plafonner.**

DÉPLAIRE [deplɛʀ] **v. tr.** (conjug. 42) **I v. tr. ind.** *DÉPLAIRE À* **1.** Ne pas plaire ; causer du dégoût, de l'aversion. *Une corvée qui déplaît à tout le monde. Cet homme me déplaît souverainement.* – absolt *Personne qui déplaît.* → **antipathique.** – impers. *Il me déplaît d'agir ainsi*, il m'est désagréable, pénible... SYN. **coûter. 2.** Causer une irritation passagère. SYN. **contrarier, fâcher, indisposer.** *Votre attitude a déplu au directeur.* **3.** loc. *Ne vous (en) déplaise* : que cela ne vous fâche pas. « *Je chantais, ne vous déplaise* » (La Fontaine). – iron. *Ne vous en déplaise* : que cela vous plaise ou non. **II v. pron.** *SE DÉPLAIRE* : ne pas se trouver bien (là où l'on est). *Elle s'est toujours déplu à Paris.* CONTR. **plaire, séduire.**

DÉPLAISANT, ANTE [deplɛzɑ̃, ɑ̃t] **adj. 1.** Qui ne plaît pas. *Une personne déplaisante.* SYN. **antipathique. 2.** Qui contrarie, agace. SYN. **désagréable, pénible.** *Bruit déplaisant. Réflexion déplaisante.* SYN. **désobligeant.** CONTR. **agréable, charmant, plaisant.**

ÉTYM. du participe présent de *déplaire.*

DÉPLAISIR [deplezir] **n. m.** ✦ Impression désagréable (surtout en compl. de manière). SYN. **contrariété, mécontentement.** *Je le constate à mon grand déplaisir ; c'est avec déplaisir que je le constate. Faire un travail sans déplaisir.* CONTR. **plaisir, satisfaction.**

ÉTYM. de ① *dé-* et *plaisir.*

DÉPLANTER [deplɑ̃te] **v. tr.** (conjug. 3a) ✦ Ôter de terre pour planter ailleurs. *Déplanter un arbre.* CONTR. **planter, replanter.**

DÉPLÂTRER [deplatʀe] **v. tr.** (conjug. 3a) ✦ Ôter le plâtre de. *Déplâtrer un bras, une jambe.* CONTR. **plâtrer.**

DÉPLÉTION [deplesjɔ̃] **n. f.** ✦ DIDACT. Diminution de la quantité de (qqch.).

ÉTYM. latin *depletio*, famille de *plere* « emplir ».

DÉPLIANT, ANTE [deplijɑ̃, ɑ̃t] **n. m. et adj. 1. n. m.** Imprimé, prospectus plié. *Un dépliant publicitaire.* **2. adj.** Qui se déplie. SYN. **pliant.**

ÉTYM. du participe présent de *déplier.*

DÉPLIER [deplije] **v. tr.** (conjug. 9) ✦ Étendre ce qui était plié. SYN. **déployer.** *Déplier une serviette, un journal. Déplier ses jambes.* ♦ *SE DÉPLIER* **v. pron.** Se défaire, s'étendre. *Le parachute se déplie pendant le saut.* SYN. **s'ouvrir.** CONTR. **plier.**

► **DÉPLIAGE** [deplijaʒ] **n. m.**

DÉPLISSER [deplise] **v. tr.** (conjug. 3a) ✦ Défaire les plis de (une étoffe, un vêtement, un papier...). CONTR. **plisser.**

ÉTYM. de ① *dé-* et *plisser.*

DÉPLOIEMENT [deplwamɑ̃] **n. m. 1.** Action de déployer. *Le déploiement des forces de l'ordre.* **2.** fig. Étalage, démonstration. *Un déploiement de richesses.*

DÉPLORABLE [deplɔʀabl] **adj. 1.** Qui mérite d'être déploré. SYN. **attristant, navrant.** *Il est dans un état déplorable.* SYN. **lamentable. 2.** Très regrettable. SYN. **fâcheux.** *Incident, erreur déplorable.* **3.** Très mauvais. SYN. **détestable, exécrable.** *Une conduite déplorable.*

► **DÉPLORABLEMENT** [deplɔʀabləmɑ̃] **adv.**

DÉPLORER [deplɔʀe] **v. tr.** (conjug. 3a) **1.** Pleurer sur, s'affliger à propos de (qqch.). *Déplorer les malheurs de qqn.* SYN. **compatir** à. *Déplorer la perte d'un ami.* SYN. **pleurer. 2.** Regretter beaucoup. *Nous avons déploré son absence.* – (+ *que* et le subj.) *Je déplore qu'il soit absent.* CONTR. **se féliciter, se réjouir.**

ÉTYM. latin *deplorare.*

DÉPLOYER [deplwaje] **v. tr.** (conjug. 10) **1.** Développer dans toute son extension (une chose qui était pliée). *L'oiseau déploie ses ailes.* SYN. **étendre.** ♦ loc. *RIRE À GORGE DÉPLOYÉE* : rire aux éclats. **2.** Disposer sur une plus grande étendue. *Déployer des troupes, une armée.* – pronom. *Le cortège se déploie.* **3.** fig. Montrer dans toute son étendue. *Déployer toute sa séduction, des trésors d'ingéniosité.* SYN. **employer, prodiguer.** CONTR. **plier, ployer, replier, rouler.**

ÉTYM. de ① *dé-* et *ployer.*

se **DÉPLUMER** [deplyme] **v. pron.** (conjug. 3a) ✦ Perdre ses plumes naturellement. ♦ FAM. Perdre ses cheveux. – au p. passé *Crâne déplumé.* SYN. **chauve.**

DÉPOITRAILLÉ, ÉE [depwatʀaje] **adj.** ✦ FAM. Qui porte un vêtement largement ouvert sur la poitrine. SYN. **débraillé.**

ÉTYM. de ① *dé-* et *poitrail.*

DÉPOLARISER [depɔlaʀize] **v. tr.** (conjug. 3a) ✦ SC. Faire cesser la polarisation de. CONTR. **polariser.**

► **DÉPOLARISATION** [depɔlaʀizasjɔ̃] **n. f.**

DÉPOLIR [depɔliʀ] **v. tr.** (conjug. 13) ✦ Enlever le poli, l'éclat de. CONTR. **polir.**

► **DÉPOLI, IE** [depɔli] **adj.** *Verre dépoli*, qui laisse passer la lumière mais non les images.

DÉPOLITISER [depɔlitize] **v. tr.** (conjug. 3a) ✦ Ôter tout caractère politique à. *Dépolitiser le débat.* – au p. passé *Jeunesse dépolitisée*, qui ne s'intéresse pas à la politique. CONTR. **politiser.**

► **DÉPOLITISATION** [depɔlitizasjɔ̃] **n. f.**

DÉPOLLUER [depɔlɥe] **v. tr.** (conjug. 3a) ✦ Diminuer ou supprimer la pollution de (un lieu). *Dépolluer une rivière.* CONTR. **polluer.**

► **DÉPOLLUTION** [depɔlysjɔ̃] **n. f.**

DÉPONENT, ENTE [depɔnɑ̃, ɑ̃t] **adj.** ✦ Se dit d'un verbe latin à forme passive et sens actif. *Conjugaison déponente.*
ÉTYM. bas latin *deponens*, participe présent de *deponere* «déposer».

DÉPORTATION [depɔʀtasjɔ̃] **n. f. 1.** DR. **anciennt** Exil définitif d'un condamné. SYN. **relégation. 2.** Internement dans un camp de concentration à l'étranger. *La déportation des Juifs par les nazis. Il est mort en déportation.*
ÉTYM. latin *deportatio.*

DÉPORTÉ, ÉE [depɔʀte] **n.** ✦ Personne qui a subi la déportation (**spécialt**, dans un camp nazi). *Camp de déportés.*
ÉTYM. du participe passé de *déporter* (I, 2).

DÉPORTEMENT [depɔʀtəmɑ̃] **n. m.** ✦ **au plur.** LITTÉR. Écarts de conduite, excès. SYN. **débauche.**
ÉTYM. de *déporter* (II).

DÉPORTER [depɔʀte] **v. tr.** (conjug. 3a) **I 1.** Infliger la peine de déportation à. **2.** Envoyer dans un camp de concentration à l'étranger. **II** Dévier de sa direction, entraîner hors de sa route, de sa trajectoire. *Le vent a déporté le cycliste.*
ÉTYM. latin *deportare.*

DÉPOSANT, ANTE [depozɑ̃, ɑ̃t] **n. 1.** DR. Personne qui fait une déposition en justice. **2.** Personne qui fait un dépôt d'argent.
ÉTYM. du participe présent de *déposer* (II, 4 et 5).

DÉPOSER [depoze] **v. tr.** (conjug. 3a) **I** Dépouiller (qqn) de l'autorité souveraine. SYN. **destituer.** *Déposer un roi, un pape.* **II 1.** Poser (une chose que l'on portait). *Déposer une gerbe sur une tombe.* ➝ **loc.** *Déposer les armes**. **2.** Laisser (qqn) quelque part, après l'y avoir conduit. *Le taxi l'a déposé devant chez lui.* **3.** (**liquide**) Laisser (un dépôt). ◆ **pronom.** *Laisser reposer du vin pour que la lie se dépose.* ➝ **par ext.** *La poussière se dépose sur les meubles.* **4.** Mettre (qqch.) en lieu sûr, en dépôt. *Déposer ses bagages à la consigne. Déposer de l'argent à la banque.* SYN. **verser.** ◆ Faire enregistrer. *Déposer une plainte. Déposer une marque de fabrique.* ➝ **au p. passé** *Marque déposée ; nom déposé.* ◆ DR. *Déposer une plainte en justice.* ➝ *Déposer son bilan* : se déclarer en faillite. **5. intrans.** Déclarer ce que l'on sait d'une affaire. SYN. **témoigner ;** ➙ **déposition.** *Déposer contre, en faveur de qqn.* CONTR. **nommer · charger · retirer.**
ÉTYM. latin *deponere*, d'après *poser.*

DÉPOSITAIRE [depozitɛʀ] **n. 1.** Personne à qui l'on confie un dépôt. *Le, la dépositaire d'une lettre.* ➝ Commerçant qui a des marchandises en dépôt. *Liste des dépositaires.* **2. fig.** LITTÉR. *Dépositaire de* : personne qui reçoit, garde (qqch.). *La dépositaire d'un secret.*
ÉTYM. latin juridique *depositarius.*

DÉPOSITION [depozisjɔ̃] **n. f.** ✦ Déclaration que fait sous la foi du serment la personne qui témoigne en justice. SYN. **témoignage.** *Faire, signer sa déposition.*
ÉTYM. bas latin *depositio.*

DÉPOSSÉDER [depɔsede] **v. tr.** (conjug. 8) ✦ Priver (qqn) de la possession (d'une chose). SYN. **dépouiller.** *Déposséder qqn de ses biens.*
► **DÉPOSSESSION** [depɔsesjɔ̃] **n. f.**

DÉPÔT [depo] **n. m. 1.** Action de déposer ; **spécialt** de placer en lieu sûr. *Le dépôt d'un testament chez un notaire.* ➝ **spécialt** Fait de déposer de l'argent à la banque. ◆ *DÉPÔT LÉGAL* : remise à l'Administration d'exemplaires de toute publication. **2.** Ce qui est confié au dépositaire. **3.** Lieu où l'on dépose certaines choses, où l'on gare du matériel. *Dépôt d'ordures.* ➙ **dépotoir.** *Dépôt de marchandises.* ➙ **entrepôt, magasin.** *Dépôt de carburant.* ➝ *Autobus qui retourne au dépôt.* ◆ Prison où sont gardés les prisonniers de passage. *Conduire un prévenu au dépôt.* **4.** Particules solides qui tombent au fond d'un liquide trouble au repos (➙ **déposer,** 3). CONTR. **retrait.**
ÉTYM. latin juridique *depositum.*

DÉPOTER [depɔte] **v. tr.** (conjug. 3a) **1.** Transvaser (un liquide). **2.** Enlever (une plante) d'un pot pour la replanter. SYN. **transplanter.** CONTR. **empoter, rempoter.**
► **DÉPOTAGE** [depɔtaʒ] **n. m.**
ÉTYM. de ① *dé-* et *pot.*

DÉPOTOIR [depɔtwaʀ] **n. m.** ✦ Lieu public où l'on dépose des ordures. SYN. **décharge.** ➝ **fig.** FAM. Endroit où l'on entasse des objets de rebut.
ÉTYM. de *dépoter* ; influence de *dépôt.*

DÉPOUILLE [depuj] **n. f. I 1.** Peau enlevée à un animal. *La dépouille d'un lion.* ➝ Peau perdue lors de la mue. *La dépouille d'un serpent.* **2. fig.** LITTÉR. *Dépouille (mortelle)* : le corps humain après la mort. SYN. **cadavre. II au plur.** *DÉPOUILLES* : ce qu'on enlève à l'ennemi sur le champ de bataille. SYN. **trophée.**
ÉTYM. de *dépouiller.*

DÉPOUILLEMENT [depujmɑ̃] **n. m. 1.** Action de priver qqn de ses biens ; état d'une personne dépouillée, privée de tout. **2.** (**choses**) Fait d'être débarrassé du superflu, des ornements. SYN. **simplicité, sobriété ;** ➙ **dépouillé.** *Décor d'un grand dépouillement.* **3.** Examen minutieux (de documents). *Le dépouillement d'un dossier, d'une correspondance.* ➝ *Dépouillement des votes, du scrutin* (➙ **dépouiller,** I, 4).

DÉPOUILLER [depuje] **v. tr.** (conjug. 3a) **I 1.** Enlever la peau de (un animal). *Dépouiller un lièvre.* **2.** Dégarnir de ce qui couvre. *Dépouiller qqn de ses vêtements.* ➝ **au p. p.** *Arbre dépouillé de ses feuilles.* **3.** Déposséder (qqn) en lui enlevant ce qu'il a. *Des voleurs l'ont dépouillé.* SYN. **dévaliser.** *Dépouiller qqn,* le priver de ses biens, de ses revenus. SYN. **spolier. 4.** Analyser (un document) pour y prélever des informations. *Dépouiller un texte.* ➝ *Dépouiller son courrier.* ➝ *Dépouiller un scrutin,* faire le compte des suffrages, après le vote. **II** *SE DÉPOUILLER* **v. pron. 1.** Ôter. *Se dépouiller de ses vêtements.* ◆ Perdre. *Les arbres se dépouillent de leurs feuilles.* **2.** Se défaire (de), abandonner. *Se dépouiller de ses biens en faveur de qqn.* CONTR. **garnir, revêtir · garder.**
► **DÉPOUILLÉ, ÉE adj.** Sans ornement. SYN. **sobre.** *Style dépouillé. Une architecture dépouillée.* CONTR. **surchargé.**
ÉTYM. latin *despoliare*, de *spoliare* «dépouiller ; spolier».

DÉPOURVU, UE [depuʀvy] **adj. 1.** *DÉPOURVU DE* : qui n'a pas de. SYN. **dénué ;** ➙ **sans.** *Elle n'est pas dépourvue de charme, de talent.* ➝ **absolt** *Être dépourvu,* démuni, dans le besoin. **2.** *AU DÉPOURVU* **loc. adv.** *Prendre qqn au dépourvu,* sans qu'il soit préparé, averti. SYN. **à l'improviste.** *Votre question me prend au dépourvu.* CONTR. **muni, nanti,** ① **pourvu.**
ÉTYM. de ① *dé-* et ① *pourvu.*

A
B
C
D
E
F
G
H
I
J
K
L
M
N
O
P
Q
R
S
T
U
V
W
X
Y
Z

DÉPOUSSIÉRER [depusjeʀe] **v. tr.** (conjug. 8) **1.** Débarrasser de sa poussière par des moyens mécaniques. *Dépoussiérer un tapis.* **2.** **fig.** Rajeunir, rénover. *Dépoussiérer le règlement.*
► **DÉPOUSSIÉRAGE** [depusjeʀaʒ] **n. m.**

DÉPRAVATION [depʀavasjɔ̃] **n. f.** ✦ Attitude dénuée de sens moral et de sensibilité morale ; état d'une personne dépravée, de ce qui est dépravé. *Dépravation des mœurs.* SYN. **débauche.** *Dépravation (sexuelle).* SYN. **perversion.**
ÉTYM. latin *depravatio.*

DÉPRAVER [depʀave] **v. tr.** (conjug. 3a) **1.** Amener (qqn) à désirer le mal, à s'y complaire. SYN. **corrompre, pervertir.** *Dépraver un adolescent.* **2.** LITTÉR. Altérer, faire dévier de la norme. *Dépraver le jugement.*
► **DÉPRAVÉ, ÉE adj.** **1.** VIEILLI Corrompu moralement. *Mœurs dépravées.* – **n.** *Un, une dépravée.* SYN. **pervers, vicieux.** **2.** Altéré, faussé. *Goût dépravé.* CONTR. **vertueux.**
ÉTYM. latin *depravare* «mettre de travers *(pravus)*».

DÉPRÉCIATIF, IVE [depʀesjatif, iv] **adj.** ✦ DIDACT. Qui déprécie, tend à déprécier. SYN. **péjoratif.** CONTR. **laudatif.**

DÉPRÉCIATION [depʀesjasjɔ̃] **n. f.** ✦ Action de déprécier ; état de ce qui est déprécié. *L'inflation entraîne la dépréciation de la monnaie.* CONTR. **hausse, revalorisation.**

DÉPRÉCIER [depʀesje] **v. tr.** (conjug. 9) **1.** Diminuer la valeur, le prix de. SYN. **dévaloriser.** **2.** **fig.** Ne pas apprécier à sa valeur réelle ; chercher à déconsidérer. SYN. **critiquer, décrier, dénigrer, rabaisser.** *Déprécier qqn. Déprécier un ouvrage.* **3.** *SE DÉPRÉCIER* **v. pron.** Perdre de sa valeur. *Monnaie qui se déprécie,* dont le pouvoir d'achat baisse. CONTR. **valoriser • apprécier, estimer.**
ÉTYM. bas latin *depretiare,* de *pretium* «prix».

DÉPRÉDATEUR, TRICE [depʀedatœʀ, tʀis] **adj. et n.** ✦ LITTÉR. (Personne) qui commet des déprédations.
ÉTYM. bas latin *depraedator* → déprédation.

DÉPRÉDATION [depʀedasjɔ̃] **n. f.** ✦ Dommage matériel causé aux biens d'autrui, aux biens publics. SYN. ① **dégradation, détérioration.** *Les déprédations causées par des vandales.*
ÉTYM. bas latin *depraedatio,* de *praeda* «butin ; proie».

se DÉPRENDRE [depʀɑ̃dʀ] **v. pron.** (conjug. 45) ✦ LITTÉR. **(abstrait)** Se dégager (de ce qui retient et immobilise). SYN. se **détacher.** *Se déprendre de qqn, d'une habitude.* CONTR. **s'attacher,** **s'épandre.**

DÉPRESSIF, IVE [depʀesif, iv] **adj.** ✦ Relatif à la dépression (II). *État dépressif.* ◆ Sujet à la dépression. *Tempérament dépressif.* – **n.** *Un dépressif.*

DÉPRESSION [depʀesjɔ̃] **n. f.** **I** **1.** Enfoncement, concavité. SYN. **affaissement, creux.** *Dépression de terrain.* **2.** Baisse de la pression atmosphérique ; zone de basse pression. SYN. **cyclone.** **II** État mental caractérisé par de la lassitude, du découragement, de la faiblesse, de l'anxiété. SYN. **neurasthénie ;** FAM. **déprime.** *Faire une dépression.* – *Dépression nerveuse :* crise d'abattement. **III** **anglicisme** Crise économique. *La Grande Dépression :* la crise de 1929 (☞ Crise de 1929 p. 193). CONTR. **élévation, éminence, soulèvement • anticyclone • euphorie, excitation.**
ÉTYM. latin *depressio,* de *deprimere* «enfoncer».

DÉPRESSIONNAIRE [depʀesjɔnɛʀ] **adj.** ✦ DIDACT. Qui est le siège d'une dépression atmosphérique. *Zone dépressionnaire.* CONTR. **anticyclonique.**

DÉPRESSURISER [depʀesyʀize] **v. tr.** (conjug. 3a) ✦ Faire perdre à (un avion, un véhicule spatial) sa pressurisation. CONTR. **pressuriser.**
► **DÉPRESSURISATION** [depʀesyʀizasjɔ̃] **n. f.**

DÉPRIMANT, ANTE [depʀimɑ̃, ɑ̃t] **adj.** ✦ Qui déprime. *Une atmosphère déprimante.* SYN. **démoralisant.** CONTR. **exaltant, excitant, remontant.**

DÉPRIME [depʀim] **n. f.** ✦ FAM. État de dépression (II).
ÉTYM. de *déprimer.*

DÉPRIMER [depʀime] **v.** (conjug. 3a) **I** **v. tr.** **1.** **(concret)** Abaisser, incurver par la pression. **2.** Affaiblir (qqn) au physique ou (surtout) moralement. *Son licenciement l'a complètement déprimé.* **II** **v. intr.** FAM. Être abattu, démoralisé. *Il déprime depuis quelques jours.* CONTR. **bomber • exalter, réjouir.**
► **DÉPRIMÉ, ÉE adj.** **1.** *Sol déprimé.* **2.** Abattu, découragé. *Se sentir très déprimé.*
ÉTYM. latin *deprimere,* famille de *pressare* «presser».

DE PROFUNDIS [depʀɔfɔ̃dis] **n. m. invar.** ✦ Psaume récité ou chanté dans les prières pour les morts.
ÉTYM. mots latins «des profondeurs».

DÉPROGRAMMER [depʀɔgʀame] **v. tr.** (conjug. 3a) ✦ Supprimer d'un programme (ce qui était prévu). *Déprogrammer une émission.* CONTR. **programmer.**
► **DÉPROGRAMMATION** [depʀɔgʀamasjɔ̃] **n. f.**

DÉPUCELER [depys(ə)le] **v. tr.** (conjug. 6a) ✦ FAM. Faire perdre sa virginité, son pucelage à (qqn). SYN. **déflorer.**
► **DÉPUCELAGE** [depys(ə)laʒ] **n. m.** SYN. **défloration.**
ÉTYM. de ① *dé-* et *pucelle.*

DEPUIS [dəpɥi] **prép.** ✦ À partir de. **I** **(temps)** **1.** À partir de (un moment passé). *Depuis Noël. Depuis le matin jusqu'au soir :* du matin au soir. *Depuis quand ? Depuis jeudi.* – **adv.** *Nous ne l'avons plus vu depuis.* ◆ *Depuis sa mort. Depuis la Révolution.* ◆ *DEPUIS QUE* **loc. conj.** (+ indic.). *Depuis qu'il est parti.* **2.** Pendant la durée passée qui s'est écoulée avant le moment dont on parle. *On vous cherche depuis une heure.* → **voilà.** *Nous ne nous sommes pas vus depuis une éternité. Depuis longtemps. Depuis peu :* récemment. – *Depuis le temps que...,* il y a si longtemps. *Depuis le temps que je te le répète !* **II** **(espace)** **1.** *DEPUIS... JUSQU'À :* de tel endroit à tel autre. → ① **de.** *Depuis Bruxelles jusqu'à Liège.* **2.** *DEPUIS* **employé seul,** marque la provenance avec une idée de continuité. *Faire signe depuis sa fenêtre.* **III** *DEPUIS... JUSQU'À :* exprime une succession ininterrompue dans une série. *Depuis le début jusqu'à la fin.*
ÉTYM. de *de* et *puis.*

DÉPURATIF, IVE [depyʀatif, iv] **adj.** ✦ Qui purifie l'organisme, en favorisant l'élimination des toxines, des déchets organiques. *Plante dépurative.* – **n. m.** *Prendre un dépuratif.*
ÉTYM. de *dépurer.*

DÉPURER [depyʀe] **v. tr.** (conjug. 3a) ✦ DIDACT. Rendre plus pur. SYN. **épurer, purifier.** *Dépurer le sang.*
► **DÉPURATION** [depyʀasjɔ̃] **n. f.**
ÉTYM. bas latin *depurare,* de *purus* «pur».

DÉPUTATION [depytasjɔ̃] **n. f.** 1. Envoi de personnes chargées d'une mission ; ces personnes. SYN. **délégation.** 2. Fonction de député. *Candidat à la députation.*
ÉTYM. de *députer*, d'après bas latin *deputatio* «assignation».

DÉPUTÉ, ÉE [depyte] **n.** 1. Personne envoyée en mission. SYN. **ambassadeur, envoyé, légat.** 2. Personne qui fait partie d'une assemblée délibérante. SYN. **représentant.** *Les députés du clergé aux états généraux.* ➖ Personne élue pour faire partie d'une chambre législative. SYN. **élu,** ① **parlementaire.** *La Chambre des députés* : l'Assemblée nationale. *La députée socialiste.*
ÉTYM. bas latin *deputatus*, participe passé de *deputare* → députer.

DÉPUTER [depyte] **v. tr.** (conjug. 3a) ✦ Envoyer (qqn) comme député (1). SYN. **déléguer, mandater.**
ÉTYM. latin *deputare* «tailler» puis «évaluer».

DÉQUALIFIER [dekalifje] **v. tr.** (conjug. 9) ✦ Employer (une personne) à un niveau de qualification inférieur à celui qu'elle possède. SYN. **sous-employer.** ➖ **au p. passé** *Main-d'œuvre déqualifiée.*
▶ **DÉQUALIFICATION** [dekalifikasjɔ̃] **n. f.**

DÉRACINER [deʀasine] **v. tr.** (conjug. 3a) 1. Arracher (ce qui tient au sol par des racines). *L'orage a déraciné plusieurs arbres.* 2. *Déraciner qqn*, l'arracher de son pays, de son milieu. ➖ **n.** «*Les Déracinés*» (de Barrès). CONTR. **enraciner.**
▶ **DÉRACINEMENT** [deʀasinmɑ̃] **n. m.** *Le déracinement des émigrés.*

DÉRAILLER [deʀɑje] **v. intr.** (conjug. 3a) 1. **(wagons, trains)** Sortir des rails. *Faire dérailler un train.* 2. **fig. FAM.** Aller de travers. ◆ S'écarter du bon sens. SYN. **déraisonner, divaguer.**
▶ **DÉRAILLEMENT** [deʀɑjmɑ̃] **n. m.**
ÉTYM. de ① *dé-* et *rail.*

DÉRAILLEUR [deʀɑjœʀ] **n. m.** ✦ Mécanisme qui fait passer la chaîne d'une bicyclette d'un pignon à un autre.
ÉTYM. de *dérailler.*

DÉRAISON [deʀɛzɔ̃] **n. f.** ✦ LITTÉR. Manque de raison dans les paroles, la conduite. CONTR. **raison,** bon **sens.**

DÉRAISONNABLE [deʀɛzɔnabl] **adj.** ✦ Qui n'est pas raisonnable. SYN. **absurde, insensé.** *Décision déraisonnable.* CONTR. **raisonnable, sensé.**
▶ **DÉRAISONNABLEMENT** [deʀɛzɔnabləmɑ̃] **adv.**

DÉRAISONNER [deʀɛzɔne] **v. intr.** (conjug. 3a) ✦ LITTÉR. Tenir des propos dépourvus de raison, de bon sens. SYN. **divaguer.**
ÉTYM. de *déraison.*

DÉRANGEANT, ANTE [deʀɑ̃ʒɑ̃, ɑ̃t] **adj.** ✦ Qui dérange, provoque un malaise moral, une remise en question. *Une œuvre dérangeante.*

DÉRANGEMENT [deʀɑ̃ʒmɑ̃] **n. m.** 1. Mise en désordre. 2. Action de déranger qqn. SYN. **gêne,** ② **trouble.** *Excusez-nous du dérangement* (que nous causons). 3. *EN DÉRANGEMENT* : qui ne fonctionne pas. *La ligne* (téléphonique) *est en dérangement.* CONTR. **ordre, rangement.**

DÉRANGER [deʀɑ̃ʒe] **v. tr.** (conjug. 5) 1. Déplacer, mettre en désordre (ce qui était rangé). SYN. **bouleverser, FAM. chambarder.** *Ne dérangez pas mes affaires.* 2. Troubler le fonctionnement, l'action normale de (qqch.). SYN. **perturber.** ◆ **au p. passé** *Il a le cerveau, l'esprit dérangé.* SYN. **détraqué.** *Il est un peu dérangé.* ➖ *Avoir l'estomac dérangé.* ◆ Troubler (qqn) dans sa façon d'être, de penser. ➖ **absolt** *Des vérités qui dérangent* (→ **dérangeant**). 3. Gêner (qqn) dans son travail, ses occupations. SYN. **importuner.** *Excusez-moi de vous déranger. Vous pouvez fumer, cela ne me dérange pas.* ◆ *SE DÉRANGER* **v. pron.** Modifier ses occupations, son travail. *Ne vous dérangez pas pour moi.* CONTR. **arranger, ordonner,** ① **ranger.**

DÉRAPAGE [deʀapaʒ] **n. m.** 1. Fait de déraper. *Un dérapage contrôlé.* 2. **fig.** Changement imprévu et incontrôlé.

DÉRAPER [deʀape] **v. intr.** (conjug. 3a) 1. Glisser latéralement sur le sol **(automobile, bicyclette).** 2. **fig.** Effectuer un mouvement imprévu, incontrôlé. *La conversation a dérapé.*
ÉTYM. occitan *derapa* «arracher», de *rapar*, d'origine germanique.

DÉRATÉ [deʀate] **n. m.** ✦ **loc.** *Courir comme un dératé*, très vite.
ÉTYM. de *rate* ; les animaux privés de rate étaient supposés courir plus vite.

DÉRATISER [deʀatize] **v. tr.** (conjug. 3a) ✦ Débarrasser (un lieu) des rats.
▶ **DÉRATISATION** [deʀatizasjɔ̃] **n. f.**

DERBY [dɛʀbi] **n. m.** 1. Grande course de chevaux qui a lieu chaque année à Epsom, en Angleterre. 2. SPORTS Rencontre entre deux équipes voisines.
ÉTYM. mot anglais, du nom du comte de Derby.

DERECHEF [dəʀəʃɛf] **adv.** ✦ LITTÉR. Une seconde fois ; encore une fois.
ÉTYM. de ① *de-*, *re-* et *chef*, au sens ancien de «extrémité».

DÉRÈGLEMENT [deʀɛgləmɑ̃] **n. m.** ✦ Fait de se dérégler, d'être déréglé. *Le dérèglement du temps, des saisons.*

DÉRÉGLEMENTER [deʀɛgləmɑ̃te] **v. tr.** (conjug. 3a) ✦ Soustraire à la réglementation. CONTR. **réglementer.**
▶ **DÉRÉGLEMENTATION** [deʀɛgləmɑ̃tasjɔ̃] **n. f.**

DÉRÉGLER [deʀegle] **v. tr.** (conjug. 8) 1. Faire que (qqch.) ne soit plus réglé ; mettre en désordre. SYN. **bouleverser, déranger, détraquer, troubler.** *Dérégler un mécanisme délicat.* 2. **fig.** Troubler l'ordre moral de. *Cette liaison a déréglé sa vie.* CONTR. **régler ; arranger.**
▶ **DÉRÉGLÉ, ÉE adj.** 1. Dont l'ordre, le fonctionnement a été troublé. *Estomac déréglé. Pendule déréglée.* 2. **fig.** Qui est hors de la règle, de l'équilibre. *Vie déréglée.* SYN. **désordonné.** ◆ Excessif, démesuré. *Une imagination déréglée.* CONTR. **réglé ; raisonnable, sage.**

DÉRÉLICTION [deʀeliksjɔ̃] **n. f.** ✦ RELIG. État de la personne qui se sent abandonnée, privée de tout secours divin.
ÉTYM. latin *derelictio.*

DÉRESPONSABILISER [deʀɛspɔ̃sabilize] **v. tr.** (conjug. 3a) ✦ Ôter toute responsabilité à (qqn). ➖ **au p. passé** *Personnel déresponsabilisé.* CONTR. **responsabiliser.**

A B C D E F G H I J K L M N O P Q R S T U V W X Y Z

DÉRIDER [deʀide] v. tr. (conjug. 3a) ✦ Rendre moins soucieux, moins triste. *Rien ne le déride.* SYN. **égayer.** ◆ *SE DÉRIDER* v. pron. Sourire ; rire. *Il ne s'est pas déridé de la soirée.* CONTR. **attrister, chagriner.**
ÉTYM. de ① *dé-* et *ride.*

DÉRISION [deʀizjɔ̃] n. f. ✦ Mépris qui incite à rire, à se moquer de (qqn, qqch.). SYN. **ironie, moquerie, raillerie.** *Dire qqch. par dérision.* ➡ *TOURNER EN DÉRISION :* se moquer d'une manière méprisante de (qqn, qqch.). CONTR. **considération, estime, respect.**
ÉTYM. latin *derisio,* de *deridere* «se moquer», de *ridere* «rire».

DÉRISOIRE [deʀizwaʀ] adj. 1. Qui est si insuffisant que cela semble une moquerie. SYN. **insignifiant, ridicule.** *Salaire, prix dérisoire.* 2. Qui mérite d'être tourné en ridicule. *Un adversaire dérisoire.* CONTR. **important, respectable.**
ÉTYM. bas latin *derisorius,* de *deridere* → dérision.

DÉRIVATIF [deʀivatif] n. m. ✦ Ce qui permet de détourner l'esprit de ses préoccupations. SYN. **distraction, divertissement.** *Chercher un dérivatif à ses ennuis.*
ÉTYM. bas latin *derivativus* «qui dérive».

DÉRIVATION [deʀivasjɔ̃] n. f. 1. Action de dériver (les eaux). *Canal de dérivation.* 2. Formation de mots (dérivés) en ajoutant un préfixe, un suffixe à une base. ☛ Langue française p. 110. *«Saison» donne «saisonnier» par dérivation.* 3. ÉLECTR. Communication entre deux points d'un circuit, au moyen d'un second conducteur.
ÉTYM. latin *derivatio* → ① dériver.

DÉRIVE [deʀiv] n. f. **I** Déviation d'un navire, d'un avion, sous l'effet des vents ou des courants. ➡ loc. *À LA DÉRIVE :* en dérivant. *Navire qui va à la dérive.* fig. *Entreprise qui va à la dérive.* → **à vau-l'eau.** ◆ *La dérive des continents,* déplacement des masses continentales (théorie de Wegener). ◆ *La dérive d'un chômeur.* **II** Dispositif qui empêche un navire, un avion de dériver.
ÉTYM. de ② *dériver.*

DÉRIVÉ [deʀive] n. m. 1. Mot qui provient d'une dérivation. *Les dérivés d'un verbe.* 2. Produit dérivé. *Les dérivés du pétrole.*
ÉTYM. du participe passé de ① *dériver* (II).

DÉRIVÉE [deʀive] n. f. ✦ MATH. Limite du rapport de l'accroissement d'une fonction à l'accroissement de la variable lorsque celui-ci tend vers zéro.
ÉTYM. du participe passé de ① *dériver* (II).

① **DÉRIVER** [deʀive] v. (conjug. 3a) **I** v. tr. Détourner (des eaux) de leur cours pour leur donner une nouvelle direction. *Dériver un cours d'eau.* **II** v. tr. ind. *DÉRIVER DE :* avoir son origine dans. SYN. **provenir** de. *Mot qui dérive du latin* (→ **dérivation**).
ÉTYM. latin *derivare,* de *rivus* «ruisseau».

② **DÉRIVER** [deʀive] v. intr. (conjug. 3a) 1. S'écarter de sa direction (navire, avion). ➡ fig. *Sa politique dérive dangereusement.* 2. Être sans volonté, sans énergie, aller à la dérive.
ÉTYM. anglais *to drive* «pousser ; être poussé», avec influence de ① *dériver.*

DÉRIVEUR [deʀivœʀ] n. m. ✦ Voilier muni d'une dérive.
ÉTYM. de ② *dériver.*

DERMATO-, DERM(O)-, -DERME Éléments savants, du grec *derma, dermatos* «peau».

DERMATOLOGIE [dɛʀmatɔlɔʒi] n. f. ✦ Partie de la médecine qui étudie et soigne les maladies de la peau.
ÉTYM. de *dermato-* et *logie.*

DERMATOLOGUE [dɛʀmatɔlɔg] n. ✦ Spécialiste de dermatologie. ➡ abrév. FAM. DERMATO [dɛʀmato].

DERMATOSE [dɛʀmatoz] n. f. ✦ MÉD. Maladie de la peau, inflammatoire ou non.
ÉTYM. de ① *dermato-* et ② *-ose.*

DERME [dɛʀm] n. m. ✦ Couche profonde de la peau, recouverte par l'épiderme.
► **DERMIQUE** [dɛʀmik] adj. *Tissu dermique.*
ÉTYM. grec *derma* «peau».

DERNIER, IÈRE [dɛʀnje, jɛʀ] adj. **I** 1. (avant le n.) Qui vient après tous les autres, après lequel il n'y en a pas d'autre. *Le dernier mois de l'année. Le dernier train* (de la journée). *À la dernière minute. Aux dernières nouvelles.* ➡ *Dépenser jusqu'à son dernier sou. Faire un dernier effort* [dɛʀnjɛʀefɔʀ]. SYN. **suprême, ultime.** *Avoir le dernier mot*.* ➡ *Arriver au dernier moment.* ◆ (après le n.) *Jugement* dernier.* ◆ (attribut) *Il est arrivé bon dernier,* nettement derrière les autres. 2. n. *Le dernier de la classe. Le dernier de la famille, le petit dernier.* → **benjamin.** 3. *EN DERNIER* loc. adv. : à la fin, après tous les autres. *Passer en dernier.* **II** Extrême. 1. Le plus haut, le plus grand. *Au dernier degré. Protester avec la dernière énergie.* 2. Le plus bas, le pire, le moindre. *Une marchandise de dernier ordre. C'est mon dernier prix* (dans un marchandage). ➡ n. *Être traité comme le dernier des derniers.* **III** Qui est le plus proche du moment présent. SYN. **récent.** *L'an dernier.* SYN. ② **passé.** *La dernière guerre. Être habillé à la dernière mode.* ➡ FAM. *Tu ne connais pas la dernière ?* l'évènement qui vient de se produire. CONTR. **premier • futur, prochain.**
ÉTYM. latin tardif *deretranus,* de *deretro* «① derrière».

DERNIÈREMENT [dɛʀnjɛʀmɑ̃] adv. ✦ Ces derniers temps. SYN. **récemment.** *Il est venu nous voir dernièrement.*

DERNIER-NÉ [dɛʀnjene], **DERNIÈRE-NÉE** [dɛʀnjɛʀne] n. ✦ Enfant qui, dans une famille, est né le dernier. *Les derniers-nés, les dernières-nées.*

DÉROBADE [deʀɔbad] n. f. ✦ Action de se dérober. SYN. **échappatoire, faux-fuyant.**

à la DÉROBÉE [aladeʀɔbe] loc. adv. ✦ En cachette *(faire qqch. à la dérobée)* ; furtivement *(regarder qqn à la dérobée).*
ÉTYM. du participe passé de *dérober.*

DÉROBER [deʀɔbe] v. tr. (conjug. 3a) **I** 1. LITTÉR. Prendre furtivement (ce qui appartient à autrui). SYN. **subtiliser,** ② **voler.** *Dérober un portefeuille.* 2. (sujet chose) Masquer, dissimuler. *Ce mur nous dérobe la vue.* 3. LITTÉR. Cacher ou éloigner de qqn. *Dérober son regard.* **II** *SE DÉROBER* v. pron. 1. *SE DÉROBER À :* éviter d'être vu, pris par (qqn). SYN. **échapper,** se **soustraire.** *Se dérober aux regards.* ➡ fig. *Se dérober à son devoir.* SYN. **manquer** à. 2. Éviter de répondre, d'agir. *Il cherche à se dérober.* 3. S'éloigner, s'écarter de qqn. *Il lui prit le bras ; elle ne se déroba pas.* ◆ spécialt (cheval) Faire un écart pour éviter l'obstacle à franchir. 4. (choses) *Se dérober sous,* s'effondrer. SYN. **manquer.** *Le sol se dérobe sous ses pas.* CONTR. **rendre, restituer • montrer • affronter.**
► **DÉROBÉ, ÉE** adj. *Escalier dérobé, porte dérobée,* qui permet de sortir d'une maison ou d'y entrer sans être

vu. SYN. ① **secret.**
ÉTYM. de l'anc. v. *rober* «piller», d'orig. germanique.

DÉROGATION [deʀɔgasjɔ̃] **n. f.** 1. Fait de déroger (à une loi, une règle...). SYN. **infraction.** 2. Autorisation spéciale, dispense. *Demander une dérogation.*
ÉTYM. latin *derogatio.*

DÉROGATOIRE [deʀɔgatwaʀ] **adj.** ✦ DR. Qui contient, qui constitue une dérogation.
ÉTYM. latin *derogatorius.*

DÉROGER [deʀɔʒe] **v. tr. ind.** (conjug. 5) ✦ *DÉROGER À* 1. DR. Ne pas observer, ne pas appliquer (une loi, une règle, une convention). *Déroger à la loi.* 2. LITTÉR. Manquer à (sa situation sociale, ses principes). *Déroger à son rang, à ses convictions.* CONTR. se **conformer** à, **observer, respecter.**
ÉTYM. latin *derogare,* de *rogare* «demander».

DÉROUILLÉE [deʀuje] **n. f.** ✦ FAM. Volée de coups. *Prendre une dérouillée.*
ÉTYM. du participe passé de *dérouiller,* 2.

DÉROUILLER [deʀuje] **v. tr.** (conjug. 3a) ✦ FAM. 1. Redonner de l'exercice à (ce qui était «rouillé»). *Se dérouiller les jambes en marchant.* SYN. se **dégourdir.** 2. Battre. *Il s'est fait dérouiller.* ◆ **intrans.** Être battu, attraper des coups. *Qu'est-ce qu'il a dérouillé* (→ **dérouillée**).
ÉTYM. de ① *dé-* et *rouille.*

DÉROULEMENT [deʀulmɑ̃] **n. m.** 1. Action de dérouler ; fait de se dérouler. 2. **fig.** *Le déroulement de l'action dans un film.*

DÉROULER [deʀule] **v. tr.** (conjug. 3a) 1. Défaire, étendre (ce qui était roulé). SYN. **déployer.** *Dérouler une bobine de fil.* SYN. **dévider.** ➖ **pronom.** *Serpent qui se déroule.* 2. **fig.** Montrer, développer successivement. *Dérouler des souvenirs.* 3. *SE DÉROULER* **v. pron.** Prendre place dans le temps, en parlant d'une suite ininterrompue d'évènements, de pensées. SYN. se **passer.** *L'accident s'est déroulé sous nos yeux.* CONTR. **enrouler, rouler.**

DÉROUTANT, ANTE [deʀutɑ̃, ɑ̃t] **adj.** ✦ Qui déroute (2). SYN. **déconcertant.** *Son attitude est déroutante ; il est déroutant.*

DÉROUTE [deʀut] **n. f.** 1. Fuite désordonnée de troupes battues ou prises de panique. SYN. **débâcle, débandade.** *C'est la déroute. Mettre l'ennemi en déroute.* 2. Échec, situation catastrophique. *Déroute électorale.*
ÉTYM. de l'ancien français *route* «bande d'hommes» ; même origine que *route.*

DÉROUTER [deʀute] **v. tr.** (conjug. 3a) 1. Faire changer d'itinéraire, de destination (un navire, un avion). *Dérouter un avion sur un autre aéroport à cause du brouillard.* SYN. **détourner, dévier.** 2. **fig.** Rendre (qqn) incapable de réagir, de se conduire comme il faudrait. SYN. **déconcerter, décontenancer.** *Dérouter un candidat par des questions inattendues.*
ÉTYM. de ① *dé-* et *route.*

DERRICK [deʀik] **n. m.** ✦ **anglicisme** Bâti métallique qui supporte le trépan servant à forer les puits de pétrole. *Des derricks.* ➖ **recomm. offic.** TOUR DE FORAGE.
ÉTYM. mot anglais, d'abord «potence».

① **DERRIÈRE** [dɛʀjɛʀ] **prép.** et **adv.** ✦ Du côté opposé au visage, à la face, au côté visible.
I prép. 1. En arrière, au dos de. *Derrière le mur. Se cacher derrière qqn.* ➖ **fig.** *Derrière les apparences :* au-delà, sous. ◆ *DE DERRIÈRE, PAR-DERRIÈRE* **loc. prép.** *Il sortit de derrière la haie. Passez par-derrière la maison.* ➖ **fig.** *Idée de derrière la tête :* arrière-pensée. 2. À la suite de. *Marcher l'un derrière l'autre.* SYN. **après.** ➖ *Laisser qqn loin derrière soi ;* **fig.** dépasser, surpasser. ➖ *Il faut toujours être derrière lui,* le surveiller. CONTR. ① **devant.**
II adv. 1. Du côté opposé à la face, à l'endroit ; en arrière. *Il est resté derrière, loin derrière.* 2. *PAR-DERRIÈRE* **loc. adv.** *Attaquer qqn par-derrière* (dans le dos). ➖ *Dire du mal de qqn par-derrière* (derrière son dos, en son absence). CONTR. en **avant,** en **premier.**
ÉTYM. bas latin *deretro,* de *retro* «en arrière».

② **DERRIÈRE** [dɛʀjɛʀ] **n. m.** 1. Le côté opposé au devant, la partie postérieure. SYN. ① **arrière.** *Les roues de derrière. Porte de derrière.* 2. Partie du corps qui comprend les fesses et le fondement. SYN. **arrière-train, postérieur ;** FAM. **cul.** *Tomber sur le derrière, le derrière par terre.* CONTR. ② **avant,** ② **devant, endroit, façade, face.**
ÉTYM. de ① *derrière.*

DERVICHE [dɛʀviʃ] **n. m.** ✦ Religieux musulman appartenant à une confrérie mystique. *Les derviches tourneurs* (turcs), qui pratiquent une danse rituelle où ils tournent sur eux-mêmes.
ÉTYM. du persan *dervich* «pauvre».

① **DES** → ① et ② DE HOM. voir ② *des*

② **DES** [de] **art. indéf.** ✦ Pluriel de *un, une.* 1. Devant un nom commun. *Un livre, des livres.* ◆ *Des* **est remplacé par** *de* **devant un adjectif** (*il a de bonnes idées ;* [élidé] *il m'a fait d'amers reproches*) **sauf si l'adjectif fait corps avec le nom** (*il mange des petits-pois*). 2. FAM. Devant un nom de nombre, avec une valeur emphatique. *Il soulève des cinquante kilos comme un rien.* HOM. D (lettre), ① DÉ «cube»

| **DES-** ou **DÉS-** → ① et ② DÉ-

DÈS [dɛ] **prép. I** (temps) 1. Immédiatement, à partir de. *Se lever dès l'aube. Dès maintenant, dès à présent.* → **désormais.** *Venez me voir dès mon retour.* 2. *DÈS LORS* **loc. adv.** : dès ce moment, aussitôt. ➖ **fig.** En conséquence, de ce fait. *Il a fourni un alibi, dès lors il est hors de cause.* ◆ *DÈS LORS QUE* **loc. conj.** (+ indic.) : dès l'instant où ; **fig.** étant donné que, puisque. 3. *DÈS QUE* **loc. conj.** (+ indic.) : aussitôt que. *Dès qu'il sera là.* **II** (lieu) À partir de, depuis. *Dès la porte, dès le seuil.* CONTR. ① **avant ; après.** HOM. DAIS «tente», DEY «chef algérien»
ÉTYM. probablt latin tardif *de ex,* de *ex* «hors de».

DÉSABONNER [dezabɔne] **v. tr.** (conjug. 3a) ✦ Faire cesser d'être abonné. ➖ **pronom.** *Se désabonner.* CONTR. **abonner.**

DÉSABUSER [dezabyze] **v. tr.** (conjug. 3a) ✦ LITTÉR. Tirer (qqn) de l'erreur, de l'illusion qui l'abuse. SYN. **détromper.** CONTR. **abuser, tromper.**
► **DÉSABUSÉ, ÉE adj.** COUR. Qui a perdu ses illusions. *Il est désabusé.* ➖ *Sourire désabusé.* SYN. **désenchanté.** CONTR. **enthousiaste, naïf.**

DÉSACCORD [dezakɔʀ] **n. m.** 1. Fait de n'être pas d'accord ; état de personnes qui s'opposent. SYN. **désunion, différend, mésentente.** *Un léger désaccord.* ➖ *Être*

A B C D E F G H I J K L M N O P Q R S T U V W X Y Z

en désaccord avec qqn sur qqch. **2.** Fait de ne pas s'accorder, de ne pas aller ensemble. SYN. **contradiction, opposition.** *Être en désaccord avec son temps.* CONTR. **accord, entente • harmonie.**

DÉSACCORDER [dezakɔʀde] **v. tr.** (conjug. 3a) **1.** Détruire l'accord de (un instrument de musique). ➛ au p. passé *Piano désaccordé.* SYN. ① **faux. 2.** Rompre l'accord, l'harmonie de (un ensemble). CONTR. **accorder.**

DÉSACCOUTUMER [dezakutyme] **v. tr.** (conjug. 3a) ✦ LITTÉR. Faire perdre une coutume, une habitude (à qqn). SYN. **déshabituer.** ➛ pronom. *Se désaccoutumer de fumer, du tabac.* CONTR. **accoutumer, habituer.**
► **DÉSACCOUTUMANCE** [dezakutymɑ̃s] **n. f.**
ÉTYM. de ① *dés-* et *accoutumer.*

DÉSACRALISER [desakʀalize] **v. tr.** (conjug. 3a) ✦ DIDACT. Retirer son caractère sacré à (qqch., qqn). CONTR. **sacraliser.**
ÉTYM. de ① *dé-* et *sacral.*

DÉSADAPTER [dezadapte] **v. tr.** (conjug. 3a) ✦ DIDACT. Faire cesser l'adaptation de. ➛ pronom. *Se désadapter d'un milieu.* ➛ au p. passé *Un homme désadapté.* CONTR. **adapter.**

DÉSAFFECTER [dezafɛkte] **v. tr.** (conjug. 3a) ✦ Faire cesser, changer l'affectation de (un édifice). *Désaffecter une école.* CONTR. ② **affecter.**
► **DÉSAFFECTÉ, ÉE adj.** Qui a perdu sa destination première. *Église désaffectée.*
ÉTYM. de ① *dés-* et ② *affecter.*

DÉSAFFECTION [dezafɛksjɔ̃] **n. f.** ✦ Perte de l'attachement que l'on éprouvait. SYN. **détachement.** *La désaffection du public pour la politique.* CONTR. **affection, attachement.**
ÉTYM. de ① *dés-* et *affection.*

DÉSAGRÉABLE [dezagʀeabl] **adj. 1.** Qui se conduit de manière à choquer, blesser. *Il est désagréable au possible.* SYN. **détestable, insupportable, odieux. 2.** (choses) Qui déplaît, donne du déplaisir. SYN. **déplaisant, pénible.** *Odeur, impression désagréable. Chose désagréable à voir, à entendre.* ➛ impers. *Il est, c'est désagréable de...* CONTR. **aimable, charmant • agréable, plaisant.**
► **DÉSAGRÉABLEMENT** [dezagʀeabləmɑ̃] **adv.** *Être désagréablement surpris.* CONTR. **agréablement.**
ÉTYM. de ① *dés-* et *agréable.*

DÉSAGRÉGATION [dezagʀegasjɔ̃] **n. f.** ✦ Fait de (se) désagréger. *La désagrégation d'une pierre friable.*

DÉSAGRÉGER [dezagʀeʒe] **v. tr.** (conjug. 8b) **1.** Décomposer (qqch.) en séparant les parties liées, agrégées. SYN. **dissoudre, pulvériser.** *La pluie désagrège les roches tendres.* ♦ pronom. *Le sucre se désagrège dans l'eau.* **2.** fig. Décomposer en détruisant l'unité. pronom. *Son système de défense s'est désagrégé.* SYN. **s'écrouler.** CONTR. **agglomérer, agréger.**

DÉSAGRÉMENT [dezagʀemɑ̃] **n. m.** ✦ Déplaisir causé par une chose désagréable ; sujet de contrariété. SYN. **difficulté, ennui,** ① **souci.** *Il n'en a retiré que du désagrément. Cela nous a attiré bien des désagréments.* CONTR. **agrément, plaisir.**
ÉTYM. de ① *dés-* et *agrément.*

DÉSALINISATION [desalinizasjɔ̃] **n. f.** ✦ Opération consistant à éliminer le sel, notamment de l'eau de mer.
► **DÉSALINISER** [desalinize] **v. tr.** (conjug. 3a).

DÉSALTÉRANT, ANTE [dezalteʀɑ̃, ɑ̃t] **adj.** ✦ Qui désaltère. *Le thé est très désaltérant.*

DÉSALTÉRER [dezalteʀe] **v. tr.** (conjug. 8) ✦ Apaiser la soif de (qqn). ➛ absolt *Boisson qui désaltère.* ➛ pronom. *Se désaltérer à une source.* SYN. ① **boire.**
ÉTYM. de ① *dés-* et *altérer* (II, 1).

DÉSAMORCER [dezamɔʀse] **v. tr.** (conjug. 4) **1.** Enlever l'amorce de. *Désamorcer une bombe.* **2.** Interrompre le fonctionnement de (ce qui devait être amorcé). *Désamorcer un siphon.* **3.** fig. Empêcher le déclenchement de. *Tenter de désamorcer un conflit.* CONTR. **amorcer.**
► **DÉSAMORÇAGE** [dezamɔʀsaʒ] **n. m.**

DÉSAMOUR [dezamuʀ] **n. m.** ✦ LITTÉR. Cessation de l'amour.

DÉSAPPOINTEMENT [dezapwɛ̃tmɑ̃] **n. m.** ✦ État, sensation d'une personne désappointée. SYN. **déception, déconvenue.** *Cacher son désappointement.* CONTR. **contentement, satisfaction.**
ÉTYM. de *désappointer,* influencé par l'anglais *disappointment.*

DÉSAPPOINTER [dezapwɛ̃te] **v. tr.** (conjug. 3a) ✦ Tromper (qqn) dans son attente, dans ses espérances. SYN. **décevoir.** CONTR. **combler, contenter, satisfaire.**
► **DÉSAPPOINTÉ, ÉE adj.** *Il partit tout désappointé.* ➛ *D'un air désappointé.* SYN. **déçu, dépité.**
ÉTYM. de l'anglais *to disappoint,* du français.

DÉSAPPRENDRE [dezapʀɑ̃dʀ] **v. tr.** (conjug. 45) ✦ LITTÉR. Oublier (ce qu'on a appris). *Il a désappris le peu qu'il savait.*

DÉSAPPROBATEUR, TRICE [dezapʀɔbatœʀ, tʀis] **adj.** ✦ Qui désapprouve, marque la désapprobation. *Air, ton, regard désapprobateur.* CONTR. **approbateur.**
ÉTYM. de *désapprouver,* d'après *approbateur.*

DÉSAPPROBATION [dezapʀɔbasjɔ̃] **n. f.** ✦ Action de désapprouver. SYN. **réprobation.** *Un murmure de désapprobation s'éleva dans la salle.* CONTR. **approbation, assentiment.**
ÉTYM. de *désapprouver,* d'après *approbation.*

DÉSAPPROUVER [dezapʀuve] **v. tr.** (conjug. 3a) ✦ Juger d'une manière défavorable ; trouver mauvais. SYN. **blâmer, critiquer, réprouver.** *Désapprouver un projet. Désapprouver qqn, la conduite de qqn.* CONTR. **approuver.**
ÉTYM. de ① *dés-* et *approuver.*

DÉSARÇONNER [dezaʀsɔne] **v. tr.** (conjug. 3a) **1.** Mettre (qqn) hors des arçons, jeter à bas de la selle. *Le cheval a désarçonné son cavalier.* SYN. **démonter. 2.** fig. Faire perdre son assurance à (qqn). SYN. **déconcerter, dérouter.** *Votre question me désarçonne.*
ÉTYM. de ① *dés-* et *arçon.*

DÉSARGENTÉ, ÉE [dezaʀʒɑ̃te] **adj.** ✦ FAM. Qui n'a plus d'argent. *Je suis plutôt désargenté en ce moment.* CONTR. ① **argenté.**

DÉSARMANT, ANTE [dezaʀmɑ̃, ɑ̃t] **adj.** ✦ Qui enlève toute sévérité ou laisse sans défense. *Il est d'une naïveté désarmante.* SYN. ② **touchant.**
ÉTYM. du participe présent de *désarmer.*

DÉSARMEMENT [dezaʀməmɑ̃] n. m. 1. Action de désarmer ; réduction ou suppression des armements. *Conférences pour le désarmement nucléaire.* 2. MAR. *Le désarmement d'un navire* (→ **désarmer**, I, 3). CONTR. **armement.**

DÉSARMER [dezaʀme] v. tr. (conjug. 3a) **I** 1. Enlever ses armes à (qqn). *Désarmer un malfaiteur.* 2. Limiter ou supprimer les armements militaires de. *Désarmer un pays.* SYN. **démilitariser** ; → aussi **dénucléariser.** 3. MAR. *Désarmer un navire,* en retirer le matériel et l'équipage. **II** fig. 1. Rendre moins sévère, pousser à l'indulgence. *Son inconscience me désarme* (→ **désarmant**). 2. intrans. (en tournure négative) Céder, cesser (sentiment hostile, violent). *Sa haine ; sa colère ne désarme pas.* CONTR. **armer.**
► **DÉSARMÉ, ÉE** adj. **I** 1. *Des soldats désarmés.* 2. *Flotte désarmée.* **II** Sans défense. *Il est désarmé devant les difficultés.*
ÉTYM. de ① *dés-* et *armer.*

DÉSARROI [dezaʀwa] n. m. ✦ Trouble moral profond. *Être en plein désarroi.* SYN. **angoisse, détresse.**
ÉTYM. de l'ancien verbe *désarroyer* «mettre en désordre», de *arroyer* «arranger», d'origine germanique.

DÉSARTICULER [dezaʀtikyle] v. tr. (conjug. 3a) 1. Faire sortir (un os) de son articulation. 2. Démonter, disloquer. *Désarticuler un jouet.* 3. *SE DÉSARTICULER* v. pron. Plier ses membres en tous sens en assouplissant ses articulations à l'excès. *Acrobate qui se désarticule.* — au p. passé *Pantin désarticulé.*
ÉTYM. de ① *dés-* et *articuler.*

DÉSASSORTIR [dezasɔʀtiʀ] v. tr. (conjug. 13) ✦ Priver (un ensemble de choses assorties) d'une partie de ses éléments. CONTR. **réassortir.**
► **DÉSASSORTI, IE** adj. *Service de table désassorti.* SYN. **dépareillé.**

DÉSASTRE [dezastʀ] n. m. 1. Malheur très grave ; ruine qui en résulte. SYN. **calamité, cataclysme, catastrophe.** *Un désastre irréparable. Mesurer l'étendue du désastre.* — par exagér. *Le concert fut un désastre.* 2. Échec entraînant de graves conséquences. *Désastre financier, commercial.* → **banqueroute, déconfiture, faillite.** *Nous courons au désastre.* CONTR. **aubaine, réussite, succès.**
ÉTYM. italien *disastro* «mauvais astre *(astro)*».

DÉSASTREUX, EUSE [dezastʀø, øz] adj. ✦ Malheureux, mauvais ; fâcheux. SYN. **déplorable, lamentable, épouvantable.** *Temps, résultat désastreux.*
ÉTYM. italien *disastroso* → désastre.

DÉSAVANTAGE [dezavɑ̃taʒ] n. m. ✦ Condition d'infériorité ; élément négatif. SYN. **handicap, inconvénient.** *Se montrer à son désavantage,* sous un jour défavorable. *Tourner au désavantage de qqn.* SYN. **détriment, préjudice** ; → **désavantager.** CONTR. **avantage, bénéfice.**
ÉTYM. de ① *dés-* et *avantage.*

DÉSAVANTAGER [dezavɑ̃taʒe] v. tr. (conjug. 5) ✦ Faire subir un désavantage à (qqn), mettre en désavantage, en état d'infériorité. SYN. **handicaper, léser.** — au p. passé *Être désavantagé.* CONTR. **avantager.**

DÉSAVANTAGEUX, EUSE [dezavɑ̃taʒø, øz] adj. ✦ Qui cause ou peut causer un désavantage. SYN. **défavorable.** *Une affaire désavantageuse. Un accord désavantageux pour lui.* CONTR. **avantageux.**

DÉSAVEU [dezavø] n. m. ✦ Fait de désavouer. *C'est un désaveu de la politique de son prédécesseur. Encourir le désaveu de l'opinion.* CONTR. **approbation, reconnaissance.**
ÉTYM. de *désavouer,* d'après *aveu.*

DÉSAVOUER [dezavwe] v. tr. (conjug. 3a) 1. Refuser de reconnaître pour sien. *Il a désavoué ses premiers livres.* SYN. **renier.** 2. Déclarer qu'on n'a pas autorisé (qqn) à agir comme il l'a fait. *Son parti l'a désavoué.* 3. Désapprouver. *Désavouer qqn, sa conduite.* SYN. **blâmer, condamner, réprouver.** CONTR. **reconnaître** • **approuver, cautionner.**
ÉTYM. de ① *dés-* et *avouer.*

DÉSAXER [dezakse] v. tr. (conjug. 3a) 1. Faire sortir de l'axe. 2. fig. Faire sortir (qqn) de l'état normal, habituel. CONTR. **axer, équilibrer.**
► **DÉSAXÉ, ÉE** adj. 1. *Roue désaxée.* 2. fig. Qui n'est pas dans un état mental normal. SYN. **déséquilibré.** *Être un peu désaxé.* — n. *Un, une désaxé(e).*

DESCELLER [desele] v. tr. (conjug. 3a) ✦ Détacher, arracher (ce qui est scellé). *Desceller une grille.* CONTR. **sceller.**
HOM. DESSELLER «ôter la selle»
► **DESCELLEMENT** [desɛlmɑ̃] n. m.

DESCENDANCE [desɑ̃dɑ̃s] n. f. ✦ Ensemble des descendants de qqn. SYN. **lignée, postérité, progéniture.** *Il a une nombreuse descendance.* CONTR. **ascendance.**

DESCENDANT, ANTE [desɑ̃dɑ̃, ɑ̃t] n. et adj.
I n. Personne qui est issue d'un ancêtre (→ **descendance**). *Descendants en ligne directe* (enfants, petits-enfants...). CONTR. ② **ascendant.**
II adj. Qui descend. *Marée descendante.* CONTR. ① **ascendant, montant.**
ÉTYM. du participe présent de *descendre.*

DESCENDEUR, EUSE [desɑ̃dœʀ, øz] n. ✦ Cycliste, skieur particulièrement brillant en descente.
ÉTYM. de *descendre.*

DESCENDRE [desɑ̃dʀ] v. (conjug. 44) **I** v. intr. (auxiliaire *être*) 1. Aller du haut vers le bas. *Descendre d'une montagne. Il est descendu par l'escalier. Descendre à pied, en courant.* ◆ loc. *Descendre dans la rue :* manifester. *Descendre en ville :* aller en ville. 2. Aller vers le sud. *De Paris nous descendrons à Arles.* 3. Loger, au cours d'un voyage. *Descendre chez des amis, à l'hôtel.* 4. *Descendre de :* cesser d'être sur, dans ; sortir de. *Descendre de cheval, de train.* ◆ *Descendre à terre* (d'un navire). → **débarquer.** 5. Faire irruption (→ **descente**, I, 2). *La police est descendue dans cet hôtel.* 6. fig. Aller vers ce qui est considéré comme plus bas. *Il est descendu bien bas !* SYN. **tomber.** 7. *Descendre dans le détail, jusqu'au moindre détail :* examiner successivement des choses de moins en moins importantes ou générales. **II** (choses) 1. Aller de haut en bas. *Les cours d'eau descendent vers la mer.* SYN. **couler.** *Le soleil descend sur l'horizon.* SYN. **se coucher.** ◆ *La nuit ; le soir descend.* SYN. **tomber.** 2. S'étendre de haut en bas. *Robe qui descend à la cheville, jusqu'aux chevilles.* 3. Aller en pente. *La rue descend à pic.* 4. Diminuer de niveau. SYN. **baisser.** *La marée descend. Le thermomètre est descendu d'un degré.* — *Les prix descendent.* SYN. **diminuer.** **III** fig. (personnes) Tenir son origine, être issu de (→ **descendance**). *Descendre d'une famille illustre.* **IV** v. tr. (auxiliaire *avoir*) 1. Aller en bas, vers le bas de. *Il a descendu l'escalier quatre à quatre.* — *Descendre une*

rivière (de l'amont vers l'aval). **2.** Porter de haut en bas. *Descendre un meuble à la cave.* ◆ FAM. Avaler, boire. *Il a descendu deux bières.* **3.** FAM. Faire tomber ; abattre. *Se faire descendre.* SYN. **tuer.** ➛ loc. *Descendre* (qqn, qqch.) *en flammes* : critiquer, attaquer violemment. CONTR. ① **grimper, monter • s'élever • augmenter.**
ÉTYM. latin *descendere.*

DESCENTE [desɑ̃t] **n. f.** **I 1.** Action de descendre, d'aller d'un lieu élevé vers un autre plus bas. *Descente dans, à, vers* (un lieu). *Descente en parachute.* ➛ *À la descente* : au moment de descendre. *Accueillir qqn à sa descente d'avion.* ◆ spécialt *Épreuves de descente* (ski). **2.** Vive attaque dans le camp adverse (milit., sports). ◆ Irruption soudaine (en vue d'un contrôle, d'une perquisition). *La police a fait une descente.* **3.** (choses) *L'avion amorce sa descente* (avant d'atterrir). ◆ MÉD. Déplacement de haut en bas (d'un organe). *Descente de l'utérus.* **II** Action de déposer une chose, de la porter en bas. ➛ *DESCENTE DE CROIX* : représentation de Jésus-Christ qu'on détache de la croix. **III** Ce qui descend, va vers le bas. **1.** Chemin, pente par laquelle on descend. *Freiner dans les descentes.* **2.** *DESCENTE DE LIT* : petit tapis sur lequel on pose les pieds en descendant du lit. SYN. **carpette.** **3.** fig. FAM. *Avoir une bonne descente* : boire ou manger beaucoup. CONTR. **ascension, montée** • ② **côte.** HOM. DÉCENTE (féminin de *décent* « convenable »)
ÉTYM. de *descendre.*

DÉSCOLARISÉ, ÉE [deskɔlaʀize] **adj.** ✦ Qui a interrompu sa scolarité pendant la période obligatoire.
ÉTYM. de *dé-* et du participe passé de *scolariser.*

DESCRIPTIF, IVE [dɛskʀiptif, iv] **adj.** et **n. m.** **1.** Qui décrit, s'attache à décrire. *Discours descriptif. Style descriptif.* **2.** *Géométrie descriptive,* technique de représentation plane des figures de l'espace. **3.** **n. m.** Document qui décrit précisément qqch. au moyen de plans, schémas et légendes.
ÉTYM. latin *descriptivus.*

DESCRIPTION [dɛskʀipsjɔ̃] **n. f.** **1.** Action de décrire. *Faire, donner la description de qqch., qqn.* **2.** dans une œuvre littéraire Passage qui évoque la réalité concrète. ☛ Littérature p. 130. *Description vivante.*
ÉTYM. latin *descriptio.*

DESDITS ➛ **DIT**

DÉSEMBUER [dezɑ̃bɥe] **v. tr.** (conjug. 3a) ✦ Débarrasser (une vitre, etc.) de la buée.
► **DÉSEMBUAGE** [dezɑ̃bɥaʒ] **n. m.**
ÉTYM. de *dés-* et *embuer.*

DÉSEMPARÉ, ÉE [dezɑ̃paʀe] **adj.** ✦ Qui ne sait plus où il en est, qui ne sait plus que dire, que faire. SYN. **déconcerté, décontenancé.** *Se sentir tout désemparé.*
ÉTYM. du participe passé de *désemparer.*

DÉSEMPARER [dezɑ̃paʀe] **v. intr.** (conjug. 3a) ✦ loc. LITTÉR. *SANS DÉSEMPARER* : sans faiblir, sans s'interrompre. *Travailler sans désemparer.*
ÉTYM. de ① *dés-* et *emparer* « fortifier ».

DÉSEMPLIR [dezɑ̃pliʀ] **v. intr.** (conjug. 13) ✦ (forme négative) *Ne pas désemplir* : être constamment plein. *La salle d'attente ne désemplit pas.*
ÉTYM. de ① *dés-* et *emplir.*

DÉSENCHANTEMENT [dezɑ̃ʃɑ̃tmɑ̃] **n. m.** ✦ État d'une personne qui a perdu ses illusions. SYN. **déception, dégoût, désillusion.** CONTR. **enthousiasme.**
ÉTYM. de *désenchanter.*

DÉSENCHANTER [dezɑ̃ʃɑ̃te] **v. tr.** (conjug. 3a) **1.** RARE Faire cesser l'enchantement de. **2.** Faire revenir (qqn) de ses illusions. CONTR. **charmer, enchanter, enthousiasmer.**
► **DÉSENCHANTÉ, ÉE adj.** SYN. **blasé, déçu, désillusionné.** *Il est revenu désenchanté.* ➛ *Sourire désenchanté.*
ÉTYM. de ① *dés-* et *enchanter.*

DÉSENCLAVER [dezɑ̃klave] **v. tr.** (conjug. 3a) ✦ Faire cesser d'être enclavé, d'être une enclave. ➛ Rompre l'isolement de (une région, une ville) par l'amélioration des communications. CONTR. **enclaver.**
► **DÉSENCLAVEMENT** [dezɑ̃klavmɑ̃] **n. m.**

DÉSENCOMBRER [dezɑ̃kɔ̃bʀe] **v. tr.** (conjug. 3a) ✦ Faire cesser d'être encombré. *Désencombrer la voie publique.* CONTR. **encombrer.**

DÉSENFLER [dezɑ̃fle] **v. intr.** (conjug. 3a) ✦ Cesser d'être enflé. *Sa joue a désenflé.* SYN. **dégonfler** ➛ passif *Sa cheville est désenflée.* CONTR. **enfler.**

DÉSENFUMER [dezɑ̃fyme] **v. tr.** (conjug. 3a) ✦ Chasser la fumée de (un lieu). CONTR. **enfumer.**
ÉTYM. de ① *dés-* et *enfumer.*

DÉSENGAGER [dezɑ̃gaʒe] **v. tr.** (conjug. 5) ✦ Faire cesser d'être engagé ; libérer d'un engagement. ➛ pronom. *Se désengager d'une obligation.*
► **DÉSENGAGEMENT** [dezɑ̃gaʒmɑ̃] **n. m.**

DÉSENNUYER [dezɑ̃nɥije] **v. tr.** (conjug. 10) ✦ Faire cesser l'ennui de (qqn). ➛ pronom. *Voyager pour se désennuyer.* CONTR. **ennuyer.**

DÉSENSIBILISER [desɑ̃sibilize] **v. tr.** (conjug. 3a) **1.** MÉD. Diminuer la sensibilité de (l'organisme) à certaines substances. ➛ spécialt *Désensibiliser une dent.* SYN. **dévitaliser.** **2.** fig. Rendre (qqn) moins sensible à qqch. *Désensibiliser l'opinion publique à, sur un problème.* CONTR. **sensibiliser.**
► **DÉSENSIBILISATION** [desɑ̃sibilizasjɔ̃] **n. f.**
ÉTYM. de ① *dés-* et *sensibiliser.*

DÉSÉPAISSIR [dezepesiʀ] **v. tr.** (conjug. 13) ✦ Rendre moins épais. *Désépaissir les cheveux.* CONTR. **épaissir.**

DÉSÉQUILIBRE [dezekilibʀ] **n. m.** **1.** Absence d'équilibre. SYN. **instabilité.** *Pile de livres en déséquilibre.* ➛ MÉD. Trouble de la régulation. *Déséquilibre hormonal.* **2.** fig. *Il y a déséquilibre entre l'offre et la demande.* SYN. **disproportion, inégalité.** **3.** État psychique qui se manifeste par des difficultés d'adaptation, des changements d'attitude immotivés, des réactions asociales. CONTR. **équilibre, stabilité.**

DÉSÉQUILIBRÉ, ÉE [dezekilibʀe] **adj.** ✦ Qui n'a pas ou n'a plus son équilibre mental. *Il est un peu déséquilibré.* ➛ **n.** *C'est un déséquilibré.* SYN. **désaxé, détraqué, instable.**
ÉTYM. du participe passé de *déséquilibrer.*

DÉSÉQUILIBRER [dezekilibʀe] **v. tr.** (conjug. 3a) **1.** Faire perdre l'équilibre à (qqch., qqn). **2.** Causer un déséquilibre chez (qqn). SYN. **déstabiliser.** ➛ spécialt Rendre déséquilibré. CONTR. **équilibrer.**

① **DÉSERT, ERTE** [dezɛʀ, ɛʀt] adj. 1. Sans habitants. *Île déserte.* SYN. **inhabité.** ➝ Peu fréquenté. *Plage déserte.* 2. Privé provisoirement de ses occupants. SYN. **vide.** *C'est dimanche, les rues sont désertes.* CONTR. **habité, peuplé ; fréquenté, passant • occupé,** ① **plein.**
ÉTYM. latin *desertus* «abandonné».

② **DÉSERT** [dezɛʀ] n. m. ✦ Zone aride et peu habitée. *Désert de sable. Le désert de Gobi.* ♦ loc. *Prêcher (parler, crier...) dans le désert,* sans être entendu. ➝ *La traversée du désert,* période d'éloignement du pouvoir, pour un homme d'État.
ÉTYM. latin *desertum* «endroit vide».

DÉSERTER [dezɛʀte] v. tr. (conjug. 3a) 1. Abandonner (un lieu où l'on devrait rester). SYN. **quitter.** *Déserter son poste.* 2. absolt Abandonner l'armée sans permission. *Soldat qui déserte.* 3. fig. Renier, trahir. *Déserter une cause.* CONTR. **rallier, rejoindre.**
ÉTYM. bas latin *desertare* → ① désert.

DÉSERTEUR [dezɛʀtœʀ] n. m. ✦ Soldat qui déserte ou qui a déserté.

se **DÉSERTIFIER** [dezɛʀtifje] v. pron. (conjug. 9) 1. Se transformer en désert sous l'action de facteurs climatiques ou humains. 2. fig. Se dépeupler.
► **DÉSERTIFICATION** [dezɛʀtifikasjɔ̃] n. f. *La désertification des campagnes.*
ÉTYM. de ② *désert.*

DÉSERTION [dezɛʀsjɔ̃] n. f. 1. Action de déserter, de quitter l'armée sans autorisation. 2. Fait d'abandonner (un lieu).
ÉTYM. latin juridique *desertio.*

DÉSERTIQUE [dezɛʀtik] adj. ✦ Relatif au désert. *Climat désertique.* ➝ *Région désertique.* SYN. **aride, inculte.**
ÉTYM. de ② *désert.*

DÉSESCALADE [dezɛskalad] n. f. ✦ Retour au calme après une escalade*, dans le domaine militaire, diplomatique, social, etc.

DÉSESPÉRANCE [dezɛsperɑ̃s] n. f. ✦ LITTÉR. État d'une personne qui n'a aucune espérance, qui a perdu foi, confiance. SYN. **désespoir.** CONTR. **espérance.**

DÉSESPÉRANT, ANTE [dezɛsperɑ̃, ɑ̃t] adj. 1. Qui fait perdre espoir, qui lasse. SYN. **décourageant.** *Il ne comprend rien, il est désespérant.* 2. Désagréable, fâcheux. *Il fait un temps désespérant.* CONTR. **encourageant, prometteur • agréable.**
ÉTYM. du participe présent de *désespérer.*

DÉSESPÉRÉ, ÉE [dezɛspere] adj. 1. Qui est réduit au désespoir. *C'est un homme désespéré.* ➝ n. *Un désespéré.* 2. Qui exprime le désespoir. *Regard désespéré.* 3. Extrême ; dicté par le danger. *Tentative désespérée.* 4. Qui ne laisse aucune espérance. *La situation est désespérée.* ➝ *Le malade est dans un état désespéré.* CONTR. **confiant, optimiste.**
ÉTYM. du participe passé de *désespérer.*

DÉSESPÉRÉMENT [dezɛsperemɑ̃] adv. 1. Avec désespoir. *Pleurer désespérément.* ♦ Absolument, dans la tristesse ou sans espoir de changement. *Être désespérément seul. La salle restait désespérément vide.* 2. Avec acharnement. *Lutter désespérément.*

DÉSESPÉRER [dezɛspere] v. (conjug. 8) **I** 1. v. tr. ind. (avec *de*) Perdre l'espoir en. *Désespérer du succès de son entreprise. Désespérer de qqn. Je désespère de pouvoir jamais y arriver.* ➝ LITTÉR. *Désespérer que* (+ subj.). *Nous désespérons qu'il aille mieux. Je ne désespère pas qu'il (ne) réussisse,* je l'espère encore. 2. v. intr. Cesser d'espérer. *Il ne faut pas désespérer, tout s'arrangera.* **II** v. tr. 1. Réduire au désespoir, affliger cruellement. *La mort de son ami l'a désespéré.* ♦ Désoler, navrer. *Cet enfant me désespère.* 2. *SE DÉSESPÉRER* v. pron. S'abandonner au désespoir. *Il ne faut pas se désespérer pour si peu.* CONTR. **espérer • consoler, réconforter.**
ÉTYM. de ① *dés-* et *espérer.*

DÉSESPOIR [dezɛspwaʀ] n. m. 1. Perte de tout espoir (SYN. **désespérance**). ➝ loc. *L'énergie du désespoir :* la force déployée lorsque tout est perdu. 2. Affliction extrême et sans remède. SYN. **désolation, détresse.** *S'abandonner au désespoir. Mettre, réduire qqn au désespoir.* 3. par exagér. Ce qui cause une grande contrariété. *Elle fait le désespoir de ses parents.* ➝ *Être au désespoir :* regretter vivement. 4. *En désespoir de cause* loc. adv. : comme dernière tentative et sans grand espoir de succès. CONTR. **espérance, espoir • consolation, joie, réconfort.**

DÉSHABILLÉ [dezabije] n. m. ✦ Vêtement d'intérieur féminin d'étoffe légère.

DÉSHABILLER [dezabije] v. tr. (conjug. 3a) 1. Dépouiller (qqn) de ses vêtements. SYN. **dévêtir.** 2. *SE DÉSHABILLER* v. pron. Enlever ses habits. *Aider un enfant à se déshabiller.* ♦ Ôter les vêtements destinés à être portés au-dehors (chapeau, manteau, gants, etc.). *Se déshabiller au vestiaire.* CONTR. **habiller, vêtir.**
► **DÉSHABILLAGE** [dezabijaʒ] n. m.

DÉSHABITUER [dezabitɥe] v. tr. (conjug. 3a) ✦ Faire perdre une habitude à (qqn). SYN. **désaccoutumer.** *Déshabituer qqn de l'alcool.* SYN. **désintoxiquer.** ➝ *SE DÉSHABITUER* v. pron. Se défaire d'une habitude. *Se déshabituer de fumer.* CONTR. **accoutumer, habituer.**
ÉTYM. de ① *dés-* et *habituer.*

DÉSHERBANT [dezɛʀbɑ̃] n. m. ✦ Produit qui détruit les mauvaises herbes.
ÉTYM. du participe présent de *désherber.*

DÉSHERBER [dezɛʀbe] v. tr. (conjug. 3a) ✦ Enlever les mauvaises herbes de. *Désherber un potager.* SYN. **sarcler.**
► **DÉSHERBAGE** [dezɛʀbaʒ] n. m.

DÉSHÉRENCE [dezeʀɑ̃s] n. f. ✦ DR. Absence d'héritiers pour recueillir une succession qui est en conséquence dévolue à l'État.
ÉTYM. de l'ancien verbe *deshoirer* «déshériter», de *hoir* «héritier».

DÉSHÉRITER [dezeʀite] v. tr. (conjug. 3a) 1. Priver (qqn) de l'héritage auquel il a droit. *Menacer un parent de le déshériter.* 2. fig. Priver (qqn) des avantages naturels. SYN. **désavantager.** *La nature l'a déshérité.* CONTR. **avantager, combler, gâter.**
► **DÉSHÉRITÉ, ÉE** adj. 1. Privé d'héritage. *Enfant déshérité.* 2. fig. Désavantagé, défavorisé. *Les populations les plus déshéritées.* ➝ n. *Les déshérités.* CONTR. **héritier • comblé, privilégié.**
ÉTYM. de ① *dés-* et *hériter.*

DÉSHONNÊTE [dezɔnɛt] adj. ✦ LITTÉR. Contraire à la pudeur, aux bienséances. SYN. **inconvenant, indécent.** CONTR. **convenable, décent.**

DÉSHONNEUR [dezɔnœʀ] n. m. ✦ Perte de l'honneur. *Il n'y a pas de déshonneur à avouer son ignorance.* SYN. **honte.** CONTR. **honneur.**

DÉSHONORANT, ANTE [dezɔnɔʀɑ̃, ɑ̃t] adj. ✦ Qui déshonore. *Conduite déshonorante.* SYN. **avilissant.** CONTR. **digne, honorable.**

DÉSHONORER [dezɔnɔʀe] v. tr. (conjug. 3a) 1. Porter atteinte à l'honneur de (qqn). SYN. **salir ; discréditer.** – au p. passé *Il se croirait déshonoré de travailler de ses mains.* 2. VIEILLI *Déshonorer une femme, une jeune fille,* la séduire, abuser d'elle. 3. LITTÉR. Défigurer, dégrader (qqch.). 4. *SE DÉSHONORER* v. pron. Perdre l'honneur, se couvrir d'opprobre. CONTR. **glorifier, honorer.**

ÉTYM. de ① *dés-* et *honorer.*

DÉSHUMANISER [dezymanize] v. tr. (conjug. 3a) ✦ Faire perdre le caractère humain, la dignité humaine à (qqn, un milieu). – p. p. adj. *Un monde déshumanisé.* CONTR. **humaniser.**

ÉTYM. de ① *dés-* et *humaniser.*

DÉSHYDRATATION [dezidʀatasjɔ̃] n. f. 1. Action de déshydrater. SYN. **dessiccation.** 2. Fait d'être déshydraté.

DÉSHYDRATER [dezidʀate] v. tr. (conjug. 3a) 1. Enlever l'eau de. SYN. **dessécher, sécher.** *Déshydrater des légumes.* SYN. **lyophiliser.** 2. *SE DÉSHYDRATER* v. pron. Perdre l'eau nécessaire à l'organisme. *Les bébés se déshydratent rapidement.* CONTR. **réhydrater.**

► **DÉSHYDRATÉ, ÉE** adj. Privé de son eau ou d'une partie de son eau. *Purée déshydratée en flocons.* – *Peau déshydratée.* ◆ FAM. Assoiffé. *Je suis complètement déshydraté.*

ÉTYM. de ① *dés-* et *hydrater.*

DESIDERATA ou **DÉSIDÉRATAS** [dezideʀata] n. m. pl. ✦ Choses souhaitées. SYN. **désir, souhait, vœu.** *Veuillez nous faire connaître vos desiderata* (ou *vos désidératas*).

ÉTYM. latin *desiderata,* de *desiderare* «désirer».

DESIGN [dizajn ; dezajn] n. m. ✦ anglicisme Esthétique industrielle appliquée à la recherche de formes nouvelles et adaptées à leur fonction. – recomm. offic. *stylisme* n. m. ◆ adj. invar. D'une esthétique moderne et fonctionnelle. *Des meubles design.*

ÉTYM. mot américain, anglais «plan d'un ouvrage d'art», du français *dessein* qui signifiait aussi «dessin».

DÉSIGNATION [deziɲasjɔ̃] n. f. 1. Action de désigner ; appellation, dénomination. 2. Action de choisir, d'élire (qqn). SYN. **choix, élection, nomination.**

ÉTYM. latin *designatio.*

DESIGNER [dizajnœʀ ; dezajnœʀ] n. m. ✦ anglicisme Spécialiste du design. – recomm. offic. *styliste.*

ÉTYM. mot anglais, de *design.*

DÉSIGNER [deziɲe] v. tr. (conjug. 3a) I 1. Indiquer de manière à faire distinguer de tous les autres par un geste, une marque, un signe. *Désigner qqn, qqch. du doigt.* SYN. **montrer.** *Désigner qqn par son nom.* SYN. **appeler, nommer.** 2. *DÉSIGNER QQN À,* le signaler à. *Son talent l'a désigné à l'attention du jury.* 3. Être le signe linguistique de. SYN. **représenter.** *Tout ce que peut désigner le mot «amour».* II 1. Choisir (qqn) pour une activité, un rôle, une dignité. *Désigner son successeur.* SYN. **nommer.** 2. (sujet chose) Destiner à, qualifier. *Ses qualités le désignent pour ce rôle.* – passif *Il est tout désigné pour être le chef,* nul n'est plus qualifié que lui.

ÉTYM. latin *designare,* de *signum* «signe».

DÉSILLUSION [dezi(l)lyzjɔ̃] n. f. ✦ Perte d'une illusion. *Quelle désillusion !* SYN. **déception.** CONTR. **illusion.**

DÉSILLUSIONNER [dezi(l)lyzjɔne] v. tr. (conjug. 3a) ✦ Faire perdre une illusion à (qqn). SYN. **décevoir, désappointer.** CONTR. **illusionner.**

DÉSINCARNÉ, ÉE [dezɛ̃kaʀne] adj. ✦ Qui néglige ou méprise les choses matérielles (souvent iron.). *Amour désincarné.* SYN. **platonique.**

ÉTYM. de ① *dés-* et *incarné.*

DÉSINENCE [dezinɑ̃s] n. f. ✦ Élément variable qui s'ajoute au radical d'un mot pour produire les formes des conjugaisons, des déclinaisons. SYN. **flexion, terminaison.** *Les désinences de l'imparfait.*

ÉTYM. du latin *desinens,* participe présent de *desinere* «se terminer (d'un mot)».

DÉSINFECTANT, ANTE [dezɛ̃fɛktɑ̃, ɑ̃t] adj. ✦ Qui sert à désinfecter. *Produit désinfectant.* – n. m. *Un désinfectant.*

DÉSINFECTER [dezɛ̃fɛkte] v. tr. (conjug. 3a) ✦ Procéder à la désinfection de. SYN. **assainir, purifier.** *Désinfecter la chambre d'un malade. Désinfecter une plaie.* CONTR. **infecter, souiller.**

ÉTYM. de ① *dés-* et *infecter.*

DÉSINFECTION [dezɛ̃fɛksjɔ̃] n. f. ✦ Destruction des germes infectieux se trouvant hors de l'organisme, à la surface du corps. → **antisepsie, asepsie, stérilisation ; désinfecter.** CONTR. **infection.**

ÉTYM. de ① *dés-* et *infection.*

DÉSINFORMATION [dezɛ̃fɔʀmasjɔ̃] n. f. ✦ Utilisation des techniques de l'information de masse pour induire en erreur, cacher ou travestir les faits.

DÉSINFORMER [dezɛ̃fɔʀme] v. tr. (conjug. 3a) ✦ Informer de manière à cacher ou falsifier certains faits.

DÉSINTÉGRATION [dezɛ̃tegʀasjɔ̃] n. f. 1. PHYS. Transformation spontanée d'un noyau atomique par perte de masse. SYN. **fission.** 2. abstrait Destruction complète.

ÉTYM. de *désintégrer.*

DÉSINTÉGRER [dezɛ̃tegʀe] v. tr. (conjug. 8) I 1. PHYS. Transformer (la matière) en énergie, partiellement ou totalement. 2. abstrait Détruire complètement. II *SE DÉSINTÉGRER* v. pron. 1. S'annihiler (de la matière). 2. abstrait Perdre sa cohésion.

ÉTYM. de ① *dés-* et *intégrer.*

DÉSINTÉRESSÉ, ÉE [dezɛ̃teʀese] adj. ✦ Qui n'agit pas par intérêt personnel. SYN. **altruiste, généreux ;** → **désintéressement.** *C'est un homme parfaitement désintéressé.* ◆ Qui s'accomplit sans être inspiré par l'intérêt personnel. *Avis, conseil désintéressé. Aimer qqn de manière désintéressée.* CONTR. **avide, cupide, égoïste, intéressé.**

ÉTYM. de ① *dés-* et *intéressé.*

DÉSINTÉRESSEMENT [dezɛ̃teʀɛsmɑ̃] n. m. ✦ Détachement de tout intérêt personnel. SYN. **altruisme, générosité.** CONTR. **avidité, cupidité, intérêt.**

ÉTYM. de *se désintéresser.*

se DÉSINTÉRESSER [dezɛ̃teʀese] v. pron. (conjug. 3a) ✦ *Se désintéresser de* : ne plus porter intérêt à. *Se désintéresser de son travail.* SYN. **négliger ;** → **désintérêt.** – *Il s'est complètement désintéressé de son fils.* CONTR. **s'intéresser à,** se **préoccuper** de.

ÉTYM. de ① *dés-* et *intéresser.*

DÉSINTÉRÊT [dezɛ̃teʀɛ] **n. m.** ✦ LITTÉR. État de l'esprit qui se désintéresse de qqch. SYN. **indifférence.** CONTR. **intérêt.**
ÉTYM. de *se désintéresser*, d'après *intérêt*.

DÉSINTOXICATION [dezɛ̃tɔksikasjɔ̃] **n. f.** ✦ Traitement qui a pour but de désintoxiquer. *Cure de désintoxication*, appliquée à un alcoolique ou à un toxicomane. CONTR. **intoxication.**

DÉSINTOXIQUER [dezɛ̃tɔksike] **v. tr.** (conjug. 3a) **I** 1. Guérir (qqn) d'une intoxication. 2. Débarrasser de ses toxines. *Le bon air nous désintoxiquera.* **II** *SE DÉSINTOXIQUER* **v. pron.** 1. Suivre une cure de désintoxication. 2. Se débarrasser de ses toxines. CONTR. **intoxiquer.**
ÉTYM. de ① *dés-* et *intoxiquer*.

DÉSINVOLTE [dezɛ̃vɔlt] **adj.** ✦ Qui fait montre d'une liberté un peu insolente, d'une légèreté excessive. *Manières désinvoltes.* SYN. ② **cavalier.** *Il est un peu trop désinvolte.* SYN. **sans-gêne.**
ÉTYM. italien *disinvolto*, de l'espagnol *desenvuelto*, proprement «désenveloppé».

DÉSINVOLTURE [dezɛ̃vɔltyʀ] **n. f.** ✦ Attitude, tenue, tournure désinvolte. SYN. **laisser-aller, légèreté ; sans-gêne.**
ÉTYM. italien *disinvoltura* → désinvolte.

DÉSIR [deziʀ] **n. m.** 1. Tendance qui porte à vouloir obtenir un objet connu ou imaginé. SYN. **aspiration, envie.** *Exprimer, formuler un désir.* SYN. **souhait, vœu.** *Vos désirs sont (pour nous) des ordres. Satisfaire les moindres désirs de qqn. Prendre ses désirs pour des réalités*.* ♦ *DÉSIR DE. Un grand désir de changement.* ➝ (+ inf.) *Le désir de plaire, de vivre.* 2. Tendance consciente aux plaisirs sexuels. *Éprouver du désir pour qqn.* CONTR. **dédain, indifférence, mépris.**
ÉTYM. de *désirer*.

DÉSIRABLE [deziʀabl] **adj.** 1. Qui mérite d'être désiré. SYN. **souhaitable.** *Prendre toutes les précautions désirables.* 2. Qui inspire un désir charnel. *Homme, femme désirable.* CONTR. **indésirable, indifférent.**

DÉSIRER [deziʀe] **v. tr.** (conjug. 3a) 1. Tendre consciemment vers (ce que l'on aimerait posséder) ; éprouver le désir de. SYN. **aspirer à, convoiter, souhaiter,** ① **vouloir.** *Désirer ardemment qqch. Si vous le désirez,* si vous voulez. ♦ par courtoisie, dans le commerce *Vous désirez ? Monsieur désire ?* ♦ *DÉSIRER QUE* (+ subj.). *Il désire que vous partiez.* ♦ *DÉSIRER* (+ inf.). *Je désire m'entretenir avec vous.* SYN. ① **vouloir.** 2. *LAISSER À DÉSIRER* : être médiocre, imparfait. *Ce travail laisse à désirer.* 3. *SE FAIRE DÉSIRER* : se montrer peu pressé de satisfaire le désir que les autres ont de nous voir (souvent iron.). Éprouver du désir (2) pour (qqn). *Elle le désire plus qu'elle ne l'aime.* CONTR. **dédaigner, mépriser.**
ÉTYM. latin *desiderare* «regretter l'absence de».

DÉSIREUX, EUSE [deziʀø, øz] **adj.** ✦ *DÉSIREUX DE* (+ inf.), qui veut, a envie de. *Elle est si désireuse de plaire.* CONTR. **dédaigneux.**
ÉTYM. de *désirer*.

DÉSISTEMENT [dezistəmɑ̃] **n. m.** ✦ Action de se désister.

se DÉSISTER [deziste] **v. pron.** (conjug. 3a) ✦ Renoncer à une candidature ; se retirer d'une élection. *Se désister en faveur de qqn.* CONTR. se **maintenir.**
ÉTYM. latin *desistere*, de *sistere* «s'arrêter».

DÉSOBÉIR [dezɔbeiʀ] **v. tr. ind.** (conjug. 13) ✦ *DÉSOBÉIR À* 1. Ne pas obéir à (qqn), en refusant de faire ce qu'il commande ou en faisant ce qu'il défend. *Désobéir à ses parents, à ses chefs.* ➝ absolt *Il a désobéi.* 2. *Désobéir à un ordre, aux ordres, à la loi.* SYN. **contrevenir ; enfreindre, transgresser.** CONTR. **obéir, respecter.**

DÉSOBÉISSANCE [dezɔbeisɑ̃s] **n. f.** ✦ Action de désobéir. SYN. **indiscipline, insoumission, insubordination, rébellion.** CONTR. **obéissance.**

DÉSOBÉISSANT, ANTE [dezɔbeisɑ̃, ɑ̃t] **adj.** ✦ Qui désobéit (se dit surtout des enfants). SYN. **indiscipliné, indocile, insubordonné.** CONTR. **obéissant.**
ÉTYM. du participe présent de *désobéir*.

DÉSOBLIGEANCE [dezɔbliʒɑ̃s] **n. f.** ✦ LITTÉR. Disposition à désobliger (qqn). CONTR. **obligeance.**
ÉTYM. de *désobligeant*.

DÉSOBLIGEANT, ANTE [dezɔbliʒɑ̃, ɑ̃t] **adj.** ✦ Qui désoblige ; peu aimable. SYN. **désagréable.** *Être désobligeant envers qqn. Remarque désobligeante.* CONTR. **aimable, obligeant.**
ÉTYM. du participe présent de *désobliger*.

DÉSOBLIGER [dezɔbliʒe] **v. tr.** (conjug. 5) ✦ LITTÉR. Indisposer (qqn) par des actions ou des paroles qui froissent l'amour-propre. SYN. **froisser, peiner, vexer.** *Vous me désobligeriez beaucoup en refusant.* CONTR. **obliger.**
ÉTYM. de ① *dés-* et *obliger*.

DÉSODORISANT, ANTE [dezɔdɔʀizɑ̃, ɑ̃t] **adj.** ✦ Qui désodorise. ➝ **n. m.** *Désodorisant contre les odeurs domestiques.*

DÉSODORISER [dezɔdɔʀize] **v. tr.** (conjug. 3a) ✦ Débarrasser des mauvaises odeurs au moyen d'une substance chimique, d'un produit parfumé. *Désodoriser une cuisine.*
ÉTYM. de ① *dés-* et du latin *odor* «odeur».

DÉSŒUVRÉ, ÉE [dezœvʀe] **adj.** et **n.** ✦ Qui ne fait rien et ne cherche pas à s'occuper. SYN. **inactif, oisif.** CONTR. ① **actif, occupé.**
ÉTYM. de ① *dés-* et *œuvre*.

DÉSŒUVREMENT [dezœvʀəmɑ̃] **n. m.** ✦ État d'une personne désœuvrée. SYN. **inaction, oisiveté.** *Faire qqch. par désœuvrement,* pour passer le temps. CONTR. **activité, occupation.**

DÉSOLANT, ANTE [dezɔlɑ̃, ɑ̃t] **adj.** 1. LITTÉR. Qui désole. SYN. **affligeant.** *Spectacle désolant.* 2. COUR. Qui contrarie. SYN. **contrariant, ennuyeux.** CONTR. **consolant, réjouissant.**

DÉSOLATION [dezɔlasjɔ̃] **n. f.** 1. État de ce qui est désolé (1). 2. Extrême affliction. SYN. **consternation, détresse.** CONTR. **consolation.**
ÉTYM. bas latin *desolatio*.

DÉSOLER [dezɔle] **v. tr.** (conjug. 3a) 1. LITTÉR. Ruiner, transformer en solitude par des ravages. 2. Causer une affliction extrême à (qqn). SYN. **affliger, attrister, consterner, navrer.** *Cette nouvelle me désole.* ➝ pronom. *Ne vous désolez pas !* CONTR. **réjouir.**
► **DÉSOLÉ, ÉE adj.** 1. Désert et triste. *Un endroit désolé.* 2. Affligé, éploré. *Avoir l'air désolé.* 3. par exagér. *Être désolé* : regretter. *Je suis désolé de vous avoir dérangé.* ➝ ellipt *Désolé, je ne puis vous renseigner,* excusez-moi. CONTR. **riant • joyeux, réjoui • ravi.**
ÉTYM. latin *desolare* «laisser seul *(solus)*».

A B C D E F G H I J K L M N O P Q R S T U V W X Y Z

se DÉSOLIDARISER [desɔlidaʀize] v. pron. (conjug. 3a) ✦ Cesser d'être solidaire. *Se désolidariser de, d'avec qqch., qqn.*
ÉTYM. de ① dé- et *solidariser.*

DÉSOPILANT, ANTE [dezɔpilɑ̃, ɑ̃t] adj. ✦ Qui fait rire de bon cœur. *Histoire désopilante.* SYN. **tordant.** – *Cet acteur est désopilant.* SYN. **hilarant.**
ÉTYM. du participe présent de *désopiler* «déboucher», dans l'expression *désopiler la rate* «faire rire», de l'ancien verbe *opiler* «obstruer», latin *oppilare.*

DÉSORDONNÉ, ÉE [dezɔʀdɔne] adj. 1. Mal réglé, sans ordre. *Des gestes, des mouvements désordonnés.* 2. Qui manque d'ordre, ne range pas ses affaires. 3. LITTÉR. Qui n'est pas conforme à la règle, à la morale. *Vie désordonnée.* SYN. **déréglé, dissolu.** CONTR. **ordonné, rangé** · ① **moral.**
ÉTYM. de ① *dés-* et *ordonné.*

DÉSORDRE [dezɔʀdʀ] n. m. 1. Absence d'ordre. *Quel désordre !* SYN. **fatras, fouillis, pagaille.** – *Mettre qqch. EN DÉSORDRE.* → **bouleverser,** FAM. **chambarder.** *Chambre en désordre.* ♦ fig. *Désordre dans les affaires publiques.* SYN. **désorganisation, gabegie.** 2. Trouble dans un fonctionnement. SYN. **perturbation.** *Désordre hormonal.* 3. LITTÉR. Fait de ne pas respecter les règles, la morale ; conduite déréglée, débauche. 4. Absence d'ordre ou rupture de l'ordre dans un groupe, une communauté. SYN. **anarchie.** *Semer le désordre.* 5. au plur. Troubles qui interrompent la tranquillité publique, l'ordre social. SYN. **agitation, émeute.** *De graves désordres ont éclaté.* CONTR. **ordre, organisation.**

DÉSORGANISATION [dezɔʀganizasjɔ̃] n. f. ✦ Action de désorganiser ; son résultat. SYN. **désordre, déstructuration.** CONTR. **organisation.**

DÉSORGANISER [dezɔʀganize] v. tr. (conjug. 3a) ✦ Détruire l'organisation de. SYN. **déranger, troubler.** – au p. passé *Le parti est désorganisé.* CONTR. **organiser.**

DÉSORIENTER [dezɔʀjɑ̃te] v. tr. (conjug. 3a) 1. Faire perdre la bonne direction à. *Le brouillard nous a désorientés.* 2. Rendre (qqn) hésitant sur ce qu'il faut faire, sur le comportement à avoir. SYN. **déconcerter, embarrasser, troubler.** CONTR. **orienter · guider, rassurer.**
► **DÉSORIENTÉ, ÉE** adj. *Être tout désorienté.* SYN. **déconcerté, embarrassé, perdu.**
ÉTYM. de ① *dés-* et *orienter.*

DÉSORMAIS [dezɔʀmɛ] adv. ✦ À partir du moment actuel. SYN. **à l'avenir, dorénavant.** *Le magasin sera désormais ouvert le dimanche.*
ÉTYM. de *dès, or* «maintenant» et *mais* «plus».

DÉSOSSER [dezɔse] v. tr. (conjug. 3a) ✦ Ôter l'os, les os de. *Désosser un gigot.* – au p. passé *Viande désossée.*
ÉTYM. de ① *dés-* et *os.*

DÉSOXYRIBONUCLÉIQUE [dezɔksiʀibonykleik] adj. ✦ BIOL. *Acide désoxyribonucléique.* → **A. D. N.**
ÉTYM. de *dés-, oxy-* et *ribonucléique.*

DESPÉRADO ou **DESPERADO** [dɛspeʀado] n. m. ✦ Hors-la-loi prêt à tout, qui n'a plus rien à perdre. *Des despérados, des desperados.* – Écrire *despérado* avec accent aigu est permis.
ÉTYM. espagnol *desperado* «désespéré», par l'anglais.

DESPOTE [dɛspɔt] n. m. 1. Souverain qui gouverne avec une autorité arbitraire et absolue. SYN. **tyran ; dictateur.** – *Despote éclairé* (SYN. **despotisme** éclairé). 2. fig. *Cet enfant est un despote.* – adj. *Un mari despote,* despotique.
ÉTYM. grec *despotês* «maître de la maison».

DESPOTIQUE [dɛspɔtik] adj. ✦ Propre au despote. → **tyrannique.** *Souverain despotique.* ♦ *Caractère despotique,* très autoritaire. CONTR. **libéral.**
ÉTYM. grec *despotikos.*

DESPOTISME [dɛspɔtism] n. m. 1. Pouvoir absolu du despote. – Dictature, tyrannie. ♦ HIST. *Despotisme éclairé :* doctrine politique des philosophes du XVIIIe siècle, selon laquelle le souverain doit gouverner selon les lumières de la raison. 2. fig. LITTÉR. Autorité tyrannique.

DESQUAMATION [dɛskwamasjɔ̃] n. f. ✦ Élimination des couches superficielles de l'épiderme sous forme de petites lamelles (squames).
ÉTYM. du latin *desquamare* → desquamer.

se DESQUAMER [dɛskwame] v. pron. (conjug. 3a) ✦ Se détacher par petites lamelles. *La peau se desquame après la scarlatine.* SYN. **peler.**
ÉTYM. latin *desquamare,* de *squama* «écaille, pellicule».

DESQUELS, DESQUELLES [dekɛl] → **LEQUEL**

DESSAISIR [desezir] v. tr. (conjug. 13) ✦ Enlever à (qqn) son bien, ses responsabilités. – DR. *Dessaisir un tribunal d'une affaire.* ♦ *SE DESSAISIR* v. pron. *Se dessaisir de :* se déposséder volontairement de. SYN. se **défaire** de. *Je ne veux pas me dessaisir de ce papier, je ne veux pas m'en dessaisir.*
ÉTYM. de ① *des-* et *saisir.*

DESSAISISSEMENT [desezismɑ̃] n. m. ✦ DR. Action de (se) dessaisir.

DESSALER [desale] v. (conjug. 3a) **I** v. tr. 1. Rendre moins salé ou faire cesser d'être salé. *Dessaler de la morue en la faisant tremper. Dessaler l'eau de mer* (→ **désalinisation**). – intrans. *Mettre des harengs à dessaler.* 2. fig. FAM. Rendre moins niais, plus déluré. SYN. **déniaiser.** – pronom. *Il commence à se dessaler.* **II** v. intr. FAM. Se renverser, chavirer (bateau). CONTR. **saler.**

DESSAOULER → **DESSOÛLER**

DESSÈCHEMENT [desɛʃmɑ̃] n. m. ✦ Action de dessécher ; son résultat. SYN. **déshydratation, dessiccation.** CONTR. **humidification, hydratation.**

DESSÉCHER [deseʃe] v. tr. (conjug. 8) 1. Rendre sec (ce qui contient naturellement de l'eau). SYN. **sécher.** *Vent qui dessèche la végétation. Le froid dessèche les lèvres.* – pronom. *La peau se dessèche au soleil.* 2. Rendre maigre. *La maladie l'a desséché.* – au p. passé *Vieillard desséché.* SYN. **décharné.** 3. Rendre insensible, faire perdre à (qqn) la faculté de s'émouvoir. SYN. **endurcir.** *Dessécher le cœur.* CONTR. **humidifier, hydrater, mouiller · attendrir, émouvoir.**
► **DESSÉCHANT, ANTE** [deseʃɑ̃, ɑ̃t] adj. *Vent desséchant.*
ÉTYM. de ② *des-* et *sécher.*

DESSEIN [desɛ̃] n. m. ✦ LITTÉR. 1. Idée que l'on forme d'exécuter qqch. SYN. **but, intention, projet.** *De grands desseins.* – *Former le dessein de* (+ inf.). ♦ *DANS LE DESSEIN DE :* dans l'intention de, en vue de. *Il l'a fait dans*

le dessein de nuire. 2. **loc. adv.** *À DESSEIN* : intentionnellement, délibérément. SYN. ② **exprès.** *Il l'a fait à dessein. C'est à dessein que je n'ai rien dit.* HOM. DESSIN «croquis»
ÉTYM. de *desseigner* «former le projet de», infl. par l'italien *disegnare*, latin *designare* ; même orig. que *dessin*.

DESSELLER [desele] **v. tr.** (conjug. 3a) ✦ Ôter la selle de. *Desseller un cheval.* CONTR. **seller.** HOM. DESCELLER «détacher»

DESSERRER [desere] **v. tr.** (conjug. 3a) 1. Relâcher (ce qui était serré). SYN. **défaire.** *Desserrer sa ceinture d'un cran. Desserrer une vis* (→ **dévisser**). ➖ *Desserrer son étreinte.* ➖ **pronom.** *L'écrou s'est desserré.* 2. *Desserrer les dents* : ouvrir la bouche. ➖ **loc.** *Ne pas desserrer les dents* : ne rien dire. CONTR. **resserrer, serrer.**

DESSERT [desɛʀ] **n. m.** ✦ Mets sucré, fruits, pâtisserie servis après le fromage (en France). *Enfant privé de dessert.* ◆ Moment du dessert. *Ils en sont au dessert.*
ÉTYM. de ② *desservir.*

① **DESSERTE** [desɛʀt] **n. f.** ✦ Fait de desservir (1, 2) une localité. *Un service de cars assure la desserte du village.*
ÉTYM. de ① *desservir.*

② **DESSERTE** [desɛʀt] **n. f.** ✦ Meuble où l'on pose les plats, les couverts qui ont été desservis.
ÉTYM. de ② *desservir.*

DESSERVANT [desɛʀvɑ̃] **n. m.** ✦ Ecclésiastique qui desservait une cure, une chapelle, une paroisse (→ **curé**).
ÉTYM. du participe présent de ① *desservir.*

① **DESSERVIR** [desɛʀviʀ] **v. tr.** (conjug. 21) 1. Assurer le service religieux de (une cure, une chapelle, une paroisse). 2. Faire le service de (un lieu). *Le train ne dessert plus ce village.* SYN. **passer** par ; → ① **desserte.** ➖ **au p. passé** *Quartier mal desservi.* 3. Donner dans, faire communiquer. *Couloir qui dessert plusieurs pièces.*
ÉTYM. latin *deservire*, de *servire* «servir».

② **DESSERVIR** [desɛʀviʀ] **v. tr.** (conjug. 21) **I** Débarrasser (une table) après un repas. *Desservir la table.* ➖ **absolt** *Veuillez desservir.* **II** Rendre un mauvais service à (qqn). → **nuire.** *Desservir qqn auprès de ses amis.* ➖ Faire mal juger. *Son air bourru l'a desservi.* ➖ Faire obstacle à. *Cela desservirait nos projets.* SYN. **contrecarrer, gêner.** CONTR. **servir • appuyer, soutenir.**
ÉTYM. de ② *des-* et *servir.*

DESSICCATION [desikasjɔ̃] **n. f.** ✦ Élimination de l'humidité d'un corps. SYN. **déshydratation.** *Dessiccation du lait* (lait en poudre).
ÉTYM. bas latin *desiccatio*, famille de *siccus* «sec».

DESSILLER ou **DÉCILLER** [desije] **v. tr.** (conjug. 3a) ✦ *Dessiller les yeux de, à qqn,* lui ouvrir les yeux, l'amener à voir, à connaître ce qu'il ignorait ou voulait ignorer. ➖ Écrire *déciller* avec in *c* comme dans *cil*, mot de la même famille, est permis.
ÉTYM. de ① *des-* et *ciller.*

DESSIN [desɛ̃] **n. m.** 1. Représentation ou suggestion des objets sur une surface, à l'aide de moyens graphiques. *Faire un dessin. Dessin rapide.* → **croquis, ébauche.** *Dessin humoristique.* ➖ **loc. FAM.** *Faire un dessin à qqn,* faire comprendre à force d'explications. ◆ *DESSIN ANIMÉ* : film composé d'une suite de dessins (film d'animation*). 2. L'art, la technique du dessin. *Atelier de dessin. Table à dessin.* 3. Représentation linéaire précise des objets dans un but scientifique, industriel. *Dessin industriel.* SYN. **épure.** 4. Aspect linéaire et décoratif des formes naturelles. SYN. **contour, ligne.** *Le dessin d'un visage.* HOM. DESSEIN «projet»
ÉTYM. de *dessiner* ; même origine que *dessein.*

DESSINATEUR, TRICE [desinatœʀ, tʀis] **n.** ✦ Personne qui pratique l'art du dessin ; personne qui fait métier de dessiner. *Dessinateur humoristique.* → **caricaturiste.** ➖ *Dessinateur de meubles.* → **anglicisme designer.**
ÉTYM. de *dessiner*, infl. par l'italien *disegnatore.*

DESSINER [desine] **v. tr.** (conjug. 3a) 1. Représenter ou suggérer par le dessin. *Dessiner qqch. sur le vif.* → **croquer.** ➖ **absolt** *Dessiner au crayon, à la plume. Bien, mal dessiner.* 2. **(sujet chose)** Faire ressortir les contours, le dessin de. *Vêtement qui dessine les formes du corps.* ➖ Former (un dessin). *La côte dessine une suite de courbes.* 3. *SE DESSINER* **v. pron.** Paraître avec un contour net. *Arbre qui se dessine sur le ciel. Un sourire se dessina sur ses lèvres.* ➖ **fig.** Prendre forme, se préciser. *Son projet commence à se dessiner.*
► **DESSINÉ, ÉE adj.** 1. Représenté par le dessin. ➖ *Bien dessiné* : dont la forme est nette et harmonieuse. *Bouche bien dessinée.* 2. **loc.** *BANDE DESSINÉE.* → ① **bande.**
ÉTYM. italien *disegnare* «tracer les contours de qqch.», latin *designare.*

DESSOUDER [desude] **v. tr.** (conjug. 3a) ✦ Ôter la soudure de. ➖ **pronom.** *Les tuyaux se sont dessoudés.* CONTR. **souder.**
ÉTYM. de ① *des-* et *souder.*

DESSOÛLER [desule] **v.** (conjug. 3a) ✦ **FAM.** 1. **v. tr.** Tirer (qqn) de l'ivresse. SYN. **dégriser.** *Le grand air l'a dessoûlé.* 2. **v. intr.** Cesser d'être soûl. *Ne pas dessoûler* : être toujours ivre. ➖ On écrit aussi *dessaouler.* CONTR. **griser, soûler.**
ÉTYM. de ① *des-* et *soûler.*

① **DESSOUS** [d(ə)su] **adv.** ✦ Indique la position d'une chose sous une autre (opposé à *dessus*). **I** 1. À la face inférieure, dans la partie inférieure. *Le prix du vase est marqué dessous.* 2. **loc.** *PAR-DESSOUS. Baissez-vous et passez par-dessous.* ◆ *EN DESSOUS* : contre la face inférieure. *Soulevez ce livre, la lettre est en dessous.* ➖ **fig.** *Rire en dessous,* en dissimulant son rire. → sous **cape.** *Regarder en dessous,* sournoisement. *Agir en dessous,* hypocritement. ◆ *CI-DESSOUS* : sous ce qu'on vient d'écrire, plus bas. → **infra.** ◆ *LÀ-DESSOUS* : sous cet objet, cette chose. *Le chat s'est caché là-dessous.* ➖ **fig.** *Il y a qqch. là-dessous* : cela cache, dissimule qqch. **II** *PAR-DESSOUS* **loc. prép.** → **sous.** *Passer par-dessous la clôture.* ➖ *DE DESSOUS. Il a tiré un livre de dessous la pile.* CONTR. ① **dessus.**
ÉTYM. bas latin *desubtus*, de *subtus* «sous».

② **DESSOUS** [d(ə)su] **n. m.** ✦ (opposé à *dessus*) 1. Face inférieure (de qqch.) ; ce qui est sous, ou plus bas que qqch. *Le dessous des pieds* (→ ② **plante**), *des bras* (→ **aisselle**). *L'étage du dessous.* → **inférieur.** *Les voisins du dessous.* ➖ *Vêtements de dessous* : sous-vêtements. 2. *DESSOUS-DE-...,* nom de certains objets qui se placent sous qqch. (pour isoler, protéger). *Un, des dessous-de-bouteille. Un, des dessous-de-plat* (voir ce mot). 3. Ce qui est caché. *Les dessous de la politique.* SYN. ② **secret.** 4. **au plur.** Vêtements de dessous féminins. *Des dessous de dentelle.* 5. **loc.** *Être dans le trente-sixième*

A B C D E F G H I J K L M N O P Q R S T U V W X Y Z

dessous, dans une très mauvaise situation ; très déprimé. ➝ *Avoir le dessous,* être dans un état d'infériorité (lutte, discussion). 6. *AU-DESSOUS* **loc. adv.** : en bas. *Il n'y a personne au-dessous.* ➝ Moins. *On en trouve à cent euros et au-dessous.* ♦ *AU-DESSOUS DE* **loc. prép.** : plus bas que. → **sous.** *Jupe au-dessous du genou. Cinq degrés au-dessous de zéro.* → **moins.** ➝ fig. Inférieur à. *Être au-dessous de sa tâche,* n'être pas capable de l'assumer. *Être au-dessous de tout,* n'être capable de rien, n'avoir aucune valeur (personne, œuvre). → **nul.**
CONTR. ② **dessus · avantage, supériorité.**
ÉTYM. de ① *dessous.*

DESSOUS-DE-PLAT [d(ə)sud(ə)pla] **n. m. invar.** ✦ Support sur lequel on pose les plats pour protéger la surface sur laquelle on les place.

DESSOUS-DE-TABLE [d(ə)sud(ə)tabl] **n. m. invar.** ✦ Somme d'argent versée secrètement, illégalement, lors d'une transaction. SYN. **pot-de-vin.**

① **DESSUS** [d(ə)sy] **adv.** ✦ Mot indiquant la position d'une chose sur une autre (opposé à *dessous*). **I** À la face supérieure (opposé à *dessous*), extérieure (opposé à *dedans*). *Prenez l'enveloppe, l'adresse est dessus. Il y a un banc, asseyez-vous dessus.* ♦ (idée de contact) *Relever sa robe pour ne pas marcher dessus.* FAM. *Sauter, taper, tirer, tomber dessus.* ➝ fig. Tout contre. *Vous avez le nez dessus. Mettre le doigt dessus :* deviner. *Mettre la main dessus.* → **saisir ; trouver.** ♦ *PAR-DESSUS. Sauter par-dessus.* ♦ *CI-DESSUS :* au-dessus de ce qu'on vient d'écrire, plus haut. → **supra.** ♦ *LÀ-DESSUS :* sur cela. *Écrivez là-dessus.* ➝ fig. Sur ce sujet. *Rien à dire là-dessus.* ➝ Alors, sur ce. *Là-dessus, il nous quitta.* **II** *PAR-DESSUS* **loc. prép.** *Sauter par-dessus le mur.* ➝ fig. *PAR-DESSUS TOUT :* principalement. → ① **surtout.** *Je vous recommande par-dessus tout d'être prudent.* ➝ loc. FAM. *En avoir par-dessus la tête de* (qqch., qqn) : en avoir assez de. ➝ *Par-dessus le marché :* en plus. CONTR. ① **dessous.**
HOM. (de *par-dessus*) PARDESSUS « manteau »
ÉTYM. latin *desursum,* de *sursum* « en haut ».

② **DESSUS** [d(ə)sy] **n. m.** 1. Face, partie supérieure (de qqch.). *Le dessus de la main. L'étage du dessus ; les voisins du dessus.* → d'en **haut.** ➝ loc. *Le dessus du panier :* ce qu'il y a de mieux. 2. *DESSUS-DE-...,* nom de certains objets qui se placent sur qqch. (pour protéger, garnir). *DESSUS-DE-LIT* (voir ce mot). 3. fig. *Avoir le dessus.* SYN. **avantage, supériorité.** *Avoir le dessus dans un combat, une discussion.* ➝ *Prendre, reprendre le dessus :* réagir, surmonter un état pénible physique ou moral. 4. *AU-DESSUS* **loc. adv.** : en haut, supérieur. *Les chambres sont au-dessus. Donnez-moi la taille au-dessus.* ➝ fig. *Il n'y a rien au-dessus,* de mieux. ♦ *AU-DESSUS DE* **loc. prép.** : plus haut que. *Accrocher un tableau au-dessus du lit.* ♦ fig. Supérieur. *Être au-dessus de* (qqch.), *dominer une situation ; mépriser. Être au-dessus de tout soupçon. Il est au-dessus de cela :* cela ne l'atteint pas. CONTR. ② **dessous · désavantage, infériorité.**
ÉTYM. de ① *dessus.*

DESSUS-DE-LIT [d(ə)syd(ə)li] **n. m. invar.** ✦ Grand morceau d'étoffe qu'on étend sur un lit pour recouvrir la literie. SYN. **couvre-lit,** ① **jeté** (de lit). *Des dessus-de-lit en coton.*

DÉSTABILISER [destabilize] **v. tr.** (conjug. 3a) 1. Rendre moins stable (un pays, une politique, une situation). 2. Rendre instable sur le plan psychique (qqn).
► **DÉSTABILISANT, ANTE** [destabilizɑ̃, ɑ̃t] **adj.**
► **DÉSTABILISATION** [destabilizasjɔ̃] **n. f.**
ÉTYM. de ① *dé-* et *stabiliser.*

DÉSTALINISATION [destalinizasjɔ̃] **n. f.** ✦ HIST. Rejet des méthodes autoritaires propres à Staline et du culte de la personnalité.
ÉTYM. de *dé-* et *Staline.* ☛ noms propres.

DESTIN [dɛstɛ̃] **n. m.** 1. Puissance qui, selon certaines croyances, fixerait de façon irrévocable le cours des évènements. SYN. **destinée, fatalité.** 2. Ensemble des évènements qui composent la vie d'un être humain (souvent considérés comme résultant de causes distinctes de sa volonté). SYN. **destinée, sort.** *Il a eu un destin tragique.* 3. Ce qu'il adviendra (de qqch.). SYN. **avenir.** *Le destin d'une civilisation.*
ÉTYM. de *destiner.*

DESTINATAIRE [dɛstinatɛʀ] **n.** 1. Personne à qui s'adresse un envoi, un message. *L'expéditeur et le destinataire d'une lettre. L'émetteur et le destinataire d'un discours.* SYN. ① **récepteur.** 2. Dans un récit, Personnage (→ **actant**) qui tire profit de l'action du héros.
ÉTYM. de *destiner.*

DESTINATEUR [dɛstinatœʀ] **n. m.** ✦ Dans un récit, Personnage (→ **actant**) qui pousse le héros à agir.
ÉTYM. de *destiner.*

DESTINATION [dɛstinasjɔ̃] **n. f.** 1. Ce pour quoi une chose est faite, ce à quoi elle est destinée. *Cet appareil n'a pas d'autre destination.* SYN. **usage, utilisation.** 2. Lieu où l'on doit se rendre ; lieu où une chose est adressée. SYN. **but.** *Partir pour une destination lointaine. Destination inconnue.* ➝ *À DESTINATION. Arriver à destination. Avion à destination de Montréal.* CONTR. **provenance.**
ÉTYM. latin *destinatio.*

DESTINÉE [dɛstine] **n. f.** 1. Destin (1), fatalité. 2. Destin particulier d'un être. *Tenir entre ses mains la destinée de qqn.* ♦ Avenir, sort (de qqch.). *La destinée réservée à cette œuvre.* 3. LITTÉR. Vie, existence. *Finir sa destinée :* mourir. *Unir sa destinée à qqn,* l'épouser.
ÉTYM. du participe passé de *destiner.*

DESTINER [dɛstine] **v. tr.** (conjug. 3a) ✦ *DESTINER À* 1. Fixer d'avance (pour être donné à qqn). SYN. **assigner, attribuer, réserver.** *Je vous destine ce poste.* ➝ passif *Cette remarque vous était destinée,* vous concernait. 2. Fixer d'avance (qqch.) pour être employé à un usage. SYN. ② **affecter.** *Je destine cette somme à l'achat d'une moto.* ➝ au p. passé *Édifice destiné au culte.* 3. Préparer (qqn) à un emploi, une occupation. *Son père le destine à la magistrature.* ➝ pronom. *Il se destine à la diplomatie.*
ÉTYM. latin *destinare.*

DESTITUER [dɛstitɥe] **v. tr.** (conjug. 3a) ✦ Priver qqn de sa charge, de sa fonction, de son emploi. SYN. ② **démettre, limoger, renvoyer, révoquer.** *Destituer un officier, un magistrat, un souverain.* CONTR. **nommer.**
ÉTYM. latin *destituere* « placer isolément ; abandonner ».

DESTITUTION [dɛstitysjɔ̃] **n. f.** ✦ Révocation disciplinaire ou pénale. SYN. **renvoi.** *La destitution d'un officier.* CONTR. **nomination.**
ÉTYM. latin *destitutio.*

DESTRIER [dɛstʀije] n. m. ✦ Cheval de bataille, au Moyen Âge (opposé à *palefroi*).
ÉTYM. de l'ancien français *destre* «main droite».

DESTROYER [dɛstʀwaje ; dɛstʀɔjœʀ] n. m. ✦ MAR. Bâtiment de guerre de moyen tonnage.
ÉTYM. mot anglais, de *to destroy* «détruire», du français.

DESTRUCTEUR, TRICE [dɛstʀyktœʀ, tʀis] n. et adj. 1. n. Personne qui détruit. 2. adj. Qui détruit. *Guerre destructrice.* SYN. **dévastateur, meurtrier.** ➖ fig. *Idée destructrice.* SYN. **subversif.** CONTR. **constructeur, créateur.**
ÉTYM. bas latin *destructor.*

DESTRUCTIBLE [dɛstʀyktibl] adj. ✦ Qui peut être détruit. CONTR. **indestructible.**
ÉTYM. latin savant *destructibilis.*

DESTRUCTIF, IVE [dɛstʀyktif, iv] adj. ✦ Qui a le pouvoir de détruire. SYN. **destructeur.** *Le pouvoir destructif d'un explosif.*
ÉTYM. latin tardif *destructivus.*

DESTRUCTION [dɛstʀyksjɔ̃] n. f. ✦ Action de détruire. 1. Action de jeter bas, de faire disparaître (une construction). *La destruction d'une ville par un incendie.* SYN. **dévastation.** 2. Action d'altérer profondément (une substance). *La destruction des tissus organiques.* 3. Action de tuer (des êtres vivants). *Destruction d'un peuple.* SYN. **extermination, génocide, massacre.** ◆ *Destruction des rats.* 4. Action de faire disparaître en démolissant, en mettant au rebut, etc. *Destruction de papiers compromettants.* 5. Fait de se dégrader jusqu'à disparaître. *La destruction d'un empire.* SYN. **effondrement.** CONTR. **construction, création, édification.**
ÉTYM. latin *destructio.*

DÉSTRUCTURER [destʀyktyʀe] v. tr. (conjug. 3a) ✦ DIDACT. Faire perdre sa structure de. ◆ *SE DÉSTRUCTURER* v. pron. Perdre sa structure.
► **DÉSTRUCTURATION** [destʀyktyʀasjɔ̃] n. f. DIDACT. *Déstructuration de la personnalité.*

DÉSUET, ÈTE [dezɥɛ ; desɥɛ, ɛt] adj. ✦ Archaïque, sorti des habitudes, du goût moderne. SYN. **démodé, suranné.** *Un charme désuet.* SYN. **vieillot.** CONTR. **moderne.**
ÉTYM. latin *desuetus* «dont on a perdu l'habitude».

DÉSUÉTUDE [dezɥetyd ; desɥetyd] n. f. ✦ *TOMBER EN DÉSUÉTUDE* : être abandonné, n'être plus en usage. *Cette expression est tombée en désuétude.*
ÉTYM. latin *desuetudo* «perte d'une habitude», famille de *suescere* «s'accoutumer».

DÉSUNION [dezynjɔ̃] n. f. ✦ Désaccord entre personnes qui devraient être unies. SYN. **mésentente.** CONTR. **union.**
ÉTYM. de ① *dés-* et *union.*

DÉSUNIR [dezyniʀ] v. tr. (conjug. 13) 1. Séparer (des choses, des personnes unies). 2. Jeter le désaccord entre. *Désunir les membres d'une famille.* SYN. **brouiller.** CONTR. **unir.**
► **DÉSUNI, IE** adj. Séparé par un désaccord. *Famille désunie. Couple désuni.*
ÉTYM. de ① *dés-* et *unir.*

DÉTACHAGE [detaʃaʒ] n. m. ✦ Action d'enlever les taches. SYN. **nettoyage.**
ÉTYM. de ② *détacher.*

DÉTACHANT [detaʃɑ̃] n. m. ✦ Produit qui enlève les taches.
ÉTYM. du participe présent de ② *détacher.*

DÉTACHÉ, ÉE [detaʃe] adj. 1. Qui n'est plus attaché. ➖ Séparé d'un tout. *PIÈCES DÉTACHÉES*, servant au remplacement des pièces usagées d'un mécanisme. ◆ MUS. *Notes détachées*, non liées les unes aux autres. 2. Froid, insensible, indifférent (→ **détachement**, I, 1). *Un ton, un air détaché.* 3. *Fonctionnaire détaché*, affecté à d'autres fonctions que les siennes. CONTR. **attaché, lié.**

DÉTACHEMENT [detaʃmɑ̃] n. m. **I** 1. État d'une personne détachée (2). SYN. **désintérêt, indifférence, insensibilité.** *Répondre avec détachement, en affectant le détachement.* SYN. **désinvolture, insouciance.** ◆ VIEILLI OU LITTÉR. *Son détachement des biens matériels.* 2. Situation d'un fonctionnaire, d'un militaire provisoirement affecté à d'autres fonctions. *Être en détachement.* **II** Petit groupe de soldats détachés du gros de la troupe pour un service spécial. *Commander un détachement.* CONTR. **attachement.**
ÉTYM. de ② *détacher.*

① **DÉTACHER** [detaʃe] v. tr. (conjug. 3a) **I** 1. Dégager (qqn, qqch.) qui était attaché. *Détacher un chien. Détacher sa ceinture.* SYN. **défaire, dégrafer.** 2. Éloigner (qqn, qqch.) de ce avec quoi il était en contact. *Détacher les bras du corps.* SYN. ① **écarter.** 3. Enlever (un élément) d'un ensemble. *Détacher un wagon d'un convoi. Détacher un timbre suivant le pointillé.* 4. loc. *Ne pouvoir détacher ses regards, sa pensée, son attention de...* SYN. **détourner.** 5. Faire partir (qqn) loin d'autres personnes pour faire qqch. *Détacher qqn au-devant d'un hôte.* SYN. **dépêcher, envoyer.** ◆ Affecter provisoirement à un autre service (→ **détachement**, I, 2). 6. Ne pas lier. *Détacher nettement les syllabes.* → **articuler.** **II** *SE DÉTACHER* v. pron. 1. (concret) Cesser d'être attaché. *Le chien s'est détaché.* ◆ Se séparer. *Fruits qui se détachent de l'arbre. Coureur qui se détache du peloton* (en allant plus vite). 2. Apparaître nettement comme en sortant d'un fond. SYN. se **découper**, ① **ressortir.** *Titre qui se détache en grosses lettres.* 3. Ne plus être attaché par le sentiment, l'intelligence, à. *Ils se détachent l'un de l'autre*, ils s'aiment de moins en moins. *Se détacher des plaisirs*, y renoncer. SYN. se **désintéresser.** CONTR. **attacher, fixer, lier.**
ÉTYM. de ① *dé-* et *attacher.*

② **DÉTACHER** [detaʃe] v. tr. (conjug. 3a) ✦ Débarrasser des taches. SYN. **dégraisser, nettoyer.** *Donner au teinturier un costume à détacher.* CONTR. **tacher.**
ÉTYM. de ① *dé-* et *tache.*

DÉTACHEUR [detaʃœʀ] n. m. ✦ Substance qui nettoie, détache. ➖ appos. *Flacon détacheur*, contenant un détachant. *Des stylos détacheurs.*
ÉTYM. de ② *détacher.*

DÉTAIL, AILS [detaj] n. m. 1. *LE DÉTAIL* : fait de livrer, de vendre ou d'acheter des marchandises par petites quantités (opposé à *gros, demi-gros*). *Commerce de détail* (→ **détaillant**). *Vente au détail.* 2. *LE DÉTAIL DE...*, action de considérer un ensemble dans ses éléments, un évènement dans ses particularités. *Faire le détail d'un inventaire, d'un compte.* ➖ Les éléments. *Se perdre dans le détail. Sans entrer dans le détail.* ➖ *EN DÉTAIL* loc. adv. : dans toutes ses parties, sans rien oublier. *Racontez-nous cela en détail.* 3. *UN, DES DÉTAILS*, élé-

A B C D E F G H I J K L M N O P Q R S T U V W X Y Z

ment non essentiel d'un ensemble ; circonstance particulière. *Donnez-moi des détails sur leur rencontre. Soigner les détails* (dans une œuvre). → **fignoler.** ▬ *C'est un détail,* une chose sans importance.
ÉTYM. de *détailler.*

DÉTAILLANT, ANTE [detajɑ̃, ɑ̃t] **n.** ✦ Vendeur au détail. *Le grossiste approvisionne le détaillant.*
ÉTYM. du participe présent de *détailler.*

DÉTAILLER [detaje] **v. tr.** (conjug. 3a) **1.** Vendre (une marchandise) par petites quantités, au détail. *Nous ne détaillons pas ce produit.* **2.** LITTÉR. Considérer, exposer (qqch.) avec toutes ses particularités. *L'histoire est trop longue à détailler.*
► **DÉTAILLÉ, ÉE adj.** Qui contient beaucoup de détails. *Récit détaillé.* CONTR. **schématique, sommaire.**
ÉTYM. de ② *dé-* et *tailler.*

DÉTALER [detale] **v. intr.** (conjug. 3a) ✦ FAM. S'en aller au plus vite. SYN. **décamper, déguerpir, s'enfuir.**
ÉTYM. de ① *dé-* et *étal.*

DÉTARTRAGE [detaʀtʀaʒ] **n. m.** ✦ Élimination du tartre (d'un radiateur, d'un conduit). ◆ Action de détartrer les dents. CONTR. **entartrage.**
ÉTYM. de *détartrer.*

DÉTARTRANT [detaʀtʀɑ̃] **n. m.** ✦ Produit empêchant ou diminuant la formation de tartre dans les conduits.
ÉTYM. du participe présent de *détartrer.*

DÉTARTRER [detaʀtʀe] **v. tr.** (conjug. 3a) ✦ Débarrasser du tartre. *Détartrer une chaudière.* ◆ *Se faire détartrer les dents par le dentiste.* CONTR. **entartrer.**
ÉTYM. de ① *dé-* et *tartre.*

DÉTAXATION [detaksasjɔ̃] **n. f.** ✦ Action de détaxer ; son résultat. ◆ Déduction appliquée au revenu imposable. CONTR. **taxation.**

DÉTAXE [detaks] **n. f.** ✦ Réduction ou suppression de taxes. *Détaxe à l'exportation.*
ÉTYM. de *détaxer.*

DÉTAXER [detakse] **v. tr.** (conjug. 3a) ✦ Réduire ou supprimer la taxe sur. ▬ **au p. passé** *Vente de produits détaxés dans un aéroport.* CONTR. **taxer.**
ÉTYM. de ① *dé-* et *taxer.*

DÉTECTER [detɛkte] **v. tr.** (conjug. 3a) ✦ Déceler l'existence de (un objet, un phénomène caché). *Détecter une fuite de gaz.*
ÉTYM. anglais *to detect* «découvrir», du latin *detectus* «découvert».

DÉTECTEUR, TRICE [detɛktœʀ, tʀis] **n. m. et adj. 1. n. m.** Appareil servant à détecter. *Détecteur de mines, d'incendie.* **2. adj.** *Lampe détectrice.*
ÉTYM. anglais *detector.*

DÉTECTION [detɛksjɔ̃] **n. f.** ✦ Action de détecter. *Détection électromagnétique par radar.*
ÉTYM. anglais *detection.*

DÉTECTIVE [detɛktiv] **n. 1. en Grande-Bretagne** Policier chargé des enquêtes, des investigations. **2.** *DÉTECTIVE (PRIVÉ)* : personne chargée d'enquêtes policières privées. SYN. **privé.**
ÉTYM. anglais *detective,* de *to detect* «découvrir».

DÉTEINDRE [detɛ̃dʀ] **v.** (conjug. 48b) **1. v. tr.** Faire perdre sa couleur, sa teinture à. ▬ **au p. passé** *Étoffe déteinte.* **2. v. intr.** Perdre sa couleur. SYN. **se décolorer.** *Pull qui déteint au lavage.* ◆ *DÉTEINDRE SUR. Le foulard a déteint sur le linge.* ▬ **fig.** Avoir de l'influence sur. SYN. **influencer, marquer.** *Elle a déteint sur lui.*
ÉTYM. de ① *dé-* et *teindre.*

DÉTELER [det(ə)le] **v.** (conjug. 6a) **1. v. tr.** Détacher (une bête attelée ou l'attelage). *Le cocher dételle son cheval.* **2. v. intr. fig.** Cesser de faire qqch. *Sans dételer :* sans s'arrêter. CONTR. **atteler.**
ÉTYM. de ① *dé-* et *atteler.*

DÉTENDRE [detɑ̃dʀ] **v. tr.** (conjug. 44) **I 1.** Relâcher (ce qui était tendu, contracté). *Détendre la jambe.* **2. fig.** Faire cesser l'état de tension de (qqn, qqch.). *Ce bain m'a détendu.* SYN. **délasser.** *Ses plaisanteries ont détendu l'atmosphère.* **II** *SE DÉTENDRE* **v. pron. 1.** *Ressort qui se détend.* **2. fig.** Se laisser aller, se décontracter. *Cet enfant a besoin de se détendre.* ▬ *La situation s'est détendue.* CONTR. ② **contracter, raidir,** ① **tendre.**
► **DÉTENDU, UE adj. 1.** *Ressort détendu.* **2. fig.** *Visage détendu.* ▬ *Climat détendu.* CONTR. **tendu • contracté, crispé ; agressif.**
ÉTYM. latin *detendere.*

DÉTENIR [det(ə)niʀ] **v. tr.** (conjug. 16) **1.** Garder, tenir en sa possession. SYN. **posséder ;** → **détenteur.** *Détenir un objet volé.* SYN. **receler.** ▬ **fig.** *Détenir un secret. Détenir le pouvoir. Détenir le record du monde.* **2.** Garder, retenir (qqn) en captivité (→ **détention ; détenu**). *Détenir des otages.* CONTR. **délivrer, libérer.**
ÉTYM. latin *detinere,* d'après *tenir.*

DÉTENTE [detɑ̃t] **n. f. 1.** Relâchement de ce qui est tendu. *La détente d'un ressort.* ◆ SPORTS Capacité pour un athlète d'effectuer un mouvement rapide, puissant (au saut, au lancer, etc.). *Il a une belle détente.* **2. (armes à feu)** Pièce qui sert à faire partir le coup. *Appuyer sur la détente.* ▬ **loc.** FAM. *ÊTRE DUR À LA DÉTENTE,* avare ; difficile à décider, à persuader ; lent à comprendre, à réagir. **3.** Expansion d'un fluide. *Le froid provoqué par la détente de l'air.* **4. fig.** Relâchement d'une tension intellectuelle, morale, nerveuse ; état agréable qui en résulte. *Se ménager des moments de détente.* SYN. **délassement, répit, repos.** ◆ Diminution de la tension internationale. *Politique de détente.* CONTR. **contraction, crispation, tension • compression.**
ÉTYM. de *détendre.*

DÉTENTEUR, TRICE [detɑ̃tœʀ, tʀis] **n.** ✦ Personne qui détient qqch. *Le détenteur d'un objet volé.* SYN. **receleur.** *Le détenteur, la détentrice d'un titre* (SYN. **tenant**), *d'un record.*
ÉTYM. bas latin *detentor.*

DÉTENTION [detɑ̃sjɔ̃] **n. f. 1.** Le fait de détenir, d'avoir à sa disposition (qqch.). *Détention d'armes.* **2.** Action de détenir qqn ; état d'une personne détenue. SYN. **captivité, emprisonnement.** *Être en détention* (→ **détenu**). *Détention arbitraire.* CONTR. **délivrance, libération.**
ÉTYM. bas latin *detentio.*

DÉTENU, UE [det(ə)ny] **adj. et n.** ✦ Qui est maintenu en captivité. ▬ **n.** *Des détenus.* SYN. **prisonnier.** *Détenu politique ; de droit commun.*
ÉTYM. du participe passé de *détenir.*

DÉTERGENT, ENTE [detɛʀʒɑ̃, ɑ̃t] adj. ✦ Qui nettoie en entraînant par dissolution les impuretés. SYN. **détersif.** ➜ n. m. *Un détergent.*
ÉTYM. du participe présent de *déterger.*

DÉTERGER [detɛʀʒe] v. tr. (conjug. 5) ✦ TECHN. Nettoyer avec un détergent.
ÉTYM. latin *detergere.*

DÉTÉRIORATION [deteʀjɔʀasjɔ̃] n. f. ✦ Action de (se) détériorer ; son résultat. *Détérioration volontaire.* SYN. **sabotage, vandalisme.** ➜ fig. *La détérioration des conditions de vie.* CONTR. **amélioration.**
ÉTYM. bas latin *deterioratio.*

DÉTÉRIORER [deteʀjɔʀe] v. tr. (conjug. 3a) **I** 1. Mettre (une chose) en mauvais état, de sorte qu'elle ne puisse plus servir. SYN. **abîmer, casser,** ① **dégrader, endommager.** *Détériorer un appareil, une machine. L'humidité détériore les fresques.* ➜ au p. passé *Matériel détérioré.* 2. fig. *Détériorer sa santé par des excès.* SYN. **compromettre, détruire, nuire à.** **II** *SE DÉTÉRIORER* v. pron. 1. S'altérer. 2. fig. Dégénérer, se dégrader. *Leurs relations se détériorent.* CONTR. **améliorer ; entretenir, réparer.**
ÉTYM. bas latin *deteriorare,* de *deterior* « pire ».

DÉTERMINANT, ANTE [detɛʀminɑ̃, ɑ̃t] adj. et n. m. 1. adj. Qui détermine, qui décide d'une chose ou d'une action. SYN. **décisif, essentiel, prépondérant.** *Son rôle a été déterminant dans la négociation.* 2. n. m. GRAMM. Mot variable qui en détermine un autre. *Les articles, les adjectifs possessifs, démonstratifs, sont des déterminants du nom. Le nom et ses déterminants forment le GN.*

DÉTERMINATIF, IVE [detɛʀminatif, iv] adj. ✦ Qui détermine, précise le sens d'un mot. *Complément déterminatif* (ex. un manteau *d'hiver*).

DÉTERMINATION [detɛʀminasjɔ̃] n. f. 1. Action de déterminer, de délimiter avec précision ; état de ce qui est déterminé. SYN. **caractérisation, définition, délimitation.** *La détermination de la latitude d'un lieu.* ◆ GRAMM. Fait de déterminer un terme. *Complément de détermination du nom, de l'adjectif* (➜ **déterminatif**). 2. Résultat psychologique de la décision. SYN. **résolution.** 3. Attitude d'une personne qui agit sans hésitation, selon les décisions qu'elle a prises. SYN. **décision, fermeté, ténacité.** *Agir avec détermination. Faire preuve de détermination.* CONTR. **indétermination,** ③ **vague • indécision, irrésolution.**
ÉTYM. latin *determinatio.*

DÉTERMINER [detɛʀmine] v. tr. (conjug. 3a) 1. Indiquer, délimiter avec précision. SYN. **caractériser, définir, fixer, préciser, spécifier.** *Déterminer le sens d'un mot. L'heure du crime est difficile à déterminer.* SYN. **évaluer.** ◆ GRAMM. Rapporter (un terme, un concept) à une situation précise (➜ **déterminant, déterminatif**). 2. Fixer par un choix. *La date de la réunion reste à déterminer.* 3. Entraîner la décision de (qqn). SYN. **décider ; conduire, inciter, pousser.** *Ses amis l'ont déterminé à partir.* ➜ passif *Être déterminé à agir.* ➜ **résolu.** ◆ pronom. *Se déterminer à* (+ inf.) : prendre la décision de. 4. (choses) Être la cause de ; être à l'origine de (un phénomène, un effet). SYN. ① **causer, provoquer.** *Les causes qui ont déterminé l'insurrection.* CONTR. **détourner, empêcher** de.
► **DÉTERMINÉ, ÉE** adj. 1. Qui a été précisé, défini. SYN. ② **arrêté, certain,** ① **précis.** *Une quantité déterminée d'énergie. Pour une durée déterminée.* 2. Qui se détermine, se décide. SYN. **décidé, résolu.** *C'est un homme déterminé.* 3. PHILOS. Soumis au déterminisme. *Phénomènes entièrement déterminés.* CONTR. **indéfini, indéterminé • hésitant, irrésolu • aléatoire.**
ÉTYM. latin *determinare* « marquer les limites *(terminus)* ».

DÉTERMINISME [detɛʀminism] n. m. ✦ Doctrine philosophique suivant laquelle tous les évènements, et en particulier les actions humaines, sont liés et déterminés par la chaîne des évènements antérieurs. CONTR. **hasard ; liberté.**
► **DÉTERMINISTE** [detɛʀminist] adj. et n.
ÉTYM. allemand *Determinismus.*

DÉTERRER [deteʀe] v. tr. (conjug. 3a) 1. Retirer de terre (ce qui s'y trouvait enfoui). *Déterrer un mort.* SYN. **exhumer.** 2. fig. Découvrir (ce qui était caché, oublié). SYN. **dénicher.** *Déterrer un dossier compromettant.* CONTR. **enfouir, enterrer.**
► **DÉTERRÉ, ÉE** p. passé ➜ n. FAM. *Avoir une mine de déterré :* être pâle comme un cadavre.
ÉTYM. de ① *dé-* et *terre.*

DÉTERSIF, IVE [detɛʀsif, iv] adj. et n. ✦ Qui nettoie, en dissolvant les impuretés. *Produit détersif* (savon, lessive, etc.). ➜ n. m. *Un détersif.* SYN. **détergent.**
ÉTYM. du latin *detersus,* participe passé de *detergere* → déterger.

DÉTESTABLE [detɛstabl] adj. ✦ Très désagréable ou très mauvais. *Quel temps détestable !* SYN. **affreux.** *Être d'une humeur détestable.* SYN. **exécrable.**
► **DÉTESTABLEMENT** [detɛstabləmɑ̃] adv. *Il joue détestablement,* très mal.
ÉTYM. latin *detestabilis* « abominable ».

DÉTESTER [detɛste] v. tr. (conjug. 3a) 1. Avoir de l'aversion pour. SYN. **abhorrer, exécrer.** *Détester le mensonge.* ◆ *Détester qqn.* SYN. **haïr.** ➜ pronom. récipr. *Ils se détestent.* 2. Ne pas pouvoir supporter (qqch.). *Elle détestait l'ail. Il déteste attendre. Détester que* (+ subj.). *Il ne déteste pas une cigarette de temps en temps,* il aime assez, il trouve agréable.
ÉTYM. latin *detestari* « détourner en prenant les dieux à témoin *(testis)* ».

DÉTONANT, ANTE [detɔnɑ̃, ɑ̃t] adj. ✦ Qui est susceptible de détoner. *Mélange détonant :* mélange de gaz capables de s'enflammer et de détoner ; fig. ce qui peut entraîner des réactions violentes.

DÉTONATEUR [detɔnatœʀ] n. m. ✦ Dispositif qui provoque la détonation d'un explosif. ➜ fig. Fait, évènement qui déclenche une action violente.
ÉTYM. de *détoner.*

DÉTONATION [detɔnasjɔ̃] n. f. ✦ Bruit soudain et violent de ce qui détone. SYN. **déflagration, explosion.** *Une détonation retentit.*

DÉTONER [detɔne] v. intr. (conjug. 3a) ✦ Exploser avec bruit (par combustion rapide, réaction chimique violente, détente d'un gaz). HOM. DÉTONNER « chanter faux »
ÉTYM. latin *detonare,* de *tonare* « tonner ».

DÉTONNER [detɔne] v. intr. (conjug. 3a) 1. MUS. Sortir du ton ; chanter faux. *Détonner en jouant, en chantant.* 2. fig. Ne pas être dans le ton, ne pas être en harmonie avec le reste. *Ce fauteuil ancien détonne dans un salon moderne.* CONTR. **s'accorder, s'harmoniser.** HOM. DÉTONER « exploser »
ÉTYM. de ① *dé-* et ② *ton.*

A B C D E F G H I J K L M N O P Q R S T U V W X Y Z

DÉTOUR [detuʀ] n. m. 1. Tracé qui s'écarte du chemin direct (voie, cours d'eau). SYN. **lacet, méandre.** *La route fait des détours.* ➙ *Au détour du chemin,* à l'endroit où il tourne. SYN. ② **tournant.** ➙ fig. *Au détour de la conversation.* 2. Action de parcourir un chemin plus long que le chemin direct ; ce chemin. *J'ai fait un détour pour visiter cette ville.* SYN. **crochet.** ➙ fig. FAM. *Ça vaut le détour :* c'est intéressant. 3. fig. Moyen indirect de dire, de faire ou d'éluder qqch. SYN. **biais, faux-fuyant, ruse, subterfuge.** ➙ *Sans détour :* simplement, franchement. *Je lui ai parlé sans détour.* CONTR. **raccourci.**
ÉTYM. de *détourner.*

DÉTOURNÉ, ÉE [detuʀne] adj. 1. Qui n'est pas direct, qui fait un détour. *Chemin détourné.* 2. fig. Indirect. *User de moyens détournés pour parvenir à ses fins.* ➙ **détour.** 3. Qui n'est pas exprimé directement. *Un compliment détourné.* CONTR. **direct** • ② **franc.**
ÉTYM. du participe passé de *détourner.*

DÉTOURNEMENT [detuʀnəmɑ̃] n. m. 1. Action de changer le cours, la direction. *Le détournement d'une rivière.* SYN. **dérivation.** ➙ *Détournement d'avion :* action de contraindre l'équipage d'un avion de ligne à changer de destination. 2. Action de détourner à son profit (ce qui a été confié). *Détournement de fonds.* SYN. ② **vol.** 3. *DÉTOURNEMENT DE MINEUR :* séduction (punie par la loi) d'une personne mineure par une personne majeure.

DÉTOURNER [detuʀne] v. tr. (conjug. 3a) **I** 1. Changer la direction de (qqch.). *Détourner un cours d'eau.* SYN. ① **dériver.** ➙ spécialt *Détourner un avion,* le contraindre à changer de destination (➙ **détournement**). 2. fig. Changer le cours de. *Détourner la conversation. Détourner l'attention de qqn. Détourner les soupçons.* 3. Écarter (qqn) du chemin à suivre. ➙ fig. *Détourner qqn du droit chemin, du devoir.* SYN. **dévoyer.** *Détourner qqn d'un projet,* l'y faire renoncer. SYN. **dissuader.** **II** Tourner d'un autre côté, pour éviter de voir ou d'être vu. *Détourner la tête, les yeux, ses regards.* ➙ pronom. *Se détourner pour se moucher.* **III** Soustraire (qqch.) à son profit. *Détourner des fonds.* SYN. ② **voler.**
ÉTYM. de ① *dé-* et *tourner.*

DÉTRACTEUR, TRICE [detʀaktœʀ, tʀis] n. ✦ Personne qui cherche à rabaisser le mérite de qqn, la valeur de qqch. *Les détracteurs d'un homme politique, d'une doctrine.* CONTR. **admirateur, partisan.**
ÉTYM. latin *detractor,* de *detrahere* → détraction.

DÉTRACTION [detʀaksjɔ̃] n. f. ✦ LITTÉR. Action de rabaisser le mérite de (qqn), la valeur de (qqch.). SYN. **dénigrement.** CONTR. **apologie.**
ÉTYM. latin *detractio,* de *detrahere* «tirer, enlever de».

DÉTRAQUER [detʀake] v. tr. (conjug. 3a) 1. Déranger dans son mécanisme, dans son fonctionnement. SYN. **dérégler, détériorer.** *Détraquer un moteur.* ➙ pronom. *La pendule s'est détraquée.* 2. fig. FAM. *Se détraquer l'estomac, les nerfs.* ➙ pronom. *Le temps se détraque,* se gâte. CONTR. **arranger, régler, réparer.**
► **DÉTRAQUÉ, ÉE** adj. fig. FAM. *Santé détraquée.* ♦ *Avoir le cerveau détraqué.* SYN. **dérangé.** ➙ n. *C'est un détraqué.* SYN. **déséquilibré.**
ÉTYM. de ① *dé-* et moyen français *trac* «piste, trace».

DÉTREMPE [detʀɑ̃p] n. f. ✦ Couleur broyée à l'eau puis délayée avec de la colle ou de la gomme. *Peinture à la détrempe.* ➙ Ouvrage, tableau fait avec cette couleur.
ÉTYM. de ① *détremper.*

① **DÉTREMPER** [detʀɑ̃pe] v. tr. (conjug. 3a) ✦ Amollir ou délayer en mélangeant avec un liquide. SYN. **délayer.** *Détremper des couleurs.* ➙ p. p. adj. *Terrain, chemin détrempé,* très mouillé, imbibé d'eau.
ÉTYM. latin *distemperare,* de *temperare* «tremper».

② **DÉTREMPER** [detʀɑ̃pe] v. tr. (conjug. 3a) ✦ TECHN. Faire perdre sa trempe à (l'acier). ➙ p. p. adj. *Acier détrempé.* ♦ fig. LITTÉR. Rendre plus faible.
ÉTYM. de ① *dé-* et *tremper.*

DÉTRESSE [detʀɛs] n. f. 1. Sentiment d'abandon, de solitude, d'impuissance que l'on éprouve dans une situation difficile (besoin, danger, souffrance). SYN. **désarroi.** *Cris de détresse. Une âme en détresse.* 2. Situation très pénible et angoissante ; spécialt, manque dramatique de moyens matériels. SYN. **dénuement, indigence, misère.** *La détresse des populations sinistrées.* 3. Situation périlleuse (d'un navire, d'un avion). SYN. **perdition.** *Navire en détresse.* ♦ *Feux de détresse :* feux clignotants prévus pour signaler un arrêt forcé d'un véhicule automobile. 4. MÉD. Insuffisance aiguë perturbant une fonction vitale. *Détresse respiratoire.* CONTR. **quiétude, sérénité, tranquillité** • **bien-être, prospérité** • **sécurité.**
ÉTYM. latin populaire *districtia* «étroitesse», de *distringere* «serrer».

DÉTRIMENT [detʀimɑ̃] n. m. ✦ *À (MON, SON...) DÉTRIMENT ; AU DÉTRIMENT DE :* au désavantage, au préjudice de. *Cela tourne à son détriment. Favoriser un employé au détriment de ses collègues.* CONTR. **avantage, bénéfice.**
ÉTYM. latin *detrimentum* «dommage, perte».

DÉTRITIQUE [detʀitik] adj. ✦ GÉOL. Qui est formé au moins partiellement de débris. *Roche sédimentaire détritique.*
ÉTYM. de *détritus.*

DÉTRITIVORE [detʀitivɔʀ] adj. et n. m. ✦ Qui se nourrit de déchets organiques. SYN. **décomposeur.** ➙ n. m. *Les ophiures sont des détritivores.*
ÉTYM. de *détritus* et *-vore.*

DÉTRITUS [detʀity(s)] n. m. ✦ Matériaux réduits à l'état de débris inutilisables ; ordures, déchets.
ÉTYM. latin *detritus,* participe passé de *deterere* «user par frottement».

DÉTROIT [detʀwa] n. m. ✦ Bras de mer entre deux terres rapprochées et qui fait communiquer deux mers. *Le détroit de Gibraltar.*
ÉTYM. du latin *districtus* «serré» ; doublet de *district.*

DÉTROMPER [detʀɔ̃pe] v. tr. (conjug. 3a) ✦ Tirer (qqn) d'erreur. SYN. **désabuser.** *Il s'entête et je ne parviens pas à le détromper.* ♦ *SE DÉTROMPER* v. pron. Revenir de son erreur. *Détrompez-vous :* n'en croyez rien.
ÉTYM. de ① *dé-* et *tromper.*

DÉTRÔNER [detʀone] v. tr. (conjug. 3a) 1. Déposséder de la souveraineté, du trône. SYN. **déposer, destituer.** ➙ au p. passé *Roi détrôné.* 2. fig. Faire cesser la suprématie de (qqn, qqch.). SYN. **éclipser, supplanter.** *L'ordinateur a détrôné la machine à écrire.* CONTR. **couronner.**

DÉTROUSSER [detʀuse] v. tr. (conjug. 3a) ✦ VX ou plais. Dépouiller (qqn) de ce qu'il porte, en usant de violence. SYN. **dévaliser,** ② **voler.** *Détrousser un voyageur.*
ÉTYM. de ① *dé-* et *trousser.*

DÉTROUSSEUR [detʀusœʀ] n. m. ✦ vx ou plais. Celui qui détrousse. SYN. **voleur.**

DÉTRUIRE [detʀɥiʀ] v. tr. (conjug. 64b) **I** 1. Jeter bas, démolir (une construction). SYN. **abattre, raser** ; ➙ **destruction.** *Détruire un édifice.* – au p. passé *Ville détruite par un bombardement.* ◆ *Détruire un empire, une civilisation.* 2. Altérer jusqu'à faire disparaître. SYN. **anéantir, supprimer.** *Détruire par le feu* : brûler, incendier. *Le feu a tout détruit. Détruire une lettre, un document.* 3. Supprimer (un être vivant) en ôtant la vie. SYN. **tuer.** *L'épidémie a détruit la population du village.* SYN. **exterminer.** *Détruire les parasites.* 4. fig. Défaire entièrement (ce qui est établi, organisé, élaboré). SYN. **anéantir, supprimer.** *Détruire un régime politique, un usage, une institution, une théorie. Détruire les illusions, les espoirs de qqn.* SYN. **dissiper.** **II** *SE DÉTRUIRE* v. pron. 1. Se tuer, se suicider. *Il a tenté de se détruire.* 2. récipr. S'annuler, avoir une action contraire. *Effets qui se détruisent.* CONTR. **bâtir, construire, édifier • établir, fonder.**

ÉTYM. latin *destruere*, de *struere* «bâtir».

DETTE [dɛt] n. f. 1. Argent qu'une personne (➙ **débiteur**) doit à une autre. *Faire des dettes.* ➙ **s'endetter.** *Être criblé de dettes. Payer, rembourser une dette* : s'acquitter. ◆ *DETTE PUBLIQUE* : ensemble des engagements financiers contractés par l'État. ➙ **emprunt.** *Service de la dette* : sommes à rembourser annuellement. 2. fig. Devoir qu'impose une obligation contractée envers qqn. SYN. **engagement, obligation.** *Avoir une dette envers qqn. Acquitter une dette de reconnaissance.* CONTR. **créance, crédit.**

ÉTYM. latin *debita*, de *debere* «① devoir».

DEUIL [dœj] n. m. 1. Douleur, affliction que l'on éprouve de la mort de qqn. *Famille plongée dans le deuil* (➙ **endeuiller**). 2. Mort d'un proche. SYN. **perte.** *Il vient d'avoir plusieurs deuils dans sa famille.* 3. Signes extérieurs du deuil, consacrés par l'usage. *Journée de deuil national. Vêtements de deuil.* – loc. *Porter, prendre le deuil. Être EN DEUIL.* 4. FAM. *FAIRE SON DEUIL de qqch.*, se résigner à en être privé. *J'en ai fait mon deuil, n'en parlons plus.*

ÉTYM. bas latin *dolus* «douleur», de *dolere* «souffrir».

DEUS EX MACHINA [deusɛksmakina ; deysɛksmakina] n. m. invar. ✦ au théâtre, et fig. dans la vie Personnage, évènement imprévu qui apporte un dénouement inespéré à une situation dramatique.

ÉTYM. mots latins «un dieu (descendu) au moyen d'une machine».

D. E. U. S. T. [dœst] n. m. ✦ Diplôme obtenu en deux ans après le baccalauréat. *Un D. E. U. S. T. de délégué médical.*

ÉTYM. sigle de *diplôme d'études universitaires scientifiques et techniques.*

DEUX [dø] adj. numéral et n. m. **I** adj. numéral cardinal 1. Un plus un. *Les deux yeux* [døzjø]. – *Deux cents.* – *Deux fois plus.* ➙ **double.** – loc. *De deux choses l'une* : il n'y a que deux possibilités. ◆ (Pour indiquer la différence, la distance) *CELA FAIT DEUX. La chimie et moi, cela fait deux.* 2. (Pour indiquer un petit nombre) *C'est à deux pas*, tout près. *Vous y serez en deux minutes.* 3. (en fonction de pron.) *Tous (les) deux. Vivre à deux.* **II** adj. numéral ordinal ➙ **deuxième, second.** *Numéro deux. Tome deux.* **III** n. m. 1. *Un et un, deux.* – loc. *Deux à deux ; deux par deux.* – *Couper une pomme en deux.* 2. (avec un déterminant) *Un deux arabe* (2), *un deux romain* (II). ◆ Carte, face d'un dé, etc., marquée de deux signes. *Le deux de pique.* ◆ *Nous sommes le deux* (du mois). – *Habiter au deux* (d'une voie). 3. loc. FAM. *C'est clair comme deux et deux font quatre* : c'est évident. *En moins de deux* : très vite. *Ne faire ni une ni deux* : se décider rapidement, sans tergiverser. *Entre les deux* : ni ceci ni cela ; à moitié. – prov. *Jamais deux sans trois* : ce qui arrive deux fois peut arriver une troisième fois.

ÉTYM. latin *duos*, accusatif de *duo*.

DEUXIÈME [døzjɛm] adj. numéral ordinal ✦ Qui succède au premier. SYN. **second.** *La deuxième fois. Le deuxième étage*, et ellipt *habiter au deuxième.* – n. *Le, la deuxième d'un classement.*

ÉTYM. de *deux*.

DEUXIÈMEMENT [døzjɛmmɑ̃] adv. ✦ En deuxième lieu. SYN. **secundo.**

DEUX-MÂTS [døma] n. m. ✦ Voilier à deux mâts.

DEUX-PIÈCES [døpjɛs] n. m. **I** 1. Ensemble féminin comprenant une jupe ou un pantalon et une veste du même tissu. SYN. **tailleur.** 2. Maillot de bain formé d'un slip et d'un soutien-gorge. SYN. **bikini.** **II** Appartement de deux pièces. *Un deux-pièces cuisine.*

DEUX-POINTS [døpwɛ̃] n. m. ✦ Signe de ponctuation, formé de deux points superposés (:), placé avant une explication, une énumération, une citation.

DEUX-ROUES [døʀu] n. m. ✦ Véhicule à deux roues (bicyclette, cyclomoteur, moto, vélomoteur).

DEUX-TEMPS [døtɑ̃] n. m. ✦ Moteur à deux temps ; véhicule ayant ce moteur.

DÉVALER [devale] v. (conjug. 3a) 1. v. intr. Descendre brutalement ou très rapidement. *Rochers qui dévalent de la montagne.* – Être en pente raide (chemin, terrain). 2. v. tr. Descendre rapidement. *Il dévalait l'escalier quatre à quatre.* CONTR. ① **grimper, monter.**

ÉTYM. de *val*.

DÉVALISER [devalize] v. tr. (conjug. 3a) ✦ Dépouiller (qqn) de tout ce qu'il a sur lui, avec lui. *Il s'est fait dévaliser.* – par ext. *Dévaliser un appartement.* SYN. **cambrioler, piller.**

ÉTYM. de ① *dé-* et *valise*.

DÉVALORISATION [devalɔʀizasjɔ̃] n. f. ✦ Action de (se) dévaloriser. *L'inflation entraîne la dévalorisation de la monnaie et conduit à la dévaluation.* CONTR. **revalorisation, valorisation.**

DÉVALORISER [devalɔʀize] v. tr. (conjug. 3a) 1. Diminuer la valeur de (spécialt de la monnaie). SYN. **déprécier, dévaluer.** – pronom. Perdre de sa valeur. *L'or se dévalorise.* 2. fig. Déprécier (qqn, qqch.). *Dévaloriser le talent.* – pronom. Se déprécier soi-même. *Il ne cesse de se dévaloriser.* CONTR. **revaloriser, valoriser.**

ÉTYM. de ① *dé-* et *valoriser*.

DÉVALUATION [devalɥasjɔ̃] n. f. 1. Abaissement de la valeur légale d'une monnaie. 2. fig. Perte de valeur, de crédit. CONTR. **réévaluation.**

ÉTYM. de *évaluation*, d'après l'anglais *devaluation*.

DÉVALUER [devalɥe] v. tr. (conjug. 3a) 1. Effectuer la dévaluation de. *Dévaluer le yen.* 2. fig. Dévaloriser. CONTR. **réévaluer.**

ÉTYM. de *évaluer*, d'après l'anglais *to devaluate*.

DEVANCER [d(ə)vɑ̃se] v. tr. (conjug. 4) 1. Être devant (d'autres qui avancent), laisser derrière soi. SYN. **dépasser, distancer.** *Cycliste qui devance le peloton.* 2. Être avant, quant au rang, au mérite, dans la recherche commune du même but. SYN. **surpasser.** *Devancer tous ses rivaux.* 3. Arriver avant (qqn) dans le temps. SYN. **précéder.** *Nous vous avons devancés au rendez-vous.* — *J'allais le dire, mais vous m'avez devancé.* 4. *Devancer l'appel* : s'engager dans l'armée avant d'avoir l'âge d'y être appelé. ◆ Aller au-devant de. *Devancer une objection.* SYN. **prévenir.**
► **DEVANCEMENT** [d(ə)vɑ̃smɑ̃] n. m. *Devancement d'appel.*
ÉTYM. de *devant*, d'après *avancer*.

DEVANCIER, IÈRE [d(ə)vɑ̃sje, jɛʀ] n. ✦ Personne qui en a précédé une autre dans ce qu'elle fait. SYN. **prédécesseur.** *Perfectionner l'œuvre de ses devanciers.* CONTR. **successeur.**
ÉTYM. de *devancer*.

① **DEVANT** [d(ə)vɑ̃] prép. et adv.
I prép. 1. Du même côté que le visage d'une personne, que le côté visible ou accessible d'une chose. SYN. **en face de, vis-à-vis.** *Je vous attendrai devant la porte.* 2. En présence de (qqn). *Pleurer devant tout le monde.* «*Devant Dieu et devant les hommes*» (formule juridique de serment). — À l'égard de, face à. *Tous les hommes sont égaux devant la loi. Reculer devant le danger.* 3. Dans la direction qui est en face de qqn, qqch. ; à l'avant de. *Aller droit devant soi.* — loc. *Avoir du temps, de l'argent devant soi,* en réserve.
II adv. de lieu Du côté du visage d'une personne, de la face d'une chose ; en avant. *Passez devant* : passez le premier. — *PAR-DEVANT* : du côté qui est devant. *Robe boutonnée par-devant.* CONTR. ① **derrière.**
ÉTYM. de *de* et *avant*.

② **DEVANT** [d(ə)vɑ̃] n. m. 1. La partie qui est placée devant. *Les pattes de devant* (d'un animal). → **antérieur.** *Le devant de la maison.* → **façade.** 2. loc. *Prendre LES DEVANTS* : devancer qqn ou qqch. pour agir avant ou l'empêcher d'agir. 3. *AU-DEVANT DE* loc. prép. : à la rencontre de. *Nous irons au-devant de vous.* — fig. *Aller au-devant du danger* : s'exposer témérairement. *Aller au-devant des désirs de qqn.* → **devancer, prévenir.** CONTR. ② **arrière,** ② **derrière, dos.**
ÉTYM. de ① *devant*.

DEVANTURE [d(ə)vɑ̃tyʀ] n. f. 1. Façade, revêtement du devant d'une boutique. *Repeindre la devanture.* 2. Étalage des marchandises soit à la vitrine, soit dehors. SYN. **étalage, vitrine.**
ÉTYM. de ② *devant*.

DÉVASTATEUR, TRICE [devastatœʀ, tʀis] adj. ✦ Qui dévaste, détruit tout sur son passage. *Guerre dévastatrice.* SYN. **destructeur.**
ÉTYM. bas latin *devastator*.

DÉVASTATION [devastasjɔ̃] n. f. ✦ Action de dévaster ; son résultat. SYN. **ravage.**
ÉTYM. bas latin *devastatio*.

DÉVASTER [devaste] v. tr. (conjug. 3a) ✦ Ruiner (un pays...) en détruisant systématiquement. SYN. **ravager.** *Les guerres, les envahisseurs ont dévasté le pays.*
ÉTYM. latin *devastare*, de *vastus* «vide, désert».

DÉVEINE [devɛn] n. f. ✦ FAM. Malchance. *Quelle déveine !* CONTR. **veine.**
ÉTYM. de ① *dé-* et *veine* (IV).

DÉVELOPPEMENT [dev(ə)lɔpmɑ̃] n. m. **I** 1. Action de développer, de donner toute son étendue à (qqch.). ◆ Distance développée par un tour de pédale de bicyclette. 2. Action de développer (une pellicule photographique). *Développement et tirage.* **II** 1. (organisme, organe) Fait de se développer ; évolution de ce qui se développe. SYN. **croissance.** *Développement d'un embryon, d'un germe.* — *Développement intellectuel.* 2. Progrès, en extension ou en qualité. *Le développement d'une maladie. Le développement d'une entreprise.* SYN. **essor, extension.** — loc. *Pays EN VOIE DE DÉVELOPPEMENT,* dont l'économie n'a pas atteint le niveau des pays industrialisés. *Indicateur de développement humain (I. D. H.)* : indicateur socioéconomique qui prend en compte le P. I. B. réel par habitant, l'espérance de vie et le niveau d'éducation. ☛ Géographie p. 223. *Développement durable,* qui satisfait les besoins présents sans compromettre ceux des générations à venir. ☛ Géographie p. 234, 235 et 236. 3. plur. Suite, prolongement. *Les développements d'un scandale.* 4. Exposition détaillée d'un sujet. *Introduction, développement et conclusion d'un exposé.* CONTR. **déclin, régression.**

DÉVELOPPER [dev(ə)lɔpe] v. tr. (conjug. 3a) **I** 1. Étendre (ce qui était plié) ; donner toute son étendue à. SYN. **déployer, étendre.** ◆ MATH. *Développer une expression algébrique,* effectuer toutes les opérations. *Développer et réduire un produit.* ◆ *Vélo qui développe 7 mètres,* qui parcourt 7 mètres lorsque les pédales font un tour complet (→ **développement**). 2. *Développer un cliché, une pellicule,* faire apparaître les images fixées sur la pellicule, au moyen de procédés chimiques. **II** 1. Faire croître ; donner de l'ampleur à. SYN. **accroître.** *Exercices qui développent la musculature.* — *Développer l'intelligence d'un enfant.* — *Développer son entreprise.* 2. Exposer en détail, étendre en donnant plus de détails. *Développer son argumentation.* **III** *SE DÉVELOPPER* v. pron. 1. Se déployer. *Armée qui se développe en ordre de bataille.* 2. (êtres vivants) Croître, s'épanouir. *Plante qui se développe rapidement.* 3. Prendre de l'extension, de l'importance. *L'affaire s'est développée.* CONTR. **atrophier, réduire** • **abréger, résumer** • **décliner, régresser.**
ÉTYM. de *envelopper*.

① **DEVENIR** [dəv(ə)niʀ] v. intr. (conjug. 16) 1. Passer d'un état à (un autre), commencer à être (ce qu'on n'était pas). *Devenir grand, riche, célèbre. Il est devenu fou. Devenir ministre. Elle est devenue sa femme.* — *La situation devient difficile.* — *La citrouille devint un carrosse.* SYN. **se transformer** en. 2. Être dans un état, avoir un sort, un résultat nouveau (dans les phrases interrogatives ou dubitatives). *Qu'allons-nous devenir ?* — *Qu'est devenu mon parapluie ?,* où est-il passé ? — FAM. *Que devenez-vous ?,* se dit pour demander des nouvelles d'une personne qu'on n'a pas vue depuis quelque temps.
ÉTYM. bas latin *devenire*.

② **DEVENIR** [dəv(ə)niʀ] n. m. ✦ LITTÉR. Passage d'un état à un autre ; suite des changements. *La conscience est en perpétuel devenir.* SYN. **évolution.** CONTR. **immobilité, stabilité.**
ÉTYM. de ① *devenir*.

DÉVERBAL, AUX [devɛʀbal, o] **n. m.** ✦ LING. Nom formé à partir du radical d'un verbe (ex. *pliage* de *plier*), et plus particulièrement nom dérivé qui est formé sans suffixe (ex. *pli* de *plier*).
ÉTYM. de *verbe* (II).

DÉVERGONDAGE [devɛʀgɔ̃daʒ] **n. m.** ✦ Conduite dévergondée, relâchée. SYN. **débauche, immoralité, licence.** ➝ fig. *Un dévergondage d'imagination.* CONTR. **austérité, sagesse.**
ÉTYM. de *se dévergonder.*

DÉVERGONDÉ, ÉE [devɛʀgɔ̃de] **adj.** ✦ Qui ne respecte pas les règles de la morale sexuelle admise (traditionnellement, s'est surtout dit des femmes). SYN. **débauché, libertin.** ➝ **n.** *Une dévergondée.* ◆ *Vie dévergondée.* CONTR. **austère, sage.**
ÉTYM. de *vergonde*, forme ancienne de *vergogne* «honte».

se **DÉVERGONDER** [devɛʀgɔ̃de] **v. pron.** (conjug. 3a) ✦ Devenir dévergondé.
ÉTYM. de *dévergondé.*

DÉVERROUILLER [deveʀuje] **v. tr.** (conjug. 3a) ✦ Ouvrir en tirant le verrou. *Déverrouiller une porte.* CONTR. **verrouiller.**
► **DÉVERROUILLAGE** [deveʀujaʒ] **n. m.**

DEVERS [dəvɛʀ] **prép.** ✦ **loc. prép.** *PAR-DEVERS.* DR. En présence de. ➝ LITTÉR. En la possession de. *Garder des papiers par-devers soi.*
ÉTYM. de *de* et *vers.*

DÉVERS [devɛʀ] **n. m.** ✦ Inclinaison, pente. ➝ Relèvement du bord extérieur d'une route dans un virage.
ÉTYM. latin *deversus* «tourné vers le bas».

DÉVERSEMENT [devɛʀsəmɑ̃] **n. m.** ✦ Action de (se) déverser.

DÉVERSER [devɛʀse] **v. tr.** (conjug. 3a) **1.** Faire couler (un liquide) d'un lieu dans un autre. ➝ *SE DÉVERSER* **v. pron.** *L'eau se déverse dans le bassin.* SYN. **s'écouler,** se **jeter,** se **vider. 2.** Déposer, laisser tomber en versant. *Déverser du sable.* **3.** fig. Laisser sortir, répandre en grandes quantités. *Le train déverse des flots de voyageurs.* ➝ *Déverser sa bile, sa rancune.* CONTR. **retenir.**
ÉTYM. de ② *dé-* et *verser.*

DÉVERSOIR [devɛʀswaʀ] **n. m.** ✦ Orifice par lequel s'écoule le trop-plein d'un canal, d'un réservoir. ➝ ① **vanne.** *Le déversoir d'un barrage.*
ÉTYM. de *déverser.*

DÉVÊTIR [devetiʀ] **v. tr.** (conjug. 26) ✦ Dépouiller (qqn) de ses vêtements. SYN. **déshabiller.** ◆ *SE DÉVÊTIR* **v. pron.** Enlever ses vêtements (en totalité ou en partie). CONTR. **couvrir, habiller, vêtir.**
ÉTYM. de ① *dé-* et *vêtir.*

DÉVIANCE [devjɑ̃s] **n. f.** ✦ DIDACT. Caractère de ce qui est déviant.

DÉVIANT, ANTE [devjɑ̃, ɑ̃t] **adj.** ✦ Qui s'écarte de la règle commune, de la norme sociale admise. *Comportement déviant.*
ÉTYM. du participe présent de *dévier.*

DÉVIATION [devjasjɔ̃] **n. f.** **I 1.** Action de sortir de la direction normale ; son résultat. **2.** Changement anormal de position dans le corps. *Déviation de la colonne vertébrale.* SYN. **déformation. 3.** fig. Changement (considéré comme mauvais) dans une ligne de conduite, une doctrine (➝ **déviationnisme**). **II 1.** Action de dévier (un véhicule). **2.** Chemin que doivent prendre les véhicules déviés. *Emprunter une déviation.*
ÉTYM. bas latin *deviatio.*

DÉVIATIONNISME [devjasjɔnism] **n. m.** ✦ Attitude qui s'écarte de la doctrine, chez les membres d'un parti politique. CONTR. **orthodoxie.**
► **DÉVIATIONNISTE** [devjasjɔnist] **n. et adj.** *Les déviationnistes de droite, de gauche.*
ÉTYM. de *déviation* (I, 3).

DÉVIDER [devide] **v. tr.** (conjug. 3a) **1.** Mettre en écheveau (du fil). ➝ Dérouler. *Dévider un cordage.* **2.** Faire passer entre ses doigts. *Dévider son chapelet.* CONTR. **enrouler.**
ÉTYM. de ② *dé-* et *vider.*

DÉVIDOIR [devidwaʀ] **n. m.** ✦ Instrument pour dévider (des cordes, des tuyaux...).

DÉVIER [devje] **v.** (conjug. 9) **1. v. intr.** Se détourner, être détourné de sa direction, de sa voie. *La balle a dévié.* ➝ **fig.** *La doctrine a dévié.* ◆ *DÉVIER DE qqch.*, s'en écarter. *Dévier de son chemin.* ➝ **fig.** *Dévier de ses principes.* **2. v. tr.** Écarter de la direction normale. *Dévier la circulation.* SYN. **détourner.**
ÉTYM. bas latin *deviare*, de *via* «voie».

DEVIN, DEVINERESSE [dəvɛ̃, dəvin(ə)ʀɛs] **n.** ✦ Personne qui prétend découvrir ce qui est caché, prédire l'avenir par des moyens qui ne relèvent pas d'une connaissance naturelle ou ordinaire (➝ **divination**). *Consulter un devin.* SYN. ① **voyant.**
ÉTYM. bas latin *devinus*, classique *divinus.*

DEVINER [d(ə)vine] **v. tr.** (conjug. 3a) **1.** Parvenir à connaître par conjecture, supposition, intuition. SYN. **découvrir, pressentir, trouver.** *Deviner un secret. Je devine où il veut en venir.* ➝ **voir.** ➝ *Deviner un obstacle dans le brouillard.* **2.** Trouver la solution de (une énigme). *Deviner une charade.*
ÉTYM. bas latin *devinare*, classique *divinare.*

DEVINETTE [d(ə)vinɛt] **n. f.** ✦ Question dont il faut deviner la réponse. SYN. **énigme.** *Poser une devinette.* ➝ **au plur.** Jeu où l'on pose des questions. *Les enfants jouent aux devinettes.*
ÉTYM. de *deviner.*

DEVIS [d(ə)vi] **n. m.** ✦ État détaillé des travaux à exécuter avec l'estimation des prix. *Demander à un peintre d'établir un devis.*
ÉTYM. de *deviser* «établir un plan».

DÉVISAGER [devizaʒe] **v. tr.** (conjug. 5) ✦ Regarder (qqn) avec attention, avec insistance. SYN. **fixer.** *Dévisager un nouveau venu.*
ÉTYM. de ② *dé-* et *visage.*

DEVISE [dəviz] **n. f.** **I 1.** Formule qui accompagne l'écu dans les armoiries. **2.** Paroles exprimant une pensée, un sentiment, un mot d'ordre. *«Liberté, Égalité, Fraternité», devise de la République française.* ➝ Règle de vie, d'action. *Rester libre, telle est ma devise.* **II** Monnaie négociable dans un autre pays que son pays d'émission. *Prix des devises étrangères.* ➝ **change, parité.** *Le cours officiel des devises.*
ÉTYM. de *deviser.*

A B C D E F G H I J K L M N O P Q R S T U V W X Y Z

DEVISER [d(ə)vize] **v. intr.** (conjug. 3a) ✦ LITTÉR. S'entretenir familièrement. SYN. **converser,** ① **parler.** *Nous devisions gaiement. Deviser de choses et d'autres.*
ÉTYM. bas latin *devisare*, de *dividere* «diviser».

DÉVISSER [devise] **v.** (conjug. 3a) **1. v. tr.** Défaire (ce qui est vissé). *Dévisser le bouchon d'un tube, un tube.* **2. v. intr.** ALPIN. Lâcher prise et tomber. CONTR. **visser.**
► **DÉVISSAGE** [devisaʒ] **n. m.**

DE VISU [devizy] **loc. adv.** ✦ Après l'avoir vu, pour l'avoir vu. *S'assurer de qqch. de visu.*
ÉTYM. mots latins.

DÉVITALISER [devitalize] **v. tr.** (conjug. 3a) ✦ Priver (une dent) de son tissu vital (pulpe dentaire).
ÉTYM. de *vital*.

DÉVOIEMENT [devwamɑ̃] **n. m.** ✦ Action de détourner (qqn) du droit chemin.
ÉTYM. de *dévoyer*.

DÉVOILEMENT [devwalmɑ̃] **n. m.** ✦ Action de (se) dévoiler.

DÉVOILER [devwale] **v. tr.** (conjug. 3a) **1.** Enlever le voile de (qqn), ce qui cache (qqch.). SYN. **découvrir.** *Dévoiler une statue que l'on inaugure.* **2. fig.** Découvrir (ce qui était secret). SYN. **révéler.** *Dévoiler ses intentions.* **3.** *SE DÉVOILER* **v. pron.** Se manifester, devenir connu. SYN. **apparaître.** *Le mystère se dévoile peu à peu.* CONTR. **cacher, couvrir,** ① **voiler • taire.**
ÉTYM. de ① *dé-* et ① *voiler*.

① **DEVOIR** [d(ə)vwaʀ] **v. tr.** (conjug. 30 ; p. passé *dû, due, dus, dues*) **I** *DEVOIR À* **1.** Avoir à payer (une somme d'argent), à fournir (qqch. en nature) à qqn. *Devoir de l'argent à qqn* (→ **dette ; débiteur**). – *L'argent qui m'est dû.* **2.** Être redevable (à qqn ou à qqch.) de ce qu'on possède. *Épernay doit sa notoriété au champagne.* SYN. **tenir** de. *Ne rien devoir à personne.* – *Devoir la vie à qqn,* avoir été sauvé par lui. – (avec *de* + inf.) *Je lui dois d'être en vie.* – *Être dû à* : avoir pour cause. *Sa réussite est due au hasard.* **3.** Être tenu à (qqch.) par la loi, les convenances, la morale. *Vous lui devez le respect. Je vous dois des excuses.* **II** (+ inf.) **1.** Être dans l'obligation de (faire qqch.). SYN. ① **avoir** à. *Il doit terminer ce travail ce soir. Vous auriez dû me prévenir.* ♦ (obligation morale) *Tu as agi comme tu le devais.* – (au conditionnel) *Tu devrais aller la voir à l'hôpital.* ♦ (obligation atténuée) *Je dois avouer que je me suis trompé.* **2.** (exprimant la nécessité) *Cela devait arriver. Il devait mourir deux jours plus tard* : il est mort deux jours après celui dont je parle. **3.** Avoir l'intention de. SYN. **penser.** *Nous devions l'emmener, mais il est tombé malade.* **4.** (exprimant la vraisemblance, la probabilité, l'hypothèse) *On doit avoir froid là-bas* (→ **probablement**). *Vous devez vous tromper* : il me semble que vous vous trompez. *En principe, il devrait réussir.* **III** *SE DEVOIR* **v. pron. 1. réfl.** Être obligé de se consacrer à. *Se devoir à ses enfants.* – *SE DEVOIR DE* (+ inf.). *Je me dois de le prévenir,* c'est mon devoir. **2.** passif (impers.) *Comme il se doit* : comme il le faut ou FAM. comme c'était prévu.
ÉTYM. latin *debere*.

② **DEVOIR** [d(ə)vwaʀ] **n. m. 1.** *Le devoir* : obligation morale générale. *Le sentiment du devoir. Agir par devoir.* **2.** *(Un, des devoirs)* Ce que l'on doit faire, défini par le système moral que l'on accepte, par la loi, les convenances, les circonstances. SYN. **charge, obligation, responsabilité, tâche.** *Accomplir, remplir son devoir. Droits et devoirs.* ♦ loc. *Il est de mon devoir de ; se faire un devoir de* (+ inf.). *Manquer à son devoir, à tous ses devoirs.* – *Devoir professionnel. Faire son devoir de citoyen* : voter. **3.** au plur. *Présenter ses devoirs à qqn.* SYN. **hommage, respect.** – loc. *Rendre à qqn LES DERNIERS DEVOIRS,* aller à son enterrement. **4.** Exercice scolaire qu'un professeur fait faire à ses élèves. *Un devoir d'histoire.*
ÉTYM. de ① *devoir*.

DÉVOLU, UE [devɔly] **adj. et n. m. 1. adj.** Acquis, échu par droit. *Succession dévolue à l'État, faute d'héritiers.* **2. n. m.** loc. *JETER SON DÉVOLU SUR (qqn, qqch.),* fixer son choix sur, manifester la prétention de l'obtenir.
ÉTYM. latin *devolutus* «tombé en roulant» ; famille de *volvere* «faire rouler».

DÉVORANT, ANTE [devɔʀɑ̃, ɑ̃t] **adj. 1.** *Une faim dévorante,* qui pousse à manger beaucoup. – **fig.** *Curiosité dévorante.* SYN. **insatiable. 2.** Qui consume, détruit ; **fig.** ardent, brûlant, dévastateur. *Une passion dévorante.*
ÉTYM. du participe présent de *dévorer*.

DÉVORER [devɔʀe] **v. tr.** (conjug. 3a) **1.** Manger en déchirant avec les dents. *Le tigre dévore sa proie.* – Manger entièrement. par exagér. *Être dévoré par les moustiques.* **2.** (personnes) Manger avidement, gloutonnement. SYN. **engloutir, engouffrer.** *Dévorer un poulet entier.* **3. fig.** Lire avec avidité. *Dévorer des romans policiers.* **4.** *Dévorer qqn, qqch. des yeux* : regarder avec avidité. **5.** Faire disparaître rapidement. *L'incendie a dévoré une partie de la forêt.* SYN. **consumer.** – **fig.** *Cela dévore tout mon temps.* SYN. **absorber. 6.** Faire éprouver une sensation pénible, un trouble violent à (qqn). SYN. **tourmenter.** *La soif, le mal qui le dévore.* – au passif *Être dévoré de remords.* SYN. **ronger.**
ÉTYM. latin *devorare*.

DÉVOREUR, EUSE [devɔʀœʀ, øz] **n.** ✦ *Dévoreur, dévoreuse de...,* personne qui dévore (sens propre et figuré).

DÉVOT, OTE [devo, ɔt] **adj. 1.** Qui est sincèrement attaché à une religion et à ses pratiques. SYN. **pieux.** *Des musulmans dévots.* ♦ **n.** (souvent péj.) SYN. **bigot.** – loc. *Faux dévot,* qui affecte la dévotion. **2.** Qui a le caractère de la dévotion. *Livre dévot.* SYN. **pieux.**
► **DÉVOTEMENT** [devɔtmɑ̃] **adv.**
ÉTYM. latin religieux *devotus* «dévoué à Dieu».

DÉVOTION [devosjɔ̃] **n. f. 1.** Attachement sincère et fervent à une religion (en général monothéiste ; souvent la religion chrétienne) et à ses pratiques. SYN. **piété.** *Être plein de dévotion.* – péj. *Être confit* en dévotion.* **2.** *Faire ses dévotions* : remplir ses devoirs religieux. **3.** Culte. *La dévotion à la Vierge.* **4. fig.** Attachement, dévouement. *Il a une véritable dévotion pour sa sœur.* SYN. **adoration, vénération.** – *Être À LA DÉVOTION DE qqn,* lui être tout dévoué.
ÉTYM. latin religieux *devotio* «dévouement à Dieu».

DÉVOUEMENT [devumɑ̃] **n. m. 1.** Action de sacrifier sa vie, ses intérêts (à qqn, à une cause). SYN. **abnégation, sacrifice.** *Le dévouement d'un savant à son œuvre.* **2.** Disposition à servir, à se dévouer pour qqn. SYN. **bonté.** *Soigner qqn avec dévouement.* CONTR. **égoïsme, indifférence.**
ÉTYM. de *se dévouer*.

se DÉVOUER [devwe] **v. pron.** (conjug. 3a) **1.** *Se dévouer à* : se consacrer entièrement à. *Se dévouer à une cause.* ◆ absolt Faire une chose pénible (effort, privation) au profit d'une personne, d'une cause. SYN. se **sacrifier.** *Ils sont toujours prêts à se dévouer.* — FAM. *Qui se dévoue pour débarrasser la table ?* **2.** au passif *Être dévoué, tout dévoué à qqn*, être prêt à le servir, lui être acquis.
► **DÉVOUÉ, ÉE adj.** Qui consacre ses efforts à servir qqn, à lui être agréable. *C'est l'ami le plus dévoué.* SYN. **fidèle, serviable.** — (formule de politesse, à la fin d'une lettre) *Veuillez croire à mes sentiments dévoués.*
ÉTYM. de *vouer*, d'après le latin *devovere*.

DÉVOYER [devwaje] **v. tr.** (conjug. 10) ✦ LITTÉR. Détourner (qqn) du droit chemin, de la morale. SYN. **pervertir.** — pronom. *Se dévoyer.*
► **DÉVOYÉ, ÉE adj. et n.** Qui est sorti du droit chemin, s'est dévoyé. SYN. **délinquant.**
ÉTYM. de ① *dé-* et *voie*.

DEXTÉRITÉ [dɛksteʀite] **n. f.** ✦ Adresse manuelle ; délicatesse, aisance dans l'exécution de qqch. SYN. **agilité, légèreté.** *Manier le pinceau avec dextérité.* ◆ fig. *Il a négocié l'affaire avec dextérité.* SYN. **art, habileté.** CONTR. **gaucherie, maladresse.**
ÉTYM. latin *dexteritas*, de *dexter* «adroit».

DEXTRE [dɛkstʀ] **n. f.** ✦ VX ou plais. Main droite (opposé à *sénestre*).
ÉTYM. latin *dextera*, féminin de *dexter* «② droit».

DEY [dɛ] **n. m.** ✦ HIST. Chef du gouvernement (d'Alger). *Le dey d'Alger. Des deys.* HOM. DAIS «tente», DÈS «depuis»
ÉTYM. turc *dâi*, d'abord «oncle maternel».

DHEA [deaʃøa] **n. f.** ✦ Hormone sécrétée par les glandes surrénales, à l'origine des hormones sexuelles. *La DHEA, hormone de jeunesse ?*

DI- Élément, du grec *di-* «deux fois». SYN. **bi-**.

DIA [dja] **interj.** ✦ Cri pour faire aller un cheval à gauche. — loc. *Tirer à hue* et à dia.*
ÉTYM. onomatopée.

DIA- Élément, du grec *dia-*, qui signifie «à travers» (ex. *diamètre*), ou «en séparant, en distinguant» (ex. *dialyse*).

DIABÈTE [djabɛt] **n. m.** ✦ Maladie liée à un trouble de l'assimilation des glucides, avec présence de sucre dans le sang et dans les urines.
ÉTYM. bas latin *diabetes*, du grec.

DIABÉTIQUE [djabetik] **adj.** ✦ Du diabète. *Coma diabétique.* ◆ Atteint de diabète. — **n.** *Un(e) diabétique.*

DIABLE [djabl] **n. m.** **I** **1.** Démon, personnage représentant le mal, dans la tradition populaire chrétienne. *Un diable à pieds fourchus.* **2.** *Le diable* : le prince des démons ou des diables. SYN. **démon** ; → **diabolique.** ◆ loc. *Ne craindre ni Dieu ni diable. Donner, vendre son âme au diable.* — *Avoir* LE DIABLE AU CORPS : avoir de l'énergie pour faire le mal ; avoir une vitalité incontrôlable. «*Le Diable au corps*» (roman de Radiguet). — *S'agiter, se démener comme un (beau) diable*, avec une énergie extrême. — *Tirer le diable par la queue* : avoir du mal à vivre avec de maigres ressources. — *C'est, ce serait bien le diable si...* : ce serait bien étonnant si. — *Que le diable l'emporte*, se dit de qqn dont on veut se débarrasser. — *La beauté* du diable.* **3.** fig. *AU DIABLE* : très loin. *Habiter au diable, au diable vauvert.* — *Envoyer qqn au diable*, le renvoyer, le rabrouer avec colère ou impatience. *Allez au diable !* ◆ *À LA DIABLE* : sans soin, de façon désordonnée. *Travail fait à la diable.* ◆ *DU DIABLE* : extrême, excessif. *Un vacarme du diable.* ◆ *EN DIABLE* : très, terriblement. *Il est paresseux en diable.* **4.** interj. (exprimant la surprise, l'étonnement admiratif ou indigné) SYN. VX **diantre.** *Diable ! C'est cher.* «*Que diable allait-il faire dans cette galère ?*» (Molière). **II** fig. **1.** Enfant vif, emporté, turbulent, insupportable. **2.** *Un PAUVRE DIABLE* : un homme malheureux, pauvre, pitoyable. — *Un bon diable* : un brave homme. SYN. **bougre.** **3.** *DIABLE DE* (valeur d'adj.) : bizarre, singulier ou mauvais. SYN. ① **drôle.** *Un diable d'homme.* — avec un fém. *Une diable d'affaire.* **III** **1.** Petit chariot à deux roues basses qui sert à transporter des caisses, des sacs, etc. **2.** Ustensile de cuisson formé de deux poêlons en terre poreuse.
ÉTYM. latin chrétien *diabolus*, du grec «qui désunit».

DIABLEMENT [djabləmɑ̃] **adv.** ✦ FAM. Très. SYN. **rudement, terriblement.** *Il est diablement fort sur ce sujet.*

DIABLERIE [djabləʀi] **n. f.** **1.** Parole, action pleine de malice. SYN. **espièglerie.** **2.** au Moyen Âge Mystère* qui mettait en scène des diables.
ÉTYM. de *diable*.

DIABLESSE [djablɛs] **n. f.** **1.** Diable femelle. **2.** fig. Femme très active, remuante, pétulante.

DIABLOTIN [djablɔtɛ̃] **n. m.** **1.** Petit diable. **2.** fig. Jeune enfant très espiègle.

DIABOLIQUE [djabɔlik] **adj.** **1.** Qui tient du diable. *Pouvoir diabolique.* SYN. **démoniaque.** — *Il était diabolique d'habileté.* — **n.** «*Les Diaboliques*» (nouvelles de Barbey d'Aurevilly ; film de Clouzot). **2.** Extrêmement méchant. *Sourire diabolique.* — *Invention, machination diabolique*, pleine de ruse et de méchanceté. SYN. **infernal, satanique.** CONTR. ① **angélique, divin.**
► **DIABOLIQUEMENT** [djabɔlikmɑ̃] **adv.**
ÉTYM. latin ecclésiastique *diabolicus*, du grec.

DIABOLISER [djabɔlize] **v. tr.** (conjug. 3a) ✦ Faire passer pour diabolique. *Diaboliser son adversaire.*
► **DIABOLISATION** [djabɔlizasjɔ̃] **n. f.**
ÉTYM. de *diabolique*.

DIABOLO [djabɔlo] **n. m.** **I** Jouet composé d'une bobine et de deux baguettes reliées par une ficelle que l'on tend sous la bobine pour la lancer et la rattraper. **II** Boisson faite de limonade et d'un sirop. *Des diabolos menthe.*
ÉTYM. de *diable*, p.-ê. infl. par l'italien *diavolo* «diable».

DIACHRONIE [djakʀɔni] **n. f.** ✦ LING. Évolution des faits linguistiques dans le temps (opposé à *synchronie*).
► **DIACHRONIQUE** [djakʀɔnik] **adj.** *Étude diachronique d'un mot.*
ÉTYM. de *dia-* et *-chronie*.

DIACONAT [djakɔna] **n. m.** ✦ RELIG. Le second des ordres majeurs dans l'Église catholique, immédiatement inférieur à la prêtrise (→ **diacre**).
ÉTYM. latin chrétien *diaconatus*, de *diaconus* «diacre».

DIACONESSE [djakɔnɛs] **n. f.** ✦ RELIG. Religieuse protestante qui se consacre à des œuvres de charité.
ÉTYM. bas latin *diaconissa*, du grec «femme qui sert».

A B C D E F G H I J K L M N O P Q R S T U V W X Y Z

DIACRE [djakʀ] n. m. ✦ Clerc qui a reçu le diaconat. *Diacre marié.*
ÉTYM. du bas latin *diaconus,* du grec «serviteur d'un temple ; diacre».

DIACRITIQUE [djakʀitik] adj. ✦ GRAMM. *Signe diacritique :* signe graphique (point, accent, cédille) ajouté à une lettre pour modifier sa valeur ou éviter la confusion entre homographes. *Les accents des mots à, dû, où sont des signes diacritiques.*
ÉTYM. grec *diakritikos* → dia- et ② critique.

DIADÈME [djadɛm] n. m. 1. Riche bandeau qui, dans l'Antiquité, était l'insigne du pouvoir monarchique. 2. Bijou féminin qui ceint le haut du front.
ÉTYM. latin *diadema,* du grec.

DIAGNOSTIC [djagnɔstik] n. m. 1. Détermination (d'une maladie, d'un état) d'après ses symptômes et l'examen du patient. *Poser, établir un diagnostic. Erreur de diagnostic.* 2. fig. Prévision, hypothèse tirée de signes. *Un diagnostic de crise.*
ÉTYM. de *diagnostique.*

DIAGNOSTIQUE [djagnɔstik] adj. ✦ MÉD. Qui permet de déterminer une maladie. *Signes diagnostiques du cancer.*
ÉTYM. grec *diagnôstikôs* «capable de discerner».

DIAGNOSTIQUER [djagnɔstike] v. tr. (conjug. 3a) 1. Reconnaître en faisant le diagnostic. *Diagnostiquer une varicelle.* 2. fig. *Diagnostiquer un manque d'enthousiasme.*
ÉTYM. de *diagnostic.*

DIAGONAL, ALE, AUX [djagɔnal, o] adj. ✦ GÉOM. Qui joint deux sommets d'une figure qui n'appartiennent pas au même côté, à la même face (→ **diagonale**).
ÉTYM. latin impérial *diagonalis,* du grec → dia- et ① -gone.

DIAGONALE [djagɔnal] n. f. 1. Ligne diagonale. *Les deux diagonales d'un carré.* 2. EN DIAGONALE loc. adv. : en biais, obliquement. *Traverser une rue en diagonale.* – fig. FAM. *Lire en diagonale :* lire très rapidement, parcourir.

DIAGRAMME [djagʀam] n. m. 1. Tracé géométrique sommaire des parties d'un ensemble et de leur disposition les unes par rapport aux autres. *Le diagramme d'une fleur.* 2. Représentation graphique du déroulement et des variations (d'un phénomène). SYN. **courbe, graphique.** *Diagramme circulaire.*
ÉTYM. latin *diagramma,* du grec «dessin» → dia- et -gramme.

DIALECTE [djalɛkt] n. m. ✦ Forme régionale d'une langue, distincte de celle-ci. *Dialecte rural.* SYN. **patois.** *Le wallon, dialecte français de Belgique. Les dialectes d'oc.*
► **DIALECTAL, ALE, AUX** [djalɛktal, o] adj.
ÉTYM. latin *dialectus,* du grec, de *dialegein* «parler».

DIALECTICIEN, IENNE [djalɛktisjɛ̃, jɛn] n. ✦ Personne qui emploie les procédés de la dialectique dans ses raisonnements.

DIALECTIQUE [djalɛktik] n. f. et adj.
I n. f. 1. Ensemble des moyens mis en œuvre dans la discussion en vue de démontrer, réfuter (→ **argumentation, raisonnement**). *Une dialectique rigoureuse.* 2. PHILOS. Marche de la pensée reconnaissant le caractère inséparable des propositions contradictoires (thèse, antithèse), que l'on peut unir dans une synthèse. *La dialectique marxiste.*
II adj. Qui opère par la dialectique (2). *Le matérialisme historique et dialectique de Marx. « Critique de la raison dialectique »* (œuvre de Sartre).
ÉTYM. latin *dialectica,* du grec, de *dialegein* «parler, raisonner».

DIALECTOLOGIE [djalɛktɔlɔʒi] n. f. ✦ Étude linguistique des dialectes.
► **DIALECTOLOGUE** [djalɛktɔlɔg] n.
ÉTYM. de *dialecte* et *-logie.*

DIALOGUE [djalɔg] n. m. 1. Entretien entre deux personnes. SYN. **conversation.** – *Dialogue en ligne :* recomm. offic. pour l'anglicisme ② *chat.* ◆ Contact, discussions entre deux groupes. *Le dialogue entre le patronat et les partenaires sociaux est rompu.* SYN. **négociation, pourparlers.** 2. Ensemble des paroles qu'échangent les personnages d'une pièce de théâtre, d'un film, d'un récit. ☛ Littérature p. 126. 3. Ouvrage littéraire, philosophique, en forme de conversation. *Les dialogues de Platon.*
ÉTYM. latin *dialogus,* du grec, de *dialegein* «discuter».

DIALOGUER [djalɔge] v. (conjug. 3b) 1. v. intr. Avoir un dialogue (avec qqn). SYN. **s'entretenir.** 2. v. tr. Mettre en dialogue. *Dialoguer un roman pour le porter à l'écran.*

DIALOGUISTE [djalɔgist] n. ✦ Auteur des dialogues (d'un film, d'une émission).

DIALYSE [djaliz] n. f. 1. CHIM. Séparation de substances en dissolution. 2. MÉD. Méthode d'épuration du sang lors d'une insuffisance rénale.
ÉTYM. grec *dialusis* → dia- et -lyse.

DIALYSER [djalize] v. tr. (conjug. 3a) 1. CHIM. Opérer la dialyse de (une substance). 2. MÉD. Épurer le sang de (un malade) lors d'une insuffisance rénale.

DIAMANT [djamɑ̃] n. m. 1. Pierre précieuse (carbone pur cristallisé), la plus brillante et la plus dure de toutes, le plus souvent incolore. *La pureté, l'éclat d'un diamant* (→ **adamantin**). *Diamant taillé en brillant. Diamant monté seul.* → **solitaire.** *Parure, rivière de diamants.* 2. TECHN. Instrument à pointe de diamant, qui sert à couper le verre, les glaces. *Diamant de vitrier.* 3. Pointe de lecture des disques microsillons.
ÉTYM. bas latin *diamas, diamantis,* de *adamas, adamantis* «acier ; diamant».

DIAMANTAIRE [djamɑ̃tɛʀ] n. ✦ Personne qui taille ou vend des diamants. SYN. **joaillier.**

DIAMANTÉ, ÉE [djamɑ̃te] adj. ✦ Garni de diamants.

DIAMANTIFÈRE [djamɑ̃tifɛʀ] adj. ✦ Qui contient du diamant. *Sable diamantifère.*
ÉTYM. de *diamant* et *-fère.*

DIAMÉTRAL, ALE, AUX [djametʀal, o] adj. ✦ Relatif au diamètre. – fig. *Opposition diamétrale,* absolue, totale.

DIAMÉTRALEMENT [djametʀalmɑ̃] adv. ✦ Selon le diamètre. – fig. *Opinions diamétralement opposées.* SYN. **absolument, radicalement.**

DIAMÈTRE [djamɛtʀ] n. m. 1. Ligne droite qui passe par le centre d'un cercle, d'une sphère. 2. La plus grande largeur ou grosseur d'un objet cylindrique ou arrondi. *Diamètre d'un tube.* SYN. **calibre.**
ÉTYM. latin *diametrus,* du grec → dia- et -mètre.

DIANTRE [djɑ̃tʀ] **interj.** ✦ VX Juron qui marque l'étonnement, la perplexité ou l'admiration. SYN. **diable.**
ÉTYM. de *diable.*

DIAPASON [djapazɔ̃] **n. m.** 1. Son de référence utilisé pour l'accord des voix et des instruments. 2. fig. *Être, se mettre au diapason,* en harmonie avec les idées, les dispositions (de qqn, d'un groupe). 3. Petit instrument métallique qui donne le *la* lorsqu'on le fait vibrer.
ÉTYM. mot latin «octave», du grec, de *dia pasôn* «de toutes (les notes)».

DIAPHANE [djafan] **adj.** 1. Qui laisse passer la lumière sans laisser distinguer la forme des objets. SYN. **translucide.** 2. fig. LITTÉR. Très pâle et délicat. *Teint, peau diaphane.*
ÉTYM. grec *diaphanês* «transparent», de *dia-* et *phanein* «faire briller».

DIAPHRAGME [djafʀagm] **n. m.** 1. Muscle large et mince qui sépare le thorax de l'abdomen. 2. Préservatif féminin. 3. Membrane vibrante (d'appareils acoustiques). *Diaphragme de haut-parleur.* 4. Disque opaque percé d'une ouverture réglable, pour faire entrer plus ou moins de lumière. *Régler l'ouverture du diaphragme* (d'un appareil photographique).
ÉTYM. latin *diaphragma,* du grec «cloison».

DIAPOSITIVE [djapozitiv] **n. f.** ✦ Tirage photographique positif destiné à la projection. *Film pour diapositives couleur.* ➖ **abrév.** FAM. DIAPO [djapo]. *Projection de diapos.*
ÉTYM. de l'adjectif *diapositif,* de *dia-* et *positif.*

DIAPRÉ, ÉE [djapʀe] **adj.** ✦ De couleur variée et changeante. *Étoffe diaprée.* SYN. **chatoyant.**
ÉTYM. de l'ancien français *diaspre* «drap à ramages», latin médiéval *diasprum,* altération de *jaspis* «jaspe».

DIAPRURE [djapʀyʀ] **n. f.** ✦ LITTÉR. Aspect de ce qui est diapré, de ce qui chatoie.

DIARRHÉE [djaʀe] **n. f.** ✦ Évacuation fréquente de selles liquides. SYN. **colique.** *Avoir la diarrhée.* CONTR. **constipation.**
► **DIARRHÉIQUE** [djaʀeik] **adj.**
ÉTYM. bas latin *diarrhoea,* du grec → dia- et -rrhée.

DIASPORA [djaspɔʀa] **n. f.** ✦ HIST. Dispersion des Juifs exilés de leur pays. ◆ Dispersion (d'une communauté) à travers le monde ; la population ainsi dispersée. *La diaspora arménienne.*
ÉTYM. mot grec «dispersion».

DIASTASE [djastaz] **n. f.** ✦ BIOL., VX Enzyme. ➖ MOD. Enzyme provoquant l'hydrolyse de l'amidon.
ÉTYM. grec *diastasis* «séparation».

DIASTOLE [djastɔl] **n. f.** ✦ Mouvement de dilatation du cœur qui alterne avec la systole*.
ÉTYM. grec *diastolê* «écartement».

DIATOMÉE [djatɔme] **n. f.** ✦ Algue unicellulaire enfermée dans une coque siliceuse.
ÉTYM. du grec *diatomos* «coupé en deux» → dia- et -tome.

DIATONIQUE [djatɔnik] **adj.** ✦ MUS. Qui procède par tons et demi-tons consécutifs (opposé à *chromatique*). *Gamme diatonique.*
ÉTYM. latin *diatonicus,* du grec, de *dia-* et *tonos* «② ton».

DIATRIBE [djatʀib] **n. f.** ✦ Critique violente. *Se lancer dans une longue diatribe contre qqn, qqch.* CONTR. **apologie, éloge.**
ÉTYM. bas latin *diatriba,* du grec.

DIAZOTE [diazɔt] **n. m.** ✦ CHIM. Corps simple (symb. N_2), gaz incolore, inodore. *L'atmosphère est composée à 4/5 de diazote.*
ÉTYM. de *di-* et *azote.*

DIBROME [dibʀom] **n. m.** ✦ CHIM. Corps simple (symb. Br_2), liquide rougeâtre volatil, dégageant des vapeurs suffocantes et toxiques.
ÉTYM. de *di-* et *brome.*

DICHLORE [diklɔʀ] **n. m.** ✦ CHIM. Corps simple (symb. Cl_2), gaz jaune verdâtre d'odeur suffocante.
ÉTYM. de *di-* et *chlore.*

DICHOTOMIE [dikɔtɔmi] **n. f.** ✦ DIDACT. Division, opposition (entre deux éléments, deux idées).
► **DICHOTOMIQUE** [dikɔtɔmik] **adj.**
ÉTYM. grec *dikhotomia* → -tomie.

DICIBLE [disibl] **adj.** ✦ Qui peut être dit, exprimé. CONTR. **indicible.**
ÉTYM. latin chrétien *dicibilis,* de *dicere* «dire».

DICOTYLÉDONE [dikɔtiledɔn] **adj.** ✦ (plante) Dont la graine a deux cotylédons*. ➖ **n. f. pl.** *Les Dicotylédones* (classe de végétaux).
ÉTYM. de *di-* et *cotylédon.*

DICTAME [diktam] **n. m.** 1. BOT. Plante aromatique, variété d'origan. 2. fig. LITTÉR. Adoucissement. SYN. **baume.**
ÉTYM. latin *dictamnum,* du grec.

DICTAPHONE [diktafɔn] **n. m.** ✦ Magnétophone servant à enregistrer des textes à transcrire (courrier, rapport...).
ÉTYM. marque déposée ; de *dicter* et *-phone.*

DICTATEUR [diktatœʀ] **n. m.** 1. HIST. (Antiq. romaine) Magistrat nommé en cas de crise grave, investi d'un pouvoir illimité. 2. Personne qui, après s'être emparée du pouvoir, l'exerce sans contrôle. SYN. **despote, tyran.** *Dictateur fasciste, communiste.*
► **DICTATORIAL, ALE, AUX** [diktatɔʀjal, o] **adj.** *Des pouvoirs dictatoriaux.* ➖ fig. *Ton dictatorial.* SYN. **impérieux.**
ÉTYM. latin *dictator.*

DICTATURE [diktatyʀ] **n. f.** 1. HIST. (Antiq. romaine) Magistrature extraordinaire, la plus élevée de toutes, chez les Romains. 2. Concentration de tous les pouvoirs entre les mains d'un individu, d'une assemblée, d'un parti, d'une classe. *Dictature militaire.* ◆ *Dictature du prolétariat :* prise et exercice du pouvoir total par les représentants du prolétariat (ancienne doctrine léniniste). 3. fig. Pouvoir absolu, suprême. SYN. **tyrannie.** *La dictature des trusts.*
ÉTYM. latin *dictatura.*

DICTÉE [dikte] **n. f.** 1. Action de dicter. *Écrire une lettre sous la dictée (de qqn).* 2. Exercice scolaire consistant en un texte lu à haute voix qui doit être transcrit selon les règles de l'orthographe.
ÉTYM. du participe passé de *dicter.*

DICTER [dikte] **v. tr.** (conjug. 3a) 1. Dire (qqch.) à haute voix en détachant les mots ou les membres de phrases, pour qu'une autre personne les écrive. *Dicter*

A B C D E F G H I J K L M N O P Q R S T U V W X Y Z

son courrier à sa secrétaire. **2.** Indiquer en secret, à l'avance, à qqn (ce qu'il doit dire ou faire). *Dicter à qqn sa conduite.* ➛ passif *Ses réponses lui ont été dictées,* on lui a fait la leçon. ➛ *Leur attitude dictera la nôtre.* SYN. **commander.** **3.** Stipuler et imposer. *Dicter ses conditions.* SYN. **fixer, prescrire.** CONTR. **obéir à, suivre.**
ÉTYM. latin *dictare,* de *dicere* «dire».

DICTION [diksjɔ̃] n. f. ✦ Manière de dire, de réciter un texte, des vers, etc. SYN. **élocution.** *Une diction très nette.*
ÉTYM. latin *dictio.*

DICTIONNAIRE [diksjɔnɛʀ] n. m. **1.** Recueil contenant des mots, des expressions d'une langue, présentés dans un ordre convenu, et qui donne des définitions, des informations sur eux. *Dictionnaire alphabétique. Chercher un mot, le sens d'un mot dans le dictionnaire. Consulter un dictionnaire. Entrée, article de dictionnaire.* ➛ *Dictionnaire de langue,* donnant des renseignements sur les mots de la langue commune et leurs emplois. ➛ *Dictionnaire encyclopédique,* donnant des informations sur les choses désignées par les mots, et traitant les noms propres. ➛ *Dictionnaire des synonymes.* ➛ *Dictionnaire d'argot.* ➛ *Dictionnaire bilingue,* qui donne la traduction des mots d'une langue dans une autre en tenant compte des sens, des emplois. **2.** Ensemble des mots différents (d'un groupe...). SYN. **lexique, vocabulaire.** **3.** FAM. Personne qui sait tout. *C'est un dictionnaire vivant !* SYN. **encyclopédie.**
ÉTYM. latin médiéval *dictionarium,* de *dictio* «action de dire *(dicere)*».

DICTON [diktɔ̃] n. m. ✦ Sentence passée en proverbe. SYN. **adage, maxime.** *Vieux dicton populaire.*
ÉTYM. du latin *dictum,* de *dicere* «dire».

DIDACTICIEL [didaktisjɛl] n. m. ✦ INFORM. Logiciel à fonction pédagogique (➛ **E. A. O.**).
ÉTYM. de *didactique* et *logiciel.*

DIDACTIQUE [didaktik] adj. **1.** Qui vise à instruire. *Dans un souci didactique.* SYN. **pédagogique.** *Ouvrage didactique.* **2.** Qui appartient à la langue des sciences et des techniques. *Terme didactique.* **3.** n. f. Théorie et méthode de l'enseignement. *La didactique des langues.*
ÉTYM. grec *didaktikos,* de *didaskein* «enseigner».

DIDACTISME [didaktism] n. m. ✦ Caractère didactique (souvent péj.).

DIDASCALIE [didaskali] n. f. ✦ DIDACT. Indication de jeu, dans une œuvre théâtrale, un scénario. ☛ Littérature p. 127.
ÉTYM. grec *didaskalia* «enseignement».

DIÈDRE [djɛdʀ] adj. ✦ GÉOM. *Angle dièdre,* déterminé par l'intersection de deux plans. ➛ n. m. *Un dièdre :* figure formée par deux demi-plans ayant une arête commune.
ÉTYM. de *di-* et *-èdre.*

DIÉGÈSE [djeʒɛz] n. f. ✦ DIDACT. Espace-temps d'une fiction.
ÉTYM. grec *diêgêsis* «récit».

DIENCÉPHALE [diɑ̃sefal] n. m. ✦ ANAT. Partie du cerveau située entre les deux hémisphères cérébraux, formée principalement du thalamus et de l'hypothalamus.
ÉTYM. de *di-* et *encéphale.*

DIÉRÈSE [djeʀɛz] n. f. ✦ Prononciation dissociant un groupe vocalique en deux syllabes (opposé à *synérèse*). ☛ Littérature p. 122. *«Hier» se prononce avec* ([ijɛʀ]) *ou sans diérèse* ([jɛʀ]).
ÉTYM. latin grammatical *diaeresis,* du grec, de *diairein* «séparer».

DIÈSE [djɛz] n. m. **1.** MUS. Signe (♯) élevant d'un demi-ton chromatique la note devant laquelle il est placé. *Dièses et bémols.* ➛ appos. invar. *Des do dièse.* **2.** *Mot-dièse* : recomm. offic. pour remplacer l'anglicisme *hashtag. Des mots-dièse.*
ÉTYM. latin *diesis,* mot grec «intervalle».

DIESEL ou **DIÉSEL** [djezɛl] n. m. **1.** Moteur à combustion interne, dans lequel l'allumage est obtenu par compression. ➛ appos. *Des moteurs diesels, diésels.* **2.** Véhicule à moteur diesel. *Des diesels, des diésels.* ➛ Écrire *diésel* avec un accent aigu est permis.
ÉTYM. de *Diesel,* ingénieur allemand. ☛ noms propres.

DIÉSER [djeze] v. tr. (conjug. 8) ✦ MUS. Marquer (une note) d'un dièse.

DIES IRAE [djɛsiʀe] n. m. invar. ✦ Séquence de la messe des morts, qui commence par les mots *dies irae.* ➛ Composition musicale sur ce thème.
ÉTYM. mots latins «jour de colère».

① **DIÈTE** [djɛt] n. f. **1.** MÉD. Régime alimentaire particulier (➛ **diététique**). **2.** COUR. Privation totale ou partielle de nourriture pour raison médicale ou hygiénique. SYN. **abstinence.** *Être à la diète.*
ÉTYM. bas latin *diaeta,* du grec.

② **DIÈTE** [djɛt] n. f. ✦ HIST. Assemblée politique (en Allemagne, Suède, Pologne, Suisse, Hongrie). *Luther comparut devant la diète de Worms.*
ÉTYM. latin médiéval *dieta* «journée *(dies)* de travail».

DIÉTÉTICIEN, IENNE [djetetisj ɛ̃, jɛn] n. ✦ Spécialiste de la diététique.

DIÉTÉTIQUE [djetetik] n. f. et adj. **1.** n. f. Science de l'hygiène alimentaire ; ensemble des règles à suivre pour une alimentation équilibrée. **2.** adj. Relatif à la diététique ; préparé selon les règles de la diététique. *Menu diététique.*
ÉTYM. latin *diaeteticus* → ① diète.

DIEU [djø] n. m. ✦ Principe d'explication de l'existence du monde conçu comme un être personnel, selon des modalités particulières aux croyances, aux religions. **I** (dans le monothéisme) **1.** Être éternel, unique, créateur et juge. *Croire en Dieu. Ne pas croire en Dieu* (➛ **athée**). ➛ avec article *Le Dieu des juifs* (Yahvé, Jéhovah), *des chrétiens* (Dieu), *des musulmans* (Allah). ◆ (dans la tradition judéo-chrétienne) *L'envoyé de Dieu.* ➛ **messie.** ◆ (dans la doctrine chrétienne) *Dieu en trois personnes* (le Père, le Fils et le Saint-Esprit ; ➛ **trinité**). *Le Fils de Dieu :* le Christ. *La mère de Dieu :* la Vierge. ➛ loc. *Recommander* son âme à Dieu.* ➛ prov. *L'homme propose, Dieu dispose,* les projets sont souvent contrariés par les circonstances. ◆ avec article *LE BON DIEU* (expression familière et affective). *Prier le bon Dieu.* loc. *On lui donnerait le bon Dieu sans confession*.* **2.** dans des loc. *DIEU SAIT...* (pour appuyer une affirmation ou une négation). *Dieu sait si je l'avais averti.* ➛ (pour exprimer l'incertitude) *Dieu sait ce que nous ferons demain. Dieu seul le sait.* ◆ *À la grâce de Dieu. Avec l'aide de Dieu. Dieu vous entende !* **3.** interj. *Ah, mon Dieu ! Grand Dieu !* ➛ (jurons) *Nom de Dieu ! Bon Dieu !* **II** (dans le polythéisme) *UN DIEU,*

LES DIEUX. 1. Être supérieur doué d'un pouvoir sur l'homme et d'attributs particuliers. SYN. **divinité ; idole.** *Histoire des dieux.* → **mythologie.** *Les dieux égyptiens. Dieux, déesses et demi-dieux de la Grèce. Les dieux et les génies de l'animisme.* 2. loc. *Être aimé, béni des dieux,* avoir des atouts, de la chance. *Jurer ses grands dieux :* jurer solennellement. ➤ *Faire de qqn, de qqch. son dieu,* en faire l'objet d'un culte. *C'est son dieu.*
ÉTYM. latin *deus.*

DIFFAMATEUR, TRICE [difamatœʀ, tʀis] **n.** ✦ Personne qui diffame. SYN. **calomniateur.**

DIFFAMATION [difamasjɔ̃] **n. f.** 1. Action de diffamer. SYN. **calomnie, médisance.** 2. Écrit, parole qui diffame. CONTR. **apologie, louange.**
ÉTYM. bas latin *diffamatio* «action de divulguer».

DIFFAMATOIRE [difamatwaʀ] **adj.** ✦ Qui a pour but la diffamation. *Article diffamatoire.*

DIFFAMER [difame] **v. tr.** (conjug. 3a) ✦ Chercher à porter atteinte à la réputation, à l'honneur de (qqn). SYN. **attaquer, calomnier, décrier, discréditer, médire** de. *Diffamer un adversaire.* CONTR. **encenser,** ① **louer, vanter.**
ÉTYM. latin *diffamare,* de *fama* «renommée».

DIFFÉRÉ [difeʀe] **n. m.** ✦ Fait d'émettre, de diffuser (une émission) après l'enregistrement. ➤ *EN DIFFÉRÉ* (opposé à *en direct*). *Match retransmis en différé.*
ÉTYM. du participe passé de *différer.*

DIFFÉREMMENT [difeʀamɑ̃] **adv.** ✦ D'une manière autre, différente. *Lui et moi pensons différemment. Agir différemment des autres.* CONTR. **identiquement, pareillement.**
ÉTYM. de *différent.*

DIFFÉRENCE [difeʀɑ̃s] **n. f.** 1. Caractère *(une différence)* ou ensemble de caractères *(la différence)* qui distingue une chose d'une autre, un être d'un autre. SYN. **dissemblance, distinction, écart ;** → **dis-, hétér(o)-.** *Une légère différence. Différence d'altitude. Différence d'âge. Différence d'opinions.* SYN. **divergence.** ➤ *Faire la différence entre deux choses,* la percevoir, la sentir. SYN. **distinction.** *Différence de prix.* ➤ *Faire la différence :* prendre l'avantage. ➤ *À LA DIFFÉRENCE DE* **loc. prép. :** contrairement à. *À la différence de son frère, il est très sportif.* ➤ *À LA DIFFÉRENCE QUE* **loc. conj.** (+ indic.) : avec cette différence que. ◆ *Le droit à la différence* (de culture, de religion, de mœurs...). 2. Quantité qui, ajoutée à une quantité, donne une somme égale à une autre. *La différence entre 100 et 25 est 75.* 3. MATH. *Différence de deux ensembles A et B,* l'ensemble formé par les éléments de A qui n'appartiennent pas à B (noté A - B). CONTR. **conformité, identité, ressemblance, similitude.**
ÉTYM. latin *differentia.*

DIFFÉRENCIATEUR, TRICE [difeʀɑ̃sjatœʀ, tʀis] **adj.** ✦ Qui différencie.

DIFFÉRENCIATION [difeʀɑ̃sjasjɔ̃] **n. f.** 1. Action de se différencier. *La différenciation des cellules au cours de la croissance embryonnaire.* 2. Action de différencier (2). SYN. **distinction, séparation.** CONTR. **identification, rapprochement.**
ÉTYM. de *différencier.*

DIFFÉRENCIER [difeʀɑ̃sje] **v. tr.** (conjug. 9) **I** 1. (sujet chose) Rendre différent. SYN. **distinguer.** *Ce qui différencie le singe de l'homme.* 2. (sujet personne) Établir une différence. *Différencier deux espèces végétales auparavant confondues.* SYN. **distinguer, séparer.** **II** *SE DIFFÉRENCIER* **v. pron.** 1. Être caractérisé par telle ou telle différence. SYN. **différer.** *Arbre qui se différencie des autres par la taille.* 2. Devenir différent, de plus en plus différent. SYN. se **distinguer.** *Les cellules se différencient.* 3. Se rendre différent. *Ils portent un maillot bleu pour se différencier de leurs adversaires.* CONTR. **confondre, identifier, rapprocher.**
ÉTYM. latin scolastique *differentiare.*

DIFFÉREND [difeʀɑ̃] **n. m.** ✦ Désaccord résultant d'une opposition d'opinions, d'intérêts entre des personnes. SYN. **conflit, dispute, querelle.** *Avoir un différend avec qqn. Être en différend.* CONTR. **accord, réconciliation.**
HOM. DIFFÉRENT «distinct»
ÉTYM. variante de *différent.*

DIFFÉRENT, ENTE [difeʀɑ̃, ɑ̃t] **adj.** 1. Qui diffère, présente une différence par rapport à une autre personne, une autre chose. SYN. **autre, dissemblable, distinct.** *Deux modèles de qualité différente.* ➤ *Opinions différentes.* SYN. **divergent.** *Sa méthode de travail est bien différente de celle de ses collègues.* ➤ *Les deux frères sont très différents.* 2. au plur. (avant le nom) Plusieurs et distincts. SYN. **divers.** *Différentes personnes me l'ont dit. Différents cas se présentent.* CONTR. **analogue, identique, même, pareil, semblable.** HOM. DIFFÉREND «désaccord»
ÉTYM. du latin *differens.*

DIFFÉRENTIEL, ELLE [difeʀɑ̃sjɛl] **adj.** et **n. m.** ✦ DIDACT. **I adj.** 1. Qui concerne les différences. *Psychologie différentielle.* ◆ Qui établit des différences. *Tarif* (de transport) *différentiel,* non proportionnel aux distances. 2. MATH. *Calcul différentiel :* partie des mathématiques qui étudie les variations infiniment petites des fonctions. *Équation différentielle :* relation entre une fonction, ses dérivées et la variable.
II n. m. Combinaison d'engrenages qui permet une différence de vitesse de rotation entre les roues d'un même essieu.
ÉTYM. bas latin *differentialis.*

DIFFÉRER [difeʀe] **v.** (conjug. 8) **I v. tr.** Remettre à un autre moment ; éloigner la réalisation de (qqch.). SYN. **remettre,** ① **repousser, retarder.** *Différer un paiement, une réponse.* **II v. intr.** Être différent, dissemblable. SYN. se **différencier,** se **distinguer.** *DIFFÉRER DE. Mon opinion diffère de la vôtre.* ➤ *Leurs goûts diffèrent entièrement. Les prix diffèrent selon les magasins.* CONTR. **avancer, hâter** • se **confondre,** se **ressembler.**
ÉTYM. latin *differre.*

DIFFICILE [difisil] **adj.** 1. Qui n'est pas facile ; qui ne se fait qu'avec effort, avec peine. SYN. **ardu, dur, laborieux, malaisé.** *Manœuvre, opération, travail difficile.* ➤ *Difficile à* (+ inf.). *C'est difficile à dire. Un nom difficile à prononcer.* ➤ impers. *Il m'est difficile d'en parler.* ➤ *Le plus difficile reste à faire.* 2. Qui demande un effort intellectuel, des capacités (pour être compris, résolu). *Texte difficile. Problème difficile.* SYN. **compliqué.** *Morceau de musique difficile* (à jouer). 3. (accès, passage) Qui présente un danger, une incommodité. *Route, virage difficile.* 4. Qui donne du souci, du mal. *Situation difficile. Des moments difficiles.* 5. (personnes) Avec qui les relations ne sont pas aisées. *Enfant difficile.* ➤ *Il est difficile*

A B C D E F G H I J K L M N O P Q R S T U V W X Y Z

à vivre. 6. Qui n'est pas facilement satisfait. SYN. **exigeant.** *Être difficile sur la nourriture.* – n. *Faire le, la difficile.* CONTR. **facile ; aisé,** ① **commode, simple • accommodant, conciliant, souple.**
ÉTYM. latin *difficilis.*

DIFFICILEMENT [difisilmɑ̃] adv. ✦ Avec difficulté. *Écriture difficilement lisible. Respirer difficilement.* – *On peut difficilement le lui reprocher.* CONTR. **facilement.**

DIFFICULTÉ [difikylte] n. f. 1. Caractère de ce qui est difficile ; ce qui rend qqch. difficile. *La difficulté d'un problème.* – absolt *Aimer la difficulté.* 2. Mal, peine que l'on éprouve pour faire qqch. SYN. **peine.** *Se déplacer avec difficulté. Réussir sans difficulté.* – *Difficulté à* (+ inf.). *Avoir de la difficulté à s'exprimer.* 3. Ce qu'il y a de difficile en qqch. ; chose difficile. SYN. **embarras, ennui.** *Difficultés matérielles, financières, sentimentales. Il a des difficultés avec son associé.* – *Cela ne fait aucune difficulté* : c'est facile. *Éluder, tourner la difficulté.* 4. Raison invoquée, opposition soulevée contre qqch. SYN. **objection.** *Il n'a pas fait de difficultés pour venir.* 5. *EN DIFFICULTÉ* : dans une situation difficile. *Être en difficulté. Ce retard nous met en difficulté.* CONTR. **facilité, simplicité.**
ÉTYM. latin *difficultas.*

DIFFICULTUEUX, EUSE [difikyltɥø, øz] adj. ✦ LITTÉR. Difficile, qui pose de gros problèmes.
ÉTYM. de *difficulté.*

DIFFORME [difɔʀm] adj. ✦ Qui n'a pas la forme et les proportions naturelles (se dit surtout du corps humain). SYN. **contrefait, déformé.**
ÉTYM. latin médiéval *difformis,* de *deformis,* famille de *forma* «forme».

DIFFORMITÉ [difɔʀmite] n. f. ✦ Défaut grave de la forme physique, anomalie dans les proportions. SYN. **déformation, malformation.**
ÉTYM. latin médiéval *difformitas* → difforme.

DIFFRACTER [difʀakte] v. tr. (conjug. 3a) ✦ PHYS. Produire la diffraction de.
ÉTYM. de *diffraction.*

DIFFRACTION [difʀaksjɔ̃] n. f. ✦ PHYS. Phénomène de déviation des rayons lumineux au voisinage des corps opaques ; par ext. phénomène analogue pour d'autres rayonnements.
ÉTYM. du latin *diffractum* (famille de *frangere* «briser»), d'après *réfraction.*

DIFFUS, USE [dify, yz] adj. 1. Qui est répandu dans toutes les directions. *Douleur diffuse. Lumière diffuse.* 2. LITTÉR. Qui délaye sa pensée. SYN. **verbeux.** *Écrivain diffus.* – *Style diffus.* CONTR. ① **précis • concis, laconique.**
ÉTYM. latin *diffusus,* participe passé de *diffundere* «répandre».

DIFFUSER [difyze] v. tr. (conjug. 3a) 1. Répandre dans toutes les directions. SYN. **propager.** *Le radiateur diffuse une douce chaleur.* 2. Émettre, transmettre par ondes hertziennes (→ **radiodiffusion**). – au p. passé *Concert diffusé en direct.* 3. fig. Répandre dans le public. SYN. **propager.** *Diffuser une nouvelle.* ◆ Distribuer (un ouvrage de librairie). *Éditeur parisien qui diffuse des ouvrages belges.* CONTR. **concentrer.**
ÉTYM. de *diffus.*

DIFFUSEUR [difyzœʀ] n. m. 1. Appareil qui sert à diffuser qqch. *Diffuseur de parfum.* 2. Entreprise, personne qui se charge de diffuser des livres.

DIFFUSION [difyzjɔ̃] n. f. 1. Action de diffuser des ondes sonores. *Émetteur de radio qui assure la diffusion d'un programme.* SYN. **émission, transmission ;** → **radiodiffusion.** 2. Fait de se répandre. SYN. **expansion, propagation.** *La diffusion des connaissances humaines.* SYN. **vulgarisation.** *Langue de grande diffusion.* ◆ *La diffusion d'un ouvrage en librairie* (→ **diffuser ; diffuseur**).
ÉTYM. latin *diffusio.*

DIFLUOR [diflyɔʀ] n. m. ✦ CHIM. Corps simple (symb. F_2), gaz jaune pâle, très corrosif.
ÉTYM. de *di-* et *fluor.*

DIGÉRER [diʒeʀe] v. tr. (conjug. 8) 1. Faire la digestion de. *Digérer son repas.* – absolt *Il digère mal.* 2. fig. Mûrir par un travail intellectuel comparé à la digestion. SYN. **assimiler.** – au p. passé *Des connaissances mal digérées.* 3. FAM. Supporter patiemment (qqch. de fâcheux). SYN. **endurer ;** FAM. **avaler.** *C'est dur à digérer. Je ne peux pas digérer cet affront.*
ÉTYM. latin *digerere* «distribuer».

DIGESTE [diʒɛst] adj. ✦ (critiqué) Qui se digère facilement. SYN. **digestible.** CONTR. **indigeste.**
ÉTYM. de *indigeste,* d'après le latin *digestus.*

DIGESTIBLE [diʒɛstibl] adj. ✦ Qui peut être facilement digéré. *Aliment très digestible.* SYN. **digeste, léger.** CONTR. **indigeste.**
ÉTYM. latin *digestibilis.*

DIGESTIF, IVE [diʒɛstif, iv] adj. 1. Qui participe à la digestion. *L'appareil digestif* (bouche, gosier, œsophage, estomac, intestin). *Le tube* digestif.* 2. Relatif à la digestion. *Trouble digestif.* 3. n. m. Alcool, liqueur que l'on boit après le repas.
ÉTYM. latin *digestivus.*

DIGESTION [diʒɛstjɔ̃] n. f. 1. Ensemble des transformations que subissent les aliments dans le tube digestif avant d'être assimilés. 2. fig. *La digestion des connaissances.*
ÉTYM. latin *digestio.*

DIGICODE [diʒikɔd] n. m. ✦ anglicisme Appareil sur lequel on tape un code alphanumérique qui commande l'ouverture d'une porte.
ÉTYM. nom déposé ; de l'anglais *digit* «nombre» et de *code.*

DIGIT-, DIGITI-, DIGITO- Élément savant, du latin *digitus* «doigt».

① **DIGITAL, ALE, AUX** [diʒital, o] adj. ✦ Qui appartient aux doigts. *Empreintes digitales.*
ÉTYM. latin *digitalis,* de *digitus* «doigt».

② **DIGITAL, ALE, AUX** [diʒital, o] adj. ✦ anglicisme 1. *Calcul, code digital,* dans lequel on utilise des nombres. – recomm. offic. *numérique.* 2. Qui opère sur des données numériques. *Affichage digital.* SYN. **numérique.**
ÉTYM. américain *digital,* de l'anglais *digit* «nombre», latin *digitus* «doigt».

DIGITALE [diʒital] n. f. ✦ Plante herbacée vénéneuse (→ **digitaline**) portant une longue grappe de fleurs pendantes à corolle en forme de doigtier.
ÉTYM. latin médiéval *digitale,* de *digitus* «doigt».

DIGITALINE [diʒitalin] n. f. ✦ Principe actif très toxique extrait de la digitale, utilisé en cardiologie.
ÉTYM. de *digitale* et *-ine.*

DIGITALISER [diʒitalize] v. tr. (conjug. 3a) ✦ anglicisme DIDACT. Traduire en nombres (des informations continues : photos, dessins...). ➡ recomm. offic. NUMÉRISER.
► **DIGITALISATION** [diʒitalizasjɔ̃] n. f.
ÉTYM. anglais *to digitalize*, de *digit* «nombre» → ② digital.

DIGITIGRADE [diʒitigʀad] adj. ✦ ZOOL. Qui marche en appuyant sur les doigts (la plante du pied ne pose pas sur le sol) [ex. chat, chien]. ➡ n. m. pl. *Digitigrades et plantigrades.*
ÉTYM. de *digiti-* et *-grade.*

DIGNE [diɲ] adj. I *DIGNE DE.* 1. Qui mérite (qqch.). *Un témoin digne de foi. Coupable digne d'un châtiment. Conduite digne d'éloges.* 2. Qui est en accord, en conformité avec (qqn ou qqch.). *Ce roman n'est pas digne d'un grand écrivain. Avoir un adversaire digne de soi.* II Qui a de la dignité. *Rester digne.* ➡ *Un air, un maintien très digne.* CONTR. **indigne.**
ÉTYM. latin *dignus*, de *decet* «il convient».

DIGNEMENT [diɲ(ə)mɑ̃] adv. ✦ Avec dignité. CONTR. **indignement.**

DIGNITAIRE [diɲitɛʀ] n. m. ✦ Personne revêtue d'une dignité (I). *Les hauts dignitaires de l'État.*
ÉTYM. de *dignité.*

DIGNITÉ [diɲite] n. f. I Fonction, titre ou charge qui donne à qqn un rang éminent. *La dignité de comte, d'évêque, de magistrat.* II 1. Respect que mérite qqn, qqch. *La dignité de la personne humaine.* SYN. **grandeur, noblesse.** 2. Respect de soi. SYN. **amour-propre, fierté, honneur.** *Avoir sa dignité.* ➡ *La dignité de ses manières.* SYN. **gravité, retenue.** CONTR. **bassesse, indignité • laisser-aller, vulgarité.**
ÉTYM. latin *dignitas.*

DIGRESSION [digʀesjɔ̃] n. f. ✦ Développement oral ou écrit qui s'écarte du sujet. *Faire une digression. Se perdre dans des digressions.*
ÉTYM. latin *digressio*, de *digredi* «s'éloigner».

DIGUE [dig] n. f. ✦ Longue construction destinée à contenir les eaux. → **chaussée, jetée, môle ; endiguer.** *Digue fluviale. Digue portuaire.* ◆ fig. Barrière, frein, obstacle.
ÉTYM. ancien néerlandais *dijc.*

DIHYDROGÈNE [diidʀɔʒɛn] n. m. ✦ CHIM. Corps simple (symb. H_2), gaz inflammable, inodore, incolore et quartorze fois plus léger que l'air. *Le dihydrogène est un composant de l'eau (H_2O).*
ÉTYM. de *di-* et *hydrogène.*

DIIODE [dijɔd] n. m. ✦ CHIM. Corps simple (symb. I_2), solide qui donne naissance à des vapeurs violettes quand on le chauffe. *Le diiode est nocif par inhalation et par contact avec la peau.*
ÉTYM. de *di-* et *iode.*

DIKTAT [diktat] n. m. ✦ Chose imposée, décision unilatérale contre laquelle on ne peut rien. SYN. **oukase.**
ÉTYM. mot allemand, du latin *dictare* «dicter».

DILAPIDATEUR, TRICE [dilapidatœʀ, tʀis] adj. ✦ Qui dilapide. ➡ n. *Un dilapidateur des finances publiques.*

DILAPIDATION [dilapidasjɔ̃] n. f. ✦ Action de dilapider. *La dilapidation d'un héritage. La dilapidation des richesses naturelles.* SYN. **gaspillage.** CONTR. **accumulation, économie, épargne.**
ÉTYM. bas latin *dilapidatio.*

DILAPIDER [dilapide] v. tr. (conjug. 3a) ✦ Dépenser (des biens) de manière excessive et désordonnée. *Dilapider sa fortune.* SYN. **dissiper, gaspiller.** CONTR. **amasser, économiser, épargner.**
ÉTYM. latin *dilapidare.*

DILATABLE [dilatabl] adj. ✦ Qui peut se dilater. SYN. **expansible.**

DILATATEUR, TRICE [dilatatœʀ, tʀis] adj. ✦ ANAT. Qui a pour fonction de dilater. *Muscles dilatateurs* (opposé à *constricteur*).

DILATATION [dilatasjɔ̃] n. f. 1. Action de dilater ; fait de se dilater. *Dilatation de la pupille.* 2. PHYS. Augmentation de volume (d'un corps) sous l'action de la chaleur. *Dilatation d'un gaz.* CONTR. **contraction • compression.**
ÉTYM. bas latin *dilatatio.*

DILATER [dilate] v. tr. (conjug. 3a) ✦ Augmenter le volume de (qqch.). *Dilater ses narines.* ➡ au p. passé *Pupilles dilatées*, agrandies. ◆ fig. *Joie qui dilate le cœur.* ◆ *SE DILATER* v. pron. *Métal qui se dilate à la chaleur.* CONTR. **comprimer, ② contracter, rétrécir.**
ÉTYM. latin *dilatare* «élargir», de *latus* «large».

DILATOIRE [dilatwaʀ] adj. ✦ DR. Qui tend à retarder par des délais, à prolonger un procès. *Appel dilatoire.* ◆ *Réponse dilatoire*, qui vise à gagner du temps.
ÉTYM. latin juridique *dilatorius*, de *dilatus* «différé».

DILECTION [dilɛksjɔ̃] n. f. ✦ RELIG. OU LITTÉR. Amour tendre et spirituel.
ÉTYM. latin chrétien *dilectio*, de *diligere* «choisir».

DILEMME [dilɛm] n. m. ✦ Alternative contenant deux propositions contraires ou contradictoires et entre lesquelles on est mis en demeure de choisir. *Cruel dilemme. Comment sortir de ce dilemme ?*
ÉTYM. bas latin *dilemma*, du grec → di- et lemme.

DILETTANTE [diletɑ̃t] n. ✦ Personne qui s'occupe d'une chose pour le plaisir, en amateur. *Peindre en dilettante.*
ÉTYM. mot italien ; famille du latin *delectare* «faire plaisir ; délecter».

DILETTANTISME [diletɑ̃tism] n. m. ✦ Caractère du dilettante. SYN. **amateurisme.** *Faire qqch. par, avec dilettantisme.*

DILIGEMMENT [diliʒamɑ̃] adv. ✦ D'une manière diligente, avec diligence (I).
ÉTYM. de *diligent.*

DILIGENCE [diliʒɑ̃s] n. f. I 1. VX OU LITTÉR. Activité empressée, dans l'exécution d'une chose. SYN. **célérité, empressement, zèle ; diligent.** ➡ loc. *Faire diligence :* se dépêcher. 2. DR. *À la diligence de qqn*, sur sa demande. II Voiture à chevaux qui servait à transporter des voyageurs. *Conducteur de diligence.* → **postillon.**
ÉTYM. latin *diligentia* «soin scrupuleux».

DILIGENT, ENTE [diliʒɑ̃, ɑ̃t] adj. ✦ LITTÉR. Qui montre de la diligence. *Employé diligent.* ➡ *Soins diligents*, attentionnés et empressés. CONTR. **négligent.**
ÉTYM. latin *diligens* «attentif, scrupuleux».

A B C D E F G H I J K L M N O P Q R S T U V W X Y Z

DILUANT [dilɥɑ̃] n. m. ✦ Liquide qui sert à diluer (une peinture, un vernis).
ÉTYM. du participe présent de *diluer.*

DILUER [dilɥe] v. tr. (conjug. 3a) ✦ Délayer, étendre (une substance) dans un liquide. *Diluer du sirop dans de l'eau.* – au p. passé *Peinture diluée.*
ÉTYM. latin *diluere.*

DILUTION [dilysjɔ̃] n. f. ✦ Action de diluer ; son résultat.

DILUVIEN, IENNE [dilyvjɛ̃, jɛn] adj. 1. Qui a rapport au déluge (1). *Les eaux diluviennes.* 2. *Pluie diluvienne,* très abondante.
ÉTYM. du latin *diluvium* «déluge».

DIMANCHE [dimɑ̃ʃ] n. m. ✦ Septième jour de la semaine*, qui succède au samedi ; jour consacré à Dieu, au repos, dans les civilisations chrétiennes (→ **dominical**). *Mettre ses habits du dimanche* (→ **s'endimancher**). – loc. *DU DIMANCHE,* se dit de personnes qui agissent en amateurs, sans expérience (souvent péj.). *Peintre du dimanche. Conducteur du dimanche.*
ÉTYM. latin chrétien *dies dominicus* «jour *(dies)* du Seigneur *(dominus)*».

DÎME [dim] n. f. ✦ Ancien impôt sur les récoltes, prélevé par l'Église.
ÉTYM. latin *decima* «le dixième».

DIMENSION [dimɑ̃sjɔ̃] n. f. I 1. Grandeur réelle, mesurable, qui détermine la portion d'espace occupée par un corps. SYN. ③ **taille** ; → **étendue, grandeur, grosseur.** *La dimension d'un objet.* 2. Grandeur qui mesure un corps dans une direction. SYN. **mesure** ; → **largeur, longueur ; épaisseur, hauteur, profondeur.** *Noter, prendre, relever les dimensions de qqch.* 3. GÉOM. Grandeur réelle qui détermine la position d'un point. *Espace à une dimension* (ligne droite), *à deux dimensions* (plan), *à trois dimensions* (géométrie dans l'espace). – *La troisième dimension,* perspective d'un tableau. – *La quatrième dimension* (dans la théorie de la relativité) : le temps. II fig. 1. Importance. *Le scandale a pris une dimension nationale.* 2. Aspect significatif d'une chose. *La dimension politique d'un problème.* SYN. **composante.**
ÉTYM. latin *dimensio,* de *metiri* «mesurer».

DIMINUÉ, ÉE [diminɥe] adj. 1. Rendu moins grand. *Intervalle (musical) diminué.* 2. (personnes) Amoindri, affaibli. *Je l'ai trouvé bien diminué depuis sa maladie.*

DIMINUER [diminɥe] v. (conjug. 3a) I v. tr. 1. Rendre plus petit (une grandeur). SYN. **réduire.** *Diminuer la longueur* (SYN. **raccourcir**), *la largeur* (SYN. **rétrécir**) *de qqch. Diminuer le prix d'un objet.* SYN. **baisser.** 2. (de ce qui n'est pas mesurable) Rendre moins grand, moins fort. *Diminuer les risques d'incendie. Diminuer l'ardeur de qqn.* SYN. **modérer.** 3. Réduire les mérites, la valeur de (qqn). *Prendre plaisir à diminuer qqn.* SYN. **déprécier, rabaisser.** II v. intr. Devenir moins grand, moins considérable. SYN. **baisser, décroître.** *La chaleur a diminué ce soir. Le stock diminue. Les prix diminuent.* – *Ses forces ont diminué.* CONTR. **augmenter ; agrandir, amplifier, grandir, grossir.**
ÉTYM. latin *diminuere* «réduire en morceaux», de *minus* «moins ; moindre».

DIMINUTIF, IVE [diminytif, iv] adj. et n. m. 1. adj. Qui ajoute une idée de petitesse. *Suffixe diminutif.* 2. n. m. Mot formé d'une racine et d'un suffixe diminutif. *«Tablette» est le diminutif de «table».* ◆ Nom propre formé par abrègement, suffixation, etc., ayant une valeur affective. *«Pierrot» est le diminutif de «Pierre». «Riton»* (pour Henri) *est un diminutif.* CONTR. **augmentatif.**
ÉTYM. bas latin *diminutivus,* famille de *diminuere* «amoindrir».

DIMINUTION [diminysjɔ̃] n. f. 1. Action de diminuer ; son résultat. SYN. **baisse, réduction.** *La diminution des salaires ; une diminution de prix. Effectifs en diminution.* 2. Action de diminuer le nombre de mailles (au crochet, au tricot). *Faire des diminutions aux emmanchures.* CONTR. **augmentation ; croissance.**
ÉTYM. latin *diminutio.*

DIMORPHISME [dimɔʀfism] n. m. ✦ DIDACT. Propriété de certains corps, de certaines espèces animales ou végétales qui se présentent sous deux formes distinctes. *Dimorphisme sexuel* : aspect différent du mâle et de la femelle d'une même espèce.
ÉTYM. de *dimorphe* «de forme différente», de *di-* et *-morphe.*

DINANDERIE [dinɑ̃dʀi] n. f. ✦ Ensemble des ustensiles de cuivre jaune.
ÉTYM. de *dinandier.*

DINANDIER [dinɑ̃dje] n. m. ✦ Fabricant, marchand de dinanderie.
ÉTYM. de *Dinant,* ville de Belgique.

DINAR [dinaʀ] n. m. ✦ Unité monétaire de l'Algérie, de la Tunisie, de l'Irak, de la Jordanie, de la Libye, de la Serbie, de Bahreïn, du Koweït, etc. *Cent dinars.*
ÉTYM. arabe *dinâr,* du latin *denarius* «denier».

DINDE [dɛ̃d] n. f. 1. Femelle du dindon. *La dinde glougloute. Dinde aux marrons.* 2. fig. Femme stupide. *Petite dinde !*
ÉTYM. de *poule d'Inde.*

DINDON [dɛ̃dɔ̃] n. m. 1. Grand oiseau de basse-cour, dont la tête et le cou sont recouverts d'une membrane granuleuse, rouge violacé ; spécialt le mâle. *Le dindon glougloute.* 2. loc. *Être le dindon de la farce,* la victime, la dupe, dans une affaire. → **pigeon.**
ÉTYM. de *dinde.*

DINDONNEAU [dɛ̃dɔno] n. m. ✦ Petit de la dinde.
ÉTYM. de *dindon.*

① **DÎNER** [dine] v. intr. (conjug. 3a) 1. VX OU RÉGIONAL (par ex. Québec) Prendre le repas du milieu du jour. SYN. ① **déjeuner.** 2. Prendre le repas du soir. SYN. ① **souper.** *Nous dînons à huit heures. Inviter, garder qqn à dîner.* prov. *Qui dort dîne* : le sommeil fait oublier la faim.
ÉTYM. bas latin *disjejunare* «rompre le jeûne» ; doublet de ① *déjeuner.*

② **DÎNER** [dine] n. m. 1. VX OU RÉGIONAL Repas de la mi-journée. SYN. ② **déjeuner.** 2. Repas du soir. SYN. ② **souper.** 3. Les plats servis au dîner. *Un bon dîner.*
ÉTYM. de ① *dîner.*

DÎNETTE [dinɛt] n. f. 1. Petit repas, vrai ou simulé, que les enfants s'amusent à faire entre eux. *Jouer à la dînette.* 2. *Dînette (de poupée)* : service de table miniature, jouet d'enfant.
ÉTYM. de ② *dîner.*

DÎNEUR, EUSE [dinœʀ, øz] **n.** ✦ Personne qui prend part à un dîner.
ÉTYM. de ① *dîner.*

DING [diŋ] **interj.** ✦ Onomatopée évoquant un tintement, un coup de sonnette. SYN. **drelin, dring.** ➖ *Ding, ding, dong* [diŋdɛ̃gdɔ̃(g)], évoquant la sonnerie d'un carillon.
ÉTYM. onomatopée.

DINGHY [diŋgi] **n. m.** ✦ anglicisme Canot pneumatique. *Des dinghys* ou *des dinghies* (plur. anglais).
ÉTYM. mot anglais, de l'hindi *dingi* «petit bateau».

① **DINGO** [dɛ̃go] **n. m.** ✦ Chien sauvage d'Australie.
ÉTYM. mot anglais, d'une langue d'Australie.

② **DINGO** [dɛ̃go] **adj.** et **n.** ✦ FAM. et VIEILLI Fou. SYN. **dingue.** *Elles sont dingos ces filles !*
ÉTYM. peut-être de *dingue.*

DINGUE [dɛ̃g] **adj.** ✦ FAM. 1. Fou. *Il est complètement dingue. C'est dingue !* ➖ **n.** *Mener une vie de dingue.* 2. Extraordinaire. SYN. **dément.** *Une soirée dingue.*
ÉTYM. probablement de *dinguer.*

DINGUER [dɛ̃ge] **v. intr.** (conjug. 3b) ✦ FAM. (surtout à l'inf., après un verbe) Tomber, être projeté. SYN. **valser.** *Il est allé dinguer par terre.* ◆ *Envoyer dinguer* (qqn) : repousser violemment ; fig. éconduire sans ménagement.
ÉTYM. onomatopée → ding.

DINOSAURE [dinozɔʀ] **n. m.** 1. Très grand reptile fossile quadrupède de l'ère secondaire (ordre des *Dinosauriens*). 2. fig. Personne, chose importante et archaïque.
ÉTYM. latin scientifique *dinosaurus,* du grec *deinos* «terrible» et *sauros* «lézard».

DIOCÉSAIN, AINE [djɔsezɛ̃, ɛn] **adj.** ✦ Relatif à un diocèse. ◆ **n.** Personne qui fait partie d'un diocèse.
ÉTYM. latin chrétien *diocesanus.*

DIOCÈSE [djɔsɛz] **n. m.** ✦ Circonscription ecclésiastique placée sous la juridiction d'un évêque ou d'un archevêque.
ÉTYM. latin médiéval *diocesis,* du grec «gouvernement ; province».

DIODE [djɔd] **n. f.** ✦ PHYS. Composant électronique, tube à deux électrodes, utilisé pour transformer un courant alternatif en courant de sens constant. *Diode électroluminescente (DEL).* → **LED.**
ÉTYM. de *di-* et *-ode.*

DIOÏQUE [djɔik] **adj.** ✦ BOT. *Espèce, plante dioïque,* dont les fleurs mâles et les fleurs femelles sont portées par des individus différents (ex. le palmier) (opposé à *monoïque*).
ÉTYM. de *di-* et du grec *oikia* «maison».

DIONYSIAQUE [djɔnizjak] **adj.** 1. Relatif à Dionysos, dieu du vin. *Le culte dionysiaque, dans l'Antiquité grecque.* 2. Caractérisé par l'inspiration, l'enthousiasme et non par l'ordre, la mesure (opposé à *apollinien*).
ÉTYM. grec *dionusiakos* «de Dionysos». ☛ noms propres.

DIOPTRIE [djɔptʀi] **n. f.** ✦ DIDACT. Unité de mesure de la vergence d'un système optique. *La myopie s'évalue en dioptries.*
ÉTYM. de *dioptrique.*

DIOPTRIQUE [djɔptʀik] **n. f.** ✦ DIDACT. Partie de l'optique qui traite de la réfraction. ➖ **adj.** *Le système dioptrique de l'œil.*
ÉTYM. grec *dioptrikê (tekhnê)* «(art) de mesurer les distances».

DIOXINE [diɔksin ; djɔksin] **n. f.** ✦ Sous-produit d'un dérivé du phénol, très toxique (polluant de l'atmosphère).
ÉTYM. nom déposé, de *di-benzo-di-oxinne* (*oxinne* est le nom d'un autre corps).

DIOXYDE [diɔksid ; djɔksid] **n. m.** ✦ CHIM. Oxyde contenant deux atomes d'oxygène. *Dioxyde de carbone.* → **gaz** carbonique. ☛ Géographie p. 225 et 230.
ÉTYM. de *di-* et *oxyde.*

DIOXYGÈNE [diɔksiʒɛn ; djɔksiʒɛn] **n. m.** ✦ CHIM. Corps simple, oxygène gazeux (O_2). *Le dioxygène joue un rôle fondamental dans la respiration des êtres vivants.*

DIPHTÉRIE [difteʀi] **n. f.** ✦ Maladie contagieuse due à un bacille, caractérisée par la formation de fausses membranes sur le larynx, le pharynx, provoquant des étouffements. SYN. **croup.**
ÉTYM. du grec *diphthera* «membrane».

DIPHTÉRIQUE [difteʀik] **adj.** et **n.** ✦ Relatif à la diphtérie. ◆ Atteint de diphtérie. ➖ **n.** *Un(e) diphtérique.*

DIPHTONGAISON [diftɔ̃gɛzɔ̃] **n. f.** ✦ Fait de prendre la valeur d'une diphtongue. *Verbes à diphtongaison en espagnol.*

DIPHTONGUE [diftɔ̃g] **n. f.** ✦ Voyelle qui change de timbre en cours d'émission. *Les diphtongues n'existent plus en français moderne. Diphtongues de l'anglais.*
ÉTYM. latin *diphtongos,* du grec «double son».

> **DIPL(O)-** Élément savant, du grec *diploos* «double».

DIPLODOCUS [diplɔdɔkys] **n. m.** ✦ Reptile dinosaurien herbivore.
ÉTYM. latin scientifique, de *diplo-* et du grec *dokos* «poutre».

DIPLOÏDE [diplɔid] **adj.** ✦ BIOL. *Cellule diploïde,* dont le noyau possède deux chromosomes de chaque paire (opposé à *haploïde*).
ÉTYM. de *diplo-* et *-oïde.*

DIPLOMATE [diplɔmat] **n.**
I n. 1. Personne chargée par un gouvernement de fonctions diplomatiques. *L'ambassadeur est un diplomate. Une femme diplomate ; une diplomate.* 2. fig. Personne qui sait mener une affaire avec tact. ➖ **adj.** *Elle n'est pas assez diplomate pour les réconcilier.*
II n. m. Gâteau fait de biscuits à la cuiller, de fruits confits et d'une crème anglaise.
ÉTYM. de *diplomatique.*

DIPLOMATIE [diplɔmasi] **n. f.** 1. Partie de la politique qui concerne les relations entre les États : représentation des intérêts d'un gouvernement à l'étranger, administration des affaires internationales, direction et exécution des négociations entre États (→ **ambassade, légation ; consulat**). *C'est à la diplomatie de résoudre ce différend.* ◆ Carrière diplomatique ; ensemble des diplomates. *Entrer dans la diplomatie.* 2. fig. Habileté, tact dans la conduite d'une affaire. SYN. **doigté.** *User de diplomatie.*
ÉTYM. de *diplomatique.*

DIPLOMATIQUE [diplɔmatik] adj. 1. Relatif à la diplomatie. *Rupture des relations diplomatiques entre deux pays. Incident diplomatique. Le corps diplomatique.* ◆ *Maladie diplomatique,* prétendue maladie invoquée pour se dérober à une obligation. 2. fig. (actions, manières) SYN. **adroit, habile.** *Ce n'est pas diplomatique.* CONTR. **maladroit, grossier.**

ÉTYM. latin scientifique *diplomaticus,* de *diploma* «document officiel ; diplôme».

DIPLOMATIQUEMENT [diplɔmatikmɑ̃] adv. 1. Par la diplomatie. *Le litige a été résolu diplomatiquement.* 2. Avec diplomatie (2).

DIPLÔME [diplom] n. m. 1. Acte qui confère et atteste un titre, un grade. *Décerner, obtenir un diplôme. Diplôme national du brevet (DNB). Diplôme de bachelier. Diplôme d'infirmière.* 2. Examen, concours que l'on passe pour obtenir un diplôme. *Préparer son diplôme.*

ÉTYM. latin *diploma,* mot grec «papier plié en deux» → dipl(o)-.

DIPLÔMÉ, ÉE [diplome] adj. et n. ✦ (Personne) qui a obtenu un diplôme. *Infirmier diplômé.* – n. *Les jeunes diplômés.*

DIPÔLE [dipol] n. m. ✦ Circuit électrique comportant deux bornes. *Dipôles en série, en dérivation.*

ÉTYM. de *di-* et *pôle.*

DIPTÈRE [diptɛʀ] n. m. et adj. 1. n. m. pl. *Les diptères :* ordre d'insectes à métamorphoses complètes, à deux ailes, dont la tête porte une trompe (ex. mouche, moustique). 2. adj. Qui a deux ailes (insecte).

ÉTYM. latin scientifique *diptera,* du grec «à deux ailes» → di- et -ptère.

DIPTYQUE [diptik] n. m. 1. Tableau formé de deux volets pouvant se rabattre l'un sur l'autre. 2. Œuvre littéraire ou artistique en deux parties.

ÉTYM. bas latin *diptycha,* du grec «tablette repliable».

① **DIRE** [diʀ] v. tr. (conjug. 65a) **I** Émettre (les sons, les éléments signifiants d'une langue). *Dire un mot, quelques paroles.* SYN. **articuler, énoncer, prononcer.** *Dire qqch. tout bas.* → **chuchoter, murmurer.** – loc. *Il ne dit mot :* il se tait (→ ne pas souffler* mot). *Sans mot dire :* sans parler, en silence. **II** Exprimer (la pensée, les sentiments, les intentions) par la parole. 1. Exprimer, communiquer ; formuler. *Dites-moi vos projets. Dire la vérité, des mensonges. Dire oui, dire bonjour. Il dit être malade, qu'il est malade. Dites-moi où vous allez. J'ai quelque chose à vous dire. Je vous l'ai dit cent fois.* → **répéter.** *Il ne sait plus que dire, plus quoi dire. Dire ce que l'on pense.* ◆ loc. *À ce qu'il dit :* selon ses paroles. – *Il sait ce qu'il dit,* il parle en connaissance de cause. *Il ne sait pas ce qu'il dit,* il dit n'importe quoi. – *Dire son fait*, ses quatre vérités* à qqn. À vrai dire :* véritablement. – *C'est beaucoup dire :* c'est exagéré. – *C'est tout dire :* il n'y a rien à ajouter. – *Pour tout dire :* en somme, en résumé. – *Ce n'est pas une chose à dire :* il vaudrait mieux ne pas en parler. – *Cela va sans dire :* la chose est évidente. – *C'est vous qui le dites :* je ne suis pas de votre avis. – *Ceci dit :* ayant dit ces mots. *Ceci dit, il s'en alla.* CECI DIT ou CELA DIT : malgré tout. – *Entre nous soit dit :* confidentiellement. – *Je vous l'avais dit, je l'avais bien dit :* je l'avais prévu. – *À qui le dis-tu, le dites-vous !,* je connais, j'ai éprouvé ce dont tu parles, vous parlez. – *Je ne vous le fais pas dire :* vous l'avez dit spontanément. ◆ (en incise) *Oui, dit-il.* SYN. **déclarer.** ◆ à l'impér., comme interj. *Dites donc, vous, là-bas. Ah, dis donc !* ◆ pronom. SE DIRE : dire à soi-même, penser. *Je me disais : il faut partir ; je me suis dit qu'il fallait partir.* 2. Décider, convenir de (qqch.). *Venez cette semaine, disons jeudi.* – *Tenez-vous le pour dit :* considérez que c'est un ordre. – *Aussitôt* dit, aussitôt fait.* – *Tout est dit :* la chose est réglée. 3. Exprimer (une opinion). *Dire du bien de qqn, de qqch. Il en a dit du mal.* → **médire.** *Que vont en dire les gens ?* → **qu'en-dira-t-on.** *Avoir son mot à dire sur qqch.* 4. DIRE QQCH. DE..., EN DIRE. SYN. ① **juger, penser.** *Que diriez-vous d'une promenade ? Il ne sera pas dit que je l'ai abandonné,* je ne l'abandonnerai pas. ◆ DIRE QUE (en tête de phrase), exprime l'étonnement, l'indignation, la surprise. *Dire qu'il n'a pas encore vingt ans !* ◆ ON DIRAIT QUE (+ indic.) : on penserait, on croirait, il semble que. *On dirait qu'il vient par ici.* – (+ n.) *On dirait un fou. On dirait de la viande. On dirait son frère.* SYN. **prendre** pour. 5. Raconter (un fait, une nouvelle). *Je vais vous dire la nouvelle. Qui vous dit qu'il est mort ?* – *Je me suis laissé dire que :* j'ai entendu, mais sans y ajouter entièrement foi, que. – *Qu'on se le dise,* formule invitant à répandre une information, ou formule d'avertissement. – *Dire la bonne aventure.* → **prédire ; diseur.** – ON DIT : le bruit court. *On dit qu'il est mort. Il est réélu, dit-on* (→ **on-dit**). 6. DIRE À QQN DE (+ inf.), QUE (+ subj.) : exprimer (sa volonté). SYN. **commander, ordonner.** *Allez lui dire de venir, qu'il vienne. Je vous avais dit d'essayer.* SYN. ② **conseiller, recommander.** – *Ne pas se le faire dire deux fois,* faire qqch. avec empressement. 7. (dans des loc.) Énoncer une objection. SYN. **objecter.** *Qu'avez-vous à dire à cela ? Il y aurait beaucoup à dire là-dessus.* SYN. **redire.** – *Vous avez beau dire, c'est lui qui a raison.* SYN. **protester.** – prov. *Bien faire et laisser dire :* il faut faire ce qu'on croit bien sans se soucier des critiques. 8. Lire, réciter. *Dire un poème. L'acteur a très bien dit sa réplique.* 9. absolt Parler, annoncer, dans un jeu de cartes. *C'est à vous de dire.* 10. pronom. SE DIRE : être employé (tournure, expression). *Cela ne se dit plus.* **III** Exprimer par le langage (écrit ou oral). *Avoir beaucoup de choses à dire.* 1. Exprimer par écrit. → **écrire.** *Je vous ai dit dans ma lettre que... Platon dit que...* – *La loi dit que.* SYN. **stipuler.** 2. (avec un adv. ou une loc. adv.) Rendre plus ou moins bien la pensée ; faire entendre plus ou moins clairement (qqch.), par la parole ou l'écrit. SYN. **exprimer.** *Dire qqch. en peu de mots ; dire carrément, crûment qqch.* – loc. *Il ne croit pas si bien dire :* il ne sait pas que ce qu'il dit correspond tout à fait à la réalité. – *Pour ainsi dire ;* FAM. *comme qui dirait :* approximativement, à peu près. – *Autrement dit :* en d'autres termes. 3. Employer (telles formes linguistiques) pour exprimer qqch. *Il faut dire «se souvenir de qqch.» et non pas «se rappeler de qqch.». Comment dit-on «chien» en anglais ?* – pronom. *«Chien» se dit «dog» en anglais.* 4. (auteur) Exprimer, révéler (qqch. de nouveau, de personnel). **IV** fig. (sujet chose) 1. Faire connaître, exprimer par un signe, une manifestation quelconque. SYN. **exprimer, manifester, marquer, montrer.** *Son silence en dit long.* – *Que dit le baromètre ?* SYN. **indiquer.** 2. CELA ME DIT, NE ME DIT RIEN, me tente, ne me tente pas. *Est-ce que cela vous dit ?,* vous plaît, vous plairait ? – loc. *Si le cœur* vous en dit. Cela ne me dit rien qui vaille*.* 3. VOULOIR DIRE. SYN. **signifier.** *Que veut dire cette phrase latine ? Que veut dire son retard ? Cela veut dire qu'il ne viendra pas.* ◆ *Qu'est-ce à dire ?,* que signifient vos paroles, vos actes ? 4. loc. C'EST DIRE : cela montre. *Elle est partie, c'est dire combien elle en*

avait assez. CONTR. **cacher, dissimuler, taire.**
ÉTYM. latin *dicere.*

② **DIRE** [diʀ] n. m. 1. (dans des loc.) Ce qu'une personne dit, déclare, rapporte. *AU DIRE DE, SELON LE(S) DIRE(S) DE* : d'après, selon. *Selon ses dires. Au dire des témoins.* 2. DR. Déclaration juridique.
ÉTYM. de ① *dire.*

DIRECT, ECTE [diʀɛkt] adj. et n. m.
I adj. 1. Qui est en ligne droite, sans détour. *Le chemin le plus direct. En ligne directe.* 2. fig. Sans détour. *Accusation directe.* ♦ *Je vais être franc et direct.* – *Regard direct.* 3. Qui est sans intermédiaire. *Vente directe. Son chef direct.* – *Impôts directs.* ♦ GRAMM. *Complément direct,* construit sans préposition. *Verbe transitif direct. Complément d'objet direct.* – *Discours direct,* rapporté dans sa forme originale, après un verbe de parole (ex. Il m'a dit : «J'étais là hier»). *Discours rapporté au style direct.* 4. Qui ne s'arrête pas (ou peu). *Train direct* (opposé à *omnibus*). *Vol direct,* sans escale. CONTR. **indirect ; détourné, sinueux.**
II n. m. 1. BOXE Coup droit. *Un direct du gauche.* 2. *EN DIRECT* (radio, télévision) : transmis sans enregistrement, au moment même (opposé à *en différé*). *Émission en direct.*
ÉTYM. latin *directus,* de *dirigere* «diriger» ; doublet de ① *droit.*

DIRECTEMENT [diʀɛktəmɑ̃] adv. 1. En droite ligne, sans détour. *Je suis pressé, je rentre directement.* – fig. *Cela ne vous concerne pas directement.* 2. Sans intermédiaire. SYN. **immédiatement.** *Directement du producteur au consommateur.* CONTR. **indirectement.**
ÉTYM. de *direct.*

DIRECTEUR, TRICE [diʀɛktœʀ, tʀis] n. et adj.
I n. 1. Personne qui dirige, est à la tête (d'une entreprise, d'un établissement, d'une administration). SYN. **chef,** ① **patron, président ; directorial.** *Président-directeur général.* → **P.-D. G.** *Directeur d'école,* d'une école primaire. *Madame la Directrice.* 2. *Directeur de conscience* : prêtre qui dirige qqn en matière de morale et de religion. SYN. **confesseur.** 3. Membre d'un directoire ; (HIST.) du Directoire.
II adj. Qui dirige. SYN. **dirigeant.** *Comité directeur.* – fig. *L'idée directrice d'un ouvrage.*
ÉTYM. bas latin *director.*

DIRECTIF, IVE [diʀɛktif, iv] adj. 1. Qui décide seul du programme d'action d'un groupe. *Il est très directif.* – *Méthode directive.* SYN. **autoritaire.** 2. Conduit de façon prédéterminée. *Entretien directif.* CONTR. **démocratique · libre.**
► **DIRECTIVITÉ** [diʀɛktivite] n. f.
ÉTYM. du latin *directum,* de *dirigere* «diriger».

DIRECTION [diʀɛksjɔ̃] n. f. **I** 1. Action de diriger (I), de conduire. *On lui a confié la direction de l'entreprise.* SYN. **gestion.** *Je travaille sous sa direction.* – *Direction d'acteurs. Direction d'orchestre* (→ **chef**). 2. Fonction, poste de directeur. *Être nommé à la direction du personnel.* ♦ L'équipe qui dirige une entreprise. *Changement de direction.* – Bâtiments, bureaux du ou des directeurs. *Aller à la direction.* 3. Services confiés à un directeur. *La direction des Douanes.* **II** 1. SC. Ligne suivant laquelle un corps se meut, une force s'exerce. *La direction, le sens, l'intensité d'une force.* 2. Orientation ; voie à suivre pour aller à un endroit. *La direction du vent. Prendre la direction de Lille. Changer de direction* : tourner. – loc. prép. *Dans la direction de. En direction de.* → ① **vers.** ♦ fig. *La direction que prennent les évènements.* SYN. ② **tour.** 3. Ensemble des mécanismes qui permettent de guider les roues d'un véhicule (volant, levier de commande...). *Direction assistée.*
ÉTYM. latin *directio.*

DIRECTIONNEL, ELLE [diʀɛksjɔnɛl] adj. ✦ TECHN. Qui émet ou reçoit dans une seule direction. *Micro directionnel.*

DIRECTIVE [diʀɛktiv] n. f. ✦ surtout au plur. Indication, ligne de conduite donnée par une autorité. SYN. **consigne, instruction, ordre.** *Donner des directives à qqn. Suivez mes directives. Les directives d'un parti politique.*
ÉTYM. de *directif.*

DIRECTOIRE [diʀɛktwaʀ] n. m. 1. HIST. (☞ noms propres) *Le Directoire,* dans la Constitution de l'an III, conseil de cinq membres (directeurs) chargé du pouvoir exécutif ; le régime politique durant cette période (de 1795 à 1799). – appos. invar. *Mobilier de style Directoire.* 2. Organe chargé de la gestion d'une société anonyme.
ÉTYM. du latin *directum,* de *dirigere* «diriger».

DIRECTORIAL, ALE, AUX [diʀɛktɔʀjal, o] adj. ✦ D'un directeur. *Les fonctions directoriales.*

DIRHAM [diʀam] n. m. ✦ Unité monétaire du Maroc. *Vingt dirhams.*
ÉTYM. mot arabe, du grec *drachmê* «drachme».

DIRIGEABLE [diʀiʒabl] adj. et n. m. ✦ *Ballon dirigeable* ou n. m. *un dirigeable* : ballon (aérostat) qu'on peut diriger (opposé à *libre*).

DIRIGEANT, ANTE [diʀiʒɑ̃, ɑ̃t] adj. et n. 1. adj. Qui dirige. *Les classes dirigeantes.* 2. n. Personne qui dirige. *Les dirigeants d'une entreprise* (SYN. **directeur**), *d'un parti* (SYN. **chef, responsable**). *Les dirigeants politiques.* → **gouvernant.**
ÉTYM. du participe présent de *diriger.*

DIRIGER [diʀiʒe] v. tr. (conjug. 5) **I** 1. Conduire, mener (une entreprise, une opération, des affaires) comme responsable. SYN. **administrer, gérer, organiser ;** → **direction.** *Diriger une usine, un théâtre, une revue. Diriger un pays.* SYN. **gouverner.** – *Diriger une discussion, un débat.* 2. Conduire l'activité de (qqn). *Diriger une équipe, un orchestre.* **II** 1. Guider dans une certaine direction (avec une idée de déplacement, de mouvement). *Diriger son cheval.* ♦ *DIRIGER SUR, VERS. Diriger un colis sur Paris.* SYN. **envoyer, expédier.** *Son médecin l'a dirigé vers un spécialiste.* SYN. **adresser.** *Il dirigea ses pas vers le parc.* ♦ Orienter de manière à envoyer. *Diriger une lumière,* par ext. *une lampe de poche sur qqn, qqch.* SYN. **braquer.** *Diriger son regard vers qqch.* – *Diriger un révolver contre qqn.* – fig. (passif) *Cet article est dirigé contre vous.* 2. *SE DIRIGER* v. pron. *Ce train se dirige vers Lyon.* SYN. ① **aller.** ♦ fig. *Il se dirige vers la médecine.* SYN. **s'orienter.**
► **DIRIGÉ, ÉE** adj. *Économie dirigée* (opposé à *libéral*). → **dirigisme.** ♦ *Travaux dirigés,* en application d'un cours magistral.
ÉTYM. latin *dirigere,* proprement «mettre en ligne droite», de *regere* «régir».

A B C D E F G H I J K L M N O P Q R S T U V W X Y Z

DIRIGISME [diʀiʒism] n. m. ✦ Système dans lequel l'État assume provisoirement la direction des mécanismes économiques, en conservant les cadres de la société capitaliste (opposé à *libéralisme*).
ÉTYM. de *diriger*.

DIRIGISTE [diʀiʒist] adj. et n. ✦ Partisan du dirigisme.

DIRIMANT, ANTE [diʀimɑ̃, ɑ̃t] adj. ✦ DR. *Empêchement dirimant*, qui annule un mariage.
ÉTYM. du latin *dirimere* «séparer, rompre».

DIS- Élément, du latin *dis*, indiquant la séparation, la différence, le défaut (ex. *discontinu, disconvenir, disqualifier*).

DISCAL, ALE, AUX [diskal, o] adj. ✦ Relatif à un disque intervertébral. *Hernie discale.* HOM. (du pluriel) DISCO «musique»
ÉTYM. du latin *discus* «disque».

DISCERNABLE [disɛʀnabl] adj. ✦ Qui peut être discerné, perçu, senti. SYN. **perceptible.** *Un accent nettement discernable.* CONTR. **indiscernable.**

DISCERNEMENT [disɛʀnəmɑ̃] n. m. ✦ Capacité de l'esprit à juger clairement et sainement des choses. SYN. **jugement,** bon **sens.** *Agir avec discernement.* CONTR. **confusion.**
ÉTYM. de *discerner*.

DISCERNER [disɛʀne] v. tr. (conjug. 3a) 1. Percevoir (un objet) par rapport à ce qui l'entoure. SYN. **distinguer, identifier, reconnaître.** *Discerner la présence de qqn dans l'ombre. Mal discerner les couleurs.* 2. Se rendre compte de la nature, de la valeur de (qqch.) ; faire la distinction entre (des choses mêlées, confondues). SYN. **distinguer.** *Je discernais de l'ironie dans son regard.* ➝ *Discerner le vrai du faux, d'avec le faux.* SYN. **démêler.** CONTR. **confondre, mélanger.**
ÉTYM. latin *discernare*.

DISCIPLE [disipl] n. 1. Personne qui reçoit l'enseignement d'un maître. *Aristote, disciple de Platon. Les disciples de Jésus-Christ,* qui l'ont accompagné dans sa vie publique. 2. Personne qui adhère aux doctrines d'un maître. SYN. **adepte, partisan.** *C'est une disciple fervente de...*
ÉTYM. latin *discipulus*, de *discere* «apprendre».

DISCIPLINAIRE [disiplinɛʀ] adj. ✦ Qui se rapporte à la discipline, et spécialt aux sanctions. *Mesures disciplinaires. Les locaux disciplinaires d'une caserne.*

DISCIPLINE [disiplin] n. f. 1. VX Punition destinée à faire respecter une règle. spécialt Fouet dont on se frappait par mortification. 2. Règle de conduite commune aux membres d'un corps, d'une collectivité ; obéissance à cette règle. *Faire régner la discipline dans une classe. Discipline militaire.* ➝ *Conseil de discipline,* faisant respecter la discipline dans certains corps constitués. 3. Règle de conduite que l'on s'impose. *S'astreindre à une discipline sévère.* → **autodiscipline.** 4. Branche de la connaissance, des études. SYN. **domaine, matière, science.** *Enseigner une discipline scientifique, artistique.* CONTR. **désordre, indiscipline.**
ÉTYM. latin *disciplina*, de *discipulus* «disciple».

DISCIPLINER [disipline] v. tr. (conjug. 3a) 1. Accoutumer à la discipline. *Discipliner une classe.* 2. Plier à une discipline. *Discipliner ses instincts.*
► **DISCIPLINÉ, ÉE** adj. SYN. **obéissant, soumis.** *Soldats, élèves disciplinés.* CONTR. **indiscipliné.**

DISC-JOCKEY → DISQUE-JOCKEY

DISCO [disko] n. m. ✦ anglicisme Musique de danse inspirée du jazz et du rock. ➝ adjectivt invar. *Les tubes disco.* HOM. DISCAUX (pluriel de *discal* «intervertébral»)
ÉTYM. mot américain, du français *discothèque*.

DISCO- Élément, tiré de *disque*.

DISCOBOLE [diskɔbɔl] n. ✦ Athlète lanceur de disque.
ÉTYM. latin *discobolus*, du grec.

DISCOGRAPHIE [diskɔgʀafi] n. f. ✦ Répertoire de disques. *Discographie de Mozart, du rap.*
► **DISCOGRAPHIQUE** [diskɔgʀafik] adj.
ÉTYM. de *disco-* et *-graphie*.

DISCOÏDE [diskɔid] adj. ✦ SC. Qui a la forme d'un disque.
ÉTYM. du grec *diskos* «disque» et de *-oïde*.

DISCONTINU, UE [diskɔ̃tiny] adj. 1. Qui n'est pas continu, qui présente des interruptions. ➝ MATH. *Quantité discontinue.* SYN. ② **discret.** 2. Qui n'est pas continuel. SYN. **intermittent.** *Un bruit discontinu.* ➝ n. m. loc. *En discontinu* : de façon intermittente. CONTR. **continu** • **continuel.**
ÉTYM. latin médiéval *discontinuus*.

DISCONTINUER [diskɔ̃tinɥe] v. intr. (conjug. 3a) ✦ loc. *SANS DISCONTINUER* : sans arrêt. *Il pleut sans discontinuer depuis hier. Il a parlé une heure sans discontinuer.*
ÉTYM. latin médiéval *discontinuare*.

DISCONTINUITÉ [diskɔ̃tinɥite] n. f. ✦ Absence de continuité.

DISCONVENIR [diskɔ̃v(ə)niʀ] v. tr. ind. (conjug. 16) ✦ LITTÉR. *NE PAS DISCONVENIR DE* qqch., ne pas le nier. *Je n'en disconviens pas* : je l'admets. CONTR. **convenir** de, **reconnaître.**
ÉTYM. latin *disconvenire* «ne pas s'accorder».

DISCOPHILE [diskɔfil] adj. et n. ✦ Amateur de musique enregistrée ; collectionneur de disques (II, 1).
ÉTYM. de disco- et *-phile*.

DISCORDANCE [diskɔʀdɑ̃s] n. f. ✦ Défaut d'accord, d'harmonie. SYN. **disharmonie, dissonance.**
ÉTYM. de *discordant*.

DISCORDANT, ANTE [diskɔʀdɑ̃, ɑ̃t] adj. ✦ Qui manque d'harmonie, qui ne s'accorde pas. SYN. **incompatible, opposé.** *Couleurs discordantes.* ➝ Qui sonne faux ; dissonant. *Cri discordant.* CONTR. **concordant.**
ÉTYM. du participe présent de *discorder* «être en désaccord», latin *discordare*.

DISCORDE [diskɔʀd] n. f. ✦ LITTÉR. Dissentiment violent et durable qui oppose des personnes. SYN. **désaccord, dissension.** *Entretenir, semer la discorde.* → **zizanie.** ➝ loc. *Pomme de discorde* : sujet de discussion et de division. CONTR. **accord, concorde, entente.**
ÉTYM. latin *discordia*, famille de *cor* «cœur».

DISCOTHÈQUE [diskɔtɛk] n. f. 1. Collection de disques (II, 1). ◆ Organisme de prêt de disques. 2. Établissement où l'on peut danser au son d'une musique enregistrée. SYN. **boîte, club.**
ÉTYM. de *disco-* et *-thèque*.

DISCOUNT [diskunt ; diskaunt] n. m. ✦ anglicisme 1. Rabais sur un prix. *Vente en discount.* ➝ recomm. offic. RISTOURNE. 2. Magasin où l'on pratique des prix bas.

→ appos. *Des magasins discounts.*
ÉTYM. mot anglais «escompte», du français *décompte*.

DISCOUREUR, EUSE [diskurœr, øz] n. ✦ péj. Personne qui aime à discourir. SYN. **phraseur.**

DISCOURIR [diskurir] v. intr. (conjug. 17) ✦ souvent péj. Parler sur un sujet en le développant longuement. SYN. **disserter, pérorer.**
ÉTYM. de l'ancien français *descorre*, latin *discurrere* «se répandre», d'après *courir*.

DISCOURS [diskur] n. m. 1. VIEILLI Propos que l'on tient. → MOD. péj. *Assez de discours, des actes !* SYN. **bavardage,** FAM. **blabla.** 2. Développement oratoire fait devant une réunion de personnes. SYN. **allocution, causerie, conférence, harangue.** *Prononcer un discours. Les discours d'une campagne électorale.* 3. Écrit littéraire didactique développant un sujet. «*Discours de la méthode*» (de Descartes). 4. *Le discours* : l'expression verbale de la pensée. SYN. **parole** ; → **langage.** *Les parties du discours* : les catégories grammaticales traditionnelles (nom, article, adjectif, verbe, etc.). ◆ LING. Ensemble des énoncés, des messages parlés ou écrits, mise en pratique du langage (par opposition à la langue, système abstrait). SYN. **parole.** → *Discours direct*, indirect*. Discours rapporté. Discours narratif, descriptif, explicatif, argumentatif.*
ÉTYM. latin *discursus* (de *discurrere* → discourir), d'après *cours*.

DISCOURTOIS, OISE [diskurtwa, waz] adj. ✦ LITTÉR. Qui n'est pas courtois. SYN. **impoli, indélicat.** *Se montrer discourtois.* → *Manières discourtoises.* CONTR. **courtois,** ① **poli.**
ÉTYM. italien *discortese*, de *cortese* «courtois».

DISCRÉDIT [diskredi] n. m. ✦ Perte du crédit, de l'estime, de la considération. SYN. **défaveur.** *Jeter le discrédit sur qqn. Théorie tombée dans le discrédit.* CONTR. **considération, crédit, faveur.**
ÉTYM. de *discréditer*.

DISCRÉDITER [diskredite] v. tr. (conjug. 3a) 1. Diminuer fortement la valeur, le crédit de (qqch.). 2. Porter atteinte à la réputation de (qqn). SYN. **déconsidérer, dénigrer.** *Discréditer un rival.* → pronom. *Il s'est discrédité dans l'esprit de ses collègues.*
ÉTYM. de *dis-* et *crédit*.

① **DISCRET, ÈTE** [diskrɛ, ɛt] adj. 1. Qui témoigne de retenue, se manifeste peu dans les relations sociales, n'intervient pas dans les affaires d'autrui. SYN. **réservé.** *Il est trop discret pour poser des questions.* ◆ (choses) Qui n'attire pas l'attention, ne se fait guère remarquer. *Compliment discret. Vêtements, bijoux discrets.* SYN. **sobre.** → *Endroit discret*, retiré et tranquille. 2. Qui garde les secrets qu'on lui confie. CONTR. **indélicat, indiscret ; criard,** ② **voyant · bavard.**
ÉTYM. latin *discretus* «séparé» puis «prudent».

② **DISCRET, ÈTE** [diskrɛ, ɛt] adj. ✦ DIDACT. *Grandeur, quantité discrète*, qui ne peut prendre qu'un ensemble fini ou dénombrable de valeurs. SYN. **discontinu.**
ÉTYM. latin *discretus* «séparé» → ① discret.

DISCRÈTEMENT [diskrɛtmɑ̃] adv. ✦ D'une manière discrète, qui n'attire pas l'attention. *Partir discrètement. S'habiller discrètement.* SYN. **sobrement.**
ÉTYM. de ① *discret*.

DISCRÉTION [diskresjɔ̃] n. f. I 1. Qualité d'une personne discrète. SYN. **délicatesse, réserve, tact.** *Se détourner par discrétion.* 2. Qualité consistant à savoir garder les secrets. *Vous pouvez compter sur sa discrétion. Discrétion assurée.* II VX Discernement ; pouvoir de décider (→ **discrétionnaire**). ◆ MOD. (dans des loc.) *ÊTRE À LA DISCRÉTION DE qqn*, dépendre entièrement de lui. *La décision est à son entière discrétion.* → *À DISCRÉTION* loc. adv. : comme on le veut, autant qu'on le veut. SYN. **à volonté.** *Vin à discrétion.* CONTR. **sans-gêne · indélicatesse, indiscrétion.**
ÉTYM. bas latin *discretio*.

DISCRÉTIONNAIRE [diskresjɔnɛr] adj. ✦ Qui est laissé à la discrétion (II) de qqn, qui confère à qqn le pouvoir de décider. *Pouvoir discrétionnaire.* CONTR. **limité.**
ÉTYM. de *discrétion* (II).

DISCRIMINANT, ANTE [diskriminɑ̃, ɑ̃t] adj. et n. m. 1. DIDACT. Qui établit une discrimination. 2. n. m. MATH. *Discriminant d'une équation du second degré du type* $ax^2 + bx + c = 0$: le nombre b–4ac qui permet de déterminer les solutions.
ÉTYM. du participe présent de *discriminer*.

DISCRIMINATION [diskriminasjɔ̃] n. f. 1. LITTÉR. Action de discerner, de distinguer les choses les unes des autres avec précision. SYN. **distinction.** *La discrimination de deux choses, entre deux choses.* 2. Fait de séparer un groupe social des autres en le traitant plus mal. *Cette loi s'applique à tous sans discrimination.* SYN. **distinction, restriction.** *Discrimination raciale.* SYN. **ségrégation ; exclusion.** loc. *La discrimination positive* : action visant à favoriser un groupe qui subit une discrimination. CONTR. **confusion · égalité.**
ÉTYM. latin *discriminatio* «séparation».

DISCRIMINATOIRE [diskriminatwar] adj. ✦ Qui tend à distinguer un groupe humain des autres, à son détriment. *Loi discriminatoire.*
ÉTYM. de *discrimination*.

DISCRIMINER [diskrimine] v. tr. (conjug. 3a) ✦ LITTÉR. Faire la discrimination entre. SYN. **distinguer, séparer.** CONTR. **confondre.**
ÉTYM. latin *discriminare*.

DISCULPER [diskylpe] v. tr. (conjug. 3a) 1. Prouver l'innocence de (qqn). *Document qui disculpe un accusé.* SYN. **blanchir, innocenter.** 2. *SE DISCULPER* v. pron. Se justifier, s'excuser. *Se disculper auprès de qqn, aux yeux de qqn. Je ne cherche pas à me disculper.* CONTR. **accuser, incriminer, inculper.**
► **DISCULPATION** [diskylpasjɔ̃] n. f.
ÉTYM. latin médiéval *disculpare*, de *culpa* «faute».

DISCURSIF, IVE [diskyrsif, iv] adj. 1. Qui procède par raisonnements successifs (opposé à *intuitif*). *Méthode discursive. Intelligence discursive.* 2. LING. Relatif au discours. *Compétence discursive dans une langue étrangère.*
ÉTYM. latin scolastique *discursivus*, de *discursus* «discours».

DISCUSSION [diskysjɔ̃] n. f. 1. Action de discuter, d'examiner (qqch.), seul ou avec d'autres. SYN. **examen.** *La discussion d'un projet de loi.* 2. Fait de discuter (une décision), de s'y opposer par des arguments. *Obéissez, et pas de discussion !* 3. Échange d'arguments, d'idées sur un même sujet. SYN. **conversation, débat, échange** de vues. *Discussion orageuse.*

→ **altercation, dispute.**
ÉTYM. latin *discussio.*

DISCUTABLE [diskytabl] adj. 1. Qu'on peut discuter, dont la valeur n'est pas certaine. SYN. **contestable.** *Opinion discutable. C'est discutable.* 2. Plutôt mauvais. SYN. **douteux.** *Une plaisanterie d'un goût discutable.* CONTR. **incontestable, indiscutable.**

DISCUTAILLER [diskytaje] v. intr. (conjug. 3a) ✦ péj. Discuter de façon oiseuse et interminable. SYN. **ergoter.**
ÉTYM. de *discuter,* suffixe *-ailler.*

DISCUTÉ, ÉE [diskyte] adj. ✦ Qui soulève des discussions. SYN. **contesté, controversé, critiqué.** *Théorie discutée.* ♦ *Un homme très discuté,* dont la valeur est mise en cause. CONTR. **incontesté.**
ÉTYM. du participe passé de *discuter.*

DISCUTER [diskyte] v. (conjug. 3a) **I** v. tr. 1. Examiner (qqch.) par un débat, en étudiant le pour et le contre. SYN. **débattre ; critiquer.** *Discuter un point litigieux.* 2. Mettre en question, considérer comme peu certain, peu fondé. *Une autorité que personne ne discute.* SYN. **contester.** 3. spécialt Opposer des arguments à (une décision), refuser d'exécuter. *Ne discutez pas les ordres.* **II** v. intr. Parler avec d'autres en échangeant des idées, des arguments sur un sujet. *Discuter avec qqn.* SYN. **bavarder.** – *Discuter de politique, discuter politique.* **III** *SE DISCUTER* v. pron. *Cela se discute,* on peut en faire l'objet d'une discussion, il y a du pour et du contre.
ÉTYM. latin *discutere* «fendre en frappant *(quatere)*».

DISERT, ERTE [dizɛʀ, ɛʀt] adj. ✦ LITTÉR. Qui parle avec facilité et élégance. SYN. **éloquent.** *Un orateur disert.*
ÉTYM. latin *disertus* «clair».

DISETTE [dizɛt] n. f. ✦ Manque de vivres. SYN. **famine** (plus fort). *Année de disette.* CONTR. **abondance.**
ÉTYM. origine incertaine.

DISEUR, EUSE [dizœʀ, øz] n. 1. *Diseur de :* personne qui dit habituellement (telles choses). *Diseur de bons mots.* 2. *Diseur, diseuse de bonne aventure :* personne qui prédit l'avenir. SYN. **devin,** ① **voyant.**
ÉTYM. de ① *dire.*

DISGRÂCE [disgʀɑs] n. f. 1. Perte des bonnes grâces, de la faveur d'une personne dont on dépend ; état qui en découle. SYN. **défaveur.** *La disgrâce d'un courtisan. Tomber, être en disgrâce.* 2. LITTÉR. Évènement malheureux. SYN. **infortune, malheur.** *Pour comble de disgrâce.* CONTR. **faveur, grâce.**
ÉTYM. italien *disgrazia* «malheur», de *grazia* «grâce».

DISGRACIÉ, ÉE [disgʀasje] adj. 1. Qui est tombé en disgrâce. *Ministre disgracié.* 2. fig. Peu favorisé. SYN. **défavorisé.** *Être disgracié de la nature, par la nature.* – absolt *Visage disgracié.* SYN. **disgracieux.** CONTR. **favorisé ; gracieux.**
ÉTYM. italien *disgraziato* «malheureux».

DISGRACIER [disgʀasje] v. tr. (conjug. 9) ✦ LITTÉR. Priver (qqn) de la faveur qu'on lui accordait. *Disgracier un ministre.* SYN. **destituer, renvoyer.** CONTR. **favoriser, protéger.**
ÉTYM. de *disgracié.*

DISGRACIEUX, EUSE [disgʀasjø, øz] adj. ✦ Qui n'a aucune grâce. *Geste disgracieux. Visage disgracieux.* SYN. **ingrat, laid.** CONTR. **gracieux.**
► **DISGRACIEUSEMENT** [disgʀasjøzmɑ̃] adv.

DISHARMONIE [dizaʀmɔni] n. f. ✦ DIDACT. Absence d'harmonie (entre des parties, des éléments). SYN. **discordance.**

DISJOINDRE [disʒwɛ̃dʀ] v. tr. (conjug. 49) 1. Écarter les unes des autres (des parties jointes entre elles). SYN. **désunir, séparer.** *Disjoindre les pierres d'un mur.* – pronom. *Planches qui se disjoignent.* 2. fig. Séparer. *Disjoindre deux questions, deux accusations,* les traiter isolément. CONTR. **joindre, rapprocher, unir.**
► **DISJOINT, OINTE** adj. 1. Qui n'est plus joint. *Marches disjointes.* 2. fig. Séparé. *Questions disjointes,* qui n'ont rien à voir ensemble. SYN. **distinct.** – MATH. *Ensembles disjoints,* sans aucun élément commun. CONTR. ① **joint** • **conjoint.**
ÉTYM. latin *disjungere,* de *jungere* «joindre».

DISJONCTER [disʒɔ̃kte] v. (conjug. 3a) **I** v. tr. Interrompre (le courant). *Disjoncter la ligne.* **II** v. intr. FAM. 1. Se mettre en position d'interruption du courant (disjoncteur). – *Ça a disjoncté.* SYN. **sauter.** 2. (personnes) Perdre le contact avec la réalité.
ÉTYM. de *disjoncteur.*

DISJONCTEUR [disʒɔ̃ktœʀ] n. m. ✦ Interrupteur automatique de courant électrique.
ÉTYM. du latin *disjunctum,* de *disjungere* «séparer, disjoindre».

DISJONCTION [disʒɔ̃ksjɔ̃] n. f. 1. DIDACT. Action de disjoindre (des idées) ; son résultat. 2. DR. Séparation (de deux ou plusieurs causes). CONTR. **conjonction.**
ÉTYM. latin *disjunctio.*

DISLOCATION [dislɔkasjɔ̃] n. f. 1. Fait de se disloquer. *Dislocation d'une articulation.* → **déboîtement, entorse, foulure, luxation.** 2. Séparation violente. – fig. *La dislocation d'un empire.* SYN. **démembrement.** 3. Séparation des membres (d'un groupe). *La dislocation du cortège.* SYN. **dispersion.** CONTR. **union.**
ÉTYM. latin médiéval *dislocatio.*

DISLOQUER [dislɔke] v. tr. (conjug. 3a) 1. Déplacer violemment (les parties d'une articulation). SYN. ① **démettre, désarticuler.** *Le coup lui a disloqué la mâchoire.* SYN. **déboîter.** *Elle s'est disloqué l'épaule.* – pronom. *L'acrobate se disloque.* SYN. se **contorsionner,** se **tordre.** 2. Séparer violemment, sortir de leur place normale (les parties d'un ensemble) ; séparer les éléments de. *Disloquer les rouages d'une machine. Disloquer une chaise.* SYN. **casser, démolir.** – pronom. *Le cortège se disloque.* SYN. se **disperser,** se **séparer.** – fig. *Empire qui se disloque.* SYN. se **désagréger.** CONTR. **assembler, emboîter, monter, remettre.**
► **DISLOQUÉ, ÉE** adj. *Un vieux fauteuil tout disloqué.*
ÉTYM. latin médiéval *dislocare,* de *locare* «placer».

DISPARAÎTRE [disparɛtʀ] v. intr. (conjug. 52) **I** Ne plus être vu ou visible. 1. Cesser de paraître, d'être visible. SYN. s'en **aller,** s'**évanouir.** *Le soleil disparaît derrière un nuage. Il a disparu dans la foule.* ♦ Être dissimulé. *La maison disparaissait sous la verdure.* 2. S'en aller. SYN. **fuir,** ① **partir.** *Il a disparu sans laisser de traces. Disparaître furtivement.* → **s'éclipser, s'esquiver.** ♦ Être, devenir introuvable. *Mes gants ont disparu :* ils sont égarés, perdus. 3. *FAIRE DISPARAÎTRE qqn, qqch.,* le soustraire à la vue ; enlever, cacher. *Faire disparaître un papier compromettant.* **II** Cesser d'être, d'exister. 1. (êtres vivants) S'éteindre, mourir. *Ses parents ont disparu.* 2. (choses) *Navire qui disparaît en mer.* SYN. **périr, sombrer.** – *Le brouillard a disparu vers dix heures.* SYN.

se **dissiper.** 3. abstrait *Ses soucis ont disparu.* SYN. **s'évanouir.** 4. *FAIRE DISPARAÎTRE qqch.* SYN. **détruire, effacer.** *Le temps a fait disparaître cette inscription.* ➙ *FAIRE DISPARAÎTRE qqn.* SYN. **supprimer, tuer.** CONTR. **apparaître, paraître** • se **montrer** • **commencer.**
ÉTYM. de *dis-* et *paraître.*

DISPARATE [disparat] adj. ✦ Qui n'est pas en accord, en harmonie avec ce qui l'entoure ; dont la diversité est choquante. SYN. **discordant, hétéroclite, hétérogène.** *Des ornements disparates. Un mobilier disparate.* CONTR. **assorti, harmonieux.**
ÉTYM. latin *disparatus* «différent», de *disparare* «séparer», famille de *par* «pareil».

DISPARITÉ [disparite] n. f. ✦ Caractère disparate. SYN. **différence, dissemblance, hétérogénéité.** *Disparité d'âge.* ➙ *Disparité des salaires.* SYN. **inégalité.** CONTR. **accord, conformité ; parité.**
ÉTYM. du latin *dispar* «inégal», d'après *parité.*

DISPARITION [disparisjɔ̃] n. f. 1. Fait de n'être plus visible. *La disparition du soleil à l'horizon.* 2. Action de partir d'un lieu, de ne plus se manifester (→ ① **départ**) ; absence inexplicable. *La disparition de l'enfant remonte à huit jours. Constater la disparition d'une somme d'argent.* 3. Fait de disparaître en cessant d'exister. SYN. ① **mort** ; ① **fin.** *Pleurer la disparition d'un ami. Espèce en voie de disparition.* SYN. **extinction.** ☛ Géographie p. 226. CONTR. **apparition, réapparition.**
ÉTYM. de *disparaître*, d'après *apparition.*

DISPARU, UE [dispaʀy] adj. 1. Qui a cessé d'être visible. SYN. **évanoui.** *Lueur aussitôt disparue.* 2. Qui a cessé d'exister. *Civilisation disparue.* ◆ n. Mort, défunt. *À notre cher disparu.* 3. Qu'on ne retrouve pas ; considéré comme perdu, mort. *Marin disparu en mer.* ➙ n. *Être porté disparu,* considéré comme mort. CONTR. **visible** • **vivant.**
ÉTYM. du participe passé de *disparaître.*

DISPATCHER [dispatʃe] v. tr. (conjug. 3a) ✦ anglicisme Répartir, distribuer. *Dispatcher des colis. Dispatcher les élèves dans les classes.* CONTR. **grouper, rassembler, réunir.**
ÉTYM. de l'anglais *to dispatch* «répartir».

DISPENDIEUX, EUSE [dispɑ̃djø, øz] adj. ✦ Qui exige une grande dépense. SYN. **cher, coûteux, onéreux.** *Avoir des goûts dispendieux.* CONTR. **économique.**
ÉTYM. latin *dispendiosus* «nuisible», de *dispendium* «dépense».

DISPENSAIRE [dispɑ̃sɛʀ] n. m. ✦ Établissement où l'on donne des consultations, des soins médicaux.
ÉTYM. anglais *dispensary* ; famille du latin *dispendere* «distribuer».

DISPENSATEUR, TRICE [dispɑ̃satœʀ, tʀis] n. ✦ Personne qui dispense, qui distribue. *Un dispensateur de bienfaits.*
ÉTYM. latin *dispensator.*

DISPENSE [dispɑ̃s] n. f. ✦ Autorisation spéciale donnée par une autorité qui décharge d'une obligation. *Dispense d'âge* (SYN. **dérogation**), *du service militaire* (SYN. **exemption**), *de droits, d'impôts* (SYN. **exonération**).
ÉTYM. de *dispenser.*

DISPENSER [dispɑ̃se] v. tr. (conjug. 3a) I LITTÉR. Distribuer (en parlant de personnes, de puissances supérieures). SYN. **accorder, donner, prodiguer, répandre.** *Dispenser des soins.* II DISPENSER (qqn) DE 1. Libérer (qqn d'une obligation, de faire qqch.). SYN. **exempter.** *Dispenser qqn d'une taxe.* SYN. **exonérer.** *Je vous dispense d'y aller.* ➙ au p. passé *Élève dispensé de gymnastique.* ◆ (sujet chose) *Ton succès ne te dispense pas de travailler.* 2. iron. *Dispensez-moi de vos réflexions.* SYN. **épargner.** 3. *SE DISPENSER* v. pron. *Se dispenser de :* s'exempter de ; se permettre de ne pas faire (qqch.). *Se dispenser de ses devoirs. Se dispenser de travailler.* CONTR. **contraindre, forcer, obliger.**
ÉTYM. latin *dispensare.*

DISPERSER [dispɛʀse] v. tr. (conjug. 3a) I 1. Jeter, répandre çà et là. SYN. **disséminer, éparpiller, répandre.** *Disperser au vent les morceaux d'une lettre déchirée.* 2. Répartir çà et là, en divers endroits, de divers côtés. *Disperser une collection. Disperser le tir.* ➙ fig. *Disperser ses efforts, ses forces, son attention,* les faire porter sur plusieurs points, ne pas les concentrer. 3. Faire se séparer (des personnes). *La police a dispersé les manifestants.* II *SE DISPERSER* v. pron. 1. *La foule se dispersa après le spectacle.* SYN. **s'égailler.** 2. fig. S'occuper à des activités trop diverses. *Son attention se disperse. Ne vous dispersez pas trop.* SYN. **s'éparpiller.** CONTR. **assembler, concentrer, rassembler, réunir.**
► **DISPERSÉ, ÉE** adj. *Habitat dispersé.* SYN. **clairsemé.**
ÉTYM. du latin *dispersus,* participe passé de *dispergere* «répandre çà et là».

DISPERSION [dispɛʀsjɔ̃] n. f. 1. Action de (se) disperser ; état de ce qui est dispersé. *La dispersion des feuilles par le vent.* ◆ PHYS. *Dispersion de la lumière,* décomposition d'une lumière formée de radiations de différentes longueurs d'onde en spectre. ◆ (éléments humains) *La dispersion des manifestants.* 2. fig. *Dispersion de l'attention, des efforts.* SYN. **dissipation, éparpillement.** CONTR. **rassemblement, réunion** • **concentration.**
ÉTYM. latin *dispersio.*

DISPONIBILITÉ [disponibilite] n. f. ✦ État de ce qui est disponible. 1. *Les disponibilités :* l'actif dont on peut immédiatement disposer. 2. Situation des fonctionnaires disponibles (2). *Être en disponibilité.* 3. État de ce qui est disponible (3). *Disponibilité d'esprit.* CONTR. **indisponibilité.**

DISPONIBLE [disponibl] adj. 1. Dont on peut disposer. SYN. **libre.** *Nous avons deux places disponibles. Appartement disponible.* SYN. **vacant.** ➙ *Ce livre n'est pas disponible, il est épuisé.* 2. *Officier, fonctionnaire disponible,* qui n'est pas en activité, mais demeure à la disposition de l'armée, de l'Administration. 3. Qui n'est lié ou engagé par rien. SYN. **libre.** *Il n'est pas disponible ce soir.* ➙ *Il est toujours disponible pour ses enfants.* CONTR. **indisponible, occupé.**
ÉTYM. latin médiéval *disponibilis,* de *disponere* «disposer».

DISPOS, OSE [dispo, oz] adj. ✦ Qui est en bonne disposition pour agir. SYN. **en forme,** ① **gaillard.** ➙ loc. *FRAIS ET DISPOS :* reposé et en bonne forme pour agir. CONTR. **abattu, fatigué.**
ÉTYM. italien *disposto,* d'après *disposer.*

DISPOSER [dispoze] v. (conjug. 3a) I v. tr. 1. Arranger, mettre dans un certain ordre. *Disposer les couverts sur la table.* ➙ *Disposer ses troupes avant la bataille.* 2.

DISPOSER (QQN) À, préparer psychologiquement (qqn à qqch.). *Disposer un malade à mourir, à la mort.* – Engager (qqn à faire qqch.). SYN. **inciter.** *Nous l'avons disposé à vous recevoir.* 3. *SE DISPOSER (À)* v. pron. Être sur le point de ; se préparer à. *Nous nous disposions à partir.* **II** v. tr. ind. *DISPOSER DE* 1. Avoir à sa disposition, avoir la possession, l'usage de. SYN. ① **avoir.** *Il dispose d'une voiture. Vous pouvez en disposer, je n'en ai plus besoin.* SYN. **prendre.** *Je ne dispose que de quelques minutes. Les renseignements dont nous disposons.* – DR. *Les personnes mineures ne peuvent disposer de leurs biens.* 2. *Disposer de qqn,* s'en servir comme on le veut. *On ne dispose pas de moi ainsi.* ♦ *Disposer de soi-même :* être libre, indépendant. *Le droit des peuples à disposer d'eux-mêmes.* – absolt *Vous pouvez disposer :* je ne vous retiens pas, partez (se dit à un inférieur). **III** v. intr. Décider, décréter. prov. *L'homme propose, Dieu dispose.*
► **DISPOSÉ, ÉE** adj. 1. Arrangé, placé. *Fleurs disposées avec goût.* 2. *Être disposé à :* être préparé à, avoir l'intention de. SYN. ① **prêt à.** *Je suis tout disposé à vous aider.* 3. *Être bien, mal disposé envers qqn,* lui vouloir du bien, du mal. – absolt *Être bien disposé, mal disposé,* de bonne, de mauvaise humeur.
ÉTYM. latin *disponere,* d'après *poser.*

DISPOSITIF [dispozitif] n. m. 1. DR. Énoncé final d'un jugement, d'un arrêt. 2. Manière dont sont disposées les pièces d'un appareil ; le mécanisme lui-même. SYN. **machine, mécanisme.** *Dispositif de sûreté, de commande.* 3. Ensemble de moyens disposés conformément à un plan. *Dispositif d'attaque, de défense.*
ÉTYM. du latin *dispositum* «disposé».

DISPOSITION [dispozisjɔ̃] n. f. **I** 1. Action de disposer, de mettre dans un certain ordre ; son résultat. *La disposition des pièces d'un appartement.* SYN. **distribution.** 2. au plur. Moyens, précautions par lesquels on se dispose à qqch. SYN. **mesure, préparatifs.** *Prendre ses dispositions pour partir en voyage.* **II** 1. *DISPOSITION À :* tendance à. *Avoir une disposition à attraper des rhumes.* SYN. **prédisposition.** 2. État d'esprit passager. *Il est dans une disposition à rire de tout.* – au plur. Intentions envers qqn. *Être dans de bonnes dispositions à l'égard de qqn.* 3. Aptitude à faire qqch. (en bien ou en mal). SYN. ① **don, inclination, penchant, prédisposition, tendance.** *Avoir des dispositions pour les mathématiques.* 4. *(À... DISPOSITION).* Faculté de disposer, pouvoir de faire ce que l'on veut (de qqn, de qqch.). *Je mets ma voiture à votre disposition.* – *Je suis à votre entière disposition pour vous faire visiter la ville.* 5. Clause d'un acte juridique (contrat, testament, donation). *Dispositions testamentaires. Dispositions entre vifs*.* ♦ Point réglé par une loi, un arrêté, un jugement. *La disposition que renferme cet article.* SYN. **prescription.**
ÉTYM. latin *dispositio.*

DISPROPORTION [dispʀɔpɔʀsjɔ̃] n. f. ✦ Défaut de proportion, différence excessive entre deux ou plusieurs choses. SYN. **disparité, inégalité.** *Disproportion d'âge entre deux personnes. La disproportion d'une punition avec la faute.* CONTR. **proportion.**

DISPROPORTIONNÉ, ÉE [dispʀɔpɔʀsjɔne] adj. ✦ Qui n'est pas proportionné (à qqch.). SYN. **inégal.** *Une récompense disproportionnée au mérite.* – absolt *Taille disproportionnée.* SYN. **démesuré.** CONTR. **proportionné.**
ÉTYM. de *disproportion.*

DISPUTE [dispyt] n. f. ✦ Échange violent de paroles (arguments, reproches, insultes) entre personnes qui s'opposent. SYN. **altercation, discussion, querelle.** *Dispute qui s'élève, éclate entre plusieurs personnes. Sujet de dispute.* CONTR. **accord, entente.**
ÉTYM. de *disputer.*

DISPUTER [dispyte] v. (conjug. 3a) **I** v. tr. ind. *DISPUTER DE* 1. VX ou LITTÉR. Discuter de. SYN. **débattre.** 2. LITTÉR. Rivaliser de. *Les deux collègues disputent de zèle.* **II** v. tr. 1. Lutter pour la possession ou la conservation de (ce à quoi un autre prétend). *Disputer un poste, une femme à un rival.* – *Animaux qui se disputent une proie.* – *Disputer le terrain,* le défendre avec acharnement. 2. *Disputer un match, un combat,* le faire en vue de remporter la victoire. 3. FAM. Réprimander (qqn). *Il a peur de se faire disputer.* SYN. **attraper, gronder.** **III** *SE DISPUTER* v. pron. 1. (récipr.) Avoir une querelle. SYN. se **chamailler,** se **quereller.** *Se disputer avec un ami. Ils se disputent sans arrêt.* 2. (passif) *Le match s'est disputé hier à Lyon.*
ÉTYM. latin *disputare* «discuter», de *putare* «estimer».

DISQUAIRE [diskɛʀ] n. ✦ Marchand(e) de disques (II, 1).

DISQUALIFIER [diskalifje] v. tr. (conjug. 9) 1. Exclure d'une épreuve, en raison d'une infraction au règlement. *Disqualifier un boxeur pour coup bas.* – au p. passé *Concurrent disqualifié.* 2. fig. LITTÉR. Discréditer. – *SE DISQUALIFIER* v. pron. Perdre son crédit, en faisant preuve d'indignité, d'incapacité. *Il s'est disqualifié en tenant de pareils propos.*
► **DISQUALIFICATION** [diskalifikasjɔ̃] n. f.
ÉTYM. anglais *to disqualify,* du français *qualifier.*

DISQUE [disk] n. m. **I** 1. Palet que des athlètes *(discoboles)* lancent en pivotant sur eux-mêmes. *Lancer le disque.* 2. Surface visible (de certains astres). *Le disque du Soleil, de la Lune.* 3. Objet de forme ronde et plate. – *Freins à disques,* à mâchoires serrant un disque collé sur l'axe de la roue. ♦ ANAT. *Disque intervertébral :* cartilage élastique séparant deux vertèbres. 4. MATH. Ensemble de points intérieurs à un cercle comprenant ou non sa frontière (*disque fermé* ou *ouvert*). **II** 1. Plaque circulaire sur laquelle sont enregistrés des sons dans la gravure d'un sillon en spirale. *Disque 78 tours, 33 tours, 45 tours.* SYN. **microsillon.** *Disque noir, disque vinyle. Mettre, passer un disque.* – loc. FAM. *Changer de disque,* parler d'autre chose. ♦ *Disque compact :* disque audionumérique lu par un faisceau laser (on emploie aussi l'anglicisme *compact-disc* [marque déposée] et l'abréviation *CD* [sede]). *Disque compact vidéo.* → **vidéodisque.** – *Disque optique compact* (sigle D. O. C.). → anglicisme **CD-ROM.** 2. Support magnétique d'information. *Disque souple et disque dur.* → aussi **disquette.**
ÉTYM. latin *discus* ; doublet de *dais.*

DISQUE-JOCKEY ou **DISC-JOCKEY** [disk(ə)ʒɔkɛ] n. ✦ anglicisme Personne qui passe de la musique de variétés à la radio, dans une discothèque. *Des disques-jockeys, des disc-jockeys.* – abrév. (sigle) D. J. [didʒɛ ; didʒi]. recomm. offic. ANIMATEUR.
ÉTYM. américain *disc-jockey.*

DISQUETTE [diskɛt] n. f. ✦ Petit disque (II, 2) qui était utilisé pour enregistrer des données.

DISSECTION [disɛksjɔ̃] n. f. ✦ Action de disséquer.
ÉTYM. latin *dissectio.*

DISSEMBLABLE [disɑ̃blabl] **adj.** ✦ Se dit de deux ou plusieurs personnes ou choses qui ne sont pas semblables, bien qu'ayant entre elles des caractères communs. SYN. **différent.** *Ils sont trop dissemblables pour s'entendre.* CONTR. **semblable.**

DISSEMBLANCE [disɑ̃blɑ̃s] **n. f.** ✦ Manque de ressemblance entre des êtres, des choses ; caractère de ce qui est dissemblable. SYN. **différence, disparité.** CONTR. **ressemblance.**
ÉTYM. du participe présent de *dissembler* «être différent de».

DISSÉMINATION [diseminasjɔ̃] **n. f.** ✦ Action de disséminer ; son résultat. ◆ Éparpillement. *La dissémination des habitants en pays de montagne.* ➛ fig. *La dissémination des idées.* SYN. **diffusion, propagation.**
ÉTYM. bas latin *disseminatio.*

DISSÉMINER [disemine] **v. tr.** (conjug. 3a) **1.** Répandre en de nombreux points assez écartés. SYN. **disperser, éparpiller, semer.** ➛ au p. passé *Graines disséminées par le vent.* **2.** Disperser. *Disséminer les troupes.* ➛ pronom. *Les hommes se sont disséminés.* CONTR. **grouper, réunir.**
ÉTYM. latin *disseminare,* de *seminare* «semer».

DISSENSION [disɑ̃sjɔ̃] **n. f.** ✦ Division profonde de sentiments, d'intérêts, de convictions. SYN. **désaccord, discorde, dissentiment.** *Dissensions familiales.* CONTR. **accord, concorde.**
ÉTYM. latin *dissensio,* de *dissentire* «être en désaccord».

DISSENTIMENT [disɑ̃timɑ̃] **n. m.** ✦ Différence dans la manière de juger, de voir, qui crée des heurts. SYN. **conflit, désaccord.** *Il y a un dissentiment entre nous sur ce point.* CONTR. **accord, assentiment, entente.**
ÉTYM. de l'ancien verbe *dissentir,* du latin *dissentire* «être en désaccord».

DISSÉQUER [diseke] **v. tr.** (conjug. 8) **1.** Diviser méthodiquement les parties de (un organisme vivant [➛ **vivisection**] ou qui l'a été) en vue d'en étudier la structure (➛ **dissection**). *Disséquer une grenouille.* **2.** fig. Analyser minutieusement et méthodiquement. SYN. **éplucher.** *Disséquer un texte ; un auteur.*
ÉTYM. latin *dissecare,* de *secare* «couper».

DISSERTATION [disɛʀtasjɔ̃] **n. f.** **1.** Texte où l'on disserte. SYN. **discours, traité. 2.** Exercice scolaire écrit portant sur des sujets littéraires, philosophiques, historiques. *Sujet de dissertation.* ➛ abrév. FAM. DISSERT [disɛʀt].
ÉTYM. latin *dissertatio.*

DISSERTER [disɛʀte] **v. intr.** (conjug. 3a) ✦ Faire un développement écrit, ou le plus souvent oral (sur une question, un sujet). SYN. **discourir, traiter** de. *Disserter sur la politique, de politique.*
ÉTYM. latin *dissertare.*

DISSIDENCE [disidɑ̃s] **n. f.** ✦ Action ou état de ceux qui se séparent d'une communauté religieuse, politique, sociale, d'une école philosophique. SYN. **scission, sécession, séparation.** *Entrer, être en dissidence.* ➛ Groupe de dissidents. *Rejoindre la dissidence.*
ÉTYM. latin *dissidentia* → dissident.

DISSIDENT, ENTE [disidɑ̃, ɑ̃t] **adj.** ✦ Qui est en dissidence, qui fait partie d'une dissidence. *Parti dissident.* ➛ **n.** *Dissidents emprisonnés.*
ÉTYM. du latin *dissidens,* participe présent de *dissidere* «être en désaccord».

DISSIMULATEUR, TRICE [disimylatœʀ, tʀis] **n.** et **adj.** ✦ (Personne) qui dissimule, sait dissimuler.
ÉTYM. latin *dissimulator.*

DISSIMULATION [disimylasjɔ̃] **n. f.** **1.** Action de dissimuler. *La dissimulation d'un secret.* ➛ Comportement d'une personne qui dissimule. *Agir avec dissimulation.* SYN. **duplicité, hypocrisie, sournoiserie. 2.** Action de dissimuler (de l'argent). *Dissimulation de bénéfices.* CONTR. **franchise, sincérité.**
ÉTYM. latin *dissimulatio.*

DISSIMULER [disimyle] **v. tr.** (conjug. 3a) **1.** Ne pas laisser paraître (ce qu'on pense, ce qu'on éprouve, ce qu'on sait), ou chercher à en donner une idée fausse. SYN. **cacher, taire ; déguiser.** *Dissimuler ses intentions.* ➛ *Se dissimuler les dangers d'une entreprise,* refuser de les voir. ➛ *Dissimuler que* (+ indic.) : cacher que. **2.** Empêcher de voir (une chose concrète). SYN. **masquer,** ① **voiler.** *Une tenture dissimule la porte.* ◆ Rendre moins apparent, camoufler. *Dissimuler sa mauvaise mine.* ➛ *Dissimuler une partie de ses bénéfices dans sa déclaration fiscale.* **3.** *SE DISSIMULER* **v. pron.** Cacher sa présence ou la rendre très discrète. *Se dissimuler derrière un pilier.* CONTR. **avouer, confesser • montrer.**
► **DISSIMULÉ, ÉE adj. 1.** Caché. *Avec une joie non dissimulée.* **2.** Qui dissimule. SYN. ① **faux, hypocrite, dissimulateur, sournois.** *C'est un homme très dissimulé.* CONTR. ② **franc, ouvert, sincère.**
ÉTYM. latin *dissimulare.*

DISSIPATEUR, TRICE [disipatœʀ, tʀis] **n.** et **adj.** ✦ (Personne) qui dissipe son bien. CONTR. **économe.**
ÉTYM. bas latin *dissipator* «destructeur».

DISSIPATION [disipasjɔ̃] **n. f.** **I 1.** Fait de se dissiper (I). *La dissipation de la brume.* **2.** Action de dissiper en dépensant avec prodigalité. SYN. **dilapidation ; gaspillage.** **II 1.** Manque d'attention ; agitation, mauvaise conduite (spécialt d'un écolier). SYN. **indiscipline, turbulence. 2.** LITTÉR. Débauche. CONTR. **économie • attention, concentration, discipline.**
ÉTYM. latin *dissipatio.*

DISSIPÉ, ÉE [disipe] **adj. 1.** Qui manque d'application, est réfractaire à la discipline. *Élève dissipé.* SYN. **indiscipliné, turbulent. 2.** LITTÉR. Frivole, déréglé. *Mener une vie dissipée.* SYN. **dissolu.** CONTR. **appliqué, attentif • sérieux.**
ÉTYM. du participe passé de *dissiper* (II).

DISSIPER [disipe] **v. tr.** (conjug. 3a) **I 1.** Faire cesser, faire disparaître. SYN. **chasser.** *Le vent dissipe les nuages.* ➛ fig. *Dissiper un malentendu. Dissiper les craintes, les soupçons de qqn.* SYN. **ôter. 2.** Dépenser follement. SYN. **gaspiller.** *Dissiper une fortune.* SYN. **dilapider.** **II** LITTÉR. *Dissiper qqn,* le distraire de ses occupations sérieuses ; le détourner du devoir. **III** *SE DISSIPER* **v. pron. 1.** *La brume se dissipe.* ➛ fig. *Ses inquiétudes se sont dissipées.* **2.** Devenir dissipé. *Les élèves se dissipent en fin de journée.* CONTR. **économiser • assagir.**
ÉTYM. latin *dissipare* «disperser ; détruire».

DISSOCIABLE [disɔsjabl] **adj.** ✦ Qui peut être dissocié. CONTR. **indissociable.**

DISSOCIATION [disɔsjasjɔ̃] **n. f. 1.** Action de dissocier ; son résultat. *Dissociation par électrolyse.* **2.** Séparation. *La dissociation de deux problèmes.* CONTR. **association.**

DISSOCIER [disɔsje] v. tr. (conjug. 9) 1. Séparer (des éléments qui étaient associés). *Dissocier les molécules d'un corps, dissocier un corps.* SYN. **désagréger, désintégrer.** 2. Distinguer, séparer. *Il faut dissocier les deux problèmes.* → **disjoindre.** CONTR. **associer, rapprocher, réunir.**

ÉTYM. latin *dissociare*, famille de *socius* «associé».

DISSOLU, UE [disɔly] adj. ✦ Qui vit dans la débauche. – *Vie dissolue, mœurs dissolues.* SYN. **dépravé, déréglé.** CONTR. **rangé, sage.**

ÉTYM. latin *disolutus*, du participe passé de *dissolvere* «dissoudre ; relâcher».

DISSOLUTION [disɔlysjɔ̃] n. f. I 1. Décomposition, désagrégation. *La dissolution d'un empire, d'un système.* SYN. **anéantissement.** ♦ DR. Action de mettre fin légalement. SYN. **rupture ;** → **dissoudre.** *Dissolution du mariage*, annulation, divorce. *Dissolution d'une assemblée.* 2. VIEILLI Corruption, débauche (→ **dissolu**). II 1. Passage à l'état de solution. *Dissolution du sel dans l'eau.* ♦ Liquide résultant de la dissolution. SYN. **solution.** 2. Colle au caoutchouc, utilisée pour la réparation des chambres à air.

ÉTYM. latin *dissolutio*, de *dissolvere* «désunir, dissoudre».

DISSOLVANT, ANTE [disɔlvɑ̃, ɑ̃t] adj. et n. m. 1. adj. Qui dissout (1), forme une solution avec un corps. 2. n. m. Liquide qui dissout (un corps). SYN. **solvant.** – Produit pour ôter le vernis à ongles.

ÉTYM. du participe présent de *dissoudre*.

DISSONANCE [disɔnɑ̃s] n. f. 1. Réunion de sons dont la simultanéité ou la succession est désagréable. ♦ MUS. Intervalle, accord qui, dans la musique tonale, appelle une consonance*. 2. fig. Manque d'harmonie, discordance. CONTR. **euphonie · accord, harmonie.**

ÉTYM. bas latin *dissonantia*.

DISSONANT, ANTE [disɔnɑ̃, ɑ̃t] adj. ✦ Qui fait dissonance. SYN. **discordant.** CONTR. **concordant, harmonieux.**

ÉTYM. du participe présent de *dissoner*.

DISSONER [disɔne] v. intr. (conjug. 3a) ✦ Faire une dissonance ; produire des dissonances. CONTR. **s'accorder, s'harmoniser.**

ÉTYM. latin *dissonare*.

DISSOUDRE [disudʀ] v. tr. (conjug. 61) 1. Désagréger (un corps solide ou gazeux) au moyen d'un liquide dans lequel ses molécules se dispersent (→ **dissolution, dissolvant**). *On peut dissoudre le sucre dans l'eau* (→ **soluble**) ; *l'eau dissout le sucre.* – pronom. *Le sel se dissout dans l'eau.* 2. Mettre légalement fin à (une association). *Dissoudre un parti.* – au p. passé *Assemblée dissoute. Comité dissous.*

ÉTYM. latin *dissolvere*, d'après *absoudre*.

DISSUADER [disɥade] v. tr. (conjug. 3a) ✦ *DISSUADER qqn DE* : l'amener à renoncer à un projet, à faire qqch. SYN. **détourner.** *Il m'a dissuadé de partir.* CONTR. **convaincre, persuader.**

ÉTYM. latin *dissuadere*.

DISSUASIF, IVE [disɥazif, iv] adj. 1. Propre à dissuader. *Argument dissuasif.* 2. Propre à dissuader l'ennemi d'attaquer. *Armement dissuasif.* CONTR. **persuasif.**

ÉTYM. de *dissuader*.

DISSUASION [disɥazjɔ̃] n. f. ✦ Action de dissuader ; son résultat. – *Force de dissuasion* : force de frappe destinée à dissuader l'adversaire d'attaquer (→ **dissuasif**). CONTR. **persuasion.**

ÉTYM. latin *dissuasio*.

DISSYLLABIQUE [disi(l)labik] adj. ✦ Qui a deux syllabes (mot, vers). – n. m. *Un dissyllabique.* – On dit aussi DISSYLLABE [disi(l)lab].

ÉTYM. de *di-* et *syllabique*.

DISSYMÉTRIE [disimetʀi] n. f. ✦ Absence ou défaut de symétrie. SYN. **asymétrie.** CONTR. **symétrie.**

▶ **DISSYMÉTRIQUE** [disimetʀik] adj. *Édifice, visage dissymétrique.*

ÉTYM. de *dis-* et *symétrie*.

DISTAL, ALE, AUX [distal, o] adj. ✦ DIDACT. Le plus éloigné (d'un point, d'un plan de référence).

ÉTYM. mot anglais, du latin *distans* «éloigné».

DISTANCE [distɑ̃s] n. f. 1. Longueur qui sépare une chose d'une autre. SYN. **écart, éloignement,** ① **espace, étendue, intervalle.** *Parcourir de grandes distances. La distance entre deux villes. Distance de la Terre à la Lune.* – *Arbres plantés à égale distance les uns des autres.* – *À DISTANCE* loc. adv. : de loin. *Commande d'un appareil à distance.* 2. Espace qui sépare deux personnes. ♦ loc. *Prendre ses distances* : s'aligner en étendant le bras horizontalement. – *Tenir qqn à distance (respectueuse)*, l'empêcher d'approcher ; fig. tenir à l'écart ; repousser la familiarité en se tenant dans la réserve. *Garder ses distances* (même sens → **distant**, 2). 3. Écart entre deux moments du temps. SYN. **intervalle.** *À quelques mois de distance.* 4. fig. Différence notable séparant des personnes ou des choses. SYN. **abîme.** *La distance entre le désir et la réalité.* CONTR. **contiguïté, proximité · similitude.**

ÉTYM. latin *distantia* → distant.

DISTANCER [distɑ̃se] v. tr. (conjug. 4) ✦ Dépasser (ce qui avance) d'une certaine distance. SYN. **devancer,** FAM. **semer.** *Le champion les a tous distancés.* – fig. *Élève qui distance ses camarades.* SYN. **surpasser.**

ÉTYM. anglais *to distance*, du latin *distans* «éloigné».

DISTANCIATION [distɑ̃sjasjɔ̃] n. f. ✦ Recul, détachement pris par rapport à qqn, qqch. ; spécialt, au théâtre, par rapport à la situation représentée.

ÉTYM. de *se distancier*.

se DISTANCIER [distɑ̃sje] v. pron. (conjug. 9) ✦ Mettre une distance (fig.) entre soi et qqn, qqch. *Se distancier d'un modèle.* – p. p. adj. *Une attitude distanciée.*

DISTANT, ANTE [distɑ̃, ɑ̃t] adj. 1. Qui est à une certaine distance. SYN. **éloigné, loin.** *Villes distantes (l'une de l'autre) d'environ dix kilomètres.* 2. Qui garde ses distances, reste sur la réserve. SYN. **froid, réservé.** *Se montrer distant envers qqn.* – *Un air distant.* CONTR. **contigu, proche, voisin · avenant, familier.**

ÉTYM. du latin *distans*, participe présent de *distare* «être éloigné».

DISTENDRE [distɑ̃dʀ] v. tr. (conjug. 44) 1. Augmenter les dimensions de (qqch.) par la tension. SYN. **étirer,** ① **tendre.** *Distendre un ressort.* 2. *SE DISTENDRE* v. pron. Se relâcher, être moins tendu, serré. *La peau se distend.* – fig. *Leurs liens d'amitié se sont distendus.*

ÉTYM. latin *distendere*.

DISTENSION [distɑ̃sjɔ̃] n. f. ✦ Action de se distendre ; augmentation de volume sous l'effet d'une tension. CONTR. **resserrement.**
ÉTYM. latin *distensio.*

DISTILLAT [distila] n. m. ✦ SC. Produit d'une distillation.
ÉTYM. de *distiller.*

DISTILLATEUR, TRICE [distilatœʀ, tʀis] n. ✦ Personne qui distille des produits et les vend ; spécialt, fabricant d'eau-de-vie. *Un distillateur de cognac.*

DISTILLATION [distilasjɔ̃] n. f. ✦ Procédé permettant de séparer certains constituants d'un mélange par ébullition suivie d'une condensation de la vapeur dans un autre récipient. *Distillation des fruits, des grains,* qui donne de l'eau-de-vie. ➡ *Distillation du pétrole, des hydrocarbures.*
ÉTYM. latin médiéval *distillatio* → distiller.

DISTILLER [distile] v. (conjug. 3a) **I** v. tr. 1. Laisser couler goutte à goutte. SYN. **sécréter.** *Le pin distille la résine.* ➡ fig. *Ce film distille l'ennui.* SYN. **répandre.** 2. Soumettre (qqch.) à la distillation. *Distiller un mélange dans un alambic. Purifier de l'eau en la distillant.* ➡ au p. passé *Eau distillée,* absolument pure. 3. LITTÉR. Élaborer (un suc). *L'abeille distille le miel.* **II** v. intr. Se séparer (d'un mélange) par distillation. *Le gazole commence à distiller vers 230 °C.*
ÉTYM. latin *distillare* «tomber goutte (*stilla*) à goutte».

DISTILLERIE [distilʀi] n. f. ✦ Lieu où l'on fabrique les produits de la distillation.
ÉTYM. de *distiller.*

DISTINCT, INCTE [distɛ̃(kt), ɛ̃kt] adj. 1. Qui ne se confond pas avec qqch. d'analogue, de voisin. SYN. **différent, indépendant, séparé.** *Problèmes distincts.* 2. Qui se perçoit nettement. *Parler d'une voix distincte.* SYN. **clair,** ① **net.** CONTR. **identique, même • confus, indistinct.**
ÉTYM. latin *distinctus,* participe passé de *distinguere* «distinguer».

DISTINCTEMENT [distɛ̃ktəmɑ̃] adv. ✦ D'une manière distincte (2). SYN. **clairement, nettement.** *Parler distinctement,* en articulant bien. CONTR. **confusément, indistinctement.**

DISTINCTIF, IVE [distɛ̃ktif, iv] adj. ✦ Qui permet de distinguer. SYN. **caractéristique, typique.** *Les caractères distinctifs d'une espèce. Signe distinctif.*
ÉTYM. de *distinct.*

DISTINCTION [distɛ̃ksjɔ̃] n. f. **I** 1. Action de distinguer, de reconnaître pour différent. SYN. **différenciation, discrimination, séparation.** *Faire la distinction entre deux choses.* SYN. ② **départ.** ➡ *SANS DISTINCTION. Recevoir tout le monde sans distinction. Sans distinction d'âge, de race.* SYN. **discrimination.** 2. Fait d'être distinct, séparé. *La distinction des pouvoirs. Les distinctions sociales.* 3. VIEILLI Supériorité qui place au-dessus du commun. SYN. **rang.** 4. Élégance, délicatesse et réserve dans la tenue et les manières (→ **distingué**). **II** *(Une, des distinctions)* Dignité, décoration. *Distinction honorifique.* CONTR. **confusion • identité • vulgarité.**
ÉTYM. latin *distinctio.*

DISTINGUABLE [distɛ̃gabl] adj. ✦ Que l'on peut distinguer (2 ou 4).

DISTINGUÉ, ÉE [distɛ̃ge] adj. 1. LITTÉR. Remarquable par son rang, son mérite. SYN. **éminent, supérieur.** *Mon distingué confrère.* 2. (politesse) *Recevez l'assurance de mes sentiments distingués.* 3. Qui a de la distinction (I, 4). *Un homme très distingué.* ➡ *Un air distingué.* CONTR. **inférieur, médiocre • ordinaire, vulgaire.**
ÉTYM. du participe passé de *distinguer* (3).

DISTINGUER [distɛ̃ge] v. tr. (conjug. 3b) **I** 1. (le sujet désigne une différence, un trait caractéristique) Permettre de reconnaître (une personne ou une chose d'une autre). SYN. **différencier.** *Le langage distingue l'homme des animaux.* 2. Reconnaître (une personne ou une chose) pour distincte (d'une autre). SYN. **différencier, isoler, séparer.** *On ne peut distinguer ces jumeaux l'un de l'autre.* ➡ *Distinguer le vrai du faux.* SYN. **démêler, discerner.** 3. Mettre (qqn) à part des autres, en le remarquant comme supérieur (→ **distinction ; distingué**). *On l'a distingué, il a été distingué pour ce poste.* 4. Percevoir d'une manière distincte, sans confusion. *On commence à distinguer les montagnes.* ➡ *Distinguer un son, une odeur, un goût.* ➡ *Distinguer qqn au milieu d'une foule.* ➡ fig. Discerner. *Une douceur où l'on distingue de l'amertume.* **II** *SE DISTINGUER* v. pron. 1. Être ou se rendre distinct, différent. SYN. se **différencier, différer.** *Il se distingue de son frère par la taille.* 2. S'élever au-dessus des autres, se faire connaître, remarquer. SYN. **s'illustrer.** *Se distinguer par son talent. Il se distingua pendant la guerre.* 3. Être perçu, discerné. *La côte se distingue.* CONTR. **confondre.**
ÉTYM. latin *distinguere.*

DISTINGUO [distɛ̃go] n. m. ✦ Distinction subtile, compliquée. *Se lancer dans des distinguos trop subtils.*
ÉTYM. mot du latin scolastique «je distingue».

DISTIQUE [distik] n. m. ✦ Groupe de deux vers renfermant un énoncé complet. ☛ Littérature p. 123.
ÉTYM. grec *distikhon* «rangée (*stikhos*) de deux (*di-*) vers».

DISTORDRE [distɔʀdʀ] v. tr. (conjug. 44) ✦ Déformer par une torsion. ➡ au p. passé *Traits distordus par la douleur.*
ÉTYM. latin *distorquere,* d'après *tordre.*

DISTORSION [distɔʀsjɔ̃] n. f. 1. MÉD. État d'une partie du corps qui se tourne d'un seul côté. 2. Défaut d'un système qui déforme les images, les signaux qu'il doit reproduire. 3. fig. Déséquilibre (entre plusieurs facteurs), entraînant une tension. SYN. **décalage, disparité.**
ÉTYM. latin *distorsio.*

DISTRACTION [distʀaksjɔ̃] n. f. **I** Action de distraire (I) ; son résultat. SYN. **prélèvement ; détournement.** *Distraction de fonds.* **II** 1. Manque d'attention habituel ou momentané aux choses dont on devrait normalement s'occuper, l'esprit étant absorbé par un autre objet. SYN. **inattention ;** → **distrait.** *Oublier qqch. par distraction.* ➡ *UNE DISTRACTION.* SYN. **bévue, étourderie, oubli.** 2. Diversion apportée par une occupation propre à délasser l'esprit en l'amusant. *Il vous faut un peu de distraction.* SYN. **détente.** ♦ L'occupation qui apporte la distraction. SYN. **divertissement.** *Le cinéma est sa seule distraction.* CONTR. **attention, concentration.**
ÉTYM. latin *distractio.*

DISTRAIRE [distʀɛʀ] v. tr. (conjug. 43) **I** LITTÉR. Séparer d'un ensemble. *Distraire une somme d'argent de ses économies.* SYN. **détourner, prélever.** **II** 1. Détourner (qqn) de l'objet auquel il s'applique, de ce dont il est

occupé. *Distraire qqn de ses soucis.* ➙ *Élève qui distrait ses camarades.* SYN. **dissiper.** ♦ *Distraire l'attention,* la détourner de son objet. 2. Faire passer le temps agréablement à (qqn). SYN. **amuser, divertir** ; ➙ **distraction.** ♦ *SE DISTRAIRE* **v. pron.** S'amuser, se détendre. *Avoir besoin de se distraire.* CONTR. **ennuyer.**
ÉTYM. latin *distrahere,* d'après *traire.*

DISTRAIT, AITE [distʀɛ, ɛt] **adj.** 1. Absorbé par autre chose. *Il m'a paru distrait.* SYN. **absent.** ➙ *Écouter d'une oreille distraite.* SYN. **inattentif.** 2. Qui est, par caractère, occupé d'autre chose que de ce qu'il fait, ou de ce qu'on lui dit. *Il est si distrait qu'il perd tout.* SYN. **étourdi.** ➙ **n.** *C'est une grande distraite.* CONTR. **attentif.**
ÉTYM. du participe passé de *distraire.*

DISTRAITEMENT [distʀɛtmɑ̃] **adv.** ✦ De façon distraite. *Feuilleter distraitement une revue.*

DISTRAYANT, ANTE [distʀɛjɑ̃, ɑ̃t] **adj.** ✦ Avec quoi l'on peut se distraire, se détendre l'esprit. SYN. **amusant, délassant, divertissant.** *Un film distrayant.* CONTR. **ennuyeux.**
ÉTYM. du participe présent de *distraire.*

DISTRIBUER [distʀibɥe] **v. tr.** (conjug. 3a) 1. Donner à plusieurs personnes prises séparément (une partie d'une chose ou d'un ensemble de choses). SYN. **donner, partager,** ① **répartir.** *Distribuer des cartes aux joueurs. Distribuer à chacun sa part.* SYN. **dispatcher.** ➙ *Distribuer des tracts.* 2. Donner à diverses personnes, au hasard. *Distribuer des poignées de main.* 3. (sujet chose) Répartir dans plusieurs endroits. SYN. **amener, conduire.** *Les conduites qui distribuent l'eau dans une ville.* 4. Répartir d'une manière particulière, selon un certain ordre. *Distribuer les joueurs sur le terrain.* 5. Assurer la distribution de (une pièce, un film ; un produit). CONTR. **rassembler · grouper, réunir.**
► **DISTRIBUÉ, ÉE p. passé** *Appartement bien, mal distribué,* où la disposition des pièces est rationnelle et agréable, ou non. SYN. **agencé.**
ÉTYM. latin *distribuere,* de *tribuere* «répartir entre les tribus (*tribus*)».

DISTRIBUTEUR, TRICE [distʀibytœʀ, tʀis] **n.** 1. **n.** Personne qui distribue (qqch.). ➙ **spécialt** *Distributeur agréé, exclusif* (d'un produit). 2. **n. m.** Appareil servant à distribuer. ➙ (automobiles) Mécanisme qui répartit entre les cylindres les étincelles fournies par l'allumage. ♦ Appareil qui distribue qqch. au public. *Distributeur d'essence.* ➙ ② **pompe.** *Distributeur automatique,* qui distribue des objets en échange de pièces de monnaie glissées dans une fente. *Distributeur de billets de banque.* ➙ **billetterie.**
ÉTYM. latin *distributor.*

DISTRIBUTIF, IVE [distʀibytif, iv] **adj.** 1. DR. *Justice distributive,* qui donne à chacun la part qui lui revient. 2. GRAMM. Qui sert à désigner en particulier (opposé à *collectif*). *«Chaque» est un adjectif distributif. Adjectif numéral distributif en latin.* 3. MATH. *La multiplication est distributive par rapport à l'addition :* a × (b + c) = (a × b) + (a × c).
ÉTYM. bas latin *distributivus.*

DISTRIBUTION [distʀibysjɔ̃] **n. f.** 1. Répartition à des personnes. *La distribution du courrier.* ➙ *Distribution des prix.* ➙ *Distribution des richesses.* SYN. **répartition.** ♦ *La distribution d'une pièce, d'un film,* l'ensemble des acteurs qui l'interprètent. ☛ Littérature p. 127. *Une brillante distribution.* 2. Ensemble d'opérations et de circuits qui mettent un produit à la disposition des acheteurs. *Société de distribution.* 3. Répartition à des endroits différents. *Distribution des eaux,* permettant d'approvisionner une ville en eau potable. 4. Arrangement selon un certain ordre ; division selon une certaine destination. SYN. **agencement.** *La distribution d'un appartement* (➙ **distribué**). CONTR. **rassemblement, réunion.**
ÉTYM. latin *distributio.*

DISTRICT [distʀikt] **n. m.** ✦ Subdivision administrative territoriale. ➙ *District urbain :* groupement administratif de communes formant une même agglomération.
ÉTYM. bas latin *districtus* ; doublet de *détroit.*

DIT, DITE [di, dit] **adj.** et **n. m.**
I adj. 1. Surnommé. *Louis XV, dit le Bien-Aimé.* 2. DR. (joint à l'article défini) *Ledit, ladite, lesdits, lesdites,* ce dont on vient de parler. *Ledit acheteur. Ladite maison. Lesdits plaignants. En présence desdits témoins.* 3. Fixé, convenu. *À l'heure dite.*
II n. m. Petite pièce de poésie en vers, au Moyen Âge. *Le dit de la rose.*
HOM. DIX «nombre»
ÉTYM. du participe passé de *dire.*

DITHYRAMBE [ditiʀɑ̃b] **n. m.** ✦ LITTÉR. Éloge enthousiaste. SYN. **panégyrique.**
ÉTYM. latin *dithyrambus,* du grec.

DITHYRAMBIQUE [ditiʀɑ̃bik] **adj.** ✦ Très élogieux. *Un article dithyrambique.*
ÉTYM. latin *dithyrambicus,* du grec.

DIURÈSE [djyʀɛz] **n. f.** ✦ MÉD. Excrétion de l'urine.
ÉTYM. latin *diuresis,* du grec, de *ourein* «uriner».

DIURÉTIQUE [djyʀetik] **adj.** ✦ Qui augmente la sécrétion urinaire. ➙ **n. m.** *Le fenouil est un diurétique.*
ÉTYM. de *diurèse.*

DIURNE [djyʀn] **adj.** 1. DIDACT. Qui dure vingt-quatre heures. 2. Qui se montre le jour. *Rapaces, papillons diurnes. Fleur diurne,* qui se ferme pendant la nuit. ➙ *Températures diurnes.* CONTR. **nocturne.**
ÉTYM. latin *diurnus,* de *dies* «jour».

DIVA [diva] **n. f.** ✦ Cantatrice en renom. *Des divas.*
ÉTYM. mot italien, du latin «déesse».

DIVAGATION [divagasjɔ̃] **n. f.** ✦ Action de divaguer. *Divagation du bétail.* ➙ **fig.** *Les divagations d'un malade.* SYN. **délire.**

DIVAGUER [divage] **v. intr.** (conjug. 3b) 1. VX ou DR. Errer çà et là. 2. **fig.** Dire n'importe quoi, ne pas raisonner correctement. SYN. **déraisonner.** *Tu divagues.*
ÉTYM. bas latin *divagari,* de *vagus* «③ vague».

DIVAN [divɑ̃] **n. m.** **I** 1. HIST. Conseil du sultan. 2. Recueil de poésies orientales. **II** Long siège sans dossier ni bras qui peut servir de lit (le *canapé* a un dossier).
ÉTYM. arabe *diwān,* du persan.

DIVE [div] **adj. f.** ✦ **loc.** *La dive bouteille :* le vin.
ÉTYM. latin *diva* «divine».

DIVERGENCE [divɛʀʒɑ̃s] **n. f.** ✦ Situation de ce qui diverge, de ce qui va en s'écartant. ♦ **fig.** Grande différence. *Divergence d'opinions, de vues.* SYN. **désac-**

cord. CONTR. **convergence ; concordance.**
ÉTYM. latin scientifique *divergentia.*

DIVERGENT, ENTE [divɛʀʒɑ̃, ɑ̃t] **adj.** 1. Qui diverge, qui va en s'écartant. *Rayons divergents.* – *Strabisme divergent.* – *Lentille divergente,* qui fait diverger un rayon lumineux. 2. fig. Qui ne s'accorde pas. SYN. **différent, opposé.** *Points de vue, témoignages divergents.* CONTR. **convergent • concordant.**
ÉTYM. latin scientifique *divergens.*

DIVERGER [divɛʀʒe] **v. intr.** (conjug. 5) 1. Aller en s'écartant de plus en plus (en parlant d'éléments rapprochés à leur point de départ). *Les côtés d'un angle divergent.* 2. fig. S'écarter de plus en plus (d'une origine commune, d'un type commun). ◆ Être en désaccord. SYN. **s'opposer.** *Leurs témoignages divergent sur ce point.* CONTR. **converger.**
ÉTYM. bas latin *divergere* «pencher, incliner».

DIVERS, ERSE [divɛʀ, ɛʀs] **adj.** 1. LITTÉR. au sing. Qui présente plusieurs aspects. SYN. **varié.** *Une clientèle très diverse.* 2. au plur. Qui présentent des différences intrinsèques et qualitatives (en parlant de choses que l'on compare). SYN. **différent, dissemblable, varié.** *Les divers sens d'un mot.* 3. *FAITS DIVERS,* les incidents du jour (accidents, crimes, etc.) ; la rubrique sous laquelle on les groupe. – au sing. *Un fait divers.* 4. **adj. indéf.** au plur. (devant un nom) SYN. **plusieurs.** *Diverses personnes m'en ont parlé. À diverses reprises.* SYN. **différent.** CONTR. **uniforme • identique, même.**
ÉTYM. latin *diversus* «opposé», participe passé de *divertere* «détourner».

DIVERSEMENT [divɛʀsəmɑ̃] **adv.** ✦ D'une manière diverse, de plusieurs manières différentes. *Un film diversement apprécié.* SYN. **inégalement.** CONTR. **unanimement.**

DIVERSIFICATION [divɛʀsifikasjɔ̃] **n. f.** ✦ Action de (se) diversifier ; son résultat. *La diversification de la production d'une entreprise.* CONTR. **unification, uniformisation.**

DIVERSIFIER [divɛʀsifje] **v. tr.** (conjug. 9) ✦ Rendre divers. SYN. **varier.** *Diversifier ses activités.* – pronom. *Une production qui se diversifie.* CONTR. **unifier, uniformiser.**
ÉTYM. latin médiéval *diversificare.*

DIVERSION [divɛʀsjɔ̃] **n. f.** 1. Opération militaire destinée à détourner l'ennemi d'un point. *Manœuvre de diversion.* 2. fig. LITTÉR. Action qui détourne qqn de ce qui le préoccupe, le chagrine, l'ennuie. SYN. **dérivatif, distraction.** – *Faire diversion à (qqch.)* : détourner, distraire de. absolt *Son arrivée a fait diversion.*
ÉTYM. bas latin *diversio,* de *divertere* «détourner».

DIVERSITÉ [divɛʀsite] **n. f.** ✦ Caractère, état de ce qui est divers (1 et 2). SYN. **variété.** *La diversité de la vie. La diversité des goûts. La diversité (culturelle),* l'existence de différentes cultures au sein d'une société. CONTR. **monotonie, uniformité ; ressemblance.**
ÉTYM. latin *diversitas.*

DIVERTIR [divɛʀtiʀ] **v. tr.** (conjug. 13) 1. VX ou DR. Détourner. *Divertir de l'argent.* 2. VIEILLI Détourner (qqn) d'une préoccupation, etc. *Divertir qqn de ses ennuis.* 3. MOD. Distraire en amusant. SYN. **récréer.** ◆ *SE DIVERTIR* **v. pron.** Se distraire, s'amuser. *Vous devriez vous divertir un peu. Se divertir à jouer aux échecs.* CONTR. **ennuyer.**
ÉTYM. bas latin *divertere,* de *vertere* «tourner».

DIVERTISSANT, ANTE [divɛʀtisɑ̃, ɑ̃t] **adj.** ✦ Qui divertit, distrait en amusant. SYN. **distrayant ; amusant, récréatif.** *Spectacle divertissant.*
ÉTYM. du participe présent de *divertir.*

DIVERTISSEMENT [divɛʀtismɑ̃] **n. m.** 1. DR. Détournement d'une partie de la succession par un héritier ou d'une partie de la communauté par un conjoint. 2. Action de (se) divertir ; moyen de se divertir. SYN. **amusement, délassement, distraction, plaisir.** *La musique est son divertissement favori.* 3. Petit opéra, pièce musicale.
ÉTYM. de *divertir.*

DIVIDENDE [dividɑ̃d] **n. m.** 1. MATH. Nombre à diviser par un autre (appelé *diviseur*). 2. Part des bénéfices versée à chaque actionnaire. *Toucher des dividendes.*
ÉTYM. bas latin *dividendus,* de *dividere* «diviser».

DIVIN, INE [divɛ̃, in] **adj.** 1. Qui appartient à Dieu, aux dieux. *Justice divine. Droit divin,* considéré comme révélé par Dieu aux hommes. *Monarchie de droit divin.* – *Le divin enfant* [divinɑ̃fɑ̃] : l'enfant Jésus. – *«La Divine Comédie»* (de Dante). 2. Qui est dû à Dieu, à un dieu. *L'amour divin* (opposé à *profane*). 3. Excellent, parfait. SYN. **céleste, sublime, suprême.** *Une musique divine.* – Très agréable. *Il fait un temps divin.* SYN. **délicieux.** CONTR. **diabolique, infernal • mauvais.**
ÉTYM. latin *divinus.*

DIVINATEUR, TRICE [divinatœʀ, tʀis] **adj.** ✦ Qui devine, prévoit ce qui doit arriver.
ÉTYM. bas latin *divinator.*

DIVINATION [divinasjɔ̃] **n. f.** 1. Art de découvrir ce qui est caché par des moyens qui ne relèvent pas d'une connaissance naturelle. → **devin ; -mancie.** *La divination chez les anciens* (→ **augure**). *Divination de l'avenir.* → **voyance.** 2. Faculté, action de deviner, de prévoir. SYN. **clairvoyance, intuition, prescience.** *Comment le sait-il ? C'est de la divination.*
ÉTYM. latin *divinatio,* de *divinare* «deviner».

DIVINATOIRE [divinatwaʀ] **adj.** ✦ Relatif à la divination. *La baguette divinatoire du sourcier.*

DIVINEMENT [divinmɑ̃] **adv.** ✦ D'une manière divine (3), à la perfection. SYN. **merveilleusement, parfaitement.** *Elle chante divinement. Il fait divinement beau.* CONTR. **affreusement,** ② **mal.**

DIVINISER [divinize] **v. tr.** (conjug. 3a) 1. Mettre au rang des dieux. SYN. **déifier.** *Les Romains divinisaient leurs empereurs.* 2. Donner une valeur sacrée ou une grande valeur à (qqn, qqch.). SYN. **exalter, glorifier.** *Diviniser l'amour.* CONTR. **rabaisser.**
► **DIVINISATION** [divinizasjɔ̃] **n. f.**
ÉTYM. de *divin.*

DIVINITÉ [divinite] **n. f.** 1. Nature divine. *La divinité de Jésus,* dans la religion chrétienne. 2. *UNE DIVINITÉ* : un être divin. → **déesse, dieu.** *Les divinités antiques. Les faunes, divinités champêtres.*
ÉTYM. latin *divinitas.*

DIVIS, ISE [divi, iz] **adj.** ✦ DR. Partagé, divisé (opposé à *indivis*). *Propriétés divises.*
ÉTYM. latin *divisus,* p. passé de *dividere* «diviser».

DIVISER [divize] **v. tr.** (conjug. 3a) **I** 1. Séparer (une chose ou un ensemble de choses) en plusieurs parties. SYN. **fractionner, fragmenter ; morceler, partager.**

Diviser une somme en plusieurs parts. Diviser un terrain. ♦ Partager en quantités égales. *Diviser un gâteau en six.* (passif) *Le franc est divisé en centimes.* ➛ Chercher, calculer combien de fois une quantité est contenue dans une autre (→ **division ; dividende, diviseur**). *Diviser un nombre par quatre* (opposé à *multiplier*). **2.** abstrait Séparer en éléments. *On divise le règne animal en classes.* **3.** SE DIVISER v. pron. Se séparer en parties. *La classe s'est divisée en deux groupes de travail.* **II** Séparer, semer la discorde, la désunion entre (des personnes, des groupes). SYN. **brouiller, désunir, opposer.** *L'affaire Dreyfus divisa la France. Leurs intérêts les divisent.* ➛ au p. passé *Une opinion publique divisée.* ♦ absolt prov. *Diviser pour régner.* CONTR. **grouper, réunir · rapprocher, réconcilier.**

ÉTYM. de *deviser*, au sens ancien de «partager», d'après le latin *dividere* «diviser».

DIVISEUR, EUSE [divizœʀ, øz] n. **1.** Ce qui divise (personne, force). **2.** n. m. MATH. Nombre par lequel on en divise un autre (appelé *dividende*). CONTR. **rassembleur · multiplicateur.**

DIVISIBLE [divizibl] adj. ✦ Qui peut être divisé. ➛ *Les nombres pairs sont divisibles par 2* (le quotient de la division est un nombre entier). CONTR. **indivisible.**

► **DIVISIBILITÉ** [divizibilite] n. f. *Critères de divisibilité.*

ÉTYM. bas latin *divisibilis.*

DIVISION [divizjɔ̃] n. f. **1.** Action de diviser ; état de ce qui est divisé (rare en emploi concret). SYN. **fragmentation, morcellement, séparation.** ♦ Opération par laquelle on divise une quantité (le dividende) par une autre (le diviseur), pour obtenir le quotient. *Division qui tombe juste,* dont le reste est nul. ♦ *DIVISION DU TRAVAIL* : organisation économique consistant dans la décomposition et la répartition des tâches. **2.** Fait de se diviser. *Division cellulaire,* par laquelle une cellule donne deux cellules filles. → **mitose. 3.** Trait qui divise. *Les divisions d'un thermomètre.* SYN. **graduation.** ➛ TYPOGR. Tiret. *Grande, petite division.* **4.** Partie d'un tout divisé. *Les divisions administratives d'un territoire. Les grandes divisions du règne animal* (embranchement, classe, ordre...). *Divisions et subdivisions.* **5.** Grande unité militaire réunissant des formations d'armes différentes et divers services. *Division blindée. Général de division.* → **divisionnaire.** ♦ Réunion de plusieurs services (dans une administration). *Chef de division.* ♦ SPORTS *Première, deuxième division,* dans laquelle un club est admis pour disputer un championnat. **6.** fig. Séparation, opposition d'intérêts, de sentiments entre plusieurs personnes. SYN. **désaccord, discorde, dissension.** *Mettre, semer la division dans une famille, dans les esprits.* CONTR. **groupement, rassemblement, réunion · multiplication · accord, entente.**

ÉTYM. latin *divisio.*

DIVISIONNAIRE [divizjɔnɛʀ] adj. ✦ D'une division (5). *Général divisionnaire,* qui commande une division. *Commissaire divisionnaire.* ➛ n. m. *Un divisionnaire.*

DIVORCE [divɔʀs] n. m. **1.** Séparation d'intérêts, de sentiments, etc. SYN. **divergence, rupture, séparation.** *Divorce entre théoriciens et praticiens.* **2.** Rupture légale du mariage civil, du vivant des époux. *Être en instance de divorce.* CONTR. **accord.**

ÉTYM. latin *divortium,* de *divertere* «se séparer de».

DIVORCER [divɔʀse] v. intr. (conjug. 4) ✦ Se séparer par le divorce (de l'autre époux). *Elle a divorcé avec (d'avec, de) lui.* ➛ absolt *Il a décidé de divorcer. Ils ont divorcé.*

► **DIVORCÉ, ÉE** adj. Séparé par le divorce. *Parents divorcés.* ➛ n. *Il a épousé une divorcée.*

DIVULGATEUR, TRICE [divylgatœʀ, tʀis] n. ✦ Personne qui divulgue.

ÉTYM. latin *divulgator.*

DIVULGATION [divylgasjɔ̃] n. f. ✦ Action de divulguer ; son résultat. SYN. **propagation, révélation.** *Divulgation de secrets d'État.*

ÉTYM. latin *divulgatio.*

DIVULGUER [divylge] v. tr. (conjug. 3b) ✦ Porter à la connaissance du public. SYN. **dévoiler, ébruiter, proclamer, publier, répandre.** *Les journaux ont divulgué l'affaire.* CONTR. **cacher, dissimuler.**

ÉTYM. latin *divulgare,* de *vulgus* «foule».

DIX [dis] (prononcé [di] devant un nom commençant par une consonne ou un *h* aspiré) adj. numéral et n. m. **1.** adj. numéral cardinal Nombre égal à neuf plus un (10). → **déca- ; dizaine.** *Dix euros. Les dix doigts des deux mains. Dix mille* (10 000). ➛ *Neuf fois sur dix* loc. adv. : presque toujours. ♦ Un grand nombre de. *Répéter dix fois la même chose.* **2.** adj. numéral ordinal Dixième. *Charles X. Page dix. Il est dix heures.* **3.** n. m. Le nombre 10. *Deux fois cinq, dix.* ➛ *Soixante-dix* (70) (→ **septante**) ; *quatre-vingt-dix* (90) (→ **nonante**). *Devoir noté sur dix. Dix sur dix.* ➛ *Le dix,* spécialt, le dixième jour *(le dix du mois),* le numéro dix *(elle habite au dix).* ➛ Carte, domino, etc. marqué de dix signes. *Dix de pique.* HOM. DIT «surnommé»

ÉTYM. latin *decem.*

DIX-HUIT [dizɥit] adj. numéral invar. ✦ (cardinal) Dix plus huit (18). *Il a dix-huit ans. Dix-huit cents* (ou *mille huit cents*). ➛ (ordinal) Dix-huitième. *Louis XVIII.* ➛ n. m. invar. *Aujourd'hui, nous sommes le 18.*

► **DIX-HUITIÈME** [dizɥitjɛm] adj. et n. *Les grands écrivains du dix-huitième (XVIIIᵉ) siècle.*

DIXIÈME [dizjɛm] adj. **1.** Qui suit le neuvième. *Habiter au dixième (étage).* **2.** Se dit d'une partie d'un tout divisé également en dix. ➛ n. m. *Les neuf dixièmes.* **3.** n. *Être le, la dixième à passer.*

► **DIXIÈMEMENT** [dizjɛmmɑ̃] adv.

ÉTYM. de *dix.*

DIXIT [diksit] ✦ DIDACT. ou iron. S'emploie devant ou après le nom de qqn dont on rapporte les paroles, pour souligner que ce sont ses propres mots.

ÉTYM. mot latin «il, elle a dit».

DIX-NEUF [diznœf] adj. numéral invar. ✦ (cardinal) Dix plus neuf (19). *Dix-neuf ans. Dix-neuf cents* (ou *mille neuf cents*). ➛ (ordinal) *Page dix-neuf.* ➛ n. m. invar. *Dix-neuf est un nombre premier.*

► **DIX-NEUVIÈME** [diznœvjɛm] adj. et n. *Il habite au dix-neuvième (étage).*

DIX-SEPT [di(s)sɛt] adj. numéral invar. ✦ (cardinal) Dix plus sept (17). *Dix-sept ans. Dix-sept cents* (ou *mille sept cents*). ➛ (ordinal) *Louis XVII.* ➛ n. m. invar. *Neuf et huit, dix-sept.*

► **DIX-SEPTIÈME** [di(s)sɛtjɛm] adj. et n. *Arriver dix-septième sur cent. Le dix-septième siècle* (en France : le siècle de Louis XIV).

DIZAIN [dizɛ̃] **n. m.** ✦ Pièce de poésie de dix vers.
☛ Littérature p. 123.
ÉTYM. de *diz*, ancienne forme de *dix*.

DIZAINE [dizɛn] **n. f.** 1. Groupe de dix unités (nombre). *Une dizaine de mille. Le chiffre des dizaines* (ex. 9 dans 298). 2. Réunion de dix personnes, de dix choses ; quantité voisine de dix. *Il y a une dizaine d'années.*
ÉTYM. de *diz*, ancienne forme de *dix*.

DJEBEL ou **DJÉBEL** [dʒebɛl] **n. m.** ✦ Montagne, terrain montagneux, en Afrique du Nord. *Des djebels, des djébels.* – Écrire *djébel* avec un accent aigu est permis.
ÉTYM. mot arabe.

DJELLABA [dʒε(l)laba] **n. f.** ✦ Longue robe à manches longues et à capuchon, portée par les hommes et les femmes, en Afrique du Nord.
ÉTYM. mot arabe du Maroc.

DJIHAD [dʒi(j)ad] **n. m.** ✦ Guerre sainte menée pour propager ou défendre l'islam.
ÉTYM. mot arabe «effort suprême».

DJIHADISTE [dʒi(j)adist] **n.** ✦ Partisan, combattant du djihad. – **adj.** *Propagande djihadiste.*

DJINN [dʒin] **n. m.** ✦ Génie (bon ou mauvais), dans le Coran et les légendes musulmanes. HOM. GIN «alcool», JEAN «tissu»
ÉTYM. mot arabe.

DO [do] **n. m. invar.** ✦ Premier son de la gamme naturelle. SYN. **ut.** *Do dièse, do bémol.* HOM. DOS «partie du corps»
ÉTYM. mot italien, inventé pour remplacer *ut*.

DOBERMAN [dɔbɛʀman] **n. m.** ✦ Chien de garde haut et svelte, à poil ras. *Des dobermans.*
ÉTYM. allemand *Dobermann*, de *Dober*, nom de l'éleveur.

DOCILE [dɔsil] **adj.** ✦ Qui obéit facilement. SYN. **obéissant.** *Caractère docile.* SYN. **facile, maniable.** – *Animal docile.* – *Cheveux dociles,* qui se coiffent aisément. CONTR. **indocile, rebelle, rétif.**
► **DOCILEMENT** [dɔsilmɑ̃] **adv.**
ÉTYM. latin *docilis*, de *docere* «enseigner».

DOCILITÉ [dɔsilite] **n. f.** ✦ Comportement soumis ; tendance à obéir. SYN. **obéissance.** CONTR. **indocilité, rébellion.**
ÉTYM. latin *docilitas* → docile.

DOCK [dɔk] **n. m.** 1. Vaste bassin entouré de quais et destiné au chargement et au déchargement des navires. ◆ Bassin de radoub établi au bord des docks. 2. souvent au plur. Hangar, magasin situé en bordure de ce bassin. SYN. **entrepôt.** HOM. DOC «documentation»
ÉTYM. mot anglais, du néerlandais *docke*.

DOCKER [dɔkɛʀ] **n. m.** ✦ anglicisme Ouvrier qui travaille au chargement et au déchargement des navires. SYN. **débardeur.**
ÉTYM. mot anglais, de *dock*.

DOCTE [dɔkt] **adj.** ✦ Érudit, savant. – *Un ton docte.* SYN. **doctoral.** CONTR. **ignorant.**
► **DOCTEMENT** [dɔktəmɑ̃] **adv.** *Parler doctement.* SYN. **savamment.**
ÉTYM. latin *doctus*, p. passé de *docere* «enseigner».

DOCTEUR [dɔktœʀ] **n.** I (le plus souvent avec un compl.) 1. **n. m.** RELIG. Celui qui enseignait des points de doctrine. *Les docteurs de la Loi* (dans le judaïsme). *Les docteurs de l'Église,* les Pères de l'Église. 2. Personne promue au plus haut grade universitaire d'une faculté (↔ **doctorat**). *Docteur ès lettres. Docteur en droit, en médecine. Elle est docteur* (ou *docteure*) *ès sciences.* II Personne qui possède le titre de docteur en médecine et qui exerce la médecine ou la chirurgie. SYN. **médecin,** FAM. **toubib.** *Aller chez le docteur. La docteur Marie Duval.* SYN. **doctoresse.** – (appellatif) *Bonjour, docteur.* – abrév. graphique Dʀ ou Dʳ.
ÉTYM. latin *doctor* «celui qui enseigne (*docere*)».

DOCTORAL, ALE, AUX [dɔktɔʀal, o] **adj.** 1. DIDACT. Qui a rapport aux docteurs. 2. péj. Grave, solennel, pontifiant. *Air, ton doctoral.* SYN. **docte, pédant.** CONTR. **humble, simple.**
ÉTYM. bas latin *doctoralis*.

DOCTORAT [dɔktɔʀa] **n. m.** ✦ Grade de docteur (I, 2). *Thèse de doctorat.*
ÉTYM. latin médiéval *doctoratus*.

DOCTORESSE [dɔktɔʀɛs] **n. f.** ✦ VIEILLI Femme médecin.
ÉTYM. de *docteur* (II), d'après le latin *doctor*.

DOCTRINAIRE [dɔktʀinɛʀ] **n.** et **adj.** 1. **n.** Personne qui se montre étroitement attachée à une doctrine, à une opinion. 2. **adj.** Doctoral, sentencieux. *Un ton doctrinaire.*
ÉTYM. de *doctrine*.

DOCTRINAL, ALE, AUX [dɔktʀinal, o] **adj.** ✦ Relatif à une doctrine. SYN. **théorique.** *Querelles doctrinales.*
ÉTYM. bas latin *doctrinalis*.

DOCTRINE [dɔktʀin] **n. f.** 1. Ensemble de notions qu'on affirme être vraies et par lesquelles on prétend fournir une interprétation des faits, orienter ou diriger l'action. SYN. **dogme, idéologie, système,** ① **théorie.** *Discuter un point de doctrine. Doctrine politique, religieuse, morale, philosophique, artistique.* 2. DR. Ensemble des travaux juridiques destinés à exposer ou à interpréter le droit (opposé à *législation* et à *jurisprudence*).
ÉTYM. latin *doctrina*, de *docere* «enseigner».

DOCUMENT [dɔkymɑ̃] **n. m.** 1. Écrit servant de preuve ou de renseignement. *L'histoire est fondée sur des documents. Archiver un document.* – par ext. *Document sonore.* 2. Ce qui sert de preuve, de témoignage. 3. Fichier informatique créé à l'aide d'une application d'un logiciel.
ÉTYM. latin *documentum*, de *docere* «enseigner».

DOCUMENTAIRE [dɔkymɑ̃tɛʀ] **adj.** 1. Qui a le caractère d'un document, repose sur des documents. *Cette gravure présente un réel intérêt documentaire.* – loc. *À titre documentaire,* d'information. 2. *Film documentaire* ou **n. m.** *un documentaire :* film didactique, présentant des faits authentiques (à la différence du film de fiction). *Un documentaire sur le Sahara.* 3. Qui a trait à la documentation. *Recherche documentaire.*

DOCUMENTALISTE [dɔkymɑ̃talist] **n.** ✦ Personne qui collecte, gère et diffuse des documents. *La documentaliste du collège.*
ÉTYM. de *document*, d'après *journaliste*.

DOCUMENTARISTE [dɔkymɑ̃taʀist] **n.** ✦ Auteur de films documentaires.

DOCUMENTATION [dɔkymɑ̃tasjɔ̃] **n. f.** 1. Recherche de documents. *Travail, fiches de documentation.* 2. Ensemble de documents. *Réunir de la documentation sur un sujet.* 3. Activité de documentaliste. → abrév. FAM. DOC [dɔk] **n. f.** HOM. (de *doc*) DOCK «hangar»
ÉTYM. de *documenter*.

DOCUMENTER [dɔkymɑ̃te] **v. tr.** (conjug. 3a) 1. Fournir des documents à (qqn). SYN. **informer.** → au p. passé *Un journaliste bien documenté.* → pronom. *Je vais me documenter.* 2. Appuyer (un travail) sur des documents. → au p. passé *Thèse solidement documentée.*

DODÉCA- Élément savant du grec *dôdeka* «douze» (ex. *dodécaèdre* **n. m.** «polyèdre à douze faces» ; *dodécagone* **n. m.** «polygone à douze côtés»).

DODÉCAPHONIQUE [dɔdekafɔnik] **adj.** ✦ MUS. Qui utilise la série de douze sons de la gamme chromatique (→ **sériel**) en dehors des modes et des tons (→ **atonal**).
► **DODÉCAPHONISME** [dɔdekafɔnism] **n. m.** MUS. *Arnold Schönberg, fondateur du dodécaphonisme.*
ÉTYM. de *dodéca-* et *-phonique*.

DODÉCASYLLABE [dɔdekasi(l)lab] **adj.** ✦ Qui a douze syllabes. *Vers dodécasyllabes.* → **alexandrin.** → **n. m.** *Un dodécasyllabe.*
ÉTYM. de *dodéca-* et *syllabe*.

DODELINER [dɔd(ə)line] **v. intr.** (conjug. 3a) ✦ Se balancer doucement. *Dodeliner de la tête.*
► **DODELINEMENT** [dɔd(ə)linmɑ̃] **n. m.**
ÉTYM. de l'onomat. *dod-* exprimant le balancement.

① **DODO** [dodo] **n. m.** ✦ langage enfantin 1. Sommeil. *Faire dodo* : dormir. 2. Lit. *Aller au dodo.*
ÉTYM. de l'onomatopée *dod-* exprimant le balancement ; influencé par *dormir*.

② **DODO** [dodo] **n. m.** ✦ anglicisme Oiseau disparu d'Afrique australe (le *dronte*).
ÉTYM. mot anglais, portugais *doudo* «lourdaud».

DODU, UE [dɔdy] **adj.** ✦ Bien en chair. SYN. **gras, potelé, replet.** *Bébé dodu.* CONTR. **maigre, mince.**
ÉTYM. probablement onomatopée *dod-*.

DOGE [dɔʒ] **n. m.** ✦ Chef élu de l'ancienne république de Venise (ou de Gênes).
ÉTYM. mot italien, latin *dux, ducis* «chef» ; même origine que *duc*.

DOGMATIQUE [dɔgmatik] **adj.** 1. DIDACT. Relatif au dogme. *Querelles dogmatiques.* ♦ Qui admet certaines vérités ; qui affirme des principes (opposé à *sceptique*). *Philosophe dogmatique.* 2. Qui exprime ses opinions d'une manière péremptoire. SYN. **doctrinaire, systématique.** *Il est très dogmatique.* → *Ton dogmatique.* SYN. **doctoral, sentencieux.** CONTR. **hésitant.**
ÉTYM. latin *dogmaticus*, du grec.

DOGMATISER [dɔgmatize] **v. intr.** (conjug. 3a) 1. RELIG. Traiter du dogme. 2. fig. Exprimer son opinion d'une manière sentencieuse et tranchante.
ÉTYM. latin chrétien *dogmatizare*.

DOGMATISME [dɔgmatism] **n. m.** 1. Caractère d'une philosophie, d'une religion qui s'appuie sur un dogme. 2. Caractère dogmatique (2) ; rejet du doute, de la critique.
ÉTYM. latin chrétien *dogmatismus*.

DOGME [dɔgm] **n. m.** 1. Point de doctrine établi ou regardé comme une vérité fondamentale, incontestable (dans une religion, une école philosophique). *Les dogmes du christianisme.* ♦ Opinion émise comme une vérité indiscutable. *Admettre qqch. comme un dogme.* SYN. **loi.** 2. *LE DOGME* : l'ensemble des dogmes d'une religion. *Enseigner le dogme.*
ÉTYM. latin *dogma* «croyance», mot grec «opinion».

DOGUE [dɔg] **n. m.** ✦ Chien de garde trapu, à grosse tête, à fortes mâchoires, au museau écrasé. SYN. **bouledogue.** → loc. *Être d'une humeur de dogue*, de très mauvaise humeur.
ÉTYM. anglais *dog* «chien».

DOIGT [dwa] **n. m.** I 1. Chacun des cinq prolongements qui terminent la main de l'homme. → **-dactyle.** *Les cinq doigts de la main.* → **pouce, index,** ① **majeur** (ou **médius**), **annulaire, auriculaire** (ou *petit doigt*). → *Manger avec les doigts. Lever le doigt* (pour demander la parole, etc.). *Compter sur ses doigts.* ♦ loc. *On peut les compter sur les doigts*, il y en a peu. *Vous avez mis le doigt sur la difficulté*, vous l'avez trouvée. *Faire toucher une chose du doigt*, convaincre qqn par des preuves palpables. → *Montrer qqn du doigt*, le désigner ; le railler, le ridiculiser. → *Se mordre les doigts de qqch.*, regretter, se repentir. *Se faire taper sur les doigts* : se faire réprimander. → *Ne rien faire, ne rien savoir faire de ses dix doigts*, être paresseux, incapable. *Ils sont comme les deux doigts de la main*, très unis. → FAM. *Se mettre, se fourrer le doigt dans l'œil* : se tromper grossièrement. *Être obéi, servi au doigt et à l'œil*, exactement, ponctuellement. → *Savoir qqch. sur le bout des doigts*, parfaitement. → *Ne pas lever le petit doigt* : ne pas faire le moindre effort. *Sans bouger le petit doigt. Mon petit doigt me l'a dit* : je l'ai appris (se dit à un enfant). ♦ FAM. *Doigt d'honneur* : geste obscène de provocation, exécuté en pointant le majeur vers le haut. 2. Extrémité articulée des pieds, des pattes de certains animaux (et de la main du singe). *Les dix doigts de pied.* → **orteil.** *Doigts munis de griffes.* 3. *Les doigts d'un gant.* II Mesure approximative, équivalant à l'épaisseur d'un doigt. *Jupe trop courte d'un doigt. Boire un doigt de vin.* SYN. ① **goutte.** → loc. *À un doigt, à deux doigts de*, très près. *La balle est passée à un doigt du cœur. Être à deux doigts de la mort.* HOM. DOIT «compte»
ÉTYM. latin populaire *ditus*, contraction de *digitus*.

DOIGTÉ [dwate] **n. m.** 1. Choix et jeu des doigts dans l'exécution d'un morceau de musique. *Ce pianiste a un bon doigté.* ♦ Adresse des doigts. *Le doigté d'un graveur.* 2. fig. SYN. **diplomatie, savoir-faire, tact.** *Ce genre d'affaire demande du doigté.*
ÉTYM. du participe passé de *doigter* «bien placer les *doigts* (en musique)».

DOIGTIER [dwatje] **n. m.** ✦ Fourreau pour protéger un doigt.

DOIT [dwa] **n. m.** ✦ Partie d'un compte établissant ce que doit le titulaire (→ ② **débit**). *Le doit et l'avoir.* CONTR. ② **avoir** ; ② **actif, crédit.** HOM. DOIGT «partie du corps»
ÉTYM. d'une forme de ① *devoir*.

DOL [dɔl] **n. m.** ✦ DR. Manœuvres frauduleuses destinées à tromper (→ **dolosif**).
ÉTYM. latin *dolus* «ruse».

DOLBY [dɔlbi] **n. m.** ✦ Procédé de réduction du bruit de fond des enregistrements magnétiques. ➝ appos. *Son dolby stéréo.*
ÉTYM. nom déposé.

DOLÉANCES [dɔleɑ̃s] **n. f. pl.** ✦ Plaintes pour réclamer au sujet d'un grief ou pour déplorer des malheurs personnels. *Présenter ses doléances. Les cahiers de doléances des États généraux de 1789.*
ÉTYM. de l'anc. v. *douloir,* latin *dolere* «souffrir».

DOLENT, ENTE [dɔlɑ̃, ɑ̃t] **adj.** ✦ Qui se sent malheureux et cherche à se faire plaindre. ➝ *Un ton dolent.* SYN. **plaintif.** CONTR. **gai, joyeux.**
ÉTYM. latin *dolens,* p. présent de *dolere* «souffrir».

DOLICHOCÉPHALE [dɔlikosefal] **adj.** et **n.** ✦ (Personne) qui a le crâne long (opposé à *brachycéphale*).
ÉTYM. du grec *dolikhos* «long» et de *-céphale.*

DOLINE [dɔlin] **n. f.** ✦ DIDACT. Dans les régions de relief calcaire, dépression fermée de forme circulaire.
ÉTYM. slave *dolina* «cuvette».

DOLLAR [dɔlaʀ] **n. m.** ✦ Unité monétaire des États-Unis d'Amérique et de quelques autres pays, divisée en 100 cents.
ÉTYM. mot américain, de l'allemand *thaler,* ancienne monnaie allemande.

DOLMEN [dɔlmɛn] **n. m.** ✦ Monument mégalithique fait de pierres brutes agencées en forme de table gigantesque. *Dolmens et menhirs.*
ÉTYM. du gaélique *tolmen.*

DOLOSIF, IVE [dolozif, iv] **adj.** ✦ DR. Qui tient du dol. *Manœuvres dolosives.*
ÉTYM. du latin *dolosus* «frauduleux».

DOM [dɔ̃] **n. m.** 1. Titre donné à certains religieux (bénédictins, chartreux, trappistes). 2. Titre donné aux nobles espagnols et portugais. SYN. ② **don.** *Le «Dom Juan» de Molière.* HOM. ① DON «cadeau», DONC (conjonction), DONT (pronom relatif)
ÉTYM. du latin *dominus* «seigneur».

D. O. M. [dɔm] **n. m. invar.** ✦ Département français d'outre-mer. *Les D. O. M.*
ÉTYM. sigle.

DOMAINE [dɔmɛn] **n. m.** 1. Terre possédée par un propriétaire. SYN. **propriété, terre.** *Bois, chasses, prairies, fermes composant un domaine.* ♦ *Domaine de l'État,* ou absolt *le Domaine* : les biens de l'État. *Domaine public* : les biens qui sont affectés à l'usage direct du public ou à un service public (➝ **domanial**). 2. loc. *Tomber dans le DOMAINE PUBLIC,* se dit des œuvres littéraires, musicales, artistiques qui, après un temps déterminé par les lois (en France, 70 ans après la mort de l'auteur), cessent d'être la propriété des auteurs ou de leurs héritiers. 3. fig. Ce qui appartient à qqn, à qqch. *C'est le domaine du hasard.* ♦ Ce qu'embrasse un art, une science, un sujet, une idée. SYN. **champ, discipline, secteur, sphère.** *Ce domaine est encore fermé aux amateurs. Dans tous les domaines* : en toutes matières, dans tous les ordres d'idée. ♦ *Être du domaine de qqn, de qqch.* ➝ **relever** de. *C'est du domaine de la médecine. Ce n'est pas de mon domaine.* SYN. **compétence,** ② **ressort.** ➝ *L'art médiéval est son domaine.* SYN. **spécialité.**
ÉTYM. du bas latin *dominium,* famille de *dominus* «maître».

DOMANIAL, ALE, AUX [dɔmanjal, o] **adj.** ✦ Qui appartient à un domaine ; spécialt, au domaine public. *Forêt domaniale.*
ÉTYM. latin médiéval *domanialis.*

① **DÔME** [dom] **n. m.** 1. Sommet arrondi de certains grands édifices. SYN. **coupole.** *Le dôme du Panthéon.* 2. fig. LITTÉR. *Un dôme de feuillages, de verdure.* SYN. **voûte.** ♦ GÉOGR. Montagne peu élevée et arrondie. *Dôme volcanique.*
ÉTYM. ancien occitan *doma* «toit en coupole», grec *dôma* «maison».

② **DÔME** [dom] **n. m.** ✦ Église principale de certaines villes d'Italie et d'Allemagne. *Le dôme de Milan.*
ÉTYM. italien *duomo,* latin *domus* «maison».

DOMESTICATION [dɔmɛstikasjɔ̃] **n. f.** ✦ Action de domestiquer ; son résultat.

DOMESTICITÉ [dɔmɛstisite] **n. f.** ✦ Ensemble des domestiques. *La domesticité d'un château.* SYN. **personnel.**
ÉTYM. latin *domesticitas* «parenté».

DOMESTIQUE [dɔmɛstik] **adj.** et **n.**
I adj. 1. VX Qui concerne la vie à la maison, en famille. *La vie domestique.* ♦ MOD. *Travaux domestiques.* SYN. ① **ménager.** *Querelles domestiques.* SYN. **familial.** ➝ ANTIQ. *Les dieux domestiques,* protecteurs du foyer (lares, pénates). 2. (animaux) Qui vit auprès de l'homme pour l'aider, le nourrir, le distraire, et dont l'espèce est depuis longtemps apprivoisée. *Le chien, le chat, le cheval sont des animaux domestiques.* CONTR. **sauvage.**
II n. VIEILLI Personne employée pour le service d'une maison, d'un particulier. ➝ **bonne, femme** de chambre, de ménage, **servante, serviteur, valet.** ♦ REM. On dit à présent *employé(e) de maison, gens de maison.*
ÉTYM. latin *domesticus,* de *domus* «maison».

DOMESTIQUER [dɔmɛstike] **v. tr.** (conjug. 3a) 1. Rendre domestique (une espèce animale sauvage). SYN. **apprivoiser.** *En Asie, on domestique l'éléphant.* 2. fig. LITTÉR. Amener à une soumission totale, mettre dans la dépendance. SYN. **asservir, assujettir.** *Domestiquer un peuple.* 3. Maîtriser (qqch.) pour utiliser. *Domestiquer un fleuve.* CONTR. **affranchir, émanciper, libérer.**

DOMICILE [dɔmisil] **n. m.** ✦ Lieu ordinaire d'habitation, demeure légale et habituelle. SYN. **logement, résidence.** *Regagner son domicile. Personne sans domicile fixe (S. D. F.).* ➝ *Son mari a abandonné le domicile conjugal. Élire domicile (quelque part),* s'y fixer pour y habiter. ♦ *À DOMICILE* **loc. adv.** : dans la demeure même de qqn. *Livraison à domicile. Travailler, travail à domicile,* chez soi. ♦ *Domicile d'une société.* SYN. **siège.**
ÉTYM. latin *domicilium,* de *domus* «maison».

DOMICILIAIRE [dɔmisiljɛʀ] **adj.** ✦ DR. *Visite, perquisition domiciliaire,* faite au domicile de qqn par autorité de justice.

DOMICILIATION [dɔmisiljasjɔ̃] **n. f.** ✦ DR. 1. Désignation du domicile où un effet est payable. *Domiciliation bancaire.* 2. Lieu où est assuré le service financier d'une société.
ÉTYM. de *domicilier.*

DOMICILIER [dɔmisilje] **v. tr.** (conjug. 9) 1. Assigner, fixer un domicile à (qqn). ➝ passif et p. passé *Être domicilié à Lyon ; chez ses parents.* 2. *Domicilier une traite, un chèque.* ➝ **domiciliation** (1).

A B C D E F G H I J K L M N O P Q R S T U V W X Y Z

DOMINANT, ANTE [dɔminɑ̃, ɑ̃t] **adj.** 1. Qui exerce l'autorité, domine sur d'autres. *Nation dominante.* ♦ BIOL. *Gène dominant,* qui se manifeste seul (même s'il y a présence du gène opposé, dit récessif). 2. Qui est le plus important, l'emporte parmi d'autres. SYN. **prédominant, prépondérant, principal.** *L'opinion dominante,* générale. CONTR. **inférieur ; secondaire.**
ÉTYM. du participe présent de *dominer.*

DOMINANTE [dɔminɑ̃t] **n. f.** 1. Ce qui est dominant (2), essentiel, caractéristique parmi plusieurs choses. *Une profession à dominante féminine.* 2. MUS. Cinquième degré de la gamme diatonique ascendante. *Le sol est la dominante dans la gamme de do* (le fa est la *sous-dominante*).

DOMINATEUR, TRICE [dɔminatœʀ, tʀis] **n. et adj.** 1. **n.** LITTÉR. Personne ou puissance qui domine sur d'autres. *L'Angleterre fut la dominatrice des mers.* 2. **adj.** Qui aime à dominer. *Tempérament dominateur.* SYN. **autoritaire.** CONTR. **opprimé, soumis.**
ÉTYM. latin *dominator.*

DOMINATION [dɔminasjɔ̃] **n. f.** 1. Action, fait de dominer ; autorité souveraine. SYN. **empire, suprématie.** *Établir sa domination sur qqn. Vivre sous la domination américaine.* 2. Fait d'exercer une influence déterminante. *Il exerce sur tous une domination irrésistible.* SYN. ② **ascendant.** CONTR. **servitude, soumission.**
ÉTYM. latin *dominatio.*

DOMINER [dɔmine] **v.** (conjug. 3a) **I v. tr.** 1. Avoir, tenir sous sa suprématie, sous sa domination. *Les Romains dominèrent tout le bassin méditerranéen.* SYN. **régir, soumettre.** ➝ *Dominer ses concurrents.* SYN. **surpasser.** 2. **fig.** Être plus fort que. *Dominer son trouble.* SYN. **maîtriser.** *Se laisser dominer par ses émotions.* ➝ *Dominer la situation.* ♦ *Sa voix dominait le tumulte.* 3. Avoir au-dessous de soi, dans l'espace environnant. SYN. **surplomber.** *La colline, la tour qui domine la ville. De sa terrasse, on domine toute la ville. Il domine son frère de la tête.* SYN. **dépasser.** ➝ **fig.** *Dominer la question, dominer son sujet,* être capable de l'embrasser dans son ensemble. **II v. intr.** 1. LITTÉR. Avoir la suprématie sur. SYN. **commander.** *Dominer son adversaire.* ➝ *Notre équipe a dominé pendant la première mi-temps.* SYN. **mener.** 2. Être le plus apparent, le plus important, parmi plusieurs éléments. SYN. **l'emporter, prédominer.** *Les femmes dominent dans cette profession,* il y a surtout des femmes. *Un tableau où le bleu domine.* **III** *SE DOMINER* **v. pron.** Se maîtriser, se contenir. *Il n'arrive pas à se dominer.* CONTR. **obéir** à, **servir • céder, succomber** à • **s'emporter.**
ÉTYM. latin *dominari,* de *dominus* «maître».

DOMINICAIN, AINE [dɔminikɛ̃, ɛn] **n.** ✦ Religieux, religieuse de l'ordre des Frères prêcheurs, fondé par saint Dominique au XIIIe siècle. ➝ **adj.** *Le costume dominicain.*
ÉTYM. du nom de saint *Dominique.*

DOMINICAL, ALE, AUX [dɔminikal, o] **adj.** ✦ Qui a rapport au dimanche. *Repos dominical. Promenade dominicale.*
ÉTYM. bas latin *dominicalis,* de *dominicus* «dimanche».

DOMINION [dɔminjɔn] **n. m.** ✦ Ancienne colonie britannique de peuplement européen, aujourd'hui État indépendant membre du Commonwealth.
ÉTYM. mot anglais, latin *dominium* «domaine».

DOMINO [dɔmino] **n. m.** **I** 1. VX Camail noir de prêtre. 2. Costume de bal masqué, robe flottante à capuchon. ➝ Personne portant ce costume. **II** Petite plaque dont le dessus est divisé en deux parties portant chacune de zéro à six points noirs. ♦ *Les dominos :* jeu qui se joue avec ces plaques. *Une partie de dominos.* ➝ *Effet domino :* effondrement d'un système par une réaction en chaîne.
ÉTYM. peut-être mot latin, ablatif de *dominus* «maître, seigneur».

DOMMAGE [dɔmaʒ] **n. m.** 1. Préjudice subi par qqn. SYN. **détriment, tort.** *Dommage matériel, moral. Réparer un dommage.* ➝ **dédommager.** ➝ *DOMMAGES-INTÉRÊTS* (ou *dommages et intérêts*) : indemnité due à qqn en réparation d'un préjudice. 2. Dégâts matériels causés aux choses (➝ **endommager**). *Les dommages causés par un incendie.* ➝ *DOMMAGES DE GUERRE,* causés par une guerre ; indemnité due pour ces dommages. 3. Chose fâcheuse (dans quelques emplois). *Quel dommage ! C'est (bien) dommage ! C'est dommage de, quel dommage de* (+ inf.), *que* (+ subj.). ➝ ellipt *Dommage qu'il pleuve. Dommage !* tant pis ! CONTR. **avantage, bénéfice, profit.**
ÉTYM. de *dam.*

DOMMAGEABLE [dɔmaʒabl] **adj.** ✦ Qui cause du dommage. SYN. **fâcheux, nuisible, préjudiciable.** *Son entêtement lui sera dommageable.* CONTR. **profitable, utile.**

DOMOTIQUE [dɔmɔtik] **n. f.** ✦ TECHN. Ensemble des techniques de gestion automatisée appliquées à l'habitation (confort, sécurité, communication).
ÉTYM. du latin *domus* «maison», d'après *informatique.*

DOMPTER [dɔ̃(p)te] **v. tr.** (conjug. 3a) 1. Réduire à l'obéissance (un animal sauvage, dangereux). SYN. ② **dresser.** *Dompter des fauves.* 2. Soumettre à son autorité. SYN. **maîtriser,** ① **mater, vaincre.** *Dompter des rebelles.* ➝ **fig.** LITTÉR. *Dompter ses passions.* SYN. **dominer.**
ÉTYM. latin *domitare.*

DOMPTEUR, EUSE [dɔ̃(p)tœʀ, øz] **n.** ✦ Personne qui dompte des animaux. *Un dompteur de tigres.*

① **DON** [dɔ̃] **n. m.** 1. Action d'abandonner gratuitement (➝ **donner**) à qqn la propriété ou la jouissance de qqch. *FAIRE DON DE qqch. À qqn. Faire don de son corps à la science.* ➝ **fig.** *Le don de soi.* SYN. **dévouement, sacrifice.** 2. Ce qu'on abandonne à qqn sans rien recevoir de lui en retour. SYN. **cadeau, donation,** ③ **présent.** *Don d'argent. Don anonyme.* 3. Avantage naturel, considéré comme donné (par la nature, le sort, Dieu). *Le ciel l'a comblé de ses dons.* SYN. **bienfait, faveur.** 4. Disposition innée pour qqch. SYN. **aptitude, génie,** ② **talent.** *Avoir le don de l'éloquence. Avoir un don pour les maths,* être doué pour (➝ FAM. ① **bosse**). ➝ iron. *Il a le don de m'agacer.* HOM. DOM «titre de noblesse», DONC (conj.), DONT (pron. relatif)
ÉTYM. latin *donum,* famille de *dare* «donner».

② **DON** [dɔ̃] **n. m., DOÑA** [dɔnja] **n. f.** ✦ Titre d'honneur des nobles d'Espagne, qui se place ordinairement avant le prénom. SYN. **dom.** *Les partisans de don Carlos.* HOM. voir ① *don*
ÉTYM. mots espagnols, du latin *dominus* «maître».

DONATAIRE [dɔnatɛʀ] **n.** ✦ Personne qui reçoit une donation. CONTR. **donateur.**
ÉTYM. du latin *donatum,* de *donare* «donner».

DONATEUR, TRICE [dɔnatœʀ, tʀis] n. **1.** Personne qui fait un don, des dons à une œuvre. **2.** Personne qui fait une donation. CONTR. **donataire.**

ÉTYM. latin *donator.*

DONATION [dɔnasjɔ̃] n. f. ✦ Contrat par lequel le *donateur* abandonne un bien en faveur du *donataire* qui l'accepte. SYN. ① **don, libéralité.** *Donation entre époux.*

ÉTYM. latin *donatio.*

DONC [dɔ̃k] et [dɔ̃] conj. **1.** Amenant la conséquence, la conclusion de ce qui précède. SYN. par **conséquent.** *Il vient de partir, il n'est donc pas bien loin.* ➝ Pour revenir à un sujet, après une digression. *Je disais donc que...* **2.** Exprimant la surprise causée par ce qui précède ou ce que l'on constate. SYN. **ainsi.** *Vous habitez donc là ? Qui donc ?* ➝ (doute, incrédulité) *Allons donc !* ♦ Pour renforcer une injonction. *Taisez-vous donc !* ➝ FAM. *Dites donc, vous là-bas !* HOM. DOM «titre de noblesse», ① DON «cadeau», DONT (pronom relatif)

ÉTYM. du latin *dum* «alors».

DONDON [dɔ̃dɔ̃] n. f. ✦ FAM. péj. Grosse femme.

ÉTYM. onomatopée.

DONJON [dɔ̃ʒɔ̃] n. m. ✦ Tour principale qui dominait le château fort.

ÉTYM. latin tardif *dominio* «tour maîtresse», peut-être de *dominus* «maître».

DON JUAN [dɔ̃ʒɥɑ̃] n. m. invar. ✦ Séducteur sans scrupule. *Jouer les don Juan.* ➝ On écrit aussi *don juan,* sans majuscule ; *des dons juans.*

▶ **DONJUANESQUE** [dɔ̃ʒɥanɛsk] adj.

ÉTYM. nom d'un personnage du théâtre espagnol (→ ② don).

☞ noms propres.

DONJUANISME [dɔ̃ʒɥanism] n. m. ✦ Caractère, comportement d'un don Juan.

DONNE [dɔn] n. f. **1.** Action de distribuer les cartes au jeu. *À vous la donne. Mauvaise donne.* → **maldonne. 2.** fig. Distribution, répartition (des chances, des forces). *Une nouvelle donne politique.*

ÉTYM. de *donner.*

DONNÉ, ÉE [dɔne] adj. **1.** Qui a été donné. ♦ *C'est donné :* c'est vendu bon marché. *Ce n'est pas donné :* c'est cher. **2.** Connu, déterminé. *À une distance donnée.* ➝ loc. *À un moment donné :* à un certain moment, soudain. **3.** *ÉTANT DONNÉ* loc. prép. SYN. **vu.** *Étant donné l'heure, il faut partir.* ➝ LITTÉR., avec accord *Étant donnée la situation.* ➝ *ÉTANT DONNÉ QUE* loc. conj. (+ indic.) : en considérant que, puisque. *Étant donné que tout le monde est là, nous pouvons commencer.*

DONNÉE [dɔne] n. f. **1.** Ce qui est donné, connu, déterminé dans l'énoncé d'un problème. *Les données du problème.* **2.** Élément qui sert de base à un raisonnement, de point de départ pour une recherche. *Données statistiques.* **3.** INFORM. Représentation conventionnelle d'une information permettant d'en faire le traitement automatique. *Banque, base de données.*

ÉTYM. de *donner ;* sens 3 de l'anglais *data,* du latin *dare* «donner».

DONNER [dɔne] v. (conjug. 3a) **I** v. tr. Mettre (qqch.) en la possession de qqn *(DONNER qqch. À qqn).* **1.** Abandonner à qqn sans rien demander en retour (une chose que l'on possède ou dont on jouit). SYN. **offrir.** *Donner qqch. par testament.* SYN. **léguer.** *Donner de l'argent à qqn.* ➝ absolt *Donner sans compter.* loc. *Donnant, donnant,* en attendant une contrepartie. **2.** fig. Faire don de. *Donner sa vie, son sang pour la patrie :* faire le sacrifice de sa vie. ➝ *Je n'ai pas un instant à vous donner.* SYN. **consacrer. 3.** *DONNER qqch. POUR, CONTRE qqch. :* céder en échange d'autre chose. SYN. **céder, échanger, fournir.** ♦ dans le commerce Vendre. *Donnez-moi une laitue.* ➝ *DONNER* (une somme) *DE qqch. :* acheter (tant). *Je vous donne vingt euros de ce livre ; je vous en donne vingt euros.* SYN. **offrir.** ➝ Payer (une certaine somme) à qqn. *Combien donne-t-il de l'heure ?* ♦ fig. *Donner qqch. pour* (+ verbe). *Je donnerais cher pour le savoir.* **4.** Confier (une chose) à qqn, pour un service. SYN. **remettre.** *Donner ses clés au gardien.* ➝ *Donner sa montre à réparer.* **II** v. tr. Mettre à la disposition de qqn *(DONNER À).* **1.** Mettre à la disposition, à la portée de. SYN. **fournir, offrir, procurer.** *Voulez-vous donner des sièges aux invités ? Donner du travail à un chômeur.* ➝ (+ inf.) *Donner à manger au chat.* ♦ *Donner les cartes* (aux joueurs). SYN. **distribuer ;** → **donne.** ➝ absolt *C'est à vous de donner.* **2.** Organiser et offrir à des invités, à un public. *Donner une réception.* ➝ *Qu'est-ce qu'on donne cette semaine au cinéma ?* **3.** Communiquer, exposer (qqch.) à qqn. *Donnez-moi votre adresse. Pouvez-vous me donner l'heure ? Donner de ses nouvelles à qqn. Donner son avis, un conseil à qqn.* ♦ *Donner un cours* (à des élèves). **4.** Transmettre, provoquer (une maladie). SYN. **passer,** FAM. **refiler. 5.** Accepter de mettre (qqch.) à la disposition, à la portée de qqn. SYN. **accorder, concéder, octroyer.** *Donnez-moi un délai.* SYN. **laisser.** *Donner sa parole*,* jurer, promettre. ➝ (sans article) *Donner libre cours à sa colère. DONNER PRISE*.* **6.** (avec deux compl. de personne) *Donner sa fille (en mariage) à un jeune homme.* **7.** FAM. Dénoncer à la police. *Son complice l'a donné.* SYN. **livrer ;** → **donneur. 8.** LITTÉR. passif *Être donné à :* être possible pour... *Si cela m'est donné...* ➝ *Ce n'est pas donné à tout le monde :* tout le monde n'en a pas la capacité. **9.** Assigner à qqn, à qqch. (une marque, un signe, etc.). *Quel nom a-t-elle donné à sa fille ? L'artiste n'a pas donné de titre à son tableau.* **10.** *DONNER À* (+ inf.) Confier. *On m'a donné cela à faire.* **III** v. tr. Être l'auteur, la cause de. **1.** *Donner l'alarme. Donner des soins à qqn.* ♦ Produire (une œuvre). *Cet écrivain donne un roman par an.* SYN. **publier. 2.** (le compl. exprime un sentiment, un fait psychologique) Causer, susciter. *Cela me donne une idée. Cela vous donnera l'occasion de...* SYN. **fournir, procurer.** ➝ *Cela me donne envie de dormir, me donne soif. Marcher donne de l'appétit.* ➝ loc. *Donner lieu, matière, sujet à... :* provoquer. ➝ *DONNER À rire, à penser.* SYN. **prêter. 3.** (choses concrètes) sans compl. indir. Produire. *Les fruits que donne un arbre. Placement qui donne 10 % d'intérêts.* SYN. **rapporter.** ♦ FAM. Avoir pour conséquence, pour résultat. *Je me demande ce que ça va donner.* **4.** Appliquer, mettre. *Donne-moi un baiser. Donner une gifle à qqn.* ♦ *Donner un coup de peigne, de balai.* **5.** Conférer (un caractère nouveau) à (qqn, qqch.) en modifiant. *Cet argument donne de la valeur à sa thèse.* ➝ loc. *Donner le jour, la vie à un enfant :* engendrer. *Donner la mort :* tuer. *Se donner la mort :* se suicider. **6.** Considérer (une qualité, un caractère) comme propre à qqn, à qqch. SYN. **accorder, attribuer, prêter, supposer.** *Quel âge lui donnez-vous ?* ➝ *Les médecins lui donnent deux mois à vivre,* estiment qu'il n'a plus que... **7.** *DONNER POUR :* présenter comme étant. *Donner une chose pour certaine, pour vraie*

(→ **affirmer**). **IV** v. intr. **1.** Porter un coup (contre, sur). SYN. **cogner, heurter.** *Le navire alla donner sur les écueils.* – *Il alla donner de la tête contre le mur.* – loc. *Ne plus savoir où donner de la tête*.* **2.** Se porter (dans, vers). SYN. se **jeter, tomber.** *Donner dans un piège.* – Se laisser aller à. *Donner dans le ridicule.* **3.** Attaquer, charger, combattre. *Faire donner la garde.* **4.** DONNER SUR : être exposé, situé ; avoir vue, accès sur. *Fenêtres qui donnent sur la mer.* **V** *SE DONNER* v. pron. **1.** réfl. Faire don de soi-même. SYN. se **consacrer**, se **vouer.** *Se donner à ses enfants. Se donner à l'étude.* SYN. s'**adonner.** – absolt Se montrer. *Se donner en spectacle. SE DONNER POUR un progressiste,* faire croire que l'on est. **2.** passif Être donné ; avoir lieu, être représenté. *La pièce se donne à la Comédie-Française.* **3.** faux pron. Donner à soi-même. *Se donner du mal, de la peine. Donnez-vous la peine d'entrer.* – *S'en donner à cœur joie.* **4.** récipr. *Se donner des baisers.* SYN. **échanger.** – loc. *SE DONNER LE MOT* : s'entendre à l'avance. *Ils s'étaient donné le mot.* – *Se donner la main.* CONTR. **demander, réclamer** · **accepter, recevoir** · **conserver, garder** · **enlever, ôter, retirer.**

ÉTYM. latin *donare* «faire don *(donum)*, donner».

DONNEUR, EUSE [dɔnœʀ, øz] n. **1.** *Donneur, donneuse de* : personne qui donne (qqch. d'abstrait). *Donneur de conseils.* **2.** Personne qui donne (un tissu vivant, un organe, etc.). *Donneur de sang* (en vue d'une transfusion). *Donneur universel,* dont le sang est toléré par tout type de receveur. *Le donneur et le receveur* (greffe, transplantation d'organe). **3.** FAM. Personne qui donne, dénonce qqn à la police. SYN. **dénonciateur, indicateur, mouchard.**

DON QUICHOTTE [dɔ̃kiʃɔt] n. m. invar. ✦ Homme généreux et naïf qui se pose en redresseur de torts, en défenseur des opprimés. *Jouer les don Quichotte.* – On écrit aussi *don quichotte,* sans majuscule ; *des dons quichottes.*

▶ **DONQUICHOTTISME** [dɔ̃kiʃɔtism] n. m.

ÉTYM. du nom du héros de Cervantès (→ ② don). ☞ noms propres.

DONT [dɔ̃] pron. ✦ Pronom relatif des deux genres et des deux nombres servant à relier une proposition correspondant à un complément introduit par *de.* → **duquel**, de **qui.** **I** Exprimant le complément du verbe **1.** Avec le sens adverbial de *d'où,* marquant la provenance, l'origine. *La chambre dont je sors. La famille dont il est issu.* **2.** (moyen, instrument, manière) *La manière dont elle est habillée.* – (agent) *La femme dont il est aimé.* **3.** (objet) *L'homme, la maison dont je parle.* – *Ce dont je me souviens.* **4.** Au sujet de qui, de quoi. *Cet homme dont je sais qu'il a été marié.* **II** Exprimant le complément de l'adjectif. *L'erreur dont vous êtes responsable.* – *C'est ce dont je suis fier.* **III** Exprimant le complément de nom. **1.** Possession, qualité, matière (compl. d'un nom ou d'un pronom). *Un pays dont le climat est doux.* **2.** Partie d'un tout. *Des livres dont trois sont reliés ; dont j'ai gardé une dizaine.* – Amenant une proposition sans verbe. *C'est un long texte dont voici l'essentiel. Quelques-uns étaient là, dont votre père,* parmi lesquels. HOM. DOM «titre de noblesse», ① DON «cadeau», DONC (conj.)

ÉTYM. latin populaire *de unde* «d'où».

DONUT [dɔnœt] n. m. ✦ anglicisme Beignet en forme d'anneau. *Des donuts.*

ÉTYM. marque déposée ; mot américain.

DONZELLE [dɔ̃zɛl] n. f. ✦ Jeune fille ou femme prétentieuse et ridicule.

ÉTYM. latin populaire *domnicella,* pour *dominicella* «demoiselle».

DOPAGE [dɔpaʒ] n. m. ✦ Action de (se) doper.

DOPAMINE [dɔpamin] n. f. ✦ BIOCHIM. Substance chimique qui circule entre les neurones, indispensable à l'activité du cerveau. *La dopamine est un neurotransmetteur.*

ÉTYM. de *dopa,* abrév. de *dihydroxyphénylalanine,* et *amine.*

DOPANT, ANTE [dɔpɑ̃, ɑ̃t] adj. ✦ Qui dope. *Produit dopant.* – n. m. *Un dopant.*

DOPE [dɔp] n. f. ✦ anglicisme FAM. Drogue, stupéfiant.

ÉTYM. mot américain.

DOPER [dɔpe] v. tr. (conjug. 3a) ✦ Administrer un stimulant à. *Doper un cheval de course, un sportif.* – *SE DOPER* v. pron. Prendre un excitant. *Se doper avant un examen.*

ÉTYM. américain *to dope,* de *dope* «drogue», d'abord «enduit», du néerlandais *doop* «sauce».

DORADE ou **DAURADE** [dɔʀad] n. f. ✦ Poisson marin à reflets dorés ou argentés.

ÉTYM. espagnol *dorada,* du latin *aurata* «dorée».

DORÉ, ÉE [dɔʀe] adj. **1.** Recouvert d'une mince couche d'or (ou d'un métal jaune). *Bijou doré à l'or fin. Argent doré,* le vermeil. **2.** Qui a l'éclat, la couleur jaune cuivré de l'or. *Cheveux dorés.* **3.** *La JEUNESSE DORÉE* : jeunes gens riches et oisifs.

DORÉNAVANT [dɔʀenavɑ̃] adv. ✦ À partir du moment présent, à l'avenir. SYN. **désormais.** *Dorénavant, la séance se tiendra ici.*

ÉTYM. de l'ancien français *d'or en avant,* de *or* «maintenant».

DORER [dɔʀe] v. tr. (conjug. 3a) **1.** Revêtir (qqch.) d'une mince couche d'or. *Dorer la tranche d'un livre.* **2.** loc. *DORER LA PILULE à qqn,* lui faire accepter une chose désagréable au moyen de paroles aimables, flatteuses. **3.** Donner une teinte dorée à. *Dorer un gâteau.* – pronom. *Se dorer au soleil* : bronzer.

ÉTYM. bas latin *deaurare,* de *aurum* «or».

DOREUR, EUSE [dɔʀœʀ, øz] n. ✦ Personne dont le métier est de dorer. *Doreur sur bois.*

DORIQUE [dɔʀik] adj. et n. m. ✦ *Ordre dorique* ou n. m. *le dorique* : le premier et le plus simple des trois ordres d'architecture grecque (avant l'ionique et le corinthien). *Colonne dorique.*

ÉTYM. latin *doricus,* du grec «de *Dôris*», province de Grèce. ☞ DORIENS (noms propres).

DORLOTER [dɔʀlɔte] v. tr. (conjug. 3a) ✦ Entourer de soins, de tendresse ; traiter délicatement (qqn). SYN. **cajoler, choyer.** *Se faire dorloter.*

ÉTYM. de l'ancien français *dorelot* «boucle de cheveux» et «mignon, chéri», d'origine inconnue.

DORMANT, ANTE [dɔʀmɑ̃, ɑ̃t] adj. **1.** Qui n'est agité par aucun mouvement. *Eau dormante.* SYN. **immobile, stagnant.** **2.** TECHN. Qui ne bouge pas. SYN. **fixe.** *Vitrage dormant,* qui ne s'ouvre pas. *Ligne dormante,* qui reste fixée dans l'eau sans que le pêcheur la tienne. *Manœuvres dormantes* (sur un bateau), *qui ne sont jamais dérangées.* ◆ n. m. Partie fixe (d'une fenêtre, d'un châssis, d'une porte). CONTR. ① **courant** · **mobile,**

ouvrant.
ÉTYM. du participe présent de *dormir.*

DORMEUR, EUSE [dɔʀmœʀ, øz] **n. 1.** Personne en train de dormir. **2.** Personne qui dort beaucoup, aime à dormir. **3. n. m.** Tourteau (crabe).

DORMIR [dɔʀmiʀ] **v. intr.** (conjug. 23) **1.** Être dans l'état de sommeil. *Commencer à dormir.* → **s'assoupir, s'endormir.** *Dormir d'un sommeil léger.* → **sommeiller, somnoler.** *Dormir très tard,* se lever tard. ♦ **loc.** *Ne dormir que d'un œil,* en restant vigilant. *Dormir à poings fermés, comme un loir,* profondément. *Dormir debout,* avoir sommeil. *Une histoire à dormir debout,* invraisemblable. – *Vous pouvez dormir sur vos deux oreilles,* soyez rassuré. ♦ **(choses)** Être calme. *La ville dort.* **2. fig.** Être dans l'inactivité. *Dormir sur son travail,* le faire lentement, sans courage. SYN. **traîner.** ♦ *Laisser dormir qqch.,* ne pas s'en occuper. *Projet qui dort dans un tiroir.* – *Capitaux qui dorment,* ne rapportent pas d'intérêts. **3.** *Eau qui dort.* → **dormant** (1). CONTR. **veiller** • **s'agiter, remuer.**
ÉTYM. latin *dormire.*

DORMITIF, IVE [dɔʀmitif, iv] **adj.** ✦ **vx ou plais.** Qui fait dormir. SYN. **soporifique.**

DORSAL, ALE, AUX [dɔʀsal, o] **adj. et n. f. 1. adj.** Du dos (d'une personne, d'un animal). *L'épine* dorsale.* **2.** *DORSALE* **n. f.** Crête d'une chaîne de montagnes. – Chaîne volcanique sous-marine. *La dorsale océanique.*
ÉTYM. latin médiéval *dorsalis,* de *dorsum* «dos».

DORSALGIE [dɔʀsalʒi] **n. f.** ✦ Douleur localisée au dos.
ÉTYM. du latin *dorsum* «dos» et de *-algie.*

DORTOIR [dɔʀtwaʀ] **n. m. 1.** Grande salle commune où dorment les membres d'une communauté. **2. (élément de mots composés)** Qui n'est habité que la nuit, la population travaillant ailleurs dans la journée. *Cité-dortoir. Des banlieues-dortoirs.*
ÉTYM. latin *dormitorium.*

DORURE [dɔʀyʀ] **n. f. 1.** Mince couche d'or appliquée à un objet. *La dorure d'un cadre.* ♦ Ornement doré. *Uniforme couvert de dorures.* **2. TECHN.** Action de recouvrir d'une couche d'or. *Dorure sur cuir.*
ÉTYM. de *dorer.*

DORYPHORE [dɔʀifɔʀ] **n. m.** ✦ Insecte coléoptère aux élytres rayés de noir, parasite des feuilles de pommes de terre qu'il dévore.
ÉTYM. grec *doruphoros* «porte-lance».

DOS [do] **n. m. I 1.** Partie du corps de l'homme qui s'étend des épaules jusqu'aux reins, de chaque côté de la colonne vertébrale. *Dos droit, dos voûté.* ♦ **loc.** *AVOIR BON DOS :* supporter injustement la responsabilité d'une faute ; servir de prétexte. *Sa grippe a bon dos.* – **FAM.** *En avoir PLEIN LE DOS :* en avoir assez. ♦ *TOURNER LE DOS :* se présenter de dos. *Le dos tourné à la porte :* le dos faisant face à la porte. *Dès qu'il a le dos tourné :* dès qu'il s'absente ou ne regarde pas. *Tourner le dos à qqn ;* **fig.** cesser de le fréquenter en marquant de la réprobation ou du dédain ; à qqch. : marcher dans une direction opposée à celle que l'on doit prendre. *La gare n'est pas dans cette direction, vous lui tournez le dos.* ♦ *À DOS. Sac à dos. Se mettre qqn à dos,* s'en faire un ennemi. ♦ *AU DOS :* dans le dos, sur le dos. *Partir sac au dos.* ♦ *DANS LE DOS. Robe décolletée dans le dos. Passer la main dans le dos de qqn ;* **fig.** le flatter. *Faire, donner froid dans le dos :* effrayer. *Agir dans le dos de qqn,* par-derrière, sans qu'il le sache. ♦ *DE DOS* (opposé à *de face*). *Je le reconnais même de dos. Vu de dos.* ♦ *DERRIÈRE LE DOS. Cacher qqch. derrière son dos.* **fig.** *Faire qqch. derrière le dos de qqn,* sans qu'il en soit averti, sans son consentement. ♦ *DOS À DOS* (opposé à *face à face*). *Renvoyer deux adversaires dos à dos :* refuser de donner raison à l'un plus qu'à l'autre. ♦ *SUR LE DOS. Se coucher sur le dos. N'avoir rien à se mettre sur le dos :* n'avoir rien pour s'habiller. – **fig.** *Mettre qqch. sur le dos de qqn,* l'en accuser, l'en rendre responsable. *Cela vous retombera sur le dos :* vous en supporterez les conséquences. – *Être toujours sur (derrière) le dos de qqn,* surveiller ce qu'il fait. **2.** Face supérieure du corps des animaux. *FAIRE LE GROS DOS :* bomber le dos en raidissant les pattes postérieures **(chat).** – *DOS D'ÂNE*.* – *Transport à dos de chameau.* **II 1.** Partie (d'un vêtement) qui couvre le dos. *Le dos d'une robe.* **2.** Dossier. *Le dos d'une chaise.* **3.** Partie supérieure et convexe. *Dos et paume de la main.* SYN. **revers. 4.** Côté opposé au tranchant. *Le dos d'un couteau.* **5.** Partie d'un livre qui unit les deux plats (opposé à *tranche*). *Titre au dos d'un livre.* **6.** Envers d'un papier écrit. SYN. **verso.** *Signer au dos d'un chèque* (→ **endosser**). *Voyez au dos.* HOM. DO «note»
ÉTYM. latin populaire *dossum,* classique *dorsum.*

DOSAGE [dozaʒ] **n. m.** ✦ Action de doser ; son résultat.

DOS D'ÂNE n. m. invar. → ÂNE

DOSE [doz] **n. f. 1.** Quantité d'un médicament qui doit être administrée en une fois. *Ne pas dépasser la dose prescrite. Forcer* la dose.* ♦ **(drogue, stupéfiant)** *Dose excessive.* → **overdose (anglicisme), surdose. 2.** Quantité quelconque. *Cocktail composé de trois doses de gin et d'une dose de jus d'orange.* SYN. **mesure.** ♦ *Il faut une sacrée dose de courage pour faire ça.*
ÉTYM. latin médiéval *dosis,* mot grec «action de donner».

DOSER [doze] **v. tr.** (conjug. 3a) **1.** Déterminer la dose de (un médicament). **2.** Déterminer la proportion des éléments de (un mélange). SYN. **mesurer, proportionner.** – **fig.** *Il faut savoir doser les compliments.*
► **DOSÉ, ÉE adj.** *Mélange savamment dosé.*

DOSEUR, EUSE [dozœʀ, øz] **n. et adj.** ✦ Appareil, dispositif utilisé pour doser. *Bouteille équipée d'un doseur.* – **adj.** *Bouchon doseur d'un flacon,* qui donne la mesure d'une dose. *Des verres doseurs. Cuillère doseuse.*
ÉTYM. de *doser.*

DOSSARD [dosaʀ] **n. m.** ✦ Carré d'étoffe que les concurrents d'une épreuve sportive portent sur le dos et qui indique leur numéro d'ordre.
ÉTYM. de *dos.*

DOSSIER [dosje] **n. m. I** Partie d'un siège sur laquelle on appuie le dos. **II** Ensemble des pièces relatives à une affaire ; la chemise, le carton les contenant. *Constituer un dossier. Dossier médical. Dossier de presse.* – *Admission sur dossier.* ♦ Le contenu, les informations du dossier. *Étudier un dossier.*
ÉTYM. de *dos.*

DOT [dɔt] **n. f.** ✦ Bien qu'une femme apporte en se mariant.
ÉTYM. latin juridique *dos, dotis,* de *dare* «donner».

A B C D E F G H I J K L M N O P Q R S T U V W X Y Z

DOTAL, ALE, AUX [dɔtal, o] **adj.** ✦ DR. Qui a rapport à la dot.
ÉTYM. latin *dotalis.*

DOTATION [dɔtasjɔ̃] **n. f. 1.** Ensemble des revenus assignés à un établissement d'utilité publique. *La dotation d'un hôpital.* **2.** Action de doter d'un équipement, de matériel.
ÉTYM. latin médiéval *dotatio.*

DOTER [dɔte] **v. tr.** (conjug. 3a) **1.** Pourvoir d'une dot. *Doter richement sa fille.* **2.** Assigner un revenu à (un service, un établissement). **3.** Fournir en équipement, en matériel. SYN. **équiper, munir.** ➝ au p. passé *Régiment doté d'armes modernes.* **4.** fig. Pourvoir de certains avantages. SYN. **favoriser.** ➝ passif et p. passé *Être doté d'une excellente mémoire.* SYN. **doué.**
ÉTYM. latin impérial *dotare* «donner en dot *(dos, dotis)*» ; doublet de *douer.*

DOUAIRIÈRE [dwɛʀjɛʀ] **n. f. 1.** anciennt Veuve qui jouissait des biens de son mari (*douaire,* **n. m.**). **2.** péj. Vieille dame de la haute société.
ÉTYM. de *douaire* ; famille du latin *dos, dotis* «dot».

DOUANE [dwan] **n. f. 1.** Administration chargée d'établir et de percevoir les droits imposés sur les marchandises, à la sortie ou à l'entrée d'un pays. *Payer des droits de douane.* **2.** Siège de l'administration des douanes. *Passer, franchir la douane.* **3.** Droits de douane. *Payer la douane.*
ÉTYM. ancien italien *doana,* arabe *diwān* «registre, liste» mot persan.

① **DOUANIER, IÈRE** [dwanje, jɛʀ] **n.** ✦ Membre du service actif de l'administration des douanes. *Douanier qui fouille une valise.*

② **DOUANIER, IÈRE** [dwanje, jɛʀ] **adj.** ✦ Relatif à la douane. *Tarif douanier. Union douanière.*

DOUAR [dwaʀ] **n. m.** ✦ Division administrative rurale, en Afrique du Nord.
ÉTYM. arabe maghrébin «village de tentes».

DOUBLAGE [dublaʒ] **n. m. 1.** Action de doubler, de mettre en double. **2.** Remplacement d'un acteur par une doublure (2). **3.** Remplacement de la bande sonore originale d'un film par une bande provenant de l'adaptation des dialogues en une langue différente.

DOUBLE [dubl] **adj.** et **n. m.**
I adj. 1. Qui est répété deux fois, qui vaut deux fois (la chose désignée), ou qui est formé de deux choses identiques. *Double nœud. Consonne double* (ex. *nn*). *Rue à double sens. Fermer à double tour* (de clé). *En double exemplaire.* ➝ loc. *Mettre les bouchées* doubles.* **2.** fig. Qui a deux aspects dont un est caché. *Phrase à double sens.* ➝ loc. *Double jeu*. Mener une* DOUBLE VIE : mener, en marge de sa vie normale, habituelle, une existence que l'on tient cachée. **3.** Pour deux personnes (opposé à *individuel*). *Chambre double.* CONTR. **demi ; simple.**
II n. m. 1. Quantité qui équivaut à deux fois une autre. *Dix est le double de cinq. Celui-ci coûte le double.* **2.** Chose semblable à une autre. *Faire faire un double de ses clés. L'original et le double d'une facture.* SYN. **copie, duplicata, reproduction.** ➝ *EN DOUBLE* **loc. adv.** : en deux exemplaires. *J'ai ce timbre en double.* ◆ Personne qui ressemble beaucoup à qqn, le reflète. SYN. **alter ego. 3.** Partie de tennis entre deux équipes de deux joueurs. *Un double dames.* CONTR. **moitié** · ① **original** · **simple.**
ÉTYM. latin *duplus,* famille de *duo* «deux».

DOUBLÉ, ÉE [duble] **adj.** et **n. m.**
I adj. 1. Rendu ou devenu double. **2.** Garni d'une doublure. *Jupe doublée.* **3.** *DOUBLÉ DE* : qui est aussi. *Un peintre doublé d'un poète.* **4.** Qui a subi le doublage (3). *Film doublé.* ➝ *Acteur mal doublé.*
II n. m. Deux réussites successives (sport, jeu). *Un beau doublé.*

① **DOUBLEMENT** [dubləmɑ̃] **adv.** ✦ De deux manières ; pour une double raison. *Elle est doublement fautive.*
ÉTYM. de *double.*

② **DOUBLEMENT** [dubləmɑ̃] **n. m.** ✦ Action de rendre double. *Le doublement des effectifs.* CONTR. **dédoublement.**
ÉTYM. de *doubler.*

DOUBLER [duble] **v.** (conjug. 3a) **I v. tr. 1.** Rendre double. *Il faut doubler la dose.* ➝ *Doubler le pas* : marcher deux fois plus vite, accélérer le pas. **2.** Mettre (qqch.) en double. *Doubler la ficelle d'un colis.* **3.** Garnir intérieurement de qqch. qui recouvre, augmente l'épaisseur. *Doubler un manteau avec de la fourrure.* **4.** Dépasser en contournant. *Voiture qui double un camion.* ➝ absolt *Défense de doubler en côte.* **5.** Remplacer (un comédien qui ne peut jouer). ➝ **doublure** (2). *Il se fait doubler par un cascadeur.* **6.** Faire le doublage (3) de (un film, un acteur). **II v. intr.** Devenir double. *Le chiffre des importations a doublé.* ➝ *Doubler de poids.* **III** *SE DOUBLER* **v. pron.** *Se doubler de* : s'accompagner de. *C'est un menteur qui se double d'un lâche.* CONTR. **dédoubler ; diminuer, réduire.**
ÉTYM. bas latin *duplare,* de *duplus* «double».

DOUBLET [dublɛ] **n. m.** ✦ Chacun des deux mots issus du même mot latin, de forme et de signification différentes. ☛ Langue française p. 98-99. *«Frêle» et «fragile» sont des doublets* (ces mots viennent du latin *fragilis*).
ÉTYM. de *double.*

DOUBLURE [dublyʀ] **n. f. 1.** Étoffe, matière qui sert à garnir la surface intérieure de qqch. **2.** Personne qui remplace, en cas de besoin, l'acteur, l'actrice qui devait jouer.
ÉTYM. de *doubler.*

en DOUCE loc. adv. ➝ DOUX

DOUCEÂTRE [dusɑtʀ] **adj.** ✦ Qui est d'une douceur fade. *Un goût douceâtre.* ➝ *D'un air douceâtre.* SYN. **doucereux.** ➝ On écrit aussi *douçâtre.*
ÉTYM. de *doux,* suffixe *-âtre.*

DOUCEMENT [dusmɑ̃] **adv. 1.** Sans grande énergie, sans hâte, sans violence. *Frapper doucement à la porte.* SYN. **légèrement.** *Rouler doucement.* SYN. **lentement.** *Parler doucement. La température baisse doucement.* SYN. **graduellement. 2.** Avec douceur (4). *Reprendre qqn doucement,* avec bonté, sans sévérité. **3.** Médiocrement ; assez mal. SYN. **couci-couça.** *«Comment va le malade ? – Tout doucement.»* **4.** Interjection pour calmer, modérer. *Doucement, ne nous emballons pas !* CONTR. **violemment, vite** · **bruyamment,** ② **fort** · **brutalement, sévèrement.**
ÉTYM. de *doux.*

DOUCEREUX, EUSE [dus(ə)ʀø, øz] **adj.** 1. D'une douceur fade. 2. fig. D'une douceur affectée. *Ton doucereux.* SYN. **mielleux, sucré.** CONTR. **agressif.**
ÉTYM. de *douceur.*

DOUCETTEMENT [dusɛtmɑ̃] **adv.** ✦ FAM. Très doucement.
ÉTYM. de *doucet*, diminutif de *doux.*

DOUCEUR [dusœʀ] **n. f.** 1. Qualité de ce qui procure aux sens un plaisir délicat. *La douceur d'un parfum, d'un coloris, d'une peau. La douceur du climat.* 2. Qualité d'un mouvement progressif et aisé, de ce qui fonctionne sans heurt ni bruit. ➡ *EN DOUCEUR* **loc. adv.** *Démarrage en douceur.* 3. Impression douce, plaisir modéré et calme. *La douceur de* (+ inf.) : l'agrément qu'il y a à... *La douceur de vivre.* → **bien-être, bonheur.** 4. Qualité morale qui porte à ne pas heurter autrui de front, à être patient, conciliant, affectueux. SYN. **bienveillance, bonté, gentillesse, indulgence.** *Douceur de caractère.* ➡ *Employer la douceur. Prendre qqn par la douceur,* l'amener à faire ce que l'on veut sans le brusquer. 5. Friandise, sucrerie. *S'offrir une petite douceur. Je vous ai apporté quelques douceurs.* CONTR. **brusquerie, brutalité, rudesse, violence • sévérité.**
ÉTYM. bas latin *dulcor* «saveur douce *(dulcis)*».

DOUCHE [duʃ] **n. f.** 1. Projection d'eau en jet ou en pluie qui arrose le corps et produit une action hygiénique. *Prendre une douche. Passer, être sous la douche.* ◆ *DOUCHE ÉCOSSAISE,* alternativement chaude et froide ; fig. paroles, évènements très désagréables qui en suivent immédiatement d'autres très agréables. 2. Installation pour prendre une douche. *Les douches d'un gymnase.* 3. Averse que l'on essuie ; liquide qui asperge. *L'orage l'a surpris, il a reçu une bonne douche.* 4. fig. Ce qui détruit un espoir, une illusion (SYN. **déception, désappointement**), rabat les prétentions, ramène au sens des réalités. *Cet échec inattendu, quelle douche !*
ÉTYM. italien *doccia* ; famille du latin *ducere* «conduire (l'eau)».

DOUCHER [duʃe] **v. tr.** (conjug. 3a) 1. Arroser au moyen d'une douche. *Doucher un enfant.* ➡ pronom. *Se doucher à l'eau froide.* 2. Mouiller abondamment (pluie). *Se faire doucher* : recevoir une averse. 3. fig. FAM. Rabattre l'exaltation de (qqn). *Cet accueil l'a douché.* SYN. **refroidir.** CONTR. **enthousiasmer.**

DOUDOU [dudu] **n. f.** ✦ (aux Antilles) Jeune femme ; compagne.
ÉTYM. mot créole, de *doux.*

DOUDOUNE [dudun] **n. f.** ✦ Veste matelassée, légère et chaude.
ÉTYM. probablement de *doux.*

DOUÉ, DOUÉE [dwe] **adj.** 1. *DOUÉ DE* : qui possède naturellement. *Elle est douée d'une bonne mémoire.* 2. Qui a un don, des dons. *Un enfant doué pour les mathématiques. Elle est très douée en dessin.* ➡ absolt *Un enfant très doué.* → **surdoué.** CONTR. **dépourvu.**
ÉTYM. du participe passé de *douer.*

DOUER [dwe] **v. tr.** (conjug. 3a) ✦ (le sujet désigne Dieu, la nature, etc.) Pourvoir (qqn) de qualités, d'avantages. SYN. **doter.** *La nature l'a doué de beaucoup de sensibilité.* CONTR. **priver.**
ÉTYM. latin *dotare* «donner en dot *(dos, dotis)*» ; doublet de *doter.*

DOUILLE [duj] **n. f.** 1. Pièce cylindrique creuse qui sert à adapter un instrument à un manche. 2. Pièce métallique dans laquelle on fixe le culot d'une ampoule électrique. *Douille à vis, à baïonnette.* 3. Cylindre qui contient l'amorce et la charge de la cartouche. *Douilles en carton des fusils de chasse.*
ÉTYM. origine incertaine ; francique *dulja* ou latin *dolium* «cuve».

DOUILLET, ETTE [dujɛ, ɛt] **adj.** 1. Qui est délicatement moelleux. SYN. **confortable, doux.** *Lit douillet.* ◆ Confortable et protecteur. *Appartement douillet.* ➡ loc. *Un petit nid douillet.* 2. (personnes) Exagérément sensible aux petites douleurs physiques. CONTR. **dur, inconfortable • courageux, endurant.**
ÉTYM. de l'ancien français *doille* «mou», latin *ductilis* «malléable» ; doublet de *ductile.*

DOUILLETTEMENT [dujɛtmɑ̃] **adv.** ✦ D'une manière douillette (1). *Élever un enfant trop douillettement.*

DOULEUR [dulœʀ] **n. f.** 1. Sensation physique pénible (↔ -algie). *Avoir une douleur à la tête.* SYN. ③ **mal** ; → **souffrir.** *Cri de douleur. Se tordre de douleur. Douleur aiguë, sourde.* ◆ au plur. *Les douleurs de l'accouchement.* → **travail.** 2. Sentiment ou émotion pénible résultant d'un manque, d'une peine, d'un évènement malheureux. SYN. **affliction,** ② **chagrin, peine, souffrance.** *Partager la douleur de qqn.* → **compatir.** ➡ prov. *Les grandes douleurs sont muettes,* on ne peut les exprimer. CONTR. **bonheur, euphorie, joie.**
ÉTYM. latin *dolor*, de *dolere* «souffrir».

DOULOUREUX, EUSE [duluʀø, øz] **adj.** 1. Qui cause une douleur, s'accompagne de douleur physique. *Sensation douloureuse. Maladie douloureuse.* 2. Qui est le siège d'une douleur physique. *Avoir les pieds douloureux.* SYN. **endolori.** 3. Qui cause une douleur morale. *Perte douloureuse. Un moment douloureux.* SYN. **pénible, triste.** 4. Qui exprime la douleur. *Cri douloureux.* 5. **n. f.** FAM. *LA DOULOUREUSE* : la note à payer, l'addition. CONTR. **indolore • agréable, heureux, joyeux.**
► **DOULOUREUSEMENT** [duluʀøzmɑ̃] **adv.** *Ils ont été douloureusement éprouvés par la mort de leur mère.*
ÉTYM. bas latin *dolorosus.*

DOUMA [duma] **n. f.** 1. HIST. Assemblée législative, dans la Russie tsariste. 2. Chambre basse du Parlement russe.
ÉTYM. mot russe.

DOUTE [dut] **n. m.** 1. État de l'esprit qui est incertain de la réalité d'un fait, de la vérité de paroles, de la conduite à adopter dans une circonstance. SYN. **hésitation, incertitude, perplexité.** *Laisser qqn dans le doute.* prov. *Dans le doute, abstiens-toi.* ➡ *HORS DE DOUTE* : certain, incontestable. ➡ *METTRE QQCH. EN DOUTE* : contester la valeur de. *Je ne mets pas en doute votre sincérité.* ◆ Position philosophique qui consiste à ne rien affirmer d'aucune chose. SYN. **scepticisme.** *Doute métaphysique.* 2. *(Un, des doutes)* Jugement par lequel on doute de qqch. *J'ai un doute, des doutes à ce sujet. Il n'y a pas de doute, pas l'ombre d'un doute* : la chose est certaine. *Cela ne fait aucun doute.* 3. Inquiétude, soupçon, manque de confiance en qqn. 4. *SANS DOUTE* **loc. adv.** : selon toutes les apparences, mais sans certitude. SYN. **apparemment, peut-être, probablement.** *Il a sans doute oublié. Sans doute arrivera-t-elle demain.* ➡ (concession) *C'est sans doute vrai, mais...* ◆ *SANS NUL*

A B C D E F G H I J K L M N O P Q R S T U V W X Y Z

DOUTE, SANS AUCUN DOUTE : certainement, assurément.
ÉTYM. de *douter.*

DOUTER [dute] **v. tr. ind.** (conjug. 3a) **1.** *DOUTER DE* : être dans l'incertitude de (la réalité d'un fait, la vérité d'une assertion). *Je doute de son succès. N'en doutez pas* : soyez-en certain. — **trans. dir.** *DOUTER QUE* (+ subj.). *Je doute fort qu'il vous reçoive.* **2.** *Douter de* : mettre en doute (des croyances reçues). *Les sceptiques doutent de tout.* **3.** *NE DOUTER DE RIEN* : aller de l'avant sans s'inquiéter des difficultés. **4.** *Douter de* : ne pas avoir confiance en. SYN. se **défier,** se **méfier.** *Douter de qqn, de sa parole. Douter de soi.* **5.** *SE DOUTER* **v. pron.** *SE DOUTER DE* : considérer comme tout à fait probable (ce dont on n'a pas connaissance). SYN. **croire, deviner, imaginer, pressentir, soupçonner.** *Je ne me doutais de rien. Je ne m'en serais jamais douté. Je m'en doutais* : je l'avais prévu. — *SE DOUTER QUE* (+ indic. ou cond.). SYN. **supposer.** *Se doute-t-il qu'il vous fait souffrir ? Il se doutait bien que je n'irais pas.* CONTR. **admettre, croire.**
ÉTYM. latin *dubitare.*

DOUTEUSEMENT [dutøzmɑ̃] **adv.** ✦ D'une manière douteuse, suspecte.

DOUTEUX, EUSE [dutø, øz] **adj. 1.** Dont l'existence ou la réalisation n'est pas certaine. SYN. **incertain.** *Son succès est douteux.* ♦ impers. *IL EST DOUTEUX QUE* (+ subj.). — (négatif ; + indic. ou subj.) *Il n'est pas douteux qu'il va venir, qu'il vienne.* **2.** Dont la nature, la valeur n'est pas certaine ; sur quoi l'on s'interroge. *Étymologie douteuse.* SYN. **incertain, obscur.** — *Efficacité douteuse.* **3.** Dont la qualité est mise en cause. *Viande douteuse, champignon douteux.* ♦ *D'une propreté douteuse* : plutôt sale. — *Vêtement douteux,* guère propre. ♦ *D'un goût douteux,* plutôt mauvais. *Plaisanterie douteuse,* de mauvais goût. **4.** (personnes, qualités) Suspect. *Individu douteux.* SYN. ① **louche.** CONTR. **assuré, certain, évident, sûr** • ① **frais** ; ① **net, propre.**
ÉTYM. de *doute.*

① **DOUVE** [duv] **n. f.** **I** Fossé, originellement rempli d'eau, autour d'un château. *Les douves d'un château.* **II** Planche servant à la fabrication des tonneaux.
ÉTYM. bas latin *doga* «récipient», du grec.

② **DOUVE** [duv] **n. f.** ✦ Ver parasite du foie.
ÉTYM. bas latin *dolva,* probablt d'origine gauloise.

DOUX, DOUCE [du, dus] **adj.**
I adj. 1. Qui a un goût faible ou sucré (opposé à *acide, amer, fort, piquant, salé,* etc.). *Amandes douces. Vin doux,* sucré (opposé à *sec, brut*). ♦ Non salé. *Eau douce.* **2.** Agréable au toucher par son caractère lisse, souple. *Peau douce.* — *Lit, matelas très doux.* SYN. **douillet, moelleux. 3.** Qui épargne les sensations violentes, désagréables. *Climat doux.* SYN. **tempéré.** *L'hiver a été doux.* SYN. **clément.** — **adv.** *Il fait doux.* — *Voix douce.* SYN. **caressant.** *Lumière douce.* SYN. **tamisé. 4.** fig. Qui procure une jouissance calme et délicate. SYN. **agréable.** *Avoir la vie douce.* SYN. **facile. 5.** Qui n'a rien d'extrême, d'excessif. SYN. **faible, modéré.** *Pente douce. Cuire à feu doux.* — *Châtiment trop doux.* ♦ Qui agit sans effets secondaires néfastes, en utilisant les ressources de la nature. *Énergies douces,* peu polluantes. *Médecines douces.* **6.** (personnes) Qui ne heurte, ne blesse personne, n'impose rien, ne se met pas en colère. SYN. **bienveillant,** ② **gentil, indulgent, patient.** *Être doux comme un agneau.* SYN. **inoffensif.** — **n.** *C'est un doux.* ♦ Qui exprime des sentiments tendres, amoureux. *Doux regard.* SYN. **affectueux,** ② **tendre.** — **loc.** *Faire les yeux doux* : regarder amoureusement. CONTR. **acide, aigre,** ① **amer,** ① **fort,** ① **piquant** • **dur, rêche, rugueux** • **criard,** ② **cru** ; **rigoureux** • **agressif, brutal, dur, sévère, violent.**
II adv. 1. loc. *FILER DOUX* : obéir humblement sans opposer de résistance. **2.** FAM. *EN DOUCE* **loc. adv.** : sans bruit, avec discrétion. *Partir en douce. Il me l'a donné en douce.* SYN. **furtivement.**
ÉTYM. latin *dulcis.*

DOUX-AMER [duzamɛʀ], **DOUCE-AMÈRE** [dusamɛʀ] **adj.** ✦ LITTÉR. Qui est à la fois plaisant et amer. *Réflexions douces-amères.*

DOUZAIN [duzɛ̃] **n. m.** ✦ Pièce de poésie de douze vers. *Strophe formée d'un douzain.* ☛ Littérature p. 123.

DOUZAINE [duzɛn] **n. f. 1.** Réunion de douze choses de même nature. *Une douzaine d'œufs, d'huîtres. Treize à la douzaine.* **2.** Nombre d'environ douze. *Un garçon d'une douzaine d'années.*

DOUZE [duz] **adj. numéral invar.** et **n. m. invar. 1.** (cardinal) Nombre équivalant à dix plus deux (12). → **dodéca-.** *Les douze mois de l'année. Soixante-douze* (72). *Douze cents* ou *mille deux cents* (1 200). **2.** (ordinal) Douzième. *Page douze. Pie XII.* — *12 heures* : midi. **3. n. m. invar.** Le nombre douze. *Trois fois quatre douze.* — *Le douze* (numéro). *Habiter au douze. Nous sommes le douze.*
ÉTYM. latin *duodecim,* de *duo* «deux» et *decem* «dix».

DOUZIÈME [duzjɛm] **adj. 1.** (ordinal) Qui suit le onzième. *Le douzième étage.* ♦ **n.** *Arriver le, la douzième.* **2.** Se dit d'une fraction d'un tout divisé également en douze. — **n. m.** *Un douzième des candidats a été reçu.*
ÉTYM. de *douze.*

DOUZIÈMEMENT [duzjɛmmɑ̃] **adv.** ✦ En douzième lieu.

DOYEN, ENNE [dwajɛ̃, ɛn] **n. 1.** Titre de dignité ecclésiastique ou universitaire. **2.** Personne qui est le plus ancien des membres d'un corps, par ordre de réception. *Le doyen de l'Académie française.* **3.** Personne la plus âgée (on dit aussi *doyen d'âge*). *La doyenne du village.*
ÉTYM. bas latin *decanus* «chef de dix *(decem)* hommes» ; doublet de *décan.*

DOYENNÉ [dwajene] **n. m.** ✦ Circonscription ecclésiastique ayant à sa tête un doyen.

Dr ou **D^{r}** [dɔktœʀ] ✦ Abréviation graphique de *docteur. Dr Knock.*

DRACHME [dʀakm] **n. f. 1.** dans la Grèce antique Monnaie d'argent divisée en six oboles. *La parabole de la drachme perdue* (Évangile). **2.** Ancienne unité monétaire de la Grèce moderne.
ÉTYM. bas latin *dragma,* classique *drachma,* du grec.

DRACONIEN, IENNE [dʀakɔnjɛ̃, jɛn] **adj.** ✦ D'une excessive sévérité. SYN. **rigoureux.** *Mesures draconiennes.* SYN. anglicisme **drastique.** CONTR. **doux, indulgent.**
ÉTYM. de *Dracon* (grec *Drakôn*), sévère législateur d'Athènes. ☛ noms propres.

DRAGAGE [dʀagaʒ] **n. m.** ✦ Action de draguer (I ou rare II).

DRAGÉE [dʀaʒe] **n. f. 1.** Confiserie, amande ou noisette recouverte de sucre durci. *Dragées de baptême.* **2.** Préparation pharmaceutique formée d'un médicament recouvert de sucre. **3.** loc. *TENIR LA DRAGÉE HAUTE à qqn,* lui faire sentir son pouvoir, lui faire payer cher (fig.) ce qu'il demande.
ÉTYM. peut-être latin *tragemata* «dessert», du grec, de *trôgein* «croquer».

DRAGÉIFIER [dʀaʒeifje] **v. tr.** (conjug. 9) ✦ Présenter sous forme de dragée. ➙ au p. passé *Comprimé dragéifié.*

DRAGON [dʀagɔ̃] **n. m. I 1.** Animal fabuleux que l'on représente généralement avec des ailes, des griffes et une queue de serpent. **2.** Gardien vigilant et intraitable. ➙ plais. loc. *Un dragon de vertu :* une femme affectant une vertu farouche. **3.** dans l'iconographie chrétienne Figure du démon. *Saint Michel terrassant le dragon.* **II 1.** HIST. Soldat de cavalerie. *Les dragons du roi.* **2.** Soldat d'une unité blindée.
ÉTYM. latin *draco,* du grec → draconien.

DRAGONNADE [dʀagɔnad] **n. f.** ✦ HIST. Sous Louis XIV, Persécution des protestants par les dragons pour les convertir.
ÉTYM. de *dragon* (II).

DRAGONNE [dʀagɔn] **n. f.** ✦ Cordon, galon qui garnit la poignée d'un sabre, d'une épée. ➙ Courroie attachée à un objet, qu'on passe au bras ou au poignet. *Dragonne d'un bâton de ski.*
ÉTYM. de *dragon* (II).

DRAGONNIER [dʀagɔnje] **n. m.** ✦ Arbre tropical qui exsude une gomme rouge (appelée *sang-dragon*).
ÉTYM. de *(sang-)dragon.*

DRAGUE [dʀag] **n. f. I 1.** Filet de pêche en forme de poche et dont la partie inférieure racle le fond. **2.** Engin mécanique destiné à curer les fonds des fleuves, canaux, estuaires. **3.** Dispositif pour enlever ou détruire les mines sous-marines. **II** FAM. Fait de draguer (II).
ÉTYM. anglais *drag,* de *to drag* «tirer».

DRAGUER [dʀage] **v. tr.** (conjug. 3b) **I 1.** Curer, nettoyer le fond de (une rivière, un port) à la drague. *Draguer un bassin.* **2.** Enlever les mines sous-marines de (un lieu). **II** FAM. Chercher à lier connaissance avec (qqn) en vue d'une aventure ; faire la cour à (qqn). *Il se fait draguer.*
ÉTYM. de *drague.*

DRAGUEUR, EUSE [dʀagœʀ, øz] **n. I n. m.** Bateau muni d'une drague. *Dragueur de mines.* **II n.** FAM. Personne qui drague (II).
ÉTYM. de *drague.*

DRAILLE [dʀaj] **n. f.** ✦ RÉGIONAL Piste empruntée par les troupeaux transhumants. HOM. DRY «sec»
ÉTYM. dauphinois *draya,* du latin populaire *tragulare* «suivre la piste (d'un animal)».

DRAIN [dʀɛ̃] **n. m. 1.** Tuyau servant à faire écouler l'eau des sols trop humides. **2.** MÉD. Tube destiné à favoriser l'écoulement des liquides (pus, etc.). *Placer un drain dans une plaie.*
ÉTYM. mot anglais, de *to drain* «assécher».

DRAINER [dʀene] **v. tr.** (conjug. 3a) **1.** Débarrasser (un terrain) de l'excès d'eau. SYN. **assécher.** *Drainer un marais.* **2.** MÉD. *Drainer une plaie, un organe :* favoriser l'écoulement des liquides (pus, etc.) en plaçant un drain. **3.** fig. Faire affluer en attirant à soi. *Drainer des capitaux.*
► **DRAINAGE** [dʀɛnaʒ] **n. m.**
ÉTYM. de *drain.*

DRAISIENNE [dʀezjɛn] **n. f.** ✦ Véhicule à deux roues (ancêtre de la bicyclette) que l'on faisait avancer par l'action alternative des pieds sur le sol.
ÉTYM. de *Drais,* nom de l'inventeur.

DRAISINE [dʀezin] **n. f.** ✦ Wagonnet léger pour la surveillance de la voie ferrée, le transport du matériel.
ÉTYM. de *draisienne.*

DRAKKAR [dʀakaʀ] **n. m.** ✦ HIST. Navire des Vikings, à voile carrée et à rames.
ÉTYM. suédois *drakar,* pluriel de *drake* «dragon».

DRAMATIQUE [dʀamatik] **adj. 1.** Destiné au théâtre (ouvrage littéraire) ; relatif aux ouvrages de théâtre. SYN. **théâtral.** *Art dramatique :* ensemble des activités théâtrales. *Musique dramatique* (→ **opéra**). ◆ Qui s'occupe de théâtre. *Auteur dramatique.* → **dramaturge.** *Critique dramatique.* **2.** *Comédie dramatique,* qui tient du drame (2). **3.** Susceptible d'émouvoir vivement le spectateur, au théâtre. SYN. **émouvant, poignant. 4.** fig. (évènements réels) Très grave et dangereux ou pénible. SYN. **terrible, tragique.** *La situation est dramatique. Ce n'est pas dramatique.* SYN. **grave. 5. n. f.** Création pour la télévision ou la radio d'après une œuvre littéraire.
ÉTYM. bas latin *dramaticus,* du grec, de *drâma* «tragédie».

DRAMATIQUEMENT [dʀamatikmɑ̃] **adv.** ✦ D'une manière dramatique (4), tragique. SYN. **tragiquement.**

DRAMATISER [dʀamatize] **v. tr.** (conjug. 3a) ✦ Présenter (qqch.) sous un aspect dramatique, tragique ; accorder une gravité excessive à. SYN. **exagérer.** *Ne dramatisons pas la situation.*
► **DRAMATISATION** [dʀamatizasjɔ̃] **n. f.** *La dramatisation d'un incident.*
ÉTYM. de *drame.*

DRAMATURGE [dʀamatyʀʒ] **n.** ✦ Auteur d'ouvrages destinés au théâtre.
ÉTYM. grec *dramatourgos* «auteur dramatique».

DRAMATURGIE [dʀamatyʀʒi] **n. f.** ✦ DIDACT. Art de la composition théâtrale.
► **DRAMATURGIQUE** [dʀamatyʀʒik] **adj.**
ÉTYM. grec *dramatourgia* ou de *dramaturge.*

DRAME [dʀam] **n. m. 1.** DIDACT. Genre littéraire comprenant tous les ouvrages composés pour le théâtre. → **théâtre. 2.** Genre théâtral comportant des pièces dont l'action généralement tragique, pathétique, s'accompagne d'éléments réalistes, familiers, comiques ; pièce de théâtre appartenant à ce genre. ☞ Littérature p. 129. *Le drame bourgeois* (au XVIIIe siècle), *le drame romantique* (défini par Hugo, en référence à Shakespeare). *Drame populaire.* → **mélodrame.** ◆ Pièce d'un caractère grave, pathétique (opposé à *comédie*). *«Les Mouches», drame de Sartre.* **3.** fig. Évènement ou suite d'évènements tragiques, terribles. SYN. **catastrophe, tragédie.** *Un drame affreux. Il ne faut pas en faire un drame* (→ **dramatiser**).
ÉTYM. latin *drama,* du grec «action» et «tragédie», de *dran* «agir».

A B C D E F G H I J K L M N O P Q R S T U V W X Y Z

DRAP [dʀa] **n. m.** 1. Tissu de laine dont les fibres sont feutrées par le foulage. *Manteau de drap.* ◆ *Drap d'or,* tissé d'or. 2. *DRAP DE (LIT)* : pièce de toile rectangulaire servant à isoler le corps du matelas (drap de dessous) ou des couvertures (drap de dessus). *Une paire de draps.* ◆ **loc. fig.** *DANS DE BEAUX DRAPS* : dans une situation critique. ◆ *Drap de bain* : grande serviette éponge.
ÉTYM. bas latin *drappus*, p.-ê. d'origine gauloise.

DRAPÉ [dʀape] **n. m.** ✦ Ensemble des plis formés par l'étoffe d'un vêtement.
ÉTYM. du participe passé de *draper*.

DRAPEAU [dʀapo] **n. m.** 1. Étoffe attachée à une hampe et portant les couleurs, les emblèmes d'une nation, d'un groupement, d'un chef, pour servir de signe de ralliement, de symbole. SYN. **étendard, pavillon.** *Hisser un drapeau. Garnir un édifice de drapeaux.* → **pavoiser.** ➝ *Drapeau rouge* : emblème révolutionnaire. *Drapeau blanc,* qui indique à l'ennemi qu'on veut parlementer ou se rendre. *Drapeau noir,* des pirates, des anarchistes. ➝ *Le drapeau tricolore,* français. 2. **fig.** Symbole de l'armée, de la patrie. ➝ *ÊTRE SOUS LES DRAPEAUX* : appartenir à l'armée ; faire son service national. 3. Drapeau servant de signal. *Drapeau rouge de chef de gare.*
ÉTYM. de *drap*.

DRAPER [dʀape] **v. tr.** (conjug. 3a) 1. Habiller (qqn) de vêtements amples, formant des plis harmonieux. *Couturier qui drape un mannequin.* ➝ **au p. passé** *Indienne drapée dans un sari.* 2. Disposer (une étoffe) en plis harmonieux. *Draper des rideaux.* 3. *SE DRAPER* **v. pron.** Arranger ses vêtements de manière à former d'amples plis. ➝ **loc.** *Se draper dans sa dignité* : affecter une attitude de dignité offensée, orgueilleuse.
ÉTYM. de *drap*.

① **DRAPERIE** [dʀapʀi] **n. f.** 1. COMM. Tissu de laine. SYN. **lainage.** 2. Étoffe, vêtement ample formant de grands plis ; étoffe de tenture drapée. 3. **(peinture, sculpture)** Représentation d'un drapé.
ÉTYM. de *drap*.

② **DRAPERIE** [dʀapʀi] **n. f.** ✦ Industrie du drap.
ÉTYM. de *drapier*.

DRAP-HOUSSE [dʀaus] **n. m.** ✦ Drap de dessous dont les coins sont cousus de manière à emboîter le matelas. *Des draps-housses.*

DRAPIER, IÈRE [dʀapje, jɛʀ] **n.** ✦ Personne qui fabrique, vend le drap (1).

DRASTIQUE [dʀastik] **adj.** 1. Qui exerce une action très énergique. *Purgatif drastique.* 2. **anglicisme** *Mesures drastiques.* SYN. **draconien.**
ÉTYM. grec *drastikos* «qui agit *(dran)*» ; sens 2 par l'anglais *drastic*.

DRAVIDIEN, IENNE [dʀavidjɛ̃, jɛn] **adj. et n.** ✦ DIDACT. Des populations du sud de l'Inde. ➝ *Langues dravidiennes* : langues non indo-européennes (à la différence du sanskrit et de sa descendance) de ces populations (ex. tamoul, malayalam, télougou). ➝ **n.** *Les Dravidiens* (☛ noms propres).
ÉTYM. anglais *dravidian*, du sanskrit *Dravida*, région du sud de l'Inde.

DREADLOCKS [dʀɛdlɔk(s)] **n. f. pl.** ✦ **anglicisme** Mèches de cheveux emmêlés et serrés tout autour de la tête, à la manière des rastas.
ÉTYM. mot anglais.

DRELIN [dʀəlɛ̃] **interj.** ✦ Onomatopée évoquant le bruit d'une clochette, d'une sonnette. SYN. **ding, dring.** *Drelin drelin !*

DRESSAGE [dʀesaʒ] **n. m.** 1. Action de dresser, d'installer, de faire tenir droit. 2. Action de dresser un animal.

① **DRESSER** [dʀese] **v. tr.** (conjug. 3a) **I** 1. Tenir droit et verticalement. SYN. ① **lever, redresser.** *Dresser la tête.* ➝ **loc.** *Dresser l'oreille* : écouter attentivement, diriger son attention. 2. Faire tenir droit. *Dresser un mât.* ➝ Installer, ériger. *Dresser une statue. Dresser un lit, une tente.* SYN. **monter.** 3. LITTÉR. Disposer comme il le faut. *Dresser la table, le couvert.* SYN. **mettre.** *Dresser un plat,* le présenter. 4. Faire, établir avec soin ou dans la forme prescrite. *Dresser un plan, un inventaire, une liste. Dresser un procès-verbal.* 5. **fig.** *Dresser une personne contre une autre,* mettre en opposition. SYN. **braquer, monter.** **II** *SE DRESSER* **v. pron.** 1. Se mettre droit. *Se dresser sur la pointe des pieds pour mieux voir.* ◆ Être droit, vertical. *Le volcan se dresse à l'horizon.* ➝ *Obstacles qui se dressent sur la route.* 2. **fig.** *Se dresser contre qqn.* SYN. **s'opposer à.**
ÉTYM. latin populaire *directiare*, de *directus* «① droit».

② **DRESSER** [dʀese] **v. tr.** (conjug. 3a) 1. Habituer (un animal) à faire docilement et régulièrement qqch. *Dresser un chien à rapporter le gibier. Dresser des fauves.* SYN. **dompter.** ➝ **pronom.** *Le chat ne se dresse pas.* ➝ **au p. passé** *Chien bien dressé.* 2. FAM. Faire céder, plier (qqn). SYN. ① **mater.** *Je vais te dresser.*
ÉTYM. de ① *dresser* «faire aller droit».

DRESSEUR, EUSE [dʀesœʀ, øz] **n.** ✦ Personne qui dresse des animaux. *Dresseur de chiens.* → **maître-chien.**
ÉTYM. de ② *dresser*.

DRESSING-ROOM [dʀesiŋʀum] ou **DRESSING** [dʀesiŋ] **n. m.** ✦ **anglicisme** Petite pièce attenant à une chambre à coucher, pour ranger les vêtements. *Des dressing-rooms, des dressings.*
ÉTYM. mot anglais, de *to dress* «s'habiller».

DRESSOIR [dʀeswaʀ] **n. m.** ✦ Étagère, buffet où l'on expose de la vaisselle.
ÉTYM. de ① *dresser*.

DREYFUSARD, ARDE [dʀefyzaʀ, aʀd] **adj. et n.** ✦ HIST. Partisan de Dreyfus (☛ noms propres) et de la révision de son procès.

DRIBBLE ou **DRIBLE** [dʀibl] **n. m.** ✦ **anglicisme** Action de dribbler. ➝ **Écrire** *drible,* **avec un seul** *b,* **est permis.**
ÉTYM. anglais *dribble* → dribbler.

DRIBBLER ou **DRIBLER** [dʀible] **v. intr.** (conjug. 3a) ✦ **anglicisme** Courir en poussant devant soi la balle à petits coups de pied (football) ou de la main (basket) sans en perdre le contrôle. ➝ **Écrire** *dribler,* **avec un seul** *b,* **est permis.**
ÉTYM. anglais *to dribble*, proprement «tomber goutte à goutte».

DRILLE [dʀij] **n. m.** ✦ **loc.** *Un JOYEUX DRILLE* : un joyeux compagnon, un homme jovial. SYN. **luron.**
ÉTYM. peut-être de l'ancien français *drille* «guenille», d'origine allemande, ou de *driller* «courir çà et là», d'origine néerlandaise.

DRING [dʀiŋ] interj. ✦ Onomatopée évoquant le bruit d'une sonnette (surtout électrique). SYN. **ding, drelin.**

DRISSE [dʀis] n. f. ✦ MAR. Cordage servant à hisser (une voile, un pavillon...).
ÉTYM. italien *drizza*, de *drizzare* «dresser».

DRIVE [dʀajv] n. m. ✦ anglicisme Coup droit, au tennis. ◆ Coup de longue distance donné au départ d'un trou, au golf.
ÉTYM. mot anglais, de *to drive* «enfoncer».

DROGUE [dʀɔg] n. f. 1. Médicament confectionné par des non-spécialistes. ◆ péj. Médicament dont on conteste l'efficacité. 2. Substance toxique, stupéfiant. *Drogues dures* (entraînant une dépendance physique) *et drogues douces. Trafic, trafiquant de drogue* (→ anglicisme **dealeur**). ◆ Consommation de stupéfiants. *Les ravages de la drogue. Lutter contre la drogue.*
ÉTYM. peut-être de l'arabe *durāwa* «balle de blé» ou néerlandais *droge* «produits séchés».

DROGUER [dʀɔge] v. tr. (conjug. 3b) **I** 1. Faire prendre à (un malade) beaucoup de drogues. 2. Administrer un somnifère à. *Les voleurs avaient drogué le chien.* **II** *SE DROGUER* v. pron. 1. Prendre de nombreux médicaments. 2. Prendre de la drogue, des stupéfiants.
► **DROGUÉ, ÉE** adj. Qui est intoxiqué par l'usage des stupéfiants. – n. *Des drogués.* SYN. **toxicomane.**

DROGUERIE [dʀɔgʀi] n. f. ✦ Commerce des produits chimiques les plus courants, des produits d'hygiène, d'entretien ; magasin où on les vend.
ÉTYM. de *drogue* «ingrédient servant à préparer des médicaments».

DROGUISTE [dʀɔgist] n. ✦ Personne qui tient une droguerie.
ÉTYM. de *drogue* → droguerie.

DROÏDE [dʀɔid] n. m. ✦ anglicisme Robot de science-fiction.
ÉTYM. anglais américain *droïd*, de *android* → androïde.

① **DROIT, DROITE** [dʀwa, dʀwat] adj.
I adj. 1. Qui est sans déviation, d'un bout à l'autre. *Tige droite. Se tenir droit.* loc. *Être droit comme un I, un piquet.* ◆ Dont la direction est constante. SYN. **direct, rectiligne.** *Ligne droite,* dont la direction est constante et la longueur entre deux points la plus petite possible. *Il y a deux kilomètres EN LIGNE DROITE* (→ à vol d'oiseau*). – fig. *Ramener qqn dans le droit chemin,* dans la voie de l'honnêteté, de la vertu. 2. Vertical. *Remettre droit ce qui est tombé.* SYN. **debout ;** → ① **dresser, redresser.** *Écriture droite* (opposé à *penché*). ◆ *Veston droit,* bord à bord (opposé à *croisé*). *Jupe droite,* sans ampleur. 3. *Angle droit,* de 90°. *Les deux rues se coupent à angle droit.* → **perpendiculaire.** 4. fig. Qui ne s'écarte pas d'une règle morale (→ **droiture**). *Un homme simple et droit.* SYN. ② **franc, honnête, juste, loyal.** ◆ Qui dénote la franchise, la rigueur morale. *Un regard droit.* CONTR. **arqué, coudé, courbé, sinueux ; détourné, indirect · oblique, penché · déloyal,** ① **faux, hypocrite, trompeur.**
II adv. Selon une ligne droite. *C'est droit devant vous, tout droit. Aller droit devant soi.* ◆ fig. La voie la plus courte, la plus rapide. SYN. **directement.** *ALLER DROIT au but. Cela me va droit au cœur.* – *MARCHER DROIT* : bien se conduire, être obéissant.
ÉTYM. latin *directus*, du participe passé de *dirigere* «diriger» ; doublet de *direct*.

② **DROIT, DROITE** [dʀwa, dʀwat] adj. et n. m.
I adj. Qui est du côté opposé à celui du cœur de l'observateur (opposé à *gauche*). *Le côté droit* (→ ② **droite**). *La main droite.* → **dextre ; droitier.** *La rive droite d'une rivière* (dans le sens du courant).
II n. m. Le poing droit du boxeur. *Direct, crochet du droit.*
ÉTYM. de ① *droit*.

③ **DROIT** [dʀwa] n. m. **I** *UN DROIT, DES DROITS* 1. Ce que chacun peut exiger, ce qui est permis, selon une règle morale, sociale. ◆ *DROITS DE L'HOMME,* définis par la Constitution de 1789 et considérés comme droits naturels. – *Le droit des peuples à disposer d'eux-mêmes.* ◆ *AVOIR LE DROIT DE* (+ inf.). *Avoir le droit de sortir le soir.* SYN. **permission.** ◆ *AVOIR DROIT À* (+ n.). *Vous avez droit à des excuses, à un livre gratuit.* ◆ *ÊTRE EN DROIT DE* (+ inf.) : avoir le droit de. *Vous êtes en droit de protester.* – *De quel droit ?*, en vertu de quel pouvoir, de quelle autorisation ? *Être dans son (bon) droit.* 2. Ce qui est exigible ou permis par conformité à une loi, un règlement. SYN. **faculté, prérogative, privilège.** *Droits civiques, droits du citoyen, droits politiques* : électorat, éligibilité, etc. – *Droits civils, privés. Défendre ses droits devant la justice* (→ **procédure, procès**). – *Droit de grève. Droits d'auteur*.* 3. Ce qui donne une autorité morale, une influence considérée comme légitime. SYN. **prérogative, privilège.** *La nature reprend ses droits.* 4. Somme d'argent, redevance exigée. SYN. **contribution, impôt, taxe.** *Acquitter un droit. Droit d'inscription. Droits de douane.* **II** *LE DROIT* 1. Ce qui constitue le fondement des droits de l'homme vivant en société. → **légalité, légitimité ; justice, morale ; juridique.** *Le droit et la force.* ◆ loc. *FAIRE DROIT À une demande,* la satisfaire. – *À BON DROIT* loc. adv. : d'une façon juste et légitime ; à juste titre. *Il s'insurge à bon droit.* 2. Pouvoir de faire ce que l'on veut. *Le droit du plus fort.* 3. *DROIT DIVIN* : doctrine du XVIIe siècle d'après laquelle le roi est directement investi par Dieu. *Monarchie de droit divin.* 4. Règles juridiques en vigueur dans un État correspondant à la coutume, à des lois (→ **code**), à des jurisprudences. *Le droit romain.* – *DROIT COMMUN,* règles générales, lorsqu'il n'y a aucune dérogation particulière. *Les prisonniers de droit commun* (opposé à *prisonnier politique*). ◆ loc. adv. *DE DROIT* : légal, prévu par les textes juridiques. – *DE PLEIN DROIT* : sans qu'il soit nécessaire de manifester de volonté, d'accomplir de formalité. – *QUI DE DROIT* : personne ayant un droit sur..., personne compétente. *Adressez-vous à qui de droit.* ◆ *Droit public et droit privé. DROIT CIVIL,* traitant des personnes (capacité, famille, mariage), des biens, de leur transmission non commerciale. *DROIT CONSTITUTIONNEL* : partie du droit public relative à l'organisation de l'État (pouvoir ; souveraineté ; constitution, régime). – *DROIT PÉNAL* ou *CRIMINEL,* qui a trait aux infractions et aux peines, à la procédure criminelle. 5. La science juridique. *Étudiant en droit.*
ÉTYM. bas latin *directum* «justice», de *directus* «① droit».

① **DROITE** [dʀwat] n. f. ✦ Ligne dont l'image est celle d'un fil parfaitement tendu ; GÉOM. notion de base de la géométrie élémentaire. *On admet que par deux points on peut faire passer une droite et une seule. La droite (A B). Droites parallèles, perpendiculaires, sécantes.*
ÉTYM. de *(ligne) droite* → ① droit.

② **DROITE** [dʀwat] n. f. ✦ (opposé à *gauche*) **I** 1. Le côté droit, la partie droite. *C'est à (ou sur) votre droite.* loc. adv. *À DROITE :* du côté droit. *Tourner à droite. De droite et de gauche :* de tous côtés. 2. Le côté droit d'une voie. *Tenir, garder sa droite.* **II** *La droite :* les représentants des partis conservateurs. ➡ Fraction de l'opinion publique, conservatrice ou réactionnaire. *La droite modérée et le centre*. Il est de droite. Journal d'extrême droite.* ◆ *À DROITE. Voter à droite.* ➡ adj. *Elle est très à droite.*
ÉTYM. de ② *droit ;* sens II, de la place des députés conservateurs à la droite du président, en 1791.

DROITIER, IÈRE [dʀwatje, jɛʀ] adj. et n. ✦ (Personne) qui se sert mieux de la main droite que de la main gauche. CONTR. **gaucher.**
ÉTYM. de ② *droit.*

DROITURE [dʀwatyʀ] n. f. ✦ Qualité d'une personne droite, loyale. SYN. **franchise, honnêteté, loyauté, rectitude.** CONTR. **déloyauté, fourberie, malhonnêteté.**
ÉTYM. de ① *droit* (4).

DROLATIQUE [dʀɔlatik] adj. ✦ LITTÉR. Qui a de la drôlerie, qui est récréatif et pittoresque. SYN. **cocasse.** *« Contes drolatiques »* (de Balzac). CONTR. **banal, triste.**
ÉTYM. de *drôle.*

① **DRÔLE** [dʀol] adj. **I** Comique. 1. Qui prête à rire, fait rire. SYN. **amusant, comique, plaisant ;** FAM. **marrant, rigolo.** *Il est drôle avec ce petit chapeau. Une histoire drôle.* 2. (personnes) Qui sait faire rire. SYN. **amusant, gai.** **II** Bizarre. 1. Qui est anormal, étonnant. SYN. **bizarre, curieux, étrange, singulier.** *La porte était ouverte, ça m'a semblé drôle.* ➡ *C'est drôle qu'il ait oublié.* ➡ *Se sentir tout drôle :* ne pas se sentir comme d'habitude. 2. *DRÔLE DE... Une drôle d'odeur. Avoir un drôle d'air. Faire une drôle de tête. Un drôle de type,* qui étonne, ou dont il convient de se méfier. 3. FAM. (intensif) *Il a un drôle de courage.* SYN. **rude,** ① **sacré.** *Il faut une drôle de patience pour supporter cela,* il en faut beaucoup. 4. *EN VOIR DE DRÔLES :* voir des choses curieuses ou désagréables. *En faire voir de drôles à qqn,* lui créer des soucis. CONTR. **ennuyeux, triste · normal, ordinaire.**
ÉTYM. probablement néerlandais *drol* « lutin ».

② **DRÔLE, DRÔLESSE** [dʀol, dʀolɛs] n. 1. VX Coquin(e). 2. RÉGIONAL (sud-ouest de la France) Gamin, gamine.
ÉTYM. → ① drôle.

DRÔLEMENT [dʀolmɑ̃] adv. 1. Bizarrement. *Il est drôlement accoutré.* 2. FAM. (intensif) SYN. **rudement, sacrément.** *Les prix ont drôlement augmenté. Elle est drôlement bien.* SYN. **très.** CONTR. **normalement · peu ;** ② **pas.**
ÉTYM. de ① *drôle.*

DRÔLERIE [dʀolʀi] n. f. 1. Parole, action drôle. SYN. **bouffonnerie.** *Dire des drôleries.* 2. Caractère de ce qui est drôle. *Son imitation est d'une drôlerie !*
ÉTYM. de ① *drôle.*

DROMADAIRE [dʀɔmadɛʀ] n. m. ✦ Mammifère voisin du chameau, à une seule bosse. *Le dromadaire blatère.*
ÉTYM. bas latin *dromedarius,* du grec *dromas* « coureur ».

-DROME, -DROMIE Éléments savants, du grec *dromos* « course ; piste » (ex. *hippodrome*).

DROP-GOAL [dʀɔpgol] ou **DROP** [dʀɔp] n. m. ✦ anglicisme Au rugby, coup de pied donné dans le ballon juste après le rebond. *Des drop-goals, des drops* [dʀɔp].
ÉTYM. mot anglais, de *drop* « chute » et *goal* « but ».

DROSÉRA [dʀozeʀa] n. m. ✦ Plante carnivore des tourbières.
ÉTYM. latin scientifique *drosera,* du grec *droseros* « humide de rosée ».

DROSOPHILE [dʀozɔfil] n. f. ✦ Insecte diptère, à corps souvent rouge, appelé couramment *mouche du vinaigre.*
ÉTYM. du grec *drosos* « rosée » et de *-phile.*

DROSSER [dʀɔse] v. tr. (conjug. 3a) ✦ MAR. Entraîner vers la côte.
ÉTYM. néerlandais *drossen,* ou de *drosse* « cordage de manœuvre », de l'italien *trozza.*

DRU, DRUE [dʀy] adj. et adv. 1. adj. Qui pousse vigoureusement et en épaisseur. SYN. **épais, touffu.** *Herbe drue. Barbe drue.* 2. adv. *La pluie, la neige tombe dru.* CONTR. **clairsemé, rare · faiblement.**
ÉTYM. du gaulois *drûto-* « fort ».

DRUGSTORE [dʀœgstɔʀ] n. m. ✦ anglicisme Ensemble formé d'un bar, d'un café-restaurant, de magasins divers (pharmacie, journaux, etc.).
ÉTYM. mot américain, de *drug* « médicament » (du français *drogue*) et *store* « magasin ».

DRUIDE [dʀɥid] n. m. ✦ Prêtre gaulois ou celtique. *Chaque année, les druides cueillaient le gui sacré sur les chênes.*
► **DRUIDIQUE** [dʀɥidik] adj.
ÉTYM. latin *druida,* d'origine gauloise.

DRUIDESSE [dʀɥidɛs] n. f. ✦ Prêtresse gauloise ou celtique.
ÉTYM. de *druide.*

DRUPE [dʀyp] n. f. ✦ BOT. Fruit charnu, à noyau (ex. amande, pêche, cerise...).
ÉTYM. latin *drupa* « olive mûre ».

DRY [dʀaj] adj. invar. ✦ anglicisme *Champagne dry,* sec ; *extra-dry,* très sec. HOM. DRAILLE « piste »
ÉTYM. mot anglais « sec ».

DRYADE [dʀijad] n. f. ✦ MYTHOL. Nymphe protectrice des forêts. *Naïades et dryades.*
ÉTYM. latin *dryas, dryadis,* du grec, de *drus* « arbre ».

DU [dy] art. 1. Article défini contracté. *Venir du Portugal.* → ① **de.** 2. Article partitif. *Manger du pain.* → ② **de.** HOM. DÛ « que l'on doit »
ÉTYM. contraction de *de le.*

DÛ, DUE [dy] adj. 1. Que l'on doit. *Somme due. Les frais dus.* loc. prov. *Chose promise, chose due.* 2. *DÛ À :* causé par. *Accident dû à la maladresse.* 3. DR. *Acte en BONNE ET DUE FORME, rédigé conformément à la loi et revêtu des formalités nécessaires.* 4. n. m. Ce qui est dû ; ce que l'on peut légitimement réclamer. *Réclamer son dû. Ce n'est pas un dû.* HOM. DU (article)
ÉTYM. du participe passé de ① *devoir.*

DUAL, DUALE, DUALS [dɥal] adj. ✦ DIDACT. Double et réciproque. *Propriétés duales.* ◆ Caractérisé par le dualisme.
ÉTYM. bas latin *dualis* « composé de deux *(duo)* » ; doublet de ② *duel.*

DUALISME [dɥalism] **n. m.** 1. Doctrine ou système qui admet la coexistence de deux principes irréductibles. 2. Coexistence de deux éléments différents. SYN. **dualité.**
► **DUALISTE** [dɥalist] **adj. et n.**
ÉTYM. latin moderne *dualismus*, de *dualis* → dual.

DUALITÉ [dɥalite] **n. f.** ✦ Caractère ou état de ce qui est double en soi ; coexistence de deux éléments de nature différente. SYN. **dualisme.** *La dualité de l'homme* (l'âme et le corps).
ÉTYM. bas latin *dualitas*, de *dualis* → dual.

DUBITATIF, IVE [dybitatif, iv] **adj.** ✦ Qui exprime le doute. *Réponse dubitative.*
► **DUBITATIVEMENT** [dybitativmɑ̃] **adv.**
ÉTYM. bas latin *dubitativus*, de *dubitare* «douter».

DUC [dyk] **n. m.** I 1. HIST. Souverain d'un duché. 2. Celui qui porte le titre de noblesse le plus élevé après celui de prince. II Rapace nocturne, variété de hibou. *Grand-duc.*
ÉTYM. latin *dux, ducis* «chef».

DUCAL, ALE, AUX [dykal, o] **adj.** ✦ Qui appartient à un duc, à une duchesse.

DUCASSE [dykas] **n. f.** ✦ Fête publique, en Belgique et dans le nord de la France. SYN. **kermesse.**
ÉTYM. forme régionale de l'ancien français *dicasse*, de *dédicace*, nom d'une fête catholique.

DUCAT [dyka] **n. m.** ✦ Ancienne monnaie d'or.
ÉTYM. italien *ducato*, nom d'une monnaie à l'effigie du duc *(duco)* de Ravenne.

DUCE [dutʃe] **n. m.** ✦ *Le Duce,* titre pris par Mussolini, chef de l'Italie fasciste.
ÉTYM. mot italien «guide, conducteur», du latin *dux.*

DUCHÉ [dyʃe] **n. m.** ✦ Seigneurie, principauté à laquelle le titre de duc était attaché. *Ériger une terre en duché.*
ÉTYM. de *duc.*

DUCHESSE [dyʃɛs] **n. f.** ✦ anciennt Femme possédant un duché. ◆ Épouse d'un duc.
ÉTYM. de *duc.*

DUCTILE [dyktil] **adj.** ✦ Qui peut être allongé, étendu, étiré sans se rompre. *Métaux ductiles.*
► **DUCTILITÉ** [dyktilite] **n. f.** *La ductilité de l'or.*
ÉTYM. latin *ductilis* «malléable» ; doublet de *douillet.*

DUÈGNE [dɥɛɲ] **n. f.** ✦ anciennt Femme âgée chargée de veiller sur la conduite d'une jeune fille ou d'une jeune femme. SYN. **chaperon.**
ÉTYM. espagnol *dueña*, latin *domina* «maîtresse».

① **DUEL** [dɥɛl] **n. m.** 1. Combat entre deux personnes dont l'une exige de l'autre la réparation d'une offense par les armes. *Se battre en duel.* 2. fig. Assaut, compétition. loc. *Duel oratoire :* échange de répliques entre deux orateurs. SYN. **joute.**
ÉTYM. latin *duellum*, forme ancienne de *bellum* «guerre» ; influence de *duo* «deux».

② **DUEL** [dɥɛl] **n. m.** ✦ GRAMM. Nombre des déclinaisons et conjugaisons de certaines langues (arabe, grec...) qui sert à désigner deux personnes, deux choses. *Singulier, duel et pluriel.*
ÉTYM. latin impérial *dualis* «composé de deux *(duo)*» ; doublet de *dual.*

DUELLISTE [dɥelist] **n.** ✦ Personne qui se bat en duel.
ÉTYM. italien *duellista.*

DUETTISTE [dɥetist] **n.** ✦ Personne qui joue ou qui chante une partie dans un duo.
ÉTYM. italien *duettista*, de *duetto* «petit *duo*».

DUFFEL-COAT [dœfœlkot] **n. m.** ✦ anglicisme Manteau trois-quarts avec capuchon, en gros tissu de laine. *Des duffel-coats.* – On écrit aussi *duffle-coat, des duffle-coats.*
ÉTYM. mot anglais, de *Duffel*, ville drapière de Flandres, et *coat* «manteau», du français *cotte.*

DUGONG [dygɔ̃g] **n. m.** ✦ Mammifère marin herbivore de l'océan Indien.
ÉTYM. du malais.

DULCINÉE [dylsine] **n. f.** ✦ plais. Femme inspirant une passion romanesque. *Il est fidèle à sa dulcinée.* SYN. **bien-aimée.**
ÉTYM. du nom de la femme aimée de don Quichotte.

DUM-DUM [dumdum] **adj. invar.** ✦ *Balle dum-dum :* balle de fusil dont l'enveloppe est entaillée en croix de manière à provoquer une large déchirure (emploi interdit en 1899).
ÉTYM. du nom d'une localité de l'Inde où cette balle fut fabriquée.

DÛMENT ou **DUMENT** [dymɑ̃] **adv.** ✦ Selon les formes prescrites. *Dûment autorisé.* – iron. Comme il faut. *Il l'a dûment sermonné.* – Écrire *dument* sans accent circonflexe, comme *absolument, éperdument, résolument...*, est permis. CONTR. **indûment.**
ÉTYM. de *dû, due.*

DUMPING [dœmpiŋ] **n. m.** ✦ anglicisme Pratique qui consiste à vendre sur les marchés extérieurs à des prix inférieurs à ceux du marché national, ou même inférieurs au prix de revient.
ÉTYM. mot anglais, de *to dump* «vendre à bas prix».

DUNE [dyn] **n. f.** ✦ Butte, colline de sable fin formée par le vent sur le bord des mers ou dans l'intérieur des déserts.
ÉTYM. anc. néerlandais *dunen*, du gaulois *duno* «hauteur».

DUNETTE [dynɛt] **n. f.** ✦ Superstructure élevée sur le pont arrière d'un navire et s'étendant sur toute sa largeur.
ÉTYM. diminutif de *dune*, d'abord «levée de terre».

DUO [dɥo ; dyo] **n. m.** 1. Composition musicale pour deux voix ou deux instruments. *Chanter en duo.* ◆ *Duo comique* (chansonniers, music-hall). 2. FAM. Couple ; deux personnes. *Ils font un curieux duo.* SYN. **paire.**
ÉTYM. mot italien, latin *duo* «deux».

DUODÉCIMAL, ALE, AUX [dɥodesimal, o] **adj.** ✦ Qui a pour base le nombre douze. *Numération duodécimale.*
ÉTYM. du latin *duodecimus*, de *duodecim* «douze».

DUODÉNAL, ALE, AUX [dɥodenal, o] **adj.** ✦ Du duodénum.

DUODÉNUM [dɥodenɔm] **n. m.** ✦ Partie initiale de l'intestin grêle, qui commence au pylore.
ÉTYM. latin médiéval *duodenum digitorum* «de douze doigts (de longueur)», de *duodecim* «douze».

A B C D E F G H I J K L M N O P Q R S T U V W X Y Z

DUPE [dyp] n. f. et adj. 1. n. f. Personne que l'on trompe sans qu'elle en ait le moindre soupçon. SYN. FAM. **pigeon.** *Être la dupe de qqn, de ses flatteries.* – loc. *Marché, jeu de dupes,* où l'on est abusé. 2. adj. (seulement attribut) *Il me ment, mais je ne suis pas dupe,* je le sais. SYN. **crédule, naïf.** *Je ne suis pas dupe de son amabilité.*
ÉTYM. du sens ancien de *dupe* «huppe (oiseau)».

DUPER [dype] v. tr. (conjug. 3a) ✦ LITTÉR. Prendre (qqn) pour dupe. SYN. **abuser, flouer, mystifier, tromper.** *Se laisser duper.* CONTR. **détromper.**

DUPERIE [dypʀi] n. f. ✦ LITTÉR. Action de duper (qqn), tromperie. SYN. **leurre, supercherie.**

DUPLEX [dyplɛks] n. m. 1. Système de télécommunications qui permet de transmettre des programmes émis simultanément de deux ou plusieurs stations (→ **multiplex**). *Émission en duplex.* 2. Appartement sur deux étages.
ÉTYM. mot latin «double».

DUPLICATA [dyplikata] n. m. ✦ Second exemplaire d'une pièce ou d'un acte ayant même validité. *Le duplicata d'une quittance.* SYN. **double.** *Des duplicatas* ou *des duplicata* (plur. latin).
ÉTYM. latin médiéval *duplicata (littera)* «copie ; lettre *(littera)* redoublée».

DUPLICATION [dyplikasjɔ̃] n. f. ✦ Fait de (se) reproduire en double. ◆ Copie d'un enregistrement.
ÉTYM. latin *duplicatio* «action de doubler *(duplicare)*».

DUPLICITÉ [dyplisite] n. f. ✦ Caractère de qqn qui feint, a deux attitudes, joue double jeu. SYN. **fausseté, hypocrisie.** CONTR. **droiture, franchise, loyauté.**
ÉTYM. bas latin *duplicitas,* de *duplex* «double».

DUPLIQUER [dyplike] v. tr. (conjug. 3a) ✦ Faire une ou plusieurs copies de. *Dupliquer un logiciel.*
ÉTYM. latin médiéval *duplicare* «copier en double *(duplex)*», par l'anglais *to duplicate.*

DUQUEL → LEQUEL

DUR, DURE [dyʀ] adj. et n.

I adj. 1. Qui résiste à la pression, au toucher ; qui ne se laisse pas entamer facilement. SYN. **résistant, rigide, solide** ; → **dureté.** *Dur comme du bois. Roches dures et roches tendres.* – loc. fig. *Avoir la peau dure :* résister à tout. *Avoir la tête dure :* être obtus ou entêté. ◆ *Du pain dur,* sec. SYN. **rassis.** *Œuf dur,* dont le blanc et le jaune sont solides. – *Brosse dure et brosse souple.* 2. Qui résiste à l'effort, à une action. *Cette porte est dure,* résiste quand on l'ouvre ou la ferme. – fig. *Un enfant dur.* SYN. **difficile, turbulent.** ◆ loc. *Être* DUR D'OREILLE : être un peu sourd. *Avoir la vie dure :* résister longtemps à la mort. fig. *Les préjugés ont la vie dure.* SYN. **tenace.** ◆ DUR À (+ n.) : résistant à. *Être dur à la tâche* (→ **courageux, endurant**) ; *dur à la détente*.* – (+ inf.) Difficile (à). *Aliment dur à digérer.* fig. *Affront dur à digérer, à avaler.* ◆ Difficile, qui résiste à l'effort intellectuel. *Ce problème est dur.* SYN. **ardu.** *C'est trop dur pour moi.* 3. Pénible à supporter. SYN. **âpre, rigoureux, rude.** *Un climat très dur. Une dure leçon.* SYN. **sévère.** *Dure épreuve. De durs combats.* SYN. **acharné.** *Être à dure école.* – *Mener, rendre la vie dure à qqn,* le tourmenter. ◆ *Avoir les traits* (du visage) *durs,* accusés et sans grâce. 4. Qui manque de cœur, d'humanité, d'indulgence. SYN. **inflexible, inhumain, insensible, sévère, strict.** *Il est dur pour, envers, avec ses enfants.* – *Visage dur et fermé. Un ton dur.* ◆ *La critique a été dure.* 5. Intransigeant (surtout dans : *pur et dur*). CONTR. **doux, moelleux, mou, souple,** ② **tendre · facile · clément · bienveillant, indulgent.**

II adv. Avec violence. *Frapper, cogner dur.* SYN. ① **fort.** – Avec intensité. *Travailler dur.* ◆ FAM. *Dur, dur ! :* c'est pénible !

III n. 1. n. m. Ce qui est dur. *Bâtiment* EN DUR, construit en matériau dur (opposé à *préfabriqué*). 2. n. f. LA DURE. *Coucher sur la dure,* par terre, sur la terre nue. ◆ À LA DURE : de manière rude, dure à supporter. *Enfant élevé à la dure.* 3. *En voir de dures :* subir des épreuves pénibles. 4. n. Personne qui n'a peur de rien, ne recule devant rien. *Jouer les durs. C'est une dure.* loc. FAM. *Un dur de dur.* – *Un dur, une dure à cuire :* une personne qui ne se laisse ni émouvoir ni mener. ◆ *Les durs d'un parti,* les intransigeants.
ÉTYM. latin *durus.*

DURABLE [dyʀabl] adj. 1. De nature à durer longtemps. *Une construction durable. Faire œuvre durable.* 2. Qui recherche le progrès tout en tenant compte des facteurs sociaux et environnementaux. ☛ Géographie p. 234, 235 et 236. *Agriculture, tourisme durable. Développement* durable.* CONTR. **éphémère, passager, temporaire.**
ÉTYM. latin *durabilis.*

DURABLEMENT [dyʀabləmɑ̃] adv. ✦ D'une façon durable. CONTR. **temporairement.**

DURALUMIN [dyʀalymɛ̃] n. m. ✦ Alliage léger d'aluminium, de cuivre, de magnésium et de manganèse.
ÉTYM. nom déposé, de *aluminium.*

DURAMEN [dyʀamɛn] n. m. ✦ BOT. Partie la plus ancienne, tout à fait lignifiée d'un tronc d'arbre. SYN. **cœur.**
ÉTYM. mot latin, de *durus* «dur».

DURANT [dyʀɑ̃] prép. 1. (avant le n.) Pendant la durée de. SYN. ③ **pendant.** *Durant la nuit. Durant tout l'été.* 2. (après le nom, dans des loc.) *Parler une heure durant,* pendant une heure entière. *Vous toucherez cette pension votre vie durant.*
ÉTYM. du participe présent de *durer.*

DURATIF, IVE [dyʀatif, iv] adj. ✦ LING. *Aspect duratif,* d'une action (verbe) considéré dans sa durée, son déroulement.
ÉTYM. de *durer.*

DURCIR [dyʀsiʀ] v. (conjug. 13) **I** v. tr. 1. Rendre dur, ferme. *La sécheresse durcit le sol.* 2. fig. Rendre plus ferme, plus intransigeant. *Durcir son attitude.* 3. Faire paraître dur, plus dur. *Cette coiffure lui durcit les traits.* **II** v. intr. Devenir dur, ferme. *La neige a durci. La crème durcit.* SYN. **prendre.** **III** SE DURCIR v. pron. *Ses traits se sont durcis.* – *La grève s'est durcie.* CONTR. **ramollir · adoucir.**
ÉTYM. de *dur.*

DURCISSEMENT [dyʀsismɑ̃] n. m. 1. Fait de durcir ; son résultat. *Durcissement du ciment.* 2. fig. Fait de devenir plus intransigeant. *Durcissement d'une position politique.* CONTR. **assouplissement.**

DURCISSEUR [dyʀsisœʀ] n. m. ✦ TECHN. Produit qui, ajouté à un autre, provoque son durcissement.
ÉTYM. de *durcir.*

DURÉE [dyʀe] **n. f.** 1. Espace de temps qui s'écoule entre le début et la fin (d'un phénomène). *Pendant toute la durée du spectacle. Pour une durée de dix jours.* ➖ *De courte durée.* → **éphémère.** *Piles longue durée.* 2. Sentiment du temps qui passe. *Perdre la notion de la durée.* SYN. **temps.**
ÉTYM. du participe passé de *durer.*

DUREMENT [dyʀmɑ̃] **adv.** 1. D'une manière pénible à supporter. *Il a été durement touché par ce deuil. Enfant élevé durement.* SYN. à la **dure.** 2. Sans bonté, sans humanité. *Répondre durement.* CONTR. **doucement, gentiment, tendrement.**
ÉTYM. de *dur.*

DURE-MÈRE [dyʀmɛʀ] **n. f.** ✦ La plus superficielle et la plus résistante des trois méninges. *Des dures-mères.*
ÉTYM. latin *dura mater.*

DURER [dyʀe] **v. intr.** (conjug. 3a) **I** 1. Avoir une durée de. *Leur entretien a duré deux heures, dure encore, dure depuis midi. Cela n'a que trop duré.* ◆ *Le malade ne va pas durer longtemps.* SYN. **vivre.** ◆ **absolt** *DURER :* durer longtemps. *Le beau temps dure.* SYN. se **maintenir.** *Faire durer le plaisir :* prolonger, entretenir qqch. qui plaît. 2. Résister contre les causes de destruction, d'usure. SYN. se **conserver, tenir.** *Ce manteau a duré deux ans.* ➖ *C'est un matériau qui dure.* **II** (personnes) 1. Vivre, exister longtemps. *« Le Dur Désir de durer »* (poèmes d'Éluard). 2. VIEILLI ou RÉGIONAL Demeurer, rester. CONTR. s'**arrêter, cesser, passer.**
ÉTYM. latin *durare.*

DURETÉ [dyʀte] **n. f.** 1. Propriété de ce qui est dur (1). *La dureté du marbre.* 2. **fig.** *Dureté d'une eau,* sa teneur en certains sels (de calcium, etc.). 3. Défaut d'harmonie, de douceur. *Dureté des traits du visage.* 4. Caractère de ce qui est pénible à supporter. *La dureté d'un châtiment.* SYN. **sévérité.** 5. Manque de sensibilité, de cœur. SYN. **insensibilité, rudesse.** *Traiter qqn avec dureté.* CONTR. **douceur • gentillesse, indulgence, tendresse.**
ÉTYM. de *dur.*

DURILLON [dyʀijɔ̃] **n. m.** ✦ Callosité qui se forme aux pieds, aux mains. SYN. **cal, cor.**
ÉTYM. de *dur.*

DURIT ou **DURITE** [dyʀit] **n. f.** ✦ Tuyau en caoutchouc traité pour les raccords de canalisations des moteurs à explosion. *Changer une durit.*
ÉTYM. nom déposé.

DUVET [dyvɛ] **n. m.** **I** 1. Petites plumes molles et très légères des oisillons, du ventre et du dessous des ailes des oiseaux adultes. *Le duvet des poussins. Duvet de cygne. Couette de duvet.* 2. Sac de couchage bourré de duvet ou d'une matière analogue. **II** Poils fins et doux (de certains animaux ou plantes). *Tiges couvertes de duvet.* ◆ (chez l'être humain) *Avoir un léger duvet sur la lèvre supérieure.*
ÉTYM. de l'ancien français *dumet,* diminutif de *dum, dunn,* norrois *dunn* « plume ».

DUVETÉ, ÉE [dyv(ə)te] **adj.** ✦ Couvert de duvet. *Pêche duvetée. Joue duvetée.*

se **DUVETER** [dyv(ə)te] **v. pron.** (conjug. 7b) ✦ Se couvrir de duvet.

DUVETEUX, EUSE [dyv(ə)tø, øz] **adj.** ✦ Qui a beaucoup de duvet.

DVD [devede] **n. m.** ✦ Disque optique numérique de grande capacité. *DVD vidéo. Lecteur de DVD.*
ÉTYM. sigle anglais, de *Digital Versatile Disc.*

| **DYNAM-** → DYNAM(O)-

DYNAMIQUE [dinamik] **adj.** et **n. f.**
I adj. 1. PHYS. Relatif aux forces, à la notion de force. 2. DIDACT. Qui considère les choses dans leur mouvement, leur devenir. *Une conception dynamique de la langue.* 3. COUR. Qui manifeste une grande vitalité, de la décision et de l'entrain. *Une femme dynamique.* SYN. ① **actif, énergique, entreprenant.** ➖ *Une allure dynamique.* CONTR. **statique • apathique, mou.**
II n. f. 1. *La dynamique :* partie de la mécanique qui étudie le mouvement dans ses rapports avec les forces qui le produisent. 2. Ensemble de forces orientées vers un développement, une expansion. *Créer une dynamique. La dynamique du succès.* 3. *DYNAMIQUE DE(S) GROUPE(S) :* ensemble des règles qui président à la conduite des groupes sociaux dans le cadre de leur activité propre.
ÉTYM. grec *dunamikos,* de *dunamis* « force ».

DYNAMIQUEMENT [dinamikmɑ̃] **adv.** ✦ Avec dynamisme.
ÉTYM. de *dynamique.*

DYNAMISER [dinamize] **v. tr.** (conjug. 3a) ✦ **anglicisme** Donner, communiquer du dynamisme à. *Dynamiser une équipe.*
► **DYNAMISATION** [dinamizasjɔ̃] **n. f.**
ÉTYM. anglais *to dynamize,* du grec *dunamis* « force ».

DYNAMISME [dinamism] **n. m.** ✦ Énergie, vitalité. *Il manque de dynamisme.* CONTR. **mollesse, passivité.**
ÉTYM. du grec *dunamos* « force ».

DYNAMITE [dinamit] **n. f.** ✦ Substance explosive, composée d'un mélange de nitroglycérine et de matières solides. *Attentat à la dynamite.* ◆ **fig.** FAM. *C'est de la dynamite :* se dit de qqn ou de qqch. qui semble avoir un pouvoir explosif.
ÉTYM. mot anglais, du grec *dunamos* « force ».

DYNAMITER [dinamite] **v. tr.** (conjug. 3a) ✦ Faire sauter à la dynamite. *Dynamiter un pont.*
► **DYNAMITAGE** [dinamitaʒ] **n. m.**

DYNAMITEUR, EUSE [dinamitœʀ, øz] **n.** ✦ Auteur d'attentats à la dynamite.

DYNAMO [dinamo] **n. f.** ✦ Machine transformant l'énergie mécanique en énergie électrique. *La dynamo d'une automobile charge les accumulateurs. Des dynamos.*
ÉTYM. abréviation de *(machine) dynamoélectrique,* → dynamo- et électrique.

| **DYNAM(O)-** Élément savant, du grec *dunamis* « force ».

DYNAMOMÈTRE [dinamɔmɛtʀ] **n. m.** ✦ Instrument servant à mesurer l'intensité des forces.
ÉTYM. de *dynamo-* et *-mètre.*

DYNASTIE [dinasti] **n. f.** 1. Succession de souverains d'une même famille. *La dynastie capétienne.* 2. **fig.** Succession d'hommes célèbres, dans une même famille. *La dynastie des Bach.*
► **DYNASTIQUE** [dinastik] **adj.**
ÉTYM. grec *dunasteia,* de *dunastês* « chef politique ».

DYNE [din] **n. f.** ✦ Ancienne unité de mesure de force du système C. G. S., valant 10^{-5} newton.
ÉTYM. du grec *dunamis* «force».

DYS- Élément savant, du grec *dus-*, exprimant l'idée de difficulté, de trouble, de manque (ex. *dyslexie*).

DYSENTERIE [disɑ̃tʀi] **n. f.** ✦ Maladie infectieuse provoquant des diarrhées graves. *Dysenterie amibienne, bacillaire.*
► **DYSENTÉRIQUE** [disɑ̃teʀik] **adj. et n.** *Syndrome dysentérique.*
ÉTYM. latin *dysenteria*, du grec, de *entera* «intestins».

DYSFONCTIONNEMENT [disfɔ̃ksjɔnmɑ̃] **n. m.** ✦ Trouble dans le fonctionnement. *Dysfonctionnement rénal.*
ÉTYM. de *dys-* et *fonctionnement.*

DYSLEXIE [dislɛksi] **n. f.** ✦ DIDACT. Trouble de la capacité à lire, ou difficulté à reconnaître et à reproduire le langage écrit, en dehors de toute déficience intellectuelle et sensorielle.
► **DYSLEXIQUE** [dislɛksik] **adj. et n.** *Enfant dyslexique.*
ÉTYM. de *dys-* et du grec *lexis* «mot».

DYSMÉNORRHÉE [dismenɔʀe] **n. f.** ✦ DIDACT. Menstruation difficile et douloureuse.
ÉTYM. de *dys-*, du grec *mên, mênos* «mois» et de *-rrhée.*

DYSORTHOGRAPHIE [dizɔʀtɔgʀafi] **n. f.** ✦ DIDACT. Trouble dans l'acquisition et la maîtrise des règles de l'orthographe.
► **DYSORTHOGRAPHIQUE** [dizɔʀtɔgʀafik] **adj.**
ÉTYM. de *dys-* et *orthographe.*

DYSPEPSIE [dispɛpsi] **n. f.** ✦ Digestion difficile et douloureuse.
► **DYSPEPTIQUE** [dispɛptik] **adj. et n.**
ÉTYM. latin *dyspepsia*, du grec «indigestion».

DYSPNÉE [dispne] **n. f.** ✦ DIDACT. Difficulté de la respiration.
► **DYSPNÉIQUE** [dispneik] **adj. et n.**
ÉTYM. de *dys-* et du grec *pnein* «respirer».

DYSTOPIE [distɔpi] **n. f.** ✦ DIDACT. Récit de fiction qui décrit un monde futur sombre. ☞ Littérature p. 136. *Le roman* 1984 *est une dystopie.*
ÉTYM. anglais *dystopia*, de *dys-* et *(u)topia* → utopie.

DYSTROPHIE [distʀɔfi] **n. f.** ✦ MÉD. Trouble de la nutrition ou du développement (d'un organe, d'une partie du corps). *Dystrophie musculaire.*
► **DYSTROPHIQUE** [distʀɔfik] **adj.**
ÉTYM. de *dys-* et du grec *trophê* «nourriture».

DYTIQUE [ditik] **n. m.** ✦ ZOOL. Insecte coléoptère à la carapace aplatie, très carnassier, qui vit dans l'eau.
ÉTYM. grec *dutikos* «plongeur».

E

E [ø] **n. m.** ✦ Cinquième lettre, deuxième voyelle de l'alphabet. *É, è, ê. Le e dit muet est souvent prononcé dans le sud de la France.* HOM. EUH «marque d'hésitation», EUX (pron. pers.), HEU «marque d'hésitation», ŒUFS (pluriel de *œuf*)

E- [i] Élément, de l'anglais *electronic*, qui sert à former des composés désignant des activités ou des produits liés à Internet (ex. : *e-commerce*).

É- Élément, du latin *e(x)*, marquant la privation, le changement d'état ou l'achèvement (ex. *éborgner, équeuter*). ➡ variantes EF- devant *f* (ex. *effeuiller*) ; ES- devant *s* (ex. *esseulé*).

E. A. O. [øao] ✦ Abréviation de *enseignement assisté par ordinateur*.
ÉTYM. sigle.

EAU [o] **n. f.** **I** 1. Liquide naturel, inodore, incolore et transparent quand il est pur. → **aqua-**, ① **hydr(o)-**. *L'eau est formée d'hydrogène et d'oxygène* (H_2O). *Eau lourde* (composée d'hydrogène lourd). *Eau de pluie. Eau de source. Eau douce ; eau de mer. Le cycle de l'eau. L'eau gèle à 0 °C* (→ **glace**), *s'évapore à 100 °C* (→ **vapeur**). *L'eau, une ressource à préserver.* ☛ Géographie p. 229. *Eaux usées, polluées. Eau potable. Boire de l'eau. Eau minérale gazeuse, non gazeuse (plate). Robinet d'eau froide, d'eau chaude. Laver qqch. à grande eau*, en faisant couler l'eau. ➡ loc. fig. *Mettre de l'eau dans son vin* : modérer ses prétentions. ◆ *PRENDRE L'EAU* : (vêtement) être perméable. *FAIRE EAU* : (bateau) laisser entrer l'eau par une brèche. 2. au plur. *LES EAUX* : les eaux minérales d'une station thermale. *Aller aux eaux, prendre les eaux*, faire une cure thermale. *Une ville d'eaux.* 3. Étendue ou masse plus ou moins considérable de ce liquide. *La surface, le fond de l'eau. Aller sur l'eau.* → **naviguer**. *Mettre un navire à l'eau*, le lancer. *Tomber à l'eau* ; fig. échouer, être oublié. *Son projet est tombé à l'eau.* ◆ au plur. *Basses eaux*, niveau le plus bas d'un fleuve. *Le partage des eaux. Les grandes eaux*, jets d'eau et cascades d'un parc. ➡ *Eaux territoriales*, zone de mer s'étendant des côtes d'un pays jusqu'à sa frontière maritime. 4. Solution aqueuse. *Eau oxygénée. Eau de Cologne, eau de toilette*, préparation alcoolisée parfumée avec des essences de fleurs, etc. → **lotion, parfum.** 5. *Les Eaux et Forêts*.* **II** dans des loc. Sécrétion liquide incolore du corps humain. *Être (tout) en eau*, en sueur. *Avoir l'eau à la bouche*, saliver devant un mets appétissant ; fig. être attiré, tenté par qqch. de désirable. ◆ au plur. Liquide amniotique. *Poche des eaux.* **III** Transparence, pureté (des pierres précieuses). *Un diamant de la plus belle eau.* ➡ fig. *De la plus belle eau* : remarquable (dans son genre).
HOM. AU(X) (article défini), AULX (pluriel de *ail* «plante»), ① HAUT «élevé», O (lettre), Ô «incantation», OH «marque de surprise», OS (pluriel) «squelette»
ÉTYM. latin *aqua*.

EAU-DE-VIE [od(ə)vi] **n. f.** ✦ Liquide alcoolique provenant de la distillation du jus fermenté des fruits *(eau-de-vie naturelle)* ou de la distillation de céréales, tubercules. SYN. **alcool**, FAM. **gnole**. *Cerises, prunes à l'eau-de-vie. Des eaux-de-vie.*

EAU-FORTE [ofɔʀt] **n. f.** 1. Acide dont les graveurs se servent pour attaquer le cuivre, là où le vernis a été enlevé par la pointe. *Graveur à l'eau-forte.* → **aquafortiste.** 2. Gravure utilisant ce procédé. *Des eaux-fortes.*
ÉTYM. latin des alchimistes *aqua fortis*.

ÉBAHIR [ebaiʀ] **v. tr.** (conjug. 13) ✦ Frapper d'un grand étonnement. SYN. **abasourdir, stupéfier.** *Voilà une nouvelle qui m'ébahit.* ➡ au p. passé *Un air ébahi.* SYN. **ahuri, éberlué, stupéfait** ; FAM. **épaté.**
ÉTYM. de l'ancien français *baer*, ancienne forme de *bayer*.

ÉBAHISSEMENT [ebaismɑ̃] **n. m.** ✦ Étonnement extrême. SYN. **stupéfaction, surprise.**
ÉTYM. de *ébahir*.

ÉBARBER [ebaʀbe] **v. tr.** (conjug. 3a) ✦ Débarrasser des aspérités, bavures (une surface ou une pièce mécanique, des feuilles de papier, etc.). SYN. **limer.**
► **ÉBARBAGE** [ebaʀbaʒ] **n. m.**
ÉTYM. de *barbe*.

ÉBATS [eba] **n. m. pl.** ✦ LITTÉR. ou plais. Jeux, mouvements d'un être qui s'ébat. ➡ *Ébats amoureux*, activités érotiques.
ÉTYM. de *s'ébattre*.

S'ÉBATTRE [ebatʀ] **v. pron.** (conjug. 47) ✦ LITTÉR. Se donner du mouvement pour s'amuser. *Les enfants s'ébattent dans le jardin.* SYN. **folâtrer, jouer.**
ÉTYM. de *battre*.

ÉBAUBI, IE [ebobi] **adj.** ✦ VX Ébahi, ahuri.
ÉTYM. participe passé de l'ancien verbe *ébaubir*, proprement «rendre bègue», du latin *balbus* «bègue».

ÉBAUCHE [eboʃ] **n. f.** 1. Première forme, encore imparfaite, que l'on donne à une œuvre. SYN. **esquisse.** *Un tableau à l'état d'ébauche.* 2. Première manifestation, commencement. *L'ébauche d'un sourire.*
ÉTYM. de *ébaucher*.

ÉBAUCHER [eboʃe] **v. tr.** (conjug. 3a) 1. Donner la première forme à (une matière). SYN. **dégrossir.** 2. Donner la première forme à (un ouvrage) ; préparer dans les grandes lignes (une idée, un projet). SYN. **esquisser.** 3. Commencer sans exécuter jusqu'au bout. *Ébaucher un geste.* ➝ **pronom.** *Un rapprochement s'ébauche entre les deux pays.* CONTR. **achever.**
ÉTYM. de l'ancien français *balc, bauch* «poutre», du francique *bosk* «buisson, bois».

ÉBAUCHOIR [eboʃwaʀ] **n. m.** ✦ Outil pour ébaucher (1).

ÉBÈNE [ebɛn] **n. f.** ✦ Bois d'un arbre tropical (l'*ébénier*), très noir, d'un grain uni et d'une grande dureté. *Un coffret d'ébène.* ➝ **loc.** *Noir comme l'ébène.*
ÉTYM. latin *ebenus*, du grec.

ÉBÉNISTE [ebenist] **n.** ✦ Artisan spécialisé dans la fabrication des meubles de luxe.
ÉTYM. de *ébène*.

ÉBÉNISTERIE [ebenistəʀi] **n. f.** ✦ Fabrication des meubles de luxe, ou décoratifs. *L'acajou, le palissandre sont des bois d'ébénisterie.*
ÉTYM. de *ébéniste*.

ÉBERLUÉ, ÉE [ebɛʀlɥe] **adj.** ✦ Ébahi, stupéfait.
ÉTYM. de *berlue*.

ÉBLOUIR [ebluiʀ] **v. tr.** (conjug. 13) 1. Frapper **et spécialt** troubler (la vue ou une personne dans sa vision) par un éclat insoutenable. SYN. **aveugler.** *Ses phares nous éblouissent.* 2. Frapper d'admiration. SYN. **émerveiller.** *Nous étions éblouis par ce spectacle.* ◆ Impressionner, séduire. *Il veut nous éblouir.*
ÉTYM. bas latin *exblaudire*, du francique *blauþ* «faible».

ÉBLOUISSANT, ANTE [ebluisɑ̃, ɑ̃t] **adj.** 1. Qui éblouit. SYN. **aveuglant, éclatant.** *Une blancheur éblouissante.* 2. D'une beauté merveilleuse, d'une qualité brillante. SYN. **fascinant.** *Un teint éblouissant. Un style éblouissant.*
ÉTYM. du participe présent de *éblouir*.

ÉBLOUISSEMENT [ebluismɑ̃] **n. m.** 1. Fait d'éblouir, d'être ébloui. 2. Trouble de la vue provoqué par une cause interne (faiblesse, congestion), ou externe (lumière trop forte, choc), parfois accompagné de vertige. 3. Émerveillement, enchantement. *Ce spectacle était un éblouissement.*

ÉBONITE [ebɔnit] **n. f.** ✦ Matière dure et noire, isolante, obtenue par la vulcanisation du caoutchouc.
ÉTYM. anglais *ebonite*, de *ebony* «ébène».

E-BOOK [ibuk] **n. m.** ✦ **anglicisme** 1. Livre numérique (**recomm. offic.**). *Télécharger des e-books.* 2. Support de lecture d'un texte numérisé. SYN. **liseuse** (**recomm. offic.**).
ÉTYM. mot anglais, de *e-* (→ e-) et *book* «livre».

ÉBORGNER [ebɔʀɲe] **v. tr.** (conjug. 3a) ✦ Rendre borgne. ➝ **pronom.** *J'ai failli m'éborgner,* me crever un œil.

ÉBOUEUR, EUSE [ebwœʀ, øz] **n.** ✦ Personne chargée du ramassage des ordures. SYN. ② **boueux.**
ÉTYM. de *ébouer* «enlever la *boue*».

ÉBOUILLANTER [ebujɑ̃te] **v. tr.** (conjug. 3a) 1. Passer à l'eau bouillante. *Ébouillanter des légumes.* SYN. **blanchir.** 2. Blesser, brûler avec de l'eau bouillante ou très chaude. ➝ **pronom.** *S'ébouillanter.*
ÉTYM. de *bouillant*, par l'occitan.

ÉBOULEMENT [ebulmɑ̃] **n. m.** ✦ Chute de terre, de rochers, matériaux, constructions qui s'éboulent. SYN. **affaissement, effondrement.**

S'ÉBOULER [ebule] **v. pron.** (conjug. 3a) ✦ Tomber par morceaux, en s'affaissant. *Le tas de bois s'est éboulé.* SYN. **crouler, s'effondrer.** CONTR. se **redresser.**
ÉTYM. de l'ancien français *boel, boiel*, ancienne forme de *boyau*.

ÉBOULIS [ebuli] **n. m.** ✦ Amas lentement constitué de matériaux éboulés. *Éboulis rocheux.*
ÉTYM. de *s'ébouler*.

ÉBOURIFFANT, ANTE [ebuʀifɑ̃, ɑ̃t] **adj.** ✦ **FAM.** Qui ébouriffe (2). *Une histoire ébouriffante.* SYN. **renversant.**
ÉTYM. du participe présent de *ébouriffer*.

ÉBOURIFFER [ebuʀife] **v. tr.** (conjug. 3a) 1. Mettre (les cheveux) en désordre. ➝ **au p. passé** *Il était tout ébouriffé,* échevelé. 2. **FAM.** Surprendre au point de choquer.
ÉTYM. famille du latin *burra* «bourre», par l'occitan.

ÉBRANCHER [ebʀɑ̃ʃe] **v. tr.** (conjug. 3a) ✦ Dépouiller (un arbre) de ses branches. SYN. **élaguer, émonder, tailler.**

ÉBRANLEMENT [ebʀɑ̃lmɑ̃] **n. m.** 1. Oscillation ou vibration produite par un choc ou une secousse. SYN. **commotion.** *L'ébranlement des vitres, du sol.* SYN. **tremblement.** 2. Fait d'ébranler (un régime, des institutions).
ÉTYM. de *ébranler*.

ÉBRANLER [ebʀɑ̃le] **v. tr.** (conjug. 3a) 1. Faire trembler, vibrer par un choc. SYN. **secouer.** *L'explosion a ébranlé les vitres.* 2. **fig.** Mettre en danger de crise ou de ruine. SYN. **compromettre.** *Les manifestations ont ébranlé le régime.* 3. Rendre peu ferme, incertain (la santé, la volonté, les opinions, le moral de qqn). ➝ Troubler, faire chanceler (qqn) dans ses convictions. *Vos objections ne l'ont pas ébranlé.* SYN. **troubler.** 4. S'ÉBRANLER **v. pron.** Se mettre en branle, en marche. *Le cortège s'ébranle.*
ÉTYM. de *branler* «trembler».

ÉBRÉCHER [ebʀeʃe] **v. tr.** (conjug. 8) 1. Endommager en entamant le bord de. *Ébrécher un plat.* ➝ **au p. passé** *Assiettes ébréchées.* 2. **FAM. fig.** Diminuer, entamer. *Il a bien ébréché sa fortune.* SYN. **écorner.**
ÉTYM. de *brèche*.

ÉBRIÉTÉ [ebʀijete] **n. f.** ✦ (**surtout style admin.**) Ivresse. *Être en état d'ébriété,* ivre.
ÉTYM. latin *ebrietas*, de *ebrius* «ivre».

S'ÉBROUER [ebʀue] **v. pron.** (conjug. 3a) 1. (**cheval**) Souffler bruyamment en secouant la tête. 2. Souffler en s'agitant. *Le chien s'ébroue en sortant de l'eau.*
► **ÉBROUEMENT** [ebʀumɑ̃] **n. m.**
ÉTYM. du verbe régional (normand) *brouer* «écumer», d'origine germanique.

ÉBRUITER [ebʀɥite] **v. tr.** (conjug. 3a) ✦ Faire circuler (une nouvelle qui aurait dû rester secrète). SYN. **divulguer.** *Ébruiter un projet.* ➜ pronom. *Toute l'affaire s'est ébruitée.* SYN. se **répandre.** CONTR. **cacher, étouffer.**
ÉTYM. de *bruit.*

ÉBULLITION [ebylisjɔ̃] **n. f. 1.** État d'un liquide qui bout. *Amener un liquide à ébullition. Point d'ébullition,* température à laquelle un liquide se met à bouillir et passe à l'état gazeux. **2. fig.** *EN ÉBULLITION :* dans un état de vive agitation, de surexcitation. SYN. **effervescence.** *Toute la classe est en ébullition.*
ÉTYM. latin *ebullitio*, famille de *bullire* «bouillir».

ÉBURNÉEN, ENNE [ebyʀneɛ̃, ɛn] **adj.** ✦ LITTÉR. Qui a l'aspect, la consistance, la couleur de l'ivoire.
ÉTYM. latin *eburneus* «d'ivoire».

ÉCAILLE [ekaj] **n. f. 1.** Petite plaque qui recouvre la peau (de poissons, de reptiles). *Les écailles du serpent.* ◆ Petite lame coriace imbriquée enveloppant certains organes de végétaux (bourgeons, bulbes). **2.** Matière qui recouvre la carapace des tortues de mer. *Lunettes à monture d'écaille.* **3.** Parcelle (de peinture, d'enduit) qui se détache en petites plaques.
ÉTYM. francique *skalja.*

① **ÉCAILLER** [ekaje] **v. tr.** (conjug. 3a) **1.** Enlever, racler les écailles de (un poisson). *Écailler une carpe.* **2.** Ouvrir (une huître). ➙ ② **écailler. 3.** Faire tomber en écailles (un enduit). ➜ pronom. *La peinture s'écaille.* ➜ p. passé *Mur écaillé.*
► **ÉCAILLAGE** [ekajaʒ] **n. m.**

② **ÉCAILLER, ÈRE** [ekaje, ɛʀ] **n.** ✦ Personne qui ouvre et vend des huîtres.
ÉTYM. de *écaille*, au sens de «coquille».

ÉCAILLEUX, EUSE [ekajø, øz] **adj. 1.** Qui a des écailles. *La peau écailleuse du lézard.* **2.** Qui se détache par écailles. *Peinture écailleuse.*

ÉCALE [ekal] **n. f.** ✦ BOT. Enveloppe recouvrant la coque des noix, noisettes, amandes, châtaignes.
ÉTYM. francique *skala.*

ÉCALER [ekale] **v. tr.** (conjug. 3a) ✦ Enlever l'écale de (noix, amandes...). SYN. **décortiquer.** ➜ *Écaler des œufs,* les dépouiller de leur coquille.

ÉCARLATE [ekaʀlat] **n. f.** et **adj. 1. n. f.** Couleur d'un rouge éclatant tirée de la cochenille. **2. adj.** Très rouge. *Une fleur écarlate. À ces mots, il est devenu écarlate* (de honte, de confusion). SYN. **cramoisi.**
ÉTYM. latin médiéval *scarlata* «tissu écarlate aux couleurs éclatantes», de l'arabe *siqlat*, du latin *sigillatus* «orné de dessins».

ÉCARQUILLER [ekaʀkije] **v. tr.** (conjug. 3a) ✦ Ouvrir démesurément (les yeux). ➜ au p. passé *Des yeux écarquillés.*
ÉTYM. de *équartiller*, de ② *quart* (1).

ÉCART [ekaʀ] **n. m. 1.** Distance qui sépare deux choses qu'on écarte ou qui s'écartent. SYN. **écartement, intervalle.** ➜ *GRAND ÉCART :* position où les jambes forment un angle de 180°. **2.** Différence entre deux grandeurs ou valeurs (dont l'une est une moyenne ou une grandeur de référence). SYN. **amplitude. 3.** Action de s'écarter, de s'éloigner d'une direction ou d'une position. *Son cheval a fait un écart sur le côté.* **4.** *Un écart, des écarts de conduite, de langage.* SYN. **erreur, faute. 5.** *À L'ÉCART* **loc. adv.** : dans un endroit écarté, à une certaine distance (de la foule, d'un groupe). *Se tenir à l'écart.* ➜ *Tenir qqn à l'écart,* ne pas le faire participer à une activité. ➜ *À L'ÉCART DE* **loc. prép.** : écarté(e) de. *Une maison à l'écart du village.*
ÉTYM. de ① *écarter.*

① **ÉCARTÉ, ÉE** [ekaʀte] **adj. 1.** Assez éloigné des centres, des lieux de passage. SYN. **isolé.** *Un chemin écarté.* **2.** au plur. *Les bras écartés,* éloignés l'un de l'autre.
ÉTYM. du participe passé de ① *écarter.*

② **ÉCARTÉ** [ekaʀte] **n. m.** ✦ Jeu de cartes où chaque joueur peut, si l'adversaire l'accorde, écarter les cartes qui ne lui conviennent pas et en recevoir de nouvelles.
ÉTYM. du participe passé de ② *écarter.*

ÉCARTÈLEMENT [ekaʀtɛlmɑ̃] **n. m. 1.** Supplice consistant à écarteler. **2. fig.** État d'une personne écartelée (2), tiraillée

ÉCARTELER [ekaʀtəle] **v. tr.** (conjug. 7a) **1.** anciennt Déchirer en quatre (un condamné) en faisant tirer ses membres par quatre chevaux. **2. fig.** Tirailler. ➜ passif *Être écartelé entre ses sentiments et ses intérêts.*
ÉTYM. de l'ancien français *esquarterer* «mettre en quartiers».

ÉCARTEMENT [ekaʀtəmɑ̃] **n. m.** ✦ Espace qui sépare une chose d'une ou plusieurs autres. SYN. **écart, distance.** *L'écartement des essieux.*
ÉTYM. de ① *écarter.*

① **ÉCARTER** [ekaʀte] **v. tr.** (conjug. 3a) **1.** Mettre (plusieurs choses ou plusieurs parties d'une chose) à quelque distance les unes des autres. SYN. **séparer.** *Écarter les doigts.* **2.** Mettre à une certaine distance (d'une chose, d'une personne). SYN. **éloigner.** *Écarter une table du mur.* ➜ Repousser (qqch., qqn qui barre le passage). fig. *Écarter un danger.* SYN. ① **lever.** ➜ Éloigner de soi. *Écarter toute idée préconçue.* ➜ Exclure (qqn). *On l'a écarté de l'équipe. Il a été écarté.* SYN. **évincer. 3.** Éloigner d'une direction. *Écarter une rivière de son lit.* SYN. **détourner. 4.** *S'ÉCARTER* **v. pron.** Se disperser. *Les nuages s'écartent.* ➜ S'éloigner (d'un lieu, d'une direction). *Écartez-vous de là. Nous nous écartons de la bonne route.* ➜ Se détourner de, ne pas suivre (une ligne). *S'écarter d'un modèle.* CONTR. **rapprocher, réunir • garder.**
ÉTYM. latin populaire *exquartare*, de *quartus* «① quart».

② **ÉCARTER** [ekaʀte] **v. tr.** (conjug. 3a) ✦ Rejeter de son jeu (une ou plusieurs cartes) (➙ ② **écarté**).
ÉTYM. de *é-* et *carte.*

ECCHYMOSE [ekimoz] **n. f.** ✦ Tache (noire, jaunâtre) produite par l'épanchement du sang sous la peau. SYN. **bleu, contusion, hématome.**
ÉTYM. grec *enkhumôsis.*

ECCLESIA [eklezja] **n. f.** ✦ Assemblée du peuple dans les cités grecques.
ÉTYM. grec *ekklêsia* «assemblée».

ECCLÉSIASTIQUE [eklezjastik] **adj.** et **n. m. 1. adj.** Relatif à une Église, à son clergé. *L'état, la vie ecclésiastique.* **2. n. m.** Membre d'un clergé (➙ **ministre, pasteur, prêtre, religieux**), spécialt du clergé catholique (➙ **curé**). CONTR. **civil, laïque.**
ÉTYM. latin *ecclesiasticus*, du grec, de *ekklêsia* «église».

A B C D E F G H I J K L M N O P Q R S T U V W X Y Z

ÉCERVELÉ, ÉE [esɛʀvəle] **adj.** et **n.** ✦ Qui est sans cervelle, sans jugement. SYN. **étourdi, foufou.** ➛ **n.** *Une petite écervelée.*
ÉTYM. de *cervel*, ancienne forme de *cerveau.*

ÉCHAFAUD [eʃafo] **n. m.** 1. VX Plateforme sur une charpente. SYN. **tréteau.** 2. Plateforme en charpente destinée à l'exécution des condamnés. ➛ Peine de mort par décapitation. *Les assassins risquaient l'échafaud.* SYN. **guillotine.**
ÉTYM. de l'ancien français *chafaud* «échafaudage», latin populaire *catafalicum*, d'après *échelle.*

ÉCHAFAUDAGE [eʃafodaʒ] **n. m.** 1. Construction temporaire, passerelles, plateformes soutenues par une charpente (sur la façade d'un bâtiment à édifier ou à réparer). *Un échafaudage en tubes métalliques.* 2. Assemblage de choses posées les unes sur les autres. SYN. **pyramide.** *Un échafaudage de livres.* ◆ **fig.** Assemblage complexe et peu solide. *Un échafaudage de mensonges.*
ÉTYM. de *échafauder.*

ÉCHAFAUDER [eʃafode] **v.** (conjug. 3a) 1. **v. intr.** Dresser un échafaudage. *Échafauder pour bâtir un mur.* 2. **v. tr.** **fig.** Former par des combinaisons hâtives et fragiles. *Il échafaude des projets.*
ÉTYM. de *échafaud* (1).

ÉCHALAS [eʃala] **n. m.** ✦ Pieu en bois que l'on enfonce dans le sol au pied d'un arbuste, d'un cep de vigne pour le soutenir. ◆ **fig.** FAM. *Un grand échalas,* une personne grande et maigre. SYN. ② **perche.**
ÉTYM. de l'ancien français *charas*, latin populaire *caracium*, du grec *kharax* «pieu», d'après *échelle.*

ÉCHALOTE [eʃalɔt] **n. f.** ✦ Plante potagère, variété d'ail dont les bulbes sont utilisés comme condiment. *Onglet à l'échalote.*
ÉTYM. de l'ancien français *échalogne*, du latin *ascalonia* «(oignon) d'*Ascalon* (Ashqelon)».

ÉCHANCRER [eʃɑ̃kʀe] **v. tr.** (conjug. 3a) ✦ Creuser ou découper en creux (arrondi ou angle). *Échancrer une encolure.*
► **ÉCHANCRÉ, ÉE adj.** *Un corsage échancré.* SYN. **décolleté.** ➛ *La côte est profondément échancrée.* SYN. **découpé.**
ÉTYM. de *chancre.*

ÉCHANCRURE [eʃɑ̃kʀyʀ] **n. f.** ✦ Partie échancrée. *L'échancrure d'une robe.* SYN. **décolleté.** *L'échancrure d'un rivage.* SYN. ① **baie, golfe.** CONTR. **pointe, saillie.**
ÉTYM. de *échancrer.*

ÉCHANGE [eʃɑ̃ʒ] **n. m.** 1. Opération par laquelle on échange (des biens, des personnes). *Proposer un échange à un collectionneur.* ➛ *Échange standard*.* ➛ Fait de donner une chose contre une autre. SYN. **troc.** *Monnaie d'échange.* 2. **au plur.** Commerce, opération commerciale. *Les échanges internationaux.* 3. *ÉCHANGE DE :* communication réciproque (de documents, renseignements, etc.). *Un échange de lettres, de politesses.* ➛ **loc.** *Un échange de vues,* une discussion. 4. Passage de substances entre la cellule et le milieu extérieur. *Échanges gazeux.* 5. *EN ÉCHANGE* **loc. adv.** : de manière qu'il y ait échange. SYN. en **contrepartie,** en **retour.** ➛ *EN ÉCHANGE DE* **loc. prép.** : pour compenser, remplacer, payer.
ÉTYM. de *échanger.*

ÉCHANGER [eʃɑ̃ʒe] **v. tr.** (conjug. 5) 1. *Échanger qqch. contre,* laisser (qqch.) à qqn en recevant une autre chose en contrepartie. ➛ (sujet au plur.) Donner et recevoir (des choses équivalentes). *Ils échangent des timbres.* 2. Adresser et recevoir en retour. *Échanger un regard de connivence.* ➛ (sujet au plur.) Se faire des envois, des communications réciproques de (choses du même genre). *Les spectateurs échangeaient leurs impressions.*
ÉTYM. de *changer.*

ÉCHANGEUR [eʃɑ̃ʒœʀ] **n. m.** 1. Appareil destiné à réchauffer ou refroidir un fluide au moyen d'un autre fluide à une température différente. 2. Intersection routière à plusieurs niveaux.
ÉTYM. de *échanger.*

ÉCHANSON [eʃɑ̃sɔ̃] **n. m.** ✦ Officier d'une cour, dont la fonction était de servir à boire à la table du prince.
ÉTYM. francique *skankjo.*

ÉCHANTILLON [eʃɑ̃tijɔ̃] **n. m.** 1. Petite quantité (d'une marchandise) qu'on montre pour donner une idée de l'ensemble. *Des échantillons de moquette.* 2. Spécimen remarquable (d'une espèce, d'un genre). SYN. **exemple, représentant.** 3. Fraction représentative d'une population, choisie en vue d'un sondage. *Un échantillon de mille personnes.*
ÉTYM. latin populaire *scandiculum* «échelle» puis «mesure».

ÉCHANTILLONNAGE [eʃɑ̃tijɔnaʒ] **n. m.** 1. Action d'échantillonner. 2. Collection d'échantillons. *Un bon échantillonnage.*

ÉCHANTILLONNER [eʃɑ̃tijɔne] **v. tr.** (conjug. 3a) 1. Prélever, choisir des échantillons de (tissus, produits, etc.). 2. Choisir comme échantillon en vue d'un sondage.

ÉCHAPPATOIRE [eʃapatwaʀ] **n. f.** ✦ Moyen détourné par lequel on cherche à se tirer d'embarras. SYN. **dérobade, faux-fuyant, subterfuge.** *Aucune échappatoire n'est possible.*
ÉTYM. de *échapper.*

ÉCHAPPÉE [eʃape] **n. f.** 1. VX Action de s'échapper, fuite. ◆ Action d'échapper aux poursuivants (chasse). ➛ Action menée par un ou plusieurs coureurs cyclistes qui lâchent le peloton. *Prendre la tête d'une échappée.* 2. Espace libre mais resserré (ouvert à la vue, à la lumière). *Avoir une échappée sur la campagne.* ◆ Bref moment, intervalle.

ÉCHAPPEMENT [eʃapmɑ̃] **n. m.** 1. Mécanisme d'horlogerie qui règle le mouvement. 2. Dernière phase de la distribution et de la circulation de la vapeur dans les cylindres. ➛ Dernier temps du cycle d'un moteur pendant lequel les gaz brûlés sont évacués. *Échappement libre. Pot d'échappement.*
ÉTYM. de *échapper.*

ÉCHAPPER [eʃape] **v.** (conjug. 3a) **I v. tr. ind.** *ÉCHAPPER À* 1. Cesser d'être prisonnier de (un lieu, une personne). *Ils ont échappé à leur gardien.* SYN. **s'évader, s'enfuir.** ➛ Se tirer de (un danger). *Échapper à un accident.* SYN. **réchapper.** 2. Cesser d'appartenir à, de subir l'influence de. *Elle sentait que son fils lui échappait.* ➛ *Son nom m'échappe,* je ne peux pas m'en souvenir. 3. Être prononcé par inadvertance par (qqn). *Ça m'a échappé.* 4. Éviter (qqn, qqch. de menaçant).

Il a échappé à la punition, à la grippe. Vous ne pourrez pas y échapper. SYN. **couper.** 5. (choses) N'être pas touché, contrôlé, compris par. *Rien ne lui échappe,* il remarque tout. *Le sens de cette phrase m'échappe.* **II** **v. tr. ind.** *ÉCHAPPER DE.* (choses) Cesser d'être tenu, retenu par. *La tasse lui a échappé des mains.* SYN. **glisser, tomber.** **III** **v. tr., loc.** *L'ÉCHAPPER BELLE,* échapper de justesse à un danger. **IV** *S'ÉCHAPPER (DE)* **v. pron.** 1. S'enfuir, se sauver. *Les prisonniers se sont échappés.* ➤ S'en aller, partir discrètement. *Il s'est échappé de la réunion.* SYN. **s'esquiver.** 2. (choses) Sortir. *Le gaz s'échappe du tuyau.*

ÉTYM. latin populaire *excappare,* littéralement «sortir de la chape *(cappa)*» d'où «laisser son manteau aux poursuivants».

ÉCHARDE [eʃaʀd] **n. f.** ✦ Petit fragment pointu de bois ou épine qui a pénétré sous la peau par accident. *Avoir une écharde dans le doigt.*

ÉTYM. francique *skarda.*

ÉCHARPE [eʃaʀp] **n. f.** 1. Large bande d'étoffe servant d'insigne. *L'écharpe tricolore des maires.* 2. Bandage qui sert à soutenir l'avant-bras. ➤ **loc.** *Avoir un bras EN ÉCHARPE,* soutenu par un bandage passé par-dessus une épaule. ◆ *EN ÉCHARPE* **loc. adv.** : en bandoulière ; en oblique. *Le camion a été pris en écharpe,* accroché sur le côté. 3. Bande de tissu, de tricot qu'on porte autour du cou. SYN. **cache-col, cache-nez, foulard.**

ÉTYM. francique *skirpa* «panier de jonc», du latin *scirpus* «jonc».

ÉCHARPER [eʃaʀpe] **v. tr.** (conjug. 3a) ✦ Déchiqueter, massacrer. *Se faire écharper par la foule.* SYN. **lyncher.**

ÉTYM. de l'ancien verbe *charpir* «déchirer», latin tardif *carpire,* de *carpere* «arracher».

ÉCHASSE [eʃas] **n. f.** ✦ Chacun des deux longs bâtons munis d'un étrier pour le pied, permettant de se déplacer dans des terrains difficiles.

ÉTYM. francique *skakkja,* du germanique *skakan* «courir vite».

ÉCHASSIER [eʃasje] **n. m.** ✦ Oiseau carnivore des marais à longues pattes fines (ex. héron, cigogne, grue).

ÉTYM. de *échasse.*

ÉCHAUDER [eʃode] **v. tr.** (conjug. 3a) 1. Passer, laver à l'eau chaude. ➤ Tremper dans l'eau bouillante (des légumes, des fruits pour les peler). *Échauder des tomates.* SYN. **ébouillanter.** ◆ **prov.** *Chat* échaudé craint l'eau froide.* 2. (personnes) *Se faire échauder, être échaudé,* être victime d'une mésaventure, éprouver un dommage, une déception.

ÉTYM. bas latin *excaldare,* de *caldus* «chaud».

ÉCHAUFFEMENT [eʃofmɑ̃] **n. m.** 1. Fait de s'échauffer. *L'échauffement du sol. L'échauffement d'une pièce mécanique.* 2. Action d'échauffer le corps (par des mouvements appropriés). *Exercices d'échauffement.*

ÉCHAUFFER [eʃofe] **v. tr.** (conjug. 3a) **I** 1. RARE Rendre chaud par degrés. SYN. **chauffer.** ➤ **loc.** *Échauffer la bile,* exciter la colère. *Échauffer les oreilles à qqn,* l'irriter. 2. Déterminer l'échauffement, l'altération de. **II** *S'ÉCHAUFFER* **v. pron.** 1. Entraîner ses muscles avant l'effort. 2. S'animer, se passionner en parlant. *Il s'échauffe dès qu'on aborde ce sujet.* CONTR. **refroidir ; calmer.**

ÉTYM. latin populaire *excalefare,* famille de *caldus* «chaud».

ÉCHAUFFOURÉE [eʃofuʀe] **n. f.** ✦ Courte bataille. SYN. **accrochage, bagarre.**

ÉTYM. croisement de *chaufour* «*four à chaux*» et du participe passé de *fourrer.*

ÉCHAUGUETTE [eʃogɛt] **n. f.** ✦ Guérite en pierre aux angles des châteaux forts, des bastions, pour surveiller. SYN. **poivrière.**

ÉTYM. francique *skarwahta* «troupe *(skâra)* de garde, de guet *(wahta)*».

ÈCHE → ESCHE

ÉCHÉANCE [eʃeɑ̃s] **n. f.** 1. Date à laquelle expire un délai ; fin d'une période de temps. SYN. **expiration,** ① **terme.** *L'échéance d'un loyer.* ➤ Obligations, paiement dont l'échéance tombe à une date donnée. *Faire face à une lourde échéance.* ➤ Date à laquelle une chose doit arriver. *L'échéance électorale.* 2. *À LONGUE, À BRÈVE ÉCHÉANCE* **loc. adv.** : à long, à court terme.

ÉTYM. de *échéant,* participe présent de *échoir.*

ÉCHÉANCIER [eʃeɑ̃sje] **n. m.** ✦ Registre d'obligations inscrites à leur échéance. ➤ Ensemble de délais à respecter. SYN. **calendrier.**

ÉCHÉANT, ANTE [eʃeɑ̃, ɑ̃t] **adj.** 1. DR. Qui arrive à échéance. *Terme échéant.* 2. *LE CAS ÉCHÉANT* **loc. adv.** : si l'occasion se présente.

ÉTYM. du participe présent de *échoir.*

ÉCHEC [eʃɛk] **n. m.** **I** *LES ÉCHECS* : jeu dans lequel deux joueurs font manœuvrer l'une contre l'autre deux séries de 16 pièces (pion, fou, cavalier, tour, roi, reine), sur une tablette divisée en 64 cases (→ **échiquier**). *Un jeu d'échecs. Champion, championnat d'échecs.* ➤ Science de ce jeu (combinatoire, précision, anticipation...). *Problèmes d'échecs.* **II** **au sing.** (aux échecs) Situation du roi ou de la reine qui se trouve sur une case battue par une pièce de l'adversaire. ➤ **adj.** *Être échec et mat,* avoir perdu la partie. **III** **fig.** 1. Fait de ne pas réussir, de ne pas obtenir qqch. SYN. **revers ;** → **échouer.** *Subir, essuyer un cuisant échec.* ➤ Insuccès, faillite (d'un projet, d'une entreprise). *Tentative vouée à l'échec. L'échec de son film.* 2. *EN ÉCHEC* **loc. adv.** *Tenir qqn en échec,* le mettre en difficulté, entraver son action. CONTR. **réussite, succès.**

ÉTYM. de l'arabe *shâh,* dans l'expression *shâh mat* «le roi *(shâh)* est mort *(mat)*».

ÉCHELLE [eʃɛl] **n. f.** 1. Objet formé de deux montants réunis de distance en distance par des barreaux transversaux (→ **échelon**) servant de marches. *Monter sur une échelle, à l'échelle. Échelle double,* formée de deux échelles réunies par leur sommet. *Échelle d'incendie. La grande échelle des pompiers.* ➤ *Échelle de corde,* dont les montants sont en corde. ➤ (bateau) *Échelle de coupée,* servant à monter à bord. ➤ **loc.** *Faire la COURTE ÉCHELLE à qqn* : l'aider à s'élever en lui offrant comme points d'appui les mains puis les épaules. 2. Suite continue ou progressive. SYN. **hiérarchie, série.** *Échelle (sociale),* hiérarchie des conditions, des situations. *Être en haut, en bas de l'échelle. L'échelle des valeurs.* ➤ *L'échelle des salaires, des traitements. Échelle mobile,* prix, salaires variant selon le coût de la vie. 3. Rapport existant entre une longueur et sa représentation sur la carte ; proportion (d'un modèle réduit, d'un plan). *1 mm représente 100 m à l'échelle de 1/100 000. Carte à grande échelle,* détaillée. ➤ **fig.** *Faire qqch. sur une*

grande échelle, en grand, largement. 4. Série de divisions (sur un instrument de mesure, un tableau, etc.). SYN. **graduation.** *L'échelle d'un thermomètre. Échelle de Beaufort,* pour mesurer la force du vent (graduée de 0 à 12). *Échelle de Richter,* pour mesurer la magnitude des séismes (numérotée de 1 à 9). ➝ fig. *À L'ÉCHELLE (DE) :* selon un ordre de grandeur, à la mesure (de). *Ce problème se pose à l'échelle mondiale.*
ÉTYM. latin *scala.*

ÉCHELON [eʃ(ə)lɔ̃] n. m. 1. Traverse d'une échelle. SYN. **barreau, degré.** 2. Ce par quoi on monte, on descend d'un rang à un autre. *S'élever par échelons,* graduellement. ➝ Position d'un fonctionnaire à l'intérieur d'un grade, d'une classe. 3. *À L'ÉCHELON (DE) :* selon le niveau (d'une administration, etc.). *À l'échelon départemental.* 4. MILIT. Élément d'une troupe fractionnée en profondeur. *Échelon d'attaque.*
ÉTYM. de *échelle.*

ÉCHELONNER [eʃ(ə)lɔne] v. tr. (conjug. 3a) 1. Disposer (plusieurs choses) à une certaine distance les unes des autres, ou par degrés. SYN. **graduer,** ① **répartir.** *Échelonner les pieux d'une clôture.* 2. Distribuer dans le temps, exécuter à intervalles réguliers. *Échelonner les paiements.* SYN. **espacer, étaler.** ➝ pronom. *Les travaux s'échelonneront sur un an.* SYN. se **répartir.**
► **ÉCHELONNEMENT** [eʃ(ə)lɔnmɑ̃] n. m.
ÉTYM. de *échelon.*

ÉCHENILLER [eʃ(ə)nije] v. tr. (conjug. 3a) ✦ Débarrasser (un arbre, une haie) des chenilles qui s'y trouvent.
► **ÉCHENILLAGE** [eʃ(ə)nijaʒ] n. m.

ÉCHEVEAU [eʃ(ə)vo] n. m. 1. Assemblage de fils repliés et liés par un fil. *Un écheveau de laine.* 2. fig. Situation embrouillée, compliquée. *Démêler l'écheveau d'une intrigue.*
ÉTYM. latin *scabellum* «tabouret, escabeau», puis «dévidoir».

ÉCHEVELÉ, ÉE [eʃəv(ə)le] adj. 1. Dont les cheveux sont en désordre. SYN. **décoiffé, ébouriffé, hirsute.** 2. Désordonné. *Une danse échevelée.*
ÉTYM. de *chevel,* ancienne forme de *cheveu.*

ÉCHEVIN, INE [eʃ(ə)vɛ̃, in] n. 1. n. m. HIST. Magistrat municipal (jusqu'à la Révolution). 2. Magistrat adjoint au bourgmestre, aux Pays-Bas et en Belgique.
► **ÉCHEVINAL, ALE, AUX** [eʃ(ə)vinal, o] adj.
ÉTYM. francique *skapin* «juge».

ÉCHEVINAT [eʃ(ə)vina] n. m. ✦ Charge d'échevin.

ÉCHIDNÉ [ekidne] n. m. ✦ ZOOL. Mammifère ovipare australien, à bec corné, hérissé de piquants.
ÉTYM. latin scientifique *echidna,* mot grec «vipère».

ÉCHINE [eʃin] n. f. 1. Colonne vertébrale de l'homme et de certains animaux ; région correspondante du dos. ➝ loc. *Courber, plier l'échine,* se soumettre. 2. Viande de porc correspondant à une partie de la longe.
ÉTYM. francique *skina* «baguette ; aiguille, os long».

S'ÉCHINER [eʃine] v. pron. (conjug. 3a) ✦ Se donner beaucoup de peine, s'éreinter. *S'échiner au travail ; à travailler.*
ÉTYM. de *échine.*

ÉCHINODERME [ekinɔdɛʀm] n. m. ✦ Invertébré marin à symétrie radiale (embranchement des *Échinodermes :* étoiles de mer, oursins, etc.).
ÉTYM. du grec *ekhinos* «oursin» et de *derme.*

ÉCHIQUIER [eʃikje] n. m. 1. Tableau divisé en 64 cases alternativement blanches et noires et sur lequel on joue aux échecs. ➝ Damier, quadrillage. 2. Lieu où se joue une partie serrée, où s'opposent plusieurs intérêts. *L'échiquier politique.* 3. au Royaume-Uni Administration financière centrale. *Le chancelier de l'Échiquier* (ministre des Finances).
ÉTYM. de *échec ;* sens 3, anglais *exchequer,* de l'ancien normand, à cause des tapis à cases du bureau où la cour des ducs de Normandie faisait les comptes.

ÉCHO [eko] n. m. 1. Réflexion du son par un obstacle qui le répercute ; le son répété. *Entendre un écho.* 2. Ce qui est répété par qqn. SYN. **bruit,** ① **nouvelle.** *J'ai eu des échos de leur discussion.* ➝ loc. *Se faire l'écho de certains bruits,* les répandre. ➝ *Les échos d'un journal,* nouvelles mondaines ou locales. → **échotier.** 3. Accueil et réaction favorable. SYN. **réponse.** *Sa protestation est restée sans écho.* HOM. ÉCOT «quote-part»
ÉTYM. latin *echo,* du grec. ☛ ÉCHO (noms propres).

ÉCHOGRAPHIE [ekɔgʀafi] n. f. ✦ Méthode d'exploration médicale utilisant la réflexion des ultrasons par les structures organiques ; image ainsi obtenue. *Échographie du foie ; cardiaque. L'échographie est utilisée dans la surveillance des grossesses.*
► **ÉCHOGRAPHIQUE** [ekɔgʀafik] adj.
ÉTYM. de *écho* et *-graphie.*

ÉCHOIR [eʃwaʀ] v. intr. défectif : *il échoit, ils échoient, il échut, il échoira* (VX *écherra*), *il échoirait* (VX *écherrait*), *échéant*, échu** ✦ LITTÉR. Être dévolu par le sort ou par un hasard. SYN. **revenir.** *Le rôle, le sort qui m'échoit, qui m'est échu.*
ÉTYM. latin populaire *excadere,* de *excidere* «tomber ; se produire».

ÉCHOLOCATION [ekolɔkasjɔ̃] n. f. ✦ Mode de repérage des obstacles ou des proies propres à certains animaux (chauve-souris, dauphin), par émission de sons ou d'ultrasons produisant un écho.
ÉTYM. anglais *echolocation,* de *echo* «écho» et *location* «localisation».

ÉCHOPPE [eʃɔp] n. f. ✦ Petite boutique. *Une échoppe de cordonnier.*
ÉTYM. néerlandais *schoppe,* influence de l'anglais *shop* «magasin».

ÉCHOTIER, IÈRE [ekɔtje, jɛʀ] n. ✦ Journaliste chargé des échos.

ÉCHOUAGE [eʃwaʒ] n. m. ✦ Fait d'échouer (I, 1), de s'échouer. *L'échouage d'une barque.* CONTR. **renflouage.**

ÉCHOUER [eʃwe] v. (conjug. 3a) I v. intr. 1. (navire) Toucher le fond par accident et se trouver arrêté dans sa marche. ➝ Être poussé, jeté sur la côte. *Le navire a échoué* (VX) ; *est échoué.* 2. S'arrêter par lassitude, ou comme poussé par le hasard. *Ils ont échoué dans un petit hôtel.* 3. Ne pas réussir (dans une entreprise, un examen...). → **échec.** *Il a échoué au concours.* ➝ (choses) Ne pas aboutir. SYN. **manquer, rater.** *Toutes ses tentatives avaient échoué. Faire échouer un plan.* II *S'ÉCHOUER* v. pron. Être jeté à la côte. ➝ au p. passé

Navires échoués sur les rochers. CONTR. **renflouer • réussir.**
ÉTYM. peut-être famille de *échoir.*

ÉCHU, UE [eʃy] adj. ✦ Arrivé à échéance. *Terme échu. Délai échu,* expiré.
ÉTYM. du participe passé de *échoir.*

ÉCIMER [esime] v. tr. (conjug. 3a) ✦ Couper la cime de (un arbre, une plante). SYN. **étêter.**

ÉCLABOUSSER [eklabuse] v. tr. (conjug. 3a) 1. Couvrir d'un liquide salissant qu'on a fait rejaillir. SYN. **arroser, asperger.** 2. abstrait Salir par contrecoup. *Ce scandale a éclaboussé beaucoup de personnalités.*
ÉTYM. de l'ancien verbe *esclaboter,* de l'onomatopée *klabb-* et de *bouter.*

ÉCLABOUSSURE [eklabusyʀ] n. f. 1. Goutte d'un liquide salissant qui a rejailli. SYN. **tache.** *Un pantalon couvert d'éclaboussures.* 2. LITTÉR. au plur. Tache (à la réputation, etc.). *Les éclaboussures d'un scandale.*
ÉTYM. de *éclabousser.*

① **ÉCLAIR** [eklɛʀ] n. m. 1. Lumière intense et brève, formant une ligne sinueuse, ramifiée, provoquée par une décharge électrique pendant un orage. *La lueur des éclairs.* ➛ loc. *Comme un éclair, comme l'éclair,* très rapidement. 2. appos. invar. Très rapide. *Une visite éclair. Des voyages éclair.* 3. Lumière vive, de courte durée. *Un éclair de magnésium.* ➛ Lueur dans le regard. *Un éclair de malice.* 4. Manifestation soudaine et passagère ; bref moment. *Un éclair de lucidité.*
ÉTYM. de *éclairer.*

② **ÉCLAIR** [eklɛʀ] n. m. ✦ Petit gâteau allongé, fourré d'une crème pâtissière (au café, au chocolat) et glacé par-dessus.
ÉTYM. origine inconnue.

ÉCLAIRAGE [eklɛʀaʒ] n. m. 1. Action, manière d'éclairer artificiellement. *Éclairage public. L'éclairage d'une vitrine.* ➛ *Éclairage indirect,* par réflexion. ◆ Effet de lumière, dans un spectacle. ☛ Littérature p. 127. *Régler les éclairages.* 2. Distribution de la lumière (naturelle ou artificielle). *Le mauvais éclairage de ce rez-de-chaussée.* 3. fig. Manière de décrire, d'envisager ; point de vue. *Sous, dans cet éclairage, votre démarche est justifiée.* SYN. **angle, aspect.**

ÉCLAIRAGISTE [eklɛʀaʒist] n. ✦ (théâtre, cinéma) Personne qui s'occupe de l'éclairage.

ÉCLAIRCIE [eklɛʀsi] n. f. ✦ Endroit clair qui apparaît dans un ciel nuageux, brève interruption du temps pluvieux. SYN. **embellie.** *Profiter d'une éclaircie pour sortir.*
ÉTYM. du participe passé de *éclaircir.*

ÉCLAIRCIR [eklɛʀsiʀ] v. tr. (conjug. 13) 1. Rendre plus clair, moins sombre. *Éclaircir une couleur.* ➛ pronom. Devenir plus clair. *Le ciel, le temps s'est éclairci.* ➛ *S'éclaircir la voix, la gorge,* se racler la gorge pour que la voix soit plus nette. 2. Rendre moins épais, moins dense. *Éclaircir un semis de carottes.* 3. fig. Rendre clair pour l'esprit. SYN. **débrouiller, élucider.** *Éclaircir un mystère, une énigme.* CONTR. **assombrir, foncer, obscurcir • épaissir • embrouiller.**
ÉTYM. latin populaire *exclaricire,* famille de *clarus* «clair».

ÉCLAIRCISSEMENT [eklɛʀsismɑ̃] n. m. 1. Fait d'éclaircir (1 et 2). 2. Explication (d'une chose obscure ou douteuse) ; note explicative, renseignement. *L'éclaircissement du sens d'un mot.* ➛ Explication tendant à une mise au point, à une justification. *Réclamer des éclaircissements.* CONTR. **obscurcissement.**

ÉCLAIRÉ, ÉE [eklere] adj. ✦ Qui a de l'instruction, de l'esprit critique. *Un public éclairé,* capable d'apprécier ce qu'on lui présente. ➛ *Le despotisme* éclairé.*
ÉTYM. du participe passé de *éclairer* (II).

ÉCLAIREMENT [eklɛʀmɑ̃] n. m. ✦ PHYS. Durée ou intensité de la lumière ; rapport de cette intensité à la surface éclairée. *L'unité d'éclairement est le lux.*
ÉTYM. de *éclairer.*

ÉCLAIRER [eklere] v. tr. (conjug. 3a) **I** 1. Répandre de la lumière sur (qqch. ou qqn). *La lampe éclaire la chambre.* ➛ Pourvoir de la lumière nécessaire. *Éclairer une salle de café au néon.* ➛ pronom. *Prendre une lampe de poche pour s'éclairer dans la cave.* 2. Répandre une sorte de lumière sur (le visage) ; rendre plus clair. SYN. **illuminer.** *Un sourire éclaira son visage.* 3. intrans. *Cette lampe éclaire mal.* **II** fig. 1. Mettre (qqn) en état de voir clair, de discerner le vrai du faux. SYN. **instruire.** *Éclairez-nous sur ce sujet.* SYN. **informer.** 2. Rendre clair, intelligible. SYN. **expliquer.** *Ce commentaire éclaire la pensée de l'auteur. Tout s'éclaire,* s'explique. CONTR. **assombrir, obscurcir • embrouiller.**
ÉTYM. latin *exclarare,* de *clarus* «clair».

ÉCLAIREUR, EUSE [eklɛʀœʀ, øz] n. 1. n. m. Soldat envoyé en reconnaissance. ➛ *Envoyer qqn en éclaireur,* en avant. 2. Membre d'associations du scoutisme français (protestant, israélite, laïque).
ÉTYM. de *éclairer* «surveiller, observer».

ÉCLAT [ekla] n. m. **I** 1. Fragment d'un corps qui éclate, qu'on brise. *Éclat de verre. Il a été blessé par un éclat d'obus.* ➛ loc. *EN ÉCLATS. La vitre vole en éclats,* se brise. 2. Bruit violent et soudain. *Des éclats de voix.* → **cri.** *Des éclats de rire.* 3. loc. *FAIRE UN ÉCLAT* : provoquer un scandale en manifestant son opinion. **II** 1. Lumière vive. *L'éclat de la neige était insoutenable. L'éclat de son regard.* ◆ Lumière reflétée. *L'éclat de l'acier, du verre.* 2. (couleur) Vivacité et fraîcheur. *L'éclat des coloris.* 3. Caractère de ce qui est brillant, magnifique. *Actrice dans tout l'éclat de sa beauté.* ➛ *D'ÉCLAT* : remarquable, éclatant. *Action, coup d'éclat.*
ÉTYM. de *éclater.*

ÉCLATANT, ANTE [eklatɑ̃, ɑ̃t] adj. 1. Qui fait un grand bruit. *Le son éclatant de la trompette.* 2. Qui brille avec éclat, dont la couleur a de l'éclat. SYN. **brillant, éblouissant.** ➛ *Un sourire éclatant.* 3. Qui se manifeste de la façon la plus frappante. SYN. **remarquable.** *Des dons éclatants. Une mauvaise foi éclatante,* évidente. CONTR. **doux ; terne.**
ÉTYM. du participe présent de *éclater.*

ÉCLATÉ [eklate] n. m. ✦ TECHN. Représentation graphique d'un objet complexe (machine, moteur) qui en montre les différentes parties en les séparant clairement. *Dessin d'ensemble et éclaté.*
ÉTYM. du participe passé de *éclater.*

A B C D E F G H I J K L M N O P Q R S T U V W X Y Z

ÉCLATEMENT [eklatmɑ̃] n. m. 1. Fait d'éclater. *L'éclatement d'une bombe.* SYN. **explosion.** 2. *L'éclatement d'un parti,* sa division brutale en groupes nouveaux. SYN. **scission.**

ÉCLATER [eklate] v. intr. (conjug. 3a) 1. Se rompre avec violence et généralement avec bruit, en projetant des fragments, ou en s'ouvrant. SYN. **exploser, sauter.** *L'obus a éclaté.* 2. Retentir avec un bruit violent et soudain. *Des applaudissements, des rires éclatent.* ➞ loc. (personnes) *Éclater de rire. Éclater en sanglots.* 3. (choses) Se manifester tout à coup en un début brutal. SYN. **commencer,** se **déclarer.** *L'incendie, la guerre a éclaté.* ➞ *Sa colère éclata brusquement.* ➞ (personnes) S'emporter bruyamment. 4. LITTÉR. Apparaître de façon manifeste, évidente. *La vérité éclatera.* 5. *S'ÉCLATER* v. pron. FAM. Éprouver un violent plaisir (dans une activité). *Elle s'éclate sur sa moto.*

ÉTYM. peut-être francique *slaitan* «fendre».

ÉCLECTIQUE [eklɛktik] adj. 1. PHILOS. Qui emprunte des éléments à plusieurs systèmes. 2. (personnes) Qui n'a pas de goût exclusif, ne se limite pas à une catégorie d'objets. *Il est éclectique dans ses lectures.* ➞ *Choix éclectique.* CONTR. **exclusif, sectaire.**

ÉTYM. grec *eklektikos,* de *eklegein* «choisir».

ÉCLECTISME [eklɛktism] n. m. 1. Philosophie éclectique. 2. Disposition d'esprit éclectique. *Faire preuve d'éclectisme dans ses relations.* CONTR. **sectarisme.**

ÉCLIPSE [eklips] n. f. 1. Disparition passagère d'un astre, quand un autre corps céleste passe entre cet astre et la source de lumière ou entre cet astre et le point d'observation. *Une éclipse de Soleil, de Lune. Éclipse totale, partielle.* 2. fig. Période de fléchissement, de défaillance. *L'éclipse d'un chanteur.* 3. *À ÉCLIPSES :* qui apparaît et disparaît de façon intermittente. *Phare à éclipses.* ➞ *Une activité à éclipses.*

ÉTYM. latin *eclipsis,* du grec.

ÉCLIPSER [eklipse] v. tr. (conjug. 3a) 1. Provoquer l'éclipse de (un autre astre). ➞ Rendre momentanément invisible. SYN. **cacher,** ① **voiler.** 2. Empêcher de paraître, de plaire, en brillant soi-même davantage. SYN. **surpasser.** 3. *S'ÉCLIPSER* v. pron. S'en aller discrètement. SYN. **s'esquiver.** *Je me suis éclipsé avant la fin.* CONTR. **dévoiler, montrer.**

ECLIPTIQUE [ekliptik] n. m. ✦ Grand cercle d'intersection du plan de l'orbite terrestre avec la sphère céleste ; ce plan.

ÉTYM. latin *eclipticus,* du grec.

ÉCLISSE [eklis] n. f. 1. Éclat de bois. ➞ Plaque de bois mince qui maintient les os d'un membre fracturé. SYN. **attelle.** 2. Pièce d'acier reliant les rails de chemin de fer. *Jonction par éclisse.*

ÉTYM. de *éclisser,* francique *slitan* «fendre».

ÉCLOPÉ, ÉE [eklɔpe] adj. ✦ Qui marche péniblement en raison d'un accident ou d'une blessure. SYN. **boiteux, estropié.** ➞ n. *Des éclopés.*

ÉTYM. du participe passé de l'ancien verbe *écloper,* de *cloper* «boiter» → clopiner.

ÉCLORE [eklɔʀ] v. intr. (conjug. 58) 1. (œuf) S'ouvrir. *Les œufs ont éclos.* 2. (fleur) S'ouvrir, s'épanouir. ➞ au p. passé *Une fleur à peine éclose.* 3. fig. Naître, paraître. *Faire éclore une vocation.*

ÉTYM. latin populaire *exclaudere,* croisement de *excludere* «exclure» et de *claudere* «clore».

ÉCLOSERIE [eklozʀi] n. f. ✦ Bac d'un établissement d'aquaculture réservé à l'éclosion des œufs. *Écloserie de coquilles Saint-Jacques.*

ÉTYM. de *éclos,* participe passé de *éclore.*

ÉCLOSION [eklozjɔ̃] n. f. 1. (œuf) Fait d'éclore. *La poule couve les œufs jusqu'à l'éclosion.* 2. (fleur) Épanouissement. 3. LITTÉR. Naissance, apparition. *L'éclosion de nouveaux talents.*

ÉCLUSE [eklyz] n. f. ✦ Espace limité par des portes munies de vannes, et destiné à retenir ou à lâcher l'eau d'une rivière d'un canal. *Les écluses d'un canal* (destinées à faire passer les bateaux aux changements de niveau). *Ouvrir, fermer les écluses,* les portes de l'écluse.

ÉTYM. latin *exclusa (aqua)* «(eau) séparée (du courant)», de *excludere* «ne pas laisser entrer».

ÉCLUSER [eklyze] v. tr. (conjug. 3a) 1. Faire passer (un bateau par une écluse). *Écluser une péniche.* 2. FAM. Boire.

ÉCLUSIER, IÈRE [eklyzje, jɛʀ] n. ✦ Personne chargée de la manœuvre d'une écluse.

> **ÉCO-** Élément, du grec *oikos* «maison ; habitat» ou du mot *écologie* (ex. *écorecharge, écoemballage*).

ÉCOBLANCHIMENT [ekoblɑ̃ʃimɑ̃] n. m. ✦ Utilisation de l'argument écologique par une entreprise, une marque qui souhaite donner une image responsable.

ÉCOBUER [ekɔbɥe] v. tr. (conjug. 3a) ✦ TECHN. Enlever les mottes, la terre, les racines de (une terre) et les brûler pour fertiliser.

► **ÉCOBUAGE** [ekɔbɥaʒ] n. m.

ÉTYM. mot régional (Ouest), de *gobe* «motte de terre», peut-être du gaulois *gobbo* «gueule».

ÉCOCITOYENNETÉ [ekositwajɛnte] n. f. ✦ Comportement responsable et civique à l'égard de l'environnement.

► **ÉCOCITOYEN, ENNE** [ekositwajɛ̃, ɛn] adj. et n. SYN. **écoresponsable.**

ÉCOCONDUITE [ekokɔ̃dɥit] n. f. ✦ Style de conduite d'un véhicule visant à l'économie et au respect de l'environnement.

ÉCŒURANT, ANTE [ekœʀɑ̃, ɑ̃t] adj. 1. Qui écœure, soulève le cœur. SYN. **dégoûtant.** *Des odeurs écœurantes.* ➞ Fade, trop gras ou trop sucré. *Un gâteau écœurant.* 2. Moralement répugnant, révoltant. *Une écœurante hypocrisie.* 3. Qui crée du découragement. SYN. **décourageant, démoralisant.** *Il réussit tout ! C'est écœurant.* CONTR. **appétissant · encourageant.**

ÉTYM. du participe présent de *écœurer.*

ÉCŒUREMENT [ekœʀmɑ̃] n. m. 1. État d'une personne qui est écœurée. SYN. **nausée.** 2. Dégoût profond, répugnance. CONTR. **appétit · enthousiasme.**

ÉCŒURER [ekœʀe] v. tr. (conjug. 3a) 1. Dégoûter au point de donner envie de vomir. *Les odeurs de cuisine l'écœuraient.* 2. Dégoûter, en inspirant l'indignation ou le mépris. 3. Décourager, démoraliser profondément. CONTR. **allécher · enthousiasmer.**

ÉTYM. de *cœur.*

ÉCOGESTE [ekoʒɛst] **n. m.** ✦ Geste de la vie quotidienne qui contribue à protéger l'environnement.

ÉCOINÇON [ekwɛ̃sɔ̃] **n. m.** ✦ TECHN. Pièce, pierre en coin, en encoignure.
ÉTYM. de *coin.*

ÉCOLE [ekɔl] **n. f.** 1. Établissement dans lequel est donné un enseignement collectif (général ou spécialisé). *École maternelle, primaire. École de danse, de dessin.* → **cours.** *Les grandes écoles,* appartenant à l'enseignement supérieur. (en France) *L'École normale supérieure. L'École nationale d'administration (E. N. A.).* ◆ spécialt Établissement d'enseignement maternel et primaire. *Maître d'école, professeur des écoles.* → **instituteur.** *Les élèves d'une école.* → **écolier ; scolaire.** – L'ensemble des élèves et des enseignants d'une école. *La fête de l'école.* 2. Instruction, exercice militaire. *L'école du soldat.* – loc. *Haute école,* équitation savante. 3. Ce qui est propre à instruire et à former ; source d'enseignement. *Une école de courage.* – loc. *Être à bonne école,* avec des gens capables de former. *À l'école de...,* en recevant l'enseignement qu'apporte... *Il a été à rude école,* les difficultés l'ont instruit. 4. Groupe ou suite de personnes, d'écrivains, d'artistes qui se réclament d'un maître ou professent les mêmes doctrines. SYN. **mouvement.** *L'école classique, romantique. Écoles de peinture. L'école flamande.* – loc. FAIRE ÉCOLE : avoir des disciples, des adeptes. – *Être de la vieille école,* traditionaliste dans ses principes.
ÉTYM. latin *schola,* du grec «loisir», «activité intellectuelle libre», puis «étude».

ÉCOLIER, IÈRE [ekɔlje, jɛʀ] **n.** 1. VX Élève, étudiant. *L'écolier limousin, personnage de Rabelais (Pantagruel,* chapitre VI). 2. MOD. Enfant qui fréquente l'école primaire, suit les petites classes d'un collège. SYN. **élève.** – loc. *Le chemin* des écoliers.*
ÉTYM. du bas latin *scholaris* «de l'école *(schola)*».

ÉCOLOGIE [ekɔlɔʒi] **n. f.** 1. SC. Étude des milieux où vivent les êtres vivants, ainsi que des rapports de ces êtres avec le milieu. 2. COUR. Doctrine visant à un meilleur équilibre entre l'homme et son environnement naturel ainsi qu'à la protection de ce dernier. ☞ Géographie p. 226 et 234. ◆ Courant politique défendant cette idée.
ÉTYM. allemand *Ökologie,* du grec → éco- et -logie.

ÉCOLOGIQUE [ekɔlɔʒik] **adj.** ✦ Relatif à l'écologie. *L'écosystème, unité écologique.* – COUR. Qui respecte l'environnement. *Lessive écologique.* – abrév. ÉCOLO. *Des voitures écolos.*

ÉCOLOGISTE [ekɔlɔʒist] **n.** 1. SC. Spécialiste de l'écologie. 2. COUR. Partisan de la défense de la nature, de la qualité de l'environnement. SYN. **vert.** – **adj.** *Militant écologiste.* – abrév. ÉCOLO [ekɔlo] **adj. et n.** *Les écolos.*

E-COMMERCE [ikɔmɛʀs] **n. m.** ✦ anglicisme Commerce en ligne.

ÉCOMUSÉE [ekomyze] **n. m.** ✦ Musée présentant une collectivité, une activité humaine dans son contexte géographique, social et culturel. *Écomusée de la mine.*
ÉTYM. de *éco-* et *musée.*

ÉCONDUIRE [ekɔ̃dɥiʀ] **v. tr.** (conjug. 64b) 1. Repousser (un solliciteur), ne pas accéder à la demande de (qqn). SYN. **refuser.** *Un des soupirants qu'elle a éconduits.* 2. Congédier, renvoyer. *Éconduire un importun.*
ÉTYM. de l'ancien français *escondire* «refuser», latin médiéval *excondicere,* d'après *conduire.*

ÉCONOMAT [ekɔnɔma] **n. m.** ✦ Fonction d'économe (I) ; bureaux d'un économe.

ÉCONOME [ekɔnɔm] **n. et adj.**
I n. Personne chargée de l'administration matérielle, des recettes et dépenses dans une communauté religieuse, un établissement hospitalier, un collège. SYN. **intendant.**
II adj. 1. Qui dépense avec mesure, sait éviter toute dépense inutile. *Il est économe sans être avare.* – fig. *Être économe de son temps.* 2. (nom déposé) *Couteau économe* **ou n. m.** *un économe :* épluche-légume. CONTR. **dépensier, prodigue.**
ÉTYM. latin *oeconomus,* du grec → éco- et -nome.

ÉCONOMÉTRIE [ekɔnɔmetʀi] **n. f.** ✦ Étude statistique des données économiques.
ÉTYM. de *économie* et *-métrie.*

ÉCONOMIE [ekɔnɔmi] **n. f.** **I** 1. VX Bonne administration des richesses matérielles (d'une maison, d'un État). 2. DIDACT. Organisation des éléments, des parties (d'un ensemble) ; manière dont sont distribuées les parties. *L'économie d'un système.* SYN. **structure.** – *L'économie générale d'une œuvre, d'un récit.* 3. Science des phénomènes concernant la production, la distribution et la consommation des richesses, des biens matériels, dans un groupe humain. 4. Activité, vie économique. *L'économie française* (agriculture, industrie, commerce, etc.). *Économie libérale, dirigée, socialiste. Économie de marché. La nouvelle économie,* dont la croissance repose sur les nouvelles technologies et la mondialisation des marchés. **II** 1. LITTÉR. *L'ÉCONOMIE :* gestion où l'on évite toute dépense inutile. SYN. **épargne.** *Il ne chauffe pas, par économie.* 2. *UNE, DES ÉCONOMIES :* ce que l'on épargne, ce que l'on évite de dépenser. *Une sérieuse économie. Faire des économies d'énergie.* loc. *Des économies de bouts de chandelle,* insignifiantes. – *Une économie de temps, de fatigue.* SYN. **gain.** – *Faire l'économie de,* éviter. *Il a fait l'économie d'une explication difficile.* 3. plur. Somme d'argent conservée, économisée. *Faire, avoir des économies, de petites économies.* CONTR. **dépense, gaspillage, prodigalité.**
ÉTYM. latin *oeconomia,* du grec → économe.

ÉCONOMIQUE [ekɔnɔmik] **adj.** **I** Qui concerne l'économie (I, 3 et 4). *Études économiques. La vie économique et sociale.* **II** Qui réduit la dépense, les frais. *Une voiture économique,* qui consomme peu. CONTR. **coûteux.**
ÉTYM. latin *oeconomicus,* du grec.

ÉCONOMIQUEMENT [ekɔnɔmikmɑ̃] **adv.** **I** Par rapport à la vie ou à la science économique. – loc. *Les économiquement faibles,* personnes qui ont des ressources insuffisantes. → **pauvre.** **II** En dépensant peu, d'une manière économique. *Conduire économiquement.*

ÉCONOMISER [ekɔnɔmize] **v. tr.** (conjug. 3a) 1. Dépenser, utiliser avec mesure. *Économiser l'électricité.* – *Savoir économiser ses forces, son temps.* SYN. **épargner,** ② **ménager.** 2. Mettre de côté en épargnant. *Économiser un peu d'argent tous les mois.* CONTR. **consommer, dépenser, gaspiller.**
ÉTYM. de *économie* (II).

A B C D E F G H I J K L M N O P Q R S T U V W X Y Z

ÉCONOMISTE [ekɔnɔmist] n. ✦ Spécialiste de l'économie (I, 3).

ÉCOPARTICIPATION [ekopaʀtisipasjɔ̃] n. f. ✦ Taxe prélevée à l'achat d'un appareil électrique ou électronique pour financer sa collecte et son recyclage.
ÉTYM. de *éco-* et *participation*.

ÉCOPE [ekɔp] n. f. ✦ Pelle munie d'un manche, récipient servant à écoper une embarcation.
ÉTYM. francique *skôpa*.

ÉCOPER [ekɔpe] v. tr. (conjug. 3a) **I** MAR. Vider (un bateau) avec l'écope. **II** v. tr. ind. FAM. Recevoir (une punition). *Il a écopé de deux mois de prison.*

ÉCOQUARTIER [ekokaʀtje] n. m. ✦ Quartier urbain conçu dans une perspective de développement durable. ☛ Géographie p. 228.

ÉCORCE [ekɔʀs] n. f. **1.** Enveloppe d'un tronc d'arbre et de ses branches, qu'on peut détacher du bois. **2.** Enveloppe coriace (de certains fruits : melon, orange...). SYN. **peau, pelure. 3.** *Écorce terrestre,* partie superficielle du globe. SYN. **croûte.**
ÉTYM. latin *scortea* «manteau de peau *(scortum)*».

ÉCORCER [ekɔʀse] v. tr. (conjug. 4) ✦ Dépouiller de son écorce (un arbre, un fruit). *Écorcer une orange.* SYN. **peler.**

ÉCORCHÉ, ÉE [ekɔʀʃe] n. **1.** Bête, personne écorchée. *Un écorché vif, une écorchée vive ;* fig. personne d'une sensibilité et d'une susceptibilité extrêmes. **2.** n. m. Statue d'homme, d'animal représenté comme dépouillé de sa peau.

ÉCORCHER [ekɔʀʃe] v. tr. (conjug. 3a) **1.** Dépouiller de sa peau (un corps). *Écorcher un lapin.* **2.** Blesser en entamant superficiellement la peau. *Des ronces lui ont écorché les mains.* SYN. **égratigner, griffer.** *Elle s'est écorché les mains.* – pronom. *Elle s'est écorchée.* – par exagér. *Ces hurlements écorchent les oreilles.* **3.** Déformer, prononcer de travers. SYN. **estropier.** *Il écorche mon nom.*
► **ÉCORCHEUR, EUSE** [ekɔʀʃœʀ, øz] n. et adj.
ÉTYM. latin *excorticare,* de *cortex* «écorce».

ÉCORCHURE [ekɔʀʃyʀ] n. f. ✦ Déchirure légère de la peau. SYN. **égratignure, griffure.** *Avoir des écorchures au genou.*
ÉTYM. de *écorcher.*

ÉCORESPONSABLE [ekoʀɛspɔ̃sabl] adj. ✦ Qui fait preuve de responsabilité à l'égard de l'environnement. SYN. **écocitoyen.** *Un comportement écoresponsable.*

ÉCORNER [ekɔʀne] v. tr. (conjug. 3a) **1.** Casser, endommager un angle de. – au p. passé *Des livres tout écornés par l'usage.* **2.** fig. Entamer, réduire. *Écorner ses économies, sa fortune.* SYN. **ébrécher.**
ÉTYM. de *corne.*

ÉCOSSAIS, AISE [ekɔsɛ, ɛz] adj. et n. **1.** De l'Écosse (☛ noms propres). *Les lacs écossais.* → ② **loch.** – n. *Les Écossais.* **2.** adj. et n. m. (De) la langue celtique parlée en Écosse. ◆ (Du) dialecte anglais de l'Écosse. **3.** *Tissu écossais* ou n. m. *écossais :* tissu de laine peignée à bandes de couleurs différentes se croisant à angle droit. *Jupe écossaise.*

ÉCOSSER [ekɔse] v. tr. (conjug. 3a) ✦ Dépouiller (des pois, des haricots) de la cosse. *Des haricots à écosser,* à manger en grains (opposé à *haricots verts*).
ÉTYM. de *cosse.*

ÉCOSYSTÈME [ekosistɛm] n. m. ✦ Unité écologique de base formée par le milieu et les organismes y vivant. ☛ Géographie p. 229 et 234.
ÉTYM. de *éco-* et *système.*

ÉCOT [eko] n. m. ✦ Quote-part (d'un convive) pour un repas à frais communs. *Payer son écot.* HOM. ÉCHO «réflexion d'un son»
ÉTYM. francique *skot* «pousse», fig. «contribution».

ÉCOTAXE [ekotaks] n. f. ✦ Taxe sur les sources de pollution et sur l'exploitation des ressources naturelles non renouvelables.
ÉTYM. de *éco-* et *taxe.*

ÉCOTOXIQUE [ekotɔksik] adj. ✦ Toxique pour l'environnement. *Engrais écotoxiques.*
ÉTYM. de *éco-* et *toxique.*

ÉCOULEMENT [ekulmɑ̃] n. m. **1.** Fait de s'écouler, mouvement d'un liquide qui s'écoule. SYN. **déversement, évacuation.** *L'écoulement des eaux de pluie.* ◆ *L'écoulement de la foule, des voitures.* ◆ *L'écoulement du temps.* **2.** Possibilité d'écouler (des marchandises). SYN. ① **débit.** *L'écoulement du stock.*

ÉCOULER [ekule] v. tr. (conjug. 3a) **I** *S'ÉCOULER* v. pron. **1.** Couler hors d'un endroit. SYN. **se déverser.** *L'eau s'écoule par le trop-plein.* ◆ Se retirer en groupe. *La foule s'écoulait lentement.* **2.** Disparaître progressivement ; se passer (temps). *La vie, le temps s'écoule. La semaine s'est écoulée bien vite.* – au p. passé *Les années écoulées,* passées. **II** v. tr. Vendre de façon continue jusqu'à épuisement. *Des produits faciles à écouler.* – *Écouler de faux billets,* les mettre en circulation.
ÉTYM. de *couler.*

ÉCOURTER [ekuʀte] v. tr. (conjug. 3a) **1.** RARE Rendre plus court en longueur. SYN. **raccourcir.** *Écourter ses cheveux.* **2.** Rendre plus court en durée. *J'ai dû écourter mon séjour.* SYN. **abréger. 3.** Rendre anormalement court. SYN. **tronquer.** *Fausser la pensée d'un auteur en écourtant les citations.* CONTR. **allonger · développer.**
ÉTYM. de *court.*

① **ÉCOUTE** [ekut] n. f. **1.** VX ou LITTÉR. Action d'écouter. ◆ Fait de prêter attention (à la parole, des sons). – loc. *Être à l'écoute de qqn,* prêter attention à ce qu'il dit, fait. **2.** spécialt Détection par le son. *Poste d'écoute. Appareil d'écoute sous-marine.* ◆ Action d'écouter (une émission radiophonique). *Les heures de grande écoute. Restez à l'écoute.* ◆ Action d'écouter (une communication téléphonique) à l'insu des personnes qui communiquent. *Table d'écoute,* permettant la surveillance des communications.
ÉTYM. de *écouter.*

② **ÉCOUTE** [ekut] n. f. ✦ MAR. Manœuvre, cordage servant à orienter une voile.
ÉTYM. norrois *skaut* «bord, angle (d'une voile)».

ÉCOUTER [ekute] v. tr. (conjug. 3a) **I** **1.** S'appliquer à entendre, prêter son attention à (des bruits, des paroles). *Vous n'écoutez pas ce que je dis. Il entendait la conversation mais ne l'écoutait pas. Écouter un disque. Il l'écoutait chanter. Écoute s'il pleut.* – au p. passé *Un* *conseiller très écouté.* ➛ absolt Prêter une oreille attentive. *Allô, j'écoute ! Écouter aux portes,* écouter indiscrètement derrière une porte. *Écoute, écoutez !* (pour attirer l'attention). **2.** Recevoir, accepter. *Écouter les conseils d'un ami.* SYN. **suivre.** ➛ *N'écouter que son courage, son devoir,* se laisser uniquement guider par lui. **II** *S'ÉCOUTER* **v. pron. 1.** Entendre sa propre voix. *S'écouter parler.* **2.** Suivre son inspiration. *Si je m'écoutais, je n'irais pas.* **3.** Prêter une trop grande attention à sa santé. SYN. **s'observer.** *Ne vous écoutez pas tant, vous irez mieux.*

ÉTYM. latin populaire *ascultare*, classique *auscultare* ; doublet de *ausculter.*

ÉCOUTEUR [ekutœʀ] **n. m.** ✦ Partie du récepteur téléphonique, radiophonique qu'on applique sur l'oreille pour écouter.

ÉCOUTILLE [ekutij] **n. f.** ✦ Ouverture rectangulaire pratiquée dans le pont d'un navire et qui permet l'accès aux étages inférieurs. *Fermer les écoutilles.*

ÉTYM. espagnol *escotilla*, du verbe *escotar* «échancrer (un col)», norrois *skaut* → ② écoute.

ÉCOUVILLON [ekuvijɔ̃] **n. m.** ✦ Brosse cylindrique pour nettoyer un objet creux. *Nettoyer une bouteille avec un écouvillon.* SYN. **goupillon.**

ÉTYM. de l'ancien français *escouve*, latin *scopa* «balai».

ÉCRABOUILLER [ekʀabuje] **v. tr.** (conjug. 3a) ✦ FAM. Écraser, réduire en bouillie (un être vivant, un membre, une chose). SYN. **broyer.** *Écrabouiller un escargot.*

► **ÉCRABOUILLAGE** [ekʀabujaʒ] ou **ÉCRABOUILLEMENT** [ekʀabujmɑ̃] **n. m.**

ÉTYM. de *écraser* et ancien français *esboillier* «éventrer», de *boiel*, ancienne forme de *boyau.*

ÉCRAN [ekʀɑ̃] **n. m. 1.** Panneau, enveloppe ou paroi destiné(e) à protéger de la chaleur, d'un rayonnement. **2.** Objet interposé qui dissimule ou protège. *Un écran de fumée.* SYN. **rideau. 3.** Surface sur laquelle se reproduit l'image d'un objet. ♦ spécialt Surface blanche sur laquelle sont projetées des images photographiques ou cinématographiques. *Écran géant.* ➛ loc. (acteur) *Crever l'écran,* avoir beaucoup de présence. ♦ Surface fluorescente sur laquelle se forme l'image dans les tubes cathodiques. *L'écran d'un téléviseur, d'un ordinateur* (→ ② **moniteur**). ➛ *Écran publicitaire :* temps de télévision consacré à une publicité et acheté par un annonceur. → anglicisme **spot** (3) **4.** *L'écran,* l'art cinématographique. *Porter un roman à l'écran,* en tirer un film. ➛ *Le PETIT ÉCRAN :* la télévision. *Une vedette du petit écran.*

ÉTYM. ancien néerlandais *scherm* «paravent».

ÉCRASANT, ANTE [ekʀazɑ̃, ɑ̃t] **adj. 1.** Extrêmement lourd. *Un poids écrasant. Une responsabilité écrasante. Une chaleur écrasante.* SYN. **accablant. 2.** Qui entraîne l'écrasement de l'adversaire. *Une supériorité écrasante.* CONTR. **léger.**

ÉTYM. du participe présent de *écraser.*

ÉCRASÉ, ÉE [ekʀaze] **adj.** ✦ Très aplati, court et ramassé. *Un nez écrasé.* SYN. **camard.**

ÉCRASEMENT [ekʀazmɑ̃] **n. m. 1.** Action d'écraser, fait d'être écrasé. **2.** Destruction complète (des forces d'un adversaire). SYN. **anéantissement.** *L'écrasement d'une révolte.*

ÉCRASER [ekʀaze] **v. tr.** (conjug. 3a) **1.** Aplatir et déformer (un corps) par une forte compression, par un choc violent. SYN. FAM. **écrabouiller.** *La porte en se refermant lui a écrasé le doigt. Écraser du poivre, de l'ail.* SYN. **concasser,** ① **piler.** ➛ pronom. *L'avion s'est écrasé au sol* (→ **crash,** anglicisme). ♦ FAM. Appuyer fortement sur. *Écraser la pédale de frein.* ♦ Détruire (un fichier informatique). **2.** Renverser et passer sur le corps de. *Se faire écraser* (par un véhicule). ➛ *Les chiens* écrasés.* **3.** Dominer par sa masse, faire paraître bas ou petit. *Les grands immeubles écrasaient les pavillons.* **4.** (personnes) Dominer, humilier. *Il nous écrase de son luxe.* **5.** *Écraser qqn de...* SYN. **accabler, surcharger.** ➛ passif *Être écrasé de travail.* **6.** Vaincre, réduire totalement (un ennemi, une résistance). SYN. **anéantir,** ① **mater, réprimer.** *L'armée a écrasé l'insurrection.* **7.** FAM. *EN ÉCRASER :* dormir profondément. **8.** FAM. *Écrase !,* n'insiste pas, laisse tomber ! ♦ FAM. *S'ÉCRASER* **v. pron.** Ne pas protester, ne rien dire. *Tu ferais mieux de t'écraser.*

ÉTYM. ancien anglais *to crasen* «briser, broyer», peut-être scandinave.

ÉCRÉMAGE [ekʀemaʒ] **n. m. 1.** Action d'écrémer (1). *L'écrémage du lait pour faire le beurre.* **2.** Prélèvement des meilleurs éléments (d'un groupe).

ÉCRÉMER [ekʀeme] **v. tr.** (conjug. 8) **1.** Dépouiller (le lait) de la crème, de la matière grasse. ➛ au p. passé *Lait écrémé, demi-écrémé.* → **maigre. 2.** Dépouiller des meilleurs éléments (un ensemble, un groupe). *Écrémer une collection,* sélectionner toutes les pièces de valeur.

ÉTYM. de *crème.*

ÉCRÉMEUSE [ekʀemøz] **n. f.** ✦ Machine à écrémer le lait.

ÉCRÊTER [ekʀete] **v. tr.** (conjug. 3a) ✦ Abattre la crête, les crêtes, les éléments qui dépassent de (qqch.).

ÉCREVISSE [ekʀəvis] **n. f.** ✦ Crustacé d'eau douce, de taille moyenne, aux pattes antérieures armées de fortes pinces. ➛ loc. *Marcher, aller comme une écrevisse,* à reculons. ➛ *Rouge comme une écrevisse,* comme l'écrevisse après cuisson.

ÉTYM. francique *krebitja.*

S'ÉCRIER [ekʀije] **v. pron.** (conjug. 9) ✦ Dire d'une voix forte et émue. *« Plus vite ! » s'écria-t-il.* SYN. **s'exclamer.**

ÉTYM. de *crier.*

ÉCRIN [ekʀɛ̃] **n. m.** ✦ Boîte ou coffret où l'on range des bijoux, des objets précieux. *Ranger l'argenterie dans les écrins.*

ÉTYM. latin *scrinium.*

ÉCRIRE [ekʀiʀ] **v. tr.** (conjug. 67) **I 1.** Tracer (des signes d'écriture, un ensemble organisé de ces signes). *Écrire quelques mots sur, dans un carnet.* ➛ absolt *Apprendre à écrire. Il ne sait ni lire ni écrire. Écrire mal. Écrire en majuscules.* ♦ Orthographier. *Je ne sais pas écrire son nom.* ➛ pronom. *Ça s'écrit comme ça se prononce.* **2.** Consigner, noter par écrit. SYN. **inscrire, marquer.** *Écrire une adresse sur un carnet.* **3.** Rédiger (un message destiné à être envoyé à qqn). *Écrire une lettre à qqn.* ➛ absolt Faire de la correspondance. *Il n'aime pas écrire.* **4.** Annoncer par lettre. *Je lui ai écrit que j'étais malade.* **II 1.** Composer (un ouvrage scientifique, littéraire). *Écrire un roman. Il n'a rien écrit cette année.* SYN. **publier. 2.** Exprimer par l'écriture (littéraire). ➛ absolt *Il écrit bien, mal.* **3.** *ÉCRIRE QUE,* exposer dans un texte, un

A B C D E F G H I J K L M N O P Q R S T U V W X Y Z

ouvrage. SYN. ① **dire.** 4. Composer (une œuvre musicale). *Écrire une sonate.* **III** (passif et p. passé) *C'est, c'était écrit,* voulu par la Providence ou le destin, fixé et arrêté d'avance. SYN. **fatal.**
ÉTYM. latin *scribere.*

① **ÉCRIT** [ekʀi] **n. m. 1.** Document écrit. *Un écrit anonyme.* **2.** Composition littéraire, scientifique. SYN. ① **livre, œuvre. 3.** Épreuves écrites d'un examen, d'un concours. *L'écrit et l'oral.* **4.** PAR ÉCRIT **loc. adv.** : par un document écrit. *Je veux que vous m'en donniez l'ordre par écrit.*
ÉTYM. du participe passé de *écrire.*

② **ÉCRIT, ITE** [ekʀi, it] **adj. 1.** Tracé par l'écriture. *Des notes très mal écrites.* ➝ Couvert de signes d'écriture. *Deux pages écrites et une page blanche.* **2.** Exprimé par l'écriture, par des textes. *La langue écrite.* CONTR. **oral, parlé, verbal.**
ÉTYM. du participe passé de *écrire.*

ÉCRITEAU [ekʀito] **n. m.** ✦ Surface plane portant une inscription en grosses lettres, destinée à faire connaître qqch. au public. SYN. **pancarte.**
ÉTYM. de ① *écrit.*

ÉCRITOIRE [ekʀitwaʀ] **n. f.** ✦ Petit coffret contenant tout ce qu'il faut pour écrire. *Une écritoire portative.*
ÉTYM. latin *scriptorium,* famille de *scribere* «écrire».

ÉCRITURE [ekʀityʀ] **n. f. 1.** Système de signes visibles, tracés, représentant la parole et la pensée. → **grapho-.** *Écriture idéographique* (ex. hiéroglyphes), *phonétique (syllabique, alphabétique).* **2.** Type de caractères adopté dans un tel système. *Écriture gothique, romaine, arabe, russe (cyrillique).* **3.** Manière personnelle dont on trace les caractères en écrivant ; ces caractères. → **graphisme, graphologie.** *Avoir une belle écriture. J'ai reconnu son écriture.* **4.** Notation. *L'écriture des nombres. Écriture décimale, fractionnaire.* **5.** LITTÉR. Manière de s'exprimer par écrit. SYN. **manière,** ① **style.** *Écriture automatique :* technique des surréalistes visant à traduire «aussi exactement que possible la pensée parlée» (A. Breton). **6.** Acte d'écrire. *L'écriture d'une œuvre.* ♦ DIDACT. Le langage littéraire (distinct du style). **7.** DR. Écrit. *Faux en écriture.* ➝ au plur. Actes de procédure nécessaires à la soutenance d'un procès. ♦ Inscription d'une opération comptable. *Passer une écriture. Tenir les écritures,* la comptabilité. **8.** (avec maj.) *L'Écriture, les Écritures,* les livres saints. → **Bible.**
ÉTYM. latin *scriptura,* famille de *scribere* «écrire».

ÉCRIVAILLEUR, EUSE [ekʀivajœʀ, øz] **n.** ✦ péj. Homme ou femme de lettres médiocre. SYN. **écrivaillon.**
ÉTYM. de *écrivain.*

ÉCRIVAILLON [ekʀivajɔ̃] **n. m.** ✦ péj. Écrivain médiocre, insignifiant. SYN. **écrivailleur.**
ÉTYM. de *écrivain.*

ÉCRIVAIN [ekʀivɛ̃] **n. m. 1.** Personne qui compose, écrit des ouvrages littéraires. SYN. **auteur.** *Elle est écrivain* (aussi *écrivaine* **n. f.**). *Mauvais écrivain.* → **écrivailleur, écrivaillon. 2.** *ÉCRIVAIN PUBLIC :* personne qui écrit (des lettres, etc.) pour ceux qui ne savent pas ou savent mal écrire.
ÉTYM. latin populaire *scribanem,* accusatif de *scriba* «scribe».

① **ÉCROU** [ekʀu] **n. m.** ✦ DR. Procès-verbal constatant qu'un individu a été remis à un directeur de prison, et mentionnant la date et la cause de l'emprisonnement (→ **écrouer**). *Registre d'écrou. Levée d'écrou,* constatation de la remise en liberté d'un détenu.
ÉTYM. francique *skroda* «morceau».

② **ÉCROU** [ekʀu] **n. m.** ✦ Pièce de métal, de bois, etc., percée d'un trou fileté pour le logement d'une vis. *Serrer, desserrer des écrous. La vis et l'écrou.* → **boulon.**
ÉTYM. latin *scrofa* «truie».

ÉCROUELLES [ekʀuɛl] **n. f. pl.** ✦ Abcès ganglionnaire. *Le roi de France, le jour du sacre, était censé guérir les écrouelles par attouchement.*
ÉTYM. latin populaire *scrofulae,* de *scrofa* «truie» ; doublet de *scrofule.*

ÉCROUER [ekʀue] **v. tr.** (conjug. 3a) ✦ Inscrire sur le registre d'écrou, emprisonner. *Il a été écroué à la Santé.* SYN. **incarcérer.** CONTR. **élargir, libérer, relâcher.**
ÉTYM. de ① *écrou.*

ÉCROULEMENT [ekʀulmɑ̃] **n. m. 1.** Fait de s'écrouler, chute soudaine. SYN. **effondrement, ruine.** *L'écroulement d'un mur.* **2.** fig. Destruction soudaine et complète. SYN. **anéantissement.** *L'écroulement de l'U. R. S. S.* **3.** Fait de s'écrouler physiquement, de s'effondrer. CONTR. **construction • redressement.**

S'ÉCROULER [ekʀule] **v. pron.** (conjug. 3a) **1.** Tomber soudainement de toute sa masse. SYN. **s'abattre, s'affaisser, crouler, s'ébouler, s'effondrer.** ➝ au p. passé *Une maison écroulée.* **2.** fig. Subir une destruction, une fin brutale. SYN. **sombrer.** *Tous ses projets s'écroulent.* **3.** FAM. (personnes) Se laisser tomber lourdement. SYN. **s'affaler.** *Il s'écroula dans un fauteuil.* **4.** fig. Être accablé de. *Le soir, il s'écroulait de fatigue.* ➝ au p. passé *On était tous écroulés (de rire),* on n'en pouvait plus à force de rire. CONTR. **construire, édifier • s'élever,** se **redresser.**
ÉTYM. de *crouler.*

ÉCRU, UE [ekʀy] **adj. 1.** Qui n'est pas blanchi, lessivé (chanvre, soie...). *Toile écrue.* **2.** De la couleur beige du textile non blanchi. *Une chemise écrue.*
ÉTYM. de ② *cru* «brut».

ECSTASY [ɛkstazi] **n. f.** ✦ Molécule synthétique dérivée de l'amphétamine, utilisée comme stupéfiant. ➝ Comprimé de cette substance. *Prendre des ecstasys.*
ÉTYM. mot anglais «extase».

ECTO- Élément savant, du grec *ektos* «au-dehors».

ECTODERME [ɛktɔdɛʀm] **n. m.** ✦ BIOL. Feuillet externe de l'embryon dont dérivent l'épiderme et le système nerveux chez les animaux.
ÉTYM. de *ecto-* et *-derme.*

-ECTOMIE Élément savant, du grec *ektomê* «amputation», qui signifie «ablation». → **-tomie.**

ECTOPLASME [ɛktɔplasm] **n. m. 1.** Émanation visible du corps du médium. **2.** Personne faible, molle, silencieuse qu'on ne remarque pas. SYN. **zombie.**
ÉTYM. anglais *ectoplasm,* du grec → ecto- et plasma.

ÉCU [eky] **n. m. 1.** Bouclier des hommes d'armes au Moyen Âge. **2.** Champ en forme de bouclier où sont représentées les pièces des armoiries ; ces armoiries.

SYN. **écusson.** 3. Ancienne monnaie française. *Un écu d'or.* ➙ Ancienne pièce de cinq francs en argent.
ÉTYM. latin *scutum.*

ÉCUBIER [ekybje] **n. m.** ✦ Ouverture ménagée à l'avant d'un navire, sur le côté de l'étrave, pour le passage des câbles ou des chaînes.
ÉTYM. origine inconnue ; p.-ê. portugais *escouvem.*

ÉCUEIL [ekœj] **n. m.** 1. Rocher, banc de sable à fleur d'eau contre lequel un navire risque de se briser ou de s'échouer. SYN. **brisant, récif.** *Heurter un écueil.* 2. Obstacle dangereux, cause d'échec. SYN. **danger.** *La vie est pleine d'écueils.*
ÉTYM. ancien occitan *escueyll,* latin populaire *scoclu,* de *scopulus.*

ÉCUELLE [ekɥɛl] **n. f.** ✦ Assiette large et creuse sans rebord ; son contenu. *Une écuelle en bois, en terre.*
ÉTYM. latin *scutella* «petite coupe».

ÉCULÉ, ÉE [ekyle] **adj.** 1. Dont le talon est usé, déformé. *Des savates éculées.* 2. Usé, défraîchi à force d'être ressassé. *Des plaisanteries éculées.* SYN. **rebattu.** CONTR. ② **neuf,** ② **original.**
ÉTYM. de *cul.*

ÉCUMANT, ANTE [ekymɑ̃, ɑ̃t] **adj.** 1. Qui écume (I, 1). *Une mer écumante.* SYN. **écumeux.** 2. Couvert de bave. *Chien écumant.* ➙ (personnes) *Être écumant de rage.*

ÉCUME [ekym] **n. f.** **I** 1. Mousse blanchâtre qui se forme à la surface des liquides agités, chauffés ou en fermentation. *Enlever l'écume d'un bouillon* (→ **écumer,** II). *L'écume de la mer.* 2. Bave de certains animaux. *Mufle couvert d'écume.* ➙ Bave mousseuse qui vient aux lèvres d'une personne en colère ou en proie à une attaque (épilepsie, etc.). ➙ Sueur blanchâtre qui s'amasse sur le corps d'un cheval, d'un taureau. 3. Impuretés, scories qui flottent à la surface des métaux en fusion. **II** *ÉCUME (DE MER)* : silicate naturel de magnésium. *Une pipe en écume, d'écume.*
ÉTYM. latin populaire *scuma,* germanique *skum* «savon liquide» ; avec influence du latin *spuma* «écume».

ÉCUMER [ekyme] **v.** (conjug. 3a) **I** **v. intr.** 1. (mer) Se couvrir d'écume. SYN. **moutonner.** 2. Baver. ➙ **fig.** *Écumer (de rage),* être au comble de la fureur. **II** **v. tr.** 1. Débarrasser (qqch. qui cuit) de son écume, des impuretés (→ **écumoire**). *Écumer un pot-au-feu.* 2. **fig.** *Écumer les mers, les côtes,* y exercer la piraterie. ➙ Prendre ce qui est le plus profitable ou intéressant dans. *Les antiquaires ont écumé la région.*

ÉCUMEUR [ekymœʀ] **n. m.** ✦ *Écumeur (de mer)* : corsaire, pirate.
ÉTYM. de *écumer* (II, 2).

ÉCUMEUX, EUSE [ekymø, øz] **adj.** ✦ Qui se couvre d'écume. SYN. **écumant.** *Cascade écumeuse.*

ÉCUMOIRE [ekymwaʀ] **n. f.** ✦ Ustensile de cuisine composé d'un disque aplati, percé de trous, monté sur un manche, servant à écumer un liquide ou à en retirer des aliments.

ÉCURER [ekyʀe] **v. tr.** (conjug. 3a) ✦ TECHN. OU RÉGIONAL Curer complètement.
ÉTYM. de *curer.*

ÉCUREUIL [ekyʀœj] **n. m.** ✦ Petit mammifère rongeur au pelage généralement roux, à la queue longue et en panache. *Fourrure de l'écureuil.* → **petit-gris, vair.** ➙ loc. *Être vif, souple, agile comme un écureuil.*
ÉTYM. latin populaire *scuriolus,* de *sciurus,* du grec.

ÉCURIE [ekyʀi] **n. f.** 1. Bâtiment destiné à loger des chevaux, ânes, mulets. *Garçon d'écurie.* → **lad, palefrenier.** MYTHOL. *Les écuries d'Augias* (nettoyées par Hercule). ➙ loc. *C'est une vraie écurie,* se dit d'un local très sale. ➙ *Entrer quelque part comme dans une écurie,* sans saluer, d'une façon impolie. 2. Ensemble des bêtes logées dans une écurie. ◆ *ÉCURIE (DE COURSES)* : ensemble des chevaux qu'un propriétaire fait courir ; chevaux appartenant à un même propriétaire et s'alignant dans la même course. ➙ Voitures de course, coureurs, cyclistes courant pour une même marque.
ÉTYM. de *écuyer.*

ÉCUSSON [ekysɔ̃] **n. m.** 1. Petit écu (2). 2. Plaque armoriée servant d'enseigne, de panonceau. 3. Petit morceau d'étoffe portant une marque distinctive, cousu sur un vêtement.
ÉTYM. de *écu.*

ÉCUSSONNER [ekysɔne] **v. tr.** (conjug. 3a) ✦ Orner d'un écusson. ➙ au p. passé *Uniforme écussonné.*

ÉCUYER, ÈRE [ekɥije, ɛʀ] **n.** 1. **n. m.** Gentilhomme qui était au service d'un chevalier, d'un prince. ➙ Personne qui était préposée aux écuries d'un prince. 2. Personne sachant bien monter à cheval. SYN. ① **cavalier.** *Une bonne écuyère.* ➙ Personne qui fait des numéros d'équitation dans un cirque.
ÉTYM. latin *scutarius,* de *scutum* «bouclier, écu».

ECZÉMA [ɛgzema] **n. m.** ✦ Affection cutanée caractérisée par des vésicules, des rougeurs et la formation de squames. *L'eczéma provoque des démangeaisons.* ➙ On peut aussi écrire *exéma.*
ÉTYM. latin médiéval *eczema,* du grec «éruption cutanée».

ECZÉMATEUX, EUSE [ɛgzematø, øz] **adj.** ✦ De l'eczéma. ◆ **adj. et n.** Atteint d'eczéma. ➙ On peut aussi écrire *exémateux, euse.*

ÉDAM [edam] **n. m.** ✦ Fromage de Hollande à pâte cuite, enrobé de paraffine rouge.
ÉTYM. de *Edam,* nom d'une ville des Pays-Bas.

ÉDELWEISS ou **EDELWEISS** [edɛlvɛs ; edɛlvajs] **n. m.** ✦ Plante alpine, couverte d'un duvet blanc et laineux. *Des édelweiss.* ➙ Écrire *édelweiss* avec un accent aigu est permis.
ÉTYM. mot allemand (Autriche), de *edel* «noble» et *weiss* «blanc».

ÉDEN [edɛn] **n. m.** ✦ LITTÉR. *L'Éden,* le Paradis. ◆ Lieu de délices. *Des édens.*
► **ÉDÉNIQUE** [edenik] **adj.** *Un séjour édénique.* SYN. **paradisiaque.**
ÉTYM. mot hébreu. ☛ ÉDEN (noms propres).

ÉDENTÉ, ÉE [edɑ̃te] **adj. et n.** 1. Qui a perdu une partie ou la totalité de ses dents. *Un vieillard édenté.* 2. **n. m.** Mammifère sans incisives ou pourvu d'une seule sorte de dents (ordre des *Édentés* : paresseux, fourmilier, etc.).
ÉTYM. du participe passé de *édenter.*

A B C D E F G H I J K L M N O P Q R S T U V W X Y Z

ÉDENTER [edɑ̃te] **v. tr.** (conjug. 3a) ✦ Casser les dents de (un objet). *Édenter un peigne.*
ÉTYM. de *dent.*

ÉDICTER [edikte] **v. tr.** (conjug. 3a) ✦ Établir, prescrire par une loi, par un règlement. SYN. **décréter, promulguer.** *Édicter une loi.*
► **ÉDICTION** [ediksjɔ̃] **n. f.**
ÉTYM. du latin *edictum* → édit.

ÉDICULE [edikyl] **n. m.** 1. Chapelle ou dépendance d'un édifice religieux. 2. Petite construction édifiée sur la voie publique (kiosque, toilettes...).
ÉTYM. latin *aedicula* «petite maison *(aedes)*».

ÉDIFIANT, ANTE [edifjɑ̃, ɑ̃t] **adj.** 1. Qui édifie, porte à la vertu, à la piété. *Une vie édifiante.* 2. iron. Particulièrement instructif. *Un témoignage édifiant.* CONTR. **scandaleux.**
ÉTYM. du participe présent de *édifier.*

ÉDIFICATION [edifikasjɔ̃] **n. f.** I 1. Action d'édifier, de construire (un édifice). *L'édification d'une ville nouvelle.* SYN. **construction.** 2. fig. Création (de ce qui se construit). *L'édification d'une théorie.* II Action de porter à la vertu, à la piété. *Pour l'édification des fidèles.* – Action d'instruire. *Je vous le dis pour votre édification.* CONTR. **destruction • corruption.**
ÉTYM. latin *aedificatio.*

ÉDIFICE [edifis] **n. m.** 1. Bâtiment important. SYN. **construction, monument.** *Les édifices publics.* 2. fig. Ensemble vaste et organisé. *L'édifice social, de la civilisation.* – loc. *Apporter sa pierre à l'édifice,* contribuer à une entreprise.
ÉTYM. latin *aedificium,* de *aedificare* «édifier».

ÉDIFIER [edifje] **v. tr.** (conjug. 9) I 1. Bâtir (un édifice, un ensemble architectural). SYN. **construire.** 2. abstrait Établir, créer (un vaste ensemble). *Édifier une théorie. Le savoir édifié par l'humanité.* II 1. Porter (qqn) à la vertu, à la piété, par l'exemple ou par le discours. 2. iron. Mettre à même d'apprécier, de juger sans illusion. *Ses aveux m'ont édifié.* CONTR. **démolir, détruire • corrompre.**
ÉTYM. latin *aedificare,* de *aedes* «maison».

ÉDILE [edil] **n. m.** 1. Magistrat romain qui était chargé de l'inspection des édifices, de l'approvisionnement de la ville. 2. Magistrat municipal d'une grande ville (en style officiel ou de journalisme). *Nos édiles.*
ÉTYM. latin *aedilis,* de *aedes* «maison».

ÉDILITÉ [edilite] **n. f.** ✦ Magistrature municipale.
ÉTYM. de *édile.*

ÉDIT [edi] **n. m.** 1. Acte législatif émanant des anciens rois de France. *L'édit de Nantes* (1598) *et sa révocation* (1685). 2. ANTIQ. Règlement publié par un magistrat romain. – Constitution impériale, à Rome. *L'édit de Dioclétien* (contre les chrétiens).
ÉTYM. latin *edictum,* de *edicere* «ordonner, proclamer».

ÉDITER [edite] **v. tr.** (conjug. 3a) I 1. Publier et mettre en vente (un livre). *Éditer des romans, des dictionnaires.* SYN. **publier.** – *Éditer un auteur.* 2. LITTÉR. Faire paraître (un texte qu'on présente, annote, etc.). *Ce professeur édite des textes du Moyen Âge.* II anglicisme INFORM. Présenter (des informations obtenues par traitement informatique).
ÉTYM. latin *editus,* participe passé de *edere* «produire, montrer» ; sens II, anglais *to edit.*

ÉDITEUR, TRICE [editœʀ, tʀis] **n.** 1. Personne, société qui assure la publication et la mise en vente des ouvrages d'un auteur, d'un musicien, etc. – **adj.** *Société éditrice de films.* 2. LITTÉR. Érudit qui établit et fait paraître un texte. 3. **n. m.** INFORM. *Éditeur de textes :* logiciel permettant la composition de textes sur ordinateur.
ÉTYM. latin *editor.*

ÉDITION [edisjɔ̃] **n. f.** I 1. Reproduction et diffusion (d'une œuvre intellectuelle ou artistique) par un éditeur (1). SYN. **publication.** *L'édition d'un manuscrit. Maison, société d'édition.* 2. Ensemble des exemplaires d'un ouvrage publié ; série des exemplaires édités en une fois. *La nouvelle édition d'un livre.* → **réédition.** *Édition originale.* → ② **original.** *Édition revue, corrigée.* – Ensemble des exemplaires (d'un journal) imprimés en une fois. *Édition spéciale.* 3. Métier, activité d'éditeur. *Travailler dans l'édition.* II Action d'éditer (un texte qu'on présente, annote, etc.). ♦ Texte ainsi édité. *Édition critique.* III anglicisme INFORM. Matérialisation des informations traitées.
ÉTYM. latin *editio.*

① **ÉDITORIAL, AUX** [editɔʀjal, o] **n. m.** ✦ Article qui provient de la direction d'un journal, d'une revue et qui correspond à une orientation générale. *Lire l'éditorial en première page.* – abrév. ÉDITO [edito].
ÉTYM. anglais *editorial,* de *editor* «éditeur».

② **ÉDITORIAL, ALE, AUX** [editɔʀjal, o] **adj.** ✦ Qui concerne l'activité d'édition, dans ses aspects économique et technique. *Informatique éditoriale.*
ÉTYM. de *éditeur.*

ÉDITORIALISTE [editɔʀjalist] **n.** ✦ Personne qui écrit l'éditorial d'un journal, d'une revue.
ÉTYM. de ① *éditorial.*

> **-ÈDRE** Élément savant, du grec *hedra* «base», qui entre dans la composition de termes de géométrie (ex. *polyèdre, tétraèdre*).

ÉDREDON [edʀədɔ̃] **n. m.** ✦ Couvre-pied de duvet, de plume ou de fibres synthétiques. → aussi ① **couette.**
ÉTYM. danois *ederduun* «duvet *(duun)* de l'eider».

ÉDUCATEUR, TRICE [edykatœʀ, tʀis] **n.** et **adj.** 1. **n.** Personne qui s'occupe d'éducation, qui donne l'éducation. *Les parents sont les premiers éducateurs.* ♦ Personne qui a reçu une formation spécifique et qui est chargée de l'éducation de personnes en difficulté (déficiences physiques, psychiques, difficultés d'insertion...). *Éducateur spécialisé.* 2. **adj.** Éducatif. *La fonction éducatrice du jeu.*
ÉTYM. latin *educator.*

ÉDUCATIF, IVE [edykatif, iv] **adj.** ✦ Qui a l'éducation pour but ; qui éduque, forme efficacement. *Jeux éducatifs. Des méthodes éducatives.* SYN. **didactique, pédagogique.**
ÉTYM. de *éduquer.*

ÉDUCATION [edykasjɔ̃] **n. f.** 1. Mise en œuvre des moyens propres à assurer la formation et le développement d'un être humain ; moyens pour y parvenir. SYN. **instruction.** *Recevoir une bonne éducation. Les sciences de l'éducation.* → **didactique, pédagogie.** *Faire*

l'éducation d'un enfant. Le ministère de l'Éducation nationale (en France). → **enseignement.** *L'éducation, un enjeu de développement.* ☛ Géographie p. 223 et 235. ◆ loc. *ÉDUCATION PHYSIQUE* : exercices physiques, sports propres à favoriser le développement harmonieux du corps. → **gymnastique, sport.** *Éducation sexuelle. Éducation civique,* destinée à former le citoyen. SYN. **instruction.** 2. Développement méthodique (d'une faculté, d'un organe). SYN. **exercice.** *L'éducation de la volonté, de la mémoire.* 3. Connaissance et pratique des usages de la société. SYN. **politesse, savoir-vivre.** *Avoir de l'éducation. Manquer d'éducation.* CONTR. **grossièreté, impolitesse.**
ÉTYM. latin *educatio.*

ÉDULCORANT [edylkɔʀɑ̃] **n. m.** ✦ Substance qui donne une saveur douce. – *Édulcorant de synthèse* : produit sucrant sans sucre.
ÉTYM. du participe présent de *édulcorer.*

ÉDULCORER [edylkɔʀe] **v. tr.** (conjug. 3a) 1. Adoucir par addition de sucre, de sirop (un médicament, une boisson). 2. Rendre plus faible dans son expression. SYN. **adoucir, atténuer.** – au p. passé *Version édulcorée des faits.*
ÉTYM. latin médiéval *edulcorare,* famille de *dulcis* «doux».

ÉDUQUER [edyke] **v. tr.** (conjug. 3a) ✦ Former par l'éducation. SYN. **élever.** *Ils ont bien éduqué leurs enfants.*
ÉTYM. latin *educare,* de *ducere* «conduire, mener».

| **EF-** → É-

EFFACÉ, ÉE [efase] **adj.** 1. Qui a disparu ou presque disparu. *Une inscription effacée.* 2. Qui a peu d'éclat, qui a passé. *Des teintes effacées.* 3. Qui ne se fait pas voir, reste dans l'ombre. SYN. **modeste.** *Son assistante est très effacée.* CONTR. ① **net** • **vif.**

EFFACEMENT [efasmɑ̃] **n. m.** 1. Action d'effacer ; son résultat. 2. Attitude effacée, modeste. *Vivre dans l'effacement.*

EFFACER [efase] **v. tr.** (conjug. 4) **I** 1. Faire disparaître sans laisser de trace (ce qui était marqué, écrit). SYN. **enlever** ; → **gommer, gratter.** *Le voleur a effacé ses empreintes.* – (choses) Rendre moins net, moins visible. *Le temps a effacé l'inscription.* 2. Faire disparaître, faire oublier. *Effaçons le passé.* 3. Empêcher de paraître, de briller (en brillant davantage). SYN. **éclipser.** *Sa réussite efface toutes les autres.* 4. Tenir de côté ou en retrait, de manière à présenter le moins de surface ou de saillie. *Alignez-vous, effacez l'épaule droite.* **II** *S'EFFACER* **v. pron.** 1. (choses) Disparaître plus ou moins. SYN. **s'estomper.** *Silhouette qui s'efface dans la brume.* – fig. *Son souvenir ne s'effacera jamais.* 2. (personnes) Se tenir de façon à paraître ou à gêner le moins possible. *S'effacer pour laisser passer qqn.* – *Il s'efface par timidité.* CONTR. **accentuer, renforcer** • se **préciser** • se faire **remarquer.**
ÉTYM. de *face.*

EFFARANT, ANTE [efaʀɑ̃, ɑ̃t] **adj.** ✦ Qui effare ou étonne en indignant. *Il est d'une inconscience effarante.* – par exagér. *Il roule à une vitesse effarante. Mais c'est effarant !,* incroyable.
ÉTYM. du participe présent de *effarer.*

EFFARÉ, ÉE [efaʀe] **adj.** ✦ Qui éprouve un effroi mêlé de surprise. SYN. **effrayé, égaré.** *Un regard effaré.* CONTR. ② **calme,** ① **serein.**
ÉTYM. p.-ê. de *effrayer* ou du latin *ferus* «sauvage».

EFFAREMENT [efaʀmɑ̃] **n. m.** ✦ État d'une personne effarée. SYN. **effroi, stupeur,** ② **trouble.** CONTR. ① **calme, sérénité.**

EFFARER [efaʀe] **v. tr.** (conjug. 3a) ✦ Troubler en provoquant un effroi, mêlé de stupeur. SYN. **affoler, effrayer, stupéfier.** *Son cynisme m'effare.* CONTR. **rassurer.**
ÉTYM. de *effaré.*

EFFAROUCHEMENT [efaʀuʃmɑ̃] **n. m.** ✦ LITTÉR. État d'une personne effarouchée (2).

EFFAROUCHER [efaʀuʃe] **v. tr.** (conjug. 3a) 1. Effrayer (un animal) de sorte qu'on le fait fuir. *Attention, vous allez effaroucher le gibier.* 2. Mettre (qqn) dans un état de crainte ou de défiance. *Un rien suffit à l'effaroucher.* SYN. **choquer, offusquer.** CONTR. **enhardir, rassurer.**
ÉTYM. de *farouche.*

EFFECTEUR, TRICE [efɛktœʀ, tʀis] **adj.** ✦ *Organe effecteur,* d'où partent les réponses aux stimulations reçues par un organe récepteur.
ÉTYM. anglais *effector,* de *to effect* «effectuer».

① **EFFECTIF, IVE** [efɛktif, iv] **adj.** ✦ Qui se traduit par un effet, par des actes réels. SYN. **concret, positif, réel, tangible.** *Apporter une aide effective.* CONTR. **fictif.**
ÉTYM. latin *effectivus,* de *effectus* «effet».

② **EFFECTIF** [efɛktif] **n. m.** 1. Nombre réglementaire des hommes qui constituent une formation militaire. *L'effectif d'un bataillon.* – au plur. Troupes. *Augmenter les effectifs.* 2. Nombre des membres (d'un groupe). *L'effectif d'une classe. Les effectifs d'une entreprise.*
ÉTYM. de ① *effectif.*

EFFECTIVEMENT [efɛktivmɑ̃] **adv.** 1. D'une manière effective. SYN. **réellement.** *C'est effectivement arrivé.* 2. adv. de phrase S'emploie pour confirmer une affirmation. SYN. **en effet.** *Effectivement, il s'est trompé.*
ÉTYM. de ① *effectif.*

EFFECTUER [efɛktɥe] **v. tr.** (conjug. 3a) ✦ Faire, exécuter (une opération complexe ou délicate, technique). *Effectuer des réformes. Effectuer une dépense.* – pronom. *Un mouvement qui s'effectue en deux temps.*
ÉTYM. latin médiéval *effectuare,* de *effectus* «réalisation, effet».

EFFÉMINÉ, ÉE [efemine] **adj.** ✦ Qui a les caractères physiques et moraux qu'on prête traditionnellement aux femmes. *Des manières efféminées.* SYN. **féminin.** CONTR. **mâle, viril.**
ÉTYM. latin *effeminatus,* participe passé de *effeminare,* de *femina* «femme».

EFFERVESCENCE [efɛʀvesɑ̃s] **n. f.** 1. Bouillonnement produit par un dégagement de gaz lorsque certaines substances entrent en contact. *La chaux vive entre en effervescence au contact de l'eau.* 2. fig. Agitation, émotion vive mais passagère. *Cet évènement a mis le collège en effervescence.* SYN. **agitation, émoi, fébrilité.**
ÉTYM. du latin *effervescens,* participe présent de *effervescere* «bouillonner».

EFFERVESCENT, ENTE [efɛʀvesɑ̃, ɑ̃t] adj. 1. En effervescence. *Comprimé effervescent.* 2. fig. *Une foule effervescente.* SYN. **agité, tumultueux.**
ÉTYM. latin *effervescens* → effervescence.

EFFET [efɛ] n. m. **I** 1. Ce qui est produit par une cause. SYN. **conséquence, résultat, suite.** *Rapport de cause à effet. Un effet du hasard. Les mesures sont restées sans effet.* ➛ Puissance transmise (par une force, une machine). 2. Phénomène (acoustique, électrique...) apparaissant dans certaines conditions. *L'effet Joule.* ➛ *Effet de serre*.* 3. (Exécution) loc. *PRENDRE EFFET* : devenir applicable, exécutoire à telle date (loi, décision). ➛ *EN EFFET* loc. adv. : s'emploie pour introduire un argument, une explication. → ① **car.** *En effet, je lui ai demandé de venir.* → **effectivement.** ➛ *À CET EFFET* : en vue de cela, pour cet usage. 4. Impression produite (sur qqn). *Un effet de surprise. Son intervention a fait mauvais effet sur l'auditoire.* ➛ *FAIRE EFFET, FAIRE DE L'EFFET* : produire une forte impression. → **faire sensation.** *On dirait que ça lui fait de l'effet.* ➛ *FAIRE L'EFFET DE* : donner l'impression de. *Il nous a fait l'effet d'un escroc (→ avoir l'air de). Cela m'a fait l'effet d'un reproche.* 5. Impression esthétique recherchée par l'emploi de certaines techniques. *Manquer, rater son effet.* ➛ *Effets spéciaux* : trucages visuels ou sonores (cinéma, télévision). 6. au plur. Impression recherchée par des gestes, des attitudes. *Faire des effets de jambes, de voix.* **II** *EFFET (DE COMMERCE)* : titre donnant droit au paiement d'une somme d'argent à une échéance (billet, chèque, traite). *Payer, encaisser un effet.* ➛ *Effets publics,* rentes, obligations, bons du Trésor, émis et garantis par l'État, les collectivités publiques. **III** au plur. VIEILLI Le linge et les vêtements. *Mettre ses effets dans une valise.*
ÉTYM. latin *effectus,* de *efficere* «produire».

EFFEUILLER [efœje] v. tr. (conjug. 3a) 1. Dépouiller de ses feuilles. *Effeuiller des artichauts.* ➛ au p. passé *Un arbre effeuillé.* 2. Dépouiller de ses pétales. ➛ *Effeuiller la marguerite,* pour savoir si on est aimé, en disant, à chaque pétale qu'on enlève : «il (elle) m'aime, un peu, beaucoup, etc.».
► **EFFEUILLAGE** [efœjaʒ] n. m.
ÉTYM. de *feuille.*

EFFICACE [efikas] adj. 1. (choses) Qui produit l'effet qu'on en attend. SYN. ① **actif, puissant,** ① **souverain.** *Un remède efficace. Il m'a apporté une aide efficace.* 2. (personnes) Dont la volonté, l'activité produisent leur effet. *Un collaborateur efficace.* CONTR. **inefficace, inopérant.**
ÉTYM. latin *efficax,* de *efficere* «produire».

EFFICACEMENT [efikasmɑ̃] adv. ✦ D'une manière efficace. CONTR. **inefficacement.**

EFFICACITÉ [efikasite] n. f. 1. Caractère de ce qui est efficace. SYN. ① **action.** 2. Capacité de produire le maximum de résultats avec le minimum d'effort, de dépense. SYN. **rendement.** *Un travail qui manque d'efficacité.* CONTR. **inefficacité ; impuissance.**
ÉTYM. latin *efficacitas.*

EFFICIENCE [efisjɑ̃s] n. f. ✦ anglicisme Efficacité, capacité de rendement.
ÉTYM. anglais *efficiency.*

EFFICIENT, ENTE [efisjɑ̃, ɑ̃t] adj. ✦ PHILOS. *Cause efficiente,* qui produit un effet (opposé à *cause finale*).
ÉTYM. latin *efficiens,* participe présent de *efficere* «produire, réaliser».

EFFIGIE [efiʒi] n. f. 1. (peinture, sculpture) Représentation d'une personne. SYN. **image, portrait.** ➛ loc. *EN EFFIGIE* : sur un mannequin représentant qqn. *Il a été brûlé en effigie.* 2. Représentation du visage (d'une personne), sur une monnaie, une médaille... *Timbre français à l'effigie de Marianne.*
ÉTYM. latin *effigies,* famille de *fingere* «modeler».

① **EFFILÉ** [efile] n. m. ✦ Frange d'une étoffe, formée en effilant la chaîne du tissu. *Les effilés d'un châle.*
ÉTYM. du participe passé de *effiler* (I).

② **EFFILÉ, ÉE** [efile] adj. ✦ Qui va en s'amincissant ; mince et allongé. *Des doigts effilés.* CONTR. **épais, large.**
ÉTYM. de *fil* (III).

EFFILER [efile] v. tr. (conjug. 3a) **I** Défaire (un tissu) fil à fil. SYN. **effilocher.** *Effiler un tissu.* ➛ *Effiler des haricots verts,* en enlever les fils. ➛ pronom. *Le bord de son écharpe s'effile.* **II** Rendre allongé et fin ou pointu. SYN. **allonger, amincir.** ➛ *Effiler les cheveux,* en amincissant les mèches à leur extrémité. CONTR. **élargir, épaissir.**
ÉTYM. de *fil.*

EFFILOCHER [efilɔʃe] v. tr. (conjug. 3a) ✦ Effiler (des tissus, des chiffons) pour réduire en bourre, en ouate. ➛ au p. passé Qui laisse échapper des fils. *Un pull effiloché aux poignets.* ➛ pronom. (tissu) *S'effilocher,* devenir effiloché.
► **EFFILOCHAGE** [efilɔʃaʒ] ou **EFFILOCHEMENT** [efilɔʃmɑ̃] n. m.
ÉTYM. de *filoche,* mot régional, de *fil.*

EFFLANQUÉ, ÉE [eflɑ̃ke] adj. ✦ Qui a les flancs creusés par la maigreur. *Un chien errant efflanqué.* SYN. **étique, maigre, squelettique.** ➛ (personnes) *Il paraissait tout efflanqué dans cet uniforme.* CONTR. **gras.**
ÉTYM. de *flanc.*

EFFLEUREMENT [eflœʀmɑ̃] n. m. ✦ Caresse ou atteinte légère. SYN. **frôlement.**
ÉTYM. de *effleurer.*

EFFLEURER [eflœʀe] v. tr. (conjug. 3a) 1. Toucher légèrement, du bout des doigts, des lèvres. SYN. **frôler.** *Il effleura mon bras.* 2. fig. Toucher à peine à (un sujet), examiner superficiellement. *Il n'a fait qu'effleurer le problème.* ➛ (choses) Faire une impression légère et fugitive sur (qqn). *Cette idée ne m'avait jamais effleuré.* CONTR. **approfondir.**
ÉTYM. de *fleur,* au sens de «surface».

EFFLORESCENCE [eflɔʀesɑ̃s] n. f. ✦ LITTÉR. Floraison, épanouissement (d'un art, d'idées...).
ÉTYM. du latin *efflorescere* «fleurir».

EFFLORESCENT, ENTE [eflɔʀesɑ̃, ɑ̃t] adj. ✦ LITTÉR. En pleine floraison. *Une végétation efflorescente.* SYN. **luxuriant.**
ÉTYM. latin *efflorescens,* participe présent de *efflorescere* «fleurir».

EFFLUENT [eflyɑ̃] n. m. 1. GÉOGR. Cours d'eau issu d'un lac, d'un glacier. 2. TECHN. Eaux à évacuer (eaux usées).
ÉTYM. latin *effluens,* participe présent de *effluere* «s'écouler».

EFFLUVE [eflyv] n. m. 1. LITTÉR. (surtout au plur.) Émanation qui se dégage d'un corps vivant, ou de certaines substances. SYN. **exhalaison.** *Les effluves des tilleuls en fleur.* 2. *Effluve électrique,* décharge électrique à faible luminescence.
ÉTYM. latin *effluvium* «écoulement», de *effluere* → effluent.

EFFONDRÉ, ÉE [efɔ̃dʀe] adj. ✦ Très abattu, sans réaction (après un malheur, un échec). *Après l'accident, il est resté complètement effondré.*
ÉTYM. du participe passé de *s'effondrer.*

EFFONDREMENT [efɔ̃dʀəmɑ̃] n. m. 1. Fait de s'effondrer. SYN. **éboulement, écroulement.** *L'effondrement d'un mur, d'un toit.* 2. fig. Chute, fin brutale. SYN. **ruine.** *L'effondrement de l'Empire romain.* ➡ *L'effondrement des cours de la Bourse.* 3. (personnes) État d'abattement extrême.

S'EFFONDRER [efɔ̃dʀe] v. pron. (conjug. 3a) 1. Tomber sous le poids ou faute d'appui. SYN. **s'affaisser, s'écrouler.** 2. fig. S'écrouler, ne plus tenir. *Espérances, projets qui s'effondrent.* ➡ *Le cours de l'or s'est effondré.* 3. (personnes) Tomber comme une masse. *Il s'est effondré dans le fauteuil.* ➡ fig. Céder brusquement. *Interrogé pendant des heures, le suspect a fini par s'effondrer.* SYN. **craquer** ; → **effondré.** CONTR. **résister.**
ÉTYM. latin populaire *exfunderare,* de *fundus* «fond».

S'EFFORCER [efɔʀse] v. pron. (conjug. 4) 1. *S'EFFORCER DE* (+ inf.) : faire tous ses efforts, employer toute sa force, son adresse, son intelligence en vue de (faire, comprendre, etc.). *S'efforcer de rester calme. Il s'efforce de me convaincre.* SYN. **s'appliquer** (à), **essayer, s'évertuer** (à), **tâcher.** 2. LITTÉR. *S'EFFORCER À* (+ nom) : faire des efforts pour atteindre un but. *Il s'efforçait à une amabilité de façade.* CONTR. **renoncer.**
ÉTYM. de *force.*

EFFORT [efɔʀ] n. m. 1. Activité d'un être conscient qui emploie ses forces pour vaincre une résistance. *Effort physique. Effort intellectuel. Un effort de mémoire, d'imagination. Un effort soutenu, constant, régulier. Faire un effort, des efforts, tous ses efforts pour...* → **s'efforcer.** ➡ loc. *Je veux bien faire un effort,* faire preuve de bonne volonté, envisager une aide financière. SYN. **sacrifice.** ➡ *Un partisan du moindre effort,* un paresseux. ➡ *Sans effort* loc. adv. : facilement. 2. SC. Force exercée. *Effort de traction, de torsion.* ➡ Résistance aux forces extérieures. *L'effort des arches d'un pont.* CONTR. **détente, repos.**
ÉTYM. de *efforcer.*

EFFRACTION [efʀaksjɔ̃] n. f. ✦ DR. Bris de clôture ou de serrures. *Vol avec effraction. Pénétrer dans une maison par effraction.*
ÉTYM. du latin *effractus,* participe passé de *effringere* «briser».

EFFRAIE [efʀɛ] n. f. ✦ Chouette au plumage clair, qui se nourrit de rongeurs.
ÉTYM. p.-ê. de *orfraie,* avec influence de *effrayer.*

EFFRANGER [efʀɑ̃ʒe] v. tr. (conjug. 5) ✦ Effiler sur les bords de manière que les fils pendent. ➡ pronom. S'effilocher. *Le bas du pantalon s'effrange.*
ÉTYM. de *frange.*

EFFRAYANT, ANTE [efʀɛjɑ̃, ɑ̃t] adj. 1. Qui inspire ou peut inspirer de la frayeur. SYN. **effroyable, épouvantable, terrible.** *Un cauchemar effrayant.* 2. FAM. Extraordinaire, extrême. SYN. **formidable.** *Il fait une chaleur effrayante. Ça coûte un prix effrayant.* SYN. **effarant.** CONTR. **rassurant.**
ÉTYM. du participe présent de *effrayer.*

EFFRAYER [efʀeje] v. tr. (conjug. 12) 1. Frapper de frayeur, faire peur à. SYN. **épouvanter, terrifier.** *Les coups de tonnerre l'effrayaient. Il est facile à effrayer.* ➡ pronom. Avoir peur. *Il s'effraie pour rien.* SYN. **s'affoler.** 2. Inquiéter. *Le prix de ce voyage m'effraie un peu.* CONTR. **apaiser, rassurer.**
ÉTYM. latin populaire *exfridare* «faire sortir de la paix», du francique *fridu* «paix».

EFFRÉNÉ, ÉE [efʀene] adj. ✦ LITTÉR. Qui est sans retenue, sans mesure. *Une course effrénée.* ➡ *Une ambition effrénée.* SYN. **démesuré, immodéré.** CONTR. **modéré, sage.**
ÉTYM. latin *effrenatus* «délivré du frein *(frenum)*».

EFFRITEMENT [efʀitmɑ̃] n. m. ✦ Fait de s'effriter, état de ce qui est effrité. SYN. **désagrégation.**

EFFRITER [efʀite] v. tr. (conjug. 3a) I Rendre friable, réduire en poussière. *Effriter une biscotte.* II *S'EFFRITER* v. pron. 1. Se désagréger progressivement, tomber en poussière. *Le bois vermoulu s'effritait.* 2. fig. S'affaiblir en perdant des éléments. SYN. **s'amenuiser.** *La majorité gouvernementale s'effrite à chaque vote.*
ÉTYM. de l'ancien français *effruiter* «dépouiller (la terre) de ses fruits ; rendre stérile».

EFFROI [efʀwa] n. m. ✦ LITTÉR. Grande frayeur, souvent mêlée d'horreur. SYN. **épouvante, terreur.** *Un cri d'effroi. Qui remplit d'effroi.* SYN. **effroyable.**
ÉTYM. de *esfreder,* ancienne forme de *effrayer.*

EFFRONTÉ, ÉE [efʀɔ̃te] adj. ✦ Qui est d'une grande insolence, qui n'a honte de rien. ➡ n. *Taisez-vous, petit effronté !* SYN. **insolent.** CONTR. **modeste, réservé, timide.**
ÉTYM. de *front.*

EFFRONTÉMENT [efʀɔ̃temɑ̃] adv. ✦ D'une manière effrontée. *Il ment effrontément.* CONTR. **timidement.**

EFFRONTERIE [efʀɔ̃tʀi] n. f. ✦ Caractère, attitude d'une personne effrontée. SYN. **impudence, insolence.** CONTR. **modestie, réserve, timidité.**

EFFROYABLE [efʀwajabl] adj. 1. Très effrayant. *Une effroyable catastrophe.* SYN. **effrayant, terrible.** *Vivre dans une misère effroyable.* 2. fig. Extrême, excessif. SYN. **effrayant** (2). *Une pagaille effroyable.*
ÉTYM. de *effroi.*

EFFROYABLEMENT [efʀwajabləmɑ̃] adv. ✦ Extrêmement, terriblement.

EFFUSION [efyzjɔ̃] n. f. 1. RARE Fait de répandre (un liquide). ◆ loc. COUR. *EFFUSION DE SANG* : action de faire couler le sang (dans une action violente). *L'ordre a été rétabli sans effusion de sang.* 2. LITTÉR. Manifestation sincère d'un sentiment. *Remercier avec effusion. Je n'aime guère toutes ces embrassades et effusions.* CONTR. **froideur.**
ÉTYM. latin *effusio,* de *effundere* «répandre».

S'ÉGAILLER [egaje ; egeje] v. pron. (conjug. 3a) ✦ Se disperser, s'éparpiller. *Les enfants s'égaillèrent dans le bois pour s'y cacher.* HOM. ÉGAYER «amuser»
ÉTYM. mot de l'Ouest, latin populaire *aegualiare* «rendre égal *(aequalis)*», avec influence de *gai.*

ÉGAL, ALE, AUX [egal, o] adj. et n. 1. (personnes, choses) Qui est de même quantité, dimension, nature, qualité ou valeur. SYN. **identique, même ; équivalent.** *Diviser un gâteau en parts égales. Deux quantités égales à une même troisième sont égales entre elles. Ils sont de force égale.* – loc. (sc.) *Toutes choses égales d'ailleurs,* en supposant que tous les autres éléments de la situation restent les mêmes. – *N'avoir d'égal que,* n'être égalé que par. *Sa sottise n'a d'égale que sa méchanceté.* 2. Qui met à égalité. *La partie n'est pas égale.* – loc. *Faire jeu égal :* être à égalité. 3. (personnes) Qui est sur le même rang ; qui a les mêmes droits ou charges. SYN. **pareil.** *Égaux devant la loi.* – *Être, rester égal à soi-même,* garder le même caractère. ♦ n. Personne égale par le mérite ou par la condition. *La femme est l'égale de l'homme. Elle n'a pas son égale.* loc. *Traiter d'égal à égal avec qqn,* sur un pied d'égalité. – *SANS ÉGAL,* inégalable. *Une étourderie sans égale.* (invar. au masc. plur.) *Des luxes sans égal.* – *À L'ÉGAL DE,* autant que. 4. Qui est toujours le même ; qui ne varie pas. SYN. **constant, régulier.** *Un pouls égal. Il parlait d'une voix égale. Une humeur toujours égale.* 5. loc. *Ça m'est (bien, complètement, parfaitement, tout à fait) égal,* ça ne m'intéresse pas. *Faites ce que vous voulez, ça m'est bien égal.* – *C'est égal,* quoi qu'il en soit, malgré tout. CONTR. **inégal ; différent · capricieux, changeant, irrégulier.**
HOM. EGO «moi»
ÉTYM. de l'ancien français *evel,* d'après le latin *aequalis.*

ÉGALEMENT [egalmɑ̃] adv. 1. D'une manière égale. *Aimer également tous ses enfants.* 2. De même, aussi. *Je le lui ai dit, mais je tiens à vous le dire également.* CONTR. **inégalement.**

ÉGALER [egale] v. tr. (conjug. 3a) 1. Être égal à. *Une œuvre que rien n'égale en beauté.* – Avoir la même qualité, le même intérêt que. *La réalité égale et souvent dépasse la fiction.* 2. Être égal en quantité à. *Deux plus trois égalent* (ou *égale*) *cinq* (2 + 3 = 5). 3. Faire une performance égale à. *Égaler un record.* CONTR. **dépasser, surpasser.**

ÉGALISATION [egalizasjɔ̃] n. f. ✦ Action d'égaliser. *But d'égalisation.*

ÉGALISER [egalize] v. tr. (conjug. 3a) 1. Rendre égal quant à la quantité ou aux dimensions. *Se faire égaliser les cheveux.* – Aplanir, niveler (un terrain, une surface...). 2. intrans. Obtenir le même nombre de points, de buts que l'adversaire. *À la mi-temps, l'équipe adverse avait égalisé.*
ÉTYM. de *égal.*

ÉGALITAIRE [egalitɛʀ] adj. ✦ Qui vise à l'égalité (2) entre les hommes. *La répartition égalitaire des richesses.* CONTR. **inégalitaire.**
ÉTYM. de *égalité.*

ÉGALITARISME [egalitaʀism] n. m. ✦ Doctrine, système égalitaire.

ÉGALITARISTE [egalitaʀist] adj. et n. ✦ Partisan de l'égalitarisme.

ÉGALITÉ [egalite] n. f. 1. Caractère de ce qui est égal. *L'égalité des forces en présence. Les joueurs sont à égalité (de points).* → **ex æquo.** – GRAMM. *Comparatif d'égalité* (ex. aussi, autant... que). 2. Rapport entre individus égaux. *L'égalité devant la loi. Liberté, égalité, fraternité* (devise de la République française). – *L'égalité des chances.* 3. Rapport entre des grandeurs égales ; formule qui exprime ce rapport. *L'égalité de deux nombres.* – *Égalité remarquable.* → **identité.** 4. Qualité de ce qui est constant, régulier. *L'égalité de son humeur ; son égalité d'humeur.* CONTR. **inégalité · infériorité, supériorité · irrégularité.**
ÉTYM. latin *aequalitas.*

ÉGARD [egaʀ] n. m. 1. loc. *AVOIR ÉGARD À :* considérer (une personne ou une chose) avec une particulière attention. *Il faut avoir égard aux circonstances.* – *EU ÉGARD À* loc. prép. : en considération de, en tenant compte de. *Il a été dispensé eu égard à son âge.* – *À L'ÉGARD DE* loc. prép. : pour ce qui concerne (qqn). → ① **envers.** *J'ai des griefs à son égard.* – *À CET ÉGARD* loc. adv. : sous ce rapport, de ce point de vue. *Ne craignez rien à cet égard.* – *À TOUS ÉGARDS* loc. adv. : sous tous les rapports. *Un appartement agréable à tous égards.* 2. Considération d'ordre moral, déférence, respect. *Agir par égard, sans égard pour* (qqn, qqch.). – au plur. Marques de considération, d'estime. *Il a été reçu avec les égards dus à son rang. Avoir des égards pour qqn.* SYN. **attention, gentillesse.** CONTR. **indifférence.**
ÉTYM. de l'ancien français *esguarder* «veiller sur», de *garder.*

ÉGARÉ, ÉE [egaʀe] adj. 1. Qui a perdu son chemin. *Un skieur égaré.* ♦ Qui a été égaré. *Un objet égaré.* 2. Qui est comme fou ; qui trahit le désordre mental. SYN. **hagard.** *Un regard égaré.*

ÉGAREMENT [egaʀmɑ̃] n. m. ✦ LITTÉR. État d'une personne qui s'écarte du bon sens. SYN. **dérèglement, désordre.** *Un moment d'égarement.*
ÉTYM. de *égarer.*

ÉGARER [egaʀe] v. tr. (conjug. 3a) I 1. Mettre hors du bon chemin. SYN. **fourvoyer.** *Le guide nous a égarés.* – Mettre (une chose) à une place qu'on oublie ; perdre momentanément. *Égarer ses clés.* SYN. **perdre.** 2. (compl. personne) Mettre hors du droit chemin, écarter de la vérité, du bien. SYN. **tromper.** *La colère vous égare.* II *S'ÉGARER* v. pron. 1. (choses, personnes) Se perdre. *La lettre a dû s'égarer.* 2. fig. Faire fausse route, sortir du sujet. *La discussion s'égare.* ♦ Sortir du bon sens, divaguer. *Sa raison s'égarait.* CONTR. **diriger ; retrouver.**
ÉTYM. germanique *warôn* «faire attention à».

ÉGAYER [egeje] v. tr. (conjug. 12) 1. LITTÉR. Rendre gai, amuser. SYN. **divertir, réjouir.** *Il savait nous égayer par ses plaisanteries.* 2. (choses) Rendre agréable, colorer d'une certaine gaieté. *Des bibelots, des rideaux qui égaient une pièce.* 3. *S'ÉGAYER* v. pron. S'amuser. *S'égayer aux dépens de qqn,* s'en moquer. HOM. ÉGAILLER «se disperser»
ÉTYM. de *gai.*

ÉGÉRIE [eʒeʀi] n. f. ✦ Conseillère, inspiratrice (d'un homme politique, d'un artiste).
ÉTYM. latin *Egeria,* nom étrusque d'une nymphe ☛ noms propres.

ÉGIDE [eʒid] n. f. 1. DIDACT. Bouclier de Zeus, d'Athéna. 2. fig. LITTÉR. Protection. ♦ loc. *SOUS L'ÉGIDE DE :* sous la protection de (une autorité, une loi). *Conférence organisée sous l'égide de...*
ÉTYM. latin *Aeges, Aegidis* «bouclier (de Jupiter, d'Athéna)», du grec *aigis* «(bouclier en) peau de chèvre (*aix, aigos*)».

ÉGLANTIER [eglɑ̃tje] **n. m.** ✦ Rosier sauvage.
ÉTYM. de l'ancien français *aiglant*, latin populaire *aquilentum*, de *aculentum* «muni d'épines», de *acus* «aiguille».

ÉGLANTINE [eglɑ̃tin] **n. f.** ✦ Fleur de l'églantier.
ÉTYM. ancien français *aiglantin*, de *aiglant* → églantier.

ÉGLEFIN [egləfɛ̃] **n. m.** ✦ Poisson de mer, proche de la morue. *Églefin fumé.* → **haddock.** – On écrit aussi *aiglefin* [ɛgləfɛ̃].
ÉTYM. ancien néerlandais *schelvisch*.

ÉGLISE [egliz] **n. f.** I (*L'Église*) 1. Ensemble des chrétiens. SYN. **chrétienté.** 2. Ensemble de fidèles (chrétiens) unis dans une communion particulière. → **confession, religion.** *L'Église catholique, orthodoxe. Les Églises réformées.* 3. absolt L'Église catholique. *L'Église et l'État.* 4. L'état ecclésiastique, l'ensemble des ecclésiastiques. SYN. **clergé.** *Un homme d'Église.* II (*Une, des églises*) Édifice consacré au culte de la religion chrétienne, surtout catholique. → **basilique, cathédrale, chapelle ; abbatiale.** *Église paroissiale. Église romane, gothique.* ◆ *Se marier à l'église,* religieusement. *Aller à l'église,* être pratiquant.
ÉTYM. latin populaire *eclesia*, pour *ecclesia* «assemblée», du grec.

ÉGLOGUE [eglɔg] **n. f.** ✦ Petit poème pastoral ou champêtre. SYN. **bucolique, idylle, pastorale.**
ÉTYM. latin *ecloga*, du grec «choix».

EGO [ego] **n. m.** ✦ PHILOS. Sujet pensant. ◆ PSYCH. Le moi. HOM. ÉGAUX (pluriel de *égal* «équivalent»)
ÉTYM. mot latin «je, moi», d'après l'allemand *das Ich* «le je».

ÉGOCENTRIQUE [egosɑ̃tʀik] **adj.** ✦ Qui manifeste de l'égocentrisme. *Une attitude égocentrique.* – **adj.** et **n.** (personnes) Égocentriste.
ÉTYM. du latin *ego* «moi» et de *centre*.

ÉGOCENTRISME [egosɑ̃tʀism] **n. m.** ✦ Tendance à tout rapporter à soi, à ne s'intéresser vraiment qu'à soi.
ÉTYM. de *égocentrique*.

ÉGOCENTRISTE [egosɑ̃tʀist] **adj.** et **n.** ✦ (Personne) qui a un comportement égocentrique. SYN. **égoïste.**
ÉTYM. de *égocentrisme*.

ÉGOÏNE [egɔin] **n. f.** ✦ Petite scie à main, composée d'une lame terminée par une poignée. – appos. *Des scies égoïnes.*
ÉTYM. latin populaire *scofina*, de *scobina* «lime».

ÉGOÏSME [egɔism] **n. m.** ✦ Attachement excessif à soi-même qui fait que l'on recherche exclusivement son plaisir et son intérêt personnels. SYN. **égocentrisme, individualisme.** ◆ Tendance, chez les membres d'un groupe, à tout subordonner à leur intérêt. *Un égoïsme de classe.* CONTR. **abnégation, altruisme, désintéressement, générosité.**
ÉTYM. du latin *ego* «moi».

ÉGOÏSTE [egɔist] **adj.** ✦ Qui fait preuve d'égoïsme, est caractérisé par l'égoïsme. *Une attitude égoïste.* – **n.** *Se conduire en égoïste.* CONTR. **altruiste, désintéressé, généreux.**
ÉTYM. du latin *ego* «moi».

ÉGOÏSTEMENT [egɔistəmɑ̃] **adv.** ✦ D'une manière égoïste. *Il profite égoïstement de la situation.*

ÉGORGER [egɔʀʒe] **v. tr.** (conjug. 5) ✦ Tuer (un animal, un être humain) en lui coupant la gorge. *Égorger un cochon.* SYN. **saigner.**
► **ÉGORGEMENT** [egɔʀʒəmɑ̃] **n. m.**
ÉTYM. de *gorge*.

ÉGORGEUR, EUSE [egɔʀʒœʀ, øz] **n.** ✦ Assassin qui égorge ses victimes.

S'ÉGOSILLER [egozije] **v. pron.** (conjug. 3a) 1. Se fatiguer la gorge à force de parler, de crier. SYN. **s'époumoner.** 2. (oiseaux) Chanter longtemps, le plus fort possible.
ÉTYM. de *gosier*.

ÉGOTISME [egɔtism] **n. m.** ✦ LITTÉR. Disposition à analyser en détail sa propre personnalité physique et morale. *« Souvenirs d'égotisme »* (de Stendhal). ◆ Culte du moi. SYN. **narcissisme.**
► **ÉGOTISTE** [egɔtist] **adj.** et **n.**
ÉTYM. anglais *egotism*, trad. du français *égoïsme*.

ÉGOUT [egu] **n. m.** ✦ Canalisation, généralement souterraine, servant à l'écoulement et à l'évacuation des eaux ménagères et industrielles. *Le réseau des égouts d'une ville. Bouche d'égout.*
ÉTYM. de *égoutter*.

ÉGOUTIER, IÈRE [egutje, jɛʀ] **n.** ✦ Personne qui travaille à l'entretien des égouts. *Des bottes d'égoutier.*

ÉGOUTTER [egute] **v. tr.** (conjug. 3a) ✦ Débarrasser (une chose) d'un liquide qu'on fait écouler goutte à goutte. *Égoutter des pâtes, un fromage frais.* – pronom. Perdre son eau goutte à goutte. *Laisser la vaisselle s'égoutter.*
► **ÉGOUTTAGE** [egutaʒ] ou **ÉGOUTTEMENT** [egutmɑ̃] **n. m.**
ÉTYM. de ① *goutte*.

ÉGOUTTOIR [egutwaʀ] **n. m.** ✦ Ustensile qui sert à faire égoutter qqch. *Égouttoir à vaisselle, à fromages.*

ÉGRAPPER [egʀape] **v. tr.** (conjug. 3a) ✦ Détacher (les fruits) de la grappe. *Égrapper des raisins, des groseilles.*
► **ÉGRAPPAGE** [egʀapaʒ] **n. m.**
ÉTYM. de *grappe*.

ÉGRATIGNER [egʀatiɲe] **v. tr.** (conjug. 3a) 1. Écorcher, en déchirant superficiellement la peau. SYN. **érafler, griffer.** *Le chat lui a égratigné la main.* – pronom. *Elle s'est égratignée en cueillant des mûres.* ◆ Entamer superficiellement (une matière quelconque). SYN. **érailler.** *Le vernis a été égratigné.* 2. fig. Blesser légèrement par un mot, un trait ironique.
ÉTYM. de l'ancien français *gratiner*, diminutif de *gratter*.

ÉGRATIGNURE [egʀatiɲyʀ] **n. f.** 1. Blessure superficielle et sans gravité. SYN. **écorchure, éraflure.** – *Se tirer d'un accident sans une égratignure,* sans la moindre blessure. ◆ Dégradation légère. *Les égratignures de la carrosserie.* 2. fig. *Une égratignure d'amour-propre.*
ÉTYM. de *égratigner*.

ÉGRENAGE [egʀənaʒ ; egʀenaʒ] **n. m.** ✦ Action d'égrener. *L'égrenage du maïs.*

ÉGRÈNEMENT [egʀɛnmɑ̃] **n. m.** ✦ Fait de s'égrener. – *L'égrènement des heures.*

ÉGRENER [egʀəne ; egʀene] **v. tr.** (conjug. 7a) 1. Dégarnir de ses grains (un épi, une cosse, une grappe). *Égrener du blé.* 2. *Égrener un chapelet,* en faire passer chaque

A B C D E F G H I J K L M N O P Q R S T U V W X Y Z

grain successivement entre ses doigts. **3.** Faire entendre un à un, de façon détachée. *L'horloge égrène les heures.* **4.** *S'ÉGRENER* **v. pron.** Se décomposer ou se présenter en une série d'éléments semblables et distincts. *Les notes du carillon s'égrènent.*
ÉTYM. de *grain.*

ÉGRILLARD, ARDE [egʀijaʀ, aʀd] **adj.** ✦ Qui se complaît dans des propos ou des sous-entendus licencieux. *À la fin du repas, il devenait égrillard.* – *Une chanson égrillarde.* SYN. **osé,** ① **salé.**
ÉTYM. de l'ancien français *escriller,* par le normand *égriller* «glisser», p.-ê. ancien scandinave *skridla.*

ÉGROTANT, ANTE [egʀɔtɑ̃, ɑ̃t] **adj.** ✦ LITTÉR. Souffreteux, maladif.
ÉTYM. latin *aegrotans,* famille de *aeger, aegra* «malade».

ÉGYPTIEN, IENNE [eʒipsjɛ̃, jɛn] **adj.** et **n.** **1. adj.** et **n.** De l'Égypte (ancienne ou moderne). *L'art égyptien.* – **n.** *Les Égyptiens.* **2. n. m.** *L'égyptien ancien :* la langue des anciens Égyptiens, écrite en hiéroglyphes. ♦ *L'égyptien moderne :* l'arabe d'Égypte.

ÉGYPTOLOGIE [eʒiptɔlɔʒi] **n. f.** ✦ Connaissance de l'Égypte ancienne, de son histoire, de sa langue, de sa civilisation.
ÉTYM. de *Égypte* et *-logie.*

ÉGYPTOLOGUE [eʒiptɔlɔg] **n.** ✦ Spécialiste d'égyptologie ; archéologue qui s'occupe des antiquités égyptiennes.

***EH** [e ; ɛ] **interj.** ✦ Exclamation, variante de *hé. Eh ! Fais attention !* – renforce le mot suivant *Eh oui ! c'est comme ça !* HOM. ET (conjonction), HÉ «cri d'appel» ; HAIE «clôture»

ÉHONTÉ, ÉE [eɔ̃te] **adj.** ✦ Qui n'a pas honte en commettant des actes répréhensibles. SYN. **cynique, impudent.** *Un tricheur éhonté.* – *C'est un mensonge éhonté.* CONTR. **honteux.**
ÉTYM. de *honte.*

EIDER [ɛdɛʀ] **n. m.** ✦ Grand canard des pays du Nord, fournissant un duvet apprécié. *Des eiders.*
ÉTYM. islandais *aedur.*

ÉJACULATION [eʒakylasjɔ̃] **n. f.** ✦ Émission du sperme par la verge.
ÉTYM. de *éjaculer.*

ÉJACULER [eʒakyle] **v. intr.** (conjug. 3a) ✦ Émettre le sperme.
ÉTYM. latin *ejaculari* «lancer avec force», famille de *jacere* «lancer, jeter».

ÉJECTABLE [eʒɛktabl] **adj.** ✦ *Siège éjectable,* qui peut être éjecté hors de l'avion, avec son occupant, en cas de perdition.

ÉJECTER [eʒɛkte] **v. tr.** (conjug. 3a) **1.** Rejeter en dehors. *La douille est éjectée quand le tireur réarme.* – **pronom.** *Le pilote a pu s'éjecter.* **2.** FAM. Expulser, renvoyer (qqn). *Il s'est fait éjecter avec perte et fracas.*
ÉTYM. latin *ejectare,* famille de *jacere* «jeter».

ÉJECTEUR [eʒɛktœʀ] **n. m.** ✦ Appareil, mécanisme servant à éjecter une pièce, à évacuer un fluide.
ÉTYM. de *éjection.*

ÉJECTION [eʒɛksjɔ̃] **n. f.** ✦ Action d'éjecter, fait d'être éjecté. *L'éjection d'une douille.* – FAM. *L'éjection d'un indésirable.*
ÉTYM. latin *ejectio.*

ÉLABORATION [elabɔʀasjɔ̃] **n. f.** **1.** Action d'élaborer par un travail intellectuel. *L'élaboration d'un projet.* **2.** Production (d'une substance organique) par une transformation physiologique. *L'élaboration de la bile par le foie.*
ÉTYM. latin *elaboratio.*

ÉLABORER [elabɔʀe] **v. tr.** (conjug. 3a) **1.** Préparer mûrement, par un lent travail de l'esprit. SYN. **combiner, former.** *Élaborer un plan.* **2.** Produire (une substance organique) par une transformation physiologique. *Les globules blancs élaborent des antitoxines.*
ÉTYM. latin *elaborare,* famille de *labor* «travail».

ÉLÆIS [eleis] → **ÉLÉIS**

ÉLAGUER [elage] **v. tr.** (conjug. 3b) **1.** Dépouiller (un arbre) des branches superflues. SYN. **ébrancher, tailler.** ♦ Supprimer, couper. *Élaguer des branches mortes.* **2.** fig. Débarrasser des détails ou développements inutiles. *Élaguer un exposé.* – Retrancher. SYN. **couper.** *Il y a beaucoup à élaguer dans cet article.*
► **ÉLAGAGE** [elagaʒ] **n. m.**
ÉTYM. du norrois *laga* «arranger».

ÉLAGUEUR, EUSE [elagœʀ, øz] **n.** ✦ Personne qui élague les arbres.

① **ÉLAN** [elɑ̃] **n. m.** **1.** Mouvement par lequel on s'élance. – Mouvement progressif préparant l'exécution d'un saut, d'un exercice. *Le sauteur prend son élan.* ♦ Mouvement d'une chose lancée. SYN. **lancée.** *Camion emporté par son élan.* **2.** fig. Mouvement subit, qu'un vif sentiment inspire. SYN. **transport.** *Un élan de tendresse.* – sans compl. Mouvement affectueux, moment d'expansion. *Il n'a jamais un élan vers elle.*
ÉTYM. de *s'élancer.*

② **ÉLAN** [elɑ̃] **n. m.** ✦ Grand cerf des pays du Nord, à grosse tête, aux bois aplatis en éventail. *Élan du Canada.* SYN. **orignal.**
ÉTYM. ancien allemand *elen,* d'une langue balte.

ÉLANCÉ, ÉE [elɑ̃se] **adj.** ✦ Mince et svelte. *Une jeune fille élancée.* CONTR. **ramassé, trapu.**
ÉTYM. du participe passé de *élancer* (I).

ÉLANCEMENT [elɑ̃smɑ̃] **n. m.** ✦ Douleur brusque, aiguë, lancinante.
ÉTYM. de *élancer* (II).

ÉLANCER [elɑ̃se] **v.** (conjug. 4) **I v. tr.** VX Lancer ; élever très haut. **II v. intr.** Causer des élancements. *Mon doigt m'élance.* **III** *S'ÉLANCER* **v. pron.** Se lancer en avant avec force et vitesse. SYN. se **précipiter,** se **ruer ;** → ① **élan.** *S'élancer vers qqn, à la poursuite de qqn.* CONTR. **reculer.**
ÉTYM. de ① *lancer.*

ÉLARGIR [elaʀʒiʀ] **v. tr.** (conjug. 13) **I 1.** Rendre plus large. *On a élargi la route.* SYN. **agrandir.** – **pronom.** Devenir plus large. *Le sentier s'élargissait.* ♦ **intrans.** Devenir plus large. *Ce pull a élargi.* **2.** fig. Rendre plus ample, plus général. SYN. **étendre.** *Il faut élargir le débat.* – **au p. passé** *Le gouvernement s'appuiera sur une majorité élargie.* **II** DR. Mettre en liberté (un détenu). SYN. **libérer, relâcher.** CONTR. **rétrécir · borner, limiter, res-**

treindre • écrouer, incarcérer.

ÉTYM. de *large.*

ÉLARGISSEMENT [elaʀʒismɑ̃] n. m. **1.** Action d'élargir, fait de s'élargir. *Les travaux d'élargissement d'une rue.* SYN. **agrandissement. 2.** Action de rendre plus ample. SYN. **développement, extension.** *L'élargissement de ses fonctions.* **3.** DR. Mise en liberté (d'un détenu). SYN. **libération.** CONTR. **rétrécissement • diminution • incarcération.**

ÉLASTICITÉ [elastisite] n. f. **1.** Propriété qu'ont certains corps de reprendre (au moins partiellement) leur forme et leur volume primitifs quand la force qui s'exerçait sur eux cesse d'agir. *L'élasticité du caoutchouc, des gaz.* **2.** Souplesse (de l'allure, des mouvements). *L'élasticité de la démarche du chat.* **3.** fig. Possibilité de s'adapter, de s'interpréter, de s'appliquer de façons diverses. *Profiter de l'élasticité d'un règlement. L'élasticité de l'offre et de la demande.* CONTR. **raideur • rigidité.**

ÉTYM. latin scientifique *elasticitas,* de *elasticus* «élastique».

ÉLASTIQUE [elastik] adj. et n. m.

I adj. 1. Qui a de l'élasticité. SYN. **compressible, extensible, flexible.** *Les gaz sont très élastiques.* – Fait d'une matière douée d'élasticité. **2.** Souple. *Une foulée élastique.* **3.** fig. Que l'on peut adapter selon les besoins. *Horaires élastiques.* – péj. *Une morale élastique,* sans rigueur, très accommodante. CONTR. **raide • rigide, strict ; rigoureux.**

II n. m. Tissu souple contenant des fils de caoutchouc. *Des bretelles en élastique.* – Ruban d'une matière élastique ; lien circulaire en caoutchouc.

ÉTYM. latin mod. *elasticus,* du grec *ela(s)tos* «étiré».

ÉLASTOMÈRE [elastɔmɛʀ] n. m. ✦ Caoutchouc synthétique. *Semelles en élastomère.*

ÉTYM. de *élastique* et *(poly)mère.*

ELDORADO [ɛldɔʀado] n. m. ✦ Pays merveilleux d'abondance et de délices. *Des eldorados.*

ÉTYM. espagnol *el dorado* «le doré». ☛ ELDORADO (noms propres).

ÉLECTEUR, TRICE [elɛktœʀ, tʀis] n. **1.** Personne qui a le droit de vote. *L'inscription d'un électeur sur une liste électorale. Carte d'électeur.* ♦ *Grands électeurs,* qui élisent les sénateurs (en France), le Président (aux États-Unis). **2.** HIST. Prince, évêque de l'Empire germanique ayant le droit d'élire l'empereur. *L'électeur palatin.*

ÉTYM. latin *elector,* de *eligere* «choisir».

ÉLECTIF, IVE [elɛktif, iv] adj. **1.** Qui choisit, élit. *Affinité élective,* entente profonde. **2.** Désigné ou conféré par élection. *Une charge élective.*

ÉTYM. latin *electivus.*

ÉLECTION [elɛksjɔ̃] n. f. **1.** vx Choix ; action d'élire. – loc. MOD. *D'ÉLECTION* : qu'on a choisi. *C'est sa patrie d'élection.* **2.** Choix, désignation d'une ou plusieurs personnes par un vote. *Procéder à l'élection du président.* – *Les élections législatives, municipales, cantonales.*

ÉTYM. latin *electio.*

ÉLECTORAL, ALE, AUX [elɛktɔʀal, o] adj. ✦ Relatif aux élections. *Campagne électorale. Liste électorale,* des électeurs. *Carte électorale.*

ÉTYM. du latin *elector* «électeur».

ÉLECTORALISME [elɛktɔʀalism] n. m. ✦ POLIT. Tendance d'un parti à subordonner sa politique à la recherche des succès électoraux.

► **ÉLECTORALISTE** [elɛktɔʀalist] adj. et n. *Un ministre électoraliste.*

ÉLECTORAT [elɛktɔʀa] n. m. **1.** Qualité d'électeur, usage du droit d'électeur. *En France, les femmes ont obtenu l'électorat en 1946.* **2.** Ensemble des électeurs. *L'électorat français. L'électorat féminin, communiste.*

ÉTYM. du latin *elector* «électeur».

ÉLECTRICIEN, IENNE [elɛktʀisjɛ̃, jɛn] n. **1.** SC. Physicien spécialiste de l'électricité. **2.** COUR. Personne (technicien, ouvrier) spécialisée dans le matériel et les installations électriques.

ÉTYM. de *électrique.*

ÉLECTRICITÉ [elɛktʀisite] n. f. **1.** PHYS. et COUR. Une des formes de l'énergie, mise en évidence par la structure de la matière ; ensemble des phénomènes causés par une charge électrique. *Électricité négative, positive. Électricité statique,* en équilibre (phénomènes d'électrisation par frottement, par contact). → **électrostatique.** *Électricité dynamique,* courant électrique (→ **électrodynamique**). – loc. *Il y a de l'électricité dans l'air* ; fig. les gens sont nerveux, excités. **2.** COUR. Cette énergie dans ses usages domestiques, industriels, techniques. ☛ Géographie p. 230. *Se chauffer à l'électricité. Facture d'électricité. Panne, coupure d'électricité.* – FAM. *Allumer, éteindre l'électricité,* l'éclairage électrique. **3.** par métaphore et fig. Caractère de ce qui est tendu, électrique (3). *Une atmosphère politique chargée d'électricité.*

ÉTYM. anglais *electricity.*

ÉLECTRIFICATION [elɛktʀifikasjɔ̃] n. f. ✦ Action d'électrifier. *L'électrification du réseau ferroviaire.*

ÉLECTRIFIER [elɛktʀifje] v. tr. (conjug. 9) **1.** Faire fonctionner en utilisant l'énergie électrique. *Électrifier une ligne de chemin de fer.* – au p. passé *Ligne électrifiée.* **2.** Pourvoir d'énergie électrique. *Électrifier un hameau.*

ÉTYM. de *électrique.*

ÉLECTRIQUE [elɛktʀik] adj. **1.** Propre ou relatif à l'électricité. *L'énergie électrique. Charge, courant électrique. Pile* électrique.* – *Centrales électriques* (hydrauliques, thermiques, nucléaires), qui produisent l'électricité. ☛ Géographie p. 225. ♦ Qui utilise l'électricité. *L'éclairage électrique.* **2.** Qui fonctionne à l'électricité. *Four, rasoir électrique. Voiture électrique.* – *La chaise* électrique.* **3.** fig. Qui évoque les effets de l'électricité (tension, choc). *Atmosphère électrique,* tendue. – *Bleu électrique,* très vif.

ÉTYM. latin scientifique *electricus,* du latin *electrum* «ambre», à cause de ses propriétés électriques.

ÉLECTRIQUEMENT [elɛktʀikmɑ̃] adv. **1.** Quant à l'électricité. *Atome électriquement neutre.* **2.** Par l'énergie électrique. *Cette tondeuse fonctionne électriquement.*

ÉTYM. de *électrique.*

ÉLECTRISER [elɛktʀize] v. tr. (conjug. 3a) **1.** Communiquer à (un corps) des propriétés, des charges électriques. – au p. passé *Corps électrisé par frottement.* **2.** fig. Animer, pousser à l'action, en produisant une impression vive, exaltante. SYN. **enflammer, galvaniser.** *Orateur qui électrise la foule.*

A B C D E F G H I J K L M N O P Q R S T U V W X Y Z

► **ÉLECTRISATION** [elɛktʀizasjɔ̃] **n. f.**
ÉTYM. de *électrique*.

| ÉLECTRO- Élément, du radical de *électrique*.

ÉLECTROACOUSTIQUE [elɛktʀoakustik] **n. f.** ✦ Technique de production, d'enregistrement et de reproduction des sons par des moyens électriques. ➛ **adj.** *Musique électroacoustique.*
ÉTYM. de *électro-* et *acoustique* (II).

ÉLECTROAIMANT [elɛktʀoɛmɑ̃] **n. m.** ✦ Dispositif produisant un champ magnétique grâce à deux bobines parcourues par un courant électrique et reliées par un barreau de fer doux.
ÉTYM. de *électro-* et ② *aimant*.

ÉLECTROCARDIOGRAMME [elɛktʀokaʀdjɔgʀam] **n. m.** ✦ Tracé obtenu par enregistrement des phénomènes électriques du cœur qui se contracte (l'*électrocardiographie* **n. f.**).
ÉTYM. allemand *Elektrokardiogramm* → électro- et cardiogramme.

ÉLECTROCHIMIE [elɛktʀoʃimi] **n. f.** ✦ Discipline qui traite des phénomènes chimiques en relation avec l'électricité.
► **ÉLECTROCHIMIQUE** [elɛktʀoʃimik] **adj.** *Pile électrochimique.*

ÉLECTROCHOC [elɛktʀɔʃɔk] **n. m.** ✦ MÉD. Procédé de traitement psychiatrique consistant à faire passer un courant alternatif à travers la boîte crânienne.

ÉLECTROCUTER [elɛktʀɔkyte] **v. tr.** (conjug. 3a) **1.** Tuer par une décharge électrique. *Électrocuter un condamné à mort* (aux États-Unis ; → chaise* électrique). **2.** Commotionner par une décharge électrique. ➛ **pronom.** *Il a failli s'électrocuter.*
ÉTYM. anglais *to electrocute*, de *electro-* et *to execute* «exécuter».

ÉLECTROCUTION [elɛktʀɔkysjɔ̃] **n. f.** ✦ Action d'électrocuter, de s'électrocuter.
ÉTYM. anglais *electrocution*.

ÉLECTRODE [elɛktʀɔd] **n. f.** ✦ PHYS. Conducteur par lequel le courant arrive ou sort. ➙ **anode, cathode.** ➛ Chacune des tiges (de graphite, de métal) entre lesquelles on fait jaillir un arc électrique.
ÉTYM. anglais *electrod*, de *electro-* et *cathode*.

ÉLECTRODYNAMIQUE [elɛktʀodinamik] **n. f.** et **adj.** **1.** **n. f.** Partie de la physique qui traite de l'électricité dynamique (courants électriques). **2.** **adj.** Qui appartient au domaine de cette science.
ÉTYM. de *électro-* et *dynamique* (II).

ÉLECTROENCÉPHALOGRAMME [elɛktʀoɑ̃sefalɔgʀam] **n. m.** ✦ MÉD. Tracé obtenu par enregistrement de l'activité électrique du cerveau (l'*électroencéphalographie* [elɛktʀoɑ̃sefalɔgʀafi] **n. f.**). *Un électroencéphalogramme plat signale la mort clinique.*

ÉLECTROGÈNE [elɛktʀɔʒɛn] **adj.** ✦ Qui produit de l'électricité. ➛ *Groupe électrogène*, formé par un moteur et une dynamo, qui transforme l'énergie mécanique en énergie électrique. ➙ **génératrice.**
ÉTYM. de *électro-* et *-gène*.

ÉLECTROLUMINESCENCE [elɛktʀolyminesɑ̃s] **n. f.** ✦ PHYS. Émission de lumière par certaines substances soumises à un champ électrique.

ÉLECTROLUMINESCENT, ENTE [elɛktʀolyminesɑ̃, ɑ̃t] **adj.** ✦ PHYS. Qui émet de la lumière après avoir été soumis à un champ électrique. *Diode électroluminescente :* recomm. offic. pour LED.
ÉTYM. de *électroluminescence*.

ÉLECTROLYSE [elɛktʀɔliz] **n. f.** ✦ Décomposition chimique (de substances en fusion ou en solution) obtenue par le passage d'un courant électrique.
► **ÉLECTROLYSER** [elɛktʀɔlize] **v. tr.** (conjug. 3a)
ÉTYM. anglais *electrolysis* → électro- et -lyse.

ÉLECTROLYSEUR [elɛktʀɔlizœʀ] **n. m.** ✦ Appareil constitué d'une cuve et d'électrodes, pour effectuer des électrolyses.
ÉTYM. de *électrolyser*.

ÉLECTROLYTE [elɛktʀɔlit] **n. m.** ✦ CHIM. Corps qui peut être décomposé par électrolyse.
ÉTYM. anglais *electrolyte*, de *electro-* et du grec *lutos* «soluble».

ÉLECTROLYTIQUE [elɛktʀɔlitik] **adj.** ✦ CHIM. **1.** Qui se rapporte à un électrolyte. **2.** Relatif à l'électrolyse.
ÉTYM. de *électrolyte*.

ÉLECTROMAGNÉTIQUE [elɛktʀomaɲetik] **adj.** ✦ De l'électromagnétisme.

ÉLECTROMAGNÉTISME [elɛktʀomaɲetism] **n. m.** ✦ DIDACT. Partie de la physique qui étudie les interactions entre courants électriques et champs magnétiques.

ÉLECTROMÉNAGER [elɛktʀomenaʒe] **adj. m.** ✦ *Appareils électroménagers :* appareils électriques à usage domestique (fers à repasser, aspirateurs, réfrigérateurs, etc.). ➛ **n. m.** Ensemble de ces appareils ; industrie qui les produit.
ÉTYM. de *électro-* et ① *ménager* (2).

ÉLECTROMÈTRE [elɛktʀɔmɛtʀ] **n. m.** ✦ Appareil servant à mesurer les charges électriques et les différences de potentiel.
ÉTYM. de *électro-* et *-mètre*.

ÉLECTROMOTEUR, TRICE [elɛktʀomɔtœʀ, tʀis] **adj.** ✦ Qui développe de l'électricité sous l'action d'un agent mécanique ou chimique. ➛ *Force électromotrice* (abrév. *f.é.m.*), exprimée par le quotient de la puissance électrique par l'intensité du courant. *Cette pile a une force électromotrice de 1,5 volt.*
ÉTYM. de *électro-* et *moteur* (I, 2).

ÉLECTRON [elɛktʀɔ̃] **n. m.** ✦ PHYS. Particule fondamentale extrêmement légère, gravitant autour du noyau atomique, et chargée d'électricité négative.
ÉTYM. anglais *electron*, de *electric* et *ion*.

ÉLECTRONÉGATIF, IVE [elɛktʀonegatif, iv] **adj.** ✦ CHIM. (atome) Qui a tendance à attirer les électrons. *Le fluor est l'élément le plus électronégatif.* CONTR. **électropositif.**

ÉLECTRONICIEN, IENNE [elɛktʀɔnisjɛ̃, jɛn] **n.** ✦ Spécialiste de l'électronique.

ÉLECTRONIQUE [elɛktʀɔnik] **adj.** et **n. f.**
I adj. **1.** Propre ou relatif aux électrons. *Émission, flux électronique.* **2.** Qui appartient à l'électronique (II), fonctionne suivant ses lois. *Microscope électronique. Calculateur électronique. Montre électronique.* ➙ à **quartz.** ➛ Fait par des procédés électroniques. *Annuaire électronique. Musique électronique.*
II n. f. **1.** Partie de la physique étudiant les phéno-

mènes où sont mis en jeu des électrons à l'état libre. 2. COUR. Technique dérivant de cette science (utilisation des tubes électroniques, des transistors).
► **ÉLECTRONIQUEMENT** [elɛktʀɔnikmɑ̃] **adv.**
ÉTYM. anglais *electronic.*

ÉLECTRONUCLÉAIRE [elɛktʀonykleɛʀ] **adj.** ✦ DIDACT. Relatif à la production d'électricité à partir de la fission nucléaire. ➛ **n. m.** *Emploi de l'électronucléaire.* → **nucléaire.**

ÉLECTRONVOLT [elɛktʀɔ̃vɔlt] **n. m.** ✦ PHYS. Unité de mesure d'énergie (symb. eV) utilisée en physique des particules et en électronique.
ÉTYM. de *électron* et *volt.*

ÉLECTROPHONE [elɛktʀɔfɔn] **n. m.** ✦ VIEILLI Appareil de reproduction sonore des enregistrements phonographiques sur disque. SYN. **tourne-disque.**
ÉTYM. de *électro-* et *-phone.*

ÉLECTROPOSITIF, IVE [elɛktʀopozitif, iv] **adj.** ✦ CHIM. (atome) Qui a tendance à céder les électrons. *Dans l'électrolyse, les atomes des éléments électropositifs se portent à la cathode.* CONTR. **électronégatif.**

ÉLECTROSENSIBILITÉ [elɛktʀosɑ̃sibilite] **n. f.** ✦ Forte sensibilité aux ondes électromagnétiques ; troubles qui en résulteraient.

ÉLECTROSENSIBLE [elɛktʀosɑ̃sibl] **adj.** et **n.** ✦ (Personne) qui souffre d'électrosensibilité.

ÉLECTROSTATIQUE [elɛktʀostatik] **adj.** et **n. f.** 1. **adj.** Propre ou relatif à l'électricité statique. *Machines électrostatiques.* 2. **n. f.** Partie de la physique traitant des phénomènes d'électricité statique.
ÉTYM. de *électro-* et *statique* (II, 1).

ÉLECTROTECHNICIEN, IENNE [elɛktʀotɛknisjɛ̃, jɛn] **n.** ✦ Spécialiste d'électrotechnique.

ÉLECTROTECHNIQUE [elɛktʀotɛknik] **adj.** et **n. f.** 1. **adj.** Relatif aux applications techniques de l'électricité. 2. **n. f.** Étude de ces applications.

ÉLECTRUM [elɛktʀɔm] **n. m.** ✦ DIDACT. Alliage d'or et d'argent utilisé dans l'Antiquité.
ÉTYM. latin *electrum,* du grec.

ÉLECTUAIRE [elɛktɥɛʀ] **n. m.** ✦ DIDACT. Préparation pharmaceutique molle (poudres incorporées à du miel, à un sirop).
ÉTYM. latin *electuarium,* altération du grec *ekleikton,* d'après latin *electus* «choisi».

ÉLÉGAMMENT [elegamɑ̃] **adv.** ✦ Avec élégance. *Être élégamment vêtu.* ➛ *Il n'a pas agi très élégamment.*
ÉTYM. de *élégant.*

ÉLÉGANCE [elegɑ̃s] **n. f.** 1. Qualité esthétique de ce qui est élégant. *L'élégance des formes, des proportions.* 2. Choix heureux des expressions, style harmonieux. *S'exprimer avec élégance.* 3. Bon goût manifestant un style personnel dans l'habillement, la parure, les manières. SYN. **chic, distinction.** *Une élégance raffinée.* 4. Bon goût, distinction morale ou intellectuelle accompagnés d'aisance. *Ses façons de faire manquent d'élégance.* SYN. **classe, délicatesse.** *Perdre avec élégance.* CONTR. **inélégance ; vulgarité ; grossièreté.**
ÉTYM. latin *elegantia.*

ÉLÉGANT, ANTE [elegɑ̃, ɑ̃t] **adj.** 1. Qui a de la grâce et de la simplicité. SYN. **gracieux.** *La forme élégante d'une colonnade. Un costume très élégant.* SYN. **chic.** 2. (personnes, lieux fréquentés) Qui a de l'élégance, du chic. SYN. **chic, distingué.** *Une femme élégante. Un restaurant élégant,* fréquenté par une clientèle élégante. 3. Qui a de la pureté dans l'expression. *Un style élégant.* 4. Qui a de l'élégance morale, intellectuelle. *Un procédé peu élégant.* SYN. **délicat.** *C'est la solution la plus élégante.* CONTR. **commun, grossier, inélégant, vulgaire.**
ÉTYM. latin *elegans* «qui sait choisir *(legere)*».

ÉLÉGIAQUE [eleʒjak] **adj.** et **n.** ✦ Propre à l'élégie, ou dans son style. *Des poésies élégiaques.*

ÉLÉGIE [eleʒi] **n. f.** ✦ Poème lyrique exprimant une plainte douloureuse, des sentiments mélancoliques. ☛ Littérature p. 124. *Les élégies de Ronsard, de Chénier.*
ÉTYM. latin *elegia,* du grec, de *elegos* «chant funèbre».

ÉLÉIS [eleis] **n. m.** ✦ BOT. Palmier à huile. ➛ variante ÉLÆIS.
ÉTYM. du grec *elaïeeis* «huileux».

ÉLÉMENT [elemɑ̃] **n. m.** **I** 1. Chacune des choses dont la combinaison, la réunion forme une autre chose, un tout. SYN. **composant**(e), **morceau, partie.** *Les éléments d'un assemblage. Tous les éléments du problème.* ➛ MATH., LOG. Un des «objets» qui constituent un ensemble. *«L'élément a appartient à l'ensemble A» s'écrit «a ∈ A».* ➛ Partie (d'un mécanisme, d'un appareil composé de séries semblables). ➛ LING. Partie d'un mot que l'on peut isoler par l'analyse. *Les éléments grecs et latins dans les mots français.* ☛ Langue française p. 111. 2. **au plur.** Premiers principes sur lesquels on fonde une science, une technique. *Apprendre les éléments de la physique.* SYN. **rudiment ;** → **élémentaire.** 3. Personne appartenant à un groupe. *Recruter de nouveaux éléments. Les bons éléments d'une classe.* ➛ **sing. collectif** *L'élément féminin était fortement représenté.* 4. Formation militaire appartenant à un ensemble plus important. *Des éléments blindés.* **II** 1. VX Principe constitutif des corps matériels. *Les quatre éléments* (terre, eau, air, feu). 2. *LES ÉLÉMENTS :* ensemble des forces naturelles qui agitent la terre, la mer, l'atmosphère. *Lutter contre les éléments déchaînés.* 3. *L'élément de qqn,* le milieu, l'entourage habituel ou favorable, où il est à l'aise. *Au milieu des enfants, il est dans son élément.* 4. SC. Corps chimique simple. *Les éléments hydrogène* (H) *et oxygène* (O) *de l'eau* (H_2O). *Des éléments radioactifs.* ➛ *Classification périodique des éléments* (proposée par Mendeleïev), qui répartit les éléments chimiques en lignes et en colonnes faisant apparaître des propriétés analogues, variant selon le numéro atomique.
ÉTYM. latin *elementum.*

ÉLÉMENTAIRE [elemɑ̃tɛʀ] **adj.** **I** 1. DIDACT. Qui concerne les éléments (I, 1). 2. Qui contient, qui concerne les premiers éléments d'une science, d'un art. *Traité de géométrie élémentaire.* ➛ *Cours élémentaire (C. E.),* les deux classes entre le cours préparatoire et le cours moyen, dans les écoles primaires, en France (C. E.1, C. E.2). 3. Très simple, réduit à l'essentiel, au minimum. SYN. **rudimentaire.** *La plus élémentaire des politesses. Des précautions élémentaires. C'est élémentaire,* c'est évident, c'est le minimum. **II** SC. D'un élément (II, 4). *Particule élémentaire.* CONTR. **supérieur** •

complexe.
ÉTYM. latin *elementarius.*

ÉLÉPHANT [elefɑ̃] **n. m.** 1. Très grand mammifère herbivore, à corps massif, à peau rugueuse, à grandes oreilles plates, au nez allongé en trompe et à défenses d'ivoire. *Éléphant mâle, femelle* (parfois *une éléphante* n. f.). *L'éléphant barrit.* ➡ *Une mémoire d'éléphant,* exceptionnelle. *Il est gros comme un éléphant.* 2. fig. Personne très grosse, à la démarche pesante. loc. *Un éléphant dans un magasin de porcelaine,* un lourdaud qui intervient dans une affaire délicate. ♦ Personnage important et installé (dans un parti politique). 3. loc. *PATTES D'ÉLÉPHANT* : bas de pantalon évasé. 4. *ÉLÉPHANT DE MER* : gros phoque à trompe.
ÉTYM. latin *elephantus,* du grec.

ÉLÉPHANTEAU [elefɑ̃to] **n. m.** ✦ Très jeune éléphant. *Des éléphanteaux.*

ÉLÉPHANTESQUE [elefɑ̃tɛsk] **adj.** ✦ Énorme, d'une grosseur monstrueuse.

ÉLÉPHANTIASIS [elefɑ̃tjazis] **n. m.** ✦ MÉD. Maladie chronique de la peau, caractérisée par une augmentation de volume considérable de certaines parties du corps (jambes, organes génitaux...).
ÉTYM. latin *elephantiasis,* du grec *elephas, elephantos* «éléphant».

ÉLEVAGE [el(ə)vaʒ] **n. m.** 1. Action d'élever (les animaux domestiques ou utiles) ; ensemble des techniques permettant de les faire naître, de veiller à leur développement, leur entretien, leur reproduction. *L'élevage du bétail. L'élevage des abeilles* (apiculture), *des vers à soie* (sériciculture). ➡ absolt Élevage du bétail. *Apparition de l'élevage* (après la chasse) *à la fin de la préhistoire. Un pays d'élevage.* 2. Ensemble des animaux élevés ensemble. *Un élevage de truites.*
ÉTYM. de *élever.*

ÉLÉVATEUR, TRICE [elevatœʀ, tʀis] **adj.** et **n.** 1. **adj.** Se dit de muscles qui élèvent, relèvent (certaines parties du corps). *Le muscle élévateur de la paupière.* 2. *Appareil élévateur* ou **n. m.** *élévateur,* appareil capable d'élever qqch. à un niveau supérieur. ➡ *Chariot élévateur.*
ÉTYM. latin *elevator.*

ÉLÉVATION [elevasjɔ̃] **n. f.** 1. Action de lever, d'élever ; position élevée. *Mouvement d'élévation du bras.* 2. RELIG. CATHOL. Moment de la messe où le prêtre élève l'hostie. 3. Fait de s'élever. SYN. **montée.** *L'élévation du niveau des mers.* ☛ Géographie p. 225. ➡ fig. *Une forte élévation de température.* SYN. **augmentation, hausse.** 4. *(Une, des élévations)* Terrain élevé. SYN. **éminence, hauteur.** 5. fig. Action d'élever (II), de s'élever (à un rang éminent, supérieur). *Son élévation au grade de colonel.* SYN. **accession ; promotion.** 6. Caractère noble, élevé (de l'esprit). SYN. **noblesse.** *Une grande élévation de pensée.* CONTR. **abaissement, baisse · bassesse.**
ÉTYM. latin *elevatio.*

ÉLÈVE [elɛv] **n.** 1. Personne qui reçoit ou suit l'enseignement d'un maître (dans un art, une science) ou d'un précepteur. SYN. **disciple ;** → **étudiant.** *Ce tableau est d'un élève de Rembrandt.* 2. Enfant, adolescent qui reçoit l'enseignement donné dans une école, un collège, un lycée. → **écolier, collégien, lycéen.** *Une excellente élève. Mauvais élève.* → **cancre.** ➡ *Anciens élèves des grandes écoles.* 3. Candidat à un grade militaire. *Élève officier.*
ÉTYM. de *élever* (III).

ÉLEVÉ, ÉE [el(ə)ve] **adj.** **I** 1. Situé à une certaine hauteur. SYN. ① **haut.** *Une colline peu élevée. Le point le plus élevé.* 2. Qui atteint une grande importance. *Une température élevée.* 3. LITTÉR. Supérieur moralement ou intellectuellement. SYN. **noble.** *Il a un sentiment très élevé de son devoir.* **II** *BIEN, MAL ÉLEVÉ, ÉE* : qui a reçu une bonne, une mauvaise éducation, est poli, impoli. ➡ **n.** *Un, une MAL ÉLEVÉ, ÉE.* → **malappris, malotru.** ➡ FAM. *C'est très mal élevé de dire ça,* c'est une preuve de mauvaise éducation, d'impolitesse. → **grossier, impoli, incorrect,** FAM. **malpoli.** CONTR. ① **bas.**
ÉTYM. du participe passé de *élever.*

ÉLEVER [el(ə)ve] **v. tr.** (conjug. 7a) **I** 1. Mettre ou porter plus haut. SYN. **hisser,** ① **lever, soulever.** ➡ Dresser. *Élever les bras au-dessus de sa tête.* 2. Faire monter à un niveau supérieur. SYN. **hausser.** *Les pluies ont élevé le niveau de la rivière. Élever la maison d'un étage.* SYN. **surélever.** 3. Construire (en hauteur). *Élever un mur, un bâtiment.* SYN. **bâtir.** *Élever une statue.* SYN. ② **dresser, ériger.** ♦ GÉOM. *Élever une perpendiculaire à une droite,* la tracer en partant d'un point de cette droite. **II** fig. 1. Porter à un rang supérieur. *Il a été élevé au grade supérieur.* SYN. **promouvoir.** 2. Porter à un degré supérieur. SYN. **augmenter, relever.** ♦ MATH. *Élever un nombre au carré, au cube.* ♦ *Élever le ton, la voix,* parler plus haut ; parler avec autorité. 3. Rendre moralement ou intellectuellement supérieur. *Lecture qui élève l'esprit.* **III** 1. Amener (un enfant) à son plein développement physique et moral. SYN. **entretenir, nourrir, soigner.** *Il a été élevé par sa grand-mère.* 2. Faire l'éducation de (un être humain). SYN. **éduquer ;** → **élevé** (II). *Ses parents l'ont bien élevé.* 3. Faire l'élevage de (un animal). *Élever des lapins.* **IV** *S'ÉLEVER* **v. pron.** 1. Aller plus haut, monter. *Le cerf-volant s'élève dans le ciel.* 2. (hauteur, édifice) Se dresser jusqu'à une certaine hauteur. *La falaise s'élève à pic.* 3. (personnes) *S'ÉLEVER CONTRE* : intervenir pour combattre. *Je m'élève contre cette décision injuste.* 4. (personnes) Arriver à un rang supérieur. *Il s'est élevé par son seul travail.* SYN. **réussir.** 5. (choses mesurables) Augmenter, devenir plus haut. *La température s'élève.* ➡ *Le prix s'élève à deux mille euros.* SYN. **atteindre.** CONTR. **abaisser, baisser · détruire · diminuer.**
ÉTYM. de *lever* et latin *elevare.*

ÉLEVEUR, EUSE [el(ə)vœʀ, øz] **n.** ✦ Personne qui pratique l'élevage. *Propriétaire et éleveur de chevaux de course.*
ÉTYM. de *élever* (III, 3).

ELFE [ɛlf] **n. m.** ✦ Génie de l'air, dans la mythologie scandinave. SYN. **sylphe.**
ÉTYM. ancien suédois *älf,* norrois *alfr.*

ÉLIDER [elide] **v. tr.** (conjug. 3a) ✦ Effacer (une voyelle) par l'élision. ➡ au p. passé *Article élidé* (ex. *l'* pour *le, la*).
ÉTYM. latin *elidere.*

ÉLIGIBILITÉ [eliʒibilite] **n. f.** ✦ Capacité à être candidat aux élections.
ÉTYM. de *éligible.*

ÉLIGIBLE [eliʒibl] **adj.** ✦ Qui est dans les conditions requises pour pouvoir être élu (député, etc.).
ÉTYM. bas latin *eligibilis,* de *eligere* «choisir».

ÉLIMER [elime] **v. tr.** (conjug. 3a) ✦ User (une étoffe) par le frottement, à force de s'en servir. *Élimer sa veste aux coudes.* ➝ **au p. passé** *Chemise élimée aux poignets.*
ÉTYM. de *lime.*

ÉLIMINATION [eliminasjɔ̃] **n. f.** 1. Action d'éliminer, fait d'être éliminé. *L'élimination d'une équipe en finale.* ➝ *Procéder par élimination,* écarter toutes les hypothèses que le raisonnement ou l'expérience empêchent d'admettre. 2. PHYSIOL. Évacuation des substances nuisibles et inutiles, de déchets résultant du métabolisme. SYN. **excrétion.**
ÉTYM. du latin *eliminatus,* participe passé de *eliminare* → éliminer.

ÉLIMINATOIRE [eliminatwaʀ] **adj.** et **n. f.** 1. **adj.** Qui sert à éliminer (1). *Note éliminatoire,* qui fait échouer un candidat quelles que soient ses autres notes. 2. **n. f. pl.** Série d'épreuves sportives dont l'objet est de sélectionner les sujets les plus qualifiés en éliminant les autres.
ÉTYM. de *élimination.*

ÉLIMINER [elimine] **v. tr.** (conjug. 3a) 1. Écarter à la suite d'un choix, d'une sélection. SYN. **exclure, rejeter.** *Le jury a éliminé la moitié des candidats.* ➝ **au p. passé** *Les équipes éliminées de la Coupe.* 2. Supprimer, faire disparaître (ce qui est considéré comme gênant ou inutile). *Éliminer une difficulté.* ➝ *Éliminer les inconnues d'une équation.* 3. Faire disparaître en supprimant l'existence. *La dictature élimine les opposants.* SYN. **tuer** ; FAM. **liquider.** 4. Évacuer (les déchets, toxines, etc.). ➝ **sans compl.** *Il élimine mal.* CONTR. **conserver, garder** • **recevoir, retenir.**
► **ÉLIMINATEUR, TRICE** [eliminatœʀ, tʀis] **adj.** *Méthode éliminatrice.*
ÉTYM. latin *eliminare* «faire sortir», littéralement «faire passer le seuil *(limen, liminis)*».

ÉLINGUE [elɛ̃g] **n. f.** ✦ MAR. Cordage, câble dont on entoure les fardeaux pour les soulever.
► **ÉLINGUER** [elɛ̃ge] **v. tr.** (conjug. 3b)
ÉTYM. de *eslinge,* francique *slinga* «fronde».

ÉLIRE [eliʀ] **v. tr.** (conjug. 68) 1. VX Choisir comme meilleur. 2. Nommer (qqn) à une dignité, à une fonction par voie de suffrages (➝ **élection**). *Élire un candidat à l'unanimité. Il est élu pour cinq ans.* 3. **loc.** *Élire domicile,* se fixer (dans un lieu) pour y habiter. *Les hirondelles ont élu domicile sous le toit.*
ÉTYM. latin populaire *exlegere,* classique *eligere* «choisir».

ÉLISABÉTHAIN, AINE [elizabetɛ̃, ɛn] **adj.** ✦ Qui appartient au règne d'Élisabeth Ire (☛ noms propres), reine d'Angleterre. *Le théâtre élisabéthain* (époque de Shakespeare).

ÉLISION [elizjɔ̃] **n. f.** ✦ Suppression à l'écrit et à l'oral d'une voyelle finale devant une voyelle initiale ou un *h* muet. *L'apostrophe est le signe de l'élision* (ex. l'art, s'il).
ÉTYM. latin *elisio,* de *elidere* «élider».

ÉLITE [elit] **n. f.** 1. Ensemble des personnes les plus remarquables (d'un groupe, d'une communauté). SYN. FAM. **crème, gratin.** *L'élite de l'armée, de l'université.* ➝ *D'ÉLITE :* hors du commun ; éminent, supérieur. *Un tireur d'élite.* 2. *LES ÉLITES :* les personnes qui, par leur valeur, occupent le premier rang.
► **ÉLITAIRE** [elitɛʀ] **adj.**
ÉTYM. de *élit,* ancien participe passé de *élire.*

ÉLITISME [elitism] **n. m.** ✦ Le fait de favoriser une élite aux dépens de la masse. *L'élitisme de l'enseignement.*

ÉLITISTE [elitist] **adj.** ✦ Qui favorise l'élite (sans se soucier du niveau moyen). *Une conception élitiste de la culture.*
ÉTYM. de *élitisme.*

ÉLIXIR [eliksiʀ] **n. m.** 1. Médicament liquide, mélange de sirops, d'alcool et de substances aromatiques. *Élixir parégorique.* 2. Boisson magique. SYN. **philtre.**
ÉTYM. latin médiéval *elixir,* arabe *al-iksir* «pierre philosophale» et «médicament», du grec *xêrion* «médicament de poudre sèche *(xêros)*».

ELLE, ELLES [ɛl] **pron. pers. f.** ✦ Pronom personnel féminin sujet (➝ **il**) ou complément de la troisième personne. *Elle arrive. Je l'ai vue, elle. Adressez-vous à elles. C'est pour elle. Elle-même l'a dit,* elle en personne. ➝ **même.** HOM. AILE «organe du vol», L (lettre)
ÉTYM. latin *illa,* féminin de *ille* «celui-là».

ELLÉBORE [elebɔʀ ; ɛllebɔʀ] **n. m.** ✦ Herbe dont la racine a des propriétés purgatives, vermifuges, et qui passait autrefois pour guérir la folie. ➝ **variante** HELLÉBORE.
ÉTYM. latin *elleborus,* du grec.

① **ELLIPSE** [elips] **n. f.** ✦ Omission de un ou plusieurs mots dans une phrase qui reste cependant compréhensible. *Ellipse du verbe dans «chacun pour soi»* (chacun *agit* pour soi). ➝ *Ellipse narrative :* omission volontaire d'une étape dans une narration. ♦ Art du raccourci, du sous-entendu.
ÉTYM. latin *ellipsis,* du grec.

② **ELLIPSE** [elips] **n. f.** ✦ GÉOM. Courbe plane fermée dont chaque point est tel que la somme de ses distances à deux points fixes (appelés *foyers*) est constante. *Les ellipses que décrivent les planètes.* ♦ Ovale.
ÉTYM. latin scientifique *ellipsis,* du grec «manque (cercle imparfait)» ; même origine que ① *ellipse.*

ELLIPSOÏDE [elipsɔid] **n. m.** et **adj.** ✦ GÉOM. 1. **n. m.** *Ellipsoïde de révolution,* solide engendré par une ellipse tournant autour d'un de ses axes. 2. **adj.** Qui a la forme d'une ellipse.
► **ELLIPSOÏDAL, ALE, AUX** [elipsɔidal, o] **adj.**
ÉTYM. de ② *ellipse* et *-oïde.*

① **ELLIPTIQUE** [eliptik] **adj.** 1. Qui présente une ellipse ①, des ellipses. *Une proposition elliptique.* 2. Qui ne développe pas toute sa pensée. *Une façon elliptique de s'exprimer.*
► **ELLIPTIQUEMENT** [eliptikmɑ̃] **adv.**
ÉTYM. grec *elleiptikos.*

② **ELLIPTIQUE** [eliptik] **adj.** ✦ Qui appartient à l'ellipse ②, est en ellipse. *Orbite elliptique.*
ÉTYM. latin scientifique *ellipticus,* du grec.

ÉLOCUTION [elɔkysjɔ̃] **n. f.** ✦ Manière de s'exprimer oralement, d'articuler et d'enchaîner les phrases. *Il a une grande facilité d'élocution. Défaut d'élocution.* SYN. **articulation, prononciation.**
ÉTYM. latin *elocutio,* de *eloqui* «parler».

ÉLOGE [elɔʒ] **n. m. 1.** Discours pour célébrer qqn ou qqch. SYN. **panégyrique.** *Éloge funèbre,* où l'on expose les mérites du défunt. **2.** Jugement favorable (qu'on exprime au sujet de qqn). SYN. **compliment, félicitation, louange.** *Il a été couvert, comblé d'éloges. Parler de qqn avec éloge.* ➝ *Faire l'éloge de qqn, qqch.* (➙ ① **louer**). CONTR. **blâme,** ② **critique, reproche.**
ÉTYM. latin *elogium* «épitaphe», du grec, avec influence du latin *eulogia* «belles paroles».

ÉLOGIEUX, EUSE [elɔʒjø, øz] **adj.** ✦ (personnes) Qui fait des éloges. ♦ Qui renferme un éloge, des éloges. SYN. **flatteur, louangeur.** *Parler de qqn en termes élogieux.* CONTR. ② **critique, injurieux.**
▶ **ÉLOGIEUSEMENT** [elɔʒjøzmɑ̃] **adv.**

ÉLOIGNÉ, ÉE [elwaɲe] **adj. 1.** Qui est à une certaine distance, à une assez grande distance (dans l'espace ou dans le temps). *Un pays éloigné.* SYN. **lointain.** *Un passé peu éloigné.* ➝ *ÉLOIGNÉ DE.* SYN. **loin.** *Il vit éloigné de sa famille. Une maison éloignée de la ville.* SYN. **distant.** ♦ fig. LITTÉR. *Je ne suis pas éloigné de croire que,* je le crois presque. **2.** Qui a des liens de parenté indirects avec (qqn). *Un cousin éloigné.* **3.** fig. Différent, divergent. *Récit très éloigné de la vérité.* CONTR. **proche, voisin.**
ÉTYM. du participe passé de *éloigner.*

ÉLOIGNEMENT [elwaɲmɑ̃] **n. m. 1.** Mesure par laquelle on éloigne (qqn). **2.** Fait d'être éloigné dans l'espace ou le temps. *Avec l'éloignement, les faits prennent un autre sens.* SYN. **recul.** CONTR. **rappel · proximité, rapprochement.**

ÉLOIGNER [elwaɲe] **v. tr.** (conjug. 3a) **1.** Mettre ou faire aller à une certaine distance, loin. SYN. ① **écarter, reculer,** ① **repousser.** *Éloignez les enfants du feu. Cet incident éloigne la date de mon départ.* ➙ **retarder. 2.** fig. Écarter, détourner qqn. *Ce scandale l'a éloigné de la politique.* **3.** *S'ÉLOIGNER* **v. pron.** SYN. **s'en aller,** ① **partir.** *Ne t'éloigne pas d'ici.* ➝ absolt *L'orage s'éloigne.* ♦ fig. *Elle s'éloigne de lui,* elle l'aime moins, s'en détache. ➝ *Nous nous éloignons du sujet.* CONTR. **attirer, rapprocher.**
ÉTYM. de *loin.*

ÉLONGATION [elɔ̃gasjɔ̃] **n. f.** ✦ Lésion produite par un étirement ou une rupture d'un muscle, d'un tendon.
ÉTYM. de *élonger* «allonger», de *long.*

ÉLOQUEMMENT [elɔkamɑ̃] **adv.** ✦ Avec éloquence.
ÉTYM. de *éloquent.*

ÉLOQUENCE [elɔkɑ̃s] **n. f. 1.** Don de la parole, facilité pour bien s'exprimer. SYN. **verve.** *Parler avec éloquence.* **2.** Art de toucher et de persuader par le discours. SYN. **rhétorique.** *L'éloquence politique, religieuse.* **3.** Qualité de ce qui (sans parole) est expressif, éloquent. *L'éloquence d'une mimique.* ➝ Caractère probant. *L'éloquence d'un bilan.*
ÉTYM. latin *eloquentia.*

ÉLOQUENT, ENTE [elɔkɑ̃, ɑ̃t] **adj. 1.** Qui a, qui montre de l'éloquence. *Un orateur éloquent.* SYN. **disert.** ➝ Qui convainc (paroles). *S'exprimer en termes éloquents.* SYN. **convaincant, persuasif. 2.** Qui, sans discours, est expressif, révélateur. *Un geste éloquent.* ➝ Qui parle de lui-même. SYN. **parlant, probant.** *Ces chiffres sont éloquents.*
ÉTYM. latin *eloquens,* p. présent de *eloqui* «parler».

ÉLU, UE [ely] **adj. I 1.** Choisi par Dieu. *Le peuple élu,* le peuple juif. ➝ **n.** *Les élus,* les personnes destinées à la vie éternelle. ➝ loc. *Beaucoup d'appelés* mais peu d'élus.* **2. n.** Personne choisie (sentimentalement). *Il va se marier. – Quelle est l'heureuse élue ?* **II** Désigné par élection (➙ **élire**). ➝ **n.** *Les élus locaux* (maire, conseiller départemental). CONTR. **damné, réprouvé.**
ÉTYM. du participe passé de *élire.*

ÉLUCIDATION [elysidasjɔ̃] **n. f.** ✦ Action d'élucider. SYN. **éclaircissement, explication.** *L'élucidation d'un problème.*

ÉLUCIDER [elyside] **v. tr.** (conjug. 3a) ✦ Rendre clair (ce qui présente à l'esprit des difficultés). SYN. **clarifier, éclaircir, expliquer.** *L'enquête va élucider l'affaire.*
ÉTYM. latin *elucidare* «rendre clair, lumineux *(lucidus)*».

ÉLUCUBRATION [elykybʀasjɔ̃] **n. f.** ✦ (surtout au plur.) péj. Œuvre ou théorie laborieusement édifiée et peu sensée, peu réaliste.
ÉTYM. latin *elucubratio,* de *elucubrare* «faire à force de veilles *(lucubrum)*».

ÉLUDER [elyde] **v. tr.** (conjug. 3a) ✦ Éviter avec adresse, par un artifice, un faux-fuyant. SYN. **escamoter, tourner.** *Il essaie d'éluder le problème.* CONTR. **affronter.**
ÉTYM. latin *eludere* «éviter en se jouant».

ÉLYSÉEN, ENNE [elizeɛ̃, ɛn] **adj. 1.** MYTHOL. De l'Élysée, séjour des bienheureux aux enfers. **2.** FAM. (en France) De l'Élysée (☛ noms propres), résidence du président de la République.

ÉLYTRE [elitʀ] **n. m.** ✦ Aile antérieure dure et cornée des insectes coléoptères, qui recouvre l'aile postérieure membraneuse à la façon d'un étui. *Les élytres du hanneton, du scarabée.*
ÉTYM. grec *elutron* «étui».

| **EM-** ➙ **EN-**

ÉMACIÉ, ÉE [emasje] **adj.** ✦ Très amaigri. SYN. **maigre, squelettique.** *Visage émacié.* CONTR. **bouffi, empâté, gras.**
ÉTYM. latin *emaciatus,* famille de *macer* «maigre».

E-MAIL [imɛl] **n. m.** ✦ anglicisme Adresse électronique. ♦ Courrier électronique. SYN. **courriel,** ② **mail.** *Recevoir des e-mails.*
ÉTYM. mot américain, abréviation de *electronic mail.*

ÉMAIL, AUX [emaj, o] **n. m. 1.** Vernis constitué par un produit vitreux, coloré, fondu, puis solidifié. *Émail cloisonné.* **2.** au plur. Ouvrages d'orfèvrerie émaillés. *L'art des émaux.* **3.** Tôle, fonte émaillée. *Baignoire en émail.* **4.** Substance transparente extrêmement dure, qui recouvre l'ivoire de la couronne des dents.
ÉTYM. francique *smalt.*

ÉMAILLAGE [emajaʒ] **n. m.** ✦ Action d'émailler ; son résultat. *L'émaillage d'une céramique.*

ÉMAILLER [emaje] **v. tr.** (conjug. 3a) **1.** Recouvrir d'émail. *Émailler une porcelaine.* ➝ au p. passé *Fonte émaillée.* **2.** LITTÉR. (sujet chose) Orner de points de couleur vive. *Les fleurs qui émaillent les prés.* **3.** fig. Semer (un ouvrage) d'ornements divers. SYN. **enrichir.** ➝ fig. iron. *Lettre émaillée de fautes.*

ÉMAILLEUR, EUSE [emajœʀ, øz] n. ✦ Personne qui fabrique des émaux ; ouvrier spécialisé dans l'émaillage des métaux.
ÉTYM. de *émailler*.

ÉMANATION [emanasjɔ̃] n. f. 1. Ce qui émane, procède d'autre chose. SYN. **expression.** *Le pouvoir, dans une démocratie, doit être l'émanation de la volonté populaire.* 2. Émission ou exhalaison de particules, de corpuscules. *Des émanations gazeuses.* ◆ Odeur. *Les émanations d'un égout.* 3. PHYS. Gaz radioactif produit par la désagrégation du radium, du thorium et de l'actinium.
ÉTYM. latin *emanatio*.

ÉMANCIPATEUR, TRICE [emɑ̃sipatœʀ, tʀis] n. ✦ Personne, principe qui émancipe (2).

ÉMANCIPATION [emɑ̃sipasjɔ̃] n. f. 1. DR. Acte par lequel un mineur est émancipé. 2. Action d'affranchir ou de s'affranchir d'une autorité, de servitudes ou de préjugés. SYN. **libération.** *Mouvement d'émancipation des colonies.* → **décolonisation.** *L'émancipation des femmes.* CONTR. **tutelle • asservissement, soumission.**
ÉTYM. latin *emancipatio*.

ÉMANCIPER [emɑ̃sipe] v. tr. (conjug. 3a) 1. DR. Affranchir (un mineur) de la puissance parentale ou de la tutelle. 2. Affranchir (qqn), libérer (→ **émancipation,** 2). 3. *S'ÉMANCIPER* v. pron. S'affranchir (d'une dépendance, de contraintes). ◆ FAM. Prendre des libertés, rompre avec les contraintes morales et sociales. CONTR. **asservir, soumettre.**
ÉTYM. latin *emancipare,* de *mancipium* « droit de propriété ».

ÉMANER [emane] v. intr. (conjug. 3a) 1. Provenir comme de sa source naturelle. SYN. **découler,** ① **dériver.** *Cet ordre émane du ministre.* 2. Provenir (d'une source physique). *La lumière émane du soleil.* – (gaz, radiations) S'échapper d'un corps. 3. Provenir comme par rayonnement. *Le charme qui émane de sa personne.*
ÉTYM. latin *emanare* « couler de ».

ÉMARGEMENT [emaʀʒəmɑ̃] n. m. ✦ Action d'émarger. *Feuille d'émargement,* feuille de présence.

ÉMARGER [emaʀʒe] v. tr. (conjug. 5) ✦ Signer dans la marge (un compte, un état). ◆ sans compl. Toucher le traitement affecté à un emploi.
ÉTYM. de *marge*.

ÉMASCULER [emaskyle] v. tr. (conjug. 3a) ✦ Priver (un mâle) des organes de la reproduction. SYN. **castrer, châtrer.**
► **ÉMASCULATION** [emaskylasjɔ̃] n. f.
ÉTYM. latin *emasculare,* de *masculus* « mâle ».

ÉMAUX → **ÉMAIL**

EMBÂCLE [ɑ̃bakl] n. m. ✦ Obstruction du lit d'un cours d'eau, d'un détroit par un amas de glace flottante.
ÉTYM. de *débâcle*.

EMBALLAGE [ɑ̃balaʒ] n. m. 1. Action d'emballer. SYN. **conditionnement.** *Frais de port et d'emballage.* 2. Ce qui sert à emballer. *Papier d'emballage. Emballage consigné.* CONTR. **déballage.**

EMBALLANT, ANTE [ɑ̃balɑ̃, ɑ̃t] adj. ✦ FAM. Enthousiasmant.
ÉTYM. du participe présent de *emballer*.

EMBALLEMENT [ɑ̃balmɑ̃] n. m. ✦ Fait de s'emballer ; enthousiasme irréfléchi. *Méfiez-vous des emballements.*

EMBALLER [ɑ̃bale] v. tr. (conjug. 3a) **I** 1. Mettre (un objet, une marchandise) dans une enveloppe qui protège, sert au transport, à la présentation. SYN. **empaqueter, envelopper.** *Emballer soigneusement des verres.* 2. FAM. Arrêter (qqn). *La police l'a emballé.* **II** 1. Faire s'emballer (un cheval). – *Emballer un moteur,* le faire tourner trop vite. 2. FAM. Enchanter, enthousiasmer. *Ce film ne m'emballe pas.* **III** *S'EMBALLER* v. pron. 1. (cheval) Prendre le mors aux dents, échapper à la main du cavalier. ◆ (moteur, machine) Prendre un régime de marche trop rapide. 2. (personnes) Se laisser emporter par un mouvement irréfléchi, céder à l'impatience, à l'enthousiasme. *Ne nous emballons pas !* SYN. se **précipiter.** *Il s'emballe pour un rien.* SYN. **s'emporter.** CONTR. **déballer.**
ÉTYM. de ② *balle*.

EMBALLEUR, EUSE [ɑ̃balœʀ, øz] n. ✦ Personne spécialisée dans l'emballage.
ÉTYM. de *emballer* (I).

EMBARCADÈRE [ɑ̃baʀkadɛʀ] n. m. ✦ Emplacement aménagé (dans un port, sur une rivière) pour permettre l'embarquement des voyageurs et des marchandises. SYN. **appontement, débarcadère.**
ÉTYM. espagnol *embarcadero,* de *barca* « barque ».

EMBARCATION [ɑ̃baʀkasjɔ̃] n. f. ✦ Bateau de petite dimension, barque ou canot. *Mettre une embarcation à la mer.*
ÉTYM. espagnol *embarcación*.

EMBARDÉE [ɑ̃baʀde] n. f. ✦ Brusque changement de direction (d'un bateau, d'un véhicule). *La voiture fit une embardée.*
ÉTYM. du participe passé de *embarder,* occitan *embarda* « embourber » ; famille du latin populaire *barrum* « boue ».

EMBARGO [ɑ̃baʀgo] n. m. 1. Interdiction faite par un gouvernement de laisser partir les navires étrangers mouillés dans ses ports ou de laisser exporter certaines marchandises. → aussi **blocus.** *Mettre, lever l'embargo.* 2. Interdiction de laisser circuler (un objet, une nouvelle). *Mettre l'embargo sur une information.*
ÉTYM. mot espagnol, de *embargar* « embarrasser » ; famille du latin populaire *barra* « barre ».

EMBARQUEMENT [ɑ̃baʀkəmɑ̃] n. m. ✦ Action d'embarquer, de s'embarquer. *L'embarquement du matériel.* SYN. **chargement.** *Les formalités d'embarquement* (des passagers). CONTR. **débarquement.**

EMBARQUER [ɑ̃baʀke] v. (conjug. 3a) **I** v. tr. 1. Mettre, faire monter dans un navire. *Embarquer des passagers, une cargaison* (→ **charger**). ◆ Recevoir par-dessus bord (un paquet de mer). 2. Charger (dans un véhicule). *Embarquer des marchandises dans un camion.* ◆ FAM. *Des agents l'ont embarqué,* arrêté et emmené. 3. Engager dans une affaire difficile dont on ne peut sortir facilement. *Il s'est laissé embarquer dans une drôle d'histoire.* SYN. **entraîner.** **II** v. intr. 1. Monter à bord d'un bateau pour un voyage. *C'est l'heure d'embarquer.* 2. Passer et se répandre par-dessus bord. *La mer embarque.* **III** *S'EMBARQUER* v. pron. 1. Monter à bord d'un bateau. 2. fig. S'engager, s'aventurer (dans une affaire difficile ou dangereuse). SYN. FAM. **s'embringuer.** *Elle s'est embar-*

quée dans cette affaire sans réfléchir. CONTR. **débarquer.**
ÉTYM. de *en-* et *barque.*

EMBARRAS [ɑ̃baʀa] n. m. **I** **1.** VX Encombrement, embouteillage. *Les embarras de Paris.* **2.** *EMBARRAS GASTRIQUE :* troubles digestifs provoqués par une infection, une intoxication. SYN. **indigestion.** **II** **1.** Position gênante, situation difficile et ennuyeuse. *Être dans l'embarras.* SYN. **ennui(s), difficulté(s),** FAM. **pétrin.** **2.** *UN EMBARRAS :* un obstacle, une gêne. **3.** Incertitude de l'esprit. SYN. **perplexité.** *Votre offre me met dans l'embarras. Vous n'avez que L'EMBARRAS DU CHOIX,* la seule difficulté est de choisir. **4.** Malaise pour agir ou parler. SYN. **confusion, gêne,** ② **trouble.** *Il ne pouvait dissimuler son embarras.* **5.** loc. *Faire des embarras :* faire des manières, manquer de naturel. SYN. **façon, histoire.** CONTR. **certitude • aisance.**
ÉTYM. de *embarrasser.*

EMBARRASSANT, ANTE [ɑ̃baʀasɑ̃, ɑ̃t] adj. **1.** Qui met dans l'embarras. SYN. **difficile, gênant.** *Une situation embarrassante. Une question embarrassante,* à laquelle on a du mal à répondre. **2.** Qui encombre. SYN. **encombrant.**
ÉTYM. du participe présent de *embarrasser.*

EMBARRASSER [ɑ̃baʀase] v. tr. (conjug. 3a) **I** **1.** Gêner dans les mouvements. SYN. **encombrer.** *Posez ce paquet, il vous embarrasse.* **2.** Encombrer (qqn) de sa présence. SYN. **déranger, importuner.** **3.** Mettre dans une position difficile. SYN. **gêner.** *Cette manifestation va embarrasser le gouvernement.* **4.** Rendre hésitant, perplexe. SYN. **déconcerter, troubler.** *Votre question m'embarrasse* (→ **embarrassant**). **II** *S'EMBARRASSER* v. pron. **1.** S'encombrer. *Je me suis embarrassé inutilement d'un parapluie.* **2.** Se soucier, tenir compte exagérément (de). SYN. **s'inquiéter,** se **préoccuper.** *Il ne s'embarrasse pas de scrupules.* CONTR. **débarrasser • aider.**
► **EMBARRASSÉ, ÉE** adj. **1.** Gêné dans ses mouvements. *Avoir les mains embarrassées.* – *Avoir l'estomac embarrassé,* avoir une digestion difficile. **2.** Qui éprouve de l'embarras. SYN. **indécis, perplexe.** **3.** Qui montre de la gêne. SYN. **gauche, timide.** *Un air embarrassé.* **4.** Qui manque d'aisance ou de clarté. SYN. **confus, obscur.** *Se lancer dans des explications embarrassées.* CONTR. **libre • aisé, naturel.**
ÉTYM. espagnol *embarazar,* du portugais, de *baraço* «courroie».

EMBASTILLER [ɑ̃bastije] v. tr. (conjug. 3a) ✦ HIST. Emprisonner à la Bastille (☞ noms propres).

EMBAUCHE [ɑ̃boʃ] n. f. ✦ Action d'embaucher. *Une offre d'embauche.*
ÉTYM. de *embaucher.*

EMBAUCHER [ɑ̃boʃe] v. tr. (conjug. 3a) ✦ Engager (qqn) en vue d'un travail. *On l'a embauché dans un garage.* – absolt *Ce secteur embauche.* ♦ FAM. Entraîner (qqn) dans une activité. *Il m'a embauché pour son déménagement.* CONTR. **débaucher.**
ÉTYM. de *en-* et *débaucher.*

EMBAUCHOIR [ɑ̃boʃwaʀ] n. m. ✦ Instrument que l'on place dans les chaussures pour en conserver la forme et éviter les plis du cuir.
ÉTYM. pour *embouchoir,* de ① *emboucher,* au figuré.

EMBAUMEMENT [ɑ̃bommɑ̃] n. m. ✦ Action d'embaumer (un cadavre).

EMBAUMER [ɑ̃bome] v. tr. (conjug. 3a) **1.** Traiter (un cadavre) par des substances qui permettent de le dessécher et de le conserver. *Les anciens Égyptiens embaumaient et momifiaient les morts.* – fig. Préserver de l'oubli en fixant. **2.** Remplir d'une odeur agréable. SYN. **parfumer.** *Des roses embaumaient la chambre.* – sans compl. *Le jardin embaume.* CONTR. **empester, empuantir.**
ÉTYM. de *en-* et *baume.*

EMBAUMEUR, EUSE [ɑ̃bomœʀ, øz] n. ✦ Personne dont le métier est d'embaumer les morts.

EMBELLIE [ɑ̃beli] n. f. **1.** Accalmie (sur mer). **2.** Brève amélioration du temps. SYN. **éclaircie.**
ÉTYM. du participe passé de *embellir.*

EMBELLIR [ɑ̃beliʀ] v. (conjug. 13) **I** v. tr. **1.** Rendre beau ou plus beau (une personne, un visage). *Cette coiffure l'embellit.* SYN. **flatter.** – Rendre plus agréable à l'œil, orner (un lieu, une maison...). *Des cyprès embellissaient le parc.* **2.** Faire apparaître sous un plus bel aspect. *L'imagination embellit la réalité.* SYN. **enjoliver, idéaliser, poétiser.** – *Embellir une situation,* la dépeindre sous un beau jour. **II** v. intr. Devenir beau, plus beau. *Cet enfant embellit tous les jours.* CONTR. **enlaidir ; noircir.**
ÉTYM. de *en-* et *bel,* forme de «beau».

EMBELLISSEMENT [ɑ̃belismɑ̃] n. m. **1.** Action ou manière d'embellir, de rendre plus agréable à l'œil (une ville, une maison). *Les récents embellissements de notre ville.* **2.** Modification tendant à embellir la réalité. SYN. **enjolivement.** CONTR. **enlaidissement.**

EMBERLIFICOTER [ɑ̃bɛʀlifikɔte] v. tr. (conjug. 3a) ✦ FAM. Entortiller, embrouiller (qqn, notamment pour le tromper). SYN. **embobiner.** *Vous n'arriverez pas à l'emberlificoter.* – pronom. *Il s'emberlificotait dans ses explications.* SYN. **s'empêtrer.** – au p. passé *Une lettre emberlificotée.*
ÉTYM. de *emberlucoquer,* d'origine incertaine.

EMBÊTANT, ANTE [ɑ̃bɛtɑ̃, ɑ̃t] adj. ✦ FAM. Qui embête. SYN. **ennuyeux.** *Qu'est-ce qu'il peut être embêtant !* SYN. **importun.** ♦ Qui contrarie. *C'est une histoire bien embêtante.* SYN. **contrariant, fâcheux.** – n. m. *L'embêtant, c'est qu'il n'est pas prévenu.* SYN. **ennui.** CONTR. **agréable.**

EMBÊTEMENT [ɑ̃bɛtmɑ̃] n. m. ✦ FAM. Chose qui donne du souci. SYN. **contrariété, ennui.** *Il a des embêtements.*
ÉTYM. de *embêter.*

EMBÊTER [ɑ̃bete] v. tr. (conjug. 3a) ✦ FAM. **1.** Ennuyer. *Ce spectacle m'embête.* SYN. **raser ;** FAM. **emmerder.** **2.** Contrarier. *Ça m'embête d'être en retard.* – *Ne l'embête pas !* SYN. **importuner.** **3.** *S'EMBÊTER* v. pron. S'ennuyer. *On s'est embêtés pendant deux heures.* ♦ *Il ne s'embête pas !,* il n'est pas à plaindre.
ÉTYM. de *bête.*

EMBLAVER [ɑ̃blave] v. tr. (conjug. 3a) ✦ AGRIC. Ensemencer (une terre) en blé, ou toute autre céréale.
ÉTYM. de *blé.*

d'EMBLÉE [dɑ̃ble] loc. adv. ✦ Du premier coup, au premier effort fait. SYN. **aussitôt.** *Le projet a été adopté d'emblée.*
ÉTYM. d'abord *en emblee* «par surprise» ; du participe passé de l'ancien français *embler* «voler», latin *involare* «attaquer, saisir».

EMBLÉMATIQUE [ɑ̃blematik] adj. ✦ DIDACT. Qui présente un emblème, se rapporte à un emblème. SYN. **allégorique, symbolique.** *La colombe, figure emblématique de la paix.*
ÉTYM. latin *emblematicus.*

EMBLÈME [ɑ̃blɛm] n. m. 1. Figure, ornement symbolique. 2. Attribut destiné à représenter une personne, une autorité, un métier, un parti. SYN. ② **insigne.** – *Hercule a pour emblème la massue.* SYN. **attribut.**
ÉTYM. latin *emblema,* du grec «ornement appliqué».

EMBOBINER [ɑ̃bɔbine] v. tr. (conjug. 3a) ✦ FAM. Tromper en embrouillant. SYN. **emberlificoter, entortiller.** *Elle s'est laissé embobiner.*
ÉTYM. de *embobeliner* «envelopper», d'après *bobine.*

EMBOÎTAGE [ɑ̃bwataʒ] n. m. 1. Action d'emboîter. 2. Enveloppe d'un livre de luxe (chemise et étui).

EMBOÎTEMENT [ɑ̃bwatmɑ̃] n. m. ✦ Assemblage de deux pièces qui s'emboîtent l'une dans l'autre. SYN. **encastrement.**

EMBOÎTER [ɑ̃bwate] v. tr. (conjug. 3a) 1. Faire entrer (une chose dans une autre ; plusieurs choses l'une dans l'autre). SYN. **ajuster, encastrer, enchâsser.** *Emboîter des tuyaux.* – pronom. *Les deux pièces s'emboîtent exactement.* 2. Envelopper exactement. *Ces chaussures emboîtent bien le pied.* 3. loc. *EMBOÎTER LE PAS à qqn* : marcher juste derrière, suivre pas à pas. – fig. Suivre docilement, imiter. *Dès qu'il propose quelque chose, ses camarades lui emboîtent le pas.* CONTR. **déboîter.**
ÉTYM. de *boîte.*

EMBOLIE [ɑ̃bɔli] n. f. ✦ MÉD. Obstruction brusque d'un vaisseau sanguin par un corps étranger. *Mourir d'une embolie.*
ÉTYM. grec *embolê* «attaque, choc».

EMBONPOINT [ɑ̃bɔ̃pwɛ̃] n. m. ✦ État d'un corps bien en chair, un peu gras. SYN. **corpulence.** *Prendre de l'embonpoint,* engraisser. CONTR. **maigreur.**
ÉTYM. de *(être) en bon point* «en bon état».

EMBOUCHE [ɑ̃buʃ] n. f. ✦ AGRIC. Engraissement (du bétail) au pré.
ÉTYM. de ② *emboucher.*

mal EMBOUCHÉ, ÉE [malɑ̃buʃe] adj. ✦ Qui dit des grossièretés.
ÉTYM. de ① *emboucher.*

① **EMBOUCHER** [ɑ̃buʃe] v. tr. (conjug. 3a) ✦ Mettre à sa bouche (un instrument à vent). *Emboucher son saxophone.*
ÉTYM. de *bouche.*

② **EMBOUCHER** [ɑ̃buʃe] v. tr. (conjug. 3a) ✦ AGRIC. Engraisser (le bétail) au pré.
ÉTYM. du verbe dialectal *embaucher,* de l'ancien français *bauc, bauche* «poutre», d'après *bouche.*

EMBOUCHURE [ɑ̃buʃyʀ] n. f. I 1. Bout ou trou latéral (d'un instrument à vent), qu'on met contre les lèvres pour jouer. *L'embouchure d'un clairon, d'une flûte.* 2. Ouverture extérieure (d'un récipient). II Ouverture par laquelle un cours d'eau se jette dans une mer ou un lac. SYN. **bouche, estuaire** ; → **delta.** *Le Havre se trouve à l'embouchure de la Seine.*
ÉTYM. de ① *emboucher.*

EMBOURBER [ɑ̃buʀbe] v. tr. (conjug. 3a) ✦ Enfoncer dans un bourbier. SYN. **enliser.** – pronom. *S'embourber jusqu'aux essieux.* – passif *La voiture est embourbée.*
ÉTYM. de *bourbe.*

EMBOURGEOISEMENT [ɑ̃buʀʒwazmɑ̃] n. m. ✦ Fait de s'embourgeoiser.

S'EMBOURGEOISER [ɑ̃buʀʒwaze] v. pron. (conjug. 3a) ✦ Prendre les habitudes, l'esprit de la classe bourgeoise (goût de l'ordre, du confort, du respect des conventions). *Il a perdu le goût de l'aventure : il s'embourgeoise.* – au p. passé *Un révolutionnaire embourgeoisé.*
ÉTYM. de *bourgeois.*

EMBOUT [ɑ̃bu] n. m. ✦ Garniture qui se place au bout (d'une canne, d'un parapluie, etc.). SYN. **bout.** *Un embout en caoutchouc.*
ÉTYM. de *embouter* «garnir d'un *bout*».

EMBOUTEILLAGE [ɑ̃butɛjaʒ] n. m. 1. TECHN. Mise en bouteille. 2. Encombrement qui arrête la circulation. SYN. **bouchon.** *Rester bloqué dans un embouteillage.*
ÉTYM. de *embouteiller.*

EMBOUTEILLER [ɑ̃buteje] v. tr. (conjug. 3a) 1. Mettre en bouteilles. 2. fig. Obstruer (une voie de communication) en provoquant un encombrement. *Camion en panne qui embouteille la rue.*
ÉTYM. de *bouteille.*

EMBOUTIR [ɑ̃butiʀ] v. tr. (conjug. 13) 1. Travailler (un métal) avec un instrument (marteau, repoussoir), pour y former le relief d'une empreinte ; travailler (une plaque de métal) pour lui donner une forme. 2. Enfoncer en heurtant violemment. *Un camion a embouti l'arrière de la voiture.*
ÉTYM. de *bout* «coup».

EMBOUTISSAGE [ɑ̃butisaʒ] n. m. ✦ TECHN. Action d'emboutir (les métaux).

EMBRANCHEMENT [ɑ̃bʀɑ̃ʃmɑ̃] n. m. 1. Subdivision d'une chose principale (voie, canalisation) en une ou plusieurs autres secondaires. SYN. **ramification.** 2. Point de jonction de ces voies. SYN. **carrefour, croisement.** *À l'embranchement des deux routes.* 3. SC. Chacune des grandes divisions du monde animal ou végétal. *L'embranchement des vertébrés.*
ÉTYM. de *branche.*

EMBRANCHER [ɑ̃bʀɑ̃ʃe] v. tr. (conjug. 3a) ✦ Raccorder (une voie, une canalisation) à une ligne déjà existante. – pronom. *Un petit chemin s'embranche à la route.*
ÉTYM. de *embranchement.*

EMBRASEMENT [ɑ̃bʀazmɑ̃] n. m. ✦ Le fait d'embraser, d'être embrasé. *L'embrasement de l'horizon par le couchant.*

EMBRASER [ɑ̃bʀaze] v. tr. (conjug. 3a) 1. Enflammer, incendier. – pronom. *La grange s'est embrasée.* 2. Éclairer vivement, illuminer. *Le soleil couchant embrasait le ciel.* 3. fig. Emplir d'une passion ardente. *L'amour embrasait son cœur.* SYN. **enflammer.** CONTR. **éteindre • apaiser, refroidir.**
ÉTYM. de l'anc. verbe *braser* «brûler», de *braise.*

EMBRASSADE [ɑ̃bʀasad] n. f. ✦ Action de deux personnes qui s'embrassent amicalement. SYN. **accolade.**

EMBRASSE [ɑ̃bʀas] n. f. ✦ Cordelière ou pièce d'étoffe servant à retenir un rideau.
ÉTYM. de *embrasser.*

EMBRASSÉ, ÉE [ɑ̃bʀase] adj. ✦ *Rimes embrassées,* rimes masculines et féminines se succédant dans l'ordre ABBA ou BAAB.
ÉTYM. du participe passé de *embrasser.*

EMBRASSEMENT [ɑ̃bʀasmɑ̃] n. m. ✦ LITTÉR. Action, fait d'embrasser (I).

EMBRASSER [ɑ̃bʀase] v. tr. (conjug. 3a) **I** 1. Prendre et serrer entre ses bras (souvent pour marquer son amour ou son affection). SYN. **étreindre.** 2. fig. LITTÉR. Adopter (une opinion, un parti). *Embrasser la cause de la paix.* – Choisir (une carrière). *Embrasser le métier, la profession de...* – prov. *Qui trop embrasse mal étreint :* qui veut trop entreprendre risque de ne rien réussir. 3. fig. Saisir par la vue dans toute son étendue. 4. Appréhender par la pensée de façon globale (un ensemble de faits, de problèmes). SYN. **comprendre, concevoir.** **II** Donner un, des baiser(s) à (qqn, un animal). *Embrasser qqn sur la joue, sur le front, sur la bouche.* – *Embrassez vos parents pour moi.* – pronom. *S'embrasser sur la bouche.*
ÉTYM. de *en-* et *bras.*

EMBRASURE [ɑ̃bʀazyʀ] n. f. 1. Ouverture pratiquée dans l'épaisseur d'un mur pour recevoir une porte, une fenêtre. 2. Espace vide compris entre les parois du mur. *Il se tenait dans l'embrasure de la porte.*
ÉTYM. de *embraser.*

EMBRAYAGE [ɑ̃bʀɛjaʒ] n. m. 1. Mécanisme permettant d'établir la communication entre un moteur et une machine ou de l'interrompre (embrayer et débrayer) sans arrêter le moteur. *Pédale d'embrayage. Faire patiner l'embrayage. Embrayage automatique.* 2. Action d'embrayer.
ÉTYM. de *embrayer.*

EMBRAYER [ɑ̃bʀeje] v. (conjug. 12) 1. v. tr. Mettre en communication (une pièce mobile) avec l'arbre moteur. *Embrayer une courroie.* – absolt Établir la communication entre un moteur et les mécanismes qu'il entraîne (s'oppose à *débrayer*). 2. v. intr. fig. FAM. (personnes) *EMBRAYER SUR :* commencer à discourir sur. *Quand elle a embrayé sur ce sujet, on ne peut plus l'arrêter.*
ÉTYM. de *braie* «pièce mobile d'un moulin à vent».

EMBRAYEUR [ɑ̃bʀɛjœʀ] n. m. ✦ LING. Mot dont le sens varie selon la situation d'énonciation. SYN. **déictique.** *Dans une narration,* ici, aujourd'hui, tu, ça, mon *sont des embrayeurs.*
ÉTYM. de *embrayer.*

EMBRIGADEMENT [ɑ̃bʀigadmɑ̃] n. m. ✦ Action d'embrigader. SYN. **recrutement.**

EMBRIGADER [ɑ̃bʀigade] v. tr. (conjug. 3a) ✦ péj. Rassembler, réunir sous une même autorité et en vue d'une action commune. SYN. **enrégimenter, enrôler.** *Se laisser embrigader.*
ÉTYM. de *brigade.*

EMBRINGUER [ɑ̃bʀɛ̃ge] v. tr. (conjug. 3b) ✦ FAM. Engager de façon fâcheuse, embarrassante. SYN. **embarquer.** *On l'a embringué dans une secte.* – pronom. *Il s'est embringué dans une sale histoire.*
ÉTYM. du verbe dialectal (suisse romand) *bringuer* «chercher querelle», de *bringue* «morceau», même origine que ② *bringue.*

EMBROCATION [ɑ̃bʀɔkasjɔ̃] n. f. 1. Application d'un liquide huileux et calmant produisant de la chaleur. 2. Ce liquide. *Embrocations utilisées pour les massages.*
ÉTYM. latin médiéval *embrocatio,* de *embrocha* «enveloppe humide», du grec.

EMBROCHER [ɑ̃bʀɔʃe] v. tr. (conjug. 3a) 1. Enfiler (une viande, des morceaux de viande) sur une broche, sur des brochettes. *Embrocher une volaille.* 2. FAM. Transpercer (qqn) d'un coup d'épée.
ÉTYM. de *broche.*

EMBROUILLAMINI [ɑ̃bʀujamini] n. m. ✦ FAM. Désordre ou confusion extrême. SYN. **imbroglio.**
ÉTYM. de *embrouiller* et *brouillamini.*

EMBROUILLE [ɑ̃bʀuj] n. f. ✦ FAM. 1. Action de tromper ; paroles trompeuses. 2. Situation confuse. *Un sac d'embrouilles.*
ÉTYM. de *embrouiller.*

EMBROUILLÉ, ÉE [ɑ̃bʀuje] adj. ✦ Extrêmement compliqué et confus. *Des explications embrouillées.* CONTR. **clair, limpide, simple.**

EMBROUILLER [ɑ̃bʀuje] v. tr. (conjug. 3a) 1. Emmêler (des fils). SYN. **enchevêtrer.** *Embrouiller un écheveau de laine.* 2. fig. Compliquer, rendre obscur (qqch.). SYN. **brouiller.** *Embrouiller la situation.* 3. Troubler (qqn), lui faire perdre le fil de ses idées. *Vous m'avez embrouillé.* – pronom. Se perdre (dans qqch.). *Il s'embrouille dans ses explications.* SYN. **s'emberlificoter, s'empêtrer.** CONTR. **débrouiller, démêler • éclaircir.**
ÉTYM. de *brouiller.*

EMBROUSSAILLÉ, ÉE [ɑ̃bʀusaje] adj. ✦ Couvert de broussailles. SYN. **broussailleux.** ♦ fig. *Cheveux embroussaillés,* emmêlés.
ÉTYM. du participe passé de *embroussailler.*

EMBROUSSAILLER [ɑ̃bʀusaje] v. tr. (conjug. 3a) ✦ Couvrir de broussailles. ♦ fig. Embarrasser d'éléments disparates. SYN. **encombrer.** CONTR. **débroussailler.**

EMBRUMER [ɑ̃bʀyme] v. tr. (conjug. 3a) 1. Couvrir de brume. – au p. passé *Un horizon embrumé.* 2. fig. *Embrumer les idées, le cerveau,* y mettre de la confusion.

EMBRUN [ɑ̃bʀœ̃] n. m. ✦ surtout plur. Poussière de gouttelettes formée par les vagues qui se brisent, et emportée par le vent. *Des embruns glacés.*
ÉTYM. mot occitan, de *embruma* «se couvrir de *brume*».

> **EMBRYO-** Élément savant, du grec *embruon* «embryon».

EMBRYOGENÈSE [ɑ̃bʀijɔʒənɛz] n. f. ✦ SC. Ensemble des transformations par lesquelles passent l'œuf et l'embryon, de la fécondation à l'éclosion (ovipares) ou à la naissance (vivipares).
ÉTYM. de *embryo-* et *-genèse.*

EMBRYOLOGIE [ɑ̃bʀijɔlɔʒi] n. f. ✦ Science du développement de l'embryon.
► **EMBRYOLOGIQUE** [ɑ̃bʀijɔlɔʒik] adj.
► **EMBRYOLOGISTE** [ɑ̃bʀijɔlɔʒist] n.
ÉTYM. de *embryo-* et *-logie.*

EMBRYON [ɑ̃bʀijɔ̃] n. m. 1. Organisme en voie de développement dans l'œuf des ovipares, et chez l'animal vivipare ou l'être humain, avant d'être un fœtus. ♦ BOT. Ensemble de cellules donnant naissance à la jeune tige issue d'une graine. SYN. **germe.** 2. fig. LITTÉR. Ce qui commence d'être, mais qui n'est pas achevé. SYN. **commencement, ébauche, germe.** *Un embryon d'organisation.*
ÉTYM. grec *embruon* «ce qui croît *(bruein)* à l'intérieur».

EMBRYONNAIRE [ɑ̃bʀijɔnɛʀ] adj. 1. Relatif ou propre à l'embryon. *Vie embryonnaire.* 2. fig. Qui n'est qu'en germe, à l'état rudimentaire. *Un plan à l'état embryonnaire,* d'ébauche.

EMBÛCHE [ɑ̃byʃ] n. f. ✦ surtout plur. Difficulté se présentant comme un piège, un traquenard. *Un sujet plein d'embûches.*
ÉTYM. de l'ancien français *embuscher* «poster, guetter», de *busche* «bois», même origine que *bûche.*

EMBUER [ɑ̃bɥe] v. tr. (conjug. 3a) ✦ Couvrir d'une buée, d'une sorte de buée. *Les larmes embuent ses yeux.* ➛ pronom. *Les vitres s'embuent.* ➛ au p. passé *Parebrise embué.*
ÉTYM. de *buée.*

EMBUSCADE [ɑ̃byskad] n. f. ✦ Manœuvre par laquelle on dissimule une troupe en un endroit propice, pour surprendre et attaquer l'ennemi. *Être* EN EMBUSCADE. *Tomber dans une embuscade.* SYN. **guet-apens, traquenard.**
ÉTYM. italien *imboscata,* de *bosco* «bois».

EMBUSQUER [ɑ̃byske] v. tr. (conjug. 3a) 1. Mettre en embuscade, poster en vue d'une agression. ➛ pronom. *La troupe s'était embusquée derrière le bois.* 2. Affecter par faveur (un mobilisé) à un poste non exposé, à une unité de l'arrière. *Réussir à se faire embusquer.* SYN. **se planquer.** ➛ pronom. *S'embusquer.* CONTR. **débusquer.**
► **EMBUSQUÉ, ÉE** p. passé 1. *Des hommes embusqués dans un fourré.* 2. n. *Les combattants et les embusqués.*
ÉTYM. ancien français *embuscher* «tendre une embûche», et italien *imboscare,* de *bosco* «bois».

ÉMÉCHÉ, ÉE [emeʃe] adj. ✦ FAM. Un peu ivre. SYN. **gai ; pompette.**
ÉTYM. de *émécher,* proprt «ébouriffer», de *mèche.*

ÉMERAUDE [em(ə)ʀod] n. f. 1. Pierre précieuse verte, variété de béryl (ou de corindon). *Un collier d'émeraudes.* 2. adjectivt invar. D'un vert qui rappelle celui de l'émeraude. *Une mer émeraude. Des rayures émeraude.* ➛ appos. invar. *Des pelouses vert émeraude.*
ÉTYM. latin *smaragdus,* du grec.

ÉMERGENCE [emɛʀʒɑ̃s] n. f. ✦ DIDACT. 1. Sortie (d'un rayon, d'un fluide, d'un nerf). 2. Apparition (d'un organe biologique nouveau ou de propriétés nouvelles). 3. fig. Apparition soudaine (dans une suite d'évènements, d'idées). *L'émergence d'un fait nouveau.*
ÉTYM. de *émergent.*

ÉMERGENT, ENTE [emɛʀʒɑ̃, ɑ̃t] adj. 1. PHYS. *Rayon émergent :* rayon lumineux qui sort d'un milieu après l'avoir traversé. 2. *Pays émergent,* dont l'économie prend une importance internationale. ➛ *La Chine, l'Inde, puissances émergentes.*
ÉTYM. latin *emergens,* participe présent de *emergere* «se montrer», par l'anglais.

ÉMERGER [emɛʀʒe] v. intr. (conjug. 5) 1. Sortir d'un milieu liquide de manière à apparaître à la surface. *L'îlot émerge à marée basse.* ➛ au p. passé *Les terres émergées.* ♦ Sortir d'un milieu quelconque. *Une silhouette émerge de l'ombre.* 2. fig. Se manifester, apparaître plus clairement. SYN. **se dégager.** 3. FAM. Devenir actif, attentif. *Le matin, il a du mal à émerger,* à être bien réveillé. CONTR. **s'enfoncer, immerger, plonger · disparaître.**
ÉTYM. latin *emergere,* de *mergere* «plonger».

ÉMERI [em(ə)ʀi] n. m. 1. Abrasif fait d'une roche (corindon) réduite en poudre. *Papier, toile d'émeri,* enduits de colle forte et saupoudrés de poudre d'émeri. appos. invar. *Toile émeri.* ➛ *Boucher un flacon à l'émeri* (avec un bouchon poli à l'émeri). 2. loc. FAM. *(Être)* BOUCHÉ À L'ÉMERI : complètement borné, incapable de comprendre.
ÉTYM. grec *smerilion,* de *smuri.*

ÉMERILLON [em(ə)ʀijɔ̃] n. m. ✦ Petit rapace (faucon) dressé pour la chasse.
ÉTYM. ancien français *esmeril,* francique *smiril.*

ÉMÉRITE [emeʀit] adj. 1. Qui, par une longue pratique, a acquis une compétence, une habileté remarquable. SYN. **éminent.** *Une cavalière émérite.* 2. Honoraire. *Professeur émérite.*
ÉTYM. latin *emeritus* «(soldat) qui a achevé de servir».

ÉMERVEILLEMENT [emɛʀvɛjmɑ̃] n. m. ✦ Fait d'être émerveillé. SYN. **enchantement.** ♦ Ce qui émerveille.

ÉMERVEILLER [emɛʀveje] v. tr. (conjug. 3a) ✦ Frapper d'étonnement et d'admiration. SYN. **éblouir.** *Ce film nous a émerveillés.* ➛ pronom. *S'émerveiller (de) :* éprouver un étonnement agréable (devant qqch. d'inattendu qu'on juge merveilleux). *Il s'émerveille devant la mer.* ➛ au p. passé *Un regard émerveillé.*
ÉTYM. de *merveille.*

ÉMÉTIQUE [emetik] adj. ✦ Vomitif. ➛ n. m. *Prendre un émétique.*
ÉTYM. latin *emeticus,* du grec, de *emein* «vomir».

ÉMETTEUR, TRICE [emetœʀ, tʀis] n. 1. Personne, organisme qui émet (des billets, des effets). *L'émetteur d'un chèque.* 2. n. m. *Poste émetteur* (appos.) ou *émetteur :* dispositifs et appareils destinés à produire des ondes électromagnétiques capables de transmettre des sons et des images. *Émetteurs radiophoniques, de télévision.* ♦ Station qui effectue des émissions de radio, de télévision (opposé à *récepteur*). 3. Personne qui émet, produit des messages. CONTR. ① **récepteur ; destinataire.**

ÉMETTRE [emɛtʀ] v. tr. (conjug. 46) 1. Mettre en circulation, offrir au public (des billets, des chèques, des emprunts...). *La Banque de France a émis une nouvelle pièce de monnaie.* ➛ au p. passé *Emprunt émis par l'État.* 2. Exprimer (un vœu, une opinion...). ➛ *Émettre un doute, des réserves.* 3. Projeter spontanément hors de soi, par rayonnement (des radiations, des ondes). *Les étoiles émettent des radiations. Particules émises par le noyau d'un corps radioactif.* ♦ spécialt Envoyer (des signaux, des images) sur ondes électromagnétiques. ➛ absolt Diffuser des émissions. *Émettre sur ondes courtes.* CONTR. **recevoir.**
ÉTYM. latin *emittere,* de *mittere* «envoyer», d'après *mettre.*

A B C D E F G H I J K L M N O P Q R S T U V W X Y Z

ÉMEU [emø] **n. m.** ✦ Grand oiseau coureur d'Australie. *Les émeus sont incapables de voler.*
ÉTYM. mot des îles Moluques.

ÉMEUTE [emøt] **n. f.** ✦ Soulèvement populaire, généralement spontané et non organisé. SYN. **agitation, insurrection,** ② **trouble.**
ÉTYM. de *esmeu*, ancien participe passé de *émouvoir* «mettre en mouvement», d'après *meute* «soulèvement».

ÉMEUTIER, IÈRE [emøtje, jɛʀ] **n.** ✦ Personne qui excite à une émeute ou qui y prend part. *Émeutiers qui dressent des barricades.*

-ÉMIE Élément de mots savants, du grec *haima* «sang» (ex. *alcoolémie, anémie, leucémie*). → **héma-**.

ÉMIETTEMENT [emjɛtmɑ̃] **n. m.** ✦ Fait d'être émietté, morcelé à l'excès. *L'émiettement de la propriété rurale.*

ÉMIETTER [emjete] **v. tr.** (conjug. 3a) **1.** Réduire en miettes ; désagréger en petits morceaux. *Émietter du pain pour les oiseaux.* – au p. passé *Roche émiettée par l'érosion.* **2.** Morceler à l'excès. *Émietter une propriété en parcelles.* **3.** fig. Éparpiller, disperser (une activité, un effort...).
ÉTYM. de *miette.*

ÉMIGRANT, ANTE [emigʀɑ̃, ɑ̃t] **n.** ✦ Personne qui émigre.

ÉMIGRATION [emigʀasjɔ̃] **n. f.** **1.** Action, fait d'émigrer. *Pays à forte émigration.* **2.** Ensemble des émigrés. *L'émigration portugaise.*
ÉTYM. latin *emigratio.*

ÉMIGRÉ, ÉE [emigʀe] **n.** **1.** HIST. *Les émigrés,* partisans de l'Ancien Régime réfugiés à l'étranger pendant la Révolution française. *Le milliard des émigrés* (pour les dédommager, en 1825). **2.** Personne qui a quitté son pays (pour des raisons politiques, économiques, etc.). *Un émigré politique.* – **adj.** *Des populations émigrées.* SYN. **immigré.**
ÉTYM. du participe passé de *émigrer.*

ÉMIGRER [emigʀe] **v. intr.** (conjug. 3a) **1.** Quitter son pays pour aller s'établir dans un autre, momentanément ou définitivement. SYN. **s'expatrier** ; → **émigré.** – HIST. Quitter la France (pendant la Révolution). **2.** (animaux) Quitter périodiquement et par troupes une contrée pour aller séjourner ailleurs (→ **migration**). *Les hirondelles émigrent à l'automne vers le sud.*
ÉTYM. latin *emigrare* «changer de demeure».

ÉMINCÉ, ÉE [emɛ̃se] **adj.** et **n. m.** **1. adj.** *Oignon émincé,* coupé en tranches minces. **2. n. m.** Plat à base d'aliments émincés. *Un émincé de volaille.*
ÉTYM. du participe passé de *émincer.*

ÉMINCER [emɛ̃se] **v. tr.** (conjug. 4) ✦ Couper en tranches minces (une viande, du lard, des oignons...).
ÉTYM. de *mince.*

ÉMINEMMENT [eminamɑ̃] **adv.** ✦ Au plus haut degré. SYN. **extrêmement.** *J'en suis éminemment convaincu.*
ÉTYM. de *éminent.*

ÉMINENCE [eminɑ̃s] **n. f.** **I** Élévation de terrain relativement isolée. SYN. **hauteur, monticule, tertre.** *Observatoire établi sur une éminence.* **II** fig. **1.** VX Qualité supérieure, supériorité. **2.** Titre honorifique qu'on donne aux cardinaux. *Oui, Éminence* (ou *votre Éminence*). *L'Éminence grise* : le père Joseph, confident de Richelieu et son ministre occulte. *L'éminence grise d'un chef politique,* son conseiller intime et secret.
ÉTYM. latin *eminentia.*

ÉMINENT, ENTE [eminɑ̃, ɑ̃t] **adj.** ✦ Qui est au-dessus du niveau commun ; tout à fait supérieur. *Il a rendu d'éminents services.* ♦ (personnes) Très distingué, remarquable. *Un éminent spécialiste.*
ÉTYM. latin *eminens,* participe présent de *eminere* «s'élever au-dessus de».

ÉMIR [emiʀ] **n. m.** ✦ Titre honorifique donné autrefois au chef du monde musulman, aux descendants du Prophète, puis à des princes, des gouverneurs, des chefs militaires de l'Islam.
ÉTYM. arabe *'amir* «prince».

ÉMIRAT [emiʀa] **n. m.** ✦ Territoire musulman gouverné par un émir. *L'émirat du Koweït. Les émirats* (du Golfe).

① **ÉMISSAIRE** [emisɛʀ] **n. m.** **1.** Agent chargé d'une mission secrète. **2.** TECHN. Canal d'évacuation des eaux.
ÉTYM. latin *emissarius* «envoyé».

② **ÉMISSAIRE** [emisɛʀ] **adj. m.** ✦ *Bouc* émissaire.*
ÉTYM. latin *(caper) emissarius* «bouc émissaire», par le grec, pour traduire un mot hébreu signifiant «destiné à Azazel».

ÉMISSIF, IVE [emisif, iv] **adj.** ✦ PHYS. D'une émission (3), qui a la faculté d'émettre
► **ÉMISSIVITÉ** [emisivite] **n. f.**

ÉMISSION [emisjɔ̃] **n. f.** **1.** Fait d'émettre*, de projeter au-dehors (un liquide physiologique, un gaz sous pression). *Émission de vapeur.* **2.** Production (de sons vocaux). *Lire une phrase d'une seule émission de voix.* **3.** Production en un point donné et rayonnement dans l'espace (d'ondes électromagnétiques, de particules élémentaires, de vibrations, etc.). *Émission de chaleur. Émission lumineuse.* ♦ spécialt Transmission, à l'aide d'ondes électromagnétiques, de signaux, de sons et d'images. SYN. **diffusion** ; → **émettre** (3) ; **radiodiffusion, télévision.** – Ce qui est ainsi transmis. *Le programme des émissions de la soirée.* **4.** Mise en circulation (de monnaies, titres, effets, etc.). *Banque d'émission.* – Action d'offrir au public (des emprunts, des actions). CONTR. **réception · souscription.**
ÉTYM. latin *emissio.*

EMMAGASINAGE [ɑ̃magazinaʒ] **n. m.** ✦ Action d'emmagasiner.

EMMAGASINER [ɑ̃magazine] **v. tr.** (conjug. 3a) **1.** Mettre en magasin, entreposer (des marchandises). SYN. **stocker.** ♦ Accumuler, mettre en réserve. *Emmagasiner de la chaleur.* **2.** fig. Garder dans l'esprit, dans la mémoire.
ÉTYM. de *magasin.*

EMMAILLOTER [ɑ̃majɔte] **v. tr.** (conjug. 3a) ✦ anciennt Envelopper (un bébé) dans un maillot. ♦ Envelopper complètement (un corps, un membre, un objet). *S'emmailloter les pieds dans une couverture.* CONTR. **démailloter.**
ÉTYM. de *maillot.*

EMMANCHER [ɑ̃mɑ̃ʃe] **v. tr.** (conjug. 3a) **1.** Ajuster sur un manche, engager et fixer dans un support. *Emmancher un balai.* **2.** fig. et FAM. (surtout pronom.) Engager, mettre en train (une activité, un processus). ➞ au p. passé *Une affaire mal emmanchée.*
ÉTYM. de ② *manche.*

EMMANCHURE [ɑ̃mɑ̃ʃyʀ] **n. f.** ✦ Chacune des ouvertures d'un vêtement, faites pour adapter une manche ou laisser passer le bras. *Veste étroite aux emmanchures.* SYN. **entournure.**
ÉTYM. de *emmancher.*

EMMÊLEMENT [ɑ̃mɛlmɑ̃] **n. m.** ✦ Action d'emmêler ; fait d'être emmêlé. SYN. **enchevêtrement, fouillis.**

EMMÊLER [ɑ̃mele] **v. tr.** (conjug. 3a) **1.** Mêler l'un à l'autre, d'une manière désordonnée. SYN. **embrouiller, enchevêtrer.** *Emmêler des pelotes de laine.* ➞ pronom. *Les fils se sont emmêlés.* ➞ au p. passé *Cheveux emmêlés.* **2.** fig. et FAM. *Il s'emmêle les pieds, les pédales,* il s'embrouille (dans une explication). CONTR. **démêler.**
ÉTYM. de *mêler.*

EMMÉNAGEMENT [ɑ̃menaʒmɑ̃] **n. m.** ✦ Action d'emménager. SYN. **installation.**

EMMÉNAGER [ɑ̃menaʒe] **v. intr.** (conjug. 5) ✦ S'installer dans un nouveau logement.
ÉTYM. de *ménage.*

EMMENER [ɑ̃m(ə)ne] **v. tr.** (conjug. 7a) **1.** Mener avec soi (qqn, un animal) en allant d'un lieu à un autre. ➞ REM. Avec un complément désignant un objet, on emploie *emporter. Emporte les valises, j'emmène le chien.* ➞ Mener avec soi en allant quelque part. *Je vous emmène à la campagne, en Bretagne, chez vos parents.* SYN. **accompagner, conduire.** *Il nous a emmenés dîner.* **2.** Conduire, entraîner en avant avec élan (des soldats, les membres d'une équipe...). *Les avants étaient bien emmenés par le capitaine.* **3.** (sujet chose) Conduire, transporter au loin. *L'avion qui les emmène en Afrique.*
ÉTYM. de *mener.*

EMMENTAL [emɛ̃tal ; emɛntal] **n. m.** ✦ Fromage à pâte cuite, présentant de grands trous, originaire de Suisse. → **gruyère.** ➞ On écrit aussi *emmenthal.*
ÉTYM. suisse allemand *Emmentaler* « de la vallée *(Tal)* de l'*Emme* ».

EMMERDANT, ANTE [ɑ̃mɛʀdɑ̃, ɑ̃t] **adj.** ✦ FAM. Qui contrarie, dérange fortement. ➞ Qui fait naître l'ennui. SYN. **embêtant, ennuyeux ;** FAM. **chiant.** *Un livre emmerdant.*
ÉTYM. du participe présent de *emmerder.*

EMMERDE [ɑ̃mɛʀd] **n. f.** ✦ FAM. Gros ennui. SYN. **emmerdement.** *Chercher les emmerdes.*
ÉTYM. de *emmerder.*

EMMERDEMENT [ɑ̃mɛʀdəmɑ̃] **n. m.** ✦ FAM. Gros ennui. SYN. **difficulté, embêtement, ennui ;** FAM. **emmerde.** *Il a toujours des emmerdements.*
ÉTYM. de *emmerder.*

EMMERDER [ɑ̃mɛʀde] **v. tr.** (conjug. 3a) ✦ FAM. **1.** (personne) Causer des ennuis à (qqn) ; (chose) représenter des ennuis pour (qqn). SYN. **agacer, embêter, empoisonner, ennuyer, importuner.** *Arrête de m'emmerder avec tes histoires !* ➞ au p. passé *Il est bien emmerdé maintenant.* ➞ pronom. Se donner du mal. *Ne t'emmerde pas à le réparer. Eh bien, tu t'emmerdes pas, toi ! :* tu ne te prives pas, tu as de la chance. **2.** Faire naître l'ennui. ➞ pronom. *On s'emmerde ferme.* **3.** Tenir pour négligeable (par défi).
ÉTYM. de *merde.*

EMMERDEUR, EUSE [ɑ̃mɛʀdœʀ, øz] **n.** ✦ FAM. Personne particulièrement ennuyeuse, ou agaçante et tatillonne. SYN. **gêneur, importun.** *Ne l'invite pas, c'est une emmerdeuse.*
ÉTYM. de *emmerder.*

EMMITOUFLER [ɑ̃mitufle] **v. tr.** (conjug. 3a) ✦ Envelopper dans des fourrures, des vêtements chauds et moelleux. ➞ pronom. Se couvrir chaudement, des pieds à la tête. ➞ au p. passé *Emmitouflé jusqu'aux oreilles.*
ÉTYM. de *mitoufle* « mitaine », croisement de *mitaine* et de *moufle.*

EMMURER [ɑ̃myʀe] **v. tr.** (conjug. 3a) ✦ Enfermer (qqn) dans un cachot muré. ➞ (sujet chose) *L'éboulement les a emmurés.* SYN. **emprisonner.** ◆ fig. (surtout pronom. et p. passé) *S'emmurer, être emmuré dans le silence :* se couper, être coupé des autres.
► **EMMUREMENT** [ɑ̃myʀmɑ̃] **n. m.**
ÉTYM. de *mur.*

ÉMOI [emwa] **n. m.** ✦ LITTÉR. **1.** Agitation, effervescence. ➞ EN ÉMOI. *Tout le quartier était en émoi.* **2.** Trouble qui naît de l'appréhension, ou d'une émotion sensuelle. *Rougir d'émoi.* SYN. **émotion, excitation.**
ÉTYM. de l'ancien français *esmaier* « troubler », latin populaire *exmagare* « priver de ses forces », d'orig. germanique.

ÉMOLLIENT, ENTE [emɔljɑ̃, ɑ̃t] **adj.** ✦ MÉD. Qui relâche les tissus. Qui calme. CONTR. **astringent, irritant.**
ÉTYM. du latin *emolliens,* participe présent de *emollire* « rendre mou *(mollis)* ».

ÉMOLUMENTS [emɔlymɑ̃] **n. m. pl.** ✦ Rétribution représentant un traitement fixe ou variable. SYN. **appointements, rémunération.**
ÉTYM. latin *emolumentum* « gain », de *emolere* « moudre ; produire ».

ÉMONCTOIRE [emɔ̃ktwaʀ] **n. m.** ✦ DIDACT. Organe d'élimination, d'excrétion.
ÉTYM. latin *emunctum,* de *emungere* « moucher ».

ÉMONDER [emɔ̃de] **v. tr.** (conjug. 3a) ✦ Débarrasser (un arbre) des branches mortes ou inutiles, des plantes parasites. SYN. **élaguer, tailler.**
► **ÉMONDAGE** [emɔ̃daʒ] **n. m.**
ÉTYM. latin *emundare,* famille de *mundus* « propre, soigné ».

ÉMOTICONE [emɔtikon] **n. m.** ✦ anglicisme Association de caractères alphanumériques utilisée dans un message électronique pour évoquer un visage expressif. ➞ recomm. offic. *frimousse.*
ÉTYM. anglais *emoticon,* de *emoti(on)* et *icon.*

ÉMOTIF, IVE [emɔtif, iv] **adj.** **1.** Relatif à l'émotion. SYN. **émotionnel.** *Choc émotif.* **2.** (personnes) Qui réagit par des émotions fortes ; qui est facilement ému. SYN. **impressionnable, sensible ;** → **émotivité.** ➞ **n.** *Un émotif, une émotive.* CONTR. **flegmatique, insensible.**
ÉTYM. du latin *emotum,* de *emovere* « émouvoir ».

ÉMOTION [emosjɔ̃] **n. f.** **1.** État affectif intense, caractérisé par des troubles divers (pâleur, accélération du pouls, tremblements, etc.). *Causer une grande émotion.* → **émouvoir.** **2.** État affectif, plaisir ou douleur, nettement prononcé. SYN. **sentiment.** *Évoquer ses souvenirs avec émotion.* ◆ FAM. *Tu nous as donné des émotions,* tu nous as fait peur. CONTR. **froideur, indifférence, insensibilité.**

ÉTYM. de *émouvoir,* d'après *motion* «mouvement».

ÉMOTIONNEL, ELLE [emosjɔnɛl] **adj.** ✦ PSYCH. Propre à l'émotion, qui a le caractère de l'émotion. *Les états émotionnels.*

ÉMOTIONNER [emosjɔne] **v. tr.** (conjug. 3a) ✦ FAM. Toucher par une émotion. SYN. **émouvoir.**

ÉMOTIVITÉ [emɔtivite] **n. f.** ✦ Caractère d'une personne émotive.

ÉTYM. anglais *emotivity,* de *emotive* «émotif».

ÉMOUCHET [emuʃɛ] **n. m.** ✦ Petit rapace diurne.

ÉTYM. de l'ancien français *mouchet,* diminutif de *mouche.*

ÉMOULU, UE [emuly] **adj.** ✦ loc. *FRAIS ÉMOULU :* récemment sorti (d'une école). *Une institutrice frais* ou *fraîche émoulue.*

ÉTYM. du participe passé de l'ancien verbe *émoudre* «aiguiser», du latin *molere* «moudre».

ÉMOUSSER [emuse] **v. tr.** (conjug. 3a) **1.** Rendre moins coupant, moins aigu. *Émousser la pointe d'un outil.* **2.** LITTÉR. Rendre moins vif, moins pénétrant, moins incisif. SYN. **affaiblir, amortir, atténuer.** *L'habitude émousse les sentiments.* ➡ pronom. *Son chagrin s'est émoussé avec le temps.* CONTR. **aiguiser.**

► **ÉMOUSSÉ, ÉE adj. 1.** *Couteau émoussé.* **2.** LITTÉR. *Sentiments émoussés.*

ÉTYM. de ② *mousse.*

ÉMOUSTILLANT, ANTE [emustijɑ̃, ɑ̃t] **adj.** ✦ Qui émoustille.

ÉMOUSTILLER [emustije] **v. tr.** (conjug. 3a) ✦ FAM. Mettre de bonne humeur en excitant. *Le champagne avait l'air de les émoustiller.* ➡ au p. passé *Tout émoustillé.* CONTR. **calmer, refroidir.**

ÉTYM. de l'ancien français *amoustiller,* de *moustille* «vin nouveau, moût».

ÉMOUVANT, ANTE [emuvɑ̃, ɑ̃t] **adj.** ✦ Qui émeut, qui fait naître une émotion désintéressée (compassion, admiration). SYN. **pathétique, poignant,** ② **touchant.** *Une cérémonie émouvante.* CONTR. **froid.**

ÉTYM. du participe présent de *émouvoir.*

ÉMOUVOIR [emuvwaʀ] **v. tr.** (conjug. 35 ; p. passé *ému, ue*) **1.** Agiter (qqn) par une émotion. SYN. **émotionner, remuer,** ① **toucher.** *Cette nouvelle m'a beaucoup ému.* SYN. **bouleverser ;** → **ému.** ➡ pronom. Se troubler. **2.** Toucher (qqn, un groupe) en éveillant un intérêt puissant, une sympathie profonde. *Ce roman a ému toute une génération.*

ÉTYM. latin populaire *exmovere,* de *emovere* «remuer».

EMPAILLAGE [ɑ̃pajaʒ] **n. m.** ✦ Action d'empailler. *L'empaillage des oiseaux.* SYN. **taxidermie.**

EMPAILLER [ɑ̃paje] **v. tr.** (conjug. 3a) **1.** Bourrer de paille (la peau d'animaux morts qu'on veut conserver). SYN. **naturaliser.** ➡ au p. passé *Un oiseau empaillé.* **2.** Mettre de la paille autour de (qqch.) pour protéger. SYN. **pailler.**

ÉTYM. de *paille.*

EMPAILLEUR, EUSE [ɑ̃pajœʀ, øz] **n.** ✦ Taxidermiste.

ÉTYM. de *empailler.*

EMPALER [ɑ̃pale] **v. tr.** (conjug. 3a) **1.** Soumettre au supplice du pal. **2.** *S'EMPALER* **v. pron.** Tomber sur un objet pointu qui s'enfonce à travers le corps. *Il s'est empalé sur une fourche.*

ÉTYM. de *pal.*

EMPAN [ɑ̃pɑ̃] **n. m.** ✦ Ancienne mesure de longueur, espace maximum entre l'extrémité du pouce et du petit doigt de la main ouverte.

ÉTYM. altération de *espan,* francique *spanna.*

EMPANACHÉ, ÉE [ɑ̃panaʃe] **adj.** ✦ Orné d'un panache. *Un casque empanaché.*

ÉTYM. de *panache.*

EMPAQUETAGE [ɑ̃pak(ə)taʒ] **n. m.** ✦ Action d'empaqueter.

EMPAQUETER [ɑ̃pak(ə)te] **v. tr.** (conjug. 6b) ✦ Faire un paquet de (linge, marchandises, etc.). SYN. **emballer.** CONTR. **déballer, dépaqueter.**

ÉTYM. de *paquet.*

S'EMPARER [ɑ̃paʀe] **v. pron.** (conjug. 3a) **1.** Prendre violemment ou indûment possession (de). SYN. **conquérir, enlever,** se **saisir** de. *S'emparer d'une ville. Les terroristes se sont emparés de plusieurs otages.* ➡ *S'emparer du pouvoir.* **2.** Prendre possession de, gagner la conscience (de qqn). *L'émotion, le sommeil s'emparait de lui.* **3.** Se saisir (de qqch.), parvenir à prendre. *L'adversaire s'est emparé du ballon.* CONTR. **abandonner, perdre, rendre, restituer.**

ÉTYM. ancien occitan *emparar,* latin populaire *imparare* «fortifier un lieu (pour le protéger)».

EMPÂTÉ, ÉE [ɑ̃pate] **adj.** ✦ Devenu épais. SYN. **bouffi.** *Des traits empâtés. Il est un peu empâté.* CONTR. **émacié.**

ÉTYM. du participe passé de *empâter.*

EMPÂTEMENT [ɑ̃patmɑ̃] **n. m.** ✦ Épaississement produisant un effacement des traits. *L'empâtement du menton.* HOM. EMPATTEMENT «maçonnerie»

ÉTYM. de *empâter.*

EMPÂTER [ɑ̃pate] **v. tr.** (conjug. 3a) ✦ Rendre épais, pâteux. *Bonbon qui empâte la langue.* ➡ pronom. Épaissir, grossir. *Ses joues s'empâtaient.*

ÉTYM. de *pâte.*

EMPATHIE [ɑ̃pati] **n. f.** ✦ DIDACT. Capacité de s'identifier à autrui par l'émotivité.

► **EMPATHIQUE** [ɑ̃patik] **adj.**

ÉTYM. de *en-* et *-pathie,* d'après *sympathie,* probablement par l'anglais *empathy.*

EMPATTEMENT [ɑ̃patmɑ̃] **n. m. 1.** TECHN. Maçonnerie en saillie à la base d'un mur. **2.** Distance séparant les essieux d'une voiture. HOM. EMPÂTEMENT «épaississement»

ÉTYM. de *patte.*

EMPÊCHEMENT [ɑ̃pɛʃmɑ̃] **n. m.** ✦ Ce qui empêche d'agir, de faire ce qu'on voudrait. SYN. **contretemps, difficulté, obstacle.** *Un empêchement de dernière minute.*

EMPÊCHER [ɑ̃peʃe] **v. tr.** (conjug. 3a) **1.** *Empêcher qqch.,* faire en sorte que cela ne se produise pas ; rendre impossible en s'opposant (SYN. **interdire**). *Empêcher un mariage. L'inondation empêche la circulation.* ➡ *Empêcher que* (+ subj.). *Vous n'empêcherez pas que la vérité (ne) soit connue.* ◆ loc. *Il N'EMPÊCHE que, cela N'EMPÊCHE*

pas que : cependant, malgré cela. ➝ *N'empêche qu'il a raison,* il a quand même raison. ➝ FAM. *N'empêche,* ce n'est pas une raison. **2.** *Empêcher qqn de faire qqch.,* faire en sorte qu'il ne puisse pas. *Il nous empêche de travailler.* ➝ (sujet chose) *Rien ne m'empêchera de faire ce que j'ai décidé.* **3.** *S'EMPÊCHER* **v. pron.** Se défendre, se retenir de. *Il ne pouvait s'empêcher de rire.* CONTR. **favoriser, permettre • autoriser, encourager, laisser.**
► **EMPÊCHÉ, ÉE** **p. passé** *Être empêché,* retenu par des occupations. *Le ministre, empêché, a envoyé son chef de cabinet.*
ÉTYM. latin *impedicare* «prendre au piège *(pedica)*».

EMPÊCHEUR, EUSE [ɑ̃pɛʃœʀ, øz] **n.** ✦ **loc.** *Empêcheur de danser, de tourner en rond* : ennemi de la gaieté. SYN. **rabat-joie, trouble-fête.**

EMPEIGNE [ɑ̃pɛɲ] **n. f.** ✦ Dessus (d'une chaussure), du cou-de-pied jusqu'à la pointe.
ÉTYM. de *en-* et *peigne* «dessus du pied».

EMPENNAGE [ɑ̃penaʒ] **n. m.** ✦ Surfaces placées à l'arrière des ailes ou de la queue d'un avion, et destinées à lui donner de la stabilité. ➝ Ailettes (d'un projectile).
ÉTYM. de *empenner.*

EMPENNER [ɑ̃pene] **v. tr.** (conjug. 3a) ✦ Garnir (une flèche) de plumes ou d'ailerons stabilisateurs.
ÉTYM. de *penne.*

EMPEREUR [ɑ̃pʀœʀ] **n. m.** **I** **1.** HIST. Détenteur du pouvoir suprême, dans l'Empire romain, le Saint Empire germanique. *Les empereurs romains. L'empereur d'Autriche.* **2.** Chef souverain de certains États (➝ **empire**). *L'empereur et l'impératrice.* ➝ en France *L'Empereur* : Napoléon Ier, puis Napoléon III. *Vive l'Empereur !* **II** Manchot de grande taille. **appos.** *Des manchots empereurs.*
ÉTYM. latin *imperator(em),* de *imperare* «commander».

EMPERLER [ɑ̃pɛʀle] **v. tr.** (conjug. 3a) ✦ LITTÉR. Couvrir de gouttelettes. *La sueur emperlait son front.* ➝ au p. passé *Des prés emperlés de rosée.*
ÉTYM. de *perle.*

EMPESER [ɑ̃pəze] **v. tr.** (conjug. 7a) ✦ Apprêter (un tissu) en amidonnant. SYN. **amidonner** ; ➝ **empois.** *Empeser un col de chemise.*
► **EMPESÉ, ÉE** **adj.** **1.** Qu'on a empesé. *Col empesé.* SYN. **dur.** **2.** fig. Apprêté, dépourvu de naturel. SYN. **guindé.** CONTR. **aisé, naturel.**
ÉTYM. de l'ancien français *empoise,* latin *impensa* «matériaux».

EMPESTER [ɑ̃pɛste] **v. tr.** (conjug. 1) **1.** Infester de mauvaises odeurs. SYN. **empuantir.** *Vous empestez la salle avec votre cigare.* **2.** Dégager (une odeur désagréable). *La cave empeste le moisi.* SYN. **puer.** ➝ absolt Sentir très mauvais. *Ce chien empeste.* CONTR. **embaumer.**
ÉTYM. de *peste.*

EMPÊTRER [ɑ̃petʀe] **v. tr.** (conjug. 3a) **1.** Entraver, engager (qqn ou les pieds, les jambes) dans qqch. qui retient ou embarrasse. ➝ pronom. *S'empêtrer dans ses bagages.* **2.** fig. Engager dans une situation difficile, embarrassante. SYN. FAM. **embringuer.** surtout passif et pronom. *Il est empêtré dans des difficultés financières.* ➝ pronom. *Il s'empêtrait dans ses explications.* SYN. **s'emberlificoter, s'embrouiller.** CONTR. **débarrasser, dégager, dépêtrer.**
ÉTYM. latin populaire *impastoriare,* de *pastoria* «entrave à bestiaux», de *pastus* «pâturage».

EMPHASE [ɑ̃fɑz] **n. f.** ✦ Ton, style déclamatoire abusif ou déplacé. SYN. **déclamation, grandiloquence.** *Parler avec emphase.* CONTR. **naturel, simplicité.**
ÉTYM. latin *emphasis,* mot grec «apparence».

EMPHATIQUE [ɑ̃fatik] **adj.** ✦ Plein d'emphase. SYN. **déclamatoire, grandiloquent, pompeux.** ➝ *Phrase emphatique,* comprenant un mot ou un groupe de mots mis en relief. CONTR. **simple, sobre.**
► **EMPHATIQUEMENT** [ɑ̃fatikmɑ̃] **adv.**
ÉTYM. de *emphase.*

EMPHYSÈME [ɑ̃fizɛm] **n. m.** ✦ MÉD. Gonflement produit par une infiltration gazeuse dans le tissu cellulaire (notamment du poumon).
► **EMPHYSÉMATEUX, EUSE** [ɑ̃fizematø, øz] **adj. et n.**
ÉTYM. grec *emphusêma,* de *phusan* «gonfler».

EMPHYTÉOTIQUE [ɑ̃fiteɔtik] **adj.** ✦ DR. *Bail emphytéotique,* de longue durée (18 à 99 ans).
ÉTYM. latin médiéval *emphyteuticus,* du grec.

EMPIÈCEMENT [ɑ̃pjɛsmɑ̃] **n. m.** ✦ Pièce rapportée qui constitue le haut d'un vêtement (robe, jupe, pantalon, etc.).
ÉTYM. de *pièce.*

EMPIERREMENT [ɑ̃pjɛʀmɑ̃] **n. m.** ✦ Action d'empierrer ; couche de pierres cassées.

EMPIERRER [ɑ̃pjeʀe] **v. tr.** (conjug. 3a) ✦ Couvrir d'une couche de pierres, de caillasse. *Les cantonniers empierrent la route.* ➝ au p. passé *Chemin empierré.* CONTR. **épierrer.**
ÉTYM. de *pierre.*

EMPIÈTEMENT [ɑ̃pjɛtmɑ̃] **n. m.** ✦ Action d'empiéter. ➝ On écrit aussi *empiétement.*

EMPIÉTER [ɑ̃pjete] **v. intr.** (conjug. 8) **1.** *EMPIÉTER SUR* (une propriété, un droit...) : prendre indûment et par une lente progression un peu de (cette propriété, ce droit). *Empiéter sur le terrain du voisin.* **2.** (choses) Déborder sur. *La terrasse du café empiète sur le trottoir.*
ÉTYM. de *pied.*

S'EMPIFFRER [ɑ̃pifʀe] **v. pron.** (conjug. 3a) ✦ Manger gloutonnement. SYN. **se bourrer, se gaver.** *S'empiffrer de gâteaux.*
ÉTYM. de l'ancien français *piffre* «homme ventru», de l'onomatopée *piff* exprimant la grosseur.

EMPILAGE [ɑ̃pilaʒ] **n. m.** ✦ Action d'empiler ; son résultat. SYN. **empilement.** *L'empilage des bûches.*

EMPILEMENT [ɑ̃pilmɑ̃] **n. m.** ✦ Action d'empiler (des choses) ; choses empilées. *Un empilement de caisses.*

EMPILER [ɑ̃pile] **v. tr.** (conjug. 3a) **1.** Mettre en pile. *Empiler des livres, du bois.* ➝ pronom. *Les dossiers à voir s'empilent.* **2.** Entasser (des êtres vivants) dans un petit espace.
ÉTYM. de ① *pile* (I, 2).

EMPIRE [ɑ̃piʀ] **n. m.** **1.** Autorité, domination absolue. *Les États qui se sont disputé l'empire du monde.* ➝ fig. *Être SOUS L'EMPIRE de* : sous l'influence, la domination de. *Agir sous l'empire de la colère.* **2.** Autorité souveraine d'un chef d'État qui porte le titre d'empereur* ; État ou ensemble d'États soumis à cette autorité. *L'Empire* *romain.* ➝ *L'Empire* ☛ Empire p. 176 et noms propres : période où la France fut gouvernée par un empereur. *Le Premier Empire* (Napoléon Ier). *Le Second Empire* (Napoléon III). ➝ *Style Empire,* du Premier Empire. **3.** Ensemble de territoires colonisés par une puissance. *L'empire britannique.* **4.** loc. *Pas pour un empire !,* pour rien au monde.

ÉTYM. latin *imperium* «pouvoir», de *imperare* «commander».

EMPIRER [ɑ̃piʀe] **v.** (conjug. 3a) **1. v. intr.** (situation, état) Devenir pire. *La situation économique empire, a empiré.* **2. v. tr.** LITTÉR. Rendre pire (une situation, les choses). *Votre intervention n'a fait qu'empirer les choses.* SYN. **aggraver.** CONTR. **améliorer.** HOM. EMPYRÉE «ciel»

ÉTYM. de *pire.*

EMPIRIQUE [ɑ̃piʀik] **adj.** ✦ Qui ne s'appuie que sur l'expérience, qui n'a rien de rationnel ni de systématique. *Méthode empirique.* CONTR. **méthodique, rationnel, scientifique.**

► **EMPIRIQUEMENT** [ɑ̃piʀikmɑ̃] **adv.**

ÉTYM. latin *empiricus,* du grec, de *peira* «expérience».

EMPIRISME [ɑ̃piʀism] **n. m.** **1.** Esprit, caractère empirique. *L'empirisme d'une méthode de travail.* **2.** PHILOS. Théorie d'après laquelle toutes nos connaissances viennent de l'expérience. CONTR. **rationalisme.**

► **EMPIRISTE** [ɑ̃piʀist] **n. et adj.**

EMPLACEMENT [ɑ̃plasmɑ̃] **n. m.** **1.** Lieu choisi et aménagé par l'homme (pour une construction, une installation). SYN. **endroit, place.** *Déterminer l'emplacement d'un barrage, d'une usine.* ◆ Place effectivement occupée. SYN. **position.** *L'emplacement des meubles dans une pièce.* **2.** Lieu de stationnement. *Emplacement réservé aux livraisons.*

ÉTYM. de l'anc. verbe *emplacer* «placer», de *place.*

EMPLÂTRE [ɑ̃platʀ] **n. m.** **1.** Médicament externe se ramollissant légèrement à la chaleur et devenant alors adhérent. **2.** fig. Aliment lourd et bourratif.

ÉTYM. latin *emplastrum,* du grec, de *plassein* «modeler».

EMPLETTE [ɑ̃plɛt] **n. f.** **1.** VIEILLI Achat (de marchandises courantes mais non quotidiennes). SYN. **acquisition.** *Faire l'emplette d'un chapeau.* **2.** MOD. au plur. *Faire des emplettes.* SYN. **course.** ◆ Objets achetés. *Montrez-moi vos emplettes.*

ÉTYM. latin populaire *implicta,* de *implicita,* participe passé de *implicare* «plier dans».

EMPLIR [ɑ̃pliʀ] **v. tr.** (conjug. 13) **1.** LITTÉR. Rendre plein (SYN. **remplir,** COUR.). **2.** Occuper par soi-même (un espace vide). *La foule emplissait les rues.* CONTR. **vider.**

ÉTYM. latin populaire *implire,* de *plere* «rendre plein».

EMPLOI [ɑ̃plwa] **n. m.** **1.** Action ou manière d'employer (qqch.) ; ce à quoi sert (qqch.). SYN. **usage, utilisation.** *Faites-en bon emploi. Mot susceptible de divers emplois.* ➝ *MODE D'EMPLOI :* notice expliquant la manière de se servir d'un objet. ➝ *EMPLOI DU TEMPS :* répartition dans le temps de tâches à effectuer. ➝ **programme ; planning** anglicisme. *Avoir un emploi du temps très chargé,* être très occupé. ➝ loc. *Faire DOUBLE EMPLOI :* répondre à un besoin déjà satisfait par autre chose. **2.** Ce à quoi s'applique une activité rétribuée. SYN. **place, situation.** *Emplois saisonniers. Être sans emploi,* au chômage. *Offres, demandes d'emploi* (par annonces). loc. *Demandeur d'emploi* (➝ **chômeur, sans-emploi**). ◆ *(L'emploi)* Somme du travail humain effectivement employé et rémunéré, dans un système économique. *Le marché de l'emploi.* **3.** Genre de rôle dont est chargé un acteur. *L'emploi de jeune premier.* ➝ loc. *Avoir le physique (la tête,* FAM. *la gueule) de l'emploi,* l'aspect correspondant à ce qu'on fait.

ÉTYM. de *employer.*

EMPLOYÉ, ÉE [ɑ̃plwaje] **n.** ✦ Salarié qui effectue un travail non manuel mais n'a pas un rôle d'encadrement. SYN. **agent, commis.** *Ouvriers, employés et cadres. Employé de banque. Une employée de mairie.*

ÉTYM. du participe passé de *employer.*

EMPLOYER [ɑ̃plwaje] **v. tr.** (conjug. 10) **1.** Faire servir à une fin (un instrument, un moyen, une force...). *Vous avez bien employé votre temps, votre argent. Employer un terme impropre.* SYN. **se servir de, utiliser.** ➝ au p. passé *Une somme d'argent bien employée.* ➝ pronom. (passif) *Ce mot ne s'emploie plus.* **2.** Faire travailler (qqn) pour son compte en échange d'une rémunération. *L'entreprise emploie trente personnes.* **3. v. pron.** *S'EMPLOYER À :* s'occuper avec constance de. *Il s'emploie à trouver une solution ; il s'y emploie.* SYN. **se consacrer.**

ÉTYM. latin *implicare* «plier *(plicare)* dans, enlacer» ; doublet de *impliquer.*

EMPLOYEUR, EUSE [ɑ̃plwajœʀ, øz] **n.** ✦ Personne qui emploie du personnel salarié. SYN. ① **patron.**

EMPLUMÉ, ÉE [ɑ̃plyme] **adj.** ✦ Couvert, orné de plumes.

ÉTYM. de *plume.*

EMPOCHER [ɑ̃pɔʃe] **v. tr.** (conjug. 3a) ✦ Toucher, recevoir (de l'argent). *Empocher tous les bénéfices.*

ÉTYM. de *poche.*

EMPOIGNADE [ɑ̃pwaɲad] **n. f.** ✦ Altercation, discussion violente.

ÉTYM. de *empoigner.*

EMPOIGNE [ɑ̃pwaɲ] **n. f.** ✦ loc. *FOIRE D'EMPOIGNE :* mêlée, affrontement d'intérêts où chacun cherche à obtenir la meilleure part par tous les moyens.

ÉTYM. de *empoigner.*

EMPOIGNER [ɑ̃pwaɲe] **v. tr.** (conjug. 3a) **1.** Prendre en serrant dans la main. *Empoigner un manche de pioche.* ➝ pronom. Se saisir l'un de l'autre pour se battre. SYN. **se colleter.** fig. Se quereller. *Ils se sont empoignés en public* (➝ **empoignade**). **2.** fig. Émouvoir profondément (➝ **poignant**). CONTR. ① **lâcher.**

ÉTYM. de *poing.*

EMPOIS [ɑ̃pwa] **n. m.** ✦ Colle à base d'amidon employée à l'apprêt du linge (➝ **empeser**).

ÉTYM. de *empeser,* avec influence de *poix.*

EMPOISONNANT, ANTE [ɑ̃pwazɔnɑ̃, ɑ̃t] **adj.** ✦ FAM. Très ennuyeux, agaçant.

ÉTYM. du participe présent de *empoisonner.*

EMPOISONNEMENT [ɑ̃pwazɔnmɑ̃] **n. m.** **1.** Introduction dans l'organisme d'une substance toxique, capable d'altérer la santé ou d'entraîner la mort. SYN. **intoxication.** *Empoisonnement dû à des champignons vénéneux.* ◆ Meurtre par le poison. **2.** FAM. Ennui, embêtement.

ÉTYM. de *empoisonner.*

EMPOISONNER [ɑ̃pwazɔne] v. tr. (conjug. 3a) 1. (sujet personne) Faire mourir, ou mettre en danger de mort (qqn, un animal) en faisant absorber du poison. *On a empoisonné notre chien.* ➛ pronom. Se tuer en absorbant du poison. *Emma Bovary s'empoisonna.* 2. surtout au p. passé Mêler, infecter de poison. *Flèches empoisonnées au curare.* ➛ fig. LITTÉR. *Des propos empoisonnés.* SYN. **venimeux.** 3. Remplir d'une odeur infecte. SYN. **empester, empuantir.** *Ce parfum empoisonne l'atmosphère.* 4. Altérer dans sa qualité, son agrément. SYN. **gâter.** *Des soucis qui empoisonnent la vie.* 5. FAM. Rendre la vie impossible à (qqn). SYN. **embêter.** *Il m'a empoisonné pendant des heures.*
ÉTYM. de *poison.*

EMPOISONNEUR, EUSE [ɑ̃pwazɔnœʀ, øz] n. 1. Criminel(le) qui use du poison. 2. VIEILLI Personne qui ennuie tout le monde. SYN. FAM. **emmerdeur.**
ÉTYM. de *empoisonner.*

EMPOISSONNEMENT [ɑ̃pwasɔnmɑ̃] n. m. ✦ Action d'empoissonner.

EMPOISSONNER [ɑ̃pwasɔne] v. tr. (conjug. 3a) ✦ Peupler de poissons. SYN. **aleviner.** *Empoissonner un lac.*
ÉTYM. de *poisson.*

EMPORTÉ, ÉE [ɑ̃pɔʀte] adj. ✦ Qui s'emporte facilement. SYN. **coléreux, irritable, violent.** CONTR. ② **calme.**

EMPORTEMENT [ɑ̃pɔʀtəmɑ̃] n. m. 1. LITTÉR. Élan, ardeur. SYN. **fougue.** 2. Violent mouvement de colère.
ÉTYM. de *emporter.*

EMPORTE-PIÈCE [ɑ̃pɔʀt(ə)pjɛs] n. m. 1. Outil servant à découper et à enlever d'un seul coup des pièces de forme déterminée (dans des feuilles de métal, de cuir...). *Des emporte-pièces.* 2. *À L'EMPORTE-PIÈCE* loc. adj. : (paroles) mordant, incisif. *Des jugements à l'emporte-pièce.*

EMPORTER [ɑ̃pɔʀte] v. tr. (conjug. 3a) 1. Prendre avec soi et porter hors d'un lieu (qqch. ou qqn qui ne se déplace pas par soi-même ; s'oppose à *emmener*). *J'emporte mes livres avec moi, à la campagne. Emporter un bébé dans son couffin.* ➛ fig. *Il a emporté son secret dans la tombe.* ➛ loc. *Il ne l'emportera pas au paradis,* il n'en profitera pas longtemps ; je me vengerai tôt ou tard. 2. (sujet chose) Enlever avec rapidité, violence. SYN. **arracher, balayer.** *Le cyclone a tout emporté sur son passage.* ♦ (maladie) Faire mourir rapidement. SYN. **tuer.** *Le cancer qui l'a emporté.* 3. S'emparer de (qqch.) par la force. SYN. **enlever.** *Les troupes ont emporté la position.* ➛ loc. *Emporter le morceau,* réussir, avoir gain de cause. 4. (sujet chose abstraite) Entraîner, pousser avec force. *La colère vous emporte.* 5. *L'EMPORTER* : avoir le dessus, se montrer supérieur. SYN. **triompher.** *La raison a fini par l'emporter sur le fanatisme.* SYN. **prévaloir.** 6. *S'EMPORTER* v. pron. Se laisser aller à des mouvements de colère, à des actes de violence. *Parler calmement, sans s'emporter.* CONTR. **apporter, rapporter • laisser.**
ÉTYM. de *porter.*

EMPOTÉ, ÉE [ɑ̃pɔte] adj. ✦ FAM. Maladroit et lent. ➛ n. *Quel empoté !* CONTR. **adroit, dégourdi.**
ÉTYM. de l'ancien français *(main) pote* «gauche, gourde», latin populaire *pautta* «patte», d'orig. préceltique.

EMPOTER [ɑ̃pɔte] v. tr. (conjug. 3a) ✦ Mettre (une plante) en pot. CONTR. **dépoter.**
ÉTYM. de *pot.*

EMPOURPRER [ɑ̃puʀpʀe] v. tr. (conjug. 3a) ✦ LITTÉR. Colorer de pourpre, de rouge, par l'effet de phénomènes naturels. ➛ pronom. *Son visage s'empourpra,* rougit (de colère, de honte...). ➛ au p. passé *Des joues empourprées.* SYN. **cramoisi.**
ÉTYM. de *pourpre.*

EMPREINDRE [ɑ̃pʀɛ̃dʀ] v. tr. (conjug. 48b) ✦ Marquer (une forme) par pression (sur une surface).
► **EMPREINT, EINTE** p. passé, fig. LITTÉR. Marqué profondément (par). *Un aveu empreint de sincérité.*
ÉTYM. latin populaire *impremere,* classique *imprimere* «imprimer».

EMPREINTE [ɑ̃pʀɛ̃t] n. f. 1. Marque en creux ou en relief laissée par un corps qu'on presse sur une surface. SYN. **impression.** *L'empreinte d'un cachet sur la cire. Prendre l'empreinte d'une clé.* SYN. **moulage.** ♦ Trace naturelle. *Reconnaître les empreintes d'un renard sur le sol.* ➛ *EMPREINTES (DIGITALES)* : traces laissées par les doigts et qui permettent à la police d'identifier qqn. 2. fig. Marque profonde, durable. *Il garde l'empreinte de son enfance malheureuse.*
ÉTYM. du participe passé féminin de *empreindre.*

EMPRESSÉ, ÉE [ɑ̃pʀese] adj. ✦ Plein d'un zèle et d'un dévouement marqués, très visibles. *Il ne s'est pas montré très empressé pour nous aider.* CONTR. **indifférent, négligent.**
ÉTYM. du participe passé de *empresser.*

EMPRESSEMENT [ɑ̃pʀɛsmɑ̃] n. m. 1. Action de s'empresser auprès de qqn. *Accueillir qqn avec empressement.* 2. Hâte qu'inspire le zèle. SYN. **ardeur.** *Obéir avec empressement.* CONTR. **indifférence, négligence.**

S'EMPRESSER [ɑ̃pʀese] v. pron. (conjug. 3a) 1. Mettre de l'ardeur, du zèle à servir qqn ou à lui plaire. 2. *S'EMPRESSER DE* (+ inf.) : se dépêcher de. *Je m'empresse d'ajouter que...* CONTR. **négliger.**
ÉTYM. de *presser.*

EMPRISE [ɑ̃pʀiz] n. f. 1. Domination intellectuelle ou morale. SYN. ② **ascendant, influence.** 2. DR. Mainmise de l'Administration sur une propriété privée. 3. Espace occupé par une voie routière et ses dépendances.
ÉTYM. du participe passé de l'ancien verbe *emprendre* «entreprendre», latin populaire *imprendere,* de *prehendere* «prendre».

EMPRISONNEMENT [ɑ̃pʀizɔnmɑ̃] n. m. ✦ Action d'emprisonner, état d'une personne emprisonnée. SYN. **détention, incarcération.** CONTR. **élargissement, libération.**

EMPRISONNER [ɑ̃pʀizɔne] v. tr. (conjug. 3a) 1. Mettre en prison. SYN. **écrouer, incarcérer.** *Emprisonner un condamné.* 2. Tenir à l'étroit, serrer. ➛ au p. passé *Jambe emprisonnée dans un plâtre.* CONTR. **élargir, libérer.**
ÉTYM. de *prison.*

EMPRUNT [ɑ̃pʀœ̃] n. m. 1. Action d'obtenir une somme d'argent, à titre de prêt ; cet argent. *Faire, contracter un emprunt.* → **emprunter.** ➛ spécialt Mesure par laquelle l'État, une collectivité publique, demande des fonds ; sommes ainsi recueillies. 2. fig. Action d'emprunter à un auteur un thème, des expressions pour les utiliser dans son œuvre ; ce qui est ainsi pris. *Les emprunts que Molière a faits à Plaute.* 3. LING. Processus par lequel une langue accueille directement un élément d'une autre langue ; élément (mot, tour)

A B C D E F G H I J K L M N O P Q R S T U V W X Y Z

ainsi incorporé. *Les mots hérités et les emprunts. Emprunt à l'anglais* (anglicisme), *à l'italien* (☛ Langue française p. 104). 4. *D'EMPRUNT* **loc. adj.** : qui n'appartient pas en propre au sujet, vient d'ailleurs. *Sous un nom d'emprunt.* → **pseudonyme.**

ÉTYM. de *emprunter.*

EMPRUNTÉ, ÉE [ɑ̃pʀœ̃te] **adj.** ✦ Qui manque d'aisance ou de naturel. SYN. **embarrassé, gauche.** *Avoir un air emprunté.* CONTR. **naturel.**

ÉTYM. du participe passé de *emprunter* «prendre une apparence étrangère».

EMPRUNTER [ɑ̃pʀœ̃te] **v. tr.** (conjug. 3a) 1. Obtenir (de l'argent, un objet...) à titre de prêt ou pour un usage momentané (→ **emprunt**). *Emprunter de l'argent à une banque. Je vous emprunte votre stylo.* 2. **fig.** Prendre ailleurs et faire sien (un bien d'ordre intellectuel, esthétique...). ➝ au p. passé, spécialt *Un mot emprunté à l'anglais* (→ **emprunt**, 3). 3. Prendre (une voie). *Emprunter un sens interdit.*

ÉTYM. latin populaire *imprumutuare*, famille de *mutuum* «argent emprunté sans intérêts», de *mutuus* «réciproque».

EMPRUNTEUR, EUSE [ɑ̃pʀœ̃tœʀ, øz] **n.** ✦ Personne qui emprunte (1) de l'argent. SYN. **débiteur.** CONTR. **prêteur.**

EMPUANTIR [ɑ̃pɥɑ̃tiʀ] **v. tr.** (conjug. 13) ✦ Remplir (un lieu), gêner (qqn) par une odeur infecte. SYN. **empester.**
► **EMPUANTISSEMENT** [ɑ̃pɥɑ̃tismɑ̃] **n. m.**

ÉTYM. de *puant.*

EMPYRÉE [ɑ̃piʀe] **n. m.** ✦ LITTÉR. Ciel, monde supraterrestre. HOM. EMPIRER «devenir pire»

ÉTYM. latin chrétien *empyrius* «de feu», du grec, de *pur, puros* «feu».

ÉMU, UE [emy] **adj.** 1. En proie à une émotion plus ou moins vive. *On le sentait très ému.* 2. Qui est marqué d'une émotion. *J'en ai gardé un souvenir ému.* CONTR. **indifférent.**

ÉTYM. du participe passé de *émouvoir.*

ÉMULATION [emylasjɔ̃] **n. f.** ✦ Sentiment qui porte à égaler ou à surpasser qqn. *L'émulation en classe.*

ÉTYM. latin *aemulatio*, famille de *aemulus* «rival, émule».

ÉMULE [emyl] **n.** ✦ LITTÉR. Personne qui cherche à égaler ou à surpasser qqn en qqch. de louable. ➝ **loc.** *Faire des émules,* donner envie de faire la même chose.

ÉTYM. latin *aemulus* «rival».

ÉMULSIFIANT [emylsifjɑ̃] **n. m.** ✦ CHIM. Produit qui favorise la formation et la stabilité d'une émulsion.

ÉTYM. de *émulsion.*

ÉMULSION [emylsjɔ̃] **n. f.** 1. Préparation liquide tenant en suspension une substance huileuse ou résineuse. 2. CHIM. Milieu hétérogène constitué par la dispersion, à l'état de particules très fines, d'un liquide dans un autre liquide. 3. *Émulsion photographique :* couche sensible à la lumière (sur la plaque ou le film). *La sensibilité d'une émulsion.*

ÉTYM. du latin *emulsum*, de *emulgere* «traire».

ÉMULSIONNER [emylsjɔne] **v. tr.** (conjug. 3a) ✦ Mettre à l'état d'émulsion (2) (une substance dans un milieu où elle n'est pas soluble).

① **EN** [ɑ̃] **prép.** **I** (devant un n. sans art. déf.) Préposition marquant en général la position à l'intérieur d'un espace, d'un temps, d'un état. 1. Dans. *Monter en voiture. Passer ses vacances en Bretagne.* → **à.** LITTÉR. *En un lieu, en cet endroit.* → **dans.** ➝ (lieu abstrait ; n. sans déterminant) *Avoir en mémoire. Docteur en droit. En théorie.* 2. Sur. *Mettre un genou en terre.* 3. (matière) *Un buste en marbre.* → ① **de.** ➝ *Écrire en anglais.* 4. Pendant (un temps). → **à, dans.** *Il viendra en février, en semaine. En été, en automne, en hiver* (mais *au printemps*). *En quelle année ?* ♦ (espace de temps) *En dix minutes.* 5. (état, manière) *Se mettre en colère. Être en danger. Les arbres sont en fleurs. Répondez en quelques mots.* ♦ (introduisant un n. qui fait fonction d'attribut) → **comme.** *Il parle en connaisseur.* 6. *DE... EN...* (marque la progression) *Son état empire d'heure en heure. De plus en plus.* ♦ (périodicité) *De temps* en temps ; d'heure en heure, de deux heures en deux heures.* **II** (formant des loc. adv.) *En général,* généralement. *C'est vrai en gros. En avant ou en arrière.* **III** (devant un v. au p. présent) *L'appétit vient en mangeant. Il est parti en courant.* HOM. AN «année», HAN «cri d'effort» ; (de *d'en*) DANS (préposition), (de *qu'en*) QUAND et QUANT (conjonctions), (de *s'en*) SANS (préposition)

ÉTYM. latin *in* «dans» et «sur».

② **EN** [ɑ̃] **pron. et adv.** ✦ De ce..., de ces..., de cette..., de cela (représente une chose, un énoncé, et quelquefois une personne). **I** (compl. d'un v.) 1. Indique le lieu d'où l'on vient, la provenance, l'origine. *J'en viens,* de cet endroit. *Il en tirera un joli bénéfice.* ➝ (cause, agent) *J'ai trop de soucis, je n'en dors plus,* je ne dors plus à cause de... 2. (compl. d'un v. construit avec *de*) *Je m'en souviendrai ! J'en veux. Donne-m'en un peu. S'en ficher, s'en foutre.* 3. (dans diverses loc. verb.) *Il n'en finit pas. On s'en va. Je m'en tiens là.* **II** (compl. de n. ou servant d'appui à des quantitatifs et des indéf.) De (cela). *J'en connais tous les avantages. Tenez, en voilà un. Il y en a plusieurs. Je n'en sais rien !* **III** (compl. d'adj.) *Il en est bien capable.* HOM. AN «année», HAN «cri d'effort» ; (de *d'en*) DANS (préposition), (de *qu'en*) QUAND et QUANT (conjonctions), (de *s'en*) SANS (préposition)

ÉTYM. latin *inde* «à partir de».

> **EN-** ou **EM-** (devant *b, m, p*) Élément, du latin *in-* et *im-*, de *in* «dans», servant à former des verbes à partir d'un substantif (ex. *emboîter, emmancher, emprisonner, enterrer*).

S'ENAMOURER [ɑ̃namuʀe ; enamuʀe] ou **S'ÉNAMOURER** [enamuʀe] **v. pron.** (conjug. 3a) ✦ VIEILLI ou plais. S'éprendre, tomber amoureux (de). ➝ au p. passé *Des regards énamourés.*

ÉTYM. de *amour.*

ÉNARQUE [enaʀk] **n.** ✦ Ancien(ne) élève de l'École nationale d'administration (E. N. A.).

ÉTYM. de *E. N. A.*, sigle ☛ noms propres.

EN-AVANT [ɑ̃navɑ̃] **n. m. invar.** ✦ au rugby Faute commise par un joueur qui lâche ou envoie le ballon à la main face au but adverse, ou passe à un joueur en avant de lui.

ENCABLURE [ɑ̃kablyʀ] **n. f.** ✦ Ancienne mesure marine de longueur (environ 200 m). ➝ On écrit aussi *encâblure.*

ÉTYM. de *câble.*

ENCADRÉ [ɑ̃kadʀe] **n. m.** ✦ Texte mis en valeur par un filet qui l'entoure (journal, livre). *Voir l'encadré page suivante.*

ÉTYM. du participe passé de *encadrer.*

ENCADREMENT [ɑ̃kadʀəmɑ̃] **n. m.** **1.** Action d'entourer d'un cadre ; ornement servant de cadre. *Choisir l'encadrement d'un tableau.* ◆ Ce qui entoure comme un cadre. *Dans l'encadrement de la porte.* **2.** Action d'encadrer (un objectif de tir). **3.** Action d'encadrer (des troupes, un personnel). *Le personnel d'encadrement.* ◆ Personnes qui encadrent. → **cadre. 4.** MATH. *Encadrement d'un nombre réel :* l'intervalle qui donne les limites inférieures et supérieures entre lesquelles est compris le réel. **5.** ÉCON. *L'encadrement du crédit,* la limitation des crédits accordés par les banques.

ÉTYM. de *encadrer.*

ENCADRER [ɑ̃kadʀe] **v. tr.** (conjug. 3a) **1.** Mettre dans un cadre, entourer d'un cadre. *Faire encadrer une gravure.* → loc. FAM. *Ne pas pouvoir encadrer qqn,* le détester. SYN. **encaisser** (3), **sentir. 2.** Entourer à la manière d'un cadre qui orne ou limite. *De longs cheveux encadrent son visage.* ◆ (sujet personne) *Encadrer un objectif,* en réglant le tir. → au p. passé *Suspect encadré par deux gendarmes.* ◆ pronom. Apparaître comme dans un cadre. *Sa silhouette s'encadrait dans la porte.* **3.** Pourvoir de cadres (une troupe, un personnel...).

ÉTYM. de *cadre.*

ENCADREUR, EUSE [ɑ̃kadʀœʀ, øz] **n.** ✦ Artisan qui exécute et pose des cadres (de tableaux, gravures, photos, etc.).

ÉTYM. de *encadrer.*

ENCAISSE [ɑ̃kɛs] **n. f.** ✦ Sommes, valeurs qui sont dans la caisse ou en portefeuille. *L'encaisse métallique,* les valeurs en or et en argent qui, dans les banques d'émission, servent de garantie aux billets.

ÉTYM. de *encaisser.*

ENCAISSÉ, ÉE [ɑ̃kese] **adj.** ✦ Resserré entre deux pentes. *Vallée encaissée,* profonde et étroite.

ÉTYM. du participe passé de *encaisser* «resserrer entre deux pentes abruptes».

ENCAISSEMENT [ɑ̃kɛsmɑ̃] **n. m.** **1.** Action d'encaisser (1) (de l'argent, des valeurs). *Remettre un chèque à l'encaissement.* **2.** État de ce qui est encaissé. *L'encaissement d'une rivière.*

ENCAISSER [ɑ̃kese] **v. tr.** (conjug. 3a) **1.** Recevoir, toucher (de l'argent, le montant d'une facture). **2.** FAM. Recevoir (des coups). *Encaisser un direct.* → absolt *Boxeur qui encaisse bien,* qui supporte bien les coups. **3.** FAM. (surtout dans un contexte négatif) Supporter (qqch., qqn). *Ils n'ont jamais encaissé cette défaite.* SYN. FAM. **digérer.** *Je ne peux pas encaisser ce type.* SYN. FAM. **encadrer** (1), **sentir.**

ÉTYM. de *caisse.*

ENCAISSEUR [ɑ̃kɛsœʀ] **n. m.** ✦ Employé qui va à domicile encaisser des sommes, recouvrer des effets.

à l'ENCAN [alɑ̃kɑ̃] **loc. adv.** et **adj.** ✦ LITTÉR. En vente aux enchères publiques. *Vendre à l'encan.* → fig. Comme un objet de trafic livré au plus offrant. *La justice était à l'encan.*

ÉTYM. latin médiéval *incantus* pour *in quantum* «pour combien», par l'ancien occitan.

S'ENCANAILLER [ɑ̃kanaje] **v. pron.** (conjug. 3a) ✦ Fréquenter un lieu, un milieu pour s'amuser, éprouver des émotions fortes.

ÉTYM. de *canaille.*

ENCAPUCHONNER [ɑ̃kapyʃɔne] **v. tr.** (conjug. 3a) ✦ Couvrir d'un capuchon, comme d'un capuchon. → au p. passé *La tête encapuchonnée.*

ÉTYM. de *capuchon.*

ENCART [ɑ̃kaʀ] **n. m.** ✦ Feuille volante ou petit cahier que l'on insère dans une brochure. *Un encart publicitaire.*

ÉTYM. de *encarter.*

ENCARTER [ɑ̃kaʀte] **v. tr.** (conjug. 3a) **1.** Insérer (un dépliant, un prospectus) dans une revue, un livre. **2.** Fixer sur un carton. *Encarter des boutons.*

ÉTYM. de *carte.*

ENCAS **n. m.** ou **EN-CAS** [ɑ̃ka] **n. m. invar.** ✦ Repas léger qui peut être consommé immédiatement. SYN. FAM. **casse-croûte.** *Des encas, des en-cas.* → Écrire *encas* en un seul mot est permis.

ÉTYM. de la locution *en cas.*

ENCASTRABLE [ɑ̃kastʀabl] **adj.** ✦ Qu'on peut encastrer. *Un four encastrable.*

ENCASTREMENT [ɑ̃kastʀəmɑ̃] **n. m.** ✦ Action, manière d'encastrer. *Jeux d'encastrement,* qui éduquent à la reconnaissance des formes.

ENCASTRER [ɑ̃kastʀe] **v. tr.** (conjug. 3a) ✦ Insérer, loger (dans une surface ou dans un objet exactement taillés ou creusés à cet effet). SYN. **emboîter, enchâsser.** *Encastrer des éléments de cuisine.* → au p. passé *Baignoire encastrée.* → pronom. *La balle s'est encastrée dans le mur.*

ÉTYM. latin *incastrare* «sertir», de *castrum* «camp fortifié (qui entoure)».

ENCAUSTIQUE [ɑ̃kɔstik] **n. f.** ✦ Préparation à base de cire et d'essence qu'on utilise pour entretenir et faire briller les meubles, les parquets.

ÉTYM. latin *encaustica,* du grec, de *enkaiein* «peindre à la cire fondue».

ENCAUSTIQUER [ɑ̃kɔstike] **v. tr.** (conjug. 3a) ✦ Passer à l'encaustique. SYN. **cirer.** → au p. passé *Des parquets encaustiqués.*

ENCEINDRE [ɑ̃sɛ̃dʀ] **v. tr.** (conjug. 48b) ✦ LITTÉR. Entourer (un espace) en en défendant l'accès (→ ① **enceinte**).

ÉTYM. de *ceindre,* d'après le latin *incingere* «entourer».

① **ENCEINTE** [ɑ̃sɛ̃t] **n. f.** **1.** Ce qui entoure un espace à la manière d'une clôture et en défend l'accès. *Le mur d'enceinte d'une place forte.* → **rempart. 2.** Espace ainsi entouré. *Pénétrer dans l'enceinte du tribunal.* **3.** *Enceinte (acoustique),* élément d'une chaîne haute-fidélité, ensemble de plusieurs haut-parleurs. SYN. **baffle** anglicisme.

ÉTYM. du participe passé de *enceindre.*

② **ENCEINTE** [ɑ̃sɛ̃t] **adj. f.** ✦ (femme) Qui est en état de grossesse. *Elle est enceinte de trois mois.*

ÉTYM. latin *incincta* «ceinturée», participe passé de *incingere* «entourer».

ENCENS [ɑ̃sɑ̃] n. m. ✦ Substance résineuse aromatique, qui brûle en répandant une odeur pénétrante. *La chapelle sentait l'encens.*
ÉTYM. latin chrétien *incensum*, de *incendere* «brûler».

ENCENSER [ɑ̃sɑ̃se] v. tr. (conjug. 3a) 1. Honorer en brûlant de l'encens, en agitant l'encensoir. 2. fig. Honorer d'hommages excessifs, combler de louanges et de flatteries. SYN. **flatter.** 3. intrans. *Cheval qui encense,* qui remue la tête de haut en bas.

ENCENSOIR [ɑ̃sɑ̃swaʀ] n. m. ✦ Cassolette suspendue à des chaînettes dans laquelle on brûle l'encens.
ÉTYM. de *encenser.*

ENCÉPHALE [ɑ̃sefal] n. m. ✦ ANAT. Ensemble des centres nerveux contenus dans le crâne (le cerveau et ses annexes).
ÉTYM. grec *enkephalos (muellos)* «(moelle) dans la tête *(kephalê)*».

ENCÉPHALITE [ɑ̃sefalit] n. f. ✦ MÉD. Inflammation de l'encéphale.
ÉTYM. de *encéphale* et *-ite.*

ENCÉPHALO- Élément de mots savants, du grec *enkephalos* «cerveau».

ENCÉPHALOGRAMME [ɑ̃sefalɔgʀam] n. m. ✦ MÉD. Tracé obtenu par encéphalographie. → aussi **électroencéphalogramme.**
ÉTYM. de *encéphalo-* et *-gramme.*

ENCÉPHALOGRAPHIE [ɑ̃sefalɔgʀafi] n. f. ✦ MÉD. Exploration radiographique de l'encéphale. *Encéphalographie gazeuse.*
ÉTYM. de *encéphalo-* et *-graphie.*

ENCÉPHALOPATHIE [ɑ̃sefalɔpati] n. f. ✦ MÉD. Atteinte diffuse du cerveau due à une affection générale.
ÉTYM. de *encéphalo-* et *-pathie.*

ENCERCLEMENT [ɑ̃sɛʀkləmɑ̃] n. m. ✦ Action d'encercler. *Manœuvre d'encerclement.*

ENCERCLER [ɑ̃sɛʀkle] v. tr. (conjug. 3a) ✦ Entourer de toutes parts, de façon menaçante. *Les policiers ont encerclé la maison.* SYN. **cerner.** – au p. passé *Des troupes encerclées.*
ÉTYM. de *cercle.*

ENCHAÎNEMENT [ɑ̃ʃɛnmɑ̃] n. m. 1. Série de choses en rapport de dépendance. *Un fatal enchaînement de circonstances.* 2. Caractère lié, rapport entre les éléments. SYN. **liaison, suite.** *L'enchaînement des causes et des effets.* 3. Action d'enchaîner (II).
ÉTYM. de *enchaîner.*

ENCHAÎNER [ɑ̃ʃene] v. (conjug. 3a) **I** v. tr. 1. Attacher avec une chaîne. *Enchaîner un chien.* – au p. passé *Forçats enchaînés.* 2. fig. LITTÉR. Mettre sous une dépendance. SYN. **asservir, assujettir.** *Enchaîner la presse.* ◆ Retenir en un lieu. 3. Unir par l'effet d'une succession naturelle ou le rapport de liens logiques. SYN. **coordonner, lier.** *Enchaîner des raisonnements, des mots (entre eux).* – pronom. *Tout s'enchaîne.* **II** v. intr. Reprendre la suite des répliques, au théâtre, après une interruption. – Passer d'une séquence à une autre (cinéma). – dans un discours Continuer. CONTR. ① **détacher · libérer.**
ÉTYM. de *chaîne.*

ENCHANTÉ, ÉE [ɑ̃ʃɑ̃te] adj. 1. Qui détient un pouvoir d'enchantement (1). *«La Flûte enchantée»* (opéra de Mozart). – Soumis à un enchantement. SYN. **magique.** *Un château enchanté.* 2. (personnes) Très content, ravi. *Être enchanté de, par qqch. Enchanté de faire votre connaissance.*
ÉTYM. du participe passé de *enchanter.*

ENCHANTEMENT [ɑ̃ʃɑ̃tmɑ̃] n. m. 1. Opération magique consistant à enchanter (1) ; son effet. SYN. ① **charme, ensorcellement, incantation, magie.** – *COMME PAR ENCHANTEMENT* : d'une manière inattendue et soudaine. *La douleur a disparu comme par enchantement.* 2. État d'une personne enchantée (2), joie extrême vive. SYN. **ravissement.** *Être dans l'enchantement.* ◆ Sujet de joie, chose qui fait un immense plaisir. *Ce spectacle est un enchantement.* → **féerie.** CONTR. **désenchantement.**

ENCHANTER [ɑ̃ʃɑ̃te] v. tr. (conjug. 3a) 1. Soumettre à une action surnaturelle par magie. SYN. **ensorceler, envoûter.** 2. Remplir d'un vif plaisir, satisfaire au plus haut point. SYN. **ravir.** *Cette histoire m'enchante.* CONTR. **désenchanter.**
ÉTYM. latin *incantare* «chanter *(cantare)* des formules magiques», d'après *chanter.*

ENCHANTEUR, TERESSE [ɑ̃ʃɑ̃tœʀ, tʀɛs] n. et adj. **I** n. 1. Personne qui pratique des enchantements (1). SYN. **magicien, sorcier.** *Merlin l'Enchanteur.* – au fém. LITTÉR. *L'enchanteresse Circé.* 2. fig. Personne douée d'un charme irrésistible. SYN. **charmeur.**
II adj. Qui enchante (2), est extrêmement séduisant. SYN. **charmant, ensorcelant, envoûtant.** *Une voix enchanteresse.* CONTR. **désagréable.**
ÉTYM. de *enchanter.*

ENCHÂSSEMENT [ɑ̃ʃɑsmɑ̃] n. m. ✦ Action d'enchâsser. SYN. **sertissage.**

ENCHÂSSER [ɑ̃ʃɑse] v. tr. (conjug. 3a) 1. Mettre (une pierre précieuse) dans une monture. SYN. **monter, sertir.** ◆ Encastrer, fixer (dans une entaille, un châssis). *Enchâsser les panneaux d'une porte.* 2. fig. Insérer, inclure. *Enchâsser une citation dans un article.* CONTR. ① **sortir.**
ÉTYM. de *châsse.*

ENCHÈRE [ɑ̃ʃɛʀ] n. f. 1. Offre d'une somme supérieure à la mise à prix ou aux offres précédentes, dans une vente au plus offrant. *Couvrir une enchère* : faire une enchère supérieure. – *AUX ENCHÈRES. Sa collection a été vendue aux enchères* (SYN. **à l' encan**). 2. jeux de cartes Demande supérieure à celle de l'adversaire. *Le système des enchères au bridge.*
ÉTYM. de *enchérir.*

ENCHÉRIR [ɑ̃ʃeʀiʀ] v. intr. (conjug. 13) 1. Mettre une enchère. *Enchérir sur qqn,* faire une enchère plus élevée que lui. 2. fig. LITTÉR. Aller au-delà de ce qu'un autre a dit, fait. SYN. **renchérir, surenchérir.**
ÉTYM. de *cher* (II).

ENCHÉRISSEUR, EUSE [ɑ̃ʃeʀisœʀ, øz] n. ✦ Personne qui fait une enchère. *Le dernier enchérisseur.*
ÉTYM. de *enchérir.*

ENCHEVÊTREMENT [ɑ̃ʃ(ə)vɛtʀəmɑ̃] n. m. 1. Disposition ou amas de choses enchevêtrées. *Un enchevêtrement de lianes.* 2. (abstrait) Extrême complication,

désordre. *Un enchevêtrement de mensonges.* SYN. **embrouillamini, imbroglio.**
ÉTYM. de *enchevêtrer.*

ENCHEVÊTRER [ɑ̃ʃ(ə)vetʀe] **v. tr.** (conjug. 3a) **1.** Engager l'une dans l'autre (diverses choses) de façon désordonnée, ou particulièrement complexe. *Enchevêtrer des fils.* SYN. **embrouiller, emmêler.** ➙ pronom. *Les branches s'enchevêtrent.* **2.** fig. Embrouiller. ➙ pronom. *Toutes ces idées s'enchevêtraient dans sa tête.* ➙ au p. passé *Des affaires enchevêtrées.* CONTR. **démêler.**
ÉTYM. latin *incapistrare* «mettre un licou *(capistrum)*».

ENCHIFRENÉ, ÉE [ɑ̃ʃifʀəne] **adj.** ✦ VIEILLI Qui a le nez embarrassé par un rhume de cerveau.
ÉTYM. peut-être de *chanfrener* «dompter» (de *chanfrein*), ou de *chef* «tête» et *freiner.*

ENCLAVE [ɑ̃klav] **n. f.** ✦ Terrain, territoire complètement entouré par un autre.
ÉTYM. de *enclaver.*

ENCLAVEMENT [ɑ̃klavmɑ̃] **n. m.** ✦ Fait d'être enclavé. *L'enclavement d'une région.*

ENCLAVER [ɑ̃klave] **v. tr.** (conjug. 3a) **1.** Contenir, entourer en formant une enclave. ➙ plus cour., au p. passé *Chemin enclavé entre des haies.* **2.** Engager (une pièce dans une autre pièce). CONTR. **désenclaver.**
► **ENCLAVÉ, ÉE adj.** *Région enclavée,* isolée du reste du pays, sans voies de communication.
ÉTYM. latin populaire *inclavare* «fermer avec une clé *(clavis)*».

ENCLENCHEMENT [ɑ̃klɑ̃ʃmɑ̃] **n. m.** ✦ Dispositif destiné à rendre solidaires les pièces d'un mécanisme, d'un appareil.
ÉTYM. de *enclencher.*

ENCLENCHER [ɑ̃klɑ̃ʃe] **v. tr.** (conjug. 3a) **1.** Faire fonctionner (un mécanisme) en rendant plusieurs pièces solidaires. *Une vitesse difficile à enclencher,* à passer. **2.** fig. *L'affaire est enclenchée,* bien engagée.
ÉTYM. de *clenche.*

ENCLIN, INE [ɑ̃klɛ̃, in] **adj.** ✦ LITTÉR. Porté, par un penchant naturel et permanent, à. *Il est enclin à la méfiance. Elle est encline à se méfier.*
ÉTYM. de l'anc. v. *encliner,* latin *inclinare* «incliner».

ENCLISE [ɑ̃kliz] **n. f.** ✦ DIDACT. Existence d'un enclitique. *L'enclise du pronom personnel en espagnol.*
ÉTYM. grec *enklisis* «inclinaison».

ENCLITIQUE [ɑ̃klitik] **adj.** et **n. m.** ✦ LING. (Mot) qui s'appuie sur le mot précédent et s'y intègre du point de vue phonétique (ex. *ce* dans *est-ce* ; *-que* en latin).
ÉTYM. latin *encliticus,* du grec, de *klinein* «incliner».

ENCLORE [ɑ̃klɔʀ] **v. tr.** (conjug. 58) surtout au présent de l'indic. et au p. passé ✦ LITTÉR. **1.** Entourer d'une clôture. SYN. **clôturer.** *Enclore son jardin d'une haie.* ➙ au p. passé *Ville enclose de murailles.* SYN. **enceindre.** **2.** (choses) Entourer comme une clôture continue.
ÉTYM. latin populaire *inclaudere,* classique *includere* «enfermer».

ENCLOS [ɑ̃klo] **n. m.** **1.** Espace de terrain entouré d'une clôture. *Enclos pour le bétail.* **2.** Clôture. *Un enclos de pierres sèches.*
ÉTYM. du participe passé de *enclore.*

ENCLUME [ɑ̃klym] **n. f.** **1.** Masse métallique sur laquelle on forge les métaux. *Frapper, battre l'enclume.* ➙ Outil ou pièce d'un instrument destiné à recevoir des chocs. *Enclume de cordonnier.* ➙ loc. *Être entre le marteau et l'enclume,* pris entre deux partis opposés et exposé à recevoir des coups des deux côtés. **2.** ANAT. Un des trois osselets de l'oreille interne.
ÉTYM. latin populaire *incudinem,* altération (avec infl. probable de *includere* «enfermer») de *incus, incudis.*

ENCOCHE [ɑ̃kɔʃ] **n. f.** ✦ Petite entaille ou découpure. *Faire une encoche sur, dans un morceau de bois.* ◆ Découpe servant au repérage. *Les encoches d'un répertoire.*
ÉTYM. de *encocher.*

ENCOCHER [ɑ̃kɔʃe] **v. tr.** (conjug. 3a) ✦ Faire une encoche à (une pièce métallique, une clé, etc.).
ÉTYM. de ① *coche.*

ENCODER [ɑ̃kɔde] **v. tr.** (conjug. 3a) ✦ DIDACT. Produire (un message) selon un code. ➙ INFORM. Coder* (une information).
► **ENCODAGE** [ɑ̃kɔdaʒ] **n. m.**
ÉTYM. de *code.*

ENCOIGNURE [ɑ̃kɔɲyʀ ; ɑ̃kwaɲyʀ] **n. f.** **1.** Angle intérieur formé par la rencontre de deux murs. SYN. **coin.** **2.** Petit meuble de coin.
ÉTYM. de l'ancien verbe *encoigner* «pousser dans un *coin*».

ENCOLLAGE [ɑ̃kɔlaʒ] **n. m.** ✦ Action d'encoller ; son résultat.

ENCOLLER [ɑ̃kɔle] **v. tr.** (conjug. 3a) ✦ Enduire (du papier, des tissus, du bois) de colle, de gomme, d'apprêt. *Encoller du papier peint.*
ÉTYM. de *colle.*

ENCOLURE [ɑ̃kɔlyʀ] **n. f.** **1.** Partie du corps (du cheval et de certains animaux) qui s'étend entre la tête et les épaules ou le poitrail. ➙ Longueur de cette partie du corps. *Le cheval gagnant l'a emporté d'une encolure.* **2.** Dimension du col d'un vêtement. *Une chemise d'encolure 39.* **3.** Partie (du vêtement) par où passe la tête.
ÉTYM. de *col,* ancienne forme de *cou.*

ENCOMBRANT, ANTE [ɑ̃kɔ̃bʀɑ̃, ɑ̃t] **adj.** ✦ Qui encombre. *Un colis encombrant.* SYN. **volumineux.** ➙ fig. Importun, pesant. *Un admirateur encombrant.*

sans ENCOMBRE [sɑ̃zɑ̃kɔ̃bʀ] **loc. adv.** ✦ Sans rencontrer d'obstacle, sans ennui, sans incident. *Nous sommes arrivés sans encombre.*
ÉTYM. de *encombrer.*

ENCOMBREMENT [ɑ̃kɔ̃bʀəmɑ̃] **n. m.** **1.** État de ce qui est encombré ou rempli à l'excès. *L'encombrement d'un grenier.* ◆ *L'encombrement du marché automobile.* ➙ **surproduction.** **2.** Amas de choses qui encombrent. *Un encombrement de livres et de papiers.* SYN. **amas.** ◆ Voitures qui encombrent une voie. SYN. **bouchon, embouteillage.** *Éviter les encombrements.* **3.** Dimensions qui font qu'un objet encombre plus ou moins. *L'encombrement d'un meuble,* son volume. CONTR. **dégagement.**

ENCOMBRER [ɑ̃kɔ̃bʀe] **v. tr.** (conjug. 3a) **1.** (sujet chose) Remplir en s'entassant, en faisant obstacle à la circulation, au libre usage. SYN. **gêner, obstruer.** *Un tas de paperasses encombrait la table. Les voitures encombrent* *la place.* SYN. **embouteiller.** ➝ (sujet personne) *La foule encombrait les trottoirs.* **2.** fig. Remplir ou occuper à l'excès, en gênant. *Encombrer sa mémoire de détails inutiles.* SYN. **surcharger.** ◆ *S'ENCOMBRER DE* v. pron. *Il ne s'encombre pas de scrupules.* SYN. **s'embarrasser.** CONTR. **désencombrer ; dégager.**

► **ENCOMBRÉ, ÉE** adj. *Une rue encombrée.* ➝ *Une profession encombrée,* où les offres d'emploi sont rares.

ÉTYM. de l'ancien français *combre* «barrage sur une rivière», latin médiéval *combrus*, d'origine gauloise.

à l'ENCONTRE de [alɑ̃kɔ̃tʀ] loc. prép. ✦ LITTÉR. Contre, à l'opposé de. *Cette mesure va à l'encontre du but recherché.*

ÉTYM. latin *incontra*, de *contra* «contre».

ENCORBELLEMENT [ɑ̃kɔʀbɛlmɑ̃] n. m. ✦ ARCHIT. Position d'une construction (balcon, corniche, fenêtre) en saillie sur un mur et soutenue par des corbeaux ; cette construction. *Tourelle en encorbellement.*

ÉTYM. de *corbel*, ancienne forme de *corbeau* (II).

S'ENCORDER [ɑ̃kɔʀde] v. pron. (conjug. 3a) ✦ ALPIN. S'attacher avec une même corde pour constituer une cordée*. *Les alpinistes se sont encordés.*

ÉTYM. de *corde.*

ENCORE [ɑ̃kɔʀ] adv. ➝ ✦ variante VX ou POÉT. ENCOR. **1.** adv. de temps Marque la persistance d'une action ou d'un état au moment considéré. *Vous êtes encore là ?* ➙ **toujours.** *C'est encore l'été.* ➝ *PAS ENCORE :* pas au moment présent (de ce qui doit se produire, arriver). *Il ne fait pas encore jour.* **2.** Marquant une idée de répétition ou de supplément. ➙ **re-.** *Il a encore manqué la cible. Encore un peu ?* ➝ *Mais encore ?* (pour demander des précisions supplémentaires). ➝ (avec un mot marquant l'accroissement ou la diminution) *La vie a encore augmenté. Ses affaires vont encore plus mal.* **3.** introduisant une restriction *Encore faut-il avoir le temps. Si encore il faisait un effort...* ➙ si **seulement.** *Et encore !*, se dit pour restreindre ce qui vient d'être dit, comme dépassant la réalité. *On vous en donnera cent euros, et encore !*, tout au plus. **4.** loc. conj. LITTÉR. *ENCORE QUE* (+ subj.) : quoique. *Nous l'aiderons, encore qu'il ne fasse pas d'effort.* CONTR. **déjà.**

ÉTYM. latin populaire *hinc ad horam* «d'ici jusqu'à l'heure».

ENCORNÉ, ÉE [ɑ̃kɔʀne] adj. ✦ Qui a des cornes (plus ou moins grandes).

ÉTYM. de *corne.*

ENCORNER [ɑ̃kɔʀne] v. tr. (conjug. 3a) ✦ Frapper, blesser à coups de cornes. *Le matador a été encorné.*

ÉTYM. de *corne.*

ENCORNET [ɑ̃kɔʀnɛ] n. m. ✦ RÉGIONAL Calmar.

ÉTYM. de *cornet.*

ENCOURAGEANT, ANTE [ɑ̃kuʀaʒɑ̃, ɑ̃t] adj. ✦ Qui encourage, est propre à encourager. *Les premiers résultats sont encourageants.* CONTR. **décourageant.**

ÉTYM. du participe présent de *encourager.*

ENCOURAGEMENT [ɑ̃kuʀaʒmɑ̃] n. m. **1.** Action d'encourager. *Les cris d'encouragement stimulaient l'équipe.* **2.** Acte, parole qui encourage. SYN. **appui, soutien.** *Il a reçu peu d'encouragements.* CONTR. **découragement.**

ENCOURAGER [ɑ̃kuʀaʒe] v. tr. (conjug. 5) **1.** Donner du courage, de l'assurance à (qqn). SYN. **réconforter, stimuler.** *Les spectateurs encourageaient les concurrents.* ➝ (avec *à* + inf.) *Encourager qqn à persévérer.* SYN. **inciter.** **2.** Aider ou favoriser par une protection spéciale, par des récompenses, des subventions. *Encourager les jeunes talents.* ➝ *Encourager un projet,* l'approuver et l'aider à se réaliser. CONTR. **décourager • contrarier, contrecarrer.**

ÉTYM. de *courage.*

ENCOURIR [ɑ̃kuʀiʀ] v. tr. (conjug. 17) ✦ LITTÉR. Se mettre dans le cas de subir (qqch. de fâcheux). SYN. **s'exposer à, mériter.** *Vous allez encourir des reproches.* ➝ au p. passé *Les peines encourues.*

ÉTYM. latin *incurrere* «se jeter dans», d'après *courir.*

ENCRAGE [ɑ̃kʀaʒ] n. m. **1.** Opération consistant à encrer (un rouleau de presse, une planche gravée, une photocopieuse). **2.** Manière dont la planche, etc., est encrée. HOM. ANCRAGE «action d'ancrer»

ENCRASSEMENT [ɑ̃kʀasmɑ̃] n. m. ✦ Action d'encrasser, fait de s'encrasser. *L'encrassement d'un piston.*

ENCRASSER [ɑ̃kʀase] v. tr. (conjug. 3a) ✦ Couvrir d'un dépôt (suie, rouille, saletés diverses) qui empêche le bon fonctionnement. *Cette huile encrasse les moteurs.* ➝ pronom. *La chaudière s'est encrassée.* ➝ au p. passé *Des bougies encrassées.* CONTR. **décrasser.**

ÉTYM. de *crasse.*

ENCRE [ɑ̃kʀ] n. f. **1.** Liquide coloré, utilisé pour écrire. *Encre noire, bleue, violette, rouge. Écrire à l'encre. Encre sympathique,* dont la trace invisible apparaît sous l'action d'un réactif ou de la chaleur. *Encre de Chine,* très noire, employée pour le dessin. ➝ *Encre d'imprimerie. Imprimante à jet d'encre.* ◆ (idée de noirceur) *Une nuit d'encre,* très noire. ➝ FAM. *Se faire un sang d'encre,* du souci. **2.** Liquide noir émis par certains céphalopodes (seiche, calmar) pour se protéger. HOM. ANCRE «attache (d'un navire)»

ÉTYM. latin *encaustum* «encre rouge (réservée à l'empereur)», du grec, même origine que *encaustique.*

ENCRER [ɑ̃kʀe] v. tr. (conjug. 3a) ✦ Enduire d'encre (typographique, lithographique). *Encrer un rouleau.* HOM. ANCRER «attacher (un navire)»

ENCREUR [ɑ̃kʀœʀ] adj. m. ✦ Qui sert à encrer. *Tampon encreur.*

ENCRIER [ɑ̃kʀije] n. m. ✦ Petit récipient où l'on met de l'encre. *Tremper la plume dans l'encrier.*

ENCROÛTER [ɑ̃kʀute] v. tr. (conjug. 3a) **1.** Couvrir d'une croûte. **2.** fig. (surtout pronom. et p. passé) Enfermer (qqn) dans des habitudes qui suppriment la spontanéité, empêchent de changer, de progresser. SYN. **scléroser.** *Il est encroûté dans ses habitudes. S'encroûter dans la routine.*

► **ENCROÛTEMENT** [ɑ̃kʀutmɑ̃] n. m.

ÉTYM. de *croûte.*

ENCULER [ɑ̃kyle] v. tr. (conjug. 3a) ✦ VULG. Sodomiser.

ÉTYM. de *cul.*

ENCYCLIQUE [ɑ̃siklik] n. f. ✦ Lettre envoyée par le pape à tous les évêques à propos d'un problème d'actualité.

ÉTYM. latin chrétien *(litterae) encyclicae* «(lettres) circulaires», du grec, même origine que *encyclopédie*.

ENCYCLOPÉDIE [ɑ̃siklɔpedi] **n. f. 1.** Ouvrage où l'on expose méthodiquement (dans un ordre logique ou formel, par ex. alphabétique) les connaissances dans tous les domaines. *L'« Encyclopédie ou Dictionnaire raisonné des Sciences, des Arts et des Métiers»* (composée au XVIIIe siècle sous la direction de Diderot et d'Alembert). ☞ ENCYCLOPÉDIE (noms propres). ➝ Ouvrage analogue qui traite d'un domaine précis (science, art, etc.). *Une encyclopédie de l'architecture.* **2. fig.** *Une encyclopédie vivante,* une personne aux connaissances très étendues et variées.
ÉTYM. latin moderne *encyclopaedia*, du grec «éducation *(paideia)* embrassant le cercle *(kuklos)* des connaissances».

ENCYCLOPÉDIQUE [ɑ̃siklɔpedik] **adj. 1.** Qui embrasse l'ensemble des connaissances. **2.** De l'encyclopédie. *Un dictionnaire encyclopédique,* qui fait connaître les choses, les concepts (opposé à *dictionnaire de langue*). ◆ **fig.** D'un savoir très étendu. *Une culture encyclopédique.* SYN. **universel.**

ENCYCLOPÉDISTE [ɑ̃siklɔpedist] **n. 1.** Auteur d'une encyclopédie. **2. HIST.** Auteur, penseur français du XVIIIe siècle qui partageait les idées de l'Encyclopédie de Diderot.

ENDÉMIE [ɑ̃demi] **n. f.** ✦ Présence habituelle d'une maladie dans une région déterminée.
ÉTYM. du grec *endêmon* «indigène», d'après *épidémie*.

ENDÉMIQUE [ɑ̃demik] **adj. 1.** Qui a un caractère d'endémie. *Maladie endémique.* **2. fig.** Qui sévit constamment dans un pays, un milieu. *Un chômage endémique.*

ENDETTEMENT [ɑ̃dɛtmɑ̃] **n. m.** ✦ Fait de s'endetter, d'être endetté.

ENDETTER [ɑ̃dete] **v. tr.** (conjug. 3a) ✦ Engager dans des dettes. *L'achat de son appartement l'a endetté.* ➝ **pronom.** Contracter des dettes. *S'endetter en achetant à crédit.* ➝ **au p. passé** *État lourdement endetté.*
ÉTYM. de *dette*.

ENDEUILLER [ɑ̃dœje] **v. tr.** (conjug. 3a) ✦ Plonger dans le deuil, remplir de tristesse. *Cette catastrophe a endeuillé tout le pays.*
ÉTYM. de *deuil*.

ENDIABLÉ, ÉE [ɑ̃djable] **adj. 1. VX** Possédé par le diable. ◆ *Enfants endiablés,* très turbulents. SYN. **infernal. 2.** D'une vivacité extrême. SYN. **fougueux, impétueux.** *Un rythme endiablé.* CONTR. ② **calme.**
ÉTYM. de *diable*.

ENDIGUER [ɑ̃dige] **v. tr.** (conjug. 3b) **1.** Contenir au moyen de digues. *Endiguer un fleuve.* **2. par métaphore** Retenir, contenir ; canaliser. *Les agents s'efforçaient d'endiguer le flot des manifestants.* ➝ **abstrait** *Endiguer le progrès.* CONTR. **libérer.**
► **ENDIGUEMENT** [ɑ̃digmɑ̃] **n. m.** *Doctrine de l'endiguement du président Truman* (1947, pour lutter contre le communisme).
ÉTYM. de *digue*.

S'ENDIMANCHER [ɑ̃dimɑ̃ʃe] **v. pron.** (conjug. 3a) ✦ Mettre des habits du dimanche, s'habiller de manière plus soignée que d'habitude. *S'endimancher pour aller à un mariage.* ➝ **au p. passé** *Avoir l'air endimanché.*
ÉTYM. de *dimanche*.

ENDIVE [ɑ̃div] **n. f.** ✦ Pousse blanche comestible d'une variété de chicorée. SYN. RÉGIONAL **chicon.** *Endives braisées, en salade.*
ÉTYM. latin médiéval *endivia*, du grec *entubion*, latin *intubus* «chicorée sauvage».

ENDO- Élément de mots savants, du grec *endon* «en dedans». CONTR. **exo-.**

ENDOBLASTE [ɑ̃dɔblast] **n. m.** ✦ **BIOL.** Feuillet interne de l'embryon, ébauche de l'intestin primitif.
ÉTYM. de *endo-* et *-blaste*.

ENDOCARDE [ɑ̃dɔkaʀd] **n. m.** ✦ Tunique interne du cœur.
ÉTYM. de *endo-* et *-carde*.

ENDOCARDITE [ɑ̃dɔkaʀdit] **n. f.** ✦ **MÉD.** Inflammation de l'endocarde.
ÉTYM. de *endocarde* et *-ite*.

ENDOCARPE [ɑ̃dɔkaʀp] **n. m.** ✦ Partie interne du fruit la plus proche de la graine. *Endocarpe lignifié :* noyau.
ÉTYM. de *endo-* et *-carpe*, du grec *karpos* «fruit».

ENDOCRINE [ɑ̃dɔkʀin] **adj. f.** ✦ Se dit des glandes à sécrétion interne, dont les produits sont déversés directement dans le sang (ex. le foie, la thyroïde). CONTR. **exocrine.**
► **ENDOCRINIEN, IENNE** [ɑ̃dɔkʀinjɛ̃, jɛn] **adj.**
ÉTYM. de *endo-* et du grec *krinein* «sécréter».

ENDOCRINOLOGIE [ɑ̃dɔkʀinɔlɔʒi] **n. f.** ✦ **SC.** Partie de la médecine qui étudie les glandes endocrines et soigne leurs troubles.
ÉTYM. de *endocrine* et *-logie*.

ENDOCRINOLOGUE [ɑ̃dɔkʀinɔlɔg] **n.** ✦ Spécialiste de l'endocrinologie.

ENDOCTRINEMENT [ɑ̃dɔktʀinmɑ̃] **n. m.** ✦ Action d'endoctriner.

ENDOCTRINER [ɑ̃dɔktʀine] **v. tr.** (conjug. 3a) ✦ **péj.** Faire la leçon à (qqn) pour convaincre, faire adhérer à une doctrine, à un point de vue. ➝ **au p. passé** *Militants endoctrinés.*
ÉTYM. de *doctrine*.

ENDODERME [ɑ̃dɔdɛʀm] **n. m.** ✦ **BIOL.** Endoblaste.
ÉTYM. de *endo-* et *-derme*.

ENDOGAMIE [ɑ̃dɔgami] **n. f.** ✦ **SOCIOL.** Obligation, pour les membres de certaines tribus, de se marier dans leur propre tribu (opposé à *exogamie*).
► **ENDOGAMIQUE** [ɑ̃dɔgamik] **adj.** *Mariage endogamique.*
ÉTYM. anglais *endogamy* → endo- et -gamie.

ENDOGÈNE [ɑ̃dɔʒɛn] **adj.** ✦ **DIDACT.** Qui prend naissance à l'intérieur, est dû à une cause interne. ➝ **GÉOL.** *Roches endogènes,* provenant des profondeurs de la Terre. CONTR. **exogène.**
ÉTYM. de *endo-* et *-gène*.

ENDOLORIR [ɑ̃dɔlɔʀiʀ] **v. tr.** (conjug. 13) ✦ Rendre douloureux.
► **ENDOLORI, IE p. passé** Envahi par une douleur diffuse. *Avoir les pieds tout endoloris.*
ÉTYM. de *douleur*, d'après le latin *dolor*.

ENDOMÈTRE [ɑ̃dɔmɛtʀ] **n. m.** ✦ ANAT. Muqueuse qui tapisse l'intérieur de l'utérus.
ÉTYM. de *endo-* et du grec *mêtra* «utérus».

ENDOMMAGER [ɑ̃dɔmaʒe] **v. tr.** (conjug. 5) ✦ Causer des dommages, des dégâts à (qqch.), mettre en mauvais état. SYN. **abîmer, détériorer.** *La grêle a endommagé les récoltes.* ➛ au p. passé *Toiture endommagée par la tempête.* CONTR. **réparer.**
ÉTYM. de *dommage.*

ENDORMANT, ANTE [ɑ̃dɔʀmɑ̃, ɑ̃t] **adj.** ✦ Qui donne envie de dormir à force d'ennui. SYN. **ennuyeux, soporifique.** *Un conférencier endormant.* CONTR. **excitant, stimulant.**
ÉTYM. du participe présent de *endormir.*

ENDORMI, IE [ɑ̃dɔʀmi] **adj.** 1. Qui est en train de dormir. *Être à moitié endormi.* ➛ Où tout semble en sommeil. *Dans la ville endormie.* 2. fig. Dont l'activité est en sommeil. *Volcan endormi.* 3. Indolent, inerte. *Un élève endormi.* ➛ n. *Quel endormi !* CONTR. **éveillé, vigilant** • ① **actif** • **remuant.**
ÉTYM. du participe passé de *endormir.*

ENDORMIR [ɑ̃dɔʀmiʀ] **v. tr.** (conjug. 23) 1. Faire dormir, amener au sommeil. *Bercer un bébé pour l'endormir.* ➛ (Sommeil artificiel) *Endormir qqn avant de l'opérer.* SYN. **anesthésier.** 2. Donner envie de dormir à (qqn) par ennui. SYN. **assommer, ennuyer.** *Il endort son auditoire.* 3. fig. LITTÉR. Atténuer jusqu'à faire disparaître (une sensation, un sentiment pénible). *Endormir la douleur.* SYN. **calmer.** ➛ Rendre moins vif, moins agissant (un sentiment, une disposition d'esprit). *Endormir les soupçons.* ➛ *Endormir qqn,* diminuer sa vigilance. *Tenter d'endormir l'opinion publique.* 4. *S'ENDORMIR* **v. pron.** Commencer à dormir ; glisser dans le sommeil. SYN. **s'assoupir.** CONTR. **éveiller, réveiller.**
ÉTYM. latin *indormire,* de *dormire* «dormir».

ENDORMISSEMENT [ɑ̃dɔʀmismɑ̃] **n. m.** ✦ Fait de s'endormir ; début du sommeil. *Troubles de l'endormissement.*
ÉTYM. de *endormir.*

ENDORPHINE [ɑ̃dɔʀfin] **n. f.** ✦ SC. Substance sécrétée par l'hypophyse, qui lutte contre la douleur.
ÉTYM. anglais *endorphin* → endo- et morphine.

ENDOS [ɑ̃do] **n. m.** ✦ COMM. Mention au dos (d'une traite) pour ordonner son paiement à une autre personne.
ÉTYM. de *endosser.*

ENDOSCOPE [ɑ̃dɔskɔp] **n. m.** ✦ MÉD. Instrument muni d'un système d'éclairage, servant à examiner les cavités profondes du corps.
ÉTYM. de *endo-* et *-scope.*

ENDOSCOPIE [ɑ̃dɔskɔpi] **n. f.** ✦ MÉD. Examen à l'endoscope. *Endoscopie de l'estomac.*
► **ENDOSCOPIQUE** [ɑ̃dɔskɔpik] **adj.**

ENDOSSER [ɑ̃dose] **v. tr.** (conjug. 3a) I 1. Mettre sur son dos (un vêtement). SYN. **revêtir.** *Endosser son imperméable avant de sortir.* 2. Prendre ou accepter la responsabilité de. SYN. **assumer.** *Je suis prêt à endosser les conséquences.* II Mettre un endos sur (un chèque, une traite, etc.).
► **ENDOSSEMENT** [ɑ̃dosmɑ̃] **n. m.**
ÉTYM. de *dos.*

ENDROIT [ɑ̃dʀwa] **n. m.** I 1. Partie déterminée d'un espace. SYN. ① **lieu, place.** *Un endroit tranquille. À quel endroit ?* → **où.** ♦ Localité. SYN. **coin.** *Un endroit perdu.* 2. Place déterminée, partie localisée (d'une chose, du corps). *À quel endroit faut-il signer ? Montre l'endroit où tu as mal.* ➛ abstrait Partie de la personne (morale). *Trouver l'endroit sensible.* SYN. ① **point.** 3. Passage déterminé (d'un ouvrage). *Cet endroit n'est pas très clair.* 4. *PAR ENDROITS* **loc. adv.** : à différents endroits dispersés, çà et là. *On avait planté par endroits des rosiers.* ➛ LITTÉR. *À L'ENDROIT DE (qqn)* **loc. prép.** : envers (qqn). *Il a mal agi à ton endroit.* II Côté destiné à être vu, dans un objet à deux faces (tissu, feuillet...). SYN. **recto.** *L'endroit d'un tapis.* ➛ *À L'ENDROIT* **loc. adv.** : du bon côté. *Remettez vos chaussettes à l'endroit.* CONTR. ② **envers.**
ÉTYM. de *en-* et *droit.*

ENDUIRE [ɑ̃dɥiʀ] **v. tr.** (conjug. 64b) ✦ Recouvrir (une surface) d'une matière qui l'imprègne. *Enduire son visage de crème. Enduire un mur de plâtre.* ➛ pronom. Enduire son corps. *Elle s'est enduite de crème solaire.*
ÉTYM. latin *inducere* «appliquer sur».

ENDUIT [ɑ̃dɥi] **n. m.** ✦ Préparation molle ou fluide qu'on applique sur une surface pour protéger, rendre lisse. SYN. **revêtement.** *Enduit à la chaux.*
ÉTYM. du participe passé de *enduire.*

ENDURANCE [ɑ̃dyʀɑ̃s] **n. f.** ✦ Aptitude à résister à la fatigue, à la souffrance. *L'endurance d'un coureur de fond.* ➛ *Épreuve d'endurance,* compétition sur une longue distance. CONTR. **fragilité.**
ÉTYM. de *endurer.*

ENDURANT, ANTE [ɑ̃dyʀɑ̃, ɑ̃t] **adj.** ✦ Qui a de l'endurance. SYN. **résistant.** *Il est très endurant.* CONTR. **délicat, fragile.**
ÉTYM. du participe présent de *endurer.*

ENDURCI, IE [ɑ̃dyʀsi] **adj.** 1. Devenu dur, insensible ou résistant. *Un cœur endurci. Être endurci au froid.* SYN. **aguerri.** 2. Qui avec le temps s'est fortifié, figé dans son opinion, son occupation. SYN. **invétéré.** *Un criminel endurci. Un célibataire endurci.*
ÉTYM. du participe passé de *endurcir.*

ENDURCIR [ɑ̃dyʀsiʀ] **v. tr.** (conjug. 13) 1. Rendre (qqn) plus dur au mal, plus résistant. SYN. **aguerrir.** *Ce climat l'a endurci au froid.* 2. Rendre moins sensible moralement. *Les malheurs l'ont endurci, ont endurci son cœur.* ➛ pronom. *Elle s'est endurcie à son contact.* CONTR. **attendrir.**
ÉTYM. de *durcir.*

ENDURCISSEMENT [ɑ̃dyʀsismɑ̃] **n. m.** ✦ Fait de s'endurcir (2). SYN. **insensibilité.** CONTR. **attendrissement, sensibilité.**

ENDURER [ɑ̃dyʀe] **v. tr.** (conjug. 3a) ✦ Supporter avec patience (ce qui est dur, pénible). SYN. **subir.** *Il endure tout sans se plaindre. Je n'en endurerai pas plus.* SYN. **supporter, tolérer.**
ÉTYM. latin *indurare* «rendre dur (*durus*)».

ENDURO [ɑ̃dyʀo] **n. m.** ✦ anglicisme Épreuve d'endurance et de régularité tout-terrain, en moto. *L'enduro et le trial.*
ÉTYM. mot anglais, de *endurance.*

-ÈNE Élément de mots de chimie servant à former des noms d'hydrocarbures non saturés (opposé à *-ane*).

EN EFFET [ɑ̃nefɛ] **loc. adv.** → EFFET (I, 3)

ÉNERGÉTIQUE [enɛʀʒetik] **adj.** et **n. f.** **1. adj.** PHYS. et PHYSIOL. Relatif à l'énergie. *Les ressources énergétiques d'un pays. Choix énergétiques.* ☛ Géographie p. 230. – *Aliment énergétique.* **2. n. f.** Science des manifestations de l'énergie.

ÉTYM. anglais *energetic*, du grec.

ÉNERGIE [enɛʀʒi] **n. f.** **I** Force et fermeté dans l'action, qui rend efficace. SYN. **détermination, dynamisme, volonté.** *Il poursuit son but avec beaucoup d'énergie. Protester avec énergie.* ◆ Vitalité physique. SYN. **vigueur.** *Se sentir plein d'énergie.* **II** SC. **1.** Caractère d'un système matériel capable de produire du travail. *L'énergie se mesure en joules. Les formes de l'énergie : énergie mécanique, lumineuse, hydraulique, électrique, thermique, chimique, nucléaire. Énergies renouvelables,* provenant de sources naturelles non épuisables (soleil, vent, marée...). *Énergies fossiles* (charbon, gaz naturel, pétrole). ☛ Géographie p. 225 et 230. – *Économies d'énergie.* **2.** Énergie chimique potentielle de l'organisme vivant. *Une dépense d'énergie.* CONTR. **indolence, inertie, paresse.**

ÉTYM. latin *energia*, du grec, de *ergon* «travail».

ÉNERGIQUE [enɛʀʒik] **adj.** **1.** Actif, efficace. *Un remède énergique.* ◆ Plein d'énergie (dans l'expression). *Une énergique protestation.* SYN. **vigoureux.** **2.** (personnes ; actions) Qui a ou marque de l'énergie, de la volonté. SYN. ① **ferme, résolu.** *Un homme énergique. Une intervention énergique des autorités.* ◆ Fort (dans l'ordre physique). *Une poignée de main énergique.* CONTR. **inactif, inefficace · faible, indolent, timide.**

ÉTYM. de *énergie*.

ÉNERGIQUEMENT [enɛʀʒikmɑ̃] **adv.** ✦ Avec énergie. SYN. **fermement, vigoureusement.** CONTR. **mollement.**

ÉNERGIVORE [enɛʀʒivɔʀ] **adj.** ✦ Qui consomme beaucoup d'énergie. *Appareil énergivore.*

ÉTYM. de *énergie* et *-vore*.

ÉNERGUMÈNE [enɛʀgymɛn] **n.** ✦ Personne exaltée qui se livre à des cris, à des gestes excessifs dans l'enthousiasme ou la fureur. SYN. **agité, excité, forcené.**

ÉTYM. latin chrétien *energumenus* «possédé», du grec.

ÉNERVANT, ANTE [enɛʀvɑ̃, ɑ̃t] **adj.** ✦ (personnes, choses) Qui excite désagréablement. SYN. **agaçant, irritant.** *Un bruit énervant.* CONTR. **apaisant, calmant.**

ÉTYM. du participe présent de *énerver*.

ÉNERVÉ, ÉE [enɛʀve] **adj.** ✦ Qui se trouve dans un état de nervosité, de tension inhabituel. ◆ Qui marque l'énervement. *Un rire énervé.* CONTR. ② **calme, détendu.**

ÉNERVEMENT [enɛʀvəmɑ̃] **n. m.** ✦ État d'une personne énervée. SYN. **agacement, nervosité.** CONTR. ① **calme.**

ÉNERVER [enɛʀve] **v. tr.** (conjug. 3a) ✦ Agacer, exciter, en provoquant de la nervosité. *Ses manies nous énervent* (→ **énervant**). – pronom. Devenir de plus en plus nerveux, agité. *Du calme ! Ne nous énervons pas !* CONTR. **calmer, détendre.**

ÉTYM. latin *enervare* «retirer les nerfs *(nervus)*».

ENFANCE [ɑ̃fɑ̃s] **n. f.** **1.** Première période de la vie humaine, de la naissance à l'adolescence. *Il a eu une enfance heureuse. Souvenir d'enfance.* **2.** (sing. collectif) Les enfants. *Protection de l'enfance.* **3.** loc. *Tomber, retomber en enfance,* se dit d'un vieillard dont les facultés mentales s'affaiblissent (→ **gâtisme, sénilité**). **4.** fig. Première période d'existence (d'une chose). SYN. **commencement, début.** *L'enfance de l'humanité. Une science encore dans l'enfance.* – loc. *C'est L'ENFANCE DE L'ART,* c'est élémentaire. CONTR. **déclin.**

ÉTYM. latin *infantia*, de *infans* «enfant».

ENFANT [ɑ̃fɑ̃] **n.** **I** **1.** *(Un, des enfants)* Être humain dans l'âge de l'enfance. SYN. **bambin, petit** ; FAM. **gosse, mioche, môme** ; → **fille, garçon.** *Un enfant au berceau.* → **bébé, nourrisson, nouveau-né.** *Des enfants de dix ans. Livres d'enfants, pour les enfants. Voiture d'enfant. Les maladies des enfants.* → **infantile.** – *La psychologie de l'enfant.* ◆ loc. *Ne faites pas l'enfant :* soyez sérieux. – *L'enfant terrible* (d'un groupe), un membre qui aime à manifester son indépendance d'esprit. *Enfant gâté :* personne qui a l'habitude de voir satisfaire tous ses caprices. ◆ *ENFANT DE CHŒUR :* enfant, jeune homme qui se tient dans le chœur pendant les offices pour servir le prêtre ; fig. personne naïve. – *Enfant de Marie,* jeune fille vouée à la Vierge. **2.** fig. Personne qui a conservé dans l'âge adulte des sentiments, des traits propres à l'enfance. – **adj.** *Il est resté très enfant.* → **enfantin, puéril.** **II** **1.** Être humain à l'égard de sa filiation. SYN. FAM. **lardon, môme** ; → **fils, fille.** *Ils veulent deux enfants. Elle attend un enfant :* elle est enceinte. → **bébé.** *Enfant adoptif. Enfant naturel,* né hors mariage. – *L'enfant* (ou *le fils*) *prodigue**. **2.** *Mon (cher) enfant, mes enfants,* se dit à des êtres plus jeunes. **3.** Descendant (→ **postérité**). ◆ Personne originaire de (un pays, un milieu). *Un enfant de Paris. Un enfant du peuple.* – *ENFANT DE TROUPE :* nom donné autrefois à un fils de militaire élevé dans une école militaire.

ÉTYM. latin *infans* «qui ne parle *(fari)* pas (encore)».

ENFANTEMENT [ɑ̃fɑ̃tmɑ̃] **n. m.** ✦ Fait d'enfanter. SYN. **accouchement.** ◆ fig. LITTÉR. *L'enfantement d'une œuvre.*

ENFANTER [ɑ̃fɑ̃te] **v. tr.** (conjug. 3a) **1.** LITTÉR. Mettre au monde (un enfant). **2.** fig. Créer, produire (une œuvre).

ÉTYM. de *enfant*.

ENFANTILLAGE [ɑ̃fɑ̃tijaʒ] **n. m.** ✦ Manière d'agir, de s'exprimer, peu sérieuse, qui ne convient qu'à un enfant. SYN. **puérilité.** *Perdre son temps à des enfantillages.* SYN. **gaminerie.**

ÉTYM. de l'ancien français *enfantil* «enfantin», de *enfant*.

ENFANTIN, INE [ɑ̃fɑ̃tɛ̃, in] **adj.** **1.** Qui est propre à l'enfant, a le caractère de l'enfance. *Le langage enfantin.* **2.** péj. Qui ne convient qu'à un enfant. SYN. **infantile, puéril.** *Des remarques enfantines.* **3.** Très simple, très facile. *Un problème enfantin.* SYN. **élémentaire.** CONTR. **sénile · difficile.**

ÉTYM. de *enfant*.

ENFARINÉ, ÉE [ɑ̃faʀine] **adj.** ✦ Couvert de farine, de poudre blanche. *La figure enfarinée d'un clown.* – loc. FAM. *Venir la gueule enfarinée, le bec enfariné,* avec la naïve certitude d'obtenir ce qu'on demande.

ÉTYM. de *farine*.

ENFER [ɑ̃fɛʀ] **n. m.** **I** **1.** RELIG. CHRÉT. Lieu destiné au supplice des damnés. *Les démons de l'enfer* (→ **infernal**). – prov. *L'enfer est pavé de bonnes intentions :* beaucoup de bonnes résolutions n'aboutissent qu'à un résultat déplorable ou nul. ◆ *D'ENFER* **loc. adj. :** qui évoque l'enfer. *Une vision d'enfer.* – Très intense. → **infernal.** *Un appétit d'enfer. Rouler à un train d'enfer,* très vite. – FAM. Extraordinaire, fabuleux. **2.** fig. Lieu, occasion de cruelles souffrances. *Son foyer est un enfer. L'enfer de la drogue.* **3.** *L'enfer d'une bibliothèque :* le département, l'endroit où sont regroupés les livres licencieux. **II** *LES ENFERS :* lieu souterrain habité par les morts, séjour des ombres, des morts (mythologie grecque, romaine et diverses religions). ☞ noms propres.
ÉTYM. latin *infernus,* de *inferus* «qui est au-dessous».

ENFERMEMENT [ɑ̃fɛʀməmɑ̃] **n. m.** ✦ Fait d'enfermer ou d'être enfermé. SYN. **emprisonnement, internement.**

ENFERMER [ɑ̃fɛʀme] **v. tr.** (conjug. 3a) **1.** Mettre en un lieu d'où il est impossible de sortir. *Enfermer un oiseau dans une cage ; un malfaiteur dans une prison* (SYN. **incarcérer, interner).** – *Il est bon à enfermer :* il est fou. ◆ pronom. *S'ENFERMER. Elle s'est enfermée dans son bureau.* SYN. se **barricader.** – fig. *S'enfermer dans son silence.* **2.** Mettre (qqch.) dans un lieu clos. *Enfermer des provisions dans un buffet.* **3.** Entourer complètement (un terrain, un espace). SYN. **enclore. 4.** dans une course Serrer (un concurrent) à la corde, ou à l'intérieur du peloton, de façon à briser son élan. CONTR. **délivrer, libérer.**
ÉTYM. de *en* et *fermer.*

S'ENFERRER [ɑ̃feʀe] **v. pron.** (conjug. 3a) **1.** Tomber sur l'épée de son adversaire. **2.** fig. Se prendre à ses propres mensonges, ses propres pièges.
ÉTYM. de *fer.*

ENFEU [ɑ̃fø] **n. m.** ✦ ARCHÉOL. Niche funéraire. *Des enfeus.*
ÉTYM. de *enfouir.*

ENFIÉVRER [ɑ̃fjevʀe] **v. tr.** (conjug. 8) ✦ LITTÉR. Animer d'une sorte de fièvre, d'une vive ardeur. SYN. **surexciter.** – pronom. *S'enfiévrer pour une idée.* SYN. se **passionner.** – au p. passé *Une atmosphère enfiévrée.*
ÉTYM. de *fièvre.*

ENFILADE [ɑ̃filad] **n. f.** **1.** Suite de choses disposées en file. *Une enfilade de pièces.* – *Des chambres en enfilade.* **2.** *Tir d'enfilade,* dirigé dans le sens de la plus grande dimension de l'objectif. *Prendre en enfilade* (une troupe), soumettre à un tir d'enfilade.
ÉTYM. de *enfiler.*

ENFILAGE [ɑ̃filaʒ] **n. m.** ✦ Action d'enfiler.

ENFILER [ɑ̃file] **v. tr.** (conjug. 3a) **1.** Passer un fil, un lien, à l'intérieur de (un objet percé). *Enfiler une aiguille.* – *Enfiler des perles,* les réunir par un fil ; fig. et FAM. perdre son temps à des futilités. **2.** Mettre, passer (un vêtement). *Enfiler sa veste.* **3.** S'engager tout droit dans (un chemin, un passage étroit). *Il a tourné et enfilé la ruelle.* SYN. **prendre. 4.** FAM. *S'ENFILER qqch.,* l'avaler. SYN. s'**envoyer.** *Elle s'est enfilé toute la tablette de chocolat.* ◆ Avoir à supporter (une corvée). *Il s'est enfilé le ménage.*
ÉTYM. de *fil.*

ENFIN [ɑ̃fɛ̃] **adv.** **1.** Au terme d'une longue attente. *Je vous ai enfin retrouvé. Enfin seuls !* **2.** En dernier lieu (dans une succession). *On vit arriver un coureur, puis le peloton, enfin quelques isolés.* **3.** En conclusion. *Il est plein d'énergie, ambitieux, enfin capable de réussir. Enfin bref.* – (Conclusion résignée). *Enfin, on verra bien !* **4.** marquant l'impatience *Rends-moi ça, enfin ! Mais enfin, ça suffit !* **5.** Plutôt (pour corriger ce qu'on a dit). *Elle est blonde, enfin rousse.* CONTR. **déjà.**
ÉTYM. de *en* et ① *fin.*

ENFLAMMÉ, ÉE [ɑ̃flame] **adj.** **1.** En flammes. *Une torche enflammée.* **2.** Dans un état inflammatoire. *Des amygdales très enflammées.* **3.** Rempli d'ardeur, de passion. SYN. **ardent, passionné.** – *Une déclaration* (d'amour) *enflammée.* CONTR. **éteint • froid, indifférent.**
ÉTYM. du participe passé de *enflammer.*

ENFLAMMER [ɑ̃flame] **v. tr.** (conjug. 3a) **1.** Mettre en flamme. SYN. **allumer.** *Enflammer une allumette.* – pronom. Prendre feu. *L'essence s'enflamme brusquement.* ◆ fig. Colorer vivement. *Une rougeur enflammait ses joues.* **2.** Mettre dans un état inflammatoire. SYN. **irriter. 3.** Remplir (qqn) d'ardeur, de passion. SYN. **électriser, embraser.** *La colère l'enflammait.* – pronom. S'enthousiasmer, s'exalter. *Il s'enflamme facilement.* CONTR. **éteindre • calmer, refroidir.**
ÉTYM. de *flamme.*

ENFLÉ, ÉE [ɑ̃fle] **adj.** ✦ Atteint d'enflure. *Jambes enflées.*
ÉTYM. du participe passé de *enfler.*

ENFLER [ɑ̃fle] **v.** (conjug. 3a) **I v. tr.** **1.** Faire augmenter de volume. *Les pluies ont enflé la rivière.* SYN. **gonfler.** ◆ Provoquer l'enflure de (une partie du corps). SYN. **tuméfier. 2.** Augmenter la force de (la voix, un son...). *Enfler sa voix.* **3.** fig. Exagérer, grossir. *Enfler ses prétentions.* **II v. intr.** Augmenter anormalement de volume (→ **enflure**). *Sa cheville a enflé.* CONTR. **désenfler.**
ÉTYM. latin *inflare,* de *flare* «souffler».

ENFLURE [ɑ̃flyʀ] **n. f.** ✦ État d'un organe, d'une partie du corps qui enfle par suite d'une maladie, d'un coup, d'un accident musculaire, etc. SYN. **gonflement, tuméfaction.**

ENFONCÉ, ÉE [ɑ̃fɔ̃se] **adj.** ✦ Qui rentre dans le visage, dans le corps. *Des yeux très enfoncés.* SYN. **creux.** CONTR. **saillant.**
ÉTYM. du participe passé de *enfoncer.*

ENFONCEMENT [ɑ̃fɔ̃smɑ̃] **n. m.** **1.** Action d'enfoncer ; fait de s'enfoncer. **2.** Partie située vers le fond de qqch. ou en retrait. SYN. **creux, renfoncement.** CONTR. ① **bosse, saillie.**

ENFONCER [ɑ̃fɔ̃se] **v.** (conjug. 4) **I v. tr.** **1.** Faire aller vers le fond, faire pénétrer profondément. SYN. **planter.** *Enfoncer un clou avec un marteau. Il enfonça les mains dans ses poches.* – au p. passé *Avoir une épine enfoncée dans le doigt.* ◆ loc. *Enfoncer le clou :* recommencer inlassablement une explication afin de se faire bien comprendre ou de persuader. – *Enfoncer qqch. dans la tête de qqn,* le lui faire comprendre, l'en persuader. – pronom. *Enfonce-toi ça dans la tête, le crâne.* ◆ Mettre (un chapeau) de telle façon que la tête y entre profondément. **2.** fig. Entraîner, pousser (dans une situation comparable à un fond, un abîme). *Enfoncer qqn dans l'erreur.* ◆ *S'enfoncer dans ; être enfoncé dans* (une activité, une lecture). SYN. **absorber.** 3. Briser, faire plier (une porte, une barrière) en poussant, en pesant. SYN. **défoncer, forcer.** *Le camion a enfoncé le mur.* SYN. **emboutir.** – loc. *Enfoncer une porte ouverte* : démontrer une chose évidente ou admise depuis longtemps. 4. Forcer (une troupe) à plier sur toute la ligne. ◆ FAM. Battre, surpasser. *Enfoncés, les champions !* II v. intr. Aller vers le fond, pénétrer jusqu'au fond. *Les roues enfonçaient dans le sable.* III S'ENFONCER v. pron. 1. Aller vers le fond, vers le bas. *Le navire s'enfonçait lentement.* SYN. **couler, sombrer.** 2. Pénétrer profondément. *Le pieu s'enfonce dans le sol.* 3. S'installer tout au fond. *S'enfoncer dans son fauteuil.* 4. fig. Être entraîné de plus en plus bas. *Il s'enfonce dans ses contradictions.* ◆ Se ruiner. *Entreprise qui s'enfonce.* 5. Pénétrer, s'engager bien avant dans. *Les chasseurs s'enfoncent dans le bois.* ◆ fig. S'abandonner à (qqch. qui absorbe entièrement). SYN. se **plonger.** *Il s'enfonçait dans sa rêverie.* CONTR. **enlever, retirer • remonter.**

ÉTYM. de *fons*, forme ancienne de *fond*.

ENFOUIR [ɑ̃fwiʀ] v. tr. (conjug. 13) 1. Mettre en terre, sous terre, après avoir creusé le sol. SYN. **enterrer.** – au p. passé *Graines enfouies dans le sol.* 2. ENFOUIR SOUS, DANS qqch. : enfoncer, cacher. *Enfouir ses mains dans ses poches.* – pronom. *S'enfouir sous ses draps.*

► **ENFOUISSEMENT** [ɑ̃fwismɑ̃] n. m.

ÉTYM. latin populaire *infodire*, de *infodere* «creuser».

ENFOURCHER [ɑ̃fuʀʃe] v. tr. (conjug. 3a) ✦ Se mettre à califourchon sur (un cheval, une bicyclette). – fig. FAM. *Enfourcher son dada*, reprendre son sujet favori.

ÉTYM. de *fourche*.

ENFOURNER [ɑ̃fuʀne] v. tr. (conjug. 3a) 1. Mettre dans un four (du pain, un aliment, des poteries). 2. FAM. Avaler rapidement (qqch.). SYN. **engloutir, ingurgiter.** *Enfourner un gros gâteau.* 3. FAM. Introduire brutalement. – pronom. *S'enfourner dans le métro.*

ÉTYM. de *forn*, ancienne forme de *four*.

ENFREINDRE [ɑ̃fʀɛ̃dʀ] v. tr. (conjug. 48b) ✦ LITTÉR. Ne pas respecter (un engagement, une loi). SYN. **transgresser, violer.** *Vous avez enfreint le règlement.* CONTR. **observer, respecter.**

ÉTYM. latin populaire *infrangere*, pour *infringere*, d'après *frangere* «briser».

S'ENFUIR [ɑ̃fɥiʀ] v. pron. (conjug. 24) 1. S'éloigner en fuyant, ou en hâte. SYN. s'en **aller, décamper, déguerpir,** s'**échapper, filer, fuir,** se **sauver** ; FAM. **détaler.** *Elle s'est enfuie à toutes jambes.* 2. POÉT. S'écouler rapidement. SYN. **disparaître.** *L'été s'est enfui. La jeunesse s'enfuit.* SYN. **passer.** CONTR. **rester.**

ÉTYM. de *fuir*.

ENFUMER [ɑ̃fyme] v. tr. (conjug. 3a) ✦ Remplir ou environner de fumée. *Enfumer une ruche, des abeilles*, pour les neutraliser. – au p. passé *Atmosphère enfumée.*

► **ENFUMAGE** [ɑ̃fymaʒ] n. m.

ÉTYM. de ① *fumer*.

ENGAGEANT, ANTE [ɑ̃gaʒɑ̃, ɑ̃t] adj. ✦ Attirant, séduisant. *Un sourire engageant. Ce restaurant n'est pas bien engageant.* CONTR. **rébarbatif, repoussant.**

ÉTYM. du participe présent de *engager*.

ENGAGEMENT [ɑ̃gaʒmɑ̃] n. m. 1. Action de se lier par une promesse ou une convention. *Respecter ses engagements. Il a pris l'engagement de venir.* 2. Contrat par lequel un individu s'engage à servir dans l'armée. *Un engagement de deux ans.* ◆ Contrat par lequel qqn loue son service. *Engagement à l'essai.* SYN. **embauche.** *Un acteur sans engagement.* 3. Fait d'être engagé (dans qqch.). *L'engagement d'une roue dentée dans un pignon.* 4. MILIT. Introduction d'une unité dans la bataille ; combat localisé et de courte durée. *Il a été blessé au cours d'un engagement.* 5. SPORTS Coup d'envoi (d'une partie, d'un match). 6. Acte ou attitude (d'un intellectuel, d'un artiste) qui s'engage (6). CONTR. **désengagement • renvoi • dégagement • reniement.**

ÉTYM. de *engager*.

ENGAGER [ɑ̃gaʒe] v. tr. (conjug. 5) I 1. Mettre, donner (qqch.) en gage. *Engager ses bijoux. Objets engagés (au mont-de-piété).* 2. Lier (qqn) par une promesse ou une convention. *Il ne veut rien dire qui puisse l'engager.* – *Cela n'engage à rien* : on peut le faire en restant libre de ses décisions. – *Vous engagez votre responsabilité.* 3. Recruter (qqn) par engagement. – Attacher à son service. *L'hôtel a engagé un nouveau cuisinier.* II 1. Faire entrer (dans qqch. qui retient, dans un lieu resserré). SYN. **introduire, mettre.** *Engagez bien la clé dans la serrure.* 2. Mettre en train, commencer (une partie, une bataille, une discussion...). *On engagea des négociations. Engager la conversation, la discussion.* SYN. **entamer.** 3. Faire entrer (dans une entreprise, une situation qui ne laisse pas libre). *Engager des capitaux dans une affaire.* ◆ Mettre (qqn) dans une situation qui crée des responsabilités et implique certains choix. *Ses écrits l'engagent.* III ENGAGER qqn À, tenter de l'amener à (une décision ou action). SYN. **exhorter, inciter.** *Il nous engage à résister, à la résistance.* IV S'ENGAGER v. pron. 1. Se lier par une promesse, une convention. *Il s'est engagé à finir dans les délais.* SYN. **promettre.** 2. Contracter un engagement dans l'armée. ◆ Entrer au service de qqn. 3. Entrer ou commencer à entrer (dans qqch. qui retient, contraint). – Avancer en pénétrant. *Il s'engagea sur une petite route.* 4. (choses) Commencer. *La discussion s'est mal engagée.* 5. Se lancer (dans). *S'engager dans des entreprises hasardeuses.* SYN. s'**aventurer.** 6. Se mettre au service d'une cause politique, sociale. – au p. passé *Un écrivain engagé* (→ **engagement,** 6). *La poésie engagée.* ☛ Littérature p. 124 et 139. CONTR. **dégager, libérer • débaucher, renvoyer • retirer • conclure, terminer • déconseiller, dissuader • désengager.**

ÉTYM. de *gage*.

ENGEANCE [ɑ̃ʒɑ̃s] n. f. ✦ Catégorie de personnes méprisables ou détestables.

ÉTYM. de l'ancien français *engier* «augmenter (la force)», p.-ê. latin *indicare* «révéler» puis «propager».

ENGELURE [ɑ̃ʒ(ə)lyʀ] n. f. ✦ Lésion et enflure douloureuse des mains et des pieds, due au froid. *Attraper des engelures.*

ÉTYM. de l'anc. v. *engeler* «*geler* complètement».

ENGENDRER [ɑ̃ʒɑ̃dʀe] v. tr. (conjug. 3a) 1. LITTÉR. (sujet personne) Donner la vie à (un enfant). 2. Faire naître, avoir pour effet (qqch.). SYN. ① **causer, produire** ; anglicisme **générer.** *L'oisiveté engendre l'ennui.* FAM. *Il n'engendre pas la mélancolie* : il est gai, il répand la bonne humeur. 3. GÉOM. Décrire ou produire (une figure géométrique) en se déplaçant.

► **ENGENDREMENT** [ɑ̃ʒɑ̃dʀəmɑ̃] n. m.

ÉTYM. latin *ingenerare*, famille de *genus*, *generis* «race, genre».

A B C D E F G H I J K L M N O P Q R S T U V W X Y Z

ENGIN [ɑ̃ʒɛ̃] **n. m.** 1. Appareil, instrument, machine. ➝ (armes) *Engins à tir courbe* (mortiers, obusiers). ➝ (véhicules) *Engins blindés.* ➝ (instruments) *Engins de pêche, de chasse,* destinés à prendre le poisson ou le gibier. ➝ (machines) *Engins de levage, de manutention.* 2. FAM. Objet fabriqué. SYN. **machin.** *C'est un drôle d'engin.*

ÉTYM. latin *ingenium* «talent, invention habile», de *genius* «génie».

ENGLOBER [ɑ̃glɔbe] **v. tr.** (conjug. 3a) 1. *ENGLOBER* (qqch.) *dans* : faire entrer dans (un ensemble déjà existant). *Englober des terrains dans un domaine.* 2. Réunir en un tout (plusieurs choses ou personnes du même ordre). *La classe des mammifères englobe des animaux terrestres, aériens et aquatiques.* CONTR. **séparer.**

ÉTYM. de *globe.*

ENGLOUTIR [ɑ̃glutiʀ] **v. tr.** (conjug. 13) 1. Avaler gloutonnement. SYN. **dévorer, engouffrer, ingurgiter.** 2. fig. Dépenser rapidement. SYN. **dissiper.** *Il a englouti beaucoup d'argent dans son affaire.* ➝ (sujet chose) Absorber, épuiser (une fortune, des biens). *Les réparations ont englouti ses économies.* 3. (sujet chose) Faire disparaître brusquement en noyant ou en submergeant. *Les flots ont englouti le navire.*

ÉTYM. bas latin *ingluttire,* de *gluttire* «avaler».

ENGLOUTISSEMENT [ɑ̃glutismɑ̃] **n. m.** ✦ Action d'engloutir ; fait d'être englouti.

ENGLUER [ɑ̃glye] **v. tr.** (conjug. 3a) 1. Prendre à la glu (un oiseau). ♦ Prendre, retenir dans une matière gluante. ➝ au p. passé *Chaussures engluées dans la boue.* ♦ fig. *Se laisser engluer* (pronom. *s'engluer*) *dans des complications.* 2. Enduire de glu, d'une matière gluante.

► **ENGLUEMENT** [ɑ̃glymɑ̃] **n. m.**

ÉTYM. de *glu.*

ENGOBE [ɑ̃gɔb] **n. m.** ✦ TECHN. Enduit de couleur appliqué sur la pâte céramique, avant cuisson.

ÉTYM. de *engober,* de *gobe* «motte» → écobuer.

ENGONCER [ɑ̃gɔ̃se] **v. tr.** (conjug. 4) ✦ (vêtement) Habiller d'une façon disgracieuse, en faisant paraître le cou enfoncé dans les épaules. *Ce manteau l'engonce.* ➝ au p. passé *Être engoncé dans sa veste.* fig. *Avoir l'air engoncé,* gauche, guindé.

ÉTYM. de *gond.*

ENGORGEMENT [ɑ̃gɔʀʒəmɑ̃] **n. m.** 1. État d'un conduit, d'un passage engorgé. SYN. **obstruction.** *L'engorgement d'un tuyau.* 2. fig. *L'engorgement d'une autoroute* (➜ **embouteillage**).

ÉTYM. de *engorger.*

ENGORGER [ɑ̃gɔʀʒe] **v. tr.** (conjug. 5) 1. Obstruer (un conduit, un passage) par l'accumulation de matières. SYN. ① **boucher.** *La boue engorge le canal.* ➝ pronom. *L'égout s'est engorgé.* 2. Obstruer (une voie de communication). *Les voitures engorgent la rue.* CONTR. **dégorger.**

ÉTYM. de *gorge.*

ENGOUEMENT [ɑ̃gumɑ̃] **n. m.** ✦ Fait de s'engouer. SYN. **emballement, tocade.**

S'ENGOUER [ɑ̃gwe] **v. pron.** (conjug. 3a) ✦ *S'engouer de* : se prendre d'une passion ou d'une admiration excessive et passagère pour (qqn ou qqch.). *Le public s'était engoué de ce chanteur.* SYN. **s'emballer, s'enticher.** CONTR. se **dégoûter** de.

ÉTYM. d'un mot dialectal (Ouest) de même origine que *joue* et *gaver.*

ENGOUFFRER [ɑ̃gufʀe] **v. tr.** (conjug. 3a) 1. LITTÉR. Faire disparaître, entraîner comme dans un gouffre. 2. FAM. Manger avidement et en grande quantité. SYN. **engloutir.** ➝ fig. Engloutir (une fortune). 3. *S'ENGOUFFRER* **v. pron.** Se précipiter avec violence (dans une ouverture, un passage). *Le vent s'engouffrait dans la ruelle.*

ÉTYM. de *gouffre.*

ENGOULEVENT [ɑ̃gul(ə)vɑ̃] **n. m.** ✦ Oiseau passereau brun-roux, au bec largement fendu.

ÉTYM. de *engouler* «avaler» (de *goule,* ancienne forme de *gueule*) et *vent.*

ENGOURDIR [ɑ̃guʀdiʀ] **v. tr.** (conjug. 13) 1. Priver en grande partie (un membre, le corps) de mobilité et de sensibilité. SYN. **paralyser.** *Le froid engourdit ses mains.* 2. Mettre dans un état général de ralentissement des fonctions vitales, de moindre réaction. ➝ pronom. *La nature s'engourdit l'hiver.* SYN. **s'endormir.** CONTR. **dégourdir.**

► **ENGOURDI, IE adj.** *Avoir les jambes engourdies.* ➝ *Esprit engourdi.* CONTR. ① **alerte, dégourdi, vif.**

ÉTYM. de *gourd.*

ENGOURDISSEMENT [ɑ̃guʀdismɑ̃] **n. m.** ✦ État de ce qui est engourdi (corps, facultés...). SYN. **léthargie, torpeur.**

ENGRAIS [ɑ̃gʀɛ] **n. m.** I *À L'ENGRAIS* **loc. adv. et adj.** : (animaux) dans des conditions telles qu'ils engraissent. *Mettre des bœufs à l'engrais.* II Substance que l'on mêle au sol pour le fertiliser. *Engrais organiques, chimiques.* ☛ Géographie p. 232.

ÉTYM. de *engraisser.*

ENGRAISSEMENT [ɑ̃gʀɛsmɑ̃] **n. m.** ✦ Action d'engraisser (les animaux) ; son résultat.

ENGRAISSER [ɑ̃gʀese] **v.** (conjug. 3a) I **v. tr.** 1. Rendre gras, faire grossir (des animaux). *Engraisser des volailles.* 2. fig. Rendre prospère. ➝ pronom. S'enrichir. *Ils s'engraissent sur notre dos.* 3. Enrichir (une terre) par un apport d'engrais. SYN. **fertiliser,** ② **fumer.** II **v. intr.** Devenir gras, prendre de l'embonpoint. *Il a engraissé depuis l'année dernière.* SYN. **forcir, grossir.** CONTR. **amaigrir ; maigrir.**

ÉTYM. latin populaire *ingrassiare,* famille de *crassus* «gras».

ENGRANGEMENT [ɑ̃gʀɑ̃ʒmɑ̃] **n. m.** ✦ Action d'engranger.

ENGRANGER [ɑ̃gʀɑ̃ʒe] **v. tr.** (conjug. 5) 1. Mettre (une récolte) en grange. 2. fig. LITTÉR. Mettre en réserve. *Engranger des souvenirs.* SYN. **emmagasiner.**

ÉTYM. de *grange.*

ENGRENAGE [ɑ̃gʀənaʒ] **n. m.** 1. Système de roues dentées, de pignons qui s'engrènent. *L'engrenage de direction d'une voiture.* 2. fig. Enchaînement de circonstances ou d'actes, qui prend un caractère mécanique et irréversible. *Être pris dans l'engrenage de la violence.* loc. *Mettre le doigt dans l'engrenage.*

ÉTYM. de ② *engrener.*

① **ENGRENER** [ɑ̃gʀəne] v. tr. (conjug. 7a) ✦ Emplir de grains. ➙ Engraisser avec du grain.
ÉTYM. de *grain*.

② **ENGRENER** [ɑ̃gʀəne] v. tr. (conjug. 7a) ✦ Faire entrer (les dents d'une roue) dans les espaces correspondants d'une autre roue (pour transmettre le mouvement) (→ **engrenage**). ➙ pronom. *Les pignons s'engrènent.*
ÉTYM. de ① *engrener*, influencé par *encrené* «entaillé de *crans*».

ENGROSSER [ɑ̃gʀose] v. tr. (conjug. 3a) ✦ VULG. Rendre (une femme) grosse, enceinte.

ENGUEULADE [ɑ̃gœlad] n. f. ✦ FAM. 1. Vive réprimande. SYN. **savon.** 2. Dispute, querelle.

ENGUEULER [ɑ̃gœle] v. tr. (conjug. 3a) ✦ FAM. 1. Invectiver grossièrement et bruyamment pour exprimer son mécontentement. *Engueuler qqn comme du poisson pourri,* violemment. ➙ pronom. *Ils se sont engueulés dans la rue.* 2. Réprimander. SYN. **attraper, enguirlander.** *Il va se faire engueuler.* CONTR. **complimenter, féliciter.**
ÉTYM. de *gueule*.

ENGUIRLANDER [ɑ̃giʀlɑ̃de] v. tr. (conjug. 3a) **I** Orner de guirlandes. *Enguirlander un sapin de Noël.* ➙ *Le lierre qui enguirlande la façade.* **II** FAM. Réprimander (qqn). *Se faire enguirlander.* SYN. **engueuler.**
ÉTYM. de *guirlande*.

ENHARDIR [ɑ̃aʀdiʀ] v. tr. (conjug. 13) ✦ Rendre hardi, plus hardi. SYN. **encourager.** *Son succès l'enhardissait.* ➙ pronom. Devenir plus hardi, prendre de l'assurance. *Il s'enhardit jusqu'à refuser d'obéir.* CONTR. **décourager, intimider.**
ÉTYM. de *hardi*.

ENHARMONIQUE [ɑ̃naʀmɔnik] adj. ✦ MUS. Se dit des notes de noms distincts représentées par un son unique intermédiaire dans les instruments à son fixe (ex. *do* dièse et *ré* bémol).
ÉTYM. bas latin *enharmonicus*, du grec «harmonieux».

ÉNIÈME [ɛnjɛm] adj. et n. ✦ Qui occupe un rang non précisé (mais élevé). *Je vous le répète pour la énième fois.* ➙ On écrit aussi *nième*.
ÉTYM. de *n*, désignant un nombre quelconque en mathématiques, et suffixe *-ième* des adjectifs ordinaux.

ÉNIGMATIQUE [enigmatik] adj. 1. Qui renferme une énigme, tient de l'énigme. SYN. **ambigu, équivoque, mystérieux, obscur, sibyllin.** *Une réponse, un sourire énigmatique.* 2. (personnes) Dont le comportement, le caractère est mystérieux. SYN. **étrange, inexplicable.** CONTR. **clair.**
ÉTYM. latin *aenigmaticus*.

ÉNIGME [enigm] n. f. 1. Jeu d'esprit où l'on donne à deviner une chose définie ou écrite en termes obscurs. SYN. **devinette.** *L'énigme proposée à Œdipe par le Sphinx.* ➙ *Parler par énigmes,* d'une manière obscure et allusive. *Le mot de l'énigme,* l'explication de ce qu'on ne comprenait pas. 2. Chose difficile à comprendre, à expliquer, à connaître. SYN. ① **mystère, problème.** *Sa disparition reste une énigme.*
ÉTYM. latin *aenigma*, du grec.

ENIVRANT, ANTE [ɑ̃nivʀɑ̃ ; enivʀɑ̃, ɑ̃t] adj. ✦ Qui remplit d'une sorte d'ivresse. SYN. **grisant.** *Un parfum enivrant.* ➙ *Des louanges enivrantes.* SYN. **exaltant.**
ÉTYM. du participe présent de *enivrer*.

ENIVREMENT [ɑ̃nivʀəmɑ̃ ; enivʀəmɑ̃] n. m. ✦ LITTÉR. Exaltation agréable, voluptueuse. SYN. **griserie, ivresse.** CONTR. **froideur, indifférence.**
ÉTYM. de *enivrer*.

ENIVRER [ɑ̃nivʀe ; enivʀe] v. tr. (conjug. 3a) 1. LITTÉR. Rendre ivre. SYN. **griser, soûler.** *Ces vins m'ont enivré.* ➙ pronom. Se mettre en état d'ivresse. 2. fig. Remplir d'une ivresse des sens, d'une excitation ou d'une émotion très vive. SYN. **exalter, transporter, troubler.** *Son parfum l'enivrait.* ♦ Exalter. ➙ passif *Être enivré d'orgueil.* CONTR. **dégriser.**
ÉTYM. de *ivre*.

ENJAMBÉE [ɑ̃ʒɑ̃be] n. f. ✦ Grand pas. *Il les a rejoints en quelques enjambées. À grandes enjambées.*
ÉTYM. du participe passé de *enjamber*.

ENJAMBEMENT [ɑ̃ʒɑ̃bmɑ̃] n. m. ✦ Procédé rythmique consistant à reporter sur le vers suivant un ou plusieurs mots nécessaires au sens du vers précédent. SYN. **rejet.** ☛ Littérature p. 122.
ÉTYM. de *enjamber*.

ENJAMBER [ɑ̃ʒɑ̃be] v. tr. (conjug. 3a) ✦ Franchir (un obstacle) en étendant la jambe. *Enjamber un fossé.* ♦ (choses) *Pont qui enjambe une rivière.*
ÉTYM. de *jambe*.

ENJEU [ɑ̃ʒø] n. m. 1. Argent que l'on met en jeu au début d'une partie et qui doit revenir au gagnant. SYN. **mise.** *Les enjeux sont sur la table.* 2. Ce que l'on peut gagner ou perdre, dans une compétition, une entreprise. *Voilà l'enjeu de cette lutte sans merci.*
ÉTYM. de *(mettre) en jeu*.

ENJOINDRE [ɑ̃ʒwɛ̃dʀ] v. tr. (conjug. 49) ✦ LITTÉR. *Enjoindre à qqn de* (+ inf.), ordonner expressément. SYN. **prescrire** ; → **injonction.** *Je vous enjoins solennellement d'obéir.*
ÉTYM. latin *injungere*, d'après *joindre*.

ENJÔLER [ɑ̃ʒole] v. tr. (conjug. 3a) 1. LITTÉR. Abuser par de belles paroles, des cajoleries, des flatteries. SYN. **séduire.** *Vous vous êtes laissé enjôler par ses discours.* 2. Séduire.
ÉTYM. de *geôle*.

ENJÔLEUR, EUSE [ɑ̃ʒolœʀ, øz] n. et adj. 1. n. Personne habile à enjôler les autres. 2. adj. Charmeur, séduisant. *Un sourire enjôleur.*

ENJOLIVEMENT [ɑ̃ʒɔlivmɑ̃] n. m. ✦ Ornement ou ajout destiné à enjoliver. SYN. **enjolivure.** *Il raconte le match avec des enjolivements.*

ENJOLIVER [ɑ̃ʒɔlive] v. tr. (conjug. 3a) 1. Orner de façon à rendre plus joli, plus agréable. *Un grand bouquet de fleurs enjolivait la table.* SYN. **embellir.** 2. Agrémenter, embellir de détails ajoutés plus ou moins exacts. *Il a enjolivé son récit.* SYN. **broder.** CONTR. **enlaidir.**
ÉTYM. de l'ancien français *joliver* «s'adonner au plaisir», de *jolif*, ancienne forme de *joli*.

ENJOLIVEUR [ɑ̃ʒɔlivœʀ] n. m. ✦ Garniture métallique des roues de voiture.

ENJOLIVURE [ɑ̃ʒɔlivyʀ] **n. f.** ✦ Ornement qui enjolive. SYN. **enjolivement.**

ENJOUÉ, ÉE [ɑ̃ʒwe] **adj.** ✦ Qui a ou marque de l'enjouement. SYN. **aimable, gai.** *D'une voix enjouée.* CONTR. ① **chagrin, triste.**
ÉTYM. de *jou,* forme ancienne de *jeu.*

ENJOUEMENT [ɑ̃ʒumɑ̃] **n. m.** ✦ LITTÉR. Disposition à la bonne humeur, à une gaieté aimable et souriante. SYN. **entrain.** CONTR. **gravité, sérieux.**
ÉTYM. de *enjoué.*

S'ENKYSTER [ɑ̃kiste] **v. pron.** (conjug. 3a) ✦ MÉD. S'envelopper d'une couche de tissu conjonctif dense.
ÉTYM. de *kyste.*

ENLACEMENT [ɑ̃lasmɑ̃] **n. m.** ✦ LITTÉR. Fait d'enlacer, d'être enlacé. ➙ Étreinte de personnes qui s'enlacent.

ENLACER [ɑ̃lase] **v. tr.** (conjug. 4) **1.** Entourer plusieurs fois en serrant. *Un lierre enlace ce chêne.* **2.** Serrer (qqn) dans ses bras, ou en passant un bras autour de la taille. SYN. **embrasser** (I, 1), **étreindre.** *Danseur qui enlace sa cavalière.* ➙ pronom. *Les amoureux s'enlaçaient.* ➙ au p. passé *Des corps enlacés.*
ÉTYM. de *lacer.*

ENLAIDIR [ɑ̃ledir] **v.** (conjug. 13) **1. v. tr.** Rendre ou faire paraître laid. *Cette coiffure l'enlaidit. On a enlaidi le quartier en construisant ce supermarché ; un supermarché enlaidit le quartier.* SYN. **défigurer, déparer. 2. v. intr.** Devenir laid. *Il a enlaidi avec l'âge.* CONTR. **embellir, enjoliver,** ① **parer.**
ÉTYM. de *laid.*

ENLAIDISSEMENT [ɑ̃ledismɑ̃] **n. m.** ✦ Action d'enlaidir. ➙ Ce qui enlaidit. CONTR. **embellissement.**

ENLEVÉ, ÉE [ɑ̃l(ə)ve] **adj.** ✦ Exécuté, développé avec brio. *Une scène magistralement enlevée.*
ÉTYM. du participe passé de *enlever.*

ENLÈVEMENT [ɑ̃lɛvmɑ̃] **n. m. 1.** Action d'enlever (une personne). SYN. **kidnappage, rapt. 2.** Action d'enlever (une position militaire). **3.** Action d'enlever (des objets). *L'enlèvement des ordures ménagères.*

ENLEVER [ɑ̃l(ə)ve] **v. tr.** (conjug. 7a) **I 1.** LITTÉR. Porter vers le haut. SYN. ① **lever, soulever. 2.** *Enlever un cheval,* le faire bondir ou partir à toute allure. **3. fig.** Exécuter brillamment avec aisance et rapidité (→ **enlevé**). *Enlever un morceau de musique.* **II 1.** Faire qu'une chose ne soit plus là où elle était (en déplaçant, en séparant, en supprimant). SYN. **ôter.** *Enlever un meuble d'une pièce. Il a enlevé ses gants.* SYN. **retirer.** *On lui a enlevé les amygdales. Ce produit enlève les taches,* les fait disparaître. *Enlevez cette phrase de votre texte.* SYN. **supprimer.** ➙ pronom. (passif) *La housse s'enlève facilement.* **2.** Priver (qqn) de (qqch. d'ordre moral). *Vous m'enlevez tout espoir.* **III 1.** Prendre avec soi. SYN. **emporter.** *Les déménageurs viennent enlever les meubles.* **2.** Prendre d'assaut. SYN. **s'emparer** de. *L'armée a enlevé la présidence.* ➙ Obtenir facilement (ce qui fait l'objet d'une compétition). *Enlever un marché, un contrat.* **3.** Soustraire (une personne) à l'autorité de ceux qui en ont la garde. SYN. **kidnapper.** ➙ FAM. *Je vous enlève pour la soirée,* je vous emmène avec moi. ➙ Emmener dans une fugue amoureuse. **4.** LITTÉR. (le sujet désigne la mort, une maladie, etc.) *La mort l'a enlevé,* emporté de ce monde. CONTR. **conserver, garder · donner, laisser.**
ÉTYM. de ① *lever.*

ENLISER [ɑ̃lize] **v. tr.** (conjug. 3a) **I 1.** Enfoncer (qqn, qqch.) dans du sable mouvant, en terrain marécageux. **2. fig.** Enfoncer. **II** *S'ENLISER* **v. pron. 1.** S'enfoncer dans le sable, la vase et s'immobiliser. SYN. **s'embourber.** *La voiture s'est enlisée.* **2. fig.** S'enfoncer, sombrer. *L'économie s'enlise dans la crise.*
► **ENLISEMENT** [ɑ̃lizmɑ̃] **n. m.**
ÉTYM. mot régional (Normandie), de *lise, lize* «sable mouvant», d'origine incertaine.

ENLUMINER [ɑ̃lymine] **v. tr.** (conjug. 3a) **1.** Orner d'enluminures. *Enluminer un manuscrit.* **2.** LITTÉR. Colorer vivement. SYN. **enflammer.** ➙ au p. passé *Des joues enluminées par la fièvre.*
ÉTYM. de *en-* et du latin *illuminare* «illuminer».

ENLUMINEUR, EUSE [ɑ̃lyminœʀ, øz] **n.** ✦ Artiste spécialisé dans l'ornementation des manuscrits. SYN. **miniaturiste.**
ÉTYM. de *enluminer.*

ENLUMINURE [ɑ̃lyminyʀ] **n. f. 1.** Art des enlumineurs. **2.** Lettre peinte ou miniature ornant d'anciens manuscrits, des livres religieux.
ÉTYM. de *enluminer.*

ENNEIGÉ, ÉE [ɑ̃neʒe] **adj.** ✦ Couvert de neige. *Un col enneigé fermé en hiver.*
ÉTYM. de *neige.*

ENNEIGEMENT [ɑ̃nɛʒmɑ̃] **n. m.** ✦ État d'une surface enneigée ; hauteur de la neige sur un terrain. *Un enneigement d'un mètre. Bulletin d'enneigement* (dans les stations de sports d'hiver).

ENNEMI, IE [ɛnmi] **n. I 1.** Personne qui est hostile et cherche à nuire (à qqn). *C'est son ennemi mortel. Se faire des ennemis.* ➙ *Les ennemis du régime,* l'opposition. SYN. **adversaire.** ➙ *ENNEMI PUBLIC :* personne qui présente un danger pour la communauté. ◆ **adj.** *Des familles ennemies.* **2.** Personne qui a de l'aversion, manifeste de l'opposition (pour qqch.). *Les ennemis du progrès.* ➙ **adj.** *Il est ennemi de l'alcool.* **3.** (choses) Ce qu'un homme ou un groupe juge contraire à son bien. *Le bruit est notre ennemi.* ➙ Chose qui s'oppose à une autre et lui nuit. PROV. *Le mieux est l'ennemi du bien.* **II** au plur. ou sing. collectif Ceux contre lesquels on est en guerre, leur nation ou leur armée. *Tomber entre les mains de l'ennemi,* être fait prisonnier. *Passer à l'ennemi :* trahir. ➙ **adj.** *L'armée ennemie.* CONTR. **ami · partisan · allié.**
ÉTYM. latin *inimicus,* de *in-* et *amicus* «ami».

ENNOBLIR [ɑ̃nɔbliʀ] **v. tr.** (conjug. 13) ✦ Donner de la noblesse, de la grandeur morale à (qqn, qqch.). *Sa détermination ennoblissait ses traits.* CONTR. **avilir.**
► **ENNOBLISSEMENT** [ɑ̃nɔblismɑ̃] **n. m.**
ÉTYM. de *noble.*

ENNUI [ɑ̃nɥi] **n. m. 1.** *(Un, des ennuis)* Peine qu'on éprouve d'une contrariété ; cette contrariété. SYN. **désagrément,** ① **souci, tracas ;** FAM. **embêtement.** *Avoir des ennuis d'argent, de voiture.* SYN. **problème.** *Faire des ennuis à qqn.* ➙ *L'ennui, c'est que...,* ce qu'il y a d'ennuyeux. ◆ Mauvais fonctionnement (d'un objet nécessaire). *Des ennuis mécaniques.* **2.** au sing. Impression de vide, de lassitude causée par le désœuvre-

ment, par une occupation monotone ou sans intérêt. *Quelle soirée ! On a failli mourir d'ennui ! Bâiller d'ennui.* **3.** LITTÉR. Mélancolie vague, lassitude morale qui fait qu'on ne prend d'intérêt, de plaisir à rien. SYN. **cafard, neurasthénie, spleen.** CONTR. **satisfaction • distraction, plaisir.**
ÉTYM. de *ennuyer.*

ENNUYER [ɑ̃nɥije] **v. tr.** (conjug. 10) **I 1.** (sujet chose) Causer du souci, de la contrariété à (qqn). SYN. **contrarier, préoccuper.** *Cela m'ennuierait d'arriver en retard.* **2.** (sujet personne) Importuner (qqn). SYN. **agacer, assommer, embêter,** FAM. **emmerder.** *Il nous ennuie avec ses histoires !* **3.** Remplir d'ennui, lasser l'intérêt de (qqn). SYN. FAM. **barber, raser.** **II** *S'ENNUYER* **v. pron. 1.** Éprouver de l'ennui. SYN. **s'embêter.** *Je ne m'ennuie jamais avec vous.* **2.** *S'ennuyer de qqn,* ressentir désagréablement son absence. CONTR. **amuser, distraire.**
► **ENNUYÉ, ÉE p. passé** Préoccupé, contrarié. *Il a l'air ennuyé.*
ÉTYM. latin *inodiare,* de *odium* «haine».

ENNUYEUX, EUSE [ɑ̃nɥijø, øz] **adj. 1.** Qui cause de la contrariété, du souci ; de la gêne. SYN. **contrariant, désagréable, embêtant.** *Je n'ai pas de réponse, c'est très ennuyeux !* **2.** Qui ennuie (3). SYN. **assommant, embêtant, fastidieux, monotone ;** FAM. **barbant, emmerdant, rasant.** *Un film ennuyeux. Un conférencier ennuyeux.* – loc. *Ennuyeux comme la pluie.* CONTR. **amusant, distrayant, intéressant.**
ÉTYM. bas latin *inodiosus* «très désagréable».

ÉNONCÉ [enɔ̃se] **n. m. 1.** Formule, ensemble de formules exprimant (qqch.) de façon précise. *L'énoncé d'un problème.* SYN. **texte. 2.** LING. Résultat de l'énonciation ; segment de discours (oral ou écrit). SYN. **discours, parole, texte.**
ÉTYM. du participe passé de *énoncer.*

ÉNONCER [enɔ̃se] **v. tr.** (conjug. 4) ✦ Exprimer (ce qu'on veut dire) en termes nets, sous une forme précise. SYN. **exposer, formuler.** *Énoncer des faits, des dates, les données d'un problème.*
ÉTYM. latin *enuntiare* «faire savoir *(nuntiare)* au-dehors», de *nuntius* «messager».

ÉNONCIATAIRE [enɔ̃sjatɛʀ] **n.** ✦ LING. Destinataire d'un message, d'un énoncé. *L'énonciataire reçoit le message de l'énonciateur* (→ **énonciation**).
ÉTYM. de *énonciation,* d'après *destinataire.*

ÉNONCIATEUR, TRICE [enɔ̃sjatœʀ, tʀis] **n.** ✦ LING. Personne qui produit un énoncé (→ **énonciation**).

ÉNONCIATION [enɔ̃sjasjɔ̃] **n. f. 1.** Action, manière d'énoncer (→ **énoncé**). *L'énonciation des faits.* **2.** LING. Acte de production (individuelle) d'un énoncé. *Situation d'énonciation :* ensemble de facteurs (moment, nombre de locuteurs...) qui déterminent la production d'un discours.
ÉTYM. latin *enuntiatio.*

ENORGUEILLIR [ɑ̃nɔʀgœjiʀ] **v. tr.** (conjug. 13) ✦ LITTÉR. Rendre orgueilleux, flatter (qqn) dans sa vanité. ◆ *S'ENORGUEILLIR* **v. pron.** Devenir orgueilleux, tirer vanité (de qqch.). SYN. se **glorifier,** se **vanter.** *Il s'enorgueillit de sa réussite.* CONTR. **humilier.**
ÉTYM. de *orgueil.*

ÉNORME [enɔʀm] **adj. 1.** Qui dépasse ce que l'on a l'habitude d'observer et de juger. SYN. **anormal, démesuré, monstrueux.** *Une énorme injustice. Un succès énorme.* **2.** Dont les dimensions sont considérables. SYN. **colossal, gigantesque, immense.** *Les murs énormes de la forteresse. Une différence énorme. Ce n'est pas énorme,* c'est peu. *Un homme énorme,* très gros. SYN. **obèse.** CONTR. **normal, ordinaire • insignifiant, minime.**
ÉTYM. latin *enormis* «irrégulier», de *norma* «règle, norme».

ÉNORMÉMENT [enɔʀmemɑ̃] **adv.** ✦ D'une manière énorme (sert de superlatif à *beaucoup*). *Il lit énormément.* – *Il a énormément à faire,* beaucoup de choses.

ÉNORMITÉ [enɔʀmite] **n. f. 1.** Importance anormale ou très considérable. *L'énormité de ses prétentions. On est surpris de l'énormité du travail.* **2.** *(Une, des énormités)* Très grosse faute ou maladresse. *Commettre une énormité,* un impair, une gaffe énorme. *Dire des énormités,* d'énormes sottises. CONTR. **insignifiance.**
ÉTYM. latin *enormitas.*

S'ENQUÉRIR [ɑ̃keʀiʀ] **v. pron.** (conjug. 27) ✦ LITTÉR. Chercher à savoir (en examinant, en interrogeant). SYN. **s'informer.** *Elle s'est enquise de votre santé. S'enquérir du prix du voyage.* SYN. **demander,** se **renseigner.**
ÉTYM. de l'ancien français *enquerre,* bas latin *inquaerere,* classique *inquirere.*

ENQUÊTE [ɑ̃kɛt] **n. f. 1.** Recherche de la vérité par l'audition de témoins et l'accumulation d'informations. *Faire, ouvrir une enquête.* – Phase de l'instruction criminelle comportant les interrogatoires. *L'inspecteur X mène l'enquête.* **2.** Recherche méthodique reposant sur des questions et des témoignages. SYN. **examen, investigation.** – Étude d'une question (sociale, économique, politique) par le rassemblement des avis, des témoignages des intéressés. SYN. **sondage.** *Revue qui fait une enquête auprès de ses lecteurs.*
ÉTYM. latin populaire *inquaesita,* participe passé de *inquaerere* → s'enquérir.

ENQUÊTER [ɑ̃kete] **v. intr.** (conjug. 3a) ✦ Faire, conduire une enquête. *La police enquête sur ce crime.*

ENQUÊTEUR, EUSE [ɑ̃kɛtœʀ, øz] ou **ENQUÊTEUR, TRICE** [ɑ̃kɛtœʀ, tʀis] **adj. et n.** ✦ (Personne) qui mène une enquête.
ÉTYM. de *enquêter.*

ENQUIQUINANT, ANTE [ɑ̃kikinɑ̃, ɑ̃t] **adj.** ✦ FAM. Qui enquiquine. SYN. **ennuyeux ;** FAM. **emmerdant.**

ENQUIQUINER [ɑ̃kikine] **v. tr.** (conjug. 3a) ✦ FAM. Agacer, ennuyer. *Il commence à nous enquiquiner !*
ÉTYM. de *quiqui, kiki* «gorge, cou», littéralement «prendre à la gorge».

ENQUIQUINEUR, EUSE [ɑ̃kikinœʀ, øz] **n.** ✦ FAM. Personne qui enquiquine. SYN. **casse-pied, emmerdeur.**

ENRACINÉ, ÉE [ɑ̃ʀasine] **adj. 1.** Fixé par des racines. *Lierre enraciné dans la muraille.* **2.** fig. *Des préjugés bien enracinés. Un homme enraciné dans ses habitudes.*

ENRACINEMENT [ɑ̃ʀasinmɑ̃] **n. m.** ✦ Fait d'enraciner ou de s'enraciner. CONTR. **déracinement.**

ENRACINER [ɑ̃ʀasine] **v. tr.** (conjug. 3a) **1.** Faire prendre racine à (un arbre, une plante). – pronom. Prendre racine. *La bouture s'est enracinée.* **2.** fig. Fixer profondément, solidement (dans l'esprit, le cœur). SYN.

A B C D E F G H I J K L M N O P Q R S T U V W X Y Z

ancrer, implanter. *Enraciner une croyance, des préjugés.* ♦ Établir de façon durable (dans un pays). ➝ pronom. *Sa famille s'est enracinée en Auvergne.* CONTR. **déraciner** ; **extirper.**

ÉTYM. de *racine.*

ENRAGÉ, ÉE [ɑ̃ʀaʒe] **adj.** **1.** Atteint de la rage. *Chien, renard enragé.* ➝ loc. *Manger de la vache* enragée.* **2.** Furieux, fou de colère. ♦ Passionné au plus haut point. *Un joueur enragé.* ➝ n. *C'est une enragée de moto.* SYN. **fanatique.** ➝ HIST. *Les Enragés :* les révolutionnaires extrémistes.

ÉTYM. du participe passé de *enrager.*

ENRAGEANT, ANTE [ɑ̃ʀaʒɑ̃, ɑ̃t] **adj.** ✦ Qui fait enrager. SYN. **rageant.**

ENRAGER [ɑ̃ʀaʒe] **v. intr.** (conjug. 5) ✦ Éprouver un violent dépit. SYN. **rager.** *Elle enrage de perdre son temps.* ➝ *Faire enrager qqn,* l'exaspérer en le taquinant. SYN. **bisquer.**

ÉTYM. de *rage.*

ENRAYER [ɑ̃ʀeje] **v. tr.** (conjug. 12) **1.** Empêcher accidentellement de fonctionner (une arme à feu, un mécanisme). SYN. **bloquer.** ➝ pronom. *Sa carabine s'est enrayée.* SYN. se **coincer,** se **gripper.** **2.** Arrêter dans son cours (une progression dangereuse, un mal). SYN. **juguler.** *Les mesures prises pour enrayer l'épidémie.*

► **ENRAIEMENT** [ɑ̃ʀɛmɑ̃] ou **ENRAYEMENT** [ɑ̃ʀɛjmɑ̃] **n. m.**

ÉTYM. de *rai.*

ENRÉGIMENTER [ɑ̃ʀeʒimɑ̃te] **v. tr.** (conjug. 3a) ✦ Soumettre à une discipline, à une obéissance militaire. SYN. **embrigader.**

ÉTYM. de *régiment.*

ENREGISTREMENT [ɑ̃ʀ(ə)ʒistʀəmɑ̃] **n. m.** **1.** DR. Transcription sur un registre public, moyennant le paiement d'un droit fiscal, d'actes ou de déclarations. *Droits d'enregistrement.* ➝ en France *L'Enregistrement :* l'administration chargée de ce service. ♦ Opération par laquelle on enregistre les bagages. **2.** Action de noter par écrit comme réel ou authentique. **3.** Action ou manière d'enregistrer (des informations, signaux et phénomènes divers). *Les enregistrements d'un cardiographe :* cardiogrammes (➝ **-gramme**). *L'enregistrement des images, du son* (permettant de les conserver et de les reproduire). ♦ Support sur lequel a été effectué un enregistrement (disque, bande magnétique).

ÉTYM. de *enregistrer.*

ENREGISTRER [ɑ̃ʀ(ə)ʒistʀe] **v. tr.** (conjug. 3a) **1.** DR. et COUR. Inscrire sur un registre public ou privé. *Enregistrer un record. Faire enregistrer un contrat.* ♦ Inscrire (les bagages à transporter qui ne restent pas avec le voyageur). **2.** Consigner par écrit, noter. *Enregistrer une plainte.* ➝ Constater avec l'intention de se rappeler. *J'enregistre ta promesse.* **3.** Transcrire et fixer sur un support matériel (un phénomène, une information). *Enregistrer les battements du cœur. Enregistrer une émission de télévision.* ➝ au p. passé *Un programme enregistré* (opposé à *en direct*). **4.** Produire (de la musique, un discours) pour les faire enregistrer. **5.** INFORM. Sauvegarder (un fichier, des données) sur une mémoire de stockage. *Enregistrer un document sur le disque dur.*

ÉTYM. de *registre.*

ENREGISTREUR, EUSE [ɑ̃ʀ(ə)ʒistʀœʀ, øz] **adj.** ✦ Se dit d'un appareil destiné à enregistrer (3) un phénomène (➝ **-graphe**). *Thermomètre enregistreur. Caisse enregistreuse.* ➝ n. m. *Un enregistreur de pression.*

ENRHUMER [ɑ̃ʀyme] **v. tr.** (conjug. 3a) ✦ Causer le rhume de (qqn). ➝ au p. passé *Il est très enrhumé.* ➝ pronom. Attraper un rhume.

ÉTYM. de *rhume.*

ENRICHI, IE [ɑ̃ʀiʃi] **adj.** **1.** Qui est devenu riche. *Un commerçant enrichi.* **2.** (substance) Dont la proportion de l'un des composants a été augmentée. *Uranium enrichi,* dont on a augmenté la teneur en un isotope fissile.

ÉTYM. du participe passé de *enrichir.*

ENRICHIR [ɑ̃ʀiʃiʀ] **v. tr.** (conjug. 13) **1.** Rendre riche ou plus riche. ♦ pronom. Devenir riche. *Il s'est enrichi dans les affaires.* ➝ prov. *Qui paie ses dettes s'enrichit.* **2.** par ext. Rendre plus riche ou plus précieux en ajoutant un ornement ou un élément de valeur. *Enrichir une collection.* ➝ fig. *Lectures qui enrichissent l'esprit.* **3.** Traiter (une substance) en augmentant l'un de ses constituants ou sa teneur. *Enrichir une terre par des engrais.* CONTR. **appauvrir, ruiner.**

ÉTYM. de *riche.*

ENRICHISSANT, ANTE [ɑ̃ʀiʃisɑ̃, ɑ̃t] **adj.** ✦ Qui enrichit (2, fig.) l'esprit. *Une expérience, une lecture enrichissante.*

ENRICHISSEMENT [ɑ̃ʀiʃismɑ̃] **n. m.** **1.** Fait d'augmenter ses biens, de faire fortune. *L'enrichissement de la bourgeoisie au XIXe siècle.* **2.** Action, manière d'enrichir (une collection, un ouvrage, l'esprit, etc.). **3.** Traitement pour augmenter la teneur (d'un minerai). ➝ Processus par lequel on augmente la teneur (d'un élément chimique) en l'un de ses isotopes. *L'enrichissement de l'uranium.* CONTR. **appauvrissement, ruine.**

ÉTYM. de *enrichir.*

ENROBER [ɑ̃ʀɔbe] **v. tr.** (conjug. 3a) **1.** Entourer (une marchandise, un produit) d'une enveloppe ou d'une couche protectrice. *Enrober des pilules.* ➝ au p. passé *Bonbon enrobé de chocolat.* **2.** fig. Envelopper de manière à masquer ou adoucir. *Il a enrobé son refus de quelques compliments.*

► **ENROBAGE** [ɑ̃ʀɔbaʒ] ou **ENROBEMENT** [ɑ̃ʀɔbmɑ̃] **n. m.**

ÉTYM. de *robe* «vêtement (qui enveloppe)».

ENRÔLEMENT [ɑ̃ʀolmɑ̃] **n. m.** ✦ Action d'enrôler, de s'enrôler.

ENRÔLER [ɑ̃ʀole] **v. tr.** (conjug. 3a) **1.** Inscrire sur les rôles (I) de l'armée. SYN. **recruter.** ➝ pronom. *S'enrôler dans la marine.* SYN. **s'engager.** **2.** fig. Amener (qqn) à entrer dans un groupe, un parti.

ÉTYM. de *rôle* (I).

ENROUÉ, ÉE [ɑ̃ʀwe] **adj.** ✦ Devenu rauque. *Voix enrouée.* ♦ Atteint d'enrouement. *Il est très enroué, on ne l'entend plus.*

ÉTYM. du participe passé de *enrouer.*

ENROUEMENT [ɑ̃ʀumɑ̃] **n. m.** ✦ Altération de la voix due à une inflammation ou à une atteinte du larynx.

ÉTYM. de *enrouer.*

ENROUER [ɑ̃ʀwe] **v. tr.** (conjug. 3a) ✦ Rendre (la voix) moins nette, voilée, rauque. ➛ pronom. *S'enrouer,* devenir enroué. *Il s'est enroué à force de crier.*
ÉTYM. de l'ancien français *ro, roi,* latin *raucus* «rauque».

ENROULEMENT [ɑ̃ʀulmɑ̃] **n. m.** 1. Ornement en spirale ; objet présentant des spires. 2. Disposition de ce qui est enroulé sur soi-même ou autour de qqch.
ÉTYM. de *enrouler.*

ENROULER [ɑ̃ʀule] **v. tr.** (conjug. 3a) 1. Rouler (une chose) sur elle-même. *Enrouler du papier d'emballage.* ➛ pronom. *S'enrouler autour d'un axe.* 2. Rouler (une chose) sur, autour de qqch. *Enrouler du fil sur une bobine.* ➛ pronom. S'envelopper dans (qqch. qui entoure). *S'enrouler dans une couverture.* CONTR. **dérouler, dévider.**
ÉTYM. de *rouler.*

ENROULEUR, EUSE [ɑ̃ʀulœʀ, øz] **adj.** ✦ Qui sert à enrouler. ➛ n. m. *Ceinture de sécurité à enrouleur.*

ENRUBANNER [ɑ̃ʀybane] **v. tr.** (conjug. 3a) ✦ Garnir, orner de rubans. *Enrubanner un paquet-cadeau.*
ÉTYM. de *ruban.*

ENSABLEMENT [ɑ̃sabləmɑ̃] **n. m.** ✦ Dépôt de sable formé par l'eau ou par le vent ; état d'un lieu ensablé. *L'ensablement d'un port.*
ÉTYM. de *ensabler.*

ENSABLER [ɑ̃sable] **v. tr.** (conjug. 3a) 1. Enfoncer dans le sable. *Ensabler une barque.* ➛ pronom. *La voiture s'est ensablée.* 2. Remplir (un lieu naturel) de sable. ➛ pronom. *L'estuaire s'ensable lentement.* ➛ au p. passé *Un port ensablé.*
ÉTYM. de *sable.*

ENSACHAGE [ɑ̃saʃaʒ] **n. m.** ✦ Action d'ensacher.

ENSACHER [ɑ̃saʃe] **v. tr.** (conjug. 3a) ✦ Mettre en sac, en sachet. *Ensacher du grain.*
ÉTYM. de *sac.*

ENSANGLANTER [ɑ̃sɑ̃glɑ̃te] **v. tr.** (conjug. 3a) 1. Tacher de sang. ➛ au p. passé *Un pansement ensanglanté.* 2. (meurtre, guerre, etc.) Couvrir, souiller de sang. *Les émeutes ensanglantent le pays.*
ÉTYM. de *sanglant.*

ENSEIGNANT, ANTE [ɑ̃sɛɲɑ̃, ɑ̃t] **adj.** ✦ Qui enseigne, est chargé de l'enseignement. *Le corps enseignant,* l'ensemble des professeurs et instituteurs. ➛ n. *Les enseignants :* les membres du corps enseignant.

ENSEIGNE [ɑ̃sɛɲ] **n. f.** et **n. m.**
I n. f. 1. VX Marque, indice. ➛ *À TELLE ENSEIGNE QUE* **loc. adv.** : d'une manière telle, si vraie que (→ **tellement**). 2. Symbole de commandement qui servait de signe de ralliement pour les troupes. 3. Panneau portant un emblème, une inscription, un objet symbolique qui signale un établissement. *L'enseigne lumineuse d'une pharmacie.* ➛ loc. *Être logé À LA MÊME ENSEIGNE que qqn,* être dans la même situation désagréable.
II n. m. *Enseigne de vaisseau :* officier de la marine de guerre (grade correspondant à sous-lieutenant et lieutenant).
ÉTYM. latin *insigna* «décoration», de *insignis* «remarquable».

ENSEIGNEMENT [ɑ̃sɛɲ(ə)mɑ̃] **n. m.** 1. Action, art d'enseigner. → **éducation, instruction, pédagogie.** *L'enseignement du français. Enseignement assisté par ordinateur (E. A. O.).* ➛ *Enseignement public ; privé, libre. Enseignement primaire, secondaire, supérieur. Enseignement technologique.* ◆ Profession, carrière des enseignants. *Entrer dans l'enseignement.* 2. surtout plur. LITTÉR. Précepte, leçon. *Les enseignements de l'expérience.*

ENSEIGNER [ɑ̃seɲe] **v. tr.** (conjug. 3a) 1. Transmettre à un élève de façon qu'il comprenne et assimile (des connaissances, des techniques). SYN. **apprendre.** *Enseigner les mathématiques, le dessin (à des enfants).* 2. Apprendre à qqn, par une leçon ou par l'exemple. *Enseigner à qqn à faire qqch. ; lui enseigner la patience.* ➛ (sujet chose) *L'expérience nous enseigne la prudence.*
ÉTYM. latin populaire *insignare,* de *insignire* «désigner».

ENSEMBLE [ɑ̃sɑ̃bl] **adv.** et **n. m.**
I adv. 1. L'un avec l'autre, les uns avec les autres. SYN. **collectivement.** *Vivre ensemble. Faire qqch. ensemble.* SYN. **en commun.** *Couleurs qui vont bien ensemble* (→ **s'assortir, s'harmoniser**). 2. L'un avec l'autre et en même temps. SYN. **simultanément.** *Ne parlez pas tous ensemble.* CONTR. **individuellement, isolément, séparément.**
II n. m. 1. Unité (par le synchronisme des mouvements, l'harmonie des éléments...). iron. *Ils mentent avec un ensemble parfait.* 2. Totalité d'éléments réunis. *Étudier les détails sans perdre de vue l'ensemble.* SYN. **globalité.** *L'ensemble des habitants. J'ai lu l'ensemble de son œuvre.* SYN. **intégralité.** ➛ loc. *Une vue d'ensemble,* globale. ➛ *DANS L'ENSEMBLE* **loc. adv.** : en considérant l'effet général. → en **gros.** *Le cours, dans l'ensemble, a été intéressant.* 3. Groupe de plusieurs personnes ou choses réunies en un tout. *Un ensemble vocal, instrumental,* groupe de chanteurs, de musiciens. *Réunir un ensemble de conditions.* ◆ Groupe d'habitations ou de monuments. loc. *GRAND ENSEMBLE :* groupe important d'habitations collectives présentant une unité architecturale. ◆ Pièces d'habillement assorties, faites pour être portées ensemble. *Un ensemble de plage.* 4. MATH. Collection d'éléments ayant en commun certaines propriétés qui les caractérisent, et susceptibles d'avoir entre eux, ou avec certains éléments d'autres ensembles, des relations (ex. inclusion, disjonction, etc.). → aussi **sous-ensemble.** *La théorie des ensembles.*
ÉTYM. latin *insimul,* de *simul* «ensemble» ; sens II, 4, de l'allemand *Menge.*

ENSEMBLIER, IÈRE [ɑ̃sɑ̃blije, jɛʀ] **n.** ✦ Professionnel(le) qui crée des ensembles décoratifs.
ÉTYM. de *ensemble* (II).

ENSEMENCEMENT [ɑ̃s(ə)mɑ̃smɑ̃] **n. m.** ✦ Action d'ensemencer. *L'ensemencement d'un champ.*

ENSEMENCER [ɑ̃s(ə)mɑ̃se] **v. tr.** (conjug. 4) 1. Pourvoir de semences (une terre). SYN. **semer.** 2. BIOL. Introduire des germes, des bactéries dans (un bouillon de culture, un milieu).
ÉTYM. de *semence.*

ENSERRER [ɑ̃seʀe] **v. tr.** (conjug. 3a) ✦ LITTÉR. (choses) Entourer en serrant étroitement, de près. *Les remparts qui enserrent la ville.* SYN. **entourer ;** → ① **enceinte.**
ÉTYM. de *serrer.*

A B C D E F G H I J K L M N O P Q R S T U V W X Y Z

ENSEVELIR [ɑ̃səv(ə)liʀ] **v. tr.** (conjug. 13) **1.** LITTÉR. Mettre (un mort) au tombeau. SYN. **enterrer.** ◆ Envelopper dans un linceul. **2.** (sujet chose) Faire disparaître sous un amoncellement. *L'avalanche a enseveli le chalet.* **3.** fig. LITTÉR. Enfouir en cachant. → au p. passé *Enseveli dans son chagrin.* CONTR. **déterrer, exhumer.**
ÉTYM. de l'ancien français *sevelir,* latin *sepelire.*

ENSEVELISSEMENT [ɑ̃səv(ə)lismɑ̃] **n. m.** ✦ LITTÉR. Action d'ensevelir ; fait d'être enseveli. CONTR. **exhumation.**

ENSILAGE [ɑ̃silaʒ] **n. m.** ✦ Méthode de conservation des produits agricoles en silo.
ÉTYM. de *ensiler.*

ENSILER [ɑ̃sile] **v. tr.** (conjug. 3a) ✦ Mettre en silo (des produits agricoles) pour conserver.
ÉTYM. de *en* et *silo.*

ENSOLEILLEMENT [ɑ̃sɔlɛjmɑ̃] **n. m. 1.** État d'un lieu ensoleillé. **2.** Temps pendant lequel un lieu est ensoleillé. *Ensoleillement annuel d'une ville.*
ÉTYM. de *ensoleiller.*

ENSOLEILLER [ɑ̃sɔleje] **v. tr.** (conjug. 3a) **1.** Remplir de la lumière du soleil. → au p. passé *Une façade ensoleillée,* exposée au soleil. **2.** fig. LITTÉR. Illuminer, éclairer. *L'amour qui a ensoleillé sa vie.* CONTR. **ombrager** • **attrister.**
ÉTYM. de *soleil.*

ENSOMMEILLÉ, ÉE [ɑ̃sɔmeje] **adj.** ✦ Mal réveillé, encore sous l'influence du sommeil. SYN. **somnolent.** CONTR. **éveillé.**
ÉTYM. de *sommeil.*

ENSORCELANT, ANTE [ɑ̃sɔʀsəlɑ̃, ɑ̃t] **adj.** ✦ Qui ensorcelle, séduit irrésistiblement. SYN. **fascinant, séduisant.** *Un sourire ensorcelant.*
ÉTYM. du participe présent de *ensorceler.*

ENSORCELER [ɑ̃sɔʀsəle] **v. tr.** (conjug. 6a) **1.** Soumettre (qqn) à l'action d'un sortilège, jeter un sort sur (qqn). SYN. **enchanter, envoûter. 2.** Captiver entièrement, comme par un sortilège irrésistible. SYN. **charmer, fasciner, séduire.** CONTR. **exorciser.**
ÉTYM. de l'ancien verbe *ensorcerer,* de *sorcier.*

ENSORCELEUR, EUSE [ɑ̃sɔʀsəlœʀ, øz] **adj.** et **n.** ✦ LITTÉR. (Personne) qui ensorcelle.
ÉTYM. de *ensorceler.*

ENSORCELLEMENT [ɑ̃sɔʀsɛlmɑ̃] **n. m. 1.** Action d'ensorceler (1). ◆ Pratique de sorcellerie ; état d'un être ensorcelé. SYN. **enchantement, envoûtement, sortilège. 2.** fig. Séduction irrésistible. SYN. **fascination.** *L'ensorcellement de la musique.*

ENSUITE [ɑ̃sɥit] **adv. 1.** Après cela, plus tard. SYN. **puis.** *Terminons d'abord, nous sortirons ensuite.* **2.** Derrière en suivant. *Arrivait ensuite le peloton.* ◆ fig. En second lieu. *D'abord, je ne veux pas ; ensuite, je ne peux pas.* CONTR. **d'abord,** ① **avant** • **en tête.**
ÉTYM. de *en suite.*

S'ENSUIVRE [ɑ̃sɥivʀ] **v. pron.** (conjug. 62) **inf.** et **3e pers. seulement 1.** loc. *Et tout ce qui s'ensuit,* et tout ce qui vient après, accompagne la chose. **2.** Survenir en tant qu'effet naturel ou conséquence logique. *Certains résultats s'ensuivent nécessairement.* → aux temps composés *La discussion qui s'en est ensuivie* (VX), *qui s'en est suivie.* → impers. *Il s'ensuit que :* il en résulte que.
ÉTYM. de *suivre.*

ENT [øɛnte] **n. m. invar.** ✦ Espace numérique permettant de consulter et d'échanger des contenus au sein d'un établissement scolaire.
ÉTYM. sigle de *espace numérique de travail.*

ENTABLEMENT [ɑ̃tabləmɑ̃] **n. m. 1.** ARCHIT. Saillie au sommet des murs, qui supporte la charpente de la toiture. **2.** Partie qui surmonte une colonnade et comprend l'architrave, la frise et la corniche.
ÉTYM. de *table.*

ENTACHER [ɑ̃taʃe] **v. tr.** (conjug. 3a) **1.** LITTÉR. Marquer d'une tache morale. SYN. **souiller, ternir.** *Cette condamnation entache son honneur.* **2.** (ÊTRE) ENTACHÉ DE : gâté par (un défaut). *Un acte entaché de nullité.* CONTR. **blanchir.**
ÉTYM. de *tache.*

ENTAILLE [ɑ̃taj] **n. f. 1.** Coupure qui enlève une partie, laisse une marque allongée ; cette marque. SYN. **encoche, fente.** *L'entaille d'une greffe* (sur un arbre). **2.** Incision profonde faite dans les chairs. SYN. **balafre, coupure, estafilade.**
ÉTYM. de *entailler.*

ENTAILLER [ɑ̃taje] **v. tr.** (conjug. 3a) ✦ Couper en faisant une entaille. *Entailler une pièce de bois.* → *S'entailler le doigt.*
ÉTYM. de *tailler.*

ENTAME [ɑ̃tam] **n. f.** ✦ Premier morceau coupé (d'une chose à manger). *L'entame et le talon d'un jambon.*
ÉTYM. de *entamer.*

ENTAMER [ɑ̃tame] **v. tr.** (conjug. 3a) **I 1.** Enlever en coupant une partie à (qqch. dont on n'a encore rien pris). *Entamer un pain.* **2.** Diminuer (un tout encore intact) en utilisant une partie. *Entamer son capital.* → au p. passé *La journée est déjà bien entamée.* **3.** (sujet chose) Couper, pénétrer (la matière). *La rouille entame le fer.* → fig. *Rien ne peut entamer sa détermination.* **4.** Commencer à convaincre, à ébranler (qqn). **II** Commencer à faire (qqch.). SYN. **entreprendre.** *Entamer des négociations.* SYN. **engager.** CONTR. **achever, terminer.**
ÉTYM. bas latin *intaminare* «souiller», famille de *tangere* «toucher».

ENTARTRAGE [ɑ̃taʀtʀaʒ] **n. m.** ✦ État de ce qui est entartré. CONTR. **détartrage.**

ENTARTRER [ɑ̃taʀtʀe] **v. tr.** (conjug. 3a) ✦ Recouvrir de tartre incrusté. *L'eau calcaire entartre les tuyaux.* → au p. passé *Une canalisation entartrée.* CONTR. **détartrer.**
ÉTYM. de *tartre.*

ENTASSEMENT [ɑ̃tasmɑ̃] **n. m. 1.** Action d'entasser ou de s'entasser. **2.** Choses entassées. SYN. **amoncellement, tas.** *Un entassement de livres.*

ENTASSER [ɑ̃tase] **v. tr.** (conjug. 3a) **1.** Mettre (des choses) en tas, généralement sans ordre. SYN. **amonceler.** → pronom. *Son courrier s'entasse dans un tiroir.* **2.** Réunir (des personnes) dans un espace trop étroit. SYN. **serrer, tasser.** → pronom. *Les spectateurs s'entassaient dans la salle.* **3.** Accumuler, amasser. *Entasser argument sur argument.*
ÉTYM. de *en* et *tas.*

ENTENDEMENT [ɑ̃tɑ̃dmɑ̃] n. m. 1. PHILOS. Faculté de comprendre. 2. Ensemble des facultés intellectuelles. SYN. **intelligence, raison.** loc. *Cela dépasse l'entendement* : c'est incompréhensible.
ÉTYM. de *entendre* (II, 1).

ENTENDEUR [ɑ̃tɑ̃dœʀ] n. m. ✦ loc. *À BON ENTENDEUR, SALUT* : que celui qui comprend bien en fasse son profit (souligne une menace). *Je vous ai prévenu ! À bon entendeur, salut !*
ÉTYM. de *entendre* (II, 1).

ENTENDRE [ɑ̃tɑ̃dʀ] v. tr. (conjug. 44) **I** (idée d'intention) LITTÉR. *ENTENDRE QUE* (+ subj.), *ENTENDRE* (+ inf.) : avoir l'intention, le dessein de. SYN. ① **vouloir.** *J'entends qu'on m'obéisse ; j'entends être obéi.* ➛ *Faites comme vous l'entendez.* **II** 1. LITTÉR. Percevoir, saisir par l'intelligence. SYN. **comprendre.** *J'entends bien,* je comprends bien ce que vous voulez dire. ➛ loc. *Laisser entendre,* laisser deviner. ➙ **insinuer, sous-entendre.** 2. (personnes) Vouloir dire. *Qu'entendez-vous par là ?,* quel sens donnez-vous à ce que vous dites ? **III** 1. Percevoir par le sens de l'ouïe. SYN. **ouïr.** *J'ai entendu un cri.* ➛ loc. *Il ne l'entend pas de cette oreille,* il n'est pas d'accord. ♦ *ENTENDRE PARLER de qqch., qqn,* apprendre qqch. à ce sujet. *J'en ai entendu parler. Ne pas vouloir entendre parler d'une chose,* la rejeter sans examen. ➛ *J'ai entendu dire que,* j'ai appris que. ♦ *Faire entendre* : émettre (un son, une parole). 2. absolt Percevoir (plus ou moins bien) par l'ouïe. *Parlez plus fort, il entend mal.* 3. LITTÉR. Écouter, prêter attention à. *On l'a condamné sans l'entendre. Il ne veut rien entendre* : rien de ce qu'on peut lui dire ne l'influencera. ➛ loc. *Entendre raison,* accepter les conseils raisonnables. ➛ loc. *À l'entendre* : si on l'en croit, si on l'écoute. *À l'entendre, il sait tout faire.* **IV** *S'ENTENDRE* v. pron. 1. Être compris. *Ce mot peut s'entendre de diverses manières.* ➛ *Cela s'entend* et ellipt *s'entend,* c'est évident. 2. Être entendu, perçu par l'ouïe. ➛ *Cette expression s'entend encore,* est encore employée. 3. *S'ENTENDRE À* (+ inf.), *EN* (+ n.) : être habile (dans un domaine). ➛ *S'Y ENTENDRE* : être expert en la matière. SYN. **s'y connaître.** 4. Se mettre d'accord. *Ils n'ont pas réussi à s'entendre. Entendons-nous bien !* : mettons-nous bien d'accord ! ♦ Avoir des rapports (bons ou mauvais). *Les deux sœurs s'entendent très bien.*
ÉTYM. latin *intendere* « tendre *(tendere)* vers », « porter son attention vers ».

ENTENDU, UE [ɑ̃tɑ̃dy] adj. 1. *Un air, un sourire entendu,* malin, complice. 2. Accepté ou décidé après accord. SYN. **convenu.** *C'est une affaire entendue. C'est entendu.* ➛ ellipt *Entendu !* SYN. **d'accord.** 3. *BIEN ENTENDU* loc. adv. : la chose est évidente, naturelle. SYN. **évidemment, naturellement.** *Vous nous accompagnez ? – Bien entendu !*
ÉTYM. du participe passé de *entendre*.

ENTENTE [ɑ̃tɑ̃t] n. f. **I** VX Connaissance approfondie (par l'entendement). ➛ loc. *Une phrase À DOUBLE ENTENTE,* qui a deux significations (➙ **ambigu**). **II** 1. Fait de s'entendre, de s'accorder ; état qui en résulte. SYN. **accord.** *Parvenir à une entente.* ➛ *Entente entre producteurs, entre entreprises.* SYN. **cartel, trust.** ♦ Collaboration politique entre États. SYN. **alliance.** HIST. *La Triple Entente* (☞ noms propres), entre la France, l'Angleterre et la Russie (1907), opposée à la Triple Alliance*. 2. *Entente, bonne entente,* relations amicales, bonne intelligence entre plusieurs personnes. SYN. **amitié, union.** CONTR. **conflit, désaccord, mésentente.**
ÉTYM. latin populaire *intendita,* de *intenta,* participe passé de *intendere* → entendre.

ENTER [ɑ̃te] v. tr. (conjug. 3a) ✦ Greffer. *Enter la vigne.*
HOM. HANTER « fréquenter (fantômes) »
ÉTYM. latin populaire *imputare* « greffer », du grec *emphuton* « greffe ».

ENTÉRINER [ɑ̃teʀine] v. tr. (conjug. 3a) 1. DR. Rendre définitif, valide (un acte) en l'approuvant juridiquement. SYN. **homologuer, ratifier, valider.** *Le tribunal a entériné les rapports d'experts.* 2. Admettre ou consacrer. SYN. **approuver.** *Entériner le fait accompli.*
► **ENTÉRINEMENT** [ɑ̃teʀinmɑ̃] n. m.
ÉTYM. de l'ancien français *enterin* « complet », de *entier*.

ENTÉRITE [ɑ̃teʀit] n. f. ✦ Inflammation de la muqueuse intestinale, généralement accompagnée de colique, de diarrhée.
ÉTYM. latin scientifique *enteritis* → entér(o)- et -ite.

ENTÉR(O)- Élément de mots savants, du grec *enteron* « intestin » (ex. *entérologie* n. f. « médecine de l'intestin »).

ENTERREMENT [ɑ̃tɛʀmɑ̃] n. m. 1. Action d'enterrer un mort, de lui donner une sépulture. SYN. **inhumation.** ➛ Cérémonies qui s'y rattachent. SYN. **funérailles, obsèques.** *Enterrement religieux, civil.* ➛ loc. *Avoir une tête, une mine d'enterrement,* un visage triste. 2. Cortège funèbre. SYN. **convoi, obsèques.** 3. fig. Abandon (de qqch. qu'on considère comme mort). *L'enterrement d'un projet.* 4. *Enterrement de vie de garçon, de jeune fille* : moment festif passé avec ses amis avant de se marier. CONTR. **exhumation.**

ENTERRER [ɑ̃teʀe] v. tr. (conjug. 3a) **I** 1. Déposer le corps de (qqn) dans la terre, dans une sépulture. SYN. **ensevelir, inhumer.** *On l'a enterré dans le caveau de famille.* ♦ loc. (p. passé) *Il est mort et enterré,* bien mort. ➛ *Vous nous enterrerez tous* : vous vivrez plus longtemps que nous. ➛ *Enterrer sa vie de garçon, de jeune fille* : passer un moment festif avec ses amis avant de se marier. 2. Abandonner ou faire disparaître (comme une chose finie, morte). surtout au passif *Le scandale a été enterré.* ➛ au p. passé *C'est une histoire enterrée,* oubliée. **II** 1. Enfouir dans la terre. *Enterrer une canalisation.* 2. surtout passif et p. passé Recouvrir d'un amoncellement. SYN. **ensevelir.** *Enterré sous des décombres.* 3. pronom., fig. Se retirer. *Ils sont allés s'enterrer à la campagne.* CONTR. **déterrer, exhumer.**
ÉTYM. de *terre*.

ENTÊTANT, ANTE [ɑ̃tɛtɑ̃, ɑ̃t] adj. ✦ Qui entête. *Un parfum entêtant.*

ENTÊTE ou **EN-TÊTE** [ɑ̃tɛt] n. m. 1. Inscription en tête d'un papier officiel, commercial. *Papier à lettres à entête.* 2. INFORM. Partie initiale d'un message, contenant des informations extérieures au texte. *Des entêtes, des en-têtes.* ➛ Écrire *entête* en un seul mot est permis.
ÉTYM. de *en* et *tête*.

ENTÊTÉ, ÉE [ɑ̃tete] adj. ✦ Qui s'entête. SYN. **obstiné, têtu.** ➛ n. *Quel entêté !* CONTR. **changeant, versatile.**

A B C D E F G H I J K L M N O P Q R S T U V W X Y Z

ENTÊTEMENT [ɑ̃tɛtmɑ̃] **n. m.** ✦ Fait de persister dans un comportement volontaire sans tenir compte des circonstances. SYN. **obstination, opiniâtreté.** *Son entêtement finira par lui coûter cher.* ◆ Caractère d'une personne têtue. CONTR. **docilité, souplesse.**
ÉTYM. de *entêter.*

ENTÊTER [ɑ̃tete] **v.** (conjug. 3a) **I v. tr.** LITTÉR. Incommoder par des vapeurs, des émanations qui montent à la tête (→ **entêtant**). **II v. pron.** *S'ENTÊTER À (faire qqch.), DANS (une opinion, etc.)* : persister avec obstination. SYN. **s'obstiner.** *Il s'entêtait à leur écrire.* ➝ absolt *Plus vous insisterez, plus il s'entêtera.* CONTR. **céder.**
ÉTYM. de *en* et *tête.*

ENTHOUSIASMANT, ANTE [ɑ̃tuzjasmɑ̃, ɑ̃t] **adj.** ✦ Qui enthousiasme. *Un projet enthousiasmant.*

ENTHOUSIASME [ɑ̃tuzjasm] **n. m. 1.** LITTÉR. dans l'Antiquité Délire sacré, inspiration divine ou extraordinaire. *L'enthousiasme des prophètes.* ➝ État d'inspiration exaltée. *L'enthousiasme poétique.* **2.** Émotion vive portant à admirer. *Il a parlé du film avec enthousiasme.* **3.** Émotion se traduisant par une excitation joyeuse. SYN. **allégresse, joie.** *J'accepte avec enthousiasme.* CONTR. **détachement, froideur, indifférence.**
ÉTYM. grec *enthousiasmos,* de *enthousiazein* «être inspiré par les dieux *(theos)*».

ENTHOUSIASMER [ɑ̃tuzjasme] **v. tr.** (conjug. 3a) ✦ Remplir d'enthousiasme. *Son interprétation a enthousiasmé l'auditoire.* ➝ au passif *Être enthousiasmé,* ravi, transporté (de joie, etc.). ➝ au p. passé *Un regard enthousiasmé.* ➝ pronom. *S'enthousiasmer pour qqn, qqch.* SYN. **s'emballer, s'enflammer.** CONTR. **décevoir, désenchanter, refroidir.**

ENTHOUSIASTE [ɑ̃tuzjast] **adj.** ✦ Qui ressent de l'enthousiasme, marque de l'enthousiasme. *Une foule enthousiaste. Un partisan enthousiaste.* SYN. **fervent.** *Un accueil enthousiaste.* SYN. **chaleureux.** CONTR. **blasé, désabusé, froid, indifférent.**
ÉTYM. grec *enthousiastês.*

S'ENTICHER [ɑ̃tiʃe] **v. pron.** (conjug. 3a) ✦ Se prendre d'un goût extrême et irraisonné pour. SYN. **s'engouer,** se **toquer.** *Il s'est entiché de cette jeune femme.* SYN. **s'amouracher.** ➝ au p. passé *Elle est entichée de yoga.* CONTR. **dégoûter, ① détacher.**
ÉTYM. peut-être de *teche,* variante de *tache,* pour «qualité».

ENTIER, IÈRE [ɑ̃tje, jɛʀ] **adj. 1.** Dans toute son étendue. SYN. ① **tout.** *Dans le monde entier,* partout. *Une heure entière. Payer place entière,* sans réduction. ➝ *TOUT ENTIER* : absolument entier. *La ville tout entière. Se donner tout entier à* : consacrer tout son temps à, se dévouer à. ◆ **n. m.** *EN, DANS SON ENTIER* : dans sa totalité. ➝ *EN ENTIER* **loc. adv.** : complètement, entièrement. *Réviser le programme en entier.* **2.** À quoi il ne manque rien. SYN. **complet, intact, intégral.** *La liasse est entière,* on n'en a retiré aucun billet. *Lait entier,* non écrémé. ◆ *Nombre entier* ou **n. m.** *un entier,* composé d'une ou plusieurs unités (opposé à *nombre fractionnaire*). *Les entiers relatifs.* **3.** (chose abstraite) Qui n'a subi aucune altération. SYN. **absolu, parfait, total.** *Ma confiance reste entière.* SYN. **intact.** *La question reste entière,* le problème n'a pas reçu un commencement de solution. **4.** LITTÉR. Qui n'admet aucune restriction, aucune demi-mesure. *Un caractère entier et obstiné. Être entier dans ses opinions.* CONTR. **incomplet, partiel** • **compréhensif, souple.**
ÉTYM. latin *integer,* famille de *tangere* «toucher» ; doublet de *intègre.*

ENTIÈREMENT [ɑ̃tjɛʀmɑ̃] **adv.** ✦ D'une manière entière. SYN. **complètement, intégralement, totalement.** *La maison a été entièrement détruite. Ils sont entièrement d'accord.* SYN. **parfaitement.** CONTR. **partiellement.**

ENTITÉ [ɑ̃tite] **n. f.** ✦ Idée générale, abstraction que l'on considère comme une réalité.
ÉTYM. latin médiéval *entitas,* de *ens, entis,* participe présent de *esse* «être».

ENTOILAGE [ɑ̃twalaʒ] **n. m.** ✦ Action d'entoiler. ➝ Toile dont on s'est servi pour entoiler.

ENTOILER [ɑ̃twale] **v. tr.** (conjug. 3a) ✦ Fixer sur une toile. ➝ au p. passé *Affiche entoilée.* ◆ Renforcer d'une toile fine. *Entoiler une veste en lin.*
ÉTYM. de *toile.*

ENTOMO- Élément savant, du grec *entomon* «insecte» (ex. *entomophile* **adj.** (plante) «dont la fécondation est assurée par les insectes»).

ENTOMOLOGIE [ɑ̃tɔmɔlɔʒi] **n. f.** ✦ Partie de la zoologie qui traite des insectes.
► **ENTOMOLOGIQUE** [ɑ̃tɔmɔlɔʒik] **adj.**
ÉTYM. de *entomo-* et *-logie.*

ENTOMOLOGISTE [ɑ̃tɔmɔlɔʒist] **n.** ✦ Spécialiste de l'entomologie.

ENTOMOPHAGE [ɑ̃tɔmɔfaʒ] **adj.** ✦ Qui se nourrit d'insectes. SYN. **insectivore.**
► **ENTOMOPHAGIE** [ɑ̃tɔmɔfaʒi] **n. f.**
ÉTYM. de *entomo-* et *-phage.*

① **ENTONNER** [ɑ̃tɔne] **v. tr.** (conjug. 3a) ✦ Verser dans une tonne, un tonneau.
ÉTYM. de *tonne* (II).

② **ENTONNER** [ɑ̃tɔne] **v. tr.** (conjug. 3a) **1.** Commencer à chanter (un air). *Entonner une chanson.* **2.** fig. *Entonner la louange de qqn.*
ÉTYM. de ② *ton.*

ENTONNOIR [ɑ̃tɔnwaʀ] **n. m. 1.** Instrument de forme conique, terminé par un tube et servant à verser un liquide dans un récipient de petite ouverture. ◆ *En entonnoir,* en forme d'entonnoir. **2.** Cavité naturelle qui va en se rétrécissant. SYN. **cratère, cuvette.** ➝ Excavation produite par une explosion.
ÉTYM. de ① *entonner.*

ENTORSE [ɑ̃tɔʀs] **n. f. 1.** Lésion douloureuse d'une articulation, provenant d'une distension violente. SYN. **foulure, luxation.** *Se faire une entorse au poignet.* **2.** fig. *Faire une entorse à...* : ne pas respecter. *Une sérieuse entorse au règlement.* SYN. **infraction, manquement.**
ÉTYM. du participe passé de l'ancien français *entordre,* latin *intorquere* «tordre».

ENTORTILLER [ɑ̃tɔʀtije] **v. tr.** (conjug. 3a) **1.** Envelopper (un objet) dans qqch. que l'on tortille ; tortiller (qqch.), notamment autour d'un objet. *Entortiller un bonbon dans du papier. Entortiller son mouchoir autour de son doigt.* ➝ pronom. *S'entortiller dans ses draps.* **2.** fig. Persuader (qqn) en le trompant. SYN. **circonvenir,**

embobiner, FAM. rouler. *Tu t'es laissé entortiller par ses promesses.* **3.** fig. Compliquer (des phrases, des propos) par des circonlocutions. SYN. **embrouiller.** → au p. passé *Des excuses entortillées.*

► **ENTORTILLAGE** [ɑ̃tɔʀtijaʒ] ou **ENTORTILLEMENT** [ɑ̃tɔʀtijmɑ̃] n. m.

ÉTYM. peut-être latin populaire *intortiliare*, de *torquere* «tordre».

ENTOUR [ɑ̃tuʀ] n. m. **1.** LITTÉR. au plur. Les environs, le voisinage. *Les entours de la ville.* **2.** loc. *À l'entour de..., à son entour* (LITTÉR.). → **alentour.**

ÉTYM. de ② *tour.*

ENTOURAGE [ɑ̃tuʀaʒ] n. m. **1.** Personnes qui entourent habituellement qqn, et vivent dans sa familiarité. SYN. **compagnie.** *Ce n'est pas lui qu'on accuse, mais une personne de son entourage.* **2.** Ornement disposé autour (de certains objets). *Un entourage de fenêtre.*

ÉTYM. de *entourer.*

ENTOURER [ɑ̃tuʀe] v. tr. (conjug. 3a) **1.** Garnir de qqch. qu'on met tout autour ; mettre autour de. *Entourer un enfant de ses bras.* → fig. *Entourer qqn d'égards. Entourer ses actions de mystère.* **2.** (choses) Être autour de (qqch., qqn) de manière à enfermer. *Une clôture entoure le jardin.* → au p. passé *Un jardin entouré de haies.* **3.** (personnes ou choses) Être habituellement ou momentanément autour de (qqn). *Les gens qui nous entourent, ce qui nous entoure* (→ **entourage, milieu**). *Les dangers l'entouraient.* ◆ pronom. *S'ENTOURER DE* : mettre, réunir autour de soi. *S'entourer de conseillers.* **4.** S'occuper de (qqn), aider ou soutenir. *Ses amis l'entourent beaucoup, depuis son deuil.* → passif et p. passé *Elle est très entourée.* CONTR. **abandonner.**

ÉTYM. de *entour.*

ENTOURLOUPETTE [ɑ̃tuʀlupɛt] n. f. ✦ FAM. Mauvais tour joué à qqn. *Il lui a fait une entourloupette.* → abrév. FAM. ENTOURLOUPE [ɑ̃tuʀlup].

ÉTYM. de ② *tour* (III, 2), p.-ê. infl. de *turlupiner.*

ENTOURNURE [ɑ̃tuʀnyʀ] n. f. ✦ Partie du vêtement qui fait le tour du bras, là où s'ajuste la manche. SYN. **emmanchure.** *Entournures trop larges.* → loc. *Être gêné aux entournures,* mal à l'aise, en difficulté.

ÉTYM. de l'ancien français *entourner* «entourer», de *tourner.*

| **ENTR-** → ENTRE-

ENTRACTE [ɑ̃tʀakt] n. m. **1.** Intervalle entre les parties d'un spectacle. **2.** fig. Temps d'arrêt, de repos, au cours d'une action. SYN. **interruption.**

ÉTYM. de *entre-* et *acte.*

ENTRAIDE [ɑ̃tʀɛd] n. f. ✦ Aide mutuelle. *Un comité d'entraide.* SYN. **solidarité.**

ÉTYM. de *s'entraider.*

S'ENTRAIDER [ɑ̃tʀede] v. pron. (conjug. 3a) ✦ S'aider mutuellement. SYN. **s'aider.**

ÉTYM. de *entre-* et *aider.*

ENTRAILLES [ɑ̃tʀɑj] n. f. pl. **1.** Ensemble des organes enfermés dans l'abdomen (hommes, animaux). SYN. **boyau, ② intestin, tripe, viscère.** **2.** LITTÉR. Les organes de la femme qui portent l'enfant. SYN. **sein** (LITTÉR.) ; **matrice, utérus.** **3.** LITTÉR. La partie profonde (d'une chose). *Les entrailles de la terre ; d'un navire.* → La partie profonde et émotive (de l'être humain). SYN. **tripe(s).**

ÉTYM. latin *intralia* «ce qui est à l'intérieur», famille de *inter* «entre».

ENTRAIN [ɑ̃tʀɛ̃] n. m. **1.** Vivacité et bonne humeur communicatives. SYN. **ardeur, enthousiasme, fougue, vivacité.** *Avoir de l'entrain ; être plein d'entrain* (→ **boute-en-train**). **2.** (actes, paroles) Animation gaie. *La conversation manque d'entrain.* CONTR. **inertie, nonchalance.**

ÉTYM. de *(être) en train.*

ENTRAÎNANT, ANTE [ɑ̃tʀɛnɑ̃, ɑ̃t] adj. ✦ Qui entraîne à la gaieté, donne de l'entrain. *Un refrain entraînant.*

ENTRAÎNEMENT [ɑ̃tʀɛnmɑ̃] n. m. **I** **1.** Communication d'un mouvement. *Un entraînement par courroies, par engrenages.* **2.** Mouvement par lequel une personne se trouve déterminée à agir, indépendamment de sa volonté. *L'entraînement des passions. Céder à ses entraînements.* SYN. **impulsion.** **II** **1.** Action d'entraîner qqn, de s'entraîner (II). *Terrain d'entraînement. Séances d'entraînement.* **2.** Préparation méthodique, apprentissage par l'habitude. *Vous y arriverez avec un peu d'entraînement.*

ÉTYM. de *entraîner.*

ENTRAÎNER [ɑ̃tʀene] v. tr. (conjug. 3a) **I** **1.** Emmener de force avec soi. *Le courant entraîne le navire vers la côte.* → Communiquer son mouvement à. *Le moteur entraîne la machine.* SYN. **actionner.** **2.** Conduire, mener (qqn) avec soi. SYN. **emmener, mener.** *Il l'entraîna vers le buffet.* → Conduire (qqn) en exerçant une pression morale. *Il se laisse entraîner par ses camarades.* **3.** (sujet chose) Pousser (qqn) par un enchaînement psychologique ou matériel. *Son enthousiasme l'entraîne trop loin.* SYN. **emporter, pousser.** **4.** (sujet chose) Avoir pour conséquence nécessaire, inévitable. SYN. **amener, produire, provoquer.** *Cela risque d'entraîner de graves conséquences.* SYN. **déclencher.** *Toutes ces discussions entraînent des retards.* **II** **1.** Préparer (un animal, une personne, une équipe) à une performance sportive au moyen d'exercices appropriés (→ **entraînement**). *Entraîner un cheval, un athlète.* → pronom. *S'entraîner.* → au p. passé *Un athlète bien entraîné.* **2.** Faire l'apprentissage de (qqn). *Entraîner qqn à un exercice.* SYN. **former.** → pronom. *S'entraîner à prendre la parole en public.* SYN. **s'exercer.** CONTR. **arrêter, freiner, retenir.**

ÉTYM. de *traîner* ; sens II, anglais *to train.*

ENTRAÎNEUR, EUSE [ɑ̃tʀɛnœʀ, øz] n. **I** Personne qui entraîne les autres à sa suite. *Un entraîneur d'hommes, de peuples.* SYN. **chef, meneur.** **II** **1.** Personne qui entraîne les chevaux pour la course. **2.** Personne qui entraîne des sportifs. SYN. **coach** (anglicisme). *L'entraîneur d'une équipe de football.*

ENTRAÎNEUSE [ɑ̃tʀɛnøz] n. f. ✦ Jeune femme employée dans les bars, les dancings pour inciter les clients à danser, à consommer.

ÉTYM. de *entraîner* (I).

ENTRAVE [ɑ̃tʀav] n. f. **1.** Ce qu'on met aux jambes d'un animal pour gêner sa marche. *Mettre une entrave, des entraves à un cheval.* **2.** fig. Ce qui retient, gêne. *Cette loi est une entrave à la liberté de la presse.* SYN. **empêchement, obstacle.**

ÉTYM. de ① *entraver.*

ENTRAVÉ, ÉE [ɑ̃tʀave] **adj.** ✦ Qui a des entraves. *Un animal entravé.* ♦ fig. *Jupe entravée,* très resserrée dans le bas, qui gêne la marche.

ÉTYM. du participe passé de ① *entraver.*

① **ENTRAVER** [ɑ̃tʀave] **v. tr.** (conjug. 3a) **1.** Retenir, attacher (un animal) au moyen d'une entrave. **2.** fig. Empêcher de se faire, de se développer. SYN. **enrayer, freiner, gêner.** *La crise entrave le commerce.* CONTR. **libérer · faciliter, favoriser.**

ÉTYM. de l'ancien français *tref, trav* «poutre», latin *trabs, trabis.*

② **ENTRAVER** [ɑ̃tʀave] **v. tr.** (conjug. 3a) ✦ ARGOT FAM. Comprendre. *J'y entrave que dalle :* je n'y comprends rien.

ÉTYM. pour *enterver,* latin *interrogare* «interroger».

ENTRE [ɑ̃tʀ] **prép.** **I** **1.** Dans l'espace qui sépare (des choses, des personnes). *Les Pyrénées s'étendent entre la France et l'Espagne. Distance entre deux points.* → **intervalle.** *Des mots entre parenthèses, entre guillemets.* ➝ (dans une série, une suite) *C est entre B et D.* **2.** Dans le temps qui sépare (deux dates, deux époques, deux faits). *Nous passerons chez vous entre 10 et 11 heures.* ➝ loc. *Entre deux âges,* ni jeune ni vieux. **3.** fig. Dans l'espace qui sépare (deux choses, deux éléments). *Être entre la vie et la mort.* **II** (Au milieu de) **1.** (En tirant d'un ensemble) *Choisir entre plusieurs solutions.* SYN. **parmi.** ➝ *ENTRE AUTRES.* → **autre.** **2.** suivi d'un pron. pers. En ne sortant pas d'un groupe (de personnes). *Ils veulent rester entre eux. Entre nous,* dans le secret. **III** (Exprimant un rapport entre personnes ou choses) **1.** L'un l'autre, l'un à l'autre, avec l'autre. → aussi **entre-**. *Les loups se dévorent entre eux. Match entre deux équipes.* **2.** (comparaison) *Voir le rapport de deux choses entre elles. Il n'y a rien de commun entre lui et moi.* HOM. ANTRE «repaire»

ÉTYM. latin *inter.*

ENTRE- Élément, du latin *inter* «entre,» formant des noms et des verbes, avec l'idée d'intervalle *(entracte),* d'action réciproque *(entraide, s'entre-déchirer),* d'une action partielle *(entrouvrir)* ou interrompue *(entrecouper).*

ENTREBÂILLEMENT [ɑ̃tʀəbɑjmɑ̃] **n. m.** ✦ Intervalle formé par ce qui est entrebâillé. *Il apparut dans l'entrebâillement de la porte.*

ENTREBÂILLER [ɑ̃tʀəbɑje] **v. tr.** (conjug. 3a) ✦ Ouvrir très peu (une porte, une fenêtre). SYN. **entrouvrir.** ➝ au p. passé *Une porte entrebâillée.*

ÉTYM. de *entre-* et *bâiller,* figuré.

ENTRECHAT [ɑ̃tʀəʃa] **n. m.** ✦ DANSE Saut pendant lequel les pieds battent rapidement l'un contre l'autre. *Faire un entrechat.*

ÉTYM. italien *(capriola) intrecciata* «(saut) entrelacé», de *treccia* «tresse», d'après *chasser* (II).

ENTRECHOQUER [ɑ̃tʀəʃɔke] **v. tr.** (conjug. 3a) ✦ Choquer, heurter l'un contre l'autre. *Ils entrechoquent des cailloux pour faire du feu.* ➝ pronom. *Verres qui s'entrechoquent.*

ENTRECÔTE [ɑ̃tʀəkot] **n. f.** ✦ Morceau de viande de bœuf coupé entre les côtes.

ENTRECOUPER [ɑ̃tʀəkupe] **v. tr.** (conjug. 3a) ✦ Interrompre par intervalles. *Entrecouper un récit de rires.* SYN. **entremêler.** ➝ au p. passé *D'une voix entrecoupée de sanglots.*

ENTRECROISEMENT [ɑ̃tʀəkʀwazmɑ̃] **n. m.** ✦ État de ce qui est entrecroisé. *Un entrecroisement de lattes.*

ENTRECROISER [ɑ̃tʀəkʀwaze] **v. tr.** (conjug. 3a) ✦ Croiser ensemble, à plusieurs reprises. SYN. **entrelacer.** *Entrecroiser des fils, des rubans.* ➝ au p. passé *Des lignes entrecroisées.*

S'ENTREDÉCHIRER [ɑ̃tʀədeʃiʀe] **v. pron.** (conjug. 3a) ✦ Se détruire mutuellement.

ENTREDEUX **n. m.** ou **ENTRE-DEUX** [ɑ̃tʀədø] **n. m. invar.** **1.** Espace, état entre deux choses, deux extrêmes. *Être dans l'entredeux.* **2.** Bande (de dentelle, de broderie) qui coupe un tissu. ➝ Écrire *entredeux* en un seul mot est permis.

ENTRE-DEUX-GUERRES [ɑ̃tʀədøgɛʀ] **n. m. invar.** ✦ Période entre deux guerres (spécialt, en France, entre 1918 et 1939). *La génération de l'entre-deux-guerres.*

S'ENTREDÉVORER [ɑ̃tʀədevɔʀe] **v. pron.** (conjug. 3a) ✦ Se dévorer, se détruire mutuellement.

ENTRÉE [ɑ̃tʀe] **n. f.** **I** **1.** Passage de l'extérieur à l'intérieur. *L'entrée d'un visiteur dans le salon. À son entrée, le silence se fit.* SYN. **arrivée.** *Entrée soudaine, en trombe.* → **irruption.** ➝ *Acteur qui fait son entrée (en scène).* ➝ abstrait *ENTRÉE DANS, À. Faire son entrée dans le monde. L'entrée d'un enfant à l'école.* ➝ *ENTRÉE EN. Entrée en fonctions. Entrée en action.* **2.** Possibilité d'entrer, de pénétrer dans un lieu. SYN. **accès.** *Une porte d'entrée. Refuser l'entrée à quelqu'un. Entrée interdite. Passer un examen d'entrée.* ➝ Accès (à un spectacle, une réunion, etc.). *Carte, billet d'entrée. Entrée gratuite.* ♦ Le titre pour entrer. *J'ai pu obtenir deux entrées.* SYN. **billet, place.** ➝ loc. *AVOIR SES ENTRÉES chez qqn,* y être reçu. **3.** (marchandises, biens) Fait d'entrer (dans un pays). *Droit d'entrée.* **4.** *Les entrées,* l'argent qui entre dans un avoir. **5.** TECHN. Passage vers l'intérieur (substance, processus...). ♦ INFORM. Passage (des informations) dans la machine, le système. **II** **1.** Ce qui donne accès ; endroit par où l'on entre. *Les entrées d'une maison, d'une cour.* SYN. ① **porte.** *Entrée de service. L'entrée d'un tunnel.* SYN. **orifice, ouverture.** ➝ fig. *Tableau à double entrée,* formé de lignes et de colonnes. **2.** Pièce à l'entrée d'un appartement. SYN. **hall, vestibule.** *Attendez-moi dans l'entrée.* **3.** *ENTRÉE DE :* ce qui donne accès à. *Entrée d'air,* cheminée, puits d'aération. **4.** anglicisme Forme mise en vedette (dans une liste : glossaire, dictionnaire) et qui donne accès aux informations. SYN. **article, vedette.** **III** (temporel) loc. *À L'ENTRÉE DE :* au début de. *À l'entrée de l'hiver.* ➝ *D'ENTRÉE DE JEU* **loc. adv. :** dès le commencement, dès l'abord. **IV** Plat qui est servi entre les hors-d'œuvre et le plat principal. *Entrée froide, chaude.* CONTR. **issue, sortie ·** ① **fin.**

ÉTYM. du participe passé féminin de *entrer ;* sens II, 4, anglais *entry,* du français.

sur ces ENTREFAITES [syʀsezɑ̃tʀəfɛt] **loc. adv.** ✦ À ce moment. SYN. **alors.** *Il est arrivé sur ces entrefaites.*

ÉTYM. du participe passé féminin de l'ancien français *entrefaire* «faire dans l'intervalle».

ENTREFILET [ɑ̃tʀəfilɛ] n. m. ✦ Court article inséré dans un journal. *Un entrefilet annonçait la maladie de l'acteur.*
ÉTYM. de ① *filet* (typographique).

ENTREGENT [ɑ̃tʀəʒɑ̃] n. m. ✦ Adresse à se conduire en société, à lier d'utiles relations. SYN. **habileté, savoir-faire.** *Avoir de l'entregent.*
ÉTYM. de *entre-* et *gent*, singulier de *gens*.

ENTREJAMBE [ɑ̃tʀəʒɑ̃b] n. m. ✦ Partie d'un pantalon, d'une culotte, entre les jambes. *Slip à entrejambe doublé.*

ENTRELACEMENT [ɑ̃tʀəlasmɑ̃] n. m. ✦ Action d'entrelacer ; choses entrelacées. *Un entrelacement de lignes.* SYN. **entrecroisement, entrelacs.**

ENTRELACER [ɑ̃tʀəlase] v. tr. (conjug. 4) ✦ Enlacer l'un dans l'autre. *Entrelacer des fils, des rubans.* SYN. **entrecroiser, tisser, tresser.** ◆ S'ENTRELACER v. pron. *Lianes qui s'entrelacent.* SYN. **s'enchevêtrer, s'entremêler.** → au p. passé *Lettres entrelacées d'un monogramme.*
ÉTYM. de *lacer*.

ENTRELACS [ɑ̃tʀəla] n. m. ✦ Ornement composé de motifs entrelacés, dont les lignes s'entrecroisent. *Les entrelacs de l'art arabe.* SYN. **arabesque.**
ÉTYM. de *entrelacer*.

ENTRELARDER [ɑ̃tʀəlaʀde] v. tr. (conjug. 3a) 1. Piquer (une viande) de lardons. SYN. **larder.** *Entrelarder une volaille.* 2. fig. *Entrelarder son discours de citations.* SYN. **farcir, truffer.**
ÉTYM. de *larder*.

ENTREMÊLER [ɑ̃tʀəmele] v. tr. (conjug. 3a) 1. Mêler (des choses différentes) les unes aux autres. *Entremêler des fleurs rouges et des fleurs blanches dans une guirlande.* 2. ENTREMÊLER DE : insérer. *Il entremêle son discours de citations latines.* → au p. passé *Paroles entremêlées de sanglots.* SYN. **entrecoupé.**
ÉTYM. de *mêler*.

ENTREMETS [ɑ̃tʀəmɛ] n. m. 1. anciennt Plat servi entre le rôti et le dessert. *Entremets salés.* 2. Entremets (1) sucré (aujourd'hui confondu avec le dessert, mais excluant la pâtisserie).
ÉTYM. de *entre-* et *mets*.

ENTREMETTEUR, EUSE [ɑ̃tʀəmetœʀ, øz] n. 1. VX Personne qui s'entremet. SYN. **intermédiaire.** 2. surtout au fém. péj. Personne qui sert d'intermédiaire dans les intrigues amoureuses.

S'ENTREMETTRE [ɑ̃tʀəmɛtʀ] v. pron. (conjug. 46) ✦ Intervenir entre des personnes pour les rapprocher, pour faciliter la conclusion d'une affaire. SYN. **s'interposer.** *S'entremettre dans un conflit. S'entremettre pour qqn auprès de la direction.*
ÉTYM. de *mettre*.

ENTREMISE [ɑ̃tʀəmiz] n. f. ✦ Action d'une personne qui s'entremet. *Offrir son entremise dans une affaire.* SYN. **arbitrage, intervention.** *Apprendre qqch. par l'entremise de qqn.* SYN. **canal, intermédiaire, ② moyen.**
ÉTYM. de *entremettre*, d'après *mise*.

ENTREPONT [ɑ̃tʀəpɔ̃] n. m. ✦ Espace, étage compris entre deux ponts d'un navire, entre le faux pont et le premier pont. *Voyager dans l'entrepont.*

ENTREPOSAGE [ɑ̃tʀəpozaʒ] n. m. ✦ Action d'entreposer.

ENTREPOSER [ɑ̃tʀəpoze] v. tr. (conjug. 3a) 1. Déposer dans un entrepôt. *Entreposer des marchandises.* 2. Déposer, laisser en garde. *Entreposer des meubles chez un ami.*
ÉTYM. de *poser*.

ENTREPÔT [ɑ̃tʀəpo] n. m. ✦ Bâtiment, emplacement servant d'abri, de lieu de dépôt pour les marchandises. SYN. **dock, magasin.** *Marchandises en entrepôt.* ◆ Lieu, ville où des marchandises sont déposées pour être réexportées.
ÉTYM. de *entreposer*, d'après *dépôt*.

ENTREPRENANT, ANTE [ɑ̃tʀəpʀənɑ̃, ɑ̃t] adj. 1. Qui entreprend avec audace, hardiesse. SYN. **audacieux, hardi.** → *Caractère, esprit entreprenant.* 2. adj. m. Hardi auprès des femmes. *Un jeune homme entreprenant.* CONTR. **hésitant, timide, timoré.**
ÉTYM. du participe présent de *entreprendre*.

ENTREPRENDRE [ɑ̃tʀəpʀɑ̃dʀ] v. tr. (conjug. 45) I Se mettre à faire (qqch.). SYN. **commencer.** *Entreprendre des études. Entreprendre un procès contre qqn.* SYN. **intenter.** → *Entreprendre de faire qqch.* SYN. **essayer, tenter.** II 1. VX Attaquer, critiquer. 2. Tâcher de convaincre, de séduire (qqn). *Entreprendre une femme,* tenter de la conquérir. 3. *Entreprendre qqn sur un sujet,* commencer à l'entretenir de ce sujet. CONTR. **achever, terminer.**
ÉTYM. de *entre-* et *prendre*.

ENTREPRENEUR, EUSE [ɑ̃tʀəpʀənœʀ, øz] n. (fém. rare) 1. VX Personne qui entreprend (qqch.). 2. Personne qui se charge de l'exécution d'un travail par un contrat d'entreprise*. *Un entrepreneur de menuiserie, de transports.* 3. absolt Personne, société qui est chargée d'exécuter des travaux de construction. *Elle est entrepreneur en maçonnerie.* 4. Personne qui dirige une entreprise* pour son compte. SYN. ① **patron.** *Un petit entrepreneur.*
ÉTYM. de *entreprendre* (I).

ENTREPRENEURIAT [ɑ̃tʀəpʀənœʀja] n. m. 1. Activité d'un entrepreneur, d'un dirigeant d'entreprise. 2. Goût d'entreprendre, d'innover.
ÉTYM. de *entrepreneur*.

ENTREPRISE [ɑ̃tʀəpʀiz] n. f. I 1. Ce qu'on se propose d'entreprendre, de faire (SYN. **dessein, projet**) ; mise à exécution d'un projet. SYN. **affaire, opération.** *Organiser, préparer, réaliser une entreprise. Son entreprise est difficile, semble irréalisable.* ◆ *Libre entreprise* : liberté de créer et de gérer des entreprises privées, en régime capitaliste libéral. 2. DR. Le fait, pour un entrepreneur, de s'engager à fournir son travail pour un ouvrage, dans des conditions données. *Contrat d'entreprise.* 3. Organisation de production de biens ou de services à caractère commercial. SYN. **affaire, commerce, établissement, exploitation, industrie ; firme, société.** *Entreprise privée, nationalisée. Les petites et moyennes entreprises.* → **P. M. E. ; autoentreprise, microentreprise.** *Association d'entreprises.* → **cartel, combinat, groupe, holding, trust.** → CHEF D'ENTREPRISE. → **entrepreneur** (4). → *Comité* d'entreprise.* II 1. LITTÉR. Action par laquelle on attaque qqn, on tente de porter atteinte à ses droits, à sa liberté. *C'est une entreprise contre le droit des gens.* 2. au plur. VIEILLI Tentatives de

A B C D E F G H I J K L M N O P Q R S T U V W X Y Z

séduction. *Succomber aux entreprises d'un séducteur.*
ÉTYM. du participe passé de *entreprendre.*

ENTRER [ɑ̃tʀe] **v. intr.** (auxiliaire *être*) et **tr.** (auxiliaire *avoir*) (conjug. 3a) **I** **1.** (êtres vivants) Passer du dehors au dedans. *Entrer dans une boutique.* SYN. ① **aller, pénétrer.** *Entrer chez un commerçant.* ➞ loc. *Entrer en scène.* **2.** Commencer à être dans (un lieu), à (un endroit). *Entrer dans une ville, dans un pays, par le sud.* ➞ FAM. (d'un véhicule ou de ses occupants) *Entrer dans* (un obstacle). SYN. **rentrer** ; ➞ **percuter, tamponner.** **3.** absolt Passer à l'intérieur, dedans. *Entrer par la porte, par la fenêtre. Entrez ! Défense d'entrer.* **4.** (choses) Aller à l'intérieur. SYN. **pénétrer.** *L'eau entre de toutes parts. Cela entre comme dans du beurre**. ➞ fig. *Le soupçon, le doute est entré dans son esprit.* SYN. **s'insinuer, pénétrer.** **5.** (personnes) Commencer à faire partie de (un groupe, un ensemble). *Entrer au lycée. Entrer dans l'armée.* SYN. **s'engager.** *Entrer dans un parti politique.* SYN. **adhérer.** ➞ *Entrer dans l'histoire.* ◆ fig. Commencer à prendre part à. SYN. **participer.** *Entrer dans une affaire. Entrer dans une danse, dans le jeu.* **6.** fig. *ENTRER DANS* : comprendre, saisir (ce que l'esprit pénètre). *Entrer dans les sentiments de qqn,* le comprendre, se mettre à sa place. SYN. **partager.** *Entrer dans la peau de son personnage.* **II** (temporel) **1.** Aborder (une période), commencer à être (dans une période). *On entre dans l'hiver.* **2.** *ENTRER EN :* commencer à être dans (un état). *Entrer en convalescence. Eau qui entre en ébullition. Entrer en action,* se mettre à agir. *Ce pays est entré en guerre.* **III** **1.** Être compris dans. *Entrer dans une catégorie. Faire entrer en (ligne de) compte* : prendre en considération. *Cela n'entre pas dans ses intentions.* **2.** Être pour qqch., être un élément de. *De la colère entre dans sa décision.* **3.** (sujet chose) Être employé dans la composition ou dans la fabrication de qqch. *Les éléments qui entrent dans un mélange.* **IV** v. tr. (auxiliaire *avoir*) **1.** Faire entrer. SYN. **introduire.** *Entrer un meuble par la fenêtre.* ◆ *Entrer des données dans un ordinateur.* **2.** Enfoncer. *Il lui entrait ses ongles dans la main.* CONTR. ① **sortir.**
ÉTYM. latin *intrare,* de *intra* «à l'intérieur de».

ENTRESOL [ɑ̃tʀəsɔl] **n. m.** ✦ Espace d'un bâtiment entre le rez-de-chaussée et le premier étage. *Habiter l'entresol.*
ÉTYM. probablement espagnol *entresuelo,* de *suelo* «sol», du latin *solum.*

ENTRE-TEMPS ou **ENTRETEMPS** [ɑ̃tʀətɑ̃] **adv.** ✦ Dans cet intervalle de temps. ➞ Écrire *entretemps* en un seul mot est permis.
ÉTYM. de *entretant,* de *tant,* d'après *temps.*

ENTRETENIR [ɑ̃tʀət(ə)niʀ] **v. tr.** (conjug. 16) **I** **1.** Faire durer, faire persévérer. SYN. **maintenir, prolonger.** *Entretenir un feu.* SYN. **alimenter.** *Entretenir de bons rapports avec ses voisins.* ➞ prov. *Les petits cadeaux entretiennent l'amitié.* **2.** *ENTRETENIR qqn DANS* (un état affectif ou psychologique). *Entretenir qqn dans une idée, dans l'erreur.* **3.** Faire durer en soi (un état moral). *Entretenir un espoir, une illusion.* **4.** Maintenir en bon état. *Entretenir une route, un chemin. Entretenir ses vêtements. Entretenir sa forme physique.* ➞ au p. passé *Une voiture bien entretenue.* **5.** Fournir ce qui est nécessaire à la dépense, à la subsistance de (qqn). SYN. **se charger de, nourrir.** *Entretenir une famille, un enfant.* ➞ au p. passé *Une femme entretenue,* qui vit de la générosité d'un amant. **II** *ENTRETENIR qqn DE qqch.,* lui en parler. *Je voudrais vous entretenir de cette affaire.* ➞ pronom. Converser (avec qqn). SYN. ② **causer,** ① **parler.** *Nous nous sommes entretenus de vive voix.* CONTR. **briser, détruire • interrompre.**
ÉTYM. de *tenir.*

ENTRETIEN [ɑ̃tʀətjɛ̃] **n. m.** **I** **1.** Soins, réparations, dépenses qu'exige le maintien en bon état. *Une notice d'entretien* (pour un appareil, une voiture...). *Produits d'entretien.* **2.** VIEILLI Ce qui est nécessaire à l'existence matérielle (d'un individu, d'une collectivité). *Pendant ses études, ses parents assurent son entretien.* **II** Action d'échanger des paroles avec une ou plusieurs personnes ; sujet dont on s'entretient. SYN. **conversation, discussion.** *Avoir un entretien avec qqn. Accorder un entretien.* SYN. **audience, entrevue.** ➞ Réunion de spécialistes. *Les entretiens de* (l'hôpital) *Bichat.*
ÉTYM. de *entretenir.*

ENTRETOISE [ɑ̃tʀətwaz] **n. f.** ✦ Pièce qui sert à relier dans un écartement fixe des poutres, des pièces de machine. *Les entretoises d'un fuselage.*
ÉTYM. de *toise* «pièce de bois» ou de l'ancien verbe *teser* «tendre», latin populaire *tensare,* de *tendere.*

S'ENTRETUER [ɑ̃tʀətɥe] **v. pron.** (conjug. 3a) ✦ Se tuer mutuellement ; se battre jusqu'à la mort. *Les lions se sont entretués.*

ENTREVOIR [ɑ̃tʀəvwaʀ] **v. tr.** (conjug. 37) **1.** Voir à demi (indistinctement ou trop rapidement). SYN. **apercevoir.** *Il passait en voiture, je ne l'ai qu'entrevu.* SYN. **distinguer.** **2.** Avoir une idée imprécise, une lueur soudaine de (qqch. d'actuel ou de futur). SYN. **deviner, soupçonner.** *Entrevoir les difficultés d'une entreprise.* SYN. **pressentir.**

ENTREVUE [ɑ̃tʀəvy] **n. f.** ✦ Rencontre concertée entre personnes qui ont à parler, à traiter une affaire. *Avoir une entrevue avec qqn* (SYN. **entretien, tête-à-tête**), *avec un journaliste* (SYN. **interview**).
ÉTYM. du participe passé de *s'entrevoir.*

ENTRISME [ɑ̃tʀism] **n. m.** ✦ POLIT. Technique d'influence dans (un groupe ou parti) en utilisant des éléments qu'on y fait entrer.
ÉTYM. de *entrer.*

ENTROPIE [ɑ̃tʀɔpi] **n. f.** ✦ PHYS. **1.** Fonction exprimant le principe de la dégradation de l'énergie ; processus exprimé par cette fonction. **2.** Augmentation du désordre ; affaiblissement de l'ordre. *Entropie négative* (*neg-entropie* **n. f.**).
ÉTYM. mot allemand, du grec «retour en arrière».

ENTROUVRIR [ɑ̃tʀuvʀiʀ] **v. tr.** (conjug. 22) ✦ Ouvrir à demi, très peu. *Entrouvrir une fenêtre.* SYN. **entrebâiller.** *Entrouvrir les yeux.* ➞ pronom. *La porte s'entrouvrit doucement.* ➞ au p. passé *Porte entrouverte. Rester la bouche entrouverte.*

ENTUBER [ɑ̃tybe] **v. tr.** (conjug. 3a) ✦ FAM. Duper, escroquer. *Se faire entuber.*
ÉTYM. de *tube.*

ÉNUCLÉATION [enykleasjɔ̃] **n. f.** **1.** Extraction du noyau (d'un fruit). **2.** CHIR. Extirpation (d'une tumeur). ➞ Ablation de l'œil.
ÉTYM. du latin *enucleare* → énucléer.

ÉNUCLÉER [enyklee] **v. tr.** (conjug. 3a) ✦ Extirper par énucléation.
ÉTYM. latin *enucleare* «enlever le noyau *(nucleus)*».

ÉNUMÉRATIF, IVE [enymeʀatif, iv] **adj.** ✦ Qui énumère. *Liste énumérative.*

ÉNUMÉRATION [enymeʀasjɔ̃] **n. f.** ✦ Action d'énumérer. SYN. **compte, dénombrement, recensement.** *L'énumération des objets d'une collection.* SYN. **inventaire, liste, répertoire.** ♦ Figure de style qui consiste à énoncer les différentes parties d'un tout. ☛ Littérature p. 118.
ÉTYM. latin *enumeratio.*

ÉNUMÉRER [enymeʀe] **v. tr.** (conjug. 8) ✦ Énoncer une à une (les parties d'un tout). SYN. **détailler, lister, répertorier.** *Énumérer les avantages d'une solution.*
ÉTYM. latin *enumerare,* de *numerus* «nombre».

ÉNURÉSIE [enyʀezi] **n. f.** ✦ MÉD. Émission involontaire et inconsciente d'urine. SYN. **incontinence.**
ÉTYM. latin scientifique *enuresis,* du grec *enourein* «uriner *(ourein)* dans *(en)*».

ENVAHIR [ɑ̃vaiʀ] **v. tr.** (conjug. 13) **1.** Occuper (un territoire) brusquement et par la force. SYN. **conquérir, prendre.** *Envahir un pays.* **2.** Occuper, s'étendre dans (un espace) d'une manière abusive, ou excessive, intense. *La foule envahit les rues.* ➛ (sujet animal, plante, maladie...) *Les sauterelles envahissent la plaine.* SYN. **infester.** *Le chiendent envahit le jardin.* ➛ (sujet chose) Se répandre dans. *Les produits étrangers envahissent le marché.* **3.** (sujet sentiment, idée...) Occuper en entier. *Le sommeil l'envahissait doucement.* SYN. **gagner.** *La joie l'envahit.* CONTR. **libérer · fuir,** ① **partir, quitter,** se **retirer.**
ÉTYM. latin populaire *invadire,* de *invadere* «aller dans».

ENVAHISSANT, ANTE [ɑ̃vaisɑ̃, ɑ̃t] **adj.** **1.** Qui tendance à envahir. *Un soupçon envahissant. De mauvaises herbes envahissantes.* **2.** (personnes) Qui s'introduit dans l'intimité d'autrui. SYN. **importun, indiscret.** *Un voisin envahissant.*
ÉTYM. du participe présent de *envahir.*

ENVAHISSEMENT [ɑ̃vaismɑ̃] **n. m.** **1.** Action d'envahir ; son résultat. *L'envahissement d'un pays.* SYN. **invasion, occupation.** **2.** Fait d'envahir (2 et 3). *L'envahissement du jardin par les mauvaises herbes.* CONTR. **libération ·** ① **départ, fuite.**
ÉTYM. de *envahir.*

ENVAHISSEUR, EUSE [ɑ̃vaisœʀ, øz] **n. m. et adj.** **1. n. m.** Ennemi qui envahit. *Chasser les envahisseurs* (ou *l'envahisseur*). ➛ *Les envahisseurs venus d'ailleurs,* des extraterrestres. **2. adj.** Qui envahit. *Armées envahisseuses.* ♦ *Des virus envahisseurs.*
ÉTYM. de *envahir.*

ENVASEMENT [ɑ̃vazmɑ̃] **n. m.** ✦ Fait d'envaser, de s'envaser ; état de ce qui est envasé.

ENVASER [ɑ̃vaze] **v. tr.** (conjug. 3a) **1.** Enfoncer dans la vase. ➛ pronom. *Nous nous sommes envasés.* SYN. **s'embourber, s'enliser.** ➛ au p. passé *Barque envasée.* **2.** Remplir de vase. ➛ pronom. *Le port s'est envasé.*
ÉTYM. de ② *vase.*

ENVELOPPANT, ANTE [ɑ̃v(ə)lɔpɑ̃, ɑ̃t] **adj.** **1.** Qui enveloppe. *La cornée, membrane enveloppante de l'œil.* **2.** abstrait Qui séduit progressivement. SYN. **captivant, enjôleur, séduisant.** *Une voix enveloppante.*

ENVELOPPE [ɑ̃v(ə)lɔp] **n. f.** **I** **1.** Chose qui enveloppe, entoure. ♦ Étui, gaine. *Une enveloppe protectrice.* **2.** Feuille de papier pliée et collée en forme de poche. SYN. **pli.** *Mettre une lettre sous enveloppe.* **II** LITTÉR. **1.** Ce qui constitue l'apparence extérieure d'une chose. *L'enveloppe mortelle :* le corps. **2.** Air, apparence, aspect extérieur (qui cache la réalité). *Cacher son agressivité sous une enveloppe de douceur.* SYN. **dehors** (II).
ÉTYM. de *envelopper.*

ENVELOPPÉ, ÉE [ɑ̃v(ə)lɔpe] **adj.** ✦ FAM. (personnes) Qui a un peu d'embonpoint, qui est bien en chair.
ÉTYM. du participe passé de *envelopper.*

ENVELOPPEMENT [ɑ̃v(ə)lɔpmɑ̃] **n. m.** ✦ Action d'envelopper ; état de ce qui est enveloppé.

ENVELOPPER [ɑ̃v(ə)lɔpe] **v. tr.** (conjug. 3a) **1.** Entourer d'une chose souple qui couvre de tous côtés. SYN. **entourer, recouvrir.** *Envelopper un objet dans un papier, une housse.* SYN. **emballer, empaqueter.** ♦ Constituer l'enveloppe de. ➛ au p. passé *Fromage enveloppé de papier.* **2.** LITTÉR. Entourer complètement. *Les ténèbres enveloppent la terre.* ➛ *Envelopper plusieurs personnes de son affection.* **3.** LITTÉR. ENVELOPPER DE : entourer de qqch. qui cache. SYN. **cacher, dissimuler.** *Envelopper sa vie de mystère.* CONTR. **déballer, développer · dégager.**
ÉTYM. de l'ancien français *voloper,* p.-ê. croisement du latin *volvere* «rouler» et du latin médiéval *faluppa* «copeau».

ENVENIMER [ɑ̃v(ə)nime] **v. tr.** (conjug. 3a) **1.** Infecter (une blessure), rendre plus difficile à guérir. SYN. **enflammer, infecter, irriter.** ➛ pronom. *La blessure s'est envenimée.* **2.** Rendre plus virulent, plus pénible. *Envenimer une querelle.* SYN. **aggraver, attiser, aviver.** ➛ pronom. *La situation s'est envenimée.* SYN. se **détériorer.** CONTR. **désinfecter · apaiser, calmer.**
ÉTYM. de *venin.*

ENVERGURE [ɑ̃vɛʀgyʀ] **n. f.** **1.** *L'envergure d'un oiseau,* l'étendue des ailes déployées. ➛ La plus grande largeur (d'un avion). **2.** (personnes) Ampleur, ouverture (de l'intelligence). *Son prédécesseur était d'une autre envergure.* SYN. **calibre, classe, valeur.** ➛ (choses) Étendue. *Une action de grande envergure.*
ÉTYM. de *enverguer* «fixer à une vergue».

① **ENVERS** [ɑ̃vɛʀ] **prép.** **1.** À l'égard* de (qqn) (après un mot désignant un sentiment, une action). *Il est bien disposé envers vous. Être plein d'indulgence envers qqn.* SYN. **pour.** ➛ À l'égard de (une chose morale). **2.** loc. *ENVERS ET CONTRE TOUS :* en dépit de l'opposition générale. *Je soutiendrai cette opinion envers et contre tous.* ➛ *ENVERS ET CONTRE TOUT :* en dépit de tout, malgré tout.
ÉTYM. de *en-* et *vers.*

② **ENVERS** [ɑ̃vɛʀ] **n. m.** **I** **1.** Le côté (d'une chose) opposé à celui qui doit être vu ou qui est vu d'ordinaire. SYN. ② **derrière.** *L'envers d'une médaille.* SYN. **revers.** loc. *L'envers du décor,* les inconvénients cachés. **2.** Aspect opposé, mais inséparable. SYN. **contraire, inverse.** **II** *À L'ENVERS* **loc. adv.** **1.** Du mauvais côté, du côté qui n'est pas fait pour être vu. *Il a mis son gilet à l'envers.* **2.** Sens dessus dessous. *Mes locataires ont laissé ma maison à l'envers !* SYN. **en désordre,** en **pagaille.** *Avoir la tête, la cervelle à l'envers,* l'esprit agité. **3.** Dans un sens inhabituel, dans le mauvais sens. *Vous* *comprenez tout à l'envers. C'est le monde à l'envers !*, c'est une chose aberrante. CONTR. **endroit ; avers, recto ;** ② **devant, face.**

ÉTYM. latin *inversus*, de *invertere* «retourner» ; doublet de *inverse*.

à l'ENVI [alɑ̃vi] **loc. adv.** ✦ LITTÉR. À qui mieux mieux ; en rivalisant. *Ils l'imitaient tous à l'envi.* HOM. ENVIE «jalousie»

ÉTYM. de l'ancien français *envier* «inviter à ; provoquer», latin *invitare* «inviter».

ENVIABLE [ɑ̃vjabl] **adj.** ✦ Digne d'envie ; que l'on peut envier. SYN. **désirable, souhaitable, tentant.** *Une situation, une position enviable. Un sort peu enviable.*

ÉTYM. de *envier*, suffixe *-able*.

ENVIE [ɑ̃vi] **n. f.** **I** 1. Sentiment de désir mêlé d'irritation, de haine qu'éprouve qqn contre ceux qui possèdent ce qu'il n'a pas. SYN. ② **jalousie.** *Éprouver de l'envie pour, à l'égard d'un rival heureux.* 2. Désir de jouir d'un avantage, d'un plaisir égal à celui d'autrui. *Digne d'envie.* → **enviable.** *Exciter, susciter l'envie de ses voisins. Regarder qqch. avec des regards d'envie.* 3. ENVIE DE : désir (d'avoir, de posséder, de faire qqch.). SYN. **besoin, désir, goût.** *Éprouver, ressentir l'envie, une grande envie de faire qqch. Cela ne donne guère envie d'y aller.* – Besoin organique. *L'envie de manger* (faim), *de boire* (soif), *de dormir* (sommeil). 4. AVOIR ENVIE DE : convoiter, vouloir. – (+ subst.) *J'ai envie de cette voiture.* – (+ inf.) *Elle a envie de voyager.* – *Avoir envie que* (+ subj.). → **souhaiter,** ① **vouloir.** *Il a envie que vous restiez.* – FAM. *J'en ai très envie. J'irai quand j'en aurai envie*, quand je voudrai. – loc. *Il en meurt, il en crève d'envie.* – *Avoir envie de (qqn)*, le désirer sexuellement. – FAIRE ENVIE : exciter l'envie, le désir. → **tenter.** *Ce gâteau me fait envie.* – *Je vais vous en faire passer l'envie*, vous en ôter le désir. → **dégoûter.** **II** 1. Tache cutanée présente à la naissance. 2. au plur. Petits filets de peau autour des ongles. CONTR. **désintéressement, mépris · dégoût, répulsion.** HOM. ENVI (*à l'envi* «à qui mieux mieux»)

ÉTYM. latin *invidia*.

ENVIER [ɑ̃vje] **v. tr.** (conjug. 9) 1. Éprouver envers (qqn) un sentiment d'envie (I, 1 et 2), soit qu'on désire ses biens, soit qu'on souhaite être à sa place. SYN. **jalouser.** *Je vous envie d'être si optimiste !* 2. Éprouver un sentiment d'envie envers (qqch.). SYN. **convoiter, désirer.** *Envier qqch. à qqn*, désirer posséder ce qu'il possède. ◆ loc. *N'avoir rien à envier à personne*, n'avoir rien à désirer, être comblé. CONTR. **mépriser.**

ÉTYM. de *envie*.

ENVIEUX, EUSE [ɑ̃vjø, øz] **adj.** et **n.** 1. Qui éprouve de l'envie. SYN. **jaloux.** *Être envieux du bien d'autrui.* – *Caractère envieux.* 2. **n.** *C'est un jaloux et un envieux.* – loc. *Faire des envieux*, provoquer l'envie des autres. 3. Qui a le caractère de l'envie. *Un regard envieux.* CONTR. **désintéressé, indifférent.**

ÉTYM. de *envie*, d'après le latin *invidiosus*.

ENVIRON [ɑ̃viʀɔ̃] **adv.** et **n. m.**

I adv. À peu près ; un peu plus, un peu moins (devant un nom de nombre). SYN. **approximativement.** *Il y a environ deux ans ; il y a deux ans environ. Un homme d'environ cinquante ans.* – *Sa propriété vaut environ huit cent mille euros.* SYN. **dans les.** CONTR. **exactement, précisément.**

II n. m. → **environs.**

ÉTYM. de l'ancien français *viron* «tour», de *virer* (I).

ENVIRONNANT, ANTE [ɑ̃viʀɔnɑ̃, ɑ̃t] **adj.** ✦ Qui environne, qui est dans les environs. SYN. **proche, voisin.** *Les bois environnants.* CONTR. **éloigné, lointain.**

ENVIRONNEMENT [ɑ̃viʀɔnmɑ̃] **n. m.** 1. Entourage habituel (de qqn). *L'environnement familial.* 2. Ensemble des conditions naturelles et culturelles qui peuvent agir sur les organismes vivants et les activités humaines. SYN. **milieu.** *Protection, défense de l'environnement.* → **écologie.** ☛ Géographie p. 232 et 234.

ÉTYM. anglais *environment*, du français.

ENVIRONNER [ɑ̃viʀɔne] **v.** (conjug. 3a) 1. **v. tr.** Être autour de, dans les environs de. *Des montagnes environnent la ville.* 2. S'ENVIRONNER **v. pron.** (personnes) *Il s'environne d'amis.* – passif et p. passé *Être environné d'ennemis.*

ÉTYM. de *environ*.

ENVIRONS [ɑ̃viʀɔ̃] **n. m. pl.** ✦ Les alentours (d'un lieu). *La ville est sans intérêt, mais les environs sont très pittoresques. Aux environs*, à proximité, dans le voisinage. ◆ temporel (critiqué) *Aux environs de Noël*, un peu avant ou après. → ① **vers.**

ÉTYM. de *environ*.

ENVISAGEABLE [ɑ̃vizaʒabl] **adj.** ✦ Qu'on peut envisager, imaginer. SYN. **concevable, possible.** *Cette solution n'est pas envisageable.*

ENVISAGER [ɑ̃vizaʒe] **v. tr.** (conjug. 5) 1. Considérer sous un certain aspect. SYN. **regarder, voir.** *Envisager une question sous un certain angle. Envisager la situation.* 2. Prendre en considération. SYN. **considérer.** *C'est une hypothèse à envisager. Il n'envisage que son intérêt.* SYN. **penser à.** 3. Prévoir, imaginer comme possible. *Envisager le pire. Il n'a pas envisagé toutes les conséquences.* 4. ENVISAGER DE (+ inf.) : faire le projet de. SYN. **penser, projeter.** *Nous envisageons de déménager.*

ÉTYM. de *visage*.

ENVOI [ɑ̃vwa] **n. m.** **I** 1. Action, fait d'envoyer. *L'envoi d'une lettre par la poste.* SYN. **expédition.** *Un envoi de fleurs.* – COUP D'ENVOI : au football envoi du ballon par l'avant qui ouvre le jeu ; fig. début, déclenchement d'une opération. 2. Ce qui est envoyé. *J'ai reçu votre envoi hier.* **II** Dernière strophe de quatre vers qui dédie une ballade à qqn. ☛ Littérature p. 123.

ÉTYM. de *envoyer*.

ENVOL [ɑ̃vɔl] **n. m.** 1. Action de s'envoler, de prendre son vol. *L'envol d'un oiseau.* 2. (avion, engin aérien) Fait de quitter le sol. SYN. **décollage.** *Une piste d'envol.*

ÉTYM. de *s'envoler*.

ENVOLÉE [ɑ̃vɔle] **n. f.** 1. Action de s'envoler. *Une envolée de moineaux.* 2. Élan dans l'inspiration (en poésie et dans le discours). *De belles, de grandes envolées lyriques.* 3. Hausse brutale (d'une valeur). *L'envolée du dollar.*

ÉTYM. du participe passé de *s'envoler*.

S'ENVOLER [ɑ̃vɔle] **v. pron.** (conjug. 3a) 1. Prendre son vol ; partir en volant. *Les oiseaux se sont envolés. S'envoler à tire-d'aile. L'avion vient de s'envoler.* SYN. **décoller.** – *Le président s'est envolé pour le Japon*, il est parti par avion. 2. FAM. Disparaître subitement. SYN. ① **partir.** *Personne ! Ils se sont envolés !* 3. Être emporté par le vent, par un souffle. *Son chapeau s'est envolé.* 4. (bruit) S'élever, monter. 5. (temps, sentiments) Passer rapidement, disparaître. SYN. s'**enfuir**, ① **partir, passer.** *Le temps s'envole. Tous ses espoirs se sont envolés.* CONTR. **atterrir**, se **poser** • **demeurer, rester.**

ÉTYM. de ① *voler.*

ENVOÛTANT, ANTE [ɑ̃vutɑ̃, ɑ̃t] adj. ✦ Qui envoûte, séduit irrésistiblement. SYN. **captivant, ensorcelant.** *Un charme envoûtant.* ➖ On peut aussi écrire *envoutant, envoutante*, sans accent circonflexe.

ENVOÛTEMENT [ɑ̃vutmɑ̃] n. m. 1. Action d'envoûter ; son résultat. *Formules d'envoûtement.* SYN. **sortilège.** 2. abstrait Fascination, séduction. *La puissance d'envoûtement d'un poème.* ➖ On peut aussi écrire *envoutement*, sans accent circonflexe.

ENVOÛTER [ɑ̃vute] v. tr. (conjug. 3a) 1. Représenter (une personne) par une figurine pour lui faire subir l'effet magique de ce qui est fait à cette image (incantations, violences...). 2. fig. Exercer sur (qqn) un attrait, une domination irrésistible. SYN. **captiver, charmer, ensorceler, fasciner.** *Cette femme l'a envoûté. Envoûter son auditoire.* ➖ On peut aussi écrire *envouter*, sans accent circonflexe.

ÉTYM. de l'ancien français *vout* «visage» et «figure de cire», latin *vultus.*

ENVOYÉ, ÉE [ɑ̃vwaje] n. ✦ Personne qu'on a envoyée quelque part pour accomplir une mission. ➖ loc. *ENVOYÉ(E) SPÉCIAL(E)*, journaliste envoyé(e) spécialement sur le lieu d'un évènement précis.

ÉTYM. du participe passé de *envoyer.*

ENVOYER [ɑ̃vwaje] v. tr. (conjug. 11 ; futur *j'enverrai*) I *Envoyer qqn.* 1. Faire aller, partir (qqn quelque part). *Envoyer un enfant à la montagne, à l'école, en classe. Envoyer une délégation auprès de qqn.* ➖ *Envoyer qqn à qqn* (pour le rencontrer). *Envoyez-moi les gens que cela intéresse.* 2. Faire aller (qqn) quelque part (afin de faire qqch.). *Envoyer un journaliste en reportage.* → **envoyé.** ➖ (+ inf.) *Envoyer un enfant faire des courses.* loc. FAM. *Envoyer qqn balader, promener, paître*, s'en débarrasser. 3. Pousser, jeter (qqn quelque part). *Le boxeur a envoyé son adversaire au tapis.* II *Envoyer qqch.* 1. Faire partir, faire parvenir (qqch. à qqn) ; spécialt, par la poste. SYN. **adresser, expédier.** *Envoyer une lettre, un colis, un mandat (à qqn). Envoyer des excuses.* 2. Faire parvenir (qqch.) à, jusqu'à (qqn ou qqch.), par une impulsion matérielle. *Envoyer une balle à un joueur.* SYN. **jeter,** ① **lancer.** *Envoyer des pierres dans une vitre.* ➖ au p. passé *Balle bien envoyée.* ➖ *Envoyer une gifle, un coup à qqn.* SYN. **allonger, donner,** ② **flanquer.** ➖ Adresser à distance (à une personne). *Il nous envoie des baisers.* ➖ loc. *Envoyer promener, dinguer qqch.* : rejeter brutalement. 3. (sujet chose) Faire aller jusqu'à. *Le cœur envoie le sang dans les artères.* 4. FAM. *S'ENVOYER qqch.* : prendre pour soi. SYN. s'**enfiler**, se **farcir**, se **taper.** *Elle s'est envoyé tout le travail, tout le chemin à pied*, elle l'a fait péniblement, de mauvais gré. ➖ *S'envoyer un verre, un bon repas*, le boire, le manger. CONTR. **recevoir.**

ÉTYM. latin *inviare*, de *via* «voie».

ENVOYEUR, EUSE [ɑ̃vwajœʀ, øz] n. ✦ Personne qui envoie. *Retour à l'envoyeur.* SYN. **expéditeur.** CONTR. **destinataire.**

ÉTYM. de *envoyer.*

ENZYME [ɑ̃zim] n. f. ou n. m. ✦ Substance organique qui agit comme catalyseur dans les réactions chimiques de l'organisme. SYN. **ferment.** *Enzymes digestives.*

► **ENZYMATIQUE** [ɑ̃zimatik] adj.

ÉTYM. allemand *Enzym*, du grec *en* «dans» et *zumê* «levain».

ÉOCÈNE [eɔsɛn] n. m. ✦ GÉOL. Période du début de l'ère tertiaire.

ÉTYM. anglais *eocene*, du grec *êôs* «aurore» et *kainos* «récent».

ÉOLIEN, IENNE [eɔljɛ̃, jɛn] adj. 1. Mû par le vent. *Machine éolienne.* → **éolienne.** 2. Dû à l'action du vent. *Érosion éolienne.* 3. Du vent. *Énergie éolienne.* ☛ Géographie p. 230.

ÉTYM. de *Éole*, dieu des Vents, latin *Aeolus*, du grec «le rapide». ☛ noms propres.

ÉOLIENNE [eɔljɛn] n. f. ✦ Machine à capter l'énergie du vent.

ÉTYM. de *(machine) éolienne.*

ÉOSINE [eozin] n. f. ✦ CHIM. Matière colorante rouge utilisée comme pigment ou comme désinfectant.

ÉTYM. allemand *Eosin*, du grec *êôs* «rougeur de l'aube ; aurore».

ÉOSINOPHILE [eozinɔfil] adj. ✦ Qui a une affinité pour l'éosine. *Leucocytes éosinophiles.*

ÉTYM. de *éosine* et *-phile.*

ÉPAGNEUL, EULE [epaɲœl] n. ✦ Chien, chienne de chasse, à longs poils soyeux et à oreilles pendantes. → **barbet, cocker, setter.**

ÉTYM. latin populaire *hispaniolus* «espagnol».

ÉPAIS, AISSE [epɛ, ɛs] adj. 1. Qui est de grande dimension, en épaisseur (2). *Un mur épais. Une épaisse tranche de pain. Papier épais.* SYN. ① **fort.** ➖ Qui mesure (telle dimension), en épaisseur. *Une couche épaisse d'un centimètre.* 2. Dont la grosseur rend les formes lourdes. *Avoir des doigts épais. Une taille épaisse.* ➖ FAM. *Il n'est pas épais*, il est mince. 3. Qui manque de finesse (au moral). *Un esprit épais.* SYN. **grossier, lourd.** 4. Dont les constituants sont nombreux et serrés. SYN. **dense, dru, fourni.** *Feuillage épais. Chevelure épaisse.* 5. (liquide) Qui a de la consistance. SYN. **consistant, pâteux, visqueux.** *Une huile épaisse.* ◆ (gaz, vapeur) Dense. *Un brouillard épais. Une épaisse fumée.* ➖ Obscur. *Ombre, nuit épaisse.* SYN. **profond.** CONTR. **mince** ; ② **fin, svelte** • **délicat, subtil** • **clairsemé** • **clair, fluide** ; **léger, transparent.**

ÉTYM. latin *spissus* «dense, compact».

ÉPAISSEUR [epɛsœʀ] n. f. 1. Caractère de ce qui est épais (I, 1), gros. *L'épaisseur de la peau de l'éléphant.* 2. Troisième dimension (d'un corps solide), les deux autres étant la longueur (ou la hauteur) et la largeur ; écart entre les deux surfaces parallèles (d'un corps). *Creuser une niche dans l'épaisseur d'un mur.* ➖ Mesure de cette dimension. *L'épaisseur d'un livre.* SYN. **grosseur.** *Deux centimètres d'épaisseur.* ➖ (avec un numéral) *Quatre épaisseurs de tissu. Papier en double épaisseur.* 3. fig. Grossièreté. *L'épaisseur de son esprit.* SYN. **lourdeur.** 4. Caractère de ce qui est épais (I, 4), serré. *L'épaisseur d'une chevelure.* 5. Consistance, densité. *L'épaisseur d'une crème.* SYN. **consistance.** *L'épaisseur du brouillard nous cachait le paysage.* SYN. **densité.** CONTR. **finesse, minceur** • **subtilité** • **fluidité** ; **légèreté, transparence.**

ÉTYM. de *épais.*

ÉPAISSIR [epesiʀ] **v.** (conjug. 13) **I v. intr. 1.** Devenir épais (I, 4 et 5), consistant, dense. *Dès que la crème épaissit, ôtez-la du feu.* – au p. passé *Une sauce épaissie.* **2.** Perdre sa minceur, sa sveltesse. SYN. **grossir.** *On épaissit en vieillissant.* **II v. tr.** Rendre plus épais, plus consistant. *Épaissir un sirop, une sauce.* **III** *S'ÉPAISSIR* **v. pron.** Devenir plus serré, plus compact, plus dense, plus consistant. *Le brouillard s'est épaissi.* – fig. *Le mystère s'épaissit autour de cette affaire.* CONTR. se **fluidifier** • s'**affiner, maigrir** • **éclaircir.**

ÉPAISSISSEMENT [epesismɑ̃] **n. m.** ✦ Fait de devenir plus épais. **1.** (en consistance, densité) *L'épaississement du brouillard, des nuages.* **2.** (en dimension) Perte de la minceur. *Épaississement de la taille.*
ÉTYM. de *épaissir.*

ÉPANCHEMENT [epɑ̃ʃmɑ̃] **n. m. I** MÉD. Écoulement d'un fluide organique ou accumulation de fluide pathologique dans les tissus ou dans une cavité. SYN. **écoulement, infiltration.** *Épanchement de synovie.* **II** Communication libre et confiante de sentiments, de pensées intimes. SYN. **confidence, effusion, expansion.** *Doux, tendres épanchements.*
ÉTYM. de *épancher.*

ÉPANCHER [epɑ̃ʃe] **v. tr.** (conjug. 3a) **I** LITTÉR. Communiquer librement, avec confiance et sincérité. SYN. **confier, livrer.** *Épancher son amour, ses secrets.* – *Épancher son cœur.* **II** *S'ÉPANCHER* **v. pron. 1.** MÉD. Former un épanchement, se répandre anormalement dans une cavité. **2.** Communiquer librement, avec abandon, ses sentiments, ses opinions, ce que l'on cachait. SYN. s'**abandonner,** se **confier.** *Il a besoin de s'épancher.*
ÉTYM. latin populaire *expandicare,* de *expandere* « étendre ; ouvrir ».

ÉPANDAGE [epɑ̃daʒ] **n. m.** ✦ Action de répandre (l'engrais, le fumier) sur un sol. – *Champ d'épandage,* où l'on verse les ordures (→ **décharge**).
ÉTYM. de *épandre.*

ÉPANDRE [epɑ̃dʀ] **v. tr.** (conjug. 44) **1.** Étendre en étalant. *Épandre de l'engrais.* **2.** LITTÉR. Donner en abondance. SYN. **répandre, verser.**
ÉTYM. latin *expandere.*

ÉPANOUIR [epanwiʀ] **v. tr.** (conjug. 13) **I 1.** Ouvrir, faire ouvrir (une fleur) en déployant les pétales. *La plante épanouit ses fleurs au printemps.* SYN. **déployer, étaler, étendre. 2.** Détendre, en rendant joyeux. *La joie épanouit leurs visages.* SYN. **dérider, réjouir. II** *S'ÉPANOUIR* **v. pron. 1.** Éclore. – S'ouvrir comme une fleur. **2.** Se détendre, devenir radieux. *Son visage s'épanouit de joie.* – (personnes) Devenir joyeux, radieux. *À cette nouvelle, il s'est épanoui.* **3.** Se développer librement dans toutes ses possibilités. *Sa beauté, son talent s'épanouit.* CONTR. **fermer** • **assombrir, contrarier** • **dépérir,** s'**étioler.** ► **ÉPANOUI, IE adj.** *Fleur épanouie.* – *Visage épanoui.* SYN. **radieux.** *Des formes épanouies.* SYN. **généreux, opulent.**
ÉTYM. de *espanir,* francique *spannjan* « étendre », influencé par *évanouir.*

ÉPANOUISSEMENT [epanwismɑ̃] **n. m. 1.** Déploiement de la corolle. *L'épanouissement des roses.* SYN. **éclosion. 2.** Fait de s'épanouir. *L'épanouissement du visage.* **3.** Entier développement. *L'épanouissement d'un talent. Dans tout l'épanouissement de sa beauté.* SYN. **éclat, plénitude.**
ÉTYM. de *épanouir.*

ÉPARGNANT, ANTE [epaʀɲɑ̃, ɑ̃t] **n.** ✦ Personne qui épargne (II, 2), met de l'argent de côté. *Les épargnants et les consommateurs. Les petits épargnants.*

ÉPARGNE [epaʀɲ] **n. f. 1.** Fait de dépenser moins que ce qu'on gagne. SYN. **économie.** – loc. *CAISSE D'ÉPARGNE :* établissement qui reçoit en dépôt les économies des particuliers et leur sert un intérêt. **2.** Ensemble des sommes mises en réserve ou employées à créer du capital. *Rémunération de l'épargne.* → **intérêt.** *La petite épargne,* celle des petits épargnants. **3.** fig. Action de ménager, d'utiliser (une chose) avec modération. SYN. **économie.** *L'épargne du temps, des forces.* CONTR. **consommation, gaspillage.**
ÉTYM. de *épargner* (II).

ÉPARGNER [epaʀɲe] **v. tr.** (conjug. 3a) **I** (compl. personne) **1.** Ne pas tuer (un ennemi vaincu), laisser vivre. – *Épargner un condamné.* SYN. **gracier.** – fig. *La mort n'épargne personne.* **2.** Traiter avec ménagement, indulgence. *Épargner un adversaire.* – *Épargner l'amour-propre de qqn.* SYN. ② **ménager, respecter.** – (sujet chose) *La guerre a épargné ces populations.* **3.** Ménager (en paroles, dans un écrit). *Il n'épargne personne dans ses critiques.* **II** (compl. chose) **1.** (surtout négatif) Consommer, dépenser avec mesure, de façon à garder une réserve. SYN. **économiser,** ② **ménager.** *Le cuisinier n'a pas épargné le beurre.* **2.** Conserver, accumuler par épargne. *Épargner une somme d'argent.* SYN. **économiser, thésauriser. 3.** Employer avec mesure. SYN. **compter,** ② **ménager.** *Épargner sa peine, ses forces. Je n'épargnerai rien pour vous donner satisfaction.* SYN. **négliger. 4.** *ÉPARGNER UNE CHOSE À qqn :* ne pas la lui imposer, faire en sorte qu'il ne la subisse pas. SYN. **éviter.** *Épargner une peine à qqn. Épargnez-moi vos explications.* CONTR. **accabler, frapper** • **éprouver, ravager** • **consommer, dépenser, dilapider** • ① **imposer.**
ÉTYM. ancien germanique *sparanjan* « traiter avec indulgence », de *sparôn* « ne pas tuer ».

ÉPARPILLEMENT [epaʀpijmɑ̃] **n. m.** ✦ Action d'éparpiller, fait de s'éparpiller.

ÉPARPILLER [epaʀpije] **v. tr.** (conjug. 3a) **1.** Jeter, laisser tomber çà et là (plusieurs choses légères ou plusieurs parties d'une chose légère). SYN. **disperser, disséminer, répandre, semer.** – au p. passé *Papiers éparpillés.* SYN. **épars. 2.** Disposer, distribuer irrégulièrement. SYN. **disperser.** – pronom. *La foule s'éparpilla en petits groupes.* **3.** *Éparpiller ses forces, son attention,* les disperser inefficacement. – pronom. Passer d'une idée, d'une occupation à l'autre. *Il s'éparpille trop pour réussir.* CONTR. **grouper, rassembler, réunir** • **concentrer.**
ÉTYM. p.-ê. latin populaire *disparpaliare,* de *dispare palare* « répartir *(palare)* inégalement *(dispare)* » ou latin populaire *expaleare,* croisement de *spargere* « répandre » et *palea* « paille », influencé par *épars.*

ÉPARS, ARSE [epaʀ, aʀs] **adj. 1.** au plur. Placé dans des lieux, des positions séparées et au hasard. SYN. **dispersé, éparpillé.** *Le chien rassemble les brebis éparses. Cheveux épars,* non attachés. ◆ fig. *Rassembler des idées éparses, des souvenirs épars.* **2.** au sing. Dispersé ; dont les éléments sont dispersés. *Une végétation éparse.* – *Une odeur, une douleur éparse.* SYN. **diffus.**

ÉTYM. du participe passé de l'ancien français *espardre* «disperser», latin *spargere* «répandre».

ÉPATAMMENT [epatamɑ̃] **adv.** ✦ FAM. et VIEILLI D'une manière épatante, très bien. SYN. **admirablement, merveilleusement.** *Ce costume vous va épatamment.*

ÉTYM. de *épatant.*

ÉPATANT, ANTE [epatɑ̃, ɑ̃t] **adj.** ✦ FAM. et VIEILLI Qui provoque l'admiration, donne un grand plaisir. SYN. ② **chouette, formidable.** ➔ *C'est un type épatant.*

ÉTYM. du participe présent de *épater* (II).

ÉPATE [epat] **n. f.** ✦ FAM. Action d'épater. SYN. **bluff, chiqué.** *Faire de l'épate.*

ÉPATÉ, ÉE [epate] **adj.** ✦ Élargi à la base. *Nez épaté,* court et large. SYN. **aplati, camus.**

ÉTYM. du participe passé de *épater* (I).

ÉPATEMENT [epatmɑ̃] **n. m.** ✦ Forme de ce qui est épaté. *L'épatement du nez.*

ÉTYM. de *épater* (I).

ÉPATER [epate] **v. tr.** (conjug. 3a) **I** VX **1.** Écraser, aplatir. **2.** Casser le pied à. *Épater un verre.* **II** FAM. Provoquer un étonnement admiratif chez (qqn). SYN. **ébahir, stupéfier.** *Il veut épater la galerie. Le résultat nous a épatés. Rien ne l'épate.* ➔ **au p. passé** Très surpris. *Un air épaté.*

ÉTYM. de *é-* et *patte* ; sens II, de *s'épater* «tomber de tout son long».

ÉPAULARD [epolaʀ] **n. m.** ✦ Mammifère marin à nageoire dorsale haute et pointue. SYN. **orque.**

ÉTYM. de *épaule.*

ÉPAULE [epol] **n. f.** **1.** Partie supérieure du bras à l'endroit où il s'attache au tronc. *Largeur d'épaules,* d'une épaule à l'autre (➔ **carrure**). ➔ **loc.** *Lever* (vx), *hausser les épaules,* pour manifester son indifférence, son mécontentement. ➔ *Avoir la tête sur les épaules,* être sensé, savoir ce qu'on fait. ♦ *Les épaules,* symbole de ce qui supporte une charge (➔ **dos**). *Toute la responsabilité repose sur ses épaules.* **2.** La partie de la jambe de devant qui se rattache au corps (d'un quadrupède). ♦ Cette partie découpée pour la consommation. *Une épaule d'agneau.*

ÉTYM. latin *spathula* «spatule ; omoplate», de *spatha* «épée» ; doublet de *spatule.*

ÉPAULÉ-JETÉ [epoleʒ(ə)te] **n. m.** ✦ **aux poids et haltères** Mouvement consistant à amener la barre au niveau des épaules *(épaulé),* puis à la soulever rapidement à bout de bras *(jeté). Des épaulés-jetés.*

ÉTYM. du participe passé des verbes *épauler* et *jeter.*

ÉPAULEMENT [epolmɑ̃] **n. m.** ✦ Mur de soutènement. ➔ Escarpement naturel.

ÉTYM. de *épauler* (2).

ÉPAULER [epole] **v. tr.** (conjug. 3a) **I** *Épauler qqn,* l'aider dans sa réussite. SYN. **assister, soutenir.** ➔ **pronom.** S'entraider. *Ils se sont épaulés mutuellement.* **II** *Épauler qqch.* **1.** (sujet personne) Appuyer contre l'épaule. *Épauler un fusil,* pour viser et tirer (→ mettre en joue*). **2.** (sujet chose) Amortir la poussée de (un mur, une voûte...) par une maçonnerie pleine.

ÉTYM. de *épaule.*

ÉPAULETTE [epolɛt] **n. f.** **1.** Ornement militaire fait d'une patte placée sur l'épaule. *Épaulettes d'officier.* **2.** Ruban étroit qui passe sur l'épaule pour soutenir un vêtement féminin. SYN. **bretelle.** **3.** Rembourrage en demi-cercle cousu à l'épaule d'un vêtement. *Veste à épaulettes.*

ÉTYM. diminutif de *épaule.*

ÉPAVE [epav] **n. f.** **I** **1.** Coque d'un navire naufragé ; objet abandonné en mer ou rejeté sur le rivage. ♦ Véhicule irréparable. *Mettre une épave à la casse.* **2.** Personne désemparée qui ne trouve plus sa place dans la société. **II** DR. Objet mobilier égaré par son propriétaire.

ÉTYM. de l'ancien adjectif *épave* «égaré», latin *expavidus* «épouvanté».

ÉPÉE [epe] **n. f.** **1.** Arme blanche faite d'une lame aiguë et droite, emmanchée dans une poignée munie d'une garde. SYN. **fleuret, rapière.** *La lame, la pointe d'une épée. Dégainer, tirer l'épée. Se battre à l'épée ;* duel, *escrime à l'épée.* ➔ **loc.** *Passer au fil de l'épée :* tuer à l'arme blanche. ➔ *Un coup d'épée dans l'eau,* un effort inutile, vain. ➔ *Épée de Damoclès* (☛ noms propres), danger qui peut s'abattre sur qqn d'un moment à l'autre. **2.** Personne qui manie (bien) l'épée. *Une fine épée.* **3.** Escrime* à l'épée.

ÉTYM. latin *spatha,* du grec.

ÉPEICHE [epɛʃ] **n. f.** ✦ Variété de pic (oiseau).

ÉTYM. ancien allemand *spëch.*

ÉPEIRE [epɛʀ] **n. f.** ✦ Araignée commune, à l'abdomen très développé.

ÉTYM. latin scientifique *epeira.*

ÉPELER [ep(ə)le] **v. tr.** (conjug. 6a) **1.** Nommer successivement chacune des lettres de (un mot). *Voulez-vous épeler votre nom ?* **2.** Lire lentement, avec difficulté. SYN. **ânonner.**

ÉTYM. de *espelir,* francique *spellôn* «expliquer», d'après *appeler.*

ÉPENTHÈSE [epɑ̃tɛz] **n. f.** ✦ LING. Apparition d'une voyelle ou d'une consonne non étymologique dans un mot (ex. le *b* de *nombre,* mot qui vient du latin *numerus*).

ÉTYM. latin *epenthesis,* mot grec «action de surajouter».

ÉPERDU, UE [epɛʀdy] **adj.** **1.** Qui a l'esprit profondément troublé par une émotion violente. SYN. **affolé, agité.** *Être éperdu de bonheur, de joie,* fou de. **2.** (sentiments) Très violent. SYN. **passionné.** *Un amour éperdu. Des regards éperdus,* désespérés. **3.** Extrêmement rapide. *Une fuite éperdue.* CONTR. ② **calme, paisible.**

ÉTYM. de l'ancien français *s'esperdre* «se troubler», de *perdre.*

ÉPERDUMENT [epɛʀdymɑ̃] **adv.** ✦ D'une manière éperdue. *Être éperdument amoureux.* SYN. **follement.** *Je m'en moque éperdument,* complètement.

ÉPERLAN [epɛʀlɑ̃] **n. m.** ✦ Petit poisson marin *(salmonidés). Une friture d'éperlans.*

ÉTYM. ancien néerlandais *spierlinc.*

ÉPERON [ep(ə)ʀɔ̃] **n. m.** **1.** Pièce de métal fixée au talon du cavalier et terminée par une roue à pointes, pour piquer les flancs du cheval. *Coups d'éperon.* **2.** Pointe de la proue (d'un navire). **3.** Avancée en pointe. *Un éperon rocheux.*

ÉTYM. francique *sporo.*

ÉPERONNER [ep(ə)ʀɔne] **v. tr.** (conjug. 3a) **1.** Piquer avec des éperons (1). *Éperonner son cheval.* **2.** fig. LITTÉR. Aiguillonner, stimuler. *La peur l'éperonnait.* ➔ **au passif**

A B C D E F G H I J K L M N O P Q R S T U V W X Y Z

Être éperonné par l'ambition.
ÉTYM. de *éperon.*

ÉPERVIER [epɛʀvje] **n. m.** **I** Oiseau rapace diurne de taille moyenne. **II** Filet de pêche conique, garni de plomb. *Lancer l'épervier. Pêche à l'épervier.*
ÉTYM. francique *sparwari.*

ÉPHÈBE [efɛb] **n. m.** 1. dans la Grèce antique Jeune garçon arrivé à l'âge de la puberté. *Statue d'un éphèbe.* 2. iron. Très beau jeune homme. SYN. **adonis, apollon.**
ÉTYM. latin *ephebus*, du grec.

ÉPHÉLIDES [efelid] **n. f. pl.** ✦ DIDACT. Taches de rousseur.
ÉTYM. latin *ephelis, ephelidis*, du grec.

ÉPHÉMÈRE [efemɛʀ] **adj.** et **n. m.**
I adj. 1. VX Qui ne vit qu'un jour. 2. Qui est de courte durée, cesse vite. SYN. **momentané, passager, temporaire.** *Gloire éphémère. Un plaisir éphémère.* SYN. **fragile, précaire.** CONTR. **durable, stable.**
II n. m. Insecte ressemblant à une petite libellule, dont l'adulte vit quelques heures.
ÉTYM. grec *ephêmeros*, de *epi* «pendant» et *hêmera* «jour».

ÉPHÉMÉRIDE [efemeʀid] **n. f.** 1. Calendrier dont on détache chaque jour une feuille. 2. Liste groupant les évènements qui se sont produits le même jour. *L'éphéméride du 5 mars.* 3. Ouvrage indiquant pour l'année à venir les faits astronomiques ou météorologiques. 4. au plur. Tables astronomiques donnant pour chaque jour la position des astres.
ÉTYM. latin *ephemeris, ephemeridis*, du grec «journalier».

ÉPI [epi] **n. m.** **I** 1. Partie terminale de la tige de certaines graminées (graines serrées). *Un épi de blé, de maïs. Égrener des épis.* ◆ BOT. Fleurs disposées le long d'un axe allongé. *Épi simple, composé, ramifié.* 2. Mèche de cheveux dont la direction est contraire à celle des autres. **II** 1. Ornement décorant la crête d'un toit. *L'épi d'un faîtage.* 2. Ouvrage perpendiculaire, ramification latérale. 3. *EN ÉPI* : selon une disposition oblique. *Voitures garées en épi.*
ÉTYM. latin *spicum*, de *spica* «pointe».

ÉPI- Élément savant, du grec *epi* «sur», qui signifie «au-dessus de ; en plus».

ÉPICE [epis] **n. f.** 1. Substance végétale, aromatique ou piquante, servant à l'assaisonnement des mets. → **aromate, condiment.** *La cannelle, le cumin, la noix muscade, le paprika, le poivre sont des épices.* – *Pain* d'épice(s).* 2. DR. ancienn *LES ÉPICES.* Cadeau offert au juge ; taxe payée dans un procès.
ÉTYM. latin *species* «substance» puis «denrée» ; doublet de espèce.

ÉPICÉA [episea] **n. m.** ✦ Conifère à tronc conique. SYN. ② **épinette.** *Des épicéas.*
ÉTYM. du latin *picea* «sapin», de *pix, picis* «poix».

ÉPICÈNE [episɛn] **adj.** ✦ DIDACT. 1. (terme) Qui désigne aussi bien le mâle que la femelle d'une espèce (ex. le rat). 2. Dont la forme ne varie pas selon le genre. *«Habile» est un adjectif épicène.*
ÉTYM. latin *epicoenus*, du grec «commun».

ÉPICENTRE [episɑ̃tʀ] **n. m.** ✦ Foyer apparent des ébranlements au cours d'un tremblement de terre (opposé à *hypocentre*).
ÉTYM. de *épi-* et *centre.*

ÉPICER [epise] **v. tr.** (conjug. 4) ✦ Assaisonner avec des épices. SYN. **relever.**
► **ÉPICÉ, ÉE adj.** 1. *Cuisine épicée. Plat épicé.* 2. Qui contient des éléments grivois. *Un récit assez épicé.* SYN. ① **salé.**

ÉPICERIE [episʀi] **n. f.** 1. ancienn Commerce des épices ; magasin d'épices. 2. Vente de nombreux produits d'alimentation de consommation courante ; magasin où se fait cette vente. 3. Produits d'alimentation qui se conservent. *Stocker de l'épicerie.*
ÉTYM. de *épicier.*

ÉPICIER, IÈRE [episje, jɛʀ] **n.** 1. Personne qui tient une épicerie, un commerce d'épicerie. 2. FAM. péj. Homme à l'esprit étroit, terre à terre. *Une mentalité, des idées d'épicier.*
ÉTYM. de *épice.*

ÉPICURIEN, IENNE [epikyʀjɛ̃, jɛn] **adj.** 1. PHILOS. De la philosophie d'Épicure (☛ noms propres) et de ses disciples (*épicurisme* **n. m.**), recherche d'un plaisir maîtrisé. 2. Qui ne songe qu'au plaisir. SYN. **sensuel.** – **n.** *Un aimable épicurien.*

ÉPICYCLE [episikl] **n. m.** ✦ ASTRON. Petit cercle décrit par un astre, lorsque le centre décrit lui-même un autre cercle de ce cercle.
ÉTYM. latin *epicyclus*, du grec → épi- et ① cycle.

ÉPIDÉMIE [epidemi] **n. f.** 1. Apparition et propagation d'une maladie infectieuse contagieuse qui frappe en même temps et en un même endroit un grand nombre de personnes, d'animaux (épizootie) ou de plantes (épiphytie). *Épidémie de choléra, de grippe. Épidémie mondiale de sida.* → **pandémie.** ☛ Géographie p. 224. *Enrayer une épidémie.* → aussi **endémie.** 2. fig. Ce qui touche un grand nombre de personnes, et qui se propageant. SYN. **contagion,** ① **mode.** *Une épidémie de revendications.*
ÉTYM. latin médiéval *epidemia*, du grec, de *epidêmos* «qui circule (*epi*) dans le pays (*dêmos*)».

ÉPIDÉMIOLOGIE [epidemjɔlɔʒi] **n. f.** ✦ Étude des rapports entre les maladies et les facteurs susceptibles d'exercer une influence sur leur fréquence, leur distribution, leur évolution.
ÉTYM. de *épidémie* et *-logie.*

ÉPIDÉMIQUE [epidemik] **adj.** 1. Qui a les caractères de l'épidémie. *Maladie épidémique.* 2. Qui se propage comme une épidémie. SYN. **contagieux.**

ÉPIDERME [epidɛʀm] **n. m.** ✦ Couche superficielle de la peau qui recouvre le derme. *Une brûlure du premier degré n'atteint que l'épiderme.*
ÉTYM. latin *epidermis*, du grec → épi- et derme.

ÉPIDERMIQUE [epidɛʀmik] **adj.** 1. De l'épiderme. SYN. **cutané.** *Tissu épidermique.* 2. fig. Vif et superficiel. *Réaction épidermique.*

ÉPIDIDYME [epididim] **n. m.** ✦ Chacun des deux petits organes surmontant les testicules, dans lesquels les spermatozoïdes achèvent leur maturation.
ÉTYM. latin *epididymus*, du grec, de *epi* «sur» et *didumos* «testicule».

ÉPIER [epje] **v. tr.** (conjug. 9) 1. Observer attentivement et secrètement (qqn, un animal). *Épier une personne suspecte.* SYN. **espionner.** *Animal qui épie sa proie.* SYN.

guetter. 2. Observer attentivement pour découvrir (qqch.), avant d'agir. *Épier les réactions de qqn sur son visage.*
ÉTYM. francique *spehôn* «observer».

ÉPIERRER [epjeʀe] v. tr. (conjug. 3a) ✦ Débarrasser (un lieu) des pierres. *Épierrer un champ.* CONTR. **empierrer.**
ÉTYM. de *pierre.*

ÉPIEU [epjø] n. m. ✦ Gros et long bâton terminé par un fer plat, large et pointu. *Des épieux.*
ÉTYM. francique *speot.*

ÉPIGASTRE [epigastʀ] n. m. ✦ Creux de l'estomac. *Douleur de, à l'épigastre.*
ÉTYM. grec *epigastrios* → épi- et gastr(o)-.

ÉPIGLOTTE [epiglɔt] n. f. ✦ ANAT. Lame cartilagineuse qui ferme le larynx au moment de la déglutition.
ÉTYM. latin *epiglottis*, du grec, de *epi* «sur» et *glôtta* «langue».

ÉPIGONE [epigon ; epigɔn] n. m. ✦ LITTÉR. Successeur, imitateur. *Les épigones du naturalisme.*
ÉTYM. grec *epigonos* «descendant».

① **ÉPIGRAMME** [epigʀam] n. f. 1. Petit poème satirique. ☛ Littérature p. 120. 2. Trait satirique, mot spirituel contre qqn. SYN. **raillerie.**
► **ÉPIGRAMMATIQUE** [epigʀamatik] adj.
ÉTYM. latin *epigramma*, d'abord «inscription», du grec → épi- et -gramme.

② **ÉPIGRAMME** [epigʀam] n. m. ✦ *Épigramme d'agneau* : mince tranche de poitrine.
ÉTYM. origine inconnue.

ÉPIGRAPHE [epigʀaf] n. f. ✦ DIDACT. 1. Inscription placée sur un édifice pour en indiquer la date, la destination. 2. Courte citation en tête d'un livre, d'un chapitre. *Mettre une maxime en épigraphe.*
ÉTYM. grec *epigraphê* → épi et -graphe.

ÉPIGRAPHIE [epigʀafi] n. f. ✦ DIDACT. Étude scientifique des inscriptions.
► **ÉPIGRAPHIQUE** [epigʀafik] adj.
► **ÉPIGRAPHISTE** [epigʀafist] n.
ÉTYM. de *épigraphe.*

ÉPILATION [epilasjɔ̃] n. f. ✦ Action d'épiler. *Épilation à la cire. Épilation électrique.*

ÉPILATOIRE [epilatwaʀ] adj. ✦ Qui sert à épiler. SYN. **dépilatoire.** *Une crème épilatoire.*

ÉPILEPSIE [epilɛpsi] n. f. ✦ Maladie nerveuse (en relation avec l'électricité cérébrale) avec perte de connaissance, notamment lorsqu'elle entraîne des phénomènes convulsifs. *Crise d'épilepsie.*
ÉTYM. bas latin *epilepsia*, du grec «attaque».

ÉPILEPTIQUE [epilɛptik] adj. 1. Relatif à l'épilepsie. *Convulsions épileptiques.* 2. adj. et n. Atteint d'épilepsie.

ÉPILER [epile] v. tr. (conjug. 3a) ✦ Arracher les poils de (une partie du corps) (→ **épilation**). *Se faire épiler les jambes. Pince à épiler.* ➝ au p. passé *Des sourcils épilés.*
ÉTYM. de é- et du latin *pilus* «poil».

ÉPILOBE [epilɔb] n. m. ✦ BOT. Plante des montagnes et des régions froides, à fleurs roses ou mauves.
ÉTYM. latin *epilobium*, du grec *epi* «sur» et *lobos* «lobe».

ÉPILOGUE [epilɔg] n. m. 1. Résumé à la fin d'un discours, d'un poème (opposé à *prologue*). SYN. **conclusion.** ➝ Partie qui termine (un ouvrage littéraire). *L'épilogue d'un roman, d'une pièce de théâtre.* 2. fig. Dénouement (d'une affaire longue, embrouillée).
ÉTYM. latin *epilogus*, du grec → épi- et -logue.

ÉPILOGUER [epilɔge] v. tr. ind. (conjug. 3b) ✦ *ÉPILOGUER SUR* : faire de longs commentaires sur. *Il ne sert à rien d'épiloguer sur ce qui vient de vous arriver.*
ÉTYM. de *épilogue.*

ÉPINARD [epinaʀ] n. m. 1. Plante aux feuilles épaisses et molles d'un vert soutenu. *Des graines d'épinard.* 2. au plur. Feuilles comestibles de cette plante. *Des épinards en branches.* ➝ loc. fig. *Mettre du beurre* dans les épinards.* 3. appos. invar. *Vert épinard,* sombre et soutenu. *Velours vert épinard.*
ÉTYM. arabe d'Espagne *'isbinâh*, du persan par le latin médiéval *spinarchia* ou l'ancien occitan *spinarch.*

ÉPINE [epin] n. f. 1. VX Arbre ou arbrisseau aux branches armées de piquants (aubépine, prunelier, etc.). ➝ loc. *La couronne d'épines du Christ* (faite de branches épineuses). 2. Piquant (d'une plante). SYN. **aiguille.** *Les épines du rosier.* ➝ loc. *Enlever, ôter à qqn une épine du pied,* le tirer d'embarras. ➝ prov. *Il n'y a pas de rose sans épines,* tout plaisir, toute joie comporte une peine. 3. Partie piquante de certains animaux. *Les épines du hérisson.* 4. *ÉPINE DORSALE.* Saillie longitudinale que forment les vertèbres au milieu du dos. ➝ Colonne vertébrale (→ **spinal**), qui contient la moelle* épinière.
ÉTYM. latin *spina.*

① **ÉPINETTE** [epinɛt] n. f. ✦ Instrument de musique à clavier et à cordes pincées, plus petit qu'un clavecin.
ÉTYM. italien *spineta*, de *spina* «épine», à cause du bec de plume qui pince les cordes.

② **ÉPINETTE** [epinɛt] n. f. ✦ RÉGIONAL (Canada) Épicéa («sapin du Canada»).
ÉTYM. diminutif de *épine.*

ÉPINEUX, EUSE [epinø, øz] adj. 1. Hérissé d'épines ou de piquants. *Arbuste épineux.* ➝ n. m. *Haie d'épineux.* 2. fig. Qui est plein de difficultés. SYN. **délicat, difficile, embarrassant.** *Question épineuse.*
ÉTYM. latin *spinosus.*

ÉPINE-VINETTE [epinvinɛt] n. f. ✦ Arbrisseau à fleurs jaunes en grappes pendantes, dont les fruits sont des baies rouges et comestibles. *Une haie d'épines-vinettes.*
ÉTYM. de *épine* (1) et *vinette*, de *vin.*

ÉPINGLE [epɛ̃gl] n. f. 1. Petite tige de métal, pointue d'un bout, garnie d'une boule (tête) de l'autre, dont on se sert pour attacher, fixer des choses souples (tissu, papier, etc.). *Une pelote à épingles* (pour piquer des épingles). *Pelote d'épingles. Piqûre d'épingle.* ➝ loc. *Être tiré à quatre épingles* : être vêtu avec un soin méticuleux. ➝ *Tirer son épingle du jeu,* se dégager adroitement d'une situation délicate. 2. Objet pointu, servant à attacher, à fixer. *Épingle à chapeau, épingle de cravate.* ➝ loc. *Monter en épingle,* mettre en évidence, en relief. ➝ *ÉPINGLE À CHEVEUX,* à deux branches, pour maintenir les chignons. fig. *Virage en épingle à cheveux,* très serré. ➝ *Épingle de sûreté* ou *épingle de nourrice,* munie d'une fermeture. ◆ *Épingle à linge.* SYN. **pince.**

A B C D E F G H I J K L M N O P Q R S T U V W X Y Z

ÉTYM. latin populaire *spingula*, croisement de *spinula* «petite épine *(spina)*» et *spicula* «petit épi *(spica)*».

ÉPINGLER [epɛ̃gle] **v. tr.** (conjug. 3a) 1. Attacher, fixer avec des épingles. *Épingler des billets ensemble. Épingler à, sur qqch.* 2. FAM. *Épingler qqn*, l'arrêter, le faire prisonnier. *Se faire épingler*, se faire prendre. SYN. FAM. **pincer.** – **au p. passé** *«Le Caporal épinglé»* (roman de J. Perret).

ÉPINGLETTE [epɛ̃glɛt] **n. f.** ✦ Insigne fixé au moyen d'une épingle (**recomm. offic. pour l'anglicisme pin's**).

ÉPINIÈRE [epinjɛʀ] **adj. f.** ✦ *Moelle épinière.* → **moelle.**
ÉTYM. de *épine (dorsale).*

ÉPINOCHE [epinɔʃ] **n. f.** ✦ Poisson qui porte de deux à quatre aiguillons indépendants. *Épinoche d'eau douce.*
ÉTYM. de *épine.*

ÉPIPHANIE [epifani] **n. f.** 1. RELIG. (☛ noms propres) Fête catholique qui commémore l'adoration des Rois mages *(jour des Rois). On mange la galette des Rois le jour de l'Épiphanie.* 2. DIDACT. Manifestation de la divinité.
ÉTYM. latin chrétien *epiphania*, du grec «apparition».

ÉPIPHÉNOMÈNE [epifenɔmɛn] **n. m.** ✦ DIDACT. Phénomène accessoire qui accompagne un phénomène essentiel sans être pour rien dans son apparition.
ÉTYM. de *épi-* et *phénomène.*

ÉPIPHYSE [epifiz] **n. f.** ✦ Extrémité renflée (d'un os long).
ÉTYM. grec *epiphusis* «ce qui croît *(phuein)* sur *(epi)*».

ÉPIPHYTE [epifit] **adj.** ✦ BOT. Qui croît sur d'autres plantes sans en tirer sa nourriture. *Orchidée épiphyte.*
ÉTYM. de *épi-* et *-phyte.*

ÉPIPLOON [epiplɔɔ̃] **n. m.** ✦ ANAT. Repli du péritoine.
ÉTYM. grec *epiploon* «ce qui flotte».

ÉPIQUE [epik] **adj.** 1. Qui raconte en vers une action héroïque (→ **épopée**). *L'Iliade, la Chanson de Roland sont des poèmes épiques.* – Relatif à l'épopée. *Style épique.* 2. Digne de figurer dans une épopée. – **iron.** *Il y eut des scènes, des discussions épiques.*
ÉTYM. latin *epicus*, du grec «qui concerne l'épopée *(epos)*».

ÉPISCOPAL, ALE, AUX [episkɔpal, o] **adj.** ✦ D'un évêque. *Les ornements épiscopaux.*
ÉTYM. latin chrétien *episcopalis*, de *episcopus* «évêque».

ÉPISCOPAT [episkɔpa] **n. m.** 1. Dignité, fonction d'évêque ; sa durée. 2. Ensemble des évêques. *L'épiscopat français.*
ÉTYM. latin chrétien *episcopatus*, de *episcopus* «évêque».

ÉPISIOTOMIE [epizjɔtɔmi] **n. f.** ✦ Incision du périnée pratiquée lors de certains accouchements pour éviter les déchirures.
ÉTYM. du grec *epision* «pubis» et de *-tomie.*

ÉPISODE [epizɔd] **n. m.** 1. Action secondaire (dans une œuvre d'imagination, pièce, roman, film). *Un épisode comique dans une histoire tragique.* 2. Fait accessoire qui se rattache à un ensemble. SYN. **circonstance.** *Ce n'est qu'un épisode dans sa vie.* SYN. **péripétie.** 3. Division (d'un roman, d'un film...). *Feuilleton en cinq épisodes.*
ÉTYM. grec *epeisodion* «partie du drame entre deux entrées *(eisodos)* du chœur».

ÉPISODIQUE [epizɔdik] **adj.** 1. LITTÉR. De l'épisode (1), au théâtre. 2. RARE Qui a un caractère secondaire. *C'est un évènement épisodique.* 3. Qui se produit de temps en temps, irrégulièrement. SYN. **intermittent.** *On ne le voit que de façon épisodique.*
► **ÉPISODIQUEMENT** [epizɔdikmɑ̃] **adv.**

ÉPISSURE [episyʀ] **n. f.** ✦ MAR. Jonction, nœud de deux cordages dont on entrelace les éléments. – *Épissure de câbles, de fils électriques.*
ÉTYM. de *épisser* «assembler par une épissure», ancien néerlandais *splissen.*

ÉPISTÉMOLOGIE [epistemɔlɔʒi] **n. f.** ✦ DIDACT. 1. Étude critique des sciences, destinée à déterminer leur origine logique, leur valeur et leur portée (théorie de la connaissance). 2. Théorie de la connaissance ; «étude de la constitution des connaissances valables» (Piaget).
► **ÉPISTÉMOLOGIQUE** [epistemɔlɔʒik] **adj.**
ÉTYM. anglais *epistemology*, du grec *epistêmê* «science».

ÉPISTÉMOLOGUE [epistemɔlɔg] ou **ÉPISTÉMOLOGISTE** [epistemɔlɔʒist] **n.** ✦ Spécialiste de l'épistémologie (1 et 2).

ÉPISTOLAIRE [epistɔlɛʀ] **adj.** ✦ Qui a rapport à la correspondance par lettres. *Être en relations épistolaires avec qqn.* – *Roman épistolaire* : récit composé de la correspondance d'un ou plusieurs personnages (genre littéraire) (**ex.** les *Lettres persanes*, de Montesquieu). ☛ Littérature p. 137.
ÉTYM. latin médiéval *epistolaris*, de *epistola* «épître, lettre».

ÉPISTOLIER, IÈRE [epistɔlje, jɛʀ] **n.** ✦ LITTÉR. Écrivain, personne qui écrit des lettres.
ÉTYM. du latin *epistola* «épître, lettre».

ÉPITAPHE [epitaf] **n. f.** ✦ Inscription funéraire. *L'épitaphe commence souvent par «ci-gît».*
ÉTYM. latin *epitaphium*, du grec, de *epi* «sur» et *taphos* «tombeau».

ÉPITHALAME [epitalam] **n. m.** ✦ LITTÉR. Poème composé à l'occasion d'un mariage.
ÉTYM. latin *epithalamium*, du grec «nuptial».

ÉPITHÉLIAL, ALE, AUX [epiteljal, o] **adj.** ✦ De l'épithélium. *Cellules épithéliales.*

ÉPITHÉLIUM [epiteljɔm] **n. m.** ✦ BIOL. Tissu formé de cellules juxtaposées qui recouvre la surface du corps ou qui tapisse l'intérieur de tous les organes creux.
ÉTYM. latin moderne *epithelium*, du grec «tissu recouvrant *(epi)* le mamelon *(thêlê)*».

ÉPITHÈTE [epitɛt] **n. f.** 1. Ce qu'on adjoint à un nom, à un pronom pour le qualifier (adjectif qualificatif, nom, expression en apposition). – **n. f. et adj.** GRAMM. Se dit d'un adjectif qualificatif qui n'est pas relié au nom par un verbe (opposé à *attribut*). *Dans «une grande maison», «grande» est épithète de «maison». Épithète liée* (**ex.** un chat *joueur*), *détachée* (**ex.** *curieux*, le chat s'approcha). 2. Qualification (louangeuse ou injurieuse) donnée à qqn.
ÉTYM. latin *epitheton*, mot grec «chose ajoutée».

ÉPITOGE [epitɔʒ] **n. f.** 1. ANTIQ. ROMAINE Vêtement porté sur la toge. 2. Bande d'étoffe garnie d'hermine, fixée à l'épaule de la robe de cérémonie des magistrats, de certains professeurs.
ÉTYM. latin *epitogium* → épi- et toge.

ÉPITOMÉ [epitɔme] **n. m.** ✦ DIDACT. Abrégé d'histoire antique.
ÉTYM. latin *epitome*, du grec «abrégé».

ÉPÎTRE [epitʀ] **n. f.** **1.** *Les épîtres des Apôtres* : lettres des Apôtres insérées dans le Nouveau Testament. **2.** LITTÉR. Lettre en vers. *Les épîtres de Boileau.*
ÉTYM. latin *epistola*, du grec.

ÉPIZOOTIE [epizooti] **n. f.** ✦ DIDACT. Épidémie qui frappe les animaux. *Épizootie de fièvre aphteuse.*
► **ÉPIZOOTIQUE** [epizootik] **adj.**
ÉTYM. du grec *zôotês* «nature animale», d'après *épidémie*.

ÉPLORÉ, ÉE [eplɔʀe] **adj.** ✦ LITTÉR. Qui est tout en pleurs. *Elle s'est enfuie tout éplorée.* – *Air, visage éploré.* SYN. **désolé, triste.**
ÉTYM. de es-, é- et *-plour*, ancienne forme de *pleur*.

ÉPLOYER [eplwaje] **v. tr.** (conjug. 10) ✦ LITTÉR. *Éployer ses ailes.* SYN. **déployer, étendre.**
ÉTYM. de es-, é- et *ployer*.

ÉPLUCHAGE [eplyʃaʒ] **n. m.** **1.** Action d'éplucher (un fruit, un légume). **2.** Examen détaillé. *L'épluchage des comptes.*

ÉPLUCHE-LÉGUME [eplyʃlegym] **n. m.** ✦ Couteau à éplucher les fruits, les légumes dont la lame comporte des fentes tranchantes. SYN. **économe.** *Des épluche-légumes.*

ÉPLUCHER [eplyʃe] **v. tr.** (conjug. 3a) **1.** Nettoyer en enlevant les parties inutiles ou mauvaises, en coupant, grattant. *Éplucher de la salade, des radis, des pois* (écosser). – Enlever la peau de. SYN. **peler.** *Éplucher des pommes de terre, une pêche.* **2.** fig. Examiner avec un soin minutieux afin de découvrir ce qu'il peut y avoir à critiquer. SYN. **décortiquer.** *Éplucher un compte.*
ÉTYM. de l'ancien verbe *peluchier*, latin populaire *piluccare*, de *pilare* «peler».

ÉPLUCHEUR, EUSE [eplyʃœʀ, øz] **n.** ✦ Personne ou instrument qui épluche. *Un éplucheur électrique.* – appos. *Des couteaux éplucheurs.*

ÉPLUCHURE [eplyʃyʀ] **n. f.** ✦ Ce qu'on enlève à une chose en l'épluchant. *Des épluchures de pommes de terre. Épluchures d'oranges.* SYN. **pelure.**
ÉTYM. de *éplucher*.

ÉPODE [epɔd] **n. f.** ✦ Troisième partie d'une ode. *Une ode se divise en strophe, antistrophe et épode.*
ÉTYM. latin *epodos*, du grec → épi- et ode.

ÉPOINTER [epwɛ̃te] **v. tr.** (conjug. 3a) ✦ Émousser en ôtant, en cassant ou en usant la pointe. *Épointer une aiguille.*
ÉTYM. de *pointe*.

ÉPONGE [epɔ̃ʒ] **n. f.** **I** **1.** Substance légère et poreuse (d'abord faite d'une *éponge*, II), qui peut absorber les liquides et les rejeter à la pression ; objet fait de cette substance (→ **spongieux**). *Éponge de toilette. Éponge végétale, synthétique. Nettoyer avec une éponge.* → **éponger.** **2.** loc. *Passer l'éponge sur une faute,* la pardonner, n'en plus parler. – *Jeter l'éponge,* abandonner un combat (d'abord en boxe), une lutte. **3.** appos. invar. *Tissu éponge,* dont les fils dressés absorbent l'eau. *Serviette éponge,* en un tel tissu. *Des serviettes éponge.* **II** Animal marin, fixé, de forme irrégulière et dont le squelette léger et poreux fournit la matière appelée *éponge* (I, 1). *Pêcheur d'éponges.*
ÉTYM. latin populaire *sponga*, de *spongia*, du grec.

ÉPONGER [epɔ̃ʒe] **v. tr.** (conjug. 5) **1.** Étancher, sécher (un liquide) avec une éponge, un chiffon. **2.** Essuyer, sécher. *Éponger son front, s'éponger le front avec un mouchoir.* **3.** fig. Résorber (un excédent financier) ; absorber (ce qui est en trop). *Éponger les stocks.* ♦ *Éponger une dette.* SYN. **supprimer.**

ÉPONYME [epɔnim] **adj.** ✦ DIDACT. Qui donne son nom à (qqn, qqch.). *Héros éponyme. Athéna, déesse éponyme d'Athènes.*
ÉTYM. grec *epônumos* «attribué comme surnom» → épi- et -onyme.

ÉPOPÉE [epɔpe] **n. f.** **1.** Long poème ou récit de style élevé où la légende se mêle à l'histoire pour célébrer un héros ou un grand fait (→ **épique**). *Les épopées du Moyen Âge* (chansons de geste). ☛ Littérature p. 124. **2.** Suite d'évènements historiques de caractère héroïque et sublime. *L'épopée napoléonienne.*
ÉTYM. grec *epopoiia*.

ÉPOQUE [epɔk] **n. f.** **1.** Période historique déterminée par des évènements importants ou caractérisée par un état de choses. *L'époque des grandes invasions.* SYN. **période.** *L'époque d'Henri IV.* SYN. **règne.** *Nous vivons une drôle d'époque ! Quelle époque !* – loc. *La Belle Époque,* les premières années du XXe siècle (☛ noms propres). **2.** Période caractérisée par un style artistique. *Le théâtre de l'époque classique.* – *D'ÉPOQUE* : vraiment ancien. *Une commode Louis XVI d'époque,* authentique. **3.** Période marquée par un fait déterminé. *L'époque d'une rencontre.* SYN. **date,** ① **moment.** *L'époque des semailles.* SYN. **saison.** – *À la même, à pareille époque* (moment de l'année). **4.** Division d'une période géologique. *L'époque carbonifère.*
ÉTYM. grec *epokhê* «point d'arrêt».

ÉPOUILLAGE [epujaʒ] **n. m.** ✦ Action d'épouiller.

ÉPOUILLER [epuje] **v. tr.** (conjug. 3a) ✦ Débarrasser (un être vivant) de ses poux. – pronom. *Un singe qui s'épouille.*
ÉTYM. de l'ancien français *pouil*, ancienne forme de *pou*.

S'ÉPOUMONER [epumɔne] **v. pron.** (conjug. 3a) ✦ Parler, crier très fort. *Cesse donc de t'époumoner !* SYN. **s'égosiller, hurler.**
ÉTYM. de *poumon*.

ÉPOUSAILLES [epuzaj] **n. f. pl.** ✦ VX ou plais. Célébration d'un mariage. SYN. **noce.**
ÉTYM. latin *sponsalia* «fiançailles», de *sponsus* «époux».

ÉPOUSE **n. f.** → ÉPOUX

ÉPOUSER [epuze] **v. tr.** (conjug. 3a) **1.** Prendre pour époux, épouse ; se marier avec. *Épouser qqn par amour, par intérêt.* – pronom. *Ils se sont épousés l'année dernière.* **2.** fig. S'attacher de propos délibéré et avec ardeur à (qqch.). *Épouser les idées, les opinions de qqn.* SYN. **partager.** *Il épouse nos intérêts.* SYN. **soutenir.** **3.** S'adapter exactement à (une forme, un mouvement). *Cette robe épouse les formes du corps.* SYN. **mouler.**
ÉTYM. latin *sponsare* «fiancer», de *spondere* «promettre».

ÉPOUSSETAGE [epus(ə)taʒ] **n. m.** ✦ Action d'épousseter.

ÉPOUSSETER [epus(ə)te] **v. tr.** (conjug. 6b) ✦ Nettoyer, en ôtant la poussière avec un chiffon, un plumeau, etc. *Épousseter des meubles, des bibelots.*
ÉTYM. de é- et radical de *poussière.*

ÉPOUSTOUFLANT, ANTE [epustuflɑ̃, ɑ̃t] **adj.** ✦ FAM. Extraordinaire, prodigieux. *Une réussite époustouflante.*
ÉTYM. du participe présent de *époustoufler.*

ÉPOUSTOUFLER [epustufle] **v. tr.** (conjug. 3a) ✦ FAM. Jeter (qqn) dans l'étonnement, la surprise admirative. SYN. **épater, étonner.** *Votre histoire m'a époustouflé.*
ÉTYM. peut-être de l'ancien français *s'espossser* «perdre haleine», latin *pulsare* «pousser».

ÉPOUVANTABLE [epuvɑ̃tabl] **adj.** 1. Qui cause ou est de nature à causer de l'épouvante. *Des cris épouvantables.* SYN. **effroyable, horrible, terrifiant.** *Un crime épouvantable.* SYN. **atroce, monstrueux.** 2. Inquiétant, très mauvais. *Il a une mine épouvantable.* ➝ Très désagréable. *Il fait un temps épouvantable.* SYN. **affreux.** 3. Excessif. *Un bruit, un fracas épouvantable.* SYN. **violent.** CONTR. **rassurant · agréable.**
ÉTYM. de *épouvanter,* suffixe *-able.*

ÉPOUVANTABLEMENT [epuvɑ̃tabləmɑ̃] **adv.** ✦ D'une manière épouvantable.

ÉPOUVANTAIL, AILS [epuvɑ̃taj] **n. m.** 1. Objet (mannequin vêtu de haillons, etc.) qu'on met dans les champs, les jardins, les arbres pour effrayer les oiseaux. *Des épouvantails à moineaux.* ➝ *Être habillé comme un épouvantail.* 2. **fig.** Chose, personne qui inspire d'excessives terreurs. SYN. **croquemitaine.** *L'épouvantail du licenciement.*
ÉTYM. de *épouvanter.*

ÉPOUVANTE [epuvɑ̃t] **n. f.** 1. Peur violente et soudaine causée par qqch. d'extraordinaire, de menaçant. SYN. **effroi, frayeur, horreur, terreur.** *Rester cloué, glacé d'épouvante. Roman, film d'épouvante.* 2. Vive inquiétude. SYN. **appréhension.** *Il voit venir la retraite avec épouvante.*
ÉTYM. de *épouvanter.*

ÉPOUVANTER [epuvɑ̃te] **v. tr.** (conjug. 3a) 1. Remplir d'épouvante. SYN. **horrifier, terrifier.** *Les armes atomiques épouvantent le monde.* ➝ **au p. passé** *Il s'enfuit, épouvanté.* 2. Causer de vives appréhensions à. SYN. **effrayer, inquiéter.** *L'idée de partir à l'étranger l'épouvante.* CONTR. **enhardir, rassurer.**
ÉTYM. latin populaire *expaventare,* de *expavere,* famille de *pavor* «peur».

ÉPOUX, OUSE [epu, uz] **n.** ✦ Personne unie à une autre par le mariage. *Prendre qqn pour époux, pour épouse.* → **femme, mari.** *Les époux,* les conjoints. *C'est son épouse légitime.*
ÉTYM. latin *sponsus, sponsa,* participe passé de *spondere* «promettre en mariage».

S'ÉPRENDRE [epʀɑ̃dʀ] **v. pron.** (conjug. 45) 1. LITTÉR. Être saisi, entraîné (par un sentiment, une passion). 2. Devenir amoureux (de qqn). *Ils se sont épris l'un de l'autre.* 3. Commencer à aimer (qqch.). SYN. **se passionner.** *S'éprendre d'un idéal.* CONTR. **se déprendre, se détacher.**
ÉTYM. de é- et *prendre.*

ÉPREUVE [epʀœv] **n. f.** **I** 1. VX Action d'éprouver. *Faire l'épreuve d'une machine.* 2. Ce qui permet de juger la valeur de (une idée, une qualité, une personne, une œuvre...). SYN. **critère, pierre** de touche, **test.** *Le danger, épreuve du courage. Cet exercice est une épreuve d'intelligence.* 3. *À L'ÉPREUVE. Mettre à l'épreuve,* éprouver (1). *Mettre la patience de qqn à rude épreuve,* abuser de sa patience. ➝ *À TOUTE ÉPREUVE :* inébranlable, résistant. *Une patience, des nerfs à toute épreuve.* 4. Essai qui permet de juger les qualités de qqch. *Épreuve de résistance.* ➝ *À L'ÉPREUVE DE :* capable de résister à. *Gilet à l'épreuve des balles.* 5. Acte imposé à qqn et destiné à lui conférer une qualité, une dignité, à le classer. *Des épreuves d'initiation, initiatiques. Les épreuves d'un examen. Épreuves écrites* (composition, devoir), *orales* (interrogation, oral). *Épreuves éliminatoires.* ◆ Compétition. *Les épreuves d'un championnat. Épreuve contre la montre.* **II** (Résultat d'une *épreuve,* I) 1. Texte imprimé d'un manuscrit tel qu'il sort de la composition. *Corriger les épreuves.* 2. Exemplaire d'une estampe. *Une épreuve numérotée.* ◆ Photographie. *Épreuve négative.* → **négatif.** **III** Souffrance, malheur, difficulté qui atteint directement qqn. *Vie pleine d'épreuves.* SYN. **malheur, peine.** *Surmonter une terrible épreuve.*
ÉTYM. de *éprouver.*

ÉPRIS, ISE [epʀi, iz] **adj.** 1. *Épris de qqch.,* pris de passion pour (qqch.). *Être épris de justice.* 2. *Épris de qqn,* amoureux de qqn. *Il semble très épris de cette femme.* ➝ **sans compl.** *Elle paraît très éprise.*
ÉTYM. du participe passé de *éprendre.*

ÉPROUVANT, ANTE [epʀuvɑ̃, ɑ̃t] **adj.** ✦ Difficile à supporter. *Une journée très éprouvante,* épuisante.
ÉTYM. du participe présent de *éprouver.*

ÉPROUVER [epʀuve] **v. tr.** (conjug. 3a) **I** 1. Essayer (qqch.) pour vérifier la valeur, la qualité. SYN. **expérimenter ; épreuve** (I). *Éprouver les connaissances de qqn en l'interrogeant. Éprouver la valeur de qqn, de qqch.,* mettre à l'épreuve. ➝ **au p. passé** *Des qualités éprouvées,* certaines. 2. Apprécier, connaître par une expérience personnelle. SYN. **constater, reconnaître.** *Il éprouva à ses dépens qu'on ne pouvait se fier à eux.* 3. Ressentir (une sensation, un sentiment). *Éprouver un besoin, un désir, une impression. Éprouver de la gêne, de la joie.* **II** 1. (sujet chose) Faire subir une épreuve (III), des souffrances à (qqn). *La perte de son père l'a bien éprouvé. La guerre a durement éprouvé ce pays.* SYN. **frapper.** ➝ **au p. passé** *C'est un homme (très) éprouvé.* 2. Subir. *Il a éprouvé des difficultés. Éprouver des pertes.*
ÉTYM. de é- et *prouver.*

ÉPROUVETTE [epʀuvɛt] **n. f.** 1. Tube allongé fermé à un bout, employé dans les expériences de laboratoire pour recueillir ou manipuler les gaz et les liquides. SYN. **tube** à essai. ➝ FAM. *Bébé*-éprouvette.* 2. TECHN. Échantillon d'un métal dont on éprouve les qualités.
ÉTYM. de *éprouver.*

EPSILON [ɛpsilɔn] **n. m. invar.** ✦ Cinquième lettre de l'alphabet grec, *e* bref (Ε, ε).
ÉTYM. mot grec «e simple *(psilon)*».

ÉPUISANT, ANTE [epɥizɑ̃, ɑ̃t] **adj.** ✦ Qui fatigue beaucoup. SYN. **éprouvant, éreintant.** CONTR. **délassant, reposant.**
ÉTYM. du participe présent de *épuiser* (II).

ÉPUISÉ, ÉE [epɥize] adj. 1. Qui n'est pas disponible pour la vente. *Livre épuisé.* 2. À bout de forces. SYN. **exténué, harassé.** *Tomber épuisé.*
ÉTYM. du participe passé de *épuiser.*

ÉPUISEMENT [epɥizmɑ̃] n. m. 1. Action d'épuiser (I) ; état de ce qui est épuisé. *L'épuisement du sol.* SYN. **appauvrissement.** *L'épuisement des provisions. Épuisement des ressources.* ☛ Géographie p. 230. 2. Absence de forces, grande faiblesse (physique ou morale). SYN. **abattement, faiblesse, fatigue.** *L'épuisement des forces, de l'énergie. Il est dans un état d'épuisement extrême.* – *Syndrome d'épuisement professionnel.* → **burn-out** (anglicisme). CONTR. **enrichissement, multiplication.**

ÉPUISER [epɥize] v. tr. (conjug. 3a) I 1. Utiliser (qqch.) jusqu'à ce qu'il ne reste plus rien. SYN. **consommer, dépenser, user.** *Épuiser toutes les réserves. La mine, la terre est épuisée,* ne peut plus rien donner. *Épuiser un stock* (en le vendant). SYN. **écouler** ; → **épuisé** (1). 2. fig. User jusqu'au bout. *Épuiser la patience de qqn.* SYN. **lasser.** *Ce travail a épuisé toute son énergie.* – *Épuiser un sujet,* le traiter à fond. II Réduire (qqn, ses forces, sa santé) à un affaiblissement complet. SYN. **affaiblir, exténuer, fatiguer, user,** FAM. **vider.** *Cette maladie l'épuise.* – Excéder, lasser. *Son bavardage m'épuise.* ◆ *S'ÉPUISER* v. pron. Perdre ses forces. *S'épuiser à faire qqch.* SYN. **s'éreinter.** *Il s'épuise au travail ; à travailler.* SYN. se **tuer.** – par exagér. *Je m'épuise à vous le répéter.* SYN. **s'évertuer.** CONTR. **approvisionner, enrichir • fortifier.**
ÉTYM. de *é-* et *puiser.*

ÉPUISETTE [epɥizɛt] n. f. ✦ Petit filet de pêche en forme de poche monté sur un cerceau et fixé à un long manche. *Sortir un poisson de l'eau avec une épuisette.*
ÉTYM. de *épuiser* «puiser (l'eau)».

ÉPURATEUR [epyʀatœʀ] n. m. ✦ Appareil pour épurer (les liquides, les gaz).

ÉPURATION [epyʀasjɔ̃] n. f. 1. Action d'épurer. SYN. **purification.** *Épuration des eaux usées. Station d'épuration.* 2. Assainissement, purification. *Épuration de la langue.* 3. Élimination (des membres qu'on juge indésirables) dans une association, un parti. SYN. **exclusion, purge.** – HIST. *L'épuration* (des collaborateurs, en 1944).

ÉPURE [epyʀ] n. f. 1. Dessin au trait qui donne l'élévation, le plan et le profil d'une figure (projetée avec les cotes précisant ses dimensions). SYN. ③ **plan.** *L'épure d'une voûte, d'une charpente.* 2. fig. Schéma simplifié.
ÉTYM. de *épurer.*

ÉPURER [epyʀe] v. tr. (conjug. 3a) 1. Rendre pur, plus pur, en éliminant les éléments étrangers. SYN. **purifier** ; → **épuration.** *Épurer de l'eau. Épurer un minerai.* 2. fig. Rendre meilleur, plus correct ou plus fin. SYN. **améliorer, perfectionner.** *Épurer le goût, les mœurs.* – au p. passé *Une langue épurée,* châtiée. 3. Éliminer certains éléments de (un groupe, une société). *Épurer une administration.* CONTR. **polluer, salir, souiller • corrompre, pervertir.**
ÉTYM. de *é-* et *pur.*

ÉQUANIMITÉ [ekwanimite] n. f. ✦ LITTÉR. Égalité d'âme, d'humeur. SYN. **flegme, sérénité.** *Il a supporté ces critiques avec équanimité.*
ÉTYM. latin *aequanimitas,* de *aequus* «égal» et *animus* «esprit, âme».

ÉQUARRIR [ekaʀiʀ] v. tr. (conjug. 13) I Tailler pour rendre carré, régulier. *Équarrir une poutre* (→ **charpenter**). – au p. passé *Une pièce de bois équarrie.* fig. *Mal équarri,* grossier. II Couper en quartiers, dépecer (un animal mort). *Équarrir un cheval.*
ÉTYM. variante de l'ancien français *escarrer* «disloquer», latin populaire *exquadrare* «couper au carré *(quadrus)*».

ÉQUARRISSAGE [ekaʀisaʒ] n. m. I Action d'équarrir (I). *L'équarrissage d'une poutre.* II Abattage et dépeçage d'animaux (chevaux, etc.) impropres à la consommation alimentaire, pour en tirer la graisse, la corne, etc.

ÉQUARRISSEUR, EUSE [ekaʀisœʀ, øz] n. ✦ Personne dont le métier est d'équarrir les animaux.

ÉQUATEUR [ekwatœʀ] n. m. 1. Grand cercle de la sphère terrestre, perpendiculaire à son axe de rotation. *L'équateur est situé à égale distance des pôles. Les méridiens sont perpendiculaires à l'équateur.* 2. Régions comprises dans la zone équatoriale (jusqu'aux tropiques). 3. *Équateur céleste,* grand cercle de la sphère céleste (dans le même plan que l'équateur terrestre).
ÉTYM. latin médiéval *aequator,* de *aequare* «rendre égal *(aequus)*».

ÉQUATION [ekwasjɔ̃] n. f. 1. MATH. Relation d'égalité qui n'est vérifiée que pour certaines valeurs de la variable, appelée inconnue. *Résoudre une équation,* déterminer ces valeurs (appelées *solutions de l'équation*). *Système d'équations à deux inconnues.* 2. Formule d'égalité ou formule rendant deux quantités égales. – *Équation chimique* : représentation d'une réaction sous la forme de deux membres séparés par une flèche.
ÉTYM. latin *aequatio.*

ÉQUATORIAL, ALE, AUX [ekwatɔʀjal, o] adj. et n. m.
I adj. 1. Relatif à l'équateur terrestre. *La zone équatoriale,* comprise entre les deux tropiques. *Climat équatorial,* chaud et humide toute l'année. 2. De l'équateur céleste. *Coordonnées équatoriales d'un astre* (ascension droite et déclinaison).
II n. m. ASTRON. Appareil qui sert à mesurer la position d'une étoile.
ÉTYM. du latin médiéval *aequator* «équateur».

ÉQUERRE [ekɛʀ] n. f. 1. Instrument destiné à tracer des angles droits ou à élever des perpendiculaires. *Équerre à dessiner,* en forme de triangle rectangle. *Équerre en T.* → **té.** 2. *À L'ÉQUERRE, EN ÉQUERRE* : à angle droit. *Monter à la corde lisse, les jambes en équerre,* faisant un angle droit avec le tronc. – *D'ÉQUERRE* loc. adv. : à angle droit. *Ce mur n'est pas d'équerre.*
ÉTYM. latin populaire *exquadra,* de *exquadrare* «dessiner des carrés *(quadrus)*».

ÉQUESTRE [ekɛstʀ] adj. 1. Qui représente une personne à cheval. *Figure, statue équestre.* 2. Relatif à l'équitation. *Exercices équestres.*
ÉTYM. latin *equester,* de *equus* «cheval».

ÉQUEUTER [ekøte] v. tr. (conjug. 3a) ✦ Dépouiller (un fruit) de sa queue. *Équeuter des cerises.*
ÉTYM. de *queue.*

A B C D E F G H I J K L M N O P Q R S T U V W X Y Z

ÉQUI- Élément savant, du latin *aequi-*, de *aequus* «égal».

ÉQUIDÉS [ekide] n. m. pl. ✦ Famille de mammifères à pattes terminées par un seul doigt. *Le cheval, l'âne sont des équidés.* ➖ au sing. *Un équidé.*
ÉTYM. du latin *equus* «cheval».

ÉQUIDISTANT, ANTE [ekɥidistɑ̃, ɑ̃t] adj. ✦ Qui est à égale distance de points (de droites, de plans) déterminés. *Tous les points d'un cercle sont équidistants du centre.*
► **ÉQUIDISTANCE** [ekɥidistɑ̃s] n. f. *Propriétés d'équidistance au centre des points du cercle.*
ÉTYM. du bas latin *aequidistans* «parallèle» → équi- et distant.

ÉQUILATÉRAL, ALE, AUX [ekɥilateʀal, o] adj. ✦ Dont tous les côtés sont égaux. *Triangle équilatéral.*
ÉTYM. latin *aequilateralis* → équi- et latéral.

ÉQUILIBRAGE [ekilibʀaʒ] n. m. ✦ Action d'équilibrer ; son résultat.

ÉQUILIBRE [ekilibʀ] n. m. **I** État de ce qui est soumis à des forces qui se compensent. 1. SC. *Équilibre des plateaux d'une balance. Équilibre stable, instable.* ➖ *Équilibre chimique.* 2. Attitude ou position verticale stable. *L'équilibre du corps.* SYN. **aplomb.** *Garder, perdre l'équilibre. Faire un exercice d'équilibre* (→ **équilibriste**). ➖ *EN ÉQUILIBRE. Être, mettre en équilibre* (→ **équilibrer**). *Marcher en équilibre sur une poutre.* **II** 1. Juste proportion entre des choses opposées ; état de stabilité ou d'harmonie qui en résulte. *Faire, rétablir l'équilibre,* rendre les choses égales. *L'équilibre politique, économique du monde, de l'Europe. Équilibre budgétaire.* 2. Harmonie entre les tendances psychiques qui se traduit par une activité, une adaptation considérées comme normales. *C'est un homme très intelligent, mais il manque d'équilibre.* 3. Répartition des lignes, des masses, des pleins et des vides ; agencement harmonieux. SYN. **proportion, symétrie.** *L'équilibre des volumes dans un groupe sculpté.* CONTR. **déséquilibre, instabilité** • **disproportion.**
ÉTYM. latin *aequilibrium*, de *aequus* «égal» et *libra* «balance».

ÉQUILIBRÉ, ÉE [ekilibʀe] adj. 1. En équilibre. SYN. **stable.** *Balance équilibrée.* 2. *Esprit, caractère (bien) équilibré,* dont les qualités sont dans un rapport harmonieux. *Il n'est pas très équilibré.* 3. Convenablement réparti. *Alimentation équilibrée,* sans carence ni excès. CONTR. **déséquilibré, instable.**

ÉQUILIBRER [ekilibʀe] v. tr. (conjug. 3a) 1. Opposer une force à (une autre), de manière à créer l'équilibre. SYN. **compenser.** *Équilibrer un poids par un contrepoids.* 2. Mettre en équilibre ; rendre stable. *Équilibrer une balançoire.* SYN. **stabiliser.** *Équilibrer les masses, un tableau. Équilibrer son budget.* 3. *S'ÉQUILIBRER* v. pron. récipr. *Ses qualités et ses défauts s'équilibrent.* CONTR. **déséquilibrer.**
ÉTYM. de *équilibre.*

ÉQUILIBRISTE [ekilibʀist] n. ✦ Acrobate qui réalise des tours d'adresse, d'équilibre.
ÉTYM. de *équilibre.*

ÉQUILLE [ekij] n. f. ✦ Poisson long et mince qui s'enfouit dans le sable.
ÉTYM. peut-être variante de *esquille.*

ÉQUINOXE [ekinɔks] n. m. ✦ L'une des deux périodes de l'année où le jour a une durée égale à celle de la nuit (parce que le Soleil traverse l'équateur céleste). *Équinoxe de printemps* (21 mars), *d'automne* (23 septembre). *Les équinoxes et les solstices.* ➖ *Marées d'équinoxe,* les plus hautes de l'année.
ÉTYM. latin *aequinoctium*, de *aequus* «égal» et *nox, noctis* «nuit».

ÉQUIPAGE [ekipaʒ] n. m. **I** 1. Personnel navigant, marins assurant la manœuvre et le service sur un navire. *Les hommes d'équipage.* 2. Ensemble des personnes qui assurent la manœuvre d'un avion (et personnel attaché au service dans les avions de transport). **II** 1. anciennt Voitures, chevaux et le personnel qui en a la charge. *L'équipage d'un prince.* 2. loc. *TRAIN DES ÉQUIPAGES* : organisation militaire qui s'occupe du matériel, de son transport.
ÉTYM. de *équiper.*

ÉQUIPE [ekip] n. f. 1. Groupe de personnes devant accomplir une tâche commune. *Former une équipe soudée, unie. Une équipe de chercheurs.* ➖ loc. *Travailler en équipe. Faire équipe avec qqn. Chef d'équipe.* ➖ *ESPRIT D'ÉQUIPE,* animant une équipe dont les membres collaborent en parfait accord. *Il n'a pas l'esprit d'équipe.* 2. Groupe de personnes qui agissent, se distraient ensemble. *C'est une bonne équipe de copains.* 3. Groupe de joueurs pratiquant un même sport. *Jouer en équipe, par équipe* (→ **équipier**). *Sport d'équipe. Une équipe de football, de rugby.*
ÉTYM. de *équiper.*

ÉQUIPÉE [ekipe] n. f. 1. Sortie, promenade en toute liberté. 2. Action entreprise à la légère. SYN. **aventure.** *Une folle, une joyeuse équipée.*
ÉTYM. du participe passé de *équiper.*

ÉQUIPEMENT [ekipmɑ̃] n. m. 1. Objets nécessaires à l'armement, à l'entretien (d'une armée, d'un soldat). SYN. ② **matériel.** 2. Ce qui sert à équiper une personne, un animal, une chose en vue d'une activité déterminée (objets, vêtements, appareils, accessoires). *Équipement de chasse, de pêche, de ski. L'équipement d'une usine.* SYN. ② **matériel, outillage.** *Les équipements sportifs de la ville.* SYN. **installation.**
ÉTYM. de *équiper.*

ÉQUIPER [ekipe] v. tr. (conjug. 3a) ✦ Pourvoir des choses nécessaires à une activité. *Équiper une armée ; un navire.* SYN. **armer, fréter.** ➖ *Équiper une voiture d'une boîte de vitesses automatique.* SYN. **munir.** ➖ *Équiper un local.* SYN. **aménager, installer.** ➖ pronom. *S'équiper pour un voyage.* ➖ au p. passé *Être bien équipé pour la chasse. Une cuisine équipée.* CONTR. **désarmer, démunir.**
ÉTYM. norrois *skipa* «arranger, équiper», de *skip* «bateau» ou anglo-saxon *scipian* «naviguer».

ÉQUIPIER, IÈRE [ekipje, jɛʀ] n. ✦ Membre d'une équipe sportive, de l'équipage d'un bateau de plaisance. SYN. **coéquipier.**

ÉQUIPOLLENT, ENTE [ekɥipɔlɑ̃, ɑ̃t] adj. ✦ MATH. *Bipoints équipollents,* définissant un parallélogramme.
ÉTYM. du latin *aequipollens*, de *aequus* «égal» et du participe présent de *pollere* «être fort».

ÉQUIPROBABLE [ekɥipʀɔbabl] adj. ✦ MATH. Se dit d'évènements qui ont les mêmes probabilités.

ÉQUITABLE [ekitabl] **adj.** 1. LITTÉR. Qui a de l'équité. *Un arbitre équitable.* SYN. **impartial, juste.** 2. (choses) Conforme à l'équité. *Un partage équitable. Commerce équitable,* qui respecte les droits de l'homme et l'environnement. ☛ Géographie p. 236. CONTR. **arbitraire, injuste, partial.**
ÉTYM. de *équité.*

ÉQUITABLEMENT [ekitabləmɑ̃] **adv.** ✦ D'une manière équitable. *Juger équitablement.* SYN. **impartialement.** CONTR. **injustement, partialement.**

ÉQUITATION [ekitasjɔ̃] **n. f.** ✦ Action et art de monter à cheval. *École d'équitation. Équitation de cirque.* → **voltige ; écuyer.** *Équitation de compétition.* → **hippisme.**
ÉTYM. latin *equitatio,* de *equitare* «aller à cheval *(equus)*».

ÉQUITÉ [ekite] **n. f.** 1. Vertu qui consiste à régler sa conduite sur le sentiment naturel du juste et de l'injuste. SYN. **justice.** *Conforme à l'équité* (→ **équitable**). – *En toute équité, je reconnais qu'il a raison.* SYN. **impartialité.** 2. DR. Justice spontanée, qui n'est pas inspirée par les règles du droit en vigueur (opposé à *droit positif,* à *loi*). CONTR. **iniquité, injustice, partialité.**
ÉTYM. latin *aequitas,* de *aequus* «égal».

ÉQUIVALENCE [ekivalɑ̃s] **n. f.** 1. Qualité de ce qui est équivalent. SYN. **égalité, identité.** *L'équivalence des fortunes.* ◆ Assimilation d'un titre, d'un diplôme à un autre. *Accorder une équivalence à qqn.* 2. MATH. *Relation d'équivalence* : relation binaire sur un ensemble E, réflexive, symétrique et transitive. CONTR. **différence.**
ÉTYM. latin médiéval *aequivalentia.*

ÉQUIVALENT, ENTE [ekivalɑ̃, ɑ̃t] **adj.** et **n. m.**
I adj. 1. Dont la quantité a la même valeur. SYN. **égal.** *Ces deux sommes sont équivalentes.* ◆ MATH. *Équations équivalentes,* qui admettent le même ensemble de solutions. 2. Qui a la même valeur ou fonction. SYN. **comparable, semblable.** *Diplômes européens équivalents. Ces deux expressions sont équivalentes, l'une est équivalente à l'autre.* → **synonyme.** CONTR. **inégal · différent.**
II n. m. Ce qui équivaut, la chose équivalente (en quantité ou en qualité). *On lui a proposé des équivalents. Une qualité sans équivalent,* unique. – *Mot anglais qui n'a pas d'équivalent en français.*
HOM. ÉQUIVALANT (p. présent de *équivaloir*)
ÉTYM. bas latin *aequivalens,* de *aequivalere* «équivaloir».

ÉQUIVALOIR [ekivalwaʀ] **v. tr. ind.** (conjug. 39) **rare à l'inf.** ✦ *ÉQUIVALOIR À* : valoir autant, être de même valeur que. SYN. **égaler.** 1. Avoir la même valeur en quantité que. *Cet acompte équivaut à la moitié de la somme.* 2. Avoir la même valeur ou fonction que. *Cette réponse équivaut à un refus.* HOM. (du p. présent *équivalant*) ÉQUIVALENT «égal»
ÉTYM. latin *aequivalere* «avoir une valeur *(valere)* égale *(aequus)*».

ÉQUIVOQUE [ekivɔk] **adj.** et **n. f.**
I adj. 1. Qui peut s'interpréter de plusieurs manières, et n'est pas clair. SYN. **ambigu.** *Phrase, réponse équivoque.* 2. Qui peut s'expliquer de diverses façons. *Situation, décision, position équivoque.* 3. Qui n'inspire pas confiance. *Passé, réputation équivoque.* SYN. **douteux,** ① **louche,** ① **trouble.** *Regard, allure équivoque.* CONTR. **catégorique, clair,** ① **précis · irréprochable ; sincère.**
II n. f. 1. Caractère de ce qui prête à des interprétations diverses. SYN. **ambiguïté.** *Cette équivoque entretient la confusion. Une déclaration sans équivoque.* 2. Incertitude laissant le jugement hésitant. *Qu'il n'y ait aucune équivoque entre nous.* SYN. **malentendu.**
ÉTYM. bas latin *aequivocus* «à double sens», de *vox, vocis* «voix ; paroles».

ÉRABLE [eʀabl] **n. m.** ✦ Grand arbre dont le fruit est muni d'une longue aile membraneuse. *Érable faux platane.* → **sycomore.** – *Érable du Canada* ou *érable à sucre,* dont la sève donne un sucre comestible. *Sirop, sucre d'érable.*
ÉTYM. latin médiéval *acerabulus,* de *acer, aceris* «érable».

ÉRABLIÈRE [eʀablijɛʀ] **n. f.** ✦ Plantation d'érables.

ÉRADICATION [eʀadikasjɔ̃] **n. f.** ✦ DIDACT. Action d'arracher, d'extirper, de supprimer totalement. *L'éradication de la variole.*
ÉTYM. latin *eradicatio,* de *eradicare* «arracher les racines *(radix)*».

ÉRADIQUER [eʀadike] **v. tr.** (conjug. 3a) ✦ Extirper, supprimer (une maladie, un mal).
ÉTYM. de *éradication.*

ÉRAFLER [eʀɑfle] **v. tr.** (conjug. 3a) 1. Entamer légèrement la peau de. *La branche l'a éraflé.* – *Elle s'est éraflé la main avec un clou.* SYN. **écorcher, égratigner.** 2. *Érafler le plâtre d'un mur, le bois d'un meuble.* SYN. **griffer, rayer.**
ÉTYM. de *é-* et *rafler.*

ÉRAFLURE [eʀɑflyʀ] **n. f.** ✦ Entaille superficielle, écorchure légère. *Les ronces lui ont fait des éraflures aux jambes.* SYN. **égratignure.**
ÉTYM. de *érafler.*

ÉRAILLÉ, ÉE [eʀɑje] **adj.** 1. Qui présente des rayures, des déchirures superficielles. *Un tissu éraillé par l'usure.* 2. *Une voix éraillée,* rauque. 3. *Des yeux éraillés,* injectés de sang.
ÉTYM. du participe passé de *érailler.*

ÉRAILLEMENT [eʀɑjmɑ̃] **n. m.** ✦ Fait de s'érailler, d'être éraillé. *L'éraillement de sa voix.*

ÉRAILLER [eʀɑje] **v. tr.** (conjug. 3a) 1. Déchirer superficiellement. SYN. **érafler, rayer.** *Érailler du bois, du cuir. Érailler un tissu.* 2. Rendre rauque (la voix). *Le tabac éraille la voix.* – *S'érailler la voix à crier.*
ÉTYM. de l'ancien français *esroeillier* «rouler les yeux (de colère)», de *roeillier,* latin populaire *roticulare,* de *rotare* «faire tourner».

ÉRAILLURE [eʀɑjyʀ] **n. f.** ✦ Marque, rayure sur ce qui est éraillé. SYN. **éraflure.**

ÈRE [ɛʀ] **n. f.** 1. Espace de temps de longue durée, qui commence à un point fixe et déterminé (SYN. **époque,** 1). *L'ère chrétienne débute avec la naissance du Christ, l'ère musulmane avec l'hégire.* 2. Époque qui commence avec un nouvel ordre de choses. SYN. **âge, époque, période.** *L'ère industrielle, atomique, informatique.* 3. La plus grande division des temps géologiques. *Ère primaire, secondaire, tertiaire, quaternaire.*
HOM. ① AIR «atmosphère», ① AIRE «surface», ERRE «lancée (d'un navire)», ERS «plante», HAIRE «chemise rugueuse», HÈRE «pauvre homme», R (lettre)
ÉTYM. latin *aera* «monnaie» puis «nombre», de *aes, aeris* «cuivre».

A B C D E F G H I J K L M N O P Q R S T U V W X Y Z

ÉRECTILE [eʀɛktil] adj. ✦ Capable de se dresser. *Poils érectiles.*
ÉTYM. du latin *erectum*, de *erigere* «dresser, ériger».

ÉRECTION [eʀɛksjɔ̃] n. f. **I** LITTÉR. Action d'ériger, d'élever (un monument). SYN. **construction.** *L'érection d'une chapelle, d'une statue.* **II** Fait, pour certains tissus ou organes (spécialt le pénis), de se redresser en devenant raides, durs et gonflés. *Avoir une érection. Être en érection* (hommes). → FAM. **bander.** *L'érection du clitoris.*
ÉTYM. latin *erectio*, de *erigere* «dresser, ériger».

ÉREINTAGE [eʀɛ̃taʒ] n. m. ✦ Critique très sévère et malveillante.
ÉTYM. de *éreinter* (2).

ÉREINTANT, ANTE [eʀɛ̃tɑ̃, ɑ̃t] adj. ✦ Qui éreinte (1). SYN. **fatigant.** *Une marche éreintante.* CONTR. **délassant, reposant.**

ÉREINTEMENT [eʀɛ̃tmɑ̃] n. m. 1. Fatigue intense. 2. Critique malveillante, systématiquement sévère.
ÉTYM. de *éreinter.*

ÉREINTER [eʀɛ̃te] v. tr. (conjug. 3a) 1. Accabler de fatigue. SYN. **épuiser, harasser.** *Cette longue promenade m'a éreinté.* – pronom. *Il s'est éreinté à préparer le concours.* – au p. passé *Je l'ai trouvé éreinté.* SYN. **flapi, fourbu, moulu.** 2. fig. Critiquer de manière à détruire la réputation de (qqn, qqch.). SYN. **démolir, malmener.** *Éreinter un adversaire politique. La critique l'a éreinté.* CONTR. ① **reposer** • ① **louer, vanter.**
ÉTYM. de *rein.*

ÉRÉMITIQUE [eʀemitik] adj. ✦ Propre aux ermites (qui vivaient dans la solitude).
ÉTYM. latin *eremeticus*, de *eremita* «ermite».

-ÉRÈSE Élément savant, du grec *hairein* «enlever».

ÉRÉSIPÈLE → ÉRYSIPÈLE

ÉRÉTHISME [eʀetism] n. m. ✦ MÉD. *Éréthisme cardiaque* : excitation du cœur.
ÉTYM. grec *erethismos* «irritation».

① **ERG** [ɛʀg] n. m. ✦ Région du Sahara couverte de dunes. *Des ergs.* – On utilise aussi le pluriel arabe *des areg.*
ÉTYM. mot arabe.

② **ERG** [ɛʀg] n. m. ✦ Ancienne unité de mesure de travail et d'énergie du système C. G. S., valant 10^{-7} joule.
ÉTYM. du grec *ergon* «travail».

ERGOL [ɛʀgɔl] n. m. ✦ TECHN. Substance employée seule ou comme composant d'un mélange (→ **propergol**), pour fournir de l'énergie. *Fusée à ergol liquide.*
ÉTYM. du grec *ergon* «énergie», d'après *propergol.*

ERGONOMIE [ɛʀgɔnɔmi] n. f. ✦ DIDACT. Étude scientifique des conditions de travail et des relations entre l'homme et la machine.
ÉTYM. anglais *ergonomics*, du grec *ergon* «travail».

ERGONOMIQUE [ɛʀgɔnɔmik] adj. ✦ Relatif, conforme à l'ergonomie. *Siège ergonomique.*

ERGOT [ɛʀgo] n. m. **I** chez les gallinacés mâles Pointe recourbée du tarse (talon) servant d'arme offensive. *Les ergots du coq.* – loc. fig. *Monter, se dresser sur ses ergots* : prendre une attitude agressive, menaçante. **II** Petit corps oblong et vénéneux formé par un champignon parasite des céréales. *L'ergot du blé, du seigle.*
ÉTYM. origine obscure.

ERGOTER [ɛʀgɔte] v. intr. (conjug. 3a) ✦ Trouver à redire sur des points de détail, des choses insignifiantes. SYN. **chicaner, chipoter, discuter, pinailler.** *Vous n'allez pas ergoter pour deux euros !*
► **ERGOTAGE** [ɛʀgɔtaʒ] n. m.
ÉTYM. du latin *ergo* «donc», utilisé en logique.

ERGOTEUR, EUSE [ɛʀgɔtœʀ, øz] n. ✦ Personne qui aime à ergoter. SYN. **chicanier.** – adj. *Il est ergoteur.*

ERGOTHÉRAPEUTE [ɛʀgoteʀapøt] n. ✦ DIDACT. Spécialiste d'ergothérapie.

ERGOTHÉRAPIE [ɛʀgoteʀapi] n. f. ✦ DIDACT. Traitement de rééducation et de réadaptation des personnes en situation de handicap.
ÉTYM. du grec *ergon* «travail» et de *-thérapie.*

ÉRIGER [eʀiʒe] v. tr. (conjug. 5) 1. Placer (un monument) en station verticale. SYN. ① **dresser** ; → **érection.** *On érigea l'obélisque place de la Concorde.* ♦ Construire avec solennité. SYN. **élever.** *Ériger un temple.* 2. fig. ÉRIGER *qqn, qqch.* EN : donner le caractère de ; faire passer à (une condition plus élevée, plus importante). *Ériger un escroc en héros.* – pronom. S'ÉRIGER EN : s'attribuer le rôle de. SYN. se **poser** en. *S'ériger en justicier.* CONTR. **abattre, renverser.**
ÉTYM. latin *erigere.*

ERLENMEYER [ɛʀlœnmejɛʀ] n. m. ✦ CHIM. Petite fiole en verre, à base conique et col cylindrique. *Des erlenmeyers.*
ÉTYM. du nom d'un chimiste allemand.

ERMITAGE [ɛʀmitaʒ] n. m. 1. Habitation d'un ermite. 2. Lieu écarté, solitaire. *Se retirer dans un ermitage.*

ERMITE [ɛʀmit] n. m. ✦ Religieux retiré dans un lieu désert (opposé à *cénobite, moine*). SYN. **anachorète.** – *Vivre en ermite*, seul et coupé du monde.
ÉTYM. latin chrétien *eremita*, du grec, de *erêmos* «désert».

ÉRODER [eʀɔde] v. tr. (conjug. 3a) ✦ DIDACT. User, détruire par une action lente (→ **érosion**). *L'eau érode le lit des rivières.* – au p. passé *Falaise érodée par les vagues.*
ÉTYM. latin *erodere*, de *rodere* «ronger».

ÉROGÈNE [eʀɔʒɛn] adj. ✦ PSYCH. Susceptible de provoquer une excitation sexuelle. *Les zones érogènes du corps humain.*
ÉTYM. du grec *erôs, erôtos* «amour ; désir sexuel» et de *-gène.*

ÉROS [eʀos] n. m. ✦ DIDACT. Principe du désir, dont l'énergie correspond à la libido* (souvent opposé à *thanatos* «principe de mort»).
ÉTYM. allemand *Eros*, grec *Erôs*, nom du dieu de l'amour.
☛ noms propres.

ÉROSION [eʀozjɔ̃] n. f. 1. Usure et transformation que les eaux et les actions atmosphériques font subir à l'écorce terrestre. ☛ Géographie p. 226. *Érosion glaciaire, marine, éolienne.* 2. fig. Usure, dégradation graduelle. *Érosion monétaire* : perte du pouvoir d'achat de la monnaie, due à la hausse des prix.
ÉTYM. latin *erosio*, de *erodere* «éroder».

ÉROTIQUE [eʀɔtik] **adj.** 1. DIDACT. Qui a rapport à l'amour. *Poésie érotique.* 2. Qui a rapport à l'amour physique, au plaisir et au désir sexuels. *Des désirs érotiques. Un film érotique.* – Qui provoque le désir amoureux, le plaisir sexuel. *Pose érotique.* SYN. **excitant.** *Une tenue érotique.* SYN. **sexy.** CONTR. **chaste.**
► **ÉROTIQUEMENT** [eʀɔtikmɑ̃] **adv.**
ÉTYM. bas latin *eroticus*, du grec, de *erôs*, *erôtos* «amour ; désir sexuel». ☛ ÉROS (noms propres).

ÉROTISER [eʀɔtize] **v. tr.** (conjug. 3a) ✦ Donner un caractère érotique à. *Publicité qui érotise le produit à vendre.*
► **ÉROTISATION** [eʀɔtizasjɔ̃] **n. f.**
ÉTYM. de *érotique*.

ÉROTISME [eʀɔtism] **n. m.** 1. Caractère érotique (d'une situation, d'une personne). 2. Caractère de ce qui a les activités érotiques pour thème. *Érotisme et pornographie. L'érotisme dans l'œuvre de Baudelaire.*
ÉTYM. de *érotique*.

ERPÉTOLOGIE [ɛʀpetɔlɔʒi] **n. f.** ✦ DIDACT. Partie de la zoologie qui traite des reptiles. – On écrit aussi *herpétologie*.
ÉTYM. du grec *herpeton* «serpent» et de *-logie*.

ERRANCE [eʀɑ̃s] **n. f.** ✦ LITTÉR. Action d'errer çà et là. SYN. **vagabondage.**
ÉTYM. de ① *errant*.

① **ERRANT, ANTE** [eʀɑ̃, ɑ̃t] **adj.** 1. Qui va de côté et d'autre, qui n'est pas fixé. SYN. **vagabond.** *Chien errant. La vie errante des peuples nomades.* 2. LITTÉR. (expression, sourire, regard, etc.) Flottant, incertain.
ÉTYM. du participe présent de *errer*.

② **ERRANT, ANTE** [eʀɑ̃, ɑ̃t] **adj.** ✦ VX Qui voyage, se déplace sans cesse. – loc. MOD. *Chevalier errant. Le Juif errant* (légende).
ÉTYM. du participe présent de l'ancien français *errer* «voyager», latin *iterare*.

ERRATA [eʀata] **n. m.** 1. **n. m. pl.** *Des errata.* → **erratum.** 2. Liste des fautes d'impression d'un ouvrage. *Des errata* (ou *erratas*).

ERRATIQUE [eʀatik] **adj.** ✦ DIDACT. Qui n'est pas fixe. – ASTRON. *Astre erratique*, dont le mouvement apparent est irrégulier. – GÉOL. *Blocs erratiques*, qui ont été transportés par les glaciers.
ÉTYM. latin *erraticus* «① errant».

ERRATUM [eʀatɔm], plur. **ERRATA** [eʀata] **n. m.** ✦ Faute signalée dans un ouvrage imprimé. *Liste des errata.*
ÉTYM. mot latin «erreur», de *errare* «errer».

ERRE [ɛʀ] **n. f.** ✦ loc. *Navire qui court, continue sur son erre*, sur sa lancée, par la vitesse acquise. HOM. ① AIR «atmosphère», ① AIRE «surface», ÈRE «époque», ERS «plante», HAIRE «chemise rugueuse», HÈRE «pauvre homme», R (lettre)
ÉTYM. de l'ancien français *errer* «voyager», latin *iterare*.

ERREMENTS [ɛʀmɑ̃] **n. m. pl.** ✦ LITTÉR. péj. Habitude invétérée et mauvaise ; manière d'agir blâmable. *Retomber dans ses anciens errements.*
ÉTYM. de l'ancien verbe *errer* «voyager» et «agir de telle façon», influencé par *errer* (II) et *erreur*.

ERRER [eʀe] **v. intr.** (conjug. 3a) **I** 1. Aller au hasard, à l'aventure (→ **errance**). *Mendiant, rôdeur, vagabond qui erre sur les chemins.* SYN. **rôder, vagabonder.** *Errer sans pouvoir s'orienter.* → se **perdre.** 2. (choses) Se manifester çà et là, ou fugitivement. SYN. ① **flotter, passer.** *Un sourire errait sur ses lèvres.* **II** fig. Se tromper (→ **erreur ; aberrant**).
ÉTYM. latin *errare* «aller à l'aventure» et «se tromper».

ERREUR [eʀœʀ] **n. f.** **I** 1. Acte de l'esprit qui tient pour vrai ce qui est faux et inversement. *Erreur des sens.* SYN. **illusion ; confusion, méprise.** *Erreur de raisonnement.* → **aberration, absurdité, non-sens.** *Erreur grossière, choquante.* → **ânerie, bêtise.** *Faire, commettre une erreur*, se tromper. – *FAIRE ERREUR.* → se **méprendre,** se **tromper.** *Vous faites erreur.* – *IL Y A ERREUR.* SYN. **malentendu, quiproquo.** – FAM. *(Il n'y a) pas d'erreur*, c'est bien cela. – *SAUF ERREUR* : excepté si l'on se trompe. – *PAR ERREUR* : à la suite d'une confusion ; par mégarde ou inadvertance. 2. État d'une personne qui se trompe. *Être, tomber dans l'erreur. Induire qqn en erreur.* → **tromper.** 3. *(Une, des erreurs)* Assertion, opinion fausse. *Il reconnaît ses erreurs.* 4. Action regrettable, maladroite, déraisonnable. SYN. **faute ; bévue,** ② **gaffe, maladresse.** *Commettre une erreur.* ♦ Action blâmable (et jugée telle par la personne qui l'a commise). *Des erreurs de jeunesse.* **II** (sens objectif) 1. Chose fausse, par rapport à une norme (différence par rapport à un modèle ou au réel). SYN. **faute, inexactitude.** *Corriger une erreur d'impression.* → **coquille.** *Raccrochez, c'est une erreur !* (au téléphone). 2. Chose fausse, élément inexact, dans une opération (→ **erroné**). *Erreur de calcul, de mesure.* – *Erreur judiciaire* : condamnation injustement prononcée. CONTR. **justesse · certitude, exactitude, vérité.**
ÉTYM. latin *error*, de *errare* → errer.

ERRONÉ, ÉE [eʀɔne] **adj.** ✦ Qui contient des erreurs ; qui constitue une erreur. SYN. ① **faux, inexact.** *Affirmation erronée. Citation erronée.* SYN. **fautif.** *Vos conclusions sont erronées.* CONTR. **exact, juste.**
ÉTYM. latin *erroneus*, de *errare* → errer.

ERS [ɛʀ] **n. m.** ✦ AGRIC. Plante herbacée annuelle (appelée aussi *lentille bâtarde*), cultivée comme fourrage. HOM. ① AIR «atmosphère», ① AIRE «surface», ÈRE «époque», ERRE «lancée d'un navire», HAIRE «chemise rugueuse», HÈRE «pauvre homme», R (lettre)
ÉTYM. latin *ervus*, de *ervum* «lentille», par l'occitan.

ERSATZ [ɛʀzats] **n. m.** 1. Produit alimentaire qui en remplace un autre de qualité supérieure, devenu rare. SYN. **succédané.** *Un ersatz de café.* 2. fig. Ce qui remplace (qqch., qqn) sans le valoir. *Un ersatz de littérature.* SYN. **substitut.**
ÉTYM. mot allemand «remplacement».

ÉRUCTATION [eʀyktasjɔ̃] **n. f.** ✦ LITTÉR. Renvoi. SYN. **rot.**

ÉRUCTER [eʀykte] **v.** (conjug. 3a) 1. **v. intr.** LITTÉR. Renvoyer par la bouche les gaz contenus dans l'estomac. SYN. **roter.** 2. **v. tr.** fig. Proférer grossièrement. *Éructer des injures.* SYN. ① **lancer.**
ÉTYM. latin *eructare*, de *ructus* «rot».

ÉRUDIT, ITE [eʀydi, it] **adj.** et **n.** 1. **adj.** Qui a de l'érudition. SYN. **savant.** *Un historien érudit.* – (choses) Qui demande de l'érudition. *Des recherches érudites.* – Produit par l'érudition. *Ouvrage érudit.* 2. **n.** Personne érudite. SYN. **lettré.**

ÉTYM. latin *eruditus*, participe passé de *erudire* «dégrossir».

ÉRUDITION [eʀydisjɔ̃] **n. f.** ✦ Savoir approfondi fondé sur l'étude des sources historiques, des documents, des textes.

ÉTYM. latin *eruditio*, de *erudire* → érudit.

ÉRUPTIF, IVE [eʀyptif, iv] **adj. 1.** MÉD. Qui s'accompagne d'éruption (1). *Fièvre éruptive.* **2.** Qui a rapport aux éruptions (2). *Roches éruptives,* provenant du refroidissement du magma volcanique.

ÉTYM. du latin *eruptus*, participe passé de *erumpere* «sortir violemment».

ÉRUPTION [eʀypsjɔ̃] **n. f. 1.** Apparition soudaine (de taches, de boutons, etc.) sur la peau. *Une éruption de furoncles.* **2.** Jaillissement des matières volcaniques ; état d'un volcan qui émet ces matières. ➡ Géographie p. 227. *Les éruptions d'un volcan. Volcan en éruption.* **3.** fig. Production soudaine et abondante. SYN. **explosion, jaillissement.** *Éruption de joie, de colère.*

ÉTYM. latin *eruptio*, de *erumpere* → éruptif.

ÉRYSIPÈLE [eʀizipɛl] **n. m.** ✦ Maladie infectieuse aiguë où la peau est enflammée, gonflée. ➖ On dit aussi *érésipèle.*

ÉTYM. latin médical *erysipelas*, du grec, famille de *eruthros* «rouge».

ÉRYTHÈME [eʀitɛm] **n. m.** ✦ Rougeur de la peau due à une dilatation des vaisseaux sanguins cutanés. *Érythème solaire.*

▶ **ÉRYTHÉMATEUX, EUSE** [eʀitematø, øz] **adj.**

ÉTYM. anglais *erythema*, du grec, de *eruthros* «rouge».

ÉRYTHRO- Élément de mots savants, du grec *eruthros* «rouge» (ex. *érythrocyte* **n. m.** «globule rouge»).

ES- → É-

ÈS [ɛs] **prép.** ✦ (devant un nom pluriel) *Docteur ès lettres,* dans le domaine des lettres. *Licence ès sciences.*

HOM. ESSE «crochet», S (lettre)

ÉTYM. contraction de *en les.*

ESBROUFE [ɛsbʀuf] **n. f.** ✦ FAM. Étalage de manières prétentieuses et insolentes. SYN. **bluff, chiqué, embarras.** *Faire de l'esbroufe. Obtenir qqch. à l'esbroufe,* par le bluff.

ÉTYM. du provençal *esbroufa* «s'ébrouer».

ESBROUFER [ɛsbʀufe] **v. tr.** (conjug. 3a) ✦ FAM. En imposer à (qqn) en faisant de l'esbroufe. *Il cherche à nous esbroufer.* SYN. **bluffer, épater.**

ÉTYM. provençal *esbroufa* «s'ébrouer», d'un radical onomatopéique.

ESCABEAU [ɛskabo] **n. m. 1.** Siège peu élevé, sans bras, ni dossier, pour une personne. SYN. **tabouret. 2.** Échelle pliante à quelques degrés. *Monter sur un escabeau.*

ÉTYM. latin *scabellum.*

ESCABÈCHE [ɛskabɛʃ] **n. f.** ✦ CUIS. Marinade aromatisée de poissons étêtés. *Sardines à l'escabèche.*

ÉTYM. de *escabécher*, du provençal *escabassa*, de *cabessa* «tête», latin *caput.*

ESCADRE [ɛskadʀ] **n. f. 1.** Force navale importante. **2.** *Escadre aérienne :* division d'avions de l'armée de l'air. SYN. **escadrille.**

ÉTYM. italien *squadra* «équipe», latin populaire *exquadra* «équerre».

ESCADRILLE [ɛskadʀij] **n. f.** ✦ Groupe d'avions de combat. *Escadrille de chasse, de bombardement.*

ÉTYM. italien *squadriglia*, de *squadra* «escadre».

ESCADRON [ɛskadʀɔ̃] **n. m. 1.** Unité de cavalerie, de blindés, du train des équipages, de gendarmerie. *Escadron motorisé.* **2.** plais. Groupe important. SYN. **bataillon, troupe.** *Un escadron de jolies filles.*

ÉTYM. italien *squadrone*, augmentatif de *squadra* «escadre».

ESCALADE [ɛskalad] **n. f. 1.** Action de passer par-dessus (une clôture) pour pénétrer. *L'escalade d'un portail.* **2.** Action de grimper sur (qqch.) ; ascension. *L'escalade d'une montagne.* ➖ absolt *Faire de l'escalade* (discipline de l'alpinisme). **3.** fig. Stratégie qui consiste à gravir les «échelons» de mesures militaires ou diplomatiques de plus en plus graves. ◆ Intensification (d'un phénomène). *L'escalade de la violence.* CONTR. **désescalade.**

ÉTYM. ancien occitan *escalata*, p. passé de *escalar*, de *escala* «échelle» ; sens 3, américain *escalation.*

ESCALADER [ɛskalade] **v. tr.** (conjug. 3a) **1.** Passer par-dessus (une clôture). SYN. **franchir.** *Les voleurs ont escaladé le mur du jardin.* **2.** Faire l'ascension de. SYN. **gravir, monter.** *Cordée d'alpinistes qui escaladent un pic. Escalader un arbre.* CONTR. **descendre, dévaler.**

ÉTYM. de *escalade.*

ESCALATOR [ɛskalatɔʀ] **n. m.** ✦ anglicisme Escalier mécanique. *Les escalators d'un grand magasin.*

ÉTYM. mot américain, de *to escalade* et *elevator* «ascenseur».

ESCALE [ɛskal] **n. f. 1.** Lieu d'arrêt ou de relâche et de ravitaillement (pour un navire, un avion). **2.** *FAIRE ESCALE :* s'arrêter pour se ravitailler, pour embarquer ou débarquer des passagers, du fret. SYN. **halte, relâche.** *Le bateau fait escale à Venise.* ➖ Durée de l'arrêt. *Visiter une ville pendant l'escale.* ➖ *Vol sans escale,* direct.

ÉTYM. latin médiéval de Gênes *scala* «échelle pour débarquer», du grec byzantin *skala* «échelle».

ESCALIER [ɛskalje] **n. m. 1.** Suite de degrés qui servent à monter et à descendre. *Marches, paliers, rampe d'un escalier. Cage d'escalier. Escalier de service,* à l'usage des domestiques, des livreurs. *Monter, descendre un escalier, les escaliers.* ➖ loc. *L'ESPRIT DE L'ESCALIER :* un esprit de répartie qui se manifeste à retardement. **2.** *Escalier roulant, mécanique :* escalier articulé et mobile, qui transporte l'usager. SYN. **escalator. 3.** *EN ESCALIER :* par degrés successifs.

ÉTYM. latin *scalarium*, de *scala* «échelle», par l'occitan.

ESCALOPE [ɛskalɔp] **n. f.** ✦ Tranche mince (de viande blanche, de poisson). *Escalope de veau. Escalope panée.*

ÉTYM. mot du Nord-Est, de l'ancien français *escale* «coquille, écale» et *enveloppe.*

ESCAMOTABLE [ɛskamɔtabl] **adj.** ✦ Qui peut être escamoté (3). *Antenne de voiture escamotable.*

ESCAMOTAGE [ɛskamɔtaʒ] **n. m.** ✦ Action d'escamoter. *Tour d'escamotage d'un prestidigitateur.* SYN. **passe-passe.**

ESCAMOTER [ɛskamɔte] **v. tr.** (conjug. 3a) **1.** Faire disparaître (qqch.) par un tour de main qui échappe à la vue des spectateurs. *Prestidigitateur qui escamote une*

carte. 2. Faire disparaître habilement ; s'emparer de (qqch.) sans être vu. SYN. **dérober, subtiliser.** *Un voleur a escamoté son portefeuille.* 3. Rentrer (l'organe saillant d'une machine, le train d'atterrissage d'un avion). 4. fig. Éviter habilement, de façon peu honnête. SYN. **éluder, esquiver.** *Escamoter les difficultés.* 5. *Escamoter un mot,* le prononcer très vite ou très bas. ➝ *Escamoter une note au piano,* ne pas la jouer. SYN. **sauter.**
ÉTYM. peut-être ancien occitan, de *escamar*, du latin *squama* «écaille».

ESCAMOTEUR, EUSE [ɛskamɔtœʀ, øz] **n.** ✦ Personne qui escamote (1 et 2) qqch. SYN. **illusionniste, prestidigitateur.**

ESCAMPETTE [ɛskɑ̃pɛt] **n. f.** ✦ loc. *Prendre la POUDRE D'ESCAMPETTE :* s'enfuir. SYN. **décamper, déguerpir.**
ÉTYM. de l'ancien français *escamper* «décamper», du latin *campus* «camp», par l'occitan *escampar.*

ESCAPADE [ɛskapad] **n. f.** ✦ Le fait d'échapper aux obligations, aux habitudes de la vie quotidienne (fuite, absence physique ou écart de conduite). *Faire une escapade.* SYN. **équipée, fredaine, fugue.**
ÉTYM. espagnol *escapada* «action d'échapper *(escapar)*».

ESCARBILLE [ɛskaʀbij] **n. f.** ✦ Fragment de bois ou de charbon incomplètement brûlé qui s'échappe d'un foyer. *Recevoir une escarbille dans l'œil.*
ÉTYM. wallon *escabille*, de *èscrabyi* «gratter», ancien néerlandais *schrabben.*

ESCARCELLE [ɛskaʀsɛl] **n. f.** 1. anciennt Grande bourse que l'on portait suspendue à la ceinture. 2. plais. Bourse, portefeuille. *Vider son escarcelle.*
ÉTYM. ancien occitan *escarcella*, de *escars* «avare» ou italien *scarsella* «bourse», de *scarso* «avare» ; latin populaire *excarpus* «extrait» d'où «resserré», de *excerpere* «cueillir, extraire».

ESCARGOT [ɛskaʀgo] **n. m.** ✦ Mollusque gastéropode terrestre, à coquille arrondie en spirale. SYN. **colimaçon, limaçon.** *Les «cornes» de l'escargot portent les yeux. Manger des escargots.* ➝ *Avancer comme un escargot,* très lentement.
ÉTYM. de l'ancien français *escargol*, ancien occitan *escaragol*, latin *conchylium* «coquille».

ESCARMOUCHE [ɛskaʀmuʃ] **n. f.** 1. Petit combat entre des soldats isolés ou des détachements de deux armées. SYN. **accrochage, échauffourée.** 2. fig. Petite lutte ; bref échange de paroles hostiles. *Escarmouches parlementaires.*
ÉTYM. p.-ê. croisement de l'ancien français *escremie* «combat» (de *escremir*, francique *skirmjan* «protéger») avec *muchier* «cacher, esquiver», ou italien *scaramuccia*, de même origine.

ESCARPE [ɛskaʀp] **n. f.** ✦ anciennt Talus d'une fortification, au-dessus d'un fossé.
ÉTYM. italien *scarpa*, d'origine germanique.

ESCARPÉ, ÉE [ɛskaʀpe] **adj.** ✦ Qui est en pente raide. SYN. **abrupt ; à pic.** *Rives escarpées.* ➝ *Chemin escarpé.* SYN. **raide.**
ÉTYM. de l'ancien verbe *escarper* «couper droit de haut en bas», de *escarpe.*

ESCARPEMENT [ɛskaʀpəmɑ̃] **n. m.** ✦ Pente raide.
ÉTYM. de *escarpe.*

ESCARPIN [ɛskaʀpɛ̃] **n. m.** ✦ Chaussure très fine, qui laisse le cou-de-pied découvert.
ÉTYM. italien *scarpino*, de *scarpa* «chaussure», germanique *skarpô* «qui se termine en pointe».

ESCARPOLETTE [ɛskaʀpɔlɛt] **n. f.** ✦ VIEILLI Siège suspendu par des cordes et sur lequel on se place pour être balancé. SYN. **balançoire.**
ÉTYM. p.-ê. famille de *escarpe*, par l'italien.

ESCARRE [ɛskaʀ] **n. f.** ✦ Croûte noirâtre formée sur la peau par la nécrose des tissus, après une brûlure, un frottement prolongé, etc.
ÉTYM. latin *eschara*, du grec «croûte».

ESCHATOLOGIE [ɛskatɔlɔʒi] **n. f.** ✦ THÉOL. Étude des fins dernières de l'homme et du monde.
► **ESCHATOLOGIQUE** [ɛskatɔlɔʒik] **adj.**
ÉTYM. du grec *eskhatos* «dernier» et de *-logie.*

ESCHE [ɛʃ] **n. f.** ✦ Appât fixé à l'hameçon. ➝ On écrit aussi *èche.*
ÉTYM. latin *esca* «nourriture».

ESCIENT [esjɑ̃] **n. m. sing.** ✦ **loc. adv.** *À BON ESCIENT :* avec discernement. *Agir, parler à bon escient.* ➝ *À MAUVAIS ESCIENT :* à tort, sans discernement.
ÉTYM. latin médiéval *meo (teo...) sciente* «moi (toi...) le sachant», du participe présent de *scire* «savoir».

S'ESCLAFFER [ɛsklafe] **v. pron.** (conjug. 3a) ✦ Éclater de rire bruyamment. SYN. **pouffer.**
ÉTYM. occitan *esclafa* «éclater», onomatopée.

ESCLANDRE [ɛsklɑ̃dʀ] **n. m.** ✦ Manifestation orale, bruyante et scandaleuse, contre qqn ou qqch. SYN. **éclat, scandale.** *Faire de l'esclandre, un esclandre.* SYN. **scène.**
ÉTYM. latin *scandalum* «scandale» ; doublet de *scandale.*

ESCLAVAGE [ɛsklavaʒ] **n. m.** 1. État, condition d'esclave. SYN. **servitude ;** → **captivité.** 2. Soumission à une autorité tyrannique. SYN. **asservissement, oppression, servitude.** *Tenir un peuple dans l'esclavage.* 3. Chose, activité, sentiment qui impose une contrainte ; cette contrainte. *L'esclavage de la drogue.*

ESCLAVAGISTE [ɛsklavaʒist] **adj. et n.** ✦ Partisan de l'esclavage (notamment, celui des Noirs). *Les esclavagistes et les antiesclavagistes des États du Sud* (pendant la guerre de Sécession aux États-Unis). CONTR. **antiesclavagiste, abolitionniste.**
► **ESCLAVAGISME** [ɛsklavaʒism] **n. m.**

ESCLAVE [ɛsklav] **n.** 1. Personne qui n'est pas de condition libre, qui est sous la puissance absolue d'un maître. → **captif ; serf.** *Esclaves, affranchis et hommes libres en Grèce, à Rome. Le commerce des esclaves aux XVIIe et XVIIIe siècles.* → **traite.** 2. Personne qui se soumet complètement (à qqn, à qqch.). *Un peuple d'esclaves.* ➝ *Elle est l'esclave de ses enfants.* 3. Personne qui se laisse dominer, asservir (par qqch. ou qqn). ♦ **adj.** *Il est complètement esclave de ses besoins.*
ÉTYM. latin médiéval *sclavus*, variante de *slavus* «slave», à cause des Slaves captifs des Germains et des Byzantins.

ESCOGRIFFE [ɛskɔgʀif] **n. m.** ✦ Homme de grande taille et d'allure dégingandée. *Un grand escogriffe.*
ÉTYM. origine obscure, peut-être de *griffe.*

ESCOMPTE [ɛskɔ̃t] n. m. 1. FIN. Action d'escompter un effet de commerce. 2. Réduction du montant d'une dette lorsqu'elle est payée avant son échéance. *Taux d'escompte.* ◆ Remise sur le prix de vente. *Accorder un escompte de tant.*
ÉTYM. italien *sconto*, de *scontare* → escompter.

ESCOMPTER [ɛskɔ̃te] v. tr. (conjug. 3a) **I** Payer (un effet de commerce) avant l'échéance, moyennant une retenue (→ **agio**). *Escompter une lettre de change.* **II** S'attendre à (qqch.), et se comporter en conséquence. SYN. **attendre, compter** sur, **espérer, prévoir.** *Il n'en escomptait pas tant. J'escompte leur succès.* ➡ au p. passé *Obtenir le résultat escompté.*
ÉTYM. italien *scontare*, «décompter» de *contare* «compter».

ESCORTE [ɛskɔʀt] n. f. 1. Action d'escorter (qqn, qqch.) pour protéger, surveiller. *Faire escorte à qqn. Navire d'escorte,* chargé de protéger les navires de transport (→ **escorteur**). ◆ Troupe chargée d'escorter. *Quelques policiers lui servaient d'escorte.* 2. Cortège qui accompagne une personne pour l'honorer. *L'escorte présidentielle. Une escorte de motards.*
ÉTYM. italien *scorta* «action de guider *(scorgere)*», latin *excorrigere.*

ESCORTER [ɛskɔʀte] v. tr. (conjug. 3a) 1. Accompagner pour guider, surveiller, protéger ou honorer pendant la marche. *Escorter un convoi.* 2. Accompagner. *Ses amis l'escortèrent jusqu'à la gare.*
ÉTYM. de escorte.

ESCORTEUR [ɛskɔʀtœʀ] n. m. ✦ Petit navire de guerre destiné à l'escorte de navires marchands.
ÉTYM. de *escorter.*

ESCOUADE [ɛskwad] n. f. 1. Petite troupe, groupe de quelques hommes. 2. fig. Petit groupe. SYN. **équipe.**
ÉTYM. de l'ancien français *escoidre*, de *escadre.*

ESCRIME [ɛskʀim] n. f. ✦ Exercice par lequel on apprend l'art de manier l'arme blanche (épée, fleuret, sabre). *Faire de l'escrime.* → **tirer.** *Salle d'escrime* (salle d'armes). *Moniteur d'escrime* (maître, prévôt d'armes).
ÉTYM. ancien italien *scrima*, de l'ancien occitan *escrima*, ancien francais *escremie* «combat», de *escremir*, francique *skirmjan* «protéger».

S'ESCRIMER [ɛskʀime] v. pron. (conjug. 3a) ✦ *S'ESCRIMER À* (+ inf.) : faire (qqch.) avec de grands efforts (et assez mal). SYN. s'**évertuer.** *S'escrimer à jouer du violon. Il s'escrime sur sa version depuis deux heures.*
ÉTYM. de *escrime.*

ESCRIMEUR, EUSE [ɛskʀimœʀ, øz] n. ✦ Personne qui fait de l'escrime.

ESCROC [ɛskʀo] n. m. ✦ Personne qui escroque, qui a l'habitude d'escroquer. SYN. **aigrefin, filou.** *Être victime d'un escroc.*
ÉTYM. italien *scrocco*, de *scroccare* → escroquer.

ESCROQUER [ɛskʀɔke] v. tr. (conjug. 3a) 1. Obtenir (qqch. de qqn) en trompant, par des manœuvres frauduleuses. SYN. **extorquer, soutirer.** *Il leur a escroqué de l'argent. Escroquer une signature à qqn.* 2. *Escroquer qqn,* obtenir qqch. de lui en le trompant. SYN. FAM. **arnaquer, estamper.**
ÉTYM. italien *scroccare* «vivre aux dépens d'autrui», de *crocco* «croc» ou de l'onomatopée *krokk-.*

ESCROQUERIE [ɛskʀɔkʀi] n. f. ✦ Le fait d'escroquer. *Délit d'escroquerie.* ➡ *À ce prix-là, c'est de l'escroquerie !* SYN. ② **vol.**

ESCUDO [ɛskydo ; ɛskudo] n. m. ✦ Ancienne unité monétaire du Portugal.
ÉTYM. mot portugais ; même origine que *écu.*

ESKIMO → ① **ESQUIMAU**

ÉSOTÉRIQUE [ezɔteʀik] adj. 1. (doctrine, connaissance) Qui se transmet seulement à des adeptes qualifiés. SYN. **initiatique, occulte.** *Philosophies ésotériques.* 2. Obscur, incompréhensible pour qui n'appartient pas au petit groupe des initiés. *Une poésie ésotérique.* CONTR. **profane • clair.**
ÉTYM. grec *esôterikos* «de l'intérieur», de *eis* «dans».

ÉSOTÉRISME [ezɔteʀism] n. m. 1. Doctrine ésotérique (ex. alchimie, hermétisme, occultisme). 2. Caractère d'une œuvre impénétrable, énigmatique.
ÉTYM. de *ésotérique.*

① **ESPACE** [ɛspas] n. m. **I** (Milieu où peut se situer qqch.) 1. (espace physique) *L'ESPACE* : étendue qui ne fait pas obstacle au mouvement. *L'espace qui nous environne. Avoir besoin d'espace. La peur de l'espace* (→ **agoraphobie**), *du manque d'espace* (→ **claustrophobie**). ◆ DIDACT. Milieu idéal dans lequel sont localisées les perceptions. *L'espace visuel, tactile.* 2. *(Un, des espaces)* Portion de ce milieu. *Espace occupé par un meuble.* SYN. **emplacement, place.** *Un espace libre, vide.* → **creux, interstice, trou, vide.** 3. Milieu géographique où vit l'espèce humaine. *La conquête des espaces vierges. Aménager l'espace urbain.* ➡ *ESPACE VERT* : espace planté d'arbres, entre les espaces construits. ➡ *ESPACE VITAL* : espace revendiqué par un pays (pour des raisons économiques, démographiques). 4. Étendue des airs. SYN. ① **air, ciel.** *L'espace aérien d'un pays,* la zone de circulation aérienne qu'il contrôle. ◆ seulement sing. Le milieu extraterrestre. SYN. **cosmos.** *La conquête de l'espace* (→ **spatial ; astronaute, cosmonaute**). ◆ au plur. *Les espaces interstellaires, intersidéraux.* **II** (Milieu abstrait) 1. Système de référence d'une géométrie. *L'espace à trois dimensions de la géométrie euclidienne. Géométrie dans l'espace* (opposé à *géométrie plane*). ➡ *Espace à n dimensions des géométries non euclidiennes. Espace courbe.* ➡ PHYS. (relativité) *ESPACE-TEMPS* : milieu à quatre dimensions (les trois de l'espace euclidien, et le temps) où quatre variables sont nécessaires pour déterminer un phénomène. 2. Distance qui sépare deux points, deux lignes, deux objets. SYN. **espacement, intervalle.** *L'espace entre deux lignes.* → **interligne.** *Espace parcouru.* SYN. **chemin, distance.** *Espace parcouru par unité de temps.* → **vitesse.** 3. Durée. *En l'espace de quelques minutes.* → ① **en.**
ÉTYM. latin *spatium.*

② **ESPACE** [ɛspas] n. f. ✦ Blanc qui sépare deux mots.
ÉTYM. de ① *espace* «tige de plomb pour espacer les mots», en typographie.

ESPACEMENT [ɛspasmɑ̃] n. m. 1. Disposition de choses espacées. 2. Distance entre deux choses. *Réduire l'espacement entre deux pylônes.*
ÉTYM. de *espacer.*

ESPACER [ɛspase] v. tr. (conjug. 4) 1. Disposer (des choses) en laissant entre elles un intervalle. *Espacer deux poteaux.* ➡ pronom. *Plus on montait, plus les arbres* *s'espaçaient.* → au p. passé *Arbres régulièrement espacés.* 2. Séparer par un intervalle de temps. *Espacer ses visites, ses paiements* (SYN. **échelonner, étaler**). → au p. passé *Signaux très espacés.* CONTR. **juxtaposer, rapprocher, serrer.**

ÉTYM. de ① *espace.*

ESPADON [ɛspadɔ̃] **n. m.** ✦ Grand poisson comestible dont la mâchoire supérieure se prolonge en forme d'épée.

ÉTYM. italien *spadone*, augmentatif de *spada* «épée».

ESPADRILLE [ɛspadʀij] **n. f.** ✦ Chaussure dont l'empeigne est en toile et la semelle en corde. *Une paire d'espadrilles.*

ÉTYM. occitan *espadrilos*, de l'ancien occitan *espart* «sparterie» ; famille du latin *spartum* «jonc».

ESPAGNOL, OLE [ɛspaɲɔl] **adj. et n.** 1. De l'Espagne (☛ noms propres). SYN. **hispanique, ibérique.** → **n.** *Les Espagnols.* ◆ **n. m.** Langue romane parlée en Espagne, en Amérique latine... *En Espagne, on parle l'espagnol* (ou *castillan*), *le catalan, le basque.* 2. loc. *Auberge* espagnole. Parler français comme une vache* espagnole.*

ÉTYM. ancien occitan *espanol*, latin populaire *Hispaniolus*, de *Hispania* «Espagne».

ESPAGNOLETTE [ɛspaɲɔlɛt] **n. f.** ✦ Ferrure à poignée tournante servant à fermer et à ouvrir les châssis d'une fenêtre. SYN. **crémone.** *Fenêtre fermée à l'espagnolette,* laissée entrouverte.

ÉTYM. diminutif de *espagnol.*

ESPALIER [ɛspalje] **n. m.** 1. Mur le long duquel on plante des arbres fruitiers. *Un espalier bien exposé.* → *EN ESPALIER :* appuyé contre un espalier. *Poiriers en espalier.* → Rangée d'arbres fruitiers plantés contre un mur. 2. SPORTS au plur. Appareil de gymnastique, large échelle fixée à un mur, dont les barreaux servent de support pour des exercices.

ÉTYM. italien *spalliera*, de *spalla* «épaule».

ESPAR [ɛspaʀ] **n. m.** ✦ Longue pièce de bois, de métal..., sur un navire.

ÉTYM. germanique *sparro* «poutre».

ESPÈCE [ɛspɛs] **n. f.** **I** plur. VX Apparences sensibles des choses. 1. RELIG. *Communier sous les deux espèces,* le pain et le vin représentant le corps et le sang de Jésus-Christ. 2. LITTÉR. *SOUS LES ESPÈCES DE :* sous la forme de. **II** 1. Nature propre à plusieurs personnes ou choses, qui permet de les considérer comme appartenant à une catégorie distincte. SYN. **genre, qualité, sorte, type.** *Plusieurs espèces de fruits* (concret, au plur.), *de plaisir* (abstrait, au sing.). *De la même espèce,* comparable, semblable. SYN. **nature, ordre.** *De toute espèce* (ou *de toutes espèces*), variés, très différents. → loc. *Cela n'a aucune espèce d'importance,* aucune importance. 2. *UNE ESPÈCE DE :* personne ou chose qu'on ne peut définir précisément et qu'on assimile à une autre par approximation. SYN. **sorte ; manière.** *Une espèce de clou.* ◆ (personnes, pour renforcer un terme péj.) *Espèces d'imbéciles !* → FAM. (fautif) *Un* (pour *une*) *espèce d'idiot.* 3. loc. *C'est un CAS D'ESPÈCE,* qui ne rentre pas dans la règle générale, qui doit être étudié spécialement (→ **particulier**). → *En l'espèce,* en ce cas particulier. **III** 1. dans une classification Division du genre. *Les caractères d'une espèce* (→ **spécifique**). 2. Ensemble des êtres vivants d'un même genre ayant en commun des caractères distinctifs et pouvant se reproduire entre eux. *Espèces animales, végétales. Espèces en voie de disparition. Les races, les variétés d'une espèce.* ◆ *L'ESPÈCE HUMAINE :* les humains (→ **femme, homme**). *La sauvegarde de l'espèce.* **IV** Monnaie métallique (opposé à *billet*). ◆ *PAYER EN ESPÈCES :* en argent liquide (opposé à *en nature, par chèque, par carte de crédit*).

ÉTYM. latin *species* «aspect ; catégorie» ; doublet de *épice.*

ESPÉRANCE [ɛspeʀɑ̃s] **n. f.** 1. Sentiment qui fait entrevoir comme probable la réalisation de ce que l'on désire. SYN. **confiance, croyance ; espoir** (plus cour.). *Le vert, couleur de l'espérance.* 2. Ce sentiment, appliqué à un objet déterminé. *Une espérance de guérison.* → Dans l'espérance de... *Contre toute espérance,* alors qu'il semblait impossible d'espérer. SYN. **attente.** 3. *Espérance de vie :* durée moyenne de la vie humaine dans une société donnée. 4. au plur. VX Biens qu'on attend d'un héritage. *Ils ont des espérances.* CONTR. **désespérance, désespoir.**

ÉTYM. de *espérer.*

ESPÉRANTO [ɛspeʀɑ̃to] **n. m.** ✦ Langue internationale conventionnelle, créée par Zamenhof vers 1887.

ÉTYM. mot de cette langue, «celui qui espère».

ESPÉRER [ɛspeʀe] **v.** (conjug. 8) 1. **v. tr.** Considérer (ce qu'on désire) comme devant se réaliser. SYN. **compter** sur, **escompter ;** → **espérance, espoir.** *Espérer une récompense. Qu'espérait-il de plus ?* SYN. **souhaiter.** *Je n'en espérais pas tant.* SYN. **attendre, escompter.** → *J'espère réussir, que je réussirai.* → en incise *Il viendra, j'espère, dès demain.* ◆ *Espérer qqn,* espérer sa venue, sa présence. *Enfin vous voilà ! Je ne vous espérais plus.* ◆ (appliqué au passé) Aimer à croire, à penser. *J'espère avoir bien réagi, que j'ai bien réagi.* ◆ (formule de souhait) *Espérons qu'il n'a rien entendu,* j'aime à le croire, à le penser. 2. **v. intr.** Avoir confiance. *Il espère encore.* → *ESPÉRER EN :* mettre sa confiance en (qqch.). *Il espère en des temps meilleurs.* CONTR. **désespérer • appréhender, craindre.**

ÉTYM. latin *sperare.*

ESPERLUETTE [ɛspɛʀlɥɛt] **n. f.** ✦ Signe typographique représentant le mot «et» (&).

ÉTYM. peut-être du latin *perna* «jambe ; coquillage» et *sphaerula* «petite sphère» ; influence de *luette.*

ESPIÈGLE [ɛspjɛgl] **adj.** ✦ (enfant) Vif et malicieux, sans méchanceté. SYN. **coquin, turbulent.** *Un enfant espiègle.* SYN. **diablotin, polisson.** → *Un air espiègle.* → **n.** *C'est une petite espiègle.* CONTR. **indolent, niais.**

ÉTYM. néerlandais *(Till) Uylenspiegel (Eulenspiegel),* personnage populaire d'un roman allemand.

ESPIÈGLERIE [ɛspjɛgləʀi] **n. f.** 1. Caractère espiègle. 2. Tour d'espiègle. *Ce n'est qu'une espièglerie.* → ② **farce, gaminerie.**

ESPION, ONNE [ɛspjɔ̃, ɔn] **n.** 1. Personne chargée d'épier qqn pour rapporter ses actes, ses paroles. 2. Personne chargée de recueillir clandestinement des documents, des renseignements secrets sur une puissance étrangère. SYN. **agent** secret, FAM. **barbouze.** *Surveillance des espions.* → **contre-espionnage.** → appos. (masc.) *Avion espion, satellite espion. Des caméras espions.*

ÉTYM. italien *spione*, de *spiare* «épier».

A B C D E F G H I J K L M N O P Q R S T U V W X Y Z

ESPIONITE [ɛspjɔnit] **n. f.** ✦ Manie de voir des espions (2) partout. ➜ variante ESPIONNITE.

ÉTYM. de *espion* et *-ite*.

ESPIONNAGE [ɛspjɔnaʒ] **n. m.** ✦ Activité des espions (2) ; organisation des renseignements secrets. *Romans d'espionnage.* ➜ *Espionnage industriel :* moyens utilisés pour connaître les secrets de fabrication d'un produit.

ÉTYM. de *espionner.*

ESPIONNER [ɛspjɔne] **v. tr.** (conjug. 3a) **1.** Surveiller secrètement, pour faire un rapport ou par malveillance. *Espionner ses voisins.* SYN. **épier, guetter. 2.** Faire de l'espionnage*. *Espionner un pays au profit d'un autre.*

ÉTYM. de *espion.*

ESPLANADE [ɛsplanad] **n. f.** ✦ Terrain plat, aménagé en vue de dégager les abords d'un édifice, de ménager une perspective.

ÉTYM. italien *spianata,* de *spianare* «aplanir», latin *explanare,* de *planus* «① plan».

ESPOIR [ɛspwaʀ] **n. m. 1.** Fait d'espérer, d'attendre (qqch.) avec confiance. SYN. **espérance.** *J'ai le ferme espoir, j'ai bon espoir qu'il réussira.* SYN. **certitude, conviction.** *J'étais venu dans (avec) l'espoir de vous voir. C'est sans espoir,* c'est désespéré. *«L'Espoir»* (roman de Malraux). ◆ *Ses espoirs se sont réalisés,* ce qu'il espérait. ◆ Personne sur laquelle on fonde un espoir. *Vous êtes notre seul espoir.* ➜ *C'est un espoir du ski,* on espère qu'il deviendra un champion. **2.** Sentiment qui porte à espérer. *Être plein d'espoir. Aimer sans espoir.* CONTR. **désespoir ; appréhension, crainte, inquiétude.**

ÉTYM. de *espérer.*

ESPRIT [ɛspʀi] **n. m.** **I** **1.** Souffle de Dieu. ◆ RELIG. CHRÉT. *SAINT-ESPRIT* ou *ESPRIT SAINT :* Dieu comme troisième personne de la Trinité, qui procède du Père et du Fils. **2.** Inspiration provenant de Dieu. **3.** Principe de la vie de l'homme. SYN. **âme, vie.** **II** Mode d'articulation de la voyelle initiale en grec ancien ; signe au-dessus de la voyelle qui le note. *Esprit dur, rude* () : émission de la voyelle avec aspiration ; *esprit doux* (). **III** **1.** Émanation des corps. ➜ *Reprendre ses esprits :* reprendre connaissance. **2.** CHIM. ANC. Émanation. *ESPRIT-DE-SEL :* acide chlorhydrique étendu d'eau. *ESPRIT-DE-VIN :* alcool éthylique (➜ **spiritueux**). **IV** **1.** Être immatériel, sans corps (➜ **spirituel**). *Dieu est un pur esprit. L'esprit du mal :* le démon. **2.** Être actif dans les mythes, les légendes (elfe, fée, génie, lutin...). **3.** Âme d'un mort. SYN. **fantôme, revenant ;** ➜ **spiritisme.** *Esprit, es-tu là ?* **V** (La réalité pensante) **1.** Le principe pensant en général (opposé à l'objet de pensée, à la matière). SYN. **intellect ;** ① **pensée.** *L'esprit humain.* ➜ *Vue de l'esprit :* position abstraite, théorique (par oppos. à la réalité). *Jeu de l'esprit.* **2.** Principe de la vie psychique, affective et intellectuelle (chez une personne). SYN. **âme, conscience, moi.** *L'esprit et le corps. Ce problème occupe mon esprit. Disposition d'esprit, état* d'esprit.* ➜ loc. *Avoir l'esprit ailleurs :* être distrait. *En esprit :* par la pensée. *Perdre l'esprit :* devenir fou. ◆ par ext. La personne elle-même. *Un esprit romanesque. Calmer les esprits.* **3.** Ensemble des dispositions, des façons d'agir habituelles. SYN. **caractère.** *Avoir l'esprit étroit, large ; aventureux.* ➜ *AVOIR BON, MAUVAIS ESPRIT :* être bienveillant, confiant ; malveillant, rebelle, méfiant. ➜ *AVOIR L'ESPRIT À :* être d'humeur à. SYN. **tête.** *Je n'ai pas l'esprit au jeu, l'esprit à m'amuser.* **4.** Principe de la vie intellectuelle (opposé à la sensibilité). SYN. **entendement, intelligence,** ① **pensée, raison.** *Clarté, vivacité ; paresse d'esprit. Elle a un esprit logique. Avoir l'esprit mal tourné. La lecture ouvre l'esprit. Une idée me vient à l'esprit. Cela m'est sorti de l'esprit,* je l'ai oublié. *Dans mon esprit,* selon moi. ◆ La personne qui pense. *C'est un petit esprit, un esprit supérieur.* prov. *Les grands esprits se rencontrent,* se dit lorsque deux personnes ont la même idée en même temps. **5.** Aptitude à l'intelligence, à une activité intellectuelle. *Avoir l'esprit de synthèse, d'à-propos, d'observation,* être doué pour... **6.** Vivacité, ingéniosité dans la façon de concevoir et d'exposer qqch. (SYN. **finesse, humour**). *Avoir de l'esprit, beaucoup d'esprit* (➜ **spirituel**). *Homme d'esprit.* péj. *Faire de l'esprit.* **7.** Attitude, idée qui détermine (un comportement, une action). *Esprit de révolte. Il a parlé dans un esprit d'apaisement.* SYN. **intention, volonté.** *C'est dans cet esprit qu'il faut considérer les choses,* de ce point de vue. ◆ Fonds d'idées, de sentiments (qui oriente l'action d'une collectivité). *L'esprit d'une époque.* SYN. **génie.** ➜ loc. *Esprit d'équipe. Esprit de famille.* **8.** Sens profond (d'un texte). *«L'Esprit des lois»* (de Montesquieu). *L'esprit et la lettre.*

ÉTYM. latin *spiritus* «souffle», de *spirare* «souffler».

-ESQUE Élément, de l'italien *-esco,* latin *-iscus,* qu'on joint à des noms propres avec le sens de «à la façon de» (ex. *dantesque, gargantuesque*).

ESQUIF [ɛskif] **n. m.** ✦ LITTÉR. Petite embarcation légère. *Un frêle esquif.*

ÉTYM. italien *schifo,* du germanique *skif* «bateau».

ESQUILLE [ɛskij] **n. f.** ✦ Petit fragment qui se détache d'un os fracturé ou carié. *Extraire les esquilles.*

ÉTYM. latin *schidia* «copeau», du grec.

① **ESQUIMAU, AUDE** [ɛskimo, od] **n. et adj.** ✦ Inuit. *Les Esquimaux* (☞ noms propres). ➜ **adj.** Relatif à cette ethnie. *Les chiens esquimaux. Une femme esquimau* ou *esquimaude.* ➜ On écrit aussi *eskimo : une femme eskimo.*

ÉTYM. mot appliqué par les Amérindiens aux Inuits.

② **ESQUIMAU** [ɛskimo] **n. m.** ✦ Glace enrobée de chocolat qu'on tient par un bâtonnet plat. *Des esquimaux.*

ÉTYM. nom déposé ; de ① *esquimau.*

ESQUINTER [ɛskɛ̃te] **v. tr.** (conjug. 3a) ✦ FAM. **1.** Abîmer (qqch.) ; blesser (qqn). *Esquinter sa voiture.* SYN. **abîmer.** *Il s'est fait esquinter.* SYN. **amocher.** ➜ au p. passé *Une voiture esquintée.* ◆ fig. Critiquer très sévèrement. *Esquinter un auteur, un film.* SYN. **éreinter. 2.** Fatiguer extrêmement. SYN. **épuiser, éreinter ;** FAM. **claquer, crever.** *La marche l'a esquinté.* ➜ pronom. *Je ne vais pas m'esquinter pour rien.*

ÉTYM. occitan *esquinta* «déchirer», latin populaire *exquintare* «couper en cinq *(quinque)*».

ESQUISSE [ɛskis] **n. f. 1.** Première forme (d'un dessin, d'une statue, d'une œuvre d'architecture), qui sert de guide à l'artiste quand il passe à l'exécution. SYN. **croquis, ébauche ;** ➜ **maquette.** *Une esquisse au crayon, à la plume.* **2.** Plan sommaire, notes indiquant l'essentiel (d'un travail, d'une œuvre). SYN. **canevas, idée,** ③ **plan, projet.** *Esquisse d'un roman.* **3.** Action d'esquisser (3). SYN. **ébauche.** *L'esquisse d'un sourire.* CONTR. **accomplissement, achèvement.**

ÉTYM. italien *schizzo*, de *schizzare* «jaillir», peut-être d'origine germanique.

ESQUISSER [ɛskise] **v. tr.** (conjug. 3a) 1. Représenter, faire en esquisse. SYN. **ébaucher.** *Esquisser un portrait.* 2. Fixer le plan, les grands traits de (une œuvre littéraire). ➙ Décrire à grands traits. *Esquisser l'action d'une comédie.* 3. Commencer à faire. SYN. **amorcer, ébaucher.** *Esquisser un geste, un sourire.* CONTR. **accomplir, achever.**

ÉTYM. de *esquisse.*

ESQUIVE [ɛskiv] **n. f.** ✦ Action d'esquiver un coup. *Jeu d'esquive d'un boxeur, d'un escrimeur.*

ÉTYM. de *esquiver.*

ESQUIVER [ɛskive] **v. tr.** (conjug. 3a) 1. Éviter adroitement. *Esquiver un coup de poing.* ◆ fig. *Esquiver une difficulté.* SYN. **éluder.** 2. *S'ESQUIVER* **v. pron.** Se retirer, s'en aller en évitant d'être vu. SYN. **s'éclipser.** CONTR. **affronter, recevoir • rester.**

ÉTYM. italien *schivare*, de *schivo* «fier, dédaigneux», d'origine germanique.

ESSAI [esɛ] **n. m.** I 1. Opération par laquelle on s'assure des qualités, des propriétés (de qqch.) ou de la manière d'utiliser. *Faire l'essai d'un produit* (➙ **essayer**). *Essais en laboratoire.* SYN. **épreuve, test.** *Banc* d'essai.* ➙ *Vol, pilote D'ESSAI*, pour essayer les prototypes d'avions. ➙ *Bout d'essai*, bout de film tourné pour évaluer un acteur avant de l'engager. *Elle a tourné des bouts d'essai.* ➙ *Cinéma d'essai*, qui projette des films hors du réseau commercial normal. ◆ *À L'ESSAI* : aux fins d'essai. *Engager qqn à l'essai*, avec la possibilité de ne pas le garder si l'épreuve n'est pas satisfaisante. *Mettre à l'essai* : éprouver. 2. Action faite sans être sûr du résultat. SYN. **tentative.** *Un essai de conciliation.* ➙ *Premiers essais d'un acteur.* ➙ Chacune des tentatives d'un athlète, dont on retient la meilleure. *Premier, second essai.* ◆ (Fait d'essayer) *Coup d'essai.* 3. (au rugby) Avantage obtenu quand un joueur parvient à poser ou à toucher le ballon le premier derrière la ligne de but adverse. *Transformer un essai* (en but). II 1. Résultat d'un essai, premières productions. *Ce ne sont que de modestes essais.* 2. Ouvrage littéraire en prose, de facture libre, traitant de manière originale un sujet (➙ **essayiste**). ☛ Littérature p. 139. *Essai philosophique.*

ÉTYM. latin *exagium* «pesage, poids», de *exigere* «expulser» puis «mesurer, régler».

ESSAIM [esɛ̃] **n. m.** 1. Groupe d'abeilles, d'insectes en vol ou posés. *Un essaim de moucherons.* 2. Groupe nombreux qui se déplace. *Un essaim d'écoliers.*

ÉTYM. latin *examen*, de *exigere* «pousser dehors» ; doublet de *examen.*

ESSAIMAGE [esɛmaʒ] **n. m.** ✦ Action d'essaimer.

ESSAIMER [eseme] **v. intr.** (conjug. 3a) ✦ (abeilles) Quitter la ruche en essaim pour aller s'établir ailleurs. ◆ fig. (collectivité) *Sa famille a essaimé dans toute l'Europe.* SYN. se **disperser.** *Cette société a essaimé sur tout le territoire*, y a établi des succursales.

ÉTYM. de *essaim.*

ESSART [esaʀ] **n. m.** ✦ AGRIC. Terre essartée.

ÉTYM. latin *exsartum*, de *sarire* «sarcler».

ESSARTER [esaʀte] **v. tr.** (conjug. 3a) ✦ AGRIC. Débroussailler (un terrain boisé) par arrachage ou brûlage.

► **ESSARTAGE** [esaʀtaʒ] **n. m.**

ÉTYM. de *essart.*

ESSAYAGE [esɛjaʒ] **n. m.** ✦ Action d'essayer (un vêtement). *Cabine d'essayage.*

ESSAYER [eseje] **v. tr.** (conjug. 12) 1. Soumettre (une chose) à une ou des opérations pour voir si elle répond aux caractères qu'elle doit avoir. SYN. **contrôler, examiner,** ① **tester** ; ➙ **essai.** *Essayer un moteur.* ➙ *Essayer sa force.* 2. Mettre (un vêtement, etc.) pour voir s'il va. *Essayer une robe dans un magasin* (➙ **essayage**). 3. Employer, utiliser (une chose) pour la première fois, pour voir si elle convient. *Essayer un vin* (SYN. ① **goûter**), *une nouvelle marque de lessive.* 4. Employer (qqch.) pour atteindre un but particulier, sans être sûr du résultat. *Essayer un moyen, une méthode.* SYN. **expérimenter.** *Essayer la persuasion. Essayer de* (+ inf.) : faire des efforts dans le dessein de. SYN. **chercher** à ; **s'efforcer, tenter** de. *Essayer de dormir.* ➙ absolt *Cela ne coûte rien d'essayer. Essayer et réessayer.* ➙ (menace) *Essaie un peu* (de faire qqch.), tu verras ce qu'il t'en coûtera. 5. *S'ESSAYER (À)* **v. pron.** Faire l'essai de ses capacités pour (une activité). *S'essayer à la course.* ➙ (+ inf.) Faire une tentative en vue de. *S'essayer à parler en public.*

ÉTYM. latin populaire *exagiare* ou de *essai.*

ESSAYEUR, EUSE [esɛjœʀ, øz] **n.** 1. Personne qui essaie les vêtements aux clients. 2. Personne qui essaie un matériel, qui contrôle la qualité de produits commerciaux.

ÉTYM. de *essayer.*

ESSAYISTE [esejist] **n.** ✦ Auteur d'essais littéraires.

ÉTYM. de *essai* (II).

ESSE [ɛs] **n. f.** ✦ Crochet en forme de S. HOM. ÈS «dans les», S (lettre)

ÉTYM. du nom de la lettre *s.*

ESSENCE [esɑ̃s] **n. f.** I PHILOS. 1. Fond de l'être, nature des choses. SYN. **nature, substance.** ➙ (opposé à *existence*) *Pour Platon, l'essence précède l'existence ; pour l'existentialisme, l'existence précède l'essence.* 2. Ce qui fait qu'une chose est ce qu'elle est ; ensemble des caractères constitutifs et invariables (➙ **essentiel**). *L'essence de l'être humain réside en la pensée.* ➙ *PAR ESSENCE* **loc. adv.** : par sa nature même. ➙ par **définition.** II Espèce (d'un arbre). *Une forêt d'essences variées.* III 1. Liquide volatil très odorant qu'on extrait des végétaux, utilisé en parfumerie, en confiserie. *Essence de lavande, de violette.* 2. Extrait concentré (d'aliments). *Essence de café.* 3. Produit liquide, volatil, inflammable, de la distillation du pétrole. *Pompe à essence. Essence sans plomb. L'indice d'octane de l'essence.*

ÉTYM. latin *essentia*, de *esse* «être».

ESSENTIALISME [esɑ̃sjalism] **n. m.** ✦ DIDACT. Philosophie pour laquelle les essences (I) précèdent toute existence.

ÉTYM. du latin *essentialis*, de *essentia* «essence».

ESSENTIEL, ELLE [esɑ̃sjɛl] **adj.** et **n. m.**

I **adj.** 1. LITTÉR. Qui est ce qu'il est par son essence (I) et non par accident (opposé à *accidentel, relatif*). ➙ Qui appartient à l'essence (I). *Un caractère essentiel.* SYN. **fondamental.** 2. *ESSENTIEL À, POUR*, qui est absolument nécessaire. SYN. **indispensable, nécessaire.** *La nutrition est essentielle à la vie.* ◆ GRAMM. *Complément essentiel :* complément du verbe, que l'on ne peut ni déplacer ni supprimer. *Les compléments d'objet sont essentiels.* 3. Le plus important, très important. SYN. **principal.** *Nous arrivons au point essentiel.* SYN. ① **capital.** *C'est un livre essentiel* (→ **incontournable**). *Il est essentiel de* (+ inf.) ; *c'est essentiel.* CONTR. **accidentel ; occasionnel · inutile, superflu · accessoire, secondaire.**

II n. m. 1. Ce qui est le plus important. *Vous oubliez l'essentiel !* SYN. **principal.** *Aller à l'essentiel. Nous sommes d'accord sur l'essentiel.* 2. *L'essentiel de,* ce qu'il y a de plus important dans. *Je vous résume l'essentiel de son discours.* CONTR. **détail.**

ÉTYM. latin *essentialis,* de *essentia* «essence».

ESSENTIELLEMENT [esɑ̃sjɛlmɑ̃] adv. 1. Par essence. *Être essentiellement différents.* 2. Avant tout, au plus haut point. *Nous tenons essentiellement à cette garantie.* SYN. **absolument.** CONTR. **accidentellement · accessoirement.**

ÉTYM. de *essentiel.*

ESSEULÉ, ÉE [esœle] adj. ✦ LITTÉR. Qu'on laisse seul, sans compagnie. SYN. **délaissé, isolé, seul, solitaire.**

ÉTYM. de *seul.*

ESSIEU [esjø] n. m. ✦ Pièce transversale d'un véhicule, dont les extrémités entrent dans les moyeux des roues. *Les essieux porteurs d'une locomotive. L'essieu avant* (→ **train**), *arrière* (→ **pont**) *d'une voiture.*

ÉTYM. latin populaire *axile,* de *axis* «axe».

ESSOR [esɔʀ] n. m. ✦ (rare au plur.) 1. Élan d'un oiseau qui s'envole. SYN. **envol, envolée.** *L'aigle prend son essor.* 2. LITTÉR. Élan, impulsion. *L'essor de son imagination.* 3. Développement hardi et fécond. *L'essor d'une entreprise.* SYN. **croissance.** *Industrie en plein essor.* CONTR. **baisse, déclin.**

ÉTYM. de *essorer* «prendre son vol» → essorer.

ESSORAGE [esɔʀaʒ] n. m. ✦ Action d'essorer (le linge).

ÉTYM. de *essorer* (II).

ESSORER [esɔʀe] v. tr. (conjug. 3a) I (oiseau) VX S'élancer dans les airs, prendre son vol, son essor*. II Débarrasser (une chose mouillée) d'une grande partie de l'eau qu'elle contient. *Essorer du linge.* – au p. passé *Linge essoré.*

ÉTYM. latin populaire *exaurare,* de *aura* «vent, air».

ESSOREUSE [esɔʀøz] n. f. ✦ Machine, ustensile servant à essorer. *Essoreuse à salade.*

ÉTYM. de *essorer* (II).

ESSORILLER [esɔʀije] v. tr. (conjug. 3a) ✦ Couper les oreilles de (qqn, un animal).

ÉTYM. de *oreille.*

ESSOUFFLEMENT [esufləmɑ̃] n. m. ✦ État d'une personne essoufflée ; respiration courte et gênée. SYN. **suffocation.** ◆ fig. Fait de perdre son dynamisme. *L'essoufflement de l'économie.*

ESSOUFFLER [esufle] v. tr. (conjug. 3a) I Mettre presque hors d'haleine, à bout de souffle. *La montée m'a essoufflé.* – au p. passé *Il est arrivé tout essoufflé.* II S'ESSOUFFLER v. pron. 1. *Il s'essouffle facilement.* SYN. **haleter, souffler, suffoquer.** 2. fig. Perdre l'inspiration. *Cet écrivain, ce cinéaste s'essouffle.* ◆ Ne plus pouvoir suivre un rythme de croissance. *L'industrie textile s'essouffle.*

ÉTYM. de *é-* et *souffle.*

ESSUIE- Élément, du verbe *essuyer* (ex. *essuie-pied* n. m. «paillasson», *essuie-verre* n. m. «torchon»).

ESSUIE-GLACE [esɥiglas] n. m. ✦ Tige de métal articulée, munie d'une lame souple (balai) qui essuie automatiquement le parebrise (ou la vitre arrière) d'un véhicule. *Des essuie-glaces.*

ESSUIE-MAIN [esɥimɛ̃] n. m. ✦ Serviette pour s'essuyer les mains. *Des essuie-mains.* – On écrit aussi *un essuie-mains* (invar.).

ESSUIE-TOUT [esɥitu] n. m. invar. ✦ Papier absorbant assez résistant, à usages multiples (surtout domestiques).

ESSUYAGE [esɥijaʒ] n. m. ✦ Action d'essuyer. *L'essuyage de la vaisselle.*

ESSUYER [esɥije] v. tr. (conjug. 10) I 1. Sécher (ce qui est mouillé) en frottant avec un linge sec, sur une chose sèche. *Laver et essuyer la vaisselle. Essuyer ses pieds, s'essuyer les pieds,* frotter ses semelles sur un paillasson. – pronom. *S'essuyer en sortant du bain.* – loc. FAM. *Essuyer les plâtres :* occuper une habitation qui vient d'être achevée ; fig. subir le premier les conséquences d'une situation fâcheuse. ◆ Ôter (ce qui mouille qqch.). *Essuyer l'eau répandue.* SYN. **éponger.** *Essuyer ses larmes.* 2. Ôter la poussière de (qqch.) en frottant. *Essuyer les meubles avec un chiffon.* SYN. **épousseter.** ◆ Enlever (ce qui salit). II fig. Avoir à supporter (qqch. de fâcheux). SYN. **éprouver, subir.** *Le navire a essuyé une tempête. Essuyer des reproches.* SYN. **endurer, subir.** CONTR. **mouiller · salir, souiller.**

ÉTYM. latin *exsucare,* de *sucus* «suc».

EST [ɛst] n. m. invar. 1. Celui des quatre points cardinaux qui est au soleil levant (abrév. E.). SYN. **orient.** *Mosquée orientée à l'est.* – Lieu situé du côté de l'est. *Le vent souffle de l'est.* – appos. invar. *La côte est.* SYN. **oriental.** 2. *L'Est* (en France) : l'Alsace et la Lorraine. *Habiter dans l'Est.* ◆ HIST. Les pays d'Europe orientale, qui appartenaient à la zone d'influence soviétique. *Relations entre l'Est et l'Ouest. Les pays de l'Est.*

ÉTYM. ancien anglais *east.*

ESTACADE [ɛstakad] n. f. ✦ Barrage fait par l'assemblage de pieux, de pilotis, de radeaux. *Une estacade ferme l'entrée du port.* SYN. **digue, jetée.**

ÉTYM. italien *steccata* «palissade», de *stacca* «pieu», mot germanique.

ESTAFETTE [ɛstafɛt] n. f. ✦ anciennt Courrier, messager chargé d'une dépêche. *Estafette à cheval.* ◆ Militaire agent de liaison. *Dépêcher une estafette.*

ÉTYM. italien *staffetta,* de *staffa* «étrier», mot germanique.

ESTAFILADE [ɛstafilad] n. f. ✦ Entaille faite avec une arme tranchante (sabre, rasoir), surtout au visage. SYN. **balafre, coupure.** *Se faire une estafilade en se rasant.*

ÉTYM. italien *staffilata,* de *staffile* «courroie d'étrier *(staffa)*».

ESTAMINET [ɛstaminɛ] n. m. ✦ VIEILLI OU RÉGIONAL (nord de la France, Belgique) Petit café populaire.

ÉTYM. wallon *staminê* «salle avec des poteaux *(stamon)*», mot germanique.

ESTAMPE [ɛstɑ̃p] **n. f.** ✦ Image imprimée au moyen d'une planche gravée ou par lithographie. SYN. **gravure.** *Tirer une estampe. Livre illustré d'estampes.*
ÉTYM. italien *stampa*, de *stampare* «imprimer», d'origine germanique.

ESTAMPER [ɛstɑ̃pe] **v. tr.** (conjug. 3a) **1.** Imprimer en relief ou en creux (l'empreinte gravée sur un moule, une matrice). *Estamper une feuille de métal.* **2.** fig. FAM. Faire payer trop cher (qqn). SYN. **escroquer,** ② **voler.** *Se faire estamper au restaurant.*
► **ESTAMPAGE** [ɛstɑ̃paʒ] **n. m.**
ÉTYM. francique *stampôn* «piler», infl. de *estampe.*

ESTAMPEUR, EUSE [ɛstɑ̃pœʀ, øz] **n.** ✦ Personne qui estampe.

ESTAMPILLAGE [ɛstɑ̃pijaʒ] **n. m.** ✦ Action d'estampiller ; son résultat.

ESTAMPILLE [ɛstɑ̃pij] **n. f.** ✦ Empreinte (cachet, poinçon, signature) qui atteste l'authenticité d'un produit, d'un document, en indique l'origine ou constate le paiement d'un droit fiscal. *L'estampille d'un produit industriel* (marque de fabrique ; label).
ÉTYM. espagnol *estampilla*, diminutif de *estampa* «estampe».

ESTAMPILLER [ɛstɑ̃pije] **v. tr.** (conjug. 3a) ✦ Marquer d'une estampille. SYN. **poinçonner, timbrer.** *Estampiller des marchandises.* → au p. passé *Briquet estampillé.*

ESTANCIA [ɛstɑ̃sja] **n. f.** ✦ Grande exploitation agricole, d'élevage, en Amérique latine.
ÉTYM. mot espagnol, de *estar* «être», latin *stare.*

EST-CE QUE [ɛsk(ə)] → ① ÊTRE (IV, 2)

① **ESTER** [este] **v. intr.** (conjug. 3a) ✦ DR. *Ester en justice :* intenter un procès, poursuivre devant un tribunal.
ÉTYM. latin médiéval *stare* «soutenir une action en justice», du latin classique *stare* «se tenir debout».

② **ESTER** [ɛstɛʀ] **n. m.** ✦ CHIM. Corps résultant de l'action d'un acide sur un alcool ou un phénol avec élimination d'eau (→ **polyester).**
ÉTYM. mot allemand, contraction de *Essigäther* «éther acétique», de *Essig* «vinaigre».

ESTHÈTE [ɛstɛt] **n.** ✦ Personne qui affecte le culte raffiné de la beauté formelle. *Il a un œil, un goût d'esthète.* → **adj.** *Elle est assez esthète.*
ÉTYM. grec *aisthêtês* «celui qui perçoit par les sens».

ESTHÉTICIEN, IENNE [ɛstetisjɛ̃, jɛn] **n. 1.** DIDACT. Spécialiste d'esthétique (I, 1). **2.** Personne dont le métier consiste à donner des soins de beauté (maquillage, etc). *Les esthéticiennes d'un institut de beauté.*

ESTHÉTIQUE [ɛstetik] **n. f.** et **adj.**
I n. f. 1. Science du beau dans la nature et dans l'art ; conception particulière du beau. **2.** Beauté. *Sacrifier le pratique à l'esthétique.* **3.** Techniques de conception et de réalisation d'objets satisfaisants pour le sens esthétique. *L'esthétique industrielle.*
II adj. 1. Relatif à la beauté, à l'esthétique (I, 1). *Sentiment, jugement esthétique.* **2.** Qui participe de l'art. SYN. **artistique. 3.** Qui a un certain caractère de beauté. SYN. ① **beau, harmonieux. 4.** *CHIRURGIE ESTHÉTIQUE,* qui change les formes du corps, du visage dans un but esthétique. CONTR. **inesthétique.**
ÉTYM. latin moderne *aesthetica*, du grec *aisthêtikos* «sensible».

ESTHÉTIQUEMENT [ɛstetikmɑ̃] **adv.** ✦ Du point de vue esthétique ; d'une manière esthétique.

ESTIMABLE [ɛstimabl] **adj. 1.** Digne d'estime. *Une personne très estimable.* SYN. **honorable. 2.** Qui a du mérite, sans être remarquable. *Un ouvrage estimable et sérieux.* SYN. **honnête.** CONTR. **indigne, méprisable • inestimable.**
ÉTYM. de *estimer*, suffixe *-able.*

ESTIMATIF, IVE [ɛstimatif, iv] **adj.** ✦ Qui contient une estimation. *Un devis estimatif.*

ESTIMATION [ɛstimasjɔ̃] **n. f. 1.** Action d'estimer, de déterminer la valeur, le prix qu'on attribue à une chose. SYN. **appréciation, évaluation.** *L'estimation d'une œuvre d'art par un expert.* → **expertise.** *Estimation du prix de travaux.* → **devis. 2.** Action d'évaluer (une grandeur). SYN. ② **calcul, évaluation.** *Estimation statistique. Selon mes estimations, nous arriverons à six heures.*
ÉTYM. latin *aestimatio.*

ESTIME [ɛstim] **n. f. I** MAR. Calcul approximatif de la position d'un navire en estimant le chemin parcouru. ♦ *À L'ESTIME* **loc. adv.** *Naviguer à l'estime,* en utilisant les instruments de navigation. → fig. En estimant rapidement, approximativement (→ au jugé). **II 1.** Sentiment favorable né de la bonne opinion qu'on a du mérite, de la valeur (de qqn). SYN. **considération, respect.** *Avoir de l'estime pour qqn. Tenir qqn en grande estime. Il a monté, baissé dans mon estime.* **2.** Sentiment qui attache du prix à qqch. *Son courage inspire de l'estime. Succès d'estime* (d'une œuvre qui n'obtient pas la faveur du grand public). CONTR. **dédain, mépris.**
ÉTYM. de *estimer.*

ESTIMER [ɛstime] **v. tr.** (conjug. 3a) **I 1.** Déterminer le prix, la valeur de (qqch.) par une appréciation. SYN. **apprécier ;** → **estimation.** *Faire estimer un objet d'art par un expert.* → **expertiser.** *Estimer qqch. au-dessous* (→ **sous-estimer**), *au-dessus* (→ **surestimer**) *de sa valeur. Estimer qqch., qqn à sa juste valeur.* **2.** Calculer approximativement. *La distance est difficile à estimer.*
II 1. Avoir une opinion sur (une personne, une chose). SYN. **considérer, croire, tenir** pour, **trouver.** → (+ adj. attribut) *Estimer indispensable de faire qqch.* → (+ inf. ou subordonnée) *J'estime avoir fait mon devoir. J'estime que cela suffit.* **2.** Avoir bonne opinion de, reconnaître la valeur de (qqn ou, moins souvent, qqch.). SYN. **apprécier, considérer ;** → **estime.** *Estimer un collègue. On l'estime pour son sérieux.* **III** *S'ESTIMER* **v. pron.** (+ adj. attribut) Se considérer, se trouver. *S'estimer satisfait. Estimons-nous heureux.* CONTR. **déconsidérer, dédaigner, mépriser, mésestimer.**
► **ESTIMÉ, ÉE adj. 1.** *Position estimée d'un navire.* **2.** Qui jouit de l'estime d'autrui. *Une collaboratrice très estimée.* → (choses) Apprécié. *Un vin estimé.*
ÉTYM. latin *aestimare* «évaluer le prix».

ESTIVAL, ALE, AUX [ɛstival, o] **adj.** ✦ Propre à l'été, d'été. *La chaleur estivale. Tenue estivale.* CONTR. **hivernal.**
ÉTYM. latin *aestivalis*, famille de *aestas* «été».

ESTIVANT, ANTE [ɛstivɑ̃, ɑ̃t] **n.** ✦ Personne qui passe les vacances d'été dans une station de villégiature. SYN. **vacancier.**
ÉTYM. du participe présent de *estiver* «passer l'été en quelque endroit».

A B C D E F G H I J K L M N O P Q R S T U V W X Y Z

ESTIVATION [ɛstivasjɔ̃] **n. f.** ✦ ZOOL. Engourdissement de certains animaux (crocodiles, serpents) pendant l'été (opposé à *hibernation*).
ÉTYM. de *estiver.*

ESTIVER [ɛstive] **v. tr.** (conjug. 3a) ✦ AGRIC. *Estiver des troupeaux,* leur faire passer l'été dans des pâturages de montagne (→ **transhumance**). CONTR. **hiverner.**
► **ESTIVAGE** [ɛstivaʒ] **n. m.**
ÉTYM. latin *aestivare* «passer l'été *(aestas)*».

ESTOC [ɛstɔk] **n. m.** ✦ VIEILLI Pointe de l'épée. *Frapper d'estoc.* ➝ loc. *D'ESTOC ET DE TAILLE,* avec la pointe et le tranchant de l'épée.
ÉTYM. de l'ancien français *estochier,* ancienne forme de *estoquer.*

ESTOCADE [ɛstɔkad] **n. f.** ✦ Coup d'épée, dans la mise à mort du taureau. *Le matador donne l'estocade.*
ÉTYM. de *estoquer* (2).

ESTOMAC [ɛstɔma] **n. m.** **I** Viscère creux, organe de l'appareil digestif. **1.** (personnes) Poche musculeuse, située dans la partie supérieure de la cavité abdominale (→ **gastéro-** ; **stomacal**). *Avoir l'estomac vide, plein.* SYN. **ventre.** *Ulcère à l'estomac.* ♦ (en tant qu'organe de la nourriture, de la gourmandise, de l'appétit...) *S'en mettre plein l'estomac* (→ FAM. *la lampe, la panse...*). ➝ loc. *Avoir l'estomac dans les talons :* avoir faim. **2.** (animaux) Partie renflée du tube digestif, qui reçoit les aliments. *L'estomac des ruminants* (panse, bonnet, feuillet, caillette). *L'estomac des oiseaux* (gésier). **II** Partie du torse située sous les côtes, le diaphragme. *Boxeur qui frappe à l'estomac.* ➝ loc. *Le creux de l'estomac.* **III** *Avoir de l'estomac,* faire preuve de hardiesse, d'audace. SYN. **aplomb, cran, culot.** ➝ FAM. *À L'ESTOMAC* **loc. adv.** : au culot.
ÉTYM. latin *stomachus,* du grec «gosier», de *stoma* «bouche».

ESTOMAQUER [ɛstɔmake] **v. tr.** (conjug. 3a) ✦ FAM. Étonner, surprendre (par qqch. de choquant, d'offensant). *Sa conduite a estomaqué tout le monde.* SYN. **stupéfier.** ➝ au p. passé Ahuri, stupéfait. *J'en suis encore estomaqué.*
ÉTYM. de *estomac.*

ESTOMPAGE [ɛstɔ̃paʒ] **n. m.** ✦ Action d'estomper ; son résultat.

ESTOMPE [ɛstɔ̃p] **n. f.** ✦ Petit rouleau de peau ou de papier cotonneux, terminé en pointe, servant à étendre le crayon, le fusain, le pastel sur un dessin.
ÉTYM. néerlandais *stomp* «bout».

ESTOMPER [ɛstɔ̃pe] **v. tr.** (conjug. 3a) **1.** Dessiner, ombrer avec l'estompe. *Adoucir un trait en l'estompant.* **2.** Rendre moins net, rendre flou. SYN. ① **voiler.** *La brume estompait le paysage.* ➝ pronom. *Le paysage s'estompait.* **3.** fig. Enlever de son relief à (un souvenir, un caractère...). SYN. **adoucir, atténuer,** ① **voiler.** *Le temps estompe les douleurs.* ➝ pronom. *Les rancœurs s'estompent, finissent par s'estomper.*
ÉTYM. de *estompe.*

ESTOQUER [ɛstɔke] **v. tr.** (conjug. 3a) **1.** VX Frapper d'estoc. **2.** Mettre à mort (le taureau) par l'estocade.
ÉTYM. ancien néerlandais *stoken* «piquer, pousser», du francique *stok* «tronc d'arbre» ; sens 2, espagnol *estoquear,* du français.

ESTOURBIR [ɛstuʀbiʀ] **v. tr.** (conjug. 13) ✦ FAM. Assommer. *Ils ont estourbi le gardien.*
ÉTYM. de l'alémanique *storb* «mort», de l'allemand *sterben* «mourir».

ESTRADE [ɛstʀad] **n. f.** ✦ Plancher élevé de quelques marches au-dessus du sol ou du parquet. *L'estrade d'une salle de classe. Estrade dressée pour un match de boxe.* SYN. **ring.**
ÉTYM. espagnol *estrado,* latin *stratum* «assise».

ESTRAGON [ɛstʀagɔ̃] **n. m.** ✦ Plante dont la tige et les feuilles aromatiques sont employées comme condiment. ➝ Ce condiment. *Vinaigre, moutarde à l'estragon.*
ÉTYM. altération de *targon,* latin médiéval *tarcon,* arabe *tarhūn,* du grec *drachontion* «petit dragon».

ESTRAN [ɛstʀɑ̃] **n. m.** ✦ Partie du littoral périodiquement recouverte par la marée.
ÉTYM. mot normand, anc. anglais ou allemand *strand.*

ESTRAPADE [ɛstʀapad] **n. f.** ✦ anciennt Supplice qui consistait à faire tomber le condamné plusieurs fois au bout d'une corde.
ÉTYM. italien *strappata,* p. passé de *strappare* «arracher», germanique *strappan* «attacher fortement».

ESTROGÈNE → ŒSTROGÈNE

ESTROPIÉ, ÉE [ɛstʀɔpje] **adj. 1.** Qu'on a estropié ; qui s'est estropié. SYN. **éclopé, infirme.** ➝ **n.** *Un estropié.* **2.** fig. *Un mot estropié,* déformé. CONTR. **ingambe, valide.**

ESTROPIER [ɛstʀɔpje] **v. tr.** (conjug. 9) **1.** Priver d'un membre, mutiler par blessure ou maladie. ➝ pronom. *Elle s'est estropiée en tombant d'une échelle.* **2.** fig. Modifier ou tronquer (un mot, un texte, etc.). *Estropier un nom étranger.* SYN. **écorcher.**
ÉTYM. italien *stroppiare,* latin populaire *exturpiare,* de *turpis* «difforme».

ESTUAIRE [ɛstɥɛʀ] **n. m.** ✦ Embouchure (d'un cours d'eau) dessinant un golfe évasé et profond. *La Gironde, estuaire de la Garonne.*
ÉTYM. latin *aestuarium,* de *aestus* «marée montante».

ESTUDIANTIN, INE [ɛstydjɑ̃tɛ̃, in] **adj.** ✦ Relatif à l'étudiant, aux étudiants. *Vie estudiantine.*
ÉTYM. de *étudiant,* peut-être d'après l'espagnol *estudiantino.*

ESTURGEON [ɛstyʀʒɔ̃] **n. m.** ✦ Grand poisson qui vit en mer et va pondre dans les grands fleuves. *Œufs d'esturgeon.* → **caviar.**
ÉTYM. francique *sturjo.*

ET [e] **conj.** **I** Conjonction de coordination qui sert à lier les mots, les syntagmes, les propositions ayant même fonction ou même rôle et à exprimer une addition, une liaison. **1.** reliant deux parties de même nature *Toi et moi. Deux et deux font quatre.* → ① **plus.** *Taisez-vous et écoutez. Il n'ira pas et moi non plus.* → **ni.** *J'ai accepté ; et vous ?* ➝ *Il y a parfum et parfum,* tous les parfums ne se valent pas. ➝ précédant le dernier terme d'une énumération *Ajouter du thym, du laurier et du romarin.* ➝ LITTÉR. devant chaque terme de l'énumération, pour insister sur l'importance des éléments *Il est tellement bon, et généreux, et indulgent...* **2.** reliant deux parties de nature différente et de même fonction *Un homme habile, et qui sait convaincre.* **3.** dans les nombres composés (joignant *un* aux dizaines) *Vingt et un* (mais quatre-vingt-un). ➝ devant la

fraction *Deux heures et quart* (ou *un quart*), *et demie.* **II** (En début de phrase, avec une valeur emphatique) *Et voici que tout à coup il se met à courir.* → **alors.** ➝ FAM. *Et d'un(e), et de deux,* etc., pour mettre en évidence un processus. *Et d'un tu parles trop, et de deux on m'a tout raconté.* HOM. EH, HÉ «cri d'appel» ; EST (forme du verbe *être*)
ÉTYM. latin *et*, mot indo-européen.

ÊTA [ɛta] **n. m. invar.** ✦ Septième lettre de l'alphabet grec (Η, η). HOM. ÉTAT «pays»

ÉTABLE [etabl] **n. f.** ✦ Bâtiment où on loge le bétail, les bovidés. *Élever des veaux à l'étable* (→ **stabulation**).
ÉTYM. latin populaire *stabula*, de *stabulum* «demeure».

ÉTABLI [etabli] **n. m.** ✦ Table massive sur laquelle on dispose ou fixe la pièce à travailler. *L'établi d'un menuisier, d'un bricoleur.*
ÉTYM. du participe passé de *établir*.

ÉTABLIR [etabliʀ] **v. tr.** (conjug. 13) **I** Mettre, faire tenir (une chose) dans un lieu et d'une manière stable. SYN. **construire, installer.** *Établir une usine dans une ville.* SYN. **implanter ;** → **établissement.** **II** fig. **1.** Mettre en vigueur, en application. SYN. **fonder, instituer.** *Établir un impôt. Il tentait d'établir le silence.* ➝ Fonder de manière stable. *Établir sa fortune sur des bases solides.* SYN. **asseoir, bâtir, édifier.** **2.** VIEILLI Placer (qqn) dans une situation, pourvoir d'un emploi. *Établir ses enfants.* **3.** Fonder sur des arguments solides, sur des preuves. *Établir sa démonstration sur des faits.* SYN. **appuyer, baser.** ➝ Faire apparaître comme vrai. *Établir la réalité d'un fait.* SYN. **démontrer, prouver.** *Nous établirons que c'est vrai.* **4.** Faire commencer (des relations). *Établir des liens d'amitié avec qqn.* SYN. **nouer.** **III** *S'ÉTABLIR* **v. pron.** **1.** Fixer sa demeure (en un lieu). *Il est allé s'établir à Toulouse, en Belgique, chez son frère.* SYN. **habiter, s'installer.** ➝ Prendre la profession de. *S'établir comme restaurateur dans une ville. Un dentiste va s'établir dans la ville,* y ouvrir un cabinet. **2.** (+ attribut) *S'établir restaurateur.* ➝ fig. S'instituer, se constituer, se poser en. *S'établir juge des actes d'autrui.* **3.** Prendre naissance, s'instaurer. ➝ impers. *Il s'est établi entre eux de bonnes relations.* CONTR. **détruire, renverser · abolir, supprimer.**
► **ÉTABLI, IE adj.** **1.** *L'ordre établi,* en vigueur, solidement installé. **2.** *Une réputation établie,* solide, assise. ♦ *Un fait bien établi,* prouvé, certain. CONTR. **fragile, incertain.**
ÉTYM. latin *stabilire* «rendre stable *(stabilis)*».

ÉTABLISSEMENT [etablismɑ̃] **n. m.** **I** **1.** Action de fonder, d'établir. *L'établissement d'une usine ; d'un impôt.* SYN. **création, fondation, institution.** **2.** Fait d'établir (II, 3). *L'établissement d'un fait.* SYN. **démonstration, preuve.** **3.** Fait de s'établir (1). **II** Ensemble des installations établies pour l'exploitation, le fonctionnement d'une entreprise ; cette entreprise. *Établissement agricole, commercial, industriel* (→ **atelier, bureau, exploitation, magasin, maison, usine**). *Les établissements X.* SYN. **entreprise, société.** ➝ *ÉTABLISSEMENT PUBLIC,* chargé de gérer un service public. ➝ *Établissement scolaire. Chef d'établissement. Établissement thermal.* CONTR. **démolition, destruction, renversement ; abolition, suppression.**

ÉTAGE [etaʒ] **n. m.** **I** **1.** Espace compris entre deux planchers successifs d'un édifice. *Immeuble de quatre étages ; une tour de cinquante étages. Habiter au troisième (étage).* ♦ *Grimper, escalader les étages,* l'escalier. **2.** Chacun des plans (d'une chose ou d'un ensemble formé de parties superposées). *Le terrain descend par étages.* SYN. **gradin.** **3.** TECHN. Niveau d'énergie ou de renforcement (correspondant ou non à un dispositif matériel en *étages*). **4.** Élément propulseur détachable (d'une fusée). *Fusée à trois étages.* **II** loc. *DE BAS ÉTAGE :* de condition médiocre.
ÉTYM. de l'ancien français *ester* «se tenir debout», latin *stare*.

ÉTAGEMENT [etaʒmɑ̃] **n. m.** ✦ Disposition étagée. *L'étagement de la végétation selon l'altitude.*
ÉTYM. de *étager*.

ÉTAGER [etaʒe] **v. tr.** (conjug. 5) ✦ Disposer par étages, par rangs superposés. SYN. **échelonner, superposer.** *Étager des cultures.* ➝ pronom. Être disposé par étage. *Les vergers s'étageaient sur la colline.* ➝ au p. passé *Spectateurs étagés dans un amphithéâtre.*

ÉTAGÈRE [etaʒɛʀ] **n. f.** **1.** Planche, tablette. *Des étagères couvertes de livres.* **2.** Meuble formé de montants qui supportent des tablettes horizontales.
ÉTYM. anc. provençal *estagiera*, de *estatge* «étage».

ÉTAI [etɛ] **n. m.** ✦ Pièce de charpente destinée à soutenir provisoirement (→ **étayer**).
ÉTYM. francique *staka* «soutien».

ÉTAIEMENT [etɛmɑ̃] **n. m.** ✦ Action d'étayer ; opération par laquelle on étaie. *L'étaiement d'un mur.*

ÉTAIN [etɛ̃] **n. m.** **1.** Métal blanc grisâtre (symb. Sn), très malléable (→ **étamage, tain**). *Vaisselle, pot en étain.* **2.** Objet d'étain. *Des étains du XVIe siècle.*
HOM. ÉTEINT «qui n'éclaire plus»
ÉTYM. latin *stagnum, stannum,* peut-être gaulois.

ÉTAL, ÉTALS [etal] **n. m.** **1.** Table où l'on expose les marchandises dans les marchés publics. SYN. **éventaire.** *Les étals des poissonniers.* **2.** Table de bois épais sur laquelle les bouchers débitent la viande. HOM. ÉTALE «immobile» ; ÉTAU «presse»
ÉTYM. francique *stal* «position» et «table d'exposition».

ÉTALAGE [etalaʒ] **n. m.** **1.** ADMIN. Exposition de marchandises qu'on veut vendre. *Réglementation de l'étalage.* **2.** Lieu où l'on expose des marchandises ; ensemble des marchandises exposées. SYN. **devanture, vitrine.** *Les étalages d'un grand magasin* (→ **étalagiste**). **3.** Action d'exposer, de déployer aux regards avec ostentation. *Un étalage d'érudition.* SYN. **démonstration.** *Étalage de luxe.* SYN. **déploiement.** ➝ *FAIRE ÉTALAGE DE :* exhiber. → **afficher.** *Faire étalage de sa fortune.*
ÉTYM. de *étaler*.

ÉTALAGISTE [etalaʒist] **n.** ✦ Personne dont le métier est de composer, de disposer les étalages aux devantures des magasins.

ÉTALE [etal] **adj.** ✦ Sans mouvement, immobile. *Un navire étale.* ➝ *Mer étale,* qui a cessé de monter et qui ne descend pas encore. HOM. ÉTAL «éventaire»
ÉTYM. de *étaler*.

ÉTALEMENT [etalmɑ̃] **n. m.** **1.** (dans l'espace) Action d'étaler. *L'étalement de gravier sur une allée.* **2.** (dans le temps) Action d'étaler, de répartir. *Étalement des paie-*

A B C D E F G H I J K L M N O P Q R S T U V W X Y Z

ments. SYN. **échelonnement.** *L'étalement des vacances* (sur l'année).

ÉTALER [etale] v. tr. (conjug. 3a) **I** concret **1.** Exposer (des marchandises à vendre). *Les forains étalent leurs marchandises.* **2.** Disposer de façon à faire occuper une grande surface, notamment pour montrer. *Il étalait tous ses papiers sur la table.* SYN. **éparpiller.** *Étaler un journal,* l'ouvrir largement. SYN. **déplier, déployer.** **3.** Étendre sur une grande surface en couche fine. *Étaler du beurre sur du pain.* SYN. **tartiner.** *Étaler du foin pour le faire sécher.* **4.** FAM. (personnes) Faire tomber. *Il l'a étalé d'un coup de poing.* – fig. *Il s'est fait étaler à l'examen,* il a échoué. **II** abstrait **1.** Faire voir, montrer avec excès, prétention. SYN. **déployer, exposer.** *Étaler ses talents, sa science.* SYN. **exhiber.** *Étaler un luxe insolent.* SYN. **afficher.** **2.** Montrer, rendre évident (ce qui était caché). *Étaler un scandale.* SYN. **révéler.** **III** Répartir dans le temps (→ **étalement**). *Étaler des travaux sur plusieurs années. Étaler ses paiements.* SYN. **échelonner.** **IV** *S'ÉTALER* v. pron. **1.** Être étendu sur une surface. *Le brouillard s'étale dans la vallée. Peinture qui s'étale bien.* **2.** S'étendre (dans le temps) ; durer. *Les départs en vacances devraient s'étaler sur deux semaines.* **3.** FAM. (personnes) Prendre de la place. *Il s'étalait dans un fauteuil.* SYN. **s'avachir.** **4.** FAM. Tomber. *Il a trébuché et s'est étalé de tout son long.* – fig. *S'étaler à un examen,* échouer.

ÉTYM. de *étal.*

① **ÉTALON** [etalɔ̃] n. m. ✦ Cheval entier destiné à la reproduction (opposé à *hongre*). *Des étalons pur-sang.*

ÉTYM. francique *stallo* «cheval gardé à l'écurie *(stal)*».

② **ÉTALON** [etalɔ̃] n. m. **1.** Modèle légal de mesure ; représentation matérielle d'une unité de mesure. *Étalon de longueur.* – appos. *Mètre étalon. Des poids étalons.* **2.** fig. Modèle. SYN. **mesure, référence, type.** **3.** ÉCON. Métal sur lequel est fondée la valeur d'une unité monétaire. *Système d'étalon-or.*

ÉTYM. de l'ancien français *estal* «pieu», francique *stalo.*

ÉTALONNAGE [etalɔnaʒ] n. m. ✦ Action d'étalonner (une mesure, un appareil). *L'étalonnage d'une balance.*

ÉTALONNER [etalɔne] v. tr. (conjug. 3a) **1.** Vérifier (une mesure) par comparaison avec un étalon. – au p. passé *Mesure étalonnée par un vérificateur.* **2.** Graduer (un instrument) conformément à l'étalon. **3.** STATIST. *Étalonner un test,* l'appliquer à un groupe de référence, afin de définir des normes.

ÉTYM. de ② *étalon.*

ÉTAMAGE [etamaʒ] n. m. ✦ Action d'étamer. *Étamage des glaces.*

ÉTAMBOT [etɑ̃bo] n. m. ✦ Partie du navire qui continue la quille à l'arrière et où se trouve le gouvernail.

ÉTYM. norrois *stafnbord* «bord de l'étrave *(stafn)*».

ÉTAMER [etame] v. tr. (conjug. 3a) **1.** Recouvrir (un métal) d'une couche d'étain. *Faire étamer une casserole.* – au p. passé *Tôle étamée,* fer-blanc. **2.** Recouvrir (la face interne d'une glace) d'un amalgame d'étain et de mercure (→ **tain**).

ÉTYM. de *étaim,* ancienne forme de *étain.*

ÉTAMEUR, EUSE [etamœʀ, øz] n. ✦ Personne dont le métier est d'étamer.

① **ÉTAMINE** [etamin] n. f. **1.** Étoffe mince, légère. *Étamine de laine.* **2.** Tissu lâche qui sert à cribler ou à filtrer. *Passer un liquide à l'étamine.*

ÉTYM. latin médiéval *staminea,* de *stamen, staminis* «fil».

② **ÉTAMINE** [etamin] n. f. ✦ Organe mâle producteur du pollen, chez les plantes à fleurs, formé d'une partie allongée supportant une partie renflée (→ **anthère**). *Étamines et pistil.*

ÉTYM. latin scientifique *stamina,* pluriel de *stamen, staminis* «fil, filament» ; influence de ① *étamine.*

ÉTAMPE [etɑ̃p] n. f. ✦ Poinçon, outil pour étamper.

ÉTAMPER [etɑ̃pe] v. tr. (conjug. 3a) ✦ Imprimer une marque, percer un trou sur, dans (une surface dure). *Étamper un fer à cheval.*

ÉTYM. variante de *estamper.*

ÉTANCHE [etɑ̃ʃ] adj. ✦ Qui ne laisse pas passer les fluides, ne fuit pas. *Un tonneau étanche. Toiture étanche.* SYN. **imperméable.** *Montre étanche.* – fig. CLOISON ÉTANCHE : séparation absolue. *Cloisons étanches entre des sciences, des classes sociales.* CONTR. **perméable.**

ÉTYM. de *étancher.*

ÉTANCHÉITÉ [etɑ̃ʃeite] n. f. ✦ Caractère de ce qui est étanche. *L'étanchéité d'un réservoir, d'une montre.*

ÉTANCHER [etɑ̃ʃe] v. tr. (conjug. 3a) **1.** Arrêter (un liquide) dans son écoulement. SYN. **éponger.** *Étancher le sang qui coule d'une plaie.* SYN. **tamponner.** **2.** *Étancher sa soif,* l'apaiser en buvant. → se **désaltérer.**

► **ÉTANCHEMENT** [etɑ̃ʃmɑ̃] n. m.

ÉTYM. peut-être latin populaire *stanticare* «arrêter», famille de *stare* «être stable».

ÉTANÇON [etɑ̃sɔ̃] n. m. ✦ Grosse pièce de bois dressée pour soutenir qqch. SYN. **béquille, contrefort, étai.** *Placer des étançons contre un mur.*

ÉTYM. de l'ancien français *estance,* de *ester* «rester» ; même origine que ① *ester.*

ÉTANÇONNER [etɑ̃sɔne] v. tr. (conjug. 3a) ✦ Étayer à l'aide d'étançons.

► **ÉTANÇONNEMENT** [etɑ̃sɔnmɑ̃] n. m.

ÉTANG [etɑ̃] n. m. ✦ Étendue d'eau moins vaste et moins profonde qu'un lac. *Des étangs poissonneux.*

HOM. ÉTANT (p. présent de *être*)

ÉTYM. de *estanc,* de *estanchier,* ancienne forme de *étancher.*

ÉTAPE [etap] n. f. **1.** Lieu où l'on s'arrête au cours d'un déplacement, d'un voyage. SYN. **halte.** *Arriver à l'étape. Les étapes du Tour de France cycliste,* où les coureurs se reposent entre deux courses. – loc. *Faire étape quelque part,* s'y arrêter. – *Brûler l'étape :* ne pas s'arrêter à l'étape prévue (troupes, voyageurs). fig. *Brûler les étapes :* aller plus vite que prévu. **2.** Distance à parcourir pour arriver à une étape (1). *Voyager par petites étapes. Parcourir une longue étape.* → **route.** – (dans une course) *Classement par étapes. Étape contre la montre.* **3.** fig. Période dans une progression, une évolution. *Les étapes de la vie.* SYN. **époque,** ① **moment, phase.** *Les réformes se font par étapes.* SYN. **degré, palier.**

ÉTYM. ancien néerlandais *stapel* «entrepôt».

ÉTAT [eta] n. m. **I** Manière d'être (d'une personne ou d'une chose), considérée dans ce qu'elle a de durable (opposé à *devenir*). *État permanent ; momentané. Les* *états successifs d'une évolution.* SYN. **degré, étape.** ➙ GRAMM. *Verbe d'état,* qui exprime la manière d'être du sujet (opposé à *verbe d'action*). *Un verbe d'état* (ex. être, paraître, sembler, rester) *se construit avec un attribut du sujet.* 1. Manière d'être physique, intellectuelle, morale (d'une personne). *État de santé. Son état s'aggrave.* ➙ *ÉTAT GÉNÉRAL* : état de santé considéré indépendamment de toute affection particulière. ➙ *DANS, EN... ÉTAT. Ses agresseurs l'ont mis dans un triste état. Conduite en état d'ivresse. Être en état de choc.* ➙ loc. *Être dans tous ses états,* très agité, affolé. ➙ *ÉTAT D'ESPRIT* : disposition particulière de l'esprit. *Il a un curieux état d'esprit.* → **mentalité.** ➙ *ÉTAT D'ÂME* : disposition des sentiments. → **humeur.** *Avoir des états d'âme,* des attitudes irrationnelles, des réactions affectives incontrôlées. ➙ *ÉTAT DE CONSCIENCE* : fait psychique conscient (sensation, sentiment, volition). ♦ *EN, HORS D'ÉTAT DE* (+ inf.) : capable, incapable de. *Je ne suis pas en état de le recevoir.* → **décidé, disposé,** ① **prêt.** *Il est en état de conduire.* → à **même** de, en **mesure** de. *Mettre qqn hors d'état de nuire.* 2. Manière d'être (d'une chose). *L'état de ses finances ne lui permet pas cette dépense.* ♦ loc. *EN (bon, mauvais) ÉTAT ; DANS* (tel ou tel) *ÉTAT. Livres d'occasion en bon état. Véhicule en état de marche.* ➙ *EN ÉTAT* : dans son état normal ou dans l'état antérieur. *Remettre une vieille voiture en état* (→ **réparer**). ➙ *EN L'ÉTAT. Tout doit rester en l'état,* tel quel. *ÉTAT DE CHOSES* : circonstance, situation. *Cet état de choses ne peut pas durer.* ♦ *À L'ÉTAT* (+ adj.) : sous la forme. *À l'état brut. Le jardin est à l'état sauvage.* ♦ loc. *EN TOUT ÉTAT DE CAUSE* : dans tous les cas, n'importe comment (→ **toujours**). 3. (abstractions) *L'état de la question. L'état actuel de nos connaissances.* 4. SC. Manière d'être (d'un corps) résultant de la plus ou moins grande cohésion de ses molécules. *État solide, liquide, gazeux. Un corps à l'état pur.* 5. *FAIRE ÉTAT DE* loc. verbale : tenir compte de ; mettre en avant. *Faire état d'un document.* → **citer ; mention.** *Ne faites pas état de ce qu'il a dit,* n'en parlez pas. 6. Écrit constatant ou décrivant un fait, une situation à un moment donné. *État des lieux. États de service d'un fonctionnaire.* **II** Situation (d'une personne) dans la société. 1. LITTÉR. Fonction sociale. *L'état religieux. Il est satisfait de son état.* ➙ *DE SON ÉTAT* : de son métier. *Il est charpentier de son état.* 2. Ensemble de qualités inhérentes à la personne, auxquelles la loi civile attache des effets juridiques. *État de sujet français, britannique. État d'époux.* ♦ *ÉTAT CIVIL* : mode de constatation des principaux faits relatifs à l'état des personnes (naissance, mariage, décès...) ; service public chargé de dresser les actes constatant ces faits. 3. anciennt Groupe social (clergé, noblesse...). SYN. **ordre.** *TIERS ÉTAT* (☛ noms propres) : sous l'Ancien Régime, troisième état comprenant ceux qui n'appartenaient ni à la noblesse ni au clergé (bourgeois, artisans et paysans). ➙ au plur. *ÉTATS GÉNÉRAUX* (☛ noms propres) : assemblée des députés des trois états, convoquée par le roi pour donner des avis. *Les états généraux de 1789.* **III** (avec une maj.) 1. Autorité souveraine s'exerçant sur un peuple et un territoire déterminés. *L'État administre la nation. Les affaires de l'État* (administration, politique). → **public.** *L'individu et l'État.* ➙ *CHEF D'ÉTAT* : personne qui exerce l'autorité souveraine dans un pays. *Le chef de l'État* (même sens). ➙ *HOMME, FEMME D'ÉTAT* : personne qui a un rôle très important dans l'État, le gouvernement ; personne qui a des aptitudes particulières pour diriger le gouvernement. ➙ *COUP D'ÉTAT* : conquête ou tentative de conquête du pouvoir par des moyens illégaux. *Coup d'État militaire.* → **putsch.** *Le coup d'État du 18 Brumaire* (1799), par lequel Bonaparte s'empara du pouvoir. ➙ *RAISON D'ÉTAT* : considération d'intérêt public que l'on invoque pour justifier une action, en matière politique. ➙ (groupement, parti) *Former un État dans l'État* : acquérir une certaine autonomie au sein d'un État, échapper en partie à l'autorité du gouvernement. ♦ anciennt au plur. *Les États d'un monarque.* → **royaume.** 2. (opposé aux *pouvoirs et services locaux*) Ensemble des services généraux d'une nation. ➙ Pouvoir central. *L'État et les collectivités locales. État centralisé, décentralisé. Industrie, monopole d'État.* 3. *UN ÉTAT, DES ÉTATS* : groupement humain fixé sur un territoire déterminé, soumis à une même autorité. SYN. **nation,** ① **pays, puissance ;** → **empire, royaume.** *Relations entre États. État fédéral, fédératif.* ➙ *Les États-Unis (d'Amérique)* : le pays fédéral d'Amérique du Nord situé entre le Canada et le Mexique. *L'État de Californie.* HOM. ÊTA (lettre grecque)

ÉTYM. latin *status,* participe passé de *stare* «se tenir debout».

ÉTATIQUE [etatik] adj. ✦ Qui concerne l'État. *L'autorité étatique,* de l'État.

ÉTATISATION [etatizasjɔ̃] n. f. ✦ Action d'étatiser. ♦ Gestion par l'État d'un secteur d'activité (industrie, agriculture, commerce). SYN. **nationalisation.** *L'étatisation de l'économie en URSS.* CONTR. **privatisation.**

ÉTATISER [etatize] v. tr. (conjug. 3a) ✦ Transformer en administration d'État ; faire gérer par l'État. *Étatiser une entreprise.* SYN. **nationaliser.** CONTR. **privatiser.**

ÉTYM. de *état.*

ÉTATISME [etatism] n. m. ✦ Doctrine politique préconisant l'extension du rôle de l'État dans la vie économique et sociale. SYN. **dirigisme.** CONTR. **libéralisme.**

ÉTATISTE [etatist] adj. ✦ Relatif à l'étatisme. ♦ adj. et n. Partisan de l'étatisme.

ÉTAT-MAJOR [etamaʒɔʀ] n. m. 1. Officiers et personnel attachés à un officier supérieur ou général pour élaborer et transmettre les ordres. SYN. **commandement.** *L'état-major de division, d'armée. Des états-majors.* ➙ (en France) *Carte d'état-major,* carte au 1/80 000. 2. Ensemble des collaborateurs immédiats d'un chef, des dirigeants d'un groupe. *L'état-major d'un ministre, d'un parti, d'un syndicat.* SYN. **direction, tête.**

ÉTYM. de *état* et *major* «principal».

ÉTAU [eto] n. m. 1. Presse formée de deux tiges terminées par des mâchoires qu'on rapproche à volonté, de manière à tenir solidement les objets que l'on veut travailler. *Étau d'établi. Des étaux.* 2. fig. Ce qui opprime. loc. *Être pris, serré dans un étau,* dans une situation dangereuse, pénible. *L'étau se resserre.*

HOM. ÉTAUX (pluriel de *étal* «éventaire»)

ÉTYM. pluriel de *etoc,* ancienne variante de *estoc.*

ÉTAYER [eteje] v. tr. (conjug. 12) 1. Soutenir à l'aide d'étais. SYN. ① **caler, renforcer.** *Étayer un mur, une voûte.* 2. fig. Appuyer, soutenir. *Étayer une affirmation.* ➙ au p. passé *Une démonstration bien étayée.*

ÉTYM. de *étai.*

A B C D E F G H I J K L M N O P Q R S T U V W X Y Z

ET CETERA [ɛtsetera] loc. ✦ Et le reste (abrév. graphique ETC.). ➝ On écrit aussi *et cætera*.
ÉTYM. mots latins, de *et* et *cetera*, neutre pluriel de *ceterus* «restant».

① **ÉTÉ** [ete] ✦ Participe passé (invar.) du verbe *être*.

② **ÉTÉ** [ete] n. m. ✦ Saison qui succède au printemps et précède l'automne, et qui, dans l'hémisphère Nord, commence au *solstice d'été* (21 ou 22 juin) et s'achève à l'équinoxe d'automne (22 ou 23 septembre). *Vacances d'été* (→ **estivant**). *Tenue d'été*, légère (→ **estival**). ♦ *L'été de la Saint-Martin. L'été indien* ou *des Sauvages* (Canada) : période de beaux jours en automne, en Amérique du Nord.
ÉTYM. latin *aestas, aestatis*.

ÉTEIGNOIR [etɛɲwaʀ] n. m. **1.** Ustensile creux en forme de cône qu'on pose sur une chandelle, une bougie, un cierge, pour l'éteindre. **2.** Ce qui arrête l'élan de l'esprit, de la gaieté. ➝ (personnes) *Toujours à se plaindre, quel éteignoir !* SYN. **rabat-joie**.
ÉTYM. de *éteindre*.

ÉTEINDRE [etɛ̃dʀ] v. tr. (conjug. 48b) **I 1.** Faire cesser de brûler. *Éteindre le feu* (→ **extinction**). *Les pompiers ont éteint l'incendie. La chaudière est éteinte.* ♦ Faire cesser d'éclairer (s'oppose à *allumer*). *Éteindre la lumière, l'électricité.* SYN. **fermer**. ♦ Faire cesser de fonctionner (un appareil électrique). *Éteindre la radio, le radiateur.* **2.** fig. LITTÉR. Diminuer l'ardeur, l'intensité de ; faire cesser d'exister. SYN. **apaiser, calmer, diminuer**. *Soif qu'on ne peut éteindre.* SYN. **étancher** ; → **inextinguible**. **3.** *Éteindre un droit, une dette.* SYN. **acquitter, annuler**. **II** *S'ÉTEINDRE* v. pron. **1.** Cesser de brûler. *Faute de combustible, le feu s'éteint.* SYN. **mourir**. ➝ Cesser d'éclairer. *Les lumières se sont éteintes.* **2.** LITTÉR. (sons) Perdre son éclat, sa vivacité, disparaître. *Le bruit diminua et s'éteignit.* **3.** fig. Cesser progressivement. *Sa passion s'éteignit peu à peu.* ➝ (personnes) Mourir. SYN. **disparaître**. *Elle s'éteignit dans les bras de sa fille.* SYN. **expirer**. ➝ *Famille qui s'éteint*, qui ne laisse pas de descendance. SYN. **finir**. CONTR. **allumer** ; **briller, éclairer**.
ÉTYM. latin populaire *extingere*, classique *extinguere*.

ÉTEINT, EINTE [etɛ̃, ɛ̃t] adj. **1.** Qui ne brûle plus, n'éclaire plus. *Un volcan éteint* (opposé à *en activité*). *Rouler tous feux éteints.* **2.** (choses) Qui a perdu son éclat, sa vivacité. *Une couleur éteinte*, pâle. *Un regard éteint*, morne. ➝ (sons) Assourdi. **3.** fig. Qui est affaibli ou supprimé. *Des souvenirs éteints.* **4.** (personnes) Sans force, sans expression (par fatigue, maladie). SYN. **apathique, atone**. *Il est complètement éteint.* HOM. ÉTAIN «métal»
ÉTYM. du participe passé de *éteindre*.

ÉTENDAGE [etɑ̃daʒ] n. m. **1.** Action d'étendre pour faire sécher. **2.** Cordes à linge, séchoir.
ÉTYM. de *étendre*.

ÉTENDARD [etɑ̃daʀ] n. m. **1.** Enseigne de guerre, drapeau. **2.** par métaphore et fig. Signe de ralliement ; symbole (d'un parti, d'une cause). *Se ranger, combattre sous les étendards de... Lever, arborer, brandir l'étendard de la révolte.*
ÉTYM. francique *standhard*, de *stand* «action de se tenir debout» et *hard* «ferme».

ÉTENDOIR [etɑ̃dwaʀ] n. m. ✦ Dispositif, endroit pour étendre le linge.
ÉTYM. de *étendre*.

ÉTENDRE [etɑ̃dʀ] v. tr. (conjug. 44) **I 1.** Déployer (un membre, une partie du corps) dans sa longueur (en l'écartant du corps...). *Étendre les bras, les jambes.* SYN. **allonger, étirer**. ➝ *L'oiseau étendait les ailes.* SYN. **déployer** ; → **essor**. **2.** Placer à plat ou dans sa grande dimension (ce qui était plié). *Étendre du linge*, pour qu'il sèche. *Étendre un tapis sur le parquet.* **3.** Coucher (qqn) de tout son long. *Étendre un blessé sur un lit.* ➝ FAM. Faire tomber. *Le boxeur a étendu son adversaire.* ♦ fig. FAM. *Se faire étendre au bac.* SYN. **refuser** ; FAM. **coller, étaler**. **4.** Rendre (qqch.) plus long, plus large ; faire couvrir une surface plus grande à. *Étendre une couche de peinture, un enduit.* **5.** Diluer. *Étendre une sauce*, y ajouter de l'eau. SYN. **allonger**. **6.** fig. Rendre plus grand. SYN. **accroître, agrandir, augmenter**. *Étendre son influence. Étendre son vocabulaire, ses connaissances.* **II** *S'ÉTENDRE* v. pron. **1.** Augmenter en surface ou en longueur. *Ce tissu s'étend au lavage. L'ombre des arbres s'étend.* SYN. **s'allonger, grandir**. **2.** (personnes) S'allonger. *Aller s'étendre après le repas.* ➝ passif *Être étendu sur un lit* (→ ci-dessous, p. passé). **3.** Couvrir, occuper un certain espace. *La forêt s'étend à perte de vue.* **4.** (choses) Prendre de l'extension, de l'ampleur. SYN. **augmenter, croître**. *Le mal s'est étendu.* ➝ *S'étendre à, jusqu'à, sur... La domination romaine s'étendit sur la Méditerranée.* SYN. **s'exercer, se répandre** ; → **régner**. **5.** (personnes) *S'étendre sur un sujet*, le développer longuement. CONTR. **plier, replier • diminuer, limiter, restreindre • rétrécir • se lever • régresser**.
► **ÉTENDU, UE** adj. **1.** Qu'on a étendu ou qui s'est étendu. *Du linge étendu. Les jambes étendues. Un homme étendu sur le lit.* SYN. **couché**. **2.** Qui a une grande étendue. SYN. **spacieux, vaste**. *Vue étendue. Vocabulaire étendu.* CONTR. **borné, limité, ① réduit, restreint**.
ÉTYM. latin *extendere*, de *tendere* «tendre».

ÉTENDUE [etɑ̃dy] n. f. **1.** PHILOS. Propriété des corps d'être situés dans l'espace et d'en occuper une partie. **2.** Espace perceptible, visible ; espace occupé par qqch. *L'étendue d'un champ.* SYN. **surface**. *Dans l'étendue de la circonscription. Une grande étendue désertique.* **3.** *L'étendue d'une voix, d'un instrument* : l'écart entre le son le plus grave et le son le plus aigu. → **registre**. **4.** Espace de temps. SYN. **durée**. *L'étendue de la vie.* **5.** fig. Importance, développement. *Mesurer toute l'étendue d'une catastrophe. Accroître l'étendue de ses connaissances.* SYN. **champ, domaine**.
ÉTYM. du participe passé de *étendre*.

ÉTERNEL, ELLE [etɛʀnɛl] adj. **I 1.** Qui est hors du temps, qui n'a pas eu de commencement et n'aura pas de fin. *Dieu est conçu comme éternel.* ♦ n. m. *L'ÉTERNEL* : Dieu. *Louer l'Éternel.* ➝ Ce qui a une valeur d'éternité*. **2.** Qui est de tous les temps ou qui doit durer toujours. loc. prov. *La vie est un éternel recommencement.* ➝ RELIG. *La vie éternelle ; le salut éternel*, après la mort. ➝ *Le repos éternel* : la mort. ➝ loc. *L'éternel féminin*, caractères psychologiques supposés immuables, attribués à la femme. **3.** Qui dure très longtemps, dont on ne peut imaginer la fin. SYN. **durable, impérissable**. *Serments, regrets éternels. Rome, la Ville éternelle. Les neiges éternelles*, qui ne fondent pas, ne sont pas saisonnières. **II** (avant le nom)

1. Qui ne semble pas devoir finir ; qui ennuie, fatigue par la répétition. SYN. **continuel, interminable, perpétuel.** *Ses éternelles récriminations.* ➝ (personnes ; actes) Qui est toujours dans le même état. *C'est un éternel mécontent.* 2. (avec un poss.) Qui se trouve continuellement associé à qqch., à qqn. SYN. **inséparable.** *Avec son éternel parapluie.* CONTR. **temporel** • ① **bref,** ① **court, éphémère, fugitif, temporaire.**

ÉTYM. latin chrétien *aeternalis*, de *aeternus*, de *aevum* «temps, âge».

ÉTERNELLEMENT [etɛʀnɛlmɑ̃] adv. 1. De tout temps, toujours ou sans fin. SYN. **indéfiniment.** 2. Sans cesse, continuellement. SYN. **toujours.**

ÉTERNISER [etɛʀnize] v. tr. (conjug. 3a) **I** 1. LITTÉR. Rendre éternel, faire durer sans fin. SYN. **immortaliser, perpétuer.** *Cette découverte éternisera la mémoire de ce grand savant.* 2. Prolonger indéfiniment. SYN. **faire durer.** *Je ne veux pas éterniser la discussion.* **II** *S'ÉTERNISER* v. pron. 1. (choses) Se perpétuer, se prolonger. *La guerre s'éternise.* 2. (personnes) *S'éterniser en récriminations.* ➝ FAM. Demeurer indéfiniment, s'attarder trop longtemps. *Je ne vais pas m'éterniser ici.* CONTR. **abréger.**

ÉTYM. du latin *aeternus* «éternel».

ÉTERNITÉ [etɛʀnite] n. f. **I** sans compl. 1. Durée qui n'a ni commencement ni fin, qui échappe à toute détermination chronologique (surtout dans un contexte religieux). *La notion de Dieu implique l'éternité.* 2. Durée ayant un commencement, mais pas de fin ; RELIG. la vie future. SYN. **immortalité.** 3. Temps qui semble extrêmement long. *Cela a duré une éternité. Il y a des éternités qu'on ne t'a vu.* 4. *DE TOUTE ÉTERNITÉ* : depuis toujours. **II** *(L'éternité de...)* Caractère de ce qui est éternel. SYN. **pérennité.** *L'éternité de l'esprit, de la matière.*

ÉTYM. latin *aeternitas*, de *aeternus* «éternel».

ÉTERNUEMENT [etɛʀnymɑ̃] n. m. ✦ Expulsion brusque et bruyante d'air par le nez et la bouche, provoquée par l'irritation des muqueuses nasales. *Bruit de l'éternuement.* → **atchoum.**

ÉTYM. de *éternuer*.

ÉTERNUER [etɛʀnɥe] v. intr. (conjug. 3a) ✦ Faire un éternuement. *Il tousse et il éternue. Poudre à éternuer,* qui provoque l'éternuement.

ÉTYM. latin *sternutare*, de *sternuere*, d'origine onomatopéique.

ÉTÊTAGE [etɛtaʒ] n. m. ✦ Action d'étêter. *L'étêtage et l'éviscération des poissons.*

ÉTÊTER [etete] v. tr. (conjug. 3a) ✦ Couper la tête de (un arbre, un petit animal, un objet). *Étêter de jeunes arbres avant de les transplanter.* SYN. **écimer.** *Étêter des sardines.*

ÉTYM. de *é-* et *tête*.

ÉTEULE [etœl] n. f. ✦ AGRIC. Chaume laissé sur place après la moisson.

ÉTYM. variante régionale (picard) de *estoble, stuble*, latin populaire *stupula*, de *stipula* «chaume».

ÉTHANE [etan] n. m. ✦ Gaz combustible, hydrocarbure saturé.

ÉTYM. de *éthyle* et *-ane*.

ÉTHANOL [etanɔl] n. m. ✦ CHIM. Alcool éthylique. ➝ Alcool d'origine végétale (blé, betterave, topinambour) utilisé comme carburant.

ÉTYM. de *éthane*.

① **ÉTHER** [etɛʀ] n. m. 1. LITTÉR. L'air le plus pur ; les espaces célestes. SYN. ① **air, ciel.** 2. ANC. SC. Fluide subtil emplissant tout l'espace (notion abandonnée).

ÉTYM. latin *aether*, du grec *aithêr*.

② **ÉTHER** [etɛʀ] n. m. 1. CHIM. ANC. Tout composé volatil résultant de la combinaison d'acides avec des alcools. *Éthers-sels.* → ② **ester.** 2. Oxyde d'éthyle, liquide incolore d'une odeur forte, très volatil et pouvant anesthésier. *L'éther est employé comme antiseptique.*

ÉTYM. latin moderne *(spiritus) aethereus* «(esprit) éthéré», de *aether* → ① éther.

ÉTHÉRÉ, ÉE [eteʀe] adj. 1. Qui est de la nature de l'éther. *La voûte éthérée* : le ciel. 2. LITTÉR. Délicat. SYN. **aérien, irréel, léger.** *Créature éthérée.* ➝ *Sentiments éthérés,* qui s'élèvent au-dessus des choses terrestres. SYN. **pur, sublime.** CONTR. ① **bas,** ① **matériel, terre-à-terre.**

ÉTYM. de ① *éther*.

ÉTHÉROMANE [eteʀɔman] adj. et n. ✦ Toxicomane qui se drogue à l'éther (②, 2).

ÉTYM. de ② *éther* et ② *-mane*.

ÉTHIQUE [etik] n. f. et adj. 1. n. f. Science de la morale ; ensemble des conceptions morales de qqn, d'un milieu, d'un groupe. SYN. **morale.** *Éthique médicale.* → **bioéthique.** ♦ Ouvrage de morale. *L'« Éthique »* de Spinoza. 2. adj. Qui concerne la morale. *Des jugements éthiques.* SYN. ① **moral.** ♦ Conforme à l'éthique (1). *Commerce éthique.* SYN. **équitable, solidaire.** HOM. ÉTIQUE «très maigre»

ÉTYM. latin *ethica*, du grec, famille de *êthos* «mœurs» ; sens 2, latin *ethicus*.

ETHNIE [ɛtni] n. f. ✦ Ensemble de personnes que rapprochent un certain nombre de caractères physiques et de civilisation (notamment la langue et la culture).

ÉTYM. grec *ethnos* «peuple, nation».

ETHNIQUE [ɛtnik] adj. ✦ Relatif à l'ethnie, à une ethnie. *Caractères ethniques. Groupes ethniques.*

ÉTYM. latin chrétien *ethnicus* «païen», du grec, de *ethnos* «peuple, nation».

> **ETHNO-** Élément, du grec *ethnos* «peuple», entrant dans la formation de termes didactiques, notamment de noms de sciences ethnologiques (ex. *ethnobotanique, ethnolinguistique, ethnomusicologie*).

ETHNOCENTRISME [ɛtnosɑ̃tʀism] n. m. ✦ DIDACT. Tendance à privilégier le groupe ethnique auquel on appartient et à en faire le seul modèle de référence.

► **ETHNOCENTRIQUE** [ɛtnosɑ̃tʀik] adj.

ÉTYM. anglais *ethnocentrism* → ethno- et centre.

ETHNOGRAPHE [ɛtnɔgʀaf] n. ✦ Spécialiste d'ethnographie.

ETHNOGRAPHIE [ɛtnɔgʀafi] n. f. ✦ Étude descriptive des groupes humains (ethnies), de leurs caractères anthropologiques, sociaux (l'ethnologie* étant théorique).

► **ETHNOGRAPHIQUE** [ɛtnɔgʀafik] adj.

ÉTYM. de *ethno-* et *-graphie*.

ETHNOLOGIE [ɛtnɔlɔʒi] **n. f.** ✦ Étude théorique des groupes humains décrits par l'ethnographie* (qui est une étude de terrain). SYN. **anthropologie.**
► **ETHNOLOGIQUE** [ɛtnɔlɔʒik] **adj.**
ÉTYM. de *ethno-* et *-logie.*

ETHNOLOGUE [ɛtnɔlɔg] **n.** ✦ Spécialiste d'ethnologie. SYN. **anthropologue.** *Une ethnologue spécialiste des Indiens d'Amazonie.*

ÉTHOLOGIE [etɔlɔʒi] **n. f.** ✦ DIDACT. Science des comportements des espèces animales dans leur milieu naturel.
► **ÉTHOLOGIQUE** [etɔlɔʒik] **adj.**
ÉTYM. du grec *êthos* «mœurs» et de *-logie.*

ÉTHOLOGISTE [etɔlɔʒist] **n.** ✦ Spécialiste d'éthologie.

ÉTHYLE [etil] **n. m.** ✦ CHIM. Radical monovalent formé de carbone et d'hydrogène. *Chlorure d'éthyle* (anesthésique).
ÉTYM. de ② *éther* et du grec *hulê* «bois».

ÉTHYLÈNE [etilɛn] **n. m.** ✦ Hydrocarbure gazeux incolore peu soluble dans l'eau. *Matières plastiques fabriquées à partir de dérivés de l'éthylène* (→ **polyéthylène**).
ÉTYM. de *éthyle* et *-ène.*

ÉTHYLÉNIQUE [etilenik] **adj.** ✦ *Carbures éthyléniques :* hydrocarbures à chaîne ouverte contenant une liaison double, et dont l'éthylène est le plus simple.
ÉTYM. de *éthylène.*

ÉTHYLIQUE [etilik] **adj.** 1. CHIM. *Alcool éthylique :* l'alcool ordinaire. 2. Dû à l'ingestion exagérée d'alcool. *Coma éthylique.* ♦ **adj.** et **n.** DIDACT. Alcoolique, ivrogne.
ÉTYM. de *éthyle.*

ÉTHYLISME [etilism] **n. m.** ✦ MÉD. Alcoolisme. *Éthylisme chronique.*
ÉTYM. de *éthylique.*

ÉTIAGE [etjaʒ] **n. m.** ✦ Baisse périodique des eaux (d'un cours d'eau) ; le plus bas niveau des eaux. *Les crues et les étiages d'un fleuve.*
ÉTYM. du mot régional (Ouest) *étier* «canal reliant la mer à un marais salant», latin *aestuarium* «estuaire».

ÉTINCELANT, ANTE [etɛ̃s(ə)lɑ̃, ɑ̃t] **adj.** 1. LITTÉR. Qui étincelle. *Un ciel étincelant d'étoiles. Des yeux étincelants de colère.* ♦ Qui brille, scintille. *Des bagues étincelantes.* 2. fig. *Une intelligence étincelante.* ➛ *Un causeur étincelant.* SYN. **brillant.** CONTR. **éteint, obscur, terne · banal, ennuyeux,** ① **plat.**
ÉTYM. du participe présent de *étinceler.*

ÉTINCELER [etɛ̃s(ə)le] **v. intr.** (conjug. 6a) 1. Briller au contact d'un rayon lumineux. *La mer étincelle au clair de lune.* SYN. **miroiter.** 2. LITTÉR. Produire un éclat vif. *Ses yeux étincelaient de colère.* 3. LITTÉR. (choses abstraites) Avoir de l'éclat. *Sa conversation étincelle d'esprit.* CONTR. **s'éteindre,** se **ternir.**
ÉTYM. de *étincelle.*

ÉTINCELLE [etɛ̃sɛl] **n. f.** 1. Parcelle incandescente qui se détache d'un corps qui brûle, ou qui jaillit au contact ou sous le choc de deux corps. *Jeter des étincelles. Étincelles qui crépitent. Étincelle électrique.* ➛ loc. *C'est l'étincelle qui a mis le feu aux poudres,* le petit incident qui a déclenché la catastrophe (→ c'est la goutte d'eau qui fait déborder le vase). 2. Point brillant ; reflet. ➛ *Regard qui jette des étincelles.* 3. fig. *Une étincelle de raison, de courage,* un petit peu. SYN. ① **éclair, lueur.** ➛ FAM. *Il a fait des étincelles :* il a été brillant.
ÉTYM. latin populaire *stincilla,* classique *scintilla.*

ÉTINCELLEMENT [etɛ̃sɛlmɑ̃] **n. m.** ✦ Fait d'étinceler ; éclat, lueur de ce qui étincelle. SYN. **scintillation.**

ÉTIOLEMENT [etjɔlmɑ̃] **n. m.** ✦ Fait de s'étioler ; état de ce qui est étiolé. SYN. **affaiblissement, dépérissement.** CONTR. **force, vigueur.**

ÉTIOLER [etjɔle] **v. tr.** (conjug. 3a) 1. Rendre (une plante) grêle et décolorée, par manque d'air, de lumière. *L'obscurité étiole les plantes.* ➛ pronom. *Cet arbuste s'étiole.* SYN. se **rabougrir.** ♦ HORTIC. *Étioler des endives,* les faire pousser à l'abri de l'air pour qu'elles restent blanches. 2. Rendre (qqn) chétif, pâle. SYN. **affaiblir, anémier.** *Le manque de grand air, d'exercice étiole les enfants ;* pronom. *ils s'étiolent.* SYN. **dépérir.** 3. fig. Affaiblir, atrophier. CONTR. **développer, épanouir, fortifier.**
ÉTYM. peut-être d'une variante dialectale de *éteule.*

ÉTIOLOGIE [etjɔlɔʒi] **n. f.** ✦ BIOL., MÉD. Étude des causes des maladies.
ÉTYM. grec *aitiologia,* de *aitia* «cause».

ÉTIQUE [etik] **adj.** ✦ LITTÉR. D'une extrême maigreur. SYN. **décharné, squelettique.** CONTR. **gras.** HOM. ÉTHIQUE «morale»
ÉTYM. bas latin *hecticus,* du grec «continuel» (de la fièvre).

ÉTIQUETAGE [etiktaʒ] **n. m.** ✦ Action d'étiqueter.

ÉTIQUETER [etikte] **v. tr.** (conjug. 6b) 1. Marquer d'une étiquette. *Étiqueter des marchandises.* ➛ au p. passé *Des bocaux étiquetés.* 2. Ranger sous l'étiquette d'un parti, d'une école. SYN. **cataloguer, classer.** *On l'étiquette comme anarchiste.*
ÉTYM. de *étiquette.*

ÉTIQUETTE [etikɛt] **n. f.** **I** 1. Petit morceau de papier, de carton, fixé à un objet (pour en indiquer la nature, le contenu, le prix, la destination, le possesseur). → **marque.** *Attacher, mettre une étiquette sur un sac, sur un colis. Étiquettes autocollantes. Étiquette de qualité.* → **label.** 2. fig. Ce qui marque qqn et le classe (dans un parti, une école, etc.). *Mettre une étiquette à qqn. Il s'est présenté aux élections sans étiquette.* **II** Ordre de préséances ; cérémonial en usage auprès d'un chef d'État, d'un grand personnage. SYN. **protocole.**
ÉTYM. de l'ancien picard *estiquier* «ficher, enfoncer», francique *stikkjan ;* sens II, par le flamand.

ÉTIRAGE [etiʀaʒ] **n. m.** ✦ Opération par laquelle on étire. *Étirage du verre à chaud.*

ÉTIREMENT [etiʀmɑ̃] **n. m.** ✦ Fait de s'étirer.

ÉTIRER [etiʀe] **v. tr.** (conjug. 3a) **I** Allonger ou étendre par traction. *Étirer les métaux, le verre, du caoutchouc.* **II** *S'ÉTIRER* **v. pron.** 1. Se tendre, s'allonger. *Les nuages s'étirent.* 2. (êtres vivants) Étendre ses membres. SYN. se **détendre.** *S'étirer en bâillant.* 3. S'étendre dans le temps. *La journée s'étire,* n'en finit pas. CONTR. **comprimer, presser.**
ÉTYM. de *é-* et *tirer.*

ÉTOFFE [etɔf] **n. f.** **I** Tissu dont on fait des habits, des garnitures d'ameublement. *Étoffes de laine, de coton, de soie. Pièce, rouleau d'étoffe.* **II** fig. Ce qui constitue la nature, les qualités, les aptitudes (de qqn ou qqch.).

C'est un homme d'une certaine étoffe. ➛ *AVOIR L'ÉTOFFE de*, les qualités, les capacités de. *Il n'a pas l'étoffe d'un homme d'État.* SYN. **envergure.** ➛ absolt *Avoir de l'étoffe*, une forte personnalité.
ÉTYM. de *étoffer.*

ÉTOFFER [etɔfe] **v. tr.** (conjug. 3a) **1.** Confectionner en employant toute l'étoffe. **2.** fig. Rendre plus abondant, plus riche. SYN. **enrichir.** *Étoffer un ouvrage*, lui fournir une matière plus abondante. SYN. **nourrir.** *Il faudrait étoffer ce personnage.* ➛ au p. passé *Un récit très étoffé.* **3.** *S'ÉTOFFER* **v. pron.** (personnes) S'élargir, prendre de la carrure. *Il s'est étoffé depuis qu'il fait du sport.* CONTR. **appauvrir • maigrir.**
ÉTYM. francique *stopfôn* «enfoncer ; fourrer».

ÉTOILE [etwal] **n. f.** **I** **1.** COUR. Tout astre visible, excepté le Soleil et la Lune ; point brillant dans le ciel, la nuit. *Un ciel semé, constellé d'étoiles.* ➛ *L'étoile Polaire*, située approximativement dans la direction du pôle Nord. *L'étoile du matin, du soir ; l'étoile du berger* : la planète Vénus. ➛ FAM. *À la belle étoile*, en plein air, la nuit. **2.** ASTRON. Astre producteur et émetteur d'énergie. *Relatif aux étoiles.* → **stellaire.** *Le Soleil est une étoile. Étoiles géantes, naines.* → aussi **nova, supernova.** *Quasi-étoiles.* → **quasar.** *Amas d'étoiles. Les étoiles de la Voie lactée et les autres galaxies*.* **3.** *ÉTOILE FILANTE* : météorite dont le passage dans l'atmosphère terrestre se signale par un trait de lumière. → **aérolithe.** **II** (dans des expr.) Astre, considéré comme exerçant une influence sur la destinée de qqn. *Être né sous une bonne, une mauvaise étoile. Être confiant dans, en son étoile.* SYN. **chance, destin.** **III** **1.** Objet, ornement disposé en rayons (forme sous laquelle on représente traditionnellement les étoiles). *Étoile à cinq branches. Général à trois étoiles.* ➛ *Étoile de David*, à six branches, symbole du judaïsme. *L'étoile jaune*, insigne que les nazis obligeaient les Juifs à porter. ➛ Signe remplaçant les lettres manquantes d'un mot. *Monsieur *** (trois étoiles).* SYN. **astérisque.** ➛ Signe en étoile, dont le nombre symbolise une catégorie (hôtellerie, restauration). *Un hôtel trois étoiles.* ➛ *Descendre dans un trois étoiles.* ➛ Insigne remis aux skieurs ayant réussi les épreuves portant sur l'acquisition de certains mouvements ; cette épreuve. *Passer sa troisième étoile.* **2.** *EN ÉTOILE* : dans une disposition rayonnante, présentant des lignes divergentes. *Branches, routes en étoile.* ➛ *Moteurs en étoile ou en V* (disposition des cylindres). **3.** Fêlure rayonnante. **4.** *ÉTOILE DE MER* : astérie (échinoderme). **IV** Personne qui a une très grande réputation (dans le monde du spectacle). *Une étoile du cinéma.* SYN. **star.** ➛ appos. *Danseur, danseuse étoile. Les danseurs étoiles.*
ÉTYM. latin populaire *stela*, classique *stella* ; sens IV, anglais *star*.

ÉTOILÉ, ÉE [etwale] **adj.** **1.** Semé d'étoiles. *Ciel étoilé. Nuit étoilée.* SYN. **constellé.** **2.** Qui porte des étoiles (III) dessinées. *La bannière étoilée*, le drapeau des États-Unis. **3.** En forme d'étoile. *Cristaux étoilés.* **4.** Fêlé en étoile. *Parebrise étoilé.*
ÉTYM. du participe passé de *étoiler.*

ÉTOILEMENT [etwalmɑ̃] **n. m.** **1.** Action d'étoiler, de s'étoiler. *L'étoilement du ciel.* **2.** Disposition en étoile. *Un étoilement de rues.*

ÉTOILER [etwale] **v. tr.** (conjug. 3a) **1.** Parsemer d'étoiles. ➛ pronom. *Le ciel s'étoile.* **2.** Former une étoile (III) sur. **3.** Fêler en forme d'étoile. *Étoiler une glace.*

ÉTOLE [etɔl] **n. f.** **1.** Bande d'étoffe que l'évêque, le prêtre et le diacre portent au cou dans l'exercice de fonctions liturgiques. **2.** Fourrure rappelant la forme de l'étole. *Une étole de vison.*
ÉTYM. latin *stola*, du grec «habillement».

ÉTONNAMMENT [etɔnamɑ̃] **adv.** ✦ D'une manière étonnante.
ÉTYM. de *étonnant.*

ÉTONNANT, ANTE [etɔnɑ̃, ɑ̃t] **adj.** **1.** Qui surprend, déconcerte par qqch. d'extraordinaire. SYN. **ahurissant, effarant, renversant, stupéfiant, surprenant ; incroyable.** *Je viens d'apprendre une chose étonnante. Je trouve étonnant, il est étonnant qu'il ne m'ait pas prévenu. Cela n'a rien d'étonnant.* **2.** Qui frappe par un caractère remarquable, réussi. SYN. **épatant, fantastique, remarquable ;** FAM. **formidable, terrible.** *Un film, un livre étonnant.* ➛ (personnes) Digne d'admiration. *Une femme étonnante.* CONTR. **banal,** ① **courant, normal, ordinaire.**
ÉTYM. du participe présent de *étonner.*

ÉTONNEMENT [etɔnmɑ̃] **n. m.** ✦ Surprise causée par qqch. d'extraordinaire, d'inattendu. SYN. **ahurissement, ébahissement, stupéfaction.** *Grand, profond étonnement. À mon étonnement, j'ai vu que...* CONTR. **indifférence.**
ÉTYM. de *étonner.*

ÉTONNER [etɔne] **v. tr.** (conjug. 3a) **1.** Causer de la surprise à (qqn). SYN. **abasourdir, ébahir, surprendre.** *Étonner par sa beauté, son importance.* SYN. **éblouir, émerveiller, épater, impressionner.** *Cela m'a beaucoup, bien étonné. Ça m'étonnerait*, je considère cela comme peu probable, peu vraisemblable. ➛ *ÊTRE ÉTONNÉ DE, PAR* (+ n.). *Il a été étonné de la réponse, par la réponse.* ➛ au p. passé *Un air, un regard étonné.* **2.** *S'ÉTONNER* **v. pron.**, *ÊTRE ÉTONNÉ, ÉE* **v. passif** : trouver étrange, être surpris. *S'étonner à l'annonce d'une nouvelle. S'étonner de tout.* ➛ ... *DE CE QUE* (+ indic. ou subj.). *Je m'étonne, je suis étonné de ce qu'il est venu, de ce qu'il soit venu.* ➛ ... *DE* (+ inf.). *Il s'étonna de le rencontrer à pareille heure.* ➛ ... *QUE* (+ subj.). *Je m'étonne, je suis étonné qu'il soit venu.*
ÉTYM. latin populaire *extonare*, classique *adtonare* «frapper du tonnerre *(tonus)*».

ÉTOUFFANT, ANTE [etufɑ̃, ɑ̃t] **adj.** ✦ Qui fait qu'on étouffe, qu'on respire mal. SYN. **asphyxiant, suffocant.** *Atmosphère étouffante. La chaleur est étouffante.*
ÉTYM. du participe présent de *étouffer.*

ÉTOUFFE-CHRÉTIEN [etufkʀetjɛ̃] **n. m.** ✦ plais. Aliment, mets qui étouffe, est épais. *Des étouffe-chrétiens.*
ÉTYM. de *étouffer* et *chrétien* (II).

à l'ÉTOUFFÉE [aletufe] **loc. adj.** et **adv.** ✦ Se dit d'aliments cuits dans un récipient clos, à feu doux. SYN. **à l'étuvée.**
ÉTYM. du participe passé de *étouffer.*

ÉTOUFFEMENT [etufmɑ̃] **n. m.** **1.** Difficulté à respirer. *Sensation d'étouffement.* SYN. **suffocation.** *Crise d'étouffements causée par l'asthme.* **2.** Action d'étouffer un être vivant. SYN. **asphyxie.** *Étouffement par noyade, pendaison.* **3.** fig. Action d'étouffer, d'empêcher d'éclater, de se développer. *L'étouffement d'une révolte.* SYN. **répression.** *L'étouffement d'un scandale.*
ÉTYM. de *étouffer.*

ÉTOUFFER [etufe] **v.** (conjug. 3a) **I** **v. tr.** **1.** Asphyxier ou suffoquer (qqn) en empêchant de respirer. *Étouffer qqn avec un oreiller.* ➝ *Serrer qqn à l'étouffer,* très fort. **2.** (sujet chose) Gêner (qqn) en rendant la respiration difficile. *Cette chaleur m'étouffe.* ➝ FAM. *Les scrupules ne l'étouffent pas :* il n'a aucun scrupule. *Ce n'est pas la politesse qui l'étouffe.* **3.** Gêner la croissance de (une plante). *Le lierre va étouffer cet arbre.* **4.** Priver de l'oxygène nécessaire à la combustion de. SYN. **éteindre.** *Étouffer un foyer d'incendie.* **5.** Empêcher (un son) de se faire entendre, de se propager. SYN. **amortir, assourdir.** *Des tentures étouffaient les bruits.* ➝ au p. passé *Bruits étouffés,* assourdis. ◆ Faire taire. *Étouffer l'opposition.* SYN. **bâillonner, garrotter.** **6.** Réprimer (un soupir, un sanglot...). *Étouffer un cri.* ➝ fig. Supprimer ou affaiblir (un sentiment, une opinion) ; empêcher de se développer en soi. SYN. **contenir, refouler, réprimer.** *Étouffer ses sentiments.* **7.** Empêcher d'éclater, de se développer. SYN. **arrêter, enrayer.** *Étouffer une affaire, un scandale dans l'œuf* (à son début). **II** **v. intr.** **1.** Respirer avec peine, difficulté ; ne plus pouvoir respirer. SYN. **suffoquer.** ◆ Avoir très chaud. *On étouffe, ici.* **2.** Être mal à l'aise, ressentir une impression d'oppression, d'ennui. **III** *S'ÉTOUFFER* **v. pron.** **1.** Perdre la respiration. *S'étouffer en avalant de travers. Il s'étouffait de rire.* SYN. **s'étrangler.** **2.** Se serrer les uns les autres dans la foule. SYN. **s'écraser,** se **presser.**

ÉTYM. de l'ancien français *estouper* «boucher ; garnir d'étoupe», d'après *estofer* «rembourrer», de même origine que *étoffer.*

ÉTOUFFOIR [etufwaʀ] **n. m.** **1.** Dans un piano, Pièce de bois garnie d'étoffe qui interrompt le son lorsque le marteau revient à sa place. **2.** Lieu où l'on étouffe. ◆ fig. *Sa famille est un véritable étouffoir.*

ÉTOUPE [etup] **n. f.** ✦ Partie la plus grossière de la filasse. *Paquet, tampon d'étoupe. Avoir les cheveux comme de l'étoupe,* ternes et en mauvais état.

ÉTYM. latin *stuppa,* du grec.

ÉTOURDERIE [etuʀdəʀi] **n. f.** **1.** Acte d'étourdi. *Faire une étourderie.* **2.** Caractère d'une personne étourdie. SYN. **distraction, inattention, irréflexion.** *L'étourderie des enfants. Agir par étourderie, avec étourderie.* CONTR. **attention, réflexion.**

ÉTYM. de *étourdi.*

ÉTOURDI, IE [etuʀdi] **adj.** et **n.** **1.** **adj.** Qui agit sans réflexion, ne porte pas attention à ce qu'il fait. SYN. **distrait, irréfléchi.** *C'est un enfant étourdi.* ➝ Qui oublie, égare facilement ; qui manque de mémoire et d'organisation. *Vous êtes trop étourdi pour faire ce travail de secrétariat.* **2.** **n.** *« L'Étourdi »* (comédie de Molière). *Vous vous conduisez comme une étourdie.* SYN. **distrait, écervelé, étourneau** (2). CONTR. **attentif, circonspect, réfléchi.**

ÉTYM. du participe passé de *étourdir.*

ÉTOURDIMENT [etuʀdimɑ̃] **adv.** ✦ À la manière d'un étourdi. SYN. **inconsidérément.** *Agir, parler étourdiment.*

ÉTYM. de *étourdi* (1).

ÉTOURDIR [etuʀdiʀ] **v. tr.** (conjug. 13) **1.** Faire perdre à demi connaissance à (qqn), affecter subitement la vue, l'ouïe de (qqn). SYN. **assommer.** *Le coup de poing l'a étourdi.* SYN. FAM. **sonner.** **2.** Causer une ivresse, un vertige à (qqn). *Le vin l'étourdit.* SYN. **griser.** **3.** Fatiguer, lasser par le bruit, les paroles. SYN. **assourdir.** *Le bruit des voitures l'étourdissait.* ➝ (sujet personne) *Tu m'étourdis de tes bavardages.* **4.** *S'ÉTOURDIR* **v. pron.** Perdre une claire conscience. *S'étourdir de paroles ; à parler.* SYN. **s'enivrer,** se **griser.** *Chercher à s'étourdir pour oublier son chagrin.* CONTR. **réveiller, stimuler.**

ÉTYM. latin populaire *exturdire,* de *turdus* «grive», à cause de l'agitation de l'oiseau.

ÉTOURDISSANT, ANTE [etuʀdisɑ̃, ɑ̃t] **adj.** **I** Qui étourdit par son bruit. SYN. **assourdissant.** *Un vacarme étourdissant.* **II** Qui fait sensation, cause une stupéfaction admirative. SYN. **étonnant, sensationnel.** *Un succès étourdissant.* ➝ (personnes) *Elle était étourdissante de beauté.* SYN. **éblouissant, éclatant.**

ÉTYM. du participe présent de *étourdir.*

ÉTOURDISSEMENT [etuʀdismɑ̃] **n. m.** **1.** Trouble caractérisé par une sensation de tournoiement, d'engourdissement. SYN. **faiblesse, vertige.** *Avoir un étourdissement, des étourdissements.* ➝ État d'une personne étourdie. SYN. **griserie, ivresse.** **2.** Action de s'étourdir.

ÉTYM. de *étourdir.*

ÉTOURNEAU [etuʀno] **n. m.** **1.** Petit oiseau à plumage sombre, à reflets métalliques, moucheté de taches blanches. SYN. **sansonnet.** *Des étourneaux.* **2.** Personne légère, inconsidérée. SYN. **étourdi.** *Quel étourneau !* SYN. tête de **linotte.**

ÉTYM. bas latin *sturnellus,* classique *sturnus,* nom d'oiseau.

ÉTRANGE [etʀɑ̃ʒ] **adj.** **1.** Très différent de ce qu'on a l'habitude de voir, d'apprendre ; qui étonne, surprend. SYN. **bizarre, curieux,** ① **drôle, extraordinaire, singulier.** *Une étrange aventure. Un air, un sourire étrange.* SYN. **indéfinissable.** *C'est un étrange garçon.* SYN. **étonnant,** ② **original.** *Une conduite étrange.* **2.** **n. m.** Ce qui est étrange. *Le goût de l'étrange.* ➝ Genre littéraire dans lequel des éléments étranges sont intégrés au récit. *L'étrange et le fantastique.* CONTR. **banal,** ① **courant, normal, ordinaire.**

ÉTYM. latin *extraneus* «étranger, du dehors», de *extra* «hors de».

ÉTRANGEMENT [etʀɑ̃ʒmɑ̃] **adv.** ✦ D'une manière étrange, étonnante. SYN. **bizarrement, curieusement.** *Il se conduit assez étrangement.*

ÉTRANGER, ÈRE [etʀɑ̃ʒe, ɛʀ] **adj.** et **n.**

I **adj.** **1.** Qui est d'une autre nation ; qui est autre (en parlant d'une nation). *Les nations, les puissances étrangères. Les travailleurs étrangers en France* (➝ **immigré**). *Langues étrangères.* **2.** Relatif aux rapports avec les autres nations. *Politique étrangère.* SYN. ① **extérieur.** *Le ministre des Affaires étrangères.* **3.** Qui n'appartient pas à un groupe (familial, social). *Se sentir étranger dans une réunion, un milieu.* **4.** (choses) *ÉTRANGER À qqn :* qui n'est pas propre ou naturel à qqn. *Ces préoccupations lui sont étrangères.* ➝ Qui n'est pas connu ou familier (de qqn). *Ce visage ne m'est pas étranger.* SYN. **inconnu.** **5.** (personnes) *ÉTRANGER À qqch. :* qui n'a pas de part à qqch., se tient à l'écart de qqch. *Être étranger à la pitié,* être incapable d'éprouver ce sentiment. **6.** (choses) Qui ne fait pas partie de ; qui n'a aucun rapport avec. SYN. **distinct,** ① **extérieur.** *Des digressions étrangères au sujet.* **7.** *CORPS ÉTRANGER :* chose qui se trouve contre nature dans l'organisme. *Extraire un corps étranger d'une plaie.* CONTR. **autochtone, indigène, national • naturel, propre ; connu, familier.**

II **n.** **1.** Personne dont la nationalité n'est pas celle d'un pays donné (par rapport aux nationaux, aux

citoyens de ce même pays). ➜ n. m. (collectif) *L'étranger*, les étrangers et, plus souvent, l'ennemi. 2. Personne qui ne fait pas partie d'un groupe ; personne avec laquelle on n'a rien de commun. *Ils se vouvoient devant les étrangers.* 3. n. m. Pays étranger. *Voyager à l'étranger. Partir pour l'étranger. Nouvelles de l'étranger.* CONTR. **citoyen, compatriote, national • parent.**
ÉTYM. de *étrange*.

ÉTRANGETÉ [etʀɑ̃ʒte] n. f. 1. Caractère étrange. SYN. **singularité.** *Impression d'étrangeté, de jamais vu.* 2. LITTÉR. Action, chose étrange. *Il y a des étrangetés dans ce livre.* SYN. **bizarrerie.** CONTR. **banalité.**

ÉTRANGLEMENT [etʀɑ̃gləmɑ̃] n. m. 1. RARE Action d'étrangler. SYN. **strangulation.** 2. (organe) Fait de se resserrer ; rétrécissement. *Étranglement entre le thorax et l'abdomen des insectes.* 3. fig. LITTÉR. Action d'entraver dans son expression, de freiner dans son développement. *L'étranglement des libertés, de la presse.* SYN. **étouffement.** CONTR. **dilatation ; élargissement • libération.**

ÉTRANGLER [etʀɑ̃gle] v. tr. (conjug. 3a) 1. Priver de respiration (jusqu'à ce que mort s'ensuive, ou non) par une forte compression du cou. SYN. **asphyxier, étouffer ;** → **strangulation.** *Étrangler qqn de ses mains, avec un nœud coulant.* ➜ pronom. *S'étrangler en avalant de travers.* SYN. **s'étouffer.** 2. Gêner la respiration, serrer la gorge de (qqn). *La soif, l'émotion l'étranglait.* ➜ pronom. *S'étrangler à force de crier.* ➜ au p. passé *Voix étranglée*, gênée. 3. fig. Gêner ou supprimer par une contrainte insupportable. *Étrangler la liberté.* ➜ LITTÉR. Empêcher de s'exprimer. *La dictature étrangle la presse.* SYN. **bâillonner, étouffer.** 4. Resserrer, comprimer. *Une ceinture qui étrangle la taille.* SYN. **serrer.**
ÉTYM. latin *strangulare*, du grec *strangalê* «cordon, lacet».

ÉTRANGLEUR, EUSE [etʀɑ̃glœʀ, øz] n. et adj. 1. n. Personne qui étrangle. 2. adj. *Collier étrangleur*, destiné à contenir un chien.

ÉTRAVE [etʀav] n. f. ✦ Pièce saillante qui forme la proue d'un navire.
ÉTYM. norrois *stafn*.

① **ÊTRE** [ɛtʀ] v. intr. (conjug. 2 ; aux temps composés, se conjugue avec *avoir*) I 1. Avoir une réalité. SYN. **exister.** ➜ (personnes) ➜ LITTÉR. Vivre. *Il n'est plus* : il est mort. ➜ (choses) *Ne changeons pas ce qui est. Cela peut être* (→ **peut-être**). ➜ *Soient deux droites parallèles*, si l'on pose... 2. impers. (surtout LITTÉR.) *IL EST, EST-IL, IL N'EST PAS...* : il y a, y a-t-il, etc. → ① **avoir.** *Il était une fois...* (début de contes). *Il n'est rien d'aussi beau.* ➜ *Toujours est-il que*, en tout cas. ➜ *S'IL EN EST. Un menteur s'il en est, s'il en fut*, un parfait menteur. 3. (moment dans le temps) *Quelle heure est-il ? Il est midi. Il est temps.* II verbe reliant l'attribut au sujet *La Terre est ronde. Soyez poli. Le vol est un délit.* SYN. **constituer.** *Il est comme il est*, il faut l'admettre tel qu'il est ; il ne change pas. ➜ *ÊTRE (qqch.), N'ÊTRE RIEN POUR (qqn). Il n'est rien pour moi.* SYN. **représenter.** III + prép. ou adv. ou loc. adv. 1. (état) *Être bien, être mal* (relativement au confort, à la santé). SYN. ① **aller.** *Comment êtes-vous ce matin ?* 2. (lieu) *Je suis à l'hôtel, chez des amis.* SYN. **demeurer, habiter, loger, résider.** *La voiture est au garage.* 3. Avoir l'esprit attentif, présent. *Il n'est pas à ce qu'il fait.* ➜ *Y ÊTRE* : comprendre. *Ah ! J'y suis !* 4. (au passé + compl. de lieu ou inf.) Aller. *J'ai été à Rome l'an dernier*, j'y suis allé. *J'ai été la voir.* 5. (temps) *Nous sommes en mars. Quel jour sommes-nous ?* 6. *ÊTRE À. Ceci est à moi*, m'appartient. *Je suis à vous dans un instant*, à votre disposition. *Être à son travail, à travailler*, occupé à, en train de. *Le temps est à la pluie.* ◆ *ÊTRE DE* : être né à, en ; venir, provenir de. *Cette comédie est de Molière.* ➜ Faire partie de, participer à. *Être de la fête. Vous êtes des nôtres.* ➜ *COMME SI DE RIEN* N'ÉTAIT.* ➜ *EN ÊTRE* : faire partie de. *Nous organisons une réception, en serez-vous ? En être pour sa peine, son argent*, avoir perdu sa peine, son argent. ◆ *ÊTRE POUR. Être pour ou contre qqn, qqch.* ➜ *Être pour qqch., dans qqch.*, être en partie responsable de. ◆ *ÊTRE SANS* : n'avoir pas. *Être sans abri. Être sans le sou.* IV *C'EST, CE SERA, C'ÉTAIT*, etc. 1. Présentant une personne, une chose ; rappelant ce dont il a été question. *C'est mon frère. Ce sont* (fam. *c'est*) *mes collègues. C'étaient de belles vacances.* 2. Annonçant ce qui suit (mise en relief). *C'est moi qui l'ai dit. C'est à vous d'agir.* ➜ *Si ce n'était* ; LITTÉR. *N'EÛT ÉTÉ* : sans (cette circonstance). ➜ *FÛT-CE, NE FÛT-CE QUE* : pour cette raison seulement. *Acceptez mon aide, ne fût-ce que pour me faire plaisir. NE SERAIT-CE QUE. Je lui répondrai, ne serait-ce que pour le faire enrager.* ◆ *EST-CE QUE ?*, formule interrogative qui s'emploie concurremment avec l'inversion du sujet (rétablit l'ordre sujet-verbe inversé dans *est-il... ?*). *Est-ce qu'il est arrivé ?* ➜ FAM. (après un adv., un pron. interrog.) *Quand est-ce qu'il est venu ? Comment est-ce que tu fais ?* ◆ *C'EST-À-DIRE.* → **c'est-à-dire.** ➜ *N'EST-CE PAS.* → **n'est-ce pas.** V verbe auxiliaire 1. passif des v. tr. *Être aimé. Je suis accompagnée.* 2. temps composés de v. intr. *Elle était tombée. Nous étions partis.* 3. temps composés des v. pron. *Ils se sont aimés.* ◆ REM. Accord du p. passé : invar. si l'objet direct n'est pas le pronom réfl. : *ils se sont trouvé des prétextes pour partir* (mais : *ils se sont trouvés ensemble*) ; — s'il est suivi d'un inf. ayant un sujet autre que celui du verbe : *elle s'est laissé voler* ; — si le verbe ne peut avoir de compl. d'objet direct : *ils se sont convenu, nui, parlé, souri, succédé.* HOM. HÊTRE «arbre» ; (du p. présent *étant*) ÉTANG «nappe d'eau» ; (de *est*) AI, AIT (formes du verbe *avoir*), ET (conjonction), (de *sont*) ① SON (adjectif possessif), ② SON «bruit», ③ SON «sciure»
ÉTYM. latin populaire *essere*, classique *esse* ; certaines formes (*étant, étais...*) de l'ancien français *ester*, latin *stare*.

② **ÊTRE** [ɛtʀ] n. m. I Fait d'être (SYN. **existence**), qualité de ce qui est. *Étude de l'être.* → **ontologie.** *L'être et le paraître. «L'Être et le Néant»* (de Sartre). II 1. Ce qui est vivant et animé. *Les êtres vivants. Les êtres humains.* ➜ *L'Être suprême, l'Être éternel*, Dieu. 2. Personne, être humain. SYN. ① **personne.** *Un être aimé. Un être d'exception*, une personne qui n'a pas son semblable. 3. *L'être de qqn, mon, son être.* SYN. **âme, conscience,** ① **personne.** *Désirer qqch. de tout son être.* HOM. HÊTRE «arbre»
ÉTYM. de ① *être*.

ÉTREINDRE [etʀɛ̃dʀ] v. tr. (conjug. 48b) 1. Entourer avec les membres, avec le corps, en serrant étroitement. SYN. **embrasser, enlacer, serrer.** *Étreindre qqn sur son cœur, sa poitrine. Une main lui étreignait le bras.* SYN. **empoigner.** ➜ pronom. *Ils s'étreignirent longtemps.* 2. (sentiments) *Angoisse, détresse qui étreint le cœur.* SYN. **oppresser, serrer.** CONTR. **desserrer,** ① **lâcher, relâcher.**
ÉTYM. latin *stringere* «serrer».

ÉTREINTE [etʀɛ̃t] n. f. 1. Action d'étreindre ; pression exercée par ce qui étreint. *L'armée resserre son étreinte autour de l'ennemi.* 2. Action d'embrasser, de presser

A B C D E F G H I J K L M N O P Q R S T U V W X Y Z

dans ses bras. SYN. **embrassement, enlacement.** *S'arracher aux étreintes de qqn.* ➝ spécialt *Une étreinte (amoureuse).* SYN. **accouplement.**

ÉTYM. du participe passé féminin de *étreindre.*

ÉTRENNE [etʀɛn] **n. f.** **I** VIEILLI Premier usage qu'on fait d'une chose. *Avoir l'étrenne de qqch.*, être le premier, la première à l'utiliser. SYN. **primeur.** **II** surtout au plur. **1.** Présent à l'occasion du premier jour de l'année. **2.** Gratification de fin d'année. *Les facteurs, les éboueurs sont venus chercher leurs étrennes.*

ÉTYM. latin *strena* «cadeau à titre d'heureux présage».

ÉTRENNER [etʀene] **v. tr.** (conjug. 3a) ✦ Être le premier à employer. ➝ Utiliser pour la première fois. *Étrenner une robe neuve.*

ÉTYM. de *étrenne* (I).

ÉTRIER [etʀije] **n. m.** **1.** Anneau métallique triangulaire qui pend de chaque côté de la selle et soutient le pied du cavalier. *Se dresser sur ses triers.* ➝ loc. *Avoir le pied à l'étrier* ; fig. être bien placé pour réussir. ➝ *Le coup de l'étrier* : le dernier verre avant de partir. **2.** Osselet de l'oreille en forme d'étrier. HOM. ÉTRILLER «nettoyer»

ÉTYM. francique *streup* «courroie d'étrier».

ÉTRILLAGE [etʀijaʒ] **n. m.** ✦ Action d'étriller. *L'étrillage d'un cheval.*

ÉTRILLE [etʀij] **n. f.** **I** Instrument en fer garni de petites lames dentelées, utilisé pour nettoyer la peau de certains animaux (cheval, mulet, etc.). **II** Crabe comestible à pattes postérieures aplaties en palettes.

ÉTYM. latin *strigila*, famille de *stringere* «serrer, étreindre».

ÉTRILLER [etʀije] **v. tr.** (conjug. 3a) **1.** Frotter, nettoyer (un animal) avec une étrille. **2.** fig. VX Battre. ➝ Critiquer violemment. HOM. ÉTRIER «partie de la selle»

ÉTYM. latin populaire *strigilare.*

ÉTRIPAGE [etʀipaʒ] **n. m.** **1.** Action d'étriper. *L'étripage des poissons dans une conserverie.* **2.** FAM. Tuerie.

ÉTRIPER [etʀipe] **v. tr.** (conjug. 3a) **1.** Ôter les tripes à. SYN. **éviscérer, vider.** *Étriper un poisson.* **2.** FAM. S'ÉTRIPER **v. pron.** Se battre en se blessant, se tuer. *Ils se sont étripés sans merci.*

ÉTYM. de *é-* et *tripe.*

ÉTRIQUÉ, ÉE [etʀike] **adj.** **1.** (vêtements) Qui est trop étroit, n'a pas l'ampleur suffisante. *Une veste étriquée.* ➝ (personnes) *Il semblait étriqué dans ce vieux manteau.* **2.** Minuscule. *Un appartement étriqué.* SYN. **exigu.** **3.** fig. Sans ampleur, trop limité. *Un esprit étriqué.* SYN. **borné, étroit, mesquin.** *Une vie étriquée.* CONTR. **ample, large.**

ÉTYM. du p. passé de *étriquer*, anc. néerlandais *striken.*

ÉTRIVIÈRE [etʀivjɛʀ] **n. f.** ✦ Courroie par laquelle l'étrier est suspendu à la selle.

ÉTYM. de l'ancien français *estrieu, estrif* «étrier».

ÉTROIT, OITE [etʀwa, wat] **adj.** **1.** Qui a peu de largeur. *Un ruban étroit. Rue étroite.* ➝ métaphore (Évangile) *La voie étroite, la porte étroite* (qui mène au salut). *«La Porte étroite»* (de Gide). ➝ *Fenêtres étroites et hautes. Épaules étroites. Vêtements, souliers trop étroits.* SYN. **étriqué, serré.** **2.** (espace) De peu d'étendue, petit. SYN. **exigu.** *D'étroites limites.* ➝ (sens) De peu d'extension. *Mot pris dans son sens étroit* (opposé à *sens large*). SYN. **restreint.** **3.** fig. Insuffisant par l'étendue, l'ampleur. *Esprit étroit*, sans largeur de vues, sans compréhension ni tolérance. SYN. **borné, mesquin.** *Des vues, des idées étroites.* **4.** Qui tient serré. *Faire un nœud étroit.* ♦ fig. Qui unit de près. *En étroite collaboration. Rester en rapports étroits avec qqn.* **5.** *À L'ÉTROIT* **loc. adv.** : dans un espace trop petit. *Ils sont logés bien à l'étroit.* CONTR. **large ; grand, spacieux, vaste • compréhensif, généreux, tolérant • lâche.**

ÉTYM. latin *strictus* ; doublet de *strict.*

ÉTROITEMENT [etʀwatmɑ̃] **adv.** **1.** Par un lien étroit ; en serrant très près. *Tenir qqn étroitement embrassé. Ces problèmes sont étroitement liés.* **2.** De près. *Surveiller qqn étroitement.* **3.** Rigoureusement. *Observer étroitement la règle.*

ÉTROITESSE [etʀwatɛs] **n. f.** **1.** Caractère de ce qui est étroit (1 et 2). *L'étroitesse d'une rue.* **2.** Caractère de ce qui est étroit (3), borné. *L'étroitesse de ses idées.* CONTR. **largeur.**

ÉTRON [etʀɔ̃] **n. m.** ✦ Excrément moulé (de l'homme et de certains animaux). SYN. **crotte.**

ÉTYM. francique *strunt.*

ÉTUDE [etyd] **n. f.** **I** Application méthodique de l'esprit cherchant à apprendre et à comprendre. *Aimer l'étude* (➝ **studieux**). **1.** Effort pour acquérir des connaissances. *Se consacrer à l'étude du droit.* ➝ *LES ÉTUDES* : série ordonnée de travaux et d'exercices nécessaires à l'instruction. *Faire ses études. Poursuivre, achever ses études. Études obligatoires.* SYN. **scolarité.** *Études primaires, secondaires, supérieures* (➝ **enseignement**). **2.** Effort intellectuel orienté vers l'observation et la compréhension (de qqch.). SYN. **science.** *L'étude de la nature. L'étude des textes.* **3.** Examen. *L'étude d'une question, d'un dossier. Mettre un projet de loi à l'étude. Bureau d'études.* ➝ COMM. *Étude de marché*.* **II** (Ouvrage) SYN. **essai, travail.** **1.** Ouvrage littéraire étudiant un sujet. *Publier une étude sur un peintre.* **2.** Représentation graphique (dessin, peinture) constituant un essai ou un exercice. SYN. **esquisse.** **3.** Composition musicale écrite pour servir (en principe) à exercer l'habileté de l'exécutant. *Les études de Chopin.* **III** (Lieu) **1.** Salle où les élèves travaillent en dehors des heures de cours. ➝ Temps passé à ce travail. *Faire ses devoirs à l'étude.* **2.** Local où travaille un officier ministériel. ➝ Charge du notaire. *Le notaire a cédé son étude à son premier clerc.*

ÉTYM. latin *studia*, de *studium* «zèle ; étude».

ÉTUDIANT, ANTE [etydjɑ̃, ɑ̃t] **n.** et **adj.** **1. n.** Personne qui fait des études supérieures et suit les cours d'une université, d'une grande école. *Écoliers et étudiants. Étudiant en lettres. Carte d'étudiant.* **2. adj.** Propre aux étudiants. *La vie étudiante.* SYN. **estudiantin.** *Le monde étudiant.*

ÉTYM. du participe présent de *étudier.*

ÉTUDIER [etydje] **v.** (conjug. 9) **I** **v. tr.** **1.** Chercher à acquérir la connaissance de. *Étudier l'histoire, l'anglais. Étudier le piano*, apprendre à en jouer. ➝ Apprendre par cœur. *Élève qui étudie sa leçon.* **2.** Chercher à comprendre par un examen. SYN. **analyser, observer.** *Étudier une réaction chimique. Étudier un texte.* ➝ *Étudier qqn*, observer attentivement son comportement. **3.** Examiner afin de décider, d'agir. *Étudier un projet. Étudier un dossier, une affaire.* **II** **v. intr.** **1.** Faire ses études. *Son fils étudie à Oxford.* **2.** Se livrer à l'étude. *Elle n'aime pas étudier.* **III** *S'ÉTUDIER* **v. pron.** **1.** réfl. Se prendre pour objet de son étude. 2. Se composer une attitude lorsqu'on se sent observé, jugé. SYN. **s'observer, se surveiller.**

► **ÉTUDIÉ, ÉE** adj. 1. Médité et préparé. *Une réponse étudiée.* ➖ *Des prix très étudiés,* calculés au plus juste. 2. Produit, exécuté de manière voulue (s'oppose à *naturel, spontané*). *Des gestes, des regards étudiés.*

ÉTYM. de *estudie*, ancienne forme de *étude*.

ÉTUI [etɥi] n. m. ✦ Enveloppe, le plus souvent rigide, adaptée à l'objet qu'elle doit contenir. SYN. **gaine ; porte-.** *L'étui d'une arme blanche.* SYN. **fourreau.** *Étui à lunettes ; à violon.*

ÉTYM. de l'ancien français *estuier* «garder, conserver» ; famille du latin *studium* «soin».

ÉTUVE [etyv] n. f. 1. Endroit clos dont on élève la température pour provoquer la sudation. *Une chaleur d'étuve,* humide, pénible à supporter. ➖ Lieu où il fait très chaud. 2. Appareil clos destiné à obtenir une température déterminée. *Étuve à désinfection, à stérilisation.* SYN. **autoclave.**

ÉTYM. latin populaire *extupa*, de *tupare*, du grec *tuphein* «faire fumer».

à l'ÉTUVÉE [aletyve] loc. adj. et adv. ✦ *Cuire à l'étuvée.* SYN. à **l'étouffée.**

ÉTYM. du participe passé de *étuver*.

ÉTUVER [etyve] v. tr. (conjug. 3a) 1. Faire passer à l'étuve (2). SYN. **stériliser.** 2. Cuire à l'étuvée.

ÉTYM. de *étuve*.

ÉTYMOLOGIE [etimɔlɔʒi] n. f. 1. anciennt Recherche du sens premier et authentique des mots. 2. MOD. Science de l'origine des mots, reconstitution de leur évolution en remontant à l'état le plus anciennement accessible. 3. Origine ou filiation (d'un mot). *Recherche, donner l'étymologie d'un mot.* → **étymon.** ◆ *Étymologie populaire* : rapprochement entre un mot et son origine supposée, par analogie de forme ou de sens.

ÉTYM. latin *etymologia*, du grec, de *etumos* «vrai» et *logia* «science».

ÉTYMOLOGIQUE [etimɔlɔʒik] adj. 1. Relatif à l'étymologie. *Dictionnaire étymologique.* 2. Conforme à l'étymologie. *Sens étymologique,* le sens originel, le plus proche de celui de l'étymon. ➖ *Les mots «grenade, grange, grenier, granulé» appartiennent à la même famille étymologique (famille de «grain»).*

ÉTYMOLOGIQUEMENT [etimɔlɔʒikmɑ̃] adv. ✦ Conformément à l'étymologie.

ÉTYMOLOGISTE [etimɔlɔʒist] n. ✦ Linguiste qui s'occupe d'étymologie.

ÉTYMON [etimɔ̃] n. m. ✦ Mot, racine qui donne l'étymologie (3) d'un autre mot. *Le latin «pater» est l'étymon de «père».*

ÉTYM. grec *etumon* «sens vrai».

EU, EUE [y] ✦ Participe passé du verbe *avoir*.

EUCALYPTUS [økaliptys] n. m. ✦ Arbre originaire d'Australie à feuilles odorantes. ➖ Ces feuilles. *Inhalation d'eucalyptus.*

ÉTYM. latin moderne *eucalyptus*, du grec *eu* «bien» et *kaluptos* «couvert».

EUCARYOTE [økarjɔt] adj. ✦ BIOL. Dont les cellules possèdent un noyau structuré (s'oppose à *procaryote*).

ÉTYM. du grec *eu* «bien» et *karuon* «noyau».

EUCHARISTIE [økaristi] n. f. ✦ Sacrement essentiel du christianisme qui commémore et perpétue le sacrifice du Christ. SYN. **communion.** *Le mystère, le sacrement de l'eucharistie.*

► **EUCHARISTIQUE** [økaristik] adj.

ÉTYM. latin chrétien *eucharistia* «action de grâces», du grec.

EUCLIDIEN, IENNE [øklidjɛ̃, jɛn] adj. ✦ Relatif à Euclide (☛ noms propres). ➖ *Géométrie euclidienne,* qui repose sur les cinq postulats d'Euclide (opposé à *non-euclidien*). ➖ *Division euclidienne,* qui, à partir de deux nombres entiers (le dividende et le diviseur), permet d'obtenir deux autres entiers (le quotient et le reste).

EUGÉNIQUE [øʒenik] n. f. et adj.

I n. f. Étude et mise en œuvre de méthodes censées améliorer l'espèce humaine, fondée sur la génétique.

II adj. Relatif à l'eugénique.

ÉTYM. anglais *eugenics*, du grec *eu* «bien» et *genos* «naissance».

EUGÉNISME [øʒenism] n. m. ✦ Eugénique (I).

► **EUGÉNISTE** [øʒenist] n.

ÉTYM. anglais *eugenism*.

***EUH** [ø] interj. ✦ Marque l'embarras, le doute, l'étonnement, l'hésitation. *« Vous ne voulez pas venir ? – Euh... ».* HOM. E (lettre), EUX (pron. pers.), HEU «marque d'hésitation», ŒUFS (pluriel de *œuf*)

ÉTYM. onomatopée.

EUNUQUE [ønyk] n. m. 1. Homme châtré qui gardait les femmes dans les harems. ◆ Homme castré. SYN. **castrat.** 2. FAM. Homme sans virilité (physique ou morale).

ÉTYM. latin *eunuchus*, du grec «qui garde *(ekhein)* le lit *(eunê)* des femmes».

EUPHÉMIQUE [øfemik] adj. ✦ De l'euphémisme. *Expression euphémique.*

EUPHÉMISME [øfemism] n. m. ✦ Expression atténuée d'une notion dont l'expression directe aurait quelque chose de déplaisant, de choquant. ☛ Littérature p. 118. *«Disparu» pour «mort» est un euphémisme. Les euphémismes du discours «politiquement correct».*

ÉTYM. grec *euphêmismos*, de *eu* «bien» et *phêmê* «parole».

EUPHONIE [øfɔni] n. f. ✦ Harmonie de sons agréablement combinés (spécialt de sons qui se succèdent dans le mot ou la phrase). *Le «t» de «a-t-il» est ajouté pour l'euphonie.* CONTR. **cacophonie, dissonance.**

ÉTYM. latin *euphonia*, du grec, de *eu* «bien» et *phônê* «voix, son».

EUPHONIQUE [øfɔnik] adj. 1. Relatif à l'euphonie. ➖ Qui a de l'euphonie. 2. Qui produit l'euphonie. *Le t euphonique* (ex. où va- *t*-elle ?).

EUPHORBE [øfɔrb] n. f. ✦ Plante vivace, arbrisseau renfermant un suc laiteux.

ÉTYM. latin *euphorbia*, du nom propre *Euphorbus*, médecin de Juba, prince de Mauritanie.

EUPHORIE [øfɔri] n. f. ✦ Sentiment de bien-être général. *Être en pleine euphorie. Dans l'euphorie générale.* CONTR. **angoisse, dépression.**

ÉTYM. grec *euphoria*, de *eu* «bien» et *pherein* «porter».

EUPHORIQUE [øfɔrik] adj. 1. Qui provoque l'euphorie. *Médicament euphorique.* 2. De l'euphorie. *Être dans un état euphorique.* ➖ (personnes) *Se sentir euphorique.* CONTR. **déprimant · dépressif.**

EUPHORISANT, ANTE [øfɔʀizɑ̃, ɑ̃t] adj. ✦ Qui suscite l'euphorie. *Une ambiance euphorisante. Médicament euphorisant ;* n. m. *un euphorisant.* CONTR. **déprimant.**
ÉTYM. du p. présent de *euphoriser*, de *euphorie*.

EURASIEN, IENNE [øʀazjɛ̃, jɛn] adj. et n. 1. D'Eurasie (ensemble formé par l'Asie et l'Europe). *Les Eurasiens.* 2. Métis d'Européen ou d'Européenne et d'Asiatique.
ÉTYM. anglais *eurasian*, du radical de *Europe* et *asian* «asiatique».

EURÊKA [øʀeka] interj. ✦ S'emploie lorsqu'on trouve subitement une solution, un moyen, une bonne idée.
ÉTYM. grec *heurêka* «j'ai trouvé».

EURO [øʀo] n. m. ✦ Monnaie unique européenne (depuis janvier 1999). *Un billet de dix euros. Mille euros.* → **kiloeuro.**
ÉTYM. de *Europe*.

| **EUR(O)-** Élément tiré de *Europe, européen.*

EURODÉPUTÉ, ÉE [øʀodepyte] n. ✦ Député(e) au Parlement européen.

EURODEVISE [øʀod(ə)viz] n. f. ✦ Avoir en monnaie convertible déposé hors du pays émetteur.
ÉTYM. de *euro-* et *devise* (II).

EURODOLLAR [øʀodɔlaʀ] n. m. ✦ Avoir en dollars déposé dans des banques européennes.

EUROMISSILE [øʀomisil] n. m. ✦ Missile nucléaire de moyenne portée basé en Europe.

EUROPÉANISER [øʀɔpeanize] v. tr. (conjug. 3a) 1. Donner un caractère européen à. → pronom. *Le Japon s'est européanisé et américanisé.* 2. Envisager à l'échelle européenne.
ÉTYM. de *européen*.

EUROPÉEN, ÉENNE [øʀɔpeɛ̃, eɛn] adj. et n. 1. De l'Europe ☛ Europe p. 198 et noms propres. *Les pays européens.* → n. *Les Européens.* 2. Qui concerne le projet d'une Europe économiquement et politiquement unifiée ; qui en est partisan. *Le marché européen. L'Union européenne. Unité monétaire européenne.* → **euro.** *Les (élections) européennes.*

EURYHALIN, INE [øʀialɛ̃, in] adj. ✦ DIDACT. Qui peut vivre dans des eaux de salinité variable. *Le saumon est euryhalin.*
ÉTYM. du grec *eurus* «large» et *hals, halos* «sel».

EURYTHMIE [øʀitmi] n. f. ✦ DIDACT. Harmonie des proportions, dessous (d'une œuvre artistique).
► **EURYTHMIQUE** [øʀitmik] adj.
ÉTYM. latin *eurythmia*, du grec, de *eu* «bien» et *ruthmos* «rythme».

EUSTATISME [østatism] n. m. ✦ GÉOL. Variation du niveau des mers (due à la fonte des glaces et à la glaciation).
ÉTYM. de *eustatique*, de l'allemand *eustatisch*, du grec *eu* «bien» et *statikos* «statique».

EUTHANASIE [øtanazi] n. f. ✦ Usage des procédés qui permettent de hâter ou de provoquer la mort de malades incurables, pour abréger l'agonie ou éviter des souffrances.
ÉTYM. du grec *eu* «bien» et *thanatos* «mort».

EUX [ø] pron. pers. (3e pers. masc. plur.) ✦ Pronom complément après une préposition, forme tonique correspondant à *ils* (→ **il**), pluriel de *lui* (→ **lui**). *C'est à eux de parler. L'un d'eux. Eux-mêmes. Ce sont eux qui crient* (le verbe reste singulier à la forme négative : *ce n'est pas eux*). ◆ (forme d'insistance) *Ils n'oublient pas, eux.* → (comme sujet) *Si vous acceptez, eux refuseront.* HOM. E (lettre), EUH, HEU «marque d'hésitation», ŒUFS (pluriel de *œuf*)
ÉTYM. latin *illos*.

ÉVACUATION [evakɥasjɔ̃] n. f. 1. Rejet, expulsion hors de l'organisme. *Évacuation des toxines.* SYN. **élimination, excrétion.** 2. Écoulement (d'un liquide) hors d'un lieu. SYN. **déversement.** *L'évacuation des eaux usées.* 3. Fait d'abandonner en masse (un lieu). SYN. **abandon,** ① **départ, retrait.** *L'évacuation d'un territoire, d'un pays par des troupes.* 4. Action d'évacuer (des personnes). *Évacuation des blessés.* CONTR. **invasion, occupation.**
ÉTYM. bas latin *evacuatio*.

ÉVACUER [evakɥe] v. tr. (conjug. 3a) 1. Rejeter, expulser de l'organisme. SYN. **éliminer.** *Évacuer l'urine.* 2. Faire sortir (un liquide) d'un lieu. *Conduite, tuyau qui évacue l'eau d'un réservoir.* SYN. **déverser, vider.** 3. Cesser d'occuper militairement (un lieu, un pays). SYN. **abandonner,** se **retirer.** *Évacuer une position.* ◆ Quitter (un lieu) en masse, par nécessité ou par ordre. *Le juge fit évacuer la salle.* → au p. passé *Ville évacuée.* 4. Faire partir en masse, hors d'un lieu où il est dangereux, interdit de demeurer. *Évacuer la population d'une ville bombardée.* → au p. passé *Population évacuée.* n. *Les évacués.* 5. fig. Se débarrasser de (un souci, une préoccupation). CONTR. **accumuler, garder, retenir · envahir, occuper.**
ÉTYM. latin *evacuare* «vider», famille de *vacuus* «vide».

S'ÉVADER [evade] v. pron. (conjug. 3a) 1. S'échapper (d'un lieu où l'on était retenu, enfermé). SYN. **s'enfuir,** se **sauver ;** → **évasion.** *S'évader d'une prison.* → au p. passé *Les prisonniers évadés.* n. *Capturer, reprendre un évadé.* SYN. **fugitif.** 2. Échapper volontairement (à une réalité). SYN. **fuir.** *S'évader de sa condition. S'évader du réel, de la réalité par le rêve.*
ÉTYM. latin *evadere* «sortir de», de *vadere* «aller».

ÉVALUATION [evalɥasjɔ̃] n. f. 1. Action d'évaluer. SYN. ② **calcul, détermination, estimation.** *L'évaluation d'une fortune, d'une distance, d'une longueur.* 2. Valeur, quantité évaluée. *Évaluation insuffisante, trop faible* (mesure, prix, valeur).

ÉVALUER [evalɥe] v. tr. (conjug. 3a) 1. Porter un jugement sur la valeur, le prix de. SYN. **estimer.** *Faire évaluer un tableau par un expert.* → **expertiser.** *Évaluer un bien au-dessus* (→ **surévaluer**), *au-dessous* (→ **sous-évaluer**) *de sa valeur.* ◆ Déterminer (une quantité) par le calcul sans recourir à la mesure directe. *Évaluer le débit d'une rivière.* SYN. **jauger.** 2. Fixer approximativement. SYN. **apprécier, estimer,** ① **juger.** *Évaluer une distance à vue d'œil. Évaluer ses chances, un risque.*
ÉTYM. de *é-, es-* et ancien français *value* «valeur», du participe passé de *valoir*.

ÉVANESCENT, ENTE [evanesɑ̃, ɑ̃t] adj. 1. LITTÉR. Qui s'amoindrit et disparaît graduellement. *Image évanescente.* SYN. **fugitif.** *Impression évanescente,* qui s'efface, s'évanouit. *Des formes évanescentes,* floues, imprécises. 2. (personnes, comportements) Délicat et insaisissable. *Elle prend des airs évanescents.* SYN. **éthéré.** CONTR. **durable.**

► **ÉVANESCENCE** [evanesɑ̃s] n. f. LITTÉR.
ÉTYM. du latin *evanescens*, participe présent de *evanescere* «disparaître, s'évanouir».

ÉVANGÉLIAIRE [evɑ̃ʒeljɛʀ] n. m. ✦ Livre contenant les passages des Évangiles lus ou chantés à la messe. SYN. **missel.**
ÉTYM. latin ecclésiastique *evangeliarium*.

ÉVANGÉLIQUE [evɑ̃ʒelik] adj. 1. Relatif ou conforme à l'Évangile. SYN. **chrétien.** *La charité, la morale évangélique.* 2. Qui est de la religion protestante, fondée sur les Évangiles. *Église luthérienne évangélique.*
ÉTYM. latin ecclésiastique *evangelicus*, du grec.

ÉVANGÉLISATEUR, TRICE [evɑ̃ʒelizatœʀ, tʀis] adj. ✦ Qui évangélise. ➡ n. *Une évangélisatrice.*

ÉVANGÉLISATION [evɑ̃ʒelizasjɔ̃] n. f. ✦ Action d'évangéliser. SYN. **christianisation.**

ÉVANGÉLISER [evɑ̃ʒelize] v. tr. (conjug. 3a) ✦ Prêcher l'Évangile à. SYN. **christianiser.** *Évangéliser les païens.*
ÉTYM. latin ecclésiastique *evangelizare* «annoncer l'Évangile».

ÉVANGÉLISTE [evɑ̃ʒelist] n. m. 1. Auteur de l'un des Évangiles (☞ noms propres). *Les quatre évangélistes Matthieu, Marc, Luc et Jean.* 2. Prédicateur itinérant de l'Église réformée.
ÉTYM. latin ecclésiastique *evangelista*, du grec.

ÉVANGILE [evɑ̃ʒil] n. m. 1. (avec maj.) Enseignement de Jésus-Christ. *Répandre l'Évangile.* → **évangéliser.** 2. (avec maj. ☞ noms propres). Chacun des livres de la Bible qui rapportent la vie et la doctrine de Jésus-Christ (→ **évangéliste**). *Les Évangiles synoptiques* (Matthieu, Marc, Luc). ➡ *L'Évangile* : les quatre Évangiles. ➡ loc. *PAROLE D'ÉVANGILE* : chose sûre, indiscutable. 3. Document essentiel (d'une croyance, d'une doctrine). SYN. **bible.**
ÉTYM. latin chrétien *evangelium* «bonne nouvelle (de la parole du Christ)», du grec, de *eu* «bien» et *angelos* «messager».

S'ÉVANOUIR [evanwiʀ] v. pron. (conjug. 13) 1. Disparaître sans laisser de traces. SYN. **s'effacer.** *Il aperçut une ombre qui s'évanouit aussitôt.* SYN. se **dissiper.** ➡ (personnes) Disparaître. ➡ au p. passé *Un rêve évanoui*, disparu. 2. (personnes) Perdre connaissance ; tomber en syncope. SYN. **défaillir**, se trouver **mal** ; FAM. tourner de l'**œil**, tomber dans les **pommes**. *Il a failli s'évanouir.* ➡ au p. passé *Tomber évanoui.*
ÉTYM. de l'ancien français *esvanir*, latin populaire *exvanire*, de *evanescere* → évanescent.

ÉVANOUISSEMENT [evanwismɑ̃] n. m. 1. LITTÉR. Disparition complète. *L'évanouissement de ses espérances.* SYN. **anéantissement.** 2. Fait de perdre connaissance. SYN. **syncope.** *Revenir d'un évanouissement* (revenir à soi).
ÉTYM. de *s'évanouir*.

ÉVAPORATEUR [evapɔʀatœʀ] n. m. ✦ Appareil qui fonctionne par l'évaporation d'un fluide.
ÉTYM. de *évaporer*.

ÉVAPORATION [evapɔʀasjɔ̃] n. f. ✦ Transformation (d'un liquide) en vapeur par sa surface libre. *L'évaporation de l'eau salée* (pour obtenir le sel marin). *Évaporation de l'eau par ébullition.* CONTR. **condensation.**
ÉTYM. latin *evaporatio*.

ÉVAPORÉ, ÉE [evapɔʀe] adj. ✦ Qui a un caractère étourdi, léger ; qui se dissipe en choses vaines. SYN. **écervelé, étourdi.** *Une jeune fille évaporée.* ➡ n. *Une évaporée.* CONTR. **grave, posé, sérieux.**
ÉTYM. du participe passé de *évaporer*.

ÉVAPORER [evapɔʀe] v. tr. (conjug. 3a) **I** VX ou LITTÉR. Transformer en vapeur (→ **vaporiser**). **II** *S'ÉVAPORER* v. pron. 1. Se transformer lentement en vapeur par sa surface libre. *La rosée s'évapore à la chaleur du soleil.* 2. Disparaître brusquement. *À peine arrivé, il s'évapore.* SYN. **s'éclipser, s'évanouir.** *Ces clés ne se sont tout de même pas évaporées !* SYN. **s'envoler,** se **volatiliser.**
ÉTYM. latin *evaporare*, de *vapor* «vapeur».

ÉVASEMENT [evazmɑ̃] n. m. ✦ Forme évasée. *L'évasement d'un col de carafe.*
ÉTYM. de *évaser*.

ÉVASER [evaze] v. tr. (conjug. 3a) ✦ Élargir à l'orifice, à l'extrémité. *Évaser un tuyau. Évaser l'orifice d'un trou.* ➡ pronom. *Les manches de sa robe s'évasent au poignet.* CONTR. **étrangler, resserrer, rétrécir.**
► **ÉVASÉ, ÉE** adj. Qui va en s'élargissant. *Jupe évasée.*
ÉTYM. de *é-* et ① *vase*.

ÉVASIF, IVE [evazif, iv] adj. ✦ Qui cherche à éluder en restant dans l'imprécision. *Il n'a rien promis, il est resté très évasif. Un geste évasif. Réponse, formule évasive.* SYN. **ambigu,** ③ **vague.**
► **ÉVASIVEMENT** [evazivmɑ̃] adv.
ÉTYM. de *évasion*, au figuré.

ÉVASION [evazjɔ̃] n. f. 1. Action de s'évader, de s'échapper d'un lieu où l'on était enfermé. *Une tentative d'évasion. L'évasion d'un prisonnier.* 2. fig. Fait de se distraire. *L'évasion hors de la réalité par le rêve, la lecture. Besoin d'évasion.* SYN. **changement, distraction.** 3. Fuite (de valeurs). *L'évasion de capitaux à l'étranger.* CONTR. **détention, emprisonnement.**
ÉTYM. bas latin *evasio*, de *evadere* «s'évader».

ÉVÊCHÉ [eveʃe] n. m. 1. Juridiction d'un évêque, territoire soumis à son autorité. SYN. **diocèse.** *L'évêché et l'archevêché.* 2. Dignité épiscopale. 3. Palais épiscopal. *Se rendre à l'évêché.*
ÉTYM. de *évêque*, d'après le latin *episcopatus* «dignité d'évêque (*episcopus*)».

ÉVEIL [evɛj] n. m. 1. Action d'éveiller. *DONNER L'ÉVEIL* : donner l'alarme, mettre en alerte en éveillant l'attention. ➡ *Être EN ÉVEIL* : être attentif, sur ses gardes. *Son esprit est toujours en éveil.* 2. (facultés, sentiments) Action de se révéler, de se manifester. *L'éveil de l'intelligence. Jeu, activité d'éveil* (pour les enfants). 3. (nature) Fait de sortir du sommeil. *L'éveil de la nature au printemps.* SYN. ① **réveil.** CONTR. **torpeur • assoupissement ; sommeil.**
ÉTYM. de *éveiller*.

ÉVEILLÉ, ÉE [eveje] adj. 1. Qui ne dort pas. *Rester éveillé. Un rêve éveillé*, que l'on a sans dormir. 2. (personnes) Plein de vie, de vivacité. *Un enfant éveillé.* SYN. ① **alerte, dégourdi, déluré, malicieux, vif.** *Avoir l'œil, l'air éveillé.* SYN. **futé.** CONTR. **endormi, somnolent • abruti, apathique, indolent.**
ÉTYM. du participe passé de *éveiller*.

ÉVEILLER [eveje] v. tr. (conjug. 3a) **I** 1. LITTÉR. Tirer (qqn, un animal) du sommeil. SYN. **réveiller** (plus cour.). *Parlez moins fort, vous allez l'éveiller.* 2. Rendre effectif, mani-

A B C D E F G H I J K L M N O P Q R S T U V W X Y Z

fester (une disposition, etc.). *La lecture éveille l'imagination.* ➙ Éveiller l'esprit de (qqn). ◆ Faire naître, apparaître (un sentiment, une idée). SYN. **déclencher, provoquer, susciter.** *Éveiller une passion, un désir chez qqn. Éveiller les soupçons. Éveiller la curiosité.* **II** *S'ÉVEILLER* **v. pron.** 1. Sortir du sommeil. SYN. **se réveiller.** ➙ *S'ÉVEILLER À* (un sentiment), l'éprouver pour la première fois. *S'éveiller à l'amour.* 2. (sentiments, idées) Naître, se manifester. *Sa curiosité s'éveilla.* CONTR. **endormir • apaiser, calmer.**

ÉTYM. latin populaire *exvigilare*, de *vigilare* «veiller ; être vigilant».

ÉVÈNEMENT ou **ÉVÉNEMENT** [evɛnmɑ̃] **n. m.** ✦ Ce qui arrive et qui a de l'importance pour l'homme. SYN. ② **fait.** *L'évènement a eu lieu, s'est passé, s'est produit il y a huit jours. Évènement heureux,* bonheur, chance. *Un heureux évènement :* une naissance. *Évènement malheureux,* désastre, drame, malheur. *Être dépassé par les évènements.* ➙ au sing. *Créer l'évènement.* ➙ par euphémisme *Les évènements d'Algérie :* la guerre d'Algérie. *Pendant les évènements.* ➙ FAM. *Lorsqu'il part en voyage, c'est un évènement,* cela prend une importance démesurée. SYN. **affaire, histoire.** ➙ Écrire *évènement* avec un accent grave sur le deuxième *e* est permis.

ÉTYM. du latin *evenire* «survenir», d'après *avènement.*

ÉVÈNEMENTIEL, ELLE ou **ÉVÉNEMENTIEL, ELLE** [evɛnmɑ̃sjɛl] **adj.** ✦ *Histoire évènementielle,* qui ne fait que décrire les évènements. ➙ Écrire *évènementiel* avec un accent grave sur le deuxième *e* est permis.

ÉVENT [evɑ̃] **n. m.** 1. Narines des cétacés. *Colonne de vapeur rejetée par les évents de la baleine.* 2. Conduit pour l'échappement des gaz. Canal d'aération.

ÉTYM. de *éventer.*

ÉVENTAIL, AILS [evɑ̃taj] **n. m.** 1. Instrument portatif qu'on agite avec un mouvement de va-et-vient pour produire un courant d'air (➙ **s' éventer**). 2. *EN ÉVENTAIL :* en forme d'éventail ouvert (lignes qui partent d'un point et s'en écartent). *Plis, plissé en éventail. Tenir ses cartes en éventail.* 3. Ensemble de choses diverses d'une même catégorie qui peut augmenter ou diminuer (comme on ouvre ou ferme un éventail). *Éventail d'articles offerts à l'acheteur.* SYN. **choix, gamme.** *L'éventail des salaires.* SYN. **échelle.** *L'éventail des recherches s'élargit.*

ÉTYM. de *éventer,* d'après *vantail.*

ÉVENTAIRE [evɑ̃tɛʀ] **n. m.** ✦ Étalage en plein air, à l'extérieur d'une boutique, sur la voie publique, sur un marché. SYN. **devanture, étal.** *L'éventaire d'un marchand de journaux.*

ÉTYM. peut-être de *inventaire* «éventaire» croisé avec *éventer* «mettre à l'air, exposer», de *vent.*

ÉVENTÉ, ÉE [evɑ̃te] **adj.** **I** Exposé au vent. *Une rue, une terrasse très éventée* (opposé à *abrité*). **II** 1. Altéré, corrompu par l'air. *Parfum, vin éventé.* 2. Découvert, connu. *Un secret complètement éventé.*

ÉTYM. du participe passé de *éventer* (II, 1).

ÉVENTER [evɑ̃te] **v. tr.** (conjug. 3a) **I** Rafraîchir en agitant l'air. *Éventer qqn avec une feuille de papier, un éventail.* ➙ pronom. *S'éventer avec un journal.* **II** 1. Exposer à l'air. *Éventer le grain,* pour éviter la fermentation. ➙ pronom. Perdre son parfum, son goût, au contact de l'air. *Le parfum s'est éventé.* 2. Rendre public, faire connaître. *Éventer un complot, un piège, un secret.*

ÉTYM. de *é-* et *vent* «air» et «odeur».

ÉVENTRATION [evɑ̃tʀasjɔ̃] **n. f.** ✦ Fait d'être éventré. ◆ Hernie ventrale.

ÉVENTREMENT [evɑ̃tʀəmɑ̃] **n. m.** ✦ Action d'éventrer.

ÉVENTRER [evɑ̃tʀe] **v. tr.** (conjug. 3a) 1. Déchirer en ouvrant le ventre. SYN. **étriper.** 2. Fendre largement (un objet) pour atteindre le contenu. *Éventrer un matelas.* ➙ Défoncer (qqch.). *Éventrer un mur.*

ÉTYM. de *é-* et *ventre.*

ÉVENTREUR [evɑ̃tʀœʀ] **n. m.** ✦ Meurtrier qui éventre. *Jack l'Éventreur, célèbre meurtrier londonien.*

ÉVENTUALITÉ [evɑ̃tɥalite] **n. f.** 1. Caractère de ce qui est éventuel. *Envisager l'éventualité d'une guerre.* SYN. **possibilité.** 2. *(Une, des éventualités)* Circonstance, évènement pouvant survenir à l'occasion d'une action. *Être prêt, parer à toute éventualité,* prévoir tous les évènements qui peuvent survenir. CONTR. **certitude, réalité.**

ÉTYM. de *éventuel.*

ÉVENTUEL, ELLE [evɑ̃tɥɛl] **adj.** ✦ Qui peut ou non se produire. *Profits éventuels.* SYN. **possible.** *Les conséquences éventuelles.* SYN. **hypothétique.** ➙ (personnes) *Son successeur éventuel. L'éventuel président.* CONTR. **assuré, certain, inévitable, sûr.**

ÉTYM. du latin *eventus,* participe passé de *evenire* «survenir, se produire».

ÉVENTUELLEMENT [evɑ̃tɥɛlmɑ̃] **adv.** ✦ Selon les circonstances (→ le cas échéant*). *J'en aurai éventuellement besoin.*

ÉVÊQUE [evɛk] **n. m.** ✦ Dignitaire de l'ordre le plus élevé de la prêtrise chrétienne (➙ **prélat**) qui, dans l'Église catholique, est chargé de la conduite d'un diocèse. ➙ **évêché ; épiscopal.** *La crosse, la mitre de l'évêque. Les évêques et l'archevêque. Monseigneur X, évêque de...*

ÉTYM. latin ecclésiastique *episcopus,* du grec «gardien» → épi- et -scope.

ÉVERSION [evɛʀsjɔ̃] **n. f.** ✦ DIDACT. Renversement, retournement (d'un organe). *Éversion de la paupière.*

ÉTYM. latin *eversio,* de *vertere* «tourner».

S'ÉVERTUER [evɛʀtɥe] **v. pron.** (conjug. 3a) ✦ Faire tous ses efforts, se donner beaucoup de peine. SYN. **s'appliquer, s'escrimer.** *S'évertuer à expliquer qqch.*

ÉTYM. de *é-* et *vertu* «courage».

ÉVICTION [eviksjɔ̃] **n. f.** ✦ Action d'évincer, de priver d'un droit. SYN. **exclusion, expulsion.** *L'éviction du chef d'un parti.*

ÉTYM. latin *evictio,* de *evincere* «évincer».

ÉVIDAGE [evidaʒ] **n. m.** ✦ Action d'évider. *L'évidage d'une pièce de bois, d'une sculpture.*

ÉVIDEMENT [evidmɑ̃] **n. m.** 1. Évidage. 2. Ce qui est évidé.

ÉTYM. de *évider.*

ÉVIDEMMENT [evidamɑ̃] **adv.** 1. VIEILLI À l'évidence. 2. MOD. SYN. **assurément, certainement.** *Vous acceptez ? – Évidemment !* SYN. **naturellement.** *Évidemment, il se trompe. Évidemment qu'il se trompe* (→ *bien sûr**).

ÉTYM. de *évident.*

ÉVIDENCE [evidɑ̃s] n. f. 1. Caractère de ce qui s'impose à l'esprit avec une telle force qu'on n'a besoin d'aucune autre preuve pour en connaître la vérité, la réalité. SYN. **certitude.** *L'évidence de sa culpabilité. C'est l'évidence même.* loc. *Se rendre à l'évidence :* finir par admettre ce qui est incontestable. ◆ *(Une, des évidences)* Chose évidente. ➛ péj. Truisme, lapalissade. 2. *EN ÉVIDENCE :* en se présentant de façon à être vu, remarqué immédiatement. *Être en évidence :* apparaître, se montrer très nettement. *Mettre qqch. bien en évidence.* 3. *À L'ÉVIDENCE* loc. adv. *Ils sont amoureux, à l'évidence.* SYN. **manifestement, visiblement.** *Démontrer à l'évidence que...* ➛ *De toute évidence, il ne viendra plus.* CONTR. **doute, incertitude.**

ÉTYM. latin *evidentia,* de *evidens* «évident».

ÉVIDENT, ENTE [evidɑ̃, ɑ̃t] adj. ✦ Qui s'impose à l'esprit par son caractère d'évidence. SYN. **certain, flagrant, incontestable, indiscutable, sûr.** *Une vérité, une preuve évidente. Il fait preuve d'une évidente bonne volonté.* SYN. ① **manifeste.** *Il est évident qu'il a menti.* CONTR. **contestable, discutable, douteux, incertain.**

ÉTYM. latin *evidens* «visible», de *videre* «voir».

ÉVIDER [evide] v. tr. (conjug. 3a) ✦ Creuser en enlevant une partie de la matière, à la surface ou à l'intérieur. *Évider un tronc d'arbre pour faire une pirogue. Évider des tomates* (pour les farcir).

ÉTYM. de *é-* et *vider.*

ÉVIER [evje] n. m. ✦ Élément d'une cuisine formant un bassin, muni d'une alimentation en eau et d'une vidange. *Évier à deux bacs.*

ÉTYM. latin populaire *aquarium,* de *aqua* «eau» ; doublet de *aquarium.*

ÉVINCER [evɛ̃se] v. tr. (conjug. 4) ✦ Déposséder (qqn) par intrigue d'une affaire, d'une place. SYN. **chasser,** ① **écarter, éliminer, exclure ;** ➜ **éviction.** *Il est parvenu à l'évincer de cette place. Se faire évincer.*

ÉTYM. latin *evincere,* littéralement «vaincre *(vincere)* complètement».

ÉVISCÉRER [evisere] v. tr. (conjug. 8) ✦ Enlever les viscères de. SYN. **étriper.** ➛ au p. passé *Poissons éviscérés.*
► **ÉVISCÉRATION** [eviserasjɔ̃] n. f.

ÉTYM. de *é-* et *viscère.*

ÉVITABLE [evitabl] adj. ✦ Qui peut être évité. *Cette erreur était difficilement évitable.* CONTR. **inévitable.**

ÉVITEMENT [evitmɑ̃] n. m. 1. Action d'éviter. ◆ *D'ÉVITEMENT :* où l'on gare les trains, les wagons, pour laisser libre une voie. *Gare, voie d'évitement.* 2. BIOL., PSYCH. *Réaction d'évitement* (d'un agent excitateur, d'un stimulus, d'une agression).

ÉVITER [evite] v. tr. (conjug. 3a) 1. Faire en sorte de ne pas heurter en rencontrant (qqn, qqch.). *Il a fait une embardée pour éviter l'obstacle.* ➛ Faire en sorte de ne pas subir (une chose nuisible, désagréable). *Éviter un choc, un coup.* SYN. **esquiver,** ② **parer.** ➛ *Éviter le regard de qqn.* 2. Faire en sorte de ne pas rencontrer (qqn). ➛ pronom. *Ils s'évitent depuis des années.* 3. Écarter, ne pas subir (ce qui menace). *Éviter un danger, un accident. On a réussi à éviter le pire.* ➛ *S'éviter des ennuis.* 4. *ÉVITER DE* (+ inf.) : faire en sorte de ne pas. *Évitez de lui en parler.* SYN. **s'abstenir,** se **dispenser,** se **garder.** ➛ *ÉVITER QUE* (+ subj.). *J'évitais qu'il (ne) m'en parlât.* 5. *ÉVITER qqch. À qqn. Éviter une corvée à qqn.* SYN. **épargner.** *Je voulais vous éviter cette fatigue.* ➛ (sujet chose) *Cela lui évitera des ennuis, lui évitera d'avoir des ennuis.* CONTR. **chercher, poursuivre • heurter, rencontrer.**

ÉTYM. latin *evitare* «fuir».

ÉVOCATEUR, TRICE [evɔkatœʀ, tʀis] adj. 1. Qui peut évoquer par la magie. SYN. **évocatoire.** 2. Qui évoque (4 et 5). *Image évocatrice, mot évocateur,* qui crée des associations d'idées. *Style évocateur.* SYN. **suggestif.**

ÉTYM. de *évoquer.*

ÉVOCATION [evɔkasjɔ̃] n. f. 1. DR. Fait de porter une cause au tribunal. 2. Action d'évoquer (les esprits, les démons) par la magie, l'occultisme. SYN. **incantation, sortilège.** 3. Action de rappeler (une chose oubliée), de rendre présent à l'esprit. *L'évocation de souvenirs communs, du passé.* SYN. **rappel.** *Le pouvoir d'évocation d'un mot.*

ÉTYM. latin *evocatio.*

ÉVOCATOIRE [evɔkatwaʀ] adj. ✦ Qui a un pouvoir d'évocation (2).

ÉTYM. latin *evocatorius.*

ÉVOLUÉ, ÉE [evɔlɥe] adj. ✦ Qui a subi une évolution, un développement, un progrès. *Pays évolué. Une personne évoluée,* indépendante, cultivée... CONTR. **arriéré, primitif, sauvage.**

ÉTYM. du participe passé de *évoluer.*

ÉVOLUER [evɔlɥe] v. intr. (conjug. 3a) I 1. Changer de position par une suite de mouvements réglés. *L'escadre évolue en approchant du port.* SYN. **manœuvrer.** ➛ *Danseuse qui évolue sur scène.* 2. Vivre (dans un milieu). *Évoluer dans le luxe.* II Passer par une série de transformations. SYN. **changer,** se **modifier,** se **transformer.** *Ses idées ont évolué. La chirurgie a beaucoup évolué depuis le siècle dernier.* SYN. **progresser.** *La situation évolue.* ➛ *Maladie qui évolue,* qui suit son cours. CONTR. **s'arrêter.**

ÉTYM. de *évolution.*

ÉVOLUTIF, IVE [evɔlytif, iv] adj. ✦ Qui est susceptible d'évolution (II). *Une carrière évolutive.*

ÉTYM. de *évolution.*

ÉVOLUTION [evɔlysjɔ̃] n. f. I 1. Mouvements réglés. *L'évolution des troupes sur le champ de bataille.* 2. au plur. Suite de mouvements variés. *Les évolutions d'un avion, d'une danseuse.* II 1. Suite de transformations dans un même sens ; transformation graduelle assez lente. SYN. **changement.** *Considérer les choses dans leur évolution.* SYN. ② **devenir, mouvement.** *L'évolution des idées, des mœurs. Évolution économique, sociale par des réformes* (opposé à *révolution*). ➛ Changement dans le caractère, les conceptions (d'une personne, d'un groupe). 2. Transformation progressive d'une espèce vivante en une autre. *Théories de l'évolution.* ➜ **évolutionnisme, transformisme ; darwinisme.** *Évolution discontinue par mutations*.* CONTR. **immobilité • permanence, stabilité • fixité.**

ÉTYM. latin *evolutio,* de *evolvere* «dérouler ; expliquer» ; sens II, 2, d'après l'anglais.

ÉVOLUTIONNISME [evɔlysjɔnism] n. m. ✦ Théorie biologique opposée au fixisme et qui défend l'idée d'évolution.

ÉTYM. de *évolution* (II, 2).

ÉVOLUTIONNISTE [evɔlysjɔnist] adj. ✦ Relatif à l'évolution. ◆ adj. et n. Partisan de l'évolutionnisme.

ÉVOQUER [evɔke] **v. tr.** (conjug. 3a) **1.** DR. Se saisir de (une cause). *Le tribunal qui doit évoquer l'affaire.* **2.** Appeler, faire apparaître par la magie. *Évoquer les âmes des morts, les démons, les esprits.* SYN. **invoquer.** **3.** LITTÉR. Apostropher, interpeler dans un discours (les mânes d'un héros, les choses inanimées, en leur prêtant l'existence, la parole). **4.** Rappeler à la mémoire. SYN. **remémorer.** *Évoquer un souvenir.* SYN. **éveiller, réveiller, susciter.** *Évoquer un ami disparu.* **5.** Faire apparaître à l'esprit par des images et des associations d'idées. *L'auteur évoque son pays natal.* SYN. **décrire, montrer.** *Nous n'avons fait qu'évoquer le problème.* SYN. **aborder, mentionner, poser.** ➛ (sujet chose) Faire penser à. *Ce nom ne m'évoque rien, n'évoque rien pour moi.* CONTR. **chasser, conjurer, éloigner.**

ÉTYM. latin *evocare* «appeler», famille de *vox, vocis* «voix».

ÉVULSION [evylsjɔ̃] **n. f.** ✦ DIDACT. Arrachement, extraction. *L'évulsion d'une dent.*

ÉTYM. latin *evulsio.*

EVZONE [ɛvzɔn] **n. m.** ✦ Soldat de l'infanterie grecque, dont l'habit de parade comporte la fustanelle.

ÉTYM. grec *euzônos,* de *eu* «bien» et *zônê* «ceinture».

① **EX-** Préfixe, du latin *ex* «hors de». ➛ **é-.**

② **EX-** (devant un nom, joint par un trait d'union) Antérieurement. *M. X, ex-député.* SYN. **ancien.** *L'ex-ministre. Des ex-ministres. Son ex-mari.*

ÉTYM. de ① *ex-.*

EX ABRUPTO [ɛksabʀypto] **loc. adv.** ✦ De manière brusque, immédiate.

ÉTYM. mots latins, de *abruptus* «abrupt».

EXACERBER [ɛgzasɛʀbe] **v. tr.** (conjug. 3a) **1.** Rendre (un mal) plus aigu, porter à son paroxysme. *Ce traitement n'a fait qu'exacerber la douleur.* SYN. **intensifier.** **2.** Rendre plus violent. *Exacerber la colère.* ➛ au p. passé *Sensibilité exacerbée. Orgueil exacerbé.* CONTR. **apaiser, atténuer, calmer.**

► **EXACERBATION** [ɛgzasɛʀbasjɔ̃] **n. f.**

ÉTYM. latin *exacerbare,* de *acerbus* «acerbe».

EXACT, EXACTE [ɛgza(kt), ɛgzakt] **adj.** **1.** (personnes) Scrupuleux, soigneux. *Exact à faire qqch.* SYN. **assidu, consciencieux.** **2.** (choses) Entièrement conforme à la réalité, à la vérité. SYN. **correct, juste, vrai.** *C'est la vérité exacte, l'exacte vérité, c'est exact. Les circonstances exactes de l'accident.* ➛ Qui reproduit fidèlement la réalité, l'original, le modèle. SYN. **conforme, fidèle.** **3.** (après le nom) Adéquat à son objet. SYN. **juste.** *Un raisonnement exact.* SYN. **rigoureux.** *Se faire une idée exacte de qqch.* **4.** (après le nom) Égal à la grandeur mesurée. SYN. ① **précis.** *Nombre exact. Valeur exacte.* ➛ *Sciences exactes,* celles qui sont constituées par des propositions déterminées quantitativement. **5.** (personnes) Qui arrive à l'heure convenue. SYN. **ponctuel.** *Il n'était pas exact au rendez-vous.* CONTR. **inexact · approximatif,** ① **faux, imprécis, incorrect,** ③ **vague.**

ÉTYM. latin *exactus,* p. passé de *exigere* «achever».

EXACTEMENT [ɛgzaktəmɑ̃] **adv.** ✦ D'une manière exacte. *Que vous a-t-il dit exactement ?* (→ *au juste*). *Ce n'est pas exactement la même chose.* SYN. **rigoureusement.** *Reproduire exactement un texte.* SYN. **fidèlement.** *Il est arrivé exactement à 3 heures.* SYN. **précisément.**

EXACTION [ɛgzaksjɔ̃] **n. f.** ✦ DIDACT. **1.** Action d'exiger ce qui n'est pas dû ou plus qu'il n'est dû. SYN. **extorsion, malversation.** **2.** plur. Mauvais traitements.

ÉTYM. latin *exactio,* de *exigere* «exiger».

EXACTITUDE [ɛgzaktityd] **n. f.** **1.** VX Soin scrupuleux ; régularité dans le soin. **2.** Conformité avec la réalité, la vérité. SYN. **fidélité, justesse, rigueur.** *Une exactitude rigoureuse. Exactitude historique.* **3.** Égalité avec ce qui est mesuré. *L'exactitude d'une mesure, d'un compte.* SYN. **précision.** **4.** Précision (d'un instrument de mesure). *L'exactitude d'un chronomètre.* **5.** Ponctualité. *Il est d'une exactitude scrupuleuse.* CONTR. **inexactitude · approximation, erreur, imprécision.**

ÉTYM. de *exact.*

EX ÆQUO [ɛgzeko] **loc. adv.** ✦ Sur le même rang. *Élèves classés ex æquo. Premier ex æquo.* ➛ **n. invar.** *Départager les ex æquo.*

ÉTYM. mots latins «à égalité», de *aequus* «égal».

EXAGÉRATION [ɛgzaʒeʀasjɔ̃] **n. f.** **1.** Action d'exagérer. *Il y a beaucoup d'exagération dans ce qu'il raconte.* SYN. **amplification.** *Sans exagération, on peut dire que...* **2.** (Une, des exagérations) Propos exagéré. **3.** Caractère de ce qui est exagéré. *Il est économe, sans exagération,* sans l'être trop. SYN. **excès.** CONTR. **mesure, modération.**

ÉTYM. latin *exageratio.*

EXAGÉRÉ, ÉE [ɛgzaʒeʀe] **adj.** **1.** Qui dépasse la mesure. *Une sévérité exagérée.* SYN. **excessif.** *Luxe exagéré.* SYN. **outrancier.** **2.** Qui amplifie la réalité. *Des compliments exagérés.* SYN. **extrême, outré.** *Prix, chiffres exagérés.* SYN. **astronomique, exorbitant.** CONTR. **insuffisant ; faible, modéré.**

ÉTYM. du participe passé de *exagérer.*

EXAGÉRÉMENT [ɛgzaʒeʀemɑ̃] **adv.** ✦ D'une manière exagérée. SYN. **trop.**

EXAGÉRER [ɛgzaʒeʀe] **v. tr.** (conjug. 8) **1.** Parler de (qqch.) en présentant comme plus grand, plus important que dans la réalité. SYN. **amplifier, enfler, grossir.** *Exagérer ses succès en les racontant. Il ne faut rien exagérer ! Sans exagérer, j'ai bien attendu deux heures.* **2.** Grossir, accentuer en donnant un caractère (taille, proportion, intensité, etc.) qui dépasse la normale. SYN. **amplifier, grandir.** *Il exagère son accent.* SYN. **forcer.** ➛ *S'EXAGÉRER qqch.* : se représenter une chose comme plus importante qu'elle n'est. *Elle s'est exagéré l'importance de son travail.* **3.** absolt En prendre trop à son aise. SYN. **abuser,** FAM. **charrier.** *Vraiment, il exagère !* CONTR. **atténuer, minimiser, modérer.**

ÉTYM. latin *exaggerare,* de *aggerare* «amonceler».

EXALTANT, ANTE [ɛgzaltɑ̃, ɑ̃t] **adj.** ✦ Qui exalte. *Lecture, musique exaltante. La situation n'a rien de très exaltant.* CONTR. **déprimant.**

EXALTATION [ɛgzaltasjɔ̃] **n. f.** **1.** LITTÉR. Fait d'exalter (1), de célébrer. *L'exaltation du patriotisme.* SYN. **glorification.** **2.** Grande excitation de l'esprit. SYN. **ardeur, enthousiasme, fièvre, ivresse.** *État d'exaltation. Exaltation intellectuelle.* CONTR. ② **critique · abattement, indifférence.**

ÉTYM. latin chrétien *exaltatio* «élévation».

EXALTÉ, ÉE [ɛgzalte] **adj.** **1.** Très intense, très actif. *Sentiments exaltés.* **2.** (personnes) Qui est dans un état d'exaltation. SYN. **enthousiaste, passionné.** *Un patriote* *exalté.* ➙ n. *Cet attentat est l'œuvre d'un exalté.* SYN. **fanatique.** CONTR. ② **calme, froid, impassible.**

ÉTYM. du participe passé de *exalter.*

EXALTER [ɛgzalte] v. tr. (conjug. 3a) 1. LITTÉR. Glorifier, magnifier. *Exalter les mérites de qqn.* 2. Rendre plus fort, plus actif. *La chaleur exalte les parfums.* 3. LITTÉR. Rendre plus intense (un sentiment). *Les circonstances dramatiques exaltent l'esprit de sacrifice.* 4. Élever (qqn) au-dessus de l'état d'esprit ordinaire. SYN. **enthousiasmer, passionner, soulever, transporter.** *La perspective du succès, les encouragements l'exaltent.* CONTR. **dénigrer, déprécier, mépriser, rabaisser • adoucir, calmer, éteindre.**

ÉTYM. latin *exaltare* «élever», de *altus* «haut».

EXAMEN [ɛgzamɛ̃] n. m. 1. Action de considérer, d'observer avec attention. SYN. **étude, investigation, observation, recherche.** *Examen destiné à apprécier* (→ ② **critique, estimation**), *constater* (→ **constatation**), *vérifier* (→ **contrôle, vérification**). *Examen superficiel ; détaillé, minutieux. Cette thèse ne résiste pas à l'examen.* ➙ *Examen médical.* ➙ DR. *Mise en examen* : décision d'un juge qui permet d'enquêter sur un suspect (procédure pénale qui a remplacé l'inculpation). 2. *EXAMEN DE CONSCIENCE* : réflexion sur sa propre conduite, du point de vue moral. 3. Série d'épreuves destinées à déterminer l'aptitude d'un candidat et où l'admission dépend d'une note à atteindre (ex. brevet, baccalauréat, licence...). *Examens et concours. Examen écrit, oral. Se présenter, être reçu, collé, recalé à un examen.* ➙ abrév. FAM. EXAM [ɛgzam].

ÉTYM. mot latin «aiguille de balance», de *exigere* «mesurer» ; doublet de *essaim.*

EXAMINATEUR, TRICE [ɛgzaminatœʀ, tʀis] n. ✦ Personne qui fait passer un examen (3), et spécialt une épreuve orale.

ÉTYM. latin *examinator.*

EXAMINER [ɛgzamine] v. tr. (conjug. 3a) 1. Considérer avec attention, avec réflexion. SYN. **observer ; analyser, regarder.** *Examiner les qualités et les défauts, la valeur de qqch.* ➙ *Examiner un malade.* 2. Regarder très attentivement. 3. Faire subir un examen (3) à ; soumettre (un candidat) à une épreuve. SYN. **interroger.**

ÉTYM. latin *examinare*, de *examen* → examen.

EXANTHÉMATIQUE [ɛgzɑ̃tematik] adj. ✦ De l'exanthème. *Typhus exanthématique.*

EXANTHÈME [ɛgzɑ̃tɛm] n. m. ✦ Rougeur cutanée qui accompagne certaines maladies (érysipèle, roséole, rougeole, scarlatine, urticaire).

ÉTYM. latin médical *exanthema*, du grec «efflorescence», de *anthos* «fleur».

EXASPÉRANT, ANTE [ɛgzasperɑ̃, ɑ̃t] adj. ✦ Qui exaspère (2), est de nature à exaspérer (qqn). SYN. **agaçant, crispant, énervant, irritant.** *Un bruit exaspérant. Vous êtes exaspérante.* CONTR. **apaisant, calmant.**

EXASPÉRATION [ɛgzaspeʀasjɔ̃] n. f. 1. VX Aggravation, augmentation (d'un mal). ➙ LITTÉR. *L'exaspération d'un besoin.* 2. COUR. État de violente irritation. SYN. **agacement, énervement.** *Après ce reproche, il était au comble de l'exaspération.* CONTR. **diminution** • ① **calme, sérénité.**

ÉTYM. latin *exasperatio.*

EXASPÉRER [ɛgzaspeʀe] v. tr. (conjug. 8) 1. LITTÉR. Rendre plus intense (un mal physique ou moral), un sentiment. SYN. **aggraver, aviver, exacerber, exalter.** *Exaspérer la souffrance, le désir. Les souvenirs exaspèrent son chagrin.* ➙ au p. passé D'une intensité extrême. *Sensibilité exaspérée.* SYN. **exacerbé.** 2. Irriter (qqn) excessivement. SYN. **agacer, crisper, énerver, excéder.** *Il m'exaspère avec ses plaintes.* ➙ au p. passé Très irrité. *Il était exaspéré.* SYN. **furieux.** CONTR. **adoucir, atténuer, diminuer • calmer.**

ÉTYM. latin *exasperare* «rendre rude *(asper)*».

EXAUCER [ɛgzose] v. tr. (conjug. 4) 1. (en parlant de Dieu, d'une puissance supérieure) Satisfaire (qqn) en lui accordant ce qu'il demande. *Dieu, le ciel l'a exaucé.* SYN. **écouter.** 2. Accueillir favorablement (un vœu, une demande). SYN. **accomplir, accorder.** HOM. EXHAUSSER «surélever»

ÉTYM. var. de *exhausser*, p.-ê. au sens d'«exalter» ; influence du latin *exaudire* «écouter *(audire)* la prière».

EX CATHEDRA [ɛkskatedʀa] loc. adv. ✦ *Parler ex cathedra*, du haut de la chaire. ➙ D'un ton doctoral, dogmatique.

ÉTYM. mots latins modernes «de la chaire».

EXCAVATEUR [ɛkskavatœʀ] n. m. et **EXCAVATRICE** [ɛkskavatʀis] n. f. ✦ Machine destinée à creuser le sol, à faire des déblais. → **bulldozer, pelle, pelleteuse.**

ÉTYM. anglais *excavator.*

EXCAVATION [ɛkskavasjɔ̃] n. f. 1. Action de creuser dans le sol. 2. Creux dans un terrain. SYN. **cavité.** *Excavation naturelle*, caverne, grotte. *Excavation creusée par une explosion.*

ÉTYM. latin *excavatio*, de *excavare* «creuser, excaver».

EXCAVER [ɛkskave] v. tr. (conjug. 3a) ✦ DIDACT. Creuser sous terre. *Excaver un tunnel.*

ÉTYM. latin *excavare*, de *cavus* «creux, ② cave».

EXCÉDANT, ANTE [ɛksedɑ̃, ɑ̃t] adj. ✦ Qui excède (II). SYN. **exaspérant.** *Un bavardage excédant.* HOM. EXCÉDENT «surplus»

ÉTYM. du participe présent de *excéder.*

EXCÉDENT [ɛksedɑ̃] n. m. ✦ Ce qui est en plus du nombre fixé. SYN. **excès, surplus.** *L'excédent des exportations sur les importations. Payer un supplément pour un excédent, d'excédent de bagage.* ➙ *En excédent* : en plus, en surnombre. CONTR. **déficit, insuffisance,** ① **manque.** HOM. EXCÉDANT «exaspérant»

ÉTYM. latin *excedens*, participe présent de *excedere* «excéder (I)».

EXCÉDENTAIRE [ɛksedɑ̃tɛʀ] adj. ✦ Qui est en excédent. *Écouler la production excédentaire. Un budget excédentaire*, avec un excédent de recettes. CONTR. **déficitaire.**

EXCÉDER [ɛksede] v. tr. (conjug. 8) **I** *EXCÉDER qqch.* 1. Dépasser en nombre, en quantité. *Le prix de cette robe n'excède pas cent euros.* ➙ Dépasser en durée. *La durée excède neuf ans.* 2. Aller au-delà de (certaines limites) ; être plus fort que (une force, une capacité). *Cette décision excède son pouvoir.* SYN. **dépasser, outrepasser.** **II** *EXCÉDER qqn.* Fatiguer en irritant. *Sa présence m'excède.* SYN. **énerver, exaspérer.** *Je suis excédé par ses enfantillages.* ➙ au p. passé *Un air excédé.* CONTR. **réconforter, réjouir.**

ÉTYM. latin *excedere* «s'avancer *(cedere)* hors de ; dépasser».

A B C D E F G H I J K L M N O P Q R S T U V W X Y Z

EXCELLEMMENT [ɛkselamɑ̃] **adv.** ✦ LITTÉR. Parfaitement bien. *Il joue excellemment du piano.*
ÉTYM. de *excellent.*

EXCELLENCE [ɛkselɑ̃s] **n. f.** 1. LITTÉR. Caractère de ce qui est excellent, ne peut être meilleur. SYN. **perfection, supériorité.** *L'excellence d'un vin.* ➝ *PRIX D'EXCELLENCE,* décerné au meilleur élève dans l'ensemble des matières. ➝ loc. adj. *D'excellence,* de haut niveau, de premier plan. *Lycée d'excellence.* 2. (avec maj.) Titre honorifique donné aux ambassadeurs, ministres, archevêques, évêques. *Son Excellence* (abrév. S. E.). 3. loc. *PAR EXCELLENCE :* hautement représentatif, caractéristique. *Salomon, le Sage par excellence.* CONTR. **médiocrité.**
ÉTYM. latin *excellentia.*

EXCELLENT, ENTE [ɛkselɑ̃, ɑ̃t] **adj.** 1. Très bon. SYN. **admirable, merveilleux, parfait, supérieur.** *C'est excellent pour la santé. Excellente idée ! Excellent !,* très bien, parfait. *Il a une excellente mémoire. Un excellent professeur.* SYN. **remarquable.** 2. (personnes) Qui a une grande bonté, une nature généreuse. *C'est un excellent homme, un homme excellent.* CONTR. **déplorable, détestable, exécrable, mauvais, médiocre.**
ÉTYM. du latin *excellens,* participe présent de *excellere* «être supérieur».

EXCELLER [ɛksele] **v. intr.** (conjug. 3a) ✦ Être supérieur, excellent. *Exceller dans sa profession.* ➝ *EXCELLER À* (+ n. ou inf.). *Il excelle à ce travail, à dessiner des caricatures.*
ÉTYM. latin *excellere.*

EXCENTRER [ɛksɑ̃tʀe] **v. tr.** (conjug. 3a) ✦ DIDACT. Déplacer le centre de ; mettre hors du centre. ➝ au p. passé *Poulie excentrée.*
ÉTYM. de ① *ex-* et *centre.*

EXCENTRICITÉ [ɛksɑ̃tʀisite] **n. f.** **I** 1. SC. Position écartée par rapport à un centre, à un axe de référence. *L'excentricité d'une ellipse.* 2. Caractère de ce qui est loin du centre. *L'excentricité d'un quartier.* **II** 1. Manière d'être, de penser, d'agir, qui s'éloigne de celle du commun des hommes. SYN. **bizarrerie, extravagance, originalité, singularité.** *L'excentricité de son caractère.* 2. Acte qui révèle cette manière d'être. *Ses excentricités ne nous amusent plus.* CONTR. **banalité, conformisme.**
ÉTYM. latin médiéval *excentricitas ;* sens II, 1, par l'anglais *eccentricity.*

EXCENTRIQUE [ɛksɑ̃tʀik] **adj.** **I** 1. Dont le centre s'éloigne d'un point donné. ◆ **n. m.** Mécanisme conçu de telle sorte que l'axe de rotation de la pièce motrice n'en occupe pas le centre. 2. Éloigné du centre. *Les quartiers excentriques d'une ville.* SYN. **périphérique.** **II** 1. (personnes) Dont l'apparence, le comportement, s'écarte (volontairement) des habitudes sociales. SYN. **extravagant,** ② **original.** *Un personnage excentrique.* ➝ **n.** *Un, une excentrique.* 2. *Toilette, mode excentrique. Des idées un peu excentriques.* CONTR. ① **central • banal, commun, conformiste, ordinaire.**
ÉTYM. latin médiéval *excentricus* «hors du centre *(centrum)*» ; sens II, par l'anglais *eccentric.*

EXCEPTÉ [ɛksɛpte] **prép.** ✦ À l'exception de, en excluant (placé devant le n.). SYN. **hormis, hors, à part, sauf, sinon.** *Il y a de tout dans ce magasin, excepté ce dont j'ai besoin. J'y vais à pied, excepté quand je suis pressé.* CONTR. y **compris.**
ÉTYM. du participe passé de *excepter.*

EXCEPTER [ɛksɛpte] **v. tr.** (conjug. 3a) ✦ Ne pas comprendre dans (un ensemble). *Excepter qqn d'une mesure collective.* SYN. **exclure.** *Tous les peuples, sans excepter celui-là.* SYN. **négliger, oublier.** ➝ au p. passé (après le n. et accordé) *Les Britanniques, les Écossais exceptés.* CONTR. **comprendre, englober, inclure.**
ÉTYM. latin *exceptare,* de *excipere* «tirer de», d'après *exception.*

EXCEPTION [ɛksɛpsjɔ̃] **n. f.** 1. Action d'excepter. *Il ne sera fait aucune exception à cette consigne.* SYN. **dérogation, restriction.** *Tout le monde sans (aucune) exception.* ➝ *D'EXCEPTION :* en dehors de ce qui est courant. *Un être d'exception* (→ **exceptionnel**). *Tribunal d'exception* (opposé à *de droit commun*). *Régime, loi d'exception.* ➝ *À L'EXCEPTION DE* **loc. prép.** *Ils sont tous reçus, à l'exception d'un seul.* → **excepté, sauf.** 2. Ce qui est en dehors de la norme, du commun. SYN. **anomalie, singularité.** *Les personnes de ce genre sont l'exception,* sont rares. *À de rares exceptions près, c'est vrai. L'exception confirme la règle,* il n'y aurait pas d'exception s'il n'y avait pas de règle. ◆ Personne, chose qui échappe à la règle, à la norme. CONTR. ① **généralité, principe, règle.**
ÉTYM. latin *exceptio.*

EXCEPTIONNEL, ELLE [ɛksɛpsjɔnɛl] **adj.** 1. Qui constitue une exception (1). *Congé exceptionnel.* 2. Qui est hors de l'ordinaire. SYN. **extraordinaire.** *Des circonstances exceptionnelles. Cet incident n'a rien d'exceptionnel.* 3. Qui sort de l'ordinaire par sa valeur, ses qualités. SYN. **remarquable, supérieur.** *Une occasion, une chance exceptionnelle. Un homme exceptionnel,* hors du commun. CONTR. **régulier • banal, commun,** ① **courant, ordinaire.**

EXCEPTIONNELLEMENT [ɛksɛpsjɔnɛlmɑ̃] **adv.** 1. Par exception (1). 2. D'une manière exceptionnelle (2 et 3). SYN. **extraordinairement, extrêmement.** *Un homme exceptionnellement beau.* CONTR. **régulièrement • banalement.**
ÉTYM. de *exceptionnel.*

EXCÈS [ɛksɛ] **n. m.** 1. Différence en plus entre deux quantités inégales ; ce qui dépasse une quantité. SYN. **excédent.** *L'excès d'une longueur sur une largeur, des dépenses sur les recettes. Total approché par excès,* arrondi au chiffre supérieur (opposé à *par défaut*). 2. Trop grande quantité ; dépassement de la mesure normale. *Un excès de précautions.* SYN. **surabondance.** ➝ *Excès de vitesse.* ➝ *AVEC EXCÈS :* sans mesure. *Il mange avec excès.* ➝ *SANS EXCÈS :* modérément. ➝ *À L'EXCÈS :* excessivement, outre mesure. *Il est prudent à l'excès.* ➝ *EXCÈS DE POUVOIR :* action dépassant le pouvoir légal ; décision d'un juge qui dépasse sa compétence. prov. *L'excès en tout est un défaut.* 3. Chose, action qui dépasse la mesure ordinaire ou permise. SYN. **abus.** *Des excès de langage. Excès de table,* abus de nourriture et de boisson. *Faire des excès, un petit excès.* CONTR. **défaut, déficit, insuffisance,** ① **manque • modération.**
ÉTYM. latin *excessus,* du participe passé de *excedere* «dépasser, excéder».

EXCESSIF, IVE [ɛksesif, iv] **adj.** 1. Qui dépasse la mesure souhaitable ou permise ; trop grand, trop important. SYN. **énorme, extrême.** *Deux mille euros ? C'est excessif !* SYN. **exagéré.** 2. (critiqué) Très grand (sans idée d'excès). SYN. **extrême.** *Un visage d'une excessive* *douceur.* 3. (personnes) Qui pousse les choses à l'excès, qui est incapable de modération. SYN. **extrême.** CONTR. **modéré.**

ÉTYM. latin médiéval *excessivus*, de *excessus* «excès».

EXCESSIVEMENT [ɛksesivmɑ̃] adv. 1. Qui dépasse la mesure. SYN. **exagérément, trop.** *Denrée excessivement chère.* 2. (critiqué) Très, tout à fait. SYN. **extrêmement, infiniment.** *C'est excessivement agréable.* CONTR. **assez, peu.**

ÉTYM. de *excessif.*

EXCIPER [ɛksipe] v. tr. ind. (conjug. 3a) ✦ LITTÉR. *EXCIPER DE* : se servir de (qqch.) pour sa défense. *Exciper de sa bonne foi.* SYN. **invoquer.**

ÉTYM. latin *excipere* «excepter».

EXCIPIENT [ɛksipjɑ̃] n. m. ✦ Substance neutre qui entre dans la composition d'un médicament et qui sert à incorporer les principes actifs. *Excipient sucré.*

ÉTYM. du latin *excipiens*, participe présent de *excipere* «recevoir».

EXCISER [ɛksize] v. tr. (conjug. 3a) ✦ Enlever par excision (spécialt le clitoris). ♦ Pratiquer l'excision du clitoris sur (une fille, une femme). → au p. passé *Fillettes africaines excisées.*

ÉTYM. de *excision.*

EXCISION [ɛksizjɔ̃] n. f. ✦ Ablation d'une partie peu volumineuse (d'organe, de tissu). → spécialt Ablation rituelle du clitoris (→ **clitoridectomie**) ou du prépuce (→ **circoncision**).

ÉTYM. latin *excisio* «coupure, entaille», de *excidere* «couper».

EXCITABILITÉ [ɛksitabilite] n. f. ✦ PHYSIOL. Propriété de toute structure vivante de réagir spécifiquement aux excitations. SYN. **irritabilité, sensibilité.** *Excitabilité musculaire.*

EXCITABLE [ɛksitabl] adj. I Qui est facilement excité. SYN. **irritable, nerveux.** *Un homme très excitable.* II PHYSIOL. Qui répond à l'excitation (II). CONTR. **impassible, imperturbable.**

ÉTYM. latin *excitabilis.*

EXCITANT, ANTE [ɛksitɑ̃, ɑ̃t] adj. I Qui excite ; qui éveille des sensations, des sentiments. SYN. **émouvant, troublant.** *Lecture, étude excitante pour l'esprit. Femme excitante.* SYN. **provocant.** → FAM. *Ce n'est pas (très) excitant.* SYN. **intéressant.** II Qui excite, stimule l'organisme. SYN. **stimulant.** *Le café est excitant.* → n. m. *Évitez les excitants.* CONTR. **apaisant, calmant, sédatif.**

EXCITATEUR, TRICE [ɛksitatœʀ, tʀis] n. I LITTÉR. Personne qui excite (I). *Un excitateur de troubles.* SYN. **instigateur.** → adj. *Une manœuvre excitatrice.* II n. m. Appareil formé de deux branches métalliques, qui sert à décharger un appareil électrique.

ÉTYM. latin *excitator.*

EXCITATION [ɛksitasjɔ̃] n. f. I 1. État d'une personne excitée ; accélération des processus psychiques. SYN. **agitation, énervement, surexcitation.** *Excitation intellectuelle, excitation de l'esprit.* SYN. **exaltation.** 2. Action d'exciter (qqn), surtout dans *EXCITATION À qqch.* SYN. **encouragement, incitation, invitation.** *L'excitation au travail ; à la violence.* SYN. **provocation.** II 1. PHYSIOL. Déclenchement de l'activité fonctionnelle (d'un système vivant). *L'excitation d'une extrémité nerveuse.* → Ensemble des modifications locales qui suivent la stimulation* et qui préparent la réponse du système. 2. PHYS. Création d'un champ magnétique dans l'inducteur (d'un électroaimant, d'une dynamo). ♦ *Excitation d'un atome.* CONTR. **apaisement,** ① **calme, sérénité.**

ÉTYM. latin *excitatio.*

EXCITÉ, ÉE [ɛksite] adj. et n. ✦ Qui a une activité mentale, psychique anormalement vive. → loc. *Excité comme une puce* : très excité. SYN. **agité, énervé, nerveux, surexcité.** → n. *Une bande d'excités, de jeunes excités.* CONTR. ② **calme, paisible, tranquille.**

EXCITER [ɛksite] v. tr. (conjug. 3a) I 1. Faire naître, provoquer (une réaction physique ou, plus cour., morale, mentale). SYN. ① **causer, éveiller, provoquer, stimuler, susciter.** *Exciter la jalousie. Exciter la passion, l'imagination, l'admiration de qqn. Exciter la curiosité.* 2. Accroître, rendre plus vif (une sensation, un sentiment). SYN. **aviver, exalter.** *Cela excita encore sa colère.* 3. *EXCITER À* (+ n. ou + inf.) : pousser fortement à (une détermination difficile, une action violente). SYN. **entraîner,** ① **porter, pousser.** *Exciter qqn à la révolte. Les encouragements l'ont excité à mieux faire.* 4. Augmenter l'activité psychique, intellectuelle de (qqn). SYN. **agiter, émouvoir, passionner, surexciter.** *La boisson, la nourriture l'excite.* → FAM. (négatif) *Ce travail ne l'excite pas beaucoup*, ne l'intéresse pas. ♦ (sujet personne) Mettre en colère, en fureur. SYN. **irriter.** *Exciter qqn par des railleries. On les a excités l'un contre l'autre.* 5. Éveiller le désir sexuel de (qqn). II 1. PHYSIOL. Déclencher l'activité de (un système excitable). → **excitation** (II, 1). *Exciter un nerf, un muscle.* 2. PHYS. Envoyer un courant d'excitation* dans. ♦ *Exciter un noyau d'atome* (par passage d'électron(s) à un niveau d'énergie supérieure). III *S'EXCITER* v. pron. Ressentir une excitation sensuelle. → FAM. *S'exciter sur qqch.*, y prendre un très vif intérêt. SYN. **s'enthousiasmer.** CONTR. **calmer, étouffer, réfréner, réprimer, retenir • apaiser • inhiber.**

ÉTYM. latin *excitare.*

EXCLAMATIF, IVE [ɛksklamatif, iv] adj. ✦ LING. Qui marque ou exprime l'exclamation. *Phrase exclamative* (ex. Quelle bonne idée !). → *Adjectifs, adverbes exclamatifs* (ex. Quel homme !, Que de propos inutiles !, Oh combien !).

ÉTYM. latin populaire *exclamativus.*

EXCLAMATION [ɛksklamasjɔ̃] n. f. ✦ Fait de s'exclamer ; paroles, cri par lesquels on s'exclame. SYN. **interjection.** *Pousser des exclamations. Une exclamation de joie.* → *Point d'exclamation*, signe de ponctuation (!) qui termine une phrase exclamative, suit une interjection.

ÉTYM. latin *exclamatio.*

S'EXCLAMER [ɛksklame] v. pron. (conjug. 3a) ✦ Proférer des paroles ou des cris (exclamations) en exprimant spontanément une émotion, un sentiment. SYN. **s'écrier, se récrier.** *«Ah non !» s'exclama-t-il.*

ÉTYM. latin *exclamare*, de *clamare* «appeler».

EXCLU, UE [ɛkskly] adj. 1. (personnes) Renvoyé, refusé. *Les membres exclus. Il se sent exclu de la conversation.* → n. *Les exclus du parti. Les exclus (de la société).* 2. (choses) Qu'on refuse d'envisager. *Cette solution est exclue.* → impers. *Il est, n'est pas exclu que* : il est impossible, possible que. → Non compris. *Jusqu'à mardi*

A B C D E F G H I J K L M N O P Q R S T U V W X Y Z

exclu. SYN. **exclusivement.** CONTR. **admis · compris, inclus.**
ÉTYM. du participe passé de *exclure*.

EXCLURE [ɛksklyʀ] v. tr. (conjug. 57) 1. Renvoyer, chasser (qqn) d'un endroit où il était admis, ou refuser d'admettre. SYN. **chasser, expulser, renvoyer.** *Exclure qqn d'un syndicat, d'une équipe. Elle s'est fait exclure du collège.* 2. Ne pas admettre, ne pas employer (qqch.). *Exclure le gluten de son alimentation.* SYN. **bannir, rejeter.** 3. Refuser d'envisager. *J'exclus votre participation à cette affaire ; j'exclus que vous y participiez.* 4. (sujet chose) Rendre impossible (qqch.) par son existence même. *La bonté n'exclut pas la sévérité. L'un n'exclut pas l'autre.* – pronom. *Ces idées s'excluent l'une l'autre.* CONTR. **accueillir, admettre · autoriser, permettre · impliquer, inclure.**
ÉTYM. latin *excludere*, de *claudere* « fermer, clore ».

EXCLUSIF, IVE [ɛksklyzif, iv] adj. 1. Qui exclut tout partage. *Privilèges, droits exclusifs,* qui appartiennent à une seule personne. 2. Qui est produit, vendu seulement par une firme. *Modèle exclusif.* – *Concessionnaire exclusif,* qui ne vend qu'une marque (→ **exclusivité**). 3. Qui exclut tout élément étranger. *Une préoccupation exclusive.* SYN. **unique.** 4. (personnes) Absolu dans ses opinions, ses goûts, ses sentiments. SYN. **intolérant.** *Elle est exclusive en amitié.* SYN. **entier ; absolu.** CONTR. **inclusif · éclectique, ouvert, tolérant.**
ÉTYM. latin médiéval *exclusivus*.

EXCLUSION [ɛksklyzjɔ̃] n. f. 1. Action d'exclure (qqn). SYN. **élimination, expulsion,** ① **radiation.** *Prononcer l'exclusion de qqn. Il a protesté contre son exclusion de la compétition.* – *Exclusion (sociale)* : situation de personnes mises à l'écart, dans la société. *Lutte contre l'exclusion.* 2. Action d'exclure (qqch.) d'un ensemble. – *À L'EXCLUSION DE* loc. prép. : en excluant, de manière à exclure. SYN. à l' **exception** de. *Cultiver un don à l'exclusion des autres.* CONTR. **admission, inclusion.**
ÉTYM. latin *exclusio*.

EXCLUSIVE [ɛksklyziv] n. f. ✦ Décision d'exclure. *Prononcer l'exclusive contre qqn* (→ ② **interdit, veto**). *Agir sans esprit d'exclusive,* sans rien rejeter, ni personne.
ÉTYM. de *exclusif*.

EXCLUSIVEMENT [ɛksklyzivmɑ̃] adv. **I** 1. En excluant tout le reste. SYN. **seulement, uniquement.** *Il voit exclusivement des films comiques.* 2. D'une manière exclusive (3), absolue. *Il s'occupe exclusivement de sa famille.* **II** (en fin de proposition) En ne comprenant pas. *Du mois de janvier au mois d'août exclusivement,* en ne comptant pas le mois d'août. SYN. **exclu.** CONTR. **y compris, inclus, inclusivement.**
ÉTYM. de *exclusif*.

EXCLUSIVISME [ɛksklyzivism] n. m. ✦ DIDACT. Caractère exclusif (4).

EXCLUSIVITÉ [ɛksklyzivite] n. f. 1. Propriété exclusive ; droit exclusif (de vendre, de publier). – *EN EXCLUSIVITÉ* : d'une manière exclusive. *Film en exclusivité* (qui sort pour la première fois). 2. Produit, film, etc., vendu, exploité par une seule firme. *C'est une exclusivité de la firme X.* 3. PRESSE Information importante donnée en exclusivité par un journal, une chaîne de radio, de télévision. SYN. **scoop** anglicisme.

EXCOMMUNICATION [ɛkskɔmynikasjɔ̃] n. f. 1. Peine ecclésiastique par laquelle qqn est excommunié. 2. fig. Exclusion d'une société, d'un parti politique, etc.
ÉTYM. latin chrétien *excommunicatio*.

EXCOMMUNIER [ɛkskɔmynje] v. tr. (conjug. 9) 1. Exclure (qqn) de la communion de l'Église catholique. *Excommunier un hérétique.* – au p. passé *Hérétique excommunié.* – n. *Un excommunié.* 2. fig. Exclure (avec force, définitivement). *Être excommunié d'un mouvement, d'un parti.*
ÉTYM. latin chrétien *excommunicare* « mettre hors de la communauté religieuse », d'après *communier*.

EXCRÉMENT [ɛkskʀemɑ̃] n. m. ✦ souvent au plur. Matière évacuée du corps par les voies naturelles ; spécialt matière solide évacuée par le rectum. *Excréments de l'homme.* SYN. **déjection, étron, fèces,** ② **selle(s) ;** FAM. **caca, crotte, merde.** *Excréments des animaux domestiques* (→ **bouse, crotte, crottin**), *des oiseaux* (→ **fiente, guano**).
ÉTYM. latin médical *excrementum*, famille de *excernere* « évacuer ».

EXCRÉMENTIEL, ELLE [ɛkskʀemɑ̃sjɛl] adj. ✦ DIDACT. Des excréments.

EXCRÉTER [ɛkskʀete] v. tr. (conjug. 8) ✦ PHYSIOL. Évacuer par excrétion. – au p. passé *Matières excrétées.*
ÉTYM. de *excrétion*.

EXCRÉTEUR, TRICE [ɛkskʀetœʀ, tʀis] adj. ✦ Qui sert à l'excrétion. *Le canal excréteur d'une glande.*

EXCRÉTION [ɛkskʀesjɔ̃] n. f. 1. Action par laquelle les déchets de l'organisme sont rejetés au-dehors. *Excrétion de l'urine, de la salive.* SYN. **évacuation, expulsion.** 2. au plur. Les déchets de la nutrition rejetés hors de l'organisme. SYN. **excrément.**
ÉTYM. latin *excretio* « séparation », de *excernere* « trier, évacuer ».

EXCROISSANCE [ɛkskʀwasɑ̃s] n. f. ✦ Petite tumeur bénigne de la peau.
ÉTYM. bas latin *excrescencia*, famille de *crescere* « croître », d'après *croissance*.

EXCURSION [ɛkskyʀsjɔ̃] n. f. ✦ Action de parcourir une région pour l'explorer, la visiter. SYN. **randonnée,** ② **tour.**
ÉTYM. latin *excursio*, de *excurrere* « parcourir ».

EXCURSIONNER [ɛkskyʀsjɔne] v. intr. (conjug. 3a) ✦ Faire une excursion.

EXCURSIONNISTE [ɛkskyʀsjɔnist] n. ✦ VIEILLI Personne qui fait une excursion.

EXCUSABLE [ɛkskyzabl] adj. ✦ Qui peut être excusé. SYN. **justifiable, pardonnable.** *Une colère bien excusable. À son âge, c'est excusable.* CONTR. **impardonnable, inexcusable.**

EXCUSE [ɛkskyz] n. f. 1. Raison alléguée pour se défendre d'une accusation, d'un reproche, pour expliquer ou atténuer une faute. SYN. **justification.** *Alléguer, donner, fournir une bonne excuse, une excuse valable. Il manque d'expérience, c'est sa seule excuse. Sa faute est sans excuse.* 2. plur. Regret que l'on témoigne à qqn de l'avoir offensé, contrarié, gêné. *Faire, présenter des excuses, ses excuses à qqn,* lui demander pardon. *J'accepte vos excuses.* 3. Motif allégué pour se dispenser de qqch., ou pour ne pas avoir fait ce qu'on devait.

→ ② **prétexte.** CONTR. **accusation, blâme, condamnation.**
ÉTYM. de *excuser.*

EXCUSER [ɛkskyze] **v. tr.** (conjug. 3a) **1.** S'efforcer de justifier (une personne, une action) par des excuses. SYN. **défendre, disculper.** ➝ (choses) Servir d'excuse à (qqn). *Rien ne peut excuser son mensonge.* **2.** Admettre des motifs qui atténuent ou justifient une faute. SYN. **absoudre, pardonner.** *Veuillez m'excuser ; excuser mon retard. Pour cette fois, je vous excuse.* **3.** Dispenser (qqn) d'une charge, d'une obligation. *Se faire excuser.* **4.** (formules de politesse) *Excusez-moi, vous m'excuserez, je vous prie de m'excuser,* je regrette (de vous gêner, de refuser, de vous contredire, etc.). *Excuse-moi, mais je ne suis pas de ton avis.* **5.** *S'EXCUSER* **v. pron.** Présenter ses excuses, exprimer ses regrets (de qqch.). *Je m'excuse d'avoir pris du retard.* ➝ *Je m'excuse* (s'emploie incorrectement pour *excusez-moi*). CONTR. **accuser, blâmer, charger, condamner.**
ÉTYM. latin *excusare* «mettre hors de cause *(causa)*».

EXÉCRABLE [ɛgzekʀabl ; ɛksekʀabl] **adj.** **1.** LITTÉR. Qu'on doit exécrer, avoir en horreur. SYN. **abominable, détestable.** *C'est une action exécrable.* **2.** Extrêmement mauvais. *Odeur, nourriture exécrable.* SYN. **dégoûtant, infect.** *Un film exécrable,* très mauvais. *Être d'une humeur exécrable.* SYN. **affreux, épouvantable.** CONTR. **excellent, exquis.**
ÉTYM. latin *execrabilis.*

EXÉCRATION [ɛgzekʀasjɔ̃ ; ɛksekʀasjɔ̃] **n. f.** ✦ LITTÉR. Haine violente pour ce qui est digne de malédiction. SYN. **aversion, horreur.** *Avoir qqn, qqch. en exécration,* en horreur. CONTR. **admiration, adoration.**
ÉTYM. latin *execratio.*

EXÉCRER [ɛgzekʀe ; ɛksekʀe] **v. tr.** (conjug. 8) **1.** LITTÉR. Haïr (qqn) au plus haut point. SYN. **abhorrer, détester.** *Il s'est fait exécrer de tous.* **2.** Avoir de l'aversion, du dégoût pour (qqch.). *J'exècre ses manières.* CONTR. **adorer, aimer.**
ÉTYM. latin *execrari* «maudire», famille de *sacer* «sacré».

EXÉCUTABLE [ɛgzekytabl] **adj.** ✦ Qui peut être exécuté. SYN. **réalisable.** *Plan facilement exécutable.* CONTR. **irréalisable.**

EXÉCUTANT, ANTE [ɛgzekytɑ̃, ɑ̃t] **n.** **1.** Personne qui exécute (un ordre, une tâche, une œuvre). SYN. **agent.** *Il n'est pas responsable, c'est un simple exécutant.* **2.** Interprète d'un ensemble musical (musicien ; instrumentiste, choriste...). *Une chorale de cinquante exécutants.*
ÉTYM. du participe présent de *exécuter.*

EXÉCUTER [ɛgzekyte] **v. tr.** (conjug. 3a) **I** *EXÉCUTER qqch.* **1.** Mettre à effet, mener à accomplissement (ce qui est conçu par soi [projet], ou par d'autres [ordre]). SYN. **accomplir, effectuer, faire, réaliser.** *Ce plan est difficile à exécuter. Exécuter les ordres de qqn.* **2.** Rendre effectif (un projet, une décision) ; faire (un ouvrage) d'après un plan, un projet. *Exécuter une fresque. Exécuter une commande.* ➝ au p. passé *Broderie exécutée à la main.* **3.** Interpréter, jouer (une œuvre musicale). → **exécutant** (2). **4.** Faire (un mouvement complexe, un ensemble de gestes prévu ou réglé d'avance). *Exécuter un pas de danse.* **II** *EXÉCUTER qqn.* **1.** Faire mourir (qqn) conformément à une décision de justice. *Exécuter un condamné.* **2.** Faire mourir sans jugement (pour se venger, etc.). *Exécuter un otage.* SYN. **abattre, tuer.** **3.** fig. Discréditer (qqn), dénigrer. SYN. **éreinter.** **III** *S'EXÉCUTER* **v. pron. réfl.** Se décider à faire une chose pénible, désagréable. → se **résoudre.** *Je lui ai demandé de m'aider, elle s'est exécutée sans se faire prier.*
ÉTYM. de *exsecutum,* de *exsequi* «faire suivre *(sequi)* jusqu'au bout».

EXÉCUTEUR, TRICE [ɛgzekytœʀ, tʀis] **n.** **I** DR. *EXÉCUTEUR, TRICE TESTAMENTAIRE :* personne qui assure l'exécution des dernières volontés de l'auteur d'un testament. **II** **n. m.** Personne qui exécute un condamné. SYN. **bourreau.** *L'exécuteur des hautes œuvres.*
ÉTYM. latin *executor.*

EXÉCUTIF, IVE [ɛgzekytif, iv] **adj.** ✦ Relatif à la mise en œuvre des lois. *Séparation du pouvoir législatif, du pouvoir exécutif* (gouvernement) *et du pouvoir judiciaire.* ➝ **n. m.** *L'EXÉCUTIF :* le pouvoir exécutif.
ÉTYM. de *exécuter, exécution.*

EXÉCUTION [ɛgzekysjɔ̃] **n. f.** **I** **1.** Action d'exécuter (qqch.), de passer à l'accomplissement. SYN. **réalisation.** *L'exécution d'un projet, d'une décision. Passer de la conception à l'exécution. Travail en cours d'exécution,* en train d'être exécuté. ➝ *METTRE À EXÉCUTION :* commencer à exécuter (ce qui a été prévu, décidé, ordonné). ➝ MILIT. *Exécution !,* ordre d'avoir à exécuter. **2.** DR. Application (d'un jugement, d'un acte juridique). *Exécution forcée,* contrainte, saisie. **3.** Action, manière d'exécuter (un ouvrage, un travail) d'après une règle, un plan. *L'exécution d'un mouvement, d'une manœuvre.* **4.** Action, manière d'interpréter (en chantant, en jouant) une œuvre musicale. SYN. **interprétation.** *Ce morceau présente de grandes difficultés d'exécution.* **II** Mise à mort (d'un condamné). → **exécuter** (II). *Peloton, poteau d'exécution.* CONTR. **inexécution.**
ÉTYM. latin *exsecutio,* de *exsequi* «exécuter».

EXÉCUTOIRE [ɛgzekytwaʀ] **adj.** ✦ DR. Qui peut et doit être mis à exécution.

EXÉGÈSE [ɛgzeʒɛz] **n. f.** ✦ DIDACT. Interprétation philologique, doctrinale d'un texte dont le sens, la portée sont obscurs. SYN. **commentaire,** ② **critique.** *Exégèse biblique, historique.*
▶ **EXÉGÉTIQUE** [ɛgzeʒetik] **adj.**
ÉTYM. grec *exêgêsis* «explication».

EXÉGÈTE [ɛgzeʒɛt] **n.** ✦ Personne qui s'occupe d'exégèse. SYN. **commentateur.**
ÉTYM. grec *exêgêtês.*

EXÉMA ; EXÉMATEUX → **ECZÉMA ; ECZÉMATEUX**

① **EXEMPLAIRE** [ɛgzɑ̃plɛʀ] **n. m.** **1.** Chacun des objets (surtout imprimés) reproduisant un type commun. SYN. **copie, épreuve.** *Tirer un livre à dix mille exemplaires. Les exemplaires d'un journal, d'une gravure, d'une médaille.* **2.** Chacun des individus (d'une même espèce). *De beaux exemplaires d'une plante.* SYN. **échantillon, spécimen.**
ÉTYM. bas latin *exemplarium,* de *exemplum* «exemple».

② **EXEMPLAIRE** [ɛgzɑ̃plɛʀ] **adj.** **1.** Qui peut servir d'exemple. SYN. **édifiant, parfait.** *Une mère exemplaire. Une conduite exemplaire.* **2.** Dont l'exemple doit servir d'avertissement, de leçon. *Châtiment, punition exem-*

plaire. SYN. **sévère.** CONTR. **mauvais, scandaleux.**

► **EXEMPLAIREMENT** [ɛgzɑ̃plɛʀmɑ̃] **adv.** *Vivre exemplairement. Être puni exemplairement.*

ÉTYM. latin *exemplaris.*

EXEMPLARITÉ [ɛgzɑ̃plaʀite] **n. f.** ✦ Caractère d'exemple.

ÉTYM. de ② *exemplaire.*

EXEMPLE [ɛgzɑ̃pl] **n. m.** **I** **1.** Action, manière d'être qu'on peut imiter. *Bon exemple, exemple à suivre.* SYN. **modèle, règle** ; → ② **exemplaire.** *Donner le mauvais exemple. Suivre l'exemple de qqn, prendre exemple sur qqn,* l'imiter. ➛ LITTÉR. *À L'EXEMPLE DE* **loc. prép.** : pour imiter. *Il agit à l'exemple de son père.* **2.** Personne dont les actes sont dignes d'être imités. SYN. **modèle.** **3.** Châtiment pouvant servir de leçon (pour les autres). *Il a été condamné pour l'exemple. Les juges voulaient faire un exemple.* **II** **1.** Chose semblable ou comparable à celle dont il s'agit. *L'unique, le seul exemple que je connaisse, l'exemple le plus connu.* SYN. ① **cas.** **2.** Cas particulier qui entre dans une catégorie et sert à illustrer, à préciser l'idée. *Voici un bel exemple de son entêtement.* SYN. **aperçu, échantillon, spécimen.** *Donnez-moi un exemple. Exemple bien choisi.* ➛ Énoncé ou passage d'un texte (→ **citation**) que l'on cite pour illustrer l'emploi d'un mot, d'une expression. *Les exemples d'un dictionnaire, d'une grammaire.* **3.** *PAR EXEMPLE* **loc. adv.** : pour expliquer, illustrer par un cas. *Considérons par exemple... Une invention moderne, par exemple le portable.* SYN. **comme, notamment.** ➛ FAM. *Par exemple !,* marque l'étonnement, l'incrédulité. → **alors.** *Ça par exemple ! Non, par exemple !*

ÉTYM. latin *exemplum* «échantillon», de *eximere* «tirer de».

EXEMPLIFIER [ɛgzɑ̃plifje] **v. tr.** (conjug. 9) ✦ DIDACT. Illustrer d'exemples. *Exemplifier une démonstration.*

► **EXEMPLIFICATION** [ɛgzɑ̃plifikasjɔ̃] **n. f.**

EXEMPT, EMPTE [ɛgzɑ̃(pt), ɑ̃(p)t] **adj.** et **n. m.**

I adj. **1.** (personnes) *EXEMPT DE qqch.* : qui n'est pas obligé d'accomplir (une charge, un service) (→ **exemption**). *Être exempt d'une obligation.* SYN. **dispensé, libéré.** ➛ (choses) *Revue exempte de timbre.* **2.** (personnes) Préservé (d'un mal, d'un désagrément). *Il est exempt de tout souci,* à l'abri de. **3.** Qui n'est pas sujet à (un défaut, une tendance). *Vous n'êtes pas exempt de vous tromper. Calcul exempt d'erreurs.* SYN. **dénué, dépourvu.** CONTR. **astreint, obligé, tenu** • ① **sujet, susceptible.**

II n. m. Personne exempte, exemptée d'une charge, d'un service.

ÉTYM. latin *exemptus,* participe passé de *eximere* «tirer de» ; même famille que *exemple.*

EXEMPTER [ɛgzɑ̃(p)te] **v. tr.** (conjug. 3a) **1.** Rendre exempt (d'une charge, d'un service commun). SYN. **dispenser.** *Exempter qqn d'une obligation.* ➛ passif *Il a été exempté du service militaire.* SYN. **exempt.** ➛ p. passé subst. *Les exemptés et les réformés.* **2.** LITTÉR. (sujet chose) Dispenser, mettre à l'abri de. SYN. **garantir, préserver.** *Son indifférence l'exempte de toute souffrance.* **3.** *S'EXEMPTER* **v. pron.** *S'exempter d'une réunion. Vous auriez pu vous en exempter.* SYN. se **dispenser.**

ÉTYM. de *exempt* (I).

EXEMPTION [ɛgzɑ̃psjɔ̃] **n. f.** ✦ Dispense (d'une charge, d'un service commun). *Exemption d'impôts, d'obligations.* CONTR. **assujettissement, contrainte, obligation.**

ÉTYM. latin *exemptio.*

EXERCER [ɛgzɛʀse] **v. tr.** (conjug. 4) **I** **1.** Soumettre à une activité régulière, en vue d'entretenir ou de développer. *Exercer tous ses sens. Exercer son souffle, sa résistance. Exercer sa mémoire.* SYN. **cultiver, entraîner.** **2.** Soumettre (qqn, un animal) à un entraînement. SYN. **former, habituer** ; ② **dresser.** ➛ (compl. abstrait) *Exercer l'esprit à l'observation.* ➛ *Exercer qqn à faire qqch.* **3.** Mettre en usage (un moyen d'action, une disposition à agir) ; faire agir (ce qui est en sa possession, à sa disposition). *Exercer un pouvoir, son autorité, une influence. Il a trouvé enfin le métier où il peut exercer son vrai talent.* SYN. **déployer, employer.** **4.** Pratiquer (des activités professionnelles). *Exercer un métier.* SYN. **faire.** absolt *Il exerce depuis de longues années.* **II** *S'EXERCER* **v. pron.** **1.** Avoir une activité réglée pour acquérir la pratique. *S'exercer tous les jours.* SYN. **s'entraîner.** ➛ (avec *à* + inf.) *S'exercer à calculer de tête.* SYN. **apprendre.** **2.** (choses) Se manifester (à l'égard de, contre qqn ou qqch.). *Sa méfiance s'exerce contre tout le monde.* **3.** (passif) Être exercé. *Pouvoir, puissance, influence qui s'exerce sur qqn, dans un domaine.* SYN. se faire **sentir.**

► **EXERCÉ, ÉE adj.** Devenu habile à force de s'exercer ou d'être exercé. *Un œil exercé, une oreille exercée.* CONTR. **inexercé, inexpérimenté, maladroit.**

ÉTYM. latin *exercere,* proprement «mettre en mouvement sans relâche», figuré «travailler».

EXERCICE [ɛgzɛʀsis] **n. m.** **I** **1.** Le fait d'exercer son corps par l'activité physique. *Prendre de l'exercice. Faire un peu d'exercice.* **2.** Entraînement des soldats au maniement des armes, aux mouvements sur le terrain. SYN. **instruction,** ① **manœuvre.** **3.** Activité réglée, ensemble de mouvements, d'actions destinés à exercer qqn dans un domaine particulier. *Exercices scolaires,* devoirs aux difficultés graduées. *Exercices de grammaire, de version.* «*Exercices de style*» (de Queneau). *Faire des exercices au piano.* **4.** LITTÉR. Action ou façon de s'exercer. SYN. **apprentissage, entraînement, étude, travail.** *Acquérir le talent de la parole par un long exercice.* **II** **1.** *EXERCICE DE* : action d'exercer (3) en employant, en mettant en usage. *L'exercice du pouvoir.* SYN. ① **pratique.** **2.** Le fait d'exercer (4) (une activité professionnelle). *L'exercice d'une profession. Exercice illégal de la médecine.* ➛ *EN EXERCICE* : en activité, en service. *Entrer en exercice.* **3.** Le fait de pratiquer (un culte). *Le libre exercice des cultes.* **III** Période (souvent une année) comprise entre deux inventaires, deux budgets. *Bilan en fin d'exercice.*

ÉTYM. latin *exercitium,* de *exercere* «exercer».

EXÉRÈSE [ɛgzeʀɛz] **n. f.** ✦ MÉD. Ablation, extraction. *L'exérèse d'une tumeur.*

ÉTYM. grec *exairêsis.*

EXERGUE [ɛgzɛʀg] **n. m.** **1.** DIDACT. Inscription placée dans une œuvre d'art (tableau, médaille) ou en tête d'un texte ; espace réservé à cette inscription. **2.** *EN EXERGUE* : comme présentation, explication. *Mettre un proverbe en exergue à un tableau, à un texte.*

ÉTYM. latin moderne *exergum,* du grec *ex-* «hors de» et *ergon* «travail».

EXFOLIANT, ANTE [ɛksfɔljɑ̃, ɑ̃t] **adj.** ✦ *Crème exfoliante,* qui enlève les cellules mortes de la peau.

ÉTYM. du participe présent de *exfolier.*

EXFOLIATION [ɛksfɔljasjɔ̃] **n. f.** ✦ Fait d'exfolier, de s'exfolier.
ÉTYM. latin *exfoliatio*.

EXFOLIER [ɛksfɔlje] **v. tr.** (conjug. 9) ✦ Détacher par feuilles, par lamelles. ➡ pronom. *L'écorce du platane s'exfolie.*
ÉTYM. bas latin *exfoliare*, de *folium* «feuille».

EXHALAISON [ɛgzalɛzɔ̃] **n. f.** ✦ Ce qui s'exhale d'un corps. SYN. **émanation.** *Exhalaisons odorantes.* SYN. **effluve, odeur.**
ÉTYM. de *exhaler*.

EXHALATION [ɛgzalasjɔ̃] **n. f. 1.** DIDACT. Action d'exhaler. **2.** Rejet de l'air chargé de vapeur lors de l'expiration (opposé à *inhalation*).
ÉTYM. latin *exhalatio*.

EXHALER [ɛgzale] **v. tr.** (conjug. 3a) **1.** Dégager et répandre au-dehors (une chose volatile : odeur, vapeur, gaz). *Exhaler des effluves ; une odeur* (agréable ou désagréable). **2.** Laisser échapper de sa gorge, de sa bouche (un souffle, un son, un soupir). *Exhaler le dernier soupir.* SYN. **pousser, rendre. 3.** fig. LITTÉR. Manifester (un sentiment) de façon audible, par des chants, des pleurs, etc. SYN. **exprimer, manifester.**
ÉTYM. latin *exhalare*, de *halare* «souffler».

EXHAUSSEMENT [ɛgzosmɑ̃] **n. m.** ✦ Action d'exhausser ; son résultat. SYN. **surélévation.** *L'exhaussement d'un mur.*

EXHAUSSER [ɛgzose] **v. tr.** (conjug. 3a) ✦ Rendre plus élevé (un bâtiment, une construction). SYN. **surélever.** *Exhausser une digue. Exhausser une maison d'un étage.* CONTR. **abaisser.** HOM. EXAUCER «satisfaire»
ÉTYM. de *hausser*.

EXHAUSTIF, IVE [ɛgzostif, iv] **adj.** ✦ Qui traite complètement un sujet. SYN. **complet.** *Liste exhaustive.* CONTR. **incomplet.**
► **EXHAUSTIVEMENT** [ɛgzostivmɑ̃] **adv.**
ÉTYM. anglais *exhaustive*, de *to exhaust*, du latin *exhaurire* «épuiser, accomplir entièrement».

EXHAUSTIVITÉ [ɛgzostivite] **n. f.** ✦ Caractère de ce qui est exhaustif. *L'exhaustivité d'une étude.*

EXHIBER [ɛgzibe] **v. tr.** (conjug. 3a) **1.** Montrer, faire voir (à qqn, au public). *Exhiber son passeport.* **2.** péj. Montrer avec ostentation. SYN. **arborer, déployer, étaler.** ➡ fig. *Exhiber sa science.* ➡ pronom., péj. Se produire, se montrer en public. CONTR. **cacher, dissimuler.**
ÉTYM. latin *exhibere*, de *habere* «avoir, posséder».

EXHIBITION [ɛgzibisjɔ̃] **n. f. 1.** Action de montrer (spécialt au public). SYN. **présentation.** *Exhibition de fauves, dans un cirque.* **2.** Déploiement, étalage ostentatoire. *Exhibition de luxe.*
ÉTYM. latin *exhibitio*.

EXHIBITIONNISME [ɛgzibisjɔnism] **n. m. 1.** MÉD. Impulsion qui pousse certains sujets à exhiber leurs organes génitaux. ◆ par ext. Goût de se montrer nu. **2.** fig. Fait d'afficher en public ses sentiments, sa vie privée, ce qu'on devrait cacher.
ÉTYM. de *exhibition*.

EXHIBITIONNISTE [ɛgzibisjɔnist] **n.** et **adj.** ✦ (Personne) qui manifeste de l'exhibitionnisme. *Un exhibitionniste.* ➡ **adj.** *Des tendances exhibitionnistes.*

EXHORTATION [ɛgzɔʀtasjɔ̃] **n. f.** ✦ Paroles pour exhorter. SYN. **encouragement, incitation.** *Des exhortations amicales. Une exhortation au travail.*
ÉTYM. latin *exhortatio*.

EXHORTER [ɛgzɔʀte] **v. tr.** (conjug. 3a) ✦ *EXHORTER qqn À* : s'efforcer par des discours persuasifs de lui faire faire qqch. SYN. **encourager, engager, inciter, inviter** à. *Je vous exhorte à la patience, à prendre patience.* CONTR. **décourager, dissuader.**
ÉTYM. latin *exhortari*, de *hortari* «encourager».

EXHUMATION [ɛgzymasjɔ̃] **n. f.** ✦ LITTÉR. Action d'exhumer ; son résultat. *L'exhumation d'un corps.* CONTR. **inhumation.**
ÉTYM. latin médiéval *exhumatio*.

EXHUMER [ɛgzyme] **v. tr.** (conjug. 3a) **1.** Retirer (un cadavre) de la terre, de la sépulture. SYN. **déterrer.** *Exhumer un corps pour l'autopsie.* **2.** Retirer (une chose enfouie) du sol, spécialt par des fouilles. *Exhumer les ruines d'une ville antique.* **3.** fig. Tirer de l'oubli. SYN. **rappeler, ressusciter.** *Exhumer des souvenirs.* CONTR. **enfouir, ensevelir, enterrer, inhumer.**
ÉTYM. latin *exhumare*, de *humus* «terre», d'après *inhumare* «inhumer».

EXIGEANT, ANTE [ɛgziʒɑ̃, ɑ̃t] **adj. 1.** Qui est habitué à exiger beaucoup. *Un professeur, un critique exigeant.* ➡ *Caractère exigeant*, difficile à contenter. SYN. **difficile. 2.** (disposition, sentiment, activité) Qui a besoin de beaucoup pour s'affirmer, s'exercer. *Profession exigeante.* SYN. **prenant.** CONTR. **accommodant, facile.**
ÉTYM. du participe présent de *exiger*.

EXIGENCE [ɛgziʒɑ̃s] **n. f.** ✦ Action d'exiger ; ce qui est exigé. **1.** au plur. Ce qu'une personne, une collectivité, une discipline, réclame d'autrui. *Des exigences excessives. Céder aux exigences de qqn.* ◆ Ce qu'on demande en argent (prix, salaire). *Quelles sont vos exigences ?* SYN. **condition, prétention. 2.** Ce qui est réclamé comme nécessaire (moralement). **3.** au sing. Caractère d'une personne exigeante.
ÉTYM. bas latin *exigentia*.

EXIGER [ɛgziʒe] **v. tr.** (conjug. 5) **1.** Demander impérativement (ce que l'on pense avoir le droit ou la force d'obtenir). SYN. **réclamer, requérir.** *Il exige une compensation. Exiger le silence.* ◆ Requérir comme nécessaire pour remplir une fonction. *Ce métier exige de la diplomatie.* ➡ au p. passé *Diplômes exigés.* ◆ *EXIGER QUE* (+ subj.). *Elle exige qu'il revienne.* SYN. **commander, ordonner, sommer.** ➡ *EXIGER DE* (+ inf.). *Il exigea de partir le premier.* **2.** (sujet chose) Rendre indispensable, inévitable, obligatoire. *Les circonstances exigent une action immédiate.* SYN. ① **imposer, nécessiter, réclamer.** CONTR. **offrir, proposer · dispenser, exempter.**
ÉTYM. latin *exigere*.

EXIGIBLE [ɛgziʒibl] **adj.** ✦ Qu'on a le droit d'exiger. *Somme exigible à la commande.*
► **EXIGIBILITÉ** [ɛgziʒibilite] **n. f.**

EXIGU, UË [ɛgzigy] **adj.** ✦ (choses, espace) D'une dimension insuffisante. SYN. **petit.** *Un appartement, un jardin exigu.* CONTR. **vaste.**
ÉTYM. latin *exiguus* «pesé au plus juste», de *exigere* «mesurer ; exiger».

EXIGUÏTÉ [ɛgzigɥite] **n. f.** ✦ Caractère de ce qui est exigu. SYN. **petitesse.** *L'exiguïté de sa chambre.* CONTR. **immensité.**

ÉTYM. latin *exiguitas.*

EXIL [ɛgzil] **n. m.** 1. Expulsion de qqn hors de sa patrie, avec la défense d'y rentrer ; situation de la personne expulsée. SYN. **bannissement, déportation.** *Condamner qqn à l'exil. Vivre en exil.* 2. LITTÉR. Obligation de séjourner hors d'un lieu, loin d'une personne qu'on regrette. SYN. **éloignement, séparation.** *La vie loin d'elle est pour lui un exil.*

ÉTYM. latin *exsilium,* de *exsilire* «sauter *(salire)* hors de».

EXILER [ɛgzile] **v. tr.** (conjug. 3a) 1. Envoyer (qqn) en exil. SYN. **bannir, déporter, expatrier, expulser, proscrire.** *Gouvernement militaire qui exile ses adversaires.* 2. Éloigner (qqn) d'un lieu et lui interdire d'y revenir. SYN. **chasser, éloigner.** 3. *S'EXILER* **v. pron.** Se condamner à l'exil ; s'installer loin de son pays. *Ils se sont exilés pour trouver du travail.* SYN. **émigrer, s'expatrier.**
► **EXILÉ, ÉE adj.** *Opposant politique exilé.* SYN. **réfugié.** – **n.** *Un, une exilé(e).*

ÉTYM. latin *exsiliare,* de *exsilium* «exil».

EXISTANT, ANTE [ɛgzistɑ̃, ɑ̃t] **adj.** 1. Qui existe, qui a une réalité. SYN. **concret, réel.** *Les choses existantes et les choses imaginaires.* 2. COUR. Qui existe actuellement. SYN. **actuel,** ② **présent.** *Majorer les tarifs existants,* en vigueur. CONTR. **irréel, virtuel.**

EXISTENCE [ɛgzistɑ̃s] **n. f.** **I** 1. PHILOS. Fait d'exister. SYN. ② **être.** *Discuter de l'existence de Dieu, du démon.* ♦ (opposé à *essence*) La réalité vivante, vécue (d'un être conscient). 2. Fait d'exister, d'avoir une réalité (pour un observateur). *J'ignorais l'existence de ce testament. Découvrir l'existence d'une étoile.* **II** 1. Vie considérée dans sa durée, son contenu. *Traîner une existence misérable. Conditions, moyens d'existence. Se compliquer l'existence.* – Durée (d'une situation, d'une institution). *Cette tradition a un siècle d'existence.* 2. Mode, type de vie. *Mener une existence bourgeoise. Changer d'existence.* CONTR. **inexistence • absence.**

ÉTYM. bas latin *existentia.*

EXISTENTIALISME [ɛgzistɑ̃sjalism] **n. m.** ✦ PHILOS. Doctrine selon laquelle l'homme n'est pas déterminé d'avance par son essence* («l'existence précède l'essence»), mais est libre et responsable de son existence. CONTR. **essentialisme.**

ÉTYM. de *existentiel.*

EXISTENTIALISTE [ɛgzistɑ̃sjalist] **adj.** 1. PHILOS. Qui se rapporte à l'existentialisme. *Philosophie existentialiste.* – **n.** *Les existentialistes chrétiens, athées.* 2. VIEILLI Qui fit de l'existentialisme une mode (idées, mœurs, tenue). *Les bars existentialistes de Saint-Germain-des-Prés.*

ÉTYM. de *existentiel.*

EXISTENTIEL, ELLE [ɛgzistɑ̃sjɛl] **adj.** ✦ DIDACT. Relatif à l'existence en tant que réalité vécue. *Angoisse existentielle.*

ÉTYM. de *existence,* d'après le latin *ex(s)istentialis.*

EXISTER [ɛgziste] **v. intr.** (conjug. 3a) 1. Avoir une réalité. SYN. ① **être.** *Animal légendaire qui n'a jamais existé. Cette coutume existe encore.* → **continuer, durer, persister.** – Se trouver (quelque part). *Cette variété d'oiseau n'existe pas en Europe.* SYN. **se rencontrer.** – **impers.** *IL EXISTE... :* il y a... 2. (sujet personne) Vivre. *Cesser d'exister.* 3. (sens fort) Avoir de l'importance, de la valeur. SYN. **compter.** *Le passé n'existe pas pour elle. Et la politesse ? Ça existe !*

ÉTYM. latin *ex(s)istere,* de *sistere* «être placé».

EX-LIBRIS [ɛkslibʀis] **n. m. invar.** ✦ Inscription ou vignette apposée sur un livre pour en indiquer le propriétaire.

ÉTYM. mots latins «parmi les livres de...».

EX NIHILO [ɛksniilo] **adv.** ✦ DIDACT. En partant de rien, du néant. *Création ex nihilo.*

ÉTYM. mots latins «de rien».

EXO- Élément, du grec *exô* «au-dehors». CONTR. **endo-.**

EXOBIOLOGIE [ɛgzobjɔlɔʒi] **n. f.** ✦ DIDACT. Science dont l'objet est l'étude des possibilités de vie extraterrestre.

ÉTYM. de *exo-* et *biologie.*

EXOCET [ɛgzɔsɛ] **n. m.** ✦ Poisson des mers chaudes, aux grandes nageoires pectorales, appelé aussi *poisson volant.*

ÉTYM. latin *exocoetus,* du grec «qui sort du lit (de la mer)».

EXOCRINE [ɛgzɔkʀin] **adj. f.** ✦ PHYSIOL. *Glande exocrine,* qui déverse sa sécrétion à la surface de la peau ou d'une muqueuse (opposé à *endocrine*).

ÉTYM. de *exo-* et *endocrine.*

EXODE [ɛgzɔd] **n. m.** 1. (personnes) Émigration, départ en masse. *L'exode des civils français fuyant les troupes allemandes* (mai-juin 1940). – *Exode rural :* départ des ruraux vers la ville. – *L'exode des Parisiens au mois d'août.* 2. (choses) *Exode des capitaux,* leur départ vers l'étranger.

ÉTYM. latin chrétien *exodus* «émigration des Hébreux hors d'Égypte», du grec, de *exô* «hors de» et *hodos* «route».

EXOGAMIE [ɛgzɔgami] **n. f.** ✦ ETHNOL. Coutume suivant laquelle les mariages se font entre les membres de tribus, de clans différents (opposé à *endogamie*).
► **EXOGAMIQUE** [ɛgzɔgamik] **adj.** *Union exogamique.*

ÉTYM. anglais *exogamy* → exo- et -gamie.

EXOGÈNE [ɛgzɔʒɛn] **adj.** ✦ DIDACT. Qui provient de l'extérieur, se produit à l'extérieur (de l'organisme, d'un système). – GÉOL. *Roches exogènes,* formées en surface (ex. roches sédimentaires). CONTR. **endogène.**

ÉTYM. de *exo-* et *-gène.*

EXONÉRATION [ɛgzɔneʀasjɔ̃] **n. f.** ✦ Action d'exonérer ; son résultat. SYN. **abattement, déduction, dégrèvement, exemption.** *Exonération fiscale.*

ÉTYM. bas latin *exoneratio.*

EXONÉRER [ɛgzɔneʀe] **v. tr.** (conjug. 8) ✦ Décharger (qqn de qqch. à payer). *Exonérer un contribuable,* le décharger d'une partie ou de la totalité de l'impôt. – **par ext.** *Marchandises exonérées,* dispensées de droits de douane.

ÉTYM. latin *exonerare,* de *onus, oneris* «charge».

EXOPHTALMIE [ɛgzɔftalmi] **n. f.** ✦ MÉD. Saillie anormale du globe oculaire hors de l'orbite.
► **EXOPHTALMIQUE** [ɛgzɔftalmik] **adj.** *Goitre exophtalmique.*

ÉTYM. du grec *exophtalmos* → exo- et -ophtalmie.

EXOPLANÈTE [ɛgzoplanɛt] **n. f.** ✦ ASTRON. Planète qui est en orbite autour d'une autre étoile que le Soleil.

ÉTYM. de *exo-* et *planète.*

EXORBITANT, ANTE [ɛgzɔʀbitɑ̃, ɑ̃t] **adj.** ✦ Qui sort des bornes, qui dépasse la juste mesure. SYN. **excessif.** *Prix exorbitant. Des prétentions exorbitantes.* CONTR. **modéré, modique.**
ÉTYM. du latin *exorbitans*, participe présent du bas latin *exorbitare* «sortir de la route tracée *(orbita)*».

EXORBITÉ, ÉE [ɛgzɔʀbite] **adj.** ✦ *Yeux exorbités*, qui sortent de l'orbite ; tout grand ouverts (d'étonnement, de peur, etc.).
ÉTYM. de ① *ex -* et *orbite*.

EXORCISER [ɛgzɔʀsize] **v. tr.** (conjug. 3a) **1.** Chasser (les démons) du corps des possédés à l'aide de formules et de cérémonies. ♦ **fig.** *Exorciser la peur, la haine.* **2.** Délivrer (un possédé) de ses démons. CONTR. **ensorceler.**
ÉTYM. latin chrétien *exorcizare*, du grec, de *orkos* «serment».

EXORCISME [ɛgzɔʀsism] **n. m.** ✦ Pratique religieuse pour exorciser.
ÉTYM. latin chrétien *exorcismus*, du grec.

EXORCISTE [ɛgzɔʀsist] **n.** ✦ Personne qui exorcise.
ÉTYM. latin chrétien *exorcista*, du grec.

EXORDE [ɛgzɔʀd] **n. m.** ✦ Première partie (d'un discours), entrée en matière. SYN. **introduction, préambule, prologue.** CONTR. **conclusion, épilogue, péroraison.**
ÉTYM. latin *exordium*, de *exordiri* «commencer un discours».

EXOTIQUE [ɛgzɔtik] **adj.** ✦ Qui (dans la perception occidentale) est perçu comme étrange et lointain et stimule l'imagination ; qui est apporté de pays lointains. *Fruits exotiques.*
ÉTYM. latin *exoticus*, du grec, de *exô* «hors de».

EXOTISME [ɛgzɔtism] **n. m.** **1.** Caractère de ce qui est exotique. *L'exotisme d'un paysage.* **2.** Goût des choses exotiques, du pittoresque, de la couleur locale attachée à certaines civilisations.

EXPANSÉ, ÉE [ɛkspɑ̃se] **adj.** ✦ TECHN. Qui a subi une expansion (1). *Polystyrène expansé.*
ÉTYM. de *expansion*.

EXPANSIBLE [ɛkspɑ̃sibl] **adj.** ✦ Qui peut se dilater, est susceptible d'expansion. *Les gaz sont expansibles.*
► **EXPANSIBILITÉ** [ɛkspɑ̃sibilite] **n. f.**
ÉTYM. de *expansion*, suffixe *-ible*.

EXPANSIF, IVE [ɛkspɑ̃sif, iv] **adj.** **1.** DIDACT. Qui tend à s'étendre. **2.** COUR. Qui s'exprime avec effusion. SYN. **communicatif, démonstratif, exubérant.** *Un homme peu expansif.* — *Une nature expansive.* SYN. **ouvert.** *Une joie expansive*, débordante. CONTR. **renfermé, réservé, taciturne.**
ÉTYM. du latin *expansum* → expansion.

EXPANSION [ɛkspɑ̃sjɔ̃] **n. f.** **1.** Développement (d'un corps fluide) en volume ou en surface (dilatation, décompression, etc.). *L'expansion des gaz* (→ **expansible**). *Théorie de l'expansion de l'univers* (liée à celle du big bang). **2.** LING. Mot, groupe de mots facultatif qui accompagne un autre mot dont il dépend. *Le nom peut recevoir des expansions* (adjectif qualificatif, apposition, subordonnée relative, complément du nom, déterminant). **3.** Action de s'étendre, de prendre plus de terrain ou de place en se développant. SYN. **extension.** *L'expansion d'un pays hors de ses frontières* (→ **expansionnisme**). *Économie en pleine expansion. L'expansion des idées nouvelles.* SYN. **diffusion, propagation.** **4.** Mouvement par lequel une personne communique ses pensées, ses sentiments. SYN. **effusion, épanchement.** *Besoin d'expansion* (→ **expansif**). CONTR. **compression, contraction** • **récession, recul, régression** • **réserve, retenue.**
ÉTYM. latin *expansio*, de *expandere* «étendre».

EXPANSIONNISME [ɛkspɑ̃sjɔnism] **n. m.** ✦ Politique d'expansion (3). *Expansionnisme colonialiste ; économique.*

EXPANSIONNISTE [ɛkspɑ̃sjɔnist] **n.** et **adj.** ✦ Partisan de l'expansion territoriale, économique. — **adj.** *Une politique expansionniste.*

EXPANSIVITÉ [ɛkspɑ̃sivite] **n. f.** ✦ Caractère expansif.

EXPATRIATION [ɛkspatʀijasjɔ̃] **n. f.** ✦ Action d'expatrier ou de s'expatrier ; son résultat. *L'expatriation des protestants, au XVIIe siècle. L'expatriation des capitaux.*

EXPATRIER [ɛkspatʀije] **v. tr.** (conjug. 9) **1.** RARE Obliger (qqn) à quitter sa patrie. SYN. **exiler, expulser.** — *Expatrier des capitaux*, les placer à l'étranger. **2.** *S'EXPATRIER* **v. pron.** Quitter sa patrie pour s'établir ailleurs. SYN. **émigrer, s'exiler.** *Ouvriers qui s'expatrient pour trouver du travail.* CONTR. **rapatrier.**
► **EXPATRIÉ, ÉE adj.** Qui a quitté sa patrie volontairement ou qui en a été chassé. — **n.** *Des expatriés.*
ÉTYM. de ① *ex-* et *patrie*.

EXPECTATIVE [ɛkspɛktativ] **n. f.** **1.** LITTÉR. Attente fondée sur des promesses ou des probabilités. **2.** Attente prudente qui consiste à ne pas prendre parti, en attendant une solution. *Rester dans l'expectative.*
ÉTYM. de l'adjectif *expectatif, ive*, du latin *expectare* «attendre».

EXPECTORATION [ɛkspɛktɔʀasjɔ̃] **n. f.** ✦ MÉD. Action d'expectorer. ♦ Matières expectorées. SYN. **crachat.**
ÉTYM. du latin *expectorare* → expectorer.

EXPECTORER [ɛkspɛktɔʀe] **v. tr.** (conjug. 3a) ✦ Rejeter (les mucosités qui obstruent les voies respiratoires, les bronches). SYN. **cracher, tousser.**
ÉTYM. latin *expectorare*, de *pectus, pectoris* «poitrine».

① **EXPÉDIENT, ENTE** [ɛkspedjɑ̃, ɑ̃t] **adj.** ✦ LITTÉR. Qui convient pour la circonstance. SYN. ① **commode, convenable, utile.** *Trouver un moyen expédient.* HOM. EXPÉDIANT (p. présent de *expédier* «envoyer»)
ÉTYM. du latin *expediens*, participe présent de *expedire* «préparer, être à propos».

② **EXPÉDIENT** [ɛkspedjɑ̃] **n. m.** **1.** Moyen, méthode, mesure pour se tirer d'une difficulté, contourner un obstacle sans résoudre les problèmes. **2.** Moyen plus ou moins honnête pour se procurer de l'argent momentanément. *Vivre d'expédients.* HOM. EXPÉDIANT (p. présent de *expédier* «envoyer»)
ÉTYM. de ① *expédient*.

EXPÉDIER [ɛkspedje] **v. tr.** (conjug. 9) **I** **1.** Faire (qqch.) rapidement, sans attendre. *Expédier les affaires courantes.* **2.** Faire (qqch.) sans soin, pour s'en débarrasser. *Expédier une corvée.* SYN. **bâcler.** **3.** *Expédier qqn*, en finir au plus vite avec lui pour s'en débarrasser. **II** **1.** Faire partir pour une destination. SYN. **envoyer.** *Expédier un colis par la poste.* **2.** FAM. Envoyer (qqn) quelque part pour s'en débarrasser. *Il a expédié son fils au lit.* HOM. (du p. présent *expédiant*) ① EXPÉDIENT «commode»,

A B C D E F G H I J K L M N O P Q R S T U V W X Y Z

② EXPÉDIENT «combine»
ÉTYM. de ① *expédient.*

EXPÉDITEUR, TRICE [ɛkspeditœʀ, tʀis] n. ✦ Personne qui expédie qqch. SYN. **envoyeur.** *Retour à l'expéditeur.* ➜ adj. *Gare expéditrice.* CONTR. **destinataire.**

EXPÉDITIF, IVE [ɛkspeditif, iv] adj. **1.** (personnes) Qui expédie les affaires, son travail. SYN. ① **actif, rapide, vif.** *Être expéditif en affaires.* **2.** (choses) Qui permet d'expédier les affaires. *Le moyen le plus expéditif.* SYN. ① **court.** ♦ péj. *Justice expéditive,* rendue trop rapidement pour être sans défaut. SYN. **sommaire.** CONTR. **lent, traînard.**
ÉTYM. de *expédier.*

EXPÉDITION [ɛkspedisjɔ̃] n. f. **I 1.** Action d'expédier (I) ce qu'on a à faire. *L'expédition des affaires courantes.* **2.** DR. Copie (d'un acte, d'un jugement). **II 1.** Action de faire partir (qqch.) pour une destination. SYN. **envoi.** *Expédition de marchandises par avion. L'expédition du courrier.* ♦ Chose expédiée. *Je n'ai pas reçu votre expédition.* SYN. **envoi. 2.** Opération militaire exigeant un déplacement de troupes. → **campagne.** *L'expédition d'Égypte.* **3.** Voyage d'exploration dans un pays difficilement accessible ; personnel et matériel nécessaires à ce voyage. *Organiser une expédition scientifique.* ➜ *C'est une véritable expédition !,* se dit d'un déplacement qui exige tout un matériel. CONTR. **réception.**
ÉTYM. latin *expeditio.*

EXPÉDITIONNAIRE [ɛkspedisjɔnɛʀ] n. et adj. **1.** n. Employé(e) chargé(e) des expéditions (II, 1), dans une maison de commerce. **2.** adj. Envoyé en expédition (II, 2) militaire. *Corps expéditionnaire.*

EXPÉRIENCE [ɛkspeʀjɑ̃s] n. f. **I 1.** *L'EXPÉRIENCE DE qqch.* : fait d'éprouver qqch., considéré comme un élargissement ou un enrichissement de la connaissance, du savoir, des aptitudes. SYN. ① **pratique, usage.** *Expérience prolongée d'une chose.* SYN. **habitude.** *L'expérience du monde, des hommes. Faire l'expérience de qqch.,* éprouver, ressentir. → **expérimenter.** ➜ *Savoir qqch. par expérience.* **2.** Évènement vécu ou pratique prolongée de qqch., apportant un enseignement. *Une expérience amoureuse. C'est une expérience qu'il ne renouvellera pas.* **3.** absolt Connaissance de la vie, des choses, acquise par des situations vécues. SYN. **connaissance,** ② **savoir.** *Avoir plus de bonne volonté que d'expérience. Un débutant sans expérience* (→ **inexpérimenté**). *L'expérience l'a rendu sage.* ♦ PHILOS. La connaissance a posteriori (→ **empirique**). **II 1.** Fait de provoquer un phénomène dans l'intention de l'étudier, de l'observer, de contrôler une hypothèse. SYN. **épreuve, essai, expérimentation.** *Se livrer à des expériences. Faire une expérience de physique, de chimie.* ➜ Méthode scientifique utilisant les expériences (→ **expérimental**). *L'observation* et l'expérience ; l'expérience et la mesure.* **2.** Essai, tentative. *Une expérience de vie commune.* CONTR. ① **théorie** • **ignorance, inexpérience.**
ÉTYM. latin *experientia,* de *experiri* «éprouver, faire l'essai de».

EXPÉRIMENTAL, ALE, AUX [ɛkspeʀimɑ̃tal, o] adj. **1.** Fondé sur l'expérience scientifique ; qui emploie systématiquement l'expérience. *Méthode expérimentale,* observation, classification, hypothèse et vérification par des expériences appropriées. *Sciences d'observation et sciences expérimentales.* **2.** Qui constitue une expérience. ➜ Fait, construit pour en éprouver les qualités. *Cultures expérimentales. Fusée expérimentale.* ➜ *À titre expérimental,* pour en faire l'expérience. CONTR. **théorique.**
ÉTYM. latin médiéval *experimentalis,* de *experimentum* «essai, preuve par expérience».

EXPÉRIMENTALEMENT [ɛkspeʀimɑ̃talmɑ̃] adv. ✦ Par l'expérience scientifique. *Théorie vérifiée expérimentalement.* CONTR. **théoriquement.**
ÉTYM. de *expérimental.*

EXPÉRIMENTATEUR, TRICE [ɛkspeʀimɑ̃tatœʀ, tʀis] n. ✦ Personne qui effectue des expériences scientifiques.
ÉTYM. de *expérimenter.*

EXPÉRIMENTATION [ɛkspeʀimɑ̃tasjɔ̃] n. f. ✦ Emploi systématique de l'expérience scientifique. *L'expérimentation en chimie, en agriculture.*
ÉTYM. de *expérimenter.*

EXPÉRIMENTÉ, ÉE [ɛkspeʀimɑ̃te] adj. ✦ Qui est instruit par l'expérience (I, 3). SYN. **éprouvé, exercé, expert.** *C'est un homme expérimenté. Un acheteur expérimenté,* averti. CONTR. **apprenti, débutant, inexpérimenté.**
ÉTYM. du participe passé de *expérimenter.*

EXPÉRIMENTER [ɛkspeʀimɑ̃te] v. tr. (conjug. 3a) **I** Éprouver, connaître par expérience. SYN. **éprouver.** *On ne peut pas juger de cela sans l'avoir expérimenté.* **II** Pratiquer des expériences (II), des opérations destinées à étudier, à vérifier (qqch.). SYN. **éprouver, essayer,** ① **tester.** *Expérimenter un vaccin sur un cobaye.* ➜ absolt Pratiquer l'expérimentation.
ÉTYM. bas latin *experimentare,* de *experimentum* «essai, preuve par l'expérience».

EXPERT, ERTE [ɛkspɛʀ, ɛʀt] adj. et n. m.
I adj. Qui a acquis une grande habileté par l'expérience, par la pratique. SYN. **expérimenté.** *Un technicien expert.* SYN. **éprouvé.** *Elle est experte dans cet art, en la matière.* CONTR. **inexpérimenté.**
II n. m. Personne choisie pour ses connaissances techniques et chargée de faire des examens, constatations ou appréciations de fait (→ **expertise**). *Elle est expert devant les tribunaux civils.* ♦ Professionnel(le) qui vérifie l'authenticité et apprécie, estime la valeur des objets d'art.
ÉTYM. latin *expertus* «éprouvé», participe passé de *experiri* → expérience.

EXPERT-COMPTABLE, EXPERTE-COMPTABLE [ɛkspɛʀkɔ̃tabl, ɛkspɛʀtkɔ̃tabl] n. ✦ Personne faisant profession d'organiser, vérifier, apprécier ou redresser les comptabilités sous sa responsabilité. *Des experts-comptables.*

EXPERTISE [ɛkspɛʀtiz] n. f. **1.** Examen technique par un expert (pendant l'instruction d'un procès). *Le juge a ordonné une expertise.* **2.** Estimation de la valeur d'un objet d'art, étude de son authenticité par un expert. *L'expertise a prouvé que le tableau était un faux.*
ÉTYM. de *expert.*

EXPERTISER [ɛkspɛʀtize] v. tr. (conjug. 3a) ✦ Soumettre à une expertise. *Expertiser les dégâts.* SYN. **estimer, évaluer.** *Faire expertiser un tableau.*

EXPIATION [ɛkspjasjɔ̃] n. f. ✦ Souffrance imposée ou acceptée à la suite d'une faute et considérée comme un remède ou une purification. SYN. **rachat, réparation,**

② **repentir.**
ÉTYM. latin *expiatio*, de *expiare* «expier».

EXPIATOIRE [ɛkspjatwaʀ] **adj.** ✦ Qui est destiné à une expiation. *Une peine expiatoire. Victime expiatoire* (d'un sacrifice).
ÉTYM. latin chrétien *expiatorius*.

EXPIER [ɛkspje] **v. tr.** (conjug. 9) **1.** Réparer, en subissant une expiation. *Expier ses torts.* ➛ (RELIG. CHRÉT.) *Expier ses péchés par la pénitence.* **2.** *Expier une erreur, ses imprudences,* en être puni (par une conséquence ou un sentiment de culpabilité). SYN. **payer** (FIG.).
ÉTYM. latin *expiare* «purifier», famille de *pius* «pieux».

EXPIRANT, ANTE [ɛkspiʀɑ̃, ɑ̃t] **adj.** **1.** Qui est près d'expirer. SYN. **agonisant, mourant.** **2.** Qui finit, qui va cesser d'être. *Une flamme expirante.* CONTR. **naissant.**

EXPIRATION [ɛkspiʀasjɔ̃] **n. f.** **I** Action par laquelle les poumons expulsent l'air. *Expiration par le nez, la bouche.* **II** Moment où se termine (un temps prescrit ou convenu). SYN. **échéance,** ① **fin,** ① **terme.** *À l'expiration des délais.* ➛ Fin de la validité (d'une convention). *L'expiration du bail. Mandat qui arrive à expiration.*
ÉTYM. latin *expiratio*, de *ex(s)pirare* «expirer».

EXPIRER [ɛkspiʀe] **v.** (conjug. 3a) **I** **v. tr.** Expulser des poumons (l'air inspiré). SYN. **souffler.** ➛ au p. passé *L'air expiré.* **II** **v. intr.** **1.** (auxiliaire *avoir* ou *être*) Rendre le dernier soupir. SYN. **s'éteindre, mourir** ; → **expirant.** **2.** (choses) Cesser d'être ; prendre fin. SYN. **disparaître, s'évanouir.** *Le feu expirait lentement.* SYN. **agoniser.** **3.** (temps prescrit, convention) Arriver à son terme. SYN. **finir.** *Ce passeport expire le 1er septembre.* CONTR. **aspirer, inspirer • naître • commencer.**
ÉTYM. latin *ex(s)pirare*, de *spirare* «respirer».

EXPLÉTIF, IVE [ɛkspletif, iv] **adj.** ✦ Qui sert à «remplir» la phrase sans être nécessaire au sens. *Le* ne *explétif* (ex. il craint que je *ne* sois trop jeune).
ÉTYM. bas latin *expletivus*, de *explere* «emplir» ; famille de *plein*.

EXPLICABLE [ɛksplikabl] **adj.** ✦ Qui s'explique ; dont on peut donner la cause, la raison. SYN. **compréhensible.** *Cette erreur n'est pas explicable. C'est un phénomène facilement explicable.* CONTR. **incompréhensible, inexplicable.**
ÉTYM. latin *explicabilis*.

EXPLICATIF, IVE [ɛksplikatif, iv] **adj.** ✦ (choses) Qui explique. *Note explicative.* ➛ Qui indique comment se servir de qqch. *Notice explicative jointe à un appareil (→ mode d'emploi).*
ÉTYM. de *explication*.

EXPLICATION [ɛksplikasjɔ̃] **n. f.** ✦ Action d'expliquer ; son résultat. **1.** Développement destiné à éclaircir le sens de qqch. SYN. **commentaire, éclaircissement.** *Fournir, donner, proposer une explication à qqch.* ➛ *Explication de texte* : étude littéraire, stylistique d'un texte. **2.** Ce qui rend compte (d'un fait). SYN. **cause, motif, raison.** *Quelle est l'explication de ce phénomène ?* **3.** Éclaircissement sur les intentions, la conduite. SYN. **justification.** *Je ne trouve aucune explication à son attitude.* **4.** Discussion dans laquelle on s'explique (3). *Ils ont eu une explication orageuse.*
ÉTYM. latin *explicatio*.

EXPLICITATION [ɛksplisitasjɔ̃] **n. f.** ✦ Action d'expliciter.

EXPLICITE [ɛksplisit] **adj.** **1.** DR. Exprimé, formulé. **2.** Suffisamment clair et précis dans l'énoncé ; qui ne peut laisser de doute. SYN. ① **net.** *Sa déclaration est parfaitement explicite.* **3.** (personnes) Qui s'exprime avec clarté, sans équivoque. *Il n'a pas été très explicite sur ce point.* CONTR. **implicite, tacite • allusif, évasif ; confus.**
ÉTYM. latin *explicitus* «clair», participe passé de *explicare* «expliquer».

EXPLICITEMENT [ɛksplisitmɑ̃] **adv.** ✦ D'une manière explicite, formelle. *Demande formulée explicitement.* CONTR. **implicitement.**

EXPLICITER [ɛksplisite] **v. tr.** (conjug. 3a) **1.** Énoncer formellement. SYN. **formuler.** *Toutes les clauses du contrat ont été explicitées.* **2.** Rendre clair et précis. *Expliciter son point de vue.*
ÉTYM. de *explicite*.

EXPLIQUER [ɛksplike] **v. tr.** (conjug. 3a) **I** **1.** Faire connaître, faire comprendre nettement en développant. *Expliquer ses projets à qqn.* SYN. **exposer.** **2.** Rendre clair, faire comprendre (ce qui est ou paraît obscur). → **commenter, éclaircir, éclairer.** ◆ Donner les indications, la recette (pour faire qqch.). SYN. **apprendre, enseigner.** *Expliquer à qqn la règle du jeu.* SYN. **montrer.** **3.** Faire connaître la raison, la cause de (qqch.). *Je constate le fait, mais je ne peux pas l'expliquer.* ◆ (choses) Être la cause, la raison visible de ; rendre compte de. *Cela explique bien des choses !* **4.** EXPLIQUER QUE : faire comprendre que. SYN. ① **dire, exposer, montrer** que. *Expliquez-lui que nous comptons sur lui.* ➛ (+ subj.) *Comment expliquez-vous qu'il puisse vivre sans travailler ?* **II** *S'EXPLIQUER* **v. pron.** **1.** Faire connaître sa pensée, sa manière de voir. *Expliquez-vous plus clairement.* **2.** Rendre raison d'un fait, d'une opinion. *Elle s'est expliquée sur son absence.* SYN. **justifier.** *S'expliquer avec qqn,* se justifier auprès de lui. **3.** récipr. Avoir une discussion. *Après s'être expliqués, ils se sont mis d'accord.* ◆ FAM. Se battre. *Ils sont partis s'expliquer dehors.* **4.** Comprendre la raison, la cause de (qqch.). *Je m'explique mal cet incident ; qu'il soit en retard.* **5.** passif Être rendu intelligible. *Sa réaction s'explique par la jalousie.*
ÉTYM. latin *explicare*, proprement «dérouler, déployer», de *plicare* «plier».

EXPLOIT [ɛksplwa] **n. m.** **I** Action remarquable, exceptionnelle. SYN. **prouesse.** *Exploit sportif.* SYN. **performance, record.** **II** DR. *EXPLOIT (D'HUISSIER)* : acte judiciaire signifié par huissier pour assigner, notifier ou saisir.
ÉTYM. de l'ancien français *espleit*, latin *explicitum* «action menée à bien», de *explicare* «étendre, déployer».

EXPLOITABLE [ɛksplwatabl] **adj.** **1.** (choses) Qui peut être exploité avec profit. *Cette forêt n'est pas encore exploitable.* **2.** (personnes) *Un naïf facilement exploitable.* CONTR. **inexploitable.**

EXPLOITANT, ANTE [ɛksplwatɑ̃, ɑ̃t] **n.** **1.** Personne (ou société) qui fait fonctionner une exploitation. *Exploitant agricole. Les petits exploitants.* ➛ appos. *Propriétaire exploitant.* **2.** Propriétaire ou directeur d'une salle de cinéma.
ÉTYM. du participe présent de *exploiter*.

EXPLOITATION [ɛksplwatasjɔ̃] **n. f.** **1.** Action d'exploiter, de faire valoir (une chose). *L'exploitation du sol, du sous-sol, d'un domaine. L'exploitation d'une*

terre. SYN. **culture.** *L'exploitation d'une ligne aérienne.* ♦ INFORM. *Système d'exploitation :* programme qui gère le fonctionnement d'un ordinateur. 2. Bien exploité ; lieu où se fait la mise en valeur de ce bien. *Une exploitation agricole* (domaine, ferme, propriété), *industrielle* (industrie, usine), *commerciale* (commerce, entreprise). 3. abstrait Utilisation méthodique. *L'exploitation d'une idée originale.* 4. Action d'abuser à son profit. *L'exploitation de la crédulité publique.* ♦ (marxisme) *L'exploitation de l'homme par l'homme :* le fait de tirer un profit (plus-value) du travail d'autres hommes.
ÉTYM. de *exploiter.*

EXPLOITER [ɛksplwate] v. tr. (conjug. 3a) 1. Faire valoir, mettre en valeur (une chose) ; tirer parti de. *Exploiter une mine ; un réseau de chemin de fer ; un brevet, une licence.* – *Un domaine bien exploité.* 2. fig. Utiliser d'une manière avantageuse, faire rendre les meilleurs résultats à. *Exploiter la situation.* SYN. **profiter** de. *On a exploité sa déclaration contre lui.* 3. Se servir de (qqn) en n'ayant en vue que le profit (spécialt le faire travailler en le payant le moins possible). *Ce patron exploite ses employés.* – au p. passé *Des employés exploités.* – n. *Les exploiteurs et les exploités.*
ÉTYM. de l'ancien français *espleitier,* latin populaire *explicitare,* de *explicare* «développer».

EXPLOITEUR, EUSE [ɛksplwatœʀ, øz] n. ✦ péj. 1. Personne qui exploite (2) une situation. SYN. **profiteur.** 2. Personne qui exploite (3) des travailleurs.

EXPLORATEUR, TRICE [ɛksplɔʀatœʀ, tʀis] n. ✦ Personne qui explore un pays lointain, peu accessible ou peu connu.
ÉTYM. latin *explorator.*

EXPLORATION [ɛksplɔʀasjɔ̃] n. f. 1. Action d'explorer (un pays). *Partir en exploration.* SYN. **expédition.** – Examen méthodique (d'un lieu). *L'exploration d'une grotte, d'une forêt.* 2. abstrait *L'exploration d'un sujet.* SYN. **approfondissement.** *L'exploration du subconscient.* 3. MÉD. Examen minutieux de la structure ou du fonctionnement (des organes internes).
ÉTYM. latin *exploratio.*

EXPLORATOIRE [ɛksplɔʀatwaʀ] adj. ✦ DIDACT. Destiné à explorer. *Sondage exploratoire. Conversation, réunion exploratoire.*
ÉTYM. de *explorer.*

EXPLORER [ɛksplɔʀe] v. tr. (conjug. 3a) 1. Parcourir (un pays mal connu) en l'étudiant avec soin. *Explorer une île.* – Parcourir en observant, en cherchant. *Les enfants explorent le grenier.* 2. Faire des recherches sur (qqch.), dans le domaine de la pensée. SYN. **approfondir, étudier.** *Explorer le subconscient.* 3. SC., MÉD. Reconnaître, observer (un organe, etc.) à l'aide d'instruments ou de procédés spéciaux. SYN. **ausculter, examiner, sonder.** *Explorer l'estomac avec un endoscope.*
ÉTYM. latin *explorare.*

EXPLOSER [ɛksploze] v. intr. (conjug. 3a) 1. Faire explosion. SYN. **éclater, détoner, sauter ;** FAM. **péter.** *Bombe, obus qui explose.* 2. fig. (sentiments) Se manifester brusquement et violemment. SYN. **éclater.** *Sa colère explosa.* – (personnes) *Exploser en injures, en imprécations.* 3. Se développer largement ou brusquement. *Les prix explosent.*
ÉTYM. de *explosion.*

EXPLOSIBLE [ɛksplozibl] adj. ✦ DIDACT. Qui peut faire explosion. *Gaz explosible.* SYN. **explosif.**
ÉTYM. de *exploser,* suffixe *-ible.*

EXPLOSIF, IVE [ɛksplozif, iv] adj. et n. m.
I adj. 1. Relatif à l'explosion. *Onde explosive,* créée par une explosion. 2. Qui peut faire explosion. SYN. **explosible.** *Mélange explosif.* 3. fig. *Une situation explosive,* critique, tendue. ♦ *Un tempérament explosif,* sujet à de brusques colères. ♦ Qui peut susciter des réactions violentes. *Un rapport explosif.*
II n. m. Composé ou mélange de corps susceptibles de dégager en un temps extrêmement court un grand volume de gaz portés à haute température. – *Explosif nucléaire.* → ① **bombe** atomique.
ÉTYM. de *explosion.*

EXPLOSION [ɛksplozjɔ̃] n. f. 1. Fait de se rompre brutalement en projetant des fragments. ♦ SC. Phénomène au cours duquel des gaz sous pression sont produits dans un temps très court. SYN. **déflagration, éclatement.** *Faire explosion :* exploser. *L'explosion d'un obus.* – *Explosion nucléaire.* ♦ Rupture violente, accidentelle (produite par un excès de pression, une brusque expansion de gaz, etc.). *L'explosion d'une chaudière.* 2. *MOTEUR À EXPLOSION,* qui emprunte son énergie à l'expansion d'un gaz, provoquée par la combustion rapide d'un mélange carburé (mélange détonant). 3. fig. *EXPLOSION DE :* manifestation soudaine et violente de. SYN. **débordement, déchaînement.** *Une explosion d'enthousiasme, de colère.* 4. Expansion soudaine et spectaculaire. *Explosion démographique.* SYN. anglicisme **boom.**
ÉTYM. latin *explosio* «action de huer», de *explodere* «rejeter en battant des mains *(plaudere)*».

EXPONENTIEL, ELLE [ɛkspɔnɑ̃sjɛl] adj. et n. f. 1. MATH. Dont la variable est en exposant. *Fonction exponentielle* ou n. f. *une exponentielle.* 2. COUR. Qui augmente de manière continue et très rapide.
ÉTYM. du latin *exponens,* participe présent de *exponere* «exposer».

EXPORTABLE [ɛkspɔʀtabl] adj. ✦ Qui peut être exporté. *Un produit exportable.*

EXPORTATEUR, TRICE [ɛkspɔʀtatœʀ, tʀis] n. ✦ Personne qui exporte des marchandises, etc. → **expéditeur, vendeur.** *Les exportateurs de céréales.* – adj. *Les pays exportateurs de pétrole.*

EXPORTATION [ɛkspɔʀtasjɔ̃] n. f. 1. Action d'exporter ; sortie de marchandises nationales vendues à un pays étranger. *Entreprise d'importation et d'exportation.* → **import-export.** *Mesures pour favoriser l'exportation.* 2. Ce qui est exporté. *Déficit, excédent des exportations. Le tourisme, exportation invisible.* ♦ fig. *L'exportation d'une mode, d'une coutume.* CONTR. **importation.**
ÉTYM. latin *exportatio,* d'après l'anglais.

EXPORTER [ɛkspɔʀte] v. tr. (conjug. 3a) 1. Envoyer et vendre hors d'un pays (ses produits). *Exporter des produits bruts, finis.* ♦ *Exporter des capitaux,* les placer à l'étranger. 2. fig. *Exporter une mode,* la transporter à l'étranger. CONTR. ① **importer.**
ÉTYM. latin *exportare.*

EXPOSANT [ɛkspozɑ̃] n. m. 1. Personne dont les œuvres, les produits sont présentés dans une exposition (2). *Les exposants d'un Salon, d'une foire.* 2. MATH.

Expression numérique ou algébrique exprimant la puissance à laquelle une quantité est élevée. *Deux est l'exposant du carré, trois celui du cube.*
ÉTYM. du participe présent de *exposer.*

EXPOSÉ [ɛkspoze] **n. m. 1.** Développement par lequel on expose (un ensemble de faits, d'idées). SYN. **compte rendu, description, énoncé, rapport, récit.** *L'exposé des faits, de la situation.* ➙ DR. *Exposé des motifs,* qui précède l'énoncé d'un projet, d'une proposition de loi. **2.** Bref discours sur un sujet précis, didactique. SYN. **communication, conférence,** FAM. **laïus.** *Faire un exposé.*
ÉTYM. du participe passé de *exposer.*

EXPOSER [ɛkspoze] **v. tr.** (conjug. 3a) **I 1.** Disposer de manière à mettre en vue. SYN. **montrer, présenter.** *Exposer des marchandises dans une vitrine.* **2.** Placer (des œuvres d'art) dans un lieu de présentation publique (→ **exposition**). *Galerie qui expose des Renoir. Catalogue des œuvres exposées.* ➙ *L'artiste expose ses sculptures dans un jardin.* **3.** fig. Présenter en ordre (un ensemble de faits, d'idées). SYN. **décrire, énoncer, raconter.** *Exposer un fait en détail. Exposer son point de vue.* **4.** *EXPOSER qqch. À* : disposer, placer dans la direction de. SYN. **orienter.** *Exposer une maison au sud.* ➙ passif et p. passé *Un bâtiment bien, mal exposé.* **5.** Disposer pour soumettre à une action, une influence. *Exposer un film à la lumière. Exposer une substance à des radiations.* ➙ au p. passé *Cliché insuffisamment exposé* (→ **sous-exposé**), *trop exposé* (→ **surexposé**). **II 1.** *EXPOSER qqn À* : mettre (qqn) dans une situation dangereuse. *Son métier l'expose à des dangers.* **2.** Risquer de perdre. *Exposer sa vie, sa fortune.* SYN. **compromettre, risquer. III** *S'EXPOSER* **v. pron. 1.** Se soumettre à l'action de. *S'exposer au soleil.* **2.** Se mettre dans le cas de subir. *S'exposer à un péril.* SYN. **affronter.** *Il s'expose à de graves ennuis.* SYN. **encourir, risquer.** ➙ absolt Se mettre en danger. *Il a bien trop peur pour s'exposer.* CONTR. **cacher, dissimuler • taire • couvrir, protéger ; défendre.**
ÉTYM. latin *exponere* «placer *(ponere)* en vue».

EXPOSITION [ɛkspozisjɔ̃] **n. f. 1.** RARE Action d'exposer, de mettre en vue (spécialt des choses à vendre). SYN. **étalage, présentation. 2.** Présentation publique de produits, d'œuvres d'art ; ensemble des objets exposés ; lieu où on les expose (abrév. FAM. EXPO [ɛkspo]). *Visiter une exposition de peinture, de sculpture.* SYN. **salon.** *Fréquenter les musées et les expositions.* ➙ *Exposition industrielle, agricole.* SYN. **foire, salon.** *Les participants d'une exposition.* → **exposant. 3.** Action de faire connaître, d'expliquer. *Exposition d'un ensemble de faits.* SYN. **exposé, narration, récit.** ◆ Partie initiale (d'une œuvre littéraire, spécialt d'une œuvre dramatique). *L'exposition d'une tragédie. Scène d'exposition.* ☛ Littérature p. 127. **4.** Situation (d'un édifice, d'un terrain) par rapport à une direction donnée. SYN. **orientation, situation.** *Exposition d'un bâtiment au sud. Une bonne exposition.* **5.** Action de soumettre à l'action de. *Évitez les longues expositions au soleil.* ➙ PHOTOGR. *Exposition du papier à la lumière pour tirer des épreuves.* CONTR. **dissimulation.**
ÉTYM. latin *expositio.*

① **EXPRÈS, ESSE** [ɛkspʀɛs] **adj. 1.** DR. Qui exprime formellement la volonté de qqn. *Conditions expresses. Défense expresse* (→ **expressément**). **2.** *Lettre exprès, colis exprès,* remis immédiatement au destinataire avant l'heure de la distribution ordinaire. ➙ **n.** *Des exprès.* CONTR. **tacite.** HOM. ① EXPRESS «train rapide», ② EXPRESS «café»
ÉTYM. latin *expressus,* participe passé de *exprimere* «exprimer».

② **EXPRÈS** [ɛkspʀɛ] **adv.** ✦ Avec intention spéciale ; à dessein. SYN. **délibérément, intentionnellement.** ➙ (avec un verbe) *Une écharpe tricotée exprès pour lui. Elles sont venues tout exprès pour vous voir.* ◆ *FAIRE EXPRÈS. Il fait exprès de vous contredire.* ➙ ellipt *UN FAIT EXPRÈS* **n. m.** : une coïncidence, généralement fâcheuse. *Comme (par) un fait exprès, je me casse la jambe la veille du départ.* CONTR. **involontairement, malgré** soi.
ÉTYM. de ① *exprès.*

① **EXPRESS** [ɛkspʀɛs] **adj.** ✦ Qui assure un déplacement ou un service rapide. *Le réseau express régional (R. E. R.)* (région parisienne). ➙ **n. m.** VIEILLI Train express.
HOM. ① EXPRÈS «formel»
ÉTYM. mot anglais, de *express (train),* du français ① *exprès.*

② **EXPRESS** [ɛkspʀɛs] **adj.** ✦ *Café express,* fait à la vapeur, à l'aide d'un percolateur. ➙ **n. m.** (plus cour.) *Un express serré, fort.* HOM. ① EXPRÈS «formel»
ÉTYM. italien *(caffè) espresso* «exprimé», ou de *espresso* «① express».

EXPRESSÉMENT [ɛkspʀesemɑ̃] **adv.** ✦ En terme exprès ①, formels ; avec une intention bien définie. SYN. **explicitement, nettement.** *Elle nous a expressément défendu de sortir.* SYN. **formellement.** CONTR. **tacitement.**
ÉTYM. de ① *exprès.*

EXPRESSIF, IVE [ɛkspʀesif, iv] **adj. 1.** Qui exprime bien ce qu'on veut exprimer, faire comprendre. *Un terme particulièrement expressif. Des gestes expressifs.* SYN. **démonstratif, éloquent, significatif. 2.** Qui a beaucoup d'expression, de vivacité. SYN. **animé, mobile, vivant.** *Une physionomie très expressive.* CONTR. **inexpressif • figé,** ① **morne.**
ÉTYM. de *expression.*

EXPRESSION [ɛkspʀesjɔ̃] **n. f. I** VX ou TECHN. Action de faire sortir (un liquide) en pressant. SYN. **pression ;** → **exprimer** (I). **II** Action ou manière d'exprimer ou de s'exprimer. **1.** Fait d'exprimer par le langage. *Expression écrite, orale. Liberté d'expression* : liberté pour chacun d'exprimer ses opinions. *D'expression française* (francophone), *espagnole* (hispanophone), etc. ➙ *Au-delà de toute expression* : extrêmement. *Il est bête au-delà de toute expression.* ➙ *Veuillez agréer l'expression de mes sentiments distingués* (formule de politesse). **2.** Manière de s'exprimer. ➙ spécialt Groupe de mots faisant partie de la langue. SYN. **locution,** ② **tour, tournure.** *Expression figurée. Expressions toutes faites* : clichés, formules. **3.** MATH. Formule par laquelle on exprime une valeur, un système. *Expression algébrique, numérique.* ➙ loc. *Réduire une équation à sa plus simple expression.* fig. *Réduire qqch. à sa plus simple expression,* à la forme la plus simple, élémentaire. **4.** Fait d'exprimer un contenu psychologique par l'art. SYN. ① **style.** *L'expression littéraire, musicale, artistique.* ➙ Qualité d'un artiste ou d'une œuvre d'art qui exprime avec force. **5.** Fait d'exprimer (les émotions, les sentiments) par le comportement, le visage. *Une expression ironique, indifférente* (du visage). ◆ *Expression dramatique* : techniques de développement de l'expression par le théâtre. **6.** absolt Animation, apti-

tude à manifester vivement ce qui est ressenti. SYN. **caractère, vie.** *Un sourire plein d'expression* (→ **expressif**). *Un regard sans expression,* éteint. **III** Ce par quoi qqn ou qqch. s'exprime, se manifeste. *La faim est l'expression d'un besoin.* SYN. **manifestation.** *La loi est l'expression de la volonté générale.* SYN. **émanation.** CONTR. **mutisme, silence • froideur, impassibilité.**
ÉTYM. latin *expressio,* de *exprimere* «exprimer».

EXPRESSIONNISME [ɛkspʀesjɔnism] **n. m.** ✦ Forme d'art faisant consister la valeur de la représentation dans l'intensité de l'expression (d'abord en peinture). *L'expressionnisme allemand. L'expressionnisme au théâtre, au cinéma.*
ÉTYM. de *expression.*

EXPRESSIONNISTE [ɛkspʀesjɔnist] **adj.** ✦ De l'expressionnisme. *Peinture expressionniste.* — **n.** Artiste adepte de l'expressionnisme.

EXPRESSIVITÉ [ɛkspʀesivite] **n. f.** ✦ Caractère de ce qui est expressif.

EXPRIMABLE [ɛkspʀimabl] **adj.** ✦ Qu'on peut exprimer. *Un sentiment difficilement exprimable.* SYN. **traduisible.** CONTR. **inexprimable.**

EXPRIMER [ɛkspʀime] **v. tr.** (conjug. 3a) **I** LITTÉR. OU TECHN. Faire sortir par pression (un liquide). SYN. **extraire.** *Exprimer le jus d'un citron.* **II** Rendre sensible par un signe (→ **expression**). **1.** Faire connaître par le langage. *Exprimer sa pensée. Mots qui expriment une idée, une nuance.* SYN. **signifier.** **2.** SC. Servir à noter (une quantité, une relation). *Le signe = exprime l'égalité.* **3.** Rendre sensible, faire connaître par le moyen de l'art. *L'artiste exprime son univers intérieur.* **4.** Rendre sensible par le comportement. SYN. **manifester, révéler, trahir ;** → **expression** (II, 5). *Son regard exprime l'étonnement.* **III** *S'EXPRIMER* **v. pron.** **1.** Manifester sa pensée, ses sentiments (par le langage, les gestes, l'art). *S'exprimer en français.* SYN. ① **parler.** *Empêcher l'opposition de s'exprimer.* — *S'exprimer par gestes.* **2.** Se manifester librement, agir selon ses tendances profondes. *Il faut laisser cet enfant s'exprimer.* CONTR. **cacher, dissimuler, taire.**
ÉTYM. latin *exprimere,* de *premere* «serrer, presser».

EXPROPRIATION [ɛkspʀɔpʀijasjɔ̃] **n. f.** ✦ Action d'exproprier.

EXPROPRIER [ɛkspʀɔpʀije] **v. tr.** (conjug. 9) ✦ Déposséder légalement (qqn) de la propriété d'un bien. *Exproprier un débiteur.* SYN. **saisir.** *Exproprier qqn pour cause d'utilité publique.* — **au p. passé** *Propriétaire, immeuble exproprié.* — **n.** *Reloger les expropriés.*
ÉTYM. de ① *ex-* et *approprier.*

EXPULSER [ɛkspylse] **v. tr.** (conjug. 3a) **I** **1.** Chasser (qqn) du lieu où il était établi. *Expulser qqn de son pays.* SYN. **bannir, exiler, expatrier.** *Expulser des immigrés clandestins* (SYN. **chasser**). — (D'un logement) *Expulser, faire expulser des squatters.* — **au p. passé** *Personnes expulsées.* **n.** *Reloger les expulsés.* **2.** Faire sortir (qqn) avec violence, impérativement. *Il s'est fait expulser du café.* SYN. FAM. **éjecter, vider.** **II** Faire évacuer (qqch.) de l'organisme. SYN. **éliminer, évacuer.** *Expulser les déchets, les excréments.* CONTR. **accueillir, admettre, recevoir.**
ÉTYM. latin *expulsare,* de *pulsare* «pousser violemment».

EXPULSION [ɛkspylsjɔ̃] **n. f.** **I** **1.** Action d'expulser (qqn). *Procéder à une expulsion de squatters.* **2.** Exclusion (d'un groupe, d'une assemblée). **II** Action d'expulser de l'organisme. *L'expulsion des urines.* ♦ Phase de l'accouchement au cours de laquelle l'enfant sort des voies génitales. CONTR. **accueil, admission • rétention.**
ÉTYM. latin *expulsio.*

EXPURGER [ɛkspyʀʒe] **v. tr.** (conjug. 5) ✦ Abréger (un texte) en éliminant ce qui est contraire à une morale, à un dogme. SYN. **épurer.** *La censure a expurgé le scénario de ce film.* — **au p. passé** *Édition expurgée.*
► **EXPURGATION** [ɛkspyʀgasjɔ̃] **n. f.**
ÉTYM. latin *expurgare,* de *purgare* «purger».

EXQUIS, ISE [ɛkski, iz] **adj.** **1.** Qui est d'une délicatesse recherchée, raffinée. *Une politesse exquise ; une exquise politesse.* **2.** Qui produit une impression très agréable par sa délicatesse. SYN. **délicieux.** *Un plat exquis.* — *Une femme exquise. Sourire exquis.* SYN. **adorable, charmant.** CONTR. **vulgaire • détestable, mauvais, odieux.**
► **EXQUISÉMENT** [ɛkskizemɑ̃] **adv.** LITTÉR.
ÉTYM. ancien français *esquis,* de l'ancien verbe *esquerre* «rechercher», latin populaire *exquaerere,* de *quaerere* «chercher».

EXSANGUE [ɛksɑ̃g ; ɛgzɑ̃g] **adj.** **1.** MÉD. Qui a perdu beaucoup de sang. *Blessé exsangue.* **2.** (parties colorées du corps) Très pâle. SYN. **blafard, blême, pâle.** *Lèvres exsangues.* **3.** fig. LITTÉR. Vidé de sa substance, de sa force. *Une économie exsangue.* CONTR. **rubicond, sanguin • vigoureux.**
ÉTYM. latin *exsanguis,* de *sanguis* «sang».

EXSUDATION [ɛksydasjɔ̃] **n. f.** ✦ Suintement (d'un liquide organique, d'une résine).
ÉTYM. latin *exsudatio.*

EXSUDER [ɛksyde] **v.** (conjug. 3a) ✦ DIDACT. **1.** **v. intr.** Sortir, à la façon de la sueur. SYN. **suinter.** **2.** **v. tr.** Émettre par transpiration, suintement. *Arbre qui exsude de la résine.*
ÉTYM. latin *exsudare,* de *sudare* «suer ; distiller».

EXTASE [ɛkstɑz] **n. f.** **1.** État dans lequel une personne se trouve comme transportée hors de soi et du monde sensible. *Extase mystique.* **2.** Exaltation provoquée par une joie ou une admiration extrême. SYN. **béatitude, ivresse, ravissement.** *Être EN EXTASE devant qqn, qqch.,* dans un état d'admiration éperdue.
ÉTYM. latin religieux *extasis,* du grec «fait d'être hors de soi», de *existanai* «faire sortir».

S'EXTASIER [ɛkstazje] **v. pron.** (conjug. 9) ✦ Manifester, par des démonstrations d'enthousiasme, son admiration, son émerveillement. SYN. se **pâmer.** *S'extasier devant une œuvre d'art. Il n'y a pas de quoi s'extasier.*
► **EXTASIÉ, ÉE adj.** *Un sourire extasié.* SYN. **extatique, ravi.**
ÉTYM. de *extasie,* ancienne forme de *extase.*

EXTATIQUE [ɛkstatik] **adj.** ✦ LITTÉR. **1.** Qui a le caractère de l'extase. *Transport, vision extatique.* **2.** Qui est en extase. — *Un air extatique.* SYN. **extasié.**
ÉTYM. grec *ekstatikos* «qui est hors de soi».

EXTENSEUR [ɛkstɑ̃sœʀ] **adj.** **1.** Qui sert à étendre. *Muscles extenseurs.* **2.** **n. m.** Appareil composé de tendeurs élastiques, permettant des exercices d'extension musculaire. CONTR. **fléchisseur.**
ÉTYM. de *extension.*

EXTENSIBLE [ɛkstɑ̃sibl] adj. 1. Qui peut s'étendre, s'étirer. *Le caoutchouc, matière extensible.* SYN. **élastique.** 2. fig. Qui peut s'adapter aux besoins. *Un budget extensible.* SYN. **élastique.**
► **EXTENSIBILITÉ** [ɛkstɑ̃sibilite] n. f.
ÉTYM. de *extension*, suffixe *-ible*.

EXTENSIF, IVE [ɛkstɑ̃sif, iv] adj. 1. DIDACT. Relatif à l'étendue, à l'extension. 2. (opposé à *intensif*) *CULTURE EXTENSIVE*, qui met à profit la fertilité naturelle du sol, sur de grandes surfaces (avec repos périodique de la terre et rendement assez faible). 3. Qui marque une extension (3) plus grande. *Prendre un mot dans un sens extensif* (opposé à *compréhensif, restrictif*).
ÉTYM. de *extension*.

EXTENSION [ɛkstɑ̃sjɔ̃] n. f. 1. Action de donner à qqch. une plus grande dimension ; fait de s'étendre. SYN. **accroissement, agrandissement, augmentation, élargissement.** *L'extension d'un sinistre, d'une épidémie.* SYN. **propagation.** – fig. *Cette entreprise a pris de l'extension.* → **expansion.** 2. Mouvement par lequel on étend un membre. *Extension, puis flexion du bras.* 3. fig. Action de donner à qqch. (déclaration, loi, contrat...) une portée plus générale, la possibilité d'englober un plus grand nombre de choses. ♦ Propriété d'un terme de s'appliquer à plus d'objets. *Extension du sens propre d'un mot.* 4. INFORM. *Extension de mémoire* : augmentation de la mémoire d'un ordinateur. 5. LOG. Ensemble des objets concrets ou abstraits auxquels s'applique un concept, un mot, une proposition. – MATH. *Ensemble défini en extension*, en énumérant tous ses éléments (opposé à *en compréhension*). CONTR. **diminution, rétrécissement.**
ÉTYM. latin *extensio*, de *extendere* «étendre».

EXTÉNUANT, ANTE [ɛkstenɥɑ̃, ɑ̃t] adj. ✦ Qui exténue, fatigue à l'extrême. SYN. **épuisant, harassant.** CONTR. **reposant.**

EXTÉNUATION [ɛkstenɥasjɔ̃] n. f. ✦ LITTÉR. Action d'exténuer ; extrême fatigue.
ÉTYM. latin *extenuatio*.

EXTÉNUER [ɛkstenɥe] v. tr. (conjug. 3a) ✦ Rendre faible par épuisement des forces. SYN. **affaiblir, épuiser, harasser.** *Cette longue marche l'a exténué.* – au p. passé *Un air exténué.* – pronom. *S'exténuer à crier.* CONTR. **fortifier,** ① **reposer.**
ÉTYM. latin *extenuare* «rendre mince, ténu *(tenuis)*».

① **EXTÉRIEUR, EURE** [ɛksterjœr] adj. **I** 1. *EXTÉRIEUR À* : qui est situé dans l'espace hors de (qqch.), qui est en dehors de. *Cercle extérieur à un autre.* ♦ fig. Qui ne fait pas partie de, ne concerne pas. SYN. **étranger** à. *Des considérations extérieures au sujet.* 2. (sans compl.) Qui est dehors ou loin du centre. *Éclairage extérieur. Quartiers extérieurs.* SYN. **périphérique.** ♦ Qui concerne les pays étrangers. SYN. **étranger.** *Politique extérieure.* 3. Qui existe en dehors d'un individu. *La réalité extérieure.* SYN. ① **objectif.** **II** 1. Se dit des parties d'une chose en contact avec l'espace que cette chose n'occupe pas. SYN. **externe.** *La surface extérieure d'un récipient. Les poches extérieures et intérieures d'une veste.* 2. Que l'on peut voir du dehors. SYN. **apparent, visible.** *Aspect extérieur. Signes extérieurs de richesse. La manifestation extérieure d'un sentiment* (→ **extérioriser**). CONTR. **intérieur · interne.**
ÉTYM. latin *exterior*, comparatif de *exter* «du dehors».

② **EXTÉRIEUR** [ɛksterjœr] n. m. **I** 1. Partie de l'espace en dehors de qqch. SYN. **dehors.** *La cuisine communique avec l'extérieur. À L'EXTÉRIEUR. Usine située à l'extérieur d'une ville.* – *Plantes D'EXTÉRIEUR*, qui poussent mieux à l'extérieur. – *DE L'EXTÉRIEUR. Ce bruit vient de l'extérieur.* ♦ Les pays étrangers. *Relations avec l'extérieur.* SYN. **étranger.** 2. CIN. Prise de vues hors des studios. *Les extérieurs de ce film ont été réalisés en Italie.* **II** Partie (d'une chose) en contact direct avec l'espace qui l'environne, et visible de cet endroit. *L'extérieur de la maison est en mauvais état.* CONTR. **intérieur ; dedans.**
ÉTYM. de ① *extérieur.*

EXTÉRIEUREMENT [ɛksterjœrmɑ̃] adv. 1. À l'extérieur. *Extérieurement, ce restaurant est accueillant.* 2. (dans les comportements...) En apparence. SYN. **apparemment.** *Extérieurement, il a l'air gai.* CONTR. **intérieurement.**

EXTÉRIORISATION [ɛksterjɔrizasjɔ̃] n. f. ✦ Action d'extérioriser. *L'extériorisation d'un sentiment.*

EXTÉRIORISER [ɛksterjɔrize] v. tr. (conjug. 3a) ✦ Donner une réalité extérieure, visible à (ce qui n'existait que dans la conscience). SYN. **exprimer, manifester, montrer.** *Extérioriser ses sentiments, sa joie.* – pronom. *Sa colère ne s'extériorise pas.* CONTR. **intérioriser, refouler.**
ÉTYM. du latin *exterior* «extérieur».

EXTÉRIORITÉ [ɛksterjɔrite] n. f. ✦ DIDACT. Caractère de ce qui est extérieur. CONTR. **intériorité.**
ÉTYM. du latin *exterior* «extérieur».

EXTERMINATEUR, TRICE [ɛkstɛrminatœr, tris] adj. ✦ LITTÉR. Qui extermine. *L'ange exterminateur*, l'ange de la mort, dans la Bible. – *Fureur exterminatrice.* – n. *Un exterminateur.*
ÉTYM. latin chrétien *exterminator.*

EXTERMINATION [ɛkstɛrminasjɔ̃] n. f. ✦ Action d'exterminer. SYN. **anéantissement, destruction, massacre.** *L'extermination d'un peuple* (génocide), *des Juifs* (holocauste). *Camp* d'extermination.*
ÉTYM. latin chrétien *exterminatio.*

EXTERMINER [ɛkstɛrmine] v. tr. (conjug. 3a) ✦ Faire périr en nombre et jusqu'au dernier. SYN. **anéantir, décimer, détruire, supprimer, tuer.** *Les nazis tentèrent d'exterminer les Juifs.* – au p. passé *Peuple exterminé par un génocide.*
ÉTYM. latin *exterminari* «chasser des frontières *(terminus)*», en latin chrétien «détruire, dévaster».

EXTERNAT [ɛkstɛrna] n. m. 1. École où l'on ne reçoit que des élèves externes ; régime de l'externe. 2. Fonction, statut d'externe dans les hôpitaux. CONTR. **internat.**
ÉTYM. de *externe.*

EXTERNE [ɛkstɛrn] adj. et n.
I adj. Qui est situé en dehors, est tourné vers l'extérieur. SYN. ① **extérieur.** *Parties, faces, bords externes.* – *Médicament à usage externe* (à ne pas avaler). CONTR. **interne.**
II n. 1. Élève qui vient suivre les cours d'une école, mais n'y vit pas en pension. 2. Étudiant(e) en médecine, qui assiste les internes dans le service des hôpitaux. *Externe des hôpitaux.* CONTR. **interne ; pensionnaire.**
ÉTYM. latin *externus*, de *exter* «du dehors».

A B C D E F G H I J K L M N O P Q R S T U V W X Y Z

EXTERRITORIALITÉ [ɛksteritɔrjalite] **n. f.** ✦ Privilège par lequel les agents diplomatiques sont censés résider dans le pays qu'ils représentent et ne sont pas soumis à la juridiction du pays où ils exercent leurs fonctions.
ÉTYM. de ① ex- et *territorial.*

EXTINCTEUR [ɛkstɛ̃ktœr] **n. m.** ✦ Appareil capable d'éteindre un foyer d'incendie (par projection d'une substance sous pression). *Extincteur à mousse carbonique.*
ÉTYM. latin *ex(s)tinctor,* de *ex(s)tinguere* «éteindre».

EXTINCTION [ɛkstɛ̃ksjɔ̃] **n. f.** **1.** Action d'éteindre. *Extinction d'un feu, d'un incendie.* – *Extinction des feux :* moment où les lumières doivent être éteintes. **2.** Action par laquelle qqch. perd son existence ou son efficacité. *Espèce animale en voie d'extinction.* SYN. **disparition,** ① **fin.** ☛ Géographie p. 226. *Lutter contre la maladie jusqu'à l'extinction de ses forces.* SYN. **épuisement.** – loc. *EXTINCTION DE VOIX :* impossibilité momentanée de parler avec une voix claire (→ **aphone**). CONTR. **allumage, embrasement · développement, propagation.**
ÉTYM. latin *ex(s)tinctio,* de *ex(s)tinguere* «éteindre».

EXTIRPATION [ɛkstirpasjɔ̃] **n. f.** ✦ Action d'extirper (1 et 2). *L'extirpation d'un kyste.*
ÉTYM. latin *extirpatio.*

EXTIRPER [ɛkstirpe] **v. tr.** (conjug. 3a) **1.** LITTÉR. Faire disparaître complètement. SYN. **arracher, détruire, éradiquer.** *Extirper les abus.* **2.** Arracher (une plante) avec ses racines, de sorte qu'elle ne puisse pas repousser. SYN. **déraciner.** *Extirper du chiendent.* ◆ Enlever complètement. SYN. **extraire.** *Extirper une tumeur.* **3.** FAM. Faire sortir (qqn, qqch.) avec difficulté. SYN. **arracher, tirer.** *Il est difficile de lui extirper un mot.* – pronom. Sortir de qqch. avec peine. SYN. **s'extraire.** *S'extirper d'un fauteuil.* CONTR. **enraciner.**
ÉTYM. latin *exstirpare,* de *stirps, stirpis* «souche, racine».

EXTORQUER [ɛkstɔrke] **v. tr.** (conjug. 3a) ✦ Obtenir (qqch.) sans le libre consentement du détenteur (par la force, la menace ou la ruse). SYN. **arracher, soutirer.** *Extorquer à qqn une promesse, de l'argent.*
ÉTYM. latin *extorquere* «arracher», de *torquere* «tordre».

EXTORSION [ɛkstɔrsjɔ̃] **n. f.** ✦ DIDACT. Action d'extorquer. *Extorsion de fonds sous la menace.* SYN. **chantage, racket.**
ÉTYM. latin *extorsio.*

① **EXTRA** [ɛkstra] **n. m.** **1.** Ce que l'on fait d'extraordinaire ; chose ajoutée à ce qui est habituel. SYN. **supplément.** *Faire des extras.* **2.** Employé(e) supplémentaire engagé(e) pour servir lors d'une réception.
ÉTYM. de *extraordinaire.*

② **EXTRA** [ɛkstra] **adj.** ✦ Extraordinaire, supérieur (qualité d'un produit). *Des rosbifs extras.* ◆ FAM. Très bien, très agréable. *On a vu un film extra.* SYN. ② **super.**
ÉTYM. de *extraordinaire.*

EXTRA- Préfixe, du latin *extra* «hors de», qui signifie «en dehors (de), au-delà (de)» (ex. *extraordinaire ; extraterrestre*), «vers l'extérieur» (ex. *extraverti*) et également «plus que, mieux que, tout à fait» (ex. *extralucide*). → **super-, ultra-.**

EXTRACONJUGAL, ALE, AUX [ɛkstrakɔ̃ʒygal, o] **adj.** ✦ Qui existe en dehors du mariage. *Aventures extraconjugales.*

EXTRACORPOREL, ELLE [ɛkstrakɔrpɔrɛl] **adj.** ✦ Qui existe à l'extérieur du corps. MÉD. *Circulation extracorporelle* (au moyen du cœur-poumon artificiel).

EXTRACTEUR [ɛkstraktœr] **n. m.** ✦ Appareil destiné à l'extraction (de qqch.).
ÉTYM. latin médiéval *extractor* «celui qui extrait».

EXTRACTIBLE [ɛkstraktibl] **adj.** ✦ Qui peut être extrait, enlevé. *Autoradio extractible.*
ÉTYM. de *extraction,* suffixe *-ible.*

EXTRACTIF, IVE [ɛkstraktif, iv] **adj.** ✦ Relatif à l'extraction. *Machine extractive.* – *Industries extractives,* exploitant les richesses minérales.
ÉTYM. du latin *extractum,* de *extrahere* «tirer de, extraire».

EXTRACTION [ɛkstraksjɔ̃] **n. f.** **I** **1.** Action d'extraire, de retirer (une chose) du lieu où elle se trouve enfouie ou enfoncée. *L'extraction de la houille.* **2.** Action de retirer de l'organisme (un corps étranger, etc.). SYN. **arrachement, extirpation.** *L'extraction d'une dent, d'une balle.* **3.** Action de séparer (une substance) du composé dont elle fait partie. *L'extraction du sucre de la betterave.* **4.** Calcul (d'une racine carrée...). **II** VIEILLI Origine, lignage. *Cacher son extraction.* SYN. **naissance.** – loc. *Être de haute, de basse extraction.*
ÉTYM. bas latin *extractio,* de *extrahere* «extraire».

EXTRADER [ɛkstrade] **v. tr.** (conjug. 3a) ✦ Livrer (qqn) par l'extradition. *Extrader un terroriste.*
ÉTYM. de *extradition.*

EXTRADITION [ɛkstradisjɔ̃] **n. f.** ✦ Procédure permettant à un État de se faire livrer un individu poursuivi ou condamné et qui se trouve sur le territoire d'un autre État. *Demander l'extradition d'un criminel.*
ÉTYM. du latin *ex* «hors de» et *traditio* «action de livrer *(tradere)*».

EXTRAFIN, FINE [ɛkstrafɛ̃, fin] **adj.** **1.** Très fin, très petit. *Aiguille extrafine. Haricots verts extrafins.* **2.** (aliments, confiserie) Supérieur. – On écrit aussi *extra-fin : des petits-pois extra-fins.*

EXTRAFORT, FORTE [ɛkstrafɔr, fɔrt] **adj.** et **n. m.**
I adj. *Moutarde extraforte,* très forte.
II n. m. Ruban dont on garnit intérieurement les ourlets, les coutures. *Des extraforts.* – On écrit aussi *extra-fort : des colles extra-fortes.*

EXTRAGALACTIQUE [ɛkstragalaktik] **adj.** ✦ ASTRON. Qui est en dehors de la galaxie à laquelle appartient le Soleil. *Amas, nébuleuses extragalactiques.*

EXTRAIRE [ɛkstrɛr] **v. tr.** (conjug. 43) **I** **1.** Tirer (une chose) du lieu dans lequel elle se trouve enfoncée. *Extraire l'ardoise d'une carrière.* ◆ Enlever, retirer (un corps étranger) par une opération. *On lui a extrait une balle de la jambe.* SYN. **extirper, retirer ;** → **extraction.** **2.** Tirer (un passage → **extrait**) d'un livre, d'un écrit. **3.** Faire sortir (qqn) avec difficulté d'un lieu étroit. – pronom. FAM. *S'extraire d'une voiture de sport.* **II** **1.** Séparer (une substance) du corps dont elle fait partie. SYN. **exprimer, tirer.** *Extraire le jus d'un fruit. Extraire l'essence des fleurs.* **2.** fig. Dégager (le contenu) d'une œuvre. *Extraire l'idée principale d'un texte.* **3.** *Extraire la* *racine carrée d'un nombre,* la calculer (→ **extraction** I, 4). CONTR. **enfouir.**

ÉTYM. latin populaire *extragere,* de *extrahere* «tirer *(trahere)* hors de».

EXTRAIT [ɛkstʀɛ] **n. m.** 1. Produit qu'on retire d'une substance par une opération chimique. *Extrait de viande,* concentré de bouillon de bœuf. ◆ Parfum concentré. SYN. **essence.** *Extrait de violette.* 2. Passage tiré d'un texte. *Lire quelques extraits d'un ouvrage.* SYN. **fragment, morceau.** ➝ au plur. Morceaux choisis (d'un auteur). → **anthologie.** ◆ *Projeter des extraits d'un film.* 3. Copie conforme (d'un acte officiel). *Extrait (d'acte) de naissance, de casier judiciaire.*

ÉTYM. du participe passé de *extraire.*

EXTRALÉGAL, ALE, AUX [ɛkstʀalegal, o] **adj.** ✦ DIDACT. En dehors de la légalité. SYN. **illégal.** CONTR. **légal.**

EXTRALUCIDE [ɛkstʀalysid] **adj.** ✦ *VOYANTE EXTRALUCIDE,* réputée voir ce qui est caché et prédire l'avenir.

EXTRA-MUROS [ɛkstʀamyʀos] **adv.** et **adj.** ✦ Hors de la ville. CONTR. **intra-muros.**

ÉTYM. mots latins «hors des murs».

EXTRAORDINAIRE [ɛkstʀaɔʀdinɛʀ] **adj.** 1. Qui n'est pas selon l'usage ordinaire, selon l'ordre commun. SYN. **anormal, exceptionnel, inhabituel.** *Évènements, mesures extraordinaires. Assemblée, tribunal extraordinaire.* ➝ *PAR EXTRAORDINAIRE :* par un évènement peu probable. 2. Qui étonne, suscite la surprise ou l'admiration par sa rareté, sa singularité. SYN. **anormal, bizarre, curieux, étonnant, étrange, insolite, singulier.** *Une aventure extraordinaire.* SYN. **incroyable, inouï.** *Récit, conte extraordinaire.* SYN. **fantastique, merveilleux.** *Son acte n'a rien d'extraordinaire.* 3. Très grand ; remarquable dans son genre. SYN. **exceptionnel, extrême.** *Il a obtenu des résultats extraordinaires.* ➝ (personnes) *Un homme extraordinaire,* génie, prodige. ◆ Très bon. SYN. **admirable, sublime.** CONTR. **banal, commun, médiocre, normal, ordinaire, quelconque.**

ÉTYM. latin *extraordinarius.*

EXTRAORDINAIREMENT [ɛkstʀaɔʀdinɛʀmɑ̃] **adv.** 1. Par l'effet de circonstances extraordinaires. 2. D'une manière étrange, bizarre. *Il s'exprime extraordinairement.* 3. D'une manière intense, au-delà de la mesure ordinaire. SYN. **extrêmement, très.** *Il est extraordinairement grand.* CONTR. **banalement, ordinairement · faiblement, peu.**

EXTRAPOLATION [ɛkstʀapɔlasjɔ̃] **n. f.** ✦ DIDACT. Action d'extrapoler, de déduire en généralisant.

ÉTYM. de *extra-* et *interpolation.*

EXTRAPOLER [ɛkstʀapɔle] **v. intr.** (conjug. 3a) ✦ DIDACT. Appliquer une chose connue à un autre domaine pour en déduire qqch. *À partir de quelques faits connus, il a extrapolé.* ➝ péj. Tirer une conclusion à partir de données insuffisantes.

ÉTYM. de *extra-* et *interpoler.*

EXTRASCOLAIRE [ɛkstʀaskɔlɛʀ] **adj.** ✦ Qui a lieu en dehors de l'école. *Activités extrascolaires.*

EXTRASENSORIEL, ELLE [ɛkstʀasɑ̃sɔʀjɛl] **adj.** ✦ PSYCH. Qui ne se fait pas par les sens. *Perceptions extrasensorielles.*

EXTRASYSTOLE [ɛkstʀasistɔl] **n. f.** ✦ MÉD. Contraction anticipée du cœur, suivie d'une pause plus longue que la normale.

EXTRATEMPOREL, ELLE [ɛkstʀatɑ̃pɔʀɛl] **adj.** ✦ En dehors du temps.

EXTRATERRESTRE [ɛkstʀateʀɛstʀ] **adj.** 1. Extérieur à la Terre ou à l'atmosphère terrestre. *L'espace extraterrestre.* 2. Qui vient d'une autre planète que la Terre (dans un récit d'anticipation). *Engin extraterrestre.* ➝ **n.** *Croire aux extraterrestres.*

EXTRA-UTÉRIN, INE [ɛkstʀayteʀɛ̃, in] **adj.** ✦ MÉD. Qui se fait, se produit anormalement hors de la cavité utérine. *Grossesse extra-utérine.* CONTR. **intra-utérin.**

EXTRAVAGANCE [ɛkstʀavagɑ̃s] **n. f.** 1. Absurdité, bizarrerie déraisonnable. *L'extravagance de sa conduite, de ses propos.* 2. Idée, parole, action extravagante. SYN. **excentricité.** *Je n'ai pas le temps d'écouter ses extravagances.*

ÉTYM. de *extravagant.*

EXTRAVAGANT, ANTE [ɛkstʀavagɑ̃, ɑ̃t] **adj.** 1. Qui sort des limites du bon sens, bizarre et déraisonnable. *Idées, théories extravagantes.* SYN. **bizarre, grotesque.** *Un costume extravagant.* SYN. **excentrique, original.** *Dépenses extravagantes.* SYN. **excessif.** 2. (personnes) Très excentrique, qui agit contre le bon sens. *Il est un peu extravagant.* CONTR. **raisonnable, sage · équilibré, modéré.**

ÉTYM. du latin médiéval *extravagans,* de *extra* «hors de» et *vagans,* participe présent de *vagari* «errer».

EXTRAVAGUER [ɛkstʀavage] **v. intr.** (conjug. 3b) ✦ LITTÉR. Penser, parler, agir de manière extravagante.

ÉTYM. de *extravagant* ou du latin *extra* «hors de» et *vagari* «errer».

EXTRAVERTI, IE [ɛkstʀavɛʀti] **adj.** et **n.** ✦ (Personne) qui est tournée vers le monde extérieur. ➝ On dit aussi EXTROVERTI, IE [ɛkstʀovɛʀti]. CONTR. **introverti.**

ÉTYM. allemand *extravertiert,* du latin *extra* «hors de» et *vertere* «tourner».

EXTRÊME [ɛkstʀɛm] **adj.** et **n. m.**

I adj. 1. (souvent avant le nom) Qui est tout à fait au bout, qui termine (un espace, une durée). *L'extrême limite.* SYN. **dernier.** *À l'extrême pointe,* tout au bout. *L'extrême droite, l'extrême gauche d'une assemblée politique.* ◆ *L'Extrême-Orient,* la partie la plus lointaine de l'Asie (par rapport à l'Europe occidentale ; opposé à *Proche-, Moyen-Orient*). 2. (avant ou après le nom) LITTÉR. Qui est au plus haut point ou à un très haut degré. SYN. **grand, intense ; extraordinaire.** *Joie extrême. Extrême difficulté.* ➝ loc. *À l'extrême rigueur. D'extrême urgence.* 3. (après le nom) Qui est le plus éloigné de la moyenne, du juste milieu. SYN. **excessif, immodéré.** *Un climat extrême,* très chaud ou très froid. *Situations extrêmes,* très graves. *Avoir des opinions extrêmes en politique* (→ **extrémiste**). ◆ *Ski, sport extrême,* pratiqués dans les conditions extrêmes de danger et de difficulté. ➝ (personnes) Dont les sentiments sont extrêmes. *Il est extrême en tout.* SYN. **excessif.** CONTR. ① **moyen · faible, petit · mesuré, modéré.**

II n. m. 1. surtout plur. Situation, décision extrême. *Se porter tout de suite aux extrêmes.* 2. *Les extrêmes :* les deux limites extrêmes d'une chose. SYN. **contraire, opposé.** loc. *Les extrêmes se touchent :* il arrive souvent

A B C D E F G H I J K L M N O P Q R S T U V W X Y Z

que des choses opposées soient comparables et voisines. ➛ *Les extrêmes d'une proportion,* le premier et le dernier terme. ➛ au sing. *Passer d'un extrême à l'autre.* SYN. **extrémité** 4. 3. *À L'EXTRÊME* loc. adv. : à la dernière limite ; au-delà de toute mesure. *Pousser un raisonnement à l'extrême.* CONTR. juste **milieu, moyenne.**
ÉTYM. latin *extremus* «le plus à l'extérieur», superlatif de *exter* «extérieur».

EXTRÊMEMENT [ɛkstʀɛmmɑ̃] adv. ✦ D'une manière extrême, à un très haut degré. SYN. **exceptionnellement, extraordinairement, infiniment, très.** *Une personne extrêmement intelligente. Un été extrêmement pluvieux.* SYN. **terriblement.** *Extrêmement bien, mal.* CONTR. **faiblement, médiocrement,** un (petit) **peu.**

EXTRÊME-ONCTION [ɛkstʀɛmɔ̃ksjɔ̃] n. f. ✦ RELIG. CATHOL. Sacrement de l'Église destiné aux fidèles en péril de mort. *Des extrêmes-onctions.*
ÉTYM. de *extrême* et *onction.*

EXTRÊME-ORIENTAL, ALE, AUX [ɛkstʀɛmɔʀjɑ̃tal, o] adj. et n. ✦ De l'Extrême-Orient (☛ noms propres). *Les traditions extrême-orientales.* ➛ n. *Les Extrême-Orientaux.*

in EXTREMIS [inɛkstʀemis] ➛ IN EXTREMIS

EXTRÉMISME [ɛkstʀemism] n. m. ✦ Attitude de l'extrémiste. CONTR. **mesure, modération.**
ÉTYM. de *extrême.*

EXTRÉMISTE [ɛkstʀemist] n. ✦ Partisan d'une doctrine poussée jusqu'à ses limites, ses conséquences extrêmes ; personne qui a des opinions extrêmes. *Un parti d'extrémistes.* ➛ adj. *Catholiques, musulmans extrémistes.* CONTR. **modéré.**
ÉTYM. de *extrême.*

EXTRÉMITÉ [ɛkstʀemite] n. f. 1. Partie extrême, qui termine une chose. SYN. **bout,** ① **fin, terminaison.** *L'extrémité du doigt. À l'extrémité de la rue.* 2. au plur. *LES EXTRÉMITÉS* : les pieds et les mains. *Avoir les extrémités glacées.* 3. État très misérable, situation désespérée. ➛ loc. *Être réduit à la dernière extrémité.* ➛ *Le malade est à toute extrémité, à la dernière extrémité,* à l'agonie, près de mourir. 4. Décision, action extrême ; excès de violence. *Se porter aux pires extrémités.* CONTR. **centre, milieu.**
ÉTYM. latin *extremitas.*

EXTREMUM [ɛkstʀemɔm] n. m. ✦ SC. Maximum ou minimum (d'une fonction numérique).
ÉTYM. mot latin, d'après *maximum.*

EXTRINSÈQUE [ɛkstʀɛ̃sɛk] adj. ✦ DIDACT. Qui est extérieur, n'appartient pas à l'essence de qqch. (opposé à *intrinsèque*). *Causes extrinsèques.*

► **EXTRINSÈQUEMENT** [ɛkstʀɛ̃sɛkmɑ̃] adv.
ÉTYM. latin *extrinsecus* «du dehors».

EXTROVERTI, IE ➛ EXTRAVERTI

EXTRUDER [ɛkstʀyde] v. tr. (conjug. 3a) ✦ TECHN. Fabriquer par extrusion.
ÉTYM. latin *extrudere* «pousser dehors violemment».

EXTRUSION [ɛkstʀyzjɔ̃] n. f. 1. GÉOL. Sortie de lave. 2. TECHN. Fabrication de produits par écoulement de matières liquides (spécialt, matières plastiques) à travers une filière.
ÉTYM. du latin *extrusum,* de *extrudere* «pousser dehors violemment».

EXUBÉRANCE [ɛgzybeʀɑ̃s] n. f. 1. État de ce qui est très abondant. SYN. **abondance, profusion.** *L'exubérance de la végétation.* SYN. **luxuriance.** 2. Vitalité, énergie irrépressible, qui se manifeste dans le comportement, les propos. *Manifester sa joie avec exubérance.* ➛ Démonstration exubérante. *Cessez ces exubérances !* CONTR. **pauvreté, pénurie • froideur, réserve.**
ÉTYM. bas latin *exuberantia.*

EXUBÉRANT, ANTE [ɛgzybeʀɑ̃, ɑ̃t] adj. 1. Qui a de l'exubérance. *Végétation exubérante.* SYN. **luxuriant.** *Une imagination exubérante.* 2. (personnes, sentiments) Qui se comporte ou se manifeste sans retenue. SYN. **communicatif, débordant, démonstratif, expansif.** CONTR. **maigre, pauvre • froid, réservé, taciturne.**
ÉTYM. du latin *exuberans,* participe présent de *exuberare* «regorger», de *uber* «abondant, fertile».

EXULTATION [ɛgzyltasjɔ̃] n. f. ✦ Transport de joie. SYN. **allégresse, gaieté.**
ÉTYM. latin *exultatio.*

EXULTER [ɛgzylte] v. intr. (conjug. 3a) ✦ (personnes) Éprouver une joie extrême, qu'on ne peut contenir ni dissimuler. SYN. **jubiler.** *Il exulte, il est aux anges.* ➛ *Il exulte d'avoir réussi.* SYN. se **réjouir.** CONTR. se **désespérer,** se **désoler.**
ÉTYM. latin *ex(s)ultare,* de *saltare* «bondir, sauter».

EXUTOIRE [ɛgzytwaʀ] n. m. 1. VX Ce qui sert à déverser (ce qui gêne, embarrasse). 2. LITTÉR. Ce qui permet de se soulager, de se débarrasser (d'un besoin, d'une envie). *La musique est son exutoire.*
ÉTYM. du latin *exutus,* participe passé de *exuere* «dépouiller».

EX-VOTO [ɛksvɔto] n. m. invar. ✦ Objet, plaque que l'on place dans une église, une chapelle, en accomplissement d'un vœu ou en remerciement.
ÉTYM. mots latins «selon le vœu *(votum)*».

EYE-LINER [ajlajnœʀ] n. m. ✦ anglicisme Cosmétique liquide servant à souligner d'un trait de pinceau le bord des paupières. *Des eye-liners.*
ÉTYM. anglais *eyeliner* «crayon à maquiller *(liner)* les yeux *(eye)*».

F

F [ɛf] **n. m. invar.** **I** Sixième lettre et quatrième consonne de l'alphabet. **II** **1.** *F1, F2...,* logement de une, deux... pièces principales (en France). *Louer un F4 en banlieue.* **2.** *F* [fʀɑ̃]. Symbole du franc. *Un billet de 500 F.* **3.** *F* [ɛf] CHIM. Symbole du fluor.

FA [fa] **n. m. invar.** ✦ Note de musique, quatrième degré de la gamme de do. *Clé de fa.* ➛ *Sonate en fa majeur.* HOM. FAT «prétentieux»

ÉTYM. première syllabe du latin *famuli* dans l'hymne à saint Jean-Baptiste.

FABLE [fabl] **n. f.** **I** VX Sujet de récit. ➛ MOD. loc. *Être la fable de,* un sujet de conversation, de moquerie pour. *Il est la fable du quartier.* SYN. ① **risée.** **II** **1.** LITTÉR. Récit de fiction exprimant une vérité générale. SYN. **conte, fiction, légende, mythe.** **2.** Petit récit en vers ou en prose, destiné à illustrer un précepte, une morale. SYN. **apologue.** ☛ Littérature p. 139. *Les Fables d'Ésope, de La Fontaine.* **3.** LITTÉR. Mensonge élaboré. SYN. **fabulation.**

ÉTYM. latin *fabula* «récit», de *fari* «parler».

FABLIAU [fablijo] **n. m.** ✦ Petit récit en vers de huit syllabes (XIIIe et XIVe siècles). *Les fabliaux du Moyen Âge.*

ÉTYM. de *fable.*

FABRICANT, ANTE [fabʀikɑ̃, ɑ̃t] **n.** ✦ Personne qui fabrique ou fait fabriquer des produits commerciaux. *Fabricant de jouets.* HOM. FABRIQUANT (p. présent de *fabriquer*)

FABRICATION [fabʀikasjɔ̃] **n. f.** ✦ Art ou action de fabriquer. *Fabrication artisanale, industrielle.* ➛ *Défaut de fabrication.*

ÉTYM. latin *fabricatio.*

FABRIQUE [fabʀik] **n. f.** **1.** VX Manière dont une chose est fabriquée. SYN. **fabrication.** *Ce vase est de bonne fabrique.* **2.** Établissement industriel de moyenne importance produisant des objets finis. SYN. **manufacture ; usine.** *Fabrique de meubles.* ➛ *Marque de fabrique,* apposée par le fabricant. *Prix de fabrique.*

ÉTYM. latin *fabrica,* de *faber, fabri* «ouvrier» ; doublet de *forge.*

FABRIQUER [fabʀike] **v. tr.** (conjug. 3a) **1.** Faire (un objet) grâce à un travail exécuté sur une matière. SYN. **confectionner.** *Il a fabriqué lui-même ces étagères.* **2.** FAM. Faire, avoir une occupation. *Qu'est-ce que tu fabriques ?* SYN. FAM. ② **ficher, foutre.** **3.** Produire par des procédés mécaniques, à l'aide de matières premières ou semi-finies (des objets destinés au commerce). *Fabriquer des outils.* ➛ au p. passé *Articles fabriqués en série.* **4.** Élaborer (en imitant, en imaginant de manière à tromper). *Fabriquer de la fausse monnaie.* ➛ au p. passé *Une histoire fabriquée.* SYN. ① **faux ; inventé.** HOM. (du p. présent *fabriquant*) FABRICANT

ÉTYM. latin *fabricare* ; doublet de *forger.*

FABULATEUR, TRICE [fabylatœʀ, tʀis] **adj. et n.** ✦ (Personne) qui fabule.

ÉTYM. latin *fabulator* «conteur».

FABULATION [fabylasjɔ̃] **n. f.** ✦ Fait de fabuler, de produire un récit imaginaire présenté comme réel. SYN. **affabulation, fable.**

ÉTYM. latin *fabulatio* «récit».

FABULER [fabyle] **v. intr.** (conjug. 3a) ✦ Présenter comme réels des faits imaginés. SYN. **affabuler.**

ÉTYM. latin *fabulari,* de *fabula* → fable.

FABULEUSEMENT [fabyløzmɑ̃] **adv.** ✦ D'une manière fabuleuse, incroyable. *Il est fabuleusement riche.*

FABULEUX, EUSE [fabylø, øz] **adj.** **1.** LITTÉR. Qui appartient à la fable, au merveilleux. SYN. **légendaire, mythique, mythologique.** *Animaux fabuleux.* **2.** Qui paraît invraisemblable quoique réel. SYN. **extraordinaire, fantastique, invraisemblable, prodigieux.** *Des aventures fabuleuses.* ➛ (intensif) Énorme. *Une somme fabuleuse.* CONTR. **historique, réel, vrai • commun, ordinaire.**

ÉTYM. latin *fabulosus,* de *fabula* → fable.

FABULISTE [fabylist] **n.** ✦ Auteur qui compose des fables.

ÉTYM. du latin *fabula* «fable».

FAC [fak] **n. f.** ✦ FAM. Faculté ou université. HOM. FAQ «foire aux questions»

ÉTYM. abréviation de *faculté.*

FAÇADE [fasad] **n. f.** **1.** Face antérieure (d'un bâtiment) où s'ouvre l'entrée principale. **2.** fig. Apparence (qui trompe). SYN. ② **extérieur.** *Sa politesse n'est qu'une façade.* ➛ *Une amabilité de façade.* CONTR. ② **arrière,** ② **derrière • intérieur, fond.**

ÉTYM. italien *facciata,* de *faccia* «face».

FACE [fas] n. f. 1. Partie antérieure de la tête humaine. SYN. **figure, visage ;** → **facial.** ♦ loc. *Se voiler* la face.* ➛ *À LA FACE DE qqn, du monde,* devant, en présence de. ➛ *PERDRE LA FACE :* perdre tout prestige. ➛ *SAUVER LA FACE :* sauvegarder sa dignité. 2. (médaille…) Côté qui porte une figure (opposé à *pile, à revers*). SYN. **avers.** *Jouer à pile ou face.* ➛ appos. *Le côté pile et le côté face.* 3. Chacun des côtés (d'une chose). *Les faces d'un prisme.* 4. fig. Aspect sous lequel une chose se présente. *Changer la face du monde.* 5. loc. *FAIRE FACE À :* présenter l'avant vers le côté de. *L'hôtel fait face à la mer.* ♦ fig. Réagir efficacement en présence d'une difficulté. SYN. ② **parer à, répondre à.** *Faire face à une dépense ; à ses engagements.* ➛ absolt *Il faut faire face.* 6. *FACE À* loc. prép. : en faisant face à. ➛ fig. En étant confronté à. *Face au danger, il recula.* 7. *EN FACE* loc. adv. : par-devant. *Regarder qqn en face,* soutenir son regard. *Il le lui a dit en face,* directement. ➛ fig. *Il faut voir les choses en face.* ♦ *EN FACE DE* loc. prép. : vis-à-vis de. *L'un en face de l'autre.* 8. *FACE À FACE* loc. adv. : les faces tournées l'une vers l'autre (SYN. **nez à nez, vis-à-vis**). 9. *DE FACE :* le visage s'offrant aux regards. *Un portrait de face* (par oppos. à *de profil*). ➛ De là où l'on voit le devant (par oppos. à *de côté*). *Une loge de face* (au théâtre). CONTR. ② **derrière, dos.**

ÉTYM. latin *facies* «forme, aspect général».

FACE-À-FACE [fasafas] n. m. invar. ✦ Débat confrontant des personnalités. *Un face-à-face télévisé.*

ÉTYM. de *face à face* (8).

FACE-À-MAIN [fasamɛ̃] n. m. ✦ Lorgnon à manche que l'on tient à la main. SYN. **binocle.** *Des faces-à-main.*

FACÉTIE [fasesi] n. f. ✦ Plaisanterie burlesque. SYN. ② **farce.**

ÉTYM. latin *facetia,* de *facetus* «spirituel».

FACÉTIEUX, EUSE [fasesjø, øz] adj. ✦ Qui aime à dire ou à faire des facéties.

ÉTYM. de *facétie.*

FACETTE [fasɛt] n. f. 1. Une des petites faces (d'un corps qui en a beaucoup). *Les facettes d'un diamant.* 2. fig. Chacun des aspects (d'une chose). *Les facettes de sa personnalité.* 3. ZOOL. Chacun des éléments de l'œil composé des arthropodes.

ÉTYM. diminutif de *face.*

FÂCHÉ, ÉE [faʃe] adj. 1. Mécontent. *Vous avez l'air fâché.* ➛ *Fâché de,* qui est désolé de, regrette (qqch.). 2. *Être fâché contre qqn,* en colère contre lui. ♦ *Être fâché avec qqn,* brouillé avec lui. ➛ *Ils sont fâchés depuis dix ans.* ➛ fig. FAM. *Il est fâché avec l'orthographe.* CONTR. **content, satisfait.**

FÂCHER [faʃe] v. tr. (conjug. 3a) 1. VX Attrister, peiner (qqn). 2. Mettre (qqn) dans un état d'irritation. SYN. **mécontenter.** absolt *Les sujets qui fâchent.* 3. *SE FÂCHER* v. pron. Se mettre en colère. SYN. **s'emporter.** *Se fâcher contre qqn. Se fâcher pour un rien.* ♦ *Se fâcher avec qqn.* SYN. se **brouiller, rompre.** *Ils se sont fâchés.*

ÉTYM. latin *fastidire* «éprouver du dégoût».

FÂCHERIE [faʃʀi] n. f. ✦ Brouille, désaccord.

ÉTYM. de *fâcher.*

FÂCHEUSEMENT [faʃøzmɑ̃] adv. ✦ D'une manière fâcheuse.

FÂCHEUX, EUSE [faʃø, øz] adj. 1. LITTÉR. Qui est cause de déplaisir (SYN. **ennuyeux**) ou de souffrance (SYN. **affligeant**). *Une fâcheuse nouvelle* (SYN. **mauvais**). 2. Qui comporte des inconvénients ; qui porte préjudice. SYN. **contrariant, regrettable.** *Un contretemps fâcheux.*

ÉTYM. de *fâcher.*

FACIAL, ALE, AUX [fasjal, o] adj. ✦ De la face. *Chirurgie faciale.*

FACIÈS [fasjɛs] n. m. ✦ Aspect du visage humain (en médecine, en anthropologie…). ➛ Expression du visage. SYN. **physionomie.**

ÉTYM. latin *facies* → face.

FACILE [fasil] adj. 1. Qui se réalise, s'accomplit, s'obtient sans effort. SYN. **aisé,** ① **commode, élémentaire, enfantin, simple ;** FAM. **fastoche.** *C'est facile ; facile comme tout.* ➛ impers. *Il est facile de refuser.* ➛ *Vie facile,* sans souci. 2. *FACILE À* (+ inf.) : qui demande peu d'efforts pour être (fait, réussi). *Un plat facile à réussir. C'est plus facile à dire qu'à faire.* ♦ (personnes) *Un homme facile à contenter,* que l'on contente facilement. ➛ *Facile à vivre,* d'humeur égale. 3. Qui semble avoir été fait sans effort, sans peine. *Un style facile.* ➛ péj. Sans profondeur, sans recherche. *Une ironie facile.* 4. VIEILLI (personnes) Accommodant, complaisant. 5. (femme) Qui accepte volontiers des relations sexuelles. CONTR. **difficile · recherché.**

ÉTYM. latin *facilis,* de *facere* «faire».

FACILEMENT [fasilmɑ̃] adv. 1. Sans effort, sans peine. SYN. **aisément.** ♦ Pour peu de chose. *Il se vexe facilement.* 2. Au moins. *Il faut facilement une heure pour y aller.* CONTR. **difficilement.**

FACILITÉ [fasilite] n. f. 1. Caractère, qualité de ce qui se fait sans peine, sans effort. *Un travail d'une grande facilité.* 2. surtout au plur. Moyen qui permet de réaliser, d'obtenir qqch. sans effort, sans peine. SYN. ② **moyen, occasion, possibilité.** *Procurer à qqn toutes facilités pour…* ➛ *Facilités de paiement,* délai, échelonnement d'un paiement. 3. Disposition à faire qqch. sans peine, sans effort. SYN. **aisance, aptitude, habileté.** *S'exprimer avec facilité.* ➛ Aptitude (pour le travail, etc.). *Cet enfant a de grandes facilités.* CONTR. **difficulté · inaptitude.**

ÉTYM. latin *facilitas.*

FACILITER [fasilite] v. tr. (conjug. 3a) ✦ Rendre facile, moins difficile. SYN. **aider, arranger.** *Son entêtement ne facilite pas les choses.*

ÉTYM. italien *facilitare.*

FAÇON [fasɔ̃] n. f. **I** (Action de donner une forme à qqch.) 1. *DE MA, TA, SA… FAÇON. C'est bien une idée de sa façon.* SYN. **invention.** *Il lui a joué un tour de sa façon,* un mauvais tour. 2. *LA FAÇON :* le travail qui met en œuvre une matière. SYN. **exécution, fabrication.** *Je n'ai payé que la façon.* SYN. **main-d'œuvre.** ➛ *Travail À FAÇON* (sans fournir la matière première). 3. *LA FAÇON DE qqch.,* la manière dont une chose est faite ; la forme donnée par l'artiste, l'artisan. SYN. ① **facture.** *La façon d'une robe.* SYN. ② **coupe.** ♦ appos. *Reliure façon cuir,* qui imite le cuir. 4. LITTÉR. *UNE FAÇON DE :* une espèce, une sorte de. **II** (Manière d'agir) 1. *FAÇON DE* (+ inf.) : manière d'agir, de se comporter (comparée à d'autres). *Façon d'être, de se tenir. Il y a plusieurs façons de procéder.* SYN. **manière, méthode.** ➛ *C'est une façon de parler,* il ne faut pas prendre au pied de la lettre ce qui vient d'être dit. *C'est une façon de voir,* il existe d'autres points de vue. ➝ *Sa façon de parler (la façon dont il parle) m'agace.* **2.** *DE... FAÇON :* de (telle) manière. *De cette façon.* → **ainsi.** *De quelle façon... ?* → **comment.** ➝ *De toute façon,* en tout cas, dans tous les cas. ➝ *DE FAÇON À, QUE :* pour (que). *Elle s'est placée de façon à être vue ; de façon qu'on la voie.* ➝ *DE TELLE FAÇON QUE :* de sorte que. **3.** *À LA FAÇON DE.* SYN. **comme.** *Il travaille à la façon d'un professionnel.* ➝ *À MA, TA, SA... FAÇON. Il veut vivre à sa façon,* selon son choix. SYN. à sa **guise.** *Je vais vous raconter son histoire à ma façon,* de mon point de vue. **III** (Apparence, manière d'être extérieure) **1.** VX Air, allure (de qqn). **2.** au plur. *FAÇONS :* manières particulières (de qqn). *Il a de curieuses façons.* ◆ spécialt Manières affectées ; politesse excessive. *Ne faites pas tant de façons.* SYN. **cérémonie, chichi, simagrée.** ◆ *SANS FAÇON. Une réception sans façon,* très simple. ➝ adv. *J'accepte sans façon,* simplement. *Non merci, sans façon.*

ÉTYM. latin *factio* «manière de faire *(facere)*».

FACONDE [fakɔ̃d] n. f. ✦ LITTÉR. Élocution facile, abondante (jusqu'à déplaire).

ÉTYM. latin *facundia* «éloquence».

FAÇONNAGE [fasɔnaʒ] n. m. ✦ Action de façonner. ➝ spécialt TECHN. Ensemble des opérations (pliage, etc.) qui terminent la fabrication d'un livre.

FAÇONNER [fasɔne] v. tr. (conjug. 3a) **1.** Mettre en œuvre, travailler (une matière...) en vue de donner une forme particulière (→ **façon** [I, 2]). *Façonner de l'argile pour faire un pot.* SYN. **modeler. 2.** Faire (un ouvrage), fabriquer en travaillant la matière. SYN. **confectionner.** *Façonner une pièce mécanique.* **3.** Former peu à peu (qqn) par l'éducation, l'habitude.

ÉTYM. de *façon.*

FAÇONNIER, IÈRE [fasɔnje, jɛʀ] n. ✦ Personne qui travaille à façon.

ÉTYM. de *façon.*

FAC-SIMILÉ [faksimile] n. m. ✦ Reproduction à l'identique (d'un écrit, d'un dessin...). *Des fac-similés.*

ÉTYM. locution latine *fac simile* «fais une chose semblable» → similaire.

① **FACTEUR, TRICE** [faktœʀ, tʀis] n. **I** TECHN. Fabricant (d'instruments de musique). *Facteur d'orgues.* **II** COUR. Personne qui distribue à leurs destinataires le courrier, les colis... envoyés par la poste. SYN. ADMIN. **préposé.**

ÉTYM. latin *factor,* de *facere* «faire».

② **FACTEUR** [faktœʀ] n. m. **1.** Chacun des éléments constitutifs d'un produit (→ **coefficient**). *Facteur algébrique, numérique. Mise en facteur commun.* → **factorisation. 2.** BIOL. Substance qui favorise un processus. *Facteur de croissance.* ➝ *Facteurs sanguins.* **3.** Chacun des éléments contribuant à un résultat. *Les facteurs de la production.* ➝ avec un subst. en appos. *Le facteur chance.*

ÉTYM. de ① *facteur.*

FACTICE [faktis] adj. **1.** Qui est faux, imité. *Diamant factice.* **2.** Qui n'est pas naturel. SYN. **artificiel.** *Un sourire factice.* CONTR. **vrai • naturel, sincère.**

ÉTYM. latin *facticius* «artificiel», de *facere* «faire».

FACTIEUX, EUSE [faksjø, øz] adj. et n. **1.** adj. Qui exerce contre le pouvoir établi une opposition violente tendant à provoquer des troubles. SYN. **séditieux. 2.** n. SYN. **agitateur, insurgé, rebelle.** CONTR. **fidèle, obéissant.**

ÉTYM. latin *factiosus.*

FACTION [faksjɔ̃] n. f. **I** Groupe, parti se livrant à une activité factieuse (dans un État, une société). *Pays en proie aux factions.* **II** Service d'un soldat en armes qui surveille les abords d'un poste. SYN. ② **garde, guet.** *Être en faction, de faction.* ➝ par ext. Surveillance, attente prolongée.

ÉTYM. latin *factio* «groupement», de *facere* «faire».

FACTIONNAIRE [faksjɔnɛʀ] n. m. ✦ Soldat en faction.

ÉTYM. de *faction.*

FACTITIF, IVE [faktitif, iv] adj. ✦ GRAMM. *Emploi factitif,* dans lequel le sujet du verbe est la cause de l'action, sans agir lui-même (ex. elle *fait construire* une maison).

ÉTYM. du latin *facere* «faire».

FACTORIEL, IELLE [faktɔʀjɛl] adj. ✦ Relatif à un facteur ②. ➝ *Analyse factorielle,* qui cherche les facteurs communs à des variables. ◆ n. f. MATH. Produit des nombres entiers inférieurs ou égaux à (un nombre donné). *La factorielle de 3 est : 3 ! = 1 × 2 × 3 = 6.*

ÉTYM. de ② *facteur.*

FACTORISATION [faktɔʀizasjɔ̃] n. f. ✦ MATH. Écriture (d'une expression, d'un nombre) sous la forme d'un produit de facteurs. *Factorisation d'une expression littérale.*

ÉTYM. de *factoriser.*

FACTORISER [faktɔʀize] v. tr. (conjug. 3a) ✦ MATH. Effectuer la factorisation de. *Factoriser une somme.*

ÉTYM. de ② *facteur.*

FACTOTUM [faktɔtɔm] n. m. ✦ LITTÉR. Personne dont les fonctions consistent à s'occuper de tout (dans une maison, auprès de qqn). *Des factotums dévoués.*

ÉTYM. locution latine *fac totum* «fais tout».

FACTUEL, ELLE [faktɥɛl] adj. ✦ DIDACT. Qui est de l'ordre du fait. SYN. **observable, réel.** *Preuves factuelles.*

ÉTYM. anglais *factual,* de *fact* «fait».

FACTURATION [faktyʀasjɔ̃] n. f. **1.** Action d'établir une facture ②. **2.** Service (d'une entreprise), locaux où ce travail s'effectue.

ÉTYM. de *facturer.*

① **FACTURE** [faktyʀ] n. f. ✦ DIDACT. **1.** Manière dont est faite (une œuvre), dont est réalisée la mise en œuvre des moyens matériels et techniques. SYN. **façon.** *La facture d'un sonnet.* **2.** Fabrication des instruments de musique (→ ① **facteur**). *La facture d'un piano.*

ÉTYM. latin *factura* «fabrication», de *facere* «faire».

② **FACTURE** [faktyʀ] n. f. ✦ Écrit (pièce comptable) indiquant la quantité, la nature et le prix de marchandises vendues, de services exécutés. ➝ Note d'une somme à payer. *Régler une facture.*

ÉTYM. de ① *facteur.*

FACTURER [faktyʀe] v. tr. (conjug. 3a) ✦ Porter (une marchandise) sur une facture ; dresser la facture de.

ÉTYM. de ② *facture.*

FACTURIER, IÈRE [faktyʀje, jɛʀ] n. ✦ Personne chargée d'établir les factures comptables.

ÉTYM. de ② *facture.*

FACULTATIF, IVE [fakyltatif, iv] **adj.** ✦ Qu'on peut faire, employer, observer ou non. *Présence facultative.* CONTR. **forcé, obligatoire.**
► **FACULTATIVEMENT** [fakyltativmɑ̃] **adv.**
ÉTYM. de *faculté.*

FACULTÉ [fakylte] **n. f.** **I** **1.** Possibilité naturelle ou légale (de faire qqch.). *La faculté de choisir.* **2.** Aptitude, capacité. *Facultés intellectuelles.* ▬ *Une grande faculté d'adaptation.* **II** Corps des professeurs qui, dans une université, sont chargés d'une même discipline ; partie de l'université où se donne cet enseignement. SYN. FAM. **fac.** *La faculté de lettres, de médecine.* ▬ absolt VIEILLI *La Faculté :* le corps médical, les médecins.
ÉTYM. latin *facultas* «capacité», de *facere* «faire».

FADA [fada] **adj.** et **n.** ✦ FAM. Un peu fou, niais. SYN. **cinglé.** *Elles sont un peu fadas.* ▬ **n.** *Quels fadas !*
ÉTYM. mot provençal, du latin *fatuus* «insensé».

FADAISE [fadɛz] **n. f.** ✦ Propos plat, sot ou insignifiant. SYN. **baliverne, niaiserie.**
ÉTYM. provençal *fadeza* «sottise».

FADASSE [fadas] **adj.** ✦ FAM. Trop fade. *Une sauce fadasse.*

FADE [fad] **adj.** **1.** Qui manque de saveur, de goût. SYN. **insipide.** *Une viande fade.* ◆ Sans éclat. *Une couleur fade.* SYN. **pâle, terne.** **2.** Qui est sans caractère, sans intérêt particulier. SYN. **ennuyeux, insignifiant.** *De fades compliments.*
ÉTYM. latin populaire *fatidus,* peut-être croisement de *fatuus* «insipide» et de *sapidus* «qui a du goût».

FADETTE [fadɛt] **n. f.** ✦ Relevé des échanges téléphoniques d'un mobile, établi par l'opérateur.
ÉTYM. mot-valise, de *facture détaillée.*

FADEUR [fadœʀ] **n. f.** ✦ Caractère de ce qui est fade.

FAGOT [fago] **n. m.** ✦ Faisceau de petit bois, de branchages. *Brûler un fagot.* ▬ loc. *Vin, bouteille DE DERRIÈRE LES FAGOTS,* le meilleur vin (vieilli à la cave).
ÉTYM. origine incertaine.

FAGOTER [fagɔte] **v. tr.** (conjug. 3a) **1.** VX ou RÉGIONAL Mettre en fagots. **2.** Habiller mal, sans goût. SYN. **accoutrer, affubler.** ▬ au p. passé *Être mal fagoté,* mal habillé. SYN. **ficelé.**

FAIBLARD, ARDE [fɛblaʀ, aʀd] **adj.** ✦ FAM. Un peu faible. *Se sentir faiblard.* ▬ *Un raisonnement faiblard.*

FAIBLE [fɛbl] **adj.** et **n.**
I adj. **1.** Qui manque de force, de vigueur physique. SYN. **délicat, fluet, fragile.** *Se sentir faible.* SYN. **affaibli, fatigué,** ① **las.** ▬ *Avoir le cœur faible.* **2.** (choses) Qui a peu de résistance, de solidité. SYN. **fragile.** *Une poutre trop faible.* **3.** Qui n'est pas en état de résister, de lutter. *Un État faible.* ◆ loc. *Le sexe* faible,* les femmes. *Une faible femme* (iron.). **4.** Qui manque de capacités (facultés intellectuelles). *Intelligence faible.* ▬ *Être faible en maths.* **5.** Sans force, sans valeur. *Un argument faible.* **6.** Qui manque de force morale, d'énergie, de fermeté. SYN. **indécis, lâche, mou, velléitaire, veule.** *Un homme faible et influençable.* **7.** (choses) Qui a peu d'intensité, qui est suivi de peu d'effet. SYN. **insuffisant.** *Une faible lumière.* ▬ *Une voix faible.* **8.** Peu considérable. SYN. **petit.** *Une faible quantité.* ▬ *De faibles revenus.* **9.** *Le côté, le point, la partie faible* (de qqn, qqch.), ce qu'il y a de faible, de défectueux. → **faiblesse, insuffisance.** CONTR. ① **fort, vigoureux · solide · énergique,** ① **ferme.**
II n. **1.** Personne faible. ▬ spécialt Personne sans force morale, sans fermeté. *C'est un faible, on le mène facilement.* **2.** *FAIBLE D'ESPRIT :* personne dont les facultés intellectuelles sont peu développées. SYN. **simple** d'esprit. **3.** **n. m.** Goût, penchant. *Il a un faible pour le porto. C'est son faible.* CONTR. **dégoût.**
ÉTYM. latin *flebilis,* de *flere* «pleurer».

FAIBLEMENT [fɛbləmɑ̃] **adv.** **1.** D'une manière faible, avec peine. *Il respire encore faiblement.* **2.** À un faible degré. SYN. **doucement, peu.** *Lampe qui éclaire faiblement.* SYN. **à peine.** CONTR. **fortement, puissamment.**

FAIBLESSE [fɛblɛs] **n. f.** **1.** Manque de force, de vigueur physique. ▬ *UNE FAIBLESSE.* SYN. **défaillance, évanouissement.** **2.** Incapacité à se défendre, à résister. SYN. **fragilité.** **3.** Manque de capacité, de valeur intellectuelle. **4.** Défaut de qualité (d'une œuvre...). SYN. **médiocrité, pauvreté.** **5.** Manque de force morale, d'énergie. SYN. **apathie, indécision, lâcheté, veulerie.** *Se laisser entraîner par faiblesse. Être d'une grande faiblesse envers qqn.* SYN. **indulgence.** ◆ Défaut, point faible qui dénote un manque de fermeté. *Chacun a ses faiblesses.* **6.** Manque d'intensité, d'importance. SYN. **petitesse ; insignifiance.** CONTR. **force, vigueur · énergie, fermeté.**
ÉTYM. de *faible.*

FAIBLIR [feblir] **v. intr.** (conjug. 13) **1.** Devenir faible. SYN. **s'affaiblir.** *Ses forces faiblissent.* **2.** Perdre de sa force, de son ardeur. *Travailler sans faiblir.* ▬ *Son courage faiblit.* SYN. **s'amollir.** **3.** (choses) Perdre de son intensité, de son importance. SYN. **diminuer.** *Le vent a faibli.* **4.** Ne plus opposer de résistance. SYN. **céder, fléchir, plier, ployer.** *La branche faiblit sous le poids des fruits.* **5.** (productions intellectuelles) Devenir faible, moins bon. CONTR. se **fortifier,** se **renforcer · résister.**

FAÏENCE [fajɑ̃s] **n. f.** ✦ Poterie de terre recouverte de vernis ou d'émail. *Carreaux de faïence.* ▬ *Faïences de Rouen, de Nevers.*
ÉTYM. de *Faenza,* nom d'une ville d'Italie.

FAÏENCERIE [fajɑ̃sʀi] **n. f.** **1.** Industrie et commerce de la faïence. ▬ Fabrique de faïence. **2.** Objets de faïence.
ÉTYM. de *faïence.*

① **FAILLE** [faj] **n. f.** **1.** Fracture de l'écorce terrestre, accompagnée du déplacement des parties séparées. **2.** fig. Point faible, défaut. *Ce raisonnement présente une faille.*
ÉTYM. de *faillir.*

② **FAILLE** [faj] **n. f.** ✦ Tissu de soie à gros grain.
ÉTYM. origine obscure ; peut-être famille de *faillir,* comme ① *faille.*

FAILLI, IE [faji] **adj.** et **n.** ✦ (Commerçant) qui a fait faillite.
ÉTYM. italien *fallito,* d'après *faillir.*

FAILLIBLE [fajibl] **adj.** ✦ Qui peut se tromper, commettre une faute. CONTR. **infaillible.**
ÉTYM. latin médiéval *fallibilis.*

FAILLIR [fajiʀ] **v. intr.** (conjug. 13 ou archaïque : *je faux,* etc. ; surtout inf., passé simple et temps composés) **1.** LITTÉR. *FAILLIR À :* manquer à, négliger. *Elle n'a pas failli à sa promesse.* **2.** VIEILLI Commettre une faute ; se tromper. *Chacun peut faillir.* **3.** (+ inf.) Indique que l'action était

sur le point de se produire. *J'ai failli tomber.*
ÉTYM. latin *fallere* «tromper, échapper à».

FAILLITE [fajit] n. f. 1. Situation d'un commerçant qui ne peut pas payer ses dettes, tenir ses engagements. SYN. **déconfiture, ruine** ; → **liquidation.** *Être en faillite ; faire faillite* (→ **failli**). 2. Échec complet (d'une entreprise, d'une idée...). CONTR. **prospérité, réussite.**
ÉTYM. italien *fallita,* de *fallire* «manquer», même origine que *faillir.*

FAIM [fɛ̃] n. f. 1. Sensation qui, normalement, accompagne le besoin de manger. *Satisfaire sa faim. Avoir faim,* FAM. *très faim,* LITTÉR. *grand-faim. Une faim de loup.* prov. *La faim fait sortir le loup du bois. Manger à sa faim. Rester sur sa faim,* avoir encore faim après avoir mangé ; fig. ne pas obtenir autant qu'on attendait. *Ils sont morts de faim.* → fig. *Mourir, crever de faim :* avoir une faim extrême. → *Grève* de la faim.* 2. fig. Appétit, besoin, aspiration ardente. *Faim intellectuelle.* → *Avoir faim de justice.* HOM. FEINT «simulé», ① FIN «achèvement», ② FIN «mince»
ÉTYM. latin *fames.*

FAINE [fɛn] n. f. ✦ Fruit du hêtre. → On écrit aussi *faîne.*
ÉTYM. du latin *fagus* «hêtre».

FAINÉANT, ANTE [fɛneɑ̃, ɑ̃t] n. ✦ Personne qui ne veut rien faire. SYN. **paresseux.** *Au travail, fainéants !* → adj. *Un élève fainéant.* CONTR. ① **actif, travailleur.**
ÉTYM. altération de *faignant,* participe présent de *feindre* «paresser».

FAINÉANTER [fɛneɑ̃te] v. intr. (conjug. 3a) ✦ Faire le fainéant, vivre en fainéant. SYN. **paresser.**
ÉTYM. de *fainéant.*

FAINÉANTISE [fɛneɑ̃tiz] n. f. ✦ Caractère d'une personne fainéante. SYN. **paresse, flemme.** ♦ État de fainéant. SYN. **inaction, oisiveté.**
ÉTYM. de *fainéant.*

FAIRE [fɛʀ] v. tr. (conjug. 41) **I** Réaliser (un être : qqch. ou qqn). 1. Réaliser hors de soi (une chose matérielle). SYN. **construire, fabriquer.** *Faire un mur. Faire le pain.* → (animaux) prov. *Petit à petit l'oiseau fait son nid*.* 2. Réaliser (une chose abstraite). SYN. **élaborer.** *Faire une loi. Faire un roman.* 3. (emplois spéciaux) Produire de soi, hors de soi. (humains) *Faire un enfant.* → **engendrer, procréer.** (animaux) *La chatte a fait ses petits.* → **mettre** bas. loc. fig. *Faire des petits*. Rosier qui fait des boutons.* → (de l'organisme) *Bébé qui fait ses dents.* ♦ Évacuer (les déchets de l'organisme, spécialt les excréments). *Faire ses besoins* (euphémisme). FAM. *Faire caca, faire pipi.* → **déféquer, uriner** ; FAM. **chier, pisser.** ♦ (choses) *Ce savon fait trop de mousse.* 4. Se fournir en ; prendre (qqch.). SYN. **s'approvisionner.** *Faire de l'essence. Faire des, ses provisions.* ♦ SYN. **obtenir.** *Faire beaucoup d'argent. Faire des bénéfices.* ♦ SYN. **fournir, produire.** *Faire du blé,* le cultiver. → *Nous ne faisons pas cet article.* 5. FAM. Voler (qqch.) à qqn. *On lui a fait son portefeuille.* 6. (choses) Constituer (quant à la quantité, la qualité...). *Deux et deux font quatre.* SYN. **égaler.** *Cela ne fait pas assez,* il n'y en a pas assez. FAM. *Ça commence à bien faire :* cela suffit, en voilà assez. → *Couleurs qui font un ensemble harmonieux.* SYN. **former.** → (personnes) *Elle fera une excellente avocate.* → *NE FAIRE QU'UN.* → **un.** **II** Réaliser (une manière d'être) ; être le sujet de (une activité), la cause de (un effet). 1. Effectuer (un mouvement). SYN. **exécuter.** *Faire un pas. Faire des signes.* 2. Effectuer (une opération, un travail) ; s'occuper à (qqch.). SYN. **effectuer, exécuter.** *Faire le ménage. Faire des recherches. Faire du tennis.* → *Ce n'est ni fait ni à faire,* c'est très mal fait. *Avoir beaucoup à faire,* être très occupé. → (lorsqu'on attend quelqu'un avec impatience) *Qu'est-ce qu'ils font ?* SYN. **fabriquer** ; FAM. **fiche, foutre.** → FAM. *(IL) FAUT LE FAIRE :* il faut en être capable, c'est difficile. ♦ *AVOIR À FAIRE AVEC (qqn),* avoir à faire un travail avec lui. → par ext. *Je n'ai rien à faire avec lui,* je ne veux avoir aucune relation. 3. Exercer (une activité suivie). *Que fait-il dans la vie ? Faire des études.* 4. Accomplir, exécuter (un acte, une action). *Faire une erreur. Faire des efforts. Faire l'amour*. Quoi qu'il fasse, il n'y parviendra pas.* → *Aussitôt dit*, aussitôt fait. Il ne sait plus ce qu'il fait,* il perd la tête. *En faire trop :* exagérer. *C'est bien fait,* c'est mérité. FAM. *Rien à faire !,* je refuse. *Ce qui est fait est fait,* ne revenons pas sur ce qui est accompli. ♦ intrans. Agir. *Il a bien fait. Faites comme vous voulez.* → *EN FAIRE à sa tête, à sa fantaisie,* faire ce qui plaît. *Il n'en fait qu'à sa tête.* ♦ *FAIRE BIEN DE, MIEUX DE* (+ inf.). *Vous feriez bien, vous feriez mieux de partir,* vous devriez partir. ♦ *NE FAIRE QUE (DE)* (+ inf.). *Ne faire que,* faire seulement ; ne pas cesser de. *Il ne fait que dormir.* → *Ne faire que, que de,* venir de (passé récent). *Nous ne faisons que (de) commencer.* ♦ *À TANT FAIRE QUE ; TANT QU'À FAIRE.* → **tant.** ♦ *FAIRE QQCH. POUR (qqn),* aider, rendre service. *Puis-je faire quelque chose pour vous ?* → (qqch. ; résultat, conséquence) *Il n'a rien fait pour cela.* ♦ FAM. *LE, LA FAIRE À :* agir d'une certaine manière (généralement pour tromper). *Il l'a fait au sentiment. Il ne faut pas nous la faire,* essayer de nous tromper. 5. Exécuter (une prescription). *Faire son devoir.* SYN. **s'acquitter** de. → *Faire les quatre volontés* de qqn.* 6. Être la cause de, l'agent de. SYN. ① **causer, déterminer, occasionner, provoquer.** *Faites-moi plaisir. Vous lui avez fait mal, du mal.* → (choses) Avoir (un effet). *L'explosion a fait du bruit. Ses pieds lui font mal. Cela ne fait rien,* c'est sans importance. *Qu'est-ce que ça peut bien vous faire ?* ♦ *FAIRE... (à qqch.), Y FAIRE. Cela ne fait rien à la chose, à l'affaire,* cela ne change rien. *Nous ne pouvons rien y faire.* → FAM. *Savoir y faire,* être habile, débrouillard. ♦ *FAIRE QUE,* suivi d'une complétive. → (à l'impér. ou au subj. [souhait] ; + subj.) *Fasse le ciel qu'il revienne bientôt. Faites que ce ne soit pas grave.* → (avec l'indic.) Avoir pour conséquence, pour résultat que. *Sa négligence a fait qu'il a perdu beaucoup d'argent.* → *Ne pouvoir faire que :* ne pas pouvoir empêcher que. ♦ *SE LAISSER FAIRE.* → **laisser.** 7. Parcourir (un trajet, une distance) ; franchir. *Faire un trajet. Chemin* faisant. Faire dix kilomètres à pied.* ♦ FAM. Parcourir pour visiter. *Faire la Bretagne.* 8. FAM. Durer, quant à l'usage. *Ces chaussures m'ont fait deux ans.* 9. Exprimer par la parole (surtout en incise). SYN. ① **dire.** *Chut ! fit-il.* → (geste) *Il fit «non» de la tête.* ♦ (choses) *La pendule fait tic-tac.* 10. (choses ou personnes) Présenter en soi (un aspect physique, matériel). SYN. ① **avoir.** *Tissu qui fait des plis.* SYN. **former.** ♦ Avoir pour variante morphologique. *«Journal» fait «journaux» au pluriel.* ♦ FAM. Avoir pour mesure, pour valeur. *Mur qui fait six mètres de haut. Combien cela fait-il ?* → *Quelle taille faites-vous ?* ♦ impers. Constituer (un certain temps). *Ça fait huit jours qu'il n'est pas venu.* 11. Subir (un trouble physique). *Faire du diabète. Il a fait une angine.* **III** Déterminer (qqn, qqch.) dans sa manière d'être. 1. Arranger, disposer (qqch.) comme il convient. *Faire un lit. Faire sa chambre.* SYN. **nettoyer,** ① **ranger.** 2. Former (qqn, qqch.). *École qui fait de bons ingénieurs.*

3. (Donner une qualité, un caractère, un état à). *FAIRE QQN* (+ subst.), lui donner le titre de. *Il a été fait président du club.* ◆ *FAIRE QQN* (+ adj.). SYN. **rendre.** *Il les a faits riches.* ➝ Représenter, donner comme. *Vous le faites plus méchant qu'il n'est.* ◆ FAM. Donner un prix à (qqch. qu'on vend). *Je vous le fais dix euros.* **4.** *FAIRE* (qqn ; qqch.) *DE* (qqn ; qqch.). SYN. **changer, transformer** en. *Faire d'un capitaine un commandant. Je m'en suis fait une amie. On fera quelque chose de lui.* ➝ (caractère...) *Vous en avez fait un enfant heureux.* ➝ (choses) *Il en a fait tout un drame, tout un plat.* ◆ *N'avoir que faire de :* n'avoir aucun besoin de. *Il n'a que faire de tous ces costumes.* ◆ Disposer (de), mettre en un endroit. *« Qu'avez-vous fait de l'enfant ? – Je l'ai confié à sa tante ».* ➝ FAM. *Qu'est-ce que j'ai fait de mes lunettes ?,* où les ai-je mises ? **5.** Jouer un rôle (dans un spectacle...). *Faire Harpagon dans « L'Avare » de Molière.* ◆ Agir comme ; avoir, remplir le rôle de. *Faire le pique-assiette. Faire l'imbécile.* ➝ (choses) *Salle à manger qui fait salon.* ◆ Imiter intentionnellement, chercher à passer pour. SYN. **contrefaire, imiter, simuler.** *Faire le mort. Faire l'innocent, l'idiot.* ➝ *Faire son, sa* (+ subst.). *Faire son malin, sa maligne.* **6.** (+ adj. ou n. sans article [qui reste généralt invar.]) Avoir l'air de, donner l'impression d'être. SYN. **paraître.** *Elle fait vieux, elle fait vieille pour son âge. Elle fait très femme. Cette cravate fait chic.* ➝ *FAIRE BIEN,* avoir belle allure (dans un décor...). **IV** (+ inf.) Être cause que. *Faire tomber un objet. Faire voir qqch. à qqn. Faites-le taire. On la fait travailler dur. Faites-le (s')asseoir.* ➝ *Fait* reste invar. *Je les ai fait venir.* ➝ *FAIRE FAIRE. Faire faire un costume à* (ou *par*) *son tailleur.* (Attribuer, prétendre) *Ne me faites pas dire ce que je n'ai pas dit.* **V** (avec un sujet impers.) **1.** Pour exprimer les conditions de l'atmosphère ou du milieu. *Il fait jour ; il fait clair. Il fait soleil, du soleil.* ➝ FAM. *Il fait soif,* on a soif. **2.** *Il fait bon, beau...* (+ inf.). *Il fait bon vivre ici.* ➝ loc. *Il ferait beau voir qu'il refuse.* **VI** (employé comme substitut d'autres verbes) **1.** VX ou LITTÉR. (dans le second terme d'une compar.) *Je ne me conduirai jamais comme vous faites.* **2.** (avec le second terme d'une compar. ; avec *de* ou *pour*) *Il l'embrassa comme il aurait fait d'un ami, pour un ami.* **VII** *SE FAIRE* (emplois spéciaux). **1.** Se former. *Fromage qui se fait.* ➝ *Cet homme s'est fait seul.* **2.** (+ adj.) SYN. ① **devenir.** *Se faire vieux. Produit qui se fait rare.* ➝ impers. *Il se fait tard,* il commence à être tard. **3.** Devenir volontairement. SYN. se **rendre.** *Elle s'est fait belle. Se faire tout petit.* **4.** *SE FAIRE À :* s'habituer à. SYN. s'**accoutumer** à. *Se faire à un lieu, à une idée. Je ne peux pas m'y faire.* **5.** Se procurer. *Se faire des amis.* **6.** Former en soi, se donner. *Se faire une idée exacte de qqch. Se faire du souci.* ◆ FAM. *S'EN FAIRE :* se contrarier, être soucieux. *Ne vous en faites pas pour si peu.* ➝ par ext. *Il ne s'en fait pas, celui-là !,* il ne se gêne pas. **7.** FAM. *Se faire qqn,* le supporter. *Celle-là, il faut se la faire !* ◆ Attaquer, posséder... *Je vais me le faire !* **8.** (passif) Être fait. prov. *Paris ne s'est pas fait en un jour. Voilà ce qui se fait de mieux.* ◆ Être pratiqué couramment ; être à la mode. *Le rouge se fait beaucoup cette année.* ◆ Devoir être fait, quant aux usages. *Cela ne se fait pas.* ◆ impers. Être, arriver. *Il se fit un grand silence. Comment se fait-il que vous partiez déjà ?* **VIII** passif **1.** *ÊTRE FAIT POUR,* destiné à. *Cette voiture n'est pas faite pour transporter dix personnes.* **2.** LITTÉR. *C'EN EST FAIT DE :* c'est fini (de...). *C'en est fait de la vie facile.* ➝ *C'en est fait de moi :* je suis perdu. CONTR. **défaire, détruire.** HOM. FER « métal »

ÉTYM. latin *facere.*

FAIRE-PART [fɛʀpaʀ] n. m. invar. ✦ Lettre imprimée qui annonce une nouvelle ayant trait à la vie civile (naissance, mariage, décès, etc.).

FAIRE-VALOIR [fɛʀvalwaʀ] n. m. invar. **1.** Exploitation du domaine agricole. *Faire-valoir direct,* par le propriétaire. **2.** Personne, personnage qui met en valeur qqn.

FAIR-PLAY [fɛʀplɛ] n. m. invar. ✦ anglicisme Acceptation loyale des règles (dans la pratique d'un sport, la vie professionnelle...). ➝ adj. invar. *Ils ne sont pas très fair-play,* ils sont mauvais joueurs.

ÉTYM. mot anglais « jeu *(play)* loyal *(fair)* ».

FAISABILITÉ [fəzabilite] n. f. ✦ TECHN. Caractère de ce qui est faisable, réalisable. ➝ *Étude de faisabilité* (d'un projet).

ÉTYM. adapt. de l'anglais *feasibility,* d'après *faisable.*

FAISABLE [fəzabl] adj. ✦ Qui peut être fait. SYN. **possible, réalisable.** CONTR. **impossible, infaisable.**

ÉTYM. de *faire.*

FAISAN, ANE [fəzɑ̃, an] n. ✦ Oiseau gallinacé, à plumage coloré, à longue queue et dont la chair est estimée. *Chasse au faisan.* ➝ adj. *Poule faisane.*

ÉTYM. latin *phasianus,* du grec « (oiseau) du Phase » (nom d'une rivière).

FAISANDER [fəzɑ̃de] v. tr. (conjug. 3a) ✦ Soumettre (le gibier) à un commencement de décomposition, pour lui faire acquérir du fumet. ➝ au p. passé *Viande faisandée,* un peu corrompue.

ÉTYM. de *faisan.*

FAISANDERIE [fəzɑ̃dʀi] n. f. ✦ Élevage de faisans.

FAISCEAU [fɛso] n. m. **1.** Assemblage (de choses semblables, de forme allongée, liées ensemble). *Un faisceau de brindilles.* ◆ ANTIQ. ROMAINE *Les faisceaux :* assemblages de verges liées autour d'une hache, portés par les licteurs (symbole du pouvoir de l'État). ➝ HIST. MOD. Emblème du fascisme* italien. **2.** par analogie *Faisceau lumineux,* ensemble de rayons lumineux. *Le faisceau d'un phare.* ➝ *Faisceau d'électrons. Faisceau hertzien.* ➝ *Faisceau musculaire* (de fibres musculaires). **3.** fig. Ensemble (d'éléments abstraits assemblés). *Un faisceau de preuves.*

ÉTYM. latin populaire *fascellus,* classique *fascis.*

FAISEUR, EUSE [fəzœʀ, øz] n. **1.** *FAISEUR, EUSE DE :* personne qui fait, fabrique (qqch.). *Un faiseur de barrages.* ➝ absolt Spécialiste des métiers de l'habillement. *S'habiller chez un bon faiseur.* SYN. **tailleur.** ◆ plais. Personne qui se livre habituellement à (une activité). *Une faiseuse de projets.* péj. *Un faiseur d'embarras.* ◆ loc. VIEILLI *Faiseuse d'anges :* avorteuse. **2.** n. m. péj. Celui qui cherche à se faire valoir (par des vantardises...). SYN. **hâbleur, poseur.** ➝ LITTÉR. Homme d'affaires peu scrupuleux. *« Le Faiseur »* (pièce de Balzac).

ÉTYM. de *faire.*

FAISSELLE [fɛsɛl] n. f. ✦ Récipient percé de trous, pour faire égoutter le fromage.

ÉTYM. latin *fiscella,* diminutif de *fiscus* « corbeille ».

① **FAIT, FAITE** [fɛ, fɛt] adj. **1.** Qui présente tel aspect. *Il est bien fait (de sa personne).* SYN. bien **bâti.** **2.** Qui est arrivé à son plein développement. *Un homme fait.* SYN. **mûr.** ◆ *Un fromage bien fait,* parvenu à maturité. ➝ **à point, à cœur.** **3.** Fabriqué, composé, exécuté... *Un*

travail bien fait. ◆ *TOUT FAIT* : fait à l'avance, tout prêt. ➛ *Idées toutes faites.* → **préjugé.** 4. Qui est fardé, maquillé. *Des yeux faits.* ➛ *Des ongles faits.* 5. (personnes) FAM. *Être fait,* pris. *Vous êtes faits comme des rats !*
HOM. FAIX «fardeau» ; FAÎTE «sommet», FÊTE «réjouissance»
ÉTYM. du participe passé de *faire.*

② **FAIT** [fɛ] **n. m.** **I** 1. *(LE) FAIT DE* : action de faire (qqch.). SYN. ① **acte,** ① **action.** *Le fait de parler.* ➛ *Il est coutumier du fait,* de cela. *La générosité n'est pas son fait,* n'est pas dans ses habitudes. *Prendre qqn SUR LE FAIT,* le surprendre au moment où il agit. → flagrant **délit.** ➛ au plur. *Les FAITS ET GESTES* de qqn.* 2. (dans des loc.) Action mémorable, remarquable. SYN. **exploit, prouesse.** *Fait d'armes ; hauts faits.* 3. DR. Action susceptible de produire un effet juridique. *Responsabilité du fait d'autrui.* ➛ *VOIE DE FAIT* : coup, violence. ➛ *PRENDRE FAIT ET CAUSE pour qqn,* prendre sa défense, son parti. 4. loc. *Dire son fait* (à qqn), lui dire sans ménagement ce qu'on pense à son sujet. **II** 1. Ce qui est arrivé, ce qui a eu lieu. SYN. **affaire, évènement.** *C'est un fait courant. Le déroulement des faits.* ➛ *LE FAIT QUE. Le fait que vous soyez malade ne vous excuse pas.* ➛ *DU FAIT DE* : par suite de. ➛ *DU FAIT QUE.* → **puisque.** *Du seul fait que* : pour cette seule raison que. ➛ loc. *Mettre qqn devant LE FAIT ACCOMPLI,* l'obliger à accepter une chose sur laquelle il n'y a plus à revenir. ◆ Information (dans un journal). ➛ *FAITS DIVERS* : nouvelles ponctuelles, peu importantes. 2. Ce qui existe réellement (opposé à l'idée, au rêve, etc.). SYN. **réalité, réel.** *S'incliner devant les faits. Juger sur, d'après les faits.* ➛ *C'est un fait,* c'est certain, vrai. ➛ *Le fait est que...,* il faut admettre que... ◆ **loc. adv.** *PAR LE FAIT, DE FAIT, EN FAIT* : en réalité. → **effectivement, réellement.** ➛ *TOUT À FAIT.* → ① **tout.** 3. Ce qui est constaté par l'observation (notamment scientifique). *Faits sociaux.* 4. Cas, sujet particulier dont il est question. *Être sûr de son fait. Aller au fait, (en) venir au fait,* à l'essentiel. *Être au fait de,* au courant de. ➛ *AU FAIT* (en tête de phrase) : à propos. ➛ *EN FAIT DE* : en ce qui concerne, en matière de. ➛ *DE CE FAIT.* → par **suite.** HOM. FAIX «fardeau»
ÉTYM. latin *factum* «action ; travail», de *facere* «faire».

FAÎTAGE [fɛtaʒ] **n. m.** ✦ Arête supérieure d'un comble. ➛ par ext. Toiture (d'un bâtiment).
ÉTYM. de *faîte.*

FAÎTE [fɛt] **n. m.** ✦ Partie la plus haute (de qqch. d'élevé). SYN. **cime,** ② **haut, sommet.** *Le faîte d'un arbre ; d'une montagne.* ➛ fig. *Au faîte de la gloire.* CONTR. **base, pied.** HOM. FAITE (féminin de ① *fait* «exécuté»), FÊTE «réjouissance»
ÉTYM. francique.

FAÎTIÈRE [fɛtjɛʀ] **adj. f.** ✦ TECHN. Du faîte (d'une toiture). *Lucarne faîtière. Tuile faîtière* et **n. f.** *une faîtière.*

FAITOUT [fɛtu] **n. m.** ✦ Instrument de cuisine, récipient à deux poignées et à couvercle, qui va au feu. *Des faitouts.* ➛ On écrit aussi *fait-tout* (invar.).
ÉTYM. de *faire* et *tout.*

FAIX [fɛ] **n. m.** ✦ LITTÉR. Lourd fardeau. *Ployer sous le faix.* HOM. ① FAIT «exécuté»
ÉTYM. latin *fascis* «paquet ; fardeau».

FAKIR [fakiʀ] **n. m.** 1. DIDACT. Ascète musulman. ➛ En Inde, Ascète qui vit d'aumônes. 2. COUR. Professionnel du spectacle présentant des numéros d'insensibilité à la douleur, d'hypnose, etc.
ÉTYM. arabe *faqîr* «pauvre».

FALAISE [falɛz] **n. f.** ✦ Escarpement rocheux créé par le travail des eaux (côtes, bords de rivières).
ÉTYM. origine incertaine, peut-être francique.

FALBALAS [falbala] **n. m. pl.** ✦ Ornements excessifs (d'une toilette).
ÉTYM. peut-être provençal.

FALCONIDÉ [falkɔnide] **n. m.** ✦ ZOOL. Rapace diurne aux ailes et à la queue pointues (famille des *Falconidés* ; ex. le faucon).
ÉTYM. du latin *falco* «faucon».

FALLACIEUX, EUSE [falasjø, øz] **adj.** ✦ LITTÉR. Trompeur ; illusoire. *Des promesses fallacieuses.* CONTR. **honnête, loyal.**
ÉTYM. latin *fallaciosus.*

FALLOIR [falwaʀ] **v. impers.** (conjug. 40) **I** (Manquer) *IL S'EN FAUT DE,* il manque. *Il s'en est fallu d'une minute qu'ils ne se soient rencontrés.* ➛ *Il s'en faut de beaucoup.* ➛ *TANT S'EN FAUT,* il s'en faut de beaucoup. *PEU S'EN FAUT. Il est perdu ou peu s'en faut.* → **presque.** **II** (Être l'objet d'un besoin) *IL FAUT (qqch.) À (qqn). Combien vous faut-il ? Il lui faut quelqu'un pour l'aider.* **III** (Être l'objet d'une nécessité ou d'une obligation) 1. *IL FAUT* (+ inf.). *Il faut, il faudrait l'avertir tout de suite.* 2. *IL FAUT QUE* (+ subj.). *Il faut qu'il vienne. Il faudra que je vous voie.* ➛ *Il a fallu qu'il vienne en ce moment !* (comme par une fatalité). 3. *IL LE FAUT* (le remplaçant l'inf. ou la proposition). *Vous irez le voir, il le faut.* 4. (avec ellipse) *Il a l'art de ne dire que ce qu'il faut,* ce qui est juste, à propos. 5. *COMME IL FAUT* **loc. adv.** *Se conduire, s'exprimer comme il faut,* convenablement. ➛ **loc. adj. invar.** FAM. *Des gens très comme il faut.* **IV** *IL FAUT* (+ inf.), *IL FAUT QUE* (+ subj.) : il est nécessaire, selon la logique du raisonnement (que). *Dire des choses pareilles ! Il faut avoir perdu, que vous ayez perdu l'esprit.* ➛ (sans *il*) FAM. *Faut voir.*
ÉTYM. latin populaire *fallire,* comme *faillir*.*

① **FALOT** [falo] **n. m.** 1. Grande lanterne. SYN. **fanal.** *À la lueur d'un falot.* 2. ARGOT MILIT. Conseil de guerre.
ÉTYM. italien *falò,* du grec *phanos* «lanterne».

② **FALOT, OTE** [falo, ɔt] **adj.** ✦ Insignifiant, terne, sans personnalité. *Un personnage falot.* CONTR. **brillant.**
ÉTYM. peut-être moyen anglais *fal(l)ow* «compagnon».

FALSIFICATEUR, TRICE [falsifikatœʀ, tʀis] **n.** ✦ Personne qui falsifie.

FALSIFICATION [falsifikasjɔ̃] **n. f.** ✦ Action de falsifier. ➛ Ce qui est falsifié.

FALSIFIER [falsifje] **v. tr.** (conjug. 9) ✦ Altérer volontairement, dans le dessein de tromper. *Falsifier un vin. Falsifier une date sur un document.* SYN. **contrefaire ; maquiller, truquer.** ➛ *Falsifier l'histoire.* SYN. **fausser.**
ÉTYM. latin *falsificare,* de *falsus* «faux».

FALUN [falœ̃] **n. m.** ✦ Dépôt sédimentaire meuble formé de coquilles.
ÉTYM. origine inconnue.

FAMÉ, ÉE [fame] **adj.** ✦ Qui a une certaine réputation. *Un quartier chic et bien famé. Une rue mal famée.* → **malfamé.**
ÉTYM. du latin *fama* «renommée».

FAMÉLIQUE [famelik] **adj.** ✦ LITTÉR. Qui ne mange pas à sa faim ; qui est maigre. *Un chat famélique.* SYN. **étique.** CONTR. **repu ; gras.**
ÉTYM. latin *famelicus,* de *fames* «faim».

FAMEUX, EUSE [famø, øz] **adj.** 1. Qui a une grande réputation. SYN. **célèbre, renommé.** *Un héros fameux.* ➖ *Région fameuse par* (ou *pour*) *ses crus.* 2. iron. Dont on a beaucoup parlé. *C'était le fameux jour où nous nous sommes disputés.* 3. (avant le nom) Remarquable. *Une fameuse canaille.* SYN. ① **beau, rude,** ① **sacré.** ➖ *Un fameux rhume.* 4. (après le nom) Très bon. SYN. **excellent.** *Un vin fameux. Ce devoir n'est pas très fameux.* CONTR. **inconnu • mauvais, médiocre.**
► **FAMEUSEMENT** [famøzmɑ̃] **adv.**
ÉTYM. latin *famosus,* de *fama* → famé.

FAMILIAL, ALE, AUX [familjal, o] **adj.** 1. Relatif à la famille (en général). *La cellule familiale.* ➖ *Allocations familiales :* aide financière de l'État aux personnes qui ont des enfants. 2. Qui concerne une famille (groupe d'individus). *Une petite fête familiale.*

FAMILIARISER [familjaʀize] **v. tr.** (conjug. 3a) **I** Rendre familier (avec). SYN. **accoutumer, habituer.** **II** *SE FAMILIARISER* **v. pron.** 1. Devenir familier (avec qqn, avec les gens). SYN. **s'apprivoiser.** 2. *Se familiariser avec* (qqch.), se rendre (qqch.) familier par l'habitude, la pratique. *Se familiariser avec une langue étrangère ; avec le danger.*

FAMILIARITÉ [familjaʀite] **n. f.** 1. Relations familières (comme celles des membres d'une même famille). SYN. **intimité.** 2. Manière familière de se comporter à l'égard de qqn. SYN. **bonhomie, liberté.** 3. au plur. péj. Façons trop libres, inconvenantes. SYN. **liberté, privauté.** *Se permettre des familiarités avec qqn.*
ÉTYM. latin *familiaritas.*

FAMILIER, IÈRE [familje, jɛʀ] **n. m. et adj.**
I n. m. Personne qui est considérée comme un membre de la famille. SYN. **ami, intime.** *Les familiers du prince.* ♦ Personne qui fréquente assidûment (un lieu). *Les familiers d'un club.* SYN. **habitué.**
II adj. 1. Qui est bien connu ; dont on a l'expérience habituelle. *Des visages familiers.* ➖ *Le mensonge lui est familier.* ♦ Qui vit au foyer. *Les animaux familiers.* 2. Qui montre, dans ses rapports avec autrui, une grande simplicité. ➖ péj. Trop désinvolte. SYN. ② **cavalier.** 3. (mot, expression...) Qu'on emploie dans la conversation courante, et même par écrit, mais qu'on évite dans les relations officielles et les ouvrages de style soutenu. *«Fastoche» est un mot familier.* CONTR. **distant, hautain • recherché, soutenu.**
ÉTYM. latin *familiaris* «qui fait partie de la maison», de *familia* → famille.

FAMILIÈREMENT [familjɛʀmɑ̃] **adv.** ✦ D'une manière familière ; avec simplicité.

FAMILLE [famij] **n. f.** **I** ANTIQ. Ensemble des personnes vivant sous le même toit. ♦ DIDACT. Ensemble des personnes unies par le sang ou les alliances et composant un groupe. *Famille patriarcale.* **II** 1. (sens restreint) Les personnes apparentées vivant sous le même toit et, spécialt, le père, la mère et les enfants. *Fonder une famille. La vie de famille.* ➖ *DES FAMILLES :* propre aux familles, à l'usage des familles ; FAM. tranquille, sans prétention. *Une petite sieste des familles.* ♦ spécialt Les enfants d'un couple, d'un parent. *Père, mère de famille. Une famille de cinq enfants.* 2. (sens large) L'ensemble des personnes liées entre elles par le mariage ou par la filiation (ou par l'adoption). *Nom de famille.* → **patronyme.** *Famille naturelle et belle-famille d'un époux. La famille de qqn, sa famille.* ➖ *Être EN FAMILLE,* réunis entre gens de la même famille. ➖ *Réunion DE FAMILLE.* → **familial.** 3. Succession des individus qui descendent les uns des autres, de génération en génération. SYN. **descendance, lignée, postérité.** *La famille royale. Une famille de musiciens.* ➖ *De bonne famille,* qui appartient à une famille bourgeoise (souvent iron.). ➖ *Fils de famille,* qui profite de la situation privilégiée de ses parents, fils à papa. **III** fig. 1. (avec un adj., un déterminatif) Ensemble d'êtres ayant des caractères communs. *Une famille d'esprits. Famille politique.* 2. *Famille de langues :* groupe de langues ayant une origine commune. ➖ *Famille de mots :* groupe de mots provenant d'une même origine, ou d'un même radical. *La famille du mot «vent»* (venteux, ventiler, ventilateur, ventôse, ventouse, éventail, auvent, etc.). *Famille étymologique.* 3. SC. L'une des grandes divisions employées dans la classification des animaux et des végétaux, qui regroupe des genres.
ÉTYM. latin *familia,* de *famulus* «serviteur».

FAMINE [famin] **n. f.** ✦ Manque d'aliments par lequel une population souffre de la faim. → aussi **disette.** ♦ loc. *Crier* famine.* ➖ *Salaire de famine,* très insuffisant.
ÉTYM. du latin *fames* «faim».

FAN [fan] **n.** ✦ anglicisme FAM. Admirateur, admiratrice enthousiaste (d'une vedette). SYN. **groupie.** *Le club des fans.* → **fan-club.** HOM. FANE(S) «tige(s) et feuille(s)»
ÉTYM. mot anglais, abrév. de *fanatic* → fanatique.

FANA [fana] **adj.** ✦ FAM. Amateur passionné (de qqn, de qqch.). *Elles sont fanas de moto.* ➖ **n.** *Des fanas de sport.*
ÉTYM. abréviation de *fanatique.*

FANAL, AUX [fanal, o] **n. m.** ✦ Grosse lanterne servant de signal. SYN. ① **feu ;** ① **falot.** *Le fanal du phare.*
ÉTYM. italien *fanale,* du grec *phanos* «lanterne».

FANATIQUE [fanatik] **adj.** 1. Animé envers une religion (et, par ext., envers une doctrine, une personne), d'une foi absolue et d'un zèle aveugle. *Partisan fanatique.* ➖ **n.** *Des fanatiques exaltés.* 2. Qui a une passion, une admiration intense pour qqn ou qqch. SYN. **passionné ;** FAM. **fan, fana.** ➖ **n.** *Des fanatiques de sport.* SYN. ① **fou.**
ÉTYM. latin *fanaticus* «inspiré», de *fanum* «temple».

FANATIQUEMENT [fanatikmɑ̃] **adv.** ✦ D'une manière fanatique.

FANATISER [fanatize] **v. tr.** (conjug. 3a) ✦ Rendre fanatique.

FANATISME [fanatism] **n. m.** 1. Comportement de fanatique (1). *Fanatisme religieux* (→ **intolérance**). 2. Enthousiasme de fanatique (2).

FAN-CLUB [fanklœb] **n. m.** ✦ anglicisme Association, club d'admirateurs, de fans. *Les fan-clubs d'un chanteur.*
ÉTYM. mot anglais → fan et club.

FANDANGO [fɑ̃dɑ̃go] **n. m.** ✦ Danse espagnole d'origine andalouse, accompagnée de castagnettes.
ÉTYM. mot espagnol.

FANE [fan] **n. f.** ✦ surtout au plur. Tiges et feuilles de certaines plantes potagères. *Fanes de radis.* HOM. FAN «admirateur»
ÉTYM. de ① *faner.*

FANÉ, ÉE [fane] **adj.** 1. (plante, fleur) Qui s'est fané. *Un bouquet fané.* 2. Qui est défraîchi, flétri. *Un visage fané.* ➡ *Couleur fanée,* passée, très douce. CONTR. **épanoui** · ① **frais, vif.**
ÉTYM. de ② *faner.*

① **FANER** [fane] **v. tr.** (conjug. 3a) ✦ Retourner (un végétal fauché) pour faire sécher. *Faner de la luzerne.*
ÉTYM. du latin *fenum* «foin».

② **FANER** [fane] **v. tr.** (conjug. 3a) **I** 1. Faire perdre à (une plante) sa fraîcheur. SYN. ① **flétrir, sécher.** 2. LITTÉR. Altérer dans sa fraîcheur, son éclat. SYN. **défraîchir.** **II** *SE FANER* **v. pron.** 1. (plante, fleur) Sécher en perdant sa couleur, sa consistance. SYN. se **flétrir.** 2. Perdre sa fraîcheur, son éclat. *Sa beauté s'est fanée.*
ÉTYM. de ① *faner.*

FANEUR, EUSE [fanœʀ, øz] **n.** ✦ Personne qui fane (les foins).
ÉTYM. de ① *faner.*

FANFARE [fɑ̃faʀ] **n. f.** 1. Air vif et rythmé, dans le mode majeur, généralement exécuté par des cuivres. *Sonner la fanfare. Réveil en fanfare* (et, fig., réveil brutal). 2. Orchestre de cuivres ; musiciens de cet orchestre. SYN. **orphéon.**
ÉTYM. probablement origine onomatopéique.

FANFARON, ONNE [fɑ̃faʀɔ̃, ɔn] **adj. et n.** 1. **adj.** Qui se vante avec exagération d'exploits réels ou imaginaires. ➡ *Attitude fanfaronne.* 2. **n.** *C'est un fanfaron.* SYN. **bravache, fier-à-bras, matamore.** *Faire le fanfaron.* → **fanfaronner.** CONTR. **modeste.**
ÉTYM. espagnol *fanfarrón,* d'origine onomatopéique.

FANFARONNADE [fɑ̃faʀɔnad] **n. f.** ✦ Propos ou acte de fanfaron. SYN. **rodomontade, vantardise.**

FANFARONNER [fɑ̃faʀɔne] **v. intr.** (conjug. 3a) ✦ LITTÉR. Faire des fanfaronnades.
ÉTYM. de *fanfaron.*

FANFRELUCHE [fɑ̃fʀəlyʃ] **n. f.** ✦ Ornement léger (nœud, volant...) du vêtement ou de l'ameublement. *Robe à fanfreluches.*
ÉTYM. altér. de l'ancien français *fanfeluce* «bagatelle», bas latin *famfaluca,* du grec *pompholux* «bulle d'air».

FANGE [fɑ̃ʒ] **n. f.** ✦ LITTÉR. 1. Boue liquide et sale. 2. fig. Ce qui souille moralement. *On l'a traîné dans la fange.*
ÉTYM. origine germanique.

FANGEUX, EUSE [fɑ̃ʒø, øz] **adj.** ✦ Plein de fange. *Une mare fangeuse.*

FANGOTHÉRAPIE [fɑ̃goteʀapi] **n. f.** ✦ DIDACT. Traitement par bains de boue.
ÉTYM. de *fange* «boue» et *-thérapie.*

FANION [fanjɔ̃] **n. m.** ✦ Petit drapeau.
ÉTYM. de *fanon.*

FANON [fanɔ̃] **n. m.** 1. Repli de la peau qui pend sous le cou de certains animaux. *Les fanons d'un taureau.* 2. Chacune des lames cornées qui garnissent la bouche de certains cétacés. *Fanons de baleine.*
ÉTYM. francique *fano* «morceau d'étoffe».

FANTAISIE [fɑ̃tezi] **n. f.** 1. VX Imagination. ◆ MOD. *DE FANTAISIE,* se dit de produits dont la valeur réside dans la nouveauté, l'originalité. *Uniforme de fantaisie.* ➡ appos. (invar.) *Des bijoux fantaisie.* 2. Œuvre d'art dans laquelle l'imagination s'est donné libre cours. *Fantaisie littéraire.* (en musique) *Les fantaisies de Mozart.* 3. Désir, goût passager (qui ne correspond pas à un besoin véritable). SYN. **caprice, désir, envie.** *Il lui prit la fantaisie de voyager.* 4. Tendance à agir selon son humeur, en dehors des règles. *Agir selon sa fantaisie. Il n'en fait qu'à sa fantaisie* (→ *à son gré, à sa guise*). 5. Imagination créatrice, faculté de créer librement, sans contrainte. ◆ Originalité amusante, imagination dans les initiatives. *Elle est pleine de fantaisie.* ➡ *Sa vie manque de fantaisie.*
ÉTYM. latin *fantasia, phantasia,* du grec.

FANTAISISTE [fɑ̃tezist] **adj. et n.**
I adj. 1. VIEILLI Qui s'abandonne à sa fantaisie, suit son imagination. 2. Qui agit à sa guise, au mépris de ce qu'il faudrait faire ; qui n'est pas sérieux. SYN. **amateur, dilettante, fantasque, farfelu,** ② **fumiste.** *Cet élève est un peu fantaisiste.* 3. (choses) Qui n'est pas sérieux ; qui est sans fondement. *Une hypothèse fantaisiste.* 4. Qui témoigne de fantaisie. *Un accoutrement fantaisiste.* CONTR. **sérieux.**
II n. 1. Personne qui agit par fantaisie, par caprice, sans sérieux. 2. VIEILLI Artiste de music-hall, de cabaret qui chante, imite, raconte des histoires.

FANTASMAGORIE [fɑ̃tasmagɔʀi] **n. f.** ✦ Vision fantastique, surnaturelle.
ÉTYM. famille de *fantasme.*

FANTASMAGORIQUE [fɑ̃tasmagɔʀik] **adj.** ✦ Qui tient de la fantasmagorie. *Une apparition fantasmagorique.*

FANTASMATIQUE [fɑ̃tasmatik] **adj.** ✦ Du fantasme ; relatif aux fantasmes.

FANTASME [fɑ̃tasm] **n. m.** ✦ Idée, représentation imaginaire suggérée par l'inconscient. SYN. **rêve.** *Des fantasmes de richesse.* ➡ On a écrit *phantasme.*
ÉTYM. latin *phantasma* «fantôme», du grec «vision».

FANTASMER [fɑ̃tasme] **v. intr.** (conjug. 3a) ✦ Avoir des fantasmes ; se laisser aller à des fantasmes. *Il fantasme sur cette fille.*

FANTASQUE [fɑ̃task] **adj.** 1. Dont on ne peut prévoir le comportement. SYN. **capricieux, changeant, lunatique.** ➡ *Humeur fantasque.* 2. (choses) LITTÉR. Bizarre, extravagant.
ÉTYM. de *fantaste,* forme abrégée de *fantastique.*

FANTASSIN [fɑ̃tasɛ̃] **n. m.** ✦ Soldat d'infanterie.
ÉTYM. italien *fantaccino,* de *fante* «enfant».

FANTASTIQUE [fɑ̃tastik] **adj. et n. m.**
I adj. 1. Qui est créé par l'imagination, ou semble tel. SYN. **fabuleux, imaginaire, irréel, surnaturel.** *Une créature fantastique.* 2. (œuvres) Où dominent des éléments surnaturels ou non vraisemblables. *Littérature fantastique.* ☛ Littérature p. 132, 135. 3. Qui paraît surnaturel. 4. (intensif) Étonnant, extravagant. SYN. **formidable, sensationnel.** *Une réussite fantastique.*
II n. m. 1. Ce qui est fantastique, irréel. 2. Le genre fantastique dans l'art.
ÉTYM. latin *fantasticus,* du grec.

A B C D E F G H I J K L M N O P Q R S T U V W X Y Z

FANTASY [fɑ̃tazi] n. f. ✦ Genre littéraire dans lequel l'action se déroule dans un monde imaginaire peuplé d'êtres surnaturels. ☞ Littérature p. 135.
ÉTYM. mot anglais, du français *fantaisie*.

FANTOCHE [fɑ̃tɔʃ] n. m. 1. VX Marionnette articulée manipulée par des fils. SYN. **pantin**. 2. fig. Personne sans consistance ni volonté. – appos. *Un gouvernement fantoche. Des candidats fantoches.*
ÉTYM. italien *fantoccio*, de *fante* «valet».

FANTOMATIQUE [fɑ̃tomatik] adj. ✦ Relatif aux fantômes ; semblable à un fantôme. *Vision fantomatique.*

FANTÔME [fɑ̃tom] n. m. 1. Apparition surnaturelle d'une personne morte. SYN. **esprit, revenant, spectre.** 2. Personnage ou chose qui hante l'esprit, la mémoire. *Les fantômes du passé.* 3. Idée, être imaginaire. *Les fantômes de l'imagination.* 4. appos. Qui apparaît et disparaît comme un fantôme. *«Le Vaisseau fantôme»* (opéra de Wagner). ♦ Qui n'a pas de réalité. *Un pouvoir fantôme. Les villes fantômes du Far West.*
ÉTYM. latin populaire *phantauma*, latin classique et grec *phantasma* → fantasme.

FAON [fɑ̃] n. m. ✦ Petit du cerf, du daim ou du chevreuil. *Une biche et son faon.*
ÉTYM. latin populaire *feto, fetonis*, du latin classique *fetus* → fœtus.

FAQ [fak ; ɛfaky] n. f. invar. ✦ Rubrique d'un site web, d'un forum, apportant des réponses aux questions les plus fréquemment posées par les utilisateurs. *Consulter la FAQ.* – recomm. offic. *foire aux questions.*
HOM. FAC «faculté»
ÉTYM. sigle anglais, de *Frequently Asked Questions* «questions fréquemment posées».

FAR [faʀ] n. m. ✦ Dessert breton à base d'œufs, de farine, de sucre et de lait, que l'on cuit au four. *Far aux pruneaux.* HOM. FARD «maquillage», PHARE «projecteur»
ÉTYM. du latin *far* «blé».

FARAD [faʀad] n. m. ✦ Unité de mesure de capacité électrique (symb. F), correspondant à la capacité d'un conducteur isolé dans l'espace dont le potentiel est de 1 volt quand la charge est de 1 coulomb.
ÉTYM. de *Faraday*, nom propre ☞ noms propres.

FARAMINEUX, EUSE [faʀaminø, øz] adj. ✦ FAM. Qui étonne par son étrangeté ou son importance. SYN. **extraordinaire, prodigieux.** – *Des prix faramineux*, très élevés.
ÉTYM. de *faramine* «bête nuisible», du latin *fera* «bête sauvage».

FARANDOLE [faʀɑ̃dɔl] n. f. ✦ Danse provençale rythmée, exécutée par une file de danseurs se tenant par la main ; cette file de danseurs.
ÉTYM. provençal *farandoulo*.

FARAUD, AUDE [faʀo, od] n. ✦ VIEILLI Personne qui affecte maladroitement l'élégance, qui cherche à se faire valoir. SYN. **fanfaron, fat.** ♦ adj. *Un air faraud.*
ÉTYM. espagnol *faraute* «messager», du français *héraut*.

① **FARCE** [faʀs] n. f. ✦ Hachis d'aliments (viande ou autres) servant à farcir.
ÉTYM. du latin *farsus*, p. passé de *farcire* «farcir».

② **FARCE** [faʀs] n. f. 1. Pièce comique où dominent les jeux de scène. ☞ Littérature p. 128. *«La Farce de maître Pathelin»* (farce du Moyen Âge). – Genre littéraire que représentent ces pièces. *Les scènes de farce dans Molière.* ♦ fig. *Cela tourne à la farce*, cela devient ridicule. 2. Tour plaisant qu'on joue à qqn. SYN. **mystification,** ② **niche.** *On lui a fait une farce.* ♦ Objet servant à faire des farces. *Farces et attrapes*.* 3. adj. VIEILLI Amusant, comique.
ÉTYM. emploi figuré de ① *farce*.

FARCEUR, EUSE [faʀsœʀ, øz] n. ✦ Personne qui fait des farces, ou qui plaisante et raconte des histoires pour mystifier. SYN. **blagueur, plaisantin.** *Sacré farceur !* – adj. *Elle est très farceuse.*

FARCI, IE [faʀsi] adj. 1. Rempli de farce. *Tomates farcies.* 2. péj. Rempli (de). SYN. **bourré,** ① **plein.** *Il est farci de préjugés.*

FARCIR [faʀsiʀ] v. tr. (conjug. 13) 1. Remplir de farce. *Farcir une volaille.* 2. abstrait, péj. Remplir, garnir abondamment (de). SYN. **bourrer.** *Farcir une dictée de pièges.* SYN. **truffer.** 3. FAM. *SE FARCIR* (qqch.) : avoir, consommer. *Se farcir un bon repas.* – Faire (une corvée). *Elle s'est farci tout le travail.* – Supporter. *Celui-là, il faut se le farcir !*
ÉTYM. latin *farcire*.

FARD [faʀ] n. m. 1. Produit qu'on applique sur le visage pour en changer l'aspect naturel. SYN. **maquillage.** *Fard à joues.* 2. VX Apparence trompeuse. – loc. MOD. *SANS FARD* : sans artifice. *Un exposé sans fard.* 3. loc. FAM. (personnes) *Piquer un fard* : rougir brusquement.
HOM. FAR «dessert», PHARE «projecteur»
ÉTYM. de *farder*.

FARDEAU [faʀdo] n. m. 1. Chose pesante qu'il faut lever ou transporter. SYN. **charge.** *De lourds fardeaux.* 2. fig. Chose pénible (qu'il faut supporter).
ÉTYM. arabe *farda* «demi-charge d'un chameau».

FARDER [faʀde] v. tr. (conjug. 3a) 1. Mettre du fard à. SYN. **maquiller.** *Farder un acteur.* SYN. **grimer.** – pronom. *Elle s'est fardée discrètement.* 2. fig. LITTÉR. Déguiser la véritable nature de (qqch.) sous une apparence trompeuse. *Farder sa pensée. Farder la vérité.*
ÉTYM. peut-être francique «colorer».

FARFADET [faʀfadɛ] n. m. ✦ Esprit follet, lutin d'une grâce vive et légère.
ÉTYM. mot provençal.

FARFELU, UE [faʀfəly] adj. ✦ FAM. Un peu fou, bizarre, extravagant.
ÉTYM. probablt de l'ancien français *fanfelue* → fanfreluche.

FARFOUILLER [faʀfuje] v. intr. (conjug. 3a) ✦ FAM. Fouiller en bouleversant tout.
ÉTYM. de *fouiller*.

FARIBOLE [faʀibɔl] n. f. ✦ Propos vain et frivole. SYN. **baliverne, bêtise.** *Dire des fariboles.*
ÉTYM. origine incertaine.

FARINE [faʀin] n. f. 1. Poudre obtenue par la mouture de grains de céréales. *Farine de blé (de froment), de maïs, de riz.* ♦ absolt Farine de froment. *Fabrication de la farine.* → **moulin ; meunerie, minoterie.** ♦ loc. *De la même farine*, qui ne valent pas mieux l'un(e) que l'autre. – *Rouler qqn dans la farine*, le tromper. 2.

Poudre résultant du broyage de certaines denrées (poisson, soja...).
ÉTYM. latin *farina*, de *far*, *farris* «blé».

FARINEUX, EUSE [faʀinø, øz] adj. 1. Qui contient de la farine et, par ext., de la fécule. ➙ n. m. *Les haricots blancs sont des farineux.* SYN. **féculent.** 2. Qui donne en bouche l'impression de la farine. *Pomme farineuse.*

FARNIENTE [faʀnjɑ̃t ; faʀnjɛnte] n. m. ✦ Douce oisiveté.
ÉTYM. italien *far niente* «ne rien *(niente)* faire *(fare)*».

FAROUCHE [faʀuʃ] adj. 1. (animaux) Qui n'est pas apprivoisé et s'effarouche facilement. SYN. **sauvage.** 2. (personnes) Qui redoute par tempérament le contact avec d'autres personnes. SYN. **misanthrope, sauvage.** *Un enfant farouche.* SYN. **timide.** ➙ *Elle n'est pas farouche :* elle ne repousse pas les amoureux. 3. (personnes) D'une rudesse sauvage. *Son plus farouche ennemi.* SYN. **acharné.** 4. Qui exprime l'hostilité, la violence. *Un air farouche.* ➙ *Une résistance farouche.* CONTR. **apprivoisé • accueillant, sociable • soumis.**
ÉTYM. latin *forasticus* «extérieur», de *foras* «dehors».

FAROUCHEMENT [faʀuʃmɑ̃] adv. ✦ D'une manière farouche. *Il s'y est farouchement opposé.* SYN. **violemment.**

FART [faʀt] n. m. ✦ Produit dont on enduit la semelle des skis pour améliorer la glisse.
ÉTYM. mot norvégien.

FARTER [faʀte] v. tr. (conjug. 3a) ✦ Enduire de fart.

FASCICULE [fasikyl] n. m. ✦ Chaque partie d'un ouvrage publié par fragments. ➙ Petit cahier imprimé. *Fascicule d'exercices.*
ÉTYM. latin *fasciculus*, «petit paquet *(fascis)*».

FASCINANT, ANTE [fasinɑ̃, ɑ̃t] adj. ✦ Qui fascine, charme.

FASCINATION [fasinasjɔ̃] n. f. 1. Action de fasciner (1). 2. Vive influence, irrésistible séduction. SYN. **attrait, ① charme, envoûtement.** *Elle exerce sur lui une étrange fascination.*

FASCINE [fasin] n. f. ✦ Fagot ; assemblage de branchages.
ÉTYM. latin *fascina*, de *fascis* «paquet».

FASCINER [fasine] v. tr. (conjug. 3a) 1. Maîtriser, immobiliser par la seule puissance du regard. 2. Éblouir, captiver par la beauté, l'ascendant, le prestige. SYN. **charmer, séduire.**
ÉTYM. latin *fascinare*, de *fascinum* «charme, maléfice».

FASCISME [faʃism ; fasism] n. m. 1. Doctrine, système politique nationaliste et totalitaire que Mussolini établit en Italie en 1922. ☛ Fascisme p. 192. 2. Doctrine ou système politique tendant à instaurer dans un État un régime totalitaire du même type.
ÉTYM. italien *fascismo*, de *fascio* «faisceau (des licteurs)».

FASCISTE [faʃist ; fasist] n. 1. Partisan du fascisme italien et, par ext., d'un régime, d'un parti analogue. ➙ adj. *Régime, parti fasciste.* 2. Partisan d'un régime autoritaire ; personne conservatrice et réactionnaire. ➙ adj. *Un comportement fasciste. Idées fascistes.*

FASEYER [faseje ; fazeje] v. intr. (conjug. 3a) ✦ MAR. (voile) Flotter, battre au vent.
ÉTYM. peut-être néerlandais.

① **FASTE** [fast] n. m. ✦ Déploiement de magnificence. SYN. **apparat, luxe, ① pompe.**
ÉTYM. latin *fastus* «orgueil».

② **FASTE** [fast] adj. ✦ *JOUR FASTE.* ANTIQ. (À Rome) Jour où il était permis de procéder à certains actes publics, les auspices s'étant montrés favorables. ➙ COUR. Jour heureux, favorable. CONTR. **néfaste.**
ÉTYM. latin *fastus*, de *fas* «volonté divine».

FAST-FOOD [fastfud] n. m. ✦ anglicisme Commerce de repas rapides, ou à emporter, standardisés (recomm. offic. restauration rapide). ➙ Établissement servant ce genre de repas. *Des fast-foods.*
ÉTYM. mot américain, de *fast* «rapide» et *food* «nourriture».

FASTIDIEUX, EUSE [fastidjø, øz] adj. ✦ Qui rebute en provoquant l'ennui, la lassitude. SYN. **ennuyeux, fatigant.** *Une énumération fastidieuse.*
ÉTYM. latin *fastidiosus*, de *fastidium* «dégoût».

FASTOCHE [fastɔʃ] adj. ✦ FAM. Facile.
ÉTYM. de *facile.*

FASTUEUX, EUSE [fastɥø, øz] adj. ✦ Qui aime le faste. ➙ Qui marque le faste. *Un décor fastueux.* SYN. **riche, somptueux.**
► **FASTUEUSEMENT** [fastɥøzmɑ̃] adv.
ÉTYM. latin *fastuosus.*

FAT, FATE [fa(t), fat] adj. ✦ LITTÉR. 1. adj. m. (homme) Qui montre sa prétention de façon déplaisante et un peu ridicule. SYN. **imbu, infatué, vaniteux ;** → **fatuité.** *Il est un peu fat.* ➙ n. m. *Quel fat !* 2. adj. (choses) Qui manifeste de la fatuité. *Un air fat, une attitude fate.* SYN. **avantageux.** HOM. FA «note»
ÉTYM. mot provençal «sot», du latin *fatuus* «fade» et «insensé».

FATAL, ALE, ALS [fatal] adj. 1. LITTÉR. Du destin ; fixé, marqué par le destin. *Le moment, l'instant fatal,* décisif. 2. Qui doit arriver inévitablement. SYN. **inévitable, obligatoire.** 3. Qui est signe de mort ou accompagne la mort. *L'instant fatal.* ➙ Qui donne la mort. *Un coup fatal.* SYN. **mortel.** 4. Qui entraîne la ruine, qui a des effets désastreux. SYN. **funeste.** *Une erreur fatale.* ➙ *Femme fatale,* qui séduit et perd les hommes. CONTR. **favorable, heureux.**
ÉTYM. latin *fatalis*, de *fatum* «destin».

FATALEMENT [fatalmɑ̃] adv. 1. LITTÉR. D'une manière fatale. 2. Inévitablement.

FATALISME [fatalism] n. m. ✦ Doctrine ou attitude selon laquelle on ne peut modifier le cours des évènements (fixés par le destin). *Fatalisme religieux.* ➙ *Il a pris son échec avec fatalisme,* sans s'émouvoir.
ÉTYM. de *fatal.*

FATALISTE [fatalist] n. et adj. ✦ Personne qui professe le fatalisme, ou qui accepte les évènements avec fatalisme. «*Jacques le Fataliste*» (de Diderot). ➙ adj. *Attitude fataliste.*

FATALITÉ [fatalite] n. f. 1. Caractère de ce qui est fatal (1 et 2). *La fatalité de la mort.* 2. Force surnaturelle par laquelle, selon certains, tout ce qui arrive est déterminé d'avance. SYN. **destin, destinée.** *Accuser la fatalité. C'est la fatalité !* 3. Détermination, contrainte irrémédiable. *Une fatalité historique.* 4. Hasard malheureux. SYN. **malédiction,** mauvais **sort.** *Par quelle fatalité en est-il arrivé là ?*
ÉTYM. latin *fatalitas*, de *fatalis* → fatal.

FATIDIQUE [fatidik] adj. ✦ Qui marque un arrêt du destin, une intervention du destin. *Un jour, une date fatidique.*
ÉTYM. latin *fatidicus* «qui prédit *(dicere)* le destin *(fatum)*».

FATIGANT, ANTE [fatigɑ̃, ɑ̃t] adj. 1. Qui cause de la fatigue (physique ou intellectuelle). SYN. **épuisant, pénible, rude** ; FAM. **crevant, tuant.** *C'est un travail très fatigant.* 2. Qui importune, lasse. SYN. **assommant, ennuyeux, lassant.** *Il est fatigant, avec ses manies.* CONTR. **reposant.** HOM. FATIGUANT (p. présent de *fatiguer*)
ÉTYM. de fatiguer.

FATIGUE [fatig] n. f. 1. Affaiblissement physique dû à un effort excessif ; sensation pénible qui l'accompagne. *Légère fatigue* (SYN. **lassitude**), *grande fatigue* (SYN. **épuisement**). ➝ *Je tombe, je suis mort de fatigue.* ➝ *Fatigue musculaire. Fatigue nerveuse ; intellectuelle* (SYN. **surmenage**). 2. surtout au plur. Ce qui est cause de fatigue. *Les fatigues du voyage.* CONTR. **repos ; détente.**
ÉTYM. de *fatiguer.*

FATIGUÉ, ÉE [fatige] adj. 1. Dont l'activité est diminuée par la fatigue. *Muscle fatigué.* ➝ (personnes) Qui ressent de la fatigue. SYN. ① **las, moulu, vanné.** 2. Qui dénote de la fatigue. *Des traits fatigués.* SYN. **tiré.** 3. Qui a beaucoup servi, a perdu sa fraîcheur. SYN. **abîmé, déformé, défraîchi, usagé, usé.** *Des souliers fatigués.* 4. (personnes) *Fatigué de,* las de. *Je suis fatigué d'attendre.* CONTR. **dispos, reposé** • ② **neuf.**

FATIGUER [fatige] v. (conjug. 3b) **I** v. tr. 1. Causer de la fatigue à. *Lecture qui fatigue les yeux.* ➝ *Ce travail l'a fatigué.* SYN. **épuiser, éreinter, exténuer, harasser, vanner.** ◆ fig. *Fatiguer la terre* (en la remuant). ➝ *Fatiguer la salade.* 2. Rebuter par l'ennui. SYN. **dégoûter, lasser, saturer.** ➝ *Il nous fatigue avec ses histoires.* SYN. **importuner. II** v. intr. 1. Se donner de la fatigue ; donner des signes de fatigue. ◆ (mécanisme) *Le moteur fatigue.* SYN. **peiner.** 2. (choses) Subir des déformations consécutives à un trop grand effort. SYN. se **déformer, faiblir, plier.** *Poutre qui fatigue.* ➝ *Navire qui fatigue* (sous l'effet d'un vent violent, etc.). **III** *SE FATIGUER* v. pron. 1. Se donner de la fatigue. *Se fatiguer en travaillant trop.* ➝ *Il ne s'est pas trop fatigué,* il n'a guère fait d'efforts. ➝ FAM. *Ne vous fatiguez pas* (à mentir), *je sais tout.* 2. *SE FATIGUER DE :* se lasser de. *On se fatigue des meilleures choses.* HOM. (du p. présent *fatiguant*) FATIGANT «épuisant»
ÉTYM. latin *fatigare.*

FATRAS [fatʀɑ] n. m. ✦ Ensemble confus, hétéroclite (de choses sans valeur, sans intérêt). *Un fatras de vieux papiers.* ➝ *Un fatras de connaissances mal assimilées.*
ÉTYM. origine incertaine ; peut-être famille de *farcir.*

FATRASIE [fatʀazi] n. f. ✦ HIST. LITTÉR. Pièce poétique et satirique du Moyen Âge, d'un caractère volontairement incohérent ou absurde. ☛ Littérature p. 120.
ÉTYM. de *fatras.*

FATUITÉ [fatɥite] n. f. ✦ Satisfaction de soi-même qui s'étale d'une manière insolente, déplaisante ou ridicule. SYN. **prétention, suffisance ;** ➝ **fat.**
ÉTYM. latin *fatuitas* → fat.

FAUBOURG [fobuʀ] n. m. 1. HIST. Partie d'une ville qui déborde son enceinte, ses limites (à un moment de l'histoire). *Le faubourg Saint-Antoine* (à Paris). 2. Quartier populaire périphérique. *L'accent des faubourgs* (à Paris). ➝ **faubourien.**
ÉTYM. altération de l'ancien français *forsborc,* de *fors* «hors» et ancienne forme de *bourg.*

FAUBOURIEN, IENNE [foburjɛ̃, jɛn] adj. ✦ Qui appartient aux faubourgs populaires de Paris. *Accent faubourien.*

FAUCHAGE [foʃaʒ] n. m. ✦ Action de faucher. *Le fauchage d'un pré.*

FAUCHE [foʃ] n. f. ✦ FAM. Action de faucher (II) ; vol.

FAUCHÉ, ÉE [foʃe] adj. ✦ FAM. Sans argent. *Je suis fauché.* ➝ n. *Ce sont des fauchés.*

FAUCHER [foʃe] v. tr. (conjug. 3a) **I** 1. Couper avec une faux, une faucheuse. *Faucher une prairie.* 2. Faire tomber. SYN. **abattre,** ① **coucher.** *La grêle a fauché les blés.* ➝ Faire tomber (qqn) en blessant, en tuant. ➝ SPORTS Faire tomber (un adversaire) par un moyen irrégulier. **II** FAM. Voler. *On lui a fauché son portefeuille.*
ÉTYM. latin populaire *falcare,* de *falx* «faux».

FAUCHEUR, EUSE [foʃœʀ, øz] n. **I** n. Personne qui fauche (des végétaux). ◆ par métaphore LITTÉR. *La Faucheuse, le Faucheur :* la Mort (➝ ② **faux**). **II** *FAUCHEUSE* n. f. Machine agricole destinée à faucher.
ÉTYM. de *faucher.*

FAUCHEUX [foʃø] n. m. ✦ Animal voisin de l'araignée, à quatre paires de pattes longues et fines.
ÉTYM. variante dialectale de *faucheur.*

FAUCILLE [fosij] n. f. ✦ Instrument fait d'une lame d'acier en demi-cercle fixée à une poignée de bois, dont on se sert pour couper l'herbe. ➝ ② **faux, serpe.** ➝ *La faucille et le marteau,* outils symbolisant les classes paysanne et ouvrière (et emblème communiste).
ÉTYM. bas latin *falcicula* «petite faux *(falx)*».

FAUCON [fokɔ̃] n. m. 1. Oiseau rapace diurne au bec court et crochu. *Faucon dressé pour la chasse. Horus, le dieu faucon des Égyptiens.* 2. fig. Partisan de la force dans le règlement d'un conflit (s'oppose à *colombe*).
ÉTYM. latin *falco, falconis.*

FAUCONNERIE [fokɔnʀi] n. f. ✦ Art de dresser les oiseaux de proie. ➝ Chasse pratiquée avec des oiseaux de proie.
ÉTYM. de *faucon.*

FAUFILAGE [fofilaʒ] n. m. ✦ Action de faufiler (I).

FAUFILER [fofile] v. tr. (conjug. 3a) **I** Coudre à grands points pour maintenir provisoirement (les parties d'un ouvrage). SYN. **bâtir.** *Faufiler une manche.* **II** *SE FAUFILER* v. pron. Passer, se glisser adroitement. SYN. se **couler,** se **glisser.** *Se faufiler dans, à travers la cohue.*
ÉTYM. altération de l'ancien verbe *forfiler,* de *fors* «hors» et *fil.*

① **FAUNE** [fon] n. m. ✦ Divinité champêtre, à l'image du dieu grec Pan (corps velu, oreilles pointues, cornes et pieds de bouc). ➝ **satyre, sylvain.** *«L'Après-midi d'un faune»* (de Mallarmé).
ÉTYM. latin *Faunus,* nom d'un dieu champêtre. ☛ noms propres.

② **FAUNE** [fon] n. f. 1. Ensemble des animaux (d'une région, d'un milieu). *La faune et la flore des Alpes.* 2. péj. Ensemble de gens qui fréquentent un lieu et ont des mœurs caractéristiques.
ÉTYM. latin scientifique *fauna,* de ① *faune.*

FAUSSAIRE [fosɛʀ] n. ✦ Personne qui fait un faux (II, 2).
ÉTYM. latin *falsarius*, de *falsus* «faux».

FAUSSE COUCHE [foskuʃ] n. f. ✦ Interruption accidentelle de la grossesse entraînant la mort du fœtus. *Elle a fait plusieurs fausses couches.*

FAUSSEMENT [fosmɑ̃] adv. 1. Contre la vérité. SYN. **à tort.** *Être faussement accusé.* 2. D'une manière fausse. *Raisonner faussement.* 3. devant un adj. D'une manière affectée, simulée. *Un ton faussement indifférent.*
ÉTYM. de ① *faux.*

FAUSSER [fose] v. tr. (conjug. 3a) **I** VX Rendre faux (un serment...) en y manquant. → loc. MOD. *FAUSSER COMPAGNIE À qqn*, le quitter brusquement ou sans se faire remarquer. **II** 1. Rendre faux, déformer la vérité, l'exactitude de (une chose abstraite). SYN. **altérer, dénaturer, falsifier.** *Erreur qui fausse un calcul. Fausser le sens d'un texte.* 2. Faire perdre sa justesse à. *Fausser l'esprit de qqn.* SYN. **déformer.** *Ses lectures lui ont faussé le jugement.* 3. Déformer (un instrument, un objet...) par une pression excessive. *Fausser un mécanisme* (→ **forcer**). CONTR. **redresser, rétablir.** HOM. FOSSÉ «tranchée»
ÉTYM. latin *falsare*, de *falsus* «faux».

FAUSSET [fosɛ] n. m. ✦ *Voix de fausset* ou *fausset* : registre vocal aigu, résonnant dans la tête (voix de tête). → Technique vocale reposant sur ce registre. *Baryton chantant en fausset.*
ÉTYM. de ① *faux*, car cette voix semble artificielle.

FAUSSETÉ [foste] n. f. **I** 1. Caractère d'une chose fausse, contraire à la vérité. *Démontrer la fausseté d'une accusation.* SYN. **inexactitude.** 2. Caractère de ce qui manque de justesse. *La fausseté d'un raisonnement.* **II** Défaut du caractère qui consiste à dissimuler ses pensées véritables, à mentir. SYN. **déloyauté, dissimulation, duplicité, fourberie, hypocrisie.** CONTR. **exactitude, justesse • franchise, sincérité.**

FAUTE [fot] n. f. **I** Fait de manquer ; manque (dans quelques expr.). *FAUTE DE* loc. prép. : par manque de. *Le blessé est mort faute de soins.* → (+ inf.) *Faute d'aimer, on dépérit.* ◆ *SANS FAUTE* : à coup sûr. *Venez demain sans faute.* ◆ *NE PAS SE FAIRE FAUTE DE* : ne pas manquer de. *Elle ne s'est pas fait faute d'en parler.* **II** 1. Manquement à la règle morale, au devoir ; mauvaise action. SYN. **méfait.** *Commettre une faute.* → prov. *Faute avouée est à moitié pardonnée.* → *Prendre, surprendre qqn en faute.* 2. DR. Acte ou omission constituant un manquement à une obligation. *Faute contractuelle.* 3. Manquement à une règle, à un principe (dans une discipline intellectuelle, un art...). SYN. **erreur.** *Lourde faute, faute grossière ; faute bénigne.* → *Faute d'étourderie*, commise par étourderie. → *Faute de langage.* SYN. **incorrection.** *Faute de syntaxe.* → *Faute d'impression.* SYN. **coquille.** 4. Manière d'agir maladroite, fâcheuse, imprudente. SYN. **erreur, maladresse.** 5. (dans des expr.) Responsabilité d'une action. *C'est sa faute, c'est bien sa faute s'il a échoué. C'est la faute de son frère.* → *C'est de sa faute.* → *C'est arrivé par sa faute.* → POP. *C'est la faute à...*
ÉTYM. latin populaire *fallita*, de *fallere* → faillir, falloir.

FAUTER [fote] v. intr. (conjug. 3a) ✦ VIEILLI ou plais. (jeune fille) Se laisser séduire.
ÉTYM. de *faute.*

FAUTEUIL [fotœj] n. m. 1. Siège à dossier et à bras, pour une personne. *S'asseoir dans un fauteuil.* → *Fauteuil roulant pour malade.* ◆ loc. FAM. *Arriver (comme) dans un fauteuil* : arriver premier sans peine (dans une compétition). 2. Siège, dans une assemblée. *Fauteuil d'académicien.*
ÉTYM. francique «siège pliant».

FAUTEUR, TRICE [fotœʀ, tʀis] n. ✦ LITTÉR. (surtout au masc.) Personne qui favorise, cherche à provoquer (qqch. de blâmable). *Fauteur de désordre ; de troubles.*
ÉTYM. latin *fautor* «partisan», avec influence de *faute.*

FAUTIF, IVE [fotif, iv] adj. 1. VIEILLI Sujet à faillir. SYN. **faillible.** *Mémoire fautive.* 2. Qui est en faute. SYN. **coupable.** *Il se sent fautif.* → n. *C'est lui le fautif dans cette affaire.* SYN. **responsable.** 3. (choses) Qui renferme des fautes, des erreurs, des défauts. *Calcul fautif.* SYN. **erroné.** CONTR. **innocent • correct, exact.**
ÉTYM. de *faute.*

FAUVE [fov] adj. et n. m.
I adj. 1. D'un jaune tirant sur le roux. *Teintes fauves.* 2. Se dit des grands mammifères féroces (félins). *Bêtes fauves.* SYN. **féroce, sauvage.** → *UN FAUVE* n. m. : une bête fauve. → **félin.** *Chasse aux fauves.* 3. par ext. *Odeur fauve* : odeur forte et animale.
II n. m. ARTS Peintre appartenant au courant du fauvisme. → adj. *La période fauve de Matisse.*
ÉTYM. bas latin *falvus*, d'origine germanique.

FAUVETTE [fovɛt] n. f. ✦ Petit oiseau des buissons, au plumage fauve, au chant agréable.
ÉTYM. de *fauve.*

FAUVISME [fovism] n. m. ✦ ARTS Mouvement pictural français du début du XXe siècle, fondé sur la simplification des formes, l'utilisation de couleurs pures juxtaposées et recherchant l'intensité de l'expression.
ÉTYM. de *fauve* (II).

① **FAUX, FAUSSE** [fo, fos] adj. et n. m.
I adj. 1. Qui n'est pas vrai, qui est contraire à la vérité (pensable, constatable). *Avoir des idées fausses sur une question.* SYN. **erroné.** *C'est faux !* → *Une fausse déclaration.* SYN. **inexact, inventé, mensonger.** *Faux témoignage.* → *Il est faux que..., de dire, de croire que...* 2. (souvent avant le nom) Qui n'est pas vraiment, réellement ce qu'il paraît être (→ **imitation**). *Une fausse fenêtre. Fausses perles.* → *Un faux maigre*, bien moins maigre qu'il n'en a l'air. ◆ Qui a frauduleusement une apparence conforme à la réalité (→ **contrefaçon**). *Fabriquer de la fausse monnaie. Faux papiers. Un faux Vermeer.* ◆ abstrait *De fausses raisons.* → ② **prétexte.** *Une fausse indifférence.* SYN. **simulé.** 3. Qui n'est pas ce qu'on le nomme. → *Faux* s'emploie devant un grand nombre de noms de choses pour marquer une désignation impropre ou approximative ; ex. *faux acacia, fausse oronge, faux-filet.* ◆ Qui ne mérite pas son nom. *Un faux champion.* 4. Qui n'est pas ce qu'il veut paraître (en trompant délibérément). → **imposteur.** *Un faux prophète. C'est un faux frère*.* → *Un faux jeton*.* → Hypocrite. *Un homme faux.* SYN. **déloyal, fourbe, sournois.** 5. Qui n'est pas naturel à qqn. *Une fausse barbe.* SYN. **postiche.** 6. Qui n'est pas justifié, fondé. *De fausses espérances. Fausse alerte.* → *Faux problème*, qui n'a pas lieu de se poser. *De faux besoins.* 7. Qui n'est pas comme il doit être (par rapport à ce qui est correct, normal). *Faire un faux pas.* → *Une situation fausse.* SYN. **équivoque.** 8. Qui

marque un écart par rapport à ce qui est correct, juste, exact. *Un calcul faux.* 9. (esprit, faculté) Qui juge mal. *Avoir le jugement faux.* – adv. *Il raisonne faux.* 10. Qui n'est pas dans le ton juste. *Ce piano est faux. Fausse note.* ♦ adv. *Il chante faux.* → **détonner.** – fig. *Ses explications sonnent* faux.* 11. *À FAUX* loc. adv. VX D'une manière fausse, contraire à la vérité. ♦ MOD. Hors d'aplomb. *Frapper à faux.* (pièce...) *Porter à faux.* → **porte-à-faux.** CONTR. **vrai • correct, exact, juste • sincère.** HOM. FOSSE «trou»

II n. m. 1. Ce qui est faux. *Discerner le vrai du faux.* 2. Contrefaçon ou falsification d'un écrit, d'une œuvre d'art ou d'un objet. *Faire, commettre un faux.* – *Ce tableau est un faux grossier.*

ÉTYM. latin *falsus*, p. passé de *fallere* «tromper».

② **FAUX** [fo] n. f. ✦ Instrument formé d'une lame arquée fixée au bout d'un long manche, dont on se sert pour couper le fourrage, les céréales. – Instrument allégorique de la Mort. → **faucheur.**

ÉTYM. latin *falx, falcis.*

FAUX-FILET [fofilɛ] n. m. ✦ Morceau de bœuf à rôtir, situé à côté du filet (le long de l'échine). → **contre-filet.** *Des faux-filets.*

FAUX-FUYANT [fofɥijɑ̃] n. m. ✦ Moyen détourné par lequel on évite de s'expliquer, de se décider, etc. *User de faux-fuyants.* SYN. **échappatoire,** ② **prétexte.**

ÉTYM. altération de *forsfuyant*, de *fors* «hors» et participe présent de *fuir.*

FAUX-MONNAYEUR [fomɔnɛjœʀ] n. m. ✦ Personne qui fabrique de la fausse monnaie. «*Les Faux-monnayeurs*» (roman de Gide).

FAUX-SEMBLANT [fosɑ̃blɑ̃] n. m. ✦ LITTÉR. Apparence trompeuse. *Des faux-semblants.* – Affectation de sentiments que l'on n'éprouve pas.

FAUX-SENS [fosɑ̃s] n. m. ✦ Erreur de compréhension portant sur le sens d'un mot. SYN. **barbarisme, contresens.**

FAVELA ou **FAVÉLA** [favela] n. f. ✦ Bidonville, au Brésil. *Les favelas, les favélas de Rio.* – Écrire *favéla* avec un accent aigu est permis.

ÉTYM. portugais du Brésil *favela.*

FAVEUR [favœʀ] n. f. **I** 1. Disposition à accorder sa protection, son appui à qqn de préférence aux autres. SYN. **bienveillance ;** → **favoritisme.** *Il doit sa carrière à la faveur d'un ministre.* 2. Considération (de qqn, du public) qui confère une importance sociale à qqn. *Jouir de la faveur d'un souverain. La faveur du public.* – *EN FAVEUR* : qui a la faveur de qqn, du public. → **en vogue.** 3. Avantage que l'on tire de la préférence de qqn, du pouvoir qu'on a sur qqn. SYN. **bienfait.** – LITTÉR. (euphémisme) *Accorder ses faveurs, les dernières faveurs,* se donner sexuellement (femme). 4. Bienfait, décision indulgente qui avantage qqn. *Solliciter une faveur. Faites-moi la faveur d'accepter.* – *DE FAVEUR* : obtenu par faveur. *Un traitement de faveur.* 5. *EN FAVEUR DE* loc. prép. : en considération de. *On lui pardonna en faveur de son extrême jeunesse.* – Au profit, au bénéfice de. *Parler en faveur de qqn. Le jugement a été rendu en votre faveur.* ♦ *À LA FAVEUR DE* loc. prép. : au moyen de, en profitant de. *Il s'est enfui à la faveur de la nuit.* → **grâce à. II** Ruban étroit qui sert d'ornement. *Paquet noué d'une faveur rose.* CONTR. **défaveur, disgrâce.**

ÉTYM. latin *favor*, de *favere* «favoriser».

FAVORABLE [favɔʀabl] adj. 1. Qui est animé d'une disposition bienveillante, de bonnes intentions (à l'égard de qqn). *L'opinion lui est favorable.* 2. Qui aide, est à l'avantage de qqn ou de qqch. SYN. ① **bon, propice.** *Cette plante a trouvé un terrain favorable pour se développer. Attendez le moment favorable pour lui parler.* CONTR. **défavorable, hostile.**

ÉTYM. latin *favorabilis* «qui attire la faveur *(favor)*».

FAVORABLEMENT [favɔʀabləmɑ̃] adv. ✦ D'une manière favorable. *Requête accueillie favorablement.* CONTR. **défavorablement.**

FAVORI, ITE [favɔʀi, it] adj. et n.

I adj. 1. Qui plaît particulièrement (à qqn, au public...). *Hugo est son auteur favori. C'est sa lecture favorite.* 2. Qui est considéré comme le gagnant probable. *Il part favori.*

II n. 1. Personne qui a la faveur, la préférence (de qqn, du public...). *C'est le favori de la prof.* SYN. **chouchou, préféré.** 2. n. m. Celui qui occupe la première place dans les bonnes grâces d'un roi, d'un grand personnage. 3. *FAVORITE* n. f. Maîtresse préférée d'un roi. *Madame de Pompadour, favorite de Louis XV.* 4. n. m. Cheval et, par ext., concurrent considéré comme devant gagner une compétition. 5. n. m. INFORM. Adresse d'une page, d'un site Internet gardée en mémoire. SYN. **marque-page, signet.**

III n. m. pl. Touffe de poils qu'un homme laisse pousser sur la joue devant chaque oreille. *Porter des favoris.*

ÉTYM. italien *favorito, favorita* ; famille du latin *favor* → faveur.

FAVORISER [favɔʀize] v. tr. (conjug. 3a) 1. Agir en faveur de. SYN. **aider, protéger, soutenir.** *Favoriser un candidat.* SYN. **avantager.** 2. (choses) Être favorable à (qqn). *Les évènements l'ont favorisé.* 3. Aider, contribuer au développement, au succès de (qqch.). *L'obscurité a favorisé sa fuite.* SYN. **faciliter.** CONTR. **défavoriser, désavantager • contrarier, empêcher.**

► **FAVORISÉ, ÉE** adj. *Favorisé par le sort.* – *Les classes* (sociales) *favorisées.*

FAVORITISME [favɔʀitism] n. m. ✦ Attribution de situations, d'avantages par faveur, et non selon la justice ou le mérite. SYN. **népotisme ;** FAM. **copinage, piston.**

ÉTYM. de *favori.*

FAX [faks] n. m. ✦ anglicisme 1. Télécopie. 2. Télécopieur. 3. Document transmis par fax. *Recevoir des fax.*

ÉTYM. abréviation de *téléfax*, emprunté à l'anglais, même origine que *fac-similé.*

FAXER [fakse] v. tr. (conjug. 3a) ✦ Transmettre (un document) par fax.

FAYOT [fajo] n. m. ✦ FAM. **I** Haricot blanc. *Un gigot avec des fayots.* **II** Personne qui fait du zèle pour se faire bien voir. – adj. m. *Ce qu'il peut être fayot !*

ÉTYM. provençal *fayol*, du latin d'origine grecque *phaseolus.*

FAYOTER [fajɔte] v. intr. (conjug. 3a) ✦ FAM. Faire du zèle.

Fe [ɛfe] ✦ CHIM. Symbole du fer.

FÉAL, ALE, AUX [feal, o] adj. et n. m. 1. adj. VX Fidèle à la foi jurée. SYN. **loyal.** 2. n. m. LITTÉR. Partisan, ami dévoué. CONTR. **félon.**

ÉTYM. latin *fidelis* «fidèle» ; doublet de *fidèle.*

FÉBRIFUGE [febʀifyʒ] **adj.** ✦ Qui fait tomber la fièvre. SYN. **antipyrétique.** ➛ **n. m.** Remède fébrifuge.
ÉTYM. latin *febris* «fièvre» et *fugare* «mettre en fuite».

FÉBRILE [febʀil] **adj.** 1. Qui a rapport à la fièvre. *Accès fébrile. État fébrile.* ➛ *Il se sent fébrile.* SYN. **fiévreux.** 2. Qui manifeste une agitation excessive. *Une attente fébrile.* ➛ *L'assistance était fébrile.*
ÉTYM. latin *febrilis,* de *febris* «fièvre».

FÉBRILEMENT [febʀilmɑ̃] **adv.** ✦ D'une manière fébrile.

FÉBRILITÉ [febʀilite] **n. f.** ✦ État fébrile, état d'excitation, d'agitation intense. SYN. **fièvre** (2), **nervosité.**
ÉTYM. de *fébrile.*

FÉCAL, ALE, AUX [fekal, o] **adj.** ✦ Qui a rapport aux excréments humains. *Matières fécales.* → **excrément ; fèces.**
ÉTYM. du latin *faex, faecis* «excrément».

FÈCES [fɛs] **n. f. pl.** ✦ DIDACT. Excréments solides des humains. *Expulsion des fèces.* → **défécation.** HOM. FESSE «derrière»
ÉTYM. latin *faeces,* pluriel de *faex, faecis* «lie ; résidu».

FÉCOND, ONDE [fekɔ̃, ɔ̃d] **adj.** 1. Capable de se reproduire. *Les mulets ne sont pas féconds.* 2. (animaux) Qui produit beaucoup de petits. SYN. **prolifique.** 3. LITTÉR. (terre, sol) Qui produit beaucoup. SYN. **fertile.** 4. fig. *Un travail fécond.* SYN. **fructueux.** ➛ *Journée féconde en événements.* SYN. **riche.** ♦ *Écrivain fécond.* SYN. **productif.** CONTR. **infécond, stérile.**
ÉTYM. latin *fecundus.*

FÉCONDATION [fekɔ̃dasjɔ̃] **n. f.** ✦ Action de féconder (1 et 2) ; résultat de cette action. *Fécondation artificielle.* → **insémination.** *Fécondation in vitro* (sigle F. I. V.).

FÉCONDER [fekɔ̃de] **v. tr.** (conjug. 3a) 1. Transformer (un ovule, un œuf) en embryon, en fruit ou en graine. 2. Rendre (une femelle) pleine. 3. Rendre fertile, productif (la terre, le sol). SYN. **fertiliser.**
ÉTYM. latin *fecundare.*

FÉCONDITÉ [fekɔ̃dite] **n. f.** 1. Faculté de se reproduire. ➛ *Taux de fécondité.* ☛ Géographie p. 222. 2. (femme, femelle) Fait de se reproduire fréquemment. 3. Fertilité (d'un sol). 4. fig. Richesse, fertilité (d'une idée...). *La fécondité de son imagination.* CONTR. **infécondité, stérilité.**
ÉTYM. latin *fecunditas.*

FÉCULE [fekyl] **n. f.** ✦ Substance composée d'amidon, extraite notamment de tubercules comestibles (pomme de terre, etc.).
ÉTYM. latin *faecula,* diminutif de *faex, faecis* «résidu».

FÉCULENT, ENTE [fekylɑ̃, ɑ̃t] **adj.** ✦ Qui contient de la fécule. ➛ **n. m.** *Les lentilles sont des féculents.*

FEDAYIN ou **FÉDAYIN** [fedajin] **n. m.** ✦ Combattant palestinien engagé dans des opérations de guérilla. *Des fedayin, des fédayins.* ➛ Écrire *fédayin* avec un accent aigu et un *s* final au pluriel est permis.
ÉTYM. mot arabe, pluriel de *fedaï* «(celui) qui se sacrifie».

FÉDÉRAL, ALE, AUX [fedeʀal, o] **adj.** 1. Se dit d'un État composé de collectivités politiques autonomes (États fédérés), dans lequel les compétences constitutionnelles sont partagées entre celles-ci et un gouvernement central. → **fédération.** *L'Allemagne, les États-Unis, la Suisse sont des États fédéraux.* ➛ D'un État fédéral. *Armée fédérale.* 2. Relatif au gouvernement central, dans un État fédéral. *Le gouvernement fédéral et les gouvernements provinciaux* (Canada), *cantonaux* (Suisse). 3. Relatif à une fédération de sociétés, etc. *Union fédérale de syndicats.*
ÉTYM. du latin *foedus, foederis* «alliance».

FÉDÉRALISME [fedeʀalism] **n. m.** ✦ Système politique d'un État fédéral, régissant les rapports entre le gouvernement central et les gouvernements des collectivités (États fédérés, républiques, cantons, provinces) qui forment cet État.
ÉTYM. de *fédéral.*

FÉDÉRALISTE [fedeʀalist] **adj.** ✦ Du fédéralisme. ♦ **adj.** et **n.** Partisan du fédéralisme.

FÉDÉRATION [fedeʀasjɔ̃] **n. f.** 1. Groupement, union de plusieurs États en un État fédéral. → aussi **confédération.** *La fédération de Russie.* 2. Association de sociétés, syndicats, etc., groupés sous une autorité commune. SYN. **union.** *Fédération sportive.*
ÉTYM. latin *foederatio.*

FÉDÉRÉ, ÉE [fedeʀe] **adj.** et **n. m.** 1. **adj.** Qui fait partie d'une fédération ; qui est membre d'un État fédéral. *Les cantons fédérés de Suisse.* 2. **n. m.** HIST. Soldat insurgé de la Commune de Paris, en 1871 (→ **communard**).

FÉDÉRER [fedeʀe] **v. tr.** (conjug. 8) ✦ Réunir en une fédération. ➛ pronom. *Se fédérer.*
ÉTYM. latin *foederare,* de *foedus, foederis* «traité, alliance».

FÉE [fe] **n. f.** 1. Être imaginaire d'apparence féminine auquel la légende attribue un pouvoir surnaturel et une influence sur la destinée des humains. *Bonne fée. La fée Carabosse* (méchante fée). ➛ *Conte de fées* (et fig. aventure extraordinaire). 2. **adj.** VIEILLI Qui a des pouvoirs magiques. 3. loc. *Avoir des doigts de fée :* être d'une adresse qui semble surnaturelle.
ÉTYM. latin *Fata,* nom de la déesse des destinées, de *fatum* «destin».

FEELING [filiŋ] **n. m.** ✦ anglicisme 1. Expressivité musicale (notamment en jazz). 2. FAM. Manière de ressentir une situation ; intuition.
ÉTYM. mot anglais, de *to feel* «ressentir».

FÉERIE [fe(e)ʀi] ou **FÉÉRIE** [feeʀi] **n. f.** 1. LITTÉR. Univers fantastique où figurent des fées. 2. Spectacle splendide, merveilleux. ➛ Écrire *féérie* avec deux accents aigus est permis. HOM. FERRY «navire»
ÉTYM. de *fée.*

FÉERIQUE [fe(e)ʀik] ou **FÉÉRIQUE** [feeʀik] **adj.** 1. Du monde des fées. 2. Magnifique, extraordinaire. *Une lumière féerique.* ➛ Écrire *féérique* avec deux accents aigus est permis.

FEIGNANT, ANTE [fɛɲɑ̃, ɑ̃t] **n.** et **adj.** ✦ FAM. Paresseux. SYN. **fainéant.**
ÉTYM. du p. présent de *feindre* «paresser».

FEINDRE [fɛ̃dʀ] **v. tr.** (conjug. 48b) 1. Simuler (un sentiment que l'on n'a pas). SYN. ① **affecter.** *Feindre l'étonnement.* ➛ au p. passé *Une émotion feinte.* SYN. ① **faux, simulé.** 2. FEINDRE DE : faire semblant de. *Il feint de ne*

pas entendre. 3. **intrans.** LITTÉR. Cacher à autrui ce qu'on sent, ce qu'on pense, en déguisant ses sentiments. SYN. **dissimuler ; mentir.** *Inutile de feindre !*
ÉTYM. latin *fingere* «façonner».

FEINTE [fɛ̃t] **n. f.** 1. VIEILLI Action, fait de feindre. SYN. **ruse, tromperie.** *Parler sans feinte.* 2. Coup, mouvement simulé par lequel on trompe l'adversaire. *Boxeur qui fait une feinte.* 3. FAM. Attrape, piège ; ruse.
ÉTYM. du participe passé de *feindre.*

FEINTER [fɛ̃te] **v.** (conjug. 3a) 1. **v. intr.** Faire une feinte (2). 2. **v. tr.** FAM. Tromper (qqn) par une feinte (3). SYN. **rouler, tromper.** *Ils cherchent à nous feinter.*

FELDSPATH [fɛldspat] **n. m.** ✦ Minéral à structure en lamelles, à éclat vitreux.
ÉTYM. mot allemand, proprement «spath des champs *(Feld)*».

FÊLÉ, ÉE [fele] **adj.** 1. Qui est fêlé, présente une fêlure. *Une assiette fêlée.* 2. (voix) Au timbre peu clair. 3. FAM. Qui n'a pas tout son bon sens. *Il est complètement fêlé !* SYN. ① **fou.**

FÊLER [fele] **v. tr.** (conjug. 3a) ✦ Fendre (un objet cassant) sans que les parties se séparent. – **pronom.** *La glace s'est fêlée.*
ÉTYM. latin *flagellare* «frapper».

FÉLIBRE [felibʀ] **n. m.** ✦ Écrivain, poète de langue d'oc.
ÉTYM. mot provençal d'origine incertaine.

FÉLIBRIGE [felibʀiʒ] **n. m.** ✦ École littéraire provençale, fondée en 1854 pour redonner au provençal un statut de langue littéraire.
ÉTYM. de *félibre.*

FÉLICITATION [felisitasjɔ̃] **n. f.** **I** VX Action de féliciter. *Compliment de félicitation.* **II** **au plur.** 1. Compliments que l'on adresse à qqn à propos de ce qui lui arrive d'heureux. SYN. **congratulation.** *Adresser des félicitations à qqn. Toutes nos félicitations.* 2. Chaleureuse approbation (de la conduite, du mérite de qqn). SYN. **éloge.** CONTR. **blâme,** ② **critique.**

FÉLICITÉ [felisite] **n. f.** 1. LITTÉR. Bonheur calme et durable. SYN. **béatitude.** 2. LITTÉR. **souvent au plur.** Joie, plaisir.
ÉTYM. latin *felicitas,* de *felix* «heureux».

FÉLICITER [felisite] **v. tr.** (conjug. 3a) **I** 1. Assurer (qqn) de la part qu'on prend à ce qui lui arrive d'heureux. SYN. **congratuler.** 2. Complimenter (qqn) sur sa conduite. SYN. **applaudir, approuver.** **II** *SE FÉLICITER* **v. pron.** 1. S'estimer heureux, content. SYN. **se réjouir.** *Nous nous félicitons de cette heureuse conclusion.* 2. S'approuver soi-même. *Je me félicite de ce choix, d'avoir choisi cela.* CONTR. **blâmer, critiquer • déplorer, regretter.**
ÉTYM. bas latin *felicitare* → félicité.

FÉLIN, INE [felɛ̃, in] **adj.** 1. Qui appartient au genre chat. *La race féline.* – **n. m.** *UN FÉLIN :* un carnassier du type chat. *Les grands félins* (tigres, lions, panthères...). → **fauve.** 2. Qui a des mouvements souples et gracieux.
ÉTYM. latin *felinus,* de *feles* et *felis* «chat».

FELLAGA [felaga ; fɛllaga] **n. m.** ✦ Combattant partisan de l'Algérie indépendante (1954-1962). – **On écrit aussi** *fellagha.*
ÉTYM. de l'arabe «coupeur de route».

FELLAH [fela ; fɛlla] **n. m.** ✦ Paysan, petit propriétaire agricole (Égypte, pays du Proche-Orient).
ÉTYM. arabe «laboureur».

FELLATION [felasjɔ̃] **n. f.** ✦ Acte sexuel, caresses buccales du sexe masculin (→ aussi **cunnilinctus**).
ÉTYM. du latin *fellare* «téter».

FÉLON, ONNE [felɔ̃, ɔn] **adj.** et **n.** 1. FÉOD. Qui agit contre la parole donnée. *Un vassal félon.* 2. LITTÉR. Empreint de déloyauté. *Une âme félonne.* ♦ **n.** *Démasquer le félon.* SYN. **traître.** CONTR. **féal.**
ÉTYM. bas latin *fellones,* p.-ê. d'origine francique.

FÉLONIE [felɔni] **n. f.** ✦ LITTÉR. Déloyauté. – Trahison.
ÉTYM. de *félon.*

FELOUQUE [fəluk] **n. f.** ✦ Petit bateau de la Méditerranée, à voile ou à rames. *Felouques sur le Nil.*
ÉTYM. espagnol *faluca,* de l'arabe *foulk* «navire».

FÊLURE [felyʀ] **n. f.** ✦ Fente d'une chose fêlée.

FEMELLE [fəmɛl] **n. f.** et **adj.**
I **n. f.** 1. Animal du sexe qui reproduit l'espèce en étant fécondé par le mâle. *La chèvre, femelle du bouc.* 2. **injurieux et sexiste** Femme. CONTR. **mâle.**
II **adj.** 1. **(animaux, plantes)** Qui appartient au sexe des femelles. *Un canari femelle.* 2. Se dit de pièces destinées à en recevoir une autre, appelée «mâle». *Prise femelle.* CONTR. **mâle.**
ÉTYM. latin *femella* «petite femme *(femina)*».

FÉMININ, INE [feminɛ̃, in] **adj.** 1. De la femme ; qui est propre à la femme. – **loc.** *L'éternel* féminin.* 2. Qui appartient au sexe féminin. *Personnages féminins d'un film.* 3. Qui a de la féminité. *Elle est très féminine.* – *Il a des traits féminins.* 4. Qui a rapport aux femmes. *Revendications féminines* (→ **féminisme**). 5. Qui est composé de femmes. *Équipe féminine.* 6. **(quand il y a deux genres)** Qui appartient au genre marqué (opposé à *masculin*). *«Sentinelle» est un nom féminin.* – **n. m.** *Ce nom est du féminin singulier.* ♦ *Rime féminine,* terminée par un *e* muet. CONTR. **masculin • viril.**
ÉTYM. latin *femininus,* de *femina* «femme».

FÉMINISATION [feminizasjɔ̃] **n. f.** ✦ Action de féminiser. *La féminisation des noms de métiers.*

FÉMINISER [feminize] **v. tr.** (conjug. 3a) 1. Donner un caractère, un aspect féminin à. 2. Augmenter la proportion de femmes dans (une profession, etc.). 3. Faire du genre féminin ; donner un féminin à. *Féminiser «écrivain» en «écrivaine».*
ÉTYM. de *féminin.*

FÉMINISME [feminism] **n. m.** ✦ Doctrine qui préconise l'égalité entre l'homme et la femme, et l'extension du rôle de la femme dans la société.
ÉTYM. du latin *femina* «femme».

FÉMINISTE [feminist] **adj.** ✦ Relatif au féminisme. *Mouvement féministe.* ♦ **adj.** et **n.** Partisan du féminisme.

FÉMINITÉ [feminite] **n. f.** ✦ Caractère féminin ; ensemble des caractères correspondant à une image biologique et sociale (charme, douceur...) de la femme CONTR. **virilité.**
ÉTYM. de *féminin.*

FEMME [fam] **n. f.** **I** Être humain du sexe capable de concevoir les enfants. **1.** Être humain adulte de sexe féminin. → aussi **fille**, ① **fillette**, jeune **fille**. *Les hommes, les femmes et les enfants.* **2.** collectif *LA FEMME* : l'ensemble des femmes (envisagé au plan biologique, au plan de l'image sociale, etc.). *Émancipation de la femme.* **3.** (en attribut) *Être femme* : présenter les caractères considérés comme propres aux femmes. **4.** loc. *FEMME AU FOYER*, qui n'exerce pas de profession. – *FEMME FATALE**. – *FEMME-OBJET*, considérée, d'un point de vue masculin, comme un objet (sexuel) et non comme une personne, un sujet. *Des femmes-objets.* ♦ *Bonne femme* (voir ce mot). ♦ *Sage-femme* (voir ce mot). **II** Épouse. *Il est venu avec sa femme. Sa première, sa seconde femme.* – *Prendre femme* : se marier. **III** (dans des expr.) *FEMME DE CHAMBRE*, attachée au service intérieur d'une maison, d'un hôtel. – *FEMME DE MÉNAGE*, qui vient faire le ménage dans une maison. – *FEMME DE SERVICE*, chargée du nettoyage.
ÉTYM. latin *femina*.

FEMMELETTE [famlɛt] **n. f.** ✦ péj. **1.** VIEILLI Petite femme malingre. **2.** FAM. Homme faible, sans force, sans énergie.
ÉTYM. de *femme*.

FÉMORAL, ALE, AUX [femɔʀal, o] **adj.** ✦ De la cuisse ; du fémur. *Artère fémorale.*
ÉTYM. latin *femoralis*, de *femur* → fémur.

FÉMUR [femyʀ] **n. m.** ✦ Os long qui constitue le squelette de la cuisse.
ÉTYM. latin *femur, femoris* «cuisse».

FENAISON [fənɛzɔ̃] **n. f.** ✦ Coupe et récolte des foins.
ÉTYM. de *fener*, ancienne forme de *faner* → ① faner.

FENDILLER [fɑ̃dije] **v. tr.** (conjug. 3a) ✦ Faire de petites fentes superficielles à (qqch.). – *SE FENDILLER* **v. pron.** *Peau qui se fendille sous l'effet du froid.* SYN. se **crevasser**, se **gercer**. *La peinture se fendille.* SYN. se **craqueler**.
ÉTYM. de *fendre*.

FENDRE [fɑ̃dʀ] **v. tr.** (conjug. 44) **I 1.** Diviser (un corps solide), le plus souvent dans le sens de la longueur. *Fendre du bois avec une hache.* SYN. **couper**. – loc. *Il gèle à pierre fendre*, très fort. ♦ *Elle s'est fendu la lèvre en tombant.* – loc. FAM. *Se fendre la pipe, la gueule*, rire aux éclats ; s'amuser. **2.** fig. *Fendre le cœur, l'âme* (à qqn), faire éprouver du chagrin, de la pitié... *Des soupirs à fendre l'âme.* **3.** S'ouvrir un chemin à travers. *Le navire fend les flots.* – *Fendre la foule.* **II** *SE FENDRE* **v. pron.** **1.** S'ouvrir, se couvrir de fentes. SYN. se **crevasser**, se **lézarder**. **2.** fig. Être affligé. *Son cœur se fend.* **3.** ESCR. Porter vivement une jambe loin en avant. **4.** FAM. *Se fendre de* : se décider à offrir, à payer. *Il s'est fendu d'une bouteille.* – absolt *Il ne s'est pas fendu* : cela n'a pas dû lui coûter cher.
► **FENDU, UE adj.** **1.** Coupé. *Du bois fendu.* **2.** Qui présente une fente, une entaille, une fêlure. **3.** Ouvert en longueur, comme une fente. *Bouche fendue jusqu'aux oreilles.*
ÉTYM. latin *findere* «ouvrir, séparer».

FENÊTRE [f(ə)nɛtʀ] **n. f.** **1.** Ouverture (faite dans un mur) pour laisser pénétrer l'air et la lumière ; ensemble formé par cette ouverture et le dispositif qui la ferme ; ce dispositif. → ② **baie, porte-fenêtre**. *Ouvrir, fermer une fenêtre.* – *Se mettre à la fenêtre. Jeter par la fenêtre* (→ **défenestrer**). – loc. *Jeter l'argent par les fenêtres*, le dépenser inconsidérément. **2.** par analogie (Ouverture rectangulaire). *Enveloppe à fenêtre*, comportant un rectangle découpé qui laisse voir l'adresse. ♦ Zone rectangulaire (d'un écran) sur laquelle apparaissent des informations.
ÉTYM. latin *fenestra*.

FENIL [fəni(l)] **n. m.** ✦ Grenier à foin. → **grange**.
ÉTYM. du latin *fenum* «foin».

FENNEC [fenɛk] **n. m.** ✦ Mammifère d'Afrique du Nord, aussi appelé *renard des sables*, à grandes oreilles pointues.
ÉTYM. arabe *fanak*.

FENOUIL [fənuj] **n. m.** ✦ Plante herbacée à goût anisé, cultivée comme potagère ou aromatique.
ÉTYM. latin *feniculum* «petit foin *(fenum)*».

FENTE [fɑ̃t] **n. f.** **I 1.** Ouverture étroite et longue (à la surface d'un solide). SYN. **cassure, fêlure**. *Les fentes de l'écorce terrestre.* – ANAT. Séparation étroite. *Fente palpébrale.* **2.** Ouverture étroite et allongée (dans l'épaisseur d'une matière). SYN. **interstice**. *Les fentes d'une palissade.* – *Fente d'une jupe.* **II** Action de fendre (dans quelques emplois). *Bois de fente.*
ÉTYM. du latin *findere* → fendre.

FÉODAL, ALE, AUX [feɔdal, o] **adj.** et **n. m.**
I adj. Qui appartient à un fief*, à l'ordre politique et social fondé sur l'institution du fief. *La société féodale* (→ **suzerain ; vassal ; serf**). *Droit féodal.* ♦ Qui rappelle la féodalité.
II n. m. Grand seigneur féodal. ♦ par analogie Grand propriétaire terrien.
ÉTYM. latin médiéval *feodalis*, de *feodum* «fief».

FÉODALISME [feɔdalism] **n. m.** ✦ Caractère féodal (d'une organisation).

FÉODALITÉ [feɔdalite] **n. f.** ✦ Forme d'organisation politique, économique et sociale du Moyen Âge, caractérisée par l'existence des fiefs. ☛ Féodalité p. 162.

FER [fɛʀ] **n. m.** **I 1.** Métal blanc grisâtre (symb. Fe), très commun. *L'aimant attire le fer. L'acier, la fonte contiennent du fer. Industries du fer.* → **métallurgie, sidérurgie**. – *Fer forgé**. *Fil de fer.* – *Âge du fer* : période qui succède à l'âge du bronze (vers l'an 1000 av. J.-C.). – appos. invar. *Gris fer.* ♦ prov. *Il faut battre** *le fer pendant qu'il est chaud.* – loc. *Croire dur comme fer à qqch.*, en être absolument convaincu. **2.** fig. *DE FER* loc. adj. SYN. ① **fort, résistant, robuste, rude**. *Une santé de fer.* – *Une volonté de fer.* SYN. **inflexible**. **II** (Objet, instrument en fer, en acier) **1.** Partie en fer ou métallique (d'un instrument, d'une arme). *Le fer d'une charrue. Le fer de lance**. – fig. *Le fer de lance* (d'une organisation...), l'avant-garde. **2.** Objet, instrument en fer, en métal (servant à donner une forme, à marquer...). *Fers de relieur*, servant à faire des empreintes sur le cuir. – *FER À REPASSER* et absolt *FER* : instrument formé d'une semelle métallique, muni d'une poignée, qui, une fois chaud, sert à repasser le linge. *Fer à vapeur.* – *FER À FRISER* : instrument qui, une fois chaud, sert à faire boucler les cheveux. – *FER ROUGE* : tige de fer que l'on porte au rouge. *Marquage des bœufs au fer rouge.* **3.** (dans des loc.) Épée, fleuret. *Croiser le fer* : se battre à l'épée. **4.** (Bande de métal formant semelle) *FER À CHEVAL* ou *FER* : pièce de métal qui sert à garnir les sabots des chevaux, etc. fig. *Tomber les quatre fers en*

l'air, à la renverse. *En fer à cheval,* en forme de fer à cheval. ♦ Renfort métallique (d'une semelle). *Chaussures munies de fers.* → **ferré.** 5. au plur. *LES FERS :* barre de fer servant à enchaîner un prisonnier. *Mettre un prisonnier aux fers.* – fig. LITTÉR. *Être dans les fers.* → **captif.** HOM. FAIRE «réaliser»
ÉTYM. latin *ferrum.*

FER-BLANC [fɛʀblɑ̃] **n. m.** ✦ Tôle de fer recouverte d'étain.

FERBLANTIER, IÈRE [fɛʀblɑ̃tje, jɛʀ] **n.** ✦ Personne qui fabrique ou vend des objets en fer-blanc.
ÉTYM. de *fer-blanc.*

-FÈRE Élément, du latin *ferre* «porter» (ex. *mammifère, somnifère*).

FÉRIA [feʀja] **n. f.** ✦ En Espagne, dans le sud de la France, Fête comportant des courses de taureaux. *La féria de Séville, de Béziers.*
ÉTYM. espagnol *feria* «jour de fête».

FÉRIÉ, ÉE [feʀje] **adj.** ✦ *Jour férié,* où il y a cessation de travail (fête religieuse ou civile). SYN. **chômé.** *Les dimanches, Noël sont des jours fériés* (opposé à *ouvrable*).
ÉTYM. latin *feriatus,* de *feriae* «jour de repos».

FÉRIR [feʀiʀ] **v. tr.** (seulement inf.) 1. VX Frapper. 2. MOD. loc. *SANS COUP FÉRIR :* sans rencontrer la moindre résistance.
ÉTYM. latin *ferire* «frapper».

FERMAGE [fɛʀmaʒ] **n. m.** ✦ Mode d'exploitation agricole par ferme (I, 1) ; loyer d'une ferme. *Fermage et métayage.*
ÉTYM. de ② *ferme.*

① **FERME** [fɛʀm] **adj. et adv.**
I adj. 1. Qui n'est ni mou, ni dur, mais entre les deux. SYN. **compact, consistant.** *Cerises à chair ferme.* – *Des seins fermes.* – *Sol ferme,* où l'on n'enfonce pas. *La terre ferme* (par oppos. à la mer). 2. Qui se tient, qui a de l'assurance. SYN. **solide ; assuré, décidé.** *Marcher d'un pas ferme.* – *DE PIED FERME :* sans bouger, sans reculer ; fig. sans crainte. *Il attend la critique de pied ferme.* ♦ *Une écriture ferme.* – *Un style ferme.* 3. Qui ne se laisse pas ébranler ou influencer, qui montre une calme autorité. SYN. **déterminé, inflexible.** *Soyez ferme avec lui.* – *Un ton ferme.* – *Avoir la ferme intention de...* 4. (règlements, conventions) Qui ne change pas. *Prix fermes et définitifs.* CONTR. **mou · chancelant · hésitant.**
II adv. 1. Avec force, vigueur. SYN. **dur,** ① **fort.** *Frotter ferme.* – *Discuter ferme,* avec ardeur. 2. Beaucoup, intensément. *Je me suis ennuyé ferme.* CONTR. **délicatement, doucement.**
ÉTYM. latin *firmus.*

② **FERME** [fɛʀm] **n. f. I** 1. Louage d'une exploitation agricole à qqn, moyennant une redevance. → **fermage.** *Donner une terre À FERME.* 2. HIST. Sous l'Ancien Régime, Système de perception des impôts indirects dans lequel le fonctionnaire (→ **fermier**) traitait à forfait pour une somme à remettre d'avance au roi. **II** 1. Exploitation agricole. SYN. **domaine.** *Les grandes fermes de la Beauce.* 2. Bâtiments de l'exploitation agricole ; maison de paysans. *Cour de ferme. Ferme normande.*
ÉTYM. de *fermer* «établir solidement», de ① *ferme.*

FERMEMENT [fɛʀməmɑ̃] **adv.** 1. D'une manière ferme, assurée. *Tenir fermement qqch.* 2. Avec fermeté, conviction. *J'y crois fermement.*

FERMENT [fɛʀmɑ̃] **n. m.** 1. Substance qui en fait fermenter une autre. → **levure.** *Ferment lactique.* 2. fig. Ce qui fait naître ou détermine (un sentiment, un changement...). *Un ferment de discorde.*
ÉTYM. latin *fermentum* «levain», de *fervere* «bouillir».

FERMENTATION [fɛʀmɑ̃tasjɔ̃] **n. f.** 1. Transformation (d'une substance organique) sous l'influence d'enzymes produites par des micro-organismes. *Fermentation alcoolique,* qui donne de l'alcool à partir du sucre. 2. fig. Agitation fiévreuse (des esprits). SYN. **effervescence.**
ÉTYM. latin *fermentatio.*

FERMENTÉ, ÉE [fɛʀmɑ̃te] **adj.** ✦ Qui a subi une fermentation. *Fromage fermenté.*

FERMENTER [fɛʀmɑ̃te] **v. intr.** (conjug. 3a) 1. Être en fermentation. *Le raisin fermente dans la cuve.* 2. par métaphore ou fig. (esprits, sentiments) S'échauffer, s'agiter.
ÉTYM. latin *fermentare,* de *fervere* «bouillir».

FERMER [fɛʀme] **v.** (conjug. 3a) **I v. tr.** 1. Appliquer les éléments mobiles de (une ouverture) de manière à boucher le passage entre l'intérieur et l'extérieur. *Fermer une porte, la porte.* 2. Priver de communication avec l'extérieur, par la mise en place d'un élément mobile. SYN. **clore.** *Fermer une valise.* – *Fermer un magasin.* – absolt *Dépêchez-vous, on ferme !* 3. Rapprocher, réunir (des éléments mobiles) ; disposer en rapprochant, en réunissant les éléments. *Fermer les paupières ; les yeux. Fermer la bouche.* – *Fermer sa bouche,* se taire. FAM. *Fermez-la !,* taisez-vous. – *Fermer une lettre.* SYN. **cacheter.** *Fermer un livre.* 4. Rendre infranchissable ; empêcher d'utiliser (un passage...). *Fermer une route.* SYN. ① **barrer.** – *L'aéroport est fermé.* 5. FAM. Arrêter (un flux...) par un mécanisme. *Fermer l'eau, l'électricité.* – *Fermer un robinet.* ♦ Faire cesser de fonctionner. *Fermer la télévision.* SYN. **éteindre.** 6. abstrait Rendre inaccessible. *Fermer une carrière à qqn.* 7. Mettre une fin à. *Fermer une liste.* SYN. **arrêter, clore.** – *Fermer la parenthèse.* **II v. intr.** 1. Être, rester fermé. *Le magasin va fermer.* 2. Pouvoir être fermé. *Cette serrure ferme mal.* **III** *SE FERMER* **v. pron.** 1. (réfl.) Devenir fermé. *La porte s'est fermée toute seule.* – *Se fermer à,* refuser l'accès de. *Ce pays se ferme à l'immigration.* 2. (passif) *Robe qui se ferme dans le dos.* CONTR. **ouvrir · dégager.**
► **FERMÉ, ÉE adj.** 1. Qui ne communique pas avec l'extérieur. *Mer fermée.* 2. Qu'on a fermé. *La porte est fermée.* SYN. ① **clos.** *Le magasin est fermé.* 3. Où l'on s'introduit difficilement. *Un milieu fermé.* 4. *Courbe fermée,* qui limite une surface (ex. le cercle). 5. Peu expansif. *Il a l'air fermé.* – *Visage fermé.* 6. *Fermé à,* inaccessible, insensible à. *Un cœur fermé à toute pitié.* 7. (son) Qui comporte l'occlusion ou le resserrement du canal vocal. *O fermé* [o] *et o ouvert* [ɔ].
ÉTYM. latin *firmare,* de *firmus* → ① ferme.

FERMETÉ [fɛʀməte] **n. f.** 1. État de ce qui est ferme, consistant. SYN. **consistance, dureté.** *Fermeté des chairs.* 2. État de ce qui est assuré, décidé. *La fermeté de la main ; une grande fermeté de main.* SYN. **sûreté, vigueur.** – *Fermeté d'exécution* (en peinture...), *du style.* 3. Qualité d'une personne ferme, déterminée. SYN. **détermination, résolution.** *Parler avec fermeté.* CONTR. **mollesse · faiblesse.**
ÉTYM. latin *firmitas,* de *firmus* → ① ferme.

FERMETTE [fɛʀmɛt] **n. f.** ✦ Petite ferme ou maison rurale.
ÉTYM. de ② *ferme.*

FERMETURE [fɛʀmətyʀ] **n. f.** **I** Dispositif servant à fermer. *La fermeture d'une fenêtre.* ◆ *FERMETURE À GLISSIÈRE,* formée de deux rubans dentelés qui s'engagent l'un dans l'autre par l'action d'un curseur. ➜ (marque déposée) *Fermeture Éclair* (même sens). **II** Action de fermer ; état de ce qui est fermé (local, etc.). *Heures de fermeture. Arriver après la fermeture.* CONTR. **ouverture.**
ÉTYM. de *fermer.*

FERMIER, IÈRE [fɛʀmje, jɛʀ] **n.** **1.** Personne qui exploite un domaine agricole à ferme*, contre un loyer. ◆ HIST. Personne qui, sous l'Ancien Régime, prenait à ferme le recouvrement des impôts. *Fermier du roi. Les fermiers généraux.* **2.** Personne (propriétaire ou non) qui exploite un domaine agricole. SYN. **agriculteur, cultivateur, paysan.** **3.** appos. Produit dans une ferme, de manière artisanale. *Poulet, beurre fermier. Des fromages fermiers.*
ÉTYM. de ② *ferme.*

FERMOIR [fɛʀmwaʀ] **n. m.** ✦ Attache ou dispositif destiné à tenir fermé (un sac, un bijou...).
ÉTYM. de *fermer.*

FÉROCE [feʀɔs] **adj.** **1.** (animaux) Qui est cruel par instinct. SYN. **sanguinaire, sauvage.** *Bêtes féroces.* **2.** (personnes) Cruel et brutal. ➜ *Un sourire féroce.* **3.** Très dur, impitoyable. *Une ironie féroce.* **4.** par exagér. *Une faim féroce.* SYN. **terrible.** CONTR. ① **bon, doux,** ② **gentil.**
► **FÉROCEMENT** [feʀɔsmɑ̃] **adv.**
ÉTYM. latin *ferox, ferocis,* de *ferus* «sauvage».

FÉROCITÉ [feʀɔsite] **n. f.** **1.** (animaux) Naturel féroce. **2.** Caractère féroce, brutal, dur.
ÉTYM. latin *ferocitas* → féroce.

FERRAILLE [feʀaj] **n. f.** **1.** Déchets de fer, d'acier ; morceaux de fer inutilisables. *Un tas de ferraille.* ➜ *Cette voiture est bonne à mettre à la ferraille,* à jeter. **2.** FAM. Petite monnaie. SYN. **mitraille.**
ÉTYM. de *fer.*

FERRAILLER [feʀaje] **v. intr.** (conjug. 3a) ✦ Se battre au sabre ou à l'épée.
ÉTYM. de *ferraille,* à cause du bruit des lames.

① **FERRAILLEUR** [feʀajœʀ] **n. m.** ✦ péj. Celui qui aime ferrailler, se battre à l'épée. SYN. **bretteur.**
ÉTYM. de *ferrailler.*

② **FERRAILLEUR, EUSE** [feʀajœʀ, øz] **n.** ✦ Marchand, marchande de ferraille.
ÉTYM. de *ferraille.*

FERRÉ, ÉE [feʀe] **adj.** **1.** De fer ; garni de fer. ➜ *Voie ferrée,* de chemin de fer. *Réseau ferré.* SYN. **ferroviaire.** **2.** Qui a des fers. *Cheval ferré.* ➜ *Souliers ferrés.* **3.** fig. *Être ferré sur un sujet, une question.* SYN. **calé,** ① **fort, instruit.**
ÉTYM. de *fer.*

FERRER [feʀe] **v. tr.** (conjug. 3a) **1.** Garnir de fer, de métal. *Ferrer un bâton.* **2.** Munir de fers. *Ferrer un âne.* **3.** Engager le fer d'un hameçon dans les chairs de (un poisson qui a mordu à l'appât).

FERRET [feʀɛ] **n. m.** ✦ Pièce (de fer, etc.) au bout d'un lacet, d'une aiguillette. ➜ *Des ferrets de diamants,* ornés de diamants. *Les ferrets de la reine, dans «Les Trois Mousquetaires», de Dumas.*
ÉTYM. diminutif de *fer.*

FERREUX, EUSE [feʀø, øz] **adj.** ✦ Qui contient du fer. *Minerai ferreux.*

| **FERRO-** Élément savant, du latin *ferrum* «fer».

FERROMAGNÉTISME [feʀomaɲetism] **n. m.** ✦ PHYS. Propriété de certaines substances qui sont fortement magnétiques.

FERRONNERIE [feʀɔnʀi] **n. f.** **1.** Travail du fer. ➜ spécialt Travail artistique du fer ; art du fer forgé. **2.** Objets, ornements, garnitures artistiques en fer.
ÉTYM. de *ferron* «marchand de fer».

FERRONNIER, IÈRE [feʀɔnje, jɛʀ] **n.** ✦ Personne qui fabrique ou vend des objets en fer et, spécialt, des objets artistiques. *Ferronnier d'art.*
ÉTYM. de *ferron* → ferronnerie.

FERROUTAGE [fɛʀʀutaʒ] **n. m.** ✦ Transport par remorques routières, poids lourds, acheminés par chemin de fer.
ÉTYM. de *fer* et *route, routage.*

FERROVIAIRE [feʀɔvjɛʀ] **adj.** ✦ Relatif aux chemins de fer. *Réseau ferroviaire.*
ÉTYM. italien *ferroviario,* de *ferrovia* «chemin de fer».

FERRUGINEUX, EUSE [feʀyʒinø, øz] **adj.** ✦ Qui contient du fer (le plus souvent à l'état d'oxyde). *Roches ferrugineuses.*
ÉTYM. latin *ferrugo, ferruginis* «rouille».

FERRURE [feʀyʀ] **n. f.** ✦ Garniture de fer, de métal. *Ferrures d'une porte.*
ÉTYM. de *ferrer.*

FERRY [feʀi] **n. m.** ➜ **CAR-FERRY ; FERRY-BOAT** HOM. FÉERIE «beau spectacle»

FERRY-BOAT [feʀibot ; feʀebot] ✦ **n. m.** ✦ anglicisme Navire conçu pour le transport des trains, des véhicules automobiles et de leurs passagers. *Des ferry-boats.* ➜ abrév. FERRY. *Des ferrys* ou *des ferries* (plur. anglais).
ÉTYM. mot anglais, de *to ferry* «transporter» et *boat* «bateau».

FERTILE [fɛʀtil] **adj.** **1.** (sol, terre) Qui produit beaucoup de végétation utile. SYN. **productif.** **2.** fig. *FERTILE EN :* qui fournit beaucoup de. SYN. **fécond, prodigue.** *Période fertile en évènements.* **3.** Inventif. *Imagination fertile.* CONTR. **infertile, stérile.**
ÉTYM. latin *fertilis,* de *ferre* «porter».

FERTILISANT, ANTE [fɛʀtilizɑ̃, ɑ̃t] **adj.** et **n. m.** ✦ Qui fertilise. ➜ **n. m.** Produit fertilisant. SYN. **engrais.**

FERTILISATION [fɛʀtilizasjɔ̃] **n. f.** ✦ Action de fertiliser.

FERTILISER [fɛʀtilize] **v. tr.** (conjug. 3a) ✦ Rendre fertile (une terre). SYN. **amender.**
ÉTYM. de *fertile.*

FERTILITÉ [fɛʀtilite] **n. f.** **1.** Qualité d'un sol, d'une terre fertile. **2.** Capacité à créer, à inventer. *Fertilité d'imagination.* CONTR. **stérilité.**

FÉRU, UE [feʀy] adj. ✦ Qui est très épris, pris d'un vif intérêt. SYN. **entiché, passionné.** *Être féru de poésie.*
ÉTYM. du participe passé de *férir.*

FÉRULE [feʀyl] n. f. **1.** Petite palette avec laquelle on frappait la main des écoliers en faute. **2.** loc. *Être SOUS LA FÉRULE DE qqn,* dans l'obligation de lui obéir. SYN. **autorité,** ② **pouvoir.**
ÉTYM. latin *ferula.*

FERVENT, ENTE [fɛʀvɑ̃, ɑ̃t] adj. **1.** Qui a de la ferveur. *Votre fervent admirateur. Un partisan fervent.* ➛ n. *Les fervents de Beethoven.* **2.** Où il entre de la ferveur. *Un amour fervent.* SYN. **brûlant.** CONTR. **froid, indifférent.**
ÉTYM. latin *fervens,* p. présent de *fervere* «bouillir».

FERVEUR [fɛʀvœʀ] n. f. ✦ Ardeur vive et enthousiaste. *Prier avec ferveur.* ➛ *Accomplir un travail avec ferveur.* SYN. **zèle.** ➛ *Ferveur amoureuse.* CONTR. **froideur, indifférence.**
ÉTYM. latin *fervor,* de *fervere* «bouillir».

FESSE [fɛs] n. f. ✦ Chacune des deux masses charnues à la partie postérieure du bassin, dans l'espèce humaine et chez certains mammifères. *Les fesses.* SYN. **croupe ;** ② **derrière ;** FAM. **cul,** ① **fessier, pétard, popotin, postérieur.** ➛ FAM. *Botter les fesses de qqn. Poser ses fesses quelque part,* s'asseoir. *Serrer les fesses* (de peur). ➛ *Coûter la peau des fesses,* très cher. ➛ *Histoires de fesses,* de sexualité. HOM. FÈCES «excréments».
ÉTYM. latin populaire *fissa* «fente», du participe passé de *findere* «fendre».

FESSÉE [fese] n. f. **1.** Tape(s) donnée(s) sur les fesses. *Donner, recevoir une fessée.* **2.** fig. FAM. Défaite humiliante.
ÉTYM. de *fesser.*

FESSER [fese] v. tr. (conjug. 3a) ✦ Battre en donnant des tapes sur les fesses.
ÉTYM. du latin *fascia* «bande, ruban».

① **FESSIER** [fesje] n. m. ✦ FAM. Les deux fesses. SYN. ② **derrière.**
ÉTYM. de *fesse.*

② **FESSIER, IÈRE** [fesje, jɛʀ] adj. ✦ Relatif à la région des fesses. *Muscles fessiers.*
ÉTYM. de *fesse.*

FESSU, UE [fesy] adj. ✦ FAM. Qui a de grosses fesses.
ÉTYM. de *fesse.*

FESTIF, IVE [fɛstif, iv] adj. ✦ DIDACT. De la fête ; qui se rapporte à la fête.
ÉTYM. latin *festivus.*

FESTIN [fɛstɛ̃] n. m. ✦ Repas somptueux, excellent.
ÉTYM. italien *festino,* de *festa* «fête».

FESTIVAL, ALS [fɛstival] n. m. **1.** Grande manifestation musicale. ♦ Manifestation consacrée à un type d'expression artistique. *Festival de danse, de cinéma.* **2.** fig. FAM. Démonstration remarquable. *Un festival d'âneries.*
ÉTYM. mot anglais «(période) de fête».

FESTIVALIER, IÈRE [fɛstivalje, jɛʀ] adj. et n. ✦ (Personne) qui fréquente les festivals.

FESTIVITÉ [fɛstivite] n. f. ✦ surtout au plur. Fête, réjouissance.
ÉTYM. latin *festivitas* «gaieté».

FESTON [fɛstɔ̃] n. m. **1.** Guirlande de fleurs et de feuilles liées en cordon, que l'on suspend en forme d'arc. ➛ Ornement représentant un feston. **2.** Bordure dentelée et brodée. *Lingerie à festons.*
ÉTYM. italien *festone* «ornement de fête *(festa)*».

FESTONNER [fɛstɔne] v. tr. (conjug. 3a) ✦ Orner de festons. ➛ au p. passé *Col festonné.*

FESTOYER [fɛstwaje] v. intr. (conjug. 10) ✦ Prendre part à une fête, à un festin.
ÉTYM. de *feste,* ancienne forme de *fête.*

FÊTARD, ARDE [fɛtaʀ, aʀd] n. ✦ FAM. Personne qui aime faire la fête. SYN. **noceur.**

FÊTE [fɛt] n. f. **I** (Solennité à caractère commémoratif) **1.** Solennité religieuse célébrée certains jours de l'année. *Jour de fête* (➛ **férié**). *Les fêtes catholiques, musulmanes.* **2.** Jour de la fête du saint dont qqn porte le nom. *Souhaiter à qqn sa fête.* ➛ loc. FAM. *Ça va être ta fête,* gare à toi. **3.** Réjouissance publique et périodique (civile) en mémoire d'un évènement, d'un personnage. *La fête nationale. La fête du travail* (le 1er mai). ➛ *La fête des Pères.* **4.** Ensemble de réjouissances organisées occasionnellement. *Les fêtes de Versailles sous Louis XIV. Salle des fêtes.* ➛ *Fête foraine :* ensemble d'attractions foraines. **5.** Ensemble de réjouissances ayant lieu en famille, entre amis. SYN. FAM. **fiesta. 6.** loc. *FAIRE LA FÊTE :* s'amuser en compagnie, mener joyeuse vie (➛ **fêtard**). **II 1.** (dans des expr.) Bonheur, joie, plaisir. *Un air de fête.* ➛ *Se faire une fête de* (qqch.), s'en réjouir. ➛ *FAIRE FÊTE À (qqn),* lui réserver un accueil chaleureux. ➛ *Avoir le cœur EN FÊTE,* gai. ➛ *Être À LA FÊTE,* heureux, satisfait. **2.** *LA FÊTE :* circonstances collectives de réjouissances sans contrainte (contexte politique). ➛ **festif.** HOM. FAITE (féminin de ① *fait* «exécuté»), FAÎTE «sommet»
ÉTYM. latin *festa (dies)* «(jour) de fête».

FÊTER [fete] v. tr. (conjug. 3a) **1.** Consacrer, marquer par une fête. SYN. **célébrer, commémorer.** *Fêtons ce succès !* **2.** Faire fête à. *Fêter un ami retrouvé.* ➛ au p. passé *Elle était très fêtée.*

FÉTICHE [fetiʃ] n. m. **1.** Objet de culte des civilisations animistes. **2.** Objet auquel on attribue un pouvoir magique et bénéfique. SYN. **amulette, grigri, porte-bonheur. 3.** appos. *C'est son idée fétiche.* ➛ ① **dada.** *Les acteurs fétiches d'un réalisateur.* SYN. **favori, préféré.**
ÉTYM. portugais *feitiço* «artificiel», du latin *facticius* → factice.

FÉTICHEUR [fetiʃœʀ] n. m. ✦ (surtout français d'Afrique) Prêtre des religions animistes ; initié qui fait agir des fétiches.

FÉTICHISME [fetiʃism] n. m. **1.** Culte des fétiches. **2.** Admiration exagérée et sans réserve. SYN. **vénération. 3.** Perversion sexuelle incitant à rechercher la satisfaction sexuelle à travers des objets normalement dénués de signification érotique.

FÉTICHISTE [fetiʃist] adj. **1.** Qui pratique le fétichisme (1) ; qui concerne les fétiches. **2.** Qui admire exagérément qqn ou qqch. **3.** Relatif au fétichisme (3). ♦ Qui pratique le fétichisme. ➛ n. *Un, une fétichiste.*

FÉTIDE [fetid] adj. ✦ Qui a une odeur très désagréable. SYN. **nauséabond, puant.** *Une haleine fétide.*
► **FÉTIDITÉ** [fetidite] n. f.
ÉTYM. latin *foetidus,* de *foetere* «puer».

FÉTU [fety] n. m. ✦ Brin de paille. ➛ *Être emporté, traîné comme un fétu (de paille).*
ÉTYM. latin *festuca* «brin de paille».

① **FEU** [fø] n. m. **I** 1. *LE FEU* : combustion dégageant de la chaleur et de la lumière (→ **flamme ; pyr(o)-**). *Le feu, l'un des quatre éléments pour les Anciens. Les vestales entretenaient l'autel du feu. Le feu sacré ;* fig. ardeur, enthousiasme. ➛ *Allumer, faire du feu,* faire brûler des matières combustibles. *Mettre le feu à qqch.,* faire brûler. → **enflammer.** *Prendre feu.* ➛ loc. *Faire feu de tout bois,* utiliser tous les moyens, toutes les possibilités. ➛ *Jouer avec le feu,* avec le danger. ➛ *FEU FOLLET**. 2. Matières rassemblées et allumées (pour produire de la chaleur, etc.). SYN. **foyer.** *Faire un feu, le feu.* ➛ *Feu de bois. Se chauffer devant le feu.* ➛ prov. *Il n'y a pas de fumée sans feu,* pas d'effet sans cause. ➛ loc. fig. *Feu de paille :* sentiment vif et passager. ♦ *FEU DE JOIE,* allumé en signe de réjouissance. *Les feux de la Saint-Jean.* ➛ *FEU DE CAMP* (dans un camp de scouts, etc.). 3. Source de chaleur (à l'origine, foyer enflammé) pour la cuisson des aliments, etc. *Mettre une poêle sur le feu. Cuire qqch. à feu doux, à feu vif.* ➛ *COUP DE FEU :* action vive du feu ; fig. moment de presse, de grande activité. 4. VIEILLI Foyer, famille. *Un hameau de vingt feux.* ➛ loc. *N'avoir ni feu ni lieu,* ne pas avoir de domicile fixe. 5. Embrasement ; incendie. → **brasier.** *Au feu ! La maison est en feu. Il y a le feu à la maison.* fig. *Ne t'énerve pas, il n'y a pas le feu !* ➛ FAM. *Avoir le feu au derrière, le feu au cul,* agir avec précipitation. ➛ loc. *Mettre un pays à feu et à sang,* détruire par la guerre. 6. Supplice du bûcher. ➛ fig. *À PETIT FEU,* lentement et cruellement. 7. Ce qui sert à allumer le tabac. *Avez-vous du feu ?* des allumettes, un briquet. **II** (Combustion amenant une déflagration) 1. *COUP DE FEU.* → **détonation.** ➛ *ARME À FEU :* arme lançant un projectile par l'explosion d'une matière fulminante. ♦ fig. *FAIRE LONG FEU :* échouer. ➛ *NE PAS FAIRE LONG FEU :* ne pas durer. 2. Tir d'armes à feu. *Ouvrir le feu. Faire feu. Feu !* ♦ loc. fig. *Être pris entre deux feux,* entre deux dangers. ➛ *Un feu roulant de questions,* une suite ininterrompue. 3. *FEU D'ARTIFICE**. 4. FAM. Pistolet, révolver. *Il a sorti son feu.* **III** 1. Source de lumière (d'abord flamme d'un feu). SYN. **lumière, flambeau, lampe, torche.** *Les feux de la ville. Les feux de la rampe** (au théâtre). 2. Signal lumineux. → **fanal.** *Les feux d'un navire. Feux de détresse, de croisement... d'une voiture.* ♦ (Réglant la circulation routière) *Feu tricolore : feu rouge* (passage interdit), *orange* (ralentir), *vert* (voie libre). ➛ fig. *Donner le feu vert à,* autoriser (une action ; qqn à agir). 3. loc. fig. *N'Y VOIR QUE DU FEU,* ne rien y voir (comme qqn qui est ébloui) et, par ext., n'y rien comprendre. 4. Éclat. *Les feux d'un diamant.* ➛ *Le feu de son regard.* **IV** 1. Sensation de chaleur intense, de brûlure. *Le feu lui monte au visage. Avoir les joues EN FEU.* ➛ *Le feu du rasoir* (après s'être rasé). 2. Ardeur (des sentiments, des passions). SYN. **exaltation.** *Dans le feu de la colère.* loc. *Être TOUT FEU TOUT FLAMME,* ardent, passionné. *Le feu de l'inspiration.* ➛ *Parler avec feu.* SYN. **chaleur, conviction.** ➛ *Dans le feu de l'action.* ➛ LITTÉR. Passion amoureuse. *Le feu, les feux de la passion.*
HOM. PHÔ «soupe».
ÉTYM. latin *focus* «foyer».

② **FEU, FEUE** [fø] adj. ✦ LITTÉR. Qui est mort depuis peu de temps. SYN. **défunt.** *Feu son père. Feu la reine.* (entre le déterminant et le nom) *La feue reine.*
ÉTYM. latin populaire *fatutus* «qui a accompli son destin (*fatum*)».

FEUDATAIRE [fødatɛʀ] n. ✦ HIST. Titulaire d'un fief*. SYN. **vassal.**
ÉTYM. du latin médiéval *feudum* «fief».

FEUDISTE [fødist] n. ✦ DIDACT. Spécialiste du droit féodal.
ÉTYM. du latin médiéval *feudum* «fief».

FEUILLAGE [fœjaʒ] n. m. 1. Ensemble des feuilles (d'un arbre ou d'une plante de grande taille). *Feuillage du chêne, du lierre.* 2. Rameaux coupés, couverts de feuilles. *Un bouquet de feuillage.*

FEUILLAISON [fœjɛzɔ̃] n. f. ✦ Renouvellement annuel des feuilles. SYN. **foliation.** CONTR. **défoliation.**

FEUILLE [fœj] n. f. **I** 1. Partie des végétaux (siège de la photosynthèse) par laquelle ils respirent. *Feuilles et fleurs. Les nervures d'une feuille de chêne. Feuille découpée, dentelée. Feuilles persistantes. Chute des feuilles. Feuilles mortes.* ➛ loc. (personnes) *Trembler** *comme une feuille.* 2. Représentation d'une feuille. *FEUILLE D'ACANTHE**. ➛ *FEUILLE DE VIGNE :* feuille sculptée cachant le sexe des statues nues. **II** 1. Morceau de papier rectangulaire. → aussi **bristol, feuillet,** ① **fiche,** ① **page.** *Feuille blanche, quadrillée. Le recto, le verso d'une feuille.* ➛ *Feuille volante**. 2. (documents) *Feuille de paye. Feuille de soins.* 3. Journal. *Feuille locale* (FAM. *feuille de chou**). **III** 1. Plaque mince (d'une matière). *Feuille de métal.* 2. FAM. Oreille. *Être dur de la feuille,* un peu sourd.
ÉTYM. latin *folia,* pluriel de *folium.*

FEUILLÉES [fœje] n. f. pl. ✦ Tranchée destinée à servir de latrines aux troupes en campagne, aux campeurs.
ÉTYM. de *feuille.*

FEUILLET [fœjɛ] n. m. **I** Chaque partie d'une feuille de papier pliée sur elle-même ; feuille de papier utilisée sur ses deux faces. **II** ANAT. Troisième poche de l'estomac des ruminants.
ÉTYM. diminutif de *feuille.*

FEUILLETÉ, ÉE [fœjte] adj. 1. Qui présente des feuilles, des lames superposées. *Roche feuilletée.* 2. *Pâte feuilletée :* pâte à base de farine et de beurre, repliée de manière à former de fines feuilles superposées. ➛ n. m. *Un feuilleté au fromage.*

FEUILLETER [fœjte] v. tr. (conjug. 6b) ✦ Tourner les pages de (un livre...), spécialt en regardant rapidement.
ÉTYM. de *feuillet.*

FEUILLETON [fœjtɔ̃] n. m. ✦ Chronique régulière, dans un journal. ♦ Épisode d'un roman qui paraît régulièrement dans un journal. ➛ Histoire fragmentée (télévision, radio). → aussi **série.** ♦ *ROMAN-FEUILLETON :* roman qui paraît par fragments dans un journal. *Des romans-feuilletons.* ➛ fig. Histoire invraisemblable. *C'est du roman-feuilleton !*
ÉTYM. de *feuillet.*

FEUILLETONISTE [fœjtɔnist] n. ✦ Auteur de feuilletons ou de romans-feuilletons.

FEUILLU, UE [fœjy] adj. 1. Qui a beaucoup de feuilles. SYN. **touffu.** *Chêne feuillu.* 2. Qui porte des feuilles. *Arbres feuillus,* à feuilles caduques (par oppos. aux résineux). ➛ n. m. *Forêt de feuillus.*

A B C D E F G H I J K L M N O P Q R S T U V W X Y Z

FEULEMENT [følmɑ̃] **n. m.** ✦ Cri du tigre.
ÉTYM. de *feuler.*

FEULER [føle] **v. intr.** (conjug. 3a) ✦ **(tigre)** Pousser son cri. ➖ **(chat)** Grogner.
ÉTYM. origine incertaine, p.-ê. onomatopéique.

FEUTRAGE [føtʀaʒ] **n. m.** ✦ Fait de se feutrer.

FEUTRE [føtʀ] **n. m.** **1.** Étoffe non tissée et épaisse obtenue en pressant et en agglutinant du poil ou de la laine. *Chaussons, chapeau de feutre.* **2.** Chapeau de feutre. *Un feutre marron.* **3.** Instrument pour écrire à pointe en feutre ou en nylon. *Une pochette de feutres.*
ÉTYM. francique *filtir* → filtre.

FEUTRÉ, ÉE [føtʀe] **adj.** **1.** Fait de feutre ; garni de feutre. **2.** Qui a pris l'aspect du feutre. *Lainage feutré* (après lavage). **3.** Étouffé, peu sonore. *Marcher à pas feutrés.* SYN. ① **discret, silencieux.**

FEUTRER [føtʀe] **v.** (conjug. 3a) **I** **v. tr.** **1.** TECHN. Mettre en feutre (du poil, de la laine). **2.** Garnir de feutre. **3.** Amortir (un bruit). **II** *SE FEUTRER* **v. pron.** ou *FEUTRER* **v. intr.** Prendre l'aspect du feutre.

FEUTRINE [føtʀin] **n. f.** ✦ Feutre mince utilisé en couture et en décoration.

FÈVE [fɛv] **n. f.** **1.** Plante légumineuse dont les graines se consomment fraîches ou conservées. ➖ Graine de cette plante. *Écosser des fèves.* **2.** Figurine que l'on met dans la galette des Rois.
ÉTYM. latin *faba.*

FÉVRIER [fevʀije] **n. m.** ✦ Second mois de l'année, qui a vingt-huit jours dans les années ordinaires et vingt-neuf dans les années bissextiles.
ÉTYM. latin *februarius* «mois des purifications».

FEZ [fɛz] **n. m.** ✦ Calotte de laine, parfois ornée d'un gland ou d'une mèche. SYN. **chéchia.**
ÉTYM. de *Fez*, nom d'une ville du Maroc. ☛ FÈS (noms propres).

FI [fi] **interj.** **1.** VX Interjection exprimant le dédain, le dégoût. *Fi donc !* **2.** LOC. *FAIRE FI DE* : dédaigner, mépriser. *Ils font fi de mes conseils.* HOM. PHI «lettre grecque»
ÉTYM. onomatopée.

FIABILITÉ [fjabilite] **n. f.** ✦ Caractère de ce qui est fiable (personne, matériel, méthode...).

FIABLE [fjabl] **adj.** ✦ En qui ou en quoi on peut avoir toute confiance, auquel on peut se fier. *Un collaborateur fiable. Ma mémoire n'est plus très fiable. Cette montre est très fiable.*
ÉTYM. de ① *fier.*

FIACRE [fjakʀ] **n. m.** ✦ anciennt Voiture à cheval louée à la course ou à l'heure.
ÉTYM. du nom de saint Fiacre.

FIANÇAILLES [fjɑ̃saj] **n. f. pl.** **1.** Promesse solennelle de mariage, échangée entre futurs époux. SYN. **accordailles.** *Bague de fiançailles.* **2.** Temps qui s'écoule entre la promesse et la célébration du mariage.
ÉTYM. de *fiancer.*

FIANCÉ, ÉE [fjɑ̃se] **n.** ✦ Personne fiancée. *Les deux fiancés.* → **futur.**

FIANCER [fjɑ̃se] **v. tr.** (conjug. 4) ✦ Engager par une promesse de mariage. ➖ pronom. *Il va se fiancer avec elle. Ils se sont fiancés hier.*
ÉTYM. de l'ancien français *fiance* «engagement», de ① *fier.*

FIASCO [fjasko] **n. m.** ✦ Échec complet. SYN. FAM. **bide.** *Cette pièce est un fiasco.* SYN. ② **four.** *L'entreprise a fait fiasco.* → **échouer.** CONTR. **réussite.**
ÉTYM. mot italien, de la locution *far fiasco* «essuyer un échec».

FIASQUE [fjask] **n. f.** ✦ Bouteille à col long et à large panse garnie de paille. *Une fiasque de chianti.*
ÉTYM. italien *fiasco.*

FIBRANNE [fibʀan] **n. f.** ✦ Fibre textile artificielle, à fibres courtes.
ÉTYM. de *fibre.*

FIBRE [fibʀ] **n. f.** **I** **1.** Chacun des filaments qui, groupés en faisceaux, constituent certaines substances. *Les fibres du bois. Fibres musculaires.* **2.** *Fibre textile* : substance filamenteuse pouvant être filée et tissée. *Fibres synthétiques.* ◆ *Fibre de verre*, utilisée dans l'isolation thermique. ◆ *Fibre optique* : filament conducteur de lumière, utilisé dans les télécommunications. ➖ absolt *Équiper un immeuble de la fibre.* **3.** Matière fabriquée à partir de fibres. *Mallette en fibre.* **II** fig. Disposition à ressentir certaines émotions. *Avoir la fibre paternelle.*
ÉTYM. latin *fibra.*

FIBREUX, EUSE [fibʀø, øz] **adj.** ✦ Qui a des fibres, est composé de fibres.

FIBRILLATION [fibʀijasjɔ̃] **n. f.** ✦ MÉD. Contraction rapide et désordonnée des fibres du muscle cardiaque. *Fibrillation ventriculaire.*
ÉTYM. de *fibrille.*

FIBRILLE [fibʀij ; fibʀil] **n. f.** ✦ Petite fibre. *Fibrilles d'une racine.*

FIBRINE [fibʀin] **n. f.** ✦ BIOL. Protéine du plasma sanguin qui contribue à la formation du caillot, lors de la coagulation.
ÉTYM. de *fibre.*

FIBRINOGÈNE [fibʀinɔʒɛn] **n. m.** ✦ BIOL. Protéine du plasma sanguin qui se transforme en fibrine lors de la coagulation.
ÉTYM. de *fibrine* et *-gène.*

| **FIBRO-** Élément, tiré de *fibre.*

FIBROBLASTE [fibʀoblast] **n. m.** ✦ BIOL. Cellule jeune à l'origine du tissu conjonctif.
ÉTYM. de *fibro-* et *-blaste.*

FIBROCIMENT [fibʀosimɑ̃] **n. m.** ✦ Matériau de construction fait de ciment renforcé de fibres synthétiques et naturelles.
ÉTYM. marque déposée ; de *fibro-* et *ciment.*

FIBROME [fibʀom] **n. m.** ✦ Tumeur bénigne formée par du tissu fibreux. *Fibrome utérin.*
► **FIBROMATEUX, EUSE** [fibʀɔmatø, øz] **adj.**
ÉTYM. de *fibre* et *-ome.*

FIBROSCOPE [fibʀɔskɔp] **n. m.** ✦ MÉD. Endoscope souple comportant des fibres optiques.
ÉTYM. de *fibro-* et *-scope.*

FIBROSCOPIE [fibʀɔskɔpi] **n. f.** ✦ MÉD. Exploration (d'un organe) au fibroscope.
ÉTYM. de *fibro-* et *-scopie.*

FIBULE [fibyl] **n. f.** ✦ ANTIQ. Agrafe, épingle pour retenir les extrémités d'un vêtement.
ÉTYM. latin *fibula.*

FICELAGE [fislaʒ] **n. m.** ✦ Action de ficeler ; son résultat.

FICELER [fisle] **v. tr.** (conjug. 6a) 1. Attacher, lier avec de la ficelle. *Ficeler un paquet.* ➝ *Ficeler un prisonnier à un poteau.* 2. FAM. Habiller. *Qui t'a ficelé ainsi ?* 3. fig. Arranger, bâtir (un travail intellectuel).
► **FICELÉ, ÉE adj.** 1. Qu'on a ficelé. *Rôti ficelé.* 2. FAM. *Mal ficelé,* mal habillé. SYN. **fagoté.** 3. *Un travail bien ficelé,* bien fait.

FICELLE [fisɛl] **n. f.** et **adj.**
I n. f. 1. Corde mince. *Ficelle de chanvre. Défaire la ficelle d'un colis.* 2. fig. *Tirer les ficelles :* faire agir les autres sans se montrer. ♦ *Les ficelles d'un art, d'un métier,* les procédés cachés. SYN. **truc.** 3. Petite baguette (pain).
II adj. VIEILLI Retors. ➝ FAM. Malin, futé.
ÉTYM. probablt d'un diminutif du latin *filum* «fil».

① **FICHE** [fiʃ] **n. f.** **I** Cheville, tige de bois ou de métal destinée à être fichée, enfoncée. **II** Feuille cartonnée sur laquelle on inscrit des renseignements en vue d'un classement. *Faire, établir une fiche. Consulter des fiches dans un fichier.*
ÉTYM. de ① *ficher.*

② **FICHE** [fiʃ] **v. tr.** ➝ ② **FICHER**

① **FICHER** [fiʃe] **v. tr.** (conjug. 3a) ✦ Faire pénétrer et fixer par la pointe. SYN. **planter.** *Ficher un clou dans un mur.* ➝ au p. passé *Piquets fichés en terre.*
ÉTYM. latin populaire *figicare,* puis *ficcare,* du latin classique *figere* «fixer».

② **FICHER** [fiʃe] ou **FICHE** [fiʃ] **v. tr.** (conjug. 3a ; p. passé *fichu, ue*) ✦ FAM. (équivalent moins fam. de *foutre**) 1. Faire. *Je n'ai rien fichu aujourd'hui.* 2. Donner, faire subir. *Je lui ai fichu une gifle.* SYN. ② **flanquer.** ➝ *Ça me fiche le cafard.* ➝ *Fiche-moi la paix !,* laisse-moi tranquille. ➝ *Se fiche dedans,* se tromper. 3. Mettre. *Je l'ai fichu à la poubelle.* ➝ pronom. *Se fiche par terre.* SYN. **tomber.** ➝ *Ficher qqn à la porte,* le renvoyer. ➝ *Fiche* (ou *ficher*) *le camp,* décamper, partir. 4. **v. pron.** *SE FICHER DE :* se moquer de. *Il s'est fichu de moi.* SYN. **se moquer, railler.** ➝ *Je m'en fiche,* ça m'est égal.
► **FICHU, UE adj.** FAM. (équivalent moins fam. de *foutu**) 1. Détestable, mauvais. *Un fichu caractère. Fichu métier !* SYN. **maudit.** 2. Dans une fâcheuse situation, un mauvais état. *Il n'en a plus pour longtemps, il est fichu.* SYN. **perdu.** *Le moteur est fichu.* 3. Arrangé, mis dans un certain état. *Elle est fichue comme l'as* de pique.* ➝ *BIEN, MAL FICHU :* bien, mal bâti, fait. ➝ (moins fam.) *MAL FICHU :* un peu malade, souffrant. *Je me sens mal fichue.* 4. *Fichu de :* capable de. *Il n'est pas fichu de gagner sa vie.*
ÉTYM. → ① ficher.

③ **FICHER** [fiʃe] **v. tr.** (conjug. 3a) ✦ Mettre sur une fiche, des fiches. *Ficher un renseignement.* ➝ *Ficher qqn,* établir une fiche à son nom.
ÉTYM. de ① *fiche.*

FICHIER [fiʃje] **n. m.** 1. Collection, réunion de fiches. ➝ INFORM. Ensemble structuré d'informations ; support de ces informations. 2. Meuble, boîte, classeur contenant des fiches.

FICHTRE [fiʃtʀ] **interj.** ✦ FAM. Interjection qui exprime l'étonnement, l'admiration.
ÉTYM. croisement des verbes *fiche* et *foutre.*

FICHTREMENT [fiʃtʀəmɑ̃] **adv.** ✦ FAM. Extrêmement.

① **FICHU, UE adj.** ➝ ② **FICHER**

② **FICHU** [fiʃy] **n. m.** ✦ Pièce d'étoffe triangulaire dont les femmes se couvrent la tête, les épaules. SYN. **châle.**
ÉTYM. probablement du participe passé *fichu,* au sens de «mis à la hâte».

FICTIF, IVE [fiktif, iv] **adj.** 1. Créé par l'imagination. *Des personnages fictifs.* SYN. **imaginaire.** 2. Qui n'existe qu'en apparence. SYN. ① **faux, feint.** *Des promesses fictives.* 3. Supposé par convention. SYN. ① **conventionnel.** *Valeur fictive* (➝ **fiduciaire**). CONTR. **réel, vrai.**
ÉTYM. latin *fictus,* p. passé de *fingere* «feindre».

FICTION [fiksjɔ̃] **n. f.** 1. Fait imaginé (opposé à *réalité*) ; construction imaginaire. SYN. **invention.** ➝ loc. prov. *La réalité dépasse la fiction.* 2. Création de l'imagination, en littérature ; genre littéraire que représentent ces œuvres. ☛ Littérature p. 130. *Livre, texte de fiction* (conte, roman...).
ÉTYM. latin *fictio* «création ; action de feindre *(fingere)*».

FICTIONNEL, ELLE [fiksjɔnɛl] **adj.** ✦ DIDACT. Qui relève de la fiction. *Texte fictionnel.*

FICTIVEMENT [fiktivmɑ̃] **adv.** ✦ De manière fictive.

FIDÈLE [fidɛl] **adj.** et **n.**
I adj. 1. Qui ne manque pas à la foi donnée (à qqn), aux engagements pris (envers qqn). SYN. **dévoué, loyal.** 2. Dont les affections, les sentiments (envers qqn) ne changent pas. SYN. **attaché, constant.** *Un ami fidèle.* 3. Qui n'a de relations amoureuses qu'avec la personne à laquelle il (elle) a donné sa foi. *Amant fidèle. Femme fidèle.* ➝ (choses) *Un amour fidèle.* 4. *Fidèle à* (qqch.) : qui ne manque pas à, qui ne trahit pas. *Être fidèle à ses engagements.* ➝ *Être fidèle à un fournisseur.* 5. Qui ne s'écarte pas de la vérité. *Historien fidèle.* ➝ *Récit fidèle. Traduction fidèle,* conforme au texte original. ♦ *Mémoire fidèle,* qui retient avec exactitude. SYN. **fiable.** 6. (instrument) Dont les résultats ne changent pas au cours du temps. *Balance fidèle.* CONTR. **traître • infidèle •** ① **faux, inexact.**
II n. 1. Personne fidèle. *Même ses fidèles l'ont abandonné.* 2. Personne unie à une Église, à une religion par la foi. SYN. **croyant.** CONTR. **incroyant.**
ÉTYM. latin *fidelis,* de *fides* «foi» ; doublet de *féal.*

FIDÈLEMENT [fidɛlmɑ̃] **adv.** ✦ D'une manière fidèle. *Fidèlement vôtre* (à la fin d'une lettre) ➝ Avec exactitude.

FIDÉLISER [fidelize] **v. tr.** (conjug. 3a) ✦ COMM. Rendre fidèle, s'attacher (un client, des consommateurs).
► **FIDÉLISATION** [fidelizasjɔ̃] **n. f.** *Fidélisation des lecteurs.*

FIDÉLITÉ [fidelite] **n. f.** 1. Qualité d'une personne fidèle (à qqn). *Fidélité à, envers qqn. Jurer fidélité.* 2. Constance dans les affections, les sentiments, les relations. *La fidélité du chien. Fidélité conjugale.* 3. *Fidélité à* (qqch.) : fait de ne pas manquer à, de ne pas trahir. *Fidélité à un serment.* 4. Conformité à la vérité, à un modèle original. SYN. **exactitude, véracité.** *Fidélité d'une reproduction.* 5. Qualité d'un instrument fidèle (6). 6. *HAUTE-FIDÉLITÉ* ou *HAUTE FIDÉLITÉ :* technique visant à obtenir une restitution très exacte du son enregistré. SYN. anglicisme **hi-fi.** (rare) *Des hautes-fidélités. Chaîne* haute-fidélité.* CONTR. **déloyauté, trahison • infidélité • inexactitude.**
ÉTYM. latin *fidelitas.*

FIDUCIAIRE [fidysjɛʀ] adj. ✦ ÉCON. Se dit de valeurs fictives, fondées sur la confiance à celui qui les émet. *Monnaie fiduciaire* (billets...). ♦ *Société fiduciaire,* qui effectue des travaux d'organisation, etc. pour le compte d'autres sociétés.
ÉTYM. du latin *fiducia* «confiance».

FIEF [fjɛf] n. m. 1. Au Moyen Âge, Domaine confié par le seigneur à son vassal (→ **feudataire**), en contrepartie de certains services. *Le fief est l'institution fondamentale de la féodalité*.* 2. fig. Domaine où qqn est maître. – *Fief électoral,* où l'on est toujours réélu.
ÉTYM. latin médiéval *feodum, feudum,* probablement du francique *fehu* «bétail».

FIEFFÉ, ÉE [fjefe] adj. **I** HIST. Qui est pourvu d'un fief. **II** Qui possède au plus haut degré un défaut, un vice. SYN. **fini, parfait.** *Un fieffé menteur.*

FIEL [fjɛl] n. m. 1. Bile des animaux de boucherie, de la volaille. 2. fig. LITTÉR. Amertume qui s'accompagne de méchanceté. SYN. **acrimonie, haine.** *Des propos pleins de fiel.*
ÉTYM. latin *fel* «bile».

FIELLEUX, EUSE [fjelø, øz] adj. ✦ Plein de fiel (2). SYN. **haineux, méchant.** *Paroles fielleuses.* – *Un critique fielleux.*

FIENTE [fjɑ̃t] n. f. ✦ Excrément d'oiseau et de certains animaux. *Fiente de poule, de pigeon.*
ÉTYM. latin populaire *femita,* de *fimus* «fumier».

FIENTER [fjɑ̃te] v. intr. (conjug. 3a) ✦ Faire de la fiente.

① **se FIER** [fje] v. pron. (conjug. 9) ✦ Accorder sa confiance (à qqn, à qqch.). *Je me fie entièrement à vous ; à votre jugement.* – *Ne vous y fiez pas,* méfiez-vous. CONTR. se **défier,** se **méfier.**
ÉTYM. latin populaire *fidare* «confier», de *fidus* «fidèle».

② **FIER, FIÈRE** [fjɛʀ] adj. **I** VX (animaux) Difficile à approcher, à apprivoiser. SYN. **farouche, sauvage.** – (personnes, animaux) Cruel, féroce. **II** 1. VIEILLI Hautain, d'attitude méprisante. SYN. **arrogant, prétentieux.** – n. *Faire le fier.* 2. LITTÉR. Qui a un vif sentiment de sa dignité, de son honneur. *Il est fier et courageux.* 3. *FIER DE :* qui a de la joie, de la satisfaction de (qqn, qqch.). SYN. **content, heureux, satisfait.** *Elle est fière de ses enfants. Elle est fière de son succès ; d'avoir réussi.* 4. (avant le nom) VIEILLI SYN. **fameux, rude.** *Un fier culot.* SYN. ① **sacré.** *C'est une fière canaille !* CONTR. **familier, modeste, simple • honteux.**
ÉTYM. latin *ferus* «sauvage».

FIER-À-BRAS [fjɛʀabʀa] n. m. ✦ VIEILLI Fanfaron, bravache. *Jouer les fiers-à-bras.*
ÉTYM. du nom d'un géant sarrasin des chansons de geste.

FIÈREMENT [fjɛʀmɑ̃] adv. ✦ D'une manière fière et digne.

FIERTÉ [fjɛʀte] n. f. 1. VX Courage. – Férocité. 2. VIEILLI Attitude arrogante. SYN. **condescendance,** ① **morgue.** 3. LITTÉR. Sentiment élevé de la dignité, de l'honneur. SYN. **amour-propre, orgueil.** 4. Fait d'être fier (II, 3) de qqn, de qqch. SYN. **contentement, satisfaction.** *Une juste fierté.* ♦ Ce qui fait concevoir de la fierté. *C'est sa fierté.* CONTR. **humilité, modestie, simplicité • dépit, honte.**
ÉTYM. de ② *fier.*

FIESTA [fjɛsta] n. f. ✦ FAM. Partie de plaisir, fête. SYN. **java** (2). *Faire la fiesta.*
ÉTYM. mot espagnol «fête».

FIÈVRE [fjɛvʀ] n. f. 1. Élévation anormale de la température du corps. *Avoir de la fièvre* (→ **fébrile ; fiévreux**). *Faire tomber la fièvre* (antipyrétique, fébrifuge). – *Une fièvre de cheval,* très élevée. ♦ Maladie fébrile. *Fièvre éruptive. Fièvre aphteuse*. Fièvre jaune* (maladie infectieuse virale). 2. fig. Vive agitation, état passionné. SYN. **excitation, fébrilité.** *Fièvre créatrice.* ♦ *FIÈVRE DE :* désir ardent de. *Fièvre de conquêtes.* – *La fièvre d'écrire.*
ÉTYM. latin *febris.*

FIÉVREUSEMENT [fjevʀøzmɑ̃] adv. ✦ D'une manière fiévreuse, agitée.

FIÉVREUX, EUSE [fjevʀø, øz] adj. 1. Qui a ou dénote la fièvre. SYN. **fébrile** (1). *Se sentir fiévreux.* 2. Qui a un caractère intense, hâtif. *Activité fiévreuse.* SYN. **fébrile** (2). ♦ Qui est dans l'agitation de l'inquiétude. *Une attente fiévreuse.*

FIFRE [fifʀ] n. m. 1. Petite flûte en bois au son aigu. 2. Joueur de fifre. *«Le Fifre»* (tableau de Manet).
ÉTYM. suisse allemand *Pfifer* «joueur de flûte».

FIFRELIN [fifʀəlɛ̃] n. m. ✦ FAM., VIEILLI Chose, monnaie sans valeur. – *Cela ne vaut pas un fifrelin,* cela n'a aucune valeur.
ÉTYM. allemand *Pfifferling* «girolle» et «objet sans valeur».

FIFTY-FIFTY [fiftififti] loc. adv. ✦ anglicisme FAM. Moitié*-moitié. *On partage fifty-fifty.*
ÉTYM. mot anglais, propr «cinquante cinquante».

FIGEMENT [fiʒmɑ̃] n. m. ✦ Action de (se) figer ; état de ce qui est figé.

FIGER [fiʒe] v. tr. (conjug. 5) 1. Coaguler (le sang). – fig. *Des hurlements qui figent le sang.* 2. Solidifier (un liquide gras) par le froid. – pronom. *La sauce s'est figée.* 3. Rendre immobile, fixer dans une certaine attitude, un certain état. *La surprise le figea sur place.* ♦ pronom. *Sourire qui se fige.* – fig. *Se figer dans une attitude,* la garder obstinément. CONTR. **fondre • s'animer.**
► **FIGÉ, ÉE** adj. *Huile figée.* – *Regard figé.* – *Attitude figée.* ♦ *Expression, locution figée,* dont on ne peut changer aucun des termes et dont le sens global ne peut pas se déduire de celui de ses constituants (ex. perdre le nord). CONTR. **mobile, vivant.**
ÉTYM. latin populaire *feticare* «prendre l'aspect du foie».

FIGNOLAGE [fiɲɔlaʒ] n. m. ✦ Action de fignoler.

FIGNOLER [fiɲɔle] v. tr. (conjug. 3a) ✦ Exécuter avec un soin minutieux jusque dans les détails. SYN. **parfaire.** – au p. passé *Travail fignolé.* SYN. **léché.** CONTR. **bâcler.**
ÉTYM. de ② *fin.*

FIGUE [fig] n. f. 1. Fruit charnu et comestible du figuier, vert ou violacé. *Figues fraîches, sèches.* 2. *Figue de Barbarie :* fruit comestible de l'oponce. 3. *MI-FIGUE, MI-RAISIN* loc. adj. : qui exprime un mélange de satisfaction et de mécontentement. SYN. **mitigé.** *Un air mi-figue, mi-raisin.*
ÉTYM. ancien provençal *figa,* du latin *ficus.*

FIGUIER [figje] n. m. 1. Arbre méditerranéen, à feuilles lobées, qui donne les figues. 2. *Figuier de Barbarie :* oponce.

FIGURANT, ANTE [figyʀɑ̃, ɑ̃t] **n.** 1. Personnage de théâtre, de cinéma, remplissant un rôle secondaire et généralement muet. 2. Personne ou groupe dont le rôle est accessoire, dans une réunion, une société.
ÉTYM. de *figurer.*

FIGURATIF, IVE [figyʀatif, iv] **adj.** 1. VIEILLI Qui figure, représente (qqch.) d'une manière symbolique. 2. Qui représente la forme de qqch. — *Art figuratif,* qui s'attache à la représentation de l'objet (par opposition à *art abstrait* ou *non figuratif*).

FIGURATION [figyʀasjɔ̃] **n. f.** 1. Fait de figurer, de représenter (qqch.), notamment par des moyens graphiques, etc. *Une figuration fidèle.* ♦ *LA FIGURATION :* la peinture figurative. 2. Fait de figurer, dans un spectacle. *Faire de la figuration.* ♦ Ensemble des figurants. — Emploi, rôle de figurant.

FIGURE [figyʀ] **n. f.** I 1. VX Forme extérieure (d'un objet, d'un ensemble). SYN. **aspect.** — loc. MOD. *Ne plus avoir figure humaine :* être si mal en point que l'apparence humaine n'est plus reconnaissable. 2. Représentation visuelle (de qqn, qqch.), sous forme graphique ou plastique. SYN. **image.** *Livre orné de figures.* SYN. **croquis, dessin, schéma.** ♦ spécialt Représentation d'un personnage humain. SYN. **effigie, portrait, statue.** *Figure en bronze, en terre cuite. Peintre de figures.* — *Figure de cire :* représentation en cire d'une personne humaine. — *FIGURE DE PROUE :* buste (d'une personne, d'un animal...) à la proue des anciens navires à voile. fig. Personnalité de premier plan (cf. ci-dessous le sens 4). 3. loc. *FAIRE FIGURE :* jouer un rôle remarquable, important. — *Faire bonne, piètre, triste figure,* avoir une apparence (bonne...). — *Faire figure de :* paraître, passer pour. *Il fait figure de meneur.* ♦ *PRENDRE FIGURE :* prendre forme. — *Donner figure à qqch.* 4. Personne remarquable, célèbre. SYN. **personnage.** *Les grandes figures d'une époque.* — Type humain caractéristique. *La figure de l'aventurier.* 5. (Élément matériel dans l'espace) GÉOM. Représentation des points, droites, courbes, surfaces ou volumes ; ensemble de points constituant ces objets géométriques. ♦ danse, sports Chemin suivi par un danseur, un patineur, suivant une ligne déterminée. II (Forme de la face humaine) 1. Apparence momentanée de la face humaine, exprimant une attitude, des sentiments. SYN. **tête ;** ② **air, physionomie.** *Changer de figure. Vous faites une drôle de figure.* 2. Partie antérieure de la tête humaine. SYN. **face, visage.** *Une figure osseuse, ronde.* — *Recevoir qqch. en pleine figure, dans la figure.* — *Dire, jeter qqch. à la figure de qqn,* dire sans précautions. ♦ (Caractérisant la personne) *Des figures de connaissance.* III *Figure de style, figure de rhétorique* et absolt *figure :* mode d'expression linguistique et stylistique de certaines formes de pensée dans le discours ; transfert de sens (→ **sens figuré**). *La métaphore, la métonymie, la périphrase sont des figures.* → **trope.** ☛ Littérature p. 116.
ÉTYM. latin *figura* «forme».

FIGURÉ, ÉE [figyʀe] **adj.** 1. Représenté par une figure, un dessin. *Plan figuré.* 2. *Sens figuré* (d'un mot), qui résulte d'une figure* de style (transfert sémantique d'une image concrète à des relations abstraites). *Sens propre et sens figuré.*

FIGURER [figyʀe] **v.** (conjug. 3a) I **v. tr.** 1. Représenter (qqn, qqch.) sous une forme visible. → **dessiner, peindre, sculpter.** — Représenter d'une manière symbolique ou conventionnelle. 2. (sujet chose) Être l'image de. *La scène figure un bord de mer.* II **v. intr.** 1. Jouer un rôle de figurant. 2. Apparaître, se trouver (quelque part). *Son nom ne figure pas sur la liste.* III *SE FIGURER* **v. pron.** Se représenter par la pensée, l'imagination. SYN. **s'imaginer,** se **représenter.** *Se figurer des choses. Figurez-vous que... Il se figure que je vais céder !*
ÉTYM. latin *figurare,* de *figura* → figure.

FIGURINE [figyʀin] **n. f.** ✦ Statuette de petite dimension.
ÉTYM. italien *figurina,* diminutif de *figura.*

FIL [fil] **n. m.** I 1. Brin long et fin des matières textiles ; réunion de ces brins, tordus et filés (→ **filature, filer**). *Des fils. Un fil, du fil de lin, de soie, de nylon. Bobine de fil. Fil de trame, de chaîne* (d'un tissu). — *DROIT FIL :* sens des fils (trame ou chaîne) d'un tissu (opposé à *biais*) ; fig. ligne de pensée, orientation. appos. invar. *Des rubans droit fil.* ♦ loc. *Être mince comme un fil,* très mince. — *Cousu de fil blanc,* qui ne trompe personne. *Une excuse cousue de fil blanc.* — *De fil en aiguille,* petit à petit, insensiblement. — *Donner du fil à retordre à qqn,* lui créer des embarras, des difficultés. 2. Brin de matière textile, de fibre ou de toute matière souple, servant à tenir, à attacher. — loc. *Ne tenir qu'à un fil,* à très peu de chose, être fragile. — fig. *Le fil d'Ariane,* ce qu'on peut suivre pour se diriger, se guider ☛ ARIANE (noms propres). ♦ *FIL À PLOMB :* instrument formé d'une masse de plomb fixée à un fil, servant à donner la verticale. 3. Morceau d'une matière qui s'étire en brins longs et minces. *Fils de verre.* 4. Matière métallique étirée en un long brin mince. *Fil d'acier. Fils de fer barbelés.* — loc. *Il n'a pas inventé le fil à couper le beurre,* il n'est pas malin. 5. Conducteur électrique, fil métallique entouré d'une gaine isolante. *Fil électrique. Fil télégraphique. Fil téléphonique.* — FAM. *Donner, passer un COUP DE FIL,* un coup de téléphone. 6. Matière produite et filée par quelques animaux (araignée, ver à soie). — loc. *Fils de la Vierge.* → **filandre** (2). 7. Fibre de certaines matières ; sens des fibres. *Le fil du bois.* 8. Filament durci de certains légumes (notamment les haricots), que l'on enlève avant de les consommer. II fig. 1. Sens dans lequel un cours d'eau coule (→ ② **courant**). — *Au fil de l'eau,* en suivant le courant. 2. Cours, enchaînement. SYN. **suite.** *Le fil de la conversation. Perdre le fil de ses idées.* III Partie coupante (d'une lame). SYN. **tranchant.** *Le fil d'un rasoir.* — loc. *Être sur le fil du rasoir,* dans une situation instable, dangereuse. — *Passer au fil de l'épée :* tuer en passant l'épée au travers du corps.
HOM. FILE «ligne»
ÉTYM. latin *filum.*

FIL-À-FIL [filafil] **n. m. invar.** ✦ Tissu de laine ou de coton très solide, en fils de deux couleurs alternées.

FILAGE [filaʒ] **n. m.** ✦ Action de filer (un textile) à la main.

FILAMENT [filamɑ̃] **n. m.** 1. Production organique longue et fine comme un fil. 2. Fil conducteur très fin porté à incandescence dans les ampoules électriques.
ÉTYM. latin *filamentum,* de *filum* «fil».

FILAMENTEUX, EUSE [filamɑ̃tø, øz] **adj.** ✦ Qui a des filaments (→ **fibreux**).

FILANDIÈRE [filɑ̃djɛʀ] **n. f.** ✦ LITTÉR. Femme qui file* à la main, fileuse.
ÉTYM. du bas latin *filanda* «ce qui est à filer».

A B C D E F G H I J K L M N O P Q R S T U V W X Y Z

FILANDRE [filɑ̃dʀ] **n. f.** ✦ DIDACT. **1.** Fibre longue et coriace (des viandes, légumes). **2.** Fil d'araignée qui vole dans l'air (→ fil* de la Vierge).
ÉTYM. du bas latin *filanda* → filandière.

FILANDREUX, EUSE [filɑ̃dʀø, øz] **adj.** **1.** (viande, légumes) Rempli de filandres. *Viande filandreuse.* **2.** fig. Enchevêtré, confus, interminable. *Des explications filandreuses.*

FILANT, ANTE [filɑ̃, ɑ̃t] **adj.** **1.** Qui coule en s'allongeant en une sorte de fil continu. *Sauce filante.* **2.** *Pouls filant,* très faible. **3.** *Étoile* filante.*
ÉTYM. de *filer.*

FILASSE [filas] **n. f.** **1.** Matière textile végétale non encore filée (→ **étoupe**). **2.** adjectivt invar. *Des cheveux filasse,* d'un blond fade, sans éclat. ➝ appos. invar. *Des cheveux blond filasse.*
ÉTYM. latin populaire *filacea,* de *filum* «fil».

FILATURE [filatyʀ] **n. f.** **I** **1.** Ensemble des opérations industrielles qui transforment les matières textiles en fils à tisser. **2.** Usine où est fabriqué le fil. **II** Action de filer (qqn), de suivre pour surveiller. *Les policiers l'ont pris en filature.*
ÉTYM. de *filer.*

FILE [fil] **n. f.** ✦ Suite (de personnes, de choses) en rang et l'une derrière l'autre. SYN. **ligne ; colonne.** *Des files de spectateurs.* SYN. **queue.** *Des files d'attente. Prendre la file,* se ranger dans une file. ➝ fig. *Chef de file :* personne qui est à la tête (d'un groupe, d'une entreprise). ♦ *EN FILE, À LA FILE* **loc. adv.** : les uns derrière les autres, l'un derrière l'autre. ➝ *En file indienne, à la file indienne,* immédiatement l'un derrière l'autre, à la queue leu leu. ♦ *À LA FILE :* successivement. *Boire trois verres à la file.* ♦ *EN DOUBLE FILE :* à côté d'une première file de voitures. HOM. FIL «brin de textile»
ÉTYM. de *filer.*

FILER [file] **v.** (conjug. 3a) **I** **v. tr.** **1.** Transformer en fil (une matière textile). *Filer de la laine* (→ **filage ; filature**). ♦ *Filer du verre,* l'étirer en fil. ➝ au p. passé *Verre filé.* **2.** (ver à soie, araignée) Faire en sécrétant son fil. *L'araignée file sa toile.* **3.** (Dérouler de façon égale et continue) MAR. *Filer les amarres.* SYN. **dévider ; larguer.** *Filer une ligne.* ➝ *Navire qui file trente nœuds,* qui a une vitesse de trente nœuds. ♦ MUS. *Filer une note,* la tenir sur une seule respiration. ♦ LITTÉR. *Filer une métaphore,* la développer longuement. ☛ Littérature p. 116. ♦ FAM. *Filer le parfait amour,* vivre un amour partagé. **4.** Marcher derrière (qqn), suivre pour surveiller (→ **filature**). **5.** FAM. Donner. SYN. **refiler.** *Filer une gifle à qqn.* SYN. ② **flanquer.** **II** **v. intr.** **1.** (liquide, matière) Couler lentement en formant un fil ; former des fils. *Sirop qui file* (→ **filant**). *Le gruyère fondu file.* **2.** Se dérouler, se dévider. *Câble qui file.* ➝ *Maille qui file,* qui se défait, entraînant une rangée de mailles. **3.** Aller droit devant soi, en ligne droite et très vite. *Filer comme une flèche ; ventre à terre.* ➝ FAM. *Le temps file,* passe vite. **4.** FAM. S'en aller, se retirer. SYN. **déguerpir,** ① **partir.** *Allons, filez !* SYN. **décamper.** *Filer à l'anglaise*.* SYN. **s'esquiver.** ➝ (choses) S'en aller très vite. SYN. **disparaître, fondre.** *L'argent lui file entre les doigts.*
ÉTYM. latin *filare* «étirer en fils *(filum)*».

① **FILET** [filɛ] **n. m.** **1.** Ce qui ressemble à un fil fin. *Filet nerveux.* ➝ Saillie en hélice (d'une vis...). ➝ Petite moulure. *Filets d'un chapiteau.* ➝ Trait fin. **2.** Écoulement fin et continu. *Un filet d'eau ; d'air.* ➝ *Un filet de vinaigre,* une très petite quantité. ♦ fig. *Un filet de voix,* une voix très faible.
ÉTYM. diminutif de *fil.*

② **FILET** [filɛ] **n. m.** **1.** Morceau de viande, partie charnue et tendre le long de l'épine dorsale (de quelques animaux). *Filet de bœuf* (→ **chateaubriand, tournedos**). *Rosbif dans le filet.* **2.** Morceau de chair levé de part et d'autre de l'arête (d'un poisson). *Filets de sole.*
ÉTYM. → ① filet.

③ **FILET** [filɛ] **n. m.** ✦ Réseau de filet ①, de fil, fait de mailles. **1.** Réseau à larges mailles servant à capturer des animaux. *Filets de pêche. Filet à crevettes. Filet à papillons.* ➝ fig. *Coup de filet,* arrestation de malfaiteurs. ➝ *Attirer qqn dans ses filets,* le séduire. **2.** Réseau de mailles (pour envelopper, tenir, retenir). *Filet à cheveux.* SYN. **résille.** ➝ *Filet à provisions.* ♦ Réseau tendu sous des acrobates, par précaution. ➝ loc. fig. *Travailler sans filet,* en prenant des risques. ♦ en sports Réseau qui sépare la table, le terrain en deux parties et au-dessus duquel la balle doit passer (tennis, etc.). ➝ fig. FAM. *Monter au filet,* s'engager seul, avant son groupe, dans une démarche délicate.
ÉTYM. altération de *filé,* n. m., du p. passé de *filer.*

FILETAGE [filtaʒ] **n. m.** **1.** Action de fileter. **2.** Ensemble des filets (d'une vis, etc.).

FILETER [filte] **v. tr.** (conjug. 7b) ✦ Pratiquer un filet, des filets (au tour, à la filière) dans (une tige de métal). → **tarauder.** ➝ au p. passé *Tige filetée.*
ÉTYM. de ① *filet.*

FILEUR, EUSE [filœʀ, øz] **n.** ✦ Personne qui file une matière textile, à la main ou à la machine.
ÉTYM. de *filer.*

FILIAL, ALE, AUX [filjal, o] **adj.** ✦ Qui émane d'un enfant à l'égard de ses parents. *Amour filial.*
ÉTYM. bas latin *filialis,* de *filius* «fils».

FILIALE [filjal] **n. f.** ✦ Société jouissant d'une personnalité juridique (à la différence de la succursale) mais dirigée ou contrôlée par la société mère.
ÉTYM. de *filial.*

FILIALISER [filjalize] **v. tr.** (conjug. 3a) ✦ ÉCON. Transformer (une entreprise) en filiale. ➝ Découper (une entreprise) en filiales.
► **FILIALISATION** [filjalizasjɔ̃] **n. f.**

FILIATION [filjasjɔ̃] **n. f.** **1.** Lien de parenté unissant l'enfant à son père, à sa mère. **2.** fig. Succession (de choses issues les unes des autres). SYN. **enchaînement, liaison.** *La filiation des évènements. La filiation des mots* (→ **étymologie**), *des sens.*
ÉTYM. bas latin *filiatio,* de *filius* «fils».

FILIÈRE [filjɛʀ] **n. f.** **1.** MAR. Filin servant de garde-corps. **2.** Instrument, outil destiné à produire des fils, à étirer une matière, à pratiquer des filets → ① **tréfiler.** **3.** Succession de degrés à franchir avant de parvenir à un résultat. *Suivre la filière.* ➝ Succession d'intermédiaires, d'étapes.
ÉTYM. de *fil.*

FILIFORME [filifɔʀm] adj. ✦ Mince, fin comme un fil. *Antennes filiformes.* ➙ (personnes) D'une extrême minceur.
ÉTYM. latin *filum* «fil» et *-forme.*

FILIGRANE [filigʀan] n. m. 1. Ouvrage fait de fils de métal (argent, or). 2. Dessin imprimé dans l'épaisseur d'un papier et qui se voit par transparence. *Filigrane des billets de banque.* ➙ loc. fig. *EN FILIGRANE,* d'une manière implicite (dans un texte).
ÉTYM. italien *filigrana* «fil à grains».

FILIN [filɛ̃] n. m. ✦ MAR. Cordage (à l'origine, en chanvre). *Des filins d'acier.*
ÉTYM. de *fil.*

FILLE [fij] n. f. I 1. (opposé à *fils*) *LA FILLE DE qqn, SA FILLE :* personne du sexe féminin considérée par rapport à son père, à sa mère. *C'est leur fille aînée. Fille adoptive.* ➙ FAM. *Ma fille* (terme d'affection). 2. LITTÉR. Descendante. *Une fille de rois.* ➙ plais. *Fille d'Ève :* femme. II 1. (opposé à *garçon*) Enfant du sexe féminin. 2. (dans des loc.) *PETITE FILLE :* enfant du sexe féminin jusqu'à l'âge nubile. → ① **fillette.** ➙ *JEUNE FILLE :* fille nubile ou femme jeune non mariée (équivalent plus soutenu de *fille,* ci-dessous). → **demoiselle ; mademoiselle.** *« À l'ombre des jeunes filles en fleurs »* (de Proust). *Une grande, une petite jeune fille* (selon l'âge). *Une jeune fille et un jeune homme ; et des jeunes gens.* 3. (souvent avec un déterminatif) Jeune fille ; jeune femme. *Une jolie fille.* ➙ (en fonction d'adj.) *Elle est assez belle fille.* 4. VIEILLI Femme non mariée. *Elle est restée fille.* ➙ *FILLE-MÈRE :* mère célibataire. ➙ *VIEILLE FILLE :* femme qui a atteint ou passé l'âge mûr sans se marier (péj. ; implique un jugement social défavorable). 5. Prostituée. ➙ loc. *Fille de joie* (même sens). 6. Nom donné à certaines religieuses. *Filles du Calvaire.* 7. VIEILLI *FILLE DE,* jeune fille ou femme employée à une fonction, un travail. *Fille de ferme, de cuisine.*
ÉTYM. latin *filia,* féminin de *filius* «fils».

① **FILLETTE** [fijɛt] n. f. ✦ Petite fille.
ÉTYM. diminutif de *fille.*

② **FILLETTE** [fijɛt] n. f. ✦ RÉGIONAL Bouteille de vin contenant un tiers de litre.
ÉTYM. probablt altération de *feuillette* «tonneau».

FILLEUL, EULE [fijœl] n. ✦ Personne qui a été tenue sur les fonts baptismaux, par rapport à ses parrain et marraine.
ÉTYM. latin *filiolus,* diminutif de *filius* «fils».

FILM [film] n. m. I 1. Pellicule photographique. ➙ Pellicule cinématographique. *Film de 35 mm* (format professionnel). 2. Œuvre cinématographique enregistrée sur film (→ **cinéma**). *Scénario, synopsis d'un film. Tourner un film. Film muet, parlant. Un beau film. Mauvais film.* → **navet.** II anglicisme TECHN. Couche très mince (d'une matière).
ÉTYM. mot anglais «membrane».

FILMAGE [filmaʒ] n. m. ✦ Action de filmer. SYN. **tournage.**

FILMER [filme] v. tr. (conjug. 3a) ✦ Enregistrer (des vues) sur un film cinématographique ; par ext. sur un support magnétique. *Filmer un enfant qui joue.* ➙ absolt *Filmer en studio.* SYN. **tourner.**
► **FILMÉ, ÉE** adj. Enregistré sur film. *Théâtre filmé.*

FILMIQUE [filmik] adj. ✦ DIDACT. Relatif aux films de cinéma. *Adaptation, analyse filmique.*

FILMOGRAPHIE [filmɔgʀafi] n. f. ✦ DIDACT. Liste des films (d'un auteur, d'un acteur, d'un genre...).
ÉTYM. de *film* et *-graphie.*

FILON [filɔ̃] n. m. 1. Masse allongée (de minéraux solides existant dans le sol au milieu de couches de nature différente). *Filon de cuivre.* SYN. **veine.** *Exploiter un filon.* 2. fig. Source de profits. SYN. ② **mine.** *Ce sujet est un filon.* 3. FAM. Moyen, occasion de s'enrichir ou d'améliorer son existence. *Trouver le filon.*
ÉTYM. italien *filone,* de *filo* «fil».

FILOU [filu] n. m. ✦ Escroc, voleur. *Des filous.* ➙ adj. *Ils sont filous.* → **rusé.**
ÉTYM. probablt forme dialectale de *fileur* (de *filer*).

FILOUTER [filute] v. tr. (conjug. 3a) ✦ VIEILLI Voler adroitement (qqch. ; qqn).

FILOUTERIE [filutʀi] n. f. ✦ VIEILLI Escroquerie, vol.

FILS [fis] n. m. I 1. (opposé à *fille*) Personne du sexe masculin, considérée par rapport à son père, à sa mère. SYN. FAM. **fiston.** *Son fils cadet ; son jeune fils. Fils adoptif.* ➙ prov. *Tel père, tel fils. À père avare, fils prodigue.* ➙ loc. péj. *FILS À PAPA,* qui profite de la situation de son père. 2. RELIG. CHRÉT. *Fils de Dieu, Fils de l'homme ; le Fils :* Jésus-Christ. 3. Personne du sexe masculin qui descend (de qqn), est originaire (d'un lieu). *Fils de paysans. Fils du pays.* 4. fig. *Fils spirituel,* celui qui a reçu l'héritage spirituel de qqn. → **disciple.** II Enfant du sexe masculin. SYN. **garçon.** *Elle a accouché d'un fils.*
ÉTYM. latin *filius.*

FILTRAGE [filtʀaʒ] n. m. ✦ Action de filtrer ; résultat de cette action.

FILTRANT, ANTE [filtʀɑ̃, ɑ̃t] adj. 1. Qui sert à filtrer. ➙ *Lunettes à verres filtrants,* qui filtrent certains rayons lumineux. 2. *Virus filtrant,* qui traverse les filtres les plus fins. 3. Qui passe faiblement à travers (un obstacle, etc.). *Lumière filtrante.*

FILTRAT [filtʀa] n. m. ✦ DIDACT. Liquide obtenu par filtration.

FILTRATION [filtʀasjɔ̃] n. f. ✦ DIDACT. Action de filtrer. *Filtration du plasma par les glomérules rénaux.*

FILTRE [filtʀ] n. m. 1. Dispositif (tissu ou réseau, passoire) à travers lequel on fait passer un liquide pour le débarrasser des particules solides qui s'y trouvent. ♦ spécialt *Filtre à café :* dispositif permettant de faire passer de l'eau à travers le café moulu qu'il contient. ➙ *Café-filtre* ou *filtre,* préparé au moyen d'un filtre. 2. Appareil servant à débarrasser un fluide ou un aérosol de ses impuretés. *Filtre à air, à huile.* 3. SC. Dispositif modifiant certaines oscillations. 4. Bout poreux (d'une cigarette) retenant en partie la nicotine et les goudrons. ➙ appos. *Des bouts filtres.* HOM. PHILTRE «breuvage magique»
ÉTYM. latin médiéval *filtrum,* francique *filtir.*

FILTRER [filtʀe] v. (conjug. 3a) I v. tr. 1. Faire passer à travers un filtre. *Filtrer de l'eau* (→ **purifier**). 2. par analogie *Filtrer la lumière.* SYN. **tamiser.** 3. Soumettre à un contrôle, une vérification, un tri. *Censure qui filtre les nouvelles.* II v. intr. 1. S'écouler lentement. *L'eau filtre à travers le sable.* 2. (lumière) Passer faiblement. *Lumière qui filtre à travers les volets.* ➙ abstrait *La nouvelle, l'information a filtré,* s'est répandue malgré les précautions prises pour la garder secrète.

A B C D E F G H I J K L M N O P Q R S T U V W X Y Z

① **FIN** [fɛ̃] n. f. **I** (Point d'arrêt, arrêt) 1. Moment, instant auquel s'arrête (un phénomène, une période, une action). SYN. **bout, limite,** ① **terme.** *À la fin du mois. À la fin de mai ; fin mai. Du début à la fin.* ♦ *À LA FIN* loc. adv. → en **définitive, enfin, finalement.** – FAM. *Tu m'ennuies, à la fin !* (marque l'impatience). 2. Point auquel s'arrête qqch. dont on fait usage. *Arriver à la fin d'un livre. La fin d'une bobine de fil.* 3. Derniers éléments (d'une durée), dernière partie (d'une action, d'un ouvrage). *La fin de la journée a été belle. La fin du film.* SYN. **dénouement, épilogue.** ♦ loc. *Faire une fin :* prendre une situation stable et sûre. → se **ranger.** 4. Disparition (d'un être, d'un phénomène, d'un sentiment). *La fin du monde. La fin prématurée d'un héros.* SYN. ① **mort.** – *C'est la fin de tout !* il n'y a plus rien à faire. FAM. *C'est la fin des haricots !* (même sens). – *METTRE FIN À :* faire cesser. → **terminer.** *Mettre fin à ses jours,* se suicider. – *PRENDRE FIN :* cesser. → se **terminer.** – *SANS FIN* loc. adj. et adv. *Discourir sans fin,* sans s'arrêter. *Des ennuis, des reproches sans fin.* 5. Cessation par achèvement. SYN. **aboutissement.** *Conduire un projet à sa fin.* – *Mener à BONNE FIN un travail.* **II** (But, terme) 1. souvent au plur. Chose qu'on veut réaliser, à laquelle on tend volontairement. SYN. **but,** ② **objectif.** *Arriver à ses fins.* → **réussir.** – loc. prov. *Qui veut la fin veut les moyens. La fin justifie les moyens* (thèse du machiavélisme politique). – PHILOS. *FIN EN SOI,* objective et absolue ; COUR. résultat cherché pour lui-même. – loc. *À CETTE FIN,* pour arriver à ce but (→ **afin de**). *À TOUTES FINS UTILES,* pour servir le cas échéant. *À seule fin de,* dans le seul but de. 2. Terme auquel tend un être ou une chose (par instinct ou par nature). SYN. **tendance ; finalité.** *Étude des fins de l'homme.* → **eschatologie, téléologie.** 3. DR. But juridiquement poursuivi. – loc. COUR. *FIN DE NON-RECEVOIR :* refus. *Il m'a opposé une fin de non-recevoir.* CONTR. **commencement, début** • ① **départ, naissance.** HOM. FAIM « besoin de manger », FEINT « simulé »

ÉTYM. latin *finis* « limite ; terme, bornes ».

② **FIN, FINE** [fɛ̃, fin] adj. **I** 1. VX Extrême. ♦ MOD. (dans des loc.) *Le fin fond de la forêt.* – *Le fin mot de l'histoire,* le dernier mot, celui qui donne la clé. 2. adv. Tout à fait. SYN. **complètement.** *Elle est fin prête.* **II** 1. Qui est d'une très grande pureté. SYN. **affiné, pur.** *Or fin. Pierres fines.* SYN. **précieux.** 2. Qui est de la meilleure qualité. *Lingerie fine. Vins fins.* – *Eau-de-vie fine* et n. f. *fine :* eau-de-vie naturelle de qualité supérieure. – (odeur, parfum) *Arôme fin et pénétrant. Fines herbes*.* ♦ n. m. loc. *Le fin du fin,* ce qu'il y a de mieux dans le genre. 3. D'une grande acuité. SYN. **sensible.** *Avoir l'ouïe fine ; le nez fin.* 4. Qui marque de la subtilité d'esprit, une sensibilité délicate. *Un esprit fin.* SYN. **subtil ;** → **finesse.** – *Une remarque fine et spirituelle.* 5. (personnes) Qui excelle dans une activité réclamant de l'adresse et du discernement. SYN. **adroit, habile.** *Un fin connaisseur. Un fin gourmet.* SYN. **raffiné.** 6. Qui a une habileté proche de la ruse. SYN. **astucieux, finaud, malin, rusé.** *Il se croit plus fin que les autres. Ne jouez pas au plus fin avec moi !* – *Une fine manœuvre.* iron. *C'est fin, ce que tu as fait là !* SYN. **malin.** **III** 1. Dont les éléments sont très petits. *Sable fin. Sel fin* (opposé à *gros*). – *Une pluie fine.* 2. Délié, mince. *Cheveux fins et soyeux.* – *Taille fine. Traits fins.* 3. Qui est très mince ou aigu. *Tissu fin. Stylo à pointe fine.* 4. Difficile à percevoir. *Les plus fines nuances de la pensée.* SYN. **ténu.** CONTR. **grossier** • **lourd** • **épais.** HOM. FAIM « besoin de manger », FEINT « simulé »

ÉTYM. latin *finis* « point extrême » → ① fin.

" xmd="finalit " **FINALITÉ** [finalite] n. f. ✦ Caractère de ce qui tend à un but ; fait de tendre à un but.

FINANCE [finɑ̃s] n. f. 1. VX Ressources pécuniaires. ♦ MOD. loc. *MOYENNANT FINANCE,* contre de l'argent. – FAM. au plur. *Ses finances vont mal.* 2. au plur. Activité de l'État dans le domaine de l'argent. SYN. **budget, fisc, Trésor.** *Ministère des Finances.* 3. Grandes affaires d'argent ; activité bancaire, boursière. SYN. **affaire ;** → **banque,** ② **Bourse ; capitalisme.** *Être dans la finance.* – Ensemble des personnes qui ont cette activité. → **financier.** *La haute finance internationale.*

ÉTYM. de l'ancien français *finer* « payer », altération de *finir.*

FINANCEMENT [finɑ̃smɑ̃] n. m. ✦ Action de procurer des fonds (à une entreprise, à un service public). SYN. **investissement ;** → **autofinancement.**

ÉTYM. de *financer.*

FINANCER [finɑ̃se] v. (conjug. 4) 1. v. intr., VX ou plais. Payer. 2. v. tr. Soutenir financièrement (une entreprise) ; procurer les capitaux nécessaires au fonctionnement de. *Financer un journal.*

ÉTYM. de *finance.*

FINANCIER, IÈRE [finɑ̃sje, jɛʀ] n. et adj.

I n. 1. n. m. HIST. Celui qui, sous l'Ancien Régime, s'occupait des finances publiques (→ **fermier**). 2. n. (rare au fém.) Personne qui fait des affaires d'argent, de la finance (3). 3. n. m. Petit gâteau à la poudre d'amandes.

II adj. 1. Relatif à l'argent. *Une aide financière.* 2. Relatif aux finances publiques. *Politique financière.* 3. Relatif aux affaires d'argent, à la finance (3). *Les marchés financiers.*

FINANCIÈREMENT [finɑ̃sjɛʀmɑ̃] adv. 1. En matière de finances ; au point de vue financier. 2. FAM. En ce qui concerne l'argent. SYN. **matériellement.** *Financièrement, la situation est bonne.*

FINASSER [finase] v. intr. (conjug. 3a) ✦ Agir avec une finesse excessive. SYN. **ruser.**

ÉTYM. de *finesse.*

FINASSERIE [finasʀi] n. f. ✦ Procédé d'une personne qui finasse.

FINAUD, AUDE [fino, od] adj. ✦ Qui cache de la finesse sous un air de simplicité. SYN. **futé, matois.** – n. *Un finaud, une finaude.* HOM. FINAUX (masc. plur. de *final*)

ÉTYM. de ② *fin.*

FINE [fin] n. f. → ② FIN (II, 2)

FINE DE CLAIRE [findəklɛʀ] n. f. → CLAIRE

FINEMENT [finmɑ̃] adv. 1. Avec finesse, subtilité. *Comprendre finement.* 2. Avec habileté. SYN. **adroitement.** *Il a finement calculé son coup.* 3. D'une manière fine, délicate. *Objet finement ciselé.*

FINESSE [finɛs] n. f. 1. Qualité de ce qui est délicat et bien exécuté. *La finesse d'une broderie.* 2. (sens) Grande acuité. *Finesse de l'ouïe, du goût.* 3. Aptitude à discerner des choses délicates, subtiles. SYN. **pénétration, subtilité.** *Une grande finesse d'esprit.* – allus. *Esprit* de géométrie et esprit de finesse* (Pascal). 4. Adresse, habileté. 5. Extrême délicatesse (de forme ou de matière). *La* *finesse d'une poudre ; d'une aiguille.* SYN. **étroitesse, minceur.** 6. *(Une, des finesses)* surtout au plur. Plan ou action marquant la ruse. ◆ Chose difficile à saisir, à manier. *Les finesses d'une langue, d'un art.* SYN. **subtilité.** CONTR. **grossièreté • maladresse.**

FINIR [finiʀ] v. (conjug. 13) **I** v. tr. (Mener à sa fin (1)) 1. Conduire (une occupation) à son terme en faisant ce qui reste à faire. SYN. **achever, terminer.** *Finir un travail.* ➛ spécialt SYN. **parachever.** *Finir une pièce, un ouvrage.* SYN. **fignoler.** 2. Mener (une période) à son terme, en passant le temps qui reste. *Finir ses jours à la campagne.* 3. Mener (une quantité) à épuisement, en prenant ce qui reste. *Finir son verre, un plat.* ➛ FAM. Utiliser jusqu'au bout. *Il finit les vêtements de son frère.* 4. Mettre un terme à. SYN. **arrêter, cesser,** mettre **fin** à. 5. *FINIR DE* (+ inf.). Cesser de, achever. *J'ai fini de manger.* 6. absolt *Avez-vous fini ? Il ne sait pas finir. Finir en beauté.* **II** v. intr. (Arriver à sa fin (I)) 1. Arriver à son terme dans le temps. SYN. **s'achever,** se **terminer.** *Le spectacle finira vers minuit. Il est temps que cela finisse.* SYN. **cesser.** 2. Avoir telle fin, tel aboutissement. *Un film qui finit bien.* prov. *Tout est bien* qui finit bien.* ➛ (personnes) *Ce garçon finira mal.* 3. (personnes) Arriver au terme de sa vie. SYN. **mourir, périr.** *Il a fini dans la misère.* 4. Arriver à son terme dans l'espace. *Le sentier finit là.* SYN. **s'arrêter.** 5. *FINIR PAR* (+ inf.) : arriver à tel résultat. *Je finirai bien par trouver. Tout finit par s'arranger.* **III** *EN FINIR* 1. (personnes) Mettre fin à une chose longue, désagréable. *Il faut en finir. Il n'en finit plus !* ➛ *En finir avec* (qqch.), apporter une solution à. SYN. **régler, résoudre.** *En finir avec* (qqn), se débarrasser de lui. ➛ FAM. *EN FINIR DE. On n'en finirait pas de raconter ses aventures.* SYN. **s'arrêter.** 2. avec une négation Arriver à son terme. *Un discours qui n'en finit plus.* ➛ *Des applaudissements à n'en plus finir.* ➛ *Il n'en finit pas de se préparer.* CONTR. **commencer • débuter.**

► **FINI, IE** adj. 1. Qui a été mené à son terme. *Mon travail est fini.* 2. Dont la finition est bonne. *Vêtement bien fini.* ➛ n. m. *Le fini,* la qualité de ce qui est soigné. ◆ péj. Achevé, parfait en son genre. *Un menteur fini.* SYN. **fieffé.** 3. Qui est arrivé à son terme. *Une époque finie.* SYN. **révolu.** ◆ (personnes) *C'est un homme fini,* diminué, usé. 4. Qui a des limites, des bornes. *Un espace fini.* ➛ n. m. *Le fini et l'infini.* CONTR. **inachevé • infini.**

ÉTYM. latin *finire,* de *finis* → ① fin.

FINISH [finiʃ] n. m. ✦ anglicisme SPORTS 1. Aptitude à finir (dans une course...). ➛ *Gagner au finish.* 2. Fin décisive d'une compétition. *Le finish du marathon. Des finishs.*

ÉTYM. mot anglais, de *to finish* «terminer».

FINISSAGE [finisaʒ] n. m. ✦ Action de finir (une fabrication, une pièce). SYN. **finition.**

FINISSANT, ANTE [finisɑ̃, ɑ̃t] adj. ✦ En train de finir. *Le siècle finissant.*

FINISSEUR, EUSE [finisœʀ, øz] n. 1. Personne chargée des travaux de finissage, de finition. 2. Athlète, coureur qui finit bien une épreuve (➛ **finish**).

FINITION [finisjɔ̃] n. f. 1. Opération ou ensemble d'opérations (finissage, etc.) qui termine la fabrication d'un objet, d'un produit. 2. Caractère de ce qui est plus ou moins bien fini. *Une finition insuffisante.* 3. au plur. *Les finitions :* les derniers travaux. *Couturière qui fait les finitions* (ourlets, etc.). *Les finitions sont bâclées.*

ÉTYM. latin *finitio,* de *finire* → finir.

FINITUDE [finityd] n. f. ✦ DIDACT. Fait d'être fini, borné.

ÉTYM. de *fini,* participe passé de *finir.*

FINNOIS, OISE [finwa, waz] adj. ✦ Du peuple de langue non indo-européenne qui vit en Finlande. ➛ n. m. *Le finnois,* cette langue.

ÉTYM. du latin, nom de peuple.

FINNO-OUGRIEN, IENNE [finougʀijɛ̃, ijɛn] adj. et n. m. ✦ *Langues finno-ougriennes,* et n. m. *le finno-ougrien :* groupe de langues comprenant le finnois, le lapon, le hongrois et des langues sibériennes.

ÉTYM. de *finnois* et *ougrien,* famille de *hongrois.*

FIOLE [fjɔl] n. f. 1. Petite bouteille de verre à col étroit utilisée en pharmacie. SYN. **flacon.** *Une fiole de poison.* 2. fig. FAM. SYN. **tête.** ➛ *Se payer la fiole de qqn,* s'en moquer, en rire.

ÉTYM. latin médiéval *phiola,* du grec.

FIORD [fjɔʀ(d)] ➛ **FJORD**

FIORITURE [fjɔʀityʀ] n. f. 1. MUS. Ornement ajouté à la phrase mélodique. 2. Ornement complexe. *Les fioritures d'un motif.* ➛ souvent péj. *Fioritures de style.*

ÉTYM. mot italien «ornements», de *fiorire* «fleurir».

FIOUL [fjul] n. m. ✦ Combustible liquide issu de la distillation du pétrole brut. SYN. **mazout.** ➛ On emploie parfois la forme anglaise *fuel.*

ÉTYM. anglais *fuel oil* «huile combustible».

FIRMAMENT [fiʀmamɑ̃] n. m. ✦ POÉT. Voûte céleste.

ÉTYM. latin *firmamentum* «soutien, appui», de *firmare* «rendre ferme».

FIRME [fiʀm] n. f. ✦ Entreprise industrielle ou commerciale.

ÉTYM. anglais *firm.*

FISC [fisk] n. m. ✦ Ensemble des administrations qui s'occupent des impôts. *Frauder le fisc. Inspecteur du fisc.* SYN. **contribution**(s).

ÉTYM. latin *fiscus* «panier (pour recevoir l'argent)».

FISCAL, ALE, AUX [fiskal, o] adj. ✦ Qui se rapporte au fisc, à l'impôt. *Politique fiscale. Timbre fiscal.*

► **FISCALEMENT** [fiskalmɑ̃] adv.

FISCALISER [fiskalize] v. tr. (conjug. 3a) 1. Soumettre à l'impôt. 2. Financer par l'impôt.

► **FISCALISATION** [fiskalizasjɔ̃] n. f.

ÉTYM. de *fiscal.*

FISCALITÉ [fiskalite] n. f. ✦ Système fiscal. *Réforme de la fiscalité.*

FISSIBLE [fisibl] adj. ✦ PHYS. Fissile (2).

ÉTYM. de *fission.*

FISSILE [fisil] adj. 1. DIDACT. Qui tend à se fendre, à se diviser en feuillets minces. *Schiste fissile.* 2. PHYS. Susceptible de subir la fission SYN. **fissible.** *Corps fissiles.*

ÉTYM. latin *fissilis,* de *findere* «fendre».

FISSION [fisjɔ̃] n. f. ✦ Rupture d'un noyau atomique. *Énergie de fission et énergie de fusion.*

ÉTYM. mot anglais, du latin *fissio* «action de fendre *(findere)*».

FISSURE [fisyʀ] n. f. 1. Petite fente. SYN. **fêlure, lézarde.** 2. fig. *Il y a une fissure dans leur amitié.* SYN. ① **brèche.**

ÉTYM. latin *fissura,* du p. passé de *findere* «fendre».

FISSURER [fisyʀe] v. tr. (conjug. 3a) ✦ Diviser par fissures. → **crevasser, fendre.** ➖ pronom. *Mur qui se fissure.* ➖ au p. passé *Plafond fissuré.*

FISTON [fistɔ̃] n. m. ✦ FAM. Fils.
ÉTYM. de *fils.*

FISTULE [fistyl] n. f. ✦ Canal qui se forme dans l'organisme pour donner passage à un liquide physiologique ou pathologique.
▶ **FISTULEUX, EUSE** [fistylø, øz] adj.
ÉTYM. latin *fistula* «conduit».

FITNESS [fitnɛs] n. m. ✦ anglicisme Ensemble d'activités destinées à maintenir la forme par des exercices physiques. *Appareils, cours de fitness.* ➖ recomm. offic. *gymnastique de forme.*
ÉTYM. mot anglais «santé, forme».

F. I. V. [fiv] n. f. ✦ Fécondation in vitro. *F. I. V. avec transfert d'embryon (fivète,* n. f.*).*
ÉTYM. sigle.

FIXATEUR, TRICE [fiksatœʀ, tʀis] adj. et n. m. ✦ DIDACT. ou TECHN.
I adj. Qui fixe.
II n. m. **1.** Vaporisateur qui projette un fixatif. **2.** Substance qui fixe l'image photographique. **3.** Substance permettant de maintenir une préparation (de cellules, etc.) en vue d'un examen au microscope.

FIXATIF [fiksatif] n. m. ✦ TECHN. Vernis dilué qui sert à fixer un fusain ou un pastel.

FIXATION [fiksasjɔ̃] n. f. **1.** Action de fixer, de faire tenir solidement ou d'établir de manière durable. **2.** Attache. *Skis munis de fixations de sécurité.* **3.** PSYCH. Attachement intense à une personne, à un objet ou à un stade de développement. *Fixation au père.*

FIXE [fiks] adj. **I 1.** Qui ne bouge pas, ne change pas de position. SYN. **immobile.** *Un point fixe. Téléphone fixe* (opposé à *mobile, portable*). ➖ *Personne sans domicile fixe (S. D. F.).* **2.** *Avoir les yeux fixes, le regard fixe* : regarder le même point, sans dévier ; regarder dans le vague. **3.** interj. *FIXE !* : commandement militaire prescrivant de se tenir immobile. SYN. **garde-à-vous. II 1.** Qui ne change pas, reste en l'état. SYN. **immuable, invariable, permanent.** *Couleur fixe. Feu fixe* (opposé à *clignotant*). *Beau fixe* : beau temps durable (météo). **2.** Réglé d'une façon précise et définitive. SYN. **défini, déterminé.** *Manger à heure fixe. Menu à prix fixe.* **3.** loc. *IDÉE FIXE* : idée dominante, dont l'esprit ne peut se détacher. → **obsession. 4.** *Revenu fixe.* SYN. **assuré, régulier.** ➖ n. m. *Toucher un fixe mensuel.* CONTR. **changeant, variable.**
ÉTYM. latin *fixus,* p. passé de *figere* «enfoncer».

FIXEMENT [fiksəmɑ̃] adv. ✦ D'un regard fixe. *Regarder qqn fixement.*

FIXER [fikse] v. tr. (conjug. 3a) **I 1.** Établir de façon durable à une place déterminée. SYN. **attacher, maintenir.** *Fixer des volets avec des crochets.* ◆ pronom. (personnes) S'installer durablement. *Ils se sont fixés à Paris.* ◆ fig. *Fixer un souvenir dans sa mémoire.* SYN. **graver. 2.** *Fixer ses yeux, son regard sur...* ➖ *Fixer (qqn) du regard,* le regarder avec insistance. **3.** abstrait *Fixer son attention sur qqch.* ➖ pronom. *Mon choix s'est fixé sur cet article.* **II 1.** Recouvrir de fixatif. *Fixer un fusain.* **2.** Rendre stable et immobile (ce qui évolue, change). *L'usage a fixé le sens de cette expression.* SYN. **figer. 3.** Faire qu'une personne ne soit plus dans l'indécision ou l'incertitude. ➖ *Fixer qqn sur,* le renseigner exactement sur. ➖ au p. passé *Je ne suis pas encore fixé.* SYN. **décidé. III** Régler d'une façon déterminée, définitive. *Fixer une règle. Les limites fixées par la loi.* SYN. **dicter, édicter.** *Se fixer des objectifs. Fixer un rendez-vous.* ➖ au p. passé *Au jour fixé,* convenu. CONTR. **déplacer,** ① **détacher • changer.**
ÉTYM. de *fixe.*

FIXITÉ [fiksite] n. f. **1.** Caractère de ce qui est fixe, immobile. *Fixité du regard.* **2.** DIDACT. Caractère de ce qui est invariable, définitivement fixé. *Doctrine de la fixité des espèces* (selon laquelle les espèces seraient immuables). CONTR. **mobilité • changement, évolution.**

FJORD ou **FIORD** [fjɔʀ(d)] n. m. ✦ Ancienne vallée glaciaire, envahie par la mer (surtout en Scandinavie, en Écosse). *Les fjords de Norvège.* ➖ Écrire *fiord* avec un *i* est permis.
ÉTYM. mot norvégien.

FLAC [flak] interj. ✦ Onomatopée, bruit d'eau (SYN. **floc**) ou de chute à plat (SYN. **clac, plaf**). HOM. FLAQUE «nappe de liquide»
ÉTYM. onomatopée.

FLACON [flakɔ̃] n. m. ✦ Petit récipient de verre, fermé par un bouchon. SYN. **fiole.** *Flacon de parfum.* ➖ Bouteille servant au conditionnement des liquides. ◆ Son contenu.
ÉTYM. bas latin *flasco, flasconis,* d'origine germanique.

FLAFLA n. m. ou **FLA-FLA** [flafla] n. m. invar. ✦ FAM. Recherche de l'effet. *Faire du flafla. Des flaflas, des fla-fla.* SYN. **chichi, manière(s).**
ÉTYM. de *fla,* onomatopée «coup sur un tambour».

FLAGELLATION [flaʒelasjɔ̃] n. f. ✦ Action de flageller ; supplice du fouet. *La flagellation du Christ.*

FLAGELLE [flaʒɛl] n. m. ✦ BIOL. Filament mobile, organe locomoteur de certains protozoaires, du spermatozoïde.
ÉTYM. latin *flagellum* «fouet».

FLAGELLÉ, ÉE [flaʒele] adj. ✦ BIOL. Muni d'un flagelle.

FLAGELLER [flaʒele] v. tr. (conjug. 3a) ✦ Battre de coups de fouet. SYN. **fouetter.**
ÉTYM. latin *flagellare,* de *flagellum* «fouet».

FLAGEOLANT, ANTE [flaʒɔlɑ̃, ɑ̃t] adj. ✦ Qui flageole. *Jambes flageolantes.*

FLAGEOLER [flaʒɔle] v. intr. (conjug. 3a) ✦ (jambes) Trembler de faiblesse, de fatigue, de peur. *Avoir les jambes qui flageolent.* ➖ (personnes) *Flageoler sur ses jambes.* → **chanceler.**
ÉTYM. peut-être de ① *flageolet,* au sens ancien de «jambe grêle».

① **FLAGEOLET** [flaʒɔlɛ] n. m. ✦ Flûte à bec, généralement percée de six trous.
ÉTYM. diminutif de l'ancien français *flageol* «flûte», famille du latin *flare* «souffler».

② **FLAGEOLET** [flaʒɔlɛ] n. m. ✦ Haricot nain très estimé, qui se mange en grains. *Gigot aux flageolets.*
ÉTYM. p.-ê. italien *fagiuolo,* famille de *fayot,* ou famille du latin *faba* «fève», avec influence de ① *flageolet.*

FLAGORNER [flagɔʀne] **v. tr.** (conjug. 3a) ✦ LITTÉR. Flatter bassement, servilement.
▶ **FLAGORNEUR, EUSE** [flagɔʀnœʀ, øz] **n. et adj.**
ÉTYM. origine incertaine.

FLAGORNERIE [flagɔʀnəʀi] **n. f.** ✦ Flatterie grossière et basse.
ÉTYM. de *flagorner.*

FLAGRANT, ANTE [flagʀɑ̃, ɑ̃t] **adj.** 1. Qui est commis sous les yeux mêmes de la personne qui le constate. loc. *Flagrant délit*.* 2. Qui paraît évident aux yeux de tous. SYN. **criant, évident, patent.** *Une injustice, une erreur flagrante.*
ÉTYM. latin *flagrans* «brûlant», de *flagrare* «flamber».

FLAIR [flɛʀ] **n. m.** 1. Faculté de discerner par l'odeur. SYN. **odorat.** *Le flair du chien.* 2. fig. Aptitude instinctive à prévoir, deviner. SYN. **clairvoyance, intuition, perspicacité.** *Il manque de flair.*
ÉTYM. de *flairer.*

FLAIRER [fleʀe] **v. tr.** (conjug. 3a) 1. (animaux) Discerner, reconnaître ou chercher par l'odeur. *Chien qui flaire une piste.* ♦ (personnes) Sentir avec insistance. SYN. **renifler.** 2. fig. Discerner qqch. par intuition. SYN. **deviner, pressentir, soupçonner, subodorer.** *Elle flaire un piège là-dessous.*
ÉTYM. latin populaire *flagrare*, altération de *fragrare* «exhaler une odeur».

FLAMAND, ANDE [flamɑ̃, ɑ̃d] **adj. et n.** 1. **adj.** De la Flandre (☞ noms propres). ➝ *L'école flamande, en peinture.* ➝ **n.** *Les Flamands.* 2. **n. m.** Ensemble des parlers néerlandais de Belgique. HOM. FLAMANT «oiseau»
ÉTYM. germanique *flaming.*

FLAMANT [flamɑ̃] **n. m.** ✦ Oiseau échassier palmipède, au plumage généralement rose *(flamant rose).*
HOM. FLAMAND «de Flandre»
ÉTYM. provençal *flamenc.*

FLAMBAGE [flɑ̃baʒ] **n. m.** ✦ Action de flamber, de passer à la flamme. *Le flambage d'un poulet.*

FLAMBANT, ANTE [flɑ̃bɑ̃, ɑ̃t] **adj.** 1. Qui flambe. *Broussailles flambantes.* 2. FAM., VIEILLI Beau, superbe. *Une voiture toute flambante.* ➝ MOD. loc. *FLAMBANT NEUF* : tout neuf. *Maison flambant neuf* ou *flambant neuve.*

FLAMBÉ, ÉE [flɑ̃be] **adj.** 1. Passé à la flamme. ➝ Arrosé d'alcool auquel on met le feu. *Bananes flambées.* 2. (personnes) FAM. Perdu, ruiné.

FLAMBEAU [flɑ̃bo] **n. m.** 1. Mèche enduite de cire, de résine pour éclairer. SYN. **torche.** *À la lueur des flambeaux.* 2. fig. LITTÉR. Ce qui éclaire (intellectuellement ou moralement). SYN. **lumière.** *Le flambeau de la liberté.* ➝ loc. *Se passer, se transmettre le flambeau.* 3. Candélabre, chandelier.
ÉTYM. de *flambe* «feu clair» → flamber.

FLAMBÉE [flɑ̃be] **n. f.** 1. Feu vif et assez bref. *Faire une flambée.* 2. fig. Explosion (d'un sentiment violent, d'une action). *Une flambée de colère. Flambée de terrorisme.* ♦ Brusque hausse. *Flambée des prix.*
ÉTYM. de *flamber.*

FLAMBER [flɑ̃be] **v.** (conjug. 3a) **I v. intr.** 1. Brûler avec flammes et production de lumière. *Papier qui flambe.* 2. Produire une vive lumière, de l'éclat. *Regard qui flambe.* 3. *Les prix flambent*, augmentent très rapidement. **II v. tr.** 1. Passer à la flamme. *Flamber une volaille* (pour brûler le duvet) ; *une aiguille* (pour la stériliser). 2. Arroser (un mets) d'alcool que l'on enflamme. 3. fig. Dépenser de manière immodérée. ➝ **intrans.** FAM. Jouer gros jeu (→ **flambeur**).
ÉTYM. de *flambe* «feu clair», ancien français *flamble*, du latin *flammula*, diminutif de *flamma* «flamme».

FLAMBEUR, EUSE [flɑ̃bœʀ, øz] **n.** ✦ FAM. Personne qui joue gros jeu.
ÉTYM. de *flamber.*

FLAMBOIEMENT [flɑ̃bwamɑ̃] **n. m.** ✦ Éclat de ce qui flamboie.

FLAMBOYANT, ANTE [flɑ̃bwajɑ̃, ɑ̃t] **adj.** et **n. m.**
I adj. 1. Qui flamboie. SYN. **flambant.** ➝ Qui produit une vive lumière, de l'éclat. SYN. **brillant, étincelant.** *Des yeux flamboyants de haine.* 2. *GOTHIQUE FLAMBOYANT* : style architectural caractéristique (XVe s.) où certains ornements ont une forme ondulée.
II n. m. Arbre tropical, à fleurs rouge vif.

FLAMBOYER [flɑ̃bwaje] **v. intr.** (conjug. 10) 1. Jeter par intervalles des flammes ou des reflets éclatants de lumière. *On voyait flamboyer l'incendie.* 2. *Yeux qui flamboient.* SYN. **briller, étinceler.**
ÉTYM. de *flambe* → flamber.

FLAMENCO [flamɛnko] **n. m.** ✦ Genre musical traditionnel andalou, qui associe le chant et la danse. ➝ **adj.** *Musique, danse flamenco* ou (fém. espagnol) *flamenca.*
ÉTYM. mot espagnol, autrefois «Flamand», pour désigner les Gitans.

FLAMINGANT, ANTE [flamɛ̃gɑ̃, ɑ̃t] **adj.** et **n.** ✦ Partisan de l'émancipation politique et culturelle de la Flandre ; nationaliste flamand.
ÉTYM. de *flameng*, forme ancienne de *flamand.*

FLAMME [flam] **n. f.** **I** 1. Production lumineuse et mobile de gaz en combustion. *Le feu jette des flammes.* → **flamber ; flamboyer.** *La flamme d'un briquet.* ➝ *En flammes*, qui brûle par incendie. *Maison en flammes.* ➝ *La flamme olympique.* 2. Éclat, vive lumière. *La flamme de son regard.* SYN. ① **feu.** 3. Animation, passion. *Parler avec flamme.* ➝ loc. *Être tout feu* tout flamme.* 4. LITTÉR. Passion amoureuse. *Déclarer sa flamme.* **II** 1. Pavillon (III) long et étroit. SYN. **oriflamme.** 2. Marque postale allongée, portant souvent une légende.
ÉTYM. latin *flamma.*

FLAMMÉ, ÉE [flame] **adj.** ✦ Qui présente des taches en forme de flamme, des tons variés. *Grès flammé.*

FLAMMÈCHE [flamɛʃ] **n. f.** ✦ Parcelle enflammée qui se détache d'un brasier, d'un foyer.
ÉTYM. peut-être origine germanique, avec influence du latin *flamma* «flamme».

FLAN [flɑ̃] **n. m.** **I** 1. Crème à base de lait, d'œufs, de farine que l'on fait prendre au four. 2. TECHN. Disque destiné à recevoir une empreinte. *Le flan d'une médaille.* **II** loc. FAM. 1. *En rester COMME DEUX RONDS DE FLAN* : être stupéfait, muet d'étonnement. → ① **baba.** 2. *C'est du flan*, de la blague. ➝ *Au flan* : au hasard, sans réfléchir. *J'ai affirmé ça au flan.* HOM. FLANC «côté»
ÉTYM. francique *flado.*

A B C D E F G H I J K L M N O P Q R S T U V W X Y Z

FLANC [flɑ̃] n. m. 1. Partie latérale du corps (de l'homme et de certains animaux). *Se coucher sur le flanc.* → loc. *Être sur le flanc,* extrêmement fatigué. → FAM. *Tirer au flanc :* paresser (→ **tire-au-flanc**). 2. LITTÉR. Côtés du torse, de la poitrine, symbole de la vie. SYN. **entrailles, sein.** 3. LITTÉR. (choses) Partie latérale. *Les flancs d'un vaisseau.* → *À FLANC DE :* sur le flanc de. *Une maison à flanc de coteau.* 4. Côté droit ou gauche (d'une troupe, d'une armée) (opposé à *front*). SYN. **aile.** ♦ loc. *PRÊTER LE FLANC :* exposer son flanc ; fig. donner prise (à). → **s'exposer.** *Il prête le flanc à la critique.*
HOM. FLAN «dessert»
ÉTYM. francique *hlanka* «hanche».

FLANCHER [flɑ̃ʃe] v. intr. (conjug. 3a) ✦ FAM. Céder, faiblir. *Le cœur du malade a flanché. Ce n'est pas le moment de flancher.* SYN. se **dérober.**
ÉTYM. orig. incert., p.-ê. francique, ou famille de *flanc.*

FLANELLE [flanɛl] n. f. ✦ Tissu de laine peu serré, doux et pelucheux. *Pantalon de flanelle.*
ÉTYM. anglais *flannel,* du gallois *gwalen* «vêtement de laine».

FLÂNER [flɑne] v. intr. (conjug. 3a) 1. Se promener sans hâte, en s'abandonnant à l'impression et au spectacle du moment. SYN. se **balader, musarder.** 2. S'attarder, être dans l'inaction. *Ne flânez pas, au travail !* CONTR. se **dépêcher,** se **presser.**
ÉTYM. ancien scandinave *flana* «courir çà et là».

FLÂNERIE [flɑnʀi] n. f. ✦ Action de flâner ; habitude de flâner.

FLÂNEUR, EUSE [flɑnœʀ, øz] n. ✦ Personne qui flâne, ou qui aime à flâner. SYN. **badaud, promeneur.** ♦ adj. *Un esprit flâneur.*

① **FLANQUER** [flɑ̃ke] v. tr. (conjug. 3a) 1. Être sur le côté, sur le flanc de (une construction...). → au p. passé *Château flanqué de tourelles.* 2. (surtout p. passé) Accompagner. *Il était flanqué de ses gardes du corps.*
ÉTYM. de *flanc.*

② **FLANQUER** [flɑ̃ke] v. tr. (conjug. 3a) ✦ FAM. 1. Lancer, jeter brutalement ou brusquement. SYN. ① **ficher, foutre.** *Il l'a flanqué dehors. Flanquer une gifle à qqn. Flanquer un employé à la porte.* → **renvoyer.** 2. Provoquer brutalement. SYN. **donner.** *Il m'a flanqué la frousse,* fait peur.
ÉTYM. probablt de l'ancien verbe *flaquer,* d'origine onomatopéique (→ flac), avec influence de *flanc.*

FLAPI, IE [flapi] adj. ✦ FAM. Épuisé, éreinté.
ÉTYM. mot lyonnais, de *flapir* «flétrir».

FLAQUE [flak] n. f. ✦ Petite nappe de liquide stagnant. *Une flaque d'huile. Des flaques d'eau.* HOM. FLAC «bruit d'eau»
ÉTYM. de l'ancien français *flache* «mou», du latin *flaccus* «flasque, pendant».

FLASH [flaʃ] n. m. ✦ anglicisme 1. Lampe à émission de lumière brève et intense, qui sert à prendre des instantanés. *Les flashs* ou parfois *les flashes* (plur. anglais). 2. Séquence rapide, de courte durée (d'un film...). *Flash publicitaire.* 3. Courte nouvelle, dans la presse.
ÉTYM. mot anglais «éclair».

FLASH-BACK [flaʃbak] n. m. invar. ✦ anglicisme Retour en arrière, dans un film, un récit. *Des flash-back.*
ÉTYM. mot anglais.

FLASH-BALL [flaʃbol] n. m. ✦ Arme de défense qui tire des balles de caoutchouc. *Des flash-balls.* → recomm. offic. *arme de défense à balles souples.*
ÉTYM. marque déposée ; faux anglicisme, de l'anglais *flash* «éclair» et *ball* «balle».

FLASHCODE [flaʃkɔd] n. m. ✦ Pictogramme représentant un code-barre en deux dimensions, permettant d'accéder à un contenu multimédia avec son smartphone.
ÉTYM. marque déposée ; faux anglicisme, de *flash* et *code.*

① **FLASQUE** [flask] adj. ✦ Qui manque de fermeté. SYN. **mou.** *Chair flasque.* CONTR. ① **ferme.**
ÉTYM. ancien français *flache* → flaque.

② **FLASQUE** [flask] n. f. ✦ Petite bouteille plate.
ÉTYM. italien *fiasca,* d'origine germanique.

FLATTER [flate] v. tr. (conjug. 3a) **I** 1. Louer excessivement ou faussement (qqn), pour plaire, séduire. SYN. **encenser, flagorner.** 2. Caresser avec la main. *Flatter un chien.* **II** (sujet chose) 1. Être agréable à, faire concevoir de la fierté à. *Ce compliment me flatte.* SYN. ① **toucher.** → *Cela flatte sa vanité.* 2. Faire paraître plus beau que la réalité. SYN. **avantager, embellir.** *Ce portrait la flatte* (→ **flatteur**). **III** (compl. chose) 1. Encourager, favoriser avec complaisance. *Flatter les vices de qqn.* 2. Affecter agréablement (les sens). *Ce vin flatte le palais.* **IV** *SE FLATTER (DE)* v. pron. 1. (+ inf.) Se croire assuré de. *Il se flatte de réussir.* SYN. **espérer, prétendre.** 2. (+ n. ou inf.) Tirer orgueil, vanité de. SYN. se **féliciter,** se **targuer** de. *Il se flatte de sa réussite, d'avoir réussi.* CONTR. **blâmer, critiquer.**
ÉTYM. du francique *flat* «plat».

FLATTERIE [flatʀi] n. f. ✦ Action de flatter ; propos qui flatte. CONTR. **blâme,** ② **critique.**

FLATTEUR, EUSE [flatœʀ, øz] n. et adj.
I n. Personne qui flatte, qui donne des louanges exagérées ou fausses. *«Apprenez que tout flatteur Vit aux dépens de celui qui l'écoute»* (La Fontaine).
II adj. 1. Qui loue avec exagération ou de façon intéressée. 2. Qui flatte l'amour-propre, l'orgueil. SYN. **élogieux.** 3. Qui embellit. *Un éclairage flatteur.*

FLATTEUSEMENT [flatøzmɑ̃] adv. ✦ D'une manière flatteuse.

FLATULENCE [flatylɑ̃s] n. f. ✦ Accumulation de gaz dans les intestins (se traduisant par un ballonnement intestinal, des flatuosités).
ÉTYM. de *flatulent.*

FLATULENT, ENTE [flatylɑ̃, ɑ̃t] adj. ✦ Qui s'accompagne de flatulence.
ÉTYM. du latin *flatus* «souffle, vent», de *flare* «souffler».

FLATUOSITÉ [flatɥozite] n. f. ✦ Gaz accumulé dans les intestins ou expulsé du tube digestif. SYN. **vent ; pet.**
ÉTYM. du latin → flatulent.

① **FLÉAU** [fleo] n. m. 1. Instrument à battre les céréales, composé de deux bâtons liés bout à bout par des courroies. *Des fléaux.* 2. anciennt *Fléau d'armes :* arme formée d'une boule hérissée de clous reliée à un manche par une chaîne. 3. Pièce rigide (d'une balance), mobile dans un plan vertical.
ÉTYM. latin *flagellum* «fouet» et fig. «calamité».

② **FLÉAU** [fleo] n. m. 1. Calamité qui s'abat sur un peuple. SYN. **cataclysme, catastrophe, désastre.** 2. Personne ou chose nuisible.
ÉTYM. → ① fléau.

FLÈCHE [flɛʃ] n. f. I 1. Arme de jet consistant en une tige munie d'une pointe à une extrémité et d'un empennage à l'autre. *Lancer, décocher une flèche avec un arc.* ♦ loc. *Partir, filer comme une flèche,* très vite. – *Monter EN FLÈCHE,* très vite. – *Faire flèche de tout bois :* utiliser tous les moyens disponibles. 2. LITTÉR. Trait d'esprit, raillerie. SYN. ① **pique.** II par analogie 1. Signe figurant une flèche (et servant à indiquer une direction). *Suivez les flèches.* 2. Toit pyramidal ou conique d'un clocher, d'une tour. *La flèche d'une cathédrale.* 3. Ce qui avance en pointe. *La flèche d'une charrette* (pièce de bois destinée à l'attelage). 4. GÉOM. Segment qui joint le milieu d'une corde à celui de l'arc qu'elle sous-tend.
ÉTYM. francique.

FLÉCHER [fleʃe] v. tr. (conjug. 8) ✦ Indiquer par des flèches (II, 1). – au p. passé *Itinéraire fléché.* ♦ Munir de flèches. *Flécher un schéma.*
► **FLÉCHAGE** [fleʃaʒ] n. m.

FLÉCHETTE [fleʃɛt] n. f. ✦ Petite flèche qui se lance à la main contre une cible. *Jeu de fléchettes.*

FLÉCHIR [fleʃiʀ] v. (conjug. 13) I v. tr. 1. Faire plier progressivement sous un effort, une pression. SYN. **courber, ployer.** *Fléchir le corps en avant.* – *Fléchir le genou :* s'agenouiller. 2. fig. Faire céder peu à peu (qqn). II v. intr. 1. Plier, se courber peu à peu sous un effort, une pression. SYN. **s'infléchir ;** → **flexible.** – *Ses jambes fléchissent.* 2. fig. Céder ; perdre de sa force, de sa rigueur. *Rien ne le fera fléchir.* – *Sa résolution fléchit.* 3. Baisser, diminuer. *Les bénéfices fléchissent.* CONTR. ① **dresser, redresser.**
ÉTYM. latin populaire *flecticare,* du latin classique *flectere* «courber».

FLÉCHISSEMENT [fleʃismɑ̃] n. m. 1. Action de fléchir ; état d'un corps qui fléchit. SYN. **flexion.** 2. fig. Fait de céder, de faiblir. 3. *Un léger fléchissement des cours en Bourse.* SYN. **baisse, diminution.**

FLÉCHISSEUR [fleʃisœʀ] adj. m. et n. m. ✦ ANAT. *Muscle fléchisseur,* qui effectue une flexion (opposé à *extenseur*). – n. m. *Le fléchisseur du pouce.*
ÉTYM. de *fléchir.*

FLEGMATIQUE [flɛgmatik] adj. ✦ Qui a un caractère calme, qui contrôle facilement ses émotions. CONTR. **émotif, emporté.**
ÉTYM. latin *phlegmaticus,* du grec.

FLEGMATIQUEMENT [flɛgmatikmɑ̃] adv. ✦ Avec flegme.

FLEGME [flɛgm] n. m. 1. VX Lymphe. 2. TECHN. Produit de la distillation d'un liquide alcoolique. 3. COUR. Caractère calme, non émotif. SYN. **impassibilité, sang-froid.** *Un flegme imperturbable.* – *Le flegme britannique.* CONTR. **emportement, exaltation.**
ÉTYM. latin *phlegma* «humeur», du grec.

FLEGMON [flɛgmɔ̃] → PHLEGMON

FLEMMARD, ARDE [flemaʀ, aʀd] adj. ✦ FAM. Qui n'aime pas faire d'efforts, travailler. SYN. **paresseux.** – n. *Quel flemmard !* SYN. **fainéant.**
ÉTYM. de *flemme.*

FLEMMARDER [flemaʀde] v. intr. (conjug. 3a) ✦ FAM. Avoir la flemme ; ne rien faire.
ÉTYM. de *flemmard.*

FLEMME [flɛm] n. f. ✦ FAM. Grande paresse. *Avoir la flemme. J'ai la flemme d'y aller. Tirer sa flemme :* paresser.
ÉTYM. italien *flemma* «lenteur», du latin *phlegma* → flegme.

FLÉTAN [fletɑ̃] n. m. ✦ Grand poisson plat des mers froides, à chair blanche et délicate.
ÉTYM. néerlandais *vleting.*

① **FLÉTRIR** [fletʀiʀ] v. tr. (conjug. 13) 1. Faire perdre sa forme, son port et ses couleurs à (une plante), en privant d'eau. SYN. ② **faner, sécher.** *Le soleil a flétri les hortensias.* 2. LITTÉR. Dépouiller de son éclat, de sa fraîcheur ; fig. de sa joie. SYN. **altérer, ternir.** *L'âge a flétri son visage.* SYN. **rider.** – au p. passé *Peau flétrie.* 3. *SE FLÉTRIR* v. pron. *Plante qui se flétrit.* ♦ *Sa beauté s'est flétrie.*
ÉTYM. de l'ancien français *flestre* «flasque», du latin *flaccus* → flaque.

② **FLÉTRIR** [fletʀiʀ] v. tr. (conjug. 13) 1. anciennt Marquer (un criminel) au fer rouge. SYN. **stigmatiser** (1). 2. LITTÉR. Vouer à l'opprobre ; exprimer une indignation violente contre (qqn). SYN. **stigmatiser** (2).
ÉTYM. probablement du francique *flat* «plat», avec influence de ① *flétrir.*

① **FLÉTRISSURE** [fletʀisyʀ] n. f. 1. État d'une plante flétrie. 2. Altération de la fraîcheur, de l'éclat (du teint, de la beauté...).
ÉTYM. de ① *flétrir.*

② **FLÉTRISSURE** [fletʀisyʀ] n. f. 1. anciennt Marque au fer rouge. 2. LITTÉR. Grave atteinte à la réputation, à l'honneur. SYN. **déshonneur, infamie.**
ÉTYM. de ② *flétrir.*

FLEUR [flœʀ] n. f. I 1. Production délicate, souvent odorante, des plantes à graines, qui porte les organes reproducteurs. *La corolle, les pétales, le pistil d'une fleur. Fleur en bouton, qui s'ouvre, s'épanouit, se fane.* – *Un arbre en fleur(s). Bouquet de fleurs.* – *Végétaux sans fleurs* (fougères, mousses, algues, lichens, champignons). ♦ par métaphore *«Les Fleurs du mal»* (de Baudelaire). 2. Plante qui porte des fleurs (belles, grandes). *Cultiver des fleurs. Pot de fleurs.* 3. Reproduction, imitation de cette partie du végétal. *Tissu à fleurs. Fleur en tissu.* – *FLEUR DE LYS,* emblème de la royauté (→ **fleurdelisé**). 4. loc. *Couvrir qqn de fleurs,* de louanges. ♦ *FLEUR BLEUE* loc. adj. invar. : d'une sentimentalité romanesque. *Des films fleur bleue.* ♦ loc. FAM. *COMME UNE FLEUR :* très facilement. – *FAIRE UNE FLEUR à qqn,* une faveur. 5. *À LA, DANS LA FLEUR DE :* au moment le plus beau de. *Être dans la fleur de sa jeunesse. Mourir à la fleur de l'âge.* 6. Ce qu'il y a de meilleur. SYN. **crème, élite.** *La fleur, la fine fleur de la société.* – *Fleur de farine :* farine très fine. 7. (par métaphore) Ornement poétique. *Fleurs de rhétorique.* II par analogie *Fleurs de vin, de vinaigre,* moisissures qui s'y développent. III 1. *À FLEUR DE* loc. prép. : presque au niveau de, sur le même plan (→ **affleurer, effleurer**). *Rocher à fleur d'eau.* – *Yeux à*

A B C D E F G H I J K L M N O P Q R S T U V W X Y Z

fleur de tête, saillants. ➝ *Sensibilité à fleur de peau,* vive. **2.** Côté du poil (d'une peau tannée). *La fleur d'une peau. Cuir pleine fleur.*
ÉTYM. latin *flos, floris.*

FLEURDELISÉ, ÉE [flœʀdəlize] adj. ✦ Orné de fleurs de lys. *Drapeau fleurdelisé.*
ÉTYM. de *fleur de lys.*

FLEURER [flœʀe] v. tr. (conjug. 3a) ✦ LITTÉR. Répandre une odeur agréable de. ➝ **embaumer.** *La garrigue fleure le thym.*
ÉTYM. de l'ancien français *fleur* «odeur», famille du latin *flare* «souffler».

FLEURET [flœʀɛ] n. m. **1.** Épée à lame de section carrée, au bout moucheté, pour s'exercer à l'escrime. **2.** Sport de l'escrime au fleuret.
ÉTYM. italien *fioretto* «petite fleur».

FLEURETTE [flœʀɛt] n. f. **I 1.** Petite fleur. **2.** loc. CONTER FLEURETTE *à une femme,* la courtiser. **II** appos. invar. *Crème fleurette :* crème très fluide.
ÉTYM. diminutif de *fleur.*

FLEURI, IE [flœʀi] adj. **1.** En fleur, couvert de fleurs. *Pommier ; pré fleuri.* **2.** *Charlemagne, l'empereur à la barbe* fleurie,* blanche. **3.** Garni de fleurs. *Une table fleurie.* **4.** Orné de fleurs. *Tissu fleuri.* **5.** Qui a la fraîcheur de la santé. *Un teint fleuri.* **6.** plais. Qui a des boutons. *Un nez fleuri.* **7.** Très orné, précieux. *Un style fleuri.*
ÉTYM. participe passé de *fleurir ;* sens 2, ancien français *fiori* «blanc de poil».

FLEURIR [flœʀiʀ] v. (conjug. 13) **I** v. intr. **1.** (plantes) Produire des fleurs, être en fleur. **2.** plais. Se couvrir de boutons. *Son nez fleurit.* SYN. **bourgeonner. 3.** fig. S'épanouir ; être dans tout son éclat, dans toute sa splendeur (imparfait *fleurissait* ou LITTÉR. *florissait*) [➝ **florissant**]. **II** v. tr. Orner de fleurs, d'une fleur. *Fleurir une tombe.*
ÉTYM. latin populaire *florire,* classique *florere* «être en fleur *(flos, floris)*».

FLEURISTE [flœʀist] n. ✦ Personne qui fait le commerce des fleurs.

FLEURON [flœʀɔ̃] n. m. ✦ Ornement en forme de fleur. *Fleurons d'une couronne.* ➝ fig. *Le plus beau fleuron de* (une collection) : l'élément le plus précieux.
ÉTYM. de *fleur,* d'après l'italien *fiorone.*

FLEUVE [flœv] n. m. **1.** Cours d'eau important (remarquable par le nombre de ses affluents, l'importance de son débit, la longueur de son cours) qui se jette dans la mer. **2.** Ce qui coule. *Un fleuve de sang, de larmes.* SYN. **flot.** ◆ (élément de mots composés) *Roman-fleuve :* roman très long comportant de nombreux personnages. *Les romans-fleuves.* ➝ *Un discours-fleuve,* très long.
ÉTYM. latin *fluvius,* de *fluere* «couler».

FLEXIBILITÉ [flɛksibilite] n. f. ✦ Caractère de ce qui est flexible.

FLEXIBLE [flɛksibl] adj. **1.** Qui fléchit facilement, se laisse courber, plier. SYN. **élastique, souple.** *Tige flexible.* ➝ *Cou flexible.* **2.** Qui s'accommode facilement aux circonstances. SYN. **malléable, souple.** *Caractère flexible.* ➝ *Horaire flexible.* CONTR. **rigide ; inflexible.**
ÉTYM. latin *flexibilis,* de *flectere* «courber».

FLEXION [flɛksjɔ̃] n. f. **1.** Mouvement par lequel une chose fléchit ; état de ce qui est fléchi. SYN. **fléchissement.** *La flexion d'un ressort.* ➝ *Flexion de la jambe* (opposé à *extension*). **2.** LING. Modification d'un mot à l'aide d'éléments (➝ **désinence**) qui expriment certains aspects et rapports grammaticaux (ex. conjugaison, déclinaison).
ÉTYM. latin *flexio,* de *flectere* «courber».

FLIBUSTIER [flibystje] n. m. **1.** anciennt Pirate. **2.** fig. VIEILLI Homme malhonnête ; escroc.
ÉTYM. anglais *flibutor,* du néerlandais.

FLIC [flik] n. m. ✦ FAM. **1.** Agent de police et, par ext., policier. ➝ appos. *Des femmes flics.* **2.** péj. Personne qui aime faire régner l'ordre, surveiller.
ÉTYM. origine obscure, peut-être argot allemand ou origine onomatopéique.

FLINGUE [flɛ̃g] n. m. ✦ FAM. Fusil, pistolet ou révolver.
ÉTYM. abréviation de *flingot,* d'origine allemande.

FLINGUER [flɛ̃ge] v. tr. (conjug. 3b) ✦ FAM. Tirer sur (qqn) avec une arme à feu.
ÉTYM. de *flingue.*

① **FLIPPER** [flipœʀ] n. m. ✦ anglicisme Billard électrique. *Jouer au flipper.*
ÉTYM. mot américain, de *to flip* «heurter».

② **FLIPPER** [flipe] v. intr. (conjug. 3a) ✦ anglicisme FAM. Être subitement déprimé. ◆ Être angoissé, avoir peur. *Flipper avant un examen.*
ÉTYM. de l'anglais *to flip* «agiter», en américain «être excité».

FLIRT [flœʀt] n. m. ✦ anglicisme **1.** Relation amoureuse plus ou moins chaste, généralement dénuée de sentiments profonds. ◆ fig. Rapprochement momentané (notamment entre adversaires politiques). **2.** Personne avec laquelle on flirte. SYN. **amoureux.** *C'est son dernier flirt.*
ÉTYM. mot anglais → flirter.

FLIRTER [flœʀte] v. intr. (conjug. 3a) ✦ anglicisme Avoir un flirt (avec qqn). ◆ fig. *Flirter avec :* se rapprocher de (notamment en politique). *Il flirte avec les extrémistes.*
ÉTYM. anglais *to flirt* «agiter ; badiner», peut-être d'origine onomatopéique.

FLOC [flɔk] interj. ✦ Onomatopée, bruit d'une chute dans l'eau. SYN. **flac.**
ÉTYM. onomatopée.

FLOCAGE [flɔkaʒ] n. m. ✦ TECHN. Application de fibres courtes sur une surface adhésive, pour obtenir l'aspect du velours.
ÉTYM. de *flocon.*

FLOCHE [flɔʃ] adj. ✦ TECHN. (fil) Dont la torsion est faible. *Soie floche.*
ÉTYM. probablement de l'ancien gascon *floche* «flasque», d'origine latine.

FLOCON [flɔkɔ̃] n. m. **1.** Petite touffe (de laine, de soie, de coton). **2.** Petite masse peu dense (de neige, de vapeur, etc.). *Des flocons d'écume.* ➝ spécialt Flocon de neige. *La neige tombe à gros flocons.* **3.** Petite lamelle (de céréales). *Flocons d'avoine.* ➝ *Purée en flocons.*
ÉTYM. latin *floccus.*

FLOCONNEUX, EUSE [flɔkɔnø, øz] adj. ✦ Qui est en flocons ou ressemble à des flocons.

FLOCULATION [flɔkylasjɔ̃] **n. f.** ✦ CHIM. Rassemblement, sous forme de flocons, des particules d'une solution colloïdale.
ÉTYM. du latin *flocculus* «petit flocon *(floccus)*».

FLONFLONS [flɔ̃flɔ̃] **n. m. pl.** ✦ Accords bruyants de certains morceaux de musique populaire. *Les flonflons du bal.*
ÉTYM. origine onomatopéique.

FLOPÉE [flɔpe] **n. f.** ✦ FAM. Grande quantité. *Une flopée de marmots.*
ÉTYM. du verbe *floper* «battre», du latin.

FLORAISON [flɔʀɛzɔ̃] **n. f. 1.** Épanouissement des fleurs. **2. fig.** Épanouissement. *Une floraison de talents.*
ÉTYM. réfection de *fleuraison* d'après le latin.

FLORAL, ALE, AUX [flɔʀal, o] **adj.** ✦ De la fleur ; de fleurs. *Organes floraux.* ➝ *Exposition florale.*
ÉTYM. latin *floralis*, de *flos, floris* «fleur».

FLORALIES [flɔʀali] **n. f. pl. I** ANTIQ. Fêtes de printemps, en l'honneur de la déesse Flore. **II** Exposition de fleurs.
ÉTYM. latin *floralia*, du n. de la déesse Flore *(Flora)*.

FLORE [flɔʀ] **n. f. 1.** Ensemble des plantes (d'une région, d'un milieu). *La flore méditerranéenne.* **2.** Livre contenant une description scientifique des plantes. **3.** BIOL. *Flore microbienne, bactérienne* : ensemble des micro-organismes vivant dans les tissus et les organes.
ÉTYM. latin *Flora* «Flore», déesse des fleurs, de *flos, floris* «fleur».
☛ FLORE (noms propres).

FLORÉAL, ALS [flɔʀeal] **n. m.** ✦ Huitième mois du calendrier républicain (du 20-21 avril au 19-20 mai).
ÉTYM. du latin *floreus* «fleuri».

faire FLORÈS [flɔʀɛs] **loc. verbale** ✦ LITTÉR. Obtenir des succès. SYN. **réussir.**
ÉTYM. probablement du provençal ; famille de *fleur.*

FLOR(I)-, -FLORE Éléments, du latin *flos, floris* «fleur».

FLORICULTURE [flɔʀikyltyʀ] **n. f.** ✦ Branche de l'horticulture qui s'occupe de la culture des fleurs, des plantes d'ornement.

FLORILÈGE [flɔʀilɛʒ] **n. m.** ✦ Recueil de pièces choisies. SYN. **anthologie.**
ÉTYM. latin *florilegium*, de *flos, floris* «fleur» et *legere* «choisir».

FLORIN [flɔʀɛ̃] **n. m. 1.** anciennt Pièce de monnaie en or. **2.** Ancienne unité monétaire des Pays-Bas.
ÉTYM. italien *fiorino*, de *fiore* «fleur».

FLORISSANT, ANTE [flɔʀisɑ̃, ɑ̃t] **adj.** ✦ Qui est en plein épanouissement, en pleine prospérité. *Un pays florissant.* SYN. **prospère, riche.** ◆ *Une santé florissante,* très bonne. *Un teint florissant.* SYN. **resplendissant.**
ÉTYM. du participe présent de l'ancien verbe *florir* «fleurir».

FLOT [flo] **n. m. I 1.** au plur. Eaux en mouvement (spécialt POÉT. la mer). SYN. **onde,** ① **vague.** *Les flots bleus.* ◆ au sing. SYN. ② **courant.** *Le flot monte. Le flot :* la marée montante. SYN. **flux. 2.** Ce qui est ondoyant, se déroule en vagues. *Un flot, des flots de rubans.* **3.** Quantité considérable de liquide versé, répandu. SYN. **fleuve, torrent.** *Des flots de larmes.* **4.** Écoulement, mouvement abondant. SYN. **affluence.** *Des flots de lumière. Un flot de voyageurs.* SYN. **foule.** ➝ abstrait *Des flots de paroles.* ◆ *À FLOTS* **loc. adv.** ➙ **abondamment.** *Le champagne coule à flots. Le soleil entre à flots.* **II** *À FLOT* **loc. adj.** : qui flotte. *Navire à flot.* ➝ **fig.** *Être à flot,* cesser d'être submergé par les difficultés (notamment financières).
ÉTYM. d'un radical francique *flot-.*

FLOTTABLE [flɔtabl] **adj.** ✦ TECHN. (cours d'eau) Sur lequel on peut pratiquer le flottage.

FLOTTAGE [flɔtaʒ] **n. m.** ✦ Transport par eau de bois flotté. *Train de flottage.*

FLOTTAISON [flɔtɛzɔ̃] **n. f.** ✦ Intersection avec le plan de l'eau de la surface d'un navire à flot. ➝ *Ligne* de flottaison.*

FLOTTANT, ANTE [flɔtɑ̃, ɑ̃t] **adj. 1.** Qui flotte. *Glaces flottantes.* **2.** Qui flotte au gré du vent. *Brume flottante. Cheveux flottants.* **3.** Qui n'est pas fixe ou assuré. SYN. **variable.** *Cours flottant d'une monnaie.* **4.** Qui change sans cesse, ne s'arrête à rien de précis. *Attention flottante.* ➝ *Caractère, esprit flottant.* SYN. **indécis, irrésolu.** CONTR. **assuré, fixe,** ① **précis.**

① **FLOTTE** [flɔt] **n. f. 1.** Réunion de navires naviguant ensemble, destinés aux mêmes opérations ou se livrant à la même activité. SYN. **escadre. 2.** Ensemble des forces navales d'un pays. *La flotte de guerre* ou absolt *la Flotte.* SYN. ① **marine.** *Flotte de commerce.* ◆ par analogie *Flotte aérienne.*
ÉTYM. ancien scandinave *floti* «radeau».

② **FLOTTE** [flɔt] **n. f.** ✦ FAM. Eau. ➝ *Il tombe de la flotte.* SYN. **pluie.**
ÉTYM. de ② *flotter.*

FLOTTEMENT [flɔtmɑ̃] **n. m. 1.** Action, fait de flotter ; mouvement d'ondulation. SYN. **agitation, balancement. 2. fig.** État incertain dû à des hésitations. SYN. **incertitude.**

① **FLOTTER** [flɔte] **v.** (conjug. 3a) **I v. intr. 1.** Être porté sur un liquide (notamment l'eau). SYN. **surnager. 2.** Être en suspension dans l'air. SYN. ① **voler, voltiger.** *La brume flotte sur les prés.* **3.** Bouger, remuer au gré du vent ou d'un mouvement. SYN. **ondoyer, onduler.** *Faire flotter un drapeau.* ➝ *Vêtements qui flottent autour du corps.* **4.** Être instable, variable. SYN. **errer.** ➝ *Laisser flotter ses pensées,* renoncer à les diriger, à les contrôler. **II v. tr.** Lâcher (du bois) dans un cours d'eau pour qu'il soit transporté (➙ **flottage**). ➝ au p. passé *Bois flotté.* CONTR. **couler, sombrer.**
ÉTYM. francique → flot.

② **FLOTTER** [flɔte] **v. impers.** (conjug. 3a) ✦ FAM. Pleuvoir.
ÉTYM. peut-être de ① *flotter.*

FLOTTEUR [flɔtœʀ] **n. m. 1.** Objet (généralement creux) capable de flotter à la surface de l'eau. SYN. **bouée.** *Flotteurs en liège.* SYN. **bouchon. 2.** Organe qui repose sur l'eau et fait flotter un engin. *Les flotteurs d'un hydravion.*

FLOTTILLE [flɔtij] **n. f.** ✦ Réunion, flotte de petits bâtiments. *Flottille de pêche.*
ÉTYM. espagnol *flotilla*, diminutif de *flota* «flotte».

FLOU, FLOUE [flu] **adj. 1.** Dont les contours sont peu nets. SYN. **fondu, vaporeux.** *Images floues. Photo floue.* ➝ **n. m.** *Effet de flou. Flou artistique ;* **fig.** imprécision volontaire. **2.** Qui n'a pas de forme nette. *Coiffure floue.* **3.** Incertain, indécis. SYN. ③ **vague.** *Un souvenir très flou.* CONTR. ① **net,** ① **précis · clair.**
ÉTYM. latin *flavus* «jaune ; fané».

FLOUER [flue] v. tr. (conjug. 3a) ✦ VIEILLI Voler (qqn) en le trompant. ➝ MOD. Tromper (moralement).
ÉTYM. peut-être famille de *fraude*.

FLUCTUANT, ANTE [flyktɥɑ̃, ɑ̃t] adj. 1. Qui varie, va d'un objet à un autre et revient au premier. *Opinions fluctuantes.* ➝ *Être fluctuant dans ses goûts.* SYN. **inconstant, instable.** 2. Qui subit des fluctuations. SYN. **flottant** (3). *Prix fluctuants.* CONTR. ① **ferme, invariable, stable.**
ÉTYM. latin *fluctuans* «flottant».

FLUCTUATION [flyktɥasjɔ̃] n. f. ✦ surtout au plur. Variations successives en sens contraire. SYN. **changement.** *Fluctuations de l'opinion.* ➝ *Les fluctuations du dollar.*

FLUCTUER [flyktɥe] v. intr. (conjug. 3a) ✦ Être fluctuant, changer.
ÉTYM. latin *fluctuare* «flotter».

FLUET, ETTE [flyɛ, ɛt] adj. ✦ (personnes, parties du corps) Mince et d'apparence frêle. SYN. **délicat, gracile,** ① **grêle.** ◆ *Une voix fluette.* SYN. **faible.**
ÉTYM. altération de *flouet*, de *flou*.

FLUIDE [flɥid] adj. et n. m.
I adj. 1. Qui n'est ni solide ni épais, qui coule aisément. *Huile fluide.* 2. fig. Coulant, limpide. *Un style fluide.* 3. Qu'il est difficile de saisir, de fixer. SYN. **fluctuant, insaisissable.** 4. (circulation routière) Qui se fait à une vitesse normale, aisément. CONTR. **épais, lourd.**
II n. m. 1. Tout corps qui épouse la forme de son contenant (les liquides, les gaz) (opposé à *solide*). 2. Force, influence subtile, mystérieuse qui émanerait des astres, des êtres ou des choses. SYN. **émanation, influx, onde.**
ÉTYM. latin *fluidus*, de *fluere* «couler».

FLUIDIFIER [flɥidifje] v. tr. (conjug. 9) ✦ DIDACT. Rendre fluide.

FLUIDITÉ [flɥidite] n. f. ✦ État de ce qui est (plus ou moins) fluide. CONTR. **viscosité.**

FLUOR [flyɔʀ] n. m. ✦ Corps simple (symb. F), gaz toxique jaune verdâtre.
ÉTYM. mot latin «écoulement».

FLUORÉ, ÉE [flyɔʀe] adj. ✦ Qui contient du fluor.

FLUORESCENCE [flyɔʀesɑ̃s] n. f. ✦ Propriété de certains corps d'émettre de la lumière sous l'influence d'un rayonnement (➝ aussi **phosphorescence**).
ÉTYM. mot anglais, du latin *fluor*.

FLUORESCENT, ENTE [flyɔʀesɑ̃, ɑ̃t] adj. 1. Relatif à la fluorescence ; doué de fluorescence. ➝ *Lampe fluorescente.* 2. Qui évoque la fluorescence. *Un rose fluorescent.* ➝ abrév. FAM. FLUO [flyo]. *Des couleurs fluos.*

FLÛTE [flyt] n. f. **I** 1. Instrument à vent formé d'un tube percé de plusieurs trous. *Flûte traversière. Flûte à bec* (➝ ① **flageolet**). *Flûte en bois* (➝ **fifre**). ➝ *Flûte de Pan* (☞ noms propres), à plusieurs tuyaux. 2. Pain de forme allongée. ➝ aussi **baguette, ficelle.** 3. Verre à pied, haut et étroit. *Flûte à champagne.* 4. au plur. FAM. Les jambes. ➝ loc. *Jouer des flûtes.* ➝ **courir.** **II** interj. Interjection marquant l'impatience, la déception. SYN. **zut.**
ÉTYM. probablement origine onomatopéique.

FLÛTÉ, ÉE [flyte] adj. ✦ Semblable au son de la flûte. *Note flûtée.* ➝ *Une voix flûtée.* SYN. **aigu.**

FLÛTISTE [flytist] n. ✦ Instrumentiste qui joue de la flûte.

FLUVIAL, ALE, AUX [flyvjal, o] adj. ✦ Relatif aux fleuves, aux rivières. *Navigation fluviale.*
ÉTYM. latin *fluvialis*.

FLUX [fly] n. m. 1. DIDACT. Écoulement (d'un liquide organique). *Un flux de sang.* 2. Grande quantité. SYN. **flot.** *Un flux de protestations.* 3. Marée montante (opposé à *reflux*). 4. SC. *Flux lumineux*, débit de lumière. ➝ *Flux électrique, magnétique* (du courant). 5. ÉCON. Mouvement, déplacement. *Flux monétaires.*
ÉTYM. latin *fluxus* «écoulement», de *fluere* «couler».

FLUXION [flyksjɔ̃] n. f. 1. Congestion. ➝ *FLUXION DE POITRINE* : congestion pulmonaire compliquée de congestion des bronches, de la plèvre. SYN. **pneumonie.** 2. Gonflement inflammatoire des gencives ou des joues, provoqué par une infection dentaire.
ÉTYM. latin *fluxio* «écoulement», de *fluere* «couler».

FOC [fɔk] n. m. ✦ Voile triangulaire à l'avant d'un bateau. *Le foc et la trinquette.* HOM. PHOQUE «animal»
ÉTYM. néerlandais *fok*.

FOCAL, ALE, AUX [fɔkal, o] adj. ✦ Qui concerne le foyer, les foyers d'un instrument d'optique. *Axe focal.* ➝ *Distance focale* ou n. f. *la focale. Objectif à focale variable.*
ÉTYM. du latin *focus* «foyer».

FOCALISATION [fɔkalizasjɔ̃] n. f. 1. Action de focaliser. *Point de focalisation.* 2. Point de vue qu'adopte le narrateur d'un récit. ☞ Littérature p. 130. *Focalisation zéro* (le narrateur en sait plus que les personnages), *interne* (le narrateur en sait autant que l'un des personnages), *externe* (il en sait moins).

FOCALISER [fɔkalize] v. tr. (conjug. 3a) 1. Concentrer (un rayonnement) en un point (➝ **foyer**). 2. fig. Concentrer, rassembler. *Focaliser des aspirations ; son attention.* ➝ pronom. *Il se focalise sur des détails.*
ÉTYM. de *focal*.

FOEHN [føn] n. m. 1. Vent chaud et sec des Alpes suisses et autrichiennes. 2. RÉGIONAL (Suisse) Sèche-cheveux.
ÉTYM. mot suisse allemand.

FŒTAL, ALE, AUX [fetal, o] adj. ✦ Relatif au fœtus. *Membranes fœtales.* ➝ *Médecine fœtale* (SYN. **prénatal**).
ÉTYM. de *fœtus*.

FŒTUS [fetys] n. m. ✦ Produit de la conception encore renfermé dans l'utérus, lorsqu'il n'est plus à l'état d'embryon* et commence à présenter les caractères distinctifs de l'espèce.
ÉTYM. latin *fetus* «enfantement ; ponte».

FOFOLLE ➝ FOUFOU

FOI [fwa] n. f. **I** 1. LITTÉR. Assurance donnée d'être fidèle à sa parole, d'accomplir exactement ce que l'on a promis. SYN. **engagement, promesse, serment.** *Se fier à la foi d'autrui.* ◆ loc. *MA FOI* (en tête de phrase ; en incise) : certes, en effet. *C'est ma foi vrai.* 2. (Garantie résultant d'une promesse) *Sous la foi du serment.* ➝ *SUR LA FOI DE. Sur la foi des témoins.* ➝ *FAIRE FOI* (sujet chose) : démontrer la véracité, porter témoignage. *Le cachet de la poste faisant foi.* 3. loc. *BONNE FOI* : qualité de qqn qui parle, agit avec une intention droite, sans ruse.

→ **franchise, loyauté.** *Abuser de la bonne foi de qqn. En toute bonne foi.* ➛ *MAUVAISE FOI* : déloyauté, duplicité. *Il est d'une mauvaise foi évidente.* **II** 1. Fait de croire qqn, d'avoir confiance en qqch. *Un témoin digne de foi. Ajouter foi à* (des paroles...). 2. Confiance absolue que l'on met (en qqn, en qqch.). *Avoir foi en qqn.* → se **fier.** *Sa foi en l'avenir.* 3. Fait de croire en un dieu (spécialt, absolt, en la religion dominante), en un dogme par une adhésion profonde de l'esprit et du cœur. SYN. **croyance.** *La foi chrétienne. Avoir, perdre la foi.* ➛ loc. *La foi du charbonnier*.* ➛ iron. *Il n'y a que la foi qui sauve,* se dit de ceux qui se forgent des illusions. ➛ *N'avoir ni foi ni loi,* ni religion ni morale. CONTR. **incrédulité • athéisme.** HOM. FOIE «organe», FOIS «cas, occasion»
ÉTYM. latin *fides* «confiance».

FOIE [fwa] **n. m.** 1. Organe situé dans la partie supérieure droite de l'abdomen, qui filtre et renouvelle le sang (→ **hépatique**). 2. Cet organe, chez certains animaux, utilisé pour la consommation. *Foie de veau. Pâté de foie.* ➛ *FOIE GRAS* : foie d'oie ou de canard que l'on engraisse par gavage, constituant un mets recherché. 3. loc. FAM. *Avoir les foies* : avoir peur. HOM. FOI «croyance», FOIS «cas, occasion»
ÉTYM. latin *ficatum,* de *ficus* «figue».

① **FOIN** [fwɛ̃] **n. m.** 1. Herbe des prairies fauchée et séchée pour la nourriture du bétail. → **fourrage.** *Meule de foin.* ➛ loc. *Bête à manger du foin,* très bête. 2. Herbe sur pied destinée à être fauchée. *Faire les foins.* → ① **faner.** ➛ *Rhume des foins* (à l'époque de la floraison des graminées). 3. Poils soyeux qui garnissent le fond de l'artichaut. 4. FAM. *Faire du foin,* du scandale, du bruit ; protester.
ÉTYM. latin *fenum.*

② **FOIN** [fwɛ̃] **interj.** ✦ VIEILLI Interjection qui marque le mépris, le dédain. SYN. **fi.** *Foin des richesses !*
ÉTYM. origine incertaine ; p.-ê. de *fi* ou de ① *foin.*

FOIRE [fwaʀ] **n. f.** 1. Grand marché public qui a lieu à des dates et en un lieu fixes. *Foire aux bestiaux.* 2. Grande manifestation commerciale périodique. SYN. **exposition.** *La foire de Bruxelles.* 3. Fête foraine périodique. *La foire du Trône, à Paris.* 4. FAM. Lieu bruyant où règnent le désordre et la confusion. ◆ *FAIRE LA FOIRE* : s'amuser, faire la fête.
ÉTYM. bas latin *feria,* classique *feriae* «fêtes».

FOIRER [fwaʀe] **v. intr.** (conjug. 3a) ✦ FAM. Mal fonctionner ; rater, échouer lamentablement.
ÉTYM. de *foire* vulg. «diarrhée», du latin *foria.*

FOIREUX, EUSE [fwaʀø, øz] **adj.** ✦ FAM. Qui échoue ; raté, sans valeur. *Un projet foireux.*
ÉTYM. de *foire* vulg. «diarrhée».

FOIS [fwa] **n. f.** **I** marquant la fréquence, le retour d'un évènement Cas, occasion où un fait se produit, se reproduit. 1. (sans prép.) *C'est arrivé une fois, une seule fois. Encore une fois.* ➛ *Une bonne fois, une fois pour toutes,* d'une manière définitive. *Plus d'une fois, cent fois,* souvent. ➛ (avec une unité de temps) *Une fois l'an. Deux fois par mois.* ➛ (avec un ordinal) *La première, la dernière fois.* ➛ (avec divers déterminants) *Chaque fois. La prochaine fois. La fois où il est venu. L'autre fois.* ➛ FAM. *DES FOIS* : certaines fois. → **parfois, quelquefois.** 2. (précédé d'une prép.) *Par deux fois* : à deux reprises. ➛ *Payer en plusieurs fois.* ➛ *Pour la première fois. Pour une fois.* ➛ *S'y prendre à deux fois.* 3. *À LA FOIS* **loc. adv.** : en même temps. *Tous à la fois. Il est à la fois aimable et distant.* 4. VX OU RÉGIONAL *UNE FOIS* : un certain jour (→ **autrefois**). *Il était une fois* (commencement traditionnel des contes de fées). 5. *UNE FOIS QUE* : dès que, dès l'instant où. ◆ ellipt *Une fois décidé, il ne s'arrête plus.* ➛ *Une fois la crise passée...* **II** 1. servant d'élément multiplicateur ou diviseur *Quantité deux fois plus grande, plus petite qu'une autre. Trois fois quatre font douze.* 2. fig. Équivalent d'un superlatif. *Vous avez mille fois raison. C'est trois fois rien*.* HOM. FOI «croyance», FOIE «organe»
ÉTYM. latin *vix, vicis* «place ; succession».

FOISON [fwazɔ̃] **n. f.** 1. VX OU LITTÉR. Très grande quantité. SYN. **abondance.** 2. *À FOISON* **loc. adv.** : en grande quantité. *Cette année, il y a des cerises à foison.* SYN. **à profusion.**
ÉTYM. latin *fusio* «diffusion», de *fundere* «répandre» ; doublet de *fusion.*

FOISONNANT, ANTE [fwazɔnɑ̃, ɑ̃t] **adj.** ✦ Qui foisonne.

FOISONNEMENT [fwazɔnmɑ̃] **n. m.** ✦ Abondance, fourmillement.
ÉTYM. de *foisonner.*

FOISONNER [fwazɔne] **v. intr.** (conjug. 3a) 1. Être en grande abondance, à foison. SYN. **abonder.** *Le gibier foisonne dans ce bois.* 2. *FOISONNER EN, DE* : être pourvu abondamment de. SYN. **abonder** en, **regorger** de. *Ce bois foisonne en gibier.*
ÉTYM. de *foison.*

FOL, FOLLE → ① **FOU**

FOLÂTRE [fɔlɑtʀ] **adj.** ✦ Qui incite au jeu, à la plaisanterie. *Gaieté folâtre. Humeur folâtre.*
ÉTYM. de *fol* → ① fou.

FOLÂTRER [fɔlɑtʀe] **v. intr.** (conjug. 3a) ✦ Jouer ou s'agiter de façon folâtre. SYN. **batifoler.**

FOLIACÉ, ÉE [fɔljase] **adj.** ✦ DIDACT. Qui a l'aspect d'une feuille. *Le prothalle est une lame foliacée.*
ÉTYM. latin *foliaceus,* de *folium* «feuille».

FOLIATION [fɔljasjɔ̃] **n. f.** ✦ DIDACT. 1. Disposition des feuilles sur la tige ; développement des feuilles. SYN. **feuillaison.** 2. GÉOL. Structure feuilletée de certaines roches.
ÉTYM. du latin *folium* «feuille».

FOLICHON, ONNE [fɔliʃɔ̃, ɔn] **adj.** ✦ VIEILLI Léger, gai. ➛ MOD. (avec négation) *PAS FOLICHON, ONNE* : pas gai(e), pas drôle.
ÉTYM. de *fol* → ① fou.

① **FOLIE** [fɔli] **n. f.** 1. Trouble mental ; égarement de l'esprit. SYN. **aliénation, démence** ; → ① **fou.** *Accès de folie. Folie furieuse. Folie des grandeurs.* → **mégalomanie.** *Folie de la persécution.* → **paranoïa.** 2. Manque de jugement ; absence de raison. SYN. **déraison.** *C'est de la folie, de la pure folie.* SYN. **absurdité ; inconscience.** ➛ *Il l'aime À LA FOLIE.* → **follement, passionnément.** 3. Idée, parole, action déraisonnable. *Faire une folie, des folies.* SYN. **extravagance, sottise.** ➛ Dépense excessive. CONTR. **équilibre • raison, sagesse.**
ÉTYM. de *fol* → ① fou.

② **FOLIE** [fɔli] **n. f.** ✦ anciennt Riche maison, édifice d'agrément.
ÉTYM. altération, d'après ① *folie,* de *feuillée* «abri de feuillage».

FOLIÉ, ÉE [fɔlje] adj. ✦ DIDACT. Garni de feuilles.
ÉTYM. latin *foliatus*.

FOLIO [fɔljo] n. m. 1. Feuillet de registre. 2. Nombre qui numérote chaque page d'un livre.
ÉTYM. mot latin, ablatif de *folium* «feuille».

FOLIOLE [fɔljɔl] n. f. ✦ BOT. Chacune des petites feuilles qui forment une feuille composée. *Les folioles du trèfle.*
ÉTYM. latin *foliolum* «petite feuille *(folium)*».

FOLIOTER [fɔljɔte] v. tr. (conjug. 3a) ✦ Numéroter (un livre) feuillet par feuillet, page par page.
ÉTYM. de *folio* «feuille».

FOLK [fɔlk] adj. et n. m. ✦ anglicisme *Musique folk ; le folk :* musique traditionnelle modernisée (d'abord aux États-Unis). SYN. **country.** – adj. *Des groupes folks* ou *folk* (invar.).
ÉTYM. abréviation de l'anglais *folksong*, proprement «chanson *(song)* du peuple».

FOLKLORE [fɔlklɔʀ] n. m. 1. Science des traditions, des usages et de l'art populaires (d'un pays, d'un groupe humain). 2. Ensemble de ces traditions. *Le folklore breton.* 3. FAM. Chose pittoresque, mais sans importance ou sans signification.
ÉTYM. anglais *folk-lore* «science du peuple».

FOLKLORIQUE [fɔlklɔʀik] adj. 1. Relatif au folklore. *Danse, costume folklorique.* 2. FAM. Pittoresque, mais sans sérieux (manifestations, personnes). – abrév. FAM. FOLKLO [fɔlklo]. *Des types folklos.*

FOLKLORISTE [fɔlklɔʀist] n. ✦ DIDACT. Spécialiste du folklore (1).

FOLLE → ① FOU

FOLLEMENT [fɔlmɑ̃] adv. 1. D'une manière folle, excessive. *Être follement amoureux.* 2. Au plus haut point. SYN. **extrêmement.** *Ça m'excite follement.*

FOLLET, ETTE [fɔlɛ, ɛt] adj. 1. VX Un peu fou ; déraisonnable. ♦ n. m. Lutin. 2. Qui a quelque chose d'irrégulier. *Cheveux follets. Poil follet :* première barbe légère, ou duvet. 3. *FEU FOLLET :* petite flamme due à une exhalaison de gaz (phosphure d'hydrogène) qui brûle spontanément.
ÉTYM. diminutif de *fol* → ① fou.

FOLLICULE [fɔlikyl] n. m. ✦ ANAT. Petit sac membraneux. *Follicule pileux. Follicule ovarien.*
► **FOLLICULAIRE** [fɔlikylɛʀ] adj.
ÉTYM. latin *folliculus* «petit sac *(follis)*».

FOLLICULINE [fɔlikylin] n. f. ✦ PHYSIOL. L'une des hormones sécrétées par le follicule ovarien.

FOMENTER [fɔmɑ̃te] v. tr. (conjug. 3a) ✦ Susciter ou entretenir (un sentiment ou une action néfaste). *Fomenter des troubles.*
► **FOMENTATEUR, TRICE** [fɔmɑ̃tatœʀ, tʀis] ou **FOMENTEUR, EUSE** [fɔmɑ̃tœʀ, øz] n.
ÉTYM. latin médical *fomentare*, de *fomentum* «cataplasme», de *fovere* «chauffer».

FONCÉ, ÉE [fɔ̃se] adj. ✦ (couleur) Qui est d'une nuance sombre. *Un bleu foncé.* – *Peau foncée, teint foncé.* SYN. **brun.** CONTR. **clair, pâle.**
ÉTYM. de *foncer* (II).

FONCER [fɔ̃se] v. (conjug. 4) **I** v. tr. TECHN. Garnir d'un fond. **II** 1. v. tr. Rendre (une teinte) plus sombre. 2. v. intr. Devenir plus foncé. *Ses cheveux ont foncé.* **III** v. intr. 1. Se jeter impétueusement (sur). SYN. **attaquer, charger.** *Foncer sur l'ennemi.* SYN. **fondre** (III). *Foncer dans le tas.* 2. FAM. Aller très vite et tout droit. SYN. **filer.** *Il fonce droit devant lui.* – fig. Aller hardiment de l'avant (→ **fonceur**). CONTR. **éclaircir.**
ÉTYM. de *fond.*

FONCEUR, EUSE [fɔ̃sœʀ, øz] n. ✦ Personne qui fonce, qui va de l'avant. SYN. ③ **battant.** – adj. *Un tempérament fonceur.*

FONCIER, IÈRE [fɔ̃sje, jɛʀ] adj. 1. Qui constitue un bien-fonds ; relatif à un bien-fonds. *Propriété foncière. Impôt foncier.* 2. Qui est au fond de la nature, du caractère de qqn. SYN. **inné, naturel.** *Il est d'une honnêteté foncière.* CONTR. **mobilier · superficiel.**
ÉTYM. de *fons*, ancienne forme de *fonds.*

FONCIÈREMENT [fɔ̃sjɛʀmɑ̃] adv. ✦ Essentiellement, profondément. *Il est foncièrement bon, égoïste.*

FONCTION [fɔ̃ksjɔ̃] n. f. **I** (personnes) 1. Ce que doit accomplir une personne dans son travail, son emploi. SYN. **activité,** ② **devoir, mission, office, rôle, service, tâche, travail.** *Elle s'acquitte très bien de ses fonctions.* 2. Cet emploi, considéré en rapport avec la collectivité. SYN. **charge, métier,** ② **poste, situation.** *Fonction de directeur.* – *Être, rester EN FONCTION.* – *FAIRE FONCTION DE :* jouer le rôle de. *Il fait fonction de directeur.* – *Appartement, véhicule DE FONCTION,* alloué à qqn dans le cadre de sa fonction. ♦ *Fonction publique :* situation de l'agent d'un service public (→ **fonctionnaire**). **II** (choses) 1. (sens général) Action particulière (d'une chose dans un ensemble). SYN. **rôle, utilité** ; → **fonctionner.** *Faire fonction de :* tenir lieu de. 2. (sens spéciaux) Ensemble des propriétés actives concourant à un but, chez l'être vivant. *La fonction respiratoire. Les fonctions du cœur.* allus. *La fonction crée l'organe* (d'après Lamarck). ♦ CHIM. (suivi d'un nom en appos.) Ensemble de propriétés liées à la présence d'une structure atomique. *Fonction acide, alcool.* ♦ LING. Rôle grammatical d'une unité par rapport aux autres dans un énoncé (ex. sujet du verbe, attribut du sujet, etc.). *La nature et la fonction d'un mot.* **III** 1. MATH. Correspondance qui à tout élément d'un ensemble associe au plus un élément d'un autre ensemble. *Fonctions algébriques.* 2. loc. *ÊTRE FONCTION DE :* dépendre de. *Les résultats sont fonction des efforts.* → à la **mesure** de. ♦ *EN FONCTION DE :* relativement à. *Nous déciderons en fonction de la situation.*
ÉTYM. latin *functio*, de *fungi* «accomplir».

FONCTIONNAIRE [fɔ̃ksjɔnɛʀ] n. ✦ Personne qui occupe un emploi permanent dans une administration publique.
ÉTYM. de *fonction.*

FONCTIONNEL, ELLE [fɔ̃ksjɔnɛl] adj. 1. DIDACT. Relatif aux fonctions (II, 2). *Troubles fonctionnels,* qui ne semblent pas dus à une lésion. – *Grammaire fonctionnelle.* – CHIM. *Groupement fonctionnel.* 2. MATH. Relatif aux fonctions (III, 1). 3. COUR. (choses) Qui remplit une fonction pratique ; qui est adapté à sa fonction. *Des meubles fonctionnels.*

FONCTIONNEMENT [fɔ̃ksjɔnmɑ̃] **n. m.** ✦ Action, manière de fonctionner. SYN. ① **marche, travail.** *Le fonctionnement d'un mécanisme.*

FONCTIONNER [fɔ̃ksjɔne] **v. intr.** (conjug. 3a) ✦ **(organe, mécanisme...)** Accomplir une fonction. SYN. ① **aller, marcher.** *Mon ordinateur fonctionne bien. Comment fonctionne cet appareil ?* ➙ **(abstractions)** *Imagination ; institution qui fonctionne bien.*

FOND [fɔ̃] **n. m.** **I** Partie la plus basse de qqch. de creux, de profond. **1.** Paroi inférieure (d'un récipient, d'un contenant). *Le fond du verre est sale.* ➙ *Le fond d'une poche, d'un sac.* **2.** Substance contenue au fond, près du fond. ➙ *Un fond* (de verre, etc.), une petite quantité. **3.** Sol où reposent des eaux. ➙ **bas-fond, haut-fond.** *Le fond de l'eau, de la mer. Bateau qui touche le fond.* ➙ *Envoyer un navire par le fond,* le couler. ◆ Hauteur d'eau. SYN. **profondeur.** *Il n'y a pas assez de fond pour plonger.* **4.** **par métaphore** Point le plus bas. *Toucher le fond du désespoir.* **5.** Partie basse (d'un paysage). *Le fond de la vallée.* **6.** Intérieur de la mine. *Mineur de fond.* **II** (Partie la plus reculée) **1.** Partie (d'un lieu) opposée à l'entrée. *Le fond de la salle. Au fond des bois. Au fond du couloir, à droite.* **2.** Partie opposée à l'ouverture. *Le fond d'une armoire.* **3.** Partie (d'un vêtement) éloignée des bords. *Le fond d'une casquette. Fond de culotte.* **4.** Partie (d'un organe) opposée à l'orifice. *Le fond de la gorge.* **III** (Partie qui sert d'appui) **1.** Ce qui supporte un édifice. ➙ **loc.** *De fond en comble*.* **2.** Ce que l'on voit ou entend par-derrière, en arrière-plan. *Tissu à fleurs noires sur fond rouge. Fond sonore.* **3.** *FOND DE TEINT :* crème colorée destinée à unifier le teint. **4.** **loc. FAM.** *Le fond de l'air,* ce qui semble être la température de base. *Le fond de l'air est frais.* **IV** **(abstrait)** **1.** **(pensées, sentiments)** *Le fond de son cœur.* SYN. **tréfonds.** **2.** Réalité profonde. *Aller au fond des choses.* **3.** **loc. adv.** *AU FOND, DANS LE FOND :* à considérer le fond des choses. ➙ en **réalité.** ◆ *À FOND :* en allant jusqu'au fond, jusqu'à la limite du possible. ➙ **complètement, entièrement.** *Respirer à fond. Connaître son sujet à fond.* **4.** Élément essentiel, permanent. *Un fond d'honnêteté.* ➙ *Le fond historique d'une légende.* **5.** Ce qui appartient au contenu (d'une œuvre...) (opposé à *forme*). *Critiques sur le fond. Je suis d'accord sur le fond.* ➙ *Article DE FOND,* qui fait le point sur un sujet important. **6.** Qualités physiques essentielles de résistance. *Course de fond, de demi-fond,* disputée sur une longue distance (opposé à *vitesse, sprint*). ➙ *Ski de fond.* CONTR. ② **dessus ; surface • bord, entrée.** HOM. FONDS « capital », FONTS « bassin »
ÉTYM. latin *fundus.*

FONDAMENTAL, ALE, AUX [fɔ̃damɑ̃tal, o] **adj.** **1.** Qui sert de fondement ; qui a un caractère essentiel et déterminant. SYN. **important, vital.** **2.** Qui se manifeste avant toute chose et à fond. *Un pessimisme fondamental.* SYN. **foncier, radical.** **3.** *Recherche fondamentale,* théorique, non appliquée. SYN. **pur.** CONTR. **accessoire, secondaire.**
ÉTYM. latin *fundamentalis.*

FONDAMENTALEMENT [fɔ̃damɑ̃talmɑ̃] **adv.** ✦ D'une manière fondamentale ; essentiellement.

FONDAMENTALISME [fɔ̃damɑ̃talism] **n. m.** ✦ Tendance religieuse conservatrice. ➙ Courant religieux intégriste.
ÉTYM. de *fondamental.*

FONDAMENTALISTE [fɔ̃damɑ̃talist] **adj.** **1.** DIDACT. Qui se livre à la recherche fondamentale. **2.** Du fondamentalisme religieux. SYN. **intégriste.** ➙ **n.** *Les fondamentalistes musulmans.*

FONDANT, ANTE [fɔ̃dɑ̃, ɑ̃t] **adj.** **1.** Qui fond. *Neige fondante.* **2.** Qui se dissout, fond dans la bouche. *Bonbons fondants.* ➙ *Une poire fondante.*
ÉTYM. du participe présent de *fondre.*

FONDATEUR, TRICE [fɔ̃datœʀ, tʀis] **n.** ✦ Personne qui fonde (qqch.). SYN. **créateur.** *Le fondateur d'une cité.* SYN. **bâtisseur.** *Le fondateur d'une science.* SYN. **père.** ➙ *Les fondateurs,* **adj.** *les membres fondateurs d'une société.*
ÉTYM. latin *fundator.*

FONDATION [fɔ̃dasjɔ̃] **n. f.** **1.** **(général au plur.)** Travaux et ouvrages destinés à assurer la stabilité d'une construction. *Creuser les fondations d'un immeuble.* **2.** Action de fonder (une ville, une institution...). SYN. **création.** *La fondation d'un parti, d'une société (par qqn).* **3.** Création par voie de donation ou de legs d'une œuvre d'intérêt public ou d'utilité sociale. **4.** Œuvre qui recueille des dons ou des legs.
ÉTYM. latin *fundatio.*

FONDÉ, ÉE DE POUVOIR [fɔ̃ded(ə)puvwaʀ] **n.** ✦ Personne qui est chargée d'agir au nom d'une autre ou d'une société. *Des fondé(e)s de pouvoir.* ➙ **On écrit aussi** *fondé, ée de pouvoirs.*

FONDEMENT [fɔ̃dmɑ̃] **n. m.** **1.** **général au plur.** VX SYN. **fondation** (1). ➙ **MOD. fig.** *Jeter, poser les fondements d'un système.* SYN. **assise, base.** **2.** Fait justificatif (d'un discours, d'une croyance). *Vos craintes sont sans fondement.* SYN. **motif, raison.** **3.** Point de départ (d'un système d'idées). SYN. **principe.** *Les fondements de la géométrie.* **4.** FAM. Derrière ; anus.
ÉTYM. latin *fundamentum.*

FONDER [fɔ̃de] **v. tr.** (conjug. 3a) **1.** Prendre l'initiative d'établir, de construire (une ville), d'édifier (une œuvre). SYN. **créer ; constituer, former.** *Fonder un empire ; un parti.* **2.** *FONDER* (qqch.) *SUR :* établir sur (une base déterminée). SYN. **baser.** ➙ **pronom.** *Sur quoi vous fondez-vous pour affirmer cela ?* **3.** Constituer le fondement de. SYN. **justifier, motiver.** *Voilà ce qui fonde ma réclamation.* ◆ **passif et p. passé** *Une opinion bien, mal fondée. Un reproche fondé.* SYN. **juste, raisonnable.** CONTR. **abolir, détruire.**
ÉTYM. latin *fundare* « bâtir ; établir », de *fundus* « fond ».

FONDERIE [fɔ̃dʀi] **n. f.** ✦ Usine où l'on fond le minerai (➙ **aciérie, forge**), où l'on coule le métal en fusion.
ÉTYM. de *fondre.*

① **FONDEUR** [fɔ̃dœʀ] **n. m.** **1.** Personne qui dirige une fonderie. **2.** Technicien, ouvrier travaillant dans une fonderie.
ÉTYM. de *fondre.*

② **FONDEUR, EUSE** [fɔ̃dœʀ, øz] **n.** ✦ Personne qui fait du ski de fond.
ÉTYM. de *fond.*

FONDRE [fɔ̃dʀ] **v.** (conjug. 44) **I** **v. tr.** **1.** Rendre liquide (un corps solide ou pâteux) par l'action de la chaleur. SYN. **liquéfier ;** ➙ **fondu,** ① **fonte, fusion.** *Le soleil a fondu la neige.* ➙ *Fondre des métaux.* **2.** Fabriquer avec une matière fondue. SYN. **mouler.** *Fondre une cloche.* **3.** Combiner intimement de manière à former un tout. SYN.

amalgamer, réunir. **II** v. intr. 1. (solide) Passer à l'état liquide par l'effet de la chaleur. SYN. se **liquéfier.** *La neige a fondu.* – *Le plomb fond aisément* (→ **fusible**). ♦ *FONDRE EN. La glace fond en eau.* – fig. *Fondre en pleurs, en larmes.* ♦ fig. S'attendrir. *J'ai fondu devant tant de gentillesse.* 2. Se dissoudre dans un liquide. *Laisser fondre le sucre dans son café.* – *Cela fond dans la bouche* (→ **fondant**). 3. Diminuer rapidement. SYN. **disparaître.** *L'argent lui fond dans les mains.* ♦ *Il a fondu depuis sa maladie,* il a beaucoup maigri. **III** v. intr. *FONDRE SUR* : s'abattre avec violence sur. *L'aigle fond sur sa proie.* SYN. **foncer.** – fig. *Catastrophe qui fond sur un pays.* SYN. **tomber.** **IV** *SE FONDRE* v. pron. 1. VX Se liquéfier. 2. Se réunir, s'unir en un tout. *Maison de commerce qui se fond dans, avec une autre.* SYN. **fusionner.** – *Se fondre dans la foule.* SYN. **disparaître, s'évanouir.** CONTR. **coaguler, figer · durcir · augmenter, grossir.**

ÉTYM. latin *fundere* «répandre».

FONDRIÈRE [fɔ̃dʀijɛʀ] n. f. ✦ Trou (souvent plein d'eau ou de boue), dans un chemin défoncé.

ÉTYM. du latin médiéval *fundora*, pluriel de *fundus* «fond».

FONDS [fɔ̃] n. m. **I** 1. Bien immeuble (domaine ou sol à bâtir). → **bien-fonds ; foncier.** *Accroître son fonds.* 2. *FONDS DE COMMERCE* ou absolt *FONDS* : ensemble des biens mobiliers et des droits appartenant à un commerçant ou à un industriel et lui permettant l'exercice de sa profession. SYN. **établissement, exploitation.** **II** (souvent au plur.) 1. Capital. *Dépenser son fonds. Prêter à fonds perdu,* sans espoir d'être remboursé. ♦ *Fonds publics* : emprunts d'État ou ressources garanties par l'État. 2. Capital servant au financement. *Posséder les fonds nécessaires à une entreprise.* – *Bailleur de fonds* : commanditaire. 3. Organisme de financement. *Le Fonds monétaire international (F. M. I.)* 4. Argent comptant. *Manier des fonds considérables.* SYN. ① **somme.** *Dépôt de fonds dans une banque.* SYN. **espèce(s).** – *ÊTRE EN FONDS* : disposer d'argent. **III** Ressources propres à qqch. ou personnelles à qqn. *Il y a là un fonds très riche.* SYN. **filon,** ② **mine.** – *Le fonds Untel* : les œuvres provenant de la collection de monsieur Untel (→ **fondation, legs**). HOM. FOND «partie basse», FONTS «bassin»

ÉTYM. latin *fundus*.

FONDU, UE [fɔ̃dy] adj. et n. m.

I adj. 1. Amené à l'état liquide. *Neige fondue.* 2. (couleur, ton) Mélangé, dégradé. *Des tons fondus.* – n. m. *Le fondu d'un tableau.*

II n. m. CIN. Apparition ou disparition graduelle de l'image. – *Fondu enchaîné,* dans lequel une image se substitue progressivement à une autre.

ÉTYM. du participe passé de *fondre*.

FONDUE [fɔ̃dy] n. f. 1. *Fondue (savoyarde)* : mets préparé avec du fromage fondu (gruyère, emmental) au vin blanc, dans lequel chaque convive trempe des morceaux de pain. 2. *Fondue bourguignonne* : plat composé de morceaux de viande crue que chaque convive trempe dans l'huile bouillante.

ÉTYM. de *fondu*.

FONG(I)- Élément, du latin *fungus* «champignon».

FONGICIDE [fɔ̃ʒisid] adj. ✦ DIDACT. (substance) Qui détruit les champignons parasites. SYN. **antifongique.** – n. m. *Un fongicide.*

ÉTYM. de *fongi-* et *-cide*.

FONGIQUE [fɔ̃ʒik] adj. ✦ DIDACT. De la nature des champignons. – Causé par les champignons. *Intoxication fongique.*

ÉTYM. du latin *fungus* «champignon».

FONTAINE [fɔ̃tɛn] n. f. 1. VIEILLI Source. – prov. *Il ne faut pas dire «Fontaine, je ne boirai pas de ton eau»* : il ne faut pas jurer qu'on ne fera pas telle chose. 2. Construction d'où sortent des eaux amenées par canalisation, généralement accompagnée d'un bassin. *Fontaine publique.*

ÉTYM. bas latin *fontana*, de *fons, fontis* «source».

FONTANELLE [fɔ̃tanɛl] n. f. ✦ Espace membraneux entre les os du crâne des nouveau-nés, qui s'ossifie progressivement au cours de la croissance.

ÉTYM. de l'ancien français *fontenelle* «petite fontaine».

① **FONTE** [fɔ̃t] n. f. **I** 1. Fait de fondre, de se liquéfier. *La fonte des neiges.* 2. Fabrication par fusion et moulage d'un métal. *La fonte d'une statue.* **II** Alliage de fer et de carbone obtenu dans les hauts-fourneaux. *Cocotte en fonte. Tuyaux de fonte.* – par ext. *Fonte d'aluminium.* **III** TYPOGR. Ensemble de caractères d'un même type (à l'origine, fondus ensemble).

ÉTYM. latin populaire *fundita*, p. passé de *fundere* «fondre».

② **FONTE** [fɔ̃t] n. f. ✦ Fourreau de cuir attaché à une selle (pour y placer des armes, etc.).

ÉTYM. italien *fonda* «bourse», avec infl. de ① *fonte*.

FONTS [fɔ̃] n. m. pl. ✦ *FONTS BAPTISMAUX* : dans une église, bassin sur un socle, contenant l'eau du baptême. → **baptistère.** HOM. FOND «partie basse», FONDS «capital»

ÉTYM. latin *fontes*, pluriel de *fons* «fontaine».

FOOTBALL [futbol] n. m. ✦ Sport opposant deux équipes de onze joueurs, où il faut faire pénétrer un ballon rond dans les buts adverses sans utiliser les mains. – abrév. FAM. FOOT [fut]. *Jouer au foot.* ♦ *Football américain* : sport voisin du rugby, où les joueurs sont protégés par un lourd équipement.

ÉTYM. mot anglais, de *foot* «pied» et *ball* «ballon».

FOOTBALLEUR, EUSE [futbolœʀ, øz] n. ✦ Joueur, joueuse de football.

FOOTING [futiŋ] n. m. ✦ anglicisme Promenade hygiénique rapide, à pied. SYN. **jogging.** *Faire du footing, un footing.*

ÉTYM. mot anglais «prise (de pied), position».

FOR [fɔʀ] n. m. ✦ loc. *En, dans mon (son...) FOR INTÉRIEUR* : dans la conscience, au fond de soi-même. HOM. FORS «sauf», ① FORT «robuste»

ÉTYM. latin *forum* «place publique» et «tribunal».

FORAGE [fɔʀaʒ] n. m. ✦ Action de forer. *Forage des pièces métalliques* (→ **foreuse**). – *Forage d'un puits. Plateforme de forage* (en mer).

FORAIN, AINE [fɔʀɛ̃, ɛn] adj. et n. 1. adj. Qui a son activité sur les marchés et les foires. *Marchand forain.* ♦ *FÊTE FORAINE,* groupant des entrepreneurs forains. – *Baraque foraine.* 2. n. Personne qui organise des distractions dans les foires et fêtes foraines (manèges,

cirque, attractions diverses).
ÉTYM. bas latin *foranus* «étranger», de *foris* «dehors».

FORBAN [fɔʀbɑ̃] n. m. 1. Pirate qui entreprenait à son profit une expédition armée sur mer sans autorisation. 2. LITTÉR. Individu sans scrupules. SYN. **bandit.**
ÉTYM. de l'ancien français *forbannir* «bannir», d'origine francique.

FORÇAGE [fɔʀsaʒ] n. m. ✦ Culture des plantes avant la saison (en châssis, serres...).
ÉTYM. de *forcer.*

FORÇAT [fɔʀsa] n. m. 1. anciennt Bagnard ou galérien. 2. Condamné aux travaux forcés. ➝ loc. *Travailler comme un forçat,* très dur. 3. fig. Personne réduite à une condition pénible. *Les forçats de la route.*
ÉTYM. italien *forzato,* de *forzare* «forcer».

FORCE [fɔʀs] n. f. I au sens individuel 1. Puissance d'action physique. *Force physique ; force musculaire.* SYN. **robustesse, vigueur.** *Être plein de force. Ne plus avoir la force de marcher.* ♦ au plur. Énergie personnelle. *Ménager ses forces. Reprendre des forces. De toutes ses forces :* le plus fort possible. ♦ *EN FORCE. Passer en force.* ➝ *DE FORCE :* qui exige de la force. *Tour de force. Épreuve de force :* conflit ouvert. ➝ *DANS LA FORCE DE L'ÂGE :* mûr, adulte (→ **maturité**). 2. Capacité de l'esprit ; possibilités intellectuelles et morales. *Force morale, force de caractère.* → **courage, énergie, fermeté, volonté.** *Ce sacrifice est au-dessus de mes forces. Ils sont de la même force en mathématiques.* SYN. **niveau.** II au sens collectif 1. Pouvoir, puissance. prov. *L'union fait la force. Force militaire d'un pays.* ➝ *Force de frappe :* ensemble des moyens militaires modernes (missiles, armes nucléaires). *Force de dissuasion*.* COMM. *Force de vente :* personnel commercial (d'une entreprise). ➝ *EN FORCE. Être en force ; attaquer en force,* avec des effectifs considérables. 2. au plur. Ensemble des armées. SYN. **armée, troupe.** *Les forces armées françaises. Forces aériennes. Les forces de l'ordre :* la police. III (choses) 1. Résistance (d'un objet). SYN. **robustesse, solidité.** *La force d'un mur.* 2. Intensité ou pouvoir d'action ; caractère de ce qui est fort. *La force du vent. Force d'un coup.* ➝ (abstrait) *La force d'un sentiment,* son intensité. *La force d'un argument.* IV (Principe d'action) 1. sc. Cause capable de déformer un corps, ou d'en modifier le mouvement (la direction, la vitesse). *Le newton, unité de mesure de force. Résultante de deux forces.* ➝ *Forces de gravitation. Force centrifuge.* ♦ COUR. Courant électrique ; spécialt courant triphasé. *Prise de force.* 2. Principe d'action. *Les forces de l'univers.* ➝ *C'est une force de la nature :* il, elle a une grande vitalité. V (Pouvoir de contrainte) 1. Contrainte, violence (individuelle ou collective). *Employer la force. Recourir à la force.* 2. (choses) Caractère irrésistible. *La force de l'habitude.* ➝ loc. *La force des choses :* la nécessité qui résulte d'une situation. ➝ *Avoir force de loi :* avoir le caractère obligatoire d'une loi. ➝ *Cas de force majeure :* évènement imprévisible et inévitable. ➝ *FORCE EST DE* (+ inf.) : il faut, on ne peut éviter de. *Force est de constater qu'il a raison.* 3. loc. adv. *DE FORCE :* en faisant effort pour surmonter une résistance. *Enlever de force qqch. à qqn. Il obéira de gré ou de force,* qu'il le veuille ou non. ➝ *PAR FORCE :* en recourant ou en cédant à la force. ➝ *À TOUTE FORCE :* en dépit de tous les obstacles. VI adv. VX ou LITTÉR. Beaucoup de. *Il nous a reçus avec force sourires.* ♦ MOD. *À FORCE DE* loc. prép. : par beaucoup de, grâce à beaucoup de. → **avec.** ➝ (+ inf.) *À force d'y réfléchir, elle finira par résoudre le problème. À force de patience...* CONTR. **faiblesse, fatigue • douceur, persuasion.**
ÉTYM. bas latin *fortia* «actes de force, de courage», de *fortis* «fort».

FORCÉ, ÉE [fɔʀse] adj. 1. Qui est imposé par la force des hommes ou des choses. SYN. **inévitable ; obligatoire.** *Travaux forcés. Atterrissage forcé.* ♦ FAM. (pour marquer le caractère nécessaire d'un évènement) *C'est forcé.* SYN. **évident, fatal.** 2. Qui s'écarte du naturel. *Un sourire forcé.* SYN. **affecté, factice.** ➝ *Une comparaison forcée.* CONTR. **volontaire • naturel, vrai.**

FORCEMENT [fɔʀsəmɑ̃] n. m. ✦ Action de forcer (I, 1). *Le forcement d'un tiroir.*

FORCÉMENT [fɔʀsemɑ̃] adv. ✦ D'une manière nécessaire, par une conséquence inévitable. SYN. **inévitablement, obligatoirement.**

FORCENÉ, ÉE [fɔʀsəne] adj. et n.
I adj. 1. VX Qui perd la raison. 2. Qui dépasse toute mesure. *Une envie forcenée.* 3. Animé d'une rage folle. SYN. **furieux.** 4. Emporté par une folle ardeur. SYN. **acharné.** *Un travailleur forcené.* ➝ *Une résistance forcenée.*
II n. Personne en proie à une crise furieuse. *Maîtriser un forcené.*
ÉTYM. de l'ancien verbe *forsener* «être hors de sens», de *fors* et *sen* «raison».

FORCEPS [fɔʀsɛps] n. m. ✦ Instrument en forme de pince à branches séparables, qui sert à saisir la tête du fœtus lors de certains accouchements.
ÉTYM. mot latin «tenailles».

FORCER [fɔʀse] v. (conjug. 4) I v. tr. 1. Faire céder (qqch.) par force. *Forcer une porte, un coffre.* SYN. **briser, fracturer ;** → **effraction.** ➝ *Forcer un passage.* ➝ *Forcer la porte de qqn.* 2. Faire céder (qqn) par la force ou la contrainte. SYN. **contraindre, obliger.** *Personne ne vous force.* ➝ *Forcer la main à qqn,* le faire agir contre son gré. ➝ *FORCER À (qqch.). Cela me force à des démarches compliquées.* SYN. **obliger, réduire.** *On me force à partir.* ➝ *Je suis forcé de partir.* 3. Obtenir, soit par la contrainte, soit par l'effet d'un ascendant irrésistible. *Son courage force l'admiration de tous.* SYN. **emporter.** ➝ S'assurer la maîtrise de (qqch.). *Forcer le destin.* 4. Imposer un effort excessif à. *Forcer un cheval.* ➝ *Chanteur qui force sa voix. Forcer son talent.* 5. *Forcer des fleurs, des plantes,* en hâter la maturation (→ **forçage**). 6. Dépasser (la mesure normale). SYN. **augmenter.** *Forcer la dose ;* fig. exagérer. 7. Altérer, déformer par une interprétation abusive. SYN. **dénaturer.** *Forcer la vérité.* II v. intr. Fournir un grand effort. *Forcer sur les avirons :* ramer le plus vigoureusement possible. ➝ FAM. *Forcer sur qqch.,* en abuser. *Ils ont un peu forcé sur le whisky.* III *SE FORCER* v. pron. Faire un effort sur soi-même. SYN. se **contraindre.** *Il n'aime pas se forcer.* ➝ *Se forcer à.* SYN. s' **obliger** à. *Il se force à sourire.*
ÉTYM. latin populaire *fortiare,* de *fortia* «force».

FORCING [fɔʀsiŋ] n. m. ✦ anglicisme Attaque sportive soutenue. ➝ fig. Attaque à outrance, pression. *Faire du forcing pour obtenir un rendez-vous.*
ÉTYM. mot anglais, de *to force* «forcer».

FORCIR [fɔʀsiʀ] v. intr. (conjug. 13) ✦ Devenir plus fort ou plus gros. *Il a forci.* ➝ *Le vent forcit.*
ÉTYM. de ① *fort.*

A B C D E F G H I J K L M N O P Q R S T U V W X Y Z

FORCLOS, OSE [fɔʀklo, oz] **adj.** ✦ DR. Qui s'est laissé prescrire un droit. *Le plaignant est forclos.*
ÉTYM. de *forclore* «exclure,» de *fors* et *clore.*

FORER [fɔʀe] **v. tr.** (conjug. 3a) **1.** Percer un trou dans (une matière dure) par des moyens mécaniques. *Forer une roche.* **2.** Former (un trou, une excavation) en creusant mécaniquement. *Forer un puits.* CONTR. ① **boucher, combler.**
ÉTYM. latin *forare.*

FORESTERIE [fɔʀɛstəʀi] **n. f.** ✦ Exploitation et aménagement des forêts ; industrie forestière.
ÉTYM. de *forest*, ancienne forme de *forêt.*

FORESTIER, IÈRE [fɔʀɛstje, jɛʀ] **n. et adj.**
I n. Personne qui exerce une charge dans une forêt du domaine public. ➛ appos. *Des gardes forestiers.*
II adj. Qui est couvert de forêts ; qui appartient à la forêt. *Chemin forestier. Maison forestière :* habitation du garde forestier.
ÉTYM. de *forest*, ancienne forme de *forêt.*

FORET [fɔʀɛ] **n. m.** ✦ Instrument servant à forer les bois, les métaux. → **perceuse, vilebrequin, vrille.**
HOM. FORÊT «bois»
ÉTYM. de *forer.*

FORÊT [fɔʀɛ] **n. f.** **1.** Vaste étendue de terrain couverte d'arbres ; ensemble de ces arbres. → **bois, futaie ; sylv(i)-.** *Forêt dense, impénétrable. Forêt vierge. À la lisière, à l'orée de la forêt.* ➛ *Les EAUX ET FORÊTS :* ancien nom de l'administration française chargée des forêts. **2.** Ensemble très dense (d'objets hauts et serrés). *Une forêt de mâts.* HOM. FORET «perceuse»
ÉTYM. bas latin *(silva) forestis* «(forêt) relevant de la cour de justice du roi», de *forum* «tribunal».

FOREUSE [fɔʀøz] **n. f.** ✦ Machine servant à forer le métal (SYN. **perceuse**), les roches (SYN. **perforatrice, trépan**).
ÉTYM. de *forer.*

① **FORFAIT** [fɔʀfɛ] **n. m.** ✦ LITTÉR. Crime énorme. *Commettre un forfait.*
ÉTYM. de l'ancien verbe *forfaire*, de *fors* et *faire.*

② **FORFAIT** [fɔʀfɛ] **n. m.** ✦ Convention fixant par avance le prix d'un service, d'un travail... *Prestations comprises dans un forfait.* ➛ (avec subst. en appos.) *Forfait vacances.* ➛ *À FORFAIT. Vendre à forfait. Marché à forfait.*
ÉTYM. de l'ancien français *fur* «taux» et de *faire.*

③ **FORFAIT** [fɔʀfɛ] **n. m.** ✦ Indemnité que doit payer le propriétaire d'un cheval engagé dans une course, s'il ne le fait pas courir. ➛ loc. *Déclarer forfait :* annoncer qu'on ne participera pas à une compétition (quelconque) ; fig. abandonner, renoncer.
ÉTYM. anglais *forfeit*, lui-même empr. au franç. ① *forfait.*

FORFAITAIRE [fɔʀfɛtɛʀ] **adj.** ✦ Qui a rapport à un forfait ; à forfait. *Prix forfaitaire.*
ÉTYM. de ② *forfait.*

FORFAITURE [fɔʀfetyʀ] **n. f.** **1.** HIST. Violation du serment féodal. SYN. **félonie.** **2.** LITTÉR. Manque de loyauté. **3.** DR. Crime d'un fonctionnaire qui commet certaines graves infractions aux devoirs de sa charge. SYN. **concussion, prévarication, trahison.** CONTR. **fidélité · loyauté.**
ÉTYM. de *forfaire* → ① forfait.

FORFANTERIE [fɔʀfɑ̃tʀi] **n. f.** **1.** Vantardise impudente (de qqn). **2.** Action, parole de vantard. SYN. **fanfaronnade, vantardise.**
ÉTYM. de l'ancien français *forfant* «coquin», de l'italien.

FORGE [fɔʀʒ] **n. f.** **1.** Atelier où l'on travaille les métaux au feu et au marteau. *L'enclume, le soufflet, le marteau de la forge.* **2.** Installation où l'on façonne par traitement mécanique (à froid ou à chaud) les métaux et alliages. **3.** anciennt Fonderie. ➛ (au plur.) *Maître de forges :* industriel possédant une, des fonderies.
ÉTYM. latin *fabrica* «atelier» ; doublet de *fabrique.*

FORGER [fɔʀʒe] **v. tr.** (conjug. 5) **1.** Travailler (un métal, un alliage) à chaud ou à froid (pour lui donner une forme, etc.). SYN. **battre.** *Forger le fer* (→ **ferronnerie**). ➛ au p. passé *FER FORGÉ* (servant à fabriquer la ferronnerie d'art). ➛ prov. *C'est en forgeant qu'on devient forgeron :* c'est à force de s'exercer qu'on devient habile. **2.** Façonner (un objet de métal) à la forge. *Forger un fer à cheval.* **3.** Élaborer. SYN. **fabriquer.** *Forger une expression.* SYN. **inventer, trouver.** ♦ Inventer à sa fantaisie. *Se forger un idéal.* ♦ péj. Inventer pour abuser. *Forger une excuse.*
ÉTYM. latin *fabricare* ; doublet de *fabriquer.*

FORGERON, ONNE [fɔʀʒəʀɔ̃, ɔn] **n.** ✦ Personne qui travaille le fer au marteau après l'avoir fait chauffer au feu de la forge. *Le forgeron ferre les chevaux.* → **maréchal-ferrant.**
ÉTYM. de *forger.*

FORMAGE [fɔʀmaʒ] **n. m.** ✦ TECHN. Opération de mise en forme (d'un objet manufacturé).
ÉTYM. de *former.*

① **se FORMALISER** [fɔʀmalize] **v. pron.** (conjug. 3a) ✦ Être choqué (d'un manquement au savoir-vivre, à la politesse). SYN. **s'offenser,** se **vexer.** *Il ne faut pas vous formaliser de cet oubli.*
ÉTYM. de *formel*, d'après le latin *formalis.*

② **FORMALISER** [fɔʀmalize] **v. tr.** (conjug. 3a) ✦ DIDACT. Donner à (un ensemble, un système de connaissances) des caractères formels. *Formaliser un raisonnement.* ➛ au p. passé *Opération formalisée.*
▸ **FORMALISATION** [fɔʀmalizasjɔ̃] **n. f.**
ÉTYM. de *formel*, d'après l'anglais.

FORMALISME [fɔʀmalism] **n. m.** **1.** LITTÉR. Attachement aux formes, aux formalités, dans la vie sociale. **2.** DR. Système dans lequel la validité des actes est soumise à l'observation de formalités. *Formalisme administratif.* **3.** en art Tendance à rechercher la beauté formelle. ➛ Doctrine selon laquelle les formes se suffisent à elles-mêmes (s'oppose à *réalisme, naturalisme*). **4.** PHILOS. Doctrine selon laquelle les vérités sont formelles, reposent sur des conventions. **5.** DIDACT. Emploi de systèmes formels (II, 3).
ÉTYM. de *formel*, d'après le latin *formalis.*

FORMALISTE [fɔʀmalist] **adj.** **1.** Qui observe, où l'on observe les formes, les formalités avec scrupule. *Religion formaliste.* SYN. **rigoriste.** **2.** péj. Trop attaché aux formes, aux règles. **3.** Partisan du formalisme (en art, philosophie, sciences humaines). ➛ **n.** *Un, une formaliste.* CONTR. **naturel, simple.**
ÉTYM. du latin *formalis* «relatif à la forme».

FORMALITÉ [fɔʀmalite] **n. f.** 1. Opération prescrite par la loi, la règle et sans laquelle un acte n'est pas légal, valide. SYN. **forme, procédure.** *Accomplir, remplir des formalités.* 2. Acte, geste imposé par le respect des convenances. SYN. **cérémonial.** 3. Acte que l'on doit accomplir, mais qui ne présente aucune importance ou difficulté. *Cette signature est une simple formalité.*
ÉTYM. du latin *formalis* «relatif à la forme».

FORMAT [fɔʀma] **n. m.** 1. Dimension caractéristique d'un imprimé (livre, journal), déterminée par le nombre de feuillets d'une feuille (pliée ou non). *Format in-folio* (deux feuillets, quatre pages), *in-quarto, in-huit* ou *in-octavo.* ➝ Dimensions en hauteur et en largeur. *Format de poche.* 2. Dimension type (d'une feuille de papier, d'une photo, etc.). *Photo de format 9 × 13. Format A4* (21 × 29,7 cm). 3. Dimension, taille (d'un objet). 4. INFORM. Organisation des données sur un support d'information. ➝ Disposition des données. *Format d'impression.*
ÉTYM. probablt italien *formato*, de *formare* «former».

FORMATER [fɔʀmate] **v. tr.** (conjug. 3a) ✦ anglicisme INFORM. Préparer (un support informatique) à recevoir des données, selon un format. *Formater le disque dur.* ➝ au p. passé *Clé USB formatée.*
► **FORMATAGE** [fɔʀmataʒ] **n. m.**
ÉTYM. anglais *to format.*

FORMATEUR, TRICE [fɔʀmatœʀ, tʀis] **n.** et **adj.**
I n. Personne qui forme, éduque, instruit. SYN. **animateur, instructeur.**
II adj. Qui forme. *Un exercice très formateur.*
ÉTYM. latin *formator.*

FORMATION [fɔʀmasjɔ̃] **n. f.** **I** Action de former, de se former ; manière dont une chose est formée. SYN. **composition, constitution, création, élaboration, genèse.** *La formation d'une roche. La formation d'un parti. En cours, en voie de formation. Formation des mots par composition, par dérivation.* ☛ Langue française p. 110.
II (Ce qui est formé) 1. Couche de terrain d'origine définie. *Formations sédimentaires.* 2. Disposition d'une troupe. *Formation en carré, en ligne.* 3. Groupement (de personnes). SYN. **groupe, unité.** *Formation aérienne* (militaire). *Les formations politiques, syndicales.* SYN. **organisation,** ② **parti.** *Formation musicale.* SYN. **ensemble, groupe, orchestre.** *Formation sportive.* SYN. **équipe.** **III** 1. Éducation intellectuelle et morale. *La formation du caractère, du goût. Elle a reçu une solide formation.* 2. Ensemble de connaissances (dans une technique, un métier) ; leur acquisition. *Formation professionnelle. Formation continue.* CONTR. **décomposition, destruction.**
ÉTYM. latin *formatio.*

FORME [fɔʀm] **n. f.** **I** (Apparence naturelle) 1. Ensemble des contours (d'un objet, d'un être), en fonction de ses parties. SYN. **configuration, conformation, contour, figure.** *Forme régulière, irrégulière ; géométrique.* ➝ *PRENDRE FORME* : acquérir une forme. 2. Être ou objet confusément aperçu. *Une forme imprécise disparaît dans la nuit.* ➝ **ombre.** 3. Apparence extérieure (d'un objet, d'un être) ; modèle à reproduire. *Donner sa forme à un vase. Des sourcils EN FORME DE virgule.* ➝ *SOUS (LA) FORME DE. Ce médicament existe aussi sous forme de sirop.* 4. *Les formes* : les contours du corps humain. *Formes fines et élancées.* 5. Contour considéré d'un point de vue esthétique. SYN. **dessin, galbe, ligne, modelé, relief, tracé.** *Les formes et les couleurs. Beauté des formes* (➝ **plastique**). **II** (Réalisation d'un fait, d'une notion) 1. Manière dont une notion, un phénomène se présente. *Les différentes formes de la vie.* SYN. **aspect, état ;** ➝ **variété.** ➝ *Il déteste l'hypocrisie sous toutes ses formes.* ➝ *Une forme de liberté.* 2. Variante grammaticale ; aspect sous lequel se présente un mot, un énoncé. *Les formes du singulier, du féminin. Étude des formes.* ➝ **morphologie.** *Phrase à la forme négative.* 3. Manière dont (une pensée, une idée) s'exprime. SYN. **expression,** ① **style.** *Donner une forme nouvelle à une idée. Le fond* et la forme.* **III** (idée de conformité à une norme) 1. Manière de procéder, d'agir selon les règles. SYN. **formalité, norme, règle.** *Les formes de l'étiquette.* ➝ *Pour la forme ; dans les formes,* en respectant les formes habituelles. 2. Aspect extérieur d'un acte juridique. *Jugement cassé pour vice de forme. Contrat en bonne et due forme.* **IV** Condition physique (d'un cheval, d'un sportif, etc.). *Être en pleine forme. Une forme médiocre.* ➝ absolt Bonne condition physique et morale. *Être en forme, dans une forme excellente.* **V** 1. Ce qui sert à donner une forme déterminée à un produit manufacturé. SYN. **gabarit, modèle,** ② **patron.** *Forme de modiste.* 2. Moule creux. SYN. **matrice.** *Forme à fromage.*
ÉTYM. latin *forma.*

> **-FORME** Élément, tiré de *forme,* qui signifie «qui a la forme, l'aspect de» (ex. *cruciforme, cunéiforme, filiforme*). SYN. **-morphe.**

FORMÉ, ÉE ➝ FORMER

FORMEL, ELLE [fɔʀmɛl] **adj.** **I** Dont la précision et la netteté excluent tout malentendu. SYN. **clair, explicite,** ① **précis.** *Preuve formelle. Refus formel.* SYN. **absolu, catégorique.** ➝ (personnes) *Il a été formel sur ce point.* **II** 1. Qui repose sur la forme, qui privilégie la forme par rapport au contenu. *Classement formel.* ➝ *Politesse formelle,* tout extérieure. 2. Relatif à la forme (d'une œuvre...). *Beauté formelle.* ➝ *Étude formelle d'un texte.* 3. DIDACT. Qui concerne les formes de la pensée ; qui traite et décrit des structures, des relations entre éléments. SYN. **structural ;** ➝ ② **formaliser, formalisme** (5). *Logique formelle.* CONTR. **ambigu, douteux ; équivoque.**
ÉTYM. latin *formalis,* de *forma* «forme».

FORMELLEMENT [fɔʀmɛlmɑ̃] **adv.** 1. De façon formelle (I). SYN. **absolument.** *C'est formellement interdit.* 2. DIDACT. En considérant la forme. *Raisonnement formellement juste.*

FORMER [fɔʀme] **v. tr.** (conjug. 3a) **I** 1. Faire naître dans son esprit. *Former un projet, une idée. Former des vœux.* SYN. **formuler.** 2. Créer (un ensemble, une chose complexe) en arrangeant des éléments. *Former un train. Former un gouvernement.* SYN. **constituer.** 3. (choses) Être la cause de. *Le sable forme des dunes.* **II** 1. Façonner en donnant une forme déterminée. *Bien former ses lettres.* 2. Développer (une aptitude, une qualité) ; exercer ou façonner (l'esprit, le caractère de qqn). *Former son goût.* PROV. *Les voyages forment la jeunesse.* SYN. **cultiver, élever, instruire.** **III** 1. Composer, constituer en tant qu'élément. *Les parties qui forment un tout. Les personnes qui forment une assemblée.* 2. Prendre la forme, l'aspect, l'apparence de. SYN. **faire, présenter.** *La route forme des courbes.* **IV** *SE FORMER* **v. pron.** 1. Acquérir une forme, naître sous une certaine forme. *La manière dont la Terre s'est formée, dont les*

A B C D E F G H I J K L M N O P Q R S T U V W X Y Z

êtres se sont formés. ➖ *Les sentiments qui se forment en nous.* **2.** Prendre une certaine forme. *Les rangs se forment.* **3.** S'instruire, se cultiver, apprendre son métier. *Il s'est formé tout seul.* CONTR. **déformer, détruire.**
► **FORMÉ, ÉE 1. p. passé** *Idée formée par l'esprit.* ➖ *Mot mal formé.* **2. adj.** Qui a achevé son développement. *Jeune fille formée.* SYN. **nubile, pubère.**
ÉTYM. latin *formare.*

FORMICA [fɔʀmika] **n. m.** ✦ Revêtement synthétique, papier imprégné d'une résine dure, utilisé en ameublement. *Table de cuisine en formica.*
ÉTYM. nom déposé.

FORMIDABLE [fɔʀmidabl] **adj.** **1.** VX Qui inspire une grande crainte. SYN. **effrayant, redoutable.** **2.** Dont la taille, la force, la puissance est très grande. SYN. **énorme, extraordinaire, imposant.** *Des effectifs formidables.* **3.** FAM. Excellent. SYN. **sensationnel.** *Un prof formidable. J'ai une idée formidable !* CONTR. **faible, petit · mauvais.**
ÉTYM. latin *formidabilis,* de *formidare* «craindre».

FORMIDABLEMENT [fɔʀmidabləmɑ̃] **adv.** **1.** VX D'une manière qui fait peur. **2.** Énormément. **3.** FAM. Terriblement. SYN. **très.**

FORMIQUE [fɔʀmik] **adj.** ✦ *Acide formique :* liquide incolore, piquant et corrosif, présent dans l'organisme des fourmis, les orties, etc. ➖ *Aldéhyde formique* (antiseptique). ➙ aussi **formol.**
ÉTYM. du latin *formica* «fourmi».

FORMOL [fɔʀmɔl] **n. m.** ✦ Solution bactéricide d'aldéhyde formique.
ÉTYM. de *formique.*

FORMULAIRE [fɔʀmylɛʀ] **n. m.** **1.** Recueil de formules. *Formulaire des pharmaciens* (➙ **codex**). **2.** Formule où sont imprimées des questions en face desquelles on inscrit la réponse. SYN. **questionnaire.** *Remplir un formulaire.*

FORMULATION [fɔʀmylasjɔ̃] **n. f.** **1.** Action d'exposer avec précision ; manière dont qqch. est formulé. *La formulation de la question est ambiguë.* **2.** Action de mettre en formule (II).
ÉTYM. de *formuler.*

FORMULE [fɔʀmyl] **n. f.** **I 1.** DR. Modèle selon lequel un acte doit être rédigé. **2.** Paroles rituelles qui doivent être prononcées dans certaines circonstances (en religion, en magie). *Formule incantatoire ; formule magique.* **3.** Expression consacrée dont la coutume commande l'emploi dans certaines circonstances. *Formules de politesse.* **II 1.** Expression concise et générale, souvent symbolique, définissant une relation ou une opération. *H_2O, formule moléculaire de l'eau. Formule algébrique.* **2.** Solution type (d'un problème) ; manière de procéder. *Il a trouvé une bonne formule.* SYN. **méthode, procédé.** *Formule de paiement.* SYN. ② **mode.** ➖ *Une nouvelle formule de vacances.* **3.** Expression concise, nette et frappante (d'une idée ou d'un ensemble d'idées). ➙ **aphorisme, proverbe, sentence, slogan.** **4.** Feuille de papier imprimée contenant des indications et destinée à recevoir un texte court. *Une formule de mandat.* SYN. **formulaire.**
ÉTYM. latin *formula.*

FORMULER [fɔʀmyle] **v. tr.** (conjug. 3a) **1.** Rédiger en formule ; faire d'après une formule. *Formuler un problème.* **2.** Énoncer avec la précision, la netteté d'une formule. SYN. **exposer, exprimer.** *Formuler une réclamation.* **3.** Exprimer (par des mots). SYN. **émettre.** *Formuler son opinion.* ➖ *Formuler un souhait.* SYN. **former.** CONTR. **dissimuler, taire.**

FORNIQUER [fɔʀnike] **v. intr.** (conjug. 3a) ✦ DIDACT. ou plais. Avoir des relations sexuelles coupables.
► **FORNICATION** [fɔʀnikasjɔ̃] **n. f.**
ÉTYM. latin chrétien *fornicari,* de *fornix* «voûte», allusion aux loges voûtées des prostituées à Rome.

FORS [fɔʀ] **prép.** ✦ VX Excepté, sauf. SYN. **hormis, hors.** *«Tout est perdu, fors l'honneur»* (mot attribué à François Ier, après la défaite de Pavie). HOM. FOR «conscience», ① FORT «robuste»
ÉTYM. latin *foris* «dehors».

FORSYTHIA [fɔʀsisja] **n. m.** ✦ BOT. Arbuste décoratif à rameaux couverts de fleurs jaunes qui sortent avant les feuilles, très tôt en saison.
ÉTYM. de *Forsyth,* nom d'un horticulteur écossais.

① **FORT, FORTE** [fɔʀ, fɔʀt] **adj.** **I 1.** (personnes) Qui a de la force physique. SYN. **robuste, vigoureux.** *Un homme grand et fort.* ➖ loc. *Fort comme un Turc, comme un bœuf :* très fort. ➖ allus. (prov.) *«La raison du plus fort est toujours la meilleure»* (La Fontaine) : le plus puissant fait prévaloir sa loi. ➖ *La manière forte.* ➙ **force** (V). **2.** Considérable par les dimensions. SYN. **grand, gros.** ➖ (euphémisme pour *gros*) SYN. **corpulent** (II, 3). **3.** Qui a une grande force intellectuelle, de grandes connaissances (dans un domaine). SYN. **capable, doué, habile.** *Elle est très forte sur la question. Être fort à un exercice, à un jeu,* savoir très bien le pratiquer. *Elle est très forte aux échecs.* ➖ FAM. (choses) *J'ai lu sa dernière critique : ce n'est pas très fort !* **II 1.** (choses) Qui résiste. SYN. **résistant, solide.** *Papier fort.* SYN. **épais.** *Colle forte.* **2.** (dans des expr.) Fortifié. *Une place forte. Un château fort.* ➙ ③ **fort** (II). **3.** (sur le plan moral) Capable de résister au monde extérieur ou à soi-même. SYN. **courageux, énergique,** ① **ferme.** *Soyez fort dans l'adversité, l'épreuve.* ➖ *Un esprit fort,* incrédule. **III 1.** (mouvement, effort physique) Intense. *Un coup très fort.* SYN. **énergique, violent.** *Forte poussée.* ➖ (avant le n.) Qui dépasse la normale. *De fortes chutes de neige.* SYN. **abondant.** *Une forte fièvre. Il a de fortes chances. Avoir affaire à forte partie.* **2.** Dont l'intensité a une grande action sur les sens. *Voix forte. Lumière forte. Des odeurs fortes. Moutarde forte,* à saveur forte. ◆ *Au sens fort du mot. Café, thé fort.* **3.** Intense. *Douleur trop forte. Faire une forte impression sur qqn.* **4.** Difficile à croire ou à supporter par son caractère excessif. SYN. **exagéré, poussé.** *C'est un peu fort ! Le plus fort, c'est que...* SYN. **extraordinaire.** **5.** (personnes) Qui a un grand pouvoir d'action, de l'influence. SYN. **influent, puissant.** ➖ loc. *ÊTRE FORT DE :* puiser sa force, sa confiance, son assurance dans. *Fort de son expérience. SE FAIRE FORT DE* (fort invar.) : se déclarer assez fort pour ; se dire capable* de. ➙ se **targuer.** *Elles se font fort de la convaincre.* **6.** Qui a la force (II) et n'hésite pas à l'employer. *Gouvernement fort. L'homme fort du régime.* **7.** Qui agit efficacement, produit des effets importants (qualités morales ou intellectuelles). *Sentiment, préjugé plus fort que la raison. C'est plus fort que moi,* se dit d'une habitude, d'un désir, etc., auquel on ne peut résister.

8. *Devise, monnaie forte,* à cours élevé et stable. CONTR. **faible ; fragile • mince • nul • doux • léger.** HOM. FOR «conscience», FORS «sauf»
ÉTYM. latin *fortis.*

② **FORT** [fɔʀ] **adv.** **I** **1.** Avec de la force physique, en fournissant un gros effort. SYN. **fortement, vigoureusement.** *Frapper fort. Serrer très fort.* ➝ MUS. *Jouer fort.* SYN. **forte.** **2.** Avec une grande intensité. *Le vent souffle fort. Parler, crier fort.* ➝ *Y ALLER FORT :* exagérer. **II** **adv. de quantité (avec un v.) emploi écrit ou régional** SYN. **beaucoup.** *Il y a fort à faire. J'en doute fort.* ➝ (devant un adj. ou un adv.) SYN. **très.** *Un homme fort occupé.* ➝ *Fort bien.* CONTR. **faiblement • peu.**
ÉTYM. de ① *fort.*

③ **FORT** [fɔʀ] **n. m.** **I** (personnes) **1.** *Les forts des Halles :* les employés de la Halle de Paris qui portaient les marchandises. **2.** Personne qui a la force, la puissance (matérielle). SYN. **puissant.** *Protéger le faible contre le fort.* **3.** Personne qui a de la force morale. **II** Ouvrage fortifié. SYN. **forteresse ;** ➝ **fortin.** **III** (collectif) **1.** (après un poss. ; surtout négatif) Ce en quoi qqn est fort, excelle. *La délicatesse n'est pas son fort.* **2.** *AU FORT DE l'été, de l'hiver.* SYN. **cœur, milieu.**
ÉTYM. de ① *fort.*

FORTE [fɔʀte] **adv.** ✦ MUS. Fort. ➝ **fortissimo.** CONTR. ② **piano.**
ÉTYM. mot italien → ② fort.

FORTEMENT [fɔʀtəmɑ̃] **adv.** **1.** Avec force. *Serrer fortement.* SYN. ② **fort ; vigoureusement.** ➝ *Désirer, espérer fortement.* SYN. **intensément, profondément.** **2.** Très. *Il a été fortement intéressé par votre projet.* SYN. **vivement.** CONTR. **faiblement • peu.**

FORTERESSE [fɔʀtəʀɛs] **n. f.** **1.** Lieu fortifié pour défendre un territoire, une ville. SYN. **citadelle,** ③ **fort.** *Forteresse imprenable.* **2.** *FORTERESSE VOLANTE :* bombardier lourd américain (Deuxième Guerre mondiale).
ÉTYM. de *place forte.*

FORTIFIANT, ANTE [fɔʀtifjɑ̃, ɑ̃t] **adj.** **1.** (aliments, boissons) Qui fortifie. SYN. **reconstituant,** ① **tonique.** *Une nourriture fortifiante.* ➝ **n. m.** Aliment, médicament qui fortifie. **2.** Qui donne de la force morale.

FORTIFICATION [fɔʀtifikasjɔ̃] **n. f.** **1.** Action de fortifier. **2.** souvent plur. Ouvrages fortifiés destinés à la défense d'une position, d'une place. ➝ **bastion, casemate, citadelle,** ① **enceinte,** ③ **fort** (II), **forteresse, fortin.** ◆ au plur. Les anciennes fortifications de Paris. ➝ abrév. FAM. LES FORTIFS [fɔʀtif].
ÉTYM. latin *fortificatio.*

FORTIFIER [fɔʀtifje] **v. tr.** (conjug. 9) **I** **1.** Rendre fort, vigoureux ; donner plus de force à. *Nourriture, remède qui fortifie.* SYN. **soutenir.** **2.** fig. *Le temps fortifie l'amitié.* SYN. **augmenter, renforcer.** **II** Munir d'ouvrages de défense. ➝ au p. passé *Ville fortifiée.* CONTR. **affaiblir.**
ÉTYM. bas latin *fortificare.*

FORTIN [fɔʀtɛ̃] **n. m.** ✦ Petit fort ③.

a FORTIORI ➝ A FORTIORI

FORTISSIMO [fɔʀtisimo] **adv.** ✦ MUS. Très fort. ➝ **forte.** CONTR. **pianissimo.**
ÉTYM. mot italien, superlatif de *forte* «fort».

FORTRAN [fɔʀtʀɑ̃] **n. m.** ✦ INFORM. Langage informatique évolué pour le calcul scientifique.
ÉTYM. anglais, de *formular translation.*

FORTUIT, UITE [fɔʀtɥi, ɥit] **adj.** ✦ Qui arrive par hasard, d'une manière imprévue. SYN. **accidentel.** *Une rencontre fortuite.* CONTR. **nécessaire.**
► **FORTUITEMENT** [fɔʀtɥitmɑ̃] **adv.**
ÉTYM. latin *fortuitus,* de *fors* «hasard».

FORTUNE [fɔʀtyn] **n. f.** **I** **1.** LITTÉR. Puissance censée distribuer le bonheur et le malheur sans règle apparente. SYN. **hasard, sort.** *Les caprices de la fortune.* ➝ prov. *La fortune sourit aux audacieux.* **2.** (dans des expr.) Évènement ou suite d'évènements considérés dans ce qu'ils ont d'heureux ou de malheureux. SYN. **chance, heur** (VX). *Mauvaise fortune :* infortune, malheur. loc. *Faire contre mauvaise fortune bon cœur.* ➝ *Chercher fortune. Revers de fortune.* ➝ *DE FORTUNE :* improvisé pour parer au plus pressé. *Une installation, des moyens de fortune.* ◆ *Inviter, dîner À LA FORTUNE DU POT,* sans préparatifs ni façons, à la bonne franquette. **3.** DR. *Fortune de mer :* tout risque fortuit (perte, avarie) dont l'armateur est responsable. **II** VX Vie, carrière ; situation sociale et matérielle due à la chance. **III** Ensemble important des biens, des richesses (de qqn). SYN. **argent,** ② **capital, richesse.** *Les biens qui composent sa fortune. N'avoir aucune fortune personnelle.* ➝ absolt *Avoir, posséder de la fortune. Impôt de solidarité sur la fortune (I. S. F.).* ➝ *FAIRE FORTUNE :* s'enrichir. ◆ FAM. *Ça coûte une fortune,* très cher. CONTR. **adversité, infortune, malchance.**
ÉTYM. latin *fortuna* «sort, hasard».

FORTUNÉ, ÉE [fɔʀtyne] **adj.** **1.** VX Heureux. **2.** Qui a de la fortune. SYN. **aisé, riche.** CONTR. **infortuné, malheureux • pauvre.**

FORUM [fɔʀɔm] **n. m.** **1.** ANTIQ. (☞ noms propres) Place où se tenaient les assemblées du peuple et où se discutaient les affaires publiques à Rome. ◆ Vaste place, dans un ensemble urbain. **2.** Réunion-débat. SYN. **colloque.** *Des forums.* **3.** INFORM. Espace virtuel consacré aux discussions sur un thème, entre usagers d'un réseau télématique.
ÉTYM. mot latin.

FOSSE [fos] **n. f.** **1.** Trou creusé dans le sol et aménagé. SYN. **excavation, fossé.** ➝ *Fosse d'aisances,* destinée à recevoir les matières fécales. *Fosse septique*.* ◆ *La fosse d'orchestre :* espace devant la scène, en contrebas. **2.** Trou creusé en terre pour l'inhumation des morts. SYN. **tombe ;** ➝ **fossoyeur.** *Fosse commune,* où sont déposés ensemble plusieurs cadavres ou cercueils. **3.** Cavité naturelle. *Fosses nasales.* ➝ *Fosse océanique :* vaste dépression. HOM. FAUSSE (féminin de ① *faux* «inexact»)
ÉTYM. latin *fossa,* de *fodere* «creuser».

FOSSÉ [fose] **n. m.** **1.** Fosse creusée en long dans le sol. SYN. **tranchée.** *La voiture est tombée dans le fossé.* **2.** fig. Cassure, coupure. *Le fossé s'est élargi entre eux.* SYN. **abîme.** HOM. FAUSSER «déformer»
ÉTYM. bas latin *fossatum,* de *fossa* «fosse».

FOSSETTE [fosɛt] **n. f.** ✦ Petit creux dans une partie charnue (joues, menton, etc.).
ÉTYM. diminutif de *fosse.*

FOSSILE [fosil] adj. et n. m. **I** 1. adj. Se dit des débris ou des empreintes des végétaux et animaux d'espèces disparues, conservés dans les dépôts sédimentaires. *Plantes, espèces fossiles.* – *Énergies fossiles.* → Géographie p. 230. 2. n. m. *UN FOSSILE :* végétal, animal fossile. *Étude des fossiles.* → **paléontologie.** **II** adj., fig. Archaïque, témoin d'un monde disparu. ◆ n. m. Personne aux idées archaïques.
ÉTYM. latin *fossilis* «tiré de la terre».

FOSSILIFÈRE [fɔsilifɛʀ] adj. ✦ Qui contient des fossiles. *Calcaire fossilifère.*
ÉTYM. de *fossile* et *-fère.*

FOSSILISER [fosilize] v. tr. (conjug. 3a) ✦ Rendre fossile ; amener à l'état de fossile (surtout passif, p. passé et pronom : *se fossiliser*).
► **FOSSILISATION** [fosilizasjɔ̃] n. f.

FOSSOYEUR [foswajœʀ] n. m. 1. Personne qui creuse les fosses dans un cimetière. 2. LITTÉR. Personne qui anéantit, ruine qqch. SYN. **démolisseur.** *Les fossoyeurs de la démocratie.*
ÉTYM. de l'ancien verbe *fossoyer,* de *fosse.*

① **FOU** (ou **FOL**), **FOLLE** [fu, fol] n. et adj.
I n. Personne atteinte de troubles, de désordres mentaux. SYN. **aliéné, dément ;** ne s'emploie plus en psychiatrie. *Fou furieux.* – loc. *MAISON DE FOUS :* lieu dont les habitants agissent bizarrement. *HISTOIRE DE FOUS* (FAM.) : anecdote comique dont les personnages sont des aliénés ; histoire invraisemblable. 1. Personne qui se comporte d'une manière déraisonnable, extravagante. – *Un fou du volant :* un conducteur dangereux. 2. Personne d'une gaieté vive et exubérante. *Les enfants font les fous.* prov. *Plus on est de fous, plus on rit :* plus on est nombreux, plus on s'amuse.
II adj. (*fol* devant un n. sing. commençant par une voyelle ou un *h* muet : *fol espoir, fol héroïsme ;* sinon par archaïsme, par plais.) 1. VIEILLI Atteint de désordres mentaux. SYN. **insensé.** 2. Qui est hors de soi. *Sa lenteur me rend fou,* m'énerve, m'impatiente. *Être fou de joie, de colère.* 3. *FOU DE :* qui a un goût extrême pour. SYN. **amoureux, passionné.** *Elle est folle de lui. Être fou de musique.* SYN. **fanatique.** 4. Qui agit, se comporte d'une façon peu sensée. SYN. **anormal, bizarre, dérangé, détraqué, malade ;** FAM. **cinglé, dingue, maboul, marteau, sonné, toqué.** *Il est complètement fou, fou à lier.* – *Il n'est pas fou :* il est malin, habile. *Pas folle, la guêpe !* – Qui dénote la folie, la bizarrerie. *Regard fou.* → **hagard.** *Fou rire,* que l'on ne peut réprimer. ◆ Contraire à la raison. SYN. **absurde, déraisonnable.** *Idée folle. Folle passion. L'amour fou.* 5. (après le n.) Dont le mouvement est irrégulier, imprévisible. *Roue, poulie folle,* qui tourne à vide. FAM. *Patte folle :* jambe qui boite. – *Herbes folles. Mèches folles.* 6. (après le n.) SYN. **énorme, immense, prodigieux.** *Il y avait un monde fou à cette réception. Un succès fou. Dépenser un argent fou.* CONTR. **normal, sensé · raisonnable, sage.**
III n. m. 1. anciennt Bouffon (d'un roi, d'un haut personnage). ◆ Personnage parodique qui jouait la déraison. *La fête des fous.* 2. Pièce du jeu d'échecs qui se déplace en diagonale.
ÉTYM. latin *follis* «outre, soufflet pour le feu».

② **FOU** [fu] n. m. ✦ Oiseau marin palmipède plongeur. *Fou de Bassan.*
ÉTYM. peut-être à cause de son air niais ou parce qu'il se laisse approcher imprudemment.

FOUAILLER [fwaje] v. tr. (conjug. 3a) ✦ VX ou LITTÉR. Frapper (un animal...) de coups de fouet répétés. SYN. **fouetter,** ② **cingler.** HOM. FOYER «demeure ; centre»
ÉTYM. de l'ancien français *fou* «hêtre».

FOUCADE [fukad] n. f. ✦ LITTÉR. Caprice soudain, emportement passager. SYN. **lubie, tocade.**
ÉTYM. altération de *fougade* → fougue.

① **FOUDRE** [fudʀ] n. f. et n. m.
I n. f. 1. Décharge électrique qui se produit par temps d'orage entre deux nuages ou entre un nuage et le sol avec un éclair et une détonation (→ **tonnerre**). *La foudre éclate, tombe. Arbres frappés par la foudre* (→ **foudroyer**). 2. *COUP DE FOUDRE :* manifestation subite de l'amour dès la première rencontre. 3. VX Condamnation, reproche violent. – au plur. Condamnation, reproches. *Elle s'est attiré les foudres de son père.*
II n. m. VX Guerrier, capitaine de génie. – MOD. iron. *Un foudre de guerre.*
ÉTYM. latin *fulgur* «éclair», de *fulgere* «briller».

② **FOUDRE** [fudʀ] n. m. ✦ TECHN. Grand tonneau (de 5 à 30 m^3). → **futaille.** *Un foudre de vin.*
ÉTYM. allemand *Fuder.*

FOUDROYANT, ANTE [fudʀwajɑ̃, ɑ̃t] adj. ✦ Qui a la rapidité, la violence de la foudre. *Une mort foudroyante. Succès foudroyant.* SYN. **fulgurant.**
ÉTYM. du participe présent de *foudroyer.*

FOUDROYER [fudʀwaje] v. tr. (conjug. 10) 1. Frapper, tuer par la foudre, par une décharge électrique. SYN. **électrocuter.** 2. Tuer, anéantir avec soudaineté. *Une crise cardiaque l'a foudroyé.* – par exagér. *Foudroyer qqn du regard.*
ÉTYM. de *foudre.*

FOUET [fwɛ] n. m. **I** 1. Instrument formé d'une lanière de cuir ou d'une cordelette au bout d'un manche. → **cravache, knout,** ② **martinet.** *Donner des coups de fouet.* → **fouailler, fouetter.** – anciennt Punition donnée avec le fouet, des verges. SYN. **flagellation.** 2. loc. fig. *COUP DE FOUET :* excitation, impulsion vigoureuse. 3. *DE PLEIN FOUET :* de face et violemment. *Les deux voitures se sont heurtées de plein fouet.* **II** Appareil servant à battre les sauces, les blancs d'œufs, etc. *Fouet électrique.* SYN. **batteur.**
ÉTYM. diminutif de l'ancien français *fou* «hêtre».

FOUETTER [fwete] v. tr. (conjug. 3a) 1. Frapper avec un fouet. SYN. **flageller, fouailler.** – loc. *Avoir d'autres chats à fouetter,* autre chose à faire. 2. Frapper comme avec un fouet. *La pluie lui fouettait le visage.* 3. Battre vivement, rapidement. *Fouetter des œufs.* – au p. passé *Crème fouettée.*
ÉTYM. de *fouet.*

FOUFOU, FOFOLLE [fufu, fɔfɔl] adj. ✦ FAM. Un peu fou, folle ; léger et folâtre. SYN. ① **fou.** *Ils sont un peu foufous.*

FOUGASSE [fugas] n. f. ✦ RÉGIONAL Galette cuite au four (pâte à pain).
ÉTYM. ancien provençal.

FOUGÈRE [fuʒɛʀ] n. f. ✦ Plante cryptogame à tige rampante souterraine, à grandes feuilles très découpées et souvent enroulées en crosse au début du développement.
ÉTYM. latin populaire *filicaria,* classique *filix, filicis.*

FOUGUE [fug] **n. f.** ✦ Ardeur impétueuse. SYN. ① **élan, emportement, enthousiasme, transport.** *Il a agi avec la fougue de la jeunesse. Un orateur plein de fougue.* SYN. **verve.** CONTR. ① **calme, flegme.**
ÉTYM. italien *foga* «fuite précipitée», du latin *fuga* «fuite».

FOUGUEUX, EUSE [fugø, øz] **adj.** ✦ Qui a de la fougue. SYN. **impétueux.** *Cheval fougueux. Jeunesse fougueuse.* CONTR. ② **calme, posé.**
► **FOUGUEUSEMENT** [fugøzmɑ̃] **adv.**

FOUILLE [fuj] **n. f.** 1. (surtout plur.) Excavation pratiquée dans la terre pour découvrir et étudier les ruines de civilisations disparues. *L'archéologue qui dirige les fouilles.* 2. Excavation faite dans la terre (pour les constructions, travaux publics, etc.). 3. Action d'inspecter (un lieu habité, les vêtements d'une personne) en vue de découvrir qqch. de caché. *Fouille corporelle.*
ÉTYM. de *fouiller.*

FOUILLER [fuje] **v.** (conjug. 3a) **I** **v. tr.** 1. Creuser (un sol, un emplacement), notamment pour mettre à découvert ce qui peut être enfoui. 2. TECHN. Tailler en évidant. 3. Explorer avec soin. *Les douaniers ont fouillé les bagages, la voiture.* SYN. **examiner.** *Fouiller ses poches.* – *Fouiller qqn,* chercher systématiquement ce qu'il peut cacher dans ses vêtements, sur son corps. 4. Travailler les détails de, aller en profondeur. *Fouiller une description.* – au p. passé *Étude très fouillée.* **II** **v. intr.** 1. Faire un creux dans le sol. *Certains animaux fouillent pour trouver leur nourriture.* SYN. **fouir.** 2. Explorer en déplaçant tout ce qui peut cacher ce que l'on cherche. SYN. FAM. **farfouiller, fouiner.** *Chat qui fouille dans les poubelles.* – *Fouiller dans le passé, dans ses souvenirs,* afin de retrouver ce qui était perdu, oublié. **III** *SE FOUILLER* **v. pron.** Chercher dans ses poches. – FAM. *Il peut (toujours) se fouiller !* : il ne doit pas compter, espérer obtenir ce qu'il désire.
ÉTYM. latin populaire *fodiculare,* de *fodere* «creuser».

FOUILLIS [fuji] **n. m.** ✦ FAM. Entassement d'objets disparates réunis pêle-mêle. SYN. **désordre, pagaille.** *Quel fouillis ! Sa chambre est en fouillis.*
ÉTYM. de *fouiller.*

FOUINE [fwin] **n. f.** ✦ Petit mammifère carnivore à corps mince et museau allongé. *La fouine saigne les volailles.*
ÉTYM. latin populaire *fagina (mustela)* «(martre) du hêtre *(fagus)*».

FOUINER [fwine] **v. intr.** (conjug. 3a) ✦ FAM. Fouiller indiscrètement. SYN. **fureter.**
ÉTYM. de *fouine.*

FOUINEUR, EUSE [fwinœʀ, øz] **adj.** et **n.** ✦ FAM. Qui cherche indiscrètement, fouine partout. SYN. **curieux, fureteur.**

FOUIR [fwiʀ] **v. tr.** (conjug. 13) ✦ (surtout en parlant des animaux) Creuser (la terre, le sol). SYN. **fouiller.**
ÉTYM. latin populaire *fodire,* classique *fodere.*

FOUISSEUR, EUSE [fwisœʀ, øz] **adj.** et **n. m.** ✦ (animaux) Qui creuse le sol avec facilité. *La taupe est un animal fouisseur,* et **n. m.** *un fouisseur.*

FOULAGE [fulaʒ] **n. m.** ✦ TECHN. Action de fouler (le raisin, le drap).

FOULANT, ANTE [fulɑ̃, ɑ̃t] **adj.** **I** Qui élève le niveau d'un liquide par pression. *Pompe aspirante et foulante.* **II** FAM. Fatigant. surtout négatif *Ce n'est pas un travail bien foulant.*
ÉTYM. du participe présent de *fouler.*

FOULARD [fulaʀ] **n. m.** 1. Écharpe ou carré de soie, de coton. 2. Coiffure faite d'un mouchoir noué autour de la tête. → **carré ; madras.**
ÉTYM. peut-être provençal *foulat* «drap foulé».

FOULE [ful] **n. f.** 1. Multitude de personnes rassemblées en un lieu. SYN. **affluence, monde.** *Se mêler à la foule. Foule grouillante.* SYN. **cohue.** *Il n'y avait pas foule au théâtre.* 2. LA FOULE : la majorité des humains dans ce qu'ils ont de commun (s'oppose à *élite*). SYN. ① **masse, multitude.** 3. *UNE FOULE DE* : grand nombre de personnes ou de choses de même catégorie. SYN. **armée,** FAM. **tas.** *Une foule de clients, de visiteurs est venue aujourd'hui. Une foule de gens pensent que c'est faux.* 4. *EN FOULE* : en masse, en grand nombre. *Le public est venu en foule.*
ÉTYM. de *fouler* «presser».

FOULÉE [fule] **n. f.** 1. Appui que le cheval prend sur le sol à chaque temps de sa course ; mouvement effectué à chaque temps de galop. 2. Enjambée de l'athlète en course. *Allonger la foulée.* – *Suivre un adversaire dans sa foulée,* de près. ♦ loc. fig. *DANS LA FOULÉE* : sur son élan, sans interrompre un processus.
ÉTYM. de *fouler.*

FOULER [fule] **v. tr.** (conjug. 3a) 1. Presser (qqch.) en appuyant à plusieurs reprises, avec les mains, les pieds, un outil. *Fouler des cuirs, du drap. Autrefois, on foulait la vendange.* 2. LITTÉR. Presser (le sol) en marchant dessus. *Fouler le sol de sa terre natale.* – *FOULER AUX PIEDS.* → **piétiner.** fig. *Fouler aux pieds les convenances.* → **bafouer.** 3. *Se fouler la cheville* : se donner une foulure. – FAM. *Se fouler la rate* : se donner du mal, de la peine. 4. *SE FOULER* **v. pron.** FAM. *Ne pas se fouler* : ne pas se fatiguer. *Il a fait ça sans se fouler.*
ÉTYM. latin populaire *fullare,* de *fullo* «foulon».

FOULON [fulɔ̃] **n. m.** ✦ TECHN. 1. *TERRE À FOULON* : argile servant au dégraissage du drap destiné au foulage. 2. Machine servant au foulage (des étoffes de laine, des cuirs).
ÉTYM. latin *fullo, fullonis* «ouvrier qui presse les étoffes».

FOULQUE [fulk] **n. f.** ✦ Oiseau échassier au plumage noir, voisin de la poule d'eau.
ÉTYM. ancien provençal *folca,* latin *fulica.*

FOULURE [fulyʀ] **n. f.** ✦ Légère entorse. *Foulure du poignet.*
ÉTYM. de *fouler.*

① **FOUR** [fuʀ] **n. m.** **I** 1. Ouvrage de maçonnerie souvent voûté, muni d'une ouverture par-devant, et où l'on fait cuire le pain, la pâtisserie. *Four de boulanger.* → **fournil.** ♦ loc. *Il fait noir comme dans un four.* 2. Partie fermée d'une cuisinière ou élément séparé où l'on met des aliments pour les faire cuire ou chauffer. *Rôti cuit au four.* – *Four à micro-ondes.* 3. Ouvrage ou appareil dans lequel on soumet des matières à une chaleur intense, pour obtenir des transformations physiques ou chimiques. SYN. **fourneau.** *Four électrique. Four solaire. Four à chaux.* **II** *Petit four* : petit gâteau. → **petit-four.**
ÉTYM. latin *furnus.*

A B C D E F G H I J K L M N O P Q R S T U V W X Y Z

② **FOUR** [fuʀ] n. m. ✦ Échec, insuccès (d'un spectacle, d'une manifestation). *Sa pièce est un four, a fait un four.* SYN. FAM. **bide.**
ÉTYM. peut-être de ① *four*, allusion à l'extinction des lumières de la salle.

FOURBE [fuʀb] adj. et n. ✦ Qui trompe ou agit mal en se cachant, en feignant l'honnêteté. SYN. ① **faux, hypocrite, perfide, sournois.** *Il est fourbe et menteur. Un air fourbe.* ➞ n. *Le fourbe nous a trompés !* CONTR. ② **franc, honnête.**
ÉTYM. de *fourbir* «voler».

FOURBERIE [fuʀbəʀi] n. f. 1. Caractère du fourbe. SYN. **duplicité, fausseté, hypocrisie.** 2. LITTÉR. Tromperie hypocrite. SYN. **ruse, trahison.** *«Les Fourberies de Scapin»* (comédie de Molière). CONTR. **franchise, honnêteté.**

FOURBI [fuʀbi] n. m. ✦ FAM. 1. Ensemble des armes, des objets que possède un soldat. SYN. **attirail, barda.** 2. Les affaires, les effets que possède qqn. ➞ Choses en désordre. *Quel fourbi !*
ÉTYM. de *fourbir.*

FOURBIR [fuʀbiʀ] v. tr. (conjug. 13) 1. Nettoyer (un objet de métal) de façon à le rendre brillant. SYN. **astiquer.** ➞ LITTÉR. *Fourbir ses armes :* s'armer, se préparer à la guerre, à un combat, fig. à un affrontement. 2. fig. *Fourbir des arguments.*
ÉTYM. francique *furbjan* «nettoyer».

FOURBU, UE [fuʀby] adj. 1. *Cheval, animal fourbu,* épuisé de fatigue. 2. (personnes) Harassé, très fatigué. SYN. **éreinté, moulu, rompu.**
ÉTYM. participe passé de l'ancien français *forboire* «boire à l'excès», de *fors* et *boire.*

FOURCHE [fuʀʃ] n. f. 1. Instrument agricole à long manche muni de deux dents ou plus. 2. Disposition en forme de fourche. *La fourche d'un arbre,* endroit où les grosses branches se séparent du tronc. *Fourche de bicyclette,* partie du cadre où est fixée la roue.
ÉTYM. latin *furca.*

FOURCHER [fuʀʃe] v. intr. (conjug. 3a) 1. Se diviser en fourche. *Ses cheveux fourchent.* 2. loc. FAM. *La langue lui a fourché,* il a prononcé un mot au lieu d'un autre.
ÉTYM. de *fourche.*

FOURCHETTE [fuʀʃɛt] n. f. **I** 1. Ustensile de table, à dents, dont on se sert pour piquer les aliments et les porter à la bouche. *La fourchette et le couteau.* ➞ ① **couvert.** ➞ loc. *Avoir un bon coup de fourchette,* un bel appétit. 2. Pièce ou organe en forme de fourchette. **II** Écart entre deux valeurs extrêmes. *Une fourchette de prix.*
ÉTYM. diminutif de *fourche.*

FOURCHU, UE [fuʀʃy] adj. ✦ Qui a la forme, l'aspect d'une fourche ; qui fait une fourche. *Arbre fourchu.* ➞ *Le pied fourchu des satyres, des démons.*

FOURGON [fuʀgɔ̃] n. m. 1. Long véhicule couvert pour le transport de bagages, de meubles, d'animaux. *Fourgon de déménagement.* ➞ *Fourgon blindé.* 2. Wagon servant au transport des bagages. *Fourgon de queue.*
ÉTYM. origine inconnue.

FOURGONNETTE [fuʀgɔnɛt] n. f. ✦ Petite camionnette.
ÉTYM. diminutif de *fourgon.*

FOURME [fuʀm] n. f. ✦ Fromage de lait de vache à pâte ferme, chauffée et pressée. *Fourme d'Ambert* (fromage bleu).
ÉTYM. de *forme* → fromage.

FOURMI [fuʀmi] n. f. 1. Petit insecte hyménoptère qui vit en colonies nombreuses et organisées dans des fourmilières. *Fourmi noire, rouge. Fourmis ailées.* 2. loc. fig. *Avoir des fourmis dans les membres,* y éprouver une sensation de picotement. 3. (allus. au travail obstiné, à la prévoyance des fourmis) *C'est une fourmi,* une personne laborieuse, économe. *Un travail de fourmi.*
ÉTYM. latin *formica.*

FOURMILIER [fuʀmilje] n. m. ✦ Mammifère à langue visqueuse qui se nourrit de fourmis et de termites. *Grand fourmilier.* → **tamanoir.**
ÉTYM. de *fourmi.*

FOURMILIÈRE [fuʀmiljɛʀ] n. f. 1. Colonie de fourmis. 2. fig. Lieu où vit et s'agite une multitude de personnes. SYN. **ruche.**
ÉTYM. de *fourmi.*

FOURMILION [fuʀmiljɔ̃] n. m. ✦ Insecte dont la larve se nourrit des fourmis qui tombent dans l'entonnoir qu'elle a creusé. *Des fourmilions.* ➞ On écrit aussi *fourmi-lion, des fourmis-lions.*

FOURMILLEMENT [fuʀmijmɑ̃] n. m. 1. Agitation désordonnée et continuelle d'une multitude d'êtres. SYN. **grouillement, pullulement.** ➞ fig. *Un fourmillement d'idées.* 2. Sensation comparable à celle que donnent des fourmis courant sur la peau. SYN. **picotement.**
ÉTYM. de *fourmiller.*

FOURMILLER [fuʀmije] v. intr. (conjug. 3a) 1. S'agiter ou être en grand nombre (comme les fourmis). SYN. **pulluler.** *Les erreurs fourmillent dans ce texte.* ➞ *FOURMILLER DE :* être rempli d'un grand nombre de. 2. Être le siège d'une sensation de picotement. SYN. **démanger.**
ÉTYM. de l'ancien français *formier,* latin *formicare.*

FOURNAISE [fuʀnɛz] n. f. 1. Grand four où brûle un feu violent. 2. Endroit très chaud, surchauffé. SYN. **étuve,** ① **four.** 3. Foyer, centre d'un combat.
ÉTYM. féminin de l'ancien français *fornaiz,* du latin *fornax,* de *furnus* «four».

FOURNEAU [fuʀno] n. m. 1. Four dans lequel on soumet à un feu violent des substances à fondre, à calciner. ➞ *HAUT FOURNEAU.* → **haut-fourneau.** 2. Petite cuisinière à bois, à charbon ou à gaz. ➞ au plur. *Le chef est aux fourneaux,* en cuisine. 3. *Fourneau de mine :* cavité garnie d'explosifs. 4. Partie évasée (d'une pipe) où brûle le tabac.
ÉTYM. diminutif de l'ancien français *forn* «four».

FOURNÉE [fuʀne] n. f. 1. Quantité de pain que l'on fait cuire à la fois dans un four. 2. FAM. Ensemble de personnes nommées à la fois. ➞ Groupe de personnes qui font ou subissent qqch. en même temps. *Des fournées de personnes licenciées.*
ÉTYM. de l'ancien français *forn* «four».

FOURNIL [furni] n. m. ✦ Local où est placé le four* du boulanger et où l'on pétrit la pâte. HOM. FOURNI adj. (de *fournir*)
ÉTYM. de l'ancien français *forn* «four».

FOURNIMENT [furnimɑ̃] n. m. ✦ Ensemble des objets composant l'équipement (du soldat, d'une profession). SYN. ② **matériel.**
ÉTYM. de *fournir.*

FOURNIR [furnir] v. tr. (conjug. 13) I v. tr. dir. 1. Pourvoir de ce qui est nécessaire. SYN. **alimenter, approvisionner.** *Fournir qqn de, en qqch.* (→ **fournisseur**). ➝ *Fournir une famille, une cantine.* ➝ pronom. *Se fournir chez un marchand.* SYN. se **ravitailler,** se **servir.** 2. *Fournir qqch. à qqn,* faire avoir (qqch. à qqn). *Je vous en fournirai les moyens. Fournir une occasion à qqn.* ➝ Procurer (à un client). SYN. **vendre ;** → **livrer.** 3. Produire. *Ce vignoble fournit un vin estimé.* ➝ *Il a dû fournir un effort considérable.* SYN. **faire.** II v. tr. ind. vieilli *FOURNIR À :* contribuer, en tout ou en partie, à. SYN. **participer.** *Fournir à la dépense, à l'entretien de...* CONTR. **démunir, priver.**
► **FOURNI, IE** adj. 1. Approvisionné, pourvu, rempli. *Une librairie bien fournie.* 2. Où la matière abonde. *Une barbe, une chevelure fournie.* SYN. **dru, épais.** CONTR. **vide** · **clairsemé, rare.** HOM. FOURNIL «four»
ÉTYM. francique *frumjan* «faire».

FOURNISSEUR [furnisœr] n. m. ✦ Personne qui fournit des marchandises à un client, à un marchand. *Changer de fournisseur.* ➝ adjectivt *Les pays fournisseurs de pétrole,* producteurs et exportateurs.
ÉTYM. de *fournir.*

FOURNITURE [furnityr] n. f. 1. Action de fournir. SYN. **approvisionnement.** 2. Petit matériel nécessaire à l'exercice de certaines activités. *Fournitures de bureau. Fournitures scolaires.*

FOURRAGE [furaʒ] n. m. ✦ Plantes servant à la nourriture du bétail. *Fourrage vert ; sec.*
ÉTYM. de l'ancien français *feurre,* francique *fodr* «paille».

① **FOURRAGER, ÈRE** [furaʒe, ɛr] adj. ✦ surtout au fém. Qui fournit du fourrage. *Betterave fourragère.*

② **FOURRAGER** [furaʒe] v. (conjug. 5) 1. v. intr. Chercher en remuant, en mettant du désordre. SYN. **fouiller ;** FAM. **farfouiller.** *Fourrager dans un tiroir, dans des papiers.* 2. v. tr. Mettre en désordre en manipulant. *Fourrager des papiers.*
ÉTYM. de *fourrage,* avec influence de *fourrer.*

FOURRAGÈRE [furaʒɛr] n. f. ✦ Ornement de l'uniforme militaire ou insigne formé d'une tresse agrafée à l'épaule. *La fourragère d'un régiment.*
ÉTYM. peut-être de *(corde) fourragère* «pour lier les fourrages».

① **FOURRÉ** [fure] n. m. ✦ Massif épais et touffu de végétaux de taille moyenne, d'arbustes à branches basses. SYN. **buisson, taillis.**
ÉTYM. du participe passé de *fourrer.*

② **FOURRÉ, ÉE** adj. → FOURRER.

FOURREAU [furo] n. m. 1. Enveloppe allongée, destinée à recevoir une chose de même forme. SYN. **étui, gaine.** *Fourreau d'épée. Fourreau de parapluie.* 2. Robe de femme très moulante. ➝ appos. *Jupe fourreau. Des robes fourreaux.*
ÉTYM. de l'ancien français *fuerre,* francique *fodr,* peut-être même famille que *fourrage.*

FOURRER [fure] v. tr. (conjug. 3a) I 1. Doubler de fourrure, d'une matière chaude. *Fourrer un manteau avec du lapin.* 2. Garnir l'intérieur de (une confiserie, une pâtisserie). II 1. Faire entrer, mettre (dans une chose creuse). *Fourrer ses mains dans ses poches.* ➝ FAM. *Fourrer son nez dans les affaires des autres.* 2. Faire entrer brutalement ou sans ordre. SYN. **enfourner, mettre.** *Fourrer des objets dans un sac. Fourrer une valise sous un meuble.* ➝ *Fourrer qqch. dans la tête, le crâne de qqn* (pour le faire apprendre ou pour le faire croire, accepter). 3. Placer sans soin. *Je ne sais plus où j'ai fourré mes lunettes.* III *SE FOURRER* v. pron. FAM. 1. Se mettre, se placer (dans, sous qqch.). ➝ péj. *Il est tout le temps fourré chez nous.* 2. *Se fourrer dans une mauvaise affaire.* SYN. se **jeter.**
► ② **FOURRÉ, ÉE** adj. 1. Garni. *Monnaie fourrée* (doublée d'or, d'argent, pour tromper). ➝ *Bonbons fourrés.* 2. *Paix fourrée,* qui cache une tromperie. ◆ *COUP FOURRÉ :* en escrime, coup que les deux adversaires donnent et reçoivent en même temps. ➝ fig. Attaque hypocrite, coup en traître. → **traîtrise.** 3. Garni de ce qui tient chaud. *Bonnet, manteau fourré.*
ÉTYM. famille de *fourrage* et de *fourreau.*

FOURRE-TOUT [furtu] n. m. invar. ✦ FAM. Pièce, meuble, sac où l'on met, fourre toutes sortes de choses.
ÉTYM. de *fourrer* et *tout.*

FOURREUR [furœr] n. m. ✦ Personne qui confectionne et vend des vêtements de fourrure.
ÉTYM. de *fourrer.*

FOURRIER [furje] n. m. 1. Sous-officier chargé du cantonnement des troupes, des distributions de vivres. 2. fig. LITTÉR. Signe avant-coureur. *Le fourrier du printemps.*
ÉTYM. de l'ancien français *fuerre* «paille».

FOURRIÈRE [furjɛr] n. f. ✦ Lieu de dépôt d'animaux errants. ➝ Lieu de dépôt de véhicules saisis et retenus par la police jusqu'au paiement d'une amende. *Mise en fourrière.*
ÉTYM. de l'ancien français *fuerre* «paille».

FOURRURE [furyr] n. f. 1. Peau d'animal munie de son poil, préparée pour servir de vêtement, de doublure ou d'ornement. → **pelleterie.** *Chasseur de fourrures.* → **trappeur.** *Manteau de fourrure.* 2. Pelage épais. *La fourrure du chat angora.*
ÉTYM. de *fourrer.*

FOURVOIEMENT [furvwamɑ̃] n. m. ✦ LITTÉR. Le fait de s'égarer, de se tromper.
ÉTYM. de *fourvoyer.*

FOURVOYER [furvwaje] v. tr. (conjug. 10) ✦ LITTÉR. 1. Mettre hors de la voie, détourner du bon chemin. SYN. **égarer.** 2. Tromper. *Les mauvais exemples l'ont fourvoyé.* ◆ *SE FOURVOYER* v. pron. Faire fausse route, se tromper. *Ici, le traducteur s'est fourvoyé.* CONTR. **guider.**
ÉTYM. de *fors* «hors» et *voie.*

FOUTAISE [futɛz] n. f. ✦ FAM. Chose insignifiante, sans intérêt. *C'est de la foutaise !*
ÉTYM. de *foutre.*

FOUTOIR [futwar] n. m. ✦ FAM. et VULG. Grand désordre.
ÉTYM. de *foutre.*

FOUTRE [futʀ] v. tr. (*je fous, nous foutons ; je foutais ; je foutrai ; je foutrais ; que je foute, que nous foutions ; foutant, foutu* ; inusité aux passés simple et antérieur de l'indic., aux passé et plus-que-parfait du subj.) **I** VX, VULG. Posséder sexuellement. ➝ fig. *Va te faire foutre !* **II** fig. FAM. 1. Faire. *Il ne fout rien de la journée.* ➝ *J'en ai rien à foutre,* ça ne me concerne pas. 2. Donner (avec violence). *Il m'a foutu une baffe !* SYN. ② **flanquer.** ➝ Mettre. *Fous ça par terre.* ➝ pronom. *Elle s'est foutue par terre.* ➝ *Foutre qqn à la porte.* ➝ loc. *Foutre le camp,* s'en aller. *Ça la fout mal,* c'est fâcheux, regrettable. **III** *SE FOUTRE (DE)* v. pron. Se moquer. SYN. se **ficher.** *Il s'en fout complètement. Se foutre de tout.* → **je-m'en-foutiste.**
ÉTYM. latin *futuere* «coïter».

FOUTU, UE [fyty] adj. ✦ FAM. (plus fam. que *fichu*) 1. (avant le n.) Mauvais. *Il a un foutu caractère.* SYN. ① **sacré, sale.** 2. (après le n.) Perdu, ruiné ou condamné. *C'est un type foutu.* 3. Dans tel ou tel état. *Bien, mal foutu. Être mal foutu,* malade, fatigué. ➝ Capable. *Il n'est pas foutu de réussir.*
ÉTYM. participe passé de *foutre.*

FOX-TERRIER [fɔkstɛʀje] ou **FOX** [fɔks] n. m. ✦ Chien terrier à robe blanche avec des taches fauves ou noires. *Des fox-terriers. Fox à poil dur.*
ÉTYM. mot anglais, de *fox* «renard».

FOYER [fwaje] n. m. **I** 1. Espace ouvert aménagé dans une maison pour y faire du feu. SYN. **âtre.** 2. Feu qui brûle dans cet espace. ➝ *Foyer d'incendie,* brasier d'où se propage l'incendie. 3. Partie fermée (d'un appareil de chauffage) où brûle le combustible. *Le foyer d'une chaudière.* **II** 1. Lieu où habite la famille. SYN. **demeure, maison.** *Le foyer conjugal.* SYN. **domicile.** ➝ La famille. *Fonder un foyer,* se marier. SYN. **ménage.** *Femme* au foyer.* ➝ au plur. *Soldat qui rentre dans ses foyers,* chez lui. 2. Local servant de lieu de réunion, d'asile. *Foyer d'étudiants.* 3. Salle d'un théâtre où le public peut se retrouver, prendre des consommations aux entractes. *Le foyer de l'Opéra.* **III** 1. Point d'où rayonne la chaleur, la lumière. *Un puissant foyer lumineux.* SYN. **source.** ➝ Point où convergent des rayons lumineux. *Lunettes, verres à double foyer.* SYN. **focal.** 2. Point par rapport auquel se définit une courbe. *Les foyers d'une ellipse.* 3. Lieu d'origine (d'un phénomène). *Le foyer de la révolte. Un foyer de guérilla.* 4. Siège principal d'une maladie. *Foyer d'infection.* HOM. FOUAILLER «fouetter»
ÉTYM. latin populaire *focarium,* de *focus* «foyer».

FRAC [fʀak] n. m. ✦ anciennt Habit d'homme, noir et à basques.
ÉTYM. anglais *frock,* emprunté au français *froc.*

FRACAS [fʀaka] n. m. ✦ Bruit violent. *Le fracas de l'orage.* ➝ loc. *Avec perte et fracas,* brutalement.
ÉTYM. italien *fracasso* → fracasser.

FRACASSANT, ANTE [fʀakasɑ̃, ɑ̃t] adj. 1. Très bruyant. 2. *Déclaration fracassante,* qui fait un effet violent. SYN. **tonitruant.**
ÉTYM. du participe présent de *fracasser.*

FRACASSER [fʀakase] v. tr. (conjug. 3a) ✦ Mettre en pièces, briser avec violence. ➝ pronom. *La barque s'est fracassée sur les rochers.*
ÉTYM. italien *fracassare.*

FRACTAL, ALE, ALS [fʀaktal] adj. ✦ DIDACT. *Objet fractal* : objet géométrique qui représente des formes irrégulières fragmentées, la plus petite ayant une structure identique à l'objet dans son ensemble (ex. flocon de neige). ➝ n. f. Objet fractal.
ÉTYM. du latin *fractus* «brisé».

FRACTION [fʀaksjɔ̃] n. f. **I** VX OU RELIG. Action de briser. *La fraction du pain* (eucharistique). **II** 1. Quantité qui représente une ou plusieurs parties égales de l'unité ; symbole formé d'un dénominateur et d'un numérateur. *Barre de fraction.* 2. Partie d'une totalité. SYN. **morceau, parcelle, portion.** *Une fraction de seconde.*
ÉTYM. bas latin *fractio,* de *frangere* «briser».

FRACTIONNAIRE [fʀaksjɔnɛʀ] adj. ✦ Qui est sous forme de fraction. *Nombre fractionnaire. Un même nombre décimal a plusieurs écritures fractionnaires.*

FRACTIONNEL, ELLE [fʀaksjɔnɛl] adj. ✦ Qui tend à diviser. *Activité fractionnelle au sein d'un parti.*
ÉTYM. de *fractionner.*

FRACTIONNEMENT [fʀaksjɔnmɑ̃] n. m. ✦ Action de fractionner. SYN. **division.**

FRACTIONNER [fʀaksjɔne] v. tr. (conjug. 3a) ✦ Diviser (une totalité) en parties, en fractions. SYN. **partager, rompre, séparer.** ➝ pronom. *L'assemblée s'est fractionnée en trois groupes.* SYN. se **scinder.**

FRACTURATION [fʀaktyʀasjɔ̃] n. f. ✦ TECHN. *Fracturation hydraulique* : procédé utilisé dans l'extraction d'hydrocarbures, notamment le gaz de schiste, en fracturant la couche productrice par injection de fluide à très haute pression.

FRACTURE [fʀaktyʀ] n. f. 1. Rupture d'un os. *Fracture ouverte,* avec plaie. *Fracture incomplète.* SYN. **fêlure.** *Fracture du crâne.* 2. Cassure (de l'écorce terrestre, etc.). SYN. ① **faille.** 3. fig. *Fracture sociale* (au sein de la société, entre les nantis et les exclus). *Fracture numérique* : inégalité d'accès à Internet.
ÉTYM. latin *fractura,* de *frangere* «briser».

FRACTURER [fʀaktyʀe] v. tr. (conjug. 3a) 1. Blesser par une fracture. *Elle s'est fracturé une côte.* SYN. **casser, rompre.** 2. Briser avec effort. *Fracturer une porte.*

FRAGILE [fʀaʒil] adj. 1. Qui se brise, se casse facilement. SYN. **cassant.** 2. (personnes) De constitution faible. SYN. **délicat, faible.** *Cet enfant est très fragile, il attrape toutes les maladies.* SYN. **chétif, malingre.** *Il a l'estomac fragile. Une santé fragile.* ◆ Qui manque de résistance morale, psychique. 3. Qui est facile à ébranler, menacé de ruine. *Autorité fragile.* SYN. **changeant, inconstant.** CONTR. **solide • robuste •** ① **fort • stable.**
ÉTYM. latin *fragilis,* de *frangere* «briser» ; doublet de *frêle.*

FRAGILISER [fʀaʒilize] v. tr. (conjug. 3a) ✦ Rendre fragile, plus fragile. CONTR. **consolider.**

FRAGILITÉ [fʀaʒilite] n. f. 1. Caractère de ce qui peut se casser facilement. 2. Manque de solidité. *La fragilité d'un mécanisme.* 3. Faiblesse de constitution. ➝ Manque de résistance psychique. 4. Caractère éphémère. *La fragilité de la gloire.* CONTR. **résistance, solidité • force • stabilité.**
ÉTYM. latin *fragilitas* → fragile.

FRAGMENT [fʀagmɑ̃] **n. m.** 1. Morceau d'une chose qui a été cassée, brisée. SYN. **bout, débris, éclat, morceau.** *Les fragments d'un vase, d'une statue.* 2. Partie (d'une œuvre). *Fragment d'un texte.* SYN. **citation, extrait, passage.**
ÉTYM. latin *fragmentum*, de *frangere* « briser ».

FRAGMENTAIRE [fʀagmɑ̃tɛʀ] **adj.** ✦ Qui existe à l'état de fragments. *Documentation fragmentaire.* SYN. **incomplet, partiel.** CONTR. **complet, entier.**

FRAGMENTATION [fʀagmɑ̃tasjɔ̃] **n. f.** ✦ Action de fragmenter ; son résultat.

FRAGMENTER [fʀagmɑ̃te] **v. tr.** (conjug. 3a) ✦ Partager, séparer en fragments. SYN. **diviser, morceler.** *Fragmenter un ouvrage, un héritage.* CONTR. **rassembler, réunir.**

FRAGRANCE [fʀagʀɑ̃s] **n. f.** ✦ LITTÉR. Parfum subtil, odeur agréable.
ÉTYM. du latin *fragrare* « exhaler une odeur ».

FRAI [fʀɛ] **n. m.** 1. Ponte des œufs (par la femelle des poissons). *La saison du frai.* 2. Œufs (de batraciens, de poissons). *Du frai de carpes.* HOM. ① FRAIS « légèrement froid », ② FRAIS « dépenses », FRET « cargaison »
ÉTYM. de *frayer.*

à la FRAÎCHE [alafʀɛʃ] **loc. adv.** ✦ À l'heure où il fait frais (matin et, surtout, soir).
ÉTYM. de ① *frais.*

FRAÎCHEMENT [fʀɛʃmɑ̃] **adv.** 1. Depuis très peu de temps. SYN. **récemment.** *Il est fraîchement arrivé.* 2. Avec une froideur marquée. SYN. **froidement.** *Elle fut accueillie fraîchement.* CONTR. **anciennement • chaleureusement.**
ÉTYM. de ① *frais.*

FRAÎCHEUR [fʀɛʃœʀ] **n. f.** I 1. Propriété de ce qui est frais. *La fraîcheur d'une eau de source.* 2. Température fraîche. *La fraîcheur de l'air.* ♦ Sensation de fraîcheur. II 1. Qualité d'un produit frais, non altéré. *La fraîcheur d'un œuf, d'un fruit.* 2. Qualité de ce qui a un aspect sain, vigoureux, de ce qui garde son éclat. *La fraîcheur de son teint.* ➡ *La fraîcheur d'un coloris.* ➡ (sentiments, idées) *Fraîcheur d'âme.* SYN. **innocence, jeunesse.**
ÉTYM. de ① *frais.*

FRAÎCHIR [fʀeʃiʀ] **v. intr.** (conjug. 13) 1. Devenir frais, ou plus frais. SYN. se **rafraîchir.** *Le temps fraîchit depuis quelques jours.* 2. MAR. *Le vent fraîchit,* devient plus fort. SYN. **forcir.**
ÉTYM. de ① *frais.*

① **FRAIS, FRAÎCHE** [fʀɛ, fʀɛʃ] **adj.** I 1. Un peu froid. *Un vent frais. Boire de l'eau fraîche.* ➡ **adv.** *Il fait frais ce matin.* ➡ **n. m.** *Prendre le frais,* respirer l'air frais. ➡ RÉGIONAL Fraîcheur. *Le frais de la nuit.* 2. Sans chaleur, sans cordialité. *Un accueil plutôt frais.* II 1. Qui vient d'arriver, de se produire, d'être fait. SYN. ② **neuf, nouveau, récent.** *Découvrir des traces toutes fraîches. Des nouvelles fraîches. De fraîche date,* récent. ➡ *Peinture fraîche,* pas encore séchée. ➡ **adv.** (devant un participe passé) Depuis très peu de temps. *Un collègue frais émoulu* de l'université.* 2. Qui est tout nouvellement produit, n'a rien perdu de ses qualités naturelles. *Un fruit, des œufs frais. Du pain frais* (opposé à *rassis*). ➡ Consommé sans préparation de conservation. *Légumes, fruits frais* (opposé à *en conserve, sec, surgelé*). 3. Qui a ou garde des qualités inaltérées d'éclat, de vitalité, de jeunesse. *Une fille fraîche et jolie. Être frais et dispos. Avoir le teint frais.* 4. FAM. Dans une fâcheuse situation. *Nous voilà frais !* SYN. **propre.** 5. En bon état, dans l'aspect du neuf. *Ce costume n'est pas très frais ; il faudrait le repasser.* 6. Qui donne une impression vivifiante de pureté, de jeunesse. *Le frais parfum du muguet.* CONTR. **chaud • ancien • avarié • fané • défraîchi.**
HOM. FRAI « œufs de poisson », FRET « cargaison »
ÉTYM. francique *frisk.*

② **FRAIS** [fʀɛ] **n. m. pl.** 1. Dépenses occasionnées par une opération. SYN. **coût.** *Frais professionnels. Avoir de gros frais.* **loc.** *Rentrer dans ses frais,* en être remboursé par un gain (➡ **défrayer**). 2. **loc.** *À grands frais,* en dépensant beaucoup ; en se donnant beaucoup de peine. *À peu de frais, à moindre frais,* économiquement. *Aux frais de qqn,* les frais étant couverts par lui. ➡ *Se mettre* EN FRAIS : s'engager dans des dépenses inhabituelles ; faire des efforts. ➡ *FAIRE LES FRAIS DE qqch.*, en être la victime, en subir les conséquences. *Faire les frais de la conversation,* en être le sujet malgré soi. ➡ *EN ÊTRE POUR SES FRAIS* : ne rien obtenir en échange de ses dépenses, de ses efforts. 3. *FAUX FRAIS* : dépense accidentelle s'ajoutant aux dépenses principales. HOM. FRAI « œufs de poisson », FRET « cargaison »
ÉTYM. ancien français *fret, frait* « dommage causé par violence (bris, casse) », latin *frangere* « briser ».

① **FRAISE** [fʀɛz] **n. f.** 1. Fruit du fraisier. *Fraises des bois. Fraises cultivées* (plus grosses). *Tarte aux fraises. Confiture de fraise.* 2. **loc.** FAM. *Sucrer les fraises,* être agité d'un tremblement (malades, vieillards). 3. FAM. Figure. *Ramener* sa fraise.*
ÉTYM. ancien français *fraie*, latin populaire *fraga*, de *fragum* « fraise » ; influence de *framboise* pour le *s.*

② **FRAISE** [fʀɛz] **n. f.** ✦ Petit outil d'acier, de forme conique ou cylindrique, servant à évaser l'orifice d'un trou (➡ **fraiser**). ➡ Roulette de dentiste.
ÉTYM. de *fraiser.*

③ **FRAISE** [fʀɛz] **n. f.** I Membrane qui enveloppe les intestins du veau et de l'agneau. II Grand col blanc, plissé et empesé, porté au XVIe siècle.
ÉTYM. de *fraiser* « dépouiller de son enveloppe ».

FRAISER [fʀeze] **v. tr.** (conjug. 3a) ✦ TECHN. Évaser l'orifice de (un trou).
ÉTYM. latin *frendere* « broyer ».

FRAISEUR [fʀɛzœʀ] **n. m.** ✦ TECHN. Ouvrier qualifié conducteur d'une fraiseuse. ➡ **ajusteur, tourneur.**
ÉTYM. de *fraiser.*

FRAISEUSE [fʀɛzøz] **n. f.** ✦ TECHN. Machine-outil servant à fraiser les métaux.

FRAISIER [fʀezje] **n. m.** I Plante qui produit les fraises. II Gâteau (génoise) à la crème et aux fraises.
ÉTYM. de ① *fraise.*

FRAMBOISE [fʀɑ̃bwaz] **n. f.** 1. Fruit composé, de couleur rouge sombre, très parfumé, produit par le framboisier. *Gelée de framboise.* 2. Liqueur, eau-de-vie de framboise.
ÉTYM. peut-être francique *brambasi* ; *fr-* d'après *fraie* → ① fraise.

FRAMBOISIER [fʀɑ̃bwazje] **n. m.** ✦ Arbrisseau qui produit les framboises.

A B C D E F G H I J K L M N O P Q R S T U V W X Y Z

① **FRANC, FRANQUE** [fʀɑ̃, fʀɑ̃k] n. et adj. ✦ HIST. (☛ noms propres) Membre de peuplades germaniques qui occupaient les rives du Rhin et la région maritime de la Belgique et de la Hollande. *La langue des Francs.* → **francique.** – adj. *La Gaule franque,* conquise par les Francs.
ÉTYM. latin médiéval *francus,* du francique *frank.*

② **FRANC, FRANCHE** [fʀɑ̃, fʀɑ̃ʃ] adj. **I** 1. vx Libre. → **franc-maçon.** – en loc. Sans entrave, ni gêne, ni obligation. *Avoir les coudées* franches.* – *CORPS FRANCS :* troupes ne faisant pas partie des unités combattantes régulières. → **franc-tireur.** – *COUP FRANC* (football, etc.) : coup tiré sans opposition de l'adversaire, pour sanctionner une faute. 2. Affranchi, libéré de certaines servitudes ; exempt de charges, taxes (→ **franchise ; affranchir**). *Port franc. Zone franche. Franc de port* (généralt invar.). SYN. **franco** (1). *Expédition franc de port.* **II** 1. Qui s'exprime ou se présente ouvertement, sans artifice, ni réticence. SYN. ① **droit, honnête, loyal, sincère.** *Il est franc comme l'or,* très franc. *Une explication franche et loyale.* ♦ loc. *Jouer FRANC JEU :* agir loyalement, en respectant les règles. → **fair-play.** 2. Qui présente des caractères de pureté, de naturel. SYN. **pur, simple.** *Couleurs franches.* 3. (précédant le n.) péj. Qui est véritablement tel. SYN. **achevé, fieffé, vrai.** *Une franche canaille.* 4. adv. *À parler franc,* franchement. CONTR. **hypocrite, menteur, sournois.**
ÉTYM. de ① *franc.*

③ **FRANC** [fʀɑ̃] n. m. 1. Ancienne unité monétaire légale de la France, divisée en cent centimes (symb. F). *Cinquante mille francs* (ou *cinq millions d'anciens francs* [de centimes]). 2. *Franc belge,* ancienne unité monétaire de la Belgique. *Franc suisse,* unité monétaire de la Suisse. – On dit *franc* en Belgique, en Suisse et *franc français* pour le sens 1.
ÉTYM. peut-être de la devise des monnaies *Francorum rex* «roi des Francs» → ① franc.

FRANÇAIS, AISE [fʀɑ̃sɛ, ɛz] adj. et n. 1. adj. Qui appartient, est relatif à la France et à ses habitants. *La République française.* – n. Personne de nationalité française. 2. n. m. *LE FRANÇAIS :* langue romane parlée en France, Belgique, Suisse, au Canada (Québec, Nouveau-Brunswick, etc.), et comme seconde langue en Afrique, aux Caraïbes, etc. → **francophonie.** *Ancien français* (Xe-XIVe siècle ☛ Langue française p. 98) ; *moyen français* (XIVe-XVIe siècle ☛ Langue française p. 103) ; *français classique* (XVIIe-XVIIIe siècle ☛ Langue française p. 106) ; *français moderne.* ♦ adj. Du français (langue). *La grammaire française.*
ÉTYM. de *France* (☛ noms propres), du bas latin *Francia* «pays des Francs» → ① franc.

FRANCHEMENT [fʀɑ̃ʃmɑ̃] adv. 1. Sans hésitation, d'une manière décidée. SYN. **carrément, résolument.** *Allez-y franchement.* 2. Sans équivoque, nettement. – (devant un adj.) Indiscutablement, vraiment. *C'est franchement mauvais.* 3. Sans détour, sans dissimulation (dans les rapports humains). SYN. **loyalement, sincèrement.** *Je vous le dis franchement.* CONTR. **timidement • hypocritement.**
ÉTYM. de ② *franc.*

FRANCHIR [fʀɑ̃ʃiʀ] v. tr. (conjug. 13) 1. Passer par-dessus (un obstacle), en sautant, en grimpant. *Franchir un ruisseau, un mur.* – Surmonter, vaincre (une difficulté). 2. Aller au-delà de (une limite). SYN. **passer.** *Franchir une frontière.* 3. Traverser (un passage) ; aller d'un bout à l'autre de. SYN. **parcourir.** *Franchir un pont.* – (temps) *Sa réputation a franchi les siècles.*
ÉTYM. de ② *franc* (I, 2) ; d'abord «affranchir, libérer d'une charge», puis «libérer le passage».

FRANCHISE [fʀɑ̃ʃiz] n. f. **I** 1. Droit qui limitait l'autorité souveraine au profit d'une ville, d'un corps ou d'un individu. 2. Exemption (d'une taxe). *Franchise postale. Envoi en franchise.* → **franco** (1). 3. *Commerce en franchise,* boutique, magasin dont l'exploitant est propriétaire du fonds, mais reste lié par contrat à une marque et à ses produits (*franchisé, ée* adj. et n.). **II** Qualité d'une personne franche. SYN. **droiture, loyauté, sincérité.** CONTR. **hypocrisie.**
ÉTYM. de ② *franc ;* d'abord «condition libre» ; sens 3, de l'américain *franchising.*

FRANCHISSABLE [fʀɑ̃ʃisabl] adj. ✦ Qui peut être franchi. *Un col franchissable en hiver.* CONTR. **infranchissable.**

FRANCHISSEMENT [fʀɑ̃ʃismɑ̃] n. m. ✦ Action de franchir. SYN. **passage.** *Le franchissement d'un torrent, d'un obstacle.*

FRANCIEN [fʀɑ̃sjɛ̃] n. m. ✦ LING. Parler issu des dialectes centraux de langue d'oïl, au Moyen Âge, devenu le noyau de la langue nationale. ☛ Langue française p. 103.
ÉTYM. de *France* «Île de France».

FRANCIQUE [fʀɑ̃sik] n. m. ✦ LING. 1. Langue germanique des anciens Francs. ☛ Langue française p. 96. 2. Dialecte allemand.
ÉTYM. de ① *franc.*

FRANCISATION [fʀɑ̃sizasjɔ̃] n. f. ✦ Fait de franciser.

FRANCISCAIN, AINE [fʀɑ̃siskɛ̃, ɛn] n. ✦ Religieux, religieuse de l'ordre fondé par saint François d'Assise (☛ noms propres). – adj. *L'art franciscain.*
ÉTYM. du latin médiéval *Franciscus* «François».

FRANCISER [fʀɑ̃size] v. tr. (conjug. 3a) ✦ Donner une forme française à (un mot étranger). – au p. passé *«Fioul» et «gazole» sont des anglicismes francisés.*
ÉTYM. de *français.*

FRANCISQUE [fʀɑ̃sisk] n. f. 1. Hache de guerre des Francs à double fer. 2. Emblème du régime de Vichy, représentant une telle hache.
ÉTYM. bas latin *(securis) francisca* «(hache) des Francs».

FRANC-MAÇON, ONNE [fʀɑ̃masɔ̃, ɔn] n. et adj. ✦ Adepte, membre de la franc-maçonnerie. *Les francs-maçons.* – adj. *Les influences franc-maçonnes.* SYN. **maçonnique.**
ÉTYM. anglais *freemason* «maçon libre» → ② franc.

FRANC-MAÇONNERIE [fʀɑ̃masɔnʀi] n. f. 1. Association internationale, de caractère mutualiste et philanthropique, de nature initiatique et ésotérique. 2. péj. Alliance secrète entre personnes de même profession, de mêmes idées. SYN. **coterie.**
ÉTYM. anglais *freemasonry* → franc-maçon.

FRANCO [fʀɑ̃ko] adv. 1. Sans avoir à payer le transport (opposé à *en port dû*). *Franco de port.* 2. FAM. Franchement, carrément. *Allez-y franco.*
ÉTYM. mot italien, de *franco porto* «port franc» → ② franc.

FRANCO- Élément, tiré du radical de *français.* *Les relations franco-américaines.*

FRANCOPHILE [fʀɑ̃kɔfil] **adj.** ✦ Qui aime la France et les Français. ➛ **n.** *Un francophile.* CONTR. **francophobe.**
► **FRANCOPHILIE** [fʀɑ̃kɔfili] **n. f.**
ÉTYM. de *franco-* et *-phile.*

FRANCOPHOBE [fʀɑ̃kɔfɔb] **adj.** ✦ Hostile à la France et aux Français. CONTR. **francophile.**
► **FRANCOPHOBIE** [fʀɑ̃kɔfɔbi] **n. f.**
ÉTYM. de *franco-* et *-phobe.*

FRANCOPHONE [fʀɑ̃kɔfɔn] **adj. 1.** Qui parle habituellement le français. *Les Africains francophones.* ➛ **n.** *Les francophones du Canada.* **2.** De la francophonie. *Les littératures francophones.*
ÉTYM. de *franco-* et *-phone.*

FRANCOPHONIE [fʀɑ̃kɔfɔni] **n. f. 1.** Communauté des peuples francophones. **2.** Mouvement en faveur du français. **3.** Organisation politique réunissant des pays francophones.

FRANC-PARLER [fʀɑ̃paʀle] **n. m. sing.** ✦ Liberté de dire ce qu'on pense. *Il a son franc-parler.*

FRANC-TIREUR, EUSE [fʀɑ̃tiʀœʀ, øz] **n. 1.** Combattant(e) qui n'appartient pas à une armée régulière. SYN. **guérilléro, partisan** ; → ② **franc** (corps francs). *Francs-tireurs et partisans (F. T. P.).* ➛ Tireur isolé. **2. fig.** Personne qui mène une action indépendante, n'observe pas la discipline d'un groupe. SYN. **indépendant.** *Agir en franc-tireur.*
ÉTYM. de ② *franc* «libre» et *tireur.*

FRANGE [fʀɑ̃ʒ] **n. f. 1.** Bande de tissu d'où pendent des fils, ornant le bord des vêtements, des meubles, etc. *La frange, les franges d'un tapis.* **2.** Cheveux coupés couvrant le front sur toute sa largeur. **3.** Contour. *Une frange de lumière.* **4.** Limite imprécise entre deux états, deux notions. SYN. **marge.** *Agir à la frange de la légalité.* **5.** Minorité marginale. *Une frange de la population.*
ÉTYM. latin populaire *frimbria*, classique *fimbria* «bord de vêtement».

FRANGER [fʀɑ̃ʒe] **v. tr.** (conjug. 5) ✦ Garnir, orner de franges. ➛ **au p. passé (fig.)** *Vagues frangées d'écume.*

FRANGIN, INE [fʀɑ̃ʒɛ̃, in] **n.** ✦ FAM. Frère, sœur.
ÉTYM. origine obscure.

FRANGIPANE [fʀɑ̃ʒipan] **n. f.** ✦ Crème pâtissière à base d'amandes.
ÉTYM. de *Frangipani*, nom propre.

FRANGLAIS [fʀɑ̃glɛ] **n. m.** ✦ Usage du français où l'anglicisme est excessif.
ÉTYM. de *français* et *anglais.*

à la bonne **FRANQUETTE** [alabɔnfʀɑ̃kɛt] **loc.** ✦ Sans façon, sans cérémonie. SYN. **simplement.** *Restez donc, on dînera à la bonne franquette.*
ÉTYM. diminutif populaire de ② *franc.*

FRANQUISME [fʀɑ̃kism] **n. m.** ✦ HIST. Doctrine politique, économique du régime conservateur et autoritaire instauré par le général Franco (en Espagne à partir de 1936).
► **FRANQUISTE** [fʀɑ̃kist] **adj. et n.**
ÉTYM. de *Franco*, nom propre. ☞ noms propres.

FRAPPANT, ANTE [fʀapɑ̃, ɑ̃t] **adj.** ✦ Qui frappe, fait une vive impression. SYN. **impressionnant, saisissant.** *Une ressemblance frappante.* SYN. **étonnant.** *Le contraste est frappant.* SYN. **flagrant.**

FRAPPE [fʀap] **n. f. 1.** TECHN. Opération qui consiste à marquer une monnaie, une médaille d'une empreinte. **2.** Action, manière de taper à la machine. SYN. **dactylographie, saisie.** *Le manuscrit est à la frappe. Des fautes de frappe.* **3.** FORCE DE FRAPPE. → **force** (II, 1).
ÉTYM. de *frapper.*

FRAPPER [fʀape] **v. tr.** (conjug. 3a) **I v. tr. dir. 1.** Toucher plus ou moins rudement en portant un ou plusieurs coups. SYN. **battre.** *Il l'a frappé au menton.* ➛ *Frapper le sol du pied.* **2.** Marquer (qqch.) d'une empreinte par un choc, une pression. *Frapper la monnaie,* la marquer d'une empreinte (avec le coin, le poinçon, etc.). **3.** *Frapper du vin,* le refroidir avec de la glace. ➛ **au p. passé** *Champagne frappé.* **4.** Atteindre d'un coup porté avec une arme. **5.** Donner, porter (un coup). *Frapper les trois coups* (indiquant que le rideau va se lever, au théâtre). **6.** Atteindre d'un mal. *Le grand malheur qui la frappait.* **7.** Affecter d'une impression vive et soudaine. SYN. **étonner, saisir, surprendre.** *Il a frappé tout le monde par son énergie.* ➛ *Être frappé de stupeur.* **II v. tr. ind.** Donner un coup, des coups. *Frapper sur la table, contre un mur, à la porte.* ➛ *Entrez sans frapper.* **III** SE FRAPPER **v. pron.** S'inquiéter, se faire du souci. *Ne vous frappez pas !*
ÉTYM. peut-être francique *hrappan.*

FRASQUE [fʀask] **n. f.** ✦ (surtout plur.) Écart de conduite. SYN. **fredaine.** *Des frasques de jeunesse.*
ÉTYM. italien *frasca.*

FRATERNEL, ELLE [fʀatɛʀnɛl] **adj. 1.** Qui concerne les relations entre frères ou entre frères et sœurs. *L'amour fraternel.* **2.** Propre à des êtres qui se traitent en frères. SYN. **affectueux, amical, cordial.** *Un sourire, un geste fraternel.* ➛ (personnes) Qui se conduit comme un frère (envers qqn). *Il s'est montré très fraternel avec moi.*
ÉTYM. latin *fraternus*, de *frater* «frère».

FRATERNELLEMENT [fʀatɛʀnɛlmɑ̃] **adv.** ✦ D'une manière fraternelle. *Partager fraternellement.*

FRATERNISER [fʀatɛʀnize] **v. intr.** (conjug. 3a) ✦ Faire acte de fraternité, de sympathie ou de solidarité. *Fraterniser avec qqn* (homme ou femme).
► **FRATERNISATION** [fʀatɛʀnizasjɔ̃] **n. f.**
ÉTYM. de *fraternel.*

FRATERNITÉ [fʀatɛʀnite] **n. f. 1.** Lien existant entre personnes considérées comme membres de la famille humaine ; sentiment profond de ce lien. SYN. **solidarité.** *Un élan de fraternité. Liberté, Égalité, Fraternité,* devise de la République française. **2.** Lien particulier établissant des rapports fraternels. SYN. **camaraderie.** *Fraternité d'armes.*
ÉTYM. latin *fraternitas.*

FRATRICIDE [fʀatʀisid] **n. et adj. 1. n. m.** Meurtre d'un frère, d'une sœur. **2. n.** Personne qui tue son frère ou sa sœur. **3. adj.** Qui conduit les humains à s'entre-tuer. *Des guerres, des haines fratricides.*
ÉTYM. bas latin *fratricidium* (sens I) et *fratricida* (sens 2 et 3), de *frater* «frère» et *caedere* «tuer».

FRATRIE [fʀatʀi] **n. f.** ✦ ANTHROPOL. Ensemble des frères et sœurs de la même famille.
ÉTYM. du latin *frater* «frère».

FRAUDE [fʀod] **n. f.** ✦ Tromperie ou falsification punie par la loi. SYN. **délit.** *La répression des fraudes. Fraude électorale.* ➛ EN FRAUDE **loc. adv.** → **clandestinement,**

illégalement.
ÉTYM. latin *fraus, fraudis.*

FRAUDER [fʀode] **v.** (conjug. 3a) **1. v. tr.** Commettre une fraude au détriment de. SYN. ② **voler.** *Frauder le fisc.* **2. v. intr.** Être coupable de fraude. *Frauder à un examen.* SYN. **tricher.**
ÉTYM. latin *fraudare,* de *fraus* → fraude.

FRAUDEUR, EUSE [fʀodœʀ, øz] **n.** ✦ Personne qui fraude.

FRAUDULEUX, EUSE [fʀodylø, øz] **adj.** ✦ Entaché de fraude. *Faillite frauduleuse.*
► **FRAUDULEUSEMENT** [fʀodyløzmɑ̃] **adv.**

FRAYER [fʀeje] **v.** (conjug. 12) **I v. tr.** Tracer ou ouvrir (un chemin) au milieu d'obstacles. *Écarter les branches pour frayer un passage à qqn. Se frayer un chemin à travers la foule.* **II v. intr. 1.** Se dit de la femelle du poisson qui dépose ses œufs, et du mâle qui les féconde (→ **frai**). **2.** (personnes) Avoir des relations familières et suivies, fréquenter. *Il frayait peu avec ses collègues.*
ÉTYM. latin *fricare* «frotter».

FRAYEUR [fʀɛjœʀ] **n. f.** ✦ Peur très vive, généralement passagère et peu justifiée. *Vous êtes remis de vos frayeurs ? Trembler de frayeur.*
ÉTYM. latin *fragor* «fracas», de *frangere* «briser».

FREDAINE [fʀədɛn] **n. f.** ✦ (surtout plur.) Écart de conduite sans gravité. SYN. **frasque.**
ÉTYM. de l'ancien français *fredain,* de l'ancien provençal *fradin* «voleur», p.-ê. d'origine germanique.

FREDONNEMENT [fʀədɔnmɑ̃] **n. m.** ✦ Chant à mi-voix.
ÉTYM. de *fredonner.*

FREDONNER [fʀədɔne] **v. tr.** (conjug. 3a) ✦ Chanter (un air) à mi-voix, à bouche fermée. SYN. **chantonner.**
ÉTYM. de *fredon* «refrain», du latin *fritinnire* «gazouiller».

FREEZER [fʀizœʀ] **n. m.** ✦ anglicisme Congélateur. – Écrire *freezeur* avec le suffixe français *-eur* est permis.
ÉTYM. mot anglais, de *to freeze* «geler».

FRÉGATE [fʀegat] **n. f. I 1.** Ancien bateau de guerre à trois mâts, plus rapide que le vaisseau. **2.** Bâtiment de combat, entre la corvette et le croiseur. **II** Oiseau de mer aux grandes ailes fines, au bec très long et crochu.
ÉTYM. italien *fregata,* d'origine obscure.

FREIN [fʀɛ̃] **n. m. 1.** Morceau de la bride* qui entre dans la bouche du cheval et permet de l'arrêter. ◆ **loc.** *Ronger son frein,* contenir difficilement son impatience (comme le cheval qui ronge son mors). **2.** Dispositif servant à ralentir, à arrêter le mouvement d'un ensemble mécanique. *Freins à disque, à tambour. Frein à main. La pédale de frein d'une automobile. Donner un coup de frein,* freiner. – *Frein moteur,* résistance opposée par le moteur ralenti au mouvement des roues. **3.** Ce qui ralentit, entrave un développement. *Mettre un frein au gaspillage. Une imagination sans frein.* → **effréné.**
ÉTYM. latin *frenum.*

FREINAGE [fʀɛnaʒ] **n. m.** ✦ Action de freiner.

FREINER [fʀene] **v.** (conjug. 3a) **I 1. v. tr.** Ralentir dans son mouvement. *Le vent freinait les coureurs.* **2.** Ralentir (une évolution, un essor). SYN. **contrarier, gêner.** *Freiner le progrès.* **II v. intr.** Ralentir, arrêter la marche d'une machine au moyen de freins. *Mon vélo ne freine plus.* CONTR. **encourager • accélérer.**
ÉTYM. latin *frenare,* de *frenum* «frein».

FRELATER [fʀəlate] **v. tr.** (conjug. 3a) ✦ Altérer la pureté de. SYN. **falsifier.**
► **FRELATÉ, ÉE adj. 1.** Altéré dans sa pureté. SYN. **dénaturé.** *Un vin frelaté.* **2. fig.** Qui n'est pas pur, pas naturel. *Des plaisirs frelatés.*
ÉTYM. ancien néerlandais *verlaten* «transvaser».

FRÊLE [fʀɛl] **adj. 1.** Dont l'aspect ténu donne une impression de fragilité. *Des jambes frêles.* **2.** (personnes) *Une jeune fille un peu frêle,* délicate, fragile. **3.** LITTÉR. Fragile, périssable. **4.** Qui a peu de force (son). SYN. **ténu.** *Une voix frêle.* CONTR. **robuste, solide.**
ÉTYM. latin *fragilis* ; doublet de *fragile.*

FRELON [fʀəlɔ̃] **n. m.** ✦ Grosse guêpe rousse et jaune, à corselet noir.
ÉTYM. francique *hurslo.*

FRELUQUET [fʀəlykɛ] **n. m.** ✦ Jeune homme frivole et prétentieux. SYN. **godelureau.**
ÉTYM. diminutif de l'ancien nom *freluque, freluche* «mèche, houppe».

FRÉMIR [fʀemiʀ] **v. intr.** (conjug. 13) **1.** Être agité d'un faible mouvement d'oscillation ou de vibration qui produit un son léger, confus. SYN. **bruire, frissonner, vibrer.** – (liquide) Être sur le point de bouillir. **2.** (personnes) Être agité d'un tremblement. *Frémir de,* sous l'action de. *Frémir d'indignation, d'horreur.*
ÉTYM. latin populaire *fremire,* classique *fremere.*

FRÉMISSANT, ANTE [fʀemisɑ̃, ɑ̃t] **adj. 1.** Qui frémit. SYN. **tremblant. 2.** Toujours prêt à s'émouvoir. SYN. **vibrant.** *Une sensibilité frémissante.*
ÉTYM. du participe présent de *frémir.*

FRÉMISSEMENT [fʀemismɑ̃] **n. m. 1.** Faible mouvement d'oscillation ou de vibration qui rend un léger bruit. SYN. **bruissement, murmure. 2.** Tremblement léger, causé par une émotion. SYN. **frisson.** – Agitation qui se propage dans une foule. **3.** Changement positif à peine perceptible (en politique, économie).

FRÊNE [fʀɛn] **n. m.** ✦ Arbre à bois clair, dur et élastique. ◆ Bois de cet arbre.
ÉTYM. latin *fraxinus.*

FRÉNÉSIE [fʀenezi] **n. f. 1.** État d'exaltation violente qui met hors de soi. **2.** Ardeur ou violence extrême. SYN. **fureur.** *Elle révise avec frénésie.* CONTR. ① **calme.**
ÉTYM. latin médiéval *phrenesia,* du grec *phrenêsis,* de *phrên* «esprit».

FRÉNÉTIQUE [fʀenetik] **adj.** ✦ Qui marque de la frénésie, est poussé jusqu'à la frénésie. SYN. **délirant, effréné, violent.** *Des applaudissements frénétiques.*
► **FRÉNÉTIQUEMENT** [fʀenetikmɑ̃] **adv.**
ÉTYM. latin d'origine grecque → frénésie.

FRÉQUEMMENT [fʀekamɑ̃] **adv.** ✦ D'une manière fréquente. SYN. **souvent.** *Cela arrive fréquemment.* CONTR. **rarement.**

FRÉQUENCE [fʀekɑ̃s] **n. f.** 1. Caractère de ce qui se reproduit à intervalles plus ou moins rapprochés. *La fréquence de ses visites.* 2. SC. Nombre de périodes ou de cycles complets de variations par unité de temps (en général, par seconde). *L'unité de fréquence est le hertz. La fréquence d'un oscillateur. Courants alternatifs à basse, à haute fréquence. Modulation* de fréquence* (radio). ➙ spécialt Nombre de vibrations sonores par unité de temps (dont dépend la sensation de hauteur). CONTR. **rareté.**
ÉTYM. latin *frequentia* «affluence».

FRÉQUENT, ENTE [fʀekɑ̃, ɑ̃t] **adj.** 1. Qui se produit souvent, se répète à intervalles rapprochés. SYN. **nombreux, répété.** *De fréquents orages.* 2. Dont on voit de nombreux exemples dans une circonstance donnée. SYN. **commun,** ① **courant.** *C'est une situation fréquente dans les crises. C'est, il est fréquent de..., que...* CONTR. **rare.**
ÉTYM. latin *frequens.*

FRÉQUENTABLE [fʀekɑ̃tabl] **adj.** ✦ Que l'on peut fréquenter. *Un individu peu fréquentable.* CONTR. **infréquentable.**

FRÉQUENTATIF, IVE [fʀekɑ̃tatif, iv] **adj.** ✦ LING. Qui marque la fréquence, la répétition de l'action (verbes). *Formes fréquentatives des verbes en anglais.* ➙ **n. m.** *«Tapoter» est le fréquentatif de «taper».*
ÉTYM. latin scolastique *frequentativus.*

FRÉQUENTATION [fʀekɑ̃tasjɔ̃] **n. f.** 1. Action de fréquenter (un lieu, un être vivant). *La fréquentation des théâtres, des musées.* 2. Personne qu'on fréquente. *Il a de mauvaises fréquentations.*

FRÉQUENTER [fʀekɑ̃te] **v. tr.** (conjug. 3a) 1. Aller souvent, habituellement dans (un lieu). *Fréquenter les bals.* ➙ au p. passé *Un bar mal fréquenté,* malfamé. 2. Avoir des relations habituelles (avec qqn) ; rencontrer, voir fréquemment. *Il fréquentait des voisins.* ➙ pronom. *Ils ont cessé de se fréquenter.* CONTR. **éviter.**
ÉTYM. latin *frequentare.*

FRÉQUENTIEL, ELLE [fʀekɑ̃sjɛl] **adj.** ✦ DIDACT. De la fréquence (2).

FRÈRE [fʀɛʀ] **n. m.** 1. Celui qui est né des mêmes parents que la personne considérée, ou seulement du même père ou de la même mère. SYN. FAM. **frangin** ; ➙ **demi-frère.** *La sœur* et le frère. Son frère aîné, cadet* (FAM. *son grand, son petit frère*). ➙ **benjamin, puîné.** ➙ *Frère de lait*.* 2. (surtout plur.) Homme, considéré comme membre de la famille humaine ; fidèle d'une même religion. *Mes très chers, mes bien chers frères...* ➙ Appellation des membres d'ordres religieux. *Les frères des écoles chrétiennes.* 3. Homme qui a une communauté d'origine, d'intérêts, d'idées (avec d'autres). SYN. **ami, camarade, compagnon.** *Des frères d'armes.* ➙ appos. (avec un n. m.) *Des peuples frères.* ➙ loc. *Un faux frère :* un homme qui trahit ses amis, ses associés.
ÉTYM. latin *frater.*

FRESQUE [fʀɛsk] **n. f.** 1. Procédé de peinture qui consiste à utiliser des couleurs à l'eau sur un enduit de mortier frais. *Peindre à fresque.* ➙ Œuvre peinte d'après ce procédé. *Les fresques de la chapelle Sixtine.* 2. (abusif en art) Vaste peinture murale. 3. Vaste composition littéraire, tableau d'ensemble d'une époque, d'une société.
ÉTYM. italien *(dipingere a) fresco* «(peindre sur un enduit) frais».

FRET [fʀɛ(t)] **n. m.** 1. Prix du transport des marchandises ; leur transport. 2. Cargaison (d'un navire) ; chargement (d'un avion, d'un camion). *Débarquer, décharger son fret.* HOM. FRAI «œufs de poisson», ① FRAIS «légèrement froid», ② FRAIS «dépenses»
ÉTYM. néerlandais *vrecht.*

FRÉTER [fʀete] **v. tr.** (conjug. 8) ✦ rare 1. Donner en location (un navire). ♦ Armer (un navire), mettre en état de prendre la mer. 2. Prendre en location (un navire, un véhicule). SYN. **affréter, noliser.**
ÉTYM. de *fret.*

FRÉTILLANT, ANTE [fʀetijɑ̃, ɑ̃t] **adj.** 1. Qui frétille. *Des goujons frétillants.* 2. Gai, sémillant.

FRÉTILLEMENT [fʀetijmɑ̃] **n. m.** ✦ Mouvement de ce qui frétille.

FRÉTILLER [fʀetije] **v. intr.** (conjug. 3a) 1. Remuer, s'agiter par petits mouvements rapides. *Poissons qui frétillent.* 2. (personnes) S'agiter, se trémousser. *Frétiller d'impatience.*
ÉTYM. peut-être de l'ancien français *freter,* bas latin *frictare,* de *fricare* «frotter».

FRETIN [fʀətɛ̃] **n. m.** 1. Petits poissons. *Rejeter le fretin à l'eau.* 2. dans un groupe, une collection Ce qu'on considère comme négligeable ou insignifiant. ➙ loc. *Le menu fretin.*
ÉTYM. de l'ancien français *frait* «débris», de *fraindre,* latin *frangere* «briser».

FREUDIEN, IENNE [fʀødjɛ̃, jɛn] **adj.** ✦ Propre ou relatif à Freud (☛ noms propres). ➙ **adj.** et **n.** Partisan de Freud, de sa psychanalyse.
► **FREUDISME** [fʀødism] **n. m.**

FREUX [fʀø] **n. m.** ✦ Corneille à bec étroit.
ÉTYM. francique *hrôk.*

FRIABLE [fʀijabl] **adj.** ✦ Qui peut facilement se réduire en menus fragments, en poudre. *Galette à pâte friable.*
ÉTYM. latin *friabilis,* de *friare* «briser».

FRIAND, FRIANDE [fʀijɑ̃, fʀijɑ̃d] **adj.** **I** 1. VX OU RÉGIONAL Gourmand. 2. fig. *Friand de :* qui recherche et aime (qqch.). SYN. **avide.** *Être friand de compliments.* **II** 1. **adj.** VX Fin et délicat à manger. 2. **n. m.** Petit pâté feuilleté garni d'un hachis de viande. SYN. **feuilleté.** ♦ Petit gâteau à la pâte d'amandes.
ÉTYM. ancien participe présent de *frire.*

FRIANDISE [fʀijɑ̃diz] **n. f.** ✦ Petite pièce de confiserie ou de pâtisserie. SYN. **douceur, gâterie.**
ÉTYM. de *friand.*

FRIC [fʀik] **n. m. sing.** ✦ FAM. Argent (II).
ÉTYM. peut-être de *fricot.*

FRICANDEAU [fʀikɑ̃do] **n. m.** ✦ Morceau de poisson, de viande (spécialt de veau) cuit dans son jus. *Des fricandeaux à l'oseille.*
ÉTYM. du radical de *fricasser, fricot.*

FRICASSÉE [fʀikase] **n. f.** 1. Ragoût fait de morceaux de poulet ou de lapin cuits à la casserole. ➙ **gibelotte.** 2. (Belgique) Œufs au plat avec du lard.
ÉTYM. de *fricasser.*

FRICASSER [fʀikase] **v. tr.** (conjug. 3a) ✦ Faire cuire en fricassée.
ÉTYM. peut-être de *frire* et *casser.*

FRIC-FRAC [fʀikfʀak] n. m. invar. ✦ FAM. VIEILLI Effraction, cambriolage avec effraction. *Une série de fric-frac.*
ÉTYM. onomatopée.

FRICHE [fʀiʃ] n. f. 1. Terre non cultivée. 2. *EN FRICHE* loc. adv. ou adj. : inculte. SYN. à l'**abandon.** *Laisser des champs en friche.* 3. *FRICHE INDUSTRIELLE* : terrain occupé par des usines à l'abandon.
ÉTYM. p.-ê. ancien néerlandais *versch* «frais».

FRICHTI [fʀiʃti] n. m. ✦ FAM. Repas, plat que l'on cuisine. SYN. FAM. **fricot, tambouille.** *Préparer le frichti.*
ÉTYM. de la prononciation alsacienne de l'allemand *Frühstück* «petit-déjeuner».

FRICOT [fʀiko] n. m. ✦ FAM. VIEILLI Mets grossièrement cuisiné. SYN. FAM. **frichti, rata.** ◆ Nourriture.
ÉTYM. du radical de *fricasser.*

FRICOTER [fʀikɔte] v. (conjug. 3a) ✦ FAM. 1. v. tr. Manigancer, mijoter. *Qu'est-ce qu'il fricote encore ?* 2. v. intr. S'occuper d'affaires louches, trafiquer.
► **FRICOTAGE** [fʀikɔtaʒ] n. m.
ÉTYM. de *fricot.*

FRICTION [fʀiksjɔ̃] n. f. I 1. TECHN. Résistance au mouvement qui se produit entre deux surfaces en contact. SYN. **frottement.** *Entraînement par friction.* 2. Désaccord entre personnes. – *Point de friction* : motif de querelle. II Fait de frotter vigoureusement une partie du corps. *Une friction au gant de crin.*
ÉTYM. latin *frictio,* de *fricare* «frotter».

FRICTIONNER [fʀiksjɔne] v. tr. (conjug. 3a) ✦ Administrer une friction à (qqn, une partie du corps). SYN. **frotter.** – pronom. *Se frictionner après le bain.*
ÉTYM. de *friction* (II).

FRIGIDAIRE [fʀiʒidɛʀ] n. m. ✦ Réfrigérateur (de cette marque, par ext. de toute marque). SYN. FAM. **frigo.**
ÉTYM. nom déposé ; latin *frigidarium* «glacière».

FRIGIDE [fʀiʒid] adj. ✦ *Femme frigide,* qui n'éprouve pas le plaisir sexuel. CONTR. **sensuel.**
ÉTYM. latin *frigidus* «froid».

FRIGIDITÉ [fʀiʒidite] n. f. ✦ Incapacité de parvenir à l'orgasme. – Absence de désir et de plaisir sexuel.
ÉTYM. bas latin *frigiditas.*

FRIGO [fʀigo] n. m. ✦ FAM. Chambre frigorifique, réfrigérateur. *Mettre un rôti au frigo.*
ÉTYM. de *frigorifier.*

FRIGORIFIER [fʀigɔʀifje] v. tr. (conjug. 9) 1. Soumettre au froid pour conserver. SYN. **réfrigérer** ; → **congeler.** 2. FAM. *Le vent nous frigorifiait.* – au p. passé *Je suis frigorifié* : j'ai très froid. SYN. **gelé.**
ÉTYM. de *frigorifique.*

FRIGORIFIQUE [fʀigɔʀifik] adj. ✦ Qui sert à produire le froid. SYN. **réfrigérant.** *Mélange frigorifique.* – *Wagon, camion, chambre frigorifique.* CONTR. **calorifique.**
ÉTYM. latin *frigorificus,* de *frigus* «froid» et *facere* «faire».

FRILEUSEMENT [fʀiløzmɑ̃] adv. ✦ D'une manière frileuse.

FRILEUX, EUSE [fʀilø, øz] adj. 1. (personnes, animaux) Qui craint beaucoup le froid, y est très sensible. 2. fig. Prudent à l'excès. *Une attitude frileuse devant la vie.* SYN. **timoré.** *Une réforme frileuse.*
ÉTYM. bas latin *frigorosus,* de *frigus, frigoris* «froid».

FRILOSITÉ [fʀilozite] n. f. ✦ Caractère frileux (surtout 2).
ÉTYM. du radical de *frileux.*

FRIMAIRE [fʀimɛʀ] n. m. ✦ Troisième mois du calendrier révolutionnaire (du 21-22 novembre au 20-21 décembre).
ÉTYM. de *frimas.*

FRIMAS [fʀima] n. m. 1. POÉT. (surtout plur.) Brouillard formant des dépôts de givre ; grésil. – *Les frimas* : les temps froids de l'hiver. 2. VX *Être poudré à frimas,* avec une légère couche de poudre blanche.
ÉTYM. de l'ancien français *frime,* francique *hrîm.*

FRIME [fʀim] n. f. ✦ FAM. Apparence trompeuse. SYN. **comédie.** *C'est de la frime.* SYN. **bluff.** – *Pour la frime* : pour se rendre intéressant.
ÉTYM. peut-être de *mine* et ancien français *frume,* du bas latin *frumen* «gueule».

FRIMER [fʀime] v. intr. (conjug. 3a) ✦ FAM. Chercher à se faire remarquer ; faire de l'esbroufe*. SYN. **crâner.** *Il frime sur sa moto.*
► **FRIMEUR, EUSE** [fʀimœʀ, øz] n.
ÉTYM. de *frime.*

FRIMOUSSE [fʀimus] n. f. ✦ Visage enfantin. SYN. **minois.**
ÉTYM. famille de *frime.*

FRINGALE [fʀɛ̃gal] n. f. 1. Faim violente et pressante. *J'ai la fringale, une de ces fringales !* 2. Désir violent, irrésistible. SYN. **envie.** *Une fringale de cinéma.*
ÉTYM. de l'ancien français *faim-valle,* peut-être du breton *gwall* «mauvais».

FRINGANT, ANTE [fʀɛ̃gɑ̃, ɑ̃t] adj. 1. (chevaux) Très vif, toujours en mouvement. 2. (personnes) Dont l'allure vive, la mise élégante dénotent de la vitalité, une belle humeur. SYN. ① **alerte, guilleret, pimpant, sémillant.**
ÉTYM. de l'ancien français *fringuer* «gambader ; parader».

FRINGUER [fʀɛ̃ge] v. tr. (conjug. 3b) ✦ FAM. Habiller. – pronom. *Elle s'était bien fringuée pour sortir.* – au p. passé *Bien, mal fringué.*
ÉTYM. de *fringuer* «parader».

FRINGUES [fʀɛ̃g] n. f. pl. ✦ FAM. Vêtements.
ÉTYM. de *fringuer.*

FRIPE [fʀip] n. f. 1. VX Haillon. 2. MOD. *La fripe* : les vêtements d'occasion.
ÉTYM. de l'ancien français *frepe, felpe* «chiffon», bas latin *faluppa* «fibre».

FRIPER [fʀipe] v. tr. (conjug. 3a) ✦ Défraîchir en froissant. *Elle a fripé sa robe.* – au p. passé *Des vêtements fripés.* – *Une peau fripée.*
ÉTYM. de *fripe.*

FRIPERIE [fʀipʀi] n. f. 1. Vieux habits, linge usagé. 2. Commerce, boutique de fripier.
ÉTYM. de *fripe.*

FRIPIER, IÈRE [fʀipje, jɛʀ] n. ✦ Personne qui revend d'occasion des habits (→ **fripe**), du linge.
ÉTYM. de *fripe.*

FRIPON, ONNE [fʀipɔ̃, ɔn] n. et adj. 1. VX Personne malhonnête. SYN. **coquin.** 2. Enfant, personne espiègle. SYN. **brigand, coquin.** 3. adj. Qui a qqch. de malin, d'un peu provocant. *Un petit air fripon.*
ÉTYM. d'un anc. v. *friper* «s'agiter», puis «dérober».

FRIPONNERIE [fripɔnri] n. f. ✦ VX ou LITTÉR. Caractère ; action de fripon (1).

FRIPOUILLE [fripuj] n. f. ✦ Personne malhonnête, qui se livre à l'escroquerie. SYN. **canaille, crapule, escroc.**
ÉTYM. peut-être de l'ancien français *frepe* «chiffon», avec influence de *fripon.*

FRIRE [fʀiʀ] v. (seulement *je fris, tu fris, il frit ; je frirai, tu friras, ils friront ; je frirais, tu frirais, ils friraient ; fris ; frit, frite*) 1. v. tr. Faire cuire en plongeant dans un corps gras bouillant. *Frire des poissons.* 2. v. intr. Cuire dans la friture. *Faire frire, mettre à frire des pommes de terre.*
► **FRIT, FRITE** [fʀi, fʀit] adj. *Petits poissons frits.* → **friture.** *Pommes de terre frites.* → **frite.**
ÉTYM. latin *frigere.*

FRISBEE [fʀizbi] n. m. ✦ anglicisme Disque léger qui se lance avec un mouvement de rotation, de façon à le faire planer ; jeu ainsi pratiqué entre deux ou plusieurs personnes. → aussi **ultimate.** – recomm. offic. *disque-volant.*
ÉTYM. marque déposée ; probablement d'un nom propre.

① **FRISE** [fʀiz] n. f. 1. Bande située au-dessus de la corniche (elle-même au-dessus d'une colonnade). *La frise des Panathénées, au Parthénon, est l'œuvre de Phidias.* 2. Ornement en forme de bande continue.
ÉTYM. latin médiéval *frisium,* du grec *phrygium* «broderie, frange», du nom de la Phrygie.

② **cheval de FRISE** [ʃ(ə)valdəfʀiz] n. m. ✦ Pièce de bois ou de fer hérissée de pointes. *Des chevaux de frise.*
ÉTYM. peut-être néerlandais *friese ruiter* «cavalier de la Frise», province des Pays-Bas.

FRISÉE [fʀize] n. f. ✦ Chicorée aux feuilles finement dentelées.
ÉTYM. du participe passé de *friser.*

FRISELIS [fʀizli] n. m. ✦ LITTÉR. Faible frémissement.
ÉTYM. famille de *friser.*

FRISER [fʀize] v. (conjug. 3a) **I** v. tr. 1. Mettre en boucles (des cheveux, poils, fibres, etc.). SYN. **boucler.** *Fer à friser.* 2. Passer au ras de, effleurer. SYN. **frôler, raser.** *La balle a frisé le filet.* 3. Approcher de très près. *Friser la soixantaine. Cela frise le ridicule.* **II** v. intr. Être ou devenir frisé. *Ses cheveux frisent naturellement.* CONTR. **défriser.**
► **FRISÉ, ÉE** adj. *Cheveux frisés. Elle était frisée comme un mouton.* ◆ *Chou frisé, chicorée frisée.* CONTR. ① **lisse, raide.**
ÉTYM. origine obscure.

① **FRISETTE** [fʀizɛt] n. f. ✦ Petite boucle de cheveux frisés. SYN. **frisure.**
ÉTYM. de *friser.*

② **FRISETTE** [fʀizɛt] n. f. ✦ Ensemble de planches fines de sapin ou de pin. *Faux plafond en frisette.*
ÉTYM. de ① *frise.*

FRISOTTER [fʀizɔte] v. (conjug. 3a) 1. v. tr. Friser, enrouler en petites boucles serrées. – au p. passé *Cheveux frisottés.* 2. v. intr. Friser (II) en petites ondulations serrées. – On peut aussi écrire *frisoter,* avec un seul *t.*

FRISQUET, ETTE [fʀiskɛ, ɛt] adj. ✦ Un peu froid. SYN. ① **frais.** *Il fait frisquet, ce matin.*
ÉTYM. flamand *frisch* «frais».

FRISSON [fʀisɔ̃] n. m. 1. Tremblement irrégulier, dû à la fièvre, accompagné d'une sensation de froid. *Être secoué de frissons.* 2. Frémissement qui accompagne une émotion. *Avoir un frisson de terreur, de plaisir. Donner le frisson* : faire peur. – FAM. *Le grand frisson,* l'orgasme. 3. Émotion intense ; courant d'émotion (collectif). *Un frisson d'admiration parcourut le public.* 4. POÉT. Léger mouvement. – Bruit léger. *Le frisson des herbes agitées par le vent.* SYN. **friselis.**
ÉTYM. bas latin *frictio,* de *frigere* «avoir froid».

FRISSONNANT, ANTE [fʀisɔnɑ̃, ɑ̃t] adj. ✦ Qui frissonne.

FRISSONNEMENT [fʀisɔnmɑ̃] n. m. ✦ LITTÉR. 1. Léger frisson. 2. Fait de frissonner.

FRISSONNER [fʀisɔne] v. intr. (conjug. 3a) 1. Avoir le frisson, être agité de frissons. *Frissonner de fièvre, de froid.* 2. Être saisi d'un léger tremblement produit par une vive émotion. SYN. **frémir, tressaillir.** *Frissonner de peur.* 3. (choses) Trembler légèrement. *Les peupliers frissonnent dans la brise.*

FRISURE [fʀizyʀ] n. f. 1. Façon de friser, état des cheveux frisés. *Frisure légère.* → **indéfrisable, permanente.** 2. Boucle. → ① **frisette.**

FRIT, FRITE adj. → **FRIRE**

FRITE [fʀit] n. f. 1. Petit morceau allongé de pomme de terre frite. *Un cornet de frites. Bifteck frites,* accompagné de frites. *Moules et frites.* 2. FAM. *Avoir la frite* : se sentir en forme.

FRITERIE [fʀitʀi] n. f. ✦ Baraque de marchand de frites.

FRITEUSE [fʀitøz] n. f. ✦ Récipient pourvu d'un couvercle et d'un égouttoir, destiné aux fritures.
ÉTYM. du radical de *friture.*

FRITURE [fʀityʀ] n. f. **I** 1. Action, manière de frire un aliment. *Friture à l'huile, à la graisse.* 2. Matière grasse servant à frire les aliments. 3. Aliment frit, petits poissons frits. **II** Grésillement parasite (téléphone, radio).
ÉTYM. bas latin *frictura,* de *frigere* «frire».

FRIVOLE [fʀivɔl] adj. 1. Qui a peu de sérieux et, par suite, d'importance. SYN. **futile.** *Une discussion frivole.* 2. (personnes) Qui ne s'occupe que de choses futiles ou traite à la légère les choses sérieuses. 3. Inconstant en amour. SYN. **volage.** CONTR. **grave, sérieux.**
ÉTYM. latin *frivolus.*

FRIVOLITÉ [fʀivɔlite] n. f. 1. Caractère d'une personne, d'une action frivole. SYN. **légèreté.** 2. Chose frivole. SYN. **bagatelle, futilité.** 3. au plur. VX Petits articles de mode, de parure. SYN. **colifichet, fanfreluche.** *Marchande de frivolités.* CONTR. **gravité, sérieux.**

FROC [fʀɔk] n. m. **I** VX Habit de moine. – loc. *Jeter le froc aux orties* : abandonner l'état de moine, de prêtre (→ **défroqué**). **II** FAM. Pantalon.
ÉTYM. francique *hrokk.*

FROID, FROIDE [fʀwa, fʀwad] adj. et n. m.
I adj. 1. Qui est à une température sensiblement plus basse que celle du corps humain (dans l'échelle : *glacial, glacé, froid, frais*). *Rendre plus froid.* → **refroidir.** *Eau froide. Un vent froid.* – *Teintes, couleurs froides,* qui ont peu d'éclat. 2. Qui s'est refroidi, qu'on a laissé

refroidir. *Viande froide. Le moteur est froid.* CONTR. **chaud.** **II** adj. (humains) **1.** Qui ne s'anime ou ne s'émeut pas facilement. SYN. ② **calme, flegmatique.** *Un caractère froid.* ➝ *Une femme froide.* SYN. **frigide.** ➝ loc. *Garder la tête froide* (➝ **sang-froid**). *Une colère froide,* qui n'éclate pas, rentrée. **2.** Dont la réserve marque de l'indifférence ou de l'hostilité. SYN. **distant, réservé, sévère.** *Ça me laisse froid,* indifférent. **3.** en art Qui ne suscite aucune émotion, par défaut de sensibilité, de vie. SYN. **inexpressif, terne.** **4.** loc. *Guerre froide :* tension internationale sans conflit déclaré ; spécialt période de tensions entre l'URSS et les États-Unis, de 1947 à 1989. ☛ noms propres CONTR. **chaleureux, cordial • émouvant, expressif.**
III *À FROID* loc. adv. : sans mettre au feu, sans chauffer. *Pour démarrer à froid, tirez le starter.* ◆ fig. *Prendre, cueillir un adversaire À FROID,* le surprendre par une action ou un coup rapide.
IV n. m. **1.** État de la matière, spécialt de l'atmosphère quand elle est froide ; sensation résultant du contact de la peau avec un corps ou un milieu froid. *La saison des grands froids. Vague de froid. Un froid de canard, de chien, de loup :* un grand froid. ➝ *Il fait froid, grand froid,* FAM. *très froid :* le temps est froid. *Avoir froid :* éprouver une sensation de froid. *Prendre, attraper froid,* un refroidissement. ➝ loc. *N'avoir pas froid aux yeux :* n'avoir peur de rien. ◆ *Froid artificiel,* produit par réfrigération ou congélation. ➝ **cryo-**. *La chaîne du froid.* **2.** Absence d'émotion, de chaleur humaine. ➝ loc. *Cela me fait froid dans le dos* (de peur, d'horreur) *rien que d'y penser. Jeter un froid :* provoquer un malaise. ◆ loc. *EN FROID. Nous sommes en froid,* brouillés, fâchés. *Être en froid avec qqn.* CONTR. **chaleur.**
ÉTYM. latin *frigidus,* de *frigus, frigoris* « le froid ».

FROIDEMENT [fʀwadmɑ̃] adv. **1.** Avec réserve (➝ **froid,** II, 2). *On l'a reçu froidement.* **2.** En gardant la tête froide, lucide. SYN. **calmement.** **3.** Avec insensibilité. *Abattre froidement qqn.* CONTR. **chaleureusement.**
ÉTYM. de *froid.*

FROIDEUR [fʀwadœʀ] n. f. **1.** Absence relative d'émotivité, de sensibilité. SYN. **flegme, impassibilité.** ➝ Manque de sensualité (➝ **frigidité**). **2.** Indifférence marquée, manque d'empressement et d'intérêt. SYN. **détachement, réserve.** *Une froideur méprisante.* **3.** en art Défaut de chaleur, d'éclat. SYN. **sécheresse.** CONTR. **chaleur • ardeur, émotion • cordialité.**
ÉTYM. de *froid.*

FROIDURE [fʀwadyʀ] n. f. ✦ Grand froid de l'hiver.
ÉTYM. de *froid.*

FROISSABLE [fʀwasabl] adj. ✦ Qui est facilement froissé. CONTR. **infroissable.**

FROISSEMENT [fʀwasmɑ̃] n. m. **1.** Action de froisser, de chiffonner ; son résultat. ➝ par ext. *Le froissement d'un muscle,* claquage. ◆ Bruissement de ce qui est froissé. **2.** LITTÉR. Ce qui blesse qqn dans son amour-propre, sa sensibilité.

FROISSER [fʀwase] v. tr. (conjug. 3a) **I** **1.** Meurtrir par une pression, par un choc. *Froisser, se froisser un muscle.* **2.** Endommager en comprimant, en écrasant. *Froisser une aile de sa voiture.* **3.** Faire prendre des faux plis à (une étoffe). SYN. **friper.** ➝ pronom. *Un tissu qui ne se froisse pas,* infroissable. **II** (abstrait) Blesser légèrement (qqn) dans son amour-propre, dans sa délicatesse. SYN. **désobliger, vexer.** *Il ne voulait pas vous froisser.* ➝ pronom. Se vexer. *Ne vous froissez pas.* CONTR. **défroisser.**
ÉTYM. latin populaire *frustiare,* de *frustum* « morceau ».

FRÔLEMENT [fʀolmɑ̃] n. m. ✦ Léger et rapide contact d'un objet qui se déplace le long d'un autre.
ÉTYM. de *frôler.*

FRÔLER [fʀole] v. tr. (conjug. 3a) **1.** Toucher légèrement en glissant, en passant. SYN. **effleurer.** **2.** Passer très près de, en touchant presque. SYN. **raser.** *La voiture a frôlé le trottoir.* ➝ fig. *Frôler le ridicule.* SYN. **friser.**
ÉTYM. origine inconnue, p.-ê. onomatopéique.

FROMAGE [fʀɔmaʒ] n. m. **1.** Aliment obtenu par la coagulation du lait, suivie ou non de cuisson, de fermentation ; masse moulée de cet aliment. *Fromage (de lait) de vache, de chèvre. Fromage blanc. Fromage à moisissures* (bleu). *Marchand de fromages* (➝ **crémier, fromager**). ➝ loc. *Faire un fromage de qqch.,* en faire toute une histoire (→ en faire un plat). **2.** Situation, place aussi avantageuse que peu fatigante. SYN. **sinécure.** **3.** *FROMAGE DE TÊTE :* pâté de tête de porc en gelée.
ÉTYM. altération de *formage,* bas latin *formaticus* « fait dans une forme *(forma)* ».

FROMAGER, ÈRE [fʀɔmaʒe, ɛʀ] adj. et n.
I **1.** adj. Relatif au fromage. *Industrie fromagère.* **2.** n. Personne qui fabrique, vend des fromages.
II n. m. Grand arbre tropical, à racines énormes, dont les fruits fournissent le kapok.
ÉTYM. de *fromage.*

FROMAGERIE [fʀɔmaʒʀi] n. f. ✦ Local où l'on fabrique (➝ **fruitière**) et où l'on vend en gros des fromages. ➝ Industrie, commerce des fromages.

FROMENT [fʀɔmɑ̃] n. m. ✦ Blé. ➝ Grains de blé. *Farine de froment.*
ÉTYM. latin *frumentum.*

FRONCE [fʀɔ̃s] n. f. ✦ Pli court et serré donné à une étoffe en tirant sur un fil. *Jupe à fronces.*
ÉTYM. francique *hrunkja* « ride ».

FRONCEMENT [fʀɔ̃smɑ̃] n. m. ✦ Action de froncer. *Un froncement de sourcils.*

FRONCER [fʀɔ̃se] v. tr. (conjug. 4) **1.** Plisser, rider en contractant, en resserrant. *Froncer les sourcils.* **2.** Plisser (une étoffe) en formant des fronces. ➝ au p. passé *Des rideaux froncés.*
ÉTYM. de *fronce.*

FRONDAISON [fʀɔ̃dɛzɔ̃] n. f. ✦ LITTÉR. Feuillage (des arbres). *Des frondaisons luxuriantes.*
ÉTYM. de ① *fronde.*

① **FRONDE** [fʀɔ̃d] n. f. ✦ BOT. Feuille des plantes sans cotylédons. *Les frondes des fougères.*
ÉTYM. latin *frons, frondis* « feuillage ».

② **FRONDE** [fʀɔ̃d] n. f. **1.** Arme de jet utilisant la force centrifuge, poche de cuir suspendue par deux cordes et contenant un projectile (balle ou pierre). **2.** Lance-pierre à élastique.
ÉTYM. altération de l'ancien français *fonde,* latin populaire *fundula,* classique *funda* « fronde ».

③**FRONDE** [fʀɔ̃d] **n. f.** 1. HIST. (☛ noms propres) *La Fronde :* mouvement de révolte mené contre Mazarin (1648-1653). 2. *Un esprit de fronde, un vent de fronde,* de révolte.
ÉTYM. de *fronder.*

FRONDER [fʀɔ̃de] **v.** (conjug. 3a) **I** **v. intr.** HIST. Être en sédition, appartenir à la Fronde. **II** **v. tr.** Attaquer ou railler (ce qui est généralement entouré de respect). SYN. **attaquer, critiquer.** *Fronder le gouvernement, le pouvoir.* CONTR. **respecter.**
ÉTYM. de ② *fronde.*

FRONDEUR, EUSE [fʀɔ̃dœʀ, øz] **n.** 1. Personne qui appartenait au parti de la Fronde. 2. Personne qui critique le gouvernement, l'autorité. ➝ **adj.** *Un esprit frondeur.* CONTR. **respectueux.**
ÉTYM. de *fronder.*

FRONT [fʀɔ̃] **n. m.** **I** 1. Partie supérieure du visage entre les sourcils et la racine des cheveux, s'étendant d'une tempe à l'autre. *Un front haut, bombé, fuyant.* ◆ Partie antérieure et supérieure de la tête (d'animaux). *Certains chevaux ont une étoile au front.* ◆ **loc.** *Courber, relever le front,* la tête. 2. *Avoir le front de,* l'audace, la prétention de. SYN. **culot.** **II** 1. Face antérieure d'une certaine étendue. ➝ **loc.** *FRONT DE MER :* avenue, promenade en bordure de mer. 2. Ligne des positions occupées face à l'ennemi. ◆ Zone des batailles (s'oppose à *l'arrière*). *Les combattants du front.* ➝ **loc.** *FAIRE FRONT :* faire face pour résister. 3. Union politique étroite entre des partis ou des individus. SYN. **bloc, groupement, ligue.** **spécialt** *Le Front populaire* ☛ Front populaire p. 194 et noms propres. 4. Face, plan vertical. TECHN. *Front de taille.* ➝ MÉTÉOROL. Ligne entre des masses d'air. *Front froid, chaud.* 5. *DE FRONT* **loc. adv.** : par-devant. *Aborder de front un problème.* ➝ Sur la même ligne, côte à côte. *Chevaux attelés de front.* **fig.** *Mener de front plusieurs affaires.* CONTR. ② **arrière, dos.**
ÉTYM. latin *frons, frontis.*

FRONTAL, ALE, AUX [fʀɔ̃tal, o] **adj.** 1. Du front (I, 1). *Os frontal.* ➝ *Lobe frontal.* 2. Qui se fait de front, par-devant. *Attaque frontale.*

FRONTALIER, IÈRE [fʀɔ̃talje, jɛʀ] **n.** et **adj.** ✦ Habitant d'une région frontière, **spécialt** qui habite d'un côté de la frontière et travaille de l'autre. ➝ **adj.** *Ville frontalière.*
ÉTYM. gascon *frountalié* «limitrophe».

FRONTIÈRE [fʀɔ̃tjɛʀ] **n. f.** 1. Limite d'un territoire, ou séparant deux États. SYN. **démarcation.** *Frontières naturelles,* constituées par un obstacle géographique (fleuve, montagne...). *Postes de police et de douane installés à la frontière.* ◆ Région près d'une frontière. SYN. ② **marche.** *À la frontière allemande.* ➝ **appos.** *Région, zone frontière. Des villes frontières.* ◆ **loc.** *Sans frontières,* international. 2. Limite, séparation. *Aux frontières de la vie et de la mort.* SYN. **confins.**
ÉTYM. de *front.*

FRONTISPICE [fʀɔ̃tispis] **n. m.** 1. Grand titre (d'un ouvrage). 2. Gravure placée face au titre.
ÉTYM. bas latin *frontispicium,* de *frons* «front» et *spicere* «regarder».

FRONTON [fʀɔ̃tɔ̃] **n. m.** 1. Ornement vertical, le plus souvent triangulaire, au-dessus de l'entrée d'un édifice. *Le fronton d'un temple grec.* 2. Mur contre lequel on joue à la pelote basque.
ÉTYM. italien *frontone,* de *fronte* «front».

FROTTEMENT [fʀɔtmɑ̃] **n. m.** 1. Action de frotter ; contact et friction de deux corps dont l'un se déplace par rapport à l'autre. *Un bruit de frottement.* 2. SC., TECHN. Force qui s'oppose au glissement d'une surface sur une autre. 3. Difficulté, désaccord entre des personnes. SYN. **friction.**

FROTTER [fʀɔte] **v.** (conjug. 3a) **I** **v. tr.** 1. Exercer une pression accompagnée de mouvement. *Frotter son doigt contre, sur une table.* 2. Rendre plus propre, plus luisant en frottant. *Frotter les cuivres.* SYN. **astiquer, briquer.** 3. *Se frotter les yeux.* ➝ *Se frotter les mains,* en signe de contentement. 4. *Frotter qqch. de (avec...),* enduire par frottement. *Croûtons frottés d'ail.* **II** **v. intr.** *Pièces d'un mécanisme qui frottent.* SYN. **gripper.** **III** *SE FROTTER* **v. pron.** 1. Frotter son corps. SYN. **frictionner,** ② **masser.** 2. S'enduire. 3. *Se frotter à qqn.* SYN. ① **défier, provoquer.** *Ne vous y frottez pas.*
ÉTYM. peut-être bas latin *frictare,* classique *fricare.*

FROTTIS [fʀɔti] **n. m.** 1. Mince couche de couleur, en peinture. 2. Préparation en couche mince d'une substance organique (pour examen au microscope). *Frottis vaginal.*
ÉTYM. de *frotter.*

FROTTOIR [fʀɔtwaʀ] **n. m.** ✦ Objet, ustensile dont on se sert pour frotter. *Le frottoir d'une boîte d'allumettes.*

FROUFROU [fʀufʀu] **n. m.** ✦ Bruit léger produit par le frôlement ou le froissement d'une étoffe soyeuse. *Des froufrous d'ailes.* SYN. **bruissement.** ➝ On écrit parfois *frou-frou* (invar.).
ÉTYM. onomatopée.

FROUFROUTANT, ANTE [fʀufʀutɑ̃, ɑ̃t] **adj.** ✦ Qui froufroute. *Des dessous froufroutants.*

FROUFROUTER [fʀufʀute] **v. intr.** (conjug. 3a) ✦ Produire un froufrou.

FROUSSARD, ARDE [fʀusaʀ, aʀd] **adj.** et **n.** ✦ FAM. Peureux, poltron.
ÉTYM. de *frousse.*

FROUSSE [fʀus] **n. f.** ✦ FAM. Peur. SYN. FAM. **trouille.** *Il m'a flanqué une de ces frousses. Avoir la frousse.*
ÉTYM. peut-être onomatopée.

FRUCTIDOR [fʀyktidɔʀ] **n. m.** ✦ Douzième mois du calendrier révolutionnaire (du 18-19 août au 17-18 septembre).
ÉTYM. du latin *fructus* «fruit» et grec *dôron* «don».

FRUCTIFICATION [fʀyktifikasjɔ̃] **n. f.** 1. Formation, production de fruits. 2. Fait de fructifier (2).
ÉTYM. latin *fructificatio.*

FRUCTIFIER [fʀyktifje] **v. intr.** (conjug. 9) 1. Produire, donner des récoltes. 2. Produire des résultats avantageux, des bénéfices. *Faire fructifier un capital.* ➝ aussi **rapporter.**
ÉTYM. latin *fructificare,* de *fructis* «fruit» et *facere* «faire».

FRUCTUEUX, EUSE [fʀyktɥø, øz] **adj.** ✦ Qui donne des résultats avantageux. *Une spéculation fructueuse.* SYN. **avantageux, profitable ; lucratif, rentable.** *Ses efforts ont été fructueux.* CONTR. **infructueux.**
ÉTYM. latin *fructuosus,* de *fructus* «fruit».

A B C D E F G H I J K L M N O P Q R S T U V W X Y Z

FRUGAL, ALE, AUX [frygal, o] **adj.** 1. Qui consiste en aliments simples et peu abondants. *Nourriture frugale.* 2. Qui se contente d'une nourriture simple. SYN. **sobre.** ➛ *Vie frugale.* SYN. **austère, simple.** CONTR. **copieux** • **vorace.**
ÉTYM. latin *frugalis.*

FRUGALITÉ [frygalite] **n. f.** ✦ Caractère frugal. CONTR. **voracité.**

FRUGIVORE [fryʒivɔr] **adj.** ✦ ZOOL. Qui se nourrit de fruits.
ÉTYM. du latin *frux, frugis* «fruit» et de *-vore.*

FRUIT [frɥi] **n. m.** **I** (Produit) 1. VX *Le fruit d'une union, d'un mariage,* l'enfant. 2. Résultat avantageux que produit qqch. SYN. **avantage, profit** ; → **fructueux, fructifier.** *Recueillir le fruit d'un an d'efforts. Le fruit de l'expérience.* ➛ *Porter ses fruits* : avoir un effet (bon ou mauvais). 3. loc. *FRUITS DE MER* : coquillages comestibles, oursins, crustacés. **II** 1. Production des plantes qui apparaît après la fleur, surtout comestible et sucrée. *Arbre à fruits.* → **fruitier.** *Fruit à pépins, à noyau. Fruit vert, fruit mûr. Fruit frais, fruit sec* (ou *séché*). *Jus de fruits.* 2. loc. *LE FRUIT DÉFENDU* : fruit de l'arbre de la science du bien et du mal, que Dieu avait défendu à Adam et Ève de manger ; chose qu'on désire et dont on doit s'abstenir.
ÉTYM. latin *fructus* «rapport, revenu».

FRUITÉ, ÉE [frɥite] **adj.** ✦ Qui a un goût de fruit frais. *Huile d'olive fruitée.*

FRUITERIE [frɥitri] **n. f.** ✦ Boutique où l'on vend au détail des fruits et accessoirement des légumes, des laitages.

FRUITIER, IÈRE [frɥitje, jɛr] **adj.** et **n.**
I adj. Qui donne des fruits comestibles. *Arbres fruitiers.* **II n.** 1. **n. m.** Lieu planté d'arbres fruitiers. SYN. **verger.** ◆ Local où l'on garde les fruits frais. 2. **n.** Marchand, marchande qui tient une fruiterie.

FRUITIÈRE [frɥitjɛr] **n. f.** ✦ RÉGIONAL (Suisse, Savoie) Fromagerie.
ÉTYM. de *fruit* «laitage» en Suisse.

FRUSQUES [frysk] **n. f. pl.** ✦ FAM. Vieux habits ; habits. SYN. **fringues, hardes.**
ÉTYM. de *saint-frusquin.*

FRUSTE [fryst] **adj.** 1. DIDACT. Usé, altéré par le temps, le frottement. *Médaille, sculpture fruste.* 2. COUR. (personnes) Mal dégrossi. *Il est un peu fruste.* SYN. **inculte, primitif.** ➛ *Des manières frustes.* CONTR. **évolué, raffiné.**
ÉTYM. italien *frusto* «usé».

FRUSTRANT, ANTE [frystrɑ̃, ɑ̃t] **adj.** ✦ Qui frustre (2).

FRUSTRATION [frystrasjɔ̃] **n. f.** 1. DR. Action de frustrer (1). 2. Action de frustrer (2) ; état d'une personne frustrée. *Il supporte mal les frustrations. Sentiment de frustration.* CONTR. **satisfaction.**
ÉTYM. latin *frustratio.*

FRUSTRER [frystre] **v. tr.** (conjug. 3a) 1. DR. Priver (qqn) d'un bien, d'un avantage sur lequel il croyait pouvoir compter. *Frustrer un héritier de sa part.* SYN. **déposséder, dépouiller.** 2. Priver (qqn) d'une satisfaction. *Cet échec l'a frustré.* ➛ **au p. passé** *Être, se sentir frustré.* CONTR. **satisfaire, combler.**
ÉTYM. latin *frustrare,* de *frustra* «en vain».

FUCHSIA [fyʃja ; fyksja] **n. m.** 1. Arbrisseau aux fleurs pourpres, roses, en clochettes pendantes. 2. Couleur des fleurs de fuchsia. ➛ **adjectivt invar.** *Une écharpe fuchsia.* ➛ **appos. invar.** *Des pulls rose fuchsia.*
ÉTYM. en l'honneur du botaniste bavarois *Fuchs.*

FUCUS [fykys] **n. m.** ✦ BOT. Algue brune, formant pour l'essentiel le goémon*.
ÉTYM. mot latin, du grec *phukos* «algue».

FUEL → **FIOUL**

FUGACE [fygas] **adj.** ✦ Qui disparaît vite, dure très peu. → **fugitif.** *Beauté fugace.* SYN. **éphémère, passager, périssable.** *Impression, sensation, souvenir fugace.* CONTR. **durable, permanent.**
ÉTYM. latin *fugax,* de *fugere* «fuir».

FUGACITÉ [fygasite] **n. f.** ✦ Caractère fugace.

> **-FUGE** Élément, du latin *fugere* «fuir», qui signifie «qui évite, s'écarte de» (ex. *centrifuge*). ◆ Élément, du latin *fugare* «mettre en fuite», qui signifie «qui fait fuir, neutralise» (ex. *fébrifuge*).

FUGITIF, IVE [fyʒitif, iv] **adj.** 1. Qui s'enfuit, qui s'est échappé. *Esclave fugitif.* ➛ **n.** Personne qui s'est enfuie. SYN. **évadé, fuyard.** *On n'a pas retrouvé les fugitifs.* 2. Qui passe et disparaît rapidement. SYN. ① **bref, fugace.** *Vision fugitive. Idée, émotion fugitive.* SYN. **passager.** CONTR. **durable.**
► **FUGITIVEMENT** [fyʒitivmɑ̃] **adv.**
ÉTYM. latin *fugitivus,* de *fugere* «fuir».

FUGUE [fyg] **n. f.** **I** Action, fait de s'enfuir momentanément du lieu où l'on vit habituellement. SYN. **escapade, fuite.** *Faire une fugue.* **II** Composition musicale écrite dans le style du contrepoint et dans laquelle un thème et ses imitations successives forment plusieurs parties. *Fugue à deux, trois voix.*
ÉTYM. italien *fuga,* latin *fuga* «fuite».

FUGUER [fyge] **v. intr.** (conjug. 3b) ✦ Faire une fugue (I).

FUGUEUR, EUSE [fygœr, øz] **adj.** et **n.** ✦ (Personne) qui fait des fugues (I). *Un enfant fugueur.*

FUIR [fɥir] **v.** (conjug. 24) **I v. intr.** 1. S'éloigner en toute hâte, partir pour échapper à une difficulté. SYN. **s'enfuir.** *Fuir devant qqn, devant un danger. Fuir précipitamment.* SYN. **décamper, détaler, filer.** ➛ Partir au loin. 2. (choses) S'éloigner ou sembler s'éloigner par un mouvement rapide. ➛ (du temps) Passer rapidement. *Les beaux jours ont fui.* SYN. **s'écouler, s'évanouir.** 3. Présenter une issue, une fente par où s'échappe ce qui est contenu. *Tonneau qui fuit.* **II v. tr.** 1. Chercher à éviter en s'éloignant, en se tenant à l'écart. *Fuir qqn, la présence de qqn. Fuir un danger.* SYN. **esquiver, éviter.** *Fuir les responsabilités.* 2. (sujet chose) LITTÉR. Échapper à la possession de, se refuser à (qqn). *Le sommeil me fuit.* CONTR. **approcher** • **affronter, chercher.**
ÉTYM. bas latin *fugire,* classique *fugere.*

FUITE [fɥit] **n. f.** **I** (êtres vivants) 1. Action de fuir ; mouvement d'un être qui fuit. *Une fuite éperdue, précipitée.* SYN. **débâcle, débandade, déroute.** ➛ loc. *Être en fuite* (→ **fugitif, fuyard**). *Prendre la fuite,* se mettre à fuir. *Mettre en fuite,* faire fuir. ➛ DR. *Délit de fuite,* commis par qqn qui s'enfuit après avoir causé un accident. ➛ loc. *Fuite en avant,* accélération risquée

d'un processus. 2. Action de se dérober (à une difficulté, à un devoir). II (choses) 1. Action de fuir, de s'éloigner. *La fuite des galaxies.* ➝ *La fuite des capitaux* (à l'étranger). ◆ *La fuite du temps, des années.* SYN. **écoulement, passage.** 2. Écoulement par une issue étroite ou cachée. *Fuite de gaz. Des fuites d'eau.* ➡ Géographie p. 229. ◆ Fissure. *Il y a une fuite dans le tuyau.* 3. (surtout plur.) Divulgation de documents ou d'informations destinés à demeurer secrets. *Il y a eu des fuites.*
ÉTYM. latin *fugitus.*

FULGURANT, ANTE [fylgyʀɑ̃, ɑ̃t] adj. 1. Qui jette une lueur vive et rapide. SYN. **brillant, éclatant.** *Clarté fulgurante. Regard fulgurant.* 2. Qui frappe vivement et soudainement l'esprit, l'imagination. *Une inspiration fulgurante.* 3. Très vif, très fort et rapide. *Une douleur fulgurante. Des progrès fulgurants.* SYN. **foudroyant.**
ÉTYM. latin *fulgurans,* de *fulgurare* «faire des éclairs».

FULGURATION [fylgyʀasjɔ̃] n. f. ✦ LITTÉR. Lueur fulgurante. ➝ Choc électrique (foudre).
ÉTYM. latin *fulguratio.*

FULGURER [fylgyʀe] v. intr. (conjug. 3a) ✦ LITTÉR. Briller soudainement.
ÉTYM. latin *fulgurare,* de *fulgur* «foudre».

FULIGINEUX, EUSE [fyliʒinø, øz] adj. ✦ Qui rappelle la suie, ou en dégage ; qui en a la couleur. SYN. **noirâtre.** *Flamme fuligineuse.*
ÉTYM. du latin *fuligo, fuliginis* «suie».

FULMINANT, ANTE [fylminɑ̃, ɑ̃t] adj. 1. CHIM. Qui peut détoner sous l'influence de la chaleur ou par l'effet d'un choc. SYN. **détonant.** 2. Qui est en colère et profère des menaces.
ÉTYM. du participe présent de *fulminer.*

FULMINER [fylmine] v. (conjug. 3a) I v. intr. 1. CHIM. Faire explosion. SYN. **détoner, exploser.** 2. Éclater en menaces, en reproches. SYN. **s'emporter, tonner.** *Fulminer contre qqn.* II v. tr. 1. DR. CANON Lancer (une condamnation) dans les formes. 2. LITTÉR. Formuler avec véhémence. *Fulminer des reproches contre qqn.*
ÉTYM. latin *fulminare,* de *fulmen* «foudre».

① **FUMAGE** [fymaʒ] n. m. ✦ Action d'exposer (des aliments) à la fumée. *Le fumage des jambons, du saumon.*
ÉTYM. de ① *fumer.*

② **FUMAGE** [fymaʒ] n. m. ✦ Action de fumer une terre.
ÉTYM. de ② *fumer.*

FUMAISON [fymɛzɔ̃] n. f. ✦ Ensemble des procédés de conserve par fumage.
ÉTYM. de ① *fumer.*

FUMANT, ANTE [fymɑ̃, ɑ̃t] adj. 1. Qui émet de la fumée, qui fume. *Cendres encore fumantes.* 2. Qui émet (ou semble émettre) de la vapeur. *Soupe fumante.* 3. FAM. *Un coup fumant,* admirablement réussi.
ÉTYM. de ① *fumer.*

FUMÉ, ÉE [fyme] adj. 1. Préparé par fumage. *Le haddock est de l'églefin fumé. Lard fumé.* 2. Obscurci comme par de la fumée. *Des verres* (de lunettes) *fumés,* teintés.
ÉTYM. de ① *fumer.*

FUME-CIGARETTE [fymsigaʀɛt] n. m. ✦ Petit tube au bout duquel on adapte une cigarette pour la fumer. *Des fume-cigarettes.*

FUMÉE [fyme] n. f. 1. Produit gazeux, plus ou moins coloré, qui se dégage d'un corps en combustion. *La fumée des usines. Fumée de cigarette. Nuage, panache de fumée. Rideau de fumée.* ➝ prov. *Il n'y a pas de fumée sans feu,* il doit y avoir qqch. de vrai dans le bruit qui court. ➝ loc. *S'en aller, s'évanouir* EN FUMÉE : être consommé sans profit. 2. Vapeur qui se dégage d'une surface liquide plus chaude que l'air. *Une fumée légère monte de l'étang.* 3. au plur. Vapeurs qui sont supposées monter au cerveau, brouiller les idées. *Les fumées du vin, de l'ivresse.*
ÉTYM. de ① *fumer.*

① **FUMER** [fyme] v. (conjug. 3a) I v. intr. 1. Dégager de la fumée. *Le cratère du Vésuve fume.* 2. Exhaler de la vapeur. *Potage qui fume.* II v. tr. Exposer, soumettre à l'action de la fumée. SYN. **boucaner.** *Fumer du lard, du poisson,* pour les sécher et les conserver. ➝ au p. passé ➡ **fumé.** III v. tr. Faire brûler (du tabac*, des herbes) en aspirant la fumée par la bouche. *Fumer une cigarette, un cigare.* SYN. FAM. ① **griller.** *Fumer la pipe. Fumer du haschich.* ➝ absolt *Il fume trop. Défense de fumer.*
ÉTYM. latin *fumare,* de *fumus* «fumée».

② **FUMER** [fyme] v. tr. (conjug. 3a) ✦ Répandre du fumier, de la fumure, sur (une terre). SYN. **fertiliser.** *Fumer un champ.*
ÉTYM. de l'ancien français *femer,* latin populaire *femare,* du latin classique *fimus* «fumier».

FUMERIE [fymʀi] n. f. ✦ Lieu où l'on fume l'opium.
ÉTYM. de ① *fumer.*

FUMEROLLE [fymʀɔl] n. f. ✦ Émanation de gaz qui s'échappe d'un volcan.
ÉTYM. napolitain *fumarola,* famille du latin *fumus* «fumée».

FUMET [fymɛ] n. m. 1. Odeur agréable et pénétrante d'un plat pendant ou après la cuisson. *Le fumet du rôti.* 2. Odeur puissante que dégagent certains animaux sauvages. *Un fumet de ménagerie.*
ÉTYM. de ① *fumer.*

FUMEUR, EUSE [fymœʀ, øz] n. ✦ Personne qui a l'habitude de fumer (III). *Un fumeur de pipe. George Sand fut une grande fumeuse.* ➝ appos. (d'un lieu) *Fumeurs, non-fumeurs* : où il est permis, interdit de fumer. *Zone non-fumeurs.* HOM. FUMEUSE (féminin de *fumeux* «vague»)
ÉTYM. de ① *fumer.*

FUMEUX, EUSE [fymø, øz] adj. 1. Qui répand de la fumée. *Flamme fumeuse.* 2. Qui manque de clarté ou de netteté. SYN. **obscur,** ③ **vague.** *Idées, explications fumeuses.* CONTR. **clair,** ① **net.** HOM. FUMEUSE (féminin de *fumeur*)
ÉTYM. latin *fumosus,* de *fumus* «fumée».

FUMIER [fymje] n. m. 1. Mélange des litières (paille, fourrage, etc.) et des excréments des animaux d'élevage, utilisé comme engrais. *Épandre du fumier.* ➡ ② **fumer.** 2. FAM. (très injurieux) Personne méprisable. SYN. **ordure.**
ÉTYM. latin populaire *femarium,* classique *fimus.*

FUMIGATION [fymigasjɔ̃] n. f. 1. TECHN. Destruction de germes, de parasites par la fumée de substances chimiques. 2. Remède consistant à respirer des vapeurs médicamenteuses. SYN. **inhalation.**
ÉTYM. bas latin *fumigatio,* de *fumigare* «faire de la fumée *(fumus)*».

FUMIGÈNE [fymiʒɛn] **adj.** ✦ Qui produit de la fumée. *Bombe, grenade fumigène.* – **n. m.** *Des fumigènes.*
ÉTYM. du latin *fumus* «fumée» et de *-gène.*

① **FUMISTE** [fymist] **n. m.** ✦ Personne dont le métier est d'installer ou de réparer les cheminées et appareils de chauffage. SYN. **chauffagiste.**
ÉTYM. de ① *fumer.*

② **FUMISTE** [fymist] **n.** ✦ FAM. Personne qui ne fait rien sérieusement, sur qui on ne peut compter. SYN. **amateur, fantaisiste.** *Il n'a pas tenu sa promesse, quel fumiste !* – **adj.** *Elle est un peu fumiste.* CONTR. **fiable, sérieux.**
ÉTYM. peut-être de ① *fumiste* (idée d'envoyer de la fumée pour tromper).

FUMISTERIE [fymistəʀi] **n. f.** ✦ FAM. Action, chose entièrement dépourvue de sérieux. SYN. ② **farce.** *Ce beau programme n'est qu'une vaste fumisterie.*
ÉTYM. de ② *fumiste.*

FUMIVORE [fymivɔʀ] **adj.** ✦ Qui absorbe de la fumée. *Appareils fumivores des usines.*
ÉTYM. du latin *fumus* «fumée» et de *-vore.*

FUMOIR [fymwaʀ] **n. m.** ✦ Local, salon disposé pour les fumeurs.
ÉTYM. de ① *fumer.*

FUMURE [fymyʀ] **n. f.** ✦ Amélioration des terres par le fumier, par un fertilisant.
ÉTYM. de ② *fumer.*

FUNAMBULE [fynɑ̃byl] **n.** ✦ Équilibriste qui marche, danse sur la corde raide. SYN. **danseur** de corde.
ÉTYM. latin *funambulus,* de *funis* «corde» et *ambulare* «marcher».

FUNÈBRE [fynɛbʀ] **adj.** 1. Qui a rapport aux funérailles. *Ornements funèbres.* SYN. **funéraire, mortuaire.** *Service funèbre,* messe d'enterrement. – *POMPES FUNÈBRES :* entreprise spécialisée dans l'organisation des obsèques. – *Marche funèbre. Oraison funèbre.* 2. Qui évoque la mort, qui inspire un sentiment de sombre tristesse. SYN. **lugubre,** ① **sinistre.** *Un visage, un ton funèbre.* CONTR. **enjoué, gai.**
ÉTYM. latin *funebris,* de *funus* «funérailles».

FUNÉRAILLES [fyneʀaj] **n. f. pl.** ✦ Ensemble des cérémonies civiles (et religieuses) accomplies pour rendre les honneurs suprêmes à un mort. SYN. **enterrement, obsèques.** *Victor Hugo eut des funérailles nationales.*
ÉTYM. latin chrétien *funeralia,* de *funeralis* «funèbre», de *funus* «funérailles».

FUNÉRAIRE [fyneʀɛʀ] **adj.** ✦ Qui concerne le culte des morts. SYN. **funèbre.** *Urne funéraire.*
ÉTYM. bas latin *funerarius,* de *funus* «funérailles».

FUNESTE [fynɛst] **adj.** ✦ Qui annonce, porte avec soi le malheur et la désolation, est de nature à entraîner de graves dommages. SYN. **désastreux.** *Un funeste présage. Erreurs funestes.* – *FUNESTE À.* SYN. **fatal.** *Son audace lui a été funeste.* CONTR. **favorable, salutaire.**
ÉTYM. latin *funestus,* de *funus* «funérailles».

FUNICULAIRE [fynikyləʀ] **n. m.** ✦ Chemin de fer tiré par des câbles (sur une voie en forte pente).
ÉTYM. du latin *funiculus* «petite corde *(funis)*».

FURET [fyʀɛ] **n. m.** 1. Petit mammifère carnivore, au pelage souvent blanc et aux yeux rouges. *Chasser le lapin au furet.* 2. Jeu de société dans lequel des joueurs assis en rond se passent rapidement de main en main un objet *(le furet)* qu'il faut déceler. *Il court, il court le furet* (chanson accompagnant ce jeu).
ÉTYM. latin populaire *furittus* «petit voleur *(fur)*».

au FUR ET À MESURE [ofyʀeam(ə)zyʀ] **loc. adv.** et **conj.** ✦ En même temps et proportionnellement. SYN. **à mesure.** *Au fur et à mesure de* (+ n.), *que* (+ indic.). *Il oublie au fur et à mesure qu'il apprend.*
ÉTYM. de l'ancien français *fuer* «taux» (du latin *forum* «marché») et de *mesure.*

FURETER [fyʀ(ə)te] **v. intr.** (conjug. 7b) ✦ Chercher, s'introduire partout avec curiosité dans l'espoir d'une découverte. SYN. **fouiner.**
ÉTYM. de *furet.*

FURETEUR, EUSE [fyʀ(ə)tœʀ, øz] **adj.** et **n.** ✦ (Personne) qui cherche partout avec curiosité. SYN. **curieux, fouineur, indiscret.** *Il est fureteur.* – *Des yeux fureteurs.*
ÉTYM. de *fureter.*

FUREUR [fyʀœʀ] **n. f.** **I** 1. Colère sans mesure. *Entrer dans une fureur noire. Être en fureur ; mettre qqn en fureur. Se battre avec fureur.* SYN. **furie.** 2. (choses) Caractère d'extrême violence. *La fureur des combats.* – POÉT. *La fureur des flots, de l'océan.* **II** 1. LITTÉR. Passion irrésistible. *La fureur de vivre.* 2. **loc.** *FAIRE FUREUR :* avoir un immense succès. *Chanson qui fait fureur.*
ÉTYM. latin *furor* «délire».

FURIBOND, ONDE [fyʀibɔ̃, ɔ̃d] **adj.** ✦ Qui ressent ou annonce une grande fureur, généralement disproportionnée à l'objet qui l'inspire, au point d'en être légèrement comique. SYN. **furieux.** *Rouler des yeux furibonds.*
ÉTYM. latin *furibundus.*

FURIE [fyʀi] **n. f.** 1. Fureur brutale. SYN. ① **rage.** *Mer en furie,* déchaînée par la tempête. 2. MYTHOL. Dans la religion romaine, Chacune des trois divinités infernales (correspondant aux Érinyes grecques : Alecto, Mégère, Tisiphone). ♦ Femme haineuse, méchante, coléreuse. SYN. **mégère.** *Elle s'est jetée sur lui comme une furie.*
ÉTYM. latin *furia* «délire».

FURIEUSEMENT [fyʀjøzmɑ̃] **adv.** 1. Avec fureur. 2. (mot des Précieux) Extrêmement.

FURIEUX, EUSE [fyʀjø, øz] **adj.** 1. En proie à la démence, au délire. *Un fou furieux.* → **forcené.** 2. En proie à une folle colère. SYN. **furibond.** *Être furieux contre qqn. Elle est furieuse qu'on l'ait dérangée.* – *Un taureau furieux.* 3. (choses) Dont la force va jusqu'à la violence. *Vent, torrent furieux.* CONTR. ② **calme, paisible.**
ÉTYM. latin *furiosus,* de *furia* → furie.

FURONCLE [fyʀɔ̃kl] **n. m.** ✦ Infection d'un follicule pileux, due à un staphylocoque. SYN. **anthrax,** FAM. **clou.**
ÉTYM. latin *furunculus.*

FURONCULOSE [fyʀɔ̃kyloz] **n. f.** ✦ Éruption de furoncles.

FURTIF, IVE [fyʀtif, iv] **adj.** 1. Qui se fait à la dérobée, qui passe presque inaperçu. *Regard, sourire furtif. Visite furtive,* rapide et discrète. 2. *Avion furtif,* impossible à

déceler au radar.
ÉTYM. latin *furtivus*, de *furtum* «vol».

FURTIVEMENT [fyʀtivmɑ̃] **adv.** ✦ D'une manière furtive. *S'esquiver furtivement.* CONTR. **ouvertement.**

FUSAIN [fyzɛ̃] **n. m.** 1. Arbrisseau à feuilles sombres et luisantes et à fruits rouges. *Haie de fusains.* 2. Charbon à dessiner (fait avec le bois du fusain). 3. Dessin exécuté au fusain.
ÉTYM. latin populaire *fusago*, de *fusus* «fuseau».

FUSEAU [fyzo] **n. m.** 1. Petite toupie allongée qui sert à tordre puis à enrouler le fil, lorsqu'on file à la quenouille, fait de la dentelle. 2. *EN FUSEAU* : de forme allongée, le centre étant légèrement renflé. SYN. **fuselé, fusiforme.** *Colonne en fuseau.* ➜ **appos.** *Pantalon fuseau*, à jambes progressivement plus étroites vers le bas. *Des pantalons fuseaux.* 3. BIOL. Faisceau de fibres qui se forme entre les deux pôles de la cellule lors de la mitose. 4. GÉOM. Portion de la surface d'une sphère entre deux demi-grands cercles à diamètre commun. ➜ *FUSEAU HORAIRE* : chacun des 24 fuseaux imaginaires à la surface de la Terre, d'un pôle à l'autre, servant à fixer l'heure locale légale.
ÉTYM. latin *fusus*.

FUSÉE [fyze] **n. f.** 1. Pièce de feu d'artifice propulsée par de la poudre et qui éclate en dégageant une vive lumière colorée. ➜ *Fusée de détresse.* 2. Engin militaire, propulsé par un propergol ou des gaz liquéfiés. *Des fusées antichars.* → **missile, roquette.** 3. Moteur, lanceur d'un véhicule spatial. *Une fusée de deux, trois étages.* ➜ Ce véhicule. *La fusée européenne Ariane.*
HOM. FUSER «jaillir»
ÉTYM. de l'ancien français *fus* «fuseau».

FUSELAGE [fyz(ə)laʒ] **n. m.** ✦ Corps d'un avion, auquel sont fixées les ailes.
ÉTYM. de *fuselé*.

FUSELÉ, ÉE [fyz(ə)le] **adj.** ✦ En forme de fuseau. SYN. **fusiforme.** *Doigts fuselés*, longs et minces.
ÉTYM. de *fusel*, ancienne forme de *fuseau*.

FUSER [fyze] **v. intr.** (conjug. 3a) 1. Couler, se répandre en fondant. *Cire, bougie qui fuse.* 2. CHIM. (explosifs) Éclater lentement, crépiter. 3. Jaillir comme une fusée. *Les plaisanteries, les rires fusaient.* HOM. FUSÉE «engin spatial»
ÉTYM. du latin *fusus*, p. passé de *fundere* «fondre».

FUSIBLE [fyzibl] **adj.** et **n. m.**
I adj. DIDACT. Qui peut fondre, passer à l'état liquide sous l'effet de la chaleur. *L'étain est un métal très fusible.*
II n. m. Petit fil d'un alliage fusible qu'on interpose dans un circuit électrique pour protéger une installation, un appareil. SYN. **coupe-circuit, plomb.**
ÉTYM. latin médiéval *fusibilis*, ou de *fusum* → fuser.

FUSIFORME [fyzifɔʀm] **adj.** ✦ DIDACT. Qui a la forme d'un fuseau. SYN. **fuselé.** *Poisson fusiforme.*
ÉTYM. du latin *fusus* «fuseau» et de *-forme.*

FUSIL [fyzi] **n. m.** **I** 1. Tige d'acier munie d'un manche, sur laquelle on aiguise les couteaux. 2. *PIERRE À FUSIL* : silex donnant une étincelle par percussion sur une petite pièce d'acier. **II** 1. Arme à feu portative à long canon. *Fusil de guerre. Balle de fusil. Fusil de chasse*, à deux canons et à cartouches. *Fusil à simple canon.* → **carabine.** *Fusil mitrailleur* ou *fusil-mitrailleur*, arme automatique alimentée par un chargeur (abrév. F.-M.). ➜ *Fusil sous-marin*, tirant une flèche, un harpon attaché par un fil. ➜ *Coup de fusil.* 2. *Un excellent fusil* : un bon tireur. 3. loc. *Changer son fusil d'épaule* : changer de projet, d'opinion, de décision. ➜ FAM. *Coup de fusil*, addition très élevée, dans un restaurant, un hôtel.
ÉTYM. latin populaire *focilis (petra)* «(pierre) à feu», de *focus* «feu».

FUSILIER [fyzilje] **n. m.** ✦ Soldat armé d'un fusil. ➜ spécialt *FUSILIER MARIN* : matelot initié aux manœuvres de l'infanterie.
ÉTYM. de *fusil* (II).

FUSILLADE [fyzijad] **n. f.** 1. Échange de coups de feu. 2. Décharge simultanée de coups de fusil.
ÉTYM. de *fusiller.*

FUSILLER [fyzije] **v. tr.** (conjug. 3a) 1. Tuer (un condamné) par une décharge de coups de fusil. 2. fig. FAM. *Fusiller qqn du regard.* SYN. **foudroyer.** 3. FAM. Abîmer, détériorer. *Il a fusillé le moteur.*
ÉTYM. de *fusil* (II).

FUSIL-MITRAILLEUR → FUSIL (II)

FUSION [fyzjɔ̃] **n. f.** **I** 1. Passage d'un corps solide à l'état liquide sous l'action de la chaleur. SYN. ① **fonte, liquéfaction** ; → **fondre.** *Point de fusion.* 2. État d'une matière liquéfiée par la chaleur. *Métal en fusion.* 3. *Fusion nucléaire*, dans laquelle deux noyaux atomiques légers (par exemple d'hydrogène) s'unissent en un seul et libèrent de l'énergie. **II** Union intime résultant de la combinaison ou de l'interpénétration d'êtres ou de choses. SYN. **réunion.** *La fusion des cœurs.* ➜ (personnes morales, réalités sociales, historiques) *Fusion de sociétés, d'entreprises.* SYN. **absorption.** CONTR. **solidification • fission • séparation.**
ÉTYM. latin *fusio*, de *fundere* «fondre» ; doublet de *foison.*

FUSIONNER [fyzjɔne] **v.** (conjug. 3a) 1. **v. tr.** Unir par fusion (des collectivités auparavant distinctes). SYN. **fondre.** 2. **v. intr.** S'unir par fusion. CONTR. **scinder, séparer.**

FUSTIGER [fystiʒe] **v. tr.** (conjug. 5) ✦ LITTÉR. Blâmer violemment. SYN. **fouailler, fouetter.**
ÉTYM. latin *fustigare*, de *fustis* «bâton».

FÛT [fy] **n. m.** **I** 1. Tronc d'arbre dans sa partie droite et dépourvue de branches. 2. Tige (d'une colonne) entre la base et le chapiteau. *Fût à cannelures.* 3. Monture de bois (d'une arme, d'un instrument). **II** Tonneau. SYN. **baril, futaille.** *Eau-de-vie vieillie en fûts de chêne.*
ÉTYM. latin *fustis* «bâton» et «tronc».

FUTAIE [fytɛ] **n. f.** ✦ Forêt de grands arbres aux fûts dégagés.
ÉTYM. de *fût* (I).

FUTAILLE [fytɑj] **n. f.** 1. Récipient de bois en forme de tonneau, pour le vin, les alcools, l'huile. SYN. **fût.** *Futailles de vin.* → **barrique,** ② **foudre,** ① **tonneau.** 2. (collectif) Tonneaux, fûts. *Ranger la futaille dans un chai.*
ÉTYM. de *fût* (II).

FUTÉ, ÉE [fyte] **adj.** ✦ Qui est plein de finesse, de malice, sait déjouer les pièges. SYN. **finaud, malin, rusé.** *Un gamin futé.* — **n.** *C'est une petite futée.* — *Un air, un sourire futé.* CONTR. **bête, niais.**
ÉTYM. participe passé de l'ancien français *se fuster* «échapper (au chasseur)».

FUTILE [fytil] **adj.** 1. Qui est dépourvu de sérieux, qui ne mérite pas qu'on s'y arrête. SYN. **insignifiant.** *Discours, propos futiles. Sous le prétexte le plus futile.* SYN. **léger.** 2. (personnes) Qui ne se préoccupe que de choses sans importance. SYN. **frivole, léger, superficiel.** CONTR. **grave, important ; sérieux.**
► **FUTILEMENT** [fytilmɑ̃] **adv.**
ÉTYM. latin *futilis* «qui fuit».

FUTILITÉ [fytilite] **n. f.** 1. Caractère futile. SYN. **frivolité.** 2. Chose futile. *Perdre son temps à des futilités.* CONTR. **gravité, sérieux.**
ÉTYM. latin *futilitas.*

FUTON [fytɔ̃] **n. m.** 1. Matelas de coton, couchage traditionnel au Japon. 2. Canapé-lit garni d'un matelas mince qui se replie et forme l'assise.
ÉTYM. mot japonais.

FUTUR, URE [fytyʀ] **adj.** et **n.**
I adj. 1. Qui appartient à l'avenir. SYN. **prochain, ultérieur.** *Les générations futures.* — *Croire en une vie future* (après la mort). 2. (avant le nom) Qui sera tel dans l'avenir. *Vos futurs collègues. Sa future épouse.* — **n.** VIEILLI *Son futur, sa future.* SYN. **fiancé.**
II n. m. 1. Partie du temps qui vient après le présent. SYN. **avenir.** *Dans le futur.* 2. Ensemble des formes d'un verbe qui expriment qu'une action, un état sont placés dans un moment de l'avenir. *Futur simple* (ex. je parlerai) ; *antérieur* (ex. je serai parti quand vous arriverez). *Futur du passé* (mêmes formes que le cond.) (ex. je lui ai écrit que je viendrais).
ÉTYM. latin *futurus,* participe futur de *esse* «être».

FUTURISME [fytyʀism] **n. m.** ✦ Mouvement littéraire et esthétique né en Italie, exaltant tout ce qui dans le présent (vie ardente, vitesse, machinisme, etc.) préfigurerait le monde futur.
ÉTYM. italien *futurismo,* de *futuro* «futur».

FUTURISTE [fytyʀist] **adj.** et **n.** 1. **adj.** et **n.** Partisan du futurisme. 2. **adj.** Qui évoque l'état futur de l'humanité tel qu'on peut l'imaginer. *Une architecture futuriste.*

FUTUROLOGIE [fytyʀɔlɔʒi] **n. f.** ✦ DIDACT. Recherches concernant les évolutions futures. SYN. **prospective.**
► **FUTUROLOGUE** [fytyʀɔlɔg] **n.**
ÉTYM. de *futur* et *-logie.*

FUYANT, ANTE [fɥijɑ̃, ɑ̃t] **adj.** 1. Qui fuit, s'éloigne. *Des nuages fuyants.* 2. Qui échappe, qui se dérobe. SYN. **insaisissable.** *Regard fuyant.* — *Caractère fuyant,* qu'on ne peut retenir, comprendre. SYN. **évasif.** 3. Qui paraît s'éloigner, s'enfoncer dans le lointain. *Une perspective fuyante.* 4. Dont les lignes s'incurvent vers l'arrière. *Front, menton fuyant.*
ÉTYM. du participe présent de *fuir.*

FUYARD, ARDE [fɥijaʀ, aʀd] **n.** ✦ Personne qui s'enfuit. SYN. **fugitif.** ♦ spécialt Soldat qui abandonne son poste de combat et fuit devant l'ennemi.
ÉTYM. de *fuir.*

G

G [ʒe] **n. m. invar.** **I** Septième lettre, cinquième consonne de l'alphabet. **II** 1. Symbole du gramme. 2. SC. *G* : symbole de *giga-*.

Ga [ʒea] ✦ CHIM. Symbole du gallium.

GABARDINE [gabardin] **n. f.** 1. Tissu serré de laine ou de coton. 2. Imperméable en gabardine.
ÉTYM. espagnol *gabardina* ; de l'ancien français *galvardinecape* «cape», mot germanique.

GABARIT [gabaʀi] **n. m.** 1. TECHN. Modèle en grandeur réelle d'une pièce de construction navale ou architecturale. 2. Appareil de mesure pour vérifier une forme ou des dimensions. 3. Type, modèle ; format. ♦ Carrure, stature. *Un gabarit de malabar.* ➛ *Un grand gabarit* : une personne de grande stature. ♦ fig. *Du même gabarit.* SYN. **acabit.**
ÉTYM. provençal *gabarrit*, gotique *garwi* «préparation».

GABBRO [gabʀo] **n. m.** ✦ GÉOL. Roche plutonique grenue.
ÉTYM. p.-ê. altération du latin *glabrum* → glabre.

GABEGIE [gabʒi] **n. f.** ✦ Désordre résultant d'une mauvaise gestion. SYN. **gaspillage.**
ÉTYM. de l'ancien français *gaber* «plaisanter, railler».

GABELLE [gabɛl] **n. f.** ✦ HIST. Impôt indirect sur le sel (sous l'Ancien Régime, en France).
ÉTYM. italien *gabella*, arabe *qabāla* «impôt».

GABELOU [gablu] **n. m.** ✦ HIST. Commis de la gabelle. ♦ plais. Douanier. *Les gabelous.*
ÉTYM. de *gabelle*.

GABIER [gabje] **n. m.** ✦ Matelot chargé de l'entretien et de la manœuvre de la voilure.
ÉTYM. de *gabie* «demi-hune», provençal *gabia* «cage».

GABION [gabjɔ̃] **n. m.** ✦ Cylindre de matières tressées, de grillage, rempli de terre pour servir de protection. ♦ Abri pour les chasseurs de gibier d'eau.
ÉTYM. italien *gabbione*, de *gabbia* «cage».

GABLE [gabl] **n. m.** ✦ Pignon décoratif aigu. ➛ On écrit aussi *gâble*.
ÉTYM. latin *gabulum*, de *gabalus* «gibet», mot d'origine celtique.

GÂCHAGE [gɑʃaʒ] **n. m.** ✦ Action de gâcher.

GÂCHE [gɑʃ] **n. f.** ✦ Pièce de métal munie d'une ouverture dans laquelle s'engage le pêne* d'une serrure.
ÉTYM. francique *gaspia* «crampon».

GÂCHER [gɑʃe] **v. tr.** (conjug. 3a) 1. Délayer (du mortier, du plâtre) avec de l'eau. 2. fig. Faire (un travail) sans soin. SYN. **bâcler, saboter.** ♦ Mal employer, manquer (qqch.) faute de savoir en tirer parti. SYN. **gaspiller.** *Gâcher du tissu ; une occasion.* ➛ au p. passé *Une vie gâchée.* 3. *Gâcher le métier* : travailler à trop bon marché.
ÉTYM. francique *waskôn* «laver».

GÂCHETTE [gɑʃɛt] **n. f.** ✦ Pièce immobilisant le percuteur d'une arme à feu. ♦ abusivt La détente de cette arme. *Appuyer sur la gâchette.*
ÉTYM. diminutif de *gâche*.

GÂCHEUR, EUSE [gɑʃœʀ, øz] **n.** ✦ Personne qui gâche (2), gaspille.

GÂCHIS [gɑʃi] **n. m.** 1. Mortier gâché*. ♦ Terrain détrempé. 2. Mauvais emploi d'un produit, ou fig. d'une ressource, d'une occasion. SYN. **gaspillage.** *Sa vie est un gâchis.* 3. Situation confuse et dangereuse. SYN. **désordre, pagaille.**
ÉTYM. de *gâcher*.

GADGET [gadʒɛt] **n. m.** ✦ anglicisme Objet amusant et nouveau, plus ou moins utile. *Des gadgets amusants.*
ÉTYM. mot anglais, peut-être du français *gâchette*.

GADOUE [gadu] **n. f.** ✦ Terre détrempée. SYN. **boue.** *Patauger dans la gadoue.*
ÉTYM. origine inconnue.

GAÉLIQUE [gaelik] **adj.** et **n. m.** 1. **adj.** Relatif aux populations celtes du nord de l'Écosse. 2. **n. m.** Groupe des dialectes celtiques* d'Irlande et de Grande-Bretagne.
ÉTYM. anglais *gaelic*, de *Gaël*, du celte d'Écosse *Gaid-heal*.

① **GAFFE** [gaf] **n. f.** ✦ Perche munie d'un croc et d'une pointe de fer.
ÉTYM. ancien provençal *gaf* «crochet», de *gaffer* «saisir», d'origine germanique.

② **GAFFE** [gaf] **n. f.** ✦ FAM. 1. *FAIRE GAFFE* : faire attention. 2. Action, parole intempestive ou maladroite. SYN. **bévue, impair, maladresse.** *Faire, commettre une gaffe.*
ÉTYM. de *gaffer*, II.

GAFFER [gafe] **v. intr.** (conjug. 3a) **I** Accrocher avec une gaffe. **II** fig. FAM. Faire une, des gaffes. *Il a encore gaffé.*

GAFFEUR, EUSE [gafœʀ, øz] **n.** ✦ FAM. Personne qui fait des gaffes. SYN. **maladroit.** ➖ **adj.** *Il est très gaffeur.*
ÉTYM. de *gaffer*, II.

GAG [gag] **n. m.** ✦ anglicisme 1. au cinéma Brève action comique. *Un enchaînement de gags.* 2. Situation burlesque dans la vie réelle.
ÉTYM. mot anglais.

GAGA [gaga] **adj.** et **n.** ✦ FAM. surtout attribut Gâteux. *Ils sont gagas.*
ÉTYM. de *gâteux.*

GAGE [gaʒ] **n. m.** **I** 1. Objet de valeur, bien mobilier remis pour garantir le paiement d'une dette. SYN. **caution, dépôt, garantie.** *Mettre sa montre en gage. Prêteur sur gages.* 2. jeux de société Pénitence que le joueur perdant doit exécuter. 3. Ce qui représente une garantie, une preuve de sincérité. SYN. **assurance, promesse.** *Donner à qqn des gages d'amour. Accepte ce cadeau, en gage d'amitié.* SYN. **témoignage.** **II** au plur. 1. Salaire d'un domestique. SYN. **appointements.** *Les gages d'une cuisinière.* 2. loc. *TUEUR À GAGES*, payé pour assassiner.
ÉTYM. francique *waddi.*

GAGER [gaʒe] **v. tr.** (conjug. 5) 1. LITTÉR. *GAGER QUE* (+ indic.) : parier, supposer que. *Gageons qu'il ne tiendra pas ses promesses.* 2. FIN. Garantir par un gage. *Gager un emprunt.*
ÉTYM. de *gage.*

GAGEURE [gaʒyʀ] **n. f.** 1. VX Pari (assorti de gages). 2. LITTÉR. Action, projet, opinion qui semble relever d'un défi, d'un pari.
ÉTYM. de *gager*, suffixe *-ure.*

GAGNANT, ANTE [gaɲɑ̃, ɑ̃t] **adj.** et **n.** 1. **adj.** Qui gagne. *Numéro gagnant.* 2. **n.** La personne qui gagne. *Le gagnant du gros lot.* CONTR. **perdant.**

GAGNE-PAIN [gaɲpɛ̃] **n. m. invar.** ✦ Ce qui permet à qqn de gagner modestement sa vie.

GAGNE-PETIT [gaɲpəti] **n. m. invar.** ✦ Personne dont le métier rapporte peu.

GAGNER [gaɲe] **v. tr.** (conjug. 3a) **I** S'assurer (un profit matériel). 1. (Par un travail, par une activité) *Gagner de l'argent.* → **gain.** *Gagner tant de l'heure, tant par mois.* SYN. ① **toucher.** *Gagner sa vie,* FAM. *sa croûte* : gagner suffisamment d'argent pour vivre, en travaillant. ➖ au p. passé *Un salaire honnêtement gagné.* 2. (Par le jeu, par un hasard favorable) SYN. **empocher, ramasser.** *Gagner le gros lot. À tous les coups l'on gagne !* **II** 1. Acquérir, obtenir (un avantage). *Gagner des galons, de l'avancement.* ➖ au p. passé *Repos bien gagné,* mérité. ◆ *Gagner du temps* : disposer de plus de temps en différant une échéance (→ **temporiser**) ; faire une économie de temps. ➖ *Ne vous embarquez pas dans cette affaire, vous n'y gagnerez rien de bon.* SYN. **retirer, tirer.** ➖ absolt *Vous y gagnerez* : vous y trouverez un avantage. ◆ *GAGNER EN*, sous le rapport de. *Il a gagné trois centimètres en hauteur.* → **augmenter, croître.** *Son style a gagné en force.* ◆ intrans. *GAGNER À* (+ inf.) : retirer des avantages, avoir une meilleure position. *Il gagne, il ne gagne pas à être connu.* ◆ *GAGNER DE* (+ inf.) : obtenir l'avantage de. *Vous y gagnerez d'être enfin tranquille.* 2. Obtenir par son mérite. SYN. **mériter.** *Gagner son salut, le paradis.* 3. Obtenir (les dispositions favorables d'autrui). SYN. **s'attirer, conquérir.** *Il a gagné l'estime de tous.* ◆ Se rendre favorable (qqn). SYN. **amadouer,** se **concilier.** *Elle s'est laissé gagner par mes prières.* SYN. **convaincre, persuader.** *Gagner qqn à sa cause.* **III** (Dans une compétition, une rivalité) 1. Obtenir, remporter (un enjeu, un prix). 2. Être vainqueur dans (la compétition). *Gagner une bataille, un match, un pari (contre qqn).* ➖ absolt L'emporter, vaincre. *On a gagné !* 3. L'emporter sur (qqn). *Elle m'a gagné aux échecs. Gagner qqn de vitesse,* arriver avant lui en allant plus vite. → **dépasser, devancer.** 4. *GAGNER DU TERRAIN sur qqn,* se rapprocher de qqn (si on le poursuit), s'en éloigner (si l'on est poursuivi). ➖ (choses) *L'incendie gagne du terrain.* → s'**étendre.** 5. intrans. S'étendre au détriment de (qqn, qqch.). *L'obscurité gagne.* SYN. se **propager.** **IV** Atteindre (une position) en parcourant la distance qui en sépare. 1. Atteindre en se déplaçant (→ **regagner**). *Le navire a gagné le rivage. Gagner la sortie.* 2. Atteindre en s'étendant. → se **propager ; progresser,** se **répandre.** ➖ (le sujet désigne une impression) *Le froid, le sommeil le gagnait,* s'emparait de lui. CONTR. **perdre • abandonner, s'éloigner.**
ÉTYM. francique *waidanjan* « faire paître le bétail ».

GAGNEUR, EUSE [gaɲœʀ, øz] **n.** ✦ Personne animée par la volonté de gagner, de réussir. SYN. ③ **battant.** CONTR. **loser, perdant.**

GAI, GAIE [ge ; gɛ] **adj.** 1. Qui a de la gaieté. SYN. **content, enjoué, guilleret, joyeux, réjoui.** *Il est bien gai, aujourd'hui. Un gai luron.* loc. *Gai comme un pinson.* ➖ *Rendre (plus) gai.* → **égayer.** ◆ Dont la gaieté provient d'une légère ivresse. SYN. **éméché, gris.** 2. (choses) Qui marque de la gaieté ; où règne la gaieté. *Un air gai. Une soirée très gaie.* 3. Qui inspire de la gaieté. *Un film gai.* SYN. **amusant, comique, divertissant,** ① **drôle, réjouissant.** *Couleurs gaies.* SYN. **riant, vif.** ➖ iron. *Nous voilà encore en panne, c'est gai !* CONTR. **triste • ennuyeux ; sombre.** HOM. GAY « homosexuel », GUÉ « passage de rivière », GUET « surveillance »
ÉTYM. peut-être germanique.

GAIEMENT ou **GAIMENT** [gemɑ̃ ; gɛmɑ̃] **adv.** ✦ Avec gaieté. SYN. **joyeusement.** ➖ *Allons-y gaiement !,* de bon cœur. ➖ Écrire *gaiment* sans accent circonflexe et sans *e* muet, comme dans *vraiment*, est permis. ➖ On écrit aussi *gaîment.* CONTR. **tristement.**

GAIETÉ [gete] **n. f.** ➖ On écrit aussi *gaîté.* 1. Comportement, état d'esprit d'une personne animée par la joie de vivre, la bonne humeur. SYN. **enjouement, entrain, joie.** *Une gaieté communicative. Mettre en gaieté.* → **égayer, réjouir.** ➖ loc. adv. (après une négation) *Je n'y vais pas DE GAIETÉ DE CŒUR,* pas volontiers. 2. Caractère de ce qui est gai. *La gaieté d'une comédie, d'un film.* 3. *(Une, des gaietés)* Chose drôle, plaisante. *Les gaietés de la cantine.* CONTR. ② **chagrin, tristesse • ennui.** HOM. GUETTER « surveiller »
ÉTYM. de *gai.*

① **GAILLARD, ARDE** [gajaʀ, aʀd] **adj.** et **n.**
I adj. 1. Plein de vie, grâce à sa bonne santé. SYN. ① **alerte, allègre, vif.** *Un vieillard encore très gaillard.* SYN. **vert.** *Rendre gaillard.* → **ragaillardir.** 2. D'une gaieté un peu osée. *Des chansons gaillardes.* SYN. **leste, licencieux.**

II n. 1. Homme plein de vigueur et d'entrain. *Un grand et solide gaillard.* 2. FAM. Garçon, homme. SYN. **gars, lascar.** *Ah ! je t'y prends, mon gaillard !*
ÉTYM. gallo-roman *galia* «force».

②**GAILLARD** [gajaʀ] **n. m.** ✦ MAR. Superstructure située sur le pont supérieur d'un navire. *Gaillard d'arrière.* → **dunette.** *Gaillard d'avant.*
ÉTYM. de *(château) gaillard* «(château) fort», de ① *gaillard.*

GAILLARDEMENT [gajaʀdəmɑ̃] **adv.** ✦ Avec vigueur et entrain.
ÉTYM. de ① *gaillard.*

GAILLARDISE [gajaʀdiz] **n. f.** 1. Gaieté un peu osée. 2. Propos gaillards, libres.
ÉTYM. de ① *gaillard.*

GAIMENT, GAÎMENT ; GAÎTÉ → GAIEMENT ; GAIETÉ

GAIN [gɛ̃] **n. m.** 1. Action, fait de gagner. *Le gain d'une bataille.* → **succès, victoire.** ➡ loc. *Avoir, obtenir* GAIN DE CAUSE *:* obtenir ce qu'on voulait. 2. Ce qu'on gagne. → **bénéfice, profit, rapport, rémunération, revenu, salaire.** *Les gains et les pertes d'une entreprise. L'appât du gain.* 3. Avantage. *Le gain que l'on retire d'une lecture.* SYN. **fruit, profit.** *Un gain de temps, de place.* SYN. **économie.** CONTR. **dépense ; perte.**
ÉTYM. de *gagner.*

GAINE [gɛn] **n. f.** 1. Enveloppe ayant la forme de l'objet qu'elle protège. SYN. **étui, fourreau.** *La gaine d'un pistolet* (→ **dégainer**). 2. Ce qui enserre (comme une gaine). ♦ spécialt Sous-vêtement féminin en tissu élastique enserrant les hanches et la taille. 3. Support (d'une statue) plus étroit à la base. 4. ANAT. Enveloppe protectrice.
ÉTYM. latin *vagina* «fourreau» ; doublet de *vagin.*

GAINER [gene] **v. tr.** (conjug. 3a) 1. Mettre une gaine à. *Gainer un fil électrique.* 2. Mouler comme fait une gaine. ➡ au p. passé *Jambes gainées de soie.*

GAL, GALS [gal] **n. m.** ✦ Unité de mesure de l'accélération valant 10^{2} mètre par seconde carrée (système C. G. S.). HOM. GALE «maladie», GALLE «tumeur végétale»
ÉTYM. de *Galilée.* ☞ noms propres.

GALA [gala] **n. m.** ✦ Grande fête officielle. → **cérémonie, réception.** *Une soirée de gala. Des galas.*
ÉTYM. mot espagnol ou italien, de l'ancien français *gale* «réjouissance».

GALACTIQUE [galaktik] **adj.** ✦ Relatif à la Voie lactée. ♦ D'une galaxie (celle qui correspond à la Voie lactée ou une autre) (→ **extragalactique**). *Nuage galactique.*
ÉTYM. de *galaxie.*

> **GALACT(O)-** Élément, du grec *gala, galaktos* «lait» (ex. *galactogène* **adj.** «qui détermine ou stimule la production de lait»).

GALAMMENT [galamɑ̃] **adv.** ✦ Avec galanterie (1).
ÉTYM. de *galant.*

GALANT, ANTE [galɑ̃, ɑ̃t] **adj.** et **n. m.**
I adj. 1. VX Vif, hardi. ➡ n. m. loc. *Vert galant :* bandit posté dans les bois ; fig. séducteur (surnom d'Henri IV). 2. (homme) Qui cherche à plaire aux femmes. ♦ Poli, délicat, attentionné à l'égard des femmes. *Soyez galant et offrez votre place à cette dame.* 3. VX Qui a de l'honneur. *C'est un galant homme,* un gentilhomme. 4. Qui a rapport aux relations amoureuses. *Il a été surpris en galante compagnie. Un rendez-vous galant.* ➡ *Femme galante,* de mœurs légères. CONTR. **goujat, mufle.**
II n. m. VX Amoureux, soupirant.
ÉTYM. participe présent de l'ancien français *galer* «s'amuser», du francique *wala* «bien».

GALANTERIE [galɑ̃tʀi] **n. f.** 1. Courtoisie empressée auprès des femmes. *La vieille galanterie française.* 2. Propos flatteur adressé à une femme. *Débiter des galanteries.* CONTR. **goujaterie, muflerie.**
ÉTYM. de *galant.*

GALANTINE [galɑ̃tin] **n. f.** ✦ Charcuterie à base de viande ou de volaille, servie en gelée. *Une tranche de galantine de volaille.*
ÉTYM. de *galatine,* du latin *gelare* «geler».

GALAXIE [galaksi] **n. f.** 1. *(La Galaxie)* La Voie lactée, galaxie (2) où se trouve le Soleil (→ **galactique**). 2. *(Une, des galaxies)* Vaste amas d'étoiles, l'une des structures essentielles de l'Univers, et dont la Galaxie (1) est un exemple. *Galaxie elliptique, lenticulaire, en forme de spirale, irrégulière.* ♦ fig. *«La galaxie Gutenberg»* (de McLuhan) : l'univers de la communication par l'imprimerie.
ÉTYM. latin *galaxias,* mot grec, de *gala* «lait».

GALBE [galb] **n. m.** 1. Contour harmonieux (d'une construction, d'un objet d'art aux lignes courbes). *Le galbe d'une commode.* 2. Contour harmonieux (d'un corps, d'un visage humain).
ÉTYM. italien *garbo.*

GALBÉ, ÉE [galbe] **adj.** ✦ Dont le contour est courbe et harmonieux. *Des jambes bien galbées.*
ÉTYM. de *galbe.*

GALE [gal] **n. f.** 1. Maladie contagieuse de la peau, due à un acarien parasite, et caractérisée par des démangeaisons. *Avoir la gale.* ♦ (personnes) *Mauvais comme la gale :* très méchant. ➡ *Ce type est une gale.* SYN. **teigne.** 2. Maladie cryptogamique des végétaux.
HOM. GAL «unité de mesure», GALLE «tumeur végétale»
ÉTYM. variante de *galle.*

GALÉJADE [galeʒad] **n. f.** ✦ RÉGIONAL (Provence) Histoire inventée ou exagérée, pour plaisanter ou duper qqn.
ÉTYM. provençal *galejado,* de *galeja* «plaisanter».

GALÈNE [galɛn] **n. f.** ✦ MINÉR. Sulfate naturel de plomb. anciennt *Poste, radio à galène* (détecteur en cristaux de galène).
ÉTYM. grec *galênê* «plomb».

GALÈRE [galɛʀ] **n. f.** 1. Grand navire à rames et à voiles, utilisé de l'Antiquité au XVIIIe siècle. ➡ loc. *«Que diable allait-il faire dans cette galère ?»* (Molière) : comment a-t-il pu s'embarquer dans cette entreprise ? *Vogue la galère !* advienne que pourra. 2. au plur. Peine de ceux qui étaient condamnés à ramer sur les galères du roi (→ **galérien**). 3. FAM. Métier pénible, situation désagréable, difficile. *Ce travail, c'est la galère.* SYN. **bagne.**
ÉTYM. catalan *galera,* du latin *galea,* du grec, peut-être de *galeos* «requin».

GALÉRER [galeʀe] **v. intr.** (conjug. 8) ✦ FAM. Être dans une situation pénible, sans argent.
ÉTYM. de *galère* (3).

A B C D E F G H I J K L M N O P Q R S T U V W X Y Z

GALERIE [galʀi] n. f. 1. Lieu de passage ou de promenade, couvert, beaucoup plus long que large. *Galerie vitrée.* → **véranda.** *La galerie des Glaces du château de Versailles.* – *Une galerie marchande.* 2. Salle où sont réunies des collections d'œuvres d'art. → **exposition, musée.** – Magasin où sont exposées des œuvres d'art en vue de la vente. *Galerie de peinture.* 3. Balcon à plusieurs rangs de spectateurs, au théâtre. ♦ loc. *Parler pour la galerie ; amuser, épater la galerie,* le public, l'assistance. 4. Cadre métallique fixé sur le toit d'une voiture pour servir de porte-bagage. 5. Passage souterrain. SYN. **boyau, tunnel.** *Galeries de mine. La taupe creuse des galeries.*
ÉTYM. italien *galleria.*

GALÉRIEN [galeʀjɛ̃] n. m. ✦ Homme condamné à ramer sur les galères. – loc. *Une vie de galérien,* extrêmement pénible. SYN. **bagnard, forçat.**
ÉTYM. de *galère.*

GALET [galɛ] n. m. 1. Caillou usé et poli par le frottement de l'eau. *Plage de galets.* 2. TECHN. Disque, petite roue. *Les galets d'un fauteuil.* SYN. **roulette.** *Mécanisme à galets.*
ÉTYM. diminutif de l'ancien français *gal* «caillou», peut-être gaulois.

GALETAS [galta] n. m. ✦ Logement très pauvre, sordide. SYN. ② **réduit, taudis.**
ÉTYM. altération de *Galata,* nom d'une tour dominant Constantinople.

GALETTE [galɛt] n. f. I 1. Gâteau plat et rond fait d'un mélange très simple. *Galette des Rois.* – Petit gâteau sec de même forme. ♦ Crêpe de sarrasin ou de maïs. ♦ loc. *Plat comme une galette,* très plat. 2. Objet en forme de galette. *Siège recouvert d'une galette de cuir.* II POP. Argent. SYN. **blé.** *Avoir de la galette.*
ÉTYM. de *galet,* à cause de la forme.

GALEUX, EUSE [galø, øz] adj. 1. Atteint de la gale. *Chien galeux. Brebis* galeuse.* 2. MÉD. Qui a rapport à la gale. *Éruption galeuse.* 3. Dont la surface est sale, pelée. *Des façades galeuses.* SYN. **lépreux.**
ÉTYM. de *gale.*

GALIMATIAS [galimatja] n. m. ✦ Discours, écrit confus, incompréhensible. SYN. **charabia.**
ÉTYM. origine obscure.

GALION [galjɔ̃] n. m. ✦ Ancien navire de commerce colonial entre l'Amérique et l'Espagne.
ÉTYM. de l'ancien français *galie,* latin *galea* → galère.

GALIPETTE [galipɛt] n. f. ✦ FAM. Cabriole, culbute. *Faire la galipette, des galipettes.*
ÉTYM. origine dialectale (Ouest).

GALLE [gal] n. f. ✦ Tumeur d'un tissu végétal due à des insectes parasites. *La galle du chêne* (appelée aussi *noix de galle*). HOM. GAL «unité de mesure», GALE «maladie»
ÉTYM. latin *galla.*

GALLICAN, ANE [ga(l)likɑ̃, an] adj. ✦ Qui concerne l'Église catholique de France. ♦ adj. et n. Partisan des libertés de cette Église. *Les gallicans et les ultramontains.*
ÉTYM. latin médiéval *gallicanus* «gaulois», de *Gallia* «Gaule».

GALLICANISME [ga(l)likanism] n. m. ✦ Principes et doctrines de l'Église gallicane.
ÉTYM. de *gallican.*

GALLICISME [ga(l)lisism] n. m. 1. Construction ou emploi propre à la langue française. 2. Emprunt fait au français par une autre langue.
ÉTYM. du latin *gallicus* «gaulois», puis «français».

GALLINACÉ [galinase] n. m. ✦ Oiseau de la famille de la poule et du coq (caille, dindon, faisan, perdrix, pintade...).
ÉTYM. latin *gallinaceus,* de *gallina* «poule».

GALLIUM [galjɔm] n. m. ✦ Corps simple (symb. Ga), métal rare proche de l'aluminium.
ÉTYM. du latin *gallus* «coq», du nom du découvreur *Lecoq de Boisbaudran.*

GALLOIS, OISE [galwa, waz] adj. et n. ✦ Du pays de Galles (☛ noms propres). – n. *Les Gallois.* ♦ n. m. *Le gallois* (langue celtique).

GALLON [galɔ̃] n. m. ✦ Mesure de capacité utilisée dans les pays anglo-saxons pour les grains et les liquides (4,54 litres en Grande-Bretagne ; 3,78 litres aux États-Unis). *Dix gallons d'essence.* HOM. GALON «ruban»
ÉTYM. mot anglais.

GALLO-ROMAIN, AINE [ga(l)lɔʀɔmɛ̃, ɛn] adj. et n. ✦ Relatif à la population, à la civilisation née du contact des Romains et des Gaulois après la conquête de la Gaule au Iᵉʳ siècle avant Jésus-Christ. – n. *Les Gallo-Romains.*
ÉTYM. du latin *gallus* «gaulois» et de *romain.*

GALLO-ROMAN [ga(l)lɔʀɔmɑ̃] n. m. ✦ Langue romane parlée en Gaule ; ensemble des dialectes issus du latin populaire des Gaules (avant le roman).
☛ Langue française p. 88.
ÉTYM. du latin *gallus* «gaulois» et de ① *roman.*

GALOCHE [galɔʃ] n. f. ✦ Chaussure de cuir grossière à semelle de bois. ♦ fig. FAM. *Menton en galoche,* long et relevé vers l'avant.
ÉTYM. origine obscure ; peut-être famille de *galet.*

GALON [galɔ̃] n. m. 1. Ruban de tissu épais, qui sert à orner. *Rideau bordé d'un galon.* 2. Signe distinctif des grades dans l'armée. *Lieutenant à deux galons.* – loc. *Prendre du galon* : monter en grade. HOM. GALLON «mesure de liquide»
ÉTYM. de *galonner.*

GALONNER [galɔne] v. tr. (conjug. 3a) ✦ Orner de galons.
► **GALONNÉ, ÉE** adj. et n. *Revers galonnés.* – n. m. FAM. *UN GALONNÉ* : un officier ou un sous-officier (SYN. **gradé**).
ÉTYM. peut-être famille de *galant* ou de *jalon.*

GALOP [galo] n. m. 1. Allure la plus rapide que prend naturellement le cheval (et certains animaux de la même famille). *Cheval qui part au grand galop.* 2. loc. *GALOP D'ESSAI* ; fig. épreuve d'entraînement. – *AU GALOP* : vite. 3. Ancienne danse au mouvement très vif.
ÉTYM. de *galoper.*

GALOPADE [galɔpad] n. f. 1. Chevauchée faite au galop. 2. Course précipitée.

GALOPANT, ANTE [galɔpɑ̃, ɑ̃t] adj. ✦ Qui augmente, empire très rapidement. *Inflation galopante.*

GALOPER [galɔpe] **v. intr.** (conjug. 3a) **1.** Aller au galop. *Galoper ventre à terre.* **2.** Courir rapidement. **3. fig.** Aller très vite. *Son imagination galope.*
ÉTYM. du francique *wala* «bien» et *hlaupan* «sauter, courir».

GALOPIN [galɔpɛ̃] **n. m.** ✦ Petit garçon espiègle, effronté. SYN. **chenapan, garnement, polisson.**
ÉTYM. de *galoper.*

GALOUBET [galubɛ] **n. m.** ✦ Flûte provençale au son très aigu.
ÉTYM. mot provençal d'origine obscure.

GALVANIQUE [galvanik] **adj.** ✦ SC. Relatif aux courants électriques continus de basse tension. *Pile galvanique.*
ÉTYM. de *Galvani.* ☛ noms propres.

GALVANISATION [galvanizasjɔ̃] **n. f.** ✦ Action de galvaniser.

GALVANISER [galvanize] **v. tr.** (conjug. 3a) **1.** SC. Électriser au moyen d'un courant galvanique. **2. fig.** Animer d'une énergie soudaine, souvent passagère. SYN. **électriser, entraîner, exalter, exciter.** *Il galvanise son équipe.* **3.** TECHN. Recouvrir (un métal) d'une mince couche d'un autre métal par électrolyse (→ **galvanoplastie**). – **au p. passé** *Tôle galvanisée,* recouverte de zinc.
ÉTYM. de *Galvani.* ☛ noms propres.

GALVANISME [galvanism] **n. m.** ✦ SC. Phénomènes électriques physiologiques des muscles et des nerfs.
ÉTYM. de *Galvani.* ☛ noms propres.

GALVANOMÈTRE [galvanɔmɛtʀ] **n. m.** ✦ PHYS. Instrument mesurant de faibles intensités de courant électrique.
ÉTYM. de *Galvani* (☛ noms propres), et *-mètre.*

GALVANOPLASTIE [galvanoplasti] **n. f.** ✦ TECHN. Procédé de galvanisation (→ **galvaniser,** 3) du métal, notamment pour en prendre l'empreinte.
ÉTYM. de *Galvani* (☛ noms propres) et *-plastie.*

GALVAUDER [galvode] **v. tr.** (conjug. 3a) ✦ Compromettre (un avantage, un don, une qualité) par un mauvais usage. *Galvauder son talent.* SYN. **gâcher.**
ÉTYM. peut-être de *galer* «s'amuser» et finale de *ravauder.*

GAMBADE [gɑ̃bad] **n. f.** ✦ Bond joyeux et spontané. SYN. **cabriole.**
ÉTYM. provençal *cambado,* de *cambo* «jambe».

GAMBADER [gɑ̃bade] **v. intr.** (conjug. 3a) ✦ Faire des gambades, s'ébattre. *Gambader de joie.* – **fig.** *Son esprit gambade,* suit sa fantaisie.

GAMBAS [gɑ̃bas] **n. f. pl.** ✦ Grosses crevettes des eaux chaudes et tempérées.
ÉTYM. mot catalan, du latin *cammarus* «crevette», du grec.

GAMBE → VIOLE de gambe

GAMBERGER [gɑ̃bɛʀʒe] **v. intr.** (conjug. 5) ✦ ARGOT FAM. Réfléchir. – **trans.** Calculer, combiner. *Gamberger un plan.*
► **GAMBERGE** [gɑ̃bɛʀʒ] **n. f.**
ÉTYM. peut-être de *comberger,* de *compter.*

GAMBETTE [gɑ̃bɛt] **n. f.** ✦ FAM. Jambe.
ÉTYM. variante picarde de *jambette* «petite jambe».

GAMBIT [gɑ̃bi] **n. m.** ✦ **aux échecs** Sacrifice d'un pion (pour dégager le jeu, préparer une attaque).
ÉTYM. italien *gambetto* «croc-en-jambe», de *gamba* «jambe».

-GAME, -GAMIE Éléments, du grec *gamos* «mariage» (ex. *polygame, polygamie*).

GAMELLE [gamɛl] **n. f. 1.** Récipient individuel pour la nourriture, que l'on peut faire chauffer. *La gamelle du soldat, du campeur.* **2.** FAM. *Ramasser une gamelle :* tomber ; **fig.** subir un échec.
ÉTYM. italien *gamella,* du latin *camella* «coupe à boire».

GAMÈTE [gamɛt] **n. m.** ✦ BIOL. Cellule reproductrice mâle ou femelle qui contient un seul chromosome*. *Lors de la fécondation, le gamète mâle* (spermatozoïde) *s'unit au gamète femelle* (ovule) *pour former un œuf.*
ÉTYM. latin moderne *gametis,* du grec *gamos* «mariage».

GAMIN, INE [gamɛ̃, in] **n. et adj.**
I n. 1. VIEILLI Petit garçon, petite fille vivant dans la rue. *Les gamins de Paris.* **2.** MOD. FAM. Enfant ou adolescent. SYN. **gosse.** *Une gamine de onze ans.* ◆ POP. Fils, fille encore jeune. *Son gamin est malade.*
II adj. Jeune et espiègle. *Elle est restée très gamine.*
ÉTYM. origine obscure, peut-être germanique.

GAMINERIE [gaminʀi] **n. f.** ✦ Comportement, acte, propos dignes d'un gamin. SYN. **enfantillage, puérilité.** *Il a passé l'âge de ces gamineries.*

GAMMA [gama] **n. m. invar.** ✦ Troisième lettre de l'alphabet grec (Γ, γ), correspondant au *g.*
ÉTYM. mot grec.

GAMMAGLOBULINE [gamaglɔbylin] **n. f.** ✦ BIOL. Fraction du sérum sanguin contenant la plupart des anticorps.
ÉTYM. de *gamma* et *globule.*

GAMME [gam] **n. f. 1.** MUS. Suite montante ou descendante de notes comprises dans une octave, suivant des intervalles déterminés. → **échelle,** ② **mode.** *Gamme diatonique majeure : do ré mi fa sol la si do. Faire ses gammes au piano.* **2.** Série de couleurs qui passent insensiblement d'un ton à un autre. *Une gamme de gris.* **3.** Série continue où tous les degrés, toutes les espèces sont représentés. *Toute la gamme des sentiments.* ◆ COMM. *Une gamme de produits de beauté.* – **loc.** *HAUT DE GAMME, BAS DE GAMME :* ensemble des produits les plus chers, les moins chers d'une série. **loc. adj. invar.** *Téléviseurs haut de gamme.*
ÉTYM. de la lettre grecque *gamma* «première note de la gamme».

GAMMÉE [game] **adj. f.** ✦ *CROIX GAMMÉE,* dont les branches sont coudées en forme de gamma majuscule. SYN. **svastika.** *La croix gammée, emblème des nazis.*
ÉTYM. de *gamma.*

GANACHE [ganaʃ] **n. f.** ✦ VIEILLI Personne incapable, sans intelligence. SYN. **imbécile.** *Une vieille ganache.*
ÉTYM. italien *ganascia* «mâchoire», grec *gnathos* «mâchoire».

GANDOURA [gɑ̃duʀa] **n. f.** ✦ Tunique sans manches, qui se porte en Afrique du Nord sous le burnous.
ÉTYM. mot arabe du Maghreb.

GANG [gɑ̃g] **n. m.** ✦ **anglicisme** Bande organisée, association de malfaiteurs. *Un chef de gang* (→ **gangster**). *Lutte contre les gangs* (→ **antigang**). HOM. GANGUE «enveloppe»
ÉTYM. mot anglais.

GANGLION [gɑ̃glijɔ̃] **n. m.** ✦ Renflement sur le trajet d'un vaisseau lymphatique ou d'un nerf. *Les ganglions du cou, de l'aine.* – FAM. *Cet enfant a des ganglions, ses*

A B C D E F G H I J K L M N O P Q R S T U V W X Y Z

ganglions lymphatiques ont enflé.
► **GANGLIONNAIRE** [gɑ̃glijɔnɛʀ] **adj.**
ÉTYM. grec *gagglion*.

GANGRÈNE [gɑ̃gʀɛn] **n. f.** 1. Mort et putréfaction des tissus animaux. *Amputer un membre rongé par la gangrène.* 2. **fig.** Ce qui pourrit, corrompt. SYN. **corruption, pourriture.** *La gangrène du fanatisme.*
ÉTYM. latin *gangraena*, grec *gaggraina* «pourriture».

GANGRENER [gɑ̃gʀəne ; gɑ̃gʀene] (conjug. 7a) ou **GANGRÉNER** [gɑ̃gʀene] (conjug. 8) **v. tr.** 1. Attaquer (qqch.) par la gangrène (1). ➙ **pronom.** *Plaie qui se gangrène.* ➙ **au p. passé** *Membre gangrené.* 2. **fig.** Pervertir. SYN. **empoisonner.** ➙ **au p. passé** *Gouvernement gangrené par la corruption.* ➙ **Écrire** *gangréner* **avec un accent aigu est permis.**

GANGRENEUX, EUSE [gɑ̃gʀənø ; gɑ̃gʀenø, øz] ou **GANGRÉNEUX, EUSE** [gɑ̃gʀenø, øz] **adj.** ✦ Qui est de la nature de la gangrène. *Plaie gangreneuse.* ➙ **Écrire** *gangréneux* **avec un accent aigu est permis.**

GANGSTER [gɑ̃gstɛʀ] **n. m.** ✦ **anglicisme** Membre d'un gang. SYN. **bandit, malfaiteur.** *Un film de gangsters.* ♦ Crapule. *Ce promoteur est un gangster !* SYN. **escroc, pirate.**
ÉTYM. mot anglais, de *gang*.

GANGUE [gɑ̃g] **n. f.** 1. Matière sans valeur qui entoure un minerai, une pierre précieuse à l'état naturel. 2. **fig.** Ce qui enveloppe, dissimule. *Briser la gangue des préjugés.* HOM. GANG «bande de malfaiteurs»
ÉTYM. allemand *Gang* «chemin», «filon».

GANSE [gɑ̃s] **n. f.** ✦ Cordonnet ou ruban tressé servant à orner. *Coudre une ganse sur une robe.*
ÉTYM. peut-être provençal *ganso*, du grec *gampsos* «recourbé».

GANSER [gɑ̃se] **v. tr.** (conjug. 3a) ✦ Garnir d'une ganse. ➙ **au p. passé** *Veste gansée de noir.*

GANT [gɑ̃] **n. m.** 1. Pièce de l'habillement qui s'adapte exactement à la main en couvrant chaque doigt séparément. *Une paire de gants de peau. Gants fourrés.* 2. Objet analogue, qui enveloppe la main sans séparer les doigts. → **moufle.** ➙ *GANT DE BOXE* : moufle de cuir bourrée de crin. ➙ *GANT DE CRIN*, avec lequel on frictionne la peau. ➙ *GANT DE TOILETTE* : poche en tissu éponge servant à faire sa toilette. ♦ *Gant numérique* (ou *gant de données, gant sensitif*), muni de capteurs, pour manipuler des objets virtuels. 3. **loc.** *Retourner qqn comme un gant*, le faire changer complètement d'avis. ➙ *Aller comme un gant à qqn*, lui convenir parfaitement. ➙ *Jeter le gant* (à qqn) : défier, provoquer. *Relever le gant*, le défi. ➙ FAM. *Prendre des gants* : agir avec ménagement. ➙ LITTÉR. *Se donner les gants* (de qqch.) : s'attribuer à tort le mérite (de qqch.). → **se vanter.**
ÉTYM. francique *want* «moufle».

GANTELET [gɑ̃t(ə)lɛ] **n. m.** 1. **anciennt** Gant (d'une armure). 2. Morceau de cuir avec lequel certains artisans protègent la paume de leurs mains.

GANTER [gɑ̃te] **v. tr.** (conjug. 3a) ✦ Mettre des gants à. *Des mains faciles à ganter.* ➙ **au p. passé** *Un monsieur ganté et cravaté.*

GANTERIE [gɑ̃tʀi] **n. f.** ✦ Industrie, commerce, atelier du gantier.

GANTIER, IÈRE [gɑ̃tje, jɛʀ] **n.** ✦ Personne qui confectionne, qui vend des gants.

GARAGE [gaʀaʒ] **n. m.** **I** Action de garer. ♦ **spécialt** Action de ranger des wagons à l'écart de la voie principale. ➙ *VOIE DE GARAGE*, pour les trains, les wagons ; **fig.** situation sans avenir. **II** (Lieu) 1. Abri généralement clos, destiné à recevoir des véhicules. *Un garage d'autobus.* → **dépôt.** ➙ **spécialt** *Rentrer sa voiture au garage.* → ① **box.** 2. Entreprise qui s'occupe de la garde, de l'entretien et de la réparation des automobiles.
ÉTYM. de *garer*.

GARAGISTE [gaʀaʒist] **n.** ✦ Personne qui tient un garage (II, 2).

GARANCE [gaʀɑ̃s] **n. f.** 1. Plante dont la racine fournit une matière colorante rouge. 2. **adjectivt invar.** Rouge vif. *Les pantalons garance de l'ancienne infanterie de ligne française* (jusqu'en 1915).
ÉTYM. francique *wratja*.

GARANT, ANTE [gaʀɑ̃, ɑ̃t] **n.** 1. DR. Personne qui s'engage, devant une autre, à répondre (de qqch.). *Vous serez garant des avaries.* SYN. **responsable.** ➙ Personne qui répond de la dette d'autrui. SYN. **répondant.** 2. *ÊTRE, SE PORTER GARANT DE* : répondre de. *Je me porte garant de sa conduite.* 3. Chose qui constitue une garantie (2). SYN. **assurance, caution, gage.**
ÉTYM. de l'ancien français *garir*, francique *warjan*.

GARANTIE [gaʀɑ̃ti] **n. f.** 1. Engagement par lequel une entreprise répond de la qualité de ce qu'elle vend (produit, service). *Contrat de garantie. Montre encore sous garantie.* 2. Ce qui constitue une assurance de la valeur de qqch., de qqn. *Présenter des garanties de sérieux.* ➙ *Garantie de l'emploi.* SYN. **sécurité.**
ÉTYM. de *garantir*.

GARANTIR [gaʀɑ̃tiʀ] **v. tr.** (conjug. 13) **I** Assurer sous sa responsabilité (qqch.) à qqn. 1. DR. **(sujet : la personne garante)** SYN. **cautionner.** ➙ **(sujet chose)** *Lois garantissant les libertés du citoyen.* 2. Assurer de la qualité ou du bon fonctionnement. *Vendeur qui garantit une voiture d'occasion.* ➙ **au p. passé** *Appareil garanti un an.* 3. Donner (qqch.) pour certain, véridique. SYN. **certifier.** *Je peux garantir le fait.* ➙ *GARANTIR QUE* (+ **indic.**). *Je te garantis que tout ira bien.* **II** 1. DR. Assurer (qqn) par une garantie. 2. VIEILLI Mettre à l'abri (de). SYN. **défendre, préserver, protéger.** *Un store garantit du soleil.*
ÉTYM. de *garant*.

GARCE [gaʀs] **n. f.** 1. FAM. Femme de mauvaise vie. 2. FAM. Femme, fille méchante, désagréable. *Ah ! la garce !* ➙ **fig.** *Cette garce de vie.* ♦ **adj.** *Elles sont un peu garces.*
ÉTYM. féminin de *gars*.

GARÇON [gaʀsɔ̃] **n. m.** **I** 1. Enfant du sexe masculin. *Les filles et les garçons.* ➙ **loc.** *GARÇON MANQUÉ* : fille qui a des gestes brusques, aime les jeux violents. ➙ *PETIT GARÇON* : garçon avant l'adolescence. ➙ *GRAND GARÇON*. *Tu es un grand garçon*, se dit à un petit garçon pour faire appel à sa raison. ➙ *JEUNE GARÇON* : adolescent. 2. Jeune homme. *Un garçon de vingt ans.* SYN. **gars.** ➙ **loc.** *Il est beau garçon.* ➙ *MAUVAIS GARÇON* : voyou. ♦ **(emploi fam. ou amical)** Homme. *Un gentil garçon.* 3. VIEILLI Jeune homme non marié. SYN. **célibataire.** *Il est resté garçon.* ♦ MOD. *Vieux garçon.* ➙ **loc.** *Garçons d'hon-*

neur, dans le cortège d'un mariage. **II** spécialt ou dans des loc. 1. Homme qui travaille comme aide, comme commis. *Garçon boucher.* VIEILLI *Garçon de course.* → ② **coursier.** 2. Employé chargé de servir la clientèle d'un établissement. *Garçon de café.* → **serveur.**
ÉTYM. forme (complément) de *gars.*

GARÇONNET [gaʀsɔnɛ] n. m. ✦ VIEILLI Petit garçon (contexte de la confection).

GARÇONNIER, IÈRE [gaʀsɔnje, jɛʀ] adj. ✦ Qui, chez une fille, rappelle les allures d'un garçon. *Manières garçonnières.*
ÉTYM. de *garçon.*

GARÇONNIÈRE [gaʀsɔnjɛʀ] n. f. ✦ Petit appartement pour un homme seul. → **studio.**
ÉTYM. de *garçon* I, 3.

① **GARDE** [gaʀd] n. f. **I** (Action) 1. Action de conserver ou protéger (qqch.) en le surveillant. *Confier à un ami la garde de ses affaires.* ➡ loc. *Mettre, tenir sous bonne garde.* 2. Action de veiller sur (qqn). SYN. **protection, surveillance.** *Confier un enfant à la garde d'une étudiante. Père divorcé qui a la garde des enfants.* 3. Surveillance. *Faire bonne garde.* ➡ *CHIEN DE GARDE,* qui veille sur une maison et ses dépendances. ➡ *DE GARDE. Être de garde :* être chargé de rester à un poste, d'assurer un service. *Le médecin, l'interne de garde. Tour de garde.* ♦ Surveillance militaire. *Monter la garde.* 4. Fait de surveiller, de garder (des personnes). *Assurer la garde de détenus* (→ **gardien**). DR. *GARDE À VUE :* mesure judiciaire par laquelle on retient qqn (suspect, témoin) dans les locaux de la police, pendant un délai légal. **II** 1. Position de défense (en escrime, boxe...). *Être en garde.* ellipt *En garde ! Baisser sa garde ;* fig. relâcher sa vigilance. 2. *Mettre qqn EN GARDE,* l'avertir, le prévenir. *Mise en garde :* avertissement. ♦ *Être, se tenir SUR SES GARDES :* être vigilant. → se **méfier.** 3. *PRENDRE GARDE :* faire attention (pour éviter un danger) → **veiller.** *Prends garde de rester discret ; qu'on ne s'en aperçoive pas.* 4. LITTÉR. *N'AVOIR GARDE DE* (faire qqch.), s'abstenir soigneusement, n'avoir aucune intention de (le faire). **III** 1. Groupe de personnes chargées de veiller sur qqn, qqch. ; spécialt corps de troupe. ➡ *La GARDE RÉPUBLICAINE :* corps de gendarmerie chargé de missions de sécurité, et de rendre les honneurs. ♦ HIST. *La garde impériale* (de Napoléon Ier). ➡ loc. *LA VIEILLE GARDE :* les partisans les plus anciens et les plus fidèles d'un homme politique, d'un régime. 2. Ensemble des soldats en armes qui occupent un poste, exercent une surveillance. *Garde montante.* ➡ *CORPS DE GARDE :* groupe de soldats chargés de garder un poste. *Plaisanterie de corps de garde,* grossière. 3. Service de garde. *La garde de nuit.* **IV** (Chose qui protège) 1. *La garde d'une épée, d'un sabre,* rebord placé entre la lame et la poignée. *Enfoncer un poignard jusqu'à la garde.* 2. *Pages de garde :* pages vierges placées au début et à la fin d'un livre. 3. TECHN. *Garde de la pédale de frein, d'embrayage,* espace à parcourir avant qu'elle soit efficace.
ÉTYM. de *garder.*

② **GARDE** [gaʀd] n. **I** n. m. 1. Personne qui garde (une chose, un dépôt, un lieu). → **conservateur, dépositaire, gardien, surveillant.** ➡ *Le garde des Sceaux :* le ministre de la Justice. ➡ *Garde forestier,* chargé de surveiller les forêts domaniales ou privées. → **garde-chasse.** *GARDE CHAMPÊTRE :* agent communal, préposé à la garde des propriétés rurales. *Des gardes champêtres.* 2. Personne qui a la garde d'un prisonnier. SYN. **gardien, geôlier.** 3. Personne qui veille sur la personne d'un souverain, d'un chef d'État, d'une personnalité. ➡ *Garde du corps,* personne qui suit qqn pour le protéger. → FAM. **gorille.** 4. Soldat d'une garde. *Un garde républicain.* **II** n. f. Celle qui garde un malade, un enfant. → **garde-malade, infirmier, nurse.**
ÉTYM. de *garder.*

> **GARDE-** Élément de mots composés, tiré du verbe *garder.*

GARDÉ, ÉE [gaʀde] adj. 1. *CHASSE GARDÉE,* réservée (au propriétaire, à un groupe de personnes). 2. *Toutes proportions gardées.* → **garder** (II, 7).

GARDE-À-VOUS [gaʀdavu] n. m. invar. ✦ Position immobile du soldat debout qui est prêt à exécuter un ordre. *Se mettre au garde-à-vous.* ➡ *Garde à vous ! Fixe !*

GARDE-BARRIÈRE [gaʀd(ə)baʀjɛʀ] n. ✦ Personne qui surveille un passage à niveau. *La maison des gardes-barrières.*
ÉTYM. de ② *garde.*

GARDE-BOUE [gaʀdəbu] n. m. ✦ Bande de métal qui recouvre le dessus d'une roue de bicyclette, de moto, etc. pour éviter les éclaboussures. *Des garde-boues* ou *des garde-boue* (invar.).

GARDE CHAMPÊTRE → ② GARDE

GARDE-CHASSE [gaʀdəʃas] n. m. ✦ Homme préposé à la garde du gibier. *Des gardes-chasses.*
ÉTYM. de ② *garde.*

GARDE-CHIOURME [gaʀdəʃjuʀm] n. m. ✦ anciennt Surveillant des galériens, des forçats. ➡ péj. Surveillant brutal. *Des gardes-chiourmes.*
ÉTYM. de ② *garde.*

GARDE-CÔTE [gaʀdəkot] n. m. ✦ Bateau chargé de la surveillance des côtes (pêche, douane). *Des garde-côtes.*

GARDE-FOU [gaʀdəfu] n. m. ✦ Parapet établi pour empêcher les gens de tomber. SYN. **barrière, rambarde.** *Des garde-fous.*

GARDE-MALADE [gaʀd(ə)malad] n. ✦ Personne qui garde les malades et leur donne des soins élémentaires. SYN. ② **garde** (II). *Des gardes-malades.*

GARDE-MANGER [gaʀd(ə)mɑ̃ʒe] n. m. ✦ Petite armoire garnie de toile métallique, dans laquelle on conserve des aliments. *Des garde-mangers.*

GARDE-MEUBLE [gaʀdəmœbl] n. m. ✦ Lieu où l'on entrepose des meubles pour un temps limité. *Des garde-meubles.*

GARDÉNIA [gaʀdenja] n. m. ✦ Arbuste exotique à feuilles persistantes, à fleurs d'un beau blanc mat.
ÉTYM. de *Garden,* nom d'un botaniste écossais.

GARDEN-PARTY [gaʀdɛnpaʀti] n. f. ✦ anglicisme VIEILLI Réception mondaine dans un grand jardin ou dans un parc. *Des garden-partys* ou *des garden-parties* (plur. anglais).
ÉTYM. mot anglais, de *garden* «jardin» et *party* «réunion».

GARDE-PÊCHE [gaʀdəpɛʃ] **n. m.** 1. Personne chargée de faire observer les règlements sur la pêche. *Des gardes-pêches.* 2. Navire qui assure le même service. *Des garde-pêches.* → **garde-côte.**
ÉTYM. de ② *garde* ; sens 2, de *garde-*.

GARDER [gaʀde] **v. tr.** (conjug. 3a) **I** 1. Prendre soin de (une personne, un animal). SYN. **surveiller, veiller** sur. *Garder un troupeau.* – *Garder des enfants,* rester avec eux et les surveiller. 2. Empêcher (une personne) de sortir, de s'en aller. *Garder un prisonnier.* SYN. **détenir** ; → **gardien.** 3. Rester dans (un lieu) pour le surveiller, pour défendre qqn ou qqch. *Garder une maison, l'entrée d'un bâtiment.* 4. LITTÉR. Protéger, préserver (qqn de qqch.). SYN. **garantir.** *Garder qqn de l'erreur.* – au subj. sans *que* (valeur de souhait) *Dieu m'en garde !* **II** Conserver. 1. Empêcher que (qqch.) ne se gâte, ne disparaisse. *Garder des marchandises dans un entrepôt. Garder du beurre au frais.* 2. Conserver pour soi, ne pas se dessaisir de. *Garder le double d'une lettre.* 3. Conserver sur soi (un vêtement, un bijou). *Gardez votre chapeau.* 4. dans des loc. Ne pas quitter (un lieu). *Garder la chambre, le lit.* 5. Retenir (une personne) avec soi. *Garder qqn à dîner. Il m'a gardé une heure.* SYN. **tenir.** 6. Ne pas divulguer, ne pas communiquer. *Garder un secret. Gardez cela pour vous :* n'en parlez pas. 7. fig. Continuer à avoir. *Suivre un régime pour garder la ligne. Garder son sérieux. Garder rancune à qqn.* – loc. *TOUTES PROPORTIONS GARDÉES :* en tenant compte des proportions de chacun des termes d'une comparaison. 8. *Garder l'œil sur* (qqn, qqch.) : surveiller du regard. – (avec un adj. attribut) *Garder les yeux baissés, la tête froide.* **III** Mettre de côté, en réserve. SYN. **réserver.** *Garder qqch. pour, à qqn. Garde-moi une place.* **IV** Observer fidèlement, avec soin. SYN. **pratiquer, respecter.** *Garder le silence. Garder ses distances*.* **V** *SE GARDER* **v. pron.** 1. *Se garder de* (+ n.) : prendre garde à. SYN. se **défier,** se **méfier.** *Gardons-nous des jugements hâtifs.* – *Se garder de* (+ inf.) : s'abstenir de. *Elle s'est bien gardée d'intervenir.* 2. (passif) Pouvoir être conservé. *Ce vin ne se garde pas.* CONTR. **abandonner, céder, laisser • enlever • renvoyer • négliger, enfreindre.**
ÉTYM. germanique *wardon* «regarder vers».

GARDERIE [gaʀdəʀi] **n. f.** ✦ Local où l'on garde de jeunes enfants. → **crèche.**
ÉTYM. de *garder.*

GARDE-ROBE [gaʀdəʀɔb] **n. f.** 1. Armoire où l'on range les vêtements. SYN. **penderie.** 2. Ensemble des vêtements d'une personne. *Renouveler sa garde-robe. Des garde-robes.*

GARDEUR, EUSE [gaʀdœʀ, øz] **n.** ✦ Personne qui garde (des animaux). → **berger, gardien.** *Gardeuse d'oies. Des gardeurs de chèvres.*

GARDIAN [gaʀdjɑ̃] **n. m.** ✦ Gardien d'un troupeau (manade) de gros bétail, en Camargue.
ÉTYM. mot provençal.

GARDIEN, IENNE [gaʀdjɛ̃, jɛn] **n.** 1. Personne qui a charge de garder (qqn, un animal, un lieu, un bâtiment...). SYN. ② **garde.** *Gardien de prison.* SYN. **surveillant ;** → **geôlier** (VX), POP. **maton.** *Le gardien d'un hôtel, d'un immeuble.* SYN. **concierge, portier.** *Gardien de nuit.* SYN. **veilleur.** *Gardiens d'un parking, d'un centre commercial.* SYN. ② **vigile ;** → **gardiennage.** – *Gardien de phare.* – *GARDIEN DE BUT :* le joueur chargé de défendre le but dans un sport d'équipe (football, etc.). 2. Ce qui défend, protège. *Le Sénat, gardien de la Constitution.* 3. *GARDIEN, GARDIENNE DE LA PAIX :* agent de police.
ÉTYM. de *garder.*

GARDIENNAGE [gaʀdjenaʒ] **n. m.** ✦ Emploi de gardien (1). – Service du gardien.

GARDON [gaʀdɔ̃] **n. m.** ✦ Petit poisson d'eau douce, comestible. – loc. *Frais comme un gardon,* en bonne santé, en bonne forme.
ÉTYM. origine inconnue, peut-être de *garder* «surveiller, regarder».

① **GARE** [gaʀ] **n. f.** ✦ Ensemble des bâtiments et installations établis aux stations des lignes de chemin de fer. *Salle d'attente, guichets, quais d'une gare. Chef de gare. Le train entre EN GARE.* ♦ *Gare routière,* pour les cars, les camions. – *Gare de fret,* dans un aéroport.
ÉTYM. de *garer.*

② **GARE** [gaʀ] **interj.** ✦ Exclamation pour avertir de laisser passer qqn, qqch., de prendre garde à un danger. SYN. **attention.** – *GARE À... Gare à la casse.* – (menace) *Gare à toi, si tu désobéis !* – loc. *SANS CRIER GARE :* à l'improviste.
ÉTYM. impératif de *garer.*

GARENNE [gaʀɛn] **n. f.** ✦ Lieu boisé où les lapins vivent à l'état sauvage. loc. *Lapin de garenne.*
ÉTYM. latin médiéval *warenna,* du germanique *wardon* «garder».

GARER [gaʀe] **v. tr.** (conjug. 3a) **I** Ranger (un bateau, un véhicule) à l'écart de la circulation, ou dans un lieu abrité (→ **garage**). *Garer sa voiture.* – FAM. *Je suis mal garé.* **II** *SE GARER* **v. pron.** 1. Mettre son véhicule en un lieu de stationnement. 2. Se ranger de côté pour laisser passer. 3. *SE GARER DE.* Faire en sorte d'éviter. *Se garer des coups.* SYN. se **protéger** de.
ÉTYM. peut-être ancien nordique *varask* ; famille germanique de *garder, garnir.*

GARGANTUESQUE [gaʀgɑ̃tɥɛsk] **adj.** ✦ Digne de Gargantua. *Repas gargantuesque.* SYN. **pantagruélique.**
ÉTYM. de *Gargantua,* nom de géant. ☛ noms propres.

se **GARGARISER** [gaʀgaʀize] **v. pron.** (conjug. 3a) 1. Se rincer le fond de la bouche avec un liquide. 2. fig. FAM. SYN. se **délecter, savourer.** *Se gargariser de compliments.*
ÉTYM. latin *gargarizare,* du grec, radical onomatopéique *garg-* «gosier».

GARGARISME [gaʀgaʀism] **n. m.** ✦ Médicament liquide avec lequel on se gargarise. – Fait de se gargariser (1).

GARGOTE [gaʀgɔt] **n. f.** ✦ Restaurant à bon marché, où la cuisine est médiocre.
ÉTYM. du radical onomatopéique *garg-* «gosier».

GARGOUILLE [gaʀguj] **n. f.** ✦ Issue, gouttière en saillie par laquelle s'éjectent les eaux de pluie, souvent sculptée en forme d'animal, de démon, de monstre.
ÉTYM. du radical onomatopéique *garg-* «gorge» et *goule* «gueule».

GARGOUILLEMENT [gaʀgujmɑ̃] **n. m.** ✦ Bruit analogue à celui de l'eau tombant d'une gargouille. SYN. **glouglou.** *Les gargouillements d'une tuyauterie.* – Ce bruit, dans un viscère de l'appareil digestif. *Gargouillements intestinaux.* → **borborygme.**
ÉTYM. de *gargouiller.*

GARGOUILLER [garguje] v. intr. (conjug. 3a) ✦ Produire un gargouillement.
ÉTYM. de *gargouille*.

GARGOUILLIS [garguji] n. m. ✦ FAM. Gargouillement.

GARGOULETTE [gargulɛt] n. f. ✦ RÉGIONAL Vase poreux dans lequel les liquides se rafraîchissent par évaporation.
ÉTYM. de *gargoule* → gargouille.

GARNEMENT [garnəmɑ̃] n. m. ✦ Jeune garçon turbulent, insupportable. SYN. **galopin.**
ÉTYM. de *garnir*.

GARNI [garni] n. m. ✦ VX Maison, chambre qu'on loue meublée. SYN. **meublé.**
ÉTYM. du participe passé de *garnir*.

GARNIR [garnir] v. tr. (conjug. 13) **1.** Pourvoir d'éléments destinés à protéger ou à renforcer (→ **garniture**). ➝ au p. passé *Porte garnie d'un blindage.* **2.** Pourvoir de tous les éléments nécessaires ou normaux. SYN. **équiper.** *Garnir un fauteuil de tissu.* SYN. **recouvrir.** ➝ pronom. *Salle qui se garnit peu à peu* (de personnes). SYN. se **remplir.** ➝ au p. passé *Un portefeuille bien garni.* **3.** Pourvoir d'accessoires ou d'ornements. *Garnir une robe de broderies.* SYN. **décorer.** ➝ au p. passé *Plat de viande garni* (de légumes). *Choucroute garnie.* **4.** (sujet chose) *Des livres garnissent les étagères.* SYN. **remplir.** ➝ *Un ruban garnit ses cheveux.* SYN. **orner.** CONTR. **dégarnir.**
ÉTYM. francique *warnjan*, de *wer* «faire attention».

GARNISON [garnizɔ̃] n. f. ✦ Corps de troupes caserné dans une ville. ➝ Cette ville.
ÉTYM. de *garnir*.

GARNISSAGE [garnisaʒ] n. m. ✦ Action de garnir ; son résultat. → **garniture.**

GARNITURE [garnityr] n. f. **1.** Ce qui sert à garnir qqch. SYN. **ornement, parure.** *Garniture de cheminée.* ➝ TECHN. *Garniture de frein.* **2.** CUIS. Ce qui remplit, accompagne. *La garniture d'un plat de viande*, les légumes qui l'accompagnent.
ÉTYM. de *garnir*.

GAROU → **LOUP-GAROU**

GARRIGUE [garig] n. f. ✦ Terrain aride et calcaire de la région méditerranéenne ; végétation broussailleuse qui couvre ce terrain. → **maquis.**
ÉTYM. provençal *garriga*, probablement d'un radical préroman *carra-* «pierre».

① **GARROT** [garo] n. m. ✦ chez les grands quadrupèdes Partie du corps située au-dessus de l'épaule et qui prolonge l'encolure. *Le garrot d'un cheval. Hauteur au garrot.*
ÉTYM. p.-ê. provençal, de même origine que *jarret*.

② **GARROT** [garo] n. m. **1.** Lien servant à comprimer les vaisseaux d'un membre pour arrêter une hémorragie. *Faire, poser un garrot.* **2.** Instrument de supplice pour étrangler, sorte de collier de fer serré par une vis.
ÉTYM. ancien français *guaroc*, peut-être francique *wrokkon* «tordre».

GARROTTER [garɔte] v. tr. (conjug. 3a) **1.** Serrer, étrangler avec un garrot. **2.** Attacher, lier très solidement. *Garrotter un prisonnier.* ➝ On peut aussi écrire *garroter*, avec un seul *t*.

GARS [gɑ] n. m. ✦ FAM. Garçon, homme. *Un brave gars. C'est un drôle de gars.* SYN. **type.** ➝ appellatif FAM. *Eh les gars ! attendez-moi !*
ÉTYM. forme (sujet) de *garçon*.

GASCON, ONNE [gaskɔ̃, ɔn] adj. ✦ De Gascogne (☛ noms propres). ➝ n. *Les Gascons.* loc. *Une promesse de Gascon*, non tenue. ◆ n. m. *Le gascon* (dialecte d'oc).
ÉTYM. latin *vasco, vasconis*, mot préroman → ② basque.

GAS-OIL [gazɔjl ; gazwal] → **GAZOLE**

GASPILLAGE [gaspijaʒ] n. m. ✦ Action de gaspiller. SYN. **dilapidation, dissipation, prodigalité.** *Gaspillage alimentaire. Gaspillage des ressources.* ☛ Géographie p. 233. ➝ *Quel gaspillage de temps !* CONTR. **économie, épargne.**

GASPILLER [gaspije] v. tr. (conjug. 3a) ✦ Dépenser, consommer sans discernement, inutilement. *Gaspiller son argent.* ➝ *Gaspiller l'eau.* ➝ *Gaspiller son temps, ses forces.* CONTR. **économiser, épargner.**
ÉTYM. provençal *gaspilha*, de l'ancien français *gaspail*, peut-être d'origine gauloise.

GASPILLEUR, EUSE [gaspijœr, øz] adj. et n. ✦ (Personne) qui gaspille. CONTR. **avare, économe.**

GASTÉRO-, GASTR(O)-, -GASTRE Éléments, du grec *gastêr, gastros* «ventre ; estomac» (ex. *gastro-intestinal, épigastre*).

GASTÉROPODE [gasterɔpɔd] n. m. ✦ Mollusque au large pied charnu qui lui sert à ramper (escargot, limace). *La classe des Gastéropodes.*
ÉTYM. de *gastéro-* et *-pode*.

GASTRALGIE [gastralʒi] n. f. ✦ MÉD. Douleur à l'estomac.
► **GASTRALGIQUE** [gastralʒik] adj.
ÉTYM. de *gastr(o)-* et *-algie*.

GASTRECTOMIE [gastrɛktɔmi] n. f. ✦ MÉD. Ablation totale ou partielle de l'estomac.
ÉTYM. de *gastr(o)-* et *-ectomie*.

GASTRIQUE [gastrik] adj. ✦ De l'estomac. *Suc gastrique.*
ÉTYM. du grec *gastêr* «estomac».

GASTRITE [gastrit] n. f. ✦ MÉD. Inflammation de la muqueuse de l'estomac.
ÉTYM. latin moderne *gastritis* → gastr(o)- et -ite.

GASTROENTÉRITE [gastroɑ̃terit] n. f. ✦ MÉD. Inflammation simultanée des muqueuses gastrique et intestinale. ➝ abrév. FAM. GASTRO [gastro].
ÉTYM. de *gastro-* et *entérite*.

GASTROENTÉROLOGIE [gastroɑ̃terɔlɔʒi] n. f. ✦ Médecine du tube digestif. ➝ abrév. FAM. GASTRO [gastro].
► **GASTROENTÉROLOGUE** [gastroɑ̃terɔlɔg] n.
ÉTYM. de *gastro-, entéro-* et *-logie*.

GASTRONOME [gastrɔnɔm] n. ✦ Amateur de bonne chère. SYN. **gourmet.**
ÉTYM. de *gastronomie*.

GASTRONOMIE [gastrɔnɔmi] n. f. ✦ Art de la bonne chère (cuisine, vins, ordonnance des repas, etc.).
► **GASTRONOMIQUE** [gastrɔnɔmik] adj. *Restaurant, menu gastronomique.*
ÉTYM. grec *gastronomia*.

GÂTEAU [gɑto] n. m. I 1. Pâtisserie à base de farine, de beurre et d'œufs, le plus souvent sucrée. *Gâteaux secs, petits gâteaux,* qui se conservent. → **biscuit.** *Gâteau de riz, de semoule,* entremets. ➝ loc. FAM. *C'est du gâteau !,* c'est agréable et facile, c'est tout simple. *Ça sera pas du gâteau !* SYN. **tarte.** 2. *Gâteau de cire, de miel :* ensemble des alvéoles, où les abeilles déposent leur miel et leurs œufs. → ② **rayon.** II appos. FAM. Qui gâte les enfants. *Des mamans gâteaux.*
ÉTYM. francique *wastil* «nourriture» ; sens II, influence de *gâter.*

GÂTER [gɑte] v. tr. (conjug. 3a) I 1. (surtout passif) Détériorer en pourrissant. SYN. **corrompre.** *L'humidité a gâté ces fruits.* ➝ au p. passé *Une dent gâtée,* cariée. 2. Priver de sa beauté, de ses qualités naturelles. SYN. **déparer, enlaidir.** *Cet immeuble gâte la vue.* 3. Enrayer la bonne marche, les possibilités de succès de (qqch.). SYN. **compromettre.** ➝ loc. *Ça ne gâte rien :* c'est un avantage de plus. 4. Diminuer, détruire en supprimant l'effet agréable de (qqch.). *Cette mauvaise nouvelle a gâté nos vacances, nous les a gâtées.* SYN. **empoisonner, gâcher.** II Combler (qqn) d'attentions, de cadeaux (→ **gâteau**). *Sa grand-mère l'a gâté pour Noël.* ➝ au p. passé *ENFANT GÂTÉ,* dont on satisfait tous les désirs. III *SE GÂTER* v. pron. 1. S'abîmer, pourrir. 2. Se détériorer. *Le temps se gâte,* commence à devenir mauvais. *Ça se gâte :* la situation se dégrade. CONTR. **améliorer ; embellir.**
ÉTYM. latin *vastare,* de *vastus* «désolé» → vaste.

GÂTERIE [gɑtʀi] n. f. 1. Moyen de gâter (qqn). 2. Petit cadeau (surprise, friandise). *Apporter une gâterie à un malade.*
ÉTYM. de *gâter.*

GÂTEUX, EUSE [gɑtø, øz] adj. 1. Dont les facultés intellectuelles sont amoindries par l'âge. *Un vieillard gâteux.* 2. Qui devient stupide sous l'empire d'un sentiment violent. *Il adore cette petite, il en est gâteux.* SYN. FAM. **gaga.**
ÉTYM. variante de *gâteur* «qui gâte, souille ses draps, son lit», de *gâter.*

GÂTISME [gɑtism] n. m. ✦ État d'une personne gâteuse.
ÉTYM. de *gâteux.*

GAUCHE [goʃ] adj. et n.
I adj. 1. Qui est de travers, dévié par rapport à une surface plane. *Planche gauche.* ➝ *Courbe gauche,* qui n'est pas contenue dans un plan. 2. (personnes) Maladroit et disgracieux (→ **gaucherie**). *Un enfant gauche. Geste gauche.* SYN. **embarrassé.** CONTR. ① **plan · adroit, habile.**
II 1. adj. (par rapport à une personne) Situé du côté du cœur. *Côté droit et côté gauche. Main gauche.* ➝ n. m. BOXE *Un crochet du gauche,* du poing gauche. ♦ n. f. Le côté gauche. *Assieds-toi à ma gauche.* ➝ loc. FAM. *Jusqu'à la gauche :* complètement. ➝ *À GAUCHE* loc. adv. : du côté gauche. *La première rue à gauche.* ➝ loc. FAM. *Mettre de l'argent à gauche,* de côté. ♦ *À GAUCHE DE* loc. prép. *À gauche du tableau.* 2. n. f. *LA GAUCHE :* les gens qui professent des idées politiques avancées, progressistes (opposé à la *droite* et au *centre*). *Un gouvernement de gauche. Journal d'extrême gauche.* ➝ loc. *Être à gauche, de gauche :* avoir des opinions de gauche. CONTR. ② **droit** · ② **droite.**
ÉTYM. peut-être de *gauchir.*

GAUCHEMENT [goʃmɑ̃] adv. ✦ Maladroitement. CONTR. **adroitement, habilement.**
ÉTYM. de *gauche,* I, 2.

GAUCHER, ÈRE [goʃe, ɛʀ] adj. et n. ✦ Qui se sert ordinairement de la main gauche. *Ce joueur de tennis est gaucher.* ➝ n. *Un gaucher contrarié* (qu'on a contraint de se servir de sa main droite). *Gauchers et ambidextres.*
ÉTYM. de *gauche,* II.

GAUCHERIE [goʃʀi] n. f. ✦ Manque d'aisance ; maladresse. CONTR. **aisance, grâce ;** ② **adresse, dextérité.**
ÉTYM. de *gauche,* I, 2.

GAUCHIR [goʃiʀ] v. (conjug. 13) I v. intr. (choses planes) Perdre sa forme. SYN. se **courber,** se **déformer.** *La porte a gauchi, elle ne peut plus fermer.* II v. tr. 1. Rendre gauche. SYN. **tordre.** *L'humidité a gauchi la porte.* 2. fig. Altérer, déformer, fausser. *Gauchir un fait, une idée.* CONTR. **redresser.**
ÉTYM. peut-être du francique *wenkjan* «vaciller».

GAUCHISANT, ANTE [goʃizɑ̃, ɑ̃t] adj. et n. ✦ Dont les opinions politiques se rapprochent de celles de la gauche.

GAUCHISME [goʃism] n. m. ✦ Courant politique d'extrême gauche.
► **GAUCHISTE** [goʃist] adj. et n. ➝ abrév. FAM. GAUCHO.

GAUCHISSEMENT [goʃismɑ̃] n. m. ✦ Action de gauchir ; son résultat. SYN. **déformation.**

GAUCHO [go(t)ʃo] n. m. ✦ Cavalier qui garde les troupeaux de bovins dans la pampa. *Des gauchos.*
ÉTYM. mot espagnol d'Amérique, peut-être du quechua *cachu* «camarade».

GAUDRIOLE [godʀijɔl] n. f. ✦ FAM. 1. Plaisanterie un peu leste. SYN. **gauloiserie.** *Débiter des gaudrioles.* 2. *La gaudriole :* l'amour physique.
ÉTYM. peut-être de l'ancien français *gaudir* «se réjouir» et *cabriole.*

GAUFRAGE [gofʀaʒ] n. m. 1. Action de gaufrer. 2. Ornement gaufré.

GAUFRE [gofʀ] n. f. ✦ Gâteau léger cuit entre deux plaques qui lui impriment un dessin quadrillé en relief.
ÉTYM. francique *wafla* «rayon de miel».

GAUFRER [gofʀe] v. tr. (conjug. 3a) ✦ Imprimer des motifs ornementaux en relief ou en creux sur (qqch.). *Plaques à gaufrer le cuir.* ➝ au p. passé *Papier gaufré.*
ÉTYM. de *gaufre.*

GAUFRETTE [gofʀɛt] n. f. ✦ Petite gaufre sèche feuilletée.

GAUFRIER [gofʀije] n. m. ✦ Moule à gaufres.

GAULE [gol] n. f. ✦ Longue perche utilisée pour faire tomber les fruits d'un arbre. ➝ Canne à pêche.
HOM. GOAL «gardien de but»
ÉTYM. francique *walu* «bâton».

GAULER [gole] v. tr. (conjug. 3a) ✦ Faire tomber (des fruits) avec une gaule. *Gauler les noix.*
► **GAULAGE** [golaʒ] n. m.

GAULLISME [golism] n. m. ✦ Courant politique se réclamant du général de Gaulle (☞ noms propres).

GAULLISTE [golist] **adj.** ✦ Du gaullisme. ◆ **adj.** et **n.** Partisan du gaullisme.

GAULOIS, OISE [golwa, waz] **adj.** et **n.** **I adj.** De Gaule (☛ noms propres). *Les peuples gaulois.* → **celtique.** – **n.** *« Les Aventures d'Astérix le Gaulois »* (bande dessinée de Goscinny et Uderzo). *Nos ancêtres les Gaulois.* – *Moustache à la gauloise,* longue et tombante. – **n. m.** *Le gaulois,* langue celtique parlée en Gaule. ☛ Langue française p. 96. ◆ **par ext.** Français, en tant que descendant des Gaulois. *Le coq gaulois.* **II adj.** D'une gaieté un peu leste. *Plaisanterie gauloise.* SYN. **grivois.** **III** *GAULOISE* **n. f.** Cigarette de tabac brun (puis aussi blond) de la Régie française.

GAULOISERIE [golwazʀi] **n. f.** ✦ Propos licencieux.
ÉTYM. de *gaulois,* II.

se GAUSSER [gose] **v. pron.** (conjug. 3a) ✦ LITTÉR. Se moquer ouvertement (de qqn ou de qqch.). SYN. **railler.**
ÉTYM. peut-être espagnol *gozarse* « se réjouir ».

GAVAGE [gavaʒ] **n. m.** ✦ Action de gaver. *Le gavage des oies.*

GAVE [gav] **n. m.** ✦ Torrent pyrénéen.
ÉTYM. gascon *gabe.*

GAVER [gave] **v. tr.** (conjug. 3a) **1.** Faire manger de force et abondamment pour engraisser (la volaille). *Gaver des oies.* **2.** *Gaver qqn de,* lui faire manger trop de. SYN. **bourrer.** **3.** *SE GAVER* **v. pron. réfl.** Manger énormément. *Il se gave de gâteaux.* CONTR. **priver.**
ÉTYM. du prélatin *gaba* « gosier », peut-être gaulois.

GAVIAL, ALS [gavjal] **n. m.** ✦ Animal voisin du crocodile, à longues mâchoires étroites. *Les gavials du Gange.*
ÉTYM. hindi *ghariyal.*

GAVOTTE [gavɔt] **n. f.** ✦ Ancienne danse à deux temps ; air sur lequel on la danse.
ÉTYM. provençal *gavoto,* de *gavot* « montagnard provençal ».

GAVROCHE [gavʀɔʃ] **n. m.** ✦ Gamin de Paris, spirituel et moqueur. SYN. **titi.** – **adj.** *Un petit air gavroche.*
ÉTYM. du nom d'un personnage des *« Misérables »* de Victor Hugo.
☛ GAVROCHE (noms propres).

GAY [gɛ] **adj.** et **n.** ✦ anglicisme Relatif aux homosexuels. *Les magazines gays.* – **n.** *Les gays.* HOM. GAI « joyeux », GUET « surveillance »
ÉTYM. mot américain « gai ».

GAZ [gaz] **n. m.** **1.** Tout corps qui se présente à l'état de fluide expansible et compressible (état gazeux) dans les conditions normales de température et de pression. *Gaz comprimé, raréfié. Gaz carbonique.* – *GAZ RARES* : hélium, néon, argon, krypton, xénon, radon. ◆ *Avoir des gaz.* SYN. **flatuosité.** **2.** Produit gazeux, naturel ou manufacturé, utilisé comme combustible ou carburant. *L'exploitation du gaz naturel et du pétrole. Gaz de ville. Chauffage au gaz. Compteur à gaz.* – **loc.** FAM. *Il y a de l'eau dans le gaz :* l'atmosphère est à la querelle. **3.** (Dans les moteurs à explosion) *Gaz d'admission, d'échappement. Rouler (À) PLEINS GAZ,* à pleine puissance. → **gazer.** – *Mettre, remettre les gaz* (avions). **4.** Corps gazeux destiné à produire des effets nocifs sur l'organisme. *Gaz de combat.* ☛ Première Guerre mondiale p. 189. *Gaz lacrymogène. Chambres à gaz,* utilisées dans des camps d'extermination et pour l'exécution de condamnés à mort. HOM. GAZE « tissu léger »
ÉTYM. mot créé par Van Helmont d'après le latin *chaos.*

GAZAGE [gazaʒ] **n. m.** ✦ Action d'intoxiquer ou de tuer par un gaz. *Le gazage des déportés.*
ÉTYM. de *gazer.*

GAZE [gaz] **n. f.** ✦ Tissu lâche et très léger, de soie ou de coton. *Une écharpe de gaze. Compresse de gaze hydrophile.* HOM. GAZ « corps gazeux »
ÉTYM. peut-être arabe *qazz* « bourre de soie », ou de *Gaza,* ville.
☛ noms propres.

GAZÉIFIER [gazeifje] **v. tr.** (conjug. 9) **1.** Faire passer à l'état de gaz. SYN. **sublimer, vaporiser.** **2.** Faire dissoudre du gaz carbonique dans (un liquide). – **au p. passé** *Une boisson gazéifiée.*
► **GAZÉIFICATION** [gazeifikasjɔ̃] **n. f.**

GAZELLE [gazɛl] **n. f.** ✦ Mammifère ruminant d'Afrique et d'Asie, à longues pattes fines et à cornes annelées.
ÉTYM. arabe *gazal.*

GAZER [gaze] **v.** (conjug. 3a) **I v. tr.** **1.** Intoxiquer (qqn) avec un gaz de combat. → **asphyxier.** – **au p. passé subst.** *Les gazés de 14-18.* ☛ Première Guerre mondiale p. 189. **2.** Exterminer dans une chambre à gaz. **II v. intr.** VIEILLI, FAM. **1.** Aller à toute vitesse, à pleins gaz. SYN. **filer, foncer.** **2.** *Ça gaze :* ça marche, ça va bien.
ÉTYM. de *gaz.*

GAZETTE [gazɛt] **n. f.** ✦ **vx ou plais.** Journal, revue. *On lit dans les gazettes...*
ÉTYM. italien *gazzetta,* journal vénitien qui coûtait une *gazeta,* de *gazza* « monnaie ».

GAZEUX, EUSE [gazø, øz] **adj.** **1.** Relatif au gaz ; sous forme de gaz. *Fluide gazeux.* **2.** Qui contient du gaz carbonique dissous. *Eau, boisson gazeuse.* SYN. **pétillant.**

GAZINIÈRE [gazinjɛʀ] **n. f.** ✦ Cuisinière à gaz.
ÉTYM. de *gaz* et *cuisinière.*

GAZODUC [gazodyk] **n. m.** ✦ Canalisation qui transporte le gaz sur de très longues distances.
ÉTYM. de *gaz,* d'après *oléoduc.*

GAZOGÈNE [gazɔʒɛn] **n. m.** ✦ TECHN. Appareil transformant le bois ou le charbon en gaz combustible. – (en 1940-1945) Cet appareil, alimentant un moteur à explosion. *Camion à gazogène.*
ÉTYM. de *gaz* et *-gène.*

GAZOLE [gazɔl] **n. m.** ✦ Produit pétrolier utilisé comme carburant dans les moteurs diesels. – On dit aussi GAS-OIL [gazɔjl ; gazwal] (anglicisme).
ÉTYM. francisation de *gas-oil,* anglais *gas* « gaz » et *oil* « huile ; pétrole ».

GAZOMÈTRE [gazɔmɛtʀ] **n. m.** ✦ Grand réservoir où l'on stocke le gaz de ville avant de le distribuer.
ÉTYM. de *gaz* et *-mètre.*

GAZON [gazɔ̃] **n. m.** **1.** VX ou TECHN. Motte de terre garnie d'herbe. *Remettre des gazons sur une pelouse.* **2.** Herbe courte, dense et fine. *Tondeuse à gazon.* **3.** Surface couverte de gazon. SYN. **pelouse.**
ÉTYM. francique *waso.*

GAZOUILLEMENT [gazujmɑ̃] **n. m.** ✦ Action de gazouiller ; bruit qui en résulte.

GAZOUILLER [gazuje] v. intr. (conjug. 3a) 1. Produire un bruit léger et doux. SYN. **bruire, murmurer.** *Oiseaux qui gazouillent.* SYN. **chanter.** 2. (nourrisson) Émettre de petits sons à peine articulés. SYN. **babiller.**
ÉTYM. du radical de *jaser*, onomatopéique.

GAZOUILLIS [gazuji] n. m. ✦ Bruit léger produit par un ensemble de gazouillements. *Le gazouillis des oiseaux ; d'un bébé.*

Ge [ʒee] ✦ CHIM. Symbole du germanium.

GEAI [ʒɛ] n. m. ✦ Oiseau passereau de la taille du pigeon, à plumage bigarré. *Des geais bleus. Le geai jase.* HOM. JAIS «pierre», ① JET «jaillissement»
ÉTYM. bas latin *gaius*.

GÉANT, ANTE [ʒeɑ̃, ɑ̃t] n. et adj.
I n. 1. Personne dont la taille dépasse anormalement la moyenne (→ **gigantisme**). *Les géants de la mythologie. Le géant Gargantua.* ➝ loc. *À pas de géant* : très rapidement. 2. Génie, héros, surhomme. *Les géants de l'art, du sport.*
II adj. 1. Dont la taille dépasse de beaucoup la moyenne. SYN. **colossal, énorme, gigantesque.** *Tortue géante. Écran géant.* ➝ *Slalom géant* (n. m. *le géant*). 2. FAM. (intensif) *C'est géant !* SYN. **fabuleux, formidable.** CONTR. **nain, petit.**
ÉTYM. latin populaire *gagantem*, de *Gigas, Gigantis*, emprunté au grec *Gigas, Gigantos*, nom mythologique.

GECKO [ʒeko] n. m. ✦ Lézard grimpeur des régions chaudes.
ÉTYM. malais *gekop*.

GEEK [gik] n. ✦ anglicisme FAM. Personne passionnée par l'informatique et les nouvelles technologies. *Les geeks.*
ÉTYM. mot anglais d'origine germanique.

GÉHENNE [ʒeɛn] n. f. 1. (dans la Bible) Enfer. 2. fig. Torture ; souffrance intolérable. HOM. GN «groupe nominal»
ÉTYM. latin chrétien *gehenna*, de l'hébreu *gey* («vallée») *Hinnom*, lieu près de Jérusalem, maudit à la suite de sacrifices humains idolâtres.

GEIGNARD, ARDE [ʒɛɲaʀ, aʀd] adj. ✦ FAM. Qui se lamente à tout propos. SYN. **pleurnicheur.**
ÉTYM. de *geindre*.

GEINDRE [ʒɛ̃dʀ] v. intr. (conjug. 48b) 1. Faire entendre des plaintes faibles et inarticulées. SYN. **gémir, se plaindre.** *Malade qui geint. Geindre de douleur.* ➝ (choses) Produire un bruit plaintif. *La girouette geint.* 2. Se lamenter à tout propos, sans raison valable (→ **geignard**).
ÉTYM. de *giembre*, latin *gemere* → gémir.

GEISHA [gɛʃa ; geʃa] n. f. ✦ Chanteuse et danseuse professionnelle japonaise qui reçoit et divertit les hommes dans les maisons de thé.
ÉTYM. mot japonais.

GEL [ʒɛl] n. m. I 1. Temps de gelée. *Une nuit de gel.* 2. Congélation des eaux (et de la vapeur d'eau atmosphérique). → **givre, glace.** *Le gel a fendu la roche.* 3. Arrêt, blocage (d'une activité politique ou économique). *Le gel des crédits.* II 1. SC. Substance souple, gélatineuse, obtenue par formation de petits flocons dans une solution colloïdale. 2. Produit translucide à base d'eau ou d'huile. *Gel démaquillant.* CONTR. **dégel.**
ÉTYM. latin *gelu*.

GÉLATINE [ʒelatin] n. f. ✦ Substance extraite, sous forme de gelée, de certains tissus animaux (os notamment).
ÉTYM. italien *gelatina*.

GÉLATINEUX, EUSE [ʒelatinø, øz] adj. ✦ Qui a la nature, la consistance ou l'apparence de la gélatine. *Une sauce gélatineuse.*

GELÉ, ÉE [ʒ(ə)le] adj. 1. Transformé en glace. *Étang gelé.* 2. Dont les tissus organiques sont brûlés par le froid. *Orteils gelés* (→ **gelure**). 3. Qui a très froid. *Avoir les pieds gelés.* SYN. **glacé.** ➝ *Être gelé.* SYN. **transi.** 4. fig. (argent) Qui ne circule plus. *Crédits gelés.*
ÉTYM. de *geler*.

GELÉE [ʒ(ə)le] n. f. I Abaissement de la température au-dessous de zéro, ce qui provoque la congélation de l'eau. → **gel, glace, verglas.** ➝ *Gelée blanche,* congélation de la rosée avant le lever du soleil, par nuit claire. II 1. Suc de substance animale (viande, os) qui s'est coagulé en se refroidissant. *Bœuf en gelée.* 2. Jus de fruits cuits au sucre qui coagule en refroidissant. *Gelée de groseille.*
ÉTYM. bas latin *gelata*, participe passé de *gelare* «geler».

GELER [ʒ(ə)le] v. (conjug. 7a) I v. intr. 1. Se transformer en glace. *La rivière a gelé.* 2. (tissus organiques) Être endommagé par le gel. *Les bourgeons risquent de geler.* 3. Souffrir du froid. SYN. **grelotter.** ➝ pronom. *Ne reste pas dehors à te geler !* II impers. *Il a gelé cette nuit.* III v. tr. 1. Rendre gelé. *Cette humidité nous gelait.* 2. fig. Arrêter, bloquer. *Geler les prix, les salaires.* CONTR. **dégeler, fondre · réchauffer.**
ÉTYM. latin *gelare*.

GÉLIFIANT, ANTE [ʒelifjɑ̃, ɑ̃t] adj. et n. m. ✦ (Additif) destiné à donner la consistance d'un gel à une préparation (notamment alimentaire).
ÉTYM. du participe présent de *gélifier*.

GÉLIFIER [ʒelifje] v. tr. (conjug. 9) ✦ SC. Transformer en gel (II).
ÉTYM. de *gel* (II).

GÉLINOTTE [ʒelinɔt] n. f. ✦ Oiseau très voisin de la perdrix (communément appelé *coq des marais*).
ÉTYM. de l'ancien français *géline* «poule», latin *gallina*.

GÉLULE [ʒelyl] n. f. ✦ Capsule en gélatine dure qui contient un médicament en poudre.
ÉTYM. de *gél(atine)* et *(caps)ule*.

GELURE [ʒ(ə)lyʀ] n. f. ✦ Lésion grave de la peau causée par le froid.
ÉTYM. de *geler*.

GÉMEAU [ʒemo] n. m. 1. VX Jumeau. 2. au plur. Troisième signe du zodiaque (21 mai-21 juin). ➝ *Être Gémeaux,* de ce signe.
ÉTYM. de *jumeau*, d'après le latin *gemellus* «jumeau».

GÉMELLAIRE [ʒemelɛʀ] adj. ✦ Relatif aux jumeaux. *Grossesse gémellaire.*
ÉTYM. du latin *gemellus* «jumeau».

GÉMINÉ, ÉE [ʒemine] adj. ✦ Disposé par paires. *Colonnes géminées.* ➝ *Consonne géminée* : suite de deux consonnes identiques (ex. bonne nuit [bɔnnɥi]).
ÉTYM. latin *geminus* «jumeau», «double».

GÉMIR [ʒemiʀ] v. intr. (conjug. 13) **1.** Exprimer sa souffrance d'une voix plaintive et inarticulée. SYN. **geindre, se plaindre.** *Le malade gémit.* **2.** Se plaindre à l'aide de mots. *Gémir sur son sort.* **3.** (choses) Émettre un son plaintif et prolongé. *Le vent gémit dans les branches.*
ÉTYM. latin *gemere* «se plaindre».

GÉMISSANT, ANTE [ʒemisɑ̃, ɑ̃t] adj. ✦ Qui gémit. *Voix gémissante.* SYN. **plaintif.**

GÉMISSEMENT [ʒemismɑ̃] n. m. **1.** Son vocal inarticulé et plaintif. SYN. **lamentation, plainte.** *Pousser un gémissement de douleur.* **2.** Son plaintif. *Le gémissement du violon.*
ÉTYM. de *gémir.*

GEMME [ʒɛm] n. f. **1.** Pierre précieuse. **2.** adj. *Sel gemme,* qu'on tire des mines (opposé à *sel marin*).
ÉTYM. latin *gemma,* d'abord «bourgeon».

GEMMOLOGIE [ʒemɔlɔʒi] n. f. ✦ DIDACT. Science ayant pour objet la connaissance des gemmes.

GEMMULE [ʒemyl] n. f. ✦ BOT. Bourgeon de l'embryon contenu dans la graine.
ÉTYM. latin *gemmula,* de *gemma* «bourgeon».

GÉMONIES [ʒemɔni] n. f. pl. ✦ loc. *VOUER qqn AUX GÉMONIES,* l'accabler publiquement de son mépris, de sa haine.
ÉTYM. latin *gemoniae (scalae)* «(escalier) des gémissements», de *gemere* «gémir».

| **GÉN-** → GÉNO-

GÊNANT, ANTE [ʒɛnɑ̃, ɑ̃t] adj. ✦ Qui gêne, crée de la gêne. SYN. **embarrassant, pénible.** *Une infirmité gênante. Un témoin gênant.* CONTR. ① **commode.**

GENCIVE [ʒɑ̃siv] n. f. ✦ Muqueuse épaisse qui recouvre la base des dents. *Inflammation des gencives.* → **gingivite.** ♦ FAM. *Les gencives :* la mâchoire, les dents. *Prendre un coup dans les gencives.*
ÉTYM. latin *gingiva.*

GENDARME [ʒɑ̃daʀm] n. **I** n. m. anciennt Homme de guerre à cheval. **II** n. Militaire appartenant à la gendarmerie. *Il s'est fait arrêter par les gendarmes. Une gendarme* (rare). ➝ loc. FAM. *Faire le gendarme :* faire régner l'ordre de manière autoritaire. *La peur du gendarme,* de la loi, de la punition.
ÉTYM. de *gens d'arme.*

se GENDARMER [ʒɑ̃daʀme] v. pron. (conjug. 3a) ✦ Protester, réagir vivement. *Se gendarmer contre qqn, qqch.*
ÉTYM. de *gendarme.*

GENDARMERIE [ʒɑ̃daʀməʀi] n. f. **I** anciennt Corps de cavalerie lourde. **II 1.** Corps militaire, chargé de maintenir l'ordre et la sécurité publics, et de collaborer à la police judiciaire. *Groupe d'intervention de la gendarmerie nationale (G. I. G. N.).* **2.** Caserne où les gendarmes sont logés ; bureaux où ils remplissent leurs fonctions.
ÉTYM. de *gendarme.*

GENDRE [ʒɑ̃dʀ] n. m. ✦ Le mari d'une femme, par rapport au père et à la mère de celle-ci. SYN. **beau-fils.**
ÉTYM. latin *gener.*

GÈNE [ʒɛn] n. m. ✦ BIOL. Unité définie localisée sur un chromosome, grâce à laquelle se transmet un caractère héréditaire (→ **génétique ; génique**). HOM. GÊNE «malaise»
ÉTYM. allemand et anglais *gene,* du grec *genos* «origine».

| **-GÈNE** Élément, du grec *genos* «famille, race», qui signifie «origine».

GÊNE [ʒɛn] n. f. **1.** Malaise ou trouble physique dû à une situation désagréable. *Éprouver une sensation de gêne, de la gêne à respirer.* **2.** Situation embarrassante, imposant une contrainte, un désagrément. SYN. **dérangement, embarras, ennui, incommodité.** *Je ne voudrais pas vous causer une gêne supplémentaire.* ➝ prov. *Où (il) y a de la gêne, (il n')y a pas de plaisir.* ♦ *Être dans la gêne,* manquer d'argent (→ **gêné**). **3.** Impression désagréable que l'on éprouve devant qqn quand on se sent mal à l'aise. SYN. **confusion, embarras.** *Il y eut un moment de gêne, de silence. Parler sans gêne* (→ **sans-gêne**). CONTR. **aisance, facilité · aplomb, assurance.**
HOM. GÈNE «élément du chromosome»
ÉTYM. de l'ancien français *gehine,* de *gehir* «avouer par la torture», peut-être francique.

GÉNÉALOGIE [ʒenealɔʒi] n. f. **1.** Liste qui donne la succession des ancêtres de (qqn) (→ **ascendance, descendance, lignée**). **2.** Science qui a pour objet la recherche des filiations.
► **GÉNÉALOGIQUE** [ʒenealɔʒik] adj. *Arbre* généalogique.*
ÉTYM. bas latin *genealogia,* du grec, de *genea* «famille» et *logos* «science».

GÉNÉALOGISTE [ʒenealɔʒist] n. ✦ Personne qui recherche et dresse les généalogies.

GÉNÉPI [ʒenepi] n. m. ✦ Armoise naine, plante des hautes montagnes. ♦ Liqueur faite avec cette plante.
ÉTYM. mot savoyard.

GÊNER [ʒene] v. tr. (conjug. 3a) **I 1.** Mettre (qqn) à l'étroit ou mal à l'aise, physiquement. *Ces souliers me gênent.* SYN. **serrer.** *Est-ce que la fumée vous gêne ?* SYN. **déranger, incommoder, indisposer.** *Ce paquet vous gêne.* SYN. **embarrasser, encombrer.** **2.** Entraver (une action). *Gêner la circulation, le passage.* **3.** Mettre dans une situation embarrassante, difficile. SYN. **embarrasser, empêcher.** ➝ passif *Être gêné par le manque de temps.* ♦ Infliger à (qqn) l'importunité d'une présence, d'une démarche. SYN. **déranger, importuner ;** → **gêneur.** *Je crains de vous gêner en m'installant chez vous.* **4.** Mettre mal à l'aise. SYN. **intimider, troubler.** *Votre question me gêne.* **II** *SE GÊNER* v. pron. S'imposer une contrainte physique ou morale. *Ne pas se gêner pour dire ce qu'on pense. Ne vous gênez pas pour moi.* CONTR. **soulager · aider, faciliter.**
► **GÊNÉ, ÉE** adj. **1.** Qui a, manifeste de la gêne. *Un sourire gêné.* **2.** (personnes) Dans une situation financière difficile. *Je suis un peu gêné en ce moment.*
ÉTYM. de *gêne.*

① **GÉNÉRAL, ALE, AUX** [ʒeneʀal, o] adj. **1.** Qui s'applique, se rapporte à un ensemble de cas ou d'individus. *Idées générales. D'une manière générale.* ➝ n. m. *Aller du particulier au général.* → **généraliser.** ➝ *En règle générale,* dans la plupart des cas. **2.** Qui concerne, réunit la totalité ou la majorité des membres d'un groupe. *Assemblée générale. Grève générale.* ➝ *Répétition générale,* ou ellipt *LA GÉNÉRALE :* dernière répétition d'ensemble d'une pièce de

A B C D E F G H I J K L M N O P Q R S T U V W X Y Z

théâtre. ◆ *Culture générale, concernant l'ensemble des connaissances.* ◆ *Anesthésie générale,* qui intéresse tout l'organisme. → *Médecine générale* (→ **généraliste**). 3. Qui embrasse l'ensemble d'un service, d'une organisation. *Direction générale.* → Qui est à la tête de toute une organisation. *Président-directeur général.* 4. *EN GÉNÉRAL* **loc. adv.** : sans considérer les détails. ◆ Dans la plupart des cas, le plus souvent (opposé à *en particulier*). SYN. **généralement.** *Il est aimable en général.* CONTR. **individuel, particulier • partiel.**

ÉTYM. latin *generalis,* de *genus, generis* «genre».

② **GÉNÉRAL, ALE, AUX** [ʒeneʀal, o] **n.** I 1. **n. m.** Celui qui commande en chef une armée. *Alexandre le Grand, général fameux. Général en chef.* 2. **n. m.** Celui qui est à la tête d'un ordre religieux. SYN. **supérieur.** *Le général des Jésuites.* 3. Officier du plus haut grade commandant une grande unité dans les armées de terre et de l'air. *Général de brigade* (2 étoiles), *de division* (3), *de corps d'armée* (4), *d'armée et commandant en chef* (5). *La colonelle a été promue générale.* 4. **n. m.** HIST. Personne placée à la tête d'une administration. *Général des galères.* II *GÉNÉRALE* **n. f.** VIEILLI Femme d'un général. *Madame la générale.*

ÉTYM. de ① *général.*

GÉNÉRALEMENT [ʒeneʀalmɑ̃] **adv.** 1. D'un point de vue général. 2. Dans l'ensemble ou la grande majorité des individus. SYN. **communément.** *Usage généralement répandu.* 3. Dans la plupart des cas. SYN. **habituellement, ordinairement.** CONTR. **particulièrement • rarement.**

GÉNÉRALISATEUR, TRICE [ʒeneʀalizatœʀ, tʀis] **adj.** ✦ Qui généralise. *Un esprit généralisateur.*

GÉNÉRALISATION [ʒeneʀalizasjɔ̃] **n. f.** ✦ Action de (se) généraliser. *Souhaiter la généralisation d'une mesure.* ◆ **fig.** *Généralisation hâtive, imprudente.*

GÉNÉRALISER [ʒeneʀalize] **v. tr.** (conjug. 3a) 1. Étendre, appliquer (qqch.) à l'ensemble ou à la majorité des individus. *Généraliser une méthode, une hypothèse.* → **pronom.** *Mode qui se généralise.* → **au p. passé** *Crise généralisée.* 2. (sans compl.) Tirer une conclusion générale de l'observation d'un cas limité. *Il a tendance à généraliser. Ne généralisons pas !* CONTR. **limiter, restreindre.**

ÉTYM. de ① *général.*

GÉNÉRALISSIME [ʒeneʀalisim] **n. m.** ✦ Général chargé du commandement en chef.

ÉTYM. italien *generalissimo,* de *generale* «général».

GÉNÉRALISTE [ʒeneʀalist] **adj.** 1. Qui pratique la médecine générale. → **n.** *Une généraliste.* SYN. **omnipraticien.** 2. Qui n'est pas spécialisé. *Un éditeur généraliste.* CONTR. **spécialiste • spécialisé.**

ÉTYM. de *(médecine) générale.*

① **GÉNÉRALITÉ** [ʒeneʀalite] **n. f.** 1. Caractère de ce qui est général (1). SYN. **universalité.** 2. Idée, notion générale, trop générale (surtout au plur.). *Se perdre dans des généralités.* 3. *La généralité des,* le plus grand nombre des (→ la majorité, la plupart). *Dans la généralité des cas.* CONTR. **particularité ; détail • minorité.**

ÉTYM. latin *generalitas,* de *generalis* → ① général.

② **GÉNÉRALITÉ** [ʒeneʀalite] **n. f.** ✦ HIST. Circonscription financière dirigée par un intendant *(général des finances).*

ÉTYM. de ② *général.*

GÉNÉRATEUR, TRICE [ʒeneʀatœʀ, tʀis] **adj.** 1. Qui engendre, produit. *Crise génératrice de chômage.* 2. **n. m.** TECHN. Appareil ou dispositif qui produit qqch. → **génératrice.** *Générateur de vapeur. La pile est un générateur de courant électrique.*

ÉTYM. latin *generator,* de *generare* «engendrer».

GÉNÉRATIF, IVE [ʒeneʀatif, iv] **adj.** ✦ LING. *Grammaire générative :* description systématique, plus ou moins formalisée, des lois de production des phrases d'une langue.

ÉTYM. anglais *generative.*

GÉNÉRATION [ʒeneʀasjɔ̃] **n. f.** I Action d'engendrer. 1. VX Reproduction (I). *Génération spontanée :* théorie ancienne (réfutée par Pasteur) d'après laquelle certains êtres vivants pourraient naître spontanément à partir de matière non vivante. 2. **fig.** Fait de faire exister. SYN. **genèse, production.** II 1. Ensemble des êtres qui descendent de qqn à chacun des degrés de filiation. SYN. **progéniture.** *De génération en génération,* de père en fils. 2. Espace de temps d'une trentaine d'années. 3. Ensemble des individus qui, à la même époque, sont dans la même tranche d'âge. *La génération de mon père. La jeune génération. Solidarité avec les générations futures.* ☛ Géographie p. 235. 4. Série de produits d'un même niveau de la technique. *Une génération nouvelle d'ordinateurs.*

ÉTYM. latin *generatio,* de *generare* «engendrer».

GÉNÉRATRICE [ʒeneʀatʀis] **n. f.** 1. Machine produisant de l'énergie électrique. → **dynamo.** 2. GÉOM. Droite dont le mouvement engendre une surface réglée, une surface de révolution. *Les génératrices d'un cône.*

ÉTYM. de *générateur.*

GÉNÉRER [ʒeneʀe] **v. tr.** (conjug. 8) I Produire, avoir pour conséquence. *La violence génère la violence.* II **anglicisme** Produire (une phrase).

ÉTYM. latin *generare ;* sens II, anglais *to generate.*

GÉNÉREUSEMENT [ʒeneʀøzmɑ̃] **adv.** 1. Avec générosité. 2. Abondamment. *Servir généreusement à boire.*

GÉNÉREUX, EUSE [ʒeneʀø, øz] **adj.** 1. Qui a de nobles sentiments qui le portent au désintéressement, au dévouement. *Un cœur généreux.* SYN. ① **bon, charitable, humain.** 2. Qui donne sans compter. *Un généreux donateur.* → *Geste généreux.* → **n.** *Faire le généreux.* 3. D'une nature riche, abondante. *Vin généreux,* riche en alcool. *Une poitrine généreuse.* CONTR. **mesquin, égoïste • avare, intéressé, parcimonieux.**

ÉTYM. latin *generosus* «de race *(genus)* noble».

GÉNÉRIQUE [ʒeneʀik] **adj.** et **n. m.**

I **adj.** DIDACT. Qui appartient au genre ; qui convient à un ensemble de personnes ou de choses. *«Voie» est le terme générique désignant les chemins, routes, rues, sentiers...* CONTR. **spécifique.**

II **n. m.** Partie (d'un film, d'une émission) où sont indiqués les noms de ceux qui ont participé à sa réalisation. *Son nom figure au générique.*

ÉTYM. du latin *genus, generis* → genre.

GÉNÉROSITÉ [ʒeneʀozite] **n. f.** 1. Caractère d'une personne généreuse, d'une action généreuse. 2. Qualité qui dispose à sacrifier son intérêt personnel. SYN. **abnégation, altruisme, bonté.** ◆ Disposition à donner sans compter. SYN. **largesse, libéralité.** 3. *(Une, des générosités)* Acte généreux. *Ses générosités l'ont ruiné.* CONTR. **petitesse, mesquinerie • avarice.**
ÉTYM. latin *generositas.*

GENÈSE [ʒənɛz] **n. f.** 1. Création du monde. 2. Manière dont une chose se forme, se développe. SYN. **formation ;** → **génétique.** *La genèse d'une œuvre d'art.*
ÉTYM. latin chrétien *genesis,* mot grec, de *genos* «origine».

-GENÈSE ou (VIEILLI) **-GÉNÈSE** Élément savant, du grec *genesis* «création, formation», qui signifie «processus de formation». → **-génie.**

GENÊT [ʒənɛ] **n. m.** ✦ Arbrisseau sauvage, à fleurs jaunes odorantes.
ÉTYM. latin *genesta, ginesta.*

GÉNÉTICIEN, IENNE [ʒenetisjɛ̃, jɛn] **n.** ✦ Spécialiste de la génétique.

GÉNÉTIQUE [ʒenetik] **adj.** et **n. f.** 1. **adj.** Relatif aux gènes, à l'hérédité. SYN. **héréditaire.** *Patrimoine génétique.* → **génome.** *Manipulation génétique.* 2. **n. f.** Science des lois de l'hérédité. *La génétique des populations.*
► **GÉNÉTIQUEMENT** [ʒenetikmɑ̃] **adv.** *Organismes génétiquement modifiés.* → **OGM.**
ÉTYM. grec *gennêtikos.*

GÊNEUR, EUSE [ʒɛnœʀ, øz] **n.** ✦ Personne qui gêne, empêche d'agir librement. SYN. **importun.**

GENÉVRIER [ʒənevʀije] **n. m.** ✦ Arbre ou arbuste à feuilles piquantes, dont les fruits sont des petites baies d'un noir violacé. → **genièvre.**
ÉTYM. de *genièvre.*

GÉNIAL, ALE, AUX [ʒenjal, o] **adj.** 1. Inspiré par le génie. *Géniale invention. Idée géniale.* 2. Qui a du génie. *Un mathématicien génial.* 3. FAM. Extraordinaire, sensationnel.
► **GÉNIALEMENT** [ʒenjalmɑ̃] **adv.**
ÉTYM. latin *genialis.*

GÉNIE [ʒeni] **n. m.** I 1. Personnage surnaturel. → **démon, esprit.** *Un bon, un mauvais génie.* 2. Représentation d'un génie, d'une allégorie. II 1. *LE GÉNIE DE qqch.* : l'ensemble des tendances caractéristiques (d'un groupe, d'une réalité vivante). *Le génie d'une langue, d'un peuple.* ◆ Disposition naturelle. *Il a le génie des affaires.* 2. Aptitude supérieure de l'esprit qui rend qqn capable de créations, d'inventions qui paraissent extraordinaires. *Il a du génie.* – *DE GÉNIE* **loc. adj.** : qui a du génie ou qui en porte la marque. → **génial.** *Homme, invention de génie. Trait de génie.* 3. Personne qui a du génie. *Un génie méconnu.* III 1. *Le génie militaire,* l'ensemble des services de travaux de l'armée. *Soldats du génie.* 2. *Génie civil* : art des constructions ; ensemble des ingénieurs civils. ◆ *Génie chimique, génétique, informatique.* SYN. **ingénierie.**
ÉTYM. latin *genius,* d'abord «divinité qui engendre» ; sens II, du latin *ingenium* ; sens III, d'après *ingénieur.*

-GÉNIE Élément savant, du grec *-geneia* «production, formation». → **-genèse.**

GENIÈVRE [ʒənjɛvʀ] **n. m.** 1. Genévrier. – Fruit de cet arbre. 2. Eau-de-vie parfumée aux baies de genièvre (différente du gin).
ÉTYM. latin *juniperus.*

GÉNIQUE [ʒenik] **adj.** ✦ BIOL. Relatif aux gènes.

GÉNISSE [ʒenis] **n. f.** ✦ Jeune vache qui n'a pas encore eu de veau. *Foie de génisse.*
ÉTYM. latin populaire *junicia,* classique *junix, junicis.*

GÉNITAL, ALE, AUX [ʒenital, o] **adj.** ✦ Qui se rapporte, qui sert à la reproduction sexuée des animaux et des êtres humains. *Organes génitaux.* SYN. **sexuel ;** → **sexe.**
ÉTYM. latin *genitalis,* de *genitum,* supin de *genere* «engendrer».

GÉNITEUR, TRICE [ʒenitœʀ, tʀis] **n.** ✦ VX ou plais. Mère ou père. ◆ **n. m.** TECHN. Animal mâle destiné à la reproduction.
ÉTYM. latin *genitor, genitrix,* de *genere* «engendrer».

GÉNITIF [ʒenitif] **n. m.** ✦ dans les langues à déclinaisons Cas des noms, adjectifs, pronoms, participes, qui exprime le plus souvent la dépendance ou l'appartenance. ◆ *Le génitif saxon,* composé du nom propre du possesseur suivi d'un s (ex. en anglais, Dan's book, «le livre de Dan»).
ÉTYM. latin *genitivus,* de *genus, generis,* de *genere* «produire».

GÉN(O)- Élément savant, du grec *genos* «famille, race», qui signifie «groupe» et «propre aux gènes».

GÉNOCIDE [ʒenɔsid] **n. m.** ✦ Destruction méthodique d'un groupe humain. *L'extermination des Juifs par les nazis est un génocide. Le génocide des Arméniens.*
ÉTYM. de *géno-* et *-cide.*

GÉNOME [ʒenom] **n. m.** ✦ BIOL. Ensemble des chromosomes et des gènes (d'une espèce, d'un individu).
ÉTYM. allemand *Genom.*

GÉNOTYPE [ʒenotip] **n. m.** ✦ BIOL. Patrimoine héréditaire (d'un individu) dépendant de l'ensemble des gènes (→ **génome**).
ÉTYM. allemand *Genotypus,* du grec → géno- et -type.

GENOU [ʒ(ə)nu] **n. m.** 1. Partie du corps humain où la jambe s'articule avec la cuisse. → **rotule.** *Fléchir le genou.* → **génuflexion.** *Pantalon usé aux genoux,* à l'endroit des genoux. ◆ *Prendre un enfant sur ses genoux* (→ **giron**). ◆ FAM. *Être sur les genoux,* très fatigué. ◆ *À GENOUX* **loc. adv.** : avec le poids du corps sur les genoux posés au sol. *Se mettre à genoux.* → **s'agenouiller.** – *C'est à se mettre à genoux* : c'est admirable. ◆ *Faire du genou à qqn.* 2. Articulation du membre antérieur des quadrupèdes. *Un cheval à genoux couronnés.*
ÉTYM. latin populaire *genuculum,* classique *geniculum,* diminutif de *genu* «genou».

GENOUILLÈRE [ʒ(ə)nujɛʀ] **n. f.** ✦ Ce qu'on met sur le genou pour le protéger. *Genouillères de gardien de but* (en cuir rembourré).
ÉTYM. de *genoil,* forme ancienne de *genou.*

GENRE [ʒɑ̃ʀ] **n. m.** I VX Descendance. – MOD. *Le genre humain* : l'ensemble des hommes, l'espèce humaine. → **humanité.** II (Ensemble abstrait) 1. DIDACT. Idée générale, concept ; classe d'êtres (plus générale que l'espèce). 2. Groupe d'êtres ou d'objets présentant des

A B C D E F G H I J K L M N O P Q R S T U V W X Y Z

caractères communs (→ **générique**). *Du même genre.* SYN. **espèce, sorte.** *Elle est unique en son genre.* ♦ *Genre de vie.* SYN. ② **mode.** **3.** SC. NAT. Subdivision de la famille. *Le genre, les espèces et les individus.* **4.** Catégorie d'œuvres, définie par la tradition (d'après le sujet, le ton, le style). *Le genre dramatique.* **III** Catégorie grammaticale suivant laquelle un nom est dit masculin, féminin ou neutre. *Le genre et le nombre.* **IV** **1.** Façons de s'habiller, de se comporter. SYN. **allure, manière**(s). *Il a plutôt mauvais genre.* – (+ n. ou adj. en appos.) *Le genre bohème, le genre artiste.* **2.** loc. *Faire du genre, se donner un genre* : affecter certaines manières pour être distingué par autrui.
ÉTYM. latin *genus, generis* «naissance» et «race».

GENRÉ, ÉE [ʒɑ̃ʀe] adj. ✦ DIDACT. Qui repose sur une distinction entre les genres masculin et féminin. *Un catalogue de jouets genré.*
ÉTYM. de *genre,* d'après l'anglais *gendered.*

① **GENS** [ʒɑ̃] n. m. pl. et n. f. pl. ✦ REM. L'adj. placé avant *gens* se met au fém. bien que ce qui suit reste au masc. : *ces vieilles gens semblent fort las.* **1.** Personnes, en nombre indéterminé. SYN. **homme,** ① **personne.** *Peu de gens, beaucoup de gens. Ces gens-là* (mais on dit : *quelques, plusieurs personnes*). – *Des gens sympathiques, de braves gens. Des petites gens,* des personnes à revenus modestes. – *Les gens* : les humains. **2.** *JEUNES GENS* : jeunes célibataires, filles et garçons. → **adolescent.** *Les jeunes filles et les jeunes gens.* **3.** *GENS DE* (et nom de profession). *Gens de loi. Les gens de lettres,* écrivains professionnels. **4.** *Le droit des gens* : droit des nations, droit international public.
ÉTYM. pluriel de *gent.*

② **GENS** [gɛns ; ʒɛ̃s] n. f. ✦ Dans la Rome antique, Groupe de familles dont les chefs descendaient d'un ancêtre commun.
ÉTYM. mot latin.

GENT [ʒɑ̃] n. f. ✦ LITTÉR. ou plais. Espèce, race. *La gent canine.*
ÉTYM. latin *gens, gentis* «race» et «famille, lignée».

GENTIANE [ʒɑ̃sjan] n. f. **1.** Plante des montagnes à suc amer. **2.** Boisson apéritive à base de racine de gentiane.
ÉTYM. latin *gentiana.*

① **GENTIL** [ʒɑ̃ti] n. m. ✦ Nom que les juifs et les premiers chrétiens donnaient aux personnes étrangères à leur religion. SYN. **infidèle.**
ÉTYM. latin chrétien *gentiles* «les païens».

② **GENTIL, ILLE** [ʒɑ̃ti, ij] adj. **1.** Qui plaît par sa grâce. SYN. **agréable, aimable, mignon.** – (choses) SYN. **charmant.** *Une gentille petite robe.* **2.** Qui plaît par sa délicatesse morale, sa douceur. SYN. **délicat, généreux.** *Une très gentille lettre. Vous êtes trop gentil.* **3.** (enfants) *Tu as été gentille ?* SYN. **sage, tranquille.** **4.** *Une gentille somme d'argent,* d'une certaine importance. SYN. **coquet, rondelet.** CONTR. **désagréable, méchant, vilain.**
ÉTYM. latin *gentilis* «de la famille» et «de bonne race *(gens, gentis)*», puis «généreux, aimable».

GENTILHOMME [ʒɑ̃tijɔm] n. m. **1.** VIEILLI Homme d'origine noble. *Les gentilshommes* [ʒɑ̃tizɔm] *campagnards.* → **hobereau.** «*Le Bourgeois gentilhomme*» (pièce de Molière). **2.** LITTÉR. Homme généreux, distingué. SYN. **gentleman.**
ÉTYM. de *gentil* «noble» et *homme.*

GENTILHOMMIÈRE [ʒɑ̃tijɔmjɛʀ] n. f. ✦ Petit château à la campagne. SYN. **castel, manoir.**
ÉTYM. de *gentilhomme.*

GENTILLESSE [ʒɑ̃tijɛs] n. f. **1.** Qualité d'une personne gentille. SYN. **amabilité, complaisance, obligeance.** *Il a eu la gentillesse de m'aider.* **2.** Action, parole pleine de gentillesse. SYN. **attention, prévenance.** *Toutes les gentillesses qu'il a eues pour moi.* CONTR. **méchanceté.**

GENTILLET, ETTE [ʒɑ̃tijɛ, ɛt] adj. **1.** Assez gentil ; petit et gentil. **2.** péj. Aimable et insignifiant.

GENTIMENT [ʒɑ̃timɑ̃] adv. ✦ D'une manière gentille. *Accueillez-le gentiment.* SYN. **aimablement.** ♦ Sagement. *Amusez-vous gentiment.* CONTR. **méchamment.**

GENTLEMAN [ʒɑ̃tləman ; dʒɛntləman] n. m. ✦ anglicisme Homme distingué, d'une parfaite éducation. *Des gentlemans* ou parfois *des gentlemen* (plur. anglais).
ÉTYM. mot anglais, de *gentle* «gentil» et *man* «homme».

GENTRIFICATION [ʒɛntʀifikasjɔ̃ ; ʒɑ̃-] n. f. ✦ SOCIOL. Processus par lequel la population d'un quartier fait place à une couche sociale plus aisée.
ÉTYM. mot anglais, de *gentry* → gentry.

GENTRY [dʒɛntʀi] n. f. ✦ Noblesse anglaise non titrée. *Les gentrys* ou *les gentries* (plur. anglais).
ÉTYM. mot anglais.

GÉNUFLEXION [ʒenyflɛksjɔ̃] n. f. ✦ Action de fléchir le genou, les genoux, en signe d'adoration, de respect, de soumission. SYN. **agenouillement.**
ÉTYM. latin médiéval *genuflexio.*

GÉO- Élément savant, du grec *gê* «Terre».
→ GAÏA (noms propres).

GÉOCENTRISME [ʒeosɑ̃tʀism] n. m. ✦ HIST. SC. Théorie qui faisait de la Terre le centre de l'univers.
► **GÉOCENTRIQUE** [ʒeosɑ̃tʀik] adj. *Le modèle géocentrique de Ptolémée.*
ÉTYM. de *géo-* et *centre.*

GÉODE [ʒeod] n. f. **1.** Pierre ou roche de forme arrondie, creuse, dont l'intérieur est tapissé de cristaux. **2.** Construction de cette forme. *La géode du parc de la Villette, à Paris.*
ÉTYM. grec *geôdês* «terreux».

GÉODÉSIE [ʒeodezi] n. f. ✦ Science qui a pour objet la détermination de la forme de la Terre, la mesure de ses dimensions, l'établissement des cartes.
► **GÉODÉSIQUE** [ʒeodezik] adj.
ÉTYM. grec *geôdaisia* «partage de la Terre *(gê)*».

GÉODYNAMIQUE [ʒeodinamik] n. f. ✦ DIDACT. Étude des modifications de l'écorce terrestre causées par des agents externes et internes.
ÉTYM. de *géo-* et *dynamique.*

GÉOGRAPHE [ʒeɔgʀaf] n. ✦ Spécialiste de la géographie.

GÉOGRAPHIE [ʒeɔgʀafi] n. f. **1.** Science qui a pour objet la description de l'aspect actuel du globe terrestre, au point de vue naturel et humain. *Géographie physique. Géographie humaine, économique. Carte de géographie.* **2.** La réalité physique, biologique, humaine que cette science étudie. *La géographie de la France, de la Méditerranée.*
ÉTYM. latin *geographia,* du grec → géo- et -graphie.

GÉOGRAPHIQUE [ʒeɔgʀafik] **adj.** ✦ Relatif à la géographie. *Carte géographique. Le milieu géographique.*
► **GÉOGRAPHIQUEMENT** [ʒeɔgʀafikmɑ̃] **adv.**

GEÔLE [ʒol] **n. f.** ✦ LITTÉR. Cachot, prison.
ÉTYM. bas latin *caveola*, de *cavea* «cage».

GEÔLIER, IÈRE [ʒolje, jɛʀ] **n.** ✦ LITTÉR. Personne qui garde les prisonniers.
ÉTYM. de *geôle*.

GÉOLOCALISATION [ʒeolɔkalizasjɔ̃] **n. f.** ✦ Localisation à partir de l'espace d'objets situés à la surface de la Terre. → **GPS.**
► **GÉOLOCALISER** [ʒeolɔkalize] **v. tr.** (conjug. 3a)

GÉOLOGIE [ʒeɔlɔʒi] **n. f.** 1. Science qui étudie la structure et l'évolution de l'écorce terrestre. 2. Terrains, formations que la géologie étudie.
ÉTYM. latin médiéval *geologia* → géo- et -logie.

GÉOLOGIQUE [ʒeɔlɔʒik] **adj.** ✦ Relatif à la géologie. *Les grandes périodes, les ères géologiques.*
► **GÉOLOGIQUEMENT** [ʒeɔlɔʒikmɑ̃] **adv.**

GÉOLOGUE [ʒeɔlɔg] **n.** ✦ Spécialiste de la géologie.

GÉOMAGNÉTISME [ʒeomaɲetism] **n. m.** ✦ Magnétisme terrestre.

GÉOMÈTRE [ʒeɔmɛtʀ] **n.** 1. Spécialiste de la géométrie. 2. Technicien qui s'occupe de relever des plans de terrains. *Géomètre topographe.* – **appos.** *Des arpenteurs géomètres.*
ÉTYM. latin *geometres*, du grec → géo- et -mètre.

GÉOMÉTRIE [ʒeɔmetʀi] **n. f.** 1. Science de l'espace ; partie des mathématiques qui a pour objet l'étude des figures dans l'espace. *Géométrie plane, géométrie dans l'espace. Figures de géométrie.* 2. VX Mathématiques. **allus.** *Esprit* de géométrie et esprit de finesse* (Pascal). 3. **loc.** *À géométrie variable* : qui peut varier dans ses dimensions.
ÉTYM. latin *geometria*, du grec → géo- et -métrie.

GÉOMÉTRIQUE [ʒeɔmetʀik] **adj.** 1. De la géométrie. *Figure géométrique.* – *Progression géométrique* (opposé à *arithmétique*), dont chaque terme s'obtient en multipliant le précédent par un nombre constant (ex. 2, 6, 18, 54). 2. Simple et régulier comme les figures géométriques. *Les formes géométriques d'un édifice.* 3. Qui procède avec rigueur et précision. *Une exactitude géométrique.* SYN. **mathématique.**
► **GÉOMÉTRIQUEMENT** [ʒeɔmetʀikmɑ̃] **adv.**

GÉOMORPHOLOGIE [ʒeomɔʀfɔlɔʒi] **n. f.** ✦ Étude de la forme et de l'évolution du relief terrestre.

GÉOPHYSICIEN, IENNE [ʒeofizisjɛ̃, jɛn] **n.** ✦ Spécialiste de géophysique.

GÉOPHYSIQUE [ʒeofizik] **n. f.** ✦ Étude des propriétés physiques du globe terrestre (mouvements de l'écorce, magnétisme terrestre, électricité terrestre, météorologie). – **adj.** *Études, prospection géophysiques.*

GÉOPOLITIQUE [ʒeopɔlitik] **n. f.** ✦ Étude des rapports entre les données de la géographie et la politique. – **adj.** *Théories géopolitiques.*

GÉOSCIENCES [ʒeosjɑ̃s] **n. f. pl.** ✦ SC. Ensemble des sciences qui étudient la Terre. ☞ Géographie p. 227 et 230.

GÉOSPHÈRE [ʒeɔsfɛʀ] **n. f.** ✦ GÉOGR. Ensemble des éléments solides de la Terre. *La géosphère, l'atmosphère, l'hydrosphère et la biosphère.*
ÉTYM. de *géo-* et *sphère.*

GÉOSTATIONNAIRE [ʒeostasjɔnɛʀ] **adj.** ✦ *Satellite géostationnaire,* dont l'orbite est telle qu'il semble immobile par rapport à un observateur terrestre.

GÉOSYNCLINAL, AUX [ʒeosɛ̃klinal, o] **n. m.** ✦ GÉOL. Vaste dépression caractérisée par une grande épaisseur de sédiments (→ **fosse**).

GÉOTHERMIE [ʒeotɛʀmi] **n. f.** ✦ TECHN. Forme d'énergie utilisant la chaleur interne de la Terre.
► **GÉOTHERMIQUE** [ʒeotɛʀmik] **adj.**
ÉTYM. de *géo-* et *-thermie.*

GÉRANCE [ʒeʀɑ̃s] **n. f.** ✦ Fonction de gérant. SYN. **administration, gestion.** *Prendre la gérance d'une entreprise.* ◆ Durée de cette fonction. *Une gérance de dix ans.*

GÉRANIUM [ʒeʀanjɔm] **n. m.** 1. BOT. Plante sauvage à fleurs odorantes, souvent ornementale. 2. COUR. (erroné en botanique) Plante à feuilles arrondies et velues, à fleurs en ombelles roses, blanches ou rouges. *Des géraniums.*
ÉTYM. latin *geranion*, mot grec, de *geranos* «grue», le fruit ressemblant au bec de la grue.

GÉRANT, ANTE [ʒeʀɑ̃, ɑ̃t] **n.** ✦ Personne qui gère pour le compte d'autrui. SYN. **administrateur, directeur.** *Le gérant d'un immeuble, d'une société.*
ÉTYM. du participe présent de *gérer.*

GERBE [ʒɛʀb] **n. f.** 1. Botte de céréales coupées, où les épis sont disposés d'un même côté. *Une gerbe de blé.* 2. Botte de fleurs coupées à longues tiges. *Offrir une gerbe de roses.* 3. **fig.** Bouquet, faisceau. – (en parlant de qqch. qui jaillit en se déployant) *Une gerbe d'eau, d'étincelles.*
ÉTYM. francique *gerba.*

GERBER [ʒɛʀbe] **v.** (conjug. 3a) **I** **v. tr.** Mettre en gerbes. ◆ Entasser, ranger en hauteur. **II** **v. intr.** FAM. Vomir.

GERBOISE [ʒɛʀbwaz] **n. f.** ✦ Petit rongeur à pattes antérieures très courtes, à pattes postérieures et à queue très longues.
ÉTYM. arabe *gerbu.*

GERCER [ʒɛʀse] **v. tr.** (conjug. 4) ✦ (froid, sécheresse) Provoquer des petites crevasses dans l'épiderme de. SYN. **crevasser.** – **pronom.** *Mains qui se gercent.* – **au p. passé** *Lèvres gercées.*
ÉTYM. latin *charaxare* «sillonner», grec *kharassein* «entailler».

GERÇURE [ʒɛʀsyʀ] **n. f.** ✦ Petite fissure de l'épiderme.
ÉTYM. de *gercer.*

GÉRER [ʒeʀe] **v. tr.** (conjug. 8) 1. Administrer (les intérêts, les affaires d'un autre). → **gestion.** *Gérer un commerce, un immeuble, une affaire* (→ **gérance, gérant**). 2. Administrer (ses propres affaires). *Gérer son budget.* 3. *Gérer une situation, une crise,* y faire face, s'en occuper. ◆ **absolt** FAM. Maîtriser la situation. *T'inquiète, je gère !*
ÉTYM. latin *gerere.*

GERFAUT [ʒɛʀfo] **n. m.** ✦ Grand faucon à plumage gris clair.
ÉTYM. de l'ancien français *gir* «vautour» et *faus* «faucon».

GÉRIATRIE [ʒeʀjatʀi] **n. f.** ✦ DIDACT. Médecine de la vieillesse, des personnes âgées et de leurs troubles spécifiques.
► **GÉRIATRE** [ʒeʀjatʀ] **n.**
► **GÉRIATRIQUE** [ʒeʀjatʀik] **adj.**
ÉTYM. du grec *gerôn* «vieillard» et de *-iatrie.*

① **GERMAIN, AINE** [ʒɛʀmɛ̃, ɛn] **adj.** ✦ *COUSINS GERMAINS :* cousins ayant une grand-mère ou un grand-père commun. ➖ *Cousins issus de germains,* ayant un arrière-grand-père ou une arrière-grand-mère en commun.
ÉTYM. latin *germanus,* de *germen* «semence».

② **GERMAIN, AINE** [ʒɛʀmɛ̃, ɛn] **adj.** ✦ HIST. Qui appartient à la Germanie (territoire correspondant à peu près à l'Allemagne). ➖ *Les Germains* (☛ noms propres).
ÉTYM. latin *germanus,* peut-être du gaulois *gair* «voisin» et *maon* «peuple».

GERMANIQUE [ʒɛʀmanik] **adj.** 1. Qui a rapport aux Germains, à la Germanie. *Le Saint Empire romain germanique.* ➖ *Langues germaniques :* langues des peuples que les Romains nommaient Germains, et celles qui en dérivent (ancien norrois, francique, gotique... ; allemand, anglais, néerlandais, langues scandinaves). 2. De l'Allemagne. SYN. **allemand.**
ÉTYM. latin *germanicus* «de Germanie *(Germania)*». ☛ noms propres.

GERMANISER [ʒɛʀmanize] **v. tr.** (conjug. 3a) ✦ Rendre germain, allemand.
► **GERMANISATION** [ʒɛʀmanizasjɔ̃] **n. f.**

GERMANISME [ʒɛʀmanism] **n. m.** ✦ Façon d'exprimer propre à l'allemand. ◆ Emprunt à la langue allemande.

GERMANISTE [ʒɛʀmanist] **n.** ✦ Spécialiste de la langue et de la culture allemandes.
ÉTYM. de *germanique.*

GERMANIUM [ʒɛʀmanjɔm] **n. m.** ✦ Élément (symb. Ge), métal du même groupe que le carbone et le silicium, utilisé en électronique.
ÉTYM. du latin *Germania* «Allemagne», pays où fut découvert ce métal.

GERMANO- Élément, du latin *germanus* «allemand» (ex. *germanophile* **adj. et n.** «qui aime les Allemands» ; *germanophobe* **adj. et n.** «qui déteste les Allemands» ; *germanophone*).

GERMANOPHONE [ʒɛʀmanɔfɔn] **adj.** et **n.** ✦ Qui est de langue allemande. *L'aire germanophone* (Allemagne, Autriche, Suisse). ➖ **n.** *Un, une germanophone.*
ÉTYM. de *germano-* et *-phone.*

GERME [ʒɛʀm] **n. m.** 1. VX Forme initiale à partir de laquelle se développent les êtres vivants. 2. Élément microscopique qui, en se développant, produit un organisme (ferment, bactérie, spore, œuf). *Germes microbiens* (absolt *germes*). ➖ Première pousse qui sort de la graine, du bulbe, du tubercule (→ **germer**). *Des germes de pommes de terre.* 3. fig. Principe, élément de développement (de qqch.). SYN. **cause.** *Un germe de vie, de corruption.* ➖ *EN GERME. Ses premiers romans contiennent en germe toute son œuvre.*
ÉTYM. latin *germen.*

GERMER [ʒɛʀme] **v. intr.** (conjug. 3a) 1. (semence, bulbe, tubercule) Pousser son germe au-dehors. *Le blé a germé.* ➖ au p. passé *Orge germé :* malt. *Des pommes de terre germées.* 2. fig. Commencer à se développer. SYN. se **former, naître.** *Le doute germe dans les esprits.*
ÉTYM. latin *germinare.*

GERMINAL [ʒɛʀminal] **n. m.** ✦ HIST. Septième mois du calendrier révolutionnaire (du 21-22 mars au 18-19 avril). *Franc germinal,* créé par la loi du 7 germinal an XI (28 mars 1803). ➖ «*Germinal*» (roman de Zola). ☛ noms propres.
ÉTYM. du latin *germen, germinis* «germe».

GERMINATION [ʒɛʀminasjɔ̃] **n. f.** ✦ Ensemble des phénomènes par lesquels une graine se développe et donne naissance à une nouvelle plante.
ÉTYM. latin *germinatio.*

GÉRONDIF [ʒeʀɔ̃dif] **n. m.** 1. Forme verbale, déclinaison de l'infinitif en latin (ex. cantandi, cantandum, cantando, de *cantare* «chanter»). 2. en franç. Participe présent généralement précédé de la préposition *en,* et servant à exprimer des compléments circonstanciels (ex. en forgeant, on devient forgeron).
ÉTYM. latin *gerundivum,* de *gerere* «faire».

GÉRONT(O)- Élément, du grec *gerôn, gerontos* «vieillard».

GÉRONTOCRATIE [ʒeʀɔ̃tɔkʀasi] **n. f.** ✦ DIDACT. Gouvernement, domination par des vieillards.
ÉTYM. de *géronto-* et *-cratie.*

GÉRONTOLOGIE [ʒeʀɔ̃tɔlɔʒi] **n. f.** ✦ Étude des phénomènes de vieillissement et des problèmes particuliers aux personnes âgées. SYN. **gériatrie.**
► **GÉRONTOLOGIQUE** [ʒeʀɔ̃tɔlɔʒik] **adj.**
► **GÉRONTOLOGUE** [ʒeʀɔ̃tɔlɔg] **n.**
ÉTYM. de *géronto-* et *-logie.*

GÉSIER [ʒezje] **n. m.** ✦ Troisième poche digestive des oiseaux, très musclée. *Un gésier de poulet.*
ÉTYM. latin populaire *gizerium,* de *gigeria* «entrailles des oiseaux».

GÉSINE [ʒezin] **n. f.** ✦ VX *EN GÉSINE :* en train d'accoucher (femme).
ÉTYM. latin populaire *jacina,* de *jacere* «être couché».

GÉSIR [ʒeziʀ] **v. intr. défectif** *(je gis, tu gis, il gît, nous gisons, vous gisez, ils gisent ; je gisais,* etc. ; *gisant).* ✦ LITTÉR. 1. Être couché, étendu, sans mouvement (→ **gisant).** *Le malade gît sur son lit, épuisé.* ◆ *CI-GÎT, ICI-GÎT :* ici repose (formule d'épitaphe). 2. Se trouver. *C'est là que gît le problème.*
ÉTYM. latin *jacere* «être couché».

GESSE [ʒɛs] **n. f.** ✦ Plante légumineuse cultivée comme fourrage.
ÉTYM. provençal *jaisso,* peut-être du latin *(faba) Aegyptia* «(fève) d'Égypte».

GESTATION [ʒɛstasjɔ̃] **n. f.** 1. État d'une femelle vivipare qui porte son petit, depuis la conception jusqu'à la naissance. SYN. **grossesse.** *Gestation pour autrui.* → **GPA.** 2. fig. Travail d'élaboration lent. *Une œuvre artistique en gestation.*
ÉTYM. latin *gestatio,* de *gestare* «porter (un enfant)».

GESTATIONNEL, ELLE [ʒɛstasjɔnɛl] **adj.** ✦ Lié à la gestation, à la grossesse.

① **GESTE** [ʒɛst] **n. m.** 1. Mouvement du corps (surtout des bras, des mains, de la tête), révélant un état d'esprit ou visant à exprimer, à exécuter qqch. SYN. **mouvement** ; → **gesticuler**. *S'exprimer par gestes. Faire un geste de la main.* SYN. **signe**. *Geste d'adieu, de refus.* 2. fig. SYN. ① **acte**, ① **action**. *Un geste d'autorité, de générosité.* ▬ loc. *Faire un geste* : se montrer généreux, magnanime.
ÉTYM. latin *gestus*, de *gerere* «faire».

② **GESTE** [ʒɛst] **n. f.** 1. Ensemble de poèmes épiques du Moyen Âge relatant les exploits d'un héros. → ① **cycle**. *Les chansons de geste.* 2. loc. *Les faits et gestes de qqn*, sa conduite, ses actes.
ÉTYM. latin *gesta* «exploits», de *gerere* «faire».

GESTICULATION [ʒɛstikylasjɔ̃] **n. f.** ✦ Action de gesticuler ; gestes excessifs.

GESTICULER [ʒɛstikyle] **v. intr.** (conjug. 3a) ✦ Faire beaucoup de gestes, trop de gestes. *Gesticuler en parlant.*
ÉTYM. latin *gesticulari*, de *gesticulus* «petit geste (*gestus*)».

GESTION [ʒɛstjɔ̃] **n. f.** ✦ Action de gérer. SYN. **administration, direction**. *La gestion d'un budget.*
ÉTYM. latin *gestio*, de *gerere* → gérer.

GESTIONNAIRE [ʒɛstjɔnɛʀ] **adj.** et **n.** ✦ Qui concerne la gestion d'une affaire ou qui en est chargé. *Administrateur gestionnaire.* ▬ **n.** Gérant. *Un bon gestionnaire.*

GESTUEL, ELLE [ʒɛstɥɛl] **adj.** ✦ DIDACT. 1. Du geste. *Langage gestuel.* 2. *GESTUELLE* **n. f.** Ensemble des gestes expressifs constituant un système signifiant. *La gestuelle d'un comédien.* ☛ Littérature p. 128.
ÉTYM. de *geste*, d'après *manuel*.

GEYSER [ʒezɛʀ] **n. m.** ✦ Source d'eau chaude qui jaillit violemment, par intermittence. ♦ Grande gerbe jaillissante. *Des geysers de boue.*
ÉTYM. nom propre islandais *Geysir*, de *geysa* «jaillir».

GHETTO [geto] **n. m.** 1. Quartier où les Juifs étaient forcés de résider. *L'insurrection du ghetto de Varsovie.* 2. fig. Quartier où une minorité vit à l'écart (→ **ghettoïser**). *Les ghettos noirs des villes américaines.*
ÉTYM. nom d'un quartier de Venise, mot vénitien «fonderie».

GHETTOÏSER [getɔize] **v. tr.** (conjug. 3a) 1. Transformer (un lieu) en ghetto. 2. Tenir à l'écart (une minorité).

GHILDE → GUILDE

G. I. [dʒiaj] **n. m.** ✦ Soldat de l'armée américaine. *Les G. I.* ou *G. I.'s* [dʒiajz].
ÉTYM. sigle américain de *Government Issue* «fourniture du gouvernement».

GIBBON [ʒibɔ̃] **n. m.** ✦ Singe d'Asie, sans queue et à longs bras.
ÉTYM. peut-être d'un dialecte de l'Inde.

GIBBOSITÉ [ʒibozite] **n. f.** ✦ LITTÉR. Bosse.
ÉTYM. du latin *gibbosus* «bossu», de *gibbus* «bosse».

GIBECIÈRE [ʒib(ə)sjɛʀ] **n. f.** ✦ Sac où le chasseur met son gibier. ♦ Sac en bandoulière.
ÉTYM. de *gibiez*, ancienne forme de *gibier*.

GIBELOTTE [ʒiblɔt] **n. f.** ✦ Fricassée au vin blanc. *Gibelotte de lapin. Lapin en gibelotte.*
ÉTYM. de l'ancien français *gibelet* «plat d'oiseaux», de *gibier*.

GIBERNE [ʒibɛʀn] **n. f.** ✦ Ancienne boîte à cartouche des soldats. → **cartouchière**.
ÉTYM. bas latin *gabarna* «bissac».

GIBET [ʒibɛ] **n. m.** ✦ Potence où l'on exécutait les condamnés à la pendaison.
ÉTYM. p.-ê. du francique *gibb* «bâton fourchu».

GIBIER [ʒibje] **n. m.** 1. Animaux sauvages à chair comestible que l'on prend à la chasse. *Forêt riche en gibier* (→ **giboyeux**). *Gros gibier* : cerf, chevreuil, daim, sanglier. *Gibier à plumes. Poursuivre, rabattre le gibier.* 2. fig. Personne que l'on cherche à prendre, à attraper, à duper. ▬ loc. *Gibier de potence* : personne qui mérite d'être pendue.
ÉTYM. ancien français *gibiez*, peut-être du francique.

GIBOULÉE [ʒibule] **n. f.** ✦ Grosse averse parfois accompagnée de grêle, de neige. SYN. **ondée**. *Les giboulées de mars.*
ÉTYM. origine obscure, peut-être occitan.

GIBOYEUX, EUSE [ʒibwajø, øz] **adj.** ✦ Riche en gibier. *Pays giboyeux.*
ÉTYM. de *gibier*.

GIBUS [ʒibys] **n. m.** ✦ Chapeau haut de forme à ressorts (appelé aussi *chapeau claque*).
ÉTYM. mot anglais, du nom du fabricant.

GICLÉE [ʒikle] **n. f.** ✦ Jet de ce qui gicle.

GICLEMENT [ʒikləmɑ̃] **n. m.** ✦ Action ou fait de gicler.

GICLER [ʒikle] **v. intr.** (conjug. 3a) ✦ (liquide) Jaillir, rejaillir avec force. *La boue a giclé sur les passants.* SYN. **éclabousser**.
ÉTYM. peut-être provençal *gisclar*.

GICLEUR [ʒiklœʀ] **n. m.** ✦ Petit tube du carburateur servant à doser l'arrivée d'essence.
ÉTYM. de *gicler*.

GIF **n. m.** ou **GIF** [ʒif] **n. m. invar.** ✦ INFORM. Format d'images numériques permettant de créer des images animées ; image de ce format.
ÉTYM. mot anglais, sigle de *Graphic Interchange Format* «format d'échange graphique».

GIFLE [ʒifl] **n. f.** 1. Coup donné du plat ou du revers de la main sur la joue de qqn. SYN. **soufflet** ; FAM. **baffe**. *Donner, recevoir une paire de gifles.* 2. fig. Humiliation, affront.
ÉTYM. francique *kifel* «mâchoire».

GIFLER [ʒifle] **v. tr.** (conjug. 3a) ✦ Frapper d'une gifle. *Gifler un enfant.* ▬ au p. passé *Visage giflé par la pluie, giflé de pluie.* SYN. ② **cingler, fouetter**.

> **GIGA-** 1. sc. Élément, du grec *gigas* «géant», qui multiplie par 10^9 l'unité dont il précède le nom (symb. G) [ex. *gigahertz, gigaoctet, gigawatt*]. 2. INFORM. Préfixe qui multiplie par 2^{30} l'unité d'information dont il précède le nom : *gigabit, gigaoctet.*

GIGANTESQUE [ʒigɑ̃tɛsk] **adj.** 1. Qui dépasse de beaucoup la taille ordinaire ; qui paraît extrêmement grand. SYN. **colossal, démesuré, énorme, géant**. *Le séquoia, arbre gigantesque.* 2. Qui dépasse la commune mesure. SYN. **énorme, étonnant**. *L'œuvre gigantesque de Balzac.* CONTR. **minuscule**.
ÉTYM. italien *gigantesco*, de *gigante* «géant», latin *gigas, gigantis*.

A B C D E F G H I J K L M N O P Q R S T U V W X Y Z

GIGANTISME [ʒigɑ̃tism] **n. m.** ✦ Développement excessif de la taille (de qqn, de qqch.) par rapport à la taille normale. CONTR. **nanisme.**
ÉTYM. du latin *gigas, gigantis* → géant.

GIGOGNE [ʒigɔɲ] **adj.** ✦ **toujours épithète** Se dit d'objets qui s'emboîtent les uns dans les autres ou se glissent les uns sous les autres. *Poupées gigognes. Tables gigognes.*
ÉTYM. peut-être altération de *cigogne.*

GIGOLO [ʒigɔlo] **n. m.** ✦ FAM. Jeune amant d'une femme plus âgée par laquelle il est entretenu.
ÉTYM. famille de ① *gigue.*

GIGOT [ʒigo] **n. m.** **1.** Cuisse de mouton, d'agneau, coupée pour être mangée. *Découper un gigot.* **2.** **appos. invar.** *Manches gigot,* bouffantes aux épaules et serrées au coude.
ÉTYM. peut-être de *gigue* «instrument de musique», d'origine germanique.

GIGOTER [ʒigɔte] **v. intr.** (conjug. 3a) ✦ FAM. Agiter ses membres, son corps. SYN. se **trémousser.** *Bébé qui gigote dans son berceau.*
ÉTYM. de *gigot.*

① **GIGUE** [ʒig] **n. f.** **1.** VX Jambe. ◆ *Gigue de chevreuil.* SYN. **cuissot, gigot.** **2.** FAM. *Une grande gigue :* une fille grande et maigre.
ÉTYM. de *gigot.*

② **GIGUE** [ʒig] **n. f.** ✦ Danse ancienne très rythmée et rapide.
ÉTYM. anglais *jig,* p.-ê. de ① *gigue.*

GILET [ʒilɛ] **n. m.** **1.** Vêtement court sans manches. *Costume d'homme avec gilet* (costume trois-pièces). **2.** *Gilet de sauvetage,* gonflé à l'air comprimé, qui permet de flotter. ◆ *Gilet pare-balle,* à l'épreuve des balles. **3.** Tricot à manches longues fermé devant. SYN. **cardigan.**
ÉTYM. espagnol *jileco,* arabe *galika,* turc *yelek* «vêtement des captifs chrétiens».

GIN [dʒin] **n. m.** ✦ Eau-de-vie de grains, fabriquée dans les pays anglo-saxons ; verre de cette boisson. *Deux gins.* HOM. DJINN «génie», JEAN «tissu»
ÉTYM. mot anglais, de *geneva, genever* → genièvre.

GINGEMBRE [ʒɛ̃ʒɑ̃bʀ] **n. m.** ✦ Plante tropicale. ◆ Rhizome de cette plante utilisé comme condiment. *Biscuits au gingembre.*
ÉTYM. latin *zingiberi,* du grec, mot du sud de l'Inde (tamoul).

GINGIVAL, ALE, AUX [ʒɛ̃ʒival, o] **adj.** ✦ Des gencives. ➖ Pour les gencives. *Pâte gingivale.*
ÉTYM. du latin *gingiva* «gencive».

GINGIVITE [ʒɛ̃ʒivit] **n. f.** ✦ Inflammation des gencives.
ÉTYM. du latin *gingiva* «gencive» et de *-ite.*

GINSENG [ʒinsɛŋ] **n. m.** ✦ Plante qui pousse en Chine et dont la racine possède des qualités toniques. ➖ Cette racine.
ÉTYM. chinois *jen* («homme») *shen* («plante»).

à GIORNO [adʒɔʀno ; aʒɔʀno] **loc. adv.** ✦ Aussi brillamment que par la lumière du jour. *Salon éclairé à giorno.* ➖ On écrit aussi *a giorno,* sans accent sur le *a.*
ÉTYM. italien *a giorno* «par le jour (lumière)».

GIRAFE [ʒiʀaf] **n. f.** ✦ Grand mammifère, à cou très long et rigide, dont le pelage roux présente des dessins polygonaux. *Une girafe et son petit* (GIRAFON [ʒiʀafɔ̃] ou GIRAFEAU [ʒiʀafo] **n. m.**). ➖ **loc.** FAM. *PEIGNER LA GIRAFE :* faire un travail inutile, ne rien faire.
ÉTYM. italien *giraffa,* de l'arabe *zarafa.*

GIRANDOLE [ʒiʀɑ̃dɔl] **n. f.** **1.** Gerbe de fusées de feu d'artifice qui tournoie. **2.** Candélabre orné de pendeloques de cristal. **3.** Guirlande lumineuse qui décore une fête, un manège.
ÉTYM. italien *girandola,* de *giranda* «gerbe de feu».

GIRATION [ʒiʀasjɔ̃] **n. f.** ✦ DIDACT. Mouvement circulaire. SYN. **rotation.**
ÉTYM. du latin *gyrare* «tourner».

GIRATOIRE [ʒiʀatwaʀ] **adj.** ✦ (mouvement) Circulaire. *Sens giratoire :* sens obligatoire que doivent suivre les véhicules autour d'un rond-point.
ÉTYM. du latin *gyrare* «tourner».

GIRL [gœʀl] **n. f.** ✦ **anglicisme** Jeune danseuse de music-hall faisant partie d'une troupe. *Des girls.*
ÉTYM. mot anglais «fille».

| GIRO- → GYRO-

GIROFLE [ʒiʀɔfl] **n. m.** ✦ *CLOU DE GIROFLE :* bouton séché des fleurs d'un arbre exotique (le *giroflier* [ʒiʀɔflije]), utilisé comme condiment. *Des clous de girofle.*
ÉTYM. bas latin *gariofilum,* grec *karuophullon.*

GIROFLÉE [ʒiʀɔfle] **n. f.** **1.** Plante à fleurs jaunes ou rousses qui sentent le clou de girofle. **2.** **fig.** FAM. *Giroflée (à cinq feuilles) :* gifle.
ÉTYM. de *girofle.*

GIROLLE [ʒiʀɔl] **n. f.** ✦ Champignon jaune très apprécié. SYN. ② **chanterelle.**
ÉTYM. p.-ê. de l'ancien français *girer* «tourner».

GIRON [ʒiʀɔ̃] **n. m.** **1.** Partie du corps allant de la ceinture aux genoux, chez une personne assise. **2.** LITTÉR. Milieu qui offre un refuge. *Quitter le giron familial.*
ÉTYM. francique *gero.*

GIRONDIN, INE [ʒiʀɔ̃dɛ̃, in] **adj.** et **n.** **1.** De la Gironde. *Le vignoble girondin.* **2.** HIST. (☛ noms propres) *Le parti girondin :* parti qui se forma en 1791 autour de quelques députés de la Gironde. ➖ **n.** *Les Girondins et les Montagnards.*

GIROUETTE [ʒiʀwɛt] **n. f.** **1.** Plaque mobile autour d'un axe vertical, placée au sommet d'un édifice pour indiquer l'orientation du vent. **2.** **fig.** Personne qui change facilement d'avis.
ÉTYM. ancien normand *wirewite,* mot germanique ; peut-être d'après l'ancien français *girer* «tourner».

GISANT [ʒizɑ̃] **n. m.** ✦ Statue funéraire représentant le défunt étendu (s'oppose à *orant*). *Un gisant de pierre.*
☛ Art gothique p. 160.
ÉTYM. du participe présent de *gésir.*

GISEMENT [ʒizmɑ̃] **n. m.** ✦ Masse importante de minerai, propre à l'exploitation. *Les gisements d'un bassin. Exploiter un gisement de pétrole.*
ÉTYM. de *gésir.*

GÎT → GÉSIR

GITAN, ANE [ʒitɑ̃, an] **n. et adj.** ✦ Tsigane d'Espagne. ➛ par ext. Tsigane. ♦ **adj.** *Danses gitanes et flamenco.*
ÉTYM. espagnol *gitano, gitana*, de *Egiptano* «Égyptien».

GÎTE [ʒit] **n. m.** et **n. f.**
I n. m. 1. LITTÉR. Lieu où l'on trouve à se loger, où l'on peut coucher. SYN. **abri, demeure, logement, maison.** *Offrir le gîte et le couvert à qqn.* ➛ COUR. *Gîte rural.* 2. Lieu où s'abrite le gibier. *Lever un lièvre au gîte.* 3. Partie inférieure de la cuisse du bœuf (en boucherie). *Gîte à la noix*, où se trouve la noix.
II n. f. loc. (navire) *DONNER DE LA GÎTE* : pencher, s'incliner sur un bord. → **gîter** (II).
ÉTYM. de l'ancien p. passé de *gésir* : *gît, gîte*.

GÎTER [ʒite] **v. intr.** (conjug. 3a) **I** LITTÉR. Avoir son gîte. *Terrier où gîte un renard.* **II** (navire) Donner de la gîte, pencher.
ÉTYM. de *gîte*.

GIVRANT, ANTE [ʒivʀɑ̃, ɑ̃t] **adj.** ✦ Qui produit du givre. *Brouillard givrant.*

GIVRE [ʒivʀ] **n. m.** ✦ Fine couche de glace qui se forme par temps brumeux. *Cristaux de givre.*
ÉTYM. origine prélatine.

GIVRÉ, ÉE [ʒivʀe] **adj. I** 1. Couvert de givre. *Arbres givrés.* 2. *Citron givré, orange givrée*, sorbet présenté dans l'écorce du fruit. **II** FAM. Fou ; ivre.

GIVRER [ʒivʀe] **v. tr.** (conjug. 3a) 1. Couvrir de givre. 2. Couvrir d'une couche blanche comme le givre. *Givrer des verres avec du sucre cristallisé.*

GLABRE [glabʀ] **adj.** ✦ Dépourvu de poils (imberbe ou rasé). *Menton, visage glabre.* CONTR. **barbu, poilu.**
ÉTYM. latin *glaber* «chauve».

GLAÇAGE [glasaʒ] **n. m.** 1. Action de glacer (II). 2. Fine couche de sucre fondu, parfois aromatisée. *Gâteau garni d'un glaçage au chocolat.*

GLAÇANT, ANTE [glasɑ̃, ɑ̃t] **adj.** ✦ Qui glace (I, 3). *Des manières glaçantes.* SYN. **réfrigérant.**

GLACE [glas] **n. f. I** 1. Eau congelée. *Patiner sur la glace. Patin* à glace. Mettre un cube de glace dans une boisson.* → **glaçon.** ♦ loc. *ÊTRE, RESTER DE GLACE*, insensible et imperturbable. *Un accueil de glace.* → **glacial.** ➛ *Rompre, briser la glace* : dissiper la gêne. 2. Crème glacée ou sorbet. *Manger une glace à la vanille.* **II** 1. Plaque de verre transparente. *La glace de la vitrine est fendue.* 2. Vitre fixe ou mobile (d'une voiture, d'un wagon). *Baisser, lever les glaces.* 3. Plaque de verre étamée. SYN. **miroir.** *Se regarder dans la glace. Armoire* à glace.* 4. appos. *Sucre glace*, en poudre très fine, servant à glacer (II, 3).
ÉTYM. bas latin *glacia*, classique *glacies*.

GLACER [glase] **v. tr.** (conjug. 4) **I** 1. RARE Convertir (un liquide) en glace. SYN. **congeler, geler.** ➛ fig. pronom. *Son sang se glaça dans ses veines.* 2. (compl. personne) Causer une vive sensation de froid, pénétrer d'un froid très vif. *Cette petite pluie fine me glace.* SYN. **transir.** 3. fig. Paralyser, décourager par sa froideur, son aspect (→ **glaçant, glacial**). *Son attitude me glace.* 4. Frapper d'une émotion violente et profonde, qui paralyse. SYN. **pétrifier.** *Ce drame les glaçait d'horreur.* **II** 1. Garnir d'un apprêt, d'un enduit brillant (→ **glaçage**). *Glacer des étoffes, des peaux.* 2. Revêtir d'un glacis ②. 3. Recouvrir de sucre transparent. CONTR. **réchauffer.**
► **GLACÉ, ÉE adj.** 1. Converti en glace. SYN. **gelé.** *Neige glacée.* ➛ *Crème glacée* (opposé à *sorbet*). → **glace** (I, 2). 2. Très froid. *Eau glacée. Un vent glacé.* SYN. **glacial.** ➛ Refroidi à l'aide de glace ou de glaçons. *Jus de fruits glacé.* 3. (en parlant du corps) *J'ai les mains glacées.* SYN. **gelé.** *Il est glacé*, il a très froid. 4. fig. D'une grande froideur. *Une politesse glacée.* 5. Qui a reçu un glaçage. *Papier glacé.* ♦ *Marrons glacés.*
ÉTYM. latin *glaciare*.

GLACIAIRE [glasjɛʀ] **adj.** ✦ Propre aux glaciers. *Calotte, relief glaciaire.* ➛ *Période glaciaire* : période géologique durant laquelle les glaciers ont couvert de très grandes étendues. → **glaciation.** HOM. GLACIÈRE «armoire froide»
ÉTYM. du latin *glacies* «glace».

RE" xmd="glaci`re"**GLACIÈRE** [glasjɛʀ] **n. f.** 1. Armoire ou coffre isotherme refroidis par de la glace, pour conserver les aliments. 2. fig. FAM. Lieu extrêmement froid. HOM. GLACIAIRE «des glaciers»
ÉTYM. de *glace*, I, 1.

GLACIOLOGIE [glasjɔlɔʒi] **n. f.** ✦ Étude scientifique des glaciers et des terres glacées.
► **GLACIOLOGUE** [glasjɔlɔg] **n.**
ÉTYM. du latin *glacies* «glace» et de *-logie*.

① **GLACIS** [glasi] **n. m.** ✦ Talus incliné (notamment devant une fortification).
ÉTYM. de *glacer*, au sens ancien de «glisser».

② **GLACIS** [glasi] **n. m.** ✦ Vernis coloré que l'on passe sur les couleurs sèches d'un tableau. → **glacer** (II, 2).
ÉTYM. de *glacer*, II.

GLAÇON [glasɔ̃] **n. m.** 1. Morceau de glace. *Fleuve qui charrie des glaçons.* ♦ Petit cube de glace artificielle. 2. fig. FAM. Personne froide et indifférente.
ÉTYM. de *glace*, I.

GLADIATEUR [gladjatœʀ] **n. m.** ✦ Homme qui combattait armé dans les jeux du cirque, à Rome.
ÉTYM. latin *gladiator*, de *gladius* «épée».

GLAÏEUL [glajœl] **n. m.** ✦ Plante à feuilles en forme de glaive, à grandes fleurs décoratives ; ces fleurs. *Gerbe de glaïeuls.*
ÉTYM. latin *gladiolus* «petite épée (*gladius*)».

GLAIRE [glɛʀ] **n. f.** 1. RARE Blanc d'œuf cru. 2. Liquide visqueux comme du blanc d'œuf, sécrété par les muqueuses. *Vomir des glaires.*
ÉTYM. latin populaire *clarea*, de *clarus* «clair».

GLAIREUX, EUSE [glɛʀø, øz] **adj.** ✦ Qui a la nature ou l'aspect de la glaire.

GLAISE [glɛz] **n. f.** ✦ Terre grasse compacte et plastique, imperméable. → **argile, marne.** *L'ébauche en glaise d'une statue.* ➛ **adj.** *Terre glaise.*
ÉTYM. peut-être gaulois.

GLAISEUX, EUSE [glɛzø, øz] **adj.** ✦ Qui contient de la glaise. *Sol glaiseux.*

GLAIVE [glɛv] **n. m.** ✦ Ancienne épée de combat à deux tranchants. ♦ LITTÉR. Symbole du combat, de la guerre, de l'extermination, du châtiment. *Brandir le glaive de la vengeance.*
ÉTYM. latin *gladius* «épée».

GLAMOUR [glamuʀ] **n. m.** ✦ anglicisme Charme sophistiqué. *Le glamour des stars hollywoodiennes.* ➝ appos. *Des photos glamours.*
ÉTYM. mot anglais, d'abord «enchantement».

GLAND [glɑ̃] **n. m.** **1.** Fruit du chêne, enveloppé à la base dans une cupule. *Ramasser des glands pour les cochons.* **2.** Ornement de passementerie en forme de gland. *Rideau garni de glands à franges.* **3.** Extrémité de la verge. ➝ fig. et VULG. Imbécile, crétin.
ÉTYM. latin *glans, glandis.*

GLANDE [glɑ̃d] **n. f.** **1.** Organe dont la fonction est de produire une sécrétion. *Glandes salivaires, sudoripares, lymphatiques.* **2.** FAM. Ganglion lymphatique enflammé. *Cet enfant a des glandes.* **3.** loc. FAM. *Avoir les glandes :* être de mauvaise humeur, ennuyé par qqch.
ÉTYM. latin populaire *glanda*, de *glans* «gland».

GLANDER [glɑ̃de] **v. intr.** (conjug. 3a) ✦ FAM. Ne rien faire, perdre son temps. ➝ On dit aussi GLANDOUILLER [glɑ̃duje] (conjug. 3a).
ÉTYM. de *gland*, figuré.

GLANDULAIRE [glɑ̃dylɛʀ] **adj.** ✦ Des glandes. *Troubles glandulaires.* ◆ Qui est de la nature d'une glande.
ÉTYM. de *glandule*, latin *glandula*, de *glanda* → glande.

GLANER [glane] **v. tr.** (conjug. 3a) **1.** Ramasser dans les champs les épis qui ont échappé aux moissonneurs. ➝ absolt *S'en aller glaner aux champs.* **2.** fig. Recueillir par-ci par-là (des bribes dont on peut tirer parti). *Glaner des renseignements sur qqn.*
ÉTYM. bas latin *glenare*, du gaulois.

GLANEUR, EUSE [glanœʀ, øz] **n.** ✦ Personne qui glane.

GLAPIR [glapiʀ] **v. intr.** (conjug. 13) **1.** (animaux) Pousser un cri bref et aigu. *Le renard, la grue glapissent.* **2.** (personnes) Crier d'une voix aigre, aiguë. ➝ trans. *Glapir des injures.*
► **GLAPISSANT, ANTE** [glapisɑ̃, ɑ̃t] **adj.**
ÉTYM. p.-ê. de l'ancien français *glatir*, d'après *japper.*

GLAPISSEMENT [glapismɑ̃] **n. m.** ✦ Cri aigu.
ÉTYM. de *glapir.*

GLAS [glɑ] **n. m.** ✦ Tintement d'une cloche d'église pour annoncer une mort ou un enterrement. *Sonner le glas pour qqn.* ➝ loc. *SONNER LE GLAS DE qqch.*, en annoncer la fin, la chute.
ÉTYM. latin populaire *classum*, classique *classicum* «sonnerie de trompette».

GLATIR [glatiʀ] **v. intr.** (conjug. 13) ✦ Crier, en parlant de l'aigle.
ÉTYM. latin *glattire* «japper».

GLAUCOME [glokom] **n. m.** ✦ Maladie des yeux (dureté du globe, compression du nerf optique) pouvant aller jusqu'à la cécité.
ÉTYM. latin *glaucoma*, du grec, de *glaukos* → glauque.

GLAUQUE [glok] **adj.** **1.** D'un vert qui tire sur le bleu. SYN. **verdâtre.** *Lumière glauque.* ➝ *Une eau glauque.* **2.** fig. Qui donne une impression de tristesse, de misère.
ÉTYM. latin *glaucus*, grec *glaukos* «vert clair ou bleu».

GLÈBE [glɛb] **n. f.** ✦ LITTÉR. Terre cultivée. *Les serfs attachés à la glèbe.*
ÉTYM. latin *gleba* «boule, morceau» et «motte de terre».

GLISSADE [glisad] **n. f.** ✦ Action de glisser ; mouvement que l'on fait en glissant. *Faire des glissades sur la glace.*

GLISSANT, ANTE [glisɑ̃, ɑ̃t] **adj.** **1.** Qui fait glisser. *Attention, route glissante.* **2.** Qui glisse facilement entre les mains. *Une savonnette glissante.*

GLISSE [glis] **n. f.** ✦ *Sports de glisse :* ensemble des sports où l'on glisse (ski, planche à voile, surf, etc.). ➝ *La glisse :* ces sports.
ÉTYM. de *glisser.*

GLISSEMENT [glismɑ̃] **n. m.** **1.** Action de glisser ; mouvement de ce qui glisse. *Le glissement d'un traîneau sur la neige.* ◆ *Glissement de terrain*, mouvement d'une partie d'un versant. **2.** fig. Changement progressif et sans heurts. SYN. **évolution.** *Un glissement dans l'opinion publique.*

GLISSER [glise] **v.** (conjug. 3a) **I v. intr.** **1.** Se déplacer d'un mouvement continu, sur une surface lisse ou le long d'un autre corps. *Glisser sur une pente raide. Son pied a glissé.* SYN. **déraper.** ➝ *Le vase lui a glissé des mains.* SYN. **échapper, tomber.** **2.** Avancer comme en glissant. *La barque glisse sur l'eau.* ◆ fig. Évoluer doucement, graduellement (vers). *L'opinion publique glisse vers la droite.* **3.** Passer légèrement (sur qqch.). SYN. **courir, passer.** *Son regard glisse sur les choses.* SYN. **effleurer.** *Les injures glissent sur lui*, ne l'atteignent pas. **4.** fig. Ne pas approfondir. **II v. tr.** Faire passer, introduire adroitement ou furtivement (qqch.). *Glisser un levier sous une pierre.* SYN. **engager.** *Glisser une lettre sous la porte.* ➝ *Glisser un mot à l'oreille de qqn.* **III SE GLISSER v. pron.** Passer, pénétrer adroitement ou subrepticement quelque part. SYN. se **faufiler.** *Se glisser sous les couvertures.* ➝ *Une erreur s'est glissée dans le texte.*
ÉTYM. de l'ancien français *gliier*, francique *glidan* par influence de *glacier* «glisser (sur la glace)».

GLISSIÈRE [glisjɛʀ] **n. f.** ✦ Pièce métallique rainurée dans laquelle glisse une autre pièce. *Porte à glissière.* SYN. **coulisse.** *Fermeture* à glissière.* ◆ *Glissière de sécurité :* bordure métallique de protection, le long d'une route, d'une autoroute.
ÉTYM. de *glisser.*

GLOBAL, ALE, AUX [glɔbal, o] **adj.** ✦ Qui s'applique à un ensemble. SYN. **entier, total.** *Analyser un résultat global. La somme globale. Avoir une vision globale de la situation.* CONTR. **partiel.**
ÉTYM. de *globe.*

GLOBALEMENT [glɔbalmɑ̃] **adv.** ✦ Dans l'ensemble. *Des résultats globalement bons.*
ÉTYM. de *global.*

GLOBALITÉ [glɔbalite] **n. f.** ✦ DIDACT. Caractère global, intégral. SYN. **intégralité, totalité.**

GLOBE [glɔb] **n. m.** **1.** Boule, sphère. ➝ *Le globe oculaire*, l'œil. **2.** *Le globe terrestre* ou *le globe :* la Terre. *Un globe terrestre :* sphère sur laquelle est dessinée une carte de la Terre. **3.** Sphère ou demi-sphère creuse de verre, de cristal. *Pendule sous globe. Globes lumineux.*
ÉTYM. latin *globus.*

GLOBE-TROTTEUR, EUSE [glɔbtʀɔtœʀ, øz] **n.** ✦ VIEILLI Voyageur qui parcourt la terre. *Des globe-trotteurs.* ➝ Écrire *globe-trotteur, euse* avec le suffixe français *-eur, -euse*, est permis. ➝ On écrit aussi *globe-trotter* (n. m.).
ÉTYM. anglais *globe-trotter* «coureur de monde».

GLOBULAIRE [glɔbylɛʀ] **adj.** 1. Qui a la forme d'un globe, d'une sphère. SC. *Amas globulaire* (d'étoiles). 2. Relatif aux globules du sang. *Numération globulaire.*
ÉTYM. de *globule.*

GLOBULE [glɔbyl] **n. m.** ✦ Cellule qui se trouve en suspension dans le sang, la lymphe. *Les globules du sang : globules rouges* (hématies), *blancs* (leucocytes).
ÉTYM. latin *globulus* «petite boule *(globus)*».

GLOBULEUX, EUSE [glɔbylø, øz] **adj.** ✦ *Des yeux globuleux,* dont le globe est saillant.

GLOIRE [glwaʀ] **n. f.** **I** 1. Grande renommée répandue dans un très vaste public. SYN. **célébrité, honneur, renom.** *Se couvrir de gloire* (→ **glorieux**). ➡ *À la gloire de qqn, qqch.,* en l'honneur de, qui fait l'éloge de. *Monument à la gloire des héros.* ➡ *«La Gloire de mon père»* (de M. Pagnol). 2. Honneur acquis par une action, un mérite. *S'attribuer toute la gloire d'une réussite.* SYN. **mérite.** ➡ *Se faire gloire de qqch.,* s'en vanter. 3. Personne célèbre. SYN. **célébrité.** *Il fut une des gloires de son pays.* **II** 1. VX Rayonnement, splendeur (spécialt de Dieu). 2. RELIG. Hommage à la divinité. *RENDRE GLOIRE À :* rendre un hommage de respect, d'admiration (→ **glorifier**). *Gloire à Dieu !* 3. RELIG. État de béatitude des saints, des élus. 4. ARTS Auréole enveloppant tout le corps du Christ. *Représenter le Christ en gloire.* ➡ Faisceau de rayons émanant du triangle de la Trinité. CONTR. **déshonneur, honte.**
ÉTYM. latin *gloria.*

GLOMÉRULE [glɔmeʀyl] **n. m.** ✦ ANAT. Peloton vasculaire, glandulaire ou nerveux. *Glomérules rénaux,* partie du néphron où se produit la formation de l'urine.
ÉTYM. du latin *glomus* «pelote».

GLORIA [glɔʀja] **n. m. invar.** ✦ Hymne de la messe chanté ou récité à la gloire de Dieu.
ÉTYM. mot latin «gloire».

GLORIETTE [glɔʀjɛt] **n. f.** ✦ Petit pavillon (dans un château, un parc).
ÉTYM. diminutif de *glorie,* ancienne forme de *gloire.*

GLORIEUSEMENT [glɔʀjøzmɑ̃] **adv.** ✦ D'une manière glorieuse. CONTR. **honteusement, piteusement.**

GLORIEUX, EUSE [glɔʀjø, øz] **adj.** 1. (choses) Qui procure de la gloire ou qui est plein de gloire. SYN. **célèbre, fameux, illustre, mémorable.** *Glorieux exploits. Mort glorieuse.* ➡ *Journée glorieuse.* ➡ FAM. *Ce n'est pas très glorieux,* c'est médiocre. 2. Qui s'est acquis de la gloire (surtout militaire). 3. VIEILLI **péj.** *ÊTRE GLORIEUX DE qqch.,* en tirer vanité (→ **gloriole**). 4. **n. f.** HIST. (☛ noms propres) *Les Trois Glorieuses :* les journées révolutionnaires des 27, 28 et 29 juillet 1830 (en France). ➡ *Les trente glorieuses,* les années 1945-1975, période de forte croissance économique. CONTR. **déshonorant, infamant • humble, modeste.**
ÉTYM. latin *gloriosus,* de *gloria* «gloire».

GLORIFICATION [glɔʀifikasjɔ̃] **n. f.** ✦ Action de glorifier, célébration, louange. SYN. **apologie.**

GLORIFIER [glɔʀifje] **v. tr.** (conjug. 9) 1. Proclamer la gloire de (qqn, qqch.). SYN. **célébrer, exalter.** *Glorifier une victoire. Poème qui glorifie la liberté.* 2. Rendre gloire à (Dieu). 3. *SE GLORIFIER* **v. pron.** Se faire gloire, tirer gloire de. SYN. se **flatter.** *Se glorifier de ses succès.* CONTR. **avilir, rabaisser.**
ÉTYM. latin chrétien *glorificare.*

GLORIOLE [glɔʀjɔl] **n. f.** ✦ Vanité qu'on tire de petites choses. *Raconter ses succès par pure gloriole.*
ÉTYM. latin *gloriola,* diminutif de *gloria* «gloire».

GLOSE [gloz] **n. f.** ✦ Note en marge ou au bas d'un texte, pour expliquer un mot difficile, éclaircir un passage obscur.
ÉTYM. bas latin *glosa* «terme rare», du latin classique *glossa,* du grec *glôssa* «langue».

GLOSER [gloze] **v. tr.** (conjug. 3a) 1. Expliquer par une glose. *Gloser un texte.* SYN. **annoter, commenter.** 2. *Gloser sur (qqn, qqch.),* critiquer.
ÉTYM. de *glose.*

GLOSSAIRE [glɔsɛʀ] **n. m.** ✦ Lexique expliquant les mots difficiles, mal connus (d'un texte, d'un livre). ◆ Lexique d'un dialecte, d'un patois.
ÉTYM. latin *glossarium,* de *glossa* → glose.

-GLOSSE, GLOSSO- Éléments savants, du grec *glôssa* «langue».

GLOTTE [glɔt] **n. f.** ✦ Orifice du larynx délimité par les cordes vocales.
ÉTYM. grec *glôtta* «langue».

GLOUGLOU [gluglu] **n. m.** 1. FAM. Bruit que fait un liquide qui coule dans un conduit, d'un récipient, etc. *Des glouglous de bouteilles qui se vident.* 2. Cri de la dinde et du dindon.
ÉTYM. onomatopée.

GLOUGLOUTER [gluglute] **v. intr.** (conjug. 3a) 1. Produire un glouglou. SYN. **gargouiller.** 2. Crier (dinde, dindon).

GLOUSSEMENT [glusmɑ̃] **n. m.** 1. Cri de la poule, de certains gallinacés. 2. Rire et petits cris étouffés.
ÉTYM. de *glousser.*

GLOUSSER [gluse] **v. intr.** (conjug. 3a) 1. Pousser un gloussement. *La poule glousse pour appeler ses petits.* 2. (personnes) Rire en poussant de petits cris.
ÉTYM. latin populaire *clociare,* classique *glocire.*

GLOUTON, ONNE [glutɔ̃, ɔn] **adj.** et **n.** 1. **adj.** Qui mange avidement, excessivement, en engloutissant les morceaux. SYN. **goinfre, goulu, vorace.** *Un enfant glouton.* ➡ **n.** *Quel glouton !* 2. **n. m.** Petit mammifère carnivore qui vit dans la toundra.
ÉTYM. latin *gluto, glutonis,* de *gluttus* «gosier».

GLOUTONNEMENT [glutɔnmɑ̃] **adv.** ✦ Avec gloutonnerie.

GLOUTONNERIE [glutɔnʀi] **n. f.** ✦ Avidité d'un glouton. SYN. **goinfrerie, voracité.**

GLU [gly] **n. f.** ✦ Matière végétale visqueuse et collante (→ **engluer**). *Piéger les oiseaux à la glu.* ◆ **fig.** FAM. Personne importune et tenace.
ÉTYM. bas latin *glus, glutis* «colle».

GLUANT, ANTE [glyɑ̃, ɑ̃t] **adj.** ✦ Visqueux et collant (d'une manière désagréable). *Mains gluantes.* SYN. **poisseux.**
ÉTYM. du participe présent de l'ancien verbe *gluer,* de *glu.*

A B C D E F G H I J K L M N O P Q R S T U V W X Y Z

GLUCIDE [glysid] **n. m.** ✦ SC. Composant de la matière vivante formé de carbone, d'hydrogène et d'oxygène. *Les glucides et les lipides,* les «sucres» et les corps gras.
▶ **GLUCIDIQUE** [glysidik] **adj.**
ÉTYM. du grec *glukus* «sucré».

| **GLUC(O)-, GLYC(O)-** Élément savant, du grec *glukus* «sucré», qui signifie «sucre, sucré».

GLUCOSE [glykoz] **n. m.** ✦ Glucide à six atomes de carbone, sucre très répandu dans la nature (miel, raisin, amidon), source d'énergie essentielle de l'organisme.
ÉTYM. de *gluco-* et ① *-ose.*

GLUTAMATE [glytamat] **n. m.** ✦ CHIM. Sel d'un acide aminé, utilisé en cuisine (notamment asiatique).
ÉTYM. du radical de *gluten.*

GLUTEN [glytɛn] **n. m.** ✦ Matière azotée visqueuse qui subsiste après l'élimination de l'amidon des farines de céréales. *Le gluten ne contient pas de glucides.*
▶ **GLUTINEUX, EUSE** [glytinø, øz] **adj.**
ÉTYM. latin *gluten, glutinis* «colle».

GLYCÉMIE [glisemi] **n. f.** ✦ MÉD. Taux de glucose sanguin. *Mesure de la glycémie à jeun.*
ÉTYM. de *glyc(o)-* et *-émie.*

GLYCÉRINE [gliseʀin] **n. f.** ✦ Liquide incolore, sirupeux, de saveur sucrée, provenant de corps gras.
ÉTYM. du grec *glukeros* «doux».

GLYCINE [glisin] **n. f.** ✦ Plante grimpante, à grappes de fleurs mauves ou blanches très odorantes.
ÉTYM. du grec *glukus* «doux».

| **GLYC(O)-** → GLUC(O)-

GLYCOGÈNE [glikɔʒɛn] **n. m.** ✦ Matière glucidique de réserve des cellules animales, capable d'élaborer le glucose.
ÉTYM. de *glyco-* et *-gène.*

GN [ʒeɛn] **n. m.** ✦ GRAMM. Abréviation de *groupe nominal. Enrichissement du GN par une épithète.*
HOM. GÉHENNE «enfer»

GNANGNAN [ɲɑ̃ɲɑ̃] **adj.** ✦ FAM. Mou, sans énergie ; mièvre. *Elles sont un peu gnangnans.*
ÉTYM. onomatopée.

GNEISS [gnɛs] **n. m.** ✦ Roche composée de feldspath, de quartz, de mica.
ÉTYM. mot allemand.

GNIOLE → GNOLE

GNOCCHI [ɲɔki] **n. m.** ✦ Boulette de pâte pochée, puis gratinée.
ÉTYM. mot italien, du vénitien *gnocco* «petit pain».

GNOGNOTE [ɲɔɲɔt] **n. f.** ✦ FAM. *C'est de la gnognote,* c'est quelque chose de tout à fait négligeable. ‒ On écrit aussi *gnognotte.*
ÉTYM. onomatopée, peut-être famille de *niais.*

GNOLE [ɲol] **n. f.** ✦ FAM. Eau-de-vie, alcool. ‒ On écrit aussi *gnôle, gniole.*
ÉTYM. mot régional (Lyon), d'origine inconnue.

GNOME [gnom] **n. m.** ✦ Petit personnage de contes, laid et difforme. → **lutin, nain.**
ÉTYM. latin des alchimistes, peut-être du grec *genomos* «habitant».

GNOMIQUE [gnɔmik] **adj.** ✦ DIDACT. Formé de sentences, de maximes. *Poésie gnomique.*
ÉTYM. grec *gnômikos,* de *gnômê* «opinion».

GNOMON [gnɔmɔ̃] **n. m.** ✦ DIDACT. Tige faisant ombre portée, marquant les points de la marche apparente du Soleil (heures [cadran solaire], équinoxes, solstices...).
ÉTYM. mot latin, du grec.

GNON [ɲɔ̃] **n. m.** ✦ FAM. Coup. ‒ Marque laissée par un coup.
ÉTYM. de *oignon.*

GNOU [gnu] **n. m.** ✦ Mammifère (antilope) d'Afrique, au corps lourd, à tête épaisse et barbue, et à grosses cornes. *Des gnous.*
ÉTYM. mot hottentot.

① **GO** [go] **n. m.** ✦ Jeu de stratégie à deux partenaires, qui se joue avec des pions sur un damier.
ÉTYM. mot japonais.

② **tout de GO** [tud(ə)go] **loc. adv.** ✦ FAM. Directement, sans préambule. *Ne lui avouez pas cela tout de go.*
ÉTYM. de *(avaler) tout de gob* «d'un trait», de *gober.*

GOAL [gol] **n. m.** ✦ anglicisme Gardien de but. *Des goals.* HOM. GAULE «longue perche»
ÉTYM. mot anglais «but».

GOBELET [gɔblɛ] **n. m. 1.** Récipient pour boire, généralement plus haut que large et sans pied. → **godet, timbale. 2.** Récipient servant à lancer les dés.
ÉTYM. diminutif de l'ancien français *gobel* ; famille de *gober.*

GOBELIN [gɔblɛ̃] **n. m.** ✦ Tapisserie provenant de la manufacture des Gobelins (☞ noms propres).

GOBE-MOUCHE [gɔbmuʃ] **n. m.** ✦ Oiseau passereau (se nourrissant d'insectes volants). *Des gobe-mouches.*
ÉTYM. de *gober* et *mouche.*

GOBER [gɔbe] **v. tr.** (conjug. 3a) **1.** Avaler brusquement en aspirant, et sans mâcher. *Gober un œuf cru.* **2. fig.** FAM. Croire sans examen. SYN. **avaler.** *Il gobe tout ce qu'on lui dit.*
ÉTYM. du gaulois *gobbo* «bouche».

se GOBERGER [gɔbɛʀʒe] **v. pron.** (conjug. 5) ✦ Prendre ses aises, se prélasser. ‒ Faire bombance.
ÉTYM. famille de *gober.*

GODASSE [gɔdas] **n. f.** ✦ FAM. Chaussure. *Des belles godasses.*
ÉTYM. de *godillot.*

GODELUREAU [gɔd(ə)lyʀo] **n. m.** ✦ FAM. et péj. Jeune homme aux manières trop galantes.
ÉTYM. peut-être de l'ancien français *gaudir* «se réjouir» et de *lureau,* variante de *luron.*

GODER [gɔde] **v. intr.** (conjug. 3a) ✦ Faire des faux plis par suite d'une mauvaise coupe ou d'un assemblage défectueux. *Jupe qui gode.*
ÉTYM. du radical *god-* → godet.

GODET [gɔdɛ] **n. m.** I **1.** Petit récipient sans pied ni anse. → **gobelet.** *Les godets d'un peintre.* **2.** FAM. Verre. *Prendre un godet.* **3.** *Roue à godets, chaîne à godets,* à auges. II Faux pli ou large pli d'un vêtement, d'une étoffe. *Jupe à godets.*
ÉTYM. du radical onomatopéique *god-, gob-,* comme *gobelet, goder,* ou de l'ancien néerlandais *kodde.*

GODICHE [gɔdiʃ] **adj.** ✦ FAM. Benêt, maladroit. *Qu'il est godiche ! Quel air godiche !* ➛ **n. f.** *Quelle godiche, cette fille !*
ÉTYM. d'abord nom propre ; du radical *god-* «enflé» ou de *Godon*, forme du prénom *Claude*.

GODILLE [gɔdij] **n. f.** 1. Aviron placé à l'arrière d'une embarcation. *Avancer à la godille.* 2. Technique de descente à skis consistant en un enchaînement de virages courts effectués les skis parallèles.
ÉTYM. mot dialectal, d'origine inconnue.

GODILLER [gɔdije] **v. intr.** (conjug. 3a) ✦ Manœuvrer avec la godille.

GODILLOT [gɔdijo] **n. m.** 1. Chaussure militaire. 2. FAM. Gros soulier.
ÉTYM. du nom d'un fournisseur de l'armée.

GODRON [gɔdʀɔ̃] **n. m.** 1. Ornement ovoïde au bord de la vaisselle d'argent. ➛ Ornement d'architecture de même forme. 2. anciennt Gros pli rond et empesé. *Fraise à godrons.*
ÉTYM. de *godet.*

GOÉLAND [gɔelɑ̃] **n. m.** ✦ Oiseau de mer à tête blanche, de la taille d'une grosse mouette.
ÉTYM. breton *gwelan.*

GOÉLETTE [gɔelɛt] **n. f.** ✦ Bateau léger à deux mâts.
ÉTYM. de *goéland.*

GOÉMON [gɔemɔ̃] **n. m.** ✦ Algues marines. → **varech.** *Ramasseur de goémon* (GOÉMONIER, IÈRE [gɔemɔnje, jɛʀ] **n.**).
ÉTYM. breton *gwemon* «varech».

① **à GOGO** [agogo] **loc. adv.** ✦ FAM. Abondamment ; à volonté. *Avoir tout à gogo. Aujourd'hui, frites à gogo !*
ÉTYM. de l'ancien français *gogue* «réjouissance».

② **GOGO** [gogo] **n. m.** ✦ FAM. et VIEILLI Personne crédule et niaise. SYN. **naïf.** *C'est bon pour les gogos.*
ÉTYM. du nom d'un personnage de comédie.

GOGUENARD, ARDE [gɔgnaʀ, aʀd] **adj.** ✦ Qui a l'air de se moquer familièrement d'autrui. SYN. **narquois.** *Ton, sourire, œil goguenard.*
ÉTYM. de l'ancien français *gogue* «réjouissance, plaisanterie».

GOGUETTE [gɔgɛt] **n. f.** ✦ FAM. *EN GOGUETTE :* émoustillé, légèrement ivre. *Des marins en goguette.*
ÉTYM. de l'ancien français *gogue* «réjouissance, liesse».

GOINFRE [gwɛ̃fʀ] **adj.** et **n. m.** ✦ Qui mange avec excès et salement. SYN. **glouton, goulu. n. m.** *Il se jette sur les plats comme un goinfre.*
ÉTYM. origine obscure.

se GOINFRER [gwɛ̃fʀe] **v. pron.** (conjug. 3a) ✦ Manger comme un goinfre. *Se goinfrer de chocolat.* SYN. **s'empiffrer.**

GOINFRERIE [gwɛ̃fʀəʀi] **n. f.** ✦ Manière de manger du goinfre.

GOITRE [gwatʀ] **n. m.** ✦ Augmentation de volume de la glande thyroïde, produisant une déformation de la partie antérieure du cou.
ÉTYM. latin populaire *gutturio*, de *guttur* «gorge».

GOITREUX, EUSE [gwatʀø, øz] **adj.** 1. De la nature du goitre. *Tumeur goitreuse.* 2. Atteint d'un goitre. ➛ **n.** *Un goitreux.*

GOJI [gɔ(d)ʒi] **n. m.** ✦ *(Baie de) goji,* produite par un arbrisseau originaire de Chine et de l'Himalaya. *Les baies de goji contiennent des vitamines.*
ÉTYM. mot chinois.

GOLDEN [gɔldɛn] **n. f.** ✦ Pomme jaune à chair juteuse. *Un kilo de goldens.* ➛ **appos.** *Des pommes goldens* ou *golden* (**invar.**).
ÉTYM. mot anglais «doré», de *gold* «or».

GOLF [gɔlf] **n. m.** 1. Sport qui consiste à envoyer une balle au moyen d'une canne (→ **club**) dans des trous disposés le long d'un parcours. 2. Terrain gazonné de ce parcours (→ **green**). 3. *Golf miniature,* jeu de jardin ou de salon. HOM. GOLFE «baie»
ÉTYM. mot anglais d'Écosse.

GOLFE [gɔlf] **n. m.** ✦ Vaste échancrure d'une côte où avance la mer. *Le golfe du Mexique. Petit golfe.* → ① **baie.** ➛ *Le Golfe :* le golfe Arabo-Persique. *La guerre du Golfe* (☛ noms propres). HOM. GOLF «sport»
ÉTYM. italien *golfo*, du grec *kolpos* «sinuosité».

GOLFEUR, EUSE [gɔlfœʀ, øz] **n.** ✦ Joueur, joueuse de golf.

GOMINA [gɔmina] **n. f.** ✦ Pommade pour les cheveux. → **brillantine.**
ÉTYM. nom déposé ; de l'espagnol *goma* «gomme».

se GOMINER [gɔmine] **v. pron.** (conjug. 3a) ✦ Enduire ses cheveux de gomina. ➛ **au p. passé** *Des danseurs gominés.*
ÉTYM. de *gomina.*

GOMMAGE [gɔmaʒ] **n. m.** ✦ Action de gommer.

① **GOMME** [gɔm] **n. f.** **I** 1. Substance visqueuse et transparente qui suinte de l'écorce de certains arbres (gommiers). *Gomme arabique* (d'un acacia). *Gomme-résine.* 2. Composition de gomme arabique et de sucre. ➛ *BOULE DE GOMME.* 3. *Gomme à mâcher :* chewing-gum. **II** Petit bloc de caoutchouc ou d'élastomère servant à effacer. *Effacer qqch. d'un coup de gomme.* **III** Substance caoutchoutée des pneus. ◆ **loc.** FAM. *METTRE LA GOMME :* accélérer l'allure d'un véhicule ; fig. se dépêcher.
ÉTYM. bas latin *gumma*, classique *gummi*, du grec *kommi*, emprunt à l'égyptien.

② **à la GOMME** [alagɔm] **loc. adj.** ✦ Sans valeur. *Un chanteur à la gomme.*
ÉTYM. de *gommeux.*

GOMMER [gɔme] **v. tr.** (conjug. 3a) **I** Enduire d'une solution de gomme, pour coller. ➛ **au p. passé** *Papier gommé,* qui colle si on l'humecte. **II** Effacer avec une gomme. ➛ **fig.** *Gommer un souvenir de sa mémoire.*

GOMMEUX [gɔmø] **n. m.** ✦ VIEILLI Jeune homme désœuvré, d'une élégance excessive et ridicule.
ÉTYM. de ① *gomme* (I) : «empesé».

GOMMIER [gɔmje] **n. m.** ✦ Arbre fournissant la gomme.
ÉTYM. de ① *gomme* I, 1.

GONADE [gɔnad] **n. f.** ✦ BIOL. Organe sexuel qui produit les gamètes. *Gonade femelle* (ovaire), *mâle* (testicule).
ÉTYM. du grec *gonê* «semence».

A B C D E F G H I J K L M N O P Q R S T U V W X Y Z

GONADOTROPHINE [gɔnadotʀɔfin] **n. f.** ✦ Hormone sécrétée par l'hypophyse, qui stimule l'activité des glandes sexuelles.
ÉTYM. de *gonade* et *-trophe.*

GOND [gɔ̃] **n. m. 1.** Pièce métallique autour de laquelle pivote le battant d'une porte ou d'une fenêtre. SYN. **charnière.** *La porte tourna lentement sur ses gonds.* **2.** loc. *SORTIR DE SES GONDS :* se mettre en colère. *Mettre qqn hors de ses gonds.* HOM. GONG «instrument de musique»
ÉTYM. latin *gomphus,* grec *gomphos* «cheville».

GONDOLAGE [gɔ̃dɔlaʒ] **n. m.** ✦ Fait de se gondoler (1) ; son résultat. ➡ On dit aussi GONDOLEMENT [gɔ̃dɔlmɑ̃].

GONDOLE [gɔ̃dɔl] **n. f. 1.** Barque vénitienne à un seul aviron, longue et plate, aux extrémités relevées et recourbées. **2.** Meuble comportant des étagères pour présenter la marchandise dans un magasin à libre-service. *Tête de gondole.*
ÉTYM. vénitien *gondola,* latin *condura,* du grec, de *kontos* «petit» et *oura* «queue».

GONDOLER [gɔ̃dɔle] **v. intr.** (conjug. 3a) **1.** Se bomber anormalement dans certaines parties. *Planche, carton qui gondole.* ➡ pronom. *Cette planche s'est gondolée.* **2.** *SE GONDOLER* **v. pron.** FAM. Se tordre de rire.
ÉTYM. de *gondole.*

GONDOLIER [gɔ̃dɔlje] **n. m.** ✦ Batelier qui conduit une gondole.

> ① **-GONE, -GONAL** Éléments, du grec *gônia* «angle». → **gonio-.**

> ② **-GONE, -GONIE** Éléments, du grec *gonos* «procréation».

GONFALON [gɔ̃falɔ̃] **n. m.** ✦ Au Moyen Âge, Bannière de guerre faite d'une bandelette à plusieurs pointes.
ÉTYM. francique *gunfano.*

GONFLABLE [gɔ̃flabl] **adj.** ✦ Qui se gonfle. *Matelas, canot gonflable.*

GONFLAGE [gɔ̃flaʒ] **n. m.** ✦ Action de remplir d'air, de gaz ; son résultat. *Vérifier le gonflage des pneus.*

GONFLANT, ANTE [gɔ̃flɑ̃, ɑ̃t] **adj. 1.** Qui gonfle, se gonfle. ➡ **n. m.** *Le gonflant de la laine.* **2.** fig. FAM. Énervant, irritant.

GONFLEMENT [gɔ̃fləmɑ̃] **n. m. 1.** Action d'augmenter de volume ; son résultat. **2.** fig. Augmentation exagérée. *Le gonflement des effectifs.*

GONFLER [gɔ̃fle] **v.** (conjug. 3a) **I v. tr. 1.** Distendre en remplissant d'air, de gaz. SYN. **dilater, enfler.** *Gonfler un ballon, un pneu. Gonfler ses joues.* **2.** Faire augmenter de volume, sous l'action d'une cause quelconque. *L'orage a gonflé la rivière.* **3.** Surestimer volontairement (un chiffre, une évaluation). SYN. **grossir.** *Les journaux ont gonflé l'importance de l'affaire.* **4.** fig. FAM. Ennuyer, importuner. *Tu commences à nous gonfler !* **II v. intr.** Augmenter de volume. *Son genou a gonflé.* SYN. **enfler. III** *SE GONFLER* **v. pron.** Se distendre. *La voile se gonfle au vent.* ♦ Augmenter de volume. *La pâte se gonfle.* ➡ fig. *Son cœur se gonfle d'amertume.* CONTR. **dégonfler.**
► **GONFLÉ, ÉE adj. 1.** *Pneus gonflés.* ➡ *Yeux gonflés* (de larmes, de fatigue). **2.** fig. *Prix gonflés.* ➡ *Moteur gonflé.* **3.** FAM. *(Être) gonflé, gonflé à bloc,* plein d'ardeur, d'assurance. ♦ Courageux ; audacieux, prétentieux. SYN. **culotté.**
ÉTYM. latin *conflare,* de *flare* «souffler».

GONFLEUR [gɔ̃flœʀ] **n. m.** ✦ Appareil servant à gonfler. *Gonfleur à air comprimé.*

GONG [gɔ̃(g)] **n. m.** ✦ Plateau de métal suspendu, sur lequel on frappe pour qu'il résonne. *Des gongs chinois. Un coup de gong annonce le début et la fin du round de boxe.* HOM. GOND «charnière»
ÉTYM. mot d'origine malaise.

> **GONIO-** Élément, du grec *gônia* «angle». → ① **-gone.**

GONIOMÈTRE [gɔnjɔmɛtʀ] **n. m.** ✦ Instrument servant à mesurer les angles. *Goniomètre d'arpenteur.* ➡ Radiogoniomètre (abrév. GONIO [gɔnjo]).

GONOCOQUE [gɔnɔkɔk] **n. m.** ✦ Bactérie spécifique de la blennorragie.
ÉTYM. du grec *gonos* «semence» et *kokkos* «grain».

GORDIEN [gɔʀdjɛ̃] **adj. m.** ✦ loc. *Trancher le nœud* gordien.*
ÉTYM. du latin *Gordius,* nom propre.

GORET [gɔʀɛ] **n. m.** ✦ Jeune cochon.
ÉTYM. de l'ancien français *gore* «truie», peut-être onomatopée.

GORGE [gɔʀʒ] **n. f. I 1.** Partie antérieure du cou. *Serrer la gorge.* → **étrangler.** *De la gorge.* → **jugulaire.** *Couper la gorge à qqn.* → **égorger.** ➡ loc. *PRENDRE qqn À LA GORGE,* le contraindre par la violence. *AVOIR LE COUTEAU SUR, SOUS LA GORGE :* subir une contrainte (qui oblige à faire qqch. sur-le-champ). **2.** LITTÉR. Seins de femme. SYN. **buste, poitrine. II 1.** Cavité intérieure du cou, à partir de l'arrière-bouche (larynx, pharynx). SYN. **gosier.** *Mal de gorge. Avoir la gorge serrée.* ➡ *Voix de gorge.* → **guttural.** ➡ *Rire à gorge déployée,* très fort. ♦ *FAIRE RENDRE GORGE à qqn,* lui faire restituer par force ce qu'il a pris par des moyens illicites. **2.** loc. *FAIRE DES GORGES CHAUDES de qqch.,* se répandre en plaisanteries malveillantes. → se **moquer. III** fig. **1.** Vallée étroite et encaissée. *Les gorges du Tarn.* **2.** Partie creuse, cannelure (dans une pièce métallique). *La gorge d'une poulie.*
ÉTYM. latin populaire *gorga,* classique *gurges* «gouffre» et «gosier».

GORGE-DE-PIGEON [gɔʀʒ(ə)dəpiʒɔ̃] **adj. invar.** ✦ D'une couleur à reflets changeants comme la gorge du pigeon. *Des soieries gorge-de-pigeon.*

GORGÉE [gɔʀʒe] **n. f.** ✦ Quantité de liquide qu'on avale naturellement en une seule fois. SYN. **lampée.** *Boire à petites gorgées.*
ÉTYM. de *gorge.*

GORGER [gɔʀʒe] **v. tr.** (conjug. 5) **1.** Remplir (qqn) de nourriture avec excès. *Gorger un enfant de sucreries.* **2.** fig. Remplir complètement. **3.** fig. Pourvoir à profusion. **4.** *SE GORGER* **v. pron.** *Il s'est gorgé tout au long du repas.* SYN. se **bourrer,** s'**empiffrer,** se **gaver.**
ÉTYM. de *gorge.*

GORGONZOLA [gɔʀgɔ̃zɔla] **n. m.** ✦ Fromage (bleu) italien à moisissures internes.
ÉTYM. du nom d'une ville italienne.

GORILLE [gɔʀij] **n. m. 1.** Grand singe anthropoïde d'Afrique. **2.** FAM. Garde du corps.
ÉTYM. latin moderne *gorilla,* du grec.

GOSIER [gozje] **n. m.** 1. Arrière-gorge et pharynx. 2. Siège de la voix, prolongement du pharynx communiquant avec le larynx. *Chanter, crier à plein gosier,* à pleine gorge. → **s'égosiller.**
ÉTYM. bas latin *geusiae* «joues», d'orig. gauloise.

GOSPEL [gɔspɛl] **n. m.** ✦ anglicisme Musique vocale sacrée, chrétienne, des Noirs d'Amérique du Nord. SYN. **négro-spiritual.**
ÉTYM. américain, *gospel song,* de *gospel* «Évangile» (de *good spell* «bon récit») et *song* «chanson».

GOSSE [gɔs] **n.** ✦ FAM. 1. Enfant. SYN. **môme.** *Les gosses du quartier. Il a deux gosses.* — *Un sale gosse* (insupportable). *C'est un vrai gosse,* il est resté très enfant. — **adj.** *Elle était encore toute gosse.* 2. *Un beau gosse, une belle gosse,* beau garçon, belle fille. — **adj.** *Être beau gosse.*
ÉTYM. origine inconnue.

GOTHIQUE [gɔtik] **adj.** I 1. *Le style gothique* ou **n. m.** *le gothique,* le style répandu en Europe du XIIe au XVIe siècle entre le style roman et le style Renaissance. ☞ Art gothique p. 160. — *Architecture gothique. Cathédrale gothique. Le gothique flamboyant.* 2. *Écriture gothique,* à caractères droits, à angles et à crochets. — **n.** *Le gothique.* SYN. **gotique.** II 1. *Roman gothique :* récit fantastique à thèmes terrifiants en vogue en Angleterre au XVIIIe s. ☞ Littérature p. 135. 2. *Mouvement gothique,* à l'esthétique macabre, parfois provocatrice. *Mode gothique.* — **n.** *Une gothique vêtue de noir.*
ÉTYM. bas latin *gothicus* «des Goths» (☞ noms propres) ; sens II, de l'anglais.

GOTIQUE [gɔtik] **n. m.** ✦ LING. Langue germanique qui était parlée par les Goths (Ostrogoths, Wisigoths).
ÉTYM. variante de *gothique.*

GOUACHE [gwaʃ] **n. f.** ✦ Peinture à l'eau faite de matières colorantes opaques. *Tube de gouache. Peindre à la gouache.* ♦ Tableau peint par ce procédé.
ÉTYM. italien *guazzo* «détrempe», latin *aquatio,* de *aqua* «eau».

GOUAILLE [gwaj] **n. f.** ✦ Attitude insolente et railleuse.
ÉTYM. de *gouailler.*

GOUAILLER [gwaje] **v. intr.** (conjug. 3a) ✦ LITTÉR. Dire des railleries. SYN. se **moquer.**
ÉTYM. p.-ê. du rad. de *gaver* ou de celui de *gober.*

GOUAILLEUR, EUSE [gwajœʀ, øz] **adj.** ✦ Qui gouaille. — *Sourire gouailleur.* SYN. **moqueur, railleur.** *Une verve gouailleuse.*

GOUAPE [gwap] **n. f.** ✦ ARGOT Voyou. *Ce type est une petite gouape.*
ÉTYM. argot espagnol *guapo* «brigand».

GOUDA [guda] **n. m.** ✦ Fromage de Hollande à pâte cuite. *Gouda au cumin.*
ÉTYM. du nom d'une ville de Hollande.

GOUDRON [gudʀɔ̃] **n. m.** ✦ Produit visqueux, brun ou noir, obtenu par distillation de matières végétales ou minérales. *Goudron de houille. Goudron pour route.* → **asphalte, bitume.**
ÉTYM. arabe *qatran.*

GOUDRONNER [gudʀɔne] **v. tr.** (conjug. 3a) ✦ Enduire ou imbiber de goudron. — au p. passé *Une route goudronnée.*
▸ **GOUDRONNAGE** [gudʀɔnaʒ] **n. m.**

GOUFFRE [gufʀ] **n. m.** 1. Trou vertical, impressionnant par sa profondeur et sa largeur. SYN. **abîme, précipice.** — Cavité naturelle souterraine. → **aven.** *Le gouffre de Padirac. L'exploration des gouffres par la spéléologie.* 2. Courant tourbillonnaire. *Le gouffre du Maelström.* 3. fig. LITTÉR. Abîme. *Le gouffre du néant, de l'oubli. Un gouffre de malheurs, de souffrances.* — loc. *ÊTRE AU BORD DU GOUFFRE,* devant un péril imminent. 4. Ce qui engloutit de l'argent. *Ce procès est un gouffre.* SYN. **ruine.**
ÉTYM. latin *colpus,* grec *kolpos* «repli, vallée».

GOUGE [guʒ] **n. f.** ✦ TECHN. Outil en demi-tube, servant à creuser.
▸ **GOUGER** [guʒe] **v. tr.** (conjug. 5)
ÉTYM. bas latin *gubia,* d'origine gauloise.

GOUJAT [guʒa] **n. m.** ✦ Homme grossier, indélicat (surtout envers les femmes). SYN. **malotru, mufle.** *Il s'est conduit en goujat, comme un goujat.*
ÉTYM. ancien provençal *gojat* «garçon».

GOUJATERIE [guʒatʀi] **n. f.** ✦ Caractère, conduite d'un goujat. SYN. **grossièreté, impolitesse, muflerie.**

① **GOUJON** [guʒɔ̃] **n. m.** ✦ TECHN. Cheville d'assemblage ; broche.
ÉTYM. de *gouge.*

② **GOUJON** [guʒɔ̃] **n. m.** ✦ Petit poisson d'eau douce très répandu. — loc. *Taquiner le goujon,* pêcher à la ligne.
ÉTYM. latin *gobio.*

GOULACHE [gulaʃ] **n. m.** ou **f.** ✦ Ragoût de bœuf au paprika (spécialité hongroise). *Des goulaches.* — On écrit aussi *goulash, des goulashs.*
ÉTYM. hongrois *gulyás (hús)* «(viande de) bouvier».

GOULAG [gulag] **n. m.** ✦ Camp de travail forcé et concentrationnaire ; système concentrationnaire (en U. R. S. S.). *Les goulags de Sibérie.*
ÉTYM. mot russe, abréviation («Direction générale des camps»).

GOULE [gul] **n. f.** ✦ Vampire femelle des légendes orientales.
ÉTYM. arabe *gūl.*

GOULÉE [gule] **n. f.** ✦ FAM. Grande gorgée. *Prendre, aspirer une goulée d'air frais.*
ÉTYM. de *goule,* variante de *gueule.*

GOULET [gulɛ] **n. m.** 1. Passage, couloir étroit dans un relief naturel. → **défilé.** 2. Entrée étroite d'un port, d'une rade. *Le navire franchit le goulet.* 3. *Goulet d'étranglement :* passage difficile, obstacle qui retarde un processus.
ÉTYM. de *goule,* variante de *gueule.*

GOULEYANT, ANTE [gulɛjɑ̃, ɑ̃t] **adj.** ✦ (vin) Frais et léger, facile et agréable à boire.
ÉTYM. mot régional, de *goule, gueule.*

GOULOT [gulo] **n. m.** ✦ Col étroit d'un récipient. *Le goulot d'une bouteille. Boire au goulot.*
ÉTYM. de *goule, gueule.*

GOULU, UE [guly] **adj.** ✦ Qui mange avec avidité. SYN. **glouton.** — **n.** *Un goulu.*
▸ **GOULÛMENT** ou **GOULUMENT** [gulymɑ̃] **adv.** SYN. **avidement.** — Écrire *goulument* sans accent circonflexe, comme *absolument, éperdument, résolument,* est permis.
ÉTYM. de *goule, gueule.*

A B C D E F G H I J K L M N O P Q R S T U V W X Y Z

GOUPIL [gupi(l)] **n. m.** ✦ ARCHAÏSME Renard.
ÉTYM. bas latin *vulpiculus*, de *vulpecula*, diminutif de *vulpes* «renard».

GOUPILLE [gupij] **n. f.** ✦ Cheville métallique qui sert à faire un assemblage démontable. *La goupille d'une grenade.*
ÉTYM. féminin de *goupil*.

GOUPILLER [gupije] **v. tr.** (conjug. 3a) 1. Fixer avec des goupilles. *Goupiller une roue sur un axe.* 2. FAM. Arranger, combiner. → pronom. *Ça se goupille mal.*

GOUPILLON [gupijɔ̃] **n. m.** 1. Instrument liturgique pour asperger d'eau bénite. → loc. *Le sabre et le goupillon*, l'armée et l'Église. 2. Longue brosse cylindrique pour nettoyer les objets creux. *Nettoyer un biberon avec un goupillon.* SYN. **écouvillon.**
ÉTYM. de l'ancien français *guipon*, d'orig. germanique.

GOURBI [gurbi] **n. m.** 1. Habitation sommaire en Afrique du Nord. → **cabane.** 2. anciennt Abri de tranchée (1914-1918). 3. FAM. Habitation misérable et sale.
ÉTYM. mot arabe d'Algérie.

GOURD, GOURDE [gur, gurd] **adj.** ✦ Engourdi par le froid. *Avoir les doigts gourds.* HOM. GOURDE «bidon»
ÉTYM. latin *gurdus* «balourd».

GOURDE [gurd] **n. f.** I 1. Variété de courge, de coloquinte (pouvant servir de récipient → **calebasse**). 2. Bouteille ou bidon pour transporter de la boisson. II Personne niaise et maladroite. SYN. **cruche.** *Quelle gourde !* → **adj.** *Il a l'air gourde.* SYN. **stupide.** HOM. GOURDE (féminin de *gourd* «engourdi»)
ÉTYM. altér. de *coorde*, latin *cucurbita* «courge».

GOURDIN [gurdɛ̃] **n. m.** ✦ Gros bâton solide qui sert à frapper. SYN. **trique.** *Un coup de gourdin.*
ÉTYM. italien *cordino*, de *corda* «corde».

se **GOURER** [gure] **v. pron.** (conjug. 3a) ✦ FAM. Se tromper. *Ils se sont gourés de route.*
ÉTYM. peut-être du radical de *goret*.

GOURGANDINE [gurgɑ̃din] **n. f.** ✦ VX Femme facile.
ÉTYM. peut-être du radical *gor-* de *goret* et ancien français *gandir* «se sauver».

GOURMAND, ANDE [gurmɑ̃, ɑ̃d] **adj.** I 1. Qui aime la bonne nourriture, mange par plaisir. *Elle est gourmande. Il est très gourmand de gibier.* SYN. **friand.** → **n.** *Un gourmand avide* (→ **goinfre**), *raffiné* (→ **gastronome, gourmet**). 2. *Un regard gourmand*, avide, qui se délecte. 3. Exigeant en matière d'argent. *Son associé est trop gourmand.* II TECHN. *Branche gourmande*, dont la pousse absorbe la sève des rameaux fruitiers. → **n. m.** *Un gourmand.*
ÉTYM. origine obscure ; rapport avec *gourmet*.

GOURMANDER [gurmɑ̃de] **v. tr.** (conjug. 3a) ✦ LITTÉR. Réprimander (qqn) en lui adressant des reproches sévères. SYN. **gronder, sermonner.**
ÉTYM. de *gourmand*, d'abord «dévorer».

GOURMANDISE [gurmɑ̃diz] **n. f.** 1. Goût pour la nourriture. 2. au plur. Mets délicieux, friandises. SYN. **gâterie.** CONTR. **frugalité, sobriété.**
ÉTYM. de *gourmand*.

GOURME [gurm] **n. f.** 1. VIEILLI Maladie de peau au visage, au cuir chevelu. SYN. **impétigo.** 2. Maladie du cheval, inflammation des voies respiratoires. 3. loc. fig. *JETER SA GOURME* : en parlant d'un jeune homme, faire ses premières frasques.
ÉTYM. peut-être francique *worm* «pus».

GOURMÉ, ÉE [gurme] **adj.** ✦ Dont le maintien est grave et raide. *Une personne gourmée.* → *Air gourmé.* SYN. **affecté, compassé, guindé.**
ÉTYM. de *gourmer* «brider (un cheval)».

GOURMET [gurmɛ] **n. m.** ✦ Personne qui apprécie le raffinement en matière de boire et de manger. SYN. **gastronome.** *Il est gros mangeur, mais ce n'est pas un gourmet.*
ÉTYM. de *groumet*, ancien français *gromet* «valet».

GOURMETTE [gurmɛt] **n. f.** 1. Chaînette qui fixe le mors dans la bouche du cheval. 2. Bracelet à mailles de métal aplaties. *Une gourmette en or.*
ÉTYM. de *gourme* «chaîne qui fixe le mors».

GOUROU [guru] **n. m.** ✦ Maître spirituel dans la religion brahmanique. ◆ Maître à penser. *Les gourous de la secte.*
ÉTYM. hindi «vénérable», du sanskrit «lourd».

GOUSSE [gus] **n. f.** 1. Fruit des légumineuses et de quelques plantes, de forme allongée, s'ouvrant en deux fentes (→ **cosse**). *Des gousses de vanille.* 2. *Gousse d'ail*, chacun des éléments de la tête d'ail.
ÉTYM. origine inconnue.

GOUSSET [gusɛ] **n. m.** 1. anciennt Petite bourse. 2. Petite poche de gilet ou de pantalon. *Montre de gousset.*
ÉTYM. de *gousse*.

GOÛT [gu] **n. m.** I 1. Sens grâce auquel l'homme et les animaux perçoivent les saveurs des aliments (→ ① **goûter ; gustatif**). *La langue et le palais sont les organes du goût.* 2. Saveur. *Goût acide, amer, sucré, fade, fort d'un aliment.* → *Cette eau a un goût*, un goût anormal et désagréable. 3. Appétit, envie. → fig. *Elle n'a plus le goût de vivre, elle n'a plus goût à la vie.* 4. *GOÛT DE, POUR qqch.* : penchant. SYN. **disposition, vocation.** *Le goût du travail. Le goût de la provocation.* → *Prendre goût à*, se mettre à apprécier. → *Être au goût de qqn.* → **plaire.** *Il la trouve à son goût*, elle lui plaît. II 1. Aptitude à sentir, à discerner les beautés et les défauts (d'une œuvre, etc.). *Avoir le goût délicat, difficile. Je trouve que ces gens ont mauvais goût.* → Avis, jugement. *À mon goût, ceci ne vaut rien.* 2. *LE BON GOÛT* ou *LE GOÛT* : jugement sûr en matière esthétique. *Avoir du goût ; manquer de goût. Une femme habillée, coiffée avec goût.* SYN. **élégance.** → *Un homme, des gens de goût.* 3. au plur. Tendances, préférences qui se manifestent dans le genre de vie, les habitudes de chacun. *Être liés par des goûts communs.* → loc. prov. *Des goûts et des couleurs on ne discute pas. Tous les goûts sont dans la nature ; chacun ses goûts.* ◆ *DE* (tel ou tel) *GOÛT* : se dit des choses qui dénotent, révèlent un goût (bon ou mauvais). *Une plaisanterie d'un goût douteux. Des vêtements de bon goût. Il serait de mauvais goût d'insister.* 4. *DANS LE GOÛT.* SYN. **genre, manière,** ① **mode,** ① **style.** *Tableau dans le goût classique.* CONTR. **dégoût · aversion, répulsion · vulgarité.**
ÉTYM. latin *gustus*.

① **GOÛTER** [gute] v. (conjug. 3a) **I** v. tr. **1.** Manger ou boire un peu de (qqch.) pour connaître le goût. *Goûtez notre vin.* SYN. **déguster.** *Goûter un plat.* **2.** Éprouver avec plaisir (une sensation, une émotion). SYN. **savourer.** *Goûter le calme d'un lieu.* **3.** LITTÉR. Trouver à son goût, juger favorablement. SYN. **aimer, apprécier, estimer.** *Il ne goûte pas la plaisanterie.* **4.** RÉGIONAL (Québec) Avoir le goût de. **II** v. tr. ind. **1.** *GOÛTER À* : prendre un peu d'une chose dont on n'a pas encore bu ou mangé. SYN. **entamer.** *Il y a à peine goûté.* SYN. ① **toucher.** **2.** *GOÛTER DE* : boire ou manger pour la première fois. – Faire l'expérience de. *Il a goûté du métier.* SYN. **tâter.** **III** v. intr. Faire une collation, entre le déjeuner et le dîner. *Faire goûter les enfants.*
HOM. GOUTTER «couler»
ÉTYM. latin *gustare*, de *gustus* «goût».

② **GOÛTER** [gute] n. m. ✦ Nourriture (et boisson) que l'on prend dans l'après-midi. → **collation.**
ÉTYM. de ① *goûter.*

① **GOUTTE** [gut] n. f. **I** **1.** Très petite quantité de liquide qui prend une forme arrondie. *Goutte d'eau. Des gouttes de pluie. Il n'est pas tombé une goutte depuis des mois.* – loc. *Se ressembler comme deux gouttes d'eau,* trait pour trait. *C'est une goutte d'eau dans la mer,* une chose insignifiante par rapport aux besoins. *Suer à grosses gouttes,* transpirer abondamment. – FAM. *Avoir la goutte au nez,* avoir le nez qui coule. ♦ *GOUTTE À GOUTTE* loc. adv. : une goutte après l'autre. *Couler goutte à goutte.* → **s'égoutter, goutter ; goutte-à-goutte.** **2.** Très petite quantité de boisson. *Voulez-vous du café ? Juste une goutte.* SYN. **doigt, larme.** ♦ fam. *Boire la goutte,* un petit verre d'alcool. **3.** au plur. Médicament prescrit et administré en gouttes. *Se mettre des gouttes dans le nez.* **II** Petit objet, petite tache ronde (comparés à une goutte).
ÉTYM. latin *gutta.*

② **GOUTTE** [gut] adv. de négation ✦ VX ou plais. *NE... GOUTTE* : ne... pas. *Allume la lumière, on n'y voit goutte.*
ÉTYM. de *ne boire goutte.*

③ **GOUTTE** [gut] n. f. ✦ Inflammation douloureuse des articulations. *Avoir la goutte* (→ **goutteux**), *une attaque de goutte.*
ÉTYM. de ① *goutte* : goutte d'humeur.

GOUTTE-À-GOUTTE [gutagut] n. m. invar. ✦ Appareil médical permettant une perfusion lente et régulière.

GOUTTELETTE [gut(ə)lɛt] n. f. ✦ Petite goutte de liquide. *Des gouttelettes de rosée.*

GOUTTER [gute] v. intr. (conjug. 3a) ✦ Couler goutte à goutte. *Eau qui goutte d'un robinet.* SYN. **dégoutter, s'égoutter.** HOM. ① GOÛTER «déguster»

GOUTTEUX, EUSE [gutø, øz] adj. ✦ Atteint de la goutte. *Un vieillard goutteux.* – n. *Un goutteux.*
ÉTYM. de ③ *goutte.*

GOUTTIÈRE [gutjɛʀ] n. f. **1.** Canal demi-cylindrique, fixé au bord inférieur des toits, permettant l'écoulement des eaux de pluie. → **chéneau.** *Gouttière en zinc.* – Tuyau de descente des eaux. **2.** Appareil qui sert à immobiliser un membre fracturé. *Une gouttière de plâtre.*
ÉTYM. de ① *goutte.*

GOUVERNABLE [guvɛʀnabl] adj. ✦ Susceptible d'être gouverné. *Peuple difficilement gouvernable.* CONTR. **ingouvernable.**

GOUVERNAIL, AILS [guvɛʀnaj] n. m. **1.** Plan mince orientable que l'on manœuvre à l'aide de la barre, et qui sert à diriger un bateau. *Des gouvernails.* ♦ (avions) *Gouvernail de direction.* SYN. **gouverne.** **2.** Direction des affaires. *Prendre, tenir le gouvernail.* SYN. **barre.**
ÉTYM. latin *gubernaculum.*

GOUVERNANCE [guvɛʀnɑ̃s] n. f. ✦ Manière d'exercer l'autorité à la tête d'un État, d'une collectivité, dans le respect du droit et des intérêts des parties. *Pratiques de bonne gouvernance. Gouvernance d'entreprise.*
ÉTYM. anglais *governance*, du français.

GOUVERNANT [guvɛʀnɑ̃] n. m. ✦ *Les gouvernants,* les personnes qui détiennent et exercent le pouvoir politique, le pouvoir exécutif (opposé à *gouvernés*).
ÉTYM. du participe présent de *gouverner.*

GOUVERNANTE [guvɛʀnɑ̃t] n. f. **1.** VIEILLI Femme à qui l'on confie la garde et l'éducation d'enfants. → **nurse, préceptrice.** **2.** Femme chargée de s'occuper du ménage d'un homme seul. *La gouvernante du curé.*
ÉTYM. de *gouvernant.*

GOUVERNE [guvɛʀn] n. f. **I** Dispositif externe orientable qui fait partie des commandes d'un engin aérien (avion, etc.). *Gouverne de direction* (→ **palonnier**), *de profondeur.* SYN. **gouvernail.** **II** loc. *POUR MA (TA, SA...) GOUVERNE* : pour servir de règle de conduite ; pour informer.
ÉTYM. de *gouverner.*

GOUVERNEMENT [guvɛʀnəmɑ̃] n. m. **I** **1.** VX Action de diriger. *Le gouvernement d'une maison.* ♦ POLIT. *Le gouvernement des peuples* (des États). ♦ absolt *Une méthode de gouvernement,* pour gouverner. **2.** anciennt Direction politique, administrative ; charge de gouverneur. **II** MOD. **1.** Le pouvoir politique ; les organes de ce pouvoir (exécutif, législatif). → **État.** *Gouvernement central, gouvernements locaux d'un État fédéral. Un gouvernement instable.* **2.** Pouvoir exécutif suprême (opposé à *administration*) ; organes qui l'exercent (opposé à *pouvoir législatif*). *Le gouvernement français* (chef de l'État ; conseil des ministres). **3.** dans les régimes parlementaires Le corps des ministres. SYN. **cabinet, conseil ;** → **ministère.** *Le chef du gouvernement* : le Premier ministre. *Former le gouvernement.* **III** Constitution politique de l'État. SYN. ① **régime, système ;** → **institution(s).** *Gouvernements démocratiques et gouvernements totalitaires.*
ÉTYM. de *gouverner.*

GOUVERNEMENTAL, ALE, AUX [guvɛʀnəmɑ̃tal, o] adj. **1.** Relatif au pouvoir exécutif. *Les institutions gouvernementales.* **2.** Relatif au ministère. SYN. **ministériel.** *L'équipe gouvernementale.* **3.** Qui soutient le ministère. *Journal gouvernemental.* CONTR. **antigouvernemental.**

GOUVERNER [guvɛʀne] v. tr. (conjug. 3a) **I** Diriger la conduite de (qqch., qqn). **1.** VX ou LITTÉR. Exercer une influence déterminante sur la conduite de (qqn). SYN. **commander, guider.** *Il se laisse gouverner par ses amis. Gouverner ses sentiments.* SYN. **maîtriser.** **2.** Exercer son empire sur. SYN. **dominer.** *L'argent gouverne le monde.* **3.** GRAMM. Régir. *En latin, le verbe actif gouverne l'accusatif.* **II** Exercer le pouvoir politique sur. *Gouverner les*

A B C D E F G H I J K L M N O P Q R S T U V W X Y Z

peuples, les hommes. SYN. **conduire, diriger.** ➙ au p. passé subst. *Les gouvernés,* ceux qui doivent obéir au pouvoir politique. ◆ Diriger les affaires publiques d'un État, détenir et exercer le pouvoir politique, et spécialt le pouvoir exécutif. ➙ *SE GOUVERNER* v. pron. Exercer le pouvoir politique sur soi-même (société). III vx Diriger (une embarcation, un navire). ➙ MOD. absolt *Gouverner vent arrière, à la lame* (en maniant le gouvernail* → 1 barrer).

ÉTYM. latin *gubernare* «diriger un navire», grec *kubernan.*

GOUVERNEUR [guvɛʀnœʀ] n. m. **1.** anciennt HIST. Haut fonctionnaire royal. ◆ Représentant de la métropole dans une colonie. ➙ au Canada Représentant du souverain du Royaume-Uni. *Gouverneur général ; lieutenants-gouverneurs.* **2.** Personne qui est à la tête d'une région militaire ou administrative. *Gouverneur militaire. Le gouverneur d'une province de l'Empire romain.* ◆ *Le gouverneur de la Banque de France.* ◆ Aux États-Unis, Chef du pouvoir exécutif d'un État de la fédération.

ÉTYM. de *gouverner.*

GOY [gɔj] n. ✦ Non-juif, chrétien, pour les Israélites. *Des goys* ou *des goyim* (pluriel hébreu).

ÉTYM. mot hébreu.

GOYAVE [gɔjav] n. f. ✦ Fruit d'un arbre d'Amérique tropicale (le *goyavier,* n. m.).

ÉTYM. espagnol *guayaba,* du caraïbe *guava.*

GPA [ʒepea] n. f. invar. ✦ Méthode de procréation dans laquelle l'embryon se développe dans l'utérus d'une autre femme (mère porteuse*) que la mère biologique. *Enfants nés par GPA.*

ÉTYM. sigle de *gestation pour autrui.*

GPL [ʒepeɛl] n. m. ✦ Gaz issu du raffinage du pétrole, utilisé comme combustible et carburant. *Voiture qui roule au GPL.*

ÉTYM. sigle de *gaz de pétrole liquéfié.*

GPS [ʒepeɛs] n. m. ✦ anglicisme Système de localisation d'un mobile par satellite. → **géolocalisation.** *Voiture équipée d'un GPS.*

ÉTYM. sigle anglais, de *Global Positioning System* «système de repérage universel».

GRABAT [gʀaba] n. m. ✦ Lit misérable.

ÉTYM. latin *grabatus,* grec *krabbatos* «lit bas».

GRABATAIRE [gʀabatɛʀ] adj. et n. ✦ (personnes) Qui ne peut quitter son lit (par maladie, faiblesse, vieillesse).

ÉTYM. de *grabat.*

GRABUGE [gʀabyʒ] n. m. ✦ FAM. Dispute, querelle bruyante ; désordre qui en résulte. SYN. **bagarre, bataille.** *Faire du grabuge.*

ÉTYM. origine incert., p.-ê. italien *garbuglio* «pagaille».

GRÂCE [gʀɑs] n. f. I **1.** Faveur accordée librement à qqn. SYN. **bienfait,** ① **don.** *Demander, solliciter, obtenir une grâce.* ➙ *LES BONNES GRÂCES DE qqn,* les faveurs qu'il accorde ; ses dispositions favorables. **2.** Disposition à faire des faveurs, à être agréable à qqn. ◆ loc. *Rentrer EN GRÂCE auprès de qqn,* se faire pardonner. *TROUVER GRÂCE devant, auprès de qqn, aux yeux de qqn,* lui plaire, gagner sa bienveillance. ➙ *DE GRÂCE :* je vous en prie. ◆ *BONNE GRÂCE :* bonne volonté naturelle et aimable. → **affabilité, amabilité, douceur, gentillesse.** *Faire qqch. de bonne grâce,* volontiers. ➙ *MAUVAISE GRÂCE :* mauvaise volonté. *Il aurait mauvaise grâce à se plaindre.* **3.** Titre d'honneur (dans les pays anglo-saxons). *Votre Grâce.* **4.** La bonté divine ; les faveurs qu'elle dispense. SYN. **bénédiction, faveur.** *La grâce de Dieu.* ◆ loc. *À la grâce de Dieu :* comme il plaira à Dieu, en laissant les choses évoluer sans intervenir. ➙ *An de grâce,* année de l'ère chrétienne. *En l'an de grâce 1654, Louis XIV fut sacré roi.* **5.** Aide de Dieu qui rend l'homme capable de parvenir au salut. *Touché par la grâce. Être en état de grâce.* **6.** *AVOIR LA GRÂCE,* avoir le don, l'inspiration. *Ce poète a la grâce.* II **1.** Pardon, remise de peine, de dette accordée bénévolement. → **amnistie, sursis.** *Recours en grâce d'un condamné à mort.* ➙ (sans article) *Demander grâce. Crier grâce,* supplier. ellipt *Grâce !* SYN. **pitié.** *Faire grâce.* → **gracier.** ➙ *Je vous fais grâce du travail qui reste,* je vous en dispense. **2.** *COUP DE GRÂCE :* coup qui achève définitivement qqn (qui est blessé, qui souffre). III **1.** Reconnaissance, remerciements. *Rendre grâce, rendre grâces à qqn.* → **remercier.** ➙ *Action de grâce, de grâces,* acte, prière qui exprime de la gratitude envers Dieu. ◆ *Les grâces,* prière de remerciement à Dieu (après le repas). **2.** loc. prép. *GRÂCE À qqn, qqch. :* à l'aide, au moyen de (en parlant d'un résultat heureux). *Grâce à Dieu, tout s'est bien passé,* par bonheur. *Grâce à toi, grâce à ton aide, nous avons fini à temps.* IV **1.** Charme, agrément. *Elle a de la grâce.* → **gracieux.** *La grâce des gestes.* SYN. **aisance.** *Évoluer, danser avec grâce.* SYN. **élégance, facilité.** **2.** au plur. *LES GRÂCES. Les grâces d'une personne* (vieilli). SYN. **attrait, beauté,** ① **charme.** ➙ (iron.) Manières gracieuses. SYN. **façon.** *Faire des grâces.* **3.** *Les Trois Grâces :* les trois déesses (Euphrosyne, Aglaé et Thalie) personnifiant le don de plaire, dans la mythologie grecque. CONTR. **obligation • condamnation, disgrâce • maladresse, grossièreté.** HOM. GRASSE (féminin de *gras*)

ÉTYM. latin *gratia.*

GRACIER [gʀasje] v. tr. (conjug. 9) ✦ Faire grâce (II) à (qqn). *Le condamné a été gracié par le président de la République.* CONTR. **condamner.**

GRACIEUSEMENT [gʀasjøzmɑ̃] adv. I Avec grâce. II Gratuitement.

GRACIEUSETÉ [gʀasjøzte] n. f. ✦ LITTÉR. Manière aimable, gracieuse.

GRACIEUX, EUSE [gʀasjø, øz] adj. I Qui a de la grâce, de l'agrément ; qui est aimable. SYN. **charmant, élégant,** ② **gentil.** *Un corps svelte et gracieux. Une enfant gracieuse.* II Qui est accordé, sans être dû, sans que rien soit exigé en retour. SYN. **bénévole, gratuit.** *Prêter un concours gracieux. À titre gracieux :* gratuitement. CONTR. **disgracieux, laid • onéreux, payant.**

ÉTYM. latin *gratiosus,* de *gratia* «grâce».

GRACILE [gʀasil] adj. ✦ Mince et délicat. SYN. **élancé, frêle.** *Une fillette au corps gracile.* CONTR. **trapu.**

ÉTYM. latin *gracilis ;* doublet de ① *grêle.*

GRACILITÉ [gʀasilite] n. f. ✦ LITTÉR. Minceur délicate.

ÉTYM. latin *gracilitas.*

GRADATION [gʀadasjɔ̃] n. f. **1.** Progression par degrés successifs, et le plus souvent ascendante. *Une gradation de tons, de couleurs. Par gradation.* → **graduellement.** ◆ RHÉT. Figure qui consiste à disposer à la suite plusieurs mots selon une progression de sens. ☛ Littérature p. 118. **2.** Degré. *Passer par une suite de gradations.*

ÉTYM. latin *gradatio,* de *gradus* «degré».

GRADE [gʀad] n. m. **I** 1. Degré d'une hiérarchie (surtout militaire). SYN. **échelon.** *Le grade d'un officier. Avancer, monter EN GRADE* (→ **avancement, promotion**). 2. loc. FAM. *EN PRENDRE POUR SON GRADE :* se faire réprimander. **II** 1. Unité de mesure des angles géométriques et des arcs de cercle (symb. gr). *200 grades valent 180 degrés.* 2. Degré de viscosité (d'une huile).
ÉTYM. latin *gradus* «marche ; degré», de *gradi* «marcher ; s'avancer».

-GRADE Élément, du latin *gradus* «pas ; marche», qui signifie «façon de marcher» (ex. *plantigrade*).

GRADÉ, ÉE [gʀade] adj. et n. 1. adj. et n. Qui a un grade. 2. n. m. Personne qui a un grade inférieur à celui des officiers (caporal, sous-officier).

GRADIENT [gʀadjɑ̃] n. m. ✦ SC. Taux de variation spatiale (d'une grandeur physique). *Gradient de pression.*
ÉTYM. du latin *gradus* «degré», d'après *quotient.*

GRADIN [gʀadɛ̃] n. m. 1. Chacun des bancs disposés en étages dans un amphithéâtre. *Les gradins d'un stade.* 2. *EN GRADINS :* disposé par paliers successifs. *Un jardin, des cultures en gradins.*
ÉTYM. italien *gradino* «marche d'escalier».

GRADUATION [gʀadɥasjɔ̃] n. f. ✦ Action de graduer (2). ➝ Échelle graduée d'un instrument de mesure. *La graduation d'un thermomètre.* ➝ Système de division. *La graduation de Fahrenheit.*
ÉTYM. latin médiéval *graduatio*, de *graduare* → graduer.

GRADUEL, ELLE [gʀadɥɛl] adj. ✦ Qui va par degrés. SYN. **progressif.** *Effort graduel.* CONTR. **brusque, soudain.**
ÉTYM. latin médiéval *gradualis*, de *gradus* → grade.

GRADUELLEMENT [gʀadɥɛlmɑ̃] adv. ✦ Progressivement. CONTR. **brusquement, subitement.**

GRADUER [gʀadɥe] v. tr. (conjug. 3a) 1. Augmenter graduellement. *Graduer les difficultés.* ➝ au p. passé *Exercices gradués,* progressifs. 2. Diviser en degrés. → **étalonner.** *Graduer une éprouvette, une règle* (→ **graduation**). ➝ au p. passé *Verre gradué.*
ÉTYM. latin médiéval *graduare*, de *gradus* «degré».

GRAFF [gʀaf] n. m. ✦ Fresque murale réalisée à la bombe. *Des graffs colorés.* HOM. GRAPHE «représentation»
ÉTYM. abréviation de *graffiti.*

GRAFFEUR, EUSE [gʀafœʀ, øz] n. ✦ Artiste qui réalise des graffs. HOM. GRAPHEUR «logiciel»

GRAFFITI [gʀafiti] n. m. ✦ Inscription, dessin griffonné sur les murs. *Des graffitis* ou *des graffiti* (plur. italien).
▶ **GRAFFITER** [gʀafite] v. tr. (conjug. 3a)
▶ **GRAFFITEUR, EUSE** [gʀafitœʀ, øz] n.
ÉTYM. mot italien, pluriel de *graffito.*

GRAILLON [gʀɑjɔ̃] n. m. 1. au plur. Morceaux de gras frits qui restent dans un plat. 2. péj. Odeur de graisse brûlée, de mauvaise cuisine.
ÉTYM. de l'ancien français *graillier* «rôtir», variante de *griller.*

GRAIN [gʀɛ̃] n. m. **I** 1. Fruit comestible des graminées*. *Grain de blé, de riz. Ôter les grains d'un épi.* → **égrener.** ➝ *LES GRAINS* ou *LE GRAIN* (collectif) : les grains récoltés des céréales. *Séparer le grain de la balle.* ➝ *Poulet de grain,* nourri de grain. 2. Semence. SYN. **graine.** *Semer le grain.* 3. Fruit, petite graine arrondie. *Grain de raisin. Grain de café.* ➝ *Café, poivre en grains* (opposé à *moulu*). 4. Petite parcelle arrondie. *Grain de sable.* ➝ *Grain de sel.* loc. FAM. *Mettre son grain de sel,* intervenir sans y être invité. 5. *GRAIN DE BEAUTÉ :* petite tache brune de la peau. 6. *LE GRAIN :* aspect d'une surface grenue. *Le grain de la peau. Le grain d'un papier.* 7. Très petite quantité. SYN. **atome, once.** *Avoir un grain de fantaisie, de folie.* ➝ loc. *AVOIR UN (PETIT) GRAIN :* être un peu fou. 8. anciennt Très petite unité de poids (0,053 g). **II** 1. Coup de vent soudain et violent, en mer. *Essuyer un grain.* ➝ Averse accompagnée de vent. SYN. **ondée.** 2. *VEILLER AU GRAIN :* être vigilant, en prévision d'un danger.
ÉTYM. latin *granum.*

GRAINE [gʀɛn] n. f. 1. Partie des plantes à fleurs qui, une fois germée, assure leur reproduction. SYN. **grain.** *Semer des graines de radis. La germination d'une graine. Graines comestibles.* 2. loc. *MONTER EN GRAINE,* se dit d'une plante qui a poussé jusqu'à porter des graines. fig. *Un enfant monté en graine,* qui a grandi rapidement. ➝ *En prendre de la graine :* tirer un exemple, une leçon (de qqch.). 3. péj. *GRAINE DE,* personne qui risque de mal tourner. *C'est de la graine de voyou.* ➝ *MAUVAISE GRAINE* (même sens). 4. GÉOL. Partie centrale du noyau terrestre.
ÉTYM. latin populaire *grana* n. f., de *granum* «grain».

GRAINETERIE [gʀɛntʀi ; gʀɛnɛtʀi] n. f. ✦ Commerce, magasin du grainetier.

GRAINETIER, IÈRE [gʀɛntje, jɛʀ] n. ✦ Personne qui vend des grains, des graines comestibles, ou des graines de semence, des oignons, des bulbes.
ÉTYM. de *grenier.*

GRAISSAGE [gʀɛsaʒ] n. m. ✦ Action de graisser. *Vidange et graissage d'une voiture.*

GRAISSE [gʀɛs] n. f. 1. Substance onctueuse répandue en diverses parties du corps des humains et des animaux, sous la peau, dans le tissu conjonctif. → **lipo-.** *Faire de la graisse :* engraisser. 2. Cette substance, tirée de certains animaux et utilisée dans l'alimentation. → **gras ; lipide.** *Haricots à la graisse d'oie.* 3. Corps gras. *Graisses végétales* (huiles, margarine), *animales* (beurre, saindoux...). ➝ *Graisses alimentaires, industrielles. Graisse et cambouis.*
ÉTYM. bas latin *crassia*, du classique *crassus* «gras».

GRAISSER [gʀese] v. tr. (conjug. 3a) 1. Enduire, frotter d'un corps gras. *Graisser les engrenages d'une machine.* SYN. **lubrifier.** 2. loc. fig. *GRAISSER LA PATTE à qqn,* lui donner de l'argent pour en obtenir un avantage, le soudoyer.
ÉTYM. de *graisse.*

GRAISSEUR [gʀɛsœʀ] n. m. ✦ Ouvrier ou appareil automatique qui opère le graissage.
ÉTYM. de *graisser.*

GRAISSEUX, EUSE [gʀɛsø, øz] adj. 1. De la nature de la graisse. SYN. **adipeux.** *Les tissus graisseux.* 2. Taché, enduit de graisse. SYN. **gras.** *Cheveux graisseux. Évier graisseux.*

GRAMINÉE [gʀamine] n. f. ✦ Toute plante monocotylédone à fleurs minuscules groupées en épis, à tige creuse. *Les céréales sont des graminées.*
ÉTYM. latin *gramineus*, de *gramen* «herbe».

A B C D E F G H I J K L M N O P Q R S T U V W X Y Z

GRAMMAGE [gʀamaʒ] n. m. ✦ TECHN. Poids de l'unité de surface (du papier, du carton), en grammes.
ÉTYM. de *gramme.*

GRAMMAIRE [gʀa(m)mɛʀ] n. f. 1. Ensemble des règles à suivre pour parler et écrire correctement une langue. *Règle, faute de grammaire.* 2. Partie de la linguistique qui regroupe la phonologie, la morphologie et la syntaxe. *Grammaire descriptive.* ➝ spécialt Syntaxe. 3. Système grammatical (d'une langue). 4. Livre, traité, manuel de grammaire. *Une grammaire anglaise.*
ÉTYM. latin *grammatica.*

GRAMMAIRIEN, IENNE [gʀa(m)mɛʀjɛ̃, jɛn] n. 1. Lettré qui fixe les règles du bon usage d'une langue. *Un grammairien puriste.* 2. Linguiste spécialisé dans l'étude de la morphologie et de la syntaxe.
ÉTYM. de *grammaire.*

GRAMMATICAL, ALE, AUX [gʀamatikal, o] adj. 1. Relatif à la grammaire ; de la grammaire. *Exercices grammaticaux. Analyse grammaticale.* 2. Conforme aux règles de la grammaire, au système et à la norme d'une langue. *Cette phrase est grammaticale.* CONTR. **agrammatical.**
ÉTYM. bas latin *grammaticalis,* de *grammatica* → grammaire.

GRAMME [gʀam] n. m. 1. Unité de masse du système métrique valant un millième de kilogramme (équivalant à la masse d'un cm^3 d'eau pure à 4 °C) [symb. g]. 2. Très petite quantité. *Il n'a pas un gramme de bon sens.* SYN. **grain.**

-GRAMME Élément, du grec *gramma,* signifiant «lettre» (ex. télégramme) et correspondant souvent à *-graphe*.*

GRAMOPHONE [gʀamɔfɔn] n. m. ✦ anciennt Phonographe à disques, à plateau et grand pavillon.
ÉTYM. anglais *grammophone.*

GRAND, GRANDE [gʀɑ̃, gʀɑ̃d] adj. **I** dans l'ordre physique (avec possibilité de mesure) 1. Dont la hauteur, la taille dépasse la moyenne. *Un homme grand et mince. De grands arbres.* 2. Qui atteint toute sa taille. *Tu comprendras quand tu seras grand.* SYN. **adulte.** *Les grandes personnes* : les adultes. ➝ n. *Tu iras tout seul, comme un grand. Les grands,* les aînés ; les élèves plus âgés. ➝ (appellatif) *Mon grand, ma grande.* ➝ loc. *Être assez grand pour* (qqch., faire qqch.), être capable de (sans avoir besoin de l'aide de personne). 3. Dont la longueur dépasse la moyenne. SYN. **long.** *Grand nez. Grand couteau. Marcher à grands pas.* 4. Dont la surface dépasse la moyenne. SYN. **étendu, spacieux, vaste.** *Les grandes villes. Chercher un appartement plus grand.* 5. Dont le volume, l'ensemble des dimensions en général dépasse la moyenne. *Le plus grand barrage du monde.* 6. (mesures) *Une grande taille, un poids plus grand.* SYN. **important.** *Une grande quantité. Grand nombre. Grand âge. À grande vitesse.* ➝ (temps) Qui paraît long. *Deux grandes heures.* 7. Très abondant ou très intense, très important. SYN. **nombreux.** loc. *Il n'y a pas grand monde,* il y a peu de monde. *Laver à grande eau,* avec beaucoup d'eau. ➝ loc. *À grands frais.* ➝ *Grande chaleur, grand froid.* SYN. **intense.** *Grand bruit. Grand coup.* ➝ loc. *Au grand air* : en plein air. *Au grand jour.* **II** dans l'ordre qualitatif (mettant en relief la notion exprimée) 1. *De grands évènements. C'est un grand jour.* SYN. **important.** ➝ *Avoir grand besoin de...* 2. (équivalent d'un superlatif) *C'est un grand travailleur.* SYN. **gros.** *Grand blessé,* blessé grave. 3. (superlatif) *Les grandes puissances.* SYN. **principal.** ➝ n. m. *Les grands. Les deux Grands* : la C. E. I. et les États-Unis. ➝ *Les grandes écoles.* **III** (personnes ; actions) 1. Qui est d'une condition sociale ou politique élevée. *Un grand personnage.* anciennt *Grand seigneur. Grande dame.* ➝ n. *Les grands, les grands de ce monde.* 2. Supérieur en raison de ses talents, de ses qualités, de son importance. SYN. **fameux, glorieux, illustre, supérieur.** *Un grand homme.* ➝ **génie, héros.** *Les grands industriels.* ♦ (choses, actions, qualités humaines) *Grandes actions.* SYN. ① **beau** ; ➝ **grandiose, magnifique, noble.** *Rien de grand ne se fait sans audace. C'est du grand art.* ♦ (personnages, époques historiques) *Le grand Corneille. La grande Catherine* (de Russie). *Le grand siècle.* ➝ n. *Alexandre le Grand.* **IV** (vx ou dans des expr.) GRAND- (+ n. f.). *La grand-rue* : la rue principale. *Grand-messe. Avoir grand-faim, grand-soif.* ➝ *À GRAND-PEINE* loc. adv. : très difficilement. ➝ ➝ **grand-chose.** **V** adv. *Grand ouvert* : ouvert au maximum. *Les fenêtres sont grandes ouvertes* (ou *grand ouvertes*). ➝ *VOIR GRAND* : avoir de grands projets, prévoir largement. **VI** *EN GRAND* loc. adv. : sur de grandes dimensions, un vaste plan. *Il faut voir les choses en grand.* CONTR. **petit • minime,** ① **réduit.**
ÉTYM. latin *grandis.*

GRAND-ANGLE [gʀɑ̃tɑ̃gl] n. m. ✦ Objectif photographique couvrant un large champ. *Des grands-angles.*

GRAND-CHOSE [gʀɑ̃ʃoz] pron. et n. invar. 1. pron. indéf. *PAS GRAND-CHOSE* : peu de chose. *Cela ne vaut pas grand-chose.* 2. n. invar. FAM. Personne qui ne mérite pas d'estime. *C'est une pas grand-chose.*

GRAND-DUC [gʀɑ̃dyk] n. m. **I** 1. Titre de princes souverains (fém. *grande-duchesse* [gʀɑ̃ddyʃɛs]). 2. FAM. *Faire la tournée des grands-ducs,* la tournée des restaurants, des cabarets luxueux. **II** ➝ **duc** (rapace).

GRAND-DUCHÉ [gʀɑ̃dyʃe] n. m. ✦ Pays gouverné par un grand-duc, une grande-duchesse. *Le grand-duché de Luxembourg. Des grands-duchés.*

GRANDEMENT [gʀɑ̃dmɑ̃] adv. 1. Beaucoup, tout à fait. *Il a grandement contribué au succès.* SYN. **fortement.** ➝ Largement, en abondance. *Il a grandement de quoi vivre.* SYN. **amplement.** 2. Dans des proportions et avec une ampleur qui dépassent l'ordinaire. *Être logé grandement. Faire les choses grandement,* sans regarder à la dépense. SYN. **généreusement.** CONTR. **peu • à peine • petitement.**
ÉTYM. de *grand.*

GRANDE SURFACE [gʀɑ̃dsyʀfas] n. f. ✦ Magasin de grande taille en libre service. ➝ **hypermarché, supermarché.** ➝ (collectif) *En grande surface* : dans les grandes surfaces.

GRANDEUR [gʀɑ̃dœʀ] n. f. **I** (sens absolu) 1. Caractère de ce qui est grand, important. SYN. **étendue, importance.** *La grandeur d'un sacrifice.* 2. Importance sociale, politique. SYN. **gloire,** ② **pouvoir, puissance.** *Du temps de sa grandeur.* ➝ au plur. *Avoir la folie des grandeurs.* ➝ **mégalomanie.** 3. Élévation, noblesse. *Grandeur et misère de l'homme selon Pascal. Grandeur d'âme.* **II** (sens relatif) 1. Qualité de ce qui est plus ou moins grand. SYN. **dimension, étendue,** ③ **taille.** *De la grandeur d'une main. Un ordre de grandeur* : une valeur approximative. *Choses d'égale grandeur. Des livres de toutes*

les grandeurs. 2. *GRANDEUR NATURE* loc. adj. invar. : qui est représenté selon ses dimensions réelles. *Des portraits grandeur nature.* 3. Unité de mesure de l'éclat des étoiles. SYN. **magnitude.** *Les étoiles de première grandeur,* les plus brillantes. III SC. Ce qui est susceptible de mesure. SYN. **quantité.** *Définition, mesure d'une grandeur.* CONTR. **petitesse • faiblesse ; bassesse, mesquinerie.**
ÉTYM. de *grand.*

GRAND-GUIGNOLESQUE [grɑ̃giɲɔlɛsk] adj. ✦ Digne du Grand-Guignol, d'une outrance ridicule.
ÉTYM. de *Grand-Guignol,* théâtre fondé en 1897, spécialisé dans les mélodrames horrifiants.

GRANDILOQUENCE [grɑ̃dilɔkɑ̃s] n. f. ✦ péj. Forme d'expression qui abuse des grands mots et des effets faciles.
ÉTYM. du latin *grandiloquus,* de *grandis* «sublime» et *loqui* «parler».

GRANDILOQUENT, ENTE [grɑ̃dilɔkɑ̃, ɑ̃t] adj. ✦ Qui s'exprime avec grandiloquence. ➡ Où il entre de la grandiloquence. SYN. **pompeux.** *Un ton grandiloquent.*
ÉTYM. de *grandiloquence.*

GRANDIOSE [grɑ̃djoz] adj. ✦ (choses) Qui frappe, impressionne par son caractère de grandeur, son aspect majestueux. SYN. **imposant, magnifique, majestueux.** *Paysage, spectacle grandiose. Œuvre grandiose.*
ÉTYM. italien *grandioso.*

GRANDIR [grɑ̃dir] v. (conjug. 13) I v. intr. 1. Devenir plus grand. *Cet enfant a beaucoup grandi.* 2. Devenir plus intense. SYN. **augmenter.** *Le mécontentement grandissait.* 3. Gagner en valeur humaine, en réputation, en gloire. ➡ au p. passé *Sortir grandi d'une épreuve.* II v. tr. 1. Rendre ou faire paraître plus grand. *Ses hauts talons la grandissent.* 2. Donner plus de grandeur, de noblesse. SYN. **ennoblir.** *Cela ne le grandit pas à mes yeux.* CONTR. **rapetisser • diminuer, réduire.**
ÉTYM. de *grand.*

GRANDISSANT, ANTE [grɑ̃disɑ̃, ɑ̃t] adj. ✦ Qui grandit peu à peu, qui va croissant. *Une impatience grandissante.*
ÉTYM. du participe présent de *grandir.*

GRAND-MÈRE [grɑ̃mɛr] n. f. 1. Mère du père ou de la mère de qqn. → **aïeule.** *Grand-mère maternelle, paternelle. Des grands-mères.* ➡ (appellatif) *Oui, grand-mère.* ➡ On trouve aussi GRAND-MAMAN [grɑ̃mamɑ̃]. 2. FAM. Vieille femme. *Des vieilles grands-mères.* SYN. **mémé ;** anglicisme **mamie.**

GRAND-ONCLE [grɑ̃tɔ̃kl] n. m. ✦ Frère du grand-père ou de la grand-mère. *Un de mes grands-oncles.*

GRAND-PÈRE [grɑ̃pɛr] n. m. 1. Père du père ou de la mère de qqn. → **aïeul.** *Grand-père paternel, maternel.* ➡ appellatif *Oui, grand-père.* ➡ On trouve aussi GRAND-PAPA [grɑ̃papa]. 2. FAM. Homme âgé, vieillard. *Des vieux grands-pères.* SYN. **pépé ;** enfantin **papi.**

GRANDS-PARENTS [grɑ̃parɑ̃] n. m. pl. ✦ Le grand-père et la grand-mère du côté paternel et maternel.

GRAND-TANTE [grɑ̃tɑ̃t] n. f. ✦ Sœur du grand-père ou de la grand-mère. *Une de ses grands-tantes.*

GRANGE [grɑ̃ʒ] n. f. ✦ Bâtiment clos servant à abriter la récolte dans une exploitation agricole. *Mettre le foin dans la grange.* → **engranger.**
ÉTYM. latin populaire *granica,* de *granum* «grain».

GRANIT [granit] n. m. ✦ Roche magmatique plutonique dure, formée de cristaux de feldspath, de quartz, de mica, etc. *Bloc de granit.* ➡ *Une maison de granit.* ➡ fig. LITTÉR. *Un cœur DE GRANIT,* insensible. ➡ On écrit aussi *granite.*
ÉTYM. italien *granito* «grenu».

GRANITÉ, ÉE [granite] adj. ✦ Qui présente des grains comme le granit. SYN. **grenu.** *Papier granité.*

GRANITIQUE [granitik] adj. ✦ De la nature du granit. *Roches granitiques.*

GRANIVORE [granivɔr] adj. ✦ Qui se nourrit de grains. *Oiseaux granivores.*
ÉTYM. du latin *granum* «grain» et de *-vore.*

GRANNY SMITH [granismis] n. f. invar. ✦ anglicisme Pomme verte à chair ferme et acidulée.
ÉTYM. mot anglais «mémé Smith».

GRANULAT [granyla] n. m. ✦ TECHN. Ensemble de matériaux inertes (sable, gravier, etc.) entrant dans la composition des mortiers et bétons.
ÉTYM. du latin *granulum* → granule.

GRANULATION [granylasjɔ̃] n. f. ✦ surtout plur. Aspect granuleux. *Surface qui présente des granulations.*
ÉTYM. du latin *granulum* → granule.

GRANULE [granyl] n. m. ✦ Petite pilule. *Granules homéopathiques.*
ÉTYM. latin *granulum* «petit grain *(granum)*».

GRANULÉ [granyle] n. m. ✦ Préparation pharmaceutique sous forme de petits grains irréguliers et fondants. *Prendre des granulés pour la digestion.*
ÉTYM. du verbe *granuler,* au sens technique «réduire en granules», du latin *granulum* → granule.

GRANULEUX, EUSE [granylø, øz] adj. ✦ Formé de petits grains ou d'aspérités en forme de grains. *Papier granuleux. Peau granuleuse.* CONTR. ① **lisse.**
ÉTYM. du latin *granulum* → granule.

GRANULOME [granylom] n. m. ✦ MÉD. Tumeur inflammatoire, au sein d'un tissu.
ÉTYM. mot allemand, du latin *granulum* → granule, et *-ome.*

GRAPHE [graf] n. m. ✦ MATH. *Graphe d'une relation entre deux ensembles :* ensemble des couples [ex. *(A, B)*] qui vérifient cette relation. ♦ Représentation graphique d'un graphe, d'une application. HOM. GRAFF «fresque».
ÉTYM. du grec *graphein* «écrire».

> **-GRAPHE, -GRAPHIE, -GRAPHIQUE** Éléments savants, du grec *graphein* «écrire». → aussi **-gramme.**

GRAPHÈME [grafɛm] n. m. ✦ Lettre ou groupe de lettres transcrivant un phonème.
ÉTYM. du grec *graphein* «écrire», d'après *phonème.*

GRAPHÈNE [grafɛn] n. m. ✦ CHIM. Nanomatériau cristallin composé d'atomes de carbone disposés en deux dimensions selon un motif hexagonal. *Le graphite est un empilement de feuillets de graphène.*
ÉTYM. de *graphite* et suffixe chimique.

GRAPHEUR [grafœr] n. m. ✦ INFORM. Logiciel servant à présenter des données sous forme de graphiques. HOM. GRAFFEUR «artiste»
ÉTYM. de *graphique* (II), d'après *tableur.*

GRAPHIE [grafi] **n. f.** ✦ Manière dont un mot est écrit. *Ce mot a deux graphies.* SYN. **orthographe.**
ÉTYM. du grec *graphein* «écrire».

GRAPHIQUE [grafik] **adj.** et **n. m.**
I adj. 1. Qui représente, par des signes ou des lignes, des figures sur une surface. *Arts graphiques,* dessin, peinture, gravure, etc. *Procédés graphiques.* **2.** Relatif à une écriture. *L'alphabet est un système graphique.* **II n. m.** Transcription de données par le dessin. – spécialt Représentation des variations d'un phénomène (en fonction du temps, du coût, etc.) à l'aide d'une ligne droite, courbe, ou brisée. → **courbe, diagramme, tracé.** *Graphique tracé par un appareil enregistreur.* – *Graphique semi-circulaire.*
ÉTYM. grec *graphikos,* de *graphein* «écrire».

GRAPHIQUEMENT [grafikmɑ̃] **adv.** ✦ Par le dessin, l'écriture.

GRAPHISME [grafism] **n. m. 1.** Manière de former les lettres, d'écrire, propre à la personne qui les trace. *Une écriture d'un graphisme arrondi.* **2.** Manière de dessiner, d'écrire, considérée sur le plan esthétique. *Le graphisme de Picasso.*
ÉTYM. du grec *graphein* «écrire».

GRAPHISTE [grafist] **n.** ✦ Spécialiste en techniques et arts graphiques (dessin, illustration, typographie...).

GRAPHITE [grafit] **n. m.** ✦ Variété de carbone cristallisé, gris noir, dont on se sert pour écrire (appelé aussi *mine de plomb*).
ÉTYM. du grec *graphein* «écrire».

GRAPHO- Élément savant, du grec *graphein* «écrire».

GRAPHOLOGIE [grafɔlɔʒi] **n. f.** ✦ Étude du graphisme (1) individuel en relation avec la personne qui a écrit.
▶ **GRAPHOLOGIQUE** [grafɔlɔʒik] **adj.** *Analyse graphologique.*
ÉTYM. de *grapho-* et *-logie.*

GRAPHOLOGUE [grafɔlɔg] **n.** ✦ Personne qui pratique la graphologie. *Expert-graphologue.*

GRAPPE [grap] **n. f. 1.** Assemblage de fleurs (→ **inflorescence**) ou de fruits portés par des pédoncules étagés sur un axe commun. *Grappe de glycine. Des grappes de raisin.* **2.** Assemblage serré (de petits objets ou de personnes). *Des grappes d'œufs de seiche. Des grappes humaines.*
ÉTYM. francique *krappa* «crochet».

GRAPPILLAGE [grapijaʒ] **n. m.** ✦ Action de grappiller. – Petits larcins. SYN. **gratte.**

GRAPPILLER [grapije] **v. tr.** (conjug. 3a) **1.** Prendre de-ci, de-là (des fruits, des fleurs). → **cueillir, ramasser.** – spécialt Ramasser les raisins qui restent, après la vendange. **2.** fig. Prendre, recueillir au hasard. *Grappiller des nouvelles.* SYN. **glaner.** *Grappiller quelques sous.*
ÉTYM. de l'ancien verbe *grapper* «cueillir les raisins», de *grappe.*

GRAPPIN [grapɛ̃] **n. m. 1.** Instrument en fer muni de crochets et fixé au bout d'une corde. SYN. **crampon, croc. 2.** loc. fig. *METTRE LE GRAPPIN SUR* : accaparer. *Attention, ce raseur va nous mettre le grappin dessus.*
ÉTYM. de *grappe* au sens ancien de «crochet».

GRAS, GRASSE [grɑ, grɑs] **adj.** et **n. m. I 1.** Formé de graisse ; qui contient de la graisse. *Les corps gras,* les graisses*, les lipides. *Aliment gras. Matières grasses* (alimentaires). *Cette viande est très grasse.* – **n. m.** *Le gras,* la partie grasse de la viande. **2.** *Jour gras,* où l'Église catholique permet aux fidèles de manger de la viande (opposé à *jour maigre*). *Mardi* gras.* – **adv.** *Faire gras,* manger de la viande. **3.** (personnes) Qui a beaucoup de graisse. SYN. **adipeux, gros.** *Elle est un peu grasse.* SYN. **grassouillet.** ◆ **n. m.** *Le gras de la jambe,* le mollet. **4.** Enduit de graisse. SYN. **graisseux, huileux, poisseux.** *Des papiers gras.* – *Avoir les cheveux gras.* **II** par analogie **1.** Qui évoque la graisse par sa consistance. SYN. **onctueux.** *Terre argileuse et grasse.* – *Toux grasse,* accompagnée d'une expectoration de mucosités. **2.** (en imprimerie) *Caractères gras,* caractères épais et noirs. – **n. m.** *Composer en gras.* ◆ *Crayon gras,* à mine tendre. **3.** *Plantes grasses,* à feuilles épaisses et charnues (ex. les cactus). **4.** Abondant. *La prime n'est pas grasse.* – loc. *La grasse matinée*.* ◆ **adv.** FAM. *Il n'y a pas gras à manger,* pas beaucoup. CONTR. **maigre, sec.** HOM. GRÂCE «faveur»
ÉTYM. latin *crassus* «épais», avec influence de *grossus* «gros».

GRAS-DOUBLE [gradubl] **n. m.** ✦ Membrane comestible de l'estomac du bœuf. *Des gras-doubles à la lyonnaise.*

GRASSEMENT [grɑsmɑ̃] **adv.** ✦ Abondamment, largement. *Il est grassement payé.* SYN. **généreusement.** CONTR. **chichement.**
ÉTYM. de *gras.*

GRASSEYER [graseje] **v. intr.** (conjug. 3a) ✦ Parler de manière gutturale. – spécialt Prononcer les *r* sans les rouler. – au p. passé *Des r grasseyés.*
ÉTYM. de *parler gras.*

GRASSOUILLET, ETTE [grɑsujɛ, ɛt] **adj.** ✦ Assez gras et rebondi. SYN. **potelé.** *Un bébé grassouillet.*

GRATIFIANT, ANTE [gratifjɑ̃, ɑ̃t] **adj.** ✦ Qui procure une satisfaction psychologique. CONTR. **frustrant.**
ÉTYM. du participe présent de *gratifier* (II).

GRATIFICATION [gratifikasjɔ̃] **n. f. I** Somme d'argent donnée à qqn en plus de ce qui lui est dû. SYN. ② **prime. II** anglicisme Ce qui gratifie psychologiquement. CONTR. **retenue · déception, frustration.**
ÉTYM. latin *gratificatio* «libéralité».

GRATIFIER [gratifje] **v. tr.** (conjug. 9) **I** Pourvoir libéralement de quelque avantage (don, faveur, honneur). *Gratifier qqn d'un sourire.* – iron. *Gratifier un garnement d'une paire de gifles.* **II** anglicisme Procurer une satisfaction psychologique à (qqn), valoriser. CONTR. **frustrer, priver.**
ÉTYM. latin *gratificari* «faire plaisir».

GRATIN [gratɛ̃] **n. m. I 1.** *AU GRATIN,* se dit de plats cuits au four après avoir été saupoudrés de chapelure ou de fromage râpé. *Macaronis au gratin.* **2.** Mets ainsi préparé. *Gratin dauphinois.* – Croûte dorée qui se forme à la surface d'un tel plat. **II** FAM. Partie d'une société remarquable par ses titres, son élégance, sa richesse. SYN. **élite.** *Fréquenter le gratin.*
ÉTYM. de *gratter.*

GRATINÉ, ÉE [gratine] **adj. I 1.** Cuit au gratin. **2. n. f.** *UNE GRATINÉE* : soupe à l'oignon, au gratin. **II** FAM. Remarquable, par l'excès ou le ridicule. *Il est gratiné,*

son chapeau !
ÉTYM. du participe passé de *gratiner.*

GRATINER [gʀatine] **v.** (conjug. 3a) **1. v. intr.** Produire un gratin. *Faire gratiner des légumes.* **2. v. tr.** *Gratiner des pommes de terre.*
ÉTYM. de *gratin.*

GRATIS [gʀatis] **adv.** ✦ **FAM.** Gratuitement. *Assister gratis à un spectacle.* ➤ **adj.** *L'entrée est gratis.* SYN. **gratuit.**
ÉTYM. adverbe latin, de *gratia* «faveur».

GRATITUDE [gʀatityd] **n. f.** ✦ Sentiment affectueux que l'on éprouve envers qqn dont on est l'obligé. SYN. **reconnaissance.** CONTR. **ingratitude.**
ÉTYM. de *ingratitude.*

GRATOUILLER → **GRATTOUILLER**

GRATTAGE [gʀataʒ] **n. m.** ✦ Action de gratter (I, 1 et 4) ; son résultat.

GRATTE [gʀat] **n. f.** ✦ **FAM.** **I** Petit profit obtenu en grattant (I, 5). *Faire de la gratte.* **II** Guitare.
ÉTYM. de *gratter.*

GRATTE-CIEL [gʀatsjɛl] **n. m.** ✦ Immeuble à très nombreux étages, atteignant une grande hauteur. → ① **tour.** *Des gratte-ciels* ou *des gratte-ciel* (invar.).
ÉTYM. traduction de l'américain *sky scraper.*

GRATTE-CUL [gʀatky] **n. m.** ✦ Fruit du rosier, de l'églantier, petite baie orange remplie de poil* à gratter. *Des gratte-culs.*

GRATTEMENT [gʀatmɑ̃] **n. m.** ✦ Action de se gratter. ➤ Bruit de ce qui gratte. *On entend un léger grattement à la porte.*

GRATTE-PAPIER [gʀatpapje] **n. m.** ✦ **péj.** Modeste employé de bureau. SYN. **scribouillard.** *Des gratte-papiers* ou *des gratte-papier* (invar.).

GRATTER [gʀate] **v.** (conjug. 3a) **I v. tr. 1.** Frotter avec qqch. de dur en entamant très légèrement la surface de. SYN. **racler.** *Gratter une porte pour en ôter la peinture. Gratter une allumette.* **2.** (En employant les ongles, les griffes) *Chien qui gratte le sol. Se gratter la tête, le nez.* ➤ *Gratte-moi le dos, il me démange.* **3. FAM.** Faire éprouver une démangeaison à (qqn). SYN. **FAM. grattouiller.** *Ce pull me gratte.* ➤ *Poil* à gratter.* **4.** Faire disparaître (ce qui est sur la surface ainsi frottée). → **effacer, enlever.** *Gratter un vernis qui s'écaille.* **5. fig. FAM.** Prélever à son profit, mettre de côté (de petites sommes). SYN. **grappiller.** **II v. intr. 1.** Faire entendre un grattement. *Gratter au carreau.* ➤ *Gratter de la guitare,* en jouer médiocrement. **2. FAM.** Travailler. **III** *SE GRATTER* **v. pron.** Gratter l'endroit qui démange. *Se gratter jusqu'au sang.*
ÉTYM. francique *krattôn* «frotter, racler».

GRATTOIR [gʀatwaʀ] **n. m. 1.** Instrument qui sert à gratter, à racler. **2.** Enduit sur lequel on enflamme une allumette.

GRATTOUILLER ou **GRATOUILLER** [gʀatuje] **v. tr.** (conjug. 3a) ✦ **FAM.** Démanger.
ÉTYM. de *gratter.*

GRATUIT, UITE [gʀatɥi, ɥit] **adj. 1.** Que l'on donne sans faire payer ; dont on profite sans payer. *Enseignement gratuit et obligatoire. L'entrée du spectacle est gratuite.* SYN. **libre** ; **FAM. gratis.** *Échantillon gratuit. À titre gratuit.* SYN. **gracieux** ; → **gratuitement. 2.** Qui n'a pas de fondement, de preuve. SYN. **arbitraire, hasardeux.** *Accusation gratuite.* **3.** *Acte gratuit,* sans motif apparent. CONTR. **payant • motivé.**
ÉTYM. latin *gratuitus* «désintéressé», de *gratis* «gratuitement».

GRATUITÉ [gʀatɥite] **n. f. 1.** Caractère de ce qui est gratuit (1), non payant. *La gratuité de l'enseignement public* (en France). **2.** Caractère de ce qui est injustifié, non motivé ou désintéressé.

GRATUITEMENT [gʀatɥitmɑ̃] **adv. 1.** Sans rétribution, sans contrepartie. SYN. **gracieusement, FAM. gratis. 2.** Sans motif, sans fondement. *Il lui prête gratuitement des intentions mauvaises.* **3.** Sans motif ni but rationnels. *Agir gratuitement.*
ÉTYM. de *gratuit.*

GRAU [gʀo] **n. m.** ✦ **RÉGIONAL** Chenal entre un cours d'eau, un étang, et la mer. *Les graus du Languedoc.*
HOM. GROS «énorme»
ÉTYM. occitan, peut-être du catalan, latin *gradus* «degré».

GRAVATS [gʀava] **n. m. pl.** ✦ Débris provenant d'une démolition. SYN. **décombres** ; → **plâtras.** *Un tas de gravats.*
ÉTYM. altération d'après *plâtras,* de *gravois,* de *grave,* variante de *grève* → ① grève.

GRAVE [gʀav] **adj.** **I** VX Lourd, pesant. **II** abstrait **1.** Qui se comporte, agit avec réserve et dignité ; qui donne de l'importance aux choses. SYN. **austère, digne, posé, sérieux.** *Un grave magistrat.* ➤ *Un air grave et solennel.* **2.** Qui a de l'importance, du poids. SYN. **important, sérieux.** *C'est une grave question, un problème grave.* **3.** Susceptible de suites fâcheuses, dangereuses. *De graves ennuis. Le moment est grave.* SYN. ① **critique, dramatique, tragique.** *Maladie grave.* **4.** *Blessé grave,* gravement touché. **5. FAM.** Gravement troublé mentalement. *Il est grave, ce type.* **III 1.** (son) Qui occupe le bas du registre musical (opposé à *aigu*). *Son, note grave. Voix grave.* ◆ **n. m.** *Le grave,* le registre des sons graves. *Les graves :* les sons graves. **2.** *Accent grave,* en français, signe (`) servant à noter le timbre de l'e ouvert et à distinguer certains mots de leurs homonymes (à, où, là). CONTR. **frivole, insouciant • anodin, bénin.**
ÉTYM. latin *gravis* «pesant, lourd».

GRAVELEUX, EUSE [gʀav(ə)lø, øz] **adj.** **I** Qui contient du gravier, des pierres. *Terre graveleuse.* **II fig. LITTÉR.** Très licencieux. *Des histoires graveleuses.*
ÉTYM. de *gravelle.*

GRAVELLE [gʀavɛl] **n. f.** ✦ VX Maladie qui provoque des calculs dans le rein. → **pierre.**
ÉTYM. de *grave,* variante de *grève* → ① grève.

GRAVEMENT [gʀavmɑ̃] **adv. 1.** Avec gravité. SYN. **dignement.** *Marcher, parler gravement.* **2.** D'une manière importante, dangereuse. *Il s'est gravement compromis. Être gravement blessé.* SYN. **grièvement.**
ÉTYM. de *grave.*

GRAVER [gʀave] **v. tr.** (conjug. 3a) **1.** Tracer en creux sur une matière dure, au moyen d'un instrument pointu. *Graver une inscription.* **2.** Tracer en creux (un dessin, des caractères, etc.), sur une matière dure, dans le but de les reproduire (→ **gravure**). *Graver un portrait au burin. Graver un disque.* **3.** Reproduire par le procédé de la gravure. *Graver des cartes de visite.* **4.**

A B C D E F G H I J K L M N O P Q R S T U V W X Y Z

fig. Rendre durable (dans l'esprit, le cœur). SYN. **fixer, imprimer.** *Ce souvenir est gravé,* (pronom.) *s'est gravé dans ma mémoire.*

ÉTYM. francique *graban* «creuser».

GRAVEUR, EUSE [gʀavœʀ, øz] n. ✦ Professionnel(le) de la gravure. *Graveur sur métaux, sur bois.*

GRAVIDE [gʀavid] adj. ✦ (mammifère femelle) En gestation. *Jument gravide,* pleine.

ÉTYM. latin *gravida,* de *gravis* «lourd».

GRAVIDIQUE [gʀavidik] adj. ✦ MÉD. Relatif à la grossesse. *Toxémie gravidique.*

ÉTYM. de *gravide.*

GRAVIER [gʀavje] n. m. 1. Roche détritique, sable grossier mêlé de cailloux qui se trouve dans le lit des rivières ou au bord de la mer. 2. Ensemble de petits cailloux servant de revêtement. *Allée de gravier. Ratisser le gravier.* ♦ Petit caillou. *Retirer un gravier de sa sandale.*

ÉTYM. de *grave,* variante de *grève* → ① grève.

GRAVILLON [gʀavijɔ̃] n. m. ✦ Fin gravier. *Répandre du gravillon sur une route goudronnée.* ➖ *Un, des gravillons,* petits cailloux du gravillon. *Une pluie de gravillons s'abat sur le parebrise.*

ÉTYM. de *grave,* variante de *grève* → ① grève.

GRAVIMÉTRIE [gʀavimetʀi] n. f. ✦ PHYS. Mesure de l'intensité de la pesanteur.

► **GRAVIMÉTRIQUE** [gʀavimetʀik] adj.

ÉTYM. du latin *gravis* «lourd» et de *-métrie.*

GRAVIR [gʀaviʀ] v. tr. (conjug. 13) ✦ Monter avec effort (une pente rude). *Gravir une montagne.* SYN. **escalader.** ➖ fig. *Gravir les échelons de la hiérarchie.*

ÉTYM. probablement francique *krawjan* «grimper en s'aidant des griffes *(krawa)*».

GRAVISSIME [gʀavisim] adj. ✦ Extrêmement grave.

ÉTYM. latin *gravissimus.*

GRAVITATION [gʀavitasjɔ̃] n. f. ✦ Phénomène par lequel deux corps quelconques s'attirent avec une force proportionnelle au produit de leur masse et inversement proportionnelle au carré de leur distance. SYN. **attraction.** *La loi de la gravitation universelle.*

► **GRAVITATIONNEL, ELLE** [gʀavitasjɔnɛl] adj.

ÉTYM. latin scientifique *gravitatio,* de *gravitas* «pesanteur».

GRAVITÉ [gʀavite] n. f. I 1. Qualité d'une personne grave ; air, maintien grave. SYN. **austérité, componction, dignité.** *Un air de gravité.* 2. Caractère de ce qui a de l'importance, de ce qui peut entraîner de graves conséquences. *La gravité de la situation. Un accident sans gravité.* II Phénomène par lequel un corps subit l'attraction de la Terre. SYN. **pesanteur** ; → **gravitation.** *Centre* de gravité.* ➖ TECHN. *Triage par gravité* (des wagons). CONTR. **gaieté, légèreté · bénignité.**

ÉTYM. latin *gravitas* «pesanteur».

GRAVITER [gʀavite] v. intr. (conjug. 3a) ✦ *GRAVITER AUTOUR :* tourner autour (d'un centre d'attraction). *Les planètes gravitent autour du Soleil.* ➖ fig. (personnes) *Les gens qui gravitent autour du ministre.*

ÉTYM. latin moderne *gravitare,* de *gravitas* → gravité.

GRAVURE [gʀavyʀ] n. f. I 1. Action de graver. *La gravure d'une inscription.* ♦ Manière dont un objet est gravé. *Examiner la gravure d'un bijou.* 2. Fait de graver un disque. *L'enregistrement et la gravure d'un disque.* II 1. Art, technique de la décoration obtenue en gravant une matière dure. *Gravure sur métaux, en pierres dures* (camées, intailles), *sur verre. Gravure d'orfèvrerie.* 2. Art de graver une surface dure pour obtenir une œuvre graphique, spécialt pour reproduire, interpréter une œuvre (peinture). *Gravure sur bois* (xylographie), *sur pierre* (lithographie), *à l'eau-forte sur cuivre, en taille-douce...* 3. Impression ou reproduction d'une œuvre graphique gravée (estampe, lithographie...). *Ouvrage illustré de gravures.* → **illustration.** ♦ Image, reproduction.

ÉTYM. de *graver.*

GRAY [gʀɛ] n. m. ✦ Unité de mesure de dose de rayonnement absorbée, équivalant à la dose absorbée par 1 kg de matière recevant une énergie de 1 joule communiquée par ce rayonnement (symb. Gy).

HOM. GRÈS «roche»

ÉTYM. nom propre.

GRÉ [gʀe] n. m. 1. VX Ce qui plaît ; ce qui est souhaité ; volonté. 2. loc. *AU GRÉ DE :* selon le goût, le caprice, la volonté de. *Trouver qqn, qqch. à son gré* (→ **agréer**). *Agissez à votre gré.* SYN. **convenance, guise.** ➖ *Au gré des évènements,* selon le caprice des évènements. *Au gré du vent.* ➖ *DE SON PLEIN GRÉ :* sans contrainte. *Je suis venu de mon plein gré.* → **volontairement.** ➖ *DE BON GRÉ :* de bon cœur. ➖ *DE GRÉ OU DE FORCE :* qu'on le veuille ou pas. ➖ *CONTRE LE GRÉ DE :* contre la volonté de. *Faire qqch. contre le gré de ses parents, contre son gré.* ➖ *BON GRÉ, MAL GRÉ :* en se résignant, malgré soi. *J'accepte bon gré mal gré cette solution.* ➖ DR. *DE GRÉ À GRÉ :* à l'amiable. 3. *SAVOIR GRÉ à qqn :* avoir de la reconnaissance pour qqn. *Je lui sais gré de son aide, de m'avoir aidé.*

ÉTYM. latin *gratum,* n. m., neutre de l'adjectif *gratus* «agréable».

GRÈBE [gʀɛb] n. m. ✦ Oiseau palmipède à plumage argenté, duveteux.

ÉTYM. mot savoyard, d'origine inconnue.

GREC, GRECQUE [gʀɛk] adj. et n. 1. adj. De Grèce (☛ noms propres). SYN. **hellénique.** *Les îles grecques.* 2. n. *Les Grecs.* SYN. **hellène.** 3. n. m. La langue grecque. *Le grec ancien* (☛ Langue française p. 85), *le grec moderne.* 4. loc. *À la grecque,* à l'huile d'olive et aux aromates. *Champignons à la grecque.*

GRÉCO-LATIN, INE [gʀekolatɛ̃, in] adj. ✦ Qui concerne à la fois les langues grecque et latine. *Études gréco-latines.*

GRÉCO-ROMAIN, AINE [gʀekoʀɔmɛ̃, ɛn] adj. ✦ Commun aux civilisations grecque et romaine de l'Antiquité. *Art gréco-romain. Les dieux gréco-romains.* ➖ *Lutte gréco-romaine,* excluant coups et clés.

GRECQUE [gʀɛk] n. f. ✦ Ornement fait de lignes brisées qui reviennent sur elles-mêmes à angle droit.

ÉTYM. féminin de *grec.*

GREDIN, INE [gʀədɛ̃, in] n. ✦ VIEILLI Personne malhonnête, méprisable. SYN. **bandit, coquin, malfaiteur.** ➖ FAM. *Petit gredin !* petit fripon.

ÉTYM. de l'ancien néerlandais *gredich* «avide».

GRÉEMENT [gʀemɑ̃] n. m. 1. Ensemble du matériel nécessaire à la manœuvre des navires à voiles ; à l'amarrage et à la sécurité de tous les navires (→ **agrès, cordage, mâture,** ② **voile**). 2. *Vieux gréement :* voilier

ancien. *Une course de vieux gréements.*
ÉTYM. de *gréer.*

GREEN [gʀin] **n. m.** ✦ **anglicisme** Espace gazonné autour des trous d'un terrain de golf.
ÉTYM. mot anglais «pelouse».

GRÉER [gʀee] **v. tr.** (conjug. 3a) ✦ Garnir (un navire, un mât) de gréement. ➛ au p. passé *Navire gréé en goélette.*
ÉTYM. ancien nordique *greida* «équiper».

GREFFAGE [gʀefaʒ] **n. m.** ✦ Action de greffer.

① **GREFFE** [gʀɛf] **n. m.** ✦ Bureau où l'on garde les minutes des actes de procédure. *Le greffe du tribunal* (→ **greffier**).
ÉTYM. latin *graphium*, grec *grapheion* «stylet».

② **GREFFE** [gʀɛf] **n. f. 1.** Greffon végétal. ◆ Opération par laquelle on implante un greffon (→ **greffage**) ; son résultat. **2.** Opération par laquelle une portion (tissu, organe...) d'un organisme est implantée sur une autre partie du corps du donneur *(autogreffe)* ou sur un autre organisme, le receveur *(allogreffe : homogreffe* ou *hétérogreffe*). *Greffe réparatrice de la peau. Greffe osseuse. Greffes d'organes, du cœur, des reins.* SYN. **transplantation.** *Greffe du visage.*
ÉTYM. métaphore de ① *greffe* «stylet».

GREFFER [gʀefe] **v. tr.** (conjug. 3a) **1.** Soumettre (une plante) à l'opération de la greffe. SYN. **enter.** *Greffer un arbre.* **2.** Insérer, implanter (un greffon, 2) sur un sujet. *On lui a greffé un rein.* **3. pronom. fig.** SE GREFFER SUR : s'ajouter à. *Des complications imprévues sont venues se greffer là-dessus.*
ÉTYM. de ② *greffe.*

GREFFIER, IÈRE [gʀefje, jɛʀ] **n.** ✦ Officier public préposé au greffe. *Le greffier du tribunal civil.*
ÉTYM. de ① *greffe.*

GREFFON [gʀefɔ̃] **n. m. 1.** Partie d'une plante (bouton, rameau, bourgeon) que l'on insère sur une autre plante (dite *sujet* ou *porte-greffe*) afin d'obtenir un spécimen nouveau. **2.** Partie de l'organisme humain ou animal prélevée afin d'être greffée.
ÉTYM. de *greffer.*

GRÉGAIRE [gʀegɛʀ] **adj. 1.** Qui vit en groupe. *Animaux grégaires.* **2.** Relatif au groupement des êtres vivants, des humains, à la tendance à vivre en groupe. *Instinct grégaire,* qui pousse à se rassembler et à s'imiter. ➛ **fig.** *Un esprit grégaire et moutonnier.*
ÉTYM. latin *gregarius*, de *grex, gregis* «troupeau».

GRÉGARISME [gʀegaʀism] **n. m.** ✦ DIDACT. Instinct grégaire.

GRÈGE [gʀɛʒ] **adj.** ✦ *Soie grège,* soie brute, telle qu'on la dévide du cocon, de couleur gris-beige. ➛ De cette couleur. *Des pulls grèges.*
ÉTYM. italien *(seta) greggia* «(soie) brute».

GRÉGEOIS [gʀeʒwa] **adj. m.** ✦ *FEU GRÉGEOIS* : mélange incendiaire utilisé à la guerre (d'abord par les Byzantins).
ÉTYM. ancien français *grezois* «grec».

GRÉGORIEN, IENNE [gʀegɔʀjɛ̃, jɛn] **adj. 1.** *Chant grégorien* et **n. m.** *le grégorien* : le plain-chant. **2.** *Calendrier grégorien,* succédant au calendrier julien à l'instigation du pape Grégoire XIII (☛ noms propres).
ÉTYM. du latin *Gregorius* «Grégoire», nom de plusieurs papes. ☛ GRÉGOIRE Ier (noms propres).

① **GRÊLE** [gʀɛl] **adj. I 1.** D'une longueur et d'une finesse excessives. SYN. **filiforme,** ② **fin, fluet, mince.** *Échassier perché sur ses pattes grêles.* **2.** L'INTESTIN GRÊLE : portion la plus étroite de l'intestin, comprise entre l'estomac et le gros intestin. **II** (sons) Aigu et sans résonance, peu intense. *Une voix grêle.*
ÉTYM. latin *gracilis* ; doublet de *gracile.*

② **GRÊLE** [gʀɛl] **n. f. 1.** Précipitation faite de grains de glace. → **grêlon.** *Fine grêle.* → **grésil. 2.** Ce qui tombe comme la grêle. *Une grêle de balles.* ➛ **fig.** *Accabler qqn sous une grêle d'injures.*
ÉTYM. de *grêler.*

GRÊLÉ, ÉE [gʀele] **adj.** ✦ Marqué par de petites cicatrices (dues à la variole, etc.). *Un visage grêlé.*
ÉTYM. de *grêler.*

GRÊLER [gʀele] **v. impers.** (conjug. 3a) **1.** (grêle) Tomber. *Il grêle et il vente.* **2. trans.** Gâter, dévaster par la grêle. *Toute cette région a été grêlée.*
ÉTYM. francique *grisilôn.*

GRÊLON [gʀɛlɔ̃] **n. m.** ✦ Grain d'eau congelée qui tombe pendant une averse de grêle.
ÉTYM. de ② *grêle.*

GRELOT [gʀəlo] **n. m.** ✦ Sonnette constituée d'une boule de métal creuse, percée de trous, contenant un morceau de métal qui la fait résonner dès qu'on l'agite. *Les grelots des vaches.*
ÉTYM. d'un radical germanique évoquant les sons.

GRELOTTANT, ANTE [gʀəlɔtɑ̃, ɑ̃t] **adj.** ✦ Qui grelotte. *Elle est toute grelottante.* ➛ On peut aussi écrire *grelotant, ante* avec un seul *t.*

GRELOTTER [gʀəlɔte] **v. intr.** (conjug. 3a) **I** RARE Produire un son aigu, comme un grelot. **II** Trembler (de froid, de peur, de fièvre). SYN. **frissonner.** ➛ On peut aussi écrire *greloter,* avec un seul *t.*
ÉTYM. de *grelot.*

GRENADE [gʀənad] **n. f. I** Fruit comestible du grenadier, grosse baie ronde pleine de graines charnues. **II** Projectile formé d'une charge d'explosif enveloppé de métal, muni d'un détonateur pour en régler l'explosion. *Grenade à main. Grenade lacrymogène. Dégoupiller une grenade.*
ÉTYM. latin *granatum* «(fruit) à grains».

① **GRENADIER** [gʀənadje] **n. m.** ✦ Arbrisseau épineux à feuillage persistant, à fleurs rouges, qui produit les grenades.
ÉTYM. de *grenade,* I.

② **GRENADIER** [gʀənadje] **n. m. 1.** VX Soldat chargé de lancer des grenades. **2.** HIST. Soldat d'élite. *Les grenadiers de la garde impériale* (sous Napoléon Ier).
ÉTYM. de *grenade,* II.

GRENADINE [gʀənadin] **n. f.** ✦ Sirop sucré, rougeâtre, imitant le sirop de grenade.
ÉTYM. de *grenade,* I.

GRENAILLE [gʀənɑj] **n. f. 1.** Métal réduit en grains. *Pistolet à grenaille.* **2.** Pomme de terre de très petit calibre. ➛ **appos.** *Pommes de terre grenailles.*
ÉTYM. de *grain.*

GRENAT [gʀəna] n. m. 1. Pierre fine très dure, généralement d'un beau rouge. 2. adjectivt invar. Rouge sombre. *Des rideaux grenat.* ➝ appos. invar. *Des vernis à ongles rouge grenat.*
ÉTYM. peut-être de l'ancien français *pomme grenate* «pomme grenade».

GRENIER [gʀənje] n. m. 1. Partie d'une ferme, d'ordinaire située sous les combles, où l'on conserve les grains et les fourrages. → **fenil, grange.** *Grenier à blé, à foin.* ♦ fig. Pays, région fertile en céréales. *La Beauce, grenier de la France.* 2. Étage supérieur d'une maison particulière, sous les combles, qui sert généralement de débarras. loc. *De la cave* au grenier.*
ÉTYM. latin *granarium*, de *granum* «grain».

GRENOUILLE [gʀənuj] n. f. ✦ Batracien aux pattes postérieures longues et palmées, à peau lisse, nageur et sauteur. *Grenouille verte, rousse. La grenouille coasse. Larve de grenouille.* → **têtard.** ➝ *Manger des cuisses de grenouille. Mangeurs de grenouilles* (surnom des Français, pour les Anglo-Saxons).
ÉTYM. latin populaire *ranucula*, diminutif de *rana*.

GRENOUILLÈRE [gʀənujɛʀ] n. f. ✦ Combinaison de bébé, enfermant aussi les pieds.
ÉTYM. de *grenouille*.

GRENU, UE [gʀəny] adj. ✦ (choses) Dont la surface présente de nombreux grains. *Cuir grenu. Roches grenues,* à cristaux visibles (ex. le granit).
ÉTYM. de *grain*.

GRÈS [gʀɛ] n. m. 1. Roche sédimentaire formée de sable dont les grains sont unis par un ciment. *Grès rouge, gris.* 2. Terre glaise mêlée de sable fin dont on fait des poteries. *Pot de grès.* HOM. GRAY «unité de rayonnement»
ÉTYM. francique *greot* «sable, gravier».

GRÉSEUX, EUSE [gʀezø, øz] adj. ✦ De la nature du grès ; contenant du grès.

GRÉSIL [gʀezil] n. m. ✦ Grêle fine, blanche et dure.
ÉTYM. de *grésiller*.

GRÉSILLEMENT [gʀezijmɑ̃] n. m. ✦ Léger crépitement. *Le grésillement de la friture.*
ÉTYM. de *grésiller*.

GRÉSILLER [gʀezije] v. intr. (conjug. 3a) ✦ Produire un crépitement rapide et assez faible.
ÉTYM. peut-être de l'ancien français *grediller*, variante régionale de *griller*.

GRESSIN [gʀesɛ̃] n. m. ✦ Petite bâtonnet de pain séché, ayant la consistance des biscottes.
ÉTYM. italien *grissino*.

① **GRÈVE** [gʀɛv] n. f. ✦ Terrain plat formé de sables et de graviers, situé au bord de la mer ou d'un cours d'eau. SYN. **plage, rivage.** *Navire échoué sur la grève.*
ÉTYM. latin populaire *grava* «terrain pierreux».

② **GRÈVE** [gʀɛv] n. f. 1. Cessation volontaire et collective du travail décidée par des salariés ou par des personnes ayant des intérêts communs, pour des raisons économiques ou politiques. SYN. **débrayage.** *Faire grève, se mettre en grève. Grève tournante,* qui affecte successivement tous les secteurs de production. *Piquet de grève. Grève des cheminots, des transports.* 2. *Grève de la faim,* refus de manger, en manière de protestation.
ÉTYM. de la *place de Grève* (☞ noms propres) à Paris où se tenaient les personnes cherchant de l'embauche.

GREVER [gʀəve] v. tr. (conjug. 7a) ✦ Frapper de charges financières, de servitudes. *Dépenses qui grèvent un budget.* SYN. **alourdir.** ➝ au p. passé *Un pays grevé d'impôts.* CONTR. **alléger, dégrever.**
ÉTYM. latin *gravare* «alourdir».

GRÉVISTE [gʀevist] n. ✦ Personne qui fait grève.
ÉTYM. de ② *grève*.

GRIBOUILLAGE [gʀibujaʒ] n. m. 1. Dessin confus, informe. SYN. **gribouillis, griffonnage.** *Buvard couvert de gribouillages.* 2. Écriture informe, illisible.
ÉTYM. de *gribouiller*.

GRIBOUILLE [gʀibuj] n. ✦ Personne naïve qui se jette stupidement dans les ennuis qu'elle voulait éviter. *Une politique de gribouille.*
ÉTYM. de *gribouiller* ; d'abord nom propre.

GRIBOUILLER [gʀibuje] v. (conjug. 3a) 1. v. intr. Faire des gribouillages. SYN. **griffonner.** *Enfant qui gribouille sur les murs.* 2. v. tr. Écrire de manière confuse. *Gribouiller des notes à la hâte.*
ÉTYM. origine inconnue.

GRIBOUILLIS [gʀibuji] n. m. ✦ Dessin, écriture informe. SYN. **gribouillage.**

GRIÈCHE → PIE-GRIÈCHE

GRIEF [gʀijɛf] n. m. ✦ souvent au plur. Sujet, motif de plainte (généralement contre qqn). SYN. **doléances, reproche.** *Exposer, formuler ses griefs,* se plaindre, protester. ➝ loc. *TENIR, FAIRE GRIEF DE qqch. À qqn,* le lui reprocher. *Ne me tenez pas grief de ce retard.*
ÉTYM. de *grever*, ou de l'ancien français *grief, griève* «pénible», latin *gravis*.

GRIÈVEMENT [gʀijɛvmɑ̃] adv. ✦ *Grièvement blessé* : gravement* blessé. CONTR. **légèrement.**
ÉTYM. de l'ancien adjectif *grief, griève* → grief.

GRIFFE [gʀif] n. f. 1. Ongle pointu et crochu de certains animaux. *Le chat sort ses griffes. Coup de griffe.* ➝ loc. *MONTRER LES GRIFFES* : menacer. *Rentrer ses griffes,* revenir à une attitude moins agressive. *Toutes griffes dehors* : avec agressivité. *Tomber sous les griffes de qqn,* en son pouvoir. 2. Petit crochet qui maintient une pierre sur un bijou. 3. Empreinte reproduisant une signature. *Apposer sa griffe.* ➝ Marque au nom d'un fabricant d'objets de luxe, apposée sur ses produits. *La griffe d'un grand couturier. La griffe est enlevée* (→ **dégriffé**). 4. Marque caractéristique du style. *On reconnaît la griffe de l'auteur.*
ÉTYM. de *griffer*.

GRIFFER [gʀife] v. tr. (conjug. 3a) ✦ Égratigner d'un coup de griffe ou d'ongle. *Le chat l'a griffé.*
ÉTYM. ancien allemand *grifan*, du francique *gripan* «empoigner».

① **GRIFFON** [gʀifɔ̃] n. m. I Animal fabuleux, ailé, à corps de lion et à tête d'aigle. II Sortie de l'eau d'une source.
ÉTYM. de l'ancien français *grif*, latin chrétien *gryphus*, grec *grups, grupos* «gypaète».

② **GRIFFON** [gʀifɔ̃] n. m. ✦ Chien de chasse à poils longs et rudes.
ÉTYM. de l'ancien français *griffe* «chien», famille de griffer.

GRIFFONNAGE [gʀifɔnaʒ] n. m. 1. Écriture mal formée, illisible ; dessin informe. SYN. **gribouillage, gribouillis.** 2. Ce qu'on rédige hâtivement, avec maladresse. *Des griffonnages de jeunesse.*
ÉTYM. de *griffonner.*

GRIFFONNER [gʀifɔne] v. tr. (conjug. 3a) 1. Écrire (qqch.) d'une manière confuse, peu lisible. – absolt Tracer des signes, des dessins informes. SYN. **gribouiller.** *Griffonner pendant une réunion.* 2. Rédiger à la hâte. *Griffonner un billet.*
ÉTYM. de *griffe* ou de *griffer.*

GRIFFU, UE [gʀify] adj. ✦ Armé de griffes ou d'ongles longs et crochus. *Des pattes griffues.*

GRIFFURE [gʀifyʀ] n. f. ✦ Égratignure provoquée par un coup de griffe. SYN. **écorchure, éraflure.**
ÉTYM. de *griffer.*

GRIGNOTEMENT [gʀiɲɔtmɑ̃] n. m. 1. Action de grignoter ; bruit qui en résulte. 2. Fait de détruire progressivement. – On dit aussi GRIGNOTAGE [gʀiɲɔtaʒ].

GRIGNOTER [gʀiɲɔte] v. (conjug. 3a) **I** v. intr. 1. Manger en rongeant. *Le hamster grignote.* 2. Manger très peu, du bout des dents. *Le midi, elle grignote.* 3. Manger entre les repas. *Grignoter devant la télévision.* **II** v. tr. 1. Manger (qqch.) petit à petit, lentement, en rongeant. *Grignoter un biscuit. Souris qui grignote un fromage.* 2. Détruire peu à peu, lentement. *Grignoter ses économies.* 3. S'approprier, gagner. *Rien à grignoter dans cette affaire !* SYN. **gratter.**
ÉTYM. de l'ancien français *grigner,* francique *grinân* «faire la moue».

GRIGOU [gʀigu] n. m. ✦ FAM. Homme avare. SYN. **grippe-sou.** *Des vieux grigous.*
ÉTYM. mot languedocien «gredin, filou», de *grec* (péjoratif).

GRIGRI [gʀigʀi] n. m. ✦ Amulette. *Des grigris.* – On écrit aussi *un gris-gris.*
ÉTYM. p.-ê. d'une langue de Guinée ou du Sénégal.

GRIL [gʀil] n. m. ✦ Ustensile de cuisine fait d'une grille métallique ou d'une plaque en fonte permettant une cuisson à feu vif (→ **grillade**). – loc. fig. *Être sur le gril,* extrêmement anxieux ou impatient. ♦ Source de chaleur placée sur la paroi du haut (du four).
ÉTYM. masculin de *grille.*

GRILLADE [gʀijad] n. f. 1. Viande grillée. *Une grillade de mouton, de thon.* 2. Morceau de porc à griller.
ÉTYM. de ① *griller.*

GRILLAGE [gʀijaʒ] n. m. 1. Treillis métallique qu'on met aux ouvertures vitrées ou à jour (fenêtres, portes). 2. Clôture en treillis de fils de fer. *Jardin enclos d'un grillage.*
ÉTYM. de *grille.*

GRILLAGER [gʀijaʒe] v. tr. (conjug. 5) ✦ Munir d'un grillage. – au p. passé *Fenêtre grillagée.*

GRILLE [gʀij] n. f. **I** 1. Assemblage de barreaux entrecroisés ou parallèles fermant une ouverture. *Les grilles et les verrous* (des prisons). 2. Clôture formée de barreaux métalliques verticaux, plus ou moins ouvragés. *La grille du parc.* 3. Châssis soutenant le charbon ou le petit bois dans un fourneau, une cheminée. *Grille de foyer.* 4. Électrode en forme de grille. **II** 1. Carton ajouré à l'aide duquel on code ou décode un message secret. → **cryptographie.** 2. *Grille de mots croisés, de sudoku,* l'ensemble des cases à remplir. 3. Plan, tableau donnant un ensemble d'indications chiffrées. *Une grille d'horaires. La grille des programmes* (radio, télévision). *Grille de salaires.*
ÉTYM. latin *craticula,* diminutif de *cratis* «claie, treillis».

GRILLE-PAIN [gʀijpɛ̃] n. m. ✦ Appareil électroménager servant à griller des tranches de pain. *Des grille-pains.*

① **GRILLER** [gʀije] v. (conjug. 3a) **I** v. tr. 1. Faire cuire, rôtir sur le gril. *Griller du boudin.* – au p. passé *Viande grillée.* → **grillade.** *Pain grillé.* 2. Chauffer à l'excès. *La flambée lui grillait le visage.* 3. Torréfier. *Griller du café.* 4. FAM. *Griller une cigarette,* la fumer. 5. Mettre hors d'usage par un court-circuit ou par un courant trop intense. *Griller une résistance.* 6. *Griller un feu rouge,* ne pas s'y arrêter. SYN. **brûler.** 7. FAM. Dépasser, supplanter (un concurrent). **II** v. intr. 1. Rôtir sur le gril. *Mettre des châtaignes à griller.* 2. FAM. Être exposé à une chaleur trop vive. *On grille, ici !* 3. fig. *GRILLER DE... :* brûler de... *Griller d'impatience, d'envie de...*
ÉTYM. de *grille,* au sens ancien de «gril».

② **GRILLER** [gʀije] v. intr. (conjug. 3a) ✦ Fermer, boucher d'une grille. SYN. **grillager.** – au p. passé *Fenêtre grillée.*
ÉTYM. de *grille.*

GRILLON [gʀijɔ̃] n. m. ✦ Insecte sauteur, noir ou jaune.
ÉTYM. de *grillot,* de *gril(le),* latin *grillus.*

GRIMAÇANT, ANTE [gʀimasɑ̃, ɑ̃t] adj. ✦ Qui grimace. *Visage grimaçant.*

GRIMACE [gʀimas] n. f. 1. Contorsion du visage, faite inconsciemment (→ **tic**), ou volontairement. *Une grimace de dégoût, de douleur. Les enfants s'amusent à se faire des grimaces.* 2. fig. *Faire la grimace,* manifester son mécontentement, son dégoût. – loc. *Soupe à la grimace :* mauvais accueil domestique. 3. au plur. Mines affectées, hypocrites. SYN. **simagrée, singerie.** *Assez de grimaces !*
ÉTYM. ancien français *grimuche,* francique *grima* «masque».

GRIMACER [gʀimase] v. intr. (conjug. 4) 1. Faire des grimaces. *Grimacer de douleur.* 2. Faire un faux pli. *Sa veste grimace dans le dos.*

GRIMACIER, IÈRE [gʀimasje, jɛʀ] adj. 1. Qui a l'habitude de faire des grimaces. *Un enfant grimacier.* 2. VX Qui minaude avec affectation.

GRIMAGE [gʀimaʒ] n. m. ✦ Maquillage de théâtre.
ÉTYM. de *grimer.*

GRIMER [gʀime] v. tr. (conjug. 3a) ✦ Maquiller pour le théâtre, le cinéma, etc. – pronom. *Se grimer en vieillard.*
ÉTYM. de l'ancien substantif *grime* «ride», peut-être de *grimace.*

GRIMOIRE [gʀimwaʀ] n. m. 1. Livre de magie. 2. Écrit indéchiffrable, illisible ou incompréhensible.
ÉTYM. altération de *gramaire, grammaire.*

GRIMPANT, ANTE [gʀɛ̃pɑ̃, ɑ̃t] adj. ✦ *Plante grimpante,* dont la tige s'élève en s'accrochant ou en s'enroulant à un support voisin. *Rosier grimpant.*
ÉTYM. du participe présent de *grimper.*

GRIMPÉE [gʀɛ̃pe] n. f. ✦ Ascension rude et pénible.

A B C D E F G H I J K L M N O P Q R S T U V W X Y Z

① **GRIMPER** [gʀɛ̃pe] **v.** (conjug. 3a) **I v. intr. 1.** Monter en s'aidant des mains et des pieds. *Grimper aux arbres, sur un arbre. Grimper à l'échelle.* **2.** (plantes) *Le lierre grimpe jusqu'au toit.* **3.** Monter sur un lieu élevé, d'accès difficile. *Grimper sur le toit.* **4.** (sujet chose) S'élever en pente raide. *La route grimpe dur.* **5.** FAM. Monter, s'élever, augmenter rapidement. *Les prix ont grimpé.* **II v. tr.** Gravir. *Grimper un escalier quatre à quatre.* CONTR. **descendre, dévaler.**
ÉTYM. de *gripper.*

② **GRIMPER** [gʀɛ̃pe] **n. m.** ✦ Exercice de montée d'une corde lisse ou à nœuds.
ÉTYM. de ① *grimper.*

GRIMPETTE [gʀɛ̃pɛt] **n. f.** ✦ FAM. Chemin court qui monte raide. SYN. **raidillon.**

GRIMPEUR, EUSE [gʀɛ̃pœʀ, øz] **adj. et n. 1. adj.** (animaux) Qui a l'habitude de grimper. *Le perroquet est un oiseau grimpeur.* **2. n.** Alpiniste ; coureur cycliste qui excelle à monter les côtes.

GRINÇANT, ANTE [gʀɛ̃sɑ̃, ɑ̃t] **adj. 1.** Qui grince. *Sommier aux ressorts grinçants.* **2.** Acerbe. *Humour, sourire grinçant.*

GRINCEMENT [gʀɛ̃smɑ̃] **n. m.** ✦ Action de grincer ; bruit aigre ou strident qui en résulte. *Le grincement d'une porte.* ➡ loc. *Des grincements de dents ;* fig. du mécontentement, du dépit.

GRINCER [gʀɛ̃se] **v. intr.** (conjug. 4) **1.** (sujet chose) Produire un son aigu et prolongé, désagréable. SYN. **crier.** *Roue, poulie qui grince.* **2.** (sujet personne) loc. *GRINCER DES DENTS :* faire entendre un crissement en serrant les mâchoires. ➡ fig. Exprimer la douleur, la colère.
ÉTYM. variante de *grisser,* de *crisser.*

GRINCHEUX, EUSE [gʀɛ̃ʃø, øz] **adj.** ✦ D'humeur maussade et revêche. SYN. **acariâtre, hargneux.** ➡ **n.** *Un vieux grincheux.*
ÉTYM. de *grincher,* forme dialectale de *grincer.*

GRINGALET [gʀɛ̃galɛ] **n. m.** ✦ péj. Homme de petite taille, maigre et chétif.
ÉTYM. origine inconnue, peut-être suisse alémanique.

GRIOT [gʀijo] **n. m.** ✦ en Afrique noire Membre d'une caste de poètes musiciens.
ÉTYM. peut-être portugais *criado* «domestique».

GRIOTTE [gʀijɔt] **n. f. 1.** Cerise à queue courte, à chair molle et acide. **2.** Marbre à taches rouges et brunes.
ÉTYM. de *agriotte,* d'où *l'agriotte, la griotte,* du provençal *agriota,* de *agre* «aigre».

GRIPPAGE [gʀipaʒ] **n. m.** ✦ Action de gripper, de se gripper. *Le grippage d'un moteur.*

GRIPPAL, ALE, AUX [gʀipal, o] **adj.** ✦ Propre à la grippe. *État grippal.*

GRIPPE [gʀip] **n. f. I** loc. *PRENDRE EN GRIPPE :* avoir une aversion soudaine contre (qqn, qqch.), ne plus pouvoir supporter (qqn). *Le professeur a pris ce garçon en grippe.* **II** Maladie infectieuse, contagieuse, caractérisée par de la fièvre, un abattement général et des symptômes tels que rhume, bronchite, etc. *Vaccin contre la grippe.* ➡ *Grippe espagnole, asiatique...* (selon l'origine de l'épidémie).
ÉTYM. de *gripper* «attraper».

GRIPPÉ, ÉE [gʀipe] **adj.** ✦ Atteint de la grippe.

GRIPPER [gʀipe] **v.** (conjug. 3a) **I v. tr.** VX Saisir, agripper. ➡ Attraper. **II v. intr.** Se coincer, s'arrêter par manque de lubrifiant. *Le moteur va gripper* (ou pron. *se gripper*) *si on ne le graisse pas.*
ÉTYM. francique *gripan* «empoigner».

GRIPPE-SOU [gʀipsu] **n. m.** ✦ Personne avare qui économise sur tout. ➡ *Des grippe-sous.* ➡ **adj.** *Elle est assez grippe-sou.*
ÉTYM. de *gripper* «saisir» et *sou.*

GRIS, GRISE [gʀi, gʀiz] **adj. et n. m.**
I adj. 1. D'une teinte intermédiaire entre le blanc et le noir. *Les tons gris d'un ciel orageux. Temps gris.* ➡ *Il fait gris,* le ciel est couvert. **2.** *Cheveux gris,* mêlés de cheveux blancs. **3.** loc. *Faire grise mine* à qqn.* **4.** fig. Monotone, morne. SYN. **terne. 5.** Légèrement ivre. *À la fin du repas, il était un peu gris.*
II n. m. 1. Couleur grise. *Gris perle. Gris souris. Gris fer. Gris ardoise. Il est habillé en gris.* **2.** Tabac ordinaire (enveloppé de papier gris). *Fumer du gris.*
ÉTYM. francique *grîs.*

GRISAILLE [gʀizaj] **n. f. 1.** ARTS Peinture en camaïeu gris. **2.** Atmosphère morne, manque d'éclat ou d'intérêt. *La grisaille du quotidien.* CONTR. **éclat, fraîcheur.**

GRISANT, ANTE [gʀizɑ̃, ɑ̃t] **adj.** ✦ Qui grise en exaltant, en surexcitant. SYN. **enivrant, excitant.** *Un parfum grisant.*
ÉTYM. du participe présent de *griser.*

GRISÂTRE [gʀizatʀ] **adj.** ✦ Qui tire sur le gris. *Ciel grisâtre.*

GRISÉ [gʀize] **n. m.** ✦ Teinte grise obtenue par des hachures, un pointillé (sur une gravure, une carte).
ÉTYM. de *griser* «colorer de *gris*».

GRISER [gʀize] **v. tr.** (conjug. 3a) **1.** Rendre un peu ivre. SYN. **enivrer.** *Vin qui grise.* **2.** Mettre dans un état d'excitation physique ou morale comparable aux premières impressions de l'ivresse. SYN. **étourdir.** *Les succès l'ont grisé.* **3.** *SE GRISER* **v. pron.** S'exalter, se repaître. *Se griser de grand air. Se griser de ses propres paroles.*
ÉTYM. de *gris.*

GRISERIE [gʀizʀi] **n. f.** ✦ Excitation. *La griserie du succès. La griserie de la vitesse.*
ÉTYM. de *griser.*

GRISETTE [gʀizɛt] **n. f.** ✦ VX Jeune ouvrière coquette. *Étudiants et grisettes de l'époque romantique.*
ÉTYM. de *griset* «un peu *gris*».

GRIS-GRIS → **GRIGRI**

GRISONNANT, ANTE [gʀizɔnɑ̃, ɑ̃t] **adj.** ✦ Qui grisonne. *Cheveux grisonnants. Tempes grisonnantes.*

GRISONNER [gʀizɔne] **v. intr.** (conjug. 3a) ✦ (poil) Commencer à devenir gris. ➡ Avoir le poil gris par l'effet de l'âge. *Ses cheveux grisonnent.* → **grisonnant.**
► **GRISONNEMENT** [gʀizɔnmɑ̃] **n. m.**
ÉTYM. de *grison* «gris clair» et n. m. «âne», de *gris.*

GRISOU [gʀizu] **n. m.** ✦ Gaz inflammable qui se dégage des mines de houille et explose au contact de l'air. ➡ *COUP DE GRISOU :* explosion de grisou.
► **GRISOUTEUX, EUSE** [gʀizutø, øz] **adj.**
ÉTYM. forme wallone de *(feu) grégeois.*

GRIVE [gʀiv] **n. f.** ✦ Oiseau passereau au plumage brunâtre, au chant mélodieux. ➖ prov. *Faute de grives, on mange des merles :* faute de ce que l'on désire, il faut se contenter de ce que l'on a. ◆ loc. *Être soûl comme une grive.*
ÉTYM. p.-ê. catalan *griva,* latin *cribrum* «crible» à cause des taches ; ou de l'ancien français *grieu* «grec».

GRIVÈLERIE [gʀivɛlʀi] **n. f.** ✦ DR. Délit qui consiste à consommer sans payer, dans un café, un restaurant, un hôtel.
ÉTYM. de *griveler,* vieilli, de *grivel* «crible».

GRIVOIS, OISE [gʀivwa, waz] **adj.** ✦ Qui est d'une gaieté licencieuse. SYN. **égrillard, gaulois.** *Chansons grivoises.*
ÉTYM. de l'ancien argot *grive* «guerre».

GRIVOISERIE [gʀivwazʀi] **n. f.** 1. Caractère grivois. 2. Action ou propos grivois.

GRIZZLI [gʀizli] **n. m.** ✦ Ours des montagnes Rocheuses. *Des grizzlis.* ➖ On écrit aussi *grizzly, des grizzlys.*
ÉTYM. anglais *grizzly bear* «ours griset», de l'ancien français *grisel,* de *gris.*

GRŒNENDAEL [gʀɔ(n)ɛndal] **n. m.** ✦ Chien de berger à longs poils noirs.
ÉTYM. mot flamand, nom de lieu.

GROG [gʀɔg] **n. m.** ✦ Boisson faite d'eau chaude sucrée, de rhum, et de citron. *Des grogs.*
ÉTYM. mot anglais, de *Old Grog,* surnom d'un amiral habillé de gros-grain *(grogram).*

GROGGY [gʀɔgi] **adj.** ✦ anglicisme 1. Étourdi par les coups, qui semble près de s'écrouler. SYN. **sonné.** *Boxeur groggy.* 2. FAM. Étourdi, assommé (par la fatigue, l'ivresse, etc.). *Elles étaient complètement groggys.*
ÉTYM. mot anglais «ivre», de *grog.*

GROGNARD [gʀɔɲaʀ] **n. m.** ✦ Soldat de la vieille garde, sous Napoléon Ier.
ÉTYM. «ils *grognaient,* mais marchaient toujours».

GROGNE [gʀɔɲ] **n. f.** ✦ Mécontentement exprimé par un groupe de personnes. *La grogne des routiers.*
ÉTYM. de *grogner.*

GROGNEMENT [gʀɔɲmɑ̃] **n. m.** ✦ Action de grogner. 1. (animaux) *Le grognement du cochon.* 2. (personnes) *Des grognements de protestation.*

GROGNER [gʀɔɲe] **v. intr.** (conjug. 3a) 1. (cochon, sanglier, ours) Pousser son cri. ➖ Émettre un bruit, un grondement. *Chien qui grogne.* 2. (personnes) Manifester son mécontentement par de sourdes protestations. SYN. **bougonner, grommeler, ronchonner.** *Obéir en grognant. Grogner contre qqn.*
ÉTYM. latin *grunnire,* var. de *grundire* «gronder».

GROGNON, ONNE [gʀɔɲɔ̃, ɔn] **adj.** et **n.** ✦ Qui a l'habitude de grogner, qui est d'une humeur maussade, désagréable. SYN. **bougon.** *Une enfant grognon* (ou *grognonne*). ➖ *Un air grognon.* ➖ **n.** *Un vieux grognon.* SYN. **ronchon.** CONTR. **aimable, gai.**
ÉTYM. de *grogner.*

GROIN [gʀwɛ̃] **n. m.** ✦ Museau du porc, du sanglier, propre à fouir.
ÉTYM. bas latin *grunium,* de *grun(n)ire* → grogner.

GROLLE [gʀɔl] **n. f.** ✦ FAM. Chaussure. ➖ On écrit aussi *grole.*
ÉTYM. latin populaire d'origine inconnue.

GROMMELER [gʀɔm(ə)le] **v.** (conjug. 6a) 1. **v. intr.** Murmurer, se plaindre entre ses dents. SYN. **bougonner, grogner.** *Obéir en grommelant.* 2. **v. tr.** Dire en grommelant. *Grommeler des injures.* SYN. **marmonner.**
ÉTYM. de l'ancien français *grommer,* ancien néerlandais *grommen.*

GROMMELLEMENT [gʀɔmɛlmɑ̃] **n. m.** ✦ Bruit, paroles d'une personne qui grommelle.

GRONDANT, ANTE [gʀɔ̃dɑ̃, ɑ̃t] **adj.** ✦ Qui gronde. *Une foule grondante.*

GRONDEMENT [gʀɔ̃dmɑ̃] **n. m.** ✦ Bruit sourd et prolongé. *Un grondement de tonnerre.*
ÉTYM. de *gronder.*

GRONDER [gʀɔ̃de] **v.** (conjug. 3a) **I v. intr.** 1. Produire un bruit sourd, grave et terrible. *Le canon gronde. Le tonnerre gronde.* 2. fig. Être menaçant, près d'éclater. *L'émeute gronde.* **II v. tr.** Réprimander (notamment un enfant). SYN. **attraper, disputer, tancer.** *Se faire gronder.*
ÉTYM. de *grondir, grondre,* latin *grundire, grunnire* → grogner.

GRONDERIE [gʀɔ̃dʀi] **n. f.** ✦ Réprimande.
ÉTYM. de *gronder.*

GRONDEUR, EUSE [gʀɔ̃dœʀ, øz] **adj.** ✦ Qui gronde, réprimande. *Humeur ; voix grondeuse.* CONTR. **aimable, doux.**

GRONDIN [gʀɔ̃dɛ̃] **n. m.** ✦ Poisson de mer comestible. ➖ appos. *Des rougets grondins.*
ÉTYM. de *gronder,* à cause du bruit qu'il émet.

GROOM [gʀum] **n. m.** ✦ Jeune employé en livrée, chargé de faire les courses, d'ouvrir les portes, dans les hôtels, restaurants, cercles. SYN. **chasseur.** *Des grooms.*
ÉTYM. mot anglais.

GROS, GROSSE [gʀo, gʀos] **adj.** et **n.**
I adj. 1. Qui, dans son genre, dépasse la mesure ordinaire. SYN. **grand ;** → **énorme.** *Un gros nuage. Une grosse vague. Grosse valise.* SYN. **volumineux.** *Grosse voiture.* 2. (personnes) Qui est plus large et plus gras que la moyenne. SYN. **corpulent, empâté, gras, replet, ventripotent.** *Il est gros et gras ; petit et gros. Il est très gros, mais pas obèse. Une grosse femme.* 3. (dimensions relatives) *Gros comme le poing, comme une tête d'épingle :* petit. *Gros comme une baleine, un éléphant :* grand, énorme. 4. Désignant une catégorie de grande taille par rapport à une autre. *Du gros sel. Gros gibier. Le gros intestin et l'intestin grêle.* 5. Qui est temporairement, anormalement gros. *La mer est grosse,* houleuse. *Gros temps,* mauvais temps, sur mer. ◆ VIEILLI (attribut, ou après le nom) *Femme grosse.* SYN. ② **enceinte ;** → **grossesse ; engrosser.** ◆ loc. *Avoir le cœur gros,* avoir du chagrin. 6. *GROS DE,* qui recèle certaines choses en germe. *Un évènement gros de conséquences.* 7. Abondant, important. *Faire de grosses dépenses.* SYN. **excessif.** *Une grosse affaire.* ➖ **n. m.** *Le plus gros est fait.* → **essentiel, principal.** 8. (personnes) *Gros buveur, gros mangeur,* qui boit, mange en grande quantité. SYN. **grand.** ◆ Important par le rang, par la fortune. SYN. **influent, opulent, riche.** *Un gros industriel.* 9. Dont les effets sont importants. SYN. ① **fort, intense.** *Grosse voix,* forte et

A B C D E F G H I J K L M N O P Q R S T U V W X Y Z

grave. *Grosse fièvre.* SYN. **violent.** *De gros ennuis.* SYN. **grave.** 10. Qui manque de raffinement, de finesse, de délicatesse. SYN. **grossier, ordinaire.** *Avoir de gros traits.* FAM. *Une bouteille de gros rouge,* de vin ordinaire. *Grosse plaisanterie.* SYN. **vulgaire.** ➝ *GROS MOT :* mot grossier*. 11. Exagéré, excessif. *C'est un peu gros.* ➝ loc. *C'est gros comme une maison.* 12. (renforce une épithète péj.) *Gros fainéant. Espèce de gros nigaud !* CONTR. **petit · maigre, mince · faible · ② fin ; délicat, distingué.**

II adv. 1. *Écrire gros,* avec de gros caractères. *Ça peut rapporter gros,* beaucoup. *Risquer gros.* ➝ *En avoir gros sur le cœur,* avoir du chagrin, du dépit. 2. *EN GROS* **loc. adv. :** en grandes dimensions. ➝ En grande quantité. *Vente en gros ou au détail.* ◆ Dans les grandes lignes, sans entrer dans les détails. SYN. **grosso modo.**

III n. 1. Personne grosse. *Un bon gros. Un petit gros.* ➝ loc. FAM. *Un gros plein de soupe,* gros et riche. 2. FAM. *LES GROS :* personnes riches, influentes. *Les petits payent pour les gros.* 3. **n. m.** *LE GROS DE :* la plus grande quantité de (qqch.). *Le gros des troupes.* ◆ fig. *Le gros de la tempête,* le plus fort. 4. *Commerce de gros,* d'achat et de vente en grandes quantités (➝ **grossiste**). *Prix de gros.* 5. Gros poisson. *La pêche au gros.*

HOM. GRAU «chenal»

ÉTYM. latin *grossus.*

GROSEILLE [gʀozɛj] **n. f.** 1. Fruit du groseillier, petite baie acide rouge ou blanche, en grappes. *Gelée de groseille.* ➝ *Groseille à maquereau,* baie d'une autre espèce, entrant dans une sauce pour le maquereau. 2. **adjectivt invar.** Rouge vif teinté de rose. *Des coussins groseille.*

ÉTYM. francique *krusil,* de *krus* «crépu».

GROSEILLIER [gʀozeje] **n. m.** ✦ Arbuste cultivé pour ses fruits, les groseilles.

GROS-GRAIN [gʀogʀɛ̃] **n. m.** ✦ Large ruban à côtes, résistant, qui sert à renforcer. *Des gros-grains.*

ÉTYM. de *gros* et *grain.*

GROSSE [gʀos] **n. f.** 1. Copie exécutoire d'un acte notarié ou d'un jugement. 2. Douze douzaines. *Une grosse de boutons. Une grosse d'huîtres.*

ÉTYM. latin médiéval *grossa,* de *grossus* → gros.

GROSSESSE [gʀosɛs] **n. f.** ✦ État d'une femme enceinte. *Pendant sa grossesse. Grossesse à terme. Grossesse extra-utérine.* ➝ *Interruption volontaire de grossesse* (➝ **I. V. G.**). ➝ *Grossesse nerveuse,* signes évoquant la grossesse en l'absence d'embryon.

ÉTYM. de *femme grosse* I, 5.

GROSSEUR [gʀosœʀ] **n. f.** 1. (sens absolu) État d'une personne grosse. SYN. **corpulence, embonpoint ;** ➝ **obésité.** 2. (sens relatif) Volume, dimension. *Trier des œufs selon leur grosseur.* 3. *(Une, des grosseurs)* Enflure visible à la surface de la peau ou sensible au palper. SYN. **① bosse, tumeur.** *Avoir une grosseur à l'aine.* CONTR. **finesse, minceur.**

ÉTYM. de *gros.*

GROSSIER, IÈRE [gʀosje, jɛʀ] **adj.** 1. Qui est de mauvaise qualité ou qui est fait de façon rudimentaire. SYN. **brut, commun, ordinaire.** *Matière grossière. Outil grossier. Une grossière imitation.* SYN. **maladroit.** 2. Qui n'est pas assez élaboré, approfondi. *Description grossière. Je n'en ai qu'une idée grossière.* SYN. **imprécis, sommaire.** 3. Qui manque de finesse, de grâce. SYN. **épais, lourd.** *Visage aux traits grossiers.* 4. Sans éducation ni culture. SYN. **fruste, inculte, primitif.** 5. Qui dénote un esprit peu subtil, peu cultivé. *Une erreur grossière.* 6. *MOT GROSSIER,* qui offense la pudeur, est contraire aux bienséances (→ gros mot). *Gestes grossiers.* SYN. **obscène, vulgaire.** 7. (personnes) Qui manque d'éducation, de politesse. SYN. **discourtois, incorrect, insolent.** *Quel grossier personnage !* CONTR. **délicat, raffiné · civilisé, cultivé, distingué · courtois.**

ÉTYM. de *gros.*

GROSSIÈREMENT [gʀosjɛʀmɑ̃] **adv.** 1. D'une manière grossière. *Bois grossièrement équarri.* SYN. **sommairement.** *Se tromper grossièrement.* SYN. **lourdement.** 2. D'une façon blessante ou inconvenante. *Répondre grossièrement à qqn.*

GROSSIÈRETÉ [gʀosjɛʀte] **n. f.** 1. Ignorance ou mépris des bonnes manières ; action peu délicate, dans les relations sociales. 2. Caractère d'une personne grossière dans son langage. *Il est d'une grossièreté choquante.* 3. Mot, propos grossier. *Dire, débiter des grossièretés.* CONTR. **courtoisie, délicatesse, politesse · correction, distinction.**

ÉTYM. de *grossier.*

GROSSIR [gʀosiʀ] **v.** (conjug. 13) **I v. intr.** 1. (personnes) Devenir gros, plus gros. SYN. **engraisser.** *Il a grossi. Régime qui empêche de grossir.* 2. (choses) Enfler, gonfler. *Le nuage grossit à vue d'œil.* 3. Augmenter en nombre, en importance, en intensité. *La foule des badauds grossissait.* **II v. tr.** 1. Faire paraître gros, plus gros. *Ce pull te grossit. Ce microscope grossit mille fois.* 2. Rendre plus nombreux, plus important en venant s'ajouter. SYN. **renforcer.** *Il alla grossir le nombre des mécontents.* 3. Amplifier, exagérer. SYN. **dramatiser.** *On a grossi l'affaire à des fins politiques.* CONTR. **maigrir · rapetisser · amincir · minimiser.**

ÉTYM. de *gros* (I).

GROSSISSANT, ANTE [gʀosisɑ̃, ɑ̃t] **adj.** ✦ Qui fait paraître plus gros. *Verre grossissant.*

ÉTYM. de *grossir.*

GROSSISSEMENT [gʀosismɑ̃] **n. m.** 1. Fait de devenir gros ; augmentation de volume. *Le grossissement anormal d'une personne.* 2. Accroissement apparent, grâce à un instrument. *Télescope à fort grossissement.* 3. Amplification, exagération. *Le grossissement d'un fait divers.* CONTR. **amaigrissement · réduction.**

ÉTYM. de *grossir.*

GROSSISTE [gʀosist] **n.** ✦ Marchand en gros, intermédiaire entre le détaillant et le producteur ou le fabricant.

ÉTYM. de *gros.*

GROSSO MODO [gʀosomɔdo] **loc. adv.** ✦ En gros, sans entrer dans le détail. *Voici, grosso modo, nos objectifs.* CONTR. **précisément.**

ÉTYM. latin médiéval «d'une manière grosse».

GROTESQUE [gʀɔtɛsk] **n. et adj.**

I n. f. pl. ARTS Ornements faits de compositions fantaisistes, de figures caricaturales. *De belles grotesques italiennes. Peintre de grotesques.*

II adj. 1. Risible par son apparence bizarre, caricaturale. SYN. **burlesque, extravagant.** *Un personnage grotesque. Accoutrement grotesque.* 2. Qui prête à rire (sans idée de bizarrerie). SYN. **ridicule.** *Une idée grotesque.* 3. **n. m.** Caractère grotesque. ◆ Le comique de

caricature poussé jusqu'au fantastique, à l'irréel.
ÉTYM. italien *grottesca*, de *grotta* «grotte».

GROTESQUEMENT [gʀɔtɛskəmɑ̃] **adv.** ✦ D'une manière grotesque. *Être grotesquement accoutré.*

GROTTE [gʀɔt] **n. f.** ✦ Cavité de grande taille dans le rocher, le flanc d'une montagne. SYN. **caverne** ; → **spéléo-**. *Grottes préhistoriques*, ayant servi d'abri aux premiers hommes. *La grotte de Lascaux.*
ÉTYM. italien *grotta*, latin *crypta*, du grec.

GROUILLANT, ANTE [gʀujɑ̃, ɑ̃t] **adj.** 1. Qui grouille, remue en masse confuse. *Foule grouillante.* 2. Qui grouille (de...). *Une rue grouillante de monde.*

GROUILLEMENT [gʀujmɑ̃] **n. m.** ✦ État de ce qui grouille.

GROUILLER [gʀuje] **v. intr.** (conjug. 3a) 1. VX OU RÉGIONAL Bouger, se remuer. 2. Remuer, s'agiter en masse confuse, en parlant d'éléments nombreux. *Les pucerons grouillent sur cette plante.* 3. (sujet chose) Présenter une agitation confuse ; être plein de, abonder en (éléments qui s'agitent). *Quartier qui grouille de monde.* 4. *SE GROUILLER* **v. pron.** FAM. Se dépêcher, se presser. *Grouille-toi !*
ÉTYM. de l'ancien français *grouler*, peut-être de *crouler* «agiter».

GROUILLOT [gʀujo] **n. m.** ✦ Garçon de course, coursier (spécialt, à la Bourse).
ÉTYM. de *grouiller*, 1.

① **GROUPAGE** [gʀupaʒ] **n. m.** ✦ Action de réunir des colis ayant une même destination.
ÉTYM. de *grouper*.

② **GROUPAGE** [gʀupaʒ] **n. m.** ✦ MÉD. Détermination du groupe sanguin.
ÉTYM. de *groupe*.

GROUPE [gʀup] **n. m.** 1. Réunion de plusieurs personnes dans un même lieu. *Former un groupe.* → **attroupement.** 2. Ensemble de personnes ayant qqch. en commun. *Groupe ethnique. Psychologie de groupe. Travail en groupe. Groupe parlementaire* (d'un même parti). *Groupe littéraire.* → **cénacle.** – *Groupe financier* (contrôlant plusieurs entreprises). – *Groupe de pression.* → anglicisme **lobby.** ◆ Petit orchestre. *Un bon groupe de rock.* 3. MILIT. Unité de combat, dans l'infanterie (élément de la *section*), et dans l'armée de l'air. 4. Ensemble. *Des groupes d'arbres. Groupe de mots. Groupe nominal*, groupe verbal* (constituants de la phrase). – (éléments techniques) *Groupe électrogène.* – *GROUPE SCOLAIRE* : ensemble des bâtiments d'une école communale. 5. dans une classification *GROUPES SANGUINS*, permettant la classification des individus selon la composition (antigènes, anticorps) de leur sang. *Groupe AB* (receveurs universels) ; *groupe 0* (donneurs universels). ◆ *Les trois groupes des verbes français*, répartis selon leur conjugaison, dans la grammaire traditionnelle. *«Chanter», verbe du 1er groupe.* 6. MATH. Structure algébrique associant à un ensemble une loi de composition interne, associative, ayant un élément neutre unique et par laquelle tout élément a un symétrique. *L'ensemble des réels muni de la loi d'addition forme un groupe* (ℝ, +).
ÉTYM. italien *gruppo* «nœud», du francique *kruppa* «masse ronde».

GROUPEMENT [gʀupmɑ̃] **n. m.** 1. Action de grouper ; fait d'être groupé. SYN. **assemblage, rassemblement.** *Le groupement de l'habitat rural.* 2. Réunion importante (de personnes ou de choses). SYN. **association.** *Groupement syndical.* → **fédération.** CONTR. **dispersion • division.**

GROUPER [gʀupe] **v. tr.** (conjug. 3a) 1. (surtout abstrait) Mettre ensemble. SYN. **assembler, réunir.** – au p. passé *Lignes téléphoniques groupées.* 2. *SE GROUPER* **v. pron.** *Groupez-vous par trois. Se grouper autour d'un chef.* SYN. **se rassembler.** CONTR. **disperser, diviser, séparer.**
ÉTYM. de *groupe*.

GROUPIE [gʀupi] **n.** ✦ anglicisme Jeune admirateur (souvent admiratrice) inconditionnel(le) d'un chanteur, d'un groupe ; par ext. d'une personne. SYN. **fan.**
ÉTYM. mot américain, de *group* «groupe».

GROUPUSCULE [gʀupyskyl] **n. m.** ✦ péj. Petit groupe politique.
ÉTYM. de *groupe*, suffixe de *minuscule*.

GROUSE [gʀuz] **n. f.** ✦ anglicisme Coq de bruyère d'Écosse.
ÉTYM. mot anglais d'Écosse.

GRUAU [gʀyo] **n. m.** 1. Grains de céréales broyés et privés de son. *Potage au gruau d'avoine.* 2. Fine fleur de froment. *Pain de gruau.*
ÉTYM. ancien français *gru*, francique *grut*.

GRUE [gʀy] **n. f.** I 1. Oiseau échassier migrateur qui vole par bandes. – loc. *FAIRE LE PIED DE GRUE* : attendre longtemps debout. 2. VX et FAM. Femme légère et vénale. ◆ Terme injurieux à l'égard d'une femme. II 1. Machine de levage et de manutention. → **chèvre** ; **grutier.** *Grue de chantier, de port.* 2. *Grue de prise de vues* : appareil articulé permettant les mouvements de caméra.
ÉTYM. latin populaire *grua*, classique *grus*.

GRUGER [gʀyʒe] **v. tr.** (conjug. 5) ✦ LITTÉR. Duper (qqn) en affaires ; le dépouiller. SYN. **spolier,** ② **voler.** *Il s'est fait gruger par son associé.*
ÉTYM. néerlandais *gruizen* «écraser», du francique *grut* → gruau.

GRUME [gʀym] **n. f.** ✦ *Bois de grume*, encore couvert de son écorce. ◆ Tronc d'arbre non encore équarri.
ÉTYM. bas latin *gruma*, classique *gluma* «pellicule, balle (des grains)».

GRUMEAU [gʀymo] **n. m.** ✦ Petite masse coagulée (dans un liquide, une pâte).
ÉTYM. latin populaire *grumellus*, classique *grumulus* «petite motte (*grumus*)».

GRUMELEUX, EUSE [gʀym(ə)lø, øz] **adj.** 1. Qui présente des grumeaux. *Potage grumeleux.* 2. Qui présente des granulations. *Une peau grumeleuse.*
ÉTYM. de *grumel*, ancienne forme de *grumeau*.

GRUNGE [gʀœnʒ] **n. m.** et **adj.** ✦ anglicisme Style musical issu du rock et du punk. *Le grunge est apparu dans les années 1990.* – **adj.** *Style grunge. Musique grunge. Des groupes grunges* ou *grunge* (invar.).
ÉTYM. mot anglais, d'abord «crasse, saleté».

GRUTIER [gʀytje] **n. m.** ✦ Ouvrier ou mécanicien qui manœuvre une grue.
ÉTYM. de *grue*, II.

GRUYÈRE [gʀyjɛʀ] **n. m.** ✦ Fromage de lait de vache, à pâte cuite et formant des trous. *Gruyère râpé.*
ÉTYM. n. d'une région du canton de Fribourg, Suisse.

GUANINE [gwanin] **n. f.** ✦ CHIM. Base azotée, l'une des quatre qui entrent dans la composition des acides nucléiques (A. D. N. et A. R. N.).
ÉTYM. de *guano.*

GUANO [gwano] **n. m.** ✦ Engrais à base d'excréments d'oiseaux de mer, ou, par ext., de débris animaux.
ÉTYM. mot espagnol d'Amérique, du quechua *huano* «engrais».

GUARANI, IE [gwaʀani] **adj.** et **n.** ✦ D'une population indienne d'Amérique du Sud (Brésil, Paraguay, Argentine...). *La culture guaranie.* ➖ **n.** *Les Guaranis* (☞ noms propres). ◆ **n. m.** *Le guarani,* langue apparentée au tupi.
ÉTYM. mot guarani.

GUÉ [ge] **n. m.** ✦ Endroit d'une rivière où l'on peut traverser à pied. → **passage.** ➖ *À GUÉ* **loc. adv.** *Traverser à gué.*
ÉTYM. francique *wad,* même famille que latin *vadum.*

GUELTE [gɛlt] **n. f.** ✦ VIEILLI Pourcentage touché par un employé de commerce sur les ventes qu'il effectue. SYN. **boni, commission,** ② **prime.**
ÉTYM. allemand *Geld* «argent».

GUENILLE [gənij] **n. f. 1.** (surtout plur.) Vêtement vieux et déchiré. SYN. **haillon, loque.** ➖ *EN GUENILLES.* → **déguenillé. 2.** LITTÉR. Chose vile, méprisable.
ÉTYM. de *guenipe,* du verbe dialectal *guener* «mouiller, salir», gaulois *wadana* «eau».

GUENON [gənɔ̃] **n. f.** ✦ Femelle du singe.
ÉTYM. peut-être de *guenipe* → guenille, allusion à la longue queue qui traîne.

GUÉPARD [gepaʀ] **n. m.** ✦ Félin voisin de la panthère, au pelage tacheté de noir, haut sur pattes.
ÉTYM. adapt. de l'italien *gattopardo* «chat léopard».

GUÊPE [gɛp] **n. f. 1.** Insecte hyménoptère, dont la femelle porte un aiguillon venimeux. *Piqûre de guêpe.* ➖ *Taille de guêpe,* très fine. **2.** loc. *Pas folle, la guêpe !* il (elle) a trop de ruse pour se laisser tromper.
ÉTYM. croisement du latin *vespa* et du francique *waspa.*

GUÊPIER [gepje] **n. m. 1.** Nid de guêpes. *Enfumer un guêpier.* **2.** Affaire dangereuse, piège. *Se fourrer dans un guêpier.*

GUÊPIÈRE [gɛpjɛʀ] **n. f.** ✦ Corset très serré.
ÉTYM. de *(taille de) guêpe.*

GUÈRE [gɛʀ] **adv.** ✦ *NE... GUÈRE* **1.** Pas beaucoup, pas très. SYN. **peu.** *Vous n'êtes guère raisonnable. Je n'ai guère de courage. Il ne va guère mieux. Cela ne se dit guère, plus guère. Il n'y a guère de temps.* → **naguère.** ➖ (avec *NE... QUE*) *Il n'y a guère que deux heures qu'il est parti.* **2.** Pas longtemps. *La paix ne dura guère.* ➖ Pas souvent, presque jamais. SYN. **rarement.** *On ne le voit guère.* CONTR. **beaucoup, très · longtemps ; souvent.** HOM. GUERRE «lutte»
ÉTYM. francique *waigaro* «beaucoup».

GUÉRET [geʀɛ] **n. m.** ✦ Terre labourée et non ensemencée. ◆ par ext. Jachère.
ÉTYM. latin *vervactum* «jachère», de *vervagere* «défricher».

GUÉRIDON [geʀidɔ̃] **n. m.** ✦ Petite table ronde ou ovale, généralement à pied central.
ÉTYM. nom d'un personnage de farce.

GUÉRILLA [geʀija] **n. f.** ✦ Guerre de harcèlement, de coups de main. *Guérilla urbaine. Des guérillas.*
ÉTYM. espagnol *guerrilla,* diminutif de *guerra* «guerre».

GUÉRILLÉRO [geʀijeʀo] **n. m.** ✦ Celui qui se bat dans une guérilla. *Des guérilléros.*
ÉTYM. espagnol *guerrillero,* de *guerrilla.*

GUÉRIR [geʀiʀ] **v.** (conjug. 13) **I v. tr. 1.** Délivrer d'un mal physique ; rendre la santé à (qqn). *Le médecin, le traitement a fini par guérir le malade.* ◆ Faire cesser (une maladie). *Ce sirop guérit la toux.* **2.** fig. Délivrer d'un mal moral. *Il faut le guérir de cette mauvaise habitude.* SYN. **débarrasser. II v. intr. 1.** Recouvrer la santé. SYN. **se rétablir.** *Elle a vite guéri.* ◆ (de la maladie) Disparaître. *Mon rhume ne veut pas guérir.* **2.** fig. *Sa souffrance, sa passion ne peut pas guérir* (→ **inguérissable**). **III** *SE GUÉRIR* **v. pron. 1.** Se délivrer (d'un mal physique). *Elle s'est guérie de sa bronchite.* **2.** fig. Se délivrer (d'une imperfection morale, d'une mauvaise habitude). *Il finira par se guérir de cette manie, de ses préjugés.* SYN. **se corriger, se débarrasser.** CONTR. **détraquer ; aggraver.**
► **GUÉRI, IE p. passé 1.** Rétabli d'un mal physique. *Elle est complètement guérie de sa grippe.* **2.** fig. *Être guéri de,* ne plus vouloir de... pour l'avoir expérimenté. SYN. **revenu** de. *L'amour, il en est guéri !*
ÉTYM. francique *warjan* «protéger».

GUÉRISON [geʀizɔ̃] **n. f.** ✦ Fait de guérir. SYN. **rétablissement.** *Malade en voie de guérison.* CONTR. **aggravation.**
ÉTYM. de *guérir.*

GUÉRISSABLE [geʀisabl] **adj.** ✦ (maladie, personne) Qui peut être guéri. CONTR. **incurable, inguérissable.**

GUÉRISSEUR, EUSE [geʀisœʀ, øz] **n.** ✦ Personne qui soigne les malades sans avoir la qualité officielle de médecin, et par des procédés non reconnus par la médecine. SYN. **rebouteux.**
ÉTYM. de *guérir.*

GUÉRITE [geʀit] **n. f. 1.** Abri d'une sentinelle. **2.** Baraque aménagée pour abriter un travailleur, faire office de bureau sur un chantier, etc.
ÉTYM. ancien français *garrette,* de *garir* «protéger», ancienne forme de *guérir.*

GUERRE [gɛʀ] **n. f. I 1.** Lutte armée entre États, considérée comme un phénomène historique et social. *Déclarer la guerre à un pays.* prov. *Si tu veux la paix, prépare la guerre.* ➖ *Faire la guerre. Soldat qui va à la guerre.* ➖ loc. *Le nerf de la guerre,* l'argent. ➖ *EN GUERRE :* en état de guerre. *Entrer en guerre contre un pays voisin. Des pays en guerre.* ➖ *DE GUERRE. Le correspondant de guerre d'un journal. Blessé, prisonnier de guerre. Navire de guerre.* ➖ prov. *À la guerre comme à la guerre :* il faut accepter les inconvénients qu'imposent les circonstances. ◆ *Nom de guerre :* pseudonyme. **2.** Les questions militaires ; l'organisation des armées (en temps de paix comme en temps de guerre). *Conseil de guerre.* **3.** Conflit particulier, localisé dans l'espace et dans le temps. SYN. **conflit, hostilité.** *Gagner, perdre une guerre. La Grande Guerre, la guerre de 14* (1914). *La drôle de guerre :* pour les Français, la période de guerre qui précéda l'invasion allemande en France (septembre 1939-mai 1940). *Une guerre de libération, de conquête. Guerre de partisans.* → **guérilla.** ◆ *Guerre sainte,* que mènent les fidèles d'une religion au nom de leur foi. → **croisade, djihad.** *Guerres de religion.* ◆ *GUERRE CIVILE :* lutte armée entre groupes et citoyens

d'un même État. → **révolution.** 4. Lutte n'allant pas jusqu'au conflit armé. *Guerre économique.* ➝ loc. *Guerre des nerfs,* visant à briser la résistance morale de l'adversaire. ➝ *Guerre froide*.* **II** 1. Lutte. *Vivre en guerre avec tout le monde. Faire la guerre à qqn.* → **combattre.** 2. loc. *DE GUERRE LASSE :* en renonçant à résister, par lassitude. ➝ *C'est de bonne guerre,* légitime, sans hypocrisie. CONTR. **paix ; concorde, entente.** HOM. GUÈRE «pas beaucoup»
ÉTYM. francique *werra.*

GUERRIER, IÈRE [gɛʀje, jɛʀ] **n.** et **adj.**
I n., ancienn Personne dont le métier était de faire la guerre. SYN. **soldat.** *Les guerriers romains.* ♦ Homme de guerre, soldat. *La psychologie du guerrier.* loc. fig. *Le repos du guerrier,* de l'homme, auprès d'une femme. CONTR. **pacifiste.**
II adj. 1. LITTÉR. Relatif à la guerre. SYN. **militaire.** *Chant guerrier.* 2. Qui aime la guerre. SYN. **belliqueux.** *Un peuple guerrier.* CONTR. **pacifique.**

GUERROYER [gɛʀwaje] **v. intr.** (conjug. 10) ✦ HIST. ou LITTÉR. Faire la guerre (contre qqn). *Le seigneur guerroyait contre ses vassaux.*

GUET [gɛ] **n. m.** 1. Action de guetter. *Faire le guet.* 2. ancienn Surveillance exercée de nuit par la troupe ou la police. 3. HIST. Patrouille, garde chargée de cette surveillance. HOM. GAI «joyeux», GAY «homosexuel»
ÉTYM. de *guetter.*

GUET-APENS [gɛtapɑ̃] **n. m.** 1. Fait d'attendre qqn dans un endroit afin de l'attaquer par surprise. SYN. **piège.** *Attirer qqn dans un guet-apens. Tomber dans un guet-apens.* 2. Machination perfidement préparée en vue de nuire gravement à qqn. SYN. **embûche, traquenard.** *Des guets-apens.*
ÉTYM. altération de *de guet apensé,* ancien français *apenser* «préméditer».

GUÊTRE [gɛtʀ] **n. f.** ✦ Enveloppe de tissu ou de cuir qui recouvre le haut de la chaussure et le bas de la jambe. *Une paire de guêtres.* ➝ loc. fig. *Traîner ses guêtres* (quelque part) : flâner, errer sans but précis.
ÉTYM. peut-être francique *wrist* «cheville».

GUETTER [gete] **v. tr.** (conjug. 3a) 1. Observer en cachette pour surprendre. *Guetter l'ennemi. Le chat guette la souris.* 2. Attendre avec impatience (qqn, qqch.) en étant attentif à ne pas (le) laisser échapper. *Guetter une occasion favorable. Je guetterai ton signal. Guetter la place de qqn.* SYN. **convoiter, guigner.** 3. (sujet chose) Menacer. *La ruine le guette.* HOM. GAIETÉ «joie»
ÉTYM. francique *wahtôn* «surveiller».

GUETTEUR, EUSE [getœʀ, øz] **n.** ✦ Personne chargée de surveiller et de donner l'alerte. SYN. **sentinelle.** *Guetteurs postés au sommet d'une tour.*

GUEULANTE [gœlɑ̃t] **n. f.** ✦ FAM. 1. Clameur de protestation ou d'acclamation. 2. *Pousser une gueulante :* se mettre en colère, s'emporter.
ÉTYM. de *gueuler.*

① **GUEULARD** [gœlaʀ] **n. m.** ✦ Ouverture supérieure d'un haut-fourneau, d'une chaudière (de locomotive, de bateau).
ÉTYM. de *gueule,* IV.

② **GUEULARD, ARDE** [gœlaʀ, aʀd] **adj.** **I** FAM. Qui a l'habitude de gueuler, de parler haut et fort. ➝ **n.** *Faites taire ce gueulard !* SYN. **braillard.** **II** RÉGIONAL Gourmand.

GUEULE [gœl] **n. f.** **I** Bouche (d'animaux, surtout carnassiers). *La gueule d'un chien, d'un reptile.* ➝ loc. *SE JETER DANS LA GUEULE DU LOUP :* aller au-devant d'un danger certain, avec imprudence. **II** FAM. Bouche humaine. 1. (La bouche servant à parler ou crier) *(Ferme) ta gueule ! :* tais-toi ! *Un fort en gueule. Coup de gueule :* vive protestation, engueulade*. ➝ *Une grande gueule :* qqn qui parle très fort et avec autorité (→ **braillard,** ② **gueulard**) ou encore qui est plus fort en paroles qu'en actes. 2. (La bouche servant à manger) *Piment qui emporte la gueule.* ➝ loc. *AVOIR LA GUEULE DE BOIS :* avoir la bouche empâtée et la tête lourde après avoir trop bu. ➝ *Une fine gueule,* un gourmet. **III** FAM. 1. Figure, visage. SYN. **tête.** *Il a une bonne gueule, une sale gueule.* ➝ loc. *Faire la gueule :* bouder, faire la tête. ➝ *Se casser la gueule :* tomber. *Casser la gueule à qqn,* le frapper. ➝ ARGOT MILIT. *Une gueule cassée :* un mutilé de guerre, blessé au visage. ➝ ARGOT DU NORD *Les gueules noires :* les mineurs. 2. Aspect, forme d'un objet. SYN. **allure.** *Ce chapeau a une drôle de gueule.* ➝ *Ce tableau a de la gueule,* il fait grand effet. **IV** Ouverture par laquelle entre ou sort qqch. *La gueule d'un haut-fourneau* (SYN. ① **gueulard**), *d'un canon.*
ÉTYM. var. de *goule, gole,* latin *gula* «gosier, gorge».

GUEULE-DE-LOUP [gœldəlu] **n. f.** ✦ Plante ornementale dont la fleur s'ouvre comme une gueule. *Des gueules-de-loup.*

GUEULER [gœle] **v.** (conjug. 3a) ✦ FAM. **I v. intr.** 1. Chanter, crier, parler très fort. *Ne gueule pas si fort, je ne suis pas sourd.* SYN. **hurler.** ♦ *Faire gueuler sa radio.* SYN. **beugler, brailler.** 2. Protester bruyamment. *Il va encore gueuler.* SYN. **rouspéter.** **II v. tr.** Proférer en criant. *Gueuler des ordres.*
ÉTYM. de *gueule.*

GUEULES [gœl] **n. f. pl.** ✦ La couleur rouge, en blason.
ÉTYM. des morceaux de fourrure de martre, roux ou teints en rouge, prélevés sur le gosier de l'animal, qui servaient d'ornement.

GUEULETON [gœltɔ̃] **n. m.** ✦ FAM. Très bon repas, copieux, et souvent gai. *Faire un petit gueuleton.*
ÉTYM. de *gueule.*

GUEUX, GUEUSE [gø, gøz] **n.** 1. VX Personne qui vit d'aumônes. SYN. **mendiant, miséreux.** 2. *GUEUSE* **n. f.** VIEILLI Femme de mauvaise vie. loc. *Courir la gueuse :* se débaucher.
ÉTYM. origine obscure, peut-être germanique (ancien néerlandais *guit* «coquin»).

GUI [gi] **n. m.** ✦ Plante parasite à baies blanches qui vit sur les branches de certains arbres. *S'embrasser sous le gui* (à l'occasion du nouvel an).
ÉTYM. latin *viscum.*

GUIBOLLE ou **GUIBOLE** [gibɔl] **n. f.** ✦ FAM. Jambe.
ÉTYM. du normand *guibone, guibon,* du verbe *giber* «secouer ses membres, gigoter».

GUICHE [giʃ] **n. f.** ✦ Mèche de cheveux bouclée et plaquée sur le front, les tempes. SYN. **accroche-cœur.**
ÉTYM. peut-être francique *whitig* «lien d'osier».

GUICHET [giʃɛ] n. m. 1. Petite ouverture, pratiquée dans une porte, un mur et par laquelle on peut parler à qqn. *Guichet grillagé.* → **judas.** 2. Petite ouverture par laquelle le public communique avec les employés d'une administration, d'un bureau. *Faire la queue au guichet de la poste.* – loc. *Jouer à guichets fermés,* en ayant vendu toutes les places avant la représentation, le match. ♦ *Guichet automatique d'une banque* (→ **billetterie**).
ÉTYM. peut-être ancien nordique *vik* «cachette».

GUICHETIER, IÈRE [giʃ(ə)tje, jɛʀ] n. ✦ Personne préposée à un guichet.

GUIDAGE [gidaʒ] n. m. ✦ Action de guider. – spécialt Aide apportée aux avions en vol par des stations radioélectriques. → **radioguidage.**

GUIDE [gid] n. I 1. Personne qui accompagne pour montrer le chemin. *Servir de guide à qqn.* SYN. **cicérone.** – *Un, une guide de montagne :* alpiniste professionnel diplômé. – *Le guide du musée. Suivez le guide !* 2. Celui, celle qui conduit d'autres personnes dans la vie, les affaires. SYN. ① **conseiller, mentor.** *Guide spirituel.* – (en parlant d'une chose) *N'avoir d'autre guide que sa fantaisie.* 3. n. m. Ouvrage contenant des renseignements utiles. *Le guide des bons vins.* – Description d'une région, d'un pays à l'usage des voyageurs. *Guide touristique.* II n. f. Jeune fille appartenant à un mouvement féminin de scoutisme. III 1. n. f. (souvent au plur.) Lanière de cuir qui sert à diriger un cheval attelé. – loc. fig. *Mener la vie à grandes guides :* mener grand train. 2. n. m. TECHN. Objet ou système servant à guider (un outil, des radiations, etc.). *Guide d'ondes.*
ÉTYM. ancien provençal *guida* (de *guidar* «conduire») ou italien *guida,* mots germaniques.

GUIDER [gide] v. tr. (conjug. 3a) 1. Accompagner en montrant le chemin. SYN. **conduire, piloter.** *Guider un touriste.* 2. Faire aller dans une certaine direction. SYN. **diriger, mener.** – au p. passé *Bateau, avion guidé par radio.* → **téléguidé.** 3. (sujet chose) Mettre sur la voie, aider à reconnaître le chemin. *Les étoiles les guidaient.* 4. fig. Entraîner dans une certaine direction morale, intellectuelle ; aider à choisir. SYN. ② **conseiller, éclairer, orienter.** *Guider un enfant dans le choix d'une carrière. Il se laisse guider par son flair.* 5. SE GUIDER (SUR) v. pron. Se diriger (d'après qqch. que l'on prend pour repère). *Se guider sur le soleil.* SYN. se **repérer.** – *Se guider sur l'exemple de qqn.* CONTR. **égarer ; tromper.**
ÉTYM. réfection, d'après *guide,* de l'ancien français *guier,* francique *witan.*

GUIDON [gidɔ̃] n. m. I Saillie à l'extrémité du canon d'une arme (extrémité de la ligne de mire). II COUR. Tube de métal muni de poignées qui commande la roue directrice d'une bicyclette, d'une motocyclette. *Un guidon de course.*
ÉTYM. de *guider.*

① **GUIGNE** [giɲ] n. f. 1. Petite cerise rouge foncé ou noire, à chair ferme et sucrée. 2. loc. fam. *SE SOUCIER DE qqn, qqch. COMME D'UNE GUIGNE,* très peu, pas du tout.
ÉTYM. de l'ancien français *guine,* peut-être d'origine germanique (francique *wihsila* «cerise»).

② **GUIGNE** [giɲ] n. f. ✦ FAM. Malchance. *Avoir la guigne.* SYN. **poisse.** *Quelle guigne !*
ÉTYM. de *guigner.*

GUIGNER [giɲe] v. tr. (conjug. 3a) 1. Regarder à la dérobée. *Guigner le jeu du voisin.* SYN. **lorgner.** 2. fig. Considérer avec convoitise. SYN. **guetter.** *Guigner une place.*
ÉTYM. peut-être francique *wingjan* «faire signe».

GUIGNIER [giɲje] n. m. ✦ RÉGIONAL Cerisier qui produit des guignes.
ÉTYM. de ① *guigne.*

GUIGNOL [giɲɔl] n. m. I 1. Marionnette à gaine de la tradition lyonnaise. – Personnage caricatural et comique. 2. Personne volontairement comique ou ridicule. SYN. **pantin.** *Arrête de faire le guignol.* SYN. **pitre.** II Théâtre de marionnettes, dont Guignol est le héros.
ÉTYM. nom propre lyonnais, dérivé de *guigner :* «celui qui cligne de l'œil». ☞ GUIGNOL (noms propres).

GUILDE [gild] n. f. 1. Au Moyen Âge, Association de secours mutuel entre marchands, artisans, bourgeois. 2. Association qui procure à ses adhérents des conditions d'achat particulières. – On écrit aussi *ghilde.*
ÉTYM. latin médiéval *gilda,* mot germanique (ancien néerlandais, ancien nordique).

GUILI [gili] interj. ✦ FAM. Onomatopée (souvent répétée) évoquant le chatouillement. *Faire guili guili à qqn,* le chatouiller. ♦ n. m. Chatouillement. *Faire des guilis à un bébé.*
ÉTYM. onomatopée.

GUILLEDOU [gij(ə)du] n. m. ✦ loc. FAM. *COURIR LE GUILLEDOU :* aller en quête d'aventures galantes.
ÉTYM. peut-être de l'ancien français *guiller* «tromper» et de *doux.*

GUILLEMET [gijmɛ] n. m. ✦ surtout au plur. Signe typographique («...») qu'on emploie pour isoler un mot, un groupe de mots, etc., cités, rapportés, ou simplement mis en valeur. *Ouvrez, fermez les guillemets. Mettre une citation entre guillemets.*
ÉTYM. peut-être diminutif de *Guillaume,* nom ou prénom d'un imprimeur.

GUILLERET, ETTE [gijʀɛ, ɛt] adj. ✦ Qui manifeste une gaieté vive, insouciante. SYN. **frétillant, fringant.** *Il est tout guilleret.* – *Être d'humeur guillerette.* SYN. **réjoui.** CONTR. **accablé, maussade.**
ÉTYM. peut-être de l'ancien français *guiller* «tromper», de *guile,* francique *wigila* «ruse».

GUILLOCHER [gijɔʃe] v. tr. (conjug. 3a) ✦ Orner de traits gravés en creux et entrecroisés. – au p. passé *Un boîtier de montre guilloché.*
ÉTYM. italien *ghiocciare,* de *gocciare,* de *goccia* «goutte (ornement)».

GUILLOCHURE [gijɔʃyʀ] n. f. ✦ Trait gravé sur un objet guilloché. *Les guillochures d'un bijou.*

GUILLOTINE [gijɔtin] n. f. 1. En France, Instrument de supplice qui servait à trancher la tête des condamnés à mort. *Dresser la guillotine sur l'échafaud.* 2. *Fenêtre à guillotine,* dont le châssis glisse verticalement entre deux rainures.
ÉTYM. de *Guillotin* (☞ noms propres), nom du médecin qui améliora l'invention du docteur Louis.

GUILLOTINER [gijɔtine] v. tr. (conjug. 3a) ✦ Faire mourir par le supplice de la guillotine. → **décapiter.** *Louis XVI fut guillotiné.*

GUIMAUVE [gimov] **n. f.** 1. Plante à haute tige, à fleurs d'un blanc rosé, qui pousse dans les terrains humides. *Guimauve rose* : rose trémière. 2. *(Pâte de) guimauve* : pâte comestible molle et sucrée. 3. **fig.** Niaiserie sentimentale. *Ce film c'est de la guimauve.*
ÉTYM. *gui-*, du latin *hibiscum*, grec *hibiskos* ; *malve, mauve*, du latin *malva* «mauve».

GUIMBARDE [gɛ̃baʀd] **n. f.** 1. Petit instrument de musique rudimentaire que l'on place dans la bouche. 2. Vieille voiture délabrée. SYN. **tacot.**
ÉTYM. provençal, peut-être de *guimba* «sauter».

GUIMPE [gɛ̃p] **n. f.** 1. Pièce de toile qui couvre la tête, encadre le visage des religieuses. 2. Corsage ou plastron léger porté sous une robe décolletée.
ÉTYM. de l'ancien français *guimple*, francique *wimpil*.

GUINDÉ, ÉE [gɛ̃de] **adj.** ✦ Qui manque de naturel, a de la raideur. SYN. **contraint.** *Avoir un air guindé dans ses vêtements neufs. Style guindé.* CONTR. **décontracté, naturel.**
ÉTYM. de *guinder* → guindeau.

GUINDEAU [gɛ̃do] **n. m.** ✦ MAR. Treuil à axe horizontal qui sert à manœuvrer les ancres.
ÉTYM. de *guinder*, anc. nordique *vinda* «enrouler».

de GUINGOIS [d(ə)gɛ̃gwa] **loc. adv.** ✦ FAM. De travers. SYN. **obliquement.** *S'asseoir de guingois.*
ÉTYM. de l'anc. v. *g(u)inguer* «sauter», de *giguer*.

GUINGUETTE [gɛ̃gɛt] **n. f.** ✦ Café populaire où l'on consomme et où l'on danse, souvent en plein air.
ÉTYM. peut-être de l'ancien français *guinguer*, de *giguer* «sauter».

GUIPER [gipe] **v. tr.** (conjug. 3a) ✦ TECHN. Entourer (un fil électrique) d'un isolant. → **gainer.**
ÉTYM. francique *wîpan* «envelopper».

GUIPURE [gipyʀ] **n. f.** ✦ Dentelle dont les motifs sont séparés par de grands vides. *Un col de guipure.*
ÉTYM. de *guiper* «entourer d'étoffe».

GUIRLANDE [giʀlɑ̃d] **n. f.** ✦ Cordon décoratif de végétaux naturels ou artificiels, de papier découpé, etc. *Une guirlande de fleurs.*
ÉTYM. italien *ghirlanda*.

GUISE [giz] **n. f.** **I** *À SA GUISE* **loc. adv.** : selon son goût, sa volonté propre. *Chacun vit à sa guise*, à son gré, à sa fantaisie. *À ta guise* : comme tu voudras. – *Il n'en fait qu'à sa guise*, à sa tête. **II** *EN GUISE DE* **loc. prép.** : pour tenir lieu de, comme (mais moins bien). *On lui a donné ce petit cadeau en guise de consolation.* SYN. **à titre** de. – À la place de. *Un simple ruban en guise de cravate.*
ÉTYM. germanique *wisa* «manière».

GUITARE [gitaʀ] **n. f.** ✦ Instrument de musique à cordes que l'on pince avec les doigts ou avec un petit instrument (le plectre). – *Guitare électrique*, à son amplifié.
ÉTYM. espagnol *guitarra*, grec *kithara* → cithare.

GUITARISTE [gitaʀist] **n.** ✦ Personne qui joue de la guitare.

GUITOUNE [gitun] **n. f.** ✦ FAM. Tente. ◆ Abri de tranchée.
ÉTYM. arabe maghrébin *gitun*.

GUS [gys] **n. m.** ✦ FAM. Individu. SYN. **type.**
ÉTYM. de *gugusse*, forme populaire de *Auguste*.

GUSTATIF, IVE [gystatif, iv] **adj.** ✦ Qui a rapport au goût. *Papilles gustatives.*
ÉTYM. du latin *gustare* «goûter».

GUTTA-PERCHA [gytapɛʀka] **n. f.** ✦ Gomme tirée du latex de certains arbres, utilisée comme isolant électrique.
ÉTYM. mot anglais, du malais *getah* «latex» et *percha*, nom de l'arbre.

GUTTURAL, ALE, AUX [gytyʀal, o] **adj.** ✦ Émis par le gosier. *Une voix gutturale*, aux intonations rauques.
ÉTYM. du latin *guttur* «gosier, gorge».

GV [ʒeve] **n. m.** ✦ GRAMM. Abréviation de *groupe verbal*.

GYMKHANA [ʒimkana] **n. m.** ✦ Course d'obstacles au parcours compliqué, pratiqué en voiture ou à motocyclette.
ÉTYM. mot anglais, du hindi *gendkhāna* «maison de danse».

GYMN- → GYMN(O)-

GYMNASE [ʒimnaz] **n. m.** 1. Établissement où sont installés tous les appareils nécessaires à la pratique de la gymnastique. 2. **en Allemagne, en Suisse** École secondaire. → **lycée.**
ÉTYM. latin d'origine grecque *gymnasium*.

GYMNASTE [ʒimnast] **n.** ✦ Athlète qui pratique la gymnastique. → **acrobate.** *Un gymnaste accompli.*
ÉTYM. grec *gumnastês* «entraîneur d'athlètes».

GYMNASTIQUE [ʒimnastik] **n. f.** 1. Art d'assouplir et de fortifier le corps par des exercices ; ces exercices (→ culture physique, éducation physique). *Appareils et instruments de gymnastique* (agrès, barre, anneaux, trapèze, etc.). *Gymnastique corrective* (rééducation musculaire), *rythmique, en musique. Faire de la gymnastique.* – **abrév.** FAM. GYM [ʒim]. – *Pas de gymnastique* : pas de course cadencé. 2. Série de mouvements plus ou moins acrobatiques. *Quelle gymnastique pour nettoyer ce plafond !* 3. **fig.** Exercice intellectuel.
ÉTYM. latin d'origine grecque *gymnasticus*.

GYMNIQUE [ʒimnik] **adj.** ✦ DIDACT. De gymnastique. *Exercices gymniques.*
ÉTYM. latin *gymnicus* «de la lutte», du grec.

GYMN(O)- Élément, du grec *gumnos* «nu».

GYMNOSPERME [ʒimnospɛʀm] **n. f.** ✦ BOT. Plante à l'ovule nu, porté par une feuille fertile (sous-embranchement des *Gymnospermes* ; **ex.** pin, if).
ÉTYM. grec *gumnospermos* → gymn(o)- et -sperme.

GYMNOTE [ʒimnɔt] **n. m.** ✦ ZOOL. Poisson d'eau douce, sans nageoire dorsale, qui paralyse ses proies par des décharges électriques.
ÉTYM. du grec *gumnos* «nu» et *notos* «dos».

-GYNE, GYNÉCO- Éléments savants, du grec *gunê, gunaikos* «femme» (**ex.** *misogyne*).

GYNÉCÉE [ʒinese] **n. m.** ✦ ANTIQ. Appartement réservé aux femmes dans les maisons grecques et romaines.
ÉTYM. latin *gynaeceum*, grec *gunaikeion*, de *gunê, gunaikos* «femme».

GYNÉCOLOGIE [ʒinekɔlɔʒi] **n. f.** ✦ Discipline médicale qui a pour objet l'étude de l'appareil génital de la femme. *Gynécologie et obstétrique.*
► **GYNÉCOLOGIQUE** [ʒinekɔlɔʒik] **adj.**
ÉTYM. de *gynéco-* et *-logie.*

GYNÉCOLOGUE [ʒinekɔlɔg] **n.** ✦ Médecin spécialiste de la gynécologie. – abrév. FAM. GYNÉCO [ʒineko].

GYPAÈTE [ʒipaɛt] **n. m.** ✦ ZOOL. Grand oiseau rapace, diurne, qui se nourrit surtout de charognes. *Le gypaète barbu.*
ÉTYM. du grec *gups, gupos* «vautour» et *aetos* «aigle».

GYPSE [ʒips] **n. m.** ✦ Roche sédimentaire, sulfate de calcium hydraté (appelé aussi *pierre à plâtre*). *Cristaux de gypse.*
ÉTYM. latin *gypsum*, grec *gupsos.*

GYRO- ou **GIRO-** Élément savant, du grec *guros* «cercle», qui signifie «tourner».

GYROCOMPAS [ʒiʀokɔ̃pa] **n. m.** ✦ TECHN. Compas utilisant un gyroscope entretenu électriquement, utilisé pour garder une orientation constante dans les avions, les navires.
ÉTYM. de *gyroscope* et *compas.*

GYROPHARE [ʒiʀofaʀ] **n. m.** ✦ Phare rotatif placé sur le toit de certains véhicules prioritaires.
ÉTYM. de *gyro-* et *phare.*

GYROSCOPE [ʒiʀɔskɔp] **n. m.** ✦ Appareil qui fournit une direction constante. *Gyroscope à laser. Compas à gyroscope.* → **gyrocompas.**
► **GYROSCOPIQUE** [ʒiʀɔskɔpik] **adj.**
ÉTYM. de *gyro-* et *-scope.*

H

***H** [aʃ] **n. m. invar.** 1. Huitième lettre, sixième consonne de l'alphabet. ◆ **Le** *h* **dit** *aspiré* **interdit la liaison et l'élision** *(un héros, le héros)* ; **dans ce dictionnaire, les mots commençant par un** *h aspiré* **sont précédés de** *. *Le h muet (un homme, l'homme).* 2. **(symboles)** *H* [aʃ] : hydrogène. *Bombe H,* bombe atomique à l'hydrogène. ◆ *h* [ɛkto] Hecto-. *hl* : hectolitre. ◆ *h* [œʀ] Heure. *Cent km/h. Rendez-vous à 14 h.* ➝ *H* [aʃ]. *L'heure* H.* HOM. HACHE «couperet», HASCH «haschich»

***HA** [a ; ha] **interj.** 1. Exprime la surprise (➝ **ah**), ou le soulagement. *Ha, enfin !* 2. **(redoublé)** Exprime le rire. *Ha, ha !* SYN. **hi.**

HABEAS CORPUS [abeaskɔʀpys] **n. m.** ✦ DR. Institution assurant le respect de la liberté individuelle (en Angleterre, depuis le XVIIe siècle).

ÉTYM. mots latins «que tu aies le corps».

HABILE [abil] **adj.** I VX 1. *Habile à...* : apte ; capable. 2. Savant, compétent. *Un habile homme.* II MOD. 1. Qui exécute (qqch.) avec adresse et compétence. SYN. **adroit.** *Artisan habile. Être habile de ses mains.* ➝ *Mains habiles.* ➝ **(domaine social)** Qui sait trouver les moyens de parvenir à ses fins **(souvent péj.).** *Politicien habile.* ◆ *HABILE À qqch. Être habile à un jeu d'adresse.* 2. Qui est fait avec adresse et intelligence. *Une manœuvre habile.* CONTR. **gauche, maladroit, malhabile.**

► **HABILEMENT** [abilmɑ̃] **adv.**

ÉTYM. latin *habilis* «commode ; bien adapté».

HABILETÉ [abilte] **n. f.** 1. Qualité d'une personne habile, de ce qui est habile. SYN. ② **adresse, savoir-faire.** *L'habileté d'un artisan, d'un artiste ; d'un homme politique.* 2. Action habile. CONTR. **gaucherie, maladresse.**

HABILITER [abilite] **v. tr.** (conjug. 3a) ✦ Rendre légalement capable d'exercer certains pouvoirs, d'accomplir certains actes. ➝ **au passif** *Être habilité à* (+ inf.) : avoir qualité pour.

► **HABILITATION** [abilitasjɔ̃] **n. f.**

ÉTYM. bas latin *habilitare*, de *habilis* → habile (I).

HABILLAGE [abijaʒ] **n. m.** I Apprêt. ➝ **habiller** (I). II 1. Action d'habiller, de s'habiller. *Salon d'habillage.* 2. Action d'habiller (II, 3), de recouvrir. ◆ Ce qui enveloppe et protège (un appareil). *L'habillage d'un poste de télévision.* CONTR. **déshabillage.**

ÉTYM. de *habiller.*

HABILLÉ, ÉE [abije] **adj.** 1. Couvert de vêtements. *Dormir tout habillé.* ➝ *Être mal habillé.* SYN. **accoutré, fagoté.** 2. Dans une tenue élégante, une tenue de soirée. ◆ **par ext.** *Robe très habillée.* ➝ *Dîner habillé.* CONTR. **dévêtu,** ① **nu · décontracté, négligé.**

HABILLEMENT [abijmɑ̃] **n. m.** 1. Action de (se) pourvoir de vêtements. *Dépenses d'habillement.* 2. Ensemble des habits dont on est vêtu. SYN. **mise, tenue.** 3. Ensemble des professions du vêtement.

ÉTYM. de *habiller.*

HABILLER [abije] **v. tr.** (conjug. 3a) I TECHN. Apprêter. *Habiller une bête de boucherie.* II COUR. 1. Couvrir (qqn) de vêtements, d'habits. SYN. **vêtir.** *Habiller un enfant.* ➝ *HABILLER EN.* SYN. **costumer, déguiser.** *On l'habillera en cow-boy.* ➝ Fournir (qqn) en vêtements. *Habiller ses enfants pour la rentrée.* ◆ Fabriquer les vêtements de (qqn). *Le grand couturier qui l'habille.* 2. **(sujet vêtement)** SYN. ① **aller, convenir.** ➝ **loc.** *Un rien l'habille* : tout lui va. 3. Couvrir, recouvrir (qqch.). *Habiller un livre d'une jaquette illustrée.* III *S'HABILLER* **v. pron.** 1. Mettre ses habits. SYN. **se vêtir.** *Aider un malade à s'habiller.* ◆ **absolt** Revêtir une tenue de cérémonie, de soirée. *Faut-il s'habiller pour ce dîner ?* ◆ *S'HABILLER EN.* SYN. **se déguiser.** *S'habiller en Pierrot.* 2. Se vêtir d'une certaine façon ; se pourvoir d'habits. *S'habiller court, long. S'habiller sur mesure. S'habiller de neuf.* CONTR. **déshabiller, dévêtir.**

ÉTYM. de ② *bille*, avec influence de *habit.*

HABILLEUR, EUSE [abijœʀ, øz] **n.** ✦ **(surtout au fém.)** Personne qui aide les acteurs, les mannequins à s'habiller et qui prend soin de leurs costumes.

HABIT [abi] **n. m.** 1. **au plur.** *LES HABITS* : l'ensemble des pièces qui composent l'habillement ; **spécialt** vêtements visibles, de dessus. SYN. **vêtement**(s). *Habits de tous les jours. Brosse à habits.* 2. Vêtement propre à une fonction (➝ **livrée, uniforme**) ou à une circonstance mondaine. *Habit de gala. Un habit d'Arlequin.* ➝ **costume.** *L'habit militaire.* ➝ *L'habit vert,* tenue officielle des académiciens. ◆ **loc.** *PRENDRE L'HABIT* : devenir prêtre, moine. ➝ **prov.** *L'habit ne fait pas le moine* : on ne doit pas juger les gens sur leur aspect. 3. Costume de cérémonie masculin, à longues basques par-derrière. SYN. **frac, queue-de-pie.** *Le marié était en habit.*

ÉTYM. latin *habitus* «manière d'être, maintien».

HABITABILITÉ [abitabilite] n. f. 1. Qualité de ce qui est habitable. 2. Qualité de ce qui offre plus ou moins de place pour des personnes. *L'habitabilité d'une voiture.*
ÉTYM. de *habitable.*

HABITABLE [abitabl] adj. ✦ Où l'on peut habiter, vivre. *Maison habitable,* en bon état, salubre. – *Surface habitable,* disponible pour être habitée. CONTR. **inhabitable.**
ÉTYM. latin *habitabilis.*

HABITACLE [abitakl] n. m. 1. MAR. Abri pour le compas et les lampes, sur un navire. 2. Poste de pilotage d'un avion. ◆ Partie d'un véhicule spatial où peut séjourner l'équipage. 3. Intérieur d'une voiture. *Habitacle renforcé.*
ÉTYM. latin ecclésiastique *habitaculum* «petite maison».

HABITANT, ANTE [abitɑ̃, ɑ̃t] n. 1. (souvent au plur.) Être vivant qui peuple un lieu. *Les habitants de la Terre.* 2. Personne qui réside habituellement en un lieu déterminé. *Nombre d'habitants au kilomètre carré* (densité). – (collectif) *Loger chez l'habitant,* chez les gens du pays. 3. Personne qui habite (une maison, un immeuble). SYN. **occupant.** 4. RÉGIONAL (Québec) Paysan.
ÉTYM. du participe présent de *habiter.*

HABITAT [abita] n. m. 1. Milieu géographique propre à la vie d'une espèce animale ou végétale. → **biotope.** 2. Mode d'organisation et de peuplement par l'homme du milieu où il vit. *Habitat rural dispersé.* – Ensemble des conditions d'habitation, de logement. *L'amélioration de l'habitat.*
ÉTYM. de *habiter.*

HABITATION [abitasjɔ̃] n. f. 1. Fait d'habiter quelque part. *Locaux à usage d'habitation. Taxe d'habitation.* 2. Lieu où l'on habite. SYN. **domicile, logement** ; → **maison.** *Une habitation neuve.* – loc. *Habitation à loyer modéré.* → **H. L. M.**
ÉTYM. latin *habitatio.*

HABITER [abite] v. (conjug. 3a) I v. intr. Avoir sa demeure. SYN. **demeurer, loger, résider, vivre.** *Habiter à la campagne, en ville. Il habite 2, rue Martin. Habiter avec qqn.* → **cohabiter.** II v. tr. 1. Demeurer, vivre dans. *Habiter un studio.* – *Habiter la banlieue.* 2. fig. Être comme dans une demeure. *La passion qui l'habite.* SYN. **animer, posséder.**
► **HABITÉ, ÉE** adj. Qui a des habitants. *Régions habitées.* ◆ Qui est occupé (maison). *Château habité l'été.* CONTR. ② **désert ; inhabité, vide.**
ÉTYM. latin *habitare* «avoir souvent».

HABITUDE [abityd] n. f. 1. Manière usuelle d'agir, de se comporter (d'une personne). *Prendre une mauvaise habitude.* SYN. **pli.** *Être esclave de ses habitudes. Cela n'est pas dans ses habitudes :* il n'agit pas ainsi d'ordinaire. – loc. *PAR HABITUDE :* machinalement, parce qu'on a toujours agi ainsi. SYN. **routine.** – *À son habitude, selon, suivant son habitude, comme à son habitude :* comme il fait d'ordinaire. – *AVOIR, PRENDRE, PERDRE L'HABITUDE DE (qqch., de faire qqch.). Donner l'habitude de la propreté. Je n'ai pas l'habitude de dîner si tôt.* ◆ (collectif) *L'HABITUDE :* l'ensemble des habitudes de qqn. prov. *L'habitude est une seconde nature.* 2. Usage d'une collectivité, d'un lieu. SYN. **coutume, mœurs, usage.** *Ce sont les habitudes du pays. Il a des habitudes de bourgeois.* SYN. **manière.** 3. Fait d'être accoutumé, par un phénomène de répétition (à qqn, qqch.). *Elle a l'habitude des enfants.* SYN. **expérience.** *C'est une question d'habitude.* 4. *D'HABITUDE* loc. adv. : de manière courante, d'ordinaire. SYN. **habituellement.** *D'habitude, je me lève tôt.* SYN. **généralement.** *C'est meilleur que d'habitude.* – *COMME D'HABITUDE :* comme toujours. CONTR. **accident, exception · inexpérience.**
ÉTYM. bas latin *habitudo* «manière d'être».

HABITUÉ, ÉE [abitɥe] n. ✦ Personne qui fréquente habituellement un lieu. *Un habitué de la maison.* SYN. **familier.**
ÉTYM. du participe passé de *habituer.*

HABITUEL, ELLE [abitɥɛl] adj. 1. Passé à l'état d'habitude. SYN. **coutumier, ordinaire.** *Cette expression lui est habituelle.* 2. Constant, ou très fréquent. *Au sens habituel du terme.* SYN. ① **courant.** *C'est le coup habituel.* SYN. **classique.** CONTR. **exceptionnel, inhabituel, occasionnel.**
ÉTYM. latin médiéval *habitualis.*

HABITUELLEMENT [abitɥɛlmɑ̃] adv. ✦ D'ordinaire, généralement.

HABITUER [abitɥe] v. tr. (conjug. 3a) ✦ *HABITUER À.* 1. Faire prendre à (qqn, un animal) l'habitude de (par accoutumance, éducation). *Habituer un chien à la propreté, à obéir.* 2. passif *ÊTRE HABITUÉ À :* avoir l'habitude de. *Être habitué au bruit, habitué à réagir vite.* 3. *S'HABITUER À* v. pron. Prendre l'habitude de. *Les yeux s'habituent à l'obscurité.* SYN. **s'adapter.** *Je me suis habitué à ses retards. S'habituer à parler en public.* CONTR. **déshabituer.**
ÉTYM. bas latin *habituari,* de *habitus* «manière d'être».

***HÂBLERIE** [ɑblәʀi] n. f. ✦ LITTÉR. Manière d'être du hâbleur.

***HÂBLEUR, EUSE** [ɑblœʀ, øz] n. et adj. ✦ Personne qui a l'habitude de parler beaucoup, en exagérant, en se vantant.
ÉTYM. de l'ancien verbe *hâbler* «parler», emprunté à l'espagnol *hablar.*

***HACHE** [aʃ] n. f. ✦ Instrument à lame tranchante, servant à fendre. *Fendre du bois avec une hache, à la hache.* – (armes) *Hache d'abordage. Hache de guerre des Amérindiens* (→ **tomahawk**). loc. *Enterrer, déterrer la hache de guerre :* suspendre, ouvrir les hostilités.
HOM. H (lettre), HASCH «haschich»
ÉTYM. francique *happja.*

***HACHER** [aʃe] v. tr. (conjug. 3a) ✦ Couper en petits morceaux avec un instrument tranchant. *Hacher du persil.* – loc. *(Se faire) hacher menu comme chair à pâté* (dans les contes de Perrault).
► ***HACHÉ, ÉE** adj. 1. Coupé en petits morceaux. *Steak haché.* – n. m. *Du haché :* de la viande hachée. 2. fig. Entrecoupé, interrompu (langage). *Style haché.* SYN. **heurté, saccadé.**
ÉTYM. de *hache.*

***HACHETTE** [aʃɛt] n. f. ✦ Petite hache.

***HACHIS** [aʃi] n. m. ✦ Préparation de viande ou de poisson hachés très fins. *Hachis de porc.* → **chair à saucisse.** *Hachis Parmentier* (☛ noms propres) : hachis de bœuf recouvert de purée de pommes de terre.
ÉTYM. de *hacher.*

***HACHISCH** → HASCHICH

***HACHOIR** [aʃwaʀ] n. m. ✦ Large couteau ou appareil servant à hacher.

***HACHURE** [aʃyʀ] **n. f.** ✦ Traits parallèles ou croisés qui figurent les ombres, les reliefs d'un dessin, d'une gravure.
ÉTYM. de *hacher*.

***HACHURER** [aʃyʀe] **v. tr.** (conjug. 3a) ✦ Couvrir de hachures. SYN. **rayer.** – au p. passé *Les parties hachurées d'une carte.*

HACIENDA [asjɛnda] **n. f.** ✦ Grande exploitation rurale, en Amérique latine ; habitation du maître.
ÉTYM. mot espagnol, de *hacer* «faire».

***HACKER** [akœʀ] **n.** ✦ anglicisme Pirate informatique qui agit par jeu ou goût du défi, sans intention de nuire. – recomm. offic. *fouineur*.
ÉTYM. mot anglais, de *to hack* «perdre son temps».

***HADDOCK** [adɔk] **n. m.** ✦ Églefin fumé. HOM. AD HOC «approprié»
ÉTYM. mot anglais d'origine obscure.

***HADITH** [adit] **n. m.** ✦ DIDACT. Recueil des actes et paroles de Mahomet. *Les hadiths complètent le Coran.*
ÉTYM. mot arabe «récit».

***HADJI** [adʒi] **n. m.** ✦ Musulman qui a fait le pèlerinage de La Mecque. *Les hadjis.*
ÉTYM. mot arabe «saint».

HADRON [adʀɔ̃] **n. m.** ✦ PHYS. Particule élémentaire lourde (ex. neutron, proton).
ÉTYM. du grec *hadros* «abondant» et *-on* de *électron*.

***HAGARD, ARDE** [agaʀ, aʀd] **adj.** ✦ Qui a une expression égarée et farouche. SYN. **effaré.** *Œil hagard.* – *Air, visage, gestes hagards.*
ÉTYM. d'abord *faucon hagard* «sauvage» ; origine germanique.

HAGIOGRAPHE [aʒjɔgʀaf] **n.** ✦ Auteur d'une hagiographie.
ÉTYM. bas latin *hagiographa*, du grec *hagios* «saint, sacré» et *graphein* «écrire».

HAGIOGRAPHIE [aʒjɔgʀafi] **n. f.** ✦ DIDACT. Rédaction des vies des saints. ◆ Biographie excessivement élogieuse.
► **HAGIOGRAPHIQUE** [aʒjɔgʀafik] **adj.**
ÉTYM. de *hagiographe*.

***HAIE** [ɛ] **n. f.** 1. Clôture végétale servant à limiter ou à protéger un champ, un jardin. → **bordure.** *Haie d'aubépines. Haie vive* : formée d'arbustes en pleine végétation. ◆ *COURSE DE HAIES*, où les chevaux, les coureurs ont à franchir des haies, des barrières. *Courir le 110 mètres haies.* 2. File de personnes placées sur une voie sur le passage de qqn, d'un cortège. *Défiler entre deux haies de spectateurs. Une haie de policiers les arrêta. Haie d'honneur.*
ÉTYM. francique *hagia*.

***HAÏKU** [ajku ; aiku] **n. m.** ✦ Poème classique japonais de dix-sept syllabes réparties en trois vers.
ÉTYM. mot japonais.

***HAILLON** [ajɔ̃] **n. m.** ✦ Vieux lambeau d'étoffe servant de vêtement. SYN. **guenille, loque.** *Clochard en haillons, couvert de haillons.*
ÉTYM. moyen allemand *hadel* «lambeau».

***HAINE** [ɛn] **n. f.** 1. Sentiment violent qui pousse à vouloir du mal à qqn et à se réjouir du mal qui lui arrive. SYN. **aversion, répulsion** ; → **-phobie.** *Vouer à qqn une haine implacable. Éprouver de la haine pour qqn. Prendre qqn en haine. Cri de haine.* – *De vieilles haines.* 2. Aversion profonde pour qqch. *La haine de l'hypocrisie.* 3. FAM. Colère, hostilité furieuse (seulement : *la haine*). *J'avais la haine.* CONTR. **affection, amitié, amour.**
HOM. AINE «partie du corps», N (lettre)
ÉTYM. de *haïr*.

***HAINEUX, EUSE** [ɛnø, øz] **adj.** 1. Naturellement porté à la haine. → **malveillant, méchant, vindicatif.** 2. Qui trahit la haine. *Regard haineux.* 3. Inspiré par la haine. SYN. **fielleux, venimeux.** *Propos haineux.* CONTR. **affectueux, bienveillant.**
► ***HAINEUSEMENT** [ɛnøzmɑ̃] **adv.**

***HAÏR** [aiʀ] **v. tr.** (conjug. 14) 1. Avoir (qqn) en haine. SYN. **détester, exécrer.** *Haïr qqn à mort.* – *Je le hais de m'avoir toujours trompé.* 2. Avoir (qqch.) en haine. *Haïr la contrainte.* 3. *SE *HAÏR* **v. pron.** (réfl.) *Il se hait.* ◆ récipr. *Les deux frères se haïssent cordialement.* CONTR. **adorer, aimer, chérir.**
ÉTYM. francique *hatjan*.

***HAIRE** [ɛʀ] **n. f.** ✦ Chemise rugueuse portée autrefois par mortification. HOM. ① AIR «atmosphère», ① AIRE «surface», ÈRE «époque», ERS «plante», HÈRE «homme pauvre», R (lettre)
ÉTYM. francique *harja* «vêtement de poils» ; famille de l'anglais *hair*.

***HAÏSSABLE** [aisabl] **adj.** ✦ Qui mérite d'être haï (choses, personnes). SYN. **détestable, exécrable, odieux.** CONTR. **adorable, aimable.**

***HAKA** [aka] **n. m.** ✦ Danse rituelle maorie. *L'équipe de rugby néo-zélandaise interprète le haka avant chaque match.*
ÉTYM. mot maori.

***HALAGE** [alaʒ] **n. m.** ✦ Action de haler un bateau. *Chemin de halage*, qui longe un cours d'eau pour permettre le halage des bateaux.
ÉTYM. de *haler*.

***HALAL** ou ***HALLAL** [alal] **adj. invar.** ✦ (Nourriture) Permis par la religion musulmane. *Viande halal*, viande d'un animal abattu selon le rite coranique.

***HALBRAN** [albʀɑ̃] **n. m.** ✦ Jeune canard sauvage.
ÉTYM. ancien allemand *halber-ant* «demi-canard».

***HÂLE** [ɑl] **n. m.** ✦ Couleur plus ou moins brune que prend la peau exposée à l'air et au soleil. SYN. **bronzage.** *Un léger hâle.*
ÉTYM. de *hâler*.

HALEINE [alɛn] **n. f.** 1. Mélange gazeux qui sort des poumons pendant l'expiration. *Haleine fraîche. Avoir mauvaise haleine*, sentir mauvais de la bouche. 2. La respiration (inspiration et expiration). SYN. **souffle.** *Une haleine régulière.* ◆ loc. *ÊTRE HORS D'HALEINE*, à bout de souffle (→ **haletant**). *REPRENDRE HALEINE* : reprendre sa respiration après un effort. – *À PERDRE HALEINE* **loc. adv.** : au point de ne plus pouvoir respirer ; fig. sans s'arrêter. *Courir à perdre haleine.* 3. (dans des loc.) Intervalle entre deux inspirations. *D'UNE (SEULE) HALEINE* : sans s'arrêter pour respirer. → d'un **trait.** *Débiter une phrase d'une seule haleine.* – *TENIR qqn EN HALEINE*, maintenir son attention en éveil ; maintenir dans un état d'incertitude, d'attente. – *Travail DE LONGUE HALEINE*, qui exige beaucoup de temps et d'efforts.
ÉTYM. de l'ancien français *alener*, latin *anhelare* «exhaler», d'après *halare* «souffler».

A B C D E F G H I J K L M N O P Q R S T U V W X Y Z

***HALER** [ale] **v. tr.** (conjug. 3a) **1.** Tirer à soi, spécialt à l'aide d'un cordage. **2.** Remorquer (un bateau) à l'aide d'un câble tiré du rivage. *Tracteur qui hale une péniche* (→ **halage, haleur**). HOM. ALLÉE «chemin», ① ALLER «se déplacer», HÂLER «bronzer»

ÉTYM. germanique *hâlon* «amener, tirer».

***HÂLER** [ale] **v. tr.** (conjug. 3a) ✦ (air, soleil) Rendre (la peau, le teint) brun ou rougeâtre. SYN. **bronzer, brunir.** *L'air marin hâle le teint.* HOM. ALLÉE «chemin», ① ALLER «se déplacer», HALER «tirer»

► ***HÂLÉ, ÉE adj.** *Visage, teint hâlé.*

ÉTYM. peut-être latin *assulare*, de *assare* «griller» ou francique *hâllon* «sécher».

***HALETANT, ANTE** [al(ə)tɑ̃, ɑ̃t] **adj. 1.** Qui halète. SYN. **essoufflé.** *Chien haletant.* – *Respiration haletante.* SYN. ① **précipité.** – fig. *Être haletant d'impatience.* **2.** Qui tient en haleine. *Une intrigue haletante.*

***HALÈTEMENT** [alɛtmɑ̃] **n. m.** ✦ Respiration précipitée. HOM. ALLAITEMENT «alimentation en lait»

ÉTYM. de *haleter.*

***HALETER** [al(ə)te] **v. intr.** (conjug. 7b) **1.** Respirer avec gêne à un rythme anormalement précipité ; être hors d'haleine. *Haleter d'émotion.* – *Chien qui halète.* **2.** fig. Être tenu en haleine. *L'auditoire haletait.*

ÉTYM. p.-ê. d'un dérivé du latin *halare* «souffler».

***HALEUR, EUSE** [alœʀ, øz] **n.** ✦ Personne qui hale les bateaux le long des cours d'eau.

ÉTYM. de *haler.*

HALIEUTIQUE [aljøtik] **adj.** ✦ DIDACT. Qui concerne la pêche. *Ressources halieutiques.*

ÉTYM. grec *halieutikos*, de *hals, halos* «mer».

***HALL** [ol] **n. m.** ✦ anglicisme Grande salle servant d'entrée, d'accès. *Hall de gare. Hall d'accueil.* ◆ Vaste local. *Hall d'exposition.*

ÉTYM. mot anglais, du francique ; même orig. que *halle.*

HALLALI [alali] **n. m.** ✦ CHASSE Cri ou sonnerie de cor annonçant que l'animal est aux abois. *Sonner l'hallali.*

ÉTYM. de l'ancien français *haler* «exciter les chiens» : *hale à lui.*

***HALLE** [al] **n. f. 1.** Vaste emplacement couvert ou bâtiment où se tient un marché, un commerce de gros. *Halle au blé, aux vins.* **2.** au plur. *LES HALLES* : emplacement, bâtiment où se tient le marché central de denrées alimentaires d'une ville. *Les Halles* (de Paris) : ancien quartier des halles (transférées à Rungis).

ÉTYM. francique *halla* ; même origine que *hall.*

***HALLEBARDE** [albaʀd] **n. f.** ✦ anciennt Arme d'hast munie de deux fers latéraux supplémentaires, l'un en croissant, l'autre en pointe. ◆ loc. FAM. *Il pleut, il tombe des hallebardes* : il pleut à verse.

ÉTYM. ancien allemand «hache *(barte)* à poignée *(helm)*».

***HALLEBARDIER** [albaʀdje] **n. m.** ✦ anciennt Homme d'armes portant la hallebarde.

***HALLIER** [alje] **n. m.** ✦ Groupe de buissons serrés et touffus. HOM. ALLIÉ «personne amie», ALLIER «associer»

ÉTYM. origine francique.

HALLUCINANT, ANTE [a(l)lysinɑ̃, ɑ̃t] **adj.** ✦ Qui a une grande puissance d'illusion, d'évocation. *Ressemblance hallucinante.* SYN. **saisissant.**

ÉTYM. du participe présent de *halluciner.*

HALLUCINATION [a(l)lysinasjɔ̃] **n. f. 1.** MÉD. Perception pathologique de faits, d'objets qui n'existent pas, de sensations en l'absence de stimulus extérieur. SYN. **illusion.** *Hallucinations visuelles* (→ **vision**), *auditives* (→ *entendre des voix*). *Les hallucinations d'un toxicomane.* **2.** Erreur des sens, illusion. *Être le jouet d'une hallucination. J'ai cru le voir ici, je dois avoir des hallucinations.*

ÉTYM. latin *hallucinatio.*

HALLUCINATOIRE [a(l)lysinatwaʀ] **adj.** ✦ DIDACT. **1.** De l'hallucination. *Vision hallucinatoire.* **2.** Qui provoque l'hallucination.

ÉTYM. de *hallucination.*

HALLUCINÉ, ÉE [a(l)lysine] **adj.** et **n.** ✦ Qui a des hallucinations. *Fou halluciné.* – *Un air halluciné.* SYN. **égaré, hagard.**

ÉTYM. latin *hallucinatus*, de *hallucinari* «divaguer».

HALLUCINER [a(l)lysine] **v. tr.** (conjug. 3a) ✦ Rendre halluciné.

HALLUCINOGÈNE [a(l)lysinɔʒɛn] **adj.** et **n. m.** ✦ Qui donne des hallucinations. *Champignon hallucinogène.* – **n. m.** Drogue provoquant un état psychédélique. *Le L. S. D. est un hallucinogène.*

ÉTYM. de *halluciner* et *-gène.*

***HALO** [alo] **n. m. 1.** Auréole lumineuse diffuse autour d'une source lumineuse. *Le halo des réverbères.* **2.** fig. *Un halo de gloire.* SYN. **auréole.** HOM. ALLO «marque d'appel»

ÉTYM. latin *halos*, grec *halôs* «aire pour battre le blé ; surface ronde».

HALO- Élément savant, du grec *hals, halos* «sel».

HALOGÈNE [alɔʒɛn] **n. m. 1.** CHIM. Se dit de chacun des cinq éléments qui figurent dans la même colonne que le chlore, dans la classification périodique des éléments (fluor, chlore, brome, iode, astate). **2.** *Lampe (à) halogène*, dont l'atmosphère gazeuse contient un halogène et qui permet un éclairage variable. HOM. ALLOGÈNE «d'origine différente»

ÉTYM. de *halo-* et *-gène.*

***HALTE** [alt] **n. f. 1.** Temps d'arrêt consacré au repos, au cours d'une marche, d'un voyage. *Faire halte quelque part. Une courte halte.* **2.** Lieu où l'on fait halte. SYN. **escale, étape.** *Une halte de routiers.* **3. interj.** *HALTE !* : commandement par lequel on ordonne à qqn de s'arrêter. *Section, halte !* – fig. *Dire halte à la guerre.* – *HALTE-LÀ !* (pour enjoindre à un suspect de s'arrêter). → **qui-vive.**

ÉTYM. allemand *Halt* «arrêt».

***HALTE-GARDERIE** [alt(ə)gaʀdəʀi] **n. f.** ✦ Établissement accueillant des jeunes enfants pour une courte durée. *Des haltes-garderies.*

HALTÈRE [altɛʀ] **n. m.** ✦ Instrument de gymnastique fait de deux boules ou disques de métal réunis par une tige. *Faire des haltères.* ◆ *Poids et haltères* : sport consistant à soulever des haltères les plus lourds possible, en exécutant certains mouvements. → **haltérophilie.**

ÉTYM. latin *halteres*, grec *haltêres*, de *hallesthai* «sauter, faire l'acrobate».

HALTÉROPHILE [alterɔfil] **n.** ✦ Athlète qui pratique l'haltérophilie.
ÉTYM. de *haltère* et *-phile*.

HALTÉROPHILIE [alterɔfili] **n. f.** ✦ Sport des poids et haltères*.
ÉTYM. de *haltère* et *-philie*.

***HALVA** [alva] **n. m.** ✦ Confiserie orientale à base d'huile de sésame, de farine et de miel. *Du halva à la pistache.*
ÉTYM. mot turc, de l'arabe.

***HAMAC** [amak] **n. m.** ✦ Rectangle de toile ou de filet suspendu par deux extrémités, utilisé comme lit. *Se balancer dans un hamac.*
ÉTYM. espagnol *hamaca*, emprunté au taïno d'Haïti *hamacu*.

HAMAMÉLIS [amamelis] **n. m.** ✦ Arbuste dont l'écorce et les feuilles sont employées en pharmacie.
ÉTYM. grec *hamamêlis*.

***HAMBURGER** [ɑ̃buʀgœʀ ; ɑ̃bœʀgœʀ] **n. m.** ✦ **anglicisme** Sandwich chaud composé d'un bifteck haché, souvent servi dans un pain rond. SYN. **burger**. *Des hamburgers.*
ÉTYM. mot américain «(steak) de Hambourg». ☛ noms propres.

***HAMEAU** [amo] **n. m.** ✦ Petit groupe de maisons à l'écart d'un village.
ÉTYM. de l'ancien français *ham*, du francique *haim*.

HAMEÇON [amsɔ̃] **n. m.** ✦ Crochet pointu qu'on adapte au bout d'une ligne et qu'on garnit d'un appât, pour prendre le poisson. *Mordre à l'hameçon ;* fig. se laisser prendre au piège d'une proposition avantageuse.
ÉTYM. dérivé de l'ancien français *aim*, *am*, latin *hamus* «crochet».

HAMEÇONNAGE [amsɔnaʒ] **n. m.** ✦ INFORM. Technique visant à obtenir illégalement des données confidentielles sur Internet pour les utiliser frauduleusement.
ÉTYM. de *hameçon*.

***HAMMAM** [amam] **n. m.** ✦ Établissement de bains de vapeur. SYN. bain **turc**.
ÉTYM. mot arabe.

① ***HAMPE** [ɑ̃p] **n. f.** 1. Long manche de bois auquel on fixe une arme, un symbole. 2. BOT. Tige portant une ou des fleurs. 3. Trait vertical de certaines lettres. *La hampe du p.*
ÉTYM. ancien français *hante*, du latin *hasta* «lance» et francique *hant* «main».

② ***HAMPE** [ɑ̃p] **n. f.** ✦ Partie supérieure et latérale du ventre du bœuf. *Steak dans la hampe.*
ÉTYM. origine incertaine.

***HAMSTER** [amstɛʀ] **n. m.** ✦ Petit rongeur roux et blanc.
ÉTYM. mot allemand «charançon (qui ronge)».

***HAN** [ɑ̃ ; hɑ̃] **interj.** ✦ Onomatopée traduisant le cri sourd d'une personne qui fait un violent effort. ➝ **n. m.** *Pousser un han.* HOM. AN «année», ① EN (prép.)

***HANAP** [anap] **n. m.** ✦ anciennt (Moyen Âge) Grand vase à boire en métal, avec un pied et un couvercle.
ÉTYM. francique *hnapp* par le bas latin.

***HANCHE** [ɑ̃ʃ] **n. f.** ✦ Chacune des deux régions symétriques du corps formant saillie au-dessous de la taille (→ **os iliaque**). *Hanches étroites, larges. Rouler les (ou des) hanches.* → se **déhancher**. *Mettre les poings sur les hanches.* HOM. ANCHE «languette vibrante»
ÉTYM. germanique *hanka*.

***HANDBALL** ou ***HAND-BALL** [ɑ̃dbal] **n. m.** ✦ Sport d'équipe qui se joue à la main avec un ballon rond. ➝ abrév. *HAND. *Une partie de hand.* ➝ Écrire *handball* en un seul mot, sur le modèle de *football*, est permis.
► ***HANDBALLEUR, EUSE** [ɑ̃dbalœʀ, øz] **n.**
ÉTYM. mot allemand «balle à la main».

***HANDICAP** [ɑ̃dikap] **n. m.** 1. Course de chevaux ou épreuve sportive où l'on impose aux meilleurs concurrents certains désavantages au départ afin d'équilibrer les chances de succès. 2. Déficience physique ou mentale, congénitale ou acquise (→ **handicapé**). 3. fig. Désavantage, infériorité. *Son jeune âge est un sérieux handicap.* CONTR. **avantage**.
ÉTYM. mot anglais, peut-être de *hand in cap* «la main dans le chapeau», idée de tirage au sort.

***HANDICAPANT, ANTE** [ɑ̃dikapɑ̃, ɑ̃t] **adj.** ✦ Qui handicape (2). *Maladie handicapante.* SYN. **invalidant**.

***HANDICAPÉ, ÉE** [ɑ̃dikape] **adj.** et **n.** ✦ Qui présente un handicap physique ou mental. ➝ **n.** *Un handicapé moteur.* SYN. **infirme, invalide**. *Une handicapée mentale.*

***HANDICAPER** [ɑ̃dikape] **v. tr.** (conjug. 3a) 1. Imposer à (un cheval, un concurrent) un désavantage, selon la formule du handicap (1). 2. Donner un handicap (2) à. → **handicapé**. 3. fig. *Sa timidité le handicape.* SYN. **défavoriser, désavantager**. CONTR. **avantager, favoriser, servir**.
ÉTYM. de *handicap*.

***HANDISPORT** [ɑ̃dispɔʀ] **adj.** ✦ Relatif au sport pratiqué par les handicapés physiques. *Jeux olympiques handisports.* ➝ **n. m.** *La pratique du handisport.*
ÉTYM. mot mal formé, de *handicapé* et *sport*.

***HANGAR** [ɑ̃gaʀ] **n. m.** ✦ Construction plus ou moins sommaire destinée à abriter du gros matériel, certaines marchandises. SYN. **entrepôt, remise**. ➝ Vaste garage pour avions.
ÉTYM. francique *haimgart*, de *haim* «hameau» et *gart* «enclos».

***HANNETON** [an(ə)tɔ̃] **n. m.** ✦ Coléoptère ordinairement roux, au vol lourd et bruyant. *Larves de hannetons :* vers blancs.
ÉTYM. du francique *hano* «coq».

***HANSE** [ɑ̃s] **n. f.** ✦ HIST. (☛ noms propres) Association de marchands, au Moyen Âge. ➝ *La Hanse (germanique) :* association de villes commerçantes de la mer du Nord et de la Baltique du XIIe au XVIIe s. HOM. ANSE «poignée»
ÉTYM. ancien allemand *hansa* «troupe».

***HANSÉATIQUE** [ɑ̃seatik] **adj.** ✦ De la Hanse (germanique). (☛ noms propres). *Bruges, ville hanséatique.*
ÉTYM. allemand *hanseatisch*.

***HANTER** [ɑ̃te] **v. tr.** (conjug. 3a) 1. LITTÉR. Fréquenter (un lieu) d'une manière habituelle. *Hanter les bibliothèques.* 2. (esprits, fantômes) Fréquenter (un lieu). *On dit qu'un revenant hante le château.* ➝ au p. passé *Maison hantée.* 3. fig. Habiter l'esprit de (qqn) en tourmentant. SYN. **obséder, poursuivre**. *Ce souvenir le hante.*

HOM. ENTER «greffer»

ÉTYM. ancien scandinave *heimta* «conduire à la maison *(heim)*».

***HANTISE** [ɑ̃tiz] **n. f.** ✦ Caractère obsédant d'une pensée, d'un souvenir ; crainte, tourment constants. SYN. **obsession.** *La hantise de la mort.*

ÉTYM. de *hanter.*

HAPAX [apaks] **n. m.** ✦ DIDACT. Mot, forme, emploi dont on ne peut relever qu'un exemple (dans un corpus donné).

ÉTYM. mot grec.

HAPLOÏDE [aplɔid] **adj.** ✦ BIOL. *Cellule, noyau haploïde,* qui possède un seul chromosome de chaque paire (opposé à *diploïde*). *Les gamètes sont haploïdes.*

ÉTYM. du grec *haplous* «simple» et de *-oïde.*

***HAPPENING** [ap(ə)niŋ] **n. m.** ✦ anglicisme Spectacle où la part d'imprévu et de spontanéité est essentielle.

ÉTYM. mot anglais «évènement», de *to happen* «arriver, survenir».

***HAPPER** [ape] **v. tr.** (conjug. 3a) **1.** Saisir, attraper brusquement et avec violence. ➡ passif *Être happé par un train.* **2.** (animaux) Saisir brusquement dans la gueule, le bec. *Chien qui happe un sucre au vol.*

ÉTYM. onomatopée répandue dans les langues germaniques.

***HARAKIRI** ou ***HARA-KIRI** [aʀakiʀi] **n. m.** ✦ Suicide par éventration, particulièrement honorable, au Japon. *Les samouraïs condamnés à mort avaient le privilège du harakiri. Des harakiris, des hara-kiris.* ◆ par ext. *(Se) faire harakiri* : se suicider ; fig. se sacrifier.

ÉTYM. mot japonais rare (lecture chinoise) pour *seppuku.*

***HARANGUE** [aʀɑ̃g] **n. f. 1.** Discours solennel prononcé devant une assemblée, un haut personnage. **2.** Discours pompeux et ennuyeux ; remontrance interminable. SYN. **sermon.**

ÉTYM. italien *arringa,* francique *hring.*

***HARANGUER** [aʀɑ̃ge] **v. tr.** (conjug. 3b) ✦ Adresser une harangue à. *Haranguer la foule.*

► ***HARANGUEUR, EUSE** [aʀɑ̃gœʀ, øz] **n.**

***HARAS** [aʀɑ] **n. m.** ✦ Lieu, établissement destiné à la sélection, à la reproduction et à l'élevage des chevaux. *Les haras nationaux.* HOM. ARA «perroquet»

ÉTYM. peut-être ancien scandinave *harr* «(à poils) gris» ou latin *hara* «enclos».

***HARASSANT, ANTE** [aʀasɑ̃, ɑ̃t] **adj.** ✦ Qui harasse. SYN. **épuisant.** *Travail harassant.* CONTR. **délassant, reposant.**

ÉTYM. du participe présent de *harasser.*

***HARASSER** [aʀase] **v. tr.** (conjug. 3a) ✦ Accabler de fatigue. SYN. **exténuer.** ➡ passif *Être harassé de travail.*

► ***HARASSÉ, ÉE adj.** SYN. **épuisé, fourbu.**

► ***HARASSEMENT** [aʀasmɑ̃] **n. m.**

ÉTYM. de l'ancien français *harace* «poursuite», de *hare,* interj. d'origine francique pour exciter les chiens → haro.

***HARCÈLEMENT** [aʀsɛlmɑ̃] **n. m.** ✦ Action de harceler (en actes ou en paroles). ➡ *Harcèlement sexuel* (de la part d'un supérieur hiérarchique).

***HARCELER** [aʀsəle] **v. tr.** (conjug. 7a) ✦ Soumettre sans répit à de petites attaques. *Harceler l'ennemi.* ➡ *Ses créanciers le harcèlent depuis des mois.* SYN. **talonner.** ➡ *Harceler qqn de questions.*

► ***HARCELEUR, EUSE** [aʀsəlœʀ, øz] **n.**

ÉTYM. de l'ancien français *herser* «tourmenter, torturer», de *herse.*

***HARDE** [aʀd] **n. f.** ✦ Troupe de bêtes sauvages vivant ensemble. *Une harde de cerfs.* HOM. HARDES «vêtements»

ÉTYM. francique *herda* «troupeau».

***HARDES** [aʀd] **n. f. pl.** ✦ péj. Vêtements pauvres et usagés. SYN. **guenille(s), haillon(s).** HOM. HARDE «troupeau»

ÉTYM. prononciation gasconne de l'ancien français *fardes,* de l'arabe *fardah* → fardeau.

***HARDI, IE** [aʀdi] **adj. 1.** Qui ose sans se laisser intimider. SYN. **audacieux, aventureux, intrépide.** *Être hardi à l'excès.* → **téméraire.** ➡ *Une initiative hardie.* **2.** péj. VIEILLI *Un mensonge hardi.* SYN. **effronté, insolent.** ◆ spécialt Provocant. *Une fille hardie.* ➡ *Décolleté hardi.* SYN. **audacieux.** *Ce livre contient des passages un peu hardis.* SYN. **osé. 3.** Original, nouveau. *Des rimes hardies.* **4. interj.** *HARDI !* Formule servant à encourager et pousser en avant. SYN. **courage.** *Hardi, les gars ! Hardi petit !* CONTR. **lâche, peureux, timide • banal, sage.**

ÉTYM. de l'ancien français *hardir* «rendre, devenir dur», francique *hardjan.*

***HARDIESSE** [aʀdjɛs] **n. f.** ✦ LITTÉR. **1.** Qualité d'une personne, d'une action hardie. SYN. **audace, bravoure, courage, intrépidité.** *Avoir, montrer de la hardiesse.* ◆ péj. VIEILLI Effronterie, impudence. **2.** Action, idée, parole, expression hardie. *Se permettre certaines hardiesses.* SYN. **liberté.** CONTR. **lâcheté, timidité • banalité.**

ÉTYM. de *hardi.*

***HARDIMENT** [aʀdimɑ̃] **adv.** ✦ Avec hardiesse. SYN. **courageusement.** ➡ *Nier hardiment.* SYN. **effrontément.** CONTR. **timidement.**

ÉTYM. de *hardi.*

***HARDWARE** [aʀdwɛʀ] **n. m.** ✦ anglicisme Les éléments matériels d'un système informatique (opposé à *software*). SYN. ② **matériel (recomm. offic.).**

ÉTYM. mot américain «quincaillerie».

***HAREM** [aʀɛm] **n. m.** ✦ Appartement réservé aux femmes (chez un grand personnage musulman). ◆ Ensemble des femmes du harem.

ÉTYM. arabe *haram* «chose interdite par la religion».

***HARENG** [aʀɑ̃] **n. m.** ✦ Poisson de mer, vivant en bancs souvent immenses. ➡ *Hareng saur.* ➡ loc. FAM. *Être serrés comme des harengs (en caque),* très serrés (→ **sardine**).

ÉTYM. francique *haring.*

***HARENGÈRE** [aʀɑ̃ʒɛʀ] **n. f.** ✦ Femme grossière et criarde. *Elles s'insultaient comme des harengères.*

ÉTYM. d'abord «vendeuse de *harengs*».

***HARGNE** [aʀɲ] **n. f.** ✦ Mauvaise humeur se traduisant par des propos acerbes, une attitude agressive, méchante ou haineuse. *Répondre avec hargne.* ◆ Ténacité rageuse.

ÉTYM. de l'ancien français *hargner* «quereller», peut-être francique *harmjan.*

***HARGNEUX, EUSE** [aʀɲø, øz] **adj.** ✦ Qui est plein de hargne. SYN. **acariâtre.** *Individu hargneux.* ➡ *Propos hargneux.* SYN. **acerbe.** CONTR. **aimable, doux.**

► ***HARGNEUSEMENT** [aʀɲøzmɑ̃] **adv.**

***HARICOT** [ariko] **n. m.** **I** *Un haricot de mouton :* un ragoût de mouton. **II** **1.** Plante légumineuse à fruits comestibles. *Un pied de haricot.* **2.** au plur. Gousses de cette plante qui se consomment encore vertes *(haricots verts),* ou contenant les graines peu développées *(haricots mange-tout).* ➝ Ces graines, fraîches (→ ② **flageolet**) ou sèches. *Haricots secs. Haricots blancs* (→ FAM. **fayot**), *rouges.* **3.** fig. FAM. *Travailler pour des haricots,* pour presque rien. *C'est la fin des haricots,* la fin de tout. **4.** Récipient en forme de graine de haricot, utilisé en chirurgie.
ÉTYM. de l'ancien français *harigoter* «couper en morceaux», d'origine francique ; sens II, de *fèves de haricot* «de ragoût».

***HARIDELLE** [aridɛl] **n. f.** ✦ Mauvais cheval efflanqué.
ÉTYM. peut-être origine germanique, famille de *haras.*

***HARISSA** [arisa] **n. f.** ou **m.** ✦ Poudre ou purée de piments utilisée comme condiment dans la cuisine maghrébine.
ÉTYM. mot arabe, de *harasa* «broyer».

***HARKI** [aʀki] **n. m.** ✦ Militaire autochtone d'Algérie qui servait aux côtés des Français.
ÉTYM. mot arabe, de *harka* «mouvement».

HARMATTAN [aʀmatɑ̃] **n. m.** ✦ Alizé chaud et sec qui souffle sur l'Afrique occidentale. ➝ On écrit aussi *harmatan.*
ÉTYM. mot d'une langue africaine.

HARMONICA [aʀmɔnika] **n. m.** ✦ Instrument de musique en forme de petite boîte plate, dont on fait vibrer les anches par le souffle.
ÉTYM. mot anglais, du latin *harmonicus* «harmonieux».

HARMONIE [aʀmɔni] **n. f.** **I** **1.** LITTÉR. Combinaison de sons agréables à l'oreille. SYN. **euphonie.** **2.** MUS. Ensemble des principes qui règlent l'emploi et la combinaison des sons simultanés ; science des accords et des simultanéités des sons. *Traité d'harmonie.* **3.** Orchestre de bois, de cuivres et de percussions. *L'harmonie municipale.* SYN. **fanfare.** **II** **1.** Rapports entre les parties d'un tout, qui font qu'elles concourent à un même effet d'ensemble ; cet effet. SYN. **unité** ; → **ordre, organisation.** ➝ *Être* EN HARMONIE *avec.* → **convenir, correspondre,** s'**harmoniser.** *Sa vie est en harmonie avec ses idées.* ◆ Beauté régulière. *L'harmonie des tons dans un tableau. L'harmonie d'un visage.* SYN. **beauté, régularité.** **2.** Accord, bonnes relations entre personnes. SYN. **entente, paix, union.** *L'harmonie qui règne dans une équipe. Vivre en parfaite harmonie.* SYN. **amitié, entente, sympathie.** CONTR. **désaccord, discordance • discorde, mésentente.**
ÉTYM. latin *harmonia,* mot grec «assemblage».

HARMONIEUSEMENT [aʀmɔnjøzmɑ̃] **adv.** ✦ D'une manière harmonieuse.

HARMONIEUX, EUSE [aʀmɔnjø, øz] **adj.** **1.** Agréable à l'oreille. SYN. **mélodieux.** *Voix harmonieuse.* **2.** Qui a, qui produit de l'harmonie ; qui est en harmonie avec les autres éléments. *Harmonieux équilibre.* ➝ *Couleurs harmonieuses.* ➝ *Style harmonieux.* CONTR. **discordant • disparate.**
ÉTYM. de *harmonie.*

HARMONIQUE [aʀmɔnik] **adj.** et **n.** **1.** Relatif à l'harmonie (I, 2) en musique. ➝ *Son harmonique* ou **n.** *un* ou *une harmonique :* vibration, son dont la fréquence est un multiple entier de celle du son fondamental. **2.** MATH. *Division harmonique,* de quatre points alignés, lorsque leurs distances deux à deux sont dans un rapport inverse. ➝ *Série harmonique* (1 + 1/2 + 1/3 + 1/4...).
► **HARMONIQUEMENT** [aʀmɔnikmɑ̃] **adv.**
ÉTYM. latin *harmonicus,* du grec.

HARMONISATION [aʀmɔnizasjɔ̃] **n. f.** ✦ Action d'harmoniser. ➝ Manière dont une musique est harmonisée.

HARMONISER [aʀmɔnize] **v. tr.** (conjug. 3a) **1.** Mettre en harmonie, en accord. SYN. **accorder, coordonner, équilibrer.** *Harmoniser des couleurs.* **2.** MUS. Combiner (une mélodie) avec d'autres parties ou des suites d'accords. *Harmoniser un air,* composer un accompagnement. SYN. **arranger, orchestrer.** **3.** *S'HARMONISER* **v. pron.** Se mettre, être en harmonie. SYN. **s'accorder.** *Teintes qui s'harmonisent. Ses sentiments s'harmonisaient avec le paysage.* SYN. **correspondre.** CONTR. **désaccorder • détonner, dissoner.**
ÉTYM. de *harmonie,* après *harmonier.*

HARMONISTE [aʀmɔnist] **n.** ✦ Musicien, compositeur qui accorde de l'importance à l'harmonie (I, 2).

HARMONIUM [aʀmɔnjɔm] **n. m.** ✦ Instrument à clavier et à soufflerie, comme l'orgue, mais muni d'anches libres au lieu de tuyaux. *Tenir l'harmonium de l'église.*
ÉTYM. de *harmonie.*

***HARNACHEMENT** [aʀnaʃmɑ̃] **n. m.** **1.** Action de harnacher. ➝ Ensemble des harnais. **2.** fig. Habillement lourd et incommode. *Le harnachement des astronautes.*

***HARNACHER** [aʀnaʃe] **v. tr.** (conjug. 3a) **1.** Mettre le harnais à (un animal de selle ou de trait). **2.** Accoutrer (qqn) comme d'un harnais (surtout passif et p. passé). *Touriste harnaché d'appareils photo.*
ÉTYM. de *harnessier* → harnais.

***HARNAIS** [aʀnɛ] **n. m.** **1.** anciennt Équipement complet d'un homme d'armes. ➝ loc. *Blanchi sous le harnais* ou (forme anc.) *sous le harnois :* vieilli dans le métier (des armes, etc.). **2.** Équipement d'un animal de selle ou de trait (bât, brancard, mors, licou, rêne...). SYN. **harnachement.** **3.** Système de sangles pour s'attacher (dans certaines activités).
ÉTYM. ancien scandinave *hernest,* du francique *hart* «armée» et *nest* «provisions, munitions».

***HARNOIS** → HARNAIS

***HARO** [aʀo] **n. m.** ✦ loc. *Crier haro sur le baudet* (allus. à La Fontaine), *sur qqn, qqch. :* dénoncer (qqn, qqch.) à l'indignation de tous.
ÉTYM. du francique, cri signalant la fin d'une vente, puis pour exciter les chiens contre la bête chassée.

***HARPE** [aʀp] **n. f.** ✦ Grand instrument à cordes de longueur inégale que l'on pince des deux mains, à cadre triangulaire.
ÉTYM. germanique *harpa.*

***HARPIE** [aʀpi] **n. f.** **1.** MYTHOL. Monstre à corps de vautour et à tête de femme. **2.** fig. Femme méchante, acariâtre. SYN. **mégère.**
ÉTYM. latin *harpya,* du grec. ☛ HARPIES (noms propres).

***HARPISTE** [aʀpist] **n.** ✦ Personne qui joue de la harpe.

***HARPON** [aʀpɔ̃] n. m. ✦ Dard emmanché, relié à une ligne, qui sert à prendre les gros poissons, les cétacés. *Pêche au harpon.*
ÉTYM. du germanique *harpan* «saisir» ou du latin *harpe*, mot grec «objet crochu».

***HARPONNER** [aʀpɔne] v. tr. (conjug. 3a) **1.** Atteindre, accrocher avec un harpon. *Harponner une baleine.* **2.** fig. FAM. Arrêter, saisir (qqn) brutalement. *Harponner un malfaiteur.*
► ***HARPONNAGE** [aʀpɔnaʒ] ou (rare) ***HARPONNEMENT** [aʀpɔnmɑ̃] n. m.

HARUSPICE → ARUSPICE

***HASARD** [azaʀ] n. m. **I** **1.** Cas, évènement fortuit ; concours de circonstances inattendu et inexplicable. SYN. **coïncidence.** *C'est un pur hasard,* rien n'était calculé, prémédité. *Un heureux hasard.* → **chance ; occasion.** *Un hasard malheureux.* → **accident, malchance.** **2.** LITTÉR. Risque, circonstance dangereuse. *Les hasards de la guerre.* SYN. **aléa.** **II** **1.** *LE HASARD :* cause attribuée à des évènements significatifs pour l'être humain et apparemment inexplicables. *Les lois du hasard.* → **probabilité.** *Le hasard fait bien les choses* (se dit d'un concours de circonstances heureux). *Les caprices du hasard.* → **destin, fatalité, sort.** *Ne rien laisser au hasard :* tout prévoir. *S'en remettre au hasard.* **2.** *AU HASARD* loc. adv. : n'importe où. *Coups tirés au hasard.* – Sans réflexion. *Répondre au hasard.* SYN. au petit **bonheur.** ♦ *AU HASARD DE* loc. prép. : selon les hasards de. *Au hasard des rencontres, des circonstances.* ♦ *À TOUT HASARD* loc. adv. : en prévision ou dans l'attente de tout ce qui pourrait se présenter. *Laissez-moi votre adresse, à tout hasard.* ♦ *PAR HASARD* loc. adv. → **accidentellement, fortuitement.** *Je l'ai rencontré par hasard. Comme par hasard :* comme si c'était un hasard. *Si par hasard :* au cas où. **3.** *JEU DE HASARD,* où le calcul, l'habileté n'ont aucune part. *Les dés, la roulette, la loterie sont des jeux de hasard.*
ÉTYM. arabe *az-zahr* «jeu de dés», par l'espagnol *azar.*

***HASARDER** [azaʀde] v. tr. (conjug. 3a) **1.** LITTÉR. Livrer (qqch.) au hasard, aux aléas du sort. SYN. **aventurer, exposer, risquer.** *Hasarder sa réputation.* **2.** Entreprendre (qqch.) en courant le risque d'échouer ou de déplaire. SYN. **tenter.** *Hasarder une démarche.* **3.** Se risquer à exprimer. *Il hasarda timidement une remarque.* **4.** *SE HASARDER* v. pron. Aller, se risquer (en un lieu où il y a du danger). *Ne te hasarde pas le soir dans ce quartier.* SYN. s'**aventurer.** – *SE HASARDER À :* se risquer à. *Il se hasarda à lui téléphoner.*
ÉTYM. de *hasard.*

***HASARDEUX, EUSE** [azaʀdø, øz] adj. ✦ Qui expose à des périls ; qui comporte des risques. *Entreprise hasardeuse.* SYN. **aléatoire, aventuré, dangereux.** CONTR. **sûr.**
ÉTYM. de *hasarder.*

HASCHICH** [aʃiʃ] n. m. ✦ Chanvre indien avec lequel on prépare une drogue enivrante ; cette drogue. SYN. **cannabis, marijuana.** *Fumer du haschich.* – abrév. COUR. *HASCH [aʃ]. – On écrit aussi **hachich, *haschisch. HOM. (de *hasch*) H (lettre), HACHE «couperet»
ÉTYM. arabe *hâchich* «herbe».

***HASE** [ɑz] n. f. ✦ Femelle du lièvre ou du lapin de garenne. → **lapine.**
ÉTYM. mot allemand «lièvre».

***HASHTAG** [aʃtag] n. m. ✦ anglicisme INFORM. Mot-clé précédé du signe #, permettant de retrouver tous les messages d'un microblog qui le contiennent. *Les hashtags d'un tweet.* – recomm. offic. *mot-dièse.*
ÉTYM. mot anglais, de *hash* «dièse» et *tag* «marque».

HAST [ast] n. m. ✦ anciennt *Arme d'hast :* toute arme dont le fer est monté sur une longue hampe.
ÉTYM. latin *hasta* «lance».

***HÂTE** [ɑt] n. f. ✦ Grande promptitude (dans l'exécution d'un travail, etc.). SYN. **célérité, empressement.** *Hâte excessive.* → ① **précipitation.** *Mettre de la hâte, peu de hâte à faire qqch.* – *Avoir hâte de* (+ inf.), *n'avoir qu'une hâte :* être pressé, impatient. *Avoir hâte d'en finir. J'ai hâte que tu viennes.* ♦ loc. adv. – *EN HÂTE.* → **promptement, rapidement, vite.** *Venez en toute hâte !* → d'**urgence.** – *À LA HÂTE :* avec précipitation, sans soin. *Travail fait à la hâte.* → **bâclé.** CONTR. ① **calme, lenteur.**
ÉTYM. francique *haist* «violence».

***HÂTER** [ɑte] v. tr. (conjug. 3a) **1.** LITTÉR. Faire arriver plus tôt, plus vite. SYN. **avancer, brusquer,** ① **précipiter.** *Hâter son départ.* **2.** Faire évoluer plus vite, rendre plus rapide. SYN. **accélérer, activer.** *Hâter le pas.* SYN. **presser.** **3.** *SE HÂTER* v. pron. Se dépêcher, se presser. *Hâtez-vous. Ils se hâtèrent vers la sortie.* SYN. se **précipiter.** – *Se hâter de terminer un travail.* CONTR. **différer, ralentir, retarder.**
ÉTYM. de *hâte.*

***HÂTIF, IVE** [ɑtif, iv] adj. **1.** Qui est fait trop vite, à la hâte. SYN. ① **précipité.** *Travail hâtif.* SYN. **bâclé.** *Conclusion hâtive.* SYN. **prématuré.** **2.** Dont la maturité est naturellement précoce. *Fraises hâtives.* CONTR. **soigné** • **tardif.**
► ***HÂTIVEMENT** [ɑtivmɑ̃] adv.

***HAUBAN** [obɑ̃] n. m. ✦ Cordage, câble servant à assujettir le mât d'un navire. *Haubans de misaine, d'artimon.* – par ext. *Les haubans d'un pont suspendu.*
ÉTYM. ancien scandinave.

***HAUBANER** [obane] v. tr. (conjug. 3a) ✦ Consolider par des haubans. *Haubaner une grue.*

***HAUBERT** [obɛʀ] n. m. ✦ Chemise de mailles à manches et à capuchon, que portaient les hommes d'armes au Moyen Âge. → **cotte** de mailles.
ÉTYM. francique *halsberg,* de *hals* «cou» et *bergen* «protéger».

***HAUSSE** [os] n. f. **1.** TECHN. Objet ou dispositif qui sert à hausser. **2.** Augmentation (d'une grandeur numérique). *Hausse de la température. La hausse des prix.* SYN. **montée.** *On enregistre une hausse sensible du coût de la vie.* – loc. *Jouer à la hausse :* spéculer sur la hausse du cours des valeurs boursières. – *Être en hausse :* être en train d'augmenter. *Les cours de l'or sont en hausse.* CONTR. **baisse, diminution.**
ÉTYM. de *hausser.*

***HAUSSEMENT** [osmɑ̃] n. m. ✦ *Haussement d'épaules :* mouvement par lequel on élève les épaules en signe de dédain, d'irritation, de résignation, d'indifférence.
ÉTYM. de *hausser.*

***HAUSSER** [ose] v. tr. (conjug. 3a) **1.** Donner plus de hauteur à. *Hausser une maison d'un étage.* SYN. **surélever.** **2.** Mettre à un niveau plus élevé. SYN. ① **lever, relever.** *Hausser les épaules* (→ **haussement**). – pronom. *Se hausser sur la pointe des pieds.* SYN. se **dresser,** se **hisser.** ♦ *Hausser les prix.* SYN. **augmenter, majorer.** **3.**

Donner plus d'ampleur, d'intensité à. *Hausser la voix, le ton.* SYN. **enfler.** CONTR. **abaisser, baisser, descendre · diminuer.**
ÉTYM. latin populaire *altiare*, de *altus* «haut».

① ***HAUT, *HAUTE** [o, ot] **adj.** **I** 1. D'une dimension déterminée *(haut de..., comme...)* ou supérieure à la moyenne, dans le sens vertical. *Mur haut de deux mètres.* loc. *Haut comme trois pommes* : tout petit. — *De hautes montagnes.* SYN. **élevé.** *Hautes herbes. Pièce haute de plafond. Un homme de haute taille.* — *Talons hauts.* 2. Dans sa position la plus élevée. *Le soleil est haut dans le ciel.* ◆ loc. *Marcher la tête haute, le front haut*, sans craindre de reproches ni d'affronts. *Avoir la* HAUTE MAIN *dans une affaire*, la diriger, en avoir le contrôle. — *Marée* haute.* — *La haute mer*.* 3. Situé au-dessus. *Hauts plateaux. Le plus haut massif.* → **culminant.** *Haute note.* SYN. **aigu.** — *Le haut Rhin, la haute Égypte* (régions les plus proches de la source ou les plus éloignées de la mer). 4. dans le temps (avant le nom) *Le haut Moyen Âge. Objet d'art de haute époque.* SYN. **ancien, éloigné, reculé.** 5. De forte intensité. *Haute pression. Haute fréquence.* ◆ *À haute voix. Lire à voix haute* (opposé à *tout bas*). — loc. *Pousser les hauts cris*.* 6. (en parlant des prix, des valeurs cotées) *Le dollar est haut.* — *Hauts salaires.* SYN. **élevé.** **II** abstrait (avant le nom) 1. (dans l'ordre de la puissance) Éminent, important. *Haut fonctionnaire. La haute finance. La haute société* et ellipt n. f. FAM. *LA HAUTE.* — *EN HAUT LIEU*.* — n. m. *Le Très-Haut*, Dieu. 2. (dans l'échelle des valeurs) *Haute intelligence.* SYN. **supérieur.** — loc. *Les hauts faits.* → **héroïque.** — *Haute couture.* 3. Très grand. SYN. **extrême.** *Une communication de la plus haute importance.* — HAUTE-FIDÉLITÉ. → **fidélité.** — *Sous haute surveillance.* CONTR. ① **bas · faible.** HOM. AU(X) (article), AULX (pluriel de *ail*), EAU «liquide», HO «cri de surprise», O (lettre), Ô «invocation», OH «cri d'admiration», OS (pluriel) «squelette».
ÉTYM. latin *altus*.

② ***HAUT** [o] **n. m.** et **adv.**
I n. m. 1. Dimension verticale déterminée, de la base au sommet. SYN. **hauteur.** *Une tour de cent mètres de haut.* — loc. *TOMBER DE (TOUT) SON HAUT*, de toute sa hauteur ; fig. être stupéfait. 2. Position déterminée sur la verticale. *Voler à mille mètres de haut.* SYN. **altitude.** 3. Partie, région haute d'une chose. *Le tiroir du haut. Les voisins du haut.* SYN. ② **dessus.** — *Le haut d'une robe, d'un maillot de bain.* 4. Partie la plus haute, point culminant. SYN. **sommet.** *Le haut d'un arbre.* SYN. **cime.** ◆ *DU HAUT DE. Se jeter du haut d'une tour.* — fig. *Regarder qqn du haut de sa grandeur.* ◆ *DE (DU) HAUT EN BAS. Fouiller une maison du haut en bas*, partout, complètement. 5. *DES HAUTS ET DES BAS* : des alternances de bon et de mauvais état. 6. dans des expr. Terrain élevé. *Les hauts de Meuse.* CONTR. ① **bas.**
II adv. 1. En un point élevé sur la verticale. *Sauter haut.* 2. (adj. à valeur adverbiale) En position haute. *HAUT LES MAINS !* : sommation faite à qqn de lever les mains ouvertes. — *HAUT LA MAIN* : avec brio, en surmontant aisément tous les obstacles. *Gagner haut la main.* 3. En un point reculé dans le temps. SYN. **loin.** *Si haut que l'on remonte dans l'histoire.* — (dans un texte) *Voir plus haut.* → **ci-dessus, supra.** 4. (intensité) *À haute voix*, d'une voix forte. *Parlez plus haut. Lire tout haut.* — Sans craindre de se faire entendre. *Je le dirai bien haut, s'il le faut !* → **franchement, hautement.** ◆ (sons) *Monter haut* : atteindre des notes aiguës. 5. (puissance) *Des personnes haut placées. Il vise haut*, il est ambitieux. 6. (prix, valeurs) *La dépense monte haut*, s'élève à un prix considérable. — *Placer qqn très haut dans son estime.*
III loc. adv. 1. *DE HAUT* : d'un lieu élevé. — loc. fig. *TOMBER DE HAUT* : perdre ses illusions. *Voir les choses de haut*, d'une vue générale et sereine. *Le prendre de (très) haut*, réagir avec arrogance. *Regarder, traiter qqn de haut*, avec arrogance (→ **hautain**). 2. *EN HAUT* : dans la région (la plus) haute. *Jusqu'en haut. Tout en haut* : au point le plus haut. *Par en haut.* — En direction du haut. *Regarder en haut. De bas en haut.* ◆ *EN HAUT DE* loc. prép. *En haut de la côte.* 3. *D'EN HAUT. La lumière de l'atelier vient d'en haut.* — fig. *Des ordres qui viennent d'en haut*, d'une autorité supérieure. CONTR. ① **bas.**
ÉTYM. → ① haut.

***HAUTAIN, AINE** [otɛ̃, ɛn] **adj.** ✦ Dont les manières sont dédaigneuses ; qui montre de l'arrogance. SYN. **altier, orgueilleux.** *Un homme hautain.* — *Ton hautain.*
ÉTYM. de *haut*, adjectif.

***HAUTBOIS** [obwa] **n. m.** 1. Instrument de musique à vent, à anche double. 2. Hautboïste.
ÉTYM. d'abord *haut bois.*

***HAUTBOÏSTE** [obɔist] **n.** ✦ Personne qui joue du hautbois.

***HAUT-DE-CHAUSSES** [od(ə)ʃos] **n. m.** ✦ anciennt Partie de l'habillement masculin allant de la ceinture aux genoux. → **chausses, culotte.** *Des hauts-de-chausses.* — On écrit aussi **haut-de-chausse, des hauts-de-chausse.*
ÉTYM. de *haut* et *chausse(s).*

***HAUT-DE-FORME** [od(ə)fɔʀm] **n. m.** ✦ Chapeau d'homme en soie, haut et cylindrique, qui se porte avec la redingote ou l'habit. *Des hauts-de-forme.*
ÉTYM. d'abord *chapeau haut de forme.*

***HAUTE-CONTRE** [otkɔ̃tʀ] **n.** 1. n. f. Voix d'homme aiguë, plus étendue dans le haut que celle d'un ténor. → **contre-ténor.** 2. n. m. Chanteur qui a cette voix. *Des hautes-contre.*
ÉTYM. de *haut* et *contre* → contralto.

***HAUTE-FIDÉLITÉ** **n. f.** → FIDÉLITÉ

***HAUTEMENT** [otmɑ̃] **adv.** 1. LITTÉR. Tout haut et sans craindre de se faire entendre. SYN. **franchement, ouvertement.** *Dire hautement sa réprobation.* 2. À un degré supérieur, fortement. *Personnel hautement qualifié.* CONTR. **timidement · peu.**
ÉTYM. de ① *haut.*

***HAUTEUR** [otœʀ] **n. f.** **I** 1. Dimension dans le sens vertical, de la base au sommet. *La hauteur d'un mur. Dix mètres de hauteur*, de haut*. — (personnes) *Se dresser de toute sa hauteur.* SYN. ③ **taille.** ◆ GÉOM. Droite abaissée perpendiculairement du sommet à la base d'une figure ; longueur de cette droite. *Les hauteurs d'un triangle.* 2. Position déterminée sur la verticale. *Aigle qui vole à une hauteur vertigineuse.* — *Rebord de fenêtre à hauteur d'appui.* — *Saut en hauteur.* ◆ *Prendre de la hauteur* : s'élever dans l'espace (avion, engin). SYN. **altitude.** 3. *À LA HAUTEUR DE* loc. prép. *Placer une pancarte à la hauteur des yeux.* SYN. **niveau.** ◆ fig. *Il sait se mettre à la hauteur des enfants.* SYN. **portée.** *Être à la hauteur de la situation, des circonstances*, avoir les qualités requises pour y faire face. — absolt *Être à la hauteur* : faire preuve de compétence, d'efficacité. ◆ À côté de, en face de (en passant). 4. Sensation auditive liée à la

A B C D E F G H I J K L M N O P Q R S T U V W X Y Z

fréquence d'un son périodique. 5. Terrain, lieu élevé. *Maison située sur une hauteur.* II fig. 1. Supériorité (d'ordre moral ou intellectuel). SYN. **grandeur, noblesse.** loc. *Hauteur de vue.* 2. péj. Attitude de la personne qui regarde les autres de haut, avec mépris.
HOM. AUTEUR «écrivain»
ÉTYM. de *haut.*

***HAUT-FOND** [ofɔ̃] n. m. ✦ Sommet sous-marin recouvert de peu d'eau et dangereux pour la navigation. *Des hauts-fonds.*

***HAUT-FOURNEAU** [ofuʀno] n. m. ✦ Grand four à cuve destiné à fondre le minerai de fer. *Des hauts-fourneaux.* ➖ On peut aussi écrire **haut fourneau, des hauts fourneaux.*

***HAUT-LE-CŒUR** [ol(ə)kœʀ] n. m. invar. ✦ Envie de vomir. SYN. **nausée.** *Avoir un, des haut-le-cœur.* ➖ fig. Mouvement de dégoût, de répulsion. *Cela me donne des haut-le-cœur :* cela me dégoûte.

***HAUT-LE-CORPS** [ol(ə)kɔʀ] n. m. invar. ✦ Mouvement brusque et involontaire du buste vers le haut sous l'effet de la surprise ou de l'indignation. *Avoir, réprimer un haut-le-corps.* SYN. **sursaut.**

***HAUT-PARLEUR** [opaʀlœʀ] n. m. ✦ Appareil qui transforme en ondes sonores les courants électriques détectés par le récepteur. *Des haut-parleurs.*

***HAUT-RELIEF** [oʀəljɛf] n. m. ✦ Sculpture présentant un relief très saillant sans se détacher toutefois du fond dans toute son épaisseur (opposé à *bas-relief*).

***HAUTURIER, IÈRE** [otyʀje, jɛʀ] adj. ✦ De la haute mer*. *Navigation hauturière.* CONTR. **côtier.**
ÉTYM. de *hauteur.*

***HAVANE** [avan] n. m. 1. Tabac de La Havane (☞ noms propres). *Fumer du havane.* ➖ Cigare réputé, fabriqué avec ce tabac. *Une boîte de havanes.* 2. adjectivt invar. De la couleur marron clair des havanes. *Des gants havane.*

***HÂVE** [ɑv] adj. ✦ LITTÉR. Amaigri et pâli par la faim, les épreuves. SYN. **émacié.** *Joues hâves.* ➖ *Teint hâve.* SYN. **blafard, blême.**
ÉTYM. francique *haswa* «gris comme le lièvre *(has)*».

***HAVRE** [avʀ] n. m. 1. VX Petit port bien abrité. 2. LITTÉR. Ce qui constitue un abri, un refuge sûr et calme. *Cette maison est un havre de paix.*
ÉTYM. ancien néerlandais *haven* «port».

***HAVRESAC** [avʀəsak] n. m. ✦ anciennt Sac que le fantassin portait sur le dos, et qui contenait son équipement.
ÉTYM. ancien allemand *habersach* «sac à avoine *(haber)*».

***HAYON** [ɛjɔ̃ ; ajɔ̃] n. m. ✦ Partie mobile articulée tenant lieu de porte à l'arrière d'un véhicule. ➖ *Hayon élévateur :* élévateur situé à l'arrière d'un camion.
ÉTYM. de *haie.*

He [aʃe] ✦ CHIM. Symbole de l'hélium.

***HÉ** [e ; he] interj. ✦ Sert à interpeler, à appeler, à attirer l'attention. *Hé ! vous, là-bas.* SYN. **hep.** ➖ *Hé ! Hé !* (approbation, appréciation, ironie, moquerie selon le ton). *Hé là !* ➙ **holà.** HOM. EH «cri d'appel», ET (conj.)

***HEAUME** [om] n. m. ✦ au Moyen Âge Casque enveloppant toute la tête et le visage du combattant.
HOM. HOME «foyer», OHM «unité de mesure»
ÉTYM. francique *helm* «casque».

HEBDOMADAIRE [ɛbdɔmadɛʀ] adj. et n. m. 1. adj. Qui s'effectue dans l'intervalle d'une semaine. *Temps de travail hebdomadaire.* ➖ Qui se renouvelle chaque semaine. *Repos hebdomadaire.* 2. n. m. *Un hebdomadaire :* publication qui paraît une fois par semaine. ➖ abrév. FAM. HEBDO [ɛbdo]. *Lire les hebdos.*
► **HEBDOMADAIREMENT** [ɛbdɔmadɛʀmɑ̃] adv.
ÉTYM. du latin *hebdomas, hebdomados* «semaine», du grec *hebdomos* «septième», de *hepta* «sept».

HÉBERGER [ebɛʀʒe] v. tr. (conjug. 5) 1. Loger (qqn) chez soi. *Peux-tu m'héberger pour la nuit ?* SYN. **abriter, recevoir.** ➖ passif *Être hébergé par un ami.* 2. Accueillir, recevoir sur son sol. *Pays qui héberge des réfugiés.* 3. INFORM. Assurer le stockage et la mise en ligne de (un site web...).
► **HÉBERGEMENT** [ebɛʀʒəmɑ̃] n. m. *Centre d'hébergement.*
ÉTYM. francique *heribergôn* «camper» de *hari, heri* «armée» et *bergan* «abriter».

HÉBERGEUR, EUSE [ebɛʀʒœʀ, øz] n. m. et adj. ✦ INFORM. Société qui héberge des sites web sur ses serveurs.

HÉBÉTER [ebete] v. tr. (conjug. 8) ✦ Rendre obtus, stupide.
► **HÉBÉTÉ, ÉE** adj. Rendu stupide. SYN. **abruti, ahuri.** *Être hébété de fatigue.* ➖ *Air, regard hébété. Des yeux hébétés.*
ÉTYM. latin *hebetare* «émousser».

HÉBÉTUDE [ebetyd] n. f. ✦ LITTÉR. État d'une personne hébétée. SYN. **abrutissement, stupeur.**
ÉTYM. bas latin *hebetudo.*

HÉBRAÏQUE [ebʀaik] adj. ✦ Qui concerne la langue ou la civilisation des Hébreux. *La langue hébraïque :* l'hébreu.
ÉTYM. latin chrétien *hebraicus* «hébreu», du grec.

HÉBREU [ebʀø] n. m. et adj.
I n. m. 1. Membre du peuple sémitique dont la Bible retrace l'histoire. SYN. **juif.** 2. Langue sémitique parlée autrefois par les Hébreux, et aujourd'hui par les Israéliens. *La renaissance de l'hébreu en Israël.* ➖ loc. fig. *C'est de l'hébreu,* c'est inintelligible.
II adj. Se dit du peuple, de la langue des Hébreux. *L'alphabet hébreu.* SYN. **hébraïque.** *L'État hébreu :* Israël. ➖ Au féminin, on emploie couramment l'adj. *juive* et parfois *israélite* pour ce qui concerne la religion ; le féminin *hébreue* est attesté, en concurrence avec *hébraïque : la langue, la grammaire hébreue.*
ÉTYM. latin chrétien *hebraeus,* du grec.

HÉCATOMBE [ekatɔ̃b] n. f. ✦ Massacre d'un grand nombre de personnes ou d'animaux. SYN. **boucherie, carnage, tuerie.** *L'hécatombe de la Grande Guerre.* ➖ fig. *Quatre-vingts pour cent de recalés, quelle hécatombe !*
ÉTYM. latin *hecatombe,* du grec *hekatombê* «(sacrifice de) cent bœufs», de *hekaton* «cent» et *bous* «bœuf».

HECTARE [ɛktaʀ] n. m. ✦ Mesure de superficie équivalant à cent ares ou dix mille mètres carrés (symb. ha).
ÉTYM. de *hect(o)-* et *are.*

HECTO [ɛkto] n. m. ➙ HECTOLITRE

HECT(O)- Élément savant, du grec *hekaton* «cent», qui multiplie par 10^2 l'unité dont il précède le nom (symb. h) (ex. *hectogramme* n. m. «masse de cent grammes», symb. hg).

HECTOLITRE [ɛktɔlitʀ] n. m. ✦ Mesure de capacité valant cent litres (symb. hl). ➖ abrév. FAM. HECTO [ɛkto]. *Mille hectos de vin.*

HECTOMÈTRE [ɛktɔmɛtʀ] n. m. ✦ Longueur de cent mètres (symb. hm).

HECTOPASCAL, ALS [ɛktopaskal] n. m. ✦ MÉTÉOROL. Unité de mesure de pression valant cent pascals (symb. hPa). *L'hectopascal a remplacé le millibar.*

HÉDONISME [edɔnism] n. m. ✦ PHILOS. Doctrine qui prend pour principe de la morale la recherche du plaisir et l'évitement de la souffrance.
► **HÉDONISTE** [edɔnist] n. et adj.
ÉTYM. du grec *hêdonê* «plaisir».

HÉGÉMONIE [eʒemɔni] n. f. ✦ Suprématie d'un État, d'une nation sur d'autres. *Soumettre des peuples à son hégémonie.* ➖ *Hégémonie économique.*
► **HÉGÉMONIQUE** [eʒemɔnik] adj.
ÉTYM. grec *hêgemonia*, de *hêgemôn* «chef, guide».

HÉGIRE [eʒiʀ] n. f. ✦ Ère des musulmans (qui commence en l'an 622 de l'ère chrétienne, année où Mahomet dut se réfugier à Médine). *L'an deux cent de l'hégire.*
ÉTYM. arabe *hedjra* «fuite», par l'italien.

***HEIN** [ɛ̃ ; hɛ̃] interj. ✦ FAM. 1. Pour faire répéter qqn, ou pour l'interrompre avec impatience. SYN. **comment, pardon.** *Hein ? Qu'est-ce que tu dis ?* 2. Renforce une phrase interrogative ou exclamative. *Tu viendras, hein ?* SYN. **n'est-ce pas.**
ÉTYM. du latin *hem*, onomatopée.

HÉLAS [elas] interj. ✦ Interjection de plainte, exprimant la douleur, le regret. *Va-t-il mieux ? Hélas ! non.* ➖ loc. *Hélas, trois fois hélas !*
ÉTYM. de *hé* et ancien français *las* «malheureux».

***HÉLER** [ele] v. tr. (conjug. 8) ✦ Appeler de loin. *Héler un taxi, un porteur.* HOM. AILÉ «pourvu d'ailes»
ÉTYM. altération du moyen anglais *heilen.*

HÉLIANTHE [eljɑ̃t] n. m. ✦ Plante à grands capitules jaunes. *Hélianthe annuel.* SYN. **soleil, tournesol.**
ÉTYM. du grec *hêlios* «soleil» et *anthos* «fleur».

HÉLICE [elis] n. f. 1. MATH. Courbe engendrée par une droite oblique s'enroulant sur un cylindre. *L'hélice est une courbe dans l'espace, la spirale* est dans un plan.* ♦ *Escalier en hélice.* → (abusivt) en **spirale.** 2. Appareil de propulsion, de traction ou de sustentation, constitué de plusieurs pales solidaires d'un arbre. *L'hélice d'un navire. Les hélices d'un hélicoptère.*
ÉTYM. latin *helix*, mot grec «spirale».

HÉLICICULTURE [elisikyltyʀ] n. f. ✦ DIDACT. Élevage des escargots destinés à l'alimentation.
ÉTYM. de *hélix* (2).

HÉLICOÏDAL, ALE, AUX [elikɔidal, o] adj. ✦ En forme d'hélice (1). ➖ *Mouvement hélicoïdal.*

HÉLICON [elikɔ̃] n. m. ✦ Tuba contrebasse que sa forme circulaire permet de porter autour du corps en le faisant reposer sur une épaule.
ÉTYM. grec *helikos* «sinueux».

HÉLICOPTÈRE [elikɔptɛʀ] n. m. ✦ Aéronef muni d'une ou de plusieurs hélices horizontales, et qui décolle à la verticale.
ÉTYM. du grec *helix, helikos* «spirale».

HÉLI(O)-, -HÉLIE Éléments savants, du grec *hêlios* «soleil».

HÉLIOGRAVURE [eljogʀavyʀ] n. f. ✦ Procédé de photogravure en creux. *Livre d'art imprimé en héliogravure.* ➖ Gravure obtenue par ce procédé.

HÉLIOMARIN, INE [eljomaʀɛ̃, in] adj. ✦ MÉD. Qui utilise l'action simultanée des rayons solaires et de l'air marin. *Cure héliomarine.*

HÉLIOTHÉRAPIE [eljoteʀapi] n. f. ✦ Traitement médical par la lumière et la chaleur solaires (bains de soleil).
ÉTYM. de *hélio-* et *-thérapie.*

HÉLIOTROPE [eljɔtʀɔp] n. m. ✦ Plante à fleurs odorantes, des régions chaudes et tempérées.
ÉTYM. latin *heliotropium*, du grec «qui se tourne *(trepein)* vers le soleil *(hêlios)*».

HÉLIPORT [elipɔʀ] n. m. ✦ Aéroport pour hélicoptères.
ÉTYM. de *hélicoptère*, d'après *aéroport.*

HÉLIPORTÉ, ÉE [elipɔʀte] adj. ✦ Transporté par hélicoptère. *Commando héliporté.*

HÉLIUM [eljɔm] n. m. ✦ Gaz rare le plus léger, ininflammable, découvert dans l'atmosphère solaire (symb. He). *Ballon gonflé à l'hélium.*
ÉTYM. du grec *hêlios* «soleil». ☛ HÉLIOS (noms propres).

HÉLIX [eliks] n. m. 1. Ourlet du pavillon de l'oreille. 2. ZOOL. Escargot (→ **héliciculture**).
ÉTYM. grec *helix* «spirale» → hélice.

HELLÉBORE → ELLÉBORE

HELLÈNE [elɛn] adj. et n. ✦ De la Grèce ancienne *(Hellade)* ou moderne. SYN. **grec.** ➖ n. *Les Hellènes.*
ÉTYM. grec *Hellên, Hellênos*, désignation des Grecs par eux-mêmes.

HELLÉNIQUE [elenik] adj. ✦ De la Grèce. SYN. **grec.** *Civilisation, langue hellénique.*
ÉTYM. grec *hellênikos* → hellène.

HELLÉNISER [elenize] v. tr. (conjug. 3a) ✦ Donner un caractère hellénique, faire adopter la langue et les idées des Grecs à (un pays, un peuple).
► **HELLÉNISATION** [elenizasjɔ̃] n. f.
ÉTYM. grec *hellenizein.*

HELLÉNISME [elenism] n. m. 1. Construction ou emploi propre à la langue grecque. 2. Civilisation grecque (dans son ensemble).
ÉTYM. grec *hellênismos* → hellène.

HELLÉNISTE [elenist] n. 1. HIST. Juif converti au paganisme grec. 2. Spécialiste de philologie, de littérature grecques. *Les hellénistes et les latinistes.*
ÉTYM. grec *hellênistês* → hellène.

HELLÉNISTIQUE [elenistik] adj. ✦ De la civilisation de langue grecque, après la mort d'Alexandre et jusqu'à la conquête romaine.
ÉTYM. de *helléniste.*

HELMINTHE [ɛlmɛ̃t] n. m. ✦ Ver parasite de l'homme et de certains mammifères.
ÉTYM. grec *helmins, helminthos* «ténia».

HELMINTHIASE [ɛlmɛ̃tjaz] n. f. ✦ MÉD. Parasitose causée par les helminthes.

HELVÉTIQUE [ɛlvetik] adj. ✦ Relatif à la Suisse. SYN. **suisse.** *La Confédération helvétique.*
ÉTYM. latin *helveticus*, de *Helveti*, nom latin des tribus celtes de Suisse. ☛ HELVÉTIE (noms propres).

HELVÉTISME [ɛlvetism] n. m. ✦ LING. Mot, tournure propre au français de la Suisse romande.

***HEM** [ɛm ; hɛm] interj. → HUM

HÉMA-, HÉMAT(O)-, HÉMO- Éléments savants, du grec *haima, haimatos* «sang». → **-émie.**

HÉMATIE [emasi] n. f. ✦ Globule rouge du sang.
ÉTYM. du grec *haima* «sang».

HÉMATITE [ematit] n. f. ✦ Minerai de fer de couleur rougeâtre ou brune.
ÉTYM. latin *haimatites*, du grec.

HÉMAT(O)- → HÉMA-

HÉMATOLOGIE [ematɔlɔʒi] n. f. ✦ DIDACT. Étude du sang et de ses maladies.
ÉTYM. de *hémato-* et *-logie*.

HÉMATOLOGUE [ematɔlɔg] n. ✦ Spécialiste de l'hématologie. – variante HÉMATOLOGISTE [ematɔlɔʒist].

HÉMATOME [ematom] n. m. ✦ Accumulation de sang dans un tissu (surtout tissu cutané), due à des lésions vasculaires. SYN. **bleu, ecchymose.**

HÉMATOPHAGE [ematɔfaʒ] adj. ✦ DIDACT. Qui se nourrit de sang pour vivre. *La sangsue, la puce sont hématophages.*
ÉTYM. de *hémato-* et *-phage*.

HÉMATOSE [ematoz] n. f. ✦ PHYSIOL. Échanges gazeux (passage de l'oxygène dans le sang et rejet par celui-ci du gaz carbonique) qui se produisent dans le poumon au cours de la respiration.
ÉTYM. grec *haimatôsis*.

HÉMATURIE [ematyʀi] n. f. ✦ MÉD. Présence anormale de sang dans l'urine.
ÉTYM. de *hémat(o)-* et *-urie*.

HÉMI- Élément savant, du grec *hêmi* «demi».

HÉMICYCLE [emisikl] n. m. **1.** Espace, construction en demi-cercle. *L'hémicycle d'un théâtre.* **2.** Rangées de gradins disposées en demi-cercle. *L'hémicycle de l'Assemblée nationale (ou absolt l'hémicycle).*
ÉTYM. latin *hemicyclium*, du grec.

HÉMIONE [emjɔn] n. m. ✦ ZOOL. Équidé d'Asie occidentale, proche du cheval.
ÉTYM. grec *hemionos* «demi-âne», de *onos* «âne».

HÉMIPLÉGIE [emipleʒi] n. f. ✦ Paralysie frappant une moitié latérale du corps.
ÉTYM. du grec *hêmiplêx* «à moitié frappé», de *plettein* «frapper».

HÉMIPLÉGIQUE [emipleʒik] adj. ✦ Qui a rapport à l'hémiplégie. ♦ Atteint d'hémiplégie. – n. *Un, une hémiplégique.*

HÉMIPTÈRE [emiptɛʀ] n. m. ✦ Insecte suceur, aux ailes antérieures courtes (ordre des *Hémiptères* ; ex. pucerons, cigales, punaises). – adj. *Insecte hémiptère.*
ÉTYM. de *hémi-* et *-ptère*.

HÉMISPHÈRE [emisfɛʀ] n. m. **1.** Moitié d'une sphère. **2.** Moitié du globe terrestre (surtout, moitié limitée par l'équateur). *L'hémisphère nord* ou *boréal, sud* ou *austral.* **3.** *Hémisphères cérébraux* : les deux moitiés latérales du cerveau, appelées aussi *cerveau droit, gauche.*
ÉTYM. latin *hemispherium*, du grec.

HÉMISPHÉRIQUE [emisfeʀik] adj. ✦ Qui a la forme d'un hémisphère.

HÉMISTICHE [emistiʃ] n. m. ✦ Moitié d'un vers, marquée par une césure. ☛ Littérature p. 122. ♦ Cette césure. *Rime intérieure à l'hémistiche.*
ÉTYM. bas latin *hemistichium*, du grec, de *stikhos* «rangée, ligne».

HÉMO- → HÉMA-

HÉMOCULTURE [emokyltyʀ] n. f. ✦ DIDACT. Ensemencement d'un milieu de culture avec du sang pour y rechercher les microbes.
ÉTYM. de *hémo-* et *culture*.

HÉMODIALYSE [emodjaliz] n. f. ✦ MÉD. Dialyse du sang dérivé hors de l'organisme et restitué au patient après épuration (→ **rein artificiel**).
ÉTYM. de *hémo-* et *dialyse*.

HÉMOGLOBINE [emɔglɔbin] n. f. **1.** Protéine contenue dans les hématies, qui assure le transport de l'oxygène et donne au sang sa couleur rouge. **2.** FAM. Sang versé. *Il y a trop d'hémoglobine dans ce film.*
ÉTYM. de *hémo-* et radical de *globuline* → globule.

HÉMOGRAMME [emɔgʀam] n. m. ✦ MÉD. Résultat de l'étude quantitative et qualitative des globules du sang (numération globulaire et formule leucocytaire).
ÉTYM. de *hémo-* et *-gramme*.

HÉMOLYSE [emɔliz] n. f. ✦ MÉD. Destruction des hématies.
ÉTYM. de *hémo-* et *-lyse*.

HÉMOPHILE [emɔfil] adj. et n. ✦ Atteint d'hémophilie. – n. *Un hémophile.*

HÉMOPHILIE [emɔfili] n. f. ✦ Maladie héréditaire qui se traduit par une incapacité du sang à coaguler. *L'hémophilie se transmet par les femmes, mais seuls les hommes en sont atteints.*
ÉTYM. de *hémo-* et *-philie*.

HÉMOPTYSIE [emɔptizi] n. f. ✦ MÉD. Crachement de sang provenant des voies respiratoires.
► **HÉMOPTYSIQUE** [emɔptizik] adj. et n.
ÉTYM. du grec *haimoptuikos*, de *ptuein* «cracher».

HÉMORRAGIE [emɔʀaʒi] n. f. **1.** Fuite de sang hors d'un vaisseau sanguin. SYN. **saignement.** *Hémorragie interne ; sous-cutanée* (→ **hématome**). *Hémorragie cérébrale.* → **apoplexie.** *Arrêter une hémorragie par un garrot.* **2.** fig. Perte de vies humaines. *L'hémorragie causée par une guerre.* – Perte, fuite. *L'hémorragie des capitaux.*
► **HÉMORRAGIQUE** [emɔʀaʒik] adj. *Accidents hémorragiques.*
ÉTYM. latin *haemorrhagia*, du grec → hémo- et -rragie.

HÉMORROÏDE [emɔʀɔid] n. f. ✦ surtout au plur. Varice qui se forme à l'anus et au rectum.
► **HÉMORROÏDAIRE** [emɔʀɔidɛʀ] adj. et n.
► **HÉMORROÏDAL, ALE, AUX** [emɔʀɔidal, o] adj.
ÉTYM. latin *haemorrhois*, du grec, de *rhein* «couler».

HÉMOSTASE [emɔstaz] n. f. ✦ MÉD. Ensemble des mécanismes qui concourent à l'arrêt d'une hémorragie.
ÉTYM. grec *haimostasis*, de *stasis* «arrêt».

HÉMOSTATIQUE [emɔstatik] adj. ✦ Propre à arrêter les hémorragies. *Pinces hémostatiques.* ▬ n. m. *Les hémostatiques* (médicaments).
ÉTYM. grec *haimostatikos* → hémostase.

HENDÉCA- Élément, du grec *hendeka* «onze» (ex. *hendécagone* n. m. «polygone qui a onze angles et onze côtés»).

***HENNÉ** [ene] n. m. ✦ Poudre d'origine végétale utilisée pour teindre les cheveux, les lèvres, etc. (surtout dans les pays musulmans). *Shampoing au henné.*
HOM. AÎNÉ «premier né»
ÉTYM. arabe *hinna*.

***HENNIN** [enɛ̃] n. m. ✦ anciennt Coiffure féminine du Moyen Âge, bonnet conique très haut et rigide.
ÉTYM. peut-être du néerlandais *henninck* «coq».

***HENNIR** [eniʀ] v. intr. (conjug. 13) ✦ (cheval) Pousser un hennissement.
ÉTYM. latin *hinnire*, onomatopée.

***HENNISSEMENT** [enismɑ̃] n. m. ✦ Cri spécifique du cheval.
ÉTYM. de *hennir*.

***HEP** [ɛp ; hɛp] interj. ✦ Interjection servant à appeler. *Hep ! taxi !*
ÉTYM. onomatopée.

HÉPARINE [epaʀin] n. f. ✦ Substance acide anticoagulante, abondante dans le foie.
ÉTYM. du grec *hêpar* «foie».

HÉPATIQUE [epatik] adj. **1.** Qui a rapport au foie. *Insuffisance hépatique.* ▬ *Colique hépatique* : crise douloureuse des voies biliaires. **2.** Qui souffre du foie. ▬ n. *Un, une hépatique.*
ÉTYM. latin *hepaticus*, du grec, de *hêpar* «foie».

HÉPATITE [epatit] n. f. ✦ Inflammation du foie. → **cirrhose, ictère, jaunisse.** *Hépatite virale. Vaccin contre l'hépatite B.*
ÉTYM. bas latin *hepatites*, du grec.

HÉPAT(O)- Élément savant, du grec *hêpar, hêpatos* «foie».

HEPTA- Élément savant, du grec *hepta* «sept» (ex. *heptaèdre* n. m. «solide à sept faces» ; *heptagone* n. m. «polygone qui a sept angles et sept côtés» ; *heptamètre* n. m. et adj. «vers de sept pieds»).

HÉRALDIQUE [eʀaldik] adj. et n. f. **1.** adj. Relatif au blason. *Ornement héraldique.* **2.** n. f. *L'héraldique* : connaissance et étude des armoiries. → **blason.**
ÉTYM. du latin médiéval *heraldus* «héraut», du francique.

HÉRALDISTE [eʀaldist] n. ✦ Spécialiste du blason.
ÉTYM. de *héraldique*.

***HÉRAUT** [eʀo] n. m. **1.** *HÉRAUT D'ARMES* ou *héraut* : au Moyen Âge, officier dont les fonctions étaient entre autres la transmission des messages, les proclamations solennelles. **2.** fig. LITTÉR. *Se faire le héraut de l'avant-garde.* SYN. **annonciateur, messager.** HOM. HÉROS «homme glorieux»
ÉTYM. francique *heriwald*, de *hari* «armée» et *wald* «qui règne».

HERBACÉ, ÉE [ɛʀbase] adj. ✦ BOT. De la nature de l'herbe. *Plante herbacée* (opposé à *ligneuse*).
ÉTYM. latin *herbaceus*, de *herba* «herbe».

HERBAGE [ɛʀbaʒ] n. m. ✦ Prairie naturelle dont l'herbe est consommée sur place par le bétail.
ÉTYM. de *herbe*.

HERBE [ɛʀb] n. f. **1.** BOT. Végétal non ligneux, dont les parties aériennes meurent chaque année. ◆ COUR. Ce végétal, lorsqu'il est de petite taille et souple. *Herbes aquatiques. Herbes officinales* (→ **herboriste ; simple,** III, 1). ◆ *FINES HERBES* : herbes aromatiques qui servent à l'assaisonnement (cerfeuil, ciboulette, estragon, persil). *Omelette aux fines herbes.* ◆ *HERBES DE PROVENCE* : mélange de thym, romarin, origan, sarriette, marjolaine, basilic. **2.** Plante herbacée, graminée sauvage. *Les hautes herbes des savanes. Herbes folles. Jardin abandonné envahi par les herbes.* ▬ *MAUVAISE HERBE* : herbe qui nuit aux cultures qu'elle envahit. **3.** sing. collectif Végétation naturelle de plantes herbacées peu élevées. *Touffe, brin d'herbe. L'herbe des prés. Marcher dans l'herbe. Déjeuner sur l'herbe. Herbe séchée.* → ① **foin.** ▬ loc. *Couper l'herbe sous les pieds de qqn,* le frustrer d'un avantage en le décevant, en le supplantant. ▬ *Herbe des pelouses.* → **gazon. 4.** FAM. *Fumer de l'herbe.* SYN. **haschich, marijuana. 5.** *EN HERBE,* se dit des céréales qui, au début de leur croissance, sont vertes et molles. *Blé en herbe.* ▬ loc. *Manger son blé en herbe,* dépenser un capital avant qu'il n'ait rapporté. ▬ (en parlant d'enfants, de jeunes gens qui ont des dispositions pour qqch.) *Un cinéaste en herbe.* → **apprenti, futur.**
ÉTYM. latin *herba*.

HERBEUX, EUSE [ɛʀbø, øz] adj. ✦ Où il pousse de l'herbe (SYN. **herbu**). *Sentier herbeux.*

HERBICIDE [ɛʀbisid] adj. ✦ DIDACT. Qui détruit les mauvaises herbes. *Produit herbicide.* ▬ n. m. *Un herbicide.* SYN. **désherbant ;** → **défoliant.**
ÉTYM. de *herbe* et *-cide*.

HERBIER [ɛʀbje] n. m. ✦ Collection de plantes séchées destinées à l'étude, et conservées aplaties entre des feuillets.

HERBIVORE [ɛʀbivɔʀ] adj. et n. m. ✦ (Animal) qui se nourrit exclusivement de végétaux. *Les ruminants sont des herbivores.*
ÉTYM. de *herbe* et *-vore*.

HERBORISER [ɛʀbɔʀize] v. intr. (conjug. 3a) ✦ Recueillir des plantes dans la nature pour les étudier ou utiliser leurs vertus médicinales.
► **HERBORISATION** [ɛʀbɔʀizasjɔ̃] n. f.
ÉTYM. de *herboriste*.

HERBORISTE [ɛʀbɔʀist] n. ✦ Personne qui vend des plantes médicinales, des préparations à base de plantes.
ÉTYM. de *herboliste*, mot occitan, de *erbola*, latin *herbula*, diminutif de *herba* «herbe».

HERBORISTERIE [ɛʀbɔʀistəʀi] n. f. ✦ Commerce, boutique d'herboriste.

HERBU, UE [ɛʀby] adj. ✦ Où l'herbe foisonne (SYN. **herbeux**). *Prairie herbue.*

HERCULE [ɛʀkyl] n. m. ✦ Homme d'une force physique exceptionnelle. *Il est bâti en hercule.*
ÉTYM. du n. d'un demi-dieu de la mythologie latine. ☛ noms propres.

A B C D E F G H I J K L M N O P Q R S T U V W X Y Z

HERCULÉEN, ÉENNE [ɛʀkyleɛ̃, eɛn] adj. ✦ Digne d'Hercule (☛ noms propres). *Force herculéenne.* SYN. **colossal.**

HERCYNIEN, IENNE [ɛʀsinjɛ̃, jɛn] adj. ✦ GÉOL. Se dit de terrains, de plissements datant du carbonifère. *Chaîne hercynienne.*
ÉTYM. du latin *Hercynia (Silva),* nom latin de la Forêt-Noire.

***HÈRE** [ɛʀ] n. m. ✦ loc. *PAUVRE HÈRE :* homme pauvre, misérable. HOM. ① AIR «atmosphère», ① AIRE «surface», ÈRE «époque», ERS «plante», HAIRE «chemise rugueuse», R (lettre)
ÉTYM. peut-être allemand *Herr* «seigneur» par dérision, ou «porteur de haire» → haire.

HÉRÉDITAIRE [eʀeditɛʀ] adj. 1. Relatif à l'hérédité (I). *Droit héréditaire :* droit de recueillir une succession. ▬ *Monarchie, titre héréditaire.* 2. Qui se transmet par voie de reproduction, des parents aux descendants (→ **hérédité,** II). *Caractères héréditaires. Patrimoine héréditaire.* SYN. **génétique.** ▬ *Maladie héréditaire.* 3. Hérité des parents, des ancêtres par l'habitude, la tradition. *Ennemi héréditaire.*
► **HÉRÉDITAIREMENT** [eʀeditɛʀmɑ̃] adv.
ÉTYM. latin *hereditarius.*

HÉRÉDITÉ [eʀedite] n. f. **I** Transmission par voie de succession (d'un bien, d'un titre). *L'hérédité de la couronne.* **II** 1. Transmission des caractères génétiques des parents à leurs descendants. *Mendel formule les premières lois de l'hérédité. Science de l'hérédité.* → **génétique.** 2. Ensemble des caractères, des dispositions hérités des parents, des ascendants. *Une lourde hérédité, une hérédité chargée,* comportant des tares physiques ou mentales.
ÉTYM. latin *hereditas,* de *heres, heredis* «héritier».

HÉRÉSIARQUE [eʀezjaʀk] n. m. ✦ RELIG. Auteur d'une hérésie ; chef d'une secte hérétique.
ÉTYM. latin ecclésiastique *heresiarches,* du grec → hérésie.

HÉRÉSIE [eʀezi] n. f. 1. Doctrine, opinion émise au sein de l'Église catholique et condamnée par elle. SYN. **hétérodoxie ;** → **hérésiarque.** *L'hérésie cathare.* 2. Idée, théorie, pratique qui heurte les opinions communément admises. *Une hérésie scientifique.* ▬ par plais. *Servir du bourgogne rouge avec le poisson ! Quelle hérésie !* SYN. **sacrilège.** CONTR. **orthodoxie.**
ÉTYM. latin *haeresis* «opinion», du grec *hairesis* «choix ; secte», de *hairein* «choisir».

HÉRÉTIQUE [eʀetik] adj. 1. Dans la religion catholique Qui soutient une hérésie. ▬ n. *L'Église excommunie les hérétiques.* 2. Entaché d'hérésie. SYN. **hétérodoxe.** *Doctrine hérétique.* 3. Qui soutient une opinion, une doctrine contraire aux idées reçues (par un groupe). SYN. **dissident.** *Penseur hérétique.*
ÉTYM. latin ecclésiastique *haereticus,* du grec → hérésie.

***HÉRISSEMENT** [eʀismɑ̃] n. m. ✦ LITTÉR. Fait d'être hérissé.

***HÉRISSER** [eʀise] v. tr. (conjug. 3a) **I** 1. (animaux) Dresser (ses poils, ses plumes). *Chat qui hérisse ses poils.* ▬ par ext. *Le froid hérisse les poils.* 2. *HÉRISSER qqch. DE,* garnir, munir de choses pointues. *Hérisser un mur de tessons de bouteilles.* ▬ au p. passé fig. *Parcours hérissé d'obstacles. Dictée hérissée de pièges.* 3. fig. Disposer défavorablement (qqn) en inspirant de la colère, de l'aversion. SYN. **horripiler, irriter.** *Sa réaction me hérisse.*
II *SE HÉRISSER* v. pron. 1. (sujet poils, plumes...) Se dresser. *Ses cheveux se hérissent sur sa tête.* 2. Manifester son opposition, sa colère. SYN. **se fâcher, s'irriter.** *Se hérisser à la moindre remarque.* CONTR. **aplatir, lisser • calmer.**
► **HÉRISSÉ, ÉE** adj. 1. Dressé. *Cheveux hérissés.* 2. Garni de pointes. *Cactus hérissé.* SYN. **épineux.**
ÉTYM. latin populaire *ericiare,* de *ericius* «hérisson».

***HÉRISSON** [eʀisɔ̃] n. m. 1. Petit mammifère au corps recouvert de piquants, qui se nourrit essentiellement d'insectes. *Le hérisson se roule en boule et hérisse ses piquants à l'approche du danger.* 2. fig. Personne d'un abord difficile. 3. TECHN. Appareil, instrument muni de pointes. ◆ MILIT. Centre de résistance. *La tactique des hérissons.*
ÉTYM. de l'ancien français *ers,* latin *ericius.*

HÉRITAGE [eʀitaʒ] n. m. 1. Patrimoine laissé par une personne décédée et transmis par succession. *Faire un héritage,* le recueillir. ▬ *Laisser, transmettre en héritage* (→ **léguer ; testament**). 2. fig. Ce qui est transmis comme par succession. *Héritage culturel.* → **patrimoine.**
ÉTYM. de *hériter.*

HÉRITER [eʀite] v. (conjug. 3a) 1. *HÉRITER DE* v. tr. ind. Devenir propriétaire de (qqch.), titulaire de (un droit) par voie de succession. *Hériter d'un immeuble, d'une fortune.* ◆ FAM. Recueillir, recevoir (qqch.) par un don. *J'ai hérité d'un beau tapis.* ◆ fig. *Il a hérité des qualités de son père.* 2. v. tr. dir. Recevoir (un bien, un titre) par voie de succession. *Une maison qu'il a héritée de son père.* ▬ sans compl. dir. Recevoir un héritage. *Il a hérité d'un oncle.*
► **HÉRITÉ, ÉE** adj. *Patrimoine hérité.* ▬ *Mot hérité :* en français, mot issu, par évolution phonétique, du latin parlé en Gaule (par oppos. à *emprunt*).
ÉTYM. latin chrétien *hereditare,* de *heres, heredis* «héritier».

HÉRITIER, IÈRE [eʀitje, jɛʀ] n. 1. Personne qui doit recevoir ou qui reçoit des biens en héritage. SYN. **légataire, successeur.** *Héritier direct. L'héritier d'une grosse fortune. Une riche héritière,* fille qui doit hériter d'une grosse fortune. 2. fig. *Les héritiers spirituels d'un philosophe.* SYN. **continuateur, successeur.** 3. VX ou plais. Enfant. *Ils attendent un héritier.*
ÉTYM. latin *hereditarius,* de *hereditas* → hérédité.

HERMAPHRODISME [ɛʀmafʀɔdism] n. m. ✦ BIOL. Caractère d'un organisme capable d'élaborer des gamètes de l'un et de l'autre sexe.
ÉTYM. de *hermaphrodite.*

HERMAPHRODITE [ɛʀmafʀɔdit] n. m. et adj.
I n. m. 1. Être légendaire auquel on supposait une forme humaine bisexuée. 2. BIOL. Être humain possédant à la fois ovaire(s) et testicule(s). SYN. **bisexué ;** → **androgyne.**
II adj. BOT. Dont la fleur porte à la fois les organes mâles (étamines) et femelles (pistil). SYN. **bisexué.** ▬ ZOOL. À la fois mâle et femelle. *L'escargot est hermaphrodite.*
ÉTYM. latin *hermaphroditus,* de *Hermaphrodite* (☛ noms propres), nom d'un personnage mythologique, fils d'*Hermès* et d'*Aphrodite.*

HERMÉNEUTIQUE [ɛʀmenøtik] adj. et n. f. ✦ DIDACT. Qui a pour objet l'interprétation des textes (philosophiques, religieux). ▬ n. f. *L'herméneutique :* «l'ensemble des connaissances et des techniques qui

permettent de faire parler les signes et de découvrir leur sens» (M. Foucault). → **interprétation.**
ÉTYM. grec *hermêneutikos*, de *hermêneuein* «interpréter».

HERMÉTIQUE [ɛʀmetik] **adj.** I DIDACT. Relatif à l'alchimie, à sa partie occulte. II 1. Se dit d'une fermeture aussi parfaite que possible. SYN. **étanche.** – *Bocal hermétique.* ◆ fig. *Être hermétique à qqch.*, y être fermé, insensible. *Il est hermétique à ce genre d'humour.* 2. Impénétrable, difficile ou impossible à comprendre. SYN. **obscur.** *Écrivain, prose hermétique. Visage hermétique,* sans expression. SYN. **fermé, impénétrable.** CONTR. **clair, limpide ; ouvert.**
► **HERMÉTICITÉ** [ɛʀmetisite] **n. f.**
ÉTYM. de *Hermès*, divinité grecque. ☛ noms propres.

HERMÉTIQUEMENT [ɛʀmetikmɑ̃] **adv.** ✦ Par une fermeture hermétique. *Volets hermétiquement clos.*

HERMÉTISME [ɛʀmetism] **n. m.** 1. DIDACT. Ensemble des doctrines ésotériques des alchimistes. 2. LITTÉR. Caractère de ce qui est incompréhensible, obscur.
ÉTYM. de *hermétique*.

HERMINE [ɛʀmin] **n. f.** 1. Mammifère carnivore voisin de la belette. *Le pelage de l'hermine est blanc en hiver.* 2. Fourrure de l'hermine.
ÉTYM. latin *armenius (mus)* «(rat) d'Arménie».

***HERNIAIRE** [ɛʀnjɛʀ] **adj.** ✦ MÉD. Qui a rapport à une hernie. *Bandage herniaire,* pour comprimer une hernie.

***HERNIE** [ɛʀni] **n. f.** 1. Tumeur molle formée par un organe totalement ou partiellement sorti de sa cavité naturelle. *Hernie discale, ombilicale.* – COUR. Hernie abdominale. 2. Gonflement localisé d'une chambre à air.
ÉTYM. latin *hernia*.

HÉROÏCOMIQUE [eʀɔikɔmik] **adj.** ✦ Qui tient du genre héroïque, épique, et du comique (en littérature). *«Le Lutrin», de Boileau, poème héroïcomique.*

① **HÉROÏNE** [eʀɔin] **n. f.** 1. Femme qui fait preuve de vertus exceptionnelles, se dévoue à une cause. *Jeanne d'Arc, héroïne nationale française.* 2. Principal personnage féminin (d'une œuvre, d'une aventure...). *L'héroïne du film.*
ÉTYM. latin *heroine*, grec *hêroinê* → héros.

② **HÉROÏNE** [eʀɔin] **n. f.** ✦ Produit de synthèse dérivé de la morphine, utilisé comme stupéfiant.
ÉTYM. allemand *Heroin*, du grec *hêros*, allusion au comportement exalté.

HÉROÏNOMANE [eʀɔinɔman] **n.** et **adj.** ✦ Toxicomane à l'héroïne.
ÉTYM. de ② *héroïne* et ② *-mane*.

HÉROÏQUE [eʀɔik] **adj.** 1. Qui a trait aux héros anciens, à leurs exploits. *Poésie héroïque.* SYN. **épique.** – loc. *Temps héroïques* : époque très reculée. *Les temps héroïques de (qqch.),* les débuts. *Les temps héroïques du cinéma.* 2. Qui est digne d'un héros. *Attitude héroïque. Décision héroïque.* 3. Qui fait preuve d'héroïsme. SYN. **brave, courageux.** *Combattant ; armée héroïque. Une femme héroïque.* CONTR. **lâche.**
► **HÉROÏQUEMENT** [eʀɔikmɑ̃] **adv.**
ÉTYM. latin *heroicus*, grec *hêroikos*, de *hêros* → héros.

HÉROÏSME [eʀɔism] **n. m.** ✦ Courage propre aux héros. *L'héroïsme d'un martyr, d'un soldat.* – *L'héroïsme d'une vie.* SYN. **grandeur.** CONTR. **lâcheté.**
ÉTYM. de *héros*.

***HÉRON** [eʀɔ̃] **n. m.** ✦ Grand oiseau échassier à long cou grêle et à très long bec. *Héron cendré.*
ÉTYM. francique *haigro*.

***HÉROS** [eʀo] **n. m.** 1. Demi-dieu de la mythologie gréco-romaine. *Les dieux et les héros.* ◆ Personnage légendaire auquel on prête un courage et des exploits remarquables. 2. Celui qui se distingue par ses exploits ou un courage extraordinaire (dans le domaine des armes). SYN. **brave** ; → ① **héroïne.** *Se conduire, mourir en héros. Les héros de la Résistance.* 3. Homme digne de gloire par son courage, son génie, son dévouement. *Pierre le Grand, héros national russe.* – *Les héros de la science.* 4. Personnage principal (d'une œuvre, d'une aventure, etc. → ① **héroïne**). *Le héros d'un film, d'un roman.* – *Le triste héros d'un fait divers.* HOM. HÉRAUT «messager»
ÉTYM. latin *heros*, du grec *hêros* «chef militaire», puis «demi-dieu».

HERPÈS [ɛʀpɛs] **n. m.** ✦ Affection cutanée d'origine virale (éruption de petites vésicules transparentes sur une tache congestive).
► **HERPÉTIQUE** [ɛʀpetik] **adj. et n.**
ÉTYM. latin *herpes*, mot grec.

HERPÉTOLOGIE → ERPÉTOLOGIE

***HERSE** [ɛʀs] **n. f.** 1. Instrument agricole à dents, qu'on traîne sur une terre labourée pour briser les mottes, enfouir les semences. *Passer la herse* (HERSER **v. tr.**, conjug. 3a). 2. Grille mobile armée par le bas de fortes pointes, à l'entrée d'un château fort. *Relever la herse.*
ÉTYM. latin *hirpex, hirpicis*.

***HERTZ** [ɛʀts] **n. m.** ✦ PHYS. Unité de mesure de fréquence (symb. Hz).
ÉTYM. du nom d'un physicien allemand. ☛ noms propres.

***HERTZIEN, IENNE** [ɛʀtsjɛ̃ ; ɛʀdzjɛ̃, jɛn] **adj.** ✦ Qui a rapport aux ondes électromagnétiques (→ ① **radio**). *Ondes hertziennes.* – Qui utilise ces ondes. *Réseau hertzien.*
ÉTYM. de *Hertz*. ☛ noms propres.

HÉSITANT, ANTE [ezitɑ̃, ɑ̃t] **adj.** 1. (personnes) Qui hésite, a de la peine à se décider. SYN. **incertain, irrésolu.** 2. Qui n'est pas déterminé. *La victoire demeura longtemps hésitante.* SYN. **douteux.** 3. Qui manque d'assurance, de fermeté. *Voix hésitante. Geste, pas hésitant.* CONTR. **certain, décidé, résolu • assuré,** ① **ferme.**

HÉSITATION [ezitasjɔ̃] **n. f.** ✦ Fait d'hésiter. *Accepter qqch. sans hésitation. Agir après bien des hésitations.* – Attitude qui traduit de l'indécision, de l'embarras. *Il perçut l'hésitation de son interlocuteur.* CONTR. **assurance, détermination, résolution.**
ÉTYM. latin *haesitatio*.

HÉSITER [ezite] **v. intr.** (conjug. 3a) 1. Être dans un état d'incertitude, d'irrésolution. *N'hésitez plus, le temps presse.* SYN. **attendre, tergiverser.** *Il n'y a pas à hésiter. Répondre sans hésiter.* – *HÉSITER SUR. Hésiter sur la marche à suivre.* – *HÉSITER ENTRE.* SYN. **balancer.** *Hésiter entre deux solutions.* – *HÉSITER À* (+ inf.). *J'hésite à lui dire la vérité.* 2. Marquer de l'indécision (par un temps

A B C D E F G H I J K L M N O P Q R S T U V W X Y Z

d'arrêt, un mouvement de recul). *Cheval qui hésite devant l'obstacle.* ➜ *Hésiter en parlant,* chercher ses mots, par timidité, défaut de mémoire ou d'élocution.
ÉTYM. latin *haesitare* «être gêné».

HÉTAÏRE [etaiʀ] **n. f.** ✦ ANTIQ. GRECQUE Prostituée d'un rang social élevé. → **courtisane.**
ÉTYM. grec *hetaira*, de *hetairos* «compagnon».

HÉTÉR(O)- Élément savant, du grec *heteros* «autre, différent». CONTR. **homo-.**

HÉTÉROCHROMOSOME [eteʀokʀomozom] **n. m.** ✦ BIOL. Chromosome qui détermine le sexe.
ÉTYM. de *hétéro-* et *chromosome.*

HÉTÉROCLITE [eteʀɔklit] **adj.** ✦ Qui est fait de parties de styles différents. *Édifice hétéroclite.* SYN. **composite, disparate.** ➜ Composé d'éléments variés peu homogènes. *Un mobilier hétéroclite.* CONTR. **homogène.**
ÉTYM. latin grammatical *heteroclitus*, grec *heteroklitos*, de *klinein* «incliner».

HÉTÉRODOXE [eteʀɔdɔks] **adj.** 1. RELIG. Qui s'écarte du dogme d'une religion. *Théologien hétérodoxe.* SYN. **hérétique.** 2. DIDACT. Qui n'est pas conformiste. *Un savant aux idées hétérodoxes.* CONTR. **orthodoxe • conformiste.**
► **HÉTÉRODOXIE** [eteʀɔdɔksi] **n. f.**
ÉTYM. grec *heterodoxos*, de *doxa* «opinion».

HÉTÉRODYNE [eteʀɔdin] **n. f.** ✦ Oscillateur qui permet un changement de fréquence, notamment dans un récepteur radioélectrique.
ÉTYM. de *hétéro-* et du grec *dunamis* «force».

HÉTÉROGAMIE [eteʀɔgami] **n. f.** ✦ BIOL. Reproduction sexuée par deux gamètes de morphologie différente (par ex. ovule et spermatozoïde).
ÉTYM. de *hétéro-* et *-gamie.*

HÉTÉROGÈNE [eteʀɔʒɛn] **adj.** 1. Composé d'éléments de nature différente. *Roche hétérogène.* 2. abstrait Qui n'a pas d'unité. SYN. **composite, disparate, divers, hétéroclite.** *Nation hétérogène.* CONTR. **homogène.**
► **HÉTÉROGÉNÉITÉ** [eteʀɔʒeneite] **n. f.**
ÉTYM. latin scolastique *heterogeneus*, du grec → hétéro- et -gène.

HÉTÉROGRAPHE [eteʀɔgʀaf] **adj.** ✦ *Homophones hétérographes,* de prononciation identique mais d'orthographe différente (ex. porc «cochon», port «abri» et pore «orifice»). CONTR. **homographe.**
ÉTYM. de *hétéro-* et *-graphe.*

HÉTÉROSEXUEL, ELLE [eteʀosɛksɥɛl] **adj.** et **n.** ✦ Qui éprouve une attirance sexuelle pour les individus du sexe opposé (opposé à *homosexuel*). ➜ **n.** *Un hétérosexuel, une hétérosexuelle.* ➜ **abrév.** FAM. HÉTÉRO [eteʀo]. *Des mecs hétéros.*
► **HÉTÉROSEXUALITÉ** [eteʀosɛksɥalite] **n. f.**

HÉTÉROTHERME [eteʀɔtɛʀm] **adj.** et **n. m.** ✦ (Animal) dont la température interne varie dans le même sens que celle du milieu extérieur (opposé à *homéotherme*).
ÉTYM. de *hétéro-* et *-therme.*

HÉTÉROTROPHE [eteʀɔtʀɔf] **adj.** ✦ BIOL. Qui se nourrit de substances organiques. CONTR. **autotrophe.**
► **HÉTÉROTROPHIE** [eteʀɔtʀɔfi] **n. f.**
ÉTYM. de *hétéro-* et *-trophe.*

HÉTÉROZYGOTE [eteʀozigɔt] **adj.** et **n.** ✦ BIOL. Se dit d'une cellule ou d'un individu qui possède deux gènes différents (récessif et dominant) sur chaque chromosome de la même paire (opposé à *homozygote*).
ÉTYM. de *hétéro-* et *zygote.*

***HÊTRAIE** [ɛtʀɛ] **n. f.** ✦ Lieu planté de hêtres.

***HÊTRE** [ɛtʀ] **n. m.** ✦ Grand arbre forestier à écorce lisse gris clair, à feuilles ovales. ➜ Son bois. HOM. ① ÊTRE «exister», ② ÊTRE «individu»
ÉTYM. francique *haistr*, de *haisi* «buisson».

***HEU** [ø] **interj.** ✦ Marque l'embarras, la difficulté à trouver ses mots. *«Quelle heure était-il ? – Heu... Attendez...»* HOM. EUH «marque d'embarras», EUX (pron. pers.), ŒUFS (pluriel de *œuf*)
ÉTYM. onomatopée.

HEUR [œʀ] **n. m.** ✦ VX Bonne fortune. SYN. **bonheur ;** → **heureux.** ➜ loc. MOD. *N'avoir pas l'heur de* (+ inf.) : n'avoir pas la chance de. *Je n'ai pas eu l'heur de lui plaire.* HOM. HEURE «unité de temps», HEURT «choc»
ÉTYM. latin *augurium* «présage».

HEURE [œʀ] **n. f.** 1. Espace de temps égal à la vingt-quatrième partie du jour. *L'heure est subdivisée en 60 minutes. Vingt-quatre heures* (un jour), *quarante-huit heures* (deux jours). ➜ *HEURE DE :* heure consacrée à, occupée par. *Avoir une heure de liberté devant soi. Une heure de route.* ➜ *Habiter à une heure* (de trajet) *de Paris.* ➜ *Journée de huit heures* (de travail). ➜ *Faire cent kilomètres à l'heure, du cent à l'heure.* ➜ *Être payé à l'heure. Gagner dix euros de l'heure, par heure.* loc. FAM. *S'embêter à cent sous de l'heure,* au plus haut point. 2. Point précis du jour, chiffré sur la base des 24 divisions du jour (symb. h). *L'heure d'été, l'heure d'hiver.* ➜ *0 heure.* → **minuit.** *12 heures.* → **midi.** *15 heures* ou *3 heures de l'après-midi. 7 heures du matin. 7 heures du soir.* ➜ *L'heure locale* (différente d'un méridien à l'autre). *L'heure légale,* déterminée par le gouvernement de chaque pays. ♦ *Demander, donner l'heure à qqn. Quelle heure est-il ? Il est huit heures passées,* plus de huit heures. *Trois heures dix ; trois heures moins vingt* (minutes). ➜ loc. FAM. *Je ne te demande pas l'heure qu'il est !* mêle-toi de tes affaires. ➜ *À cinq heures juste, pile, tapant(es).* ➜ ellipt *De deux à trois* (heures). ♦ absolt *L'HEURE :* l'heure fixée, prévue. *Commencer à l'heure, avant l'heure, après l'heure. L'heure est passée.* FAM. *Se coucher à pas d'heure,* très tard. ♦ loc. *À L'HEURE :* exact, ponctuel. *Il n'est jamais à l'heure. Montre à l'heure,* exacte. 3. Moment de la journée, selon son emploi ou l'aspect sous lequel il est considéré. *Aux heures des repas. Heures d'affluence. Les heures de pointe. Une heure indue, avancée.* → **tard.** *C'est l'heure de la sieste, d'aller se coucher.* ♦ *À la première heure :* de très bon matin. fig. *Les combattants de la première heure,* les premiers à avoir combattu. ♦ (avec un possessif) Moment habituel ou agréable à qqn pour faire telle ou telle chose. *Ce doit être lui qui appelle, c'est son heure. Il est poète À SES HEURES,* parfois, quand ça lui plaît. ♦ *À LA BONNE HEURE* **loc. adv.** : à propos ; par ext. c'est parfait. *À la bonne heure, je vois que nous sommes d'accord.* 4. spécialt Moment où l'on doit réciter les différentes parties du bréviaire (ex. matines, vêpres). ♦ *Livre d'heures, heures :* recueil de prières. *«Les Très Riches Heures du duc de Berry»* (célèbre manuscrit enluminé). ☛ Art gothique p. 161. 5. Moment de la vie d'un individu ou d'une société. SYN.

époque, ② **instant, temps.** *Il a connu des heures difficiles. À l'heure du bilan.* ➝ *L'heure suprême, dernière* : les derniers instants d'une vie. *Sa dernière heure,* ellipt *son heure est venue, a sonné* : il va bientôt mourir. ◆ (avec un possessif) Moment particulier de la vie, qui en modifie le cours. *Il aura son heure, son heure viendra* (en bonne ou mauvaise part). SYN. ② **tour.** *Avoir son heure de gloire.* ◆ absolt *L'HEURE* : le moment présent. *L'heure est grave.* SYN. **circonstance.** ◆ *L'HEURE H* : l'heure prévue pour l'attaque ; l'heure de la décision. ◆ *Dernière heure* (d'une information très récente). **6.** loc. *À CETTE HEURE* (VIEILLI ou RÉGIONAL) : maintenant, présentement. ➝ *À L'HEURE QU'IL EST* : en ce moment. *À l'heure qu'il est, il doit être loin.* ➝ *À TOUTE HEURE* : à tout moment de la journée. ➙ **continuellement.** *Service à toute heure.* ➝ *POUR L'HEURE* : pour le moment. ➝ VIEILLI *SUR L'HEURE* : sur-le-champ. ➙ **immédiatement.** ◆ *TOUT À L'HEURE* : dans un moment. *J'irai tout à l'heure.* ➝ Il y a très peu de temps. *Je l'ai vu tout à l'heure.* ◆ *D'HEURE EN HEURE* : à mesure que le temps passe. *La situation s'aggrave d'heure en heure.* ➝ *D'UNE HEURE À L'AUTRE* : en l'espace d'une heure, d'un moment à l'autre. *L'orage peut éclater d'une heure à l'autre.* ◆ *DE BONNE HEURE* : à une heure matinale (➙ **tôt**), ou en avance. *Se lever de bonne heure.* ➝ Avant l'époque habituelle. *Se marier de bonne heure.* ➙ **précocement.** HOM. HEUR «chance», HEURT «choc»

ÉTYM. latin *hora.*

HEUREUSEMENT [øʀøzmɑ̃] **adv. 1.** D'une manière heureuse, avantageuse ; avec succès. *L'affaire s'est terminée heureusement.* **2.** D'une manière esthétiquement heureuse. *Couleurs heureusement choisies.* **3.** Par une heureuse chance, par bonheur (→ Dieu merci ; grâce à Dieu). *Heureusement, il est indemne.* ➝ *Heureusement pour moi* (→ *tant mieux*). ➝ *Heureusement que tu es là !* (→ *une chance que*). CONTR. **défavorablement · malheureusement.**

HEUREUX, EUSE [øʀø, øz] **adj.** **I 1.** Qui bénéficie d'une chance favorable, que le sort favorise (correspond à *bonheur*). SYN. **chanceux.** *Être heureux au jeu, en affaires.* ➝ *S'estimer heureux de* (+ inf.), *que* (+ subj.) : estimer qu'on a de la chance de, que. ➝ (politesse) *Trop heureux, si je peux vous être utile.* **2.** Favorable. SYN. **avantageux,** ① **bon.** *Heureux hasard. Une heureuse issue.* ➝ Que le succès accompagne. *Heureuse initiative. Avoir LA MAIN HEUREUSE* : réussir ordinairement dans ses entreprises, ses choix. ◆ impers. *C'est heureux pour vous* : c'est une chance pour vous. iron. *Vous en convenez, c'est heureux !* ellipt *Encore heureux qu'il soit venu !* **3.** Qui semble marquer une disposition favorable de la nature. *Heureux caractère.* SYN. ① **bon.** *Heureuse nature,* portée à l'optimisme. **4.** domaine esthétique Dont l'habileté semble due à la chance ; bien trouvé. SYN. **réussi.** *Heureux équilibre. La formule n'est pas très heureuse.* **II 1.** Qui jouit du bonheur. *Elle a tout pour être heureuse.* ➝ loc. *Être heureux comme un roi, comme un pape, comme un poisson dans l'eau,* très heureux. ➝ exclam. *Heureux celui qui... !* SYN. **bienheureux.** *«Heureux qui, comme Ulysse, a fait un beau voyage»* (du Bellay). ◆ *ÊTRE HEUREUX DE.* ➙ **se réjouir.** *Je suis très heureux de votre succès.* ➝ ellipt *Très heureux de vous connaître !* SYN. **charmé, enchanté, ravi.** ◆ **n.** *Faire un, des heureux* : faire le bonheur de qqn, de quelques personnes. **2.** Qui exprime le bonheur. *Un air heureux.* SYN. **radieux. 3.** Marqué par le bonheur. *Vie heureuse. Bonne et heureuse année !* CONTR. **malheureux · malchanceux · défavorable, fâcheux.**

ÉTYM. de *heur.*

HEURISTIQUE [øʀistik] **adj.** et **n. f.** ✦ DIDACT. **1. adj.** Qui sert à la découverte. ➝ *Méthode heuristique,* consistant à faire découvrir à l'élève ce qu'on veut lui enseigner. **2. n. f.** Partie de la science qui a pour objet la découverte des faits.

ÉTYM. du grec *heuriskein* «trouver».

***HEURT** [œʀ] **n. m. 1.** Action de heurter ; son résultat. SYN. **choc, coup.** *Déplacer qqch. sans heurt.* ◆ *Heurts entre les manifestants et la police.* SYN. **accrochage, brutalité. 2.** abstrait Opposition brutale, choc résultant d'un désaccord. SYN. **conflit, friction.** *Leur collaboration ne va pas sans quelques heurts.* CONTR. **harmonie.** HOM. HEUR «chance», HEURE «unité de temps»

ÉTYM. de *heurter.*

***HEURTER** [œʀte] **v.** (conjug. 3a) **I v. tr. dir. 1.** Toucher rudement, en entrant brusquement en contact avec. SYN. **cogner.** *Heurter qqn du coude. La voiture a heurté un arbre.* SYN. **percuter, tamponner.** ◆ Faire entrer brutalement en contact. *Heurter sa tête contre qqch., à qqch.* **2.** abstrait Contrecarrer (qqn) d'une façon qui choque et provoque une résistance. SYN. **blesser, froisser, offenser.** *Heurter de front qqn. Heurter les préjugés, l'opinion.* **II 1. v. intr.** VIEILLI *Heurter contre qqch.* SYN. ① **buter, cogner. 2. v. tr. ind.** *HEURTER À* : frapper avec intention à. *Heurter à la porte.* **III** *SE HEURTER* **v. pron. 1.** (réfl.) SYN. **se cogner.** *Se heurter à, contre qqch.* (de concret). ➝ fig. Rencontrer un obstacle d'ordre humain, moral. *Se heurter à un refus.* **2.** (récipr.) *Les deux motos se sont heurtées de plein fouet.* ◆ fig. Entrer en conflit. SYN. **s'accrocher, s'affronter.** ➝ Faire un violent contraste. *Couleurs qui se heurtent.* SYN. **jurer.**

► ***HEURTÉ, ÉE adj.** Qui est fait de contrastes trop appuyés. *Tons heurtés.* ➝ *Style heurté.* SYN. **abrupt.** CONTR. **harmonieux.**

ÉTYM. peut-être francique *hurt* «bélier», ou un dérivé du latin *urus* «taureau sauvage».

***HEURTOIR** [œʀtwaʀ] **n. m.** ✦ Marteau fixé à la porte d'une maison, dont on se sert pour frapper.

ÉTYM. de *heurter.*

HÉVÉA [evea] **n. m.** ✦ Grand arbre originaire de la Guyane, cultivé pour son latex.

ÉTYM. quechua *hyeve.*

> **HEXA-** Élément savant, du grec *hex* «six» (ex. *hexaèdre* **n. m.** «polyèdre à six faces»).

HEXACHLOROPHÈNE [ɛgzaklɔʀɔfɛn] **n. m.** ✦ CHIM. Chlorure dont la molécule comprend six atomes de chlore, utilisé dans de nombreux pesticides et comme antiseptique. *L'hexachlorophène est toxique pour le milieu aquatique.*

ÉTYM. de *hexa-*, *chlore* et du grec *phainein* «briller».

HEXAGONE [ɛgzagon ; -gɔn] **n. m. 1.** Polygone à six angles et six côtés. **2.** *L'Hexagone* : la France métropolitaine (à cause de la forme de sa carte).

► **HEXAGONAL, ALE, AUX** [ɛgzagɔnal, o] **adj.**

ÉTYM. latin *hexagonus,* du grec → hexa- et ① -gone.

HEXAMÈTRE [ɛgzamɛtʀ] **adj.** ✦ Qui a six pieds ou six syllabes. *Vers hexamètre.* ➝ **n. m.** *Un hexamètre dactylique.*

ÉTYM. latin *hexametrus,* du grec → hexa- et -mètre.

A B C D E F G H I J K L M N O P Q R S T U V W X Y Z

HEXAPODE [ɛgzapɔd] **adj.** ✦ ZOOL. Qui a six pattes. ➖ **n. m.** *Les insectes sont tous des hexapodes.*
ÉTYM. grec *hexapous, hexapodos* → hexa- et -pode.

Hg [aʃʒe] ✦ CHIM. Symbole du mercure.

***HI** [i ; hi] **interj.** ✦ Onomatopée qui, répétée, figure le rire (SYN. **ha**) et, parfois, les pleurs. HOM. HIE «marteau», ② Y (pron. pers.)

(*)HIATUS [jatys] **n. m.** 1. Rencontre de deux voyelles prononcées, à l'intérieur d'un mot (ex. aérer), ou entre deux mots énoncés sans pause (ex. il a été). 2. fig. Coupure, discontinuité, interruption. *L'hiatus entre ses désirs et la réalité.*
ÉTYM. mot latin «ouverture», de *hiare* «s'entrouvrir».

HIBERNAL, ALE, AUX [ibɛʀnal, o] **adj.** ✦ DIDACT. Relatif à l'engourdissement d'hiver. *Sommeil hibernal.* SYN. **hiémal.**
ÉTYM. latin *hibernalis,* de *hibernus* «d'hiver».

HIBERNATION [ibɛʀnasjɔ̃] **n. f.** ✦ État d'engourdissement où tombent certains mammifères pendant l'hiver. *Marmotte en hibernation.* ◆ *Hibernation artificielle :* refroidissement du corps humain facilitant certaines interventions thérapeutiques.
ÉTYM. bas latin *hibernatio,* de *hibernare* «hiverner».

HIBERNER [ibɛʀne] **v. intr.** (conjug. 3a) ✦ Passer l'hiver en hibernation. *Le loir hiberne.*
▶ **HIBERNANT, ANTE** [ibɛʀnɑ̃, ɑ̃t] **adj.** *Animaux hibernants* (ex. chauve-souris, marmotte, loir, hérisson).
ÉTYM. latin *hibernare.*

HIBISCUS [ibiskys] **n. m.** ✦ Arbre tropical à grandes fleurs de couleurs vives.
ÉTYM. latin *hibiscum* «guimauve», du grec.

***HIBOU** [ibu] **n. m.** ✦ Oiseau rapace nocturne voisin de la chouette, mais portant des aigrettes. → **duc.** *Les hiboux hululent.*
ÉTYM. probablt pour *hou-bou,* onomatopée du cri.

***HIC** [ik] **n. m. invar.** ✦ FAM. Point difficile, délicat. *Le hic, c'est que... Il y a un hic. Voilà le hic.*
ÉTYM. mot latin «ici», dans *hic est quaestio* «là est la question».

HIDALGO [idalgo] **n. m.** ✦ Noble espagnol.
ÉTYM. mot espagnol, de *hijo de algo* «fils de quelque chose».

***HIDEUR** [idœʀ] **n. f.** ✦ Caractère de ce qui est hideux ; laideur extrême.
ÉTYM. de l'ancien français *hide* «horreur ; frayeur», d'origine discutée.

***HIDEUX, EUSE** [idø, øz] **adj.** ✦ D'une laideur repoussante, horrible. *Visage hideux.* SYN. **affreux.** ◆ Moralement ignoble ; affreux. *Un crime hideux.* CONTR. ① **beau, magnifique.**
▶ ***HIDEUSEMENT** [idøzmɑ̃] **adv.**
ÉTYM. → hideur.

***HIE** [i] **n. f.** ✦ TECHN. Instrument formé d'une lourde masse et d'un manche, servant à enfoncer (des pavés, etc.). SYN. ① **dame, mouton.** HOM. HI «marque du rire», I (lettre), ② Y (pron. pers.)
ÉTYM. néerlandais ancien *heie* «bélier».

HIÉMAL, ALE, AUX [jemal, o] **adj.** ✦ DIDACT. De l'hiver. *Sommeil hiémal. Plantes hiémales.*
ÉTYM. latin *hiemalis,* de *hiems* «hiver».

HIER [jɛʀ] **adv.** 1. Le jour qui précède immédiatement celui où l'on est. SYN. **veille.** *Hier matin, hier (au) soir. Le journal d'hier.* ➖ **n. m.** *Vous aviez tout hier pour y penser.* 2. Dans un passé récent, à une date récente. *Ils adorent ce qu'ils critiquaient hier. Ça ne date pas d'hier :* c'est très ancien. *Je m'en souviens comme si c'était hier,* très bien. ➖ **loc.** FAM. *N'être pas né d'hier :* avoir de l'expérience, être averti.
ÉTYM. latin *heri.*

***HIÉRARCHIE** [jeʀaʀʃi] **n. f.** 1. Organisation sociale fondée sur des rapports de subordination (selon les pouvoirs, la situation de chacun). *Les degrés, les échelons de la hiérarchie. Être au sommet de la hiérarchie.* 2. Organisation d'un ensemble en une série où chaque terme est supérieur au terme suivant. SYN. **classement, ordre.** *Hiérarchie des valeurs.*
ÉTYM. latin ecclésiastique *hierarchia,* du grec, de *hieros* «sacré» et *arkhê* «commandement».

***HIÉRARCHIQUE** [jeʀaʀʃik] **adj.** ✦ Relatif à la hiérarchie. *Adressez-vous à vos supérieurs hiérarchiques. Suivre la voie hiérarchique.*
▶ ***HIÉRARCHIQUEMENT** [jeʀaʀʃikmɑ̃] **adv.**

***HIÉRARCHISER** [jeʀaʀʃize] **v. tr.** (conjug. 3a) ✦ Organiser, régler selon une hiérarchie. ➖ **p. p. adj.** *Société fortement hiérarchisée.*
▶ ***HIÉRARCHISATION** [jeʀaʀʃizasjɔ̃] **n. f.**

***HIÉRARQUE** [jeʀaʀk] **n. m.** ✦ Personnage important dans une hiérarchie (surtout politique).
ÉTYM. latin ecclésiastique *hierarcha,* du grec.

***HIÉRATIQUE** [jeʀatik] **adj.** 1. DIDACT. Qui concerne les choses sacrées, et spécialt le formalisme religieux, la liturgie. 2. LITTÉR. Qui semble réglé, imposé par un rite, un cérémonial, une tradition. SYN. **solennel.** *Attitude, gestes hiératiques.*
ÉTYM. latin *hieraticus,* du grec, de *hieros* «sacré».

***HIÉRATISME** [jeʀatism] **n. m.** ✦ DIDACT. ou LITTÉR. Caractère hiératique.

***HIÉR(O)-** Élément savant, du grec *hieros* «sacré» (ex. *hiérarchie, hiératique, hiéroglyphe*).

***HIÉROGLYPHE** [jeʀɔglif] **n. m.** 1. Caractère, signe des plus anciennes écritures égyptiennes. *Champollion déchiffra les hiéroglyphes de la pierre de Rosette.* 2. fig. au plur. Écriture difficile à déchiffrer.
ÉTYM. de *hiéroglyphique.*

***HIÉROGLYPHIQUE** [jeʀɔglifik] **adj.** 1. Formé de hiéroglyphes ; qui constitue un hiéroglyphe. 2. fig. Indéchiffrable.
ÉTYM. grec *hieroglyphikos,* de *hieros* «sacré» et *gluphein* «graver».

***HI-FI** ou ***HIFI** [ifi] **n. f. invar.** et **adj. invar.** ✦ anglicisme Haute-fidélité. → **fidélité.** ➖ **adj. invar.** *Des chaînes hi-fi.*
ÉTYM. abréviation de l'anglais *high fidelity.*

***HIGH-TECH** [ajtɛk] **n. m. invar.** 1. Utilisation d'objets et d'éléments industriels dans l'architecture et la décoration. ➖ **adj. invar.** *Décor high-tech.* 2. Technique de pointe. ➖ **adj. invar.** *Médecine high-tech.*
ÉTYM. mot anglais, abrév. de *high technology* «haute technologie».

***HIHAN** ou ***HI-HAN** [iɑ̃] **interj.** ✦ Onomatopée évoquant le cri de l'âne. ➖ **n. m.** *Des hihans, des hi-han* (invar.). SYN. **braiment.**

HILARANT, ANTE [ilaʀɑ̃, ɑ̃t] **adj.** ✦ Qui provoque le rire.
ÉTYM. du latin *hilarare* «rendre gai».

HILARE [ilaʀ] **adj.** ✦ Qui est dans un état de gaieté extrême. *Public hilare.* – *Visage hilare.* SYN. **réjoui.**
ÉTYM. latin *hilaris*, grec *hilaros* «joyeux».

HILARITÉ [ilaʀite] **n. f.** ✦ Brusque accès de gaieté ; explosion de rires. *Déchaîner, déclencher l'hilarité générale.* CONTR. ② **chagrin, tristesse.**
ÉTYM. latin *hilaritas* → hilare.

***HILE** [il] **n. m.** ✦ ANAT. Point d'insertion, généralement déprimé, des vaisseaux et des conduits excréteurs sur un organe. *Le hile du foie.* HOM. IL(S) (pron. pers.), ÎLE «terre entourée d'eau»
ÉTYM. latin *hilum.*

HILOTE → **ILOTE**

(*)HINDI, IE [indi] **n. m. et adj.** ✦ Langue indo-européenne dérivée du sanskrit, appelée aussi parfois *hindoustani. L'hindi et l'anglais sont les langues officielles de l'Union indienne.* – **adj.** *La langue hindie.*
ÉTYM. mot hindi.

HINDOU, OUE [ɛ̃du] **adj. et n.** ✦ De l'Inde et relatif à la civilisation brahmanique. *Les castes de la société hindoue.* ♦ Adepte de l'hindouisme. *Les Indiens hindous et les Indiens musulmans.* – **n.** *Une hindoue.*
ÉTYM. de *Inde* ; *h* du hindi.

HINDOUISME [ɛ̃duism] **n. m.** ✦ Religion brahmanique pratiquée en Inde. → **brahmanisme.**
► **HINDOUISTE** [ɛ̃duist] **adj. et n.**
ÉTYM. de *hindou.*

***HIP-HOP** [ipɔp] **n. m. invar.** ✦ anglicisme Mouvement culturel d'origine nord-américaine, se manifestant par des formes artistiques variées (rap, breakdance, street art). – **adj. invar.** *Les chanteuses hip-hop.*
ÉTYM. mot anglais américain.

***HIPPIE** [ipi] **n. et adj.** ✦ anglicisme Adepte d'un mouvement des années 1970, fondé sur le refus de la société de consommation et prônant la liberté des mœurs et la non-violence. *Des hippies.* – **adj.** *Le mouvement hippie.* – On écrit aussi *hippy, les hippys.*
ÉTYM. mot américain, de *hip* «initié, à la page».

HIPPIQUE [ipik] **adj.** ✦ Qui a rapport à l'hippisme. *Concours hippique.* SYN. **équestre.**
ÉTYM. grec *hippikos.*

HIPPISME [ipism] **n. m.** ✦ Ensemble des sports pratiqués à cheval ou avec un cheval (course, équitation, polo) et des activités (paris) qui en dépendent. → **turf.**
ÉTYM. de *hippique.*

| **HIPP(O)-** Élément, du grec *hippos* «cheval».

HIPPOCAMPE [ipɔkɑ̃p] **n. m.** 1. Petit poisson de mer qui nage en position verticale et dont la tête rabattue contre la gorge rappelle celle d'un cheval. 2. ANAT. Cinquième circonvolution temporale du cerveau.
ÉTYM. latin *hippocampus*, du grec, de *hippos* «cheval» et *kampos* «poisson courbe».

HIPPOCRATIQUE [ipɔkʀatik] **adj.** ✦ DIDACT. D'Hippocrate (☞ noms propres), de sa doctrine médicale. *Le serment hippocratique.*

HIPPODROME [ipodʀom] **n. m.** ✦ Terrain de sport hippique ; champ de courses.
ÉTYM. latin *hippodromus*, du grec → hippo- et -drome.

HIPPOGRIFFE [ipogʀif] **n. m.** ✦ Animal fabuleux, monstre ailé moitié cheval, moitié griffon.
ÉTYM. italien *ippogrifo*, du grec *hippos* «cheval» et italien *grifo* «griffon».

HIPPOLOGIE [ipɔlɔʒi] **n. f.** ✦ DIDACT. Étude du cheval.
ÉTYM. de *hippo-* et *-logie.*

HIPPOMOBILE [ipomɔbil] **adj.** ✦ DIDACT. Tiré par un ou plusieurs chevaux. *Voiture hippomobile.*
ÉTYM. de *hippo-* et *-mobile.*

HIPPOPHAGIQUE [ipofaʒik] **adj.** ✦ *Boucherie hippophagique*, où l'on vend de la viande de cheval. SYN. **chevalin.**
ÉTYM. de *hippo-* et *-phagique.*

HIPPOPOTAME [ipɔpɔtam] **n. m.** 1. Gros mammifère amphibie, aux membres trapus à quatre doigts. 2. **fig.** FAM. Personne énorme.
ÉTYM. latin *hippopotamus*, du grec «cheval *(hippos)* du fleuve *(potamos)*».

***HIPPY** → **HIPPIE**

***HIPSTER** [ipstœʀ] **n.** ✦ anglicisme Jeune urbain qui affiche un style et des goûts à contre-courant de la culture de masse, qui privilégie la créativité, le style rétro.
ÉTYM. mot anglais, de *hip* «branché, à la mode».

HIRONDELLE [iʀɔ̃dɛl] **n. f.** 1. Oiseau migrateur noir et blanc, aux ailes fines et longues, à la queue fourchue. – prov. *Une hirondelle ne fait pas le printemps* : un seul exemple n'autorise pas de conclusion générale. 2. *Hirondelle de mer.* → **sterne.** 3. *Nid d'hirondelle* : nid de la salangane qui constitue un mets très apprécié en Extrême-Orient.
ÉTYM. ancien provençal *irondela*, de *irunda*, latin *hirundo.*

HIRSUTE [iʀsyt] **adj.** ✦ Qui a le poil, le cheveu très fourni et en désordre. SYN. **ébouriffé.** *Gamin hirsute.* – *Tignasse hirsute.*
ÉTYM. latin *hirsutus.*

HISPANIQUE [ispanik] **adj.** 1. Qui a trait à l'Espagne, aux Espagnols. *Institut d'études hispaniques.* 2. **n. et adj.** Immigrant originaire d'Amérique latine, aux États-Unis.
ÉTYM. latin *hispanicus*, de *Hispania* «Espagne».

HISPANISANT, ANTE [ispanizɑ̃, ɑ̃t] **n.** ✦ DIDACT. Spécialiste de la langue et de la civilisation espagnoles. – On dit aussi HISPANISTE [ispanist].
ÉTYM. de *hispanique.*

HISPANISME [ispanism] **n. m.** ✦ LING. Construction ou emploi propre à la langue espagnole.

| **HISPANO-** Élément, du latin *hispanus* «espagnol».

HISPANO-AMÉRICAIN, AINE [ispanoameʀikɛ̃, ɛn] **adj.** 1. Qui a rapport à l'Amérique et à l'Espagne. 2. Relatif à la partie de l'Amérique latine où l'on parle espagnol. – **n.** *Les Hispano-Américains.*

HISPANOPHONE [ispanɔfɔn] **adj. et n.** ✦ Qui parle l'espagnol, le castillan. *L'Amérique hispanophone.*
ÉTYM. de *hispano-* et *-phone.*

oh ***HISSE** [ois] **interj.** → **HISSER (2)**

***HISSER** [ise] v. tr. (conjug. 3a) **1.** Élever, faire monter au moyen d'une manœuvre, d'un cordage. *Hisser un mât. Hisser les couleurs.* **2.** Tirer en haut et avec effort. SYN. **élever.** *Hisser un fardeau au moyen d'une grue.* ◆ **interj.** *OH ! HISSE !* (pour accompagner un effort collectif). **3.** *SE HISSER* **v. pron.** S'élever avec effort. SYN. ① **grimper, monter.** *Il se hissa sur un mur.* SYN. se **hausser.** CONTR. **abaisser, amener • descendre.**
ÉTYM. bas allemand *hissen*, p.-ê. onomatopée.

HISTAMINE [istamin] **n. f.** ✦ Amine présente dans la plupart des tissus animaux, et dont le rôle est important dans les manifestations allergiques.
► **HISTAMINIQUE** [istaminik] **adj.**
ÉTYM. de *hist(o)-* et *amine.*

HIST(O)- Élément savant, du grec *histos* «tissu», qui signifie «tissu vivant».

HISTOGENÈSE [istɔʒənɛz] **n. f.** ✦ DIDACT. Formation des divers tissus au cours du développement embryonnaire.
ÉTYM. de *hist(o)-* et *-genèse.*

HISTOGRAMME [istɔgʀam] **n. m.** ✦ Graphique utilisé en statistique, constitué d'une série de rectangles dont la surface dépend des valeurs du caractère étudié.
ÉTYM. anglais *histogram*, du grec *histos* «trame».

HISTOIRE [istwaʀ] **n. f.** **I** **1.** Connaissance et récit des évènements du passé jugés dignes de mémoire ; les faits ainsi relatés. *L'histoire de France. L'histoire ancienne, contemporaine. L'histoire politique, économique. L'histoire de l'art, des sciences, des mentalités.* ◆ *HISTOIRE SAINTE* : les récits de la Bible. ➙ *LA PETITE HISTOIRE* : les anecdotes qui se rattachent à une période historique. ◆ *L'histoire d'un homme.* SYN. **biographie, vie.** **2.** Étude scientifique d'une évolution. *L'histoire du globe. L'histoire d'un mot.* **3.** absolt Science et méthode permettant d'acquérir et de transmettre la connaissance du passé. *Les sources, les documents de l'histoire* : annales, archives, chroniques... **4.** La mémoire des hommes, le jugement de la postérité. *L'histoire n'a pas retenu son nom. L'histoire jugera,* dira si la personne a eu raison d'agir ainsi. ◆ La vérité historique. *Mélanger l'histoire et la fiction.* **5.** La suite des évènements qu'étudie l'histoire (→ ① **passé**). *Au cours de l'histoire. Le sens de l'histoire.* **6.** La partie du passé de l'humanité connue par des documents écrits (par oppos. à *préhistoire*). *L'histoire a-t-elle commencé à Sumer ?* **II** *HISTOIRE NATURELLE* : ancienne désignation des sciences* naturelles. *Muséum d'histoire naturelle.* **III** *UNE, DES HISTOIRES* **1.** Récit d'actions, d'évènements réels ou imaginaires. *C'est une histoire vraie. Raconter, lire une histoire à un enfant. La morale de cette histoire.* ◆ *HISTOIRE DRÔLE* : bref récit dont la chute est comique. **2.** Histoire inventée, invraisemblable ou destinée à tromper, à mystifier. SYN. **conte, fable** ; → **mensonge.** *Tout ça, ce sont des histoires.* SYN. **baliverne,** ② **blague.** *Ne me racontez pas d'histoires.* **3.** Suite, succession d'évènements concernant qqn. SYN. **affaire.** *Quelle histoire !* SYN. **aventure.** *Se brouiller pour une histoire d'argent.* SYN. **question.** **4.** Succession d'évènements compliqués, malencontreux. *Se fourrer dans une sale histoire.* ➙ *C'est toujours la même histoire* : les mêmes choses se reproduisent, les mêmes ennuis se répètent. ◆ *Il va s'attirer des histoires.* SYN. **ennui.** ➙ *Allons, pas d'histoires !* SYN. **embarras, façon, manière** ; FAM. **chichi.** *Faire des histoires pour rien. Pour le faire manger, c'est toute une histoire,* c'est très compliqué. ◆ *SANS HISTOIRE* : sans problème, sans rien d'exceptionnel. *Un voyage sans histoire.* ◆ **loc.** FAM. *HISTOIRE DE* (+ inf.) : marque le but, l'intention. → **pour.** *Il a dit cela histoire de rire.*
ÉTYM. latin *historia*, mot grec.

HISTOLOGIE [istɔlɔʒi] **n. f.** ✦ Branche de la biologie qui traite de la structure des tissus vivants.
► **HISTOLOGIQUE** [istɔlɔʒik] **adj.**
ÉTYM. de *histo-* et *-logie.*

HISTORICITÉ [istɔʀisite] **n. f.** ✦ Caractère de ce qui est historique. *L'historicité de ce document est douteuse.* SYN. **authenticité.**
ÉTYM. de *historique.*

HISTORIÉ, ÉE [istɔʀje] **adj.** ✦ Décoré de scènes à personnages. *Chapiteau historié.*
ÉTYM. du latin *historia* «récit».

HISTORIEN, IENNE [istɔʀjɛ̃, jɛn] **n.** ✦ Spécialiste de l'histoire ; auteur de travaux historiques. *Les historiens de la Révolution. Un historien de l'art.*
ÉTYM. du latin *historia* → histoire.

HISTORIETTE [istɔʀjɛt] **n. f.** ✦ Récit d'une petite aventure, d'évènements de peu d'importance. SYN. **anecdote.**

HISTORIOGRAPHE [istɔʀjɔgʀaf] **n.** ✦ Écrivain chargé officiellement d'écrire l'histoire de son temps. *Racine, Boileau, historiographes de Louis XIV.*
ÉTYM. bas latin *historiographus*, du grec.

HISTORIOGRAPHIE [istɔʀjɔgʀafi] **n. f.** ✦ DIDACT. **1.** Travail de l'historiographe. ➙ Ensemble d'ouvrages d'historiographes. **2.** Aspect narratif du travail de l'historien.
► **HISTORIOGRAPHIQUE** [istɔʀjɔgʀafik] **adj.**

HISTORIQUE [istɔʀik] **adj.** et **n. m.**
I adj. **1.** Qui a rapport à l'histoire. *Ouvrage historique. Méthode historique.* ➙ *L'exactitude historique.* **2.** Réel, vrai. *Personnage historique.* ➙ *Roman historique,* dont le sujet est emprunté partiellement à l'histoire. **3.** Qui est ou mérite d'être conservé par l'histoire. *Record historique. Mot historique.* ➙ *Monument historique,* présentant un intérêt au regard de l'histoire, de l'art ou de la science, et protégé par l'État. CONTR. **fabuleux, légendaire.**
► **HISTORIQUEMENT** [istɔʀikmɑ̃] **adv.** *Fait historiquement exact.*
II n. m. **1.** Exposé chronologique des faits. *Faire l'historique d'une question.* **2.** INFORM. Fonction permettant de mémoriser les derniers éléments consultés. ◆ Liste de ces éléments. *Consulter l'historique.*
ÉTYM. latin *historicus*, du grec *historikos.*

HISTRION [istʀijɔ̃] **n. m.** ✦ **péj.** LITTÉR. Comédien.
ÉTYM. latin *histrio* «mime».

HITLÉRIEN, IENNE [itleʀjɛ̃, jɛn] **adj.** ✦ Qui a rapport à Hitler. → **national-socialiste, nazi.** ◆ **n.** et **adj.** Adepte de Hitler (☛ noms propres).

HITLÉRISME [itleʀism] **n. m.** ✦ Doctrine de Hitler (☛ noms propres). SYN. **nazisme.**

***HIT-PARADE** [itpaʀad] **n. m.** ✦ anglicisme VIEILLI Palmarès des meilleures ventes dans le domaine des disques de variétés. *En tête des hit-parades.* ➙ par ext.

Classement selon le succès, la popularité. *Le hit-parade des plages propres.* ➛ recomm. offic. *palmarès.*
ÉTYM. mot américain, de *hit* «succès fracassant» et *parade*, du français.

***HITTITE** [itit] adj. et n. ✦ Relatif aux Hittites (☛ noms propres). *L'art hittite.* ➛ n. m. *Le hittite* (langue indo-européenne).
ÉTYM. mot anglais, de l'hébreu.

***H. I. V.** [aʃive] n. m. ✦ anglicisme BIOL. Virus responsable du sida. SYN. **V. I. H.**
ÉTYM. sigle anglais, de *Human Immunodeficiency Virus.*

HIVER [ivɛʀ] n. m. ✦ La plus froide des quatre saisons de l'année (dans les zones tempérée et polaire), qui succède à l'automne. *L'hiver commence au solstice d'hiver* (22 décembre) *et s'achève à l'équinoxe de printemps* (20 ou 21 mars). *Longues soirées d'hiver.* → **hivernal.** *Plantes d'hiver.* → **hiémal.** ♦ *SPORTS D'HIVER*, qui se pratiquent sur la neige, la glace (ski, luge, patinage, bobsleigh, etc.). ➛ loc. *Été comme hiver* : en toutes saisons.
ÉTYM. bas latin *hibernum.*

HIVERNAGE [ivɛʀnaʒ] n. m. **1.** Temps de la mauvaise saison que les navires passent en relâche, à l'abri ; cet abri. *«Un hivernage dans les glaces»* (de Jules Verne). **2.** Séjour du bétail à l'étable pendant l'hiver. **3.** Saison des pluies, dans les régions tropicales.
ÉTYM. de *hiverner.*

HIVERNAL, ALE, AUX [ivɛʀnal, o] adj. ✦ Propre à l'hiver, de l'hiver. → **hibernal, hiémal.** *Froid hivernal.*
ÉTYM. bas latin *hibernalis*, d'après *hiver.*

HIVERNER [ivɛʀne] v. (conjug. 3a) **1.** v. intr. Passer l'hiver à l'abri (navires, troupes) ou dans un lieu tempéré (animaux). **2.** v. tr. *Hiverner les bestiaux.* CONTR. **estiver.**
ÉTYM. latin *hibernare*, d'après *hiver.*

***H. L. M.** [aʃɛlɛm] n. m. ou (plus correct) n. f. ✦ Grand immeuble construit par une collectivité et affecté aux foyers à revenus modestes. ➛ appos. *Une cité H. L. M.*
ÉTYM. sigle de *habitation à loyer modéré.*

***HO** [o ; ho] interj. ✦ Interjection servant à appeler. SYN. **eh, hé, holà.** ➛ VIEILLI Servant à exprimer l'étonnement, l'indignation. SYN. **oh.** HOM. AU(X) (article), AULX (pluriel de *ail*), EAU «liquide», ① HAUT «élevé», O (lettre), Ô «invocation», OH «cri d'admiration», OS (pluriel) «squelette»
ÉTYM. onomatopée.

***HOBBY** [ɔbi] n. m. ✦ anglicisme Passe-temps, activité de loisir. SYN. **violon** d'Ingres. *Des hobbys* ou *des hobbies* (plur. anglais).
ÉTYM. mot anglais.

***HOBEREAU** [ɔbʀo] n. m. ✦ Gentilhomme campagnard de petite noblesse, qui vit sur ses terres.
ÉTYM. de l'ancien français *hobel* «petit oiseau de proie», de l'ancien néerlandais.

***HOCHEQUEUE** [ɔʃkø] n. m. ✦ Bergeronnette.
ÉTYM. de *hocher* et *queue* ; parce que cet oiseau remue continuellement la queue.

***HOCHER** [ɔʃe] v. tr. (conjug. 3a) ✦ loc. *HOCHER LA TÊTE*, la secouer (de haut en bas pour signifier «oui», de droite à gauche pour signifier «non»).
► ***HOCHEMENT** [ɔʃmɑ̃] n. m. *Hochement de tête approbateur.*
ÉTYM. francique *hottisôn*, de *hotton* «balancer».

***HOCHET** [ɔʃɛ] n. m. **1.** Jouet de bébé formé d'un manche et d'une partie qui fait du bruit quand on la secoue. **2.** fig. LITTÉR. Chose futile qui flatte ou console.
ÉTYM. de *hocher* «secouer».

***HOCKEY** [ɔkɛ] n. m. ✦ anglicisme Sport d'équipe qui consiste à faire passer une balle entre deux poteaux (*buts*) au moyen d'une crosse. *Hockey sur gazon.* ➛ *Hockey sur glace*, joué avec un palet par deux équipes de patineurs. HOM. HOQUET «bruit de gorge»
ÉTYM. mot anglais.

***HOCKEYEUR, EUSE** [ɔkɛjœʀ, øz] n. ✦ Joueur, joueuse de hockey.

HOIRIE [waʀi] n. f. ✦ DR. VX Héritage. ➛ MOD. *Avancement d'hoirie* : donation faite à un héritier présomptif, par anticipation. ➛ (Suisse) Héritage indivis.
ÉTYM. de *hoir* «héritier», latin *heres.*

***HOLÀ** [ɔla ; hɔla] interj. **1.** Sert à appeler ; sert à modérer, à arrêter. SYN. **assez, doucement.** *Holà ! Du calme !* SYN. **hé. 2.** n. m. loc. *METTRE LE HOLÀ À* (qqch.) : mettre fin, bon ordre à.
ÉTYM. de *ho* et *là.*

***HOLDING** [ɔldiŋ] n. m. ou f. ✦ anglicisme Société qui prend des participations financières dans d'autres sociétés afin de diriger ou de contrôler leur activité. → **trust.**
ÉTYM. mot anglais, de *to hold* «tenir».

***HOLD-UP** [ɔldœp] n. m. invar. ✦ anglicisme Vol à main armée dans un lieu public. SYN. FAM. **braquage.** *Commettre des hold-up.*
ÉTYM. mot américain, de *to hold* «tenir» et *up* «en haut».

***HOLLANDAIS, AISE** [ɔ(l)lɑ̃dɛ, ɛz] adj. et n. ✦ De Hollande (☛ noms propres) ; abusivt des Pays-Bas. SYN. **néerlandais.** ➛ n. *Les Hollandais.* ♦ n. m. *Le hollandais* (langue germanique). SYN. **néerlandais.**

***HOLLANDE** [ɔ(l)lɑ̃d] n. m. **1.** Fromage de Hollande à pâte dure. **2.** Papier de luxe.
ÉTYM. nom propre. ☛ noms propres.

HOLO- Élément savant, du grec *holos* «entier».

HOLOCAUSTE [ɔlokost] n. m. **1.** Sacrifice religieux où la victime était entièrement brûlée, chez les Hébreux. ➛ fig. Sacrifice total. *S'offrir en holocauste à une cause.* **2.** *L'Holocauste* : le génocide des Juifs par les nazis. SYN. **shoah.** *Les victimes de l'Holocauste.*
ÉTYM. latin chrétien *holocaustum*, du grec *holos* «entier» et *kauston*, de *kaiein* «brûler».

HOLOGRAMME [ɔlɔgʀam] n. m. ✦ Image obtenue par holographie.
ÉTYM. de *holo-* et *-gramme.*

HOLOGRAPHIE [ɔlɔgʀafi] n. f. ✦ Procédé photographique qui restitue le relief des objets, en utilisant les interférences de deux faisceaux lasers.
ÉTYM. de *holo-* et *(photo)graphie.*

HOLOTHURIE [ɔlɔtyʀi] n. f. ✦ Animal marin, échinoderme muni de ventouses sur la face ventrale et de papilles rétractiles sur la face dorsale.
ÉTYM. latin *holothuria*, du grec.

***HOMARD** [ɔmaʀ] n. m. ✦ Grand crustacé marin décapode, aux pattes antérieures armées de grosses pinces, pêché pour sa chair fine. ➛ loc. FAM. *Être rouge comme un homard (cuit)*, très rouge.
ÉTYM. de l'ancien nordique *hummarr.*

***HOME** [om] **n. m.** ✦ anglicisme **1.** Le foyer, le logis. SYN. **chez-soi.** *L'intimité du home.* **2.** *HOME D'ENFANTS :* centre d'accueil, foyer pour enfants. HOM. HEAUME «casque», OHM «unité de mesure»
ÉTYM. mot anglais «maison».

***HOME CINÉMA** [omsinema] **n. m.** ✦ Équipement audiovisuel pour créer chez soi des conditions de projection proches de celles d'une salle de cinéma. *Des home cinémas.*
ÉTYM. calque de l'anglais, de *home* «maison».

HOMÉLIE [ɔmeli] **n. f. 1.** Discours par lequel le prêtre commente le passage de l'Évangile lu au cours de la messe. → **prêche, sermon. 2.** LITTÉR. Longue et ennuyeuse leçon de morale.
ÉTYM. latin *homilia*, mot grec, de *homilos* «troupe».

HOMÉO- Élément savant, du grec *homoios* «semblable». → **homo-.**

HOMÉOPATHE [ɔmeɔpat] **n.** ✦ Médecin qui pratique l'homéopathie (opposé à *allopathe*). ➡ **adj.** *Médecin homéopathe.*

HOMÉOPATHIE [ɔmeɔpati] **n. f.** ✦ Méthode thérapeutique qui consiste à administrer à doses infinitésimales des remèdes capables, à doses plus élevées, de produire des symptômes semblables à ceux de la maladie à combattre. *Homéopathie et allopathie.*
ÉTYM. allemand *Homöopathie*, formé sur le grec → homéo- et -pathie.

HOMÉOPATHIQUE [ɔmeɔpatik] **adj.** ✦ Qui a rapport à l'homéopathie. *Granules homéopathiques.* ➡ **fig.** *À dose homéopathique :* à très petite dose.

HOMÉOSTASIE [ɔmeɔstazi] **n. f.** ✦ PHYSIOL. Processus de régulation des constantes physiologiques de l'organisme.
ÉTYM. anglais *homoeostasis*, du grec *stasis* «position».

HOMÉOTHERME [ɔmeɔtɛʀm] **adj.** et **n. m.** ✦ (Animal) dont la température interne moyenne est constante et indépendante des conditions extérieures (opposé à *hétérotherme*).
ÉTYM. de *homéo-* et *-therme.*

HOMÉRIQUE [ɔmeʀik] **adj. 1.** Qui a rapport à l'ensemble de textes placés sous le nom d'Homère (☞ noms propres). *Les poèmes homériques. Épithète homérique.* **2.** Qui a un caractère épique, spectaculaire. *Lutte homérique.* ➡ **loc.** *Rire homérique :* fou rire bruyant.

① **HOMICIDE** [ɔmisid] **n.** et **adj.**
I n. LITTÉR. Personne qui tue un être humain. SYN. **assassin, meurtrier ;** → **-cide.**
II adj. Qui cause la mort d'une ou de plusieurs personnes. SYN. **meurtrier.** *Folie, guerre homicide.*
ÉTYM. latin *homicida.*

② **HOMICIDE** [ɔmisid] **n. m.** ✦ Action de tuer un être humain. *Être accusé d'homicide volontaire.* → **assassinat, crime, meurtre ; -cide.**
ÉTYM. latin *homicidium.*

HOMINIDÉS [ɔminide] **n. m. pl.** ✦ SC. Famille de primates qui comprend l'homme et les grands singes africains. ➡ **au sing.** *Un hominidé.*
ÉTYM. du latin *homo, hominis* «homme».

HOMINIENS [ɔminjɛ̃] **n. m. pl.** ✦ SC. Sous-ordre de primates auquel appartient l'homme. ➡ **au sing.** *Un hominien.*
ÉTYM. du latin *homo, hominis* «homme».

HOMINISATION [ɔminizasjɔ̃] **n. f.** ✦ Processus évolutif qui mène du primate à l'homme.
ÉTYM. du latin *homo, hominis* «homme».

HOMMAGE [ɔmaʒ] **n. m. 1.** HIST. Acte, serment du vassal qui se déclarait l'homme de son seigneur. **2.** Acte de courtoisie, preuve de dévouement d'un homme à une femme. ➡ **au plur.** (formules de politesse) SYN. **civilité, respect.** *Présentez mes hommages à votre épouse. Daignez agréer, Madame, mes respectueux hommages.* ellipt *Mes hommages, Madame.* **3.** (dans des loc.) Témoignage de respect, d'admiration, de reconnaissance. *RENDRE HOMMAGE À.* → **honorer.** *Rendre hommage au talent, au courage de qqn.* ➡ *Rendre un dernier hommage* (à un défunt). ➡ *EN HOMMAGE :* en signe d'hommage. **4.** VIEILLI Don respectueux. *L'auteur m'a fait l'hommage de son livre,* m'en a offert un exemplaire.
ÉTYM. de *homme* «vassal, soldat».

HOMMASSE [ɔmas] **adj.** ✦ péj. (femme) Qui ressemble à un homme par la carrure, les manières, a une allure masculine.
ÉTYM. de *homme.*

HOMME [ɔm] **n. m. I 1.** Être (mâle ou femelle) appartenant à l'espèce animale la plus évoluée de la Terre, mammifère de la famille des hominidés, seul représentant actuel de son espèce *(Homo sapiens),* vivant en société, caractérisé par une intelligence développée et un langage articulé. → **anthropo-.** *Les premiers hommes. L'homme de Cro-Magnon.* ♦ L'être humain actuel. *Les origines de l'homme.* **2.** L'être humain, en général. *Les hommes* ou (collectif) *l'homme.* SYN. **humanité.** *Les droits de l'homme. Les dieux et les hommes.* SYN. **créature, mortel.** ➡ *Le commun des hommes.* SYN. **foule ;** ① **gens. II** Être humain mâle. **1.** (dans tous les âges de la vie) → **garçon, mâle ; masculin, viril ; andro-.** *Les hommes et les femmes.* **2.** Être humain mâle et adulte. *Comment s'appelle cet homme ?* SYN. **monsieur.** *Parvenir à l'âge d'homme.* ➡ *Une voix d'homme.* ➡ *Homme marié* (→ **époux, mari**), *qui a des enfants* (→ **père**). ♦ *HOMME DE. Homme d'action, de bien, de génie.* ➡ (condition) *Homme du monde. Homme du peuple.* ➡ (collectif) *L'homme de la rue :* l'homme moyen quelconque. ➡ (profession) *Homme d'État, de loi, d'affaires, de lettres. Homme de science :* savant, chercheur. ♦ *HOMME À. Un homme à passions, à idées.* loc. *Homme à femmes :* séducteur. ➡ loc. *ÊTRE HOMME À* (+ inf.) : être capable de. *Il est homme à tenir ses promesses.* ♦ (précédé d'un possessif) L'homme qui convient, dont on a besoin. *Le parti a trouvé son homme. Je suis votre homme.* ➡ spécialt POP. *C'est mon homme,* mon mari, mon amant. ➡ *Être l'homme de qqch.,* qui convient à (qqch.). *C'est l'homme de la situation.* ♦ loc. *D'HOMME À HOMME :* directement, en toute franchise et sans intermédiaire. ♦ *L'honnête homme* (au XVIIe siècle). → **honnête. 3.** L'homme, considéré en tant qu'adulte responsable, courageux, fort. *Ose le répéter si tu es un homme ! Parole d'homme.* **III** Individu considéré comme dépendant d'une autorité. *Homme lige.* → **vassal ; hommage.** ➡ *Trente mille hommes en ligne.* SYN. **soldat.** *Le chef de chantier et ses hommes.* SYN. **ouvrier.** ➡ **loc.** *COMME UN SEUL HOMME :*

avec un ensemble parfait. *Ils se levèrent comme un seul homme.* **IV** *JEUNE HOMME* 1. Homme jeune. *Il n'a plus des jambes de jeune homme.* 2. Garçon pubère, homme jeune célibataire. → **adolescent, garçon,** FAM. **gars.** *Un jeune homme et une jeune fille* (plur. *des jeunes gens*). *Un tout jeune homme,* qui sort à peine de l'enfance. 3. POP. Fils. *Votre jeune homme.* ◆ FAM. Petit garçon. *Que veut ce jeune homme ?*

ÉTYM. latin *homo, hominis.*

HOMME-GRENOUILLE [ɔmgʀənuj] **n. m.** ✦ Plongeur muni d'un scaphandre autonome, qui travaille sous l'eau. *Des hommes-grenouilles.*

HOMME-ORCHESTRE [ɔmɔʀkɛstʀ] **n. m.** 1. Musicien qui joue simultanément de plusieurs instruments. 2. fig. Personne qui accomplit des fonctions diverses, qui a des compétences variées. *Des hommes-orchestres.*

HOMME-SANDWICH [ɔmsɑ̃dwitʃ] **n. m.** ✦ Homme qui promène dans les rues deux panneaux publicitaires, l'un sur la poitrine, l'autre dans le dos. *Des hommes-sandwichs.*

HOMO- Élément savant, du grec *homos* «semblable, le même». → **homéo-.** CONTR. **hétéro-.**

HOMOGÈNE [ɔmɔʒɛn] **adj.** 1. (en parlant d'un tout) Formé d'éléments de même nature ou répartis de façon uniforme. *Ensemble homogène. Pâte homogène.* – abstrait *Équipe homogène,* qui a une grande unité. 2. au plur. (en parlant des parties d'un tout) Qui sont de même nature. *Les éléments homogènes d'une substance chimiquement pure.* CONTR. **hétérogène · disparate, hétéroclite.**

ÉTYM. latin scolastique *homogeneus,* du grec *homogenês* «de même race» → homo- et -gène.

HOMOGÉNÉISER [ɔmɔʒeneize] **v. tr.** (conjug. 3a) ✦ Rendre homogène.

► **HOMOGÉNÉISÉ, ÉE adj.** *Lait homogénéisé,* dont les globules gras ont été réduits et mélangés.

► **HOMOGÉNÉISATION** [ɔmɔʒeneizasjɔ̃] **n. f.**

HOMOGÉNÉITÉ [ɔmɔʒeneite] **n. f.** ✦ Caractère de ce qui est homogène. – abstrait *L'homogénéité d'une classe.* SYN. **cohérence, cohésion, unité.** CONTR. **hétérogénéité.**

HOMOGRAPHE [ɔmɔgʀaf] **adj.** ✦ LING. Se dit des mots qui ont même orthographe. *«Mousse»* (n. f.) *et «mousse»* (n. m.) *sont homographes et homophones* (→ **homonyme**). – **n. m.** *«Couvent»* (n. m.) *et «elles couvent» sont des homographes non homophones.* CONTR. **hétérographe.**

ÉTYM. de *homo-* et *-graphe.*

HOMOLOGUE [ɔmɔlɔg] **adj.** ✦ Équivalent. *Le grade d'amiral est homologue de celui de général.* – **n.** *Le ministre des Affaires étrangères a rencontré son homologue allemand.*

ÉTYM. grec *homologos,* de *logos* «rapport».

HOMOLOGUER [ɔmɔlɔge] **v. tr.** (conjug. 3b) 1. DR. Entériner (un acte) afin de permettre son exécution. SYN. **ratifier, sanctionner, valider.** *Le tribunal a homologué le testament.* 2. Reconnaître, enregistrer officiellement après vérification (une performance, un record). 3. Reconnaître officiellement conforme aux normes en vigueur. *Homologuer une piscine.* CONTR. **annuler.**

► **HOMOLOGUÉ, ÉE adj.** *Tarif homologué.* – *Record homologué.*

► **HOMOLOGATION** [ɔmɔlɔgasjɔ̃] **n. f.**

ÉTYM. latin médiéval *homologare,* du grec.

HOMONYME [ɔmɔnim] **adj.** et **n. m.** ✦ Se dit des mots qui ont la même prononciation (→ **homophone**) mais un sens différent, qu'ils soient de même orthographe (→ **homographe**) ou non (→ **hétérographe**). ◆ **n. m.** *Un homonyme.* – par ext. (en parlant de personnes, de villes...) *Troyes et son homonyme Troie.*

ÉTYM. latin *homonymus,* du grec → homo- et -onyme.

HOMONYMIE [ɔmɔnimi] **n. f.** ✦ Caractère des mots homonymes. *Il y a homonymie entre «pain» et «pin».*

HOMOPARENTAL, ALE, AUX [ɔmɔpaʀɑ̃tal, o] **adj.** ✦ DIDACT. *Famille homoparentale,* où le rôle de parent est tenu par une ou des personnes homosexuelles.

HOMOPHOBE [ɔmɔfɔb] **n.** et **adj.** ✦ (Personne) qui manifeste de l'hostilité à l'égard des homosexuels.

► **HOMOPHOBIE** [ɔmɔfɔbi] **n. f.**

ÉTYM. de *homo* et *-phobe.*

HOMOPHONE [ɔmɔfɔn] **adj.** et **n. m.** ✦ LING. Se dit de mots qui ont la même prononciation. → **homonyme.** *Homophones lexicaux,* qui se distinguent par leur sens (ex. *maire* et *mère*). *Homophones grammaticaux,* qui se distinguent par leur fonction syntaxique (ex. *ce* et *se*).

► **HOMOPHONIE** [ɔmɔfɔni] **n. f.**

ÉTYM. grec *homophônos* → homo- et -phone.

HOMOSEXUALITÉ [ɔmɔsɛksɥalite] **n. f.** ✦ Fait d'être homosexuel ; comportement homosexuel. *Homosexualité masculine* (→ aussi **pédérastie**), *féminine* (→ **lesbianisme, saphisme**).

ÉTYM. de *homosexuel.*

HOMOSEXUEL, ELLE [ɔmɔsɛksɥɛl] **n.** et **adj.** ✦ (Personne) qui éprouve une attirance sexuelle plus ou moins exclusive pour les individus de son propre sexe (opposé à *hétérosexuel*). SYN. **gay** (anglic.) ; **inverti** ; → **lesbienne ; pédéraste.** ◆ **adj.** *Tendances homosexuelles.* – abrév. FAM. HOMO [omo]. *Des homos. Des couples homos.*

ÉTYM. de *homo-* et *sexuel.*

HOMOTHÉTIE [ɔmɔtesi] **n. f.** ✦ GÉOM. Transformation qui fait correspondre à tout point de l'espace un autre point dans un rapport constant avec le premier, par rapport à un point fixe.

► **HOMOTHÉTIQUE** [ɔmɔtetik] **adj.**

ÉTYM. de *homo-* et grec *thesis* «position».

HOMOZYGOTE [omozigɔt] **adj.** et **n.** ✦ BIOL. Se dit d'une cellule ou d'un individu qui possède deux gènes identiques sur chaque chromosome de la même paire (opposé à *hétérozygote*).

ÉTYM. de *homo-* et *zygote.*

***HONGRE** [ɔ̃gʀ] **adj.** et **n. m.** ✦ (cheval) Châtré. *Poulain hongre.*

ÉTYM. de *hongre* «hongrois» ; la castration des chevaux était pratiquée en Hongrie.

***HONGROIS, OISE** [ɔ̃gʀwa, waz] **adj.** et **n.** ✦ De Hongrie (☞ noms propres). SYN. **magyar.** *Danses hongroises.* – **n.** *Les Hongrois.* ◆ **n. m.** *Le hongrois* (langue).

ÉTYM. de *Hongre,* du latin *Hungarus,* du turco-mongol *ogur* «flèche», désignation turque des Magyars.

A B C D E F G H I J K L M N O P Q R S T U V W X Y Z

HONNÊTE [ɔnɛt] adj. **I** 1. Qui se conforme aux lois de la probité, du devoir, de la vertu. SYN. ① **droit,** ② **franc, intègre, loyal.** ◆ VIEILLI (femmes) Irréprochable dans sa conduite. SYN. **vertueux.** ◆ spécialt Qui respecte le bien d'autrui ; scrupuleux en matière d'argent. *Commerçant honnête. Il est foncièrement honnête.* 2. (choses) *Une vie honnête. Intentions honnêtes.* SYN. ① **bon,** ① **louable,** ① **moral.** **II** Qui se conforme à certaines normes sociales. 1. (aux XVIIe et XVIIIe siècles) *Honnête homme,* homme de manières et d'esprit agréables en société. 2. VX Bienséant, décent. *Une tenue à peine honnête.* **III** Satisfaisant. SYN. **convenable, correct, honorable, passable, suffisant.** *Des résultats honnêtes, plus qu'honnêtes. Un repas honnête, sans plus.* CONTR. **déloyal, malhonnête · extraordinaire, supérieur.**

ÉTYM. latin *honestus,* de *honos, honoris* «honneur».

HONNÊTEMENT [ɔnɛtmɑ̃] adv. **I** 1. Selon le devoir, la vertu, la probité. *Gérer honnêtement une affaire. Il m'a honnêtement mis en garde.* SYN. **loyalement.** 2. Franchement. *Honnêtement, qu'en penses-tu ?* **II** Selon des normes raisonnables ou moyennes. SYN. **correctement, passablement.** *Il s'en tire très honnêtement,* plutôt bien. *C'est honnêtement payé.* CONTR. **malhonnêtement.**

HONNÊTETÉ [ɔnɛtte] n. f. ✦ Qualité d'une personne honnête (I) ou de ce qui est honnête. SYN. **intégrité, probité.** ◆ Droiture, franchise. *Aie au moins l'honnêteté de reconnaître ton erreur.* — *En toute honnêteté.* → bonne **foi.** CONTR. **malhonnêteté.**

HONNEUR [ɔnœʀ] n. m. **I** Dignité morale. 1. Fait de mériter la considération, l'estime (d'autrui et de soi-même) sur le plan moral et selon les valeurs de la société. SYN. **dignité, fierté.** *Défendre, sauver, venger son honneur. Mon honneur est en jeu.* ◆ *POINT D'HONNEUR :* ce qui met en jeu, en premier lieu, l'honneur. *Se faire un point d'honneur de* (+ inf.) ; *mettre son point d'honneur, un point d'honneur à* (+ inf.). ◆ *AFFAIRE D'HONNEUR,* où l'honneur est engagé (spécialt, duel). ◆ *Donner sa PAROLE D'HONNEUR :* jurer. — ellipt (exclam.) *Parole d'honneur !* — *Je l'atteste, j'en réponds sur l'honneur :* je le jure. ◆ VIEILLI *L'honneur d'une femme,* réputation liée au caractère irréprochable de ses mœurs (selon la morale sexuelle d'une époque). ◆ (collectivité) *Compromettre l'honneur de sa famille,* sa réputation. 2. Sentiment qui pousse à obtenir ou préserver l'estime d'autrui ou de soi-même. *Le code de l'honneur. HOMME D'HONNEUR :* homme de probité, de vertu. *BANDIT D'HONNEUR,* qui s'est fait bandit pour conserver son honneur. **II** Considération accordée au mérite reconnu. 1. Considération qui s'attache au mérite, à la vertu, aux talents. SYN. **gloire, réputation.** *Il s'en est tiré avec honneur. C'est tout à son honneur. Travailler pour l'honneur,* de façon désintéressée. ◆ (sujet chose) *Être EN HONNEUR,* entouré de considération. → **estimé.** *Cette coutume est toujours en honneur.* ◆ LITTÉR. *ÊTRE L'HONNEUR DE,* une source d'honneur pour. SYN. **fierté.** ◆ *CHAMP D'HONNEUR :* champ de bataille, à la guerre. ◆ *Mourir au champ d'honneur,* à la guerre. 2. Traitement spécial destiné à honorer qqn. *À toi l'honneur !,* à toi de commencer. prov. *À tout seigneur tout honneur,* à chacun selon son rang ; nous vous devons bien cela. — *C'est lui faire trop d'honneur,* il ne mérite pas tant d'égards. ◆ *RENDRE HONNEUR À :* célébrer. ◆ *EN L'HONNEUR DE qqn, d'un évènement,* en vue de fêter, de célébrer. *En l'honneur de nos retrouvailles.* — FAM. *En quel honneur ?,* pourquoi, pour qui ? *En quel honneur cette nouvelle robe ?* ◆ *L'HONNEUR DE* (+ inf.). *Il m'a fait l'honneur de me recevoir.* SYN. **faveur, grâce.** *Avoir l'honneur de.* SYN. **privilège.** — sens affaibli (formules de politesse) *Faites-moi l'honneur d'être mon témoin.* ellipt *À qui ai-je l'honneur* (de parler) ?, formule par laquelle on demande son nom à qqn. 3. (après un subst.) *D'HONNEUR* (qui rend ou confère un honneur). *Garçon, demoiselle d'honneur. La cour d'honneur d'un édifice. Place d'honneur. Vin d'honneur. Prix, tableau d'honneur. La Légion d'honneur.* — *Président d'honneur.* → **honoraire.** 4. *FAIRE HONNEUR À qqn,* lui valoir de la considération. *Élève qui fait honneur à son maître. Ces scrupules vous font honneur.* → **honorer.** ◆ *FAIRE HONNEUR À qqch.,* le respecter, s'en montrer digne. → **honorer.** *Faire honneur à ses engagements, à sa signature.* — FAM. *Faire honneur à un repas,* manger abondamment. 5. *VOTRE HONNEUR :* traduction d'un titre usité en Grande-Bretagne, dans l'ancienne Russie, lorsque l'on s'adresse à certains hauts personnages. **III** *LES HONNEURS.* 1. Témoignages d'honneur. *Il a été reçu avec tous les honneurs dus à son rang.* SYN. **égard.** *Dédaigner, refuser les honneurs.* — *Honneurs militaires :* saluts, salves d'artillerie, sonneries. — loc. *Obtenir les honneurs de la guerre :* bénéficier dans une capitulation de conditions honorables. ◆ *Faire à qqn les honneurs d'une maison,* l'y accueillir et l'y guider soi-même avec une politesse marquée. 2. Tout ce qui confère éclat ou supériorité dans la société. → **grandeur ; dignité, privilège.** *Être comblé d'honneurs.* 3. Les cartes les plus hautes à certains jeux (notamment au bridge). CONTR. **déshonneur, honte, infamie · affront, humiliation.**

ÉTYM. latin *honor, honoris.*

***HONNIR** [ɔniʀ] v. tr. (conjug. 13) ✦ VIEILLI ou LITTÉR. Vouer à la haine et au mépris publics de façon à couvrir de honte. ◆ au p. passé *Tyran honni.* — loc. (souvent iron.) *Honni soit qui mal y pense !,* honte à qui y voit du mal (devise en français de l'ordre de la Jarretière, en Angleterre).

ÉTYM. francique *haunjan.*

HONORABILITÉ [ɔnɔʀabilite] n. f. ✦ Qualité d'une personne honorable.

HONORABLE [ɔnɔʀabl] adj. **I** 1. Qui mérite d'être honoré, estimé. SYN. **digne, estimable, respectable.** *Une famille honorable.* 2. Qui honore, qui attire la considération, le respect. *Profession honorable.* 3. Qui sauvegarde l'honneur, la dignité. *Capituler à des conditions honorables.* **II** (sens affaibli) *Un résultat plus qu'honorable.* SYN. **convenable, honnête** (III), ① **moyen.** CONTR. **indigne · déshonorant, honteux.**

ÉTYM. latin *honorabilis.*

HONORABLEMENT [ɔnɔʀabləmɑ̃] adv. 1. D'une manière respectable, avec honneur. *Il est honorablement connu dans le quartier.* 2. D'une manière suffisante, convenable. *Il a de quoi vivre honorablement.*

ÉTYM. de *honorable.*

HONORAIRE [ɔnɔʀɛʀ] adj. 1. Qui, ayant cessé d'exercer une fonction, en garde le titre et les prérogatives honorifiques. *Professeur honoraire.* 2. Qui, sans exercer la fonction, en a le titre honorifique. *Président, membre honoraire d'une société.* → **d'honneur.**

ÉTYM. latin *honorarius,* de *honos, honoris* «honneur».

HONORAIRES [ɔnɔʀɛʀ] **n. m. pl.** ✦ Rétribution perçue par les personnes exerçant une profession libérale. → **émoluments.** *Les honoraires d'un médecin, d'un avocat.*
ÉTYM. latin *honorarium.*

HONORER [ɔnɔʀe] **v. tr.** (conjug. 3a) **1.** Faire honneur à. *Ces scrupules vous honorent.* **2.** Rendre honneur à, traiter avec beaucoup de respect et d'égard. *Honorer Dieu.* SYN. **adorer.** *Honorer son père et sa mère.* SYN. **vénérer.** ➛ *Honorer la mémoire de qqn.* SYN. **célébrer,** rendre **hommage.** ➛ *HONORER qqn DE qqch.* SYN. **gratifier.** *Le président nous honorera de sa présence. Votre confiance m'honore.* **3.** Tenir en haute estime. SYN. **respecter.** **4.** Acquitter, payer afin de faire honneur à un engagement. *Honorer un chèque.* ➛ par ext. *Honorer sa signature.* **5.** *S'HONORER* **v. pron.** *S'honorer de :* tirer honneur, fierté de. SYN. s'**enorgueillir.** *Je m'honore d'être son ami, de son amitié.*
► **HONORÉ, ÉE adj. 1.** Respecté. **2.** (politesse) Flatté. *Je suis très honoré.* ◆ (en s'adressant à qqn) Que l'on honore. *Mon honoré confrère.* SYN. **estimé, honorable. 3. n. f.** (dans la correspondance commerciale) Lettre. *Votre honorée du trois août.* CONTR. **déshonorer • mépriser.**
ÉTYM. latin *honorare,* de *honos, honoris* «honneur».

HONORIFIQUE [ɔnɔʀifik] **adj.** ✦ Qui confère des honneurs (sans avantages matériels). *Titres, distinctions honorifiques.* ➛ *Président À TITRE HONORIFIQUE.* → **d'honneur, honoraire ; honoris causa.**
ÉTYM. latin *honorificus.*

HONORIS CAUSA [ɔnɔʀiskoza] **loc. adj.** ✦ *Docteur honoris causa* (d'une université), à titre honorifique.
ÉTYM. locution latine «pour cause d'honneur».

***HONTE** [ɔ̃t] **n. f. 1.** Déshonneur humiliant. → **opprobre.** *Essuyer la honte d'un affront. Couvrir qqn de honte.* ➛ *À la honte de qqn,* en lui infligeant un déshonneur. *À ma grande honte.* ➛ *Être la honte de sa famille.* ➛ *C'est une honte ! Quelle honte !,* c'est une chose honteuse. ➛ *Honte à celui qui...,* que le déshonneur soit sur lui. → **honni. 2.** Sentiment pénible d'infériorité ou d'humiliation devant autrui. SYN. **confusion.** *Rougir de honte.* ◆ *AVOIR HONTE :* éprouver de la honte. *Avoir honte de qqn, de qqch., d'avoir fait qqch. Tu devrais avoir honte !* ➛ loc. LITTÉR. *Avoir toute honte bue :* être devenu insensible au déshonneur. **3.** *FAIRE HONTE À qqn,* être pour lui un sujet de honte, de déshonneur. *Il fait honte à ses parents.* ➛ *Faire honte à qqn de sa conduite,* lui en faire des reproches. **4.** *FAUSSE HONTE :* scrupule excessif à propos de qqch. qui n'est pas blâmable. → **réserve, retenue.** *Acceptez sans fausse honte.* **5.** Sentiment de gêne éprouvé par scrupule de conscience, crainte du ridicule, etc. *Étaler son luxe sans honte.* SYN. **vergogne.** CONTR. **gloire, honneur • fierté.**
ÉTYM. francique *haunita.*

***HONTEUSEMENT** [ɔ̃tøzmɑ̃] **adv. 1.** LITTÉR. D'une manière honteuse. *Fuir honteusement.* **2.** D'une manière très insuffisante. *Être honteusement mal payé.*

***HONTEUX, EUSE** [ɔ̃tø, øz] **adj. 1.** Qui cause de la honte. SYN. **avilissant, dégradant, déshonorant.** *Acte honteux.* SYN. **abject, infâme, méprisable, vil.** *C'est honteux !* ◆ Dont on a honte. *Pensée honteuse.* SYN. **inavouable.** ➛ spécialt VIEILLI *Les parties honteuses,* les organes génitaux. *Maladies honteuses,* sexuellement transmissibles. → **vénérien. 2.** Qui éprouve un sentiment de honte. SYN. **confus.** *Être honteux de son ignorance. Honteux d'avoir été ridicule.* SYN. **penaud.** ➛ *Air honteux.* **3.** Qui se cache d'être (ce qu'il est). *Un gourmand honteux.* CONTR. **noble • ② fier.**
ÉTYM. de *honte.*

***HOOLIGAN** ou ***HOULIGAN** [uligan ; uligɑ̃] **n. m.** ✦ Voyou qui exerce la violence, le vandalisme, notamment lors de rencontres sportives (football, etc.).
ÉTYM. mot anglais, par le russe.

***HOP** [ɔp ; hɔp] **interj.** ✦ Interjection servant à stimuler, à faire sauter, à évoquer une action brusque. *Allez, hop ! Hop là !*
ÉTYM. onomatopée.

HÔPITAL, AUX [ɔpital, o] **n. m. 1.** anciennt Établissement charitable où l'on recevait les gens sans ressources, pour les entretenir, les soigner. SYN. **hospice. 2.** Établissement public qui reçoit ou traite les malades, les blessés et les femmes en couches. SYN. FAM. **hosto.** *Hôpitaux et cliniques. Médecins, internes, externes d'un hôpital. Lit d'hôpital. Admettre un malade dans un hôpital, à l'hôpital.* → **hospitaliser.** *Hôpital psychiatrique,* pour le traitement des troubles mentaux (appelé autrefois *asile*).
ÉTYM. du latin *hospitalis* «hospitalier», de *hospes* «hôte».

HOPLITE [ɔplit] **n. m.** ✦ DIDACT. (ANTIQ. GRECQUE) Fantassin lourdement armé.
ÉTYM. latin *hoplites,* mot grec, de *hoplon* «arme».

***HOQUET** [ɔkɛ] **n. m.** ✦ Contraction spasmodique du diaphragme produisant un appel d'air sonore ; bruit qui en résulte. *Avoir le hoquet.* → **hoqueter.**
HOM. HOCKEY «sport»
ÉTYM. onomatopée.

***HOQUETER** [ɔk(ə)te] **v. intr.** (conjug. 6b) ✦ Avoir le hoquet, un hoquet. *Sangloter en hoquetant.* ◆ (choses) Émettre par à-coups un bruit qui rappelle le hoquet. *Le moteur hoquette.*
ÉTYM. de *hoquet.*

HORAIRE [ɔʀɛʀ] **adj.** et **n. m.**
I adj. 1. Relatif aux heures. *Tableau horaire. Décalage* horaire.* ➛ Qui correspond à une durée d'une heure. *Tarif horaire. Vitesse horaire.* **2.** Qui a lieu toutes les heures. *Pause horaire.*
II n. m. 1. Relevé des heures de départ, de passage, d'arrivée des services de transport. *Changement d'horaire. Train en avance sur l'horaire, sur son horaire.* ➛ Tableau, livret... indiquant un horaire (→ **indicateur**). ➛ *L'horaire des films.* **2.** Emploi du temps heure par heure. SYN. **programme.** *Avoir un horaire chargé.* ➛ Répartition des heures de travail. *Horaire flexible.*
ÉTYM. latin médiéval *horarius,* de *hora* «heure».

***HORDE** [ɔʀd] **n. f. 1.** DIDACT. Tribu errante, nomade. *Les hordes mongoles.* **2.** Troupe ou groupe d'hommes indisciplinés. SYN. **② bande.** *Une horde de pillards.* ➛ par ext. *Des hordes de touristes.*
ÉTYM. latin médiéval *orda,* allemand *horda,* du turco-mongol *ordu* «camp militaire».

***HORION** [ɔʀjɔ̃] **n. m.** ✦ LITTÉR. surtout au pluriel Coup violent.
ÉTYM. origine incertaine, peut-être de l'ancien français *or(e)illon* «coup sur l'oreille».

HORIZON [ɔʀizɔ̃] **n. m. 1.** Limite circulaire de la vue, pour un observateur qui en est le centre. *Le soleil descend sur, à l'horizon. La ligne d'horizon,* la ligne qui

semble séparer le ciel de la terre (ou de la mer), à l'horizon. 2. Les parties de la surface terrestre (ou de la mer) et du ciel voisines de l'horizon visuel, de la ligne d'horizon. *Un horizon, des horizons nets, brumeux, bleuâtres.* ➛ appos. invar. *Bleu horizon* : bleu gris. *Des uniformes bleu horizon.* ➛ *Scruter l'horizon. Les quatre points de l'horizon,* les points cardinaux. ➛ *À L'HORIZON* : au loin. ◆ *N'avoir pour horizon que les immeubles de son quartier.* SYN. **paysage, vue.** *Changer d'horizon* : voir autre chose. 3. fig. Domaine qui s'ouvre à la pensée, à l'activité de qqn. *Ce stage m'a ouvert des horizons insoupçonnés.* SYN. **champ** d'action, **perspective.** ➛ *L'horizon politique, économique* : les perspectives politiques, économiques. *Des ennuis se profilent à l'horizon,* approchent. ➛ *Faire un TOUR D'HORIZON* : aborder, étudier successivement et succinctement toutes les questions.
ÉTYM. latin *horizon*, mot grec, de *horos* «borne, limite».

HORIZONTAL, ALE, AUX [ɔʀizɔ̃tal, o] **adj.** et **n. f.**
I adj. Qui est perpendiculaire à la direction de la pesanteur en un lieu (opposé à *vertical*). *Plan horizontal.* ➛ loc. FAM. *Prendre la position horizontale* : se coucher, s'allonger. ◆ GÉOM. *Droite horizontale* ou **n. f.** *une horizontale.*
► **HORIZONTALEMENT** [ɔʀizɔ̃talmɑ̃] **adv.**
II *HORIZONTALE* **n. f.** Position horizontale. *Amener ses bras À L'HORIZONTALE.*
ÉTYM. de *horizon.*

HORIZONTALITÉ [ɔʀizɔ̃talite] **n. f.** ✦ Caractère de ce qui est horizontal. *L'horizontalité d'une surface.*

HORLOGE [ɔʀlɔʒ] **n. f.** 1. Grand appareil, souvent muni d'une sonnerie, destiné à indiquer l'heure. *Horloge à poids, à balancier. Le tic-tac, le carillon d'une horloge. Horloge électrique.* ➛ *L'horloge parlante,* qui diffuse l'heure par téléphone. 2. loc. *Être réglé comme une horloge* : avoir des habitudes très régulières. 3. par métaphore *Horloge interne* ou *biologique* : mécanismes qui règlent, chez les êtres vivants, la répartition dans le temps de l'activité de l'organisme.
ÉTYM. latin *horologium*, du grec *hôrologion* «ce qui dit l'heure (*hôra*)».

HORLOGER, ÈRE [ɔʀlɔʒe, ɛʀ] **n.** et **adj.** 1. **n.** Personne qui fabrique, vend, répare des objets d'horlogerie. *Horloger bijoutier.* 2. **adj.** Relatif à l'horlogerie.
ÉTYM. de *horloge.*

HORLOGERIE [ɔʀlɔʒʀi] **n. f.** 1. Industrie et commerce des instruments destinés à la mesure du temps. ➛ *Tenir une horlogerie* (magasin). 2. Ouvrages de cette industrie (chronomètres, horloges, pendules, montres).
ÉTYM. de *horloge.*

***HORMIS** [ɔʀmi] **prép.** ✦ VX ou LITTÉR. À part. SYN. **excepté, hors, sauf.** *Il n'a pas de famille, hormis son neveu.* CONTR. **y compris.**
ÉTYM. de *hors mis* «étant mis hors».

HORMONAL, ALE, AUX [ɔʀmɔnal, o] **adj.** ✦ Relatif à une hormone, aux hormones.

HORMONE [ɔʀmɔn ; ɔʀmon] **n. f.** ✦ Substance chimique élaborée par un groupe de cellules ou une glande endocrine et qui exerce une action spécifique sur le fonctionnement d'un organe. *Hormone de croissance. Hormones mâles, femelles.*
ÉTYM. anglais *hormone*, du grec *horman* «exciter».

***HORNBLENDE** [ɔʀnblɛ̃d] **n. f.** ✦ Minéral noir ou vert foncé, silicate de fer, d'aluminium et de magnésium.
ÉTYM. mot allemand.

| **HORO-** Élément savant, du grec *hôra* «heure».

HORODATEUR, TRICE [ɔʀɔdatœʀ, tʀis] **adj.** et **n. m.** ✦ (Appareil) qui imprime automatiquement la date et l'heure. *L'horodateur d'un parcmètre.*
ÉTYM. de *horo-* et *dateur.*

HOROSCOPE [ɔʀɔskɔp] **n. m.** ✦ Étude de la destinée de qqn, effectuée d'après les données zodiacales et astrologiques que fournissent ses date, heure et lieu de naissance (➛ ② **ascendant**). *Dresser un horoscope.*
ÉTYM. latin *horoscopus*, du grec «qui considère (*skopein*) l'heure (de la naissance)».

HORREUR [ɔʀœʀ] **n. f.** **I** (sens subjectif) 1. Impression violente causée par la vue ou la pensée d'une chose qui fait peur ou qui répugne. SYN. **effroi, épouvante, répulsion.** *Frémir d'horreur. Cri d'horreur.* ➛ *FAIRE HORREUR (À)* : répugner ; dégoûter, écœurer. *Le racisme lui fait horreur.* 2. Sentiment extrêmement défavorable qu'une chose inspire. SYN. **aversion, dégoût, répugnance.** *L'horreur de l'eau, des lieux clos...* ➛ **phobie.** ◆ *AVOIR HORREUR DE.* ➛ **détester, exécrer, haïr.** ➛ (sens affaibli) *Il a horreur de se lever tôt.* ◆ *Avoir, prendre qqn, qqch. EN HORREUR.* SYN. en **haine** ; en **grippe.** **II** (sens objectif) 1. Caractère de ce qui inspire de l'effroi, de la répulsion (➛ **effroyable, horrible**). *L'horreur d'un supplice.* SYN. **atrocité.** *C'est la misère dans toute son horreur. Vision d'horreur.* ➛ *Un film d'horreur.* 2. La chose qui inspire un sentiment d'horreur. SYN. **monstruosité.** ◆ par exagér. Personne ou chose repoussante d'aspect ou simplement désagréable. *Ce tableau est une horreur.* ➛ *Quelle horreur !* (marquant le dégoût, la répulsion, l'indignation). 3. au plur. Aspects horribles d'une chose ; choses horribles. *Les horreurs de la guerre.* SYN. **atrocité.** ◆ Objets horribles. *C'est le musée des horreurs, ici.* 4. au plur. Propos outrageants, calomnieux. *Répandre des horreurs sur le compte de qqn.* ◆ Propos obscènes. SYN. **cochonnerie.** CONTR. **plaisir • attirance, goût • beauté,** ① **charme.**
ÉTYM. latin *horror*, de *horrere* «se hérisser».

HORRIBLE [ɔʀibl] **adj.** 1. Qui fait horreur, remplit d'horreur ou de dégoût. SYN. **affreux, atroce, effroyable, épouvantable.** *Une mort horrible. Des cris horribles. Monstre horrible.* 2. Très laid, très mauvais. SYN. **affreux, exécrable.** *Un temps horrible.* SYN. **infect.** *Un horrible petit chapeau.* 3. Excessif (d'une chose désagréable ou dangereuse). SYN. **abominable, terrible.** *Chaleur, soif horrible.* SYN. **intolérable.** CONTR. ① **beau, magnifique.**
ÉTYM. latin *horribilis*, de *horrere* «se hérisser».

HORRIBLEMENT [ɔʀibləmɑ̃] **adv.** 1. D'une manière horrible. *Il est horriblement mutilé.* 2. par exagér. SYN. **extrêmement.** *C'est horriblement cher.*

HORRIFIANT, ANTE [ɔʀifjɑ̃, ɑ̃t] **adj.** ✦ Qui horrifie. SYN. **épouvantable, terrifiant.** *Faire un tableau horrifiant de la situation.*

HORRIFIER [ɔʀifje] **v. tr.** (conjug. 9) ✦ Remplir, frapper d'horreur. ◆ passif et p. passé *Être horrifié par un fait divers.* ➛ *Un air horrifié.* HOM. AURIFIER «couvrir d'or».
ÉTYM. latin *horrificare.*

HORRIFIQUE [ɔʀifik] **adj.** ✦ VX ou plais. Qui cause de l'horreur.
ÉTYM. latin *horrificus.*

HORRIPILANT, ANTE [ɔʀipilɑ̃, ɑ̃t] **adj.** ✦ Qui horripile. *Une voix horripilante.* – *C'est horripilant !*

HORRIPILATION [ɔʀipilasjɔ̃] **n. f. 1.** Érection des poils (frisson). **2.** Agacement, exaspération.
ÉTYM. latin *horripilatio.*

HORRIPILER [ɔʀipile] **v. tr.** (conjug. 3a) ✦ Agacer, irriter fortement (qqn). SYN. **énerver, exaspérer.** *Il m'horripile, avec ses grands airs.*
ÉTYM. latin *horripilare* «avoir le poil hérissé», de *horrere* «se hérisser» et *pilus* «poil».

***HORS** [ɔʀ] **prép.** **I** En dehors de, à l'extérieur de, au-delà de (dans des expr.). *Hors saison.* – *Administrateur hors classe. Exposant hors concours.* → **hors-concours.** *Numéro hors série.* → **hors-série.** *Ballon hors jeu.* → **hors-jeu.** – *Talent hors ligne, hors pair.* – *Hors la loi.* → **hors-la-loi.** **II** *HORS DE* **loc. prép. 1.** À l'extérieur de. *Il s'élança hors de sa chambre. Poisson qui saute hors de l'eau.* – ellipt *Hors d'ici !,* sortez ! ♦ *Hors du temps.* **2.** loc. *Hors d'atteinte, de portée.* – *Hors de question*.* – *Hors de danger. Hors d'état de nuire. Être hors d'affaire,* tiré d'affaire. – *Hors d'usage, de proportion. Hors de prix :* très cher. – *C'est hors de doute :* c'est certain. ♦ *HORS DE SOI :* furieux ; très agité. *Elle semblait hors d'elle.* HOM. ① OR «métal», ② OR (conj.), ORES «maintenant»
ÉTYM. de *dehors.*

***HORS-BORD** [ɔʀbɔʀ] **n. m. 1.** Moteur placé en dehors de la coque d'une embarcation. **2.** Canot automobile propulsé par un tel moteur. *Courses de hors-bords* ou *de hors-bord* (invar.).

***HORS-CONCOURS** [ɔʀkɔ̃kuʀ] **n. m.** ✦ Personne qui ne peut participer à un concours (ancien lauréat, membre du jury...). ♦ **loc. adj.** (sans trait d'union) *Les films hors concours.*

***HORS-D'ŒUVRE** [ɔʀdœvʀ] **n. m. invar.** ✦ Petit plat que l'on sert au début du repas, avant les entrées ou le plat principal. *Hors-d'œuvre variés.* – *En hors-d'œuvre.*

***HORS-JEU** [ɔʀʒø] **n. m.** ✦ (sports d'équipe) Faute d'un joueur dont la position sur le terrain est interdite par les règles. *Des hors-jeux* ou *des hors-jeu* (invar.). ♦ **loc. adj. invar.** (sans trait d'union) *Joueur hors jeu.*

***HORS-LA-LOI** [ɔʀlalwa] **n. invar.** ✦ Personne qui s'affranchit des lois, vit en marge des lois (→ **desperado**). ♦ **loc. adj. invar.** (sans trait d'union) *Être hors la loi :* ne plus bénéficier de la protection des lois et être passible d'une certaine peine sans jugement.

***HORS-PISTE** [ɔʀpist] **n. m.** ✦ Ski pratiqué en dehors des pistes balisées. *Faire du hors-piste. Des hors-pistes.* – **loc. adj. invar.** (sans trait d'union) *Le ski hors piste.*

***HORS-SÉRIE** [ɔʀseʀi] **n. m.** ✦ Publication qui n'est pas publiée aux dates habituelles. *Des hors-séries thématiques.* ♦ **loc. adj. invar.** (sans trait d'union) *Les dossiers hors série d'un magazine.*

***HORS SERVICE** [ɔʀsɛʀvis] **loc. adj. invar.** ✦ Qui n'est pas ou plus en service, temporairement ou définitivement. *Ascenseur hors service.* – abrév. H. S. [aʃɛs]. – fig. FAM. (personnes) Très fatigué, incapable d'agir. *Je suis complètement H. S.*

***HORS-TEXTE** [ɔʀtɛkst] **n. m.** ✦ Illustration imprimée à part, intercalée dans un livre. *Des hors-textes.*

***HORS TOUT** [ɔʀtu] **loc. adj. invar.** ✦ *Dimensions hors tout,* mesurées sans que rien ne dépasse (en parlant d'un objet).

HORTENSIA [ɔʀtɑ̃sja] **n. m.** ✦ Arbrisseau ornemental, cultivé pour ses fleurs groupées en grosses boules ; ces fleurs.
ÉTYM. mot latin, de *hortus* «jardin».

HORTICOLE [ɔʀtikɔl] **adj.** ✦ Relatif à la culture des jardins, à l'horticulture. *Exposition horticole.*
ÉTYM. du latin *hortus* «jardin», d'après *agricole.*

HORTICULTEUR, TRICE [ɔʀtikyltœʀ, tʀis] **n.** ✦ Personne qui pratique l'horticulture. → **jardinier, maraîcher.** – spécialt Personne qui cultive des plantes d'ornement. → **arboriculteur, fleuriste, pépiniériste.**
ÉTYM. du latin *hortus* «jardin», d'après *agriculteur.*

HORTICULTURE [ɔʀtikyltyʀ] **n. f.** ✦ Culture des plantes d'ornement, des jardins ; culture maraîchère, potagère.
ÉTYM. du latin *hortus* «jardin», d'après *agriculture.*

HOSANNA [oza(n)na] **n. m.** ✦ Chant, hymne de joie (religions juive et chrétienne).
ÉTYM. latin chrétien *hosanna,* mot hébreu «sauve (nous), par pitié».

HOSPICE [ɔspis] **n. m. 1.** Maison où des religieux donnent l'hospitalité aux pèlerins, aux voyageurs. *L'hospice du Grand-Saint-Bernard.* **2.** *Hospice (de vieillards) :* établissement où l'on accueillait les personnes âgées démunies. HOM. AUSPICES «présage»
ÉTYM. latin *hospitium,* de *hospes* «hôte».

HOSPITALIER, IÈRE [ɔspitalje, jɛʀ] **adj.** **I** Relatif aux hôpitaux. *Personnel hospitalier.* **II 1.** Qui pratique volontiers l'hospitalité. SYN. **accueillant.** *Il est très hospitalier,* sa maison est ouverte à tous. **2.** Où l'hospitalité est pratiquée, qui a un aspect accueillant. *Une contrée peu hospitalière.* CONTR. **inhospitalier.**
ÉTYM. latin médiéval *hospitalarius,* de *hospitalis* «de l'hôte (*hospes*)».

HOSPITALISATION [ɔspitalizasjɔ̃] **n. f.** ✦ Admission dans un hôpital ; séjour dans un hôpital. *Durant son hospitalisation.* ♦ *Hospitalisation à domicile (H. A. D.) :* soins à domicile délivrés sous contrôle de la médecine hospitalière.
ÉTYM. de *hospitaliser.*

HOSPITALISER [ɔspitalize] **v. tr.** (conjug. 3a) ✦ Faire entrer, admettre (qqn) dans un hôpital. *Hospitaliser un malade. Se faire hospitaliser.*
ÉTYM. du latin *hospitalis* → hôpital.

HOSPITALITÉ [ɔspitalite] **n. f.** ✦ Fait de recevoir qqn sous son toit, de le loger gratuitement. *Donner, offrir l'hospitalité à qqn. Demander, accepter, recevoir l'hospitalité.* ♦ Action de recevoir chez soi, d'accueillir. SYN. **accueil, réception.** *Merci de votre aimable hospitalité.*
ÉTYM. latin *hospitalitas,* de *hospitalis* → hôpital.

HOSPITALO-UNIVERSITAIRE [ɔspitaloynivɛʀsitɛʀ] **adj.** ✦ De l'hôpital, dans la mesure où les futurs médecins y font leurs études. *Centres hospitalo-universitaires (C. H. U.).*

HOSTELLERIE [ɔstɛlʀi] **n. f.** ✦ COMM. Hôtellerie (I).
ÉTYM. forme archaïque de *hôtellerie.*

A B C D E F G H I J K L M N O P Q R S T U V W X Y Z

HOSTIE [ɔsti] **n. f.** ✦ Petite rondelle de pain, généralement azyme, que le prêtre consacre pendant la messe. *Ciboire contenant des hosties* (→ **eucharistie ; communion**).
ÉTYM. latin *hostia* «victime».

HOSTILE [ɔstil] **adj.** 1. Qui manifeste de l'agressivité, se conduit en ennemi. *Pays, puissance hostile. Foule hostile.* – *Nature, milieu hostile.* SYN. **inhospitalier.** *Forces hostiles.* SYN. **néfaste.** ♦ HOSTILE À. SYN. **défavorable ; contraire, opposé à.** *Être hostile à un projet,* être contre. – *Un journal hostile au gouvernement.* 2. Qui est d'un ennemi, annonce, caractérise un ennemi. *Attitude hostile. Silence, regard hostile.* SYN. **inamical.** CONTR. **amical ; bienveillant, favorable.**
▶ **HOSTILEMENT** [ɔstilmɑ̃] **adv.**
ÉTYM. latin *hostilis,* de *hostis* «étranger, ennemi».

HOSTILITÉ [ɔstilite] **n. f.** 1. LES HOSTILITÉS : ensemble des opérations de guerre. SYN. **conflit.** *Déclencher, engager les hostilités. Cessation des hostilités* (→ **armistice, trêve**). 2. Disposition hostile, inamicale. SYN. **antipathie, haine.** *Hostilité envers, contre qqn.* CONTR. **amitié, bienveillance.**
ÉTYM. bas latin *hostilitas,* de *hostilis* → hostile.

HOSTO [ɔsto] **n. m.** ✦ FAM. Hôpital.
ÉTYM. de *hostel,* du latin *hospitale* → hôtel ; senti de nos jours comme une abréviation de *hôpital.*

***HOTDOG** ou ***HOT-DOG** [ɔtdɔg] **n. m.** ✦ anglicisme Saucisse de Francfort servie chaude dans un petit pain. *Des hotdogs, des hot-dogs.* – Écrire *hotdog* en un seul mot est permis.
ÉTYM. argot américain, littéralement «chien chaud».

HÔTE, HÔTESSE [ot, otɛs] **n.** I UN HÔTE, UNE HÔTESSE. 1. Personne qui donne l'hospitalité, qui reçoit qqn. SYN. **maître** de maison. *Remercier ses hôtes.* 2. VX Aubergiste, hôtelier. ♦ loc. TABLE D'HÔTE : table commune où l'on mange à prix fixe. 3. Organisme animal ou végétal qui héberge un parasite. II 1. UN HÔTE, UNE HÔTE. Personne qui reçoit l'hospitalité. *Vous êtes mon hôte.* SYN. **invité.** *Un, une hôte de marque.* ♦ *Hôte payant,* qui prend pension chez qqn, moyennant redevance. – *Chambre d'hôte,* louée au voyageur par un particulier. 2. LITTÉR. *Les hôtes de l'air, des bois :* les oiseaux, les animaux. HOM. HAUTE (féminin de ① *haut* «élevé»)
ÉTYM. latin *hospes, hospitis.*

HÔTEL [otɛl ; ɔtɛl] **n. m.** 1. Maison meublée où on loge et où l'on trouve toutes les commodités du service (à la différence du *meublé*), pour un prix journalier. → **auberge, hôtellerie.** *Hôtel trois étoiles. Hôtel luxueux, grand hôtel.* → **palace.** *Hôtel de tourisme. Hôtel-restaurant.* – *Chambre d'hôtel.* – *Descendre à l'hôtel.* 2. Demeure citadine d'un grand seigneur (anciennt) ou d'un riche particulier *(hôtel particulier). Un hôtel du XVIII*[e] *siècle.* 3. MAÎTRE D'HÔTEL : personne qui dirige les services de table, chez un riche particulier (SYN. **majordome**), ou dans un restaurant. *Des maîtres d'hôtel stylés.* 4. Grand édifice destiné à un établissement public. *Hôtel de la Monnaie. Hôtel des ventes :* salle des ventes. – HÔTEL DE VILLE : édifice où siège l'autorité municipale dans une grande ville. → **mairie.** HOM. AUTEL «partie d'église»
ÉTYM. bas latin *hospitale* «(chambre) pour les étrangers *(hostis)*» → hôpital.

HÔTEL-DIEU [otɛldjø ; ɔtɛldjø] **n. m.** ✦ Hôpital principal de certaines villes. *Des hôtels-Dieu.*
ÉTYM. proprement «maison de Dieu».

HÔTELIER, IÈRE [otəlje ; ɔtəlje, jɛʀ] **n.** et **adj.**
I **n.** Personne qui tient un hôtel, une hôtellerie, une auberge (SYN. VX **hôte**).
II **adj.** Relatif aux hôtels, à l'hôtellerie (II). *École hôtelière,* formant aux professions de l'hôtellerie.
ÉTYM. de *hôtel.*

HÔTELLERIE [otɛlʀi ; ɔtɛlʀi] **n. f.** I 1. Hôtel ou restaurant d'apparence rustique, confortable ou même luxueux. SYN. **hostellerie.** 2. Bâtiment d'une abbaye où l'on reçoit les hôtes laïcs. II Métier, profession d'hôtelier ; industrie hôtelière.
ÉTYM. de *hôtel.*

HÔTESSE [otɛs] **n. f.** 1. HÔTESSE (DE L'AIR) : jeune femme chargée de veiller au confort, à la sécurité des passagers d'un avion, d'assurer le service avec les stewards*. 2. Jeune femme chargée de l'accueil de visiteurs, de clients.
ÉTYM. anglais *air hostess ;* de *hôte,* I.

***HOTTE** [ɔt] **n. f.** 1. Grand panier ou cuve, souvent tronconique, qu'on porte sur le dos. *Hotte de vendangeur. La hotte du père Noël.* 2. Construction en forme de hotte renversée, se raccordant au bas d'un tuyau de cheminée, d'un conduit d'aération. *Hotte aspirante,* destinée à évacuer les émanations d'une cuisine grâce à un dispositif électrique.
ÉTYM. francique *hotta.*

***HOU** [u ; hu] **interj.** 1. Interjection pour railler, faire peur ou honte. *Hou ! la vilaine !* 2. (redoublé) Servant à appeler. *Hou ! Hou ! Il y a quelqu'un ?* HOM. AOÛT «mois», HOUE «pioche», HOUX «arbre», OU (conj.), OÙ (adv. de lieu).
ÉTYM. onomatopée.

***HOUBLON** [ublɔ̃] **n. m.** ✦ Plante vivace grimpante dont les fleurs servent à aromatiser la bière.
ÉTYM. ancien néerlandais *hoppe* «bière» et «houblon».

***HOUBLONNIÈRE** [ublɔnjɛʀ] **n. f.** ✦ Champ de houblon.

***HOUE** [u] **n. f.** ✦ Pioche à lame assez large dont on se sert pour biner la terre. HOM. AOÛT «mois», HOU «marque de blâme», HOUX «arbre», OU (conj.), OÙ (adv. de lieu).
ÉTYM. francique *hauwa.*

***HOUILLE** [uj] **n. f.** 1. Combustible minéral de formation sédimentaire, noir, à facettes brillantes, à forte teneur en carbone. *Gisement, mine* de houille.* → **houillère.** *La houille, charbon naturel fossile. Produits de la distillation de la houille.* → ① **coke, goudron ; gaz** d'éclairage. 2. HOUILLE BLANCHE : énergie hydraulique fournie par les chutes d'eau en montagne. → **barrage ; hydroélectrique.** – *Houille bleue* (énergie hydraulique de la mer). HOM. OUILLE «cri de douleur»
ÉTYM. mot wallon, du francique *hukila,* de *hukk* «tas».

***HOUILLER, ÈRE** [uje, ɛʀ] **adj.** ✦ Qui renferme des couches de houille. *Bassin houiller.* – Relatif à la houille.

***HOUILLÈRE** [ujɛʀ] **n. f.** ✦ Mine de houille.

***HOULE** [ul] **n. f.** ✦ Mouvement d'ondulation qui agite la mer sans faire déferler les vagues. *Navire balancé par la houle.* → **roulis, tangage.**

ÉTYM. ancien scandinave *hol* «trou, caverne», allusion au creux des vagues.

***HOULETTE** [ulɛt] n. f. ✦ Bâton de berger. ◆ loc. *Sous la houlette de qqn,* sous sa conduite.

ÉTYM. de l'ancien français *houler* «lancer», probablement d'origine francique.

***HOULEUX, EUSE** [ulø, øz] adj. 1. Agité par la houle. *Mer houleuse.* 2. fig. Agité par des mouvements collectifs. *Salle houleuse. Débat houleux.* SYN. **mouvementé, orageux.**

***HOULIGAN** [uligan ; uligã] n. m. → HOOLIGAN

***HOUPPE** [up] n. f. 1. Assemblage de brins (de fil, de laine...) formant une touffe. → **houppette.** 2. Touffe. *Houppe de cheveux.* → **toupet.** *Houppe de plumes.* → **aigrette, huppe.**

ÉTYM. francique *huppo* «touffe».

***HOUPPELANDE** [uplɑ̃d] n. f. ✦ anciennt Long vêtement de dessus, chaud, très ample et ouvert par-devant. → **cape.**

ÉTYM. orig. germanique, p.-ê. famille de *houppe.*

***HOUPPETTE** [upɛt] n. f. ✦ Petite houppe. – *Houppette à poudre :* petit tampon arrondi (de coton, de duvet) pour se poudrer.

***HOURDIS** [uʀdi] n. m. ✦ Maçonnerie légère garnissant un colombage.

ÉTYM. de *hourd,* francique *hurd* «claie».

***HOURRA** [uʀa] n. m. ✦ Cri d'enthousiasme, d'acclamation. *Pousser un hourra, des hourras.* – interj. *Hip, hip, hip, hourra !*

ÉTYM. anglais *hurrah.*

***HOUSPILLER** [uspije] v. tr. (conjug. 3a) ✦ Harceler (qqn) de reproches, de critiques. *Il s'est fait houspiller rudement.*

ÉTYM. croisement de deux anciens verbes *housser* (→ houx) et *pignier* (→ peigner), signifiant «maltraiter».

***HOUSSE** [us] n. f. ✦ Enveloppe souple dont on recouvre certains objets pour les protéger, et qui épouse leur forme. *Housse à vêtements.* – *Housse de couette.*

ÉTYM. peut-être francique *hul(f)tia* «couverture».

***HOUX** [u] n. m. ✦ Arbre ou arbuste à feuilles coriaces bordées de piquants, à petites baies rouge vif.

HOM. AOÛT «mois», HOU «marque de blâme», HOUE «pioche», OU (conj.), OÙ (adv. de lieu)

ÉTYM. francique *hulis.*

HOVERCRAFT [ɔvœʀkʀaft] n. m. ✦ anglicisme → **aéroglisseur.**

ÉTYM. mot anglais, de *to hover* «planer» et *craft* «embarcation».

H. S. [aʃɛs] adj. → HORS SERVICE

***HTML** [aʃteɛmɛl] n. m. invar. ✦ INFORM. Langage utilisé pour la création de pages web.

ÉTYM. sigle anglais, de *Hypertext Markup Language* «langage hypertexte à balises».

***HUBLOT** [yblo] n. m. 1. Petite fenêtre étanche, généralement ronde, munie d'un verre épais pour donner du jour et de l'air à l'intérieur d'un navire. ◆ Fenêtre dans un avion de transport. 2. Partie vitrée de la porte (d'une machine à laver, d'un four).

ÉTYM. origine incertaine, peut-être de l'ancien français *hulot* «creux» ; famille de *houle.*

***HUCHE** [yʃ] n. f. ✦ Grand coffre de bois rectangulaire à couvercle plat. *Huche à pain.*

ÉTYM. latin médiéval *hutica,* d'origine germanique.

***HUE** [y ; hy] interj. ✦ Mot dont on se sert pour faire avancer un cheval, ou le faire tourner à droite. *Hue cocotte ! Allez, hue !* – loc. *Tirer à hue et à dia,* tirer dans des directions contraires ; fig. employer des moyens contradictoires. HOM. U (lettre)

ÉTYM. onomatopée.

***HUÉE** [ɥe] n. f. ✦ surtout au plur. Cri de dérision, de réprobation poussé par une réunion de personnes. SYN. **tollé.** *S'enfuir sous les huées.* CONTR. **acclamation, bravo, vivat.**

ÉTYM. de *huer.*

***HUER** [ɥe] v. tr. (conjug. 3a) ✦ Pousser des cris de dérision, des cris hostiles contre (qqn). SYN. **conspuer ;** → **siffler.** *L'actrice, l'orateur s'est fait huer.* – *Huer un spectacle.* CONTR. **acclamer, applaudir.**

ÉTYM. de l'onomatopée *hue.*

***HUERTA** [wɛʀta ; ɥɛʀta] n. f. ✦ GÉOGR. Plaine irriguée vouée aux cultures intensives.

ÉTYM. mot espagnol, du latin *hortus* «jardin».

***HUGUENOT, OTE** [yg(ə)no, ɔt] n. ✦ Surnom (péjoratif à l'origine) donné par les catholiques aux protestants calvinistes, en France, du XVIe au XVIIIe siècle. *Papistes et huguenots.* – adj. *Parti huguenot.*

ÉTYM. de l'alémanique de Suisse *Eidgnossen* «confédérés».

HUILE [ɥil] n. f. 1. Liquide gras, inflammable, insoluble dans l'eau, d'origine végétale, animale ou minérale. → **graisse ; oléi-.** *Huiles végétales alimentaires (huile d'arachide, de tournesol, d'olive...). Huile de ricin,* purgatif. – *Huile de foie de morue.* – *Huiles minérales :* hydrocarbures liquides. *Huile de graissage, de vidange.* ◆ *Huile d'amandes douces. Huile solaire,* pour protéger la peau du soleil et faire bronzer. – *Huiles essentielles,* obtenues par distillation de substances aromatiques contenues dans diverses plantes. → **essence.** 2. (emplois spéciaux) Huile comestible. *Cuisine à l'huile. L'huile de la vinaigrette.* ◆ Huile de graissage. → **lubrifiant.** *Burette, bidon d'huile. Vidanger l'huile d'une voiture.* ◆ Huile de lampe. *Lampe à huile.* 3. *Peinture à l'huile,* dont les pigments sont liés avec de l'huile (de lin, d'œillette...). – *Une huile :* un tableau peint à l'huile. 4. *Les saintes huiles.* → **chrême.** 5. loc. *Mer d'huile,* très calme, sans vagues (comme une nappe d'huile). – *Faire tache d'huile,* se propager de manière insensible, lente et continue. – *Jeter de l'huile sur le feu,* attiser un désir ; pousser à la dispute. – *Ça baigne* dans l'huile.* ◆ FAM. *Huile de coude, de bras :* énergie déployée dans un effort physique. 6. FAM. (souvent au plur.) Personnage important, autorité. SYN. FAM. grosse **légume.**

ÉTYM. latin *oleum.*

HUILER [ɥile] v. tr. (conjug. 3a) ✦ Frotter, imprégner avec de l'huile. SYN. **graisser, lubrifier.** *Huiler une serrure.* – au p. passé *Mécanisme bien huilé.*

► **HUILAGE** [ɥilaʒ] n. m.

HUILERIE [ɥilʀi] n. f. 1. Usine où l'on fabrique des huiles végétales. 2. Industrie de la fabrication des huiles végétales.

HUILEUX, EUSE [ɥilø, øz] **adj.** 1. Qui contient de l'huile. *Solution huileuse.* 2. Qui évoque l'huile. SYN. **onctueux, visqueux.** *Sirop huileux.* 3. Qui est ou semble imbibé d'huile. SYN. **graisseux, gras.** *Peau huileuse.*

① **HUILIER** [ɥilje] **n. m.** ✦ Ustensile de table composé de deux flacons pour l'huile et le vinaigre.

② **HUILIER, IÈRE** [ɥilje, jɛʀ] **adj.** ✦ Qui a rapport à la fabrication des huiles.

HUIS [ɥi] **n. m.** 1. VX Porte. *Fermer l'huis.* 2. loc. *À HUIS CLOS* : toutes portes fermées ; DR. sans que le public soit admis. *Audience à huis clos.* ♦ ***HUIS CLOS n. m.** *Tribunal qui ordonne le huis clos.* « *Huis clos* » (pièce de Sartre). HOM. HUIT « chiffre »

ÉTYM. latin *ostium* « entrée, ouverture », de *os, oris* « bouche ».

HUISSERIE [ɥisʀi] **n. f.** ✦ TECHN. Bâti formant l'encadrement d'une baie. SYN. **dormant.**

ÉTYM. de *huis.*

HUISSIER [ɥisje] **n. m.** 1. Celui qui a pour métier d'accueillir, d'annoncer et d'introduire les visiteurs (dans un ministère, une administration). *Donner son nom à l'huissier.* 2. Employé préposé au service de certaines assemblées. *Les huissiers du Palais-Bourbon.* SYN. **appariteur.** 3. *Huissier (de justice),* officier ministériel chargé de signifier les actes de procédure et de mettre à exécution les décisions de justice. *Constat d'huissier.*

ÉTYM. de *huis.*

***HUIT** [ɥi(t)] **adj. numéral invar. et n. m. invar.**

I adj. numéral invar. (prononcé [ɥi] devant un nom commençant par une consonne ou un *h* aspiré, [ɥit] dans tous les autres cas) 1. (cardinal) Sept plus un (8). → **oct-.** *Journée de huit heures.* ♦ *HUIT JOURS* : une semaine (bien qu'elle n'ait que sept jours). ➖ loc. *Donner ses huit jours* (à qqn), le congédier ; (sujet domestique, employé) quitter son emploi. ➖ *Jeudi en huit* : le jeudi après celui qui vient. 2. (ordinal) Huitième. ➖ *Le 8 mai. Henri VIII.*

II n. m. invar. [ɥit] *Huit et deux, dix. Dix-huit.* ➖ Carte marquée de huit signes. *Le huit de pique.* ➖ Numéro huit (d'une rue). *J'habite au huit.* ➖ Chiffre qui représente ce nombre. *Huit romain* (VIII), *arabe* (8).

HOM. HUIS « porte »

ÉTYM. latin *octo.*

***HUITAINE** [ɥitɛn] **n. f.** ✦ Ensemble de huit, d'environ huit éléments de même sorte. *Il part dans une huitaine (de jours).*

***HUITIÈME** [ɥitjɛm] **adj. numéral et n.**

I adj. numéral 1. (ordinal) Qui suit le septième. ➖ loc. *La huitième merveille du monde,* se dit d'une chose merveilleuse qui paraît pouvoir s'ajouter aux sept merveilles traditionnelles. ♦ **n. m.** *Habiter au huitième* (étage). 2. Se dit d'une partie d'un tout divisé également en huit. ♦ **n. m.** *Trois huitièmes* (3/8). ➖ SPORTS *Huitième de finale* : phase éliminatoire opposant deux à deux seize concurrents ou seize équipes.

II n. *Être le, la huitième à passer.*

► ***HUITIÈMEMENT** [ɥitjɛmmɑ̃] **adv.**

HUÎTRE [ɥitʀ] **n. f.** ✦ Mollusque bivalve, à coquille feuilletée ou rugueuse, comestible ou recherché pour sa sécrétion minérale (nacre, perle). *Huîtres perlières.* ♦ Huître comestible. *Élevage d'huîtres* (→ **ostréiculture**). *Huître plate.* → **belon.** *Huître portugaise, huître fine de claire*. Bourriche d'huîtres. Couteau à huîtres.*

ÉTYM. latin *ostrea,* du grec *ostreon.*

***HULOTTE** [ylɔt] **n. f.** ✦ Grande chouette au plumage brun qui se nourrit principalement d'insectes et de petits rongeurs, aussi appelée *chat-huant.*

ÉTYM. de l'ancien français *huler* « hurler », latin impérial *ululare* → hululer.

***HULULEMENT** ou **ULULEMENT** [ylylmɑ̃] **n. m.** ✦ Cri des oiseaux de nuit.

ÉTYM. de *hululer.*

***HULULER** ou **ULULER** [ylyle] **v. intr.** (conjug. 3a) ✦ Crier, en parlant des oiseaux de nuit. *Le hibou hulule.*

ÉTYM. latin impérial *ululare,* onomatopée.

***HUM** [œm ; hœm] **interj.** ✦ Interjection qui exprime généralement le doute, la réticence. *Hum ! cela cache quelque chose !* ♦ Note une petite toux, un raclement de gorge.

ÉTYM. onomatopée.

HUMAIN, AINE [ymɛ̃, ɛn] **adj. et n. m.**

I adj. 1. De l'homme (I), propre à l'homme en tant qu'espèce. *La nature humaine. Le corps humain. La condition humaine. C'est au-dessus des forces humaines.* → **surhumain.** ♦ *Un être humain.* → **femme, homme ; individu,** ① **personne.** ♦ Formé, composé d'hommes. *L'espèce humaine. Le genre humain.* → **humanité.** ♦ Qui traite de l'homme. *Sciences humaines. Anatomie humaine.* 2. Qui est compréhensif et compatissant, manifeste de la sensibilité. SYN. ① **bon.** *Un patron humain.* ➖ *Sentiments humains.* SYN. **humanitaire.** 3. Qui a les qualités ou les faiblesses propres à l'homme (opposé à *inhumain, surhumain*). *Faiblesse, dignité humaine.* ➖ *C'est humain, c'est une réaction bien humaine* : c'est excusable. *L'erreur est humaine.*

II n. m. 1. Ce qui est humain. *L'humain et le divin.* 2. LITTÉR. Être humain. *Les humains.* SYN. **humanité ;** ① **gens.**

ÉTYM. latin *humanus,* de *homo* « homme ».

HUMAINEMENT [ymɛnmɑ̃] **adv.** 1. En tant qu'être humain. *Elle a fait tout ce qui était humainement possible pour le sauver.* 2. Avec humanité. SYN. **charitablement.** *Traiter humainement un prisonnier.*

HUMANISER [ymanize] **v. tr.** (conjug. 3a) ✦ Rendre plus humain. *Humaniser les conditions de travail.* ➖ pronom. *Cette personne s'humanise,* devient plus sociable, plus accommodante. CONTR. **déshumaniser.**

► **HUMANISATION** [ymanizasjɔ̃] **n. f.**

ÉTYM. de *humain,* d'après le latin *humanus.*

HUMANISME [ymanism] **n. m.** 1. PHILOS. Théorie, doctrine qui place la personne humaine et son épanouissement au-dessus de toutes les autres valeurs. 2. HIST. Mouvement intellectuel de la Renaissance, caractérisé par un effort pour relever la dignité de l'esprit humain et le mettre en valeur, et un retour aux sources gréco-latines. ☛ Littérature p. 141 et Humanisme p. 167.

ÉTYM. de *humaniste,* d'après l'allemand.

HUMANISTE [ymanist] **n. m.** 1. PHILOS. Partisan de l'humanisme. ➖ **adj.** *Philosophie humaniste.* 2. Spécialiste des langues et littératures grecques et latines (→ **humanité,** 4). ➖ spécialt Lettré de la Renaissance qui se consacrait à l'étude et à la diffusion des auteurs antiques. *Érasme fut un grand humaniste.*

ÉTYM. latin mod. *humanista,* de *humanus* → humain.

HUMANITAIRE [ymanitɛʀ] **adj.** 1. Qui vise au bien de l'humanité. SYN. **philanthropique.** *Organisations humanitaires.* 2. spécialt Qui agit pour sauver des vies

humaines, dans une situation de conflit. *Action humanitaire.*
ÉTYM. de *humanité.*

HUMANITARISME [ymanitaʀism] n. m. ✦ DIDACT. (souvent péj.) Conceptions humanitaires (souvent jugées utopiques ou dangereuses).
► **HUMANITARISTE** [ymanitaʀist] adj. et n.

HUMANITÉ [ymanite] n. f. 1. PHILOS. Caractère de ce qui est humain ; nature humaine (opposé à *divinité,* à *animalité*). 2. Sentiment de bienveillance, de compassion envers autrui. → **bonté, pitié, sensibilité.** *Traiter un coupable avec humanité.* 3. Le genre humain, les hommes en général. *Un bienfaiteur de l'humanité. Crime contre l'humanité.* 4. au plur. DIDACT. et VIEILLI *LES HUMANITÉS* : étude de la langue et de la littérature grecques et latines. *Faire ses humanités.*
ÉTYM. latin *humanitas,* de *humanus* → humain.

HUMANOÏDE [ymanɔid] adj. et n. 1. adj. Qui rappelle l'homme (I). 2. n. (lang. de la science-fiction) Être vivant ou robot d'apparence humaine. SYN. **androïde.**
ÉTYM. du latin *humanus* «humain» et de *-oïde.*

HUMBLE [œbl] adj. I (personnes) 1. Qui s'abaisse volontiers, par modestie ou par déférence. SYN. **modeste.** 2. Qui est d'une condition sociale modeste. SYN. **pauvre, simple.** — n. VIEILLI *Les humbles* : les petites gens. II (choses) 1. Qui marque de l'humilité, de la déférence. *Air, ton humble.* — (Par modestie réelle ou affectée) *À mon humble avis, tu te trompes.* 2. LITTÉR. Qui est sans éclat, sans prétention. SYN. **modeste.** *Une humble chaumière.* SYN. **pauvre.** CONTR. **arrogant,** ② **fier** • **grandiose, imposant.**
ÉTYM. latin *humilis* «bas», de *humus* «terre».

HUMBLEMENT [œbləmɑ̃] adv. ✦ D'une manière humble. *Remercier humblement.* — (Par modestie affectée) *Je vous ferai humblement remarquer que c'est faux.*

HUMECTER [ymɛkte] v. tr. (conjug. 3a) ✦ Rendre humide, mouiller légèrement. *Humecter du linge avant de le repasser.* SYN. **humidifier.** *S'humecter les lèvres.* — au p. passé *Yeux humectés* (de larmes). — pronom. *Ses yeux s'humectèrent.* SYN. **s'embuer.**
ÉTYM. latin *humectare,* de *humere* «être humide».

***HUMER** [yme] v. tr. (conjug. 3a) 1. Aspirer par le nez. *Humer l'air, le vent.* SYN. **inspirer, respirer.** 2. Aspirer par le nez pour sentir. *Humer un parfum.* — *Humer un plat.*
ÉTYM. origine onomatopéique.

HUMÉRUS [ymeʀys] n. m. ✦ Os long constituant le squelette du bras, de l'épaule au coude.
► **HUMÉRAL, ALE, AUX** [ymeʀal, o] adj. *Artère humérale.*
ÉTYM. latin *humerus* «épaule».

HUMEUR [ymœʀ] n. f. I MÉD. VX *LES HUMEURS* : les liquides organiques du corps humain (sang, lymphe, etc.). ◆ MOD. *Humeur aqueuse, humeur vitrée* de l'œil.* II 1. Ensemble des tendances dominantes qui forment le tempérament de qqn (attribuées autrefois aux *humeurs* (I) du corps). SYN. **naturel, tempérament.** *Incompatibilité d'humeur entre deux personnes. Être d'humeur égale. Avoir des sautes d'humeur.* 2. LITTÉR. Ensemble des tendances spontanées, irréfléchies. SYN. **caprice, fantaisie, impulsion.** *Se livrer à son humeur.* 3. Disposition momentanée qui ne constitue pas un trait de caractère. *Cela dépendra de mon humeur.* — loc. *Être, se sentir D'HUMEUR À* (+ inf.). → **disposé, enclin.** *Je ne suis pas d'humeur à plaisanter.* 4. BONNE HUMEUR, *belle humeur* : disposition passagère à la gaieté, à l'optimisme. → **enjouement, entrain.** *Être de bonne, d'excellente humeur.* → **gai, réjoui.** ◆ *MAUVAISE HUMEUR, méchante humeur* : disposition passagère à la tristesse, à l'irritation, à la colère. *Manifester de la mauvaise humeur. Être de très mauvaise humeur, d'une humeur massacrante, d'une humeur de chien.* 5. LITTÉR. Mauvaise humeur. SYN. **colère, irritation.** *Accès, mouvement d'humeur.*
ÉTYM. latin *humor* «liquide», de *humere* «être humide».

HUMIDE [ymid] adj. ✦ Chargé, imprégné d'eau, de liquide, de vapeur. *Éponge humide. Murs humides.* → **suintant.** *Rendre humide.* → **humecter, humidifier.** — *Temps, chaleur humide.* SYN. **moite.** — *Yeux humides de larmes.* CONTR. **sec.**
ÉTYM. latin *humidus,* de *humere* «être humide».

HUMIDIFICATEUR [ymidifikatœʀ] n. m. ✦ Appareil utilisé pour accroître le degré d'humidité de l'air.

HUMIDIFIER [ymidifje] v. tr. (conjug. 9) ✦ Rendre humide. CONTR. **dessécher.**
► **HUMIDIFICATION** [ymidifikasjɔ̃] n. f.

HUMIDITÉ [ymidite] n. f. ✦ Caractère de ce qui est humide ; l'eau, la vapeur imprégnant un corps, un lieu. *L'hygromètre mesure l'humidité de l'air.* CONTR. **sécheresse.**
ÉTYM. bas latin *humiditas* → humide.

HUMILIANT, ANTE [ymiljɑ̃, ɑ̃t] adj. ✦ Qui cause de l'humiliation. *Aveu, échec humiliant.* SYN. **avilissant, dégradant, mortifiant.** CONTR. **flatteur.**

HUMILIATION [ymiljasjɔ̃] n. f. 1. Action d'humilier ou de s'humilier ; sentiment qui en découle. SYN. **honte.** *Rougir d'humiliation.* 2. Ce qui humilie, blesse l'amour-propre. SYN. **affront, vexation.** *Infliger, subir une cruelle humiliation.*
ÉTYM. latin chrétien *humiliatio* → humilier.

HUMILIER [ymilje] v. tr. (conjug. 9) 1. VX ou RELIG. Rendre humble. 2. Rabaisser d'une manière insultante. SYN. **mortifier.** *Humilier qqn en public.* — pronom. *S'humilier devant qqn.* SYN. **s'abaisser.** 3. (sujet chose) Faire honte à (qqn). *Ce refus l'a profondément humilié.* CONTR. **flatter.**
► **HUMILIÉ, ÉE** adj. *Se sentir humilié.*
ÉTYM. latin ecclésiastique *humiliare,* de *humilis* → humble.

HUMILITÉ [ymilite] n. f. 1. Sentiment de sa propre insuffisance qui pousse à réprimer tout mouvement d'orgueil. SYN. **modestie.** — *En toute humilité* : très humblement. 2. LITTÉR. Caractère humble, modeste (de la nature humaine, ou d'une condition sociale). CONTR. **arrogance, fierté, orgueil** • **grandeur.**
ÉTYM. latin *humilitas.*

HUMORAL, ALE, AUX [ymɔʀal, o] adj. ✦ DIDACT. Relatif aux humeurs (I), aux liquides organiques.
ÉTYM. latin médiéval *humoralis,* de *humor* → humeur.

HUMORISTE [ymɔʀist] adj. et n. ✦ (personnes) Qui a de l'humour. *Écrivain humoriste.* ◆ n. *Alphonse Allais, célèbre humoriste.* — spécialt Auteur de dessins satiriques ou comiques.
ÉTYM. anglais *humorist,* de *humor* → humour.

HUMORISTIQUE [ymɔʀistik] adj. ✦ Qui s'exprime avec humour ; empreint d'humour. *Dessinateur, dessin humoristique.*
ÉTYM. anglais *humoristic* → humour.

HUMOUR [ymuʀ] n. m. ✦ Forme d'esprit qui consiste à dégager les aspects plaisants et insolites de la réalité, avec un certain détachement. *L'humour britannique.* HUMOUR NOIR, qui s'exerce à propos de situations graves, voire macabres. ➜ *Avoir de l'humour, le sens de l'humour,* être capable d'humour, même à ses dépens.
ÉTYM. mot anglais, emprunté au français *humeur* au sens de «disposition à la gaieté».

HUMUS [ymys] n. m. ✦ Terre provenant de la décomposition des végétaux. SYN. **terreau.** *Couche d'humus.*
ÉTYM. mot latin «terre, sol».

***HUNE** [yn] n. f. ✦ Plateforme arrondie fixée au mât d'un navire, à une certaine hauteur. *Mât de hune,* situé au-dessus de la hune. HOM. UNE (féminin de *un,* article)
ÉTYM. ancien scandinave *hunn.*

***HUNIER** [ynje] n. m. ✦ Voile carrée du mât de hune.

***HUPPE** [yp] n. f. **1.** Touffe de plumes que certains oiseaux ont sur la tête. SYN. **aigrette, houppe.** *La huppe du cacatoès.* **2.** Oiseau passereau qui porte une huppe.
ÉTYM. bas latin *uppa,* de *upupa,* onomatopée.

***HUPPÉ, ÉE** [ype] adj. **1.** Qui porte une huppe. **2.** FAM. Haut placé, et spécialt riche. *Des gens chic, très huppés.*

***HURE** [yʀ] n. f. **1.** Tête du sanglier, du cochon, et de certains poissons à tête allongée. **2.** Charcuterie à base de morceaux de hure de porc.
ÉTYM. origine inconnue, probablement germanique.

***HURLANT, ANTE** [yʀlɑ̃, ɑ̃t] adj. **1.** Qui hurle. *Foule hurlante.* **2.** Qui produit un effet violent. *Couleurs hurlantes.* SYN. **criard.**

***HURLEMENT** [yʀləmɑ̃] n. m. **1.** Cri aigu et prolongé que poussent certains animaux (loup, chien). **2.** (personnes) *Hurlement de rage, de terreur, de souffrance.* ➜ par analogie *Les hurlements du vent.*
ÉTYM. de *hurler.*

***HURLER** [yʀle] v. (conjug. 3a) **I** v. intr. **1.** (animaux) Pousser des hurlements. *Chien qui hurle à la mort.* ➜ loc. *Hurler avec les loups,* se ranger du côté du plus fort ; faire comme les autres. **2.** (personnes) *Hurler de douleur.* ➜ FAM. *Hurler de rire.* **3.** Parler, crier, chanter de toutes ses forces. SYN. **brailler, vociférer ;** FAM. **gueuler.** *La foule hurlait.* ➜ *La radio hurle.* **4.** Produire un son, un bruit semblable à un hurlement. *Le vent hurle dans la cheminée.* **5.** fig. Jurer (couleurs). **II** v. tr. Exprimer par des hurlements. *Hurler sa colère.* ➜ Dire avec fureur, en criant très fort. SYN. **clamer.** *Hurler des injures.*
ÉTYM. bas latin *urulare,* du latin classique *ululare* → hululer.

***HURLEUR, EUSE** [yʀlœʀ, øz] adj. ✦ Qui hurle. ➜ ZOOL. *Singe hurleur* ou n. m. *un hurleur* (singe d'Amérique du Sud).

HURLUBERLU [yʀlybɛʀly] n. m. ✦ Personne extravagante, qui parle et agit d'une manière inconsidérée. SYN. **écervelé.** *Quel est cet hurluberlu ?* ➜ adj. *Il, elle est un peu hurluberlu.*
ÉTYM. orig. incert., p.-ê. famille de *hure* et de *berlue.*

***HURRAH** [uʀa ; huʀa] ➜ HOURRA

***HUSKY** [œski] n. m. ✦ anglicisme Chien de traîneau à fourrure beige et noire. *Des huskys* ou *des huskies* (plur. anglais).
ÉTYM. mot anglais.

***HUSSARD** [ysaʀ] n. m. ✦ anciennt Soldat de la cavalerie légère, dans diverses armées.
ÉTYM. hongrois *huszar* «le vingtième», par l'allemand.

***HUSSARDE** [ysaʀd] n. f. ✦ loc. *À la hussarde :* brutalement, sans retenue ni délicatesse. *Faire l'amour à la hussarde.*
ÉTYM. de *hussard.*

***HUTTE** [yt] n. f. ✦ Abri rudimentaire fait de bois, de terre, de paille... ➜ **cabane, cahute.** *Huttes gauloises.*
HOM. UT «note»
ÉTYM. ancien allemand *huta.*

HYACINTHE [jasɛ̃t] n. f. ✦ Pierre fine, variété de zircon jaune rougeâtre.
ÉTYM. latin *hyacinthus,* du grec → jacinthe.

HYALIN, INE [jalɛ̃, in] adj. ✦ Qui a la transparence du verre. *Quartz hyalin :* cristal* de roche.
ÉTYM. bas latin *hyalinus,* du grec, de *hualos* «cristal».

HYBRIDATION [ibʀidasjɔ̃] n. f. ✦ BIOL. Croisement entre deux sujets appartenant à des espèces différentes. *Le brugnon, la clémentine, fruits obtenus par hybridation.*
ÉTYM. de *hybride.*

HYBRIDE [ibʀid] adj. et n. m. **1.** Qui provient du croisement de variétés ou d'espèces différentes. *Maïs hybride. Animal hybride.* ➜ n. m. *Le mulet est un hybride.* **2.** LING. *Mot hybride,* formé d'éléments empruntés à des langues différentes (ex. *hypertension : hyper* vient du grec, *tension* du latin). **3.** Composé de deux ou plusieurs éléments de nature, genre, style... différents. *Le centaure, créature hybride. Œuvre hybride.* SYN. **composite.** **4.** TECHN. *Moteur hybride,* qui peut fonctionner avec des sources d'énergie différentes (ex. essence et électricité).
ÉTYM. latin *hybrida.*

HYDRATANT, ANTE [idʀatɑ̃, ɑ̃t] adj. ✦ Qui fixe l'eau, permet l'hydratation. *Crème hydratante,* qui hydrate la peau.
ÉTYM. du participe présent de *hydrater.*

HYDRATATION [idʀatasjɔ̃] n. f. **1.** CHIM. Transformation (d'un corps) en hydrate. **2.** Apport d'eau dans l'organisme. CONTR. **déshydratation.**
ÉTYM. de *hydrater.*

HYDRATE [idʀat] n. m. **1.** Composé contenant une ou plusieurs molécules d'eau. *Hydrate de calcium.* **2.** VIEILLI *Les hydrates de carbone :* les glucides.
ÉTYM. du grec *hudôr* «eau».

HYDRATER [idʀate] v. tr. (conjug. 3a) **1.** CHIM. Combiner avec de l'eau. **2.** Introduire de l'eau dans (les tissus, l'organisme). CONTR. **déshydrater.**
ÉTYM. de *hydrate.*

HYDRAULICIEN, IENNE [idʀolisjɛ̃, jɛn] n. ✦ Spécialiste de l'hydraulique.

HYDRAULIQUE [idʀolik] adj. et n. f.
I adj. 1. Mû par l'eau ; qui utilise l'énergie de l'eau. *Moteur hydraulique. Usine hydraulique.* **2.** *Énergie, électricité hydraulique,* fournie par les cours et les

chutes d'eau (→ **houille blanche**), les marées. → **hydroélectricité.** ☛ Géographie p. 230. 3. Relatif à la circulation, la distribution de l'eau. *Installation hydraulique.*
II n. f. Science, technique des liquides en mouvement.
ÉTYM. latin *hydraulicus*, du grec, de *hudraulis* «orgue à eau», de *hudôr* «eau» et *aulos* «tuyau, flûte».

HYDRAVION [idʀavjɔ̃] n. m. ✦ Avion conçu pour décoller et se poser à la surface de l'eau.
ÉTYM. de ① *hydr(o)-* et *avion*.

HYDRE [idʀ] n. f. ✦ MYTHOL. (☛ noms propres) *L'hydre de Lerne* : serpent à sept têtes qui repoussaient sitôt coupées. ◆ fig. Mal qui se renouvelle en dépit des efforts faits pour le supprimer. *L'hydre du racisme.*
ÉTYM. latin *hydra*, grec *hudra*, de *hudôr* «eau».

HYDRIQUE [idʀik] adj. ✦ Relatif à l'eau. *Ressources hydriques*, en eau.

① **HYDR(O)-, -HYDRE** Éléments savants, du grec *hudôr* «eau».

② **HYDR(O)-** Élément, signifiant «hydrogène».

HYDROCARBURE [idʀokaʀbyʀ] n. m. ✦ Composé contenant seulement du carbone et de l'hydrogène. *Le pétrole, l'essence sont des hydrocarbures.*
ÉTYM. de ② *hydro-* et *carbure*.

HYDROCÉPHALE [idʀosefal] adj. et n. ✦ Qui est atteint d'un épanchement de sérosité à l'intérieur du cerveau, entraînant notamment un accroissement de la taille du crâne chez l'enfant. – n. *Un, une hydrocéphale.*
► **HYDROCÉPHALIE** [idʀosefali] n. f.
ÉTYM. grec *hudrokephalon* → ① hydr(o)- et -céphale.

HYDROCUTION [idʀɔkysjɔ̃] n. f. ✦ Syncope due au contact trop brutal du corps avec l'eau froide, et pouvant entraîner la mort par noyade.
ÉTYM. de ① *hydr(o)-* et *électrocution*.

HYDRODYNAMIQUE [idʀodinamik] n. f. ✦ Partie de la mécanique des fluides qui traite des liquides.
ÉTYM. de ① *hydro-* et *dynamique*.

HYDROÉLECTRICITÉ [idʀoelɛktʀisite] n. f. ✦ Électricité produite par l'énergie hydraulique. ☛ Géographie p. p. 229 et 230.

HYDROÉLECTRIQUE [idʀoelɛktʀik] adj. ✦ Relatif à la production d'électricité par l'énergie hydraulique. *Usine hydroélectrique.*

HYDROFOIL [idʀofɔjl] n. m. ✦ anglicisme Navire rapide dont la coque, munie d'ailes portantes, se soulève hors de l'eau à grande vitesse. – recomm. offic. HYDROPTÈRE [idʀɔptɛʀ].
ÉTYM. mot anglais, de *foil* «feuille, surface plane».

HYDROFUGE [idʀɔfyʒ] adj. ✦ DIDACT. Qui préserve de l'eau, de l'humidité.
ÉTYM. de ① *hydr(o)-* et *-fuge*.

HYDROGÈNE [idʀɔʒɛn] n. m. ✦ Corps simple le plus léger (symb. H), gaz inflammable, incolore et inodore. *L'atome d'hydrogène est formé d'un proton et d'un électron.* – *Hydrogène lourd*, isotope de l'hydrogène. – *Bombe à hydrogène* ou *bombe H.* → **thermonucléaire.**
ÉTYM. de ① *hydr(o)-* et *-gène*, proprement «qui produit de l'eau».

HYDROGÉNER [idʀɔʒene] v. tr. (conjug. 8) ✦ Combiner avec de l'hydrogène.
► **HYDROGÉNÉ, ÉE** adj.
► **HYDROGÉNATION** [idʀɔʒenasjɔ̃] n. f.

HYDROGLISSEUR [idʀoglisœʀ] n. m. ✦ Bateau à fond plat mû par une hélice aérienne ou un moteur à réaction.

HYDROGRAPHE [idʀɔgʀaf] n. ✦ DIDACT. Spécialiste de l'hydrographie.

HYDROGRAPHIE [idʀɔgʀafi] n. f. ✦ DIDACT. 1. Partie de la géographie physique qui traite des océans (→ **océanographie**), des mers, des lacs et des cours d'eau. 2. Topographie maritime. 3. Ensemble des cours d'eau et des lacs d'une région.
► **HYDROGRAPHIQUE** [idʀɔgʀafik] adj.
ÉTYM. de ① *hydro-* et *-graphie*.

HYDROLIENNE [idʀɔljɛn] n. f. ✦ Turbine sous-marine dont la rotation est assurée par la force des courants de marée.
ÉTYM. marque déposée ; de *hydro-*, sur le modèle de *éolienne*.

HYDROLOGIE [idʀɔlɔʒi] n. f. ✦ DIDACT. Étude des eaux, de leurs propriétés.
► **HYDROLOGIQUE** [idʀɔlɔʒik] adj.
ÉTYM. de ① *hydro-* et *-logie*.

HYDROLOGUE [idʀɔlɔg] n. ✦ DIDACT. Géophysicien spécialiste de l'hydrologie.

HYDROLYSE [idʀɔliz] n. f. ✦ CHIM. Décomposition chimique d'un corps par fixation d'eau.
ÉTYM. de ① *hydr(o)-* et *-lyse*.

HYDROLYSER [idʀɔlize] v. tr. (conjug. 3a) ✦ CHIM. Réaliser l'hydrolyse de (un corps).

HYDROMEL [idʀɔmɛl] n. m. ✦ Boisson faite d'eau et de miel, souvent fermentée.
ÉTYM. latin *hydromeli*, du grec, de *hudôr* «eau» et *meli* «miel».

HYDROPHILE [idʀɔfil] adj. ✦ (choses) Qui absorbe l'eau, les liquides. *Coton, gaze hydrophile.*
ÉTYM. de ① *hydro-* et *-phile*.

HYDROPHOBE [idʀɔfɔb] adj. ✦ DIDACT. 1. adj. et n. Qui a une peur morbide de l'eau. 2. adj. CHIM. Que l'eau ne mouille pas (opposé à *hydrophile*).
ÉTYM. latin *hydrophobus*, du grec → ① hydr(o)- et -phobe.

HYDROPHOBIE [idʀɔfɔbi] n. f. ✦ DIDACT. Peur morbide de l'eau.
ÉTYM. latin *hydrophobia*, du grec → ① hydr(o)- et -phobie.

HYDROPIQUE [idʀɔpik] adj. et n. ✦ Atteint d'hydropisie.
ÉTYM. latin *hydropicus*, du grec → hydropisie.

HYDROPISIE [idʀɔpizi] n. f. ✦ Épanchement de sérosité dans une partie du corps (spécialt l'abdomen).
ÉTYM. latin *hydropisis*, du grec *hudrôps*, *hudrôpos* «épanchement», de *hudôr* «eau».

HYDROPTÈRE [idʀɔptɛʀ] n. m. – ✦ Recomm. offic. pour *hydrofoil*.
ÉTYM. de ① *hydro-* et *-ptère*.

HYDROSPHÈRE [idʀɔsfɛʀ] n. f. ✦ GÉOGR. L'élément liquide de la Terre (eau liquide, glaces et neiges, vapeur d'eau).

HYDROSTATIQUE [idʀɔstatik] **n. f. et adj.** ✦ SC. 1. n. f. Partie de la mécanique qui étudie les conditions d'équilibre des liquides. 2. adj. Relatif à l'hydrostatique.

HYDROTHÉRAPIE [idʀoteʀapi] **n. f.** ✦ MÉD. Emploi thérapeutique de l'eau (bains, douches, etc.).
► **HYDROTHÉRAPIQUE** [idʀoteʀapik] **adj.**
ÉTYM. de ① *hydro-* et *-thérapie.*

HYDROXYDE [idʀɔksid] **n. m.** ✦ CHIM. Composé formé par l'union d'un métal avec un ou plusieurs groupements OH. → **base.** *Solution d'hydroxyde de sodium* (soude).
ÉTYM. de ② *hydro-* et *oxyde.*

(*)HYÈNE [jɛn] **n. f.** ✦ Mammifère carnassier d'Afrique et d'Asie, se nourrissant surtout de charognes. *L'hyène* ou *la hyène.* HOM. YEN «monnaie japonaise»
ÉTYM. latin *hyaena,* grec *huaina,* de *hus, huos* «porc».

HYGIAPHONE [iʒjafɔn] **n. m.** ✦ Dispositif (plaque transparente perforée) dont on équipe les guichets pour éviter la contamination. *Parlez devant l'hygiaphone.*
ÉTYM. nom déposé, du grec *hugiês* «sain» et *-phone.*

HYGIÈNE [iʒjɛn] **n. f.** ✦ Ensemble des principes et des pratiques tendant à préserver, à améliorer la santé. *Précautions, règles d'hygiène. Hygiène alimentaire.* → **diététique.** ◆ *Hygiène publique* : ensemble des moyens mis en œuvre par l'État pour sauvegarder la santé publique. ◆ spécialt Ensemble des soins visant à la propreté du corps. *Hygiène corporelle, dentaire.*
ÉTYM. grec *hugieinon* «santé».

HYGIÉNIQUE [iʒjenik] **adj.** 1. Qui a rapport à l'hygiène, à la propreté, spécialt des parties intimes du corps. *Papier hygiénique.* 2. Bon pour la santé. SYN. **sain.** *Faire une promenade hygiénique.*

HYGIÉNISTE [iʒjenist] **n.** ✦ Médecin spécialiste des questions d'hygiène.

| **HYGRO-** Élément, du grec *hugros* «humide».

HYGROMÈTRE [igʀɔmɛtʀ] **n. m.** ✦ Instrument de précision pour mesurer le degré d'humidité de l'air.
ÉTYM. de ① *hygro-* et *-mètre.*

HYGROMÉTRIE [igʀɔmetʀi] **n. f.** ✦ Mesure du degré d'humidité de l'atmosphère ; cette humidité.
► **HYGROMÉTRIQUE** [igʀɔmetʀik] **adj.**
ÉTYM. de ① *hygro-* et *-métrie.*

① **HYMEN** [imɛn] **n. m.** ✦ LITTÉR. et VX Mariage. *Les liens, les nœuds de l'hymen.*
ÉTYM. mot latin, du nom du dieu grec du mariage.

② **HYMEN** [imɛn] **n. m.** ✦ ANAT. Membrane qui obstrue partiellement l'orifice vaginal, chez une femme vierge.
ÉTYM. bas latin *hymen,* grec *humen* «membrane».

HYMÉNÉE [imene] **n. m.** ✦ LITTÉR. VX Hymen, noces.
ÉTYM. latin *hymenaeus* «chant nuptial» → ① hymen.

HYMÉNOPTÈRE [imenɔptɛʀ] **n. m.** ✦ Insecte caractérisé par quatre ailes membraneuses transparentes (ordre des *Hyménoptères* ; ex. les abeilles).
ÉTYM. grec *humenopteros* → ② hymen et -ptère.

HYMNE [imn] **n. m. et n. f.** 1. n. m. ou f. dans la tradition chrét. Chant à la louange de Dieu. → **cantique, psaume.** *Chanter un, une hymne.* 2. n. m. Chant, poème lyrique exprimant la joie, l'enthousiasme, célébrant qqn, qqch. ☛ Littérature p. 124. *Un hymne à la nature, à l'amour.* — Chant solennel en l'honneur de la patrie, de ses défenseurs. *«La Marseillaise», hymne national français.*
ÉTYM. latin *hymnus,* grec *humnos.*

HYPALLAGE [ipalaʒ] **n. f.** ✦ Figure de style qui consiste à attribuer à certains mots d'une phrase ce qui appartient à d'autres mots (ex. de guerre lasse).
ÉTYM. mot latin, du grec «échange».

HYPER [ipɛʀ] **n. m.** → HYPERMARCHÉ

| **HYPER-** 1. Préfixe, du grec *huper* «au-dessus, au-delà», qui exprime l'exagération, l'excès, le plus haut degré (ex. *hyperactivité* n. f., *hyperactif, ive* adj. et n. ; *hyperémotivité* n. f., *hyperémotif, ive* adj. et n. ; *hypersécrétion* n. f.). SYN. **super-.** 2. Préfixe familier. SYN. **super-.** *C'était hyperchouette, hyperbeau.* CONTR. **hypo-.**

HYPERBOLE [ipɛʀbɔl] **n. f.** I Figure de style qui consiste à exagérer l'expression pour mettre en relief une idée (ex. mourir de rire). SYN. **exagération.** ☛ Littérature p. 118. II MATH. Courbe géométrique formée par l'ensemble des points d'un plan dont la différence des distances à deux points fixes de ce plan (foyers) est constante.
ÉTYM. latin *hyperbole,* du grec, de *huper* «au-dessus» et *ballein* «lancer, jeter».

HYPERBOLIQUE [ipɛʀbɔlik] **adj.** I Caractérisé par l'hyperbole (I). *Louanges hyperboliques.* SYN. **exagéré.** II MATH. Relatif à l'hyperbole (II). ◆ En forme d'hyperbole.

HYPERBORÉEN, ENNE [ipɛʀbɔʀeɛ̃, ɛn] **adj.** ✦ DIDACT. ou LITTÉR. De l'extrême Nord. SYN. **arctique.** *Contrées hyperboréennes.*
ÉTYM. bas latin *hyperboreanus,* du grec, de *Boreas* «vent du Nord ; Nord».

HYPERGLYCÉMIE [ipɛʀglisemi] **n. f.** ✦ MÉD. Excès de sucre dans le sang (→ **diabète**). CONTR. **hypoglycémie.**

HYPERMARCHÉ [ipɛʀmaʀʃe] **n. m.** ✦ Magasin à libre service dont la surface de vente est supérieure à 2 500 m^2. — abrév. FAM. *Un* HYPER [ipɛʀ].

HYPERMÉTROPE [ipɛʀmetʀɔp] **adj. et n.** ✦ Atteint d'hypermétropie ; qui ne distingue pas avec netteté les objets rapprochés (opposé à *myope*). → **presbyte.**
ÉTYM. du grec *hupermetros* «qui passe la mesure» et *ops, opis* «œil, vue».

HYPERMÉTROPIE [ipɛʀmetʀɔpi] **n. f.** ✦ Défaut de l'œil qui fait que l'image se forme en arrière de la rétine (opposé à *myopie*). *Le port de verres convergents corrige l'hypermétropie.*
ÉTYM. de *hypermétrope.*

HYPERNERVEUX, EUSE [ipɛʀnɛʀvø, øz] **adj. et n.** ✦ Qui est d'une nervosité excessive, pathologique.

HYPERONYME [ipɛʀɔnim] **n. m.** ✦ LING. Mot générique qui englobe le sens de un ou plusieurs autres mots. *Véhicule est l'hyperonyme de* autobus, bateau, camion, hélicoptère, moto, tracteur, train, voiture...
ÉTYM. de *hyper-* et *-onyme.*

HYPERRÉALISME [ipɛʀʀealism] **n. m.** ✦ Courant artistique (peinture, sculpture) né aux États-Unis, caractérisé par un rendu minutieux de la réalité inspiré d'images photographiques.
► **HYPERRÉALISTE** [ipɛʀʀealist] **adj. et n.**

HYPERSÉCRÉTION [ipɛʀsekʀesjɔ̃] **n. f.** ✦ PHYSIOL. Sécrétion excessive d'une glande.

HYPERSENSIBILITÉ [ipɛʀsɑ̃sibilite] **n. f.** ✦ Sensibilité exagérée.

HYPERSENSIBLE [ipɛʀsɑ̃sibl] **adj.** et **n.** ✦ Qui est d'une sensibilité extrême, exagérée.

HYPERTENDU, UE [ipɛʀtɑ̃dy] **adj.** et **n.** ✦ Qui souffre d'hypertension. CONTR. **hypotendu.**

HYPERTENSION [ipɛʀtɑ̃sjɔ̃] **n. f.** ✦ Tension artérielle supérieure à la normale ; augmentation de la tension. CONTR. **hypotension.**

HYPERTEXTE [ipɛʀtɛkst] **n. m.** ✦ Procédé permettant d'accéder aux documents liés à une zone de l'écran d'un ordinateur, en cliquant sur cette zone.
ÉTYM. de *hyper-* et *texte*.

HYPERTONIE [ipɛʀtɔni] **n. f.** ✦ MÉD. Exagération du tonus musculaire. CONTR. **hypotonie.**
► **HYPERTONIQUE** [ipɛʀtɔnik] **adj.**
ÉTYM. du grec *hupertonos* «tendu à l'excès».

HYPERTROPHIE [ipɛʀtʀɔfi] **n. f.** 1. PHYSIOL. Augmentation de volume d'un organe avec ou sans altération anatomique. 2. fig. Développement excessif, anormal. SYN. **exagération.** *Hypertrophie du moi.* CONTR. **atrophie.**
► **HYPERTROPHIQUE** [ipɛʀtʀɔfik] **adj.**
ÉTYM. de *hyper-* et du grec *trophê*, littéralement «excès de nutrition».

HYPERTROPHIER [ipɛʀtʀɔfje] **v. tr.** (conjug. 9) ✦ Produire l'hypertrophie de. ➛ pronom. Se développer exagérément. *Organe qui s'hypertrophie.* CONTR. **atrophier.**
► **HYPERTROPHIÉ, ÉE adj.** *Cœur hypertrophié.* ➛ fig. *Une sensibilité hypertrophiée.*

HYPN(O)- Élément savant, du grec *hupnos* «sommeil». ➡ HYPNOS (noms propres).

HYPNOSE [ipnoz] **n. f.** ✦ État voisin du sommeil, provoqué par des manœuvres de suggestion (→ **hypnotisme, magnétisme**), ou des moyens chimiques (→ **narcose**). *Agir sous hypnose.*
ÉTYM. du grec *hupnoein* «endormir».

HYPNOTIQUE [ipnɔtik] **adj.** 1. MÉD. Qui provoque l'hypnose. SYN. **narcotique, somnifère.** 2. Qui a rapport à l'hypnose, à l'hypnotisme. *Catalepsie hypnotique.*
ÉTYM. bas latin *hypnoticus*, du grec → hypnose.

HYPNOTISER [ipnɔtize] **v. tr.** (conjug. 3a) 1. Endormir (qqn) par les procédés de l'hypnotisme. 2. fig. Fasciner (qqn) au point qu'il oublie tout le reste.

HYPNOTISEUR, EUSE [ipnɔtizœʀ, øz] **n.** ✦ Personne qui hypnotise. → **magnétiseur.**

HYPNOTISME [ipnɔtism] **n. m.** 1. Ensemble des procédés (mécanismes de suggestion...) mis en œuvre pour provoquer l'hypnose. *Séance d'hypnotisme.* 2. Science traitant des phénomènes hypnotiques.
ÉTYM. anglais *hypnotism*.

HYPO- Préfixe, du grec *hupo* «au-dessous, en deçà», qui exprime la diminution, l'insuffisance, la situation inférieure. CONTR. **hyper-.**

HYPOALLERGÉNIQUE [ipoalɛʀʒenik] **adj.** ✦ PHARM. Qui minimise les risques d'allergie. → **anallergique.**
ÉTYM. de *hypo-* et *allergène*.

HYPOCAGNE → HYPOKHÂGNE

HYPOCALORIQUE [ipokalɔʀik] **adj.** ✦ Qui comporte peu de calories. *Régime, aliment hypocalorique.*

HYPOCENTRE [iposɑ̃tʀ] **n. m.** ✦ GÉOL. Foyer réel d'un séisme, situé dans les profondeurs de la Terre (opposé à *épicentre*).

HYPOCONDRIAQUE [ipɔkɔ̃dʀijak] **adj.** et **n.** ✦ Atteint d'hypocondrie ; qui a constamment peur d'être malade.
ÉTYM. grec *hupokhondriakos*, de *khondros* «cartilage des côtes».

HYPOCONDRIE [ipɔkɔ̃dʀi] **n. f.** ✦ Anxiété habituelle et excessive (de qqn) à propos de sa santé.
ÉTYM. bas latin *hypochondria*.

HYPOCORISTIQUE [ipokɔʀistik] **adj.** et **n. m.** ✦ LING. Qui exprime une intention affectueuse. *Diminutif hypocoristique.* ➛ **n. m.** *«Chouchou» est un hypocoristique.*
ÉTYM. grec *hupokoristikos* «caressant» et «diminutif».

HYPOCRISIE [ipɔkʀizi] **n. f.** 1. Fait de déguiser son véritable caractère, d'exprimer des opinions, des sentiments qu'on n'a pas. SYN. **dissimulation, duplicité, fausseté.** *Il est d'une hypocrisie révoltante.* 2. Caractère de ce qui est hypocrite. 3. Acte, manifestation hypocrite. SYN. **comédie, mensonge, simagrée.** *Tout cela est pure hypocrisie.* CONTR. **franchise, loyauté, sincérité.**
ÉTYM. bas latin *hypocrisia*, du grec, de *hupokrinesthai* «mimer».

HYPOCRITE [ipɔkʀit] **n.** et **adj.**
I n. Personne qui fait preuve d'hypocrisie. SYN. **fourbe.** *Quel hypocrite !*
II adj. Qui se comporte avec hypocrisie. SYN. **dissimulé,** ① **faux, sournois.** *Un homme hypocrite.* ➛ *Un sourire, un ton hypocrite.* CONTR. ② **franc, sincère.**
► **HYPOCRITEMENT** [ipɔkʀitmɑ̃] **adv.**
ÉTYM. bas latin *hypocrita*, du grec → hypocrisie.

HYPODERMIQUE [ipodɛʀmik] **adj.** ✦ Qui concerne le tissu sous-cutané (ou *hypoderme* **n. m.**). *Piqûre hypodermique.* ➛ *Seringue hypodermique.*

HYPOGÉE [ipɔʒe] **n. m.** ✦ DIDACT. Sépulture souterraine. *Un hypogée égyptien.*
ÉTYM. latin *hypogeum*, du grec, de *hupo* «sous» et *gê* «terre».

HYPOGLOSSE [ipɔglɔs] **adj.** ✦ ANAT. *Nerf grand hypoglosse* ou **n. m.** *l'hypoglosse* : nerf crânien qui se distribue aux muscles de la langue.
ÉTYM. grec *hupoglôssios* «placé sous *(hupo)* la langue *(glôssa)*».

HYPOGLYCÉMIE [ipoglisemi] **n. f.** ✦ MÉD. Diminution anormale ou insuffisance du taux de glucose du sang. CONTR. **hyperglycémie.**

HYPOKHÂGNE [ipɔkaɲ] **n. f.** ✦ FAM. Classe de préparation à l'École normale supérieure (lettres), précédant la khâgne. ➛ On écrit aussi *hypocagne*.

HYPOPHYSE [ipɔfiz] **n. f.** ✦ Glande endocrine située sous l'encéphale.
► **HYPOPHYSAIRE** [ipɔfizɛʀ] **adj.** *Hormones hypophysaires.*
ÉTYM. grec *hupophusis* «croissance en dessous».

HYPOSODÉ, ÉE [iposɔde] **adj.** ✦ DIDACT. Qui comporte peu de sel ajouté. *Régime hyposodé.*
ÉTYM. de *hypo-* et *sodé*.

HYPOSTASE [ipɔstaz] **n. f.** ✦ DIDACT. Substance distincte ; spécialt chacune des trois personnes de la Trinité (en tant qu'*hypostase divine*).
ÉTYM. latin *hypostasis*, mot grec, de *stasis* «action de se tenir».

HYPOSTYLE [ipɔstil] **adj.** ✦ ARCHÉOL. Dont le plafond est soutenu par des colonnes. *Salle hypostyle d'un temple égyptien.*
ÉTYM. grec *hypostulos*, de *stulos* «colonne».

HYPOTAUPE [ipotop] **n. f.** ✦ FAM. Classe de mathématiques supérieures précédant la taupe (→ ② **taupe**).

HYPOTAXE [ipotaks] **n. f.** ✦ GRAMM. Subordination d'une proposition (par rapport à une autre).
ÉTYM. grec *hupotaxis* «subordination».

HYPOTENDU, UE [ipotɑ̃dy] **adj. et n.** ✦ Qui a une tension artérielle insuffisante. CONTR. **hypertendu.**

HYPOTENSEUR [ipotɑ̃sœʀ] **adj. m.** ✦ MÉD. Qui fait baisser la tension artérielle. *Médicament hypotenseur* ou **n. m.** *un hypotenseur.*

HYPOTENSION [ipotɑ̃sjɔ̃] **n. f.** ✦ Tension artérielle inférieure à la normale ; diminution de la tension. CONTR. **hypertension.**

HYPOTÉNUSE [ipɔtenyz] **n. f.** ✦ Le côté opposé à l'angle droit, dans un triangle rectangle. *Le carré de l'hypoténuse est égal à la somme des carrés des deux autres côtés* (théorème de Pythagore).
ÉTYM. latin *hypotenusa*, grec *hupoteinousa* «qui se tend sous (les angles)».

HYPOTHALAMUS [ipɔtalamys] **n. m.** ✦ ANAT. Partie du cerveau, située sous le thalamus*, qui joue un rôle capital dans la régulation des fonctions vitales.

HYPOTHÉCAIRE [ipɔtekɛʀ] **adj.** ✦ Relatif à l'hypothèque. *Garantie hypothécaire. Prêts hypothécaires.*

HYPOTHÈQUE [ipɔtɛk] **n. f.** 1. Droit accordé à un créancier sur un bien immeuble en garantie d'une dette, sans que le propriétaire du bien en soit dépossédé. → **gage, garantie.** *Prêter sur hypothèque. Grever un immeuble d'une hypothèque.* 2. **fig.** Obstacle, difficulté qui entrave ou empêche l'accomplissement de qqch. *L'hypothèque qui pèse sur les relations entre deux pays.*
ÉTYM. latin *hypotheca*, grec *hupothêkê* «ce qui sert de fondement».

HYPOTHÉQUER [ipɔteke] **v. tr.** (conjug. 8) 1. Grever d'une hypothèque. – **au p. passé** *Maison hypothéquée.* ◆ **fig.** Engager d'une façon compromettante. *Hypothéquer l'avenir.* 2. DR. Garantir par une hypothèque. *Hypothéquer une créance.*

HYPOTHÈSE [ipɔtɛz] **n. f.** I SC. 1. Proposition admise soit comme donnée d'un problème, soit pour la démonstration d'un théorème (→ **axiome ; postulat**). 2. Proposition relative à l'explication de phénomènes naturels, admise provisoirement avant d'être soumise au contrôle de l'expérience. SYN. **conjecture.** *Hypothèse de travail. Vérifier une hypothèse.* II Conjecture concernant l'explication ou la possibilité d'un évènement. SYN. **supposition.** *Émettre, énoncer, faire une hypothèse. L'hypothèse du succès n'est pas exclue. Nous en sommes réduits aux hypothèses.* – *En toute hypothèse* : en tout cas. *Dans l'hypothèse où.* SYN. **éventualité.**
ÉTYM. grec *hupothesis* «base d'un raisonnement».

HYPOTHÉTIQUE [ipɔtetik] **adj.** 1. SC. Qui est de la nature de l'hypothèse, n'existe qu'à l'état d'hypothèse. *Cas hypothétique.* SYN. **présumé.** 2. Qui n'est pas certain. SYN. **douteux, incertain, problématique.** *Un héritage hypothétique.* CONTR. **certain, sûr.**
► **HYPOTHÉTIQUEMENT** [ipɔtetikmɑ̃] **adv.**

HYPOTONIE [ipotɔni] **n. f.** 1. BIOCHIM. Caractère d'une solution dont la concentration en substances chimiques est inférieure à celle du plasma sanguin. 2. MÉD. Diminution du tonus musculaire. CONTR. **hypertonie.**
► **HYPOTONIQUE** [ipotɔnik] **adj.**
ÉTYM. de *hypo-* et radical de *tonique.*

HYPOTYPOSE [ipɔtipoz] **n. f.** ✦ RHÉT. Description animée et frappante.
ÉTYM. grec *hupotupôsis.*

HYSOPE [izɔp] **n. f.** ✦ Arbrisseau méditerranéen à feuilles persistantes et à fleurs bleues. – **allus. biblique** *Depuis le cèdre jusqu'à l'hysope* : du plus grand au plus petit.
ÉTYM. bas latin *hys(s)opum*, grec *hussôpos*, mot sémitique.

HYSTÉRECTOMIE [isteʀɛktɔmi] **n. f.** ✦ MÉD. Ablation de l'utérus.
ÉTYM. du grec *hustera* «utérus» et de *-ectomie.*

HYSTÉRIE [isteʀi] **n. f.** 1. PSYCH. Névrose caractérisée par une tendance aux manifestations émotives spectaculaires, qui peut se traduire par des symptômes d'apparence organique et par des manifestations psychiques pathologiques (délire, angoisse, mythomanie...). *Crise d'hystérie.* 2. COUR. Excitation intense. *Manifestations d'hystérie collective.*
ÉTYM. de *hystérique.*

HYSTÉRIQUE [isteʀik] **adj.** 1. PSYCH. Atteint d'hystérie (1). – **n.** *Un, une hystérique.* ◆ Relatif à l'hystérie. *Amnésie hystérique.* 2. COUR. Exalté, surexcité. *Foule hystérique,* en délire. – *Rire hystérique.*
► **HYSTÉRIQUEMENT** [isteʀikmɑ̃] **adv.**
ÉTYM. bas latin *hysterius*, du grec, de *hustera* «utérus», d'abord à propos de troubles de la femme, attribués à l'utérus.

I

I [i] **n. m. invar.** **1.** Neuvième lettre (I, i), troisième voyelle de l'alphabet. ➖ **loc.** *Mettre les points sur les i* : préciser. *Se tenir droit comme un I*, très droit. **2.** *I* : un, en chiffres romains. **3.** *I* CHIM. Symbole de l'iode. HOM. HI «marque du rire», HIE «marteau»

IAMBE [jɑ̃b] **n. m.** ✦ DIDACT. **1.** Pied de deux syllabes, la première brève, la seconde longue. **2.** Vers grec ou latin, dont certains pieds étaient des iambes. **3.** Pièce de vers satiriques (à la manière des iambes antiques). *Les iambes de Chénier.* ➖ **On écrit aussi** *ïambe.*

► **IAMBIQUE** [jɑ̃bik] **adj.**

ÉTYM. latin *iambus*, du grec *iambos*.

-IATRE, -IATRIE Éléments, du grec *iatros* «médecin», qui signifient «médecin» et «médecine» (ex. *pédiatre, psychiatrie*).

IBÈRE [ibɛʀ] **adj.** et **n.** ✦ DIDACT. Relatif à l'Ibérie (ancien nom de la péninsule Ibérique). ➖ **n.** *Les Ibères.*

ÉTYM. latin *iberus* «d'Ibérie».

IBÉRIQUE [ibeʀik] **adj.** ✦ Relatif à l'Espagne et au Portugal. *L'art ibérique. La péninsule Ibérique* (☛ noms propres).

IBIDEM [ibidɛm] **adv.** ✦ Dans le même ouvrage, dans le même passage d'un ouvrage déjà cité (abrév. *ibid.*).

ÉTYM. mot latin «ici même».

IBIS [ibis] **n. m.** ✦ Oiseau échassier des régions chaudes d'Afrique et d'Amérique, à bec long, mince et arqué. *Thot, dieu égyptien à tête d'ibis.*

ÉTYM. mot latin, emprunté au grec.

ICEBERG [isbɛʀg ; ajsbɛʀg] **n. m.** ✦ Masse de glace flottante, détachée de la banquise ou d'un glacier polaire. ➖ **loc.** *La partie cachée de l'iceberg* : la partie cachée et souvent la plus importante d'une chose, opposé à la partie visible, émergée de l'iceberg.

ÉTYM. mot anglais, du norvégien *ijs* «glace» et *berg* «montagne».

ICELUI [isəlɥi], **ICELLE** [isɛl], **ICEUX** [isø], **ICELLES** [isɛl] **pron.** et **adj. dém.** ✦ archaïsme LITTÉR. Celui-ci, celle-ci.

ICHTYO- Élément, du grec *ikhthus* «poisson».

ICHTYOLOGIE [iktjɔlɔʒi] **n. f.** ✦ Partie de la zoologie qui traite des poissons.

ÉTYM. de *ichtyo-* et *-logie*.

ICHTYOSAURE [iktjozɔʀ] **n. m.** ✦ PALÉONT. Grand reptile marin fossile au museau allongé.

ÉTYM. latin mod. *ichtyosaurus* → ichtyo- et -saure.

ICI [isi] **adv.** **I** (lieu) **1.** Dans le lieu où se trouve celui qui parle (opposé à *là, là-bas*). *Il fait plus frais ici qu'à Paris.* ➖ À cet endroit. *Veuillez signer ici.* ♦ *D'ICI* : de ce lieu, de ce pays. *Sortez d'ici ! Vous n'êtes pas d'ici ?* ➖ **loc.** *Je vois ça d'ici* : j'imagine la chose. ♦ *PAR ICI* : par cet endroit, dans cette direction. *Par ici la sortie.* ➖ Dans les environs, dans ce pays. *Il habite par ici.* **2.** *ICI-BAS* **loc. adv.** : dans ce bas monde ; sur la terre (par oppos. à *là-haut, le paradis*). **3.** À l'endroit où l'on se trouve, que l'on désigne. *Ce que j'ai voulu dire ici*, dans ce livre. **II** (temps) *Jusqu'ici* : jusqu'à présent. ➖ *D'ICI*, marquant le point de départ dans le temps. *D'ici (à) demain. D'ici peu* : dans peu de temps.

ÉTYM. latin populaire *ecce hic* «voici ici».

① **ICÔNE** [ikon] **n. f.** ✦ Dans l'Église d'Orient, Peinture religieuse exécutée sur un panneau de bois. *Icônes byzantines.*

ÉTYM. russe *ikona*, du grec byzantin *eikona* «image».

② **ICÔNE** [ikon] **n. m.** ✦ INFORM. Pictogramme affiché sur l'écran d'un ordinateur, qui représente un fichier, un dossier ou un logiciel que l'on peut activer. *Cliquer sur l'icône de la corbeille.* ➖ **recomm. offic. pour l'anglicisme** *icone.*

ÉTYM. anglais *icon* «image».

ICONO- Élément, du grec *eikôn* «image».

ICONOCLASME [ikɔnɔklasm] **n. m.** ✦ HIST. Mouvement religieux des iconoclastes, à Byzance (VIIIe et IXe siècles).

ICONOCLASTE [ikɔnɔklast] **n.** et **adj.** ✦ (Personne) qui interdit ou détruit les images saintes et **par ext.** les œuvres d'art.

ÉTYM. grec byzantin *eikonoklastês*, de *klan* «briser».

ICONOGRAPHIE [ikɔnɔgʀafi] **n. f.** ✦ DIDACT. **1.** Étude des représentations figurées d'un sujet (personnage, époque, religion, etc.) ; ces représentations. *L'iconographie de la Révolution française.* **2.** Ensemble des illustrations d'un livre. *L'iconographie d'une revue d'art.*

ÉTYM. grec *eikonographia* → icono- et -graphie.

ICONOGRAPHIQUE [ikɔnɔgʀafik] adj. ✦ Relatif à l'iconographie. *Documents iconographiques.*

ICONOSTASE [ikɔnɔstɑz] n. f. ✦ Dans les églises orthodoxes, Cloison décorée d'images, d'icônes, qui sépare la nef du sanctuaire.
ÉTYM. russe *ikonostas*, du grec *stasis* «fait de placer».

ICTÈRE [iktɛʀ] n. m. ✦ MÉD. Coloration jaune de la peau et des muqueuses, qui révèle la présence de pigments biliaires dans les tissus. SYN. **jaunisse.**
ÉTYM. latin *icterus*, grec *ikteros* «jaunisse».

IDÉAL, ALE, ALS ou **AUX** [ideal, o] adj. et n. m.
I adj. 1. Qui est conçu et représenté dans l'esprit sans être ou pouvoir être perçu par les sens. SYN. **théorique.** *Les objets idéaux de la géométrie.* 2. Qui atteint toute la perfection que l'on peut concevoir ou souhaiter. → **accompli.** *Le beau idéal.* 3. Parfait en son genre. *C'est la solution idéale.* CONTR. ① **matériel, réel · imparfait, relatif.**
II n. m. 1. Ce que l'on se représente ou se propose comme type parfait ou modèle absolu (dans l'ordre pratique, esthétique ou intellectuel). *L'idéal démocratique. Avoir un idéal* (→ **idéaliste**). *Les idéaux (idéals) d'une époque.* 2. *L'IDÉAL* : ce qui donnerait une parfaite satisfaction aux aspirations du cœur ou de l'esprit. ➝ loc. *Dans l'idéal* : sans tenir compte de la réalité, des difficultés matérielles. → **théoriquement.** ➝ *L'idéal, ce serait de* (+ inf.), *que* (+ subj.) : ce qu'il y aurait de mieux, ce serait... CONTR. **réalité.**
ÉTYM. latin *idealis*, de *idea* → idée.

IDÉALEMENT [idealmɑ̃] adv. ✦ D'une manière idéale. ➝ Parfaitement.

IDÉALISATION [idealizasjɔ̃] n. f. ✦ Action d'idéaliser ; son résultat.

IDÉALISER [idealize] v. tr. (conjug. 3a) ✦ Revêtir d'un caractère idéal. *Ce peintre a idéalisé son modèle.*

IDÉALISME [idealism] n. m. 1. Système philosophique qui ramène l'être à la pensée, et les choses à l'esprit (s'oppose à *matérialisme*). *Un idéalisme spiritualiste. L'idéalisme dialectique de Hegel.* 2. Attitude d'esprit qui pousse à faire une large place à l'idéal, au sentiment. *L'idéalisme des adolescents.*
ÉTYM. de *idéal*.

IDÉALISTE [idealist] adj. ✦ Propre à l'idéalisme, attaché à l'idéalisme (opposé à *réaliste*). *Ce sont des vues idéalistes.* ➝ n. *C'est un, une idéaliste.*

IDÉALITÉ [idealite] n. f. 1. Caractère de ce qui est idéal. 2. Être, objet idéal. *Les idéalités des mathématiques.*

IDÉE [ide] n. f. I 1. Représentation intellectuelle (d'un être, d'une manière d'être, d'un rapport). *Idée générale, abstraite.* SYN. **concept, notion.** *L'idée de nombre, d'étendue.* 2. Toute représentation élaborée par la pensée correspondant à un mot ou à une phrase (qu'il existe ou non un objet qui lui corresponde). *Une idée juste, fausse. Perdre le fil de ses idées.* ➝ *À l'idée de se retrouver seul* : en pensant qu'il va se retrouver seul. ➝ *Se faire, se former une idée (juste, exacte, fausse...) de qqch., de qqn.* ➝ *Idée fixe*.* 3. Vue élémentaire, approximative. SYN. **aperçu.** *Pour vous en donner une idée. Je n'en ai pas la moindre idée. On n'a pas idée (de cela)* : c'est inimaginable, invraisemblable. *Quelle idée !* (même sens). ➝ *J'ai idée que* : il me semble que. 4. Conception imaginaire, fausse ou irréalisable. → **chimère, rêve.** *Se faire des idées* : s'imaginer qqch. qui n'est pas. *Donner des idées à qqn* : exciter son imagination. 5. Vue, plus ou moins originale, dans le domaine de la connaissance, de l'action ou de la création artistique. SYN. ③ **plan, projet.** *Il me vient une idée. C'est une bonne idée. Changer d'idée.* ➝ *L'idée directrice d'un texte.* ➝ au plur. Pensées neuves, fortes, heureuses. *Un ouvrage plein d'idées.* 6. Façon particulière de se représenter le réel. SYN. **opinion.** *J'ai mon idée sur la question. Juger, agir à son idée,* sans s'occuper de l'opinion d'autrui. *Fais à ton idée. Une idée reçue* : une opinion courante. ➝ au plur. Ensemble des opinions (d'un individu, d'un groupe). SYN. ① **théorie.** *Nous n'avons pas les mêmes idées. Idées politiques. Il a des idées avancées. Avoir les idées larges.* absolt *Les idées* : spéculations touchant aux grands problèmes. *L'histoire des idées. Les idées mènent le monde.* 7. Façon d'envisager la réalité. *Avoir des idées noires,* le cafard. II *L'idée* : l'esprit qui élabore les idées. ➝ loc. *J'ai dans l'idée qu'il ne viendra pas,* dans l'esprit. *Ça ne me viendrait pas à l'idée.*
ÉTYM. latin *idea*, mot grec «forme visible», de *idein* «voir».

IDEM [idɛm] adv. ✦ (êtres, objets) Le même. ➝ S'emploie généralement (abrév. id.) pour éviter la répétition d'un nom, d'une référence.
ÉTYM. mot latin «la même chose».

IDENTIFIABLE [idɑ̃tifjabl] adj. ✦ Qui peut être identifié.

IDENTIFIANT [idɑ̃tifjɑ̃] n. m. ✦ INFORM. Nom de l'utilisateur d'un serveur, permettant au fournisseur d'accès ou au prestataire de services de l'identifier. *Identifiant et mot de passe.*

IDENTIFICATION [idɑ̃tifikasjɔ̃] n. f. ✦ Action d'identifier, de s'identifier. *L'identification d'un cadavre.* ➝ *L'identification d'un acteur à son personnage.*

IDENTIFIER [idɑ̃tifje] v. tr. (conjug. 9) I 1. Considérer comme identique, comme assimilable à autre chose ou comme ne faisant qu'un (avec qqch.). SYN. **assimiler, confondre.** *Identifier deux choses, une chose avec une autre, à une autre.* 2. Reconnaître. *Identifier qqn.* ◆ Reconnaître, du point de vue de l'état civil. *Identifier un cambrioleur grâce à ses empreintes* (→ **identité,** II). 3. Reconnaître comme appartenant à une espèce ou une classe. *Identifier un arbre. Un accent difficile à identifier.* II *S'IDENTIFIER* v. pron. Se faire ou devenir identique, se confondre, en pensée ou en fait. *S'identifier au héros d'un roman.* CONTR. **différencier, distinguer.**
ÉTYM. latin médiéval *identificare*.

IDENTIQUE [idɑ̃tik] adj. 1. (êtres, objets) Tout à fait semblable, mais distinct. SYN. **pareil.** *Deux couteaux identiques.* ➝ n. m. *Reproduire à l'identique.* 2. DIDACT. Qui est unique, quoique perçu, conçu ou nommé de manières différentes. 3. Qui reste le même à des moments différents. CONTR. **autre, différent.**
► **IDENTIQUEMENT** [idɑ̃tikmɑ̃] adv.
ÉTYM. latin médiéval *identicus*, de *idem* «le même».

IDENTITÉ [idɑ̃tite] n. f. I 1. Caractère de deux choses identiques. *Identité de goûts entre deux êtres.* ◆ DIDACT. Relation entre deux termes identiques. 2. Caractère de ce qui est un (→ **unité**), de ce qui demeure identique à soi-même. **3.** MATH. Égalité qui demeure vraie quelles que soient les valeurs attribuées aux termes qui la composent. *Identités remarquables.* **II** Ce qui permet de reconnaître une personne parmi toutes les autres (état civil, signalement). *Vérifier l'identité de qqn. Pièces, carte d'identité.* ♦ *Identité judiciaire* : service de police chargé d'établir l'identité des malfaiteurs. CONTR. **contraste, différence.**

ÉTYM. bas latin *identitas*, de *idem* «le même».

IDÉO- Élément, du grec *idea* «idée».

IDÉOGRAMME [ideɔgʀam] **n. m.** ✦ Signe graphique qui représente le sens d'un mot (concret ou abstrait) et non les sons qui le composent. → **hiéroglyphe.** *Pictogrammes, phonogrammes et idéogrammes. Les idéogrammes du chinois.*

ÉTYM. de *idéo(graphique)* et *-gramme.*

IDÉOGRAPHIQUE [ideɔgʀafik] **adj.** ✦ Se dit d'une écriture, d'un système de signes à idéogrammes.

ÉTYM. de *idéo-* et *-graphique.*

IDÉOLOGIE [ideɔlɔʒi] **n. f.** ✦ Ensemble des idées, des croyances et des doctrines propres à une époque, à une société ou à une classe. *L'idéologie s'oppose à la science. L'idéologie dominante.* ♦ Philosophie du monde et de la vie. *L'idéologie pacifiste. Les idéologies politiques.*

ÉTYM. de *idéo-* et *-logie.*

IDÉOLOGIQUE [ideɔlɔʒik] **adj.** ✦ Relatif à l'idéologie.
▸ **IDÉOLOGIQUEMENT** [ideɔlɔʒikmɑ̃] **adv.**

IDÉOLOGUE [ideɔlɔg] **n.** ✦ péj. Personne qui prétend interpréter la réalité en fonction d'idées, de théories préconçues.

IDES [id] **n. f. pl.** ✦ Dans le calendrier romain, Division du mois qui tombait vers son milieu. *César fut assassiné aux ides de mars.*

ÉTYM. latin *ida.*

I. D. H. [ideaʃ] **n. m.** ✦ Indicateur de développement* humain. ➡ Géographie p. 223.

ÉTYM. sigle.

IDIO- Élément savant, du grec *idios* «particulier, propre» (ex. IDIOLECTE [idjɔlɛkt] **n. m.** «emploi particulier d'une langue par une personne»).

IDIOMATIQUE [idjɔmatik] **adj.** ✦ Spécifique à un idiome, une langue. *Tournures idiomatiques anglaises.* → **idiotisme.**

ÉTYM. grec *idiômatikos*, de *idiôma* → idiome.

IDIOME [idjom] **n. m.** ✦ Langue envisagée comme ensemble des moyens d'expression propres à une communauté.

ÉTYM. bas latin *idioma*, du grec *idiôma*, de *idios* «particulier».

IDIOSYNCRASIE [idjosɛ̃kʀazi] **n. f.** ✦ DIDACT. Caractère individuel, tempérament personnel. *L'idiosyncrasie d'un malade.*

ÉTYM. grec *idiosunkrasia*, de *idios* «particulier» et *sunkrasis* «mélange».

IDIOT, IDIOTE [idjo, idjɔt] **adj.** et **n.**
I adj. Qui manque d'intelligence, de bon sens. SYN. **bête.** *Il est complètement idiot.* – *Une réflexion idiote.* SYN. **inepte, stupide.** *Un film idiot.* – impers. *Ce serait idiot de refuser.*
II n. **1.** Personne sans intelligence. – (injure) *Espèce d'idiot !* ♦ *Faire l'idiot* : simuler la bêtise ; agir de manière absurde. **2.** MÉD. Personne atteinte d'idiotie. *Un idiot congénital.* – loc. *L'idiot du village* : le simple d'esprit, l'innocent.

ÉTYM. latin *idiôtês*, mot grec «simple particulier», d'où «ignorant».

IDIOTEMENT [idjɔtmɑ̃] **adv.** ✦ D'une façon idiote.

IDIOTIE [idjɔsi] **n. f.** **1.** Manque d'intelligence, de bon sens. SYN. **stupidité.** *L'idiotie d'une remarque.* **2.** Action, parole qui traduit un manque d'intelligence, de bon sens. SYN. **bêtise.** *Faire, dire des idioties.* ♦ FAM. Œuvre stupide. *Ne lisez pas cette idiotie.* **3.** MÉD. Insuffisance mentale, arriération très grave. SYN. **crétinisme.**

ÉTYM. de *idiot.*

IDIOTISME [idjɔtism] **n. m.** ✦ Forme, locution propre à une seule langue, intraduisible (gallicisme, anglicisme, italianisme...), ou à un usage.

ÉTYM. latin *idiotismus*, grec *idiôtismos* «langage des gens simples».

IDOINE [idwan] **adj.** ✦ VX ou plais. Qui convient parfaitement, approprié. SYN. **adéquat.** *Vous avez trouvé l'homme idoine.*

ÉTYM. latin *idoneus.*

IDOLÂTRE [idɔlatʀ] **adj.** **1.** Qui rend un culte divin aux idoles. *Les peuples idolâtres de l'Antiquité.* **2.** LITTÉR. Qui voue une adoration (à qqn, à qqch.). *Un mélomane idolâtre de Mozart.* – *Passion idolâtre.*

ÉTYM. latin chrétien *idolatres*, du grec, de *eidôlon* «image» et *latreuein* «adorer».

IDOLÂTRER [idɔlatʀe] **v. tr.** (conjug. 3a) ✦ LITTÉR. Aimer avec passion en rendant une sorte de culte. SYN. **adorer.** CONTR. **détester, mépriser.**

ÉTYM. de *idolâtre.*

IDOLÂTRIE [idɔlatʀi] **n. f.** **1.** Culte rendu à l'image d'un dieu comme si elle était le dieu en personne. **2.** Amour passionné, admiration outrée. *Un culte de la personnalité qui va jusqu'à l'idolâtrie.*

ÉTYM. latin *idolatria*, du grec → idolâtre.

IDOLE [idɔl] **n. f.** **1.** Représentation d'une divinité (image, statue...), adorée comme si elle était la divinité elle-même. *Le culte des idoles.* **2.** Personne ou chose qui est l'objet d'une adoration. ♦ Vedette de la chanson, du spectacle adulée du public.

ÉTYM. latin *idolum*, grec *eidôlon*, de *eidos* «forme».

IDYLLE [idil] **n. f.** **1.** Petit poème à sujet pastoral et amoureux. → **églogue, pastorale.** **2.** Aventure amoureuse naïve et tendre. ♦ iron. Situation sans conflit ; bonne entente parfaite.

ÉTYM. italien *idillio*, latin *idyllium*, grec *eidullion* «brève poésie».

IDYLLIQUE [idilik] **adj.** ✦ Qui rappelle l'idylle par le décor champêtre, l'amour tendre, les sentiments idéalisés. – *Une vision idyllique des choses.*

IF [if] **n. m.** ✦ Arbre (conifère) à fruits rouges, décoratifs. *Des ifs bien taillés.*

ÉTYM. gaulois *ivos.*

IGLOO ou **IGLOU** [iglu] **n. m.** ✦ Abri des Inuits, construit avec des blocs de glace ou de neige. *Des igloos, des iglous.*
ÉTYM. anglais *igloo*, emprunt à l'inuit *iglo* «habitation» (en général).

IGNAME [iɲam ; ignam] **n. f.** ✦ Plante tropicale à gros tubercules farineux ; ce tubercule (utilisé en Afrique pour l'alimentation).
ÉTYM. portugais *inhame*, d'origine bantoue.

IGNARE [iɲaʀ] **adj.** ✦ Totalement ignorant. *Elle est ignare en musique.* ➝ **n.** *Quel ignare !* CONTR. **instruit, savant.**
ÉTYM. latin *ignarus.*

IGNÉ, ÉE [igne ; iɲe] **adj.** ✦ Produit par l'action du feu. *Roches ignées.*
ÉTYM. latin *igneus*, de *ignis* «feu».

IGNIFUGE [iɲifyʒ ; ignifyʒ] **adj.** ✦ Qui rend ininflammables les objets naturellement combustibles. *Une substance ignifuge.*
ÉTYM. du latin *ignis* «feu» et de *-fuge.*

IGNIFUGER [iɲifyʒe ; ignifyʒe] **v. tr.** (conjug. 5) ✦ Rendre ininflammable. ➝ **au p. passé** *Charpentes ignifugées.*
ÉTYM. de *ignifuge.*

IGNITION [iɲisjɔ̃ ; ignisjɔ̃] **n. f.** ✦ DIDACT. État de ce qui est en feu. → **combustion.**
ÉTYM. latin *ignitio*, de *ignire* «brûler», de *ignis* «feu».

IGNOBLE [iɲɔbl] **adj.** 1. Vil, moralement bas. SYN. **abject, infâme.** *Un ignoble individu. Une conduite ignoble.* 2. D'une laideur affreuse ou d'une saleté repoussante. SYN. **immonde, répugnant.** *Un taudis ignoble.* ◆ **par ext.** Affreux, très mauvais. *Un temps ignoble.* CONTR. ① **beau, noble.**
► **IGNOBLEMENT** [iɲɔbləmɑ̃] **adv.**
ÉTYM. latin *ignobilis* «de basse naissance», de *in-* et *nobilis* «noble».

IGNOMINIE [iɲɔmini] **n. f.** ✦ LITTÉR. 1. Déshonneur extrême causé par un outrage public, une peine, une action infamante. SYN. **honte, infamie, opprobre.** *Il s'est couvert d'ignominie.* 2. Caractère de ce qui déshonore. *L'ignominie d'une condamnation.* 3. Action ignoble. SYN. **turpitude.** CONTR. **gloire, honneur, noblesse.**
ÉTYM. bas latin *ignominia*, de *in-* et *gnomen, nomen* «nom, renom».

IGNOMINIEUSEMENT [iɲɔminjøzmɑ̃] **adv.** ✦ LITTÉR. D'une manière ignominieuse. *Mourir ignominieusement.* CONTR. **glorieusement.**

IGNOMINIEUX, EUSE [iɲɔminjø, øz] **adj.** ✦ LITTÉR. Qui apporte, cause de l'ignominie. SYN. **honteux.** *Une condamnation ignominieuse.* CONTR. **glorieux.**
ÉTYM. latin *ignominiosus.*

IGNORANCE [iɲɔʀɑ̃s] **n. f.** 1. État d'une personne qui ignore ; fait de ne pas connaître qqch. *Être dans l'ignorance des nouvelles.* ◆ Défaut de connaissances. SYN. **incompétence.** *Je reconnais mon ignorance dans ce domaine.* 2. Manque d'instruction, de savoir, de culture générale. *Combattre l'ignorance.* ◆ *(Une, des ignorances)* Manifestation d'ignorance. SYN. **lacune.** CONTR. **connaissance, culture, instruction,** ② **savoir.**
ÉTYM. latin *ignorantia*, de *ignorans* → ignorant.

IGNORANT, ANTE [iɲɔʀɑ̃, ɑ̃t] **adj.** 1. *IGNORANT DE :* qui n'a pas la connaissance de (une chose) ; qui n'est pas informé de. *Je suis encore ignorant des usages du pays.* ➝ **n.** *Faire l'ignorant.* 2. Qui manque de connaissance ou de pratique (dans un certain domaine). 3. Qui manque d'instruction, de savoir. SYN. **ignare, inculte.** *Il est intelligent mais ignorant.* ➝ **n.** *Un fieffé ignorant.* CONTR. **instruit, savant.**
ÉTYM. latin *ignorans*, participe présent de *ignorare* «ignorer».

IGNORER [iɲɔʀe] **v. tr.** (conjug. 3a) **I** 1. Ne pas connaître, ne pas savoir. *Nul n'est censé ignorer la loi. J'ignore tout de cette affaire.* ➝ *Ignorer qqn*, le traiter comme si sa personne ne méritait aucune considération. ◆ **(suivi d'une proposition)** *Il ignore qui je suis. J'ignorais si vous viendriez.* 2. Ne pas avoir l'expérience de. *Un peuple qui ignore l'argent.* **II** *S'IGNORER* **v. pron.** **(récipr.)** *Des ennemis qui s'ignorent.* ➝ **(réfl.)** *C'est un artiste qui s'ignore*, qui n'a pas conscience de ses dons artistiques. CONTR. **connaître,** ① **savoir • considérer.**
► **IGNORÉ, ÉE adj.** Qui n'est pas su, connu. SYN. **inconnu.** *Des faits ignorés.* CONTR. **célèbre, connu.**
ÉTYM. latin *ignorare.*

IGUANE [igwan] **n. m.** ✦ Reptile saurien de l'Amérique tropicale, qui a l'aspect d'un grand lézard.
ÉTYM. espagnol *iguana*, d'une langue amérindienne des Caraïbes (arawak).

IGUANODON [igwanɔdɔ̃] **n. m.** ✦ Reptile fossile bipède, à très grosse queue, qui vivait à l'époque crétacée.
ÉTYM. de *iguane* et grec *odous* «dent».

IKEBANA ou **IKÉBANA** [ikebana] **n. m.** ✦ Art floral japonais.
ÉTYM. mot japonais.

IL, ILS [il] **pron. pers. m.** **I** 1. Pronom personnel masculin de la troisième personne, faisant fonction de sujet. *Pierre cherche son stylo et il s'énerve. Sont-ils venus ?* ➝ **(reprenant le nom en interrogation)** *Ton frère part-il avec nous ?* ➝ **(renforçant le nom)** *Ton ami, il est en retard.* ➝ **(*Ils*, plur. commun pour représenter le masculin et le féminin)** *Ton père et ta mère t'accompagneront-ils ?* 2. *Ils* : des personnes indéterminées (gouvernement, administration, riches, etc.). → **on.** *Ils vont augmenter les impôts.* **II** **au sing. Sert à introduire les verbes impersonnels, et tous les verbes employés impersonnellement.** *Il a neigé. Il était une fois. Quelle heure est-il ? Il se fait tard.* ➝ LITTÉR. *Il est vrai* : c'est vrai. HOM. HILE «organe», ÎLE «terre entourée d'eau»
ÉTYM. bas latin *illi*, de *ille* «celui-là».

ILANG-ILANG [ilɑ̃ilɑ̃] **n. m.** ✦ Arbre cultivé en Indonésie et dans la région de Madagascar, pour ses fleurs utilisées en parfumerie. ➝ **On écrit aussi** *ylang-ylang.*
ÉTYM. mot des îles Moluques.

ÎLE [il] **n. f.** 1. Étendue de terre ferme émergée d'une manière durable dans les eaux. *Petite île rocheuse.* → **îlot.** *Groupe d'îles.* → **archipel.** *L'île de Sein. Les îles Anglo-Normandes. Une île déserte. «L'Île au trésor»* (de Stevenson). 2. *Les Îles* : les Antilles. ➝ *Bois des îles*, exotique. 3. *Île flottante* : entremets composé de blancs d'œufs battus en neige flottant sur de la crème anglaise. HOM. HILE «organe», IL (pron. pers.)
ÉTYM. latin *insula.*

ILÉON [ileɔ̃] **n. m.** ✦ ANAT. Troisième partie de l'intestin grêle, qui précède le gros intestin.
ÉTYM. latin médiéval *ileum*, du grec *eilein* «enrouler».

ILIAQUE [iljak] **adj.** ✦ *Os iliaque :* os de la hanche.
ÉTYM. latin *iliacus*, de *ilia* «entrailles» et «flancs».

ÎLIEN, ÎLIENNE [iljɛ̃, iljɛn] **adj.** et **n.** ✦ Qui habite une île. SYN. **insulaire.**

ILION [iljɔ̃] **n. m.** ✦ Partie supérieure de l'os de la hanche.
ÉTYM. latin *ilium*, singulier de *ilia* → iliaque.

ILLÉGAL, ALE, AUX [i(l)legal, o] **adj.** ✦ Qui est contraire à la loi. SYN. **illicite, irrégulier.** *Des mesures illégales.* SYN. **arbitraire.** *Exercice illégal de la médecine.* CONTR. **légal.**
ÉTYM. de ② *in-* et *légal.*

ILLÉGALEMENT [i(l)legalmɑ̃] **adv.** ✦ D'une manière contraire à la loi. *Il est détenu illégalement.* CONTR. **légalement.**

ILLÉGALITÉ [i(l)legalite] **n. f.** **1.** Caractère de ce qui est illégal. *L'illégalité d'une perquisition.* ◆ Acte illégal. *Il y a eu des illégalités dans ce procès.* **2.** Situation d'une personne, d'un groupe qui contrevient à la loi. *Vivre dans l'illégalité* (→ **hors-la-loi**). CONTR. **légalité.**

ILLÉGITIME [i(l)leʒitim] **adj.** **1.** (enfant) Né hors du mariage. SYN. **naturel.** **2.** Qui n'est pas conforme au droit moral, qui est injustifié. *Actes illégitimes.* SYN. **illégal, irrégulier.** ➖ *Des craintes illégitimes,* sans objet réel. CONTR. **légitime • régulier ; fondé, justifié.**
ÉTYM. de ② *in-* et *légitime.*

ILLÉGITIMITÉ [i(l)leʒitimite] **n. f.** ✦ Caractère de ce qui est illégitime. *L'illégitimité de sa naissance.* CONTR. **légitimité.**

ILLETTRÉ, ÉE [i(l)letʀe] **adj.** **1.** VIEILLI Non lettré, inculte. **2.** Qui est partiellement ou complètement incapable de lire et d'écrire. → aussi **analphabète.** ➖ **n.** *Alphabétiser les illettrés.* CONTR. **lettré.**

ILLETTRISME [i(l)letʀism] **n. m.** ✦ Situation d'une personne qui a été scolarisée et qui est incapable de déchiffrer un texte simple.

ILLICITE [i(l)lisit] **adj.** ✦ Qui n'est pas licite, qui est défendu par la morale ou par la loi. SYN. ① **interdit, prohibé.** *Des moyens illicites. Profits illicites.* CONTR. **licite.**

ILLICO [i(l)liko] **adv.** ✦ FAM. Sur-le-champ. SYN. **aussitôt, immédiatement.** *Il faut partir illico.* ➖ loc. *Illico presto* (même sens).
ÉTYM. mot latin.

ILLIMITÉ, ÉE [i(l)limite] **adj.** **1.** Qui n'a pas de bornes, de limites visibles. SYN. **infini.** *Un pouvoir illimité.* **2.** Dont la grandeur n'est pas fixée. → **indéterminé.** *Pour une durée illimitée.* CONTR. **limité,** ① **réduit.**

ILLISIBLE [i(l)lizibl] **adj.** **1.** Que l'on ne peut pas lire, très difficile à lire. SYN. **indéchiffrable.** *La signature est illisible.* **2.** Dont la lecture est insupportable. *Un ouvrage illisible.* CONTR. **lisible.**

ILLOGIQUE [i(l)lɔʒik] **adj.** ✦ Qui n'est pas logique. *Un raisonnement illogique.* SYN. **incohérent.**
► **ILLOGIQUEMENT** [i(l)lɔʒikmɑ̃] **adv.**

ILLOGISME [i(l)lɔʒism] **n. m.** ✦ DIDACT. Caractère de ce qui manque de logique. *L'illogisme de sa conduite.* CONTR. ① **logique.**

ILLUMINATION [i(l)lyminasjɔ̃] **n. f.** **I** **1.** Lumière divine. ◆ Inspiration subite, lumière qui se fait dans l'esprit. **2.** Action d'éclairer, de baigner de lumière. *L'illumination d'un monument par des projecteurs.* ◆ au plur. Ensemble de lumières en vue d'une fête. *Les illuminations du 14 Juillet.* **II** Enluminure. *Les «Illuminations»* (poèmes de Rimbaud).
ÉTYM. bas latin *illuminatio,* de *illuminare* → illuminer.

ILLUMINÉ, ÉE [i(l)lymine] **n.** et **adj.** **1.** **n.** Mystique qui se croit inspiré par Dieu. ◆ péj. Esprit chimérique qui ne doute pas de ses inspirations. **2.** **adj.** Éclairé de nombreuses lumières. *Édifice illuminé.*

ILLUMINER [i(l)lymine] **v. tr.** (conjug. 3a) **1.** Éclairer d'une vive lumière. *Éclair qui illumine le ciel.* ➖ (sujet personne) Orner de lumières (un monument, une rue) à l'occasion d'une fête. **2.** Mettre un reflet, un éclat lumineux sur. *La joie illumine son visage.* CONTR. **assombrir, obscurcir.**
ÉTYM. latin *illuminare,* de *in-* «dans» et *lumen, luminis* «lumière».

ILLUSION [i(l)lyzjɔ̃] **n. f.** **I** **1.** Interprétation fausse de ce que l'on perçoit. *Être victime d'une illusion.* ➖ loc. *Illusion d'optique,* provenant des lois de l'optique ; fig. erreur de point de vue. **2.** Apparence dépourvue de réalité. *Ce petit jardin donnait une illusion de fraîcheur.* **II** Opinion fausse, croyance erronée qui trompe par son caractère séduisant. SYN. **chimère, rêve, utopie.** *Les illusions généreuses de la jeunesse. Bercer qqn d'illusions. Nourrir une illusion. «Illusions perdues»* (de Balzac). *Ne vous faites pas trop d'illusions ! :* voyez les choses en face. ◆ *FAIRE ILLUSION :* donner l'impression trompeuse de la valeur, de la qualité. CONTR. **réalité, vérité • déception, désillusion.**
ÉTYM. latin *illusio,* de *illudere* «se jouer de».

ILLUSIONNER [i(l)lyzjɔne] **v. tr.** (conjug. 3a) ✦ Tromper par une illusion. ➖ *S'ILLUSIONNER* **v. pron.** Se faire des illusions. SYN. **s'abuser,** se **leurrer.** *Il s'illusionne sur ses chances de succès.* CONTR. **désabuser.**

ILLUSIONNISME [i(l)lyzjɔnism] **n. m.** **1.** Art de créer l'illusion par des trucages, des tours de prestidigitation, etc. **2.** Recherche de l'illusion du réel, en art.

ILLUSIONNISTE [i(l)lyzjɔnist] **n.** ✦ Personne qui pratique l'illusionnisme. SYN. **prestidigitateur.** *Matériel d'illusionniste.*

ILLUSOIRE [i(l)lyzwaʀ] **adj.** ✦ Qui peut faire illusion, mais ne repose sur rien de réel, de sérieux. SYN. ① **faux, trompeur, vain.** *Une sécurité illusoire. Il est illusoire d'espérer que...* CONTR. **réel, sûr.**
ÉTYM. bas latin *illusorius,* de *illusio* → illusion.

ILLUSTRATEUR, TRICE [i(l)lystʀatœʀ, tʀis] **n.** ✦ Artiste spécialisé dans l'illustration (III). *L'illustratrice d'un livre d'enfants.*

ILLUSTRATION [i(l)lystʀasjɔ̃] **n. f.** **I** VX Action de rendre illustre, de donner de l'éclat, du prestige (à qqn, qqch.). *«Défense et illustration de la langue française»* (de Du Bellay). **II** Action d'éclairer, d'illustrer (II) par des explications, des exemples. *Vous avez là l'illustra-*

tion de nos idées. **III** Figure (gravure, reproduction, etc.) illustrant un texte (→ **illustré**). *Un livre comprenant des illustrations en couleurs.* – sing. collectif *Une abondante illustration.* SYN. **iconographie.**

ÉTYM. latin *illustratio*, de *lustrare* «éclairer».

ILLUSTRE [i(l)lystʀ] **adj.** ✦ Qui est très connu, du fait d'un mérite ou de qualités extraordinaires. SYN. **célèbre, fameux.** *Un écrivain, un général illustre.* – plais. *Un illustre inconnu.* CONTR. **obscur.**

ÉTYM. latin *illustris* «éclairé, mis en lumière», de *lustrare* «éclairer».

ILLUSTRÉ, ÉE [i(l)lystʀe] **adj. et n. m.** **1. adj.** Orné d'illustrations. *Un livre illustré.* **2. n. m.** Périodique qui comporte de nombreuses illustrations (dessins, photographies, etc.) accompagnées de légendes.

ILLUSTRER [i(l)lystʀe] **v. tr.** (conjug. 3a) **I** LITTÉR. Rendre illustre, célèbre. – pronom. *S'illustrer par des découvertes.* SYN. se **distinguer.** **II** Rendre plus clair par des exemples. *Illustrer la définition d'un mot par des citations.* **III** Orner de figures, d'images (un ouvrage). *Illustrer des livres d'enfants.*

ÉTYM. latin *illustrare*, de *in-* et *lustrare* «éclairer».

ÎLOT [ilo] **n. m.** **1.** Très petite île. *Îlot dans un lac.* **2.** Petit espace isolé. *Des îlots de verdure.* ♦ fig. Point isolé. *Des îlots de résistance.* **3.** Groupe de maisons. *Démolir un îlot insalubre.*

ÉTYM. de *île*.

ILOTE [ilɔt] **n.** **1.** ANTIQ. GRECQUE Habitant de Laconie réduit en esclavage par les Spartiates. *L'ilote ivre* (les Spartiates enivraient les ilotes pour inciter leurs enfants à la sobriété). – On écrit aussi *hilote.* **2.** LITTÉR. Personne asservie, réduite à la misère et à l'ignorance.

ÉTYM. latin *ilota*, grec *heilôs, heilôtos.*

IMAGE [imaʒ] **n. f.** **I** Reproduction visuelle d'un objet réel. **1.** Reproduction inversée (d'un objet qui se réfléchit). SYN. **reflet.** *Voir son image dans la glace.* **2.** SC. Reproduction (d'un objet) par l'intermédiaire d'un système optique. *Image réelle et image virtuelle* (en optique). ♦ Production de figures qui font reconnaître ou évoquent une réalité (par la photographie, le cinéma, la télévision). *L'image et le son* (→ **audiovisuel ; vidéo-**). *L'image est très nette. Images en relief.* → **hologramme.** *Images de synthèse, images virtuelles.* **3.** Représentation (d'un objet) par les arts graphiques ou plastiques. → **dessin, figure, gravure, illustration** (III). *Livre d'images. Images pieuses. Images d'Épinal* (images naïves du XIXe siècle). – loc. FAM. *Sage comme une image*, se dit d'un enfant calme, posé. **II** fig. **1.** Reproduction ou représentation analogique (d'un être, d'une chose). *Il est l'image de son père.* SYN. **portrait.** – *À l'image de.* → **ressemblance.** **2.** Ce qui évoque une réalité. SYN. **symbole.** *C'est l'image de la vie moderne. Donner une image très sombre de la situation.* ♦ loc. *Image de marque* : symbole d'un produit, d'une firme, d'une personne ; représentation qu'on en a ; réputation. *Soigner, améliorer son image (de marque).* **3.** Expression de l'abstrait par le concret, dans le langage. → **comparaison, figure, métaphore ; personnification.** *Une image neuve, banale.* **4.** MATH. Élément d'un ensemble qui, par une relation déterminée (application), correspond à un élément (appelé *antécédent*) d'un premier ensemble. **III** **1.** PHILOS. Reproduction mentale d'une perception (ou impression) antérieure, en l'absence de l'objet extérieur. *Image visuelle, auditive. Conserver, évoquer l'image d'un être.* SYN. ② **souvenir.** **2.** Produit de l'imagination, du rêve. SYN. **illusion, vision.**

ÉTYM. latin *imago.*

IMAGÉ, ÉE [imaʒe] **adj.** ✦ (style) Orné d'images, de métaphores. *Un langage imagé.* SYN. **figuré.**

IMAGERIE [imaʒʀi] **n. f.** **1.** Ensemble d'images de même origine, ou de même inspiration, caractéristiques d'un genre, d'une époque. *L'imagerie populaire.* **2.** DIDACT. Technique permettant d'obtenir des images grâce à différents types de rayonnements ; ensemble des images ainsi obtenues. *Imagerie médicale* (échographie, scanographie, I. R. M., etc.).

IMAGIER [imaʒje] **n. m.** **1.** Peintre ou sculpteur du Moyen Âge. *Les imagiers des cathédrales.* **2.** Livre d'images.

IMAGINABLE [imaʒinabl] **adj.** ✦ Que l'on peut imaginer, concevoir. SYN. **concevable.** *C'est une solution difficilement imaginable.* – loc. *Utiliser tous les moyens possibles et imaginables.* CONTR. **inconcevable, inimaginable.**

IMAGINAIRE [imaʒinɛʀ] **adj. et n. m.**
I adj. **1.** Qui n'existe que dans l'imagination, qui est sans réalité. SYN. **irréel ;** → **fictif, légendaire.** *Animaux, personnages imaginaires.* – MATH. *Partie imaginaire d'un nombre complexe* (écrit $a + ib$, avec $i^2 = -1$) : le nombre réel b. **2.** Qui n'est tel que dans sa propre imagination. «*Le Malade imaginaire*» (pièce de Molière). CONTR. **réel, vrai ; historique.**
II n. m. Domaine de l'imagination. *Ce rêveur vit dans l'imaginaire.* CONTR. **réel.**

ÉTYM. latin *imaginarius*, de *imago* «image».

IMAGINATIF, IVE [imaʒinatif, iv] **adj. et n.** ✦ Qui a l'imagination fertile, qui imagine aisément. SYN. **inventif.** *C'est un esprit imaginatif.* – n. *Une grande imaginative.*

IMAGINATION [imaʒinasjɔ̃] **n. f.** **I** *L'IMAGINATION* **1.** Faculté que possède l'esprit de se représenter des images *(imagination constructrice, créatrice)* ou d'évoquer les images d'objets déjà perçus. *Cette histoire a frappé mon imagination.* **2.** Faculté de former des images d'objets qu'on n'a pas perçus ou de faire des combinaisons nouvelles d'images ou d'idées, de se représenter des situations possibles. *Avoir de l'imagination. Une imagination débordante, vagabonde.* – *Cela n'existe que dans votre imagination*, dans l'imaginaire. **II** *UNE, DES IMAGINATIONS* LITTÉR. Ce que qqn imagine ; chose imaginaire ou imaginée. SYN. **chimère, rêve.** *C'est une pure imagination !* SYN. **fable, invention.**

ÉTYM. latin *imaginatio*, de *imaginari* → imaginer.

IMAGINÉ, ÉE [imaʒine] **adj.** ✦ Inventé. *Une histoire imaginée de toutes pièces.*

IMAGINER [imaʒine] **v. tr.** (conjug. 3a) **I** **1.** Se représenter dans l'esprit. SYN. **concevoir.** *J'imagine très bien la scène. Qu'allez-vous donc imaginer ?* SYN. **chercher.** – Concevoir comme existant. – *IMAGINER QUE.* SYN. **penser, supposer.** *Imaginez qu'il refuse. Je n'imagine pas qu'il puisse nous mentir.* **2.** Inventer. *Il a imaginé un moyen d'en sortir.* – *Imaginer de* (+ inf.) : avoir l'idée de. **II** *S'IMAGINER* **v. pron.** **1.** Se représenter, concevoir.

SYN. se **figurer.** *Je me l'imaginais autrement.* 2. Croire à tort. *Elle s'était imaginé avoir tout compris.*
ÉTYM. latin *imaginari,* de *imago* «image».

IMAGO [imago] **n. m.** ✦ Forme adulte, définitive (d'un insecte à métamorphoses). *Imago du criquet.*
ÉTYM. mot latin «image».

IMAM [imam] **n. m.** 1. HIST. Titre donné au successeur de Mahomet et à ceux d'Ali chez les chiites*. 2. Fonctionnaire laïque qui dirige la prière dans une mosquée.
ÉTYM. mot arabe «celui qui se tient devant».

IMBATTABLE [ɛ̃batabl] **adj.** ✦ Qui ne peut être battu, vaincu. *Il est imbattable sur cette distance* (→ **invincible**), *sur cette matière* (→ **incollable**). – *Des prix imbattables,* plus avantageux que partout ailleurs.
ÉTYM. de ② *in-* et *battre.*

IMBÉCILE [ɛ̃besil] **adj.** et **n.** 1. VX Faible. 2. Dont l'intelligence est faible. – **n.** Arriéré mental, faible d'esprit. 3. Dépourvu d'intelligence ; qui manifeste de la bêtise. *Une réflexion imbécile.* SYN. **bête, idiot, stupide.** – **n.** *C'est le dernier des imbéciles.* SYN. **abruti, crétin, idiot.** *Imbécile heureux,* satisfait de lui. CONTR. **intelligent.**
► **IMBÉCILEMENT** [ɛ̃besilmɑ̃] **adv.**
ÉTYM. latin *imbecillus* «sans bâton *(bacillum),* sans ressource, faible».

IMBÉCILLITÉ ou **IMBÉCILITÉ** [ɛ̃besilite] **n. f.** 1. VX Faiblesse. 2. Faiblesse d'esprit, arriération mentale. 3. Grave manque d'intelligence. 4. *(Une, des imbécillités)* Acte, parole, idée imbécile. *Il ne dit que des imbécillités.* SYN. **ânerie, bêtise, idiotie.** – Écrire *imbécilité,* avec un seul *l* comme dans *imbécile,* est permis. CONTR. **intelligence.**
ÉTYM. latin *imbecillitas,* de *imbecillus* → imbécile.

IMBERBE [ɛ̃bɛʀb] **adj.** ✦ Qui est sans barbe (→ **glabre**), n'a pas encore de barbe. *Un garçon imberbe.*
ÉTYM. latin *imberbis,* de *barba* → ① barbe.

IMBIBER [ɛ̃bibe] **v. tr.** (conjug. 3a) 1. Pénétrer, imprégner d'eau, d'un liquide. SYN. **tremper.** *Imbiber une éponge.* 2. *S'IMBIBER* **v. pron.** Absorber un liquide. *Le bois s'est imbibé.* ♦ FAM. *S'imbiber d'alcool, de vin :* boire à l'excès. – au **p. passé** *Il est complètement imbibé.*
ÉTYM. latin *imbibere* «boire, absorber».

IMBRICATION [ɛ̃bʀikasjɔ̃] **n. f.** ✦ Disposition de choses imbriquées. *L'imbrication des tuiles d'un toit.*
ÉTYM. de *imbriqué.*

IMBRIQUÉ, ÉE [ɛ̃bʀike] **adj.** 1. Se dit de choses qui se recouvrent partiellement (à la manière des tuiles d'un toit). *Des écailles imbriquées.* 2. fig. Se dit de choses étroitement liées. *Une suite d'évènements imbriqués.*
ÉTYM. latin *imbricatus,* de *imbrex, imbricis* «tuile creuse».

S'IMBRIQUER [ɛ̃bʀike] **v. pron.** (conjug. 3a) 1. Être disposé de façon à se chevaucher. *Ardoises, écailles qui s'imbriquent.* 2. fig. S'enchevêtrer, être étroitement lié. *Dans ce roman, plusieurs intrigues s'imbriquent.*
ÉTYM. de *imbriqué.*

IMBROGLIO [ɛ̃bʀɔljo ; ɛ̃bʀɔglijo] **n. m.** ✦ Situation confuse, embrouillée. → **complication.** *Des imbroglios.*
ÉTYM. mot italien, de *imbrogliare* «embrouiller».

IMBU, UE [ɛ̃by] **adj.** ✦ Imprégné, pénétré (de sentiments, d'idées, de préjugés...). – **péj.** *Être imbu de soi-même, de sa supériorité :* se croire supérieur aux autres. SYN. **infatué.**
ÉTYM. de *embu,* p. passé de *emboire* «imbiber».

IMBUVABLE [ɛ̃byvabl] **adj.** 1. Qui n'est pas buvable. *Un café imbuvable,* mauvais. 2. (personnes) FAM. Insupportable. *Un prétentieux imbuvable.* CONTR. **buvable.**

IMITABLE [imitabl] **adj.** ✦ Qui peut être imité. *Une signature facilement imitable.* CONTR. **inimitable.**

IMITATEUR, TRICE [imitatœʀ, tʀis] **n.** 1. Personne qui imite (les gestes, le comportement d'autrui). – Artiste qui imite des personnages connus. 2. Personne qui imite (les œuvres d'autrui). → **plagiaire.**

IMITATIF, IVE [imitatif, iv] **adj.** ✦ Qui tient de l'imitation. *Musique, harmonie imitative.*

IMITATION [imitasjɔ̃] **n. f.** 1. Action de reproduire volontairement ou de chercher à reproduire (une apparence, un geste, un acte). *Imitation fidèle, réussie.* ♦ Reproduction consciente ou inconsciente de gestes, d'actes. *L'instinct d'imitation des enfants.* ♦ DIDACT. Expression, extériorisation d'un caractère humain ou représentation d'une réalité sensible. *Les théories de l'imitation, en art.* 2. Fait de prendre une personne, une œuvre pour modèle. 3. Œuvre sans originalité imitée d'un modèle. *Imitation servile.* → **copie, plagiat.** 4. Reproduction d'un objet, d'une matière qui imite l'original ; objet imité. SYN. **copie ;** → **ersatz, reproduction ; contrefaçon ; simili-.** *Fabriquer des imitations de meubles anciens.* – *Reliures imitation cuir.* 5. *À L'IMITATION DE* **loc. prép.** : sur le modèle de.
ÉTYM. latin *imitatio.*

IMITER [imite] **v. tr.** (conjug. 3a) 1. Chercher à reproduire. *Imiter le cri d'un animal.* ♦ Faire comme (qqn). *Il leva son verre et tout le monde l'imita.* SYN. **copier,** péj. **singer.** 2. Prendre pour modèle, pour exemple. *Imiter un maître, son action.* 3. Prendre pour modèle (l'œuvre, le style d'un autre). → **s'inspirer** de. 4. S'efforcer de reproduire dans l'intention de faire passer la reproduction pour authentique. SYN. **contrefaire.** *Faussaire qui imite une signature.* – au **p. passé** *C'est bien imité !* 5. (choses) Produire le même effet que. SYN. **ressembler** à. *Ces peintures imitent le bois à s'y méprendre.*
ÉTYM. latin *imitari.*

IMMACULÉ, ÉE [imakyle] **adj.** 1. RELIG. CHRÉT. Qui est sans péché. *L'Immaculée Conception :* la Sainte Vierge. 2. (choses) Sans une tache ; d'une propreté, d'une blancheur parfaite. *Une neige immaculée.* CONTR. **maculé, souillé, taché.**
ÉTYM. latin *immaculatus,* de *macula* «tache».

IMMANENCE [imanɑ̃s] **n. f.** ✦ PHILOS. Caractère de ce qui est immanent (s'oppose à *transcendance*).

IMMANENT, ENTE [imanɑ̃, ɑ̃t] **adj.** ✦ PHILOS. Qui est contenu dans la nature d'un être, ne provient pas d'un principe extérieur (s'oppose à *transcendant*). ♦ *Justice immanente,* dont le principe est contenu dans les actions commises ; qui en découle naturellement.
ÉTYM. latin médiéval *immanens,* de *immanere,* de *manere* «demeurer».

IMMANGEABLE [ɛ̃mɑ̃ʒabl] **adj.** ✦ Qui n'est pas bon à manger ; très mauvais. *Le rôti, trop salé, était immangeable.* CONTR. **mangeable.**

A B C D E F G H I J K L M N O P Q R S T U V W X Y Z

IMMANQUABLE [ɛ̃mɑ̃kabl] **adj.** 1. Qui ne peut manquer d'arriver. SYN. **fatal, inévitable.** 2. Qui ne peut manquer d'atteindre son but. SYN. **infaillible.** *Un coup immanquable.* CONTR. **douteux, incertain.**
ÉTYM. de *manquer.*

IMMANQUABLEMENT [ɛ̃mɑ̃kabləmɑ̃] **adv.** ✦ D'une manière immanquable. SYN. **fatalement, inévitablement.**

IMMATÉRIEL, ELLE [imateʀjɛl] **adj.** 1. Qui n'est pas formé de matière, ou ne concerne pas la chair, les sens. SYN. **spirituel** ; → **abstrait.** 2. Qui ne semble pas de nature matérielle. *Une dentelle d'une finesse immatérielle.* CONTR. ① **matériel.**

IMMATRICULATION [imatʀikylasjɔ̃] **n. f.** ✦ Action d'immatriculer ; résultat de cette action. *Numéro d'immatriculation à la Sécurité sociale. Plaque d'immatriculation d'une voiture.*

IMMATRICULER [imatʀikyle] **v. tr.** (conjug. 3a) ✦ Inscrire sur un registre public, sur la matricule. *Il s'est fait immatriculer à la faculté de droit.* – au p. passé *Voiture immatriculée en Belgique.*
ÉTYM. latin médiéval *immatriculare.*

IMMATURE [imatyʀ] **adj.** ✦ anglicisme Qui manque de maturité intellectuelle, affective. *Un adolescent immature.* CONTR. **mature, mûr.**

IMMÉDIAT, ATE [imedja, at] **adj.** 1. Qui précède ou suit sans intermédiaire (dans l'espace ou dans le temps). *Le successeur immédiat de qqn. Au voisinage immédiat de votre maison.* ◆ PHILOS. Qui agit ou se produit sans intermédiaire (s'oppose à *médiat*). *Cause immédiate. «Essai sur les données immédiates de la conscience»* (de Bergson). 2. Qui suit sans intervalle de temps ; qui a lieu tout de suite. *L'immédiat après-guerre. Une réaction immédiate. La mort a été immédiate.* SYN. **instantané.** – n. m. loc. *Dans l'immédiat* : pour le moment. *Ne venez pas dans l'immédiat.* CONTR. **éloigné · différé.**
ÉTYM. bas latin *immediatus,* de *medius* «central ; moyen».

IMMÉDIATEMENT [imedjatmɑ̃] **adv.** 1. DIDACT. De manière immédiate (1). 2. Tout de suite avant ou tout de suite après. *Précéder, suivre immédiatement une date.* ◆ À l'instant même, tout de suite. SYN. **aussitôt.** *Sortez immédiatement !*

IMMÉMORIAL, ALE, AUX [imemɔʀjal, o] **adj.** ✦ Qui remonte à une époque si ancienne qu'elle est sortie de la mémoire. *Des coutumes immémoriales.*
ÉTYM. latin médiéval *immemorialis.*

IMMENSE [i(m)mɑ̃s] **adj.** 1. VX Illimité, infini. 2. Dont l'étendue, les dimensions sont considérables. → **grand, illimité, vaste.** *Perdu dans l'immense océan.* 3. Qui est très considérable en son genre (par la force, l'importance, la quantité). SYN. **colossal, énorme.** *Une foule immense. Une immense fortune.* CONTR. **infime, minuscule.**
ÉTYM. latin *immensus,* de *metiri* «mesurer».

IMMENSÉMENT [i(m)mɑ̃semɑ̃] **adv.** ✦ Extrêmement. *Il est immensément riche.*

IMMENSITÉ [i(m)mɑ̃site] **n. f.** 1. VX Étendue illimitée. 2. Étendue trop vaste pour être facilement mesurée. *L'immensité du ciel.* – absolt *L'immensité* : l'espace. *Perdu dans l'immensité.* 3. Grandeur considérable (de qqch.). SYN. **ampleur.** *L'immensité de ses connaissances.*
ÉTYM. latin *immensitas.*

IMMERGER [imɛʀʒe] **v. tr.** (conjug. 5) ✦ Plonger (dans un liquide, dans la mer). *On a immergé un nouveau câble.* ◆ S'IMMERGER **v. pron.** *Le sous-marin s'immergeait rapidement.* SYN. **plonger.** – fig. *S'immerger dans la foule ; dans ses souvenirs.* CONTR. **émerger.**
► **IMMERGÉ, ÉE adj.** *Rochers immergés à marée haute. Plantes immergées,* qui croissent sous l'eau.
ÉTYM. latin *immergere,* de *mergere* «plonger».

IMMÉRITÉ, ÉE [imeʀite] **adj.** ✦ Qui n'est pas mérité. SYN. **injuste.** *Des reproches immérités. Un succès immérité.* CONTR. **mérité.**

IMMERSION [imɛʀsjɔ̃] **n. f.** ✦ Action d'immerger, de plonger (dans un liquide, un milieu). *L'immersion d'un câble dans la mer.*
ÉTYM. latin *immersio.*

IMMETTABLE [ɛ̃metabl] **adj.** ✦ (vêtement) Que l'on ne peut ou que l'on n'ose pas mettre. SYN. ② **importable.** CONTR. **mettable.**

IMMEUBLE [imœbl] **adj.** et **n. m.**
I adj. DR. Qui ne peut être déplacé (ou qui est réputé tel par la loi) (opposé à *meuble*). *Biens immeubles.* → **immobilier.**
II n. m. Grand bâtiment urbain à plusieurs étages ; grande maison de rapport. *Un immeuble de quarante étages.* → **gratte-ciel,** ① **tour.** *Un immeuble de bureaux.*
ÉTYM. latin *immobilis* ; doublet de *immobile.*

IMMIGRANT, ANTE [imigʀɑ̃, ɑ̃t] **n.** ✦ Personne qui immigre dans un pays ou qui y a immigré récemment. *La nation américaine est surtout composée d'immigrants.*

IMMIGRATION [imigʀasjɔ̃] **n. f.** 1. Entrée dans un pays, une région, de personnes qui vivaient à l'extérieur et qui viennent s'y établir, y chercher un emploi. *Les grands courants d'immigration en Europe. Immigration clandestine.* 2. Ensemble d'immigrés. *L'immigration portugaise en France.*
ÉTYM. de *immigrer.*

IMMIGRÉ, ÉE [imigʀe] **adj.** et **n.** ✦ Qui est venu de l'étranger, souvent d'un pays peu développé, et qui s'établit dans un pays industrialisé. *Les travailleurs immigrés.* – **n.** *Des immigrés bien intégrés.*

IMMIGRER [imigʀe] **v. intr.** (conjug. 3a) ✦ Entrer dans un pays étranger pour s'y établir. *Immigrer en Australie, aux États-Unis.*
ÉTYM. latin *immigrare.*

IMMINENCE [iminɑ̃s] **n. f.** ✦ Caractère de ce qui est imminent. *L'imminence d'une décision. Devant l'imminence du danger.* SYN. **proximité.**
ÉTYM. bas latin *imminentia* → imminent.

IMMINENT, ENTE [iminɑ̃, ɑ̃t] **adj.** ✦ Qui va se produire dans très peu de temps. SYN. **immédiat, proche.** *Un danger imminent. Le départ est imminent.* CONTR. **éloigné, lointain.**
ÉTYM. latin *imminens,* de *imminere* «menacer».

S'IMMISCER [imise] **v. pron.** (conjug. 4) ✦ Intervenir mal à propos ou sans en avoir le droit (dans une affaire). SYN. **s'ingérer, se mêler**; → **immixtion.** *S'immiscer dans la vie privée de qqn.*
ÉTYM. latin *immiscere*, de *miscere* «mêler».

IMMIXTION [imiksjɔ̃] **n. f.** ✦ Action de s'immiscer. *Immixtion dans la vie privée de qqn.*
ÉTYM. bas latin *immixtio* → s'immiscer.

IMMOBILE [imɔbil] **adj.** ✦ Qui ne se déplace pas, reste sans bouger. *Rester, se tenir immobile.* ➖ (choses) Que rien ne fait mouvoir. *Mer, lac immobile.* SYN. **étale.** CONTR. **mobile.**
ÉTYM. latin *immobilis* ; doublet de *immeuble*.

IMMOBILIER, IÈRE [imɔbilje, jɛʀ] **adj.** **1.** DR. Qui est immeuble, composé de biens immeubles. *Succession immobilière.* **2.** Qui concerne un immeuble, des immeubles. *Crédit immobilier. Société immobilière,* s'occupant de la construction, de la vente d'immeubles. *Promoteur immobilier.* ◆ **n. m.** *L'immobilier* : le commerce d'immeubles, de logements, etc.
ÉTYM. de ② *in-* et *mobilier*.

IMMOBILISATION [imɔbilizasjɔ̃] **n. f.** **1.** Action de rendre immobile ; résultat de cette action. *L'immobilisation d'un membre fracturé.* **2.** **au plur.** FIN. Les éléments de l'actif (d'une entreprise) qui servent de façon durable à son exploitation.
ÉTYM. de *immobiliser*.

IMMOBILISER [imɔbilize] **v. tr.** (conjug. 3a) **1.** Rendre immobile, maintenir dans l'inactivité. SYN. **arrêter, fixer.** *Sa fracture l'a immobilisé un mois. La peur l'a immobilisé sur place.* ➖ **au p. passé** *Voiture immobilisée par une panne.* **2.** S'IMMOBILISER **v. pron.** S'arrêter et rester immobile. *Le train s'immobilise en rase campagne.* CONTR. **agiter · bouger, remuer.**
ÉTYM. du latin *immobilis* «immobile».

IMMOBILISME [imɔbilism] **n. m.** ✦ Disposition à se satisfaire de l'état présent des choses, à refuser le mouvement ou le progrès. CONTR. **progressisme.**
ÉTYM. de *immobile*.

IMMOBILITÉ [imɔbilite] **n. f.** ✦ État de ce qui est immobile. *Malade condamné à l'immobilité. Immobilité des traits du visage.* SYN. **impassibilité.** ◆ **fig.** État de ce qui ne change pas. *Immobilité politique.* CONTR. **agitation, mobilité ; mouvement.**
ÉTYM. latin *immobilitas*.

IMMODÉRÉ, ÉE [imɔdeʀe] **adj.** ✦ Qui n'est pas modéré, qui dépasse la mesure, la normale. SYN. **abusif, excessif.** *Un goût, un désir immodéré... Un usage immodéré de l'alcool.* CONTR. **mesuré, modéré.**
ÉTYM. latin *immoderatus*.

IMMODÉRÉMENT [imɔdeʀemɑ̃] **adv.** ✦ LITTÉR. D'une manière immodérée. SYN. **excessivement.** CONTR. **modérément.**

IMMODESTE [imɔdɛst] **adj.** ✦ VIEILLI Qui manque à la pudeur. CONTR. **décent, pudique, réservé.**
► **IMMODESTIE** [imɔdɛsti] **n. f.**
ÉTYM. latin *immodestus*.

IMMOLATION [imɔlasjɔ̃] **n. f.** ✦ LITTÉR. Action d'immoler ; résultat de cette action. → **sacrifice.** *L'immolation d'une victime.*
ÉTYM. latin *immolatio*.

IMMOLER [imɔle] **v. tr.** (conjug. 3a) **1.** RELIG. Tuer en sacrifice à une divinité. SYN. **sacrifier.** *Immoler une victime sur l'autel.* **2.** **fig.** LITTÉR. Abandonner (qqch.) dans un esprit de sacrifice ou d'obéissance. *Immoler ses intérêts à son devoir.* **3.** S'IMMOLER **v. pron.** Faire le sacrifice de sa vie.
ÉTYM. latin *immolare*.

IMMONDE [i(m)mɔ̃d] **adj.** **1.** LITTÉR. Impur selon la loi religieuse. **2.** D'une saleté ou d'une hideur qui soulève le dégoût. SYN. **répugnant.** *Un taudis immonde.* ➖ **fig.** *La bête immonde* : le nazisme, le totalitarisme (d'après B. Brecht). **3.** D'une immoralité ou d'une bassesse qui révolte la conscience. SYN. **ignoble.** *Un crime immonde. Des propos immondes.*
ÉTYM. latin *immundus*, de *mundus* «propre».

IMMONDICES [imɔ̃dis] **n. f. pl.** ✦ Déchets de la vie humaine et animale, résidus. SYN. **ordure.** *Enlèvement des immondices par les services de la voirie.*
ÉTYM. latin *immunditia*, de *immundus* → immonde.

IMMORAL, ALE, AUX [imɔʀal, o] **adj.** ✦ Contraire aux principes de la morale, des bonnes mœurs (selon la définition d'une société et d'une époque). SYN. **corrompu, dépravé.** *Une conduite immorale.* ➖ *Un homme foncièrement immoral.* CONTR. ① **moral.**
ÉTYM. de ② *in-* et *moral*.

IMMORALISME [imɔʀalism] **n. m.** ✦ Doctrine qui propose des règles d'action différentes, voire inverses de celles qu'admet la morale courante.
► **IMMORALISTE** [imɔʀalist] **adj. et n.** «*L'Immoraliste*» (roman de Gide).

IMMORALITÉ [imɔʀalite] **n. f.** ✦ Caractère immoral (d'une société, d'une personne, d'actions, de discours). *L'immoralité d'un homme, d'un ouvrage.* CONTR. **moralité.**

IMMORTALISER [imɔʀtalize] **v. tr.** (conjug. 3a) ✦ Rendre immortel dans la mémoire des hommes. *Ce tableau a immortalisé son nom.* ➖ **pronom.** *Il s'est immortalisé par ses découvertes.*

IMMORTALITÉ [imɔʀtalite] **n. f.** **1.** Qualité, état d'une personne ou d'une chose qui est immortelle. *L'immortalité des dieux grecs. La croyance à l'immortalité de l'âme.* **2.** LITTÉR. État de ce qui survit sans fin dans la mémoire des hommes.
ÉTYM. latin *immortalitas*.

IMMORTEL, ELLE [imɔʀtɛl] **adj.** et **n.** **1.** Qui n'est pas sujet à la mort. *Les dieux immortels.* ➖ **n.** LITTÉR. *Les immortels* : les dieux. **2.** Que l'on suppose ne devoir jamais finir, que rien ne pourra détruire. SYN. **éternel, impérissable.** *Un amour immortel.* **3.** Qui survit et doit survivre éternellement dans la mémoire des hommes. *Cervantes, l'immortel auteur de «Don Quichotte». Les immortels principes de 1789.* **4.** **n.** Membre de l'Académie française. CONTR. **mortel · éphémère.**
ÉTYM. latin *immortalis*.

IMMORTELLE [imɔʀtɛl] **n. f.** ✦ Plante dont la fleur desséchée présente une collerette de feuilles colorées persistantes.

A B C D E F G H I J K L M N O P Q R S T U V W X Y Z

IMMOTIVÉ, ÉE [imɔtive] adj. ✦ Qui n'a pas de motif. *Action immotivée.* SYN. **gratuit.** CONTR. **motivé.**

IMMUABLE [imɥabl] adj. 1. Qui reste identique, ne change pas. *Les lois immuables de la nature.* 2. Qui ne change guère, qui dure longtemps. SYN. **constant, invariable.** *Une attitude immuable. Rester immuable dans ses convictions.* CONTR. **changeant, variable.**
► **IMMUABILITÉ** [imɥabilite] n. f.
► **IMMUABLEMENT** [imɥabləmɑ̃] adv.
ÉTYM. de l'ancien français *muable* «qui bouge», d'après le latin *immutabilis.*

IMMUNISER [imynize] v. tr. (conjug. 3a) 1. Rendre réfractaire aux causes de maladies, à une maladie infectieuse. *Immuniser par un vaccin.* → **vacciner.** – au p. passé *Personne immunisée contre la rubéole.* 2. fig. *Immuniser contre... :* protéger contre, mettre à l'abri de... *Ses échecs ne l'ont pas immunisé contre les illusions.*
► **IMMUNISATION** [imynizasjɔ̃] n. f.
ÉTYM. du latin *immunis* «exempt», de *munus* «charge».

IMMUNITAIRE [imynitɛʀ] adj. ✦ DIDACT. De l'immunité (II). *Les réactions immunitaires de l'organisme.*

IMMUNITÉ [imynite] n. f. **I** Prérogative accordée par la loi à une catégorie de personnes. → **franchise, privilège.** *Immunité parlementaire,* assurant aux parlementaires une protection contre les actions judiciaires. – *Immunité diplomatique,* soustrayant les diplomates étrangers aux juridictions du pays où ils résident. **II** Propriété (d'un organisme) de résister à une cause de maladie. *Immunité naturelle acquise. Immunité à un virus.*
ÉTYM. latin *immunitas* de *immunis* → immuniser.

IMMUNO- Élément savant qui signifie «immunité» (II).

IMMUNODÉFICIENCE [imynodefisjɑ̃s] n. f. ✦ MÉD. Incapacité de résister à l'infection, par déficience du système immunitaire. *Syndrome d'immunodéficience acquise.* → **sida.** *Virus de l'immunodéficience humaine.* → **V. I. H.**
► **IMMUNODÉFICITAIRE** [imynodefisitɛʀ] adj.

IMMUNOGLOBULINE [imynoglɔbylin] n. f. ✦ Protéine du sérum sanguin, sécrétée à la suite de l'introduction d'antigènes dans l'organisme. → **anticorps.**

IMMUNOLOGIE [imynɔlɔʒi] n. f. ✦ Branche de la médecine et de la biologie qui étudie les phénomènes d'immunité.
ÉTYM. de *immuno-* et *-logie.*

IMMUNOTHÉRAPIE [imynoteʀapi] n. f. ✦ MÉD. Traitement destiné à augmenter ou à provoquer l'immunité de l'organisme par l'injection d'anticorps ou d'antigènes.
ÉTYM. de *immuno-* et *-thérapie.*

IMPACT [ɛ̃pakt] n. m. 1. Collision, heurt. – *POINT D'IMPACT,* endroit où un projectile vient frapper et par ext. trace qu'il laisse. *Relever les points d'impact des balles.* 2. fig. Effet produit, action exercée. *Mesurer l'impact d'une campagne publicitaire.*
ÉTYM. latin *impactus,* de *impingere* «heurter».

IMPACTER [ɛ̃pakte] v. tr. (conjug. 3a) ✦ Avoir un impact, une incidence sur (qqch.).

IMPAIR, AIRE [ɛ̃pɛʀ] adj. et n. m.
I adj. (nombre) Dont la division par deux ne donne pas un nombre entier. *Un, trois... dix-sept sont des nombres impairs. Jours pairs et jours impairs. Numéros impairs,* aux jeux de hasard.
II n. m. Maladresse choquante ou préjudiciable. SYN. ② **gaffe.** *Faire, commettre un impair.*
ÉTYM. latin *impar,* d'après *pair.*

IMPALA [impala] n. m. ✦ Petite antilope qui vit dans les savanes africaines.
ÉTYM. mot zoulou.

IMPALPABLE [ɛ̃palpabl] adj. 1. Immatériel, imperceptible au toucher, fig. à la perception. *Vapeurs impalpables.* 2. Dont les éléments séparés sont si petits qu'on ne les sent pas au toucher. → ② **fin.** *Une poussière impalpable.* CONTR. **concret,** ① **matériel, palpable.**
ÉTYM. bas latin *impalpabilis.*

IMPARABLE [ɛ̃paʀabl] adj. ✦ Qu'on ne peut éviter, parer. *Un coup imparable.*
ÉTYM. de ② *in-* et *parer.*

IMPARDONNABLE [ɛ̃paʀdɔnabl] adj. ✦ Qui ne mérite pas de pardon, d'excuse. *Une faute impardonnable.* SYN. **inexcusable.** *Il est impardonnable d'avoir oublié.* CONTR. **pardonnable.**

IMPARFAIT, AITE [ɛ̃paʀfɛ, ɛt] adj. et n. m.
I adj. 1. LITTÉR. Qui n'est pas achevé, pas complet. SYN. **incomplet.** *Une connaissance imparfaite.* 2. Qui présente des défauts, des imperfections. → **critiquable, inégal.** *Une œuvre imparfaite.* CONTR. **parfait.**
II n. m. Temps du verbe ayant essentiellement pour fonction d'énoncer une action en voie d'accomplissement dans le passé et conçue comme non achevée. *Imparfait de l'indicatif, du subjonctif* (ex. *il riait* quand je suis entré ; il aurait fallu qu'elle le *vît*). *L'imparfait, temps de la description, et le passé simple, temps du récit.*
ÉTYM. de *parfait,* d'après latin *imperfectus.*

IMPARFAITEMENT [ɛ̃paʀfɛtmɑ̃] adv. ✦ D'une manière imparfaite. *Connaître imparfaitement son cours.* SYN. **incomplètement, insuffisamment.** CONTR. **parfaitement.**

IMPARISYLLABIQUE [ɛ̃paʀisi(l)labik] adj. ✦ LING. Se dit d'un mot latin ou grec qui n'a pas le même nombre de syllabes au nominatif et au génitif singuliers (opposé à *parisyllabique*) [ex. *miles-militis*].
ÉTYM. du latin *impar* «inégal» et de *syllabique.*

IMPARTIAL, ALE, AUX [ɛ̃paʀsjal, o] adj. ✦ Qui est sans parti pris, ne manifeste aucun parti pris. SYN. **juste, neutre,** ① **objectif.** *Juge impartial. Compte rendu impartial.* CONTR. **partial.**
► **IMPARTIALEMENT** [ɛ̃paʀsjalmɑ̃] adv.
ÉTYM. de ② *in-* et *partial.*

IMPARTIALITÉ [ɛ̃paʀsjalite] n. f. ✦ Fait d'être impartial. *L'impartialité d'un jugement.* CONTR. **partialité,** ① **parti pris.**

IMPARTIR [ɛ̃paʀtiʀ] v. tr. (conjug. 13, seulement inf., indic. prés. et p. passé) ✦ LITTÉR. Donner en partage. *Les dons que la nature nous a impartis.* – Accorder par décision de justice. *Impartir un délai à qqn.* – au p. passé *Les délais impartis.*
ÉTYM. latin *impartire,* de *partire* «partager».

IMPASSE [ɛ̃pɑs] **n. f.** **1.** Rue sans issue. SYN. **cul-de-sac.** *S'engager dans une impasse.* ➝ fig. Situation sans issue favorable. *Les négociations sont dans une impasse.* **2.** *Impasse budgétaire* : déficit qui sera couvert par l'emprunt, etc. **3.** au bridge, à la belote *Faire l'impasse au roi* : jouer la dame, quand on a l'as, pour faire tomber la carte intermédiaire. ◆ Partie du programme d'examen qu'un étudiant prend le risque de ne pas apprendre. ➝ *Faire l'impasse sur qqch.*, ne pas prendre en compte (en prenant un risque).
ÉTYM. de ② *in-* et *passer.*

IMPASSIBILITÉ [ɛ̃pasibilite] **n. f.** ✦ Calme, sang-froid. *Sans se départir de son impassibilité.* CONTR. **agitation, excitation, impatience.**
ÉTYM. latin *impassibilitas.*

IMPASSIBLE [ɛ̃pasibl] **adj.** ✦ Qui n'éprouve ou ne trahit aucune émotion, aucun sentiment. SYN. ② **calme, froid, imperturbable.** *Un visage impassible.* SYN. **fermé, impénétrable.** CONTR. **agité, énervé, troublé.**
► **IMPASSIBLEMENT** [ɛ̃pasibləmɑ̃] **adv.**
ÉTYM. latin *impassibilis*, de *pati* «souffrir».

IMPATIEMMENT [ɛ̃pasjamɑ̃] **adv.** ✦ Avec impatience. *Attendre impatiemment une réponse.* CONTR. **calmement, patiemment.**

IMPATIENCE [ɛ̃pasjɑ̃s] **n. f.** **1.** Manque de patience habituel, naturel. *L'impatience de la jeunesse.* **2.** Incapacité de se contraindre pour supporter, attendre qqch. ou qqn. ➝ **énervement.** *Calmer l'impatience de qqn. Donner des signes d'impatience. Je brûle d'impatience de le connaître.* CONTR. **patience** • ① **calme.**
ÉTYM. latin *impatientia*, de *impatiens* → impatient.

IMPATIENT, ENTE [ɛ̃pasjɑ̃, ɑ̃t] **adj.** **1.** Qui manque de patience, qui est incapable de se contenir, de patienter. **2.** Qui supporte ou attend avec impatience. *Il est impatient de vous revoir.* ➝ *Un geste impatient*, qui marque de l'impatience. **3.** **n. f.** *L'impatiente* : la balsamine. CONTR. ② **calme, patient.**
ÉTYM. latin *impatiens.*

IMPATIENTER [ɛ̃pasjɑ̃te] **v. tr.** (conjug. 3a) **1.** Faire perdre patience à. ➝ **agacer, énerver.** **2.** S'IMPATIENTER **v. pron.** Perdre patience, manifester de l'impatience. *Venez vite, il commence à s'impatienter.*
ÉTYM. de *impatient.*

IMPAVIDE [ɛ̃pavid] **adj.** ✦ LITTÉR. Qui n'éprouve ou ne montre aucune crainte. *Rester impavide devant le danger.* SYN. **impassible.**
► **IMPAVIDITÉ** [ɛ̃pavidite] **n. f.**
ÉTYM. latin *impavidus*, de *pavere* «avoir peur».

IMPAYABLE [ɛ̃pɛjabl] **adj.** ✦ FAM. D'une bizarrerie extraordinaire ou très comique. *Une aventure impayable.* SYN. **cocasse.**
ÉTYM. de ② *in-* et *payable.*

IMPAYÉ, ÉE [ɛ̃peje] **adj.** ✦ Qui n'a pas été payé. *Facture impayée.* ➝ **n.** *Les impayés* : les effets de commerce impayés. CONTR. **payé, réglé.**

IMPECCABLE [ɛ̃pekabl] **adj.** **1.** LITTÉR. Incapable de pécher, de commettre une erreur (➝ **infaillible**), une faute morale. **2.** Sans défaut. SYN. **irréprochable.** *Un impeccable garde-à-vous.* ➝ FAM. Parfait. *Il a été impeccable en cette occasion.* ➝ abrév. FAM. IMPEC [ɛ̃pɛk] **3.** D'une propreté parfaite. *Une chemise impeccable.* ➝ (personnes) *Il est toujours impeccable*, d'une tenue parfaite.
ÉTYM. latin *impeccabilis*, de *peccare* «pécher».

IMPECCABLEMENT [ɛ̃pekabləmɑ̃] **adv.** ✦ D'une manière impeccable (2 ou 3). *Être habillé impeccablement.*

IMPÉCUNIEUX, EUSE [ɛ̃pekynjø, øz] **adj.** ✦ LITTÉR. Qui manque d'argent.
ÉTYM. de ② *in-* et du latin *pecunia* «argent».

IMPÉDANCE [ɛ̃pedɑ̃s] **n. f.** ✦ ÉLECTR. Grandeur qui est, pour les courants alternatifs, l'équivalent de la résistance pour les courants continus.
ÉTYM. anglais *impedance*, du latin *impedire* «empêcher».

IMPEDIMENTA [ɛ̃pedimɛ̃ta] **n. m. pl.** ✦ LITTÉR. Ce qui entrave le déplacement, l'activité.
ÉTYM. mot latin, de *impedire* «entraver, empêcher».

IMPÉNÉTRABILITÉ [ɛ̃penetʀabilite] **n. f.** ✦ LITTÉR. État de ce qui est impénétrable.

IMPÉNÉTRABLE [ɛ̃penetʀabl] **adj.** **1.** Où l'on ne peut pénétrer ; qui ne peut être traversé. *Jungle impénétrable.* **2.** fig. Qu'il est difficile ou impossible de connaître, d'expliquer. SYN. **incompréhensible, insondable.** *Ses intentions sont impénétrables. Impénétrable à qqn, pour qqn.* **3.** Qui ne laisse rien deviner de lui-même. *Un homme impénétrable.* ➝ *Un air impénétrable.* CONTR. **accessible • pénétrable.**

IMPÉNITENT, ENTE [ɛ̃penitɑ̃, ɑ̃t] **adj.** **1.** RELIG. Qui ne se repent pas de ses péchés. **2.** Qui ne renonce pas à une habitude. SYN. **incorrigible, invétéré.** *Un joueur, un rêveur impénitent.* CONTR. **pénitent, repentant, repenti.**
ÉTYM. latin chrétien *impaenitens*, de *paenitere* «avoir du regret, du repentir».

IMPENSABLE [ɛ̃pɑ̃sabl] **adj.** ✦ Que l'on a du mal à imaginer. SYN. **incroyable, inimaginable.** CONTR. **pensable.**
ÉTYM. de ② *in-* et *penser.*

IMPÉRATIF, IVE [ɛ̃peʀatif, iv] **n. m.** et **adj.**
I n. m. **1.** Mode grammatical qui exprime le commandement et la défense. *Les trois personnes de l'impératif* (ex. donne, donnons, donnez). **2.** Prescription d'ordre moral, esthétique, etc. *Les impératifs de la mode.*
II adj. **1.** Qui exprime ou impose un ordre. *Phrase impérative* (ex. tais-toi). SYN. **injonctif.** *Une consigne impérative.* ➝ *Un geste impératif.* SYN. **impérieux.** **2.** Qui s'impose, a un caractère de nécessité. *Des besoins impératifs.*
ÉTYM. bas latin *imperativus*, de *imperare* «commander».

IMPÉRATIVEMENT [ɛ̃peʀativmɑ̃] **adv.** ✦ D'une manière impérative. *Il doit impérativement payer demain.* SYN. **obligatoirement.**

IMPÉRATRICE [ɛ̃peʀatʀis] **n. f.** **1.** Épouse d'un empereur. *L'impératrice Joséphine.* **2.** Souveraine d'un empire. *Catherine, impératrice de Russie.*
ÉTYM. latin *imperatrix.*

IMPERCEPTIBLE [ɛ̃pɛʀsɛptibl] **adj.** **1.** Qu'il est impossible de percevoir par les seuls organes des sens. *Imperceptible à l'œil nu* (➝ **invisible**), *au toucher* (➝ **impalpable**). ◆ *Un bruit imperceptible*, très faible. **2.**

A B C D E F G H I J K L M N O P Q R S T U V W X Y Z

Impossible ou très difficile à apprécier par l'esprit. *Des nuances imperceptibles.* CONTR. **perceptible.**
ÉTYM. latin médiéval *imperceptibilis.*

IMPERCEPTIBLEMENT [ɛ̃pɛʀsɛptibləmɑ̃] **adv.** ✦ D'une manière imperceptible. *Le paysage se modifiait imperceptiblement.* SYN. **insensiblement.**

IMPERDABLE [ɛ̃pɛʀdabl] **adj.** ✦ Qu'on ne peut, ne devrait pas perdre. *Procès, match imperdable.*
ÉTYM. de ② *in-* et *perdable* ou *perdre.*

IMPERFECTIF, IVE [ɛ̃pɛʀfɛktif, iv] **adj.** ✦ GRAMM. *Aspect, verbe imperfectif,* qui exprime la durée (opposé à *perfectif*). ➝ **n. m.** *Un imperfectif.* ➝ *Futur perfectif et futur imperfectif en russe.*

IMPERFECTION [ɛ̃pɛʀfɛksjɔ̃] **n. f.** **1.** État de ce qui est imparfait. *L'imperfection d'une solution.* **2.** Ce qui rend (qqch.) imparfait. SYN. **défaut.** *Corriger les imperfections d'un ouvrage.* CONTR. **perfection • qualité, vertu.**
ÉTYM. latin *imperfectio.*

IMPÉRIAL, ALE, AUX [ɛ̃peʀjal, o] **adj.** **1.** Qui appartient à un empereur, à son autorité, à ses États. *La garde impériale de Napoléon.* ◆ *Un air impérial,* majestueux et autoritaire. **2.** Relatif à l'Empire romain, instauré après la république. *Le latin impérial.*
ÉTYM. latin *imperialis,* de *imperium* «empire».

IMPÉRIALE [ɛ̃peʀjal] **n. f.** ✦ Étage supérieur de certains véhicules publics. *Autobus à impériale.*
ÉTYM. de *lit à l'impériale* «à baldaquin».

IMPÉRIALISME [ɛ̃peʀjalism] **n. m.** **1.** Politique d'un État qui cherche à réduire d'autres États sous sa dépendance politique ou économique. ➙ **colonialisme.** *L'impérialisme romain.* **2.** Caractère dominateur (de qqn, qqch.).
ÉTYM. anglais *imperialism.*

IMPÉRIALISTE [ɛ̃peʀjalist] **adj.** ✦ Qui soutient l'impérialisme. *Politique impérialiste.* ➝ **n.** *Les impérialistes.*

IMPÉRIEUX, EUSE [ɛ̃peʀjø, øz] **adj.** **1.** Qui commande d'une façon qui n'admet ni résistance ni réplique. SYN. **autoritaire ;** ➙ **tyrannique.** *Un ton impérieux.* **2.** (choses) Qui force à céder ; auquel on ne peut résister. SYN. **irrésistible, pressant.** *Un besoin impérieux.* CONTR. **humble, soumis.**
► **IMPÉRIEUSEMENT** [ɛ̃peʀjøzmɑ̃] **adv.**
ÉTYM. latin *imperiosus,* de *imperium* «empire».

IMPÉRISSABLE [ɛ̃peʀisabl] **adj.** ✦ (choses) Qui ne peut périr, qui dure très longtemps. SYN. **immortel.** *Un souvenir impérissable.* CONTR. **éphémère, périssable.**

IMPÉRITIE [ɛ̃peʀisi] **n. f.** ✦ LITTÉR. Manque d'aptitude, d'habileté. SYN. **incapacité.** *L'impéritie d'un ministre, d'un général.* CONTR. **capacité, habileté.**
ÉTYM. latin *imperitia,* de *peritus* «expérimenté».

IMPERMÉABILISER [ɛ̃pɛʀmeabilize] **v. tr.** (conjug. 3a) ✦ Rendre imperméable (1). *Imperméabiliser un tissu.* ➝ **au p. passé** *Gabardine imperméabilisée.*

IMPERMÉABILITÉ [ɛ̃pɛʀmeabilite] **n. f.** **1.** Caractère de ce qui est imperméable. *L'imperméabilité d'un sol, d'un tissu.* **2.** fig. Insensibilité. CONTR. **perméabilité • sensibilité.**

IMPERMÉABLE [ɛ̃pɛʀmeabl] **adj.** **1.** Qui ne se laisse pas traverser par un liquide, notamment par l'eau. *Terrains imperméables.* ➝ *Un vêtement imperméable* ou **n. m.** *un imperméable,* vêtement de pluie en tissu imperméabilisé. ➝ **abrév.** FAM. IMPER [ɛ̃pɛʀ] *Des impers.* **2.** fig. Qui ne se laisse pas atteindre ; qui est absolument étranger (à). *Être imperméable à l'art, à la poésie.* SYN. **insensible.** CONTR. **perméable • ouvert • sensible.**
ÉTYM. latin *impermeabilis.*

IMPERSONNEL, ELLE [ɛ̃pɛʀsɔnɛl] **adj.** **1.** GRAMM. Qui exprime une action sans sujet réel ou déterminé. *Verbes impersonnels,* ne s'employant qu'à la troisième personne du singulier et à l'infinitif (ex. falloir, neiger). *Construction, tournure impersonnelle* (ex. Il a été décidé que...). ➝ *Mode impersonnel,* sans indication de la personne grammaticale (infinitif et participe). **2.** Qui ne constitue pas une personne. ➝ Qui n'appartient pas à une personne, ne s'adresse pas à une personne. *La loi est impersonnelle.* **3.** Qui n'a aucune particularité individuelle. *Un style impersonnel.* SYN. **neutre.** CONTR. **personnel ;** ② **original.**
► **IMPERSONNELLEMENT** [ɛ̃pɛʀsɔnɛlmɑ̃] **adv.**
ÉTYM. latin *impersonalis.*

IMPERTINENCE [ɛ̃pɛʀtinɑ̃s] **n. f.** **1.** Attitude, conduite d'une personne impertinente. SYN. **insolence.** **2.** *(Une, des impertinences)* Parole, action impertinente.

IMPERTINENT, ENTE [ɛ̃pɛʀtinɑ̃, ɑ̃t] **adj.** ✦ Qui montre de l'irrévérence, qui manque de respect. SYN. **impoli, incorrect, insolent.** ➝ **n.** *C'est une impertinente.* ◆ *Ton, rire impertinent.* CONTR. **correct,** ① **poli, respectueux.**
ÉTYM. latin *impertinens.*

IMPERTURBABLE [ɛ̃pɛʀtyʀbabl] **adj.** ✦ Que rien ne peut troubler, émouvoir. SYN. **impassible.** *On peut l'insulter, il reste imperturbable.* ➝ (choses) *Un calme imperturbable.* SYN. **inébranlable.**
► **IMPERTURBABLEMENT** [ɛ̃pɛʀtyʀbabləmɑ̃] **adv.**
ÉTYM. latin *imperturbabilis* de *perturbare* «troubler».

IMPESANTEUR [ɛ̃pəzɑ̃tœʀ] **n. f.** ✦ PHYS. Apesanteur.

IMPÉTIGO [ɛ̃petigo] **n. m.** ✦ MÉD. Maladie de la peau caractérisée par la formation de petites vésicules.
ÉTYM. latin *impetigo,* de *impetere* «attaquer».

IMPÉTRANT, ANTE [ɛ̃petʀɑ̃, ɑ̃t] **n.** ✦ ADMIN. Personne qui a obtenu qqch. (titre, diplôme, etc.) d'une autorité. *Signature de l'impétrant.*
ÉTYM. du participe présent de *impétrer,* latin *impetrare* «obtenir».

IMPÉTUEUSEMENT [ɛ̃petɥøzmɑ̃] **adv.** ✦ Avec impétuosité. SYN. **fougueusement.**

IMPÉTUEUX, EUSE [ɛ̃petɥø, øz] **adj.** ✦ LITTÉR. **1.** Dont l'impulsion est violente et rapide. *Torrent impétueux.* **2.** Qui a de la rapidité et de la violence dans son comportement. SYN. **ardent, fougueux.** *Un orateur impétueux.* CONTR. ② **calme, nonchalant, tranquille.**
ÉTYM. latin *impetuosus,* de *impetus* «élan».

IMPÉTUOSITÉ [ɛ̃petɥozite] **n. f.** ✦ Caractère impétueux, très vif. *S'élancer avec impétuosité.* SYN. **ardeur, fougue, violence.** CONTR. ① **calme, nonchalance.**
ÉTYM. bas latin *impetuositas.*

IMPIE [ɛ̃pi] adj. et n. 1. adj. (choses) Qui marque le mépris de la religion, des croyances religieuses. *Des paroles impies.* SYN. **blasphématoire.** 2. n. LITTÉR. OU RELIG. Personne qui insulte à la religion. SYN. **blasphémateur, sacrilège.** CONTR. **pieux.**
ÉTYM. latin *impius,* de *pius* «pieux».

IMPIÉTÉ [ɛ̃pjete] n. f. 1. LITTÉR. OU RELIG. Mépris pour la religion. 2. Action impie. *Commettre une impiété.* CONTR. **piété.**
ÉTYM. latin *impietas.*

IMPITOYABLE [ɛ̃pitwajabl] adj. ✦ Qui est sans pitié. SYN. **cruel, implacable, inflexible.** *Un ennemi impitoyable. Être impitoyable pour qqn.* ◆ Qui juge sans indulgence, ne fait grâce de rien. *Un examinateur impitoyable.* CONTR. ① **bon, charitable ; bienveillant, indulgent.**
ÉTYM. de ② *in-* et *pitoyable.*

IMPITOYABLEMENT [ɛ̃pitwajabləmɑ̃] adv. ✦ Sans indulgence, sans pitié. *Traiter qqn impitoyablement.*

IMPLACABLE [ɛ̃plakabl] adj. 1. LITTÉR. Qu'on ne peut apaiser, fléchir. SYN. **impitoyable, inflexible.** *Une haine implacable.* 2. À quoi l'on ne peut échapper. SYN. **irrésistible.** *Une logique implacable.* ◆ *Un soleil implacable,* très fort, terrible.
► **IMPLACABLEMENT** [ɛ̃plakabləmɑ̃] adv.
ÉTYM. latin *implacabilis,* de *placare* «apaiser».

IMPLANT [ɛ̃plɑ̃] n. m. ✦ MÉD. Comprimé ou objet introduit sous la peau ou dans un tissu organique à des fins thérapeutiques. ◆ *Implant dentaire* : tige métallique implantée dans le maxillaire pour y fixer une prothèse.
ÉTYM. de *implanter.*

IMPLANTATION [ɛ̃plɑ̃tasjɔ̃] n. f. ✦ Action d'implanter, de s'implanter. *L'implantation d'industries en zone rurale.*

IMPLANTER [ɛ̃plɑ̃te] v. tr. (conjug. 3a) 1. Introduire et faire se développer d'une manière durable (dans un nouveau milieu). *Implanter un syndicat dans une entreprise.* – au p. passé *Un préjugé bien implanté.* 2. *S'IMPLANTER* v. pron. Se fixer, s'établir. *Cette mode s'est facilement implantée.*
ÉTYM. italien *impiantare,* bas latin *implantare.*

IMPLICATION [ɛ̃plikasjɔ̃] n. f. 1. Action d'impliquer qqn dans une affaire. 2. Relation par laquelle une chose en implique une autre. ◆ au plur. Conséquences. *Les implications d'une mesure sociale.* SYN. **incidence, retombée.**
ÉTYM. latin *implicatio.*

IMPLICITE [ɛ̃plisit] adj. ✦ Qui est virtuellement contenu dans une proposition, un fait, sans être formellement exprimé. *Une condition implicite.* – n. m. *L'implicite* : ce qui est sous-entendu, présupposé. CONTR. **explicite.**
ÉTYM. latin *implicitum,* de *implicare* → impliquer.

IMPLICITEMENT [ɛ̃plisitmɑ̃] adv. ✦ D'une manière implicite. *La question est implicitement posée.* CONTR. **explicitement.**

IMPLIQUER [ɛ̃plike] v. tr. (conjug. 3a) 1. Engager (dans une affaire fâcheuse), mettre en cause (dans une accusation). SYN. **compromettre, mêler.** *Impliquer des personnalités dans une affaire. Être impliqué dans un trafic.* 2. (choses) Comporter de façon implicite, entraîner comme conséquence. *Ces investissements impliquent des sacrifices.* – *IMPLIQUER QUE* : supposer que (par conséquence logique). *Ce cambriolage implique qu'il existe des complicités.* 3. Engager dans une action, un processus. – pronom. *S'impliquer dans son travail.* – au p. passé *Se sentir impliqué.* SYN. **concerné.** CONTR. **exclure.**
ÉTYM. latin *implicare* «envelopper» ; doublet de *employer.*

IMPLORANT, ANTE [ɛ̃plɔʀɑ̃, ɑ̃t] adj. ✦ LITTÉR. Qui implore. SYN. **suppliant.** *Une voix implorante.*

IMPLORATION [ɛ̃plɔʀasjɔ̃] n. f. ✦ LITTÉR. Action d'implorer ; supplication.

IMPLORER [ɛ̃plɔʀe] v. tr. (conjug. 3a) 1. Supplier (qqn) d'une manière humble. SYN. **adjurer, prier.** *Implorer Dieu.* 2. Demander (une aide, une faveur) avec insistance. SYN. **solliciter.** *J'implore votre indulgence.*
ÉTYM. latin *implorare,* de *plorare* «pleurer».

IMPLOSER [ɛ̃ploze] v. intr. (conjug. 3a) ✦ Faire implosion.
ÉTYM. de ① *in-* et *exploser.*

IMPLOSION [ɛ̃plozjɔ̃] n. f. ✦ Irruption très brutale d'un fluide, d'un gaz dans une enceinte dont la pression est beaucoup plus faible que la pression extérieure. *L'implosion d'un téléviseur.*
ÉTYM. de ① *in-* et *explosion.*

IMPLUVIUM [ɛ̃plyvjɔm] n. m. ✦ ANTIQ. ROMAINE Bassin creusé au milieu de l'atrium pour recueillir les eaux de pluie.
ÉTYM. mot latin.

IMPOLI, IE [ɛ̃pɔli] adj. ✦ Qui manque à la politesse. SYN. **grossier, incorrect,** POP. **malpoli.** *Être impoli envers qqn.* – (choses) Qui dénote un manque de politesse. *Des manières impolies. Il est impoli d'arriver en retard.* CONTR. **correct,** ① **poli.**
ÉTYM. de ② *in-* et ① *poli.*

IMPOLIMENT [ɛ̃pɔlimɑ̃] adv. ✦ De manière impolie. *Répondre impoliment.* CONTR. **poliment.**

IMPOLITESSE [ɛ̃pɔlitɛs] n. f. 1. Manque de politesse. SYN. **grossièreté, incorrection.** *Sa franchise frise l'impolitesse.* 2. Acte, manifestation d'impolitesse. *Commettre une impolitesse.* CONTR. **politesse.**

IMPONDÉRABLE [ɛ̃pɔ̃deʀabl] adj. 1. DIDACT. Qui n'a pas de poids appréciable, mesurable. *Des particules impondérables.* 2. fig. Dont l'action, quoique effective, ne peut être appréciée ni prévue. – n. m. *Il faut toujours compter avec les impondérables.* CONTR. **pondérable.**
ÉTYM. de ② *in-* et *pondérable.*

IMPOPULAIRE [ɛ̃pɔpylɛʀ] adj. ✦ Qui déplaît au peuple. *Un ministre impopulaire.* – *Des mesures impopulaires.* CONTR. **populaire.**

IMPOPULARITÉ [ɛ̃pɔpylaʀite] n. f. ✦ Caractère impopulaire. *L'impopularité d'une réforme.* CONTR. **popularité.**

① **IMPORTABLE** [ɛ̃pɔʀtabl] adj. ✦ Qu'il est permis ou possible d'importer. *Marchandise importable.*
ÉTYM. de *importer.*

② **IMPORTABLE** [ɛ̃pɔʀtabl] **adj.** ✦ (vêtement) Impossible à porter. SYN. **immettable.** CONTR. **mettable, portable.**
ÉTYM. de ② *in-* et *porter.*

IMPORTANCE [ɛ̃pɔʀtɑ̃s] **n. f.** 1. Caractère de ce qui est important. SYN. **gravité.** *Mesurer l'importance d'un évènement. Un fait de la plus haute importance. Cela n'a aucune importance, c'est sans importance :* cela ne fait rien. *Attacher trop d'importance à un petit détail.* 2. (personnes) Autorité que confèrent un rang social élevé, de graves responsabilités. *Il est pénétré de son importance.* 3. *D'IMPORTANCE* **loc. adj.** : important. *L'affaire est d'importance.* SYN. **de taille.** CONTR. **insignifiance.**
ÉTYM. italien *importanza,* de *importare,* du latin → ② importer.

IMPORTANT, ANTE [ɛ̃pɔʀtɑ̃, ɑ̃t] **adj.** I (choses) 1. Qui importe ② ; qui a de grandes conséquences, beaucoup d'intérêt. SYN. **considérable.** *Un rôle important. C'est le point le plus important.* SYN. **intéressant.** ➛ *Il est important d'agir vite, c'est important.* ➛ **n. m.** Ce qui importe. *L'important est de, est que... Le plus important est fait.* SYN. **essentiel, principal.** 2. Considérable. *Une somme importante. Une majorité importante.* II (personnes) Qui a de l'importance par sa situation. SYN. **influent.** *D'importants personnages.* ➛ **n.** péj. *Faire l'important.* ◆ *Se donner des airs importants.* CONTR. **accessoire, dérisoire, minime • insignifiant.**
ÉTYM. italien *importante,* du latin *importans* → ② importer.

IMPORTATEUR, TRICE [ɛ̃pɔʀtatœʀ, tʀis] **n.** et **adj.** ✦ Personne qui fait le commerce d'importation. *Importateur de coton.* ➛ **adj.** *Pays importateur.* CONTR. **exportateur.**
ÉTYM. de ① *importer.*

IMPORTATION [ɛ̃pɔʀtasjɔ̃] **n. f.** 1. Action d'importer (des marchandises). ➛ **abrév.** IMPORT [ɛ̃pɔʀ] **n. m.** ◆ Ce qui est importé. *Le coût des importations.* 2. Action d'introduire (qqch.) dans un pays. *L'importation de la pomme de terre en Europe.* CONTR. **exportation.**
ÉTYM. mot anglais → ① importer.

① **IMPORTER** [ɛ̃pɔʀte] **v. tr.** (conjug. 3a) 1. Introduire sur le territoire national (des produits en provenance de pays étrangers). *La France importe du café.* ➛ au p. passé *Des marchandises importées.* 2. Introduire (qqch., une coutume) dans un pays. *Importer une mode des États-Unis.* ➛ au p. passé *Musique importée de Caraïbes.* CONTR. **exporter.**
ÉTYM. italien *importare,* puis anglais *to import,* du latin *importare.*

② **IMPORTER** [ɛ̃pɔʀte] **v.** (conjug. 3a ; seulement à l'inf. et aux 3es pers.) 1. **v. tr. ind.** (choses) *IMPORTER À qqn :* avoir de l'importance, de l'intérêt pour qqn. SYN. **intéresser ;** → **important.** *Votre opinion nous importe peu.* ➛ **loc.** *Peu m'importe :* cela m'est indifférent. *Peu lui importe, peu lui importent vos remarques.* ➛ **impers.** *Il lui importe que vous réussissiez.* 2. **v. intr.** Avoir de l'importance (dans une situation donnée). SYN. **compter.** *C'est la seule chose qui importe.* ➛ **loc.** *Peu importe. Qu'importe !* 3. **v. impers.** *Il importe de réfléchir, que nous réfléchissions avant de...* ➛ *IL N'IMPORTE* (LITTÉR.), *N'IMPORTE. « Lequel choisis-tu ? – N'importe. »* 4. *N'IMPORTE QUI, QUOI* **loc. pron. indéf.** : une personne, une chose quelconque. *N'importe qui pourrait entrer.* ➛ *N'importe lequel d'entre nous.* ➛ *N'IMPORTE QUEL, QUELLE,* (chose, personne) **loc. adj. indéf.** : quelconque, quel qu'il soit. *Manger à n'importe quelle heure. À n'importe quel prix.* ➛ *N'IMPORTE COMMENT, OÙ, QUAND* **loc. adv.** : d'une manière, dans un endroit, à un moment quelconque, indifférent. *S'habiller n'importe comment,* mal. CONTR. **indifférer.**
ÉTYM. italien *importare,* du latin «porter dedans» et «causer, entraîner».

IMPORT-EXPORT [ɛ̃pɔʀɛkspɔʀ] **n. m.** ✦ anglicisme Commerce de produits importés et exportés. *Une société d'import-export. Des imports-exports.*

IMPORTUN, UNE [ɛ̃pɔʀtœ̃, yn] **adj.** 1. Qui ennuie, gêne par sa présence ou sa conduite. SYN. **indiscret.** *Je ne voudrais pas être importun.* ➛ **n.** *Éviter un importun.* SYN. **gêneur.** 2. (choses) Gênant, qui dérange. *Une visite importune.* CONTR. **opportun • agréable.**
ÉTYM. latin *importunus.*

IMPORTUNER [ɛ̃pɔʀtyne] **v. tr.** (conjug. 3a) ✦ LITTÉR. Ennuyer en étant importun. SYN. **déranger.** *Le bruit m'importune.* SYN. **gêner.**
ÉTYM. de *importun.*

IMPOSABLE [ɛ̃pozabl] **adj.** ✦ Qui peut être imposé, assujetti à l'impôt. *Revenu imposable.*
ÉTYM. de ① *imposer* (I).

IMPOSANT, ANTE [ɛ̃pozɑ̃, ɑ̃t] **adj.** 1. Qui impose le respect, décourage toute familiarité. SYN. **majestueux, noble.** *Une grande dame à l'air imposant.* 2. Qui impressionne par l'importance, la quantité. SYN. **considérable.** *Une imposante majorité.* CONTR. **dérisoire, insignifiant.**
ÉTYM. de *en imposer* → ① imposer (II).

① **IMPOSER** [ɛ̃poze] **v. tr.** (conjug. 3a) I 1. Faire payer obligatoirement. *Le vainqueur leur imposa un tribut.* 2. Assujettir (qqn) à l'impôt. SYN. **taxer.** 3. *IMPOSER qqch. À qqn :* prescrire ou faire subir à qqn (une chose pénible). *Imposer sa volonté, ses conditions... Il nous imposa sa présence.* ➛ Faire admettre (qqch.) par une contrainte morale. *Il est arrivé à imposer son avis. S'imposer des sacrifices.* 4. Faire accepter (qqn) par force, autorité, prestige, etc. *Il nous a imposé son protégé.* II **trans. ind.** MOD. *EN IMPOSER À (qqn) :* faire une forte impression sur. *Il en impose à tout le monde. Ne pas s'en laisser imposer.* III *S'IMPOSER* **v. pron.** 1. (sujet chose) Être obligatoire, inévitable. *Les réformes qui s'imposent.* 2. Se faire admettre, reconnaître (par sa valeur, etc.). *Il s'est imposé à ce poste.* CONTR. **exonérer • affranchir, dispenser.**
► **IMPOSÉ, ÉE adj.** 1. Qui doit être observé strictement. *Prix imposé. Figures libres et figures imposées* (en patinage). SYN. **obligatoire.** 2. Soumis à l'impôt. *Bénéfices lourdement imposés.*
ÉTYM. de ① *in-* et *poser,* d'après latin *imponere.*

② **IMPOSER** [ɛ̃poze] **v. tr.** (conjug. 3a) ✦ Poser, mettre (sur), par un geste liturgique. *Imposer les mains* (pour bénir...).

① **IMPOSITION** [ɛ̃pozisjɔ̃] **n. f.** 1. Fait d'imposer (une contribution). 2. Impôt*, contribution.
ÉTYM. latin *impositio.*

② **IMPOSITION** [ɛ̃pozisjɔ̃] **n. f.** ✦ Action d'imposer (les mains). *L'imposition des mains* (pour conférer certains sacrements, etc.).
ÉTYM. latin *impositio.*

IMPOSSIBILITÉ [ɛ̃pɔsibilite] **n. f. 1.** Caractère de ce qui est impossible ; défaut de possibilité. *Être dans l'impossibilité matérielle de faire qqch.* **2.** Chose impossible. *Nous nous heurtons à une impossibilité.* CONTR. **possibilité.**

ÉTYM. latin *impossibilitas.*

IMPOSSIBLE [ɛ̃pɔsibl] **adj.** et **n. m.**

I adj. 1. Qui ne peut se produire, être réalisé. *Il s'est attelé à une tâche impossible.* — *Impossible à* (+ inf.), qu'on ne peut... *Une idée impossible à admettre.* — impers. *Il est impossible de* (+ inf.). ellipt *Impossible de le savoir.* — absolt *Impossible !*, c'est impossible. — *Il est impossible que...* (+ subj.). *Il n'est pas impossible qu'il revienne.* **2.** Très difficile, très pénible (à faire, imaginer, supporter). *Il nous rend la vie impossible.* **3.** FAM. Extravagant, invraisemblable. *Il lui arrive toujours des aventures impossibles.* **4.** (personnes) Que l'on ne peut accepter ou supporter. SYN. **insupportable.** *Il a un caractère impossible. Cet enfant est impossible.* CONTR. **possible • acceptable, supportable.**

II n. m. 1. Ce qui n'est pas possible. *Vous demandez l'impossible.* — par exagér. *Nous ferons l'impossible pour vous satisfaire,* tout le possible. **2.** *PAR IMPOSSIBLE* **loc. adv.** : par une hypothèse peu vraisemblable. *Si, par impossible, cette affaire réussissait.* CONTR. **possible.**

ÉTYM. latin *impossibilis.*

IMPOSTE [ɛ̃pɔst] **n. f. 1.** Tablette saillante sur un pied-droit. **2.** Partie supérieure (d'une porte, d'une fenêtre). *Imposte vitrée.*

ÉTYM. italien *imposta,* de *imporre* « placer sur », latin *imponere.*

IMPOSTEUR [ɛ̃pɔstœʀ] **n. m.** ✦ Personne qui abuse de la confiance d'autrui par des mensonges, en usurpant une qualité. *Le soi-disant avocat était un imposteur.* SYN. **escroc.**

ÉTYM. latin *impostor,* de *imponere* « abuser ».

IMPOSTURE [ɛ̃pɔstyʀ] **n. f.** ✦ LITTÉR. Tromperie d'un imposteur.

ÉTYM. latin *impostura.*

IMPÔT [ɛ̃po] **n. m. 1.** Prélèvement que l'État opère sur les ressources des particuliers afin de subvenir aux charges publiques ; sommes prélevées. → **contribution, fiscalité,** ① **imposition, taxe.** *Administration chargée des impôts.* → **fisc.** *Remplir sa feuille d'impôts. Payer ses impôts. Impôt sur le revenu.* — *Impôts directs,* prélèvement d'une partie du revenu du contribuable, droits de succession, etc. *Impôts indirects,* droits de douanes, taxes sur les prix. *Impôts locaux,* perçus par les communes, les départements, les régions. **2.** VIEILLI ou LITTÉR. Obligation imposée. *L'impôt du sang,* l'obligation militaire.

ÉTYM. latin *impositum,* de *imponere* « imposer ».

IMPOTENCE [ɛ̃pɔtɑ̃s] **n. f.** ✦ État d'une personne impotente.

ÉTYM. latin *impotentia.*

IMPOTENT, ENTE [ɛ̃pɔtɑ̃, ɑ̃t] **adj.** ✦ Qui ne peut pas se déplacer, ou se déplace très difficilement. SYN. **infirme, invalide.** *Un vieillard impotent.* — **n.** *Des impotents.* CONTR. ① **alerte, valide.**

ÉTYM. latin *impotens,* de *potens* « puissant ».

IMPRATICABLE [ɛ̃pʀatikabl] **adj. 1.** LITTÉR. Que l'on ne peut mettre en pratique. SYN. **irréalisable.** *Des méthodes impraticables.* SYN. **inapplicable. 2.** Où l'on ne peut passer, où l'on passe très difficilement. *Piste impraticable pour les voitures.* CONTR. **praticable, réalisable.**

IMPRÉCATEUR, TRICE [ɛ̃pʀekatœʀ, tʀis] **n.** ✦ LITTÉR. Personne qui profère des imprécations.

IMPRÉCATION [ɛ̃pʀekasjɔ̃] **n. f.** ✦ LITTÉR. Souhait de malheur contre qqn. SYN. **malédiction.** *Lancer, proférer des imprécations.* CONTR. **bénédiction.**

ÉTYM. latin *imprecatio,* de *precari* « prier ».

IMPRÉCATOIRE [ɛ̃pʀekatwaʀ] **adj.** ✦ LITTÉR. Qui a le caractère d'une imprécation. *Formules imprécatoires.*

IMPRÉCIS, ISE [ɛ̃pʀesi, iz] **adj.** ✦ Qui n'est pas précis, manque de netteté. SYN. **flou, incertain,** ③ **vague.** *Souvenirs, renseignements imprécis.* CONTR. **clair,** ① **précis.**

IMPRÉCISION [ɛ̃pʀesizjɔ̃] **n. f.** ✦ Manque de précision, de netteté. *L'imprécision du vocabulaire, d'un tir.* CONTR. **netteté, précision.**

IMPRÉGNATION [ɛ̃pʀeɲasjɔ̃] **n. f.** ✦ Fait de s'imprégner, d'être imprégné.

IMPRÉGNER [ɛ̃pʀeɲe] **v. tr.** (conjug. 8) **1.** Pénétrer (un corps) de liquide dans toutes ses parties. SYN. **imbiber.** *Teinture dont on imprègne les cuirs.* — au p. passé *Mouchoir imprégné de parfum.* **2.** fig. Pénétrer, influencer profondément. *Son éducation l'a imprégné de préjugés ; il en est imprégné.* — pronom. *S'imprégner d'une idée, d'un sentiment.*

ÉTYM. latin *impraegnare,* de *praegnans* « enceinte ; gros ».

IMPRENABLE [ɛ̃pʀənabl] **adj. 1.** Qui ne peut être pris. *Une forteresse imprenable.* SYN. **inexpugnable. 2.** *Vue imprenable,* qui ne peut être masquée par de nouvelles constructions.

IMPRÉPARATION [ɛ̃pʀepaʀasjɔ̃] **n. f.** ✦ Manque de préparation (en sports, avant un examen...).

IMPRÉSARIO [ɛ̃pʀesaʀjo ; ɛ̃pʀezaʀjo] **n.** ✦ Personne qui s'occupe de l'organisation matérielle d'un spectacle, d'un concert, de la vie professionnelle et des engagements d'un artiste. *L'imprésario d'un chanteur. Des imprésarios.*

ÉTYM. italien *impresario,* de *impresa* « entreprise ».

IMPRESCRIPTIBLE [ɛ̃pʀɛskʀiptibl] **adj.** ✦ DR. Qui ne peut pas être supprimé, enlevé par un délai (→ **prescription**). *La propriété est un droit imprescriptible. Les crimes contre l'humanité sont imprescriptibles.* CONTR. **prescriptible.**

IMPRESSION [ɛ̃pʀesjɔ̃] **n. f. I 1.** VX Empreinte. **2.** Procédé de reproduction par pression d'une surface sur une autre qui en garde l'empreinte. *Impression des papiers peints.* ♦ Reproduction d'un texte par l'imprimerie. *Manuscrit remis à l'impression. Fautes d'impression.* → **coquille.** — *L'impression d'un fichier informatique* (par une imprimante*). **II 1.** Marque morale, effet qu'une cause produit sur une personne. *Produire une forte impression.* — absolt *Faire impression :* attirer vivement l'attention (→ **impressionner**). **2.** Connaissance élémentaire, immédiate et vague. SYN. **sensation, sentiment.** *Éprouver, ressentir une impression. Une impression de malaise. Faire bonne, mauvaise*

impression sur qqn, bon, mauvais effet. *Impressions de voyage.* ➝ loc. *Donner une impression de :* faire naître le sentiment, l'illusion de (ce dont on suggère l'image, l'idée). ➝ *J'ai l'impression de perdre, que je perds mon temps,* il me semble que... *Je n'ai pas l'impression qu'il ait compris.* 3. PSYCH. État physiologique provoquant l'apparition d'une sensation. *Impression tactile, visuelle.*
ÉTYM. latin *impressio.*

IMPRESSIONNABLE [ɛ̃pʀesjɔnabl] adj. ✦ Facile à impressionner. *Un enfant imaginatif et impressionnable.* ➝ **émotif, sensible.**
► **IMPRESSIONNABILITÉ** [ɛ̃pʀesjɔnabilite] n. f.

IMPRESSIONNANT, ANTE [ɛ̃pʀesjɔnɑ̃, ɑ̃t] adj. ✦ Qui impressionne. SYN. **étonnant, frappant, saisissant.** *Un spectacle impressionnant.* ➝ Important. *Le chiffre impressionnant de plusieurs millions.* CONTR. **insignifiant ; faible.**

IMPRESSIONNER [ɛ̃pʀesjɔne] v. tr. (conjug. 3a) **I** Affecter d'une vive impression. SYN. **frapper, ① toucher.** *Cette scène m'a impressionné. Ne te laisse pas impressionner.* SYN. **influencer, intimider.** **II** *Impressionner une pellicule photographique,* y laisser une impression, une image.
ÉTYM. de *impression.*

IMPRESSIONNISME [ɛ̃pʀesjɔnism] n. m. 1. Style des peintres, écrivains et musiciens qui se proposent d'exprimer les impressions fugitives. ☛ Impressionnisme p. 184. *L'impressionnisme de Debussy.* 2. Manière littéraire, musicale, qui cherche à rendre des impressions (II, 2).
ÉTYM. de *impressionniste.*

IMPRESSIONNISTE [ɛ̃pʀesjɔnist] n. et adj. 1. n. Se dit de peintres qui, à la fin du XIXe siècle, s'efforcèrent d'exprimer les impressions que les objets et la lumière suscitent. ➝ adj. *Degas, Monet, peintres impressionnistes. Un tableau impressionniste.* 2. adj. Qui traduit des impressions, procède par petites touches.
ÉTYM. de *«Impression, soleil levant»,* titre d'un tableau de Claude Monet.

IMPRÉVISIBLE [ɛ̃pʀevizibl] adj. ✦ Qui ne peut être prévu. *Des évènements imprévisibles.* CONTR. **prévisible, prévu.**
► **IMPRÉVISIBILITÉ** [ɛ̃pʀevizibilite] n. f.

IMPRÉVOYANCE [ɛ̃pʀevwajɑ̃s] n. f. ✦ Caractère d'une personne imprévoyante. ◆ Action imprévoyante. CONTR. **prévoyance.**

IMPRÉVOYANT, ANTE [ɛ̃pʀevwajɑ̃, ɑ̃t] adj. ✦ Qui manque de prévoyance. SYN. **insouciant.** ➝ n. *Un imprévoyant.* CONTR. **prévoyant.**

IMPRÉVU, UE [ɛ̃pʀevy] adj. ✦ Qui n'a pas été prévu ; qui arrive lorsqu'on ne s'y attend pas. SYN. **inattendu, inopiné.** *Un ennui imprévu. Des dépenses imprévues.* ➝ n. m. *Un voyage plein d'imprévu.*

IMPRIMANTE [ɛ̃pʀimɑ̃t] n. f. ✦ INFORM. Périphérique d'ordinateur qui imprime sur papier des textes ou des éléments graphiques. *Imprimante laser, à jet d'encre.* ➝ adj. *Calculatrice imprimante.*
ÉTYM. du participe présent de *imprimer.*

IMPRIMATUR [ɛ̃pʀimatyʀ] n. m. ✦ Autorisation d'imprimer (accordée par l'autorité ecclésiastique ou par l'Université). *Des imprimaturs* ou *des imprimatur* (invar.).
ÉTYM. mot latin «qu'il soit imprimé».

IMPRIMÉ, ÉE [ɛ̃pʀime] adj. **I** Reproduit par impression ; orné de motifs ainsi reproduits. *Tissu, papier imprimé.* ➝ n. m. *Un imprimé à fleurs.* **II** 1. Reproduit par l'imprimerie. *Les premiers exemplaires imprimés de ce manuscrit.* 2. n. m. Impression ou reproduction sur papier ou sur une matière analogue (opposé à *manuscrit*). ◆ Feuille, formule imprimée. *Remplir un imprimé.*
ÉTYM. du participe passé de *imprimer.*

IMPRIMER [ɛ̃pʀime] v. tr. (conjug. 3a) **I** 1. LITTÉR. Faire pénétrer profondément (dans le cœur, l'esprit de qqn) en laissant une empreinte durable. SYN. **imprégner ;** ➝ **impression.** ➝ au p. passé *Souvenirs imprimés dans la mémoire.* 2. Communiquer, transmettre (un mouvement, une impulsion...). *Imprimer des secousses, des oscillations. La vitesse imprimée à l'engin par la fusée.* **II** 1. LITTÉR. Faire, laisser (une marque, une trace) par pression. *Imprimer la trace de ses pas dans le sable.* 2. Reproduire (une figure, une image) par l'application et la pression d'une surface sur une autre (➝ **impression**). *Imprimer la marque d'un cachet. Imprimer une estampe, une lithographie. Imprimer un tissu.* 3. Reproduire (un texte) par la technique de l'imprimerie. *Imprimer un ouvrage.* ◆ Faire paraître, publier. SYN. **éditer.** *Imprimer un livre à trente mille exemplaires.*
ÉTYM. latin *imprimere* «appliquer, appuyer sur», de *premere* «presser».

IMPRIMERIE [ɛ̃pʀimʀi] n. f. 1. Action d'imprimer (II, 3) ; techniques permettant la reproduction d'un texte par impression de caractères mobiles (➝ **typographie**), ou report sur plaques (➝ **offset, photocomposition**). ➝ Ensemble des textes imprimés. 2. Établissement, lieu où l'on imprime (des livres, des journaux). *Une grande imprimerie.*

IMPRIMEUR [ɛ̃pʀimœʀ] n. m. 1. Propriétaire, directeur d'une imprimerie. *L'imprimeur d'un journal. L'imprimeur travaille pour les éditeurs*. Elle est imprimeur.* 2. Ouvrier travaillant dans une imprimerie (typographe, etc.).

IMPROBABILITÉ [ɛ̃pʀɔbabilite] n. f. ✦ Caractère de ce qui est improbable. CONTR. **probabilité.**

IMPROBABLE [ɛ̃pʀɔbabl] adj. ✦ Qui n'est pas probable ; qui a peu de chances de se produire. SYN. **douteux.** *Évènement improbable.* CONTR. **probable.**
ÉTYM. de ② *in-* et *probable.*

IMPROBATION [ɛ̃pʀɔbasjɔ̃] n. f. ✦ LITTÉR. Action de désapprouver, de condamner. SYN. **désapprobation, réprobation.** *Cris d'improbation.* ➝ **huée.** CONTR. **approbation.**
ÉTYM. latin *improbatio.*

IMPRODUCTIF, IVE [ɛ̃pʀɔdyktif, iv] adj. ✦ Qui ne produit, ne rapporte rien. *Un sol improductif.* SYN. **stérile.** ➝ n. Personne qui ne participe pas à la production des biens. *Les improductifs.* CONTR. **productif.**
► **IMPRODUCTIVITÉ** [ɛ̃pʀɔdyktivite] n. f.

IMPROMPTU, UE [ɛ̃pʀɔ̃pty] n. m. et adj.
I n. m. Petite pièce (de vers, de musique) de composition simple. ➞ Courte pièce de théâtre. *« L'Impromptu de Versailles »* (de Molière). ♦ en musique *Les « Impromptus » de Chopin.*
II adj. Improvisé. *Un dîner impromptu.*
III adv. À l'improviste, sans préparation. *Une allocution prononcée impromptu.*
ÉTYM. latin *in promptu* « disponible ».

IMPRONONÇABLE [ɛ̃pʀɔnɔ̃sabl] adj. ✦ Impossible à prononcer. *Un groupe de consonnes imprononçable.* CONTR. **prononçable.**

IMPROPRE [ɛ̃pʀɔpʀ] adj. 1. Qui ne convient pas, n'exprime pas exactement l'idée. *Mot impropre.* 2. LITTÉR. *IMPROPRE À :* qui n'est pas propre, apte à (un travail, un service). SYN. **inapte.** ➞ (choses) Qui ne convient pas. *Une eau impropre à la consommation.* CONTR. **adéquat, convenable, propre.**
ÉTYM. latin *improprius.*

IMPROPREMENT [ɛ̃pʀɔpʀəmɑ̃] adv. ✦ D'une manière impropre. *L'araignée, improprement appelée insecte.*

IMPROPRIÉTÉ [ɛ̃pʀɔpʀijete] n. f. ✦ Caractère d'un mot, d'une expression impropre. ♦ Emploi impropre d'un mot. *Une impropriété de langage.*
ÉTYM. latin grammatical *improprietas.*

IMPROVISATEUR, TRICE [ɛ̃pʀɔvizatœʀ, tʀis] n. ✦ Personne qui improvise.

IMPROVISATION [ɛ̃pʀɔvizasjɔ̃] n. f. 1. Action, art d'improviser. 2. Ce qui est improvisé (discours, vers, musique, etc.). *Une improvisation de jazz.*

IMPROVISER [ɛ̃pʀɔvize] v. tr. (conjug. 3a) 1. Composer sur-le-champ et sans préparation. *Improviser un discours.* ➞ absolt *Il improvise au piano.* 2. Organiser sur-le-champ, à la hâte. *Improviser une rencontre.* 3. Pourvoir inopinément (qqn) d'une fonction. *On l'improvisa* (pronom. *il s'improvisa*) *cuisinier pour la circonstance.* CONTR. **préparer.**
ÉTYM. italien *improvvisare,* du latin *improvisus* « imprévu ».

à l'IMPROVISTE [alɛ̃pʀɔvist] loc. adv. ✦ D'une manière imprévue, au moment où l'on s'y attend le moins. SYN. **inopinément.** *Il a débarqué chez nous à l'improviste.*
ÉTYM. de l'italien *improvviso* « imprévu ».

IMPRUDEMMENT [ɛ̃pʀydamɑ̃] adv. ✦ D'une manière imprudente. *Conduire imprudemment.* CONTR. **prudemment.**

IMPRUDENCE [ɛ̃pʀydɑ̃s] n. f. 1. Manque de prudence. *Son imprudence l'expose à de sérieux ennuis.* ➞ DR. *Homicide par imprudence :* homicide involontaire mais qui engage la responsabilité. ♦ Caractère de ce qui est imprudent. *L'imprudence de sa conduite.* 2. Action imprudente. *Ne faites pas d'imprudences.* CONTR. **prudence.**
ÉTYM. latin *imprudentia.*

IMPRUDENT, ENTE [ɛ̃pʀydɑ̃, ɑ̃t] adj. ✦ Qui manque de prudence. SYN. **aventureux, téméraire.** *Un automobiliste imprudent. Il est, il serait imprudent de...* (+ inf.) ; *c'est très imprudent.* ➞ n. *Une imprudente.* ♦ (choses) *Des paroles imprudentes.* SYN. **dangereux.** CONTR. **prudent.**
ÉTYM. latin *imprudens.*

IMPUBÈRE [ɛ̃pybɛʀ] adj. et n. ✦ DR. ou LITTÉR. Qui n'a pas atteint la puberté. CONTR. **nubile, pubère.**
ÉTYM. latin *impubes, impuberis.*

IMPUBLIABLE [ɛ̃pyblijabl] adj. ✦ Qu'on ne peut pas publier (pour des raisons esthétiques, morales, sociales...). *Un article impubliable.*

IMPUDEMMENT [ɛ̃pydamɑ̃] adv. ✦ LITTÉR. D'une manière impudente. *Mentir impudemment.* SYN. **effrontément.**

IMPUDENCE [ɛ̃pydɑ̃s] n. f. ✦ LITTÉR. 1. Effronterie audacieuse ou cynique qui choque, indigne. *Mentir avec impudence.* ♦ Caractère de ce qui est impudent. 2. Action, parole impudente. CONTR. **discrétion, pudeur, réserve.**
ÉTYM. latin *impudentia.*

IMPUDENT, ENTE [ɛ̃pydɑ̃, ɑ̃t] adj. ✦ LITTÉR. Qui montre de l'impudence. SYN. **cynique, effronté, insolent.** *Des propos impudents.* CONTR. ① **discret, réservé.**
ÉTYM. latin *impudens,* de *pudens* « modeste ».

IMPUDEUR [ɛ̃pydœʀ] n. f. 1. VX Absence de retenue, indiscrétion. 2. Manque de pudeur. SYN. **impudicité, indécence.** CONTR. **pudeur, réserve.**
ÉTYM. de *pudeur.*

IMPUDICITÉ [ɛ̃pydisite] n. f. ✦ VIEILLI Caractère de ce qui est impudique ; comportement impudique. SYN. **indécence, obscénité.** CONTR. **décence, pudicité.**

IMPUDIQUE [ɛ̃pydik] adj. ✦ Qui outrage la pudeur en étalant l'immoralité de sa conduite. ➔ **immodeste.** ➞ (choses) *Gestes, paroles impudiques.* ➔ **impur, indécent, obscène.** CONTR. **décent, pudique.**
► **IMPUDIQUEMENT** [ɛ̃pydikmɑ̃] adv.
ÉTYM. latin *impudicus.*

IMPUISSANCE [ɛ̃pɥisɑ̃s] n. f. 1. Manque de moyens suffisants pour faire qqch. SYN. **faiblesse, incapacité.** *Un sentiment d'impuissance. Frapper d'impuissance,* paralyser. *Réduire qqn à l'impuissance. Leur impuissance à se faire obéir.* ♦ Caractère de ce qui est impuissant. 2. (pour l'homme) Incapacité physique d'accomplir l'acte sexuel normal et complet. CONTR. **efficacité,** ② **pouvoir.**
ÉTYM. de ② *in-* et *puissance.*

IMPUISSANT, ANTE [ɛ̃pɥisɑ̃, ɑ̃t] adj. 1. Qui n'a pas de moyens suffisants pour faire qqch. *Il reste impuissant devant ce désastre.* ➞ (choses) Sans effet, inefficace. *Impuissant à* (+ inf.). 2. (homme) Physiquement incapable d'accomplir l'acte sexuel. ➞ n. m. *Un impuissant.* CONTR. **capable, efficace, puissant.**

IMPULSIF, IVE [ɛ̃pylsif, iv] adj. ✦ Qui agit sous l'impulsion de mouvements spontanés ou plus forts que sa volonté. *Un homme impulsif.* ➞ n. *Un impulsif.* ♦ *Une réaction impulsive.* CONTR. **contrôlé, réfléchi.**
ÉTYM. bas latin *impulsivus,* de *pellere* « pousser ».

IMPULSION [ɛ̃pylsjɔ̃] n. f. 1. Action de pousser. ➞ Ce qui pousse. SYN. **poussée.** *Communiquer une impulsion à un mobile.* 2. fig. Le fait d'inciter ; ce qui anime. *L'impulsion donnée aux affaires.* SYN. ① **élan.** 3. LITTÉR. Action de pousser (qqn) à faire qqch. SYN. **influence.** *Agir sous l'impulsion de la colère.* ♦ Force, tendance spontanée qui pousse à agir. *Céder à ses impulsions* (➔ **impulsif**).
ÉTYM. latin *impulsio,* de *impellere* « pousser vers ».

A B C D E F G H I J K L M N O P Q R S T U V W X Y Z

IMPULSIVEMENT [ɛ̃pylsivmɑ̃] **adv.** ✦ D'une manière impulsive. *Agir impulsivement.*

IMPULSIVITÉ [ɛ̃pylsivite] **n. f.** ✦ LITTÉR. Caractère impulsif.

IMPUNÉMENT [ɛ̃pynemɑ̃] **adv.** 1. Sans subir de punition. *Braver impunément l'autorité.* 2. Sans dommage pour soi, sans prendre de risques.
ÉTYM. de *impuni.*

IMPUNI, IE [ɛ̃pyni] **adj.** ✦ Qui n'est pas puni, ne reçoit pas de punition. *Ce crime est resté impuni.*
ÉTYM. latin *impunitus.*

IMPUNITÉ [ɛ̃pynite] **n. f.** ✦ Absence de punition. *Se croire assuré de l'impunité. En toute impunité.* → **impunément.**
ÉTYM. latin *impunitas.*

IMPUR, URE [ɛ̃pyʀ] **adj.** 1. Corrompu par des éléments étrangers. *Une eau impure.* ◆ En italien, s *impur,* suivi d'une consonne. 2. Dont la loi religieuse commande de fuir le contact. 3. LITTÉR. Qui est mauvais (moralement). SYN. **immoral.** *Un cœur impur.* ◆ Impudique, indécent. *Des pensées impures.* CONTR. **pur** · ① **bon ; chaste.**
ÉTYM. latin *impurus.*

IMPURETÉ [ɛ̃pyʀte] **n. f.** 1. Corruption résultant d'une altération, d'un mélange. *L'impureté de l'air.* ◆ Ce qui rend impur. *Éliminer les impuretés par filtration, raffinage.* 2. RELIG., VX Caractère impur (2). 3. LITTÉR. Impudicité. CONTR. **pureté · chasteté.**
ÉTYM. latin *impuritas* → impur.

IMPUTABLE [ɛ̃pytabl] **adj.** 1. Qui peut, qui doit être imputé, attribué. *Un accident imputable à la négligence.* 2. Qui doit être imputé, prélevé (sur un compte, un crédit).
ÉTYM. de *imputer.*

IMPUTATION [ɛ̃pytasjɔ̃] **n. f.** 1. Action d'imputer à qqn, de mettre sur le compte de qqn (une action blâmable, une faute). SYN. **accusation.** *Une imputation de vol sans fondement.* 2. Affectation d'une somme à un compte déterminé. *L'imputation d'une somme au crédit d'un compte.*
ÉTYM. latin *imputatio.*

IMPUTER [ɛ̃pyte] **v. tr.** (conjug. 3a) **I** *IMPUTER À* 1. Attribuer (à qqn) une chose digne de blâme (faute, crime...). *On lui impute cette erreur.* 2. LITTÉR. *On lui impute à crime un simple oubli,* on considère comme un crime... **II** Appliquer à un compte déterminé. SYN. ② **affecter.** *Imputer des dépenses à un budget.*
ÉTYM. latin *imputare,* de *putare* «compter».

IMPUTRESCIBLE [ɛ̃pytʀesibl] **adj.** ✦ Qui ne peut pas pourrir. *Bois imputrescible.* CONTR. **putrescible.**
ÉTYM. latin *imputrescibilis.*

① **IN-** Élément (préfixe) qui signifie «dans, en».

② **IN-** Élément, préfixe négatif (*im-* devant *b, m, p ; il-* devant *l ; ir-* devant *r,* sauf *inracontable*) : *illégal, impossible, inactif.*

INABORDABLE [inabɔʀdabl] **adj.** 1. LITTÉR. Qu'il est impossible ou très difficile d'approcher. SYN. **inaccessible.** *Une côte inabordable.* – fig. *Un homme inabordable.* 2. D'un prix très élevé. → **cher.** *Les asperges sont inabordables cette année.* CONTR. **abordable, accessible.**

IN ABSTRACTO [inapstʀakto] **loc. adv.** ✦ Abstraitement. *Raisonner in abstracto.*
ÉTYM. mots latins «dans l'abstrait».

INACCENTUÉ, ÉE [inaksɑ̃tɥe] **adj.** ✦ Qui ne porte pas d'accent (1). SYN. **atone.** *«Me», «te», «se», formes inaccentuées du pronom personnel* (en regard de «moi», «toi», «soi»). CONTR. **accentué,** ① **tonique.**

INACCEPTABLE [inaksɛptabl] **adj.** ✦ Que l'on ne peut, que l'on ne doit pas accepter. SYN. **inadmissible.** *Des propositions inacceptables.* CONTR. **acceptable.**

INACCESSIBLE [inaksesibl] **adj.** 1. Dont l'accès est impossible. *Un sommet inaccessible.* ◆ (personnes) Qui est d'un abord difficile. *Un personnage inaccessible.* SYN. **inabordable.** ◆ Qu'on ne peut atteindre. *Un objectif inaccessible.* 2. *INACCESSIBLE À qqch.,* qui ne se laisse ni convaincre ni toucher par, qui est fermé à (certains sentiments). → **insensible.** *Un homme inaccessible à la pitié.* CONTR. **abordable, accessible.**
▶ **INACCESSIBILITÉ** [inaksesibilite] **n. f.**

INACCOMPLI, IE [inakɔ̃pli] **adj.** 1. LITTÉR. Qui n'est pas accompli. 2. LING. *Aspect inaccompli* ou **n. m.** *l'inaccompli,* aspect verbal correspondant à une action envisagée dans son déroulement. SYN. **imperfectif ;** → **infectum.**

INACCOUTUMÉ, ÉE [inakutyme] **adj.** ✦ Qui n'a pas coutume de se produire. SYN. **inhabituel, insolite.** *Une agitation inaccoutumée.* CONTR. **habituel, ordinaire.**

INACHEVÉ, ÉE [inaʃ(ə)ve] **adj.** ✦ Qui n'est pas achevé. *«La Symphonie inachevée»* (de Schubert).

INACHÈVEMENT [inaʃɛvmɑ̃] **n. m.** ✦ État de ce qui n'est pas achevé. *L'inachèvement d'une route.* CONTR. **achèvement.**

INACTIF, IVE [inaktif, iv] **adj.** 1. Qui est sans activité. *Rester inactif.* SYN. **oisif.** ◆ ÉCON. Qui n'a pas d'activité professionnelle régulière, sans être au chômage. – **n.** *Les inactifs.* 2. Qui est sans action. *Un médicament inactif.* SYN. **inefficace.** CONTR. ① **actif, entreprenant · efficace.**

INACTION [inaksjɔ̃] **n. f.** ✦ Absence ou cessation de toute action. SYN. **inactivité, oisiveté.** *Il ne peut supporter l'inaction.* CONTR. ① **action, activité, occupation.**

INACTIVER [inaktive] **v. tr.** (conjug. 3a) ✦ BIOL. Rendre inactif. – **au p. passé** *Virus inactivé.*
▶ **INACTIVATION** [inaktivasjɔ̃] **n. f.**

INACTIVITÉ [inaktivite] **n. f.** 1. Manque d'activité. SYN. **inaction.** *L'inactivité forcée d'un malade.* 2. Situation d'un fonctionnaire, d'un militaire qui n'est pas en service actif. CONTR. **activité, exercice, occupation.**

INACTUEL, ELLE [inaktɥɛl] **adj.** ✦ Qui n'est pas d'actualité. *Des idées inactuelles.* SYN. **périmé.** CONTR. **actuel, moderne.**

INADAPTATION [inadaptasjɔ̃] **n. f.** ✦ Défaut d'adaptation. – État d'une personne inadaptée. CONTR. **adaptation, adéquation.**

INADAPTÉ, ÉE [inadapte] adj. et n. ✦ Qui n'est pas adapté (à qqch.). *Méthodes inadaptées au but poursuivi.* ◆ absolt *Enfant inadapté* (à la vie scolaire, sociale). — n. *La rééducation des inadaptés.* CONTR. **adapté, approprié.**

INADÉQUAT, ATE [inadekwa(t), at] adj. ✦ Qui n'est pas adéquat. *Cette expression est inadéquate.* SYN. **impropre.** CONTR. **adéquat.**

INADÉQUATION [inadekwasjɔ̃] n. f. ✦ Caractère de ce qui n'est pas adéquat. *Il existe une inadéquation entre ses paroles et ses actes.* CONTR. **adéquation.**

INADMISSIBLE [inadmisibl] adj. ✦ Qu'il est impossible d'admettre. SYN. **inacceptable.** *Une attitude inadmissible.* CONTR. **acceptable, admissible.**

INADVERTANCE [inadvɛʀtɑ̃s] n. f. 1. VX Défaut d'attention. ◆ Erreur, négligence. 2. COUR. *PAR INADVERTANCE* loc. adv. : par défaut d'attention, par mégarde.
ÉTYM. latin *inadvertentia*, de *advertere* « tourner son esprit vers ».

INALIÉNABLE [inaljenabl] adj. ✦ Qui ne peut être aliéné, cédé, vendu. *Les biens du domaine public sont inaliénables.*

INALTÉRABILITÉ [inalteʀabilite] n. f. ✦ Caractère de ce qui est inaltérable. *L'inaltérabilité d'un métal ;* fig. *d'un principe.*

INALTÉRABLE [inalteʀabl] adj. 1. Qui ne peut être altéré ; qui garde ses qualités. *Couleurs inaltérables. L'or est inaltérable.* 2. fig. Que rien ne peut changer. SYN. **constant, éternel.** *Une bonne humeur inaltérable.* CONTR. **altérable, fragile · changeant, variable.**

INALTÉRÉ, ÉE [inalteʀe] adj. ✦ Qui n'a subi aucune altération.

INAMICAL, ALE, AUX [inamikal, o] adj. ✦ Qui n'est pas amical. SYN. **hostile.** *Un geste inamical.* CONTR. **amical,** ② **gentil.**

INAMOVIBILITÉ [inamɔvibilite] n. f. ✦ Caractère d'une personne inamovible. *L'inamovibilité d'un magistrat.*

INAMOVIBLE [inamɔvibl] adj. 1. Qui n'est pas amovible, qui ne peut être destitué, suspendu ou déplacé. *Des magistrats inamovibles.* 2. plais. Qu'on ne peut déplacer, qui ne change pas. *Il est là, avec son inamovible casquette.*

INANIMÉ, ÉE [inanime] adj. 1. Qui, par essence, est sans vie. *La matière inanimée.* 2. Mort ou sans connaissance. *Il est tombé inanimé.* SYN. **inerte.** CONTR. **animé ; conscient, vivant.**
ÉTYM. de ② *in-* et *animé.*

INANITÉ [inanite] n. f. ✦ LITTÉR. Caractère de ce qui est inutile. SYN. **futilité, inutilité.** *L'inanité de nos efforts.*
ÉTYM. latin *inanitas*, de *inanis* « vide ; vain ».

INANITION [inanisjɔ̃] n. f. ✦ Épuisement par défaut de nourriture. *Mourir d'inanition,* de faim.
ÉTYM. latin *inanitio*, de *inanire* « vider » → inanité.

INAPERÇU, UE [inapɛʀsy] adj. ✦ Qui n'est pas aperçu, remarqué. *Un geste inaperçu.* — *PASSER INAPERÇU*, ne pas être remarqué.

INAPPÉTENCE [inapetɑ̃s] n. f. ✦ LITTÉR. Absence de besoin, de désir. *Inappétence sexuelle.* — spécialt Absence d'appétit, anorexie. CONTR. **appétence, appétit, désir, faim.**
ÉTYM. de ② *in-* et *appétence.*

INAPPLICABLE [inaplikabl] adj. ✦ Qui ne peut être appliqué. *Réforme inapplicable.* CONTR. **applicable.**

INAPPRÉCIABLE [inapʀesjabl] adj. ✦ Qu'on ne saurait trop apprécier, estimer ; de grande valeur. SYN. **inestimable, précieux.** *D'inappréciables avantages.* — (personnes) *Un ami inappréciable.* CONTR. **appréciable ; médiocre.**

INAPPROPRIÉ, ÉE [inapʀɔpʀije] adj. ✦ Qui n'est pas approprié, qui ne convient pas. *Une traduction inappropriée.* CONTR. **approprié.**

INAPTE [inapt] adj. 1. Qui n'est pas apte, qui manque d'aptitude. SYN. **incapable.** *Inapte aux affaires ; à diriger une affaire.* 2. MILIT. Impropre au service militaire ou à une arme en particulier. CONTR. **apte, capable, compétent.**

INAPTITUDE [inaptityd] n. f. 1. Défaut d'aptitude (à qqch.). SYN. **incapacité.** 2. État d'un soldat inapte. CONTR. **aptitude, capacité, compétence.**

INARTICULÉ, ÉE [inaʀtikyle] adj. ✦ Qui n'est pas articulé, qui est prononcé sans netteté. *Des sons inarticulés.* CONTR. **articulé, clair, distinct.**

INASSIMILABLE [inasimilabl] adj. ✦ Qui n'est pas assimilable. *Substances ; connaissances inassimilables.* ◆ (personnes) Qui ne peut s'intégrer dans une société.

INASSOUVI, IE [inasuvi] adj. ✦ LITTÉR. Qui n'est pas assouvi, satisfait. SYN. **insatisfait.** *Désir inassouvi.* CONTR. **assouvi, repu, satisfait.**
► **INASSOUVISSEMENT** [inasuvismɑ̃] n. m.

INATTAQUABLE [inatakabl] adj. 1. Qu'on ne peut attaquer ou mettre en cause avec quelque chance de succès. *Une théorie inattaquable.* — *Un homme inattaquable,* irréprochable. 2. Qui ne peut être altéré. *Un métal inattaquable.* SYN. **inaltérable.** CONTR. **contestable, critiquable · altérable, fragile.**

INATTENDU, UE [inatɑ̃dy] adj. ✦ Qu'on n'attendait pas, à quoi on ne s'attendait pas. SYN. **imprévu, inopiné.** *Une rencontre inattendue.* — (personnes) *Un visiteur inattendu.* CONTR. ① **attendu, prévu.**

INATTENTIF, IVE [inatɑ̃tif, iv] adj. ✦ Qui ne prête pas attention. SYN. **distrait.** *Un lecteur inattentif. Être inattentif à ce qui se passe.* CONTR. **appliqué, attentif.**

INATTENTION [inatɑ̃sjɔ̃] n. f. ✦ Manque d'attention. SYN. **distraction.** *Un instant d'inattention. Une faute d'inattention :* une étourderie.

INAUDIBLE [inodibl] adj. ✦ Qu'on ne peut entendre. *Vibrations inaudibles* (infrasons, ultrasons). *Un murmure presque inaudible.* CONTR. **audible.**
ÉTYM. latin *inaudibilis.*

INAUGURAL, ALE, AUX [inogyʀal, o] adj. ✦ Qui a rapport à une inauguration. *Séance inaugurale d'un congrès.*
ÉTYM. de *inaugurer*, d'après *augural.*

A B C D E F G H I J K L M N O P Q R S T U V W X Y Z

INAUGURATION [inogyʀasjɔ̃] n. f. 1. Cérémonie par laquelle on inaugure (2). 2. LITTÉR. Commencement, début.
ÉTYM. latin *inauguratio* → inaugurer.

INAUGURER [inogyʀe] v. tr. (conjug. 3a) 1. Ouvrir au public pour la première fois (un monument, un édifice nouveau) au cours d'une cérémonie solennelle. 2. Utiliser pour la première fois. SYN. **étrenner.** 3. Entreprendre, mettre en pratique pour la première fois. *Inaugurer une nouvelle politique.*
ÉTYM. latin *inaugurare* «prendre les augures».

INAUTHENTIQUE [inotɑ̃tik] adj. 1. Qui n'est pas authentique. SYN. ① **faux ; apocryphe.** 2. LITTÉR. *Une vie inauthentique.* CONTR. **authentique, vrai.**
► **INAUTHENTICITÉ** [inotɑ̃tisite] n. f.

INAVOUABLE [inavwabl] adj. ✦ Qui n'est pas avouable. SYN. **honteux.** *Des intentions inavouables.*

INAVOUÉ, ÉE [inavwe] adj. ✦ Qui n'est pas avoué, qu'on ne s'avoue pas. *Sentiments inavoués.*

INCA [ɛ̃ka] n. m. et adj. 1. n. m. *L'Inca* : le chef de l'Empire inca. 2. adj. Relatif à la puissance politique établie au Pérou avant la conquête espagnole. *Les bijoux incas.* — n. *Les Incas* (☛ noms propres). *Une Inca.*
ÉTYM. mot amérindien (quechua) désignant le souverain.

INCALCULABLE [ɛ̃kalkylabl] adj. ✦ Impossible ou difficile à apprécier. SYN. **considérable.** *Un évènement aux conséquences incalculables.* CONTR. **calculable.**

INCANDESCENCE [ɛ̃kɑ̃desɑ̃s] n. f. ✦ État d'un corps incandescent. *Porter un métal à l'incandescence. Lampe à incandescence.*
ÉTYM. de *incandescent.*

INCANDESCENT, ENTE [ɛ̃kɑ̃desɑ̃, ɑ̃t] adj. ✦ Chauffé à blanc ou au rouge vif ; rendu lumineux par une chaleur intense. SYN. **ardent.** *Charbon incandescent. Manchon, filament incandescent* (pour l'éclairage).
ÉTYM. latin *incandescens,* de *candere* «brûler».

INCANTATION [ɛ̃kɑ̃tasjɔ̃] n. f. ✦ Emploi de paroles magiques. ♦ Paroles magiques pour opérer un charme, un sortilège (→ **enchantement**).
ÉTYM. latin *incantatio,* de *incantare* «ensorceler, enchanter».

INCANTATOIRE [ɛ̃kɑ̃tatwaʀ] adj. ✦ Qui forme une incantation, a un pouvoir magique (du langage).
ÉTYM. de *incantation.*

INCAPABLE [ɛ̃kapabl] adj. 1. *INCAPABLE DE* (+ inf.) : qui n'est pas capable (par nature ou par accident, de façon temporaire ou définitive) de. SYN. **impuissant, inapte.** *Elle est incapable de mentir.* — (+ n.) *Être incapable de générosité.* 2. absolt Qui n'a pas l'aptitude, la capacité nécessaire. — n. *C'est un, une incapable.* SYN. **nullité.** 3. DR. Qui est en état d'incapacité (3) juridique. CONTR. **apte, capable ; compétent.**

INCAPACITÉ [ɛ̃kapasite] n. f. 1. État d'une personne incapable (de faire qqch.). SYN. **impossibilité.** *Je suis dans l'incapacité de vous répondre.* — absolt Incompétence. 2. État d'une personne qu'une blessure, une maladie a rendue incapable de travailler. *Incapacité totale, partielle.* SYN. **invalidité.** 3. DR. Absence de l'aptitude à jouir d'un droit ou à l'exercer par soi-même. *L'incapacité d'exercice des mineurs.* CONTR. **aptitude, capacité ; compétence.**
ÉTYM. de *capacité.*

INCARCÉRATION [ɛ̃kaʀseʀasjɔ̃] n. f. ✦ Action d'incarcérer. SYN. **emprisonnement.** ♦ État d'une personne incarcérée. SYN. **captivité.** CONTR. **libération ; liberté.**

INCARCÉRER [ɛ̃kaʀseʀe] v. tr. (conjug. 8) ✦ Mettre en prison. SYN. **emprisonner.** *Incarcérer un condamné.* CONTR. **libérer.**
ÉTYM. latin médiéval *incarcerare,* de *carcer* «prison».

INCARNAT, ATE [ɛ̃kaʀna, at] adj. ✦ D'un rouge clair et vif. *Un velours incarnat.*
ÉTYM. italien *incarnato* «couleur de la chair *(carne)*».

INCARNATION [ɛ̃kaʀnasjɔ̃] n. f. 1. Action par laquelle une divinité s'incarne dans le corps d'un être vivant. *Les incarnations de Jupiter.* ♦ RELIG. CHRÉT. Union intime en Jésus-Christ de la nature divine avec une nature humaine. 2. Ce qui incarne, représente. SYN. **personnification.** *Elle est l'incarnation de la douceur.*
ÉTYM. latin religieux *incarnatio.*

INCARNER [ɛ̃kaʀne] v. tr. (conjug. 3a) 1. Revêtir (un être spirituel) d'un corps charnel, d'une forme humaine ou animale. 2. Représenter en soi, soi-même (une chose abstraite). *Robespierre incarnait la Révolution.* 3. Représenter (un personnage) dans un spectacle. SYN. **jouer.**
► **INCARNÉ, ÉE** adj. **I** 1. *Le Verbe incarné* : le Christ. 2. (abstraction) Personnifié. *Il est la jalousie incarnée.* **II** *Ongle incarné,* qui a pénétré dans la chair.
ÉTYM. latin religieux *incarnare,* de *caro, carnis* «chair».

INCARTADE [ɛ̃kaʀtad] n. f. ✦ Léger écart de conduite. *Ce n'est pas sa première incartade.*
ÉTYM. italien *inquartata* «parade d'escrime».

INCASSABLE [ɛ̃kɑsabl] adj. ✦ Qui ne se casse pas, ou pas facilement. *Verre incassable.*

INCENDIAIRE [ɛ̃sɑ̃djɛʀ] n. et adj.
I n. Personne qui allume un incendie. SYN. **pyromane.**
II adj. 1. Propre à causer un incendie. *Des bombes incendiaires.* 2. fig. Propre à enflammer les esprits, à allumer la révolte. *Des déclarations incendiaires.* ♦ Qui éveille les désirs amoureux. *Un regard incendiaire.*
ÉTYM. latin *incendiarius.*

INCENDIE [ɛ̃sɑ̃di] n. m. ✦ Grand feu qui se propage en causant des dégâts. *Les pompiers ont maîtrisé l'incendie. Des incendies de forêt.*
ÉTYM. latin *incendium,* de *candere* «brûler».

INCENDIER [ɛ̃sɑ̃dje] v. tr. (conjug. 9) 1. Mettre en feu en provoquant un incendie. SYN. **brûler.** *Incendier une maison.* 2. Irriter en provoquant une impression de brûlure. *Cet alcool incendie la gorge.* 3. LITTÉR. Colorer d'une lueur ardente. *Le soleil incendiait l'horizon.* 4. LITTÉR. Enflammer, exciter (les passions). ♦ FAM. *Incendier qqn,* l'accabler de reproches.

INCERTAIN, AINE [ɛ̃sɛʀtɛ̃, ɛn] adj. **I** 1. Qui n'est pas fixé d'avance, certain, assuré. SYN. **aléatoire, douteux, hypothétique, problématique.** *Le résultat est bien incertain.* ♦ Sur lequel on ne peut compter. *Le temps est incertain.* SYN. **changeant, variable.** 2. Qui n'est pas connu avec certitude. *Un mot d'origine incertaine.* 3. LITTÉR. Dont la forme, la nature n'est pas nette. SYN. **confus, imprécis,** ③ **vague.** *Une silhouette aux contours* *incertains.* **II** **1.** (personnes) Qui manque de certitude, de décision, qui est dans le doute. SYN. **embarrassé, hésitant, indécis, irrésolu.** *Être incertain du parti à prendre.* **2.** Hésitant, peu assuré. *Une démarche incertaine.* CONTR. **assuré, certain, sûr • clair, ① net, ① précis • décidé, résolu.**

INCERTITUDE [ɛ̃sɛʀtityd] **n. f.** **I** **1.** État de ce qui est incertain. *L'incertitude de notre avenir.* SYN. **précarité.** **2.** Chose imprévisible. *Il y a trop d'incertitudes dans cette affaire.* **II** État d'une personne incertaine, qui ne sait pas ce qu'elle doit faire. SYN. **doute, embarras, indécision, perplexité.** *Être dans l'incertitude.* CONTR. **certitude, clarté • détermination, résolution.**

INCESSAMMENT [ɛ̃sesamɑ̃] **adv.** **1.** VIEILLI Continuellement. **2.** MOD. Très prochainement, sans délai. SYN. **bientôt.** *Il doit arriver incessamment.*
ÉTYM. de *incessant.*

INCESSANT, ANTE [ɛ̃sesɑ̃, ɑ̃t] **adj.** ✦ Qui ne cesse pas, dure sans interruption. SYN. **continuel, ininterrompu.** *Un bruit incessant.* – *D'incessantes récriminations.* SYN. **répété.** CONTR. **discontinu ; rare.**

INCESSIBLE [ɛ̃sesibl] **adj.** ✦ DR. Qui ne peut être cédé. SYN. **inaliénable.** CONTR. **cessible.**
► **INCESSIBILITÉ** [ɛ̃sesibilite] **n. f.**

INCESTE [ɛ̃sɛst] **n. m.** ✦ Relations sexuelles entre proches parents (dont le mariage est interdit) ; amour incestueux. *Inceste entre frère et sœur.*
ÉTYM. latin *incestus,* de *castus* « pur ».

INCESTUEUX, EUSE [ɛ̃sɛstyø, øz] **adj.** **1.** Coupable d'inceste. *Un père incestueux.* **2.** Caractérisé par l'inceste. *Amour incestueux.* **3.** Né d'un inceste. *Enfant incestueux.*

INCHANGÉ, ÉE [ɛ̃ʃɑ̃ʒe] **adj.** ✦ Qui n'a pas changé. *La situation est inchangée,* reste la même. SYN. **identique.**

INCHOATIF, IVE [ɛ̃kɔatif, iv] **adj.** ✦ LING. Qui sert à exprimer une action qui commence, une progression, par une forme spécifique (ex. en latin les verbes en *-escere*) ou non (ex. en français *s'endormir, vieillir*).
ÉTYM. bas latin *inchoativus,* de *inchoare* « commencer ».

INCIDEMMENT [ɛ̃sidamɑ̃] **adv.** ✦ D'une manière incidente ; sans y attacher une importance capitale. *Il en a parlé, mais incidemment.*
ÉTYM. de ② *incident,* 3.

INCIDENCE [ɛ̃sidɑ̃s] **n. f.** **1.** PHYS. Rencontre d'un rayon et d'une surface. *Point, angle d'incidence.* **2.** Conséquence, influence. *L'incidence des salaires sur les prix de revient.* ♦ *L'incidence d'un impôt.*
ÉTYM. de ② *incident,* 2.

① **INCIDENT** [ɛ̃sidɑ̃] **n. m.** **1.** Petit évènement qui survient. ♦ Petite difficulté imprévue au cours d'une entreprise. SYN. **anicroche.** *Le voyage s'est passé sans incident. Incidents de parcours.* **2.** Évènement peu important en lui-même mais capable d'entraîner de graves conséquences. *Un incident de frontière.* ♦ Désordre. *Provoquer des incidents pendant une réunion.* ♦ Objection, difficulté (dans un débat). *Des incidents de séance.* – *L'incident est clos :* la querelle est terminée.
ÉTYM. latin médiéval *incidens,* de *incidere* « tomber sur, survenir ».

② **INCIDENT, ENTE** [ɛ̃sidɑ̃, ɑ̃t] **adj.** **1.** DR., POLIT. Qui survient accessoirement, qui n'est pas essentiel. SYN. **accessoire.** *Une question incidente.* **2.** PHYS. *Rayon incident (à une surface),* qui la rencontre. **3.** GRAMM. (proposition, remarque) Qui suspend une phrase, un exposé, pour y introduire un énoncé accessoire. – **n. f.** *Mettre une incidente entre parenthèses, entre tirets* (ex. Vous viendrez — *je le suppose* — avec vos parents). SYN. **incise.**
ÉTYM. → ① incident.

INCINÉRATEUR [ɛ̃sineʀatœʀ] **n. m.** ✦ Dispositif pour incinérer (spécialt les ordures).

INCINÉRATION [ɛ̃sineʀasjɔ̃] **n. f.** ✦ Action d'incinérer. *Incinération d'un cadavre.* → **crémation.**
ÉTYM. latin médiéval *incineratio.*

INCINÉRER [ɛ̃sineʀe] **v. tr.** (conjug. 8) ✦ Réduire en cendres. SYN. **brûler.** *Appareil à incinérer les ordures* (→ **incinérateur**). – *Son cadavre a été incinéré.*
ÉTYM. latin *incinerare,* de *cinis, cineris* « cendre ».

INCIPIT [ɛ̃sipit] **n. m.** ✦ Premiers mots d'un livre. *Les incipits* ou *les incipit* (invar.).
ÉTYM. mot latin « il commence ».

INCISE [ɛ̃siz] **n. f.** ✦ GRAMM. Courte proposition insérée dans une phrase, pour indiquer qu'on rapporte les paroles de qqn (ex. *dès demain,* dit-elle, *je pars*). → ② **incident** (3).
ÉTYM. latin *incisa,* de *incidere* « couper ».

INCISER [ɛ̃size] **v. tr.** (conjug. 3a) ✦ Fendre avec un instrument tranchant. SYN. **couper, entailler.** *Inciser l'écorce d'un arbre pour le greffer.*
ÉTYM. latin populaire *incisare,* de *incidere* « couper ».

INCISIF, IVE [ɛ̃sizif, iv] **adj.** **1.** VX Tranchant (→ **incisive**). **2.** fig. Acéré, mordant dans l'expression. *Une ironie incisive.*
ÉTYM. latin médiéval *incisivus.*

INCISION [ɛ̃sizjɔ̃] **n. f.** **1.** Action d'inciser. SYN. **entaille.** *Chirurgien qui pratique une incision.* **2.** Coupure, fente (faite en incisant). *Une incision profonde.*
ÉTYM. bas latin *incisio,* de *incidere* → inciser.

INCISIVE [ɛ̃siziv] **n. f.** ✦ Dent aplatie et tranchante, sur le devant de la mâchoire.
ÉTYM. de *dent incisive* → incisif.

INCITATIF, IVE [ɛ̃sitatif, iv] **adj.** ✦ Qui incite à faire qqch. SYN. **stimulant.** – *Prix incitatifs.* CONTR. **dissuasif.**

INCITATION [ɛ̃sitasjɔ̃] **n. f.** ✦ Action d'inciter ; ce qui incite. SYN. **encouragement.** – DR. *Incitation à la débauche, au meurtre.* → **provocation.** CONTR. **dissuasion.**
ÉTYM. latin *incitatio* → inciter.

INCITER [ɛ̃site] **v. tr.** (conjug. 3a) **1.** Entraîner, pousser. *Inciter qqn à qqch., à faire qqch.* **2.** (choses) Conduire (qqn) à un sentiment, un comportement. SYN. **engager, incliner.** *Sa réponse m'incite à penser qu'il est innocent.* CONTR. **détourner, dissuader.**
ÉTYM. latin *incitare,* de *ciere* « faire mouvoir ».

INCIVIL, ILE [ɛ̃sivil] **adj.** ✦ LITTÉR. Impoli. *Un homme incivil.* CONTR. **civil, courtois, ① poli.**
ÉTYM. latin *incivilis.*

INCIVILITÉ [ɛ̃sivilite] **n. f.** ✦ LITTÉR. Impolitesse. CONTR. **civilité, courtoisie, politesse.**
ÉTYM. latin *incivilitas.*

INCLASSABLE [ɛ̃klasabl] **adj.** ✦ Qu'on ne peut définir, rapporter à un ensemble connu. *Une œuvre inclassable.* CONTR. **classable.**
ÉTYM. de ② *in-* et *classer.*

INCLÉMENCE [ɛ̃klemɑ̃s] **n. f.** ✦ LITTÉR. Caractère pénible (des éléments). *L'inclémence du temps.* CONTR. **clémence.**
ÉTYM. latin *inclementia.*

INCLÉMENT, ENTE [ɛ̃klemɑ̃, ɑ̃t] **adj.** ✦ LITTÉR. Rigoureux. *Un hiver inclément.* CONTR. **clément, doux.**
ÉTYM. latin *inclemens.*

INCLINABLE [ɛ̃klinabl] **adj.** ✦ Que l'on peut incliner. *Siège à dossier inclinable.*

INCLINAISON [ɛ̃klinɛzɔ̃] **n. f.** 1. État de ce qui est incliné ; obliquité. *L'inclinaison d'un toit.* SYN. **pente.** 2. *Inclinaison d'un plan, d'une ligne,* angle qu'ils font avec une autre surface ou ligne. ➝ PHYS. *Inclinaison magnétique :* angle formé avec l'horizon par une aiguille aimantée. 3. Action de pencher ; position penchée (de la tête, du buste).
ÉTYM. de *incliner.*

INCLINATION [ɛ̃klinasjɔ̃] **n. f.** I Action d'incliner (la tête ou le corps) en signe d'acquiescement ou de déférence. → **révérence, salut.** *Saluer qqn d'une inclination de tête.* II fig. 1. Mouvement affectif, spontané vers une chose, une personne ou une fin. SYN. **goût, penchant, tendance.** *Combattre, suivre ses inclinations. Une inclination au bonheur. Son inclination le porte, l'incite à...* 2. LITTÉR. Mouvement qui porte à aimer qqn. *Mariage d'inclination.* CONTR. **aversion.**
ÉTYM. latin *inclinatio.*

INCLINER [ɛ̃kline] **v.** (conjug. 3a) I **v. tr.** 1. Rendre oblique (ce qui est vertical ou horizontal). SYN. **baisser, courber, pencher.** *Inclinez le flacon et versez doucement.* ➝ au p. passé *Plan* incliné. Une écriture inclinée.* 2. fig. *INCLINER qqn À,* le rendre enclin à. SYN. **inciter,** ① **porter.** *Les circonstances l'inclinent à réagir.* II **v. intr.** LITTÉR. *INCLINER À :* être enclin, porté à (qqch.). *Le juge semblait incliner à l'indulgence.* SYN. **pencher.** *J'incline à penser qu'il a raison.* III *S'INCLINER* **v. pron.** 1. Se courber, se pencher. *Saluer en s'inclinant.* 2. fig. *S'incliner devant qqn,* reconnaître sa supériorité. ◆ S'avouer vaincu, renoncer à lutter. SYN. **abandonner, céder.** *Je m'incline.* CONTR. **redresser.**
ÉTYM. latin *inclinare,* de *clinare* «pencher».

INCLURE [ɛ̃klyʀ] **v. tr.** (conjug. 57) 1. Mettre (qqch.) dans un ensemble (envoi, texte, compte, etc.). SYN. **insérer, introduire.** *Inclure une clause dans un contrat.* 2. abstrait Comporter, impliquer. *Cette condition en inclut une autre.* CONTR. **excepter, exclure.**
ÉTYM. de *inclus,* d'après *exclure.*

INCLUS, USE [ɛ̃kly, yz] **adj.** 1. Contenu, compris (dans). *Dépense incluse. Jusqu'à la page dix incluse.* ➝ MATH. *Ensemble A inclus dans l'ensemble B* (noté A B), dont tous les éléments appartiennent à B (→ **inclusion**). 2. *CI-INCLUS, CI-INCLUSE,* inclus ici, ci-joint. *Vous trouverez ci-inclus les documents nécessaires. La lettre ci-incluse.* ➝ (invar. avant le nom) *Ci-inclus notre facture.* CONTR. **exclu.**
ÉTYM. latin *inclusus,* de *includere* «enfermer».

INCLUSIF, IVE [ɛ̃klyzif, iv] **adj.** ✦ DIDACT. Qui inclut (qqch.) en soi. ➝ LOG. *« Ou » inclusif* (s'oppose à *exclusif*).
ÉTYM. latin médiéval *inclusivus.*

INCLUSION [ɛ̃klyzjɔ̃] **n. f.** 1. Action d'inclure ; ce qui est inclus. *L'inclusion d'une clause dans un contrat.* 2. MATH., LOG. Rapport entre deux ensembles dont l'un est entièrement compris dans l'autre. CONTR. **exclusion.**
ÉTYM. latin *inclusio,* de *includere* → inclus.

INCLUSIVEMENT [ɛ̃klyzivmɑ̃] **adv.** ✦ En comprenant (la chose dont on vient de parler). *Jusqu'au XVᵉ siècle inclusivement.* SYN. **compris.** CONTR. **exclusivement.**

INCOERCIBLE [ɛ̃kɔɛʀsibl] **adj.** ✦ LITTÉR. Qu'on ne peut contenir, réprimer. SYN. **irrépressible.** *Un fou rire incoercible.*
ÉTYM. du latin *coercere* «contraindre».

INCOGNITO [ɛ̃kɔɲito] **adv.** et **n. m.** 1. **adv.** En faisant en sorte qu'on ne soit pas reconnu (dans un lieu). *Voyager incognito.* 2. **n. m.** Situation d'une personne qui cherche à ne pas être reconnue. *Garder l'incognito.*
ÉTYM. mot italien «inconnu».

INCOHÉRENCE [ɛ̃kɔeʀɑ̃s] **n. f.** 1. Caractère de ce qui est incohérent. *L'incohérence de sa démonstration.* 2. Parole, idée, action incohérente. *Son récit est plein d'incohérences. Un tissu d'incohérences.* CONTR. **cohérence,** ① **logique.**
ÉTYM. anglais *incoherence,* du franç. *cohérence.*

INCOHÉRENT, ENTE [ɛ̃kɔeʀɑ̃, ɑ̃t] **adj.** 1. Qui n'est pas cohérent, manque de suite, de logique, d'unité. *Des propos incohérents.* SYN. **illogique, incompréhensible.** 2. Qui est sans unité, n'est pas homogène. CONTR. **cohérent,** ② **logique · homogène.**

INCOLLABLE [ɛ̃kɔlabl] **adj.** I FAM. Qu'on ne peut coller, qui répond à toutes les questions. *Il est incollable en histoire.* SYN. **imbattable.** II Qui ne colle pas. *Riz incollable.*
ÉTYM. de *coller.*

INCOLORE [ɛ̃kɔlɔʀ] **adj.** 1. Qui n'est pas coloré. *Gaz incolore et inodore. Vernis incolore.* 2. fig. Sans éclat. SYN. **terne.** *Un style incolore,* sans images. CONTR. **coloré · éclatant.**
ÉTYM. bas latin *incolor.*

INCOMBER [ɛ̃kɔ̃be] **v. tr. ind.** (conjug. 3a ; 3ᵉˢ pers. seulement) ✦ (charge, obligation) *INCOMBER À :* peser sur (qqn), être imposé à (qqn). *Ces responsabilités lui incombent.* ➝ impers. *C'est à vous qu'il incombe de,* qu'il revient de. *Il vous incombe de le prévenir.*
ÉTYM. latin *incumbere,* de *cumbere* «se coucher».

INCOMBUSTIBLE [ɛ̃kɔ̃bystibl] **adj.** ✦ Qui ne brûle pas ou très mal. *Des matériaux incombustibles.* SYN. **ininflammable.** CONTR. **combustible.**
ÉTYM. latin médiéval *incombustibilis.*

INCOMMENSURABLE [ɛ̃kɔmɑ̃syʀabl] **adj.** 1. MATH. au plur. (grandeurs) Dont le rapport est un nombre irrationnel. *Nombres incommensurables.* 2. DIDACT. Non mesurable. ◆ COUR. Si grand qu'il ne peut être mesuré. SYN. **démesuré, illimité, immense.** *Sa vanité, sa bêtise est incommensurable.* CONTR. **commensurable · mesu-**

rable.
ÉTYM. bas latin *incommensurabilis.*

INCOMMODANT, ANTE [ɛ̃kɔmɔdɑ̃, ɑ̃t] adj. ✦ Qui incommode physiquement. SYN. **gênant.** *Un parfum incommodant.*

INCOMMODE [ɛ̃kɔmɔd] adj. 1. Qui est peu pratique à l'usage. *Un outil incommode.* 2. LITTÉR. Qui est désagréable, qui gêne. *Une posture incommode.* SYN. **inconfortable.** CONTR. ① **commode,** ② **pratique** • **agréable, confortable.**

► **INCOMMODÉMENT** [ɛ̃kɔmɔdemɑ̃] adv. CONTR. **commodément.**
ÉTYM. latin *incommodus.*

INCOMMODER [ɛ̃kɔmɔde] v. tr. (conjug. 3a) ✦ Causer une gêne physique à (qqn), mettre mal à l'aise. SYN. **gêner, indisposer.** *Votre cigarette m'incommode.* ➛ LITTÉR. *Être incommodé :* se sentir un peu souffrant.
ÉTYM. latin *incommodare.*

INCOMMODITÉ [ɛ̃kɔmɔdite] n. f. 1. Caractère de ce qui n'est pas pratique. *L'incommodité de cette installation.* 2. LITTÉR. Gêne causée par (qqch.). *L'incommodité d'un voisinage bruyant.* CONTR. **commodité** • **agrément.**
ÉTYM. latin *incommoditas.*

INCOMMUNICABILITÉ [ɛ̃kɔmynikabilite] n. f. ✦ LITTÉR. Caractère de ce qui est incommunicable. ♦ Impossibilité de communiquer avec d'autres personnes.

INCOMMUNICABLE [ɛ̃kɔmynikabl] adj. 1. Dont on ne peut faire part à personne. SYN. **inexprimable.** *Un état d'âme incommunicable.* 2. au plur. Qui ne peuvent être mis en communication. *Deux domaines incommunicables.* CONTR. **communicable.**

INCOMPARABLE [ɛ̃kɔ̃paʀabl] adj. 1. au plur. Qui ne peuvent être mis en comparaison. *Deux choses absolument incomparables.* 2. À qui ou à quoi rien ne semble pouvoir être comparé (en bien) ; sans pareil. SYN. **inégalable, supérieur.** *Un talent incomparable.* ➛ (personnes) *Un musicien incomparable.* CONTR. **comparable.**
ÉTYM. latin *incomparabilis.*

INCOMPARABLEMENT [ɛ̃kɔ̃paʀabləmɑ̃] adv. ✦ Sans comparaison possible. *Il est incomparablement meilleur, plus beau.*

INCOMPATIBILITÉ [ɛ̃kɔ̃patibilite] n. f. 1. Impossibilité de s'accorder, d'exister ensemble. → **désaccord, opposition.** *Incompatibilité d'humeur.* ➛ MÉD. *L'incompatibilité de deux groupes sanguins.* 2. Impossibilité légale de cumuler certaines fonctions ou occupations. CONTR. **accord, compatibilité, harmonie.**
ÉTYM. de *incompatible.*

INCOMPATIBLE [ɛ̃kɔ̃patibl] adj. 1. Qui ne peut coexister, être associé (avec une autre chose). SYN. **inconciliable ;** → **opposé.** *Choses incompatibles, incompatibles les unes avec les autres, incompatibles entre elles. Caractères, humeurs incompatibles.* 2. (fonctions, mandats...) Dont la loi interdit le cumul. CONTR. **compatible, conciliable.**
ÉTYM. latin *incompatibilis.*

INCOMPÉTENCE [ɛ̃kɔ̃petɑ̃s] n. f. ✦ Manque de connaissances, d'habileté nécessaires. SYN. **ignorance, incapacité.** *Son incompétence en matière de finances, en politique. Une incompétence notoire.* CONTR. **aptitude, compétence.**
ÉTYM. de *incompétent.*

INCOMPÉTENT, ENTE [ɛ̃kɔ̃petɑ̃, ɑ̃t] adj. 1. Qui n'a pas les connaissances suffisantes pour juger, décider d'une chose. *Il est incompétent dans ce domaine.* 2. DR. Qui n'est pas juridiquement compétent. *Le tribunal s'est déclaré incompétent.* CONTR. **apte, capable, compétent.**
ÉTYM. bas latin *incompetens.*

INCOMPLET, ÈTE [ɛ̃kɔ̃plɛ, ɛt] adj. ✦ Qui n'est pas complet ; auquel il manque qqch., un élément. *Une liste incomplète.* ➛ *Avoir une vue incomplète de la situation.* SYN. **partiel.** CONTR. **complet, total.**
ÉTYM. latin *incompletus.*

INCOMPLÈTEMENT [ɛ̃kɔ̃plɛtmɑ̃] adv. ✦ D'une manière incomplète. SYN. **imparfaitement.** CONTR. **complètement.**

INCOMPRÉHENSIBLE [ɛ̃kɔ̃pʀeɑ̃sibl] adj. 1. (sens fort) Inconcevable. 2. (sens faible) Impossible ou très difficile à comprendre, à expliquer. *Texte incompréhensible.* SYN. **obscur.** *Sa disparition est incompréhensible.* → **inexplicable, mystérieux.** *Ce discours m'est incompréhensible.* ➛ *Une attitude, un caractère incompréhensible.* → **déconcertant.** CONTR. **clair, compréhensible.**

► **INCOMPRÉHENSIBILITÉ** [ɛ̃kɔ̃pʀeɑ̃sibilite] n. f.
ÉTYM. latin *incomprehensibilis.*

INCOMPRÉHENSIF, IVE [ɛ̃kɔ̃pʀeɑ̃sif, iv] adj. ✦ (personnes) Qui ne comprend pas autrui, qui ne se met pas à la portée des autres. *Des parents incompréhensifs.* CONTR. **compréhensif.**
ÉTYM. de ② *in-* et *compréhensif.*

INCOMPRÉHENSION [ɛ̃kɔ̃pʀeɑ̃sjɔ̃] n. f. ✦ Incapacité ou refus de comprendre qqn ou qqch., de lui rendre justice. *L'incompréhension entre deux personnes.* CONTR. **compréhension.**
ÉTYM. de ② *in-* et *compréhension.*

INCOMPRESSIBLE [ɛ̃kɔ̃pʀesibl] adj. ✦ Qui ne peut être comprimé. *Aucun gaz n'est incompressible.* ♦ fig. Qu'on ne peut réduire. *Dépenses incompressibles.* CONTR. **compressible.**

INCOMPRIS, ISE [ɛ̃kɔ̃pʀi, iz] adj. ✦ Qui n'est pas compris, apprécié à sa juste valeur. *Un génie incompris.* ➛ n. *Une incomprise.*

INCONCEVABLE [ɛ̃kɔ̃s(ə)vabl] adj. 1. Dont l'esprit humain ne peut se former aucune représentation. *L'infini est inconcevable.* SYN. **incompréhensible** (1). 2. Impossible ou difficile à comprendre, à imaginer, à croire. SYN. **incompréhensible, incroyable, inimaginable.** *Une négligence inconcevable.* ➛ péj. *C'est inconcevable !* SYN. **inadmissible.** ➛ n. m. *L'inconcevable.* CONTR. **compréhensible, concevable.**

INCONCILIABLE [ɛ̃kɔ̃siljabl] adj. ✦ Qui n'est pas conciliable. SYN. **incompatible.** *Des intérêts inconciliables.*

INCONDITIONNEL, ELLE [ɛ̃kɔ̃disjɔnɛl] **adj.** 1. Qui ne dépend d'aucune condition. SYN. **absolu.** *Une capitulation inconditionnelle. Soutien inconditionnel,* sans réserve. 2. Qui suit en toute circonstance et sans discussion les décisions (d'un homme, d'un parti). → **n.** *Les inconditionnels d'un parti.* CONTR. **conditionnel, hypothétique.**
► **INCONDITIONNELLEMENT** [ɛ̃kɔ̃disjɔnɛlmɑ̃] **adv.**
ÉTYM. de ② *in-* et *conditionnel,* d'après l'anglais.

INCONDUITE [ɛ̃kɔ̃dɥit] **n. f.** ✦ Mauvaise conduite sur le plan moral. SYN. **débauche.** *Une inconduite scandaleuse.*

INCONFORT [ɛ̃kɔ̃fɔʀ] **n. m.** ✦ Manque de confort. *Vivre dans l'inconfort.* → fig. *Inconfort intellectuel.*

INCONFORTABLE [ɛ̃kɔ̃fɔʀtabl] **adj.** ✦ Qui n'est pas confortable. *Un logement inconfortable.* → fig. *Être dans une situation inconfortable.* SYN. **délicat, embarrassant.** CONTR. **confortable.**
► **INCONFORTABLEMENT** [ɛ̃kɔ̃fɔʀtabləmɑ̃] **adv.**

INCONGRU, UE [ɛ̃kɔ̃gʀy] **adj.** ✦ Contraire aux usages, à la bienséance. *Une remarque incongrue.* SYN. **déplacé.** CONTR. **bienséant, convenable.**
ÉTYM. latin *incongruus.*

INCONGRUITÉ [ɛ̃kɔ̃gʀyite] **n. f.** ✦ Action ou parole incongrue, déplacée. *Il ne dit que des incongruités.*
ÉTYM. latin *incongruitas.*

INCONNU, UE [ɛ̃kɔny] **adj.** 1. (choses) Dont on ignore l'existence ou la nature. *Découvrir un monde inconnu.* SYN. **mystérieux,** ① **secret.** *Partir pour une destination inconnue.* → **n. m.** *La peur de l'inconnu.* 2. (personnes) Dont on ignore l'identité. *Enfant né de père inconnu. L'auteur a voulu rester inconnu,* garder l'anonymat, l'incognito. → **n.** *Une inconnue. Déposer une plainte contre (un) inconnu* (→ *contre X*). 3. Qu'on connaît très peu, faute d'étude, d'expérience. → *INCONNU À, DE qqn. Une coutume inconnue de nous.* SYN. **étranger.** ♦ Qu'on n'a encore jamais ressenti. SYN. **nouveau.** *Une impression inconnue* (de moi...). 4. (personnes) Dont on n'a jamais fait connaissance. → **n.** *Un inconnu l'a abordé.* ♦ Qui n'est pas connu, notoire, célèbre. → **n.** plais. *Un illustre inconnu.* CONTR. **connu · familier · célèbre.**
ÉTYM. de ② *in-* et *connu,* d'après le latin *incognitus.*

INCONNUE [ɛ̃kɔny] **n. f.** ✦ MATH. Quantité inconnue (d'une équation). *Équation à deux inconnues.* ♦ Élément inconnu d'un problème, d'une situation envisagée.

INCONSCIEMMENT [ɛ̃kɔ̃sjamɑ̃] **adv.** ✦ De façon inconsciente, sans s'en rendre compte. CONTR. **consciemment.**

INCONSCIENCE [ɛ̃kɔ̃sjɑ̃s] **n. f.** 1. Privation permanente ou momentanée de la conscience. *Le malade a sombré dans l'inconscience.* 2. Absence de jugement, de conscience claire du risque. *C'est de l'inconscience.* SYN. **aveuglement,** ① **folie.** CONTR. **conscience, lucidité.**

INCONSCIENT, ENTE [ɛ̃kɔ̃sjɑ̃, ɑ̃t] **adj.** et **n. m.**
I adj. 1. À qui la conscience fait défaut, de façon permanente ou temporaire. *Il est resté inconscient pendant une heure.* SYN. **évanoui.** 2. Qui n'a pas conscience (de qqch.). *Il était inconscient du danger.* → absolt *Il est complètement inconscient.* SYN. ① **fou.** → **n.** *C'est un inconscient.* 3. (choses) Dont on n'a pas conscience ; qui échappe à la conscience. *Un mouvement inconscient.* SYN. **instinctif, machinal.** CONTR. **conscient, volontaire.**
II n. m. *L'INCONSCIENT* : ce qui échappe entièrement à la conscience, même quand le sujet cherche à le percevoir. → *Les théories de l'inconscient* (→ **psychanalyse**). *L'inconscient freudien.*

INCONSÉQUENCE [ɛ̃kɔ̃sekɑ̃s] **n. f.** 1. Manque de suite dans les idées, de réflexion dans la conduite. *L'inconséquence de sa conduite.* SYN. **légèreté.** 2. Action ou parole inconséquente. SYN. **contradiction.**
ÉTYM. bas latin *inconsequentia.*

INCONSÉQUENT, ENTE [ɛ̃kɔ̃sekɑ̃, ɑ̃t] **adj.** ✦ LITTÉR. 1. (choses) Qui n'est pas conforme à la logique. ♦ Dont on n'a pas calculé les conséquences (qui risquent d'être fâcheuses). SYN. **inconsidéré.** *Sa conduite est inconséquente.* 2. (personnes) Qui est en contradiction avec soi-même. ♦ Qui ne calcule pas les conséquences de ses actes. SYN. **irréfléchi, léger.** CONTR. **conséquent,** ② **logique · réfléchi, sérieux.**
ÉTYM. latin *inconsequens.*

INCONSIDÉRÉ, ÉE [ɛ̃kɔ̃sideʀe] **adj.** ✦ Qui témoigne d'un manque de réflexion. SYN. **imprudent, irréfléchi.** *Une initiative inconsidérée.*
ÉTYM. latin *inconsideratus.*

INCONSIDÉRÉMENT [ɛ̃kɔ̃sideʀemɑ̃] **adv.** ✦ Sans réflexion suffisante. SYN. **étourdiment.** *Répondre inconsidérément.*

INCONSISTANCE [ɛ̃kɔ̃sistɑ̃s] **n. f.** ✦ Manque de logique, de fermeté ; faiblesse. *L'inconsistance d'un raisonnement.*
ÉTYM. de ② *in-* et *consistance.*

INCONSISTANT, ANTE [ɛ̃kɔ̃sistɑ̃, ɑ̃t] **adj.** 1. Qui manque de consistance morale, de cohérence, de solidité. *Un caractère inconsistant.* SYN. **faible.** → *Une argumentation inconsistante.* 2. Sans intérêt, sans profondeur (récit, œuvre). *Un scénario inconsistant.* CONTR. **consistant,** ① **ferme.**

INCONSOLABLE [ɛ̃kɔ̃sɔlabl] **adj.** ✦ Qu'on ne peut consoler. *Une veuve inconsolable.* → *Une peine inconsolable.*

INCONSTANCE [ɛ̃kɔ̃stɑ̃s] **n. f.** ✦ Caractère d'une personne, d'une chose inconstante. *L'inconstance du public.* SYN. **versatilité.** *L'inconstance des choses humaines.* SYN. **fragilité, instabilité.** CONTR. **constance, fidélité, stabilité.**
ÉTYM. latin *inconstantia.*

INCONSTANT, ANTE [ɛ̃kɔ̃stɑ̃, ɑ̃t] **adj.** 1. Qui n'est pas constant, change facilement (d'opinion, de sentiment, de conduite). SYN. **changeant, instable, versatile.** *Être inconstant dans ses goûts, dans ses idées.* ♦ Qui a tendance à être infidèle en amour. SYN. **volage.** 2. (choses) LITTÉR. Qui est sujet à changer. SYN. **changeant.** *Un bonheur inconstant.* CONTR. **constant, fidèle, stable.**
ÉTYM. latin *inconstans.*

INCONSTITUTIONNALITÉ [ɛ̃kɔ̃stitysjɔnalite] **n. f.** ✦ Caractère inconstitutionnel. CONTR. **constitutionnalité.**

INCONSTITUTIONNEL, ELLE [ɛ̃kɔ̃stitysjɔnɛl] **adj.** ✦ Qui n'est pas en accord avec la Constitution d'un État. *Loi inconstitutionnelle.* SYN. **anticonstitutionnel.** CONTR. **constitutionnel.**

INCONSTRUCTIBLE [ɛ̃kɔ̃stʀyktibl] **adj.** ✦ (terrain) Où l'on ne peut construire. CONTR. **constructible.**

INCONTESTABLE [ɛ̃kɔ̃tɛstabl] **adj.** 1. Que l'on ne peut contester, mettre en doute. SYN. **certain, indiscutable, sûr.** *Des faits incontestables. Il est incontestable qu'il y a un problème.* 2. Indiscutable. *C'est un incontestable chef-d'œuvre.* CONTR. **contestable, douteux.**

INCONTESTABLEMENT [ɛ̃kɔ̃tɛstabləmɑ̃] **adv.** ✦ D'une manière incontestable. SYN. **assurément.** *Il a incontestablement beaucoup de talent.*

INCONTESTÉ, ÉE [ɛ̃kɔ̃tɛste] **adj.** ✦ Qui n'est pas contesté. *Le chef incontesté de la bande.*

INCONTINENCE [ɛ̃kɔ̃tinɑ̃s] **n. f.** 1. LITTÉR. Absence de retenue (en matière de langage). 2. Émission involontaire d'urine. SYN. **énurésie.**
ÉTYM. latin *incontinentia.*

① **INCONTINENT, ENTE** [ɛ̃kɔ̃tinɑ̃, ɑ̃t] **adj.** 1. Qui manque de retenue, de modération. 2. Qui ne peut contrôler ses émissions d'urine. *Un enfant incontinent.* ◆ **n.** *Les incontinents.*
ÉTYM. latin *incontinens.*

② **INCONTINENT** [ɛ̃kɔ̃tinɑ̃] **adv.** ✦ VIEILLI Tout de suite, sur-le-champ.
ÉTYM. latin *in continenti tempore* «dans le temps qui suit».

INCONTOURNABLE [ɛ̃kɔ̃tuʀnabl] **adj.** ✦ Qu'on ne peut se dispenser de connaître ; que l'on ne peut éviter ; dont il faut tenir compte. *Un cinéaste incontournable.*
ÉTYM. de ② *in-* et *contourner.*

INCONTRÔLABLE [ɛ̃kɔ̃tʀolabl] **adj.** ✦ Qui n'est pas contrôlable. *Des témoignages incontrôlables.* SYN. **invérifiable.**

INCONTRÔLÉ, ÉE [ɛ̃kɔ̃tʀole] **adj.** ✦ Qui n'est pas contrôlé. *Des nouvelles incontrôlées.* ➝ Qui échappe à toute autorité. *Des bandes incontrôlées. Des éléments incontrôlés* (dans une manifestation).

INCONVENANCE [ɛ̃kɔ̃v(ə)nɑ̃s] **n. f.** ✦ LITTÉR. 1. Caractère de ce qui est inconvenant. SYN. **incorrection, indécence.** 2. Parole, action inconvenante. SYN. **grossièreté, impolitesse.** *Commettre des inconvenances.* CONTR. **bienséance, correction.**

INCONVENANT, ANTE [ɛ̃kɔ̃v(ə)nɑ̃, ɑ̃t] **adj.** ✦ LITTÉR. Qui est contraire aux convenances, aux usages. *Un luxe inconvenant.* SYN. **choquant, indécent.** spécialt Qui enfreint les règles sociales, en matière sexuelle. *Des sous-entendus inconvenants.* SYN. **déplacé, incorrect, indécent.** CONTR. **bienséant, convenable, décent.**
ÉTYM. de ② *in-* et *convenir.*

INCONVÉNIENT [ɛ̃kɔ̃venjɑ̃] **n. m.** 1. Conséquence fâcheuse (d'une action, d'une situation). *Subir les inconvénients d'un déménagement. Si vous n'y voyez pas d'inconvénient :* si cela ne vous dérange pas. 2. Désavantage inhérent à une chose qui, par ailleurs, est ou peut être bonne. *Les avantages et les inconvénients du mariage,* le bon et le mauvais côté. CONTR. **avantage.**
ÉTYM. latin *inconveniens.*

INCONVERTIBLE [ɛ̃kɔ̃vɛʀtibl] **adj.** ✦ Qu'on ne peut convertir (2). *Monnaie inconvertible,* qui ne peut être échangée contre une autre. CONTR. **convertible.**

INCORPORATION [ɛ̃kɔʀpɔʀasjɔ̃] **n. f.** 1. Action de faire entrer (une substance) dans une autre. SYN. **mélange.** *L'incorporation de crème dans une sauce.* 2. Action d'incorporer (2). SYN. **intégration.** 3. Inscription (des recrues) sur les registres de l'armée. SYN. **appel.** *Sursis d'incorporation.* CONTR. **exclusion, séparation.**
ÉTYM. bas latin *incorporatio.*

INCORPOREL, ELLE [ɛ̃kɔʀpɔʀɛl] **adj.** 1. Qui n'a pas de corps. 2. Qui n'est pas matériel. ◆ DR. *Biens incorporels :* les droits, à l'exception du droit de propriété d'une chose matérielle. CONTR. **corporel ;** ① **matériel.**
ÉTYM. latin *incorporalis.*

INCORPORER [ɛ̃kɔʀpɔʀe] **v. tr.** (conjug. 3a) 1. Unir intimement (une matière à une autre). SYN. **mélanger.** *Incorporer du lait à une pâte.* 2. Faire entrer comme partie dans un tout. SYN. **réunir.** ➝ (compl. personne) *Incorporer qqn dans une association.* SYN. **intégrer.** 3. Enrôler (un conscrit). ➝ au p. passé *Jeunes gens incorporés.* SYN. **appelé.** CONTR. **séparer ; exclure.**
ÉTYM. bas latin *incorporare,* de *corpus* «corps».

INCORRECT, ECTE [ɛ̃kɔʀɛkt] **adj.** 1. Qui n'est pas correct (dans le domaine intellectuel, technique...). *Expression incorrecte.* SYN. **impropre.** *Une interprétation incorrecte des faits.* SYN. **inexact.** 2. Contraire aux usages, aux bienséances. SYN. **déplacé, inconvenant.** *Tenue incorrecte.* ➝ (personnes) *Être incorrect avec qqn,* manquer envers lui aux usages, aux règles (de la politesse, des affaires, etc.). CONTR. **correct, exact · convenable ; courtois, régulier.**

INCORRECTEMENT [ɛ̃kɔʀɛktəmɑ̃] **adv.** ✦ D'une manière incorrecte. CONTR. **correctement.**

INCORRECTION [ɛ̃kɔʀɛksjɔ̃] **n. f.** 1. Défaut de correction, en matière de langage. ◆ Expression incorrecte. SYN. **faute, impropriété.** 2. Caractère de ce qui est contraire aux usages, au savoir-vivre, à la morale sociale. SYN. **inconvenance.** ➝ *Incorrection en affaires.* SYN. **indélicatesse.** ◆ Parole ou action incorrecte. SYN. **impolitesse.** *Une grossière incorrection.* CONTR. **correction · courtoisie.**

INCORRIGIBLE [ɛ̃kɔʀiʒibl] **adj.** 1. (personnes) Qui persévère dans ses défauts, ses erreurs. *Cet enfant est incorrigible.* ➝ plais. *Un incorrigible optimiste.* SYN. **impénitent.** 2. (erreurs, défauts) Qui persiste chez qqn. SYN. **incurable.** *Son incorrigible étourderie.*
► **INCORRIGIBLEMENT** [ɛ̃kɔʀiʒibləmɑ̃] **adv.**
ÉTYM. bas latin *incorrigibilis.*

INCORRUPTIBLE [ɛ̃kɔʀyptibl] **adj.** 1. (choses) Qui n'est pas corruptible. SYN. **inaltérable.** *L'essence incorruptible de Dieu. Du bois incorruptible.* 2. (personnes) Qui ne se laisse pas corrompre. SYN. **intègre.** *Un juge incorruptible.* ➝ **n. m.** *L'Incorruptible,* surnom de Robespierre. CONTR. **corruptible · corrompu.**
► **INCORRUPTIBILITÉ** [ɛ̃kɔʀyptibilite] **n. f.**

INCRÉDULE [ɛ̃kʀedyl] **adj.** **1.** LITTÉR. Qui ne croit pas, qui doute (en matière de religion). SYN. **sceptique.** – **n.** *Les incrédules.* **2.** Qui se laisse difficilement persuader, convaincre. *Ses affirmations me laissent incrédule.* – Qui marque un doute. *Un sourire incrédule.* CONTR. **croyant • crédule, naïf.**
ÉTYM. latin *incredulus.*

INCRÉDULITÉ [ɛ̃kʀedylite] **n. f.** **1.** LITTÉR. Manque de foi, de croyance religieuse. SYN. **incroyance.** **2.** État d'une personne incrédule. SYN. **doute, scepticisme.** *Ces preuves ont vaincu son incrédulité.* CONTR. **croyance, foi • crédulité.**
ÉTYM. latin *incredulitas.*

INCRÉMENT [ɛ̃kʀemɑ̃] **n. m.** ✦ SC. Accroissement. – Augmentation minimale d'une fonction qui prend des valeurs discrètes.
ÉTYM. latin *incrementum.*

INCREVABLE [ɛ̃kʀəvabl] **adj.** **1.** Qui ne peut être crevé. *Un pneu increvable.* **2.** FAM. Qui n'est jamais fatigué. SYN. **infatigable.**

INCRIMINER [ɛ̃kʀimine] **v. tr.** (conjug. 3a) ✦ Mettre (qqn, qqch.) en cause ; considérer (qqn) comme coupable. SYN. **accuser.** *Il faut incriminer son éducation plus que lui-même.* – **au p. passé** *Le passage incriminé a été supprimé.*
ÉTYM. bas latin *incriminare,* de *crimen* «crime».

INCROYABLE [ɛ̃kʀwajabl] **adj.** et **n.**
I adj. **1.** Qu'il est impossible ou très difficile de croire. SYN. **étonnant, invraisemblable.** *D'incroyables nouvelles.* – **impers.** *C'est (il est) incroyable que tu n'aies rien vu.* **2.** Peu commun, peu ordinaire. SYN. **extraordinaire, fantastique, inouï.** *Il a fait des progrès incroyables.* SYN. **stupéfiant.** – *Un culot incroyable,* inadmissible. **3.** (**personnes**) Dont le comportement étonne. *Il est incroyable avec ses prétentions !* CONTR. **croyable ; crédible.**
II n. HIST. Sous le Directoire, jeune élégant qui affichait une recherche extravagante dans sa mise et son langage. *Les incroyables et les merveilleuses.*

INCROYABLEMENT [ɛ̃kʀwajabləmɑ̃] **adv.** ✦ D'une manière incroyable. *Il est incroyablement prétentieux.* SYN. **extrêmement.**

INCROYANCE [ɛ̃kʀwajɑ̃s] **n. f.** ✦ Absence, refus de la croyance religieuse. SYN. **athéisme, incrédulité.** CONTR. **croyance, foi.**

INCROYANT, ANTE [ɛ̃kʀwajɑ̃, ɑ̃t] **adj.** ✦ Qui n'est pas croyant, refuse la foi religieuse. – **n.** *Les incroyants.* SYN. **athée.** *Incroyants et incrédules* (agnostiques, sceptiques...). CONTR. **croyant, fidèle.**

INCRUSTATION [ɛ̃kʀystasjɔ̃] **n. f.** **1.** Action d'incruster. *La mosaïque se fait par incrustation.* **2.** **surtout plur.** Ornement incrusté. *Meuble orné d'incrustations de nacre.* **3.** Dépôt pierreux laissé par une eau calcaire. **4.** TECHN. Insertion d'une image dans une autre.
ÉTYM. bas latin *incrustatio.*

INCRUSTER [ɛ̃kʀyste] **v. tr.** (conjug. 3a) **I surtout passif** **1.** Orner (un objet, une surface), suivant un dessin gravé en creux, avec des fragments d'une autre matière. – **au p. passé** *Poignard incrusté d'or.* ◆ Insérer dans une surface évidée (des matériaux d'ornement taillés en fragments). *Incruster de la nacre.* **2.** (**sujet chose**) Couvrir d'un dépôt (→ **incrustation,** 3). **II** *S'INCRUSTER* **v. pron.** **1.** Adhérer fortement à un corps, s'y implanter. *Coquillage qui s'est incrusté dans la pierre.* **2.** **fig.** FAM. (**personnes**) *S'incruster chez qqn,* ne plus en déloger.
ÉTYM. latin *incrustare,* de *crusta* «croûte».

INCUBATEUR [ɛ̃kybatœʀ] **n. m.** **1.** Couveuse utilisée pour l'incubation des œufs. **2.** Couveuse artificielle pour les nouveau-nés fragiles, prématurés.
ÉTYM. de *incuber.*

INCUBATION [ɛ̃kybasjɔ̃] **n. f.** **1.** Action de couver des œufs ; développement de l'embryon dans l'œuf. *Les œufs éclosent après incubation. Incubation artificielle* (en couveuse → **incubateur**). **2.** Temps qui s'écoule entre l'époque de la contagion et l'apparition des symptômes d'une maladie. **3.** **fig.** Période pendant laquelle un évènement, une création se prépare.
ÉTYM. latin *incubatio,* de *incubare* «couver».

INCUBE [ɛ̃kyb] **n. m.** ✦ DIDACT. Démon masculin censé abuser d'une femme pendant son sommeil. *Les incubes et les succubes.*
ÉTYM. bas latin *incubus* «cauchemar», de *incubare* → incubation.

INCULPATION [ɛ̃kylpasjɔ̃] **n. f.** ✦ Action d'inculper (qqn).

INCULPER [ɛ̃kylpe] **v. tr.** (conjug. 3a) ✦ Imputer à (qqn) une infraction sanctionnée pénalement. *Le juge l'a inculpé de vol.* CONTR. **disculper.**
► **INCULPÉ, ÉE p. passé** *Suspect inculpé.* – **n.** Personne qui est sous le coup d'une inculpation.
ÉTYM. latin *inculpare,* de *culpa* «faute».

INCULQUER [ɛ̃kylke] **v. tr.** (conjug. 3a) ✦ Faire entrer (qqch.) dans l'esprit d'une façon durable, profonde. *On leur a inculqué de bons principes.*
ÉTYM. latin *inculcare,* de *calcare* «fouler».

INCULTE [ɛ̃kylt] **adj.** **I** **1.** (**terre, sol...**) Qui n'est pas cultivé. **2.** (**cheveux, barbe...**) Qui n'est pas soigné. **II** (**personnes**) Sans culture intellectuelle. SYN. **ignorant.** CONTR. **cultivé ; érudit, savant.**
ÉTYM. latin *incultus.*

INCULTURE [ɛ̃kyltyʀ] **n. f.** ✦ Absence de culture intellectuelle.

INCUNABLE [ɛ̃kynabl] **n. m.** ✦ Ouvrage imprimé antérieur à 1500, tiré à peu d'exemplaires et très rare.
ÉTYM. latin *incunabula,* famille de *cunae* «berceau».

INCURABLE [ɛ̃kyʀabl] **adj.** ✦ Qui ne peut être guéri. SYN. **inguérissable.** *Mal, malade incurable.* ◆ **péj.** *Une vanité incurable.* SYN. **incorrigible.** CONTR. **curable, guérissable.**
► **INCURABLEMENT** [ɛ̃kyʀabləmɑ̃] **adv.**
ÉTYM. bas latin *incurabilis.*

INCURIE [ɛ̃kyʀi] **n. f.** ✦ Manque de soin, d'organisation. SYN. **négligence.** *L'incurie des dirigeants.*
ÉTYM. latin *incuria,* de *cura* «soin».

INCURSION [ɛ̃kyʀsjɔ̃] **n. f.** **1.** Entrée, court séjour d'envahisseurs en pays ennemi. SYN. **attaque, invasion.** *Une incursion de bandes armées.* – **loc.** *Faire incursion chez qqn, quelque part.* **2.** **fig.** Fait de pénétrer momentanément dans un domaine étranger. *Il a fait une brève incursion dans le théâtre pendant ses études.*
ÉTYM. latin *incursio,* de *currere* «courir».

INCURVER [ɛ̃kyʀve] v. tr. (conjug. 3a) ✦ Rendre courbe. SYN. **courber.** ➝ au p. passé *Meuble aux pieds incurvés.* CONTR. **redresser.**
ÉTYM. latin *incurvare*, de *curvus* «courbe».

INDÉCEMMENT [ɛ̃desamɑ̃] adv. ✦ De manière indécente.

INDÉCENCE [ɛ̃desɑ̃s] n. f. 1. Manque de correction. SYN. **incorrection.** *L'indécence d'une réclamation.* SYN. **inconvenance.** 2. Caractère indécent, impudique. SYN. **impudicité.** *L'indécence de ses plaisanteries.* 3. Action, parole indécente. CONTR. **correction • bienséance, décence.**
ÉTYM. latin *indecentia*.

INDÉCENT, ENTE [ɛ̃desɑ̃, ɑ̃t] adj. 1. VIEILLI Choquant. *Un luxe indécent.* 2. Contraire à la décence. SYN. **impudique, inconvenant, obscène.** *Une posture indécente.* 3. Qui choque par sa démesure. SYN. **insolent.** *Il a une veine indécente.* CONTR. **convenable, correct, décent.**
ÉTYM. latin *indecens*.

INDÉCHIFFRABLE [ɛ̃deʃifʀabl] adj. ✦ Qui ne peut être déchiffré, illisible. *Code, écriture indéchiffrable.* ◆ Incompréhensible. *Une énigme indéchiffrable.* CONTR. **déchiffrable, lisible.**

INDÉCIS, ISE [ɛ̃desi, iz] adj. 1. (choses) Qui n'est pas certain. SYN. **douteux, incertain.** *La victoire demeura longtemps indécise.* ◆ Qui n'est pas bien déterminé, qu'il est difficile de distinguer. SYN. **imprécis, indistinct,** ③ **vague.** *Des formes indécises.* SYN. **flou.** 2. (personnes) Qui n'a pas encore pris une décision. SYN. **hésitant, perplexe.** ◆ Qui ne sait pas prendre une décision. ➝ n. *C'est un perpétuel indécis.* CONTR. **certain, sûr • distinct,** ① **net,** ① **précis • décidé, résolu.**
ÉTYM. bas latin *indecisus*.

INDÉCISION [ɛ̃desizjɔ̃] n. f. ✦ Hésitation, incertitude. *Son indécision lui fait manquer bien des occasions.* CONTR. **assurance, détermination.**
ÉTYM. de *indécis*.

INDÉCOMPOSABLE [ɛ̃dekɔ̃pozabl] adj. ✦ Qui ne peut être décomposé. *Corps simple indécomposable.* CONTR. **décomposable.**

INDÉCROTTABLE [ɛ̃dekʀɔtabl] adj. ✦ Qu'on ne parvient pas à débarrasser de ses manières grossières, de ses mauvaises habitudes. SYN. **incorrigible.**
ÉTYM. de ② *in-* et *décrotter*.

INDÉFECTIBLE [ɛ̃defɛktibl] adj. ✦ LITTÉR. Qui ne peut cesser d'être, qui dure toujours. SYN. **éternel, indestructible.** *Un attachement, une amitié indéfectible.* CONTR. **éphémère, passager.**
ÉTYM. de ② *in-* et du latin *deficere* «faire défaut».

INDÉFENDABLE [ɛ̃defɑ̃dabl] adj. 1. RARE Qui ne peut être défendu contre l'ennemi. 2. fig. Trop mauvais pour être défendu. *Une cause indéfendable.* SYN. **insoutenable.** CONTR. **défendable.**

INDÉFINI, IE [ɛ̃defini] adj. 1. Dont les limites ne sont ou ne peuvent être déterminées. SYN. **illimité.** *Des éléments en nombre indéfini.* 2. Qui n'est pas défini, qu'on ne peut définir. SYN. **imprécis, indéterminé,** ③ **vague.** *Une couleur indéfinie.* 3. GRAMM. (mot) Qui sert à désigner ou à présenter une chose, une personne (ou plusieurs) qui ne sont ni déterminées ni désignées par un démonstratif. *«Un, une, des», articles indéfinis. Pronoms, adjectifs indéfinis* (ex. aucun, chaque, plusieurs). ➝ n. m. *Un indéfini.* CONTR. **défini, déterminé, limité.**
ÉTYM. latin *indefinitus*.

INDÉFINIMENT [ɛ̃definimɑ̃] adv. ✦ D'une manière indéfinie. SYN. **éternellement.** *On ne peut pas attendre indéfiniment.* SYN. **toujours.**

INDÉFINISSABLE [ɛ̃definisabl] adj. 1. Qu'on ne peut définir. *Mot indéfinissable.* 2. Dont on ne saurait préciser la nature. *Une saveur ; un sentiment indéfinissable.* SYN. **indescriptible, indicible.** CONTR. **définissable ;** ① **précis.**

INDÉFORMABLE [ɛ̃defɔʀmabl] adj. ✦ Qui ne peut être déformé.

INDÉFRISABLE [ɛ̃defʀizabl] n. f. ✦ VIEILLI Frisure artificielle destinée à durer assez longtemps. → **permanente.**
ÉTYM. de ② *in-* et *défriser*.

INDÉLÉBILE [ɛ̃delebil] adj. ✦ Qui ne peut s'effacer. SYN. **ineffaçable.** *Une tache indélébile.* ➝ fig. *Souvenir indélébile.*
ÉTYM. latin *indelebilis*.

INDÉLICAT, ATE [ɛ̃delika, at] adj. 1. Qui manque de délicatesse morale, de tact. *Une personne indélicate.* SYN. **grossier.** 2. Malhonnête. *Un associé indélicat.* CONTR. **délicat, prévenant • honnête, loyal.**

INDÉLICATESSE [ɛ̃delikatɛs] n. f. 1. Défaut d'une personne indélicate. *Son indélicatesse est choquante.* SYN. **grossièreté, impolitesse.** 2. Procédé, acte indélicat. *Commettre une indélicatesse.* SYN. **malhonnêteté.** CONTR. **délicatesse, doigté, tact.**

INDÉMAILLABLE [ɛ̃demajabl] adj. ✦ (tissu) Dont les mailles ne peuvent se défaire. ➝ n. m. *Une combinaison en indémaillable.*

INDEMNE [ɛ̃dɛmn] adj. ✦ Qui n'a éprouvé aucun dommage, aucun mal ou influence néfaste. *Sortir indemne d'un accident.* SYN. **sain** et sauf. CONTR. **atteint, endommagé.**
ÉTYM. latin *indemnis*, de *damnum* «dommage».

INDEMNISATION [ɛ̃dɛmnizasjɔ̃] n. f. ✦ Action d'indemniser. SYN. **dédommagement.** ◆ Somme fixée pour indemniser.

INDEMNISER [ɛ̃dɛmnize] v. tr. (conjug. 3a) ✦ Dédommager (qqn) de ses pertes, de ses frais, etc. *Les sinistrés ont été indemnisés.*
ÉTYM. de *indemne*.

INDEMNITÉ [ɛ̃dɛmnite] n. f. 1. Ce qui est attribué à qqn en réparation d'un dommage. SYN. **dédommagement.** *Indemnité de licenciement.* 2. Ce qui est attribué en compensation de certains frais. SYN. **allocation.** *Indemnités de logement.*
ÉTYM. latin *indemnitas*.

INDÉMODABLE [ɛ̃demɔdabl] adj. ✦ Qui ne risque pas de se démoder.

INDÉMONTRABLE [ɛ̃demɔ̃tʀabl] adj. ✦ Qui ne peut être démontré, prouvé. *Axiome, postulat indémontrable.* CONTR. **démontrable.**

INDÉNIABLE [ɛ̃denjabl] adj. ✦ Qu'on ne peut nier ou réfuter. SYN. **certain, incontestable.** *Des preuves indéniables.* — *C'est indéniable.* SYN. **indiscutable.** CONTR. **contestable, douteux, niable.**
ÉTYM. de ② *in-* et *dénier.*

INDÉNIABLEMENT [ɛ̃denjabləmɑ̃] adv. ✦ Incontestablement.

INDÉPENDAMMENT [ɛ̃depɑ̃damɑ̃] adv. ✦ *INDÉPENDAMMENT DE* loc. prép. 1. En faisant abstraction de. *Indépendamment de ses problèmes financiers, il va bien.* 2. En plus de. *Indépendamment de son travail, il s'occupe d'un cinéclub.* SYN. ② **outre.**
ÉTYM. de *indépendant.*

INDÉPENDANCE [ɛ̃depɑ̃dɑ̃s] n. f. I 1. État d'une personne indépendante. SYN. **liberté.** *Conserver son indépendance.* — *Indépendance matérielle, financière.* 2. Caractère indépendant, non-conformisme. *Indépendance d'esprit.* 3. Situation d'une collectivité qui n'est pas soumise à une autre. SYN. **autonomie, souveraineté.** *Les pays colonisés ont acquis leur indépendance.* II Absence de relation, de dépendance (entre plusieurs phénomènes ou choses). *L'indépendance de deux événements.* CONTR. **dépendance, soumission, sujétion • corrélation, interdépendance.**

INDÉPENDANT, ANTE [ɛ̃depɑ̃dɑ̃, ɑ̃t] adj. I 1. Qui ne dépend pas (d'une personne, d'une chose) ; libre de toute dépendance. *Une femme indépendante.* SYN. **autonome.** — loc. *Travailleur indépendant,* non salarié par un employeur. 2. Qui aime l'indépendance, ne veut être soumis à personne. *Un esprit indépendant.* 3. Qui jouit de l'indépendance politique. *État indépendant et souverain.* II 1. *INDÉPENDANT DE :* qui ne varie pas en fonction de (qqch.). *Ce phénomène est indépendant du climat.* ◆ Qui n'a pas de rapport avec (qqch.). *Pour des raisons indépendantes de notre volonté.* 2. au plur. Sans dépendance mutuelle. *Roues avant indépendantes.* ◆ MATH. *Vecteurs indépendants,* dont il n'existe aucune combinaison linéaire de valeur nulle. — *Variables indépendantes.* 3. (logement, pièce) Qui est séparé des logements contigus, avec une entrée particulière. 4. GRAMM. *Proposition indépendante,* qui ne dépend d'aucune autre et, pour certains grammairiens, dont aucune autre ne dépend (ex. Il court vite). — n. f. *Une indépendante.* CONTR. **dépendant, esclave, soumis • tributaire.**

INDÉPENDANTISTE [ɛ̃depɑ̃dɑ̃tist] adj. et n. ✦ Partisan de l'indépendance, de l'autonomie politique. *Parti indépendantiste.* — n. *Les indépendantistes.* SYN. **autonomiste, séparatiste.**
► **INDÉPENDANTISME** [ɛ̃depɑ̃dɑ̃tism] n. m.

INDÉRACINABLE [ɛ̃derasinabl] adj. ✦ Qu'on ne peut arracher de l'esprit, de la conscience. *Un espoir, un préjugé indéracinable.*
ÉTYM. de ② *in-* et *déraciner.*

INDESCRIPTIBLE [ɛ̃dɛskriptibl] adj. ✦ Si fort, si important qu'on ne peut le décrire. *Un désordre indescriptible.* — Indicible, inexprimable. *Une joie indescriptible.*
ÉTYM. de ② *in-* et du latin *descriptum* → décrire.

INDÉSIRABLE [ɛ̃dezirabl] adj. ✦ Qu'on ne désire pas accueillir dans un pays, dans un groupe. *Le parti a exclu des éléments indésirables.* — n. *Un, une indésirable.*
ÉTYM. anglais *undesirable,* emprunté au français.

INDESTRUCTIBLE [ɛ̃dɛstryktibl] adj. 1. Qui ne peut pas être détruit ou semble impossible à détruire. *Une matière indestructible.* 2. abstrait Que rien ne peut altérer. *Une indestructible solidarité.* CONTR. **destructible, périssable.**

INDÉTECTABLE [ɛ̃detɛktabl] adj. ✦ Qui ne peut être détecté. *Avion « furtif », indétectable par les radars.*

INDÉTERMINATION [ɛ̃detɛrminasjɔ̃] n. f. 1. Caractère de ce qui n'est pas défini ou connu avec précision. SYN. **imprécision.** 2. État d'une personne qui n'a pas encore pris de détermination, qui hésite. SYN. **indécision, irrésolution.** *Demeurer, être dans l'indétermination.* CONTR. **détermination, résolution.**

INDÉTERMINÉ, ÉE [ɛ̃detɛrmine] adj. 1. Qui n'est pas déterminé, fixé. SYN. **imprécis, incertain.** *À une date indéterminée.* — MATH. *Quantité, valeur indéterminée.* 2. (personnes) Qui ne se détermine pas. SYN. **indécis.** CONTR. **déterminé, fixé,** ① **précis • décidé, résolu.**

INDÉTRÔNABLE [ɛ̃detronabl] adj. ✦ Qui ne peut être détrôné, supplanté.
ÉTYM. de ② *in-* et *détrôner.*

INDEX [ɛ̃dɛks] n. m. I Doigt de la main le plus proche du pouce. *Prendre un objet entre le pouce et l'index.* II 1. Table alphabétique (de sujets traités, de noms cités dans un livre) accompagnée de références. *Index des matières.* 2. *L'Index :* catalogue des livres interdits par l'Église catholique (jusqu'en 1965). ◆ loc. *Mettre qqn, qqch. à l'index,* condamner, signaler comme dangereux. → **exclure, proscrire.**
ÉTYM. mot latin « indicateur ».

INDEXATION [ɛ̃dɛksasjɔ̃] n. f. ✦ Fait d'indexer (1 et 2). *L'indexation des salaires sur le coût de la vie.*

INDEXER [ɛ̃dɛkse] v. tr. (conjug. 3a) 1. Lier les variations de (une valeur) à celles d'un élément de référence, d'un indice déterminé. *Indexer un emprunt sur le cours de l'or.* 2. Attribuer à (un document) une marque distinctive.
ÉTYM. de *index.*

INDICATEUR, TRICE [ɛ̃dikatœr, tris] n. et adj.
I n. Personne qui renseigne la police en échange d'argent ou de protection. SYN. **mouchard.** — abrév. FAM. INDIC [ɛ̃dik]. *Des indics fiables.*
II n. m. 1. Livre, brochure donnant des renseignements. *L'indicateur des chemins de fer.* 2. Instrument, substance servant à fournir des indications sur un phénomène. *Indicateur d'altitude, de vitesse.* 3. Variable significative (en économie, statistique). *Le produit national brut est un indicateur économique.*
III adj. Qui fournit une indication. *Poteau indicateur.*
ÉTYM. latin *indicator.*

INDICATIF, IVE [ɛ̃dikatif, iv] adj. et n. m.
I adj. Qui indique. *Voici quelques prix, à titre indicatif.*
II n. m. 1. Mode verbal convenant à l'énoncé de la réalité (s'oppose à *subjonctif,* etc.). *Le présent, le passé composé de l'indicatif.* 2. Fragment musical qui annonce une émission (de radio, de télévision...). *L'indicatif du journal télévisé.* — Recommandation officielle pour *jingle.*
ÉTYM. bas latin *indicativus.*

INDICATION [ɛ̃dikasjɔ̃] **n. f.** **1.** Action d'indiquer ; résultat de cette action. *L'indication de travaux sur un panneau.* **2.** Ce qui indique, révèle qqch. SYN. **indice, signe.** *C'est une indication sur les projets du gouvernement.* **3.** Information indiquée. *Suivez ses indications à la lettre.* **4.** MÉD. Cas où un traitement est indiqué (opposé à *contre-indication*). *Les indications de la quinine.*
ÉTYM. latin *indicatio.*

INDICE [ɛ̃dis] **n. m.** **I** Signe apparent qui indique avec probabilité. *Être l'indice de qqch.* → **indiquer, révéler, signaler.** *Il a été condamné sans preuves, sur de simples indices.* **II** **1.** Indication (nombre ou lettre) qui sert à caractériser un signe mathématique. a_n *se lit « a indice n ».* **2.** Nombre qui sert à exprimer un rapport. *Lier une quantité à un indice.* → **indexer.** – *Indice de production. Indice des prix,* par rapport à un prix de référence exprimé par le nombre 100. *Indice d'écoute, d'audience d'une émission.*
ÉTYM. latin *indicium* « indication, révélation », de *index* → index.

INDICIBLE [ɛ̃disibl] **adj.** ✦ LITTÉR. Qu'on ne peut dire, exprimer. SYN. **inexprimable.** *Éprouver une joie indicible.*
ÉTYM. latin médiéval *indicibilis.*

INDICIEL, ELLE [ɛ̃disjɛl] **adj.** ✦ Relatif à un indice, à des indices.

INDIEN, IENNE [ɛ̃djɛ̃, jɛn] **adj. et n.** **I** De l'Inde. *L'océan Indien* (☞ noms propres). – **n.** *La plupart des Indiens sont hindous ou musulmans.* **II** Des populations autochtones d'Amérique. SYN. **amérindien.** – **n.** *Les Indiens* (☞ noms propres). *Les Indiens des Andes, du Canada.*
ÉTYM. latin *Indianus* ; sens II, du fait que les navigateurs européens se croyaient arrivés aux Indes.

INDIENNE [ɛ̃djɛn] **n. f.** ✦ Toile de coton peinte ou imprimée, fabriquée primitivement aux Indes.
ÉTYM. de *toile indienne* → indien.

INDIFFÉREMMENT [ɛ̃difeʀamɑ̃] **adv.** ✦ Sans distinction, sans faire de différence. SYN. **indistinctement.** *Ça se mange indifféremment froid ou chaud.*

INDIFFÉRENCE [ɛ̃difeʀɑ̃s] **n. f.** **1.** État de la personne qui n'éprouve ni douleur, ni plaisir, ni crainte, ni désir. SYN. **apathie, insensibilité.** **2.** *INDIFFÉRENCE À, POUR* (qqch.), détachement à l'égard d'une chose, d'un évènement. **3.** Absence d'intérêt à l'égard d'un être, des hommes. SYN. **froideur.** *Il est parti dans l'indifférence générale.* – Absence d'amour. *N'avoir que de l'indifférence l'un pour l'autre.* CONTR. **intérêt, passion • sentiment, tendresse.**
ÉTYM. bas latin *indifferentia.*

INDIFFÉRENCIÉ, ÉE [ɛ̃difeʀɑ̃sje] **adj.** ✦ Qui n'est pas différencié. *Cellules vivantes indifférenciées.*

INDIFFÉRENT, ENTE [ɛ̃difeʀɑ̃, ɑ̃t] **adj.** **I** (choses, personnes) **1.** Sans intérêt, sans importance. *Causer de choses indifférentes.* ♦ *INDIFFÉRENT À* : qui n'intéresse pas, ne touche pas. *Elle m'est indifférente. Son sort m'est indifférent.* **2.** Qui ne fait pas de différence (pour qqn). *Ici ou là, cela m'est indifférent.* SYN. **égal.** **II** (personnes) **1.** Qui n'est pas intéressé, préoccupé, ému (par qqch., qqn). SYN. **froid, insensible.** *Être complètement indifférent aux malheurs des autres.* ♦ Qui marque de l'indifférence en amour. – **n.** *« Le Bel Indifférent »* (pièce de Cocteau). **2.** absolt Qui n'est touché par rien. ♦ Qui manifeste de l'indifférence. *Un air indifférent et blasé.* CONTR. **important, intéressant • attentif, curieux, sensible.**
ÉTYM. latin *indifferens.*

INDIFFÉRER [ɛ̃difeʀe] **v. tr. ind.** (conjug. 8) ✦ FAM. Être indifférent (surtout 3e pers. ; avec pronom compl.). *Cela m'indiffère complètement,* cela m'est égal.
ÉTYM. de *indifférent.*

INDIGENCE [ɛ̃diʒɑ̃s] **n. f.** **1.** VIEILLI État d'une personne indigente. SYN. **misère, pauvreté.** *Tomber dans l'indigence.* **2.** LITTÉR. Pauvreté (intellectuelle, morale). *Un texte d'une rare indigence.*
ÉTYM. latin *indigentia* « besoin ».

INDIGÈNE [ɛ̃diʒɛn] **adj.** **1.** DIDACT. Qui est né dans le pays dont il est question. → **aborigène, autochtone.** – Qui est originaire du pays où il, elle vit. – **n.** *Les indigènes de l'Amérique.* → **natif.** ♦ (animal, plante) Qui vit, croît naturellement dans une région. **2.** VX ou HIST. Qui appartient à un groupe ethnique existant dans un pays d'outre-mer avant sa colonisation. CONTR. **allogène ; exotique.**
ÉTYM. latin *indigena.*

INDIGENT, ENTE [ɛ̃diʒɑ̃, ɑ̃t] **adj.** **1.** VIEILLI Qui manque des choses les plus nécessaires à la vie. SYN. **nécessiteux, pauvre.** – **n.** Personne sans ressources. *Aide aux indigents.* **2.** LITTÉR. Pauvre ; peu fourni. *Éclairage indigent.* – *Une imagination indigente.* CONTR. **nanti, riche • abondant, fourni.**
ÉTYM. latin *indigens,* de *indigere* « manquer de ».

INDIGESTE [ɛ̃diʒɛst] **adj.** **1.** Difficile à digérer. *Une nourriture indigeste.* SYN. **lourd.** **2.** fig. Mal ordonné et peu assimilable. *Un recueil indigeste.* CONTR. **digeste, léger.**
ÉTYM. bas latin *indigestus.*

INDIGESTION [ɛ̃diʒɛstjɔ̃] **n. f.** **1.** Indisposition momentanée due à une mauvaise digestion. **2.** par métaphore ou fig. *Avoir une indigestion de qqch.,* en avoir trop, jusqu'à en éprouver la satiété, le dégoût.
ÉTYM. bas latin *indigestio.*

INDIGNATION [ɛ̃diɲasjɔ̃] **n. f.** ✦ Sentiment de colère que soulève une action qui heurte la conscience morale, le sentiment de la justice. *Protester avec indignation.*
ÉTYM. latin *indignatio.*

INDIGNE [ɛ̃diɲ] **adj.** **I** *INDIGNE DE* **1.** Qui n'est pas digne de (qqch.), qui ne mérite pas. *Il est indigne de notre confiance.* **2.** Qui n'est pas à la hauteur (de qqn). *Ce travail lui paraissait indigne de lui.* **II** absolt **1.** Qui n'est pas digne de sa fonction, de son rôle. *Un père indigne.* **2.** (choses) Très condamnable. SYN. **déshonorant, odieux, révoltant.** *Un traitement indigne.* CONTR. **digne.**
ÉTYM. latin *indignus.*

INDIGNÉ, ÉE [ɛ̃diɲe] **adj.** ✦ (personnes) Qui éprouve de l'indignation. SYN. **outré.** ♦ Qui marque l'indignation. *Un regard indigné.*

INDIGNEMENT [ɛ̃diɲ(ə)mɑ̃] **adv.** ✦ D'une manière indigne. *On l'a indignement trompé.* CONTR. **dignement.**

INDIGNER [ɛ̃diɲe] **v. tr.** (conjug. 3a) ✦ Remplir d'indignation. SYN. **révolter, scandaliser.** *Sa conduite a indigné tout le monde.* ♦ *S'INDIGNER* **v. pron.** Être saisi d'indignation. *Il s'indignait de ces procédés.*
ÉTYM. latin *indignari.*

INDIGNITÉ [ɛ̃diɲite] **n. f.** 1. LITTÉR. Caractère d'une personne indigne. ➝ *Indignité nationale,* sanctionnant les faits de collaboration avec l'ennemi. 2. Caractère de ce qui est indigne. SYN. **bassesse.** *L'indignité de sa conduite.* 3. Action, conduite indigne. *C'est une indignité.* CONTR. **dignité, honneur.**
ÉTYM. latin *indignitas.*

INDIGO [ɛ̃digo] **n. m.** 1. Teinture bleue, aujourd'hui synthétique, extraite autrefois d'un arbrisseau exotique (l'*indigotier* **n. m.**). 2. Bleu violacé très sombre. *Des indigos.* ➝ **adj. invar.** *Des étoffes indigo.* ➝ **appos. invar.** *Des chemises bleu indigo.*
ÉTYM. mot portugais, du latin *indicum* «indien».

INDIQUER [ɛ̃dike] **v. tr.** (conjug. 3a) 1. Faire voir d'une manière précise, par un geste, un repère, un signal. SYN. **désigner, montrer, signaler** ; → **indication.** *Indiquer la bonne direction. L'horloge indique l'heure.* 2. Faire connaître (à qqn) la chose ou la personne qu'il a besoin de connaître. *Pouvez-vous m'indiquer un hôtel* (→ **recommander**), *quand arrive le train ?* (→ ① **dire**). ➝ Déterminer et faire connaître (une date, un lieu choisis). SYN. **fixer.** *Indiquez-moi où et quand nous nous retrouverons.* 3. (choses) Faire connaître (l'existence ou le caractère de qqn, qqch.) en servant d'indice. SYN. **annoncer, manifester, signaler.** *Les symptômes qui indiquent la maladie. Les traces de pas indiquent son passage.* 4. Représenter en s'en tenant aux traits essentiels, sans s'attacher aux détails. SYN. **esquisser, tracer.** *L'auteur n'a fait qu'indiquer ce caractère.*
► **INDIQUÉ, ÉE adj.** 1. Déterminé, fixé. *À l'heure indiquée.* 2. (remède, traitement) Signalé comme étant bon, efficace, sans danger (opposé à *contre-indiqué*). *Le traitement indiqué dans, pour une maladie.* 3. Adéquat, opportun. *C'est un moyen tout indiqué !*
ÉTYM. latin *indicare,* de *index, indicis* → index, indice.

INDIRECT, ECTE [ɛ̃diʀɛkt] **adj.** 1. Qui n'est pas direct, qui fait des détours. *Itinéraire indirect. Éclairage indirect.* ➝ *Une critique indirecte.* 2. Qui comporte un ou plusieurs intermédiaires. SYN. **médiat.** *Une cause indirecte.* ♦ *Complément indirect,* rattaché au verbe par une préposition. *Verbe transitif indirect* (ex. parler à qqn). ➝ *Style, discours indirect,* qui consiste à rapporter les paroles de qqn sous forme de propositions subordonnées complétives (ex. Il m'a dit qu'il accepterait). CONTR. **direct** ; ② **franc • immédiat.**
ÉTYM. latin *indirectus.*

INDIRECTEMENT [ɛ̃diʀɛktəmɑ̃] **adv.** ✦ D'une manière indirecte. *Je l'ai appris indirectement.* CONTR. **directement.**

INDISCERNABLE [ɛ̃disɛʀnabl] **adj.** 1. Qui ne peut être discerné (d'une autre chose de même nature). *Copie indiscernable de l'original.* 2. Dont on ne peut se rendre compte précisément. *Des nuances indiscernables.* CONTR. **discernable, distinct.**

INDISCIPLINE [ɛ̃disiplin] **n. f.** ✦ Manque de discipline. CONTR. **discipline, obéissance.**

INDISCIPLINÉ, ÉE [ɛ̃disipline] **adj.** ✦ Qui n'est pas discipliné, qui n'observe pas la discipline. SYN. **désobéissant, indocile.** *Des troupes indisciplinées.* ♦ *Cheveux indisciplinés,* difficiles à coiffer. SYN. **rebelle.** CONTR. **discipliné, docile, obéissant, soumis.**

INDISCRET, ÈTE [ɛ̃diskʀɛ, ɛt] **adj.** 1. (personnes) Qui manque de discrétion, de retenue dans les relations sociales. *Un visiteur indiscret.* → **intrus.** ➝ **n.** *Un coin tranquille à l'abri des indiscrets.* → **gêneur.** 2. (comportements) Qui dénote de l'indiscrétion. *Une curiosité indiscrète.* 3. (personnes) Qui ne sait pas garder un secret. SYN. **bavard.** CONTR. ① **discret.**
► **INDISCRÈTEMENT** [ɛ̃diskʀɛtmɑ̃] **adv.**
ÉTYM. latin *indiscretus.*

INDISCRÉTION [ɛ̃diskʀesjɔ̃] **n. f.** 1. VX Manque de discernement. 2. Manque de discrétion, de retenue dans les relations sociales. *Il a l'indiscrétion de lire mon courrier. Sans indiscrétion, peut-on savoir votre adresse ?* 3. Fait de révéler un secret. ♦ Déclaration indiscrète. *La moindre indiscrétion peut faire échouer son plan.* CONTR. **discrétion, réserve, retenue.**
ÉTYM. bas latin *indiscretio.*

INDISCUTABLE [ɛ̃diskytabl] **adj.** ✦ Qui n'est pas discutable, s'impose par son évidence, son authenticité. SYN. **certain, évident, incontestable.** *Une supériorité indiscutable.* CONTR. **contestable, discutable, douteux.**

INDISCUTABLEMENT [ɛ̃diskytabləmɑ̃] **adv.** ✦ D'une manière indiscutable. *Prouver indiscutablement qqch.* ➝ Certainement.

INDISPENSABLE [ɛ̃dispɑ̃sabl] **adj.** ✦ Dont on ne peut pas se passer. *Acquérir les connaissances indispensables.* ➝ **n. m.** *Son mobilier ne comprend que l'indispensable.* SYN. **nécessaire.** ➝ (personnes) *Il se croit indispensable.* CONTR. **inutile, superflu.**
► **INDISPENSABLEMENT** [ɛ̃dispɑ̃sabləmɑ̃] **adv.**
ÉTYM. de ② *in-* et *dispenser.*

INDISPONIBILITÉ [ɛ̃dispɔnibilite] **n. f.** ✦ État d'une chose, d'une personne indisponible. CONTR. **disponibilité.**

INDISPONIBLE [ɛ̃dispɔnibl] **adj.** 1. Qui n'est pas disponible. 2. (personnes) Dont on ne peut disposer pour un service.

INDISPOSÉ, ÉE [ɛ̃dispoze] **adj.** 1. Qui est affecté d'une indisposition. SYN. **souffrant.** 2. (femme) Qui a ses règles.
ÉTYM. latin *indispositus* «confus, désordonné».

INDISPOSER [ɛ̃dispoze] **v. tr.** (conjug. 3a) 1. Altérer légèrement la santé de. SYN. **incommoder.** *Ce long voyage l'a indisposé.* 2. Mettre dans une disposition peu favorable. SYN. **déplaire à.** *Sa prétention indispose tout le monde.*
ÉTYM. de *indisposé.*

INDISPOSITION [ɛ̃dispozisjɔ̃] **n. f.** ✦ Légère altération de la santé. *Il est remis de son indisposition.*
ÉTYM. de *indisposé,* d'après *disposition.*

INDISSOCIABLE [ɛ̃disɔsjabl] **adj.** ✦ Qu'on ne peut dissocier, séparer. *Le corps et l'esprit humain sont indissociables.* CONTR. **dissociable.**

INDISSOLUBILITÉ [ɛ̃disɔlybilite] **n. f.** ✦ Caractère de ce qui est indissoluble.

INDISSOLUBLE [ɛ̃disɔlybl] **adj.** ✦ Qui ne peut être dissous, délié. *Des liens indissolubles.*
► **INDISSOLUBLEMENT** [ɛ̃disɔlybləmɑ̃] **adv.**
ÉTYM. latin *indissolubilis.*

INDISTINCT, INCTE [ɛ̃distɛ̃(kt), ɛ̃kt] **adj.** ✦ Qui n'est pas distinct, que l'on distingue mal. SYN. **confus, imprécis,** ③ **vague.** *Des objets indistincts. Un bruit de voix encore indistinct.* CONTR. **distinct,** ① **net,** ① **précis.**

INDISTINCTEMENT [ɛ̃distɛ̃ktəmɑ̃] **adv.** 1. D'une manière indistincte. SYN. **confusément.** 2. Sans distinction, sans faire de différence. SYN. **indifféremment.** *Tous les Français indistinctement.* CONTR. **distinctement, nettement, précisément.**

INDIVIDU [ɛ̃dividy] **n. m.** **I** 1. SC. Être formant une unité distincte (dans une classification). SYN. ① **exemplaire, spécimen.** 2. Corps organisé vivant d'une existence propre et qui ne saurait être divisé sans être détruit (plante, animal...). 3. Unité élémentaire dont se composent les sociétés, notamment la collectivité humaine (→ **femme, homme ;** ① **personne).** *La dignité de l'individu.* ◆ Être humain, en tant qu'être particulier, différent de tous les autres. → **individualité.** ➛ collectif *L'individu et l'État.* **II** péj. Homme quelconque. SYN. **bonhomme, gars, type.** *Un individu sans scrupules.*
ÉTYM. latin médiéval *individuum* «indivisible».

INDIVIDUALISATION [ɛ̃dividɥalizasjɔ̃] **n. f.** ✦ Fait d'individualiser, de s'individualiser. *L'individualisation des peines,* leur adaptation à la situation des délinquants. CONTR. **généralisation.**

INDIVIDUALISER [ɛ̃dividɥalize] **v. tr.** (conjug. 3a) 1. Différencier par des caractères individuels. SYN. **caractériser, distinguer.** 2. Rendre individuel (en adaptant...). ➛ au p. passé *Un enseignement individualisé.* ◆ *S'INDIVIDUALISER* **v. pron.** Acquérir ou accentuer des caractères distinctifs. CONTR. **généraliser.**
ÉTYM. de *individuel.*

INDIVIDUALISME [ɛ̃dividɥalism] **n. m.** 1. Théorie ou tendance qui privilégie la valeur et les droits de l'individu par rapport à ceux de la société. 2. Indépendance, absence de conformisme.
ÉTYM. de *individuel.*

INDIVIDUALISTE [ɛ̃dividɥalist] **adj.** 1. Qui donne la primauté à l'individu. 2. Qui montre de l'individualisme dans sa vie, dans sa conduite. ➛ **n.** *Les individualistes.*

INDIVIDUALITÉ [ɛ̃dividɥalite] **n. f.** 1. Caractères par lesquels une personne ou une chose diffère des autres. SYN. **originalité, particularité.** *L'individualité d'un style.* 2. Individu, considéré dans ce qui le différencie des autres. SYN. **personnalité.**
ÉTYM. de *individuel.*

INDIVIDUEL, ELLE [ɛ̃dividɥɛl] **adj.** 1. Qui concerne l'individu, est propre à un individu. *Caractères individuels.* SYN. **particulier, singulier.** *Liberté individuelle.* SYN. **personnel.** 2. Qui concerne une seule personne. *Sports individuels et sports d'équipe. Chambre individuelle.* CONTR. **collectif, commun,** ① **général.**
ÉTYM. de *individu.*

INDIVIDUELLEMENT [ɛ̃dividɥɛlmɑ̃] **adv.** ✦ Chacun en particulier, à part. CONTR. **collectivement, ensemble.**

INDIVIS, ISE [ɛ̃divi, iz] **adj.** ✦ DR. Se dit d'un bien sur lequel plusieurs personnes ont un droit et qui n'est pas matériellement divisé entre elles. *Propriété indivise* (→ **indivision).** CONTR. **divis.**
ÉTYM. latin *indivisus.*

INDIVISIBILITÉ [ɛ̃divizibilite] **n. f.** ✦ Caractère de ce qui est indivisible (1 et 2). CONTR. **divisibilité.**

INDIVISIBLE [ɛ̃divizibl] **adj.** 1. Qui n'est pas divisible. *La République française proclamée une et indivisible en 1791.* 2. DR. Qui n'est pas susceptible d'une exécution partielle (obligation). CONTR. **divisible.**
ÉTYM. bas latin *indivisibilis.*

INDIVISION [ɛ̃divizjɔ̃] **n. f.** ✦ DR. État d'une chose indivise. *Propriété en indivision.* CONTR. **division, partage.**

INDOCILE [ɛ̃dɔsil] **adj.** ✦ LITTÉR. Qui n'est pas docile. SYN. **désobéissant, rebelle.** *Cheval capricieux et indocile.* ➛ (humains) *Esprit, caractère indocile.* CONTR. **docile, obéissant, souple.**
ÉTYM. latin *indocilis.*

INDOCILITÉ [ɛ̃dɔsilite] **n. f.** ✦ LITTÉR. Caractère d'une personne, d'un animal indocile. CONTR. **docilité, souplesse.**

INDO-EUROPÉEN, ÉENNE [ɛ̃doøʀɔpeɛ̃, eɛn] **adj.** ✦ Se dit de langues d'Europe et d'Asie qui ont une origine commune (sanskrit, hittite, iranien, arménien, grec, latin et langues romanes, langues slaves, germaniques, baltes, celtiques...). ☛ Langue française p. 84. ◆ Se dit des peuples qui parlent ces langues. ➛ **n.** *Les Indo-Européens* (☛ noms propres).
ÉTYM. du latin *Indus* «de l'Inde» et de *européen.*

INDOLENCE [ɛ̃dɔlɑ̃s] **n. f.** 1. VX Insensibilité (à la souffrance). 2. LITTÉR. Disposition à éviter l'effort physique ou moral. SYN. **apathie, mollesse, nonchalance.** CONTR. **ardeur, énergie, vivacité.**
ÉTYM. latin *indolentia,* de *dolere* «souffrir».

INDOLENT, ENTE [ɛ̃dɔlɑ̃, ɑ̃t] **adj.** 1. VX Qui ne souffre pas. Insensible. 2. LITTÉR. Qui évite de faire des efforts. *Personne indolente.* SYN. **mou, paresseux.** ➛ *Une démarche indolente.* SYN. **alangui.** CONTR. ① **actif, énergique, vif.**
► **INDOLEMMENT** [ɛ̃dɔlamɑ̃] **adv.**
ÉTYM. bas latin *indolens.*

INDOLORE [ɛ̃dɔlɔʀ] **adj.** ✦ (choses) Qui n'est pas douloureux. *L'opération est indolore.*
ÉTYM. latin *indolorius* «qui ne souffre pas».

INDOMPTABLE [ɛ̃dɔ̃(p)tabl] **adj.** 1. Qu'on ne peut dompter (animaux). 2. LITTÉR. Qu'on ne peut soumettre à aucune autorité ; dont rien ne peut venir à bout. *Une volonté indomptable.* SYN. **inflexible.**

INDU, UE [ɛ̃dy] **adj.** ✦ Qui va à l'encontre de la règle, de l'usage. *Rentrer à une heure indue,* anormale. ➛ Qui n'est pas fondé. *Une réclamation indue* (→ **indûment).** CONTR. **normal, régulier • fondé, juste.**
ÉTYM. de ② *in-* et *dû.*

INDUBITABLE [ɛ̃dybitabl] **adj.** ✦ LITTÉR. Dont on ne peut douter. SYN. **certain, incontestable, indiscutable.** *Preuve indubitable.* CONTR. **douteux.**
ÉTYM. bas latin *indubitabilis.*

INDUBITABLEMENT [ɛ̃dybitabləmɑ̃] **adv.** ✦ LITTÉR. Sans aucun doute. SYN. **assurément, indéniablement, sûrement.** CONTR. **peut-être.**

INDUCTANCE [ɛ̃dyktɑ̃s] **n. f.** ✦ PHYS. Quotient du flux d'induction créé par un courant (dans un circuit) par l'intensité de ce courant.
ÉTYM. du radical de *induction,* d'après l'anglais.

INDUCTEUR, TRICE [ɛ̃dyktœʀ, tʀis] **adj.** et **n. m. 1. adj.** Qui produit l'induction électrique. **2. n. m.** Aimant ou électroaimant produisant le champ inducteur dans une machine électrique. CONTR. **induit.**

INDUCTIF, IVE [ɛ̃dyktif, iv] **adj.** ✦ DIDACT. **I** Qui procède par induction (I), résulte d'une induction. **II** PHYS. D'induction (II). *Courant inductif.* CONTR. **déductif.**
► **INDUCTIVEMENT** [ɛ̃dyktivmɑ̃] **adv.**
ÉTYM. bas latin *inductivus.*

INDUCTION [ɛ̃dyksjɔ̃] **n. f. I** Opération mentale qui consiste à remonter des faits à la loi, de cas particuliers à une proposition plus générale (opposé à *déduction*). → **généralisation.** *Raisonnement par induction.* SYN. **inférence. II** Transmission d'énergie électrique ou magnétique par l'intermédiaire d'un aimant ou d'un courant (→ **induit**). *Bobine d'induction. Flux d'induction. Induction électromagnétique.*
ÉTYM. latin *inductio* ; sens II par l'anglais.

INDUIRE [ɛ̃dɥiʀ] **v. tr.** (conjug. 64b ; p. passé *induit, ite*) **1.** VX Inciter, conduire (qqn) à faire qqch. SYN. **pousser.** ♦ MOD. loc. *Induire qqn en erreur,* le tromper. **2.** DIDACT. Trouver par l'induction. SYN. **inférer.** CONTR. **déduire.**
ÉTYM. de l'ancien français *enduire,* d'après le latin *inducere* «conduire dans».

INDUIT, ITE [ɛ̃dɥi, it] **adj.** ✦ PHYS. *Courant induit,* produit par une variation de flux dans un circuit. ➝ *Circuit induit* ou **n. m.** *un induit :* organe dans lequel prennent naissance les forces électromotrices produites par un inducteur. CONTR. **inducteur.**
ÉTYM. du participe passé de *induire.*

INDULGENCE [ɛ̃dylʒɑ̃s] **n. f. 1.** Facilité à excuser, à pardonner. SYN. **bienveillance, bonté, compréhension.** *Avoir de l'indulgence pour qqn ; pour les fautes de qqn.* ➝ *Jugement sans indulgence.* **2.** RELIG. CATHOL. Remise des peines méritées par les péchés, accordée par l'Église dans une circonstance particulière. CONTR. **rigueur, sévérité.**
ÉTYM. latin *indulgentia.*

INDULGENT, ENTE [ɛ̃dylʒɑ̃, ɑ̃t] **adj. 1.** Qui excuse, pardonne facilement. SYN. **bienveillant,** ① **bon.** *Un père indulgent. Être indulgent avec, envers, pour qqn.* **2.** (choses) Qui marque l'indulgence. *Un sourire indulgent.* CONTR. **sévère.**
ÉTYM. latin *indulgens.*

INDÛMENT ou **INDUMENT** [ɛ̃dymɑ̃] **adv.** ✦ D'une manière indue. SYN. à **tort.** *Détenir indûment des biens.* ➝ Écrire *indument* sans accent circonflexe, comme *absolument, éperdument, résolument,* est permis. CONTR. **dûment.**

INDURATION [ɛ̃dyʀasjɔ̃] **n. f.** ✦ MÉD. Durcissement d'un tissu organique (peau, etc.) ; callosité qui en résulte.
ÉTYM. bas latin *induratio.*

INDUSTRIALISATION [ɛ̃dystʀijalizasjɔ̃] **n. f.** ✦ Application des techniques industrielles. ♦ Action d'équiper d'industries. *L'industrialisation de la France au XIXe siècle.*

INDUSTRIALISER [ɛ̃dystʀijalize] **v. tr.** (conjug. 3a) **1.** Exploiter industriellement, organiser en industrie. *Industrialiser l'agriculture.* **2.** Équiper d'industries (une région, un pays...). *Pays en voie de développement qui s'industrialise.* ➝ au p. passé *Les pays industrialisés.*
ÉTYM. de *industriel.*

INDUSTRIE [ɛ̃dystʀi] **n. f. I** VX Habileté, art (→ **industrieux**). ♦ LITTÉR. Métier. ➝ plais. *Le voleur exerçait sa coupable industrie.* **II 1.** VIEILLI Activités techniques qui produisent et font circuler les richesses. → **économie.** *L'industrie des transports.* **2.** Ensemble des activités économiques ayant pour objet l'exploitation des richesses minérales et des sources d'énergie, la transformation des matières premières en produits fabriqués. *L'agriculture, le commerce et l'industrie. Industrie lourde,* la grande industrie de première transformation (fer, charbon...). *Industries de base et industries de transformation. L'industrie automobile. Industries chimiques ; alimentaires, agroalimentaires.* **3.** Ensemble des entreprises et activités industrielles. *L'industrie belge.* **4.** Branche, secteur industriel. *Une industrie prospère.*
ÉTYM. latin *industria* «activité».

INDUSTRIEL, ELLE [ɛ̃dystʀijɛl] **adj.** et **n.**
I adj. 1. Qui a rapport à l'industrie (II). *La révolution industrielle. Entreprise industrielle* (→ **usine**). **2.** Qui est produit par l'industrie. *Pain industriel.* ➝ loc. FAM. *En quantité industrielle :* en très grande quantité. ♦ Qui emploie les procédés de l'industrie (opposé à *artisanal*). *Boulangerie industrielle.* **3.** Où l'industrie est développée. *Région, zone industrielle.*
II n. (fém. rare) Propriétaire d'une usine ; chef d'industrie. → **fabricant.** *Les industriels du textile.*
ÉTYM. latin médiéval *industrialis.*

INDUSTRIELLEMENT [ɛ̃dystʀijɛlmɑ̃] **adv. 1.** Par les moyens et méthodes de l'industrie. *Produit fabriqué industriellement.* **2.** Relativement à l'industrie. *Les pays industriellement avancés.*
ÉTYM. de *industriel.*

INDUSTRIEUX, EUSE [ɛ̃dystʀijø, øz] **adj.** ✦ LITTÉR. Qui montre de l'adresse, de l'habileté. SYN. **ingénieux.** *L'industrieuse abeille.*
ÉTYM. latin *industriosus.*

-INE Élément du vocabulaire de la chimie et de la biologie, très productif dans les appellations commerciales, qui sert notamment à former les noms d'alcaloïdes (ex. *caféine*).

INÉBRANLABLE [inebʀɑ̃labl] **adj. 1.** Qu'on ne peut ébranler, dont on ne peut compromettre la solidité. *Un mur inébranlable.* **2.** (personnes) Qui ne se laisse pas abattre. SYN. **constant.** ♦ Qu'on ne peut faire changer de dessein, d'opinion. SYN. **inflexible.** *Être, rester inébranlable dans ses résolutions.* ➝ (comportements, attitudes) Qui ne change pas. *Une certitude inébranlable.* CONTR. **fragile • influençable.**
ÉTYM. de ② *in-* et *ébranler.*

INÉDIT, ITE [inedi, it] **adj.** **1.** Qui n'a pas été édité (texte). *La correspondance inédite d'un écrivain.* — **n. m.** *Publier des inédits.* **2.** Qui n'est pas connu. SYN. **nouveau,** ② **original.** *Un moyen inédit de réussir.* — **n. m.** *Voilà de l'inédit !*
ÉTYM. latin *ineditus.*

INEFFABLE [inefabl] **adj.** **1.** LITTÉR. Qui ne peut être exprimé par des paroles (se dit de choses agréables). SYN. **inexprimable.** *Un bonheur ineffable.* **2.** FAM. **péj.** Dont on ne peut parler sans rire. SYN. **inénarrable.** *L'ineffable Untel.*
ÉTYM. latin *ineffabilis,* de *fari* «parler».

INEFFAÇABLE [inefasabl] **adj.** ✦ Qui ne peut être effacé ou détruit. SYN. **indélébile.**

INEFFICACE [inefikas] **adj.** ✦ Qui n'est pas efficace, qui ne produit pas l'effet souhaité. *Un remède inefficace.* — *Collaborateur inefficace.* CONTR. ① **actif, efficace, utile.**
► **INEFFICACEMENT** [inefikasmɑ̃] **adv.**
ÉTYM. latin *inefficax.*

INEFFICACITÉ [inefikasite] **n. f.** ✦ Caractère de ce qui est inefficace. CONTR. **efficacité.**

INÉGAL, ALE, AUX [inegal, o] **adj.** **I** **1.** au plur. Dont la quantité, la nature, la qualité n'est pas la même dans plusieurs objets ou cas. *Des forces inégales.* — au sing. Dont la mesure, la dimension diffère. SYN. **différent.** *Des cordes d'inégale grosseur.* **2.** Dont les éléments ou les participants ne sont pas égaux. *Un combat inégal.* **II** **1.** Qui n'est pas uni, lisse. *Une surface inégale.* **2.** Irrégulier. *Le pouls est inégal.* **3.** Qui n'est pas constant. SYN. **changeant, variable.** *Humeur inégale.* ♦ Dont la qualité n'est pas constamment bonne. *C'est une œuvre assez, très inégale.* — *Un écrivain inégal.* CONTR. **égal, identique, même** • ① **lisse, uni** • **régulier, uniforme** • **constant, fixe.**
ÉTYM. latin *inaequalis.*

INÉGALABLE [inegalabl] **adj.** ✦ Qui ne peut être égalé. *Une habileté inégalable.* SYN. **incomparable.**

INÉGALÉ, ÉE [inegale] **adj.** ✦ Qui n'est pas égalé, qui n'a pas de rival.

INÉGALEMENT [inegalmɑ̃] **adv.** **1.** D'une manière inégale. *Des biens inégalement répartis.* **2.** Irrégulièrement. CONTR. **également ; équitablement** • **régulièrement.**

INÉGALITAIRE [inegalitɛʀ] **adj.** ✦ Qui crée ou est caractérisé par des inégalités sociales. *Une société fortement inégalitaire.* CONTR. **égalitaire.**
ÉTYM. de *inégalité,* d'après *égalitaire.*

INÉGALITÉ [inegalite] **n. f.** **I** **1.** Défaut d'égalité. → **différence, disproportion.** *L'inégalité de deux quantités.* — Absence d'égalité (entre les humains). *« Discours sur l'origine et les fondements de l'inégalité parmi les hommes »* (de Rousseau). *L'inégalité naturelle, biologique et l'inégalité sociale. Lutte contre les inégalités.* ☛ Géographie p. 223, 224 et 234. **2.** Expression mathématique dans laquelle on compare deux quantités inégales (ex. a > b [a plus grand que b]). **II** Défaut d'uniformité, de régularité. SYN. **irrégularité.** *Des inégalités de terrain.* SYN. **accident.** — *Des inégalités d'humeur.* CONTR. **égalité, identité** • **régularité, uniformité.**
ÉTYM. latin *inaequalitas.*

INÉLÉGANCE [inelegɑ̃s] **n. f.** ✦ Manque d'élégance.

INÉLÉGANT, ANTE [inelegɑ̃, ɑ̃t] **adj.** **1.** Qui n'est pas élégant. *Personne ; démarche inélégante.* **2.** Qui n'est pas très correct. *Un procédé inélégant.* SYN. **indélicat.** CONTR. **élégant** • **correct, courtois.**
ÉTYM. latin *inelegans.*

INÉLIGIBILITÉ [ineliʒibilite] **n. f.** ✦ Fait d'être inéligible. CONTR. **éligibilité.**

INÉLIGIBLE [ineliʒibl] **adj.** ✦ Qui ne peut pas être élu. CONTR. **éligible.**
ÉTYM. de ② *in-* et *éligible.*

INÉLUCTABLE [inelyktabl] **adj.** ✦ Qu'on ne peut empêcher, éviter. *Un sort inéluctable. Conséquences inéluctables.* SYN. **inévitable ; fatal.**
► **INÉLUCTABLEMENT** [inelyktabləmɑ̃] **adv.**
ÉTYM. latin *ineluctabilis,* de *eluctari* «surmonter en luttant».

INEMPLOYÉ, ÉE [inɑ̃plwaje] **adj.** ✦ (choses) Qui n'est pas employé. SYN. **inutilisé.** *Des talents inemployés.*

INÉNARRABLE [inenaʀabl] **adj.** **1.** VX Qu'on ne peut raconter ; inexprimable. **2.** MOD. Dont on ne peut parler sans rire. SYN. **comique, ineffable, risible.** *Un personnage, un spectacle inénarrable.*
ÉTYM. latin *inenarrabilis,* de *enarrare* «conter en détail».

INEPTE [inɛpt] **adj.** **I** VX Inapte. **II** MOD. Tout à fait absurde ou stupide. *Une histoire inepte.*
ÉTYM. latin *ineptus* «inapproprié».

INEPTIE [inɛpsi] **n. f.** **1.** Caractère de ce qui est inepte. SYN. **bêtise, stupidité.** **2.** Action, parole inepte. SYN. **idiotie.** *Débiter des inepties.*
ÉTYM. latin *ineptia.*

INÉPUISABLE [inepɥizabl] **adj.** **1.** Qu'on ne peut épuiser. *Source inépuisable.* — *Une mine inépuisable de renseignements.* — *Une patience inépuisable.* **2.** (personnes) Intarissable. *Il est inépuisable sur ce chapitre.*
► **INÉPUISABLEMENT** [inepɥizabləmɑ̃] **adv.**

INÉQUATION [inekwasjɔ̃] **n. f.** ✦ MATH. Inégalité conditionnelle existant entre deux quantités et dépendant de certaines variables (ou inconnues).
ÉTYM. de ② *in-* et *équation.*

INERTE [inɛʀt] **adj.** **1.** Qui n'a ni activité ni mouvement propre. *La matière inerte.* — *Gaz, liquide inerte,* qui ne provoque aucune réaction des corps avec lesquels il est en contact. **2.** Qui ne donne pas signe de vie. *Un corps inerte.* SYN. **inanimé.** — *Visage inerte.* ♦ **fig.** (personnes) Qui reste sans réaction. CONTR. ① **actif** • ① **alerte, remuant.**
ÉTYM. latin *iners, inertis.*

INERTIE [inɛʀsi] **n. f.** **1.** SC. Propriété qu'ont les corps de ne pouvoir d'eux-mêmes changer l'état de repos ou de mouvement où ils se trouvent. — *FORCE D'INERTIE :* résistance que les corps opposent au mouvement ; **fig.** apathie, volonté de ne rien faire. **2.** PHYSIOL. *Inertie d'un muscle,* perte de sa capacité de changer de forme, de se contracter. **3.** COUR. Manque absolu d'activité, d'énergie intellectuelle ou morale. SYN. **paresse, passivité.** *Arracher qqn à son inertie.* CONTR. ① **action, activité, ardeur, entrain.**
ÉTYM. latin *inertia.*

INESPÉRÉ, ÉE [inɛspeʀe] **adj.** ✦ (évènement) Que l'on n'espérait pas, ou plus. *Une victoire inespérée.* ♦ Qui dépasse toute espérance. *Des résultats inespérés.*

A B C D E F G H I J K L M N O P Q R S T U V W X Y Z

INESTHÉTIQUE [inɛstetik] adj. 1. DIDACT. Sans rapport avec l'esthétique. 2. (objets, comportements) Sans beauté. SYN. **laid.** *Une construction inesthétique.* CONTR. ① **beau, esthétique.**

INESTIMABLE [inɛstimabl] adj. 1. Difficile ou impossible à estimer, à évaluer. *Un tableau inestimable.* 2. Dont la valeur dépasse toute estimation ; qui n'a pas de prix. SYN. **précieux.** *Il m'a rendu un service inestimable.* SYN. **immense.**

INÉVITABLE [inevitabl] adj. 1. Qu'on ne peut pas éviter. SYN. **certain, immanquable, inéluctable.** *La catastrophe est inévitable.* ➛ n. m. *Se résigner à accepter l'inévitable.* 2. (avant le n.) plais. Qui est toujours présent et qu'il faut toujours supporter. *Son inévitable cortège d'admirateurs. Son inévitable pipe.* CONTR. **évitable • éventuel.**
► **INÉVITABLEMENT** [inevitabləmɑ̃] adv.
ÉTYM. latin *inevitabilis.*

INEXACT, ACTE [inɛgza(kt), akt] adj. 1. Qui n'est pas exact. SYN. ① **faux.** *Un renseignement inexact.* 2. (personnes) Qui manque de ponctualité. *Il est inexact à ses rendez-vous.* CONTR. **exact, juste • ponctuel.**

INEXACTEMENT [inɛgzaktəmɑ̃] adv. ✦ D'une manière inexacte (1). CONTR. **exactement.**

INEXACTITUDE [inɛgzaktityd] n. f. 1. Manque d'exactitude. *L'inexactitude d'un calcul.* 2. Erreur. *Récit rempli d'inexactitudes.* 3. Manque de ponctualité. CONTR. **exactitude, justesse • fidélité • ponctualité.**

INEXCUSABLE [inɛkskyzabl] adj. ✦ (choses, personnes) Qu'il est impossible d'excuser. SYN. **impardonnable.** *Une négligence inexcusable.* CONTR. **excusable, pardonnable.**
ÉTYM. latin *inexcusabilis.*

INEXÉCUTION [inɛgzekysjɔ̃] n. f. ✦ DR. Fait de n'être pas exécuté. *L'inexécution d'un contrat.* CONTR. **application, exécution.**

INEXERCÉ, ÉE [inɛgzɛʀse] adj. ✦ Qui n'est pas exercé. SYN. **inexpérimenté.** CONTR. **entraîné, exercé, expérimenté.**

INEXISTANT, ANTE [inɛgzistɑ̃, ɑ̃t] adj. 1. LITTÉR. Qui n'existe pas. → **irréel.** *Le monde inexistant de la légende.* 2. Sans valeur, sans efficacité. SYN. **nul.** *L'aide qu'il m'apporte est inexistante.* CONTR. **existant, réel.**

INEXISTENCE [inɛgzistɑ̃s] n. f. ✦ LITTÉR. Fait de ne pas exister. CONTR. **existence.**

INEXORABLE [inɛgzɔʀabl] adj. ✦ LITTÉR. 1. Qu'on ne peut fléchir par des prières ; sans pitié. SYN. **impitoyable, inflexible.** *Juge inexorable.* 2. À quoi l'on ne peut se soustraire. SYN. **implacable.** *Une fatalité inexorable.* CONTR. **clément, indulgent.**
ÉTYM. latin *inexorabilis*, de *exorare* «chercher à fléchir, à obtenir par des prières».

INEXORABLEMENT [inɛgzɔʀabləmɑ̃] adv. ✦ LITTÉR. D'une manière inévitable, fatale. *Il va inexorablement à la catastrophe.*

INEXPÉRIENCE [inɛkspeʀjɑ̃s] n. f. ✦ Manque d'expérience. *L'inexpérience d'un débutant.*

INEXPÉRIMENTÉ, ÉE [inɛkspeʀimɑ̃te] adj. ✦ Qui n'a pas d'expérience. SYN. **novice.** *Un alpiniste inexpérimenté.* CONTR. **chevronné, expérimenté, expert.**

INEXPIABLE [inɛkspjabl] adj. ✦ LITTÉR. 1. Qui ne peut être expié. *Crime inexpiable.* 2. Que rien ne peut apaiser, faire cesser. *Une lutte inexpiable.*
ÉTYM. latin *inexpiabilis.*

INEXPLICABLE [inɛksplikabl] adj. ✦ Qu'il est impossible ou très difficile d'expliquer, de s'expliquer. SYN. **incompréhensible.** *Un accident inexplicable.* CONTR. **compréhensible, explicable.**
► **INEXPLICABLEMENT** [inɛksplikabləmɑ̃] adv.
ÉTYM. latin *inexplicabilis.*

INEXPLIQUÉ, ÉE [inɛksplike] adj. ✦ Qui n'a pas reçu d'explication. *Cet accident reste inexpliqué.* SYN. **mystérieux.**

INEXPLOITABLE [inɛksplwatabl] adj. ✦ Qu'on ne peut exploiter. *Gisement inexploitable.* ➛ Inutilisable. CONTR. **exploitable.**

INEXPLOITÉ, ÉE [inɛksplwate] adj. ✦ Qui n'est pas exploité. *Ressources inexploitées.* ➛ *Une hypothèse inexploitée.*

INEXPLORÉ, ÉE [inɛksplɔʀe] adj. ✦ Qui n'a pas été exploré. *Régions inexplorées.* SYN. **inconnu.**

INEXPRESSIF, IVE [inɛkspʀesif, iv] adj. 1. Qui n'est pas expressif. *Un style inexpressif et plat.* 2. Qui manque d'expression. *Un regard inexpressif.* CONTR. **expressif ; brillant • vif.**

INEXPRIMABLE [inɛkspʀimabl] adj. ✦ Qu'il est impossible ou très difficile d'exprimer ; qui est au-delà de toute expression. SYN. **indicible.** *Des pensées inexprimables. Une émotion inexprimable.* SYN. **indescriptible, ineffable.**

INEXPRIMÉ, ÉE [inɛkspʀime] adj. ✦ Qui n'est pas exprimé. *Regrets inexprimés.*

INEXPUGNABLE [inɛkspygnabl ; inɛkspyɲabl] adj. ✦ LITTÉR. Qu'on ne peut prendre d'assaut. *Une forteresse inexpugnable.*
ÉTYM. latin *inexpugnabilis*, de *expugnare* «prendre d'assaut».

IN EXTENSO [inɛkstɛ̃so] loc. adv. ✦ LITTÉR. Dans toute son étendue, toute sa longueur (d'un texte). *Publier un discours in extenso.* SYN. **intégralement.** ➛ adj. invar. *Le compte rendu in extenso d'un débat.*
ÉTYM. locution latine, de *extensum* «intégralité».

INEXTINGUIBLE [inɛkstɛ̃gibl] adj. ✦ LITTÉR. Qu'il est impossible d'éteindre, d'apaiser. *Une soif inextinguible.* ➛ *Rire inextinguible*, fou rire qu'on ne peut arrêter.
ÉTYM. bas latin *inextinguibilis*, de *ex(s)tinguere* «éteindre».

IN EXTREMIS [inɛkstʀemis] loc. adv. et adj. invar. 1. À l'article de la mort, à la dernière extrémité*. 2. Au tout dernier moment. *Il s'est rattrapé in extremis.* ➛ loc. adj. *Qualifications in extremis.*
ÉTYM. mots latins, de *extrema* «les choses dernières, la mort».

INEXTRICABLE [inɛkstʀikabl] adj. ✦ Qu'on ne peut démêler. *Un fouillis inextricable.* ➛ *Un embouteillage inextricable*, dont on ne peut sortir. ♦ fig. *Une affaire inextricable*, très embrouillée.
► **INEXTRICABLEMENT** [inɛkstʀikabləmɑ̃] adv.
ÉTYM. latin *inextricabilis*, de *extricare* «démêler».

INFAILLIBILITÉ [ɛ̃fajibilite] **n. f.** 1. Caractère de ce qui ne peut manquer de réussir. *L'infaillibilité de ce procédé.* 2. Caractère d'une personne infaillible. *Le dogme de l'infaillibilité pontificale* (le pape est infaillible quand il parle ex cathedra pour définir la doctrine de l'Église).
ÉTYM. de *infaillible.*

INFAILLIBLE [ɛ̃fajibl] **adj.** 1. VX Qui ne peut manquer de se produire ; inévitable. 2. Qui ne peut manquer de réussir. *Un moyen infaillible.* 3. (personnes) Qui ne peut pas se tromper, qui n'est pas sujet à l'erreur. *Personne n'est infaillible.* ➔ (choses) *Un instinct infaillible.* SYN. **sûr.** CONTR. **aléatoire, douteux · inefficace · faillible.**
ÉTYM. latin *infallibilis.*

INFAILLIBLEMENT [ɛ̃fajibləmɑ̃] **adv.** ✦ D'une manière certaine, inévitable. SYN. **immanquablement.**

INFAISABLE [ɛ̃fəzabl] **adj.** ✦ Qui ne peut être fait. SYN. **impossible.** *Un travail infaisable en si peu de temps.* SYN. **irréalisable.** CONTR. **faisable, possible.**

INFALSIFIABLE [ɛ̃falsifjabl] **adj.** ✦ Qui ne peut être falsifié. *Document infalsifiable.*
ÉTYM. de *in-* et *falsifier.*

INFAMANT, ANTE [ɛ̃famɑ̃, ɑ̃t] **adj.** ✦ LITTÉR. Qui entache l'honneur, la réputation. SYN. **avilissant, déshonorant.** *Une accusation infamante.* ➔ DR. *Peines afflictives et peines infamantes.* CONTR. **glorieux, honorable.**
ÉTYM. de l'ancien français *infamer,* latin *infamare* « faire une mauvaise réputation *(fama)* ».

INFÂME [ɛ̃fam] **adj.** 1. LITTÉR. Infamant. *Un infâme trafic.* SYN. **dégradant, honteux.** 2. Détestable, odieux. *Une infâme canaille.* SYN. **ignoble, vil.** 3. Répugnant. *Un infâme taudis.* SYN. **infect.** *Une infâme saloperie.* CONTR. **honorable, noble.**
ÉTYM. latin *infamis* « sans réputation *(fama)* ».

INFAMIE [ɛ̃fami] **n. f.** 1. VX Flétrissure sociale ou légale faite à la réputation de qqn. SYN. **déshonneur.** 2. VX Caractère d'une personne infâme. SYN. **abjection, bassesse.** 3. LITTÉR. Action, parole infâme. *Cette accusation est une infamie !* CONTR. **gloire, honneur · noblesse.**
ÉTYM. latin *infamia* → infâme.

INFANT, ANTE [ɛ̃fɑ̃, ɑ̃t] **n.** ✦ Titre donné aux enfants des rois d'Espagne et du Portugal qui n'étaient pas les aînés.
ÉTYM. espagnol *infante,* latin *infans* → enfant.

INFANTERIE [ɛ̃fɑ̃tri] **n. f.** 1. anciennt Ensemble des soldats qui allaient et combattaient à pied. 2. L'arme qui est chargée de la conquête et de l'occupation du terrain (➔ **fantassin**). *L'infanterie, selon Napoléon, est « la reine des batailles ». Régiment d'infanterie. L'infanterie de marine.*
ÉTYM. italien *infanteria,* de *infante* « soldat (trop jeune pour être cavalier) ».

① **INFANTICIDE** [ɛ̃fɑ̃tisid] **n. m.** ✦ Meurtre d'un enfant (spécialt d'un nouveau-né).
ÉTYM. latin *infanticidium.*

② **INFANTICIDE** [ɛ̃fɑ̃tisid] **adj.** ✦ Qui tue volontairement un enfant (spécialt un nouveau-né). *Une mère infanticide.* ➔ **n.** *Un, une infanticide.*
ÉTYM. latin *infanticida.*

INFANTILE [ɛ̃fɑ̃til] **adj.** 1. MÉD. Relatif à la première enfance. *Maladies infantiles.* 2. COUR. péj. (pour un adulte) Caractérisé par des insuffisances intellectuelles et affectives (qu'on rapporte à une image conventionnelle de l'enfance) (s'oppose à *adulte*). *Une réaction infantile.* SYN. **enfantin, puéril.**
ÉTYM. latin *infantilis* « d'enfant *(infans)* ».

INFANTILISER [ɛ̃fɑ̃tilize] **v. tr.** (conjug. 3a) ✦ Rendre infantile (2), donner à (qqn) un comportement, une mentalité infantiles.

INFANTILISME [ɛ̃fɑ̃tilism] **n. m.** 1. DIDACT. État d'un adulte qui présente des caractères propres à l'enfant. 2. Caractère, comportement puéril, infantile (2).
ÉTYM. de *infantile.*

INFARCTUS [ɛ̃farktys] **n. m.** ✦ MÉD. Altération d'un tissu, d'un organe par obstruction de l'artère qui assure son irrigation. *Infarctus pulmonaire. Infarctus (du myocarde),* lésion du cœur.
ÉTYM. altér. du latin *infartus,* de *infarcire* « bourrer ».

INFATIGABLE [ɛ̃fatigabl] **adj.** ✦ Qui ne peut se fatiguer, qui ne se fatigue pas facilement. *Un travailleur infatigable.* ➔ *Une curiosité infatigable.*
ÉTYM. latin *infatigabilis.*

INFATIGABLEMENT [ɛ̃fatigabləmɑ̃] **adv.** ✦ Sans se fatiguer, sans se lasser. *Répéter infatigablement la même histoire.* SYN. **inlassablement.**

INFATUATION [ɛ̃fatɥasjɔ̃] **n. f.** ✦ LITTÉR. Satisfaction de soi, d'une personne infatuée. SYN. **fatuité, suffisance, vanité.** CONTR. **modestie.**
ÉTYM. de *infatuer.*

INFATUER [ɛ̃fatɥe] **v. tr.** (conjug. 3a) ✦ LITTÉR. Inspirer à (qqn) un engouement excessif. ➔ pronom. *S'infatuer de qqch. ;* spécialement, *de ses qualités, de soi.*
► **INFATUÉ, ÉE p. passé** Trop pénétré de ses mérites ; content de soi. SYN. **fat, prétentieux, vaniteux.** ➔ *Être INFATUÉ DE soi-même, de ses mérites.* CONTR. **humble, modeste.**
ÉTYM. latin *infatuare,* de *fatuus* « fade », puis « insensé ».

INFÉCOND, ONDE [ɛ̃fekɔ̃, ɔ̃d] **adj.** ✦ DIDACT. ou LITTÉR. 1. Qui n'est pas fécond. SYN. **stérile.** *Fleur inféconde.* 2. Qui ne produit rien. *Une terre inféconde.* SYN. **infertile.** CONTR. **fécond, fertile.**
ÉTYM. latin *infecundus.*

INFÉCONDITÉ [ɛ̃fekɔ̃dite] **n. f.** 1. Caractère de ce qui n'est pas fécond. ◆ DIDACT. ou LITTÉR. État d'une femelle, d'une femme inféconde. 2. fig. *Infécondité d'esprit.* CONTR. **fécondité, fertilité.**
ÉTYM. latin *infecunditas.*

INFECT, ECTE [ɛ̃fɛkt] **adj.** 1. (odeur, goût...) Particulièrement répugnant. 2. Très mauvais dans son genre. *Repas ; temps infect.* 3. Moralement ignoble. SYN. **infâme.** *Un type infect.* CONTR. **agréable,** ① **bon, délicieux.**
ÉTYM. latin *infectus,* de *inficere* « imprégner ; infecter, souiller ».

INFECTER [ɛ̃fɛkte] **v. tr.** (conjug. 3a) **I** VX Imprégner (l'air) d'émanations malsaines, puantes. SYN. **empuantir ;** ➔ **polluer.** **II** Communiquer, transmettre à (l'organisme) des germes pathogènes. ➔ pronom. *La plaie s'est infectée.* CONTR. **assainir, désinfecter.**
ÉTYM. de *infect.*

A B C D E F G H I J K L M N O P Q R S T U V W X Y Z

INFECTIEUX, EUSE [ɛ̃fɛksjø, øz] **adj.** ✦ Qui communique l'infection. *Germes infectieux.* ♦ Qui s'accompagne d'infection. *Maladies infectieuses.* → **bactérien, viral.**
ÉTYM. de *infection*, II.

INFECTION [ɛ̃fɛksjɔ̃] **n. f.** **I** 1. Grande puanteur. 2. Chose qui suscite le dégoût. – FAM. Chose mauvaise. SYN. **saleté, saloperie.** **II** 1. Pénétration dans l'organisme de germes pathogènes. *Infection généralisée.* 2. Maladie infectieuse. *Infection intestinale. Infection sexuellement transmissible (I. S. T.).*
ÉTYM. latin *infectio.*

INFECTUM [ɛ̃fɛktɔm] **n. m.** ✦ LING. Système de formes verbales exprimant une action non achevée (opposé à *perfectum*). *Infectum actif, passif, en latin.*
ÉTYM. mot latin.

INFÉODER [ɛ̃feɔde] **v. tr.** (conjug. 3a) 1. au Moyen Âge Donner (une terre) en fief. 2. Soumettre (à une autorité absolue). *Inféoder un journal à un groupe financier.* – au p. passé *Être inféodé à un parti.*
ÉTYM. latin médiéval *infeodare.*

INFÉRENCE [ɛ̃ferɑ̃s] **n. f.** ✦ DIDACT. Opération logique par laquelle on admet une proposition en vertu de sa liaison avec d'autres propositions déjà tenues pour vraies. SYN. **induction.**
ÉTYM. de *inférer.*

INFÉRER [ɛ̃fere] **v. tr.** (conjug. 8) ✦ LITTÉR. Établir par inférence. SYN. **conclure, induire.** *J'infère de ce que vous me dites, j'en infère que... Inférer le sens d'un mot inconnu à partir du contexte.*
ÉTYM. latin *inferre*, de *ferre* « porter ».

INFÉRIEUR, EURE [ɛ̃ferjœr] **adj.** **I** concret 1. Qui est au-dessous, plus bas, en bas. *Les étages inférieurs d'un immeuble. La mâchoire, la lèvre inférieure.* 2. Qui est plus près de la mer. *La Loire inférieure.* **II** abstrait 1. Qui a une valeur moins grande ; qui occupe une place au-dessous, dans une classification, une hiérarchie. *Il lui est très inférieur. Qualité inférieure.* – *Il n'a pas été inférieur à sa tâche* : il a été à la hauteur. 2. Plus petit que. *Nombre inférieur à 10* (< 10), *inférieur ou égal à 10* (≤ 10). 3. Moins avancé, peu avancé dans l'évolution. *Les animaux inférieurs.* 4. **n.** Personne qui occupe une position sociale inférieure (par rapport à une autre). SYN. **subalterne, subordonné.** *Traiter qqn en inférieur.* CONTR. **supérieur** • ① **haut.**
ÉTYM. latin *inferior*, comparatif de *inferus* « qui est au-dessous » → enfer.

INFÉRIORISER [ɛ̃ferjɔrize] **v. tr.** (conjug. 3a) ✦ Rendre inférieur ; donner à (qqn) un sentiment d'infériorité. – passif *Être infériorisé par un handicap.* CONTR. **élever, valoriser.**
► **INFÉRIORISATION** [ɛ̃ferjɔrizasjɔ̃] **n. f.**
ÉTYM. du latin *inferior* → inférieur.

INFÉRIORITÉ [ɛ̃ferjɔrite] **n. f.** ✦ État de ce qui est inférieur (en rang, force, valeur, mérite). *L'infériorité numérique de nos troupes.* ♦ *Sentiment d'infériorité* : impression pénible d'être inférieur (à la normale, aux autres, à un idéal). → **complexe.** CONTR. **supériorité.**
ÉTYM. de *inférieur*, d'après le latin *inferior.*

INFERNAL, ALE, AUX [ɛ̃fɛrnal, o] **adj.** 1. LITTÉR. Qui appartient aux enfers, à l'enfer. *Les puissances infernales.* 2. Qui évoque l'enfer, le mal. *Une machination infernale.* SYN. **diabolique.** 3. Difficilement supportable, terrible. *Une chaleur, une allure infernale.* → **d'enfer.** ♦ (personnes) *Ces gamins sont infernaux !* SYN. **insupportable.**
► **INFERNALEMENT** [ɛ̃fɛrnalmɑ̃] **adv.**
ÉTYM. bas latin *infernalis*, de *infernus* → enfer.

INFERTILE [ɛ̃fɛrtil] **adj.** ✦ LITTÉR. Qui n'est pas fertile. SYN. **aride, stérile.** *Sol infertile.* CONTR. **fécond, fertile.**
► **INFERTILITÉ** [ɛ̃fɛrtilite] **n. f.**
ÉTYM. bas latin *infertilis.*

INFESTER [ɛ̃fɛste] **v. tr.** (conjug. 3a) 1. VX Ravager, rendre peu sûr (un pays) par des attaques incessantes. *Les pirates infestaient les côtes.* 2. (animaux ou plantes nuisibles) Envahir. *Les rats qui infestent la cave.* – au p. passé *Mer infestée de requins.*
ÉTYM. latin *infestare*, de *infestus* « hostile ».

INFIBULATION [ɛ̃fibylasjɔ̃] **n. f.** ✦ Opération par laquelle on empêche les relations sexuelles en suturant ou en passant un anneau à travers les petites lèvres de la vulve. *Excision et infibulation.*
ÉTYM. latin *infibulatio*, de *fibula* « agrafe ».

INFIDÈLE [ɛ̃fidɛl] **adj.** **I** HIST. Qui ne professe pas la religion considérée comme vraie. SYN. **païen.** – **n.** *Croisade contre les infidèles.* **II** 1. Qui est changeant dans ses sentiments, notamment en amour. *Une femme infidèle. Il lui est infidèle.* 2. Qui ne respecte pas (qqch. qui engage). *Être infidèle à sa parole.* 3. Qui manque à la vérité, à l'exactitude. *Une traduction infidèle.* – *Une mémoire infidèle.* CONTR. **fidèle** • **exact.**
ÉTYM. latin *infidelis.*

INFIDÉLITÉ [ɛ̃fidelite] **n. f.** 1. Manque de fidélité (dans les sentiments, en amour) ; acte qui en résulte. SYN. **inconstance, trahison.** *Faire des infidélités à sa femme, à son amant.* – plais. *Faire des infidélités à son fournisseur habituel.* 2. RARE Manque de fidélité (à une obligation). *Infidélité à la parole donnée.* 3. Manque d'exactitude. *L'infidélité de la mémoire.* – *Les infidélités d'une traduction.* SYN. **inexactitude.** CONTR. **fidélité ; constance** • **exactitude.**
ÉTYM. latin *infidelitas.*

INFILTRATION [ɛ̃filtrasjɔ̃] **n. f.** 1. Fait de s'infiltrer. *L'infiltration de l'eau dans la terre.* – Pénétration accidentelle d'eau. *Il y a des infiltrations dans le mur, le plafond.* 2. Envahissement du tissu cellulaire par un liquide, par des gaz. SYN. **épanchement.** *Infiltration graisseuse.* 3. MÉD. Injection d'un médicament qui se répandra lentement dans une région du corps. 4. Pénétration de personnes étrangères dans un pays, un milieu.
ÉTYM. de *infiltrer.*

INFILTRER [ɛ̃filtre] **v. tr.** (conjug. 3a) **I** 1. (liquide...) Pénétrer peu à peu (un corps). ♦ Faire entrer (un liquide) dans un corps. 2. Introduire des éléments dans (un groupe) afin d'obtenir des renseignements. *Infiltrer un réseau.* **II** S'INFILTRER **v. pron.** 1. *L'eau s'infiltre dans certains terrains.* 2. *S'infiltrer dans un réseau.* SYN. **se glisser, s'introduire.**
ÉTYM. de ① *in-* et *filtrer.*

INFIME [ɛ̃fim] **adj.** 1. Situé au plus bas (d'une série, d'une hiérarchie). 2. Tout petit, qui ne compte pas. SYN. **minime, minuscule.** *En nombre infime.* – *Une dose infime.* – *Des détails infimes, d'infimes détails.* CONTR. **éminent • énorme, immense.**
ÉTYM. latin *infimus*, superlatif de *inferus* «qui est au-dessous».

INFINI, IE [ɛ̃fini] **adj. et n. m.**
I adj. 1. En quoi on ne peut observer ni concevoir aucune limite. – (dans le temps) Qui n'a pas de fin, de terme. SYN. **éternel.** 2. Très considérable (par la grandeur, la durée, le nombre, l'intensité). SYN. **illimité, immense.** *Une patience infinie,* sans bornes.
II n. m. 1. Ce qui est infini, plus grand que tout ce qui a une limite. *L'infini mathématique* (signe ∞). *Les «deux infinis», selon Pascal :* l'infiniment grand et l'infiniment petit. ◆ PHOTOGR. Zone éloignée où les objets donnent une image nette dans le plan focal. *Régler l'objectif sur l'infini.* 2. Ce qui semble infini. *L'infini de l'océan.* 3. *À L'INFINI* **loc. adv.** : sans qu'il y ait de borne, de fin (perceptible ou imaginable). *Droite prolongée à l'infini.* – Indéfiniment. *On peut discuter là-dessus à l'infini.* CONTR. **borné, fini, limité.**
ÉTYM. latin *infinitus.*

INFINIMENT [ɛ̃finimɑ̃] **adv.** 1. D'une manière infinie. *Infiniment grand,* plus grand que toute quantité donnée. *Nombres infiniment petits ; les infiniment petits* (→ **infinitésimal**). 2. Beaucoup, extrêmement. *Je regrette infiniment.* – (avec un adj., un compar.) *Je vous suis infiniment reconnaissant. C'est infiniment mieux.* – *Merci infiniment.*

INFINITÉ [ɛ̃finite] **n. f.** 1. DIDACT. Quantité infinie, nombre infini. → **infini.** 2. Très grande quantité. *Une infinité de gens.* SYN. **multitude.**
ÉTYM. latin *infinitas.*

INFINITÉSIMAL, ALE, AUX [ɛ̃finitezimal, o] **adj.** 1. MATH. Relatif aux quantités infiniment petites. *Calcul infinitésimal,* fondé sur l'étude des infiniment petits et des limites, et comprenant le calcul différentiel et le calcul intégral. 2. COUR. Extrêmement petit. SYN. **infime.** *Une dose infinitésimale.*
ÉTYM. du latin moderne *infinitesimus*, de *infinitus* «infini».

INFINITIF, IVE [ɛ̃finitif, iv] **n. m. et adj.**
I n. m. Forme nominale du verbe (mode impersonnel) exprimant l'idée de l'action ou de l'état d'une façon abstraite et indéterminée. *Ce dictionnaire donne les verbes à l'infinitif. Infinitif présent* (chanter), *passé* (avoir chanté). *En latin, infinitif parfait, futur.*
II adj. *Proposition infinitive* ou **n. f.** *une infinitive :* subordonnée complétive dont le verbe est à l'infinitif (ex. Elle regarde *la neige tomber*).
ÉTYM. latin médiéval *infinitivus (modus).*

INFIRME [ɛ̃fiʀm] **adj.** **I** VX Faible, impotent. ◆ *Esprit, intelligence infirme.* **II** MOD. Atteint d'infirmités (II). SYN. **handicapé, impotent, invalide.** – **n.** *Un, une infirme.* CONTR. **ingambe, valide.**
ÉTYM. latin *infirmus* «faible».

INFIRMER [ɛ̃fiʀme] **v. tr.** (conjug. 3a) 1. Affaiblir (qqch.) dans son autorité, sa force, son crédit. *L'expertise a infirmé ce témoignage.* 2. DR. Annuler ou réformer (un jugement). CONTR. **attester, confirmer, prouver, valider.**
ÉTYM. latin *infirmare* «affaiblir», de *infirmus* «faible».

INFIRMERIE [ɛ̃fiʀməʀi] **n. f.** ✦ Local destiné à recevoir et soigner les malades et les blessés légèrement atteints, dans une communauté. *L'infirmerie d'une école, d'une entreprise.*
ÉTYM. réfection, d'après *infirme*, de l'ancien français *enfermerie*, de *enfermer.*

INFIRMIER, IÈRE [ɛ̃fiʀmje, jɛʀ] **n.** ✦ Personne qui, par profession, soigne des malades et s'en occupe, sous la direction des médecins. *Diplôme d'infirmier. Les infirmières d'un hôpital, d'une clinique.* – **appos.** *Des élèves infirmiers.*
ÉTYM. de l'ancien français *enfermier*, d'après *infirme.*

INFIRMITÉ [ɛ̃fiʀmite] **n. f.** **I** LITTÉR. Faiblesse. **II** 1. VX Maladie, indisposition. *Les infirmités de la vieillesse.* 2. MOD. État d'un individu ne jouissant pas d'une de ses fonctions ou n'en jouissant qu'imparfaitement (sans que sa santé générale en souffre) ; déficit physiologique durable ou permanent. SYN. **handicap.** *Devenu sourd, il supportait mal son infirmité.*
ÉTYM. latin *infirmitas.*

INFLAMMABLE [ɛ̃flamabl] **adj.** ✦ Qui a la propriété de s'enflammer facilement. *Matières inflammables.* CONTR. **ininflammable.**
ÉTYM. du latin *inflammare* «enflammer».

INFLAMMATION [ɛ̃flamasjɔ̃] **n. f.** **I** VX Fait de s'enflammer. **II** Ensemble des réactions locales d'un tissu qui se produisent à la suite d'une agression (blessure, infection, etc.). → **suff. -ite.** *Inflammation des amygdales.*
ÉTYM. latin *inflammatio.*

INFLAMMATOIRE [ɛ̃flamatwaʀ] **adj.** ✦ Caractérisé par une inflammation. *Foyer inflammatoire.*
ÉTYM. de *inflammation*, II.

INFLATION [ɛ̃flasjɔ̃] **n. f.** 1. Accroissement excessif des instruments de paiement (billets de banque, capitaux) entraînant une hausse des prix et une dépréciation de la monnaie. 2. **par ext.** Augmentation, extension excessive (d'un phénomène). *Inflation verbale.* CONTR. **déflation.**
ÉTYM. latin *inflatio* «gonflement».

INFLATIONNISTE [ɛ̃flasjɔnist] **adj.** ✦ Qui tend à l'inflation. *Le danger inflationniste.*

INFLÉCHIR [ɛ̃fleʃiʀ] **v. tr.** (conjug. 13) 1. Fléchir de manière à former une courbe. SYN. **courber.** – **pronom.** *La tringle s'est infléchie sous le poids.* 2. **fig.** Modifier la direction, l'orientation de. *Infléchir la politique du gouvernement.* CONTR. **redresser.**
► **INFLÉCHI, IE adj.** *Arc infléchi* (ARCHIT.).
ÉTYM. de ① *in-* et *fléchir*, d'après *inflexion.*

INFLÉCHISSEMENT [ɛ̃fleʃismɑ̃] **n. m.** 1. Fait de s'infléchir. 2. Modification légère, atténuation (d'un phénomène, d'une situation).

INFLEXIBILITÉ [ɛ̃flɛksibilite] **n. f.** ✦ Fait de ne pas céder. *L'inflexibilité d'un caractère.* CONTR. **flexibilité, souplesse.**
ÉTYM. de *inflexible.*

INFLEXIBLE [ɛ̃flɛksibl] **adj.** ✦ Que rien ne peut fléchir ni émouvoir ; qui résiste à toutes les influences. SYN. ① **ferme, intransigeant.** *Rester inflexible.* SYN. **inébranlable.** – *Une volonté inflexible.* CONTR. **flexible, influen-**

A B C D E F G H I J K L M N O P Q R S T U V W X Y Z

çable, souple.
► **INFLEXIBLEMENT** [ɛ̃flɛksibləmɑ̃] adv.
ÉTYM. latin *inflexibilis*.

INFLEXION [ɛ̃flɛksjɔ̃] n. f. 1. Mouvement par lequel une chose s'infléchit. SYN. **courbure, flexion.** *L'inflexion des rayons lumineux. Saluer d'une inflexion de la tête.* SYN. **inclination.** ♦ MATH. *Point d'inflexion* : point où la courbe traverse sa tangente. 2. Changement subit d'accent ou de ton dans la voix. *Sa voix prit une inflexion douce, suppliante.* ➝ PHONÉT. Changement de timbre des voyelles.
ÉTYM. latin *inflexio*, de *inflectere* «courber, fléchir».

INFLIGER [ɛ̃fliʒe] v. tr. (conjug. 5) 1. Appliquer (une peine matérielle ou morale). *On lui a infligé une amende.* 2. Faire subir (qqch. à qqn). *Infliger un affront à qqn.* ➝ *Infliger sa présence.* SYN. ① **imposer.** ➝ *S'infliger des sacrifices.* CONTR. **épargner ; subir.**
ÉTYM. latin *infligere* «asséner un coup».

INFLORESCENCE [ɛ̃flɔʀesɑ̃s] n. f. ✦ Mode de groupement des fleurs d'une plante (ex. grappes, épis...). ♦ Groupe de fleurs ainsi formé (souvent appelé *fleur*).
ÉTYM. du latin *inflorescere* «se couvrir de fleurs *(flos, floris)*».

INFLUENÇABLE [ɛ̃flyɑ̃sabl] adj. ✦ (personnes) Qui se laisse influencer. ➝ *Un caractère influençable.* CONTR. **inflexible, rigide.**

INFLUENCE [ɛ̃flyɑ̃s] n. f. 1. VX Fluide provenant des astres et agissant sur la destinée humaine. ➝ MOD. par ext. *Influences magiques, occultes.* 2. Action exercée sur (qqn ou qqch.). SYN. **effet.** *L'influence de l'éducation sur la personnalité. Agir sous l'influence de la colère.* 3. (personnes) Action volontaire ou non (sur qqn). SYN. ② **ascendant, empire, emprise,** ② **pouvoir.** *Il a une mauvaise influence sur elle.* 4. Pouvoir social (d'une personne qui amène les autres à se ranger à son avis). SYN. **autorité, crédit.** *User de son influence en faveur de qqn.* ➝ *Trafic d'influence.* 5. Action morale, intellectuelle. *On sent dans ce tableau l'influence de Miró. Les critiques étudient les influences en littérature.* 6. Autorité politique (d'un État). *L'influence des États-Unis en Amérique du Sud. Zone d'influence.*
ÉTYM. latin médiéval *influentia*, de *influere* «couler».

INFLUENCER [ɛ̃flyɑ̃se] v. tr. (conjug. 4) 1. (personnes) Soumettre à son influence (3). *Je ne veux pas vous influencer, influencer votre choix. Se laisser influencer.* 2. (choses) Agir sur. *Les hormones influencent l'organisme.*
ÉTYM. de *influence*.

INFLUENT, ENTE [ɛ̃flyɑ̃, ɑ̃t] adj. ✦ Qui a de l'influence (4), du prestige. SYN. **important.** *Un personnage influent.* ➝ *Un journal très influent.* HOM. INFLUANT (p. présent de *influer*)
ÉTYM. de *influence*.

INFLUENZA [ɛ̃flyɑ̃za ; ɛ̃flyɛnza] n. m. ✦ MÉD. Grippe. *Le virus de l'influenza.*
ÉTYM. mot italien «écoulement de fluide».

INFLUER [ɛ̃flye] v. intr. (conjug. 3a) ✦ *INFLUER SUR* : exercer sur une personne ou une chose une action de nature à la modifier. *Le temps influe sur notre humeur.* SYN. **influencer.** HOM. (du p. présent *influant*) INFLUENT «important»
ÉTYM. latin *influere* «couler».

INFLUX [ɛ̃fly] n. m. 1. Fluide* (hypothétique) transmettant une force. 2. *Influx nerveux* : série de phénomènes qui assurent la transmission de l'excitation dans les nerfs.
ÉTYM. latin *influxus*, de *influere* «couler».

INFOBULLE [ɛ̃fobyl] n. f. ✦ INFORM. Petite bulle dans laquelle s'affichent des informations sur l'objet pointé par le curseur.

INFOGRAPHIE [ɛ̃fɔgʀafi] n. f. ✦ TECHN. Procédé de création d'images assistée par ordinateur.
ÉTYM. nom déposé ; de *informatique* et *-graphie*.

IN-FOLIO [infɔljo] adj. invar. ✦ (format) Dont la feuille d'impression est pliée en deux, formant quatre pages. *Des gros dictionnaires in-folio.* ➝ n. m. Livre de ce grand format. *Des in-folios.*
ÉTYM. mots latins «en feuille *(folium)*».

INFORMATEUR, TRICE [ɛ̃fɔʀmatœʀ, tʀis] n. ✦ Personne qui donne des informations. *Les informateurs d'un ethnologue.* ➝ spécialt Personne qui informe la police sans en faire partie. *Disposer d'informateurs dans tous les milieux.* SYN. **indicateur, mouchard ;** → **espion.**
ÉTYM. de *informer*.

INFORMATICIEN, IENNE [ɛ̃fɔʀmatisjɛ̃, jɛn] n. ✦ Spécialiste en informatique. *Une bonne informaticienne.*

INFORMATIF, IVE [ɛ̃fɔʀmatif, iv] adj. ✦ Qui apporte de l'information (II). *Un journal est un texte informatif.*

INFORMATION [ɛ̃fɔʀmasjɔ̃] n. f. I DR. Enquête pour établir la preuve d'une infraction, pour en découvrir les auteurs. *Ouvrir une information contre X.* II 1. Renseignement (sur qqn, sur qqch.). *Des informations confidentielles.* 2. Action de s'informer. *Une réunion d'information.* 3. Renseignement ou évènement qu'on porte à la connaissance d'une personne, d'un public. *Une information exclusive* (→ anglic. **scoop**). *Les informations politiques, sportives.* SYN. ① **nouvelle.** *Bulletin d'informations.* ➝ abrév. FAM. INFO [ɛ̃fo]. *Les infos télévisées.* ♦ *L'INFORMATION* : action d'informer le public, l'opinion (par les médias). *Journal d'information et journal d'opinion.* III SC. Ce qui peut être transmis par un signal ou une combinaison de signaux (message) selon un code* commun et par un canal ; ce qui est transmis (objet de connaissance, de mémoire). *Théorie de l'information et de la communication. Traitement automatique de l'information.* → **informatique.** ♦ *Information génétique* : caractères héréditaires portés par les chromosomes.
ÉTYM. latin *informatio* ; sens III, par l'anglais.

INFORMATIQUE [ɛ̃fɔʀmatik] n. f. ✦ Théorie et traitement de l'information (III) à l'aide de programmes mis en œuvre sur ordinateurs. *Informatique personnelle* (→ **micro-informatique**). *Informatique bancaire, de gestion* (→ aussi **bureautique, télématique**). ♦ adj. *Matériel informatique. Fichier informatique.*
ÉTYM. de *information*, d'après *mathématique*, *électronique*.

INFORMATIQUEMENT [ɛ̃fɔʀmatikmɑ̃] adv. ✦ Par des moyens informatiques.

INFORMATISATION [ɛ̃fɔʀmatizasjɔ̃] n. f. ✦ Action d'informatiser. *L'informatisation de la presse, des réservations.*

INFORMATISER [ɛ̃fɔʀmatize] **v. tr.** (conjug. 3a) ✦ Traiter (un problème), organiser par les méthodes de l'informatique. *Informatiser la gestion, la banque.* ➡ **au p. passé** *Un secteur informatisé.*
► **INFORMATISABLE** [ɛ̃fɔʀmatizabl] **adj.**
ÉTYM. de *informatique.*

INFORME [ɛ̃fɔʀm] **adj.** 1. Qui n'a pas de forme propre, définissable. 2. Dont la forme n'est pas achevée. SYN. **grossier.** *Un brouillon informe.* ◆ Dont la forme est disgracieuse. *Un vêtement informe.*
ÉTYM. latin *informis,* de *forma* → forme.

INFORMÉ, ÉE [ɛ̃fɔʀme] **adj.** et **n. m.** 1. **adj.** Qui sait ce qu'il faut savoir. *Un public informé.* SYN. **averti, renseigné.** *Journal bien informé,* dont les informations sont sérieuses. 2. **n. m.,** loc. *Jusqu'à plus ample informé* : avant d'en savoir plus sur l'affaire.
ÉTYM. de *informer.*

INFORMEL, ELLE [ɛ̃fɔʀmɛl] **adj.** **I** ARTS Qui ne représente et ne produit pas de formes classables. ➡ *Un peintre informel.* **II** anglicisme Qui n'est pas organisé de manière officielle. *Une réunion informelle.*
ÉTYM. de ② *in-* et de *formel,* ou de *forme* ; sens II, de l'anglais *informal.*

INFORMER [ɛ̃fɔʀme] **v. tr.** (conjug. 3a) **I** 1. PHILOS., DIDACT. Donner une forme, une structure à. 2. **v. tr. ind.** DR. Faire une instruction en matière criminelle. *Informer d'un fait, sur un fait.* → **information** (I). **II** COUR. Transmettre des connaissances, des renseignements (→ **information**) à (qqn), mettre au courant. SYN. **avertir,** ② **aviser, instruire, renseigner.** *Informer qqn de son arrivée. Il m'a informé qu'il refusait.* **III** *S'INFORMER* **v. pron.** S'enquérir en vue de se mettre au courant. *S'informer de la santé de qqn.* ➡ **absolt** Recueillir des informations. *S'informer avant d'agir.*
ÉTYM. latin *informare* «façonner, donner une forme».

INFORTUNE [ɛ̃fɔʀtyn] **n. f.** ✦ LITTÉR. Malheur. *Pour comble d'infortune.* SYN. **malchance.** ➡ *Compagnon d'infortune* : personne qui supporte les mêmes malheurs. CONTR. **bonheur, félicité.**
ÉTYM. latin *infortunium.*

INFORTUNÉ, ÉE [ɛ̃fɔʀtyne] **adj.** ✦ LITTÉR. Qui est dans l'infortune. SYN. **malheureux.** *Les infortunées victimes.* CONTR. **bienheureux, heureux.**

INFRA [ɛ̃fʀa] **adv.** ✦ Sert à renvoyer à un passage qui se trouve plus loin dans un texte. SYN. **ci-dessous.** *Voir infra, page tant.* CONTR. **supra.**
ÉTYM. mot latin «au-dessous».

> **INFRA-** Élément, du latin *infra* «au-dessous», qui signifie «inférieur», «en dessous» (ex. *infrarouge, infrason, infrastructure*).

INFRACTION [ɛ̃fʀaksjɔ̃] **n. f.** 1. Violation (d'un engagement, d'une règle ou loi). *Aucune infraction ne sera tolérée. Infraction au règlement, à la discipline, aux habitudes.* 2. DR. Violation d'une loi passible de sanctions pénales. *Commettre une infraction grave. Être en infraction au code de la route. Contravention pour une infraction.*
ÉTYM. latin *infractio,* de *frangere* «briser».

INFRANCHISSABLE [ɛ̃fʀɑ̃ʃisabl] **adj.** ✦ Qu'on ne peut franchir. *Un obstacle infranchissable.*

INFRAROUGE [ɛ̃fʀaʀuʒ] **adj.** et **n. m.** ✦ Se dit des radiations invisibles dont la longueur d'onde est supérieure à celle de la lumière rouge. *Rayons infrarouges.* ➡ **n. m.** *Lampe à infrarouge.*
ÉTYM. de *infra-* et *rouge.*

INFRASON [ɛ̃fʀasɔ̃] **n. m.** ✦ Vibration de fréquence inférieure à 20 hertz, non perceptible par l'oreille humaine. *Les infrasons et les ultrasons.*
ÉTYM. de *infra-* et ② *son.*

INFRASTRUCTURE [ɛ̃fʀastʀyktyʀ] **n. f.** 1. Parties inférieures (d'une construction) (opposé à *superstructure*). SYN. **fondation.** ➡ Terrassements et ouvrages (d'une voie). ➡ Ensemble des installations au sol (aviation) ; d'installations militaires. 2. Ensemble des équipements économiques ou techniques nécessaires à la collectivité (routes, chemin de fer, écoles, hôpitaux, etc.). *L'infrastructure routière d'un pays.* 3. vocabulaire marxiste Organisation économique de la société, considérée comme le fondement de son idéologie.
ÉTYM. de *infra-* et *structure.*

INFRÉQUENTABLE [ɛ̃fʀekɑ̃tabl] **adj.** ✦ Qu'on ne veut pas fréquenter. *Des gens vulgaires, infréquentables.* CONTR. **fréquentable.**

INFROISSABLE [ɛ̃fʀwasabl] **adj.** ✦ Qui se froisse peu ou ne se froisse pas. *Tissu infroissable.* CONTR. **froissable.**

INFRUCTUEUX, EUSE [ɛ̃fʀyktɥø, øz] **adj.** ✦ Sans profit, sans résultat. SYN. **inefficace, inutile.** *Tentative infructueuse.* CONTR. **fructueux, rentable.**
► **INFRUCTUEUSEMENT** [ɛ̃fʀyktɥøzmɑ̃] **adv.**
ÉTYM. latin *infructuosus.*

INFUS, USE [ɛ̃fy, yz] **adj.** ✦ VX Inné. ➡ MOD. loc. *Avoir la SCIENCE INFUSE* : être savant sans avoir étudié.
ÉTYM. latin *infusus,* de *fundere* «répandre».

INFUSER [ɛ̃fyze] **v. tr.** (conjug. 3a) 1. Laisser tremper (une substance) dans un liquide afin qu'il se charge des principes qu'elle contient. → **macérer.** *Infuser du tilleul.* ➡ **au p. passé** *Thé bien infusé.* ➡ **intrans.** *Laisse infuser encore un peu.* 2. par métaphore LITTÉR. Faire pénétrer, communiquer. *Infuser un sang nouveau à qqn, à qqch.*
ÉTYM. de *infusion.*

INFUSION [ɛ̃fyzjɔ̃] **n. f.** 1. Action d'infuser dans un liquide (une substance dont on veut extraire les principes solubles). 2. Tisane de plantes (camomille, menthe, tilleul, verveine). *Prendrez-vous du café ou une infusion ?*
ÉTYM. latin *infusio,* de *infundere* «verser sur».

INFUSOIRE [ɛ̃fyzwaʀ] **n. m.** ✦ ZOOL. (VX) Protozoaire cilié qui vit dans les liquides.
ÉTYM. latin moderne *infusorius.*

INGAMBE [ɛ̃gɑ̃b] **adj.** ✦ VX ou plais. Qui a un usage normal de ses jambes. SYN. ① **alerte, vif.** *Un vieillard encore ingambe.* CONTR. **impotent, infirme.**
ÉTYM. italien *in gamba* «en jambe».

S'INGÉNIER [ɛ̃ʒenje] **v. pron.** (conjug. 9) ✦ Mettre en jeu toutes les ressources de son esprit. SYN. **s'évertuer.** *Il s'ingéniait à nous faire plaisir.*
ÉTYM. du latin *ingenium* «esprit, talent».

INGÉNIERIE [ɛ̃ʒeniʀi] n. f. ✦ Étude globale d'un projet industriel. ◆ SC. Discipline d'applications scientifiques. *Ingénierie génétique.* SYN. **génie.**
ÉTYM. de *ingénieur*, par l'anglais *engineering.*

INGÉNIEUR [ɛ̃ʒenjœʀ] n. ✦ Personne qui a reçu une formation scientifique et technique la rendant apte à diriger certains travaux, à participer aux applications de la science. *Ingénieur agronome, chimiste, électricien. Elle est ingénieur ; c'est une ingénieur* (au Canada : *une ingénieure*). ➙ appos. *Femmes ingénieurs.*
ÉTYM. d'un ancien dérivé de *engin*, d'après *s'ingénier.*

INGÉNIEUSEMENT [ɛ̃ʒenjøzmɑ̃] adv. ✦ Avec ingéniosité. SYN. **habilement.**

INGÉNIEUX, EUSE [ɛ̃ʒenjø, øz] adj. 1. Qui a l'esprit inventif. SYN. **adroit, habile.** *Un bricoleur ingénieux.* 2. (choses) Qui marque beaucoup d'invention, d'imagination. *Un mécanisme ingénieux. Une explication très ingénieuse.*
ÉTYM. d'un ancien dérivé de *engin*, d'après le latin *ingeniosus.*

INGÉNIOSITÉ [ɛ̃ʒenjozite] n. f. ✦ Adresse inventive. *Faire preuve d'ingéniosité. Une merveille d'ingéniosité.*
ÉTYM. latin *ingeniositas.*

INGÉNU, UE [ɛ̃ʒeny] adj. ✦ Qui a une sincérité innocente et naïve. SYN. **candide, naïf, simple.** *Un jeune garçon ingénu.* ➙ *Air, regard ingénu.* ◆ n. *Un rôle d'ingénue au théâtre.* CONTR. **roué.**
► **INGÉNUMENT** [ɛ̃ʒenymɑ̃] adv.
ÉTYM. latin *ingenuus* «né libre».

INGÉNUITÉ [ɛ̃ʒenɥite] n. f. ✦ LITTÉR. Sincérité naïve. SYN. **candeur, naïveté.** CONTR. **rouerie.**
ÉTYM. latin *ingenuitas.*

INGÉRABLE [ɛ̃ʒeʀabl] adj. ✦ Qu'on ne peut gérer*.

INGÉRENCE [ɛ̃ʒeʀɑ̃s] n. f. ✦ Fait de s'ingérer. *Une ingérence intolérable dans sa vie privée.* ➙ *Droit d'ingérence* (en politique internationale) *pour raisons humanitaires.* CONTR. **non-ingérence, non-intervention.**
ÉTYM. de ① *s'ingérer.*

① **S'INGÉRER** [ɛ̃ʒeʀe] v. pron. (conjug. 8) ✦ LITTÉR. Intervenir sans en avoir le droit. SYN. **s'immiscer.** *S'ingérer dans une discussion. État qui s'ingère dans les affaires d'un pays voisin.* ➙ **ingérence.**
ÉTYM. latin *ingerere*, de *gerere* «porter».

② **INGÉRER** [ɛ̃ʒeʀe] v. tr. (conjug. 8) ✦ DIDACT. Introduire par la bouche (dans les voies digestives). SYN. **avaler** ; ➙ **ingestion.**
ÉTYM. → ① s'ingérer.

INGESTION [ɛ̃ʒɛstjɔ̃] n. f. ✦ Action d'ingérer. *L'ingestion d'un médicament.*
ÉTYM. latin *ingestio* → ② ingérer.

INGOUVERNABLE [ɛ̃guvɛʀnabl] adj. ✦ Impossible à gouverner. *Peuple ingouvernable.*

INGRAT, ATE [ɛ̃gʀa, at] adj. 1. Qui n'a aucune reconnaissance, ne sait pas gré* à qqn (de qqch.). *Se montrer ingrat envers un bienfaiteur.* ➙ n. *Ce n'est pas une ingrate.* 2. (choses) Qui ne dédommage guère de la peine qu'il donne, des efforts qu'il coûte. *Une terre ingrate. Étudier un sujet ingrat.* 3. Qui manque d'agrément, de grâce. SYN. **disgracieux.** *Un visage ingrat.* ➙ *Âge ingrat*, celui de la puberté. CONTR. **reconnaissant · fécond, fertile · agréable, avenant, plaisant.**
ÉTYM. latin *ingratus*, de *gratus* «agréable, bienvenu».

INGRATITUDE [ɛ̃gʀatityd] n. f. ✦ Caractère d'une personne ingrate ; manque de reconnaissance. CONTR. **gratitude, reconnaissance.**
ÉTYM. latin *ingratitudo.*

INGRÉDIENT [ɛ̃gʀedjɑ̃] n. m. ✦ Élément qui entre dans la composition (d'une préparation ou d'un mélange). *Les ingrédients d'une sauce.*
ÉTYM. latin *ingrediens*, de *ingredi* «entrer dans».

INGUÉRISSABLE [ɛ̃geʀisabl] adj. ✦ Qui n'est pas guérissable. *Maladie inguérissable.* SYN. **incurable.** CONTR. **curable, guérissable.**

INGUINAL, ALE, AUX [ɛ̃gɥinal, o] adj. ✦ DIDACT. De l'aine, de la région de l'aine. *Hernie inguinale.*
ÉTYM. du latin *inguen, inguinis* «aine».

INGURGITER [ɛ̃gyʀʒite] v. tr. (conjug. 3a) ✦ Avaler avidement et en quantité. SYN. **engloutir.** ◆ fig. *Ingurgiter un ouvrage de mathématiques.*
► **INGURGITATION** [ɛ̃gyʀʒitasjɔ̃] n. f.
ÉTYM. latin *ingurgitare*, de *gurges* «gouffre».

INHABILE [inabil] adj. ✦ LITTÉR. Qui manque d'habileté. *Des gestes inhabiles.* SYN. **malhabile.** CONTR. **adroit, habile.**

INHABILETÉ [inabilte] n. f. ✦ Manque d'habileté. SYN. **maladresse.** CONTR. ② **adresse, habileté.**

INHABITABLE [inabitabl] adj. ✦ Qui n'est pas habitable, ou difficilement habitable.

INHABITÉ, ÉE [inabite] adj. ✦ Qui n'est pas habité. *Régions inhabitées.* SYN. ① **désert.** *Maison inhabitée*, inoccupée.

INHABITUEL, ELLE [inabitɥɛl] adj. ✦ Qui n'est pas habituel. SYN. **inaccoutumé** ; ➙ **insolite.** *Une animation inhabituelle régnait dans la rue.*

INHALATEUR [inalatœʀ] n. m. ✦ Appareil servant aux inhalations.
ÉTYM. de *inhalation.*

INHALATION [inalasjɔ̃] n. f. ✦ Action d'inhaler (un gaz, une vapeur). *L'inhalation d'un gaz toxique.* ◆ absolt Aspiration par le nez de vapeurs qui désinfectent, décongestionnent. SYN. **fumigation.** *Faire des inhalations.* CONTR. **exhalation.**
ÉTYM. latin *inhalatio.*

INHALER [inale] v. tr. (conjug. 3a) ✦ Absorber par les voies respiratoires. CONTR. **exhaler.**
ÉTYM. latin *inhalare* «souffler sur».

INHÉRENT, ENTE [ineʀɑ̃, ɑ̃t] adj. ✦ Qui appartient essentiellement (à un être, à une chose), qui est inséparable (de). SYN. **essentiel, intrinsèque.** *Les avantages inhérents à ce métier.*
ÉTYM. latin *inhaerens*, de *inhaere* «être attaché à».

INHIBER [inibe] v. tr. (conjug. 3a) 1. (sujet chose) Empêcher (qqn) d'agir, de manifester ses sentiments, ses opinions. SYN. **bloquer, paralyser.** *Sa crainte d'être ridicule l'inhibe.* ➙ au p. passé *Il est inhibé.* n. *C'est un inhibé.* 2. DIDACT. Réduire ou empêcher (un processus), le fonctionnement de (un organe). *La pilule contraceptive*

inhibe l'ovulation. CONTR. **stimuler.**
ÉTYM. latin *inhibere* «retenir».

INHIBITEUR, TRICE [inibitœʀ, tʀis] adj. ✦ Qui inhibe. ➡ n. m. (sens 2 de *inhiber*) *Un inhibiteur de croissance.* CONTR. **stimulant.**

INHIBITION [inibisjɔ̃] n. f. 1. Fait d'être inhibé. *Il faut vaincre vos inhibitions.* SYN. **blocage.** 2. Action d'inhiber.

INHOSPITALIER, IÈRE [inɔspitalje, jɛʀ] adj. 1. Qui ne pratique pas l'hospitalité. *Un peuple inhospitalier.* 2. (choses) Peu accueillant, où la vie est difficile. *Une côte inhospitalière.* CONTR. **accueillant, hospitalier.**

INHUMAIN, AINE [inymɛ̃, ɛn] adj. 1. Qui manque d'humanité. SYN. **barbare, cruel.** *Un tyran inhumain.* ◆ (actions) *Un traitement inhumain.* 2. Qui n'a rien d'humain. *Un hurlement inhumain. Un travail inhumain,* très pénible. CONTR. **charitable, humain, sensible.**
► **INHUMAINEMENT** [inymɛnmɑ̃] adv.
ÉTYM. latin *inhumanus.*

INHUMANITÉ [inymanite] n. f. ✦ LITTÉR. Caractère inhumain (d'une personne, d'une chose). SYN. **cruauté, férocité.** CONTR. **humanité.**
ÉTYM. latin *inhumanitas.*

INHUMATION [inymasjɔ̃] n. f. ✦ Action d'inhumer. *L'inhumation du corps dans un caveau.* SYN. **enterrement.** CONTR. **exhumation.**

INHUMER [inyme] v. tr. (conjug. 3a) ✦ Mettre en terre (un corps humain), avec les cérémonies d'usage. SYN. **ensevelir, enterrer.** ➡ *Permis d'inhumer,* donné par le médecin. CONTR. **déterrer, exhumer.**
ÉTYM. latin *inhumare,* de *humus* «terre».

INIMAGINABLE [inimaʒinabl] adj. 1. Qu'on ne peut imaginer, dont on n'a pas idée. SYN. **extraordinaire, incroyable.** ➡ Invraisemblable (souvent péj.). 2. Très grand, intense. SYN. **impensable.** *Un désordre inimaginable.*

INIMITABLE [inimitabl] adj. 1. Qui ne peut être imité. 2. Très remarquable. SYN. **unique.**

INIMITIÉ [inimitje] n. f. ✦ Sentiment hostile (envers qqn). SYN. **antipathie, hostilité.** *Avoir de l'inimitié contre, à l'égard de qqn.* CONTR. **amitié.**
ÉTYM. latin *inimicitia.*

ININFLAMMABLE [inɛ̃flamabl] adj. ✦ Qui n'est pas inflammable. *Moquette ininflammable.*

ININTELLIGENCE [inɛ̃teliʒɑ̃s] n. f. ✦ Manque d'intelligence.

ININTELLIGENT, ENTE [inɛ̃teliʒɑ̃, ɑ̃t] adj. ✦ Qui n'est pas intelligent. SYN. **bête.**

ININTELLIGIBILITÉ [inɛ̃teliʒibilite] n. f. ✦ LITTÉR. Caractère de ce qui est inintelligible. *L'inintelligibilité d'un texte.* CONTR. **intelligibilité.**

ININTELLIGIBLE [inɛ̃teliʒibl] adj. ✦ Qu'on ne peut comprendre. SYN. **incompréhensible.** *Des bredouillements inintelligibles.* CONTR. **intelligible.**
► **ININTELLIGIBLEMENT** [inɛ̃teliʒibləmɑ̃] adv.
ÉTYM. de ② *in-* et *intelligible.*

ININTÉRESSANT, ANTE [inɛ̃teʀesɑ̃, ɑ̃t] adj. ✦ Dépourvu d'intérêt. *Un film inintéressant. Ce n'est pas inintéressant, mais...* CONTR. **intéressant.**

ININTERROMPU, UE [inɛ̃teʀɔ̃py] adj. ✦ Qui n'est pas interrompu (dans l'espace ou dans le temps). SYN. **continu.** *Des files ininterrompues de voitures. Une heure de musique ininterrompue.*

INIQUE [inik] adj. ✦ LITTÉR. Qui manque gravement à l'équité ; très injuste. *Une décision inique.* CONTR. **équitable, juste.**
ÉTYM. latin *iniquus,* de *aequus* «égal».

INIQUITÉ [inikite] n. f. ✦ LITTÉR. Injustice extrême, flagrante. *L'iniquité d'un jugement.* ◆ Acte, chose inique. CONTR. **équité, justice.**
ÉTYM. latin *iniquitas.*

INITIAL, ALE, AUX [inisjal, o] adj. et n. f. 1. Qui est au commencement, qui caractérise le commencement (de qqch.). SYN. **originel, premier.** *La cause initiale de nos malentendus.* ➡ *Vitesse initiale d'un projectile.* 2. Qui commence (qqch., spécialt un mot). *La consonne initiale d'un nom.* ➡ n. f. Première lettre (d'un nom propre). *Signer de ses initiales.* CONTR. **dernier, final,** ① **terminal.**
ÉTYM. latin *initialis,* de *initium* «commencement».

INITIALEMENT [inisjalmɑ̃] adv. ✦ Dans la période initiale ; au commencement. CONTR. **finalement.**

INITIALISER [inisjalize] v. tr. (conjug. 3a) ✦ anglicisme INFORM. Effectuer les opérations préliminaires à la mise en fonction de (un ordinateur, un périphérique). *Initialiser une imprimante.*
ÉTYM. anglais *to initialize.*

INITIATEUR, TRICE [inisjatœʀ, tʀis] n. ✦ Personne qui initie (qqn), qui enseigne ou propose le premier (qqch.). *Son initiateur en informatique. Les initiateurs de ce mouvement.* SYN. **précurseur.**
ÉTYM. bas latin *initiator.*

INITIATION [inisjasjɔ̃] n. f. ✦ Action d'initier. *Rites d'initiation* (dans les sociétés traditionnelles), permettant aux jeunes d'accéder au statut d'adultes. ➡ Action de donner ou de recevoir les premiers éléments (d'un art, d'une technique...). *Stage d'initiation à l'informatique.*
ÉTYM. latin *initiatio.*

INITIATIQUE [inisjatik] adj. ✦ DIDACT. Relatif à l'initiation. *Rites initiatiques.*

INITIATIVE [inisjativ] n. f. 1. Action d'une personne qui propose, entreprend, organise (qqch.) en étant la première. *Prendre l'initiative d'une démarche.* ◆ *Une initiative intéressante. Sur, à l'initiative de qqn.* 2. POLIT. Droit de soumettre à l'autorité compétente une proposition en vue de la faire adopter. *Le Parlement a l'initiative des lois.* 3. Qualité d'une personne disposée à entreprendre, à oser. *Ce travail exige de l'initiative. Manquer d'initiative.*
ÉTYM. du latin *initiare* → initier.

INITIÉ, ÉE [inisje] n. 1. Personne qui a bénéficié de l'initiation (religieuse, sociale). 2. Personne qui est dans le secret (d'une entreprise, d'un art). *Une poésie ésotérique réservée à des initiés.* CONTR. **non-initié, pro-**

fane.
ÉTYM. du participe passé de *initier.*

INITIER [inisje] **v. tr.** (conjug. 9) **1.** Admettre (qqn) à la connaissance, à la pratique de savoirs, de cultes secrets, ésotériques (→ **initiation**). **2.** Recevoir (qqn) au sein d'un groupe fermé (société secrète...). **3.** Introduire à une connaissance ; être le premier à instruire, à mettre au fait. SYN. **apprendre, enseigner.** *On l'a initié très jeune à la musique.* ➞ pronom. *S'initier à* : acquérir les premiers éléments de (un art, une science...). *S'initier à la peinture.*
ÉTYM. latin *initiare* «initier ; commencer», de *initium* «début».

INJECTABLE [ɛ̃ʒɛktabl] **adj.** ✦ Qu'on peut ou doit injecter. *Ampoule injectable* (opposé à *buvable*).

INJECTÉ, ÉE [ɛ̃ʒɛkte] **adj.** ✦ *Yeux injectés de sang,* colorés par l'afflux du sang.

INJECTER [ɛ̃ʒɛkte] **v. tr.** (conjug. 3a) **1.** Introduire (un liquide en jet, un gaz sous pression) dans un organisme. *Injecter un sérum à qqn.* **2.** Faire pénétrer (un liquide sous pression) dans un matériau. *Injecter du ciment dans un mur,* pour le consolider. **3.** Apporter (des capitaux) dans un secteur de l'économie pour le relancer. *Injecter de l'argent dans une entreprise.* CONTR. **ponctionner, prélever.**
ÉTYM. latin *injectare.*

INJECTEUR [ɛ̃ʒɛktœʀ] **n. m. 1.** Appareil servant à injecter un liquide dans l'organisme. **2.** Dispositif assurant l'alimentation en eau (chaudière), en carburant (moteur).
ÉTYM. de *injecter.*

INJECTIF, IVE [ɛ̃ʒɛktif, iv] **adj.** ✦ MATH. *Application injective* : injection (3).
ÉTYM. de *injection.*

INJECTION [ɛ̃ʒɛksjɔ̃] **n. f. 1.** Introduction d'un fluide sous pression dans l'organisme. *Poire à injections.* ➞ Piqûre. *Injection intraveineuse.* **2.** Pénétration d'un liquide sous pression (dans une substance). ➞ *Moteur à injection,* dont l'alimentation en carburant est assurée par un injecteur (sans carburateur). **3.** MATH. Application d'un ensemble dans un autre, telle qu'il n'existe pas deux éléments ayant la même image.
ÉTYM. latin *injectio.*

INJONCTIF, IVE [ɛ̃ʒɔ̃ktif, iv] **adj.** ✦ DIDACT. Qui renferme une injonction. *Texte, énoncé injonctif* (ex. recette de cuisine, mode d'emploi, ordonnance médicale, etc.). SYN. **impératif.**

INJONCTION [ɛ̃ʒɔ̃ksjɔ̃] **n. f.** ✦ Action d'enjoindre ; ordre exprès, formel. *Se soumettre, obtempérer à une injonction. Injonction de payer.*
ÉTYM. latin *injunctio,* de *injungere* «imposer».

INJOUABLE [ɛ̃ʒwabl] **adj.** ✦ Qui ne peut être joué. *Pièce, rôle ; partie injouable.* CONTR. **jouable.**

INJURE [ɛ̃ʒyʀ] **n. f. 1.** LITTÉR. Offense grave. SYN. **affront ;** → **outrage.** ➞ loc. *Faire injure à qqn,* l'offenser. **2.** Parole offensante et violente. SYN. **insulte.** *Dire, proférer des injures.* ➞ DR. Expression outrageante sans imputation de faits. *Injure à agent.* CONTR. **compliment, éloge, louange.**
ÉTYM. latin *injuria* «injustice».

INJURIER [ɛ̃ʒyʀje] **v. tr.** (conjug. 9) ✦ Dire des injures à (qqn). SYN. **insulter ;** → **invectiver.** *Il s'est fait copieusement injurier.* CONTR. **complimenter.**
ÉTYM. bas latin *injuriare.*

INJURIEUX, EUSE [ɛ̃ʒyʀjø, øz] **adj.** ✦ Qui contient des injures, constitue une injure (1 ou 2). SYN. **insultant, offensant.** *Des soupçons injurieux pour lui. Employer des termes injurieux.* CONTR. **élogieux, flatteur.**
ÉTYM. latin *injuriosus.*

INJUSTE [ɛ̃ʒyst] **adj. 1.** Qui agit contre la justice ou l'équité. *Vous avez été injuste envers lui.* **2.** (choses) Qui est contraire à la justice. SYN. **inique.** *Sentence, punition injuste.* CONTR. **équitable, juste.**
ÉTYM. latin *injustus.*

INJUSTEMENT [ɛ̃ʒystəmɑ̃] **adv.** ✦ D'une façon injuste. *Un innocent injustement accusé, condamné.* CONTR. **justement.**

INJUSTICE [ɛ̃ʒystis] **n. f. 1.** Caractère d'une personne, d'une chose injuste ; manque de justice. SYN. **iniquité.** *L'injustice sociale.* ➞ absolt Ce qui est injuste. *Se révolter contre l'injustice.* **2.** Acte, décision contraire à la justice. *Être victime d'une injustice.* CONTR. **justice.**
ÉTYM. latin *injustitia.*

INJUSTIFIABLE [ɛ̃ʒystifjabl] **adj.** ✦ Qu'on ne peut justifier. SYN. **inexcusable.** *Votre refus est injustifiable.* CONTR. **justifiable.**

INJUSTIFIÉ, ÉE [ɛ̃ʒystifje] **adj.** ✦ Qui n'est pas justifié. *Sa jalousie est injustifiée. Une réclamation injustifiée.* SYN. **immotivé.**

INLANDSIS [inlɑ̃dsis] **n. m.** ✦ GÉOGR. Épaisse couche de glace couvrant les terres des régions polaires.
ÉTYM. mot scandinave «glace *(is)* en *(in)* terre *(land)*».

INLASSABLE [ɛ̃lasabl] **adj.** ✦ Qui ne se lasse pas. SYN. **infatigable.** *Une patience inlassable.*
ÉTYM. de *lasser.*

INLASSABLEMENT [ɛ̃lasabləmɑ̃] **adv.** ✦ Sans se lasser. *Répéter inlassablement le même conseil.*

INNÉ, ÉE [i(n)ne] **adj.** ✦ Que l'on a en naissant, dès la naissance (opposé à *acquis*). *C'est un don inné.* SYN. **naturel.** ➞ (Chez Descartes) *Idées innées,* antérieures à toute expérience.
ÉTYM. latin philosophique *innatus.*

INNÉISME [i(n)neism] **n. m.** ✦ DIDACT. Théorie selon laquelle les idées, les aptitudes sont innées.

INNERVANT, ANTE [inɛʀvɑ̃, ɑ̃t] **adj.** ✦ *Gaz innervant,* qui agit sur le système nerveux en provoquant une paralysie musculaire.
ÉTYM. du participe présent de *innerver.*

INNERVATION [inɛʀvasjɔ̃] **n. f.** ✦ Distribution des nerfs (dans une région du corps).
ÉTYM. de ① *in-* et du latin *nervus* «nerf».

INNERVER [inɛʀve] **v. tr.** (conjug. 3a) ✦ (tronc nerveux) Fournir de nerfs (un organe). ➞ au p. passé *Une région du corps peu innervée.*
ÉTYM. de ① *in-* et du latin *nervus* «nerf».

INNOCEMMENT [inɔsamɑ̃] **adv.** ✦ Avec innocence, sans faire ou sans vouloir faire le mal.

INNOCENCE [inɔsɑ̃s] **n. f.** 1. RELIG. État de l'être qui n'est pas souillé par le mal. SYN. **pureté.** *L'innocence de l'homme avant le péché originel.* ◆ État d'une personne qui ignore le mal. SYN. **candeur, ingénuité.** *Elle l'a dit en toute innocence.* → **innocemment.** 2. État d'une personne qui n'est pas coupable (d'une chose particulière). *L'accusé clame son innocence.* CONTR. **impureté** · **culpabilité.**
ÉTYM. latin *innocentia.*

INNOCENT, ENTE [inɔsɑ̃, ɑ̃t] **adj.** et **n.** I 1. RELIG. Qui n'est pas souillé par le mal. SYN. **pur.** ◆ Qui ignore le mal. SYN. **candide.** 2. Trop naïf. SYN. **crédule, niais.** – **n.** *Et tu le crois ? Pauvre innocent !* – prov. *Aux innocents les mains pleines :* les personnes simples (1) sont heureuses dans leurs entreprises. ◆ **n.** Jeune enfant (encore innocent). *Le massacre des Innocents* (Évangile selon saint Matthieu). 3. (action) Qui n'est pas blâmable. *Des jeux, des plaisirs innocents.* II Qui n'est pas coupable. *Il est innocent du crime dont on l'accuse.* – **n.** *On a condamné un innocent.* loc. *Faire l'innocent,* prendre la contenance de celui qui ne sait pas, ne comprend pas. CONTR. **impur** · **averti** · **blâmable** · **coupable, responsable.**
ÉTYM. latin *innocens,* de *nocere* «nuire».

INNOCENTER [inɔsɑ̃te] **v. tr.** (conjug. 3a) ✦ Déclarer innocent, faire reconnaître non coupable. SYN. **disculper.** *Cette déclaration du témoin innocente l'accusé.* CONTR. **accuser, condamner.**

INNOCUITÉ [inɔkɥite] **n. f.** ✦ DIDACT. Qualité de ce qui n'est pas nuisible. CONTR. **nocivité.**
ÉTYM. du latin *inocuus* «qui n'est pas nuisible».

INNOMBRABLE [i(n)nɔ̃bʀabl] **adj.** ✦ Extrêmement nombreux. *Une foule innombrable.* SYN. **immense.** *Des détails innombrables.* CONTR. **dénombrable.**
ÉTYM. de ② *in-* et *nombrer, nombrable,* traduction du latin *innumerabilis.*

INNOMMABLE [i(n)nɔmabl] **adj.** 1. DIDACT. Qui ne peut être nommé. SYN. **indicible.** 2. COUR. Méprisable, ignoble. *Des procédés innommables.* – Très mauvais. SYN. **infect.** *Une nourriture innommable.*
ÉTYM. de ② *in-* et *nommer.*

INNOVANT, ANTE [inɔvɑ̃, ɑ̃t] **adj.** ✦ Qui innove, constitue une innovation. *Matériaux innovants.* SYN. **novateur.**

INNOVATEUR, TRICE [inɔvatœʀ, tʀis] **n.** et **adj.** ✦ (Personne) qui innove. SYN. **créateur, novateur.**

INNOVATION [inɔvasjɔ̃] **n. f.** ✦ Action d'innover ; chose nouvellement introduite. SYN. **changement, nouveauté.** *Des innovations techniques.* CONTR. **routine, tradition.**
ÉTYM. latin *innovatio.*

INNOVER [inɔve] **v. intr.** (conjug. 3a) ✦ Introduire qqch. de nouveau (dans un domaine). *Innover en art, en matière économique.*
ÉTYM. latin *innovare,* de *novus* «nouveau».

INOCCUPÉ, ÉE [inɔkype] **adj.** 1. (lieux) Où il n'y a personne. *Place inoccupée.* SYN. **libre.** *Appartement inoccupé.* SYN. **inhabité, vide.** 2. (personnes) Qui n'a pas d'occupation. SYN. **désœuvré.** *Rester inoccupé.* SYN. **oisif.**

IN-OCTAVO [inɔktavo] **adj. invar.** ✦ (format) Où la feuille d'impression est pliée en huit feuillets (ou seize pages). *Le format in-octavo* (in-8°). – **n. m.** Livre de ce format. *Des in-octavos* ou *des in-octavo* (invar.).
ÉTYM. mots latins «en huitième».

INOCULATION [inɔkylasjɔ̃] **n. f.** ✦ Action d'inoculer ; spécialt vaccination.

INOCULER [inɔkyle] **v. tr.** (conjug. 3a) 1. Introduire dans l'organisme (les germes d'une maladie). *Inoculer la variole.* → **vacciner.** 2. fig. Communiquer, transmettre (une passion, une idée mauvaise comparée à un virus). *Il lui a inoculé son idée fixe.*
ÉTYM. anglais *to inoculate,* latin *inoculare* «greffer», de *oculus* «œil».

INODORE [inɔdɔʀ] **adj.** ✦ Qui ne dégage aucune odeur. *L'hydrogène est un gaz inodore.* CONTR. **odorant.**
ÉTYM. latin *inodorus,* de *odor* «odeur».

INOFFENSIF, IVE [inɔfɑ̃sif, iv] **adj.** ✦ Qui est incapable de nuire ; qui ne fait pas de mal à autrui. *Chien absolument inoffensif.* – (choses) *Une plaisanterie inoffensive.* SYN. **anodin.** CONTR. **dangereux, nuisible.**
ÉTYM. de ② *in-* et *offensif.*

INONDABLE [inɔ̃dabl] **adj.** ✦ Susceptible d'être inondé. *Zone inondable inconstructible.*

INONDATION [inɔ̃dasjɔ̃] **n. f.** 1. Débordement d'eaux qui inondent le pays environnant. ☛ Géographie p. 227. *Les inondations périodiques du Nil.* → **crue.** 2. Grande quantité d'eau qui se répand. 3. fig. Afflux massif. *Une inondation de produits importés.*
ÉTYM. latin *inundatio.*

INONDER [inɔ̃de] **v. tr.** (conjug. 3a) 1. Couvrir d'eaux qui débordent ou affluent. *Le fleuve a inondé les prés.* – au p. passé *Terrains inondés.* 2. Mouiller abondamment, couvrir d'eau, de liquide. SYN. **tremper.** *S'inonder les cheveux d'eau de Cologne.* – au p. passé *Joues inondées de larmes.* 3. fig. Envahir massivement. – au p. passé *Marché inondé d'un produit.* 4. LITTÉR. (sentiments, impressions) Submerger, remplir. ◆ au p. passé Baigné (de). *Une terrasse inondée de soleil.*
ÉTYM. latin *inundare,* de *unda* «flot».

INOPÉRABLE [inɔpeʀabl] **adj.** ✦ Qui ne peut être opéré. *Malade ; tumeur inopérable.* CONTR. **opérable.**

INOPÉRANT, ANTE [inɔpeʀɑ̃, ɑ̃t] **adj.** ✦ Qui ne produit aucun effet. SYN. **inefficace.** *Des mesures inopérantes.*
ÉTYM. de ② *in-* et participe présent de *opérer.*

INOPINÉ, ÉE [inɔpine] **adj.** ✦ Qui arrive, se produit alors qu'on ne s'y attendait pas. SYN. **imprévu, inattendu.** *Une visite inopinée.* CONTR. ① **attendu, prévu.**
ÉTYM. latin *inopinatus,* de *opinari* «conjecturer».

INOPINÉMENT [inɔpinemɑ̃] **adv.** ✦ À l'improviste. *Il est arrivé inopinément.*

INOPPORTUN, UNE [inɔpɔʀtœ̃, yn] **adj.** ✦ Qui n'est pas opportun. SYN. **déplacé, intempestif.** *Une demande inopportune. Le moment est inopportun,* mal choisi. CONTR. **convenable, opportun.**
► **INOPPORTUNÉMENT** [inɔpɔʀtynemɑ̃] **adv.**
ÉTYM. bas latin *inopportunus.*

A B C D E F G H I J K L M N O P Q R S T U V W X Y Z

INOPPORTUNITÉ [inɔpɔʀtynite] **n. f.** ✦ LITTÉR. Caractère de ce qui est inopportun. *L'inopportunité d'une démarche.* CONTR. **à-propos, opportunité.**

INORGANIQUE [inɔʀganik] **adj.** 1. Qui n'a pas l'organisation d'un être vivant ; dont l'origine n'est ni animale ni végétale. *Substances inorganiques.* 2. MÉD. Qui ne s'accompagne pas de lésion d'organes. *Troubles inorganiques.* SYN. **fonctionnel.** CONTR. **organique.**
ÉTYM. de ② *in-* et *organique.*

INORGANISATION [inɔʀganizasjɔ̃] **n. f.** ✦ Absence, manque d'organisation.

INORGANISÉ, ÉE [inɔʀganize] **adj.** 1. SC. Qui n'est pas constitué en organisme. SYN. **inorganique.** 2. Qui manque d'organisation. 3. Qui n'appartient pas à une organisation syndicale, politique. CONTR. **organisé • syndiqué.**

INOUBLIABLE [inublijabl] **adj.** ✦ Que l'on ne peut oublier (du fait de sa qualité, de son caractère exceptionnel). SYN. **mémorable.** *Une soirée inoubliable.*

INOUÏ, ÏE [inwi] **adj.** 1. LITTÉR. Qu'on n'a jamais entendu. *Des accords inouïs.* 2. COUR. Extraordinaire, incroyable. *Avec une violence inouïe. Il a un succès inouï.* ♦ **péj.** Excessif. – (personnes) *Il est inouï !*
ÉTYM. de ② *in-* et participe passé de *ouïr.*

INOX [inɔks] **n. m.** ✦ Acier inoxydable. *Évier en inox.*
ÉTYM. abréviation.

INOXYDABLE [inɔksidabl] **adj.** et **n. m.** ✦ Qui ne s'oxyde pas. – **n. m.** Métal inoxydable. *Des couverts en inoxydable.* SYN. **inox.** CONTR. **oxydable.**
ÉTYM. de ② *in-* et *oxyder.*

IN PACE [inpase ; inpatʃe] **n. m. invar.** ✦ HIST. Cachot secret où on enfermait qqn à perpétuité. – On écrit aussi *in-pace.*
ÉTYM. mots latins «en paix».

IN PETTO [inpeto] **loc. adv.** ✦ LITTÉR. ou plais. Intérieurement, à part soi.
ÉTYM. mots italiens «dans la poitrine».

INQUALIFIABLE [ɛ̃kalifjabl] **adj.** ✦ Qu'on ne peut qualifier (assez sévèrement). → **indigne.** *Sa conduite est inqualifiable.*

IN-QUARTO [inkwaʀto] **adj. invar.** ✦ (format) Dont la feuille, pliée en quatre feuillets, forme huit pages. *Format in-quarto* (in-4°). – **n. m.** Livre de ce format. *Des in-quartos* ou *des in-quarto* (invar.).
ÉTYM. mots latins «en quart».

INQUIET, ÈTE [ɛ̃kjɛ, ɛt] **adj.** ✦ Qui est agité par la crainte, l'incertitude. SYN. **soucieux ;** → **anxieux, tourmenté.** *Elle est inquiète de votre silence. Je suis inquiet à son sujet.* – **n.** *C'est un inquiet.* ♦ Empreint d'inquiétude. *Une attente inquiète. Un regard, un air inquiet.* CONTR. **insouciant,** ① **serein.**
ÉTYM. latin *inquietus* «agité», de *quies* «repos».

INQUIÉTANT, ANTE [ɛ̃kjetɑ̃, ɑ̃t] **adj.** ✦ Qui inquiète (3). SYN. **alarmant.** *Des nouvelles inquiétantes. L'état du malade est inquiétant.* – *Un personnage inquiétant,* qui fait peur. CONTR. **rassurant, tranquillisant.**

INQUIÉTER [ɛ̃kjete] **v. tr.** (conjug. 8) 1. VX Troubler, agiter. 2. MOD. Poursuivre, menacer (qqn) d'une sanction. *La police ne l'a plus inquiété.* 3. Remplir d'inquiétude, rendre inquiet (qqn). SYN. **alarmer ;** → **tourmenter.** *Sa fièvre inquiète les médecins. Vous m'inquiétez.* 4. S'INQUIÉTER **v. pron.** Commencer à être inquiet. *Il n'y a pas de quoi s'inquiéter.* – *S'inquiéter de,* se préoccuper de. CONTR. **calmer, rassurer, tranquilliser.**
ÉTYM. latin *inquietare.*

INQUIÉTUDE [ɛ̃kjetyd] **n. f.** 1. État pénible déterminé par l'attente d'un évènement, d'une souffrance que l'on craint, par l'incertitude où l'on est. SYN. **appréhension,** ① **souci ;** → **tourment.** *Je comprends votre inquiétude. Soyez sans inquiétude,* ne vous inquiétez pas. ♦ *J'ai des inquiétudes,* des sujets d'inquiétude. 2. LITTÉR. Insatisfaction de l'esprit tourmenté. *L'inquiétude métaphysique.* CONTR. ① **calme, tranquillité • paix, sérénité.**
ÉTYM. bas latin *inquietudo.*

INQUISITEUR, TRICE [ɛ̃kizitœʀ, tʀis] **n. m.** et **adj.** 1. **n. m.** HIST. Juge du tribunal de l'Inquisition. 2. **adj.** Qui interroge indiscrètement ou de façon autoritaire. *Un regard inquisiteur.*
ÉTYM. latin *inquisitor.*

INQUISITION [ɛ̃kizisjɔ̃] **n. f.** 1. (avec une majuscule ☛ noms propres) HIST. *L'Inquisition :* juridiction ecclésiastique d'exception, active du XIIIe au XVIe siècle pour la répression des crimes d'hérésie, des faits de sorcellerie, etc. 2. LITTÉR. Enquête ou recherche vexatoire et arbitraire. *L'inquisition fiscale.*
ÉTYM. latin *inquisitio,* de *inquirere* «rechercher».

INQUISITORIAL, ALE, AUX [ɛ̃kizitɔʀjal, o] **adj.** ✦ HIST. Qui a rapport à l'Inquisition. *Juges inquisitoriaux.*
ÉTYM. latin médiéval *inquisitorius.*

INRACONTABLE [ɛ̃ʀakɔ̃tabl] **adj.** ✦ Impossible à raconter. SYN. **inénarrable.** *Un film inracontable.* – On trouve parfois IRRACONTABLE [iʀakɔ̃tabl] CONTR. **racontable.**

INSAISISSABLE [ɛ̃sezisabl] **adj.** 1. Qui ne peut faire l'objet d'une saisie. *La partie insaisissable du salaire.* 2. Qu'on ne peut saisir, attraper. *Un ennemi insaisissable.* 3. Qui échappe aux sens. *Des nuances insaisissables.* SYN. **imperceptible.**
ÉTYM. de ② *in-* et *saisir.*

INSALUBRE [ɛ̃salybʀ] **adj.** ✦ Qui n'est pas salubre. SYN. **malsain.** *Un logement insalubre. Îlots insalubres en cours de réhabilitation.* CONTR. **sain, salubre.**

INSALUBRITÉ [ɛ̃salybʀite] **n. f.** ✦ Caractère de ce qui est insalubre. *L'insalubrité d'un climat.* CONTR. **salubrité.**

INSANE [ɛ̃san] **adj.** ✦ VX ou LITTÉR. Qui est contraire à la saine raison, au bon sens. SYN. **absurde, inepte, insensé.** *Des projets insanes.*
ÉTYM. latin *insanus.*

INSANITÉ [ɛ̃sanite] **n. f.** ✦ LITTÉR. 1. Caractère de ce qui est déraisonnable. *L'insanité de ses remarques.* 2. *(Une, des insanités)* Action ou parole absurde, insensée. SYN. **absurdité, ineptie.** *Un tissu d'insanités.*
ÉTYM. anglais *insanity,* latin *insanitas.*

INSATIABLE [ɛ̃sasjabl] **adj.** ✦ Qui ne peut être satisfait. *Tu en veux encore ? Tu es insatiable.* – *Une avidité, une curiosité insatiable.* CONTR. **rassasié, satisfait.**
ÉTYM. latin *insatiabilis,* de *satiare* «rassasier» → satiété.

INSATISFACTION [ɛ̃satisfaksjɔ̃] n. f. ✦ État d'une personne qui n'est pas satisfaite, n'a pas ce qu'elle souhaite. SYN. **mécontentement.** CONTR. **satisfaction.**

INSATISFAISANT, ANTE [ɛ̃satisfəzɑ̃, ɑ̃t] adj. ✦ Qui n'est pas satisfaisant. *Des résultats insatisfaisants.* SYN. **insuffisant.** CONTR. **satisfaisant.**

INSATISFAIT, AITE [ɛ̃satisfɛ, ɛt] adj. ✦ (personnes) Qui n'est pas satisfait(e), n'a pas obtenu ce qu'il ou elle souhaitait. – n. *Un éternel insatisfait.* SYN. **mécontent.** ♦ (désir, passion) Qui n'est pas assouvi. CONTR. **comblé, content, satisfait.**

INSATURÉ, ÉE [ɛ̃satyʀe] adj. ✦ CHIM. Se dit de composés organiques comportant des doubles liaisons entre atomes de carbone. *Hydrocarbures insaturés.* CONTR. **saturé.**

INSCRIPTION [ɛ̃skʀipsjɔ̃] n. f. 1. Ensemble de caractères écrits ou gravés pour conserver un souvenir, indiquer une destination, etc. → **épigraphe, graffiti.** *Murs couverts d'inscriptions. Inscription funéraire.* → **épitaphe.** – Courte indication écrite. 2. Action d'inscrire (qqn, qqch.) sur un registre, une liste ; ce qui est inscrit. → **immatriculation.** *L'inscription d'un étudiant dans une faculté.* – *Inscription maritime,* enregistrement des navigateurs professionnels. – DR. *Inscription en faux,* procédure qui tend à établir la fausseté d'un écrit.
ÉTYM. latin *inscriptio.*

INSCRIRE [ɛ̃skʀiʀ] v. tr. (conjug. 67) 1. Écrire, graver (sur une matière dure). 2. Écrire (ce qui ne doit pas être oublié). SYN. **noter.** *Inscrivez la date sur votre carnet.* ♦ Écrire sur un registre, une liste le nom de. *Inscrire un enfant à l'école.* – pronom. *Je me suis inscrit au club.* – au p. passé *Les personnes inscrites.* n. *Les inscrits.* ♦ loc. *S'INSCRIRE EN FAUX* (DR. → **inscription**) ; *(contre),* opposer un démenti (à). 3. Tracer dans l'intérieur d'une figure (une autre figure). *Inscrire un triangle dans un cercle.* – au p. passé *Angle inscrit,* dont le sommet appartient à un cercle et dont les côtés coupent ce cercle. 4. Placer dans un cadre plus général. – pronom. S'insérer. *Ce projet s'inscrit dans un plan de réformes.*
ÉTYM. latin *inscribere,* d'après *écrire.*

INSÉCABLE [ɛ̃sekabl] adj. ✦ LITTÉR. OU DIDACT. Qui ne peut être coupé, divisé. *Mot insécable.* CONTR. **sécable.**
ÉTYM. latin *insecabilis,* de *secare* « couper ».

INSECTE [ɛ̃sɛkt] n. m. ✦ Petit animal invertébré articulé *(Arthropodes),* à six pattes, le plus souvent ailé, respirant par des trachées et subissant des métamorphoses. *Étude des insectes.* → **entomologie.** *Les araignées, les millepattes ne sont pas des insectes.*
ÉTYM. latin *insecta* « coupé », traduction du grec *entoma,* à cause des anneaux, des étranglements du corps.

INSECTICIDE [ɛ̃sɛktisid] adj. ✦ Qui tue, détruit les insectes. *Poudre insecticide.* – n. m. *Un insecticide.*
ÉTYM. de *insecte* et *-cide.*

INSECTIVORE [ɛ̃sɛktivɔʀ] adj. ✦ Qui se nourrit d'insectes. SYN. **entomophage.** *Oiseaux insectivores.* – n. m. pl. *Les Insectivores* (ordre de mammifères).
ÉTYM. de *insecte* et *-vore.*

INSÉCURITÉ [ɛ̃sekyʀite] n. f. ✦ Manque de sécurité. *Vivre dans l'insécurité.* – *L'insécurité d'une région.*

INSÉMINATION [ɛ̃seminasjɔ̃] n. f. ✦ *Insémination artificielle,* technique de fécondation par introduction de sperme dans les voies génitales femelles sans qu'il y ait accouplement.
ÉTYM. du latin *inseminare* « semer ».

INSÉMINER [ɛ̃semine] v. tr. (conjug. 3a) ✦ Féconder par insémination artificielle.
ÉTYM. latin *inseminare.*

INSENSÉ, ÉE [ɛ̃sɑ̃se] adj. 1. VX Fou. – n. *Un pauvre insensé.* 2. Contraire au bon sens. SYN. **absurde, déraisonnable, extravagant.** *Des projets, des désirs insensés. Un espoir insensé. C'est insensé.* 3. Incroyablement grand. *Il a une chance insensée.* → **inouï** (2). CONTR. **raisonnable, sage, sensé.**
ÉTYM. latin religieux *insensatus.*

INSENSIBILISATION [ɛ̃sɑ̃sibilizasjɔ̃] n. f. ✦ Action d'insensibiliser ; son résultat. SYN. **anesthésie.**

INSENSIBILISER [ɛ̃sɑ̃sibilize] v. tr. (conjug. 3a) ✦ Rendre insensible (I, 1). SYN. **anesthésier.**

INSENSIBILITÉ [ɛ̃sɑ̃sibilite] n. f. 1. Absence de sensibilité physique. *Insensibilité à la douleur.* 2. Absence de sensibilité morale. SYN. **indifférence.** CONTR. **sensibilité ; compassion, émotion.**
ÉTYM. bas latin *insensibilitas.*

INSENSIBLE [ɛ̃sɑ̃sibl] adj. **I** 1. Qui n'a pas de sensibilité physique. *Le nerf est devenu insensible. Être insensible au froid.* 2. Qui n'a pas ou a peu d'émotions. SYN. **froid, impassible, indifférent.** *Il est resté insensible.* – *Un homme insensible à la poésie.* **II** 1. Qu'on ne sent pas, qui est à peine sensible. SYN. **imperceptible.** *La force insensible du courant.* 2. Graduel, progressif. *Une pente insensible.* CONTR. **sensible ; ému • notable, perceptible.**
ÉTYM. latin *insensibilis.*

INSENSIBLEMENT [ɛ̃sɑ̃sibləmɑ̃] adv. ✦ D'une manière insensible (II), graduelle. CONTR. **sensiblement.**

INSÉPARABLE [ɛ̃sepaʀabl] adj. 1. (abstractions) Que l'on ne peut séparer, considérer isolément. SYN. **indissociable ;** → **inhérent.** *La théorie est inséparable des applications pratiques.* 2. (personnes) Qui est toujours avec (qqn) ; qui sont toujours ensemble. *Don Quichotte et son inséparable Sancho. Deux amis inséparables.* – n. *Des inséparables.* – spécialt n. m. pl. Perruches mâle et femelle qui ne peuvent vivre qu'en couple. CONTR. **dissociable, séparable.**
► **INSÉPARABLEMENT** [ɛ̃sepaʀabləmɑ̃] adv. *Ils sont inséparablement unis.*
ÉTYM. latin *inseparabilis.*

INSÉRER [ɛ̃seʀe] v. tr. (conjug. 8) **I** 1. Introduire (une chose) dans une autre de façon à incorporer. *Insérer une feuille dans un dossier.* 2. Faire entrer (un texte) dans. *Le communiqué qui a été inséré dans le journal* (→ **insertion,** 1). **II** *S'INSÉRER* v. pron. 1. S'attacher à, sur. *Les muscles s'insèrent sur les os.* 2. Trouver sa place dans un ensemble. SYN. **s'intégrer.** *S'insérer dans la société* (→ **insertion,** 3). CONTR. **ôter, retirer, retrancher.**
ÉTYM. latin *inserere.*

INSERMENTÉ [ɛ̃sɛʀmɑ̃te] adj. m. ✦ HIST. Se dit des prêtres qui refusèrent de prêter serment lorsque la Constitution civile du clergé fut proclamée en 1790. SYN. **réfractaire.**
ÉTYM. de ② *in-* et *serment.*

INSERTION [ɛ̃sɛʀsjɔ̃] **n. f. 1.** Action d'insérer ; son résultat. ➖ Introduction d'un élément supplémentaire (dans un texte). *Insertion légale,* publication dans les journaux prescrite par la loi ou par un jugement. **2.** Mode d'attache (des muscles, etc.). **3.** Intégration sociale. *L'insertion des immigrés.*
ÉTYM. latin *insertio.*

INSIDIEUX, EUSE [ɛ̃sidjø, øz] **adj. 1.** Qui a le caractère d'un piège. SYN. **trompeur.** *Une question insidieuse.* **2.** (maladie) Dont l'apparence bénigne masque au début la gravité réelle. *Formes insidieuses et larvées d'un mal.*
▶ **INSIDIEUSEMENT** [ɛ̃sidjøzmɑ̃] **adv.**
ÉTYM. latin *insidiosus,* de *insidiae* «embûche».

① **INSIGNE** [ɛ̃siɲ] **adj.** ✦ LITTÉR. Qui s'impose ou qui est digne de s'imposer à l'attention. SYN. **remarquable.** *C'est une faveur insigne.* ➖ iron. *Une insigne maladresse.* CONTR. **anodin, banal.**
ÉTYM. latin *insignis* «qui porte une marque *(signum)*».

② **INSIGNE** [ɛ̃siɲ] **n. m. 1.** Marque extérieure et distinctive d'une dignité, d'un grade. → **emblème, marque, signe, symbole.** *Les insignes de la royauté. Un insigne honorifique.* **2.** Signe distinctif des membres (d'un groupe, d'un groupement). → anglic. **badge.** *Porter un insigne à la boutonnière.*
ÉTYM. latin *insignia,* pluriel de *insignis* «marque».

INSIGNIFIANCE [ɛ̃siɲifjɑ̃s] **n. f.** ✦ Caractère de ce qui est insignifiant, sans importance. CONTR. **importance, intérêt, valeur.**

INSIGNIFIANT, ANTE [ɛ̃siɲifjɑ̃, ɑ̃t] **adj. 1.** Qui ne présente aucun intérêt. SYN. **quelconque, terne.** *Un livre insignifiant.* ➖ (personnes) *Un type insignifiant.* SYN. **effacé. 2.** Qui n'est pas important. *Des détails insignifiants.* SYN. **minime, négligeable.** *Pour une somme insignifiante.* SYN. **infime.** CONTR. **frappant, intéressant, remarquable** • ① **capital, important.**
ÉTYM. de ② *in-* et *signifier.*

INSINUANT, ANTE [ɛ̃sinɥɑ̃, ɑ̃t] **adj. 1.** VIEILLI Qui s'insinue auprès des gens. **2.** LITTÉR. (action) Qui cherche à réussir par la ruse. *Des façons insinuantes.*

INSINUATION [ɛ̃sinɥasjɔ̃] **n. f. 1.** VX Fait de s'insinuer. **2.** Ce que l'on fait comprendre sans le dire, sans l'affirmer. SYN. **allusion, sous-entendu.** *Des insinuations perfides.*
ÉTYM. latin *insinuatio.*

INSINUER [ɛ̃sinɥe] **v. tr.** (conjug. 3a) **I** Donner à entendre (qqch.) sans dire expressément (surtout avec un mauvais dessein). *Qu'est-ce que vous insinuez ?* **II** *S'INSINUER* **v. pron. 1.** VX S'infiltrer. **2.** Pénétrer en se glissant. **3.** (personnes) S'introduire habilement dans un lieu, auprès de qqn. *Intrigant qui s'insinue partout.*
ÉTYM. latin *insinuare,* de *sinus* «sinuosité».

INSIPIDE [ɛ̃sipid] **adj. 1.** Qui n'a aucune saveur, aucun goût. *Un breuvage insipide.* **2.** Qui manque d'agrément, d'intérêt. *Je trouve cette comédie insipide.* SYN. **fade ;** → **ennuyeux, fastidieux.** CONTR. **savoureux** • **passionnant.**
ÉTYM. latin *insipidus,* de *sapidus* «qui a du goût».

INSIPIDITÉ [ɛ̃sipidite] **n. f.** ✦ Caractère de ce qui est insipide. *L'insipidité d'un plat.* ➖ fig. *L'insipidité de sa conversation.* CONTR. **saveur.**

INSISTANCE [ɛ̃sistɑ̃s] **n. f.** ✦ Action d'insister. *Réclamer qqch. avec insistance. Regarder qqn avec insistance.*

INSISTANT, ANTE [ɛ̃sistɑ̃, ɑ̃t] **adj.** ✦ Qui insiste, marque de l'insistance. *Un regard insistant.* SYN. **appuyé.**

INSISTER [ɛ̃siste] **v. intr.** (conjug. 3a) **1.** S'arrêter avec force sur un point particulier ; mettre l'accent sur. *Il insistait sur un sujet qui lui tenait à cœur.* ➖ **absolt** *J'ai compris, inutile d'insister.* **2.** Persévérer à demander (qqch.). *Il insiste pour vous voir. N'insistez pas.* **3.** FAM. Persévérer dans son effort. *Il s'est vu battu et n'a pas insisté.*
ÉTYM. latin *insistere* «s'attacher à».

IN SITU [insity] **loc. adv.** ✦ DIDACT. Dans son milieu naturel (opposé à *in vitro*). *Plante étudiée in situ.*
ÉTYM. mots latins «en place».

INSOCIABLE [ɛ̃sɔsjabl] **adj.** ✦ LITTÉR. (personnes) Qui n'est pas sociable. SYN. **sauvage.** CONTR. **accommodant, sociable.**

INSOLATION [ɛ̃sɔlasjɔ̃] **n. f. 1.** Exposition à la chaleur, à la lumière solaire ou à une source lumineuse. (→ **insoler**). ➖ Ensoleillement. *L'insolation faible des mois d'hiver.* **2.** Troubles provoqués par l'exposition prolongée au soleil. *Attraper une insolation.*
ÉTYM. latin *insolatio.*

INSOLEMMENT [ɛ̃sɔlamɑ̃] **adv.** ✦ D'une manière insolente. *Répondre insolemment.*

INSOLENCE [ɛ̃sɔlɑ̃s] **n. f. 1.** Manque de respect injurieux. ➖ *(Une, des insolences)* Parole insolente. SYN. **impertinence.** *Je ne supporterai pas plus longtemps vos insolences.* **2.** Orgueil offensant (pour des personnes que l'on juge d'un rang inférieur). SYN. **arrogance,** ① **morgue.** CONTR. **déférence, respect** • **modestie.**
ÉTYM. latin *insolentia* «inexpérience».

INSOLENT, ENTE [ɛ̃sɔlɑ̃, ɑ̃t] **adj. 1.** Dont le manque de respect est offensant. SYN. **impertinent, impoli.** ➖ **n.** *Un insolent.* **2.** Arrogant. *Un vainqueur insolent.* **3.** Qui, par son caractère extraordinaire, apparaît comme un défi, une provocation. *Une bonne mine insolente. Elle a une chance insolente.* SYN. **indécent** (3). CONTR. ① **poli, respectueux.**
ÉTYM. latin *insolens,* de *solere* «avoir l'habitude de».

INSOLER [ɛ̃sɔle] **v. tr.** (conjug. 3a) ✦ DIDACT. Exposer à la lumière solaire ou à celle d'une source lumineuse. *Insoler une plaque photographique.* ➖ au p. passé *Papier insolé.*
ÉTYM. latin *insolare,* de *sol, solis* «soleil».

INSOLITE [ɛ̃sɔlit] **adj.** ✦ Qui étonne, surprend par son caractère inaccoutumé. → **anormal, bizarre, étrange, inhabituel.** *Une apparence insolite. Une visite insolite.* ➖ **n. m.** *Un artiste qui recherche l'insolite.* CONTR. **familier, habituel, normal.**
ÉTYM. latin *insolitus,* de *solere* «avoir l'habitude de».

INSOLUBLE [ɛ̃sɔlybl] **adj. 1.** Qu'on ne peut résoudre. *Un problème insoluble.* **2.** Qui ne peut se dissoudre. *Substance insoluble dans l'eau.* CONTR. **soluble.**
ÉTYM. latin *insolubilis.*

INSOLVABLE [ɛ̃sɔlvabl] adj. ✦ Qui est hors d'état de payer ses dettes. CONTR. **solvable.**
► **INSOLVABILITÉ** [ɛ̃sɔlvabilite] n. f.
ÉTYM. de ② *in-* et *solvable.*

INSOMNIAQUE [ɛ̃sɔmnjak] adj. ✦ Qui souffre d'insomnie. ➛ n. *Un, une insomniaque.*

INSOMNIE [ɛ̃sɔmni] n. f. ✦ Difficulté à s'endormir ou à dormir suffisamment. *Remède contre l'insomnie.* → **somnifère.** ➛ Période pendant laquelle une personne qui le souhaite ne peut dormir. *Avoir des insomnies.*
ÉTYM. latin *insomnia,* de *somnus* «sommeil».

INSONDABLE [ɛ̃sɔ̃dabl] adj. 1. Qui ne peut être sondé, dont on ne peut atteindre le fond. *Un gouffre insondable.* 2. fig. Qu'il est difficile ou impossible d'expliquer. *Un mystère insondable.* 3. péj. Immense. *Une insondable bêtise.*

INSONORE [ɛ̃sɔnɔʀ] adj. ✦ Qui amortit les sons. *Le liège est un matériau insonore.*
ÉTYM. de ② *in-* et *sonore.*

INSONORISATION [ɛ̃sɔnɔʀizasjɔ̃] n. f. ✦ Fait d'insonoriser ; son résultat.

INSONORISER [ɛ̃sɔnɔʀize] v. tr. (conjug. 3a) ✦ Rendre moins sonore, plus silencieux en isolant. *Insonoriser une pièce.* ➛ au p. passé *Studio insonorisé.*
ÉTYM. de *insonore.*

INSORTABLE [ɛ̃sɔʀtabl] adj. ✦ (personnes) Qui n'est pas sortable.

INSOUCIANCE [ɛ̃susjɑ̃s] n. f. ✦ État ou caractère d'une personne insouciante. *L'insouciance de la jeunesse.* CONTR. **inquiétude,** ① **souci.**

INSOUCIANT, ANTE [ɛ̃susjɑ̃, ɑ̃t] adj. 1. LITTÉR. *INSOUCIANT DE* : qui ne se soucie pas de (qqch.). SYN. **indifférent.** *Être insouciant du danger.* 2. Qui ne se préoccupe de rien, vit sans souci. *Ils sont gais et insouciants.* CONTR. **inquiet, soucieux.**
ÉTYM. de ② *in-* et *soucier.*

INSOUCIEUX, EUSE [ɛ̃susjø, øz] adj. ✦ LITTÉR. Insouciant. *Une vie insoucieuse. Être insoucieux de l'heure.* CONTR. **soucieux.**
ÉTYM. de ② *in-* et *soucieux.*

INSOUMIS, ISE [ɛ̃sumi, iz] adj. 1. Qui n'est pas soumis, refuse de se soumettre. SYN. **rebelle, révolté.** 2. *Soldat insoumis* et n. m. *UN INSOUMIS,* militaire qui ne s'est pas rendu là où il devait dans les délais prévus. → **déserteur, réfractaire.** CONTR. **obéissant, soumis.**

INSOUMISSION [ɛ̃sumisjɔ̃] n. f. 1. Caractère, état d'une personne insoumise. SYN. **désobéissance, rébellion, révolte.** *Un acte d'insoumission.* 2. Délit du militaire insoumis*. → **désertion.** CONTR. **obéissance, soumission.**
ÉTYM. de ② *in-* et *soumission.*

INSOUPÇONNABLE [ɛ̃supsɔnabl] adj. ✦ Qui est à l'abri de tout soupçon. *Il est d'une honnêteté insoupçonnable.* CONTR. **soupçonnable, suspect.**

INSOUPÇONNÉ, ÉE [ɛ̃supsɔne] adj. ✦ Dont l'existence n'est pas soupçonnée. *Un domaine nouveau, aux débouchés insoupçonnés.* SYN. **inconnu.**

INSOUTENABLE [ɛ̃sut(ə)nabl] adj. 1. Qu'on ne peut soutenir, défendre. SYN. **indéfendable.** *Une théorie insoutenable.* 2. Qu'on ne peut supporter. *Des images d'une violence insoutenable.* SYN. **insupportable.** CONTR. **soutenable ; défendable • supportable.**
ÉTYM. de ② *in-* et *soutenir.*

INSPECTER [ɛ̃spɛkte] v. tr. (conjug. 3a) 1. Examiner (ce dont on a la surveillance). SYN. **contrôler, surveiller.** *Inspecter des travaux* (→ **inspecteur**). 2. Examiner avec attention. *Inspecter qqn de la tête aux pieds. Inspecter un lieu.*
ÉTYM. latin *inspectare.*

INSPECTEUR, TRICE [ɛ̃spɛktœʀ, tʀis] n. ✦ Personne qui est chargée de surveiller, de contrôler. SYN. **contrôleur.** *Inspecteur du travail. Inspecteur, inspectrice de l'enseignement. Inspecteur d'académie* : directeur de l'enseignement dans une académie. ➛ *INSPECTEUR DES FINANCES* : membre de l'inspection* générale des Finances. ♦ spécialt *INSPECTEUR (DE POLICE)* : agent en civil chargé de tâches de direction et d'encadrement (en France, devenu *lieutenant de police* depuis 1995). ➛ En France, dans les titres, *inspecteur* s'applique aussi aux femmes.
ÉTYM. latin *inspector.*

INSPECTION [ɛ̃spɛksjɔ̃] n. f. 1. Examen attentif dans un but de contrôle, de surveillance, de vérification ; travail, fonction d'inspecteur. *Faire une inspection, une tournée d'inspection.* 2. Ensemble des inspecteurs d'une administration ; le service qui les emploie. *Inspection générale des Finances,* chargée de contrôler la gestion des deniers publics.
ÉTYM. latin *inspectio.*

INSPIRATEUR, TRICE [ɛ̃spiʀatœʀ, tʀis] n. 1. Personne qui inspire, anime (une personne, un mouvement, une entreprise). 2. n. f. Femme qui inspire (un artiste). SYN. **égérie, muse.**
ÉTYM. latin *inspirator.*

INSPIRATION [ɛ̃spiʀasjɔ̃] n. f. **I** 1. DIDACT. Souffle émanant d'un être surnaturel, qui apporterait aux hommes des révélations. *L'inspiration du Saint-Esprit.* 2. Souffle créateur qui anime les artistes, les chercheurs. *L'inspiration poétique. Attendre l'inspiration.* 3. Action d'inspirer, de conseiller qqch. à qqn ; résultat de cette action. SYN. **influence, instigation.** 4. (œuvre, art) *D'INSPIRATION* (+ adj.), qui s'inspire, subit l'influence de. *Mode d'inspiration orientale.* 5. Idée, résolution spontanée, soudaine. *Une heureuse inspiration. Selon l'inspiration du moment.* **II** Action par laquelle l'air entre dans les poumons ; son résultat. SYN. **aspiration.** *Alternance de l'inspiration et de l'expiration dans la respiration.*
ÉTYM. latin *inspiratio.*

INSPIRÉ, ÉE [ɛ̃spiʀe] adj. 1. Animé par un souffle créateur. *Un poète inspiré.* 2. *Bien, mal inspiré,* qui a une bonne, une mauvaise idée (pour agir). *Il a été bien inspiré de vendre avant la crise.*

INSPIRER [ɛ̃spiʀe] v. (conjug. 3a) **I** v. tr. 1. Animer d'un souffle divin. *Dieu inspira les prophètes.* 2. Donner l'inspiration à (qqn), déterminer le souffle créateur (dans l'art, les activités intellectuelles). *Les évènements qui ont inspiré l'artiste.* ➛ FAM. *Ça ne m'inspire pas,* ça ne me dit rien. 3. Faire naître (un sentiment, une idée).

A B C D E F G H I J K L M N O P Q R S T U V W X Y Z

Cela peut lui inspirer des regrets. Voilà ce qui a inspiré ma conduite. SYN. **commander.** ◆ Être la cause de (un sentiment) chez qqn. SYN. **donner.** *Il ne m'inspire pas confiance. Sa santé nous inspire de vives inquiétudes.* 4. *S'INSPIRER DE* v. pron. Prendre, emprunter des idées, des éléments à (un auteur, un sujet, un milieu...). II v. intr. Faire entrer l'air dans ses poumons (s'oppose à *expirer*). SYN. **aspirer.** *Inspirez ! soufflez.*

ÉTYM. latin *inspirare,* de *spirare* «souffler».

INSTABILITÉ [ɛ̃stabilite] n. f. 1. État de ce qui est instable (1 et 2). 2. Mobilité. 3. Précarité. CONTR. **stabilité · permanence.**

ÉTYM. latin *instabilitas.*

INSTABLE [ɛ̃stabl] adj. 1. Mal équilibré. SYN. **branlant.** *Cette échelle est instable.* – *Équilibre instable.* 2. CHIM. *Combinaison instable,* qui se décompose facilement en ses éléments. 3. Qui se déplace, n'est pas stable en un lieu. *Une population instable.* → **mobile, nomade.** 4. Qui n'est pas fixe, durable. SYN. **fragile, précaire.** *Temps instable.* SYN. **variable.** 5. (personnes) Qui change constamment d'état affectif, de comportement. SYN. **changeant.** – n. *C'est un instable.* CONTR. **stable ; fixe, durable · constant.**

ÉTYM. latin *instabilis.*

INSTALLATEUR, TRICE [ɛ̃stalatœʀ, tʀis] n. ✦ Personne (commerçant, artisan) qui s'occupe d'installations. *Installateur de chauffage.*

INSTALLATION [ɛ̃stalasjɔ̃] n. f. 1. Action de s'installer dans un logement. *Fêter son installation* : pendre la crémaillère*. – Manière dont on est installé. 2. Action d'installer (qqch.). SYN. **aménagement.** *Installation de l'électricité dans un immeuble.* 3. *(Une, des installations)* Ensemble des objets, dispositifs, bâtiments, etc., installés en vue d'un usage déterminé. SYN. **équipement.** *Les installations sanitaires.* 4. Œuvre d'art, généralement provisoire, constituée d'objets assemblés dans un espace.

INSTALLER [ɛ̃stale] v. tr. (conjug. 3a) I 1. RELIG. VX Introniser (un pape, un évêque). SYN. **instituer.** 2. Mettre (qqn) dans la demeure, dans l'endroit qui lui était destiné. *Nous l'avons installé dans son nouveau logement.* ◆ Placer ou loger d'une façon déterminée. *Installez le malade dans son lit.* 3. Disposer, établir (qqch.) dans un lieu désigné ou selon un ordre. SYN. **mettre,** ① **placer.** *Installer une connexion Internet.* – Aménager (un appartement, une pièce). *Il a fini d'installer sa chambre.* – au p. passé *C'est bien installé, ici.* II *S'INSTALLER* v. pron. 1. Se mettre, se loger à une place déterminée ou d'une façon déterminée. *S'installer chez qqn, à l'hôtel.* 2. fig. S'établir de façon durable. *Le beau temps semble s'être installé. S'installer dans la crise.* CONTR. **déplacer · déménager.**

ÉTYM. latin médiéval *installare* «mettre dans sa stalle *(stallum)*».

INSTAMMENT [ɛ̃stamɑ̃] adv. ✦ D'une manière instante, avec force. *Je vous le demande instamment.*

ÉTYM. de ① *instant.*

INSTANCE [ɛ̃stɑ̃s] n. f. I surtout au plur. Sollicitation pressante, instante. *Céder aux instances de qqn.* II 1. Poursuite en justice ; procédure concernant un litige. *Introduire une instance. Tribunal d'instance,* jugeant en matière pénale les contraventions. *Tribunal de grande instance* (délits). 2. *EN INSTANCE (DE)* : en cours (de). *Affaire en instance. Être en instance de divorce. Courrier en instance,* en attente. 3. Juridiction. *L'instance supérieure.* ◆ Autorité, corps constitué qui détient un pouvoir de décision. *Les instances internationales. L'instance suprême.* 4. fig. PSYCH. Partie du psychisme, élément dynamique de la personnalité (selon Freud : moi, surmoi et ça).

ÉTYM. latin *instantia,* de *instans* → ① instant.

① **INSTANT, ANTE** [ɛ̃stɑ̃, ɑ̃t] adj. ✦ LITTÉR. Très pressant. *Une prière instante. De manière instante.* → **instamment.**

ÉTYM. latin *instans,* de *instare* «serrer de près».

② **INSTANT** [ɛ̃stɑ̃] n. m. ✦ Durée très courte que la conscience saisit comme un tout. SYN. ① **moment.** *Attendre l'instant propice. Jouir de l'instant présent.* – *Un instant,* un temps très court. *Attendez un instant.* – loc. adv. *EN UN INSTANT* : rapidement, très vite. – *DANS UN INSTANT* : bientôt. *Je reviens dans un instant.* – *À L'INSTANT* : tout de suite. → **aussitôt.** – *À CHAQUE, À TOUT INSTANT* : très souvent. → **continuellement.** – *POUR L'INSTANT* : pour le moment. – *PAR INSTANTS* : par moments, de temps en temps. – *DE TOUS LES INSTANTS* loc. adj. : constant, perpétuel. *Une attention de tous les instants.* – *DÈS L'INSTANT OÙ, QUE* loc. conj. : dès que, puisque.

ÉTYM. de ① *instant.*

INSTANTANÉ, ÉE [ɛ̃stɑ̃tane] adj. 1. Qui se produit en un instant, soudainement. SYN. **immédiat, subit.** 2. *Photographie instantanée,* obtenue par une exposition de très courte durée. – n. m. *Prendre un instantané.* 3. Qui se dissout instantanément. *Cacao instantané.* CONTR. **lent, long.**

ÉTYM. de ② *instant,* d'après *momentané.*

INSTANTANÉITÉ [ɛ̃stɑ̃taneite] n. f. ✦ Caractère instantané.

INSTANTANÉMENT [ɛ̃stɑ̃tanemɑ̃] adv. ✦ Tout de suite, aussitôt. *Il s'est arrêté instantanément.*

ÉTYM. de *instantané.*

à l'INSTAR de [alɛ̃staʀdə] loc. prép. ✦ LITTÉR. À l'exemple, à la manière de.

ÉTYM. latin *instar* «valeur égale».

INSTAURATION [ɛ̃stɔʀasjɔ̃] n. f. ✦ LITTÉR. Action d'instaurer. *L'instauration d'une mode.*

ÉTYM. latin *instauratio.*

INSTAURER [ɛ̃stɔʀe] v. tr. (conjug. 3a) ✦ Établir pour la première fois. SYN. **fonder, instituer.** *La révolution qui instaura la république.* – pronom. Se mettre en place. *De nouvelles habitudes s'instaurent.* CONTR. **abolir, détruire, renverser.**

ÉTYM. latin *instaurare.*

INSTIGATEUR, TRICE [ɛ̃stigatœʀ, tʀis] n. ✦ Personne qui incite, qui pousse à faire qqch. *Les principaux instigateurs du mouvement.*

ÉTYM. latin *instigator,* de *instigare* «piquer, exciter».

INSTIGATION [ɛ̃stigasjɔ̃] n. f. 1. RARE Incitation. 2. loc. *À, sous l'instigation de qqn,* sous son influence, sur ses conseils. *Nous avons agi à son instigation.*

ÉTYM. latin *instigatio.*

INSTILLATION [ɛ̃stilasjɔ̃] n. f. ✦ Action d'instiller. *Instillations nasales.*

INSTILLER [ɛ̃stile] **v. tr.** (conjug. 3a) ✦ Verser goutte à goutte. *Un collyre à instiller dans l'œil.*
ÉTYM. latin *instillare*, de *stilla* «goutte».

INSTINCT [ɛ̃stɛ̃] **n. m.** 1. Tendance innée et puissante, commune à tous les êtres vivants ou à tous les individus d'une même espèce. *L'instinct de conservation. L'instinct sexuel ; maternel.* 2. Tendance innée à des actes déterminés, exécutés parfaitement sans expérience préalable. *L'instinct migratoire.* 3. (chez l'être humain) absolt L'intuition, le sentiment (opposé à *raison*). *Se fier à son instinct, à l'instinct.* ➛ *D'INSTINCT* **loc. adv.** : d'une manière naturelle et spontanée. *Il a fait cela d'instinct.* ◆ Faculté naturelle de sentir, de deviner. *Un secret instinct l'avertissait.* ◆ Don, disposition naturelle. *Avoir l'instinct du commerce.* 4. Tendance innée et irréfléchie. *Céder à ses instincts.* SYN. **impulsion, pulsion.**
ÉTYM. latin *instinctus*, de *instinguere* «exciter, pousser».

INSTINCTIF, IVE [ɛ̃stɛ̃ktif, iv] **adj.** 1. DIDACT. De l'instinct animal. 2. Qui naît d'un instinct, de l'instinct. SYN. **irréfléchi, spontané.** *Une antipathie instinctive.* SYN. **viscéral.** *C'est instinctif !,* c'est une chose qu'on fait, qu'on sent d'instinct. *Un geste instinctif.* 3. En qui domine l'impulsion, la spontanéité de l'instinct. *Un être instinctif.* CONTR. **conscient, volontaire ; réfléchi.**

INSTINCTIVEMENT [ɛ̃stɛ̃ktivmɑ̃] **adv.** ✦ Par l'instinct, spontanément. CONTR. **volontairement.**

INSTITUER [ɛ̃stitɥe] **v. tr.** (conjug. 3a) 1. Établir officiellement en fonction (un dignitaire ecclésiastique). ➛ DR. *Instituer héritier qqn,* nommer héritier par testament. 2. Établir de manière durable. *Instituer un prix littéraire.* ➛ au p. passé *Le régime institué par la Ve République.* SYN. **créer, fonder, instaurer ;** ➜ **institution** (I). ➛ pronom. *De bonnes relations se sont instituées entre ces deux pays.* CONTR. **abolir, supprimer.**
ÉTYM. latin *instituere.*

INSTITUT [ɛ̃stity] **n. m.** 1. Corps constitué de savants, d'artistes, d'écrivains. *Un institut de recherche.* ➛ spécialt (☛ noms propres) *L'Institut (de France),* comprenant cinq Académies. ◆ Établissement de recherche ou d'enseignement. *L'Institut Pasteur. Institut universitaire de technologie (I. U. T.).* 2. Établissement où l'on donne des soins. *Institut de beauté.* 3. Institution scolaire (privée).
ÉTYM. latin *institutum* «ce qui est établi».

INSTITUTEUR, TRICE [ɛ̃stitytœʀ, tʀis] **n.** ✦ Personne qui enseigne dans une école maternelle ou primaire. SYN. **maître, maîtresse, professeur** d'école (dénomination officielle). ➛ abrév. FAM. INSTIT [ɛ̃stit]
ÉTYM. latin *institutor.*

INSTITUTION [ɛ̃stitysjɔ̃] **n. f.** I 1. Action d'instituer. SYN. **création, établissement.** *L'institution des Jeux olympiques.* 2. La chose instituée (personne morale, groupement, régime). *Les institutions nationales, internationales.* ➛ *Les institutions :* l'ensemble des formes ou organisations sociales établies par la loi ou la coutume. ➜ **constitution,** ① **régime.** *La réforme des institutions.* ➛ collectif *L'institution.* 3. iron. Se dit de qqch. qui est entré dans les mœurs, se pratique couramment. *Le marchandage est ici une institution.* II Établissement privé d'éducation et d'instruction. SYN. **institut** (3).
ÉTYM. latin *institutio.*

INSTITUTIONNALISER [ɛ̃stitysjɔnalize] **v. tr.** (conjug. 3a) ✦ Donner à (qqch.) le caractère (stable, officiel) d'une institution. *Institutionnaliser le dialogue entre les chefs d'entreprise et les syndicats.*
► **INSTITUTIONNALISATION** [ɛ̃stitysjɔnalizasjɔ̃] **n. f.**
ÉTYM. de *institution.*

INSTITUTIONNEL, ELLE [ɛ̃stitysjɔnɛl] **adj.** ✦ Relatif aux institutions.

INSTRUCTEUR, TRICE [ɛ̃stʀyktœʀ, tʀis] **n.** 1. Militaire chargé de l'instruction des recrues. ➛ **adj.** *Sergent instructeur.* 2. Personne qui instruit une affaire (➜ **instruction,** III). ➛ **adj.** *Juge instructeur.*
ÉTYM. latin *instructor.*

INSTRUCTIF, IVE [ɛ̃stʀyktif, iv] **adj.** ✦ (choses) Qui instruit. ➜ **éducatif.**

INSTRUCTION [ɛ̃stʀyksjɔ̃] **n. f.** I 1. Action d'enrichir et de former l'esprit (de la jeunesse). SYN. **enseignement, pédagogie.** *L'instruction publique (laïque, gratuite et obligatoire),* dispensée par l'État (en France). ➛ *Instruction civique.* SYN. **éducation.** *Instruction militaire :* formation des recrues (➜ **instructeur**). 2. Savoir d'une personne instruite. SYN. **connaissance**(s), **culture.** *Avoir de l'instruction. Un homme sans instruction.* II 1. VX Leçon, précepte. 2. au plur. Explications à l'usage de la personne chargée d'une entreprise, d'une mission. SYN. **consigne, directive, ordre.** *Conformément aux instructions reçues.* ➛ Ordre de service, document émanant d'une autorité supérieure. *Instructions gouvernementales. Instructions et circulaires.* ➛ Mode d'emploi d'un produit. 3. INFORM. Consigne exprimée dans un langage de programmation. *Instructions de traitement.* III Action d'instruire (II) une cause. ➜ **information.** *Juge d'instruction.*
ÉTYM. latin *instructio.*

INSTRUIRE [ɛ̃stʀɥiʀ] **v. tr.** (conjug. 64b) I 1. LITTÉR. Mettre en possession de connaissances nouvelles. *Instruire qqn par l'exemple.* ➛ au p. passé *Instruit par l'expérience, il est devenu méfiant.* 2. Dispenser un enseignement à (un élève). SYN. **éduquer, former.** ➛ spécialt *Instruire de jeunes soldats,* leur apprendre le maniement des armes. ◆ pronom. Enrichir ses connaissances ou son expérience. SYN. **apprendre.** *On s'instruit à tout âge.* 3. LITTÉR. *INSTRUIRE qqn DE :* le mettre au courant, l'informer de (qqch.). *Instruisez-moi de ce qui s'est passé.* II Mettre (une cause) en état d'être jugée (recherche des preuves, des auteurs, etc.). *Le juge instruit l'affaire.*
ÉTYM. latin *instruere* «assembler, outiller, équiper».

INSTRUIT, ITE [ɛ̃stʀɥi, it] **adj.** ✦ Qui a des connaissances étendues dénotant une solide instruction. SYN. **cultivé.** *Un homme très instruit.* ➜ **érudit, savant.** CONTR. **ignare, ignorant, inculte.**
ÉTYM. du participe passé de *instruire.*

INSTRUMENT [ɛ̃stʀymɑ̃] **n. m.** I 1. Objet fabriqué servant à exécuter qqch., à faire une opération. ➜ **appareil, machine, outil.** *Instruments de mesure* (➜ **-mètre**), *d'observation* (➜ **-scope**), *enregistreurs* (➜ **-graphe**). ➛ *Instrument tranchant.* 2. *Instrument de musique* et absolt *instrument,* destiné à produire des sons musicaux. *Jouer d'un instrument. Instruments à cordes, à vent.* II fig. 1. LITTÉR. Personne ou chose servant à obtenir un résultat. *L'instrument de sa réussite. Être*

A B C D E F G H I J K L M N O P Q R S T U V W X Y Z

l'instrument de qqn. 2. DR. Acte authentique. ➝ Titre propre à faire valoir des droits.
ÉTYM. latin *instrumentum*, de *instruere* → instruire.

INSTRUMENTAL, ALE, AUX [ɛ̃stʀymɑ̃tal, o] **adj.** ✦ Qui s'exécute avec des instruments. *Musique instrumentale* (opposé à *vocal*). ➝ *Ensemble instrumental,* composé d'instruments.

INSTRUMENTALISER [ɛ̃stʀymɑ̃talize] **v. tr.** (conjug. 3a) 1. DIDACT. Considérer (qqn, qqch.) comme un instrument. 2. Utiliser à des fins détournées. *Instrumentaliser une grève.*
▸ **INSTRUMENTALISATION** [ɛ̃stʀymɑ̃talizasjɔ̃] **n. f.**

INSTRUMENTATION [ɛ̃stʀymɑ̃tasjɔ̃] **n. f.** ✦ Connaissance des instruments (de musique) ; application de leurs qualités propres à l'écriture musicale. *Instrumentation orchestrale.* SYN. **orchestration.**
ÉTYM. de *instrumenter.*

INSTRUMENTER [ɛ̃stʀymɑ̃te] **v.** (conjug. 3a) **I v. intr.** DR. Dresser un instrument (contrat, exploit, procès-verbal). **II v. tr.** Orchestrer.

INSTRUMENTISTE [ɛ̃stʀymɑ̃tist] **n.** ✦ Musicien qui joue d'un instrument. *Une instrumentiste soliste.*

à l'INSU de [alɛ̃sydə] **loc. prép.** ✦ Sans que la chose soit sue de (qqn). *À l'insu de sa famille. À mon insu.* ♦ Sans en avoir conscience. *Tu t'es trahi à ton insu.* CONTR. au **su de ; consciemment, sciemment.**
ÉTYM. de ② *in-* et *su*, participe passé de *savoir.*

INSUBMERSIBLE [ɛ̃sybmɛʀsibl] **adj.** ✦ Qui ne peut être submergé, coulé. *Canot insubmersible.* CONTR. **submersible.**
ÉTYM. de ② *in-* et *submersible.*

INSUBORDINATION [ɛ̃sybɔʀdinasjɔ̃] **n. f.** ✦ Refus de se soumettre. SYN. **désobéissance, indiscipline.** *Esprit d'insubordination.* ➝ **spécialt** Refus d'obéissance d'un militaire aux ordres d'un supérieur. CONTR. **obéissance, soumission, subordination.**
ÉTYM. de ② *in-* et *subordination.*

INSUBORDONNÉ, ÉE [ɛ̃sybɔʀdɔne] **adj.** ✦ Qui refuse de se soumettre. SYN. **désobéissant, indiscipliné, rebelle.** CONTR. **obéissant, soumis.**

INSUCCÈS [ɛ̃syksɛ] **n. m.** ✦ Fait de ne pas réussir. SYN. **échec.** *Reconnaître son insuccès. Un projet voué à l'insuccès.* CONTR. **réussite, succès.**

INSUFFISAMMENT [ɛ̃syfizamɑ̃] **adv.** ✦ D'une manière insuffisante. CONTR. **assez, suffisamment.**

INSUFFISANCE [ɛ̃syfizɑ̃s] **n. f.** 1. Caractère, état de ce qui ne suffit pas. SYN. ① **manque.** *Par insuffisance de moyens. L'insuffisance des ressources.* 2. **au plur.** Défaut, lacune. *Ce travail, cette étude révèle de graves insuffisances.* 3. Déficience (d'un organe). *Insuffisance hépatique.* CONTR. **abondance, excès, suffisance • capacité, supériorité.**

INSUFFISANT, ANTE [ɛ̃syfizɑ̃, ɑ̃t] **adj.** 1. Qui ne suffit pas. *En quantité insuffisante. Des connaissances insuffisantes. Une lumière insuffisante,* trop faible. 2. (personnes) Qui manque de dons, de talent. SYN. **inapte.** CONTR. **suffisant ; abondant, excessif • doué.**

INSUFFLATION [ɛ̃syflasjɔ̃] **n. f.** ✦ MÉD. Action d'insuffler (2), en particulier de l'azote dans la plèvre.
ÉTYM. latin *insufflatio.*

INSUFFLER [ɛ̃syfle] **v. tr.** (conjug. 3a) 1. LITTÉR. Faire pénétrer par le souffle. *Dieu insuffla la vie à sa créature.* ➝ Inspirer, communiquer (un sentiment). 2. Faire pénétrer (de l'air, un gaz) dans les poumons, une cavité de l'organisme. *Insuffler de l'oxygène à un asphyxié.*
ÉTYM. latin *insufflare.*

INSULAIRE [ɛ̃sylɛʀ] **adj.** ✦ Qui habite une île, appartient à une île. *Des traditions insulaires.* ➝ **n.** *Les insulaires.* SYN. **îlien.** CONTR. **continental.**
ÉTYM. bas latin *insularis*, de *insula* «île».

INSULARITÉ [ɛ̃sylaʀite] **n. f.** ✦ Caractère de ce qui forme une ou des îles. *L'insularité de l'Irlande.* ➝ Caractère de ce qui est insulaire.
ÉTYM. du radical de *insulaire.*

INSULINE [ɛ̃sylin] **n. f.** ✦ Hormone sécrétée par le pancréas. *Faire des injections d'insuline à un diabétique.*
▸ **INSULINIQUE** [ɛ̃sylinik] **adj.**
ÉTYM. du latin *insula* «île», cette hormone étant extraite des *îlots* du pancréas.

INSULTANT, ANTE [ɛ̃syltɑ̃, ɑ̃t] **adj.** ✦ Qui insulte, constitue une insulte. SYN. **injurieux, offensant, outrageant.** *Des propos insultants.* CONTR. **élogieux, flatteur.**

INSULTE [ɛ̃sylt] **n. f.** 1. Acte ou parole qui vise à outrager ou constitue un outrage. SYN. **injure.** *Crier des insultes à qqn.* 2. Atteinte, offense. *C'est une insulte à notre chagrin.*
ÉTYM. bas latin *insultus.*

INSULTER [ɛ̃sylte] **v. tr.** (conjug. 3a) 1. Attaquer (qqn) par des propos ou des actes outrageants. SYN. **injurier, offenser.** *Se faire insulter.* 2. **v. tr. ind.** LITTÉR. *INSULTER À :* constituer une atteinte, un défi à. *Ce luxe insulte à la misère.*
ÉTYM. latin *insultare* «sauter sur».

INSUPPORTABLE [ɛ̃sypɔʀtabl] **adj.** 1. Qu'on ne peut supporter, endurer. *Une douleur insupportable.* SYN. **intolérable.** ♦ Extrêmement désagréable. *Ce vacarme est insupportable. Cela m'est insupportable.* 2. (personnes) Particulièrement désagréable ou agaçant. SYN. **infernal, odieux.** ➝ *Il est d'une humeur insupportable.* CONTR. **supportable, tolérable ; agréable.**

INSUPPORTER [ɛ̃sypɔʀte] **v. tr.** (conjug. 3a) ✦ Indisposer. *Il m'insupporte avec ses jérémiades.* SYN. **exaspérer.**
ÉTYM. de *insupportable.*

INSURGÉ, ÉE [ɛ̃syʀʒe] **adj.** ✦ Qui s'est insurgé, soulevé. *Les populations insurgées.* ➝ **n.** *Les insurgés se sont rendus.* CONTR. **soumis.**

S'INSURGER [ɛ̃syʀʒe] **v. pron.** (conjug. 5) 1. Se soulever (contre l'autorité). SYN. se **révolter ;** → **insurrection.** 2. Protester vivement. *Je m'insurge contre cette injustice.* CONTR. se **soumettre.**
ÉTYM. latin *insurgere.*

INSURMONTABLE [ɛ̃syʀmɔ̃tabl] **adj.** 1. Qu'on ne peut surmonter. *Un obstacle insurmontable.* SYN. **infranchissable.** 2. (sentiments) Qu'on ne peut dominer, réprimer. *Une angoisse insurmontable.* CONTR. **surmontable.**

INSURRECTION [ɛ̃syʀɛksjɔ̃] **n. f.** ✦ Action de s'insurger ; soulèvement qui vise à renverser le pouvoir établi. SYN. **révolte, sédition.** *L'insurrection de la Commune, en 1871.*
ÉTYM. bas latin *insurrectio.*

INSURRECTIONNEL, ELLE [ɛ̃syʀɛksjɔnɛl] **adj.** ✦ Qui tient de l'insurrection. *Mouvement insurrectionnel.*

INTACT, ACTE [ɛ̃takt] **adj. 1.** Qui n'a pas subi de dommage. *Les fresques des tombeaux étaient intactes.* **2.** Qui n'a souffert aucune atteinte, dont l'intégrité est assurée. *Sa réputation est intacte.* CONTR. **endommagé • atteint, compromis.**
ÉTYM. latin *intactus,* de *tangere* « toucher ».

INTAILLE [ɛ̃taj] **n. f.** ✦ ARTS Pierre fine gravée en creux.
ÉTYM. italien *intaglio.*

INTANGIBLE [ɛ̃tɑ̃ʒibl] **adj.** ✦ LITTÉR. À quoi l'on ne doit pas toucher, porter atteinte ; que l'on doit maintenir intact*. SYN. **inviolable,** ① **sacré.** *Des principes intangibles.*
► **INTANGIBILITÉ** [ɛ̃tɑ̃ʒibilite] **n. f.**
ÉTYM. de ② *in-* et *tangible.*

INTARISSABLE [ɛ̃taʀisabl] **adj. 1.** LITTÉR. Qui coule sans arrêt. *Des larmes intarissables.* **2.** (personnes) Qui n'épuise pas ce qu'il a à dire. *Il est intarissable sur ce sujet.*
► **INTARISSABLEMENT** [ɛ̃taʀisabləmɑ̃] **adv.**
ÉTYM. de ② *in-* et *tarir.*

INTÉGRAL, ALE, AUX [ɛ̃tegʀal, o] **adj.** et **n. f.** **I** Qui n'est l'objet d'aucune diminution, d'aucune restriction. SYN. **complet, entier.** *Un remboursement intégral. Bronzage intégral* (du corps nu). ➝ *Casque intégral,* casque de motocycliste qui protège entièrement la tête. ♦ **n. f.** Édition intégrale. *L'intégrale des symphonies de Beethoven.* **II 1.** *Calcul intégral* : ensemble des méthodes de calcul des primitives et des intégrales. **2. n. f.** *UNE INTÉGRALE* : résultat de l'opération fondamentale du calcul intégral, l'intégration (II). CONTR. **incomplet, partiel.**
ÉTYM. latin *integralis,* de *integer* « entier ».

INTÉGRALEMENT [ɛ̃tegʀalmɑ̃] **adv.** ✦ D'une manière intégrale, complètement. CONTR. **partiellement.**

INTÉGRALITÉ [ɛ̃tegʀalite] **n. f.** ✦ État d'une chose complète. *Dans son intégralité,* dans sa totalité.
ÉTYM. latin *integralitas.*

INTÉGRANT, ANTE [ɛ̃tegʀɑ̃, ɑ̃t] **adj.** ✦ *Partie intégrante,* sans laquelle un ensemble ne serait pas complet. *Le risque fait partie intégrante de ce métier.*
ÉTYM. latin *integrans* → intégrer.

INTÉGRATION [ɛ̃tegʀasjɔ̃] **n. f.** **I 1.** Incorporation (de nouveaux éléments) à un système. *L'intégration d'une dépense dans un budget.* **2.** Assimilation (d'un individu, d'un groupe) à une communauté, à un groupe social (→ **intégrer**). *L'intégration raciale* (opposé à *ségrégation*). **3.** PHILOS., SC. Établissement d'une interdépendance plus étroite entre des parties. **4.** ÉCON. Fait d'intégrer des activités concernant le cycle de fabrication en un tout. **II** MATH. Opération par laquelle on détermine la grandeur limite de la somme de quantités infinitésimales en nombre indéfiniment croissant.
ÉTYM. bas latin *integratio.*

INTÉGRATIONNISTE [ɛ̃tegʀasjɔnist] **adj.** et **n.** ✦ Favorable à l'intégration politique ou raciale.

INTÈGRE [ɛ̃tɛgʀ] **adj.** ✦ D'une probité absolue. SYN. **honnête, incorruptible.** *Un juge intègre.* CONTR. **corrompu, malhonnête.**
ÉTYM. latin *integer* « intact » ; doublet de *entier.*

INTÉGRÉ, ÉE [ɛ̃tegʀe] **adj.** ✦ *Dispositif intégré,* qui unit des éléments divers. ➝ *Circuit* intégré.* ➝ INFORM. *Traitement intégré* (des données), réalisant automatiquement une série complexe d'opérations.

INTÉGRER [ɛ̃tegʀe] **v.** (conjug. 8) **I v. tr.** Faire entrer dans un ensemble en tant que partie intégrante. SYN. **assimiler, incorporer.** ➝ **pronom.** *Ils ont du mal à s'intégrer dans le groupe.* ➝ **au p. passé** *Être bien, mal intégré* (à un groupe, dans une société). **II v. tr.** MATH. Faire l'intégration (II) de. **III v. tr.** et **intr.** ARGOT SCOL. Être reçu au concours d'entrée d'une grande école. *Elle a intégré (à) Centrale.*
ÉTYM. latin médiéval *integrare* « rendre complet ».

INTÉGRISME [ɛ̃tegʀism] **n. m.** ✦ Attitude qui consiste à refuser toute évolution d'une doctrine (spécialt d'une religion). *L'intégrisme musulman.* CONTR. **progressisme.**
ÉTYM. de *intégriste.*

INTÉGRISTE [ɛ̃tegʀist] **n.** et **adj.** ✦ Partisan de l'intégrisme (spécialt religieux). *Les intégristes catholiques, musulmans.* ➝ **adj.** *Positions, mouvements intégristes.* CONTR. **progressiste.**
ÉTYM. espagnol *integrista,* même orig. que *intègre.*

INTÉGRITÉ [ɛ̃tegʀite] **n. f.** **I** État d'une chose qui demeure intacte, entière. *L'intégrité du territoire. L'intégrité d'une doctrine* (→ **intégrisme**). **II** Honnêteté, probité absolue. CONTR. **altération • corruption, malhonnêteté.**
ÉTYM. latin *integritas* ; sens II, de *intègre.*

INTELLECT [ɛ̃telɛkt] **n. m.** ✦ L'esprit dans son fonctionnement intellectuel. → **entendement, esprit, intelligence.**
ÉTYM. du latin *intellectum,* de *intellegere* « comprendre ».

INTELLECTUALISER [ɛ̃telɛktɥalize] **v. tr.** (conjug. 3a) ✦ Revêtir d'un caractère intellectuel. ➝ Transformer par l'action de l'intelligence.

INTELLECTUALISME [ɛ̃telɛktɥalism] **n. m.** ✦ Tendance à tout subordonner à la vie intellectuelle.

INTELLECTUEL, ELLE [ɛ̃telɛktɥɛl] **adj.** et **n. 1.** Qui se rapporte à l'intelligence (connaissance ou entendement). *La vie intellectuelle.* ➝ *Quotient intellectuel (Q. I.). L'effort, le travail intellectuel.* SYN. **mental. 2.** Qui a un goût prononcé (ou excessif) pour les choses de l'esprit. SYN. **cérébral.** ♦ Dont la vie est consacrée aux activités de l'esprit. *Les travailleurs intellectuels et les travailleurs manuels.* ➝ **n.** *Les intellectuels.* SYN. **intelligentsia.** ➝ **abrév.** FAM. INTELLO [ɛ̃telo]. *Des films intellos. Les intellos.*
ÉTYM. bas latin *intellectualis.*

INTELLECTUELLEMENT [ɛ̃telɛktɥɛlmɑ̃] **adv.** ✦ Sous le rapport de l'intelligence, de l'activité intellectuelle.

INTELLIGEMMENT [ɛ̃teliʒamɑ̃] **adv.** ✦ Avec intelligence.

INTELLIGENCE [ɛ̃teliʒɑ̃s] **n. f.** **I** 1. Faculté de connaître, de comprendre ; qualité de l'esprit qui comprend et s'adapte facilement. – (Objet d'une évaluation selon les individus) *Une vive intelligence.* – *Intelligence développée. Manquer d'intelligence.* 2. L'ensemble des fonctions mentales ayant pour objet la connaissance rationnelle (opposé à *sensation* et à *intuition*). → **entendement, intellect, raison.** 3. *INTELLIGENCE ARTIFICIELLE* : ensemble des théories et des techniques développant des programmes informatiques complexes capables d'assurer des fonctions qui requièrent de l'intelligence. 4. Personne intelligente. *C'est une intelligence remarquable.* SYN. **cerveau, esprit.** 5. *L'INTELLIGENCE DE qqch.* : acte ou capacité de comprendre (qqch.). SYN. **compréhension,** ① **sens.** *Avoir l'intelligence des affaires. Pour l'intelligence de ce qui va suivre, notons que...* **II** 1. LITTÉR. *D'INTELLIGENCE* : de complicité, par complicité. → **de concert.** – Complice. *Être d'intelligence avec qqn.* 2. au plur. Complicités secrètes entre personnes de camps opposés. *Condamné pour intelligences avec l'ennemi. Avoir des intelligences dans la place.* 3. *EN bonne, mauvaise... INTELLIGENCE* : en s'entendant bien, mal. *Ils vivent en bonne intelligence.* CONTR. **bêtise, stupidité.**
ÉTYM. latin *intellegentia*, de *intellegere* « comprendre ».

INTELLIGENT, ENTE [ɛ̃teliʒɑ̃, ɑ̃t] **adj.** 1. Qui a la faculté de connaître et de comprendre. → **pensant.** 2. Qui est, à un degré variable, doué d'intelligence. *Un garçon très, peu intelligent.* – absolt Qui comprend vite et bien, s'adapte facilement aux situations. – (animaux) *Ce chien est remarquablement intelligent.* 3. Qui dénote de l'intelligence. *Un visage, un regard intelligent. Une réponse intelligente.* 4. Dont une partie du fonctionnement est assurée par des dispositifs automatisés. *Voiture intelligente.* CONTR. **bête, imbécile, inintelligent, stupide.**
ÉTYM. latin *intellegens*.

INTELLIGENTSIA [ɛ̃teliʒɛnsja ; inteligɛnsja] **n. f.** ✦ parfois péj. Le groupe des intellectuels (dans une société, un pays).
ÉTYM. mot russe « intelligence ».

INTELLIGIBILITÉ [ɛ̃teliʒibilite] **n. f.** ✦ Caractère intelligible. CONTR. **inintelligibilité.**

INTELLIGIBLE [ɛ̃teliʒibl] **adj.** 1. Qui ne peut être connu que par l'entendement. 2. Qui peut être compris, est aisé à comprendre. SYN. **clair, compréhensible.** *Un texte intelligible.* 3. Qui peut être distinctement entendu. – loc. *Parler à haute et intelligible voix.* CONTR. **sensible** • **inintelligible, obscur.**
► **INTELLIGIBLEMENT** [ɛ̃teliʒibləmɑ̃] **adv.**
ÉTYM. latin *intellegibilis*.

INTEMPÉRANCE [ɛ̃tɑ̃perɑ̃s] **n. f.** 1. LITTÉR. Manque de modération, liberté excessive. *Son intempérance de langage nous choque.* 2. Abus des plaisirs de la table et des plaisirs sexuels. CONTR. **mesure, modération, tempérance** • **chasteté, frugalité, sobriété.**
ÉTYM. latin *intemperentia*.

INTEMPÉRANT, ANTE [ɛ̃tɑ̃perɑ̃, ɑ̃t] **adj.** 1. VX Qui n'est pas modéré. 2. LITTÉR. Qui manque de modération dans les plaisirs de la table et les plaisirs sexuels. CONTR. **modéré, sobre, tempérant.**
ÉTYM. latin *intemperans*.

INTEMPÉRIES [ɛ̃tɑ̃peri] **n. f. pl.** ✦ Rigueurs du climat (pluie, vent). *Être exposé aux intempéries.*
ÉTYM. latin *intemperies* « état déréglé ».

INTEMPESTIF, IVE [ɛ̃tɑ̃pɛstif, iv] **adj.** ✦ Qui se fait ou se manifeste à contretemps. SYN. **déplacé, inopportun.** *Une démarche intempestive. Pas de zèle intempestif.* CONTR. **convenable, opportun.**
► **INTEMPESTIVEMENT** [ɛ̃tɑ̃pestivmɑ̃] **adv.**
ÉTYM. latin *intempestivus* « hors de saison, déplacé ».

INTEMPOREL, ELLE [ɛ̃tɑ̃pɔrɛl] **adj.** 1. Qui, par sa nature, est étranger au temps, invariable. SYN. **éternel.** 2. Immatériel. CONTR. **temporel** • ① **matériel.**
ÉTYM. latin *intemporalis*.

INTENABLE [ɛ̃t(ə)nabl] **adj.** 1. Que l'on ne peut tenir ou soutenir. *Une position intenable.* 2. Insupportable. – (personnes) Que l'on ne peut faire tenir tranquille. CONTR. **défendable** • **supportable ; sage.**
ÉTYM. de ② *in-* et *tenir.*

INTENDANCE [ɛ̃tɑ̃dɑ̃s] **n. f.** 1. Charge, fonction, circonscription des intendants (I). 2. Service administratif chargé du ravitaillement et de l'entretien (d'une armée, d'une collectivité).
ÉTYM. → intendant.

INTENDANT, ANTE [ɛ̃tɑ̃dɑ̃, ɑ̃t] **n.** **I** **n. m.** HIST. Agent du pouvoir royal dans une province. **II** 1. Fonctionnaire chargé de l'intendance (militaire, universitaire). 2. Personne chargée d'administrer la maison d'un riche particulier. SYN. **régisseur.**
ÉTYM. de l'ancien français *superintendent, surintendent*, du latin, de *super intendere* « surveiller ».

INTENSE [ɛ̃tɑ̃s] **adj.** ✦ (choses) Qui agit avec force, est porté à un haut degré. SYN. **vif.** *Une lumière intense.* – *Un plaisir intense.* CONTR. **faible.**
ÉTYM. bas latin *intensus*.

INTENSÉMENT [ɛ̃tɑ̃semɑ̃] **adv.** ✦ Avec intensité. *Vivre intensément.*

INTENSIF, IVE [ɛ̃tɑ̃sif, iv] **adj.** 1. Qui est l'objet d'un effort intense, soutenu, pour accroître l'effet. *Une propagande intensive. Stage intensif.* 2. LING. Qui renforce la notion exprimée. 3. (opposé à *extensif*) *Culture intensive*, à haut rendement par unité de surface.
ÉTYM. de *intense*.

INTENSIFICATION [ɛ̃tɑ̃sifikasjɔ̃] **n. f.** ✦ Action d'intensifier, de s'intensifier. SYN. **augmentation.** CONTR. **baisse, diminution.**

INTENSIFIER [ɛ̃tɑ̃sifje] **v. tr.** (conjug. 9) ✦ Rendre plus intense, au prix d'un effort. SYN. **augmenter.** *Intensifier la lutte contre la drogue.* – pronom. Devenir plus intense. *Les échanges commerciaux s'intensifient.* CONTR. **baisser, diminuer.**
ÉTYM. de *intense*, suffixe *-ifier.*

INTENSITÉ [ɛ̃tɑ̃site] **n. f.** 1. Degré d'activité, de force ou de puissance. *Un séisme de faible intensité.* ♦ *L'intensité d'une force, de la pesanteur.* – Intensité d'un *courant électrique*, quantité d'électricité traversant un conducteur pendant l'unité de temps (seconde). *L'intensité se mesure en ampères.* 2. Caractère de ce qui est intense, très vif. *L'intensité du regard. L'intensité d'une émotion.* SYN. **violence.** *Intensité dramatique.*

→ *Adverbes d'intensité* (si, tant, tellement...).
ÉTYM. de *intense.*

INTENSIVEMENT [ɛ̃tɑ̃sivmɑ̃] **adv.** ✦ D'une manière intensive. *Réviser intensivement.*

INTENTER [ɛ̃tɑ̃te] **v. tr.** (conjug. 3a) ✦ Entreprendre contre qqn (une action en justice). *Intenter un procès à qqn.*
ÉTYM. latin *intentare* «diriger contre».

INTENTION [ɛ̃tɑ̃sjɔ̃] **n. f.** ✦ Fait de se proposer un certain but. SYN. **dessein.** *Un acte commis avec l'intention de nuire. Je l'ai fait sans mauvaise intention.* **prov.** *L'enfer* est pavé de bonnes intentions. Il n'est pas dans mes intentions d'accepter.* → *AVOIR L'INTENTION DE* (+ inf.) : se proposer de, vouloir. → *DANS L'INTENTION DE* (+ inf.) : en vue de, pour. → *À L'INTENTION de qqn,* pour lui, en son honneur. *Une fête à l'intention des enfants.*
ÉTYM. latin *intentio.*

INTENTIONNÉ, ÉE [ɛ̃tɑ̃sjɔne] **adj.** ✦ *Bien, mal intentionné* : qui a de bonnes, de mauvaises intentions.

INTENTIONNEL, ELLE [ɛ̃tɑ̃sjɔnɛl] **adj.** ✦ Qui est fait exprès. SYN. **délibéré, prémédité, volontaire.** CONTR. **involontaire.**

INTENTIONNELLEMENT [ɛ̃tɑ̃sjɔnɛlmɑ̃] **adv.** ✦ Avec intention, de propos délibéré. SYN. ② **exprès, volontairement.** CONTR. **involontairement.**

> **INTER-** Élément, du latin *inter* «entre», exprimant l'espacement, la répartition ou une relation réciproque.

INTERACTIF, IVE [ɛ̃tɛʀaktif, iv] **adj.** ✦ Qui permet à l'utilisateur de dialoguer avec l'ordinateur. → **aussi conversationnel.** → Qui permet à l'utilisateur, au spectateur, d'intervenir. *Jeu, livre interactif.*
► **INTERACTIVITÉ** [ɛ̃tɛʀaktivite] **n. f.**

INTERACTION [ɛ̃tɛʀaksjɔ̃] **n. f.** ✦ Réaction réciproque. → **interdépendance.** *Phénomènes en interaction.*
ÉTYM. de *inter-* et *action.*

INTERALLIÉ, ÉE [ɛ̃tɛʀalje] **adj.** ✦ Qui concerne les nations alliées.

INTERBANCAIRE [ɛ̃tɛʀbɑ̃kɛʀ] **adj.** ✦ Qui relève des relations entre les banques. → *Carte (de crédit) interbancaire,* acceptée par différentes banques.

INTERCALAIRE [ɛ̃tɛʀkalɛʀ] **adj.** ✦ Qui peut s'intercaler, être inséré. *Jour intercalaire,* ajouté au mois de février, les années bissextiles. *Feuillet, fiche intercalaire.* → **n. m.** *Un intercalaire.*
ÉTYM. latin *intercalarius.*

INTERCALATION [ɛ̃tɛʀkalasjɔ̃] **n. f.** ✦ DIDACT. Action d'intercaler. SYN. **insertion, introduction.**
ÉTYM. latin *intercalatio.*

INTERCALER [ɛ̃tɛʀkale] **v. tr.** (conjug. 3a) ✦ Faire entrer après coup dans une série, dans un ensemble ; mettre (une chose) entre deux autres. SYN. **insérer, introduire.** *Intercaler un rendez-vous dans son emploi du temps.*
ÉTYM. latin *intercalare.*

INTERCÉDER [ɛ̃tɛʀsede] **v. intr.** (conjug. 8) ✦ Intervenir, user de son influence (en faveur de qqn). *Intercéder en faveur de qqn, pour qqn.* SYN. **intervenir** ; → **intercesseur, intercession.**
ÉTYM. latin *intercedere.*

INTERCEPTER [ɛ̃tɛʀsɛpte] **v. tr.** (conjug. 3a) **1.** Prendre au passage et par surprise (ce qui est destiné à autrui). *Ses parents ont intercepté la lettre. Le joueur a intercepté le ballon.* **2.** Arrêter (une action, **spécialt** un bruit, la lumière), cacher (une source lumineuse). **3.** MATH. Définir (un arc de cercle) à l'intérieur d'un angle inscrit. → **au p. passé** *Arc de cercle intercepté.*
ÉTYM. de *interception.*

INTERCEPTION [ɛ̃tɛʀsɛpsjɔ̃] **n. f.** ✦ Action d'intercepter (**spécialt**, en sport).
ÉTYM. latin *interceptio,* de *capere* «prendre».

INTERCESSEUR [ɛ̃tɛʀsesœʀ] **n. m.** ✦ LITTÉR. Personne qui intercède. *Il m'a demandé d'être son intercesseur auprès de vous.*
ÉTYM. latin *intercessor.*

INTERCESSION [ɛ̃tɛʀsesjɔ̃] **n. f.** ✦ LITTÉR. Action d'intercéder. SYN. **intervention.**
ÉTYM. latin *intercessio.*

INTERCHANGEABLE [ɛ̃tɛʀʃɑ̃ʒabl] **adj.** ✦ Se dit d'objets semblables, de même destination, qui peuvent être mis à la place les uns des autres. *Des pneus interchangeables.* → **fig.** *Des ministres interchangeables.*
ÉTYM. mot anglais, du français *changer.*

INTERCLASSE [ɛ̃tɛʀklɑs] **n. m.** ✦ Court intervalle entre deux cours.

INTERCLASSER [ɛ̃tɛʀklɑse] **v. tr.** (conjug. 3a) ✦ Classer (les éléments de deux ou plusieurs séries) en une série unique. → **au p. passé** *Fiches interclassées.*
► **INTERCLASSEMENT** [ɛ̃tɛʀklasmɑ̃] **n. m.**

INTERCOMMUNAL, ALE, AUX [ɛ̃tɛʀkɔmynal, o] **adj.** ✦ Qui concerne plusieurs communes. *Hôpital intercommunal.*

INTERCOMMUNICATION [ɛ̃tɛʀkɔmynikasjɔ̃] **n. f.** ✦ Communication réciproque.

INTERCONNECTER [ɛ̃tɛʀkɔnɛkte] **v. tr.** (conjug. 3a) ✦ Relier entre eux (des réseaux, des appareils, etc.). → **au p. passé** *Ordinateurs, réseaux interconnectés.*
► **INTERCONNEXION** [ɛ̃tɛʀkɔnɛksjɔ̃] **n. f.**
ÉTYM. de *inter-* et *connecter.*

INTERCONTINENTAL, ALE, AUX [ɛ̃tɛʀkɔ̃tinɑ̃tal, o] **adj.** ✦ Qui concerne les relations entre deux continents. *Lignes aériennes intercontinentales.*

INTERCOSTAL, ALE, AUX [ɛ̃tɛʀkɔstal, o] **adj.** ✦ Qui est situé ou se fait sentir entre deux côtes. *Douleurs intercostales.*
ÉTYM. de *inter-* et du latin *costa* «côte».

INTERDÉPENDANCE [ɛ̃tɛʀdepɑ̃dɑ̃s] **n. f.** ✦ Dépendance réciproque. → **corrélation, interaction.** *L'interdépendance des nations.*

INTERDÉPENDANT, ANTE [ɛ̃tɛʀdepɑ̃dɑ̃, ɑ̃t] **adj.** ✦ Qui est dans un état d'interdépendance. *Des évènements interdépendants.*

INTERDICTION [ɛ̃tɛʀdiksjɔ̃] **n. f.** 1. Action d'interdire. SYN. ① **défense.** *Interdiction de stationner. Lever une interdiction.* 2. Action d'interdire (à qqn) l'exercice de ses fonctions. ➡ Action d'ôter à une personne majeure la libre disposition et l'administration de ses biens. *Mesure d'interdiction.* ➡ *Interdiction de séjour,* défense faite à un condamné libéré de se trouver dans certains lieux. ➡ *Interdiction bancaire,* défense d'émettre des chèques. CONTR. **autorisation, consentement, permission.**
ÉTYM. latin *interdictio.*

INTERDIRE [ɛ̃tɛʀdiʀ] **v. tr.** (conjug. 65a, sauf *vous interdisez*) 1. Défendre (qqch. à qqn). *Le médecin lui interdit l'alcool. Interdire un film.* SYN. **censurer.** *S'interdire tout effort,* s'imposer de ne faire aucun effort. ➡ (avec *que* + subj.) *Il a interdit que nous restions ici.* 2. (choses) Empêcher. SYN. **exclure.** *Leur attitude interdit tout espoir de paix.* 3. Frapper (qqn) d'interdiction (2). CONTR. **autoriser, permettre.**
ÉTYM. latin *interdicere.*

INTERDISCIPLINAIRE [ɛ̃tɛʀdisiplinɛʀ] **adj.** ✦ Qui concerne plusieurs domaines de connaissances (disciplines) et leurs relations. *Enseignements pratiques interdisciplinaires (EPI).*
► **INTERDISCIPLINARITÉ** [ɛ̃tɛʀdisiplinaʀite] **n. f.**

① **INTERDIT, ITE** [ɛ̃tɛʀdi, it] **adj.** I 1. Non autorisé. *Stationnement, passage interdit.* 2. (personnes) Frappé d'interdiction. ➡ **n.** *Un interdit de séjour.* II Très étonné, stupide d'étonnement. SYN. **ahuri, ébahi, stupéfait.** CONTR. **autorisé, permis.**
ÉTYM. participe passé de *interdire.*

② **INTERDIT** [ɛ̃tɛʀdi] **n. m.** 1. RELIG. Interdiction de célébrer l'office, certains sacrements. 2. Condamnation visant à exclure. *Jeter l'interdit sur qqn, qqch. Frappé d'interdit.* 3. Interdiction émanant d'un groupe social ou religieux. *Braver, transgresser les interdits.* ➡ *Des interdits moraux.* → **tabou.**
ÉTYM. latin *interdictum.*

INTÉRESSANT, ANTE [ɛ̃teʀesɑ̃, ɑ̃t] **adj.** 1. Qui retient l'attention, captive l'esprit. *Un livre intéressant. Il est intéressant de (+ inf.). C'est très intéressant.* → **captivant, passionnant.** ➡ (personnes) Qui intéresse par son esprit, sa personnalité. *Un auteur intéressant.* ♦ péj. *Chercher à se rendre intéressant,* à se faire remarquer. ➡ **n.** *Faire l'intéressant, l'intéressante.* 2. Qui touche moralement, qui est digne d'intérêt, de considération. *Ces gens-là ne sont pas intéressants.* 3. Avantageux. *Acheter qqch. à un prix intéressant. Une affaire intéressante.* CONTR. **ennuyeux, inintéressant • insignifiant • désavantageux.**
ÉTYM. du participe présent de *intéresser.*

INTÉRESSÉ, ÉE [ɛ̃teʀese] **adj.** I Qui a un rôle (dans qqch.) ; qui est en cause. *Les parties intéressées.* ➡ **n.** *Sans consulter les intéressés. Être le principal intéressé.* II Qui recherche avant tout son intérêt matériel. SYN. **avide, cupide.** ♦ Inspiré par la recherche d'un avantage personnel. *Un service intéressé.* CONTR. **désintéressé, généreux ; gratuit.**

INTÉRESSEMENT [ɛ̃teʀesmɑ̃] **n. m.** ✦ Action d'intéresser (une personne) aux bénéfices de l'entreprise, par une rémunération qui s'ajoute au salaire. → **participation.**
ÉTYM. de *intéresser.*

INTÉRESSER [ɛ̃teʀese] **v. tr.** (conjug. 3a) I 1. (choses) Avoir de l'importance pour (qqn, qqch.). SYN. **concerner, regarder.** *Cette loi intéresse les étudiants, l'ordre public.* 2. Avoir un intérêt matériel, financier pour (qqn). *Votre offre ne m'intéresse pas.* 3. (sujet personne) Associer (qqn) à un profit. *Intéresser qqn dans une affaire, aux bénéfices* (→ **intéressement**). II 1. Éveiller et retenir l'attention de (qqn) ; constituer un objet d'intérêt pour. *Cette conférence nous a beaucoup intéressés.* → **captiver, passionner.** *Ça ne m'intéresse pas.* ♦ (personnes) *Il ne sait pas intéresser les élèves.* ➡ iron. *Continue, tu m'intéresses !* 2. Toucher (qqn), tenir à cœur à (qqn). *Leur sort n'intéresse personne.* III S'INTÉRESSER **v. pron.** Prendre intérêt (à). *Il s'intéresse à tout.* CONTR. **ennuyer • se désintéresser de.**
ÉTYM. de *intérêt,* d'après le latin *interesse.*

INTÉRÊT [ɛ̃teʀɛ] **n. m.** I 1. VX Préjudice. ➡ MOD., DR. *Dommages* et intérêts.* 2. Somme due par l'emprunteur au prêteur en plus de la somme prêtée. *Prêt sans intérêt. Taux d'intérêt.* ➡ Ce que rapporte un capital placé. → **dividende.** 3. Ce qui importe, ce qui convient (à qqn, un groupe). *Les intérêts privés et l'intérêt général. Agir dans, contre son intérêt. Avoir intérêt à (faire qqch.).* SYN. **avantage.** ➡ loc. FAM. *Y a intérêt,* c'est évident, nécessaire. 4. Recherche d'un avantage personnel. *Il ne voit que son intérêt. Mariage d'intérêt.* II (domaine intellectuel) 1. Attention favorable que l'on porte à qqn, part que l'on prend à ce qui le concerne. *Témoigner de l'intérêt à qqn. Une marque, un signe d'intérêt.* 2. État de l'esprit qui prend part à ce qu'il trouve digne d'attention, à ce qu'il juge important. *Éveiller l'intérêt d'un auditoire.* SYN. **attention.** 3. Qualité de ce qui est intéressant. *Histoire pleine d'intérêt. C'est sans intérêt. Des révélations du plus haut intérêt.* CONTR. **désavantage • désintéressement • désintérêt, indifférence.**
ÉTYM. latin *interest* « il importe », forme du verbe *interesse* « être (*esse*) parmi, entre (*inter*) », puis « participer ».

INTERFACE [ɛ̃tɛʀfas] **n. f.** 1. SC. Surface de séparation entre deux phases (de la matière). 2. INFORM. Jonction entre deux éléments d'un système informatique, permettant un transfert d'informations.
ÉTYM. mot anglais.

INTERFÉRENCE [ɛ̃tɛʀfeʀɑ̃s] **n. f.** ✦ Rencontre d'ondes (lumineuses, sonores...) de même direction, qui se détruisent ou se renforcent. *Interférences sonores.*
ÉTYM. anglais *interference.*

INTERFÉRER [ɛ̃tɛʀfeʀe] **v. intr.** (conjug. 8) 1. Produire des interférences. *Vibrations, ondes qui interfèrent.* 2. (actions simultanées) Se faire tort, se gêner. *Leurs initiatives risquent d'interférer.*
ÉTYM. anglais *to interfere,* de l'ancien français *s'entreferir,* de *entre* et *férir* « frapper ».

INTERGALACTIQUE [ɛ̃tɛʀgalaktik] **adj.** ✦ Situé entre des galaxies. *L'espace intergalactique.* ➡ (contexte de la fiction) *Vaisseau, voyage intergalactique.*

INTÉRIEUR, EURE [ɛ̃teʀjœʀ] **adj.** et **n. m.**
I **adj.** 1. Qui est au-dedans, tourné vers le dedans (opposé à *extérieur*). SYN. **interne.** *Point intérieur à un cercle. Une cour intérieure. La poche intérieure d'un vêtement.* 2. Qui concerne un pays, indépendamment de ses relations avec les autres pays. *La politique intérieure.* 3. Qui concerne la vie psychologique, qui se passe dans

l'esprit. *La vie intérieure. For* intérieur.* ➛ *«Les Voix intérieures»* (poèmes de Victor Hugo). *Monologue intérieur* (en littérature). CONTR. ① **extérieur.**

II n. m. 1. Espace compris entre les limites (d'une chose). SYN. **dedans.** *L'intérieur d'une boîte.* absolt *Attendez-moi à l'intérieur* (de la maison). 2. Habitation considérée surtout dans son aménagement. → **chez-soi, foyer.** *Un intérieur confortable.* ➛ *Femme, homme d'intérieur,* qui se plaît à tenir sa maison. 3. Espace compris entre les frontières d'un pays ; vie, politique du pays dans ses frontières. *Le ministère de l'Intérieur.* ➛ *L'intérieur d'un groupe, d'une communauté. Voir les choses de l'intérieur.* CONTR. **dehors,** ② **extérieur.**

ÉTYM. latin *interior.*

INTÉRIEUREMENT [ɛ̃teʀjœʀmɑ̃] **adv.** 1. Au-dedans. ➛ Par l'intérieur. 2. Dans l'esprit, dans le cœur. *Pester intérieurement,* à part soi. SYN. **in petto.** CONTR. **extérieurement • ouvertement.**

INTÉRIM [ɛ̃teʀim] **n. m.** ✦ Intervalle de temps pendant lequel une fonction vacante est exercée par une autre personne que le titulaire ; exercice d'une fonction pendant ce temps. *Assurer un intérim, des intérims. Président par intérim.* ➛ Organisation de travail temporaire. *Agence d'intérim.*

ÉTYM. latin *interim* «pendant ce temps».

INTÉRIMAIRE [ɛ̃teʀimɛʀ] **adj.** 1. Relatif à un intérim ; qui assure l'intérim. *Ministre intérimaire.* 2. *Travail intérimaire.* SYN. **temporaire.** *Personnel intérimaire.* ➛ **n.** *Un(e) intérimaire.*

ÉTYM. de *intérim.*

INTÉRIORISER [ɛ̃teʀjɔʀize] **v. tr.** (conjug. 3a) ✦ Ramener à la vie intérieure. ➛ **au p. passé** *Un sentiment intériorisé.* CONTR. **extérioriser.**

ÉTYM. de *intérieur,* d'après *extérioriser.*

INTÉRIORITÉ [ɛ̃teʀjɔʀite] **n. f.** ✦ Caractère de ce qui est intérieur (I, 3), psychologique et non exprimé.

ÉTYM. de *interior,* forme ancienne de *intérieur.*

INTERJECTION [ɛ̃tɛʀʒɛksjɔ̃] **n. f.** ✦ Mot invariable pouvant être employé isolément pour traduire une attitude affective de la personne qui s'exprime (ex. ah !, hélas !, oh !, zut !). → **exclamation.**

ÉTYM. latin *interjectio,* de *jacere* «jeter».

INTERLIGNE [ɛ̃tɛʀliɲ] **n. m.** ✦ Espace qui est entre deux lignes écrites ou imprimées. → ② **blanc.** *Interligne simple, double.*

INTERLIGNER [ɛ̃tɛʀliɲe] **v. tr.** (conjug. 3a) 1. Écrire dans les interlignes. 2. Séparer par des interlignes. ➛ **au p. passé** *Texte interligné.*

INTERLOCUTEUR, TRICE [ɛ̃tɛʀlɔkytœʀ, tʀis] **n.** 1. Personne qui parle, converse avec une autre. 2. Personne avec laquelle on peut engager une négociation, une discussion. *Un interlocuteur valable.*

ÉTYM. du latin *interlocutum,* de *interloqui* «interrompre».

INTERLOPE [ɛ̃tɛʀlɔp] **adj.** 1. Dont l'activité n'est pas légale. *Un commerce interlope.* 2. D'apparence louche, suspecte. *Un bar interlope.*

ÉTYM. anglais *interloper* «intrus ; véreux».

INTERLOQUER [ɛ̃tɛʀlɔke] **v. tr.** (conjug. 3a) ✦ Rendre (qqn) interdit (II). SYN. **décontenancer.** *Cette remarque l'a interloqué.*

► **INTERLOQUÉ, ÉE adj.** (plus cour.) Déconcerté, interdit.

ÉTYM. latin *interloqui* «interrompre».

INTERLUDE [ɛ̃tɛʀlyd] **n. m.** 1. Petit intermède dans un programme, un spectacle. 2. Courte pièce musicale exécutée entre deux autres plus importantes.

ÉTYM. mot anglais, du latin *ludus* «jeu».

INTERMÈDE [ɛ̃tɛʀmɛd] **n. m.** 1. Divertissement entre les actes d'une pièce de théâtre, les parties d'un spectacle. *Intermède en musique* (→ **intermezzo**). 2. Ce qui interrompt momentanément une activité. *Après cet intermède, nous pouvons reprendre.*

ÉTYM. italien *intermedio,* du latin *intermedius* «intercalé».

INTERMÉDIAIRE [ɛ̃tɛʀmedjɛʀ] **adj. et n.**

I adj. Qui, étant entre deux termes, forme une transition ou assure une communication. *Les chaînons intermédiaires d'une évolution. Choisir une solution intermédiaire.* → **compromis.**

II n. 1. **n. m.** Terme, état intermédiaire. *Sans intermédiaire* : directement. ➛ *Par l'intermédiaire de,* par l'entremise*, le moyen de. 2. **n.** Personne qui met en relation deux personnes ou deux groupes. SYN. **médiateur.** *Servir d'intermédiaire dans une négociation.* ➛ Personne qui intervient dans un circuit commercial (entre le producteur et le consommateur).

ÉTYM. du latin *intermedius,* de *medius* «moyen».

INTERMEZZO [ɛ̃tɛʀmɛdzo] **n. m.** ✦ Intermède musical. *Des intermezzos.*

ÉTYM. mot italien.

INTERMINABLE [ɛ̃tɛʀminabl] **adj.** ✦ Qui n'a pas ou ne semble pas avoir de terme, de limite (dans l'espace ou dans le temps). *Une file interminable. Un discours interminable,* trop long. CONTR. ① **court ;** ① **bref, rapide.**

ÉTYM. latin *interminabilis.*

INTERMINABLEMENT [ɛ̃tɛʀminabləmɑ̃] **adv.** ✦ Sans fin. CONTR. **brièvement, rapidement.**

INTERMINISTÉRIEL, ELLE [ɛ̃tɛʀministeʀjɛl] **adj.** ✦ Commun à plusieurs ministères. *Une conférence interministérielle.*

INTERMITTENCE [ɛ̃tɛʀmitɑ̃s] **n. f.** ✦ Caractère intermittent, arrêt momentané. *L'intermittence des éclairs. Par intermittence,* irrégulièrement, par accès. *Travailler par intermittence.* CONTR. **continuité, régularité.**

ÉTYM. de *intermittent.*

INTERMITTENT, ENTE [ɛ̃tɛʀmitɑ̃, ɑ̃t] **adj.** ✦ Qui s'arrête et reprend par intervalle. SYN. **discontinu, irrégulier.** *Pouls intermittent. Pluie intermittente.* ➛ **plur.** *Combats intermittents.* CONTR. **continu, permanent, régulier.**

ÉTYM. latin *intermittens,* participe présent de *intermittere* «discontinuer».

INTERNAT [ɛ̃tɛʀna] **n. m.** 1. État d'élève interne ; durée de cet état. ➛ École où vivent des internes. SYN. **pensionnat.** *Surveillant d'internat.* 2. Fonction d'interne des hôpitaux. *Concours d'internat.* CONTR. **externat.**

ÉTYM. de *interne.*

INTERNATIONAL, ALE, AUX [ɛ̃tɛʀnasjɔnal, o] **adj.** **1.** Qui a lieu de nation à nation, entre plusieurs nations ; qui concerne les rapports entre nations. *La politique internationale. Les organismes internationaux* (O. N. U., Unesco, etc.). ♦ en sports *Rencontre internationale*, opposant deux ou plusieurs nations. **2.** (personnes) *Fonctionnaire international.* ➝ *Joueur international.* **n.** *Un international.* **3.** **n. f.** (☞ noms propres) *L'Internationale* : groupement de prolétaires de diverses nations, unis pour défendre leurs revendications communes. « *L'Internationale* », hymne révolutionnaire.
ÉTYM. de *inter-* et *national.*

INTERNATIONALISER [ɛ̃tɛʀnasjɔnalize] **v. tr.** (conjug. 3a) ✦ Rendre international. *Internationaliser un conflit.* ➝ Mettre sous régime international.
► **INTERNATIONALISATION** [ɛ̃tɛʀnasjɔnalizasjɔ̃] **n. f.**

INTERNATIONALISME [ɛ̃tɛʀnasjɔnalism] **n. m.** ✦ Doctrine préconisant l'union internationale des peuples, par-delà les frontières.

INTERNATIONALISTE [ɛ̃tɛʀnasjɔnalist] **adj.** et **n.** ✦ Partisan de l'internationalisme.

INTERNAUTE [ɛ̃tɛʀnot] **n.** ✦ Personne qui utilise le réseau Internet.
ÉTYM. de *Internet* (☞ noms propres) et *-naute.*

INTERNE [ɛ̃tɛʀn] **adj.** et **n.**
I adj. **1.** DIDACT. Situé en dedans, tourné vers l'intérieur. SYN. **intérieur.** *La face interne d'un organe.* **2.** Qui appartient au dedans. *Glandes endocrines à sécrétion interne. Structure interne. Décision interne* (dans un groupe, un organisme). ➝ *EN INTERNE* **loc. adv.** : avec ses propres ressources. CONTR. **externe.**
II n. Élève logé(e) et nourri(e) dans l'établissement scolaire qu'il (elle) fréquente. SYN. **pensionnaire.** ♦ Étudiant(e) en médecine reçu(e) au concours de l'internat, qui lui permet d'être attaché(e) à un hôpital. *Le docteur X, ancien interne des hôpitaux de Paris. Elle est interne.* CONTR. **externe.**
ÉTYM. latin *internus.*

INTERNEMENT [ɛ̃tɛʀnəmɑ̃] **n. m.** ✦ Action d'interner (qqn) ; le fait d'être interné. *Camp d'internement.* ♦ Placement d'une personne dans un hôpital psychiatrique. *Prescrire l'internement d'un aliéné.*
ÉTYM. de *interner.*

INTERNER [ɛ̃tɛʀne] **v. tr.** (conjug. 3a) ✦ Enfermer par mesure administrative (des réfugiés, des étrangers...). ♦ Enfermer dans un hôpital psychiatrique. ➝ au p. passé *Malades internés.*
ÉTYM. de *interne.*

INTERPELER (conjug. 6a) ou **INTERPELLER** (conjug. 3a) [ɛ̃tɛʀpəle] **v. tr.** **I** **1.** Adresser la parole brusquement à (qqn) pour demander qqch., l'insulter. SYN. **apostropher.** **2.** Adresser une interpellation à (un ministre). **3.** DR. Questionner (qqn) sur son identité. *La police a interpelé un suspect.* **II** (sujet chose) critiqué (ou parfois iron.) Susciter un écho chez (qqn), avoir un intérêt psychologique pour (qqn). *Ça m'interpelle quelque part.* ➝ Écrire *interpeler* avec un seul *l* est permis et conforme à la prononciation.
ÉTYM. latin *interpellare* « interrompre, sommer ».

INTERPELLATEUR, TRICE [ɛ̃tɛʀpelatœʀ, tʀis] **n.** ✦ Personne qui interpelle.

INTERPELLATION [ɛ̃tɛʀpelasjɔ̃] **n. f.** **1.** Action d'interpeler. SYN. **apostrophe.** **2.** Demande d'explications adressée au gouvernement par un membre du Parlement en séance publique. **3.** DR. Sommation d'avoir à répondre. ➝ **interpeler** (I, 3).

INTERPELLER ➝ INTERPELER

INTERPHASE [ɛ̃tɛʀfɑz] **n. f.** ✦ BIOL. Période de croissance de la cellule entre les divisions de la mitose.
ÉTYM. de *inter-* et *phase.*

INTERPHONE [ɛ̃tɛʀfɔn] **n. m.** ✦ Appareil de communication téléphonique intérieur. *Parler à qqn par l'interphone.*
ÉTYM. mot anglais, de *inter* et *telephone.*

INTERPLANÉTAIRE [ɛ̃tɛʀplanetɛʀ] **adj.** ✦ Qui est, a lieu entre les planètes. *Espaces ; voyages interplanétaires.*

INTERPOLATION [ɛ̃tɛʀpɔlasjɔ̃] **n. f.** ✦ Action d'interpoler ; son résultat. *Texte modifié par des interpolations.*
ÉTYM. latin *interpolatio.*

INTERPOLER [ɛ̃tɛʀpɔle] **v. tr.** (conjug. 3a) **1.** Introduire dans un texte, par erreur ou par fraude (des mots ou des phrases n'appartenant pas à l'original). ➝ au p. passé *Passages interpolés et postérieurs.* **2.** MATH. Intercaler dans une série de valeurs ou de termes connus (des termes et valeurs intermédiaires).
ÉTYM. latin *interpolare* « réparer ».

INTERPOSER [ɛ̃tɛʀpoze] **v. tr.** (conjug. 3a) **1.** Poser entre deux choses. *Interposer un écran entre une source lumineuse et l'œil.* **2.** Faire intervenir. *Interposer son autorité, un médiateur.* **3.** *S'INTERPOSER* **v. pron.** *S'interposer dans une dispute*, intervenir pour y mettre fin. SYN. **s'entremettre.**
► **INTERPOSÉ, ÉE adj.** *Objets interposés.* ➝ *Par personnes interposées* : avec des intermédiaires.
ÉTYM. latin *interponere*, d'après *poser.*

INTERPOSITION [ɛ̃tɛʀpozisjɔ̃] **n. f.** ✦ Action d'interposer ; fait de s'interposer.

INTERPRÉTABLE [ɛ̃tɛʀpʀetabl] **adj.** ✦ Qu'on peut interpréter.

INTERPRÉTATION [ɛ̃tɛʀpʀetasjɔ̃] **n. f.** **1.** Action d'expliquer, de donner une signification claire à une chose obscure ; son résultat. SYN. **explication.** *Il a donné une interprétation nouvelle du texte. L'interprétation des rêves.* SYN. **déchiffrage, lecture.** **2.** Action d'interpréter (2). *Les diverses interprétations d'un même fait. Une erreur d'interprétation.* **3.** Action d'interpréter (3). *Interprétation simultanée*, qui se fait à mesure. **4.** Façon dont une œuvre dramatique, musicale est jouée, exécutée. SYN. **exécution.** *Prix d'interprétation.*
ÉTYM. latin *interpretatio.*

INTERPRÈTE [ɛ̃tɛʀpʀɛt] **n.** **1.** Personne qui explique, éclaircit le sens (d'un texte, d'un rêve, etc.). **2.** Personne qui donne oralement l'équivalent en une autre langue (➝ **traducteur**) de ce qui est dit. *Servir d'interprète. École d'interprètes. Interprète de conférence.* appos. *Des traducteurs interprètes.* **3.** Personne qui fait connaître les sentiments, les volontés d'une autre. SYN. **porte-parole, truchement.** *Soyez mon interprète auprès de lui.* **4.** Acteur, musicien qui interprète (4). *Un interprète du rôle de don Juan.*
ÉTYM. latin *interpres, interpretis.*

INTERPRÉTER [ɛ̃tɛʀpʀete] v. tr. (conjug. 8) 1. Expliquer (un texte, un rêve, un acte, un phénomène, etc.) en rendant clair ce qui est obscur. → **commenter.** *Interpréter un vers d'après le contexte.* 2. Donner un sens à (qqch.), tirer une signification de. *On peut interpréter son attitude de plusieurs façons.* 3. Traduire oralement en tant qu'interprète (2). *Le discours anglais fut interprété en russe.* 4. Jouer (une œuvre) de manière à exprimer le contenu. *Interpréter une pièce, un rôle ; une sonate.* – au p. passé *Un personnage magistralement interprété.*
ÉTYM. latin *interpretari.*

INTERPROFESSIONNEL, ELLE [ɛ̃tɛʀpʀɔfesjɔnɛl] adj. ✦ Commun à plusieurs professions. *Salaire minimum interprofessionnel de croissance (S. M. I. C.).*

INTERRACIAL, ALE, AUX [ɛ̃tɛʀʀasjal, o] adj. ✦ Qui se produit entre personnes de races différentes. *Mariage interracial.* SYN. **mixte.**

INTERRÈGNE [ɛ̃tɛʀʀɛɲ] n. m. ✦ Temps qui s'écoule entre deux règnes ; intervalle pendant lequel un État est sans chef.

INTERROGATEUR, TRICE [ɛ̃teʀɔgatœʀ, tʀis] n. et adj. 1. n. Personne qui fait subir une interrogation orale à un candidat. SYN. **examinateur.** 2. adj. Qui contient une interrogation. SYN. **interrogatif.** *Un regard, un air interrogateur.*
ÉTYM. bas latin *interrogator.*

INTERROGATIF, IVE [ɛ̃teʀɔgatif, iv] adj. 1. Qui exprime l'interrogation. SYN. **interrogateur** (2). *Une intonation interrogative.* 2. GRAMM. Qui sert à interroger. *Pronoms interrogatifs* (ex. lequel), *adjectifs interrogatifs* (ex. quel), *adverbes interrogatifs* (ex. combien, où). *Phrase interrogative* (ex. Où vas-tu ?) – n. f. Proposition interrogative. CONTR. **affirmatif.**
ÉTYM. bas latin *interrogativus.*

INTERROGATION [ɛ̃teʀɔgasjɔ̃] n. f. 1. Action de questionner, d'interroger (qqn). – Question ou ensemble de questions que l'on pose à un élève, à un candidat. → **épreuve.** *Interrogation écrite, orale.* 2. Acte de langage par lequel on pose une question ou on implique un doute. *Interrogation directe* (ex. quelle heure est-il ?), *indirecte* (ex. je me demande quelle heure il est). *Interrogation totale,* à laquelle on répond par oui ou non. – *Point d'interrogation :* signe de ponctuation (?) qui termine une interrogative directe ; fig. chose incertaine.
ÉTYM. latin *interrogatio.*

INTERROGATIVEMENT [ɛ̃teʀɔgativmɑ̃] adv. ✦ D'une manière interrogative.

INTERROGATOIRE [ɛ̃teʀɔgatwaʀ] n. m. ✦ Questions posées à qqn pour connaître la vérité dans une affaire juridique. *Procéder à un interrogatoire.* – Ensemble de questions posées à qqn.
ÉTYM. latin médiéval *interrogatorius.*

INTERROGEABLE [ɛ̃teʀɔʒabl] adj. ✦ Qui peut être interrogé. *Répondeur interrogeable à distance.*

INTERROGER [ɛ̃teʀɔʒe] v. tr. (conjug. 5) 1. Questionner (qqn), avec l'idée qu'il doit une réponse. *La police interroge les témoins.* – au p. passé *Les candidats interrogés par l'examinateur, l'interrogateur.* – pronom. *S'interroger :* se poser des questions. ◆ par ext. *Interroger une base de données.* 2. Examiner avec attention (qqch.) pour trouver une réponse à des questions. *L'expérimentateur interroge les faits. Interroger le ciel.*
ÉTYM. latin *interrogare,* de *rogare* «poser une question».

INTERROMPRE [ɛ̃teʀɔ̃pʀ] v. tr. (conjug. 51) 1. Rompre (qqch.) dans sa continuité. SYN. **arrêter, couper, suspendre.** *Il a dû interrompre ses études. Interrompre un voyage.* 2. Empêcher (qqn) de continuer ce qu'il est en train de faire. *Je vous ai interrompu pendant votre repas.* 3. Couper la parole à. *Ne m'interrompez pas tout le temps.* 4. *S'INTERROMPRE* v. pron. S'arrêter (de faire qqch., de parler...). *Il s'interrompit de lire pour m'aider. Parler sans s'interrompre.* CONTR. **recommencer, reprendre.**
ÉTYM. latin *interrumpere.*

INTERRONÉGATIF, IVE [ɛ̃teʀonegatif, iv] adj. ✦ GRAMM. *Forme, phrase interronégative,* qui exprime une interrogation portant sur une phrase négative.

INTERRUPTEUR [ɛ̃teʀyptœʀ] n. m. ✦ Dispositif permettant d'interrompre et de rétablir le passage du courant électrique dans un circuit. → **commutateur, disjoncteur.**
ÉTYM. bas latin *interruptor* «celui qui interrompt».

INTERRUPTION [ɛ̃teʀypsjɔ̃] n. f. 1. Action d'interrompre ; état de ce qui est interrompu. SYN. **arrêt, coupure, suspension.** *L'interruption des communications. Sans interruption,* sans arrêt. – spécialt *Interruption volontaire de grossesse.* → **I. V. G.** 2. Action d'interrompre qqn. *Vives interruptions sur les bancs de l'opposition.* CONTR. **reprise, rétablissement.**
ÉTYM. bas latin *interruptio.*

INTERSECTION [ɛ̃tɛʀsɛksjɔ̃] n. f. 1. Rencontre, lieu de rencontre (de deux lignes, de deux surfaces, ou de deux volumes qui se coupent). *À l'intersection des deux routes.* 2. MATH. *Intersection de deux ensembles A et B :* ensemble des éléments appartenant à la fois à A et à B, noté A B (A inter B).
ÉTYM. latin *intersectio,* de *secare* «couper».

INTERSIDÉRAL, ALE, AUX [ɛ̃tɛʀsideʀal, o] adj. ✦ Qui est situé, se passe entre les astres.
ÉTYM. de *inter-* et *sidéral.*

INTERSPÉCIFIQUE [ɛ̃tɛʀspesifik] adj. ✦ BIOL. Qui concerne deux espèces différentes et leurs relations.

INTERSTELLAIRE [ɛ̃tɛʀsteleʀ] adj. ✦ Qui est situé entre les étoiles. *Espaces interstellaires.*
ÉTYM. de *inter-* et *stellaire.*

INTERSTICE [ɛ̃tɛʀstis] n. m. ✦ Très petit espace vide (entre les parties d'un corps ou entre différents corps). *Les interstices d'un plancher. Dans les interstices.*
ÉTYM. latin *interstitium,* de *interstare* «se trouver entre».

INTERSTITIEL, ELLE [ɛ̃tɛʀstisjɛl] adj. ✦ Situé dans les interstices d'un tissu. *Liquide interstitiel.*

INTERTITRE [ɛ̃tɛʀtitʀ] n. m. ✦ Titre placé à l'intérieur d'un article. ◆ Court texte inséré entre les plans (d'un film).

INTERTROPICAL, ALE, AUX [ɛ̃tɛʀtʀɔpikal, o] adj. ✦ GÉOGR. Qui est situé entre les tropiques.

A B C D E F G H I J K L M N O P Q R S T U V W X Y Z

INTERURBAIN, AINE [ɛ̃tɛʀyʀbɛ̃, ɛn] **adj.** ✦ Qui assure les communications entre des villes. ➖ **n. m.** ancienn Téléphone interurbain.

INTERVALLE [ɛ̃tɛʀval] **n. m.** **1.** Distance d'un point à un autre, d'un objet à un autre. SYN. **espacement.** *Augmenter l'intervalle entre deux paragraphes. Bornes placées à trois mètres d'intervalle,* tous les trois mètres. **2.** MUS. Écart entre deux sons, mesuré par le rapport de leurs fréquences. *Intervalles de tierce, de quarte.* **3.** Espace de temps qui sépare deux époques, deux faits. *Un intervalle d'une heure. À intervalles rapprochés, à longs intervalles. Dans l'intervalle, pendant cet intervalle.* → **entre-temps.** *PAR INTERVALLES :* de temps à autre. → **par moments.** **4.** MATH. Ensemble des nombres compris entre deux nombres donnés. *Intervalle fermé (), ouvert (),* incluant ou excluant ces deux nombres. *Intervalle ouvert à gauche, fermé à droite (),* excluant *a* et incluant *b.*

ÉTYM. latin *intervallum,* de *vallus* «pieu».

INTERVENANT, ANTE [ɛ̃tɛʀvənɑ̃, ɑ̃t] **n.** ✦ Personne qui prend la parole au cours d'un débat, d'une discussion.

ÉTYM. du participe présent de *intervenir.*

INTERVENIR [ɛ̃tɛʀvəniʀ] **v. intr.** (conjug. 16) **1.** Arriver, se produire au cours d'un procès, d'une discussion. *Un accord est intervenu entre la direction et les grévistes.* **2.** (personnes) Prendre part à une action, à une affaire en cours. *Il se propose d'intervenir dans le débat. Il est intervenu en votre faveur.* SYN. **intercéder.** ➖ absolt Entrer en action. *La police a dû intervenir.* **3.** (choses) Agir, jouer un rôle. *Plusieurs facteurs interviennent dans l'inflation.*

ÉTYM. latin *intervenire.*

INTERVENTION [ɛ̃tɛʀvɑ̃sjɔ̃] **n. f.** **1.** Action d'intervenir. *L'intervention de l'État.* ➖ *Politique d'intervention* (dans les affaires d'un pays étranger). → **ingérence.** *Forces d'intervention de l'O. N. U. Intervention militaire.* SYN. ① **action, opération.** **2.** Acte chirurgical. *Subir une intervention.* SYN. **opération.** **3.** Action, rôle (de qqch.). CONTR. **abstention, neutralité, non-intervention.**

ÉTYM. bas latin *interventio.*

INTERVENTIONNISME [ɛ̃tɛʀvɑ̃sjɔnism] **n. m.** ✦ Doctrine qui préconise l'intervention de l'État dans le domaine économique. → **dirigisme.** ➖ Politique d'intervention d'une nation dans les affaires internationales. CONTR. **neutralisme.**

► **INTERVENTIONNISTE** [ɛ̃tɛʀvɑ̃sjɔnist] **adj. et n.**

ÉTYM. de *intervention.*

INTERVERSION [ɛ̃tɛʀvɛʀsjɔ̃] **n. f.** ✦ Renversement de l'ordre naturel, habituel ou logique. *Interversion de deux lettres dans un mot.*

ÉTYM. bas latin *interversio.*

INTERVERTIR [ɛ̃tɛʀvɛʀtiʀ] **v. tr.** (conjug. 13) ✦ Déplacer (les éléments d'un tout, d'une série) en renversant l'ordre, en mettant les éléments chacun à la place de l'autre. *Intervertir l'ordre des mots.* ➖ *Intervertir les rôles,* prendre envers une autre personne l'attitude qui lui est normalement réservée.

ÉTYM. latin *intervertere,* de *vertere* «tourner».

INTERVIEW [ɛ̃tɛʀvju] **n. f.** ✦ anglicisme Entrevue au cours de laquelle un(e) journaliste (*intervieweur, euse* **n.** ou *interviewer* [ɛ̃tɛʀvjuvœʀ] **n. m.**) interroge une personne dans l'intention de publier une relation de l'entretien ; cette relation. *Demander, accorder une interview. « Interviews imaginaires »* (ouvrage de Gide).

ÉTYM. mot anglais, du français *entrevue.*

INTERVIEWER [ɛ̃tɛʀvjuve] **v. tr.** (conjug. 3a) ✦ anglicisme Soumettre (qqn) à une interview. *Interviewer un acteur.*

INTESTAT [ɛ̃tɛsta] **adj. invar.** ✦ Qui n'a pas fait de testament. *Elle est morte intestat.*

ÉTYM. latin juridique *intestatus,* de *testari* «témoigner».

① **INTESTIN, INE** [ɛ̃tɛstɛ̃, in] **adj.** ✦ (surtout au fém.) Qui se passe à l'intérieur d'un groupe social. *Luttes, guerres intestines.*

ÉTYM. latin *intestinus,* de *intus* «au-dedans».

② **INTESTIN** [ɛ̃tɛstɛ̃] **n. m.** ✦ Partie du tube digestif qui fait suite à l'estomac. *L'intestin, les intestins.* → **entrailles.** *L'intestin grêle* (→ **duodénum**) *et le gros intestin* (→ **côlon**).

ÉTYM. latin *intestina* «entrailles», plur. de *intestinum.*

INTESTINAL, ALE, AUX [ɛ̃tɛstinal, o] **adj.** ✦ De l'intestin. *Flore intestinale.*

INTIME [ɛ̃tim] **adj.** **1.** LITTÉR. Qui correspond à la réalité profonde, à l'essence (d'un être conscient). *Avoir l'intime conviction de qqch.* SYN. **profond.** ◆ par ext. *La structure intime de la matière.* **2.** Qui lie étroitement, par ce qu'il y a de plus profond. *Avoir des relations intimes avec une personne,* être très étroitement lié avec elle. ➖ spécialt De nature sexuelle. *Rapports, relations intimes.* ◆ (personnes) Très uni. *Être intime avec qqn. Ami intime.* ➖ **n.** *Une réunion entre intimes.* **3.** Qui est tout à fait privé et généralement tenu caché aux autres. *La vie intime,* celle que les autres ignorent. SYN. **personnel, privé.** *Journal intime.* ◆ Qui concerne les parties génitales. *Toilette intime.* **4.** Qui crée ou évoque l'intimité. *Ambiance intime.* CONTR. **superficiel · public.**

ÉTYM. latin *intimus,* superlatif de *interior* «intérieur».

INTIMEMENT [ɛ̃timmɑ̃] **adv.** **1.** Très profondément. *J'en suis intimement persuadé.* **2.** Étroitement. *Personnes intimement liées.*

ÉTYM. de *intime.*

INTIMER [ɛ̃time] **v. tr.** (conjug. 3a) ✦ Signifier (qqch. à qqn) avec autorité. SYN. **enjoindre, notifier.** *Il m'a intimé l'ordre de rester.*

ÉTYM. latin juridique *intimare* «annoncer».

INTIMIDANT, ANTE [ɛ̃timidɑ̃, ɑ̃t] **adj.** ✦ Qui intimide (2), trouble. *Il est plutôt intimidant.*

INTIMIDATION [ɛ̃timidasjɔ̃] **n. f.** ✦ Action d'intimider (1) volontairement. SYN. **menace, pression.** *Des manœuvres d'intimidation.*

INTIMIDER [ɛ̃timide] **v. tr.** (conjug. 3a) **1.** Remplir (qqn) de peur, en imposant sa force, son autorité. SYN. **effrayer.** *Il ne se laissera pas intimider par vos menaces.* **2.** Remplir involontairement de timidité, de gêne. SYN. **impressionner, troubler.** *Se laisser intimider par son directeur.* ➖ (sujet chose) *Tout ce luxe l'intimidait.* CONTR. **encourager, enhardir · décontracter, rassurer.**

ÉTYM. latin médiéval *intimidare,* de *timidus* → timide.

INTIMISTE [ɛ̃timist] **n.** 1. Peintre de scènes d'intérieur. ➝ **adj.** *Peintre intimiste.* 2. Poète, écrivain qui prend pour sujet des sentiments délicats, intimes. ♦ **adj.** *Film à l'atmosphère intimiste.*
► **INTIMISME** [ɛ̃timism] **n. m.**
ÉTYM. de *intime.*

INTIMITÉ [ɛ̃timite] **n. f.** 1. LITTÉR. Caractère intime et profond ; ce qui est intérieur et secret. *Dans l'intimité de la conscience.* 2. Liaison, relations étroites et familières. → **union.** *Vivre dans l'intimité avec qqn.* 3. La vie privée. *Préserver son intimité.* ➝ absolt *Dans l'intimité,* dans les relations avec les intimes. *Le mariage aura lieu dans la plus stricte intimité.* 4. Agrément (d'un endroit intime (4)). *L'intimité d'un boudoir.*
ÉTYM. de *intime.*

INTITULÉ [ɛ̃tityle] **n. m.** ✦ Titre (d'un livre, d'un chapitre).
ÉTYM. du participe passé de *intituler.*

INTITULER [ɛ̃tityle] **v. tr.** (conjug. 3a) ✦ Donner un titre à (un livre, etc.). ➝ *S'INTITULER* **v. pron.** Avoir pour titre. *Je ne sais plus comment s'intitule ce film.* ➝ Se donner le titre, le nom de.
ÉTYM. bas latin *intitulare,* de *titulus* «titre».

INTOLÉRABLE [ɛ̃tɔleʀabl] **adj.** 1. Qu'on ne peut supporter. SYN. **insupportable.** *Une douleur intolérable.* ➝ Pénible, désagréable. 2. Qu'on ne peut admettre, tolérer. SYN. **inacceptable, inadmissible.** *Des pratiques intolérables.* CONTR. **supportable, tolérable.**
ÉTYM. latin *intolerabilis.*

INTOLÉRANCE [ɛ̃tɔleʀɑ̃s] **n. f.** 1. Tendance à ne pas supporter, à condamner ce qui déplaît dans les opinions ou la conduite d'autrui. → **fanatisme, intransigeance, sectarisme.** *Intolérance religieuse, politique.* ♦ (sens faible) Absence d'indulgence, de compréhension. 2. Inaptitude (d'un organisme, d'un organe) à tolérer un agent extérieur (aliment, remède). *Intolérance au gluten.* CONTR. **tolérance ; indulgence.**
ÉTYM. de ② *in-* et *tolérance.*

INTOLÉRANT, ANTE [ɛ̃tɔleʀɑ̃, ɑ̃t] **adj.** ✦ Qui fait preuve d'intolérance (1). CONTR. **tolérant ; compréhensif, indulgent.**

INTONATIF, IVE [ɛ̃tɔnatif, iv] **adj.** ✦ DIDACT. Relatif à l'intonation. *Le schéma intonatif de la phrase interrogative.*

INTONATION [ɛ̃tɔnasjɔ̃] **n. f.** 1. MUS. Action, manière d'émettre les sons. 2. Ton que l'on prend en parlant, en lisant. → **accent, inflexion.** *L'intonation montante de la phrase interrogative.* ➝ Élément de l'intonation. *Une voix aux intonations tendres.*
ÉTYM. du latin *intonare* «résonner».

INTOUCHABLE [ɛ̃tuʃabl] **adj.** 1. Qu'on ne doit pas toucher. ➝ **n.** *Un, une intouchable* (en Inde) : personne hors caste, considérée comme impure. SYN. **paria** 1. 2. Qui ne peut être l'objet d'aucun blâme, d'aucune sanction. *Personne intouchable.*

INTOXICATION [ɛ̃tɔksikasjɔ̃] **n. f.** 1. Action d'intoxiquer ; son résultat. *Une intoxication alimentaire.* 2. fig. Action insidieuse sur les esprits (pour accréditer une opinion, démoraliser, influencer). *L'intoxication par la publicité, la propagande.* ➝ **abrév.** FAM. INTOX [ɛ̃tɔks]. *Faire de l'intox.* CONTR. **désintoxication.**
ÉTYM. latin médiéval *intoxicatio.*

INTOXIQUER [ɛ̃tɔksike] **v. tr.** (conjug. 3a) 1. Affecter (un être vivant) de troubles plus ou moins graves par l'effet de substances toxiques. → **empoisonner.** *Il a été intoxiqué par des champignons.* ➝ **pronom.** *Il fume trop, il s'intoxique.* ♦ **spécialt** (par l'action des drogues) **n.** *Un intoxiqué.* → **toxicomane.** 2. fig. Influencer insidieusement. *La publicité nous intoxique.* CONTR. **désintoxiquer.**
ÉTYM. latin *intoxicare,* de *toxicum* → toxique.

INTRA- Élément savant, du latin *intra* «à l'intérieur de».

INTRADERMIQUE [ɛ̃tʀadɛʀmik] **adj.** ✦ Qui se fait dans l'épaisseur du derme. *Une injection intradermique* ou **n. f.** *une intradermique.*

INTRADUISIBLE [ɛ̃tʀadɥizibl] **adj.** ✦ Qu'il est impossible de traduire ou d'interpréter. *Une locution intraduisible.* CONTR. **traduisible.**
ÉTYM. de ② *in-* et *traduire.*

INTRAITABLE [ɛ̃tʀɛtabl] **adj.** ✦ Qu'on ne peut pas faire changer d'avis, qui refuse de céder. SYN. **intransigeant.** *Il est intraitable sur l'horaire.* CONTR. **arrangeant, conciliant, traitable.**
ÉTYM. de ② *in-* et *traiter.*

INTRA-MUROS [ɛ̃tʀamyʀos] **adv.** ✦ À l'intérieur de la ville. *Habiter intra-muros.* ➝ **adj.** *Paris intra-muros.* CONTR. **extra-muros.**
ÉTYM. mots latins «entre les murs».

INTRAMUSCULAIRE [ɛ̃tʀamyskylɛʀ] **adj.** ✦ Qui se fait dans l'épaisseur d'un muscle. *Une injection intramusculaire* ou **n. f.** *une intramusculaire.*

INTRANET [ɛ̃tʀanɛt] **n. m.** ✦ Réseau informatique interne, utilisant les techniques d'Internet. *L'intranet d'une entreprise.*
ÉTYM. de *intra-,* sur le modèle de *Internet.*

INTRANSIGEANCE [ɛ̃tʀɑ̃ziʒɑ̃s] **n. f.** ✦ Caractère d'une personne intransigeante. *L'intransigeance de la jeunesse.* CONTR. **souplesse.**

INTRANSIGEANT, ANTE [ɛ̃tʀɑ̃ziʒɑ̃, ɑ̃t] **adj.** ✦ Qui ne transige pas, n'admet aucune concession, aucun compromis. SYN. **intraitable.** *Vous êtes trop intransigeant.* ➝ *Un caractère intransigeant.* ♦ Absolu, inflexible. *Une morale intransigeante.* CONTR. **accommodant, débonnaire, souple.**
ÉTYM. espagnol *intransigente,* du latin *transigere* «arranger».

INTRANSITIF, IVE [ɛ̃tʀɑ̃zitif, iv] **adj.** ✦ (verbe) Qui n'admet aucun complément d'objet. *«Peser» est un verbe transitif et intransitif.* ➝ **n. m.** *Un intransitif.*

INTRANSITIVEMENT [ɛ̃tʀɑ̃zitivmɑ̃] **adv.** ✦ D'une manière intransitive. *Verbe transitif qui s'emploie intransitivement.* SYN. **absolument.** CONTR. **transitivement.**

INTRANSPORTABLE [ɛ̃tʀɑ̃spɔʀtabl] **adj.** ✦ Qui n'est pas transportable. *Un colis énorme, intransportable. Des blessés intransportables,* qui ne pourraient supporter le transport. CONTR. **transportable.**

INTRA-UTÉRIN, INE [ɛ̃tʀayteʀɛ̃, in] **adj.** ✦ Qui a lieu, se situe dans l'utérus. *Vie intra-utérine du fœtus.* CONTR. **extra-utérin.**

INTRAVEINEUX, EUSE [ɛ̃tʀavɛnø, øz] **adj.** ✦ Qui se fait à l'intérieur des veines. *Une piqûre intraveineuse* ou **n. f.** *une intraveineuse.*

INTRÉPIDE [ɛ̃tʀepid] **adj.** 1. Qui ne tremble pas devant le danger. SYN. **courageux.** *Un alpiniste intrépide.* ➝ (actes, sentiments) *Un courage, une défense intrépide.* 2. fig. Déterminé, imperturbable. *Un menteur intrépide.* CONTR. **lâche, peureux.**
► **INTRÉPIDEMENT** [ɛ̃tʀepidmɑ̃] **adv.**
ÉTYM. latin *intrepidus*, de *trepidus* «tremblant».

INTRÉPIDITÉ [ɛ̃tʀepidite] **n. f.** ✦ Caractère d'une personne intrépide. SYN. **courage, hardiesse.** *Lutter avec intrépidité.* CONTR. **lâcheté.**

INTRICATION [ɛ̃tʀikasjɔ̃] **n. f.** ✦ État de ce qui est entremêlé ; enchevêtrement.
ÉTYM. latin *intricatio*, de *intricare* «embrouiller».

INTRIGANT, ANTE [ɛ̃tʀigɑ̃, ɑ̃t] **adj.** ✦ Qui recourt à l'intrigue (3) pour parvenir à ses fins. ➝ **n.** *Un intrigant, une intrigante sans scrupules.* SYN. **arriviste.** HOM. INTRIGUANT (p. présent de *intriguer*)

INTRIGUE [ɛ̃tʀig] **n. f.** 1. VX Affaire embrouillée. ➝ Habileté de l'intrigant. 2. LITTÉR. Liaison amoureuse généralement clandestine et peu durable. SYN. **aventure.** *Avoir une intrigue avec qqn.* 3. Ensemble de combinaisons secrètes et compliquées. SYN. ① **manœuvre.** *Des intrigues politiques. L'intrigue a été déjouée.* 4. Ensemble des évènements principaux (d'un récit, d'un film, etc.). SYN. ① **action, scénario.** *Le dénouement d'une intrigue.*
ÉTYM. italien *intrigo*, de *intrigare* → intriguer.

INTRIGUER [ɛ̃tʀige] **v.** (conjug. 3b) **I v. tr.** Embarrasser ou étonner (qqn) en excitant la curiosité. *Sa disparition intriguait les voisins.* **II v. intr.** Mener une intrigue, recourir à l'intrigue. SYN. **manœuvrer** ; → **intrigant.** *Obtenir un poste en intriguant.* HOM. (du p. présent *intriguant*) INTRIGANT «arriviste»
ÉTYM. italien *intrigare*, du latin *intricare* «embrouiller».

INTRINSÈQUE [ɛ̃tʀɛ̃sɛk] **adj.** ✦ Qui est intérieur et propre à ce dont il s'agit. *Qualités intrinsèques. La valeur intrinsèque d'une monnaie,* qu'elle tient de sa nature (et non d'une convention). CONTR. **extrinsèque.**
ÉTYM. latin *intrinsecus* «intérieurement».

INTRINSÈQUEMENT [ɛ̃tʀɛ̃sɛkmɑ̃] **adv.** ✦ En soi. CONTR. **extrinsèquement.**

INTRODUCTEUR, TRICE [ɛ̃tʀɔdyktœʀ, tʀis] **n. et adj.** 1. **n.** Personne qui introduit (qqn, qqch.). 2. **adj.** Qui présente ce qui va suivre. *Verbes introducteurs de la parole citée.*
ÉTYM. bas latin *introductor.*

INTRODUCTION [ɛ̃tʀɔdyksjɔ̃] **n. f.** **I** 1. Action d'introduire, de faire entrer (qqn). *Lettre d'introduction,* par laquelle on recommande qqn. 2. Action de faire adopter (une mode, un produit...). SYN. **adoption.** *L'introduction d'une mode dans un pays.* 3. (concret) Action de faire entrer (une chose dans une autre). *L'introduction d'une sonde dans l'organisme.* **II** 1. Ce qui prépare qqn à la connaissance, à la pratique d'une chose (texte, etc.). *C'est une bonne introduction à la psychanalyse.* 2. Préface explicative. *Ce livre commence par une brève introduction.* ➝ Entrée en matière (d'un exposé). *Introduction, développement et conclusion.*
ÉTYM. latin *introductio.*

INTRODUIRE [ɛ̃tʀɔdɥiʀ] **v. tr.** (conjug. 64b) **I** 1. Faire entrer (qqn) dans un lieu. *L'huissier l'a introduit dans le bureau du ministre.* ➝ Faire admettre (qqn) dans un groupe, une société. *Introduire qqn dans un club.* ➝ au p. passé Qui a ses entrées, qui est reçu habituellement. 2. Faire adopter (qqch.). *Introduire une mode, de nouvelles idées dans un milieu.* 3. Faire entrer (une chose). SYN. **engager, insérer.** *Il n'arrivait pas à introduire la clé dans la serrure.* ➝ au p. passé *Une marchandise introduite en contrebande.* **II** *S'INTRODUIRE* **v. pron.** 1. Entrer, pénétrer. *Le cambrioleur s'est introduit dans l'appartement par la fenêtre.* 2. Se faire admettre. *Il a réussi à s'introduire dans l'association.* CONTR. **chasser, exclure, renvoyer • enlever, retirer,** ① **sortir.**
ÉTYM. latin *introducere.*

INTROMISSION [ɛ̃tʀɔmisjɔ̃] **n. f.** ✦ DIDACT. Action d'introduire, de mettre dans. ◆ spécialt Copulation.
ÉTYM. du latin *intromissus*, de *intromittere* «introduire».

INTRONISATION [ɛ̃tʀɔnizasjɔ̃] **n. f.** ✦ Action d'introniser.

INTRONISER [ɛ̃tʀɔnize] **v. tr.** (conjug. 3a) 1. Placer solennellement sur le trône, sur la chaire pontificale (un roi, un pape). *Introniser un souverain.* 2. Introduire qqch. de manière officielle ou solennelle. *Introniser une politique nouvelle.*
ÉTYM. latin religieux *intronizare*, du grec *thronos* «trône».

INTROSPECTION [ɛ̃tʀɔspɛksjɔ̃] **n. f.** ✦ LITTÉR. Observation, analyse de ses sentiments, de ses motivations par le sujet lui-même. ◆ Étude psychologique par ce procédé.
ÉTYM. mot anglais, du latin *introspicere* «regarder à l'intérieur».

INTROUVABLE [ɛ̃tʀuvabl] **adj.** 1. Qu'on ne parvient pas à trouver. *Le voleur reste introuvable.* 2. Très difficile à trouver (du fait de sa rareté). *Une édition originale introuvable.*

INTROVERSION [ɛ̃tʀɔvɛʀsjɔ̃] **n. f.** ✦ PSYCH. Orientation de l'énergie psychique sur le sujet lui-même.
ÉTYM. mot allemand (Jung), du latin *introversus* «vers l'intérieur».

INTROVERTI, IE [ɛ̃tʀɔvɛʀti] **adj.** ✦ PSYCH. Qui est tourné vers son moi, son monde intérieur. ➝ **n.** *C'est un introverti.* CONTR. **extraverti.**
ÉTYM. allemand *introvertiert* → introversion.

INTRUS, USE [ɛ̃tʀy, yz] **n.** ✦ Personne qui s'introduit quelque part sans y être invitée, ni désirée. SYN. **indésirable.** *Elle se sentait comme une intruse dans ce milieu.*
ÉTYM. latin médiéval *intrusus*, pour *introtrusus* «introduit de force».

INTRUSION [ɛ̃tʀyzjɔ̃] **n. f.** 1. Action de s'introduire, sans en avoir le droit, dans une place, une société. *Faire intrusion quelque part, chez qqn.* 2. GÉOL. Pénétration d'une roche dans une couche de nature différente.
ÉTYM. latin médiéval *intrusio* → intrus.

INTUBER [ɛ̃tybe] **v. tr.** (conjug. 3a) ✦ MÉD. Introduire un tube dans la trachée de (un patient) pour faciliter la respiration.
► **INTUBATION** [ɛ̃tybasjɔ̃] **n. f.**

INTUITIF, IVE [ɛ̃tɥitif, iv] adj. 1. Qui est le résultat d'une intuition. *Connaissance intuitive.* 2. (personnes) Qui fait ordinairement preuve d'intuition. *Être intuitif en affaire.* ➡ n. *C'est un intuitif.*
ÉTYM. du radical de *intuition.*

INTUITION [ɛ̃tɥisjɔ̃] n. f. 1. Forme de connaissance immédiate qui ne recourt pas au raisonnement. *Comprendre par intuition.* 2. Sentiment ou conviction de ce qu'on ne peut vérifier, de ce qui n'existe pas encore. SYN. **pressentiment.** *Se fier à ses intuitions. J'en ai l'intuition.* ➡ *Avoir de l'intuition,* sentir ou deviner les choses. → **flair.** CONTR. **déduction, raisonnement.**
ÉTYM. latin médiéval *intuitio,* de *intueri* «regarder».

INTUITIVEMENT [ɛ̃tɥitivmɑ̃] adv. ✦ Par l'intuition.

INTUMESCENCE [ɛ̃tymesɑ̃s] n. f. ✦ DIDACT. Fait de gonfler. Gonflement. ➡ GÉOL. Relief par soulèvement des couches superficielles.
ÉTYM. du latin *intumescere* «se gonfler».

INUIT, E [inɥit] adj. et n. ✦ Des ethnies habitant à l'extrême nord de l'Amérique, au Groenland (naguère appelées *Esquimaux*). *La civilisation inuite ; la langue inuite* (*inuktitut* n. m.). ➡ n. *Un Inuit. Les Inuits et les Amérindiens du Québec, des Territoires du Nord* (au Canada).
ÉTYM. mot de la langue, plur. de *inuk* «un homme».

INUSABLE [inyzabl] adj. ✦ Qui ne peut s'user, dure très longtemps. *Des chaussures inusables.*

INUSITÉ, ÉE [inyzite] adj. 1. (mot, expression) Que personne ou presque personne n'emploie. SYN. **rare.** *Mot inusité.* 2. rare Inhabituel. *Un évènement inusité.* CONTR. ① **courant, usité, usuel • habituel.**
ÉTYM. latin *inusitatus,* de *uti* «se servir de».

IN UTERO [inyteʀo] loc. adv. ✦ Dans l'utérus. *Dépistage in utero de malformations.*
ÉTYM. mots latins.

INUTILE [inytil] adj. 1. Qui n'est pas utile. SYN. **superflu.** *S'encombrer de bagages inutiles. Éviter toute fatigue inutile.* ➡ impers. *Il est inutile d'essayer,* ce n'est pas la peine. *Inutile d'insister.* 2. (personnes) Qui ne rend pas de services. *Les personnes, les bouches inutiles.* ➡ n. *Un inutile.* CONTR. **utile ; indispensable, nécessaire.**
ÉTYM. latin *inutilis.*

INUTILEMENT [inytilmɑ̃] adv. ✦ Pour rien. *Ne vous dérangez pas inutilement.* CONTR. **utilement.**

INUTILISABLE [inytilizabl] adj. ✦ Qui ne peut être utilisé. CONTR. **utilisable.**

INUTILISÉ, ÉE [inytilize] adj. ✦ Qui n'est pas utilisé.

INUTILITÉ [inytilite] n. f. ✦ Caractère de ce qui est inutile. *Inutilité d'une démarche.* CONTR. **utilité.**
ÉTYM. latin *inutilitas.*

INVAGINATION [ɛ̃vaʒinasjɔ̃] n. f. ✦ DIDACT. Repliement, fait de se retourner vers l'intérieur (organe, etc.).
ÉTYM. de ① *in-* et du latin *vagina* «gaine».

INVAINCU, UE [ɛ̃vɛ̃ky] adj. ✦ LITTÉR. Qui n'a jamais été vaincu. *Une équipe invaincue.*

INVALIDANT, ANTE [ɛ̃validɑ̃, ɑ̃t] adj. ✦ MÉD. Qui invalide, rend invalide. *Maladie invalidante.*
ÉTYM. du participe présent de *invalider.*

INVALIDATION [ɛ̃validasjɔ̃] n. f. ✦ Action d'invalider. CONTR. **validation.**

INVALIDE [ɛ̃valid] adj. **I** (choses) VX ou DIDACT. Qui n'est pas validé ou valable. **II** (personnes) Qui n'est pas en état de mener une vie active, du fait de sa mauvaise santé, de ses infirmités, etc. SYN. **handicapé, impotent, infirme.** ➡ n. Militaire, travailleur que l'âge, les blessures rendent incapable de servir, de travailler. *Les invalides du travail.* CONTR. **valable • valide.**
ÉTYM. latin *invalidus* «faible».

INVALIDER [ɛ̃valide] v. tr. (conjug. 3a) **I** DR. Rendre non valable. SYN. **annuler.** *Son élection a été invalidée.* **II** MÉD. Rendre invalide (II). CONTR. **confirmer, valider.**
ÉTYM. de *invalide.*

INVALIDITÉ [ɛ̃validite] n. f. **I** DR. Défaut de validité entraînant la nullité. **II** État d'une personne invalide. SYN. **handicap.** ➡ Diminution de la capacité de travail (des deux tiers au moins). *Pension d'invalidité.*
ÉTYM. de *invalide.*

INVARIABLE [ɛ̃vaʀjabl] adj. 1. Qui ne varie pas, ne change pas. SYN. **constant, immuable.** *Des règles invariables.* ➡ (mot) Qui ne comporte pas de modifications dans sa forme. *Les adverbes sont invariables. Adjectif invariable en genre.* 2. Qui se répète sans varier. *Un menu invariable.* CONTR. **changeant, fluctuant, variable.**
▶ **INVARIABILITÉ** [ɛ̃vaʀjabilite] n. f.
ÉTYM. de ② *in-* et *variable.*

INVARIABLEMENT [ɛ̃vaʀjabləmɑ̃] adv. ✦ D'une manière invariable, constante. SYN. **toujours.**

INVARIANT, ANTE [ɛ̃vaʀjɑ̃, ɑ̃t] adj. ✦ Qui se conserve dans une transformation physique ou mathématique. *Grandeur, relation, figure invariante.*
ÉTYM. mot anglais → varier.

INVASIF, IVE [ɛ̃vazif, iv] adj. ✦ MÉD. 1. Se dit d'un procédé d'exploration qui nécessite une lésion de l'organisme. *L'échographie est un procédé non invasif.* 2. Se dit d'une tumeur, de micro-organismes pouvant se propager. *Cancer invasif.* 3. *Espèce invasive,* dont la prolifération nuit à l'écosystème dans lequel elle s'implante. ☛ Géographie p. 226.
ÉTYM. de *invasion.*

INVASION [ɛ̃vazjɔ̃] n. f. 1. Pénétration massive (de forces armées qui envahissent le territoire d'un autre État). 2. Action d'envahir, de se répandre dangereusement. *Une invasion de sauterelles.* 3. (sans idée de danger) Entrée soudaine et massive. SYN. **irruption.**
ÉTYM. bas latin *invasio,* de *invadere* → envahir.

INVECTIVE [ɛ̃vɛktiv] n. f. ✦ Parole ou suite de paroles violentes (contre qqn ou qqch.). *Se répandre en invectives contre qqn.* ➡ (collectif) *Recourir à l'invective et à l'insulte.* SYN. **injure.**
ÉTYM. bas latin *invectivae (orationes)* «(paroles) violentes», de *invehere* «faire une sortie, attaquer oralement».

INVECTIVER [ɛ̃vɛktive] v. (conjug. 3a) 1. v. intr. Lancer des invectives. 2. v. tr. Couvrir (qqn) d'invectives. SYN. **injurier.** *Se faire invectiver.*

INVENDABLE [ɛ̃vɑ̃dabl] adj. ✦ Qui n'est pas vendable, ne peut trouver d'acheteur.

A B C D E F G H I J K L M N O P Q R S T U V W X Y Z

INVENDU, UE [ɛ̃vɑ̃dy] **adj.** ✦ Qui n'a pas été vendu. *Marchandises invendues. Les journaux invendus.* ➖ **n. m.** *Les invendus.*

INVENTAIRE [ɛ̃vɑ̃tɛʀ] **n. m.** 1. Opération qui consiste à recenser l'actif et le passif (d'une communauté, d'un commerce, etc.) ; état descriptif. *Dresser un inventaire.* → **inventorier.** *Inventaire de fin d'année.* 2. Revue et étude minutieuse. *Inventaire scientifique. L'inventaire des monuments d'une région.*
ÉTYM. latin juridique *inventarium*, de *invenire* «trouver».

INVENTER [ɛ̃vɑ̃te] **v. tr.** (conjug. 3a) 1. Créer ou découvrir (qqch. de nouveau). *Les Chinois ont inventé l'imprimerie.* 2. Trouver, imaginer pour un usage particulier. *Il ne sait pas quoi inventer pour nous ennuyer.* 3. Imaginer de façon arbitraire. *J'ai inventé une histoire pour m'excuser. Crois-moi, je n'invente rien,* c'est la vérité. ➖ **pronom.** *Ce sont des choses qui ne s'inventent pas,* qui sont sûrement vraies. ➖ **au p. passé** *Une histoire inventée de toutes pièces.* SYN. ① **faux.**
ÉTYM. du latin *inventum*, de *invenire* «trouver».

INVENTEUR, TRICE [ɛ̃vɑ̃tœʀ, tʀis] **n.** 1. Personne qui invente, qui a inventé. *L'inventeur d'une machine.* ➖ Auteur d'inventions importantes. *Les grands inventeurs.* 2. DR. Personne qui trouve (un trésor, un objet, etc.). *L'inventeur d'une épave.*
ÉTYM. latin *inventor*, de *invenire* «trouver».

INVENTIF, IVE [ɛ̃vɑ̃tif, iv] **adj.** 1. Qui a le don d'inventer. *Un génie inventif.* 2. Fertile en ressources, en expédients. SYN. **ingénieux.**

INVENTION [ɛ̃vɑ̃sjɔ̃] **n. f.** I DIDACT. Fait de trouver. (RELIG.) *L'invention de la croix, de reliques.* ➖ *L'invention d'un trésor.* → **inventeur** (2). II COUR. 1. *L'invention de qqch. ; une invention,* action d'inventer. → **découverte.** *L'invention de l'imprimerie.* ◆ *(Une, des inventions)* Chose inventée, nouveauté scientifique ou technique. 2. *L'invention,* faculté, don d'inventer. SYN. **imagination, inventivité.** *Il manque d'invention.* 3. Action d'imaginer (un moyen) ; d'inventer (une histoire). 4. Chose imaginée. *C'est une pure invention.* → **fiction, mensonge.** 5. MUS. Petite pièce instrumentale (surtout pour clavier) en style fugué. *Les «Inventions» de Bach.*
ÉTYM. latin *inventio*, de *invenire* «trouver».

INVENTIVITÉ [ɛ̃vɑ̃tivite] **n. f.** ✦ Capacité d'inventer, d'innover. *L'inventivité des enfants.*
ÉTYM. de *inventif.*

INVENTORIER [ɛ̃vɑ̃tɔʀje] **v. tr.** (conjug. 9) ✦ Faire l'inventaire de. *Inventorier les meubles d'une maison.*
ÉTYM. du latin médiéval *inventorium*, variante de *inventarium* → inventaire.

INVÉRIFIABLE [ɛ̃veʀifjabl] **adj.** ✦ Qui ne peut être vérifié. CONTR. **vérifiable.**

INVERSE [ɛ̃vɛʀs] **adj.** et **n. m.**
I **adj.** 1. (direction, ordre) Qui est exactement opposé, contraire. *En sens inverse.* 2. *Rapport, raison inverse* (quantité dont l'une augmente dans la même proportion que l'autre diminue).
II **n. m.** *L'inverse,* la chose inverse (soit par changement d'ordre ou de sens, soit par contradiction totale). SYN. **contraire.** *C'est l'inverse qui s'est produit.* ➖ loc. *À l'inverse,* tout au contraire.
ÉTYM. latin *inversus*, de *invertere* «retourner» ; doublet de ② *envers.*

INVERSEMENT [ɛ̃vɛʀsəmɑ̃] **adv.** 1. D'une manière inverse. *Inversement proportionnel.* 2. (en tête de phrase) Par un phénomène, un raisonnement inverse. *Inversement, on peut dire que...* ➖ (à la fin de la proposition) *Ou inversement :* ou c'est l'inverse. SYN. **vice versa.**

INVERSER [ɛ̃vɛʀse] **v. tr.** (conjug. 3a) 1. Changer (la position, l'ordre de). SYN. **intervertir.** ➖ **au p. passé** *Sujet inversé* (→ **inversion**). 2. Renverser le sens de (un courant électrique, un mouvement).
ÉTYM. de *inverse.*

INVERSION [ɛ̃vɛʀsjɔ̃] **n. f.** I 1. Déplacement (d'un mot ou d'un groupe de mots) par rapport à l'ordre habituel de la construction. *L'inversion du sujet dans l'interrogation directe* (viens-tu ?). 2. Changement de sens (d'un courant électrique). II *Inversion sexuelle :* homosexualité (→ **inverti**).
ÉTYM. latin *inversio*, de *invertere* «retourner».

INVERTÉBRÉ, ÉE [ɛ̃vɛʀtebʀe] **adj.** 1. Qui n'a pas de vertèbres, de squelette. ➖ **n.** *LES INVERTÉBRÉS :* les animaux sans colonne vertébrale. *L'escargot est un invertébré.* 2. fig. Qui manque de force et d'organisation. *Un récit invertébré.* CONTR. **vertébré.**
ÉTYM. de ① *in-* et *vertébré.*

INVERTI, IE [ɛ̃vɛʀti] **n.** ✦ VIEILLI Homosexuel, homosexuelle.
ÉTYM. du latin *invertere* «retourner».

INVESTIGATION [ɛ̃vɛstigasjɔ̃] **n. f.** ✦ Recherche suivie, systématique. SYN. **enquête.** *Les investigations de l'historien. Investigations scientifiques.*
ÉTYM. latin *investigatio*, de *vestigare* «suivre, chercher».

INVESTIR [ɛ̃vɛstiʀ] **v. tr.** (conjug. 13) I 1. Mettre (qqn) en possession, revêtir (d'un pouvoir, d'un droit, d'une fonction) (→ **investiture**). *Investir un ambassadeur de pouvoirs extraordinaires.* 2. Désigner officiellement (un candidat aux élections). II Entourer avec des troupes (un objectif militaire). SYN. **cerner.** *Investir une ville.* III 1. Employer, placer (des capitaux) dans une entreprise. *Il a investi son argent dans l'immobilier.* 2. **intrans.** Mettre son énergie psychique dans une activité, un objet. *Elle a beaucoup investi dans ses enfants.*
ÉTYM. latin *investire* «revêtir, garnir», de *vestis* «vêtement» ; sens II repris à l'italien ; sens III repris à l'anglais.

INVESTISSEMENT [ɛ̃vɛstismɑ̃] **n. m.** I Action d'investir (II) ; son résultat. *L'investissement d'une place forte.* II Action d'investir dans une entreprise des capitaux destinés à son équipement, à l'acquisition de moyens de production ; ces capitaux.

INVESTISSEUR, EUSE [ɛ̃vɛstisœʀ, øz] **n.** ✦ Personne ou collectivité qui investit (III) des capitaux.

INVESTITURE [ɛ̃vɛstityʀ] **n. f.** 1. Acte solennel, cérémonie qui accompagnait la mise en possession (d'un fief, d'un évêché...). 2. Acte par lequel un parti investit un candidat à une élection. *Recevoir l'investiture.*
ÉTYM. latin médiéval *investitura*, de *investire* → investir.

INVÉTÉRÉ, ÉE [ɛ̃veteʀe] **adj.** ✦ **péj.** 1. Fortifié et rendu immuable par la durée. *Une habitude invétérée.* 2. (personnes) Qui a depuis longtemps (un caractère, un vice) et ne change pas. SYN. **endurci.** *Un alcoolique invétéré.*
ÉTYM. latin *inveteratus*, de *inveterare* «devenir vieux *(vetus)*».

INVINCIBLE [ɛ̃vɛ̃sibl] **adj.** 1. (personnes) Qui ne peut être vaincu. ➔ Qui ne se laisse pas abattre. *Un courage invincible.* 2. (choses) Dont on ne peut triompher. *Un obstacle invincible.* ➔ À quoi l'on ne peut résister. SYN. **irrésistible.** *Une répugnance invincible. Une invincible timidité.*
► **INVINCIBLEMENT** [ɛ̃vɛ̃sibləmɑ̃] **adv.**
ÉTYM. bas latin *invincibilis.*

INVIOLABLE [ɛ̃vjɔlabl] **adj.** ✦ Qu'il n'est pas permis de violer, d'enfreindre. SYN. ① **sacré.** *Des droits inviolables.*
ÉTYM. latin *inviolabilis.*

INVISIBILITÉ [ɛ̃vizibilite] **n. f.** ✦ Caractère de ce qui n'est pas visible. *L'invisibilité d'un gaz.*
ÉTYM. bas latin *invisibilitas.*

INVISIBLE [ɛ̃vizibl] **adj.** 1. Qui n'est pas visible, qui échappe à la vue. *Les nuages rendent la lune invisible. Un micro-organisme, une étoile invisible à l'œil nu.* 2. (personnes) Qui se dérobe aux regards et qu'on ne peut rencontrer. *Le directeur restait invisible.*
ÉTYM. bas latin *invisibilis.*

INVITATION [ɛ̃vitasjɔ̃] **n. f.** 1. Action d'inviter ; son résultat. *Accepter, refuser une invitation à dîner.* 2. Action d'inciter, d'engager (à). *Une invitation à la rêverie.* ➔ *Sur l'invitation de,* sur la prière, le conseil de.
ÉTYM. latin *invitatio.*

INVITE [ɛ̃vit] **n. f.** ✦ Invitation discrète (à faire qqch.). *C'était une invite à la désobéissance.*
ÉTYM. de *inviter.*

INVITÉ, ÉE [ɛ̃vite] **n.** ✦ Personne invitée par une autre. SYN. **convive, hôte.** *Des invités de marque.*

INVITER [ɛ̃vite] **v. tr.** (conjug. 3a) 1. Prier (qqn) de se rendre, de se trouver à un endroit, d'assister à qqch. SYN. **convier.** *Invitons-les à dîner. Ils ont été invités au mariage.* ➔ pronom. *Elle s'est invitée toute seule.* ➔ au p. passé *Des amis invités à dîner.* → **invité.** 2. Engager (qqn) de façon courtoise mais nette (à faire qqch.). *Je vous invite à me suivre.* ◆ (sujet chose) Inciter, porter (à). *Le temps invitait à se promener, à la flânerie.*
ÉTYM. latin *invitare.*

IN VITRO [invitʀo] **loc. adv.** ✦ En milieu artificiel, en laboratoire (opposé à *in vivo, in situ*). *Fécondation in vitro* (opposé à *in utero*).
ÉTYM. mots latins «dans le verre».

INVIVABLE [ɛ̃vivabl] **adj.** 1. Très difficile à vivre, à supporter. *Une situation invivable.* 2. (personnes) Insupportable. *Il est devenu invivable.*
ÉTYM. de ② *in-* et *vivre.*

IN VIVO [invivo] **loc. adv.** ✦ Dans l'organisme vivant. *Expériences in vivo* (opposé à *in vitro*).
ÉTYM. mots latins «dans le vivant».

INVOCATION [ɛ̃vɔkasjɔ̃] **n. f.** ✦ Action d'invoquer (→ **prière**) ; son résultat. *Formules d'invocation.*
ÉTYM. latin *invocatio.*

INVOLONTAIRE [ɛ̃vɔlɔ̃tɛʀ] **adj.** 1. Qui échappe au contrôle de la volonté. *Un geste involontaire.* 2. (personnes) Qui agit ou se trouve dans une situation, sans le vouloir. *Être le témoin involontaire d'un drame.* CONTR. **volontaire, voulu.**
ÉTYM. bas latin *involuntarius.*

INVOLONTAIREMENT [ɛ̃vɔlɔ̃tɛʀmɑ̃] **adv.** ✦ Sans le vouloir. *Si je vous ai peiné, c'est bien involontairement.* CONTR. **délibérément,** ② **exprès, volontairement.**

INVOLUTION [ɛ̃vɔlysjɔ̃] **n. f.** ✦ DIDACT. Mouvement de repli vers l'intérieur (concret ou abstrait).
ÉTYM. latin *involutio,* de *volvere* «enrouler».

INVOQUER [ɛ̃vɔke] **v. tr.** (conjug. 3a) 1. Appeler à l'aide par des prières. *Invoquer Dieu, tous les saints.* 2. Faire appel, avoir recours à (qqch. qui peut aider). *Nous invoquerons son témoignage. Invoquer une référence, un livre. Invoquer des prétextes.*
ÉTYM. latin *invocare,* de *vox, vocis* «voix».

INVRAISEMBLABLE [ɛ̃vʀɛsɑ̃blabl] **adj.** 1. Qui n'est pas vraisemblable. SYN. **incroyable.** *C'est une histoire invraisemblable.* 2. (concret) Très étonnant (et souvent comique). SYN. **extravagant, inimaginable.** *Elle porte toujours des tenues invraisemblables.* ◆ Excessif. *Il a une chance invraisemblable.* SYN. **inouï.**

INVRAISEMBLANCE [ɛ̃vʀɛsɑ̃blɑ̃s] **n. f.** 1. Défaut de vraisemblance. *L'invraisemblance d'une nouvelle.* 2. Chose invraisemblable. *Un récit plein d'invraisemblances.*

INVULNÉRABILITÉ [ɛ̃vylneʀabilite] **n. f.** ✦ Caractère de ce qui est invulnérable. CONTR. **vulnérabilité.**

INVULNÉRABLE [ɛ̃vylneʀabl] **adj.** 1. Qui ne peut pas être blessé, n'est pas vulnérable. *Se croire invulnérable.* 2. Qui ne peut être atteint. *Une foi invulnérable.* CONTR. **fragile, vulnérable.**
ÉTYM. latin *invulnerabilis,* de *vulnerare* «blesser».

IODE [jɔd] **n. m.** ✦ Corps (métalloïde) très volatil, présent dans l'eau de mer, qui donne naissance à des vapeurs violettes quand on le chauffe (symb. I). *Teinture d'iode* (désinfectant). HOM. YOD «semi-consonne»
ÉTYM. grec *iôeidês* «violet».

IODÉ, ÉE [jɔde] **adj.** ✦ Qui contient de l'iode. *L'air iodé du bord de mer.*

IODLER [jɔdle] **v. intr.** (conjug. 3a) ✦ Vocaliser en passant de la voix de tête à la voix de poitrine et vice versa, sans transition. ➔ On écrit aussi *jodler.*
ÉTYM. allemand dialectal *jodeln,* de l'onomatopée *jo,* exprimant la joie.

IODURE [jɔdyʀ] **n. m.** ✦ Composé de l'iode. *Iodure d'argent,* utilisé en photographie. *Iodure de potassium.*

ION [jɔ̃] **n. m.** ✦ Atome ou groupement d'atomes portant une charge électrique, notamment ayant gagné ou perdu un ou plusieurs électrons. *Ion positif* (cation), *négatif* (anion).
ÉTYM. mot anglais (Faraday), du grec *ion,* participe présent de *ienai* «aller» : les ions vont vers l'anode ou la cathode.

IONIEN, IENNE [jɔnjɛ̃, jɛn] **adj.** ✦ DIDACT. De la province grecque d'Ionie, en Asie Mineure. ➔ **n. m.** Dialecte grec d'Ionie (☞ noms propres).

① **IONIQUE** [jɔnik] **adj.** ✦ *Ordre ionique,* un des trois styles d'architecture grecque (avec le dorique et le corinthien) caractérisé par un chapiteau orné de deux volutes latérales. *Colonne ionique.*
ÉTYM. latin *ionicus,* grec *iônikos* «de l'Ionie *(Iônia)*». ☞ noms propres.

② **IONIQUE** [jɔnik] **adj.** ✦ SC. Relatif aux ions. *Charge ionique.*
ÉTYM. de *ion.*

IONISATION [jɔnizasjɔ̃] **n. f.** ✦ SC. Formation, présence d'ions positifs et négatifs (dans un gaz).
ÉTYM. de *ion.*

IONISER [jɔnize] **v. tr.** (conjug. 3a) ✦ SC. Modifier en créant des ions ; charger d'électricité.
► **IONISÉ, ÉE adj.** Chargé d'ions. *Gaz ionisé.*
ÉTYM. de *ion.*

IONOSPHÈRE [jɔnɔsfɛʀ] **n. f.** ✦ Couche supérieure ionisée de l'atmosphère.
ÉTYM. de *ion* et *sphère.*

IOTA [jɔta] **n. m. invar.** ✦ Neuvième lettre de l'alphabet grec (Ι, ι), qui correspond à *i.* – loc. *Sans changer d'un iota,* sans rien changer.
ÉTYM. grec *iôta.*

IOURTE → YOURTE

IPÉCA [ipeka] **n. m.** ✦ Racine à propriétés vomitives d'un arbrisseau du Brésil. *Sirop, pastille d'ipéca.*
ÉTYM. de *ipecacuanha,* mot portugais, d'une langue amérindienne du Brésil, le tupi.

IPSO FACTO [ipsofakto] **adv.** ✦ Par voie de conséquence, automatiquement. *Le candidat qui triche est éliminé ipso facto.*
ÉTYM. mots latins «par le fait *(factum)* même».

Ir [iɛʀ] ✦ CHIM. Symbole de l'iridium.

IRASCIBLE [iʀasibl] **adj.** ✦ LITTÉR. Qui s'irrite, s'emporte facilement. SYN. **coléreux ; irritable.** *Il est d'une humeur irascible.* CONTR. **aimable,** ② **calme, paisible.**
ÉTYM. bas latin *irascibilis,* de *irasci* «se mettre en colère *(ira)*».

IRE [iʀ] **n. f.** ✦ archaïsme Colère.
ÉTYM. latin *ira.*

IRIDIUM [iʀidjɔm] **n. m.** ✦ Métal blanc très dur, cassant, qu'on extrait de minerais de platine (symb. Ir).
ÉTYM. mot anglais, du latin *iris, iridis* «arc-en-ciel».

IRIS [iʀis] **n. m.** **I** Plante à haute tige portant de grandes fleurs ornementales. **II** **1.** Membrane de l'œil, située derrière la cornée et présentant un orifice (pupille) en son centre. *Iris bleu, brun.* **2.** Diaphragme (photographique).
ÉTYM. latin *iris, iridis,* du grec, d'abord «arc-en-ciel». ☞ IRIS (noms propres).

IRISATION [iʀizasjɔ̃] **n. f.** ✦ Production des couleurs de l'arc-en-ciel par décomposition du prisme.
ÉTYM. de *iriser.*

IRISER [iʀize] **v. tr.** (conjug. 3a) ✦ Colorer des couleurs du prisme, de manière changeante. – pronom. *Verres de lunettes qui s'irisent au soleil.*
► **IRISÉ, ÉE adj.** *Reflets irisés.*
ÉTYM. de *iris* «arc-en-ciel».

IRLANDAIS, AISE [iʀlɑ̃dɛ, ɛz] **adj. et n.** ✦ D'Irlande (☞ noms propres). – spécialt *Café irlandais,* avec du whisky et de la crème fraîche (anglais *irish coffee* [ajʀiʃkɔfi]). ♦ **n. m.** *L'irlandais,* les dialectes celtiques parlés en Irlande.

I. R. M. [iɛʀɛm] **n. f.** ✦ MÉD. Ensemble des techniques permettant d'obtenir des images anatomiques à partir de la résonance* magnétique nucléaire.
ÉTYM. sigle de *imagerie par résonance magnétique.*

IRONIE [iʀɔni] **n. f.** **1.** Manière de se moquer (de qqn ou de qqch.) en disant le contraire de ce qu'on veut exprimer. → **moquerie.** *Je le dis sans ironie.* ♦ LING. Procédé par lequel on dit le contraire de ce qu'on veut faire comprendre. SYN. **antiphrase.** ☞ Littérature p. 117. **2.** Disposition moqueuse. *Une lueur d'ironie dans le regard.* **3.** *IRONIE DU SORT,* intention de moquerie méchante qu'on prête au sort.
ÉTYM. latin *ironia,* du grec *eirôneia* «action d'interroger en feignant l'ignorance» (procédé de Socrate).

IRONIQUE [iʀɔnik] **adj.** ✦ Qui use de l'ironie ; où il entre de l'ironie. → **moqueur, railleur, sarcastique.** *Un sourire, un ton ironique.*
ÉTYM. latin *ironicus.*

IRONIQUEMENT [iʀɔnikmɑ̃] **adv.** ✦ D'une manière ironique.

IRONISER [iʀɔnize] **v. intr.** (conjug. 3a) ✦ Employer l'ironie. → se **moquer, railler.** *Ironiser sur, à propos de qqn, qqch.*

IRONISTE [iʀɔnist] **n.** ✦ VIEILLI Personne, écrivain qui pratique l'ironie. → **humoriste.**

IROQUOIS, OISE [iʀɔkwa, waz] **adj. et n.** ✦ D'un groupe amérindien des Grands Lacs. – **n.** *Les Iroquois* (☞ noms propres). ♦ **n. m.** Famille de langues indiennes (comprenant le huron, le mohawk, le cherokee).
ÉTYM. d'un mot de cette langue.

IRRACONTABLE → INRACONTABLE

IRRADIATION [iʀadjasjɔ̃] **n. f.** **1.** Émission de radiations. *L'irradiation du soleil.* **2.** Action d'irradier (2). *L'irradiation d'une tumeur. Danger d'irradiation.*
ÉTYM. latin *irradiatio.*

IRRADIER [iʀadje] **v.** (conjug. 9) **1. v. intr.** (lumière, douleur) Se propager en rayonnant à partir d'un centre. *La douleur irradie dans toute la jambe.* **2. v. tr.** Exposer (des organismes ou des substances d'origine animale ou végétale) à l'action de radiations (notamment à la radioactivité). – **au p. passé** *Personnel d'une centrale nucléaire accidentellement irradié.*
ÉTYM. latin *irradiare* «rayonner», de *radius* «rayon».

IRRAISONNÉ, ÉE [iʀɛzɔne] **adj.** ✦ Qui n'est pas raisonné, qui n'a pas de raison précise. *Une peur irraisonnée.*

IRRATIONNEL, ELLE [iʀasjɔnɛl] **adj.** **1.** Qui n'est pas rationnel, n'est pas du domaine de la raison. *Des croyances irrationnelles.* **2.** *Nombre irrationnel,* qui ne peut être mis sous la forme d'un rapport entre deux nombres entiers (ex. le nombre π [pi]).
ÉTYM. latin *irrationalis.*

IRRÉALISABLE [iʀealizabl] **adj.** ✦ Qui ne peut se réaliser. SYN. **chimérique.** *Un projet irréalisable.* CONTR. **faisable, possible, réalisable.**

IRRÉALISME [iʀealism] **n. m.** ✦ Manque de réalisme, de sens des réalités. CONTR. **réalisme.**

IRRÉALISTE [iʀealist] **adj.** ✦ Qui manque de réalisme. *Des prévisions irréalistes.* CONTR. **réaliste.**

IRRÉALITÉ [iʀealite] **n. f.** ✦ Caractère irréel. *Une impression d'irréalité, de rêve.* CONTR. **réalité.**
ÉTYM. de *irréel.*

IRRECEVABLE [iʀ(ə)səvabl ; iʀəs(ə)vabl] **adj.** ✦ Qui n'est pas recevable, qui ne peut être admis. SYN. **inacceptable.** *Votre demande est irrecevable.*

IRRÉCONCILIABLE [iʀekɔ̃siljabl] **adj.** ✦ Avec lequel, entre lesquels il n'y a pas de réconciliation possible. *Des ennemis irréconciliables.*
ÉTYM. bas latin *irreconciliabilis.*

IRRÉCUPÉRABLE [iʀekypeʀabl] **adj.** ✦ Qui ne peut être récupéré (choses, personnes). CONTR. **récupérable ; recyclable.**

IRRÉCUSABLE [iʀekyzabl] **adj.** 1. Qui ne peut être récusé en justice. *Un témoignage irrécusable.* 2. Qu'on ne peut contester, mettre en doute. *Une preuve irrécusable.* SYN. **irréfragable, irréfutable.** CONTR. **récusable • contestable, discutable.**
ÉTYM. bas latin *irrecusabilis.*

IRRÉDENTISME [iʀedɑ̃tism] **n. m.** ✦ POLIT. Mouvement nationaliste réclamant l'annexion des territoires sous domination étrangère où vivent des nationaux.
► **IRRÉDENTISTE** [iʀedɑ̃tist] **adj.**
ÉTYM. italien *irredentismo,* de *redento* «racheté», latin *redemptus* → rédemption.

IRRÉDUCTIBLE [iʀedyktibl] **adj.** 1. Qui ne peut être réduit. *Fraction, équation irréductible,* dont le numérateur et le dénominateur n'ont pas d'autre diviseur commun que 1 (ex. 13/5). 2. Dont on ne peut venir à bout. *Une opposition irréductible. Un ennemi irréductible.* ➖ **n.** *Des irréductibles.* CONTR. **réductible.**
ÉTYM. de ② *in-* et *réductible.*

IRRÉEL, ELLE [iʀeɛl] **adj.** 1. Qui n'est pas réel, qui est en dehors de la réalité. → **abstrait, fantastique ; irréalité.** *Vos craintes sont irréelles.* 2. Qui ne semble pas du domaine de la réalité. *Des couleurs absolument irréelles.* SYN. **merveilleux.** 3. LING. *Mode irréel* ou **n. m.** *l'irréel* : construction ou forme verbale exprimant une hypothèse irréalisable. *Le conditionnel passé exprime l'irréel du passé* (ex. s'il avait fait beau, nous *serions sortis*). CONTR. **authentique, réel.**

IRRÉFLÉCHI, IE [iʀefleʃi] **adj.** ✦ Qui agit ou se fait sans réflexion. *Un homme irréfléchi. Des propos irréfléchis.* CONTR. **avisé, raisonnable, réfléchi.**

IRRÉFLEXION [iʀeflɛksjɔ̃] **n. f.** ✦ Manque de réflexion. SYN. **étourderie, imprévoyance.**

IRRÉFRAGABLE [iʀefʀagabl] **adj.** ✦ LITTÉR. (preuve, témoignage...) Qu'on ne peut contredire, récuser. SYN. **irrécusable.**
ÉTYM. bas latin *irrefragabilis,* de *refragari* «voter contre».

IRRÉFUTABLE [iʀefytabl] **adj.** ✦ Qui ne peut être réfuté. *Un argument, un raisonnement irréfutable.* SYN. **irrécusable.**

IRRÉFUTABLEMENT [iʀefytabləmɑ̃] **adv.** ✦ D'une manière irréfutable.

IRRÉGULARITÉ [iʀegylaʀite] **n. f.** 1. Caractère, aspect irrégulier (d'un objet, un phénomène, une situation...). *L'irrégularité d'un pouls.* 2. Chose ou action irrégulière. *Les irrégularités d'une conjugaison.* ➖ Chose contraire à la loi, à un règlement. *Des irrégularités ont été commises au cours de l'élection.* CONTR. **régularité • constance.**
ÉTYM. bas latin *irregularitas.*

IRRÉGULIER, IÈRE [iʀegylje, jɛʀ] **adj.** **I** 1. Qui n'est pas régulier dans sa forme, ses dimensions, sa disposition... *Un visage aux traits irréguliers.* ➖ (dans le temps) *Un pouls irrégulier.* SYN. **intermittent.** ◆ Qui a des valeurs inégales. *Des résultats irréguliers.* 2. Qui n'est pas conforme à la règle, à l'usage commun. *Une procédure irrégulière.* ➖ Qui n'est pas conforme à une règle grammaticale. *Verbes irréguliers.* **II** (personnes) 1. *Troupes irrégulières,* qui n'appartiennent pas à l'armée régulière. 2. Qui n'est pas constamment égal à soi-même. SYN. **inégal.** *Un élève, un athlète irrégulier.* CONTR. **égal, régulier, uniforme.**
ÉTYM. bas latin *irregularis.*

IRRÉGULIÈREMENT [iʀegyljɛʀmɑ̃] **adv.** 1. D'une manière irrégulière. SYN. **illégalement.** 2. Sans régularité. CONTR. **régulièrement.**

IRRÉLIGIEUX, EUSE [iʀeliʒjø, øz] **adj.** ✦ Qui n'a pas de croyance religieuse, s'oppose à la religion. *Un esprit irréligieux.* SYN. **incrédule, incroyant, sceptique.** ➖ *Opinions irréligieuses.* CONTR. **croyant, pieux, religieux.**
ÉTYM. latin *irreligiosus.*

IRRÉLIGION [iʀeliʒjɔ̃] **n. f.** ✦ LITTÉR. Manque de religion, d'esprit religieux. SYN. **impiété, incroyance.** CONTR. **foi, piété, religion.**

IRRÉMÉDIABLE [iʀemedjabl] **adj.** ✦ À quoi on ne peut remédier. SYN. **irréparable.** *Des pertes irrémédiables.* CONTR. **remédiable, réparable.**
► **IRRÉMÉDIABLEMENT** [iʀemedjabləmɑ̃] **adv.**
ÉTYM. latin *irremediabilis.*

IRRÉMISSIBLE [iʀemisibl] **adj.** ✦ LITTÉR. (crime, faute) Impardonnable.
ÉTYM. bas latin *irremissibilis,* de *remittere* «remettre».

IRREMPLAÇABLE [iʀɑ̃plasabl] **adj.** ✦ Qui ne peut être remplacé (par qqch. ou qqn de même valeur). *Un collaborateur irremplaçable.* CONTR. **interchangeable, remplaçable.**

IRRÉPARABLE [iʀepaʀabl] **adj.** 1. Qui ne peut être réparé. *La voiture est irréparable.* 2. fig. *C'est une perte irréparable.* SYN. **irrémédiable.** ➖ **n. m.** *L'irréparable est accompli.* CONTR. **réparable.**
ÉTYM. latin *irreparabilis.*

IRRÉPRESSIBLE [iʀepʀesibl] **adj.** ✦ LITTÉR. Qu'on ne peut réprimer, contenir. SYN. **irrésistible.** *Un tic, un rire irrépressible.* CONTR. **maîtrisable.**
ÉTYM. de ② *in-* et *répressible.*

IRRÉPROCHABLE [iʀepʀɔʃabl] **adj.** ✦ À qui, à quoi on ne peut faire aucun reproche. SYN. **parfait.** *Une conduite irréprochable.* SYN. **impeccable.** CONTR. **condamnable.**
ÉTYM. de ② *in-* et *reprocher.*

IRRÉSISTIBLE [iʀezistibl] **adj.** 1. À quoi on ne peut résister. *Une tentation irrésistible. C'est irrésistible.* 2. (personnes) À qui on ne peut résister. *Elle était irrésistible dans cette robe.* 3. Qui fait rire. *Un spectacle irrésistible.*
► **IRRÉSISTIBLEMENT** [iʀezistibləmɑ̃] **adv.**
ÉTYM. latin médiéval *irresistibilis.*

IRRÉSOLU, UE [iʀezɔly] **adj.** ✦ LITTÉR. Qui a du mal à se résoudre, à se déterminer. SYN. **hésitant, indécis.** CONTR. **décidé, déterminé, résolu.**
ÉTYM. de ② *in-* et *résolu.*

IRRÉSOLUTION [iʀezɔlysjɔ̃] **n. f.** ✦ État ou caractère d'une personne irrésolue. SYN. **hésitation, indécision.** CONTR. **décision, détermination, résolution.**
ÉTYM. de ② *in-* et *résolution.*

IRRESPECT [iʀɛspɛ] **n. m.** ✦ LITTÉR. Manque de respect. SYN. **insolence.**

IRRESPECTUEUX, EUSE [iʀɛspɛktɥø, øz] **adj.** ✦ Qui n'est pas respectueux. SYN. **impertinent, insolent.**

IRRESPIRABLE [iʀɛspiʀabl] **adj.** ✦ Qui est pénible ou dangereux à respirer. *Une atmosphère irrespirable* (aussi au fig.). CONTR. **respirable.**

IRRESPONSABILITÉ [iʀɛspɔ̃sabilite] **n. f.** ✦ Caractère d'une personne irresponsable ou qui agit à la légère. CONTR. **responsabilité.**

IRRESPONSABLE [iʀɛspɔ̃sabl] **adj.** 1. Qui, devant la loi, n'est pas responsable, n'a pas à répondre de ses actes. *Les aliénés sont irresponsables.* 2. Qui se conduit sans assumer de responsabilités, sans envisager les conséquences. *Des dirigeants irresponsables.* ➖ **n.** *C'est un irresponsable.* ◆ (comportements...) *Une attitude irresponsable.* CONTR. **responsable.**

IRRÉTRÉCISSABLE [iʀetʀesisabl] **adj.** ✦ Qui ne peut rétrécir. *Tissu irrétrécissable au lavage.*

IRRÉVÉRENCE [iʀeveʀɑ̃s] **n. f.** ✦ LITTÉR. Manque de respect. SYN. **impertinence, irrespect.** *Agir avec irrévérence.* CONTR. **respect, révérence.**
ÉTYM. latin *irreverentia.*

IRRÉVÉRENCIEUX, EUSE [iʀeveʀɑ̃sjø, øz] **adj.** ✦ LITTÉR. Qui fait preuve d'irrévérence. *Propos irrévérencieux.* CONTR. **respectueux, révérencieux.**

IRRÉVERSIBLE [iʀevɛʀsibl] **adj.** ✦ Qui ne peut se produire que dans un seul sens, sans pouvoir être arrêté ni renversé. *C'est un phénomène, un processus, une évolution irréversible.* CONTR. **réversible.**
ÉTYM. de ② *in-* et *réversible.*

IRRÉVOCABLE [iʀevɔkabl] **adj.** ✦ Qui ne peut être révoqué, repris. *Un jugement irrévocable. Ma décision est irrévocable.* SYN. **définitif.** CONTR. **révocable.**
ÉTYM. latin *irrevocabilis.*

IRRÉVOCABLEMENT [iʀevɔkabləmɑ̃] **adv.** ✦ LITTÉR. D'une manière irrévocable.

IRRIGATION [iʀigasjɔ̃] **n. f.** ✦ Arrosement artificiel et méthodique des terres. ☛ Géographie p. 229. *Canaux d'irrigation.*
ÉTYM. latin *irrigatio.*

IRRIGUER [iʀige] **v. tr.** (conjug. 3b) ✦ Arroser par irrigation. *Irriguer des champs.* ➖ fig. *Les vaisseaux qui irriguent le cœur.*
► **IRRIGUÉ, ÉE adj.** *Terres, cultures irriguées.*
ÉTYM. latin *irrigare.*

IRRITABILITÉ [iʀitabilite] **n. f.** ✦ Disposition à s'irriter. *Elle est d'une extrême irritabilité.*
ÉTYM. latin *irritabilitas.*

IRRITABLE [iʀitabl] **adj.** ✦ Qui se met facilement en colère. SYN. **emporté, irascible.** CONTR. ② **calme, paisible.**
ÉTYM. latin *irritabilis.*

IRRITANT, ANTE [iʀitɑ̃, ɑ̃t] **adj.** 1. Qui irrite, met en colère. SYN. **agaçant, énervant.** 2. Qui détermine de l'irritation, de l'inflammation. *Fumées irritantes.* CONTR. **apaisant, calmant • adoucissant.**

IRRITATION [iʀitasjɔ̃] **n. f.** 1. État d'une personne irritée. SYN. **colère, exaspération.** *Il était au comble de l'irritation.* SYN. **agacement.** 2. Inflammation légère. *Une irritation de la gorge.*
ÉTYM. latin *irritatio.*

IRRITER [iʀite] **v. tr.** (conjug. 3a) 1. Mettre en colère. SYN. **agacer, énerver, exaspérer.** ➖ pronom. *Il s'est irrité contre lui, de son retard.* SYN. **se fâcher.** ➖ au p. passé *Il avait l'air très irrité.* 2. LITTÉR. Rendre plus vif, plus fort. SYN. **aviver.** *Irriter les passions, la curiosité.* 3. Rendre douloureux, sensible en déterminant une légère inflammation. SYN. **enflammer.** *Ce tissu irrite la peau.* ➖ au p. passé *Gorge irritée.* CONTR. **apaiser, calmer • adoucir.**
ÉTYM. latin *irritare* «exciter, provoquer».

IRRUPTION [iʀypsjɔ̃] **n. f.** 1. VX Invasion soudaine et violente (d'éléments hostiles, dans un pays). 2. Entrée de force, en masse ou de façon inattendue (dans un lieu). *Une irruption de manifestants sur un plateau de télévision.* ➖ FAIRE IRRUPTION. *Il a fait irruption dans mon bureau.*
ÉTYM. latin *irruptio.*

ISABELLE [izabɛl] **adj. invar.** ✦ (cheval) De couleur jaune pâle. *Des juments isabelle.*
ÉTYM. du prénom espagnol *Isabel.*

ISARD [izaʀ] **n. m.** ✦ Chamois des Pyrénées.
ÉTYM. mot préceltique des Pyrénées.

ISBA [izba] **n. f.** ✦ Petite maison de bois des paysans russes. *Des isbas.*
ÉTYM. mot russe.

ISCHION [iskjɔ̃] **n. m.** ✦ ANAT. Partie inférieure et postérieure de l'os iliaque.
ÉTYM. grec *iskhion* «hanche».

ISLAM [islam] **n. m.** 1. Religion prêchée par Mahomet et fondée sur le Coran. 2. (avec maj.) L'ensemble des peuples musulmans et leur civilisation. *Histoire de l'Islam.* ☛ Islam p. 155.
ÉTYM. mot arabe «soumission».

ISLAMIQUE [islamik] **adj.** ✦ Qui a rapport à l'islam. SYN. **musulman.** *École islamique.* SYN. **coranique.** ➖ *Loi islamique,* la loi religieuse de l'Islam, qui fixe les devoirs des croyants. → **charia.**

ISLAMISER [islamize] **v. tr.** (conjug. 3a) ✦ Convertir, intégrer à l'islam. ➖ au p. passé *Populations islamisées d'Afrique noire.*
► **ISLAMISATION** [islamizasjɔ̃] **n. f.**

ISLAMISME [islamism] **n. m.** ✦ Religion musulmane, islam. ◆ Propagande en faveur de l'islam.
► **ISLAMISTE** [islamist] **adj. et n.**

ISLANDAIS, AISE [islɑ̃dɛ, ɛz] **adj. et n.** ✦ D'Islande (☛ noms propres). ➖ **n.** *Les Islandais.* ◆ **n. m.** *L'islandais,* la langue germanique parlée en Islande.

ISO- Élément, du grec *isos* «égal».

ISOBARE [izobaʀ] **adj.** ✦ D'égale pression atmosphérique. *Lignes isobares,* qui, sur une carte, relient des points de pression atmosphérique égale.
ÉTYM. de *iso-* et du grec *baros* «poids».

ISOCÈLE [izɔsɛl] **adj.** ✦ *Triangle, trapèze isocèle,* qui a deux côtés égaux.
ÉTYM. de *iso-* et du grec *skelos* «jambe».

ISOLANT, ANTE [izɔlɑ̃, ɑ̃t] **adj.** ✦ Qui isole, empêche la propagation des vibrations, ou n'est pas conducteur d'électricité. *Matériaux isolants.* ➖ **n. m.** *Un isolant électrique, phonique, thermique.* CONTR. **conducteur.**

ISOLATEUR [izɔlatœʀ] **n. m.** ✦ Support isolant pour les conducteurs d'électricité.

ISOLATION [izɔlasjɔ̃] **n. f.** ✦ Action de protéger une pièce contre la chaleur, le froid, le bruit ; son résultat. *Isolation acoustique, phonique.* → **insonorisation.** *Isolation thermique.*
ÉTYM. de *isoler.*

ISOLATIONNISME [izɔlasjɔnism] **n. m.** ✦ Politique d'isolement. *Ce pays pratique l'isolationnisme.*
► **ISOLATIONNISTE** [izɔlasjɔnist] **adj.**
ÉTYM. américain *isolationism,* de *isolation* «isolement».

ISOLÉ, ÉE [izɔle] **adj.** **1.** Séparé des choses de même nature ou de l'ensemble auquel il (elle) appartient. *Un arbre isolé.* SYN. **solitaire. 2.** Éloigné de toute habitation. SYN. **perdu, reculé.** *Un endroit isolé.* **3.** (personnes) Séparé des autres humains. SYN. **seul, solitaire. 4.** fig. Seul de sa sorte, non représentatif. *Ce n'est qu'un cas isolé.*
ÉTYM. italien *isolato* «séparé comme une île *(isola)*».

ISOLEMENT [izɔlmɑ̃] **n. m.** **1.** État d'une chose isolée. *L'isolement d'une maison.* **2.** État, situation d'une personne isolée (→ **solitude**) ou qu'on isole. **3.** Absence d'engagement avec les autres nations. allus. *Le «splendide isolement» de l'Angleterre à la fin du XIXe siècle.* → **isolationnisme.** CONTR. **association, groupement** • **contact, engagement.**

ISOLÉMENT [izɔlemɑ̃] **adv.** ✦ Séparément. *Chacun pris isolément.* CONTR. **collectivement, ensemble.**

ISOLER [izɔle] **v. tr.** (conjug. 3a) **1.** Séparer (qqch.) des objets environnants ; empêcher d'être en contact. *La tempête a isolé le village.* ➖ Protéger avec un isolant (spécialt, électrique). ➖ *Isoler un corps,* le séparer d'une combinaison chimique. *Isoler un microbe, un virus* (pour l'étudier, ou l'identifier). **2.** Éloigner (qqn) de la société des autres hommes. *Isoler un malade contagieux.* ➖ pronom. *S'isoler dans un coin.* **3.** fig. Considérer à part, hors d'un contexte. SYN. **abstraire, distinguer.** CONTR. **associer, grouper, rassembler, réunir.**
ÉTYM. de *isolé.*

ISOLOIR [izɔlwaʀ] **n. m.** ✦ Cabine où l'électeur s'isole pour préparer son bulletin de vote.
ÉTYM. de *isoler.*

ISOMÈRE [izɔmɛʀ] **adj.** ✦ CHIM. Se dit de composés ayant la même formule d'ensemble, mais des propriétés différentes dues à un agencement différent des atomes dans la molécule. ➖ **n. m.** *Des isomères.*
ÉTYM. grec *isomerês,* de *isos* «égal» et *meros* «partie».

ISOMÉRIE [izɔmeʀi] **n. f.** ✦ CHIM. Caractère des corps isomères.

ISOMÉTRIE [izɔmetʀi] **n. f.** ✦ MATH. Transformation ponctuelle laissant les distances invariantes.
ÉTYM. de *iso-* et *-métrie.*

ISOMORPHE [izɔmɔʀf] **adj.** ✦ Se dit de corps de constitution chimique analogue qui ont la propriété (*isomorphisme* [izɔmɔʀfism] **n. m.**) d'avoir des formes cristallines voisines.
ÉTYM. de *iso-* et *-morphe.*

ISOPET [izɔpɛ] → **YSOPET**

ISOTHERME [izɔtɛʀm] **adj.** **1.** Qui a même température. *Ligne isotherme* (ou **n. f.** *une isotherme*), reliant sur une carte les points ayant même température moyenne. **2.** PHYS. Qui se produit à température constante. *Dilatation isotherme d'un gaz.* **3.** Qui est isolé thermiquement. *Sac isotherme.*
ÉTYM. de *iso-* et *-therme.*

ISOTOPE [izɔtɔp] **n. m.** ✦ Chacun des éléments de même numéro atomique, mais de masses atomiques différentes. *Isotopes radioactifs.* ➖ **adj.** *L'hydrogène lourd (deutérium) est isotope de l'hydrogène.*
ÉTYM. de *iso-* et du grec *topos* «lieu, emplacement».

ISRAÉLIEN, IENNE [isʀaeljɛ̃, jɛn] **adj.** et **n.** ✦ De l'État d'Israël (☛ noms propres). *L'économie israélienne.* ➖ **n.** *Les Israéliens.*

ISRAÉLITE [isʀaelit] **n.** ✦ Personne qui appartient à la communauté, à la religion juive. SYN. **hébreu, juif.** ➖ **adj.** *Culte israélite.*
ÉTYM. de *Israël,* nom donné à Jacob et à son peuple.

ISSU, UE [isy] **adj.** ✦ Qui est né (de qqn). *Il est issu d'une famille modeste.* ➖ Qui provient (de qqch.). *Les progrès issus des travaux scientifiques.*
ÉTYM. participe passé de l'ancien français *issir* «sortir», latin *exire,* de *ex-* «hors de» et *ire* «aller».

ISSUE [isy] **n. f.** **1.** Ouverture, passage offrant la possibilité de sortir. SYN. **sortie.** *Issue de secours. Rue sans issue,* en cul-de-sac. → **impasse. 2.** fig. Moyen de se dégager d'une situation difficile. SYN. **échappatoire, solution.** *Je ne vois pas d'autre issue.* ◆ Manière dont on sort d'une affaire, dont une chose arrive à son terme. SYN. ① **fin.** *L'issue des pourparlers. Une heureuse issue.* **3.** *À L'ISSUE DE :* à la fin de. *À l'issue du spectacle.* CONTR. **accès, entrée** • **commencement,** ① **départ.**
ÉTYM. féminin substantivé de *issu.*

I. S. T. [iɛste] **n. f.** ✦ Infection sexuellement transmissible. → **M. S. T.** *Le préservatif protège des I. S. T.*
ÉTYM. sigle.

ISTHME [ism] **n. m.** **1.** Bande de terre resserrée entre deux mers ou deux golfes et réunissant deux terres. *L'isthme de Panama.* **2.** ANAT. Partie rétrécie (d'un organe). *L'isthme du gosier.*
► **ISTHMIQUE** [ismik] **adj.**
ÉTYM. latin *isthmus,* grec *isthmos* «passage étroit».

ITALIANISME [italjanism] **n. m.** ✦ Manière de parler, mot propre à l'italien, dans une autre langue. *La mode des italianismes à la Renaissance.* ☛ Langue française p. 103.
ÉTYM. de *italien.*

ITALIEN, IENNE [italjɛ̃, jɛn] **adj.** et **n.** ✦ De l'Italie (☛ noms propres). ➖ **n.** *Les Italiens.* ◆ **n. m.** *L'italien,* groupe de langues et dialectes romans parlés en Italie (à l'exception du sarde) ; la langue officielle de l'Italie issue du toscan.

ITALIQUE [italik] **adj.** **I** Qui a rapport à l'Italie ancienne. *Les peuples italiques.* ➖ **n. m.** *L'italique :* les langues des peuples italiques (groupe comprenant le latin). **II** *Lettres, caractères italiques* (inventés en Italie), légèrement inclinés vers la droite. ➖ **n. m.** *Mettre un mot en italique.*
ÉTYM. latin *italicus.*

-ITE Élément servant à former des noms de maladies de nature inflammatoire (ex. *bronchite, gastrite*).

① **ITEM** [itɛm] **adv.** ✦ COMM., COMPTAB. De même, en outre.
ÉTYM. mot latin «de même», de *ita* «ainsi».

② **ITEM** [itɛm] **n. m.** ✦ **anglicisme** SC. Élément, unité (d'un ensemble).
ÉTYM. mot anglais, du latin → ① item.

ITÉRATIF, IVE [iteʀatif, iv] **adj.** ✦ Qui est répété plusieurs fois. *Des recommandations itératives.* ➖ *Valeur itérative de l'imparfait.*
ÉTYM. latin *iterativus,* de *iterare* «recommencer».

ITINÉRAIRE [itineʀɛʀ] **n. m.** et **adj.**
I n. m. 1. Chemin à suivre ou suivi pour aller d'un lieu à un autre. *Vous avez pris un itinéraire bien compliqué.* 2. **fig.** *Un itinéraire spirituel.*
II adj. DIDACT. Qui a rapport aux voies de circulation. *Mesures itinéraires.*
ÉTYM. bas latin *itinerarium,* de *iter, itineris* «chemin».

ITINÉRANT, ANTE [itineʀɑ̃, ɑ̃t] **adj.** 1. Qui se déplace dans l'exercice de ses fonctions. *Un ambassadeur itinérant.* 2. (choses) Qui se déplace. *Exposition itinérante.* CONTR. **sédentaire.**
ÉTYM. anglais *itinerant,* du latin → itinéraire.

ITOU [itu] **adv.** ✦ FAM. et VIEILLI Aussi, de même. *Et moi, itou.*
ÉTYM. probablt de l'ancien français *atout* «avec», de *tout.*

I. U. F. M. [iyɛfɛm] **n. m. invar.** ✦ Institut universitaire de formation des maîtres. *Les enseignants sont formés dans les I. U. F. M.*
ÉTYM. sigle.

I. U. T. [iyte] **n. m. invar.** ✦ Institut universitaire de technologie. *Un I. U. T. de gestion.*
ÉTYM. sigle.

I. V. G. [iveʒe] **n. f. invar.** ✦ Avortement volontaire sous contrôle médical.
ÉTYM. sigle de *interruption volontaire de grossesse.*

IVOIRE [ivwaʀ] **n. m.** 1. Matière résistante, d'un blanc un peu jaune, qui constitue les défenses de l'éléphant. *Des billes d'ivoire, en ivoire.* ◆ Objet d'art en ivoire. *Des ivoires chinois.* 2. Partie dure des dents, revêtue d'émail à la couronne. 3. **adjectivt invar.** De la couleur de l'ivoire. *Des bougies ivoire.*
ÉTYM. latin populaire *eboreum,* de *eboreus,* de *ebur, eboris* «ivoire» et «éléphant».

IVRAIE [ivʀɛ] **n. f.** ✦ Plante herbacée, nuisible aux céréales. ➖ **loc.** (Évangile) *Séparer le bon grain de l'ivraie,* les bons des méchants, le bien du mal.
ÉTYM. latin populaire *ebriaca (herba),* de *ebrius* «ivre», l'ivraie ayant des effets psychiques.

IVRE [ivʀ] **adj.** 1. Qui est sous l'effet de l'alcool. SYN. **soûl ;** → **ivrogne.** *Il était complètement ivre, ivre mort.* 2. Qui est transporté hors de soi (sous l'effet d'une émotion violente). *Ivre de bonheur, d'orgueil.* CONTR. **sobre.**
ÉTYM. latin *ebrius.*

IVRESSE [ivʀɛs] **n. f.** 1. État d'une personne ivre ; intoxication produite par l'alcool et causant des perturbations dans l'adaptation nerveuse et la coordination motrice. SYN. **ébriété.** *Les effets de l'ivresse. Conduite en état d'ivresse.* 2. État d'euphorie ou d'exaltation. *Dans l'ivresse du succès.* SYN. **enivrement, extase.** *L'ivresse des sens.* ◆ Exaltation ; cause d'exaltation. CONTR. **sobriété.**
ÉTYM. de *ivre.*

IVROGNE [ivʀɔɲ] **adj.** ✦ Qui a l'habitude de s'enivrer et en témoigne par son comportement. SYN. **alcoolique.** ➖ **n.** *C'est un vieil ivrogne* (fém. VX *une ivrognesse* [ivʀɔɲɛs]). SYN. **poivrot, soûlard, soûlaud.** *Serment d'ivrogne,* qui ne sera pas tenu.
ÉTYM. latin populaire *ebrionia,* de *ebrius* «ivre».

IVROGNERIE [ivʀɔɲʀi] **n. f.** ✦ Habitude de s'enivrer. SYN. **alcoolisme.** CONTR. **sobriété, tempérance.**

J

J [ʒi] **n. m. invar. 1.** Dixième lettre, septième consonne de l'alphabet. **2.** j [ʒul] PHYS. Symbole du joule.

JABOT [ʒabo] **n. m. 1.** Poche de l'œsophage des oiseaux, dans laquelle les aliments séjournent. **2.** Ornement (de dentelle, de mousseline) attaché à la base du col d'une chemise, et qui s'étale sur la poitrine.

ÉTYM. mot régional (Auvergne, Limousin), d'un radical *gob-*, peut-être gaulois.

JACARANDA [ʒakaʀɑ̃da] **n. m.** ✦ Arbre d'Amérique tropicale, à bois recherché.

ÉTYM. mot tupi, par le portugais.

JACASSEMENT [ʒakasmɑ̃] **n. m. 1.** Cri de la pie. **2.** Bavardage incessant et bruyant.

ÉTYM. de *jacasser.*

JACASSER [ʒakase] **v. intr.** (conjug. 3a) **1.** Pousser son cri (en parlant de la pie). **2.** Parler avec volubilité et d'une voix criarde. SYN. **bavarder, caqueter.**

ÉTYM. p.-ê. de *jaquette*, ancien nom pop. de la pie.

JACASSEUR, EUSE [ʒakasœʀ, øz] **n. et adj.** ✦ (Personne) qui jacasse. SYN. **bavard.**

JACHÈRE [ʒaʃɛʀ] **n. f.** ✦ État d'une terre labourable qu'on laisse temporairement reposer; cette terre. ➡ fig. *Laisser qqn, qqch. en jachère,* le laisser en repos, ne pas en tirer parti.

ÉTYM. peut-être du gaulois *gansko* «branche» et «charrue».

JACINTHE [ʒasɛ̃t] **n. f.** ✦ Plante à bulbe, à feuilles allongées, à hampe florale portant une grappe simple de fleurs colorées et parfumées.

ÉTYM. latin *hyacinthus*, du grec → hyacinthe.

JACKPOT [(d)ʒakpɔt] **n. m.** ✦ Combinaison gagnante qui déclenche un mécanisme envoyant au joueur la totalité de l'argent accumulé dans la machine à sous; cet argent. *Gagner, toucher le jackpot.*

ÉTYM. mot anglais.

JACOBIN, INE [ʒakɔbɛ̃, in] **n. et adj. 1. n. m.** VX Dominicain. **2. n. m.** HIST. (☛ noms propres) Membre d'une société politique révolutionnaire (établie à Paris dans un ancien couvent de jacobins). *Le club des Jacobins.* ◆ **n.,** fig. Républicain intransigeant, partisan d'un État centralisé. ➡ **adj.** *Politique jacobine.*

► **JACOBINISME** [ʒakɔbinism] **n. m.**

ÉTYM. du bas latin *Jacobus* «Jacques».

JACQUARD [ʒakaʀ] **n. m. 1.** Métier à tisser conçu par Joseph Jacquard. **2.** Tricot qui présente des dessins géométriques variés et multicolores; ces motifs. ➡ **adjectivt invar.** *Des pulls jacquard.*

ÉTYM. du nom de l'inventeur. ☛ noms propres.

JACQUEMART [ʒakmaʀ] **n. m.** → **JAQUEMART**

JACQUERIE [ʒakʀi] **n. f.** ✦ HIST. (☛ noms propres) Révolte paysanne.

ÉTYM. de *Jacques*, ancien surnom du paysan français.

JACQUET [ʒakɛ] **n. m.** ✦ Jeu de table, proche du trictrac et du backgammon.

ÉTYM. origine incertaine.

JACQUIER [ʒakje] **n. m.** → **JAQUIER**

① **JACTANCE** [ʒaktɑ̃s] **n. f.** ✦ LITTÉR. Attitude d'une personne qui manifeste avec arrogance ou emphase la haute opinion qu'elle a d'elle-même. SYN. **vanité, vantardise.** CONTR. **modestie.**

ÉTYM. latin *jactantia*, de *jactare* «jeter, lancer».

② **JACTANCE** [ʒaktɑ̃s] **n. f.** ✦ FAM. et VIEILLI Bavardage.

ÉTYM. de *jacter.*

JACTER [ʒakte] **v. intr.** (conjug. 3a) ✦ FAM. Parler, bavarder.

ÉTYM. de *jaqueter*, de *jaquette* «pie».

JACULATOIRE [ʒakylatwaʀ] **adj.** ✦ RELIG. *Oraison jaculatoire :* prière courte et fervente.

ÉTYM. du latin *jaculari* «lancer».

JACUZZI [ʒakyzi] **n. m.** ✦ anglicisme Bassin ou baignoire muni(e) d'un dispositif qui provoque des remous dans l'eau.

ÉTYM. nom déposé.

JADE [ʒad] **n. m. 1.** Pierre fine très dure, dont la couleur varie du blanc olivâtre au vert sombre. **2.** Objet en jade. *Collection de jades chinois.*

ÉTYM. espagnol *(piedra de la) ijada* «pierre du flanc» (allusion au pouvoir médical de la pierre), du latin *ilia* «flancs».

JADIS [ʒadis] **adv.** ✦ Dans le temps passé, il y a longtemps. SYN. **autrefois.** *Les coutumes de jadis.* SYN. **d'antan.** «*Jadis et Naguère*» (recueil de Verlaine). ➡ **adj.** *Au temps jadis.*

ÉTYM. ancien français *ja a dis*, proprement «il y a déjà des jours», de *ja* → déjà, et *di* «jour», latin *dies.*

JAGUAR [ʒagwaʀ] **n. m.** ✦ Grand félin d'Amérique du Sud, à pelage fauve tacheté de noir.
ÉTYM. tupi *jaguara.*

JAILLIR [ʒajiʀ] **v. intr.** (conjug. 13) **1.** (liquide, fluide) Sortir, s'élancer en un jet subit et puissant. *Sang qui jaillit d'une blessure.* SYN. **gicler** ♦ par analogie *Faire jaillir des étincelles.* – *Des rires jaillissaient.* SYN. **fuser. 2.** Apparaître, se manifester soudainement. SYN. **surgir.** *Inspiration, idée qui jaillit.* – loc. prov. *De la discussion jaillit la lumière.*
► **JAILLISSANT, ANTE** [ʒajisɑ̃, ɑ̃t] **adj.**
ÉTYM. p.-ê. du gaulois *gali* « bouillir, jaillir ».

JAILLISSEMENT [ʒajismɑ̃] **n. m.** ✦ Action de jaillir, mouvement de ce qui jaillit.

JAIS [ʒɛ] **n. m.** ✦ Variété de lignite dure, d'un noir luisant, qu'on peut tailler, polir. – *Noir comme (du) jais.* ellipt *Des yeux de jais.* HOM. GEAI « oiseau », ① JET « projection »
ÉTYM. latin d'origine grecque *gagates* « pierre de Gagas », ville d'Asie Mineure.

JALON [ʒalɔ̃] **n. m. 1.** Tige qu'on plante en terre pour prendre un alignement, déterminer une direction. *Planter, aligner des jalons.* **2.** fig. Ce qui sert à situer, diriger. SYN. **marque, repère.** – loc. *Poser, planter des jalons :* faire les premières démarches, préparer une action.
ÉTYM. peut-être de la famille de *jaillir.*

JALONNER [ʒalɔne] **v.** (conjug. 3a) **I v. intr.** Planter des jalons. **II v. tr. 1.** Déterminer, marquer la direction, l'alignement, les limites de (qqch.) au moyen de jalons, de repères. *Jalonner une piste d'atterrissage.* **2.** (choses) Marquer en se suivant (à la manière de jalons). *Poteaux jalonnant les limites d'un champ.* – fig. *Les succès jalonnent sa carrière.*
► **JALONNEMENT** [ʒalɔnmɑ̃] **n. m.**
ÉTYM. de *jalon.*

JALOUSEMENT [ʒaluzmɑ̃] **adv. 1.** Avec un soin inquiet. *Garder jalousement un secret.* **2.** Avec jalousie. *Observer jalousement les progrès d'un rival.* **3.** Avec jalousie amoureuse.
ÉTYM. de *jaloux.*

JALOUSER [ʒaluze] **v. tr.** (conjug. 3a) ✦ Être jaloux (2) de, considérer avec jalousie. SYN. **envier.** *Jalouser qqn, la réussite de qqn.* – pronom. *Rivaux qui se jalousent.*

① **JALOUSIE** [ʒaluzi] **n. f. 1.** VX Treillis de bois ou de métal au travers duquel on peut voir sans être vu. **2.** Volet à lames orientables. → **store.**
ÉTYM. italien *gelosia,* de *geloso* « jaloux » ; la jalousie dissimule les femmes aux regards.

② **JALOUSIE** [ʒaluzi] **n. f. 1.** Sentiment hostile qu'on éprouve en voyant un autre jouir d'un avantage qu'on ne possède pas ou qu'on désirerait posséder seul. SYN. **envie.** *Jalousie entre rivaux. Éprouver de la jalousie ; crever de jalousie.* **2.** Sentiment douloureux que font naître les exigences d'un amour inquiet, le désir de possession exclusive de la personne aimée, la crainte de son infidélité. *Scène de jalousie.* CONTR. **indifférence.**
ÉTYM. de *jaloux.*

JALOUX, OUSE [ʒalu, uz] **adj. 1.** LITTÉR. *JALOUX DE qqch.,* très attaché à. *Être jaloux de son indépendance.* – *Le Dieu jaloux :* dans la Bible, Iahvé, qui exige d'être servi et aimé sans partage. – loc. *Avec un soin jaloux :* avec une vigilance particulière, ombrageuse. **2.** Qui éprouve de la jalousie (1), de l'envie. SYN. **envieux.** *Être jaloux de qqn, du succès de qqn.* – **n.** *Sa réussite fait des jaloux.* **3.** Qui éprouve de la jalousie en amour. *Mari jaloux.* – *Elle est jalouse de son mari,* elle le soupçonne d'infidélité.
ÉTYM. bas latin *zelosus,* de *zelus* « zèle ».

JAMAIS [ʒamɛ] **adv. de temps I sens positif** En un temps quelconque, un jour. *On n'en finira jamais ! A-t-on jamais vu cela ?* SYN. **déjà.** *Si jamais :* au cas où. – *À (TOUT) JAMAIS ; POUR JAMAIS* **loc. adv. :** pour toujours. → **éternellement.** *C'est fini à jamais.* – *C'est pire que jamais.* **II sens négatif 1.** (avec *ne*) En aucun temps, à aucun moment. *Il ne l'a jamais vue. Jamais, au grand jamais, je ne vous mentirai.* – loc. *On ne sait jamais :* on ne sait pas ce qui peut arriver. – *Ne... jamais que... Il n'a jamais fait que s'amuser :* il s'est toujours amusé. – *Ne... jamais plus, ne plus jamais. Je ne l'ai jamais plus revu.* – *SANS JAMAIS* (+ inf.). *Il l'écoute sans jamais s'impatienter.* **2.** (sans *ne*) À aucun moment. *JAMAIS DE LA VIE :* certainement pas. – *C'est le moment ou jamais (de...),* il faut agir, l'occasion ne se représentera pas. CONTR. **toujours.**
ÉTYM. de *ja,* latin *jam* « déjà », et *mais,* latin *magis* « plus ».

JAMBAGE [ʒɑ̃baʒ] **n. m.** ✦ Trait vertical des lettres *m, n* et *u.* – Trait vertical du *p,* du *q. Hampes et jambages.*
ÉTYM. de *jambe.*

JAMBE [ʒɑ̃b] **n. f. 1.** ANAT. Partie de chacun des membres inférieurs de l'homme, qui s'étend du genou au pied. *Os de la jambe.* → **péroné, tibia.** ♦ COUR. Cette partie, ou le membre inférieur tout entier (y compris la cuisse). *Avoir de belles, de jolies jambes. Croiser les jambes.* ♦ loc. *Jouer des jambes :* partir en courant. *Courir, s'enfuir À TOUTES JAMBES,* le plus vite possible. – *Prendre ses jambes à son cou.* – *Être dans les jambes de qqn,* être trop près de lui, le gêner. – FAM. *Tenir la jambe à qqn,* le retenir en lui parlant. – *Traiter qqn par-dessous* (VIEILLI), *par-dessus la jambe,* de façon désinvolte. – *Partie de jambes en l'air :* ébats sexuels. – iron. *Cela me fait une belle jambe :* c'est un avantage que je n'apprécie pas, cela ne me sert à rien. **2.** *Jambe de bois :* pièce en bois adaptée au moignon d'un amputé. → **pilon.** *Jambe artificielle, articulée* (prothèse). **3.** Patte des quadrupèdes. *Les jambes fines de la gazelle.* **4.** *Jambe d'un pantalon :* chacune des deux parties qui couvrent les jambes. **5.** *Les jambes d'un compas,* ses branches.
ÉTYM. bas latin *gamba* « jarret », du grec *kampê* « courbure ».

JAMBIÈRE [ʒɑ̃bjɛʀ] **n. f.** ✦ Pièce d'une armure (anciennt) ou d'un équipement, qui enveloppe et protège la jambe. → **guêtre.**
ÉTYM. de *jambe.*

JAMBON [ʒɑ̃bɔ̃] **n. m. 1.** Cuisse ou épaule de porc préparée (par salaison ou cuisson) pour être conservée. *Jambon de pays. Tranches de jambon. Acheter un jambon, du jambon.* **2.** FAM. Cuisse bien en chair.
ÉTYM. de *jambe.*

JAMBONNEAU [ʒɑ̃bɔno] **n. m.** ✦ Petit jambon fait avec la partie inférieure de la jambe du porc.
ÉTYM. de *jambon.*

JAMBOREE [ʒɑ̃bɔʀe ; ʒambɔʀi] **n. m.** ✦ anglicisme Réunion internationale de scouts.
ÉTYM. mot anglais, du hindi.

JAM-SESSION [dʒamsesjɔ̃] n. f. ✦ anglicisme Réunion de musiciens de jazz qui improvisent. SYN. ARGOT **bœuf** (II). *Des jam-sessions.*
ÉTYM. mot américain, de *jam* «marmelade» et *session* «séance».

JANISSAIRE [ʒanisɛʀ] n. m. ✦ HIST. Soldat d'élite de l'infanterie ottomane, qui appartenait à la garde du sultan.
ÉTYM. italien *giannizzero,* du turc *yeniceri* «nouvelle *(yeni)* troupe».

JANSÉNISME [ʒɑ̃senism] n. m. ✦ Doctrine chrétienne de Jansénius (☛ noms propres) sur la grâce et la prédestination ; mouvement religieux et intellectuel animé par ses partisans. *Port-Royal, berceau du jansénisme.* ➛ par ext. Morale austère, rigoriste.
ÉTYM. du nom de C. Jansen, en latin *Jansenius,* évêque d'Ypres.

JANSÉNISTE [ʒɑ̃senist] n. et adj. ✦ Partisan du jansénisme. *Parti janséniste.* ➛ *Éducation janséniste,* austère. SYN. **puritain, rigide.**

JANTE [ʒɑ̃t] n. f. ✦ Cercle qui constitue la périphérie d'une roue ; roue d'un véhicule automobile, hormis le pneu. ➛ loc. fig. *Être sur la jante :* être épuisé.
ÉTYM. bas latin *cambita,* du gaulois *cambo* «courbe».

JANVIER [ʒɑ̃vje] n. m. ✦ Premier mois de l'année. *Le 1er janvier, jour de l'an.* ➛ loc. *Du 1er janvier à la Saint-Sylvestre :* toute l'année.
ÉTYM. latin *januarius* «de Janus», dieu à qui ce mois était dédié.

JAPON [ʒapɔ̃] n. m. ✦ Papier satiné de couleur ivoire. *Exemplaire de luxe sur japon impérial.*
ÉTYM. nom de pays, chinois *jeh-pun* «soleil levant».

JAPONAIS, AISE [ʒapɔnɛ, ɛz] adj. et n. ✦ Du Japon. SYN. **nippon.** *Estampes japonaises.* ➛ n. *Les Japonais.* ◆ n. m. *Le japonais :* langue parlée au Japon (☛ noms propres).

JAPONAISERIE [ʒapɔnɛzʀi] n. f. ✦ Objet d'art, bibelot de style japonais.

JAPONISANT, ANTE [ʒapɔnizɑ̃, ɑ̃t] n. ✦ Spécialiste de la langue, de l'histoire, de la civilisation japonaises.

JAPPEMENT [ʒapmɑ̃] n. m. ✦ Action de japper ; cri d'un animal qui jappe.

JAPPER [ʒape] v. intr. (conjug. 3a) ✦ Pousser des aboiements aigus et clairs. → **aboyer, glapir.** *Chiot qui jappe.* ➛ Crier (chacal).
ÉTYM. probablement onomatopée.

JAQUE [ʒak] n. m. ✦ Fruit du jaquier.
ÉTYM. d'une langue de l'Inde, par l'italien.

JAQUEMART ou **JACQUEMART** [ʒakmaʀ] n. m. ✦ Automate figurant un homme d'armes muni d'un marteau avec lequel il frappe les heures sur la cloche d'une horloge monumentale.
ÉTYM. ancien provençal *jacomar,* de *Jaqueme* «Jacques».

① **JAQUETTE** [ʒakɛt] n. f. 1. Vêtement masculin de cérémonie à pans ouverts descendant jusqu'aux genoux. 2. VIEILLI Veste de femme ajustée et à basques.
ÉTYM. de *jaque* «justaucorps», du nom propre *Jacques* → jacquerie.

② **JAQUETTE** [ʒakɛt] n. f. 1. Chemise protégeant la couverture d'un livre. *Jaquette illustrée.* ➛ *La jaquette d'un DVD.* 2. Couronne en céramique ou en résine employée en prothèse dentaire.
ÉTYM. anglais *jacket,* empr. au franç. → ① jaquette.

JAQUIER ou **JACQUIER** [ʒakje] n. m. ✦ Arbre des régions tropicales, voisin de l'arbre à pain.
ÉTYM. de *jaque.*

JARDIN [ʒaʀdɛ̃] n. m. 1. Terrain, généralement clos, où l'on cultive des végétaux utiles ou d'agrément. *Jardin potager.* ➛ *Faire le jardin,* l'entretenir. ➛ *Jardins suspendus*.* *Jardin à la française,* dont les parties sont disposées symétriquement. *Jardin anglais,* imitant la nature. ➛ *Jardin public.* → **parc, square.** *Jardin zoologique.* → **zoo.** ➛ loc. *C'est une pierre dans son jardin,* une attaque voilée. 2. *JARDIN D'HIVER :* pièce vitrée où les plantes sont à l'abri du froid. → **serre.** 3. *JARDIN D'ENFANTS :* établissement privé pour enfants d'âge préscolaire. → école **maternelle.** 4. au théâtre *Côté* jardin.* 5. fig. *Jardin secret :* domaine des sentiments, des pensées les plus intimes.
ÉTYM. du francique *gart, gardo* «clôture».

JARDINAGE [ʒaʀdinaʒ] n. m. ✦ Culture des jardins, notamment des plantes décoratives et alimentaires. *Faire du jardinage.*

JARDINER [ʒaʀdine] v. intr. (conjug. 3a) ✦ Cultiver, entretenir un jardin en amateur.

JARDINET [ʒaʀdinɛ] n. m. ✦ Petit jardin.

JARDINIER, IÈRE [ʒaʀdinje, jɛʀ] n. et adj.
I 1. n. Personne dont le métier est de cultiver les jardins. → **arboriculteur, fleuriste, horticulteur, maraîcher, pépiniériste.** ➛ spécialt Personne qui entretient un jardin pour le compte d'autrui. 2. n. f. *Jardinière d'enfants :* éducatrice d'un jardin* d'enfants.
II adj. Des jardins. *Cultures, plantes jardinières.*

JARDINIÈRE [ʒaʀdinjɛʀ] n. f. **I** Meuble, caisse où l'on fait pousser des plantes ou des arbres d'agrément. **II** Mets composé d'un mélange de légumes cuits (essentiellement carottes et petits-pois). SYN. **macédoine.**

JARGON [ʒaʀgɔ̃] n. m. 1. Langage déformé, fait d'éléments disparates ; par ext. langage incompréhensible. SYN. **baragouin, charabia.** 2. Façon de s'exprimer propre à un groupe, une profession, une activité, difficilement compréhensible pour le profane. *Le jargon du sport.* 3. LING. Argot ancien. *Les ballades en jargon attribuées à Villon.*
ÉTYM. p.-ê. de l'onomatopée *garg-* «gorge».

JARGONNER [ʒaʀgɔne] v. intr. (conjug. 3a) ✦ Parler un jargon ; s'exprimer de façon peu intelligible.

JARRE [ʒaʀ] n. f. ✦ Grand récipient de forme ovoïde, en grès, en terre cuite. HOM. JARS «oie mâle»
ÉTYM. arabe *djarra,* par l'italien *giarra* et le provençal.

JARRET [ʒaʀɛ] n. m. 1. Région postérieure du genou humain. SYN. creux **poplité.** 2. Endroit où se plie la jambe de derrière, chez les mammifères ongulés. ➛ Partie inférieure de la noix et de l'épaule, en boucherie. *Jarret de veau* (→ **osso buco**).
ÉTYM. probablement du gaulois *garra* «jambe».

JARRETELLE [ʒaʀtɛl] n. f. ✦ Chacune des bandes élastiques d'un porte-jarretelle, terminée par une petite pince.
ÉTYM. de *jarret.*

JARRETIÈRE [ʒaʀtjɛʀ] n. f. ✦ Cordon, bande élastique destinée à fixer les bas en les entourant au-dessus ou au-dessous du genou.
ÉTYM. de *jarret.*

A B C D E F G H I J K L M N O P Q R S T U V W X Y Z

JARS [ʒaʀ] **n. m.** ✦ Mâle de l'oie domestique. HOM. JARRE «vase»
ÉTYM. peut-être du francique *gard* «aiguillon».

JASER [ʒaze] **v. intr.** (conjug. 3a) **1.** VIEILLI Babiller sans arrêt pour le plaisir de parler. SYN. **bavarder. 2.** Parler avec indiscrétion de ce qu'on devrait taire. **3.** Faire des commentaires plus ou moins désobligeants et médisants. SYN. **cancaner, médire.** *Cela fait jaser.* **4.** Émettre des cris ou des sons évoquant un babil. *La pie jase.* SYN. **jacasser.**
► **JASEUR, EUSE** [ʒazœʀ, øz] **adj. et n.** *Une enfant jaseuse.* SYN. **babillard, bavard.**
ÉTYM. probablement du radical onomatopéique d'où provient *gazouiller.*

JASMIN [ʒasmɛ̃] **n. m. 1.** Arbuste vivace à fleurs blanches très odorantes ou jaunes. ➝ Ces fleurs. *Thé au jasmin. Essence de jasmin.* **2.** Parfum extrait de cette fleur.
ÉTYM. arabe, du persan *yasamin.*

JASPE [ʒasp] **n. m. 1.** Roche siliceuse, généralement rouge, présentant des taches ou des bandes diversement colorées. **2.** Objet d'art en jaspe.
ÉTYM. latin *iaspis*, mot grec.

JASPÉ, ÉE [ʒaspe] **adj.** ✦ Dont la bigarrure évoque le jaspe. *Marbre jaspé.*

JASPINER [ʒaspine] **v.** (conjug. 3a) ✦ FAM. Parler.
ÉTYM. croisement de *jaser* et du verbe dialectal *japiner* «japper».

JASPURE [ʒaspyʀ] **n. f.** ✦ Bigarrure de ce qui est jaspé. → **marbrure.**

JATTE [ʒat] **n. f.** ✦ Récipient de forme arrondie, très évasé, sans rebord ni anse. → ① **bol,** ① **coupe.**
ÉTYM. latin *gabata.*

JAUGE [ʒoʒ] **n. f. 1.** Capacité que doit avoir un récipient déterminé. ➝ MAR. Capacité d'un navire exprimée en tonneaux. SYN. **tonnage. 2.** Instrument étalonné (baguette, règle...) qui sert à mesurer la contenance d'un récipient ou le niveau de son contenu. *Jauge d'essence, de niveau d'huile.*
ÉTYM. francique *galga*, pluriel de *galgo* «perche».

JAUGER [ʒoʒe] **v.** (conjug. 5) **I v. tr. 1.** Prendre la jauge de (un récipient) ; mesurer ou contrôler avec une jauge. *Jauger un réservoir, un navire.* **2.** fig. Apprécier par un jugement de valeur. SYN. **évaluer,** ① **juger.** *Je l'ai jaugé au premier coup d'œil.* **II v. intr. 1.** Avoir un tirant d'eau de. *Péniche jaugeant un mètre.* **2.** Avoir une capacité de. *Ce navire jauge mille tonneaux.*
► **JAUGEAGE** [ʒoʒaʒ] **n. m.**
ÉTYM. de *jauge.*

JAUNÂTRE [ʒonɑtʀ] **adj.** ✦ Qui tire sur le jaune, d'un jaune terne.

JAUNE [ʒon] **adj. et n.**
I adj. 1. Qui est d'une couleur placée dans le spectre entre le vert et l'orangé et dont la nature offre de nombreux exemples (soufre, citron...). → **ambré, blond, doré. 2.** Qui est jaune (1) ou tire sur le jaune, par rapport à qqch. de même nature mais d'une autre couleur. *Ocre jaune. Dents jaunes.* ➝ loc. *Le métal jaune :* l'or. ➝ VIEILLI *Race jaune,* groupe humain, en majeure partie asiatique, caractérisé par une peau d'un brun très clair.
II n. m. 1. Une des sept couleurs fondamentales du spectre solaire, placée entre le vert et l'orangé. *Un jaune vif.* ➝ (vêtements) *Le jaune ne lui va pas.* ➝ *Fleurs jaune d'or. Rideaux jaune citron.* **2.** Matière colorante jaune. *Un tube de jaune.* **3.** *Le jaune (de l'œuf), un jaune (d'œuf)* (opposé à *blanc*).
III n. 1. (emploi raciste) Asiatique. **2.** Ouvrier, ouvrière qui refuse de prendre part à une grève.
IV adv. *Rire jaune,* d'un rire forcé.
ÉTYM. latin *galbinus.*

JAUNIR [ʒoniʀ] **v.** (conjug. 13) **I v. tr.** Rendre jaune, colorer de jaune. *L'automne jaunit les feuilles.* ➝ au p. passé *Doigts jaunis par la nicotine.* **II v. intr.** Devenir jaune. *Papier qui a jauni.*

JAUNISSANT, ANTE [ʒonisɑ̃, ɑ̃t] **adj.** ✦ Qui est en train de devenir jaune.

JAUNISSE [ʒonis] **n. f.** ✦ Ictère. *Avoir la jaunisse.* ➝ fig. FAM. *En faire une jaunisse,* éprouver un violent dépit de (qqch.) (→ en faire une maladie).

JAUNISSEMENT [ʒonismɑ̃] **n. m.** ✦ Action de rendre jaune ; fait de devenir jaune.

JAVA [ʒava] **n. f. 1.** Danse de bal musette à trois temps, assez rapide. ➝ Air, musique qui l'accompagne. **2.** loc. FAM. *Faire la java :* faire la fête.
ÉTYM. origine inconnue.

① **JAVANAIS, AISE** [ʒavanɛ, ɛz] **adj. et n.** ✦ De l'île de Java (☞ noms propres). ➝ **n.** *Les Javanais.* ➝ **n. m.** Groupe de langues indonésiennes parlées à Java et à Sumatra.

② **JAVANAIS** [ʒavanɛ] **n. m.** ✦ Argot conventionnel consistant à intercaler dans les mots les syllabes *va* ou *av* (ex. *salut* devient *savalavut*).
ÉTYM. peut-être de formes du verbe *avoir : j'ai, j'avais,* d'après ① *javanais.*

eau de JAVEL [od(ə)ʒavɛl] **n. f.** ✦ Mélange de dérivés du chlore en solution aqueuse, utilisé comme détersif, décolorant et antiseptique. *De l'eau de Javel.* FAM. *De la javel.* HOM. JAVELLE «plantes coupées»
ÉTYM. de *Javel*, village devenu quartier de Paris.

JAVELINE [ʒavlin] **n. f.** ✦ Arme de jet, javelot* mince et léger.
ÉTYM. du radical de *javelot.*

JAVELLE [ʒavɛl] **n. f.** ✦ Brassée de céréales, coupées et non liées, qu'on laisse sur le sillon avant de les mettre en gerbe. HOM. JAVEL «désinfectant»
ÉTYM. latin populaire *gabella*, d'origine gauloise.

JAVELLISER [ʒavelize] **v. tr.** (conjug. 3a) ✦ Stériliser (l'eau) par addition d'eau de Javel. ➝ au p. passé *Eau javellisée.*
► **JAVELLISATION** [ʒavelizasjɔ̃] **n. f.**
ÉTYM. de *(eau de) Javel.*

JAVELOT [ʒavlo] **n. m. 1.** Arme de trait assez longue et lourde. → **lance, pilum. 2.** Instrument de lancer en forme de lance employé en athlétisme.
ÉTYM. peut-être gaulois *gabalaccos.*

JAZZ [dʒaz] **n. m.** ✦ Musique issue de la musique profane des Noirs des États-Unis (par exemple le blues), caractérisée entre autres par une articulation particulière du rythme et du phrasé (le swing).
ÉTYM. mot américain, d'un verbe argotique des Noirs «exciter érotiquement».

JAZZMAN [dʒazman] n. m. ✦ anglicisme Musicien, instrumentiste de jazz. *Des jazzmans* ou *des jazzmen* [dʒazmɛn] (plur. anglais).
ÉTYM. mot américain, de *man* «homme».

JE [ʒə] pron. pers. 1. Pronom personnel de la première personne du singulier des deux genres, au cas sujet (→ **me, moi**). *Je parle. J'entends. Où suis-je ?* ➜ (renforcé par *moi*) *Moi, j'y crois.* 2. n. m. invar. *Employer le «je» dans un récit* : parler à la première personne. *Le «je» du narrateur.*
ÉTYM. latin tardif *eo*, du latin classique *ego*.

JEAN [dʒin] n. m. 1. Toile très solide servant à confectionner des vêtements. *Blouson en jean vert.* 2. Pantalon en jean (bleu à l'origine SYN. **blue-jean**), à coutures apparentes. *Des jeans.* 3. Pantalon coupé comme un jean. *Jean de velours.* HOM. DJINN «génie», GIN «alcool»
ÉTYM. mot américain, dans *blue-jean* «bleu de Gênes».

JEAN-FOUTRE [ʒɑ̃futʀ] n. m. invar. ✦ FAM. 1. VX Gredin. 2. Individu incapable, sur lequel on ne peut compter. SYN. **je-m'en-fichiste.**

① **JEANNETTE** [ʒanɛt] n. f. ✦ Planchette à repasser montée sur pied.
ÉTYM. prénom féminin.

② **JEANNETTE** [ʒanɛt] n. f. ✦ Petite fille appartenant au scoutisme catholique.
ÉTYM. de *Jeanne d'Arc.*

JEEP [(d)ʒip] n. f. ✦ Automobile tout-terrain à quatre roues motrices. SYN. **quatre-quatre.** *Des jeeps.*
ÉTYM. nom déposé ; mot américain, du sigle de *General Purpose* «tous usages».

JÉJUNUM [ʒeʒynɔm] n. m. ✦ ANAT. Deuxième segment de l'intestin grêle, entre le duodénum et l'iléon.
ÉTYM. latin médical *jejunum (intestinum)*, proprement «(intestin) à jeun».

JE-M'EN-FICHISME [ʒ(ə)mɑ̃fiʃism] ou **JE-M'EN-FOUTISME** [ʒ(ə)mɑ̃futism] n. m. ✦ FAM. Attitude d'indifférence envers ce qui devrait intéresser ou préoccuper. SYN. **désinvolture, insouciance.** *Des je-m'en-fichismes.*
► **JE-M'EN-FICHISTE** [ʒ(ə)mɑ̃fiʃist] ou **JE-M'EN-FOUTISTE** [ʒ(ə)mɑ̃futist] n. et adj. FAM. *Des je-m'en-fichistes.*
ÉTYM. de *je m'en fiche, je m'en fous* → ② ficher, foutre.

JE-NE-SAIS-QUOI [ʒən(ə)sɛkwa] n. m. invar. ✦ Chose qu'on ne peut définir ou exprimer, bien qu'on en sente nettement l'existence ou les effets. *Il a un je-ne-sais-quoi de déplaisant.*

JÉRÉMIADE [ʒeʀemjad] n. f. ✦ FAM. surtout au plur. Plainte sans fin qui importune. SYN. **lamentation.**
ÉTYM. de *Jérémie*, prophète, auteur du «*Livre des Lamentations*». ☛ noms propres.

JEREZ [xeʀɛs] n. m. → **XÉRÈS**

JÉROBOAM [ʒeʀɔbɔam] n. m. ✦ Grosse bouteille d'une contenance de quatre bouteilles normales (soit 3 litres).
ÉTYM. anglais, du nom d'un roi d'Israël.

JERRICANE [(d)ʒeʀikan] n. m. ✦ anglicisme Bidon quadrangulaire à poignée, d'environ 20 litres. SYN. **nourrice** (II). *Des jerricanes d'essence.* ➜ On écrit aussi *jerrycan, des jerrycans.*
ÉTYM. mot américain, de *Jerry*, sobriquet des Allemands, et *can* «récipient».

JERSEY [ʒɛʀzɛ] n. m. ✦ Tissu très souple à mailles toujours semblables sur une même face. *Jersey de laine.* ➜ Tissu tricoté. SYN. ① **maille.** *Robe en jersey.* ◆ *Point de jersey* (au tricot).
ÉTYM. du nom de l'île de *Jersey.* ☛ noms propres.

JÉSUITE [ʒezɥit] n. m. 1. Membre de la Compagnie de Jésus, ordre religieux fondé par Ignace de Loyola (☛ noms propres) au XVIe s. 2. péj. Personne qui recourt à des astuces hypocrites. ➜ adj. *Un air jésuite.* SYN. **hypocrite.**
ÉTYM. de *Jésus.*

JÉSUITIQUE [ʒezɥitik] adj. ✦ péj. 1. Propre aux jésuites. 2. Digne d'un jésuite (2). SYN. **hypocrite.** *Formule, procédé jésuitique.*

JÉSUITISME [ʒezɥitism] n. m. ✦ péj. 1. Système moral de restriction mentale et d'accommodement reproché aux jésuites. 2. Attitude, conduite jésuitique (2). SYN. **hypocrisie.**

① **JET** [ʒɛ] n. m. **I** 1. Action de jeter ; mouvement d'une chose lancée parcourant une certaine trajectoire. SYN. ② **lancer.** *Armes de jet* (javelot, arc, etc.). 2. Distance parcourue par une chose jetée. *À un jet de pierre.* 3. loc. *D'un seul jet, d'un jet* : d'un coup, d'une seule venue. *Texte écrit d'un seul jet.* ➜ *Premier jet* : première expression de l'œuvre d'un créateur. → **ébauche, esquisse.** **II** 1. Mouvement par lequel une chose jaillit avec plus ou moins de force. *Jet de vapeur.* 2. *JET D'EAU* : gerbe d'eau jaillissant verticalement et retombant dans un bassin. ➜ abusivt Tuyau d'arrosage. 3. Rayons qui jaillissent. *Un jet de lumière.* 4. Nouvelle pousse d'un arbre. SYN. **rejet.** HOM. GEAI «oiseau», JAIS «pierre»
ÉTYM. de *jeter.*

② **JET** [dʒɛt] n. m. ✦ anglicisme Avion à réaction. *Des jets.*
ÉTYM. mot anglais, abréviation de *jet plane.*

JETABLE [ʒ(ə)tabl] adj. ✦ Destiné à être jeté après usage. *Briquet jetable. Impact environnemental des produits jetables.* ☛ Géographie p. 233.
ÉTYM. de *jeter.*

① **JETÉ** [ʒ(ə)te] n. m. 1. DANSE Saut lancé par une seule jambe et reçu par l'autre. 2. Mouvement consistant à amener la barre des haltères au bout des bras tendus verticalement. → aussi **épaulé-jeté.** 3. Tissu que l'on étend sur un meuble en guise d'ornement. *Un jeté de lit.* → **couvre-lit, dessus-de-lit.**
ÉTYM. de *jeter.*

② **JETÉ, ÉE** [ʒ(ə)te] adj. ✦ FAM. Fou, cinglé.
ÉTYM. de *jeter.*

JETÉE [ʒ(ə)te] n. f. ✦ Construction formant une chaussée qui s'avance dans l'eau. SYN. **digue, estacade, môle.** *Se promener sur la jetée.*
ÉTYM. de *jeter.*

JETER [ʒ(ə)te] v. tr. (conjug. 6b) **I** Envoyer (qqch.) à quelque distance de soi. 1. Lancer. *Jeter une pierre. Jeter qqch. à la tête de qqn.* ➜ fig. *Il nous jette à la tête son érudition*, il en fait étalage d'une manière déplaisante. ➜ loc. FAM. *N'en jetez plus (la cour est pleine)* : cela suffit, assez. ◆ (vers le bas) *Jeter qqch. par la fenêtre.* ➜ *Jeter l'ancre.* 2. Disposer, établir dans l'espace, d'un point à un autre. *Jeter une passerelle sur un fossé.* ◆ Établir, poser. *Jeter les bases d'une société.* 3. Abandonner,

A B C D E F G H I J K L M N O P Q R S T U V W X Y Z

rejeter comme encombrant ou inutile. *Vieux papiers bons à jeter.* ➙ *Jeter qqch. au panier, à la poubelle.* SYN. **mettre.** ◆ FAM. *Se faire jeter :* se faire rejeter, exclure, renvoyer. 4. Déposer, mettre avec vivacité ou sans soin. *Jeter ses clés sur la table.* ➙ *Jeter une lettre à la boîte.* ➙ FAM. *S'en jeter un* (verre), *s'en jeter un derrière la cravate :* boire qqch. ◆ Disposer rapidement. *Jeter une nappe sur une table.* ➙ fig. au p. passé *Une idée jetée sur le papier,* notée rapidement. 5. Répandre. *Jeter de l'ombre sur qqch.* 6. *Jeter l'effroi, l'épouvante.* SYN. **semer.** *Jeter un froid.* II 1. Diriger (une partie du corps). *Jeter sa tête en avant. Elle lui jeta ses bras autour du cou.* 2. Faire sortir de soi. SYN. **émettre.** *Jeter un cri.* SYN. **pousser.** ➙ *Diamants qui jettent mille feux.* III 1. Pousser, diriger avec force. *Jeter qqn dehors,* le mettre à la porte. *Jeter qqn en prison.* ◆ *JETER BAS, À BAS, À TERRE :* faire tomber brutalement. 2. fig. *Jeter qqn dans le désarroi.* SYN. **plonger.** IV *SE JETER* v. pron. 1. Sauter, se laisser choir. *Se jeter à l'eau ;* fig. prendre soudainement une décision audacieuse. *Se jeter par la fenêtre.* 2. Aller d'un mouvement précipité. SYN. **s'élancer,** se **précipiter.** *Se jeter dans les bras de qqn. Se jeter sur la nourriture.* 3. fig. S'engager avec fougue, sans mesurer les risques. *Se jeter dans la bagarre.* 4. (cours d'eau) Déverser ses eaux. *L'Oise se jette dans la Seine.*

ÉTYM. latin tardif *jectare,* classique *jactare.*

JETEUR, EUSE [ʒ(ə)tœʀ, øz] n. ✦ *Jeteur de sort :* sorcier qui appelle le mauvais sort sur qqn.

ÉTYM. de *jeter.*

JETON [ʒ(ə)tɔ̃] n. m. 1. Pièce plate représentant une certaine valeur ou servant de marque. 2. *JETON DE PRÉSENCE :* honoraires perçus par les membres d'un conseil d'administration. 3. FAM. *Faux comme un jeton :* dissimulé, hypocrite. ◆ *UN FAUX JETON* [foʒtɔ̃] : un hypocrite. ➙ loc. adj. *Il, elle est un peu faux jeton. Ils sont trop faux jetons.* 4. FAM. Coup. *Il a pris un jeton.* 5. FAM. *Avoir les jetons :* avoir peur. *Donner les jetons :* faire peur. *Ça m'a filé les jetons.*

ÉTYM. de *jeter,* au sens anc. de «compter, calculer».

JEU [ʒø] n. m. I 1. Activité physique ou mentale dont le but essentiel est le plaisir qu'elle procure. SYN. **amusement, divertissement, récréation ;** → **ludique.** *LE JEU. Le besoin du jeu chez l'enfant.* ➙ loc. adv. *PAR JEU. Faire qqch. par jeu.* ◆ *UN JEU. S'adonner à son jeu favori.* SYN. **passe-temps.** ➙ prov. *Jeu(x) de main, jeu(x) de vilain*.* 2. Activité qui présente un ou plusieurs caractères du jeu (gratuité, futilité, facilité). *Un simple jeu d'esprit.* ➙ *JEU DE MOTS :* allusion plaisante fondée sur l'équivoque de mots qui ont une ressemblance phonétique. → **calembour.** *Jeu de mots facile ; mauvais jeu de mots.* ◆ Chose qui ne tire pas à conséquence, ou qui n'offre pas grande difficulté. *Ce n'est qu'un jeu pour lui. C'est un jeu d'enfant*.* 3. *JEU D'ÉCRITURE :* opération comptable purement formelle. II 1. Cette activité organisée par un système de règles définissant un succès et un échec, un gain et une perte. *Gagner, perdre, tricher au jeu. La règle du jeu.* ◆ *Le jeu :* l'ensemble des règles à respecter. *C'EST LE JEU.* → **correct, régulier.** FAM. *Ce n'est pas de jeu* (ou *pas du jeu*), c'est de la triche. ➙ *JOUER LE JEU :* se conformer strictement aux règles (du jeu, et fig. d'une activité). ◆ *Jeux de plein air. Jeu d'adresse. Jeu éducatif. Jeux de société.* ◆ au plur. ANTIQ. Compétitions sportives. *Jeux du cirque, du stade.* ➙ *JEUX OLYMPIQUES*.* 2. *LE JEU :* les jeux où l'on risque de l'argent. *Se ruiner au jeu* (→ **jouer** ; **joueur**). *Maison de jeu ; table de jeu. Dette de jeu.* ➙ prov. *Heureux au jeu, malheureux en amour.* ◆ dans des expr. Argent joué, mise. *JOUER GROS JEU ;* fig. prendre de grands risques. ➙ *Faites vos jeux :* misez. *LES JEUX SONT FAITS (rien ne va plus) ;* fig. tout est décidé. 3. Partie qui se joue. *Suivre le jeu.* ◆ loc. *ENTRER EN JEU.* → **intervenir.** *Entrer dans le jeu de qqn,* favoriser ses intérêts. ➙ *ÊTRE EN JEU :* être en cause, en question. *Sa vie, sa fortune est en jeu.* ➙ *Se prendre, se piquer AU JEU :* se laisser passionner ; s'obstiner. ◆ Division de la partie, au tennis. *Une manche en six jeux.* 4. HIST. LITTÉR. Pièce de théâtre en vers, au Moyen Âge. III Ce qui sert à jouer. 1. Instruments du jeu. *Un jeu d'échecs en ivoire. Jeu de 32, de 52 cartes.* 2. Assemblage de cartes plus ou moins favorable qu'un joueur a en main. *Avoir du jeu, un beau jeu.* ◆ loc. *AVOIR BEAU JEU :* être en situation de triompher aisément. ➙ *CACHER* SON JEU.* 3. Série complète d'objets de même nature et d'emploi analogue. *Un jeu de clés.* ➙ *JEU D'ORGUE(S) :* dans un orgue, rangée de tuyaux de même espèce. IV 1. La manière dont on joue. *Un jeu habile, prudent.* ◆ fig. *Jouer un jeu dangereux.* ➙ *JOUER DOUBLE JEU :* agir de deux façons différentes pour tromper. *Jouer franc* jeu. FAIRE LE JEU DE qqn,* servir involontairement ses intérêts. *Lire dans le jeu de qqn :* déchiffrer ses intentions. 2. Façon de jouer d'un instrument, d'une arme. *Le jeu d'un violoniste.* 3. Manière de jouer un rôle. SYN. **interprétation.** *Le jeu d'un acteur.* ☛ Littérature p. 127. ➙ *Jeu de scène :* ensemble d'attitudes qui concourent à un effet scénique. ◆ Rôle, comédie qu'on joue (dans la vie). loc. *Être pris à son propre jeu.* ➙ *Jouer le grand jeu :* utiliser tous ses talents pour séduire, convaincre. ◆ loc. fig. *VIEUX JEU :* démodé, archaïque. *Une éducation vieux jeu.* 4. Manière de mettre en œuvre. *Le jeu de mains d'un pianiste. Jeux de physionomie.* ◆ *Jeu de lumière :* combinaison de reflets mobiles et changeants. «*Jeux d'eau*» (de Ravel). V 1. Mouvement aisé, régulier d'un objet, d'un organe, d'un mécanisme. SYN. **fonctionnement.** *Le jeu des muscles.* 2. fig. *Par le jeu d'alliances secrètes. Le jeu de l'offre et de la demande.* SYN. ① **action.** 3. Espace ménagé pour le mouvement aisé d'un objet. *Donner du jeu à un tiroir.* ◆ Défaut de serrage entre deux pièces d'un mécanisme. *Cette pièce a du jeu, il faut la revisser.*

ÉTYM. latin *jocus* «plaisanterie, badinage».

JEUDI [ʒødi] n. m. ✦ Quatrième jour de la semaine, qui succède au mercredi. *Tous les jeudis.* ➙ *Le jeudi noir :* le jeudi 24 octobre 1929, où les cours de la Bourse s'effondrèrent à New York. ☛ Crise de 1929 p. 193. ➙ loc. FAM. *La semaine des quatre jeudis :* jamais.

ÉTYM. latin *Jovis dies* «jour de Jupiter».

à JEUN [aʒœ̃] loc. adv. ✦ Sans avoir rien mangé. *Ils sont venus à jeun.* CONTR. **rassasié, repu.**

ÉTYM. latin *jejunus.*

JEUNE [ʒœn] adj. et n.

I adj. Peu avancé en âge. 1. (personnes) Qui est dans la jeunesse. *Être jeune, tout jeune, encore jeune. N'être plus très jeune. Mourir jeune. Ils se sont mariés jeunes.* ➙ *Jeune femme*, jeune fille*, jeune homme* ; jeunes gens.* ➙ loc. *Faire jeune :* paraître plus jeune que son âge. ◆ *S'adresser à un public jeune.* ◆ (valeur comparative) *Son jeune frère, sa jeune sœur.* → **benjamin, cadet.** ◆ *Être jeune de caractère. Rester jeune.* 2. (animaux) *Jeune chat, jeune chien.* ◆ (plantes) *Jeune chêne.* 3. (choses) Nouveau, récent. *Une industrie jeune. Cette eau-de-vie* *est trop jeune.* **4.** (qualifiant une période) *Dès son plus jeune âge.* → **enfance.** *Dans mon jeune temps.* → **jeunesse.** ➝ POÉT. *Nos jeunes années.* ♦ Propre à la jeunesse. *Elle a conservé une allure jeune.* **5.** Qui convient, sied à la jeunesse. *Une coiffure jeune.* ➝ adv. *S'habiller jeune.* **6.** Qui est nouveau (dans un état, une occupation). *Jeunes mariés :* personnes récemment mariées. ➝ FAM. *Être jeune dans le métier.* SYN. **inexpérimenté, novice. 7.** FAM. *C'est un peu jeune, comme argument.* SYN. **insuffisant, léger.** CONTR. **âgé, vieux • ancien.**

II n. Personne jeune. *Les jeunes.* → **adolescent ; jeunesse.** *L'idole des jeunes.* ➝ *Les jeunes dans la société. L'insertion, le chômage des jeunes.* CONTR. **vieillard, vieux.**

ÉTYM. latin *juvenis.*

JEÛNE [ʒøn] **n. m.** ✦ Privation volontaire de toute nourriture. SYN. **abstinence ;** ① **diète.** *Jeûne du ramadan, du carême.*

ÉTYM. de *jeûner.*

JEÛNER [ʒøne] **v. intr.** (conjug. 3a) ✦ Se priver volontairement de nourriture ou en être privé ; rester à jeun.

ÉTYM. latin chrétien *jejunare,* de *jejunus* «à jeun».

JEUNESSE [ʒœnɛs] **n. f. I 1.** Temps de la vie entre l'enfance et la maturité. *L'adolescence, première partie de la jeunesse. N'être plus de la première jeunesse :* n'être plus jeune. ➝ *Folie, erreur de jeunesse.* ➝ prov. *Il faut que jeunesse se passe :* il faut être indulgent pour les écarts des jeunes gens. **2.** Fait d'être jeune ; état d'une personne jeune. *Tant de jeunesse désarme.* ➝ *L'intransigeance de la jeunesse.* ♦ Ensemble de caractères propres à la jeunesse, mais qui peuvent se conserver jusque dans la vieillesse. *Une éternelle jeunesse.* SYN. **fraîcheur, vigueur.** ➝ *Jeunesse de cœur.* **II 1.** Les personnes jeunes ; les jeunes. prov. *Si jeunesse savait, si vieillesse pouvait :* si les jeunes avaient l'expérience des vieux et les vieux la vigueur des jeunes. ♦ Les enfants et les adolescents. *Émissions, littérature pour la jeunesse.* ☛ Littérature p. 115. **2.** FAM. Fille ou femme très jeune. *Il a épousé une jeunesse.* SYN. ② **tendron. 3.** au plur. Groupes organisés de jeunes gens. *Les jeunesses hitlériennes.* CONTR. **vieillesse ; sénilité.**

ÉTYM. de *jeune.*

JEUNET, ETTE [ʒœnɛ, ɛt] **adj.** ✦ FAM. Bien jeune. SYN. **jeunot.** *Elle est toute jeunette.*

JEÛNEUR, EUSE [ʒønœʀ, øz] **n.** ✦ Personne qui jeûne.

JEUNOT, OTTE [ʒœno, ɔt] **adj.** ✦ FAM. Jeune. SYN. **jeunet.** ➝ **n. m.** *Un petit jeunot.*

JINGLE [dʒingœl] **n. m.** ✦ anglicisme Court motif sonore destiné à introduire une émission (SYN. **indicatif**) ou un message publicitaire. ➝ recomm. offic. *indicatif, sonal* [sɔnal].

ÉTYM. mot anglais «son de cloche».

JIU-JITSU → **JUJITSU**

JO [ʒio] **n. m. pl.** ✦ Jeux olympiques. *Les JO de Pékin.*

ÉTYM. sigle.

JOAILLERIE [ʒɔajʀi] **n. f. 1.** Art de monter les pierres précieuses ou fines pour en faire des joyaux. **2.** Métier, commerce du joaillier ; atelier, magasin de joaillier. SYN. **bijouterie.**

ÉTYM. de *joaillier.*

JOAILLIER, IÈRE [ʒɔaje, jɛʀ] **n.** ✦ Personne qui fabrique des joyaux, qui en fait commerce. *Bijoutier-joaillier. Joaillier-orfèvre.* ➝ Écrire *joailler, joaillère,* sans *i* après les deux *l,* est permis.

ÉTYM. de *joiel,* ancienne forme de *joyau.*

JOB [dʒɔb] **n. m.** ✦ anglicisme FAM. **1.** Travail rémunéré, qu'on ne considère ni comme un métier, ni comme une situation. *Étudiant qui cherche un job d'été.* **2.** Emploi rémunéré. SYN. FAM. ② **boulot.** *Il a un bon job.*

ÉTYM. mot anglais.

JOBARD, ARDE [ʒɔbaʀ, aʀd] **adj.** et **n.** ✦ Crédule jusqu'à la bêtise. SYN. **naïf, niais.** CONTR. **malin.**

ÉTYM. du moyen français *job* «niais», orig. discutée.

JOCKEY [ʒɔkɛ] **n.** ✦ Personne dont le métier est de monter les chevaux dans les courses. → ② **cavalier.** *Le régime sévère des jockeys.* ➝ appos. *Des femmes jockeys.*

ÉTYM. mot anglais, diminutif de *Jock,* forme écossaise de *Jack.*

JOCRISSE [ʒɔkʀis] **n. m.** ✦ VX Benêt, nigaud.

ÉTYM. du nom d'un personnage de théâtre.

JODHPUR [ʒɔdpyʀ] **n. m.** ✦ anglicisme Pantalon de cheval serrant la jambe du genou au pied. *Porter un jodhpur, des jodhpurs.*

ÉTYM. anglais, du nom d'une ville du Rajasthan.

JODLER [jɔdle] → **IODLER**

JOGGING [dʒɔgiŋ] **n. m.** ✦ anglicisme **1.** Course à pied, à allure modérée, faite par exercice. SYN. **footing. 2.** Survêtement.

ÉTYM. mot américain, de *to jog* «trottiner».

JOIE [ʒwa] **n. f. 1.** Émotion agréable et profonde, sentiment exaltant ressenti par toute la conscience. *Joie intense, extrême.* SYN. **allégresse, jubilation, ravissement.** *La joie intérieure. Joie mystique. Pleurer de joie. Être fou de joie. Mettre en joie.* SYN. **gaieté ;** → **réjouir.** ➝ *Respirer la joie de vivre.* **2.** Cette émotion liée à une cause particulière. *C'est une joie de vous revoir.* SYN. **plaisir.** *Se faire une joie de :* se réjouir de. ♦ au plur. *Une vie sans joies.* SYN. **agrément, douceur, plaisir.** ➝ iron. Ennuis, désagréments. *Les joies du métier.* CONTR. ② **chagrin, peine, tristesse.**

ÉTYM. latin *gaudia,* de *gaudere* «se réjouir».

JOIGNABLE [ʒwaɲabl] **adj.** ✦ Que l'on peut joindre (5). *Médecin joignable jour et nuit.*

JOINDRE [ʒwɛ̃dʀ] **v.** (conjug. 49) **I v. tr. 1.** Mettre (des choses) ensemble, de façon qu'elles se touchent ou tiennent ensemble (→ **jonction**). *Joindre les mains. Joindre bout à bout.* ➝ loc. *Joindre les deux bouts* (du mois) : équilibrer son budget. **2.** (sujet chose) Mettre en communication. *Un pont joint l'île au continent.* SYN. **relier. 3.** Mettre ensemble. SYN. **rassembler, réunir. 4.** *JOINDRE À :* mettre avec. SYN. **ajouter.** *Joindre le geste à la parole.* ➝ ellipt *Joindre une enveloppe timbrée pour la réponse.* ♦ Unir en soi (tel caractère à tel autre). *Il joint la force à la beauté.* ➝ *Joindre l'utile à l'agréable.* **5.** Entrer en communication avec (qqn). SYN. **contacter ;** → **rencontrer,** ① **toucher.** *À quel numéro* (de téléphone) *peut-on vous joindre ?* (→ **joignable**). **II v. intr.** Se toucher sans laisser d'interstice. *Les volets joignent bien.* **III** *SE JOINDRE* **v. pron.** *Les deux routes se joignent ici.* SYN. **se rejoindre.** ♦ *SE JOINDRE À :* se mettre avec, s'associer à. *Mon mari se joint à moi pour vous envoyer tous nos vœux.* ➝ Participer à. *Se joindre à la conversation.* CONTR. ① **détacher, disjoindre, séparer.**

ÉTYM. latin *jungere.*

① **JOINT, JOINTE** [ʒwɛ̃, ʒwɛ̃t] **adj.** **1.** Qui est, qui a été joint. *Sauter à pieds joints.* – *Pièces solidement jointes.* ♦ *JOINT À. Lettre jointe à un paquet.* **2.** *CI-JOINT* **adj.** Joint ici même, joint à ceci. *Les documents ci-joints.* – (invar., avant le n.) *Ci-joint la facture.* CONTR. **disjoint, séparé.**
ÉTYM. de *joindre.*

② **JOINT** [ʒwɛ̃] **n. m.** **1.** Espace qui subsiste entre des éléments joints. *Les joints d'une fenêtre.* **2.** Articulation entre deux pièces. *Joint de cardan.* **3.** Garniture assurant l'étanchéité d'un assemblage. *Joint de robinet.* **4.** loc. *Chercher, trouver le joint,* le moyen de résoudre une difficulté.
ÉTYM. de *joindre.*

③ **JOINT** [ʒwɛ̃] **n. m.** ✦ anglicisme FAM. Cigarette de haschich.
ÉTYM. mot américain, du français.

JOINTIF, IVE [ʒwɛ̃tif, iv] **adj.** ✦ TECHN. Qui est joint, qui est en contact par les bords. *Planches jointives.*

JOINTOYER [ʒwɛ̃twaje] **v. tr.** (conjug. 10) ✦ TECHN. Remplir les joints de (une maçonnerie) avec du mortier.

JOINTURE [ʒwɛ̃tyʀ] **n. f.** **1.** Endroit où les os se joignent. SYN. **articulation, attache.** **2.** Endroit où deux parties se joignent ; façon dont elles sont jointes. → **assemblage.**
ÉTYM. latin *junctura,* de *jungere* «joindre».

JOKER [(d)ʒɔkɛʀ] **n. m.** ✦ anglicisme Carte à jouer à laquelle le détenteur est libre d'attribuer telle ou telle valeur.
ÉTYM. mot anglais «farceur».

JOLI, IE [ʒɔli] **adj.** **1.** Très agréable à voir. SYN. ① **beau, gracieux, mignon.** *Jolie fille. Elle est jolie comme un cœur. Joli garçon.* – *Une jolie maison.* SYN. **ravissant.** ♦ Très agréable à entendre. *Jolie voix.* **2.** FAM. Digne de retenir l'attention, qui mérite d'être considéré. *Une jolie somme.* SYN. **considérable, coquet.** *Réussir un joli coup.* – loc. *C'est bien joli, mais... :* ce n'est pas sans intérêt, mais... **3.** iron. *Un joli coco :* un individu peu recommandable. ♦ **n. m.** *C'est du joli !* c'est mal. CONTR. **laid, vilain.**
ÉTYM. peut-être d'origine scandinave.

JOLIESSE [ʒɔljɛs] **n. f.** ✦ LITTÉR. Caractère de ce qui est joli, délicat. CONTR. **laideur.**

JOLIMENT [ʒɔlimɑ̃] **adv.** **1.** D'une manière jolie, agréable. *Maison joliment décorée.* **2.** D'une façon considérable. *On est joliment bien ici.* SYN. FAM. **rudement.** CONTR. ② **mal.**

JONC [ʒɔ̃] **n. m.** **1.** Plante à hautes tiges droites et flexibles, qui croît dans l'eau, les terrains très humides. – Sa tige. *Corbeille, panier de jonc* (→ **vannerie**). **2.** Canne, badine (de jonc, etc.). **3.** Bague, bracelet dont le cercle est partout de même grosseur.
ÉTYM. latin *juncus.*

JONCHÉE [ʒɔ̃ʃe] **n. f.** ✦ LITTÉR. Amas (de branchages, de fleurs, etc.) qui jonche le sol.
ÉTYM. de *joncher.*

JONCHER [ʒɔ̃ʃe] **v. tr.** (conjug. 3a) **1.** Parsemer (le sol, un lieu) de branchages, etc. – au p. passé *Des allées jonchées de fleurs.* **2.** (le sujet désigne les choses éparses) Couvrir. – passif et p. passé *Le tapis était jonché de livres.*
ÉTYM. de *jonc.*

JONCHET [ʒɔ̃ʃɛ] **n. m.** ✦ Chacun des bâtonnets que l'on joue à jeter en vrac, et qu'il s'agit de retirer un à un sans faire bouger les autres. *Jouer aux jonchets.* → **mikado.**
ÉTYM. de *jonc.*

JONCTION [ʒɔ̃ksjɔ̃] **n. f.** **1.** Action de joindre une chose à une autre ; fait d'être joint. SYN. **assemblage, réunion.** *Point de jonction.* ♦ Lieu de rencontre. *À la jonction des deux routes.* **2.** (troupes, groupes) Action de se joindre. *Les deux armées ont opéré leur jonction.* CONTR. **séparation.**
ÉTYM. latin *junctio.*

JONGLER [ʒɔ̃gle] **v. intr.** (conjug. 3a) **1.** Lancer en l'air plusieurs objets qu'on reçoit et relance alternativement en entrecroisant leurs trajectoires. *Jongler avec des balles, des torches.* **2.** fig. *Jongler avec :* manier avec aisance. SYN. **jouer.** *Jongler avec les chiffres.*
ÉTYM. latin *joculari* «plaisanter».

JONGLERIE [ʒɔ̃gləʀi] **n. f.** **1.** Art du jongleur. **2.** fig. (souvent péj.) Exercice de virtuosité pure.
ÉTYM. de *jongler.*

JONGLEUR, EUSE [ʒɔ̃glœʀ, øz] **n.** **1.** **n. m.** anciennt Ménestrel qui récitait ou chantait des vers, en s'accompagnant d'un instrument. **2.** Personne dont le métier est de jongler.
ÉTYM. latin *joculator* «rieur, plaisantin».

JONQUE [ʒɔ̃k] **n. f.** ✦ Voilier d'Extrême-Orient, dont les voiles sont tendues par des lattes horizontales en bambou.
ÉTYM. javanais *(d)jong,* par le portugais.

JONQUILLE [ʒɔ̃kij] **n. f.** ✦ Variété de narcisse à fleurs jaunes et odorantes ; cette fleur. – **adjectivt invar.** De la couleur (jaune vif) de cette fleur. *Des rideaux jonquille.*
ÉTYM. espagnol *junquilla,* de *junco* «jonc».

① **JOTA** [xɔta] **n. f.** ✦ Danse populaire aragonaise à trois temps.
ÉTYM. mot aragonais, p.-ê. de *sotar* «danser».

② **JOTA** [xɔta] **n. f.** ✦ Consonne gutturale [x], notée *j,* de l'espagnol.
ÉTYM. mot espagnol, du latin *iota,* mot grec → iota.

JOUABLE [ʒwabl] **adj.** ✦ Qui peut être joué. CONTR. **injouable.**

JOUAL [ʒwal] **n. m.** ✦ Français populaire canadien, marqué par des écarts phonétiques, lexicaux et des anglicismes.
ÉTYM. prononciation pop. de *cheval,* au Québec.

JOUBARBE [ʒubaʀb] **n. f.** ✦ Plante grasse à feuilles charnues groupées en rosettes, à fleurs roses.
ÉTYM. latin *Jovis barba* «barbe de Jupiter».

JOUE [ʒu] **n. f.** **1.** Partie latérale de la face s'étendant entre le nez et l'oreille, du dessous de l'œil au menton. *Joues creuses. Joue pendante.* → **bajoue.** *Grosses joues* (→ **joufflu**). *Embrasser qqn sur la joue, sur les deux joues. Danser joue contre joue.* – allus. biblique *Présenter, tendre l'autre joue :* s'exposer volontairement à de nouveaux outrages. ♦ loc. *Coucher, mettre EN JOUE un fusil,* contre la joue, pour tirer. → **épauler.** – ellipt *En joue !* (commandement militaire). – *Coucher, mettre en joue* (qqn, une cible). → ① **viser.** **2.** (animaux) *Joues du singe.* – BOUCHERIE *Joue de bœuf.* HOM. JOUG «partie d'attelage»
ÉTYM. d'un radical prélatin, peut-être gaulois.

JOUER [ʒwe] **v.** (conjug. 3a) **I** **v. intr.** **1.** Se livrer au jeu. SYN. **s'amuser.** *Allez jouer dehors !* **2.** Pratiquer un jeu déterminé. *Il joue trop bien pour moi.* ◆ Pratiquer les jeux d'argent (→ **joueur**). *Il joue au casino.* **3.** Agir à son tour, lors d'une partie. *À vous de jouer ;* fig. à vous d'agir. ➝ loc. fig. *Bien joué !,* c'est très bien, bravo ! **4.** Exercer l'activité d'acteur. *Jouer dans un film.* **5.** (choses) Fonctionner à l'aise, sans frotter ni accrocher. *Faire jouer la clé dans la serrure.* ◆ *Meuble qui a joué,* dont l'assemblage ne joint plus exactement. **6.** Intervenir, entrer, être en jeu. *La question d'intérêt ne joue pas entre eux.* ➝ *Faire jouer ses relations,* les faire intervenir. **II** **v. intr.** (+ prép.) **1.** *JOUER AVEC. Fillette qui joue avec sa poupée.* SYN. **s'amuser.** ➝ Manier, pour s'amuser ou distraitement. *Ne jouez pas avec le feu.* ➝ *Jouer avec sa santé,* risquer de la perdre, de la compromettre. **2.** *JOUER À* (un jeu déterminé). *Jouer aux cartes, au tennis, à la roulette.* ➝ abstrait Affecter d'être. *Jouer au héros.* **3.** *JOUER SUR. Jouer sur le cours des devises.* SYN. **spéculer.** ➝ *Jouer sur un mot, sur les mots,* tirer parti des équivoques, des doubles sens (→ **jeu de mots**). **4.** *JOUER DE qqch. :* se servir avec plus ou moins d'adresse de. *Jouer du couteau.* ➝ *Jouer des coudes*.* ➝ *Jouer d'un instrument. Savoir jouer du piano.* ◆ fig. *Jouer de malchance :* accumuler les ennuis. ➝ Exploiter, tirer parti de. *Jouer de sa faiblesse.* **III** **v. tr.** **1.** Faire (une partie). *Jouer la revanche.* ➝ loc. *C'est joué d'avance :* le résultat est certain. ◆ Mettre en jeu. *Jouer une carte ; jouer pique.* ➝ *Jouer un cheval,* miser sur lui. ➝ *JOUER LE JEU*. JOUER DOUBLE JEU*.* **2.** Hasarder, risquer au jeu. *Jouer une grosse somme.* ➝ fig. Risquer. *Jouer sa réputation, sa vie.* SYN. **exposer.** **3.** Tromper en ridiculisant. SYN. **berner, duper.** *Il vous a joué.* **4.** Interpréter avec un instrument. *Jouer un air, une sonate. Jouer du Mozart.* **5.** Représenter ou interpréter sur scène ou à l'écran. *L'acteur qui joue le Cid. Jouer du Molière.* ➝ fig. *Jouer les héros, les victimes, les incompris.* ◆ *JOUER UN TOUR*.* ➝ *JOUER LA COMÉDIE*.* ➝ *Jouer la surprise.* SYN. **feindre.** ◆ *Jouer un film,* le projeter. *Qu'est-ce qu'on joue cette semaine au cinéma ?* **IV** *SE JOUER* **v. pron.** **1.** *Faire qqch. (comme) en se jouant,* très facilement. **2.** *SE JOUER DE qqn :* se moquer de. *Se jouer des difficultés,* les résoudre facilement. **3.** passif *Le bridge se joue à quatre.*
ÉTYM. latin *jocari* «plaisanter, badiner».

JOUET [ʒwɛ] **n. m.** **1.** Objet dont les enfants se servent pour jouer. SYN. FAM. **joujou ;** → **jeu.** *Jouets éducatifs. Jouets électroniques.* **2.** *Être le jouet de :* être entièrement réglé, gouverné par. *Il est le jouet d'une illusion,* la victime.
ÉTYM. de *jouer.*

JOUEUR, JOUEUSE [ʒwœʀ, ʒwøz] **n.** **1.** Personne qui joue (actuellement ou habituellement) à un jeu. *Distribuer les cartes aux joueurs.* ➝ *JOUEUR DE. Joueur de boules, d'échecs, de tennis.* ◆ **adj.** Qui aime jouer. *Chaton joueur.* **2.** Personne qui joue à des jeux d'argent, qui a la passion du jeu. *Un joueur invétéré.* ➝ **adj.** *Il est très joueur.* **3.** loc. (sens pr. et fig.) *BEAU JOUEUR :* personne qui s'incline loyalement devant la victoire, la supériorité de l'adversaire. *MAUVAIS JOUEUR,* qui refuse d'accepter sa défaite. **4.** Personne qui joue d'un instrument (lorsque le mot particulier n'est pas très courant ; on ne dit pas *joueur de piano, de violon*). *Joueur de cornemuse.*

JOUFFLU, UE [ʒufly] **adj.** ✦ Qui a de grosses joues.
ÉTYM. de l'ancien français *giflu,* d'après *joue.*

JOUG [ʒu] **n. m.** **1.** Pièce de bois qu'on met sur la tête des bœufs pour les atteler. **2.** fig. Contrainte matérielle ou morale. *Le joug du tyran, des préjugés. Mettre sous le joug.* → **asservir.** *Secouer le joug.* → **s'affranchir.**
HOM. JOUE «partie du visage»
ÉTYM. latin *jugum.*

JOUIR [ʒwiʀ] **v. tr. ind.** (conjug. 13) **I** Avoir du plaisir. **1.** *JOUIR DE :* tirer plaisir, agrément, profit (de qqch.). SYN. ① **goûter, savourer ; profiter** de. *Jouir de la vie.* ➝ DR. *Jouir d'un bien,* en percevoir les fruits (→ **jouissance, usufruit**). **2.** absolt Éprouver le plaisir sexuel (→ **orgasme**). **II** *JOUIR DE :* avoir la possession (de qqch.). SYN. ① **avoir, bénéficier** de, **posséder.** *Jouir d'une bonne santé, de toutes ses facultés.* ➝ DR. *Jouir d'un droit,* en être titulaire. CONTR. **pâtir, souffrir.**
ÉTYM. bas latin *gaudire,* class. *gaudere* «se réjouir».

JOUISSANCE [ʒwisɑ̃s] **n. f.** **1.** Plaisir que l'on goûte pleinement. SYN. **délice, satisfaction.** *Jouissance des sens.* → **volupté.** ➝ absolt Plaisir sexuel. *Parvenir à la jouissance.* SYN. **orgasme.** **2.** Action de se servir d'une chose, d'en tirer les satisfactions qu'elle est capable de procurer. *La jouissance d'un jardin.* SYN. **usage.** ➝ DR. Fait de jouir (I, 1) d'un bien. **3.** DR. Fait d'être titulaire d'un droit. CONTR. **privation.**
ÉTYM. de *jouir.*

JOUISSEUR, EUSE [ʒwisœʀ, øz] **n.** ✦ Personne qui ne songe qu'aux jouissances matérielles de la vie. SYN. **épicurien, hédoniste, sybarite, viveur.** CONTR. **ascète.**

JOUISSIF, IVE [ʒwisif, iv] **adj.** ✦ FAM. Qui procure un vif plaisir.

JOUJOU [ʒuʒu] **n. m.** ✦ lang. enfantin **1.** *FAIRE JOUJOU :* jouer. **2.** VIEILLI Jouet. *Des joujoux.*
ÉTYM. de *jouet* ou de *jouer.*

JOULE [ʒul] **n. m.** ✦ PHYS. Unité de mesure (symb. J) de travail, d'énergie et de quantité de chaleur, correspondant au travail effectué par une force de 1 newton qui déplace dans sa direction son point d'application de 1 mètre.
ÉTYM. du nom d'un physicien anglais. ☞ noms propres.

JOUR [ʒuʀ] **n. m.** **I** Clarté, lumière. **1.** Clarté que le Soleil répand sur la Terre. *Lumière du jour. Le jour se lève. Le petit jour :* la faible clarté de l'aube. *En plein jour :* au milieu de la journée ; fig. devant tout le monde. *Au grand jour :* sans se cacher. *Le jour tombe* (→ **crépuscule**). ➝ *Il fait jour.* ➝ loc. *C'est le jour et la nuit,* se dit pour marquer l'opposition entre deux choses, deux personnes. **2.** *DONNER LE JOUR à un enfant,* le mettre au monde. *VOIR LE JOUR :* naître. *SE FAIRE JOUR :* apparaître, se montrer. *La vérité commence à se faire jour.* **3.** *SOUS UN JOUR :* sous un éclairage, un aspect particulier. *Présenter qqn, qqch. sous un jour favorable, flatteur.* **4.** *FAUX JOUR :* mauvais éclairage. **II** **1.** Ouverture qui laisse passer le jour. *Percer un jour dans une muraille.* SYN. **fenêtre.** **2.** Ouverture décorative dans un tissu. *Drap à jour(s)* (→ **ajouré**). **III** **1.** Espace de temps entre le lever et le coucher du soleil. SYN. **journée ;** → **diurne.** *Le début* (matin), *le milieu* (midi), *la fin* (soir) *du jour. Les jours raccourcissent.* ➝ loc. *Nuit et jour ; jour et nuit :* sans arrêt. **2.** Espace de temps qui s'écoule pendant une rotation de la Terre sur elle-même (24 heures). ➝ prov. *Les jours se suivent et ne se ressemblent pas.* ◆ *Le jour d'avant* (→ **veille**), *d'après* (→ **lendemain**). *Ce jour-là.* → **fois.** ➝ *L'autre jour :* un jour récent. – *Le jour de l'an*.* ♦ loc. *UN JOUR* : un certain jour dans le passé *(un jour, il vint me voir)* ; dans l'avenir *(un jour, un de ces jours, un jour ou l'autre, il viendra)*. – *UN BEAU* JOUR*. – *CHAQUE JOUR. Les tâches de chaque jour.* → **journalier, quotidien.** – *TOUS LES JOURS* : couramment. *Ces choses-là arrivent tous les jours. De tous les jours* : ordinaire. *Les habits de tous les jours.* – *JOUR APRÈS JOUR* : quotidiennement. – *DE JOUR EN JOUR* : graduellement, peu à peu. – *D'UN JOUR À L'AUTRE* : dans peu de jours. *Je l'attends d'un jour à l'autre.* → **incessamment.** – *DU JOUR* : du jour même. *Nouvelles du jour.* – *DU JOUR AU LENDEMAIN* : sans transition. *Il a changé d'avis du jour au lendemain.* – *À JOUR* : en tenant compte des données du jour. *Mettre, mise à jour. Avoir ses comptes à jour.* **3.** Durée d'un jour. SYN. **journée.** *Tout le jour.* – *PAR JOUR* : dans une journée. → **quotidiennement.** *Une fois, trois fois par jour.* – *AU JOUR LE JOUR. Vivre au jour le jour,* sans projets, sans se préoccuper de l'avenir. **4.** Journée. *Les beaux jours,* le printemps, l'été. – *Le jour de Pâques.* – *Jour férié. Jours ouvrables. Jour de travail, de repos.* – *LE JOUR J*, fixé pour une attaque, une opération militaire. – *Il est dans un bon (mauvais) jour* : il est de bonne (mauvaise) humeur. **5.** Espace de temps, époque. *DU JOUR* : de notre époque. *Au goût du jour.* – *DE NOS JOURS* **loc. adv.** → **actuellement, aujourd'hui. 6.** au plur. *LES JOURS. Abréger, finir ses jours,* sa vie. *Vieux jours* : la vieillesse.

ÉTYM. bas latin *diurnum,* pour *dies* «jour».

JOURNAL, AUX [ʒuʀnal, o] **n. m.** **I** COMM. Registre de comptes. **II 1.** Relation quotidienne des évènements ; écrit portant cette relation. ☞ Littérature p. 140. *Tenir un, son journal. Le journal d'Anne Frank. Journal intime.* – *Journal de bord* (sur un navire). **2.** Publication périodique relatant les évènements marquants dans un ou plusieurs domaines. → **bulletin, gazette, hebdomadaire, magazine, périodique, revue ; presse.** *Kiosque à journaux.* ♦ Publication quotidienne consacrée à l'actualité. SYN. **quotidien** ; FAM. **canard.** *Le Journal officiel. Journal régional. Le tirage d'un journal. Édition papier, en ligne d'un journal. La une d'un journal.* **appos.** *Papier journal.* – Un exemplaire de journal. *Lire le, son journal. Lire qqch. dans le journal,* FAM. *sur le journal.* ♦ L'administration, la direction, les bureaux d'un journal. *Écrire au journal.* **3.** Bulletin quotidien d'information. *Journal parlé* (radiodiffusé), *télévisé. Le présentateur du journal.*

ÉTYM. latin tardif *diurnalis,* de *diurnum* → jour.

JOURNALIER, IÈRE [ʒuʀnalje, jɛʀ] **adj. et n. 1. adj.** Qui se fait chaque jour. SYN. **quotidien.** – *Indemnités journalières.* **2. n.** Ouvrier, ouvrière agricole payé(e) à la journée.

ÉTYM. de *journal* «quotidien».

JOURNALISME [ʒuʀnalism] **n. m. 1.** Métier de journaliste. *Faire du journalisme.* **2.** Le genre, le style propre aux journaux. *C'est du bon journalisme.*

ÉTYM. de *journal.*

JOURNALISTE [ʒuʀnalist] **n.** ✦ Personne qui collabore à la rédaction d'un journal. → **rédacteur ; chroniqueur, correspondant,** ② **critique, éditorialiste, envoyé** spécial, **reporteur.** *Journaliste politique, sportif. Journaliste de radio, de télévision.*

ÉTYM. de *journal.*

JOURNALISTIQUE [ʒuʀnalistik] **adj.** ✦ Propre aux journaux, aux journalistes. *Style journalistique.*

JOURNÉE [ʒuʀne] **n. f. 1.** Espace de temps qui s'écoule du lever au coucher du soleil. SYN. **jour** (III). *Passer ses journées à dormir. À longueur de journée* : continuellement. **2.** *Journée de travail* et absolt *journée* : le travail effectué et le gain obtenu pendant la journée. – loc. *Journée continue,* où le travail n'est pas (ou est à peine) interrompu pour le repas, et qui se termine plus tôt. *Faire la journée continue.*

ÉTYM. de *jorn,* forme ancienne de *jour.*

JOURNELLEMENT [ʒuʀnɛlmɑ̃] **adv. 1.** Tous les jours, chaque jour. SYN. **quotidiennement. 2.** Souvent. *Cela se rencontre journellement.*

ÉTYM. de *journel,* forme de *journal,* adj.

JOUTE [ʒut] **n. f. 1.** Combat singulier à la lance et à cheval au Moyen Âge. **2.** fig. Combat verbal. *Joutes oratoires.*

ÉTYM. de *jouter.*

JOUTER [ʒute] **v. intr.** (conjug. 3a) **1.** anciennt Combattre de près, à cheval, avec une lance (→ **joute**). **2.** fig. LITTÉR. Rivaliser dans une lutte. *Jouter de ruse avec qqn.*

ÉTYM. latin populaire *juxtare* «toucher à», de *juxta* «près de».

JOUVENCE [ʒuvɑ̃s] **n. f.** ✦ *Fontaine de jouvence,* dont les eaux, selon la légende, avaient la propriété de rajeunir. ♦ fig. Source de jeunesse, de rajeunissement. *Bain, cure de jouvence.*

ÉTYM. latin *juventa* «jeunesse».

JOUVENCEAU, ELLE [ʒuvɑ̃so, ɛl] **n.** ✦ VX ou par plais. Jeune homme, jeune fille. *Des jouvenceaux.*

ÉTYM. latin populaire *juvencellus.*

JOUXTER [ʒukste] **v. tr.** (conjug. 3a) ✦ VX ou LITTÉR. Avoisiner, être près de (→ **contigu**). *Notre maison jouxte la leur.*

ÉTYM. de *jouxte* «près de», latin *juxta.*

JOVIAL, ALE, AUX [ʒɔvjal, o] **adj.** ✦ Qui est plein de gaieté franche, simple et communicative. SYN. **enjoué, gai, joyeux.** *Un homme jovial.* – *Humeur joviale.* CONTR. **maussade,** ① **morose.**

► **JOVIALEMENT** [ʒɔvjalmɑ̃] **adv.**

ÉTYM. latin impérial *jovialis* «de Jupiter».

JOVIALITÉ [ʒɔvjalite] **n. f.** ✦ Caractère jovial ; humeur joviale. CONTR. **morosité.**

JOYAU [ʒwajo] **n. m. 1.** Bijou de grande valeur, généralement unique en son genre (→ **joaillerie**). *Les joyaux de la Couronne,* transmis héréditairement de souverain à souverain. **2.** fig. Chose rare et belle, de grande valeur. *Le Mont-Saint-Michel, joyau de l'art médiéval.*

ÉTYM. ancien français *juel* ; famille de *jeu.*

JOYEUSEMENT [ʒwajøzmɑ̃] **adv.** ✦ Avec joie. CONTR. **tristement.**

JOYEUSETÉ [ʒwajøzte] **n. f.** ✦ LITTÉR. Propos, action qui amuse. SYN. **plaisanterie.**

JOYEUX, EUSE [ʒwajø, øz] **adj. 1.** Qui éprouve de la joie. SYN. **gai, heureux.** *Se sentir tout joyeux.* ♦ Qui aime à manifester sa joie. SYN. **enjoué.** *Joyeux luron*.* – *Être de joyeuse humeur.* SYN. **jovial.** – loc. *Mener joyeuse vie,* une vie de plaisirs. **2.** Qui exprime la joie. *Cris joyeux.* **3.** Qui apporte la joie. *Une joyeuse nouvelle. Joyeux Noël !* CONTR. **triste · mauvais, pénible.**

ÉTYM. de *joie.*

JOYSTICK [dʒɔjstik] **n. m.** ✦ Manette de jeux vidéos permettant de déplacer le curseur sur l'écran.
ÉTYM. mot anglais «manche à balai (d'un avion)».

JPEG **n. m.** ou **JPEG** [ʒipɛg] **n. m. invar.** ✦ INFORM. Format standardisé d'images numériques permettant de réduire la taille des fichiers ; image de ce format.
ÉTYM. mot anglais, de *Joint Photographic Experts Group* «groupe d'experts en photographie réunis».

JUBÉ [ʒybe] **n. m.** ✦ Tribune transversale élevée entre la nef et le chœur, dans certaines églises.
ÉTYM. de la prière latine *Jube, Domine* «Ordonne, Seigneur».

JUBILATION [ʒybilasjɔ̃] **n. f.** ✦ Joie vive, expansive, exubérante. CONTR. **affliction.**
ÉTYM. latin *jubilatio.*

JUBILATOIRE [ʒybilatwaʀ] **adj.** ✦ Qui exprime ou provoque la jubilation.
ÉTYM. de *jubiler.*

JUBILÉ [ʒybile] **n. m.** 1. RELIG. Indulgence plénière accordée par le pape pour une année. 2. Fête célébrée à l'occasion du cinquantenaire de l'entrée dans une fonction, dans une profession.
► **JUBILAIRE** [ʒybilɛʀ] **adj.** *Année jubilaire.*
ÉTYM. latin chrétien *jubilaeus,* emprunté à l'hébreu.

JUBILER [ʒybile] **v. intr.** (conjug. 3a) ✦ Se réjouir vivement de qqch. ; **spécialt** se réjouir des malheurs d'autrui. CONTR. **s'affliger.**
ÉTYM. latin *jubilare.*

JUCHER [ʒyʃe] **v.** (conjug. 3a) 1. **v. intr.** Se percher en un lieu élevé pour dormir (**oiseaux**). 2. **v. tr.** Placer très haut. *Jucher un enfant sur ses épaules.* ➖ **pronom.** *Se jucher sur un escabeau.* SYN. se **percher.** ➖ **au p. passé** *Maison juchée sur la colline.*
ÉTYM. peut-être de l'ancien français *jochier,* de *joc,* francique *juk* «joug», puis «perchoir».

JUCHOIR [ʒyʃwaʀ] **n. m.** ✦ Perchoir des oiseaux de basse-cour.
ÉTYM. de *jucher.*

JUDAÏQUE [ʒydaik] **adj.** ✦ Qui appartient aux anciens Juifs ; à la religion juive. SYN. **juif.** *Religion, loi judaïque.*
ÉTYM. latin ecclésiastique *judaicus.*

JUDAÏSME [ʒydaism] **n. m.** ✦ Religion des Juifs, descendants des Hébreux et héritiers de leurs livres sacrés. ➖ Communauté des Juifs. *Le judaïsme français.*
ÉTYM. latin ecclésiastique *judaismus.*

JUDAS [ʒyda] **n. m.** **I** Personne qui trahit. SYN. **fourbe, traître.** *C'est un Judas.* **II** Petite ouverture pratiquée dans un plancher, un mur, une porte, pour épier sans être vu. *Regarder par le judas.*
ÉTYM. du nom de *Judas* (☛ noms propres), hébreu *Yhudah,* disciple qui trahit Jésus.

| **JUDÉO-** Élément savant, du latin *judaeus* «juif».

JUDÉO-CHRÉTIEN, IENNE [ʒydeokʀetjɛ̃, jɛn] **adj.** ✦ Qui appartient à la fois au judaïsme et au christianisme. *La civilisation judéo-chrétienne.*

JUDICIAIRE [ʒydisjɛʀ] **adj.** 1. Relatif à la justice et à son administration. *Pouvoirs législatif, exécutif et judiciaire. Police judiciaire.* 2. Qui se fait en justice ; par autorité de justice. *Acte judiciaire.* SYN. **juridique.** *Casier* judiciaire. Une erreur judiciaire.*
ÉTYM. latin *judiciarus,* de *judicium* «jugement».

JUDICIEUSEMENT [ʒydisjøzmɑ̃] **adv.** ✦ D'une manière judicieuse. *Il a judicieusement fait remarquer ceci,* avec à-propos, à bon escient.

JUDICIEUX, EUSE [ʒydisjø, øz] **adj.** 1. Qui a le jugement bon, sain. SYN. **sensé.** *Esprit judicieux.* 2. Qui résulte d'un bon jugement. SYN. **intelligent, pertinent.** *Choix judicieux. Remarque judicieuse.* ➖ *Il serait plus judicieux de renoncer.* CONTR. **absurde, stupide.**
ÉTYM. du latin *judicium* «jugement».

JUDO [ʒydo] **n. m.** ✦ Sport de combat (→ **jujitsu**) qui se pratique à mains nues, sans porter de coups. *Prise de judo. Ceinture noire de judo.* → **aussi dan.**
ÉTYM. mot japonais, proprement «voie *(do)* de la souplesse».

JUDOKA [ʒydɔka] **n.** ✦ Personne qui pratique le judo. *Un, une judoka. Des judokas.*
ÉTYM. mot japonais.

JUGE [ʒyʒ] **n.** 1. Magistrat(e) chargé(e) de rendre la justice. *Les juges siègent, délibèrent, se prononcent.* ➖ (**en France**) *Juge d'instruction :* magistrat chargé d'instruire un dossier et de rechercher la vérité sur une affaire. *Juge de paix* (**anciennt**) ; *juge d'instance :* magistrat qui statue comme juge unique sur des affaires généralement peu importantes. *Comparaître devant la juge.* 2. Personne appelée à faire partie d'un jury, à se prononcer comme arbitre. *Les juges d'un concours. Le juge-arbitre d'un tournoi de tennis.* 3. **n. m.** Personne, autorité qui juge. *Au théâtre, le public est le juge absolu.* ➖ **loc.** *Être à la fois juge et partie*.* 4. **n. m.** Personne appelée à donner une opinion, à porter un jugement. *Je vous en fais juge.* ➖ *Être bon, mauvais juge,* plus ou moins apte à porter un jugement. → **expert.**
ÉTYM. latin *judex, judicis,* de *jus* «droit».

JUGÉ ou **JUGER** [ʒyʒe] **n. m.** ✦ *AU JUGÉ* **loc. adv.** D'une manière approximative, selon une estimation sommaire. *Tirer au jugé.*
ÉTYM. de ① *juger.*

JUGEMENT [ʒyʒmɑ̃] **n. m.** 1. Action de juger ; décision en justice. *Le jugement d'un procès, d'un accusé. Prononcer, rendre un jugement.* SYN. **décision** ; → **arrêt, sentence, verdict.** ➖ RELIG. CHRÉT. *JUGEMENT DERNIER,* celui que Dieu prononcera à la fin du monde. 2. Opinion favorable ou défavorable. *Émettre, porter un jugement. Revenir sur ses jugements :* se déjuger. *Jugement préconçu.* → **préjugé.** ➖ *Jugement de valeur*.* ➖ Façon de voir (les choses) particulière à qqn. SYN. **opinion, point de vue ; avis, sentiment.** *S'en remettre au jugement d'autrui.* 3. Faculté de l'esprit permettant de bien juger de choses qui ne font pas l'objet d'une connaissance immédiate certaine, ni d'une démonstration rigoureuse. SYN. **discernement, perspicacité,** bon **sens.** *Avoir du jugement, manquer de jugement.* SYN. FAM. **jugeote.**

JUGEOTE [ʒyʒɔt] **n. f.** ✦ FAM. Jugement (3), bon sens. *Il n'a pas pour deux sous de jugeote !*
ÉTYM. de ① *juger.*

① **JUGER** [ʒyʒe] **v. tr.** (conjug. 5) 1. Soumettre (une cause, une personne) à la décision de sa juridiction. *Juger une affaire, un crime ; un accusé.* ➖ **absolt** Rendre la justice. *Le tribunal jugera.* SYN. **conclure, décider, statuer.** 2. Prendre nettement position sur (une question). *C'est à vous de juger ce qu'il faut faire, si nous devons partir, comment il faut agir.* 3. Soumettre (qqn, qqch.) au jugement de la raison, de la conscience, pour se faire une opinion ; émettre une opinion sur.

A B C D E F G H I **J** K L M N O P Q R S T U V W X Y Z

SYN. **apprécier, considérer, examiner.** *Juger un ouvrage.* ➛ passif *Être jugé à sa juste valeur.* SYN. **évaluer.** ◆ trans. indir. *JUGER DE. Il juge de tout sans être informé.* → **trancher.** *Si j'en juge par sa réaction. À en juger par son attitude. Autant qu'on puisse en juger :* à ce qu'il me semble. **4.** (avec un adj. attribut ou une complétive) Considérer comme. SYN. **estimer, trouver.** *Si vous le jugez capable. Il jugea qu'il était trop tard.* ➛ pronom. *Se juger perdu.* **5.** v. tr. ind. (surtout à l'impératif) SYN. **imaginer,** se **représenter.** *Jugez de ma surprise.*

ÉTYM. latin *judicare*, de *judex* → juge.

② **JUGER** n. m. → JUGÉ

JUGULAIRE [ʒygylɛʀ] adj. et n. f. **1.** adj. ANAT. De la gorge. *Veines jugulaires :* les quatre veines sur les côtés du cou. **2.** n. f. Attache qui maintient une coiffure d'uniforme en passant sous le menton. SYN. **mentonnière ;** → **bride.**

ÉTYM. du latin *jugulum* « gorge ».

JUGULER [ʒygyle] v. tr. (conjug. 3a) ✦ Arrêter le développement de (qqch.). SYN. **enrayer, étouffer,** ① **stopper.** *Juguler une épidémie. Juguler une révolte.*

ÉTYM. latin *jugulare*, de *jugulum* « gorge ».

JUIF, JUIVE [ʒɥif, ʒɥiv] n. et adj. **1.** n. Nom donné depuis l'Exil (IVe siècle av. J.-C.) aux descendants d'Abraham, peuple sémite monothéiste qui vivait en Judée. SYN. **hébreu, israélite.** ➛ Personne descendant de ce peuple. *Un Juif allemand. Dispersion des Juifs.* → **diaspora.** *Haine des Juifs.* → **antisémitisme. 2.** adj. Relatif à la communauté des Juifs. *Le peuple juif. Religion juive* (→ **judaïsme**).

ÉTYM. latin d'origine grecque *judaeus* « de la tribu de Juda », grec *ioudaios*, de l'araméen, correspondant à l'hébreu *yĕhûdî.*

JUILLET [ʒɥijɛ] n. m. ✦ Septième mois de l'année, de trente et un jours. *Prendre ses vacances en juillet.* ➛ *Le 14 Juillet, anniversaire de la prise de la Bastille et fête nationale française.*

ÉTYM. latin *Julius (mensis)* « (mois) de Jules (César) ».

JUIN [ʒɥɛ̃] n. m. ✦ Sixième mois de l'année, de trente jours. *L'été commence au solstice de juin.*

ÉTYM. latin *Junius (mensis)* « (mois) de Junius (Brutus) » ou « (mois) de Junon ».

JUJITSU ou **JU-JITSU** [ʒyʒitsy] n. m. ✦ Technique japonaise de combat sans armes, d'où dérive le judo. ➛ On dit aussi *jiu-jitsu* [ʒjyʒitsy].

ÉTYM. mot japonais « art de la souplesse ».

JUJUBE [ʒyʒyb] n. m. **1.** Fruit comestible d'un arbre épineux (le *jujubier*). **2.** Pâte extraite de ce fruit.

ÉTYM. latin *zizyphum*, grec *zizuphon.*

JUKEBOX n. m. ou **JUKE-BOX** [ʒykbɔks ; dʒukbɔks] n. m. invar. ✦ anglicisme Machine faisant passer automatiquement le disque demandé. *Des jukebox, des juke-box.*

ÉTYM. mot américain, de l'argot *juke* « tripot, bordel » et *box* « boîte ».

JULES [ʒyl] n. m. ✦ FAM. Amant, amoureux, mari. *C'est son jules.*

ÉTYM. du prénom masculin.

JULIEN, IENNE [ʒyljɛ̃, jɛn] adj. ✦ *Calendrier julien,* réformé par Jules César, et modifié ensuite par Grégoire XIII (→ **grégorien**). *Année julienne,* de 365 jours ou de 366 jours (bissextile).

ÉTYM. latin *julianus* « de Jules César ».

JULIENNE [ʒyljɛn] n. f. ✦ Préparation de légumes variés coupés en bâtonnets. ➛ Potage contenant cette préparation.

ÉTYM. probablement du prénom.

JUMEAU, ELLE [ʒymo, ɛl] adj. et n. **1.** Se dit d'enfants nés d'un même accouchement. *Frères jumeaux, sœurs jumelles.* ➛ n. *C'est sa jumelle. Vrais jumeaux,* provenant d'un seul œuf divisé en deux. **2.** fig. Réplique physique ou morale d'une personne. SYN. **sosie. 3.** Se dit de deux choses semblables. *Lits jumeaux.*

ÉTYM. latin *gemellus* → gémeau.

JUMELAGE [ʒym(ə)laʒ] n. m. ✦ Action de jumeler ; son résultat. ➛ *Jumelage de villes,* coutume consistant à déclarer jumelles deux villes situées dans deux pays différents, afin de susciter entre elles des échanges.

JUMELER [ʒym(ə)le] v. tr. (conjug. 6a) ✦ Ajuster ensemble (deux choses semblables). *Jumeler les roues d'un camion.* ➛ fig. *Jumeler deux villes.* SYN. **associer.** ► **JUMELÉ, ÉE** adj. Disposé par couples. SYN. **géminé.** *Fenêtres jumelées.* ➛ fig. *Villes jumelées* (→ **jumelage**).

ÉTYM. de *jumeau.*

JUMELLE [ʒymɛl] n. f. ✦ Instrument portatif à deux lunettes ; double lorgnette. *Une jumelle marine.* ➛ au plur. *Des jumelles de spectacle.* abusivt *Une paire de jumelles.*

ÉTYM. de *jumeau.*

JUMENT [ʒymɑ̃] n. f. ✦ Femelle du cheval. *Jeune jument.* → **pouliche.**

ÉTYM. latin *jumentum* « bête d'attelage ».

JUMPING [dʒœmpiŋ] n. m. ✦ anglicisme Saut d'obstacles à cheval.

ÉTYM. mot anglais, de *to jump* « sauter ».

JUNGLE [ʒœ̃gl ; ʒɔ̃gl] n. f. **1.** dans les pays de mousson Forme de savane touffue (hautes herbes, broussailles, arbres) où vivent les grands fauves. *La jungle de Malaisie. « Le Livre de la jungle »* (☛ noms propres ; de R. Kipling). **2.** fig. Milieu humain où règne la loi de la sélection naturelle. *La loi de la jungle :* la loi du plus fort.

ÉTYM. mot anglais, emprunté à l'hindi.

JUNIOR [ʒynjɔʀ] adj. ✦ anglicisme **1.** Se dit quelquefois (dans le commerce ou plaisamment) du frère plus jeune (→ **cadet, puîné**), ou du fils pour le distinguer du père. *Durand junior.* **2.** SPORTS Se dit d'une catégorie intermédiaire entre celle des séniors et celle des cadets. *Catégorie junior.* ➛ n. *Les juniors.* **3.** Qui concerne les jeunes, leur est destiné. *Style junior.* ➛ n. *Les juniors :* les adolescents, les jeunes.

ÉTYM. mot latin « plus jeune », par l'anglais.

JUNTE [ʒœ̃t] n. f. **1.** HIST. Assemblée administrative, politique, dans les pays ibériques. **2.** *Junte (militaire) :* groupe de militaires de haut rang qui se saisissent du pouvoir politique.

ÉTYM. espagnol *junta*, féminin de *junto* « joint », origine latine.

JUPE [ʒyp] n. f. **1.** Vêtement féminin qui descend de la ceinture à une hauteur variable de la jambe. *Jupe longue. Jupe très courte.* → **jupette, minijupe.** *Jupe droite, plissée.* ➛ loc. *Être dans les jupes de sa mère,* ne jamais la quitter. **2.** TECHN. Se dit de divers objets cylindriques. *La jupe d'un aéroglisseur,* qui enferme le coussin d'air.

ÉTYM. ancien italien, emprunté à l'arabe *gubba.*

JUPE-CULOTTE [ʒypkylɔt] n. f. ✦ Vêtement féminin, culotte ample qui présente l'aspect d'une jupe. *Des jupes-culottes.*

JUPETTE [ʒypɛt] n. f. ✦ Jupe très courte. SYN. **minijupe.**

JUPON [ʒypɔ̃] n. m. 1. Pièce de lingerie, jupe de dessous qui se porte sous une jupe, une robe. *Jupon de dentelle.* 2. fig. collectif Les femmes, les filles. *Un coureur de jupon.*

JURANDE [ʒyʀɑ̃d] n. f. ✦ HIST. Charge de juré dans une corporation ; ensemble des jurés (I, 1).
ÉTYM. de *juré.*

JURASSIEN, IENNE [ʒyʀasjɛ̃, jɛn] adj. et n. ✦ Du Jura (☛ noms propres). ➖ GÉOGR. *Relief jurassien,* composé de séries sédimentaires alternant couches dures et couches tendres.

JURASSIQUE [ʒyʀasik] adj. ✦ GÉOL. Se dit des terrains secondaires dont le Jura (☛ noms propres) est constitué en majeure partie. ➖ n. m. *Le jurassique :* partie centrale de l'ère secondaire. *Les grands reptiles* (dinosauriens) *du jurassique.*

JURÉ, ÉE [ʒyʀe] adj. et n.
I adj. 1. ANC. DR. Qui a prêté serment en accédant à la maîtrise, dans une corporation (→ **jurande**). ➖ n. *Les maîtres et jurés d'un métier.* 2. ENNEMI JURÉ : ennemi déclaré et acharné.
II n. Citoyen, citoyenne appelé(e) par tirage au sort à faire partie d'un jury ; membre d'un jury (1). *Les jurés ont déclaré l'accusé innocent.*
ÉTYM. latin *juratus,* de *jurare* «jurer».

JURER [ʒyʀe] v. (conjug. 3a) **I** v. tr. 1. Promettre (qqch.) solennellement (→ **serment**). *Jurer fidélité, obéissance à qqn.* ➖ *Jurer de faire qqch.* SYN. **s'engager** à. *Jurez(-moi) que vous garderez le secret.* ➖ pronom. *Ils se sont juré de ne pas se séparer.* 2. LITTÉR. Décider avec solennité ou avec force. *Ils ont juré sa perte.* 3. Affirmer solennellement, fortement. SYN. **assurer, déclarer.** *Je vous jure que ce n'est pas moi. Jurer de ne pas recommencer.* ➖ FAM. *Je te (vous) jure !* (exprimant l'indignation). *Quel salaud, je te jure !* 4. *JURER DE* (qqch.) : affirmer de façon catégorique (qu'une chose est ou n'est pas, se produira ou non). *« Il ne faut jurer de rien »* (de Musset). *Je n'en jurerais pas :* je n'en suis pas sûr. **II** v. intr. (ou absolt) 1. Faire un serment. *Jurer sur la Bible.* ➖ loc. *On ne jure plus que par lui,* on l'admire, on l'imite en tout. 2. Dire des jurons, des imprécations. SYN. ② **sacrer.** loc. *Jurer comme un charretier.* 3. fig. (choses) Produire une discordance, aller mal ensemble. *Ces couleurs jurent.*
ÉTYM. latin *jurare,* de *jus, juris* «droit».

JURIDICTION [ʒyʀidiksjɔ̃] n. f. 1. Pouvoir de juger, de rendre la justice ; étendue de ce pouvoir. SYN. **compétence,** ② **ressort.** *Juge, magistrat, tribunal qui exerce sa juridiction. Cela ne relève pas de sa juridiction.* 2. Tribunal, ensemble de tribunaux de même catégorie. → **chambre, conseil, cour.** *Juridictions administratives, civiles.*
ÉTYM. latin *jurisdictio,* de *jus, juris* «droit».

JURIDIQUE [ʒyʀidik] adj. 1. Qui se fait, s'exerce en justice, devant la justice. SYN. **judiciaire.** *Intenter une action juridique.* 2. Qui a rapport au droit. *Acte juridique.* SYN. **légal.** *Études juridiques.* ➖ *Vide juridique :* absence de législation sur une situation, un cas.
ÉTYM. latin *juridicus,* de *jus, juris* «droit (n. m.)».

JURIDIQUEMENT [ʒyʀidikmɑ̃] adv. 1. Devant la justice. 2. Au point de vue du droit. *Juridiquement, il est dans son tort.*

JURISCONSULTE [ʒyʀiskɔ̃sylt] n. m. ✦ Juriste qui donne des avis sur des questions de droit.
ÉTYM. latin *jurisconsultus.*

JURISPRUDENCE [ʒyʀispʀydɑ̃s] n. f. 1. Ensemble des décisions des juridictions en tant qu'elles constituent une source de droit ; principes juridiques qui s'en dégagent (droit coutumier*). *Se conformer à la jurisprudence. Faire jurisprudence :* faire autorité. 2. Manière dont un tribunal juge habituellement une question.
ÉTYM. bas latin *jurisprudentia,* de *jus, juris* «droit» et *prudentia* «connaissance».

JURISTE [ʒyʀist] n. ✦ Personne qui a de grandes connaissances juridiques ; auteur d'études juridiques. → **jurisconsulte, légiste.**
ÉTYM. latin médiéval *jurista.*

JURON [ʒyʀɔ̃] n. m. ✦ Terme plus ou moins grossier (gros mot) ou familier dont on se sert pour jurer. SYN. ② **sacre ;** → aussi **blasphème.**
ÉTYM. de *jurer.*

JURY [ʒyʀi] n. m. 1. Commission de jurés (II) chargée de l'examen d'une question criminelle. *Après délibération, le jury et la cour ont rendu leur verdict.* 2. Ensemble d'examinateurs. *Le président, les membres du jury. Jury de concours. Le jury d'un prix littéraire.*
ÉTYM. mot anglais, emprunté à l'ancien français *jurée* «serment, enquête», de *jurer.*

JUS [ʒy] n. m. 1. Liquide contenu dans une substance végétale. → **suc.** *Le jus des fruits. Boire un jus de fruits, un jus de carottes.* 2. Liquide rendu par une substance animale qui cuit ou macère. *Jus de viande.* → **sauce.** ➖ loc. FAM. *Laisser qqn cuire, mijoter dans son jus,* le laisser aux prises avec des difficultés ou en proie à sa mauvaise humeur. 3. FAM. Café noir. *Un petit jus.* 4. FAM. Courant électrique. *Il n'y a plus de jus. Un court-jus :* un court-circuit. *Des courts-jus.* 5. loc. FAM. *Ça vaut le jus,* la peine, le coup.
ÉTYM. latin *jus, juris* «jus, sauce».

JUSANT [ʒyzɑ̃] n. m. ✦ Marée descendante. SYN. **reflux.**
ÉTYM. probablement de l'ancien adverbe *jus* «en bas».

JUSQU'AU-BOUTISME [ʒyskobutism] n. m. ✦ Politique, conduite du jusqu'au-boutiste. SYN. **extrémisme.**

JUSQU'AU-BOUTISTE [ʒyskobutist] n. ✦ Personne qui va jusqu'au bout de ses idées, de son action (notamment en politique). SYN. **extrémiste.** *Des jusqu'au-boutistes acharnés.*
ÉTYM. de *jusqu'au bout.*

JUSQUE [ʒysk(ə)] prép., adv. et conj. ✦ Marque le terme final, la limite que l'on ne dépasse pas. **I** prép. (suivi le plus souvent de *à,* d'une autre prép. ou d'un adv.) 1. *JUSQU'À* ♦ (lieu) *Aller jusqu'au terminus. Avoir de l'eau jusqu'aux genoux.* ➖ fig. *Jusqu'à un certain point.* ➖ (suivi d'un n. abstrait, pour marquer l'excès) *Poli jusqu'à l'obséquiosité.* ➖ (devant un inf. après *aller, pousser,* etc.) *Il est allé jusqu'à nous insulter.* ♦ (temps) *J'ai dormi jusqu'à midi. Jusqu'à nouvel ordre. Jusqu'au 2 mai inclus.* ♦ (totalité) *Tous, jusqu'à sa femme, l'ont abandonné.* 2. (suivi d'une prép. autre que *à*) *Il l'accompagna jusque chez lui. C'est fermé jusqu'en mars. Il a patienté jusque vers midi.* 3. (suivi d'un adv.) *Jusqu'alors, jusqu'à présent, jusqu'ici. Jusqu'à*

A B C D E F G H I J K L M N O P Q R S T U V W X Y Z

quand ? ➝ loc. fig. FAM. *En avoir jusque-là* : être excédé. *S'en mettre jusque-là* : manger beaucoup. ➝ *Jusqu'où* (relatif ou interrogatif). **II** **1. adv.** *JUSQU'À.* SYN. **même.** *Il a oublié jusqu'à son nom.* **2. conj.** *JUSQU'À CE QUE* (+ subj.) : jusqu'au moment où. *Jusqu'à ce que je revienne.* ➝ *JUSQU'À TANT QUE* (même sens).
► **JUSQUES prép.** VX ou POÉT. Jusque.
ÉTYM. du latin *(inde) usque* «jusqu'à», de *ut* et *que*.

JUSQUIAME [ʒyskjam] **n. f.** ✦ Plante à fleurs jaunes rayées de pourpre, à propriétés narcotiques et toxiques.
ÉTYM. bas latin *jusquiamus*, du grec *huoskuamos* «fève *(kuamos)* à cochon *(hûs)*».

JUSTAUCORPS [ʒystokɔʀ] **n. m. 1.** anciennt Vêtement serré à la taille et muni de basques. SYN. **pourpoint. 2.** Maillot collant d'une seule pièce qui couvre le tronc, utilisé pour la danse et la gymnastique. ➝ **body.**
ÉTYM. de *juste, au* et *corps*.

JUSTE [ʒyst] **adj.** et **adv.**
I adj. et n. m. 1. Qui se comporte, agit conformément à la justice, à l'équité. SYN. **équitable.** *Il est sévère mais juste. Être juste pour, envers, à l'égard de qqn. Il faut être juste,* sans parti pris. SYN. **honnête.** ♦ **n. m.** *Un juste, les justes.* ➝ spécialt Personne qui respecte les devoirs religieux. loc. *Dormir du sommeil du juste,* d'un sommeil paisible. **2.** (choses) Qui est conforme à la justice, au droit, à l'équité. *Une loi juste.* **3.** (devant le n.) *De justes revendications.* SYN. **fondé, légitime.** *À juste titre* : à bon droit. CONTR. **injuste.**
II adj. 1. Qui a de la justesse, qui convient bien, est bien tel qu'il doit être. *Chercher le mot juste.* SYN. **adéquat, propre.** *Estimer les choses à leur juste prix.* SYN. **réel.** *L'addition est juste. L'heure juste.* SYN. **exact.** ♦ (d'un son) *Note juste. Voix juste.* **2.** Qui fonctionne avec précision. *Ma montre est juste.* **3.** Conforme à la vérité, à la raison, au bon sens. SYN. **authentique, exact,** ② **logique, vrai.** *Idée, remarque très juste.* ➝ *C'est juste* : vous avez raison. *Très juste !* ♦ Qui apprécie bien, avec exactitude. SYN. **pertinent.** *Avoir le coup d'œil juste, l'oreille juste.* **4.** (vêtements, chaussures) Qui est trop ajusté. SYN. **étroit, petit.** *Ce pantalon est juste.* ♦ Qui suffit à peine. *Repas trop juste pour dix personnes.* ➝ FAM. (personnes) *Être un peu juste* : manquer d'argent. CONTR. **inadéquat, impropre** · ① **faux, inexact** · **large.**
III adv. 1. Avec justesse, exactitude, comme il faut, comme il convient. *Deviner juste. Chanter juste.* ➝ *Division qui tombe juste,* où il n'y a pas de reste. ➝ Avec précision. *Viser juste. Frapper, toucher juste* : atteindre exactement le but visé. **2.** Exactement, précisément. *Il est midi juste. C'est juste à côté. C'est juste le contraire. Il vient (tout) juste de m'appeler.* ♦ *TOUT JUSTE !* en effet, c'est bien cela. **3.** D'une manière trop stricte, en quantité à peine suffisante. *Prévoir un peu juste. Il a bu juste un verre.* SYN. **seulement. 4. loc. adv.** *AU JUSTE. On ne savait pas au juste ce que c'était.* SYN. **exactement, précisément.** ➝ *COMME DE JUSTE* : comme il se doit. *Comme de juste, il est en retard.* CONTR. **largement.**
ÉTYM. latin *justus* «conforme au droit *(jus)*, équitable».

JUSTEMENT [ʒystəmɑ̃] **adv. I 1.** RARE Conformément à la justice. *Être justement puni.* **2.** À bon droit, avec raison. *Craindre justement pour son sort.* **3.** Avec justesse. *On dira plus justement que...* SYN. **pertinemment.** **II** adv. de phrase **1.** (pour marquer l'exacte concordance de deux faits, d'une idée et d'un fait) SYN. **précisément.** *C'est justement ce qu'il ne fallait pas faire.* **2.** Précisément, à plus forte raison (en tête de phrase). *Il sera peiné de l'apprendre. – Justement, ne lui dites rien !* CONTR. **injustement.**
ÉTYM. de *juste*.

JUSTESSE [ʒystɛs] **n. f. 1.** Qualité qui rend une chose parfaitement, exactement adaptée. *Justesse et précision d'une balance.* ♦ fig. *Cette comparaison manque de justesse.* SYN. **exactitude. 2.** Qualité qui permet d'exécuter très exactement une chose ; manière dont on l'exécute sans erreur. SYN. **précision.** *Justesse de tir.* **3. loc. adv.** *DE JUSTESSE* : de peu, sans rien de trop. *Éviter de justesse un accident.*
ÉTYM. de *juste*.

JUSTICE [ʒystis] **n. f. 1.** Juste appréciation, reconnaissance et respect des droits et du mérite de chacun. SYN. **droiture, équité, impartialité, intégrité.** *Agir avec justice.* **2.** Principe moral de conformité au droit. *Faire régner la justice.* ➝ *Ce n'est que justice* (➝ **juste,** I, 2). **3.** Pouvoir de faire régner le droit ; exercice de ce pouvoir. *La justice punit et récompense.* ➝ *RENDRE LA JUSTICE.* ➝ ① **juger.** *Cour de justice.* ♦ Reconnaissance du droit, du bon droit. *Obtenir justice.* ➝ *FAIRE JUSTICE DE qqch.* : récuser, réfuter. *Le temps a fait justice de cette renommée usurpée.* ➝ *FAIRE, RENDRE JUSTICE À qqn,* lui reconnaître son droit ; par ext. rendre hommage, récompenser. *L'avenir lui rendra justice.* ➝ *SE FAIRE JUSTICE* : se venger ; en parlant d'un coupable, se tuer. *L'auteur de l'attentat s'est fait justice.* **4.** Organisation du pouvoir judiciaire ; ensemble des organes chargés d'administrer la justice (➝ **judiciaire, juridique**). *Litige soumis à la justice* (➝ **procès**). ➝ *Palais de justice. Ministère de la Justice.* ♦ Police judiciaire. *La justice le recherche.* **5.** Ensemble des juridictions de même catégorie. *Justice administrative, civile, pénale.* CONTR. **injustice.**
ÉTYM. latin *justitia*.

JUSTICIABLE [ʒystisjabl] **adj.** et **n. 1.** Qui relève de certains juges, de leur juridiction. **2.** fig. Qui relève (d'une mesure, d'un traitement). *Malade justiciable d'une cure thermale.*
ÉTYM. de l'ancien verbe *justicier* «punir».

JUSTICIER, IÈRE [ʒystisje, jɛʀ] **n. 1.** Personne qui rend justice, qui fait régner la justice. *Saint Louis, roi et justicier.* **2.** Personne qui agit en redresseur de torts, vengeant les innocents et punissant les coupables. *Zorro, le justicier masqué.*
ÉTYM. de *justice*.

JUSTIFIABLE [ʒystifjabl] **adj. 1.** Qui peut être justifié. SYN. **défendable, excusable.** *Conduite peu justifiable.* **2.** Qui peut être expliqué, motivé. *Un choix justifiable.* CONTR. **injustifiable.**

JUSTIFICATEUR, TRICE [ʒystifikatœʀ, tʀis] **adj.** ✦ Qui justifie.
ÉTYM. bas latin *justificator*.

JUSTIFICATIF, IVE [ʒystifikatif, iv] **adj. 1.** Qui sert à justifier qqn. **2.** Qui sert à prouver. *Documents justificatifs.* ➝ **n. m.** Pièce justificative. *Justificatif de domicile. Produire des justificatifs pour une note de frais.*

JUSTIFICATION [ʒystifikasjɔ̃] **n. f. I 1.** Action de justifier (qqn, qqch.), de se justifier. SYN. **décharge,** ① **défense.** *Demander des justifications.* SYN. **compte, explication. 2.** Action d'établir (une chose) comme réelle ; résultat de cette action. SYN. **preuve.** *Justification*

d'une identité, d'un paiement. **II** IMPRIM. Action de fixer la longueur d'une ligne ; cette longueur.
ÉTYM. latin chrétien *justificatio*.

JUSTIFIER [ʒystifje] **v. tr.** (conjug. 9) **I** 1. Innocenter (qqn) en expliquant sa conduite, en démontrant que l'accusation n'est pas fondée. SYN. **décharger, disculper.** *Avocat qui cherche à justifier son client.* 2. Rendre (qqch.) légitime. *Théorie qui justifie tous les excès.* SYN. **autoriser, légitimer.** ➡ prov. *La fin justifie les moyens.* 3. Faire admettre ou s'efforcer de faire reconnaître (qqch.) comme juste, légitime. SYN. **expliquer, motiver.** *Justifiez vos réponses.* ➡ au p. passé *Un reproche tout à fait justifié.* SYN. **fondé.** 4. (sujet chose) Confirmer après coup. *Les faits ont justifié ses craintes.* 5. Montrer (qqch.) comme vrai, juste, réel, par des arguments, des preuves. SYN. **démontrer, prouver.** *Justifier ce que l'on affirme. Justifier l'emploi des sommes reçues.* 6. **v. tr. ind.** DR. *Justifier de son identité,* la prouver. **II** IMPRIM. Mettre (une ligne) à la longueur requise. **III** *SE JUSTIFIER* **v. pron.** Prouver son innocence. *Essayer de se justifier. Se justifier de sa conduite.* ♦ (passif) Être fondé sur de bonnes raisons. *C'est cher mais cela se justifie.* CONTR. **accuser, condamner, incriminer • démentir, infirmer.**
ÉTYM. latin chrétien *justificare*.

JUTE [ʒyt] **n. m.** 1. Plante exotique cultivée pour les fibres textiles de ses tiges. 2. Fibre qu'on en tire. *Toile de jute.*
ÉTYM. mot anglais, du bengali.

JUTER [ʒyte] **v. intr.** (conjug. 3a) ✦ Rendre du jus.
ÉTYM. de *jus*.

JUTEUX, EUSE [ʒytø, øz] **adj.** 1. Qui a beaucoup de jus. *Poire juteuse.* 2. FAM. Qui rapporte beaucoup. *Un commerce juteux.*
ÉTYM. de *jus*.

JUVÉNILE [ʒyvenil] **adj.** ✦ Propre à la jeunesse. SYN. **jeune.** *Grâce juvénile. La délinquance juvénile,* des mineurs. CONTR. **sénile.**
► **JUVÉNILITÉ** [ʒyvenilite] **n. f.** LITTÉR. *La juvénilité de son allure.* CONTR. **sénilité.**
ÉTYM. latin *juvenilis*.

JUXTA- Élément savant, du latin *juxta* «près de».

JUXTALINÉAIRE [ʒykstalineɛʀ] **adj.** ✦ DIDACT. *Traduction juxtalinéaire,* où le texte et la version se répondent ligne à ligne dans deux colonnes contiguës.
ÉTYM. de *juxta-* et *linéaire*.

JUXTAPOSER [ʒykstapoze] **v. tr.** (conjug. 3a) ✦ Poser, mettre (une, des choses) près d'une ou plusieurs autres, sans liaison. *Juxtaposer deux mots par une apposition.* CONTR. **éloigner, espacer.**
► **JUXTAPOSÉ, ÉE adj.** *Propositions juxtaposées. Les touches juxtaposées des impressionnistes.*
ÉTYM. de *juxta-* et *poser*.

JUXTAPOSITION [ʒykstapozisjɔ̃] **n. f.** ✦ Action de juxtaposer ; son résultat. ➡ GRAMM. Rapprochement de termes juxtaposés (opposé à *coordination* et à *subordination*).

A B C D E F G H I J K L M N O P Q R S T U V W X Y Z

K

K [ka] n. m. 1. Onzième lettre, huitième consonne de l'alphabet *(k, K)* servant à noter la consonne occlusive vélaire sourde [k]. 2. *k :* symbole de *kilo-*. 3. *K* [ka] CHIM. Symbole du potassium. HOM. ① CAS «circonstance»

KABBALE [kabal] n. f. ✦ Tradition juive donnant une interprétation mystique et allégorique de la Torah.
► **KABBALISTIQUE** [kabalistik] adj.
ÉTYM. hébreu *qabbalah* «tradition» → cabale.

KABIG [kabik] n. m. ✦ Manteau court à capuche, avec une poche sur le devant formant manchon.
ÉTYM. mot breton.

KABUKI [kabuki] n. m. ✦ Genre théâtral japonais traditionnel, avec musique et danses.
ÉTYM. mot japonais, de *ka* «chant», *bu* «danse» et *ki* «personnage».

KABYLE [kabil] adj. et n. ✦ De la Kabylie, région montagneuse d'Algérie. – n. *Les Kabyles.* ♦ n. m. *Le kabyle,* ensemble des dialectes et parlers berbères de Kabylie (☛ noms propres).
ÉTYM. arabe *qabilah* «tribu».

KAFKAÏEN, ÏENNE [kafkajɛ̃, jɛn] adj. ✦ Qui rappelle l'atmosphère absurde et oppressante des romans de Kafka (☛ noms propres). *Une situation kafkaïenne.*

KAISER [kɛzɛʀ ; kajzɛʀ] n. m. ✦ *Le Kaiser :* l'empereur d'Allemagne (de 1871 à 1918) ; spécialt Guillaume II.
ÉTYM. mot allemand, du latin *Caesar.* ☛ CÉSAR (noms propres).

KAKÉMONO [kakemɔno] n. m. ✦ Peinture japonaise, étroite et haute, pouvant se rouler autour d'un bâton.
ÉTYM. japonais, de *kakeru* «suspendre» et *mono* «chose».

① **KAKI** [kaki] adj. invar. ✦ D'une couleur jaunâtre tirant sur le brun. *Chemises kaki.* – n. m. invar. *Militaire en kaki.*
ÉTYM. anglais *khakee*, emprunté à l'hindi *khâki* «couleur de poussière».

② **KAKI** [kaki] n. m. ✦ Arbre dont les fruits d'un jaune orangé ont la forme de tomates. – Ce fruit.
ÉTYM. mot japonais.

KALÉIDOSCOPE [kaleidɔskɔp] n. m. 1. Petit tube dont le fond est occupé par des fragments mobiles de verre colorié qui, en se réfléchissant sur un jeu de miroirs, y produisent d'infinies combinaisons d'images. 2. fig. Succession rapide et changeante (d'impressions, de sensations).
ÉTYM. anglais *kaleidoscope*, du grec *kalos* «beau», *eidos* «image» et *skopein* «regarder».

KALMOUK, E [kalmuk] adj. et n. ✦ De Kalmoukie (☛ noms propres). – n. *Les Kalmouks.* ♦ n. m. *Le kalmouk* (langue).
ÉTYM. mot mongol.

KAMIKAZE [kamikaz] n. et adj. 1. n. m. Avion-suicide, piloté par un volontaire (au Japon, en 1944-1945) ; ce volontaire. ♦ n. Auteur d'un attentat suicide. 2. Personne d'une grande témérité. 3. adj. Qui tient du suicide.
ÉTYM. mot japonais «vent *(kaze)* divin».

KAN → KHAN

KANAK, E ou **CANAQUE** [kanak] n. et adj. ✦ Autochtone de Nouvelle-Calédonie. *Les Kanaks* (☛ noms propres). – adj. *L'identité kanake.*
ÉTYM. polynésien *kanaka* «homme».

KANGOUROU [kɑ̃guʀu] n. m. ✦ Grand marsupial australien herbivore, à pattes postérieures très développées lui permettant des sauts de plusieurs mètres. *Des kangourous.*
ÉTYM. anglais *kangaroo*, emprunté à une langue d'Australie.

KANTISME [kɑ̃tism] n. m. ✦ PHILOS. Doctrine de Kant (☛ noms propres), idéalisme transcendantal et philosophie critique.

KAOLIN [kaɔlɛ̃] n. m. ✦ Argile blanche, réfractaire et friable qui entre dans la composition de la porcelaine.
ÉTYM. chinois *kaoling* «colline élevée», lieu où l'on extrayait cette argile.

KAPO [kapo] n. m. ✦ Détenu chargé de commander les autres prisonniers dans un camp allemand.
HOM. ① CAPOT «couvercle»
ÉTYM. allemand *Kapo.*

KAPOK [kapɔk] n. m. ✦ Fibre végétale faite du duvet qui recouvre les graines d'un arbre exotique (le *kapokier*). *Coussins rembourrés de kapok.*
ÉTYM. malais *kapuq.*

KAPPA [kapa] n. m. invar. ✦ Dixième lettre de l'alphabet grec (Κ, κ), correspondant au son du *k*.

KARAOKÉ [kaʀaɔke] **n. m.** ✦ Divertissement qui consiste à chanter en public sur une musique enregistrée.
ÉTYM. mot japonais, de *kara* « vide » et *oke* « orchestration ».

KARATÉ [kaʀate] **n. m.** ✦ Art martial japonais, sport de combat dans lequel les coups sont retenus avant l'impact.
ÉTYM. mot japonais, littéralement « main vide ».

KARATÉKA [kaʀateka] **n.** ✦ Personne qui pratique le karaté.
ÉTYM. de *karaté.*

KARITÉ [kaʀite] **n. m.** ✦ Arbre d'Afrique équatoriale dont la graine renferme une substance grasse, le *beurre de karité.*
ÉTYM. mot wolof (Sénégal).

KARMA [kaʀma] **n. m.** ✦ Dogme central de l'hindouisme, du bouddhisme, selon lequel la destinée d'un être vivant et conscient est déterminée par la totalité de ses actions passées, de ses vies antérieures.
ÉTYM. mot sanskrit « acte ».

KARST [kaʀst] **n. m.** ✦ GÉOGR. Ensemble des phénomènes de corrosion du calcaire ; région calcaire où prédominent ces phénomènes.
ÉTYM. du nom d'une région de Slovénie.

KARSTIQUE [kaʀstik] **adj.** ✦ *Relief karstique,* dû à la dissolution des roches calcaires par des eaux chargées de gaz carbonique.
ÉTYM. de *karst.*

KART [kaʀt] **n. m.** ✦ anglicisme Petit véhicule automobile de compétition, sans carrosserie, ni boîte de vitesses, ni suspension. *Course de karts.* HOM. CARTE « morceau de carton », QUARTE « intervalle musical », QUARTE « quatrième »
ÉTYM. mot américain, de l'anglais *cart* « charrette ».

KARTING [kaʀtiŋ] **n. m.** ✦ anglicisme Sport pratiqué avec le kart.
ÉTYM. mot anglais.

KASCHER [kaʃɛʀ] **adj. invar.** → CASHER

KAYAK [kajak] **n. m.** ✦ Embarcation de sport, monoplace ou biplace, qui se manœuvre à la pagaie.
► **KAYAKISTE** [kajakist] **n.**
ÉTYM. mot inuit (eskimo).

KÉBAB [kebab] **n. m.** 1. Viande coupée en lamelles et rôtie à la broche. 2. Sandwich garni de cette viande. *Des kébabs.* ▬ On écrit aussi *kebab,* sans accent.
ÉTYM. mot turc.

KEFFIEH [kefje ; kefjɛ] ou **KÉFIÉ** [kefje] **n. m.** ✦ Coiffure traditionnelle des Bédouins, carré de tissu plié et retenu par un lien. *Keffiehs, kéfiés palestiniens.*
ÉTYM. arabe *kaffiyah.*

KÉFIR [kefiʀ] **n. m.** ✦ Boisson gazeuse et acidulée, obtenue par fermentation de petit-lait avec une levure dite *grains de kéfir.* ▬ On écrit aussi *képhir.*
ÉTYM. mot caucasien (géorgien, arménien).

KELVIN [kɛlvin] **n. m.** ✦ Unité de mesure thermodynamique de température (symb. K), partant du zéro absolu (–273,16 °C).
ÉTYM. du nom de lord *Kelvin,* physicien anglais. ☛ noms propres.

KENDO [kɛndo] **n. m.** ✦ Art martial japonais pratiqué avec un sabre de bambou.
ÉTYM. mot japonais, proprt « voie *(do)* dure *(ken)* ».

KÉPHIR → KÉFIR

KÉPI [kepi] **n. m.** ✦ Coiffure militaire rigide, à fond plat et surélevé, munie d'une visière. *Képi de gendarme, de légionnaire.*
ÉTYM. alémanique *Käppi,* diminutif de l'allemand *Kappe* « bonnet », latin *cappa* → chape.

KÉRATINE [keʀatin] **n. f.** ✦ Substance protéique présente dans les productions épidermiques de l'homme et des animaux (cheveux, ongles, cornes, laine...).
ÉTYM. du grec *keras, keratos* « corne ».

KÉRATITE [keʀatit] **n. f.** ✦ MÉD. Inflammation de la cornée.
ÉTYM. de *kérat(o)-* et *-ite.*

> **KÉRAT(O)-** Élément savant, du grec *keras, keratos* « corne », qui signifie « corne » et « cornée ».

KÉRATOSE [keʀatoz] **n. f.** ✦ MÉD. Épaississement de la couche cornée de l'épiderme.
ÉTYM. de *kérat(o)-* et ② *-ose.*

KERMÈS [kɛʀmɛs] **n. m.** 1. Cochenille parasite de certains chênes. 2. *Kermès* ou *chêne-kermès* : chêne des garrigues méditerranéennes, arbuste à feuilles persistantes et épineuses. HOM. KERMESSE « fête »
ÉTYM. arabe *al-quirmiz,* par l'espagnol *alkermes.*

KERMESSE [kɛʀmɛs] **n. f.** 1. (Hollande, Belgique, nord de la France) Fête patronale villageoise, foire annuelle. SYN. **ducasse.** 2. Fête de bienfaisance, souvent en plein air. *La kermesse de l'école.* HOM. KERMÈS « chêne »
ÉTYM. flamand *kerkmisse,* proprt « messe d'église ».

KÉROSÈNE [keʀozɛn] **n. m.** ✦ Produit pétrolier liquide utilisé notamment pour l'alimentation des réacteurs d'avions.
ÉTYM. anglais *kerosene,* du grec *keros* « cire ».

KÉTAMINE [ketamin] **n. f.** ✦ Substance utilisée comme analgésique et anesthésique en chirurgie et en médecine vétérinaire.
ÉTYM. anglais *ketamine,* de *ketone* « cétone » et *amine.*

KETCHUP [kɛtʃœp] **n. m.** ✦ anglicisme Sauce à base de tomates, légèrement sucrée et épicée.
ÉTYM. mot anglais, probablt emprunté au chinois.

kF [kaɛf] ✦ Symbole du kilofranc.

KHÂGNE [kaɲ] **n. f.** ✦ FAM. Classe préparatoire à l'École normale supérieure (lettres), qui fait suite à l'hypokhâgne. ▬ On écrit aussi *cagne.*
ÉTYM. de *khâgneux.*

KHÂGNEUX, EUSE [kaɲø, øz] **n.** ✦ FAM. Élève d'une classe de khâgne. ▬ On écrit aussi *cagneux, euse.* HOM. ① CAGNEUX « tordu »
ÉTYM. argot des grandes écoles, de *cagneux* « de constitution faible ».

KHALIFE ; KHALIFAT → CALIFE ; CALIFAT

KHAMSIN [xamsin] **n. m.** ✦ Vent de sable analogue au sirocco, en Égypte. ▬ On écrit parfois *chamsin.*
ÉTYM. mot arabe.

KHAN [kɑ̃] **n. m.** ✦ Titre que prenaient les souverains mongols, les chefs tartares, et encore porté de nos jours par des chefs religieux islamiques. ➖ On écrit aussi *kan*. HOM. CAMP «installation provisoire», QUAND (conjonction de temps), QUANT (À) «pour ce qui est (de)»
ÉTYM. mongol *kagan*.

KHÉDIVE [kediv] **n. m.** ✦ Titre porté par le vice-roi d'Égypte entre 1867 et 1914.
ÉTYM. mot turc.

KHI [ki] **n. m. invar.** ✦ Vingt-deuxième lettre de l'alphabet grec (X, χ) notant une gutturale sourde aspirée [x]. HOM. QUI (pronom relatif)

KHMER, KHMÈRE [kmɛʀ] **adj. et n.** ✦ De la population qui habite le Cambodge. *Art khmer* : art ancien du Cambodge. ➖ **n.** *Les Khmers* (☛ noms propres). ◆ **n. m.** *Le khmer* (langue).
ÉTYM. mot sanskrit.

KHOL [kol] **n. m.** ✦ Fard de couleur sombre utilisé pour le maquillage des yeux. ➖ On écrit aussi *khôl*.
ÉTYM. arabe *kuhl* «antimoine».

KIBBOUTZ [kibuts] **n. m.** ✦ Ferme collective, en Israël. *Des kibboutz* ou (plur. hébreu) *des kibboutzim*.
ÉTYM. mot hébreu.

KICK [kik] **n. m.** ✦ anglicisme Dispositif de mise en marche d'un moteur de motocyclette à l'aide du pied.
ÉTYM. mot anglais, de *to kick* «donner des coups de pied».

KIDNAPPAGE [kidnapaʒ] **n. m.** ✦ Enlèvement, rapt. ➖ On emploie aussi l'anglicisme KIDNAPPING [kidnapiŋ]
ÉTYM. de *kidnapper*.

KIDNAPPER [kidnape] **v. tr.** (conjug. 3a) ✦ Enlever (une personne), en général pour en tirer une rançon (➙ **kidnappage, rapt**). *Kidnapper un enfant*.
► **KIDNAPPEUR, EUSE** [kidnapœʀ, øz] **n.**
ÉTYM. anglais *to kidnap*, de *kid* «enfant» et *to nap* «saisir».

KIF [kif] **n. m.** ✦ Mélange de tabac et de chanvre indien. ➙ **haschich**.
ÉTYM. mot arabe.

KIFER ou **KIFFER** [kife] **v.** (conjug. 3a) ✦ FAM. **1. v. intr.** Prendre du plaisir. **2. v. tr.** Apprécier, aimer bien (qqn, qqch.).
ÉTYM. de l'arabe maghrébin *kif* «état de béatitude».

KIFKIF ou **KIF-KIF** [kifkif] **adj. invar.** ✦ FAM. Pareil, la même chose. *Faire ça ou rien, c'est kifkif !*
ÉTYM. mot arabe, littéralement «comme comme».

KIKI [kiki] **n. m.** ✦ FAM. Gorge, gosier. *Serrer le kiki* : étrangler.
ÉTYM. abréviation de *quiriquiqui*, argot «gosier», d'une onomatopée.

KILIM [kilim] **n. m.** ✦ Tapis d'Orient tissé.
ÉTYM. mot turc.

KILO [kilo] **n. m.** ✦ Kilogramme. *Il pèse 70 kilos. Pommes à deux euros le kilo.*
ÉTYM. abréviation.

KILO- Élément savant, du grec *khilioi* «mille», qui multiplie par 10^3 l'unité dont il précède le nom (symb. k) [ex. *kilocalorie*].

KILOEURO [kiloøʀo] **n. m.** ✦ Unité de compte correspondant à mille euros (symb. k€ [kaø]).

KILOFRANC [kilofʀɑ̃] **n. m.** ✦ Unité de compte correspondant à mille francs (symb. kF [kaɛf]).

KILOGRAMME [kilɔgʀam] **n. m.** ✦ Unité de base du système international de mesure de masse, valant mille grammes (symb. kg). SYN. **kilo**.

KILOJOULE [kiloʒul] **n. m.** ✦ Unité de mesure de l'énergie valant 1000 joules (symb. kJ).

KILOMÉTRAGE [kilɔmetʀaʒ] **n. m.** **1.** Mesure en kilomètres. **2.** Nombre de kilomètres parcourus. *Le kilométrage d'une voiture.*

KILOMÈTRE [kilɔmɛtʀ] **n. m.** ✦ Unité pratique de distance qui vaut mille mètres (symb. km). ➖ *Faire dix kilomètres à pied. Voiture qui fait 130 kilomètres à l'heure, du 130 kilomètres-heure* (ou ellipt *du 130*).
► **KILOMÉTRIQUE** [kilɔmetʀik] **adj.** *Distance kilométrique. Bornes kilométriques.*

KILOWATT [kilowat] **n. m.** ✦ Ancienne unité de puissance (système M. T. S.), valant 1 000 watts (symb. kW).

KILOWATTHEURE [kilowatœʀ] **n. m.** ✦ Unité d'énergie ou de travail égale au travail accompli en une heure par un moteur d'une puissance de 1 000 watts (symb. kWh).

KILT [kilt] **n. m.** ✦ Jupe courte et plissée, pièce du costume national des Écossais. *Un Écossais en kilt.* ➖ Cette jupe, portée par les femmes.
ÉTYM. mot anglais, de *to kilt* «retrousser, plisser».

KIMONO [kimɔno] **n. m.** **1.** Longue tunique japonaise à manches, croisée devant, et maintenue par une large ceinture. **2.** appos. invar. *Manches kimono*, manches non rapportées, qui font corps avec le vêtement.
ÉTYM. mot japonais, de *ki* «vêtir» et *mono* «chose».

KINÉSI- Élément savant, du grec *kinêsis* «mouvement».

KINÉSITHÉRAPEUTE [kineziteʀapøt] **n.** ✦ Praticien, praticienne de la kinésithérapie. ➖ appos. *Des masseurs kinésithérapeutes.* ➖ abrév. FAM. KINÉ [kine].

KINÉSITHÉRAPIE [kineziteʀapi] **n. f.** ✦ Traitement des affections osseuses, articulaires, musculaires, par des mouvements imposés combinés à des massages. ➖ abrév. KINÉ [kine].

KINESTHÉSIE [kinɛstezi] **n. f.** ✦ DIDACT. Perception des déplacements des différentes parties du corps, assurée par le sens musculaire et les excitations de l'oreille interne.
► **KINESTHÉSIQUE** [kinɛstezik] **adj.**
ÉTYM. du grec *kinêsis* «mouvement» et *aisthêsis* «sensation», par l'anglais.

KINKAJOU [kɛ̃kaʒu] **n. m.** ✦ Mammifère arboricole à longue queue préhensile, qui vit en Amérique tropicale. *Des kinkajous.*
ÉTYM. d'une langue amérindienne.

KIOSQUE [kjɔsk] **n. m.** **1.** Pavillon de jardin ouvert. *Kiosque à musique.* **2.** Édicule où l'on vend des journaux, des fleurs, etc. *Kiosque à journaux* (tenu par un *kiosquier*). **3.** Superstructure du sous-marin.
ÉTYM. turc «pavillon de jardin», par l'italien.

KIPPA [kipa] **n. f.** ✦ Calotte portée par les juifs pratiquants.
ÉTYM. mot hébreu.

KIR [kiʀ] **n. m.** ✦ Apéritif composé de vin blanc et de liqueur de cassis. ➙ *Kir royal,* au champagne.
ÉTYM. nom déposé ; du nom du chanoine *Kir,* qui fut maire de Dijon.

KIRSCH [kiʀʃ] **n. m.** ✦ Eau-de-vie de cerise.
ÉTYM. allemand *Kirschwasser* «eau *(wasser)* de cerise».

KIT [kit] **n. m.** ✦ anglicisme Ensemble des éléments constitutifs d'un objet vendu prêt à être monté. *Acheter un ordinateur en kit.* HOM. QUITTE «libéré»
ÉTYM. mot anglais.

KITCHENETTE [kitʃənɛt] **n. f.** ✦ anglicisme Petite cuisine, coin cuisine. ➙ recomm. offic. CUISINETTE.
ÉTYM. mot américain, de *kitchen* «cuisine».

KITESURF [kajtsœʀf] **n. m.** ✦ Sport de glisse nautique qui se pratique avec une planche et une aile de traction. ➙ recomm. offic. *planche volante.*
ÉTYM. faux anglicisme, de l'anglais *kite* «cerf-volant» et *surf.*

KITSCH ou **KITCH** [kitʃ] **adj. invar.** ✦ Caractérisé par l'usage volontaire d'éléments démodés, de mauvais goût. *Des meubles kitsch.* ➙ **n. m. invar.** *Le kitsch.*
ÉTYM. allemand *kitsch,* de *kitschen* «rénover, revendre du vieux».

① **KIWI** [kiwi] **n. m.** ✦ Oiseau coureur de Nouvelle-Zélande, qui n'a que des rudiments d'ailes (aussi appelé *aptéryx*).
ÉTYM. mot maori.

② **KIWI** [kiwi] **n. m.** ✦ Fruit oblong, à pulpe verte, d'un arbuste originaire de Chine.
ÉTYM. mot anglais, *kiwi fruit,* «fruit du kiwi» → ① kiwi.

KLAXON [klaksɔn] **n. m.** ✦ Avertisseur sonore. *Donner un coup de klaxon. Des klaxons.* ➙ recomm. offic. *avertisseur.*
ÉTYM. nom déposé ; mot américain.

KLAXONNER [klaksɔne] **v.** (conjug. 3a) **1. v. intr.** Actionner le klaxon. *Interdiction de klaxonner.* ➙ recomm. offic. *avertir.* **2. v. tr.** FAM. *Klaxonner un cycliste.*

KLEENEX [klinɛks] **n. m.** ✦ Mouchoir jetable en papier. *Un paquet de kleenex.*
ÉTYM. nom déposé ; mot américain.

KLEPTOMANE ; KLEPTOMANIE → CLEPTOMANE ; CLEPTOMANIE

KNICKERS [(k)nikœʀs] **n. m. pl. 1.** anciennt Pantalon de golf. **2.** Pantalon de sport court resserré au-dessous du genou.
ÉTYM. abréviation de l'anglais *knickerbockers,* du nom d'un héros de roman.

KNOCK-OUT [(k)nɔkaut] **n. m. invar.** et **adj. invar.** ✦ anglicisme **1. n. m. invar.** Mise hors de combat du boxeur resté à terre plus de dix secondes. *Battu par knock-out à la cinquième reprise.* SYN. **K.-O. 2. adj. invar.** *Boxeur knock-out.* ◆ FAM. Assommé, épuisé. SYN. **groggy, K.-O.**
ÉTYM. mot anglais, de *to knock* «frapper» et *out* «dehors».

KNOUT [knut] **n. m.** ✦ Fouet à lanières de cuir terminées par des crochets ou des boules de métal, instrument de supplice de l'ancienne Russie ; ce supplice. *Condamner qqn au knout.*
ÉTYM. mot russe.

K.-O. [kao] **n. m. invar.** et **adj. invar. 1. n. m. invar.** Knock-out. *Battu par K.-O.* **2. adj. invar.** *Être mis K.-O.* ◆ FAM. Assommé, très fatigué. *Je suis complètement K.-O.* HOM. CAHOT «secousse», CHAOS «confusion»
ÉTYM. abréviation de *knock-out.*

KOALA [kɔala] **n. m.** ✦ Marsupial grimpeur australien au pelage gris très fourni, ressemblant à un petit ours.
ÉTYM. mot anglais d'origine australienne.

KOBOLD [kɔbɔld] **n. m.** ✦ Esprit familier, dans les contes allemands.
ÉTYM. mot allemand.

KOINÈ [kɔine ; kɔinɛ] **n. f.** ✦ DIDACT. **1.** Langue commune du monde grec aux époques hellénistique et romaine. **2.** par ext. Langue étrangère véhiculaire, pour les locuteurs ayant des langues maternelles différentes. **3.** Ensemble de traits culturels communs. *Une koinè idéologique.*
ÉTYM. du grec *koinos* «commun».

KOLA [kɔla] → COLA

KOLKHOZE [kɔlkoz] **n. m.** ✦ HIST. Exploitation agricole collective, en U. R. S. S.
► **KOLKHOZIEN, IENNE** [kɔlkozjɛ̃, jɛn] **adj. et n.**
ÉTYM. mot russe.

KOPECK [kɔpɛk] **n. m.** ✦ Monnaie de la Russie, puis de l'U. R. S. S., puis de la C. E. I., valant le centième du rouble.
ÉTYM. russe *kopejka.*

KORÊ [kɔʀe ; kɔʀɛ] **n. f.** ✦ DIDACT. Statue de l'art grec archaïque représentant une jeune fille. ➙ variante CORÊ.
ÉTYM. mot grec «jeune fille», féminin de *koros* → kouros.

KORRIGAN, ANE [kɔʀigɑ̃, an] **n.** ✦ Esprit malfaisant, dans les traditions populaires bretonnes.
ÉTYM. mot breton.

KOUGLOF [kuglɔf] **n. m.** ✦ Gâteau alsacien en forme de couronne.
ÉTYM. mot alsacien, de l'allemand *Kugel* «boule».

KOULAK [kulak] **n. m.** ✦ HIST. Riche paysan propriétaire, en Russie.
ÉTYM. mot russe.

KOUROS [kuʀos] **n. m.** ✦ DIDACT. Statue grecque archaïque représentant un jeune homme.
ÉTYM. mot grec, variante de *koros* «jeune homme». → korê.

Kr [kaɛʀ] ✦ CHIM. Symbole du krypton.

KRACH [kʀak] **n. m.** ✦ Effondrement brutal des cours de la Bourse. → **banqueroute, débâcle.** ☛ Crise de 1929 p. 193. *Des krachs.* HOM. CRAC «bruit sec», ① CRACK «cheval», ② CRACK «cocaïne», CRAQUE «mensonge», KRAK «château fort»
ÉTYM. mot néerlandais et allemand.

KRAFT [kʀaft] **n. m.** ✦ Papier d'emballage très résistant. *Du kraft brun.* ➙ appos. *Papier kraft.*
ÉTYM. probablement du suédois *kraftpaper,* proprement «papier force».

KRAK [kʀak] **n. m.** ✦ HIST. Château fort établi au XIIe siècle par les croisés, en Syrie. *Le krak des Chevaliers.* HOM. CRAC «bruit sec», ① CRACK «cheval», ② CRACK «cocaïne», CRAQUE «mensonge», KRACH «banqueroute»
ÉTYM. arabe *karak.*

A B C D E F G H I J K L M N O P Q R S T U V W X Y Z

KRAKEN [kʀakɛn] **n. m.** ✦ Monstre marin fabuleux des légendes scandinaves.
ÉTYM. mot norvégien.

KRILL [kʀil] **n. m.** ✦ Plancton des mers froides, constitué de petits crustacés.
ÉTYM. norvégien *kril* « petite friture ».

KRISS ou **CRISS** [kʀis] **n. m.** ✦ Poignard malais à lame sinueuse. *Des kriss, des criss.*
ÉTYM. malais *kris.*

KRYPTON [kʀiptɔ̃] **n. m.** ✦ Gaz rare de l'atmosphère (symb. Kr). *Ampoule au krypton.*
ÉTYM. mot anglais, du grec *kruptos* « caché ».

KSI → XI

KSS KSS [ksks] **interj.** ✦ Onomatopée servant à provoquer, à narguer.
ÉTYM. onomatopée.

KUMMEL [kymɛl] **n. m.** ✦ Alcool parfumé au cumin.
ÉTYM. allemand *Kümmel* « cumin ».

KUMQUAT [kɔmkwat ; kumkwat] **n. m.** ✦ Très petite orange qui se mange souvent confite. ➖ Arbuste qui produit ce fruit.
ÉTYM. mot chinois.

KUNG-FU [kuŋfu] **n. m.** ✦ Art martial chinois, proche du karaté. *Film de kung-fu.*
ÉTYM. mot chinois.

KURDE [kyʀd] **adj.** et **n.** ✦ Du Kurdistan (☛ noms propres). ➖ **n.** *Les Kurdes* (☛ noms propres). ♦ **n. m.** *Le kurde* (langue du groupe iranien).
ÉTYM. mot de cette langue.

KVAS ou **KWAS** [kvas] **n. m.** ✦ Boisson russe alcoolisée, obtenue par la fermentation de seigle et d'orge ou de fruits acides.
ÉTYM. russe *kvas.*

kW [kilowat] ✦ Symbole du kilowatt.

KWASHIORKOR [kwaʃjɔʀkɔʀ] **n. m.** ✦ MÉD. Syndrome de dénutrition infantile extrême, dû à un manque de protéines.
ÉTYM. mot d'une langue du Ghana.

KYRIE [kiʀ(i)je] ou **KYRIE ELEISON** [kiʀ(i)jeeleisɔn] **n. m. invar.** ✦ Invocation par laquelle commencent les litanies, au cours de la messe. ➖ **On écrit aussi** *Kyrie* **ou** *Kyrie eleison,* **avec majuscule.**
ÉTYM. latin liturgique, du grec *kurie* « Seigneur » et *eleêson* « aie pitié ».

KYRIELLE [kiʀjɛl] **n. f.** 1. Longue suite (de paroles). *Une kyrielle de reproches.* 2. Suite, série interminable. *Une kyrielle d'ennuis.*
ÉTYM. de *kyrie eleison* « litanie » → kyrie.

KYSTE [kist] **n. m.** ✦ Production pathologique, cavité contenant une substance généralement liquide. *Kyste de l'ovaire.*
► **KYSTIQUE** [kistik] **adj.**
ÉTYM. grec *kustis* « poche gonflée ».

L

L [ɛl] **n. m. ou f.** 1. Douzième lettre, neuvième consonne de l'alphabet. *L'l* ou *le l.* 2. *L* (majuscule), chiffre romain valant 50. HOM. AILE «organe du vol», ALE «bière», ELLE (pron. pers.)

① **LA** → ① LE

② **LA** → ② LE

③ **LA** [la] **n. m. invar.** 1. Sixième note de la gamme. *Donner le la avec un diapason.* — loc. fig. *Donner le la,* donner le ton. 2. Ton correspondant à cette note. *Concerto en la bémol.* HOM. LÀ «dans ce lieu», LACS «lacet», ① LAS «fatigué»

ÉTYM. première syllabe du latin *labii* dans l'hymne de saint Jean-Baptiste.

LÀ [la] **adv. et interj.**

I adv. de lieu ou de temps 1. Dans un lieu autre que celui où l'on est (opposé à *ici*). *Ne restez pas ici, allez là.* — *Les faits sont là,* présents. 2. À ce moment. *Là, il interrompit son récit.* 3. Dans, en cela. *Ne voyez là aucune malveillance.* — *Restons-en là,* à ce point. *Nous n'en sommes pas là.* 4. (suivi d'une relative) *C'EST LÀ QUE...* : dans ce lieu ; alors. *C'est là que nous irons.* — *LÀ OÙ* : à l'endroit où. 5. (renforçant un pron. ou un adj. dém.) *C'est là le problème. Ce jour-là. En ce temps-là.* 6. loc. (précédé d'une prép.) *DE LÀ* : en partant de. *De là au village.* — *De là à prétendre qu'il est infaillible...* ◆ *D'ici là...,* entre le moment présent et un moment postérieur. — *De-ci de-là,* en divers endroits ; en diverses occasions. — *PAR LÀ* : par cet endroit. *Passons par là. Par-ci par-là,* en différents endroits, au hasard. — *ÇÀ ET LÀ* : de côté et d'autre. 7. *LÀ-BAS* : à une distance assez grande (opposé à *ici*). — *LÀ-DEDANS* : à l'intérieur de ce lieu. fig. Dans cela. *Je ne vois rien d'étonnant là-dedans !* — *LÀ-DESSOUS* : sous cet objet, cette chose. — *LÀ-DESSUS* : sur cela. — *LÀ-HAUT* : dans ce lieu au-dessus.

II interj. *Là !* (parfois *là ! là !*), pour exhorter, apaiser, rassurer. *Hé là ! doucement. Là ! là !, calme-toi.*

HOM. LA (article), LA (pronom), LA «note de musique», LACS «lacet», ① LAS «fatigué»

ÉTYM. latin *illac* «par là».

LÀ-BAS → LÀ

LABEL [labɛl] **n. m.** ✦ anglicisme Étiquette ou marque sur un produit (pour en garantir l'origine, la qualité). *Label de garantie, de qualité.*

ÉTYM. mot anglais «étiquette», du français *lambel, label,* variante de *lambeau.*

LABEUR [labœʀ] **n. m.** ✦ LITTÉR. Travail pénible et soutenu. SYN. **besogne.** *Un dur, un pénible labeur.*

ÉTYM. latin *labor* «peine».

LABIAL, ALE, AUX [labjal, o] **adj.** ✦ ANAT. Relatif aux lèvres. *Muscle labial.* — **n. f.** *Une labiale,* consonne qui s'articule avec les lèvres (ex. p, b, m).

ÉTYM. du latin *labium* «lèvre».

LABIÉ, ÉE [labje] **adj.** ✦ BOT. Se dit des fleurs, des plantes dont la corolle présente deux lobes en forme de lèvres. — **n. f. pl.** *Les LABIÉES,* famille de plantes (ex. menthe, romarin, verveine), appelée aussi *labiacées* [labjase].

ÉTYM. du latin *labium* «lèvre».

LABILE [labil] **adj.** ✦ DIDACT. Fluctuant, instable. *Humeur labile.* CONTR. **fixe, stable.**

► **LABILITÉ** [labilite] **n. f.**

ÉTYM. bas latin *labilis,* de *labi* «glisser».

LABORANTIN, INE [labɔʀɑ̃tɛ̃, in] **n.** ✦ Assistant dans un laboratoire. → **préparateur.**

ÉTYM. allemand *Laborantin,* féminin de *Laborant,* du latin *laborare* «travailler».

LABORATOIRE [labɔʀatwaʀ] **n. m.** ✦ Local aménagé pour faire des expériences, des analyses biologiques, des recherches (abrév. FAM. LABO [labo]). *Laboratoire d'analyses.* — par ext. *Laboratoire de photo.* ◆ *Laboratoire de langues,* pour l'apprentissage et la pratique orale des langues étrangères.

ÉTYM. du latin *laboratum,* supin de *laborare* «travailler».

LABORIEUSEMENT [labɔʀjøzmɑ̃] **adv.** ✦ Avec peine. CONTR. **aisément, facilement.**

LABORIEUX, EUSE [labɔʀjø, øz] **adj.** 1. LITTÉR. Qui coûte beaucoup de peine, de travail. SYN. **pénible.** *Une laborieuse entreprise.* ◆ Qui sent l'effort. *Un style pesant et laborieux. C'est laborieux !* 2. VIEILLI (personnes) Qui travaille beaucoup. SYN. ① **actif, travailleur.** — *Les classes, les masses laborieuses,* qui n'ont pour vivre que leur travail (→ **prolétaire**). CONTR. **aisé, facile** • **oisif, paresseux.**

ÉTYM. latin *laboriosus* → labeur.

LABOUR [labuʀ] n. m. 1. Action de retourner et d'ameublir la terre. SYN. **labourage.** *Labour à la bêche, à la charrue.* 2. au plur. Terre labourée. SYN. **guéret.** *Marcher dans les labours.*
ÉTYM. de *labourer.*

LABOURABLE [labuʀabl] adj. ✦ Qu'on peut labourer (1). SYN. **arable.**

LABOURAGE [labuʀaʒ] n. m. ✦ Action de labourer la terre. SYN. **labour.** *« Labourage et pâturage sont les deux mamelles dont la France est alimentée »* (Sully).

LABOURER [labuʀe] v. tr. (conjug. 3a) 1. Ouvrir et retourner (la terre) avec un instrument aratoire. → **bêcher, biner, défoncer.** *Labourer un champ.* – au p. passé *Terre labourée.* → **labour** (2). 2. (surtout au passif) Creuser, ouvrir (comme le soc laboure la terre). *Piste labourée par les sangliers.* – au p. passé *Visage labouré de rides.* SYN. **sillonné.**
ÉTYM. latin *laborare* « travailler ».

LABOUREUR [labuʀœʀ] n. m. 1. Personne qui laboure un champ. 2. VX ou POÉT. Cultivateur.

LABRADOR [labʀadɔʀ] n. m. ✦ Chien de chasse qui rapporte le gibier abattu.
ÉTYM. de *Labrador,* péninsule canadienne. ☛ noms propres.

LABRE [labʀ] n. m. ✦ Poisson marin à lèvres épaisses et double dentition. SYN. **vieille.**
ÉTYM. du latin *labrum* « lèvre ».

LABYRINTHE [labiʀɛ̃t] n. m. I 1. Réseau compliqué de chemins, de galeries dont on a peine à sortir. SYN. **dédale.** *Un labyrinthe de ruelles.* 2. Complication inextricable. SYN. **enchevêtrement.** *Le labyrinthe des démarches à suivre.* II ANAT. Ensemble des cavités sinueuses de l'oreille interne.
► **LABYRINTHIQUE** [labiʀɛ̃tik] adj.
ÉTYM. latin *labyrinthus,* grec *laburinthos.*

LAC [lak] n. m. 1. Grande nappe naturelle d'eau à l'intérieur des terres. → **étang,** ② **loch.** *Le lac Léman. Des lacs gelés. Lac artificiel,* destiné à l'agrément ou à l'utilité. – loc. FAM. *TOMBER, ÊTRE DANS LE LAC :* échouer. *Son projet est dans le lac.* 2. LITTÉR. Quantité considérable de liquide répandu. SYN. **mare.** HOM. LAQUE « vernis »
ÉTYM. latin *lacus* « réservoir ».

LAÇAGE [lasaʒ] n. m. ✦ Action de lacer.

LACER [lase] v. tr. (conjug. 4) ✦ Attacher avec un lacet. SYN. **attacher, lier.** *Lacer ses souliers.* CONTR. **délacer.**
HOM. LASSER « fatiguer »
ÉTYM. latin *laqueare.*

LACÉRER [laseʀe] v. tr. (conjug. 8) ✦ Mettre en lambeaux, en pièces. SYN. **déchirer.** *Lacérer une affiche.* – au p. passé *Des vêtements lacérés.*
► **LACÉRATION** [laseʀasjɔ̃] n. f.
ÉTYM. latin *lacerare,* de *lacer* « déchiré ».

LACET [lasɛ] n. m. 1. Cordon étroit, qu'on passe dans des œillets pour serrer, attacher. *Une paire de lacets. Serrer, nouer un lacet de soulier.* 2. Succession d'angles aigus de part et d'autre d'un axe. SYN. **zigzag.** *Les lacets d'un chemin de montagne. Virage en lacet.* 3. Nœud coulant pour capturer le gibier. SYN. **lacs.** *Poser, tendre des lacets.* SYN. **collet.**
ÉTYM. diminutif de *lacs.*

LÂCHAGE [lɑʃaʒ] n. m. 1. Action de lâcher (qqch.). 2. FAM. Action d'abandonner (qqn). SYN. **abandon.**

LÂCHE [lɑʃ] adj. I 1. Qui n'est pas tendu. SYN. **détendu.** *Fil, ressort lâche.* – Qui n'est pas serré. *Vêtement lâche.* SYN. **flottant, flou,** ③ **vague.** 2. Qui manque d'énergie et de concision. *Un style lâche et inexpressif.* II 1. (personnes) Qui manque de vigueur morale, de courage, qui recule devant le danger. SYN. **couard, pusillanime ;** → **peureux.** – n. *Bande de lâches !* SYN. FAM. **dégonflé.** 2. Qui est cruel sans risque. *Son lâche agresseur.* 3. Qui porte la marque de la lâcheté. SYN. ① **bas, méprisable, vil.** *Un lâche attentat.* CONTR. **serré, tendu • concis, vigoureux • audacieux, brave, courageux.**
ÉTYM. de *lâcher.*

LÂCHEMENT [lɑʃmɑ̃] adv. 1. De manière lâche (I). 2. Avec lâcheté. *Fuir lâchement. Ils l'ont lâchement assassiné.* CONTR. **vigoureusement • bravement, courageusement.**

① **LÂCHER** [lɑʃe] v. (conjug. 3a) I v. tr. 1. Cesser de tenir. *Lâche-moi, tu me fais mal.* ♦ FAM. Donner. *Il ne lâchera pas un sou. Il ne les lâche pas facilement.* 2. Cesser de retenir, laisser aller (qqch., un animal). SYN. **relâcher.** *Lâcher des pigeons, un ballon* (→ ② **lâcher**). – *Lâcher du lest*.* 3. loc. *Lâcher la bride (à un cheval),* la rendre plus lâche, moins tendue ; fig. laisser plus libre (qqn). – FAM. *Lâcher le morceau,* tout avouer. 4. Émettre brusquement et avec incongruité (des paroles, etc.). SYN. ① **lancer.** *Il vient de lâcher une bêtise.* 5. Lancer (un animal) à la poursuite (de qqn, du gibier). *Lâcher les chiens après, sur le cerf.* II v. tr. (compl. personne) 1. Laisser aller, partir (qqn). SYN. **quitter.** *Il ne le lâche pas une minute, pas d'une semelle,* il reste avec lui. – loc. FAM. *Lâcher les baskets, la grappe à qqn,* le laisser tranquille. 2. Distancer (un concurrent) dans une course. *Il vient de lâcher le peloton.* 3. FAM. Abandonner brusquement (qqn). SYN. **plaquer.** *Tu ne vas pas nous lâcher en plein travail !* (→ **lâcheur**). 4. loc. *Lâcher prise*.* III v. intr. (sujet chose) Se rompre, se détacher brusquement. SYN. **casser, céder.** *Le nœud a lâché.* CONTR. **agripper, empoigner, tenir • retenir.**
ÉTYM. latin populaire *lassicare,* classique *laxare,* de *laxus* « lâche, détendu ».

② **LÂCHER** [lɑʃe] n. m. ✦ Action de lâcher (dans quelques emplois). *Un lâcher de pigeons, de ballons.*
ÉTYM. de ① *lâcher.*

LÂCHER-PRISE [lɑʃepʀiz] n. m. ✦ Capacité de prendre de la distance face aux situations stressantes. *Des lâcher-prises.*

LÂCHETÉ [lɑʃte] n. f. 1. Manque de bravoure, de courage devant le danger. SYN. **couardise.** 2. Passivité excessive ; manque d'énergie morale. *Céder par lâcheté.* 3. Manque de courage moral qui porte à profiter de l'impunité. SYN. **bassesse.** 4. Action, manière d'agir d'un lâche. SYN. **bassesse, indignité.** *Être capable des pires lâchetés.* CONTR. **audace, bravoure, courage • ardeur, énergie • dignité, générosité.**
ÉTYM. de *lâche* (II).

LÂCHEUR, EUSE [lɑʃœʀ, øz] n. ✦ FAM. Personne qui abandonne sans scrupule (qqn, un groupe). *Ne comptez pas sur lui, c'est un lâcheur.*
ÉTYM. de ① *lâcher* (II, 3).

LACIS [lasi] n. m. 1. Réseau de fils entrelacés. *Un lacis de soie.* 2. LITTÉR. Réseau. *Un lacis de ruelles.* SYN. **labyrinthe.**
ÉTYM. de *lacer.*

LACONIQUE [lakɔnik] **adj.** ✦ Qui s'exprime en peu de mots. SYN. ① **bref, concis.** *Un ministre laconique.* ➝ *Langage, réponse laconique. Style laconique.* SYN. ② **lapidaire.** CONTR. **bavard, prolixe, verbeux.**
▶ **LACONIQUEMENT** [lakɔnikmɑ̃] **adv.**
ÉTYM. grec *lakonikos* «de Laconie», région de Grèce (capitale Sparte) dont les habitants avaient une réputation de concision.
☞ LACONIE (noms propres).

LACONISME [lakɔnism] **n. m.** ✦ LITTÉR. Manière de s'exprimer en peu de mots. SYN. **brièveté, concision.**
ÉTYM. de *laconique.*

LACRIMA-CHRISTI ou **LACRYMA-CHRISTI** [lakʀimakʀisti] **n. m. invar.** ✦ Vin provenant de vignes du Vésuve.
ÉTYM. latin *lacrima Christi* «larme du Christ».

LACRYMAL, ALE, AUX [lakʀimal, o] **adj.** ✦ Qui a rapport aux larmes. *Glande lacrymale,* qui sécrète les larmes.
ÉTYM. latin médiéval *lacrimalis,* de *lacrima* «larme».

LACRYMOGÈNE [lakʀimɔʒɛn] **adj.** ✦ Qui fait pleurer, par une action chimique. *Gaz lacrymogène, grenades lacrymogènes.*
ÉTYM. du latin *lacrima* «larme» et de *-gène.*

LACS [lɑ] **n. m.** ✦ LITTÉR. Nœud coulant, lacet (3).
HOM. LA (article), LA (pronom), LA «note de musique», LÀ «dans ce lieu», ① LAS «fatigué»
ÉTYM. latin *laqueus.*

LACTATION [laktasjɔ̃] **n. f.** ✦ Sécrétion et écoulement du lait après la parturition, chez la femme et les femelles des mammifères.
ÉTYM. bas latin *lactatio.*

LACTÉ, ÉE [lakte] **adj.** **I** 1. Qui a rapport au lait. *Sécrétion lactée.* 2. Qui est à base de lait. *Farine lactée.* ➝ *Régime lacté,* où l'on ne prend que du lait. **II** *VOIE LACTÉE* : bande blanchâtre et floue qu'on aperçoit dans le ciel pendant les nuits claires ; apparence de la Galaxie.
ÉTYM. latin *lacteus* «laiteux».

LACTIQUE [laktik] **adj.** ✦ *Acide lactique,* acide-alcool formé par fermentation des sucres ou par décomposition du glycogène lors de contractions musculaires. ➝ *Ferment lactique :* bactérie utilisée dans l'industrie laitière qui transforme les sucres en acide lactique.
ÉTYM. de *lact(o)-.*

LACT(O)- Élément, du latin *lac, lactis* «lait» (ex. *lactobacille* **n. m.** «bacille lactique»).

LACTOSE [laktoz] **n. m.** ✦ CHIM. Sucre contenu dans le lait.
ÉTYM. de *lacto-* et ① *-ose.*

LACUNAIRE [lakynɛʀ] **adj.** ✦ DIDACT. Qui a des lacunes, incomplet. *Documentation lacunaire.*

LACUNE [lakyn] **n. f.** ✦ Interruption involontaire et fâcheuse dans un texte, un enchaînement de faits ou d'idées. SYN. ① **manque, omission.** *Remplir, combler une lacune. Il a des lacunes en histoire. De graves lacunes.*
ÉTYM. latin *lacuna* «fossé, trou».

LACUSTRE [lakystʀ] **adj.** ✦ Qui se trouve, vit auprès d'un lac, dans un lac. *Plantes lacustres.* ➝ *Cités, villages lacustres,* bâtis sur pilotis.
ÉTYM. de *lac,* d'après *palustre* «des marais».

LAD [lad] **n. m.** ✦ anglicisme Jeune garçon d'écurie chargé de garder, de soigner les chevaux de course. *Des lads.*
ÉTYM. mot anglais, de *stable lad* «garçon *(lad)* d'écurie».

LÀ-DEDANS ➝ LÀ

LÀ-DESSOUS ➝ ① DESSOUS

LÀ-DESSUS ➝ ① DESSUS

LADITE ➝ DIT

LADRE [lɑdʀ] **adj.** et **n.** 1. **adj.** et **n.** VX Lépreux. ◆ **adj.** (animaux) Qui souffre de larves de ténia *(ladrerie). Porc ladre.* 2. **n.** LITTÉR. Avare (insensible à la misère des autres). ➝ **adj.** *Elle est un peu ladre.* SYN. **pingre.** CONTR. **généreux.**
ÉTYM. latin *Lazarus,* nom du pauvre couvert d'ulcères dans l'Évangile.

LADRERIE [lɑdʀəʀi] **n. f.** ✦ LITTÉR. Avarice sordide. CONTR. **générosité.**
ÉTYM. de *ladre.*

LAGON [lagɔ̃] **n. m.** ✦ Petit lac d'eau salée entre la terre et un récif corallien.
ÉTYM. italien *lagone,* de *lago* «lac».

LAGOPÈDE [lagɔpɛd] **n. m.** ✦ Oiseau gallinacé des montagnes du nord de l'Europe, aux pattes couvertes de plumes. SYN. **gélinotte, grouse.**
ÉTYM. latin *lagopus,* grec *lagôpous* «patte de lièvre *(lagôs)*».

LAGUIOLE [la(g)jɔl] **n. m.** 1. Fromage de vache, voisin du cantal. 2. Couteau de poche.
ÉTYM. du nom d'une localité de l'Aveyron.

LAGUNE [lagyn] **n. f.** ✦ Étendue d'eau de mer, comprise entre la terre ferme et un cordon littoral *(lido).*
ÉTYM. vénitien *laguna,* latin *lacuna* → lacune.

LÀ-HAUT ➝ LÀ

① **LAI** [lɛ] **n. m.** ✦ Poème narratif ou lyrique, au Moyen Âge. *«Le Lai du chèvrefeuille»* (de Marie de France).
HOM. LAID «affreux», ① LAIE «femelle du sanglier», ② LAIE «sentier», LAIS «testament», LAIT «liquide», LEGS «don»
ÉTYM. peut-être du celtique.

② **LAI, LAIE** [lɛ] **adj.** ✦ VX Laïque. ➝ *Frère lai :* frère servant, dans un couvent. HOM. voir ① lai.
ÉTYM. latin *laïcus* → laïque.

LAÏC [laik] **n. m.** ➝ LAÏQUE

LAÏCISATION [laisizasjɔ̃] **n. f.** ✦ Action de laïciser. *Laïcisation de l'enseignement.*

LAÏCISER [laisize] **v. tr.** (conjug. 3a) 1. Rendre laïque. 2. Organiser suivant les principes de la laïcité. *La Révolution française a laïcisé l'état civil.*
ÉTYM. de *laïc.*

LAÏCITÉ [laisite] **n. f.** 1. Caractère laïque. 2. (en France) Principe de séparation de la société civile et de la société religieuse. ➝ *Laïcité de l'enseignement.*
ÉTYM. de *laïc.*

LAID, LAIDE [lɛ, lɛd] **adj.** 1. Qui produit une impression désagréable en heurtant le sens esthétique. SYN. **affreux, disgracieux, hideux, horrible, repoussant, vilain ;** FAM. **moche, tarte.** *Rendre laid* (➝ **enlaidir**). ➝ spécialt (personnes) Qui déplaît par ses imperfections physiques, surtout celles du visage. *Être laid comme un pou ; laid à faire peur,* très laid. 2. Qui inspire le dégoût, le mépris moral. SYN. **honteux, ignoble.** *Une action laide.* ➝ lang. enfantin *C'est très laid de mentir.* SYN. **vilain.** 3. n. m. *LE LAID.* SYN. **laideur.** *Le laid et le beau.* CONTR. ① **beau, joli.** HOM. ① LAI «poème», ① LAIE «femelle du sanglier», ② LAIE «sentier», LAIS «testament», LAIT «liquide», LEGS «don»

ÉTYM. francique *lai* «désagréable».

LAIDERON [lɛdʀɔ̃] n. m. ✦ Jeune fille ou jeune femme laide. *Cette fille est un vrai laideron ;* parfois forme féminine *une LAIDERONNE.*

ÉTYM. d'abord nom féminin ; de *laid (laide).*

LAIDEUR [lɛdœʀ] n. f. 1. (physique) Caractère, état de ce qui est laid. SYN. **hideur,** FAM. **mocheté.** *Être d'une laideur repoussante. La laideur d'un monument.* 2. (moral) *La laideur d'une action.* SYN. **bassesse.** *Le mensonge dans toute sa laideur.* SYN. **turpitude.** 3. Chose ou action laide. *Les laideurs de la vie.* SYN. **horreur.** CONTR. **beauté.**

① **LAIE** [lɛ] n. f. ✦ Femelle du sanglier. *La laie et ses marcassins.* HOM. ① LAI «poème», LAID «affreux», LAIS «testament», LAIT «liquide», LEGS «don»

ÉTYM. francique *lêha.*

② **LAIE** [lɛ] n. f. ✦ TECHN. Espace déboisé rectiligne. ➝ Layon*. HOM. voir ① laie.

ÉTYM. du verbe *layer,* d'origine francique.

LAINAGE [lɛnaʒ] n. m. 1. Étoffe de laine. *Robe de lainage. Gros lainage.* 2. Vêtement de laine (tricotée, en général). *Prends un lainage pour sortir.*

LAINE [lɛn] n. f. 1. Matière souple provenant du poil de l'épiderme des moutons (et de quelques mammifères). *Laine brute ; cardée, peignée. Filer la laine. Tissage de la laine. Laine à tricoter. Pelote de laine.* ➝ *Vêtements en laine,* en tissu de laine, ou en laine tricotée. ♦ FAM. *Une (petite) laine,* un vêtement de laine. SYN. **lainage.** ♦ Toison laineuse. loc. fig. *Se laisser manger la laine sur le dos :* se laisser exploiter (➝ **tondre**). 2. Produits fibreux fabriqués pour être utilisés comme la laine (en isolants, textiles). *Laine de verre, de roche.*

ÉTYM. latin *lana.*

LAINEUX, EUSE [lɛnø, øz] adj. 1. Garni de laine, qui a beaucoup de laine. *Des moutons laineux. Drap laineux, étoffe très laineuse.* ➝ *Plante, tige laineuse,* couverte de duvet. 2. Qui a l'apparence de la laine. *Cheveux laineux.*

LAINIER, IÈRE [lɛnje, jɛʀ] adj. ✦ Relatif à la laine, matière première ou marchandise. *L'industrie lainière.*

LAÏQUE adj., **LAÏC, LAÏQUE** [laik] n. 1. Qui ne fait pas partie du clergé. *Juridictions religieuse et laïque* (SYN. **séculier**). ➝ n. *Un laïc, une laïque :* chrétien, chrétienne qui ne fait pas partie du clergé. *Les laïcs.* 2. Indépendant des religions, des confessions religieuses. *Enseignement laïque.* ➝ *L'école laïque.* n. f. VIEILLI *La laïque.* CONTR. **ecclésiastique · confessionnel, religieux.**

ÉTYM. latin chrétien *laïcus,* grec *laikos* «du peuple», de *laos* «peuple».

LAIS [lɛ] n. m. 1. VX Legs. ➝ *Les lais de Villon* (poèmes où il lègue son avoir : les *Testaments*). 2. DR. Terrain que les eaux découvrent en se retirant. HOM. ① LAI «poème», LAID «affreux», ① LAIE «femelle du sanglier», ② LAIE «sentier», LAIT «liquide», LEGS «don»

ÉTYM. de *laisser.*

LAISSE [lɛs] n. f. **I** Lien avec lequel on attache un chien, un animal pour le mener. *Laisse de cuir.* ➝ *Tenir, mener un chien en laisse.* **II** LITTÉR. Tirade, couplet d'une chanson de geste. **III** GÉOGR. Espace que la mer laisse à découvert à chaque marée.

ÉTYM. de *laisser.*

LAISSÉ, ÉE-POUR-COMPTE [lesepuʀkɔ̃t] adj. ✦ (chose ou personne) Dont personne ne veut. *Marchandise laissée-pour-compte,* que le destinataire a refusée. ➝ n. *Les laissés-pour-compte de la société.* SYN. **exclu.** ➝ On écrit aussi *laissé, ée pour compte.*

LAISSER [lese] v. tr. (conjug. 3a) **I** (Ne pas intervenir) 1. (semi-auxiliaire ; + inf.) Ne pas empêcher de. ➝ **consentir, permettre.** *Laisser faire qqn, le laisser agir. Laisser aller, partir* (qqn, un animal). ➝ *Laisser voir son trouble,* le montrer. ➝ absolt *Laisser faire, laisser dire :* ne pas se préoccuper de ce que disent, font les autres. ➝ *Laisser tomber* : abandonner. ♦ *SE LAISSER* (+ inf.) : ne pas s'empêcher de, ne pas se priver de. *Elle s'est laissée aller.* ➝ s'**abandonner,** se **détendre.** *Ils se sont laissés mourir.* ♦ Ne pas empêcher qqn ou qqch. de faire qqch. sur soi. *Elle s'est laissé injurier. Se laisser impressionner. Se laisser faire,* n'opposer aucune résistance. ➝ FAM. (choses) *Un vin qui se laisse boire, un film qui se laisse voir,* qu'on boit, voit sans déplaisir. 2. (avec un compl. déterminé) Maintenir (qqn, qqch.) dans un état, un lieu, une situation. SYN. **garder.** *Laisser qqn debout. Laisser tranquille, laisser en paix,* ne pas importuner. *Cela me laisse indifférent.* 3. *Laisser qqch. à qqn,* maintenir avec ; ne pas priver de. *Laisser les enfants à leur mère.* ➝ *Laissez-lui le temps (d'agir).* **II** 1. Ne pas prendre (ce qui se présente). *Manger les raisins et laisser les pépins.* loc. *C'est à prendre ou à laisser.* ♦ Ne pas supprimer. *Le correcteur a laissé quelques fautes.* 2. *LAISSER À :* ne pas prendre pour soi (afin qu'un autre prenne). SYN. **réserver.** *Laissez-nous de la place. Il lui a laissé le plus gros morceau.* ♦ Ne pas faire soi-même. *Laisser un travail à qqn.* ♦ loc. *LAISSER À PENSER, À JUGER :* laisser (à qqn) le soin de penser, de juger par soi-même, ne pas expliquer. **III** Ne pas garder avec soi, pour soi. SYN. **abandonner, délaisser.** 1. Se séparer de (qqn, qqch.). SYN. **quitter.** *Je vous laisse pour un instant.* ♦ Quitter volontairement et définitivement. *Elle a laissé son mari.* SYN. ① **lâcher.** 2. Abandonner (qqch. de soi). SYN. **perdre.** *Y laisser sa (la) peau.* ➝ (choses) *Liquide qui laisse un dépôt. Cette affaire ne doit pas laisser de trace.* 3. Remettre (qqch. à qqn) en partant. SYN. **confier.** *Laisser sa clé au gardien, chez le gardien, dans un tiroir. Laisser ses bagages à la consigne.* 4. Vendre à un prix avantageux. SYN. **céder.** *Je vous laisse ce tapis pour mille euros, à mille euros.* 5. Donner (un bien, une somme) par voie de succession. SYN. **léguer.** 6. (même sens que I, 2) Ne pas s'occuper de. *Laissez cela, je m'en charge.* ➝ absolt *Laissez, c'est moi qui paie.* **IV** VX *LAISSER DE* (+ inf.) : ne pas continuer de. ➝ LITTÉR. *NE PAS LAISSER DE :* ne pas cesser de. *Malgré leurs disputes, elles ne laissaient pas d'être amies,* elles n'en étaient pas moins amies. CONTR. **empêcher · enlever, ôter, priver · s'emparer, prendre ; supprimer · conserver, garder · se charger, s'occuper** de.

ÉTYM. latin *laxare* «relâcher».

LAISSER-ALLER [leseale] n. m. invar. 1. Absence de contrainte. SYN. **abandon, désinvolture.** 2. péj. Absence de soin. *Le laisser-aller de sa tenue.* SYN. **débraillé.** *Le laisser-aller dans le travail.* SYN. **négligence.** CONTR. **contrainte, discipline · ordre, rigueur.**

LAISSEZ-PASSER [lesepase] **n. m. invar.** ✦ Document autorisant une personne à circuler librement. SYN. **sauf-conduit.** *Montrez vos laissez-passer.*

LAIT [lɛ] **n. m.** **I** **1.** Liquide blanc, opaque, très nutritif, sécrété par les glandes mammaires des femmes, des femelles de mammifères. → **galact(o)-, lact(o)-.** *Nourrir un nouveau-né, un petit de son lait.* → **allaiter.** – *Cochon* DE LAIT, qui tète encore. – *Frères, sœurs de lait,* enfants qui ont eu la même nourrice. **2.** Lait de mammifères domestiques utilisé pour l'alimentation humaine. *Lait de vache, de chèvre.* – *Vache* à lait* (→ ① **laitier,** II). *Lait écrémé.* – *PETIT-LAIT :* ce qui reste du lait caillé en fromage ; liquide (sérum) qui s'écoule du fromage frais. loc. *Boire du petit-lait,* éprouver une vive satisfaction d'amour-propre. – *Lait stérilisé, pasteurisé.* – *Lait condensé, concentré. Lait en poudre.* – *Café, chocolat* AU LAIT. – loc. *Soupe* au lait.* **II** **1.** Suc blanchâtre (de végétaux). *Lait de coco.* **2.** Préparation d'apparence laiteuse. *Lait d'amandes.* – *Lait de beauté, lait démaquillant.* HOM. ① LAI «poème», LAID «affreux», ① LAIE «femelle du sanglier», ② LAIE «sentier», LAIS «testament», LEGS «don»
ÉTYM. latin *lac, lactis.*

LAITAGE [lɛtaʒ] **n. m.** ✦ Le lait ou les substances alimentaires tirées du lait. *Aimer les laitages.*

LAITANCE [lɛtɑ̃s] ou **LAITE** [lɛt] **n. f.** ✦ Liquide laiteux constitué par le sperme des poissons.
ÉTYM. de *lait.*

LAITERIE [lɛtʀi] **n. f.** ✦ Lieu où s'effectuent la collecte et le traitement du lait, la fabrication du beurre. – Industrie laitière.

LAITEUX, EUSE [lɛtø, øz] **adj.** ✦ Qui a l'aspect, la couleur blanchâtre du lait. *Une lumière laiteuse. Un teint laiteux.*

① **LAITIER, IÈRE** [letje, jɛʀ] **n.** et **adj.**
I n. **1.** VX Personne qui vend du lait. SYN. **crémier.** **2.** Personne qui livre le lait (à domicile, chez les détaillants). «*La Laitière et le Pot au lait*» (fable de La Fontaine).
II adj. **1.** *Vache laitière,* élevée pour son lait. – **n. f.** *Une bonne laitière.* **2.** Relatif au lait, matière première alimentaire. *Industrie, coopérative laitière. Produits laitiers.* → **laitage.**

② **LAITIER** [letje] **n. m.** ✦ Masse d'impuretés qui se forme à la surface des métaux en fusion.
ÉTYM. de *lait,* à cause de l'aspect vitreux.

LAITON [lɛtɔ̃] **n. m.** ✦ Alliage de cuivre et de zinc. *Fil de laiton.*
ÉTYM. arabe *lātūn* «cuivre», turc *altun, altın.*

LAITUE [lety] **n. f.** ✦ Salade à feuilles tendres. *Assaisonner une laitue. Cœurs de laitues.*
ÉTYM. latin *lactuca,* de *lac, lactis* «lait», à cause du suc laiteux.

LAÏUS [lajys] **n. m.** **1.** FAM. Allocution. **2.** Discours vague et emphatique. SYN. **blabla.**
ÉTYM. du nom latin du père d'Œdipe, *Laïos* (☞ noms propres).

① **LAMA** [lama] **n. m.** ✦ Mammifère plus petit que le chameau et sans bosse, qui vit dans les régions montagneuses d'Amérique du Sud. → **vigogne.** *Tissu en poil, en laine de lama.* → **alpaga.**
ÉTYM. espagnol, quechua *llama.*

② **LAMA** [lama] **n. m.** ✦ Prêtre, moine bouddhiste au Tibet et chez les Mongols. ◆ *Grand lama* (VX) ou *dalaï-lama,* souverain spirituel et temporel du Tibet.
ÉTYM. mot tibétain, de *(b)la* «supérieur» et *ma* «homme».

LAMAÏSME [lamaism] **n. m.** ✦ Forme de bouddhisme (Tibet, Mongolie).
► **LAMAÏSTE** [lamaist] **adj. et n.**
ÉTYM. de ② *lama.*

LAMANTIN [lamɑ̃tɛ̃] **n. m.** ✦ Mammifère marin plus gros que le phoque, au corps en fuseau épais, à nageoire non échancrée.
ÉTYM. mot caraïbe «mamelle» ; infl. de *lamenter.*

LAMASERIE [lamazʀi] **n. f.** ✦ Monastère bouddhique où vivent les lamas ②.
ÉTYM. de ② *lama.*

LAMBDA [lɑ̃bda] **n. m. invar.** **1.** Onzième lettre de l'alphabet grec (Λ, λ) correspondant au *l* latin. **2.** **adj. invar.** FAM. Moyen, très quelconque. *Le téléspectateur lambda. Des citoyens lambda.*
ÉTYM. mot grec.

LAMBEAU [lɑ̃bo] **n. m.** **1.** souvent au plur. Morceau d'une étoffe déchirée. *Vêtements en lambeaux.* SYN. **haillon.** **2.** Morceau arraché. *Une affiche en lambeaux. Partir en lambeaux.* **3.** fig. Fragment, partie détachée. *Des lambeaux du passé.* SYN. **bribe.**
ÉTYM. francique *labba* «chiffon».

LAMBIN, INE [lɑ̃bɛ̃, in] **n.** ✦ FAM. Personne qui agit habituellement avec lenteur et mollesse. SYN. **traînard.** *Quel lambin, toujours le dernier !* – **adj.** Lent. *Elle est un peu lambine.* CONTR. **rapide, vif.**
ÉTYM. p.-ê. de *lambeau,* idée de «mollesse».

LAMBINER [lɑ̃bine] **v. intr.** (conjug. 3a) ✦ FAM. Agir avec lenteur, mollesse. SYN. **lanterner, traîner.** CONTR. **se presser.**
ÉTYM. de *lambin.*

LAMBOURDE [lɑ̃buʀd] **n. f.** ✦ TECHN. Poutrelle supportant un parquet.
ÉTYM. peut-être de l'ancien français *laon* «planche» (d'origine francique) et de *bourde* «poutre».

LAMBREQUIN [lɑ̃bʀəkɛ̃] **n. m.** ✦ Bordure à festons et à franges.
ÉTYM. du radical de *lambeau* et suffixe diminutif néerlandais *-kijn.*

LAMBRIS [lɑ̃bʀi] **n. m.** ✦ Revêtement décoratif de murs ou de plafond. *Des lambris de bois.* – *Des lambris dorés :* un intérieur de palais.
ÉTYM. de *lambrisser.*

LAMBRISSER [lɑ̃bʀise] **v. tr.** (conjug. 3a) ✦ Revêtir (les murs, etc.) de lambris. – au p. passé *Salon lambrissé.*
ÉTYM. latin populaire *lambruscare,* de *lambrusca* «vigne sauvage».

① **LAME** [lam] **n. f.** **1.** Bande plate et mince d'une matière dure (métal, verre, bois). *Lames de parquet.* **2.** Fer (d'un instrument, d'un outil tranchant). *La lame d'un ciseau, d'une scie. Une lame de couteau.* ◆ loc. *Visage en lame de couteau,* maigre et très allongé. ◆ *Lame d'épée.* loc. *Une fine lame,* un bon escrimeur. **3.** *Lame (de rasoir),* rectangle d'acier tranchant qui s'adapte à un rasoir mécanique. **4.** SC. Formation naturelle mince et allongée (en anatomie, etc.).
ÉTYM. latin *lamina.*

② **LAME** [lam] **n. f.** ✦ Ondulation de la mer sous l'action du vent. SYN. ① **vague.** *La crête, le creux d'une lame. Lame de fond,* provenant d'un phénomène sous-marin ; **fig.** phénomène puissant et soudain, qui emporte tout.
ÉTYM. de ① *lame.*

LAMÉ, ÉE [lame] **adj.** ✦ (tissu) Où entre un fil entouré de métal. *Tissu lamé or.* ➝ **n. m.** *Une robe de lamé.*
ÉTYM. de ① *lame.*

LAMELLE [lamɛl] **n. f.** ✦ Petite lame très mince. *Lamelle de verre pour examen microscopique.*
ÉTYM. latin *lamella,* diminutif de *lamina* «lame».

LAMELLIBRANCHE [lamelibʀɑ̃ʃ] **n. m.** ✦ ZOOL. Mollusque aux branchies en forme de lamelles (classe des *Lamellibranches ;* **ex.** moule, pétoncle).
ÉTYM. de *lamelle* et *branchie.*

LAMENTABLE [lamɑ̃tabl] **adj.** 1. LITTÉR. Qui exprime une lamentation, une plainte. *Voix, ton lamentable.* 2. Très mauvais. SYN. **minable, pitoyable.** *Cette émission était lamentable.* SYN. **nul.** CONTR. **réjoui · excellent.**
ÉTYM. latin *lamentabilis.*

LAMENTABLEMENT [lamɑ̃tabləmɑ̃] **adv.** ✦ D'une manière lamentable. *Échouer lamentablement.*

LAMENTATION [lamɑ̃tasjɔ̃] **n. f.** ✦ **souvent au plur.** Suite de paroles exprimant le regret douloureux, la récrimination. *Se répandre en lamentations.* SYN. **jérémiade.**
ÉTYM. latin *lamentatio.*

se **LAMENTER** [lamɑ̃te] **v. pron.** (conjug. 3a) ✦ Se plaindre longuement. SYN. **gémir.** *Se lamenter sur son sort.* CONTR. se **réjouir.**
ÉTYM. latin *lamentari,* de *lamentum* «pleurs, lamentation».

LAMENTO [lamɛnto] **n. m.** ✦ MUS. Air triste et plaintif, chant de douleur. *Des lamentos.*
ÉTYM. mot italien «plainte».

LAMINAGE [laminaʒ] **n. m.** ✦ Opération consistant à laminer un métal. *Laminage à chaud, à froid.*
ÉTYM. de *laminer.*

LAMINER [lamine] **v. tr.** (conjug. 3a) 1. Amincir (une masse métallique) en feuilles, lames, par une forte pression. ➝ **au p. passé** *Acier, fer laminé.* 2. Diminuer (qqch.) jusqu'à l'anéantissement. *Laminer la marge bénéficiaire.*
ÉTYM. de l'ancien français *lamine,* latin *lamina* «lame».

LAMINOIR [laminwaʀ] **n. m.** ✦ Machine, dispositif servant à laminer. *Les cylindres d'un laminoir. Trains de laminoirs.* ➝ **fig. loc.** *Passer au laminoir,* être soumis à de rudes épreuves.
ÉTYM. de *laminer.*

LAMPADAIRE [lɑ̃padɛʀ] **n. m.** ✦ Appareil d'éclairage électrique monté sur un haut support.
ÉTYM. latin médiéval *lampadarium,* de *lampada* → lampe.

LAMPANT, ANTE [lɑ̃pɑ̃, ɑ̃t] **adj.** ✦ *Pétrole lampant,* raffiné pour l'éclairage.
ÉTYM. provençal *lampan,* de *lampa* «briller», grec *lampein* → lampe.

LAMPARO [lɑ̃paʀo] **n. m.** ✦ RÉGIONAL Source de lumière, phare pour attirer le poisson. *Pêche au lamparo.*
ÉTYM. mot provençal ; famille de *lampe.*

LAMPE [lɑ̃p] **n. f.** **I** 1. Récipient contenant un liquide ou un gaz combustible, pour éclairer. *Lampes à huile.* → **quinquet.** *Lampe à pétrole.* ➝ *Lampe-tempête,* dont la flamme est protégée du vent. *Des lampes-tempêtes.* 2. Appareil d'éclairage par l'électricité. *Lampe de bureau, de chevet, à pied* (→ **lampadaire**). *Lampe de poche,* à pile. *Lampe torche.* 3. *LAMPE À SOUDER,* dont le combustible est destiné à produire de la chaleur, pour le soudage. 4. Tube électronique. *Lampe de radio.* **II** **fig.** FAM. *S'en mettre PLEIN LA LAMPE :* manger et boire abondamment.
ÉTYM. bas latin *lampada,* du grec *lampas, lampados* «torche», de *lampein* «briller».

LAMPÉE [lɑ̃pe] **n. f.** ✦ FAM. Grande gorgée de liquide avalée d'un trait.
ÉTYM. de *lamper.*

LAMPER [lɑ̃pe] **v. tr.** (conjug. 3a) ✦ Boire d'un trait ou à grandes gorgées.
ÉTYM. variante de *laper ;* influence de *lampe* (II).

LAMPION [lɑ̃pjɔ̃] **n. m.** 1. **anciennt** Godet contenant une matière combustible et une mèche. 2. Lanterne vénitienne. *Les lampions du 14 Juillet.*
ÉTYM. italien *lampione* «grosse lanterne».

LAMPISTE [lɑ̃pist] **n. m.** 1. Personne chargée de l'entretien des lampes, de l'éclairage. 2. Subalterne au poste le plus modeste, et à qui on fait souvent endosser injustement les responsabilités.
ÉTYM. de *lampe.*

LAMPISTERIE [lɑ̃pistəʀi] **n. f.** 1. VX Industrie, commerce des lampes. 2. Entrepôt des lampes et lanternes (dans une gare).
ÉTYM. de *lampiste.*

LAMPROIE [lɑ̃pʀwa] **n. f.** ✦ Poisson au corps cylindrique, ayant l'apparence d'une anguille.
ÉTYM. bas latin *lampreda.*

LAMPYRE [lɑ̃piʀ] **n. m.** ✦ ZOOL. Ver luisant.
ÉTYM. du grec *lampein* «briller».

LANCE [lɑ̃s] **n. f.** **I** Arme à longue hampe terminée par un fer pointu. SYN. **javelot,** ① **pique.** *Coup de lance. Lance de tournoi.* ➝ **loc.** *Rompre une lance avec* ou *contre qqn,* lutter. ◆ **loc.** *En FER DE LANCE :* en forme de feuille allongée et pointue. **II** *Lance à eau,* pièce métallique à l'extrémité d'un tuyau de pompe ou d'arrosage, servant à diriger le jet. *Des lances d'incendie.*
ÉTYM. latin *lancea,* peut-être mot celtique.

LANCÉE [lɑ̃se] **n. f.** ✦ Élan de ce qui est lancé, vitesse acquise. ➝ **loc.** *Continuer sur sa lancée,* en profitant de l'élan initial.
ÉTYM. de ① *lancer.*

LANCE-FLAMME [lɑ̃sflam] **n. m.** ✦ Engin de combat servant à projeter des liquides enflammés. *Des lance-flammes.* ➝ **On écrit aussi** *un lance-flammes* (invar.).

LANCE-FUSÉE [lɑ̃sfyze] **n. m.** ✦ Dispositif de guidage et de lancement de projectiles autopropulsés. SYN. **bazooka, lance-roquette.** *Des lance-fusées antichars.* ➝ **On écrit aussi** *un lance-fusées* (invar.).

LANCE-GRENADE [lɑ̃sgʀənad] **n. m.** ✦ Engin servant à lancer des grenades. *Des lance-grenades.* ➝ **On écrit aussi** *un lance-grenades* (invar.).

LANCEMENT [lɑ̃smɑ̃] n. m. 1. Action de lancer, de projeter. *Lancement du javelot.* SYN. ② **lancer.** ➝ Projection au moyen d'un dispositif de propulsion. *Rampe de lancement* (pour fusées). 2. *Lancement d'un navire,* mise à l'eau. 3. Action de lancer (I, 6). SYN. **promotion.** *Le lancement d'un produit. Le lancement d'un emprunt.*

LANCE-MISSILE [lɑ̃smisil] n. m. ✦ Engin servant à lancer des missiles. SYN. **lanceur.** *Des lance-missiles.* ➝ On écrit aussi *un lance-missiles* (invar.).

LANCÉOLÉ, ÉE [lɑ̃seɔle] adj. 1. En forme de fer de lance. 2. ARCHIT. Qui présente des arcs brisés très aigus (lancettes).
ÉTYM. latin *lanceolatus,* de *lanceola* «petite lance *(lancea)*».

LANCE-PIERRE [lɑ̃spjɛʀ] n. m. ✦ Petite fronde d'enfant. *Des lance-pierres.* ➝ loc. FAM. *Manger avec un lance-pierre,* vite et peu. ➝ On écrit aussi *un lance-pierres* (invar.).

① **LANCER** [lɑ̃se] v. tr. (conjug. 4) **I** 1. Envoyer loin de soi dans une direction déterminée. SYN. **jeter, projeter.** *Lancer des pierres. Lancer le disque, le javelot. Lancer une balle à qqn.* ➝ (à l'aide d'un dispositif, d'un engin) *Lancer des flèches, une fusée.* 2. Faire sortir de soi, avec force. SYN. **émettre.** *Volcan qui lance des cendres. Ses yeux lancent des éclairs.* ➝ Faire mouvoir avec rapidité dans une certaine direction. *Lancer les bras en avant.* ◆ Envoyer dans la direction de qqn. *Lancer un clin d'œil.* 3. Envoyer sans ménagement à l'adresse de qqn. 4. Faire partir vite et avec force. *Lancer un cheval au galop.* 5. Mettre en mouvement. *Lancer un moteur.* ◆ FAM. Engager (qqn) dans un sujet de conversation. ➝ au p. passé *Le voilà lancé, il ne s'arrêtera plus.* 6. Pousser (qqn, qqch.) en faisant connaître, en mettant en valeur, en crédit. *Lancer un artiste, une idée.* ➝ *Être lancé,* en vogue. ◆ Employer les moyens de communication propres à mettre en circulation, à faire connaître. *Lancer une marque, un produit* (➝ **lancement).** **II** *SE LANCER* v. pron. 1. Se jeter, s'élancer. SYN. **se précipiter.** *Se lancer dans le vide.* 2. S'engager hardiment. *Se lancer dans de grosses dépenses.* 3. Se faire connaître.
ÉTYM. bas latin *lanceare,* de *lancea* «lance».

② **LANCER** [lɑ̃se] n. m. 1. *Lancer* ou *pêche au lancer,* pêche à la ligne, qui consiste à lancer un leurre. *Lancer léger, lourd.* 2. Épreuve d'athlétisme consistant à lancer le plus loin possible un poids, un disque, un javelot ou un marteau.
ÉTYM. de ① *lancer.*

LANCE-ROQUETTE [lɑ̃sʀɔkɛt] n. m. ✦ Engin portatif d'infanterie, long tube servant à lancer des roquettes. SYN. **bazooka, lance-fusée.** *Des lance-roquettes.* ➝ On écrit aussi *un lance-roquettes* (invar.).

LANCE-SATELLITE [lɑ̃ssatelit] n. m. ✦ Lanceur de satellites artificiels. *Des lance-satellites.* ➝ On écrit aussi *un lance-satellites* (invar.).

LANCE-TORPILLE [lɑ̃stɔʀpij] n. m. ✦ Dispositif aménagé à bord d'un sous-marin ou d'un navire de guerre pour le lancement des torpilles. *Des lance-torpilles.* ➝ On écrit aussi *un lance-torpilles* (invar.).

LANCETTE [lɑ̃sɛt] n. f. 1. Petit instrument de chirurgie utilisé pour les petites incisions. 2. ARCHIT. Arc brisé surhaussé (en fer de lance) (➝ **lancéolé).**
ÉTYM. diminutif de *lance.*

LANCEUR, EUSE [lɑ̃sœʀ, øz] n. 1. Personne qui lance (qqch.). ➝ Athlète spécialisé dans les lancers. *Lanceur de javelot.* 2. n. m. Fusée chargée d'envoyer un satellite, un missile, etc. dans l'espace. ➝ *Lanceur de missiles, de satellites.* ➝ **lance-missile, lance-satellite.**

LANCIER [lɑ̃sje] n. m. ✦ HIST. Soldat, cavalier armé d'une lance. ➝ loc. *Quadrille des lanciers,* ancienne danse à quatre.
ÉTYM. de *lance.*

LANCINANT, ANTE [lɑ̃sinɑ̃, ɑ̃t] adj. 1. Qui se fait sentir par des élancements aigus. *Douleur lancinante.* 2. Qui obsède. *Une musique lancinante.*
ÉTYM. latin *lancinans,* de *lancinare* «déchiqueter», forme nasalisée de *lacerare.*

LANCINER [lɑ̃sine] v. (conjug. 3a) ✦ LITTÉR. 1. v. intr. (douleur) Donner des élancements douloureux. 2. v. tr. Tourmenter de façon lancinante. *Cette idée le lancine depuis des jours.*
ÉTYM. latin *lancinare* → lancinant.

LAND [lɑ̃d], plur. **LÄNDER** [lɛndœʀ] n. m. ✦ État fédéré de l'Allemagne. *Le land de Bavière, de Hesse.*
HOM. LANDE «terrain»
ÉTYM. mot allemand.

LAND ART [lɑ̃daʀt] n. m. ✦ anglicisme Forme d'art consistant en interventions sur la nature.
ÉTYM. mot américain «art de la Terre *(land)*».

LANDAU [lɑ̃do] n. m. 1. anciennt Voiture à cheval à quatre roues, à capote formée de deux soufflets pliants. 2. Voiture d'enfant à caisse suspendue. *Des landaus.*
ÉTYM. du nom d'une ville allemande.

LANDE [lɑ̃d] n. f. ✦ Étendue de terre où ne croissent que certaines plantes sauvages (ajonc, bruyère, genêt, etc.). *La lande bretonne.* HOM. LAND «État allemand»
ÉTYM. gaulois *landa* «plaine».

LANDGRAVE [lɑ̃dgʀav] n. m. ✦ HIST. Titre de princes souverains allemands.
ÉTYM. ancien allemand «comte *(Grave, Graf)* du pays *(Land)*».

LANGAGE [lɑ̃gaʒ] n. m. **I** 1. Fonction d'expression de la pensée et de communication entre les humains, mise en œuvre par la parole ou par l'écriture. *Étude du langage.* ➝ **linguistique.** *L'acquisition du langage. Le langage et les langues* (II). 2. Tout système de signes permettant la communication. *Langage chiffré. Le langage des animaux.* ➝ INFORM. Ensemble codé de signes utilisé pour la programmation. *Langage machine,* avec lequel on donne des instructions à un ordinateur. *Langage de programmation. Langage de structuration des données.* ◆ fig. Communication. *Le langage des yeux.* **II** Façon de s'exprimer propre à un groupe ou à un individu. ➝ **langue** (II), **usage.** *Langage courant, parlé, littéraire. Langage administratif.* ◆ (qualité de l'expression) *Le beau langage.* ◆ Discours. *Tenir un double langage.*
ÉTYM. de *langue.*

LANGAGIER, IÈRE [lɑ̃gaʒje, jɛʀ] adj. ✦ Relatif à l'usage du langage. *Pratiques langagières.*

LANGE [lɑ̃ʒ] n. m. ✦ Carré de laine ou de coton pour emmailloter un bébé. ➝ loc. *Dans les langes,* dans l'enfance.
ÉTYM. du latin *laneus* «de laine *(lana)*».

A B C D E F G H I J K L M N O P Q R S T U V W X Y Z

LANGER [lɑ̃ʒe] **v. tr.** (conjug. 5) ✦ Envelopper d'un lange, de langes.

LANGOUREUSEMENT [lɑ̃guʀøzmɑ̃] **adv.** ✦ De manière langoureuse. *Les amoureux se regardaient langoureusement.*

LANGOUREUX, EUSE [lɑ̃guʀø, øz] **adj.** ✦ Qui manifeste une mélancolie sentimentale, de la langueur (2). *Prendre une pose langoureuse.* SYN. **alangui.** *Air, regard langoureux.* SYN. **languide.** ➖ *Un slow langoureux.* CONTR. **fougueux, vif.**

ÉTYM. de *langueur.*

LANGOUSTE [lɑ̃gust] **n. f.** ✦ Grand crustacé marin comestible, aux longues antennes, sans pinces aux pattes antérieures (à la différence du homard).

ÉTYM. ancien provençal *langosta*, du latin *locusta* «sauterelle, langouste».

LANGOUSTIER [lɑ̃gustje] **n. m.** ✦ Bateau équipé pour la pêche à la langouste.

LANGOUSTINE [lɑ̃gustin] **n. f.** ✦ Petit crustacé marin comestible aux longues pinces.

ÉTYM. de *langouste.*

LANGUE [lɑ̃g] **n. f.** **I** **1.** Organe charnu, musculeux, allongé et mobile, placé dans la bouche. *Avoir la langue blanche, sèche.* ➖ *Tirer la langue à qqn,* pour le narguer. **fig.** *Tirer la langue,* avoir soif ; être dans le besoin. ◆ Langue comestible de certains animaux. *Langue de bœuf sauce piquante.* ◆ **(en tant qu'organe de la parole) loc.** *Avoir un mot sur le bout de la langue,* ne pas le trouver alors qu'on le connaît. *Avoir la langue bien pendue,* être bavard. *Tenir sa langue,* garder un secret. *Se mordre la langue,* se retenir de parler, ou se repentir d'avoir parlé. *Donner sa langue au chat,* renoncer à deviner. *Tourner sept fois sa langue dans sa bouche,* réfléchir avant de parler. ◆ *Une mauvaise langue, une langue de vipère,* une personne médisante. *Elle est très mauvaise langue.* ◆ *LANGUE-DE-CHAT :* petit gâteau sec. *Des langues-de-chat.* **2.** Chose, objet en forme de langue. *Langue de feu,* flamme allongée. *Langue de terre,* bande de terre allongée et étroite. **II** **1.** Système d'expression et de communication, commun à un groupe social (communauté linguistique). ➙ **idiome ; dialecte,** ② **parler, patois.** *Le langage* et les langues. La langue, système abstrait, et la parole, selon Saussure. Lexique et syntaxe d'une langue. Étude des langues.* ➙ **linguistique.** *Langues romanes, germaniques, slaves (indo-européennes). Langues mortes, vivantes.* ➖ *Parler une, plusieurs langues. Langue maternelle*.* **2.** Langage parlé ou écrit spécial à certaines matières *(langues de spécialités)* ou à certains milieux. ➙ **usage.** *La langue verte :* l'argot. **3.** Façon de s'exprimer par le langage. *La langue de cet écrivain est riche en images.* ➖ **loc.** *Langue de bois :* discours figé, stéréotypé (notamment, du pouvoir politique). **4. fig.** Mode d'expression. *La langue des signes* (autres que ceux du langage). ➙ **sémiotique.**

ÉTYM. latin *lingua.*

LANGUETTE [lɑ̃gɛt] **n. f.** ✦ Objet plat et allongé. *Languette d'une chaussure.*

ÉTYM. diminutif de *langue* (I, 2).

LANGUEUR [lɑ̃gœʀ] **n. f.** **1.** VIEILLI État d'un malade dont les forces diminuent lentement. SYN. **dépérissement ;** ➙ **languir.** *Maladie de langueur.* **2.** Mélancolie douce et rêveuse. *Langueur amoureuse* (➙ **langoureux**). **3.** Manque d'activité ou d'énergie. SYN. **apathie, indolence.** CONTR. **ardeur, fougue, vivacité.**

ÉTYM. latin *languor*, de *languere* «être abattu».

LANGUIDE [lɑ̃gid] **adj.** ✦ LITTÉR. Languissant, langoureux. *Des yeux languides.*

ÉTYM. latin *languidus.*

LANGUIR [lɑ̃giʀ] **v. intr.** (conjug. 13) **1. (personnes)** Manquer d'activité, d'énergie (➙ **langueur**). *Languir dans l'inaction.* ➖ **(choses)** Manquer d'animation, d'entrain. *La conversation languit.* SYN. **traîner. 2.** Attendre qqch. avec impatience. *Languir après une lettre.* SYN. **soupirer.** *Dépêche-toi, tu nous fais languir !* ➖ RÉGIONAL *Se languir :* s'ennuyer.

ÉTYM. latin populaire *languire*, classique *languere* «être abattu».

LANGUISSANT, ANTE [lɑ̃gisɑ̃, ɑ̃t] **adj.** **1.** VX Faible, mourant. **2.** LITTÉR. **ou plais.** Qui exprime la langueur amoureuse. SYN. **alangui.** *Un regard languissant.* **3.** Qui manque d'énergie, de vie. *Un récit ennuyeux et languissant.* SYN. ① **morne.** CONTR. **ardent, énergique, vif.**

ÉTYM. du participe présent de *languir.*

LANIÈRE [lanjɛʀ] **n. f.** ✦ Longue et étroite bande (de cuir, etc.). ➙ **courroie.** *La lanière d'un fouet.*

ÉTYM. de l'ancien français *lasne*, de *nasle*, francique *nastila* «lacet».

LANOLINE [lanɔlin] **n. f.** ✦ Substance onctueuse utilisée dans la préparation des pommades, crèmes.

ÉTYM. allemand *Lanolin*, du latin *lana* «laine» et *oleum* «huile».

LANSQUENET [lɑ̃skənɛ] **n. m.** **1.** HIST. Fantassin allemand, mercenaire en France (XVe-XVIe siècles). **2.** **anciennt** Jeu de cartes (introduit en France par les lansquenets).

ÉTYM. allemand *Landsknecht*, de *Land* «pays» et *Knecht* «valet, serviteur».

LANTERNE [lɑ̃tɛʀn] **n. f.** **I** **1.** Boîte à parois ajourées, translucides ou transparentes, contenant une source de lumière. SYN. ① **falot, fanal.** *Lanternes vénitiennes,* en papier de couleur. ➙ **lampion** (2). ➖ *Lanterne rouge,* à l'arrière du dernier véhicule d'un convoi. **fig.** *La lanterne rouge,* le dernier (d'un classement, d'une file). **2. loc.** *Prendre des vessies* pour des lanternes.* **3.** Appareil de projection. ➖ *LANTERNE MAGIQUE,* qui projetait des images peintes. ➖ **loc.** *Éclairer la lanterne de qqn,* lui fournir les explications nécessaires pour qu'il comprenne. **II** ARCHIT. Dôme vitré éclairant par en haut un édifice. ➖ Tourelle ajourée surmontant un dôme, une coupole (➙ **lanternon**).

ÉTYM. latin *lanterna*, grec *lamptêr*, de *lampein* «brûler» → lampe.

LANTERNER [lɑ̃tɛʀne] **v. intr.** (conjug. 3a) **1.** Perdre son temps. SYN. **lambiner, musarder, traîner. 2.** *Faire lanterner qqn,* le faire attendre.

ÉTYM. de *lanterne* au sens ancien de «pénis».

LANTERNON [lɑ̃tɛʀnɔ̃] **ou LANTERNEAU** [lɑ̃tɛʀno] **n. m.** ✦ Petite lanterne au sommet d'une coupole ; cage vitrée au-dessus d'un escalier, d'un atelier.

ÉTYM. de *lanterne* (II).

LANTHANIDES [lɑ̃tanid] **n. m. pl.** ✦ CHIM. Groupe d'éléments chimiques appelés aussi *terres rares.*

ÉTYM. de *lanthane*, nom d'un métal.

LAPALISSADE [lapalisad] **n. f.** ✦ Affirmation évidente qui prête à rire (ex. S'il est malade, c'est qu'il n'est pas en bonne santé). *Dire des lapalissades.*
ÉTYM. de *La Palice*, maréchal à propos de qui on fit une chanson naïve. ☞ noms propres.

LAPEMENT [lapmɑ̃] **n. m.** ✦ Action de laper ; bruit ainsi produit.

LAPER [lape] **v. tr.** (conjug. 3a) ✦ (animal) Boire à coups de langue. *Chat qui lape du lait.* ➖ absolt *Le chien lapait bruyamment.*
ÉTYM. onomatopée.

LAPEREAU [lapʀo] **n. m.** ✦ Jeune lapin. *Des lapereaux.*
ÉTYM. p.-ê. d'un radical ibère *lappa* «pierre plate».

① **LAPIDAIRE** [lapidɛʀ] **n. m.** 1. Artisan qui taille, grave les pierres précieuses. 2. Commerçant en pierres précieuses autres que le diamant.
ÉTYM. latin *lapidarius*, de *lapis* «pierre».

② **LAPIDAIRE** [lapidɛʀ] **adj.** ✦ LITTÉR. Qui évoque par sa concision et sa vigueur le style des inscriptions sur pierre. SYN. **concis, laconique.** *Formules lapidaires.* CONTR. **verbeux.**
ÉTYM. du style des inscriptions gravées, latin *lapidarius* → ① lapidaire.

LAPIDATION [lapidasjɔ̃] **n. f.** ✦ Action de lapider.

LAPIDER [lapide] **v. tr.** (conjug. 3a) ✦ Attaquer, poursuivre ou tuer à coups de pierres. *Se faire lapider.*
ÉTYM. latin *lapidare*, de *lapis* «pierre».

LAPILLI [lapi(l)li] **n. m. pl.** ✦ Petites pierres poreuses projetées par les volcans en éruption. *Des lapilli.* ➖ On peut aussi écrire *des lapillis*, avec le *s* final du pluriel français.
ÉTYM. mot italien, du latin *lapillus*, diminutif de *lapis* «pierre».

LAPIN [lapɛ̃] **n. m.** **I** 1. Petit mammifère à grandes oreilles. *Femelle* (→ **lapine**), *petit* (→ **lapereau**) *du lapin. Lapin de garenne,* vivant en liberté. *Lapin de clapier.* ➖ loc. *Courir comme un lapin,* très vite. ◆ Sa chair comestible. *Lapin en gibelotte. Pâté de lapin.* 2. Fourrure de cet animal. 3. loc. FAM. *Un chaud, un sacré lapin,* un homme porté sur les plaisirs sexuels. 4. terme d'affection (pour les deux sexes) *Viens ici mon petit lapin.* **II** loc. *POSER UN LAPIN à qqn :* ne pas venir au rendez-vous qu'on a donné.
ÉTYM. de *lapereau.*

LAPINE [lapin] **n. f.** 1. Femelle du lapin. 2. fig. *(Mère) lapine :* femme très féconde.

LAPIS-LAZULI [lapislazyli] **n. m.** ✦ Pierre d'un beau bleu d'azur ou d'outremer. *Des lapis-lazulis.*
ÉTYM. latin médiéval «pierre d'azur *(lazulum)*».

LAPON, ONE [lapɔ̃, ɔn] **adj.** et **n.** ✦ De la Laponie (☞ noms propres). *Costume lapon.* ➖ **n.** *Les Lapons élèvent le renne.* ◆ **n. m.** *Le lapon* (langue).
ÉTYM. latin médiéval *Lapo, Laponis*, suédois *Lapp.*

LAPS [laps] **n. m. invar.** ✦ *LAPS DE TEMPS :* espace de temps.
ÉTYM. latin *lapsus* «écoulement, glissement».

LAPSUS [lapsys] **n. m. invar.** ✦ Emploi involontaire d'un mot pour un autre, en langage oral ou écrit. *Faire un lapsus.*
ÉTYM. mot latin, dans *lapsus linguae, lapsus calami* «erreur de langue, de plume», de *labi* «glisser».

LAQUAGE [lakaʒ] **n. m.** ✦ Action de laquer. *Le laquage d'un meuble.*

LAQUAIS [lakɛ] **n. m. invar.** ✦ anciennt Valet portant une livrée.
ÉTYM. origine incertaine.

LAQUE [lak] **n. f.** et **n. m.** **I** **n. f.** 1. Matière résineuse d'un rouge brun extraite d'arbres d'Extrême-Orient. 2. Vernis chimique. 3. Produit que l'on vaporise sur les cheveux pour les fixer. *Une bombe de laque.* **II** 1. **n. m.** ou **n. f.** Vernis préparé avec la résine d'arbre à laque. 2. **n. m.** Objet d'art en laque. *Un beau laque.* HOM. LAC «étendue d'eau»
ÉTYM. arabe *lakk*, du sanskrit «tache, marque».

LAQUÉ, ÉE [lake] **adj.** 1. Enduit de laque. *Bibelot laqué.* 2. Fixé par de la laque. *Cheveux laqués.* 3. *Canard laqué,* badigeonné d'une sauce spéciale pendant la cuisson (cuisine asiatique).

LAQUELLE → LEQUEL

LAQUER [lake] **v. tr.** (conjug. 3a) 1. Enduire de laque. *Laquer un meuble de bois blanc.* 2. Fixer en vaporisant de la laque (I, 3).

LARBIN [laʀbɛ̃] **n. m.** 1. FAM. péj. Domestique. 2. Individu servile.
ÉTYM. origine obscure.

LARCIN [laʀsɛ̃] **n. m.** ✦ LITTÉR. Petit vol commis sans violence. *Commettre un larcin.*
ÉTYM. latin *latrocinium*, de *latro* «voleur» → larron.

LARD [laʀ] **n. m.** 1. Graisse ferme formant une couche épaisse dans le tissu sous-cutané du porc, employée dans l'alimentation. *Lard fumé.* 2. FAM. Graisse de l'homme. ➖ *Se faire du lard,* engraisser ; fainéanter. ➖ *Rentrer dans le lard à qqn,* l'agresser. 3. FAM. *Un gros lard :* un homme gros et gras. ➖ *TÊTE DE LARD :* entêté. ◆ loc. *Se demander si c'est du lard ou du cochon,* de quoi il s'agit. HOM. LARE «esprit protecteur»
ÉTYM. latin *lardum*, de *laridum.*

LARDER [laʀde] **v. tr.** (conjug. 3a) **I** Garnir (une pièce de viande) de lard, de lardons. **II** fig. 1. Piquer à plusieurs reprises. *Larder qqn de coups de couteau.* 2. Entremêler. *Larder un texte de citations.* SYN. **entrelarder, truffer.**
ÉTYM. de *lard.*

LARDON [laʀdɔ̃] **n. m.** **I** Petit morceau de lard (pour la cuisine). *Omelette aux lardons.* **II** FAM. Petit enfant. *Elle est venue avec ses deux lardons.*
ÉTYM. de *lard.*

LARE [laʀ] **n. m.** ✦ chez les Romains Esprit tutélaire chargé de protéger la maison, la cité. ➖ **adj.** *Les dieux lares.* HOM. LARD «graisse»
ÉTYM. latin *Lar, Laris.*

LARGABLE [laʀgabl] **adj.** ✦ Qui peut être largué (d'un avion, d'un véhicule spatial). *Conteneur largable.*
ÉTYM. de *larguer.*

LARGAGE [laʀgaʒ] **n. m.** ✦ Action de larguer. *Le largage de bombes.*

LARGE [laʀʒ] **adj.** et **n. m.**
I adj. 1. Qui a une étendue supérieure à la moyenne dans le sens de la largeur. *Une large avenue. Rendre plus large* (→ **élargir**). 2. *LARGE DE :* qui a une largeur de. *Ici, le fleuve est large de cent mètres.* 3. (vêtement)

Qui n'est pas serré. SYN. **ample, lâche.** *Jupe large.* 4. Étendu, vaste. *Décrire un large cercle.* 5. Qui a une grande importance. SYN. **considérable, important.** *Faire une large part à qqch.* 6. (personnes ; idées) Qui n'est pas borné. *Esprit large. Large d'idées,* libéral. 7. Qui ne se restreint pas dans ses dépenses (→ **largesse**). *Une vie large.* SYN. **aisé.** – *Vous n'avez pas été très large,* très généreux. CONTR. **étroit • serré • limité, restreint • borné, mesquin ; strict.**
II n. m. 1. *DE LARGE :* de largeur. *Deux mètres de large.* 2. loc. *Il m'a tout expliqué EN LONG ET EN LARGE :* dans tous les sens. *Se promener de long en large,* dans les deux sens en faisant le même trajet. 3. *Être AU LARGE :* avoir beaucoup de place ; fig. être dans l'aisance. 4. La haute mer. *Gagner le large. Vers le large.* – loc. FAM. *Prendre le large,* partir, s'enfuir.
III adv. 1. D'une manière ample. *Habiller large,* de vêtements larges. 2. D'une manière peu rigoureuse. *Calculer large. Voir large,* voir grand. 3. loc. *Il n'en mène pas large,* il a peur. CONTR. **précisément.**
ÉTYM. latin *largus* «abondant».

LARGEMENT [laʀʒəmɑ̃] **adv.** 1. Sur une grande largeur, un large espace. *Col largement ouvert.* – *Idée largement répandue,* abondamment. 2. Sans compter. *Donner largement.* 3. En calculant large ; au moins. *Il est parti il y a largement une heure.* CONTR. **peu.**

LARGESSE [laʀʒɛs] **n. f.** ✦ souvent plur. Don généreux. *Faire des largesses.*
ÉTYM. de *large* (I, 7).

LARGEUR [laʀʒœʀ] **n. f.** 1. La plus petite dimension d'une surface (opposé à *longueur*), la dimension moyenne d'un volume (opposé à *longueur* et *hauteur*) ; son étendue. *La largeur d'un tronc d'arbre.* SYN. **diamètre, grosseur.** *Largeur d'épaules.* → **carrure.** *Sur toute la largeur de la rue.* – loc. FAM. *Il se trompe dans les grandes largeurs,* grandement, complètement. 2. Caractère de ce qui n'est pas borné, restreint. *Largeur d'esprit, de vues.* CONTR. **étroitesse.**
ÉTYM. de *large.*

LARGO [laʀgo] **adv.** ✦ MUS. Avec un mouvement lent et ample, majestueux. – **n. m.** Morceau ainsi joué. *Des largos.*
ÉTYM. mot italien.

LARGUER [laʀge] **v. tr.** (conjug. 3b) 1. Lâcher ou détacher (un cordage). *Larguer les amarres ;* fig. partir. 2. Lâcher, laisser tomber d'un avion. *Larguer des parachutistes.* 3. fig. FAM. Se débarrasser de. *Elle a largué son petit ami.* SYN. **abandonner,** ① **lâcher.** – *Être largué :* ne plus comprendre, ne plus suivre.
ÉTYM. de l'anc. adj. *largue,* italien *largo* «large».

LARME [laʀm] **n. f.** 1. Goutte de liquide salé qui humecte l'œil en permanence, et s'en écoule sous l'effet d'une douleur, d'une émotion. SYN. **pleur.** *Des larmes de joie.* loc. *Pleurer à chaudes larmes,* abondamment. → **sangloter.** *Fondre en larmes. Être au bord des larmes, avoir les larmes aux yeux,* être prêt à pleurer. – *Avoir toujours la larme à l'œil :* montrer une sensibilité excessive. *Avec des larmes dans la voix :* d'une voix émue. – FAM. *Larmes de crocodile,* hypocrites. 2. fig. LITTÉR. (au plur.) Affliction, chagrin. *Cette vallée de larmes :* le monde terrestre. 3. FAM. Très petite quantité (de boisson). SYN. ① **goutte.** *Une larme de cognac.*
ÉTYM. latin *lacrima.*

LARMIER [laʀmje] **n. m.** 1. TECHN. Moulure présentant une rainure pour les eaux de pluie. 2. Angle interne de l'œil, d'où les larmes s'écoulent.
ÉTYM. de *larme.*

LARMOIEMENT [laʀmwamɑ̃] **n. m.** 1. Écoulement continuel de larmes. 2. Pleurnicherie.
ÉTYM. de *larmoyer.*

LARMOYANT, ANTE [laʀmwajɑ̃, ɑ̃t] **adj.** 1. Qui larmoie. *Des yeux larmoyants.* 2. fig. Plaintif. *Voix larmoyante.* – D'une sensiblerie extrême. *Un mélo larmoyant.*

LARMOYER [laʀmwaje] **v. intr.** (conjug. 10) 1. Être atteint de larmoiement. 2. fig. Se lamenter. SYN. **pleurnicher.**
ÉTYM. de *larme.*

LARRON [laʀɔ̃] **n. m.** ✦ VX Voleur. *Le bon, le mauvais larron,* crucifiés en même temps que le Christ. – prov. *L'occasion* fait le larron.* – loc. *S'entendre comme larrons en foire,* à merveille (comme des voleurs de connivence). *Le troisième larron :* la personne qui profite du conflit des deux autres.
ÉTYM. latin *latro, latronis.*

LARSEN [laʀsɛn] **n. m.** ✦ Oscillations parasites qui se manifestent par un sifflement, dans la diffusion du son par haut-parleurs.
ÉTYM. du nom d'un physicien suédois.

LARVAIRE [laʀvɛʀ] **adj.** 1. Propre aux larves. *Stade larvaire.* 2. fig. À l'état d'ébauche. SYN. **embryonnaire.** *Passion à l'état larvaire.*

LARVE [laʀv] **n. f.** **I** DIDACT. 1. dans l'Antiquité romaine Esprit des morts, dangereux pour les vivants. 2. Fantôme. **II** 1. Forme embryonnaire (des animaux à métamorphoses), à vie libre hors de l'œuf. *Larves d'insectes ; de batraciens* (têtards). 2. fig. et péj. Être inférieur. – Personne molle, sans énergie.
ÉTYM. latin *larva* «masque» et «fantôme».

LARVÉ, ÉE [laʀve] **adj.** 1. (maladie) Qui se manifeste par des symptômes atténués. 2. Qui n'éclate pas, n'éclot pas. *Conflit larvé.* SYN. **latent.** CONTR. **ouvert.**
ÉTYM. de *larve.*

LARYNGÉ, ÉE [laʀɛ̃ʒe] **adj.** ✦ ANAT., MÉD. Du larynx.

LARYNGITE [laʀɛ̃ʒit] **n. f.** ✦ Inflammation du larynx.
ÉTYM. de *laryng(o)-* et *-ite.*

LARYNG(O)- Élément savant, du grec *larunx* «gosier», qui signifie «larynx».

LARYNGOLOGIE [laʀɛ̃gɔlɔʒi] **n. f.** ✦ MÉD. Étude du larynx. → **otorhinolaryngologie.**
ÉTYM. de *laryngo-* et *-logie.*

LARYNGOLOGUE [laʀɛ̃gɔlɔg] ou **LARYNGOLOGISTE** [laʀɛ̃gɔlɔʒist] **n.** ✦ Spécialiste en laryngologie. → **otorhinolaryngologiste.**

LARYNX [laʀɛ̃ks] **n. m.** ✦ Partie supérieure du canal respiratoire, entre le pharynx et la trachée, où se trouvent les cordes vocales.
ÉTYM. grec *larunx, larungos* «gosier».

① **LAS, LASSE** [la, las] **adj.** 1. Qui éprouve une sensation de fatigue générale et vague. SYN. **fatigué ;** → **lassitude.** *Se sentir las.* – *Avoir les jambes lasses.* 2. LITTÉR. *LAS DE :* fatigué et dégoûté de. *Las de tout.* SYN. **désen-**

chanté. – *Las de vivre.* CONTR. **dispos, reposé.** HOM. LA (article), LA (pronom), LA « note de musique », LÀ « en ce lieu », LACS « lacet »
ÉTYM. latin *lassus* « épuisé ».

② **LAS** [las] **interj.** ✦ VX Hélas.
ÉTYM. de ① *las* « malheureux ».

LASAGNE [lazaɲ] **n. f.** ✦ **au plur.** *Des lasagnes* : pâtes en forme de larges rubans. ◆ Plat préparé en alternant ces pâtes avec un hachis de viande.
ÉTYM. italien *lasagna*, d'origine obscure.

LASCAR [laskaʀ] **n. m.** ✦ FAM. 1. VIEILLI Homme hardi et rusé. 2. Homme malin, ou qui fait le malin. *Un drôle de lascar.* 3. Jeune des banlieues.
ÉTYM. persan *laskari* « soldat », de *laskar* « armée ».

LASCIF, IVE [lasif, iv] **adj.** 1. VIEILLI Fortement enclin aux plaisirs amoureux. SYN. **sensuel.** 2. Très sensuel. SYN. **érotique, lubrique.** *Démarche lascive. Regards lascifs.* CONTR. **chaste, froid.**
▶ **LASCIVEMENT** [lasivmɑ̃] **adv.**
▶ **LASCIVITÉ** [lasivite] **n. f.** LITTÉR. – **On dit aussi lasciveté** [lasivte].
ÉTYM. latin *lascivus* « badin, enjoué ».

LASER [lazɛʀ] **n. m.** ✦ PHYS. Générateur d'ondes lumineuses, émettant des faisceaux très puissants et très fins. – **appos.** COUR. *Rayon laser. Impression laser. Des disques lasers.* → **compact.**
ÉTYM. mot anglais, sigle de *Light Amplification by Stimulated Emission of Radiations.*

LASSANT, ANTE [lasɑ̃, ɑ̃t] **adj.** ✦ Qui lasse. *Tu es lassant. Cela devient lassant.*

LASSER [lase] **v. tr.** (conjug. 3a) 1. Fatiguer en ennuyant. *Lasser son auditoire.* ◆ Décourager, rebuter. *Lasser la patience de qqn.* – **au p. passé** *Un sourire lassé.* 2. *SE LASSER (DE)* **v. pron.** Devenir las (de). *On se lasse de tout.* – *On ne se lasse pas de l'écouter. Sans se lasser.* → **inlassablement.** CONTR. **délasser, distraire ; encourager, stimuler.** HOM. LACER « attacher »
ÉTYM. latin *lassare*, de *lassus* → ① las.

LASSITUDE [lasityd] **n. f.** 1. État d'une personne lasse. SYN. **épuisement, fatigue.** 2. Abattement mêlé d'ennui, de découragement. *Répondre avec lassitude.* CONTR. **entrain ; enthousiasme.**
ÉTYM. latin *lassitudo.*

LASSO [laso] **n. m.** ✦ Longue corde à nœud coulant servant à attraper les chevaux sauvages, le bétail.
ÉTYM. espagnol *lazo.*

LATENCE [latɑ̃s] **n. f.** 1. Phénomène, sentiment latent. 2. PSYCH. *Période de latence*, où la sexualité est latente chez l'enfant (de 5-6 ans à la puberté).
ÉTYM. de *latent.*

LATENT, ENTE [latɑ̃, ɑ̃t] **adj.** ✦ Qui reste caché, ne se manifeste pas. *À l'état latent. Conflit latent*, qui couve. – BIOL. *Caractère* (génétique) *latent. L'hémophilie reste latente chez la femme.* CONTR. **apparent,** ① **manifeste.**
ÉTYM. latin *latens*, p. présent de *latere* « être caché ».

LATÉRAL, ALE, AUX [lateʀal, o] **adj.** 1. Qui appartient au côté ; situé sur le côté. *Rue latérale. Nef latérale.* SYN. **collatéral.** 2. Annexe, secondaire. *Problème latéral.*
▶ **LATÉRALEMENT** [lateʀalmɑ̃] **adv.** De côté, sur le côté.
ÉTYM. latin *lateralis*, de *latus, lateris* « côté ».

LATÉRALISÉ, ÉE [lateʀalize] **adj.** ✦ DIDACT. Dont la latéralité est (bien ou mal) établie. *Il est mal latéralisé.*
ÉTYM. de *latéral.*

LATÉRALITÉ [lateʀalite] **n. f.** ✦ DIDACT. Prépondérance droite ou gauche dans l'utilisation d'organes pairs (main, pied, œil), en relation avec le fonctionnement des deux hémisphères cérébraux.
ÉTYM. de *latéral.*

LATÉRITE [lateʀit] **n. f.** ✦ Sol rouge des régions tropicales, riche en fer et en alumine. *La latérite est impropre à la culture.* ☛ Géographie p. 226.
ÉTYM. du latin *later* « brique ».

LATEX [latɛks] **n. m.** ✦ Liquide visqueux, d'aspect laiteux, sécrété par certains végétaux (surtout l'hévéa → **caoutchouc**). – Matière élastique qu'on en tire. *Gants en latex.*
ÉTYM. mot latin « liqueur ».

LATIFUNDIUM [latifɔ̃djɔm] **n. m.** ✦ Très grand domaine agricole de l'Antiquité romaine. *Des latifundiums* ou *des latifundia* [latifɔ̃dja] (**plur. latin**). ◆ Grand domaine agricole aux méthodes archaïques, dans les zones peu développées.
ÉTYM. mot latin.

LATIN, INE [latɛ̃, in] **adj.** et **n.**
I adj. 1. Qui appartient au Latium (☛ noms propres), région d'Italie autour de Rome, au pouvoir de Rome, puis à l'Empire romain antique. → **romain.** *Les peuples latins. La langue latine (→ ci-dessous, II).* – De la langue latine. *Version latine. Dictionnaire latin.* – *QUARTIER LATIN* : quartier de Paris où se trouvent des facultés. 2. D'origine latine. SYN. ② **roman.** *Les langues latines.* ☛ Langue française p. 84. ◆ Où l'on parle des langues latines. *Amérique latine.* → **latino-américain.** – *Le tempérament latin.* SYN. **méditerranéen.** – **n.** *Les Latins et les Anglo-Saxons.*
II n. m. *Le latin* : langue indo-européenne à déclinaisons, parlée dans tout l'Empire romain, conservée sous sa forme écrite comme langue savante et religieuse. ☛ Langue française p. 88. *Latin classique. Latin tardif, bas latin. Latin populaire de Gaule* (d'où est issu le français). *Latin d'Église, latin chrétien. Latin médiéval, moderne ; scientifique.* – *Latin de cuisine* : jargon imitant le latin. – **loc.** *Y perdre son latin* : n'y rien comprendre.
ÉTYM. latin *latinus*, de *Latium*, peut-être famille de *latus* « large ».

LATINISME [latinism] **n. m.** ✦ Construction ou emploi propre à la langue latine ; emprunt au latin. ☛ Langue française p. 88.

LATINISTE [latinist] **n.** ✦ Spécialiste de philologie ou de littérature latine. – Étudiant de latin.

LATINITÉ [latinite] **n. f.** ✦ La civilisation latine.
ÉTYM. de *latin.*

LATINO-AMÉRICAIN, AINE [latinoameʀikɛ̃, ɛn] **adj.** et **n.** ✦ De l'Amérique latine, de langues espagnole (hispano-américain) et portugaise (Brésil). *Rythmes latino-américains.*

LATITUDE [latityd] **n. f.** **I** LITTÉR. *Avoir TOUTE LATITUDE de, pour* (+ inf.) : pouvoir agir à son gré. *Donner, laisser à qqn toute latitude de refuser.* SYN. **facilité, liberté.** **II** 1. (opposé à *longitude*) Distance angulaire d'un point de la Terre par rapport à l'équateur. *Paris est à 48° 50′ de latitude nord.* 2. (**au plur.**) Région, climat. *Sous nos lati-*

tudes.
ÉTYM. latin *latitudo*, de *latus* «large».

-LÂTRE, -LÂTRIE Éléments savants, du grec *latreuein* «servir», qui signifient «adorateur», «adoration».

LATRINES [latʀin] **n. f. pl.** ✦ Lieux d'aisances sommaires (sans installation sanitaire).
ÉTYM. latin *latrina*, de *lavatrina* «salle de bains», de *lavare* «laver».

LATTE [lat] **n. f.** ✦ Longue pièce de bois ou d'autre matériau, étroite et plate. SYN. **planche.** *Lattes de plancher. Sommier à lattes.*
ÉTYM. bas latin *latta*, probablement germanique.

LATTER [late] **v. tr.** (conjug. 3a) ✦ Garnir de lattes.
► **LATTÉ, ÉE adj.** Garni de lattes. *Plafond latté.* — **n. m.** *Du latté* (contreplaqué).

LATTIS [lati] **n. m.** ✦ Ouvrage en lattes. *Le lattis d'un toit.*

LAUDANUM [lodanɔm] **n. m.** ✦ Teinture alcoolique d'opium, soporifique et calmante.
ÉTYM. altération du latin *ladanum*, grec *ladanon*, nom d'une résine.

LAUDATEUR, TRICE [lodatœʀ, tʀis] **n.** ✦ LITTÉR. Personne qui fait un éloge. CONTR. ② **critique, détracteur.**
ÉTYM. latin *laudator*, de *laudare* «louer».

LAUDATIF, IVE [lodatif, iv] **adj.** 1. Qui contient un éloge. SYN. **élogieux, louangeur.** *Terme laudatif.* SYN. **mélioratif.** 2. Qui fait un éloge. *Un critique rarement laudatif.* CONTR. ② **critique, dépréciatif ; péjoratif.**
ÉTYM. latin *laudativus*, de *laudare* «louer».

LAURÉAT, ATE [lɔʀea, at] **n.** ✦ Personne qui a remporté un prix dans un concours. *Le lauréat a reçu un trophée.* SYN. **gagnant, vainqueur.** *Les lauréats du prix Nobel.* — **adj.** *L'étudiante lauréate.*
ÉTYM. latin *laureatus* «couronné de laurier *(laurea)*».

LAURIER [lɔʀje] **n. m.** I 1. Arbre à feuilles allongées, luisantes, persistantes et aromatiques. 2. Feuilles de cet arbre. *Un bouquet de thym et de laurier* (assaisonnement, d'où *laurier-sauce* : le laurier). ♦ *Couronne de laurier,* dont on ornait le front des vainqueurs (→ **lauréat**). — loc. *Être couvert de lauriers.* → **gloire.** *Se reposer, s'endormir sur ses lauriers :* ne plus agir, après un premier succès. II *LAURIER-ROSE :* arbuste ornemental (toxique) à fleurs roses ou blanches. *Des lauriers-roses.* — On écrit aussi *laurier rose.*
ÉTYM. latin *laurus.*

LAUZE ou **LAUSE** [loz] **n. f.** ✦ Pierre plate utilisée comme tuile dans certaines régions *(toit de lauzes)* ou comme dalle.
ÉTYM. ancien provençal *lauza* «dalle», probablement du gaulois.

LAVABLE [lavabl] **adj.** ✦ Qui peut être lavé. *Peinture lavable. Pull lavable en machine.*

LAVABO [lavabo] **n. m.** I Prière dite par le prêtre avant la consécration, au moment où il se lave les mains. II 1. Dispositif de toilette à hauteur de table, avec cuvette, robinets d'eau courante et système de vidange. 2. (surtout au plur.) Pièce réservée à ce dispositif. ♦ Toilettes, dans un lieu public.
ÉTYM. mot latin «je laverai», futur de *lavare.*

LAVAGE [lavaʒ] **n. m.** 1. Action de laver. SYN. **nettoyage ;** → **lessive.** *Produits de lavage* (→ **détergent**). — *Lavage d'estomac.* 2. *Lavage de cerveau :* actions psychologiques menées pour modifier de force les opinions de qqn.

LAVALLIÈRE [lavaljɛʀ] **n. f.** ✦ Cravate large et souple, nouée en deux coques.
ÉTYM. du nom de Mlle de La Vallière, favorite de Louis XIV.

LAVANDE [lavɑ̃d] **n. f.** 1. Arbrisseau vivace aux fleurs bleues en épi, très odorantes. *Un champ de lavande.* — Fleurs séchées de cette plante. 2. Eau, essence de lavande. *Un flacon de lavande.* 3. appos. invar. *Bleu lavande :* bleu mauve, assez clair. *Des bougies bleu lavande.*
ÉTYM. italien *lavanda* «qui sert à laver», la lavande parfumant l'eau de toilette.

LAVANDIÈRE [lavɑ̃djɛʀ] **n. f.** 1. Femme qui lave le linge à la main. 2. Bergeronnette.
ÉTYM. de *laver*, avec l'élément *-andier, ière*, du latin.

LAVANDIN [lavɑ̃dɛ̃] **n. m.** ✦ Lavande hybride. *Essence de lavandin.*

LAVASSE [lavas] **n. f.** ✦ FAM. Boisson, soupe trop étendue d'eau. *Ce café, c'est de la lavasse.*
ÉTYM. de *laver*, suffixe péjoratif *-asse.*

LAVE [lav] **n. f.** 1. Matière en fusion qui se répand hors du volcan. *Coulée de lave. Lave refroidie* (solide). 2. Lave pétrifiée utilisée comme pierre de construction. *Toit de lave.*
ÉTYM. italien *lava*, latin *labes* «écoulement», de *labi* «glisser».

LAVE-GLACE [lavglas] **n. m.** ✦ Appareil qui envoie un jet de liquide sur le parebrise d'une automobile. *Des lave-glaces.*

LAVE-LINGE [lavlɛ̃ʒ] **n. m.** ✦ Machine à laver* le linge. *Des lave-linges* ou *des lave-linge* (invar.).

LAVEMENT [lavmɑ̃] **n. m.** 1. VX Lavage. — LITURGIE CATHOL. *Le lavement des mains* (du prêtre). — *Lavement des pieds :* cérémonie du jeudi saint, commémorant l'acte de Jésus lavant les pieds des apôtres par humilité. 2. Injection d'un liquide par l'anus, dans le gros intestin. SYN. VX **clystère.** *Poire à lavements.*
ÉTYM. de *laver.*

LAVER [lave] **v. tr.** (conjug. 3a) I 1. Nettoyer avec de l'eau, avec un liquide. SYN. **nettoyer.** *Laver du linge.* — *MACHINE À LAVER :* appareil ménager qui brasse le linge dans un liquide détersif. → **lave-linge.** — *Machine à laver la vaisselle.* → **lave-vaisselle.** — loc. *Il faut laver son linge sale en famille,* régler les conflits intimes entre soi, sans témoins. 2. (corps, partie du corps) *Laver la figure d'un enfant.* → **débarbouiller.** — fig. *Laver la tête à qqn,* le réprimander vertement. 3. *SE LAVER* (et compl. d'objet). *Ils se sont lavé les mains, les dents.* — loc. *Se laver les mains de qqch. :* décliner toute responsabilité dans une affaire (allus. à l'attitude de Ponce Pilate, dans l'Évangile). 4. *SE LAVER* **v. pron.** (passif) *La soie se lave à l'eau froide.* — (réfl.) Faire sa toilette. *Ils se sont lavés à grande eau.* 5. fig. *Laver qqn, se laver d'un soupçon, d'une accusation.* SYN. **disculper.** II 1. Enlever, faire disparaître au moyen d'un liquide. *Laver une tache.* 2. fig. *Laver un affront, une injure,* s'en venger. CONTR. **salir, tacher · accuser.**
ÉTYM. latin *lavare.*

LAVERIE [lavʀi] **n. f.** ✦ *Laverie automatique* : établissement équipé de machines à laver que les clients font eux-mêmes fonctionner.

LAVETTE [lavɛt] **n. f.** **I** Morceau de linge servant à nettoyer. **II** fig. FAM. Personne veule, lâche, sans énergie.

LAVEUR, EUSE [lavœʀ, øz] **n.** 1. Professionnel(le) du lavage. *Laveur de vaisselle.* → **plongeur.** *Laveur de carreaux.* 2. appos. *Raton* laveur.*

LAVE-VAISSELLE [lavvɛsɛl] **n. m.** ✦ Machine à laver la vaisselle. *Des lave-vaisselles* ou *des lave-vaisselle* (invar.).

LAVIS [lavi] **n. m.** ✦ Passage d'encres ou de couleurs étendues d'eau sur un dessin. *Un lavis de sépia.* ➖ Dessin obtenu par ce procédé.
ÉTYM. de *laver.*

LAVOIR [lavwaʀ] **n. m.** 1. Lieu public où on lave le linge à la main. 2. Bac en ciment pour laver le linge. 3. TECHN. Atelier de lavage du minerai.

LAXATIF, IVE [laksatif, iv] **adj.** ✦ Qui aide à évacuer les selles. SYN. **purgatif.** *Remède laxatif.* ➖ **n. m.** *Un laxatif.*
ÉTYM. latin médiéval *laxativus*, de *laxare* «lâcher».

LAXISME [laksism] **n. m.** ✦ Tendance excessive à la conciliation, à la tolérance. CONTR. **purisme, rigorisme.**
ÉTYM. du latin *laxus* «lâche», de *laxare* «lâcher».

LAXISTE [laksist] **adj.** ✦ Qui professe ou concerne le laxisme. ➖ **n.** *Un, une laxiste.* CONTR. **puriste, rigoriste.**

LAYETTE [lɛjɛt] **n. f.** ✦ Linge, habits du nouveau-né. *De la layette.* ➖ appos. invar. *Des peluches rose layette.*
ÉTYM. diminutif de l'ancien français *laie* «boîte, coffret», peut-être d'origine germanique.

LAYON [lɛjɔ̃] **n. m.** ✦ Sentier en forêt.
ÉTYM. de ② *laie.*

LAZARET [lazaʀɛ] **n. m.** ✦ Établissement où s'effectue le contrôle sanitaire, l'isolement des voyageurs susceptibles de maladies contagieuses. *Subir une quarantaine au lazaret.*
ÉTYM. italien *lazzaretto*, de *Nazareto*, nom d'une île vénitienne, avec influence de *Lazzaro* «Lazare», patron des lépreux → ladre.

LAZZI [la(d)zi] **n. m.** ✦ (surtout au plur.) Plaisanterie, moquerie bouffonne. *Sous les lazzis* (ou *les lazzi* plur. italien) *de la foule.* SYN. **quolibet.**
ÉTYM. mot italien.

LCD [ɛlsede] **n. m.** ✦ Affichage à cristaux liquides. ➖ appos. *Écran plat LCD.*
ÉTYM. sigle anglais, de *Liquid Crystal Display* «affichage à cristaux liquides».

① **LE** [lə], **LA** [la], **LES** [le] **art. déf.** ✦ *Le, la* se réduisent à *l'* devant une voyelle ou un *h* muet : *l'école, l'habit.* — *De + le, les* devient *du, des* ; *à + le, les* devient *au, aux.* **I** devant un nom 1. (devant un nom générique) *L'homme est un mammifère. Aimer les enfants.* ◆ (désignant qqch. de connu) *Le soleil.* 2. (devant un nom déterminé par la situation) *Ferme le verrou.* → ① **ce.** *Il partit le lendemain.* ➖ (la situation étant déterminée par la suite de la phrase) *Il vit dans la maison d'à côté.* 3. (remplaçant l'adj. poss. devant le nom d'une partie du corps) *Je me lave les mains. Elle a mal aux dents.* 4. (devant un nom propre) ➖ (lieu) *Le Japon, la Provence, les Alpes, le Rhône.* ➖ (devant un nom de personne ou de ville) LITTÉR. *Le Paris de ma jeunesse. Le Napoléon de l'exil.* ➖ RÉGIONAL OU RURAL *Le Pierre. La Marie.* ➖ *Les Dupont* : la famille Dupont. 5. (pour transformer toute partie du discours en subst.) *Le boire et le manger. Le moi. Le pourquoi du comment. Les moins de vingt ans.* 6. (valeur distributive) → **chaque, par.** *Trois euros le kilo. Trois fois la semaine* (plus cour. *par semaine*). **II** (devant un adj. lorsque le nom n'est pas répété) *Quelle main, la droite ou la gauche ?* **III** (avec le superl.) *C'est le plus beau. C'est elle qui chante le mieux.* ➖ *Ce jour-là, elle fut la plus heureuse. C'est ce jour-là qu'elle a été le plus heureuse. C'est la femme que j'ai le plus aimée.* **IV** *L'UN... L'AUTRE ; L'UN OU L'AUTRE ; L'UN ET L'AUTRE.* → **autre, un.** *LE (LA) MÊME, LES MÊMES.* → **même.** ➖ *L'ON.* → **on.** ➖ *TOUT LE, TOUTE LA, TOUS LES.* → ① **tout.** ➖ *LE MIEN, LE TIEN*, etc. → **mien.** ➖ *LA PLUPART.* → la **plupart.** ➖ *À LA...* (*légère*, etc.). → **à.**
HOM. voir ② le
ÉTYM. latin *illum, illam*, de *ille* démonstratif.

② **LE** [lə], **LA** [la], **LES** [le] **pron. pers.** ✦ Pronom personnel objet ou attribut de la 3ᵉ personne. ◆ *Le, la* sont élidés en *l'* devant une voyelle ou un *h* muet *(je l'entends ; ils l'hébergent ; elle l'y a mis ; je l'en remercie)*, sauf après un impératif *(faites-le entrer ; faites-le apporter)*. **I** (objet direct) 1. (représentant un nom, un pronom qui vient d'être exprimé ou qui va être exprimé) *Claire ? Je la connais.* ➖ (compl. de voici, voilà) *Mon billet ? Le voilà.* 2. *LE*, de valeur neutre. → **cela.** *Je vais vous le dire.* 3. (dans des gallicismes) *Je vous le donne en mille. L'échapper belle. Se la couler douce.* **II** *LE* (attribut). *J'étais naïve, mais je ne le suis plus. Cette femme est mon amie et le sera toujours.* HOM. LÀ «en ce lieu», LACS «lacet», ① LAS «fatigué» ; LÉ «morceau d'étoffe»

LÉ [le] **n. m.** 1. Largeur d'une étoffe. ➖ Chaque partie verticale d'une jupe. 2. Largeur d'une bande de papier peint. *Des lés.* HOM. LES (pron. pers. [voir ② *le*]), LES (art. déf. [voir ① *le*])
ÉTYM. de l'ancien adj. *lé* «large, vaste», latin *latus.*

LEADER [lidœʀ] **n. m.** ou **LEADEUR, EUSE** [lidœʀ, øz] **n.** ✦ anglicisme 1. Chef, porte-parole (d'un parti, d'un mouvement politique). *Les leaders de l'opposition.* ➖ *Les leaders d'opinion* : ceux qui orientent l'opinion publique. 2. Concurrent qui est en tête (course, compétition). ➖ Écrire *leadeur, euse* avec le suffixe français *-eur, -euse* est permis. HOM. LIEDER (pluriel de *lied* «chanson»)
ÉTYM. mot anglais «conducteur», de *to lead.*

LEASING [liziŋ] **n. m.** ✦ anglicisme Location, avec achat en option, de biens d'équipement. *Une société de leasing.* ➖ recomm. offic. CRÉDIT-BAIL.
ÉTYM. mot anglais, de *to lease* «louer».

LÉCHAGE [leʃaʒ] **n. m.** ✦ Action de lécher.

LÈCHE [lɛʃ] **n. f.** ✦ FAM. *Faire de la lèche à qqn*, le flatter servilement.
ÉTYM. de *lécher.*

LÈCHE-BOTTE [lɛʃbɔt] **n.** et **adj.** ✦ FAM. Flatteur servile. *Une vraie lèche-botte.* ➖ **adj.** *Ils sont lèche-bottes.* ➖ On trouve aussi le synonyme très familier LÈCHE-CUL [lɛʃky].

LÈCHEFRITE [lɛʃfʀit] **n. f.** ✦ Ustensile de cuisine placé sous la broche pour recevoir la graisse et le jus.
ÉTYM. de *lécher* et ancien français *froie* «frotte».

LÉCHER [leʃe] **v. tr.** (conjug. 8) 1. Passer la langue sur (qqch.). *Chien qui lèche un plat.* ➖ fig. et FAM. *Se, s'en lécher les babines.* SYN. se **pourlécher.** ➖ *Les vagues lèchent la falaise.* 2. loc. FAM. *Lécher les bottes* (ou VULG. *le*

cul) à qqn, le flatter bassement. → **lèche ; lèche-botte.** ➝ *UN OURS MAL LÉCHÉ :* un individu d'aspect rébarbatif, aux manières grossières (de la légende selon laquelle l'ourse lèche son petit pour le parfaire). 3. fig. Finir, polir avec un soin trop minutieux. SYN. **fignoler.** ➝ au p. passé *Dessin trop léché.*
ÉTYM. francique *lekkon.*

LÈCHE-VITRINE [lɛʃvitʀin] **n. m.** ✦ *Faire du lèche-vitrine :* flâner en regardant les vitrines, les étalages.

LÉCITHINE [lesitin] **n. f.** ✦ CHIM., BIOL. Lipide comprenant un acide phosphorique. *La lécithine du foie.*
ÉTYM. du grec *lekithos* «jaune d'œuf».

LEÇON [l(ə)sɔ̃] **n. f.** 1. Ce qu'un élève doit apprendre. *Réviser ses leçons.* 2. Enseignement donné par un professeur à une classe, un auditoire. SYN. **conférence, cours.** *Leçon inaugurale.* ➝ *Leçons particulières. Prendre des leçons de piano.* 3. Conseils, règles de conduite donnés à qqn. *Je n'ai pas de leçons à recevoir de vous.* ➝ loc. *Faire la leçon à qqn,* lui dicter sa conduite ; le réprimander. 4. Enseignement profitable, morale que l'on peut tirer de qqch. *Dégager, tirer la leçon des évènements.* ➝ *Cela lui donnera une leçon, une bonne leçon ; cela lui servira de leçon.*
ÉTYM. latin *lectio, lectionis* «lecture», de *legere* «lire».

LECTEUR, TRICE [lɛktœʀ, tʀis] **n.** 1. Personne qui lit. *Un grand lecteur,* qui lit beaucoup. SYN. **liseur.** ➝ *Le courrier des lecteurs* (dans un journal). ➝ Personne dont la fonction est de lire et de juger des œuvres. *Être lecteur dans une maison d'édition.* 2. Personne qui lit à haute voix. ♦ Assistant étranger, dans l'enseignement supérieur des langues vivantes. 3. n. m. Dispositif qui reproduit des sons enregistrés. *Lecteur de cassettes.* ♦ Dispositif de lecture (II, 2).
ÉTYM. latin *lector,* de *legere* «lire».

LECTURE [lɛktyʀ] **n. f.** I 1. Action matérielle de lire, de déchiffrer (ce qui est écrit). *Lecture silencieuse, à haute voix. Lecture cursive, analytique* ou *méthodique.* ➝ *Livre de lecture* (apprentissage). 2. Action de lire, de prendre connaissance du contenu (d'un écrit). *La lecture d'un livre, d'un auteur.* ➝ absolt *Aimer la lecture.* ♦ Livre, ouvrage lu. *Mauvaises lectures. Apporter de la lecture à qqn.* ♦ *Comité de lecture* (chez un éditeur). 3. Déchiffrage (d'un système graphique). *La lecture d'une carte ; d'une partition musicale.* 4. Action de lire à haute voix (à d'autres personnes). *Donner lecture d'une proclamation. Faire la lecture à qqn.* 5. Délibération d'une assemblée législative sur un projet de loi. *Loi adoptée en première, en seconde lecture.* II 1. Première phase de la reproduction des sons enregistrés. *Tête de lecture.* 2. Reconnaissance d'informations par une unité de traitement. *Lecture optique des codes-barres.*
ÉTYM. latin médiéval *lectura,* de *legere* «lire».

LED ou **LED** [lɛd] **n. f.** ✦ anglicisme Diode électroluminescente. *Des led* ou *des leds. Les LED consomment très peu.* ➝ appos. *Ampoules, lampes LED.* HOM. LAIDE «affreuse».
ÉTYM. sigle anglais, de *Light Emitting Diode* «diode émettant de la lumière».

LEDIT, LADITE → DIT

LÉGAL, ALE, AUX [legal, o] **adj.** 1. Qui a valeur de loi, résulte de la loi, est conforme à la loi. SYN. **juridique, réglementaire.** *Formalités légales. Monnaie légale.* 2. Défini ou fourni par la loi. *Heure légale. Âge légal,* requis par la loi. *Moyens légaux. Fêtes légales.* ➝ *Tuteur légal.* 3. *Pays légal,* la partie de la population qui a des droits politiques. CONTR. **illégal ; extralégal.**
ÉTYM. latin *legalis,* de *lex, legis* «loi» ; doublet de *loyal.*

LÉGALEMENT [legalmɑ̃] **adv.** ✦ D'une manière légale. CONTR. **illégalement, irrégulièrement.**

LÉGALISER [legalize] **v. tr.** (conjug. 3a) 1. Certifier authentique en vertu d'une autorité officielle. *Faire légaliser sa signature.* 2. Rendre légal. *Légaliser l'avortement.*
► **LÉGALISATION** [legalizasjɔ̃] **n. f.**
ÉTYM. de *légal.*

LÉGALITÉ [legalite] **n. f.** 1. Caractère de ce qui est légal. *La légalité d'un acte.* 2. Ce qui est légal. *Respecter la légalité. Sortir de la légalité* (→ **hors-la-loi**). CONTR. **arbitraire, illégalité.**

LÉGAT [lega] **n. m.** 1. ANTIQ. Fonctionnaire adjoint à un proconsul. ➝ Fonctionnaire qui administrait les provinces de l'Empire. 2. Ambassadeur du Saint-Siège. SYN. **nonce.**
ÉTYM. latin *legatus,* de *legare* «envoyer».

LÉGATAIRE [legatɛʀ] **n.** ✦ Bénéficiaire d'un legs. SYN. **héritier.** *Légataire universel,* de tous les biens de qqn.
ÉTYM. latin juridique *legatarius,* de *legere* «recueillir».

LÉGATION [legasjɔ̃] **n. f.** 1. Charge, fonction de légat. 2. Représentation diplomatique entretenue à défaut d'ambassade. ♦ Résidence d'une légation.
ÉTYM. latin *legatio,* de *legare* → légat.

LÉGATO ou **LEGATO** [legato] **adv.** ✦ MUS. D'une manière liée, sans détacher les notes. *Chanter légato.* ➝ n. m. Passage joué de cette manière. *Des légatos, des legatos.* ➝ Écrire *légato* avec un accent aigu est permis.
ÉTYM. italien *legato* «lié».

LÉGENDAIRE [leʒɑ̃dɛʀ] **adj.** 1. Qui n'existe que dans les légendes. SYN. **fabuleux, imaginaire, mythique.** *Animaux légendaires.* 2. Qui tient de la légende. *Récit légendaire* (opposé à *historique*). 3. Qui est entré dans la légende par sa célébrité. SYN. **célèbre.** ➝ *Paresse légendaire.* SYN. **notoire.**

LÉGENDE [leʒɑ̃d] **n. f.** I 1. Récit populaire traditionnel, plus ou moins fabuleux. SYN. **fable, mythe.** *La légende de saint Nicolas. Contes et légendes.* ➝ *C'est une légende,* une histoire inventée. 2. Représentation traditionnelle de faits ou de personnages réels, déformée ou amplifiée. *Napoléon est entré dans la légende.* II 1. Inscription d'une médaille, d'une monnaie. 2. Texte qui accompagne une image et l'explique. 3. (plans, cartes) Liste explicative des signes conventionnels.
ÉTYM. latin chrétien *legenda,* proprement «ce qui doit être lu», de *legere* «lire».

LÉGENDER [leʒɑ̃de] **v. tr.** (conjug. 3a) ✦ Accompagner (un dessin, une carte...) d'une légende (II). ➝ au p. passé *Schéma légendé.*

LÉGER, ÈRE [leʒe, ɛʀ] **adj.** I 1. Qui a peu de poids, se soulève facilement. *Léger comme une plume. Sac léger à porter.* ➝ BOXE *Poids* léger* (57 à 60 kg). ♦ De faible densité. *Huiles légères.* ♦ Qui ne pèse pas sur l'estomac. *Cuisine légère.* SYN. **allégé,** anglic. **light.** 2. Qui est peu chargé. *Avoir l'estomac léger.* SYN. **creux.** ➝ loc. *Le cœur léger :* sans inquiétude ni remords. 3. Qui se meut avec aisance et rapidité. SYN. **agile, vif.** *Se sentir léger.* ➝ *D'un* pas léger. ➛ loc. *Avoir la main légère :* ne pas faire sentir l'autorité qu'on exerce. **4.** Peu appuyé. *Peindre par touches légères.* SYN. **délicat.** **5.** *Soprano léger, ténor léger,* dont la voix monte aisément dans les aigus. **II** Qui a peu de substance. *Une légère couche de neige.* SYN. **mince.** *Robe légère.* ➛ *Thé léger. Tabac léger.* ➛ *Sommeil léger.* **III** Peu sensible ; peu important. SYN. **faible, petit.** *Un léger mouvement.* SYN. **imperceptible.** *Un léger goût. Malaise léger.* ◆ *Blessé léger.* ➛ *Condamné à une peine légère.* ➛ *Un léger doute.* SYN. **infime.** **IV** **1.** Qui a peu de profondeur, de sérieux. SYN. **frivole, superficiel.** *Être léger dans sa conduite.* SYN. **irréfléchi.** ➛ *Tempérament léger.* ◆ FAM. *C'est un peu léger.* SYN. **inconsistant, insuffisant.** **2.** Qui est trop libre. *Propos légers.* SYN. **grivois.** ➛ *Femme légère,* volage, facile. **3.** (choses) Qui a de la grâce, de la délicatesse, de la désinvolture. SYN. **désinvolte.** *Ironie légère.* **4.** Gai et facile. *Musique légère.* **5.** *À LA LÉGÈRE* **loc. adv.** : sans avoir pesé les choses, sans réfléchir. SYN. **inconsidérément, légèrement** (3). *Parler à la légère. Prendre les choses à la légère,* avec insouciance. CONTR. **lourd, pesant · épais ;** ① **fort ; intense, profond · important · grave · réfléchi, responsable, sérieux.**

ÉTYM. bas latin *leviarius,* classique *levis* «léger» et «frivole».

LÉGÈREMENT [leʒɛʀmɑ̃] **adv.** **1.** D'une manière légère. *Être vêtu légèrement.* ◆ Sans appuyer, sans violence. SYN. **délicatement, doucement.** *Toucher légèrement qqn.* **2.** Un peu, à peine. *Légèrement blessé.* ➛ (+ compar.) *Il est légèrement plus, moins gros.* **3.** À la légère, inconsidérément. ➛ Avec désinvolture. *Il parle de tout légèrement.* CONTR. **chaudement ;** ② **fort · gravement · beaucoup · sérieusement.**

LÉGÈRETÉ [leʒɛʀte] **n. f.** **I** **1.** Caractère d'un objet peu pesant, de faible densité. **2.** Aisance dans les mouvements. SYN. **souplesse.** *Marcher avec légèreté.* **3.** Caractère de ce qui est peu épais. SYN. **finesse.** *La légèreté d'une étoffe.* **4.** Caractère de ce qui est peu grave. *Légèreté d'une punition.* **5.** Délicatesse, grâce. **II** **1.** Manque de profondeur, de sérieux, de constance. SYN. **insouciance, irréflexion ; désinvolture.** **2.** Délicatesse et agrément (de la conversation, du ton, du style). *La légèreté de son style.* CONTR. **lourdeur, pesanteur, poids · épaisseur · gravité · réflexion, sérieux.**

LEGGINS ou **LEGGINGS** [legiŋs] **n. m. pl.** ✦ anglicisme Collant qui s'arrête à la cheville. *Elle porte une robe et des leggings.*

ÉTYM. anglais *leggings,* de *leg* «jambe».

LÉGIFÉRER [leʒifeʀe] **v. intr.** (conjug. 8) ✦ Faire des lois. *Le pouvoir de légiférer.*

ÉTYM. du latin *legifer* «législateur».

LÉGION [leʒjɔ̃] **n. f.** **I** **1.** HIST. dans l'Antiquité romaine Corps d'armée composé d'infanterie et de cavalerie, placé sous les ordres d'un consul. **2.** *LÉGION (ÉTRANGÈRE) :* en France, corps composé de volontaires, généralement étrangers. **II** *LÉGION D'HONNEUR :* ordre national français créé par Bonaparte en 1802 (☞ noms propres). ➛ Décoration de cet ordre. *Le ruban, la rosette de la Légion d'honneur.* **III** LITTÉR. Grande quantité. *Une légion de cousins.* ➛ loc. *ÊTRE LÉGION :* être très nombreux.

ÉTYM. latin *legio.*

LÉGIONELLOSE [leʒjɔnɛloz] **n. f.** ✦ MÉD. Pneumopathie provoquée par inhalation d'eau contaminée par des bactéries du genre *légionelle* (n. f.).

LÉGIONNAIRE [leʒjɔnɛʀ] **n. m.** **1.** HIST. Soldat d'une légion romaine. **2.** Militaire de la Légion étrangère. ◆ *Maladie du légionnaire.* → **légionellose.** **3.** DR. Membre de la Légion d'honneur.

LÉGISLATEUR, TRICE [leʒislatœʀ, tʀis] **n.** **1.** Personne qui fait les lois. ➛ **adj.** *La nation, législatrice et souveraine.* **2.** **n. m.** Le pouvoir qui fait les lois. SYN. **législatif.**

ÉTYM. latin *legislator,* de *lex, legis* «loi» et *lator* «celui qui propose».

LÉGISLATIF, IVE [leʒislatif, iv] **adj.** **1.** Qui fait les lois, légifère. *Assemblée législative.* ➛ **n. m.** Le Parlement. *Le législatif et l'exécutif.* **2.** Qui concerne l'Assemblée législative. *Élections législatives,* des députés. ➛ **n. f. pl.** *Les législatives.* **3.** Qui a le caractère d'une loi. *Acte législatif.*

ÉTYM. anglais *legislative,* latin *legislativus,* de *lex, legis* «loi».

LÉGISLATION [leʒislasjɔ̃] **n. f.** **1.** Ensemble des lois, dans un pays, un domaine déterminé. SYN. ③ **droit.** *La législation du travail.* **2.** Science, connaissance des lois.

ÉTYM. bas latin *legislatio.*

LÉGISLATURE [leʒislatyʀ] **n. f.** ✦ Période durant laquelle une assemblée législative exerce ses pouvoirs. *Une législature de cinq ans.*

ÉTYM. de *législateur,* d'après l'anglais.

LÉGISTE [leʒist] **n.** **1.** Spécialiste des lois. SYN. **jurisconsulte, juriste.** ➛ **adj.** *Médecin légiste,* chargé d'expertises en matière légale. **2.** **n. m.** HIST. Conseiller juridique d'un roi de France.

ÉTYM. latin médiéval *legista,* de *lex, legis* «loi».

LÉGITIMATION [leʒitimasjɔ̃] **n. f.** **1.** Fait de rendre (un enfant) légitime. **2.** LITTÉR. Action de légitimer (2).

LÉGITIME [leʒitim] **adj.** **1.** Qui est consacré par la loi ou reconnu conforme au droit. *Union légitime* (opposé à *union libre*). ➛ *Père légitime. Enfant légitime.* **2.** Conforme à la justice, à l'équité. SYN. **équitable.** *Salaire légitime,* mérité. ➛ DR. *Légitime défense*.* **3.** Justifié (par le bon droit, la raison, le bon sens). SYN. **juste.** *Excuse légitime.* SYN. **fondé.** *Colère, satisfaction légitime.* ➛ *C'est légitime,* normal, compréhensible. CONTR. **illégitime ; bâtard, naturel · arbitraire, injuste · déraisonnable.**

► **LÉGITIMEMENT** [leʒitimmɑ̃] **adv.**

ÉTYM. latin *legitimus,* de *lex, legis* «loi».

LÉGITIMER [leʒitime] **v. tr.** (conjug. 3a) **1.** Rendre légitime juridiquement. *Légitimer un enfant naturel.* **2.** LITTÉR. Faire admettre comme juste, raisonnable, excusable. SYN. **justifier.** *Tenter de légitimer sa conduite.*

ÉTYM. latin médiéval *legitimare.*

LÉGITIMISTE [leʒitimist] **n.** et **adj.** ✦ HIST. Partisan d'une dynastie considérée comme seule légitime ; spécialt partisan de la branche aînée des Bourbons, après 1830. *Les légitimistes et les orléanistes.*

► **LÉGITIMISME** [leʒitimism] **n. m.**

ÉTYM. de *légitime.*

LÉGITIMITÉ [leʒitimite] **n. f.** **1.** État de ce qui est légitime ou considéré comme tel. *La légitimité d'un enfant.* ➛ *Légitimité du pouvoir.* **2.** LITTÉR. Qualité de ce qui est juste, équitable. *Légitimité d'une réclamation.* CONTR. **illégitimité.**

ÉTYM. latin médiéval *legitimitas.*

LEGS [lɛg ; lɛ] **n. m.** **1.** Don par testament. *Le bénéficiaire d'un legs.* → **légataire.** **2.** fig. et LITTÉR. *Le legs du passé.* SYN. **héritage.** HOM. ① LAI «poème», LAID «affreux», ① LAIE

A B C D E F G H I J K L M N O P Q R S T U V W X Y Z

«femelle du sanglier», ② LAIE «sentier», LAIS «testament», LAIT «liquide»

ÉTYM. altération de *lais*, d'après *léguer*.

LÉGUER [lege] **v. tr.** (conjug. 8c) **1.** Donner par disposition testamentaire (SYN. **laisser** ; → **legs ; légataire**). **2.** fig. Donner à ceux qui nous suivent. *Léguer une œuvre à la postérité.* ➙ *Les traditions qu'on se lègue.* SYN. **transmettre.**

ÉTYM. latin *legare*.

LÉGUME [legym] **n. m.** et **n. f.** **I n. m.** Plante potagère dont certaines parties peuvent entrer dans l'alimentation humaine. *Légumes verts. Légumes secs. Bouillon de légumes.* **II n. f.** FAM. *Une GROSSE LÉGUME* : un personnage important, influent.

ÉTYM. latin *legumen*, d'abord «plante à cosse, à gousse».

LÉGUMIER, IÈRE [legymje, jɛʀ] **adj.** et **n. m.** **1. adj.** Relatif aux légumes. **2. n. m.** Plat à légumes.

LÉGUMINEUSE [legyminøz] **n. f.** ✦ Plante dont le fruit est une gousse. *La famille des légumineuses* (haricot, lentille...).

ÉTYM. latin botanique *leguminosus* → légume.

LEITMOTIV [lɛtmɔtiv ; lajtmɔtif] **n. m.** **1.** MUS. Motif musical répété dans une œuvre. *Des leitmotivs* ou *des leitmotive* (plur. allemand). **2.** fig. Phrase, formule qui revient à plusieurs reprises. *Revenir comme un leitmotiv.*

ÉTYM. mot allemand «motif dominant».

LEMME [lɛm] **n. m.** **1.** DIDACT. Proposition intermédiaire ou accessoire (d'un raisonnement). ➙ Majeure (d'un syllogisme). **2.** Forme qu'affecte un contenu documentaire précisé.

ÉTYM. latin *lemma*, mot grec.

LEMMING [lemiŋ] **n. m.** ✦ Petit rongeur des régions boréales.

ÉTYM. mot norvégien.

LÉMURIEN [lemyʀjɛ̃] **n. m.** ✦ Primate nocturne des régions tropicales, proche du singe. *Les lémuriens de Madagascar.*

ÉTYM. du latin *lemures* «spectres».

LENDEMAIN [lɑ̃d(ə)mɛ̃] **n. m.** **1.** Jour qui suit immédiatement celui dont il est question. *Le lendemain soir.* ➙ loc. *Du jour au lendemain* : en très peu de temps. *Remettre au lendemain (ce qu'on peut faire le jour même)* (→ **procrastination**). **2.** L'avenir. *La peur du lendemain.* ➙ *Sans lendemain* : sans suite (→ **éphémère**). ➙ *Des lendemains heureux.* **3.** Temps qui suit de très près un évènement. *Au lendemain de la guerre.* CONTR. **veille.**

ÉTYM. de *l'*, *en* et *demain*.

LÉNIFIANT, ANTE [lenifjɑ̃, ɑ̃t] **adj.** **1.** MÉD. Qui lénifie. SYN. **lénitif.** **2.** fig. Apaisant. *Propos lénifiants.* CONTR. **excitant, irritant.**

ÉTYM. du participe présent de *lénifier*.

LÉNIFIER [lenifje] **v. tr.** (conjug. 9) ✦ MÉD. ou LITTÉR. Calmer, apaiser. CONTR. **échauffer, enflammer.**

ÉTYM. bas latin *lenificare*.

LÉNINISME [leninism] **n. m.** ✦ Doctrine marxiste de Lénine. ➙ appos. *Le marxisme-léninisme.*

► **LÉNINISTE** [leninist] **adj.** et **n.**

ÉTYM. de *Lénine*. ☛ noms propres.

LÉNITIF, IVE [lenitif, iv] **adj.** **1.** MÉD. Qui lénifie. ➙ VX *Remède lénitif.* ➙ **n. m.** *Un lénitif.* **2.** fig. Qui apaise. SYN. **lénifiant.**

ÉTYM. latin médiéval *lenitivus*.

LENT, LENTE [lɑ̃, lɑ̃t] **adj.** **1.** Qui manque de rapidité, met plus, trop de temps. *L'escargot est lent. Être lent à comprendre, à agir.* SYN. **long.** ➙ *Avoir l'esprit lent* : ne pas comprendre vite. ➙ *À pas lents. Un rythme lent. Rendre plus lent.* → **ralentir.** **2.** Qui met du temps à agir, à opérer, à s'accomplir. *Une lente progression. Mort lente. Combustion lente.* CONTR. **rapide, vif.**

HOM. LENTE «œuf de pou»

ÉTYM. latin *lentus*, d'abord «souple» et «mou», puis «indolent».

LENTE [lɑ̃t] **n. f.** ✦ Œuf de pou. HOM. LENTE (féminin de *lent* «peu rapide»)

ÉTYM. latin populaire *lenditem*, de *lens, lendis* «pou».

LENTEMENT [lɑ̃tmɑ̃] **adv.** ✦ Avec lenteur. ➙ *Rouler lentement.* CONTR. **rapidement, vite.**

LENTEUR [lɑ̃tœʀ] **n. f.** **1.** Manque de rapidité, de vivacité. *Agir avec lenteur.* ➙ *Lenteur d'esprit.* ➙ *La lenteur du courrier.* **2.** au plur. Actions, décisions lentes. *Les lenteurs de la procédure.* CONTR. **célérité, rapidité, vivacité.**

ÉTYM. de *lent*.

LENTICULAIRE [lɑ̃tikylɛʀ] **adj.** ✦ DIDACT. Qui a la forme d'une lentille. ➙ On dit aussi LENTIFORME [lɑ̃tifɔʀm].

ÉTYM. latin *lenticularis*.

LENTIGO [lɑ̃tigo] **n. m.** ✦ MÉD. Petite tache de la peau, pigmentée et ronde. SYN. **grain** de beauté.

ÉTYM. mot latin, de *lens, lentis* «lentille».

LENTILLE [lɑ̃tij] **n. f.** **I 1.** Plante aux gousses plates contenant deux graines arrondies. **2.** Graine comestible de la lentille, en forme de disque bombé. *Lentille blonde, verte. Petit salé aux lentilles.* **3.** *LENTILLE D'EAU* : plante flottante à petites feuilles rondes. **II** Disque transparent et homogène à surface courbe, dispositif faisant converger ou diverger un faisceau de rayons qui le traverse. *Lentilles convexes* (convergentes), *concaves* (divergentes). ➙ *Lentilles cornéennes, lentilles de contact*, pour corriger la vision.

ÉTYM. latin populaire *lenticula*, diminutif de *lens, lentis* «lentille».

LENTISQUE [lɑ̃tisk] **n. m.** ✦ Pistachier (arbuste) des régions méditerranéennes.

ÉTYM. ancien provençal, latin *lentiscus*.

LENTO [lɛnto] **adv.** ✦ MUS. Avec lenteur (plus lentement qu'adagio). ➙ **n. m.** Passage ainsi exécuté. *Des lentos.*

ÉTYM. mot italien.

LÉONIN, INE [leɔnɛ̃, in] **adj.** **1.** LITTÉR. Du lion, qui rappelle le lion. *Une tête léonine.* **2.** *CONTRAT LÉONIN* : qui attribue tous les avantages, qui fait la part du lion* à qqn. SYN. **abusif, injuste.** CONTR. **équitable, juste.**

ÉTYM. latin *leoninus*, de *leo* «lion».

LÉOPARD [leɔpaʀ] **n. m.** ✦ Panthère d'Afrique. ◆ Sa fourrure. *Manteau de léopard.* ➙ appos. invar. *Tenue léopard*, tenue de camouflage des militaires. *Des imprimés léopard.*

ÉTYM. latin *leopardus*, de *leo* «lion» et *pardus* «panthère», mot grec.

LÉPIDOPTÈRE [lepidɔptɛʀ] **n. m.** ✦ Nom savant des papillons (ordre des *Lépidoptères*).
ÉTYM. du grec *lepis, lepidos* «écaille» et de *-ptère.*

LÉPIOTE [lepjɔt] **n. f.** ✦ Champignon au chapeau couvert d'écailles dont une espèce (la coulemelle) est comestible.
ÉTYM. du grec *lepion*, diminutif de *lepis* «écaille».

LÈPRE [lɛpʀ] **n. f. 1.** Maladie infectieuse et contagieuse due à un bacille. **2.** Ce qui ronge. *Une façade rongée de lèpre.* → **lépreux** (2). **3.** LITTÉR. Mal qui s'étend et gagne de proche en proche. *Le racisme est une lèpre.* SYN. **cancer.**
ÉTYM. latin *lepra*, mot grec, de *lepein* «écorcer, peler».

LÉPREUX, EUSE [lepʀø, øz] **adj. 1.** Atteint de la lèpre. SYN. VX **ladre.** – **n.** *Hôpital pour les lépreux.* **2.** Qui présente une surface pelée. SYN. **galeux.** *Murs lépreux.*

LÉPROSERIE [lepʀozʀi] **n. f.** ✦ Hôpital où l'on soigne les lépreux.
ÉTYM. latin médiéval *leprosaria.*

-LEPTIQUE Élément, du grec *lêptikos* «qui prend», qui signifie «qui calme, diminue l'effet», en médecine (ex. *neuroleptique*).

LEPTO- Élément, du grec *leptos* «mince», servant à former des mots de sciences naturelles, de médecine, de physique (ex. *lepton* «particule légère»).

LEQUEL [ləkɛl], **LAQUELLE** [lakɛl], **LESQUELS, LESQUELLES** [lekɛl] **pron.** ✦ Avec les prép. *à* et *de*, *lequel* se contracte en *auquel (auxquels), duquel (desquels).* **I pron. rel. 1.** (sujet) → **qui.** – LITTÉR. (pour éviter une équivoque) *Une de ses amies, laquelle l'a aidé.* **2.** (compl. indir.) *La personne à laquelle vous venez de parler,* à qui. **3.** LITTÉR. **adj. rel.** *Vous serez peut-être absent, auquel cas vous me préviendrez.* **II pron. interrog.** *Demandez à un passant, n'importe lequel. Lequel des deux préférez-vous ?*
ÉTYM. de *le, la, les* et *quel.*

LÉROT [leʀo] **n. m.** ✦ Petit rongeur, hibernant, qui ressemble au loir.
ÉTYM. de *loir.*

① **LES** → ① **LE**

② **LES** → ② **LE**

LESBIANISME [lɛsbjanism] **n. m.** ✦ DIDACT. Homosexualité féminine. SYN. **saphisme.**
ÉTYM. de *lesbienne.*

LESBIEN, IENNE [lɛsbjɛ̃, jɛn] **adj.** et **n. f. 1. adj.** De l'homosexualité féminine. SYN. **saphique. 2. n. f.** et **adj.** Homosexuelle.
ÉTYM. de *Lesbos* (☛ noms propres), île de la mer Égée, patrie de la poétesse Sappho.

LESDITS, LESDITES [ledi, ledit] → **DIT**

LÈSE-MAJESTÉ [lɛzmaʒɛste] **n. f.** ✦ *Crime de lèse-majesté,* atteinte à la majesté du souverain, attentat contre un souverain.
ÉTYM. latin *(crimen) laesae majestatis* «de majesté lésée», de *laedere* → léser.

LÉSER [leze] **v. tr.** (conjug. 8) **1.** Blesser (qqn) dans ses intérêts, ses droits ; causer du tort à. SYN. **désavantager.** *Être lésé dans un partage.* – *Léser les intérêts de qqn.* SYN. **nuire** à. **2.** concret Blesser (un organe). *La balle a lésé le poumon* (→ **lésion**). – au p. passé *Organe lésé.* CONTR. **avantager, favoriser.**
ÉTYM. du latin *laesus*, participe passé de *laedere* «frapper, blesser».

LÉSINE [lezin] **n. f.** ✦ LITTÉR. Épargne sordide. SYN. **avarice, ladrerie.** CONTR. **générosité, prodigalité.**
ÉTYM. italien *lesina* «alène de cordonnier».

LÉSINER [lezine] **v. intr.** (conjug. 3a) ✦ Épargner avec avarice. – plus cour. *Il ne lésine pas sur l'éducation de ses enfants.*
ÉTYM. de *lésine.*

LÉSION [lezjɔ̃] **n. f.** ✦ Changement grave produit dans un organe par une maladie, un accident. *Lésion causée par une brûlure, par le froid. Lésion tuberculeuse.*
ÉTYM. latin *laesio*, de *laedere* → léser.

LESQUELS, LESQUELLES [lekɛl] → **LEQUEL**

LESSIVE [lesiv] **n. f. 1.** Liquide alcalin qui sert à nettoyer (notamment le linge). – Substance alcaline destinée à être dissoute dans l'eau pour le lavage du linge. SYN. **détersif.** *Lessive en poudre. Lessive liquide.* **2.** Action de lessiver, de laver le linge. SYN. **blanchissage, lavage.** *Faire sa lessive dans une machine à laver.* **3.** Le linge qui doit être lavé, ou qui vient d'être lavé. *Étendre la lessive.*
ÉTYM. latin *lixivia*, de *lixa* «(eau) pour couler la lessive».

LESSIVER [lesive] **v. tr.** (conjug. 3a) **1.** Nettoyer avec une solution détersive. *Lessiver les murs.* **2.** FAM. Dépouiller (son adversaire au jeu) ; éliminer. *Il s'est fait lessiver.* – au p. passé, fig. FAM. Épuisé, très fatigué. SYN. **vidé.**
► **LESSIVABLE** [lesivabl] **adj.**
► **LESSIVAGE** [lesivaʒ] **n. m.**
ÉTYM. de *lessive.*

LESSIVEUSE [lesivøz] **n. f.** ✦ Récipient en métal conçu pour le lavage du linge.
ÉTYM. de *lessiver.*

LEST [lɛst] **n. m. 1.** Poids dont on charge un navire pour assurer la stabilité. **2.** Corps pesant (sacs de sable, etc.) pour régler le mouvement d'un aérostat. – loc. *Jeter, lâcher du lest* (→ **délester**) ; fig. faire des concessions pour éviter un échec. HOM. LESTE «agile»
ÉTYM. ancien néerlandais *last* «charge».

LESTE [lɛst] **adj. 1.** Qui a de la souplesse, de la légèreté dans ses mouvements. SYN. **agile,** ① **alerte, vif.** *Marcher d'un pas leste,* rapide. – loc. *Avoir la main leste,* être prompt à frapper. **2.** (langage) Qui manque de réserve, de sérieux. SYN. **libre, licencieux.** *Des plaisanteries un peu lestes.* CONTR. **lourd, lourdaud, maladroit • grave, sérieux.**
HOM. LEST «poids»
► **LESTEMENT** [lɛstəmɑ̃] **adv.** *Sauter lestement.*
ÉTYM. italien *lesto.*

LESTER [lɛste] **v. tr.** (conjug. 3a) **1.** Garnir, charger de lest. **2.** FAM. Charger, munir, remplir. *Lester son estomac, ses poches.* CONTR. **délester.**
► **LESTAGE** [lɛstaʒ] **n. m.**
ÉTYM. de *lest.*

LÉTAL, ALE, AUX [letal, o] **adj.** ✦ DIDACT. Mortel. *Dose létale d'un produit toxique.*
► **LÉTALITÉ** [letalite] **n. f.**
ÉTYM. latin *letalis*, de *letum* «trépas».

LÉTHARGIE [letaʀʒi] **n. f.** 1. Sommeil profond et prolongé dans lequel les fonctions de la vie semblent suspendues. SYN. **catalepsie, torpeur.** *Tomber en léthargie.* 2. Engourdissement complet. SYN. **apathie, torpeur.** CONTR. **activité, vitalité.**
ÉTYM. bas latin *lethargia*, du grec, de *lêthê* «oubli».

LÉTHARGIQUE [letaʀʒik] **adj.** 1. Qui tient de la léthargie. *Sommeil léthargique.* 2. (personnes) Qui manifeste de la léthargie. CONTR. **dynamique, énergique.**

LETTRE [lɛtʀ] **n. f.** I 1. Signe de l'écriture. SYN. **caractère.** *Les lettres représentent les sons de la parole. Les 26 lettres de l'alphabet français. Lettre majuscule, minuscule. Lettre qui commence un mot.* → **initiale.** *Les chiffres et les lettres.* – loc. FAM. *Les cinq lettres,* le mot «merde». *EN TOUTES LETTRES* : sans abréviation, avec des mots. 2. Caractère d'imprimerie représentant une lettre. 3. fig. LITTÉR. La forme stricte, le mot à mot (d'un texte). – loc. *Ce qu'on lui a dit est resté LETTRE MORTE,* inutile. ♦ Le sens strict des mots, la forme (opposé à *l'esprit*). – *À LA LETTRE, AU PIED DE LA LETTRE* : au sens propre du terme ; rigoureusement. *Suivre le règlement à la lettre,* s'y conformer rigoureusement. II 1. Écrit que l'on adresse à qqn pour lui communiquer qqch. SYN. **épître, message, missive ;** → **correspondance, courrier.** *Écrire une lettre. Papier à lettres. Envoyer, recevoir une lettre. Lettre anonyme. Lettre recommandée, exprès.* – loc. *Passer comme une lettre à la poste,* facilement et sans incident. – *LETTRE OUVERTE* : article de journal en forme de lettre. ☛ Littérature p. 137 et 139. 2. loc. (écrits officiels) *Lettres de créance,* accréditant un diplomate. – *Lettre de crédit,* mettant de l'argent à la disposition de qqn. *Lettre de change,* effet de commerce. III *LETTRES* **n. f. pl.** 1. LITTÉR. La culture littéraire. *Avoir des lettres. Les belles-lettres,* la littérature. – *Homme, femme de lettres,* écrivain professionnel. *Société des Gens de lettres.* 2. (opposé à *sciences*) Enseignement de la littérature, de la philosophie, de l'histoire, des langues. *Faculté des lettres. Les lettres classiques,* comprenant le grec et le latin. *Lettres modernes.*
ÉTYM. latin *littera* «caractère graphique».

LETTRÉ, ÉE [letʀe] **adj.** ✦ Qui a des lettres, de la culture humaniste. SYN. **cultivé.** – **n.** *Un lettré, des lettrés.* CONTR. **illettré.**
ÉTYM. de *lettre* (III).

LETTRINE [letʀin] **n. f.** ✦ Lettre (ornée, etc.) qui commence un chapitre, un paragraphe.
ÉTYM. italien *letterina*.

LEUCÉMIE [løsemi] **n. f.** ✦ Affection générale caractérisée par l'augmentation considérable des globules blancs dans le sang («cancer du sang»).
ÉTYM. allemand *Leukämie*, du grec → leuc(o)- et -émie.

LEUCÉMIQUE [løsemik] **adj.** ✦ De la leucémie. *État leucémique.* ♦ Atteint de leucémie. *Malade leucémique.* – **n.** *Un, une leucémique.*

| **LEUC(O)-** Élément, du grec *leukos* «blanc».

LEUCOCYTAIRE [løkositɛʀ] **adj.** ✦ Des leucocytes. – *Formule leucocytaire* (taux des différents types de leucocytes dans 1 mm³ de sang).

LEUCOCYTE [løkosit] **n. m.** ✦ Globule blanc à un (mononucléaire) ou à plusieurs (polynucléaire) noyaux.
ÉTYM. de *leuco-* et *-cyte*.

① **LEUR** [lœʀ] **pron. pers. invar.** ✦ **pron. pers. compl.** À eux, à elles (au sing. → **lui,** I). *Nous leur avons rendu des services. Dis-le-leur.* HOM. LEURRE «illusion»
ÉTYM. latin *illorum*, génitif pluriel de *ille* → il, ① le.

② **LEUR,** plur. **LEURS** [lœʀ] **adj. poss.** et **pron. poss.** 1. **adj.** Qui est (sont) à eux, à elles. *Elles ont mis leur chapeau, leurs chapeaux. Ils partent chacun de leur côté (ou chacun de son côté).* 2. *LE LEUR, LA LEUR, LES LEURS* **pron. poss.** Celui, celle (ceux ou celles) qui est (sont) à eux, à elles. *J'étais un des leurs,* un familier. *J'étais des leurs la semaine dernière,* parmi eux. HOM. LEURRE «illusion»
ÉTYM. → ① leur.

LEURRE [lœʀ] **n. m.** 1. Ce qui abuse, trompe. SYN. **illusion, tromperie.** *Cet espoir n'est qu'un leurre.* 2. Appât pour le poisson, imitant un appât naturel. HOM. LEUR (pron. pers. ; adj. poss. et pron. poss.)
ÉTYM. francique *lôthr*.

LEURRER [lœʀe] **v. tr.** (conjug. 3a) 1. Attirer par des apparences séduisantes, de fausses espérances. SYN. **abuser, duper, tromper.** 2. *SE LEURRER* **v. pron.** Se faire des illusions. SYN. **s'illusionner.** *Il ne faut pas se leurrer, ce sera difficile.*
ÉTYM. de *leurre*.

LEVAGE [l(ə)vaʒ] **n. m.** ✦ Action de lever, de soulever. *Le levage et la manutention de charges. Appareils de levage.*

LEVAIN [ləvɛ̃] **n. m.** 1. Pâte de farine qu'on a laissée fermenter ou qu'on a mélangée à de la levure. *Pain sans levain* (→ **azyme**). 2. fig. LITTÉR. Ce qui est capable d'exciter, d'aviver (les sentiments, les idées). SYN. **ferment, germe.** *Un levain de vengeance.*
ÉTYM. bas latin *levamen*, de *levare* «lever».

LEVANT [ləvɑ̃] **adj.** et **n. m.** 1. **adj.** *Soleil levant,* qui se lève. 2. **n. m.** Côté de l'horizon où le soleil se lève. SYN. **est, orient.** 3. VIEILLI *Le Levant,* les régions de la Méditerranée orientale (Proche-Orient, Moyen-Orient). CONTR. **couchant · occident, ouest.**

LEVANTIN, INE [ləvɑ̃tɛ̃, in] **adj.** ✦ VIEILLI Qui est originaire du Levant. *Les peuples levantins.* – **n.** *Un Levantin.*
ÉTYM. de *levant* (3).

LEVÉ [l(ə)ve] **n. m.** ✦ Action d'établir (une carte, un plan). *Faire un levé de terrains.*
ÉTYM. de ① *lever* (I, 6).

LEVÉE [l(ə)ve] **n. f.** 1. Remblai (de terre, de pierres...). SYN. **chaussée, digue.** *Levée pour retenir les eaux d'un lac.* 2. Action d'enlever, de retirer. – spécialt *La levée du corps* (avant l'enterrement). 3. Action de mettre fin à. *La levée d'un siège. Levée de séance.* 4. Collecte des lettres de la boîte. *La levée du matin est faite.* 5. Action de ramasser les cartes lorsqu'on gagne un coup ; ces cartes. *Ne faire aucune levée.* 6. Action d'enrôler des troupes. SYN. **enrôlement.** *Levée en masse.*
ÉTYM. du participe passé de ① *lever*.

① **LEVER** [l(ə)ve] **v.** (conjug. 7a) I **v. tr.** 1. Faire mouvoir de bas en haut. SYN. **élever, hausser, soulever** (plus cour.). *Lever un fardeau, un poids. Lever l'ancre,* appareiller. 2. Mettre plus haut, soulever (une partie du corps). *Lever la main. Lever les bras au ciel* (indignation ou impuissance). *Lever le coude* : boire. *Lever le pied* : ne plus accélérer (d'un conducteur). – au p. passé *Voter*

à mains levées. Au pied levé, sans préparation. → **impromptu.** ♦ Diriger vers le haut. *Lever la tête, le nez, les yeux.* **3.** Relever de façon à découvrir ce qui est derrière ou dessous. SYN. **soulever.** *Lever le voile.* **4.** *Lever un lièvre, une perdrix,* à la chasse, les faire sortir de leur gîte. – FAM. Entraîner (qqn) avec soi. *Lever une femme.* **5.** Rendre (qqch.) vertical. SYN. ① **dresser.** *Lever une échelle, un pont-levis.* **6.** *Lever une carte, un plan,* l'établir. SYN. ① **dresser.** **7.** *LEVER LE CAMP :* replier les tentes ; s'en aller, fuir. SYN. **décamper.** **8.** Faire cesser. *Lever une ambiguïté.* – loc. *Lever le siège. Lever la séance.* – *Lever une punition.* SYN. **supprimer.** **9.** Remonter pour prendre. *Lever les filets.* ♦ Ramasser. *Lever les cartes.* – *Lever des impôts.* SYN. **percevoir.** – *Lever une armée, des troupes.* SYN. **mobiliser, recruter.** **II** v. intr. Se mouvoir vers le haut. SYN. se **dresser, monter.** **1.** (plantes) Commencer à sortir de terre. SYN. **pousser.** *Le blé lève.* **2.** (pâte) Se gonfler sous l'effet de la fermentation. SYN. **fermenter.** *La levure fait lever la pâte.* **III** *SE LEVER* v. pron. réfl. **1.** Se mettre debout, se dresser sur ses pieds. *Se lever de table,* quitter la table. **2.** Sortir de son lit. *Se lever tôt, de bonne heure.* **3.** Apparaître à l'horizon (phénomène céleste). *Le soleil se lève.* → **levant.** – *Le jour se lève.* **4.** (vent) Commencer à souffler. *La brise, le vent se lève.* SYN. **fraîchir.** CONTR. **baisser, descendre • continuer, laisser, maintenir •** se **coucher.**
ÉTYM. latin *levare* «rendre léger *(levis)*».

② **LEVER** [l(ə)ve] n. m. **1.** Moment où un phénomène céleste paraît. *Lever de soleil. Le lever du jour.* **2.** Action de se lever, de sortir du lit. *Au lever, à son lever.* **3.** *Le lever du rideau,* début d'un spectacle. – *Un lever de rideau* (courte pièce). CONTR. ② **coucher.**
ÉTYM. de ① *lever.*

LEVIER [ləvje] n. m. **1.** Corps solide, mobile autour d'un point d'appui, permettant de multiplier une force. **2.** Organe de commande (d'une machine, d'un mécanisme). SYN. **commande, manette.** *Levier de changement de vitesse.* – loc. *Être aux leviers de commande,* occuper un poste de direction. **3.** fig. Ce qui sert à vaincre une résistance ; moyen d'action. *L'argent lui a servi de levier.*
ÉTYM. de ① *lever.*

LÉVITATION [levitasjɔ̃] n. f. ✦ Élévation (de qqn) au-dessus du sol, sans aucune aide.
ÉTYM. anglais *levitation,* du latin *levitas* «légèreté».

LÉVITE [levit] n. m. ✦ Membre de la tribu de Lévi (☞ noms propres), chargé du service du temple, dans l'ancien Israël.
ÉTYM. latin chrétien *levita,* de l'hébreu.

LEVRAUT ou **LEVREAU** [ləvʀo] n. m. ✦ Jeune lièvre. *Des levrauts, des levreaux.*
ÉTYM. de *levre,* ancienne forme de *lièvre.*

LÈVRE [lɛvʀ] n. f. **I** **1.** Chacune des deux parties charnues, d'une pigmentation particulière, qui bordent extérieurement la bouche et s'amincissent pour se joindre aux commissures (→ **labial**). *Lèvres charnues, épaisses ; minces. Se mettre du rouge à lèvres.* – loc. *Avoir le sourire aux lèvres. Tremper ses lèvres* (dans une boisson). *Manger du bout des lèvres,* sans appétit. – *Embrasser qqn sur les lèvres.* ♦ (servant à parler) *Ne pas desserrer les lèvres,* garder le silence. *Être suspendu aux lèvres de qqn,* l'écouter avec une grande attention. *Rire, parler, approuver DU BOUT DES LÈVRES,* avec réticence. **2.** ANAT. Partie qui borde la bouche entre les lèvres et le nez *(lèvre supérieure),* et le menton *(lèvre inférieure).* **II** **1.** au plur. Replis charnus de la vulve. *Grandes lèvres* (extérieures), *petites lèvres.* ♦ Bords de l'ouverture (d'un coquillage). **2.** Bord (d'une plaie).
ÉTYM. latin populaire *labra,* n. f., de *labrum,* neutre.

LEVREAU → LEVRAUT

LEVRETTE [ləvʀɛt] n. f. **1.** Femelle du lévrier. **2.** Petit lévrier d'Italie.
ÉTYM. de *levre,* ancienne forme de *lièvre.*

LÉVRIER [levʀije] n. m. ✦ Chien à jambes hautes, au corps allongé, agile et rapide. *Course de lévriers.*
ÉTYM. de *levre,* ancienne forme de *lièvre.*

LEVURE [l(ə)vyʀ] n. f. **1.** COUR. Ferment végétal. *Levure de bière. Levure de boulanger.* SYN. **levain.** ♦ *Levure chimique.* **2.** SC. Champignon unicellulaire qui se multiplie par bourgeonnement et produit la levure (1).
ÉTYM. de *lever* (II, 2).

LEXICAL, ALE, AUX [lɛksikal, o] adj. ✦ Qui concerne le lexique, le vocabulaire. *Unité lexicale.*

se **LEXICALISER** [lɛksikalize] v. pron. (conjug. 3a) ✦ Devenir une unité du lexique (mot composé, expression figée, locution, etc.). – au p. passé *Expression lexicalisée.*
► **LEXICALISATION** [lɛksikalizasjɔ̃] n. f.

LEXICOGRAPHE [lɛksikɔgʀaf] n. ✦ Personne qui fait un dictionnaire de langue.
ÉTYM. du grec *lexikon* «lexique» et de *-graphe.*

LEXICOGRAPHIE [lɛksikɔgʀafi] n. f. ✦ Recensement et étude des mots d'une langue.
► **LEXICOGRAPHIQUE** [lɛksikɔgʀafik] adj.
ÉTYM. de *lexicographe.*

LEXICOLOGIE [lɛksikɔlɔʒi] n. f. ✦ Science des mots, de leurs fonctions, de leurs relations dans la langue.
► **LEXICOLOGIQUE** [lɛksikɔlɔʒik] adj.
ÉTYM. du grec *lexikon* «lexique» et de *-logie.*

LEXICOLOGUE [lɛksikɔlɔg] n. ✦ Spécialiste de l'étude du lexique.

LEXIQUE [lɛksik] n. m. **1.** Dictionnaire succinct (d'une science, d'un art ; bilingue). SYN. **vocabulaire.** **2.** Ensemble des mots (d'une langue). *Le lexique du français.* – Ensemble des mots employés par une personne, un groupe. *Le lexique d'un écrivain.* SYN. **vocabulaire.**
ÉTYM. grec *lexikon,* de *lexis* «mot».

LÉZARD [lezaʀ] n. m. **1.** Petit reptile à longue queue effilée, au corps allongé et recouvert d'écailles. *Lézard gris, lézard vert.* – loc. FAM. *Faire le lézard,* se prélasser au soleil (→ ① **lézarder**). **2.** Peau de cet animal. *Ceinture en lézard.*
ÉTYM. latin *lacertus.*

LÉZARDE [lezaʀd] n. f. ✦ Crevasse plus ou moins profonde, étroite et irrégulière, dans un ouvrage de maçonnerie. SYN. **fente, fissure.**
ÉTYM. ancien féminin de *lézard.*

① **LÉZARDER** [lezaʀde] v. intr. (conjug. 3a) ✦ FAM. Se chauffer au soleil ; rester sans rien faire.
ÉTYM. de *lézard.*

A B C D E F G H I J K L M N O P Q R S T U V W X Y Z

② **LÉZARDER** [lezaʀde] v. tr. (conjug. 3a) ✦ Fendre par une ou plusieurs lézardes. *Les intempéries ont lézardé le mur.* SYN. **crevasser, fissurer.** ➡ pronom. *Le mur se lézarde.* ➡ au p. passé *Façade lézardée.*
ÉTYM. de *lézarde.*

Li [ɛli] ✦ CHIM. Symbole du lithium.

LIAISON [ljɛzɔ̃] n. f. **I** (choses) **1.** Ce qui lie, relie logiquement les éléments du discours. SYN. **enchaînement.** *Manque de liaison dans les idées.* SYN. **cohérence, suite.** ➡ *Mot, terme de liaison,* conjonctions et prépositions. *Relatif de liaison.* **2.** Prononciation en discours de la dernière consonne d'un mot (non prononcée devant consonne) unie à la première voyelle du mot suivant (ex. les enfants [lezɑ̃fɑ̃]). **3.** Épaississement (d'une sauce) par ajout d'ingrédients. **4.** CHIM. Relation d'interaction entre éléments. **II** (personnes) **1.** Fait d'être lié avec qqn ; relations que deux personnes entretiennent entre elles. *Liaison d'amitié, d'affaires.* SYN. **relation.** *Il a rompu toute liaison avec ce milieu.* SYN. **attache, lien.** ➡ *Liaison amoureuse. Avoir une liaison avec qqn.* **2.** Communication (des ordres), transmission (des nouvelles). *Liaisons téléphoniques.* ➡ *EN, DE LIAISON. Entrer, rester en liaison étroite (avec qqn). Officier, agent de liaison.* **3.** Communication régulière entre deux lieux. *Des liaisons aériennes.* CONTR. **rupture, séparation.**
ÉTYM. de *lier.*

LIANE [ljan] n. f. ✦ Plante grimpante des forêts tropicales, de la jungle.
ÉTYM. d'une forme régionale de *lien,* aux Antilles.

LIANT, LIANTE [ljɑ̃, ljɑ̃t] adj. et n. m. **1.** adj. (personnes) Qui se lie facilement avec autrui. SYN. **affable, sociable.** *Il est peu liant. Un caractère liant.* **2.** n. m. LITTÉR. Disposition favorable aux relations sociales. *Avoir du liant.* CONTR. **cassant, sec.**
ÉTYM. de *lier.*

LIARD [ljaʀ] n. m. ✦ Ancienne monnaie française (le quart d'un sou). *Pas un liard :* pas un sou.
ÉTYM. probablement de l'ancien adjectif *liart* «gris», d'origine germanique.

LIASSE [ljas] n. f. ✦ Ensemble de papiers superposés (attachés ou non). *Une liasse de lettres, de billets.*
ÉTYM. de *lier.*

LIBATION [libasjɔ̃] n. f. **1.** ANTIQ. Action de répandre un liquide en offrande à une divinité, lors d'un sacrifice. **2.** au plur. *Faire des libations,* boire abondamment (du vin, de l'alcool).
ÉTYM. latin *libatio,* de *libare* «verser, répandre».

LIBELLE [libɛl] n. m. ✦ LITTÉR. Court écrit satirique, diffamatoire. SYN. **pamphlet.** *Faire, répandre des libelles contre qqn.*
ÉTYM. latin *libellus* «petit livre *(liber)*».

LIBELLÉ [libele] n. m. ✦ Termes dans lesquels un texte est rédigé. *Le libellé d'une lettre.*
ÉTYM. du participe passé de *libeller.*

LIBELLER [libele] v. tr. (conjug. 3a) **1.** Rédiger dans les formes. *Libeller un acte, un contrat.* ➡ *Libeller un chèque, un mandat,* le remplir. **2.** Exposer, formuler par écrit. ➡ au p. passé *Réclamation libellée en termes violents.*
ÉTYM. de *libelle.*

LIBELLULE [libelyl] n. f. ✦ Insecte à tête ronde, à corps allongé, aux quatre ailes transparentes et nervurées, qui vit auprès de l'eau.
ÉTYM. latin *libella* «niveau» (à cause du vol horizontal).

LIBER [libɛʀ] n. m. ✦ Partie d'un arbre entre l'écorce et le bois. ◆ Tissu végétal de cette partie, contenant des vaisseaux où circule la sève. SYN. **aubier.** *Des libers.*
ÉTYM. mot latin → ① livre.

LIBÉRABLE [libeʀabl] adj. **1.** Qui peut être libéré. *Prisonnier libérable. Contingent libérable.* **2.** *Permission libérable,* qui anticipe sur la libération d'un soldat.

LIBÉRAL, ALE, AUX [libeʀal, o] adj. **I** LITTÉR. Qui donne facilement, largement. SYN. **généreux** ; ➡ **libéralité.** *Un mécène libéral.* **II** **1.** *PROFESSIONS LIBÉRALES :* de caractère intellectuel (architecte, avocat, médecin, etc.) et que l'on exerce librement. **2.** Favorable aux libertés individuelles, en politique, en économie (➡ **libéralisme**). *Doctrines, idées libérales.* ◆ adj. et n. (personnes) Partisan du libéralisme (2). *La bourgeoisie libérale. Parti libéral.* ➡ n. *Un libéral.* **3.** Qui respecte les opinions, l'indépendance d'autrui. SYN. **tolérant.** CONTR. **avare, pingre • dirigiste, totalitaire • intolérant, sévère.**
ÉTYM. latin *liberalis.*

LIBÉRALEMENT [libeʀalmɑ̃] adv. ✦ Avec générosité. *Distribuer libéralement.*
ÉTYM. de *libéral* (I).

LIBÉRALISER [libeʀalize] v. tr. (conjug. 3a) ✦ Rendre plus libéral (un régime politique, une activité économique).
► **LIBÉRALISATION** [libeʀalizasjɔ̃] n. f. *La libéralisation des échanges internationaux, du régime de la presse.*
ÉTYM. de *libéral* (II).

LIBÉRALISME [libeʀalism] n. m. **1.** Attitude, doctrine des libéraux*, partisans des libertés individuelles. **2.** (opposé à *étatisme, socialisme*) Doctrine selon laquelle la liberté économique, le libre jeu de l'entreprise ne doivent pas être entravés. *Le libéralisme préconise la libre concurrence.* **3.** Respect à l'égard de l'indépendance, des opinions d'autrui. SYN. **tolérance.**
ÉTYM. de *libéral* (II).

LIBÉRALITÉ [libeʀalite] n. f. ✦ LITTÉR. **1.** Disposition à donner généreusement. SYN. **générosité, largesse.** **2.** Don généreux.
ÉTYM. de *libéral* (I).

LIBÉRATEUR, TRICE [libeʀatœʀ, tʀis] n. et adj. **1.** n. Personne qui libère, délivre. *Les libérateurs du pays.* **2.** adj. Qui libère. *Guerre libératrice,* de libération. ◆ fig. *Un rire libérateur.* CONTR. **oppresseur, tyran.**
ÉTYM. latin *liberator.*

LIBÉRATION [libeʀasjɔ̃] n. f. **1.** Action de rendre libre. SYN. **délivrance.** *La libération des otages.* ◆ DR. Mise en liberté (d'un détenu) après l'expiration de sa peine. *Libération conditionnelle.* ➡ Renvoi d'un militaire dans ses foyers à l'expiration de son temps de service. **2.** fig. Délivrance d'une sujétion, d'un lien. SYN. **affranchissement, émancipation.** *Mouvement de libération de la femme (M. L. F.). La libération sexuelle.* **3.** Délivrance (d'un pays occupé, d'un peuple). ➡ HIST. (☛ noms propres) *La Libération,* celle des territoires français occupés par les troupes allemandes durant la Deuxième Guerre mondiale. ☛ Deuxième Guerre mondiale p. 195. **4.** Mise en liberté (de matière, d'énergie). *Libé-*

ration de neutrons. CONTR. **captivité, détention, incarcération • asservissement, contrainte, sujétion • occupation.**
ÉTYM. latin *liberatio.*

LIBÉRATOIRE [liberatwar] **adj.** ✦ DR. Qui libère d'une obligation, d'une dette.
ÉTYM. de *libérer.*

LIBÉRER [libere] **v. tr.** (conjug. 8) **1.** Mettre en liberté. SYN. **relâcher.** ➛ Renvoyer (un soldat) dans ses foyers. **2.** Délivrer, dégager de ce qui lie, de ce qui gêne, retient. *Libérer le passage.* ➛ pronom. *Se libérer d'une entrave.* SYN. se **dégager.** ➛ Se rendre libre (I, 4). *Je n'ai pas pu me libérer plus tôt.* **3.** Rendre libre, affranchi (d'une servitude, d'une obligation). SYN. **dégager, exempter.** *Je vous libère de vos engagements.* **4.** Délivrer (un pays, un peuple) d'une occupation étrangère, d'un asservissement (→ **libération**). **5.** *Libérer sa conscience,* la délivrer du remords (en avouant). SYN. **soulager.** ◆ Laisser se manifester. *Libérer ses instincts.* **6.** SC. Dégager (une substance, une énergie). *Réaction chimique qui libère un gaz.* CONTR. **détenir, emprisonner, incarcérer • asservir • envahir, occuper • refouler.**
► **LIBÉRÉ, ÉE adj. 1.** Mis en liberté. ➛ **n.** *Les libérés.* **2.** Délivré d'une occupation militaire. *Pays libéré.* **3.** Affranchi d'une servitude. *Femme libérée.*
ÉTYM. latin *liberare ;* doublet de *livrer.*

LIBERTAIRE [libertɛr] **adj.** ✦ Qui n'admet aucune limitation de la liberté politique. SYN. **anarchiste.** *Les traditions libertaires.* ➛ **n.** *Un, une libertaire.*
ÉTYM. de *liberté.*

LIBERTÉ [libɛrte] **n. f. I 1.** Situation de la personne qui n'est pas sous la dépendance de qqn (opposé à *esclavage, servitude*), ou qui n'est pas enfermée (opposé à *captivité*). → **libre.** *Rendre la liberté à un prisonnier.* → **délivrer.** ➛ *Élever des animaux en liberté,* sans les enfermer. **2.** Possibilité, pouvoir d'agir sans contrainte ; autonomie. *Liberté de décision, d'action. Il a toute liberté pour agir.* SYN. **facilité, faculté, latitude** (I). *Agir en toute liberté,* librement. *Prendre la liberté de* (+ inf.) : se permettre de. ➛ *Pendant ses moments de liberté.* SYN. **loisir.** ◆ *Liberté d'esprit,* indépendance d'esprit. *Liberté de langage, de mœurs.* **3.** au plur. Acte accompli sans respecter les règles usuelles. *Prendre des libertés avec la loi, la vérité.* **II 1.** Pouvoir d'agir, dans une société organisée, selon sa propre détermination, dans la limite de règles. *Liberté politique.* ➛ *LA LIBERTÉ :* absence de contrainte illégitime. *Défenseur de la liberté. Vive la liberté !* **2.** Pouvoir que la loi reconnaît aux individus dans un domaine. SYN. ③ **droit.** *Les libertés fondamentales. Liberté d'expression, d'association, d'opinion. Liberté syndicale. Liberté de la presse. Liberté religieuse,* droit de choisir sa religion, ou de n'en pas avoir *(liberté de conscience). La défense des libertés et des droits de l'homme.* **3.** Indépendance nationale. *Combattre pour la liberté de sa patrie.* → **libération. III** PHILOS. Caractère indéterminé de la volonté humaine ; libre arbitre. *La liberté, fondement du devoir, de la responsabilité, de la morale.* CONTR. **captivité, dépendance, esclavage, servitude • contrainte, entrave • dépendance, oppression.**
ÉTYM. latin *libertas.*

LIBERTIN, INE [libɛrtɛ̃, in] **adj.** et **n. 1.** HIST. Qui rejette la contrainte, spécialt en matière de religion. ➛ Impie, incrédule. **2.** LITTÉR. Qui est déréglé dans ses mœurs, dans sa conduite, s'adonne sans retenue aux plaisirs charnels. SYN. **dissolu.** ➛ *Propos, livres libertins.* SYN. **grivois, leste.** CONTR. **dévot • sérieux, vertueux.**
ÉTYM. latin *libertinus* «affranchi».

LIBERTINAGE [libɛrtinaʒ] **n. m. 1.** HIST. Indépendance d'esprit ; spécialt incrédulité, rationalisme areligieux. **2.** Licence plus ou moins raffinée des mœurs.
ÉTYM. de *libertin.*

LIBIDINEUX, EUSE [libidinø, øz] **adj.** ✦ LITTÉR. ou plais. Qui recherche constamment et sans pudeur des satisfactions sexuelles. *Un vieillard libidineux.* ➛ *Regards libidineux.* SYN. **lubrique, vicieux.**
ÉTYM. latin *libidinosus,* de *libido* «envie, désir».

LIBIDO [libido] **n. f. 1.** Recherche instinctive du plaisir et, spécialt, du plaisir sexuel. **2.** PSYCH. Énergie qui sous-tend les instincts de vie et, en particulier, les instincts sexuels.
ÉTYM. mot latin «désir, sensualité».

LIBRAIRE [librɛr] **n. 1.** VX Éditeur et marchand de livres. **2.** MOD. Commerçant qui vend des livres.
ÉTYM. latin *librarius,* de *liber* → ① livre.

LIBRAIRIE [librɛri] **n. f. 1.** VX Bibliothèque. *La librairie de Montaigne.* **2.** MOD. Commerce des livres. **3.** Magasin où l'on vend des livres. *Une librairie-papeterie. Librairie en ligne.*

LIBRE [libr] **adj. I 1.** Qui n'est pas privé de sa liberté. *Rendre libre un esclave.* → **affranchir. 2.** Qui a le pouvoir, le droit de décider, d'agir par soi-même. SYN. **autonome, indépendant.** ➛ *Libre comme l'air,* tout à fait libre. ➛ *Garder l'esprit libre, la tête libre,* exempt de préoccupations ou de préjugés. ➛ loc. *Libre penseur.* **3.** LITTÉR. *LIBRE DE* (+ nom) : libéré, affranchi de. *Esprit libre de préoccupations.* SYN. **exempt.** ➛ *LIBRE DE* (+ inf.). *Libre de décider, d'agir.* **4.** Qui n'est pas retenu (par un engagement, une obligation, une occupation). *Se rendre libre. Il, elle est libre,* non engagé(e) par un contrat (de travail, de mariage). **5.** (choses) Qui s'accomplit librement, sans contrainte extérieure. *Mouvements libres. Union libre :* concubinage. ➛ loc. *Elle a donné LIBRE COURS à sa colère.* **6.** Qui ne se contraint pas. *Être libre, très libre avec qqn,* ne pas se gêner avec lui. *Il a des manières libres.* SYN. **spontané. 7.** Qui transgresse les convenances. *Propos libres, un peu libres.* SYN. ② **cru, licencieux, osé. II 1.** Qui n'est pas soumis à une autorité arbitraire, tyrannique ; qui jouit de l'indépendance, de libertés* reconnues et garanties. *Peuple, société, nation libre.* **2.** Dont le libre exercice est reconnu par la loi. *Enseignement libre. Écoles libres,* écoles privées, religieuses ou non. *Radios libres.* **III** Qui jouit de liberté (II). *Une presse libre.* **IV** (choses) **1.** Autorisé, permis. *Accès libre. Entrée libre,* qui n'est soumise à aucune formalité, gratuite. ➛ impers. *Libre à vous (de),* vous êtes libre (de). *Libre à vous de refuser.* **2.** Qui n'est pas attaché, retenu ou serré. *Vêtement qui laisse la taille libre.* **3.** Qui n'est pas occupé, ne présente pas d'obstacle empêchant le passage. *Place libre.* SYN. **vacant, vide.** *La voie est libre. Il n'y a plus une chambre de libre dans cet hôtel.* SYN. **disponible.** ➛ *Temps libre,* que l'on peut employer à sa guise. **4.** Dont la forme n'est pas imposée. *Vers libres. Figures libres et imposées* (patinage, gymnastique). *Traduction libre.* ➛ *Papier libre* (opposé à *papier timbré*). CONTR. **captif, esclave, prisonnier, serf • opprimé, soumis • défendu,**

① **interdit, réglementé • occupé,** ① **plein • fixe, imposé.**
ÉTYM. latin *liber*, adjectif.

LIBRE ARBITRE [libʀaʀbitʀ] **n. m.** ✦ Volonté libre, non contrainte. *Il n'avait pas son libre arbitre, il a agi sous la menace.*

LIBRE-ÉCHANGE [libʀeʃɑ̃ʒ] **n. m.** ✦ Système dans lequel les échanges commerciaux entre États sont libres. *Une zone de libre-échange. Des libres-échanges.* CONTR. **protectionnisme.**
ÉTYM. traduction de l'anglais *free trade.*

LIBREMENT [libʀəmɑ̃] **adv.** 1. Sans restriction d'ordre juridique ou sans obstacle. *Circuler librement.* 2. En toute liberté de choix. *Discipline librement consentie.* 3. Avec franchise. *Je vous parlerai très librement.* 4. D'une manière libre (IV).

LIBRE PENSEUR, EUSE [libʀəpɑ̃sœʀ, øz] **n.** ✦ Personne qui pense librement, ne se fiant qu'à sa raison. *Des libres penseurs.*
ÉTYM. traduction de l'anglais *free thinker.*

LIBRE-SERVICE [libʀəsɛʀvis] **n. m.** 1. Service assuré par le client lui-même, dans un magasin, un restaurant. 2. Établissement commercial où l'on se sert soi-même. *Déjeuner dans un libre-service.* SYN. anglicisme **self-service.** *Des libres-services.*
ÉTYM. adaptation de l'anglais *self-service.*

LIBRETTISTE [libʀetist] **n.** ✦ Auteur d'un livret d'opéra, d'opérette.
ÉTYM. de l'italien *libretto* «petit livre *(libro)*».

① **LICE** [lis] **n. f.** 1. Palissade, enclos (autour d'un château, etc.). 2. HIST. Champ clos où se déroulaient des joutes, des tournois. ➛ loc. *Entrer en lice*, s'engager dans une compétition ou intervenir dans un débat. HOM. LIS «fleur», ① LISSE «uni»
ÉTYM. francique *listia* «barrière».

② **LICE** ou **LISSE** [lis] **n. f.** ✦ TECHN. Pièce d'un métier à tisser qui maintient les fils de chaîne. ➛ *Haute lice* (chaîne verticale), *basse lice* (horizontale). HOM. LIS «fleur», ① LISSE «uni»
ÉTYM. latin *licia* «fils de trame».

③ **LICE** [lis] **n. f.** ✦ Chien de chasse femelle. HOM. LIS «fleur», ① LISSE «uni»
ÉTYM. latin *licia*, du grec *lukos* «loup».

LICENCE [lisɑ̃s] **n. f.** I 1. LITTÉR. *Vous avez toute licence de rester ici.* SYN. **liberté** (I, 2). 2. Liberté que prend un écrivain avec les règles de la versification, de la grammaire. *Licence poétique.* 3. VIEILLI Désordre moral, anarchie qu'entraîne une liberté sans contrôle. 4. LITTÉR. Absence de décence. *La licence des mœurs* (➙ **licencieux**). II 1. Grade et diplôme de l'enseignement supérieur sanctionnant trois années d'études après le baccalauréat. *Licence, master et doctorat (LMD).* 2. Autorisation administrative permettant d'exercer une activité réglementée (commerce, sport, etc.). *Licence d'importation.* ➛ *Licence de pêche.* SYN. **permis.**
ÉTYM. latin *licentia*, de *licere* «être permis».

① **LICENCIÉ, ÉE** [lisɑ̃sje] **n.** 1. Personne qui a passé avec succès les épreuves de la licence (II). *Une licenciée de sciences, ès sciences.* ➛ **adj.** *Professeur licencié.* 2. Titulaire d'une licence (II). *Footballeur licencié.*
ÉTYM. de *licence.*

LICENCIEMENT [lisɑ̃simɑ̃] **n. m.** ✦ Fait de licencier. *Licenciements de salariés.* SYN. **renvoi.** *Licenciement pour raisons économiques.*

LICENCIER [lisɑ̃sje] **v. tr.** (conjug. 9) ✦ Priver (qqn) de son emploi, de sa fonction. SYN. **congédier, renvoyer,** FAM. **virer.** *Elle s'est fait licencier.* CONTR. **embaucher, recruter.**
► ② **LICENCIÉ, ÉE** [lisɑ̃sje] **adj. et n.** *Employés licenciés.*
ÉTYM. latin médiéval *licentiare*, d'abord «rendre sa liberté *(licentia)*».

LICENCIEUX, EUSE [lisɑ̃sjø, øz] **adj.** ✦ LITTÉR. Qui manque de pudeur, de décence. SYN. **libertin.** *Propos licencieux.* SYN. **grivois, scabreux.** CONTR. **chaste, pudique.**
ÉTYM. latin *licentiosus.*

LICHEN [likɛn] **n. m.** ✦ Végétal formé de l'association d'un champignon et d'une algue, qui ressemble à la mousse. *Des lichens.*
ÉTYM. mot latin, du grec *leikhên* «lèpre».

LICHETTE [liʃɛt] **n. f.** ✦ FAM. Petite tranche, petit morceau d'un aliment. *Une lichette de pain, de beurre.*
ÉTYM. de *licher*, variante régionale de *lécher.*

LICITE [lisit] **adj.** ✦ Qui est permis par la loi, par l'autorité établie. SYN. **permis.** *Activité licite.* SYN. **légal.** CONTR. **défendu, illicite.**
ÉTYM. latin *licitus*, de *licere* «être permis».

LICOL [likɔl] **n. m.** ✦ Pièce de harnais qu'on met autour du cou des animaux attelés. *Retenir un cheval par son licol.* ➛ On dit aussi *licou* [liku].
ÉTYM. de *lier* et *col, cou.*

LICORNE [likɔʀn] **n. f.** ✦ Animal fabuleux à corps et tête de cheval (ou de cerf), portant une longue corne torsadée au milieu du front.
ÉTYM. italien *alicorno*, d'où *l'alicorne, la licorne*, du latin chrétien *unicornis* «qui a une corne».

LICTEUR [liktœʀ] **n. m.** ✦ ANTIQ. ROMAINE Garde portant une hache dans un faisceau de verges, qui marchait devant les hauts magistrats (dictateur, etc.).
ÉTYM. latin *lictor.*

LIDO [lido] **n. m.** ✦ GÉOGR. Lagune derrière un cordon littoral ; le cordon littoral. *Des lidos. Le Lido de Venise.*
ÉTYM. mot vénitien, du latin *litus, litoris* «côte».

LIE [li] **n. f.** 1. Dépôt qui se forme au fond des récipients contenant des boissons fermentées. ➛ *Couleur lie de vin.* ➙ **lie-de-vin.** ➛ loc. *Boire (le calice, etc.) jusqu'à la lie* : endurer jusqu'au bout une situation pénible. 2. LITTÉR. *La lie de la société.* SYN. **rebut.** HOM. LIT «meuble»
ÉTYM. gaulois *liga.*

LIED [lid] **n. m.** ✦ Chanson ou mélodie populaire allemande. *Les lieds, les lieder* [lidœʀ ; lidɛʀ] (plur. allemand) *de Schubert.* HOM. (du pluriel) LEADER «chef»
ÉTYM. mot allemand.

LIE-DE-VIN [lidvɛ̃] **adj. invar.** ✦ D'un rouge violacé. *Des hématomes lie-de-vin.*

LIÈGE [ljɛʒ] **n. m.** ✦ Matériau léger, imperméable et élastique, formé par la couche externe de l'écorce de certains arbres, en particulier du chêne-liège. *Bouchon, flotteur en liège.*
ÉTYM. latin populaire *levius*, de *levis* «léger».

LIÉGEOIS, OISE [ljeʒwa, waz] adj. et n. ✦ De Liège (☛ noms propres). ➛ loc. *Café, chocolat liégeois,* glace au café, au chocolat, nappée de crème chantilly.

LIEN [ljɛ̃] n. m. 1. Chose flexible et allongée servant à lier, à attacher qqch. SYN. **attache** ; ➝ ① **bande, corde, courroie, ficelle, sangle.** 2. fig. Ce qui relie, unit. *Ces faits n'ont aucun lien entre eux.* ➝ **corrélation.** 3. Ce qui unit des personnes. SYN. **liaison, relation.** *Lien de parenté, de famille. Les liens de l'amitié.* 4. LITTÉR. Élément (affectif, intellectuel) qui attache qqn à qqch. SYN. **affinité.** 5. Ce qui retient, enchaîne. SYN. **chaîne.**
ÉTYM. latin *ligamen,* de *ligare* «lier».

LIER [lje] v. tr. (conjug. 9) **I** (compl. chose) 1. Entourer, serrer avec un lien (plusieurs choses ou parties). SYN. **attacher.** *Lier de la paille en bottes, en gerbes. On lui a lié les pieds.* ➛ p. passé *Pieds et poings liés.* 2. Assembler, joindre. ➛ au p. passé *Écriture liée. Notes liées.* ➝ **légato.** 3. Joindre à l'aide d'une substance qui opère la réunion ou le mélange. *Lier des pierres avec du mortier.* ➛ *Lier une sauce,* l'épaissir. 4. fig. Unir par un rapport logique, fonctionnel. *Lier ses idées.* SYN. **coordonner, relier.** *Rapport qui lie la cause à l'effet.* ➛ passif et p. passé *Dans cette affaire, tout est lié,* tout se tient. 5. loc. (compl. sans article) Faire naître (un lien). *Lier amitié* (avec qqn), contracter un lien d'amitié. *Lier conversation.* SYN. **nouer.** ➛ loc. *Avoir partie liée* (avec qqn), se mettre ou être d'accord pour une affaire commune. **II** (compl. personne) 1. Attacher, enchaîner. *On l'avait lié sur une chaise.* SYN. **ligoter.** loc. *Être fou à lier,* complètement fou. ➛ *LIER À :* attacher. *Lier qqn à un arbre.* 2. Imposer une obligation juridique, morale à. SYN. **astreindre, obliger.** *Cette promesse me lie.* SYN. **engager.** *Être lié par un serment.* 3. Unir par des relations d'affection, de goût, d'intérêt. *Des souvenirs communs les liaient.* ➛ pronom. *SE LIER (avec qqn) :* avoir des relations d'amitié. *Il ne se lie pas facilement.* ➛ au p. passé *Ils sont très liés* (ensemble). *Des amis très liés.* CONTR. **délier • délivrer,** ① **détacher • séparer.**
ÉTYM. latin *ligare.*

LIERRE [ljɛʀ] n. m. ✦ Arbrisseau rampant et grimpant, à feuilles luisantes toujours vertes.
ÉTYM. pour *l'ierre,* ancien français *iedre, iere,* latin *hedera, edera.*

LIESSE [ljɛs] n. f. ✦ LITTÉR. Joie collective. ➛ loc. *Peuple, assemblée EN LIESSE.*
ÉTYM. latin *laetitia,* de *laetus* «gras», «épanoui, joyeux».

① **LIEU** [ljø] n. m. **I** 1. Portion déterminée de l'espace (considérée de façon générale et abstraite). SYN. **endroit, place.** *Être, se trouver dans un lieu. Dans ce lieu.* ➝ **ici, là.** *Date et lieu de naissance. Nom de lieu* (toponyme). ➝ aussi **chef-lieu, lieudit.** *En lieu sûr,* en sûreté. ➛ *Lieu de promenade, de passage. Lieu de travail. L'unité de lieu est une des règles du théâtre classique.* ➛ *Mauvais lieu,* endroit mal fréquenté. ➛ loc. *N'avoir ni feu ni lieu,* être sans domicile. ➛ *Adverbe, complément de lieu,* qui indiquent le lieu. ♦ *Le lieu géométrique d'un point :* l'ensemble des positions qu'il peut occuper. 2. loc. *HAUT LIEU :* endroit où se sont passées des choses mémorables. ➛ *EN HAUT LIEU :* auprès des personnes haut placées. *Il s'est plaint en haut lieu.* ➛ *LIEU SAINT :* temple, sanctuaire. au plur. *Les Lieux saints,* les lieux de la Passion de Jésus ; la Terre sainte. 3. *LIEU PUBLIC :* lieu qui par destination admet le public (rue, jardin, mairie), ou auquel le public peut accéder (café, cinéma). **II** *LES LIEUX* (plur. à valeur de sing.). 1. Endroit précis où un fait s'est passé. *Être sur les lieux,* sur place. 2. Appartement, maison, propriété. *État des lieux. Quitter, vider les lieux.* 3. VIEILLI *Lieux (d'aisances).* ➝ **cabinet(s).** **III** 1. Espace ou temps déterminé (dans un ensemble, une succession). *En son lieu,* à son tour. ➛ loc. adv. *En temps et lieu,* au moment et à la place convenables. 2. Point successif d'un discours, d'un écrit. *En premier lieu,* d'abord. *En dernier lieu.* ♦ *Les lieux d'un discours :* les passages du texte. ➛ loc. *LIEU COMMUN :* idée, sujet traité dans tous les textes ; banalité. 3. *AVOIR LIEU :* se passer, exister (à un endroit, à un moment). ➛ Être, se faire, s'accomplir. *«La guerre de Troie n'aura pas lieu»* (pièce de Giraudoux). 4. *AU LIEU DE* loc. prép. : à la place de. *Employer un mot au lieu d'un autre.* SYN. **pour.** ➛ (+ inf., exprime l'opposition) *Vous rêvez au lieu de réfléchir.* 5. *TENIR LIEU de :* remplacer, servir de. *Cette pièce me tient lieu de chambre et de bureau à la fois.* ➛ *AVOIR LIEU DE* (+ inf.) : des raisons de. *Elle n'a pas lieu de se plaindre.* ➛ *Il y a lieu de,* il convient de. *Il y a lieu de s'inquiéter.* ➛ *S'il y a lieu* (de faire qqch.), le cas échéant. *Nous vous rappellerons, s'il y a lieu.* *DONNER LIEU :* fournir l'occasion. ➝ **produire, provoquer.** *Avec lui, tout donne lieu à des plaisanteries.*
HOM. LIEUE «quatre kilomètres»
ÉTYM. latin *locus.*

② **LIEU** [ljø] n. m. ✦ Poisson de la famille du merlan. *Des lieus jaunes.* ➛ *Lieu noir.* ➝ **colin.** HOM. LIEUE «quatre kilomètres»
ÉTYM. ancien norrois *lyrr.*

LIEUDIT ou **LIEU-DIT** [ljødi] n. m. ✦ Lieu de la campagne qui porte un nom traditionnel. *L'autocar s'arrête au lieudit des Trois-Chênes. Des lieudits ; des lieux-dits.* ➛ Écrire *lieudit* en un seul mot est permis.
ÉTYM. de ① *lieu* et *dit.*

LIEUE [ljø] n. f. 1. Ancienne mesure de distance (environ 4 km). *Les bottes de sept lieues du Petit Poucet* (contes de Perrault). 2. loc. *À CENT LIEUES à la ronde :* loin autour (d'un endroit). ➛ fig. *Être à cent, à mille lieues de* (+ inf.), très loin de. 3. *Lieue marine* (5 555 m). *«Vingt Mille Lieues sous les mers»* (☛ noms propres ; roman de Jules Verne). HOM. ① LIEU «endroit», ② LIEU «poisson»
ÉTYM. latin *leuca, leuga,* du gaulois.

LIEUSE [ljøz] n. f. ✦ Machine servant à lier les gerbes. ➛ appos. *Moissonneuse-lieuse.*
ÉTYM. de *lier.*

LIEUTENANT, ANTE [ljøtnɑ̃, ɑ̃t] n. 1. Adjoint direct (qui peut remplacer le chef). *Les lieutenants d'un conquérant.* ♦ n. m. HIST. *Lieutenant général du royaume,* remplaçant ou représentant le roi. *Lieutenant général :* haut magistrat ; officier (au-dessous du général). 2. Officier dont le grade est immédiatement inférieur à celui de capitaine, et qui commande une section. ♦ *Lieutenant de police :* officier de la Police nationale qui seconde les commissaires. 3. *Lieutenant de vaisseau,* officier de marine dont le grade correspond à celui de capitaine dans l'armée de terre.
ÉTYM. de *tenir lieu* «remplacer».

LIEUTENANT-COLONEL [ljøtnɑ̃kɔlɔnɛl] n. m. ✦ Officier dont le grade est immédiatement inférieur à celui de colonel. *Des lieutenants-colonels.* (rare) *La lieutenant-colonelle.*

A B C D E F G H I J K L M N O P Q R S T U V W X Y Z

LIÈVRE [ljɛvʀ] **n. m.** 1. Mammifère voisin du lapin, et qui vit en liberté. *Le lièvre, la hase et les levrauts.* ➜ Chair de cet animal. *Civet de lièvre.* 2. loc. *Il ne faut pas courir deux lièvres à la fois,* poursuivre deux buts à la fois. ➜ *C'est là que gît le lièvre,* là est le nœud de l'affaire. ➜ *Lever, soulever un lièvre,* soulever à l'improviste une question embarrassante.
ÉTYM. latin *lepus, leporis.*

LIFT [lift] **n. m.** ✦ anglicisme Effet d'une balle liftée, au tennis.
ÉTYM. de l'anglais *lifted shot,* de *to lift* «soulever» et *shot* «coup».

LIFTER [lifte] **v. tr.** (conjug. 3a) ✦ anglicisme 1. Donner à (une balle de tennis) un effet particulier qui lui fait décrire une courbe assez haute et qui l'accélère quand elle rebondit. ➜ au p. passé *Balle liftée.* 2. *Se faire lifter,* subir un lifting. ➜ au p. passé *Elle est liftée. Visage lifté.*

LIFTIER, IÈRE [liftje, jɛʀ] **n.** ✦ anglicisme Personne qui manœuvre un ascenseur.
ÉTYM. de l'anglais *lift* «ascenseur».

LIFTING [liftiŋ] **n. m.** ✦ anglicisme Opération de chirurgie esthétique, visant à remonter et tendre la peau du visage. *Elle s'est fait faire un lifting.*
ÉTYM. mot anglais, de *to lift* «relever».

LIGAMENT [ligamɑ̃] **n. m.** ✦ Faisceau de tissu fibreux blanchâtre, très résistant, unissant les éléments (cartilages, os) d'une articulation. *Déchirure des ligaments.*
ÉTYM. latin *ligamentum,* de *ligare* «lier».

LIGATURE [ligatyʀ] **n. f.** 1. Opération consistant à réunir, à fixer avec un lien. *Faire une ligature. Ligatures des greffes.* 2. Lien permettant cette opération.
ÉTYM. bas latin *ligatura,* de *ligare* «lier».

LIGATURER [ligatyʀe] **v. tr.** (conjug. 3a) ✦ Serrer, fixer avec une ligature. *Ligaturer une artère.*

LIGE [liʒ] **adj.** ✦ *HOMME LIGE (de qqn)* : homme entièrement dévoué (à une personne, un groupe). *Être l'homme lige d'un parti.*
ÉTYM. bas latin *laeticus,* de *letus, litus,* mot francique «colon semi-libre, cultivateur et mercenaire de Rome».

LIGHT [lajt] **adj. invar.** ✦ anglicisme (aliment) Allégé (matières grasses réduites, édulcorants...). *Des sodas light.*
ÉTYM. mot anglais «léger».

LIGNAGE [liɲaʒ] **n. m.** 1. LITTÉR. Ascendance. *Être de haut, d'ancien lignage.* 2. DIDACT. Ensemble des descendants d'un ancêtre commun. SYN. **lignée.** 3. Filiation linéaire.
ÉTYM. de *ligne.*

LIGNE [liɲ] **n. f.** **I** 1. Trait continu allongé, sans épaisseur. *Tracer, tirer des lignes. Ligne droite, brisée, courbe.* 2. Trait réel ou imaginaire qui sépare deux choses. SYN. **frontière, limite.** *Ligne de démarcation.* ➜ *Ligne de flottaison,* qui correspond au niveau normal de l'eau sur la coque d'un navire. ➜ *Ligne blanche* (autrefois *jaune*), marquant la division d'une route en plusieurs voies. ◆ absolt L'équateur. *Le passage de la ligne.* 3. Chacun des traits qui sillonnent la paume de la main. *Ligne de vie, de cœur.* 4. Contour, tracé. SYN. **dessin, forme.** *Harmonie des lignes.* 5. *La ligne,* effet produit par une combinaison de lignes (silhouette, dessin). *Cette voiture a une belle ligne.* ➜ loc. *Garder la ligne,* rester mince. 6. fig. Élément, point. *Les lignes essentielles, les grandes lignes d'un programme. Dans ses grandes lignes,* en gros. **II** 1. Direction. *En ligne droite.* ➜ fig. *Ligne de conduite.* ➜ *Être dans la ligne (du parti),* suivre l'orthodoxie qu'il a définie. 2. Tracé idéal dans une direction déterminée. *Ligne de tir.* 3. Trajet emprunté par un service de transport ; ce service. *Lignes d'autobus. Ligne aérienne. Pilote de ligne.* **III** 1. Fil (soie, crin, nylon) portant à l'une de ses extrémités un hameçon pour la pêche. *Pêche, pêcher à la ligne. Ligne de fond,* qui repose au fond de l'eau. 2. Fils ou câbles conduisant et transportant l'énergie électrique. *Ligne électrique, téléphonique.* **IV** 1. Suite alignée (de choses, de personnes). *Être placé EN LIGNE, SUR UNE LIGNE. En ligne pour le départ !* ➜ *HORS LIGNE,* hors pair, supérieur. *Une intelligence hors ligne.* 2. Série alignée d'ouvrages ou de positions (militaires). *Lignes de fortifications. La ligne Maginot. Première, seconde ligne.* ➜ *Avoir raison, être battu sur toute la ligne,* tout à fait. 3. Suite de caractères disposés dans la page sur une ligne horizontale. *Point à la ligne. Aller, revenir à la ligne. De la première à la dernière ligne.* ➜ loc. *Lire entre les lignes,* deviner ce qui est sous-entendu. 4. loc. *Entrer EN LIGNE DE COMPTE* : compter, avoir de l'importance. 5. Suite des degrés de parenté. SYN. **filiation, lignée.** *Descendre en droite ligne d'un homme célèbre.* 6. INFORM. *EN LIGNE* : connecté à un réseau, à Internet. *Services en ligne. Commerce en ligne,* sur Internet.
ÉTYM. latin *linea* «(corde) de lin *(linum)*».

LIGNÉ, ÉE [liɲe] **adj.** ✦ Marqué de lignes. *Papier ligné ou quadrillé.*

LIGNÉE [liɲe] **n. f.** 1. Ensemble des descendants d'une personne. SYN. **descendance, lignage, postérité.** *Avoir une lignée.* 2. Filiation spirituelle. *La lignée d'un écrivain.*
ÉTYM. de *ligne.*

LIGNEUX, EUSE [liɲø, øz] **adj.** ✦ De la nature du bois.
ÉTYM. latin *lignosus,* de *lignum* «bois».

LIGNI- Élément savant, du latin *lignum* «bois (matière)» (ex. *lignicole* **adj.** «qui vit dans le bois»).

se **LIGNIFIER** [liɲifje] **v. pron.** (conjug. 9) ✦ Se convertir en bois.
► **LIGNIFICATION** [liɲifikasjɔ̃] **n. f.** *Lignification des sarments.*
ÉTYM. du latin *lignum* «bois», suffixe *-fier.*

LIGNINE [liɲin] **n. f.** ✦ BOT. Matière qui imprègne les tissus des plantes arbustives. *La lignine est le principal constituant du bois.*
ÉTYM. du latin *lignum* «bois».

LIGNITE [liɲit] **n. m.** ✦ Charbon fossile, noir ou brun, compact, riche en débris végétaux.
ÉTYM. du latin *lignum* «bois».

LIGOTER [ligɔte] **v. tr.** (conjug. 3a) 1. Attacher, lier (qqn) solidement en privant de l'usage des bras et des jambes. *Les malfaiteurs ont ligoté le gardien.* 2. fig. Priver (qqn) de sa liberté d'action ; contraindre.
ÉTYM. famille du latin *ligare* «lier».

LIGUE [lig] **n. f.** 1. Alliance entre États, pour défendre des intérêts communs, poursuivre une politique concertée. SYN. **alliance, coalition, union.** 2. Association pour défendre des intérêts politiques, religieux, moraux. HIST. (☛ noms propres) *La Sainte Ligue, la Ligue :*

confédération de catholiques pendant les guerres de Religion. ➛ *La Ligue des droits de l'homme.*
ÉTYM. italien *liga* ; famille du latin *ligare* «lier».

LIGUER [lige] **v. tr.** (conjug. 3b) **1.** Unir dans une ligue. SYN. **allier, coaliser. 2.** Associer dans un mouvement, dans une action. ➛ **pronom.** *Ils se sont tous ligués contre leur camarade.*
ÉTYM. de *ligue.*

LIGUEUR [ligœʀ] **n. m.** ✦ HIST. Partisan de la Sainte Ligue*. ◆ Membre d'une ligue (2).

LILAS [lila] **n. m. 1.** Arbuste ornemental aux fleurs en grappes très parfumées, violettes ou blanches. ➛ Ces fleurs. *Lilas blanc, violet.* **2. adjectivt** De couleur violette tirant sur le rose, ou mauve. *Des enveloppes lilas.* ➛ **n. m.** *Un lilas clair, foncé.*
ÉTYM. arabe *lilak*, du persan, de *nil* «bleu».

LILLIPUTIEN, IENNE [lilipysjɛ̃, jɛn] **adj. et n.** ✦ Très petit, minuscule.
ÉTYM. de *Lilliput* (☛ noms propres), nom du pays imaginaire dans les «Voyages de Gulliver» de Swift.

LIMACE [limas] **n. f.** ✦ Mollusque gastéropode terrestre, sans coquille. → **loche** (2). *Limace rouge, noire.* ◆ FAM. **péj.** Personne lente et molle.
ÉTYM. latin *limax, limacis.*

LIMAÇON [limasɔ̃] **n. m. 1.** VIEILLI Escargot. SYN. **colimaçon. 2.** Conduit enroulé en spirale, constituant une partie de l'oreille interne.
ÉTYM. de *limace.*

LIMAILLE [limɑj] **n. f.** ✦ Parcelles de métal. *Limaille de fer.*
ÉTYM. de *limer.*

LIMANDE [limɑ̃d] **n. f.** ✦ Poisson de mer ovale et plat, comestible.
ÉTYM. de l'ancien français *lime*, p.-ê. du latin *lima* → ① lime.

LIMBE [lɛ̃b] **n. m. 1.** Partie graduée en arc de cercle (d'instruments de mesure). **2.** BOT. Partie supérieure (d'une corolle) ; partie plate (d'une feuille).
ÉTYM. latin *limbus.*

LIMBES [lɛ̃b] **n. m. pl. 1.** THÉOL. CATHOL. Séjour des âmes des justes avant la Rédemption, ou des enfants morts sans baptême. **2.** Région, situation mal définie. *Un ouvrage resté dans les limbes*, jamais fini.
ÉTYM. latin *limbus* «limite».

① **LIME** [lim] **n. f.** ✦ Outil de métal garni d'aspérités servant à entamer et user par frottement. *Lime d'ajusteur. Cette lime ne mord plus. Lime à ongles.*
ÉTYM. latin *lima.*

② **LIME** [lim] **n. m.** ✦ Citron vert.
ÉTYM. provençal *limo*, de l'arabe → limonade.

LIMER [lime] **v. tr.** (conjug. 3a) ✦ Travailler à la lime, pour dégrossir, polir, réduire, etc. *Limer une pièce de fer. Limer ses ongles.*
ÉTYM. latin *limare.*

LIMES [limɛs] **n. m.** ✦ ANTIQ. Zone frontière fortifiée d'une province de l'Empire romain.
ÉTYM. mot latin «frontière».

LIMIER [limje] **n. m. 1.** Grand chien de chasse employé à chercher et détourner l'animal. **2.** Personne qui suit une piste, à la recherche de qqn ou de qqch. SYN. **détective, policier.** *Un fin limier.*
ÉTYM. ancien français *liemier* «chien en laisse», de *lien.*

LIMINAIRE [liminɛʀ] **adj.** ✦ DIDACT. Placé en tête d'un ouvrage, d'un discours. *Page, déclaration liminaire.* SYN. **préliminaire.**
ÉTYM. latin *liminaris*, de *limen, liminis* «seuil».

LIMITATIF, IVE [limitatif, iv] **adj.** ✦ Qui limite, fixe ou précise des limites. *Énumération, liste limitative.*

LIMITATION [limitasjɔ̃] **n. f.** ✦ Action de fixer des limites ; son résultat. SYN. **restriction.** *Limitations de vitesse. Limitation des naissances.* SYN. **contrôle.** ➛ *Sans limitation de temps.* CONTR. **extension, généralisation.**
ÉTYM. latin *limitatio.*

LIMITE [limit] **n. f. 1.** Ligne qui sépare deux terrains ou territoires contigus. SYN. **bord, confins, frontière.** *Établir, tracer des limites. Borne marquant une limite.* **2.** Partie extrême où se termine une surface, une étendue. **3.** Terme extrême dans le temps (commencement ou fin). *Avant lundi midi, dernière limite. Limite d'âge*, âge au-delà duquel on ne peut plus se présenter à un examen, un concours, exercer une fonction. **4.** Point qu'on ne peut dépasser (activité, influence). SYN. **barrière, borne.** *Les limites du possible. Ma patience a des limites !* ➛ *Dans une certaine limite.* SYN. **mesure. 5.** SC. Grandeur dont une variable peut s'approcher indéfiniment, sans jamais l'atteindre (→ **asymptote**). ➛ COUR. *À LA LIMITE* : dans les circonstances extrêmes. ➛ **appos.** *Des cas limites.* SYN. **extrême.** *Vitesse limite.* **6. au plur.** Point que ne peuvent dépasser les possibilités physiques ou intellectuelles. *Connaître ses limites.* ◆ *SANS LIMITES* : illimité. *Une ambition sans limites.*
ÉTYM. latin *limes, limitis.*

LIMITER [limite] **v. tr.** (conjug. 3a) **I 1.** Constituer la limite de. SYN. **borner, délimiter. 2.** Renfermer dans des limites, restreindre en assignant des limites. *Limiter le pouvoir de qqn. Limiter ses activités à un domaine.* ➛ FAM. *Limiter les dégâts*, les restreindre. **II** *SE LIMITER* **v. pron. 1.** (réfl.) S'imposer des limites. *Se limiter à l'essentiel.* **2.** (passif) Avoir pour limites. *Le monde pour lui se limite à sa famille.* CONTR. **étendre, généraliser.**
► **LIMITÉ, ÉE adj. 1.** Qui a des limites (naturelles ou fixées). SYN. **fini.** *Édition à tirage limité.* SYN. ① **réduit. 2. fig.** *N'avoir qu'une confiance limitée.* ◆ FAM. *Il est un peu limité* (dans ses moyens, physiques ou intellectuels). CONTR. **illimité, infini.**
ÉTYM. latin *limitare.*

LIMITROPHE [limitʀɔf] **adj. 1.** Qui est aux frontières. SYN. **frontalier. 2.** Qui est voisin, qui a des frontières communes. *Départements limitrophes.*
ÉTYM. bas latin *limitrophus*, de *limes* «limite» et grec *trephein* «nourrir», à propos des régions qui devaient nourrir les troupes des frontières.

LIMNÉE [limne] **n. f.** ✦ ZOOL. Mollusque gastéropode des eaux douces.
ÉTYM. latin moderne *limnaea*, du grec *limnaios* «d'étang».

LIMOGEAGE [limɔʒaʒ] **n. m.** ✦ Action de limoger ; son résultat.

LIMOGER [limɔʒe] **v. tr.** (conjug. 5) ✦ Frapper (une personne haut placée) d'une mesure de disgrâce. SYN. **destituer, révoquer.**
ÉTYM. de *Limoges* (☛ noms propres), ville où Joffre fit résider les généraux qu'il jugeait incapables, en 1916.

A B C D E F G H I J K L M N O P Q R S T U V W X Y Z

LIMON [limɔ̃] **n. m.** ✦ Terre ou fines particules, entraînées par les eaux et déposées sur le lit et les rives des fleuves. SYN. **alluvion, dépôt** ; → **limoneux.** *Le limon du Nil.*
ÉTYM. latin populaire *limonem*, accusatif de *limo*, classique *limus*.

LIMONADE [limɔnad] **n. f.** 1. Boisson gazeuse légèrement sucrée et acidulée. *Limonade à la bière* (→ **panaché**), *à la menthe* (→ **diabolo**). 2. Profession, activité de cafetier. *Il a fait fortune dans la limonade.*
ÉTYM. de l'ancien nom *limon* «citron», italien *limone*, du persan *limūn*, par l'arabe.

LIMONADIER, IÈRE [limɔnadje, jɛʀ] **n.** 1. Fabricant de limonade, de boissons gazéifiées. 2. Cafetier.

LIMONAIRE [limɔnɛʀ] **n. m.** ✦ Orgue mécanique de grande taille.
ÉTYM. du nom de l'inventeur.

LIMONEUX, EUSE [limɔnø, øz] **adj.** ✦ Qui contient du limon. *Fleuve limoneux.*
ÉTYM. de *limon*.

LIMOUSINE [limuzin] **n. f.** 1. Grande cape (des bergers limousins). 2. Voiture longue, à six glaces latérales.
ÉTYM. du latin *lemovices*, du gaulois *lema*, *lima* «orme», à l'origine de *Limoges* et de l'adj. *limousin, ine*.

LIMPIDE [lɛ̃pid] **adj.** 1. (liquide) Dont rien ne trouble la transparence. SYN. **clair, pur, transparent** *Eau, source limpide.* ➝ *Regard limpide,* clair et pur. 2. Parfaitement clair, intelligible. *Explication limpide.* CONTR. **opaque,** ① **trouble • obscur.**
ÉTYM. latin *limpidus*.

LIMPIDITÉ [lɛ̃pidite] **n. f.** 1. Clarté, transparence. *La limpidité de l'eau, de l'air.* 2. Clarté (de la pensée, de l'expression). *Ce texte est d'une limpidité parfaite.* CONTR. **opacité • obscurité.**
ÉTYM. bas latin *limpiditas*.

LIN [lɛ̃] **n. m.** 1. Herbe à fleurs bleues, à graines oléagineuses, cultivée surtout pour les fibres textiles de sa tige. *Filature du lin. Tissus de lin.* ➝ *Huile de lin.* 2. Tissu, toile de lin. *Torchon de lin.*
ÉTYM. latin *linum*.

LINCEUL [lɛ̃sœl] **n. m.** ✦ Pièce de toile dans laquelle on ensevelit un mort. *Le linceul du Christ.* SYN. **suaire.**
ÉTYM. latin *linteolum*, de *linteum* «étoffe de lin *(linum)*».

LINÉAIRE [lineɛʀ] **adj.** 1. Qui a rapport aux lignes, se traduit par des lignes. *Mesure linéaire* (opposé à *mesure de superficie* ou *de volume*). *Perspective linéaire.* 2. MATH. Qui peut être représenté dans l'espace euclidien par une droite. 3. fig. Qui suit l'ordre du temps, sans modifications ni prolongements. *Un récit très linéaire.*
► **LINÉAIREMENT** [lineɛʀmɑ̃] **adv.**
ÉTYM. latin *linearis*, de *linea* «ligne».

LINÉAMENT [lineamɑ̃] **n. m.** ✦ LITTÉR. 1. Ligne élémentaire, caractéristique d'une forme, d'un aspect général. *Les linéaments d'un paysage.* 2. fig. Ébauche partielle. *Les linéaments d'un projet, d'une doctrine.*
ÉTYM. latin *lineamentum*, de *linea* «ligne».

LINÉARITÉ [linearite] **n. f.** ✦ LITTÉR. Caractère de ce qui est linéaire.
ÉTYM. de *linéaire*.

LINGE [lɛ̃ʒ] **n. m.** 1. (collectif) Ensemble des pièces de tissu employées aux besoins du ménage. *Linge de maison* (pour le lit, la toilette, la table, la cuisine). *Laver, repasser du linge. Étendre le linge* (sur un séchoir, une *corde à linge*, avec des *pinces à linge*). 2. Ensemble des sous-vêtements et pièces détachables de l'habillement en tissu léger. *Linge de corps.* → **lingerie.** *Changer de linge. Linge sale.* loc. *Laver* son linge sale en famille.* ➝ loc. FAM. *Du beau linge* : des femmes élégantes ; des gens distingués. 3. Pièce de linge (1). *Nettoyer une glace avec un linge humide.* ➝ loc. *Blanc comme un linge,* très pâle.
ÉTYM. du latin *lineus* «de lin *(linum)*».

LINGÈRE [lɛ̃ʒɛʀ] **n. f.** ✦ Femme chargée de l'entretien et de la distribution du linge (dans une communauté, une grande maison).
ÉTYM. de *linge*.

LINGERIE [lɛ̃ʒʀi] **n. f.** 1. Local réservé à l'entretien et au repassage du linge. 2. Linge de corps (surtout pour femmes). *Une parure de lingerie.*
ÉTYM. de *linge*.

LINGOT [lɛ̃go] **n. m.** ✦ Masse de métal ou d'alliage coulé. *Lingot de plomb, de fonte. Lingot d'or.*
ÉTYM. peut-être de l'ancien provençal *lingo*, *lenguo*, dérivé de *lenga* → langue.

LINGUISTE [lɛ̃gɥist] **n.** ✦ Spécialiste du langage, des langues.
ÉTYM. du latin *lingua* «langue».

LINGUISTIQUE [lɛ̃gɥistik] **n. f.** et **adj.**
I n. f. Science qui a la langue (II) pour objet. *Linguistique générale. Linguistique théorique ; appliquée* (traduction ; pédagogie).
II adj. 1. Relatif à la linguistique. *Études linguistiques.* 2. Propre à la langue ; envisagé du point de vue des langues. *Politique linguistique.*
ÉTYM. du latin *lingua* «langue».

LINGUISTIQUEMENT [lɛ̃gɥistikmɑ̃] **adv.** ✦ Du point de vue linguistique.

LINIMENT [linimɑ̃] **n. m.** ✦ Liquide gras qui contient un médicament, pour frictionner la peau. SYN. **baume, onguent.**
ÉTYM. du latin *linere* «enduire».

LINOLÉUM [linɔleɔm] **n. m.** ✦ Toile enduite d'un revêtement imperméable. ◆ Tapis, revêtement de sol en linoléum. ➝ **abrév.** LINO [lino].
ÉTYM. anglais *linoleum*, du latin *linum* «lin» et *oleum* «huile».

LINON [linɔ̃] **n. m.** ✦ Tissu fin et transparent, de lin ou de coton. *Mouchoir de linon.*
ÉTYM. de l'ancien français *linomple* «lin uni».

LINOTTE [linɔt] **n. f.** 1. Petit passereau au plumage brun et rouge. 2. loc. *TÊTE DE LINOTTE* : personne écervelée, agissant étourdiment.
ÉTYM. de *lin* ; cet oiseau mange les graines de la plante.

LINOTYPE [linotip] **n. f.** ✦ IMPRIM. Machine qui servait à composer au plomb, fondant d'un seul bloc la ligne. ➝ **abrév.** LINO [lino].
ÉTYM. marque déposée ; mot américain, de *line of types* «ligne de caractères».

LINOTYPIE [linotipi] **n. f.** ✦ Composition à la linotype.

LINOTYPISTE [linotipist] **n.** ✦ Ouvrier, ouvrière composant à la linotype.

LINTEAU [lɛ̃to] **n. m.** ✦ Pièce horizontale (de bois, pierre, métal) qui forme la partie supérieure d'une ouverture et soutient la maçonnerie. *Linteau de porte.*
ÉTYM. de l'ancien français *linter*, du bas latin *limitaris*, de *limes, limitis* «frontière».

LION, LIONNE [ljɔ̃, ljɔn] **n.** **I** **1.** Grand mammifère carnivore, à pelage fauve, à crinière (chez le mâle), vivant en Afrique et en Asie. *Le lion rugit. Chasse au lion.* «*Le Lion*» (☛ noms propres ; roman de J. Kessel). *La lionne et ses lionceaux.* ➛ *Fort, courageux comme un lion. Se battre comme un lion.* **2.** loc. (n. m.) *La part du lion,* la plus grosse part que s'adjuge le plus fort. ➜ **léonin.** ➛ FAM. *Il, elle a mangé, bouffé du lion,* il, elle fait preuve d'une énergie inhabituelle. **3.** n. m. Homme courageux et de caractère noble. *Louis VIII le Lion.* **II** n. m. (avec maj.) Cinquième signe du zodiaque (23 juillet-22 août). ➛ *Être Lion,* de ce signe.
ÉTYM. latin *leo, leonis,* du grec *leôn* «félin sauvage».

LIONCEAU [ljɔ̃so] **n. m.** ✦ Petit du lion et de la lionne.
ÉTYM. de *lion.*

LIPIDE [lipid] **n. m.** ✦ DIDACT. Corps gras. *Aliment riche en lipides.*
► **LIPIDIQUE** [lipidik] **adj.**
ÉTYM. du grec *lipos* «graisse animale».

| **LIPO-** Élément savant, du grec *lipos* «graisse».

LIPOGRAMME [lipɔgʀam] **n. m.** ✦ DIDACT. Texte d'où une lettre est bannie. ☛ Littérature p. 120. «*La Disparition*», *lipogramme de Georges Perec* (écrit sans *e*).
ÉTYM. du grec *leipein* «enlever» et *gramma* «lettre».

LIPOSOME [lipozom] **n. m.** ✦ Vésicule formée de lipides, renfermant une substance active.
ÉTYM. de *lipo-* et du grec *sôma* «corps».

LIPPE [lip] **n. f.** ✦ LITTÉR. Lèvre inférieure épaisse et proéminente. ➛ loc. *Faire la lippe,* la moue.
ÉTYM. ancien néerlandais *lippe* «lèvre».

LIPPU, UE [lipy] **adj.** ✦ Qui a une grosse lèvre inférieure.
ÉTYM. de *lippe.*

LIQUÉFACTION [likefaksjɔ̃] **n. f.** ✦ Passage d'un corps gazeux à l'état liquide. *Point de liquéfaction.*
ÉTYM. latin médiéval *liquefactio.*

LIQUÉFIABLE [likefjabl] **adj.** ✦ Qui peut être liquéfié. *Gaz liquéfiables.*

LIQUÉFIER [likefje] **v. tr.** (conjug. 9) **1.** Faire passer à l'état liquide (un corps solide). SYN. **fondre.** *La chaleur a liquéfié le goudron.* **2.** Faire passer à l'état liquide (un corps gazeux). ➛ pronom. *L'hélium se liquéfie difficilement.* ➛ au p. passé *Gaz liquéfié.* **3.** (personnes) *SE LIQUÉFIER* **v. pron.** Perdre toute énergie, toute résistance morale. CONTR. **solidifier.**
ÉTYM. latin *liquefacere* «faire fondre».

LIQUETTE [likɛt] **n. f.** ✦ FAM. Chemise.
ÉTYM. origine obscure.

LIQUEUR [likœʀ] **n. f.** **1.** VX Liquide. **2.** Solution employée en pharmacie, dans l'industrie. *Liqueur de Fehling.* **3.** Boisson sucrée et aromatisée, à base d'alcool ou d'eau-de-vie. SYN. **spiritueux.** *Verres à liqueur. Bonbons à la liqueur.* ➛ *Vin de liqueur,* liquoreux. **4.** (sens large) COMM. Eau-de-vie ou alcool aromatisé (COUR. alcool, spiritueux).
ÉTYM. latin *liquor.*

LIQUIDATION [likidasjɔ̃] **n. f.** **1.** Action de liquider (1), règlement d'une somme. *La liquidation d'une succession.* ➜ **partage.** **2.** Vente au rabais en vue d'un écoulement rapide des marchandises. *Liquidation du stock après inventaire.* ➜ ② **solde**(s).

① **LIQUIDE** [likid] **adj.** et **n. m.**
I adj. **1.** Qui coule ou tend à couler. SYN. **fluide.** *Rendre liquide.* ➜ **liquéfier.** *Passage de l'état liquide à l'état gazeux.* ➛ *Air liquide,* conservé à l'état liquide par le froid. ➛ (corps pâteux) Qui n'a pas assez de consistance. *Sauce trop liquide.* SYN. **fluide.** **2.** PHONÉT., VIEILLI Se dit des consonnes *l* et *r*.
II n. m. **1.** Corps à l'état liquide. *Tout corps plongé dans un liquide...* SYN. **fluide.** ♦ Aliment liquide. **2.** *Liquides organiques,* lymphe, sang, sérosité. *Liquide amniotique.*
ÉTYM. latin *liquidus.*

② **LIQUIDE** [likid] **adj.** ✦ Qui est librement et immédiatement disponible. *Avoir de l'argent liquide, mille euros liquides,* en espèces. ➛ **n. m.** *Payer en liquide. Ne pas avoir assez de liquide.* SYN. **liquidité.**
ÉTYM. italien *liquido,* latin *liquidus* → ① liquide.

LIQUIDER [likide] **v. tr.** (conjug. 3a) **1.** Soumettre à une liquidation. *Liquider un compte, une succession.* **2.** Vendre (des marchandises) au rabais. *Liquider le stock.* **3.** FAM. En finir avec (qqch.). SYN. se **débarrasser.** *Liquider une affaire.* **4.** Se débarrasser de (qqn), notamment en tuant. *Liquider un témoin gênant.*
ÉTYM. de *liquide.*

LIQUIDITÉ [likidite] **n. f.** **1.** État d'un bien liquide. **2.** au plur. Sommes disponibles. *Avoir des liquidités suffisantes.*
ÉTYM. de ② *liquide.*

LIQUOREUX, EUSE [likɔʀø, øz] **adj.** ✦ Qui rappelle la liqueur par la saveur douce, le degré élevé d'alcool. *Vins liquoreux.*
ÉTYM. du latin *liquor* «liqueur».

① **LIRE** [liʀ] **v. tr.** (conjug. 68) **I** **1.** Suivre des yeux en identifiant (des caractères, une écriture). *Lire des lettres, des numéros.* ➛ absolt Être capable de lire une écriture. *Savoir lire et écrire.* **2.** Déchiffrer. *Lire un graphique. Lire une partition de musique.* ♦ Reconnaître et interpréter (des informations enregistrées, codées). **3.** Prendre connaissance du contenu de (un texte) par la lecture. *Lire une lettre, un roman. Lire et relire un poème. J'ai lu dans le journal qu'il était mort.* ➛ absolt *Aimer lire.* SYN. FAM. **bouquiner.** **4.** Énoncer à haute voix (un texte écrit). *Lire un discours devant l'Assemblée.* SYN. **prononcer.** ➛ Faire la lecture. *Je vais vous lire cet article.* **II** **1.** Déchiffrer, comprendre (ce qui est caché) par un signe extérieur. *Lire les lignes de la main.* **2.** Discerner, reconnaître comme par un signe. SYN. **découvrir, percevoir.** *On lisait la peur dans ses yeux.* ➛ **v. pron.** *La joie se lit sur son visage.* HOM. LYRE «instrument de musique»
ÉTYM. latin *legere.*

② **LIRE** [liʀ] **n. f.** ✦ Ancienne unité monétaire italienne.
HOM. LYRE «instrument de musique»
ÉTYM. italien *lira* → ② livre.

LIS ou **LYS** [lis] **n. m.** **1.** Plante vivace, à feuilles allongées et pointues, à grandes fleurs blanches. **2.** La fleur blanche du lis. *Blanc comme un lis.* ➛ VIEILLI *DE LIS :* très blanc. *Un teint de lis et de rose.* **3.** *FLEUR DE LYS, DE LIS :* figure héraldique formée de trois fleurs de lis schématisées et unies, emblème de la royauté

(→ **fleurdelisé**). HOM. ① LICE «champ clos», ③ LICE «chienne», ① LISSE «uni»

ÉTYM. pluriel de l'ancien français *lil*, latin *lilium*.

LISERÉ [lizʀe] ou **LISÉRÉ** [lizeʀe] n. m. ✦ Ruban étroit dont on borde un vêtement, une étoffe. SYN. **passepoil.** ♦ Bande formant bordure, d'une autre couleur que le fond. *Mouchoir blanc à liseré bleu.*

ÉTYM. de *liserer*, de *lisière*.

LISERON [lizʀɔ̃] n. m. ✦ Plante à tige grimpante, aux fleurs en forme d'entonnoir. *Liseron des champs, des haies.* SYN. **volubilis.**

ÉTYM. de *lis*.

LISEUR, EUSE [lizœʀ, øz] n. ✦ Personne qui a l'habitude de lire beaucoup. SYN. **lecteur.** *C'est une liseuse de romans.*

ÉTYM. de ① *lire*.

LISEUSE [lizøz] n. f. **I** Couvre-livre interchangeable. *Liseuse en cuir.* **II** Veste de femme, chaude et légère (pour lire au lit, etc.). **III** Petite lampe destinée à la lecture (dans un train, une voiture). **IV** Appareil portable qui permet de télécharger et de lire des textes numériques. — recomm. offic. pour l'anglicisme *e-book*.

ÉTYM. de ① *lire*.

LISIBILITÉ [lizibilite] n. f. ✦ Caractère de ce qui est lisible. *Texte d'une lisibilité parfaite.*

ÉTYM. de *lisible*.

LISIBLE [lizibl] adj. **1.** Qui est aisé à lire, à déchiffrer. *Sa signature est à peine lisible.* SYN. **déchiffrable. 2.** Digne d'être lu. *Des poètes lisibles.* CONTR. **illisible.**

LISIBLEMENT [lizibləmɑ̃] adv. ✦ De manière lisible. *Écrire lisiblement.*

LISIER [lizje] n. m. ✦ AGRIC. Mélange liquide d'excréments d'animaux, utilisé comme engrais. SYN. **purin.**

ÉTYM. du latin *lotium* «urine».

LISIÈRE [lizjɛʀ] n. f. **1.** Bordure limitant de chaque côté une pièce d'étoffe. **2.** Partie extrême (d'un terrain, d'une région). SYN. **bord, bordure, limite.** *La lisière d'un champ, d'une forêt.* SYN. **orée.** *À la lisière du bois.*

ÉTYM. peut-être du francique *lisa* «ornière».

LISSAGE [lisaʒ] n. m. ✦ Action de lisser. *Le lissage des cheveux.*

① **LISSE** [lis] adj. ✦ Qui n'offre pas d'aspérités au toucher. *Surface lisse.* SYN. **égal, uni.** *Une peau lisse,* douce, unie. *Cheveux lisses.* ♦ *Muscles lisses* (opposé à *striés*), qui assurent les mouvements inconscients et involontaires. CONTR. **inégal, rugueux.** HOM. ① LICE «champ clos», ③ LICE «chienne», LIS «fleur»

ÉTYM. de *lisser*.

② **LISSE** [lis] n. f. **1.** Membrure de la coque d'un navire. **2.** Garde-fou. HOM. voir ① lisse

ÉTYM. francique → ① lice.

③ **LISSE** [lis] n. f. → ② LICE

LISSER [lise] v. tr. (conjug. 3a) ✦ Rendre lisse. *L'oiseau lisse ses plumes.* — *Lisser les peaux, les cuirs,* les apprêter en leur donnant le dernier lustre. CONTR. **ébouriffer, froisser.** HOM. LYCÉE «école»

ÉTYM. p.-ê. du latin *lixare*, de *lixa* «eau de lessive».

LISSEUR [lisœʀ] n. m. ✦ Instrument qu'on applique chaud sur les cheveux pour les lisser.

LISTAGE [listaʒ] n. m. ✦ Document produit par une imprimante d'ordinateur. *Des listages.*

ÉTYM. de *lister*.

LISTE [list] n. f. **1.** Suite de mots, de signes, généralement inscrits les uns au-dessous des autres. SYN. **catalogue, inventaire.** *Dresser une liste. En tête de liste. Être sur liste d'attente. Liste de mariage,* des cadeaux souhaités par les futurs mariés. — *Liste électorale.* — *LISTE NOIRE* : liste de gens à surveiller, à abattre. *LISTE ROUGE* (d'abonnés au téléphone qui refusent de figurer dans l'annuaire). **2.** *LISTE CIVILE* : somme allouée au chef de l'État pour subvenir aux dépenses et charges de sa fonction.

ÉTYM. italien *lista*, d'orig. germanique «bordure, lisière».

LISTEL [listɛl] n. m. ✦ Petite moulure plate (entre des moulures concaves ou convexes).

ÉTYM. italien *listello*, de *lista* «bordure».

LISTER [liste] v. tr. (conjug. 3a) **1.** Mettre en liste. SYN. **répertorier.** *Lister des noms.* **2.** INFORM. Sortir en continu sur une imprimante.

LISTING [listiŋ] n. m. ✦ anglicisme Listage (recomm. offic.).

ÉTYM. mot anglais.

LIT [li] n. m. **I** **1.** Meuble destiné au coucher. SYN. FAM. ② **pieu, plumard.** *Lit d'une, pour une personne. Ciel de lit* (baldaquin, dais). *Lit d'enfant. Lits jumeaux,* deux lits semblables, à une place. *Lits superposés.* — *Lit clos,* à battants de bois qui se ferment. *Lit pliant. Lit de camp.* (élément de mots composés) *Des canapés-lits.* ♦ Place couchée. *Un hôpital de 300 lits. Wagon-lit, voiture-lit.* → **couchette. 2.** Literie (sommier, matelas) sur laquelle on s'étend. *Un lit moelleux, dur.* **3.** loc. *Aller AU LIT, se mettre au lit.* → se **coucher.** *Allons, les enfants, au lit !* SYN. ① **dodo.** — *Sortir DU LIT* : se lever. *Au saut du lit* : au réveil. *Arracher, tirer qqn du lit.* — *Faire un lit,* disposer la literie. *Border un lit. Un lit défait.* — *Garder le lit,* rester couché*. → **s'aliter.** *Mourir dans son lit,* chez soi, d'une mort naturelle. **4.** (évoquant l'union sexuelle) *Faire lit à part.* — *Enfants du premier lit,* d'un premier mariage. **5.** *LIT DE REPOS* : siège sur lequel on peut s'allonger pour se reposer. SYN. **canapé, divan, sofa. 6.** Couche où l'on peut s'étendre, dormir. SYN. **litière, natte.** *Un lit de feuillage, de paille.* **7.** HIST. *Lit de justice* : lit à dais où le roi se tenait pendant la séance du Parlement ; cette séance. **II** Matière répandue en couche. *Un lit de cendres, de braises.* ♦ Couche de matériaux déposés par les eaux, l'érosion. SYN. **dépôt, strate. III** Creux naturel du sol, canal (dans lequel coule un cours d'eau). *Fleuve qui sort de son lit,* qui déborde. *Lit à sec. Détourner une rivière de son lit.* SYN. **cours.** HOM. LIE «dépôt»

ÉTYM. latin *lectus*.

LITANIE [litani] n. f. **1.** au plur. Prières liturgiques où toutes les invocations sont suivies d'une formule brève récitée ou chantée. **2.** sing. ou plur. Répétition ennuyeuse et monotone (de plaintes, de reproches, de demandes). *Encore les mêmes litanies !*

ÉTYM. latin religieux *litania*, du grec *litaneia*, de *litaneuein* «supplier».

LITCHI [litʃi] n. m. ✦ Petit fruit, à peau marron et dure, à chair blanche parfumée, d'un arbuste originaire d'Extrême-Orient. *Des litchis.*

ÉTYM. chinois *li-chi*, par le portugais et l'espagnol.

LITEAU [lito] **n. m.** 1. Baguette de bois (support de tablette). ➖ Rectangle de bois. 2. Raie de couleur (du linge de maison) parallèle à la lisière. *Serviette à liteaux.*
HOM. LITHO «lithographie»
ÉTYM. variante de *listel.*

LITERIE [litʀi] **n. f.** ✦ Ensemble des objets qui recouvrent le sommier : matelas, traversin, oreiller, couette, couverture, parfois draps ; matériel de couchage.
ÉTYM. de *lit.*

-LITHE, -LITHIQUE, LITHO- Éléments savants, du grec *lithos* «pierre» (ex. *aérolithe, mégalithe, monolithe ; paléolithique*).

LITHIASE [litjɑz] **n. f.** ✦ MÉD. Maladie caractérisée par la présence de calculs dans un organe, un canal. *Lithiase biliaire, urinaire.*
ÉTYM. grec *lithiasis* «maladie de la pierre *(lithos)*».

LITHIUM [litjɔm] **n. m.** ✦ CHIM. Corps simple (symb. Li), métal alcalin blanc, le plus léger des solides.
ÉTYM. latin moderne, du grec *lithos* «pierre».

LITHOGRAPHE [litɔgʀaf] **n.** ✦ Personne qui imprime par la lithographie. SYN. **graveur.**
ÉTYM. de *lithographie.*

LITHOGRAPHIE [litɔgʀafi] **n. f.** 1. Reproduction par impression sur une pierre calcaire. SYN. **gravure.** 2. *Une lithographie,* feuille, estampe obtenue par ce procédé. *Les lithographies de Daumier.* ➖ abrév. Une LITHO [lito]
HOM. LITEAU «baguette»
ÉTYM. de *litho-* et *-graphie.*

LITHOGRAPHIER [litɔgʀafje] **v. tr.** (conjug. 9) ✦ Reproduire par la lithographie. → **graver.** ➖ au p. passé *Affiche lithographiée.*

LITHOGRAPHIQUE [litɔgʀafik] **adj.** ✦ Qui a rapport, sert à la lithographie. *Encre, pierre lithographique.*

LITHOSPHÈRE [litɔsfɛʀ] **n. f.** ✦ DIDACT. Enveloppe superficielle du globe terrestre, comprenant la croûte et une partie du manteau.
► **LITHOSPHÉRIQUE** [litɔsfeʀik] **adj.** *Plaques lithosphériques.*
ÉTYM. de *litho-* et *sphère.*

LITIÈRE [litjɛʀ] **n. f.** 1. anciennt Lit ambulant porté sur un double brancard. SYN. **palanquin.** 2. Paille, fourrage répandu sur le sol d'une écurie, d'une étable pour que les animaux puissent s'y coucher. ◆ Matière absorbante permettant aux chats d'appartement de faire leurs besoins. 3. loc. LITTÉR. *FAIRE LITIÈRE d'une chose :* n'en tenir aucun compte, la mépriser, la négliger.
ÉTYM. de *lit.*

LITIGE [litiʒ] **n. m.** 1. Contestation donnant matière à un arbitrage ou à un procès. *Arbitrer un litige.* 2. Contestation. → **différend, dispute.** *Question en litige,* controversée.
ÉTYM. latin *litigium,* de *lis, litis* «querelle, dispute».

LITIGIEUX, EUSE [litiʒjø, øz] **adj.** ✦ Qui est ou qui peut être en litige.
ÉTYM. latin *litigiosus.*

LITOTE [litɔt] **n. f.** ✦ Figure de rhétorique qui consiste à atténuer l'expression de sa pensée, à dire peu pour suggérer beaucoup (ex. «ce n'est pas mauvais» pour «c'est très bon», «Va, je ne te hais point» [Corneille]).
☛ Littérature p. 118.
ÉTYM. bas latin *litotes,* du grec «simplicité».

LITRE [litʀ] **n. m.** 1. Unité des mesures de capacité du système métrique (volume d'un kilogramme d'eau pure sous la pression atmosphérique normale). 2. Récipient ayant la contenance d'un litre. *Litre en bois pour les moules.* ➖ COUR. *Un litre,* une bouteille d'un litre. 3. Contenu d'un litre. *Boire un litre de lait.*
ÉTYM. latin médiéval *litra,* du grec.

LITTÉRAIRE [liteʀɛʀ] **adj.** et **n.** 1. Qui a rapport à la littérature. *Œuvres littéraires. Les milieux littéraires.* ➖ Qui étudie les œuvres, qui traite de littérature. *La critique, l'histoire littéraire.* ◆ Qui répond aux exigences esthétiques de la littérature. *Langue littéraire et langue parlée.* 2. (personnes, esprits) Doué pour les lettres. *Un esprit plus littéraire que scientifique.* ➖ **n.** *Un, une littéraire.*
ÉTYM. latin *litterarius.*

LITTÉRAIREMENT [liteʀɛʀmɑ̃] **adv.** ✦ Du point de vue littéraire.

LITTÉRAL, ALE, AUX [liteʀal, o] **adj.** 1. Qui utilise les lettres. *Notation littérale* (opposé à *numérique*). MATH. *Expression littérale.* → **formule.** *Calcul littéral,* comportant des variables (notées *a, b, x, y...*). ➖ *Arabe littéral,* écrit. 2. Qui suit un texte lettre à lettre. SYN. **textuel.** *Traduction littérale,* mot à mot. 3. Qui s'en tient, est pris strictement à la lettre. *Le sens littéral d'un mot* (opposé à *figuré*). → **propre.**
ÉTYM. bas latin *litteralis,* de *littera* «lettre».

LITTÉRALEMENT [liteʀalmɑ̃] **adv.** 1. D'une manière littérale (2). 2. En prenant le mot, l'expression au sens plein, réel. *Il était littéralement fou.*

LITTÉRARITÉ [liteʀaʀite] **n. f.** ✦ DIDACT. Caractère d'un texte considéré comme littéraire.
ÉTYM. de *littéraire.*

LITTÉRATEUR, TRICE [liteʀatœʀ, tʀis] **n.** ✦ souvent péj. Homme, femme de lettres, écrivain de métier. SYN. **auteur.**
ÉTYM. latin *litterator* «grammairien».

LITTÉRATURE [liteʀatyʀ] **n. f.** I Les œuvres écrites, dans la mesure où elles portent la marque de préoccupations esthétiques ; connaissances, activités qui s'y rapportent. ☛ Littérature p. 114. 1. Œuvres littéraires. *La littérature française, latine, allemande.* 2. Le travail de l'écrivain. 3. Ce qu'on trouve dans les œuvres littéraires et qui ne correspond pas à l'expérience, au réel. 4. Ensemble des connaissances concernant les œuvres littéraires, leurs auteurs. ➖ Ouvrage portant sur les œuvres littéraires. II Ensemble des ouvrages publiés (sur une question). SYN. **bibliographie.** *Il existe sur ce sujet une abondante littérature.*
ÉTYM. latin *litteratura* «écriture», de *littera* «lettre».

LITTORAL, ALE, AUX [litɔʀal, o] **adj.** et **n. m.** 1. **adj.** Relatif à la zone de contact entre la terre et la mer. *Cordons littoraux.* ➖ Côtier. *Les régions littorales. Pêche littorale.* 2. **n. m.** *Le littoral,* la zone littorale. SYN. ② **côte, rivage.**
ÉTYM. latin *lit(t)oralis,* de *litus, litoris* «rivage, côte».

LITURGIE [lityʀʒi] **n. f.** ✦ RELIG. CHRÉT. Culte public et officiel institué par une Église. SYN. **cérémonial, culte, service** (divin). *La liturgie anglicane.*
ÉTYM. latin religieux *liturgia,* du grec *leitourgia,* de *leitos* «public».

A B C D E F G H I J K L M N O P Q R S T U V W X Y Z

LITURGIQUE [lityʀʒik] **adj.** ✦ Relatif ou conforme à la liturgie. *Chants, prières liturgiques. Calendrier, fête liturgique.*

LIVAROT [livaʀo] **n. m.** ✦ Fromage rond, fermenté, à pâte molle, à très forte odeur.
ÉTYM. du nom d'une localité du Calvados.

LIVIDE [livid] **adj.** **1.** LITTÉR. Qui est de couleur plombée, bleuâtre. *Des nuages livides.* **2.** D'une pâleur terne. SYN. **blafard, blême, hâve, pâle.** *Un teint livide.*
ÉTYM. latin *lividus,* de *livere* «avoir une couleur de plomb».

LIVIDITÉ [lividite] **n. f.** ✦ État de ce qui est livide. ➖ Coloration violacée de la peau. *Lividité cadavérique.*

LIVING-ROOM [liviŋʀum] **ou (abrév.) LIVING** [liviŋ] **n. m.** ✦ anglicisme Salle de séjour. SYN. **séjour.** *Des living-rooms ; des livings.*
ÉTYM. mot anglais «pièce *(room)* à vivre *(to live)*».

LIVRABLE [livʀabl] **adj.** ✦ Qui peut, doit être livré à l'acheteur. *Marchandise livrable à domicile.*

LIVRAISON [livʀɛzɔ̃] **n. f.** ✦ Remise matérielle (d'un objet) à celui auquel l'objet est dû. *Voiture de livraison. Livraison à domicile.*
ÉTYM. de *livrer.*

① **LIVRE** [livʀ] **n. m.** **I** **1.** Assemblage (broché ou relié) d'un nombre assez grand de pages, à l'exclusion des périodiques. SYN. ① **écrit, ouvrage, volume ;** FAM. **bouquin.** *Des livres et des revues. Livre de poche*.* ➖ *Livre d'images.* → **album.** *Livres rares, anciens. Amateur de livres.* → **bibliophile.** ➖ loc. *Livre blanc,* recueil de pièces officielles, diplomatiques. ◆ *LE LIVRE :* l'imprimerie et ses produits. *Les industries du livre.* **2.** Texte imprimé reproduit dans un certain nombre d'exemplaires. *Livre de classe ; livres scolaires.* → ② **manuel.** ➖ *Livres religieux ; livre de messe. Les beaux livres* (livres d'art, albums, ouvrages de luxe...). ◆ Texte (imprimé dans un livre ou destiné à l'impression, à la lecture). *Écrire un livre. Lire, feuilleter, parcourir un livre.* ➖ loc. *Livre de chevet,* qu'on relit avec plaisir. ➖ *LES LIVRES :* la lecture, l'étude, la science, la théorie. loc. *Parler comme un livre,* savamment. ➖ *À livre ouvert,* couramment. ◆ Texte d'un livre, accessible sur un autre support que le papier. *Livre électronique, numérique,* lu au moyen d'un support spécial ; ce support. → **e-book, liseuse** (recomm. offic.). **II** **1.** Grande division (d'un long ouvrage). *Le second livre de «l'Énéide».* **2.** Cahier, registre. *Livre de comptes. Le livre de bord* d'un navire.* ➖ *LIVRE D'OR :* registre destiné à l'inscription de noms célèbres, à la réunion de commentaires. *Le livre d'or d'un restaurant.*
ÉTYM. latin *liber* n. m. «pellicule entre le bois et l'écorce, sur laquelle on écrivait» → liber.

② **LIVRE** [livʀ] **n. f.** **I** Un demi-kilogramme ou cinq cents grammes. *Une livre de champignons. Une demi-livre,* 250 g. **II** **1.** Ancienne monnaie française. **2.** Unité monétaire du Royaume-Uni. *Des livres sterling* (symb. £). ➖ *Livre égyptienne, turque.*
ÉTYM. latin *libra* «balance» et «unité de poids».

LIVRÉE [livʀe] **n. f.** **1.** Vêtements aux couleurs des armes d'un roi, d'un seigneur, que portaient les hommes de leur suite. **2.** Uniforme de certains serviteurs d'une même maison. *Valet en livrée.* **3.** Pelage, plumage (d'un animal). *La livrée d'hiver du lagopède.*
ÉTYM. d'abord «vêtements, équipement *livrés* aux domestiques».

LIVRER [livʀe] **v.** (conjug. 3a) **I** **v. tr.** **1.** Mettre (qqn) au pouvoir de (qqn). *Livrer un coupable à la justice.* SYN. **déférer, remettre.** **2.** Soumettre à l'action de qqch. *Livrer qqn à la mort.* ➖ au p. passé *Pays livré à l'anarchie.* **3.** Remettre (qqn) par une trahison entre les mains de. *Livrer son complice à la police.* SYN. **dénoncer, donner.** **4.** Confier à qqn (une partie de soi, une chose à soi). SYN. **donner.** *Il a livré son secret.* **5.** Remettre à l'acheteur (ce qui a été commandé, payé). → **livraison, livreur.** *Livrer une commande, une marchandise à domicile.* **II** **1.** Engager, commencer (un combat, une bataille). *Livrer bataille.* **2.** *LIVRER PASSAGE À :* laisser passer, permettre de passer. **III** *SE LIVRER* **v. pron.** **1.** Se mettre au pouvoir de (qqn, une force). SYN. se **rendre,** se **soumettre.** *Se livrer après une longue résistance.* **2.** Se confier ; parler de soi. *Il ne se livre pas facilement.* **3.** *SE LIVRER À :* se laisser aller (à un sentiment, une idée, une activité, etc.). SYN. s'**adonner.** *Se livrer aux pires excès.* ◆ Effectuer (un travail, une tâche), exercer (une activité). *Se livrer à un travail, à une étude.* SYN. se **consacrer.**
ÉTYM. latin *liberare* «affranchir, libérer» et «fournir» ; doublet de *libérer.*

LIVRESQUE [livʀɛsk] **adj.** ✦ péj. Qui vient des livres, qui est purement littéraire, théorique. *Connaissances livresques.* CONTR. ② **pratique, réel, vécu, vrai.**
ÉTYM. de *livre* et suffixe à l'italienne.

LIVRET [livʀɛ] **n. m.** **I** **1.** VIEILLI Catalogue explicatif. *Le livret d'une exposition.* **2.** Petit registre. SYN. **carnet.** *Livret de famille,* contenant des informations sur l'état civil des membres de la famille. *Livret scolaire. Livret de caisse d'épargne.* **II** Texte sur lequel est écrite la musique (d'une œuvre lyrique). *Des livrets d'opéra. Auteur de livrets.* → **librettiste.**
ÉTYM. diminutif de ① *livre.*

LIVREUR, EUSE [livʀœʀ, øz] **n.** ✦ Personne qui livre (I, 5), transporte des marchandises volumineuses. *Les livreurs d'un grand magasin.* ➖ *Garçon, employé livreur.*
ÉTYM. de *livrer.*

LOB [lɔb] **n. m.** ✦ anglicisme Au tennis, Coup qui consiste à envoyer la balle assez haut pour qu'elle passe par-dessus la tête du joueur opposé. HOM. LOBE «partie de l'oreille»
ÉTYM. mot anglais, de *to lob* «tomber».

LOBBY [lɔbi] **n. m.** ✦ anglicisme Groupe de pression. *Des lobbys* ou *des lobbies.*
ÉTYM. mot américain, en anglais «allée, couloir».

LOBE [lɔb] **n. m.** **1.** Partie arrondie et saillante (d'un organe). *Lobes du poumon, du cerveau.* **2.** *Lobe de l'oreille,* prolongement arrondi et charnu du pavillon. **3.** Partie arrondie entre deux échancrures (des feuilles, des pétales). HOM. LOB «coup au tennis»
ÉTYM. grec *lobos.*

LOBÉ, ÉE [lɔbe] **adj.** ✦ Divisé en lobes ; qui présente des découpures arrondies. *Feuilles lobées du chêne, du figuier.* HOM. LOBER «faire un lob»
ÉTYM. de *lobe.*

LOBECTOMIE [lɔbɛktɔmi] **n. f.** ✦ Opération par laquelle on enlève un lobe (du poumon, du foie).
ÉTYM. de *lobe* et *-ectomie.*

LOBER [lɔbe] **v. tr.** (conjug. 3a) **1.** Envoyer (la balle) par un lob. **2.** Passer (l'adversaire) grâce à un lob. HOM. LOBÉ «divisé en lobes»
ÉTYM. de *lob.*

LOBOTOMIE [lɔbɔtɔmi] **n. f.** ✦ Section de fibres nerveuses à l'intérieur du cerveau.
ÉTYM. de *lobe* et *-tomie*.

① **LOCAL, ALE, AUX** [lɔkal, o] **adj.** 1. Qui concerne un lieu, une région, lui est particulier. *Averses, éclaircies locales. Coutumes, traditions locales. La presse locale.* SYN. **régional.** *Produits locaux.* 2. *Couleur locale.* → **couleur.** 3. Qui n'affecte qu'une partie du corps. *Anesthésie locale.* CONTR. **national** • ① **général.**
ÉTYM. bas latin *localis*, de *locus* «lieu».

② **LOCAL, AUX** [lɔkal, o] **n. m.** ✦ Pièce, partie d'un bâtiment à destination déterminée. *Locaux commerciaux, professionnels.*
ÉTYM. → ① local.

LOCALEMENT [lɔkalmɑ̃] **adv.** ✦ D'une manière locale.

LOCALISABLE [lɔkalizabl] **adj.** ✦ Qu'on peut localiser.

LOCALISATION [lɔkalizasjɔ̃] **n. f.** 1. Action de localiser (1) ; fait d'être localisé. 2. Action de limiter dans l'espace. *La localisation d'un conflit.* CONTR. **extension, généralisation.**

LOCALISER [lɔkalize] **v. tr.** (conjug. 3a) 1. Placer par la pensée en un lieu déterminé de l'espace (un phénomène, l'origine d'un phénomène). *Localiser un bruit. Localiser la cause d'un mal.* ◆ Repérer l'emplacement exact de (qqch.). *Localiser par radar un satellite.* 2. Circonscrire, renfermer dans des limites. SYN. **limiter.** *Localiser une épidémie, un conflit*, l'empêcher de s'étendre. CONTR. **étendre, généraliser.**
ÉTYM. de *local*.

LOCALITÉ [lɔkalite] **n. f.** 1. Lieu déterminé. 2. Petite ville, village. SYN. **agglomération, bourg.**
ÉTYM. bas latin *localitas*, de *localis* → ② local.

LOCATAIRE [lɔkatɛʀ] **n.** ✦ Personne qui loue, prend en location une maison, un logement.
ÉTYM. du latin *locatum*, de *locare* «louer».

① **LOCATIF, IVE** [lɔkatif, iv] **adj.** ✦ DR. Qui concerne la location ou le locataire. *Valeur locative*, revenu que peut rapporter un immeuble donné en location. *Charges locatives*, payées par le locataire.
ÉTYM. du supin du latin *locare* «louer».

② **LOCATIF, IVE** [lɔkatif, iv] **adj.** ✦ Qui marque le lieu. *Prépositions locatives* (ex. à, en, dans). ➡ **n. m.** Dans certaines langues à déclinaisons, Cas indiquant le lieu où se passe l'action.
ÉTYM. famille du latin *locus* «lieu».

LOCATION [lɔkasjɔ̃] **n. f.** 1. Action de donner ou de prendre à loyer. *Donner, prendre en location* (→ **locataire,** ① **locatif**). *Location-vente*, contrat qui permet au locataire de devenir propriétaire de la chose louée. → anglicisme **leasing.** *Des locations-ventes.* 2. Action de retenir à l'avance une place (dans un théâtre, un moyen de transport). SYN. **réservation.** *La location est ouverte.*
ÉTYM. latin *locatio* «louage», de *locare* «louer».

LOCAVORE [lɔkavɔʀ] **adj.** ✦ Qui consomme des produits alimentaires de provenance locale.
ÉTYM. mot-valise, de ① *local* et *-vore*.

① **LOCH** [lɔk] **n. m.** ✦ Appareil pour mesurer la vitesse d'un navire. *Des lochs.* HOM. LOQUE «guenille»
ÉTYM. néerlandais *log* «bûche, poutre», de l'anglais.

② **LOCH** [lɔk ; lɔx] **n. m.** ✦ Lac qui occupe le fond d'une vallée, en Écosse. *Le loch Ness. Des lochs.* HOM. LOQUE «guenille»
ÉTYM. mot anglais, du gaélique d'Écosse.

LOCHE [lɔʃ] **n. f.** 1. Petit poisson d'eau douce à chair comestible. *Loche de rivière.* 2. Limace grise.
ÉTYM. peut-être du gaulois *leuka* «blancheur».

LOCKOUT **n. m.** ou **LOCK-OUT** [lɔkaut] **n. m. invar.** ✦ anglicisme Fermeture temporaire d'une entreprise décidée par des patrons qui refusent le travail à leurs ouvriers. *Des lockouts, des lock-out.*
ÉTYM. mot anglais, de *to lock out* «mettre à la porte».

| **LOCO-** Élément savant, du latin *locus* «lieu».

LOCOMOTEUR, TRICE [lokomɔtœʀ, tʀis] **adj.** ✦ Qui permet de se déplacer, qui sert à la locomotion. *Muscles, organes locomoteurs.*
ÉTYM. de *loco-* et *moteur*, d'après *locomotif, ive* → locomotive.

LOCOMOTION [lokomosjɔ̃] **n. f.** 1. Action de se mouvoir, de se déplacer d'un lieu vers un autre ; fonction qui assure ce mouvement. *Muscles de la locomotion.* 2. Action de se déplacer. SYN. **déplacement, transport.** *Moyens de locomotion.*
ÉTYM. de *loco-* et du latin *motio*, de *movere* «se mouvoir».

LOCOMOTIVE [lɔkɔmɔtiv] **n. f.** 1. Engin, véhicule de traction servant à remorquer les trains. SYN. **machine, motrice.** *Locomotive électrique, à vapeur.* ➡ **abrév.** VIEILLI LOCO [lɔko]. 2. **fig.** Personne, chose qui entraîne, joue le rôle d'un élément moteur.
ÉTYM. de *machine locomotive*, de *locomotif, ive*, du latin → locomotion.

LOCUTEUR, TRICE [lɔkytœʀ, tʀis] **n.** ✦ DIDACT. Personne qui emploie effectivement le langage, qui parle (opposé à *auditeur*).
ÉTYM. latin *locutor*, de *loqui* «parler».

LOCUTION [lɔkysjɔ̃] **n. f.** ✦ Groupe de mots figé ou relativement stable ayant la même fonction qu'un mot. SYN. **expression, formule,** ② **tour.** *Locution figée. Locution empruntée au latin* (ex. sine qua non). ➡ *Locution verbale* (ex. avoir l'air), *adjectivale,* (ex. bon marché, d'antan), *adverbiale* (ex. en vain, tout de suite), *conjonctive* (ex. dès que, pour que), *prépositive* (ex. auprès de, jusqu'à).
ÉTYM. latin *locutio*, de *loqui* «parler».

LODEN [lɔdɛn] **n. m.** ✦ Tissu de laine épais et imperméable dont on fait des manteaux, des pardessus. ➡ Manteau de loden. *Des lodens verts.*
ÉTYM. mot allemand.

LŒSS [løs] **n. m.** ✦ Limon (terre) calcaire, fertile, déposé par le vent à l'époque glaciaire.
ÉTYM. mot allemand.

LOF [lɔf] **n. m.** ✦ MAR. Côté d'un navire qui reçoit le vent. *Virer lof pour lof* : virer de bord vent arrière.
ÉTYM. ancien néerlandais *loef*, ou vieux norrois.

LOFER [lɔfe] **v. intr.** (conjug. 3a) ✦ MAR. Faire venir le navire plus près du vent à l'aide du gouvernail.
ÉTYM. de *lof*.

LOFT [lɔft] **n. m.** ✦ anglicisme Local à usage commercial ou industriel aménagé en logement.
ÉTYM. mot américain.

LOGARITHME [lɔgaʀitm] n. m. ✦ Exposant qu'on affecte à un nombre *(la base)* pour en obtenir un autre. *Table de logarithmes.* ➖ abrév. LOG [lɔg].

► **LOGARITHMIQUE** [lɔgaʀitmik] adj. *Calculs logarithmiques.*

ÉTYM. latin moderne *logarithmus*, du grec *logos* «rapport» et *arithmos* «nombre».

LOGE [lɔʒ] n. f. **I** 1. Logement du concierge, du portier. 2. Pièce où les comédiens se préparent et se reposent. 3. Compartiment cloisonné. *Les loges d'une écurie, d'une étable.* SYN. ① **box, stalle.** 4. dans une salle de spectacle Compartiment contenant plusieurs sièges. → **avant-scène, baignoire.** *Loges de balcon, de corbeille.* ☞ Littérature p. 127. ➖ loc. fig. *Être aux* PREMIÈRES LOGES : à la meilleure place pour observer un phénomène. **II** Association de francs-maçons.

ÉTYM. francique *laubja.*

LOGEABLE [lɔʒabl] adj. ✦ Où l'on peut habiter, être logé. *Un réduit à peine logeable.* ➖ Où l'on peut ranger des objets. *Un coffre très logeable.*

LOGEMENT [lɔʒmɑ̃] n. m. 1. Action de loger ou de se loger. *Frais de logement.* ➖ au sing. collectif *Crise, problème du logement.* 2. Local à usage d'habitation. → **appartement, domicile, logis, résidence.** *Un logement de deux pièces.*

LOGER [lɔʒe] v. (conjug. 5) **I** v. intr. Avoir sa demeure (le plus souvent temporaire) en un endroit. SYN. **demeurer, habiter, vivre** ; FAM. **crécher, percher.** *Loger chez des amis, à l'hôtel, dans une pension.* **II** v. tr. 1. Établir dans une maison, de manière temporaire ou durable. *Je peux vous loger pour la nuit.* SYN. **héberger.** ➖ passif et p. passé *Être bien logé. Être logé et nourri.* ➖ pronom. *Chercher à se loger.* ➖ (sujet chose) Être susceptible d'abriter, d'héberger. *Le collège peut loger trois cents élèves.* SYN. **recevoir.** 2. Faire entrer, faire pénétrer. *Loger une balle dans la cible.* CONTR. **déloger, expulser.**

ÉTYM. de *loge.*

LOGEUR, EUSE [lɔʒœʀ, øz] n. ✦ Personne qui loue, propose des chambres meublées.

ÉTYM. de *loger.*

LOGGIA [lɔdʒja] n. f. ✦ Balcon couvert et fermé sur les côtés. *Des loggias.*

ÉTYM. mot italien.

LOGICIEL [lɔʒisjɛl] n. m. ✦ INFORM. Programmes, procédés et règles relatifs au traitement de l'information. L'un de ces programmes. → **application.** *Un logiciel de gestion.*

ÉTYM. de *logique* et *matériel*, pour remplacer l'anglais *software.*

LOGICIEN, IENNE [lɔʒisjɛ̃, jɛn] n. 1. Spécialiste de la logique. 2. Personne qui raisonne avec méthode, rigueur, en suivant les règles de la logique.

ÉTYM. du latin *logicus* → ② logique.

> **-LOGIE** Élément, du grec *logia* «théorie», signifiant «science, discours» et servant à former des noms féminins. → **-logue.**

①**LOGIQUE** [lɔʒik] n. f. **I** 1. Étude scientifique, surtout formelle, des normes de la vérité. *Logique formelle.* ➖ *Logique symbolique, mathématique. Logique générale,* épistémologie, méthodologie. 2. Livre, traité de logique. **II** 1. Manière de raisonner. SYN. **raisonnement.** *La logique de l'enfant.* 2. Enchaînement cohérent d'idées, manière de raisonner juste. SYN. **cohérence, méthode.** *La logique d'une démonstration. Vous manquez de logique !* CONTR. **illogisme, incohérence.**

ÉTYM. latin *logica*, grec *logikê*, de *logos* «raison».

② **LOGIQUE** [lɔʒik] adj. 1. Conforme aux règles, aux lois de la logique. *Déduction, conclusion logique.* 2. Conforme au bon sens. *Raisonnement logique.* SYN. **cohérent, conséquent.** ♦ Conforme à la nécessité. *La conséquence logique d'un évènement.* SYN. **inévitable.** 3. FAM. surtout impers. Qui est dans l'ordre des choses, normal, explicable. *Il est furieux et c'est logique.* 4. Qui raisonne bien, avec cohérence, justesse. *Vous n'êtes pas logique !* 5. Qui se rapporte à l'intelligence et à l'entendement. *Esprits logiques et esprits intuitifs.* CONTR. **absurde, illogique · contradictoire, incohérent.**

ÉTYM. latin *logicus*, du grec *logikos* → ① logique.

> **-LOGIQUE** Élément d'adjectifs, correspondant à *-logie.*

LOGIQUEMENT [lɔʒikmɑ̃] adv. 1. Conformément à la logique. *Raisonner logiquement.* 2. (en tête de phrase, en incise) D'une façon nécessaire, logique (3). *Logiquement, les choses devraient s'arranger,* si tout se passait normalement.

ÉTYM. de ② *logique.*

LOGIS [lɔʒi] n. m. ✦ LITTÉR. Endroit où on loge, où on habite. SYN. **demeure, domicile, habitation, logement, maison.** *Quitter le logis familial.*

ÉTYM. de *loger.*

LOGISTIQUE [lɔʒistik] n. f. 1. MILIT. Techniques de transport, ravitaillement et logement des troupes. 2. Moyens et méthodes d'organisation matérielle (d'une entreprise). 3. adj. *Soutien logistique* (sens 1 et 2).

ÉTYM. bas latin *logisticus*, du grec *logistikos.*

LOGO [lɔgo] n. m. → LOGOTYPE

LOGOMACHIE [lɔgɔmaʃi] n. f. ✦ DIDACT. 1. Dispute, querelle sur les mots. 2. Verbalisme, discours creux.

ÉTYM. grec *logomakhia*, de *logos* «parole» et *makhia* «combat».

LOGORRHÉE [lɔgɔʀe] n. f. ✦ DIDACT. Flux de paroles.

ÉTYM. du grec *logos* «parole» et de *-rrhée.*

LOGOS [lɔgos ; lɔgɔs] n. m. ✦ DIDACT. 1. Être semi-divin, esprit raisonnable. ➖ THÉOL. Le Verbe* divin. 2. Langage en tant qu'instrument de la raison.

ÉTYM. mot grec «parole, raison» → -logie, ① logique.

LOGOTYPE [lɔgɔtip] n. m. ✦ Groupe de lettres liées. ➖ Symbole graphique d'une marque (abrév. LOGO).

ÉTYM. du grec *logos* «science, discours» et de *type.*

> **-LOGUE** Élément, du grec *logos* «discours», qui signifie «savant, spécialiste (d'une science)». → **-logie.**

LOI [lwa] n. f. **I** Règle impérative. 1. Règle ou ensemble de règles obligatoires établies par l'autorité souveraine d'une société et sanctionnées par la force publique. *Les lois d'un État, d'un pays.* → **législation** ; ③ **droit.** *Recueil de lois.* → **code.** *Lois et institutions*.* ➖ Disposition prise par le pouvoir législatif (Chambre, Parlement). *Projet de loi,* émanant du gouvernement ; *proposition de loi,* d'initiative parlementaire. ➖ *LOI-CADRE :* servant de cadre à des textes d'application. *Des lois-cadres.* 2. *LA LOI :* l'ensemble des règles juridiques. SYN. ③ **droit, législation.** *Conforme à la loi.* → **légal.** *Au nom de la loi, je vous arrête ! Braver la loi.*

Se mettre en dehors de la loi. SYN. **légalité.** *Être hors la loi.* → **hors-la-loi.** ➛ *Homme de loi,* juriste, magistrat. **3.** (après un v. exprimant l'ordre) Commandement que l'on donne. *Dicter, faire la loi à qqn.* ➛ *FAIRE LA LOI :* commander. *Il ne viendra pas faire la loi chez moi !* **4.** Règle, condition imposée par les choses, les circonstances. *La loi de la jungle. La loi du plus fort.* **5.** Règle exprimant la volonté de Dieu. SYN. **commandement.** *Les tables de la Loi. Loi islamique*.* → **charia.** **6.** au plur. Règles ou conventions établies dans les rapports sociaux, dans la pratique d'un art, d'un jeu, etc. SYN. **règle.** **II** Règle exprimant un idéal, une norme. **1.** Règle dictée à l'homme par sa conscience, sa raison. *Loi morale.* SYN. ② **devoir, précepte, principe.** **2.** *Les lois du beau, de l'art,* les conditions de la perfection esthétique. SYN. ② **canon, norme.** **III** Formule générale, non impérative, énonçant un rapport constant entre des phénomènes. ➛ SC. *Lois physiques. Découvrir, trouver une loi. C'est un défi aux lois de l'équilibre.* ➛ *Lois biologiques. Lois économiques. Les lois du marché.*
ÉTYM. latin *lex, legis.*

LOIN [lwɛ̃] **adv.** et **n. m.**
I adv. **1.** À une grande distance (d'un observateur ou d'un point d'origine). *Être loin, très loin. Aller trop loin.* → **dépasser.** *Les fuyards sont loin.* ➛ loc. *Aller loin* (au futur), réussir. *Elle ira loin.* ➛ *Aller trop loin,* exagérer. ➛ *Une affaire qui peut aller loin,* avoir de graves conséquences. **2.** Dans un temps jugé éloigné (du présent ou d'un temps de référence). *L'été n'est plus bien loin.* ➛ *Comme c'est loin !* SYN. **vieux.** ➛ *Sans remonter si loin,* il n'y a pas si longtemps. ➛ *Voir loin,* avoir une grande prévoyance. CONTR. **près.**
II n. m. (dans des loc.) **1.** *IL Y A LOIN :* il y a une grande distance. *Il y a loin de l'hôtel à la plage. Il y a loin,* il y a une grande différence. **2.** *AU LOIN* **loc. adv. :** dans un lieu éloigné. *Aller, partir au loin,* s'éloigner. *Voir, apercevoir qqch. au loin.* → dans le **lointain.** **3.** *DE LOIN* **loc. adv. :** d'un lieu éloigné. *Voir, apercevoir de loin une personne. Suivre de loin les évènements,* sans y être mêlé. ➛ *Revenir de loin,* d'une situation très grave. ♦ De beaucoup, par une grande différence. *C'est de loin son meilleur roman.* ♦ (dans le temps) *Dater de loin, de très loin,* d'un temps très ancien. **4.** *DE LOIN EN LOIN* **loc. adv. :** par intervalles. *Ils ne se voient plus que de loin en loin,* de temps en temps.
III *LOIN DE* **loc. prép.** **1.** À une grande distance. ➛ *Non loin de,* assez près de. prov. *Loin des yeux, loin du cœur,* les absents sont vite oubliés. ➛ loc. *Loin de moi la pensée de...,* j'écarte cette pensée avec mépris. *LOIN DE LÀ :* bien au contraire. *Il n'est pas jaloux, loin de là !* **2.** Dans un temps éloigné, à une époque lointaine (future ou passée). *Tous ces souvenirs sont déjà bien loin de nous.* **3.** *PAS LOIN DE :* presque. *Il n'est pas loin de minuit.* **4.** *ÊTRE LOIN DE* (+ inf.) (négation emphatique). *Il était loin de s'attendre à cela,* il ne s'y attendait pas du tout.
IV *D'AUSSI LOIN QUE, DU PLUS LOIN QUE* **loc. conj. :** dès que. *D'aussi loin, du plus loin qu'il me vit.*
ÉTYM. latin *longe* «au loin».

LOINTAIN, AINE [lwɛ̃tɛ̃, ɛn] **adj.** et **n. m.**
I adj. **1.** Qui est à une grande distance dans l'espace. SYN. **distant, éloigné ;** → **loin.** *Partir dans un pays lointain. Un lointain exil. Rumeur lointaine.* **2.** fig. Qui n'est pas proche, direct. *Une ressemblance lointaine.* SYN. ③ **vague.** **3.** Très éloigné dans le temps. *Passé, avenir lointain.* CONTR. **proche, voisin • récent.**
II n. m. **1.** Partie d'un tableau représentant des lieux, des objets éloignés du premier plan. *Les lointains de Vinci.* **2.** Plan situé dans l'éloignement. *Dans le lointain, au lointain, on aperçoit...* SYN. **arrière-plan, fond.**
ÉTYM. bas latin *longitanus,* de *longe* «loin».

LOIR [lwaʀ] **n. m.** ✦ Petit mammifère rongeur, hibernant, à poil gris et à queue touffue. ➛ loc. FAM. *Dormir comme un loir,* beaucoup et profondément. *Être paresseux comme un loir.*
ÉTYM. latin *glis, gliris,* avec chute du *g.*

LOISIBLE [lwazibl] **adj.** ✦ *Il lui est, il m'est loisible de refuser,* il lui est (il m'est) permis, il a (j'ai) la possibilité de.
ÉTYM. de l'ancien verbe *loisir* → loisir.

LOISIR [lwaziʀ] **n. m.** **I** **1.** Temps dont on dispose pour faire commodément qqch. *Mes occupations ne me laissent pas le loisir de vous écrire.* **2.** surtout plur. Temps dont on peut librement disposer en dehors de ses occupations habituelles et des contraintes. SYN. **liberté** (I, 2). *Avoir beaucoup de loisirs.* **3.** au plur. Distractions, pendant le temps de liberté. *Des loisirs coûteux. Loisirs créatifs.* **II** *À LOISIR, TOUT À LOISIR* **loc. adv. :** en prenant tout son temps, à son aise. ➛ Autant qu'on le désire, avec plaisir et à satiété. *Pouvoir dormir tout à loisir.*
ÉTYM. de l'anc. v. *loisir* «être permis», latin *licere.*

LOL [lɔl] **interj.** ✦ anglicisme FAM. Interjection soulignant l'ironie d'un propos (surtout écrit).
ÉTYM. sigle anglais, de *laughing out loud* «mort de rire».

LOLO [lolo] **n. m.** ✦ FAM. Lait.
ÉTYM. onomatopée enfantine.

LOMBAGO → LUMBAGO

LOMBAIRE [lɔ̃bɛʀ] **adj.** ✦ Qui appartient aux lombes, se situe dans les lombes. *Région lombaire. Les cinq vertèbres lombaires.*
ÉTYM. de *lombes.*

LOMBES [lɔ̃b] **n. m. pl.** ✦ Régions postérieures de l'abdomen, situées symétriquement à droite et à gauche de la colonne vertébrale. SYN. **rein ;** → **lombaire.**
ÉTYM. latin *lumbus,* pluriel *lumbi* «rein» et «dos».

LOMBRIC [lɔ̃bʀik] **n. m.** ✦ Ver de terre. *Des lombrics.*
ÉTYM. latin *lumbricus.*

LOMPE → LUMP

LONG, LONGUE [lɔ̃, lɔ̃g] **adj.** et **n. m.**
I adj. **1.** (avant le n.) Qui a une étendue supérieure à la moyenne dans le sens de la longueur. SYN. **grand.** *Une longue tige. Un long nez.* ♦ Qui couvre une grande étendue, qui s'étend sur une grande distance. *Il faisait de longues enjambées.* **2.** (après le n.) Dont la grande dimension *(longueur)* est importante par rapport aux autres dimensions. *Porter les cheveux longs. Robe longue.* **3.** *LONG DE* (telle grandeur). *Description trop longue d'un tiers.* **4.** (langage, discours) *Un long roman.* ➛ par ext. *L'orateur a été trop long.* CONTR. ① **court • concis.**
II adj. (dans le temps) **1.** Qui a une durée très étendue. *Un long hiver. Il resta un long moment dans cet état.* → **longtemps.** *Il guérira mais ce sera long. Traitement de longue durée.* ➛ *Trouver le temps long.* ♦ *Syllabe, voyelle, note longue* (ou *une longue*). ♦ Qui dure longtemps et ne se répète pas souvent. ➛ *À de longs intervalles,* de loin en loin. **2.** Qui remonte loin dans le temps. SYN. **ancien, vieux.** *Une longue habitude.* *DE*

A B C D E F G H I J K L M N O P Q R S T U V W X Y Z

LONGUE DATE : depuis longtemps. 3. Éloigné dans l'avenir. *À plus ou moins longue échéance.* ➝ *À LA LONGUE* **loc. adv.** : avec le temps. *À la longue, il s'est consolé.* → **finalement.** 4. *Long (à),* lent. *Le feu a été long à s'éteindre.* ➝ FAM. *C'est long à venir, cette réponse.* 5. *LONG DE :* de telle ou telle durée. *Une absence longue de deux mois.* CONTR. ① **bref • proche • prompt, rapide.**
III n. m. 1. (précédé de *au, de, en*) *Cette table a, mesure 1,20 m de long.* SYN. **longueur.** ➝ *Tomber DE TOUT SON LONG :* en se retrouvant allongé par terre. ➝ *DE LONG EN LARGE,* en faisant des allées et venues dans un espace restreint. *Raconter qqch. en long et en large,* sous tous les aspects, dans le détail. ➝ *TOUT DU LONG :* en suivant sur toute la longueur. *L'ourlet est décousu tout du long.* ➝ *AU LONG, TOUT AU LONG :* complètement. *Racontez-moi cela tout au long,* en détail. 2. *AU LONG DE, LE LONG DE, TOUT LE LONG, TOUT DU LONG DE* **loc. prép.** : en suivant sur toute la longueur (de). *Il marchait le long des rues.* → **longer, suivre.** ➝ (dans le temps) Durant. *Tout le long du jour,* pendant tout le jour.
IV adv. 1. Beaucoup. *En savoir long.* 2. Avec un vêtement long. *Elle est habillée trop long.*
ÉTYM. latin *longus.*

LONGANIMITÉ [lɔ̃ganimite] **n. f.** ✦ LITTÉR. Patience à supporter (les souffrances, ce qu'on aurait le pouvoir de réprimer). SYN. **indulgence, mansuétude.**
► **LONGANIME** [lɔ̃ganim] **adj.**
ÉTYM. bas latin *longanimitas,* de *longus* «patient» et *anima* «âme».

LONG-COURRIER [lɔ̃kuʀje] **adj. m.** et **n. m.** ✦ Se dit d'un bâtiment qui navigue au long cours ; des avions de transport sur les longs parcours. *Avions long-courriers.* ➝ **n. m.** *Des long-courriers* ou *des longs-courriers.*

① **LONGE** [lɔ̃ʒ] **n. f.** ✦ *Longe (de veau, de chevreuil, de porc),* morceau dans la moitié de l'échine.
ÉTYM. latin populaire *lombea,* de *lumbus* → lombes.

② **LONGE** [lɔ̃ʒ] **n. f.** ✦ Corde, courroie qui sert à attacher un cheval, un animal domestique. *Mener un cheval par la longe.*
ÉTYM. ancien féminin de *long.*

LONGER [lɔ̃ʒe] **v. tr.** (conjug. 5) 1. Aller le long de (qqch.), en en suivant le bord, en marchant auprès. SYN. **côtoyer.** *Longer les murs pour se cacher.* SYN. **raser.** 2. (choses) Être, s'étendre le long de. SYN. **border, côtoyer.** *La route longe la mer.*
ÉTYM. de *long.*

LONGERON [lɔ̃ʒʀɔ̃] **n. m.** ✦ Poutre, pièce transversale (d'une charpente, d'un châssis).
ÉTYM. de *long.*

LONGÉVITÉ [lɔ̃ʒevite] **n. f.** ✦ Longue durée de la vie (d'un individu, d'un groupe, d'une espèce).
ÉTYM. bas latin *longaevitas,* de *longus* «long» et *aevium* «âge».

| **LONGI-** Élément savant, du latin *longus* «long».

LONGILIGNE [lɔ̃ʒiliɲ] **adj.** ✦ Dont le corps est mince, élancé ; aux membres longs.

LONGITUDE [lɔ̃ʒityd] **n. f.** ✦ Distance angulaire d'un point de la Terre au méridien d'origine, vers l'est ou l'ouest. *Île située par 60° de latitude sud et 40° 20′ de longitude ouest.*
ÉTYM. latin *longitudo* «longueur».

LONGITUDINAL, ALE, AUX [lɔ̃ʒitydinal, o] **adj.** ✦ Qui est dans le sens de la longueur. *Coupe longitudinale.* CONTR. **transversal.**
ÉTYM. du latin *longitudo* «longueur».

LONGTEMPS [lɔ̃tɑ̃] **adv.** et **n. m.**
I adv. Pendant un long espace de temps. *Parler longtemps.* SYN. **longuement.** *Il n'y a plus longtemps à attendre.* SYN. **beaucoup.** CONTR. **brièvement, rapidement.**
II n. m. 1. (compl. de prép.) *Depuis, pendant, pour longtemps. Des coutumes depuis longtemps disparues. Je n'en ai pas pour longtemps.* FAM. *Est-ce qu'il partira dans longtemps ?* ➝ *DE LONGTEMPS, AVANT LONGTEMPS. Je n'y retournerai pas de longtemps,* pas de sitôt. 2. *Il y a, voici longtemps.* → **autrefois, jadis.** CONTR. **peu.**
ÉTYM. de *long* et *temps.*

à la **LONGUE** [alalɔ̃g] **loc. adv.** → LONG (II, 3)

LONGUEMENT [lɔ̃gmɑ̃] **adv.** ✦ Pendant un long temps, avec longueur et continuité (d'une action). *Raconter longuement une histoire. Il a insisté longuement.* CONTR. **brièvement.**

LONGUET, ETTE [lɔ̃gɛ, ɛt] **adj.** ✦ FAM. Un peu long (en dimension ou en durée). *Son histoire est un peu longuette.*

LONGUEUR [lɔ̃gœʀ] **n. f.** **I** (dans l'espace) 1. Dimension d'une chose dans le sens de sa plus grande étendue (opposé à *largeur, hauteur, profondeur*). *Dans le sens de la longueur.* → **en long, longitudinal.** *Longueur et largeur d'une table.* ➝ *Saut en longueur.* 2. Grandeur qui mesure cette dimension. *Une longueur de 10 m ; 10 m de longueur.* 3. Unité définie par la longueur de la bête, du véhicule, et servant à évaluer la distance qui sépare les concurrents, notamment à l'arrivée d'une course. *Cheval qui gagne d'une longueur.* ➝ *Avoir UNE LONGUEUR D'AVANCE :* un avantage (sur un adversaire). 4. Grandeur linéaire fondamentale ; grandeur mesurant ce qui n'a qu'une dimension. *Les longueurs, les surfaces et les volumes.* ➝ *Longueur d'onde*.* **II** 1. Espace de temps. → **durée.** *Patience et longueur de temps.* ➝ *À LONGUEUR DE* **loc. prép.** : pendant toute la durée de. *Il travaille à longueur d'année.* 2. Longue durée. *La longueur des heures d'attente. Tirer les choses en longueur,* les faire durer. **III** 1. Durée (assez grande) nécessaire à la lecture, à l'expression (d'une œuvre). *Excusez la longueur de ma lettre.* 2. Passage trop long. *Il y a trop de longueurs dans ce film. Éviter les longueurs, les redites.*
ÉTYM. de *long.*

LONGUE-VUE [lɔ̃gvy] **n. f.** ✦ Lunette d'approche à fort grossissement. *Des longues-vues.*

LOOFA [lufa] → LUFFA

LOOK [luk] **n. m.** ✦ anglicisme Allure ; apparence. *Changer de look.*
ÉTYM. mot anglais «apparence», de *to look* «regarder».

LOOPING [lupiŋ] **n. m.** ✦ anglicisme Acrobatie aérienne consistant en une boucle dans le plan vertical. *Faire des loopings.*
ÉTYM. de l'anglais *looping the loop* «en bouclant la boucle».

LOPE [lɔp] **n. f.** ✦ ARGOT Homosexuel. ➝ Homme lâche.
ÉTYM. de *lopaille,* mot d'argot, déformation de *copaille* «homosexuel», de *copain.*

LOPIN [lɔpɛ̃] **n. m.** ✦ Petit morceau (de terrain), petit champ. *Un lopin de terre.*
ÉTYM. de l'ancien français *lope* «morceau».

LOQUACE [lɔkas] **adj.** ✦ Qui parle volontiers. SYN. **bavard.** *Vous n'êtes pas très loquace aujourd'hui.* CONTR. **silencieux, taciturne.**
ÉTYM. latin *loquax, loquacis,* de *loqui* «parler».

LOQUACITÉ [lɔkasite] **n. f.** ✦ LITTÉR. Disposition à parler beaucoup. SYN. **bagou, bavardage, volubilité.**
ÉTYM. latin *loquacitas.*

LOQUE [lɔk] **n. f.** **1.** surtout au plur. Vêtement usé et déchiré. SYN. **guenille, haillon.** ➙ *Être en loques. Un clochard vêtu de loques.* → **loqueteux. 2.** Personne effondrée, sans énergie. *C'est une loque humaine.*
HOM. ① LOCH «appareil», ② LOCH «lac en Écosse»
ÉTYM. ancien néerlandais *locke* «mèche, boucle».

LOQUET [lɔkɛ] **n. m.** ✦ Fermeture de porte se composant d'une tige mobile dont l'extrémité se bloque dans une pièce fixée. *Abaisser, soulever le loquet de la porte.*
ÉTYM. normand *loc,* d'origine germanique.

LOQUETEUX, EUSE [lɔk(ə)tø, øz] **adj.** **1.** (personnes) Vêtu de loques, de haillons. SYN. **déguenillé.** ➙ **n.** *Un loqueteux.* **2.** LITTÉR. En loques. *Habit loqueteux.*
ÉTYM. de l'ancien français *loquet* «frange», de *loque.*

LORD [lɔʀ(d)] **n. m.** ✦ Titre de noblesse en Grande-Bretagne. *La Chambre des lords.* ➙ Titre attribué à certains hauts fonctionnaires ou ministres britanniques. HOM. LORS (adv.)
ÉTYM. mot anglais «maître, seigneur».

LORDOSE [lɔʀdoz] **n. f.** ✦ ANAT. Courbure physiologique de la colonne vertébrale. ➙ MÉD. Exagération de cette courbure.
ÉTYM. grec *lordosis,* de *lordos* «voûte».

LORGNER [lɔʀɲe] **v. tr.** (conjug. 3a) **1.** Observer de façon particulière (de côté, avec insistance, à l'aide d'un instrument). SYN. **reluquer. 2.** Avoir des vues sur (qqch. que l'on convoite). SYN. **guigner.** *Lorgner une place.*
ÉTYM. de l'ancien français *lorgne* «louche».

LORGNETTE [lɔʀɲɛt] **n. f.** ✦ Petite lunette grossissante, au spectacle. ➙ **loc.** *Regarder, voir par le PETIT BOUT DE LA LORGNETTE :* ne voir des choses qu'un petit côté, dont on exagère l'importance ; avoir un esprit étroit.
ÉTYM. de *lorgner,* d'après *lunette.*

LORGNON [lɔʀɲɔ̃] **n. m.** ✦ Lunettes sans branches (SYN. **binocle, pince-nez).**
ÉTYM. de *lorgner.*

LORIOT [lɔʀjo] **n. m.** ✦ Oiseau plus petit que le merle, au plumage jaune vif sauf les ailes et la base du cou qui sont noires.
ÉTYM. de *loriol,* pour *l'oriol,* latin *aureolus* «doré», de *aurum* «or».

LORS [lɔʀ] **adv.** **1.** *LORS DE* **loc. prép. :** au moment de, à l'époque de. *Lors de ses études.* **2. loc. conj.** *DÈS LORS QUE :* du moment que ; étant donné que, puisque. ➙ LITTÉR. *LORS MÊME QUE* (+ indic. ou cond.) : même si, en dépit du fait que. *Lors même que vous insisteriez, il ne céderait pas.* HOM. LORD «noble anglais»
ÉTYM. latin *illa hora* «à cette heure».

LORSQUE [lɔʀsk(ə)] **conj. de temps** ✦ Le *e* de *lorsque* s'élide en général devant les voyelles. **1.** (simultanéité) Au moment où, quand. *Lorsqu'il est arrivé, nous finissions de déjeuner.* **2.** (opposition et simultanéité) *On fait des discours lorsqu'il faut agir,* alors qu'il faut agir.
ÉTYM. de *lors* et *que.*

LOSANGE [lɔzɑ̃ʒ] **n. m.** ✦ Parallélogramme dont les côtés sont égaux, en particulier lorsqu'il ne s'agit pas d'un carré.
ÉTYM. peut-être du gaulois *lausa* «pierre plate».

LOSER [luzœʀ] **n. m.** ✦ anglicisme FAM. Personne qui échoue en général. SYN. **perdant.** CONTR. ③ **battant, gagneur.**
ÉTYM. mot anglais, de *to lose* «perdre».

LOT [lo] **n. m.** **1.** Partie (d'un tout que l'on partage entre plusieurs personnes). *Diviser un terrain en lots.* → **lotissement. 2.** Quantité (de marchandises). SYN. **stock.** *Un lot de vêtements.* **3.** Ce qu'on gagne dans une loterie. *Le GROS LOT,* le plus important. **4.** LITTÉR. Ce que le hasard, la nature réserve à qqn. SYN. **apanage, destin, sort.** *La souffrance est son lot.*
ÉTYM. francique *lot.*

LOTERIE [lɔtʀi] **n. f.** **1.** Jeu de hasard où des lots sont attribués à ceux qui sont désignés par le sort. → **loto, tombola.** *Billet de loterie.* **2.** Ce qui est gouverné, réglé par le hasard. *La vie est une loterie.*
ÉTYM. néerlandais *loterij,* de *lot* → lot, ou italien *lotteria,* de *lotto* → loto.

LOTI, IE [lɔti] **adj.** ✦ *Être BIEN, MAL LOTI :* favorisé, défavorisé par le sort.
ÉTYM. du participe passé de *lotir.*

LOTION [losjɔ̃] **n. f.** ✦ Liquide utilisé pour rafraîchir le corps, le soigner. *Lotion capillaire. Lotion après rasage.* ➙ Application de ce liquide. SYN. **friction.** *Faire des lotions.*
ÉTYM. latin *lotio,* du p. passé de *lavare* «laver».

LOTIONNER [losjɔne] **v. tr.** (conjug. 3a) ✦ Soumettre à une lotion. *Lotionner une plaie.*

LOTIR [lɔtiʀ] **v. tr.** (conjug. 13) **1.** Partager, répartir par lots. *Terrains à lotir,* à mettre en vente par lots. **2.** Mettre (qqn) en possession d'un lot. *Après le partage, chacun a été loti d'une maison.*
ÉTYM. de *lot.*

LOTISSEMENT [lɔtismɑ̃] **n. m.** **1.** DR. Division par lots. *Le lotissement des immeubles d'une succession.* COUR. Vente ou location de parcelles de terrain. **2.** *Un lotissement,* ensemble des parcelles d'un terrain vendues pour la construction d'habitations ; cet ensemble d'habitations.
ÉTYM. de *lotir.*

LOTO [lɔto] **n. m.** **1.** Jeu de hasard où l'on doit pour gagner remplir le premier une carte portant plusieurs numéros, auxquels correspondent de petits cylindres de bois *(boules de loto)* ou des cartons numérotés tirés au hasard. ➙ **loc.** FAM. *Des yeux en BOULES DE LOTO :* tout ronds, surpris. **2.** (marque enregistrée) en France Jeu consistant à choisir des numéros en les cochant sur un bulletin, et où les numéros gagnants sont tirés au sort.
ÉTYM. italien *lotto,* emprunté au français *lot.*

LOTTE [lɔt] **n. f.** ✦ Poisson comestible, à peau épaisse, gluante, à la chair estimée. *Lotte à l'américaine.*
ÉTYM. peut-être gaulois *lotta.*

LOTUS [lɔtys] n. m. ✦ Nénuphar blanc (de l'Inde). *Le lotus sacré est un des principaux symboles de l'hindouisme.* ♦ Nénuphar du Nil. *Lotus bleu.*
ÉTYM. mot latin, du grec *lotos*, n. de plusieurs plantes.

① **LOUABLE** [lwabl] adj. ✦ Qui est digne de louange, qui mérite d'être loué. SYN. **estimable.** *Sentiments louables.* SYN. **honnête.** *De louables efforts.* SYN. **méritoire.** *C'est très louable de sa part.* CONTR. **blâmable, condamnable, répréhensible.**
ÉTYM. de ① *louer.*

② **LOUABLE** [lwabl] adj. ✦ Qu'on peut louer ②. *Studio louable au mois.*
ÉTYM. de ② *louer.*

LOUAGE [lwaʒ] n. m. ✦ DR. Location ; action de louer ②. *Contrat de louage. Louage de services,* contrat de travail. ➖ *Voiture de louage.*
ÉTYM. de ② *louer.*

LOUANGE [lwɑ̃ʒ] n. f. 1. LITTÉR. Action de louer ① (qqn ou qqch.) ; fait d'être loué. SYN. **éloge.** *Il faut dire à sa louange que...* 2. au plur. Témoignage verbal ou écrit d'admiration ou de grande estime. SYN. **compliment, félicitation.** *Son attitude mérite de grandes louanges.* ➖ loc. *Chanter les louanges de qqch.,* ses mérites. CONTR. **blâme,** ② **critique, reproche.**
ÉTYM. de ① *louer.*

LOUANGER [lwɑ̃ʒe] v. tr. (conjug. 5) ✦ LITTÉR. Couvrir de louanges ; faire l'éloge de. SYN. ① **louer, glorifier.** CONTR. **blâmer, critiquer, dénigrer.**
ÉTYM. de *louange.*

LOUANGEUR, EUSE [lwɑ̃ʒœʀ, øz] n. et adj. ✦ LITTÉR. (Personne) qui fait des louanges. ➖ Qui contient ou exprime une louange. SYN. **élogieux, laudatif.** *Paroles louangeuses.* CONTR. ② **critique, médisant.**

LOUBARD [lubaʀ] n. m. ✦ FAM. Jeune appartenant à une bande et dont le comportement est asocial.
ÉTYM. verlan de *balourd*, avec changement de sens.

① **LOUCHE** [luʃ] adj. ✦ Qui n'est pas clair, pas honnête. SYN. **suspect,** ① **trouble.** *Affaires, manœuvres louches. C'est louche,* bizarre et suspect. *Un individu louche.* SYN. FAM. **chelou.** CONTR. **clair,** ② **franc,** ① **net.**
ÉTYM. latin *lusca*, féminin de *luscus* «borgne».

② **LOUCHE** [luʃ] n. f. 1. Grande cuiller à long manche pour servir le potage, les mets liquides. ♦ loc. *À la louche :* par grosses portions ; fig. grossièrement. *Devis fait à la louche.* 2. FAM. *Serrer la louche à qqn,* la main.
ÉTYM. francique *lotja.*

LOUCHER [luʃe] v. intr. (conjug. 3a) 1. Être atteint de strabisme ; avoir les axes visuels des deux yeux non parallèles. ➞ FAM. **bigler.** 2. FAM. *Faire loucher qqn,* provoquer sa curiosité, son envie. ➖ *LOUCHER SUR, VERS :* jeter des regards pleins de convoitise sur (qqn ou qqch.). SYN. **guigner, lorgner.**
ÉTYM. de ① *louche.*

① **LOUER** [lwe] v. tr. (conjug. 3a) 1. Déclarer (qqn ou qqch.) digne d'admiration ou de très grande estime. SYN. **exalter, louanger.** *Louer qqn sans mesure.* SYN. **encenser, flatter.** 2. *LOUER qqn DE* ou *POUR qqch.* SYN. **féliciter.** 3. *Louer Dieu, le Seigneur.* SYN. **bénir, glorifier.** loc. *Dieu soit loué !,* exclamation de joie, de soulagement. 4. *SE LOUER* v. pron. *Se louer de qqch.,* témoigner ou s'avouer la vive satisfaction qu'on en éprouve. SYN. **s'applaudir, se féliciter.** *Je me loue d'avoir accepté son offre.* ➖ *Se louer de qqn,* être satisfait de lui. CONTR. **blâmer, critiquer.**
ÉTYM. latin *laudare*, de *laus, laudis* «éloge».

② **LOUER** [lwe] v. tr. (conjug. 3a) I Donner (qqch.) en location. *Louer une chambre meublée à un étudiant.* ➞ aussi **sous-louer.** *Maison à louer.* ➖ pronom. (passif) Être à louer. *Cet appartement doit se louer cher.* II 1. Prendre en location, à bail. *Louer un appartement,* en être locataire. *Louer une voiture pour deux jours.* ➞ **location, louage.** 2. Réserver, retenir en payant. *Louer sa place dans un train, un avion ; au spectacle.*
ÉTYM. latin *locare* «placer», de *locus* «lieu».

LOUEUR, LOUEUSE [lwœʀ, lwøz] n. ✦ Personne qui fait métier de donner (des voitures, des sièges, etc.) en location.
ÉTYM. de ② *louer.*

LOUFOQUE [lufɔk] adj. ✦ FAM. Fou. SYN. **dingue, farfelu.** *Il a l'air un peu loufoque* (variantes *louf* [luf], *louftingue* [luftɛ̃g]). ➖ *Une histoire loufoque,* absurde et comique.
ÉTYM. déformation argotique de *fou.*

LOUFOQUERIE [lufɔkʀi] n. f. ✦ Caractère loufoque. ➖ Acte absurde.

LOUIS [lwi] n. m. 1. Ancienne monnaie d'or, à l'effigie du roi de France. ☛ Louis XIV p. 172. 2. Pièce d'or française de vingt francs. SYN. **napoléon.** *Des louis d'or.* ♦ VX Somme de vingt francs (or), au jeu.
ÉTYM. du nom de *Louis XIII.* ☛ noms propres.

LOUKOUM [lukum] n. m. ✦ Confiserie orientale, faite d'une pâte aromatisée enrobée de sucre glace.
ÉTYM. turc *rahat-lokum*, de l'arabe «repos *(raha)* du gosier *(hulqum)*».

LOULOU [lulu] n. m. I Petit chien d'appartement au museau pointu, à long poil, à grosse queue touffue. *Loulou de Poméranie.* II FAM. 1. terme d'affection ➖ (fém. LOULOUTE [lulut]) *Mon gros loulou.* SYN. **loup** (I, 2). 2. Mauvais garçon. SYN. **loubard, voyou.** *Une bande de loulous.*
ÉTYM. de *loup*, redoublé.

LOUP [lu] n. m. I 1. Mammifère carnivore sauvage, qui ressemble à un grand chien (➞ **chien-loup**). *Le loup, la louve* et leurs louveteaux. Le loup hurle.* ➖ loc. *Une faim de loup,* une faim vorace. *Un froid de loup,* très rigoureux. *Être connu comme le loup blanc,* très connu. ➖ loc. prov. *Quand on parle du loup, on en voit la queue,* se dit lorsqu'une personne survient au moment où l'on parle d'elle. ➖ prov. *L'homme est un loup pour l'homme.* ♦ fig. *Un jeune loup,* un jeune arriviste. 2. FAM. Terme d'affection. *Mon loup, mon petit loup.* SYN. FAM. **loulou.** 3. FAM. *LOUP DE MER :* marin qui a beaucoup navigué. 4. Poisson comestible de la Méditerranée. SYN. ① **bar.** *Loup au fenouil.* II Masque de velours noir qu'on porte dans les bals masqués. III 1. VX Chancre. SYN. **lupus.** 2. Défectuosité dans un ouvrage (➞ **louper**).
ÉTYM. latin *lupus.*

LOUP-CERVIER [lusɛʀvje] n. m. ✦ Lynx du nord de l'Europe. *Des loups-cerviers.*
ÉTYM. de *loup* et *cervier*, de *cerf.*

① **LOUPE** [lup] n. f. 1. Excroissance du bois de certains arbres. SYN. **nœud.** 2. Kyste sébacé du cuir chevelu.
ÉTYM. peut-être d'un radical gallo-roman *lopp-*, ou du francique *luppa* «masse informe».

② **LOUPE** [lup] **n. f.** ✦ Instrument d'optique, lentille convexe et grossissante. *Lire avec une loupe.* ➝ *Regarder une chose à la loupe,* l'examiner avec une grande minutie.

ÉTYM. de ① *loupe*, par analogie de forme, comme *lentille*.

LOUPER [lupe] **v. tr.** (conjug. 3a) ✦ FAM. **1.** Ne pas réussir (un travail, une action). SYN. **manquer, rater.** *Il a loupé son examen. Il n'en loupe pas une,* il fait toutes les sottises. ➝ au p. passé Raté, manqué. *Une sauce loupée.* **2.** Ne pouvoir prendre, laisser échapper. *Tu vas louper ton train.* **3.** intrans. *Tout a loupé. Ça n'a pas loupé,* ça devait arriver.

ÉTYM. de ① *loupe* ou de *loup* (III) dans *faire un loup*.

LOUP-GAROU [lugaʀu] **n. m.** ✦ Personnage malfaisant des légendes populaires, homme-loup qui passait pour errer la nuit dans les campagnes. SYN. **lycanthrope.** *Des loups-garous.*

ÉTYM. renforcement par *loup* de *garou* «homme-loup», francique *wariwulf*.

LOUPIOTE [lupjɔt] **n. f.** ✦ FAM. Petite lampe, lumière.

ÉTYM. de *loupe* «bougie», mot régional.

LOURD, LOURDE [luʀ, luʀd] **adj.** **I** **1.** Difficile à déplacer, en raison de son poids. SYN. **pesant.** *Une lourde charge. Une valise très lourde.* ◆ Qui gêne par une impression de pesanteur. *Tête lourde, estomac lourd. Se sentir les jambes lourdes.* ◆ *Terrain lourd,* compact, difficile à labourer ; en sport détrempé. **2.** Dont le poids est élevé ou supérieur à la moyenne. *Artillerie lourde. Industrie lourde,* grosse* industrie. *Poids* lourd.* ◆ Dont la densité est élevée. *Un gaz, un corps plus lourd que l'air.* **3.** loc. *Avoir* LA MAIN LOURDE : frapper fort ; punir sévèrement. ➝ Peser, verser en trop grande abondance. *Tu as eu la main lourde en te parfumant.* **4.** Difficile à supporter. *Avoir de lourdes charges.* SYN. **écrasant.** *Lourde responsabilité. Lourde hérédité,* chargée. **5.** Qui accable, oppresse, pèse. *Le temps est lourd.* FAM. *Il fait lourd.* ◆ *Aliments lourds.* SYN. **indigeste.** **6.** *LOURD (DE)* : chargé (de). *Phrase lourde de sous-entendus, de menaces.* SYN. ① **plein, rempli.** **7.** Qui donne une impression de lourdeur, de pesanteur, sur les sens. ➝ (Sur la vue, par son aspect) *Une architecture lourde.* SYN. ① **massif ;** ➞ **épais.** ➝ (Sur l'odorat) *Parfum lourd.* SYN. ① **fort.** ➝ (Sur le goût) *Un vin lourd et râpeux.* **8.** **adv.** *PESER LOURD.* ➞ **beaucoup.** *Cette malle pèse lourd.* ➝ loc. *Cela ne pèsera pas lourd dans la balance,* n'aura pas grande importance. ➝ FAM. *Il n'en sait, il n'en fait PAS LOURD,* pas beaucoup. **II** Maladroit. **1.** (personnes) Qui manque de finesse, de subtilité. SYN. **balourd, épais, grossier, lourdaud.** *Il est plutôt lourd.* **2.** Qui manifeste de la maladresse intellectuelle. SYN. **maladroit.** *Style lourd.* SYN. **embarrassé.** **3.** Qui se déplace, se meut avec maladresse, gaucherie, lenteur. SYN. **empoté.** *Une démarche lourde.* CONTR. **léger • élégant, gracieux ; délicat •** ② **fin, subtil • adroit,** ① **alerte.**

ÉTYM. peut-être latin populaire *lurdus*, de *luridus* «jaune, blême».

LOURDAUD, AUDE [luʀdo, od] **n. et adj.** **1.** **n.** Personne lourde, maladroite (au moral et au physique). *C'est un lourdaud.* **2.** **adj.** *Elle est un peu lourdaude.* SYN. **balourd.** CONTR. **adroit, subtil.**

LOURDEMENT [luʀdəmɑ̃] **adv.** **1.** De tout son poids, de toute sa force. *Tomber lourdement.* ➝ *Peser lourdement sur,* avoir des conséquences importantes pour. **2.** Avec une charge, un matériel pesants. SYN. **pesamment.** *Camions lourdement chargés.* **3.** Maladroitement. *Appuyer, insister lourdement.* ➝ *Se tromper lourdement.* SYN. **grossièrement.** CONTR. **légèrement • adroitement.**

ÉTYM. de *lourd*.

LOURDER [luʀde] **v. tr.** (conjug. 3a) ✦ FAM. Mettre à la porte. *Il s'est fait lourder.* SYN. **licencier,** FAM. **virer.** ➝ Se débarrasser de (qqn, qqch.).

ÉTYM. de *lourde*, argot «porte», de *lourd*.

LOURDEUR [luʀdœʀ] **n. f.** **I** **1.** Caractère de ce qui est difficile à supporter. *La lourdeur de l'impôt.* ◆ *(Une, des lourdeurs)* Impression de pesanteur pénible. *Des lourdeurs d'estomac.* **2.** Caractère massif, pesant. *Lourdeur des formes.* **II** Gaucherie, maladresse. *Lourdeur de la démarche.* ➝ Manque de finesse, de vivacité, de délicatesse. *Lourdeur d'esprit.* SYN. **épaisseur, lenteur, pesanteur.** ➝ *La lourdeur d'une phrase, du style.* CONTR. **légèreté • aisance, souplesse ; finesse, subtilité.**

ÉTYM. de *lourd*.

LOUSTIC [lustik] **n. m.** ✦ Farceur, plaisantin. *Faire le loustic.* ◆ FAM. péj. Homme, type. *C'est un drôle de loustic.*

ÉTYM. allemand *lustig* «gai, joyeux».

LOUTRE [lutʀ] **n. f.** **1.** Petit mammifère carnivore, à pelage brun épais et court, à pattes palmées, se nourrissant de poissons et de gibier d'eau. **2.** Fourrure de cet animal. *Un manteau de loutre.*

ÉTYM. latin *lutra*.

LOUVE [luv] **n. f.** ✦ Femelle du loup. *La louve et ses louveteaux.*

ÉTYM. latin *lupa* (aussi «prostituée» → lupanar), de *lupus* «loup».

LOUVETEAU [luv(ə)to] **n. m.** **1.** Petit du loup et de la louve. **2.** Scout de moins de douze ans.

ÉTYM. de *louvet*, diminutif de *loup*.

LOUVETERIE [luvɛtʀi ; luv(ə)tʀi] ou **LOUVÈTERIE** [luvɛtʀi] **n. f.** ✦ VX Chasse aux loups et aux grands animaux nuisibles. ➝ MOD. *Lieutenant de louveterie* (ou *louvetier* [luv(ə)tje] **n. m.**). ➝ Écrire *louvèterie* avec un accent grave est permis.

ÉTYM. de *loup, louve*.

LOUVOIEMENT [luvwamɑ̃] **n. m.** ✦ Action de louvoyer. SYN. **détour.**

ÉTYM. de *louvoyer*.

LOUVOYER [luvwaje] **v. intr.** (conjug. 10) **1.** Naviguer en zigzag pour utiliser un vent contraire. **2.** Prendre des détours pour atteindre un but. SYN. **biaiser, tergiverser.** *Il louvoyait pour éviter de répondre.*

ÉTYM. de *louf*, variante de *lof*.

LOVER [lɔve] **v. tr.** (conjug. 3a) **1.** MAR. Ramasser en rond (un câble, un cordage). **2.** *SE LOVER* **v. pron.** S'enrouler sur soi-même. *Le serpent se love pour dormir.* ➝ Se pelotonner. *Se lover dans un fauteuil.*

ÉTYM. bas allemand *lofen* ; famille de *lof*.

LOW COST [lokɔst] **adj. invar.** ✦ anglicisme À bas prix. *Des vols low cost.* ➝ recomm. offic. *à bas prix* ou *à bas coût.*

ÉTYM. mots anglais, de *low* «bas» et *cost* «coût».

LOYAL, ALE, AUX [lwajal, o] **adj.** ✦ Qui obéit aux lois de l'honneur et de la probité. SYN. **honnête.** *Un ami loyal et dévoué.* SYN. **sincère.** *Adversaire, ennemi loyal.* SYN. ① **droit,** FAM. **régulier.** ➝ *Remercier qqn pour ses bons*

A B C D E F G H I J K L M N O P Q R S T U V W X Y Z

et loyaux services. CONTR. **déloyal, hypocrite, perfide.**

► **LOYALEMENT** [lwajalmɑ̃] adv. *Combattre, discuter loyalement.*

ÉTYM. latin *legalis* ; doublet de *légal.*

LOYALISME [lwajalism] n. m. ✦ Attachement dévoué à une cause. SYN. **dévouement.**

ÉTYM. de *loyal.*

LOYAUTÉ [lwajote] n. f. ✦ Caractère loyal, fidélité à tenir ses engagements. SYN. **droiture, honnêteté.** *Reconnaître avec loyauté les mérites de l'adversaire. La loyauté de sa conduite.* CONTR. **déloyauté, hypocrisie, perfidie.**

ÉTYM. de *loyal.*

LOYER [lwaje] n. m. **1.** Prix de la location d'un local d'habitation, professionnel. *Loyer élevé, petit loyer. Échéance du loyer.* → ① **terme. 2.** *Le loyer de l'argent,* le taux de l'intérêt. **3.** DR. Bail, location (d'une chose quelconque).

ÉTYM. latin *locarium* «prix d'un emplacement», de *locare* «② louer».

L. S. D. [ɛlɛsde] n. m. invar. ✦ Substance hallucinogène. SYN. **acide.**

ÉTYM. sigle américain, de l'allemand *Lyserg Säure Diäthylamid* «acide lysergique diéthylamide».

LUBIE [lybi] n. f. ✦ Idée, envie capricieuse, parfois déraisonnable. SYN. **caprice, fantaisie,** ① **folie.** *C'est sa dernière lubie.*

ÉTYM. origine obscure ; peut-être latin *libet, lubet* «il plaît».

LUBRICITÉ [lybʀisite] n. f. ✦ Penchant effréné ou irrésistible pour la luxure, la sensualité brutale. SYN. **impudicité.** *Se livrer à la lubricité.* SYN. **débauche.** CONTR. **chasteté.**

ÉTYM. bas latin *lubricitas* → lubrique.

LUBRIFIANT, ANTE [lybʀifjɑ̃, ɑ̃t] adj. ✦ Qui lubrifie. *Liquide lubrifiant.* ➝ n. m. *Un lubrifiant.*

LUBRIFICATION [lybʀifikasjɔ̃] n. f. ✦ Action de lubrifier. *La lubrification des rouages d'une machine.*

LUBRIFIER [lybʀifje] v. tr. (conjug. 9) ✦ Enduire d'une matière onctueuse qui atténue les frottements, facilite le fonctionnement. SYN. **huiler, oindre.** ➝ *Lubrifier un moteur.* SYN. **graisser.**

ÉTYM. du latin *lubricus* «glissant», suffixe *-fier.*

LUBRIQUE [lybʀik] adj. ✦ Qui manifeste un fort penchant pour la luxure. ➝ plais. *Un regard lubrique,* concupiscent ; envieux. CONTR. **chaste.**

ÉTYM. latin *lubricus* «glissant», puis «dangereux» et en latin religieux «qui fait tomber dans le péché, la luxure».

LUCANE [lykan] n. m. ✦ Cerf-volant (insecte).

ÉTYM. latin scientifique *lucanus,* «scarabée» en latin classique.

LUCARNE [lykaʀn] n. f. **1.** Petite fenêtre, pratiquée dans le toit d'un bâtiment. *Les lucarnes d'un grenier.* **2.** Petite ouverture (dans un mur, une paroi). *La lucarne d'un cachot.* ➝ *La petite lucarne, les étranges lucarnes :* la télévision.

ÉTYM. francique *lukinna,* de *luk* «trappe, volet».

LUCIDE [lysid] adj. **1.** Qui perçoit, comprend, exprime les choses avec clarté, perspicacité. *Esprit, intelligence lucide.* SYN. **clair, clairvoyant, pénétrant, perspicace. 2.** Clairvoyant sur son propre comportement. SYN. **conscient.** CONTR. **inconscient • aveugle.**

ÉTYM. latin *lucidus* «brillant», de *lux, lucis* «lumière».

LUCIDEMENT [lysidmɑ̃] adv. ✦ LITTÉR. D'une manière lucide, avec clarté.

LUCIDITÉ [lysidite] n. f. **1.** Qualité d'une personne, d'un esprit lucide. SYN. **clairvoyance, pénétration ;** → **acuité.** *Analyse d'une grande lucidité.* **2.** Fonctionnement normal des facultés intellectuelles. SYN. **conscience.** *Le malade a quelques moments de lucidité.* CONTR. **aveuglement, égarement.**

ÉTYM. latin *luciditas* «clarté».

LUCIOLE [lysjɔl] n. f. ✦ Insecte dont l'adulte est ailé et lumineux (parfois confondu avec le ver luisant).

ÉTYM. italien *lucciola,* de *luce* «lumière», latin *lux, lucis.*

LUCRATIF, IVE [lykʀatif, iv] adj. ✦ Qui procure un gain, des profits, des bénéfices. *Travail lucratif. Association à but non lucratif.* CONTR. **bénévole, désintéressé.**

ÉTYM. latin *lucrativus* → lucre.

LUCRE [lykʀ] n. m. ✦ LITTÉR. péj. Gain, profit recherché avec avidité. *Le goût, l'amour, la passion du lucre.*

ÉTYM. latin *lucrum.*

LUDION [lydjɔ̃] n. m. ✦ Dispositif enfermé dans un bocal, qui monte et descend quand on y fait varier la pression. ➝ fig. Personnage ballotté par les circonstances.

ÉTYM. latin *ludio* «baladin», de *ludere* «jouer».

LUDIQUE [lydik] adj. ✦ DIDACT. Relatif au jeu. *Activité ludique des enfants.*

ÉTYM. du latin *ludus* «jeu».

> **LUDO-** Élément, du latin *ludus* «jeu» (ex. *ludothèque* [lydɔtɛk] n. f. «centre de prêt de jouets et jeux»).

LUETTE [lɥɛt] n. f. ✦ Prolongement vertical du bord postérieur du voile du palais, formant un petit appendice charnu, à l'entrée du gosier.

ÉTYM. de l'ancien français *l'uete,* d'un diminutif latin de *uva* «raisin».

LUEUR [lɥœʀ] n. f. **1.** Lumière faible, diffuse, ou encore brusque, éphémère. *Les premières lueurs de l'aube. À la lueur d'un feu.* **2.** Expression vive et momentanée (du regard). *Avoir une lueur de colère dans les yeux.* SYN. ① **éclair, éclat, flamme. 3.** fig. Illumination soudaine, faible ou passagère ; légère apparence ou trace. *Avoir une lueur de raison.* SYN. ① **éclair, étincelle.** ➝ LITTÉR. *Des lueurs,* des connaissances superficielles.

ÉTYM. bas latin *lucor, lucoris,* de *lucere* «luire».

LUFFA [lufa] n. m. ✦ Plante grimpante originaire d'Afrique et d'Asie. ➝ Son fruit, utilisé comme éponge végétale. ➝ On écrit aussi *loofa.*

ÉTYM. mot arabe.

LUGE [lyʒ] n. f. ✦ Petit traîneau à patins relevés à l'avant. *Faire une descente sur une luge, en luge.*

ÉTYM. mot savoyard, peut-être du gaulois.

LUGUBRE [lygybʀ] adj. **1.** LITTÉR. Qui est signe de deuil, de mort. SYN. **funèbre, macabre. 2.** D'une profonde tristesse. SYN. **funèbre,** ① **sinistre.** *Il a un air lugubre. Mine lugubre. Une atmosphère lugubre.* ➝ *Il est lugubre,* d'une tristesse accablante. CONTR. **gai, réjoui.**

► **LUGUBREMENT** [lygybʀəmɑ̃] adv. *Un chien hurlait lugubrement.*

ÉTYM. latin *lugubris,* de *lugere* «se lamenter».

LUI [lɥi] **pron. pers.** ✦ Pronom personnel de la troisième personne du singulier. **I** (aux deux genres) Représentant un nom de personne ou d'animal (plur. *leur*). **1.** À lui, à elle. *Il lui dit. Nous lui en avons parlé.* – renforçant le nom *Et à Virginie, que lui répondrez-vous ?* – compl. d'un adj. attribut *Il lui est très facile de venir*, c'est très facile pour lui (pour elle). – devant un nom désignant une partie du corps, un élément de la vie psychique *Je lui ai serré la main* : j'ai serré sa main. *Elle lui sauta au cou. Un doute lui effleura l'esprit.* **2.** compl. d'un v. et sujet d'un inf. ayant lui-même un complément *Faites-lui recommencer ce travail. Je lui ai laissé lire cette lettre, je la lui ai laissé lire.* **II** (masculin → fém. **elle**, plur. **eux**) **1.** sujet *Lui aussi vous aime.* – (sujet d'un v. au p. passé ou d'une propos. elliptique) *Lui arrivé, elle ne sut que dire. Elle est moins raisonnable que lui* (n'est raisonnable). – (appos. au sujet) *Il travaillait avec elle, lui vite, elle plus lentement.* – *Lui, il a refusé.* **2.** (après *c'est*) C'est, c'était lui qui... **3.** (compl. direct) *Je ne veux voir que lui.* **4.** *À LUI*, compl. indirect des verbes énonçant le mouvement (*ALLER, ARRIVER, COURIR*), la pensée (*PENSER, RÊVER, SONGER*), et de quelques transitifs indirects. *Elle renonce à lui* (mais : *elle lui parle*). – compl. d'un v. ayant un autre pronom personnel pour complément d'objet. *Voulez-vous me présenter à lui ?* – (après *c'est*) C'est à lui de commencer. – après un nom (possession, appartenance) *Il a une allure bien à lui.* – loc. *À LUI SEUL, À LUI TOUT SEUL.* ◆ *DE LUI, EN LUI, PAR LUI*, etc. *J'ai confiance en lui. Je le fais pour lui.* **5.** réfléchi (au lieu de *soi*) *Un homme content de lui. Il regarda autour de lui.* **6.** *LUI-MÊME.* → **même.**
ÉTYM. latin populaire *illui*, classique *illi*, datif de *ille*.

LUIRE [lɥiʀ] **v. intr.** (conjug. 64a ; p. passé *lui* invar.) **1.** Émettre ou refléter de la lumière. SYN. **briller, éclairer.** *Le soleil luit.* – *Luire au soleil*, refléter sa lumière (→ **luisant**). **2.** LITTÉR. Apparaître, se manifester. *L'espoir luit encore.*
ÉTYM. latin *lucere*, de *lux, lucis* «lumière».

LUISANT, ANTE [lɥizɑ̃, ɑ̃t] **adj.** **1.** Qui réfléchit la lumière, qui a des reflets. SYN. **brillant, clair, étincelant.** *Métal luisant.* SYN. ② **poli.** **2.** *VER LUISANT* : insecte dont la femelle brille la nuit. SYN. **lampyre.** *Des vers luisants.* CONTR. **sombre, terne.**
ÉTYM. du participe présent de *luire*.

LUMBAGO [lɔ̃bago ; lœbago] ou **LOMBAGO** [lɔ̃bago] **n. m.** ✦ Douleur des lombes, appelée couramment *tour de reins. Souffrir d'un lumbago.*
ÉTYM. bas latin *lumbago*, de *lumbus* → lombes.

LUMEN [lymɛn] **n. m.** ✦ Unité de mesure des flux lumineux (symb. lm).
ÉTYM. mot latin «lumière».

LUMIÈRE [lymjɛʀ] **n. f.** **I** **1.** Ce par quoi les choses sont éclairées. SYN. **clarté.** *Source de lumière.* → **éclairage.** *Lumière éblouissante, forte, intense, vive.* → **éclat.** *Lumière diffuse, indécise.* → **lueur, reflet.** – *La lumière du soleil, du jour. Travailler à la lumière électrique. La lumière d'une lampe. Éteindre la lumière.* **2.** (*Une, des lumières*) Source de lumière, point lumineux. *Les lumières de la ville.* **3.** SC. Radiations visibles ou invisibles émises par les corps incandescents ou luminescents. *Intensité, flux de la lumière* (→ **candela, lumen**). – *Vitesse de la lumière* (environ 300 000 km/s dans le vide). *Année de lumière.* → **année-lumière.** **II** fig. **1.** Ce qui éclaire l'esprit. SYN. **clarté, éclaircissement.** *Faire la lumière sur qqch.* → **élucider.** **2.** loc. *EN LUMIÈRE* : évident pour tous. *Mettre en pleine lumière*, éclairer, signaler. **3.** *LES LUMIÈRES de qqn* : l'intelligence ou le savoir. *Aidez-moi de vos lumières.* – *Le Siècle des lumières*, le XVIIIe siècle (en Europe occidentale). *Les philosophes des Lumières.* ☛ Littérature p. 143, Lumières p. 173 et noms propres. **4.** *UNE LUMIÈRE* : personne de grande intelligence, de grande valeur. loc. *Ce n'est pas une lumière*, il n'est pas très intelligent. CONTR. **obscurité, ombre.**
ÉTYM. latin *luminaria* «lumière, lampe», de *lumen*.

LUMIGNON [lymiɲɔ̃] **n. m.** ✦ Lampe qui éclaire faiblement.
ÉTYM. de l'ancien français *limeignon*, latin populaire *lucinium*, grec *ellukhnion*, de *lukh* «torche».

LUMINAIRE [lyminɛʀ] **n. m.** **1.** LITURG. Ensemble des appareils d'éclairage. *Le luminaire d'une cérémonie.* **2.** Appareil d'éclairage. *Boutique de luminaires.*
ÉTYM. latin *luminare* «lampe, astre».

LUMINESCENCE [lyminesɑ̃s] **n. f.** ✦ Émission de lumière par un corps non incandescent.
ÉTYM. du latin *lumen, luminis* «lumière», d'après *phosphorescence*.

LUMINESCENT, ENTE [lyminesɑ̃, ɑ̃t] **adj.** ✦ Qui émet de la lumière à froid (après avoir reçu un rayonnement, etc.). *Tube luminescent.* SYN. **fluorescent.**
ÉTYM. de *luminescence*.

LUMINEUSEMENT [lyminøzmɑ̃] **adv.** ✦ De manière lumineuse. *Expliquer lumineusement un problème.* SYN. **clairement.**

LUMINEUX, EUSE [lyminø, øz] **adj.** **I** **1.** Qui émet ou réfléchit la lumière. *Corps, point lumineux.* SYN. **brillant.** *Source lumineuse.* – *Enseigne lumineuse.* **2.** Clair, radieux. *Un regard lumineux.* **3.** De la nature de la lumière (visible). *Rayon lumineux.* **II** Qui a beaucoup de clarté, de lucidité. *Une intelligence lumineuse.* – *C'est une idée lumineuse, c'est lumineux* : génial ; très clair. CONTR. **obscur ; confus.**
ÉTYM. latin *luminosus*, de *lumen* «lumière».

LUMINOSITÉ [lyminozite] **n. f.** **1.** Qualité de ce qui est lumineux, brillant. *La luminosité du ciel méditerranéen.* **2.** Puissance lumineuse. *Masse et luminosité des étoiles.* CONTR. **obscurité.**
ÉTYM. latin médiéval *luminositas*.

LUMP [lœp] **n. m.** ✦ Poisson nordique de forme massive. *Œufs de lump*, petits œufs de ce poisson, colorés en noir et présentés comme du caviar. – On dit aussi *lompe* [lɔ̃p].
ÉTYM. mot anglais.

LUNAIRE [lynɛʀ] **adj.** **1.** Qui appartient ou a rapport à la lune. *Le sol lunaire. Expédition lunaire.* **2.** Qui évoque la lune. *Paysage lunaire.* – *Face lunaire*, blafarde et ronde.
ÉTYM. latin *lunaris*.

LUNAISON [lynɛzɔ̃] **n. f.** ✦ Mois lunaire (environ 29 jours), intervalle de temps compris entre deux nouvelles lunes consécutives.
ÉTYM. de *lune*.

LUNATIQUE [lynatik] **adj.** et **n.** ✦ Qui a l'humeur changeante, déconcertante (comme ceux qui, croyait-on, étaient sous l'influence de la *lune*). SYN. **capricieux, fantasque.** *Il est lunatique.* – **n.** *Un, une lunatique.*
ÉTYM. bas latin *lunaticus* «qui vit dans la lune».

LUNCH [lœntʃ ; lœʃ] **n. m.** ✦ anglicisme Repas léger servi en buffet. *Être invité à un lunch.* SYN. **buffet, cocktail.** *Des lunchs* ou *des lunches* (plur. anglais).
ÉTYM. mot anglais.

LUNDI [lœdi] **n. m.** ✦ Premier jour de la semaine*, qui succède au dimanche. *Magasin fermé le lundi,* tous les lundis. *Le lundi de Pâques, de Pentecôte,* le lendemain de ces fêtes.
ÉTYM. latin populaire *lunis dies* «jour *(dies)* de la lune».

LUNE [lyn] **n. f.** 1. Satellite de la Terre, recevant sa lumière du Soleil ; son aspect. *Pleine lune, nouvelle lune. Croissant de lune.* – *Le clair de lune. Nuit sans lune,* sans clair de lune. – ASTRON. (avec une maj. ☛ noms propres) *Atterrir sur la Lune.* → **alunir.** *La face cachée de la Lune.* 2. loc. fig. *Être* DANS LA LUNE : très distrait. – *Demander, promettre la lune,* l'impossible. – *LUNE DE MIEL* : les premiers temps du mariage, d'amour heureux. ◆ *Face de lune* : gros visage rond. 3. FAM. Derrière.
ÉTYM. latin *luna.*

LUNÉ, ÉE [lyne] **adj.** ✦ *BIEN, MAL LUNÉ* : de bonne, de mauvaise humeur. *Il est mal luné aujourd'hui.*
ÉTYM. de *lune.*

LUNETIER, IÈRE [lyn(ə)tje, jɛʀ] **n.** ✦ Fabricant, marchand de lunettes (II, 1). SYN. **opticien.** – **adj.** *Industrie lunetière.* – On dit aussi *lunettier, ière* [lynetje, jɛʀ].

LUNETTE [lynɛt] **n. f.** I (Ouverture, objet circulaire) 1. Vitre arrière (d'une automobile). 2. Ouverture de la cuvette des toilettes ; ce siège. II 1. au plur. Paire de verres (lentilles) enchâssés dans une monture munie de deux branches, posée devant les yeux et servant à corriger ou à protéger la vue. *Porter des lunettes. Un monsieur à lunettes,* qui porte des lunettes. *Lunettes de soleil.* – *Lunettes de plongée, de ski.* 2. *LUNETTE* : instrument d'optique grossissant, en forme de tube. *Lunette d'approche.* → **longue-vue, lorgnette.** *Lunette astronomique.*
ÉTYM. diminutif de *lune.*

LUNETTERIE [lynɛtʀi] **n. f.** ✦ Métier, commerce du lunetier.

LUNETTIER, IÈRE → LUNETIER

LUNULE [lynyl] **n. f.** ✦ Tache blanche en demi-cercle à la base de l'ongle.
ÉTYM. latin *lunula* «petit croissant», diminutif de *luna* «lune».

LUPANAR [lypanaʀ] **n. m.** ✦ LITTÉR. Maison de prostitution. → **bordel.**
ÉTYM. mot latin, de *lupa* «prostituée» → louve.

LUPIN [lypɛ̃] **n. m.** ✦ Plante herbacée à fleurs en grappes.
ÉTYM. latin *lupinus.*

LUPUS [lypys] **n. m.** ✦ Maladie de la peau due au bacille tuberculeux, qui laisse des cicatrices.
ÉTYM. mot latin «loup», allusion à l'action dévorante.

LURETTE [lyʀɛt] **n. f.** ✦ loc. *Il y a, depuis BELLE LURETTE, cela (ça) fait BELLE LURETTE* : il y a bien longtemps. *Ça fait belle lurette qu'on ne les a pas vus.*
ÉTYM. de *l'heurette,* diminutif de *heure.*

LURON, ONNE [lyʀɔ̃, ɔn] **n.** ✦ VIEILLI Personne décidée et énergique. – au masc. *C'est un joyeux, un gai luron,* un bon vivant.
ÉTYM. d'un radical onomatopéique *lur-,* notamment dans les chansons.

LUSITANIEN, IENNE [lyzitanjɛ̃, jɛn] **adj.** et **n.** ✦ Relatif au Portugal, au portugais. *Études lusitaniennes.*
ÉTYM. du latin *Lusitania* «Portugal».

LUSOPHONE [lyzɔfɔn] **adj.** ✦ Qui parle portugais. *Le Brésil, pays lusophone.*
ÉTYM. de *luso-* (de *lusitanien*) et *-phone.*

LUSTRAGE [lystʀaʒ] **n. m.** ✦ Action ou manière de lustrer. *Lustrage des étoffes,* opération d'apprêt (glaçage).

LUSTRAL, ALE, AUX [lystʀal, o] **adj.** ✦ LITTÉR. Qui sert à purifier. *L'eau lustrale du baptême.*
ÉTYM. latin *lustralis,* de *lustrum* → ① lustre.

① **LUSTRE** [lystʀ] **n. m.** ✦ LITTÉR. Cinq années. – au plur. *Il y a des lustres,* il y a longtemps.
ÉTYM. latin *lustrum* «sacrifice fait tous les cinq ans».

② **LUSTRE** [lystʀ] **n. m.** I 1. Éclat (d'un objet brillant ou poli). *Vernis donnant du lustre.* 2. fig. Éclat qui rehausse, met en valeur. SYN. **éclat, relief.** II Appareil d'éclairage comportant plusieurs lampes, qu'on suspend au plafond. SYN. **suspension.** *Les lustres d'un salon.*
ÉTYM. italien *lustro* «gloire» et «luminosité».

LUSTRER [lystʀe] **v. tr.** (conjug. 3a) 1. Rendre brillant, luisant (→ **lustrage**). *Le chat lustre son poil en se léchant.* – au p. passé *Carrosserie lustrée.* 2. Rendre brillant par le frottement, l'usure. – au p. passé *Veste lustrée aux coudes.*
ÉTYM. de ② *lustre* (I).

LUSTRINE [lystʀin] **n. f.** ✦ Tissu de coton glacé sur une face. *Doublure en lustrine.*
ÉTYM. italien *lustrino,* de *lustro* → ② lustre (I).

LUTH [lyt] **n. m.** ✦ Instrument de musique à cordes pincées, plus ancien que la guitare. *Des luths.* ◆ POÉT. L'instrument de la poésie. → **lyre.** HOM. LUTTE «combat»
ÉTYM. arabe *al'ūd.*

LUTHERIE [lytʀi] **n. f.** ✦ Fabrication des instruments à cordes et à caisse de résonance (violons, guitares, etc.).
ÉTYM. de *luth.*

LUTHÉRIEN, IENNE [lyteʀjɛ̃, jɛn] **adj.** ✦ De Luther (☛ noms propres), conforme à sa doctrine. *Église luthérienne.* – **n.** *Les luthériens,* protestants qui professent la religion luthérienne.

LUTHIER, IÈRE [lytje, jɛʀ] **n.** ✦ Artisan en lutherie. *Stradivarius, Guarnerius, célèbres luthiers.*
ÉTYM. de *luth.*

LUTIN [lytɛ̃] **n. m.** ✦ Petit démon espiègle et malicieux. SYN. **farfadet, gnome.**
ÉTYM. ancien français *neitun,* du latin *Neptunus* «Neptune».

LUTINER [lytine] **v. tr.** (conjug. 3a) ✦ Taquiner (une femme) de manière érotique. SYN. FAM. **peloter.**
ÉTYM. de *lutin.*

LUTRIN [lytʀɛ̃] **n. m.** ✦ Pupitre sur lequel on met les livres de chant, à l'église.
ÉTYM. latin populaire *lectrinum,* de *lectrum* «pupitre».

LUTTE [lyt] **n. f.** 1. Combat corps à corps de deux adversaires qui s'efforcent de se terrasser. *Lutte gréco-romaine. Lutte libre.* 2. Opposition violente entre deux adversaires (individus, groupes), où chacun s'efforce de faire triompher sa cause. *Engager, abandonner la*

lutte. Luttes politiques, religieuses. ➝ loc. (marxisme) *La lutte des classes* (sociales). 3. *Lutte contre, pour...,* action soutenue et énergique. SYN. **effort.** *La lutte d'un peuple pour son indépendance.* ➝ LUTTE POUR LA VIE : sélection naturelle des espèces. ➝ Efforts pour survivre. 4. Antagonisme entre forces contraires. SYN. ① **duel.** *La lutte entre le bien et le mal.* 5. DE HAUTE LUTTE **loc. adv.** : avec tous les efforts nécessaires. *L'emporter de haute lutte.*
HOM. LUTH «instrument de musique»
ÉTYM. de *lutter* ou latin *lucta.*

LUTTER [lyte] **v. intr.** (conjug. 3a) 1. Combattre à la lutte (1). *Lutter avec, contre qqn.* 2. S'opposer dans une lutte, un conflit. SYN. se **battre, combattre.** ➝ *LUTTER DE :* rivaliser par, au moyen de, dans (une activité). *Lutter de vitesse avec qqn.* 3. Mener une action énergique (contre ou pour qqch.). *Lutter contre la maladie. Lutter pour l'indépendance.* ➝ *Lutter contre sa timidité.* ➝ absolt *Pour vivre, il faut lutter.*
ÉTYM. latin *luctare,* pour *luctari.*

LUTTEUR, EUSE [lytœʀ, øz] **n.** 1. Athlète qui pratique la lutte. *Des épaules de lutteur.* 2. fig. Personne qui aime la lutte, l'action. *Tempérament de lutteur.* SYN. ③ **battant.**

LUX [lyks] **n. m.** ✦ PHYS. Unité de mesure d'éclairement lumineux, équivalant à l'éclairement d'une surface qui reçoit un flux lumineux de un lumen par mètre carré (symb. lx). HOM. LUXE «splendeur»
ÉTYM. mot latin «lumière».

LUXATION [lyksasjɔ̃] **n. f.** ✦ Déplacement anormal des surfaces d'une articulation. *Luxation de l'épaule, de la hanche.*
ÉTYM. latin *luxatio.*

LUXE [lyks] **n. m.** 1. Mode de vie caractérisé par de grandes dépenses consacrées au superflu. *Aimer le luxe, vivre dans le luxe. Le luxe et le confort.* ➝ FAM. *Ce n'est PAS DU LUXE :* c'est utile, indispensable. 2. Caractère coûteux, somptueux (d'un bien, d'un service). SYN. ① **faste, magnificence, somptuosité.** ➝ *DE LUXE :* qui présente ce caractère. *Produits, articles de luxe.* 3. *Un luxe,* bien ou plaisir (relativement) coûteux. *Le cinéma est son seul luxe.* ➝ *S'offrir, SE PAYER LE LUXE de dire, de faire :* se permettre, comme chose inhabituelle et agréable. 4. *Un luxe de,* abondance ou profusion. *Avec un grand luxe de détails.* CONTR. **simplicité.** HOM. LUX «unité d'éclairement»
ÉTYM. latin *luxus* «excès, débauche» et «splendeur, faste».

LUXER [lykse] **v. tr.** (conjug. 3a) ✦ Provoquer la luxation de (certains os, une articulation). SYN. **déboîter.** *Elle s'est luxé la rotule.* SYN. se **démettre.**
ÉTYM. latin *luxare,* de *luxus* «démis».

LUXUEUSEMENT [lyksɥøzmɑ̃] **adv.** ✦ De manière luxueuse. *Un appartement luxueusement meublé.*

LUXUEUX, EUSE [lyksɥø, øz] **adj.** ✦ Qui se signale par son luxe. SYN. **fastueux, magnifique, somptueux.** *Installation luxueuse. Un hôtel luxueux,* un palace. CONTR. **modeste, simple.**

LUXURE [lyksyʀ] **n. f.** ✦ LITTÉR. Goût immodéré, recherche et pratique des plaisirs sexuels. SYN. **débauche, lascivité, lubricité.** CONTR. **chasteté, continence.**
ÉTYM. latin *luxuria* «surabondance», de *luxus* → luxe.

LUXURIANCE [lyksyʀjɑ̃s] **n. f.** ✦ Caractère luxuriant. *La luxuriance de la végétation.* ➝ fig. *La luxuriance des images dans un poème.*

LUXURIANT, ANTE [lyksyʀjɑ̃, ɑ̃t] **adj.** ✦ Qui pousse, se développe avec une remarquable abondance. SYN. **abondant, riche, surabondant.** *Une végétation luxuriante.* CONTR. **chétif, rabougri.**
ÉTYM. latin *luxurians,* participe présent de *luxuriare,* de *luxuria* → luxure.

LUXURIEUX, EUSE [lyksyʀjø, øz] **adj.** ✦ LITTÉR. Adonné ou porté à la luxure. SYN. **débauché, lascif.** CONTR. **chaste,** ① **continent.**
ÉTYM. latin *luxuriosus.*

LUZERNE [lyzɛʀn] **n. f.** ✦ Plante fourragère, à petites fleurs violettes. *Champ de luzerne.*
ÉTYM. provençal *luzerno* «ver luisant», à cause de l'aspect brillant des graines, du latin *lucerna* «lampe».

LYCANTHROPE [likɑ̃tʀɔp] **n. m.** ✦ DIDACT. Loup-garou.
ÉTYM. grec *lukanthropos,* de *lukos* «loup» et *anthropos* «homme».

LYCAON [likaɔ̃] **n. m.** ✦ ZOOL. Mammifère carnivore d'Afrique, tenant du loup et de l'hyène.
ÉTYM. mot latin, du grec *lukaon,* de *lukos* «loup».

LYCÉE [lise] **n. m.** 1. Établissement public d'enseignement secondaire (général, technologique ou professionnel). 2. Époque des études secondaires. *Il ne l'a pas revu depuis le lycée.* HOM. LISSER «rendre lisse»
ÉTYM. latin *lyceum,* grec *Lukeion,* nom du gymnase où Aristote enseignait.

LYCÉEN, ENNE [liseɛ̃, ɛn] **n.** et **adj.** 1. **n.** Élève d'un lycée. *Écoliers et lycéens.* 2. **adj.** De lycéens. *Une manifestation lycéenne.*

LYCOPODE [likɔpɔd] **n. m.** ✦ BOT. Plante cryptogame à tige grêle, dont les spores renferment un alcaloïde. *Poudre de lycopode,* appelée aussi *soufre végétal.*
ÉTYM. latin *lycopodium,* du grec «pied *(pous, podos)* de loup *(lukos)*».

LYMPHATIQUE [lɛ̃fatik] **adj.** I Relatif à la lymphe. *Vaisseaux lymphatiques. Ganglions lymphatiques.* II Apathique, lent. ➝ **n.** *Un, une lymphatique.* CONTR. ① **actif, nerveux.**
ÉTYM. latin médiéval *lymphaticus.*

LYMPHE [lɛ̃f] **n. f.** ✦ Liquide organique incolore ou ambré, d'une composition comparable à celle du plasma sanguin.
ÉTYM. latin *lympha* «eau».

LYMPHOCYTE [lɛ̃fɔsit] **n. m.** ✦ Petit leucocyte qui prend naissance dans les ganglions lymphatiques, la rate et qui joue un rôle important dans le processus d'immunité. *Lymphocytes B* (immunité humorale), *T* (immunité cellulaire).
ÉTYM. de *lymphe* et *-cyte.*

LYMPHOME [lɛ̃fom] **n. m.** ✦ MÉD. Cancer des organes du système lymphatique (ganglions lymphatiques, rate, thymus...).
ÉTYM. de *lymphe.*

LYNCHAGE [lɛ̃ʃaʒ] **n. m.** ✦ Action de lyncher.

LYNCHER [lɛ̃ʃe] **v. tr.** (conjug. 3a) 1. Exécuter sommairement (qqn, un accusé) sans jugement régulier et par une décision collective. 2. (foule) Exercer de graves violences sur (qqn).
ÉTYM. américain *to lynch,* de *Lynch's law* «la loi de Lynch» (exécuteur sommaire, en Virginie).

LYNX [lɛ̃ks] **n. m.** ✦ Mammifère carnivore, fort et agile, aux oreilles pointues garnies d'un pinceau de poils. SYN. **loup-cervier.** ➛ loc. *Avoir des yeux de lynx,* une vue perçante.

ÉTYM. mot latin, du grec *lugx.*

LYOPHILISER [ljɔfilize] **v. tr.** (conjug. 3a) ✦ Déshydrater (une substance préalablement congelée) par sublimation. ➛ **au p. passé** *Café lyophilisé.*

► **LYOPHILISATION** [ljɔfilizasjɔ̃] **n. f.**

ÉTYM. de *lyophile,* du grec *luein* «dissoudre» et de *-phile.*

LYRE [liʀ] **n. f.** 1. Instrument de musique antique à cordes pincées, fixées sur une caisse de résonance. *Jouer de la lyre.* 2. LITTÉR. Symbole de la poésie, de l'expression poétique. «*Toute la lyre*» (recueil poétique de Victor Hugo). HOM. ① LIRE «comprendre les écrits», ② LIRE «monnaie»

ÉTYM. latin *lyra,* grec *lura.*

LYRIQUE [liʀik] **adj.** I 1. Qui exprime des sentiments intimes au moyen de rythmes et d'images propres à communiquer au lecteur l'émotion du poète. *Poésie lyrique.* ☛ Littérature p. 124. *La nature, l'amour, thèmes lyriques.* ◆ **n. m.** Poète lyrique. 2. Plein d'un enthousiasme, d'une exaltation de poète. SYN. **passionné.** *Quand il parle de son village, il est lyrique.* II Destiné à être mis en musique et chanté, joué sur une scène. *Drame lyrique,* opéra, oratorio. *Comédie lyrique,* opéra-comique, opérette. ➛ *Théâtre lyrique,* réservé à la musique dramatique. *Artiste lyrique.* CONTR. **prosaïque.**

ÉTYM. latin *lyricus,* grec *lurikos,* de *lura* → lyre.

LYRIQUEMENT [liʀikmɑ̃] **adv.** ✦ LITTÉR. Avec lyrisme.

LYRISME [liʀism] **n. m.** 1. Poésie, genre lyrique. *Le lyrisme romantique.* ➛ *Le lyrisme de Chopin.* 2. Manière passionnée, poétique, de sentir, de vivre. CONTR. **prosaïsme.**

ÉTYM. de *lyrique.*

LYS [lis] → LIS

LYSE [liz] **n. f.** ✦ SC. Destruction d'éléments organiques par des agents physiques, chimiques ou biologiques.

► **LYSER** [lise] **v. tr.** (conjug. 3a)

ÉTYM. grec *lusis,* de *luein* «dissoudre».

-LYSE, -LYTIQUE Éléments savants, du grec *lusis* «dissolution» (ex. *électrolyse*).

LYTIQUE [litik] **adj.** ✦ Qui provoque la lyse. *Enzymes lytiques.*

M

M [ɛm] **n. m. invar.** **I** **1.** Treizième lettre, dixième consonne de l'alphabet. **2.** *M.*, abrév. de *Monsieur ; MM.*, de *Messieurs.* **II** *m*, symb. de *mètre.* **III** *M*, mille (en chiffres romains).

MA → MON

MABOUL, E [mabul] **n. et adj.** ✦ FAM. Fou.
ÉTYM. arabe d'Algérie.

MACABRE [makɑbʀ] **adj.** **1.** Qui évoque la mort. SYN. **funèbre.** *Danse macabre.* **2.** Qui concerne les cadavres, les squelettes. *Scène, plaisanterie macabre.*
ÉTYM. de *Macabré*, peut-être altération de *Macchabées*, nom biblique → macchabée.

MACADAM [makadam] **n. m.** ✦ Revêtement de routes, de chemins, fait de pierre concassée et de sable agglomérés.
ÉTYM. du nom de l'ingénieur écossais *J. McAdam.*

MACAQUE [makak] **n. m.** **1.** Singe d'Asie. SYN. ① **magot.** *Le macaque rhésus.* **2.** FAM. Personne très laide.
ÉTYM. portugais *macaco*, d'une langue bantoue (Afrique).

MACAREUX [makaʀø] **n. m.** ✦ Oiseau palmipède des mers septentrionales, variété de pingouin à gros bec coloré.
ÉTYM. probablement altération de *macreuse.*

MACARON [makaʀɔ̃] **n. m.** **1.** Gâteau sec, rond, à la pâte d'amandes. **2.** Natte de cheveux roulée sur l'oreille. **3.** FAM. Insigne rond. ➡ Badge.
ÉTYM. italien *macarone* «macaroni».

MACARONI [makaʀɔni] **n. m.** ✦ Pâte alimentaire en tube creux. *Manger des macaronis* **ou (au sing. collectif)** *du macaroni.*
ÉTYM. mot italien.

MACCARTHYSME [makkaʀtism] **n. m.** ✦ Politique de persécution mise en place aux États-Unis dans les années 1950 contre les personnalités accusées de sympathies communistes (→ chasse aux sorcières*).
ÉTYM. du nom du sénateur *McCarthy.* ☞ noms propres.

MACCHABÉE [makabe] **n. m.** ✦ FAM. Cadavre.
ÉTYM. latin *Macchabeus*, patronyme de personnages bibliques, chefs juifs révoltés et mis à mort.

MACÉDOINE [masedwan] **n. f.** ✦ Mets composé d'un mélange de légumes ou de fruits. SYN. **salade.**
ÉTYM. du nom de la région des Balkans, dans l'empire d'Alexandre fait de nations variées. ☞ MACÉDOINE (noms propres).

MACÉRATION [maseʀasjɔ̃] **n. f.** **I** RELIG. Pratique d'ascétisme qu'on s'impose pour racheter ses fautes. SYN. **mortification.** **II** Action de macérer (II), son résultat.
ÉTYM. latin *maceratio.*

MACÉRER [maseʀe] **v.** (conjug. 8) **I** **v. tr.** RELIG. Mortifier (son corps). **II** **1.** **v. tr.** Mettre à tremper. *Macérer des fruits dans l'eau-de-vie.* **2.** **v. intr.** Tremper longtemps. SYN. **mariner.**
ÉTYM. latin *macerare* «amollir, rendre doux».

MACH [mak] **n. propre** ✦ *Nombre de Mach*, rapport d'une vitesse à celle du son. **ellipt** *Voler à Mach 2, à Mach 3*, à 2, à 3 fois la vitesse du son.
ÉTYM. du nom de *Ernst Mach*, philosophe et physicien autrichien.

MACHAON [makaɔ̃] **n. m.** ✦ Grand papillon aux ailes jaunes rayées de noir.
ÉTYM. nom propre mythologique.

MÂCHE [mɑʃ] **n. f.** ✦ Plante à petites feuilles allongées qui se mangent en salade. ➡ Cette salade.
ÉTYM. de *pomâche* (vx), p.-ê. du latin *pomum* «fruit».

MÂCHEFER [mɑʃfɛʀ] **n. m.** ✦ Scories, déchets solides provenant de la combustion de la houille.
ÉTYM. peut-être de *mâcher* «écraser» et *fer.*

MÂCHER [mɑʃe] **v. tr.** (conjug. 3a) **1.** Broyer avec les dents, par le mouvement des mâchoires, avant d'avaler (→ **mastication**). *Mâcher du pain, de la viande.* SYN. ② **mastiquer.** ➡ **loc. fig.** *Mâcher le travail à qqn*, le lui préparer, le lui faciliter. *Il faut tout lui mâcher.* ➡ *Ne pas mâcher ses mots*, s'exprimer avec une franchise brutale. **2.** Triturer longuement dans sa bouche, avant de rejeter. *Mâcher du tabac, du bétel.* SYN. **chiquer.** ➡ *Gomme à mâcher* : chewing-gum.
ÉTYM. bas latin *masticare* ; doublet de ② *mastiquer.*

MACHETTE [maʃɛt] **n. f.** ✦ Grand coutelas utilisé pour abattre les arbres, se frayer un chemin dans la jungle, la forêt, ou servant d'arme.

ÉTYM. espagnol *machete*, de *macho* «massue», latin populaire *mattea* → ② masse.

MÂCHEUR, EUSE [maʃœʀ, øz] **n.** ✦ Personne, animal qui mâche (qqch.).

MACHIAVÉLIQUE [makjavelik] **adj.** ✦ Rusé et perfide. *Une manœuvre, un procédé machiavélique.*

ÉTYM. du nom de *Machiavel*, homme politique florentin. ☛ noms propres.

MACHIAVÉLISME [makjavelism] **n. m.** ✦ Attitude d'une personne qui emploie la ruse et la mauvaise foi pour parvenir à ses fins. SYN. **artifice, perfidie.** CONTR. **franchise, naïveté.**

MÂCHICOULIS [maʃikuli] **n. m.** ✦ Balcon au sommet des murailles ou des tours des châteaux forts, percé d'ouvertures à sa partie inférieure (permettant de laisser tomber des projectiles sur l'ennemi).

ÉTYM. de l'ancien français *mâchecol*, de *mâcher* «meurtrir» et *col*.

MACHIN [maʃɛ̃] **n. m.** ✦ FAM. Objet (quelconque). SYN. **bidule, chose, fourbi, truc.** *Qu'est-ce que c'est que ce machin-là ?* ➖ (pseudo-nom propre) *Tu as vu Machin ?* (au fém.) *J'ai rencontré Machine dans la rue.*

ÉTYM. masculin tiré de *machine*.

MACHINAL, ALE, AUX [maʃinal, o] **adj.** ✦ Qui est fait sans intervention de la volonté, de l'intelligence, comme par une machine. SYN. **automatique, instinctif.** *Un geste machinal.* SYN. **mécanique.** *Réactions machinales.* CONTR. **réfléchi, volontaire.**

ÉTYM. de *machine*.

MACHINALEMENT [maʃinalmɑ̃] **adv.** ✦ De façon machinale, sans réfléchir. *Répondre machinalement.*

MACHINATION [maʃinasjɔ̃] **n. f.** ✦ Ensemble de manœuvres secrètes déloyales. SYN. **complot, intrigue,** ① **manœuvre.** *C'est une machination pour le faire condamner.*

ÉTYM. de *machiner*.

MACHINE [maʃin] **n. f.** **I** VX Ruse, machination. **II** **1.** Objet fabriqué, généralement complexe (→ **mécanisme**), qui transforme l'énergie (→ **moteur**) pour produire un travail (l'appareil et l'outil ne font qu'utiliser l'énergie). *Mettre une machine en marche. La machine fonctionne, marche, tourne.* ➖ *Machine à vapeur. Machine électrique.* ➖ *MACHINE À...* (+ inf.). *Machine à laver* (→ **lave-linge**), *à laver la vaisselle* (→ **lave-vaisselle**). *Machine à coudre. Machine à calculer.* → **calculette.** *Machine à écrire.* ➖ absolt *Une pleine machine* (à laver) *de linge. Taper à la machine* (à écrire). *Clavier, touches d'une machine.* ♦ *MACHINE À SOUS* : appareil où l'on mise des pièces de monnaie. ♦ *Machines agricoles, industrielles.* ➖ *MACHINE-OUTIL* : machine portant un outil amovible. *Des machines-outils.* ➖ *MACHINE TRANSFERT* : ensemble de machines-outils coordonnées. *Des machines transferts.* ➖ *Machines automatiques.* → **robot.** ♦ spécialt Machine électronique, ordinateur. *Langage machine.* ♦ *La machine* : le machinisme industriel. **2.** *Les machines* (assurant la propulsion d'un navire). *La salle, la chambre des machines.* → **machinerie.** ➖ loc. *Faire machine arrière, machine en arrière* : reculer ; fig. revenir sur ses pas, sur ses dires. **3.** *Machines de guerre*, engins de guerre. ➖ *Machine infernale*, engin terroriste à base d'explosifs. → ① **bombe. 4.** Véhicule comportant un mécanisme. ♦ VX Locomotive. **5.** SC. *Machines simples* (levier, plan incliné, poulie, treuil, vis). **III** **1.** Être vivant assimilé à un mécanisme. *La théorie des animaux machines, de Descartes.* **2.** Personne qui agit comme un automate. SYN. **robot.** ➖ *MACHINE À...* (+ inf.) : personne qui fait qqch. de manière quasi automatique. **3.** fig. Ensemble complexe qui fonctionne de façon implacable. *La machine administrative, économique.* **4.** péj. *Une grande machine* : une grande peinture à sujet compliqué.

ÉTYM. latin *machina* «invention, machination», puis «engin», grec *makhana, mêkhanê* → mécanique.

MACHINER [maʃine] **v. tr.** (conjug. 3a) ✦ VX Combiner en secret et dans une mauvaise intention. SYN. **comploter, ourdir, tramer.** *Machiner un complot, une trahison.*

ÉTYM. latin *machinari* «combiner» → machine.

MACHINERIE [maʃinʀi] **n. f.** **1.** Ensemble des machines réunies en un même lieu et concourant à un but commun. **2.** Salle des machines d'un navire.

MACHINISME [maʃinism] **n. m.** ✦ Emploi généralisé des machines dans la production économique (agriculture, industrie).

MACHINISTE [maʃinist] **n.** **1.** Ouvrier(ère) qui s'occupe des machines, des changements de décor, des trucages, au théâtre, dans les studios de cinéma. **2.** VIEILLI Conducteur (d'un véhicule). SYN. **mécanicien.**

MACHISME [ma(t)ʃism] **n. m.** ✦ Comportement de macho. SYN. **phallocratie.**

ÉTYM. de *macho*.

MACHISTE [ma(t)ʃist] **n.** et **adj.** ✦ (Personne) qui agit, qui parle en macho. → **phallocrate.**

MACHO [matʃo] **n. m.** ✦ Homme qui prétend faire sentir aux femmes sa supériorité de mâle. ➖ **adj.** Machiste. *Elles sont plus machos que leur frère.*

ÉTYM. mot espagnol du Mexique «mâle», latin *masculus*.

MÂCHOIRE [mɑʃwaʀ] **n. f.** **1.** Chacun des deux arcs osseux, en haut et en bas de la bouche, dans lesquels sont implantées les dents. *Mâchoire supérieure* (fixe), *inférieure* (mobile). SYN. **maxillaire.** ➖ loc. *Bâiller à se décrocher la mâchoire.* ♦ *Mâchoires d'animaux.* **2.** Chacune des pièces jumelées qui, dans un outil, un mécanisme, s'éloignent et se rapprochent pour serrer, tenir. *Les mâchoires d'un étau. Mâchoires de frein.*

ÉTYM. de *mâcher*.

MÂCHONNER [mɑʃɔne] **v. tr.** (conjug. 3a) **1.** Mâcher lentement, longuement. **2.** Parler en articulant mal. SYN. **marmonner, marmotter.**

► **MÂCHONNEMENT** [mɑʃɔnmɑ̃] **n. m.**

ÉTYM. de *mâcher*.

MÂCHOUILLER [mɑʃuje] **v. tr.** (conjug. 3a) ✦ FAM. Mâchonner ; mâcher sans avaler.

ÉTYM. de *mâcher*.

MACLE [makl] **n. f.** **I** BLASON Losange. **II** **1.** Minéral à inclusions symétriques, en losanges. **2.** Cristal complexe, formé de cristaux simples de la même espèce orientés différemment.

ÉTYM. p.-ê. francique *maskila*, de *maska* «maille».

MAÇON, ONNE [masɔ̃, ɔn] n. I Personne qui bâtit les maisons, fait des travaux de maçonnerie. II Franc-maçon.
ÉTYM. francique *makjo*, de *makôn* «faire».

MAÇONNER [masɔne] v. tr. (conjug. 3a) 1. Construire ou réparer en maçonnerie. *Maçonner un mur.* 2. Revêtir de maçonnerie.
ÉTYM. de *maçon*.

MAÇONNERIE [masɔnʀi] n. f. I 1. Partie des travaux de construction comprenant l'édification du gros œuvre et certains travaux de revêtement. *Grosse maçonnerie. Entrepreneur de maçonnerie.* 2. Construction, partie de construction faite d'éléments assemblés et joints. *Une maçonnerie de briques, de béton.* II Franc-maçonnerie.
ÉTYM. de *maçonner*.

MAÇONNIQUE [masɔnik] adj. ✦ Relatif à la franc-maçonnerie, aux francs-maçons. *Assemblée, loge maçonnique.*
ÉTYM. de *maçon* (II).

MACRAMÉ [makʀame] n. m. ✦ Ouvrage de fils tressés et noués, présentant des jours.
ÉTYM. arabe *miqramah*.

MACREUSE [makʀøz] n. f. I Oiseau palmipède, migrateur, voisin du canard. II Viande maigre sur l'os de l'épaule du bœuf.
ÉTYM. du normand *macrolle*, d'origine germanique.

> **MACRO-** Élément, du grec *makros* «long, grand» (ex. *macroéconomie* n. f. ; *macroéconomique* adj. ; *macrophotographie* n. f. «photographie de très petits sujets, fortement agrandis»). CONTR. **micro-**.

MACROBIOTIQUE [makʀɔbjɔtik] adj. ✦ *Zen macrobiotique* : doctrine diététique fondée sur des concepts bouddhiques. ♦ n. f. Régime alimentaire végétarien.
ÉTYM. allemand *Makrobiotik*, du grec *makrobiotês* «longévité».

MACROCÉPHALE [makʀosefal] adj. ✦ DIDACT. Qui a une grosse tête.
ÉTYM. grec *makrokephalos* → macro- et -céphale.

MACROCOSME [makʀɔkɔsm] n. m. ✦ LITTÉR. Le cosmos, l'univers. CONTR. **microcosme.**
ÉTYM. de *macro-*, d'après *microcosme*.

MACROCOSMIQUE [makʀɔkɔsmik] adj. ✦ DIDACT. 1. Relatif au macrocosme. 2. Synthétique, global.
ÉTYM. de *macrocosme*.

MACROMOLÉCULE [makʀomɔlekyl] n. f. ✦ SC. Très grosse molécule formée de groupements d'atomes répétés (ex. les polymères).
► **MACROMOLÉCULAIRE** [makʀomɔlekylɛʀ] adj.

MACROPHAGE [makʀɔfaʒ] n. m. ✦ Grosse cellule capable d'absorber des antigènes de grande taille par phagocytose.
ÉTYM. de *macro-* et *-phage*.

MACROSCOPIQUE [makʀɔskɔpik] adj. ✦ DIDACT. 1. Qui se voit à l'œil nu. 2. Qui est à l'échelle du macrocosme. CONTR. **microscopique.**
ÉTYM. de *macro-*, d'après *microscopique*.

MACULE [makyl] n. f. ✦ DIDACT. Tache. spécialt Tache d'encre.
ÉTYM. latin *macula* «tache» ; doublet de ① *maille*.

MACULER [makyle] v. tr. (conjug. 3a) ✦ LITTÉR. Couvrir, souiller de taches. SYN. **salir, souiller, tacher.** – surtout p. passé *Une nappe maculée de vin.*
ÉTYM. latin *maculare*, de *macula* «tache».

MADAME [madam] n. f. 1. Titre donné à une femme qui est ou a été mariée. *Madame Leroi ; Mme Leroi. Chère madame. Bonsoir mesdames* [medam]. 2. Titre donné par respect à une femme mariée ou non. *Madame la directrice.* ♦ HIST. Titre donné à la femme de Monsieur, frère du roi, à la cour de France. *La mort de Madame.* 3. La maîtresse de maison. *Madame est servie.*
ÉTYM. de *ma* et *dame*.

MADE IN [mɛdin] loc. adj. invar. ✦ anglicisme Fabriqué en (tel pays).
ÉTYM. mots anglais «fait en...».

MADELEINE [mad(ə)lɛn] n. f. I loc. FAM. *Pleurer comme une Madeleine*, pleurer abondamment (comme sainte Madeleine, dans l'Évangile). II Petit gâteau sucré à pâte molle, de forme ovale, renflé sur le dessus.
ÉTYM. latin *Magdalena*, de *Magdala*, nom d'un bourg de Galilée, dans *Maria Magdalena* ; sens II, du prénom féminin.

MADEMOISELLE [mad(ə)mwazɛl] n. f. 1. Titre donné aux jeunes filles et aux femmes célibataires (abrév. POP. **mam'selle** ou **mam'zelle**). *Mademoiselle Untel ; Mlle Untel. Bonjour, mesdemoiselles* [med(ə)mwazɛl]. 2. HIST. *La Grande Mademoiselle*, la fille aînée du frère du roi Louis XIII.
ÉTYM. de *ma* et *demoiselle*.

MADÈRE [madɛʀ] n. m. ✦ Vin de Madère (☞ noms propres). *Verre à madère.* – appos. invar. *Sauce madère.*

MADONE [madɔn] n. f. 1. Représentation de la Vierge. 2. (avec maj.) La Vierge. *Prier la Madone.*
ÉTYM. italien *madonna*, de *mia donna* «ma dame».

MADRAS [madʀas] n. m. 1. Étoffe de soie et coton, de couleurs vives. 2. Mouchoir noué sur la tête et servant de coiffure (typiquement, aux Antilles).
ÉTYM. du nom d'une ville du sud de l'Inde. ☞ noms propres.

MADRÉ, ÉE [madʀe] adj. ✦ Malin, rusé. *Un paysan madré.*
ÉTYM. de l'ancien français *madre* «bois veiné», d'origine germanique.

MADRÉPORE [madʀepɔʀ] n. m. ✦ Animal *(Cnidaires)*, variété de corail des mers chaudes.
ÉTYM. italien *madrepora*, de *madre* «mère» et *poro* «pore».

MADRÉPORIQUE [madʀepɔʀik] adj. ✦ Formé de madrépores. SYN. **corallien.** *L'atoll, île madréporique.*

MADRIER [madʀije] n. m. ✦ Planche très épaisse. → aussi **poutre.**
ÉTYM. ancien provençal *madier*, latin populaire *materium* «bois de construction», de *materia* → matière.

MADRIGAL, AUX [madʀigal, o] n. m. 1. Courte pièce de vers galants. 2. Pièce musicale vocale, à plusieurs voix, sur un poème profane. *Les livres de madrigaux de Monteverdi.*
ÉTYM. italien *madrigale*, d'origine inconnue.

A B C D E F G H I J K L M N O P Q R S T U V W X Y Z

MAELSTROM ou **MALSTROM** [malstʀøm] **n. m.** ✦ Courant marin formant un tourbillon. *Des maelstroms, des malstroms.* ♦ fig. *Un maelstrom d'émotions.* — On écrit aussi *maelström, malström,* avec tréma.
ÉTYM. nom propre norvégien, mot néerlandais, de *maalen* «tourbillonner» et *strom* «courant».

MAESTRIA [maɛstʀija] **n. f.** ✦ Maîtrise, facilité et perfection dans l'exécution (d'une œuvre d'art, d'un exercice). SYN. **brio, virtuosité.**
ÉTYM. mot italien, de *maestro* «maître».

MAESTRO [maɛstʀo] **n. m.** ✦ Compositeur de musique ou chef d'orchestre célèbre. *Des maestros.*
ÉTYM. mot italien, même origine que *maître.*

MAFIA [mafja] **n. f. 1.** Association secrète d'origine sicilienne servant des intérêts privés par des moyens illicites (menaces, racket, etc.) et recourant si besoin est à la violence. *Le parrain de la Mafia.* — Groupe secret analogue. **2.** Groupe fermé de gens unis par des intérêts communs. *La mafia de l'immobilier.* — On écrit aussi *maffia.*
ÉTYM. mot sicilien, d'abord «allure, audace», origine obscure. ☛ noms propres.

MAFIEUX, EUSE [mafjø, øz] **adj.** ✦ De la Mafia (☛ noms propres); d'une mafia. *Des pratiques mafieuses.* — **adj.** et **n.** Membre d'une mafia. — On écrit aussi *maffieux, euse.*
ÉTYM. adaptation de l'italien *mafioso,* de *mafia.*

MAGASIN [magazɛ̃] **n. m.** **I 1.** Endroit où l'on conserve des marchandises. SYN. **entrepôt.** *Mettre des caisses en magasin.* → **emmagasiner.** *Magasin d'armes, d'explosifs.* **2.** Partie creuse (d'un appareil) destinée à être chargée. *Mettre un chargeur dans le magasin d'une arme.* **II** Local où l'on conserve, où l'on expose des marchandises pour les vendre. SYN. **boutique, commerce.** *Magasin d'alimentation. La vitrine d'un magasin.* — *GRAND MAGASIN* : grand établissement de vente comportant de nombreux rayons spécialisés. — *Chaîne de magasins. Magasin en libre-service, de grande surface.* → **supermarché,** grande **surface.**
ÉTYM. italien ou provençal, de l'arabe *maghazin,* pluriel de *maghzan* «entrepôt».

MAGASINAGE [magazinaʒ] **n. m.** ✦ (Canada) Fait d'aller dans les magasins (*magasiner* **v. intr.,** conjug. 3a) pour faire des achats (remplace l'anglicisme *shopping*).
ÉTYM. de *magasin.*

MAGASINIER, IÈRE [magazinje, jɛʀ] **n.** ✦ Personne qui garde les marchandises déposées dans un magasin, un entrepôt.
ÉTYM. de *magasin* (I).

MAGAZINE [magazin] **n. m. 1.** Publication périodique, généralement illustrée. SYN. **revue. 2.** Émission périodique de radio, de télévision, sur des sujets d'actualité.
ÉTYM. mot anglais, emprunt au français *magasin.*

MAGDALÉNIEN, IENNE [magdalenjɛ̃, jɛn] **adj.** ✦ DIDACT. D'une période de la préhistoire (paléolithique supérieur) avec une culture propre (silex taillés, outils en os, sculptures, gravures).
ÉTYM. de *la Madeleine* (☛ noms propres), site préhistorique de Dordogne, latin *Magdalena.*

MAGE [maʒ] **n. 1. n. m.** Prêtre, astrologue, dans la Babylone antique, en Assyrie. **2. appos.** (☛ noms propres) *Les Rois mages,* les personnages qui, selon l'Évangile, vinrent rendre hommage à l'enfant Jésus. **3. n.** Personne qui pratique les sciences occultes, la magie. SYN. **magicien, sorcier.** — RARE *Une mage.*
ÉTYM. latin *magus,* grec *magos,* mot persan.

MAGHRÉBIN, INE [magʀebɛ̃, in] **adj.** et **n.** ✦ Du Maghreb (☛ noms propres).
ÉTYM. de l'arabe *maghrib* «couchant, occident».

MAGICIEN, IENNE [maʒisjɛ̃, jɛn] **n. 1.** Personne qui pratique la magie. SYN. **mage.** *Circé la magicienne.* ♦ Illusionniste, prestidigitateur. **2.** Personne qui produit, comme par magie, des effets extraordinaires. *Cet écrivain, ce conteur est un magicien.* SYN. **enchanteur.**
ÉTYM. de *magique.*

MAGIE [maʒi] **n. f. 1.** Art de produire, par des procédés occultes, des phénomènes inexplicables ou qui semblent tels. → **alchimie, astrologie, sorcellerie.** *La magie est à l'origine des sciences.* — *Magie noire,* magie qui ferait intervenir les démons pour produire des effets maléfiques. *Magie blanche.* — **loc.** *(Comme) par magie,* d'une manière incompréhensible. **2.** Impression forte, inexplicable (que produisent l'art, la nature, les passions). SYN. ① **charme, enchantement, sortilège.** *La magie des mots.*
ÉTYM. latin *magia,* grec *mageia,* de *magos* «mage».

MAGIQUE [maʒik] **adj. 1.** Qui tient de la magie ; utilisé, produit par la magie. SYN. **occulte, surnaturel.** *Pouvoir magique. Formules magiques.* — *Baguette magique.* **2.** Qui produit des effets extraordinaires. SYN. **étonnant, féerique, merveilleux.** *L'effet magique de sa voix.* CONTR. **naturel, normal, ordinaire.**
ÉTYM. latin *magicus,* grec *magikos,* de *magos* → mage.

MAGIQUEMENT [maʒikmɑ̃] **adv.** ✦ Par magie.

MAGISTÈRE [maʒistɛʀ] **n. m. 1.** DIDACT. Autorité absolue. **2.** Diplôme universitaire de formation professionnelle supérieure.
ÉTYM. latin *magisterium.*

MAGISTRAL, ALE, AUX [maʒistʀal, o] **adj. 1.** D'un maître. *Cours magistral. Ton magistral.* SYN. **doctoral. 2.** Digne d'un maître, qui atteste une grande maîtrise. *Réussir un coup magistral.* CONTR. **médiocre, ordinaire.**
► **MAGISTRALEMENT** [maʒistʀalmɑ̃] **adv.** *Elle a magistralement interprété cet air d'opéra.*
ÉTYM. bas latin *magistralis,* de *magister* «maître».

MAGISTRAT, ATE [maʒistʀa, at] **n.** ✦ Fonctionnaire public de l'ordre judiciaire, ayant pour fonction de rendre la justice (juge) ou de réclamer, au nom de l'État, l'application de la loi (procureur général, substitut, en France).
ÉTYM. latin *magistratus.*

MAGISTRATURE [maʒistʀatyʀ] **n. f. 1.** Fonction, charge de magistrat. **2.** Corps des magistrats. — en France *Magistrature debout,* les procureurs, substituts, avocats généraux (le ministère public). *Magistrature assise,* les juges.
ÉTYM. de *magistrat.*

MAGMA [magma] **n. m.** 1. Masse épaisse, de consistance pâteuse. ♦ GÉOL. Mélange de roches en partie liquéfiées et de gaz provenant de l'intérieur de la Terre. 2. fig. Mélange confus.
► **MAGMATIQUE** [magmatik] **adj.** *Roches magmatiques,* résultant de la consolidation d'un magma. SYN. **plutonique, volcanique.**
ÉTYM. mot latin «résidu», d'origine grecque.

MAGNANERIE [maɲan(ə)ʀi] **n. f.** ✦ Local où se pratique l'élevage des vers à soie.
ÉTYM. de l'ancien provençal *magnan* «ver à soie».

MAGNANIME [maɲanim] **adj.** ✦ Qui pardonne les injures, est bienveillant envers les faibles. SYN. **généreux.** *Se montrer magnanime envers qqn.* – *Sentiment magnanime.*
ÉTYM. latin *magnanimus,* de *magna* «grande» et *anima* «âme».

MAGNANIMITÉ [maɲanimite] **n. f.** ✦ Clémence, générosité. *Faire appel à la magnanimité du vainqueur.*
ÉTYM. latin *magnanimitas.*

MAGNAT [magna ; maɲa] **n. m.** ✦ Puissant capitaliste. *Les magnats du pétrole.*
ÉTYM. latin *magnates* «les puissants», de *magnus* «grand».

se MAGNER [maɲe] **v. pron.** (conjug. 3a) ✦ FAM. Se remuer, se dépêcher. *Magne-toi !*
ÉTYM. de *se manier.*

MAGNÉSIE [maɲezi] **n. f.** ✦ CHIM. Poudre blanche d'oxyde de magnésium, dont un sulfate sert de purgatif.
ÉTYM. latin médiéval *magnesia,* de *magnes (lapis),* du grec «pierre de Magnésie», ville d'Asie Mineure où l'on trouvait des minerais aimantés.

MAGNÉSIUM [maɲezjɔm] **n. m.** ✦ Métal léger, blanc argenté et malléable, qui brûle à l'air avec une flamme blanche éblouissante (symb. Mg). *L'éclair de magnésium d'un flash.*
ÉTYM. de *magnésie.*

MAGNÉTIQUE [maɲetik] **adj.** 1. Qui a rapport à l'aimant, en possède les propriétés ; du magnétisme. *Effets, phénomènes magnétiques. Bande, ruban magnétique d'un magnétophone.* 2. Qui a rapport au magnétisme animal. *Influx, fluide magnétique.* ♦ Qui exerce une influence occulte sur le psychisme ; qui fascine, envoûte. *Un regard magnétique.*
ÉTYM. bas latin *magneticus,* de *magnes (lapis)* → magnésie.

MAGNÉTISER [maɲetize] **v. tr.** (conjug. 3a) 1. Rendre (une substance) magnétique, donner les propriétés de l'aimant à. SYN. **aimanter.** 2. Soumettre (un être vivant) à l'action du magnétisme animal. SYN. **hypnotiser.**
► **MAGNÉTISATION** [maɲetizasjɔ̃] **n. f.**
ÉTYM. de *magnétique.*

MAGNÉTISEUR, EUSE [maɲetizœʀ, øz] **n.** ✦ Personne qui pratique le magnétisme animal. SYN. **hypnotiseur.**
ÉTYM. de *magnétiser.*

MAGNÉTISME [maɲetism] **n. m.** 1. Partie de la physique qui étudie les propriétés des aimants (naturels ou artificiels) et les phénomènes qui s'y rattachent. *Le magnétisme s'est développé parallèlement à la théorie de l'électricité.* → **électromagnétisme.** – *Magnétisme terrestre,* champ magnétique de la Terre (orienté dans la direction sud-nord). → **géomagnétisme.** 2. *Magnétisme animal,* force occulte (fluide*) dont disposeraient les êtres ; phénomènes (hypnose, suggestion) produits par l'action de cette force. *Mesmer mit le magnétisme à la mode, à la fin du XVIIIe siècle.* 3. Charme, fascination. *Subir le magnétisme de qqn.*
ÉTYM. du radical de *magnétique.*

MAGNÉTO [maɲeto] **n. f.** ✦ Génératrice de courant électrique continu utilisant un aimant.
ÉTYM. de *machine magnétoélectrique* → magnéto-.

> **MAGNÉTO-** Élément (→ magnétique) qui signifie «aimant» et «magnétophone».

MAGNÉTOMÈTRE [maɲetɔmɛtʀ] **n. m.** ✦ Instrument de mesure de l'intensité d'un champ magnétique.
ÉTYM. de *magnéto-* et *-mètre.*

MAGNÉTOPHONE [maɲetɔfɔn] **n. m.** ✦ Appareil d'enregistrement et de reproduction des sons par aimantation durable d'un ruban d'acier ou d'un film (bande magnétique).
ÉTYM. de *magnéto-* et *-phone.*

MAGNÉTOSCOPE [maɲetɔskɔp] **n. m.** ✦ Appareil permettant l'enregistrement des images et du son sur bande magnétique. → **vidéo.**
ÉTYM. de *magnéto-* et *-scope.*

MAGNIFICAT [maɲifikat ; magnifikat] **n. m.** ✦ RELIG. CATHOL. Cantique de la Vierge Marie. – Musique composée sur ce cantique. *Le «Magnificat» de J.-S. Bach.*
ÉTYM. mot latin «il, elle magnifie».

MAGNIFICENCE [maɲifisɑ̃s] **n. f.** 1. Beauté magnifique, pleine de grandeur. SYN. **éclat, luxe, splendeur.** *Château meublé avec magnificence.* 2. LITTÉR. Disposition à dépenser sans compter. → **magnifique** (II). *Il nous a reçus avec magnificence.* SYN. **prodigalité.** CONTR. **mesquinerie, pauvreté.**
ÉTYM. latin *magnificentia.*

MAGNIFIER [maɲifje] **v. tr.** (conjug. 9) ✦ LITTÉR. 1. Célébrer, glorifier. 2. Idéaliser. *La légende magnifie les héros.* SYN. **grandir.** – *Passé magnifié par le souvenir.* CONTR. **déprécier, diminuer.**
ÉTYM. latin *magnificare,* de *magnificus* → magnifique.

MAGNIFIQUE [maɲifik] **adj.** **I** VX Qui est très riche, dépense avec générosité et ostentation. → **magnificence** (2). – **n.** *Laurent le Magnifique.* **II** 1. Qui est d'une beauté luxueuse, éclatante. SYN. **somptueux.** *De magnifiques palais.* 2. Très beau. SYN. **splendide,** ② **superbe.** *Un magnifique paysage (ou un paysage magnifique). Il fait un temps magnifique.* ♦ Remarquable, admirable en son genre. *Il a une situation magnifique.* CONTR. **mesquin • modeste, simple • horrible, laid.**
ÉTYM. latin *magnificus* «fastueux ; somptueux», de *magnus* «grand».

MAGNIFIQUEMENT [maɲifikmɑ̃] **adv.** 1. D'une manière magnifique, somptueuse. SYN. **somptueusement, superbement.** 2. Très bien. *Elle s'en est magnifiquement tirée.*

MAGNITUDE [maɲityd] **n. f.** 1. ASTRON. Grandeur qui caractérise l'éclat des astres visibles. *Astre de magnitude 1* (les plus brillants). 2. Nombre qui caractérise

A B C D E F G H I J K L M N O P Q R S T U V W X Y Z

l'énergie d'un séisme.
ÉTYM. latin *magnitudo.*

MAGNOLIA [maɲɔlja] **n. m.** ✦ Arbre à feuilles luisantes, à grandes fleurs blanches, très odorantes. *Des magnolias.*
ÉTYM. latin botanique, du nom de *Pierre Magnol.*

MAGNUM [magnɔm] **n. m.** ✦ Grosse bouteille contenant environ un litre et demi. *Des magnums de champagne.*
ÉTYM. mot latin, neutre de *magnus* «grand».

① **MAGOT** [mago] **n. m.** 1. VX Singe du genre macaque. 2. Figurine trapue de l'Extrême-Orient. *Un magot en jade.*
ÉTYM. du nom propre biblique *Magog,* employé avec *Gog* pour désigner des peuples conduits par Satan contre Israël.

② **MAGOT** [mago] **n. m.** ✦ FAM. Somme d'argent amassée et mise en réserve, cachée. SYN. **trésor.** *L'avare veille sur son magot.*
ÉTYM. peut-être de l'ancien français *musgot,* d'origine germanique.

MAGOUILLAGE [magujaʒ] **n. m.** ✦ FAM. Fait de magouiller ; ensemble de magouilles.

MAGOUILLE [maguj] **n. f.** ✦ FAM. Manœuvre, tractation malhonnête. SYN. **combine.**
ÉTYM. de *magouiller.*

MAGOUILLER [maguje] **v.** (conjug. 3a) ✦ FAM. 1. **v. intr.** Se livrer à des magouilles. 2. **v. tr.** Manigancer.
ÉTYM. origine inconnue, peut-être du gaulois *marga* «boue».

MAGOUILLEUR, EUSE [magujœʀ, øz] **n.** ✦ FAM. Personne qui magouille. ➖ **adj.** *Elle est un peu magouilleuse.*

MAGRET [magʀɛ] **n. m.** ✦ Filet (maigre) de canard ou d'oie.
ÉTYM. mot occitan «le petit maigre».

MAGYAR, ARE [magjaʀ] **adj.** et **n.** ✦ Du peuple hongrois, dans son origine ethnique. SYN. **hongrois.**
ÉTYM. mot hongrois.

MAHARADJA ou **MAHARAJA** [ma(a)ʀadʒa] **n. m.** ✦ Prince de l'Inde. SYN. **radja.** *La maharané, épouse du maharadja.* ➖ On écrit aussi *maharajah.*
ÉTYM. du sanskrit *mahā* «grand» et *rājā* «roi».

MAHATMA [maatma] **n. m.** ✦ Nom donné, en Inde, à des chefs spirituels. *Le mahatma Gandhi.*
ÉTYM. du sanskrit *mahā* «grand» et *atman* «âme».

MAH-JONG [maʒɔ̃g] **n. m.** → MAJONG

MAHOMÉTAN, ANE [maɔmetɑ̃, an] **n.** et **adj.** ✦ VIEILLI Musulman.
ÉTYM. de *Mahomet* (☞ noms propres), francisation de *Muhammad.*

MAHOUS ; MAHOUSSE [maus] → MAOUS

MAI [mɛ] **n. m.** ✦ Cinquième mois de l'année. *Muguet du premier mai. Arbre de mai. Des mais pluvieux. En mai.* HOM. MAIE «coffre», MAIS (conj.), METS «aliment»
ÉTYM. latin *Maius (mensis)* «(mois) de la déesse Maïa».

MAIE [mɛ] **n. f.** ✦ Coffre à pain. SYN. **huche.** HOM. MAI «mois», MAIS (conj.), METS «aliment»
ÉTYM. latin *magidem,* accusatif de *magis* «pétrin».

MAÏEUTIQUE [majøtik] **n. f.** ✦ PHILOS. Méthode suscitant la mise en forme des pensées confuses, par le dialogue (Socrate, dans les œuvres de Platon).
ÉTYM. grec *maieutikê* «technique d'accouchement».

MAIGRE [mɛgʀ] **adj.** 1. Dont le corps a peu de graisse ; qui pèse relativement peu. SYN. **efflanqué, étique, sec, squelettique.** *Un homme grand et maigre.* ➖ loc. *Être maigre comme un clou.* ➖ *Visage maigre.* SYN. **émacié.** ➖ **n.** *Les gros et les maigres.* loc. *Une fausse maigre.* 2. Qui n'a, qui ne contient pas de graisse. *Viande maigre.* ➖ *Fromages maigres,* faits avec du lait écrémé. ➖ **n. m.** loc. *FAIRE MAIGRE :* ne manger ni viande ni aliment gras. 3. Peu épais. *Imprimé en caractères maigres.* 4. (végétation) Peu abondant. 5. De peu d'importance. SYN. **médiocre, piètre.** *De bien maigres résultats. Maigre profit.* SYN. **petit.** *C'est maigre, c'est un peu maigre :* c'est peu, bien peu. CONTR. **gros ; gras • luxuriant • important.**
ÉTYM. latin *macrum,* accusatif de *macer,* grec *makros* «mince».

MAIGRELET, ETTE [mɛgʀəlɛ, ɛt] **adj.** ✦ Maigrichon.

MAIGREMENT [mɛgʀəmɑ̃] **adv.** ✦ Chichement, petitement. *Être maigrement payé.* SYN. **médiocrement, peu.** CONTR. **grassement, largement.**

MAIGREUR [mɛgʀœʀ] **n. f.** 1. État d'une personne ou d'un animal maigre ; absence de graisse. 2. Caractère de ce qui est peu fourni, peu abondant. *La maigreur d'une végétation. La maigreur d'un profit.* CONTR. **embonpoint, graisse, obésité • abondance.**

MAIGRICHON, ONNE [megʀiʃɔ̃, ɔn] **adj.** ✦ Un peu trop maigre. SYN. **maigrelet.** *Un gamin maigrichon.*

MAIGRIR [megʀiʀ] **v.** (conjug. 13) **I** **v. intr.** Devenir maigre. *Régime pour maigrir.* → **amaigrissant.** ➖ au p. passé *Je te trouve maigri.* **II** **v. tr.** Faire paraître maigre. SYN. **amincir.** *Cette robe la maigrit.* CONTR. **engraisser, forcir, grossir.**

① **MAIL** [maj] **n. m.** **I** Maillet pour un jeu ; ce jeu (voisin du croquet). **II** Allée, promenade bordée d'arbres, dans certaines villes. *Des mails.* HOM. ① MAILLE «point de tricot»
ÉTYM. latin *malleus* «marteau».

② **MAIL** [mɛl] **n. m.** ✦ anglicisme 1. Courrier électronique ; message ainsi transmis. SYN. **courriel, e-mail.** *Elle lit ses mails.* 2. Adresse électronique. *Donne-moi ton mail.*
ÉTYM. de *e-mail.*

MAILING [meliŋ] **n. m.** ✦ anglicisme Prospection commerciale au moyen de documents expédiés par la poste. ➖ recomm. offic. *publipostage.*
ÉTYM. de l'anglais *to mail* «poster».

① **MAILLE** [maj] **n. f.** 1. Chacune des petites boucles de matière textile dont l'entrelacement forme un tissu. *Maille à l'endroit, à l'envers* (au tricot). SYN. ② **point.** *Une maille qui file.* ➖ *L'industrie de la maille,* des textiles tricotés. ➖ *Les mailles d'un filet.* 2. Trou formé par chaque maille. *Le poisson est passé à travers les mailles.* 3. Anneau de métal. loc. *Cotte* de mailles.* ➖ Anneau (d'une chaîne). SYN. **chaînon, maillon.** HOM. ① MAIL «allée»
ÉTYM. latin *macula* «boucle ; tache» ; doublet de *macule.*

② **MAILLE** [maj] n. f. ✦ VX (Moyen Âge) Un demi-denier. ➜ loc. *SANS SOU NI MAILLE* : sans argent. ➜ *AVOIR MAILLE À PARTIR avec qqn,* avoir un différend, une dispute.
HOM. ① MAIL «allée»
ÉTYM. latin populaire *medialia,* de *medius* «demi».

MAILLECHORT [majʃɔʀ] n. m. ✦ Alliage inaltérable de cuivre, de zinc et de nickel qui imite l'argent.
ÉTYM. de *Maillot* et *Chorier,* noms des inventeurs.

MAILLER [maje] v. (conjug. 3a) **I** v. tr. 1. Faire avec des mailles. 2. fig. Couvrir en formant un réseau. **II** v. intr. (filet) Retenir le poisson.
ÉTYM. de ① *maille.*

MAILLET [majɛ] n. m. ✦ Outil fait d'une masse dure emmanchée en son milieu et qui sert à frapper, à enfoncer. SYN. **mailloche,** ② **masse.** ➜ *Maillet de croquet, de polo.* ◆ *Maillet de sculpteur,* à tête tronconique.
ÉTYM. diminutif de *mail.*

MAILLOCHE [majɔʃ] n. f. 1. Gros maillet de bois. 2. Baguette terminée par une boule recouverte de peau, pour frapper un instrument à percussion.
ÉTYM. augmentatif de *mail.*

MAILLON [majɔ̃] n. m. ✦ Anneau (d'une chaîne). SYN. **chaînon.** ➜ loc. *Être un maillon de la chaîne,* un élément d'un ensemble complexe. *Le maillon faible,* l'élément le plus fragile d'un groupe.
ÉTYM. de ① *maille.*

MAILLOT [majo] n. m. **I** anciennt Lange qui enfermait les jambes et le corps du nouveau-né jusqu'aux aisselles (→ **emmailloter**). loc. *Enfant au maillot,* en bas âge. **II** 1. Vêtement souple et moulant porté à même la peau. *Maillot de danseur.* 2. Vêtement collant qui couvre le haut du corps. *Maillot de cycliste.* ➜ *Le maillot jaune,* que porte le coureur cycliste qui est en tête du classement du Tour de France ; ce coureur. ➜ *Maillot de corps,* sous-vêtement en tissu à mailles qui couvre le torse. SYN. **tricot.** 3. *MAILLOT DE BAIN, MAILLOT* : costume de bain collant. *Maillot de bain une pièce, deux pièces.* → **deux-pièces.** *Maillot de bain d'homme* (slip ou boxer).
ÉTYM. de ① *maille,* allus. aux bandes entrecroisées.

MAIN [mɛ̃] n. f. **I** Partie du corps humain, servant à toucher et à prendre, située à l'extrémité du bras et munie de cinq doigts. 1. *Main droite, gauche. Creux, paume, dos, plat, revers de la main. De grosses mains.* → **patte.** *Petites mains.* → **menotte.** ➜ *Baiser la main d'une femme.* → **baisemain.** *Se laver les mains ;* fig. *il s'en lave* les mains. Se frotter les mains* (en signe de satisfaction). *Se tordre les mains* (de désespoir). ➜ loc. *À main droite, gauche :* à droite, gauche. ➜ *En un tour* de main.* 2. (La main qui prend, qui possède) *Prendre qqch. d'une main, des deux mains. Prendre la main de qqn. Se promener main dans la main.* ➜ loc. *À LA MAIN. Tenir un sac à la main.* ➜ *À MAIN* : qui se tient, se manipule avec la main. *Sac à main. Frein à main.* ➜ *METTRE LA MAIN sur qqn, qqch.,* le trouver. *Faire MAIN BASSE sur qqch.,* emporter, voler. ➜ *Il a été pris la main dans le sac,* en train de voler ; en flagrant délit. ◆ *Une poignée* de main. Se serrer la main* (pour se saluer ou en signe de réconciliation). *Tendre la main à qqn,* fig. lui offrir son amitié, son aide, son pardon. ➜ *Demander, obtenir la main d'une jeune fille,* le mariage avec elle. ➜ *EN MAIN. Preuve en main :* en montrant une preuve. *Avoir (une affaire) en main,* la mener comme on veut. *Prendre en main,* en charge, s'occuper de. ➜ *EN BONNES MAINS* : sous la responsabilité d'une personne sérieuse. ◆ *Tomber aux mains des ennemis,* en leur pouvoir. ➜ loc. *Une main de fer dans un gant de velours :* une autorité très forte sous une apparence de douceur. 3. (La main qui frappe) loc. *Lever la main sur qqn* (pour le frapper). *En venir aux mains,* aux coups. ➜ FAM. *Ne pas y aller de main morte :* agir avec brutalité ou vigueur. ◆ *Homme de main,* celui qui commet des actions criminelles pour le compte d'un autre. ➜ *Faire le coup de main,* une attaque rapide. 4. (La main qui donne, reçoit) *Remettre qqch. EN MAIN(S) PROPRE(S),* au destinataire en personne. *DE LA MAIN À LA MAIN :* sans intermédiaire. ➜ *DE PREMIÈRE MAIN :* directement, de la source. *Une information de première main. Une voiture d'occasion, de seconde main,* qui a eu deux propriétaires. 5. (La main qui travaille, agit → **1 manuel**) *Être adroit de ses mains.* loc. *Avoir des mains en or :* être très habile. *La main verte*.* ➜ fig. *Avoir les mains libres :* être libre d'agir. ➜ *Faire des pieds et des mains :* multiplier les efforts (en vue d'un résultat). ➜ FAM. *Avoir un poil dans la main :* être paresseux. ➜ *FAIT (À LA) MAIN,* sans machines. *Écrit à la main.* → **manuscrit.** ➜ *Mettre la main à la pâte :* participer à un travail. *Mettre la dernière main à* (un travail), le finir. *Donner un COUP DE MAIN à qqn,* l'aider (→ prêter main-forte). ➜ *Forcer la main à qqn,* le forcer d'agir. ◆ (Symbolisant l'habileté professionnelle) *Se faire la main :* apprendre. → **s'exercer.** *Perdre la main. Avoir le coup de main. De main de maître :* parfaitement exécuté. 6. L'initiative, au jeu. *Avoir, passer la main.* ➜ loc. fig. *Passer la main :* abandonner. ◆ *Avoir une belle main,* un beau jeu. **II** (objets) 1. *Main de justice :* sceptre terminé par une main d'ivoire ou de métal précieux. 2. *Main de Fatma,* amulette arabe en forme de main. 3. *Main courante :* rampe d'escalier fixée au mur. 4. Assemblage de vingt-cinq feuilles de papier. *Une rame se compose de vingt mains.* **III** (personnes) *PETITE MAIN :* apprentie couturière ; ouvrière débutante. ➜ *PREMIÈRE MAIN :* première couturière d'un atelier. HOM. MAINT «nombreux»
ÉTYM. latin *manus.*

MAINATE [mɛnat] n. m. ✦ Oiseau passereau noir au bec rouge, originaire de Malaisie.
ÉTYM. portugais des Indes *mainato,* d'une langue dravidienne.

MAIN-D'ŒUVRE [mɛ̃dœvʀ] n. f. 1. Travail de l'ouvrier engagé dans la confection d'un ouvrage. SYN. **façon.** *Frais de main-d'œuvre.* 2. Ensemble des salariés, des ouvriers. *Des mains-d'œuvre qualifiées.*

MAIN-FORTE [mɛ̃fɔʀt] n. f. sing. ✦ *DONNER, PRÊTER MAIN-FORTE à qqn,* l'assister, lui venir en aide.

MAINLEVÉE [mɛ̃l(ə)ve] n. f. ✦ DR. Acte qui lève les effets d'une saisie, d'une opposition, d'une hypothèque.
ÉTYM. de *main* et ① *lever.*

MAINMISE [mɛ̃miz] n. f. ✦ Action de s'emparer. *La mainmise d'un État sur des territoires étrangers.* ➜ péj. Influence exclusive. SYN. **emprise.**
ÉTYM. de *main* et participe passé de *mettre.*

MAINMORTE [mɛ̃mɔʀt] n. f. 1. HIST. Droit du seigneur féodal sur les biens de son vassal mort. 2. DR. *Biens de mainmorte :* biens des collectivités qui ont une exis-

A B C D E F G H I J K L M N O P Q R S T U V W X Y Z

tence indépendante des personnes qui les constituent.

MAINT, MAINTE [mɛ̃, mɛ̃t] adj. ✦ dans des loc. Nombreux. *À maintes reprises. Maintes et maintes fois.* – au sing. *En mainte occasion.* CONTR. **aucun.** HOM. MAIN «partie du corps»

ÉTYM. probablt du germanique, de *mani-* «quantité».

MAINTENANCE [mɛ̃t(ə)nɑ̃s] n. f. ✦ Ensemble des opérations d'entretien d'un matériel technique.

ÉTYM. mot anglais.

MAINTENANT [mɛ̃t(ə)nɑ̃] adv. 1. Dans le temps actuel, au moment présent. SYN. **actuellement, à présent.** *Et maintenant, que faire ? C'est maintenant ou jamais.* – À partir du moment présent (+ futur). SYN. **désormais, dorénavant.** *Maintenant, tout ira bien.* – *Dès maintenant. À partir de maintenant.* → **désormais.** – *MAINTENANT QUE* loc. conj. (+ indic.) : à présent que, en ce moment où. 2. (en tête de phrase, marque une pause où l'on considère une possibilité nouvelle) *Voilà les faits ; maintenant croyez ce que vous voulez.* CONTR. **autrefois, jadis.**

ÉTYM. du participe présent de *maintenir.*

MAINTENIR [mɛ̃t(ə)niʀ] v. tr. (conjug. 16) 1. Conserver dans le même état ; faire ou laisser durer. SYN. **entretenir, garder.** *Maintenir la paix.* – *Maintenir un malade en vie.* 2. Affirmer avec constance, fermeté. SYN. **soutenir.** *Je l'ai dit et je le maintiens.* – *Maintenir sa candidature.* SYN. **confirmer.** 3. Tenir dans une même position, empêcher de bouger. SYN. **fixer, tenir.** *Le thermostat maintient la température constante. Maintenir la tête hors de l'eau.* 4. *SE MAINTENIR* v. pron. Rester dans le même état ; ne pas aller plus mal. *Le beau temps se maintient.* – *Se maintenir en forme.* – impers. FAM. *Alors, ça va ? ça se maintient ?* CONTR. **changer, modifier • annuler, retirer, supprimer • cesser.**

ÉTYM. latin populaire *manutenere* «tenir *(tenere)* avec la main *(manus)*».

MAINTIEN [mɛ̃tjɛ̃] n. m. 1. Action de maintenir, de faire durer. *Assurer le maintien de l'ordre.* 2. Manière de se tenir en société. SYN. **attitude, contenance.** *Un maintien étudié* (SYN. **pose**). – anciennt *Leçons de maintien.* CONTR. **abandon, cessation, suppression.**

ÉTYM. de *maintenir.*

MAIRE [mɛʀ] n. 1. Premier officier municipal élu par le conseil municipal, parmi ses membres. *Le maire et ses administrés. Monsieur le maire. Madame le maire* ou *la maire.* ◆ En Belgique, en Suisse, on dit *bourgmestre.* 2. n. m. HIST. *MAIRE DU PALAIS* : sous les Mérovingiens, intendant du palais, jouant le rôle de premier ministre ou de régent du royaume. HOM. MER «océan», MÈRE «maman»

ÉTYM. latin *major* «plus grand».

MAIRIE [meʀi] n. f. 1. Administration municipale. *Secrétaire de mairie.* 2. Bâtiment où sont les bureaux du maire et de l'administration municipale. SYN. **hôtel de ville.**

ÉTYM. de *maire.*

MAIS [mɛ] conj. et adv.

I conj. 1. marquant l'opposition (comme transition en tête de phrase) *Mais enfin, c'est impossible !* 2. (introduisant une idée contraire) *Je n'en veux pas un, mais deux.* 3. (restriction, correction, précision) SYN. **en revanche.** *C'est beau, mais c'est cher. Non seulement..., mais, mais encore, mais aussi, mais même, mais en outre.* 4. (objection) *Mais pourtant vous étiez prévenu ? Oui, mais...* – n. m. *Que signifie ce mais ?*

II adv. 1. loc. VX ou LITTÉR. *N'EN POUVOIR MAIS* : n'y pouvoir rien. 2. (renforçant un mot exprimé) *« Tu viens avec moi ? – Mais bien sûr ! »*

III exclam. (surprise) *Eh mais ! c'est toi ?* – (défi, menace) *Ah mais !* – (indignation) *Non, mais !*

HOM. MAI «mois», MAIE «coffre», METS «aliment» ; MES (pluriel de *mon,* adj. possessif)

ÉTYM. latin *magis* «plus».

MAÏS [mais] n. m. ✦ Céréale de la famille des graminées cultivée pour ses grains comestibles. *Champ de maïs.* ◆ Les grains de cette plante. *Farine de maïs* (→ **polenta**). *Grains de maïs soufflés.* → **popcorn.** *Galette de maïs. Couleur (de) maïs.* ◆ appos. *Papier maïs.*

ÉTYM. espagnol *maiz,* mot d'Haïti.

MAISON [mɛzɔ̃] n. f. **I** 1. Bâtiment d'habitation (→ **immeuble, logement, résidence**) ; spécialt bâtiment conçu pour un seul ou un petit nombre de foyers (→ **pavillon, villa**). *La façade, les murs, le toit d'une maison.* – *Maison de campagne,* résidence secondaire d'un citadin. – loc. *C'est gros comme une maison,* énorme, évident. – loc. *LA MAISON(-)BLANCHE* : résidence du président des États-Unis d'Amérique ; par ext. le gouvernement américain. 2. Habitation, logement (qu'il s'agisse ou non d'un bâtiment entier). SYN. **domicile, foyer, logis** ; → **appartement.** *Les clés de la maison.* – *À LA MAISON* : chez soi. *Rentrer à la maison.* SYN. **bercail.** – *S'occuper de la maison,* y faire les tâches domestiques. 3. Place (d'un domestique). *Elle a fait de nombreuses maisons.* – loc. *Les gens de maison* : les domestiques. **II** (+ adj. ; + *de* et n.) Bâtiment, édifice destiné à un usage spécial. *Maison centrale, de correction, d'arrêt.* → **prison.** – *Maison de santé* (→ **clinique, hôpital**), *de repos.* – *Maison de retraite.* – *Maison des jeunes et de la culture.* – *Maison de jeux.* → **tripot.** – *Maison de rendez-vous. Maison close, maison de tolérance.* → **bordel.** **III** Entreprise commerciale. SYN. **établissement, firme.** *Maison de détail, de gros. La maison mère et ses succursales.* – *La maison ne fait pas de crédit.* ◆ L'établissement où l'on travaille. *Les traditions de la maison.* **IV** fig. 1. VX Famille. *Une maison princière.* – loc. *Faire la jeune fille de la maison,* le service au cours d'une réception. 2. HIST. Ensemble des personnes employées au service des grands personnages. *La maison du roi.* 3. Descendance, lignée des familles nobles. *La maison d'Autriche.* **V** appos. invar. 1. Qui a été fait à la maison, et non acheté dans le commerce. *Tarte maison. Des terrines maison.* 2. FAM. Particulièrement réussi, soigné. *Une bagarre maison.* 3. Particulier à une entreprise. *L'esprit maison.* HOM. MÉSON «particule»

ÉTYM. latin *mansio, mansionis,* de *manere* «rester, demeurer».

MAISONNÉE [mɛzɔne] n. f. ✦ Les habitants d'une maison ; famille. *Toute la maisonnée était réunie.*

MAISONNETTE [mɛzɔnɛt] n. f. ✦ Petite maison.

MAÎTRE, MAÎTRESSE [mɛtʀ, mɛtʀɛs] n. **I** Personne qui exerce une domination. 1. Personne qui a pouvoir et autorité (sur qqn) pour se faire servir, obéir. *Le maître et l'esclave.* – prov. *On ne peut servir deux maîtres à la fois.* – loc. *L'œil du maître,* la vigilance du maître à qui rien n'échappe. ➝ *Parler, agir en maître.* ➝ *Trouver son maître* : trouver plus fort, plus habile que soi. **2.** Possesseur d'un animal domestique. *Ce chien reconnaît son maître et sa maîtresse.* **3.** *(Maître de...)* Personne qui dirige. SYN. **chef.** ➝ loc. *MAÎTRE, MAÎTRESSE DE MAISON* : personne (d'une famille) qui dirige la maison. *Maître de maison qui reçoit.* → **hôte.** ◆ *Le maître d'un pays.* SYN. **dirigeant.** *Les maîtres du monde*, ceux qui ont le pouvoir. **4.** *ÊTRE (LE) MAÎTRE quelque part* : diriger, commander. *Je suis le maître chez moi.* ➝ loc. *Être seul maître à bord* : être seul à décider. ◆ aux cartes *Je suis maître* (à telle couleur), j'(en) ai la carte maîtresse. **5.** *ÊTRE SON MAÎTRE* : être libre et indépendant. ➝ *ÊTRE MAÎTRE, MAÎTRESSE DE SOI* : avoir de l'empire sur soi-même. → se **maîtriser**, se **dominer.** ➝ *ÊTRE MAÎTRE DE FAIRE QQCH.* SYN. **libre.** **6.** Personne qui possède une chose, en dispose. SYN. **possesseur, propriétaire.** ➝ *Voiture, maison DE MAÎTRE*, dont l'usager est le propriétaire (opposé à *de louage*). ➝ *SE RENDRE MAÎTRE de qqch., de qqn.* → **capturer, maîtriser.** ➝ (choses abstraites) *Se trouver maître d'un secret. Être maître de la situation.* **II** Personne compétente pour diriger. **1.** dans des loc. (direction, surveillance) *Maître d'œuvre*, personne qui dirige un travail collectif. *Maître de ballet* (fém. *maître* ou *maîtresse*), personne qui dirige un ballet dans un théâtre. *Maître de chapelle**. *Maître d'hôtel**. ➝ Nom donné aux marins officiers. *Premier maître, quartier-maître. Maître d'équipage.* ➝ *Grand maître de l'ordre*, chef d'un ordre militaire. «*Le Maître de Santiago*» (pièce de Montherlant). **2.** anciennt *Maître, maîtresse d'école.* → **instituteur, professeur** des écoles. ➝ *Maître nageur*, qui enseigne la natation. *Des maîtres nageurs.* **3.** n. m. Artisan qui dirige le travail et enseigne aux apprentis, dans le système corporatif. ◆ loc. *ÊTRE, PASSER MAÎTRE EN, DANS* : devenir particulièrement adroit à. *Elle est passée maître dans l'art de mentir.* **4.** n. m. Peintre, sculpteur qui dirigeait un atelier. ➝ *Le Maître de* (et n. de lieu ou d'œuvre), désignation d'un peintre ancien anonyme de qualité. *Le Maître de Moulins.* ◆ Artiste, créateur célèbre, qui excellait dans son art, qui a fait école. **5.** n. m. Personne dont on est le disciple, que l'on prend pour modèle. *Un maître à penser. Maître spirituel.* → **gourou.** **III** (Titre) n. m. **1.** VX Appellatif donné à des hommes, artisans, paysans propriétaires. *Maître Pierre.* **2.** Employé au lieu de Monsieur, Madame, en parlant des gens de loi ou en s'adressant à eux (avocat, huissier, notaire). *Maître X, avocate à la cour.* ➝ Titre que l'on donne en s'adressant à un professeur éminent, à un artiste ou un écrivain célèbre. *Monsieur (Madame) et cher Maître.* **IV** *MAÎTRE, MAÎTRESSE* appos. ou adj. **1.** Qui a les qualités d'un maître, d'une maîtresse. *Une maîtresse femme.* SYN. **déterminé, énergique.** **2.** Qui est le premier, le chef de ceux qui exercent la même profession dans un corps de métier. *Maître-queux** (→ **queux**), *maître-coq* (→ ② **coq**). ➝ fig. VX *Maître filou.* SYN. **fieffé.** **3.** (choses) Le plus important, la plus importante. SYN. **principal.** *La maîtresse branche d'un arbre*, la plus grosse. *La maîtresse poutre. Maître-autel* (d'une église). ➝ jeux de cartes *Atout maître. Carte maîtresse.* ➝ fig. *La pièce maîtresse d'une collection, d'un dossier.* SYN. **essentiel.** HOM. ② MÈTRE «mesure de longueur», METTRE «placer»

ÉTYM. latin *magister.*

MAÎTRE CHANTEUR, EUSE [mɛtʀəʃɑ̃tœʀ, øz] n. ✦ Personne qui exerce un chantage*. *Des maîtres chanteurs.*

MAÎTRE-CHIEN [mɛtʀəʃjɛ̃] n. m. ✦ Personne responsable du dressage d'un chien, et de son emploi pour certains services (garde, sauvetage...).

MAÎTRESSE [mɛtʀɛs] n. f. **I** Féminin de *maître* dans certains emplois. → **maître.** **II** *La maîtresse d'un homme.* **1.** VX (langue classique) Jeune fille ou femme aimée d'un homme. SYN. **bien-aimée, fiancée.** **2.** MOD. Femme qui a des relations sexuelles durables avec un homme, sans être son épouse. *Ils sont amant et maîtresse* (→ **liaison**). *Son mari avait des maîtresses.*

MAÎTRISABLE [metʀizabl] adj. ✦ Qui peut être maîtrisé, surmonté. SYN. **contrôlable.** CONTR. **insurmontable, irrépressible.**

MAÎTRISE [metʀiz] n. f. **I** **1.** *MAÎTRISE DE SOI* : qualité d'une personne qui sait se dominer, se contrôler (SYN. **sang-froid** ; → **maître** de soi). **2.** Contrôle militaire d'un lieu. SYN. **suprématie.** *L'Angleterre avait la maîtrise des mers.* **II** **1.** École de chant attachée à une église ; le chœur lui-même. SYN. **manécanterie.** **2.** Qualité, grade, fonction de maître dans certains corps de métiers. **3.** Ensemble des maîtres d'une corporation. ◆ *AGENT DE MAÎTRISE*, technicien appartenant aux cadres subalternes d'une entreprise. **4.** Diplôme universitaire qui sanctionnait le second cycle. *Un mémoire de maîtrise.* **5.** Perfection digne d'un maître, dans la technique. SYN. **maestria, virtuosité.** ◆ Fait de connaître à fond (un sujet, une langue).

ÉTYM. de *maître.*

MAÎTRISER [metʀize] v. tr. (conjug. 3a) **1.** Se rendre maître de, par la contrainte physique. *Maîtriser un cheval.* ➝ *Maîtriser un incendie.* **2.** Dominer (une passion, une émotion, un réflexe). SYN. **contenir, réprimer, vaincre.** *Maîtriser sa colère, ses nerfs.* ➝ pronom. Prendre sur soi. SYN. se **contrôler**, se **dominer.** **3.** Dominer (ce que l'on fait, ce dont on se sert). *Il maîtrise parfaitement la langue française.*

ÉTYM. de *maîtrise.*

MAJESTÉ [maʒɛste] n. f. **I** **1.** Grandeur suprême. SYN. **gloire.** *La majesté divine.* ➝ ARTS *Christ en majesté*, représenté de face, sur un trône. **2.** Titre donné aux souverains héréditaires. SYN. **altesse.** *Votre Majesté. Sa Majesté le roi.* **II** Caractère de grandeur, de noblesse dans l'apparence, l'allure, les attitudes. *Une démarche pleine de majesté.* ➝ *La majesté du désert.* CONTR. **vulgarité.**

ÉTYM. latin *majestas*, de *major* «plus grand».

MAJESTUEUSEMENT [maʒɛstɥøzmɑ̃] adv. ✦ Avec majesté. CONTR. **vulgairement.**

MAJESTUEUX, EUSE [maʒɛstɥø, øz] adj. **1.** Qui a de la majesté. SYN. **imposant.** *Air, port majestueux.* SYN. **noble.** **2.** D'une beauté pleine de grandeur, de noblesse. SYN. **grandiose.** *Un fleuve majestueux.* CONTR. **vulgaire.**

① **MAJEUR, EURE** [maʒœʀ] adj. et n. m.

I adj. compar. **1.** Plus grand, plus important. *La majeure partie* (→ ① **majorité**, 3). *En majeure partie* : pour la plupart. **2.** MUS. *Intervalle majeur*, plus grand d'un demi-ton chromatique que l'intervalle mineur. ➝ n. m. *Morceau en majeur.* **3.** Très grand, très important. SYN. **primordial.** *Préoccupation majeure. Cas de force majeure.* CONTR. ① **mineur · insignifiant.**

II n. m. Le plus grand doigt de la main. SYN. **médius.**

ÉTYM. latin *major*, comparatif de *magnus* «grand».

A B C D E F G H I J K L M N O P Q R S T U V W X Y Z

② **MAJEUR, EURE** [maʒœʀ] **adj.** ✦ Qui a atteint l'âge de la majorité légale. *Héritier majeur.* ➤ FAM. *Il est majeur, il sait ce qu'il fait.* ➤ plais. *Majeur et vacciné.* ➤ fig. *Un peuple majeur.* CONTR. ① **mineur.**
ÉTYM. sens juridique du latin *major* → ① majeur.

MAJONG ou **MAH-JONG** [maʒɔ̃g] **n. m.** ✦ Jeu chinois voisin des dominos. *Des majongs, des mah-jongs.*
ÉTYM. mot chinois «je gagne».

MAJOR [maʒɔʀ] **adj.** et **n.**
I adj. Supérieur par le rang (dans quelques composés). *Sergent*-major. Infirmière-major.* ➤ → **tambour-major.**
II n. **1. n. m.** (jusqu'en 1975) Officier supérieur chargé de l'administration. ➤ *Major général.* **2. n. m.** Grade le plus élevé des sous-officiers de l'armée française. **3. n. m.** Chef de bataillon (→ **commandant**), sous l'Ancien Régime français ; et aujourd'hui dans certaines armées. **4. n. m.** anciennt Médecin militaire. **5.** Candidat reçu premier au concours d'une grande école. *La major de la promotion.*
ÉTYM. mot latin → ① majeur.

MAJORANT [maʒɔʀɑ̃] **n. m.** ✦ MATH. Nombre qui est supérieur ou égal à tous les éléments de l'ensemble auquel il appartient. CONTR. **minorant.**
ÉTYM. du participe présent de *majorer.*

MAJORATION [maʒɔʀasjɔ̃] **n. f.** ✦ Action de majorer. *Majoration de prix* (SYN. **augmentation**), *d'impôts* (SYN. **redressement**). CONTR. **baisse, diminution, rabais.**

MAJORDOME [maʒɔʀdɔm] **n. m.** ✦ Maître d'hôtel de grande maison.
ÉTYM. italien *maggiordomo*, du latin médiéval *major domus* «chef de la maison *(domus)*».

MAJORER [maʒɔʀe] **v. tr.** (conjug. 3a) ✦ Porter à un chiffre plus élevé. *Majorer une facture. Majorer les prix.* SYN. **augmenter.** CONTR. **baisser, diminuer, minorer.**
ÉTYM. du latin *major*, d'après *minorer.*

MAJORETTE [maʒɔʀɛt] **n. f.** ✦ Jeune fille en uniforme militaire de fantaisie, qui défile lors de fêtes en maniant une canne de tambour-major.
ÉTYM. mot américain, abréviation de *drum majorette*, de *drum-major* «tambour-major».

MAJORITAIRE [maʒɔʀitɛʀ] **adj.** **1.** (système électoral) Dans lequel la majorité l'emporte. *Scrutin majoritaire* (opposé à *proportionnel*). **2.** Qui fait partie d'une majorité ; qui détient la majorité. ➤ **n.** *Les majoritaires d'un parti.* CONTR. **minoritaire.**
► **MAJORITAIREMENT** [maʒɔʀitɛʀmɑ̃] **adv.**
ÉTYM. de ① *majorité.*

① **MAJORITÉ** [maʒɔʀite] **n. f.** **1.** Groupement de voix qui l'emporte par le nombre, dans un vote. *La majorité des suffrages. Majorité absolue,* réunissant (au moins) la moitié plus un des suffrages exprimés. *Majorité relative,* supérieure en nombre mais inférieure à la majorité absolue. *Majorité qualifiée* ou *renforcée,* exigeant un nombre de voix supérieur à celui de la majorité absolue. **2.** Parti, fraction qui réunit la majorité des suffrages. *La majorité et l'opposition.* **3.** Le plus grand nombre. *Assemblée composée en majorité de femmes. La majorité de la population. La majorité des candidats est reçue* ou *sont reçus.* ➤ *Les Français dans leur immense majorité... La majorité silencieuse* (invoquée en politique). CONTR. **minorité.**
ÉTYM. latin *majoritas*, de *major* «plus grand».

② **MAJORITÉ** [maʒɔʀite] **n. f.** ✦ DR. Âge légal à partir duquel une personne devient pleinement capable *(majorité civile)* ou responsable *(majorité pénale).* ➤ absolt COUR. *La majorité,* cet âge (dix-huit ans en France). CONTR. **minorité.**
ÉTYM. latin *majoritas* → ② majeur.

MAJUSCULE [maʒyskyl] **adj.** ✦ *Lettre majuscule,* plus grande que la minuscule et d'une forme différente, qui se met au commencement des phrases, des noms propres. ➤ **n. f.** *Une majuscule.* SYN. **capitale.** *Écrire en majuscules.* CONTR. **minuscule.**
ÉTYM. latin *majusculus*, de *major* «plus grand».

MAKI [maki] **n. m.** ✦ ZOOL. Lémurien de Madagascar, au pelage épais, à queue longue et touffue.
HOM. MAQUIS «buissons»
ÉTYM. mot malgache.

① **MAL, MALE** [mal] **adj.** **I** dans des loc. (VX au fém.) Mauvais. *Bon gré, mal gré. Bon an, mal an.* ◆ VX *À la male heure :* à l'heure de la mort. *Mourir de male mort,* de mort violente. **II** **1.** Contraire à un principe moral, à une obligation. *C'est mal de* (+ inf.). *C'est mal, ce que tu as fait là. Faire, dire qqch. de mal. Je n'ai rien fait de mal.* **2.** PAS MAL **loc. adj.** : plutôt bien. *Elle n'est pas mal :* elle est assez jolie. ➤ *Ce n'est pas plus mal :* c'est plutôt mieux. CONTR. ① **bon** • ① **bien.**
ÉTYM. latin *malus* «mauvais».

② **MAL** [mal] **adv.** **I** **1.** D'une manière contraire à l'intérêt ou au plaisir de qqn. *Ça commence mal ! Ça tombe mal. L'affaire va mal. Ça a failli mal tourner,* se gâter. **2.** Avec malaise, douleur. *Se sentir mal :* éprouver un malaise. *Être mal dans sa peau.* SE TROUVER MAL : s'évanouir. *Aller, se porter mal :* être malade. *Être* AU PLUS MAL, dans un état de santé très grave. **3.** D'une façon défavorable, avec malveillance. *Il est mal vu. Être, se mettre mal avec qqn,* se brouiller avec lui. *Ne le prenez pas mal,* ne vous offensez pas. **II** **1.** Autrement qu'il ne convient. *Travail mal fait. Il parle assez mal le français. Mal élevé. Elle écrit mal.* ➤ *Vous êtes mal renseigné.* ◆ (sens moral) *Il s'est mal conduit. Elle a mal tourné.* prov. *Bien mal acquis ne profite jamais.* **2.** Insuffisamment (en qualité ou quantité). SYN. **médiocrement.** *Travail, employé mal payé. J'ai mal dormi.* ➤ Peu, pas. *Être mal à l'aise.* **3.** Difficilement, avec effort. *Le malade respire mal. Je vous entends mal.* **III** **1.** PAS MAL (+ négation) loc. adv. : assez bien, bien. ➤ *Cela ne t'irait pas mal du tout.* ➤ ellipt *Comment vas-tu ? – Pas mal, et toi ? Il ne s'en est pas mal tiré.* **2.** PAS MAL (sans négation) **loc. adv.** : assez, beaucoup (opposé à *peu*). SYN. **passablement.** *Il a pas mal voyagé. Je m'en moque pas mal.* **3.** PAS MAL DE (sans négation) : un assez grand nombre de, beaucoup de. *Il a pas mal d'expérience.* CONTR. ① **bien.** HOM. MALLE «coffre», MÂLE «masculin»
ÉTYM. latin *male.*

③ **MAL, MAUX** [mal, mo] **n. m.** **I** **1.** Ce qui cause de la douleur, de la peine, du malheur ; ce qui est mauvais, pénible (pour qqn). SYN. **dommage, préjudice, tort.** *Faire du mal à qqn.* → **nuire.** *Rendre le mal pour le mal. Cela n'a jamais fait de mal à personne.* ➤ loc. *Il, elle ne ferait pas de mal à une mouche.* ➤ UN MAL, DES MAUX. SYN. **malheur, peine.** ➤ loc. prov. *De deux maux, il faut choisir le moindre.* **2.** Souffrance, malaise physique. SYN. **douleur.** *(Avoir un, des) mal, maux de tête* (→ **migraine**), *de gorge.* ➤ prov. *Aux grands maux, les* *grands remèdes.* – AVOIR MAL. → **souffrir.** *Où as-tu mal ? J'ai mal au dos. Avoir mal au cœur*.* – *(Avoir le) mal de mer, mal de l'air,* des nausées (en bateau, en avion). – FAIRE MAL : causer de la douleur. *Se faire mal en tombant.* – fig. FAM. *Ça va faire mal* (à la concurrence). ♦ (formule de politesse) *Il n'y a pas de mal,* ce n'est rien, ne vous excusez pas. **3.** Maladie. *Prendre mal, du mal :* tomber malade ; spécialt prendre froid. *Le remède est pire que le mal.* ♦ *Le haut mal, le petit mal :* formes de l'épilepsie. **4.** Souffrance morale. *Des mots qui font du mal.* → **blesser.** *Le mal du siècle,* mélancolie profonde qu'éprouvait la jeunesse romantique. *Le mal du pays.* SYN. **nostalgie.** – *Être* EN MAL DE : souffrir de l'absence, du défaut de qqch. *En mal d'affection.* **5.** Difficulté, peine. *Avoir du mal, beaucoup de mal à faire qqch. Se donner du mal,* FAM. *un mal de chien. On n'a rien sans mal.* **6.** *Dire, penser du mal de qqn.* → **calomnier, médire.** **II** *LE MAL.* **1.** Ce qui est contraire à la loi morale, à la vertu, au bien. *Faire le mal. Je n'y vois aucun mal.* – *À MAL. Sans penser, songer à mal :* sans avoir d'intentions mauvaises. **2.** Ce qui est l'objet de désapprobation ou de blâme. *Le bien et le mal. Satan, incarnation du mal* (→ **malin,** I, 1). CONTR. ② **bien.**

HOM. MALLE «coffre», MÂLE «masculin» ; (du pluriel) MOT «signe oral ou écrit»

ÉTYM. latin *malum.*

MAL- Préfixe, tiré de *mal* (adj. et adv.) (ex. *malaise ; malpoli, malmener ; malfaiteur*). → **mé-.** – variante MAU- (ex. *maudire*) ; souvent opposé à *bien.*

MALABAR [malabaʀ] n. m. ✦ FAM. Homme très fort. SYN. **costaud.**

ÉTYM. de *Malabar* (☞ noms propres), nom d'une région de l'Inde.

MALACHITE [malaʃit ; malakit] n. f. ✦ Pierre d'un beau vert diapré, carbonate de cuivre naturel.

ÉTYM. grec *malokhites,* de *malokhê, malakhê* «mauve».

MALACOLOGIE [malakɔlɔʒi] n. f. ✦ DIDACT. Étude des mollusques.

ÉTYM. du grec *malakos* «mou» et de *-logie.*

MALADE [malad] adj. et n.

I adj. **1.** Qui souffre de troubles organiques ou fonctionnels ; qui est en mauvaise santé. *Gravement malade. Un peu malade* (→ **indisposé, souffrant**). *Tomber malade. Être malade du cœur.* – *Avoir le cœur malade.* – *Se rendre malade.* ♦ spécialt FAM. *Tu es complètement malade !* SYN. **cinglé,** ① **fou.** ♦ *Être malade d'anxiété.* – FAM. *J'en suis malade, rien que d'y penser.* ♦ (plantes) *La vigne est malade cette année.* **2.** FAM. (choses) Détérioré, en mauvais état, très usé. *La reliure de ce bouquin est bien malade.* – *Une économie malade.* CONTR. bien **portant, sain.**

II n. Personne malade. *La malade garde la chambre. Le médecin et les malades. Guérir, opérer un malade.* SYN. **patient.** ♦ MALADE MENTAL. SYN. **aliéné,** ① **fou.** *C'est un malade.* SYN. **désaxé, détraqué.** – FAM. *Travailler comme un malade,* énormément. ♦ *Un, une malade imaginaire :* personne qui se croit malade, mais ne l'est pas. → **hypocondriaque.** *«Le Malade imaginaire»* (comédie de Molière).

ÉTYM. latin *male habitus,* de *male* adverbe «mal» et participe passé de *habere* «avoir».

MALADIE [maladi] n. f. **I** Altération, trouble de l'organisme (SYN. **affection,** ③ **mal ;** → **-pathie**). *Maladie bénigne, grave, incurable. Maladie de cœur, de peau. Maladie de Parkinson. Maladie infectieuse, contagieuse. Maladie sexuellement transmissible (M. S. T.). Maladie mentale. Les symptômes d'une maladie. Attraper ; transmettre une maladie. Guérir une maladie. Relever de maladie* (→ **convalescent**). – loc. FAM. *En faire une maladie :* être très contrarié. – *LA MALADIE :* l'état des organismes malades ; les maladies en général. *Être miné, rongé par la maladie.* ♦ *Les maladies des plantes.* **II** fig. **1.** Ce qui trouble, épuise. *Le manque de temps est la maladie du siècle.* **2.** Habitude, comportement anormal, excessif. SYN. **manie.** *Cesse de gigoter ! c'est une maladie !* CONTR. **santé.**

ÉTYM. de *malade.*

MALADIF, IVE [maladif, iv] adj. **1.** Qui est de constitution fragile, souvent malade ou sujet à l'être. SYN. **chétif, malingre, souffreteux.** **2.** Qui présente le caractère de la maladie. *Pâleur maladive.* **3.** Anormal, excessif et irrépressible. *Sensibilité ; peur maladive.* SYN. **pathologique.** CONTR. ① **fort, robuste.**

► **MALADIVEMENT** [maladivmɑ̃] adv.

ÉTYM. de *malade.*

MALADRERIE [maladʀəʀi] n. f. ✦ VX Léproserie.

ÉTYM. de *malade* et *ladrerie,* de *ladre* «lépreux».

MALADRESSE [maladʀɛs] n. f. **1.** Manque d'adresse. *La maladresse d'un apprenti.* – *La maladresse d'un dessin.* **2.** Manque d'habileté ou de tact. *Il vous a blessé par maladresse, il n'est pas méchant. Sa maladresse à dire ce qu'il ressent.* SYN. **gaucherie.** **3.** Action maladroite. SYN. **bêtise, bévue,** ② **gaffe, impair.** *Une série de maladresses.* CONTR. ② **adresse, aisance** • **habileté, tact.**

MALADROIT, OITE [maladʀwa, wat] adj. et n. **1.** Qui manque d'adresse, n'est pas adroit. SYN. **gauche, inhabile, malhabile.** *Elle n'est pas maladroite de ses mains.* – n. *Il a tout cassé, le maladroit.* **2.** (comportement, relations sociales) *Un amoureux maladroit.* – n. *Maladroit, c'était ce qu'il ne fallait pas dire !* SYN. **balourd, gaffeur.** **3.** Qui dénote de la maladresse. *Geste maladroit. Remarque maladroite.* CONTR. **adroit, habile** • **aisé.**

ÉTYM. de ② *mal* et *adroit.*

MALADROITEMENT [maladʀwatmɑ̃] adv. ✦ D'une manière maladroite. SYN. **gauchement,** ② **mal** (II). CONTR. **adroitement.**

MALAGA [malaga] n. m. **1.** Vin liquoreux de la région de Malaga (☞ noms propres), en Espagne. **2.** Raisin sec de Malaga.

MAL-AIMÉ, ÉE ou **MAL AIMÉ, ÉE** [maleme] adj. ✦ Qui n'est pas assez aimé. *Des enfants mal-aimés.* – n. *«La Chanson du Mal Aimé»* (poème d'Apollinaire). CONTR. **bien-aimé ; chouchou, favori, préféré.**

MALAIS, AISE [malɛ, ɛz] adj. et n. ✦ De Malaisie (☞ noms propres). – n. *Les Malais.* ♦ n. m. *Le malais :* langue (du groupe indonésien) parlée en Malaisie, en Indonésie (à la base de la langue nationale de l'Indonésie).

MALAISE [malɛz] n. m. **1.** Sensation pénible et vague d'un trouble physiologique. SYN. **dérangement, indisposition.** – spécialt Évanouissement. **2.** Sentiment pénible et irraisonné dont on ne peut se défendre. SYN. **angoisse, inquiétude.** *Provoquer un malaise.* → **trou-**

bler. 3. Crise, mécontentement social inexprimé. *Le malaise paysan.* CONTR. **aise, bien-être.** HOM. MALAISE (féminin de *malais* «de Malaisie»)
ÉTYM. de ① *mal* et *aise.*

MALAISÉ, ÉE [maleze] **adj.** ✦ LITTÉR. Qui ne se fait pas facilement. SYN. **difficile.** *Tâche malaisée.* SYN. **ardu, délicat.** ➖ VIEILLI Qui présente des difficultés. SYN. **incommode, pénible.** *Un chemin malaisé.* CONTR. **aisé,** ① **commode, facile.**
ÉTYM. de ② *mal* et *aisé.*

MALAISÉMENT [malezemɑ̃] **adv.** ✦ D'une manière malaisée. SYN. **difficilement.** CONTR. **aisément, facilement.**

MALANDRIN [malɑ̃dʀɛ̃] **n. m.** ✦ VIEILLI OU LITTÉR. Voleur ou vagabond dangereux. SYN. **bandit, brigand.**
ÉTYM. italien *malandrino.*

MALAPPRIS, ISE [malapʀi, iz] **n.** ✦ (rare au fém.) Personne sans éducation. SYN. **malotru, malpoli.** *Espèce de malappris !*
ÉTYM. de ② *mal* et *appris.*

MALARIA [malaʀja] **n. f.** ✦ Paludisme.
ÉTYM. mot italien «mauvais air».

MALAXER [malakse] **v. tr.** (conjug. 3a) 1. Pétrir (une substance) pour la rendre plus molle, plus homogène. *Malaxer du mastic.* 2. Remuer ensemble pour mélanger. *Malaxez le beurre et la farine.*
► **MALAXAGE** [malaksaʒ] **n. m.**
ÉTYM. latin *malaxare,* du grec *malassein,* de *malakos* «mou».

MALAXEUR [malaksœʀ] **n. m.** ✦ Appareil, machine servant à malaxer. *Malaxeur à béton.* → **bétonnière.**

MALBOUFFE [malbuf] **n. f.** ✦ FAM. Nourriture jugée mauvaise sur le plan diététique (trop riche en graisses, en sucres, de faible valeur nutritive). ☞ Géographie p. 224.
ÉTYM. de ① *mal* et ② *bouffe.*

MALCHANCE [malʃɑ̃s] **n. f.** ✦ Mauvaise chance (1). SYN. **adversité, déveine ;** FAM. ② **guigne, poisse.** *Par malchance.* ➖ loc. *Jouer de malchance.* ➖ *Une série de malchances.* CONTR. **chance.**
ÉTYM. de ① *mal* et *chance.*

MALCHANCEUX, EUSE [malʃɑ̃sø, øz] **adj.** ✦ Qui a de la malchance. *Un joueur malchanceux.* ➖ **n.** *C'est un malchanceux.* CONTR. **chanceux, heureux.**

MALCOMMODE [malkɔmɔd] **adj.** ✦ Peu pratique. SYN. **incommode.** CONTR. ① **commode,** ② **pratique.**
ÉTYM. de ② *mal* et ① *commode.*

MALDONNE [maldɔn] **n. f.** 1. Mauvaise donne, erreur dans la distribution des cartes. 2. fig. Erreur, malentendu. *Il y a maldonne !*
ÉTYM. de ② *mal* et *donner.*

MÂLE [mɑl] **n. m.** et **adj.**
I n. m. 1. Individu appartenant au sexe doué du pouvoir de fécondation. *Le mâle et la femelle.* 2. FAM. Homme viril. *Un beau mâle.*
II adj. 1. DR. Masculin. *Héritier mâle.* 2. Du sexe mâle. *Animaux, souris, grenouilles mâles.* ➖ *Hormones mâles.* 3. Qui est caractéristique du sexe masculin (force, énergie...). SYN. **viril.** *Une mâle résolution.* SYN. **courageux, énergique.** 4. Se dit d'une pièce de mécanisme qui s'insère dans une autre, dite *femelle. Prise* (de courant) *mâle.* CONTR. **femelle ; féminin ; efféminé.**
HOM. ② MAL «pas bien», MALLE «coffre»
ÉTYM. latin *masculus.*

MALÉDICTION [malediksjɔ̃] **n. f.** 1. LITTÉR. Paroles par lesquelles on souhaite du mal à qqn en appelant sur lui la colère de Dieu. ➖ Condamnation au malheur prononcée par Dieu (SYN. **anathème ;** → **maudire**). *Les malédictions des prophètes.* 2. Malheur auquel on semble voué par le sort. SYN. **fatalité, malchance.** *La malédiction qui pèse sur qqn.* ➖ **interj.** VIEILLI *Malédiction !* CONTR. **bénédiction • bonheur, chance.**
ÉTYM. latin *maledictio* «médisance».

MALÉFICE [malefis] **n. m.** ✦ Opération magique visant à nuire. SYN. **ensorcellement, envoûtement, sortilège.** *Il se croit victime d'un maléfice.*
ÉTYM. latin *maleficium* «méfait».

MALÉFIQUE [malefik] **adj.** ✦ Doué d'une action néfaste et occulte. *Charme, pouvoir maléfique.* CONTR. **bénéfique, bienfaisant.**
ÉTYM. latin *maleficus.*

MALENCONTREUX, EUSE [malɑ̃kɔ̃tʀø, øz] **adj.** ✦ Qui se produit, survient mal à propos. SYN. **fâcheux.** *Geste, mot malencontreux.* CONTR. **opportun.**
► **MALENCONTREUSEMENT** [malɑ̃kɔ̃tʀøzmɑ̃] **adv.**
ÉTYM. de l'ancien français *malencontre,* de *mal* «mauvais» et *encontre* «rencontre».

MALENTENDANT, ANTE [malɑ̃tɑ̃dɑ̃, ɑ̃t] **n.** et **adj.** ✦ (Personne) qui souffre de troubles de l'audition. *Les sourds et les malentendants.*
ÉTYM. de ② *mal* et participe présent de *entendre.*

MALENTENDU [malɑ̃tɑ̃dy] **n. m.** 1. Divergence d'interprétation entre personnes qui croyaient se comprendre. SYN. **méprise, quiproquo.** ➖ *C'est un simple malentendu* (le désaccord peut prendre fin). 2. Mésentente sentimentale. CONTR. **entente.**
ÉTYM. de ② *mal* et *entendu.*

MAL-ÊTRE [malɛtʀ] **n. m. invar.** ✦ État d'une personne qui ne se sent pas bien dans sa peau. SYN. **malaise.** *Le mal-être est courant chez les adolescents.* CONTR. **bien-être.**
ÉTYM. de ① *mal* et ① *être.*

MALFAÇON [malfasɔ̃] **n. f.** ✦ Défaut dans un ouvrage mal exécuté.
ÉTYM. de ① *mal* et *façon.*

MALFAISANCE [malfəzɑ̃s] **n. f.** ✦ LITTÉR. Disposition à faire du mal à autrui. CONTR. **bienfaisance, bienfait.**
ÉTYM. de *malfaisant.*

MALFAISANT, ANTE [malfəzɑ̃, ɑ̃t] **adj.** 1. Qui fait ou cherche à faire du mal à autrui. SYN. **mauvais, nuisible.** *Un être malfaisant.* 2. Dont les effets sont néfastes. *Idées malfaisantes.* SYN. **maléfique, pernicieux.** CONTR. **bienfaisant,** ① **bon.**
ÉTYM. de ② *mal* et participe présent de *faire.*

MALFAITEUR [malfɛtœʀ] **n. m.** ✦ Personne qui commet des méfaits, des actes criminels. SYN. **bandit, brigand, criminel, gangster.** *Dangereux malfaiteur.* CONTR. **bienfaiteur.**
ÉTYM. latin *malefactor.*

MALFAMÉ, ÉE [malfame] **adj.** ✦ (lieu) Qui a mauvaise réputation, est mal fréquenté. *Un quartier malfamé.* ➛ Écrire *malfamé, ée* en un seul mot est permis, mais on écrit aussi *mal famé, ée.*
ÉTYM. de ② *mal* et *famé.*

MALFORMATION [malfɔʀmasjɔ̃] **n. f.** ✦ Vice de conformation présent dès la naissance. SYN. **difformité.** *Malformation cardiaque.*

MALFRAT [malfʀa] **n. m.** ✦ FAM. Malfaiteur. SYN. **truand.** *Un petit malfrat.*
ÉTYM. mot languedocien, de *maufare* «mal faire».

MALGACHE [malgaʃ] **adj.** et **n.** ✦ De Madagascar (☛ noms propres). ➛ **n.** *Les Malgaches.* ♦ **n. m.** *Le malgache,* langue parlée à Madagascar, dont une forme, le merina, est devenue langue officielle.
ÉTYM. du malgache *malagasy.*

MALGRÉ [malgʀe] **prép.** **I** 1. Contre le gré de (qqn), en dépit de son opposition, de sa résistance. *Malgré son père. Malgré soi* : à contrecœur ; involontairement. 2. En dépit de (qqch.). *Malgré cela.* → **cependant.** *Malgré la consigne.* ➛ *MALGRÉ TOUT* : quoi qu'il arrive ; quand même, pourtant. *C'était beau, malgré tout.* **II** *MALGRÉ QUE* **loc. conj.** (+ subj.). 1. **loc.** LITTÉR. *Malgré que j'en aie* : en dépit de mes réticences. 2. (emploi critiqué) Bien que. *Il faut le faire, malgré que cela ne serve à rien.* CONTR. **grâce à.**
ÉTYM. de ① *mal* «mauvais» et *gré.*

MALHABILE [malabil] **adj.** ✦ Qui manque d'habileté, de savoir-faire. SYN. **gauche, inhabile, maladroit.** *Des mains malhabiles.* CONTR. **adroit, habile.**

MALHEUR [malœʀ] **n. m.** 1. Évènement qui affecte péniblement, cruellement (qqn). SYN. **calamité, catastrophe, désastre, épreuve, infortune, malchance, revers.** *Un grand malheur. Un affreux, un terrible malheur.* ➛ **loc.** *Un malheur est si vite arrivé ! Il lui est arrivé malheur.* ➛ **prov.** *À quelque chose malheur est bon* : tout évènement pénible comporte quelque compensation. *Raconter ses malheurs.* ♦ Désagrément, ennui, inconvénient. *C'est un petit malheur.* ♦ FAM. *Faire un malheur,* un éclat. *Retenez-moi ou je fais un malheur !* ➛ **fig.** Remporter un triomphe. 2. *Le malheur,* situation, condition pénible, triste. SYN. **affliction, désespoir, détresse, peine, tristesse.** *Faire le malheur de ses proches.* ➛ **prov.** *Le malheur des uns fait le bonheur des autres. C'est dans le malheur qu'on connaît ses amis.* ➛ **interj.** *Malheur !* 3. Malchance. *Le malheur a voulu qu'il tombe malade. Jouer de malheur* : avoir une malchance persistante. *Pour comble de malheur.* ➛ *Porter malheur* : avoir une influence néfaste. ➛ *Avoir le malheur de* (+ inf.), la malchance ou la maladresse de. *Si tu as le malheur d'en parler, gare à toi !* ➛ *Par malheur* : par l'effet de la malchance. ♦ *DE MALHEUR* : qui porte malheur. → **funeste.** *Oiseau* de malheur.* ➛ FAM. → **maudit.** *Encore cette pluie de malheur !* 4. *MALHEUR À.* → **malédiction.** *Malheur aux vaincus !* CONTR. **bonheur.**
ÉTYM. de ① *mal* «mauvais» et *heur* «sort».

MALHEUREUSEMENT [malœʀøzmɑ̃] **adv.** ✦ Par malheur. *C'est malheureusement impossible.* CONTR. **heureusement.**

MALHEUREUX, EUSE [malœʀø, øz] **adj.** et **n.** **I** 1. Qui est accablé de malheurs. SYN. **infortuné, misérable.** *Les malheureuses victimes.* ♦ **n.** Personne qui est dans le malheur, spécialt dépourvue de ressources. *Secourir les malheureux.* SYN. **indigent, miséreux, pauvre.** ➛ Personne qui inspire une pitié un peu méprisante. *Malheureux ! que faites-vous ? Le malheureux n'a rien compris.* 2. Qui n'est pas heureux. SYN. **désespéré, triste.** **loc.** *Être malheureux comme les pierres.* ➛ *Regard malheureux. Traîner une existence malheureuse.* ♦ Contrarié, mal à l'aise. *Être malheureux de ne pouvoir fumer.* 3. (choses) Qui cause du malheur, a de fâcheuses conséquences. SYN. **affligeant, déplorable, désastreux, fâcheux, malencontreux.** *L'affaire a eu des suites malheureuses. Par un malheureux hasard.* ➛ *C'est (bien) malheureux.* SYN. **regrettable.** ➛ *Avoir un mot malheureux,* qui offense ou peine l'interlocuteur. **II** Qui a de la malchance ; qui ne réussit pas. SYN. **malchanceux.** **prov.** *Heureux au jeu, malheureux en amour.* ♦ *Candidat malheureux,* qui a échoué. ➛ *Initiative, tentative malheureuse.* **III** (avant le nom) Qui mérite peu d'attention, qui est sans importance, sans valeur. SYN. **insignifiant, pauvre.** *Quelle histoire pour un malheureux billet de dix euros !* CONTR. **bienheureux, heureux ; content • chanceux.**

MALHONNÊTE [malɔnɛt] **adj.** **I** Qui manque de probité ; qui n'est pas honnête. SYN. **déloyal.** *Un financier malhonnête.* ➛ *Procédés malhonnêtes.* **II** VX Qui manque à la civilité, aux convenances. SYN. **inconvenant.** ♦ spécialt MOD. *Intentions, propositions malhonnêtes,* contraires à la pudeur. SYN. **déshonnête.** CONTR. **honnête, intègre • décent.**

MALHONNÊTEMENT [malɔnɛtmɑ̃] **adv.** ✦ D'une manière malhonnête (I). CONTR. **honnêtement.**

MALHONNÊTETÉ [malɔnɛtte] **n. f.** ✦ Caractère d'une personne malhonnête. ➛ *Malhonnêteté intellectuelle* : emploi d'arguments déloyaux ; mauvaise foi. CONTR. **honnêteté, intégrité, probité.**

MALICE [malis] **n. f.** 1. VX Méchanceté. ➛ **loc.** MOD. *Sans malice* : sans songer à mal. 2. MOD. Tournure d'esprit de la personne qui prend plaisir à s'amuser aux dépens d'autrui. *Une pointe de malice.* 3. **loc.** *SAC À MALICE* : sac des prestidigitateurs ; fig. ensemble des ressources, des tours dont une personne dispose. CONTR. **candeur, innocence, naïveté.**
ÉTYM. latin *malitia* «méchanceté».

MALICIEUSEMENT [malisjøzmɑ̃] **adv.** ✦ D'une manière malicieuse.

MALICIEUX, EUSE [malisjø, øz] **adj.** ✦ Qui s'amuse, rit volontiers aux dépens d'autrui. SYN. **espiègle, moqueur, taquin.** *Avoir un esprit vif et malicieux.* ➛ *Un sourire malicieux.* → **narquois.** CONTR. **candide, naïf.**
ÉTYM. latin *malitiosus* «méchant».

MALIGNITÉ [maliɲite] **n. f.** 1. Caractère d'une personne qui cherche à nuire à autrui de façon dissimulée. SYN. **malveillance, méchanceté, perversité.** 2. Tendance d'une maladie (surtout cancer) à s'aggraver. CONTR. **bonté • bénignité.**
ÉTYM. latin *malignitas.*

MALIN, MALIGNE [malɛ̃, maliɲ] adj. et n. **I** 1. VX Mauvais, méchant. ➤ MOD. *L'esprit malin* et n. m. *le malin* : Satan. ➤ *Prendre un malin plaisir à faire souffrir qqn.* 2. Se dit d'une maladie grave, d'une tumeur, pouvant se généraliser et entraîner la mort. *Fièvre maligne. Tumeur maligne* (→ **cancer**). **II** 1. Qui a de la ruse et de la finesse, pour se divertir aux dépens d'autrui, se tirer d'embarras, réussir. SYN. **astucieux, débrouillard,** ② **fin, futé, ingénieux, rusé.** *Jouer au plus malin.* ♦ Intelligent. *Vous vous croyez malin !* ➤ n. prov. *À malin, malin et demi.* ➤ *FAIRE LE MALIN* : vouloir faire de l'esprit ; faire l'intéressant. 2. impers. FAM. *C'est malin !* SYN. ② **fin, intelligent.** ♦ *Ce n'est pas bien malin,* pas difficile. SYN. **compliqué.** CONTR. **bénin · benêt, naïf, nigaud.**

ÉTYM. latin *malignus* «méchant».

MALINGRE [malɛ̃gʀ] adj. ✦ Qui est d'une constitution faible, délicate. SYN. **chétif, frêle, maladif.** *Un enfant malingre.* CONTR. ① **fort, robuste.**

ÉTYM. peut-être de l'ancien français *mingre, haingre* «chétif» avec influence de *mal, malade.*

MALINTENTIONNÉ, ÉE [malɛ̃tɑ̃sjɔne] adj. ✦ Qui a de mauvaises intentions, l'intention de nuire. SYN. **mauvais, méchant.** *Des gens malintentionnés.* CONTR. **bienveillant.**

MALLE [mal] n. f. **I** 1. Bagage de grande dimension. SYN. **cantine, coffre.** *Faire sa malle, ses malles ;* fig. partir, s'en aller. ➤ loc. FAM. *Se faire la malle* : s'enfuir. 2. Coffre d'une automobile. *La malle arrière.* **II** 1. *MALLE-POSTE* : ancienne voiture des services postaux. *Les malles-poste.* 2. HIST. *La malle des Indes* : service postal entre Londres et les Indes. HOM. ② MAL «pas bien», MÂLE «masculin»

ÉTYM. francique *malha* «besace».

MALLÉABILITÉ [maleabilite] n. f. ✦ Caractère de ce qui est malléable.

MALLÉABLE [maleabl] adj. 1. Qui a la propriété de s'aplatir et de s'étendre en lames, en feuilles. SYN. **ductile.** *L'or est le plus malléable des métaux.* ♦ Qui se laisse travailler, modeler. *L'argile est malléable.* 2. (personnes) Qui se laisse manier, influencer. SYN. **docile, maniable, souple.** CONTR. **cassant · rétif, rigide.**

ÉTYM. du latin *malleus* «marteau».

MALLÉOLE [maleɔl] n. f. ✦ ANAT. Saillie osseuse de la cheville (en forme de petit maillet).

► **MALLÉOLAIRE** [maleɔlɛʀ] adj.

ÉTYM. latin *malleolus* «petit marteau *(malleus)*».

MALLETTE [malɛt] n. f. ✦ Petite valise contenant souvent un nécessaire de voyage ou de travail (→ **attaché-case**).

MALMENER [malməne] v. tr. (conjug. 7a) 1. Traiter (qqn) rudement. SYN. **maltraiter ; brutaliser.** *La critique l'a rudement malmené.* SYN. **éreinter.** 2. Mettre (l'adversaire) en difficulté, par une action vive.

ÉTYM. de ② *mal* et *mener.*

MALNUTRITION [malnytʀisjɔ̃] n. f. ✦ Alimentation mal équilibrée ou mal adaptée à un individu ou à une population. *Souffrir de malnutrition.*

ÉTYM. de ① *mal* et *nutrition.*

MALODORANT, ANTE [malɔdɔʀɑ̃, ɑ̃t] adj. ✦ Qui a une mauvaise odeur. SYN. **puant.**

MALOTRU, UE [malɔtʀy] n. ✦ Personne de manières grossières. SYN. **goujat, mufle, rustre.**

ÉTYM. latin populaire *male astrucus* «né sous un mauvais astre».

MALPOLI, IE [malpɔli] adj. et n. ✦ POP. Mal élevé, grossier. SYN. **impoli.** CONTR. ① **poli.**

MALPROPRE [malpʀɔpʀ] adj. 1. Qui manque de propreté, de netteté. → **sale.** *Enfant malpropre.* ♦ *Travail malpropre,* mal fait. 2. Qui manque d'honnêteté, de délicatesse. *Procédé malpropre.* SYN. **malhonnête.** ➤ n. *Se faire renvoyer comme un malpropre,* sans ménagement. CONTR. **propre · délicat, honnête.**

MALPROPREMENT [malpʀɔpʀəmɑ̃] adv. ✦ D'une façon malpropre (1). SYN. **salement.** CONTR. **proprement.**

MALPROPRETÉ [malpʀɔpʀəte] n. f. ✦ Caractère malpropre. SYN. **saleté.** CONTR. **propreté.**

MALSAIN, AINE [malsɛ̃, ɛn] adj. 1. VIEILLI Dont la nature n'est pas saine ; qui semble voué à la maladie. SYN. **maladif.** *Des enfants chétifs et malsains. Apparence malsaine.* 2. Qui n'est pas normal, manifeste de la perversité. *Curiosité malsaine.* SYN. **morbide.** 3. Qui engendre la maladie, est contraire à la santé. SYN. **nuisible.** *Humidité malsaine. Logement malsain.* SYN. **insalubre.** ➤ FAM. *Le coin est malsain !* SYN. **dangereux.** ♦ fig. Pernicieux, qui corrompt l'esprit. *Des lectures malsaines.* CONTR. **sain.**

ÉTYM. de ② *mal* et *sain.*

MALSÉANT, ANTE [malseɑ̃, ɑ̃t] adj. ✦ LITTÉR. Contraire à la bienséance. SYN. **choquant, incongru, inconvenant.** ➤ impers. *Il serait malséant de refuser.* SYN. **déplacé, malvenu.** CONTR. **bienséant, convenable, courtois.**

ÉTYM. de ② *mal* et ② *séant.*

MALSTROM, MALSTRÖM → **MAELSTROM**

MALT [malt] n. m. ✦ Orge germée artificiellement et séchée, puis séparée de ses germes. *Le malt est utilisé en brasserie. Whisky pur malt* ou ellipt *du pur malt.*

ÉTYM. mot anglais, d'origine germanique.

MALTAIS, AISE [maltɛ, ɛz] adj. et n. 1. De Malte (☛ noms propres). ➤ n. *Les Maltais.* ♦ n. m. *Le maltais,* dialecte arabe de Malte. 2. *Orange maltaise* et n. f. *une maltaise* : variété d'orange juteuse et sucrée.

MALTÉ, ÉE [malte] adj. ✦ Mêlé de malt. *Farine maltée.*

MALTHUSIANISME [maltyzjanism] n. m. 1. Doctrine de Malthus (☛ noms propres), qui préconisait la limitation des naissances dans un but social. 2. *Malthusianisme économique,* restriction volontaire de la production.

ÉTYM. de *malthusien.*

MALTHUSIEN, IENNE [maltyzjɛ̃, jɛn] adj. ✦ Du malthusianisme. ♦ adj. et n. Partisan du malthusianisme (1 et 2). ☛ Géographie p. 222.

ÉTYM. de *Malthus,* économiste anglais. ☛ noms propres.

MALTRAITANCE [maltʀɛtɑ̃s] n. f. ✦ Fait d'infliger des mauvais traitements ; ces mauvais traitements.

ÉTYM. de *maltraiter.*

MALTRAITER [maltʀete] v. tr. (conjug. 3a) 1. Traiter avec brutalité. SYN. **brutaliser, malmener.** *Maltraiter son chien.* 2. Traiter sévèrement en paroles. SYN. **critiquer, éreinter.** *Cet auteur a été maltraité par la critique.* ➤ *Maltraiter un film dans un article.*

MALUS [malys] n. m. ✦ Majoration d'une prime d'assurance automobile en fonction du nombre d'accidents causés par l'assuré (opposé à *bonus*). *Avoir un malus de 25 %.*
ÉTYM. mot latin «mauvais».

MALVEILLANCE [malvɛjɑ̃s] n. f. 1. Tendance à blâmer autrui, à lui vouloir du mal. SYN. **hostilité**. *Malveillance manifeste.* SYN. **animosité**. 2. Intention de nuire, visée criminelle. *Incendie dû à la malveillance* (→ **sabotage**). CONTR. **bienveillance ; amitié, sympathie.**
ÉTYM. de *malveillant.*

MALVEILLANT, ANTE [malvɛjɑ̃, ɑ̃t] adj. ✦ Qui a de la malveillance. SYN. **haineux, malintentionné.** ➙ (choses) *Des propos malveillants.* SYN. **désobligeant, hostile.** CONTR. **bienveillant ; amical.**
ÉTYM. de ② *mal* et ancien p. présent de *vouloir.*

MALVENU, UE [malvəny] adj. 1. LITTÉR. Qui n'est pas fondé à, n'a pas le droit de (faire telle chose). *Vous êtes malvenu de vous plaindre, à vous plaindre.* ➙ *Requête malvenue,* hors de propos. SYN. **déplacé.** ➙ impers. *Il serait malvenu d'en parler.* SYN. **malséant.** 2. Mal ou incomplètement développé. *Arbre malvenu.* CONTR. **bienvenu • robuste.**

MALVERSATION [malvɛʀsasjɔ̃] n. f. ✦ Faute grave (spécialt détournement de fonds), commise dans l'exercice d'une charge. *Fonctionnaire coupable de malversations.* SYN. **concussion, exaction, prévarication.**
ÉTYM. du latin *male versari* «se comporter mal».

MALVOISIE [malvwazi] n. f. ✦ Vin grec liquoreux.
ÉTYM. italien *malvasia*, du nom d'une île grecque.

MALVOYANT, ANTE [malvwajɑ̃, ɑ̃t] adj. et n. ✦ (Personne) dont l'acuité visuelle est très diminuée. *Aveugles et malvoyants.*
ÉTYM. de ② *mal* et participe présent de *voir.*

MAMAN [mamɑ̃] n. f. ✦ Terme affectueux par lequel on s'adresse à sa mère (notamment les enfants), ou par lequel on la désigne entre intimes. ➙ (avec un déterminant) *Une maman très affectueuse. Comment va la future maman ?* SYN. **mère.** *Jouer au papa et à la maman.* ◆ *Bonne(-)maman* : grand-mère.
ÉTYM. onomatopée.

MAMELLE [mamɛl] n. f. 1. Organe des femelles des mammifères, sécrétant le lait. SYN. ① **pis, tétine ;** → **mammaire.** 2. VX Sein de femme. ➙ loc. MOD. *Enfant à la mamelle,* nourri au sein. → **nourrisson.** 3. VX Le même organe, atrophié, chez l'homme. ➙ loc. LITTÉR. *Sous la mamelle gauche* : dans le cœur. 4. fig. Ce qui nourrit. allus. «*Les deux mamelles de la France*», labourage* et pâturage.
ÉTYM. latin *mamilla*, diminutif de *mamma* «sein».

MAMELON [mam(ə)lɔ̃] n. m. **I** Bout du sein, chez la femme. **II** fig. Sommet arrondi d'une colline, d'une montagne. *Le village est construit sur un mamelon.*
ÉTYM. de *mamelle.*

MAMELONNÉ, ÉE [mam(ə)lɔne] adj. ✦ Couvert, formé de collines arrondies. *Un paysage mamelonné.*
ÉTYM. de *mamelon* (II).

MAMELOUK [mam(ə)luk] n. m. ✦ HIST. (☞ noms propres) 1. Cavalier des anciennes milices égyptiennes. *Les mamelouks.* ➙ adj. *La cavalerie mamelouke.* 2. Cavalier de la garde impériale de Napoléon.
ÉTYM. arabe d'Égypte *mamluk* «esclave».

MAMIE [mami] n. f. ✦ anglicisme 1. Grand-mère. SYN. **bonne-maman, mémé.** *Papi et mamie.* 2. Vieille femme. *Des petites mamies.* ➙ On écrit parfois *mamy, des mamys.*
ÉTYM. américain *mammy* «maman».

MAMMAIRE [mamɛʀ] adj. ✦ Relatif aux mamelles. *Glandes mammaires* (de la lactation). *Artère mammaire.*
ÉTYM. du latin *mamma* «mamelle».

MAMMIFÈRE [mamifɛʀ] n. m. ✦ Animal vertébré, à température constante, respirant par des poumons, à système nerveux central développé, dont les femelles portent des mamelles. *La classe des mammifères inclut l'espèce humaine. Mammifères terrestres ; mammifères marins* (cétacés). *Mammifères ovipares* (ornithorynque).
ÉTYM. du latin *mamma* «mamelle» et de *-fère.*

MAMMOGRAPHIE [mamɔgʀafi] n. f. ✦ MÉD. Radiographie du sein, chez la femme.
ÉTYM. du latin *mamma* «sein» et de *-graphie.*

MAMMOUTH [mamut] n. m. ✦ Très grand éléphant fossile de l'ère quaternaire.
ÉTYM. mot d'une langue sibérienne, par le russe.

MAMOURS [mamuʀ] n. m. pl. ✦ FAM. Démonstrations de tendresse. SYN. **cajolerie, caresse.** *Faire des mamours à qqn.*
ÉTYM. de *m'amour* «ma amour».

MAMY → MAMIE

MANADE [manad] n. f. ✦ En Provence, Troupeau (de taureaux, de chevaux), conduit par un gardian.
ÉTYM. provençal *manado* ; famille de *main.*

MANAGEMENT [manaʒmɑ̃ ; manadʒmɛnt] n. m. ✦ anglicisme Techniques d'organisation et de gestion des entreprises.
ÉTYM. mot anglais, de *to manage* «diriger».

MANAGEUR, EUSE [manadʒœʀ, øz] n. ou **MANAGER** [manadʒɛʀ ; manadʒœʀ] n. m. ✦ anglicisme 1. Personne qui veille à l'organisation matérielle de spectacles, concerts, rencontres sportives, ou qui gère la vie professionnelle et les intérêts d'un artiste (SYN. **imprésario**), d'un sportif. *Le manageur d'un boxeur.* 2. Dirigeant d'une entreprise. ➙ Écrire *manageur, euse* avec le suffixe français *-eur, -euse,* est permis.
ÉTYM. anglais *manager* → management.

MANANT [manɑ̃] n. m. 1. HIST. au Moyen Âge Roturier assujetti à la justice seigneuriale. *Manants et vilains**. 2. VX Paysan. 3. fig. VX Homme grossier, sans éducation. SYN. **rustre.**
ÉTYM. du participe présent de l'ancien verbe *manoir* «demeurer, habiter», latin *manere.*

① **MANCHE** [mɑ̃ʃ] n. f. **I** Partie du vêtement qui entoure le bras. *Manches longues ; manches courtes. Robe sans manches.* ➙ LOC. *Relever, retrousser ses manches ;* fig. se mettre au travail avec ardeur. ➙ *Avoir*

A B C D E F G H I J K L M N O P Q R S T U V W X Y Z

qqn dans sa manche, en disposer à son gré. ➙ FAM. *C'est une autre paire de manches,* c'est tout à fait différent ; c'est plus difficile. **II** Chacune des deux parties liées d'un jeu. *La seconde manche.* → **revanche.** **III** *MANCHE À AIR :* conduit pour aérer l'entrepont et la cale d'un navire. ➙ Tube en toile pour indiquer la direction du vent.

ÉTYM. latin *manica,* de *manus* «main».

② **MANCHE** [mɑ̃ʃ] **n. m.** **1.** Partie allongée (d'un outil, d'un instrument) par laquelle on le tient. *Le manche d'une pelle. Manche de pioche. Manche de couteau, de fourchette.* ➙ *Manche à balai ;* loc. commande manuelle des gouvernails d'un avion. ♦ loc. fig. *Être, se mettre du côté du manche,* du côté du plus fort. **2.** Partie par laquelle on tient un gigot, une épaule, pour les découper ; os (de gigot, de côtelette). **3.** Partie (d'un instrument de musique), le long de laquelle sont tendues les cordes. *Manche de violon.*

ÉTYM. latin populaire *manicus* «ce qu'on prend avec la main *(manus)*».

③ **MANCHE** [mɑ̃ʃ] **n. m.** ✦ FAM. Maladroit, incapable. *Il se débrouille comme un manche.* ➙ **adj.** *Il, elle est un peu manche.*

ÉTYM. de ② *manche,* en argot «membre viril».

④ **MANCHE** [mɑ̃ʃ] **n. f.** ✦ loc. FAM. *FAIRE LA MANCHE :* faire la quête, mendier. *Ils font la manche dans le métro.*

ÉTYM. italien *mancia* «don, pourboire».

MANCHETTE [mɑ̃ʃɛt] **n. f.** **I** **1.** Poignet à revers d'une chemise. *Boutons de manchette.* **2.** Manche amovible de protection. *Des manchettes de lustrine.* **3.** SPORTS Coup porté avec l'avant-bras. **II** Titre très large et en gros caractères, à la une d'un journal.

ÉTYM. diminutif de ① *manche.*

MANCHON [mɑ̃ʃɔ̃] **n. m.** **1.** Fourreau cylindrique pour protéger les mains du froid. *Manchon de fourrure.* **2.** TECHN. Pièce cylindrique (pour assembler ; isoler ; protéger).

ÉTYM. de ① *manche.*

MANCHOT, OTE [mɑ̃ʃo, ɔt] **adj.** et **n.**

I adj. **1.** Qui est privé d'une ou des deux mains ; d'un bras ou des deux. ➙ **n.** *Le moignon d'un manchot, d'une manchote.* **2.** FAM. Maladroit. SYN. ③ **manche.** *N'être pas manchot ;* fig. ne pas rechigner à la besogne.

II n. m. Oiseau marin palmipède des régions antarctiques à moignons d'ailes, incapable de voler. *Manchots et pingouins.*

ÉTYM. diminutif de l'ancien français *manc, manche,* latin *mancus* «estropié».

> **-MANCIE ; -MANCIEN, IENNE** Éléments savants, du grec *manteia* «divination» (ex. *chiromancie ; cartomancienne*).

MANDALA [mɑ̃dala] **n. m.** ✦ DIDACT. Dans le bouddhisme, Représentation symbolique de l'univers, géométrique et centré, servant de support à la méditation.

ÉTYM. mot sanskrit.

MANDARIN [mɑ̃daʀɛ̃] **n. m.** **1.** HIST. Haut fonctionnaire de l'Empire chinois, recruté parmi les lettrés. **2.** Personne d'un grand savoir, et très puissante. *« Les Mandarins »* (roman de Simone de Beauvoir). **3.** Langue chinoise moderne la plus répandue.

ÉTYM. portugais *mandarin,* du sanskrit.

MANDARINAL, ALE, AUX [mɑ̃daʀinal, o] **adj.** **1.** Des mandarins chinois. *La hiérarchie, l'administration mandarinale.* **2.** Du mandarinat (2).

ÉTYM. de *mandarin.*

MANDARINAT [mɑ̃daʀina] **n. m.** **1.** HIST. Charge de mandarin ; ensemble des mandarins. **2.** Corps social prétendant former une élite et exerçant une autorité intellectuelle.

ÉTYM. de *mandarin.*

MANDARINE [mɑ̃daʀin] **n. f.** ✦ Petit agrume de saveur douce à la peau orange, épaisse et facilement détachable. → aussi **clémentine.** ♦ **adjectivt invar.** De couleur orange. *Des collants mandarine.*

ÉTYM. espagnol *(naranja) mandarina* «(orange) des mandarins».

MANDARINIER [mɑ̃daʀinje] **n. m.** ✦ Arbre dont le fruit est la mandarine.

MANDAT [mɑ̃da] **n. m.** **1.** Acte par lequel une personne donne à une autre (→ **mandataire**) le pouvoir de faire qqch. en son nom. SYN. ② **pouvoir, procuration.** *Donner mandat à qqn de* (+ inf.). → **mandater.** **2.** Mission conférée par voix électorale. *Mandat législatif, parlementaire.* SYN. **députation.** *Mandat présidentiel.* **3.** Système par lequel une autorité internationale donne à un État la mission d'assister ou d'administrer un État ou un territoire. *La Palestine fut placée sous mandat britannique en 1922.* **4.** *Mandat (postal) :* titre remis contre une somme d'argent par la Poste, qui se charge de la verser au destinataire (sans transfert matériel de fonds) ; la somme versée. *Toucher un mandat.* **5.** Ordre écrit émanant de la justice. *Mandat d'arrêt ; d'amener ; de comparution.*

ÉTYM. latin *mandatum,* de *mandare* «donner en mission».

MANDATAIRE [mɑ̃datɛʀ] **n.** ✦ Personne à qui est conféré un mandat (1). → **agent, commissionnaire, délégué, gérant, représentant.**

ÉTYM. latin *mandatarius.*

MANDATER [mɑ̃date] **v. tr.** (conjug. 3a) ✦ Investir d'un mandat. *Mandater qqn pour négocier ; pour une négociation.* SYN. **déléguer.**

ÉTYM. de *mandat.*

MANDCHOU, OUE [mɑ̃tʃu] **adj.** et **n.** ✦ Originaire de Mandchourie (☞ noms propres). ➙ **n.** *Les Mandchous.* ➙ **n. m.** *Le mandchou* (langue toungouze méridionale).

ÉTYM. mot toungouze.

MANDER [mɑ̃de] **v. tr.** (conjug. 3a) ✦ VX ou LITTÉR. **1.** Transmettre (un ordre, une instruction). **2.** Faire venir (qqn) par un ordre ou un avis. SYN. **appeler, convoquer.** *Mander qqn d'urgence.* **3.** *Mander qqch. à qqn,* le lui faire savoir par lettre.

ÉTYM. latin *mandare* «confier».

MANDIBULE [mɑ̃dibyl] **n. f.** **1.** SC. Maxillaire inférieur. ➙ FAM. (au plur.) Mâchoires. loc. *Jouer des mandibules :* manger. **2.** ZOOL. Chacune des deux parties du bec des oiseaux, des pièces buccales des arthropodes (sauf les arachnides) et des crustacés.

ÉTYM. bas latin *mandibula,* de *mandere* «manger».

MANDOLINE [mɑ̃dɔlin] n. f. ✦ Instrument de musique à caisse de résonance bombée et à cordes pincées.
ÉTYM. italien *mandolino*, diminutif de *mandola* «sorte de luth».

MANDRAGORE [mɑ̃dʀagɔʀ] n. f. ✦ Plante dont la racine fourchue évoque une forme humaine ; cette racine.
ÉTYM. latin *mandragoras*, mot grec, d'orig. orientale.

MANDRILL [mɑ̃dʀil] n. m. ✦ Singe des forêts d'Afrique tropicale, au museau rouge bordé de raies bleuâtres.
ÉTYM. mot anglais, peut-être de *man* «homme» et *drill*, probablement mot d'une langue d'Afrique occidentale.

MANDRIN [mɑ̃dʀɛ̃] n. m. ✦ Outil cylindrique pour forer, emboutir. ♦ Pièce qui permet de fixer et d'entraîner l'élément tournant d'une machine, d'un outil. *Le mandrin d'une perceuse.*
ÉTYM. mot occitan, de l'ancien provençal *mandre* «manivelle».

① **-MANE** Élément savant, du latin *manus* «main» (ex. *quadrumane*).

② **-MANE, -MANIE** Éléments savants, du grec *mania* «folie, manie» (ex. *cleptomane, mégalomanie*).

MANÉCANTERIE [manekɑ̃tʀi] n. f. ✦ École de chant choral (principalement sacré) pour les jeunes garçons.
ÉTYM. du latin *mane* «le matin» et *cantare* «chanter».

MANÈGE [manɛʒ] n. m. I 1. Exercice que l'on fait faire à un cheval pour le dresser. → **équitation.** 2. Lieu où l'on dresse, monte les chevaux. 3. *Manège (de chevaux de bois)* : attraction foraine, plateforme circulaire tournante garnie d'animaux, de véhicules, etc. servant de montures aux enfants. *Un tour de manège.* II Comportement rusé pour arriver à ses fins. SYN. **intrigue, machination.** *Je comprends son petit manège.* SYN. **jeu.**
ÉTYM. italien *maneggio*, de *maneggiare* «manier».

MÂNES [mɑn] n. m. pl. ✦ dans la religion romaine Âmes des morts. SYN. **esprit, lare.** HOM. ① MANNE «nourriture», ② MANNE «panier»
ÉTYM. latin *Manes*, de *manus* «bon».

MANETTE [manɛt] n. f. ✦ Clé, levier, poignée de commande manuelle d'un mécanisme.
ÉTYM. diminutif de *main*.

MANGA [mɑ̃ga] n. m. ✦ Bande dessinée, dessin animé japonais.
ÉTYM. mot japonais «image dérisoire».

MANGANÈSE [mɑ̃ganɛz] n. m. ✦ Métal gris clair, dur et cassant (symb. Mn). *Alliage au manganèse.*
ÉTYM. italien *manganesa* ; p.-ê. famille de *magnésie*.

MANGEABLE [mɑ̃ʒabl] adj. 1. RARE Qui peut se manger. SYN. **comestible.** 2. COUR. Tout juste bon à manger, sans rien d'appétissant. CONTR. **immangeable.**

MANGEAILLE [mɑ̃ʒaj] n. f. ✦ Nourriture abondante et médiocre. ➝ FAM. Nourriture. SYN. **boustifaille.**
ÉTYM. de *manger*, suffixe *-aille*.

MANGEOIRE [mɑ̃ʒwaʀ] n. f. ✦ Auge pour les aliments de certains animaux domestiques (chevaux, bestiaux, volaille).
ÉTYM. de *manger*.

① **MANGER** [mɑ̃ʒe] v. tr. (conjug. 5) 1. Avaler pour se nourrir (un aliment solide ou consistant) après avoir mâché. SYN. **absorber, consommer,** ② **ingérer, ingurgiter, prendre** ; FAM. **bouffer.** *Manger du pain. Bon à manger.* → **comestible, mangeable.** *Ne rien manger.* → **jeûner.** ➝ absolt S'alimenter. SYN. se **nourrir.** *Manger peu.* → **grignoter.** prov. *Il faut manger pour vivre et non vivre pour manger.* ♦ Prendre un repas. → ① **déjeuner,** ① **dîner,** ① **souper.** *Manger souvent au restaurant.* loc. *Salle à manger.* ➝ loc. fig. *Manger dans la main de qqn*, lui être soumis. 2. Dévorer (un être vivant, une proie). ♦ loc. fig. *Manger qqn des yeux.* ➝ *Il ne vous mangera pas* : il n'est pas si terrible qu'il en a l'air. 3. Faire disparaître en altérant. *Laine mangée par les mites, aux mites.* ➝ Dissimuler. *Sa barbe lui mange le visage.* 4. fig. *Manger ses mots*, les prononcer indistinctement. SYN. **avaler.** ➝ *Manger la consigne, la commission*, l'oublier. 5. Consommer, dépenser. *Manger son capital.* SYN. **dilapider.**
ÉTYM. latin *manducare*, de *mandere* «mâcher».

② **MANGER** [mɑ̃ʒe] n. m. ✦ POP. Nourriture, repas. *Préparer le manger.*

MANGE-TOUT [mɑ̃ʒtu] n. m. invar. ✦ Variété de pois, de haricots dont on mange la cosse avec la graine. ➝ adj. invar. *Haricots, pois mange-tout.*

MANGEUR, EUSE [mɑ̃ʒœʀ, øz] n. 1. Personne qui mange (beaucoup, peu). *Un grand, un gros mangeur. C'est un très petit mangeur.* 2. *Mangeur de...* : personne, animal qui mange (telle ou telle chose). → **-phage, -vore.** *Un mangeur de viande. Mangeurs d'hommes.* → **anthropophage.** ➝ loc. fig. *Une mangeuse d'hommes* : une séductrice.

MANGOUSTE [mɑ̃gust] n. f. ✦ Petit mammifère carnivore d'Afrique et d'Asie, proche de la belette, et prédateur des serpents.
ÉTYM. portugais *mangusto*, d'une langue dravidienne (sud de l'Inde).

MANGROVE [mɑ̃gʀɔv] n. f. ✦ GÉOGR. Forêt impénétrable à base de palétuviers, poussant dans la vase des littoraux tropicaux.
ÉTYM. mot anglais, peut-être d'origine caraïbe.

MANGUE [mɑ̃g] n. f. ✦ Fruit d'un arbre tropical (le *manguier*), à chair jaune très parfumée.
ÉTYM. portugais *manga*, du tamoul.

MANIABILITÉ [manjabilite] n. f. ✦ Qualité de ce qui est maniable.

MANIABLE [manjabl] adj. 1. Qu'on manie et utilise facilement. SYN. ② **pratique.** *Outil maniable.* ♦ (véhicule) Qu'on manœuvre facilement. 2. fig. Qui se laisse aisément diriger. SYN. **docile, souple.** *Tempérament maniable.* SYN. **malléable.** CONTR. **malcommode · rebelle, rigide.**
ÉTYM. de *manier*, suffixe *-able*.

MANIACODÉPRESSIF, IVE [manjakodepʀesif, iv] adj. ✦ PSYCH. *Psychose maniacodépressive*, faisant alterner l'excitation maniaque et la dépression. ♦ adj. et n. (Personne) qui souffre de cette psychose.
ÉTYM. de *maniaque* (I) et *dépressif*.

A B C D E F G H I J K L M N O P Q R S T U V W X Y Z

MANIAQUE [manjak] adj. et n. **I** PSYCH. 1. Qui a une idée fixe ou la maladie mentale appelée *manie* (I). → n. *Un dangereux maniaque. Un maniaque dépressif.* → **maniacodépressif.** 2. De la manie (I). *Psychose maniaque.* **II** COUR. 1. Qui a une manie (II). 2. Exagérément attaché à ses petites manies, à ses habitudes. *Un célibataire maniaque.* → n. *Un maniaque de l'ordre.* ◆ Propre à un maniaque. *Soin maniaque.*
ÉTYM. latin médiéval *maniacus*, de *mania* → manie.

MANIAQUERIE [manjakʀi] n. f. ✦ Caractère d'une personne maniaque (II, 2).

MANICHÉEN, ÉENNE [manikeɛ̃, eɛn] adj. 1. Relatif au manichéisme. 2. adj. et n. Partisan du manichéisme. → *Il est très manichéen ; pour lui, c'est tout bien ou tout mal.*
ÉTYM. du nom grec de l'hérésiarque persan *Mani*, par le latin. ☛ noms propres.

MANICHÉISME [manikeism] n. m. ✦ DIDACT. Conception du bien et du mal comme deux forces égales et antagonistes. SYN. **dualisme.**
ÉTYM. du nom grec de *Mani* (☛ noms propres), par le latin.

MANIE [mani] n. f. **I** PSYCH. 1. Maladie mentale caractérisée par divers troubles de l'humeur (exaltation euphorique, incohérence). 2. Trouble de l'esprit possédé par une idée fixe. SYN. **obsession.** *Avoir la manie de la persécution.* **II** COUR. 1. Goût excessif, déraisonnable (pour qqch.). SYN. **marotte, passion.** *La manie de collectionner. La manie de l'ordre.* → *C'est sa nouvelle manie.* 2. Habitude bizarre et tyrannique, souvent agaçante ou ridicule. *À chacun ses (petites) manies.* → *Ça devient une manie !* SYN. **maladie, tic.**
ÉTYM. bas latin *mania* « folie », du grec → ② -mane.

MANIEMENT [manimɑ̃] n. m. 1. Action ou façon de manier, d'utiliser avec les mains. SYN. **manipulation, usage, utilisation.** → loc. *Maniement d'armes :* suite de mouvements exécutés au commandement par les soldats. 2. fig. Action, manière d'employer ; de diriger, d'administrer. SYN. **emploi ; direction, gestion.** *Le maniement des affaires.*
ÉTYM. de *manier.*

① **MANIER** [manje] v. tr. (conjug. 9) 1. Avoir en main, entre les mains tout en déplaçant, en remuant. *Manier un paquet avec précaution.* SYN. **manipuler.** 2. Utiliser en ayant en main. *Savoir manier une arme.* → *Voiture facile à manier.* SYN. **manœuvrer.** ◆ *Manier de l'argent* (SYN. **brasser**), *des fonds* (SYN. **gérer**). 3. Mener à son gré (qqn). SYN. **diriger, manipuler.** *Manier les foules.* 4. fig. Employer plus ou moins habilement. *Savoir manier l'ironie.*
ÉTYM. de *main.*

② **se MANIER** [manje] v. pron. (seulement inf.) ✦ FAM. Se remuer, se dépêcher. SYN. se **magner.**

MANIÈRE [manjɛʀ] n. f. **I** 1. Forme particulière que revêt l'accomplissement d'une action, le déroulement d'un fait. SYN. **façon,** ② **mode.** *Manière d'agir, de vivre.* → **conduite.** → loc. *Avoir la manière :* savoir s'y prendre. *Employer la manière forte,* la contrainte, la violence. → loc. adv. *De cette manière :* ainsi. *De toute manière :* en tout cas. *D'une manière générale :* dans la plupart des cas. *En aucune manière :* aucunement. → loc. prép. *À la manière de :* comme. *De manière à* (+ inf.) : afin de (produire telle conséquence). → loc. conj. *De (telle) manière que, de manière (à ce) que* (+ subj.) : de telle sorte que, si bien que. 2. Forme de comportement personnelle et habituelle. *À sa manière, il est heureux.* ◆ *La manière d'un peintre,* son mode d'expression caractéristique. SYN. **genre,** ① **style.** 3. LITTÉR. Espèce, sorte. *J'ai dit cela en manière de plaisanterie,* comme une plaisanterie. 4. *Complément, adverbe de manière,* qui indique la manière dont se fait qqch. (ex. avec joie, à la hâte ; lourdement). **II** au plur. Comportement considéré surtout dans son effet sur autrui. *Apprendre les bonnes manières.* → **courtoisie, politesse.** → FAM. *Sans manières :* simplement, sans cérémonie. ◆ *En voilà des manières ! FAIRE DES MANIÈRES :* être affecté, se faire prier. SYN. **chichi, simagrée.**
ÉTYM. de l'ancien français *manier, manière* adj., de *main.*

MANIÉRÉ, ÉE [manjeʀe] adj. ✦ péj. 1. Qui montre de l'affectation, manque de naturel ou de simplicité. SYN. **affecté, poseur.** → *Politesse maniérée.* 2. ARTS Qui manque de spontanéité, est trop recherché. SYN. **apprêté, précieux.** CONTR. **naturel, simple.**
ÉTYM. de *manière.*

MANIÉRISME [manjeʀism] n. m. 1. Tendance au genre maniéré en art. 2. ARTS Tendance de l'art italien au XVIe siècle, caractérisé par un raffinement technique et la mise en évidence de l'artifice. *Le maniérisme précède et prépare le baroque*.*
ÉTYM. italien *manierismo.*

MANIÉRISTE [manjeʀist] adj. et n. 1. péj. Qui verse dans le genre maniéré. 2. ARTS Du maniérisme (2). → n. *Les grands maniéristes du XVIe siècle italien.*

MANIEUR, EUSE [manjœʀ, øz] n. ✦ (avec un compl.) Personne qui manie (qqch.). → loc. *Un manieur d'argent :* un financier.

MANIFESTANT, ANTE [manifɛstɑ̃, ɑ̃t] n. ✦ Personne qui participe à une manifestation.
ÉTYM. du participe présent de *manifester.*

MANIFESTATION [manifɛstasjɔ̃] n. f. **I** Action ou manière de manifester, de se manifester. *Des manifestations de joie, de tendresse.* SYN. **démonstration, marque.** **II** 1. Évènement culturel, commercial, organisé pour attirer un large public. *Une grande manifestation musicale.* 2. Réunion publique, défilé organisé pour manifester une opinion ou une revendication. *Appeler, aller à une manifestation.* → abrév. FAM. MANIF [manif].
ÉTYM. latin religieux *manifestatio.*

① **MANIFESTE** [manifɛst] adj. ✦ Dont l'existence ou la nature est évidente. SYN. **flagrant, indiscutable, patent.** *Erreur manifeste.* CONTR. **douteux.**
ÉTYM. latin *manifestus.*

② **MANIFESTE** [manifɛst] n. m. ✦ Déclaration écrite, publique et solennelle, par laquelle une instance politique, un groupement expose son programme, justifie sa position. SYN. **proclamation.** « *Le Manifeste du Parti communiste* » (de Marx et Engels). ◆ Exposé théorique lançant un mouvement artistique, littéraire. ☛ Littérature p. 139. *Les « Manifestes du surréalisme »* (d'André Breton).
ÉTYM. italien *manifesto.*

MANIFESTEMENT [manifɛstəmɑ̃] **adv.** ✦ D'une manière manifeste, à l'évidence ; visiblement. *Il est manifestement ivre.*
ÉTYM. de ① *manifeste.*

MANIFESTER [manifɛste] **v.** (conjug. 3a) **I** **v. tr.** 1. Faire connaître de façon manifeste. SYN. **déclarer, exprimer.** *Manifester ses intentions, sa sympathie à qqn.* 2. Faire ou laisser apparaître clairement. *Manifester son étonnement. Son trouble manifeste une grande timidité.* SYN. **révéler, trahir.** **II** **v. intr.** Participer à une manifestation (II, 2). **III** *SE MANIFESTER* **v. pron.** 1. Se révéler clairement ; apparaître, se montrer. 2. Donner de ses nouvelles. *Il ne s'est pas manifesté depuis des mois.* ◆ Se faire connaître. *Un témoin s'est manifesté après l'accident.*
ÉTYM. latin *manifestare.*

MANIGANCE [manigɑ̃s] **n. f.** ✦ Manœuvre secrète et suspecte, sans grande portée. SYN. **intrigue,** FAM. **magouille.**
ÉTYM. peut-être du latin *manus* « main ».

MANIGANCER [manigɑ̃se] **v. tr.** (conjug. 4) ✦ Combiner par manigances. SYN. **comploter.** *Il a bien manigancé son coup.*
ÉTYM. de *manigance.*

① **MANILLE** [manij] **n. f.** ✦ Jeu de cartes où les plus fortes sont le dix *(manille)*, puis l'as (*manillon* **n. m.**).
ÉTYM. altération de l'espagnol *malilla* « la petite mauvaise », diminutif de *mala.*

② **MANILLE** [manij] **n. f.** 1. **anciennt** Anneau pour assujettir la chaîne (d'un forçat). 2. TECHN. Étrier métallique arrondi servant à fixer des câbles, des chaînes.
ÉTYM. latin *manicula* « petite main *(manus)* ».

MANIOC [manjɔk] **n. m.** ✦ Arbrisseau des régions tropicales dont la racine fournit une fécule alimentaire, le tapioca. ➜ Farine de cette fécule.
ÉTYM. du tupi, langue indienne du Brésil.

MANIPULATEUR, TRICE [manipylatœʀ, tʀis] **n.** **I** **n.** 1. Personne qui procède à des manipulations. SYN. **opérateur.** *Manipulateur de laboratoire.* 2. **fig.** Personne qui en manipule (4) d'autres. **II** **n. m.** Appareil servant à la transmission des signaux télégraphiques. ◆ Engin permettant de manipuler de lourdes charges.
ÉTYM. de *manipuler.*

MANIPULATION [manipylasjɔ̃] **n. f.** 1. Action, manière de manipuler (des substances, des produits, des appareils). ◆ Expérience de laboratoire. *Manipulations génétiques.* 2. Massage visant à remettre des os déplacés. *Manipulations vertébrales* (→ **chiropraxie**). 3. Branche de la prestidigitation reposant sur la seule habileté des mains. 4. **fig.** Manœuvre malhonnête. *Manipulations électorales.* ◆ Emprise exercée sur un groupe, un individu. *Manipulation de l'opinion. Manipulation mentale.*

MANIPULER [manipyle] **v. tr.** (conjug. 3a) 1. Manier avec soin en vue d'expériences, d'opérations scientifiques ou techniques. *Manipuler des tubes à essai ; des explosifs.* 2. Manier et transporter (→ **manutention**). *Manipuler des colis.* 3. **fig.** Modifier de façon malhonnête. *Manipuler des statistiques.* SYN. **trafiquer.** 4. **fig.** Amener habilement (qqn) à faire ce qu'on veut. SYN. ① **manier** (3). *Tu te fais manipuler.* ➜ *Manipuler l'opinion.*
ÉTYM. du latin *manipulus* « poignée ».

MANITOU [manitu] **n. m.** ✦ FAM. Personnage important et puissant. *Les (grands) manitous du pétrole.* SYN. **magnat.**
ÉTYM. mot algonquin « grand esprit ».

MANIVELLE [manivɛl] **n. f.** 1. Levier coudé, manœuvré à la main pour imprimer un mouvement de rotation. *La manivelle d'un cric.* ➜ *Retour* de manivelle.* ➜ **loc.** *Premier tour de manivelle :* commencement du tournage d'un film. 2. TECHN. Pièce servant à transmettre un mouvement.
ÉTYM. latin populaire *manabella*, de *manicula* « petite main *(manus)* ».

① **MANNE** [man] **n. f.** ✦ Nourriture miraculeuse envoyée aux Hébreux dans le désert. ◆ **fig.** LITTÉR. Don ou avantage inespéré. HOM. MÂNES « esprits »
ÉTYM. latin chrétien *manna*, mot araméen, de l'hébreu *man.*

② **MANNE** [man] **n. f.** ✦ VIEILLI Grand panier d'osier.
HOM. MÂNES « esprits »
ÉTYM. ancien néerlandais *mande.*

MANNEQUIN [mankɛ̃] **n. m.** 1. Statue articulée servant de modèle aux artistes. ◆ Forme humaine utilisée pour la confection, l'essayage, la présentation de modèles de vêtements. ➜ **appos.** *Taille mannequin.* 2. Personne dont le métier est de présenter sur elle-même les modèles des couturiers. *Défilé de mannequins.* **(d'une femme)** *Un mannequin,* **parfois** *une mannequin.*
ÉTYM. anc. néerlandais *mannekijn* « petit homme *(man)* ».

MANŒUVRABILITÉ [manœvʀabilite] **n. f.** ✦ **(bateau, véhicule)** Aptitude à être manœuvré.

MANŒUVRABLE [manœvʀabl] **adj.** ✦ **(bateau, véhicule)** Apte à être manœuvré. SYN. **maniable.**

① **MANŒUVRE** [manœvʀ] **n. f.** **I** 1. Action sur les cordages, les voiles, le gouvernail, etc., destinée à régler le mouvement d'un bateau. ➜ **(sur la direction, les commandes d'un véhicule)** *Faire une manœuvre pour se garer.* ➜ *FAUSSE MANŒUVRE :* erreur de manœuvre ; **fig.** décision, démarche maladroite et sans résultat. ◆ Opérations permettant la marche d'un appareil, d'une machine. *La manœuvre d'un fusil, d'une grue.* 2. Exercice militaire. *Champ de manœuvre. Grandes manœuvres,* avec de gros effectifs. **II** Moyen mis en œuvre pour atteindre un but (souvent avec ruse). → **combinaison, intrigue, machination, manigance, manipulation.** *Manœuvres frauduleuses.* SYN. **agissements, menées.** *Nous avons toute liberté de manœuvre.* **III** **surtout au plur.** Cordage du gréement d'un navire. *Manœuvres dormantes ; courantes.*
ÉTYM. latin populaire *manu opera* « travail avec la main ».

② **MANŒUVRE** [manœvʀ] **n. m.** ✦ Ouvrier exécutant des travaux qui n'exigent pas d'apprentissage préalable. *Les manœuvres d'un chantier.*
ÉTYM. de *manœuvrer.*

MANŒUVRER [manœvʀe] **v.** (conjug. 3a) **I** **v. intr.** 1. Effectuer une manœuvre sur un bateau, un véhicule. *Manœuvrer pour garer sa voiture.* 2. **(militaires)** Faire l'exercice. *Les troupes manœuvrent.* SYN. **évoluer.** 3. **fig.** Employer des moyens adroits pour arriver à ses fins. *Il a bien manœuvré.* **II** **v. tr.** 1. Manier de façon à faire fonctionner. *Manœuvrer le gouvernail, le volant.* ➜ *Manœuvrer une voiture.* 2. **fig.** Faire agir (qqn) comme on le veut, par une tactique habile. SYN. **gou-**

A B C D E F G H I J K L M N O P Q R S T U V W X Y Z

verner, ① **manier, manipuler.** – *Manœuvrer la presse.*
ÉTYM. latin populaire *manu operare* «travailler avec la main».

MANŒUVRIER, IÈRE [manœvʀije, ijɛʀ] **n.** ✦ Personne qui manœuvre habilement.

MANOIR [manwaʀ] **n. m.** ✦ Petit château ancien à la campagne. SYN. **gentilhommière.**
ÉTYM. de l'ancien verbe *maneir, manoir* «demeurer», latin *manere* «rester».

MANOMÈTRE [manɔmɛtʀ] **n. m.** ✦ SC. Appareil servant à mesurer la pression d'un fluide dans un espace fermé.
► **MANOMÉTRIQUE** [manɔmetʀik] **adj.**
ÉTYM. du grec *manos* «peu dense» et de *-mètre.*

MANOUCHE [manuʃ] **n. 1.** Gitan nomade originaire d'Europe centrale. SYN. **bohémien,** péj. **romanichel.** – *Jazz manouche.* **2. n. m.** Langue de certains gitans, à lexique germanisé.
ÉTYM. d'un mot tsigane «homme».

MANQUANT, ANTE [mɑ̃kɑ̃, ɑ̃t] **adj.** ✦ Qui manque, est en moins. – **n.** *Les manquants* (choses, personnes). – loc. *Le chaînon* manquant.*

① **MANQUE** [mɑ̃k] **n. m. 1.** Fait de manquer, absence ou grave insuffisance d'une chose nécessaire. SYN. **défaut.** *Manque d'argent, de main-d'œuvre.* SYN. **carence, déficit, pénurie.** *Manque de repos, d'imagination.* ♦ *ÉTAT DE MANQUE :* état de malaise d'un toxicomane privé de drogue ou d'alcool. – loc. *Être en manque.* ♦ *PAR MANQUE DE* **loc. prép. :** faute de. *Il n'est pas venu par manque de temps.* – *Manque de chance,* FAM. *de pot :* malchance. **2.** au plur. LITTÉR. *Il est conscient de ses manques.* SYN. **insuffisance, lacune. 3.** loc. *MANQUE À GAGNER :* somme que l'on aurait pu gagner ; fig. occasion manquée de faire une affaire profitable. CONTR. **abondance, excédent, excès.**
ÉTYM. de *manquer.*

② **MANQUE** [mɑ̃k] **adj. 1.** VX Défectueux. **2.** loc. FAM. *À LA MANQUE.* FAM. Raté, défectueux, mauvais. SYN. **à la gomme, à la noix.** *Un champion à la manque.*
ÉTYM. de l'ancien français *manc,* latin *mancus* «estropié ; défectueux».

MANQUEMENT [mɑ̃kmɑ̃] **n. m.** ✦ Le fait de manquer à un devoir. *Le rapport révèle de graves manquements.* SYN. **faute.** *Un manquement à la discipline.* CONTR. **observance, observation.**
ÉTYM. de *manquer.*

MANQUER [mɑ̃ke] **v.** (conjug. 3a) **I v. intr. 1.** Ne pas être, lorsqu'il le faudrait ; être absent, faire défaut. *Si l'eau venait à manquer.* – impers. *Il manque un bouton. Il en manque un.* – loc. *Il ne manquait plus que cela !, que ça !,* c'est le comble. *Il ne manquait plus qu'il pleuve !* ♦ (personnes) *Il manque trop souvent en classe* (→ **absentéisme**). **2.** *MANQUER À qqn :* faire défaut, être insuffisant. *Le temps me manque. Les mots me manquent.* – impers. *Il me manque dix euros.* ♦ (nuance affective) *Son frère lui manque.* – impers. *Il te manque un ami.* **3.** (choses) Ne pas tenir, ne plus fonctionner. *Le cœur lui a manqué.* **4.** (choses) Échouer. *Faire manquer une expérience.* SYN. **rater. II v. tr. ind.** Ne pas avoir, ne pas faire. **1.** *MANQUER DE :* ne pas avoir lorsqu'il le faudrait, ne pas avoir en quantité suffisante. *Elle manque d'amis, de temps. Il ne manque de rien.* – absolt *Avoir peur de manquer,* d'être dans le besoin. – Être dépourvu (d'une qualité). *Manquer d'humour.* – FAM. *Il ne manque pas d'air, de culot* (→ **culotté**). – *Manquer de respect* à qqn.* ♦ *La sauce manque de sel.* **2.** *MANQUER À qqch. :* ne pas se conformer à (qqch. qu'on doit observer). *Manquer à sa parole. Il a manqué à tous ses devoirs.* **3.** *NE PAS MANQUER DE* (+ inf.) : faire de manière certaine. *Je ne manquerai pas de vous informer.* – *Je n'y manquerai pas.* **4.** semi-auxiliaire (+ inf. ; + *de* et inf.) Être tout près de, sur le point de. SYN. **faillir.** *Elle avait manqué mourir, de mourir.* **III v. tr. dir. 1.** Ne pas réussir. SYN. **rater ;** FAM. **louper.** *Manquer son coup.* **2.** Ne pas atteindre, ne pas toucher. *Manquer une marche. Manquer la cible.* – *Manqué ! à côté !* – *La prochaine fois, je ne te manquerai pas,* je me vengerai de toi, je t'aurai. – pronom. *SE MANQUER :* ne pas réussir son suicide. **3.** Ne pas rencontrer (qqn qu'on voulait voir). *Je vous ai manqué de peu.* – pronom. *Nous nous sommes manqués à la gare.* ♦ *Manquer son train,* arriver après son départ. – *Manquer le début du film.* **4.** Laisser échapper (qqch. de profitable). *Manquer une occasion.* – FAM. *Il n'en manque pas une* (occasion de faire une maladresse, une gaffe). **5.** S'abstenir d'assister, d'être présent à. *Manquer un cours.* SYN. FAM. **sécher.** – *Un spectacle à ne pas manquer.* CONTR. **abonder** · ① **avoir** · **respecter** · **oublier** · **réussir** · **atteindre,** ① **toucher** · **saisir** · **assister à.**
► **MANQUÉ, ÉE adj.** Qui n'est pas réussi. *Photo manquée.* – *Poète manqué.* ♦ loc. *Acte manqué.* – *Garçon* manqué.* CONTR. **réussi.**
ÉTYM. italien *mancare,* du latin *mancus* «estropié ; défectueux».

MANSARDE [mɑ̃saʀd] **n. f. 1.** Toit brisé à quatre pans. **2.** Chambre aménagée dans un comble et dont un mur est en pente.
ÉTYM. du nom de l'architecte *Mansart.* ☞ noms propres.

MANSARDÉ, ÉE [mɑ̃saʀde] **adj.** ✦ Dont une paroi est inclinée, du fait de la pente du toit. *Chambre mansardée.*
ÉTYM. de *mansarde.*

MANSUÉTUDE [mɑ̃sɥetyd] **n. f.** ✦ LITTÉR. Disposition à pardonner généreusement. SYN. **bonté, indulgence.** CONTR. **rigueur, sévérité.**
ÉTYM. latin *mansuetudo.*

① **MANTE** [mɑ̃t] **n. f.** ✦ *Mante (religieuse) :* insecte carnassier à tête triangulaire, à fortes pattes antérieures. *La mante femelle dévore souvent le mâle après l'accouplement.* HOM. MENTHE «plante»
ÉTYM. grec *mantis* «prophète».

② **MANTE** [mɑ̃t] **n. f.** ✦ anciennt Manteau de femme ample et sans manches. HOM. MENTHE «plante»
ÉTYM. ancien provençal *manta ;* du latin, féminin de *mantus* → manteau.

MANTEAU [mɑ̃to] **n. m. I 1.** Vêtement à manches qui se porte par-dessus les autres vêtements pour sortir par temps froid. → **capote, imperméable, pardessus, pelisse. 2.** loc. fig. *SOUS LE MANTEAU :* clandestinement. *Livre vendu sous le manteau.* **II 1.** *Manteau de cheminée :* partie de la cheminée en saillie au-dessus du foyer. **2.** GÉOL. Enveloppe de la Terre, située entre la croûte et le noyau. HOM. MENTAUX (pluriel de *mental* «de l'esprit»)
ÉTYM. latin *mantellum,* diminutif de *mantum.*

MANTILLE [mɑ̃tij] **n. f.** ✦ Écharpe de dentelle drapée sur la tête (coiffure féminine).
ÉTYM. espagnol *mantilla.*

MANTRA [mɑ̃tʀa] **n. m.** ✦ DIDACT. dans l'hindouisme et le bouddhisme Formule sacrée dotée d'un pouvoir spirituel. *Réciter un mantra.*
ÉTYM. mot sanskrit.

MANUCURE [manykyʀ] **n.** 1. Personne chargée des soins esthétiques des mains, des ongles. 2. **n. f.** Soins esthétiques des mains, des ongles. *Apprendre la manucure.*
ÉTYM. du latin *manus* «main» et *curare* «soigner».

MANUCURER [manykyʀe] **v. tr.** (conjug. 3a) ✦ Faire les mains, les ongles de (qqn).
ÉTYM. de *manucure.*

① **MANUEL, ELLE** [manɥɛl] **adj.** 1. Qui se fait avec la main ; qui nécessite une activité physique. *Travail manuel.* 2. Qui fait appel à l'intervention humaine. *Commande manuelle.* 3. Qui emploie surtout ses mains. *Travailleur manuel.* ➝ **n.** *Un, une manuel(le)* : personne plus apte, plus disposée à l'activité manuelle qu'à l'activité intellectuelle. CONTR. **automatique** • **intellectuel.**
ÉTYM. latin *manualis*, de *manus* «main».

② **MANUEL** [manɥɛl] **n. m.** ✦ Ouvrage didactique présentant les notions essentielles d'une science, d'une technique. *Un manuel de chimie. Le manuel du parfait jardinier.* SYN. **guide.**
ÉTYM. bas latin *manuale* «livre portatif» → ① manuel.

MANUELLEMENT [manɥɛlmɑ̃] **adv.** ✦ En se servant de ses mains ; par une opération manuelle.
ÉTYM. de ① *manuel.*

MANUFACTURE [manyfaktyʀ] **n. f.** 1. VX Fabrique, usine. *Les manufactures royales sous Louis XIV.* 2. Établissement industriel où la qualité de la main-d'œuvre est primordiale. *La manufacture de porcelaine de Sèvres.*
ÉTYM. latin médiéval *manufactura.*

MANUFACTURER [manyfaktyʀe] **v. tr.** (conjug. 3a) ✦ Faire subir à (une matière première) une transformation industrielle. ➝ **au p. passé** COUR. *Coton brut et coton manufacturé.*
ÉTYM. de *manufacture.*

MANU MILITARI [manymilitaʀi] **loc. adv.** ✦ En employant la force armée, la force publique. *Les grévistes ont été expulsés manu militari.*
ÉTYM. mots latins «par la main, la force militaire».

MANUSCRIT, ITE [manyskʀi, it] **adj.** et **n. m.**
I adj. Écrit à la main. *Notes manuscrites. Lettre manuscrite.* SYN. **autographe.**
II n. m. 1. Texte, ouvrage écrit ou copié à la main. SYN. ① **écrit.** *Manuscrit enluminé.* 2. Œuvre originale écrite de la main de l'auteur ou dactylographiée (→ **tapuscrit**). *Apporter un manuscrit à un éditeur.*
ÉTYM. du latin *manu scriptus* «écrit à la main».

MANUTENTION [manytɑ̃sjɔ̃] **n. f.** 1. Manipulation, déplacement manuel ou mécanique de marchandises, en vue de l'emmagasinage, de l'expédition ou de la vente. *Engins de manutention.* 2. Local réservé à ces opérations.
ÉTYM. latin médiéval *manutentio*, de *manutenere* → maintenir.

MANUTENTIONNAIRE [manytɑ̃sjɔnɛʀ] **n.** ✦ Personne employée aux travaux de manutention. *Les manutentionnaires d'un supermarché.*
ÉTYM. de *manutention.*

MANUTENTIONNER [manytɑ̃sjɔne] **v. tr.** (conjug. 3a) ✦ Préparer (des marchandises) pour la manutention.
ÉTYM. de *manutention.*

MAOÏSME [maɔism] **n. m.** ✦ Mouvement gauchiste se réclamant de la politique de Mao Zedong.
ÉTYM. de *Mao Zedong*, n. d'un homme d'État chinois. ☛ noms propres.

MAOÏSTE [maɔist] **adj.** ✦ Propre au maoïsme. ♦ **adj.** et **n.** Partisan du maoïsme. ➝ **abrév.** FAM. MAO [mao]. *Les maos.*

MAOUS, OUSSE [maus] **adj.** ✦ FAM. Gros, énorme. ➝ **variantes** MAHOUS, MAHOUSSE.
ÉTYM. origine inconnue.

MAPPEMONDE [mapmɔ̃d] **n. f.** 1. Carte plane représentant le globe terrestre divisé en deux hémisphères. SYN. **planisphère.** 2. **abusivt** Sphère représentant le globe terrestre. SYN. **globe.**
ÉTYM. latin médiéval *mappa mundi* «carte du monde».

① **MAQUEREAU** [makʀo] **n. m.** ✦ Poisson de mer comestible au dos vert et bleu, vivant en bancs.
ÉTYM. orig. incert., p.-ê. métaphore de ② *maquereau.*

② **MAQUEREAU, ELLE** [makʀo, ɛl] **n.** ✦ FAM. et VULG. Personne qui vit de la prostitution des femmes. SYN. **proxénète, souteneur.**
ÉTYM. néerlandais *makelare* «courtier», de *makeln* «trafiquer», de *maken* «faire».

MAQUETTE [makɛt] **n. f.** 1. Modèle en réduction (d'une sculpture). 2. Modèle réduit (de décor, d'un bâtiment, d'un véhicule). *La maquette d'une ville, d'un avion.* ➝ Modèle réduit vendu en pièces détachées à assembler. 3. Projet servant de référence pour la réalisation d'un imprimé. *La maquette d'un livre, d'un journal, d'une publicité.*
ÉTYM. italien *macchietta* «esquisse», diminutif de *macchia* «tache», latin *macula.*

MAQUETTISTE [maketist] **n.** 1. Spécialiste qui exécute des maquettes (typographie, construction, mécanique). 2. Personne qui exécute ou conçoit des maquettes (3).

MAQUIGNON [makiɲɔ̃] **n. m.** 1. Marchand de chevaux. ♦ Marchand de bestiaux peu scrupuleux et trompeur. 2. Homme d'affaires ou entremetteur malhonnête.
ÉTYM. p.-ê. famille de ② *maquereau* «courtier».

MAQUIGNONNAGE [makiɲɔnaʒ] **n. m.** 1. VX Métier de maquignon. 2. **fig.** Manœuvres, transactions frauduleuses.

MAQUILLAGE [makijaʒ] **n. m.** 1. Action ou manière de maquiller, de se maquiller. *Produits de maquillage. Le maquillage des comédiens, des clowns.* 2. Ensemble des produits (fond de teint, fards, rouge) servant à se maquiller. 3. Modification frauduleuse de l'aspect

A B C D E F G H I J K L M N O P Q R S T U V W X Y Z

(d'une chose). *Le maquillage d'une voiture volée.* CONTR. **démaquillage.**
ÉTYM. de *maquiller.*

MAQUILLER [makije] **v. tr.** (conjug. 3a) **1.** Modifier ou embellir (le visage) par des procédés et produits appropriés. *Se maquiller les yeux.* → *SE MAQUILLER* **v. pron.** Se grimer (théâtre) ; se farder. → au p. passé *Une femme très maquillée.* **2.** Modifier de façon trompeuse l'apparence de (qqch.). SYN. **falsifier, truquer.** *Maquiller un passeport, une voiture.* **3.** fig. Dénaturer, fausser volontairement. *Maquiller un meurtre en accident.* CONTR. **démaquiller.**
ÉTYM. du picard *maquier*, anc. néerlandais *maken* «faire».

MAQUILLEUR, EUSE [makijœʀ, øz] **n.** ✦ Spécialiste du maquillage.

MAQUIS [maki] **n. m.** **I** **1.** Végétation d'arbrisseaux touffus, dans les régions méditerranéennes. **2.** fig. Complication inextricable. *Le maquis de la procédure.* **II** Lieu peu accessible où se regroupaient les résistants à l'occupation allemande. *Le maquis du Vercors.* → loc. *Prendre le maquis*, s'y cacher pour entrer dans la clandestinité. → *Un maquis*, organisation de résistance armée. HOM. MAKI «singe»
ÉTYM. corse *macchia* «tache», latin *macula.*

MAQUISARD [makizaʀ] **n. m.** ✦ Résistant appartenant à un maquis.
ÉTYM. de *maquis* (II).

MARABOUT [maʀabu] **n. m.** **I** **1.** Pieux ermite, saint de l'islam, dont le tombeau est un lieu de pèlerinage. **2.** Musulman sage et respecté. **3.** français d'Afrique Devin, sorcier (d'où *marabouter* **v. tr.**, conjug. 3a «envoûter» ; *maraboutage* **n. m.** «sort jeté sur qqn»). **II** Tombeau d'un saint de l'islam. **III** Grand échassier d'Afrique au bec épais et au cou déplumé.
ÉTYM. portugais *marabuto*, de l'arabe.

MARAÎCHER, ÈRE [maʀeʃe, ɛʀ] **n.** et **adj.** ✦ **n.** Exploitant agricole qui cultive des légumes. → **adj.** *Production maraîchère.*
ÉTYM. de *marais.*

MARAIS [maʀɛ] **n. m.** **1.** Nappe d'eau stagnante recouvrant un terrain partiellement envahi par la végétation. SYN. **marécage, marigot, tourbière.** **2.** *MARAIS SALANT* : bassin creusé à proximité des côtes pour extraire le sel de l'eau de mer par évaporation. SYN. **saline.** **3.** HIST. (☛ noms propres) *Le Marais* : députés révolutionnaires modérés qui ne faisaient pas partie des Girondins ni des Montagnards.
ÉTYM. francique *marisk*, de *mari*, famille indo-européenne de *mer.*

MARASME [maʀasm] **n. m.** **1.** Forme très grave de dénutrition infantile (maigreur extrême, atrophie musculaire, apathie). ♦ VIEILLI Accablement, apathie profonde. **2.** fig. Situation stagnante. *Le marasme économique.*
ÉTYM. grec *marasmos*, de *marainein* «s'étouffer».

MARATHON [maʀatɔ̃] **n. m.** **1.** Course à pied de grand fond (42,195 km) sur route. **2.** fig. Épreuve prolongée qui exige une grande résistance. *Un marathon de danse.* ♦ Délibération longue et laborieuse. *Le marathon budgétaire.* → appos. *Des séances marathons.*
ÉTYM. du nom d'une ville grecque. ☛ noms propres.

MARÂTRE [maʀɑtʀ] **n. f.** **1.** VX Femme du père, par rapport aux enfants qu'il a eus d'un premier mariage. SYN. **belle-mère.** **2.** Mauvaise mère.
ÉTYM. latin populaire *matrastra*, de *mater* «mère».

MARAUD, AUDE [maʀo, od] **n.** ✦ VX Misérable, vaurien.
ÉTYM. peut-être d'un nom régional du chat.

MARAUDAGE [maʀodaʒ] **n. m.** ✦ Action de marauder.

MARAUDE [maʀod] **n. f.** **1.** Vols, larcins commis en maraudant. **2.** *Taxi en maraude* (→ **marauder**, 2).
ÉTYM. de *maraud.*

MARAUDER [maʀode] **v. intr.** (conjug. 3a) **1.** Voler des fruits, des légumes, des volailles dans les jardins et les fermes. **2.** (taxi) Circuler à vide, lentement, à la recherche de clients.
ÉTYM. de *maraud.*

MARAUDEUR, EUSE [maʀodœʀ, øz] **n.** et **adj.** ✦ Personne qui maraude.

MARBRE [maʀbʀ] **n. m.** **I** **1.** Roche calcaire, souvent veinée de couleurs variées et susceptible de prendre un beau poli. *Colonnes, cheminée de marbre, en marbre.* **2.** Plateau de marbre d'une table, d'une commode. *Le marbre est fêlé.* → Statue de marbre. **3.** loc. *Blanc, froid comme le marbre* (→ **marmoréen**). *Être, rester de marbre*, impassible. **II** Surface, table (à l'origine en marbre), utilisée pour diverses opérations techniques. *Le marbre d'une imprimerie*, où se faisaient la mise en page et la correction des épreuves.
ÉTYM. latin *marmor.*

MARBRER [maʀbʀe] **v. tr.** (conjug. 3a) **1.** Marquer (une surface) de veines, de taches pour donner l'apparence du marbre. → au p. passé *Papier marbré.* **2.** Marquer (la peau) de marbrures. → au p. passé *Peau marbrée.*

MARBRERIE [maʀbʀəʀi] **n. f.** **1.** Art, métier du marbrier ; son atelier. **2.** Industrie du marbre. *Marbrerie funéraire.*

MARBRIER, IÈRE [maʀbʀije, jɛʀ] **n.** **1.** Ouvrier spécialisé dans le sciage, la taille, le polissage des blocs ou objets en marbre ou en pierre à tailler. **2.** Fabricant, marchand d'ouvrages de marbrerie.

MARBRIÈRE [maʀbʀijɛʀ] **n. f.** ✦ Carrière de marbre.

MARBRURE [maʀbʀyʀ] **n. f.** **1.** Imitation des veines et taches du marbre. **2.** Marques sur la peau évoquant le marbre.

① **MARC** [maʀ(k)] **n. m.** ✦ HIST. Poids de huit onces. *Marc d'argent.* → DR. loc. *Au marc le franc* : proportionnellement. HOM. MARE «nappe d'eau», MARRE «assez» ; MARQUE «signe»
ÉTYM. francique *marka* → mark.

② **MARC** [maʀ] **n. m.** **1.** Résidu des fruits que l'on a pressés. *Marc de raisin, de pommes.* **2.** Eau-de-vie de marc de raisin distillé. *Du marc de Bourgogne.* **3.** Résidu (d'une substance que l'on a fait infuser, bouillir). *Marc de café.* HOM. MARE «nappe d'eau», MARRE «assez»
ÉTYM. de *marcher*, au sens de «fouler aux pieds, écraser».

MARCASSIN [maʀkasɛ̃] **n. m.** ✦ Petit sanglier qui suit encore sa mère.
ÉTYM. famille de *marque, marquer*, le dos de l'animal étant rayé.

MARCHAND, ANDE [maʀʃɑ̃, ɑ̃d] n. et adj.
I n. Commerçant qui vend des marchandises. SYN. **fournisseur, vendeur.** *Marchand de gros, en gros* (→ **grossiste**), *au détail* (→ **détaillant**). *Marchand ambulant.* → **colporteur.** *Marchande de journaux.* ➛ *Marchand de biens :* agent immobilier. *Marchand, marchande des quatre-saisons,* qui vend des fruits, des légumes, dans une petite voiture. ◆ loc. péj. *Marchand de canons,* fabricant d'armes de guerre. ➛ *Marchand de soupe :* personne qui ne songe qu'au profit.
II adj. 1. Commercial. *Valeur marchande. Prix marchand,* prix de facture. 2. *Galerie marchande,* où se trouvent de nombreux commerces. SYN. **commerçant.** 3. *Marine marchande,* qui effectue les transports commerciaux.
HOM. MARCHANT (p. présent de *marcher*)
ÉTYM. latin *mercatans,* de *mercatus* «marché».

MARCHANDAGE [maʀʃɑ̃daʒ] n. m. 1. Discussion pour obtenir ou vendre (qqch.) au meilleur prix. *Faire du marchandage.* 2. Tractation effectuée sans scrupule. *Un marchandage électoral.*
ÉTYM. de *marchander.*

MARCHANDER [maʀʃɑ̃de] v. tr. (conjug. 3a) ✦ Essayer d'acheter (une chose) à meilleur marché, en discutant avec le vendeur. *Marchander un bibelot ancien.*
ÉTYM. de *marchand.*

MARCHANDISATION [maʀʃɑ̃dizasjɔ̃] n. f. ✦ Transformation en marchandise, en produit commercial. *La marchandisation de la culture.*

MARCHANDISE [maʀʃɑ̃diz] n. f. 1. Objet destiné à la vente. SYN. **article, produit.** *Train de marchandises* (opposé à *de voyageurs*). 2. Ce qu'on veut vendre, placer. loc. *Faire valoir sa marchandise.*
ÉTYM. de *marchand.*

① **MARCHE** [maʀʃ] n. f. **I** Surface plane sur laquelle on pose le pied pour passer d'un plan horizontal à un autre. *Les marches d'un escalier.* SYN. **degré.** **II** 1. Action de marcher, suite de pas ; déplacement fait en marchant. *Aimer la marche.* SYN. **promenade.** *Faire une longue marche. En avant, marche !* ➛ loc. *MARCHE À SUIVRE :* série d'opérations, de démarches. 2. Mouvement de personnes marchant dans un ordre déterminé. *Marche de protestation.* → **manifestation.** ➛ *Ouvrir, fermer la marche.* 3. Morceau de musique dont le rythme règle la marche. *Une marche militaire.* 4. (choses) Déplacement continu dans une direction déterminée. *Le sens de la marche d'un train. Marche arrière.* ➛ Mouvement. *Régler la marche d'une horloge.* 5. Cours. *La marche du temps.* 6. Fonctionnement. *Assurer la (bonne) marche d'un service.* ➛ *En état de marche,* capable de fonctionner. 7. loc. adv. *EN MARCHE :* en train d'avancer. ➛ En fonctionnement. *Mettre un moteur en marche.* → **démarrer.**
ÉTYM. de *marcher.*

② **MARCHE** [maʀʃ] n. f. ✦ surtout plur. HIST. Région frontière d'un État.
ÉTYM. germanique *marka* «limite».

MARCHÉ [maʀʃe] n. m. **I** 1. Lieu où se tient une réunion périodique des marchands, notammentde denrées alimentaires. *Marché couvert.* → **halle.** *La place du marché. Marché aux fleurs. Jours de marché. Faire le, son marché,* aller faire ses courses au marché. 2. Opérations commerciales, financières, concernant une catégorie de biens dans une zone ; cette zone. *Marché financier, des devises. Marché à terme. Le marché du travail.* ➛ *MARCHÉ COMMUN (EUROPÉEN) :* union économique et monétaire mise en place par l'Union européenne. ☛ Europe p. 198. ➛ *MARCHÉ NOIR :* marché clandestin résultant de l'insuffisance de l'offre. 3. Débouché pour un produit ; ensemble de clients. *Conquérir un marché.* SYN. **clientèle.** *Étude de marché* (→ **mercatique** ; anglicisme **marketing**). **II** 1. Accord portant sur la fourniture de marchandises, de valeurs ou de services. SYN. **affaire, contrat.** *Conclure, passer un marché.* ➛ loc. *Mettre* (à qqn) *le marché en main,* le sommer d'accepter ou non. ➛ loc. *Par-dessus le marché,* en plus de ce qui a été convenu ; fig. en plus, en outre. 2. *À BON MARCHÉ :* à bas prix. *Fabriquer à meilleur marché,* moins cher. → **bon marché.** *Ces chaussures sont meilleur marché.* HOM. MARCHER «avancer»
ÉTYM. latin *mercatus,* de *merx, mercis* «marchandise».

MARCHEPIED [maʀʃəpje] n. m. ✦ Degré ou série de degrés qui servent à monter dans une voiture, un train ou à en descendre. ➛ fig. *Ce stage lui a servi de marchepied,* d'appui pour parvenir à ses fins.
ÉTYM. de *marcher* et *pied.*

MARCHER [maʀʃe] v. intr. (conjug. 3a) **I** 1. Se déplacer par mouvements et appuis successifs des jambes et des pieds (→ ① **pas**), sans interrompre le contact avec le sol (par opposition à *courir*). → ① **marche.** *Enfant qui apprend, qui commence à marcher. Marcher à petits pas rapides.* → **trotter, trottiner.** *Manière de marcher.* → **démarche.** ➛ par ext. *Marcher sur les mains.* 2. Aller à pied. SYN. **déambuler,** se **promener.** *Marcher sans but, à l'aventure.* SYN. **errer, flâner.** ➛ *Marcher sur* (qqn, l'ennemi), se diriger avec décision et violence. 3. (choses) Se mouvoir de manière continue. *Le bateau marchait droit contre le vent.* SYN. **naviguer.** 4. (mécanisme) Fonctionner. *La radio ne marche plus.* 5. Produire l'effet souhaité. *Ses affaires, ses études marchent bien.* SYN. **réussir.** *Ça n'a pas marché.* **II** 1. Avancer à pied. *Marcher dans la rue, sur le trottoir.* ➛ loc. *Marcher sur les traces de qqn,* l'imiter. 2. Poser le, les pieds. *Marcher dans une flaque d'eau. Marcher sur les pieds de qqn.* **III** FAM. Acquiescer, donner son adhésion à qqch. SYN. **accepter, consentir.** *Non, je ne marche pas ! Ça marche !* c'est d'accord. ➛ Croire naïvement quelque histoire. *Il a marché. Faire marcher qqn,* obtenir de lui ce qu'on veut en le trompant. → **berner.** HOM. MARCHÉ «lieu d'approvisionnement» ; (du part. présent *marchant*) MARCHAND «commerçant»
ÉTYM. francique *markon* «imprimer l'empreinte du pied».

MARCHEUR, EUSE [maʀʃœʀ, øz] n. et adj. 1. n. Personne qui peut marcher longtemps, sans fatigue. *Elle est bonne marcheuse.* 2. adj. *Oiseaux marcheurs,* qui marchent (et volent difficilement) (ex. l'autruche).

MARCOTTE [maʀkɔt] n. f. ✦ Tige, branche qui a pris racine, ou qui est destinée à former une plante nouvelle (*marcottage* n. m.).
ÉTYM. de *marcot,* du latin des Gaules *marcus* «cep de vigne».

MARDI [maʀdi] n. m. 1. Deuxième jour de la semaine*, qui succède au lundi. *Il vient le mardi, tous les mardis.* ➛ *Nous partirons mardi (prochain).* 2. *Mardi gras,* dernier jour du carnaval, qui précède le carême.
ÉTYM. latin *Martis (dies)* «(jour) du dieu Mars» ☛ noms propres.

A B C D E F G H I J K L M N O P Q R S T U V W X Y Z

MARE [maʀ] **n. f.** **1.** Petite nappe d'eau peu profonde qui stagne. **2.** Grande quantité (de liquide répandu). *Une mare de sang.* HOM. ② MARC «eau-de-vie», MARRE «assez»

ÉTYM. ancien norrois *mar* «mer» et «lac».

MARÉCAGE [maʀekaʒ] **n. m.** ✦ Lieu inculte et humide où s'étendent des marais.

ÉTYM. de l'ancien français *maresc* «marais».

MARÉCAGEUX, EUSE [maʀekaʒø, øz] **adj.** ✦ De la nature du marécage. SYN. **bourbeux.** *Terrain marécageux.*

MARÉCHAL, AUX [maʀeʃal, o] **n. m.** I VX → **maréchal-ferrant.** II **1.** HIST. Officier général. *Maréchal de camp.* **2.** MOD. Officier général qui a la dignité la plus élevée dans la hiérarchie militaire (on lui dit : *Monsieur le Maréchal*). ➝ au fém. *Madame la Maréchale,* la femme du maréchal.

ÉTYM. francique *marhskalk,* de *marh* «cheval» et *skalk* «valet».

MARÉCHAL DES LOGIS [maʀeʃaldelɔʒi] **n. m.** ✦ Sous-officier de cavalerie ou d'artillerie (grade qui correspond à celui de sergent, dans l'infanterie). *Des maréchaux des logis* [maʀeʃodelɔʒi].

MARÉCHAL-FERRANT [maʀeʃalfeʀɑ̃] **n. m.** ✦ Artisan qui ferre les chevaux, les animaux de trait. *Des maréchaux-ferrants* [maʀeʃofeʀɑ̃].

ÉTYM. de *maréchal* et participe présent de *ferrer.*

MARÉCHAUSSÉE [maʀeʃose] **n. f.** ✦ plais. Gendarmerie.

ÉTYM. de *maréchal.*

MARÉE [maʀe] **n. f.** **1.** Mouvement journalier d'oscillation de la mer, dû à l'attraction lunaire. *Marée montante* (→ **flux**), *descendante* (→ **jusant, reflux**). *À marée haute, basse. Grandes marées,* à fortes amplitudes, lorsque l'attraction du Soleil se conjugue avec celle de la Lune. ➝ loc. fig. *Contre vents et marées,* malgré tous les obstacles. **2.** *MARÉE NOIRE :* mazout polluant l'eau de mer et atteignant les côtes ; pollution des rivages. **3.** fig. *Une marée humaine.* → **flot. 4.** Poissons, crustacés, fruits de mer frais. *Ça sent la marée.* HOM. MARRER «rire»

ÉTYM. de *mer.*

MARELLE [maʀɛl] **n. f.** ✦ Jeu d'enfants qui consiste à pousser à cloche-pied un palet dans les cases numérotées d'une figure tracée sur le sol. *Jouer à la marelle.* ➝ Cette figure. *Dessiner une marelle.*

ÉTYM. de l'ancien français *marel* «palet, jeton», du radical *marr-* «caillou» → ① marron.

MARÉMOTRICE [maʀemɔtʀis] **adj. f.** ✦ *Usine marémotrice,* produisant de l'énergie électrique avec la force motrice des marées.

ÉTYM. de *marée* et *moteur.*

MARENGO [maʀɛ̃go] **adj. invar.** ✦ *Poulet, veau marengo,* qu'on a fait revenir dans l'huile avec des tomates, des champignons et du vin blanc.

ÉTYM. du nom d'un village du Piémont, où Bonaparte remporta une victoire. ☛ noms propres.

MAREYEUR, EUSE [maʀɛjœʀ, øz] **n.** ✦ Grossiste qui achète sur place les produits de la pêche et les expédie aux marchands de poisson.

ÉTYM. de *marée.*

MARGARINE [maʀgaʀin] **n. f.** ✦ Corps gras alimentaire, végétal ou (plus rarement) animal. *Cuisine à la margarine.*

ÉTYM. du grec *margaron* «perle», à cause de la couleur.

MARGE [maʀʒ] **n. f.** **1.** Espace blanc (autour d'un texte écrit ou imprimé). SYN. **bord.** *Laissez de grandes marges.* ➝ Espace laissé à gauche (d'une page manuscrite ou dactylographiée). *Les corrections sont dans la marge.* **2.** Intervalle d'espace ou de temps ; possibilité d'action. *Avoir une marge de liberté, de réflexion.* SYN. **délai.** *Ça ne nous laisse aucune marge. Marge de sécurité.* **3.** *Marge (bénéficiaire) :* différence entre prix de vente et coût. **4.** *EN MARGE DE :* en dehors de, mais qui se rapporte à. *Émission en marge de l'actualité.* ➝ *EN MARGE* **loc. adv.** *Vivre en marge,* sans se mêler à la société (→ **marginal**). **5.** GÉOGR. *Marge continentale :* ensemble formé par la plateforme continentale et le talus qui la limite.

ÉTYM. latin *margo, marginis* «bord».

MARGELLE [maʀʒɛl] **n. f.** ✦ Assise de pierre qui forme le rebord (d'un puits, du bassin d'une fontaine).

ÉTYM. de *marge.*

MARGINAL, ALE, AUX [maʀʒinal, o] **adj.** **1.** DIDACT. Qui est mis dans la marge. *Note marginale.* **2.** Qui n'est pas central, principal. *Occupations, préoccupations marginales.* SYN. **secondaire. 3.** COUR. Qui vit en marge de la société. SYN. **asocial.** ➝ **n.** *Des marginaux.*

ÉTYM. du latin *margo, marginis* «marge».

MARGINALISER [maʀʒinalize] **v. tr.** (conjug. 3a) ✦ Mettre à l'écart, tendre à exclure.

ÉTYM. de *marginal.*

MARGINALITÉ [maʀʒinalite] **n. f.** ✦ Situation d'une personne marginale.

MARGOULIN [maʀgulɛ̃] **n. m.** ✦ péj. Individu peu scrupuleux qui fait de petites affaires.

ÉTYM. de *margouline* «bonnet», de *goule* «gueule».

MARGRAVE [maʀgʀav] **n. m.** ✦ HIST. Ancien titre de princes souverains d'Allemagne.

► **MARGRAVIAT** [maʀgʀavja] **n. m.**

ÉTYM. allemand *Markgraf* «comte *(Graf)* de la frontière *(Mark)*» → ② marche.

MARGUERITE [maʀgəʀit] **n. f.** ✦ Fleur blanche à cœur jaune, commune dans les prés. → aussi **pâquerette.**

ÉTYM. latin *margarita,* du grec *margaritês* «perle», mot oriental.

MARI [maʀi] **n. m.** ✦ Homme uni par le mariage. SYN. **conjoint, époux ;** → **marital.** *Le mari de Mme C. Le second mari d'une divorcée.* HOM. MARRI «triste»

ÉTYM. latin *maritus.*

MARIAGE [maʀjaʒ] **n. m.** I **1.** Union légitime de deux personnes, dans les conditions prévues par la loi. *Du mariage.* → **matrimonial.** *Mariage civil ; religieux. Contrat de mariage.* ➝ Action, fait de se marier. *Il l'a demandée en mariage.* → demander la **main.** *Mariage d'amour ; de raison.* **2.** Cérémonie du mariage. SYN. **noce.** *Aller, assister, être témoin à un mariage.* **3.** État, situation d'une personne mariée, d'un couple marié (opposé à *célibat*). II Alliance, union. *Le mariage entre deux entreprises.* ➝ *Le mariage de deux couleurs, de deux parfums. Un heureux mariage de goûts.*

ÉTYM. de *marier.*

MARIÉ, ÉE [marje] **adj.** et **n.** **1.** Qui est uni, qui sont unis par le mariage (s'oppose à *célibataire*). *Une femme mariée.* → **n.** *JEUNE MARIÉ(E) ; MARIÉ(E)* : celui, celle qui est marié(e) depuis peu. **2. n.** Personne dont on célèbre le mariage. *Le témoin du marié. Robe de mariée. Vive la mariée !* → **loc. prov.** *Se plaindre que la mariée est trop belle,* se plaindre d'une chose dont on devrait se réjouir.

MARIER [marje] **v. tr.** (conjug. 9) **I** **1.** Unir (deux personnes) en célébrant le mariage. ◆ Donner en mariage. *Ils marient leur fils.* **2. fig.** *Marier deux entreprises.* → Unir. SYN. **assortir, combiner.** *Marier des couleurs.* **II** *SE MARIER* **v. pron.** **1.** S'unir par le mariage. *Ils se sont mariés à l'église.* **2.** Contracter mariage. *Il va se marier avec elle.* → **épouser.** **3. fig.** *Des couleurs qui se marient bien.* SYN. **s'harmoniser.**
ÉTYM. latin *maritare,* de *maritus* «mari».

MARIEUR, EUSE [marjœr, øz] **n.** ✦ Personne qui aime s'entremettre pour conclure des mariages.
ÉTYM. de *marier.*

MARIGOT [marigo] **n. m.** ✦ Bras mort d'un fleuve, marais*, eau morte, dans une région tropicale.
ÉTYM. famille de *mare,* probablement d'après un mot caraïbe.

MARIJUANA [marirwana ; mariʒɥana] **n. f.** ✦ Stupéfiant tiré du chanvre indien. *Fumer de la marijuana.* → On écrit aussi *marihuana.*
ÉTYM. mot espagnol d'Amérique, par l'anglais ; de *Maria* et *Juana,* prénoms.

① **MARIN, INE** [marɛ̃, in] **adj.** **1.** De la mer. *Air marin. Sel marin. Animaux marins.* **2.** Relatif à la navigation sur la mer. *Carte marine. Mille marin.* → **loc.** *Avoir le pied marin,* garder son équilibre sur un bateau ; ne pas être sujet au mal de mer.
ÉTYM. latin *marinus,* de *mare* «mer».

② **MARIN** [marɛ̃] **n. m.** **1.** Personne habile dans l'art de la navigation sur mer. SYN. **navigateur.** **2.** Personne (surtout homme) dont la profession est de naviguer sur la mer. SYN. **matelot. appos.** *Les fusiliers* marins.* **loc. FAM.** *Marin d'eau douce,* médiocre marin. **3. ellipt** *Costume marin, col marin,* qui rappelle celui des marins.
ÉTYM. de ① *marin.*

MARINA [marina] **n. f.** ✦ **anglicisme** Ensemble touristique, comportant un port de plaisance, en bord de mer.
ÉTYM. mot américain, de l'italien *marina* «plage».

MARINADE [marinad] **n. f.** **1.** Liquide (vin, etc.) salé et épicé dans lequel on met du poisson, de la viande avant la cuisson. **2.** Aliment mariné. *Marinade de sardines.*
ÉTYM. de *mariner.*

① **MARINE** [marin] **n. f.**
I n. f. **1.** Ce qui concerne l'art de la navigation sur mer. *Instruments de marine.* **2.** Ensemble des navires appartenant à une même nation ou entrant dans une même catégorie. *La marine anglaise. Marine militaire. Officiers de marine.*
II appos. invar. *BLEU MARINE* ou **ellipt** *MARINE* : bleu foncé. *Des chaussettes bleu marine, marine.* → **n. m.** *Porter du marine.*
III n. f. Peinture ayant la mer pour sujet. *Les marines de Turner.*
ÉTYM. féminin de ① *marin.*

② **MARINE** [marin] **n. m.** ✦ Soldat de l'infanterie de marine américaine ou anglaise.
ÉTYM. mot américain, du français ① *marine.*

MARINER [marine] **v. intr.** (conjug. 3a) **1.** Tremper dans une marinade. SYN. **macérer. 2. FAM.** (sujet personne) Rester longtemps dans un lieu ou une situation désagréable. *Ils l'ont laissé mariner deux heures avant de le recevoir.*
► **MARINÉ, ÉE adj.** Trempé, conservé dans une marinade. *Harengs marinés.*
ÉTYM. italien *marinare,* du latin *aqua marina* «eau salée, saumure».

MARINGOUIN [marɛ̃gwɛ̃] **n. m.** ✦ (Tropiques ; Canada) Moustique.
ÉTYM. mot tupi.

MARINIER, IÈRE [marinje, jɛr] **n.** ✦ Personne (surtout homme) dont la profession est de naviguer sur les fleuves, les canaux. SYN. **batelier.**
ÉTYM. de ① *marin.*

MARINIÈRE [marinjɛr] **n. f.** **I** *(À LA) MARINIÈRE* : à la manière des pêcheurs, des marins. *Moules à la marinière* ou **ellipt** *moules marinière,* préparées dans leur jus, avec vin blanc et oignons. **II** **1. VIEILLI** Blouse sans ouverture sur le devant et qui descend un peu plus bas que la taille. **2.** Maillot à rayures horizontales.
ÉTYM. de *marinier.*

MARIOLLE ou **MARIOLE** [marjɔl] **adj.** et **n.** ✦ **FAM.** Malin. *Faire le mariolle,* se vanter, faire l'intéressant.
ÉTYM. probablement italien *mariolo* «filou», de *Maria,* dans *far le Marie* «faire les Marie, les saintes nitouches».

MARIONNETTE [marjɔnɛt] **n. f.** **1.** Figurine représentant un être humain ou un animal, actionnée à la main par une personne cachée. *Marionnettes à fils, à tige, à gaine.* → *Théâtre de marionnettes.* → **guignol. 2.** Personne qu'on manœuvre à son gré. SYN. **pantin.**
ÉTYM. de *Marie, Marion,* d'abord «pièce à l'effigie de la Vierge».

MARIONNETTISTE [marjɔnetist] **n.** ✦ Montreur de marionnettes.

MARITAL, ALE, AUX [marital, o] **adj.** ✦ Du mari. *Autorisation maritale.*
ÉTYM. latin *maritalis.*

MARITALEMENT [maritalmɑ̃] **adv.** ✦ Comme mari et femme. *Vivre maritalement.*

MARITIME [maritim] **adj.** **1.** Qui est au bord de la mer, subit l'influence de la mer. *Ports maritimes et ports fluviaux.* **2.** Qui se fait sur mer, par mer. *Navigation maritime.* **3.** Qui concerne la marine, la navigation. SYN. **naval.** *Puissances maritimes. Droit maritime.*
ÉTYM. latin *maritimus,* de *mare* «mer».

MARIVAUDAGE [marivodaʒ] **n. m.** ✦ Action de marivauder ; propos galants et recherchés.

MARIVAUDER [marivode] **v. intr.** (conjug. 3a) ✦ Tenir, échanger des propos d'une galanterie délicate et recherchée. SYN. **badiner.**
ÉTYM. de *Marivaux,* nom d'un écrivain français. ☛ noms propres.

MARJOLAINE [marʒɔlɛn] **n. f.** ✦ Plante sauvage utilisée comme aromate. SYN. **origan.** *Le thym et la marjolaine.*
ÉTYM. latin *maiorana,* altération d'un mot oriental d'après *major.*

MARK [maʀk] **n. m.** ✦ Ancienne unité monétaire allemande. *Cent marks.* HOM. MARQUE «signe»
ÉTYM. mot allemand.

MARKETING [maʀketiŋ] **n. m.** ✦ anglicisme Ensemble des techniques qui ont pour objet la stratégie commerciale et notamment l'étude de marché. → recomm. offic. *mercatique* n. f.
ÉTYM. mot anglais, de *to market*, de *market* «marché».

MARMAILLE [maʀmaj] **n. f.** ✦ FAM. Groupe nombreux de jeunes enfants bruyants.
ÉTYM. de *marmot.*

MARMELADE [maʀməlad] **n. f.** 1. Préparation de fruits écrasés et cuits avec du sucre, du sirop. *Marmelade d'oranges.* 2. EN MARMELADE : réduit en bouillie. SYN. en **capilotade.**
ÉTYM. portugais *marmelada* «confiture de coings (*marmelo*)», latin *melimelum*, du grec, de *meli* «miel» et *mêlon* «fruit, pomme» → melon.

MARMITE [maʀmit] **n. f.** 1. Récipient muni d'un couvercle et généralement d'anses, dans lequel on fait bouillir l'eau, cuire des aliments. SYN. ② **cocotte, faitout.** ➝ loc. *Nez en pied de marmite,* épaté. *Faire bouillir la marmite,* assurer la subsistance de sa famille. 2. HIST. *Marmite de Papin* (machine à vapeur primitive). 3. GÉOL. *Marmite de géants :* cuvette creusée par érosion dans le lit rocheux d'une rivière, par le mouvement tournant de galets. 4. ARGOT ANC. Gros obus.
ÉTYM. de l'ancien français *marmite* adj. «hypocrite», de l'onomatopée *marm-* et *mite* «chatte».

MARMITON [maʀmitɔ̃] **n. m.** ✦ Jeune aide-cuisinier.
ÉTYM. de *marmite.*

MARMONNER [maʀmɔne] **v. tr.** (conjug. 3a) ✦ Dire, murmurer entre ses dents, d'une façon confuse. SYN. **bredouiller, marmotter.** *Marmonner des menaces.*
► **MARMONNEMENT** [maʀmɔnmɑ̃] **n. m.**
ÉTYM. de l'onomatopée *marm-* → marmotter.

MARMORÉEN, ÉENNE [maʀmɔʀeɛ̃, eɛn] **adj.** ✦ LITTÉR. Qui a l'apparence (blancheur, éclat, froideur) du marbre.
ÉTYM. latin *marmoreus*, de *marmor* «marbre».

MARMOT [maʀmo] **n. m.** 1. FAM. Jeune enfant. 2. loc. *Croquer le marmot,* attendre longtemps.
ÉTYM. peut-être de *marmotter.*

MARMOTTE [maʀmɔt] **n. f.** I Mammifère rongeur au corps ramassé, au pelage fourni. *La marmotte s'engourdit par le froid.* ➝ loc. *Dormir comme une marmotte,* profondément (→ comme un loir). ◆ Fourrure de cet animal. II Malle à deux parties qui s'emboîtent.
ÉTYM. probablement de *marmotter.*

MARMOTTER [maʀmɔte] **v. tr.** (conjug. 3a) ✦ Dire confusément, en parlant entre ses dents. SYN. **bredouiller, marmonner.** *Marmotter des prières.*
► **MARMOTTEMENT** [maʀmɔtmɑ̃] **n. m.**
ÉTYM. var. de *marmonner*, radical onomat. *marm-.*

MARNE [maʀn] **n. f.** ✦ Roche sédimentaire constituée d'argile et de calcaire.
ÉTYM. altér. de *marle*, latin populaire *margila*, mot gaulois.

MARNER [maʀne] **v.** (conjug. 3a) 1. **v. tr.** Amender (la terre) avec de la marne. 2. **v. intr.** fig. FAM. Travailler dur.
ÉTYM. de *marne.*

MARNEUX, EUSE [maʀnø, øz] **adj.** ✦ Qui contient de la marne. *Terrain, sol marneux.*

MARONNER [maʀɔne] **v. intr.** (conjug. 3a) ✦ RÉGIONAL Maugréer, protester.
ÉTYM. famille de *marmonner.*

MAROQUIN [maʀɔkɛ̃] **n. m.** ✦ Peau de chèvre, de mouton, tannée et teinte. *Une reliure en plein maroquin.*
ÉTYM. de *Maroc,* pays qui connaissait la technique du cuir.
☛ noms propres.

MAROQUINERIE [maʀɔkinʀi] **n. f.** ✦ Industrie des cuirs fins pour la fabrication ou le revêtement d'articles de luxe (portefeuilles, portemonnaies, sacs à main, sous-mains, etc.). ◆ Commerce, magasin proposant ces articles.
ÉTYM. de *maroquin.*

MAROQUINIER, IÈRE [maʀɔkinje, jɛʀ] **n.** ✦ Personne qui fabrique ou qui vend des articles de maroquinerie.

MAROTTE [maʀɔt] **n. f.** 1. VX Marionnette. ◆ Sceptre surmonté d'une tête à capuchon garni de grelots, attribut des bouffons et des fous. 2. MOD. Idée fixe, manie. → ① **dada,** ① **folie.** *C'est sa marotte.*
ÉTYM. de *Marie* → marionnette.

MAROUFLER [maʀufle] **v. tr.** (conjug. 3a) ✦ Appliquer (une toile peinte) sur une surface (mur, toile) avec de la colle forte.
► **MAROUFLAGE** [maʀuflaʒ] **n. m.**
ÉTYM. de *maroufle* «colle forte», var. de *maraud.*

MARQUAGE [maʀkaʒ] **n. m.** 1. Opération par laquelle on marque (des animaux, des arbres, des marchandises, des routes). 2. SPORTS Action de marquer (I, 8) un joueur.
ÉTYM. de *marquer.*

MARQUANT, ANTE [maʀkɑ̃, ɑ̃t] **adj.** ✦ Qui marque, laisse une trace, un souvenir. SYN. **mémorable, remarquable.** *Évènement marquant.* CONTR. **insignifiant.**

MARQUE [maʀk] **n. f.** I 1. Signe matériel, empreinte sur une chose, servant à la distinguer, à la reconnaître ou servant de repère. *Coudre une marque à son linge. Faire des marques sur des papiers, des dossiers.* 2. SPORTS Trait, repère fait sur le sol ou dispositif pour régler certains mouvements. → anglicisme **starting-block.** *À vos marques !* 3. Signe attestant un contrôle, le paiement de droits. → **cachet, estampille, poinçon.** *La marque de la douane.* 4. *Marque de fabrique, de commerce.* → **étiquette, label** (anglicisme). *Produits de marque,* qui portent une marque connue, appréciée. ◆ Entreprise qui fabrique des produits de marque ; ces produits. *Les marques d'automobiles. Une grande marque et ses sous-marques.* ➝ loc. IMAGE* DE MARQUE.
II 1. Trace naturelle dont l'origine est reconnaissable. SYN. **impression, indice, trace.** *Des marques de pas. Marques de coups sur la peau.* 2. Objet qui sert à faire reconnaître, à retrouver une chose. *Mettre une marque dans un livre.* SYN. **marque-page, signet.** 3. Insigne, signe. *Les marques de sa fonction, de son grade.* ➝ DE MARQUE : distingué. → **de qualité.** *Hôtes de marque.* 4. fig. Caractère, signe particulier qui permet de reconnaître, d'identifier (qqch.). SYN. **critère, indice, symptôme, témoignage.** *Être la marque de qqch.* → **révéler.** *Donner des marques d'estime.* SYN. **gage,**

preuve. *Une marque d'amitié.* III SPORTS Décompte des points. SYN. anglicisme **score**. HOM. ① MARC «poids», MARK «monnaie allemande»

ÉTYM. de *marquer.*

MARQUE-PAGE [maʀk(ə)paʒ] n. m. 1. Signe matériel que l'on insère entre deux pages d'un livre pour retrouver facilement un passage. SYN. **signet**. *Des marque-pages.* 2. INFORM. Favori (II, 5).

MARQUER [maʀke] v. (conjug. 3a) I v. tr. concret 1. Distinguer, rendre reconnaissable au moyen d'une marque (I), d'un repère. SYN. **repérer, signaler**. *Marquer un emplacement d'un signe, d'une croix. Marquer du bétail au fer rouge.* 2. FAM. Écrire, noter. *J'ai marqué son numéro de téléphone sur mon carnet.* SYN. **inscrire**. ➝ *Le prix est marqué sur l'étiquette.* SYN. **indiquer**. 3. Former, laisser une trace, une marque sur (qqch.). *Des traces de doigts marquaient les glaces.* ➝ fig. *Ces évènements l'ont marqué.* ➝ passif et p. passé *Il reste marqué par cet échec.* 4. Indiquer, signaler par une marque, un jalon. *Marquer une limite.* → **délimiter**. 5. (instrument) Indiquer. *Cette montre ne marque pas les secondes.* 6. Marquer les points, au cours d'une partie, d'un jeu, les enregistrer (→ **marque**, III). *Marquer les coups.* ➝ loc. *MARQUER LE COUP* : souligner, par une réaction, l'importance que l'on attache à qqch. ; manifester que l'on a été atteint, touché. ➝ *MARQUER UN POINT*, obtenir un avantage. ➝ SPORTS *Marquer un but* (football), *un essai* (rugby), réussir un but, un essai. 7. Rendre sensible ou plus sensible. SYN. **accentuer, souligner**. *Robe qui marque la taille. Marquer la mesure.* loc. *MARQUER LE PAS* : piétiner sur place en cadence ; fig. être gêné, ralenti dans son activité. 8. SPORTS Attirer l'attention sur (un joueur) en le surveillant de près, en le serrant. II fig. 1. Faire connaître, extérioriser (un sentiment, une pensée). SYN. **exprimer, manifester, montrer**. *Marquer son assentiment, son refus.* 2. (choses) Faire connaître, révéler par un signe, un caractère. SYN. **annoncer, attester, dénoter, indiquer, révéler, témoigner**. *Des yeux écarquillés qui marquent la surprise.* III v. intr. 1. Faire une impression assez forte pour laisser un souvenir. *Des évènements qui marquent.* → **marquant**. 2. Laisser une trace, une marque. *Ce tampon ne marque plus.* IV *SE MARQUER* v. pron. Être marqué, se distinguer. *La fatigue se marque sur son visage.*

► **MARQUÉ, ÉE** adj. Pourvu d'une marque. *Linge marqué.* ➝ *Visage marqué,* ridé. ♦ Qui se reconnaît facilement. *Une différence très marquée.*

ÉTYM. variante dialectale du normand *merchier,* mot germanique.

MARQUETÉ, ÉE [maʀkəte] adj. 1. Bigarré, tacheté. 2. Formé ou décoré en marqueterie. *Une commode marquetée.*

ÉTYM. de *marquer.*

MARQUETERIE [maʀkɛtʀi ; maʀkətʀi] ou **MARQUÈTERIE** [maʀkɛtʀi] n. f. 1. Assemblage décoratif de pièces de bois précieux (ou d'écaille, d'ivoire) appliquées sur un fond de menuiserie. *Coffret en marqueterie.* 2. Technique d'ébénisterie pour produire ce type d'ouvrage. ➝ Écrire *marquèterie* avec un accent grave est permis.

ÉTYM. de *marqueté.*

MARQUEUR, EUSE [maʀkœʀ, øz] n. I n. 1. Personne qui appose des marques. 2. Personne qui compte les points, les inscrit. II n. m. 1. Instrument pour marquer. 2. Crayon feutre traçant de larges traits. 3. SC. Élément caractéristique repérable. SYN. **traceur**. *Marqueurs radioactifs.*

ÉTYM. de *marquer.*

MARQUIS, ISE [maʀki, iz] n. ✦ Noble qui prend rang après le duc et avant le comte. *Monsieur le marquis. La marquise de Sévigné.*

ÉTYM. italien *marchese,* de *marca,* mot germanique → ② marche.

MARQUISE [maʀkiz] n. f. ✦ Auvent généralement vitré au-dessus d'une porte d'entrée, d'un perron. *Les marquises d'une gare,* vitrages qui abritent les quais.

ÉTYM. de *marquis, marquise.*

MARRAINE [maʀɛn] n. f. 1. Femme qui tient (ou a tenu) un enfant (son filleul, sa filleule) à son baptême. *Le parrain et la marraine.* 2. Celle qui préside au baptême d'une cloche, au lancement d'un navire, etc.

ÉTYM. latin populaire *matrina,* de *mater, matris* «mère».

MARRANT, ANTE [maʀɑ̃, ɑ̃t] adj. ✦ FAM. 1. Amusant, drôle. *Un film marrant.* 2. Bizarre, curieux, étonnant. *C'est marrant qu'elle n'ait rien dit.*

ÉTYM. du participe présent de *se marrer.*

MARRE [maʀ] adv. ✦ FAM. *EN AVOIR MARRE* : en avoir assez, être dégoûté. *J'en ai marre de ses histoires.* ➝ impers. *(Il) y en a marre,* en voilà assez. HOM. ② MARC «eau-de-vie», MARE «nappe d'eau»

ÉTYM. de *se mar(r)er* «s'ennuyer».

se MARRER [maʀe] v. pron. (conjug. 3a) ✦ FAM. S'amuser, rire. *Ils se sont bien marrés.* SYN. **rigoler**. ➝ *Faire marrer qqn,* le faire rire. *Tu me fais marrer.* HOM. MARÉE «mouvement de la mer»

ÉTYM. d'abord «s'ennuyer», d'où «rire jaune» ; peut-être de l'espagnol *mareo* «mal de mer» et «ennui».

MARRI, IE [maʀi] adj. ✦ VX ou LITTÉR. Triste, fâché. HOM. MARI «époux»

ÉTYM. ancien français *marrir* «se fâcher», francique *marrjan.*

① **MARRON** [maʀɔ̃] n. m. I 1. Fruit comestible (cuit) du châtaignier cultivé. SYN. **châtaigne**. *Dinde aux marrons.* ➝ *Marrons glacés,* confits dans du sucre. ➝ loc. *Tirer les marrons du feu,* se donner de la peine pour le seul profit d'autrui. 2. *Marron d'Inde* ou *marron,* graine non comestible du marronnier d'Inde (qui ressemble à la châtaigne). 3. adj. invar. D'une couleur brune et foncée. *Des chaussures marron.* ➝ n. m. *Elle porte du marron.* II FAM. Coup de poing. SYN. **châtaigne**.

ÉTYM. italien *marrone,* du radical prélatin *marr-* «pierre, caillou» → marelle.

② **MARRON, ONNE** [maʀɔ̃, ɔn] adj. 1. anciennt *ESCLAVE MARRON,* qui s'était enfui pour vivre en liberté. 2. Qui se livre à l'exercice illégal d'une profession, ou à des pratiques illicites. *Médecin, avocat marron.* 3. adj. masc. invar. FAM. *Être (fait) marron,* pris, attrapé, trompé, dupé. *Elles sont marron.*

ÉTYM. de l'espagnol *cimarrón* «montagnard» et «Indien fugitif», peut-être de *cima* «cime».

MARRONNIER [maʀɔnje] n. m. 1. Châtaignier cultivé. 2. Grand arbre d'ornement à fleurs blanches ou roses disposées en pyramides.

ÉTYM. de ① *marron.*

MARS [maʀs] **n. m. invar.** ✦ Troisième mois de l'année. *Les giboulées de mars.*
ÉTYM. latin *Martius*, de *Mars*, nom du dieu de la guerre. ☛ noms propres.

MARSEILLAIS, AISE [maʀsɛjɛ, ɛz] **adj.** et **n. 1. adj.** De Marseille. SYN. **phocéen.** *Histoires marseillaises* (histoires comiques). ➖ **n.** *Les Marseillais.* **2. n. f.** *«La Marseillaise»*, l'hymne national français (☛ noms propres).

MARSOUIN [maʀswɛ̃] **n. m.** ✦ Mammifère cétacé des mers froides et tempérées, plus petit que le dauphin.
ÉTYM. danois ou suédois *marsvin* «cochon *(svin)* de mer».

MARSUPIAUX [maʀsypjo] **n. m. pl.** ✦ Ordre de mammifères vivipares, dont le développement embryonnaire s'achève dans la poche ventrale de la mère, qui renferme les mamelles (ex. kangourou, koala). ➖ **au sing.** *Un marsupial.*
ÉTYM. du latin *marsupium* «bourse», d'orig. grecque.

MARTE → MARTRE

MARTEAU [maʀto] **n. m.** **I 1.** Outil pour frapper, composé d'une masse métallique fixée à un manche. *Enfoncer un clou avec un marteau.* ➖ Symbole du travail industriel. *La faucille et le marteau.* **2.** Machine-outil agissant par percussion. *MARTEAU PNEUMATIQUE*, dans lequel un piston fonctionnant à l'air comprimé frappe avec force sur un outil. *MARTEAU-PIQUEUR* : perforatrice. *Des marteaux-piqueurs.* ➖ *MARTEAU-PILON* : masse pesante agissant verticalement. *Des marteaux-pilons.* **3.** Petit maillet de commissaire-priseur pour adjuger (en frappant sur la table). **4.** Pièce de bois, dont l'extrémité supérieure garnie de feutre frappe une corde du piano quand on abaisse une touche du clavier. **5.** Heurtoir fixé au vantail d'une porte. **6. appos.** *REQUIN MARTEAU*, dont la tête présente deux prolongements latéraux symétriques portant les yeux. *Des requins marteaux.* **7.** Un des trois osselets de l'oreille moyenne. **8.** Sphère métallique, reliée à une poignée, que les athlètes lancent en pivotant sur eux-mêmes. *Le lancement, le lancer du marteau.* ♦ Cette discipline d'athlétisme. *Être champion au (de) marteau.* **II adj.** FAM. *Être marteau*, fou, cinglé.
ÉTYM. latin populaire *martellus*, de *marculus* «petit marteau *(marcus)*».

MARTEL [maʀtɛl] **n. m.** ✦ VX Marteau. ➖ **loc.** *SE METTRE MARTEL EN TÊTE* : se faire du souci.
ÉTYM. italien *martello* «marteau» et «souci».

MARTELAGE [maʀtəlaʒ] **n. m.** ✦ Opération par laquelle on martèle (1).
ÉTYM. de *marteler.*

MARTÈLEMENT [maʀtɛlmɑ̃] **n. m. 1.** Bruit, choc du marteau. **2.** Action de marteler (2). *Le martèlement des sabots sur les pavés.*

MARTELER [maʀtəle] **v. tr.** (conjug. 7a) **1.** Battre, frapper à coups de marteau. *Marteler un métal sur l'enclume.* ➖ **au p. passé** *Cuivre martelé*, travaillé au marteau. **2.** Frapper fort et à coups répétés sur (qqch.). *Il martelait la table à coups de poing.* ➖ *Le vacarme lui martelait le crâne.* **3.** Prononcer en articulant avec force, en détachant les syllabes. *Elle martèle ses mots.*
ÉTYM. de *martel*, forme ancienne de *marteau.*

MARTIAL, ALE, AUX [maʀsjal, o] **adj. 1.** Relatif à la guerre, à la force armée. *Loi martiale*, autorisant le recours à la force armée. ➖ *Cour martiale*, tribunal militaire exceptionnel. **2.** Qui dénote ou rappelle les habitudes militaires. *Allure, voix martiale.* **3.** *Arts martiaux*, sports de combat d'origine japonaise (aïkido, jujitsu, judo, karaté, kung-fu...).
ÉTYM. latin *martiales*, de *Mars*, dieu de la guerre. ☛ noms propres.

MARTIEN, IENNE [maʀsjɛ̃, jɛn] **adj.** et **n. 1. adj.** De la planète Mars. *Les volcans martiens.* **2. n.** Habitant (imaginaire) de la planète Mars ; extraterrestre.
ÉTYM. du nom de la planète *Mars.* ☛ noms propres.

① **MARTINET** [maʀtinɛ] **n. m.** ✦ Oiseau passereau, à longues ailes, qui ressemble à l'hirondelle.
ÉTYM. du nom propre *Martin* → martin-pêcheur.

② **MARTINET** [maʀtinɛ] **n. m.** ✦ Petit fouet à plusieurs lanières.
ÉTYM. → ① martinet.

MARTINGALE [maʀtɛ̃gal] **n. f.** **I** Bande de tissu, de cuir, etc., placée horizontalement dans le dos d'un vêtement, à hauteur de la taille. *Veste à martingale.* **II** Combinaison basée sur le calcul des probabilités au jeu. *Inventer, suivre une martingale.*
ÉTYM. provençal *martegalo* «de Martigues».

MARTIN-PÊCHEUR [maʀtɛ̃pɛʃœʀ] **n. m.** ✦ Petit oiseau à long bec, à plumage bleu et roux, qui se nourrit de poissons. *Des martins-pêcheurs.*
ÉTYM. de *Martin*, nom propre, et de *pêcheur.*

MARTRE [maʀtʀ] **n. f.** ✦ Mammifère carnivore au corps allongé, au museau pointu, au pelage brun. ➖ Sa fourrure. ➖ **variante** MARTE [maʀt].
ÉTYM. germanique, peut-être mot francique.

MARTYR, YRE [maʀtiʀ] **n. 1.** Personne qui a souffert, a été mise à mort pour avoir refusé d'abjurer sa foi, sa religion. *Vierge et martyre* (christianisme). ➖ **loc.** *Prendre, se donner des airs de martyr, jouer les martyrs.* **2.** Personne qui meurt, souffre pour une cause. *Être le martyr d'un idéal, de la liberté.* **3.** Personne que les autres maltraitent, martyrisent. SYN. **souffre-douleur.** ➖ **appos.** *Enfant martyr*, gravement maltraité par ses parents. *Les enfants martyrs.* HOM. MARTYRE «supplice»
ÉTYM. latin chrétien *martyr*, du grec *martus, marturos* «témoin».

MARTYRE [maʀtiʀ] **n. m. 1.** La mort, les tourments qu'un(e) martyr(e) endure pour sa religion, pour une cause. **2.** Peine cruelle, grande souffrance (physique ou morale). SYN. **calvaire, supplice, torture.** *Sa maladie fut un martyre.* ➖ **loc.** *Souffrir le martyre.* HOM. MARTYR «personne suppliciée»
ÉTYM. latin chrétien *martyrium*, du grec *marturion.*

MARTYRISER [maʀtiʀize] **v. tr.** (conjug. 3a) ✦ Faire souffrir beaucoup, physiquement ou moralement. SYN. **persécuter, torturer, tourmenter.**
ÉTYM. latin chrétien *martyrizare.*

MARTYROLOGE [maʀtiʀɔlɔʒ] **n. m.** ✦ Liste des martyrs. ➖ **fig.** *Le martyrologe de la liberté.*
ÉTYM. latin chrétien *martyrologium.*

MARXISME [maʀksism] **n. m.** ✦ Doctrine philosophique, sociale et économique élaborée par Karl Marx, Friedrich Engels et leurs continuateurs. → **communisme, socialisme.** *Marxisme-léninisme.*
ÉTYM. du nom de *Karl Marx.* ☞ noms propres.

MARXISTE [maʀksist] **adj.** ✦ Relatif au marxisme. ♦ **adj.** et **n.** Partisan du marxisme.

MAS [mɑ(s)] **n. m.** ✦ Maison rurale, ferme (en Provence). HOM. MA (féminin de *mon* [adj. poss.]), MÂT «partie d'un navire» ; ① MASSE «grande quantité», ② MASSE «maillet»
ÉTYM. mot provençal et languedocien.

MASCARA [maskaʀa] **n. m.** ✦ Fard pour les cils. SYN. **rimmel.** *Elle s'est mis du mascara.*
ÉTYM. mot espagnol, famille de l'italien *maschera* «masque».

MASCARADE [maskaʀad] **n. f.** 1. Divertissement où les participants sont déguisés et masqués. 2. Déguisement, accoutrement ridicule ou bizarre. 3. Actions, manifestations hypocrites ; mise en scène trompeuse. *Ce procès n'est qu'une mascarade.*
ÉTYM. italien *mascherata,* de *maschera* «masque».

MASCARET [maskaʀɛ] **n. m.** ✦ Longue vague déferlante qui se dirige vers l'amont, produite dans certains estuaires par la rencontre du flux et du reflux. *Le mascaret de la Gironde.* SYN. **barre.**
ÉTYM. mot gascon «bœuf tacheté», de *mascara* «tacher».

MASCOTTE [maskɔt] **n. f.** ✦ Animal, personne ou objet considérés comme portant bonheur. SYN. **fétiche.** *La mascotte du régiment.*
ÉTYM. provençal *mascoto* «envoûtement», de *masco* «sorcière».

MASCULIN, INE [maskylɛ̃, in] **adj.** I 1. Qui a les caractères de l'homme (mâle), tient de l'homme. SYN. **viril.** *Voix masculine.* SYN. **mâle.** *Les préjugés masculins.* 2. Qui a rapport à l'homme, est réservé aux hommes. *Métier masculin.* 3. Composé d'hommes. *La population masculine.* II GRAMM. 1. Se dit d'une forme des noms (et adjectifs) opposée à d'autres (féminin, neutre) et qui s'applique à l'origine aux êtres mâles (opposé à *féminin*). *Genre masculin.* – **n. m.** *Le masculin,* le genre masculin. 2. *Rime masculine,* qui ne se termine pas par un e muet (opposé à *féminine*). CONTR. **féminin.**
ÉTYM. latin *masculinus,* de *masculus* «mâle».

MASOCHISME [mazɔʃism] **n. m.** ✦ Comportement d'une personne qui trouve du plaisir à souffrir, qui recherche la douleur et l'humiliation. → aussi **sadomasochisme.**
ÉTYM. de *Leopold von Sacher-Masoch,* nom d'un écrivain autrichien.

MASOCHISTE [mazɔʃist] **adj.** ✦ Du masochisme. *Un plaisir masochiste.* ♦ **adj.** et **n.** (Personne) dont le comportement, les goûts relèvent du masochisme. – abrév. FAM. MASO [mazo]. *Elles sont masos !*

MASQUAGE [maskaʒ] **n. m.** ✦ Action de masquer.

MASQUE [mask] **n. m.** I 1. Objet dont on couvre le visage humain pour transformer son aspect naturel. *Masques africains, polynésiens. Masques de théâtre* (Grèce antique, Chine...). *Masques de carnaval.* – loc. *Lever, jeter le masque,* se montrer tel qu'on est. *Bas les masques !* ♦ Personne masquée. 2. Dehors trompeur. SYN. **apparence,** ② **extérieur.** *Un masque de froideur, d'indifférence.* 3. Aspect du visage. SYN. **physionomie.** *Avoir un masque impénétrable.* SYN. ② **air, expression.** II 1. Empreinte prise sur le visage d'une personne, en particulier d'un mort. 2. Appareil qui sert à protéger le visage. *Masque d'escrime, de plongée (sous-marine).* ♦ *MASQUE À GAZ* : appareil protégeant des émanations toxiques les voies respiratoires et le visage. – Dispositif placé sur le visage d'une personne pour lui faire respirer des vapeurs anesthésiques. *On l'a endormi au masque.* 3. Couche de crème, etc., appliquée sur le visage pour les soins esthétiques de l'épiderme. III Abri, masse de terre ou obstacle naturel formant écran. *Installer une pièce de mortier derrière un masque.*
ÉTYM. italien *maschera,* d'un radical prélatin *maska* «noir».

MASQUÉ, ÉE [maske] **adj.** 1. Couvert d'un masque. *Visage masqué. Bandits masqués.* 2. *BAL MASQUÉ* : où l'on porte des masques.
ÉTYM. de *masquer.*

MASQUER [maske] **v. tr.** (conjug. 3a) 1. Déguiser sous une fausse apparence. SYN. **dissimuler.** *Masquer la vérité.* 2. Cacher à la vue. *Cette maison masque le paysage.* CONTR. **dévoiler, montrer.**
ÉTYM. de *masque.*

MASSACRANT, ANTE [masakʀɑ̃, ɑ̃t] **adj.** ✦ loc. *HUMEUR MASSACRANTE,* très mauvaise. *Être d'une humeur massacrante.*
ÉTYM. du participe présent de *massacrer.*

MASSACRE [masakʀ] **n. m.** I 1. Action de massacrer ; résultat de cette action. SYN. **carnage, hécatombe, tuerie.** *Le massacre d'un peuple, d'une minorité ethnique.* SYN. **extermination** ; → **génocide, holocauste.** *Les massacres de septembre* (1792). – *Envoyer des soldats au massacre,* les exposer à une mort certaine. ♦ *JEU DE MASSACRE* : jeu forain qui consiste à abattre des poupées à bascule, en lançant des balles de son. 2. fig. Combat dans lequel la personne qui a le dessus met à mal son adversaire. *Ce match de boxe a tourné au massacre.* 3. Fait d'endommager gravement. *Le massacre d'une forêt.* ♦ Travail très mal exécuté. – Exécution ou interprétation qui défigure une œuvre. II Tête (par ext. bois) de cerf, de daim, servant de trophée.
ÉTYM. de *massacrer.*

MASSACRER [masakʀe] **v. tr.** (conjug. 3a) 1. Tuer avec sauvagerie et en masse (des êtres qui ne peuvent pas se défendre). SYN. **exterminer.** *Ils ont massacré les prisonniers.* 2. Mettre à mal (un adversaire en état d'infériorité). *Le catcheur a massacré son adversaire.* SYN. FAM. **démolir, esquinter.** 3. FAM. Mettre (une chose) en très mauvais état. SYN. **abîmer, saccager.** *Ils ont massacré le littoral.* ♦ Endommager involontairement par un travail maladroit et brutal. SYN. FAM. **bousiller.** *Massacrer un poème en le traduisant.*
ÉTYM. latin populaire *matteuculare,* de *matteuca* «massue».

MASSACREUR, EUSE [masakʀœʀ, øz] **n.** ✦ Personne qui massacre. SYN. **assassin, tueur.** *Les massacreurs de la Saint-Barthélemy.*

MASSAGE [masaʒ] **n. m.** ✦ Action de masser ; technique du masseur.
ÉTYM. de ② *masser.*

① **MASSE** [mas] **n. f.** **I** **1.** Quantité relativement grande (de substance solide ou pâteuse) qui n'a pas de forme définie. *Une masse de pâte, de chair.* ➝ **loc.** *Tomber, s'écrouler comme une masse,* pesamment. ♦ Quantité relativement grande (d'une matière fluide). *Masse d'air froid.* ➝ Volume important (de qqch.). ➝ *Pris, taillé dans la masse,* dans un seul bloc de matière. **2.** *MASSE DE* (suivi d'un mot au plur.) : réunion de nombreux éléments distincts. SYN. **amas.** *Réunir une masse de documents,* une grande quantité. *La grande masse des...,* la majorité. FAM. *Il n'y en a pas des masses,* pas beaucoup. **3.** Multitude de personnes constituant un ensemble. *Civilisation, culture, communication de masse. Les médias de masse.* ➙ anglicisme **mass media.** *Les masses laborieuses, populaires.* ➝ absolt *LES MASSES* : le peuple. ♦ *La masse,* la majorité, le grand public. **II** *EN MASSE* **loc. adv.** **1.** En un groupe nombreux. SYN. **en bloc,** en **foule.** *Ils sont arrivés en masse.* **2.** FAM. En grande quantité. *Il y a des cerises en masse cette année.* **III** SC. **1.** Quantité de matière (d'un corps) ; rapport constant qui existe entre les forces qui sont appliquées à un corps et les accélérations correspondantes. *Le poids est proportionnel à la masse. L'unité de masse est le kilogramme. Masse spécifique* (de l'unité de volume). ➙ **densité.** ➝ *Masses atomiques, moléculaires.* **2.** Conducteur électrique commun auquel sont reliés les points de même potentiel d'un circuit. ➝ **loc. fig.** FAM. *Être à la masse,* un peu fou. HOM. MAS «ferme»

ÉTYM. latin *massa,* du grec *maza* «pâte», de *massein, mattein* «pétrir».

② **MASSE** [mas] **n. f.** **1.** HIST. *MASSE (D'ARMES)* : arme de choc. SYN. **massue. 2.** Gros maillet utilisé pour enfoncer, frapper. *Une masse de sculpteur.* **3.** FAM. *COUP DE MASSE* : choc violent, accablant ; prix excessif (→ coup de barre, de massue). HOM. MAS «ferme»

ÉTYM. latin populaire *mattea,* de *mateola* «outil pour enfoncer».

MASSEPAIN [maspɛ̃] **n. m.** ✦ Pâtisserie faite d'amandes pilées, de sucre et de blancs d'œufs.

ÉTYM. italien *marzapane,* p.-ê. d'origine arabe.

① **MASSER** [mase] **v. tr.** (conjug. 3a) ✦ Disposer, rassembler en une masse, en masses. SYN. **amasser, assembler.** *Masser des soldats à la frontière.* SYN. **réunir.** ➝ **pronom.** *La foule s'était massée pour l'acclamer.* SYN. **se rassembler.** CONTR. **disperser.**

ÉTYM. de ① *masse.*

② **MASSER** [mase] **v. tr.** (conjug. 3a) ✦ Frotter, presser, pétrir (des parties du corps) avec les mains ou à l'aide d'appareils, dans une intention thérapeutique ou hygiénique. *Masser qqn ; se faire masser* (➙ **massage**).

ÉTYM. arabe *massa* «toucher, palper».

MASSÉTER [masetɛʀ] **n. m.** ✦ ANAT. Muscle élévateur du maxillaire inférieur.

ÉTYM. grec *maseter* «masticateur».

MASSETTE [masɛt] **n. f.** ✦ Plante aquatique à épi compact, brun et velouté.

ÉTYM. diminutif de ② *masse.*

MASSEUR, EUSE [masœʀ, øz] **n. 1.** Personne qui pratique professionnellement le massage. *Le masseur d'un sportif.* SYN. **soigneur.** *Masseur kinésithérapeute.* **2. n. m.** Instrument, appareil servant à masser. *Masseur à rouleau.*

ÉTYM. de ② *masser.*

MASSICOT [masiko] **n. m.** ✦ TECHN. Machine à couper le papier.

ÉTYM. de *Massiquot* ou *Massicot,* nom d'un imprimeur du XIXe siècle.

MASSICOTER [masikɔte] **v. tr.** (conjug. 3a) ✦ TECHN. Couper (le papier) au massicot.

① **MASSIF, IVE** [masif, iv] **adj. 1.** Dont la masse occupe tout le volume apparent ; qui n'est pas creux (SYN. ① **plein**). *Bijou d'or massif. Porte en chêne massif.* **2.** Qui présente l'apparence d'une masse épaisse ou compacte. SYN. **épais, gros, lourd, pesant ;** péj. **mastoc.** *Une colonne massive. Un homme massif.* SYN. **trapu. 3.** Qui est fait, donné, qui se produit en masse. *Dose massive.* CONTR. **creux, plaqué • élancé, léger, svelte.**

ÉTYM. de ① *masse.*

② **MASSIF** [masif] **n. m. 1.** Ouvrage de maçonnerie formant une masse pleine. **2.** Groupe compact (d'arbres, d'arbrisseaux, de fleurs). *Les massifs et les parterres d'un parc.* **3.** Ensemble montagneux de forme massive (opposé à *chaîne*). *Le Massif central.*

ÉTYM. de ① *massif.*

MASSIFICATION [masifikasjɔ̃] **n. f.** ✦ DIDACT. Transformation (d'un groupe humain, d'une activité humaine) en masse indifférenciée.

ÉTYM. du verbe rare *massifier,* de ① *masse.*

MASSIQUE [masik] **adj.** ✦ SC. Qui concerne la masse. *Concentration massique d'une solution* : masse de substance dissoute par litre de solution.

MASSIVEMENT [masivmɑ̃] **adv. 1.** D'une manière massive. **2.** En masse. *Ils ont répondu massivement à cet appel.*

ÉTYM. de ① *massif.*

MASS MEDIA [masmedja] **n. m. pl.** ✦ anglicisme VIEILLI ➙ **média.**

ÉTYM. mot américain.

MASSUE [masy] **n. f. 1.** Bâton à grosse tête noueuse, servant d'arme. SYN. **casse-tête,** ② **masse.** *La massue d'Hercule.* ➝ **fig.** *Coup de massue,* évènement imprévu et accablant ; dépense, facture excessive (→ coup de barre, de masse). **2. appos. invar.** *Des ARGUMENTS MASSUE* : qui laissent sans réplique.

ÉTYM. latin populaire *matteuca,* de *mattea* → ② masse.

MASTABA [mastaba] **n. m.** ✦ ARCHÉOL. Tombeau égyptien en pyramide tronquée.

ÉTYM. mot arabe «banquette».

MASTER [mastɛʀ] **n. m.** ✦ anglicisme Grade universitaire entre la licence et le doctorat ; diplôme correspondant. *Master en économie.* HOM. MASTÈRE «diplôme»

ÉTYM. mot anglais «maîtrise».

MASTÈRE [mastɛʀ] **n. m.** ✦ Label délivré par les grandes écoles après une année de formation spécialisée. *Mastère de management.* HOM. MASTER «diplôme»

ÉTYM. de l'anglais *master* «maître», d'après *magistère.*

MASTIC [mastik] **n. m.** **I** **1.** Mélange pâteux et adhésif durcissant à l'air. *Mastic pour fixer les vitres aux fenêtres.* **2. adjectivt invar.** D'une couleur gris-beige clair. *Des imperméables mastic.* **II** IMPRIM. Erreur d'impression, mélange de caractères ou interversion de deux lignes, de deux passages.

ÉTYM. bas latin *masticum*, du grec *mastikhê*, de *mastazein* «mâcher».

MASTICATEUR, TRICE [mastikatœʀ, tʀis] **adj.** ✦ Qui sert à mâcher. *Muscles masticateurs.* → **masséter.**
ÉTYM. latin *masticator.*

MASTICATION [mastikasjɔ̃] **n. f.** ✦ Action de mâcher, de mastiquer.
ÉTYM. latin *masticatio.*

MASTICATOIRE [mastikatwaʀ] **adj.** ✦ DIDACT. Qui sert à la mastication. ◆ **n. m.** Médicament, substance à mâcher.
ÉTYM. de ② *mastiquer.*

① **MASTIQUER** [mastike] **v. tr.** (conjug. 3a) ✦ Joindre ou boucher avec du mastic. *Mastiquer des vitres.*
ÉTYM. de *mastic.*

② **MASTIQUER** [mastike] **v. tr.** (conjug. 3a) ✦ Broyer, triturer avec les dents (un aliment avant de l'avaler ou une substance non comestible qu'on rejette). SYN. **mâcher.** *Il mastique du chewing-gum.* ➛ **sans compl.** *Mastiquez bien en mangeant !*
ÉTYM. bas latin *masticare* ; doublet de *mâcher.*

MASTOC [mastɔk] **adj.** ✦ **péj.** Massif et sans grâce. *Des meubles mastocs.*
ÉTYM. peut-être de ① *massif* et *toc.*

MASTODONTE [mastɔdɔ̃t] **n. m.** 1. Énorme animal fossile proche de l'éléphant et du mammouth. 2. Personne d'une énorme corpulence. 3. Machine, véhicule gigantesque.
ÉTYM. du grec *mastos* «mamelle» et *odous, odontos* «dent».

MASTOÏDITE [mastɔidit] **n. f.** ✦ Inflammation de la muqueuse de la partie postérieure de l'os temporal (*mastoïde* **n. m.**), en arrière de l'oreille.
ÉTYM. de *mastoïde* (du grec *mastoeidês* «en forme de sein (*mastos*)») et *-ite.*

MASTROQUET [mastʀɔkɛ] **n. m.** ✦ VX Tenancier de débit de boissons. SYN. **troquet.** ➛ Café populaire.
ÉTYM. mot d'origine germanique, peut-être famille de *meister* «maître».

MASTURBATION [mastyʀbasjɔ̃] **n. f.** ✦ Pratique qui consiste à provoquer (sur soi-même ou sur un, une partenaire) le plaisir sexuel par des contacts manuels.
ÉTYM. latin *masturbatio.*

MASTURBER [mastyʀbe] **v. tr.** (conjug. 3a) ✦ Procurer à (qqn) le plaisir par la masturbation. ➛ *SE MASTURBER* **v. pron.** Se livrer à la masturbation.
ÉTYM. latin *masturbari*, de *manus* «main» et *stuprare* «souiller».

M'AS-TU-VU [matyvy] **n.** et **adj. invar.** ✦ Prétentieux, vaniteux. *De jeunes m'as-tu-vu.*
ÉTYM. question entre acteurs.

MASURE [mɑzyʀ] **n. f.** ✦ Petite habitation misérable, maison vétuste et délabrée. SYN. **baraque, bicoque.**
ÉTYM. latin populaire *masura*, famille de *manere* «rester».

① **MAT, MATE** [mat] **adj.** 1. Qui n'est pas brillant ou poli. *Le côté mat et le côté brillant d'un tissu.* 2. *Teint mat*, assez foncé et peu transparent. *Il a la peau mate.* 3. (sons, bruits) Qui a peu de résonance. SYN. **sourd.** *Bruit, son mat.* CONTR. **brillant,** ② **poli** · **clair** ; **sonore.**
HOM. MATHS «mathématiques»
ÉTYM. peut-être latin populaire *mattus* «ivre» et «triste, sombre».

② **MAT** [mat] **adj. invar.** et **n. m.** ✦ **aux échecs** Se dit du roi qui est mis en échec et ne peut plus quitter sa place sans être pris. *Le roi est mat. Échec et mat !* ➛ **n. m.** *Un mat imparable.* HOM. MATHS «mathématiques»
ÉTYM. arabe *māta* «mort», dans *aš-šāh māta* «le roi est mort».

MÂT [mɑ] **n. m.** 1. Long poteau dressé sur le pont d'un navire pour porter, à bord des voiliers, les voiles et leur gréement (→ **mâture**), et, à bord des autres bâtiments, les installations radioélectriques, etc. *Les trois mâts d'une caravelle.* → **trois-mâts.** ➛ *Mât de charge* (pour l'embarquement et le débarquement des marchandises). 2. Long poteau de bois. ➛ Longue perche lisse. *Il a grimpé au mât. Mât de cocagne*.* HOM. MA (féminin de *mon* [adj. poss.]), MAS «ferme»
ÉTYM. francique *mast.*

MATADOR [matadɔʀ] **n. m.** ✦ Toréro chargé de la mise à mort du taureau. *Des matadors.*
ÉTYM. mot espagnol «tueur», de *matar* «tuer».

MATAMORE [matamɔʀ] **n. m.** ✦ Faux brave, vantard. SYN. **fanfaron.** *Il n'arrête pas de faire le matamore.*
ÉTYM. espagnol *matamoros* «tueur (→ matador) de Maures», personnage comique de vantard belliqueux.

MATCH [matʃ] **n. m.** ✦ Compétition entre deux ou plusieurs concurrents, deux ou plusieurs équipes. *Des matchs* **ou parfois** *des matches* **(plur. anglais).** *Match de boxe.* SYN. **combat, rencontre.** *Disputer un match (avec qqn). Faire match nul,* terminer le match à égalité.
ÉTYM. mot anglais d'origine germanique.

MATÉ [mate] **n. m.** ✦ Variété de houx dont les feuilles séchées et torréfiées peuvent être infusées ; cette infusion, riche en caféine (comme le thé). HOM. ① MATER «dompter», ② MATER «regarder», MÂTER «pourvoir de mâts»
ÉTYM. mot espagnol, du quechua.

MATELAS [mat(ə)la] **n. m.** ✦ Pièce de literie, long et large coussin rembourré qu'on étend d'ordinaire sur le sommier d'un lit. *Matelas en mousse, à ressorts.* ➛ *Matelas pneumatique,* enveloppe qu'on gonfle d'air pour s'y allonger. ➛ *Un matelas de feuilles mortes.*
ÉTYM. italien *materasso*, arabe *matrah* «tapis».

MATELASSER [mat(ə)lase] **v. tr.** (conjug. 3a) 1. Rembourrer à la manière d'un matelas. *Matelasser un fauteuil.* 2. Doubler de tissu ouaté. ➛ **au p. passé** *Manteau matelassé.*
► **MATELASSAGE** [mat(ə)lasaʒ] **n. m.**

MATELOT [mat(ə)lo] **n. m.** ✦ Homme d'équipage d'un navire. SYN. ② **marin.** *Apprenti matelot.* → ③ **mousse.**
ÉTYM. ancien néerlandais *mattenoot* «compagnon (*noot*) de couche».

MATELOTE [mat(ə)lɔt] **n. f.** ✦ Plat composé de poissons coupés en morceaux et accommodés avec du vin rouge et des oignons. *Matelote d'anguille.*
ÉTYM. de *matelot.*

① **MATER** [mate] **v. tr.** (conjug. 3a) 1. Rendre définitivement docile (un être, une collectivité). SYN. **dompter,** ② **dresser.** *Ils ont maté les prisonniers.* 2. Réprimer ; abattre (qqch.). *Mater une révolte.* ➛ *Mater ses passions,* les maîtriser. HOM. MATÉ «plante», MÂTER «pourvoir

A B C D E F G H I J K L M N O P Q R S T U V W X Y Z

de mâts»
ÉTYM. de ② *mat.*

② **MATER** [mate] **v. tr.** (conjug. 3a) ✦ FAM. Regarder sans trop se faire voir. *Il aime bien mater les filles. Mate un peu !* SYN. **reluquer,** ① **viser.** HOM. MATÉ «plante», MÂTER «pourvoir de mâts»
ÉTYM. peut-être de *mata,* mot d'Afrique du Nord, emprunté à l'espagnol «buisson».

MÂTER [mɑte] **v. tr.** (conjug. 3a) ✦ MAR. Pourvoir de mâts (un navire). CONTR. **démâter.** HOM. MATÉ «plante», ① MATER «dompter», ② MATER «regarder»
ÉTYM. de *mât.*

MATÉRIALISATION [mateʀjalizasjɔ̃] **n. f.** ✦ Action de matérialiser, de se matérialiser ; son résultat. *La matérialisation de l'énergie, d'une idée.*

MATÉRIALISER [mateʀjalize] **v. tr.** (conjug. 3a) **1.** Représenter (une idée, une action abstraite) sous forme matérielle. SYN. **symboliser. 2.** Transformer (l'énergie) en matière. **3.** *SE MATÉRIALISER* **v. pron.** Devenir sensible, réel, matériel. *Si nos projets se matérialisent.* SYN. **se concrétiser, se réaliser.** CONTR. **abstraire.**
ÉTYM. de ① *matériel.*

MATÉRIALISME [mateʀjalism] **n. m.** **I** PHILOS. **1.** Doctrine d'après laquelle il n'existe d'autre substance que la matière (s'oppose à *idéalisme,* à *spiritualisme*). **2.** *Matérialisme historique, matérialisme dialectique,* le marxisme. **II** État d'esprit caractérisé par la recherche des jouissances et des biens matériels.
ÉTYM. de ① *matériel.*

MATÉRIALISTE [mateʀjalist] **n.** **1.** Personne qui adopte ou professe le matérialisme. ➝ **adj.** *Philosophie matérialiste.* **2.** Personne qui recherche des jouissances et des biens matériels. *Vivre en matérialiste.* ➝ **adj.** *Esprit matérialiste. Il est bassement matérialiste.*

MATÉRIALITÉ [mateʀjalite] **n. f.** ✦ DR. Caractère matériel (①, 2) et vérifiable. *La matérialité du fait.*

MATÉRIAU [mateʀjo] **n. m.** ✦ Matière servant à construire, à fabriquer. *Un matériau solide. Ce tissu est un bon matériau.*
ÉTYM. singulier d'après *matériaux.*

MATÉRIAUX [mateʀjo] **n. m. pl.** **1.** Les diverses matières nécessaires à la construction (d'un bâtiment, d'un ouvrage, d'un navire, d'une machine). *Matériaux de construction.* **2.** Éléments constitutifs (d'un tout, d'une œuvre). *Matériaux documentaires.*
ÉTYM. pluriel de *material,* forme ancienne de ② *matériel.*

① **MATÉRIEL, ELLE** [mateʀjɛl] **adj.** **1.** Qui est de la nature de la matière, constitué par de la matière (s'oppose à *idéal, spirituel*). *Substance matérielle. Le monde, l'univers matériel.* SYN. ① **physique. 2.** De nature concrète, physique. *Impossibilités matérielles. J'ai la preuve matérielle de son erreur.* SYN. **tangible.** *Erreur matérielle,* qui ne concerne que la forme (→ **matérialité**). ➝ *Temps matériel,* nécessaire pour l'accomplissement d'une action. **3.** Qui concerne les aspects extérieurs, concrets (des êtres ou des choses). *L'organisation matérielle d'un spectacle. Travail matériel.* **4.** Qui est constitué par des biens tangibles (spécialt de l'argent), ou lié à leur possession. *Avantages, biens matériels.* SYN. **concret.** *Gêne, difficultés matérielles.* SYN. **financier, pécuniaire.** CONTR. **abstrait, immatériel,** ① **moral, spirituel.**
ÉTYM. latin *materialis,* de *materia* «matière».

② **MATÉRIEL** [mateʀjɛl] **n. m.** **1.** Ensemble des objets, instruments, machines utilisés dans un service, une exploitation (opposé à *personnel*). SYN. **équipement, outillage.** *Matériel agricole. Matériel de guerre,* les armes, équipements. ➝ *Le matériel humain.* **2.** INFORM. Ensemble des éléments constituant les machines informatiques (remplace l'anglicisme *hardware*). *Le matériel et le logiciel.* **3.** Ensemble des objets nécessaires à un exercice (sport, etc.). *Matériel de camping, de pêche.* **4.** Ensemble d'éléments soumis à l'analyse (en sociologie, psychologie, etc.). SYN. **donnée, matériaux.**
ÉTYM. de ① *matériel.*

MATÉRIELLEMENT [mateʀjɛlmɑ̃] **adv.** **1.** Dans le domaine de la matière. ♦ Concrètement, physiquement. *Il a du mal à marcher, matériellement.* **2.** En ce qui concerne les biens matériels, l'argent. *Les gens favorisés matériellement.* SYN. **financièrement. 3.** En fait, effectivement. SYN. **positivement, pratiquement.** *C'est matériellement impossible.* CONTR. **spirituellement · théoriquement.**
ÉTYM. de ① *matériel.*

MATERNEL, ELLE [matɛʀnɛl] **adj.** et **n. f.** **1.** Qui appartient à la mère. *Le lait maternel. Amour, instinct maternel.* ♦ De la mère. *Il craignait les réprimandes maternelles.* **2.** Qui a le comportement, joue le rôle d'une mère. *Elle est maternelle avec ses élèves.* ➝ *Geste, ton maternel.* ➝ *ÉCOLE MATERNELLE* ou **n. f.** *LA MATERNELLE :* établissement d'enseignement pour les enfants âgés de deux à six ans. **3.** Qui a rapport à la mère, quant à la filiation (opposé à *paternel*). *Un oncle du côté maternel. Grand-mère maternelle.* **4.** *Langue maternelle,* la première langue que parle un enfant.
ÉTYM. latin médiéval *maternalis,* de *mater* «mère».

MATERNELLEMENT [matɛʀnɛlmɑ̃] **adv.** ✦ Comme une mère.

MATERNER [matɛʀne] **v. tr.** (conjug. 3a) ✦ Traiter, entourer (qqn) comme le ferait une mère.
ÉTYM. du latin *mater* «mère».

MATERNISÉ, ÉE [matɛʀnize] **adj.** ✦ *Lait maternisé :* lait animal auquel on a donné une composition la plus proche possible de celle du lait de femme.
ÉTYM. du latin *maternus* «maternel».

MATERNITÉ [matɛʀnite] **n. f.** **I** **1.** État, qualité de mère. *Les joies et les peines de la maternité.* **2.** Le fait de porter et de mettre au monde un enfant. → **accouchement.** *Congé de maternité.* **II** Établissement ou service hospitalier réservé à la surveillance de la grossesse et de l'accouchement. *Il est allé voir sa femme à la maternité.*
ÉTYM. latin médiéval *maternitas,* de *mater* «mère».

MATH [mat] → **MATHS**

MATHÉMATICIEN, IENNE [matematisjɛ̃, jɛn] **n.** ✦ Spécialiste, chercheur en mathématiques. *Pascal, Newton, célèbres mathématiciens.*

MATHÉMATIQUE [matematik] **adj.** et **n. f.**
I adj. **1.** Relatif aux mathématiques ; qui utilise les mathématiques. *Logique mathématique. Raisonnement*

mathématique. **2.** Qui présente les caractères de la pensée mathématique. SYN. ① **précis, rigoureux.** *Une précision mathématique.* ➝ FAM. Absolument certain, nécessaire. *Il doit réussir, c'est mathématique.* SYN. **automatique,** ① **logique.**
II n. f. **1.** *LES MATHÉMATIQUES* OU DIDACT. *LA MATHÉMATIQUE :* ensemble des sciences qui ont pour objet la quantité et l'ordre. SYN. **algèbre, analyse, arithmétique,** ② **calcul, géométrie, mécanique, probabilité**(s) ; FAM. **maths ;** → **nombre.** ➝ *Mathématiques modernes* (fondées sur la théorie des ensembles*). **2.** Classe spécialisée dans l'enseignement des mathématiques. *Mathématiques élémentaires* (FAM. *math élém.*). *Mathématiques supérieures* (FAM. *math sup.*), *spéciales* (FAM. *math spé.*), préparation aux grandes écoles scientifiques. → ② **taupe.**
ÉTYM. latin *mathematicus,* du grec, de *mathêma* «ce qui est enseigné, connaissance».

MATHÉMATIQUEMENT [matematikmɑ̃] **adv.** **1.** Selon les méthodes des mathématiques. **2.** Exactement, rigoureusement. CONTR. **approximativement.**
ÉTYM. de *mathématique.*

MATHEUX, EUSE [matø, øz] **n.** ✦ FAM. Étudiant en mathématiques. ◆ Élève fort en mathématiques.
ÉTYM. de *maths.*

MATHS [mat] **n. f. pl.** ✦ FAM. Mathématiques. *La prof de maths.* ➝ On écrit aussi *math : math sup.* HOM. ① MAT «pas brillant»

MATIÈRE [matjɛʀ] **n. f.** **I** **1.** PHILOS. Substance qui constitue le monde sensible, les corps. *Les trois états de la matière,* solide, liquide, gazeux. *La matière est faite de particules et d'énergie.* **2.** Substance que l'on peut connaître par les sens, qu'elle prenne ou non une forme déterminée. *Matière précieuse. Les matières utilisées pour construire, fabriquer qqch.* SYN. **matériau, matériaux.** ➝ *MATIÈRE PREMIÈRE :* produit ou substance non encore transformé(e) par le travail, par la machine. *Le bois, la laine sont des matières premières.* ➝ *MATIÈRES GRASSES :* graisses alimentaires. **3.** (dans le corps humain) *Matières (fécales).* SYN. **excrément.** ◆ *MATIÈRE GRISE* (du cerveau) ; FAM. l'intelligence, la réflexion. **II** fig. Ce qui constitue l'objet, le point de départ ou d'application de la pensée. **1.** Contenu, sujet (d'un ouvrage). *Une anecdote a fourni la matière de ce livre.* ➝ *ENTRÉE EN MATIÈRE (d'un discours) :* commencement. ➝ *Table* des matières.* **2.** Ce qui est objet d'études scolaires, d'enseignement. SYN. **discipline, domaine.** *Il est bon dans toutes les matières.* **3.** (après *en, sur*) Ce sur quoi s'exerce ou peut s'exercer l'activité humaine. SYN. ② **sujet ;** ① **point, question.** *Je suis incompétent en la matière, sur cette matière.* SYN. **article, chapitre.** ➝ *EN MATIÈRE* (+ adj.). *En matière poétique :* en ce qui concerne la poésie. ➝ *EN MATIÈRE DE* **loc. prép. :** dans le domaine, sous le rapport de. *En matière d'art.* **4.** *Avoir, donner MATIÈRE À...,* motif, raison. *Sa conduite donne matière à réflexion, à réfléchir.* SYN. ① **lieu.**
ÉTYM. latin *materia,* d'abord «bois de construction».

MATIN [matɛ̃] **n. m.** **1.** Début du jour. SYN. ① **aube, aurore,** ① **point** du jour. *La rosée du matin. L'étoile du matin :* Vénus. *Le petit matin :* le moment où se lève le jour. ➝ *De bon matin :* très tôt. ➝ *Du matin au soir :* toute la journée, continuellement. ➝ *Deux comprimés matin et soir.* ➝ loc. *Être du matin :* être actif le matin. **2.** La première partie de la journée qui se termine à midi. SYN. **matinée.** *Ce matin :* aujourd'hui, avant midi. *Hier matin. Tous les matins.* ➝ *Tous les dimanches matin.* ➝ *Un beau matin :* un beau jour. **3.** (dans le décompte des heures) L'espace de temps qui va de minuit à midi, divisé en douze heures (opposé à *après-midi* ou à *soir*). *Une heure du matin* (FAM. *du mat'* [mat]). **4.** fig. Commencement. SYN. **aurore.** *Le matin de la vie,* la jeunesse.
HOM. MÂTIN «gros chien»
ÉTYM. latin *matutinum (tempus),* de *Matuta,* déesse de l'Aurore.

MÂTIN [matɛ̃] **n. m.** **1.** Grand et gros chien de garde ou de chasse. **2.** (fém. *mâtine*) FAM. et VX Personne malicieuse, turbulente. SYN. **coquin.** *Ah ! la mâtine !*
HOM. MATIN «début du jour»
ÉTYM. latin populaire *masetinus,* de *mansuetus* «apprivoisé».

MATINAL, ALE, AUX [matinal, o] **adj.** **1.** Du matin. *Gymnastique matinale.* **2.** Qui s'éveille, se lève tôt. *Vous êtes bien matinal aujourd'hui.* CONTR. **vespéral.**

MATINÉE [matine] **n. f.** **1.** La partie de la journée qui va du lever du soleil à midi, considérée dans sa durée. *Il a plu toute la matinée. En fin de matinée.* ➝ loc. *Faire la GRASSE MATINÉE :* se lever tard, paresser au lit. **2.** Réunion, spectacle qui a lieu avant le dîner, l'après-midi (opposé à *soirée*). *Concert en matinée.* HOM. MÂTINER «couvrir (une chienne)»
ÉTYM. de *matin.*

MÂTINER [matine] **v. tr.** (conjug. 3a) **1.** Couvrir (une chienne de race), en parlant d'un chien de race différente ou imprécise. ➝ au p. passé *Chien mâtiné,* qui n'est pas de race pure. **2.** *MÂTINÉ DE :* mêlé de. *Du français mâtiné d'argot.* HOM. MATINÉE «matin»
ÉTYM. de *mâtin.*

MATINES [matin] **n. f. pl.** ✦ RELIG. CATHOL. Premier office divin avant le lever du jour. *Sonnez les matines !*
ÉTYM. latin médiéval *matutinae,* féminin pluriel de *matutinus* → matin.

MATITÉ [matite] **n. f.** ✦ Caractère de ce qui est mat.
ÉTYM. de ① *mat.*

MATOIS, OISE [matwa, waz] **adj.** ✦ LITTÉR. Qui a de la ruse sous des dehors de bonhomie. SYN. **finaud, madré.** *Un vieux paysan matois.*
ÉTYM. de l'ancien français *mate* «rendez-vous des voleurs», mot germanique «prairie».

MATON, ONNE [matɔ̃, ɔn] **n.** ✦ ARGOT Gardien(ne) de prison.
ÉTYM. de ② *mater.*

MATOU [matu] **n. m.** ✦ Chat domestique mâle et non châtré. *Des gros matous.*
ÉTYM. de *mat-, mit-,* onomatopées désignant le chat.

MATRAQUAGE [matʀakaʒ] **n. m.** ✦ Action de matraquer (1 et 3). *Le matraquage des manifestants.* ➝ *Matraquage publicitaire.*

MATRAQUE [matʀak] **n. f.** ✦ Arme contondante assez courte (pour frapper, assommer). SYN. **gourdin, trique.** *Recevoir un coup de matraque.*
ÉTYM. arabe *mitraq* «bâton».

MATRAQUER [matʀake] **v. tr.** (conjug. 3a) **1.** Frapper à coups de matraque sur (qqn). **2.** Présenter une addition excessive à (qqn). *Ce restaurant matraque les clients.* **3.** Infliger d'une manière répétée (un message :

publicité, thème, musique). *Matraquer une chanson à la radio.*
ÉTYM. de *matraque.*

MATRAS [matʀa] **n. m.** ✦ TECHN. Récipient au col étroit et long (utilisé en alchimie, puis en chimie).
ÉTYM. arabe *matarah* «outre».

MATRI- Élément, du latin *mater,* signifiant «mère, par la mère», dans des mots didactiques, notamment en anthropologie (*matrilinéaire* **adj.** «par les femmes» [filiation] ; *matrilocal, ale, aux* **adj.** «dans le lieu de résidence de la mère»).

MATRIARCAL, ALE, AUX [matʀijaʀkal, o] **adj.** ✦ DIDACT. *Société matriarcale,* fondée sur le matriarcat (opposé à *patriarcal*).
ÉTYM. de *matriarcat.*

MATRIARCAT [matʀijaʀka] **n. m.** ✦ DIDACT. Régime juridique ou social où la mère, la femme a une autorité prépondérante (opposé à *patriarcat*).
ÉTYM. du latin *mater, matris* «mère», d'après *patriarcat.*

MATRICE [matʀis] **n. f.** I VX Utérus. II TECHN. Moule qui, après avoir reçu une empreinte particulière en creux et en relief, permet de la reproduire. *La matrice d'un disque, d'une médaille.* III SC. Tableau rectangulaire de nombres, sur lesquels on définit certaines opérations.
ÉTYM. latin *matrix,* de *mater* «mère».

MATRICIEL, ELLE [matʀisjɛl] **adj.** ✦ SC. Où interviennent les matrices (III). *Calcul matriciel.*
ÉTYM. de *matrice.*

MATRICULE [matʀikyl] **n. f.** et **n. m.** 1. **n. f.** Registre, liste où sont inscrits des noms avec un numéro. *Inscription sur la matricule.* → **immatriculation.** – **adj.** *Livret matricule d'un soldat. Numéro matricule.* 2. **n. m.** Numéro d'inscription sur un registre matricule. *Vêtements marqués au matricule d'un soldat. Le* (prisonnier) *matricule 85.* – **loc.** FAM. *Ça va barder pour son matricule :* il va avoir des ennuis.
ÉTYM. bas latin *matricula,* de *matrix* «registre».

MATRIMONIAL, ALE, AUX [matʀimɔnjal, o] **adj.** ✦ Qui a rapport au mariage. *Lien matrimonial.* SYN. **conjugal.** *Régimes matrimoniaux,* régimes juridiques régissant les patrimoines des époux. – *Agence matrimoniale,* qui met en rapport des personnes désirant se marier.
ÉTYM. latin *matrimonialis,* de *matrimonium* «mariage».

MATRONE [matʀɔn] **n. f.** 1. ANTIQ. Épouse d'un citoyen romain. 2. VIEILLI Femme d'un certain âge, corpulente et vulgaire. *Une grosse matrone.* 3. VX ou français d'Afrique Sage-femme.
ÉTYM. latin *matrona* «mère de famille», de *mater* «mère».

MATURATION [matyʀasjɔ̃] **n. f.** ✦ Le fait de mûrir. *Hâter la maturation des fruits.*
ÉTYM. latin *maturatio,* de *maturare* «mûrir».

MATURE [matyʀ] **adj.** 1. DIDACT. *Poisson mature,* prêt à frayer. 2. Qui fait preuve de maturité psychologique. *Elle est mature pour son âge.* CONTR. **immature.**
HOM. MÂTURE «ensemble des mâts»
ÉTYM. latin *maturus* «mûr» ; doublet de *mûr.*

MÂTURE [matyʀ] **n. f.** ✦ Ensemble des mâts (d'un navire). HOM. MATURE «mûr»
ÉTYM. de *mât.*

MATURITÉ [matyʀite] **n. f.** I 1. État d'un fruit mûr. *Ananas cueilli à maturité.* – État de ce qui est mûr. 2. fig. Plein développement. *Idée qui vient à maturité. Maturité d'esprit.* 3. L'âge mûr, qui suit immédiatement la jeunesse. *Il est en pleine maturité,* dans la force de l'âge. 4. Sûreté de jugement. *Tu manques de maturité.* SYN. **circonspection, sagesse.** *Maturité précoce.* II (Suisse) Examen de fin d'études secondaires. – abrév. FAM. MATU [maty].
ÉTYM. latin *maturitas,* de *maturus* «mûr».

MAUDIRE [modiʀ] **v. tr.** (conjug. 13 ; sauf pour l'inf. et le p. passé *maudit, ite*) 1. Vouer au malheur ; appeler sur (qqn) la malédiction, la colère divine. *Maudire un ennemi.* SYN. **abominer, exécrer.** ◆ Vouer (qqn) à la damnation éternelle. SYN. **condamner.** 2. Manifester sa contrariété, son irritation contre (qqn, qqch.). CONTR. **adorer, bénir.**
ÉTYM. latin chrétien *maledicere.*

MAUDIT, ITE [modi, it] **adj.** 1. Qui est rejeté par Dieu. – Condamné, repoussé par la société. SYN. **réprouvé.** *Les poètes maudits.* – **n.** *Les maudits,* ceux qui sont condamnés, rejetés. SYN. **paria.** 2. (avant le n.) Dont on a sujet de se plaindre. SYN. **détestable, exécrable ;** FAM. **damné, ① fichu, ① sacré, satané.** *Cette maudite voiture ne démarre pas.* CONTR. **bénit, bienheureux.**

MAUGRÉER [mogʀee] **v. intr.** (conjug. 3a) ✦ Manifester son mécontentement, sa mauvaise humeur, en protestant à mi-voix. SYN. **bougonner, grogner, ronchonner.**
ÉTYM. de *mau* (forme ancienne de ① *mal*) et *gré.*

MAURE [mɔʀ] **adj.** et **n.** 1. De la Mauritanie romaine. – au Moyen Âge Arabe, sarrasin. 2. Du Sahara occidental, du Sénégal, de Mauritanie. – On écrit aussi *more* (VX).
HOM. MORS «partie du harnais», ① MORT «décès»
ÉTYM. latin *Maurus* «Africain» et «brun, foncé».

MAURESQUE [mɔʀɛsk] **adj.** et **n. f.** 1. **adj.** Relatif à l'art des Maures, notamment des Maures d'Espagne. *Palais mauresque.* 2. **n. f.** Femme maure. – On écrit aussi *moresque* (VX).
ÉTYM. espagnol *morisco* «maure» → ② MAURES (noms propres).

MAUSOLÉE [mozɔle] **n. m.** ✦ Somptueux monument funéraire de très grandes dimensions. SYN. **tombeau.** *Le mausolée d'Halicarnasse était l'une des Sept Merveilles* du monde.*
ÉTYM. latin *mausoleum,* grec *mausôleion* «tombeau de *Mausole* (roi de Carie)».

MAUSSADE [mosad] **adj.** 1. Qui n'est ni gai ni aimable. SYN. **grognon, revêche.** *Être d'humeur maussade.* 2. Qui inspire de l'ennui. SYN. **ennuyeux, terne, triste.** *Ciel, temps maussade.* CONTR. **aimable, enjoué, gai, jovial · divertissant.**
ÉTYM. de *mau* (forme ancienne de ① *mal*) et ancien français *sade* «agréable, charmant» (latin *sapidus*).

MAUSSADERIE [mosadʀi] **n. f.** ✦ LITTÉR. Caractère de ce qui est maussade (surtout sens 1). CONTR. **amabilité, gaieté, jovialité.**

MAUVAIS, AISE [mɔvɛ, ɛz] **adj.** ✦ en épithète, *mauvais* est le plus souvent avant le nom **I** 1. Qui présente un défaut, une imperfection essentielle ; qui a une valeur (utilitaire, esthétique, morale, intellectuelle) faible ou nulle. SYN. **défectueux, imparfait.** *Assez mauvais* (→ **médiocre**), *très mauvais* (→ **exécrable, horrible, ignoble, infect**). *Les bons et les mauvais morceaux. Mauvaise affaire,* qui rapporte peu. *Produit de mauvaise qualité. Ce film est mauvais,* ne vaut rien. *Mauvais calcul. Mauvais raisonnement.* SYN. ① **faux, inexact.** ➛ Qui ne fonctionne pas correctement. *Il a de mauvais yeux,* il ne voit pas bien. *Être en mauvaise santé. Il a mauvaise mine.* 2. n. m. Ce qui est mauvais. *Il y a du bon et du mauvais.* 3. (personnes) Qui ne remplit pas correctement son rôle. SYN. **lamentable, nul.** *Un mauvais acteur.* 4. Qui est mal choisi, ne convient pas. *Prendre la mauvaise route. Arriver au mauvais moment.* SYN. **défavorable, inopportun.** *Pour de mauvaises raisons.* ➛ impers. *Il n'est pas mauvais qu'il en fasse l'expérience,* ce serait indiqué. **II** Qui cause ou peut causer du mal. SYN. **néfaste, nuisible.** 1. Qui annonce du malheur. SYN. **funeste,** ① **sinistre.** *De mauvais augure. C'est mauvais signe.* 2. Qui est cause de mal, de malheur, d'ennuis, de désagrément. SYN. **dangereux, nuisible.** *L'excès d'alcool est mauvais pour la santé.* SYN. **nocif.** ➛ *L'affaire prend une mauvaise tournure. Être en mauvaise posture. Il a reçu un mauvais coup. La mer est mauvaise,* très agitée. 3. Désagréable aux sens. *Mauvaise odeur, mauvais goût.* ➛ *Mauvais temps* (opposé à *beau*). SYN. **sale.** *Il fait mauvais.* ➛ Désagréable au goût. *Pas mauvais,* assez bon. 4. Pénible. *Mauvaise nouvelle. Faire mauvais effet.* ➛ loc. FAM. *La trouver, l'avoir mauvaise* (sous-entendu : *la chose, l'affaire*). 5. Peu accommodant. *Mauvaise humeur. Mauvais caractère. Mauvaise tête ; mauvaise volonté.* **III** 1. Qui est contraire à la loi morale. *C'est une mauvaise action. Mauvaise conduite.* 2. (personnes) Qui fait ou aime à faire le mal. *Il est mauvais comme une teigne.* SYN. **méchant.** ➛ *MAUVAIS GARÇON :* homme prompt à en venir aux coups. ➛ *Une mauvaise langue* (qui calomnie). ➛ (actions, intentions) *Donner le mauvais exemple.* 3. (aussi après le nom) Qui dénote de la méchanceté, de la malveillance. *Mauvais traitements. Il a eu un rire mauvais. Une joie mauvaise.* SYN. **cruel.** **IV** **adv.** *Sentir mauvais. Ça sent mauvais ;* fig. les choses prennent une mauvaise tournure. CONTR. ① **bon, excellent • favorable, heureux • agréable, charmant •** ① **droit, honnête.**

ÉTYM. latin populaire *malifatius* « qui a un mauvais sort (fatum) ».

MAUVE [mov] **n. f.** et **adj.**
I n. f. Plante à fleurs roses ou violet pâle.
II adj. D'une couleur violet pâle. *Des robes mauves.* ➛ n. m. Couleur mauve. *Elle porte du mauve.*

ÉTYM. latin *malva.*

MAUVIETTE [movjɛt] **n. f.** 1. Alouette ou petit oiseau bon à manger. 2. Personne chétive, au tempérament délicat, maladif. *Quelle mauviette !* ◆ Poltron.

ÉTYM. de l'ancien français *mauve* « oiseau, mouette ».

MAXI- Élément, tiré de *maximum,* signifiant « grand, long » (ex. *une maxibouteille, un maximanteau*). → **macro-.** CONTR. **mini-.**

MAXILLAIRE [maksilɛʀ] **n. m.** ✦ Os des mâchoires. *Le maxillaire supérieur.* ➛ **adj.** *Os maxillaire.*

ÉTYM. latin *maxillaris,* de *maxilla* « mâchoire (inférieure) ».

MAXIMA → **MAXIMUM**

MAXIMAL, ALE, AUX [maksimal, o] **adj.** ✦ Qui constitue un maximum. *Températures maximales prévues.* CONTR. **minimal.**

ÉTYM. de *maximum.*

MAXIME [maksim] **n. f.** ✦ Formule énonçant une règle de conduite, une règle morale. → **aphorisme, dicton, proverbe, sentence.** *Les « Maximes » de La Rochefoucauld.*

ÉTYM. latin *maxima (sententia)* « (idée) la plus générale ».

MAXIMUM [maksimɔm] **n. m.** et **adj.** 1. n. m. Valeur la plus grande atteinte par une quantité variable ; limite supérieure. SYN. **plafond.** *Maximum de vitesse, de force. Les maximums.* ➛ (avec un n. au pluriel) *Le maximum de chances,* le plus grand nombre. ◆ *Au maximum,* tout au plus, au plus. 2. adj. Qui constitue un maximum. SYN. **maximal.** *Rendement maximum.* ➛ au fém. *Tension, amplitude maximum.* ➛ au plur. *Des prix maximums.* ➛ On emploie parfois le pluriel latin *maxima : les maxima ; des prix maxima.* CONTR. **minimum.**

ÉTYM. mot latin « le plus grand ».

MAYA [maja] **adj.** et **n.** ✦ (invar. en genre) Qui appartient à une civilisation indienne précolombienne d'Amérique centrale (Yucatan). *Des temples mayas.* ➛ n. *Les Mayas* (☛ noms propres).

MAYONNAISE [majɔnɛz] **n. f.** ✦ Sauce froide composée d'huile, d'œufs et d'assaisonnements (moutarde, ail) battus jusqu'à prendre de la consistance. *Monter une mayonnaise.* ➛ loc. *La mayonnaise prend,* au fig. la chose prend tournure, l'action se déclenche. ➛ ellipt *Des œufs mayonnaise,* à la mayonnaise.

ÉTYM. peut-être de *Port-Mahon,* capitale de Minorque.

MAZAGRAN [mazagʀɑ̃] **n. m.** ✦ Verre à pied en porcelaine épaisse, pour boire le café.

ÉTYM. du nom d'un village d'Algérie.

MAZDÉISME [mazdeism] **n. m.** ✦ Religion de l'Iran antique, dualiste, opposant un principe du Bien et un principe du Mal. → aussi **manichéisme.**

ÉTYM. du persan *mazda* « sage ».

MAZETTE [mazɛt] **interj.** ✦ RÉGIONAL Exclamation d'étonnement, d'admiration. *Un million ? Mazette !*

ÉTYM. peut-être du dialectal *mésette* « mésange ».

MAZOUT [mazut] **n. m.** ✦ Résidu de la distillation du pétrole, liquide épais, visqueux, brun, utilisé comme combustible. SYN. **fioul, huile** lourde. *Chauffage au mazout.*

▸ **MAZOUTÉ, ÉE** **adj.** Souillé par le mazout répandu. *Plages mazoutées.*

ÉTYM. mot russe, peut-être de l'arabe *mahzulat* « résidu » ou du verbe russe *mazatj* « graisser ».

MAZURKA [mazyʀka] **n. f.** ✦ Danse à trois temps d'origine polonaise. ➛ Air sur lequel on la danse. ◆ Composition musicale de même rythme. *Les mazurkas de Chopin.*

ÉTYM. mot polonais, de *Mazurie,* nom d'une province.

ME [mə] **pron. pers.** ✦ (s'élide en *m'* devant une voyelle ou un *h* muet : *il m'envoie, je m'habille*) Pronom personnel complément de la première personne du singulier pour les deux genres (→ **je, moi**). 1. compl. d'objet dir.

(représente la personne qui parle, qui écrit) *On m'a vu. Tu me présenteras à lui.* ◆ *Je me suis préparé.* ◆ *Me voici de retour.* **2.** compl. d'objet indir. À moi. *Il me fait pitié. Il veut me parler.* ◆ (renforce un ordre) *Va me fermer cette porte !* ◆ (rapport de possession) *Je me lave les mains* : je lave mes mains.
ÉTYM. latin *me* « moi, me ».

MÉ- ou **MÉS-** (devant voyelle) Préfixe qui signifie « mauvais » (ex. *mésalliance, mésaventure*). → **mal-**.

MEA-CULPA [meakylpa] **n. m. invar.** ✦ *Faire son mea-culpa,* avouer sa faute, reconnaître ses torts. ◆ On écrit aussi *mea culpa.*
ÉTYM. mots latins « ma faute » → coulpe.

MÉANDRE [meɑ̃dʀ] **n. m. 1.** Sinuosité (d'un cours d'eau). **2. fig.** *Les méandres de l'esprit.* SYN. **détour.**
ÉTYM. latin *Maeander,* grec *Maiandros,* nom d'un fleuve d'Asie Mineure très sinueux.

MÉAT [mea] **n. m.** ✦ Canal, conduit ou orifice d'un canal anatomique. *Le méat urinaire.*
ÉTYM. latin *meatus,* de *meare* « circuler ».

MEC [mɛk] **n. m.** ✦ FAM. Homme, individu. SYN. FAM. **gars, type.** *Un beau mec. Les mecs et les nanas.*
ÉTYM. origine inconnue.

MÉCANICIEN, IENNE [mekanisjɛ̃, jɛn] **n. 1.** DIDACT. Physicien(ne) spécialiste de la mécanique (II, 1). **2.** Personne qui invente des machines, qui en dirige la construction. *Jacquard est un célèbre mécanicien français.* **3.** COUR. Personne qui a pour métier de monter, d'entretenir ou de réparer les machines. *Les mécaniciens d'un garage.* SYN. FAM. **mécano.** *Mécanicien d'avion.* ◆ Personne qui conduit une locomotive.
ÉTYM. de *mécanique.*

MÉCANIQUE [mekanik] **adj.** et **n. f.**
I adj. 1. Qui est exécuté par un mécanisme ; qui utilise des mécanismes, des machines. *Tissage mécanique. Dentelle mécanique.* ◆ Mû par un mécanisme. *Escalier mécanique.* **2.** Qui concerne les machines. *Avoir des ennuis mécaniques,* de moteur. **3.** Qui évoque le fonctionnement d'une machine (opposé à *réfléchi, intelligent*). SYN. **automatique, machinal.** *Un geste mécanique.* **4.** SC. Qui consiste en mouvements, est produit par un mouvement. *Énergie mécanique.*
II n. f. 1. Partie des mathématiques et de la physique qui a pour objet l'étude du mouvement (cinématique, dynamique) et de l'équilibre (statique) des corps, ainsi que la théorie des machines. *La mécanique des fluides (hydrodynamique).* ◆ Théorie relative aux phénomènes étudiés en mécanique. *La mécanique classique. Mécanique quantique, ondulatoire.* **2.** Science de la construction et du fonctionnement des machines. **3. fig.** VIEILLI Fonctionnement (de ce qui est comparé à une machine). SYN. **mécanisme** (2). *La mécanique des passions.* ◆ **loc.** FAM. *Rouler les* (ou *des*) *mécaniques,* les muscles des épaules pour montrer sa force ; fig. faire l'important.
ÉTYM. latin *mecanicus,* du grec, de *mêkhanê* → machine.

MÉCANIQUEMENT [mekanikmɑ̃] **adv.** ✦ D'une manière mécanique. *L'emballage se fait mécaniquement.* ◆ **fig.** *Réagir mécaniquement.* → **automatiquement, machinalement.**

MÉCANISATION [mekanizasjɔ̃] **n. f.** ✦ Action de mécaniser ; son résultat. → **machinisme.** *La mécanisation de l'agriculture.*

MÉCANISER [mekanize] **v. tr.** (conjug. 3a) ✦ Réduire à un travail mécanique (par l'utilisation de machines). *Mécaniser une production artisanale.*
ÉTYM. de *mécanique.*

MÉCANISME [mekanism] **n. m. 1.** Combinaison, agencement de pièces, d'organes, montés en vue d'un fonctionnement. SYN. **mécanique** (II, 3). *Le mécanisme d'une montre.* **2.** Fonctionnement de ce qu'on assimile à une machine. *Mécanismes biologiques.* SYN. **processus.** *Les mécanismes économiques.*
ÉTYM. latin *mechanisma* ou de *mécanique.*

MÉCANO [mekano] **n. m.** ✦ FAM. Mécanicien, ienne (3). *Des mécanos. Il, elle est mécano.*

MÉCANO- Élément, du grec *mêkhanê* « machine ».

MÉCANOGRAPHIE [mekanɔgʀafi] **n. f.** ✦ Emploi de machines pour les opérations logiques (calculs, tris, classements) effectuées sur des documents.
► **MÉCANOGRAPHIQUE** [mekanɔgʀafik] **adj.** *Fiche mécanographique.*
ÉTYM. de *mécano-* et *-graphie.*

MÉCATRONIQUE [mekatʀɔnik] **n. f.** ✦ Discipline alliant mécanique, électronique et informatique, appliquée aux systèmes de production industrielle.
ÉTYM. de *méca(nique)* et *(élec)tronique,* d'après l'anglais.

MÉCÉNAT [mesena] **n. m. 1.** Qualité, comportement de mécène. *Le mécénat des Médicis.* **2.** Soutien financier d'un mécène (2).
ÉTYM. de *mécène.*

MÉCÈNE [mesɛn] **n. m. 1.** Personne riche et généreuse qui aide les écrivains, les artistes. **2.** (pour remplacer l'anglicisme *sponsor*) Personne, entreprise qui soutient financièrement une activité, notamment culturelle.
ÉTYM. latin *Maecenas,* nom d'un chevalier romain. ☛ MÉCÈNE (noms propres).

MÉCHAMMENT [meʃamɑ̃] **adv. 1.** Avec méchanceté. SYN. **cruellement, durement.** *Agir, parler méchamment.* **2.** FAM. Extrêmement, très. *On est méchamment en retard.* CONTR. **gentiment.**

MÉCHANCETÉ [meʃɑ̃ste] **n. f. 1.** Caractère, comportement d'une personne méchante. SYN. **cruauté, dureté, malveillance.** *C'est de la pure méchanceté. La méchanceté d'une remarque.* **2.** *Une méchanceté,* parole ou action qui dénote la méchanceté. *Dire des méchancetés.* SYN. FAM. **vacherie.** CONTR. **bienveillance, bonté, gentillesse.**

MÉCHANT, ANTE [meʃɑ̃, ɑ̃t] **adj. I 1.** Qui fait délibérément du mal ou cherche à en faire, le plus souvent de façon ouverte et agressive. SYN. **cruel, dur, malin** (I), **malveillant, mauvais** (III, 2) ; FAM. **rosse, vache.** *Un homme méchant, un méchant homme.* « *Est-il bon, est-il méchant ?* » (pièce de Diderot). loc. *Plus bête que méchant. Bête* et méchant.* ◆ *Air, sourire méchant.* SYN. **mauvais ; haineux. 2.** (enfants) Qui se conduit mal, qui est turbulent. SYN. **insupportable, vilain.** *Si tu es méchant, tu seras privé de dessert.* **3.** (animaux) Qui cherche à mordre, à griffer. *Chien méchant,* dangereux. 4. loc. FAM. *Ce n'est pas bien méchant,* ni grave ni important. II (avant le nom) 1. LITTÉR. Mauvais, médiocre. *Une veste en méchant tissu.* 2. Dangereux ou désagréable. *Être de méchante humeur.* 3. FAM. Remarquable, extraordinaire. *Une méchante moto.* SYN. **terrible.** III n. LITTÉR. Personne méchante. *Faire le méchant,* s'emporter, menacer. ➡ lang. enfantin *Oh, la méchante !* CONTR. ① **bon,** ② **gentil, humain • sage, tranquille.**

ÉTYM. ancien français *mescheant,* participe présent de *mescheoir* «tomber mal» → mé- et choir.

① **MÈCHE** [mɛʃ] n. f. I 1. Cordon, tresse de fils de coton, de chanvre, imprégné(e) de combustible et qu'on fait brûler. *La mèche d'une lampe à huile.* 2. Cordon fait d'une matière qui prend feu aisément. *La mèche d'un pétard.* ◆ loc. fig. *Vendre la mèche :* trahir le secret. II Tige d'acier servant à percer le bois, le métal. *La mèche d'un vilebrequin, d'une perceuse.* SYN. **vrille.** ◆ Instrument fin pour aléser les canaux des dents. III Cheveux distincts (par la couleur, la disposition) dans l'ensemble de la chevelure. *Avoir une mèche sur l'œil.*

ÉTYM. latin populaire *micca,* du grec *muxa* «mèche de lampe».

② **de MÈCHE** [d(ə)mɛʃ] loc. invar. ✦ loc. FAM. *Être de mèche avec qqn,* être d'accord en secret, être complice. SYN. **connivence.** *Le caissier et le voleur étaient de mèche.*

ÉTYM. peut-être italien *mezzo* «demi», dans *esser de mezzo* «être de moitié».

MÉCHOUI [meʃwi] n. m. 1. Mouton rôti à la broche. 2. Repas collectif où l'on sert ce plat.

ÉTYM. arabe du Maghreb *meshwi,* de *shawa* «griller».

MÉCOMPTE [mekɔ̃t] n. m. ✦ Erreur de prévision ; espoir fondé à tort. SYN. **déception.** *De graves mécomptes.*

ÉTYM. de l'ancien français *mécompter* «se tromper», de *mé-* et *compter.*

MÉCONNAISSABLE [mekɔnɛsabl] adj. ✦ Qui est si changé (en bien ou, plus souvent, en mal) qu'on ne peut le reconnaître. *Je ne l'avais pas revu depuis sa maladie ; il est méconnaissable.* CONTR. **reconnaissable.**

ÉTYM. de *méconnaître.*

MÉCONNAISSANCE [mekɔnɛsɑ̃s] n. f. ✦ LITTÉR. Action de méconnaître. SYN. **ignorance.** *La méconnaissance de la loi.*

MÉCONNAÎTRE [mekɔnɛtʀ] v. tr. (conjug. 52) 1. LITTÉR. Ne pas reconnaître (une chose) pour ce qu'elle est, refuser d'en tenir compte. SYN. **ignorer, négliger.** *Méconnaître les lois.* 2. Ne pas apprécier (qqn ou qqch.) à sa juste valeur. SYN. **méjuger, mésestimer.** *La critique méconnaît souvent les auteurs de son temps.* CONTR. **connaître, considérer, reconnaître • apprécier, estimer.**

ÉTYM. de *mé-* et *connaître.*

MÉCONNU, UE [mekɔny] adj. ✦ Qui n'est pas reconnu, estimé à sa juste valeur. *Il se prend pour un génie méconnu.* CONTR. **reconnu.**

ÉTYM. du participe passé de *méconnaître.*

MÉCONTENT, ENTE [mekɔ̃tɑ̃, ɑ̃t] adj. et n. ✦ Qui n'est pas content, pas satisfait. *Il est rentré déçu et très mécontent.* SYN. **contrarié, fâché.** *Être mécontent de son sort.* ➡ *Mécontent que* (+ subj.). ➡ n. (rare au fém.) *Cette augmentation va faire des mécontents. Un perpétuel mécontent.* SYN. **insatisfait.** CONTR. **comblé, content, enchanté, heureux, ravi, satisfait.**

ÉTYM. de *mé-* et *content.*

MÉCONTENTEMENT [mekɔ̃tɑ̃tmɑ̃] n. m. ✦ Sentiment pénible d'être frustré dans ses espérances, ses droits. SYN. **déplaisir, insatisfaction.** *Sujet de mécontentement,* contrariété, ennui. CONTR. **contentement, plaisir, satisfaction.**

ÉTYM. de *mécontent.*

MÉCONTENTER [mekɔ̃tɑ̃te] v. tr. (conjug. 3a) ✦ Rendre mécontent. SYN. **contrarier, déplaire à, fâcher.** *Cette mesure a mécontenté tout le monde.* CONTR. **contenter, satisfaire.**

MÉCRÉANT, ANTE [mekʀeɑ̃, ɑ̃t] adj. et n. ✦ LITTÉR. ou plais. Qui n'a aucune religion. SYN. **athée, irréligieux.** ➡ n. *Un mécréant.* CONTR. **croyant.**

ÉTYM. du participe présent de l'ancien français *mescroire* → mé- et croire.

MÉDAILLE [medaj] n. f. 1. Pièce de métal, généralement circulaire, frappée ou fondue en l'honneur d'un personnage ou en souvenir d'un évènement (→ **monnaie**). *Science des médailles.* → **numismatique.** 2. Pièce de métal donnée en prix à un lauréat. *Médaille d'or, d'argent. Médaille olympique.* ◆ Décoration. *Médaille militaire,* décoration française décernée aux sous-officiers et soldats les plus méritants. 3. Petite pièce de métal portée autour du cou. *Médaille pieuse.*

ÉTYM. italien *medaglia.*

MÉDAILLÉ, ÉE [medaje] adj. et n. ✦ Qui a reçu une médaille (2). ➡ n. *Les médaillés olympiques.*

MÉDAILLON [medajɔ̃] n. m. 1. Portrait ou sujet sculpté, dessiné ou gravé dans un cadre circulaire ou ovale. → **camée.** 2. Bijou de forme ronde ou ovale. 3. Tranche mince et ronde (de viande). *Un médaillon de foie gras.*

ÉTYM. italien *medaglione.*

MÉDECIN [med(ə)sɛ̃] n. m. ✦ Personne qui exerce la médecine, est titulaire du diplôme de docteur en médecine. SYN. **docteur, praticien, thérapeute,** FAM. **toubib.** *Médecin de famille. Médecin traitant,* qui suit le malade. *Médecin généraliste, spécialiste* (→ **-iatre, -logue**). *Elle est médecin scolaire.* (rare) *La médecin.* ➡ appos. *Des femmes médecins.*

ÉTYM. de *médecine.*

MÉDECINE [med(ə)sin] n. f. I VX OU RÉGIONAL Médicament, remède. II 1. Science qui a pour objet la conservation et le rétablissement de la santé ; art de prévenir et de soigner les maladies de l'homme (→ **médecin ; médical**). *Étudiant en médecine.* → FAM. **carabin.** ➡ *Médecine préventive. Médecine scolaire, médecine du travail. Médecine mentale.* → **psychiatrie.** *Médecine générale,* qui s'occupe de l'ensemble de l'organisme. ➡ *Médecines douces, alternatives.* ➡ *Médecine légale,* exercée pour aider la justice, notamment en cas de crime supposé. → **médicolégal.** 2. Profession du médecin. *Guérisseur condamné pour exercice illégal de la médecine.*

ÉTYM. latin *medicina,* de *medicus* «médecin».

MÉDERSA [medɛʀsa] **n. f.** ✦ Établissement d'enseignement religieux musulman.
ÉTYM. mot arabe «collège».

MÉDIA [medja] **n. m.** ✦ anglicisme Technique et support de diffusion massive de l'information (presse, minitel, radio, télévision, cinéma, Internet). *Un évènement couvert par les médias* (→ **médiatique**). *Un nouveau média.*
HOM. MÉDIAT «indirect»
ÉTYM. américain *media*, mot latin, pluriel de *medium* «moyen».

MÉDIAN, ANE [medjɑ̃, an] **adj.** ✦ Qui est situé, placé au milieu. *Ligne médiane.*
ÉTYM. latin *medianus.*

MÉDIANE [medjan] **n. f.** ✦ Segment de droite joignant un sommet d'un triangle au milieu du côté opposé. ➖ STATIST. Valeur centrale (généralement distincte de la moyenne) qui sépare en deux parties égales un ensemble.

MÉDIANOCHE [medjanɔʃ] **n. m.** ✦ anciennt Repas pris au milieu de la nuit. SYN. **réveillon.**
ÉTYM. espagnol *medianoche*, de *media* et *noche* «nuit».

MÉDIAT, ATE [medja, at] **adj.** ✦ DIDACT. Qui se fait indirectement, par intermédiaire. *Action, cause, relation médiate.* CONTR. **immédiat.** HOM. MÉDIA «support d'informations»
ÉTYM. de *immédiat.*

MÉDIATEUR, TRICE [medjatœʀ, tʀis] **n.** ✦ Personne qui s'entremet pour faciliter un accord. SYN. ① **arbitre, conciliateur, intermédiaire.** ➖ **adj.** *Puissance médiatrice.*
ÉTYM. latin *mediator.*

MÉDIATHÈQUE [medjatɛk] **n. f.** ✦ Lieu où sont consultables des données rassemblées sur des supports correspondant aux différents médias.
ÉTYM. de *média* et *-thèque.*

MÉDIATION [medjasjɔ̃] **n. f.** ✦ Entremise destinée à mettre d'accord, à concilier ou à réconcilier des personnes, des partis. SYN. **arbitrage, conciliation.**
ÉTYM. bas latin *mediatio*, de *mediare* «s'interposer».

MÉDIATIQUE [medjatik] **adj.** 1. Qui concerne les médias, est transmis par les médias. *Campagne médiatique.* 2. Qui est à son avantage dans les médias. *Un politicien très médiatique.*
ÉTYM. de *média.*

① **MÉDIATISER** [medjatize] **v. tr.** (conjug. 3a) ✦ DIDACT. Rendre médiat.
ÉTYM. de *médiat.*

② **MÉDIATISER** [medjatize] **v. tr.** (conjug. 3a) ✦ Diffuser largement par les médias. ➖ au p. passé *Évènement médiatisé.*
ÉTYM. de *média, médiatique.*

MÉDIATOR [medjatɔʀ] **n. m.** ✦ Lamelle utilisée pour jouer de certains instruments à cordes (banjo, guitare...). SYN. **plectre.**
ÉTYM. latin *mediator* → médiateur.

MÉDIATRICE [medjatʀis] **n. f.** ✦ *Médiatrice d'un segment* : droite perpendiculaire au segment en son milieu. *Les médiatrices d'un triangle* : les trois médiatrices de ses côtés.
ÉTYM. féminin de *médiateur.*

MÉDICAL, ALE, AUX [medikal, o] **adj.** ✦ Qui concerne la médecine. *Soins médicaux. Visite médicale.* ➖ *Auxiliaires médicaux.* → aussi **paramédical.**
ÉTYM. latin médiéval *medicalis.*

MÉDICALEMENT [medikalmɑ̃] **adv.** ✦ Du point de vue de la médecine.

MÉDICALISER [medikalize] **v. tr.** (conjug. 3a) ✦ Développer l'action médicale dans (un domaine), pour (des personnes). CONTR. **démédicaliser.**
▶ **MÉDICALISATION** [medikalizasjɔ̃] **n. f.**

MÉDICAMENT [medikamɑ̃] **n. m.** ✦ Substance spécialement préparée pour servir de remède. SYN. **médication, remède.** *Ordonner, prescrire un médicament à un malade. Acheter un médicament à la pharmacie.*
ÉTYM. latin *medicamentum*, de *medicus* «propre à soigner».

MÉDICAMENTEUX, EUSE [medikamɑ̃tø, øz] **adj.** ✦ DIDACT. Qui a des propriétés thérapeutiques.
ÉTYM. de *médicament.*

MÉDICATION [medikasjɔ̃] **n. f.** ✦ Emploi d'agents médicaux dans une intention précise. SYN. **thérapeutique.**
ÉTYM. latin *medicatio*, de *medicari* «soigner».

MÉDICINAL, ALE, AUX [medisinal, o] **adj.** ✦ Qui a des propriétés curatives. *Les plantes médicinales.*
ÉTYM. latin *medicinalis.*

MÉDICO- Élément, du latin *medicus* «médecin», qui signifie «médical».

MÉDICOLÉGAL, ALE, AUX [medikolegal, o] **adj.** ✦ Relatif à la médecine légale. *Institut médicolégal*, la morgue.

MÉDICOSOCIAL, ALE, AUX [medikosɔsjal, o] **adj.** ✦ Relatif à la médecine sociale, à la médecine du travail. *Centre médicosocial.*

MÉDIÉVAL, ALE, AUX [medjeval, o] **adj.** ✦ Relatif au Moyen Âge. SYN. **moyenâgeux.** *Art médiéval. Latin médiéval.*
ÉTYM. du latin *medium aevum* «âge moyen».

MÉDIÉVISTE [medjevist] **n.** ✦ DIDACT. Spécialiste, notamment historien, du Moyen Âge.

MÉDINA [medina] **n. f.** ✦ Vieille ville, quartier ancien, dans les pays d'Afrique du Nord (spécialt au Maroc).
ÉTYM. arabe *madina* «ville».

MÉDIO- Élément, du latin *medius* «moyen ; au milieu».

MÉDIOCRE [medjɔkʀ] **adj.** 1. VX Moyen. 2. MOD. Qui est au-dessous de la moyenne, qui est insuffisant. *Un salaire médiocre.* SYN. **maigre, modeste, modique, petit.** ◆ Assez mauvais. SYN. **faible, piètre, quelconque.** *Travail médiocre, réussite médiocre.* 3. (personnes) Qui ne dépasse pas ou même n'atteint pas la moyenne. *Élève médiocre en maths.* → **faible, insuffisant.** ➖ **n.** *C'est un médiocre.* CONTR. ① **bon, suffisant • excellent, parfait, supérieur.**
ÉTYM. latin *mediocris* «moyen», de *medius* «au milieu».

MÉDIOCREMENT [medjɔkʀəmɑ̃] **adv.** ✦ Assez peu, assez mal. *Il joue du piano, il travaille médiocrement.*

MÉDIOCRITÉ [medjɔkʀite] n. f. 1. VX Situation moyenne. → Modération, juste milieu. 2. MOD. État de ce qui est médiocre (2). → Insuffisance de qualité, de valeur. *La médiocrité de ses résultats.* SYN. **faiblesse.** CONTR. **excellence, perfection.**
ÉTYM. latin *mediocritas* «juste milieu» et «caractère insuffisant».

MÉDIQUE [medik] adj. ✦ HIST. Relatif aux Mèdes (☛ noms propres), à la Médie. *Guerres médiques.*
ÉTYM. latin *Medicus*, grec *Medikos* «de Médie, région de Perse».

MÉDIRE [mediʀ] v. tr. ind. (conjug. 65a ; sauf *vous médisez*) ✦ Dire (de qqn) le mal qu'on sait ou croit savoir sur son compte. *Médire de, sur qqn.* SYN. **attaquer, critiquer, dénigrer.** CONTR. ① **louer, vanter.**
ÉTYM. de *mé-* et *dire.*

MÉDISANCE [medizɑ̃s] n. f. 1. Action de médire. SYN. **dénigrement, détraction.** 2. Propos d'une personne qui médit. SYN. **commérage, racontar, ragot.** CONTR. **compliment, éloge, louange.**
ÉTYM. de *médisant.*

MÉDISANT, ANTE [medizɑ̃, ɑ̃t] adj. ✦ Qui médit. *Être médisant.* → n. *Des médisants.* ♦ *Bavardages médisants.* CONTR. **élogieux, flatteur.**
ÉTYM. du participe présent de *médire.*

MÉDITATIF, IVE [meditatif, iv] adj. ✦ Qui est porté à la méditation. *Un vieillard méditatif.* → n. *Un méditatif.* ♦ *Esprit méditatif. Avoir un air méditatif.* SYN. **pensif, rêveur.**
ÉTYM. latin *meditativus.*

MÉDITATION [meditasjɔ̃] n. f. 1. Réflexion qui approfondit longuement un sujet. *S'absorber dans la méditation.* 2. Pensée profonde, attentive, portant sur un sujet particulier. *«Méditations poétiques»* (poèmes de Lamartine).
ÉTYM. latin *meditatio.*

MÉDITER [medite] v. (conjug. 3a) **I** v. tr. 1. Soumettre (qqch.) à une longue et profonde réflexion. SYN. **approfondir.** *Méditez ce que je vous ai dit.* 2. Préparer par une longue réflexion (une œuvre, une entreprise). *Méditer un projet.* SYN. **combiner, mûrir.** *Méditer de faire qqch.* SYN. **projeter.** **II** v. intr. Penser longuement (sur un sujet). SYN. **réfléchir.** *Méditer sur son sort.*
ÉTYM. latin *meditari*, de *mederi* «donner ses soins».

MÉDITERRANÉEN, ENNE [mediteʀaneɛ̃, ɛn] adj. et n. ✦ Qui appartient, se rapporte à la Méditerranée (☛ noms propres), à ses rivages. *Climat méditerranéen, aux étés chauds et secs, aux hivers doux. Les peuples méditerranéens.* → n. *Les Méditerranéens.*

① **MÉDIUM** [medjɔm] n. m. ✦ Étendue de la voix, registre des sons entre le grave et l'aigu.
ÉTYM. latin *medium* «milieu», de *medius* «au milieu».

② **MÉDIUM** [medjɔm] n. m. ✦ Personne réputée douée du pouvoir de communiquer avec les esprits.
► **MÉDIUMNIQUE** [medjɔmnik] adj.
ÉTYM. du latin *medium*, par l'anglais → ① médium.

MÉDIUS [medjys] n. m. ✦ Doigt du milieu de la main. SYN. ① **majeur.**
ÉTYM. latin *medius (digitus)* «(doigt) du milieu».

MÉDULLAIRE [medylɛʀ] adj. ✦ Qui a rapport à la moelle épinière ou à la moelle des os.
ÉTYM. latin *medullaris*, de *medulla* «moelle».

MÉDUSE [medyz] n. f. ✦ Animal marin formé de tissus transparents d'apparence gélatineuse, ayant la forme d'une cloche (appelée *ombrelle*) sous laquelle se trouvent la bouche et les tentacules.
ÉTYM. de *Méduse*, nom mythologique. ☛ noms propres.

MÉDUSER [medyze] v. tr. (conjug. 3a) ✦ Frapper de stupeur. SYN. **pétrifier, stupéfier.** → au p. passé *Il en est resté médusé.*
ÉTYM. de *Méduse.* ☛ noms propres.

MEETING [mitiŋ] n. m. ✦ anglicisme 1. Réunion publique politique, sociale. *Mot d'ordre répété dans les meetings.* 2. Démonstration, réunion sportive pour un nombreux public. *Meeting d'athlétisme. Meeting aérien.*
ÉTYM. mot anglais, de *to meet* «se rencontrer».

MÉFAIT [mefɛ] n. m. 1. Action mauvaise, nuisible à autrui. *Il a commis de graves méfaits.* 2. Résultat pernicieux. *Les méfaits du tabac.* CONTR. **bienfait.**
ÉTYM. du participe passé de l'ancien verbe *méfaire*, de *mé-* et *faire.*

MÉFIANCE [mefjɑ̃s] n. f. ✦ Disposition à se méfier ; état de celui qui se méfie. SYN. **défiance, doute.** *Éveiller la méfiance de qqn.* SYN. **suspicion.** CONTR. **confiance.**
ÉTYM. de *méfiant.*

MÉFIANT, ANTE [mefjɑ̃, ɑ̃t] adj. ✦ Qui se méfie, est enclin à la méfiance. SYN. **défiant, soupçonneux.** *Il est très méfiant.* → *Regard méfiant.* CONTR. **confiant.**
ÉTYM. du participe présent de *se méfier.*

se **MÉFIER** [mefje] v. pron. (conjug. 9) 1. *SE MÉFIER DE :* ne pas se fier (à qqn) ; se tenir en garde (contre les intentions de qqn). SYN. se **défier.** *Se méfier d'un concurrent. Je me méfie de ses bonnes paroles.* SYN. **douter.** 2. Être sur ses gardes. *Méfiez-vous ! Il y a une marche.* CONTR. se **fier.**
ÉTYM. de *mé-* et *se fier.*

> **MÉGA-, MÉGALO- ; -MÉGALIE** **I** Éléments, du grec *megas, megalou* «grand». **II** *MÉGA-* 1. SC. Élément qui multiplie par un million l'unité dont il précède le nom (symb. M) [ex. *mégajoule* (MJ) : 10^6 joules]. 2. INFORM. Élément qui multiplie par 2^{20} l'unité d'information dont il précède le nom (ex. *mégabit, mégaoctet*).

MÉGADONNÉES [megadɔne] n. f. pl. ✦ Recommandation officielle pour remplacer l'anglicisme *big data.*

MÉGAHERTZ [megaɛʀts] n. m. ✦ SC. Unité de fréquence valant 1 million de hertz (symb. MHz).

MÉGALITHE [megalit] n. m. ✦ DIDACT. Monument de pierre brute de grandes dimensions (ex. dolmen, menhir).
► **MÉGALITHIQUE** [megalitik] adj. *Monuments mégalithiques.*
ÉTYM. de *méga-* et *-lithe.*

MÉGALOMANE [megalɔman] adj. ✦ Atteint de mégalomanie. → Qui a la folie des grandeurs, est d'un orgueil excessif. → n. *C'est un, une mégalomane.* → abrév. FAM. MÉGALO [megalo]. *Elles sont complètement mégalos.*
ÉTYM. de *mégalo-* et ② *-mane.*

MÉGALOMANIE [megalɔmani] n. f. 1. Comportement pathologique caractérisé par le désir excessif de gloire, de puissance (folie des grandeurs). 2. Ambition, orgueil démesurés.
ÉTYM. de *mégalo-* et *-manie.*

MÉGALOPOLE [megalɔpɔl] n. f. ✦ DIDACT. Très grande agglomération urbaine. ☛ Géographie p. 228 et carte 57.
ÉTYM. anglais *megalopolis* → mégalo- et -pole.

MÉGAOCTET [megaɔktɛ] n. m. ✦ INFORM. Unité de capacité de mémoire valant 2^{20} octets (symb. Mo).

MÉGAPHONE [megafɔn] n. m. ✦ Appareil servant à amplifier les sons. SYN. **porte-voix.**
ÉTYM. de *méga-* et *-phone.*

par MÉGARDE [paʀmegaʀd] loc. adv. ✦ Par inattention, sans le vouloir. SYN. par **inadvertance.** *J'ai pris votre livre par mégarde.* CONTR. ② **exprès, volontairement.**
ÉTYM. de *mé-* et *garde.*

MÉGATONNE [megatɔn] n. f. ✦ Unité servant à évaluer la puissance d'une arme nucléaire (1 million de tonnes de T. N. T.). *Une bombe H de 5 mégatonnes.*

MÉGAWATT [megawat] n. m. ✦ TECHN. Unité de puissance électrique valant 1 million de watts (symb. MW).

MÉGÈRE [meʒɛʀ] n. f. ✦ Femme méchante et criarde. SYN. **chipie, furie, harpie.** *« La Mégère apprivoisée »* (titre français d'une pièce de Shakespeare).
ÉTYM. latin *Megaera,* du grec *Megaira,* nom d'une des Furies.
☛ MÉGÈRE (noms propres).

MÉGIS [meʒi] n. m. ✦ TECHN. Peau traitée et assouplie (par un bain d'alun, de cendre).
ÉTYM. de l'ancien français *mégier* «soigner», latin *medicare.*

MÉGISSERIE [meʒisʀi] n. f. 1. Préparation des cuirs utilisés par la ganterie et la pelleterie. SYN. **tannerie.** 2. Industrie, commerce de ces cuirs.
► **MÉGISSIER** [meʒisje] n. m.
ÉTYM. de *mégisser,* verbe dérivé de *mégis.*

MÉGOT [mego] n. m. ✦ FAM. Bout de cigarette ou de cigare qu'on a fumé. SYN. FAM. **clope.**
ÉTYM. peut-être de *meg,* variante de *mec* «petit bonhomme».

MÉGOTER [megɔte] v. intr. (conjug. 3a) ✦ FAM. Lésiner. *Il ne mégote pas sur les pourboires.*
ÉTYM. de *mégot.*

MÉHARI [meaʀi] n. m. ✦ Dromadaire d'Arabie, dressé pour les courses rapides. *Des méharis* ou *des méhara* (pluriel arabe).
ÉTYM. arabe du Maghreb *mahri,* pluriel *mahara* «de la tribu de Mahra, en Arabie».

MEILLEUR, EURE [mɛjœʀ] adj. I Comparatif de supériorité de *bon.* 1. Qui l'emporte (en bonté, qualité, agrément). *Il a trouvé une meilleure place que nous. Être de meilleure humeur. Meilleur marché* (compar. de *bon marché*). ➡ *Rêver d'un monde meilleur.* 2. adv. *Il fait meilleur aujourd'hui qu'hier,* le temps est meilleur. II *LE MEILLEUR, LA MEILLEURE.* Superlatif de *bon.* 1. (+ de ou adj. poss.) *C'est la meilleure de toutes. Je vous envoie mes meilleurs vœux.* ➡ (avec nom + *que* + subj.) *C'est le meilleur film que j'aie jamais vu.* 2. (après un nom) *Ils choisissent les vins les meilleurs.* 3. (sans nom, avec *de*) *La meilleure des solutions. Le meilleur d'entre nous.* ➡ loc. *J'en passe et des meilleures,* je ne dis pas ce qu'il y a de plus intéressant, de plus amusant. 4. (sans nom et sans *de*) *Être le meilleur.* ➡ *LA MEILLEURE :* l'histoire la plus étonnante. *Tu connais la meilleure ?* ➡ (personnes) *LE MEILLEUR, LES MEILLEURS. Que le meilleur gagne !* ◆ *LE MEILLEUR :* la partie la meilleure. *Donner le meilleur de soi.* ➡ *Pour le meilleur et pour le pire :* pour toutes circonstances de la vie (notamment, lorsqu'on se marie). III (seul, suivi d'un nom) Superlatif de *bon* dans les formules de souhaits. *Meilleurs vœux !,* acceptez mes vœux les meilleurs. *Meilleure santé !* CONTR. **pire.**
ÉTYM. latin *melior,* comparatif de *bonus* «bon».

MÉIOSE [mejoz] n. f. ✦ BIOL. Division de la cellule (→ **mitose**) en deux étapes, avec réduction de moitié du nombre de chromosomes.
ÉTYM. grec *meiosis* «décroissance».

MÉJUGER [meʒyʒe] v. tr. (conjug. 5) 1. v. tr. ind. *MÉJUGER DE :* estimer trop peu. *Méjuger de qqn.* 2. v. tr. dir. Juger mal. SYN. **méconnaître, mésestimer.** *On l'a méjugé.*
ÉTYM. de *mé-* et ① *juger.*

MÉLANCOLIE [melɑ̃kɔli] n. f. 1. VX Bile noire, hypocondrie. 2. LITTÉR. État de tristesse accompagné de rêverie. *Accès, crises de mélancolie.* ➡ loc. *Ne pas engendrer la mélancolie,* être très gai. 3. Caractère de ce qui inspire un tel état. *La mélancolie d'un paysage.* 4. PSYCH. État d'asthénie dépressive.
ÉTYM. latin *melancholia,* du grec «bile *(kholê)* noire».

MÉLANCOLIQUE [melɑ̃kɔlik] adj. 1. VX Atrabilaire, hypocondriaque. 2. Qui manifeste de la mélancolie (2). SYN. **triste.** 3. Qui engendre la mélancolie. *Une chanson mélancolique.* CONTR. **allègre, gai.**
► **MÉLANCOLIQUEMENT** [melɑ̃kɔlikmɑ̃] adv.
ÉTYM. latin *melancholicus* → mélancolie.

MÉLANGE [melɑ̃ʒ] n. m. 1. Action de mêler, de se mêler. *Opérer le mélange de divers éléments.* SYN. **association, combinaison, fusion, union.** ◆ *SANS MÉLANGE :* pur, parfait. *Substance à l'état isolé et sans mélange. Un bonheur sans mélange.* 2. Ensemble résultant de l'union de choses différentes, d'éléments divers. SYN. **amalgame.** *Un mélange de farine et d'œufs. Mélange homogène, hétérogène* (en chimie). 3. fig. Assemblage de choses diverses. SYN. **composé, réunion.** *Un curieux mélange de courage et de faiblesse.* 4. plur. Réunion d'écrits sur des sujets variés.
ÉTYM. de *mêler.*

MÉLANGER [melɑ̃ʒe] v. tr. (conjug. 5) 1. Unir (des choses différentes) de manière à former un tout. SYN. **associer, combiner, mêler, réunir.** *Mélanger une chose à une autre, avec une autre.* ➡ pronom. *Les deux liquides se mélangent bien.* SYN. **s'amalgamer.** 2. FAM. Mettre ensemble (des choses) sans chercher ou sans parvenir à (les) ordonner. SYN. **brouiller.** *Il a mélangé tous les dossiers.* ➡ fig. *Vous mélangez tout !,* vous confondez. ➡ loc. FAM. *Se mélanger les pédales, les pinceaux,* s'embrouiller. CONTR. **séparer • classer, trier.**
► **MÉLANGÉ, ÉE** [melɑ̃ʒe] adj. Hétéroclite. *Une société assez mélangée.* → **composite, mêlé.** *Des sentiments mélangés,* complexes, contradictoires. CONTR. **pur.**
ÉTYM. de *mélange.*

MÉLANGEUR [melɑ̃ʒœʀ] n. m. 1. Appareil servant à mélanger diverses substances. SYN. **mixeur** (anglicisme). ➡ appos. *Robinet mélangeur,* permettant d'obtenir un mélange d'eau chaude et froide. 2. Dispositif mêlant et dosant les courants reçus de différents micros.

MÉLANINE [melanin] **n. f.** ✦ BIOL. Pigment brun foncé (peau, cheveux, iris).
ÉTYM. de *mélan(o)-*.

MÉLAN(O)- Élément, du grec *melas, melanos* «noir».

MÉLASSE [melas] **n. f.** I Résidu sirupeux de la cristallisation du sucre. II fig. FAM. 1. Boue. 2. Situation pénible et inextricable. *Être dans la mélasse.* SYN. FAM. **panade, pétrin.**
ÉTYM. latin médiéval *meliacea*, du bas latin *mellaceus*, de *mel* «miel».

MELBA [mɛlba] **adj. invar.** ✦ *Pêches, fraises Melba,* dressées dans une coupe sur une couche de glace et nappées de crème chantilly.
ÉTYM. en hommage à la cantatrice *Nellie Melba.*

MÊLÉCASSE [melekas] **n. m.** 1. anciennt Mélange d'eau-de-vie et de cassis. *Des mêlécasses.* 2. loc. FAM. *Voix de mêlécasse,* rauque, cassée. ➡ On écrit aussi *mêlé-casse, des mêlés-casses.*
ÉTYM. de *mêler* et *cassis.*

MÊLÉE [mele] **n. f.** 1. Combattants mêlés dans un corps à corps. ➡ Lutte, conflit. *Se jeter dans la mêlée.* ➡ loc. *Rester au-dessus de la mêlée,* considérer un conflit sans prendre parti. 2. Phase du jeu de rugby, dans laquelle plusieurs joueurs de chaque équipe sont groupés autour du ballon. *Demi de mêlée.*
ÉTYM. de *mêler.*

MÊLER [mele] **v. tr.** (conjug. 3a) I 1. rare en emploi concret Unir, mettre ensemble (plusieurs choses différentes) de manière à former un tout. SYN. **amalgamer, combiner, mélanger.** *Mêler des substances.* ◆ Réunir (des choses abstraites) réellement ou par la pensée. *Mêler plusieurs thèmes dans une œuvre.* SYN. **entremêler.** 2. Mettre en désordre. SYN. **brouiller, embrouiller.** *Il a mêlé tous mes papiers.* ➡ *Mêler les cartes.* SYN. **battre.** 3. *Mêler* (qqch.) *à, avec,* ajouter (une chose) à une autre, mettre (une chose) avec une autre, et les confondre. ➡ Manifester à la fois (des choses différentes, opposées). SYN. **allier, associer, joindre.** *Il mêle la bêtise à l'ignorance.* 4. *Mêler* (qqn) *à* : faire participer à. *On l'a mêlé à une affaire dangereuse.* II *SE MÊLER* **v. pron.** 1. (choses) Être mêlé, mis ensemble. *Peuples, races qui se mêlent.* SYN. **fusionner.** ➡ *Se mêler à, avec* : se joindre, s'unir à, pour former un tout. 2. (personnes) Se joindre à (un ensemble de gens), aller avec eux. *Se mêler à un groupe, à la foule.* 3. *SE MÊLER DE* : s'occuper de (qqch.), notamment lorsqu'on ne le devrait pas. *Mêlez-vous de vos affaires, de ce qui vous regarde !* CONTR. **démêler, dissocier, isoler, séparer • classer, trier.**
► **MÊLÉ, ÉE adj.** 1. Qui forme un mélange. *Couleurs mêlées.* 2. *Mêlé de* : qui est mélangé à (qqch.). *Noir mêlé de rouge. Plaisir mêlé de peine.*
ÉTYM. latin populaire *misculare*, de *miscere* «mélanger, troubler».

MÉLÈZE [melɛz] **n. m.** ✦ Arbre des montagnes (conifère) à cônes dressés.
ÉTYM. mot dauphinois, d'un prélatin *melix, melice*, du radical gaulois *mel-* et latin *larix.*

MÉLI-MÉLO [melimelo] **n. m.** ✦ FAM. Mélange très confus et désordonné. SYN. **embrouillamini, fouillis.** *Des mélis-mélos.* ➡ On peut aussi écrire *méliméIo* en un seul mot, *des mélimélos.*
ÉTYM. de l'ancien français *mesle-mesle*, de *mêler.*

MÉLIORATIF, IVE [meljɔʀatif, iv] **adj.** ✦ LING. *Terme mélioratif,* qui présente ce qui est désigné sous un aspect favorable. CONTR. **péjoratif.**
ÉTYM. du latin *melior* «meilleur», d'après *péjoratif.*

MÉLISSE [melis] **n. f.** 1. Plante herbacée et aromatique. SYN. **citronnelle.** 2. *EAU DE MÉLISSE* : médicament à base d'essence de mélisse.
ÉTYM. bas latin *melissa*, grec *melissophullon* «feuille *(phullon)* à abeille *(melissa)*».

MELLIFÈRE [melifɛʀ] **adj.** 1. Qui produit du miel. *Insectes mellifères.* 2. *Plantes mellifères,* dont le nectar est utilisé par les abeilles pour produire le miel.
ÉTYM. latin *mellifer.*

MÉLO [melo] **n. m.** ✦ FAM. Mélodrame. *Des mélos larmoyants.*
ÉTYM. abréviation.

MÉLODIE [melɔdi] **n. f.** 1. Ensemble de sons successifs (par oppos. à *harmonie*) formant une suite reconnaissable et agréable. SYN. ③ **air.** *La mélodie et le rythme d'un morceau.* 2. Pièce vocale composée sur le texte d'un poème, avec accompagnement. *Mélodies de Fauré.*
ÉTYM. bas latin *melodia*, du grec *melôdia.*

MÉLODIEUX, EUSE [melɔdjø, øz] **adj.** ✦ (son, musique) Agréable à l'oreille. SYN. **harmonieux.** *Une voix mélodieuse.*
ÉTYM. de *mélodie.*

MÉLODIQUE [melɔdik] **adj.** 1. Qui a rapport à la mélodie. *Période, phrase mélodique.* 2. Qui a les caractères de la mélodie. *Ce morceau est plus rythmique que mélodique.*
ÉTYM. de *mélodie.*

MÉLODISTE [melɔdist] **n.** ✦ MUS. Compositeur, compositrice dont les œuvres sont marquées par l'importance de la mélodie.
ÉTYM. de *mélodie.*

MÉLODRAMATIQUE [melɔdʀamatik] **adj.** 1. Du mélodrame. 2. fig. *Il roulait des yeux d'un air mélodramatique.*

MÉLODRAME [melɔdʀam] **n. m.** 1. Drame populaire que caractérisent l'invraisemblance de l'intrigue, l'outrance des caractères et du ton. SYN. FAM. **mélo.** ☛ Littérature p. 129. 2. fig. Situation réelle analogue. *Nous voilà en plein mélodrame.*
ÉTYM. italien *melodramma* «drame chanté, opéra».

MÉLOMANE [melɔman] **n.** et **adj.** ✦ (Personne) qui connaît et aime la musique.
ÉTYM. du grec *melos* «musique» et de ② *-mane.*

MELON [m(ə)lɔ̃] **n. m.** 1. Gros fruit rond à chair juteuse et sucrée, d'une plante herbacée (cucurbitacée). ➡ *Melon d'eau.* → **pastèque.** *Melon d'Espagne,* à peau et à chair jaunes. 2. appos. *Chapeau melon,* chapeau d'homme en feutre rigide, de forme ronde et bombée. *Des chapeaux melons.* ➡ On dit aussi *un melon.*
ÉTYM. bas latin *melo, melonis*, de *melopepo*, du grec, de *mêlon* «fruit» et *pêpon* «mûr».

A B C D E F G H I J K L M N O P Q R S T U V W X Y Z

MÉLOPÉE [melɔpe] n. f. ✦ Chant, mélodie monotone et mélancolique.
ÉTYM. bas latin *melopoeia*, du grec *melopoiia*.

MELTING-POT [mɛltiŋpɔt] n. m. ✦ anglicisme Brassage d'éléments de population différents. *Des melting-pots.*
ÉTYM. mot anglais, de *to melt* «fondre» et *pot* «récipient».

MEMBRANE [mɑ̃bʀan] n. f. 1. Tissu organique animal, mince et souple, qui forme ou enveloppe un organe, tapisse une cavité. ◆ Tissu végétal formant enveloppe, cloison. 2. Couche cytoplasmique différenciée constituant une limite. *Membrane cellulaire ; nucléaire.* 3. Mince cloison. *Membrane semi-perméable.*
ÉTYM. latin *membrana*, de *membrum* «membre».

MEMBRANEUX, EUSE [mɑ̃bʀanø, øz] adj. ✦ Qui est de la nature d'une membrane (1).

MEMBRE [mɑ̃bʀ] n. m. I 1. Chacune des quatre parties appariées du corps humain qui s'attachent au tronc. *Les membres supérieurs* (→ **bras**), *inférieurs* (→ **jambe**). – Chacune des quatre parties articulées (ailes, pattes ; moignons sous la peau : serpents) qui s'attachent au corps des vertébrés tétrapodes. 2. VX Partie du corps, organe. – loc. MOD. *Membre viril*, ou absolt *membre* : le pénis. II 1. Personne qui fait nommément partie (d'un corps). *Il n'est plus membre du parti.* SYN. **adhérent.** – Personne (qui appartient à une communauté). *Tous les membres de la famille.* 2. Groupe, pays qui fait librement partie (d'une union). *Les membres d'une fédération. Les membres de l'ONU.* – appos. *Les pays membres.* III 1. Fragment (d'énoncé). *Un membre de phrase.* 2. Chacune des deux parties d'une équation ou d'une inégalité, situées de part et d'autre du signe.
ÉTYM. latin *membrum*.

MEMBRURE [mɑ̃bʀyʀ] n. f. 1. (avec un adj.) Ensemble des membres (d'une personne). *Avoir une membrure puissante.* 2. Ensemble des poutres transversales attachées à la quille et soutenant le pont d'un navire.
ÉTYM. de *membre*.

MÊME [mɛm] adj. indéf., pron. indéf. et adv.
I adj. indéf. 1. (devant le nom) Identique ou semblable. *Relire les mêmes livres. Elle travaille dans le même bureau que moi. En même temps. Être du même avis.* 2. (après le nom ou le pronom) *Ce sont les paroles mêmes qu'il a prononcées.* SYN. **propre.** *Elle est la gentillesse même.* – *Elle(s)-même(s), eux-mêmes,* etc. *Il est toujours égal à lui-même,* le même. – loc. *De lui-même, d'elle-même,* de sa propre décision, spontanément. *Par lui-même, par elle-même,* par ses propres moyens. CONTR. **autre, différent.**
II pron. indéf. 1. *Le, la, les même(s). Ce n'est pas le même, c'en est un autre.* 2. loc. *Cela revient au même,* c'est exactement pareil.
III adv. 1. Marquant un renchérissement, une gradation. *Ça ne coûte même pas, pas même deux euros. Je ne m'en souviens même plus.* 2. Exactement, précisément. *Je l'ai rencontré ici même. Aujourd'hui même.* – *À MÊME* : directement sur (qqch.). *Il dort à même le sol.* 3. loc. adv. *DE MÊME* : de la même façon. SYN. **ainsi, pareillement.** *Vous y allez ? Moi de même.* SYN. **aussi.** – *Tout de même* : néanmoins, pourtant. – *QUAND MÊME* : malgré tout. *Quand bien même* (+ cond.). *Quand bien même il serait venu, serait-il venu,* même s'il était venu. – interj. FAM. *Il aurait pu le dire, quand même !* ou *tout de même !* 4. loc. conj. *DE MÊME QUE* : ainsi que, comme. – *De même qu'il n'a pas voulu y aller hier, (de même) il n'ira pas demain.* – *MÊME SI* (introduisant une propos. concessive). *Même si je lui dis, cela ne changera rien.* 5. *À MÊME DE* loc. prép. : en état, en mesure de. *Il n'est pas à même de répondre.* SYN. **capable.**
ÉTYM. latin populaire *metipsimu(s)*, de *metipse*, emphatique de *ipse*.

MÉMÉ [meme] n. f. ✦ FAM. 1. Grand-mère, pour les enfants. SYN. **mamie, mémère.** *Oui, mémé. Ta mémé va venir.* 2. Femme qui n'est ni jeune ni élégante. SYN. **mémère.** – en attribut *Elle fait mémé, coiffée comme ça.*
ÉTYM. variante de *mémère*.

MÉMENTO [memɛ̃to] n. m. 1. RELIG. Prière de souvenir. *Le mémento des morts.* 2. Agenda. *Des mémentos.*
ÉTYM. latin *memento* «souviens-toi», de *meminisse*.

MÉMÈRE [memɛʀ] n. f. ✦ FAM. 1. VIEILLI Grand-mère, pour les enfants. SYN. FAM. **mamie, mémé.** 2. Femme d'un certain âge. *Une grosse mémère.*
ÉTYM. de *mère*.

① **MÉMOIRE** [memwaʀ] n. f. I 1. Faculté de conserver et de rappeler des choses passées et ce qui s'y trouve associé ; l'esprit, en tant qu'il garde le souvenir du passé. → **mnémo-**. *Elle a beaucoup de mémoire. Si j'ai bonne mémoire...* – loc. *Une mémoire d'éléphant,* excellente, fidèle et longue. *Un trou de mémoire. Il a perdu la mémoire.* → **amnésique.** – *DE MÉMOIRE* loc. adv. : sans avoir sous les yeux les signes concernés. *Réciter, jouer de mémoire.* → par **cœur.** ◆ PSYCH. Ensemble des fonctions psychiques de représentation du passé reconnu comme tel. *Mémoire affective ; mémoire volontaire, involontaire.* 2. INFORM. Dispositif permettant de recueillir et de conserver les informations qui seront traitées ultérieurement ; le support de telles informations. *Mise en mémoire des données. La mémoire centrale d'un ordinateur. Mémoire morte* (à informations non modifiables). *Mémoire vive.* II 1. *La mémoire de,* le souvenir (de qqch., de qqn). *Garder la mémoire d'un évènement* (→ **mémorable**). 2. Souvenir qu'une personne laisse d'elle à la postérité. → **renommée.** *Réhabiliter la mémoire de qqn.* – *À la mémoire de qqn,* pour perpétuer, honorer sa mémoire. 3. (en phrase négative) *De mémoire d'homme,* d'aussi loin qu'on s'en souvienne. 4. *POUR MÉMOIRE* : à titre de rappel, d'indication. *Signalons ceci, pour mémoire.*
ÉTYM. latin *memoria*, de *memor* «qui se souvient».

② **MÉMOIRE** [memwaʀ] n. m. I 1. État des sommes dues. SYN. ② **facture.** 2. Exposé ou requête. *Les cinq mémoires de Beaumarchais.* 3. Dissertation adressée à une société savante ou pour l'obtention d'un examen. II plur. Récit écrit des évènements dont une personne (→ **mémorialiste**) a été témoin. SYN. **annales,** ② **chronique(s).** ☛ Littérature p. 140. *Les Mémoires de Saint-Simon. Les «Mémoires d'outre-tombe»* (autobiographie de Chateaubriand, publiée après sa mort).
ÉTYM. de ① *mémoire*.

MÉMORABLE [memɔʀabl] adj. ✦ Dont le souvenir est durable, mérite de l'être. SYN. **fameux, historique, ineffaçable, inoubliable, marquant.** *Jour mémorable.* – iron. *Une cuite mémorable.*
ÉTYM. latin *memorabilis*.

MÉMORANDUM [memɔʀɑ̃dɔm] **n. m. 1.** Note écrite d'un diplomate pour exposer le point de vue de son gouvernement sur une question. *Des mémorandums.* **2.** Note prise pour se souvenir. ➝ Recueil de ces notes.
ÉTYM. latin *memorandus* «qui est à rappeler *(memorare)*».

MÉMORIAL, IAUX [memɔʀjal, jo] **n. m. 1.** Monument commémoratif. *Mémorial élevé en l'honneur des victimes de la guerre.* **2.** Livre de souvenirs. *«Le Mémorial de Sainte-Hélène»* (de Las Cases ; concernant Napoléon en exil).
ÉTYM. latin *memoriale*, de *memorialis* «qui aide la mémoire *(memoria)*».

MÉMORIALISTE [memɔʀjalist] **n.** ✦ Auteur de mémoires historiques (SYN. **chroniqueur, historien**) ou d'un témoignage sur son temps.
ÉTYM. latin *memorialis* «historiographe».

MÉMORISATION [memɔʀizasjɔ̃] **n. f.** ✦ DIDACT. Acquisition volontaire par la mémoire. *Procédés de mémorisation.* → **mnémotechnique.**

MÉMORISER [memɔʀize] **v. tr.** (conjug. 3a) ✦ DIDACT. **1.** Fixer dans la mémoire. *Mémoriser un numéro de téléphone.* SYN. **retenir. 2.** INFORM. Mettre en mémoire (des informations).
ÉTYM. du latin *memoria* «mémoire».

MENAÇANT, ANTE [mənasɑ̃, ɑ̃t] **adj. 1.** Qui menace, exprime une menace. *Une foule grondante et menaçante. Air menaçant.* **2.** (choses) Qui constitue une menace, un danger. *Un geste menaçant.* SYN. **agressif.** ➝ *Le temps est menaçant.* CONTR. **rassurant.**
ÉTYM. du participe présent de *menacer.*

MENACE [mənas] **n. f. 1.** Manifestation par laquelle on marque (à qqn) de la colère, avec l'intention de lui faire craindre le mal qu'on lui prépare. *Obtenir qqch. par la menace. Menace de mort. Gestes, paroles de menace. Sous la menace.* **2.** Signe par lequel se manifeste ce qu'on doit craindre (de qqch.) ; danger. *Menaces de guerre, d'inflation.*
ÉTYM. latin populaire *minacia*, de *minax* «menaçant», de *minari* «menacer».

MENACER [mənase] **v. tr.** (conjug. 4) **1.** Chercher à intimider par des menaces. **2.** Mettre en danger, constituer une menace (pour qqn). *Sa jalousie menace leur bonheur.* SYN. **compromettre. 3.** Présager, laisser craindre (quelque mal). *Son discours menace d'être long.* SYN. **risquer.** ➝ *L'orage menace*, semble imminent. CONTR. **rassurer.**
► **MENACÉ, ÉE adj.** En danger. *Espèce menacée.* ☞ Géographie p. 226.
ÉTYM. latin populaire *minaciare* → menace.

MÉNAGE [menaʒ] **n. m. I 1.** VX Administration, économie. **2.** MOD. Ensemble des choses domestiques, spécialt des travaux d'entretien et de propreté dans un intérieur. *Faire le ménage.* ➝ *Faire des ménages*, faire le ménage chez d'autres moyennant rétribution. *Femme*, homme de ménage.* **3.** *Tenir son ménage*, son intérieur. ➝ VIEILLI *DE MÉNAGE* : fait à la maison. *Bière de ménage.* ◆ → **remue-ménage. II 1.** (dans des loc.) Vie en commun d'un couple. *Scène* de ménage. Se mettre en ménage*, vivre ensemble, se marier. ➝ *Faire bon, mauvais ménage avec qqn*, s'entendre bien, mal avec qqn. **2.** Couple constituant une communauté domestique. *Un jeune, un vieux ménage.* ◆ Famille, foyer. ➝ ÉCON. Unité de population (famille, personne seule) en tant que consommateur. *La consommation des ménages.*
ÉTYM. de l'ancien français *maneir, manoir* «demeurer», influence de *mesnie* «famille».

MÉNAGEMENT [menaʒmɑ̃] **n. m. 1.** Réserve dans le comportement envers qqn (par respect, par intérêt). SYN. **circonspection, précaution.** *Traiter qqn sans ménagement*, brutalement. **2.** Procédé envers qqn que l'on veut ménager (I). SYN. **attention, égard.** *On lui a annoncé la nouvelle avec beaucoup de ménagements.* CONTR. **brusquerie, brutalité.**
ÉTYM. de ② *ménager.*

① **MÉNAGER, ÈRE** [menaʒe, ɛʀ] **adj. 1.** (choses) Qui a rapport aux soins du ménage, à la tenue de l'intérieur domestique. *Travaux ménagers.* ➝ *Appareils* ménagers* (→ **électroménager**). **2.** Qui provient du ménage, de la maison. *Ordures ménagères.*
ÉTYM. de *ménage.*

② **MÉNAGER** [menaʒe] **v. tr.** (conjug. 5) **I 1.** Employer (un bien) avec mesure, avec économie. SYN. **économiser, épargner** ; → **ménage** (1). *Ménager ses vêtements. Ménager ses forces, son temps. Il ne ménage pas sa peine.* **2.** Dire avec mesure. *Ménagez vos expressions !* SYN. **mesurer, modérer. 3.** Employer ou traiter (un être vivant) avec le souci d'épargner ses forces ou sa vie. ➝ loc. *Qui veut voyager loin ménage sa monture. Ménager la chèvre* et le chou.* **4.** Traiter (qqn) avec prudence ou avec modération, indulgence. *Il cherche à ménager tout le monde. Ménager la susceptibilité de qqn.* **II 1.** Disposer, régler avec soin, habileté. SYN. **arranger, organiser.** *Ménager une entrevue à, avec qqn.* iron. *Je lui ai ménagé une petite surprise.* **2.** S'arranger pour réserver, laisser. *Ménager, se ménager du temps pour faire qqch.* **3.** Installer, disposer. SYN. **aménager.** *Ménager des étagères dans un recoin.* **III** *SE MÉNAGER* **v. pron.** Avoir soin de sa santé, ne pas abuser de ses forces. *Vous devriez vous ménager.* CONTR. **dépenser, gaspiller · épuiser, fatiguer · malmener.**
ÉTYM. de *ménage.*

MÉNAGÈRE [menaʒɛʀ] **n. f. 1.** Femme qui tient une maison, s'occupe du ménage. ➝ loc. *Le panier de la ménagère*, les provisions pour la maison ; le coût de produits de grande consommation, servant au calcul de l'indice des prix. **2.** Service de couverts de table dans un coffret. *Une ménagère en inox.*
ÉTYM. de ① *ménager.*

MÉNAGERIE [menaʒʀi] **n. f.** ✦ Lieu où sont rassemblés des animaux rares, soit pour l'étude, soit pour la présentation au public ; ces animaux. *La ménagerie d'un cirque.*
ÉTYM. de *ménage.*

MENDIANT, ANTE [mɑ̃djɑ̃, ɑ̃t] **n. 1.** Personne qui mendie habituellement pour vivre. ➝ **adj.** *Ordres* (religieux) *mendiants*, qui vivaient d'aumônes. **2.** Mélange de fruits secs.
ÉTYM. du participe présent de *mendier.*

MENDICITÉ [mɑ̃disite] **n. f. 1.** Condition de la personne qui mendie. *Être réduit à la mendicité.* **2.** Action de mendier.
ÉTYM. latin *mendicitas.*

A B C D E F G H I J K L **M** N O P Q R S T U V W X Y Z

MENDIER [mɑ̃dje] **v.** (conjug. 9) **1. v. intr.** Demander l'aumône, la charité. SYN. **quêter** ; FAM. faire la **manche.** **2. v. tr.** Demander à titre d'aumône. ➝ péj. Demander de façon servile et humiliante. SYN. **quémander.** *Mendier des voix, des compliments.*

ÉTYM. latin *mendicare*, de *mendicus* «pauvre».

MENEAU [məno] **n. m.** ✦ ARCHÉOL., TECHN. Montant qui divise la baie d'une fenêtre. *Fenêtre à meneaux.*

ÉTYM. ancien français *meienel*, de *meien*, forme ancienne de *moyen*.

MENÉES [məne] **n. f. pl.** ✦ Agissements secrets dans un dessein nuisible. SYN. **intrigue, machination.** *Menées subversives.*

ÉTYM. du participe passé de *mener*.

MENER [m(ə)ne] **v. tr.** (conjug. 7a) **I** Faire aller (qqn) avec soi. **1.** *MENER À, EN, DANS ; MENER* (+ inf.) : conduire en accompagnant ou en commandant. SYN. **amener, emmener.** *Mener un enfant à l'école.* **2.** Être en tête de (un cortège, une file). loc. *Mener la danse.* ➝ absolt Avoir l'avantage. *Cette équipe mène deux (à) zéro.* **3.** Diriger. *Mener qqn au doigt et à l'œil.* ➝ *Les idées qui mènent le monde.* **II** Faire aller en contrôlant. SYN. **piloter.** loc. *Mener sa barque.* ◆ fig. Faire marcher, évoluer sous sa direction. *Mener rondement une affaire. Mener une émission* (→ **meneur**). ➝ *MENER À... Mener qqch. à bien. Mener une chose à bonne fin, à terme.* **III** (choses) **1.** Transporter. SYN. **amener, conduire.** **2.** Permettre d'aller d'un lieu à un autre. *Où mène cette route ?* ➝ *Son inconscience nous mène à la catastrophe. Cela peut vous mener loin,* avoir de graves conséquences. **IV** GÉOM. Tracer. *Mener une parallèle à une droite.*

ÉTYM. latin *minare* «pousser devant soi», de *minari* «menacer».

MÉNESTREL [menɛstʀɛl] **n. m.** ✦ au Moyen Âge Musicien et chanteur ambulant. → **troubadour.**

ÉTYM. bas latin *ministerialis*, de *ministerium* «service, fonction».

MÉNÉTRIER [menetʀije] **n. m.** ✦ anciennt Violoniste de village, qui escortait les noces. SYN. **violoneux.**

ÉTYM. variante régionale de *ménestrel*.

MENEUR, EUSE [mənœʀ, øz] **n.** **1.** VX Conducteur, guide. **2.** *Meneur de jeu,* animateur d'un spectacle ou d'une émission. ➝ *Meneuse de revue,* vedette principale d'une revue de music-hall. **3.** souvent péj. Personne qui, par son autorité, prend la tête d'un mouvement populaire. SYN. **chef, dirigeant.** *On a arrêté les meneurs.* **4.** *Un meneur, une meneuse d'hommes,* personne qui sait mener, manier les autres. CONTR. **suiveur.**

ÉTYM. de *mener*.

MENHIR [meniʀ] **n. m.** ✦ Monument mégalithique, pierre allongée dressée verticalement. *Les dolmens et les menhirs.*

ÉTYM. mot breton, de *men* «pierre» et *hir* «long».

MÉNIN, MÉNINE [menɛ̃, menin] **n.** ✦ HIST. Jeune noble attaché à une maison princière d'Espagne. *«Les Ménines»* (tableau de Vélasquez). ➝ On écrit parfois *menin, menine,* sans accent.

ÉTYM. espagnol *menino, menina*, du portugais *menino* «enfant».

MÉNINGE [menɛ̃ʒ] **n. f.** **1.** Chacune des trois membranes qui entourent le cerveau et la moelle épinière. **2.** FAM. au plur. Le cerveau, l'esprit. *Elle ne s'est pas fatigué les méninges.*

ÉTYM. latin *meninga*, du grec *meninx, meningos* «membrane».

MÉNINGÉ, ÉE [menɛ̃ʒe] **adj.** ✦ Relatif aux méninges (1). *Hémorragie méningée.*

MÉNINGITE [menɛ̃ʒit] **n. f.** ✦ Inflammation aiguë ou chronique des méninges. *Méningite tuberculeuse.* ➝ FAM. *Il ne risque pas d'attraper une méningite,* il ne fait aucun effort intellectuel.

ÉTYM. de *méninge* et *-ite*.

MÉNISQUE [menisk] **n. m.** ✦ Lame fibro-cartilagineuse disposée entre deux surfaces articulaires mobiles. *Les ménisques du genou.*

ÉTYM. grec *meniskos* «croissant», diminutif de *mên* «mois ; lune».

MÉNOPAUSE [menopoz] **n. f.** ✦ Cessation des règles et de la fonction ovarienne chez la femme ; époque où elle se produit. SYN. **retour** (d'âge).

ÉTYM. du grec *mên, mênos* «mois» et *pausis* «cessation».

MENOTTE [mənɔt] **n. f.** **1.** au plur. Bracelets métalliques réunis par une chaîne, qui se fixent aux poignets d'un prisonnier. *Passer les menottes à un suspect.* **2.** Main d'enfant ; petite main.

ÉTYM. diminutif de *men*, forme ancienne de *main*.

MENSONGE [mɑ̃sɔ̃ʒ] **n. m.** **1.** Assertion sciemment contraire à la vérité. SYN. **contrevérité, tromperie.** *Faire un mensonge.* → **mentir.** *Un grossier mensonge. Mensonge pour rire.* → ② **blague, canular.** ➝ loc. *Pieux mensonge,* inspiré par la piété ou la pitié. ➝ *Mensonge par omission,* qui consiste à taire la vérité. **2.** *Le mensonge,* l'acte de mentir ; les fausses affirmations. *Détecteur de mensonge.* **3.** Ce qui est trompeur, illusoire. *Le bonheur est un mensonge.* CONTR. **vérité · réalité.**

ÉTYM. latin populaire *mentionica*, de *mentio* «mensonge».

MENSONGER, ÈRE [mɑ̃sɔ̃ʒe, ɛʀ] **adj.** ✦ Qui repose sur des mensonges ; qui trompe. → **fallacieux,** ① **faux.** *Déclaration mensongère. Publicité mensongère.* SYN. **trompeur.** CONTR. **sincère, véridique.**

ÉTYM. de *mensonge*.

MENSTRUATION [mɑ̃stʀyasjɔ̃] **n. f.** ✦ Fonction physiologique caractérisée par les règles (menstrues), de la puberté à la ménopause.

ÉTYM. du latin *menstrua* «menstrues».

MENSTRUEL, ELLE [mɑ̃stʀyɛl] **adj.** ✦ Qui a rapport aux menstrues. *Flux, sang menstruel.*

ÉTYM. latin *menstrualis*.

MENSTRUES [mɑ̃stʀy] **n. f. pl.** ✦ VX Écoulement sanguin périodique chez la femme. SYN. **règle**(s).

ÉTYM. latin *menstrua*, de *menstruus* «mensuel», de *mensis* «mois».

MENSUALISER [mɑ̃sɥalize] **v. tr.** (conjug. 3a) ✦ Transformer en salaire mensuel ; payer (qqn) au mois.

► **MENSUALISATION** [mɑ̃sɥalizasjɔ̃] **n. f.**

MENSUALITÉ [mɑ̃sɥalite] **n. f.** ✦ Somme payée mensuellement ou perçue chaque mois.

ÉTYM. de *mensuel*.

MENSUEL, ELLE [mɑ̃sɥɛl] **adj.** **1.** Qui a lieu, se fait tous les mois. *Revue mensuelle.* ➝ **n. m.** *Les mensuels et les hebdomadaires.* **2.** Calculé pour un mois et payé chaque mois. *Salaire mensuel.*

ÉTYM. latin *mensualis*, de *mensis* «mois».

MENSUELLEMENT [mɑ̃sɥɛlmɑ̃] **adv.** ✦ Tous les mois.

MENSURATION [mɑ̃syʀasjɔ̃] n. f. ✦ Détermination et mesure des dimensions caractéristiques ou importantes du corps humain ; ces mesures. ➙ **anthropométrie.** *Prendre ses mensurations. Les mensurations d'un mannequin.*
ÉTYM. latin *mensuratio*, de *mensurare* «mesurer».

MENTAL, ALE, AUX [mɑ̃tal, o] adj. 1. Qui se fait dans l'esprit seulement, sans expression orale ou écrite. *Calcul mental.* 2. Qui a rapport aux fonctions intellectuelles de l'esprit. *Les processus mentaux. Maladie mentale.* SYN. **psychique.** *Débiles mentaux.* ➛ *Âge mental,* degré de développement intellectuel (repéré par rapport à un âge théorique moyen). 3. n. m. *LE MENTAL* : état d'esprit. SYN. ① **moral.** HOM. MANTEAU «vêtement»
ÉTYM. bas latin *mentalis*, de *mens, mentis* «principe pensant».

MENTALEMENT [mɑ̃talmɑ̃] adv. 1. Par la pensée. 2. Du point de vue mental (2). *Il est mentalement atteint.*
ÉTYM. de *mental*.

MENTALITÉ [mɑ̃talite] n. f. 1. Ensemble des croyances et habitudes d'esprit d'une collectivité. *Faire évoluer les mentalités.* 2. Dispositions psychologiques ou morales ; état d'esprit. *Sa mentalité me déplaît. Une mentalité de profiteur.* ➛ FAM. Morale qui indigne. *Jolie mentalité !*
ÉTYM. de *mental*, d'après l'anglais *mentality*.

MENTEUR, EUSE [mɑ̃tœʀ, øz] n. et adj. 1. n. Personne qui ment, qui a l'habitude de mentir. *C'est un grand menteur, un vrai mythomane.* 2. adj. Qui ment. SYN. ① **faux, hypocrite.** ➛ (choses, actes) *Son sourire est menteur.* SYN. **trompeur.** CONTR. ② **franc, sincère, vrai.**
ÉTYM. de *mentir*.

MENTHE [mɑ̃t] n. f. 1. Plante très aromatique, qui croît dans les lieux humides. *Feuille de menthe. Thé à la menthe.* ➛ *Alcool de menthe.* 2. Sirop de menthe. *Menthe à l'eau.* ellipt *Des diabolos menthe.* ➛ Essence de menthe. *Des bonbons à la menthe.* HOM. ① MANTE «insecte», ② MANTE «manteau»
ÉTYM. latin *mentha*, du grec *minthê*.

MENTHOL [mɑ̃tɔl] n. m. ✦ Alcool terpénique extrait de l'essence de menthe poivrée.

MENTHOLÉ, ÉE [mɑ̃tɔle] adj. ✦ Qui contient du menthol. *Dentifrice mentholé.*

MENTION [mɑ̃sjɔ̃] n. f. 1. Action de nommer, de citer. *Il n'en est pas fait mention dans cet ouvrage.* 2. Brève note donnant une précision, un renseignement. *Rayer les mentions inutiles* (sur un questionnaire). 3. Indication d'une appréciation favorable de la part d'un jury d'examen. *Mention bien, très bien.*
ÉTYM. latin *mentio, mentionis*.

MENTIONNER [mɑ̃sjɔne] v. tr. (conjug. 3a) ✦ Faire mention de. SYN. **citer, nommer, signaler.** *Les journaux ont mentionné ce fait divers.* ➛ impers. *Il est mentionné de* (+ inf.), *que.* SYN. **indiquer.**
ÉTYM. de *mention*.

MENTIR [mɑ̃tiʀ] v. intr. (conjug. 23) 1. Faire un mensonge, affirmer ce qu'on sait être faux, ou nier, taire ce qu'on devrait dire (➙ **mensonge**). *Mentir effrontément, avec aplomb.* loc. *Mentir comme un arracheur* de dents. Il ment comme il respire,* continuellement. ➛ *Mentir à qqn,* le tromper par un mensonge. *Il nous a menti sur son salaire.* ➛ *Sans mentir...,* en vérité, vraiment. 2. (choses) Exprimer une chose fausse. *Son sourire ment.* ➛ loc. *Vous faites mentir le proverbe,* ce que vous faites contredit le proverbe.
ÉTYM. latin populaire *mentire*, classique *mentiri*.

MENTON [mɑ̃tɔ̃] n. m. ✦ Partie saillante du visage, constituée par l'avancée du maxillaire inférieur. *Menton en galoche, pointu.* ➛ *Double, triple menton,* plis de graisse sous le menton.
ÉTYM. latin populaire *mento, mentonis*, class. *mentum*.

MENTONNET [mɑ̃tɔnɛ] n. m. ✦ TECHN. Pièce saillante (d'un mécanisme).
ÉTYM. diminutif de *menton*.

MENTONNIÈRE [mɑ̃tɔnjɛʀ] n. f. 1. Jugulaire. 2. Plaquette fixée à la base d'un violon, sur laquelle s'appuie le menton.
ÉTYM. de *menton*.

MENTOR [mɛ̃tɔʀ] n. m. ✦ LITTÉR. Guide, conseiller sage et expérimenté. *Des mentors.*
ÉTYM. du nom d'un héros de l'Odyssée ☛ MENTOR (noms propres).

① **MENU, UE** [məny] adj. ✦ LITTÉR. 1. Qui a peu de volume. SYN. ② **fin, mince, petit.** *Couper qqch. en menus morceaux.* ➛ (personnes) Petit et mince. *Elle est toute menue.* SYN. **fluet.** 2. Qui a peu d'importance, peu de valeur. *Menus détails. Menue monnaie.* ➛ n. m. *PAR LE MENU* : en détail. *Raconter une anecdote par le menu.* 3. adv. En menus morceaux. *Viande, oignons hachés menu.* CONTR. **gros · important.**
ÉTYM. latin *minutus*, de *minuere* «rendre plus petit *(minus)*».

② **MENU** [məny] n. m. 1. Liste des mets dont se compose un repas. ◆ Au restaurant, liste déterminée de plats composant un repas à prix fixe ; ce repas (opposé à *repas à la carte*). 2. Liste d'opérations proposées sur l'écran d'un ordinateur à l'utilisateur.
ÉTYM. de *par le menu* → ① menu.

MENUET [mənɥɛ] n. m. 1. Ancienne danse à trois temps. 2. Forme instrumentale, dans la suite, la sonate (3e mouvement), comportant trois parties (la partie centrale est le *trio*).
ÉTYM. de l'ancien adjectif *menuet, menuette*, diminutif de ① *menu*.

MENUISERIE [mənɥizʀi] n. f. 1. Travail (assemblage) du bois pour la fabrication des meubles, la décoration des maisons. *Atelier de menuiserie.* 2. Ouvrages ainsi fabriqués. *Plafond en menuiserie,* en bois travaillé. 3. *Menuiserie métallique,* fabrication de portes et fenêtres en métal.
ÉTYM. → menuisier.

MENUISIER [mənɥizje] n. m. ✦ Artisan, ouvrier qui travaille le bois équarri en planches. *Menuisier de bâtiment, de marine. Menuisier d'art.* ➙ **ébéniste.** *Elle est menuisier* ou (rare) *menuisière.*
ÉTYM. de l'ancien français *menuise*, latin *minutia* «très petite parcelle», de *minutus* → ① menu.

MÉPHITIQUE [mefitik] adj. ✦ (vapeur, exhalaison) Qui sent mauvais et est toxique. ➛ *Des odeurs méphitiques.*
ÉTYM. bas latin *mephiticus*, de *Mefitis*, nom d'une divinité des lieux volcaniques.

MÉPLAT [mepla] **n. m.** ✦ Partie plate, plane (du visage, d'une forme représentée). *Le méplat de la tempe.* ◆ Surface plane réalisée sur une pièce à section circulaire.

ÉTYM. de *mé-* et *plat,* adjectif.

se MÉPRENDRE [mepʀɑ̃dʀ] **v. pron.** (conjug. 45) ✦ LITTÉR. Se tromper en prenant une personne, une chose pour une autre. *Ils se ressemblent à s'y méprendre. Elle s'est méprise sur leur compte.*

ÉTYM. de *mé-* et *prendre.*

MÉPRIS [mepʀi] **n. m.** 1. Fait de considérer comme indigne d'attention. *Le mépris du danger, des richesses.* ➛ *AU MÉPRIS DE* **loc. prép.** : en dépit de. 2. Sentiment par lequel on considère (qqn) comme indigne d'estime, comme moralement condamnable. SYN. **dédain, dégoût.** *Avoir, ressentir du mépris pour qqn.* ➛ *Un air plein de mépris.* CONTR. **admiration, considération, estime, respect.**

ÉTYM. de *mépriser.*

MÉPRISABLE [mepʀizabl] **adj.** ✦ Qui mérite le mépris (2). SYN. **honteux, indigne.** CONTR. **estimable, respectable.**

MÉPRISANT, ANTE [mepʀizɑ̃, ɑ̃t] **adj.** 1. Qui montre du mépris. SYN. **arrogant, dédaigneux.** 2. Qui exprime le mépris. *Un sourire méprisant.* CONTR. **admiratif, respectueux.**

MÉPRISE [mepʀiz] **n. f.** ✦ Erreur d'une personne qui se méprend. SYN. **confusion, malentendu, quiproquo.**

ÉTYM. du participe passé de *se méprendre.*

MÉPRISER [mepʀize] **v. tr.** (conjug. 3a) 1. Estimer indigne d'attention ou d'intérêt. SYN. **dédaigner, négliger.** *Mépriser le danger.* SYN. **braver, narguer.** *Cet avis n'est pas à mépriser.* 2. Considérer (qqn) comme indigne d'estime, comme moralement condamnable. CONTR. **apprécier · admirer, considérer, estimer.**

ÉTYM. de *mé-* et *priser* «apprécier».

MER [mɛʀ] **n. f.** 1. Vaste étendue d'eau salée qui couvre une grande partie de la surface du globe. → **océan** ; ① **marin, maritime.** *Poissons de mer. Haute, pleine mer,* partie éloignée des rivages. → **large** (II, 4). *Eau de mer.* ➛ *Passer ses vacances au bord de la mer, à la mer. Gens de mer :* marins. *Prendre la mer :* partir sur mer. ➛ **loc.** *Un homme à la mer,* tombé dans la mer. ➛ *Ce n'est pas la mer à boire :* ce n'est pas difficile. 2. *Une mer,* partie de la mer, délimitée (moins grande qu'un océan). *La mer du Nord.* 3. Vaste étendue. *La mer de Glace :* grand glacier des Alpes. HOM. MAIRE «élu municipal», MÈRE «maman»

ÉTYM. latin *mare.*

MERCANTI [mɛʀkɑ̃ti] **n. m.** ✦ Commerçant malhonnête ; profiteur. *Des mercantis.*

ÉTYM. sabir méditerranéen, mot italien, pluriel de *mercante* «marchand».

MERCANTILE [mɛʀkɑ̃til] **adj.** ✦ Digne d'un commerçant cupide, d'un profiteur.

ÉTYM. mot italien, de *mercante* «marchand».

MERCANTILISME [mɛʀkɑ̃tilism] **n. m.** 1. VIEILLI Esprit mercantile. 2. HIST. Ancienne doctrine économique (des XVIe et XVIIe siècles) fondée sur le profit monétaire de l'État.

ÉTYM. de *mercantile.*

MERCATIQUE [mɛʀkatik] **n. f.** ✦ Recommandation officielle pour remplacer l'anglicisme *marketing.*

ÉTYM. du latin *mercatus* «marché».

MERCATO [mɛʀkato] **n. m.** ✦ Marché officiel des transferts de sportifs professionnels d'un club à un autre.

ÉTYM. mot italien «marché».

MERCENAIRE [mɛʀsənɛʀ] **adj.** et **n. m.**

I adj. LITTÉR. Qui n'agit que pour un salaire. *Troupes mercenaires.* SYN. **vénal.**

II n. m. Soldat à la solde d'un gouvernement étranger.

ÉTYM. latin *mercenarius,* de *merces* «salaire».

MERCERIE [mɛʀsəʀi] **n. f.** 1. Ensemble des marchandises servant aux travaux de couture. 2. Commerce, boutique de mercier.

ÉTYM. de *mercier.*

MERCI [mɛʀsi] **n. f.** et **n. m.**

I 1. **n. f.** LITTÉR. Pitié, grâce. *À LA MERCI DE* **loc. prép.** : dans une situation où l'on dépend entièrement de (qqn, qqch.). *Tenir qqn à sa merci. Il est à la merci d'une erreur.* 2. *DIEU MERCI* **loc. adv.** : grâce à Dieu. 3. *SANS MERCI :* impitoyable (lutte, combat). *Un affrontement sans merci.*

II 1. **n. m.** Remerciement. *Un grand merci pour ton aide.* 2. **interj.** *Merci beaucoup. Merci pour tout. Merci de* (+ inf.) : je vous remercie de bien vouloir... ◆ Formule de politesse accompagnant un refus. *Non merci, sans façons.*

ÉTYM. latin *merces* «prix, salaire, récompense».

MERCIER, IÈRE [mɛʀsje, jɛʀ] **n.** ✦ Marchand(e) d'articles de mercerie.

ÉTYM. de l'ancien français *merz* «marchandise», latin *merx.*

MERCREDI [mɛʀkʀədi] **n. m.** ✦ Troisième jour de la semaine*, qui succède au mardi. *Le mercredi, en France, les enfants ne vont pas à l'école. Le mercredi des Cendres*.*

ÉTYM. latin *Mercuri dies* «jour du dieu Mercure». ☛ noms propres.

MERCURE [mɛʀkyʀ] **n. m.** ✦ Métal d'un blanc argenté, liquide à la température ordinaire (symb. Hg). *Baromètre à mercure. Pollution par le mercure.* ☛ Géographie p. 233.

ÉTYM. latin *Mercurius,* nom du dieu du Commerce, messager des dieux. ☛ noms propres.

MERCUROCHROME [mɛʀkyʀokʀom] **n. m.** ✦ Composé chimique rouge vif utilisé comme antiseptique externe.

ÉTYM. nom déposé ; de *mercure* et *-chrome.*

MERDE [mɛʀd] **n. f.** et **interj.**

I n. f. VULG. 1. Matière fécale. SYN. **excrément.** *Une merde de chien.* SYN. **crotte.** 2. Être ou chose méprisable, sans valeur. *Son livre, c'est de la merde. Il ne se prend pas pour une merde.* 3. Situation mauvaise et confuse. loc. *Foutre la merde* (quelque part) : mettre la pagaille. ➛ Ennui. SYN. **emmerdement.**

II interj. FAM. 1. Exclamation de colère, d'impatience, de mépris. SYN. FAM. **crotte.** *Le général Cambronne répondit merde ! aux Anglais qui le sommaient de se rendre (→ le mot* de Cambronne).* 2. Exclamation d'étonnement, d'admiration.

ÉTYM. latin *merda.*

MERDEUX, EUSE [mɛʀdø, øz] adj. ✦ FAM. 1. Sali d'excréments. – fig. *Se sentir merdeux,* honteux, coupable. 2. n. Gamin(e), blanc-bec. *Petit merdeux !*
ÉTYM. de *merde.*

MERDIER [mɛʀdje] n. m. ✦ FAM. Grand désordre, confusion inextricable.
ÉTYM. de *merde.*

MÈRE [mɛʀ] n. f. I 1. Femme qui a mis au monde un ou plusieurs enfants. SYN. **maman** ; → **maternel, maternité.** *Mère de famille.* – RELIG. CHRÉT. *La mère de Dieu, la bonne Mère :* la Vierge Marie. *Bonne mère !* exclamation marseillaise. ♦ par ext. *Mère adoptive.* – *Mère porteuse**. 2. Femelle qui a un ou plusieurs petits. *Une mère lionne et ses lionceaux.* 3. Femme qui est comme une mère. 4. Titre donné à une religieuse (supérieure d'un couvent, etc.). – appellatif *Oui, ma mère.* 5. Appellation familière pour une femme d'un certain âge. II 1. *La mère patrie,* la patrie d'origine (d'émigrés, etc.). 2. Origine, source. prov. *L'oisiveté est mère de tous les vices.* – appos. *Branche mère. Des maisons mères.*
HOM. MAIRE «élu municipal», MER «océan»
ÉTYM. latin *mater.*

MÈRE-GRAND [mɛʀgʀɑ̃] n. f. ✦ VX (ou dans les contes de fées) Grand-mère. *Des mères-grand.*

MERGUEZ [mɛʀgɛz] n. f. ✦ Petite saucisse fortement pimentée, à base de bœuf et de mouton ou d'agneau. *Servir le couscous avec des merguez.*
ÉTYM. mot arabe.

MÉRIDIEN, IENNE [meʀidjɛ̃, jɛn] adj. et n. m.
I adj. *Plan méridien* (que le Soleil coupe à midi), plan défini par l'axe de rotation de la Terre et la verticale du lieu. – Relatif au plan méridien. *Hauteur méridienne d'un astre.*
II n. m. Cercle imaginaire passant par les deux pôles terrestres. *Méridien d'origine. Heure du méridien de Greenwich* (abrév. angl. G. M. T.). *Le mètre a été défini naguère par rapport au méridien terrestre* (1/40 000 000). – Demi-cercle joignant les pôles. *Méridiens et parallèles sur les cartes.*
ÉTYM. latin *meridianus,* de *meridies* «midi».

MÉRIDIENNE [meʀidjɛn] n. f. 1. VIEILLI Sieste du milieu du jour. 2. Canapé à deux chevets de hauteur inégale.
ÉTYM. de *méridien.*

MÉRIDIONAL, ALE, AUX [meʀidjɔnal, o] adj. 1. Qui est au sud. 2. Qui est du Midi, propre aux régions et aux gens du Sud (d'un pays ; de la France). *Climat méridional.* – n. *Les Méridionaux.* CONTR. **septentrional.**
ÉTYM. bas latin *meridionalis,* de *meridies* «sud».

MERINGUE [məʀɛ̃g] n. f. ✦ Préparation très légère, faite de blancs d'œufs battus et de sucre.
ÉTYM. origine inconnue.

MERINGUÉ, ÉE [m(ə)ʀɛ̃ge] adj. ✦ Enrobé, garni de meringue. *Tarte au citron meringuée.*

MÉRINOS [meʀinos] n. m. 1. Mouton de race espagnole (originaire d'Afrique du Nord) à toison épaisse ; sa laine. 2. loc. FAM. *Laisser pisser le mérinos,* attendre, laisser aller les choses.
ÉTYM. espagnol *merino,* peut-être du latin *merus* «pur», en parlant d'une race de moutons.

MERISE [məʀiz] n. f. ✦ Petite cerise sauvage, rose ou noire.
ÉTYM. de *amerise,* de *amer* et *cerise.*

MERISIER [məʀizje] n. m. 1. Cerisier sauvage. 2. Bois de cet arbre. *Une armoire en merisier.*
ÉTYM. de *merise.*

MÉRISTÈME [meʀistɛm] n. m. ✦ BOT. Tissu jeune, à cellules serrées, qui engendre les autres tissus végétaux.
ÉTYM. du grec *meristos* «partage».

MÉRITANT, ANTE [meʀitɑ̃, ɑ̃t] adj. ✦ souvent iron. Qui a du mérite (I, 1).
ÉTYM. du participe présent de *mériter.*

MÉRITE [meʀit] n. m. I 1. Ce qui rend (une personne) digne d'estime, de récompense. SYN. **vertu.** *Avoir du mérite à faire qqch. Il n'en a que plus de mérite.* – SE FAIRE UN MÉRITE DE (+ n. ou inf.) : se glorifier de. 2. Ce qui rend (une conduite) digne d'éloges. *Sa persévérance n'est pas sans mérite.* II 1. Ensemble de qualités intellectuelles et morales (d'une personne) particulièrement estimables. *Un homme de mérite.* SYN. **valeur.** – Qualité estimable. *Vanter les mérites de qqn, de qqch.* 2. Avantage (de qqch.). *Cela a au moins le mérite d'exister.* III Nom de certains ordres et décorations (récompenses). *Chevalier du Mérite agricole.* CONTR. **démérite · défaut, faiblesse.**
ÉTYM. latin *meritum,* de *merere* «recevoir, gagner».

MÉRITER [meʀite] v. tr. (conjug. 3a) 1. (personnes) Être, par sa conduite, en droit d'obtenir (un avantage) ou exposé à subir (un inconvénient). *Mériter des compliments, une punition.* SYN. **encourir.** – *Il l'a bien mérité* (→ *c'est bien fait, il ne l'a pas volé*). – au p. passé *Un repos bien mérité.* – *Il méritait de réussir. Il mériterait qu'on lui en fasse autant !* ♦ (choses) *Cet effort mérite un encouragement. Ceci mérite réflexion.* – loc. prov. *Toute peine mérite salaire.* 2. Être digne d'avoir (qqn) à ses côtés, dans sa vie. *Il ne méritait pas de tels amis.* CONTR. **démériter.**
ÉTYM. de *mérite.*

MÉRITOIRE [meʀitwaʀ] adj. ✦ (choses) Où le mérite est grand ; qui est digne d'éloge. SYN. ① **louable.** *Un effort méritoire.* CONTR. **blâmable.**
ÉTYM. latin *meritorius* «qui rapporte un salaire».

MERLAN [mɛʀlɑ̃] n. m. ✦ Poisson de mer comestible, à chair légère. – FAM. *Faire des yeux de merlan frit,* rouler, écarquiller les yeux de façon ridicule.
ÉTYM. de *merle,* avec suff. germanique *-anc, -ange.*

MERLE [mɛʀl] n. m. ✦ Oiseau passereau au plumage généralement noir chez le mâle. *Siffler comme un merle.* – *Merle blanc :* chose, personne rare.
ÉTYM. latin *merula* «oiseau» et «poisson» → merlan.

MERLIN [mɛʀlɛ̃] n. m. ✦ Masse pour assommer les bœufs. *Un coup de merlin.*
ÉTYM. latin *marculus* «marteau».

MERLU [mɛʀly] n. m. ✦ Poisson marin commercialisé sous le nom de *colin.*
ÉTYM. peut-être de *merlan* et de l'ancien français *luz* «brochet», latin *lucius.*

MERLUCHE [mɛʀlyʃ] n. f. ✦ Morue séchée, non salée.
ÉTYM. variante de *merlu.*

MÉROU [meʀu] **n. m.** ✦ Grand poisson des côtes de la Méditerranée, à la chair très délicate. *Des mérous.*
ÉTYM. espagnol *mero*, origine inconnue.

MÉROVINGIEN, IENNE [meʀɔvɛ̃ʒjɛ̃, jɛn] **adj.** et **n.** ✦ HIST. (☛ noms propres) Relatif à la famille qui régna sur la Gaule franque, de Clovis à l'élection de Pépin le Bref ; de cette époque. *Les rois mérovingiens.* ➙ **n.** *Les Carolingiens succédèrent aux Mérovingiens.*
ÉTYM. du nom de *Mérovée, Merowig*, tribu de Francs Saliens.

MERVEILLE [mɛʀvɛj] **n. f.** ✦ Chose qui cause une intense admiration. *Les merveilles de la nature, de l'art. Les Sept Merveilles du monde* (pour les Anciens : pyramides d'Égypte, phare d'Alexandrie, jardins de Babylone, temple de Diane à Éphèse, tombeau de Mausole, statue de Zeus par Phidias, colosse de Rhodes). *C'est une pure merveille.* ➙ loc. *Faire merveille :* obtenir ou produire des résultats remarquables. ➙ *À MERVEILLE* **loc. adv.** : parfaitement. *Ils s'entendent à merveille.* CONTR. **horreur.**
ÉTYM. latin populaire *mirabilia*, de *mirabilis* «admirable», de *mirari* «être surpris».

MERVEILLEUSEMENT [mɛʀvɛjøzmɑ̃] **adv.** ✦ Admirablement, parfaitement. CONTR. **horriblement.**

MERVEILLEUX, EUSE [mɛʀvɛjø, øz] **adj.** et **n.**
I adj. 1. Qui étonne par son caractère inexplicable, surnaturel. SYN. **magique, miraculeux.** *Aladin, ou la lampe merveilleuse.* SYN. **enchanté.** 2. Qui est admirable au plus haut point, exceptionnel. SYN. **divin, extraordinaire, magnifique, mirifique, prodigieux.** CONTR. **naturel · horrible.**
II n. 1. **n. m.** Ce qui, dans une œuvre littéraire, se réfère à l'inexplicable, au surnaturel. ☛ Littérature p. 135. *Le fantastique et le merveilleux.* 2. **n.** HIST. Élégant(e) excentrique, pendant la Révolution et le Directoire.
ÉTYM. de *merveille.*

MERZLOTA [mɛʀzlɔta] **n. f.** ✦ GÉOGR. Sol gelé en profondeur, en permanence.
ÉTYM. mot russe.

MES **adj. poss.** → MON

MÉS- → MÉS(O)-

MÉSALLIANCE [mezaljɑ̃s] **n. f.** ✦ Mariage avec une personne considérée comme socialement inférieure.
ÉTYM. de *mésallier.*

se MÉSALLIER [mezalje] **v. pron.** (conjug. 9) ✦ Épouser une personne de condition inférieure.
ÉTYM. de *mé-* et *allier.*

MÉSANGE [mezɑ̃ʒ] **n. f.** ✦ Petit oiseau (passereau), qui se nourrit d'insectes, de graines et de fruits.
ÉTYM. francique *meisinga.*

MÉSAVENTURE [mezavɑ̃tyʀ] **n. f.** ✦ Aventure fâcheuse, évènement désagréable. SYN. **déboire.**
ÉTYM. de l'ancien verbe *mésavenir* «arriver malheur à», de *mé-* et *advenir.*

MESCALINE [mɛskalin] **n. f.** ✦ Substance (alcaloïde) qui provoque des hallucinations.
ÉTYM. du mexicain *mexcalli* «peyotl».

MESCLUN [mɛsklœ̃] **n. m.** ✦ Mélange de salades (laitue, mâche, trévise...).
ÉTYM. mot provençal, de *mescle* «mélanger».

MESDAMES [medam], **MESDEMOISELLES** [med(ə)mwazɛl] **n. f.** ✦ Pluriel de *madame, mademoiselle.*

MÉSENTENTE [mezɑ̃tɑ̃t] **n. f.** ✦ Défaut d'entente ou mauvaise entente. SYN. **brouille, désaccord, discorde, mésintelligence.** CONTR. **accord, entente.**
ÉTYM. de *mé-* et *entente.*

MÉSENTÈRE [mezɑ̃tɛʀ] **n. m.** ✦ ANAT. Repli de la membrane du péritoine qui enveloppe l'intestin.
ÉTYM. grec *mesenterion*, de *mesos* «au milieu» et *enteron* «intestin».

MÉSESTIMER [mezɛstime] **v. tr.** (conjug. 3a) ✦ LITTÉR. Ne pas apprécier (une personne, une chose) à sa juste valeur. SYN. **méconnaître, sous-estimer.** *Ne mésestimez pas les difficultés.* CONTR. **estimer, surestimer.**
ÉTYM. de *mé-* et *estimer.*

MÉSINTELLIGENCE [mezɛ̃teliʒɑ̃s] **n. f.** ✦ LITTÉR. Défaut d'accord, d'entente entre les personnes. SYN. **discorde, dissentiment, mésentente.** CONTR. **accord, entente, harmonie, intelligence.**
ÉTYM. de *mé-* et *intelligence.*

MÉS(O)- Élément, du grec *mesos* «au milieu, moyen» (ex. *mésencéphale* **n. m.**).

MÉSODERME [mezɔdɛʀm] **n. m.** ✦ BIOL. Feuillet moyen de l'embryon à partir duquel se développent les viscères, les muscles, le sang, le système circulatoire et les organes génito-urinaires.
ÉTYM. de *méso-* et *-derme.*

MÉSOLITHIQUE [mezɔlitik] **n. m.** ✦ DIDACT. Période de la préhistoire entre le paléolithique et le néolithique. ➙ **adj.** *Les temps mésolithiques.*
ÉTYM. de *méso-* et du grec *lithos* «pierre».

MÉSON [mezɔ̃] **n. m.** ✦ PHYS. Particule de masse intermédiaire entre celle de l'électron (très faible) et celles du proton et du neutron. HOM. MAISON «habitation»
ÉTYM. anglais *meson*, du grec *mesos* «au milieu» et *-on* de *électron, neutron.*

MÉSOSPHÈRE [mezɔsfɛʀ] **n. f.** ✦ SC. Couche de l'atmosphère terrestre, au-delà de la stratosphère.
ÉTYM. de *méso-* et *sphère.*

MÉSOZOÏQUE [mezɔzɔik] **adj.** et **n. m.** ✦ GÉOL. (Ère) secondaire.
ÉTYM. de *méso-* et du grec *zôon* «être vivant».

MESQUIN, INE [mɛskɛ̃, in] **adj.** 1. (personnes) Qui est attaché à ce qui est petit, médiocre ; qui manque de générosité. *Un esprit mesquin.* SYN. **étriqué, étroit.** *Des idées mesquines.* 2. Qui témoigne d'avarice. *N'offrez pas si peu, ce serait mesquin. Cela fait mesquin.* CONTR. **généreux, large, noble.**
ÉTYM. italien *meschino* ou espagnol *mezquino*, de l'arabe *miskin* «pauvre».

MESQUINERIE [mɛskinʀi] **n. f.** 1. Caractère d'une personne, d'une action mesquine. SYN. **bassesse, médiocrité.** *La mesquinerie d'une vengeance.* 2. *Une mesquinerie :* attitude, action mesquine. CONTR. **générosité, grandeur, noblesse.**
ÉTYM. de *mesquin.*

MESS [mɛs] **n. m.** ✦ Lieu où se réunissent les officiers ou les sous-officiers d'une même unité, pour prendre leur repas en commun. HOM. MESSE «célébration»
ÉTYM. mot anglais, de l'ancien français *mes* «mets».

MESSAGE [mesaʒ] **n. m.** **1.** Charge de dire, de transmettre (qqch.). SYN. **ambassade, commission.** *S'acquitter d'un message.* **2.** Information, paroles transmises. SYN. **annonce, avis, communication.** *Message écrit.* → **dépêche, lettre.** *Recevoir, transmettre un message. Message publicitaire. Message électronique.* → **courriel,** ② **mail ; messagerie** (3). **3.** Contenu de ce qui est révélé, transmis au public. *Le message d'un écrivain. Chanson à message.* **4.** Transmission d'une information, de l'émetteur au récepteur. *Message nerveux, génétique.*
ÉTYM. de l'ancien français *mes*, bas latin *missus*, de *mittere* «envoyer».

MESSAGER, ÈRE [mesaʒe, ɛʀ] **n.** **1.** Personne chargée de transmettre une nouvelle, un objet. **2.** LITTÉR. Ce qui annonce (qqch.). SYN. **avant-coureur.** *Les oiseaux migrateurs, messagers de l'hiver.* **3.** BIOL. *A. R. N. messager :* forme d'A. R. N. transportant l'information génétique.
ÉTYM. de *message.*

MESSAGERIE [mesaʒʀi] **n. f.** **1.** Service de transports de colis et de voyageurs. *Messageries maritimes, aériennes.* **2.** *Messageries de presse :* organismes chargés de la distribution de la presse dans les points de vente. **3.** *Messagerie électronique :* service assurant la transmission de messages électroniques.
ÉTYM. de *messager.*

MESSE [mɛs] **n. f.** **1.** Célébration rituelle du culte catholique commémorant le sacrifice de Jésus-Christ. *Aller à la messe. Messe de minuit,* célébrée pendant la nuit de Noël. **2.** *MESSE NOIRE :* parodie sacrilège du saint sacrifice. **3.** Ensemble de compositions musicales sur les paroles des chants liturgiques de la messe. *La Messe en si de J.-S. Bach.* **4.** loc. *Faire des MESSES BASSES :* parler à voix basse, en aparté. HOM. MESS «cantine»
ÉTYM. latin chrétien *missa*, participe passé féminin de *mittere* «laisser aller».

MESSIDOR [mesidɔʀ] **n. m.** ✦ Dixième mois du calendrier révolutionnaire (du 19-20 juin au 19-20 juillet).
ÉTYM. du latin *messis* «moisson» et du grec *dôron* «présent».

MESSIE [mesi] **n. m.** ✦ Libérateur désigné et envoyé par Dieu, spécialt Jésus-Christ. – FAM. *Attendre qqn comme le Messie,* avec grande impatience, beaucoup d'espoir.
ÉTYM. latin chrétien *Messias*, de l'araméen *mishiha*, de l'hébreu *masuh* «oindre».

MESSIEURS [mesjø] **n. m.** ✦ Pluriel de *monsieur.*

MESSIRE [mesiʀ] **n. m.** ✦ anciennt Dénomination honorifique réservée aux personnes de qualité.
ÉTYM. de *mes* «mon» et *sire.*

MESURABLE [m(ə)zyʀabl] **adj.** ✦ Qui peut être mesuré. *Une grandeur mesurable.*

MESURE [m(ə)zyʀ] **n. f.** **I** **1.** Action de déterminer la valeur (de certaines grandeurs) par comparaison avec une grandeur constante de même espèce. SYN. **évaluation ;** → **-métrie.** *Système de mesure. Théorie mathématique de la mesure.* **2.** Grandeur (dimension) déterminée par la mesure. *Prendre les mesures d'un meuble. Les mesures d'une personne.* SYN. **mensuration.** – *(Fait) SUR MESURE :* adapté à une personne ou à un but. *Costume sur mesure.* fig. *Rôle sur mesure,* bien adapté à la personnalité d'un comédien. n. m. *Du sur-mesure.* **3.** Valeur, capacité appréciée ou estimée. *Donner sa mesure,* montrer ce dont on est capable. *Prendre la mesure, la juste mesure de qqn.* **4.** loc. *À LA MESURE DE :* qui correspond, est proportionné à. SYN. **échelle.** *Un adversaire à sa mesure.* – *DANS LA MESURE DE..., OÙ... :* dans la proportion de, où ; pour autant que. *Dans la mesure du possible. Dans une certaine mesure. À MESURE :* progressivement. – loc. *Au fur* et à mesure. À MESURE QUE... :* à proportion que ; en même temps que. **II** **1.** Quantité, unité représentable par un étalon concret. *Mesures de longueur, de capacité.* – loc. *Avoir deux poids* et deux mesures.* **2.** Récipient de capacité connue ; ce qu'il contient. *Ajoutez deux mesures de lait.* SYN. **dose.** **3.** *COMMUNE MESURE* (en phrase négative) : rapport. *Il n'y a aucune commune mesure entre ces deux évènements. C'est sans commune mesure.* **III** **1.** Quantité, dimension normale, souhaitable. *La juste, la bonne mesure. Dépasser, excéder la mesure,* exagérer. – loc. *OUTRE MESURE :* excessivement. **2.** Modération dans le comportement. SYN. **précaution, réserve, retenue.** *Avoir de la mesure,* être mesuré (2). *Dépenser avec, sans mesure.* **3.** *Une mesure,* manière d'agir proportionnée à un but à atteindre ; acte officiel. SYN. **disposition,** ② **moyen ;** → **demi-mesure.** *Prendre des mesures d'urgence.* **4.** Division de la durée musicale en parties égales. SYN. **cadence, mouvement.** *Le métronome donne la mesure.* – *EN MESURE* loc. adv. : en suivant la mesure, en cadence. ◆ Chacune de ces parties. *Mesure binaire, à deux, à quatre temps*.* **5.** Groupe de syllabes entre deux accents constituant un groupe rythmique, en poésie. SYN. ① **mètre.** ☛ Littérature p. 122. **6.** Distance correcte, pour parer les coups, en escrime. *Garder, perdre les mesures.* – loc. fig. *(ÊTRE) EN MESURE DE :* avoir la possibilité de ; être en état. *Je ne suis pas en mesure de te répondre.* CONTR. **démesure, excès.**
ÉTYM. latin *mensura*, de *mensum*, supin de *metiri* «mesurer, estimer».

MESURER [m(ə)zyʀe] **v. tr.** (conjug. 3a) **I** **1.** Évaluer (une longueur, une surface, un volume) par une comparaison avec un étalon de même espèce. *Mesurer une longueur, un volume. Mesurer qqch. au mètre* (métrer). *Mesurer un appartement* (sa surface). **2.** Déterminer la valeur de (une grandeur mesurable) par l'observation directe, le calcul. **3.** fig. Juger par comparaison. SYN. **estimer, évaluer.** *Mesurer la portée, l'efficacité d'un acte.* **4.** intrans. Avoir pour mesure. *Cette planche mesure deux mètres. Il mesure un mètre quatre-vingts.* **II** fig. *Mesurer qqch. à* (qqn, qqch.). **1.** Donner, régler avec mesure. SYN. **compter.** *Il lui mesure l'aide qu'il lui donne. Le temps nous est mesuré.* **2.** Donner, répartir avec modération, en restreignant. SYN. **compter, régler.** *Mesurer ses efforts.* – *Mesurez vos propos !* **III** *SE MESURER* **v. pron.** **1.** (passif) Être mesurable. *Cette distance se mesure en kilomètres.* **2.** (réfl.) (personnes) *Se mesurer avec, à qqn,* se comparer à lui par une épreuve de force. SYN. **se battre, lutter.**
► **MESURÉ, ÉE adj.** **1.** Évalué par la mesure. **2.** Qui montre de la mesure (III, 2). SYN. **circonspect, modéré.** *Il est mesuré en tout.* – *Des éloges mesurés.* CONTR. **déme-**

A B C D E F G H I J K L M N O P Q R S T U V W X Y Z

suré.
ÉTYM. bas latin *mensurare*, de *mensura* → mesure.

MÉSUSER [mezyze] **v. tr. ind.** (conjug. 3a) ✦ LITTÉR. Faire mauvais usage (de).
ÉTYM. de *mé-* et *user*.

MÉTA- Élément, du grec *meta* «après», qui exprime la succession, le changement ou encore «ce qui dépasse, englobe» (un objet de pensée ; une science).

MÉTABOLISER [metabɔlize] **v. tr.** (conjug. 3a) ✦ PHYSIOL. Transformer (une substance) dans un organisme vivant au cours du métabolisme.
ÉTYM. de *métabolisme*.

MÉTABOLISME [metabɔlism] **n. m.** ✦ PHYSIOL. Ensemble des transformations chimiques et biologiques qui s'accomplissent dans l'organisme.
ÉTYM. du grec *metabolê* «déplacement, changement».

MÉTABOLITE [metabɔlit] **n. m.** ✦ Substance organique qui participe au métabolisme (ex. nutriments). *Les cellules tirent de l'énergie des métabolites.*
ÉTYM. de *métabolisme*.

MÉTACARPE [metakaʀp] **n. m.** ✦ ANAT. Ensemble des os (dits *métacarpiens*) de la main entre le poignet et les doigts.
ÉTYM. grec *metakarpion*.

MÉTADONNÉE [metadɔne] **n. f.** ✦ INFORM. Donnée normalisée et structurée utilisée pour décrire et traiter les contenus numériques.

MÉTAIRIE [meteʀi] **n. f.** ✦ Domaine agricole exploité selon le système du métayage*. ◆ Bâtiment d'un tel domaine. → ② **ferme.**
ÉTYM. de *métayer*.

MÉTAL, AUX [metal, o] **n. m.** 1. Corps simple, doué d'un éclat particulier (éclat métallique), bon conducteur de la chaleur et de l'électricité, et formant, par combinaison avec l'oxygène, des oxydes basiques (opposé à *métalloïde*, à *non métal*). *Métaux précieux*, argent, or, platine. *Métaux radioactifs. Le minerai d'un métal.* 2. Substance métallique (métal ou alliage). *Industrie des métaux*, métallurgie. *Lame, plaque de métal.*
ÉTYM. latin *metallum*, du grec *metallon*.

MÉTALANGAGE [metalɑ̃gaʒ] **n. m.** ✦ DIDACT. Langage qui sert à décrire la langue naturelle.
ÉTYM. de *méta-* et *langage*.

MÉTALANGUE [metalɑ̃g] **n. f.** ✦ DIDACT. Langue naturelle qui joue le rôle de métalangage.

MÉTALLIQUE [metalik] **adj.** 1. Qui est fait de métal. *Fil, charpente métallique. Monnaie métallique*, les pièces de monnaie. 2. Qui appartient au métal, a l'apparence du métal. *Éclat, reflet métallique.* 3. (son) Qui semble venir d'un corps fait de métal. *Bruit, son métallique.*
ÉTYM. latin *metallicus*.

MÉTALLISER [metalize] **v. tr.** (conjug. 3a) ✦ TECHN. Couvrir d'une couche de métal ; donner un éclat métallique à. ➝ au p. passé *Peinture métallisée.*
► **MÉTALLISATION** [metalizasjɔ̃] **n. f.**
ÉTYM. de *métal*.

MÉTALLO [metalo] **n. m.** ✦ FAM. Ouvrier métallurgiste. *Des métallos.*
ÉTYM. de *métallurgiste*.

MÉTALLOGRAPHIE [metalɔgʀafi] **n. f.** ✦ Étude de la structure et des propriétés des métaux.

MÉTALLOÏDE [metalɔid] **n. m.** ✦ CHIM. Corps simple qui a certaines propriétés des métaux et des propriétés opposées (absence d'éclat, mauvais conducteurs, composés acides ou neutres avec l'oxygène).
ÉTYM. de *métal* et *-oïde*.

MÉTALLURGIE [metalyʀʒi] **n. f.** ✦ Ensemble des industries et des techniques qui assurent la fabrication des métaux et leur mise en œuvre. *La métallurgie du fer.* → **sidérurgie.**
► **MÉTALLURGIQUE** [metalyʀʒik] **adj.** *Les industries métallurgiques.*
ÉTYM. du grec *metallourgein* «exploiter une mine».

MÉTALLURGISTE [metalyʀʒist] **n. m.** 1. Ouvrier de la métallurgie (ex. ajusteur, chaudronnier, fondeur). SYN. FAM. **métallo.** 2. Industriel de la métallurgie.
ÉTYM. de *métallurgie*.

MÉTAMORPHIQUE [metamɔʀfik] **adj.** ✦ GÉOL. Se dit d'une roche qui a été modifiée dans sa structure par l'action de la chaleur et de la pression.
ÉTYM. de *méta-* et du grec *morphê* «forme».

MÉTAMORPHISME [metamɔʀfism] **n. m.** ✦ GÉOL. Ensemble des phénomènes qui donnent lieu à la transformation d'une roche soumise à une élévation de température ou de pression.

MÉTAMORPHOSE [metamɔʀfoz] **n. f.** 1. Changement de forme, de nature ou de structure tel que l'objet, la chose n'est plus reconnaissable. *La métamorphose d'un homme en animal.* ➝ *«Les Métamorphoses»* (☛ noms propres ; poème d'Ovide). 2. Ensemble des transformations morphologiques que subissent certaines espèces (batraciens, insectes), au cours de leur développement. 3. Changement complet (d'une personne, d'une chose) dans son état, ses caractères. SYN. **transformation.**
ÉTYM. latin *metamorphosis*, du grec, de *metamorphein* «se transformer».

MÉTAMORPHOSER [metamɔʀfoze] **v. tr.** (conjug. 3a) 1. Faire passer (un être) de sa forme primitive à une autre forme. SYN. **changer, transformer.** ➝ pronom. *La chenille s'est métamorphosée en papillon.* 2. Changer complètement (qqn, qqch.). *L'amour l'a métamorphosé.* SYN. **transfigurer.**
ÉTYM. de *métamorphose*.

MÉTAPHORE [metafɔʀ] **n. f.** ✦ Procédé de langage (figure, trope) qui consiste dans une modification de sens (terme concret dans un contexte abstrait) par substitution analogique. SYN. **image.** *La métaphore procède d'une comparaison mais ne comporte pas de mot de comparaison* (il est fort comme un lion, d'où : c'est un lion). *Métaphore et métonymie. «Donner dans le panneau» est une métaphore.* ☛ Littérature p. 116.
ÉTYM. latin *metaphora*, du grec (Aristote) «changement de sens».

MÉTAPHORIQUE [metafɔʀik] **adj.** 1. Qui tient de la métaphore. 2. Qui abonde en métaphores. *Style métaphorique.* SYN. **imagé.**

► **MÉTAPHORIQUEMENT** [metafɔʀikmɑ̃] **adv.**
ÉTYM. de *métaphore*.

MÉTAPHYSICIEN, IENNE [metafizisjɛ̃, jɛn] **n.** ✦ Philosophe qui s'occupe de métaphysique.
ÉTYM. de *métaphysique* (I).

MÉTAPHYSIQUE [metafizik] **n. f.** et **adj.**
I n. f. 1. Recherche rationnelle ayant pour objet la connaissance de l'être (esprit, nature, Dieu, matière...), des causes de l'univers et des principes premiers de la connaissance. → **ontologie, philosophie.** 2. Réflexion abstraite ; abus de l'abstraction théorique.
II adj. Qui relève de la métaphysique. *Le problème métaphysique du temps, de la liberté.*
ÉTYM. latin médiéval *metaphysica*, du grec *meta (ta) phusika* «après la physique (dans le traité d'Aristote)».

MÉTASTASE [metastaz] **n. f.** ✦ MÉD. Foyer secondaire éloigné d'un foyer initial (spécialt à propos du cancer).
ÉTYM. grec *metastasis* «changement de place».

MÉTATARSE [metataʀs] **n. m.** ✦ ANAT. Ensemble des os (dits *métatarsiens*) du pied entre le talon et les orteils.
ÉTYM. de *méta-* et *tarse*.

MÉTATHÈSE [metatɛz] **n. f.** ✦ LING. Altération d'un mot par déplacement, interversion d'un phonème ou d'une syllabe à l'intérieur de ce mot. *Le latin populaire* stincilla *est issu par métathèse du latin classique* scintilla.
ÉTYM. grec *metathesis* «transposition».

MÉTAYAGE [metɛjaʒ] **n. m.** ✦ Mode d'exploitation agricole, louage d'un domaine rural à un métayer qui le cultive pour une partie du produit.
ÉTYM. de *métayer*.

MÉTAYER, YÈRE [meteje, jɛʀ] **n.** ✦ Personne qui prend à bail et fait valoir un domaine (→ **métairie**) sous le régime du métayage.
ÉTYM. de l'ancien français *moitoier*, de *moitié*.

MÉTAZOAIRE [metazɔɛʀ] **n. m.** ✦ ZOOL. Organisme animal formé de plusieurs cellules (opposé à *protiste, protozoaire*).
ÉTYM. de *méta-* et du grec *zôon* «être vivant».

MÉTEMPSYCHOSE [metɑ̃psikoz] **n. f.** ✦ DIDACT. Doctrine selon laquelle une même âme peut animer successivement plusieurs corps (humains ou animaux). SYN. **réincarnation, transmigration.** ➝ variante MÉTEMPSYCOSE.
ÉTYM. bas latin *metempsychosis*, du grec «déplacement de l'âme *(psukhê)*».

MÉTÉO [meteo] **n. f.** et **adj. invar.** 1. **n. f.** Météorologie. *Les prévisions de la météo.* 2. **adj. invar.** Météorologique. *Bulletins météo.*
ÉTYM. abréviation.

MÉTÉORE [meteɔʀ] **n. m.** 1. DIDACT. Phénomène atmosphérique, objet de la météorologie. *Le vent, la pluie, les arcs-en-ciel sont des météores.* 2. COUR. Corps céleste rendu lumineux par son passage dans l'atmosphère terrestre. → **astéroïde, étoile** filante, **météorite.** ➝ loc. *Passer comme un météore,* si vite qu'on s'en aperçoit à peine. SYN. **bolide.**
ÉTYM. grec *meteôra* «phénomènes et corps célestes».

MÉTÉORIQUE [meteɔʀik] **adj.** ✦ Relatif aux météores (1 et 2).

MÉTÉORISME [meteɔʀism] **n. m.** ✦ MÉD. Gonflement de l'abdomen causé par une accumulation de gaz gastriques et intestinaux.
ÉTYM. grec *meteôrismos*.

MÉTÉORITE [meteɔʀit] **n. m.** ou **f.** ✦ Fragment de corps céleste qui traverse l'atmosphère. SYN. **aérolithe** ; → **météore** (2). *Chute d'un météorite.*
ÉTYM. de *météore*.

MÉTÉOROLOGIE [meteɔʀɔlɔʒi] **n. f.** 1. Étude scientifique des phénomènes atmosphériques ou *météores* (1). *Prévision du temps par la météorologie.* 2. Service qui s'occupe de météorologie. SYN. **météo.**
► **MÉTÉOROLOGIQUE** [meteɔʀɔlɔʒik] **adj.** *Observations météorologiques.*
► **MÉTÉOROLOGISTE** [meteɔʀɔlɔʒist] ou **MÉTÉOROLOGUE** [meteɔʀɔlɔg] **n.**
ÉTYM. grec *meteôrologia*, de *meteôros* «qui est en haut».

MÉTÈQUE [metɛk] **n. m.** 1. ANTIQ. Étranger domicilié dans une cité grecque, qui était un homme libre sans être un citoyen. 2. péj. Étranger (surtout méditerranéen) dont l'aspect physique, les allures sont jugés déplaisants (terme xénophobe).
ÉTYM. grec *metoikos* «étranger résident», de *oikos* «maison, patrie».

MÉTHADONE [metadɔn] **n. f.** ✦ MÉD. Substance de synthèse voisine de la morphine, utilisée comme produit de substitution à l'héroïne dans le traitement de certains toxicomanes.
ÉTYM. américain *methadone* → méthyle, amine et -one.

MÉTHANE [metan] **n. m.** ✦ Carbure d'hydrogène (appelé parfois *gaz des marais*), gaz incolore, inflammable. SYN. **grisou.**
ÉTYM. du radical de *méthylène*.

MÉTHANIER [metanje] **n. m.** ✦ Navire destiné à transporter du gaz (méthane) liquéfié.

MÉTHANISATION [metanizasjɔ̃] **n. f.** ✦ Transformation de matières organiques en méthane (→ **biogaz**), par fermentation. *La méthanisation des déchets verts.*

MÉTHANOL [metanɔl] **n. m.** ✦ Alcool méthylique.
ÉTYM. de *méthane*.

MÉTHODE [metɔd] **n. f.** 1. SC. Ensemble de démarches que suit l'esprit pour découvrir et démontrer la vérité. → ① **logique.** *Méthode analytique* (analyse), *synthétique* (synthèse). *«Discours de la méthode, pour bien conduire sa raison et chercher la vérité dans les sciences»* (ouvrage de Descartes). 2. Ensemble de démarches raisonnées, suivies pour parvenir à un but. SYN. **système.** *Méthode de travail. Agir avec méthode.* 3. Règles, principes sur lesquels reposent l'enseignement, la pratique (d'une technique, d'un art). *Méthode de violon ; de comptabilité.* ➝ Livre qui contient ces règles. 4. FAM. Moyen. *Indiquer à qqn la méthode à suivre, la bonne méthode.* SYN. **formule, procédé, voie.**
ÉTYM. bas latin *methodus*, du grec *methodos*, de *hodos* «route, direction».

MÉTHODIQUE [metɔdik] **adj.** 1. Fait selon une méthode. *Démonstration, vérifications méthodiques. Classement méthodique.* SYN. **rationnel.** 2. Qui agit, raisonne avec méthode. *Esprit méthodique.* CONTR. **empirique** • ① **brouillon, désordonné.**
ÉTYM. bas latin *methodicus.*

MÉTHODIQUEMENT [metɔdikmɑ̃] **adv.** ✦ Avec méthode (2).

MÉTHODISME [metɔdism] **n. m.** ✦ Mouvement religieux protestant issu de l'anglicanisme et cherchant une pureté de doctrine plus systématique.
► **MÉTHODISTE** [metɔdist] **adj. et n.** *Pasteur méthodiste.*
ÉTYM. anglais *methodism,* de *method* → méthode.

MÉTHODOLOGIE [metɔdɔlɔʒi] **n. f.** ✦ DIDACT. Étude des méthodes scientifiques, techniques (→ **épistémologie**).
► **MÉTHODOLOGIQUE** [metɔdɔlɔʒik] **adj.**
ÉTYM. de *méthode* et *-logie.*

MÉTHYLE [metil] **n. m.** ✦ CHIM. Radical monovalent CH_3.
► **MÉTHYLIQUE** [metilik] **adj.** *Alcool méthylique* (méthanol, méthylène).
ÉTYM. de *méthylène.*

MÉTHYLÈNE [metilɛn] **n. m.** 1. Alcool méthylique dérivé du méthane (esprit de bois). 2. CHIM. Radical bivalent CH_2 dérivé du méthane. ♦ COUR. *Bleu de méthylène,* colorant aux propriétés antiseptiques.
ÉTYM. du grec *methu* «boisson fermentée» et *hulê* «bois».

MÉTICULEUX, EUSE [metikylø, øz] **adj.** ✦ Très attentif aux détails. SYN. **minutieux, pointilleux.** *Il est méticuleux dans son travail.* — *Un soin méticuleux. Une propreté méticuleuse.* SYN. **scrupuleux.** CONTR. ① **brouillon, désordonné, négligent.**
► **MÉTICULEUSEMENT** [metikyløzmɑ̃] **adv.**
ÉTYM. latin *meticulosus* «craintif».

MÉTICULOSITÉ [metikylozite] **n. f.** ✦ LITTÉR. Caractère méticuleux.

MÉTIER [metje] **n. m.** **I** 1. Genre de travail déterminé, reconnu ou toléré par la société et dont on peut tirer des moyens d'existence. SYN. **emploi, fonction, gagne-pain, profession.** *Métier manuel, intellectuel. Petits métiers.* SYN. FAM. ② **boulot, job** (anglicisme). — *Il est garagiste de son métier.* SYN. **état.** *Être du métier,* être spécialiste. *Il connaît son métier.* PROV. *Il n'y a pas de sot métier.* 2. Occupation permanente. *Le métier de roi.* SYN. **fonction, rôle.** 3. Habileté technique que confère l'expérience d'un métier. *Il a du métier.* **II** Machine servant à travailler les textiles. *Métier à tisser.* — fig. «*Vingt fois sur le métier remettez votre ouvrage*» (Boileau).
ÉTYM. latin *ministerium,* altéré en *misterium ;* doublet de *ministère.*

MÉTIS, ISSE [metis] **adj.** **I** 1. Qui est issu d'un croisement de races, de variétés d'une même espèce. 2. Dont le père et la mère sont de couleur de peau différente. *Enfant métis.* — **n.** *Les mulâtres, les Eurasiens sont des métis. Une belle métisse.* 3. Hybride. *Œillet métis.* **II** *Tissu métis, toile métisse,* dont la chaîne est en coton et la trame en lin. — **n. m.** *Des draps en métis.*
ÉTYM. bas latin *mixticius,* de *mixtus* «mélangé».

MÉTISSAGE [metisaʒ] **n. m.** 1. Mélange, croisement de races, de variétés. 2. fig. *Le métissage culturel.*
ÉTYM. de *métis.*

MÉTISSER [metise] **v. tr.** (conjug. 3a) 1. Croiser (des individus de la même espèce, mais de races, de variétés différentes). 2. abstrait (surtout p. passé) *Langues, cultures métissées,* formées par contacts de populations.
ÉTYM. de *métis.*

MÉTONYMIE [metɔnimi] **n. f.** ✦ DIDACT. Figure de style par laquelle on exprime un concept au moyen d'un terme désignant un autre concept qui lui est uni par une relation nécessaire (cause et effet, inclusion, ressemblance, etc.). → aussi **synecdoque.** «*Boire un verre*» (boire le contenu) *est une métonymie.* ☛ Littérature p. 117. *Métonymie et métaphore*.*
► **MÉTONYMIQUE** [metɔnimik] **adj.**
ÉTYM. bas latin *metonymia,* du grec «changement de nom (*onoma*)».

MÉTOPE [metɔp] **n. f.** ✦ ARCHÉOL. Intervalle, souvent sculpté, entre deux triglyphes (style dorique).
ÉTYM. latin *metopa,* du grec, de *opê* «ouverture, trou».

MÉTRAGE [metʀaʒ] **n. m.** 1. Action de mesurer au mètre. 2. Longueur de tissu vendu au mètre (la largeur étant connue). 3. *Le métrage d'un film,* la longueur de la pellicule. *Long, moyen, court métrage :* le film. *Des longs métrages.*
ÉTYM. de *mètre.*

① **MÈTRE** [mɛtʀ] **n. m.** 1. Élément de mesure des vers grecs et latins. 2. Structure du vers ; type de vers d'après le nombre de syllabes et la coupe. ☛ Littérature p. 122. HOM. MAÎTRE «chef», METTRE «placer»
ÉTYM. latin *metrum,* du grec *metron* «mesure».

② **MÈTRE** [mɛtʀ] **n. m.** 1. Unité principale de longueur, base du système métrique (symb. m) (à l'origine, la dix millionième partie du quart du méridien terrestre ; aujourd'hui longueur parcourue dans le vide par la lumière en une fraction de la seconde [1/299 792 458 s]). — *Un cent mètres,* une course de cent mètres. ♦ *Mètre carré,* unité de superficie (symb. m^2). *Mètre cube,* unité de volume (symb. m^3). 2. Objet concret servant à mesurer le mètre. — Règle ou ruban gradué en centimètres. *Un mètre pliant.*
HOM. MAÎTRE «chef», METTRE «placer»
ÉTYM. repris en 1791 au grec *metron* «mesure».

-MÈTRE, -MÉTRIE Éléments, du grec *metron* «mesure».

MÉTRER [metʀe] **v. tr.** (conjug. 8) ✦ Mesurer au mètre. *Métrer un terrain.*
ÉTYM. de ② *mètre.*

MÉTREUR, EUSE [metʀœʀ, øz] **n.** ✦ Personne qui mètre (spécialt les constructions).
ÉTYM. de *métrer.*

① **MÉTRIQUE** [metʀik] **n. f.** 1. Étude de la versification fondée sur l'emploi des mètres ; système de versification. SYN. **prosodie.** 2. **adj.** Relatif à l'emploi de la mesure, du mètre. *Le vers est une unité métrique.*
ÉTYM. latin *matricus,* du grec *metrikos* → ① mètre.

②**MÉTRIQUE** [metʀik] **adj.** ✦ Qui a rapport au mètre, unité de mesure. *Système métrique,* système décimal qui a le mètre pour base.
ÉTYM. de ② *mètre.*

MÉTRITE [metʀit] **n. f.** ✦ Maladie inflammatoire de l'utérus.
ÉTYM. du grec *mêtêr* «mère» et «utérus».

MÉTRO [metʀo] **n. m.** ✦ Chemin de fer électrique, en général souterrain, qui dessert une grande ville. *Station, bouche de métro. Une rame de métro. Le métro de Montréal, de Lille.*
ÉTYM. de ② *métropolitain.*

MÉTROLOGIE [metʀɔlɔʒi] **n. f.** ✦ DIDACT. Science des mesures.
ÉTYM. du grec *metron* «mesure» et *-logie.*

MÉTRONOME [metʀɔnɔm] **n. m.** ✦ Petit instrument à pendule, servant à marquer la mesure pour l'exécution d'un morceau de musique.
ÉTYM. du grec *metron* «mesure» et *-nomos* → -nome.

MÉTROPOLE [metʀɔpɔl] **n. f.** **I** **1.** RELIG. Chef-lieu d'une province ecclésiastique pourvu d'un archevêché. **2.** Ville principale. SYN. **capitale.** *Les grandes métropoles* (☛ Géographie p. 228 et carte 57). **II** État considéré par rapport à ses colonies, aux territoires extérieurs.
ÉTYM. bas latin *metropolis,* du grec «ville *(polis)* mère *(mêtêr)*».

① **MÉTROPOLITAIN, AINE** [metʀɔpɔlitɛ̃, ɛn] **adj.** **I** RELIG. D'une métropole (I). *Église métropolitaine.* **II** D'une métropole (II). *Le territoire métropolitain et les départements d'outre-mer* (France). → **n.** Personne originaire de la métropole (dans un territoire extérieur).
ÉTYM. bas latin *metropolitanus,* du grec → métropole.

②**MÉTROPOLITAIN** [metʀɔpɔlitɛ̃] **adj. m.** ✦ VX *Chemin de fer métropolitain.* → **n. m.** ADMIN. *Le métropolitain.* SYN. **métro.**
ÉTYM. anglais *metropolitan,* du grec → métropole.

MÉTROPOLITE [metʀɔpɔlit] **n. m.** ✦ Archevêque de l'Église orthodoxe.
ÉTYM. de *métropole.*

METS [mɛ] **n. m.** ✦ LITTÉR. Chacun des aliments qui entrent dans un repas. SYN. ② **plat.** *Un mets recherché. Ces mets sont exquis.* HOM. MAI «mois», MAIE «coffre», MAIS (conj.)
ÉTYM. latin *missum,* de *missus,* participe passé de *mittere* → mettre.

METTABLE [metabl] **adj.** ✦ (vêtements) Qu'on peut mettre. *Ce manteau n'est plus mettable.* CONTR. **immettable.**
ÉTYM. de *mettre.*

METTEUR, EUSE [metœʀ, øz] **n.** ✦ (fém. rare) **1.** TECHN. *METTEUR EN ŒUVRE :* ouvrier, technicien qui met en œuvre. → *METTEUR EN PAGES :* typographe qui effectue la mise en pages. → *Metteur au point.* **2.** COUR. *METTEUR EN SCÈNE :* personne qui assure la représentation sur scène d'une œuvre (☛ Littérature p. 127), la réalisation d'un film, d'une émission de télévision. SYN. **réalisateur.** *Elle est metteur en scène.* ♦ *Metteur en ondes* (radio).
ÉTYM. de *mettre.*

METTRE [mɛtʀ] **v. tr.** (conjug. 46) **I** Faire changer de lieu. **1.** Faire passer (une chose) dans un lieu, dans un endroit, à une place (où elle n'était pas). SYN. ① **placer ;** FAM. ① **ficher,** ② **flanquer, foutre.** *Mettez cela ici, là. Mettre qqch. sur..., dans..., entre...* → *METTRE EN. Mettre du vin en bouteilles.* → *METTRE À un endroit.* SYN. ① **placer.** → *Mettre près* (approcher), *loin* (éloigner). *Mettre ses mains derrière le dos, ses pieds sur un tabouret* (SYN. **poser**). **2.** Placer (un être vivant) à un endroit. SYN. ① **placer ; installer.** *Mettre un enfant sur sa chaise,* asseoir ; *dans son lit,* coucher. → fig. *Mettre qqn sur la voie,* l'aider à comprendre, à trouver qqch. ♦ *Mettre qqn en prison. Mettre un rôti au four.* ♦ (+ inf.) *Mettre du linge à sécher, le mettre sécher.* **3.** Placer (un vêtement, un ornement, etc.) sur qqn, sur soi. *Mettre son manteau.* SYN. **enfiler, passer.** **4.** Ajouter en adaptant. *Mettre une pièce à un pantalon.* **5.** Disposer. *Mettre le couvert, la table.* SYN. ② **dresser.** → Installer. *Il a fait mettre l'électricité dans la grange.* ♦ *Mettre les voiles ;* fig. s'en aller. **6.** fig. Ajouter, apporter (un élément moral, affectif). SYN. **user** de. *Mettre du soin à se cacher, de l'énergie à faire qqch.* → loc. *Y mettre du sien.* ♦ *METTRE... DANS, EN, À :* placer dans, faire consister en. *Mettre de grands espoirs en qqn.* SYN. **fonder.** **7.** *METTRE* (un certain temps, de l'argent) *À :* dépenser, employer. *Mettre plusieurs jours à faire qqch. Y mettre le prix.* **8.** Provoquer, faire naître. *Il a mis le désordre, le trouble partout.* SYN. ① **causer, créer, semer.** **9.** Écrire. *Mettre son nom sur un album.* SYN. **inscrire, marquer.** → FAM. *METTONS QUE :* admettons que. *Mettons que je n'ai* (ou *que je n'aie*) *rien dit.* **10.** (compl. personne) Occuper, affecter. *On l'a mis à ce poste, sur cette affaire.* **II** **1.** (avec un adv.) Placer dans une position nouvelle (sans déplacement ni modification d'état). *Mettre qqn debout.* → sans compl. *Mettre bas,* accoucher (femelles d'animaux). **2.** Placer, disposer dans une position particulière. *Mettre le loquet* (le baisser), *le verrou* (le pousser). **III** Faire passer dans un état nouveau ; modifier en faisant passer dans une situation nouvelle. **1.** (concret) *METTRE EN :* transformer en. *Mettre un texte en français,* le traduire. → *METTRE À. Mettre un bassin à sec.* **2.** (abstrait) *METTRE qqch.* ou *qqn DANS, EN, À :* changer, modifier en faisant passer dans, à un état nouveau. *Mettre en contact, en présence. Mettre en lumière, en cause. Mettre au point, en œuvre.* → *Mettre en mouvement, en service, en scène, en vente* (→ **metteur, mise** [en]). **3.** Faire fonctionner. *Il met la radio à partir de six heures du matin.* **IV** *SE METTRE* **v. pron.** **1.** réfl. Venir occuper un lieu, une situation. SYN. **s'installer,** se **placer.** *Se mettre dans un fauteuil, à la fenêtre. Elle s'est mise au lit.* → loc. *Ne plus savoir où se mettre,* être embarrassé, gêné. **2.** passif (sujet chose) Avoir pour place habituelle. *Je ne sais pas où se mettent les assiettes :* où on les met habituellement. SYN. se **ranger.** **3.** Devenir. → réfl. *Elle s'est mise en colère.* → récipr. *Elles se sont mises d'accord.* **4.** réfl. Prendre une position, un état, une apparence. *Se mettre debout. Se mettre à l'aise.* → absolt loc. *N'avoir rien à se mettre* (pour s'habiller décemment, à son goût). **5.** *SE METTRE À :* commencer à faire. *Se mettre au travail. Se mettre à l'informatique,* commencer à l'étudier. → Commencer. *Se mettre à faire qqch.* **6.** FAM. récipr. Se donner des coups. *Qu'est-ce qu'ils se mettent !* CONTR. **enlever, ôter.** HOM. MAÎTRE «chef», ② MÈTRE «mesure de longueur»
ÉTYM. latin *mittere* «envoyer» puis «mettre».

A B C D E F G H I J K L M N O P Q R S T U V W X Y Z

MEUBLE [mœbl] **adj.** et **n. m.**
I **1. adj.** (terre) Qui se remue, se laboure facilement. *Un sol meuble.* **2. adj.** et **n. m.** DR. Se dit d'un bien qui peut être déplacé (opposé à *immeuble*). *Les meubles* (II), *les animaux, marchandises, véhicules sont des des biens meubles, des meubles.*
II **n. m.** Objet mobile de formes rigides servant à l'aménagement de l'habitation, des locaux. SYN. **ameublement, mobilier.** *Meubles de cuisine, de bureau. Meubles rustiques.*
ÉTYM. latin *mobilis ;* doublet de *mobile.*

MEUBLER [mœble] **v. tr.** (conjug. 3a) **1.** Garnir de meubles (II). *Meubler sa maison.* **2.** Remplir ou orner. *Meubler ses loisirs avec quelques bons livres.* SYN. **occuper.** **3.** *SE MEUBLER* **v. pron.** Acquérir des meubles. *Ils n'ont pas d'argent pour se meubler.*
► **MEUBLÉ, ÉE adj.** Garni de meubles. *Chambre meublée, louée meublée.* – **n. m.** *Un meublé :* logement loué meublé. SYN. **garni.**
ÉTYM. de *meuble.*

MEUGLEMENT [møgləmɑ̃] **n. m.** ✦ Cri des bovins. SYN. **beuglement.** *Les meuglements des bœufs, des vaches.*

MEUGLER [møgle] **v. intr.** (conjug. 3a) ✦ Beugler.
ÉTYM. latin *mugilare,* de *mugire* → mugir.

MEUH [mø] **interj.** ✦ Onomatopée imitant le meuglement de la vache.
ÉTYM. onomatopée.

MEULE [møl] **n. f.** **I** **1.** Cylindre plat et massif, servant à broyer, à moudre. *Meules de moulin.* **2.** Disque en matière abrasive, à grains très fins, servant à user, à aiguiser, à polir. *Affûter un couteau sur la meule.* → **meuler.** **3.** Grand fromage en forme de disque très épais. *Des meules de comté.* **II** **1.** Gros tas de foin, de gerbes. *Les meules ont été remplacées par des rouleaux faits à la machine.* **2.** Tas de bois servant à la confection du charbon de bois. **3.** Champignonnière.
ÉTYM. latin *mola,* de *molere* «moudre».

MEULER [møle] **v. tr.** (conjug. 3a) ✦ Passer, dégrossir, affûter à la meule.
ÉTYM. de *meule* (I).

MEULIÈRE [møljɛʀ] **adj. f.** et **n. f.** ✦ *Pierre meulière* ou **n. f.** *meulière :* pierre à surface rugueuse employée en maçonnerie. *Un pavillon en meulière.*
ÉTYM. de *meule* (I), cette pierre servait à faire des *meules* à grain.

MEUNERIE [mønʀi] **n. f.** **1.** Industrie de la fabrication des farines. SYN. **minoterie.** **2.** Ensemble des meuniers.
ÉTYM. de *meunier.*

MEUNIER, IÈRE [mønje, jɛʀ] **n.** **1.** Personne qui possède, exploite un moulin à céréales, ou qui fabrique de la farine. SYN. **minotier.** *« Le Meunier, son fils et l'âne »* (fable de La Fontaine). – VX *La meunière :* la femme du meunier. *« La Belle Meunière »* (cycle de lieder de Schubert). **2.** (aliment) *À la meunière :* passé dans la farine puis frit. *Des soles à la meunière* ou **ellipt** *des soles meunière.* **3. adj.** Qui a rapport à la meunerie. *L'industrie meunière.*
ÉTYM. bas latin *molinarius,* de *molinum* «moulin».

MEURETTE [mœʀɛt] **n. f.** ✦ Sauce au vin rouge (pour les œufs, le poisson). *Des œufs en meurette.*
ÉTYM. mot régional, de l'ancien français *muire* «eau salée», latin *muria* → saumure.

MEURTRE [mœʀtʀ] **n. m.** ✦ Action de tuer volontairement un être humain. SYN. **assassinat, crime,** ② **homicide.**
ÉTYM. de *m(e)urtrir* «assassiner».

MEURTRIER, IÈRE [mœʀtʀije, ijɛʀ] **n.** et **adj.**
I **n.** Personne qui a commis un ou des meurtres. SYN. **assassin, criminel,** ① **homicide.**
II **adj.** (choses) **1.** Qui cause, entraîne la mort de nombreuses personnes. SYN. **destructeur, funeste, sanglant.** *Des combats meurtriers. Arme meurtrière.* **2.** Où de nombreuses personnes trouvent la mort. *Un accident très meurtrier.* **3.** Qui pousse à tuer. *Fureur meurtrière.*
ÉTYM. de *meurtre.*

MEURTRIÈRE [mœʀtʀijɛʀ] **n. f.** ✦ Fente verticale pratiquée dans un mur de fortification pour jeter des projectiles ou tirer sur les assaillants.
ÉTYM. de l'adjectif *meurtrier.*

MEURTRIR [mœʀtʀiʀ] **v. tr.** (conjug. 13) **1.** Blesser, serrer, heurter au point de laisser une marque sur la peau. SYN. **contusionner.** *Il lui serrait le poignet à le meurtrir.* **2.** Endommager (un fruit, un légume). **3. fig.** LITTÉR. Blesser. – **au p. passé** *Avoir le cœur meurtri.*
ÉTYM. francique *murthrjan.*

MEURTRISSURE [mœʀtʀisyʀ] **n. f.** **1.** Marque sur la peau meurtrie. SYN. **bleu, contusion, coup, ecchymose.** – Tache sur des fruits, des végétaux endommagés. **2.** Marque, trace laissée par la fatigue, la maladie, la vieillesse. **3. fig.** LITTÉR. *Les meurtrissures de la vie.*
ÉTYM. de *meurtrir.*

MEUTE [møt] **n. f.** **1.** Troupe de chiens dressés pour la chasse à courre. – Bande d'animaux proches du chien. *Meute de loups.* **2.** Bande, troupe de gens acharnés à la poursuite, à la perte de qqn. – **fig.** *Être accueilli par une meute de journalistes.*
ÉTYM. latin *movita,* du participe passé de *movere* «mouvoir».

MÉVENTE [mevɑ̃t] **n. f.** ✦ Insuffisance des ventes.
ÉTYM. de l'anc. verbe *mévendre,* de *mé-* et *vendre.*

MEZZANINE [mɛdzanin] **n. f.** **1.** Petit entresol. ◆ Étage entre l'orchestre et le premier balcon (d'un théâtre, etc.). SYN. **corbeille** (II, 2). **2.** Petite plateforme aménagée dans une pièce haute de plafond.
ÉTYM. italien *mezzanino,* de *mezzo* «milieu, moitié».

MEZZO [mɛdzo] **n. m.** et **n. f.** **1. n. m.** Voix de femme, entre le soprano et le contralto (**aussi** *mezzo-soprano*). **2. n. f.** Chanteuse qui a cette voix. – **attribut** *Elle est mezzo.*
ÉTYM. mot italien «moyen».

Mg [ɛmʒe] ✦ CHIM. Symbole du magnésium.

MI [mi] **n. m.** ✦ Troisième note de la gamme d'ut.
HOM. ① MIE «partie du pain», ② MIE «amie», MIS «placé», MIS «vêtu»
ÉTYM. première syllabe du mot *mira* dans l'hymne latin à saint Jean-Baptiste.

MI- Élément, du latin *medius* «au milieu». 1. suivi d'un nom et formant un nom composé Le milieu de. *La mi-janvier.* 2. **loc. adv.** *À MI-* (suivi d'un nom) : au milieu, à la moitié de. *À mi-hauteur.* 3. (formant un adj. composé) *Yeux mi-clos.*

MIAM-MIAM [mjammjam] **interj.** ✦ FAM. Exclamation qui exprime le plaisir de manger.
ÉTYM. onomatopée.

MIAOU [mjau] **n. m.** ✦ FAM. Cri du chat. SYN. **miaulement.** *Le chat fait miaou. Des miaous plaintifs.*
ÉTYM. onomatopée.

MIASME [mjasm] **n. m.** ✦ Émanation à laquelle on attribuait les maladies infectieuses.
ÉTYM. grec *miasma* «souillure».

MIAULEMENT [mjolmɑ̃] **n. m.** 1. Cri du chat. SYN. FAM. **miaou.** 2. Léger grincement, sifflement.
ÉTYM. de *miauler.*

MIAULER [mjole] **v. intr.** (conjug. 3a) 1. (chats, certains félins) Pousser un cri (le cri propre à leur espèce). 2. Siffler, faire un bruit de miaulement.
ÉTYM. de *miau, miault,* onomatopée évoquant le cri du chat → miaou.

MI-BAS [mibɑ] **n. m. invar.** ✦ Chaussette montante.
ÉTYM. de *mi-* et ② *bas.*

MICA [mika] **n. m.** 1. Minerai constituant des roches volcaniques et métamorphiques. *Roche à mica.* 2. Plaque de mica blanc transparent pouvant servir de vitre.
ÉTYM. mot latin «parcelle».

MI-CARÊME [mikarɛm] **n. f.** ✦ Jeudi de la troisième semaine de carême, donnant lieu à des réjouissances.
ÉTYM. de *mi-* et *carême.*

MICASCHISTE [mikaʃist] **n. m.** ✦ GÉOL. Roche composée de mica et de quartz.

MICHE [miʃ] **n. f.** 1. Pain rond assez gros. 2. FAM. *Les miches* : les fesses.
ÉTYM. latin *micca,* de *mica* «parcelle, morceau».

MICHELINE [miʃlin] **n. f.** ✦ anciennt Automotrice montée sur pneumatiques. SYN. **autorail.**
ÉTYM. du nom de la firme *Michelin.* ☛ noms propres.

à MI-CHEMIN [amiʃ(ə)mɛ̃] **loc. adv.** ✦ Au milieu du chemin, du trajet. SYN. à **mi-course.** ➖ fig. Sans avoir atteint son but. *Abandonner à mi-chemin.*

MI-CLOS, MI-CLOSE [miklo, mikloz] **adj.** ✦ LITTÉR. À moitié fermé. *Les yeux mi-clos.*

MICMAC [mikmak] **n. m.** ✦ FAM. Agissements compliqués et suspects. SYN. **manigance.**
ÉTYM. altération de *meutemacre* «rebelle», du néerlandais *muytmaken* «faire émeute».

MICOCOULIER [mikɔkulje] **n. m.** ✦ Arbre du genre orme, des régions chaudes et tempérées.
ÉTYM. mot provençal, du grec *mikrokoukouli.*

à MI-CORPS [amikɔʀ] **loc. adv.** ✦ Au milieu du corps, jusqu'au niveau de la taille.

à MI-COURSE [amikuʀs] **loc. adv.** ✦ Au milieu du parcours, de la course. SYN. à **mi-chemin.**

MICRO [mikʀo] **n. m.** et **n. f.** 1. **n. m.** Microphone. *Parler, chanter au micro, devant, dans un micro.* 2. **n. m.** Micro-ordinateur. *Des micros.* 3. **n. f.** Micro-informatique.
ÉTYM. abréviation.

MICRO- Élément, du grec *mikros* «petit». → **mini-.** ◆ spécialt Élément divisant (une unité) par 10^6 (symb. μ) (ex. *microseconde* **n. f.** «un millionième de seconde»). CONTR. **macro-.**

MICROBE [mikʀɔb] **n. m.** 1. VIEILLI EN SC. Micro-organisme unicellulaire pathogène. *Le microbe de la lèpre.* SYN. **bacille, bactérie.** *Le microbe de la grippe.* SYN. **virus.** 2. FAM. Personne chétive, petite. SYN. **avorton.**
ÉTYM. du grec *mikros* «petit» et *bios* «vie».

MICROBIEN, IENNE [mikʀɔbjɛ̃, jɛn] **adj.** ✦ De microbes. *Culture microbienne.* ➖ Causé par les microbes. *Infection microbienne.*

MICROBIOLOGIE [mikʀobjɔlɔʒi] **n. f.** ✦ Science des micro-organismes et des structures biologiques de très petite taille.
ÉTYM. de *microbe* et *biologie.*

MICROBLOG [mikʀoblɔg] **n. m.** ✦ INFORM. Blog pour communiquer en temps réel par échange de courts messages. ➖ recomm. offic. *microblogue.*

MICROCHIRURGIE [mikʀoʃiʀyʀʒi] **n. f.** ✦ Chirurgie pratiquée avec des instruments miniatures sous le contrôle d'un microscope.

MICROCLIMAT [mikʀoklima] **n. m.** ✦ Conditions climatiques particulières concernant une petite zone.

MICROCOSME [mikʀɔkɔsm] **n. m.** ✦ LITTÉR. Abrégé, image réduite du monde, de la société. CONTR. **macrocosme.**
ÉTYM. bas latin *microcosmus,* du grec, de *mikros* «petit» et *kosmos* «univers».

MICROCRÉDIT [mikʀokʀedi] **n. m.** ✦ Prêt de faible montant accordé à des personnes démunies pour financer un projet.

MICROENTREPRISE [mikʀoɑ̃tʀəpʀiz] **n. f.** ✦ Entreprise de très petite taille dont le chiffre d'affaires limité offre des avantages fiscaux. SYN. **autoentreprise.**

MICROFILM [mikʀofilm] **n. m.** ✦ Photographie (de document, etc.) de très petit format sur film (→ **microphotographie**).

MICROGRAPHIE [mikʀɔgʀafi] **n. f.** ✦ DIDACT. Microscopie appliquée à l'étude des matériaux.
► **MICROGRAPHIQUE** [mikʀɔgʀafik] **adj.**
ÉTYM. de *micro-* et *-graphie.*

MICRO-INFORMATIQUE [mikʀoɛ̃fɔʀmatik] **n. f.** ✦ Informatique des micro-ordinateurs. SYN. **micro** (3).

① **MICROMÈTRE** [mikʀɔmɛtʀ] **n. m.** ✦ Appareil servant à mesurer les dimensions des objets étudiés à l'aide d'instruments optiques à fort grossissement (microscope, télescope).
ÉTYM. de *micro-* et *-mètre.*

② **MICROMÈTRE** [mikʀɔmɛtʀ] **n. m.** ✦ Unité de longueur (symb. μm) valant un millionième de mètre. SYN. VIEILLI **micron.** *Un micromètre* (10^{-6} m).
ÉTYM. de *micro-* et ② *mètre.*

MICRON [mikʀɔ̃] **n. m.** ✦ VIEILLI Micromètre ②.
ÉTYM. grec *mikron*, neutre de *mikros* «petit».

MICRO-ONDE [mikʀoɔ̃d] **n. f.** et **n. m. 1. n. f.** Onde électromagnétique de très petite longueur. *Four à micro-ondes.* **2. n. m.** Four à cuisson rapide, utilisant les micro-ondes. *Un micro-onde encastrable.* ➛ On peut aussi écrire *microonde, des microondes.*

MICRO-ORDINATEUR [mikʀoɔʀdinatœʀ] **n. m.** ✦ Ordinateur de format réduit, surtout destiné à l'usage individuel. SYN. **micro** (2) ; anglicisme ② **P. C.** *Des micro-ordinateurs.* ➛ On peut aussi écrire *microordinateur, des microordinateurs.*

MICRO-ORGANISME [mikʀoɔʀganism] **n. m.** ✦ DIDACT. Organisme microscopique. SYN. VIEILLI **microbe.** *Des micro-organismes.* ➛ On peut aussi écrire *microorganisme, des microorganismes.*

MICROPHONE [mikʀɔfɔn] **n. m.** ✦ Appareil électrique qui transforme les ondes sonores en oscillations électriques. SYN. **micro** (1).
ÉTYM. de *micro-* et *-phone.*

MICROPHOTOGRAPHIE [mikʀofɔtɔgʀafi] **n. f.** ✦ Photographie à fort coefficient de réduction (par exemple pour obtenir des microfilms).

MICROPHYSIQUE [mikʀofizik] **n. f.** ✦ Partie de la physique qui étudie l'atome et les phénomènes à l'échelle atomique.

MICROPROCESSEUR [mikʀopʀɔsesœʀ] **n. m.** ✦ Ensemble de circuits intégrés de très petite dimension *(microcircuits)* formant une unité de traitement de l'information. SYN. **puce.**
ÉTYM. américain *microprocessor*, de *processor*, de *to process* «traiter».

MICROSCOPE [mikʀɔskɔp] **n. m.** ✦ Instrument d'optique qui permet de voir des objets invisibles à l'œil nu. ➛ *Microscope électronique*, dans lequel un faisceau d'électrons remplace le rayon lumineux. ➛ fig. *Examiner qqch. au microscope*, avec la plus grande minutie.
ÉTYM. latin moderne *microscopium*, du grec → micro- et -scope.

MICROSCOPIE [mikʀɔskɔpi] **n. f.** ✦ DIDACT. Technique de l'observation au microscope.

MICROSCOPIQUE [mikʀɔskɔpik] **adj. 1.** DIDACT. Qui se fait à l'aide du microscope. *Examen, opération microscopique.* **2.** Visible seulement au microscope. **3.** Très petit, minuscule. CONTR. **macroscopique.**

MICROSÉISME [mikʀoseism] **n. m.** ✦ Séisme de faible amplitude que l'on ne peut détecter qu'à l'enregistrement.

MICROSILLON [mikʀosijɔ̃] **n. m.** ✦ Disque (33 et 45 tours/minute) dont le sillon en spirale est très petit.

MICTION [miksjɔ̃] **n. f.** ✦ MÉD. Action d'uriner. *Miction douloureuse.*
ÉTYM. bas latin *mictio*, classique *minctio*, de *mingere* «uriner».

MIDI [midi] **n. m.** **I 1.** Milieu du jour entre le matin et l'après-midi. *Le repas de midi. Tous les midis.* **2.** Heure du milieu du jour, douzième heure. *Il est midi. Midi un quart* (12 h 15) ; *midi dix* (minutes). *Après midi* (→ **après-midi**). ➛ loc. *Chercher midi à quatorze heures*, chercher des difficultés où il n'y en a pas, compliquer les choses. **II 1.** Sud, exposition d'un lieu au sud. *Coteau exposé au midi.* **2.** *Le Midi*, la région qui est au sud d'un pays, d'une zone géographique. ➛ La région du sud de la France. *Avoir l'accent du Midi.* → **méridional.**
ÉTYM. de *mi-* et *di* «jour», latin *dies.*

MIDINETTE [midinɛt] **n. f.** ✦ Jeune fille de la ville, simple, sentimentale ou frivole (type social ancien). *Conversations de midinettes.*
ÉTYM. proprt «qui fait une simple *dînette* à *midi*».

① **MIE** [mi] **n. f.** ✦ Partie molle à l'intérieur du pain. *La croûte et la mie. Pain de mie* (de farine de gruau). *Parcelles de mie* (→ **miette**). HOM. MI «note», MIS (p. passé de *mettre*), MIS «vêtu»
ÉTYM. latin *mica* «parcelle».

② **MIE** [mi] **n. f.** ✦ VX ou LITTÉR. Amie, femme aimée. *Venez ma mie.*
ÉTYM. de *m'amie* «mon amie».

MIEL [mjɛl] **n. m. 1.** Substance sirupeuse et sucrée élaborée par les abeilles. **2.** loc. *Être TOUT SUCRE TOUT MIEL* : se faire très doux. → **mielleux.** *Lune* de miel.* ➛ *Faire son miel de qqch.* : son profit.
ÉTYM. latin *mel.*

MIELLEUX, EUSE [mjelø, øz] **adj.** ✦ Qui a une douceur affectée. SYN. **doucereux.** *Paroles, phrases mielleuses.* ➛ *Air mielleux.* CONTR. **aigre.**
ÉTYM. de *miel.*

MIEN, MIENNE [mjɛ̃, mjɛn] **adj. poss.** et **pron. poss.**
I adj. poss. de la 1re pers. du sing. → **je, moi. 1.** LITTÉR. épithète *Un mien cousin.* **2.** attribut *Ses idées que j'ai faites miennes.*
II pron. poss. *LE MIEN, LA MIENNE (les miens, les miennes). Votre fils et les deux miens. Votre prix sera le mien.*
III n. m. 1. loc. *J'y ai mis du mien*, j'ai fait un effort (→ **sien**). **2.** *LES MIENS* : mes parents, mes amis, mes partisans.
ÉTYM. latin *meum*, de *meus* → mon.

MIETTE [mjɛt] **n. f. 1.** Petit morceau (de pain, de gâteau...) qui tombe quand on le coupe. *Réduire en miettes.* → **émietter. 2.** *Les miettes* (d'une fortune, d'un partage), le peu qu'il en reste. SYN. **bribe. 3.** Petit fragment. *Mettre un verre en miettes.* SYN. **morceau, pièce. 4.** fig. et FAM. *Ne pas perdre une miette d'un spectacle*, n'en rien perdre.
ÉTYM. diminutif de ① *mie.*

MIEUX [mjø] **adv.** ✦ Comparatif de *bien.* **I 1.** D'une manière plus accomplie, meilleure (s'oppose à *plus mal*). *Cette lampe éclaire mieux.* ➛ *ALLER MIEUX* : être en meilleure santé ; dans un état plus prospère. ➛ *FAIRE MIEUX DE* (au cond.) : avoir intérêt, avantage à. *Vous feriez mieux de vous taire.* ➛ *Aimer mieux*, préférer. **2.** *MIEUX QUE... Il réussit mieux que son frère. Mieux que jamais.* **3.** (avec *plus, moins*) *Moins il mange, mieux il se porte.* **4.** loc. adv. *On ne peut mieux*, parfaitement. ➛ *De mieux en mieux*, en progressant dans la qualité. ➛ *À qui mieux mieux*, à qui fera mieux (ou plus) que l'autre. **II** *le mieux* **1.** De la meilleure façon. *Le mieux qu'il peut. Le mieux du monde.* **2.** loc. *AU MIEUX* : dans le meilleur des cas. ➛ *ÊTRE AU MIEUX (avec qqn)*, en excellents termes. **3.** *POUR LE MIEUX* : le mieux possible, très bien.

Tout va pour le mieux. **III** **adj. attribut** **1.** (personnes) En meilleure santé. *Se sentir mieux.* ➙ Plus beau ; plus intéressant. *Il est (beaucoup, cent fois) mieux que son frère.* ➙ Plus à l'aise. *Mettez-vous là, vous serez mieux.* **2.** (choses) Préférable, d'une plus grande qualité, d'un plus grand intérêt (s'oppose à *pire*). *Si vous n'avez rien de mieux à faire.* **3.** loc. *QUI MIEUX EST :* ce qui est mieux encore (s'oppose à *pis*). **IV** **nominal** **1.** (sans article) Quelque chose de mieux, une chose meilleure. *En attendant mieux. Il y a* (FAM. *y a*) *mieux, mais c'est plus cher. Faute de mieux. Il a changé en mieux,* à son avantage. **2.** **n. m. invar.** *LE MIEUX :* ce qui est meilleur. prov. *Le mieux est l'ennemi du bien.* ➙ *Un mieux. Le médecin a constaté un léger mieux,* une amélioration. ➙ *De mon (ton, son) mieux,* aussi bien qu'il est en mon (ton, son) pouvoir. *Faire de son mieux, du mieux qu'on peut.* CONTR. **pire.**
ÉTYM. latin *melius,* de *melior* «meilleur».

MIEUX-ÊTRE [mjøzɛtʀ] **n. m. invar.** ✦ État plus heureux, amélioration du bien-être*.

MIÈVRE [mjɛvʀ] **adj.** ✦ D'une grâce enfantine et fade. *Poésie mièvre.*
ÉTYM. ancien français *esmievre ;* peut-être de l'ancien scandinave *snaefr.*

MIÈVRERIE [mjɛvʀəʀi] **n. f.** ✦ Grâce puérile, fade et recherchée.
ÉTYM. de *mièvre.*

MIGNARDISE [miɲaʀdiz] **n. f.** **1.** LITTÉR. Délicatesse, grâce affectée. *Des mignardises.* SYN. **chichi, manière, mièvrerie, minauderie.** **2.** Petit œillet à fleurs odorantes. appos. *Des œillets mignardises.* **3.** au plur. Petites sucreries servies en fin de repas, avec le café.
ÉTYM. de *mignard* «affecté», de *mignon.*

MIGNON, ONNE [miɲɔ̃, ɔn] **adj. et n.**
I **adj.** **1.** (personnes jeunes, objets sans grande valeur) Qui a de la grâce et de l'agrément. SYN. **charmant, gracieux, joli.** **2.** Aimable, gentil. **3.** *FILET MIGNON :* morceau de porc, parfois de veau ou de bœuf, coupé dans la pointe du filet. CONTR. **affreux, laid.**
II **n.** **1.** Personne mignonne. *Une jolie petite mignonne.* **2.** **n. m.** HIST. *Les mignons d'Henri III,* les favoris homosexuels de ce roi.
ÉTYM. d'un radical expressif *mign-,* peut-être d'origine germanique ou celtique.

MIGRAINE [migʀɛn] **n. f.** ✦ MÉD. Violente douleur souvent limitée à un seul côté de la tête. ➙ COUR. Mal de tête. *J'ai la migraine.*
► **MIGRAINEUX, EUSE** [migʀɛnø, øz] **adj. et n.**
ÉTYM. bas latin *hemicrania* «(douleur) de la moitié du crâne».

MIGRANT, ANTE [migʀɑ̃, ɑ̃t] **adj. et n.** ✦ Qui participe à une migration. *Travailleurs migrants :* émigrants, immigrants. ➙ **n.** *Migrants qui demandent l'asile politique.* SYN. **réfugié.**
ÉTYM. du participe présent de *migrer.*

MIGRATEUR, TRICE [migʀatœʀ, tʀis] **adj. et n. m.** ✦ (animaux) Qui effectue des migrations. *Passage d'oiseaux migrateurs.* ➙ **n. m.** *Les migrateurs.*

MIGRATION [migʀasjɔ̃] **n. f.** **1.** Déplacement de populations qui passent d'un pays dans un autre pour s'y établir. → **émigration, immigration.** ➙ Déplacement massif de personnes d'un endroit à un autre. *Les grandes migrations des vacances.* **2.** Déplacement collectif, généralement saisonnier, qu'accomplissent certaines espèces animales (oiseaux, poissons...). *Migration des saumons.* **3.** fig. *La migration des capitaux.*
ÉTYM. latin *migratio.*

MIGRATOIRE [migʀatwaʀ] **adj.** ✦ Relatif aux migrations. *Flux migratoires. Solde migratoire :* différence entre le nombre de personnes entrées sur un territoire et le nombre de celles qui en sont sorties.

MIGRER [migʀe] **v. intr.** (conjug. 3a) ✦ Changer d'endroit, de région. → **émigrer.**
ÉTYM. latin *migrare.*

à MI-JAMBE [amiʒɑ̃b] **loc. adv.** ✦ Au niveau du milieu de la jambe. *Avoir de l'eau jusqu'à mi-jambe* (aussi *à mi-jambes*).

MIJAURÉE [miʒɔʀe] **n. f.** ✦ Femme, jeune fille aux manières affectées, prétentieuses et ridicules. SYN. **pimbêche.** *Elle fait sa mijaurée.*
ÉTYM. mot régional, de *migeoler,* variante de *mijoter.*

MIJOTER [miʒɔte] **v. tr.** (conjug. 3a) **I** **1.** Faire cuire ou bouillir lentement ; préparer (un mets) avec soin. SYN. **mitonner.** *Il nous mijote de bons petits plats.* **2.** FAM. Mûrir, préparer avec réflexion et discrétion (une affaire, un mauvais coup, une plaisanterie). SYN. **manigancer.** *Qu'est-ce qu'elle mijote ?* **II** **intrans.** Cuire à petit feu. *Le ragoût mijote.*
ÉTYM. mot régional, d'abord «faire mûrir», du germanique *musgauda.*

MIKADO [mikado] **n. m.** **1.** Empereur du Japon. **2.** Jeu d'adresse d'inspiration japonaise, voisin du jonchet.
ÉTYM. mot japonais «souverain», de *mi-,* préfixe honorifique, et *kado* «porte».

① **MIL** → ① **MILLE**

② **MIL** [mil] **n. m.** ✦ Céréale à petits grains (sorgo, millet) cultivée en Afrique. *Couscous, bière de mil.*
HOM. ① MILLE (nombre)
ÉTYM. latin *milium.*

MILAN [milɑ̃] **n. m.** ✦ Rapace diurne, à plumage brun.
ÉTYM. latin populaire *milanus,* class. *miluus, milvus.*

MILDIOU [mildju] **n. m.** ✦ Maladie causée par des champignons minuscules, et qui attaque diverses plantes. ➙ Maladie de la vigne (rouille des feuilles).
ÉTYM. anglais *mildew* «moisissure», de *dew* «rosée, bruine».

MILE [majl] **n. m.** ✦ Mesure anglo-saxonne de longueur (1 609 m). SYN. ② **mille.** *Dix miles.*
ÉTYM. mot anglais, latin *milia.*

MILICE [milis] **n. f.** **1.** VX Armée. **2.** Troupe de police supplétive qui remplace ou renforce une armée régulière. ➙ spécialt *La Milice :* corps de volontaires français créé par le gouvernement de Vichy pour soutenir les occupants allemands contre la Résistance. **3.** Formation paramilitaire ou policière non officielle. *Une milice privée.*
ÉTYM. latin *militia* «métier de soldat *(miles)*».

MILICIEN, IENNE [milisjɛ̃, jɛn] **n.** ✦ Membre d'une milice (et spécialt de la Milice).

MILIEU [miljø] n. m. **I** 1. Partie à égale distance des extrémités. *Scier une planche par le milieu. Le milieu d'une pièce.* SYN. **centre, mitan.** – anciennt *L'Empire du Milieu* : la Chine (considérée comme le centre du monde). 2. Ce qui est placé entre d'autres. *Le doigt du milieu.* → **médius.** 3. Période également éloignée du commencement et de la fin. *Le milieu du jour.* → **midi.** 4. *AU MILIEU* : à mi-distance des extrémités (dans l'espace ou le temps). – *AU MILIEU DE. Au milieu de la route. Au milieu du repas.* – *EN PLEIN MILIEU, AU BEAU MILIEU* : exactement au milieu. – fig. *Au milieu de...*, parmi. *Au milieu du danger.* **II** 1. Ce qui est éloigné des extrêmes, des excès ; position, état intermédiaire. *Il y a un milieu, il n'y a pas de milieu entre...* 2. *LE JUSTE MILIEU* : la moyenne, la position non extrême. spécialt Gouvernement modéré de Louis-Philippe (*juste-milieu* n. m. et adj.). **III** 1. SC. «Espace matériel dans lequel un corps est placé» (d'Alembert). 2. Ce qui entoure, ce dans quoi une chose ou un être se trouve. *Placer un malade en milieu stérile.* 3. Ensemble des objets matériels, des circonstances physiques qui entourent et influencent un organisme vivant. SYN. **environnement.** *Adaptation au milieu. Milieu hostile, insalubre.* 4. Entourage matériel et moral (d'une personne, d'un groupe). SYN. **ambiance, atmosphère.** – Le groupe social où qqn vit. *Sortir du milieu familial.* – au plur. *Les milieux scientifiques.* SYN. **sphère.** 5. *Le milieu* (ou *Milieu*), groupe social formé en majorité d'individus vivant de trafics illicites, de la prostitution, du vol...
ÉTYM. de *mi-* et ① *lieu.*

MILITAIRE [militɛʀ] adj. et n.
I adj. 1. Relatif à la force armée, à son organisation, à ses activités. SYN. **guerrier.** *École militaire. Service militaire. Opération militaire.* 2. Fondé sur la force armée. *Gouvernement, dictature militaire. Coup d'État militaire.* CONTR. **civil.**
II n. Personne qui fait partie des forces armées. SYN. **soldat** ; → ① **officier, sous-officier.** *Un militaire de carrière.*
ÉTYM. latin *militaris*, de *miles, militis* «soldat».

MILITAIREMENT [militɛʀmɑ̃] adv. 1. D'une manière militaire. *Saluer militairement.* 2. Par l'emploi de la force armée. *Occuper militairement un territoire.*

MILITANT, ANTE [militɑ̃, ɑ̃t] adj. et n. 1. RELIG. CHRÉT. *L'Église militante* (opposé à *triomphante*), qui combat par la foi. 2. Qui combat activement dans les luttes idéologiques. *Doctrine, politique militante.* 3. n. *Militant communiste, chrétien.* – *Militant politique, syndicaliste.*
ÉTYM. du participe présent de *militer.*

MILITANTISME [militɑ̃tism] n. m. ✦ Attitude des personnes qui militent activement au sein d'une organisation, d'un parti.
ÉTYM. de *militant.*

MILITARISER [militaʀize] v. tr. (conjug. 3a) 1. Organiser d'une façon militaire ; pourvoir d'une force armée. – p. passé *Zone militarisée.* 2. Produire à des fins militaires. *Militariser une bactérie.* CONTR. **démilitariser.**
▶ **MILITARISATION** [militaʀizasjɔ̃] n. f.
ÉTYM. de *militaire.*

MILITARISME [militaʀism] n. m. 1. Exaltation des valeurs militaires. 2. péj. Prépondérance de l'armée, de l'élément militaire. SYN. **bellicisme.** 3. Système politique qui s'appuie sur l'armée. CONTR. **antimilitarisme, pacifisme.**
ÉTYM. de *militaire.*

MILITARISTE [militaʀist] adj. et n. ✦ Favorable au militarisme. – adj. Empreint de militarisme. *Un nationalisme militariste.* CONTR. **antimilitariste, pacifiste.**

MILITARO- Élément tiré de *militaire* (ex. *militaro-industriel*).

MILITER [milite] v. intr. (conjug. 3a) 1. (choses) *MILITER POUR, CONTRE...* : constituer une raison, un argument (pour ou contre). *Plusieurs facteurs militent en faveur de cette décision.* 2. (personnes) Agir, lutter sans violence pour ou contre (une cause). ♦ Être un militant, une militante.
ÉTYM. latin *militare* «être soldat (*miles*)».

MILKSHAKE [milkʃɛk] n. m. ✦ anglicisme Boisson frappée à base de lait aromatisé. *Des milkshakes à la banane.* – Écrire *milkshake* en un seul mot est permis. – On écrit aussi *milk-shake, des milk-shakes.*
ÉTYM. mot américain, de *milk* «lait» et *to shake* «secouer».

① **MILLE** [mil] adj. invar. et n. m. invar.
I adj. invar. 1. Numéral cardinal (1 000) ; dix fois cent. *Mille deux cents. Cinq mille.* 2. Un grand nombre, une grande quantité. *Je t'envoie mille baisers.* – loc. *Je vous le donne en mille* : vous n'avez pas une chance sur mille de deviner. 3. adj. numéral ordinal Millième. *Page mille.* – (dans une date ; parfois écrit *mil*) *L'an deux mille.*
II n. m. invar. 1. Le nombre mille. – *POUR MILLE* (précédé d'un numéral) : proportion par rapport à mille. *Natalité de 15 pour mille (15 ‰).* 2. Partie centrale d'une cible, marquée du chiffre 1 000. *Mettre dans le mille*, dans le but. – fig. *Vous avez mis dans le mille* : vous êtes tombé juste. 3. Millier. *Objets vendus à tant le mille.* – FAM. *Des mille et des cents* : beaucoup d'argent.
HOM. ② MIL «céréale»
ÉTYM. latin *mille* «un millier».

② **MILLE** [mil] n. m. 1. Nom d'anciennes mesures de longueur. 2. *Mille anglais.* SYN. **mile.** – *Mille marin, mille nautique* (1 852 m). HOM. ② MIL «céréale»
ÉTYM. de ① *mille.*

MILLEFEUILLE [milfœj] n. m. ✦ Gâteau à pâte feuilletée.

MILLÉNAIRE [milenɛʀ] adj. et n. m. 1. adj. Qui a mille ans (ou plus). *Une tradition plusieurs fois millénaire.* 2. n. m. Période de mille ans. *Le troisième millénaire.* – Millième anniversaire. *Fêter le millénaire de la fondation d'une ville.*
ÉTYM. latin *millenarius.*

MILLEPATTE [milpat] n. m. ✦ Myriapode du groupe des scolopendres (vingt et un segments, quarante-deux pattes). *Des millepattes.* – Écrire *millepatte* en un seul mot est permis. – On écrit aussi *mille-pattes* (invar.).

MILLEPERTUIS [milpɛʀtɥi] n. m. ✦ Plante dont la feuille parsemée de glandes semble criblée de petits trous.
ÉTYM. de ① *mille* et l'ancien français *pertuis* «trou, passage».

MILLÉSIME [milezim] n. m. 1. Chiffre exprimant le nombre mille, dans l'énoncé d'une date. 2. Les chiffres qui indiquent la date d'émission d'une monnaie, d'un timbre-poste, de production d'un vin. *Les grands mil-*

lésimes. SYN. ① **cru.**
ÉTYM. latin *millesimus* «millième».

MILLÉSIMÉ, ÉE [milezime] **adj.** ✦ Qui porte un millésime. *Champagne millésimé,* sans mélange, d'une année remarquable.
ÉTYM. de *millésime.*

MILLET [mijɛ] **n. m.** ✦ Nom courant de plusieurs céréales à très petits grains. *Millet des oiseaux.*
ÉTYM. diminutif de ② *mil.*

MILLI- Élément, du latin *mille* «mille», qui divise par 10^3 l'unité dont il précède le nom (symb. m) (ex. *millimètre*).

MILLIARD [miljaʀ] **n. m.** ✦ Nombre de mille millions. *Deux milliards de dollars.* ➖ *Des milliards :* une quantité immense. *Des milliards de pucerons.*
► **MILLIARDIÈME** [miljaʀdjɛm] **adj. et n.**
ÉTYM. de *million,* suffixe *-ard.*

MILLIARDAIRE [miljaʀdɛʀ] **adj.** et **n.** ✦ Qui possède un milliard (ou plus) d'une unité monétaire. *Cette multinationale est plusieurs fois milliardaire en dollars.* ➖ **n.** *Un, une milliardaire.*

MILLIBAR [milibaʀ] **n. m.** ✦ Ancienne unité de pression atmosphérique d'un millième de bar (ou cent pascals). SYN. **hectopascal.**
ÉTYM. de *milli-* et ③ *bar.*

MILLIÈME [miljɛm] **adj.** 1. **adj. numéral ordinal** Qui occupe le rang indiqué par le nombre mille. *La millième émission.* 2. Se dit d'une des parties d'un tout divisé en mille parties égales. *La millième partie.* ➖ **n. m.** *Un millième.*

MILLIER [milje] **n. m.** ✦ Nombre, quantité de mille ou d'environ mille. *Des centaines de milliers de personnes.* ➖ **loc. adv.** *PAR MILLIERS :* en très grand nombre. *Des étoiles par milliers.*
ÉTYM. de ① *mille* ou latin *milliarius.*

MILLIGRAMME [miligʀam] **n. m.** ✦ Millième partie du gramme (symb. mg).

MILLILITRE [mililitʀ] **n. m.** ✦ Millième partie du litre (symb. ml). *Médicament présenté en ampoules de deux millilitres.*

MILLIMÈTRE [milimɛtʀ] **n. m.** ✦ Millième partie du mètre (symb. mm). *Millième de millimètre.* → ② **micromètre, micron.**

MILLIMÉTRÉ, ÉE [milimetʀe] **adj.** ✦ Gradué, divisé en millimètres. *Papier millimétré.* SYN. **millimétrique.**

MILLIMÉTRIQUE [milimetʀik] **adj.** 1. Dont la longueur est de l'ordre du millimètre. 2. *Papier millimétrique.* SYN. **millimétré.**

MILLION [miljɔ̃] **n. m.** ✦ Mille fois mille. *Un million, dix millions d'habitants.* ➖ Un million (d'unités monétaires). *Être riche à millions.*
ÉTYM. italien *milione,* augmentatif de *mille.*

MILLIONIÈME [miljɔnjɛm] **adj.** 1. **adj. numéral ordinal** Qui occupe le rang marqué par le nombre d'un million. *Le dix millionième visiteur.* 2. Se dit de chaque partie d'un tout divisé en un million de parties égales. ➖ **n. m.** *Un millionième de millimètre.*

MILLIONNAIRE [miljɔnɛʀ] **adj.** et **n.** ✦ Qui possède un ou plusieurs millions (d'une unité monétaire). *Il est plusieurs fois millionnaire.* → **multimillionnaire.** *Être millionnaire en dollars.* ➖ **n.** *Un, une millionnaire.*

MILLISECONDE [milis(ə)gɔ̃d] **n. f.** ✦ Millième partie de la seconde (symb. ms).

MI-LOURD [miluʀ] **adj. m.** et **n. m.** ✦ (Sportif : boxeur, etc.) de 72 à 79 kilos, dont la catégorie est comprise entre les (poids) moyens et les lourds.

MIME [mim] **n.** I **n.** Acteur qui s'exprime par les attitudes et les gestes, sans paroles. *Le mime Deburau.* ➖ Imitateur. II **n. m.** Spectacle sans paroles. SYN. **pantomime.** *L'art du mime.*
ÉTYM. latin *mimus,* grec *mimos.*

MIMER [mime] **v. tr.** (conjug. 3a) ✦ Exprimer ou reproduire par des gestes, des jeux de physionomie, sans le secours de la parole. *Mimer la fatigue.*
ÉTYM. de *mime.*

MIMÉTISME [mimetism] **n. m.** 1. Propriété que possèdent certaines espèces animales, pour assurer leur protection, de se rendre semblables par l'apparence au milieu environnant ou à une autre espèce. *Le mimétisme du caméléon.* 2. Imitation involontaire ; fait de se conformer à qqn d'autre.
ÉTYM. du grec *mimeisthai* «imiter».

MIMIQUE [mimik] **n. f.** 1. DIDACT. Ensemble des gestes expressifs et des jeux de physionomie qui accompagnent ou remplacent le langage oral. *La mimique des acteurs.* ☛ Littérature p. 128. 2. COUR. Expression du visage. SYN. **grimace.** *Une mimique de dégoût.*
ÉTYM. latin *mimicus,* du grec *mimikos* → mime.

MIMODRAME [mimɔdʀam] **n. m.** ✦ DIDACT. Œuvre dramatique mimée, sans paroles.

MIMOLETTE [mimɔlɛt] **n. f.** ✦ Fromage de Hollande à pâte demi-tendre, orangée.
ÉTYM. probablement de *mi-* et *mollet* adjectif.

MIMOSA [mimoza] **n. m.** 1. Arbre ou arbrisseau des régions chaudes, variété d'acacia portant des fleurs jaunes en petites boules ; ces fleurs. *Un bouquet de mimosa.* 2. **appos.** *Œuf mimosa :* œuf dur à la mayonnaise, dont le jaune est écrasé. *Des œufs mimosas* ou *mimosa* (invar.).
ÉTYM. latin moderne, de *mimus* «mime».

MINABLE [minabl] **adj.** et **n.** ✦ FAM. Très médiocre. SYN. **lamentable, piteux.** *Des résultats minables. Il a été minable.* ➖ **n.** (personnes) *Une bande de minables.* CONTR. **excellent.**
ÉTYM. de *miner* «user, accabler».

MINARET [minaʀɛ] **n. m.** ✦ Tour d'une mosquée du haut de laquelle le muezzin invite les fidèles musulmans à la prière.
ÉTYM. turc *minare,* de l'arabe *manāra* «phare».

MINAUDER [minode] **v. intr.** (conjug. 3a) ✦ Prendre des manières affectées pour attirer l'attention, plaire, séduire.
ÉTYM. de ① *mine* «manière affectée».

MINAUDERIE [minodʀi] **n. f.** **1.** Action de minauder ; caractère d'une personne qui manque de naturel en voulant plaire. SYN. ① **affectation.** **2.** (surtout au plur.) Air, attitude, manière, geste affectés d'une personne qui minaude. SYN. **chichi, façon, grimace, manière, simagrée.** *Les minauderies d'une coquette.*
ÉTYM. de *minauder.*

MINAUDIER, IÈRE [minodje, jɛʀ] **adj.** et **n.** ✦ Qui minaude. *Elle est trop minaudière.*

MINCE [mɛ̃s] **adj.** **I** **1.** Qui a peu d'épaisseur ; fin. *Couper qqch. en tranches minces.* **2.** Étroit, filiforme. **3.** (personnes ; parties du corps) Qui a des formes relativement étroites pour leur longueur, et donne une impression de finesse. SYN. **élancé, gracile, svelte.** *Jambes minces.* **4.** Qui a peu d'importance, peu de valeur. SYN. **insignifiant, médiocre.** *Pour un mince profit. Un prétexte bien mince.* **II** interj. FAM. Exclamation de surprise, de dépit. SYN. **zut.** *Mince alors !* CONTR. **épais, gros** • **large.**
ÉTYM. de l'ancien verbe *mincier,* latin *minutiare,* de *minutus* → ① menu.

MINCEUR [mɛ̃sœʀ] **n. f.** ✦ Caractère de ce qui est mince. *La minceur d'une feuille de papier.* ♦ (personnes) *La minceur d'un mannequin.* – appos. invar. *Les régimes minceur.* CONTR. **épaisseur ; corpulence, embonpoint.**

MINCIR [mɛ̃siʀ] **v. intr.** (conjug. 13) ✦ Devenir plus mince. *Elle a beaucoup minci.* SYN. **amincir.** CONTR. **forcir, grossir.**

① **MINE** [min] **n. f.** **I** (aspect physique) Aspect extérieur, apparence (opposé à la nature profonde, aux sentiments). SYN. ② **extérieur.** – loc. *Ça ne paie pas de mine :* ça a mauvaise apparence. – *FAIRE MINE DE* (+ inf.) : paraître disposé à faire qqch. → faire **semblant** de. – FAM. *MINE DE RIEN :* sans en avoir l'air. *Tâche de le faire parler, mine de rien.* **II** **1.** Aspect du visage, selon l'état de santé. *Avoir bonne, mauvaise mine.* **2.** Aspect du visage, expression du caractère ou de l'humeur. SYN. **figure, physionomie.** *Une mine réjouie, soucieuse.* – loc. *Faire GRISE MINE à qqn,* l'accueillir avec froideur, déplaisir. **III** plur. Jeux de physionomie, attitudes, gestes. *Mines affectées.* → **façon, minauderie.** *Faire des mines.* → **minauder.**
ÉTYM. peut-être breton *min* «museau».

② **MINE** [min] **n. f.**
I **1.** VX Minerai. **2.** Petit bâton d'une matière laissant une trace, qui constitue la partie centrale d'un crayon, sert à charger un portemine, un stylomine. *Mine de plomb.* → **graphite.** *Crayon à mine dure, tendre.*
II **1.** Terrain d'où l'on peut extraire un métal, du charbon, etc., en grande quantité. SYN. **gisement.** *Mine de fer, de houille. Mine à ciel ouvert.* – plus cour. Un tel gisement, souterrain (opposé à *carrière*) ; cavité pratiquée dans le sous-sol et ensemble d'ouvrages souterrains aménagés pour l'extraction d'un minerai. *Galerie, puits de mine. Le carreau de la mine.* – spécialt *Il travaille à la mine* (de charbon). SYN. **charbonnage**(s), **houillère ;** → ② **mineur.** *LES MINES :* administration spécialisée dans l'étude des terrains et l'exploitation du sous-sol. *L'École des Mines.* **2.** fig. Réserve, source importante. *C'est une mine de renseignements.* SYN. **filon, trésor.**
III Engin explosif (sur terre ou dans l'eau). *Mines antichars. Champ de mines. Le camion a sauté sur une mine. Dragueur de mines* (démineur).
ÉTYM. peut-être gaulois *meina* «minerai».

MINER [mine] **v. tr.** (conjug. 3a) **I** **1.** Creuser, attaquer la base ou l'intérieur de (une chose). SYN. **creuser,** ① **saper.** *La mer mine les falaises.* **2.** fig. Attaquer, affaiblir par une action progressive et sournoise. SYN. **consumer, ronger, user.** *Le chagrin la mine. Il est miné par le souci.* – pronom. *Il se mine.* **II** Garnir de mines explosives. *Miner un pont.* CONTR. **consolider, fortifier** • **remonter, soutenir** • **déminer.**
ÉTYM. peut-être famille du latin *minare* → mener, influencé par ② *mine.*

MINERAI [minʀɛ] **n. m.** ✦ Minéral qui contient des substances qu'on peut isoler, extraire. *Minerai en filon, en gisement.* → ② **mine.** *Minerai de fer, d'aluminium. Extraire un métal d'un minerai. Matières premières issues de minerais.* ☛ Géographie p. 230.
ÉTYM. de ② *mine.*

MINÉRAL, ALE, AUX [mineʀal, o] **adj.** et **n. m.**
I adj. **1.** Constitué de matière inorganique. *Huiles minérales et huiles végétales. Sels minéraux.* **2.** Relatif aux corps minéraux. *Chimie minérale et chimie organique.* **3.** *EAU MINÉRALE,* provenant d'une nappe souterraine et contenant des matières minérales en dissolution. *Eau minérale gazeuse, non gazeuse (plate).* **II n. m.** Élément ou composé naturel inorganique, constituant de l'écorce terrestre. SYN. **minerai, pierre, roche.** *Étude des minéraux.* → **géologie, minéralogie.**
ÉTYM. latin médiéval *mineralis.*

MINÉRALIER [mineʀalje] **n. m.** ✦ Cargo conçu pour le transport des minerais.
ÉTYM. de *minéral,* d'après *pétrolier.*

MINÉRALOGIE [mineʀalɔʒi] **n. f.** ✦ Science des minéraux constituant les matériaux de l'écorce terrestre (faisant partie de la géologie).
ÉTYM. de *minéral* et *-logie.*

MINÉRALOGIQUE [mineʀalɔʒik] **adj.** **I** Relatif à la minéralogie. *Collection minéralogique.* **II** en France *Numéro minéralogique :* numéro d'immatriculation d'un véhicule à moteur (d'abord affecté par le service des Mines). *La plaque minéralogique d'une voiture.*

MINÉRALOGISTE [mineʀalɔʒist] **n.** ✦ Spécialiste de minéralogie.

MINERVE [minɛʀv] **n. f.** ✦ Appareil orthopédique qui se place autour du cou et qui sert à maintenir la tête en bonne position.
ÉTYM. latin *Minerva,* n. de la déesse de la sagesse. ☛ noms propres.

MINESTRONE [minɛstʀɔn] **n. m.** ✦ Soupe au riz ou aux pâtes et aux légumes (recette italienne).
ÉTYM. mot italien, de *minestra* «soupe».

MINET, ETTE [minɛ, ɛt] **n.** **1.** Petit chat. SYN. FAM. **minou.** **2.** (personnes) terme d'affection *Mon minet.* **3. n. m.** Jeune homme élégant, un peu efféminé. – **n. f.** Jeune fille à la mode.
ÉTYM. de *min-,* élément expressif.

① **MINEUR, EURE** [minœʀ] **adj.** **I** **1.** D'importance, d'intérêt secondaire. *Problème, soucis mineurs. Arts mineurs. Peintre, poète mineur.* **2.** en musique *Intervalle* *mineur,* plus réduit que le majeur. *Tierce mineure. Tons mineurs. En mineur.* ➛ *Sonate en fa mineur.* **II** (personnes) Qui n'a pas atteint l'âge de la majorité (18 ans, en France). → **minorité** (I). ➛ n. *Un mineur, une mineure. Détournement de mineur.* CONTR. ① **majeur** · ① **capital, important.**

ÉTYM. latin *minor* «plus petit, moindre».

②**MINEUR** [minœʀ] n. m. ✦ Ouvrier qui travaille dans une mine, spécialt de houille. *Mineur de fond. Cité de mineurs.* → **coron.**

ÉTYM. de ② *mine* (II).

MINI- Élément, tiré de *minimum,* qui signifie «(plus) petit» (ex. *minijupe*). → **micro-.** CONTR. **maxi-.**

MINIATURE [minjatyʀ] n. f. **I** 1. Peinture fine de petits sujets servant d'illustration aux manuscrits, aux missels. SYN. **enluminure.** 2. Genre de peinture délicate de très petit format ; cette peinture. *Une miniature.* **II** Chose, personne très petite. loc. *EN MINIATURE :* en très petit, en réduction. ➛ appos. *Train miniature. Des golfs miniatures.*

ÉTYM. italien *miniatura,* de *miniare* «décorer», de *minium* «rouge».

MINIATURÉ, ÉE [minjatyʀe] adj. ✦ Orné de miniatures.

MINIATURISER [minjatyʀize] v. tr. (conjug. 3a) ✦ Donner à (un objet, un mécanisme) les plus petites dimensions possibles.

► **MINIATURISATION** [minjatyʀizasjɔ̃] n. f.

ÉTYM. de *miniature* (II).

MINIATURISTE [minjatyʀist] n. ✦ Peintre de miniatures.

MINIBUS [minibys] n. m. ✦ Petit autobus.

ÉTYM. de *mini-* et *bus.*

MINICHAÎNE [miniʃɛn] n. f. ✦ Chaîne haute-fidélité dont les éléments sont de petite taille.

MINIER, IÈRE [minje, jɛʀ] adj. 1. Qui a rapport aux mines ②. *Gisement minier.* 2. Où il y a des mines. *Pays minier.*

ÉTYM. de ② *mine.*

MINIJUPE [miniʒyp] n. f. ✦ Jupe très courte.

MINIMA → MINIMUM

MINIMAL, ALE, AUX [minimal, o] adj. ✦ Qui constitue un minimum. *Températures minimales.* CONTR. **maximal.**

ÉTYM. de *minimum.*

MINIME [minim] adj. et n. 1. adj. Très petit, peu important. SYN. **infime.** *Des faits minimes. Salaires minimes.* SYN. **dérisoire, insignifiant.** 2. n. Jeune sportif dont la catégorie d'âge (13 à 15 ans) se situe entre les benjamins et les cadets. *Match de minimes.* CONTR. **considérable, énorme.**

ÉTYM. latin *minimus.*

MINIMISER [minimize] v. tr. (conjug. 3a) ✦ Réduire l'importance de (qqch.). *Minimiser des résultats, des incidents ; le rôle de qqn.* CONTR. **amplifier, exagérer, grossir.**

ÉTYM. de *minime.*

MINIMUM [minimɔm] n. m. et adj. 1. n. m. Valeur la plus petite atteinte par une quantité variable ; limite inférieure. *Un minimum de frais. Les minimums atteints.* ➛ FAM. *S'il avait un minimum de bon sens.* SYN. le **moindre.** ➛ loc. *AU MINIMUM :* au moins, pour le moins. *Les travaux dureront au minimum trois jours.* ➛ *MINIMUM VITAL :* le plus petit revenu permettant de subsister (selon les critères d'une société donnée). 2. adj. Minimal. *Âge minimum. Pertes, gains minimums.* ➛ On emploie parfois le pluriel latin *minima : des minima, des prix minima.* CONTR. **maximum · maximal.**

ÉTYM. mot latin.

MINI-ORDINATEUR [miniɔʀdinatœʀ] n. m. ✦ Ordinateur de petite taille, d'une capacité de mémoire moyenne. *Des mini-ordinateurs.*

MINISTÈRE [ministɛʀ] n. m. **I** 1. Corps des ministres et secrétaires d'État. SYN. **cabinet, gouvernement.** *Former, modifier un ministère.* ➛ (suivi du n. du Premier ministre) *Le ministère Untel.* 2. Partie des affaires de l'administration centrale dépendant d'un ministre. *Le ministère des Affaires étrangères.* ➛ Bâtiment, services d'un ministère. 3. Fonction de ministre. SYN. **portefeuille.** **II** *MINISTÈRE PUBLIC :* magistrats qui défendent les intérêts de la société, l'exécution des décisions (avocat général, procureur, etc.). SYN. **parquet.** **III** Charge remplie par le prêtre, le pasteur (→ **ministre** (II) ; **sacerdoce**). *Il exerce son ministère dans une petite paroisse.*

ÉTYM. latin *ministerium* «service, fonction» ; doublet de *métier.*

MINISTÉRIEL, ELLE [ministeʀjɛl] adj. ✦ Relatif au ministère (I), au gouvernement. *Remaniement ministériel.* ◆ Relatif à un ministère ; qui émane d'un ministre. *Arrêté ministériel.*

ÉTYM. de *ministère,* d'après le bas latin *ministerialis.*

MINISTRABLE [ministʀabl] adj. ✦ Qui a des chances de devenir ministre.

MINISTRE [ministʀ] n. **I** 1. Agent supérieur du pouvoir exécutif ; homme ou femme d'État placé(e) à la tête d'un ministère. *Le Conseil des ministres.* → **cabinet, gouvernement, ministère.** *Ministres et secrétaires* d'État. Le ministre de l'Éducation nationale. Madame X, ministre de la Santé publique. Madame la ministre.* ➛ *Le Premier ministre :* le chef du gouvernement. 2. Agent diplomatique de rang immédiatement inférieur à celui d'ambassadeur, à la tête d'une légation. *Ministre plénipotentiaire.* 3. appos. invar. *Bureau ministre :* grand bureau plat. **II** n. m. *Ministre du culte :* prêtre. ➛ *Ministre :* pasteur protestant.

ÉTYM. latin *minister, ministri* «serviteur, domestique».

MINITEL [minitɛl] n. m. ✦ anciennt Petit terminal de consultation de banques de données. *Des minitels.*

ÉTYM. nom déposé ; de *min-* dans *terminal* et *tel* pour *téléphone,* avec influence de *mini-.*

MINIUM [minjɔm] n. m. ✦ Peinture rouge, à l'oxyde de plomb, préservant le fer de la rouille.

ÉTYM. mot latin.

MINOIS [minwa] n. m. ✦ Jeune visage délicat, éveillé, plein de charme. *Un joli petit minois.* SYN. **frimousse.**

ÉTYM. de ① *mine.*

MINORANT [minɔʀɑ̃] **n. m.** ✦ MATH. Nombre qui est inférieur ou égal à tous les éléments de l'ensemble auquel il appartient. CONTR. **majorant.**
ÉTYM. du participe présent de *minorer.*

MINORER [minɔʀe] **v. tr.** (conjug. 3a) ✦ DIDACT. Diminuer l'importance, la valeur de (qqch.). ◆ MATH. Jouer le rôle de minorant par rapport à (un ensemble). CONTR. **augmenter, hausser, majorer.**
ÉTYM. bas latin *minorare.*

MINORITAIRE [minɔʀitɛʀ] **adj.** ✦ De la minorité. *Groupe, tendance minoritaire.* CONTR. **majoritaire.**

MINORITÉ [minɔʀite] **n. f.** **I** État d'une personne qui n'a pas encore atteint l'âge où elle sera légalement considérée comme pleinement capable et responsable de ses actes (→ ① **mineur,** II). ➡ Temps pendant lequel un individu est mineur. **II** **1.** Groupement (de voix) qui est inférieur en nombre dans un vote, une réunion de votants. *Une petite minorité d'électeurs. Ils sont en minorité.* ➡ *Gouvernement mis en minorité,* qui ne recueille pas la majorité des voix. ◆ Parti, groupe qui n'a pas la majorité des suffrages. **2.** *La, une minorité de :* le plus petit nombre de, le très petit nombre. *Dans la minorité des cas, dans une petite minorité de cas.* **3.** Groupe englobé dans une collectivité plus importante. *Minorités ethniques. Droits des minorités.* CONTR. ① **majorité.**
ÉTYM. latin médiéval *minoritas,* de *minor* «moindre».

MINOTERIE [minɔtʀi] **n. f.** **1.** Établissement industriel pour la transformation des grains en farine. SYN. **moulin.** **2.** Meunerie.
ÉTYM. de *minotier.*

MINOTIER [minɔtje] **n. m.** ✦ Industriel qui exploite une minoterie. SYN. **meunier.**
ÉTYM. de l'ancien mot *minot* «moitié d'une *mine* (mesure) de grains».

MINOU [minu] **n. m.** ✦ FAM. **lang. enfantin** Petit chat. SYN. **minet.** *Des petits minous.*
ÉTYM. de *minet.*

MINUIT [minɥi] **n. m.** **1.** Milieu de la nuit. *Bain de minuit.* ➡ *Le soleil de minuit* (au-delà du cercle polaire, l'été). **2.** Heure du milieu de la nuit, la douzième après midi (24 heures ou 0 heure). *Messe de minuit* (à Noël).
ÉTYM. de *mi-* et *nuit.*

MINUS [minys] **n. m.** ✦ FAM. Individu incapable ou peu intelligent. *Bande de minus !* SYN. **crétin, débile, minable.**
ÉTYM. du latin *minus habens* «ayant moins (d'intelligence)».

MINUSCULE [minyskyl] **adj.** **1.** *Lettre minuscule :* lettre courante, plus petite et d'une forme distincte de celle de la majuscule. ➡ **n. f.** *Une minuscule.* **2.** Très petit. SYN. **infime, lilliputien, microscopique.** *Un jardin minuscule.* SYN. **miniature.** CONTR. **capitale, majuscule · énorme, gigantesque, immense.**
ÉTYM. latin *minusculus.*

① **MINUTE** [minyt] **n. f.** **1.** Division du temps, soixantième partie de l'heure (symb. min ou mn). *La minute se divise en soixante secondes.* **2.** Court espace de temps. SYN. ② **instant,** ① **moment.** *Jusqu'à la dernière minute. Je reviens dans une minute.* ➡ **loc.** *D'UNE MINUTE À L'AUTRE :* dans un futur imminent. *À LA MINUTE :* à l'instant même, tout de suite. ➡ **en appos. invar.** Préparé rapidement. *Des entrecôtes minute. Talon minute* (réparation immédiate). ➡ **interj.** FAM. *Minute ! :* attendez une minute. **3.** Unité de mesure des angles ; soixantième partie d'un degré de cercle (symb. ′). *Angle de deux degrés et cinq minutes (2° 5′).*
ÉTYM. latin médiéval *minuta,* de *minutus* «menu, petit».

② **MINUTE** [minyt] **n. f.** ✦ DR. Original d'un acte. *La minute d'un jugement. Consulter les minutes d'un procès.*
ÉTYM. latin médiéval *minuta,* idée de «petite écriture» → ① minute.

MINUTER [minyte] **v. tr.** (conjug. 3a) ✦ Organiser (une cérémonie, un spectacle, une opération, un travail) selon un horaire précis. ➡ **au p. passé** *Emploi du temps strictement minuté.*
► **MINUTAGE** [minytaʒ] **n. m.**
ÉTYM. de ① *minute.*

MINUTERIE [minytʀi] **n. f.** ✦ Appareil électrique (**spécialt** éclairage) destiné à assurer, à l'aide d'un mouvement d'horlogerie, un contact pendant un nombre déterminé de minutes. *La minuterie d'un escalier.*
ÉTYM. de ① *minute.*

MINUTEUR [minytœʀ] **n. m.** ✦ Minuterie (d'un appareil ménager). *Le minuteur d'un four.*
ÉTYM. de *minuter.*

MINUTIE [minysi] **n. f.** ✦ Application attentive aux menus détails. SYN. **méticulosité, soin.** *Faire un travail avec minutie.* CONTR. **négligence.**
ÉTYM. latin *minutia* «poussière,» de *minutus* «petit, menu».

MINUTIEUX, EUSE [minysjø, øz] **adj.** **1.** (**personnes**) Qui s'attache, s'arrête avec minutie aux détails. SYN. **méticuleux, pointilleux, tatillon.** *Un enquêteur minutieux.* **2.** (**choses**) Qui marque ou suppose de la minutie. SYN. **attentif, soigneux.** *Une vérification minutieuse.* CONTR. **négligent · grossier, sommaire.**
► **MINUTIEUSEMENT** [minysjøzmɑ̃] **adv.**
ÉTYM. de *minutie.*

MIOCÈNE [mjɔsɛn] **n. m.** et **adj.** ✦ Troisième période de l'ère tertiaire, entre l'oligocène et le pliocène.
ÉTYM. anglais *miocene,* du grec *meion* «moins» et *kainos* «récent».

MIOCHE [mjɔʃ] **n.** ✦ FAM. Enfant. SYN. FAM. **gosse, môme.** *Une bande de mioches.*
ÉTYM. de ① *mie.*

MIRABELLE [miʀabɛl] **n. f.** **1.** Petite prune ronde et jaune, très sucrée. *Confiture de mirabelles.* **2.** Eau-de-vie de ce fruit.
ÉTYM. de *Mirabel,* n. de localités du sud de la France.

MIRABELLIER [miʀabelje] **n. m.** ✦ Prunier à mirabelles.

MIRACLE [miʀakl] **n. m.** **1.** Fait extraordinaire où l'on croit reconnaître une intervention divine. SYN. ① **mystère, prodige.** *Les miracles de Lourdes.* ➡ *Cela tient du miracle ! Comme par miracle.* **2.** Drame médiéval sacré, au sujet emprunté à la vie des saints. *«Le Miracle de Théophile»* (de Rutebeuf). *Les miracles et les mystères.* **3.** Chose étonnante et admirable qui se produit contre toute attente. *Miracle économique :* redressement spectaculaire de l'économie. *Faire des miracles d'ingé-*

niosité. Crier miracle, au miracle : s'extasier. ➛ appos. *Des solutions miracles* ou *miracle* (invar.). ➛ *PAR MIRACLE* loc. adv. : d'une façon inattendue et heureuse. *Par miracle, le train est parti en retard, sinon je le ratais.*
ÉTYM. latin *miraculum*, de *mirari* «être étonné».

MIRACULÉ, ÉE [miʀakyle] adj. et n. ✦ (Personne) sur qui s'est opéré un miracle (1).
ÉTYM. du latin *miraculum* → miracle.

MIRACULEUSEMENT [miʀakyløzmɑ̃] adv. ✦ Comme par miracle. SYN. **extraordinairement.**

MIRACULEUX, EUSE [miʀakylø, øz] adj. 1. Qui est le résultat d'un miracle. SYN. **surnaturel.** *Guérison miraculeuse.* 2. Qui produit comme par miracle l'effet souhaité. SYN. **merveilleux, prodigieux.** *Une crème miraculeuse.*
ÉTYM. du latin *miraculum* → miracle.

MIRADOR [miʀadɔʀ] n. m. 1. Belvédère. 2. Poste d'observation, de surveillance (dans un camp, une prison).
ÉTYM. mot espagnol, de *mirar* «regarder».

MIRAGE [miʀaʒ] n. m. 1. Phénomène optique pouvant produire l'illusion d'une nappe d'eau s'étendant à l'horizon. *Les mirages du désert.* 2. Apparence séduisante et trompeuse. SYN. **chimère, illusion.** *Les mirages du succès.*
ÉTYM. de *mirer.*

MIRE [miʀ] n. f. 1. *LIGNE DE MIRE,* ligne droite imaginaire déterminée par l'œil du tireur. ➛ fig. *POINT DE MIRE* : centre d'intérêt, d'attention. 2. Signal fixe servant à déterminer une direction par une visée. 3. Image fixe servant à vérifier la qualité de la transmission, à faciliter le réglage d'un téléviseur. HOM. MYRRHE «parfum»
ÉTYM. de mirer.

MIRER [miʀe] v. tr. (conjug. 3a) 1. VX Regarder attentivement. ◆ Lorgner, convoiter. 2. spécialt Examiner (un œuf à contre-jour) pour vérifier sa fraîcheur. 3. *SE MIRER* v. pron. LITTÉR. Se regarder, se refléter (dans l'eau, etc.).
ÉTYM. latin *mirari* «s'étonner».

MIRIFIQUE [miʀifik] adj. ✦ plais. Merveilleux. SYN. **mirobolant.** *Des promesses mirifiques.*
ÉTYM. latin *mirificus*, de *mirus* «étonnant, étrange».

MIRLITON [miʀlitɔ̃] n. m. ✦ Tube creux garni à ses deux extrémités d'une membrane, dans lequel on chantonne un air. ➛ *Vers de mirliton,* mauvaise poésie.
ÉTYM. origine inconnue ; peut-être refrain de chansons.

MIRMILLON [miʀmijɔ̃] n. m. ✦ ANTIQ. Gladiateur armé d'un bouclier, d'une épée et d'un casque, souvent opposé au rétiaire.
ÉTYM. latin *mirmillo.*

MIROBOLANT, ANTE [miʀɔbɔlɑ̃, ɑ̃t] adj. ✦ FAM. Incroyablement magnifique ; trop beau pour être vrai. SYN. **mirifique.** *Des gains mirobolants.*
ÉTYM. de *myrobolan*, du grec, de *muron* «parfum» et *balanos* «gland».

MIROIR [miʀwaʀ] n. m. 1. Surface polie qui sert à réfléchir la lumière, à refléter les images ; objet qui comporte cette surface. SYN. **glace.** *Se regarder dans le miroir.* ➛ loc. *MIROIR AUX ALOUETTES* ; fig. ce qui trompe en attirant, en fascinant. 2. LITTÉR. Surface unie (eau, marbre...) qui réfléchit la lumière ou les objets. ➛ *Miroir d'eau* : pièce d'eau. 3. fig. Ce qui offre à l'esprit l'image des personnes, des choses, du monde. *Les yeux, miroir de l'âme.* 4. *En miroir* : en fournissant une image inversée (➛ **spéculaire**).
ÉTYM. de *mirer*, suffixe *-oir.*

MIROITANT, ANTE [miʀwatɑ̃, ɑ̃t] adj. ✦ Brillant, chatoyant. *La surface miroitante de la mer.*
ÉTYM. du participe présent de *miroiter.*

MIROITEMENT [miʀwatmɑ̃] n. m. ✦ Éclat, reflet de ce qui miroite. SYN. **chatoiement, reflet, scintillement.** *Le miroitement des vitres au soleil.*
ÉTYM. de *miroiter.*

MIROITER [miʀwate] v. intr. (conjug. 3a) 1. Réfléchir la lumière en produisant des reflets scintillants. SYN. **briller, chatoyer, scintiller.** *Vitre, eau qui miroite.* 2. loc. fig. *FAIRE MIROITER* : proposer (qqch.) de manière à séduire, appâter. *Il lui a fait miroiter divers avantages.*
ÉTYM. de *mirer*, d'après *miroitier.*

MIROITERIE [miʀwatʀi] n. f. ✦ Commerce, industrie des miroirs et des glaces.
ÉTYM. de *miroir.*

MIROITIER, IÈRE [miʀwatje, jɛʀ] n. ✦ Personne, entreprise qui fabrique, vend des miroirs.
ÉTYM. de *miroir.*

MIROTON [miʀɔtɔ̃] n. m. ✦ Bœuf bouilli aux oignons. ➛ appos. *Du bœuf miroton.*
ÉTYM. origine inconnue.

MIS, MISE [mi, miz] adj. ✦ (personnes) Vêtu, habillé (attribut ou avec adv. : *bien, mal mis*). *Il est toujours mis avec élégance.* HOM. MI «note», ① MIE «partie du pain», ② MIE «amie»
ÉTYM. participe passé de *mettre.*

MIS- ➛ MIS(O)-

MISAINE [mizɛn] n. f. ✦ Voile basse du mât de l'avant (d'un navire). *Le mât de misaine.*
ÉTYM. de l'ancien français *migenne*, du catalan *mitjana* «moyenne».

MISANTHROPE [mizɑ̃tʀɔp] n. et adj. 1. n. Personne qui manifeste de l'aversion pour le genre humain, qui aime la solitude. SYN. **ours, sauvage, solitaire.** *«Le Misanthrope»* (pièce de Molière). 2. adj. Qui évite de fréquenter ses semblables. SYN. **insociable.** *Elle est devenue bien misanthrope.* CONTR. **philanthrope · sociable.**
ÉTYM. grec *misanthrôpos* → mis(o)- et -anthrope.

MISANTHROPIE [mizɑ̃tʀɔpi] n. f. 1. DIDACT. Haine du genre humain. 2. Caractère d'une personne misanthrope. CONTR. **philanthropie · sociabilité.**
► **MISANTHROPIQUE** [mizɑ̃tʀɔpik] adj.

MISCIBLE [misibl] adj. ✦ SC. Qui peut se mêler à une autre substance en un mélange homogène.
► **MISCIBILITÉ** [misibilite] n. f. *Miscibilité de l'eau et de l'alcool.*
ÉTYM. du latin *miscere* «mêler».

MISE [miz] n. f. **I** avec un compl. **1.** (avec *en*) Action de mettre (quelque part). *Mise en place. Mise en bouteilles.* – loc. fig. et FAM. *Mise en boîte,* moquerie. ◆ *MISE EN SCÈNE :* organisation matérielle de la représentation ; choix des décors, places, mouvements et jeu des acteurs, etc. (théâtre ; cinéma, télévision → **réalisation ; metteur en scène**). **2.** (dans quelques loc.) Action de mettre (dans une position nouvelle). *La mise sur pied d'un programme.* – *Mise à pied,* sanction pouvant aboutir à un renvoi. **3.** loc. (avec *en, à*) Action de mettre (dans un état nouveau, une situation nouvelle). *Mise au net. Mise en état, en ordre. Mise à prix* (avant des enchères). *Mise à la retraite. Mise à mort.* **II** **1.** (employé seul) Action de mettre de l'argent au jeu ou dans une affaire ; cet argent. SYN. **enjeu** ; → **miser.** *Déposer une mise. Doubler la mise.* ◆ loc. *MISE DE FONDS :* investissement, placement. **2.** *DE MISE :* qui a cours, est reçu, accepté (souvent au négatif). *Ces manières ne sont plus de mise.* **3.** (employé seul) Manière d'être habillé. SYN. **habillement, tenue, toilette ;** → **mis.** *Soigner sa mise.*
ÉTYM. du participe passé de *mettre.*

MISER [mize] v. tr. (conjug. 3a) **1.** Déposer, mettre (un enjeu). → **mise** (II, 1). *Miser dix euros.* – *Miser sur un cheval, aux courses.* SYN. **parier. 2.** FAM. *Miser sur,* compter, faire fond sur. *Miser sur un succès.*
ÉTYM. de *mise.*

MISÉRABILISME [mizeʀabilism] n. m. ✦ Tendance artistique à la représentation de la réalité sociale sous ses aspects les plus misérables.
► **MISÉRABILISTE** [mizeʀabilist] adj. et n. *Tableau misérabiliste.*
ÉTYM. de *misérable.*

MISÉRABLE [mizeʀabl] adj. et n. **1.** Qui inspire ou mérite d'inspirer la pitié ; qui est dans le malheur, la misère. SYN. **lamentable, malheureux, pitoyable.** – (choses) Triste, pénible. *Une misérable existence.* **2.** Qui est dans une extrême pauvreté ; qui indique la misère. SYN. **pauvre ; indigent.** – n. VIEILLI *Secourir les misérables.* SYN. **nécessiteux.** *« Les Misérables »* (☞ noms propres ; roman de Victor Hugo). **3.** Sans valeur, sans mérite. SYN. **insignifiant, méprisable, piètre.** *Une argumentation misérable.* ◆ (avant le n.) *Tant d'histoires pour un misérable billet de dix euros !* SYN. **malheureux, méchant, pauvre. 4.** n. Personne méprisable. SYN. **malheureux.** *C'est un misérable.* – plais. *Ah, petit misérable !* CONTR. **heureux, riche • remarquable.**
ÉTYM. latin *miserabilis,* de *miserari* « avoir pitié ».

MISÉRABLEMENT [mizeʀabləmɑ̃] adv. **1.** Pitoyablement, tristement. **2.** Dans l'extrême pauvreté. *Vivre misérablement.* CONTR. **richement.**

MISÈRE [mizɛʀ] n. f. **1.** LITTÉR. Sort digne de pitié ; malheur extrême. SYN. **adversité, détresse.** *Malade sur son lit de misère. Quelle misère !* – interj. *Misère !, misère de nous !* **2.** *Une misère,* évènement malheureux, douloureux. SYN. **malheur, peine.** *Petites misères.* → **ennui.** – *Faire des misères à qqn,* le tracasser. SYN. **méchanceté, taquinerie. 3.** Extrême pauvreté, pouvant aller jusqu'à la privation des choses nécessaires. SYN. **besoin, dénuement, indigence.** *Être, tomber dans la misère. Misère noire.* – loc. *Crier, pleurer misère,* se plaindre. *Salaire de misère,* très insuffisant. **4.** *Une misère,* chose, somme de peu d'importance. SYN. **babiole, bagatelle, broutille, rien.** *Ils se sont fâchés pour une misère.* CONTR. **bonheur • fortune, opulence, richesse.**
ÉTYM. latin *miseria,* de *miser* « malheureux ».

MISERERE [mizeʀeʀe] n. m. invar. ✦ RELIG. Psaume par lequel le croyant implore la pitié de Dieu. – Musique sur ce psaume. – On peut aussi écrire *miséréré, des miséréré s,* avec accents et pluriel régulier.
ÉTYM. mot latin « aie pitié », de *miserari* → misérable.

MISÉREUX, EUSE [mizeʀø, øz] adj. ✦ Qui dénote la misère (3). SYN. **famélique, misérable, pauvre.** *Un mendiant miséreux. Quartiers miséreux.* SYN. **pouilleux, sordide.** – n. *Un miséreux.* CONTR. **aisé, opulent, riche.**
ÉTYM. de *misère.*

MISÉRICORDE [mizeʀikɔʀd] n. f. **1.** Pitié par laquelle on pardonne au coupable. SYN. **clémence, indulgence.** *Demander, obtenir miséricorde.* **2.** interj. Exclamation qui marque une grande surprise accompagnée de douleur, de regret. CONTR. **cruauté, dureté.**
ÉTYM. latin *misericordia,* de *misericors* « qui a le cœur *(cor)* sensible au malheur *(miseria)* ».

MISÉRICORDIEUX, EUSE [mizeʀikɔʀdjø, øz] adj. ✦ Qui a de la miséricorde, de la compassion ; qui pardonne facilement. SYN. **clément.**
ÉTYM. de *miséricorde.*

MIS(O)- Élément, du grec *misein* « haïr », qui signifie « qui déteste » (ex. *misanthrope, misogyne*).

MISOGYNE [mizɔʒin] adj. et n. ✦ Qui hait ou méprise les femmes. – n. *Un, une misogyne.* – abrév. FAM. MISO [mizo]. *Ils sont misos !*
ÉTYM. grec *misogunês* → mis(o)- et -gyne.

MISOGYNIE [mizɔʒini] n. f. ✦ Mépris (en général masculin) pour les femmes.

MISS [mis] n. f. **1.** Mademoiselle, en parlant d'une Anglaise, d'une Américaine. **2.** Nom donné aux jeunes reines de beauté élues dans des concours. *Miss France. Des miss.*
ÉTYM. mot anglais, de *mistress,* emprunté à l'ancien français *maistresse* → maîtresse.

MISSEL [misɛl] n. m. ✦ Livre liturgique qui contient les prières et les textes nécessaires pour suivre la messe. SYN. **paroissien.**
ÉTYM. latin chrétien *missalis (liber)* « (livre) de messe ».

MISSI DOMINICI [misidɔminisi] n. m. pl. ✦ HIST. Envoyés des souverains carolingiens chargés de contrôler les autorités locales.
ÉTYM. mots latins « envoyés du maître ».

MISSILE [misil] n. m. ✦ Projectile autopropulsé et guidé par autoguidage ou téléguidage. SYN. **fusée.** *Missile tactique, stratégique. Des missiles sol-air.*
ÉTYM. mot américain, du latin *missilis* « qu'on peut lancer *(mittere)* ».

MISSION [misjɔ̃] n. f. **1.** Charge donnée à qqn d'aller accomplir qqch., de faire qqch. SYN. **mandat.** *On l'a chargé d'une mission. Envoyer qqn en mission. Mission accomplie. Mission impossible. Chargé de mission* (diplomatique). – *Mission scientifique.* SYN. **expédition. 2.** Charge de propager une religion ; prédications et œuvres accomplies à cet effet. *Pays de mission.* **3.** Groupe de personnes ayant une mission. *Faire partie*

d'une mission. ➖ *Les Missions* (religieuses), chargées de la propagation de la foi. → **missionnaire.** 4. Action, but auquel un être semble destiné. SYN. **fonction, vocation.** *La mission de l'artiste. La mission civilisatrice d'un pays.*
ÉTYM. latin *missio,* de *mittere* «envoyer».

MISSIONNAIRE [misjɔnɛʀ] **n.** 1. Prêtre, religieux, religieuse des Missions. *Un missionnaire catholique.* 2. **adj.** Qui a la mission de propager sa religion, son idéal. *L'esprit missionnaire.*
ÉTYM. de *mission.*

MISSIVE [misiv] **n. f.** ✦ LITTÉR. Lettre. *Recevoir une missive.*
ÉTYM. du latin *missus,* participe passé de *mittere* «envoyer».

MISTÈRE → ② MYSTÈRE

MISTRAL, ALS [mistʀal] **n. m.** ✦ Vent violent qui souffle du nord ou du nord-ouest vers la mer, notamment dans la vallée du Rhône et sur la Méditerranée. *Le mistral et la tramontane. Les mistrals les plus forts.*
ÉTYM. ancien provençal *maestral* «vent maître», latin *magistralis.*

MITAGE [mitaʒ] **n. m.** ✦ Implantation anarchique de constructions en milieu rural ou à la périphérie des villes. *Le mitage des paysages.*
ÉTYM. de *miter.*

MITAINE [mitɛn] **n. f.** ✦ Gant qui laisse à nu les deux dernières phalanges des doigts.
ÉTYM. de l'ancien français *mite,* nom du chat ; idée de «fourrure» et «patte du chat».

MITAN [mitɑ̃] **n. m.** ✦ VX OU RÉGIONAL Milieu, centre. *Au mitan, en plein mitan de...* HOM. MI-TEMPS «temps de repos»
ÉTYM. de *mi-* et *tant.*

MITARD [mitaʀ] **n. m.** ✦ ARGOT Cachot, cellule disciplinaire, dans une prison.
ÉTYM. de l'ancien argot *mite* «cachot», d'origine incertaine.

① **MITE** [mit] **n. f.** ✦ Petit papillon blanchâtre de la famille des teignes, dont les larves rongent les étoffes et les fourrures. *Habit mangé par les mites, troué aux mites.* HOM. MYTHE «récit fabuleux»
ÉTYM. anc. néerlandais, de *mit* «couper, ronger».

② **MITE** [mit] **n. f.** ✦ Chassie (de l'œil). *Avoir la mite à l'œil.*
ÉTYM. origine incertaine ; peut-être de ① *mite.*

MITÉ, ÉE [mite] **adj.** ✦ Troué par les mites. *Fourrure mitée.*
ÉTYM. de *miter.*

MI-TEMPS [mitɑ̃] **n. f. invar.** 1. Temps de repos au milieu d'un match (dans les sports d'équipes : football, rugby, hockey, etc.). → **pause.** ➖ Chacune des deux moitiés du temps réglementaire (dans un match). 2. *À MI-TEMPS* **loc. adv.** *Travailler, être employé à mi-temps,* pendant la moitié de la durée normale du travail (opposé à *à plein temps*). ➖ **n. m.** *Un mi-temps,* travail à mi-temps. HOM. MITAN «milieu»

se MITER [mite] **v. pron.** (conjug. 3a) ✦ Être attaqué, rongé par les mites. → **mité.**
ÉTYM. de *mite.*

MITEUX, EUSE [mitø, øz] **adj.** ✦ En piteux état ; d'apparence misérable. SYN. **minable, pauvre, piètre.** *Des vêtements miteux. Un hôtel miteux.* ➖ **n.** FAM. Personne pauvre, pitoyable. SYN. FAM. **fauché.**
ÉTYM. de ② *mite.*

MITHRIDATISER [mitʀidatize] **v. tr.** (conjug. 3a) ✦ DIDACT. Immuniser en accoutumant à un poison.
ÉTYM. de *Mithridate,* roi du Pont, qui s'était habitué progressivement aux poisons. ☛ noms propres.

MITIGER [mitiʒe] **v. tr.** (conjug. 5) ✦ VX Rendre plus doux, moins rigoureux. ➖ DR. *Mitiger une peine* (*mitigation* **n. f.**). CONTR. **aggraver.**
► **MITIGÉ, ÉE adj.** 1. VIEILLI Adouci, moins strict. *Sévérité mitigée.* 2. COUR. Mêlé, mélangé. *Des compliments mitigés. Des réactions mitigées.*
ÉTYM. latin *mitigare* «rendre doux *(mitis)*».

MITIGEUR [mitiʒœʀ] **n. m.** ✦ Robinet permettant de régler d'un seul mouvement le débit et la température de l'eau.
ÉTYM. de *mitiger.*

MITOCHONDRIE [mitɔkɔ̃dʀi] **n. f.** ✦ BIOL. Organite du cytoplasme, indispensable aux réactions énergétiques de la cellule.
ÉTYM. du grec *mitos* «filament» et *khondros* «grain».

MITONNER [mitɔne] **v.** (conjug. 3a) **I v. intr.** Cuire longtemps à petit feu. SYN. **mijoter.** *Faire mitonner un plat.* **II v. tr.** 1. Préparer soigneusement en faisant cuire longtemps. *Il nous a mitonné un bon petit dîner.* 2. Préparer tout doucement (qqch.). SYN. **mûrir.** *Mitonner une vengeance.*
ÉTYM. de *miton* «mie de pain», mot normand, de ① *mie.*

MITOSE [mitoz] **n. f.** ✦ BIOL. Division de la cellule conduisant à la formation de deux cellules identiques, possédant le même nombre de chromosomes que la cellule mère. *Méiose et mitose.*
ÉTYM. du grec *mitos* «filament».

MITOYEN, ENNE [mitwajɛ̃, ɛn] **adj.** ✦ Qui est entre deux choses, commun à l'une et à l'autre. *Mur mitoyen.*
ÉTYM. ancien français *moitoien,* de *moitié,* d'après *mi-.*

MITOYENNETÉ [mitwajɛnte] **n. f.** ✦ Caractère de ce qui est mitoyen, contigu.
ÉTYM. de *mitoyen.*

MITRAILLAGE [mitʀɑjaʒ] **n. m.** ✦ Action de mitrailler.

MITRAILLE [mitʀɑj] **n. f.** 1. ANCIENNT Ferraille, balles de fonte qu'on utilisait dans les canons comme projectiles. 2. Décharge d'artillerie, de balles. *Fuir sous la mitraille.* 3. FAM. Petite monnaie de métal. SYN. **ferraille.**
ÉTYM. de l'ancien français *mitaille,* de *mite* «petite monnaie» → ① mite.

MITRAILLER [mitʀɑje] **v. tr.** (conjug. 3a) 1. Prendre pour objectif d'un tir de mitrailleuse. *Mitrailler un avion.* 2. FAM. Photographier ou filmer sans arrêt. *Le président fut mitraillé par les reporteurs.*
ÉTYM. de *mitraille.*

MITRAILLETTE [mitʀɑjɛt] **n. f.** ✦ Arme portative à tir automatique, appelée également *pistolet mitrailleur.*
ÉTYM. de *mitrailleuse* et suffixe diminutif.

MITRAILLEUR [mitʀajœʀ] **n. m. et adj. m.** 1. **n. m.**, VX Celui qui mitraille, tire à mitraille. 2. Servant d'une mitrailleuse, spécialt sur un bombardier. 3. **adj. m.** (arme automatique) Qui peut tirer par rafales. *Pistolet, fusil mitrailleur.*
ÉTYM. de *mitrailler.*

MITRAILLEUSE [mitʀajøz] **n. f.** ✦ Arme automatique, sur support, à tir rapide. *Mitrailleuse légère, lourde. Les mitrailleuses d'un char, d'un avion.*
ÉTYM. de *mitrailler.*

MITRAL, ALE, AUX [mitʀal, o] **adj.** ✦ ANAT. En forme de mitre. *Valvule mitrale du cœur.* ➝ MÉD. De la valvule mitrale. *Insuffisance mitrale.*
ÉTYM. de *mitre.*

MITRE [mitʀ] **n. f.** ✦ Haute coiffure triangulaire de cérémonie portée par les évêques. *La mitre et la crosse épiscopales.*
ÉTYM. latin religieux *mitra,* mot grec «coiffure orientale».

MITRON [mitʀɔ̃] **n. m.** ✦ Garçon boulanger ou pâtissier.
ÉTYM. de *mitre.*

à MI-VOIX [amivwa] **loc. adv.** ✦ D'une voix faible. *Parler à mi-voix.*

MIXAGE [miksaʒ] **n. m.** ✦ anglicisme Regroupement sur une même bande de tous les éléments sonores d'un film, d'une chanson.
ÉTYM. de l'anglais *to mix* «mélanger».

MIXER [mikse] **v. tr.** (conjug. 3a) ✦ anglicisme 1. Procéder au mixage de (un film, une chanson). 2. Passer (un aliment) au mixeur.
ÉTYM. de l'anglais *to mix* «mélanger».

MIXEUR [miksœʀ] **n. m.** ✦ anglicisme Appareil électrique servant à broyer, à mélanger, à battre des aliments. SYN. **batteur** (II), **blender, mélangeur.**
ÉTYM. anglais *mixer,* de *to mix* → mixer.

MIXITÉ [miksite] **n. f.** ✦ Caractère de ce qui est mixte (2). ♦ Caractère d'un groupe composé de personnes d'origines différentes. *La mixité sociale d'un quartier.*
☛ Géographie p. 228.
ÉTYM. de *mixte.*

MIXTE [mikst] **adj.** 1. DIDACT. Formé de plusieurs éléments de nature différente. SYN. **combiné, mélangé.** ♦ Composé de personnes d'origines (culturelle, sociale, ethnique...) différentes. *Quartier mixte.* ➝ *Mariage, couple mixte,* entre deux personnes de religions et de cultures différentes. 2. Qui comprend des personnes des deux sexes. *École, cours, classe mixte. Double mixte* (au tennis, au ping-pong).
ÉTYM. latin *mixtus,* p. passé de *miscere* «mêler».

MIXTION [mikstjɔ̃] **n. f.** ✦ DIDACT. Action de mélanger, spécialt des drogues pour composer un médicament.
ÉTYM. latin *mixtio* «mélange», de *miscere* «mêler».

MIXTURE [mikstyʀ] **n. f.** 1. Mélange de plusieurs substances chimiques, pharmaceutiques. 2. péj. Mélange comestible (boisson ou aliment) dont on reconnaît mal les composants.
ÉTYM. latin *mixtura.*

Mlle ✦ Abréviation de *mademoiselle.*

Mme ✦ Abréviation de *madame.*

MMS [ɛmɛmɛs] **n. m.** ✦ anglicisme Service qui permet d'envoyer des photos, des messages multimédias à partir d'un téléphone mobile ; message ainsi envoyé. ➝ recomm. offic. *message multimédia.*
ÉTYM. sigle anglais, de *Multimedia Messaging Service* «messagerie multimédia».

Mn [ɛmɛn] ✦ CHIM. Symbole du manganèse.

MNÉMO-, -MNÈSE, -MNÉSIE Éléments, du grec *mnêmê* «mémoire», qui signifient «mémoire ; se souvenir».

MNÉMOTECHNIQUE [mnemotɛknik] **adj.** ✦ Capable d'aider la mémoire par des procédés d'association mentale. *Procédés, formules mnémotechniques.*

Mo [ɛmo] ✦ CHIM. Symbole du molybdène.

MOBILE [mɔbil] **adj. et n. m.**
I adj. 1. Qui peut être mû, dont on peut changer la place ou la position. *Pièces fixes et pièces mobiles d'un mécanisme. Cloisons mobiles.* SYN. **amovible.** *Téléphone mobile* ou **n. m.** *un mobile.* 2. Dont la date, la valeur peut être modifiée, est variable. *Les fêtes mobiles du calendrier.* 3. (personnes) Qui se déplace ou peut se déplacer. *Une main-d'œuvre mobile.* 4. Dont l'apparence change sans cesse. SYN. **mouvant.** *Reflets mobiles.* SYN. **changeant.** *Visage, regard mobile,* plein de vivacité. CONTR. **immobile ; fixe • sédentaire • figé.**
II n. m. 1. SC. Corps qui se déplace, considéré dans son mouvement. *Calculer la vitesse d'un mobile.* 2. Ce qui porte, incite à agir. SYN. **impulsion, motivation.** *Les mobiles d'une action.* SYN. **cause, motif.** *Le mobile du crime.* 3. Œuvre d'art, ensemble d'éléments construits en matériaux légers et pouvant prendre des dispositions variées. *Les mobiles de Calder.*
ÉTYM. latin *mo(vi)bilis,* de *movere* «mouvoir» ; doublet de *meuble.*

MOBILE HOME [mɔbilom] **n. m.** ✦ anglicisme Construction préfabriquée transportable, à usage d'habitation. *Des mobile homes.*
ÉTYM. mot anglais américain «maison mobile».

MOBILIER, IÈRE [mɔbilje, jɛʀ] **adj. et n. m.**
I adj. 1. Qui consiste en biens meubles (I). *Fortune mobilière.* 2. DR. Qui est de la nature des biens meubles. *Valeurs mobilières.* CONTR. **foncier, immobilier.**
II n. m. COUR. Ensemble des meubles (II) destinés à l'usage et à l'aménagement d'une habitation. SYN. **ameublement.** *Mobilier de bureau.* ➝ *Mobilier urbain,* objets, installations disposés sur la voie ou dans les lieux publics.
ÉTYM. de *mobile.*

MOBILISABLE [mɔbilizabl] **adj.** ✦ Susceptible d'être mobilisé (1).

MOBILISATEUR, TRICE [mɔbilizatœʀ, tʀis] **adj. et n.** ✦ Qui mobilise (1 ou 2), effectue ou organise une mobilisation. CONTR. **démobilisateur.**

MOBILISATION [mɔbilizasjɔ̃] **n. f.** 1. Opération qui a pour but de mettre une armée, une troupe sur le pied de guerre. *Décréter la mobilisation générale.* 2. Mise en jeu. *La mobilisation des ressources, des énergies.* CONTR. **démobilisation.**
ÉTYM. de *mobiliser.*

MOBILISER [mɔbilize] v. tr. (conjug. 3a) 1. Mettre sur le pied de guerre (une armée) ; affecter (des citoyens) à des postes militaires. *Mobiliser les réservistes.* ◆ Faire appel à (un groupe) pour une œuvre ou une action collective. *Le syndicat a mobilisé ses militants.* 2. Faire appel à, mettre en jeu (des facultés intellectuelles ou morales). *Mobiliser les enthousiasmes.* CONTR. **démobiliser.**
ÉTYM. de *mobile.*

MOBILITÉ [mɔbilite] n. f. 1. Caractère de ce qui peut se mouvoir, changer de place, de position. *Personne à mobilité réduite,* qui ne peut plus marcher ou qui se déplace difficilement. → **handicapé.** ◆ fig. *Favoriser la mobilité dans une entreprise.* 2. Caractère de ce qui change rapidement d'aspect ou d'expression. *La mobilité d'un visage.* 3. fig. *Mobilité des sentiments, de l'humeur.* SYN. **fluctuation, inconstance, instabilité.** CONTR. **immobilité • fixité • stabilité.**
ÉTYM. latin *mobilitas.*

MOBYLETTE [mɔbilɛt] n. f. ✦ Cyclomoteur d'une marque répandue (en France). ➛ abrév. FAM. MOB [mɔb].
ÉTYM. marque déposée ; de *mobile* et *bicyclette.*

MOCASSIN [mɔkasɛ̃] n. m. 1. Chaussure des Indiens d'Amérique du Nord, en peau non tannée. 2. Chaussure basse (de marche, de sport), sans attaches.
ÉTYM. de l'algonquin *makisin.*

MOCHE [mɔʃ] adj. ✦ FAM. 1. Laid. SYN. **affreux.** *Il, elle est vraiment moche.* 2. Moralement critiquable. *C'est moche ce qu'il a fait là !* SYN. **méprisable.** CONTR. ① **bien,** ② **chouette.**
ÉTYM. de l'ancien français *moche, moque* «écheveau», du francique *mokka* «masse informe».

MOCHETÉ [mɔʃte] n. f. ✦ FAM. Personne laide.
ÉTYM. de *moche.*

MODAL, ALE, AUX [mɔdal, o] adj. 1. Qui a rapport aux modes (en philosophie, logique, grammaire). *Logique modale. Auxiliaires modaux,* qui expriment le nécessaire, le probable, le contingent (ex. pouvoir, devoir). → **modalité.** 2. *Musique modale,* où l'organisation en modes est primordiale (opposé à *tonal*).
ÉTYM. de ② *mode.*

MODALISATEUR [mɔdalizatœʀ] n. m. ✦ LING. Mot, expression qui manifeste la présence de l'énonciateur et son attitude à l'égard de son discours. → **modalité**

MODALISATION [mɔdalizasjɔ̃] n. f. ✦ LING. Ensemble des moyens d'expression (→ **modalisateur**) qui permettent à l'énonciateur de manifester sa subjectivité.

MODALISER [mɔdalize] v. tr. (conjug. 3a) ✦ DIDACT. 1. Différencier selon des modes, des modalités. 2. Former (un énoncé) en exprimant sa pensée par rapport au contenu à l'aide de modalités.

MODALITÉ [mɔdalite] n. f. 1. Forme particulière (d'un acte, d'un fait, d'une pensée, d'un objet). SYN. **circonstance, manière.** *Modalités de paiement.* 2. LING. Expression, construction qui exprime l'attitude de la personne qui parle à l'égard de ce qu'elle dit (ex. je crois que, il semble que). → **modalisateur** ➛ *Adverbe de modalité,* qui modifie le sens d'une phrase entière (ex. probablement, apparemment). 3. Caractère d'un morceau de musique dépendant du mode (→ ② **mode**) auquel il appartient (opposé à *tonalité*).
ÉTYM. de *modal.*

① **MODE** [mɔd] n. f. 1. VX OU RÉGIONAL Manière, façon. 2. Manière collective de faire. *Les modes de l'époque.* ➛ *Tripes à la mode de Caen.* 3. absolt Goûts collectifs, manières passagères de vivre, de sentir qui paraissent de bon ton dans une société déterminée. *Les caprices de la mode.* ➛ loc. *À LA MODE :* conforme au goût du jour. *Chanson à la mode.* SYN. en **vogue.** *Ce n'est plus à la mode, c'est passé de mode.* SYN. **démodé.** ◆ spécialt Habitudes collectives et passagères en matière d'habillement. *Suivre la mode. Les ballerines sont à la mode.* ➛ ellipt *Teintes, tissus mode.* ➛ *Journal de mode,* concernant le vêtement. *Elle travaille dans la mode.* SYN. **confection, couture.**
ÉTYM. latin *modus* «mesure» puis «manière, façon».

② **MODE** [mɔd] n. m. 1. MUS. Chacune des dispositions particulières de la gamme caractérisée par la disposition des tons et demi-tons. *Mode majeur, mineur.* 2. GRAMM. Caractère d'une forme verbale susceptible d'exprimer l'attitude du sujet vis-à-vis des évènements exprimés (pour le français : *modes personnels* [indicatif, subjonctif, conditionnel, impératif], *modes impersonnels* [infinitif, participe, gérondif]). 3. COUR. *Mode de...,* forme particulière sous laquelle se présente un fait, s'accomplit une action. SYN. **forme, modalité.** *Mode de scrutin. Mode de vie, d'existence.* SYN. **genre, style.** ➛ *Mode d'emploi,* manière de se servir de qqch. SYN. **indication.** «*La Vie mode d'emploi*» (de Perec).
ÉTYM. latin *modus* (→ ① mode), dans des emplois techniques.

MODELAGE [mɔd(ə)laʒ] n. m. ✦ Action de modeler (une substance plastique). *Le modelage d'une statue en terre glaise.*
ÉTYM. de *modeler.*

MODÈLE [mɔdɛl] n. m. I Ce qu'on doit imiter. 1. Ce qui sert ou doit servir d'objet d'imitation pour faire ou reproduire qqch. SYN. ② **étalon, exemple.** *Sa conduite doit être un modèle pour nous. Servir de modèle. Prendre qqn pour modèle. Sur le modèle de,* à l'imitation de... ➛ adj. *Des employés modèles.* SYN. ① **exemplaire, parfait.** 2. Personne ou objet dont l'artiste reproduit l'image. SYN. ② **sujet.** *Dessin, dessiner d'après le modèle.* ◆ Personne dont la profession est de poser pour des peintres, des photographes (SYN. **cover-girl** [anglic.]). 3. *MODÈLE DE :* personne, fait, objet possédant des caractéristiques qui en font le représentant d'une catégorie. *Elle est, c'est un modèle de fidélité, de générosité.* SYN. **parangon.** II 1. Catégorie, classe définie par un ensemble de caractères. SYN. **type.** *Les différents modèles d'organisation industrielle.* 2. Type déterminé selon lequel des objets semblables peuvent être reproduits. SYN. **prototype.** *Modèle reproduit en grande série. Un nouveau modèle. Les modèles de la haute couture.* ➛ *Modèle déposé.* 3. Objet de même forme qu'un objet plus grand. SYN. **maquette.** ➛ *MODÈLE RÉDUIT. Construire des modèles réduits de bateaux* (→ **modélisme**). 4. SC. Représentation simplifiée, souvent formalisée, d'un processus, d'un système. *Modèles de structure, de fonctionnement. Modèles mathématiques en économie.* 5. Type d'organisation et de fonctionnement socioéconomique. *Le modèle japonais.*
ÉTYM. italien *modello,* du latin *modulus* «mesure».

A B C D E F G H I J K L M N O P Q R S T U V W X Y Z

MODELÉ [mɔd(ə)le] **n. m.** 1. Relief des formes (dans une sculpture, un dessin, un objet). *Le modelé du corps.* 2. GÉOGR. Configuration du relief due à l'action de l'érosion, indépendamment de la nature des roches. *Modelé désertique, glaciaire.*
ÉTYM. du participe passé de *modeler.*

MODELER [mɔd(ə)le] **v. tr.** (conjug. 7a) 1. Façonner (un objet) en donnant une forme déterminée à une substance molle. *Modeler une poterie, une statuette.* → **modelage.** – PEINT. Rendre le relief, le modelé de. 2. Pétrir (une substance plastique) pour lui imposer une certaine forme. *Modeler de la terre glaise. Pâte à modeler.* 3. Conférer une certaine forme à (qqch.). *L'érosion modèle le relief.* ◆ fig. *Modeler son goût sur, d'après celui de qqn.* SYN. **conformer, régler.** – pronom. *SE MODELER sur qqn, qqch. :* se façonner en empruntant les caractères. SYN. se **conformer.**
ÉTYM. de *modèle.*

MODÉLISER [mɔdelize] **v. tr.** (conjug. 3a) ✦ DIDACT. Établir le modèle (II, 4) de. *La force est modélisée par un vecteur.*
► **MODÉLISATION** [mɔdelizasjɔ̃] **n. f.**
ÉTYM. de *modèle.*

MODÉLISME [mɔdelism] **n. m.** ✦ Conception et construction des modèles réduits.
ÉTYM. de *modèle.*

MODÉLISTE [mɔdelist] **n.** 1. Personne qui fait ou dessine les modèles, dans la couture. 2. Personne qui fabrique des modèles réduits (de véhicules, avions, trains, etc.).
ÉTYM. de *modèle.*

MODEM [mɔdɛm] **n. m.** ✦ INFORM. Appareil électronique utilisé dans le traitement à distance de l'information.
ÉTYM. abréviation de *modulateur-démodulateur.*

MODÉNATURE [mɔdenatyʀ] **n. f.** ✦ ARCHIT. Profil d'un ensemble de moulures.
ÉTYM. italien *modanatura,* de *modano* «modèle».

MODÉRATEUR, TRICE [mɔdeʀatœʀ, tʀis] **n.** et **adj.** 1. Personne, chose qui tend à modérer ce qui est excessif, à concilier les partis opposés. ◆ **adj.** *Une influence modératrice.* – *Ticket modérateur,* quote-part de frais laissée à la charge du malade par la Sécurité sociale (en France). 2. **n. m.** Corps qui, dans une pile atomique, permet de régler une réaction en chaîne.
ÉTYM. latin *moderator.*

MODÉRATION [mɔdeʀasjɔ̃] **n. f.** 1. Comportement éloigné de tout excès. SYN. **mesure, pondération, réserve, retenue.** *Faire preuve de modération dans sa conduite.* – *À consommer avec modération* (avertissement sur les bouteilles d'alcool). 2. Action de modérer, de diminuer (qqch.). CONTR. **abus, excès.**
ÉTYM. latin *moderatio.*

MODÉRATO ou **MODERATO** [mɔdeʀato] **adv.** ✦ MUS. En modérant le mouvement indiqué. *Allégro modérato.* – Écrire *modérato* avec un accent aigu est permis.
ÉTYM. italien *moderato.*

MODÉRÉ, ÉE [mɔdeʀe] **adj.** 1. Qui fait preuve de mesure, qui se tient éloigné de tout excès. *Il est toujours modéré dans ses prétentions, ses désirs.* SYN. **mesuré.** 2. Qui professe des opinions politiques éloignées des extrêmes et conservatrices ou modérément réformistes. *Un parti modéré.* – **n.** *Les modérés.* 3. Peu intense, assez faible. SYN. ① **moyen.** *Prix modéré.* SYN. **modique, raisonnable.** CONTR. **abusif, déraisonnable, exagéré, excessif, immodéré • extrémiste.**
ÉTYM. de *modérer.*

MODÉRÉMENT [mɔdeʀemɑ̃] **adv.** ✦ Avec modération. *Boire, manger modérément.* CONTR. **exagérément, excessivement, immodérément.**
ÉTYM. de *modéré.*

MODÉRER [mɔdeʀe] **v. tr.** (conjug. 8) ✦ Diminuer l'intensité de (un phénomène, un sentiment), réduire à une juste mesure (ce qui est excessif). SYN. **adoucir, tempérer.** *Modérer sa colère.* SYN. **apaiser, calmer, retenir.** *Modérez vos expressions.* SYN. **mesurer.** *Modérer l'allure, la vitesse,* ralentir. SYN. **réduire.** – **pronom.** *Modérez-vous !* SYN. se **calmer,** se **contenir.** CONTR. **augmenter, exagérer.**
ÉTYM. latin *moderari.*

MODERNE [mɔdɛʀn] **adj.** **I** 1. Actuel, contemporain ou récent. *La musique moderne.* 2. Qui bénéficie des progrès récents ; qui correspond au goût actuel. SYN. ② **neuf, nouveau.** *Les techniques modernes.* SYN. **de pointe.** *Immeuble, usine moderne. Mobilier, décor moderne.* – **n. m.** *Aimer le moderne.* 3. (personnes) Qui tient compte de l'évolution récente, dans son domaine. – *Des goûts, des idées modernes.* **II** 1. DIDACT. Qui appartient à une époque postérieure à l'Antiquité. – spécialt **n.** *Les Modernes :* les écrivains modernes, au XVIIe siècle, opposés aux Anciens*. 2. *Histoire moderne ; les Temps modernes,* de la fin du Moyen Âge à la Révolution française, début de l'époque dite contemporaine. 3. (opposé à *classique*) *Enseignement moderne* (sciences et langues vivantes). CONTR. **ancien,** ② **passé • classique, traditionnel.**
ÉTYM. latin *modernus,* de *modo* «à l'instant, tout de suite».

MODERNISER [mɔdɛʀnize] **v. tr.** (conjug. 3a) 1. Rendre moderne. 2. Organiser d'une manière conforme aux besoins, aux moyens modernes. *Moderniser une entreprise.* SYN. **rénover.**
► **MODERNISATION** [mɔdɛʀnizasjɔ̃] **adj.**

MODERNISME [mɔdɛʀnism] **n. m.** ✦ Goût de ce qui est moderne ; recherche de la modernité. CONTR. **archaïsme, classicisme, traditionalisme.**

MODERNITÉ [mɔdɛʀnite] **n. f.** ✦ Caractère de ce qui est moderne, notamment en art. CONTR. **antiquité, archaïsme.**

MODERN STYLE [mɔdɛʀnstil] **n. m. invar.** et **adj. invar.** ✦ anglicisme Tendance artistique du début du XXe siècle, caractérisée par l'utilisation de courbes naturelles stylisées, inspirées de la flore, appelée aussi *style nouille, Art nouveau.* ☛ Art nouveau p. 187. – **adj. invar.** *Des volutes modern style.*
ÉTYM. mots anglais «style moderne».

MODESTE [mɔdɛst] **adj.** **I** 1. Qui est simple, sans faste ou sans éclat. *Mise, tenue modeste.* ◆ Qui concerne les couches sociales peu favorisées. *Un milieu modeste.* 2. Peu important. *Un salaire très modeste.* SYN. **médiocre, modique.** **II** (personnes) Qui a une opinion modérée, réservée, de son propre mérite. SYN. **effacé, humble ;**

→ **modestie.** *Un homme simple et modeste.* – *Air, mine modeste.* SYN. ① **discret, réservé.** CONTR. **excessif • orgueilleux, prétentieux, vaniteux ; effronté, provocant.**
ÉTYM. latin *modestus*, de *modus* «mesure».

MODESTEMENT [mɔdɛstəmɑ̃] **adv.** ✦ De manière modeste. *Ils sont logés très modestement.* SYN. **chichement, petitement.** – *Parler, se comporter modestement.* SYN. **simplement.**

MODESTIE [mɔdɛsti] **n. f.** ✦ Modération, retenue dans l'appréciation de soi-même. SYN. **humilité, réserve.** *Manquer de modestie.* – *Fausse modestie,* modestie affectée. – GRAMM. *Pluriel de modestie :* emploi de *nous* à la place de *je.* CONTR. **orgueil, prétention, vanité.**
ÉTYM. latin *modestia.*

MODICITÉ [mɔdisite] **n. f.** 1. Caractère de ce qui est modique (pécuniairement). SYN. **petitesse.** *La modicité de son salaire.* 2. Médiocrité, petitesse. *La modicité de ses ambitions.*
ÉTYM. latin *modicitas.*

MODIFIABLE [mɔdifjabl] **adj.** ✦ Qui peut être modifié. CONTR. **immuable.**

MODIFICATEUR, TRICE [mɔdifikatœʀ, tʀis] **adj.** ✦ Qui a la propriété de modifier. *Une action modificatrice.*

MODIFICATIF, IVE [mɔdifikatif, iv] **adj.** ✦ Qui modifie. *Texte modificatif. Termes modificatifs.*

MODIFICATION [mɔdifikasjɔ̃] **n. f.** 1. Changement (qui n'affecte pas l'essence de ce qui change). SYN. **altération, variation.** *Modification matérielle ; quantitative, qualitative.* ♦ *Modification rapide, lente d'une situation.* 2. Changement apporté à qqch. *Modifications apportées à un projet de loi.* SYN. **correction, rectification, remaniement.**
ÉTYM. latin *modificatio.*

MODIFIER [mɔdifje] **v. tr.** (conjug. 9) ✦ Changer (une chose) sans en altérer la nature. *Modifier ses plans. L'adverbe modifie le sens d'un verbe, d'un adjectif ou d'un autre adverbe.* – *SE MODIFIER* **v. pron.** *Une impression qui se modifie sans cesse.* SYN. **changer, varier.** CONTR. **maintenir.**
ÉTYM. latin *modificare.*

MODIQUE [mɔdik] **adj.** ✦ (somme d'argent) Peu considérable. SYN. **faible, minime.** *Un salaire modique.* SYN. **maigre, médiocre, modeste.** *Pour la modique somme de vingt euros.* CONTR. **considérable, important.**
► **MODIQUEMENT** [mɔdikmɑ̃] **adv.** *Être modiquement payé.*
ÉTYM. latin *modicus* «modéré».

MODISTE [mɔdist] **n.** ✦ Personne qui fabrique, qui vend des coiffures féminines. *Atelier, boutique de modiste.*
ÉTYM. de ① *mode.*

MODULATEUR [mɔdylatœʀ] **n. m.** ✦ Appareil qui module un courant, une onde. *Modulateur-démodulateur.* → **modem.**
ÉTYM. de *modulation.*

MODULATION [mɔdylasjɔ̃] **n. f.** 1. Chacun des changements de ton, d'accent, d'intensité, de hauteur dans l'émission d'un son ; action ou façon de moduler. 2. Passage d'une tonalité à une autre. 3. Variation (d'amplitude, d'intensité, de fréquence) d'une onde. *Émission en modulation de fréquence.*
ÉTYM. latin *modulatio.*

MODULE [mɔdyl] **n. m.** 1. ARTS Unité déterminant des proportions. – Dimension. *Cigare de gros module.* 2. Unité de mesure de débit. 3. Coefficient de résistance des matériaux. *Module de rigidité.* 4. Unité constitutive d'un ensemble. ♦ Élément d'un véhicule spatial. *Module lunaire.*
► **MODULAIRE** [mɔdylɛʀ] **adj.**
ÉTYM. latin *modulus*, de *modus* «mesure».

MODULER [mɔdyle] **v. tr.** (conjug. 3a) 1. Articuler, émettre (une mélodie, un son varié) par une suite de modulations. *Moduler un air en le sifflant.* 2. Effectuer une ou plusieurs modulations (2). 3. RADIO Faire varier les caractéristiques de (un courant électrique ou une onde). 4. Adapter (qqch.) à des cas particuliers. *Moduler des tarifs.*
ÉTYM. latin *modulari.*

MODUS VIVENDI [mɔdysvivɛ̃di] **n. m. invar.** ✦ Transaction mettant d'accord deux parties en litige.
ÉTYM. mots latins «mode de vivre».

MOELLE [mwal] **n. f.** **I** 1. Substance molle et grasse de l'intérieur des os. *Moelle osseuse. Os à moelle,* contenant de la moelle. 2. loc. *Frissonner, être glacé jusqu'à la moelle (des os),* l'intérieur du corps. **II** *MOELLE ÉPINIÈRE :* cordon nerveux qui va de l'encéphale aux vertèbres lombaires, par l'épine* dorsale (canal rachidien ; → **médullaire**).
ÉTYM. latin *medulla.*

MOELLEUX, EUSE [mwalø, øz] **adj.** 1. Qui a de la douceur et de la mollesse au toucher. SYN. **doux, mou.** *Étoffe moelleuse. Siège, lit moelleux,* où l'on enfonce confortablement. SYN. **douillet.** 2. Agréable au palais, au goût. SYN. **onctueux, savoureux.** *Un vin moelleux.* 3. Qui a une sonorité pleine et douce. *Son moelleux.* 4. (formes naturelles ou artistiques) Qui a de la mollesse et de la grâce. SYN. **gracieux, souple.** *Ligne, touche moelleuse.* CONTR. **dur, raide • sec.**
► **MOELLEUSEMENT** [mwaløzmɑ̃] **adv.**
ÉTYM. de *moelle.*

MOELLON [mwalɔ̃] **n. m.** ✦ Pierre de construction maniable.
ÉTYM. de l'ancien français *moilon*, latin populaire *mutulio*, classique *mutulus* «saillie», en architecture.

MŒURS [mœʀ(s)] **n. f. pl.** **I** Habitudes (d'une société, d'un individu) relatives à la pratique du bien et du mal. SYN. **conduite, morale.** *Des mœurs dissolues.* – DR. ANC. *Outrages aux bonnes mœurs.* – *Police des mœurs,* ou ellipt *les mœurs* (réglementation de la prostitution). **II** 1. Habitudes de vie, coutumes (d'un peuple, d'une société, d'un groupe). SYN. **usage**(s). *Cette habitude est entrée dans les mœurs.* – *Comédie, peinture DE MŒURS,* qui décrivent les habitudes d'une société. 2. Habitudes de vie individuelle, comportement (d'une personne). *Avoir des mœurs simples.* 3. Habitudes de vie (d'une espèce animale). *Les mœurs des abeilles.*
ÉTYM. latin *mores*, pluriel de *mos, moris.*

MOHAIR [mɔɛʀ] **n. m.** ✦ Poil de la chèvre angora. – appos. invar. *Laine mohair.* ♦ Étoffe de mohair.
ÉTYM. mot anglais, de l'arabe.

MOI [mwa] **pron. pers.** et **n. m. invar.**
I Pronom personnel de la première personne du singulier et des deux genres (→ aussi **me**) représentant la personne qui parle ou qui écrit. → **je.** 1. (compl. d'objet après un impér.) *Regarde-moi* (mais : *ne me* regarde pas*). ◆ (après un autre pron. pers.) *Donnez-la-moi.* ◆ emphatique *Regardez-moi ça !* 2. (sujet) *Moi, faire cela ? « Qui est là ? – Moi. »* ◆ renforçant *je Moi, je...* ◆ *Moi qui... Moi qui vous parle...* 3. (coord. à un n., un pron.) *Mon frère et moi.* 4. (dans une phrase compar.) *Plus, moins que moi. Ne faites pas comme moi.* 5. (attribut) *C'EST MOI...* (+ propos. rel.) *C'est moi qui vous l'ai dit.* 6. (précédé d'une prép.) *Avec moi, chez moi. L'idée n'est pas de moi.* ◆ *Pour moi,* à mon égard ; pour ma part. ◆ *Pour moi (selon moi, d'après moi), il est fou.* ◆ *Chez moi.* → **chez-moi.** ◆ *À moi* : mien. *Un ami à moi (→ un mien* ami).* ◆ *De vous à moi,* entre nous. 7. (renforcé) loc. *MOI-MÊME* : forme renforcée de moi. ◆ *MOI SEUL. C'est moi seul qui suis responsable.* ◆ *MOI AUSSI. MOI NON PLUS.*
II **n. m. invar.** 1. *LE MOI* : ce qui constitue l'individualité, la personnalité d'un être humain. SYN. **esprit, individu.** 2. Forme que prend une personnalité à un moment particulier. *Notre vrai moi.* 3. PSYCH. Instance psychique qui règle les conflits entre le ça, le surmoi et les impératifs de la réalité. SYN. **ego.**
HOM. MOIS «période»
ÉTYM. ancien français *mei*, latin *me* en position accentuée.

MOIGNON [mwaɲɔ̃] **n. m.** 1. Extrémité d'un membre amputé. *Le moignon d'un manchot.* 2. Ce qui reste d'une grosse branche cassée ou coupée. 3. Membre rudimentaire. *Les moignons d'ailes des pingouins.*
ÉTYM. de l'ancien français *moing*, radical *munnio-* «émoussé», gaulois ou antérieur.

MOINDRE [mwɛ̃dʀ] **adj. compar.** **I** compar. Plus petit (en quantité, en importance), plus faible. SYN. **inférieur.** *Un moindre mal.* **II** superl. *LE MOINDRE* : le plus petit, le moins important. *Les moindres détails. Il satisfait ses moindres caprices. Je n'en ai pas la moindre idée. Sans le moindre doute. C'est le moindre de mes soucis.* SYN. **cadet, dernier.**
ÉTYM. latin *minor* → ① mineur.

MOINDREMENT [mwɛ̃dʀəmɑ̃] **adv.** ✦ LITTÉR. *Le moindrement* : le moins* du monde. *Il ne s'est pas le moindrement étonné.*

MOINE [mwan] **n. m.** ✦ Religieux chrétien vivant à l'écart du monde, en général en communauté. SYN. **religieux** ; → **monacal ; monastère.** *Des moines et des ermites.* ◆ par ext. *Des moines bouddhistes.* → **bonze.**
ÉTYM. bas latin *monachus*, du grec *monakhos* «unique», puis «qui vit seul *(monos)*».

MOINEAU [mwano] **n. m.** 1. Oiseau passereau à livrée brune, striée de noir. SYN. **pierrot** ; FAM. **piaf.** *Le moineau pépie. Épouvantail à moineaux.* 2. fig. *Vilain, sale moineau* : individu désagréable. SYN. **oiseau.**
ÉTYM. de *moine*, à cause du plumage brun.

MOINS [mwɛ̃] **adv.** **I** (compar. de *peu*) Plus faiblement. *Il travaille moins. Il est moins grand que son frère. Beaucoup ; un peu moins. Trois fois moins cher.* ◆ *Non moins que.* → **ainsi** que, **comme.** ◆ *Pas moins* : autant. ◆ loc. *Plus ou moins* : à peu près. **II** 1. *LE MOINS* (superl. de *peu*). *C'est la robe la moins chère que j'aie trouvée.* ◆ loc. *Pas le moins du monde* : pas du tout. → **moindrement.** 2. *AU MOINS*, s'applique à ce qui atténuerait ou corrigerait ce qu'on déplore. *Si, au moins, il était arrivé à temps !* SYN. **seulement.** *Il y a au moins une heure,* au minimum. SYN. ① **bien.** *Tout au moins. Pour le moins* : au minimum. ◆ *DU MOINS* : néanmoins, en tout cas. **III** nominal 1. Une quantité moindre ; une chose moindre. *Cela coûte moins. Ni plus ni moins* : exactement autant. ◆ *MOINS DE. Moins de vingt kilos. Les moins de vingt ans* : ceux qui ont moins de vingt ans. ◆ *DE MOINS, EN MOINS. Cinq de moins, en moins. De moins en moins.* 2. loc. *À MOINS DE, QUE* : sauf si. **IV** **n. m.** 1. *LE MOINS* : la plus petite quantité, la moindre chose. ◆ loc. *Qui peut le plus peut le moins.* 2. *Le signe moins* (–), indiquant une soustraction, un nombre négatif. **V** **adj.** attribut *C'est moins qu'on ne dit.* ◆ *C'est moins que rien* : c'est insignifiant. ◆ subst. *Un, une moins que rien* : une personne sans aucune valeur. **VI** **prép.** 1. En enlevant, en ôtant, en soustrayant. *Six moins quatre font deux.* ◆ *Deux heures moins dix.* (en sous-entendant l'heure) *Dépêchez-vous, il est presque moins dix.* 2. (introduisant un nombre négatif) *Il fait moins dix (degrés).* ◆ *Dix puissance moins deux* (10^{-2}). CONTR. ① **plus ; davantage.**
ÉTYM. latin *minus*, neutre de *minor.*

MOIRE [mwaʀ] **n. f.** 1. Apprêt (de tissus) par écrasement irrégulier du grain. ◆ Tissu qui présente des parties mates et brillantes. 2. LITTÉR. Aspect changeant, chatoyant (d'une surface).
ÉTYM. altération de l'anglais *mohair.*

MOIRÉ, ÉE [mwaʀe] **adj.** 1. Qui a reçu l'apprêt de la moire. 2. LITTÉR. Chatoyant.
ÉTYM. de *moire.*

MOIRURE [mwaʀyʀ] **n. f.** 1. Effet de ce qui est moiré. 2. LITTÉR. Reflet, chatoiement.

MOIS [mwa] **n. m.** 1. Chacune des douze divisions de l'année (→ **janvier, février, mars, avril, mai, juin, juillet, août, septembre, octobre, novembre, décembre**). *Pendant les mois d'été. Période de trois mois* (→ **trimestre**), *de six mois* (→ **semestre**). 2. Espace de temps égal à trente jours environ. *Elle est enceinte de sept mois.* 3. Rétribution correspondant à un mois de travail. SYN. **mensualité.** ◆ Somme payable chaque mois. *Un mois de loyer.* HOM. MOI (pron. pers.)
ÉTYM. latin *mensis.*

MOÏSE [mɔiz] **n. m.** ✦ Corbeille capitonnée qui sert de berceau. *Des moïses.*
ÉTYM. du nom de *Moïse* (☛ noms propres), qui fut retrouvé enfant dans une petite nacelle, sur le Nil, selon la Bible.

MOISIR [mwaziʀ] **v.** (conjug. 13) **I** **v. intr.** 1. Se détériorer, se gâter sous l'effet de l'humidité, en se couvrant de moisissure. 2. FAM. Attendre, rester longtemps dans la même situation. SYN. **croupir, languir.** *Nous n'allons pas moisir ici toute la journée.* **II** **v. tr.** Gâter, détériorer en couvrant de moisissure. *L'humidité moisit le pain.*
► **MOISI, IE** **adj.** Gâté par la moisissure. *Fruit moisi.* ◆ **n. m.** *Une cave qui sent le moisi.*
ÉTYM. latin *mucere.*

MOISISSURE [mwazisyʀ] **n. f.** ✦ Corruption d'une substance par de petits champignons ; ces champignons, qui forment une mousse veloutée. *Les moisissures du fromage.*
ÉTYM. de *moisir.*

MOISSON [mwasɔ̃] **n. f.** 1. Travail agricole qui consiste à récolter les céréales parvenues à maturité. *Faire la moisson, les moissons.* ➖ Les céréales qui sont ou seront l'objet de la moisson. *Une moisson abondante.* 2. **fig.** Action de recueillir, d'amasser (des choses) ; ce qu'on recueille. *Une moisson de souvenirs.*
ÉTYM. latin *messis*, de *metere* «faire la moisson, récolter».

MOISSONNER [mwasɔne] **v. tr.** (conjug. 3a) ✦ Couper et récolter (des céréales). SYN. **faucher.**
ÉTYM. de *moisson.*

MOISSONNEUR, EUSE [mwasɔnœʀ, øz] **n.** 1. **n.** Personne qui fait la moisson. 2. *MOISSONNEUSE* **n. f.** Machine agricole qui sert à moissonner.

MOISSONNEUSE-BATTEUSE [mwasɔnøzbatøz] **n. f.** ✦ Machine agricole qui sert à couper les céréales et à les battre pour en obtenir les grains. *Des moissonneuses-batteuses.*

MOITE [mwat] **adj.** ✦ Légèrement humide. *Une peau moite de sueur. Une chaleur moite.*
ÉTYM. peut-être latin *mucidus* «moisi».

MOITEUR [mwatœʀ] **n. f.** ✦ Légère humidité. *La moiteur de l'air. Moiteur (de la peau) due à la fièvre.*
ÉTYM. de *moite.*

MOITIÉ [mwatje] **n. f.** 1. L'une des deux parties égales d'un tout. → **demi-, mi-, semi-.** *Le diamètre partage le cercle en deux moitiés. Cinq est la moitié de dix. La moitié des invités est venue* ou *sont venus.* ➖ *Une bonne, une petite moitié* : un peu plus, un peu moins de la moitié. 2. *À MOITIÉ* : à demi, partiellement. *Un verre à moitié plein.* ➖ *À moitié prix* : pour la moitié du prix. ◆ *MOITIÉ... MOITIÉ... Le centaure, moitié homme, moitié cheval.* ➖ *Faire moitié-moitié* : partager également (qqch.) avec qqn. → **fifty-fifty.** ➖ *Prix réduit de moitié.* ➖ *Partager par moitiés.* 3. **FAM.** *Sa moitié* : sa femme. CONTR. **double.**
ÉTYM. latin *medietas*, de *medius* «central».

MOKA [mɔka] **n. m.** 1. Café d'Arabie. 2. Gâteau formé d'une génoise fourrée d'une crème au beurre parfumée au café (ou au chocolat).
ÉTYM. mot arabe, nom d'un port du Yémen.

MOL [mɔl] → **MOU**

① **MOLAIRE** [mɔlɛʀ] **n. f.** ✦ Dent de la partie postérieure de la mâchoire, dont la fonction est de broyer les aliments.
ÉTYM. latin *molaris* «en forme de meule *(mola)*».

② **MOLAIRE** [mɔlɛʀ] **adj.** ✦ **CHIM.** De la mole. *Masse molaire.*
ÉTYM. de *mole.*

MOLE [mɔl] **n. f.** ✦ **CHIM.** Unité de quantité de matière équivalant à celle d'un système contenant autant d'entités élémentaires qu'il y a d'atomes dans 12 g de carbone 12. HOM. MOLLE (féminin de *mou* «qui n'est pas dur»)
ÉTYM. allemand *Mol* → molécule.

MÔLE [mol] **n. m.** ✦ Construction en maçonnerie, destinée à protéger l'entrée d'un port. SYN. **jetée.** ➖ Quai d'embarquement.
ÉTYM. italien *molo.*

MOLÉCULAIRE [mɔlekylɛʀ] **adj.** ✦ De la molécule. *Formule moléculaire d'un corps. Biologie moléculaire.*

MOLÉCULE [mɔlekyl] **n. f.** 1. **VX** Corpuscule. 2. **CHIM.** La plus petite partie d'un corps pur susceptible d'exister à l'état isolé en gardant les caractères de ce corps. *Une molécule est formée d'atomes. Une molécule d'eau.*
ÉTYM. latin moderne *molecula*, diminutif de *moles* «masse».

MOLESKINE [mɔlɛskin] **n. f.** ✦ Toile revêtue d'un enduit imitant le cuir.
ÉTYM. anglais «peau *(skin)* de taupe *(mole)*».

MOLESTER [mɔlɛste] **v. tr.** (conjug. 3a) ✦ Maltraiter physiquement en public.
ÉTYM. bas latin *molestare*, de *molestus* «pénible».

MOLETÉ, ÉE [mɔlte] **adj.** ✦ Strié à la molette. *Vis moletée.*

MOLETTE [mɔlɛt] **n. f.** 1. Roue étoilée, à l'extrémité de l'éperon. 2. Outil fait d'une roulette mobile au bout d'un manche. 3. Roulette de réglage striée. *Clé à molette.*
ÉTYM. de *meule*, d'après le latin *mola.*

MOLLAH [mɔ(l)la] **n. m.** ✦ Chef religieux islamique. *Des mollahs.*
ÉTYM. mot arabe «maître».

MOLLASSE [mɔlas] **adj.** 1. Mou et flasque. 2. Mou, sans énergie. SYN. **indolent.**
ÉTYM. de *mol, mou*, et suffixe péjoratif.

MOLLASSON, ONNE [mɔlasɔ̃, ɔn] **n.** ✦ **FAM.** Personne molle, indolente.
ÉTYM. de *mollasse.*

MOLLEMENT [mɔlmɑ̃] **adv.** 1. Sans vigueur, sans énergie. *Il travaille mollement.* 2. Avec douceur et abandon. SYN. **nonchalamment.** CONTR. **énergiquement, fermement.**
ÉTYM. de *mol, mou.*

MOLLESSE [mɔlɛs] **n. f.** 1. Caractère de ce qui est mou. *La mollesse d'un matelas.* 2. Paresse physique, intellectuelle ; manque d'énergie. SYN. **indolence.** CONTR. **dureté, fermeté • dynamisme, énergie, entrain, vivacité.**
ÉTYM. de *mol, mou.*

① **MOLLET** [mɔlɛ] **adj. m.** 1. Agréablement mou. *Pain mollet.* 2. *Œuf mollet,* à peine cuit dans sa coquille.
ÉTYM. de *mol, mou.*

② **MOLLET** [mɔlɛ] **n. m.** ✦ Partie charnue de la partie postérieure de la jambe, entre le jarret et la cheville.
ÉTYM. de ① *mollet.*

MOLLETIÈRE [mɔltjɛʀ] **n. f.** ✦ Jambière qui s'arrête en haut du mollet. ◆ **adj.** *BANDE MOLLETIÈRE*, qu'on enroule autour du mollet. *Des bandes molletières.*
ÉTYM. de ② *mollet.*

MOLLETON [mɔltɔ̃] **n. m.** ✦ Tissu gratté moelleux.
ÉTYM. de ① *mollet.*

MOLLETONNÉ, ÉE [mɔltɔne] **adj.** ✦ Doublé, garni de molleton. *Couvre-lit molletonné.*
ÉTYM. de *molleton.*

MOLLIR [mɔliʀ] **v. intr.** (conjug. 13) **1.** Perdre sa force. *Sentir ses jambes mollir. Faire mollir.* → **amollir.** – MAR. *Le vent mollit.* **2.** Commencer à céder. SYN. **faiblir.** *Courage qui mollit.* – FAM. Hésiter, flancher. SYN. **se dégonfler.** CONTR. **durcir • persister, résister, tenir.**
ÉTYM. de *mol, mou.*

MOLLO [mɔlo] **adv.** ✦ FAM. Doucement. *Vas-y mollo !*
ÉTYM. de *mollement.*

MOLLUSQUE [mɔlysk] **n. m. 1.** Animal invertébré au corps mou (embranchement des *mollusques* : céphalopodes, gastéropodes, bivalves). *Étude des mollusques.* → **malacologie. 2.** FAM. Personne molle. SYN. **mollasson.**
ÉTYM. latin scientifique *molluscus*, latin *mollusca (nux)* «(noix) à écorce molle».

MOLOSSE [mɔlɔs] **n. m.** ✦ LITTÉR. Gros chien de garde.
ÉTYM. latin *molossus*, du grec «chien de Molossie», en Épire.

MOLYBDÈNE [mɔlibdɛn] **n. m.** ✦ Métal blanc, dur, peu fusible, utilisé dans la fabrication d'aciers spéciaux (symb. Mo).
ÉTYM. du grec *molubdos* «plomb».

MÔME [mom] **n.** ✦ FAM. **1.** Enfant. SYN. **gosse.** – **adj.** *Elle est encore toute môme.* **2. n. f.** Jeune fille, jeune femme. *«Jolie Môme»* (chanson de Léo Ferré).
ÉTYM. origine inconnue.

① **MOMENT** [mɔmɑ̃] **n. m. 1.** Espace de temps limité. SYN. ② **instant.** *Le moment où un évènement s'est produit. Un long moment.* ♦ *Les succès du moment.* SYN. **époque** ; → **actuel. 2.** Court instant. *Un éclat d'un moment* (→ **passager**). *En un moment. Dans un moment.* **3.** Circonstance, temps (caractérisé par son contenu). *De bons moments. Un moment de bonheur.* **4.** Point de la durée (en rapport avec un évènement). *C'est le moment ou jamais.* SYN. **occasion. 5. loc. prép.** *Au moment de.* → **lors** – **loc. conj.** *Au moment où.* *DU MOMENT OÙ, QUE* : puisque, dès lors que. – **loc. adv.** *À TOUT MOMENT* : sans cesse. *EN CE MOMENT* : à présent, maintenant. *SUR LE MOMENT* : au moment où une chose a eu lieu. *PAR MOMENTS* : de temps à autre. *D'UN MOMENT À L'AUTRE* : bientôt.
ÉTYM. latin *momentum*, contraction de *movimentum* «mouvement».

② **MOMENT** [mɔmɑ̃] **n. m.** ✦ SC. *Moment d'un bipoint* (A, B) *par rapport à un point* O : le produit vectoriel des vecteurs $\overrightarrow{OA}$ et . – *Moment magnétique.*
ÉTYM. latin *momentum* «poussée» → ① moment.

MOMENTANÉ, ÉE [mɔmɑ̃tane] **adj.** ✦ Qui ne dure qu'un moment. SYN. **passager, temporaire.** *Des difficultés momentanées.* CONTR. **continuel, durable.**
ÉTYM. bas latin *momentaneus.*

MOMENTANÉMENT [mɔmɑ̃tanemɑ̃] **adv.** ✦ Provisoirement, temporairement. CONTR. **constamment, continuellement.**
ÉTYM. de *momentané.*

MOMERIE [mɔmʀi] **n. f.** ✦ LITTÉR. Attitude, pratique considérée comme hypocrite ou ridicule.
ÉTYM. peut-être de l'ancien français *momer* «se déguiser», d'origine expressive.

MOMIE [mɔmi] **n. f.** ✦ Cadavre desséché et embaumé. *La momie de Ramsès II.* ➡ Égypte p. 151.
ÉTYM. latin médiéval *mummia*, mot arabe «mélange de poix et de bitume servant à embaumer», de *mûm* «cire».

MOMIFICATION [mɔmifikasjɔ̃] **n. f.** ✦ Action de momifier. – Fait de se momifier.
ÉTYM. de *momifier.*

MOMIFIER [mɔmifje] **v. tr.** (conjug. 9) **1.** Transformer en momie. SYN. **embaumer.** – au p. passé *Cadavre momifié.* **2.** *SE MOMIFIER* **v. pron.** Se figer. *Esprit qui se momifie.*
ÉTYM. de *momie*, suffixe *-fier.*

MON [mɔ̃], **MA** [ma], **MES** [me] **adj. poss.** **I** sens subjectif **1.** Qui est à moi, qui m'appartient. *Mon livre. Mon opinion.* – (*mon* pour *ma*, devant voyelle) *Mon écharpe.* – Qui m'est habituel. *Mon café du matin.* – Auquel j'appartiens. *Ma génération.* **2.** (devant un n. de personne ; parenté, relations variées) *Mon père. Mes voisins.* **3.** (en s'adressant à qqn) *Viens, ma fille. Mon cher ami.* **II** sens objectif De moi, relatif à moi. *Mon juge* : celui qui me juge. *Il est venu à mon aide.* HOM. MONT «montagne» ; (du féminin *ma*) MAS «ferme», MÂT «partie d'un navire» ; (du pluriel *mes*) MAIS (conjonction)
ÉTYM. latin *meum, meam.*

| **MON-** → MON(O)-

MONACAL, ALE, AUX [mɔnakal, o] **adj.** ✦ Relatif aux moines. SYN. **monastique.** ♦ Digne d'un moine. *Une vie monacale.*
ÉTYM. latin *monachalis*, de *monachus* «moine».

MONADE [mɔnad] **n. f.** ✦ PHILOS. Chez Leibniz, substance qui constitue l'élément dernier des choses.
ÉTYM. latin *monas, monadis* «l'unité», du grec, de *monos* «seul, unique».

MONARCHIE [mɔnaʀʃi] **n. f. 1.** Régime politique dans lequel le chef de l'État est un monarque, un roi héréditaire. SYN. **royauté.** *Monarchie absolue, constitutionnelle, parlementaire.* **2.** État ainsi gouverné. SYN. **royaume.** *La Suède est une monarchie.*
ÉTYM. bas latin *monarchia*, du grec «gouvernement d'un seul» → mono- et -archie.

MONARCHIQUE [mɔnaʀʃik] **adj.** ✦ De la monarchie. *Gouvernement monarchique.*

MONARCHISME [mɔnaʀʃism] **n. m.** ✦ Doctrine des monarchistes.

MONARCHISTE [mɔnaʀʃist] **n.** et **adj.** ✦ Partisan de la monarchie. SYN. **royaliste.**

MONARQUE [mɔnaʀk] **n. m.** ✦ Chef de l'État, dans une monarchie. SYN. **roi,** ① **souverain** ; → **empereur, prince.** *Monarque absolu.* → **autocrate, despote.**
ÉTYM. bas latin *monarcha*, du grec *monarkhos* → mon(o)- et -arque.

MONASTÈRE [mɔnastɛʀ] **n. m.** ✦ Établissement où vivent des religieux appartenant à un ordre. SYN. **couvent.**
ÉTYM. latin ecclésiastique *monasterium*, du grec.

MONASTIQUE [mɔnastik] **adj.** ✦ Qui concerne les communautés de moines. SYN. **monacal.** *La discipline monastique.*

ÉTYM. latin ecclésiastique *monastikus*, du grec ; famille de *moine*.

MONCEAU [mɔ̃so] **n. m.** ✦ Élévation formée par une grande quantité d'objets entassés. SYN. **amas, tas.** *Des monceaux d'ordures.*
ÉTYM. bas latin *monticellus* «colline», diminutif de *mons, montis* «montagne».

MONDAIN, AINE [mɔ̃dɛ̃, ɛn] **adj.** 1. Relatif à la société des gens du monde, à ses divertissements. *La vie mondaine.* 2. Qui aime les mondanités. *Il est très mondain.* ➝ **n.** *C'est une mondaine.* 3. anciennt *Police, brigade mondaine,* **n. f.** *la mondaine,* chargée de la répression du trafic de la drogue et du proxénétisme.
ÉTYM. latin chrétien *mundanus* «du monde *(mundus)*».

MONDANITÉ [mɔ̃danite] **n. f.** 1. Caractère de ce qui est mondain. 2. plur. Habitudes, comportements des gens du monde (III, 2). *Fuir les mondanités.*
ÉTYM. de *mondain.*

MONDE [mɔ̃d] **n. m.** **I** 1. L'ensemble formé par la Terre et les astres visibles, conçu comme un système organisé. SYN. **cosmos.** ➝ Tout corps céleste comparé à la Terre. *«La Guerre des mondes»* (roman d'anticipation de H. G. Wells). 2. L'ensemble de tout ce qui existe. SYN. **univers.** *La vision du monde de qqn.* prov. *Tout va pour le mieux dans le meilleur* des mondes. L'homme et le monde.* SYN. **nature.** ◆ (qualifié) *Le monde visible ; le monde des apparences.* 3. Ensemble de choses considéré comme formant un domaine à part. *Le monde de l'art. Le monde végétal.* ◆ loc. *Faire tout un monde de qqch.,* toute une affaire. ➝ FAM. *C'est un monde !* (marque l'indignation). **II** (La Terre, habitat de l'homme ; l'humanité) 1. La planète Terre, sa surface. *Les six parties du monde.* ➝ ② **continent.** *Faire le tour du monde.* ➝ *Le Nouveau Monde* : les deux Amériques. *L'Ancien Monde* : l'Europe, l'Afrique et l'Asie. ◆ *Le monde, ce monde, ce bas monde* : ici*-bas ; *l'autre monde* (➝ **au-delà**). *Il n'est plus de ce monde* : il est mort. 2. (Lieu et symbole de la vie humaine) *Être seul au monde.* ➝ *Venir au monde* : naître. 3. La communauté humaine. SYN. **humanité.** *Ainsi va le monde. Le monde entier s'en est ému.* loc. *C'est le monde à l'envers.* prov. *Il faut de tout pour faire un monde.* ➝ *Le monde antique.* «*Regards sur le monde actuel*» (ouvrage de Valéry). ◆ *DU MONDE. C'est le meilleur homme du monde.* ➝ *AU MONDE. Unique au monde. Pour rien au monde* : en aucun cas. **III** 1. RELIG. La vie profane. *Renoncer au monde.* 2. La vie en société, dans ses aspects de luxe et de divertissement ; ceux qui vivent cette vie. *Sortir dans le monde.* ➝ *Un homme, une femme du monde.* ➝ **mondain.** 3. Milieu, groupe social particulier. *Le monde des lettres.* **IV** 1. *LE MONDE, DU MONDE* : les gens, des gens ; un certain nombre de personnes. *J'entends du monde dans l'escalier. Il y a beaucoup de monde.* ➝ Beaucoup de personnes. *Cette exposition attire du monde.* 2. *TOUT LE MONDE* : chacun. *Tout le monde est prêt. Il ne fait rien comme tout le monde.*
ÉTYM. latin *mundus.*

MONDER [mɔ̃de] **v. tr.** (conjug. 3a) ✦ Nettoyer en débarrassant des impuretés (pellicule, etc.). ➝ au p. passé *Orge mondé* : nettoyé.
ÉTYM. latin *mundare* «rendre pur *(mundus)*».

MONDIAL, ALE, AUX [mɔ̃djal, o] **adj.** ✦ Relatif à la terre entière. SYN. **international, planétaire.**
ÉTYM. latin chrétien *mundialis.*

MONDIALEMENT [mɔ̃djalmɑ̃] **adv.** ✦ Partout dans le monde. SYN. **universellement.** *Une athlète mondialement connue.*

MONDIALISATION [mɔ̃djalizasjɔ̃] **n. f.** ✦ Fait de devenir mondial. ➝ Stratégie économique à l'échelle mondiale.

MONDIALISER [mɔ̃djalize] **v. tr.** (conjug. 3a) ✦ Rendre mondial.

MONDIALISME [mɔ̃djalism] **n. m.** 1. Doctrine visant à constituer l'unité politique du monde. 2. Perspective politique s'appliquant au monde entier.

MONDOVISION [mɔ̃dovizjɔ̃] **n. f.** ✦ Transmission d'images de télévision en diverses parties du globe grâce à des satellites de télécommunications. *Reportages en mondovision.*

MONÉTAIRE [mɔnetɛʀ] **adj.** ✦ Relatif à la monnaie. *Unité monétaire. Le système monétaire international.* ➝ *Le Fonds monétaire international (F. M. I.).*
ÉTYM. latin *monetarius,* de *moneta* «monnaie».

MONÉTIQUE [mɔnetik] **n. f.** ✦ Ensemble des moyens informatiques, télématiques et électroniques utilisés dans les transactions bancaires.
ÉTYM. de *monnaie* et *-tique,* de *informatique.*

MONGOL, OLE [mɔ̃gɔl] **adj.** et **n.** ✦ De Mongolie (☛ noms propres). ➝ **n.** *Les Mongols.* ◆ **n. m.** *Le mongol* (langue).
ÉTYM. mot mongol.

MONGOLIEN, IENNE [mɔ̃gɔljɛ̃, jɛn] **adj.** ✦ Du mongolisme. *Faciès mongolien.* ◆ Atteint de trisomie 21 (SYN. **trisomique**). ➝ **n.** *Un mongolien.*
ÉTYM. de *Mongolie,* nom propre, par comparaison avec le type physique des Mongols. ☛ noms propres.

MONGOLISME [mɔ̃gɔlism] **n. m.** ✦ Maladie congénitale (trisomie* 21) se manifestant par un faciès typique et un déficit physiologique et intellectuel.
ÉTYM. → mongolien.

① **MONITEUR, TRICE** [mɔnitœʀ, tʀis] **n.** ✦ Personne qui enseigne certains sports ou certaines activités. *Moniteur de ski, de voile. Elle est monitrice dans une colonie de vacances.* ➝ abrév. FAM. MONO [mono].
ÉTYM. latin *monitor.*

② **MONITEUR** [mɔnitœʀ] **n. m.** 1. INFORM. Programme de contrôle. 2. MÉD. Appareil électronique de surveillance. *Moniteur cardiaque.* 3. Écran d'un ordinateur.
ÉTYM. anglais *monitor,* du latin.

MONITORAT [mɔnitɔʀa] **n. m.** ✦ Formation pour la fonction de moniteur ; cette fonction.
ÉTYM. de ① *moniteur,* d'après le latin.

MONITORING [mɔnitɔʀiŋ] **n. m.** ✦ anglicisme MÉD. Surveillance médicale à l'aide d'un moniteur (2). ➝ recomm. offic. MONITORAGE [mɔnitɔʀaʒ] **n. m.**
ÉTYM. mot anglais, de *monitor* → ② moniteur.

A B C D E F G H I J K L M N O P Q R S T U V W X Y Z

MONNAIE [mɔnɛ] **n. f.** 1. Pièces* de métal garanties, moyen d'échange et unité de valeur. *Monnaie d'or. Pièces de monnaie.* 2. Instrument de mesure et de conservation de la valeur, moyen d'échange des biens (→ **argent ; monétaire**). *Monnaie métallique, fiduciaire.* – *Monnaie électronique* (→ **monétique**). *Le bitcoin, monnaie virtuelle.* ♦ Unité de valeur admise et utilisée dans un pays, un ensemble de pays. *Valeurs relatives des monnaies.* → **change, cours, parité ; devise.** ♦ loc. *Servir de monnaie d'échange.* – fig. *C'est monnaie courante* : c'est courant, banal. 3. *FAUSSE MONNAIE* : contrefaçon frauduleuse de la monnaie (pièces, billets) (→ **faussaire, faux-monnayeur**). 4. Ensemble de pièces, de billets de faible valeur. *Je n'ai pas de monnaie. Petite, menue monnaie.* → FAM. **ferraille, mitraille.** ♦ Somme constituée par les pièces ou billets représentant la valeur d'une seule pièce, d'un seul billet ou la différence entre un billet, une pièce et une somme moindre. *Auriez-vous la monnaie ?* SYN. **appoint.** *Faire la monnaie de cinquante euros ; rendre la monnaie sur cinquante euros.* – loc. *Rendre à qqn la monnaie de sa pièce,* lui rendre le mal qu'il a fait.
ÉTYM. latin *moneta*, du surnom de Junon «celle qui avertit *(monere)*», la monnaie étant fabriquée au temple de Junon Moneta.

MONNAYABLE [mɔnɛjabl] **adj.** 1. Que l'on peut monnayer. 2. Dont on peut tirer de l'argent.
ÉTYM. de *monnayer.*

MONNAYER [mɔneje] **v. tr.** (conjug. 12) 1. Convertir en monnaie. 2. Tirer de l'argent de (qqch.). *Elle ne veut pas monnayer son talent.*
ÉTYM. de *monnaie.*

MONNAYEUR [mɔnɛjœʀ] **n. m.** 1. RARE Ouvrier qui travaille à la fabrication de la monnaie de l'État. 2. Appareil permettant de faire automatiquement la monnaie. SYN. **changeur.** – Appareil commandé par l'introduction d'une pièce de monnaie.
ÉTYM. de *monnayer.*

> **MON(O)-** Élément savant, du grec *monos* «seul, unique». SYN. **uni-.** CONTR. **multi-, pluri-, poly-.**

MONOCHROME [mɔnokʀom] **adj.** ✦ DIDACT. Qui est d'une seule couleur. CONTR. **polychrome.**
ÉTYM. grec *monokhrômos* → mono- et -chrome.

MONOCLE [mɔnɔkl] **n. m.** ✦ Petit verre optique que l'on fait tenir dans une des arcades sourcilières.
ÉTYM. bas latin *monoculus* «qui n'a qu'un œil *(oculus)*».

MONOCLONAL, ALE, AUX [mɔnoklonal, o] **adj.** ✦ BIOL. Qui appartient à un même clone cellulaire. *Anticorps monoclonaux.*
ÉTYM. de *mono-* et *clone.*

MONOCOQUE [mɔnɔkɔk] **n. m.** ✦ Bateau à une seule coque (opposé à *multicoque*).

MONOCORDE [mɔnɔkɔʀd] **adj.** ✦ Qui est sur une seule note, n'a qu'un son. SYN. **monotone.** *Une voix monocorde.*
ÉTYM. latin *monochordon*, du grec.

MONOCOTYLÉDONE [mɔnɔkɔtiledɔn] **n. f.** ✦ BOT. Plante de la classe des *monocotylédones*, qui n'a qu'un seul cotylédon.
ÉTYM. de *mono-* et *cotylédon.*

MONOCULTURE [mɔnokyltyʀ] **n. f.** ✦ AGRIC. Culture d'une seule plante, d'un seul produit. *Impact de la monoculture sur la biodiversité.* ☛ Géographie p. 226. CONTR. **polyculture.**

MONOCYTE [mɔnɔsit] **n. m.** ✦ Leucocyte mononucléaire de grande taille.
ÉTYM. de *mono-* et *-cyte.*

MONODIE [mɔnɔdi] **n. f.** ✦ Chant à une seule voix, sans accompagnement.
ÉTYM. latin *monodia*, du grec, de *monos* «seul» et *ôdê* «chant».

MONOGAME [mɔnɔgam] **adj.** ✦ Qui n'a qu'un seul conjoint à la fois (opposé à *bigame, polygame*). – **n.** *Un, une monogame.*
ÉTYM. bas latin *monogamus*, du grec → mono- et -game.

MONOGAMIE [mɔnɔgami] **n. f.** ✦ Régime juridique en vertu duquel un homme ou une femme ne peut avoir plusieurs conjoints en même temps.
► **MONOGAMIQUE** [mɔnɔgamik] **adj.**

MONOGRAMME [mɔnɔgʀam] **n. m.** ✦ Chiffre composé de lettres d'un nom entrelacées.
ÉTYM. bas latin *monogramma*, du grec → mono- et -gramme.

MONOGRAPHIE [mɔnɔgʀafi] **n. f.** ✦ Étude complète et détaillée sur un sujet précis.
ÉTYM. de *mono-* et *-graphie.*

MONOÏ [mɔnɔj] **n. m. invar.** ✦ Huile parfumée de fleurs polynésiennes *(tiaré)* et de noix de coco.
ÉTYM. mot polynésien.

MONOÏQUE [mɔnɔik] **adj.** ✦ BOT. *Espèce, plante monoïque,* dont chaque individu, bisexué, produit des fleurs mâles et des fleurs femelles (opposé à *dioïque*).
ÉTYM. de *mono-* et du grec *oïkos* «demeure».

MONOLINGUE [mɔnɔlɛ̃g] **adj.** 1. DIDACT. Qui ne parle qu'une langue. 2. En une seule langue. *Dictionnaire monolingue.*
► **MONOLINGUISME** [mɔnɔlɛ̃gɥism] **n. m.**
ÉTYM. de *mono-*, d'après *bilingue.*

MONOLITHE [mɔnɔlit] **adj.** et **n. m.** 1. **adj.** DIDACT. Qui est d'un seul bloc de pierre. *Colonne monolithe.* 2. **n. m.** Monument monolithe (ex. menhir). → aussi **mégalithe.**
ÉTYM. latin *monolithus*, du grec → mono- et -lithe.

MONOLITHIQUE [mɔnɔlitik] **adj.** 1. → **monolithe.** 2. fig. Qui forme un ensemble rigide, homogène. *Parti monolithique.*

MONOLOGUE [mɔnɔlɔg] **n. m.** 1. Scène à un personnage qui parle seul. ☛ Littérature p. 126. 2. Long discours d'une personne qui ne laisse pas intervenir d'interlocuteur. 3. Discours d'une personne seule qui parle, pense tout haut. SYN. **soliloque.** 4. *Monologue intérieur,* longue suite de pensées, rêverie ; dans un ouvrage littéraire, discours censé transcrire les pensées du narrateur. CONTR. **dialogue, entretien.**
ÉTYM. de *mono-*, d'après *dialogue.*

MONOLOGUER [mɔnɔlɔge] **v. intr.** (conjug. 3b) ✦ Parler seul, ou comme si l'on était seul. CONTR. **dialoguer.**
ÉTYM. de *monologue.*

MONÔME [mɔnom] **n. m.** **I** MATH. Expression algébrique à un seul terme. **II** Cortège formé d'une file d'étudiants se tenant par les épaules qui se promenaient sur la voie publique.
ÉTYM. de *mono-*, d'après *binôme*.

MONOMÈRE [mɔnɔmɛʀ] **adj.** et **n. m.** ✦ CHIM. Se dit d'un composé constitué de molécules simples, et capable de former des polymères.
ÉTYM. de *mono-*, d'après *polymère*.

MONOMOTEUR [mɔnomɔtœʀ] **n. m.** ✦ TECHN. Avion équipé d'un seul moteur.

MONONUCLÉAIRE [mɔnonykleɛʀ] **adj.** ✦ BIOL. (cellule) Qui n'a qu'un seul noyau. *Leucocyte mononucléaire* (lymphocyte, monocyte).
ÉTYM. de *mono-* et *nucléaire*.

MONONUCLÉOSE [mɔnonykleoz] **n. f.** ✦ MÉD. *Mononucléose infectieuse* : maladie d'origine virale (leucocytose) caractérisée par l'augmentation du nombre des globules blancs mononucléaires.

MONOPARENTAL, ALE, AUX [mɔnopaʀɑ̃tal, o] **adj.** ✦ SOCIOL. (famille) Où il y a un seul parent.

MONOPHASÉ, ÉE [mɔnofaze] **adj.** ✦ Se dit du courant alternatif simple ne présentant qu'une phase.

MONOPLACE [mɔnoplas] **adj.** ✦ (véhicule) Qui n'a qu'une place. *Voiture, avion monoplace.*

MONOPLAN [mɔnoplɑ̃] **n. m.** ✦ Avion qui n'a qu'un seul plan de sustentation (opposé à *biplan*).

MONOPOLE [mɔnɔpɔl] **n. m.** 1. Situation où une entreprise est seule à vendre un produit ; cette entreprise. *Les grands monopoles.* 2. Possession exclusive. SYN. **exclusivité.** *S'attribuer le monopole du patriotisme.*
ÉTYM. latin *monopolium*, du grec, de *pôlein* «vendre».

MONOPOLISER [mɔnɔpɔlize] **v. tr.** (conjug. 3a) ✦ Exercer un monopole sur. ◆ S'attribuer comme une possession exclusive. SYN. **accaparer.** *Monopoliser qqn. Monopoliser la parole.*
► **MONOPOLISATION** [mɔnɔpɔlizasjɔ̃] **n. f.**
ÉTYM. de *monopole*.

MONORAIL [mɔnoʀaj] **adj.** ✦ TECHN. Qui n'a qu'un seul rail. *Des trains monorails.* ➤ **n. m.** *Un monorail.*

MONOSÉMIQUE [mɔnosemik] **adj.** ✦ LING. *Mot monosémique*, qui n'a qu'un sens (opposé à *polysémique*).
ÉTYM. de *mono-* et du grec *semaînen* «signifier».

MONOSKI [mɔnoski] **n. m.** ✦ Ski unique sur lequel reposent les deux pieds. ➤ Sport pratiqué sur ce ski.

MONOSPACE [mɔnɔspas] **n. m.** ✦ Voiture dont le profil ne présente pas de rupture de ligne.
ÉTYM. de *mono-* et *espace*.

MONOSYLLABE [mɔnosi(l)lab] **adj.** ✦ Qui n'a qu'une syllabe. ➤ **n. m.** Mot d'une syllabe.

MONOSYLLABIQUE [mɔnosi(l)labik] **adj.** ✦ Monosyllabe. ◆ Formé de monosyllabes. *Langue monosyllabique.*
ÉTYM. de *monosyllabe*.

MONOTHÉISME [mɔnɔteism] **n. m.** ✦ Croyance en un dieu unique. *Le monothéisme des musulmans.* CONTR. **polythéisme.**
ÉTYM. de *mono-* et *théisme*.

MONOTHÉISTE [mɔnɔteist] **n.** et **adj.** ✦ (Personne) qui croit en un dieu unique. ➤ *Religions monothéistes* (judaïsme, christianisme, islam). CONTR. **polythéiste.**
ÉTYM. de *monothéisme*.

MONOTONE [mɔnɔtɔn] **adj.** 1. Qui est toujours sur le même ton, ou dont le ton est peu varié. SYN. **monocorde.** *Un chant monotone.* 2. Qui lasse par son uniformité, par la répétition. SYN. **uniforme.** *Paysage monotone. Une vie monotone.* CONTR. **nuancé, varié** • **mouvementé.**
ÉTYM. bas latin *monotonus*, du grec *monotonos*.

MONOTONIE [mɔnɔtɔni] **n. f.** ✦ Caractère de ce qui est monotone ; uniformité lassante. CONTR. **diversité, variété.**

MONOXYDE [mɔnɔksid] **n. m.** ✦ CHIM. Oxyde dont la molécule contient un seul atome d'oxygène. *Monoxyde de carbone* (CO), gaz très toxique.
ÉTYM. de *mono-* et *oxyde*.

MONSEIGNEUR [mɔ̃sɛɲœʀ], **plur. MESSEIGNEURS** [mesɛɲœʀ] **n. m.** ✦ Titre donné à certains personnages éminents (prélats, princes des familles souveraines).
ÉTYM. de *mon* et *seigneur*.

MONSIEUR [məsjø], **plur. MESSIEURS** [mesjø] **n. m.** **I** 1. Titre autrefois donné aux hommes de condition élevée. *Monsieur, frère du roi.* 2. Titre donné à un homme à qui l'on s'adresse. *Bonjour, monsieur. Monsieur Girard ; M. Girard. Cher monsieur. Mesdames et Messieurs.* 3. Titre qui précède le nom ou la fonction d'un homme dont on parle. *Monsieur Girard est arrivé. Adressez-vous à monsieur le directeur.* 4. Titre respectueux donné à un homme. *Monsieur désire ?* **II** 1. VIEILLI *Un monsieur* : un homme de la bourgeoisie. ◆ MOD. *C'est un (grand) monsieur*, un homme remarquable. 2. Homme quelconque. *Un vieux monsieur.* ◆ lang. enfantin *Dis merci au monsieur.* ◆ *Un joli, un vilain monsieur* : un individu méprisable.
ÉTYM. de *mon* et *sieur*.

MONSTRE [mɔ̃stʀ] **n. m.** et **adj.**
I n. m. 1. Être, animal fantastique et terrible (des légendes, des mythologies). ➤ Animal réel gigantesque ou effrayant. 2. Être vivant ou organisme présentant une grande difformité physique due à une conformation anormale. *Étude des monstres.* → **tératologie.** 3. fig. Personne effrayante par sa méchanceté. ◆ par ext. *Un monstre d'égoïsme.* 4. loc. *MONSTRE SACRÉ* : comédien célèbre ; personnalité importante.
II adj. FAM. Très important ; extraordinaire. *Un travail monstre.* SYN. **monstrueux.**
ÉTYM. latin *monstrum*.

MONSTRUEUSEMENT [mɔ̃stʀyøzmɑ̃] **adv.** ✦ D'une manière monstrueuse. ➤ *C'est monstrueusement cher.*

MONSTRUEUX, EUSE [mɔ̃stʀyø, øz] **adj.** 1. Qui a la conformation d'un monstre. ➤ Qui rappelle les monstres. *Une laideur monstrueuse.* 2. D'une taille prodigieuse, extraordinaire. *Une ville monstrueuse.* SYN. **colossal, énorme.** 3. Qui choque extrêmement la raison, la morale. SYN. **abominable, effroyable, horrible.**

Un crime monstrueux. → par exagér. *Des prix monstrueux.*
ÉTYM. latin *monstruosus.*

MONSTRUOSITÉ [mɔ̃stʀyozite] n. f. 1. vx Anomalie congénitale grave. 2. Caractère de ce qui est monstrueux. ♦ *Une monstruosité* : une chose monstrueuse.
ÉTYM. de *monstrueux.*

MONT [mɔ̃] n. m. 1. vx ou dans des loc. Montagne. *Du haut des monts. Le mont Blanc.* → loc. *PAR MONTS ET PAR VAUX* : à travers tout le pays ; partout. *Promettre MONTS ET MERVEILLES*, des avantages considérables. 2. fig. ANAT. Petite éminence charnue. → *Mont de Vénus.* → **pénil.**
HOM. MON (adj. poss.)
ÉTYM. latin *mons, montis.*

MONTAGE [mɔ̃taʒ] n. m. 1. Opération par laquelle on assemble les pièces (d'un objet complexe) pour qu'il fonctionne. *Le montage d'un moteur, d'un circuit électrique. Chaîne de montage.* 2. Assemblage d'images. *Montage photographique.* 3. Choix et assemblage des plans (d'un film) (→ **monteur,** 2). → *Film de montage,* constitué d'éléments préexistants. CONTR. **démontage.**
ÉTYM. de *monter.*

MONTAGNARD, ARDE [mɔ̃taɲaʀ, aʀd] adj. et n.
I adj. 1. Qui vit dans les montagnes. *Peuple montagnard.* → n. *Les montagnards.* 2. Relatif à la montagne. *La vie montagnarde.*
II n. m. HIST. Député de la Convention qui siégeait à la Montagne (☞ noms propres). *Les Montagnards et les Girondins.*

MONTAGNE [mɔ̃taɲ] n. f. 1. Importante élévation de terrain. SYN. **éminence, hauteur, mont.** *Les deux versants d'une montagne. Chaîne, massif de montagnes.* → loc. *Faire une montagne de qqch.*, en exagérer les difficultés, l'importance. ♦ fig. *Une montagne de livres.* 2. *LES MONTAGNES, LA MONTAGNE* : ensemble de montagnes ; région de forte altitude. *Pays de montagne.* → **montagneux.** *Passer ses vacances à la montagne.* → loc. *La MONTAGNE À VACHES* : les zones d'alpages peu élevées, où paissent les troupeaux. 3. loc. *MONTAGNES RUSSES* : attraction foraine, suite de montées et de descentes parcourues à grande vitesse par un véhicule sur rails. 4. HIST. (☞ noms propres) *La Montagne* : les bancs les plus élevés de la Convention où siégeaient les députés de gauche, conduits par Danton et Robespierre.
ÉTYM. bas latin *montanea,* de *mons* «mont».

MONTAGNEUX, EUSE [mɔ̃taɲø, øz] adj. ✦ Où il y a des montagnes ; formé de montagnes. *Région montagneuse.*

MONTANT, ANTE [mɔ̃tɑ̃, ɑ̃t] adj. et n. m.
I adj. Qui monte (I). 1. Qui se meut de bas en haut. *Marée montante.* → **flux.** *Gamme montante.* → *La génération montante.* 2. Qui va, s'étend vers le haut. *Chemin montant.* → *Chaussures montantes.* CONTR. **descendant.**
II n. m. 1. Pièce verticale dans un dispositif, une construction. *Les montants et les traverses d'une fenêtre.* 2. Chiffre auquel monte, s'élève un compte. SYN. ① **somme, total.** *Le montant des frais.*
ÉTYM. du participe présent de *monter.*

MONT-DE-PIÉTÉ [mɔ̃d(ə)pjete] n. m. ✦ Établissement de prêt sur gage, aujourd'hui appelé *crédit municipal. Il a engagé sa montre au mont-de-piété. Des monts-de-piété.*
ÉTYM. mauvaise traduction de l'italien *monte di pietà* «crédit de pitié».

MONTE [mɔ̃t] n. f. 1. Pratique de l'accouplement chez les équidés et les bovidés. SYN. **saillie.** 2. Fait, manière de monter un cheval en course. *La monte d'un jockey.*
ÉTYM. de *monter.*

MONTE-CHARGE [mɔ̃tʃaʀʒ] n. m. ✦ Appareil servant à monter des marchandises, des fardeaux, d'un étage à l'autre. SYN. **élévateur.** *Des monte-charges.*

MONTÉE [mɔ̃te] n. f. 1. Action de monter, de se hisser. SYN. **escalade, grimpée.** *Une pénible montée.* → (choses) Fait de s'élever. *La montée de la fusée.* SYN. **ascension.** *La montée des eaux.* → **crue.** 2. Pente que l'on gravit. SYN. ② **côte, grimpée, rampe.** CONTR. **descente ; baisse.**

MONTER [mɔ̃te] v. (conjug. 3a) I v. intr. (auxiliaire *être* ou *avoir*) (êtres vivants) 1. Se déplacer dans un mouvement de bas en haut, vers un lieu plus haut. SYN. ① **grimper.** *Monter au sommet d'une montagne. Monter au grenier. Monter à, sur une échelle. Elle est montée se coucher.* → *Monter à cheval.* absolt *Il monte bien.* → **monte** (2). → *Monter dans une voiture, en voiture ; monter à bicyclette.* 2. FAM. Se déplacer du sud vers le nord (en raison de l'orientation des cartes). *Ils sont montés de Lyon à Lille.* 3. Progresser dans l'échelle sociale, s'élever dans l'ordre moral, intellectuel. *Monter en grade.* SYN. **avancer.** → FAM. *L'acteur qui monte.*
II v. intr. (choses) 1. S'élever dans l'air, dans l'espace. *Le soleil monte au-dessus de l'horizon.* → (sons, odeurs, impressions) *Les bruits qui montent de la rue.* → (humeurs, émotions) *La colère fait monter le sang au visage. Les larmes lui montaient aux yeux.* → loc. *Monter à la tête* : exalter, griser, troubler. 2. S'élever en pente. *La route monte.* → S'étendre (jusqu'à une certaine hauteur). *Ses bottes montent à, jusqu'à mi-cuisse.* 3. Gagner en hauteur. *Le niveau monte.* 4. (fluides) Progresser, s'étendre vers le haut. *La rivière, la mer a monté.* 5. (sons) Aller du grave à l'aigu. → *Le ton monte,* la discussion tourne à la dispute. 6. (prix) Aller en augmentant* ; valoir plus cher (biens, marchandises, services). → Atteindre un total (→ **montant**).
III v. tr. (auxiliaire *avoir*) 1. Parcourir en s'élevant, en se dirigeant vers le haut. SYN. **gravir.** *Monter une côte.* SYN. ① **grimper.** pronom. *La côte se monte facilement.* 2. Être sur (un animal). → ① **monture.** *Ce cheval n'a jamais été monté.* → *POLICE MONTÉE,* à cheval (police fédérale canadienne). 3. (quadrupèdes ; surtout cheval) Couvrir (la femelle). SYN. **saillir ;** → **monte** (1). *L'étalon monte la jument.* 4. Porter, mettre (qqch.) en haut. *Monter une malle au grenier.* 5. Porter, mettre plus haut, à un niveau plus élevé. SYN. **élever, remonter.** *Monter une étagère d'un cran.* ♦ loc. fig. *MONTER LA TÊTE à qqn, MONTER qqn,* l'animer, l'exciter contre qqn. *Se monter la tête* : s'exalter.
IV v. tr. 1. Mettre en état de fonctionner, de servir, en assemblant les différentes parties. SYN. **ajuster, assembler ; montage, monteur.** *Monter un meuble livré en éléments. Monter la tente.* SYN. ② **dresser.** → *Monter un film.* → **montage** (3). 2. *Monter une pièce de théâtre,* en préparer la représentation, mettre en scène. → *Monter une affaire, une société,* constituer, organiser. *Monter un coup. Coup* monté.* 3. Fournir, pourvoir de tout ce qui est nécessaire. *Monter son ménage.* 4. Fixer définitivement. *Monter un diamant sur une bague.* SYN. **sertir ;** → ② **monture.**
V *SE MONTER* v. pron. 1. S'élever à un

certain total. SYN. **atteindre.** *Les dépenses se montent à mille euros.* 2. Se fournir, se pourvoir (en...). CONTR. **descendre • baisser, diminuer • démonter.**
► **MONTÉ, ÉE adj.** *Pièce* montée. Collet* monté.* ◆ En colère. *Elle est très montée contre lui.*
ÉTYM. bas latin *montare*, de *mons, montis* «mont».

MONTEUR, EUSE [mɔ̃tœʀ, øz] **n.** 1. Personne qui monte des appareils, des machines ; ouvrier, technicien qui effectue des opérations de montage. *Monteur électricien.* 2. Spécialiste chargé du montage des films. *Chef monteur.*
ÉTYM. de *monter* (IV).

MONTGOLFIÈRE [mɔ̃gɔlfjɛʀ] **n. f.** ✦ Aérostat formé d'une enveloppe remplie d'air chauffé. SYN. ① **ballon.**
ÉTYM. du nom des frères *Montgolfier.* ☛ noms propres.

MONTICULE [mɔ̃tikyl] **n. m.** 1. Petite bosse de terrain. 2. Tas. *Un monticule de pierres.*
ÉTYM. bas latin *monticulus*, diminutif de *mons* «mont».

MONTRE [mɔ̃tʀ] **n. f.** I 1. VX Démonstration. ◆ loc. *FAIRE MONTRE DE* : faire preuve de. *Il a fait montre de compréhension.* 2. COMM. *EN MONTRE* : en vitrine. II plus cour. 1. Petite boîte à cadran (montrant l'heure) contenant un mouvement d'horlogerie et qu'on porte sur soi. *Montre de précision.* → **chronomètre.** *Montre-bracelet* ou *bracelet-montre. Montre à quartz. Mettre sa montre à l'heure.* 2. loc. *Montre en main,* en mesurant le temps avec précision. – *Course contre la montre,* où chaque coureur part seul, le classement s'effectuant d'après le temps ; fig. activité urgente. **n. m. invar.** *Des contre-la-montre.*
ÉTYM. de *montrer.*

MONTRER [mɔ̃tʀe] **v. tr.** (conjug. 3a) I 1. Faire voir, mettre devant les yeux. *Montrer un objet à qqn. Montrer ses richesses.* SYN. **déployer, étaler, exhiber.** – Faire voir de loin, par un signe, un geste. SYN. **désigner, indiquer.** *Montrer qqch. du doigt. Montrer le chemin, la voie.* 2. Laisser voir. *Montrer sa culotte en se baissant.* II (Faire connaître) 1. Faire imaginer. SYN. **représenter.** *L'auteur montre dans ses livres toute une société.* SYN. **décrire, dépeindre, évoquer.** 2. Faire constater, mettre en évidence. SYN. **démontrer, établir, prouver.** *Montrer ses torts à qqn, lui montrer qu'il a tort. Signes, indices qui montrent qqch.* SYN. **annoncer, déceler, dénoter, révéler.** 3. Faire connaître volontairement par sa conduite. *Montrer ce qu'on sait faire. Montrer l'exemple.* 4. Laisser paraître ; révéler. SYN. **exprimer, extérioriser, manifester, témoigner.** *Montrer son étonnement, son émotion. Montrer de l'humeur.* 5. Faire comprendre ; apprendre (qqch. à qqn) par l'explication, l'exemple. SYN. **expliquer.** *Montre-moi comment ça marche.* III *SE MONTRER* **v. pron.** 1. Se faire voir. SYN. **paraître.** *Il n'ose plus se montrer. Se montrer sous un jour favorable, tel qu'on est.* 2. *Se montrer* (+ attribut), être effectivement, pour un observateur. SYN. ① **être.** *Se montrer courageux, habile.* CONTR. **cacher, dissimuler • réprimer.**
ÉTYM. latin *monstrare.*

MONTREUR, EUSE [mɔ̃tʀœʀ, øz] **n.** ✦ Personne qui fait métier de montrer en public (une curiosité). *Montreur d'ours, d'animaux.*
ÉTYM. de *montrer.*

MONTUEUX, EUSE [mɔ̃tɥø, øz] **adj.** ✦ VIEILLI Qui présente des monts, des hauteurs. *Un pays montueux.* CONTR. ① **plat.**
ÉTYM. latin *montuosus*, de *mons* «mont».

① **MONTURE** [mɔ̃tyʀ] **n. f.** ✦ Bête sur laquelle on monte pour se faire transporter (cheval, âne, mulet, dromadaire, éléphant...). *Le cavalier enfourche sa monture.*
ÉTYM. de *monter* (I).

② **MONTURE** [mɔ̃tyʀ] **n. f.** ✦ Partie (d'un objet) qui sert à fixer, à supporter l'élément principal. *La monture d'une bague. Monture de lunettes,* qui maintient les verres en place.
ÉTYM. de *monter* (IV).

MONUMENT [mɔnymɑ̃] **n. m.** 1. Ouvrage d'architecture, de sculpture, etc., destiné à perpétuer un souvenir. *Monument funéraire.* → **mausolée, stèle, tombeau.** – *Monument aux morts,* commémorant les morts (à une guerre) d'une communauté. 2. Édifice remarquable. SYN. **bâtiment.** *Monument historique. Monument public.* ◆ FAM. Objet énorme. 3. Œuvre imposante, digne de durer. *L'Encyclopédie est un monument.* – iron. *Un monument de bêtise.*
ÉTYM. latin *monumentum.*

MONUMENTAL, ALE, AUX [mɔnymɑ̃tal, o] **adj.** 1. Qui a un caractère de grandeur majestueuse. SYN. **grand, imposant.** *L'œuvre monumentale de Victor Hugo.* 2. FAM. Énorme. SYN. **colossal, gigantesque, immense.** *Une horloge monumentale.* – *Erreur monumentale.*
ÉTYM. de *monument.*

MOOC ou **MOOC** [muk] **n. m. invar.** ✦ anglicisme Formation diffusée en ligne, accessible au plus grand nombre. – recomm. offic. *cours en ligne ouvert à tous* (ou *ouvert et massif, CLOM*).
ÉTYM. mot anglais, abréviation de *Massive Online Open Course* «cours libre et massif en ligne».

MOQUER [mɔke] **v. tr.** (conjug. 3a) I LITTÉR. Tourner en ridicule. SYN. **railler, ridiculiser.** *Ceux qui le moquaient...* II *SE MOQUER (DE)* **v. pron.** COUR. 1. Tourner (qqn) en ridicule, rire de. *Les enfants se moquaient de lui, de son chapeau.* 2. Ne pas s'intéresser à, ne pas se soucier de (qqn, qqch.). SYN. **dédaigner, mépriser.** *Je m'en moque. Se moquer du qu'en-dira-t-on. Il se moque que j'aie raison. Je m'en moque,* ça m'est égal. 3. Tromper ou essayer de tromper (qqn) avec désinvolture. *Elle s'est bien moquée de vous.* SYN. ① **avoir, berner, mystifier, rouler.** *Vous vous moquez du monde.* 4. absolt LITTÉR. Plaisanter. *Vous vous moquez !* CONTR. **admirer, respecter • s'intéresser.**
ÉTYM. p.-ê. d'un radical *mok-* exprimant le mépris.

MOQUERIE [mɔkʀi] **n. f.** 1. Action, habitude de se moquer. SYN. **ironie, raillerie.** 2. Action, parole par laquelle on se moque. SYN. **plaisanterie, quolibet.** *Être sensible aux moqueries.*
ÉTYM. de *moquer.*

MOQUETTE [mɔkɛt] **n. f.** ✦ Tapis relativement ras, souvent uni (cloué, collé...) couvrant généralement toute la surface d'une pièce.
ÉTYM. origine incertaine ; peut-être de *moche, moque* «écheveau».

MOQUEUR, EUSE [mɔkœʀ, øz] **adj.** 1. Qui a l'habitude de se moquer (1). SYN. **blagueur, goguenard, gouailleur.** – **n.** *C'est un moqueur.* 2. Inspiré par la moquerie. SYN. **ironique, narquois, railleur.** *Regard, rire moqueur.*
ÉTYM. de *moquer.*

MORAINE [mɔʀɛn] **n. f.** ✦ Accumulation de blocs de roche arrachés et entraînés par un glacier.
▸ **MORAINIQUE** [mɔʀenik] **adj.** *Collines morainiques.*
ÉTYM. mot savoyard.

① **MORAL, ALE, AUX** [mɔʀal, o] **adj.** I 1. Qui concerne les mœurs, les règles admises et pratiquées dans une société. *Jugement moral. Les valeurs morales. Principes moraux.* 2. Qui concerne l'étude philosophique de la morale (I, 1). SYN. **éthique.** 3. Qui est conforme aux mœurs, à la morale (I, 2). SYN. **honnête, juste.** *Une histoire morale,* édifiante. II Relatif à l'esprit, à la pensée. SYN. **intellectuel, spirituel.** *Force morale. Portrait moral.* SYN. **psychologique.** – DR. *Personne* morale.* CONTR. **amoral, immoral** • ① **matériel,** ① **physique.**
ÉTYM. latin *moralis,* de *mores* «mœurs».

② **MORAL** [mɔʀal] **n. m.** ✦ Disposition temporaire à supporter plus ou moins bien les difficultés, à être plus ou moins heureux. *Avoir bon, mauvais moral. Le moral des troupes est bon.* ◆ Disposition psychique. *Le moral d'un sportif.* SYN. **mental** (3). *Avoir le moral :* être optimiste, plein d'allant. – FAM. *Avoir le moral à zéro, ne pas avoir le moral,* avoir mauvais moral (→ **démoraliser**).
ÉTYM. de ① *moral* (II).

MORALE [mɔʀal] **n. f.** I 1. Science du bien et du mal ; théorie de l'action humaine soumise au devoir et ayant pour but le bien. SYN. **éthique.** *La morale chrétienne.* 2. Ensemble de règles de conduite considérées comme bonnes. → ② **bien, valeur.** *Conforme à la morale :* bien, bon. *Une morale sévère, rigoureuse.* → **rigorisme.** II 1. **loc.** *FAIRE LA MORALE, DE LA MORALE à qqn,* lui faire une leçon de morale. → **sermonner.** 2. Ce qui constitue une leçon de morale. SYN. **apologue, maxime, moralité.** *La morale d'une fable. La morale de cette histoire, c'est...* SYN. **moralité.** CONTR. **immoralité,** ③ **mal.**
ÉTYM. de ① *moral.*

MORALEMENT [mɔʀalmɑ̃] **adv.** I Conformément à une règle de conduite. *Acte moralement condamnable.* II 1. Sur le plan spirituel, intellectuel. *Vous êtes moralement responsable.* 2. Du point de vue moral (II), psychique. SYN. **mentalement, psychologiquement.** *Il va mieux, physiquement et moralement.* CONTR. **matériellement** • **physiquement.**
ÉTYM. de ① *moral.*

MORALISATEUR, TRICE [mɔʀalizatœʀ, tʀis] **adj.** et **n.** ✦ Qui fait la morale. SYN. **édifiant.** *Influence moralisatrice.* – **n.** *C'est un moralisateur insupportable.* SYN. **moraliste.**
ÉTYM. de *moraliser.*

MORALISATION [mɔʀalizasjɔ̃] **n. f.** 1. Édification. 2. Fait de devenir (plus) moral (I, 3). *Moralisation de la politique.* CONTR. **corruption.**

MORALISER [mɔʀalize] **v. tr.** (conjug. 3a) I VX Faire des leçons de morale à. SYN. **morigéner, sermonner.** II Rendre (plus) moral, meilleur. *Moraliser une profession.* CONTR. **corrompre, pervertir.**
ÉTYM. de *moral.*

MORALISTE [mɔʀalist] **n.** 1. Auteur de réflexions sur les mœurs, la nature et la condition humaines. 2. Personne qui, par ses paroles, son exemple, donne des leçons de morale. SYN. **moralisateur.** – **adj.** *Elle a toujours été moraliste.* CONTR. **immoraliste.**
ÉTYM. de *morale.*

MORALITÉ [mɔʀalite] **n. f.** I 1. Caractère moral, valeur au point de vue éthique. SYN. **mérite.** *La moralité d'une action, d'une attitude.* 2. Attitude, conduite ou valeur morale. *Faire une enquête sur la moralité de qqn.* ◆ Sens moral. SYN. **conscience, honnêteté.** *Témoins, certificat de moralité.* 3. Enseignement moral (d'un évènement, d'un récit). *La moralité d'un conte, d'une fable.* SYN. **morale** (II, 2). *Moralité : on n'est jamais trop prudent.* II HIST. LITTÉR. Pièce de théâtre édifiante, au Moyen Âge. CONTR. **immoralité.**
ÉTYM. bas latin *moralitas* «caractère».

MORASSE [mɔʀas] **n. f.** ✦ IMPRIM. Dernière épreuve d'un journal.
ÉTYM. italien *moraccio,* de *moro* «noir».

MORATOIRE [mɔʀatwaʀ] **n. m.** ✦ DR. Suspension des actions en justice, des obligations de paiement.
ÉTYM. latin tardif *moratorium,* de *morari* «retarder, suspendre».

MORBIDE [mɔʀbid] **adj.** 1. DIDACT. Relatif à la maladie. *État morbide.* SYN. **pathologique.** 2. Anormal, dépravé. *Curiosité, imagination morbide.* SYN. **maladif, malsain.** – *Une littérature morbide.* CONTR. **sain.**
ÉTYM. latin *morbidus,* de *morbus* «maladie».

MORBIDITÉ [mɔʀbidite] **n. f.** ✦ Caractère maladif.
ÉTYM. de *morbide.*

MORBIER [mɔʀbje] **n. m.** ✦ Fromage de vache à pâte pressée.
ÉTYM. du nom d'une commune du Jura.

MORBLEU [mɔʀblø] **interj.** ✦ Ancien juron.
ÉTYM. altération de *mort (de) Dieu.*

MORCEAU [mɔʀso] **n. m.** 1. Partie séparée ou distincte (d'un corps ou d'une substance solide). SYN. **bout, fraction, fragment, partie, portion.** *Un morceau de ficelle. Couper, déchirer, mettre qqch. en morceaux. Un bon, un gros morceau. Se casser en mille morceaux.* SYN. **miette.** – (d'un aliment) *Un morceau de pain* (SYN. **bouchée**), *de gâteau* (SYN. **part**), *de sucre. Les bons, les bas morceaux.* – **fig.** FAM. *Manger un morceau,* faire un petit repas. *Manger, casser, lâcher le morceau :* avouer, parler. 2. Fragment, partie (d'une œuvre littéraire). SYN. **extrait, passage.** – **loc.** *MORCEAUX CHOISIS :* recueil de passages d'auteurs ou d'ouvrages. → **anthologie.** 3. Œuvre musicale. *Un morceau de piano.*
ÉTYM. de l'ancien français *mors* «action de mordre».

MORCELER [mɔʀsəle] **v. tr.** (conjug. 6a) ✦ Partager (une étendue de terrain) en plusieurs parties. SYN. **démembrer, partager.** *Morceler un terrain en lots.* – **au p. passé** *Domaine morcelé.* CONTR. **regrouper, remembrer.**
ÉTYM. de *morsel,* ancienne forme de *morceau.*

MORCELLEMENT [mɔʀsɛlmɑ̃] **n. m.** ✦ Action de morceler ; état de ce qui est morcelé. SYN. **division, fractionnement, partage.** *Le morcellement en lots* (lotissement). CONTR. **remembrement.**

MORDACITÉ [mɔʀdasite] **n. f.** ✦ LITTÉR. Causticité.
ÉTYM. latin *mordacitas.*

MORDANT, ANTE [mɔʀdɑ̃, ɑ̃t] adj. et n. m.
I adj. 1. VX Qui mord. → fig. *Un froid mordant.* 2. Qui attaque, avec une violence qui blesse. SYN. **acerbe, acide, aigre, incisif, vif.** *Répondre à qqn d'une manière mordante. Ironie mordante.*
II n. m. Énergie dans l'attaque ; vivacité. *Avoir du mordant.*
ÉTYM. du participe présent de *mordre.*

MORDICUS [mɔʀdikys] adv. ✦ FAM. *Affirmer, soutenir qqch. mordicus,* obstinément, sans en démordre.
ÉTYM. mot latin, de *mordere* «mordre».

MORDILLER [mɔʀdije] v. tr. (conjug. 3a) ✦ Mordre légèrement et à plusieurs reprises.
ÉTYM. de *mordre.*

MORDORÉ, ÉE [mɔʀdɔʀe] adj. et n. m. ✦ D'un brun chaud avec des reflets dorés.
ÉTYM. de *more* et *doré.*

MORDRE [mɔʀdʀ] v. (conjug. 44) **I** v. tr. 1. Saisir et serrer avec les dents de manière à blesser, à entamer, à retenir. → **morsure.** *Mon chien l'a mordu. Elle s'est fait mordre.* loc. *Se mordre les doigts* de qqch.* 2. Avoir l'habitude d'attaquer, de blesser avec les dents. *Mettre une muselière à un chien pour l'empêcher de mordre.* 3. Blesser au moyen d'un bec, d'un crochet, d'un suçoir. *Se faire mordre, être mordu par un serpent.* SYN. **piquer.** 4. Entamer. *La lime, l'acide mord le métal.* **II** 1. v. tr. ind. *MORDRE À* : saisir avec les dents. *Poisson qui mord à l'appât* et, sans compl., *qui mord,* qui se laisse prendre. → fig. *Mordre à l'hameçon*.* 2. v. intr. *MORDRE DANS* : enfoncer les dents. *Mordre à belles dents dans une pomme.* 3. *MORDRE SUR* (une chose, une personne) : agir, avoir prise sur elle, l'attaquer. → Empiéter sur.
ÉTYM. latin *mordere.*

MORDU, UE [mɔʀdy] adj. 1. Qui a subi une morsure. 2. Amoureux. *Il est mordu, bien mordu.* → n. FAM. *MORDU(E) DE* : personne qui a un goût extrême pour (qqch.). *C'est un mordu du jazz.* SYN. FAM. **fanatique,** ① **fou.**
ÉTYM. de *mordre.*

MORE ; MORESQUE → MAURE ; MAURESQUE

MORFAL, ALE, ALS [mɔʀfal] adj. et n. ✦ FAM. Qui dévore, qui a un appétit insatiable. SYN. **goinfre.**
ÉTYM. du verbe argotique *morfaler,* variante de *morfier* «manger».

MORFIL [mɔʀfil] n. m. ✦ TECHN. Petites parties d'acier, barbes métalliques qui restent au tranchant d'une lame qu'on vient d'affûter.
ÉTYM. de *mort* et *fil.*

se **MORFONDRE** [mɔʀfɔ̃dʀ] v. pron. (conjug. 44) ✦ S'ennuyer, être triste par ennui. SYN. **languir.** *Se morfondre à attendre.* → au p. passé Ennuyé, déçu. *Un amoureux morfondu.*
ÉTYM. mot provençal, de *mor(e)* «museau» et *fondre.*

MORGANATIQUE [mɔʀganatik] adj. ✦ Se dit de l'union contractée par un prince et une femme de condition inférieure (qui n'a pas les privilèges d'une épouse). *Mariage morganatique.* → *Épouse morganatique.*
ÉTYM. latin médiéval *morganaticus,* de l'allemand *Morgen* «matin» et *Gabe* «don».

① **MORGUE** [mɔʀg] n. f. ✦ Contenance hautaine et méprisante. SYN. **arrogance, hauteur, insolence.** *Un homme plein de morgue.*
ÉTYM. de l'ancien verbe *morguer,* latin *murricare* «faire la moue».

② **MORGUE** [mɔʀg] n. f. ✦ Lieu où les cadavres non identifiés sont exposés pour les faire reconnaître. SYN. institut **médicolégal.** → Salle où reposent momentanément les morts. *La morgue d'un hôpital.*
ÉTYM. p.-ê. de ① *morgue,* idée de «regarder».

MORIBOND, ONDE [mɔʀibɔ̃, ɔ̃d] adj. ✦ Qui est près de mourir. SYN. **agonisant, mourant.** → n. *Être au chevet d'un moribond.*
ÉTYM. latin *moribundus,* de *mori* «mourir».

MORICAUD, AUDE [mɔʀiko, od] adj. et n. 1. adj. VX Basané. 2. n., péj. et raciste Personne de couleur.
ÉTYM. de *more* → maure.

MORIGÉNER [mɔʀiʒene] v. tr. (conjug. 8) 1. VX Moraliser, sermonner. 2. LITTÉR. Réprimander (qqn) en se donnant des airs de moraliste.
ÉTYM. du latin médiéval *morigenatus* «bien élevé», de *morem gerere* «supporter l'humeur».

MORILLE [mɔʀij] n. f. ✦ Champignon comestible très apprécié, au chapeau criblé d'alvéoles. *Poulet aux morilles.*
ÉTYM. bas latin *mauricula,* de *maurus* «maure».

MORION [mɔʀjɔ̃] n. m. ✦ anciennt Casque léger, à bords relevés en pointe des fantassins espagnols (XVIe-XVIIe siècles).
ÉTYM. espagnol *morrión,* de *morra* «sommet de la tête».

MORMON, ONE [mɔʀmɔ̃, ɔn] n. et adj. ✦ Membre d'une secte d'origine américaine dont la doctrine admet les principes essentiels du christianisme. *Les mormons s'appellent les Saints des derniers jours.* → adj. *La secte mormone.*
ÉTYM. de *Book* (Livre) *of Mormon,* nom du prophète dont Joseph Smith disait avoir traduit le message.

① **MORNE** [mɔʀn] adj. 1. Qui est d'une tristesse ennuyeuse. SYN. **abattu,** ① **morose, sombre, triste.** *Un air morne et buté.* 2. (choses) Triste et maussade. *Un temps morne. La conversation resta morne.* CONTR. **gai ; animé.**
ÉTYM. de l'ancien français *morner,* mot germanique «déplorer».

② **MORNE** [mɔʀn] n. m. ✦ aux Antilles Petite montagne isolée, de forme arrondie.
ÉTYM. p.-ê. altér. de l'espagnol *morro* «monticule».

① **MOROSE** [mɔʀoz] adj. ✦ Qui est d'une humeur triste, que rien ne peut égayer. SYN. ② **chagrin,** ① **morne, renfrogné.** CONTR. **gai, joyeux.**
ÉTYM. latin *morosus,* de *mos, moris* «mœurs».

② **MOROSE** [mɔʀoz] adj. ✦ RELIG. *Délectation morose* : plaisir pris à demeurer dans la tentation.
ÉTYM. latin *morosus* «lent», de *mora* «délai».

MOROSITÉ [mɔʀozite] n. f. ✦ Humeur, atmosphère morose. SYN. **mélancolie.** CONTR. **enthousiasme, gaieté, joie.**
ÉTYM. latin *morositas.*

-MORPHE → MORPH(O)-

A B C D E F G H I J K L M N O P Q R S T U V W X Y Z

MORPHÈME [mɔʀfɛm] n. m. ✦ LING. Forme minimum douée de sens (mot simple ou élément de mot). → **morphologie.** *Morphème lexical, grammatical.* – spécialt Cet élément, quand il a une fonction grammaticale (l'ensemble, avec les «lexèmes», étant alors appelé «monèmes» [chez A. Martinet]).
ÉTYM. américain *morpheme* → morph(o)-.

MORPHINE [mɔʀfin] n. f. ✦ Substance tirée de l'opium, douée de propriétés soporifiques et calmantes.
ÉTYM. de *Morphée*, dieu du sommeil, nom grec. ☛ noms propres.

MORPHINOMANE [mɔʀfinɔman] adj. et n. ✦ (Personne) qui s'intoxique à la morphine.

MORPH(O)-, -MORPHE, -MORPHIQUE, -MORPHISME Éléments savants, du grec *morphê* «forme». → **-forme.**

MORPHOLOGIE [mɔʀfɔlɔʒi] n. f. 1. Étude de la configuration et de la structure externe (d'un organe ou d'un être vivant, d'un objet naturel). *Morphologie végétale, animale.* 2. Forme, apparence extérieure. 3. LING. Étude de la formation des mots (par des morphèmes) et de leurs variations de forme.
ÉTYM. mot créé en allemand par Goethe → morpho- et -logie.

MORPHOLOGIQUE [mɔʀfɔlɔʒik] adj. ✦ Relatif à la morphologie, aux formes. *Les modifications morphologiques de la puberté.*

MORPION [mɔʀpjɔ̃] n. m. 1. FAM. Pou du pubis. 2. FAM. Gamin, garçon très jeune. 3. Jeu à deux joueurs, où le gagnant doit placer plusieurs (cinq) signes en ligne sur une grille.
ÉTYM. de *mordre* et *pion* «soldat».

MORS [mɔʀ] n. m. 1. Pièce du harnais, levier qui passe dans la bouche du cheval et sert à le diriger. 2. loc. *Prendre LE MORS AUX DENTS* : s'emballer, s'emporter.
HOM. MAURE «de Mauritanie», ① MORT «décès»
ÉTYM. latin *morsus* «morsure».

① **MORSE** [mɔʀs] n. m. ✦ Grand mammifère marin des régions arctiques, amphibie, que l'on chasse pour son cuir, sa graisse et l'ivoire de ses défenses.
ÉTYM. russe, du lapon.

② **MORSE** [mɔʀs] n. m. ✦ Système de télégraphie électromagnétique et de code de signaux (utilisant des combinaisons de points et de traits). *Signaux en morse.* – appos. *Alphabet morse.*
ÉTYM. du nom de l'inventeur américain *Samuel Morse.* ☛ noms propres.

MORSURE [mɔʀsyʀ] n. f. 1. Action de mordre. *Morsure de serpent.* 2. Blessure, marque faite en mordant. *Une morsure profonde.*
ÉTYM. de *mors.*

① **MORT** [mɔʀ] n. f. **I** 1. Cessation de la vie (humains et animaux). SYN. **trépas** ; → **mourir.** – (Personnifiée) *Voir la mort de près.* – PHYSIOL. Arrêt des fonctions de la vie (circulation sanguine, respiration, activité cérébrale...). *Mort clinique suivie de réanimation.* ♦ (Personnifiée) *La mort n'épargne personne.* – (Personnage mythique : squelette armé d'une faux, etc.) 2. Fin d'une vie humaine, circonstances de cette fin. *Depuis la mort de ses parents.* SYN. **décès, disparition.** *Mort naturelle, accidentelle. Mort subite.* – loc. *Mourir de sa belle mort,* de vieillesse et sans souffrance. – *Être à l'article de la mort,* tout près de mourir. → à l'**agonie** ; **moribond, mourant.** – *C'est une question de vie ou de mort,* une affaire où il y va de la vie. – *À MORT* : d'une façon qui entraîne la mort. → **mortellement.** *Être frappé, blessé à mort. En vouloir à mort à qqn.* FAM. *À MORT* : intensément (quelques emplois). *Freiner à mort.* – loc. *À la vie (et) à la mort,* pour toujours. 3. Cette fin provoquée. → **assassinat, crime,** ② **homicide, meurtre, suicide ; euthanasie.** *Donner la mort.* → **assassiner, tuer.** *Engin de mort. Peine de mort. Mettre qqn à mort. À mort !,* cri par lequel on réclame la mort de qqn. **II** fig. 1. Destruction (d'une chose). *C'est la mort du petit commerce.* SYN. ① **fin, ruine.** 2. en loc. Douleur mortelle. – loc. *Souffrir mille morts. Avoir la mort dans l'âme,* être désespéré. HOM. MAURE «de Mauritanie», MORS «partie du harnais»
ÉTYM. latin *mors, mortis.*

② **MORT, MORTE** [mɔʀ, mɔʀt] adj. et n.
I adj. 1. Qui a cessé de vivre. SYN. **défunt,** ② **feu, trépassé.** *Il est mort depuis longtemps.* SYN. **décédé.** *Mort de froid, de faim. Tomber (raide) mort* : mourir subitement. *Il est mort et enterré.* – *Arbre mort. Feuilles mortes.* 2. Qui semble avoir perdu la vie. *Ivre mort. Mort de fatigue,* épuisé. *Plus mort que vif* : effrayé. – *Mort de peur,* paralysé par la peur. 3. (choses) Sans activité, sans vie. *Eau morte.* SYN. **stagnant.** – loc. *Poids* mort. Temps* mort.* 4. Qui appartient à un passé révolu. *Langue morte.* 5. FAM. Hors d'usage. SYN. **cassé, usé** ; FAM. ① **fichu, foutu, nase.** *Le moteur est mort. Les piles sont mortes.*
II n. 1. Dépouille mortelle d'un être humain. SYN. **cadavre, corps.** *Ensevelir, incinérer les morts.* – *Être pâle comme un mort.* 2. Être humain qui ne vit plus que dans la mémoire des hommes ou qui est supposé être dans l'au-delà. SYN. **défunt.** *Culte, religion des morts.* SYN. **ancêtre.** 3. Personne tuée. *L'accident a fait un mort et trois blessés.* SYN. **victime.** – *La place du mort,* dans une voiture, la place avant, à côté du conducteur. – loc. *Faire le mort,* faire semblant d'être mort ; ne pas se manifester. 4. n. m. Au bridge, Joueur qui étale ses cartes et ne participe pas au jeu. *L'as est au mort.* CONTR. **vivant.**
HOM. voir ① mort
ÉTYM. latin *mortuus,* participe passé de *mori* «mourir».

MORTADELLE [mɔʀtadɛl] n. f. ✦ Gros saucisson de porc et de bœuf.
ÉTYM. italien *mortadella,* du latin *murtatum* «farce avec beaucoup de myrte».

MORTAISE [mɔʀtɛz] n. f. ✦ Entaille faite dans une pièce de bois ou de métal pour recevoir une autre pièce (ou sa partie saillante → **tenon**).
ÉTYM. peut-être arabe *murtazza* «fixé, inséré».

MORTALITÉ [mɔʀtalite] n. f. 1. Mort d'un certain nombre d'hommes ou d'animaux, succombant pour une même raison (épidémie, fléau). 2. *Taux de mortalité* ou *la mortalité,* rapport entre le nombre des décès et le chiffre de la population dans un lieu et un espace de temps déterminés. *Mortalité infantile.*
ÉTYM. latin *mortalitas.*

MORT-AUX-RATS [mɔʀ(t)oʀa] n. f. sing. ✦ Préparation empoisonnée destinée à la destruction des rongeurs.

MORTEL, ELLE [mɔʀtɛl] adj. 1. Qui doit mourir. *Tous les hommes sont mortels.* ◆ (choses) Sujet à disparaître. SYN. **éphémère, périssable.** ◆ n. Être humain. SYN. **homme,** ① **personne.** *Un heureux mortel,* un homme qui a de la chance. 2. Qui cause la mort, entraîne la mort. SYN. **fatal.** *Maladie mortelle. Poison mortel. Dose mortelle.* SYN. **létal.** – *Ennemi mortel,* qui cherche la mort de son ennemi. – RELIG. CATHOL. *Péché mortel,* qui entraîne la mort de l'âme, la damnation (opposé à *véniel*). 3. fig. D'une intensité dangereuse et pénible. *Un froid mortel. Un ennui, un silence mortel.* ◆ FAM. Extrêmement ennuyeux. SYN. **lugubre,** ① **sinistre.** *Une soirée mortelle. C'était mortel.* CONTR. **éternel, immortel.**
ÉTYM. latin *mortalis.*

MORTELLEMENT [mɔʀtɛlmɑ̃] adv. 1. Par un coup mortel. SYN. **à mort.** *Être mortellement blessé.* 2. D'une façon intense, extrême. *Il était mortellement pâle.*

MORTE-SAISON [mɔʀt(ə)sɛzɔ̃] n. f. ✦ Période d'activité réduite (dans un secteur de l'économie). *Les mortes-saisons.*

MORTIER [mɔʀtje] n. m. **I** Mélange de chaux éteinte (ou de ciment) et de sable, délayé dans l'eau et utilisé en construction pour lier ou recouvrir les pierres. **II** Récipient servant à broyer certaines substances. *Mortier de pharmacien. Piler de l'ail dans un mortier.* **III** (analogie de forme) 1. Pièce d'artillerie portative à tir courbe. 2. anciennt Toque (de certains dignitaires). *Président à mortier.*
ÉTYM. latin *mortarium.*

MORTIFIANT, ANTE [mɔʀtifjɑ̃, ɑ̃t] adj. ✦ Humiliant, vexant. CONTR. **flatteur.**
ÉTYM. de *mortifier.*

MORTIFICATION [mɔʀtifikasjɔ̃] n. f. 1. VX Humiliation. 2. RELIG. Souffrance que s'imposent les croyants pour faire pénitence.
ÉTYM. latin *mortificatio* «destruction».

MORTIFIER [mɔʀtifje] v. tr. (conjug. 9) 1. Faire cruellement souffrir (qqn) dans son amour-propre. SYN. **blesser, froisser, humilier.** *Votre mépris l'a mortifié* (→ **mortifiant**). 2. *SE MORTIFIER* v. pron. RELIG. S'imposer des souffrances dans l'intention de racheter ses fautes (→ **mortification**). CONTR. **flatter.**
ÉTYM. latin *mortificare* «faire mourir».

MORT-NÉ, MORT-NÉE [mɔʀne] adj. 1. Mort(e) en venant au monde. *Enfants mort-nés.* 2. (choses) Qui échoue, avorte dès le début. *Une entreprise mort-née.*

MORTUAIRE [mɔʀtɥɛʀ] adj. ✦ Relatif aux morts, aux cérémonies en leur honneur. SYN. **funèbre, funéraire.** *Cérémonie mortuaire. Couronne mortuaire.*
ÉTYM. latin *mortuarius.*

MORUE [mɔʀy] n. f. 1. Grand poisson (du même genre que le colin, le merlan...), qui vit dans les mers froides. *Morue fraîche* (SYN. **cabillaud**), *séchée* (merluche...). *Huile de foie de morue.* 2. injurieux Prostituée (terme d'injure pour une femme).
ÉTYM. peut-être mot gaulois, de *mor* «mer» et *luz* → merlu.

MORULA [mɔʀyla] n. f. ✦ EMBRYOL. Premier stade de l'embryon (masse ronde).
ÉTYM. latin moderne «petite mûre *(morum)*».

MORUTIER [mɔʀytje] n. m. ✦ Homme, bateau faisant la pêche à la morue.
ÉTYM. de *morue.*

MORVE [mɔʀv] n. f. 1. VÉTÉR. Grave maladie contagieuse des chevaux. 2. COUR. Liquide visqueux qui s'écoule du nez. SYN. **mucosité, mucus,** VX ① **roupie.**
ÉTYM. peut-être de l'occitan *vorm* → gourme.

MORVEUX, EUSE [mɔʀvø, øz] adj. et n. 1. Qui a de la morve (2) au nez. *Enfant morveux.* – loc. *Qui se sent morveux (qu'il) se mouche,* que la personne qui se sent visée par une critique en fasse son profit. 2. n. FAM. injure Gamin, gamine. *Tu n'es qu'un morveux. Sale morveuse.*
ÉTYM. de *morve.*

① **MOSAÏQUE** [mɔzaik] n. f. 1. Assemblage décoratif de petites pièces rapportées (pierre, marbre) dont la combinaison figure un dessin et les couleurs animent la surface (comme en peinture*). *Les mosaïques byzantines de Ravenne.* – appos. invar. *Parquet mosaïque,* fait de petites lames de bois collées. ◆ Art des mosaïques. 2. Ensemble d'éléments divers juxtaposés. *L'Inde est une mosaïque de langues.* 3. BOT. Maladie des plantes (taches jaunes). *La mosaïque du tabac.*
ÉTYM. italien *mosaico,* du latin médiéval, de *opus musivum* «œuvre des Muses». ☛ MUSES (noms propres).

② **MOSAÏQUE** [mɔzaik] adj. ✦ De Moïse. *La loi mosaïque.*
ÉTYM. latin *mosaicus,* de *Moses* «Moïse». ☛ noms propres.

MOSAÏSTE [mɔzaist] n. ✦ Artiste qui fait des mosaïques. *Les grands mosaïstes byzantins.*
ÉTYM. de ① *mosaïque.*

MOSQUÉE [mɔske] n. f. ✦ Lieu consacré au culte musulman. *Le minaret d'une mosquée.*
ÉTYM. italien *moscheta,* emprunté à l'espagnol, de l'arabe *masjid* «lieu d'adoration».

MOT [mo] n. m. 1. Chacun des sons ou groupes de sons (de lettres ou groupes de lettres) correspondant à un sens isolable spontanément, dans le langage ; (par écrit) suite ininterrompue de lettres, entre deux espaces blancs. *Une phrase de dix mots. Mot nouveau, courant, savant.* SYN. ② **terme, vocable.** *Mot mal écrit, illisible.* loc. *Les grands mots,* les mots emphatiques. *Gros mot :* mot grossier. *Le mot de Cambronne, de cinq lettres :* le mot merde. – *Rapporter un propos mot pour mot,* textuellement. *Mot à mot,* un mot après l'autre, littéralement. – (énoncé) *Ne pas dire un (seul) mot :* ne pas parler. *À demi-mot.* → **demi-mot.** *Chercher ses mots :* ne pas trouver rapidement la bonne expression. ◆ *Mot de passe.* loc. *Se donner le mot.* ◆ *Mots fléchés.* → **mots croisés.** 2. Élément du lexique, en tant que signe (opposé à *pensée,* à *réalité...*). *Les mots et les actes.* «*Les Mots et les Choses*» (ouvrage de M. Foucault). – *Le sens des mots.* 3. dans des loc. Phrase, parole. *Je lui en dirai, en toucherai un mot,* je lui en parlerai brièvement. *En un mot :* en une courte phrase. *Avoir son mot à dire :* être en droit d'exprimer son avis. – *C'est mon dernier mot,* je ne ferai pas une concession de plus. *Avoir le dernier mot,* ne plus avoir de contradicteur. – *Prendre qqn au mot,* se saisir d'une proposition faite sans penser qu'elle serait retenue. 4. Court message. *Je lui ai glissé un mot sous sa porte. Écrire un mot à qqn.* 5. Parole, énoncé, phrase exprimant une pensée de

A B C D E F G H I J K L M N O P Q R S T U V W X Y Z

façon concise et frappante. *Mots célèbres, historiques.* SYN. **allusion.** *Mot d'enfant. Mot d'auteur,* où l'on reconnaît l'esprit de l'auteur. ➙ loc. *Le mot de la fin,* l'expression qui résume la situation. *Bon mot, mot d'esprit,* parole drôle et spirituelle. *Il a toujours le mot pour rire.* HOM. MAUX (pluriel de ③ *mal* «malheur»)

ÉTYM. bas latin *muttum,* de *muttire* «marmonner», proprement «produire le son *mu*».

MOTARD, ARDE [mɔtaʀ, aʀd] **n.** ✦ Motocycliste. *Les motards de la police routière.*

ÉTYM. de *moto.*

MOT-DIÈSE [modjɛz] **n. m.** ✦ Recommandation officielle pour remplacer l'anglicisme *hashtag. Des mots-dièse.*

MOTEL [mɔtɛl] **n. m.** ✦ anglicisme Hôtel destiné aux automobilistes.

ÉTYM. mot américain, de *motor hotel* «hôtel pour les voitures».

MOTET [mɔtɛ] **n. m.** ✦ Chant d'église à plusieurs voix.

ÉTYM. diminutif de *mot.*

MOTEUR, TRICE [mɔtœʀ, tʀis] **n. m.** et **adj.**

I **1. n. m.** vx Ce qui donne le mouvement. ♦ Mobile, cause agissante. **2. adj.** Qui donne le mouvement. *Nerfs sensitifs et nerfs moteurs. Force motrice.* **3. n. m.** Personne qui donne l'élan, instigateur. *Elle est le moteur de l'entreprise.*

II **n. m.** COUR. **1.** Appareil servant à transformer une énergie quelconque en énergie mécanique. *Moteurs hydrauliques, thermiques. Moteurs à combustion interne* (dits *moteurs à explosion*). *Moteurs électriques.* **2.** spécialt Cet appareil, à explosion et à carburation. *Moteur à 4 cylindres. Moteur de 750 cm³* (de cylindrée). *Avions à moteurs* (➙ **bi-, quadri-, trimoteur**) *et avions à réaction.* ➙ en appos. *BLOC-MOTEUR* : moteur et organes annexes. *Des blocs-moteurs.*

HOM. MOTRICE «locomotive»

ÉTYM. latin *motor,* du supin de *movere* «mouvoir».

MOTIF [mɔtif] **n. m.** **1.** Mobile d'ordre intellectuel, raison d'agir. *Je cherche les motifs de sa conduite.* SYN. **cause, explication, raison.** *Un motif valable.* ➙ loc. FAM. *Pour le bon motif,* en vue du mariage. **2.** Sujet d'une peinture. *Travailler sur le motif.* **3.** Ornement servant de thème décoratif. *Tissu imprimé à grands motifs de fleurs.*

ÉTYM. de l'ancien adjectif *motif, ive* «qui met en mouvement», bas latin *motivus* «mobile».

MOTION [mosjɔ̃] **n. f.** ✦ Proposition faite dans une assemblée délibérante par un de ses membres. *Faire, rédiger une motion.* ➙ (en France) *Motion de censure,* par laquelle l'Assemblée nationale met en cause la responsabilité du gouvernement.

ÉTYM. mot anglais «mouvement, proposition», emprunté à l'ancien français, latin *motio.*

MOTIVATION [mɔtivasjɔ̃] **n. f.** ✦ Ce qui motive un acte, un comportement ; ce qui pousse qqn à agir.

ÉTYM. de *motiver.*

MOTIVER [mɔtive] **v. tr.** (conjug. 3a) **1.** (personnes) Justifier par des motifs. *Pouvez-vous motiver votre choix ?* **2.** (choses) Être, fournir le motif de (qqch.). SYN. ① **causer, expliquer.** *Voilà ce qui a motivé notre décision.* **3.** Faire en sorte que qqch. incite (qqn) à agir. CONTR. **démotiver.**

► **MOTIVÉ, ÉE adj. 1.** Dont on donne les motifs. *Un refus motivé.* ➙ Qui a un motif. *Des plaintes motivées.* SYN. **fondé, justifié. 2.** (personnes) Qui a des motivations pour faire qqch. *Elle est très motivée dans son travail.* CONTR. **immotivé • démotivé.**

ÉTYM. de *motif.*

MOTO [moto] **n. f.** ✦ Véhicule à deux roues, à moteur à essence de plus de 125 cm³. *Être à moto, sur sa moto. Course de motos.* ➙ appos. *Des permis motos.*

ÉTYM. abréviation de *motocyclette.*

MOTO- Élément (→ moteur) qui signifie «à moteur».

MOTOCROSS [motokʀɔs] **n. m.** ✦ Course de motos sur parcours accidenté. ➙ abrév. ➙ **cross.** ➙ On écrit aussi *moto-cross* (invar.).

ÉTYM. de *moto(cyclette)* et *cross.*

MOTOCULTEUR [mɔtɔkyltœʀ] **n. m.** ✦ Petit engin motorisé à deux roues, dirigé à la main, servant à labourer, biner.

ÉTYM. de *motoculture* «culture utilisant des engins à moteur».

MOTOCYCLETTE [mɔtɔsiklɛt] **n. f.** ✦ VIEILLI Moto.

ÉTYM. de *moto-* et *bicyclette.*

MOTOCYCLISTE [mɔtɔsiklist] **n.** ✦ Personne qui conduit une motocyclette. SYN. **motard.** *Casque de motocycliste.*

ÉTYM. de *moto-* et *cycliste.*

MOTONAUTISME [motonotism] **n. m.** ✦ Navigation sur des petits bateaux à moteur.

MOTONEIGE [motonɛʒ] **n. f.** ✦ Petit véhicule sur chenilles à une ou deux places, muni de skis à l'avant.

MOTORISER [mɔtɔʀize] **v. tr.** (conjug. 3a) ✦ Munir de véhicules à moteur, de machines automobiles. *Motoriser l'agriculture.* SYN. **mécaniser.**

► **MOTORISÉ, ÉE adj.** *Troupes motorisées,* transportées par véhicules à moteur (camions, etc.). ➙ FAM. *Être motorisé,* se déplacer avec un véhicule à moteur.

► **MOTORISATION** [mɔtɔʀizasjɔ̃] **n. f.**

MOTORISTE [mɔtɔʀist] **n.** ✦ TECHN. **1.** Spécialiste de la réparation et de l'entretien des automobiles et des moteurs. **2.** Constructeur de moteurs d'avions, d'automobiles.

MOTO-TAXI [mototaksi] **n. f.** ✦ Moto faisant office de taxi. *Des motos-taxis.*

MOTRICE [mɔtʀis] **n. f.** ✦ Voiture à moteur qui en entraîne d'autres. *Motrice de tramway.* HOM. MOTRICE (féminin de *moteur*)

ÉTYM. abréviation de *locomotrice.*

MOTRICITÉ [mɔtʀisite] **n. f.** ✦ Ensemble des fonctions qui assurent les mouvements. *Motricité volontaire, involontaire.*

ÉTYM. du féminin de *moteur.*

MOTS CROISÉS [mokʀwaze] **n. m. pl.** ✦ Mots qui se recoupent sur une grille de telle façon que chacune des lettres d'un mot horizontal entre dans la composition d'un mot vertical. ➙ Exercice consistant à reconstituer cette grille, en s'aidant de courtes suggestions, dites «définitions». *Amateur de mots croisés.* ➙ **cruciverbiste, mots-croisiste.**

ÉTYM. calque de l'anglais *crossword (puzzle).*

MOTS-CROISISTE [mokrwazist] n. ✦ Amateur de mots croisés. → **cruciverbiste.** *Des mots-croisistes.*

MOTTE [mɔt] n. f. 1. Morceau de terre compacte, comme on en détache en labourant. 2. *Motte de beurre,* masse de beurre des crémiers, pour la vente au détail. *Beurre en motte, à la motte.*
ÉTYM. peut-être d'un radical *mutt-* «tertre, amas de terre».

MOTUS [mɔtys] interj. ✦ Interjection pour inviter qqn à garder le silence. *Motus et bouche cousue !*
ÉTYM. latinisation de *mot.*

MOT-VALISE [movaliz] n. m. ✦ Mot composé de morceaux non signifiants de deux ou plusieurs mots (ex. *franglais,* de *français* et *anglais*). ☛ Langue française p. 112 et Littérature p. 121. *Des mots-valises.*

MOU (ou **MOL** devant voyelle ou *h* muet), **MOLLE** [mu, mɔl] adj. et n. m.
I adj. 1. Qui cède facilement à la pression, au toucher ; qui se laisse entamer sans effort. *Substance molle. Rendre mou.* → **amollir, ramollir.** – Qui s'enfonce (trop) au contact. loc. *Un mol oreiller.* SYN. **moelleux.** 2. Qui plie, se déforme facilement. SYN. **souple.** *Tige molle.* SYN. **flexible.** *Chapeau mou.* – *Avoir les jambes molles,* faibles. ◆ *De molles ondulations de terrain,* arrondies, douces ou imprécises. 3. (personnes) Qui manque d'énergie, de vitalité. SYN. **amorphe, apathique, avachi, indolent, mollasse, nonchalant.** *Air, gestes mous.* – Faible, lâche. *Il est trop mou avec ses enfants.* SYN. **laxiste.** 4. (style, exécution d'une œuvre) Qui manque de fermeté, de vigueur. *Dessin mou.* CONTR. **dur,** ① **ferme · rigide ·** ① **actif, dynamique, énergique · vigoureux.**
II adv. FAM. Doucement, sans violence. *Vas-y mou.* SYN. FAM. **mollo.**
III n. m. 1. FAM. Homme faible. *C'est un mou.* 2. (corde, fil) *Avoir du mou,* n'être pas assez tendu. *Donner du mou.* 3. Poumon des animaux de boucherie (abats). *Mou de veau.* 4. loc. FAM. *Bourrer le mou à qqn,* lui en faire accroire, lui mentir.
HOM. MOUE «grimace», MOÛT «jus de raisin» ; MOLE «quantité de matière»
ÉTYM. latin *mollis.*

MOUCHARABIEH [muʃarabje] n. m. ✦ Balcon en avant-corps, muni d'un grillage (fréquent dans l'architecture arabe).
ÉTYM. mot arabe.

MOUCHARD, ARDE [muʃar, ard] n. 1. FAM. Dénonciateur. SYN. **indicateur,** FAM. **mouton.** 2. Appareil de contrôle.
ÉTYM. de *mouche* «espion».

MOUCHARDER [muʃarde] v. tr. (conjug. 3a) ✦ FAM. Surveiller en vue de dénoncer ; dénoncer.
► **MOUCHARDAGE** [muʃardaʒ] n. m.
ÉTYM. de *mouchard.*

MOUCHE [muʃ] n. f. **I** 1. Insecte ailé (diptère), aux formes ramassées, aux nombreuses espèces. *Mouche domestique* (absolt *mouche*). *Mouche bleue. Mouche tsétsé*.* ◆ loc. *Pattes de mouches,* écriture très petite, difficile à lire. – *On aurait entendu une mouche voler,* le plus profond silence régnait. – FAM. *Mourir, tomber comme des mouches,* en masse. – *Prendre la mouche :* s'emporter. *Quelle mouche le (la) pique ?,* pourquoi se fâche-t-il (elle) soudain ? – *Il ne ferait pas de mal à une mouche,* il est très doux. 2. *Mouche artificielle :* appât fait de plumes colorées imitant un insecte. *Pêche à la mouche.* 3. fig. VX Espion. – loc. *FINE MOUCHE :* personne habile et rusée. 4. (élément de mots composés) *BATEAU-MOUCHE :* bateau de passagers (touristes) sur la Seine, à Paris. *Les bateaux-mouches* (marque déposée). ◆ appos. *POIDS MOUCHE,* catégorie de boxeurs (48-51 kilos). *Des poids mouches.* **II** 1. Petite tache ronde (→ **moucheter**). ◆ Petit morceau de taffetas noir que les femmes mettaient sur la peau pour en faire ressortir la blancheur. 2. *FAIRE MOUCHE :* toucher le centre de la cible (→ mettre dans le mille). 3. Touffe de poils au-dessous de la lèvre inférieure. *Napoléon III portait la mouche.*
ÉTYM. latin *musca.*

MOUCHER [muʃe] v. tr. (conjug. 3a) **I** 1. Débarrasser (le nez) de ses mucosités en soufflant par les narines. *Mouche ton nez !* – *Moucher un enfant.* 2. *SE MOUCHER* v. pron. Moucher son nez. – loc. *Ne pas se moucher du coude :* se prendre pour quelqu'un d'important. 3. Couper la mèche de (une chandelle, une lampe), pour éteindre. *Moucher la chandelle* (avec *des mouchettes* n. f. pl.). **II** Réprimander (qqn) durement. *Elle s'est fait moucher.*
ÉTYM. latin *muccare,* de *muccus* «morve».

MOUCHERON [muʃrɔ̃] n. m. 1. Insecte volant de petite taille. 2. FAM. Petit garçon. SYN. **moustique.**
ÉTYM. de *mouche.*

MOUCHETER [muʃ(ə)te] v. tr. (conjug. 6b) 1. Parsemer de petites marques, de petites taches rondes. – au p. passé *Laine mouchetée.* SYN. **chiné.** 2. Fixer un bouchon à (une arme) pour rendre inoffensive sa pointe. – au p. passé *Fleuret moucheté.*
ÉTYM. de *mouche* (II, 1).

MOUCHETURE [muʃ(ə)tyr] n. f. 1. Petite marque, tache d'une autre couleur que le fond. 2. Tache naturelle sur un animal.
ÉTYM. de *moucheter.*

MOUCHOIR [muʃwar] n. m. 1. Morceau de linge, de papier qui sert à se moucher, à s'essuyer le visage. *Mouchoir brodé* (décoratif). → **pochette.** – loc. *Grand comme un mouchoir de poche,* très petit. 2. *Mouchoir (de cou, de tête),* pièce d'étoffe dont les femmes se couvrent la tête, les épaules. SYN. ② **fichu, foulard.**
ÉTYM. de *moucher.*

MOUDJAHID [mudʒaid] n. m. ✦ Combattant de certains mouvements de libération nationale du monde musulman (Afghanistan, Algérie). *Des moudjahidin,* parfois *des moudjahidins* ou *des moudjahidines* [mudʒaidin].
ÉTYM. mot arabe, de *djihad* «guerre sainte» → djihad.

MOUDRE [mudr] v. tr. (conjug. 60) ✦ Broyer (des grains) avec une meule. SYN. **écraser, pulvériser ;** → **moulin.** *Moudre du café, du poivre* (→ **moulu**).
ÉTYM. latin *molere* «tourner la meule *(mola)*».

MOUE [mu] n. f. 1. Grimace faite en avançant, en resserrant les lèvres. *Une moue boudeuse.* 2. loc. *Faire la moue à* (qqn, qqch.) : dédaigner. SYN. **grimace.**
HOM. MOU «qui n'est pas dur», MOÛT «jus de raisin»
ÉTYM. francique *mauwa.*

A B C D E F G H I J K L M N O P Q R S T U V W X Y Z

MOUETTE [mwɛt] n. f. ✦ Oiseau de mer, palmipède plus petit que le goéland.
ÉTYM. de l'ancien français d'Angleterre *mauve*, du vieil anglais *maew*, mot germanique → mauviette.

MOUFFETTE [mufɛt] n. f. ✦ Petit mammifère carnivore qui sécrète un liquide malodorant qu'il projette en cas de danger. SYN. **sconse.**
ÉTYM. italien *moffetta*, de *muffa* «moisissure».

MOUFLE [mufl] n. f. et n. m.
I n. f. Sorte de gant fourré sans séparation pour les doigts sauf pour le pouce. *Moufles de skieur.*
II n. m. OU n. f. TECHN. Assemblage de poulies.
ÉTYM. bas latin *muffula* «mitaine», d'origine germanique ; peut-être famille de *mufle.*

MOUFLET, ETTE [muflɛ, ɛt] n. ✦ FAM. Petit enfant. SYN. **mioche, môme.**
ÉTYM. peut-être du radical *muff* «gonflement».

MOUFLON [muflɔ̃] n. m. ✦ Mammifère ruminant ongulé, très proche du bouquetin.
ÉTYM. mot sarde.

MOUFTER [mufte] v. intr. (conjug. 3a ; surtout inf. et temps composés, et en emploi négatif) ✦ FAM. Broncher, protester. *Elle n'a pas moufté.*
ÉTYM. origine obscure.

MOUILLAGE [mujaʒ] n. m. I 1. Action de mettre à l'eau. *Le mouillage des ancres, d'une mine.* 2. (navire) Emplacement favorable pour mouiller (3). SYN. **abri.** II 1. Action de mouiller (qqch.). 2. Addition d'eau dans un liquide. SYN. **coupage.** *Le mouillage frauduleux du lait.*
ÉTYM. de *mouiller.*

MOUILLER [muje] v. tr. (conjug. 3a) I 1. Imbiber, mettre en contact avec de l'eau, avec un liquide très fluide. SYN. **arroser, humecter, inonder, tremper.** *Mouiller un linge, une serviette.* – *Se faire mouiller par la pluie, l'orage.* SYN. **doucher,** FAM. **saucer.** – loc. *Mouiller sa chemise, le maillot,* ne pas ménager sa peine, s'investir complètement. 2. Étendre d'eau (un liquide). SYN. **couper, diluer.** *Mouiller une sauce.* 3. MAR. Mettre à l'eau. *Mouiller l'ancre.* – absolt *Ce paquebot mouille en grande rade.* – Immerger (des mines). 4. *Mouiller une consonne,* l'articuler en rapprochant la langue du palais comme pour émettre le son [j]. II *SE MOUILLER* v. pron. 1. S'imbiber d'eau (ou d'un liquide très fluide), entrer en contact avec l'eau, entrer dans l'eau. 2. FAM. Se compromettre, prendre des risques. *Il ne veut pas se mouiller en témoignant.* CONTR. **essuyer, sécher.**
► **MOUILLÉ, ÉE** adj. 1. Humide, trempé. *Avoir les cheveux mouillés.* 2. *Consonnes mouillées. Le l mouillé.* CONTR. **sec.**
ÉTYM. latin *molliare* «rendre souple, mou *(mollis)*».

MOUILLETTE [mujɛt] n. f. ✦ Petit morceau de pain long et mince qu'on trempe dans les œufs à la coque, un liquide.
ÉTYM. de *mouiller.*

MOUILLEUR [mujœʀ] n. m. 1. Appareil employé pour mouiller, humecter (les étiquettes, les timbres). 2. *Mouilleur de mines :* navire aménagé pour le mouillage des mines.
ÉTYM. de *mouiller.*

MOUILLURE [mujyʀ] n. f. 1. Action de mouiller. SYN. **mouillage.** – État de ce qui est mouillé. 2. *Une mouillure :* trace laissée par l'humidité. 3. Caractère d'une consonne mouillée. *La mouillure du «n» dans «agneau».*

MOUJIK [muʒik] n. m. ✦ Paysan russe d'avant la Révolution. *Des moujiks.*
ÉTYM. mot russe, de *mouj* «homme».

MOUKÈRE → **MOUQUÈRE**

MOULAGE [mulaʒ] n. m. 1. Action de mouler, de fabriquer avec un moule. 2. Objet, ouvrage obtenu au moyen d'un moule. *Prendre un moulage d'un objet* (l'objet servant de moule). SYN. **empreinte.**
ÉTYM. de *mouler.*

MOULANT, ANTE [mulɑ̃, ɑ̃t] adj. ✦ Qui moule (3) le corps. SYN. **ajusté, collant.** *Une jupe moulante.* CONTR. **ample,** ③ **vague.**
ÉTYM. du participe présent de *mouler.*

① **MOULE** [mul] n. f. 1. Mollusque comestible, aux valves oblongues d'un bleu ardoise. *Parc à moules. Moules de bouchot* (piquet d'élevage) (→ **mytiliculture**). *Manger des moules marinière.* 2. FAM. Personne molle ; imbécile. *Quelle moule !* SYN. **nouille.**
ÉTYM. latin *musculus ;* peut-être famille de *muscle.*

② **MOULE** [mul] n. m. 1. Corps solide creusé et façonné, dans lequel on verse une substance liquide ou pâteuse qui, solidifiée, conserve la forme ; objet plein sur lequel on applique une substance plastique pour qu'elle en prenne la forme. SYN. **forme, matrice ;** → **mouler.** *Verser de la fonte dans un moule.* → **couler.** – *Moule à tarte.* – loc. *Le moule est cassé,* c'est une personne, une chose unique. 2. loc. VIEILLI *Être fait au moule,* bien fait. 3. fig. Forme imposée de l'extérieur (à la personnalité, à une œuvre). *Il refuse d'entrer dans le moule officiel.*
ÉTYM. latin *modulus* «mesure».

MOULER [mule] v. tr. (conjug. 3a) 1. Obtenir (un objet) en versant dans un moule creux une substance liquide qui en conserve la forme après solidification. *Mouler des briques.* ◆ au p. passé *Ornements moulés en plâtre.* – *Pain moulé.* 2. Reproduire (un objet, un modèle plein) en y appliquant une substance plastique qui en prend les contours. *Mouler un buste.* 3. (sujet chose) Épouser étroitement les contours de. SYN. **s'ajuster.** *Pull qui moule le buste* (→ **moulant**). 4. *Mouler une lettre, un mot,* l'écrire d'une écriture parfaitement formée. – au p. passé *Lettres moulées.*
ÉTYM. de ② *moule.*

MOULIN [mulɛ̃] n. m. 1. Machine, appareil servant à moudre* le grain des céréales ; bâtiment qui abrite ces machines. *Moulin à vent, à eau. «Les Lettres de mon moulin»* (☛ noms propres ; d'Alphonse Daudet). – loc. fig. *Se battre contre des moulins à vent :* s'en prendre à des ennemis imaginaires (comme don Quichotte). – *Apporter de l'eau au moulin de qqn,* lui donner involontairement des arguments dans un débat. ◆ *L'exploitant d'un moulin.* → **meunier, minotier.** – loc. fig. *On entre dans cette maison comme dans un moulin,* comme on veut. 2. Installation, appareil servant à broyer, à extraire le suc par pression. *Moulin à huile* (SYN. **pressoir**). – Appareil ménager pour écraser,

moudre. *Moulin à café. Moulin à légumes.* SYN. **moulinette.** → loc. fig. *MOULIN À PAROLES* : personne trop bavarde. 3. (religion bouddhiste) *MOULIN À PRIÈRES* : cylindre que l'on fait tourner pour acquérir les mérites attachés à la répétition de la formule sacrée qu'il contient. 4. FAM. Moteur d'automobile, d'avion. *Faire ronfler son moulin.*
ÉTYM. bas latin *molinum*, de *mola* «meule».

MOULINER [muline] v. tr. (conjug. 3a) ✦ FAM. Écraser, passer au moulin à légumes.
ÉTYM. de *moulin.*

MOULINET [mulinɛ] n. m. I Objet ou appareil qui fonctionne selon un mouvement de rotation. *Le moulinet d'un treuil, d'une canne à pêche.* II Mouvement de rotation rapide (qu'on fait avec un bâton, une épée, un sabre) pour écarter l'adversaire. → *Faire des moulinets avec ses bras.*
ÉTYM. diminutif de *moulin.*

MOULINETTE [mulinɛt] n. f. ✦ Moulin à légumes, à viande. *Passer des pommes de terre à la moulinette.*
ÉTYM. marque déposée ; de *moulinet.*

MOULT [mult] adv. ✦ VX ou plais. Beaucoup, très. *Raconter une histoire avec moult détails.*
ÉTYM. latin *multum* «beaucoup».

MOULU, UE [muly] adj. 1. Réduit en poudre. *Café moulu.* 2. fig. Accablé de coups, brisé de fatigue. SYN. **fourbu, rompu.** *Je suis moulu, moulu de fatigue.*
ÉTYM. du participe passé de *moudre.*

MOULURE [mulyʀ] n. f. ✦ Ornement allongé à profil constant, en relief ou en creux. *Les moulures d'un plafond.*
ÉTYM. de ② *moule.*

MOULURER [mulyʀe] v. tr. (conjug. 3a) ✦ Garnir de moulures.

MOUMOUTE [mumut] n. f. ✦ FAM. 1. Cheveux postiches, perruque. *Il porte une moumoute.* 2. Veste en peau de mouton.
ÉTYM. de *moutonne* «perruque», féminin de *mouton.*

MOUQUÈRE [mukɛʀ] n. f. ✦ FAM. et sexiste VIEILLI Femme. → On écrit aussi *moukère.*
ÉTYM. mot arabe algérien, de l'espagnol *mujer* «femme».

MOURANT, ANTE [muʀɑ̃, ɑ̃t] adj. 1. Qui se meurt ; qui va mourir. SYN. **agonisant, expirant, moribond.** → n. *Les dernières volontés d'un mourant.* ♦ fig. *Regard mourant.* SYN. **languissant.** 2. LITTÉR. Qui cesse, s'arrête, finit. *Une flamme mourante.* CONTR. **naissant.**
ÉTYM. du participe présent de *mourir.*

MOURIR [muʀiʀ] v. intr. (conjug. 25) 1. Cesser de vivre, d'exister, d'être. SYN. **décéder, disparaître, s'éteindre, expirer, périr, succomber, trépasser** ; FAM. **clamser, claquer, crever** ; → ① **mort.** *Être sur le point de mourir* (→ **moribond, mourant**). *Naître, vivre et mourir.* → *Faire mourir* (→ **tuer**). → *Mourir de faim, de maladie, de vieillesse. Mourir assassiné.* → *Mourir jeune.* ♦ Vivre les derniers moments de sa vie. *Mourir subitement ; lentement.* 2. (végétaux) Cesser de vivre (plantes annuelles) ; perdre sa partie aérienne sans cesser de vivre (plantes vivaces). 3. fig. Souffrir, dépérir. → *À MOURIR* : au point d'éprouver une grande souffrance. *C'était triste à mourir. S'ennuyer à mourir.* → *MOURIR DE* : être très affecté par ; souffrir de. *Mourir de chagrin, de tristesse, de peur.* → *Mourir de faim, de soif* : avoir très faim, soif. *Mourir d'envie de* (et l'inf.). → *C'est à mourir de rire !* 4. (choses) Cesser d'exister, d'être, par une évolution lente, progressive. *Civilisation qui meurt.* SYN. **disparaître.** → *Les vagues viennent mourir sur le sable.* → *Bruit, voix qui meurt.* SYN. **s'affaiblir, diminuer** ; → **mourant.** 5. *SE MOURIR* v. pron. LITTÉR. Être sur le point de mourir. *Elle se meurt.* → *Se mourir d'amour.*
ÉTYM. latin *mori.*

MOUROIR [muʀwaʀ] n. m. ✦ péj. Service hospitalier, hospice où les personnes en fin de vie reçoivent un minimum de soins et d'attentions.
ÉTYM. de *mourir.*

MOURON [muʀɔ̃] n. m. 1. Plante des régions tempérées, à fleurs rouges ou bleues. → *Mouron blanc* ou *mouron des oiseaux.* 2. loc. FAM. *Se faire du mouron*, du souci.
ÉTYM. de l'ancien néerlandais *muer.*

MOUSMÉE ou **MOUSMÉ** [musme] n. f. ✦ VIEILLI Jeune fille, jeune femme japonaise.
ÉTYM. mot japonais.

MOUSQUET [muskɛ] n. m. ✦ Ancienne arme à feu portative.
ÉTYM. italien *moschetta*, d'abord «petite mouche (*moscha*)».

MOUSQUETAIRE [muskətɛʀ] n. m. 1. HIST. Cavalier armé d'un mousquet et faisant partie des troupes de la maison du roi. *« Les Trois Mousquetaires »* (☛ noms propres ; roman d'Alexandre Dumas). 2. (pièce d'habillement) *À la mousquetaire* : à revers. *Gants, bottes à la mousquetaire.* → ellipt *Poignets mousquetaire.*
ÉTYM. de *mousquet.*

MOUSQUETON [muskətɔ̃] n. m. 1. Fusil à canon court. 2. Boucle métallique à système de fermeture rapide.
ÉTYM. de *mousquet.*

MOUSSAILLON [musajɔ̃] n. m. ✦ FAM. Petit, très jeune mousse.
ÉTYM. de ③ *mousse.*

MOUSSANT, ANTE [musɑ̃, ɑ̃t] adj. ✦ Qui mousse. *Bain moussant.*

① **MOUSSE** [mus] n. f. I Plante rase et douce, généralement verte, sans fleurs, formant tapis. *Mousses et lichens.* → prov. *Pierre qui roule n'amasse pas mousse* : on ne s'enrichit guère à courir le monde, à changer constamment de situation. → appos. invar. *Vert mousse* : vert très clair. II 1. Bulles accumulées à la surface d'un liquide (SYN. **écume**) ; spécialt d'un liquide sous pression. *Mousse à la surface de la bière.* ♦ *Mousse de savon.* ♦ Produit moussant. *Mousse à raser.* 2. Entremets ou dessert à base de blancs d'œufs en neige. *Mousse au chocolat.* ♦ Pâté léger et mousseux. *Mousse de foie gras.* 3. (Matière spongieuse). appos. *Caoutchouc mousse.* → *Matelas en mousse* (synthétique). → *Mousse de nylon, nylon mousse* : tricot de nylon très extensible. → ellipt *Des bas mousse.* ♦ *Point mousse* : point de tricot obtenu en tricotant toutes les mailles à l'endroit.
ÉTYM. francique *mosa.*

A B C D E F G H I J K L M N O P Q R S T U V W X Y Z

② **MOUSSE** [mus] **adj.** ✦ VX OU TECHN. Qui n'est pas aigu ou tranchant. SYN. **émoussé.** *Pointe mousse.* CONTR. **aigu, coupant, pointu.**

ÉTYM. latin populaire *muttius*, famille de *mutilus* «tronqué» → mutiler.

③ **MOUSSE** [mus] **n. m.** ✦ Jeune garçon qui fait, sur un navire de commerce, l'apprentissage du métier de marin. SYN. **moussaillon.**

ÉTYM. italien *mozzo* ou espagnol *mozo* «garçon».

MOUSSELINE [muslin] **n. f.** 1. Tissu fin, souple et transparent (coton, soie...). *Voile de mousseline.* 2. **fig. appos. invar.** *Pommes mousseline* : purée de pommes de terre fouettée. – *Sauce mousseline* : sauce hollandaise mêlée de crème fouettée.

ÉTYM. italien *mussolina*, de l'arabe «(toile) de *Mossoul*». ☞ noms propres.

MOUSSER [muse] **v. intr.** (conjug. 3a) 1. Produire de la mousse (II, 1). *Savon qui mousse.* → **moussant.** 2. FAM. *FAIRE MOUSSER* (qqn, qqch.) : vanter, mettre exagérément en valeur. *Se faire mousser.*

ÉTYM. de ① *mousse.*

MOUSSERON [musʀɔ̃] **n. m.** ✦ Champignon comestible à chapeau et à lamelles, qui pousse en cercle dans les prés, les clairières.

ÉTYM. bas latin *mussaria* ; p.-ê. famille de ① *mousse.*

MOUSSEUX, EUSE [musø, øz] **adj.** 1. Qui mousse, produit de la mousse. *Eau trouble et mousseuse.* SYN. **écumeux.** *Vins mousseux,* rendus mousseux par fermentation naturelle. SYN. **pétillant.** – **n. m.** *Du mousseux,* tout vin mousseux, à l'exclusion du champagne*. 2. **fig.** Qui a un aspect léger, vaporeux. *Un voile mousseux.*

ÉTYM. de ① *mousse.*

MOUSSON [musɔ̃] **n. f.** 1. Vent tropical régulier qui souffle alternativement pendant six mois de la mer vers la terre (*mousson d'été,* humide) et de la terre vers la mer (*mousson d'hiver,* sèche). 2. Époque du renversement de la mousson. *Les orages, les cyclones de la mousson.*

ÉTYM. portugais *monçao*, de l'arabe *mawsim* «saison».

MOUSSU, UE [musy] **adj.** ✦ Couvert de mousse (I). *Pierres moussues.*

ÉTYM. de ① *mousse.*

MOUSTACHE [mustaʃ] **n. f.** 1. Poils qui garnissent la lèvre supérieure de l'homme. SYN. FAM. ② **bacchante.** *Porter la moustache, des moustaches.* ◆ **fig.** Trace laissée autour des lèvres par un liquide. *Elle s'est fait une belle moustache en buvant du chocolat.* 2. Longs poils tactiles à la lèvre supérieure de certains carnivores et rongeurs. *Les moustaches du chat* (SYN. **vibrisse**), *du phoque.*

ÉTYM. italien *mostaccio*, du grec *mustakhion*, de *mustax* «lèvre supérieure».

MOUSTACHU, UE [mustaʃy] **adj.** ✦ Qui porte la moustache, a de la moustache. – **n. m.** *Un moustachu.*

MOUSTÉRIEN, IENNE [musteʀjɛ̃, jɛn] **n. m.** et **adj.** ✦ Période préhistorique du paléolithique moyen (homme de Neandertal), caractérisée par des silex taillés de formes diverses (pointes, racloirs, couteaux, bifaces).

ÉTYM. de *Le Moustier*, n. d'une localité de Dordogne.

MOUSTIQUAIRE [mustikɛʀ] **n. f.** 1. Rideau très fin dont on entoure un lit pour se préserver des moustiques. 2. Toile métallique montée sur un châssis, placée aux fenêtres et aux portes pour empêcher les insectes d'entrer.

ÉTYM. de *moustique.*

MOUSTIQUE [mustik] **n. m.** 1. Insecte diptère dont la femelle pique la peau pour aspirer le sang. SYN. ② **cousin.** 2. **fig.** FAM. Enfant, personne minuscule. SYN. **moucheron.**

ÉTYM. espagnol *mosquito*, de *mosca* «mouche».

MOÛT [mu] **n. m.** 1. Jus de raisin qui n'a pas encore subi la fermentation alcoolique. 2. Suc végétal préparé pour subir la fermentation alcoolique. *Moût de betterave.* HOM. MOU «qui n'est pas dur», MOUE «grimace»

ÉTYM. latin *mustum*, de *mustus* «nouveau».

MOUTARDE [mutaʀd] **n. f.** 1. Plante crucifère à fleurs jaunes, dont plusieurs espèces sont cultivées pour leurs graines (cuisine, pharmacie). 2. Condiment préparé avec des graines de moutarde blanche, du vinaigre, etc. *Moutarde forte.* – **loc. fig.** FAM. *La moutarde lui monte au nez,* l'impatience, la colère le gagnent. 3. **appos. invar.** *Jaune moutarde,* de couleur jaune verdâtre. – **adjectivt invar.** *Des velours moutarde.*

ÉTYM. de *moût.*

MOUTARDIER [mutaʀdje] **n. m.** 1. Fabricant de moutarde. 2. Récipient pour servir la moutarde.

ÉTYM. de *moutarde.*

MOUTON [mutɔ̃] **n. m.** **I** 1. Mammifère ruminant domestiqué, à toison laineuse et frisée (→ **ovin** ; **agneau, bélier, brebis**). *Troupeau de moutons. Le mouton bêle. La tonte des moutons.* ◆ (opposé à *bélier, brebis, agneau*) Bélier châtré, élevé pour la boucherie. – **loc. fig.** *Revenons à nos moutons,* à notre sujet. *Des moutons de Panurge* (☞ noms propres) : des personnes moutonnières*. 2. Fourrure de mouton. *Veste en mouton.* – Peau de mouton. SYN. **basane.** 3. Chair, viande de mouton. *Gigot de mouton. Mouton à la broche* (→ **méchoui**). **II** **fig.** 1. *C'est un mouton,* une personne qui se laisse mener passivement, n'a pas d'opinion personnelle. 2. Compagnon de cellule que la police donne à un détenu, avec mission de rapporter. SYN. **délateur, espion, mouchard.** 3. (souvent au plur.) Petite vague surmontée d'écume. – Petit nuage blanc et floconneux. – Flocon de poussière. **III** TECHN. Lourde masse servant à enfoncer (SYN. **bélier**), à tester la résistance de matériaux.

ÉTYM. gaulois *multo*, d'abord «mâle châtré».

MOUTONNEMENT [mutɔnmɑ̃] **n. m.** ✦ Fait de moutonner ; aspect de ce qui moutonne.

MOUTONNER [mutɔne] **v. intr.** (conjug. 3a) 1. Se couvrir de moutons (II, 3). *Mer qui moutonne.* SYN. **écumer.** 2. Évoquer par son aspect une toison. *Dunes qui moutonnent à l'horizon.*

► **MOUTONNÉ, ÉE adj.** Qui présente un aspect irrégulier. *Ciel moutonné.* SYN. **pommelé.** – GÉOGR. *Roches moutonnées* : roches glaciaires, présentant des bosses et des creux.

ÉTYM. de *mouton.*

MOUTONNIER, IÈRE [mutɔnje, jɛʀ] adj. ✦ Qui suit aveuglément les autres, les imite sans discernement. SYN. **grégaire** ; → **mouton** (II, 1). *Une foule moutonnière.*
ÉTYM. de *mouton.*

MOUTURE [mutyʀ] n. f. 1. Opération de meunerie qui consiste à réduire en farine des grains de céréales. ➤ Produit qui en résulte. ➤ par ext. *Mouture du café.* 2. fig. Reprise sous une forme plus ou moins différente (d'un sujet déjà traité). *C'est la dernière mouture de son article.* SYN. **version.**
ÉTYM. latin populaire *molitura,* de *molere* «moudre».

MOUVANT, ANTE [muvɑ̃, ɑ̃t] adj. 1. Qui change sans cesse de place, de forme, d'aspect. *Une ombre mouvante.* ➤ Qui évolue sans cesse. *Société mouvante.* 2. Qui n'est pas stable, qui s'écroule, s'enfonce. *Sables mouvants.* ➤ fig. *Avancer en terrain mouvant,* dans un domaine peu sûr. CONTR. **fixe, immobile, stable.**
ÉTYM. du participe présent de *mouvoir.*

MOUVEMENT [muvmɑ̃] n. m. **I** 1. Changement de position dans l'espace ; «action par laquelle un corps passe d'un lieu à un autre» (Descartes). *Étude du mouvement* (→ **cinématique, dynamique, mécanique**). *Le mouvement d'un corps.* SYN. **course, déplacement, trajectoire.** *Force, intensité d'un mouvement.* → **vitesse.** *Mouvement rapide, lent.* 2. Changement de position ou de place effectué par le corps ou une de ses parties (SYN. ① **geste**). *Des mouvements vifs, lents, aisés, maladroits. Un mouvement du cou, de la jambe. Être gêné dans sa liberté de mouvements.* ➤ loc. *Faux mouvement :* mouvement maladroit, mal adapté. ➤ *Mouvements de gymnastique, de nage. Mouvement inconscient, automatique.* → **automatisme, réflexe.** ➤ loc. fig. *En deux temps, trois mouvements :* très rapidement. ◆ *LE MOUVEMENT :* la capacité ou le fait de se mouvoir. *Aimer le mouvement :* être actif, remuant. ➤ *Se donner, prendre du mouvement.* SYN. **exercice.** 3. Déplacement en masse. *Le mouvement d'une foule. Mouvements de population.* → **migration.** ➤ Déplacement réglé. *Mouvements de troupes.* SYN. **évolution,** ① **manœuvre.** ➤ (véhicules) *Le mouvement des avions sur un aérodrome.* SYN. **circulation.** ➤ absolt *Il y a du mouvement dans ce quartier* (SYN. **activité** ; → **animé**). 4. *EN MOUVEMENT :* qui se déplace, bouge (opposé à *au repos*). *Mettre un mécanisme en mouvement,* le faire marcher. **II** 1. (récit, œuvre d'art) Ce qui traduit le mouvement, donne l'impression du mouvement, de la vie. SYN. ① **action.** *Le mouvement dramatique d'une pièce.* 2. Degré de rapidité qu'on donne à la mesure, en musique. SYN. **rythme, tempo.** *Le mouvement est indiqué sur la partition.* ➤ loc. fig. *Presser le mouvement.* → **se dépêcher.** *Suivre le mouvement,* le rythme, le comportement des autres. ◆ Partie d'une œuvre musicale devant être exécutée dans un mouvement précis. *Les trois mouvements d'une sonate. Le premier mouvement d'un concerto.* 3. Ligne, courbe. *Mouvement de terrain.* SYN. **accident. III** Mécanisme qui produit, entretient un mouvement régulier. *Un mouvement d'horlogerie.* **IV** fig. Changement, modification. 1. LITTÉR. *Les mouvements de l'âme, du cœur :* les différents états de la vie psychique. SYN. ① **élan, émotion, sentiment.** ➤ COUR. *Un mouvement d'humeur.* ➤ loc. *Un bon mouvement :* une action généreuse, désintéressée, ou simplement amicale. ➤ *Le premier mouvement.* SYN. **impulsion, réaction.** ➤ *Il y a eu des mouvements dans l'auditoire,* des réactions vives. 2. Changement dans l'ordre social. *Le parti du mouvement.* SYN. **progrès.** ➤ loc. FAM. *Être dans le mouvement :* suivre les idées en vogue. 3. Action collective (spontanée ou dirigée) tendant à produire un changement social. *Mouvement de grève.* ➤ Organisation qui mène cette action. *Mouvement syndical. Mouvement littéraire, artistique.* 4. Changement quantitatif. SYN. **variation.** *Mouvements démographiques.* ➤ *Mouvements des prix.* CONTR. **arrêt, immobilité, inaction, repos.**
ÉTYM. de *mouvoir.*

MOUVEMENTÉ, ÉE [muvmɑ̃te] adj. 1. Qui présente des mouvements (II, 3). *Terrain mouvementé.* SYN. **accidenté.** 2. Qui a du mouvement (II, 1), de l'action. *Récit mouvementé.* SYN. **vivant.** ➤ Qui présente des péripéties variées. *Poursuite mouvementée.* CONTR. ① **plat** • ② **calme, paisible.**

MOUVOIR [muvwaʀ] v. tr. (conjug. 35 ; rare sauf inf., prés. de l'indic. et participes) **I** 1. Mettre en mouvement. SYN. **actionner, remuer.** *Mouvoir ses membres.* ➤ au p. passé *Machine mue par l'électricité.* 2. fig. LITTÉR. Mettre en activité, en action. SYN. **animer, pousser.** *Les mobiles qui le meuvent.* ➤ au p. passé *Être mû par la curiosité.* **II** *SE MOUVOIR* v. pron. 1. Être en mouvement. SYN. **bouger,** se **déplacer.** *Il peut à peine se mouvoir.* 2. fig. Évoluer, vivre. *Se mouvoir dans le mensonge.* ➤ ellipt *Faire mouvoir :* faire se mouvoir. CONTR. **arrêter, immobiliser, paralyser.**
ÉTYM. latin *movere.*

① **MOYEN, ENNE** [mwajɛ̃, ɛn] adj. **I** 1. Qui se trouve entre deux choses. SYN. **médian ; intermédiaire.** *Le cours moyen d'un fleuve* (opposé à *supérieur* et à *inférieur*). ➤ *MOYEN TERME :* parti intermédiaire entre deux solutions extrêmes, deux prétentions opposées. → **milieu.** ➤ (en France) *COURS MOYEN première, deuxième année* (C. M. 1, C. M. 2) : classes précédant directement la sixième. ➤ (dans le temps) Entre ancien et moderne. *Le moyen français,* en usage du XIVe au XVIe siècle. ➤ → **Moyen Âge.** 2. Qui, par ses dimensions ou sa nature, tient le milieu entre deux extrêmes. *Taille moyenne. Poids moyen. Âge moyen.* ➤ *Cadre moyen.* ➤ *Classes moyennes :* petite et moyenne bourgeoisies. 3. Qui est du type le plus courant. SYN. ① **courant, ordinaire.** *Le Français, l'Allemand moyen,* personne représentative. SYN. **lambda.** *Le lecteur moyen.* 4. Qui n'est ni bon, ni mauvais. SYN. **médiocre** (1). *Qualité moyenne.* SYN. **correct.** *Des résultats moyens.* SYN. **honnête, passable.** ➤ *Il est très moyen en français.* **II** Que l'on établit, calcule en faisant une moyenne*. *Température moyenne annuelle.* ➤ *Le prix moyen d'une denrée.* CONTR. **extrême** • **excessif** • **exceptionnel.**
ÉTYM. latin *medianus* «du milieu».

② **MOYEN** [mwajɛ̃] n. m. 1. Ce qui sert pour arriver à un résultat, à une fin. SYN. **procédé, voie.** *La fin et les moyens.* ➤ *Les moyens de faire qqch. Par quel moyen ?* → **comment.** *Trouver un moyen.* SYN. **méthode, recette ;** FAM. **système, truc.** ➤ *Trouver moyen de :* parvenir à. ➤ *S'il en avait le moyen, les moyens :* s'il le pouvait. ➤ *Un moyen efficace ; un bon moyen. Moyen provisoire, imparfait.* → ② **expédient.** ➤ loc. *Se débrouiller avec les moyens du bord. Employer les grands moyens,* ceux dont l'effet doit être décisif. ◆ *IL Y A MOYEN ; IL N'Y A PAS MOYEN DE :* il est possible ; il est impossible de. *Il n'y a pas moyen de le calmer, qu'il soit à l'heure. Pas moyen !* rien à faire ! ◆ *Moyens d'action. Moyens d'expression.* ➤ *Moyens de transport.* ➤ *Moyen de paie-*

ment. ◆ *PAR LE MOYEN DE :* par l'intermédiaire de, grâce à. ➜ *AU MOYEN DE :* à l'aide de (qqch. de concret). ➜ **avec, grâce à.** *Se diriger au moyen d'une boussole.* **2.** au plur. Aptitudes, capacités (de qqn). SYN. **faculté, force.** *Les moyens physiques d'un sportif. Être en possession de tous ses moyens.* ➜ loc. *Perdre (tous) ses moyens.* ➜ *Par ses propres moyens :* sans aide extérieure. **3.** au plur. Ressources pécuniaires. *Ils n'ont pas les moyens de déménager. C'est au-dessus de leurs moyens.* ➜ FAM. *Avoir les moyens :* de l'argent.
ÉTYM. de ① *moyen* «intermédiaire».

MOYEN ÂGE [mwajɛnɑʒ] n. m. (☞ noms propres) ✦ Période (de l'histoire de l'Occident) comprise entre l'Antiquité et les Temps modernes (Vᵉ-XVᵉ siècles). *Du Moyen Âge.* ➜ **médiéval, moyenâgeux.** ➜ On écrit aussi *moyen âge.*
ÉTYM. de ① *moyen* et *âge,* traduction du latin moderne *medium aevum.*

MOYENÂGEUX, EUSE [mwajɛnɑʒø, øz] adj. **1.** Qui a les caractères du Moyen Âge ; qui évoque le Moyen Âge. SYN. **médiéval.** *Costume moyenâgeux.* **2.** péj. Archaïque, vétuste. *Des méthodes moyenâgeuses.*

MOYEN-COURRIER [mwajɛ̃kuʀje] n. m. ✦ Avion de transport utilisé sur les moyennes distances (inférieures à 2 000 km). *Des moyens-courriers.*

MOYENNANT [mwajɛnɑ̃] prép. ✦ Au moyen de, par le moyen de, à la condition de. *Moyennant récompense,* en échange de. ➜ loc. *Moyennant finances :* en payant. *Moyennant quoi :* en échange de quoi, grâce à quoi.
ÉTYM. du participe présent de l'ancien verbe *moyenner* «procurer», de ② *moyen.*

MOYENNE [mwajɛn] n. f. **1.** *Moyenne (arithmétique) de plusieurs nombres,* quotient de leur somme par leur nombre. ➜ *La moyenne d'âge est de vingt ans. Rouler à une moyenne de 70 km/h.* FAM. *Faire 70, du 70 de moyenne.* ➜ *La moyenne :* la moitié des points qu'on peut obtenir. *Avoir la moyenne à un examen.* ➜ FAM. (en parlant de ce qui n'est pas mesurable) *Cela fait une moyenne :* cela compense. ➜ *EN MOYENNE :* en évaluant la moyenne. *Il dort en moyenne 8 heures par nuit.* **2.** Type également éloigné des extrêmes et, en général, le plus courant. *La moyenne des Français.* ➜ *Une intelligence au-dessus de la moyenne.*
ÉTYM. de ① *moyen.*

MOYENNEMENT [mwajɛnmɑ̃] adv. ✦ D'une manière moyenne, à demi, ni peu ni beaucoup. *Aller moyennement vite. Ça va moyennement.* SYN. **couci-couça.** CONTR. **excessivement.**
ÉTYM. de ① *moyen.*

MOYEU [mwajø] n. m. ✦ Partie centrale d'une roue ou d'une pièce qui tourne, que traverse l'essieu, l'axe de rotation.
ÉTYM. latin *modiolus,* de *modius* «mesure».

MOZARABE [mɔzaʀab] n. et adj. ✦ HIST. Espagnol chrétien arabisé. ➜ ARTS De l'art chrétien d'Espagne influencé par l'art musulman (XIᵉ-XIIᵉ siècles).
ÉTYM. ancien espagnol *moz'arabe,* de l'arabe *musta'rib* «arabisé».

MOZZARELLA [mɔdzaʀela ; mɔdzaʀɛlla] n. f. ✦ Fromage italien de lait de bufflonne ou de vache, à pâte non fermentée.
ÉTYM. mot italien, de *mozzare* «couper».

MP3 [ɛmpetʀwa] n. m. **1.** Format de compression qui permet de réduire la taille des fichiers audionumériques. **2.** Fichier ainsi compressé. *Télécharger des MP3.*
ÉTYM. sigle anglais.

M. S. T. [ɛmɛste] n. f. ✦ Maladie sexuellement transmissible. SYN. VIEILLI maladie **vénérienne.** *Le préservatif protège des M. S. T.*
ÉTYM. sigle.

M. T. S. [ɛmteɛs] n. m. ✦ appos. *Système M. T. S. :* ancien système d'unités physiques (mètre, tonne, seconde).
ÉTYM. sigle de *mètre, tonne, seconde.*

MU [my] n. m. invar. ✦ Douzième lettre de l'alphabet grec (Μ, μ) correspondant au *m* français. HOM. MÛ (p. passé de *mouvoir*), MUE «changement»
ÉTYM. mot grec.

MÛ, MUE [my] ✦ Participe passé du verbe *mouvoir.* HOM. MU «lettre grecque», MUE «changement»

MUCILAGE [mysilaʒ] n. m. ✦ DIDACT. Substance végétale visqueuse, utilisée en pharmacie.
ÉTYM. bas latin *mucilago,* de *mucus* → mucus.

MUCILAGINEUX, EUSE [mysilaʒinø, øz] adj. ✦ Formé de mucilage ; qui en a l'aspect.
ÉTYM. de *mucilage.*

MUCOSITÉ [mykozite] n. f. ✦ Amas de substance épaisse et filante (constituée surtout de mucus) qui tapisse certaines muqueuses. SYN. **glaire, morve.**
ÉTYM. du latin *mucosus* → muqueux.

MUCOVISCIDOSE [mykovisidoz] n. f. ✦ MÉD. Maladie congénitale, caractérisée par la viscosité excessive des sécrétions, provoquant des troubles digestifs et respiratoires.
ÉTYM. anglais *mucoviscidosis,* du latin *mucus* et *viscum* «visqueux».

MUCUS [mykys] n. m. ✦ Substance visqueuse sécrétée par les glandes muqueuses (➜ **muqueuse, muqueux**).
ÉTYM. mot latin «morve», de *mucere* «moisir».

MUE [my] n. f. **1.** Changement qui affecte la carapace, la peau, le plumage, le poil, etc., de certains animaux à des époques déterminées ; cette époque. **2.** Dépouille (d'un animal qui a mué). *Trouver une mue de serpent.* **3.** Changement dans le timbre de la voix humaine au moment de la puberté (surtout sensible chez les garçons). HOM. MU «lettre grecque», MÛ (p. passé de *mouvoir*)
ÉTYM. de *muer.*

MUER [mɥe] v. (conjug. 3a) **I** v. intr. **1.** Subir la mue (1). *Les libellules muent.* **2.** Subir la mue (3). *Sa voix mue.* ➜ *Les garçons muent entre onze et quatorze ans.* **II** v. tr. LITTÉR. *MUER EN :* transformer en. ➜ pronom. *Son amour s'est mué en haine.*
ÉTYM. latin *mutare* «changer».

MUESLI [mysli] **n. m.** ✦ Mélange de céréales, flocons d'avoine, fruits, consommé avec du lait. ➛ On écrit aussi *musli.*
ÉTYM. alémanique ou allemand.

MUET, MUETTE [myɛ, myɛt] **adj.** **I** 1. Qui est privé de l'usage de la parole. *Muet de naissance. Sourd et muet.* → **sourd-muet.** ➛ **n.** *Un muet, une muette.* 2. Silencieux, incapable de parler. SYN. ① **coi.** *Être muet de stupeur.* ➛ (volontairement) *Rester muet et impénétrable.* loc. *Muet comme une carpe.* ➛ *Rôle muet,* sans texte à dire. **II** 1. Qui ne s'exprime pas par la parole. *De muets reproches.* ➛ *Douleur muette.* 2. Qui ne contient aucune précision concernant une question. *Le règlement est muet sur ce point.* 3. Qui, par nature, ne produit aucun son. *Clavier muet* (pour exercer son doigté). ◆ *Cinéma, film muet* (opposé à *parlant*). ➛ **n. m.** *Le muet :* le cinéma muet. 4. Qui ne se fait pas entendre dans la prononciation. *E, H muet.* 5. Qui ne porte pas d'inscription. *Médaille muette.* ➛ Où ne figurent pas les indications habituelles. *Carte géographique muette. Carte muette,* sans les prix (au restaurant).
ÉTYM. de l'ancien français *mu, mue,* latin *mutus* → mutisme.

MUEZZIN [myɛdzin] **n. m.** ✦ Fonctionnaire religieux musulman attaché à une mosquée, chargé d'appeler, du haut du minaret, les fidèles à la prière. *Des muezzins.*
ÉTYM. mot turc, de l'arabe *mu'addin,* de *addana* «appeler (à la prière)».

MUFLE [myfl] **n. m.** **I** Extrémité du museau (de certains mammifères). *Le mufle du bœuf.* **II** Individu mal élevé, grossier et indélicat. SYN. **goujat, malotru.** *Il s'est conduit comme un mufle.* ➛ **adj.** *Ce qu'il est mufle !* CONTR. **galant.**
ÉTYM. de *moufle,* germanique *muffel* «museau».

MUFLERIE [myfləʀi] **n. f.** ✦ Caractère, action, parole d'un mufle. SYN. **goujaterie, grossièreté.**
ÉTYM. de *mufle* (II).

MUFTI [myfti] **n. m.** ✦ Jurisconsulte, interprète officiel du droit canonique musulman. *Des muftis.*
ÉTYM. mot arabe.

MUG [mœg] **n. m.** ✦ anglicisme Chope pour les boissons chaudes.
ÉTYM. mot anglais.

MUGE [myʒ] **n. m.** ✦ RÉGION. Poisson appelé aussi *mulet**.
ÉTYM. mot provençal, latin *mugil.*

MUGIR [myʒiʀ] **v. intr.** (conjug. 13) 1. (bovidés) Pousser le cri sourd et prolongé propre à leur espèce. SYN. **beugler, meugler.** 2. fig. *Sirène d'alarme qui mugit.*
ÉTYM. latin *mugire,* onomatopée *mu-.*

MUGISSEMENT [myʒismɑ̃] **n. m.** 1. Cri d'un animal qui mugit. SYN. **beuglement, meuglement.** 2. fig. *Le mugissement des flots.*
ÉTYM. de *mugir.*

MUGUET [mygɛ] **n. m.** **I** Plante aux petites fleurs blanches en clochettes, groupées en grappes. *Un brin de muguet.* ➛ Parfum qui en est extrait. **II** MÉD. Inflammation des muqueuses due à une levure.
ÉTYM. peut-être de *noix muguette* «noix muscade», famille de *musc.*

MUID [mɥi] **n. m.** 1. anciennt Mesure de capacité des grains et liquides. 2. Futaille (d'un muid).
ÉTYM. latin *modius* «mesure de capacité».

MULÂTRE [mylɑtʀ] **n.** ✦ Personne née de l'union d'un Blanc avec une Noire ou d'un Noir avec une Blanche. SYN. **métis.** *Une mulâtre.* ➛ **adj.** *Fillette mulâtre.*
ÉTYM. portugais *mulato* «mulet, bête hybride *(mulo)*».

MULÂTRESSE [mylɑtʀɛs] **n. f.** ✦ VIEILLI ou péj. Femme mulâtre.

① **MULE** [myl] **n. f.** ✦ Pantoufle laissant le talon découvert. *La mule du pape :* mule blanche brodée d'une croix. ➛ Chaussure de femme laissant le talon découvert, plate ou à talon.
ÉTYM. latin *mulleus* «(soulier) rouge».

② **MULE** [myl] **n. f.** ✦ Hybride femelle de l'âne et de la jument (ou du cheval et de l'ânesse), généralement stérile. «*La Mule du pape*» (conte d'Alphonse Daudet). ➛ loc. FAM. *Têtu comme une mule. Tête de mule :* personne très entêtée.
ÉTYM. latin *mula,* féminin de *mulus* → ① mulet.

① **MULET** [mylɛ] **n. m.** ✦ Hybride mâle de l'âne et de la jument *(grand mulet)* ou du cheval et de l'ânesse *(petit mulet),* toujours infécond. ➛ loc. FAM. *Être chargé comme un mulet.*
ÉTYM. de l'ancien français *mul,* latin *mulus* → ② mule.

② **MULET** [mylɛ] **n. m.** ✦ Poisson de mer à chair blanche assez délicate.
ÉTYM. de l'ancien français *mul,* latin *mullus* «rouget» → ① mule.

MULETA [muleta ; myleta] ou **MULÉTA** [myleta] **n. f.** ✦ Pièce d'étoffe rouge tendue sur un bâton dont le matador se sert pour provoquer et diriger les charges du taureau. *Passes de muleta. Des muletas, des mulétas.* ➛ Écrire *muléta* avec un accent aigu est permis.
ÉTYM. espagnol *muleta,* de *mula* → ② mule.

MULETIER, IÈRE [myltje, jɛʀ] **n. m.** et **adj.** 1. **n. m.** Conducteur de mulets, de mules. 2. **adj.** *Chemin, sentier muletier,* étroit et escarpé.
ÉTYM. de ① *mulet.*

MULOT [mylo] **n. m.** ✦ Petit mammifère rongeur, appelé aussi *rat des champs.*
ÉTYM. de l'ancien français *mul,* d'origine germanique, peut-être francique.

> **MULTI-** Élément, du latin *multus* «beaucoup», qui signifie «qui a plusieurs, beaucoup de...». SYN. **pluri-** ; → **poly-.** CONTR. **mono-, uni-.**

MULTICARTE [myltikaʀt] **adj.** ✦ Se dit d'un courtier qui représente plusieurs maisons de commerce. *Des représentants multicartes.*

MULTICOLORE [myltikɔlɔʀ] **adj.** ✦ Qui présente des couleurs variées. SYN. **polychrome.** *Étoffe multicolore.* SYN. **bariolé.** CONTR. **monochrome, uni.**
ÉTYM. latin *multicolor.*

MULTICOQUE [myltikɔk] **n. m.** ✦ Bateau comportant plusieurs coques assemblées (ex. catamaran, trimaran) (opposé à *monocoque*).

MULTIFONCTION [myltifɔ̃ksjɔ̃] **adj.** ✦ Qui remplit plusieurs fonctions. *Un robot ménager multifonction. Imprimante multifonction* (impression, photocopie, numérisation).

A B C D E F G H I J K L M N O P Q R S T U V W X Y Z

MULTIFORME [myltifɔʀm] adj. ✦ Qui se présente sous des formes variées, des aspects nombreux.
ÉTYM. latin *multiformis.*

MULTIGRADE [myltigʀad] adj. ✦ anglicisme *Huile multigrade,* huile pour moteur utilisable à toutes températures.
ÉTYM. anglais, de *grade* «degré».

MULTILATÉRAL, ALE, AUX [myltilateʀal, o] adj. ✦ Qui concerne plusieurs parties contractantes, spécialt plusieurs États. *Accords multilatéraux.* CONTR. **unilatéral.**

MULTIMÉDIA [myltimedja] adj. et n. m. 1. Qui concerne ou utilise à la fois plusieurs médias. *Une campagne multimédia.* 2. n. m. Technologie intégrant sur un support électronique des données multiples (sons, textes, images fixes ou animées). ➝ adj. *Des encyclopédies multimédias. Message multimédia :* recomm. offic. pour *MMS.*

MULTIMILLIONNAIRE [myltimiljɔnɛʀ] adj. et n. ✦ Qui possède beaucoup de millions. ➝ n. *Un(e) multimillionnaire.*

MULTINATIONAL, ALE, AUX [myltinasjɔnal, o] adj. 1. Qui concerne plusieurs pays. 2. Qui a des activités dans plusieurs pays. ➝ n. f. *Une multinationale :* une firme multinationale, dont les établissements, les activités sont répartis dans plusieurs pays.

MULTINORME [myltinɔʀm] adj. ✦ Qui peut convenir à des normes différentes.

MULTIPARE [myltipaʀ] adj. et n. f. ✦ DIDACT. 1. (femelle) Qui met bas plusieurs petits en une portée (opposé à *unipare*). 2. (femme) Qui a déjà eu un ou plusieurs enfants. ➝ n. f. *Une multipare.*
ÉTYM. de *multi-* et *-pare.*

MULTIPLE [myltipl] adj. 1. Qui est composé de plusieurs éléments de nature différente, ou qui se manifeste sous des formes différentes. SYN. **divers.** *Une réalité multiple.* 2. Qui est constitué de plusieurs éléments analogues. *Prise* (électrique) *multiple.* 3. *MULTIPLE DE :* qui contient plusieurs fois exactement un nombre donné. *21 est multiple de 7.* ➝ n. m. *Tout multiple de deux est pair. Le plus petit commun multiple de deux nombres* (abrév. P. P. C. M.). 4. (avec un nom au plur.) Qui se présentent sous des formes variées. *Aspects, causes multiples.* ➝ *À de multiples reprises.* SYN. **maint, nombreux.** CONTR. **simple • unique.**
ÉTYM. latin *multiplex.*

MULTIPLEX [myltiplɛks] adj. ✦ TECHN. Qui permet d'établir plusieurs communications au moyen d'une seule transmission. ➝ n. m. *Émission de radio en multiplex entre Bruxelles et Montréal.*
ÉTYM. mot latin «multiple».

MULTIPLICANDE [myltiplikɑ̃d] n. m. ✦ Dans une multiplication, Celui des facteurs qui est énoncé le premier.
ÉTYM. latin *multiplicandus.*

MULTIPLICATEUR, TRICE [myltiplikatœʀ, tʀis] adj. ✦ Qui multiplie, sert à multiplier. ➝ n. m. Dans une multiplication, Celui des deux facteurs qui est énoncé le second. CONTR. **diviseur.**
ÉTYM. latin *multiplicator.*

MULTIPLICATIF, IVE [myltiplikatif, iv] adj. ✦ Qui multiplie, marque la multiplication. *Signe multiplicatif* (×). ➝ *Préfixe multiplicatif* (ex. bi-, tri-...).
ÉTYM. latin *multiplicativus.*

MULTIPLICATION [myltiplikasjɔ̃] n. f. 1. Augmentation en nombre. SYN. **accroissement, prolifération.** 2. BIOL. Reproduction. *Multiplication cellulaire.* ➝ **mitose.** *Multiplication végétative, asexuée,* sans intervention de gamètes. 3. Opération qui a pour but d'obtenir à partir de deux nombres *a* et *b* (le multiplicande et le multiplicateur) un troisième nombre (le produit) égal à la somme de *b* termes égaux à *a. Tables de multiplication.* CONTR. **diminution • division.**
ÉTYM. latin *multiplicatio.*

MULTIPLICITÉ [myltiplisite] n. f. ✦ *Multiplicité de :* caractère de ce qui est multiple ; grand nombre. SYN. **abondance, quantité.**
ÉTYM. latin *multiplicitas.*

MULTIPLIER [myltiplije] v. tr. (conjug. 9) **I** 1. Augmenter le nombre, la quantité de. SYN. **accroître.** *Multiplier les exemplaires d'un texte.* SYN. **reproduire.** ➝ *Multiplier les essais.* SYN. **répéter.** 2. Faire la multiplication de. ➝ au p. passé *Sept multiplié par neuf* (7 × 9) : sept fois neuf. **II** *SE MULTIPLIER* v. pron. 1. Être augmenté, se produire en grand nombre. SYN. **s'accroître, proliférer.** 2. (êtres vivants) Se reproduire. SYN. **procréer.** CONTR. **diminuer • diviser.**
ÉTYM. latin *multiplicare.*

MULTIPOINT [myltipwɛ̃] adj. ✦ TECHN. *Serrure multipoint,* qui comporte plusieurs pênes actionnés simultanément avec une seule clé. *Des serrures multipoints.* ➝ On écrit aussi *une serrure multipoints.*

MULTIPRISE [myltipʀiz] adj. et n. f. 1. *Pince multiprise,* dont l'écartement des mâchoires est réglable. 2. n. f. Bloc regroupant plusieurs prises électriques femelles.

MULTIPROPRIÉTÉ [myltipʀɔpʀijete] n. f. ✦ Régime de propriété collective où chaque propriétaire jouit de son bien pendant une période déterminée de l'année. *Acheter un studio à la montagne en multipropriété.*

MULTIRACIAL, ALE, AUX [myltiʀasjal, o] adj. ✦ Où coexistent plusieurs groupes raciaux humains. *Une société multiraciale.*

MULTIRISQUE [myltiʀisk] adj. ✦ (assurance) Qui couvre plusieurs risques.

MULTISALLE [myltisal] adj. ✦ Qui comporte plusieurs salles de projection. *Cinéma multisalle. Des complexes multisalles.* ➝ On écrit aussi *un cinéma multisalles.*

MULTITUDE [myltityd] n. f. 1. Grande quantité (d'êtres, d'objets). *Une multitude de visiteurs entra* (ou *entrèrent*). SYN. **armée, flot, nuée.** ➝ *Pour une multitude de raisons.* SYN. **quantité.** 2. (sans compl.) Rassemblement d'un grand nombre de personnes. SYN. **foule.** *La multitude qui accourait pour le récital.* ➝ LITTÉR. Le commun des hommes. *Se démarquer de la multitude.*
ÉTYM. latin *multitudo.*

MUNICIPAL, ALE, AUX [mynisipal, o] adj. ✦ Relatif à l'administration d'une commune. SYN. **communal.** *Conseil municipal. Élections municipales,* ou n. f. pl. *les municipales.* ➝ Qui appartient à la commune. *Piscine*

municipale.
ÉTYM. latin *municipalis.*

MUNICIPALITÉ [mynisipalite] n. f. 1. Le corps municipal ; l'ensemble des personnes (en France, le maire, ses adjoints, les conseillers municipaux) qui administrent une commune. ➝ vx Siège de l'administration municipale. SYN. **mairie.** 2. La circonscription administrée par une municipalité. SYN. **commune.**
ÉTYM. de *municipal.*

MUNIFICENCE [mynifisɑ̃s] n. f. ✦ LITTÉR. Grandeur dans la générosité. CONTR. **mesquinerie.**
ÉTYM. latin *munificentia*, de *munificus* «généreux», de *munus* «charge».

MUNIFICENT, ENTE [mynifisɑ̃, ɑ̃t] adj. ✦ LITTÉR. Généreux avec somptuosité. CONTR. **mesquin.**
ÉTYM. de *munificence.*

MUNIR [myniʀ] v. tr. (conjug. 13) ✦ *MUNIR (qqn, qqch.) DE :* pourvoir, garnir de (ce qui est nécessaire, utile pour une fin déterminée). SYN. **équiper, nantir.** ➝ au p. passé *Caméra munie de deux objectifs.* ◆ *SE MUNIR (DE)* v. pron. SYN. **prendre.** *Munissez-vous de vos papiers.* ➝ fig. *Se munir de patience.* SYN. **s'armer.** CONTR. **démunir.**
ÉTYM. latin *munire*, de *moenia* «murailles, enceinte».

MUNITION [mynisjɔ̃] n. f. 1. vx Moyen de subsistance, provision. *Munitions de bouche.* 2. MOD. au plur. Explosifs et projectiles nécessaires au chargement des armes à feu (balles, cartouches, obus) ou lâchés par un avion (bombes). *Entrepôt d'armes et de munitions.* ➝ **arsenal.**
ÉTYM. latin *munitio*, de *munire* «munir».

MUON [myɔ̃] n. m. ✦ PHYS. Particule élémentaire légère (lepton) de même charge, positive ou négative, que l'électron.
ÉTYM. de *mu* et *-on* de *électron.*

MUQUEUSE [mykøz] n. f. ✦ Membrane qui tapisse les cavités de l'organisme (tube digestif, fosses nasales, bronches, anus...) et qui est lubrifiée par la sécrétion de mucus.
ÉTYM. de *muqueux.*

MUQUEUX, EUSE [mykø, øz] adj. 1. Qui a le caractère du mucus, des mucosités. 2. Qui sécrète du mucus. *Glande muqueuse.*
ÉTYM. latin *mucosus*, de *mucus.*

MUR [myʀ] n. m. 1. Ouvrage de maçonnerie qui s'élève sur une certaine longueur et qui sert à enclore, à séparer ou à supporter une poussée. *Bâtir, élever, abattre un mur. Un mur de pierres sèches, de briques, de béton. Fermer un lieu de murs.* ➝ **murer, emmurer.** ➝ *Mur mitoyen.* ➝ *Mur d'escalade.* SYN. **paroi.** ➝ *Mur d'enceinte.* ➝ **rempart.** ➝ *Le mur de Berlin* (construit en 1961, détruit en 1989, séparait Berlin-Ouest de Berlin-Est). ➝ loc. *Il est arrivé dans nos murs,* dans notre ville. loc. *Raser les murs :* pour se cacher, se protéger. ➝ *Sauter, faire le mur :* sortir sans permission (de la caserne, d'un internat, etc.). ➝ fig. *Se taper la tête contre les murs.* ➝ se **désespérer.** ➝ *Mettre qqn au pied du mur,* l'acculer, lui enlever toute échappatoire. 2. Face intérieure des murs, des cloisons d'une habitation. *Mettre des tableaux aux murs. Horaire affiché au mur* (➝ **mural**). ➝ loc. *Entre quatre murs,* en restant enfermé dans une maison. 3. fig. Ce qui sépare, forme obstacle. *Un mur de pluie.* SYN. **rideau.** *Un mur d'incompréhension. Se heurter à un mur.* 4. *LE MUR DU SON :* ensemble des phénomènes (ponctués par un choc sonore) qui se produisent lorsqu'un engin atteint la vitesse du son. *Franchir le mur du son.* 5. au football Ligne des joueurs placés entre le tireur et le but lors d'un coup franc*. HOM. MÛR «à maturité», MÛRE «fruit»
ÉTYM. latin *murus.*

MÛR, MÛRE [myʀ] adj. 1. (fruit, graine) Qui a atteint son plein développement (➝ **maturation, maturité**). *Un fruit mûr ; trop mûr.* ➝ **blet.** 2. (abcès, furoncle) Qui est près de percer. 3. fig. Qui a atteint le développement nécessaire à sa réalisation, à sa manifestation. *Le projet est mûr.* ➝ (personnes) *Être mûr pour :* être préparé, prêt à. 4. *L'âge mûr :* où la personne a atteint son plein développement. SYN. **adulte.** ➝ *L'homme mûr.* SYN. ① **fait.** ➝ *Esprit mûr* (➝ **maturité**). ➝ *Il est très mûr pour son âge.* SYN. **mature, raisonnable.** ➝ loc. *Après mûre réflexion :* après avoir longuement réfléchi. CONTR. **vert • immature, puéril.** HOM. MUR «paroi», MÛRE «fruit»
ÉTYM. latin *maturus* ; doublet de *mature.*

MURAILLE [myʀɑj] n. f. 1. Étendue de murs épais et assez élevés. *Une haute muraille.* ➝ loc. *(Un manteau, etc.) couleur (de) muraille,* d'une couleur grisâtre, se confondant avec celle des murs. ◆ Mur de fortification. SYN. **rempart.** *Murailles crénelées. La Grande Muraille* (☛ noms propres) *de Chine.* 2. fig. Ce qui forme une surface verticale abrupte. SYN. **mur** (3). *La muraille de glace de la banquise.*
ÉTYM. de *mur.*

MURAL, ALE, AUX [myʀal, o] adj. ✦ Qui est appliqué sur un mur, comme ornement. *Peintures murales* (➝ **fresque**). ➝ Qui est fixé au mur et ne repose pas par terre. *Pendule murale.*
ÉTYM. latin *muralis.*

MÛRE [myʀ] n. f. 1. Fruit du mûrier. *Mûre blanche, noire.* 2. Fruit noir de la ronce des haies, comestible, qui ressemble au fruit du mûrier. *Gelée de mûres.* ➝ On peut aussi écrire *mure,* sans accent circonflexe. HOM. MUR «paroi», MÛR «à maturité»
ÉTYM. bas latin *mora*, fém. de *morum*, du grec *moron.*

MÛREMENT [myʀmɑ̃] adv. ✦ Avec beaucoup de concentration et de temps. *J'y ai mûrement réfléchi.*
ÉTYM. de *mûr.*

MURÈNE [myʀɛn] n. f. ✦ Poisson long et mince, sans écailles, armé de fortes dents et très vorace.
ÉTYM. latin *muraena*, du grec *muraina.*

MURER [myʀe] v. tr. (conjug. 3a) 1. Entourer de murs. 2. Fermer, clore par un mur, une maçonnerie. *Murer une porte.* 3. Enfermer (qqn) en bouchant les issues. SYN. **emmurer.** 4. *SE MURER* v. pron. S'enfermer (en un lieu), s'isoler. SYN. se **cacher,** se **cloîtrer.** *Il s'est muré chez lui.* ➝ fig. *Se murer dans son silence.*
► **MURÉ, ÉE** adj. 1. *Ville murée.* 2. *Fenêtre murée.* 3. Enfermé. *Mineurs murés au fond* (par un éboulement). ➝ fig. *Muré dans son orgueil.*
ÉTYM. de *mur.*

MURET [myʀɛ] n. m. ou **MURETTE** [myʀɛt] n. f. ✦ Petit mur.
ÉTYM. diminutif de *mur.*

MUREX [myʀɛks] n. m. ✦ ZOOL. Mollusque gastéropode à coquille hérissée d'épines, dont les Anciens tiraient la pourpre.
ÉTYM. mot latin «coquillage» et «pourpre».

MÛRIER [myʀje] n. m. ✦ Arbre d'Orient acclimaté dans le bassin méditerranéen, dont le fruit est la mûre (1). *La chenille du ver à soie se nourrit de feuilles de mûrier blanc.* ➝ On peut aussi écrire *murier,* sans accent circonflexe.
ÉTYM. de *mûre.*

MÛRIR [myʀiʀ] v. (conjug. 13) **I** v. tr. 1. Rendre mûr. *Le soleil mûrit les fruits.* 2. fig. Mener (une chose) à point en y appliquant sa réflexion. SYN. **approfondir.** *Mûrir une pensée, un projet.* SYN. **méditer.** 3. Donner de la maturité d'esprit à. *Les épreuves l'ont mûri.* **II** v. intr. 1. Devenir mûr, venir à maturité. *Les blés mûrissent.* ➝ *L'abcès a mûri.* 2. fig. Se développer, atteindre son plein développement. *Son plan mûrissait lentement.* 3. Acquérir de la maturité d'esprit.
ÉTYM. latin *maturare.*

MÛRISSANT, ANTE [myʀisɑ̃, ɑ̃t] adj. ✦ Qui devient mûr. ➝ (personnes) Qui n'est plus jeune. *Femme mûrissante.*
ÉTYM. du participe présent de *mûrir.*

MURMURE [myʀmyʀ] n. m. **I** 1. Bruit sourd, léger et continu de voix humaines. SYN. **chuchotement.** *Rires et murmures d'enfants.* 2. Commentaire fait à mi-voix par plusieurs personnes. *Un murmure d'approbation, de protestation.* **II** Bruit continu léger, doux et harmonieux. SYN. **bruissement, chanson.** *Le murmure d'un ruisseau.* CONTR. **hurlement · vacarme.**
ÉTYM. latin *murmur* ou de *murmurer.*

MURMURER [myʀmyʀe] v. (conjug. 3a) **I** v. intr. (personnes) 1. Faire entendre un murmure. 2. Émettre une plainte, une protestation sourde. SYN. FAM. **bougonner.** *Obéir sans murmurer.* SYN. **broncher.** **II** v. tr. Dire, prononcer à mi-voix ou à voix basse. SYN. **chuchoter ; marmonner.** *Murmurer une prière.* CONTR. **hurler.**
ÉTYM. latin *murmurare.*

MUSAGÈTE [myzaʒɛt] adj. ✦ DIDACT. (ANTIQ.) Surnom d'Apollon «conducteur des Muses».
ÉTYM. latin *musagetes,* du grec, de *mousa* «muse» et *hêgeisthai* «conduire».

MUSARAIGNE [myzaʀɛɲ] n. f. ✦ Petit mammifère insectivore, de la taille d'une souris.
ÉTYM. latin *musaraneus* «souris *(mus)* araignée *(araneus)*» (par la réputation d'animal venimeux).

MUSARDER [myzaʀde] v. intr. (conjug. 3a) ✦ Perdre son temps à des riens. SYN. **flâner, muser.**
ÉTYM. de *muser.*

MUSC [mysk] n. m. 1. Substance brune très odorante, sécrétée par les glandes abdominales de certains mammifères. *Grains de musc séché.* 2. Parfum à base de musc (naturel ou synthétique).
ÉTYM. latin *muscus,* emprunté au grec *moskhos,* du persan.

MUSCADE [myskad] adj. f. et n. f. 1. *Noix (de) muscade* ou ellipt *muscade :* graine du fruit d'un arbre exotique (le muscadier), employée comme épice. 2. n. f. Petite boule utilisée dans les tours de passe-passe. ➝ loc. *Passez muscade :* le tour est joué.
ÉTYM. ancien provençal *muscada,* de *musc.*

MUSCADET [myskadɛ] n. m. ✦ Vin blanc sec de la région de Nantes.
ÉTYM. de *muscade.*

MUSCADIN [myskadɛ̃] n. m. ✦ VX Jeune fat d'une coquetterie ridicule. ➝ spécialt Jeune royaliste à l'élégance recherchée, sous la Révolution.
ÉTYM. italien *moscardino* «pastille parfumée au musc *(moscado)*».

MUSCAT, ATE [myska, at] adj. et n. m. 1. *Raisin muscat,* à odeur de musc. *«La Treille muscate»* (recueil de Colette). ➝ n. m. *Une grappe de muscat.* 2. *Vin muscat :* vin de liqueur, produit avec des raisins muscats. ➝ n. m. *Un verre de muscat.*
ÉTYM. mot provençal, de *musc.*

MUSCLE [myskl] n. m. ✦ Structure organique formée de fibres contractiles assurant le mouvement (→ **my(o)-**). *Muscles striés, volontaires. Muscles lisses, viscéraux.* ➝ *Se claquer, se froisser un muscle.* ➝ (Muscles apparents, sous la peau) *Développer ses muscles* (→ **musculation ; musculature**). ➝ *Avoir des muscles,* FAM. *du muscle :* être fort.
ÉTYM. latin *musculus,* diminutif de *mus* «souris».

MUSCLÉ, ÉE [myskle] adj. 1. Qui est pourvu de muscles bien visibles et puissants. SYN. ① **fort.** *Un torse musclé.* SYN. **musculeux.** 2. fig. FAM. Qui utilise la force, la contrainte. *Une politique musclée.*

MUSCLER [myskle] v. tr. (conjug. 3a) ✦ Pourvoir de muscles développés, puissants. *Des exercices pour muscler le ventre.*

MUSCULAIRE [myskylɛʀ] adj. ✦ Relatif aux muscles. *Tissu musculaire. Force musculaire.*
ÉTYM. du latin *musculus* → muscle.

MUSCULATION [myskylasjɔ̃] n. f. ✦ Développement d'un muscle, d'une partie du corps grâce à des exercices. ➝ Ces exercices. *Faire de la musculation.* SYN. **bodybuilding, culturisme.**

MUSCULATURE [myskylatyʀ] n. f. ✦ Ensemble et disposition des muscles (d'un organisme ou d'un organe). *La musculature du dos. La musculature d'un athlète.*

MUSCULEUX, EUSE [myskylø, øz] adj. ✦ (partie du corps) Aux muscles développés, forts. SYN. **musclé.**
ÉTYM. latin *musculosus.*

MUSE [myz] n. f. 1. (avec une majuscule ☞ noms propres) Chacune des neuf déesses qui, dans la mythologie antique, présidaient aux arts libéraux. 2. LITTÉR. L'inspiration poétique, souvent évoquée sous les traits d'une femme. ➝ loc. *Taquiner la muse :* faire de la poésie, des vers en amateur. ➝ *La Muse,* inspiratrice du poète. 3. Inspiratrice (d'un écrivain, d'un artiste).
ÉTYM. latin *musa,* du grec *Mousa.*

MUSÉAL, ALE, AUX [myzeal, o] adj. ✦ DIDACT. Du musée ; des musées. *Architecture muséale.*
ÉTYM. de *musée.*

MUSEAU [myzo] n. m. 1. Partie antérieure de la face de certains mammifères (→ **groin, mufle, truffe**) et de poissons lorsqu'elle est saillante. ➝ *Museau de porc* (→ **hure**), *de bœuf,* préparation de charcuterie. 2. FAM. Visage, figure. SYN. **frimousse.**
ÉTYM. de l'ancien français *mus,* bas latin *musus.*

MUSÉE [myze] n. m. 1. Établissement dans lequel sont rassemblées et classées des collections d'objets d'intérêt historique, technique, scientifique, artistique, en vue de leur conservation et de leur présentation au public. → **collection ; pinacothèque ; muséum.** *Visiter un musée. Conservateur de musée.* – loc. *Pièce de musée :* objet digne d'un musée. 2. Lieu rempli d'objets rares, précieux. *Cette ville est un musée.* – appos. *Des villes musées.* – loc. FAM. *C'est le musée des horreurs.* HOM. MUSER «flâner»
ÉTYM. latin *museum,* du grec *mouseion* «temple des *Muses*». ☛ MUSES (noms propres).

MUSELER [myz(ə)le] v. tr. (conjug. 6a) 1. Empêcher (un animal) d'ouvrir la gueule, de mordre en lui emprisonnant le museau (→ **muselière**). 2. fig. Empêcher de parler, de s'exprimer. SYN. **bâillonner.** *Museler l'opposition.*
ÉTYM. de *musel,* ancienne forme de *museau.*

MUSELIÈRE [myzəljɛʀ] n. f. ✦ Appareil servant à museler (1). *Mettre une muselière de cuir à un chien.*
ÉTYM. de *musel,* ancienne forme de *museau.*

MUSELLEMENT [myzɛlmɑ̃] n. m. ✦ Action de museler (1 et 2).

MUSÉOGRAPHIE [myzeɔgʀafi] n. f. ✦ DIDACT. Technique de la conception des musées, de leur réalisation (classement, présentation des collections...). → **muséologie.**
▶ **MUSÉOGRAPHIQUE** [myzeɔgʀafik] adj.
ÉTYM. de *musée* et *-graphie.*

MUSÉOLOGIE [myzeɔlɔʒi] n. f. ✦ DIDACT. Ensemble des connaissances impliquées par les musées, notamment d'art. → **muséographie.**

MUSER [myze] v. intr. (conjug. 3a) ✦ LITTÉR. Perdre son temps à des bagatelles, à des riens. SYN. **flâner, musarder.** HOM. MUSÉE «lieu de collection»
ÉTYM. origine incertaine, p.-ê. de *mus* → museau.

MUSETTE [myzɛt] n. f. **I** 1. Cornemuse alimentée par un soufflet. 2. appos. *BAL MUSETTE :* bal populaire où l'on danse, généralement au son de l'accordéon, la java, la valse, dans un style particulier (appelé *le musette* n. m.). *Des bals musettes.* – *Une valse musette.* **II** Sac de toile, qui se porte souvent en bandoulière.
ÉTYM. de l'ancien français *muse,* du verbe *muser* «flâner» et «jouer de la musette».

MUSÉUM [myzeɔm] n. m. 1. VX Musée. 2. Musée consacré aux sciences naturelles. *Des muséums.*
ÉTYM. latin *museum* → musée.

MUSICAL, ALE, AUX [myzikal, o] adj. 1. Qui est propre, appartient à la musique, concerne la musique. *Son musical. Notation musicale.* – *Critique musical.* ♦ Où il y a de la musique. *Soirée musicale.* → **concert, récital.** *Comédie musicale,* en partie chantée (spécialt film). 2. Qui a les caractères de la musique. *Une voix très musicale.* SYN. **harmonieux, mélodieux.**

MUSICALEMENT [myzikalmɑ̃] adv. 1. En ce qui concerne la musique. 2. D'une manière harmonieuse.

MUSICALITÉ [myzikalite] n. f. ✦ Qualité de ce qui est musical. *La musicalité d'un poème.* ☛ Littérature p. 124.

MUSIC-HALL [myzikol] n. m. ✦ anglicisme Établissement qui présente un spectacle de variétés. *Chanteuse de music-hall. Des music-halls.* – Ce genre de spectacle. *Aimer le music-hall.*
ÉTYM. anglais *music hall* «salle *(hall)* de musique».

MUSICIEN, IENNE [myzisjɛ̃, jɛn] n. 1. Personne qui connaît l'art de la musique ; qui est capable d'apprécier la musique. – adj. *Elle est très musicienne.* 2. Personne dont la profession est de composer, d'exécuter, de diriger de la musique (compositeur, interprète, chef d'orchestre...). ♦ spécialt Compositeur. *Les grands musiciens.* – Instrumentiste. *Les musiciens qui accompagnent un chanteur. Musicien virtuose.*
ÉTYM. de *musique.*

MUSICO- Élément, du latin *musica* «musique» (ex. *musicothérapie*).

MUSICOLOGIE [myzikɔlɔʒi] n. f. ✦ DIDACT. Science de la théorie, de l'esthétique et de l'histoire de la musique.
▶ **MUSICOLOGUE** [myzikɔlɔg] n.
ÉTYM. de *musico-* et *-logie.*

MUSIQUE [myzik] n. f. **I** 1. Art de combiner des sons d'après des règles (variables selon les lieux et les époques), d'organiser une durée avec des éléments sonores ; production de cet art (sons ou œuvres). *Un amateur de musique* (→ **mélomane**). *Musique classique* (FAM. ***grande musique***). *Musique moderne, contemporaine. Musique vocale.* → ① **chant, voix.** *Musique instrumentale. Musique de chambre,* écrite pour un petit nombre de musiciens. *Musique militaire. Musique électroacoustique.* – loc. *Dîner, travailler en musique,* en écoutant de la musique. 2. Œuvre musicale écrite. *Marchand de musique. Jouer sans musique.* SYN. **partition.** 3. VX Ensemble de musiciens réunis pour jouer. SYN. **formation, orchestre.** MOD. *La musique d'un régiment,* les musiciens du régiment. SYN. **clique, fanfare.** *Marcher musique en tête.* 4. FAM. (en parlant des discours) *C'est toujours la même musique.* SYN. **chanson, disque, histoire.** – FAM. *Connaître la musique,* savoir de quoi il retourne, savoir comment s'y prendre. **II** 1. Suite, ensemble de sons rappelant la musique. SYN. **bruit, harmonie, mélodie.** *La musique des cigales, du vent.* 2. Harmonie. *La musique d'une langue, d'un poème.*
ÉTYM. latin *musica,* du grec *mousikê* «art des *Muses*». ☛ MUSES (noms propres).

MUSLI → MUESLI

MUSQUÉ, ÉE [myske] adj. 1. Parfumé au musc. 2. (animaux) Dont l'odeur rappelle celle du musc. *Rat musqué. Bœuf musqué.*
ÉTYM. de *musc.*

MUSTANG [mystɑ̃g] n. m. ✦ Cheval à demi sauvage des prairies d'Amérique. *Des mustangs.*
ÉTYM. mot américain, de l'espagnol *mestengo.*

MUSULMAN, ANE [myzylmɑ̃, an] adj. et n. 1. Qui professe la religion de Mahomet, l'islam*. *Arabes, Indiens musulmans.* – n. *Les musulmans.* 2. Propre à l'islam, relatif ou conforme à sa loi, à ses rites. SYN. **islamique.** *Le calendrier musulman.*
ÉTYM. arabe *muslim,* de *aslama* «se soumettre (à Dieu)».

MUTAGÈNE [mytaʒɛn] adj. ✦ BIOL. Qui provoque des mutations. *Radiations mutagènes.*
ÉTYM. de *mutation* et *-gène.*

MUTANT, ANTE [mytɑ̃, ɑ̃t] **adj.** ✦ BIOL. Qui présente, qui a subi une mutation (II). *Gènes mutants.* – **n.** *Un mutant*, descendant d'une lignée chez lequel apparaît une mutation ; être qui a subi une modification physique ou mentale, dans les récits de science-fiction.
ÉTYM. du participe présent de *muter.*

MUTATION [mytasjɔ̃] **n. f.** **I** **1.** Changement, évolution. *Une économie en pleine mutation.* **2.** Affectation à un autre poste. **3.** Transmission d'un droit de propriété ou d'usufruit. *Droits de mutation.* **II** BIOL. Variation brusque d'un caractère héréditaire (propre à l'espèce ou à la lignée) par changement dans le nombre ou dans la qualité des gènes.
ÉTYM. latin *mutatio.*

MUTER [myte] **v.** (conjug. 3a) **1. v. tr.** Affecter (qqn) à un autre poste, à un autre emploi. SYN. **déplacer.** *Il a été muté en province.* **2. v. intr.** Subir une mutation (II). *Gène qui mute.*
ÉTYM. latin *mutare.*

MUTILANT, ANTE [mytilɑ̃, ɑ̃t] **adj.** ✦ MÉD. Qui peut produire une mutilation. *Une opération mutilante.*
ÉTYM. du participe présent de *mutiler.*

MUTILATION [mytilasjɔ̃] **n. f.** **1.** Ablation ou détérioration (d'un membre, d'une partie externe du corps). **2.** Dégradation. *Mutilation de statues.* **3.** Coupure, perte (d'un fragment de texte).
ÉTYM. latin *mutilatio.*

MUTILER [mytile] **v. tr.** (conjug. 3a) **1.** Altérer (un être humain, un animal) dans son intégrité physique par une grave blessure. *Il a été mutilé du bras droit.* **2.** Détériorer, endommager. *Mutiler un arbre.* **3.** Altérer (un texte, un ouvrage littéraire) en retranchant une partie essentielle. SYN. **amputer, tronquer.**
► **MUTILÉ, ÉE adj.** *Bras mutilé.* – *Blessés gravement mutilés.* ◆ **n.** Personne qui a subi une mutilation. *Mutilé de guerre.* SYN. **blessé, invalide.** *Les mutilés de la face (→ gueule* cassée).*
ÉTYM. latin *mutilare*, de *mutilus* «mutilé, tronqué».

MUTIN, INE [mytɛ̃, in] **n. m. et adj.**
I n. m. Personne qui se révolte avec violence. SYN. **rebelle** ; → **mutinerie.**
II adj. (affaiblissement de sens) LITTÉR. Qui est d'humeur taquine, qui aime à plaisanter. SYN. **badin, gai.** – *Un petit air mutin.* SYN. **espiègle.**
ÉTYM. de *meute* au sens ancien de «émeute».

se **MUTINER** [mytine] **v. pron.** (conjug. 3a) ✦ Se dresser collectivement contre une autorité, avec violence. SYN. se **rebeller**, se **révolter.**
► **MUTINÉ, ÉE adj. et n.** Révolté. *Des marins mutinés.*
ÉTYM. de *mutin* (I).

MUTINERIE [mytinʀi] **n. f.** ✦ Action de se mutiner ; son résultat. SYN. **insurrection, révolte.** *Mutinerie de troupes, de prisonniers.*
ÉTYM. de *mutin.*

MUTISME [mytism] **n. m.** **1.** Refus ou incapacité psychologique de parler (→ **muet**). **2.** Attitude, état d'une personne qui refuse de parler. *S'enfermer dans un mutisme obstiné.* CONTR. **bavardage, loquacité.**
ÉTYM. du latin *mutus* «muet».

MUTITÉ [mytite] **n. f.** ✦ Impossibilité physiologique de parler. → **surdi-mutité ; aphasie.**
ÉTYM. latin *mutitas* «mutisme».

MUTUALISER [mytɥalize] **v. tr.** (conjug. 3a) ✦ Mettre en commun. *Mutualiser les expériences.* SYN. **partager.**
► **MUTUALISATION** [mytɥalizasjɔ̃] **n. f.**

MUTUALISME [mytɥalism] **n. m.** ✦ Doctrine économique basée sur la mutualité.
► **MUTUALISTE** [mytɥalist] **adj. et n.** *Assurances mutualistes.*
ÉTYM. de *mutuel.*

MUTUALITÉ [mytɥalite] **n. f.** ✦ Forme de prévoyance volontaire par laquelle des personnes s'assurent réciproquement. SYN. **mutuelle.** *Il faut cotiser pour bénéficier de la mutualité.*
ÉTYM. de *mutuel.*

MUTUEL, ELLE [mytɥɛl] **adj.** **1.** Qui implique un rapport double et simultané, un échange d'actes, de sentiments. SYN. **réciproque.** *Tolérance, responsabilité mutuelle. Des concessions mutuelles.* **2.** Qui suppose un échange d'actions et de réactions. *Établissement, société d'assurance mutuelle.* – **n. f.** *Une mutuelle*, société de mutualité. *Les adhérents d'une mutuelle.*
ÉTYM. du latin *mutuus*, de *mutare* «changer, échanger».

MUTUELLEMENT [mytɥɛlmɑ̃] **adv.** ✦ D'une manière qui implique un échange. SYN. **réciproquement.**
ÉTYM. de *mutuel.*

MYCÉLIUM [miseljɔm] **n. m.** ✦ BOT. Filaments souterrains provenant des spores, formant l'appareil végétatif des champignons.
ÉTYM. latin mod., du grec *mukês* «champignon».

MYCÉNIEN, IENNE [misenjɛ̃, jɛn] **adj.** ✦ De Mycènes (☞ noms propres), de sa civilisation (en Grèce, avant les Hellènes).

MYCO-, -MYCE Éléments savants, du grec *mukês* «champignon» (ex. *mycologie ; streptomycine*).

MYCOLOGIE [mikɔlɔʒi] **n. f.** ✦ DIDACT. Étude des champignons.
ÉTYM. de *myco-* et *-logie.*

MYCOPLASME [mikoplasm] **n. m.** ✦ BIOL. Bactérie dépourvue de paroi dont plusieurs espèces sont pathogènes.
ÉTYM. de *myco-* et du grec *plasma* «chose façonnée».

MYCOSE [mikoz] **n. f.** ✦ MÉD. Affection provoquée par des champignons microscopiques. *Mycose cutanée.*
ÉTYM. de *myco-* et ② *-ose.*

MYÉLINE [mjelin] **n. f.** ✦ ANAT. Substance composée de lipides et de protides gainant certaines fibres nerveuses.
ÉTYM. de *myél(o)-* et *-ine.*

MYÉL(O)-, -MYÉLITE Éléments savants, du grec *muelos* «moelle» (ex. *poliomyélite*).

MYGALE [migal] **n. f.** ✦ Grande araignée fouisseuse, velue.
ÉTYM. grec *mugaleê*, d'abord «musaraigne», de *mus* «souris» et *galeê* «belette».

MY(O)- Élément savant, du grec *mus, muos* «muscle».

MYOCARDE [mjɔkaʀd] **n. m.** ✦ Muscle qui constitue la partie contractile du cœur. *Infarctus du myocarde.*
ÉTYM. de *myo-* et *-carde.*

MYOPATHIE [mjɔpati] **n. f.** ✦ MÉD. Maladie des muscles. ➡ **spécialt** *Myopathie (primitive progressive)* : atrophie progressive des muscles.
ÉTYM. de *myo-* et *-pathie.*

MYOPE [mjɔp] **n.** et **adj. 1. n.** Personne qui a la vue courte ; qui ne voit distinctement que les objets rapprochés (s'oppose à *presbyte*). **2. adj.** Atteint de myopie. ➡ FAM. *Il, elle est myope comme une taupe.* ◆ **fig.** Qui manque de perspicacité, de largeur de vue.
ÉTYM. bas latin *myops*, du grec *muôps, muôpos*, de *muein* «fermer» et *ôps* «œil».

MYOPIE [mjɔpi] **n. f.** ✦ Anomalie visuelle du myope, difficulté à voir de loin. ◆ **fig.** *Myopie intellectuelle.*
ÉTYM. grec *muôpia.*

MYOSOTIS [mjɔzɔtis] **n. m.** ✦ Plante à petites fleurs bleues qui croît dans les lieux humides. *Le myosotis est aussi appelé «ne m'oubliez pas».*
ÉTYM. mot latin, du grec *muosôton* «oreille (*ôton*, de *ous, ôtos*) de souris (*mus*)».

MYRIADE [miʀjad] **n. f.** ✦ Très grand nombre ; quantité immense.
ÉTYM. grec *muriades* «dix mille», de *murios* «innombrable».

MYRIAPODES [miʀjapɔd] **n. m. pl.** ✦ ZOOL. Classe d'animaux arthropodes à nombreuses pattes (millepattes). ➡ **au sing.** *Un myriapode.*
ÉTYM. du grec *murias* «dizaine de mille» et de *-pode.*

MYRMÉCO- Élément savant, du grec *murmêx* «fourmi» (ex. *myrmécologie* **n. f.** ; *myrmécophile* **adj.** «qui vit en association avec les fourmis»).

MYRRHE [miʀ] **n. f.** ✦ Gomme résine aromatique fournie par un arbuste originaire d'Arabie (le balsamier). *L'or, l'encens et la myrrhe offerts à Jésus par les Rois mages.* HOM. MIRE «cible»
ÉTYM. latin *myrrha*, du grec *murra.*

MYRTE [miʀt] **n. m. 1.** Arbre ou arbrisseau à feuilles persistantes, à petites fleurs blanches odorantes. **2.** Feuille de myrte (consacrée à Vénus et associée au laurier comme emblème de gloire).
ÉTYM. latin *myrtus*, du grec *murtos*, emprunt sémitique ou d'une autre langue orientale.

MYRTILLE [miʀtij] **n. f.** ✦ Baie noire comestible produite par un arbrisseau des montagnes. SYN. **airelle, bleuet** (Québec). *Tarte aux myrtilles.* ◆ Arbrisseau qui produit cette baie.
ÉTYM. latin médiéval *myrtillus*, diminutif de *myrtus* «myrte».

① **MYSTÈRE** [mistɛʀ] **n. m.** **I 1.** Rite, culte religieux secret. *Les mystères d'Éleusis.* **2.** RELIG. CHRÉT. Dogme révélé, inaccessible à la raison. *Le mystère de la Trinité.* **II** Chose cachée, secrète. **1.** Ce qui est (ou est cru) inaccessible à la raison humaine. *Le mystère de la nature.* **2.** Ce qui est inconnu, caché (mais qui peut être connu de quelques personnes) ou difficile à comprendre. SYN. ② **secret.** *Il y a un mystère là-dessous. Voilà la solution du mystère.* SYN. **énigme. 3.** Ce qui a un caractère incompréhensible, très obscur. *L'électronique n'a plus de mystère pour lui.* **4.** Ensemble des précautions que l'on prend pour rendre incompréhensible, pour cacher. *S'envelopper, s'entourer de mystère. Ce n'est pas la peine d'en faire un mystère.* SYN. ② **secret.** *Chut ! Mystère.* SYN. **discrétion, silence.** loc. FAM. *Mystère et boule de gomme !* **III** (nom déposé) Pâtisserie glacée au cœur de meringue.
ÉTYM. latin *mysterium*, du grec *musterion*, de *mustês* «initié».

② **MYSTÈRE** [mistɛʀ] **n. m.** ✦ **au Moyen Âge** Genre théâtral qui mettait en scène des sujets religieux. SYN. **miracle** (2).
ÉTYM. confusion entre *mysterium* (→ ① mystère) et *ministerium* (→ ministère).

MYSTÉRIEUSEMENT [misteʀjøzmɑ̃] **adv.** ✦ D'une manière mystérieuse, cachée, secrète.

MYSTÉRIEUX, EUSE [misteʀjø, øz] **adj. 1.** Qui est incompréhensible ou évoque la présence de forces cachées. ➡ **énigmatique, impénétrable,** ① **secret.** *Une mystérieuse coïncidence.* ➡ *«L'Île mystérieuse»* (de Jules Verne). **2.** Qui est difficile à comprendre, à expliquer. *Des paroles mystérieuses.* SYN. **sibyllin. 3.** Dont la nature, le contenu sont tenus cachés. SYN. ① **secret.** *Un mystérieux rendez-vous.* **4.** Qui cache, tient secret qqch. SYN. ① **secret.** *Un homme très mystérieux.* CONTR. **clair, évident • connu, public.**
ÉTYM. de ① *mystère.*

MYSTICISME [mistisism] **n. m. 1.** Croyances et pratiques se donnant pour objet une union intime de l'homme et du principe de l'être (divinité). ➡ **contemplation, extase ; mystique.** *Mysticisme chrétien, islamique.* **2.** Croyance, doctrine philosophique faisant une part essentielle au sentiment, à l'intuition.
ÉTYM. de *mystique.*

MYSTIFIANT, ANTE [mistifjɑ̃, ɑ̃t] **adj.** ✦ Qui mystifie (2). *Une propagande mystifiante.*
ÉTYM. du participe présent de *mystifier.*

MYSTIFICATEUR, TRICE [mistifikatœʀ, tʀis] **n.** ✦ Personne qui aime à mystifier. SYN. **farceur,** ② **fumiste.** *Un mystificateur littéraire.* ➡ *Intentions mystificatrices.* CONTR. **démystificateur.**
ÉTYM. de *mystifier.*

MYSTIFICATION [mistifikasjɔ̃] **n. f. 1.** Acte ou propos destiné à mystifier qqn, à abuser de sa crédulité. SYN. FAM. ② **blague, canular.** *Être le jouet d'une mystification.* **2.** Tromperie collective. *Considérer la religion, le communisme comme une mystification.* CONTR. **démystification.**
ÉTYM. de *mystifier.*

MYSTIFIER [mistifje] **v. tr.** (conjug. 9) **1.** Tromper (qqn) en abusant de sa crédulité et pour s'amuser à ses dépens. SYN. **abuser, duper, leurrer.** *Les naïfs qu'on mystifie.* **2.** Tromper collectivement sur le plan intellectuel, moral, social. *Mystifier un peuple par la propagande.* CONTR. **démystifier.**
ÉTYM. du grec *mustês* «initié», suffixe *-ifier.*

MYSTIQUE [mistik] **adj.** et **n.**
I adj. 1. Qui concerne les pratiques, les croyances visant à une union entre l'homme et la divinité. *Extase, expérience mystique.* **2.** (personnes) Prédisposé au mysticisme, à une foi intense et intuitive. ◆ **n.** *Un, une*

mystique. Les grands mystiques chrétiens, musulmans. **3.** Qui a un caractère exalté, absolu, intuitif. *Amour, patriotisme mystique.*
II n. f. **1.** Pratiques du mysticisme. **2.** Système d'affirmations absolues à propos de ce à quoi on attribue une vertu suprême. *La mystique de la force, de la paix.*
ÉTYM. latin *mysticus*, du grec *mustikos* «relatif aux mystères».

MYTHE [mit] **n. m.** **1.** Récit fabuleux, souvent d'origine populaire, qui met en scène des êtres (dieux, demi-dieux, héros, animaux, forces naturelles) symbolisant des énergies, des puissances, des aspects de la condition humaine. SYN. **fable, légende** ; → **mythologie.** *Les grands mythes grecs* (Orphée, Prométhée...). *Les mythes amérindiens.* ◆ Représentation de faits ou de personnages réels ou imaginaires déformés ou amplifiés par la tradition. SYN. **légende.** *Le mythe de Faust, de don Juan, de Napoléon.* **2.** Chose imaginaire. FAM. *Son oncle à héritage ? C'est un mythe !*, il n'existe pas. **3.** Représentation idéalisée de l'état de l'humanité. *Le mythe de l'âge d'or, du paradis perdu.* SYN. **utopie.** ➛ Image simplifiée que des groupes humains élaborent ou acceptent au sujet d'un individu, d'un groupe, d'un fait. *Le mythe de la révolution, de l'argent.*
HOM. ① MITE «insecte»
ÉTYM. bas latin *mythos*, du grec *muthos* «récit, fable».

MYTHIFIER [mitifje] **v. tr.** (conjug. 9) ✦ DIDACT. Instaurer en tant que mythe. *Mythifier la réussite.* CONTR. **démythifier.**
ÉTYM. de *mythe*, suffixe *-ifier.*

MYTHIQUE [mitik] **adj.** ✦ Du mythe. *Inspiration, tradition mythique. Un héros mythique.* SYN. **fabuleux, imaginaire, légendaire.** CONTR. **historique, réel.**
ÉTYM. bas latin *mythicus*, du grec.

MYTHO- Élément savant, du grec *muthos* «parole, discours», qui signifie «fable, légende».

MYTHOLOGIE [mitɔlɔʒi] **n. f.** **1.** Ensemble des mythes (1), des légendes (propres à un peuple, à une civilisation, à une religion). *La mythologie hindoue, grecque.* ➛ spécialt La mythologie gréco-latine. *Les dieux de la mythologie.* **2.** Ensemble de mythes (3). *La mythologie de la vedette.* «*Mythologies*» (ouvrage de R. Barthes).
ÉTYM. bas latin *mythologia*, du grec → mythe et -logie.

MYTHOLOGIQUE [mitɔlɔʒik] **adj.** ✦ Qui a rapport ou appartient à la mythologie. *Récits mythologiques.* SYN. **fabuleux.** *Divinités mythologiques.*

MYTHOMANE [mitɔman] **adj.** ✦ Qui est atteint de mythomanie. SYN. **fabulateur.** ➛ **n.** *Un, une mythomane.*
ÉTYM. de *mytho-* et ② *-mane.*

MYTHOMANIE [mitɔmani] **n. f.** ✦ Tendance pathologique à la fabulation, à la simulation par le mensonge.
ÉTYM. de *mytho-* et *manie.*

MYTIL(I)- Élément, du latin *mytilus*, du grec *mutilos* «coquillage, moule».

MYTILICULTURE [mitilikyltyʀ] **n. f.** ✦ DIDACT. Élevage des moules.
► **MYTILICULTEUR, TRICE** [mitilikyltœʀ, tʀis] **n.**

MYXŒDÈME [miksedɛm] **n. m.** ✦ MÉD. Troubles dus à une insuffisance thyroïdienne (œdème, goitre, anomalies sexuelles, intellectuelles).
► **MYXŒDÉMATEUX, EUSE** [miksedematø, øz] **adj. et n.**
ÉTYM. du grec *muxa* «morve» et *oidêma* «gonflement».

MYXOMATOSE [miksɔmatoz] **n. f.** ✦ DIDACT. Grave maladie infectieuse et contagieuse du lapin.
ÉTYM. de *myxome*, du grec *muxa* «morve».

N

N [ɛn] **n. m. invar. 1.** Quatorzième lettre, onzième consonne de l'alphabet. **2.** abrév. *N°* ou *n°* : numéro. **3.** abrév. *N.* : nord. **4.** (symboles mathématiques) *n* : désigne un nombre indéterminé. → **énième.** ➛ ℕ : ensemble des entiers naturels. **5.** *n* [nano] Nano-. *nm* : nanomètre (10^{-9} m). **6.** *N* [ɛn] CHIM. Symbole de l'azote. HOM. AINE «partie du corps», HAINE «hostilité»

NA [na] **interj.** ✦ FAM. (renforçant une affirmation ou une négation) *C'est bien fait, na !*
ÉTYM. onomatopée.

Na [ɛna] ✦ CHIM. Symbole du sodium.

NABAB [nabab] **n. m. 1.** HIST. Titre donné dans l'Inde musulmane aux grands dignitaires, aux gouverneurs de provinces. **2.** Personnage très riche qui vit avec faste.
ÉTYM. mot hindi, emprunté à l'arabe.

NABI [nabi] **n. m.** ✦ ARTS Membre d'un groupe de jeunes peintres indépendants (tels Maurice Denis, Bonnard, Vuillard), constitué en 1888.
ÉTYM. mot hébreu «prophète».

NABOT, OTE [nabo, ɔt] **n.** ✦ péj. Personne de très petite taille. → **nain.**
ÉTYM. probablement altération de *nain bot.*

NACELLE [nasɛl] **n. f. 1.** VX ou POÉT. Petit bateau à rames, sans voile. **2.** Panier fixé sous un aérostat, où se tiennent les passagers.
ÉTYM. bas latin *navicella* «petit bateau (*navis*)».

NACRE [nakʀ] **n. f.** ✦ Substance irisée qui tapisse intérieurement la coquille de certains mollusques. *Boutons de nacre.*
ÉTYM. italien *naccaro*, emprunté à l'arabe.

NACRÉ, ÉE [nakʀe] **adj.** ✦ Qui a l'aspect irisé de la nacre. *Vernis à ongles nacré.*
ÉTYM. de *nacre.*

NADIR [nadiʀ] **n. m.** ✦ DIDACT. Point imaginaire de la sphère céleste diamétralement opposé au zénith, et qui se trouve à la verticale de l'observateur, vers le bas.
ÉTYM. arabe *nazir* «opposé (au soleil)».

NÆVUS [nevys] **n. m.** ✦ Tache pigmentée sur la peau. → **envie, grain** de beauté. *Des nævus* ou parfois *des nævi* (plur. latin).
ÉTYM. mot latin «tache, verrue».

NAGE [naʒ] **n. f. 1.** Action, manière de nager. → **natation ; brasse, crawl, papillon.** *Nage sur le dos.* **2.** *À LA NAGE* **loc. adv.** : en nageant. ♦ fig. CUIS. Cuit au court-bouillon (crustacés, coquillages). **3.** *Être EN NAGE*, inondé de sueur.
ÉTYM. de *nager.*

NAGEOIRE [naʒwaʀ] **n. f.** ✦ Organe membraneux qui sert d'appareil propulseur aux poissons et à certains animaux marins. *Nageoire caudale, dorsale, ventrale.*
ÉTYM. de *nager.*

NAGER [naʒe] **v. intr.** (conjug. 5) **I** MAR. Faire avancer un bateau à la rame. SYN. ① **ramer. II** COUR. **1.** (êtres vivants) Se mouvoir sur ou dans l'eau par des mouvements appropriés. *Nager comme un poisson. Il ne sait pas nager.* ➛ loc. *Nager entre deux eaux* : ménager deux partis, ne pas s'engager à fond. ♦ trans. Pratiquer (un genre de nage) ; parcourir à la nage. *Nager le crawl. Nager un cent mètres.* **2.** Être immergé dans un liquide (trop) abondant. *Légumes qui nagent dans la sauce.* **3.** fig. Être dans la plénitude d'un sentiment, d'un état. SYN. **baigner.** *Il nage dans le bonheur.* **4.** FAM. Être au large (dans ses vêtements). *Il nage dans son costume.* **5.** FAM. Être dans l'embarras. *Je ne comprends rien, je nage complètement.* SYN. **patauger.**
ÉTYM. latin *navigare* «naviguer» ; doublet de *naviguer.*

NAGEUR, EUSE [naʒœʀ, øz] **n.** ✦ Personne qui nage, qui sait nager. *Un bon nageur.* ➛ *Maître* nageur.*

NAGUÈRE [nagɛʀ] **adv. 1.** LITTÉR. Il y a peu de temps. SYN. **récemment.** «*Jadis et Naguère*» (poèmes de Verlaine). **2.** abusivt Autrefois.
ÉTYM. soudure de *n'a guère(s)* «il n'y a guère».

NAÏADE [najad] **n. f.** ✦ MYTHOL. Divinité féminine des rivières et des sources. → **nymphe.**
ÉTYM. latin *naias, naiadis*, du grec, de *naein* «couler».

NAÏF, NAÏVE [naif, naiv] **adj. 1.** LITTÉR. Qui est naturel, sans artifice, spontané. ♦ *ART NAÏF*, art figuratif, pratiqué par des autodidactes, en dehors des théories artistiques. ➛ *Un peintre naïf.* **2.** COUR. Qui est plein de confiance et de simplicité par ignorance, par inexpérience. SYN. **candide, ingénu, simple.** *Un garçon naïf.* ➝ Qui exprime des choses simples que tout le monde sait. *Remarque naïve.* **3.** Qui est d'une crédulité, d'une confiance excessive, irraisonnée. SYN. **crédule, niais.** ➝ n. *Vous me prenez pour un naïf !* CONTR. **habile, méfiant, rusé.**

ÉTYM. latin *nativus* «qui naît ; naturel» ; doublet de *natif.*

NAIN, NAINE [nɛ̃, nɛn] **n. et adj.**

I n. **1.** Personne d'une taille anormalement petite ou atteinte de nanisme* (REM. Par égard pour ces personnes, on dit aussi *personne de petite taille*). **2.** Personnage légendaire de taille minuscule (gnome, farfadet, lutin). *Blanche-Neige et les sept nains.*

II adj. **1.** (personnes) *Elle est presque naine.* **2.** (espèces végétales, animales) *Rosier nain. Poule naine.* **3.** *Étoile naine,* petite et de forte densité. CONTR. **géant.**

ÉTYM. latin *nanus*, du grec *nanos.*

NAISSAIN [nɛsɛ̃] **n. m.** ✦ *Le naissain, du naissain :* embryons ou larves de coquillages (huîtres, moules, coquilles Saint-Jacques...) avant leur fixation.

ÉTYM. de *naître.*

NAISSANCE [nɛsɑ̃s] **n. f.** **I 1.** Commencement de la vie hors de l'organisme maternel. *Donner naissance à :* enfanter. ➝ *DE NAISSANCE :* qui n'est pas acquis. ➝ **congénital.** *Aveugle de naissance.* ♦ *Nombre des naissances.* ➝ **natalité.** *Contrôle, planification des naissances* (➝ **fécondité**). ☛ Géographie p. 222. ♦ (animaux) *La naissance d'un poussin,* sa sortie hors de l'œuf. **2.** Mise au monde d'un enfant. SYN. **accouchement ;** ➝ **natal.** *Naissance à terme.* **3.** VIEILLI Origine, extraction. *Être de bonne, de haute naissance.* **II** fig. **1.** Commencement, apparition. *Naissance d'un conflit, d'une passion. Prendre naissance :* commencer. *Donner naissance à.* ➝ **créer, engendrer, provoquer.** **2.** Point, endroit où commence qqch. *La naissance du cou.*

ÉTYM. de *naître.*

NAISSANT, ANTE [nɛsɑ̃, ɑ̃t] **adj.** **1.** Qui commence à apparaître, à se développer. *Barbe naissante. Jour naissant.* ➝ fig. *Un amour naissant.* **2.** CHIM. *État naissant,* d'un corps qui vient d'être libéré dans une réaction. CONTR. **finissant, mouvant.**

ÉTYM. du participe présent de *naître.*

NAÎTRE [nɛtʀ] **v. intr.** (conjug. 53) **I 1.** Venir au monde, sortir de l'organisme maternel. *Enfant qui vient de naître,* nouveau-né. *Le pays où qqn est né.* ➝ **natal ; natif.** ➝ impers. *Il naît plus de filles que de garçons.* ➝ *Naître, être né de :* être l'enfant de. **2.** LITTÉR. *NAÎTRE À :* s'éveiller à. *Naître à l'amour.* **II** fig. (choses) Commencer à exister. *Une nouvelle science est née.* ➝ *Faire naître :* susciter, provoquer. ➝ *NAÎTRE DE :* être causé par. *La superstition naît de l'ignorance.*

ÉTYM. latin tardif *nascere*, du classique *nasci.*

NAÏVEMENT [naivmɑ̃] **adv.** ✦ D'une manière naïve. SYN. **ingénument.**

ÉTYM. de *naïf.*

NAÏVETÉ [naivte] **n. f.** **1.** VX Caractère naturel, simple et vrai (➝ **naïf,** 1). **2.** Simplicité, grâce naturelle empreinte de confiance et de sincérité. SYN. **candeur, ingénuité.** *La naïveté de l'enfance.* **3.** Excès de confiance, de crédulité. *Il est d'une naïveté touchante.* ➝ *La naïveté d'une question. Il a eu la naïveté de le croire.* CONTR. **astuce, finesse, méfiance.**

ÉTYM. de *naïf.*

NAJA [naʒa] **n. m.** ✦ ZOOL. Cobra.

ÉTYM. mot de Ceylan, de l'hindi *nag* «serpent».

NANA [nana] **n. f.** ✦ FAM. Jeune fille, jeune femme. *Les mecs et les nanas. C'est sa nana,* son amie, sa compagne.

ÉTYM. diminutif du prénom *Anne, Anna.*

NANAN [nanɑ̃] **n. m.** ✦ FAM. et VX Friandise. ➝ MOD. *C'est du nanan :* c'est très agréable, très facile.

ÉTYM. origine onomatopéique.

NANDOU [nɑ̃du] **n. m.** ✦ ZOOL. Grand oiseau coureur des pampas (plus petit que l'autruche). *Des nandous.*

ÉTYM. mot amérindien du Brésil (tupi-guarani), par l'espagnol.

NANISME [nanism] **n. m.** ✦ Anomalie physique caractérisée par la petitesse de la taille, très inférieure à la moyenne (➝ **nain**). CONTR. **gigantisme.**

ÉTYM. du latin *nanus* «nain».

NANO- Élément, du grec *nanos* «nain», qui signifie «petit», et qui divise par 10^9 l'unité dont il précède le nom (symb. n) (ex. *nanoseconde* [ns], *nanomètre* [nm]).

NANOMATÉRIAU [nanomateʀjo] **n. m.** ✦ Matériau dont la taille nanométrique lui confère des propriétés particulières.

NANOMÈTRE [nanɔmɛtʀ] **n. m.** ✦ Unité de mesure de longueur (symb. nm) valant un millième de micromètre, un milliardième de mètre. *Un nanomètre* (10^{-9}m).

► **NANOMÉTRIQUE** [nanɔmetʀik] **adj.**

NANOPARTICULE [nanopaʀtikyl] **n. f.** ✦ Particule de taille nanométrique (inférieure à 100 nanomètres). *Propriétés bactéricides des nanoparticules d'argent.*

NANOTECHNOLOGIE [nanotɛknɔlɔʒi] **n. f.** ✦ Technologie de pointe qui s'intéresse aux objets à l'échelle moléculaire ou atomique.

ÉTYM. anglais *nanotechnology* ➝ nano- et technologie.

NANTIR [nɑ̃tiʀ] **v. tr.** (conjug. 13) ✦ Mettre (qqn) en possession de qqch. SYN. **munir, pourvoir.** *On l'a nanti d'un titre.* CONTR. **démunir, priver.**

► **NANTI, IE adj.** *Des gens nantis, bien nantis,* riches. ➝ n. péj. *Les nantis.*

ÉTYM. de l'ancien français *nant* «gage, caution», origine scandinave.

NANTISSEMENT [nɑ̃tismɑ̃] **n. m.** ✦ DR. Garantie en nature que le débiteur remet à un créancier. SYN. **gage.**

ÉTYM. de *nantir.*

NAPALM [napalm] **n. m.** ✦ Essence solidifiée. *Bombes au napalm.*

ÉTYM. mot américain, de *naphtenate* (➝ naphte) et *palmitate* (famille de *palme*).

NAPHTALINE [naftalin] **n. f.** ✦ Produit antimite fait d'un dérivé du goudron de houille.

ÉTYM. mot anglais ; famille de *naphte.*

NAPHTE [naft] **n. m.** **1.** Pétrole brut. **2.** Produit distillé du pétrole, utilisé comme combustible, dissolvant, etc.

ÉTYM. latin *naphta*, du grec «bitume», de l'araméen *naphta, nephta*, emprunt à une langue de Mésopotamie.

NAPOLÉON [napɔleɔ̃] **n. m.** ✦ Ancienne pièce d'or de vingt francs à l'effigie de Napoléon. SYN. **louis.** *Des napoléons.*

NAPOLÉONIEN, IENNE [napɔleɔnjɛ̃, jɛn] **adj.** ✦ Qui a rapport à Napoléon Ier ou à Napoléon III. ☛ noms propres.

NAPOLITAIN, AINE [napɔlitɛ̃, ɛn] **adj.** et **n.** 1. De Naples. 2. *Tranche napolitaine* : glace disposée en couches diversement parfumées.
ÉTYM. italien *napoletano*, de *Napoli* «Naples». ☛ noms propres.

NAPPE [nap] **n. f.** I Linge qui sert à couvrir la table du repas. – par ext. *Nappe en papier.* II fig. Vaste couche ou étendue plane (de fluide). *Des nappes de brume.* – *Nappe d'eau. Nappe phréatique*.*
ÉTYM. latin *mappa* «serviette de table».

NAPPER [nape] **v. tr.** (conjug. 3a) ✦ Recouvrir (un mets) d'une couche de sauce, de gelée, etc.
► **NAPPAGE** [napaʒ] **n. m.** *Nappage au chocolat.*
ÉTYM. de *nappe*.

NAPPERON [napʀɔ̃] **n. m.** ✦ Petit linge décoratif isolant un objet du meuble qui le supporte.
ÉTYM. diminutif de *nappe*.

NARCISSE [naʀsis] **n. m.** I Plante bulbeuse à fleurs blanches très odorantes, ou jaunes. → **coucou, jonquille.** II LITTÉR. Homme qui se contemple, s'admire.
ÉTYM. latin *narcissus*, du grec *narkissos*, du nom d'un personnage mythologique. ☛ NARCISSE (noms propres).

NARCISSIQUE [naʀsisik] **adj.** et **n.** ✦ Qui relève du narcissisme. *Un comportement narcissique.*
ÉTYM. de *narcissisme*.

NARCISSISME [naʀsisism] **n. m.** 1. Admiration, contemplation de soi-même. 2. PSYCH. Fixation affective à soi-même.
ÉTYM. de *narcisse* (II).

NARCO- Élément, du grec *narkê* «torpeur», qui signifie «engourdissement» et par ext. «narcotique, drogue».

NARCOSE [naʀkoz] **n. f.** ✦ MÉD. Sommeil provoqué artificiellement (narcotique, hypnose...).
ÉTYM. grec *narkôsis*.

NARCOTIQUE [naʀkɔtik] **adj.** et **n. m.** 1. **adj.** Qui assoupit, engourdit la sensibilité. 2. **n. m.** Médicament qui provoque la narcose. SYN. **barbiturique, hypnotique.**
ÉTYM. grec *narkôtikos*.

NARD [naʀ] **n. m.** 1. Plante aromatique originaire de l'Inde *(nard indien)*. 2. Parfum tiré de cette plante.
ÉTYM. latin *nardus*, du grec *nardos*, mot hébreu.

NARGUER [naʀge] **v. tr.** (conjug. 3b) ✦ Braver avec un mépris moqueur. *Narguer qqn. Narguer le danger.*
ÉTYM. probablt latin populaire *naricare*, du latin *naris* «narine».

NARGUILÉ [naʀgile] **n. m.** ✦ Pipe orientale, à long tuyau souple communiquant avec un flacon d'eau aromatisée. SYN. **chicha.**
ÉTYM. mot persan.

NARINE [naʀin] **n. f.** ✦ Chacun des deux orifices extérieurs du nez. *Pincer les narines.*
ÉTYM. latin populaire *narina*, classique *naris* «narine, nez».

NARQUOIS, OISE [naʀkwa, waz] **adj.** ✦ Moqueur et malicieux. SYN. **ironique, railleur.** *Sourire narquois.*
► **NARQUOISEMENT** [naʀkwazmɑ̃] **adv.**
ÉTYM. peut-être de *narquin* «voleur», mot d'argot.

NARRATAIRE [naʀatɛʀ] **n. m.** ✦ Dans un récit, Lecteur virtuel, personne à laquelle s'adresse la personne qui raconte. *L'auteur, le narrateur et le narrataire.*
ÉTYM. de *narrateur* et suffixe *-aire*.

NARRATEUR, TRICE [naʀatœʀ, tʀis] **n.** ✦ Personne qui raconte (certains évènements). SYN. **conteur.** *Le narrateur, la narratrice* : dans un texte littéraire de fiction, la personne qui dit «je». ☛ Littérature p. 130. *L'auteur et le narrateur.*
ÉTYM. latin *narrator*.

NARRATIF, IVE [naʀatif, iv] **adj.** 1. Composé de récits ; propre à la narration. *Discours narratif.* ☛ Littérature p. 130. 2. Qui étudie le récit et ses caractéristiques. *Schéma narratif,* qui expose les étapes d'un récit (situation initiale, élément perturbateur, péripéties, élément de résolution, situation finale).
► **NARRATIVITÉ** [naʀativite] **n. f.**
ÉTYM. latin *narrativus*.

NARRATION [naʀasjɔ̃] **n. f.** 1. Exposé écrit et détaillé d'une suite de faits, dans une forme littéraire. SYN. **récit, relation.** ☛ Littérature p. 130. – GRAMM. *Présent de narration,* qui permet de raconter des évènements passés (ex. «Napoléon devient empereur en 1804»). 2. Exercice scolaire de rédaction.
ÉTYM. latin *narratio*.

NARRER [naʀe] **v. tr.** (conjug. 3a) ✦ LITTÉR. Raconter. SYN. **conter, relater.**
ÉTYM. latin *narrare*, de *gnarrus* «qui connaît».

NARTHEX [naʀtɛks] **n. m.** ✦ ARCHIT. Vestibule d'une église.
ÉTYM. mot grec.

NARVAL, ALS [naʀval] **n. m.** ✦ Grand cétacé des mers arctiques dont le mâle possède une longue défense horizontale.
ÉTYM. islandais ou ancien norrois, de *nar* «corps» et *hvalr* «baleine».

NASAL, ALE, AUX [nazal, o] **adj.** 1. Du nez. *Fosses nasales,* les deux cavités par lesquelles l'air pénètre en venant des narines. 2. Dont la prononciation comporte une résonance de la cavité nasale. *Consonnes (m, n, gn), voyelles nasales (an, en, in, on, un).* – **n.** *Une nasale.* HOM. NASEAU «narine d'animal»
ÉTYM. du latin *nasus* «nez».

NASE ou **NAZE** [naz] **adj.** ✦ FAM. En très mauvais état. *La télé est nase.* SYN. ② **fichu.** – (personnes) Très fatigué. SYN. **crevé.**
ÉTYM. p.-ê. de *nase* «maladie des chevaux, des moutons, morve».

NASEAU [nazo] **n. m.** ✦ Narine (de certains grands mammifères : cheval, etc.). *Les naseaux du dromadaire.* HOM. NASAUX (pluriel de *nasal* «du nez»)
ÉTYM. du latin *nasus* «nez».

NASILLARD, ARDE [nazijaʀ, aʀd] **adj.** ✦ Qui nasille. *Voix nasillarde.*
ÉTYM. de *nasiller*.

NASILLER [nazije] **v. intr.** (conjug. 3a) 1. Parler du nez. 2. (sujet chose) Faire entendre des sons qui rappellent la voix d'une personne parlant du nez. *Micro qui nasille.*
► **NASILLEMENT** [nazijmɑ̃] **n. m.**
ÉTYM. du latin *nasus* «nez».

A B C D E F G H I J K L M N O P Q R S T U V W X Y Z

NASSE [nas] **n. f.** ✦ Panier de pêche oblong, muni à son entrée d'un goulet.
ÉTYM. latin *nassa*.

NATAL, ALE, ALS [natal] **adj.** 1. Où l'on est né. *La maison natale d'un grand écrivain. Le pays natal.* 2. Relatif à la naissance.
ÉTYM. latin *natalis*.

NATALITÉ [natalite] **n. f.** ✦ Rapport entre le nombre des naissances et le chiffre de la population en un lieu et un temps donnés. *Taux de natalité* : nombre de naissances pour mille habitants au cours d'une année.
☛ Géographie p. 222.
ÉTYM. de *natal*.

NATATION [natasjɔ̃] **n. f.** ✦ Exercice, sport de la nage. *Épreuves de natation.*
ÉTYM. latin médiéval *natatio*.

NATATOIRE [natatwaʀ] **adj.** ✦ ZOOL. *Vessie* natatoire.*
ÉTYM. latin *natatorius* «qui sert à nager».

NATIF, IVE [natif, iv] **adj.** 1. *NATIF DE (tel lieu)* : qui est né à. SYN. **originaire.** – **n.** *Les natifs d'Alsace.* 2. Qu'on a de naissance. SYN. **inné, naturel.** *Fierté native.* 3. *Métal natif*, qui se trouve naturellement à l'état pur. *Or natif. L'aluminium n'existe pas à l'état natif.*
ÉTYM. latin *nativus* ; doublet de *naïf*.

NATION [nasjɔ̃] **n. f.** 1. Groupe humain assez vaste, qui se caractérise par la conscience d'appartenir à la même communauté historique, culturelle (et parfois linguistique) et la volonté de vivre ensemble. SYN. **peuple.** – **loc.** *La sagesse* des nations.* 2. Communauté politique établie sur un territoire défini, et personnifiée par une autorité souveraine. SYN. **État,** ① **pays** ; → **puissance.** *Organisation des Nations unies (ONU).* – *Adresser un appel à la nation*, à l'ensemble des individus qui la composent. SYN. **population.**
ÉTYM. latin *natio* «naissance», puis «personnes nées dans le même lieu».

NATIONAL, ALE, AUX [nasjɔnal, o] **adj.** 1. Qui appartient à une nation. *Le territoire national. Fête nationale.* 2. Qui intéresse la nation entière, qui appartient à l'État (opposé à *local, régional, privé*). *Défense nationale. Assemblée nationale.* – *Route nationale* (abrév R. N.) ou **n. f.** *une nationale.* 3. Qui est issu de la nation, la représente. *La représentation nationale* : les élus. 4. **n. m. pl.** Personnes de telle nationalité. *Les nationaux et ressortissants français.*
ÉTYM. de *nation*.

NATIONALISATION [nasjɔnalizasjɔ̃] **n. f.** ✦ Transfert à la collectivité nationale de la propriété de moyens de production privés. SYN. **étatisation.** CONTR. **dénationalisation, privatisation.**
ÉTYM. de *nationaliser*.

NATIONALISER [nasjɔnalize] **v. tr.** (conjug. 3a) ✦ Opérer la nationalisation de (une entreprise privée). CONTR. **dénationaliser, privatiser.**
► **NATIONALISÉ, ÉE adj.** *Entreprises, banques nationalisées.*
ÉTYM. de *national*.

NATIONALISME [nasjɔnalism] **n. m.** 1. Doctrine, mouvement politique qui revendique pour une nationalité le droit de former une nation. 2. Exaltation du sentiment national ; attachement passionné à la nation (SYN. **patriotisme**) ; doctrine fondée sur ce sentiment.
ÉTYM. de *national*.

NATIONALISTE [nasjɔnalist] **adj.** ✦ Relatif au nationalisme. ◆ **adj.** et **n.** Partisan du nationalisme.

NATIONALITÉ [nasjɔnalite] **n. f.** 1. Groupe humain uni par une communauté de territoire, de langue, de traditions, d'aspirations et qui maintient ou revendique son existence en tant que nation. 2. État d'une personne qui est membre d'une nation. *Être de nationalité belge, helvétique. Avoir la (une) double nationalité. Nationalité acquise.* → **naturalisation.** *Sans nationalité légale.* → **apatride.**
ÉTYM. de *national*.

NATIONAL-SOCIALISME [nasjɔnalsɔsjalism] **n. m.** ✦ Doctrine du «parti ouvrier allemand» de Hitler. → **nazisme.**
► **NATIONAL-SOCIALISTE** [nasjɔnalsɔsjalist] **adj. et n. (invar. en genre)** *La doctrine national-socialiste. Les nationaux-socialistes.*
ÉTYM. calque de l'allemand → nazi.

NATIVITÉ [nativite] **n. f.** ✦ RELIG. CHRÉT. Naissance (s'agissant du Christ ou de quelques saints) ; fête qui la commémore. *La Nativité*, celle du Christ ; fête de Noël.
ÉTYM. bas latin *nativitas*.

NATTE [nat] **n. f.** 1. Pièce d'un tissu fait de brins végétaux entrelacés, servant de tapis, de couchette. *Natte de raphia.* 2. Tresse plate. 3. Tresse de cheveux.
ÉTYM. latin médiéval *natta*, probablement de *matta* mot sémitique.

NATTER [nate] **v. tr.** (conjug. 3a) ✦ Entrelacer, tresser.
ÉTYM. de *natte*.

NATURALISATION [natyʀalizasjɔ̃] **n. f.** **I** Action d'accorder la nationalité d'un pays donné à une personne qui la demande. **II** Opération par laquelle on conserve un animal mort, une plante coupée, en lui donnant l'apparence de la nature vivante. SYN. **empaillage, taxidermie.**
ÉTYM. de *naturaliser*.

NATURALISER [natyʀalize] **v. tr.** (conjug. 3a) **I** Assimiler (qqn) aux nationaux d'un État par naturalisation. **II** Conserver (un animal, une plante) par naturalisation. SYN. **empailler.**
ÉTYM. du latin *naturalis* «naturel».

NATURALISME [natyʀalism] **n. m.** ✦ Représentation réaliste de la nature en peinture. ◆ HIST. LITTÉR. Doctrine, école qui proscrit toute idéalisation du réel en littérature. SYN. **réalisme, vérisme.** ☛ Littérature p. 144. *Émile Zola, chef de file du naturalisme français.*
ÉTYM. du latin *naturalis* «naturel».

NATURALISTE [natyʀalist] **n.** et **adj.**
I n. 1. Spécialiste des sciences naturelles. → **botaniste, minéralogiste, zoologiste.** 2. Empailleur, taxidermiste.
II adj. Qui s'inspire du naturalisme. SYN. **réaliste.** *Écrivain, peintre naturaliste.*
ÉTYM. du latin *naturalis* «naturel».

NATURE [natyʀ] **n. f.** **I** 1. Ensemble des caractères, des propriétés qui définissent un être, une chose concrète ou abstraite. SYN. **essence.** *Connaître la nature d'une substance, la nature exacte de son action. Nature d'un mot*, sa catégorie grammaticale. *Nature et fonction.* – *La nature humaine.* ◆ *De cette nature* : de ce genre. *De toute nature* : de toute sorte. ◆ **loc.** *DE NATURE À* : propre à. 2. Ensemble des caractères innés de

l'espèce, spécialt de l'espèce humaine. *La nature de qqn, une nature* : ensemble des éléments innés d'un individu. SYN. **caractère, naturel, tempérament.** *Ce n'est pas sa vraie nature.* ➙ *DE NATURE, PAR NATURE* : de manière innée. *Un peuple discipliné de nature.* **3.** par ext. *Une nature* (qualifié) : une personne de tel ou tel tempérament. *C'est une heureuse nature. Une petite nature* : une personne faible physiquement ou moralement. ➙ absolt *C'est une nature,* une forte personnalité. **II** **1.** Principe actif qui anime, organise l'ensemble de ce qui existe selon un certain ordre. *Les lois de la nature.* ➙ VIEILLI *Vices contre nature* : perversions sexuelles. ♦ PHILOS. Ensemble des choses qui sont indépendamment des sociétés humaines, dans la mesure où elles manifestent un ordre, des lois, et fondent les jugements normatifs. *L'état de nature chez Rousseau* (opposé à *la société*). **2.** Tout ce qui existe dans l'univers hors de l'être humain et de son action ; le milieu physique où vit l'humanité (→ **environnement, milieu ; Terre**). *Respecter ; détruire la nature. Protection de la nature.* → **écologie.** ☞ Géographie p. 226, 232 et 234. ➙ Les paysages, source d'émotion esthétique. *Aimer la nature.* ♦ spécialt La campagne. ♦ FAM. *Il a disparu dans la nature* : on ne sait pas où il est. **3.** Modèle que l'art se propose de suivre ou de reproduire. *Dessiner D'APRÈS NATURE. Grandeur* nature.* **4.** loc. *EN NATURE* : en objets réels, dans un échange, une transaction, et non en argent. *Paiement en nature.* **III** **adjectif invar.** **1.** Préparé simplement ; sans accompagnement, au naturel. *Des yaourts nature.* **2.** FAM. (personnes ; actes) Naturel. *Ses parents sont nature,* spontanés, francs.
ÉTYM. latin *natura,* de *natus,* participe passé de *nasci* «naître».

NATUREL, ELLE [natyʀɛl] **adj.** et **n. m.**
I adj. **1.** Qui appartient à la nature d'un être, d'une chose. *Caractères naturels.* **2.** Relatif à la nature (II). *Phénomènes naturels. Sciences* naturelles* (→ **naturaliste**). **3.** Propre au monde physique, à l'exception de l'homme et de ses œuvres. *Frontières* naturelles.* ♦ spécialt Qui n'a pas été modifié, traité par l'homme ou altéré. *Laine naturelle.* SYN. **brut.** *Eau minérale naturelle.* **4.** MATH. *Nombre entier naturel* : nombre entier positif de la suite 1, 2, 3, 4... **5.** Qui correspond à l'ordre habituel, est considéré comme normal. *Votre étonnement est naturel. Un sentiment naturel. C'est (tout) naturel* : cela va de soi. **6.** *Enfant naturel,* né hors mariage. CONTR. **artificiel, factice, falsifié.**
II adj. **1.** Relatif à la nature humaine. *Langage naturel et langage formel, et langages informatiques.* ➙ Relatif aux fonctions de la vie. *Besoins naturels.* **2.** Qui est inné en une personne. *Sa gentillesse naturelle.* ➙ *Ce comportement lui est naturel.* **3.** Qui appartient réellement à qqn, n'a pas été modifié. *C'est sa couleur* (de cheveux) *naturelle.* ➙ *Mort naturelle.* **4.** Qui traduit la nature d'un individu en excluant toute affectation. SYN. **sincère, spontané.** *Attitude naturelle. Savoir rester naturel.* CONTR. **acquis, appris, forcé, recherché** • **accidentel, provoqué.**
III n. m. **1.** Ensemble des caractères physiques et moraux qu'un individu possède en naissant. SYN. **caractère, humeur, nature, tempérament.** *Elle est d'un naturel méfiant.* ➙ prov. *«Chassez le naturel, il revient au galop»* (Destouches). **2.** Aisance avec laquelle on se comporte, spontanéité sans affectation. *Elle manque de naturel. Il récite avec beaucoup de naturel.* **3.** loc. *AU NATUREL* : sans assaisonnement, non préparé. *Thon au naturel.* ➙ En réalité. *Elle est mieux au naturel qu'en photo.* CONTR. ① **affectation, comédie.**
ÉTYM. latin *naturalis,* de *natura* → nature.

NATURELLEMENT [natyʀɛlmɑ̃] **adv.** **1.** De par sa nature. *Elle est naturellement blonde.* **2.** Par un enchaînement logique ou naturel. *Cela s'est fait tout naturellement.* ➙ FAM. Bien sûr, forcément. *Naturellement, il a oublié.* **3.** Avec naturel. *Il joue très naturellement.* CONTR. **artificiellement.**

NATURE MORTE [natyʀmɔʀt] **n. f.** ✦ Peinture qui représente des objets ou des êtres inanimés.

NATURISME [natyʀism] **n. m.** ✦ Doctrine prônant le retour à la nature dans la manière de vivre (vie en plein air, aliments naturels, nudisme).
ÉTYM. de *nature.*

NATURISTE [natyʀist] **n.** et **adj.** ✦ (Personne) qui pratique le naturisme. ➙ **adj.** *Plage naturiste.*
ÉTYM. de *naturisme.*

NAUFRAGE [nofʀaʒ] **n. m.** **1.** Perte d'un navire par un accident de navigation. *Faire naufrage.* → **couler, sombrer.** **2.** fig. Ruine totale. *Le naufrage de ses espoirs.* CONTR. **renflouement, sauvetage.**
ÉTYM. latin *naufragium,* de *navis* «bateau» et *frangere* «briser».

NAUFRAGÉ, ÉE [nofʀaʒe] **adj.** ✦ Qui a fait naufrage. ➙ **n.** *Sauvetage des naufragés.* ♦ *L'épave d'un vaisseau naufragé.*

NAUFRAGEUR [nofʀaʒœʀ] **n. m.** ✦ Personne qui cause volontairement un naufrage.
ÉTYM. de *naufrage.*

NAUMACHIE [nomaʃi] **n. f.** ✦ ANTIQ. Représentation d'un combat naval dans un cirque où l'arène était remplacée par un bassin ; ce bassin.
ÉTYM. latin *naumachia,* du grec, de *naus* «navire» et *makhê* «combat».

NAUSÉABOND, ONDE [nozeabɔ̃, ɔ̃d] **adj.** ✦ Qui cause des nausées, écœure. *Odeur nauséabonde.* SYN. **fétide.** *Mare nauséabonde,* à l'odeur nauséabonde.
ÉTYM. latin *nauseabundus.*

NAUSÉE [noze] **n. f.** **1.** Envie de vomir. SYN. **haut-le-cœur.** *Avoir la nausée, des nausées.* **2.** Sensation de dégoût insurmontable. *Ce livre est ignoble, il donne la nausée.* ➙ *«La Nausée»* (roman de Sartre).
ÉTYM. latin *nausea,* du grec *nautia* «mal de mer».

NAUSÉEUX, EUSE [nozeø, øz] **adj.** **1.** Qui provoque des nausées. **2.** (personnes) Qui souffre de nausées.
ÉTYM. de *nausée.*

> **-NAUTE, -NAUTIQUE** Éléments savants, du grec *nautês* «navigateur» et *nautikos* «nautique» (ex. *aéronaute, argonaute, cosmonaute*).

NAUTILE [notil] **n. m.** ✦ ZOOL. Mollusque céphalopode à coquille en forme de spirale et cloisonnée.
ÉTYM. latin *nautilus,* du grec *nautilos* «marin», de *naus* «navire».

NAUTIQUE [notik] **adj.** **1.** Relatif à la navigation. *Carte nautique.* **2.** Relatif aux sports de l'eau. *Les sports nautiques. Club nautique.* ➙ *Ski nautique.*
ÉTYM. latin *nauticus,* du grec *nautikos,* de *naus* «navire».

NAUTISME [notism] **n. m.** ✦ Sports nautiques, notamment la navigation de plaisance.
ÉTYM. de *nautique.*

NAUTONIER [notɔnje] **n. m.** ✦ VX Celui qui conduit un bateau, une barque. ➜ MYTHOL. *Charon, le nautonier des Enfers, recevait les âmes des morts et leur faisait traverser l'Achéron.*
ÉTYM. ancien provençal, du latin populaire *nauto, nautonis*, classique *nauta* «matelot».

NAVAJA [navaʒa] **n. f.** ✦ Long couteau à lame effilée. *Des navajas.*
ÉTYM. mot espagnol.

NAVAL, ALE, ALS [naval] **adj.** 1. Qui concerne les navires, la navigation. *Chantiers navals.* 2. Relatif à la marine militaire. *Forces navales.* ➙ ① **flotte**, ① **marine**. *Combat naval.*
ÉTYM. latin *navalis*, de *navis* «navire».

NAVARIN [navaʀɛ̃] **n. m.** ✦ Mouton en ragoût.
ÉTYM. calembour sur *navet* et la bataille de *Navarin*.

NAVET [navɛ] **n. m.** 1. Plante cultivée pour ses racines comestibles ; cette racine. 2. FAM. Œuvre d'art sans valeur (spécialt, mauvais film...).
ÉTYM. latin *napus*.

NAVETTE [navt] **n. f.** 1. Instrument de tissage en forme de barquette, qui engage la trame entre les fils de chaîne et se déplace selon un mouvement alternatif horizontal. 2. *Faire la navette* : faire régulièrement l'aller-retour entre deux lieux déterminés. ➜ DR. Se dit d'un texte législatif soumis successivement à chaque Assemblée. 3. Véhicule assurant des liaisons fréquentes entre deux lieux peu éloignés. *Navette gratuite entre deux aéroports.* ◆ *Navette spatiale* : vaisseau spatial récupérable.
ÉTYM. dérivé ancien de *nef* «navire», par analogie de forme.

NAVIGABLE [navigabl] **adj.** ✦ Où l'on peut naviguer. *Voies* navigables* (cours d'eau, canaux).
ÉTYM. latin *navigabilis*.

NAVIGANT, ANTE [navigɑ̃, ɑ̃t] **adj.** ✦ MAR., AVIAT. Qui navigue. *Le personnel navigant* (opposé à *personnel au sol, rampant*). HOM. NAVIGUANT (p. présent de *naviguer*)
ÉTYM. de *naviguer*.

NAVIGATEUR, TRICE [navigatœʀ, tʀis] **n.** 1. LITTÉR. Personne qui fait de longs voyages sur mer. *Navigateur solitaire.* 2. Membre de l'équipage d'un navire ou d'un avion chargé de la direction à suivre. 3. **n. m.** INFORM. Logiciel de navigation.
ÉTYM. latin *navigator*.

NAVIGATION [navigasjɔ̃] **n. f.** 1. Fait de naviguer, de se déplacer sur l'eau à bord d'un bateau. *Navigation au long cours, maritime, fluviale, de plaisance.* 2. Manœuvre, pilotage des navires. 3. Trafic maritime. *Lignes, compagnies de navigation.* 4. Circulation aérienne. *Couloirs de navigation.* ➜ *Navigation spatiale.* 5. INFORM. Action de naviguer.
ÉTYM. latin *navigatio*.

NAVIGUER [navige] **v. intr.** (conjug. 3b) 1. (navires et passagers) Se déplacer sur l'eau. 2. Voyager comme marin sur un navire. *«Matelot navigue sur les flots»* (chanson enfantine). 3. Diriger la marche d'un bateau, d'un avion. ➜ fig. *Savoir naviguer* : être débrouillard. 4. fig. FAM. Voyager, se déplacer beaucoup, souvent. SYN. **bourlinguer**. 5. INFORM. Passer d'un site à l'autre grâce aux liens hypertextes. HOM. (du p. présent *naviguant*) NAVIGANT «qui navigue»
ÉTYM. latin *navigare* ; doublet de *nager*.

NAVIRE [naviʀ] **n. m.** ✦ Bateau de fort tonnage, ponté, destiné aux transports sur mer. SYN. **bâtiment** ; ➙ **cargo, paquebot** ; **vaisseau**. *Navire de guerre, de commerce.*
ÉTYM. latin populaire *navilium*, de *navigium* «bâtiment, vaisseau», de *navigare* «naviguer».

NAVRANT, ANTE [navʀɑ̃, ɑ̃t] **adj.** 1. Affligeant, désolant. *Une histoire navrante.* 2. Tout à fait fâcheux. *Il n'écoute personne, c'est navrant.*
ÉTYM. du participe présent de *navrer*.

NAVRER [navʀe] **v. tr.** (conjug. 3a) 1. Affliger profondément. SYN. **attrister, désoler**. *Sa détresse me navre.* 2. passif et p. passé *ÊTRE NAVRÉ DE*, désolé, contrarié par. *Je suis navré de te décevoir. Navré, vous vous trompez.*
ÉTYM. de *nafrer*, mot germanique, d'origine scandinave.

NAZE ➙ NASE

NAZI, IE [nazi] **n.** et **adj.** ✦ Membre du parti national-socialiste de Hitler. *Les nazis.* ➜ **adj.** *Les victimes de la barbarie nazie.*
ÉTYM. abréviation allemande de *Nationalsozialist*.

NAZISME [nazism] **n. m.** ✦ Mouvement, régime nazi, idéologie fasciste de l'Allemagne hitlérienne fondée sur des principes racistes.

N. B. [nɔtabene] ➙ NOTA BENE

NE [nə] **adv. de négation** ✦ Le *e* s'élide devant une voyelle ou un *h* muet. – *Ne* précède immédiatement le verbe conjugué ; seuls les pron. pers. compl. et les adv. *y* et *en* peuvent s'intercaler entre *ne* et le verbe. **I** exprimant une négation 1. *NE... PAS, NE... POINT* (VX), *NE... PLUS, NE... GUÈRE, NE... JAMAIS, NE... QUE. Il n'était pas*, plus*, jamais* là. Je n'en ai point*. Je ne veux pas que tu y ailles.* ➙ aussi **guère**, ① **goutte**, **mais**. *N'est-ce pas ?* ➙ **n'est-ce pas**. 2. *NE*, avec un indéfini à sens négatif, avec *ni* répété, etc. *Je n'ai aucune nouvelle. Il ne veut voir personne. Vous ne direz rien. Rien n'est encore fait. Nul ne l'ignore. Il n'est ni beau ni laid.* 3. employé seul avec certains verbes *Je n'ose, je ne peux l'affirmer.* ➜ après le *si* conditionnel *Si je ne me trompe. Si je ne m'abuse.* 4. toujours employé seul, dans quelques loc. *N'ayez crainte ! N'empêche qu'il est furieux. On ne peut mieux.* **II** *NE* explétif* 1. dans une phrase affirmative, et après des verbes exprimant la crainte, l'impossibilité. *Je crains qu'il ne soit trop tard. Pour éviter qu'il ne se blesse.* 2. dans une phrase négative, après des verbes ou des expressions verbales exprimant le doute ou la négation. *Nul doute qu'il ne pleuve.* 3. après un compar. d'inégalité introduit par *autre, autrement, meilleur, mieux, moindre, moins, pire, pis, plus. Il est plus malin qu'on ne croit.* 4. avec *avant que, à moins que. Décidez-vous avant qu'il ne soit trop tard.*
ÉTYM. latin *non*.

Ne [ɛne] ✦ CHIM. Symbole du néon.

NÉ, NÉE [ne] **adj.** 1. Venu au monde. ◆ VIEILLI *Bien né*, qui a un bon naturel ; qui est de haute naissance. ◆ *Mme Dupont née Durand*, dont le nom de jeune fille est Durand. ◆ *NÉ POUR* : doté d'aptitudes pour. 2. (élément d'un mot composé) De naissance, par un don naturel. *Une artiste-née.* HOM. NEZ «partie du corps»
ÉTYM. du participe passé de *naître*.

NÉANDERTALIEN, IENNE [neɑ̃dɛʀtaljɛ̃, jɛn] **adj.** et **n.** ✦ Qui appartient à l'espèce humaine fossile *(Homo neanderthalensis)*, qui vivait au paléolithique moyen (entre 250 000 et 28 000 ans).
ÉTYM. de *Neandertal*. ☞ noms propres.

NÉANMOINS [neɑ̃mwɛ̃] adv. et conj. ✦ Malgré ce qui vient d'être dit. SYN. **cependant, pourtant, toutefois.** *Je n'ai rien à ajouter. Néanmoins...*
ÉTYM. de *néant* et *moins*.

NÉANT [neɑ̃] n. m. **I** dans des loc. Rien. *Réduire qqch. à néant.* → **anéantir, annihiler.** ➡ ellipt *NÉANT* : rien à signaler. *Signes particuliers : néant.* **II** 1. Valeur, importance nulle ; chose, être de valeur nulle. *Avoir le sentiment de son néant.* 2. Ce qui n'est pas encore ou n'existe plus. *Retourner au néant.* 3. PHILOS. Non-être. *« L'Être et le Néant »* (ouvrage de Sartre).
ÉTYM. peut-être latin *ne gentem* « pas un être ».

NÉBULEUSE [nebyløz] n. f. 1. ASTRON. Amas de gaz et de poussières interstellaires. ♦ VIEILLI Immense amas d'étoiles. (vx) *Nébuleuse spirale.* → **galaxie.** 2. fig. Amas diffus. *Une nébuleuse de souvenirs.*
ÉTYM. de *nébuleux*.

NÉBULEUX, EUSE [nebylø, øz] adj. 1. Obscurci par les nuages ou le brouillard. SYN. **brumeux, nuageux.** *Ciel nébuleux.* 2. Constitué de nuages, de vapeurs ou qui en a l'aspect. SYN. **vaporeux.** 3. fig. Qui manque de clarté, de netteté. SYN. **confus, flou,** ③ **vague.** *Idées nébuleuses.* CONTR. **clair,** ① **net,** ① **précis.**
ÉTYM. latin *nebulosus*, de *nebula* « brouillard ».

NÉBULISER [nebylize] v. tr. (conjug. 3a) ✦ TECHN. Disperser (un liquide) en très fines gouttelettes.
▶ **NÉBULISATION** [nebylizasjɔ̃] n. f.
ÉTYM. anglais *to nebulize*, du latin *nebula* « brouillard ».

NÉBULISEUR [nebylizœʀ] n. m. ✦ Vaporisateur projetant une substance en très fines gouttelettes. SYN. **aérosol, atomiseur.**
ÉTYM. anglais *nebulizer* → nébuliser.

NÉBULOSITÉ [nebylozite] n. f. ✦ État, caractère de ce qui est nébuleux. ➡ Couverture nuageuse.
ÉTYM. latin *nebulositas* « obscurité ».

NÉCESSAIRE [nesesɛʀ] adj. et n. m.
I adj. 1. Se dit d'une condition, d'un moyen dont la présence ou l'action rend seule possible un but ou un effet. *Condition nécessaire et suffisante.* 2. *NÉCESSAIRE À* : dont l'existence, la présence, est requise pour répondre au besoin de qqn, au fonctionnement de qqch. SYN. **indispensable, utile.** *Les outils nécessaires à l'électricien, à une opération, pour faire qqch.* 3. Dont on ne peut se passer ; qui s'impose. SYN. **essentiel, primordial.** *Manquer de tout ce qui est nécessaire.* ➡ *Se sentir nécessaire.* ➡ impers. *Il devient nécessaire d'en parler, que nous en parlions.* 4. DIDACT. Qui doit se produire immanquablement. *Effet, résultat nécessaire.* SYN. **inéluctable, inévitable.** CONTR. **inutile, superflu · éventuel.**
II n. m. 1. Bien dont on ne peut se passer. *Le strict nécessaire.* 2. Ce qu'il faut faire ou dire, et qui suffit. *Nous ferons le nécessaire.* CONTR. **luxe, superflu.**
III n. m. Boîte, étui renfermant les ustensiles indispensables (à la toilette, à un ouvrage). *Un nécessaire de toilette.*
ÉTYM. latin *necessarius*.

NÉCESSAIREMENT [nesesɛʀmɑ̃] adv. ✦ Par une obligation imposée (SYN. **absolument**) ; par voie de conséquence (SYN. **forcément, inévitablement**). CONTR. **accidentellement,** par **hasard.**

NÉCESSITÉ [nesesite] n. f. 1. Caractère nécessaire (d'une chose, d'une action). SYN. **obligation.** *Se trouver dans la nécessité d'accepter. Sans nécessité.* → **gratuitement, inutilement.** 2. Besoin impérieux. *Dépenses de première nécessité.* → **indispensable.**
ÉTYM. latin *necessitas*.

NÉCESSITER [nesesite] v. tr. (conjug. 3a) ✦ (sujet chose) Rendre indispensable, nécessaire. SYN. **exiger, réclamer, requérir.** *Cette lecture nécessite beaucoup d'attention.*
ÉTYM. latin médiéval *necessitare*.

NÉCESSITEUX, EUSE [nesesitø, øz] adj. et n. ✦ VIEILLI Qui est dans le dénuement, manque du nécessaire. SYN. **indigent, pauvre.** ➡ n. *Aider les nécessiteux.*
ÉTYM. de *nécessité*.

NEC PLUS ULTRA [nɛkplysyltʀa] n. m. invar. ✦ Ce qu'il y a de mieux. SYN. **summum.** *C'est le nec plus ultra.*
ÉTYM. locution latine « rien (*nec*) au-delà ».

NÉCR(O)- Élément savant, du grec *nekros* « mort, cadavre » (ex. *nécrophage, nécrophagie, nécrophile, nécrophilie*).

NÉCROLOGIE [nekʀɔlɔʒi] n. f. 1. Notice biographique consacrée à une personne morte récemment. 2. Liste ou avis des décès publiés par un journal. ➡ abrév. FAM. NÉCRO [nekʀo].
▶ **NÉCROLOGIQUE** [nekʀɔlɔʒik] adj. *Rubrique nécrologique.*
ÉTYM. de *nécro-* et *-logie*.

NÉCROMANCIE [nekʀɔmɑ̃si] n. f. ✦ Divination par l'évocation des morts. SYN. **spiritisme.**
▶ **NÉCROMANCIEN, IENNE** [nekʀɔmɑ̃sjɛ̃, jɛn] n.
ÉTYM. latin *necromantia*, du grec → nécro- et -mancie.

NÉCROPOLE [nekʀɔpɔl] n. f. ✦ ANTIQ. Vaste cimetière. *La Vallée des Rois, nécropole des pharaons.*
ÉTYM. grec *nekropolis* → nécro- et -pole.

NÉCROSE [nekʀoz] n. f. ✦ DIDACT. Mort d'un tissu vivant. SYN. **gangrène.**
ÉTYM. grec *nekrôsis*.

NECTAIRE [nɛktɛʀ] n. m. ✦ BOT. Élément (des plantes) qui sécrète le nectar (2).
ÉTYM. latin savant *nectarium*, du grec → nectar.

NECTAR [nɛktaʀ] n. m. 1. MYTHOL. Breuvage des dieux antiques. *Le nectar et l'ambroisie.* ➡ LITTÉR. Boisson exquise. 2. BOT. Liquide sucré que sécrètent les nectaires*. *Abeilles qui butinent le nectar.* 3. Boisson composée de jus et de purée de fruits, d'eau et de sucre. *Nectar de poire.*
ÉTYM. mot latin, du grec *nektar*.

NECTARINE [nɛktaʀin] n. f. ✦ Variété de pêche à peau lisse, à noyau non-adhérent. SYN. **brugnon.**
ÉTYM. mot anglais, du grec → nectar.

NÉERLANDAIS, AISE [neɛʀlɑ̃dɛ, ɛz] adj. et n. ✦ Des Pays-Bas. SYN. **hollandais.** ♦ n. m. *Le néerlandais* : langue germanique parlée aux Pays-Bas et en Belgique (SYN. **flamand**).
ÉTYM. de *Néerlande*, francisation de *Nederland* « Pays-Bas ».

NEF [nɛf] n. f. **I** VX ou POÉT. Navire à voiles. *Une nef figure sur les armes de Paris.* **II** Partie (d'une église) comprise entre le portail et le chœur, où se tiennent les fidèles. *Nef centrale, latérale* (→ **bas-côté**).
ÉTYM. latin *navis* « navire ».

A B C D E F G H I J K L M N O P Q R S T U V W X Y Z

NÉFASTE [nefast] **adj.** 1. LITTÉR. Marqué par des évènements malheureux. *Jour néfaste.* 2. Qui cause du mal. SYN. **funeste, mauvais.** *Influence néfaste. Néfaste à.* SYN. **nuisible.** ➝ *Individu néfaste.* SYN. **dangereux.** CONTR. **bénéfique,** ② **faste, propice.**
ÉTYM. latin *nefastus* «défendu par la loi divine».

NÈFLE [nɛfl] **n. f.** ✦ Fruit du néflier, qui se consomme blet. ➝ **loc.** FAM. *Des nèfles !* rien du tout.
ÉTYM. altération de *mesle*, latin *mespila*, du grec *mespilon*.

NÉFLIER [neflije] **n. m.** ✦ Arbre des régions tempérées, au tronc tordu, et qui produit les nèfles.
ÉTYM. de *nèfle*.

NÉGATIF, IVE [negatif, iv] **adj.** **I** Qui exprime un refus. *Réponse négative.* ➝ Qui exprime la négation. *Particules négatives* (ex. ne, non). ♦ **n. f.** *LA NÉGATIVE. Répondre par la négative.* ➝ **loc. adv.** *Dans la négative :* si c'est non. **II** 1. Qui est dépourvu d'éléments constructifs, se définit par le refus. *Une attitude négative.* ➝ (personnes) Qui ne fait que des critiques. 2. Qui ne se définit que par l'absence de son contraire. *Résultat négatif.* SYN. **nul.** ➝ MÉD. *Examen négatif,* qui ne révèle pas d'éléments pathologiques. *Réaction négative,* qui ne se produit pas. *Cuti négative.* 3. Qui a des effets nuisibles, mauvais. SYN. **néfaste, nocif.** 4. MATH. *Nombre négatif :* nombre réel inférieur à zéro, affecté du signe moins (écrit – ; ex. –10). ➝ *Température négative. Solde négatif.* 5. Se dit de ce qui peut être considéré comme opposé, inverse. *Ion négatif.* ♦ Se dit d'une image photographique sur laquelle les parties lumineuses des objets correspondent à des taches sombres et inversement. ➝ **n. m.** *Un négatif,* le support (film, plaque) d'une telle image. CONTR. **affirmatif · positif ; constructif.**
ÉTYM. latin *negativus*, de *negare* «nier».

NÉGATION [negasjɔ̃] **n. f.** 1. Acte de l'esprit qui consiste à nier, à rejeter. *Négation des valeurs.* → **nihilisme.** 2. Ce qui va à l'encontre de qqch. *Cette méthode est la négation de la science.* 3. Manière de nier, de refuser ; mot ou groupe de mots qui sert à nier. *Adverbes de négation* (ex. ne, non). CONTR. **affirmation, assentiment.**
ÉTYM. latin *negatio*, de *negare* «nier».

NÉGATIONNISME [negasjɔnism] **n. m.** ✦ Position idéologique qui nie l'existence des camps d'extermination nazis. SYN. **révisionnisme.**
► **NÉGATIONNISTE** [negasjɔnist] **adj. et n.**

NÉGATIVEMENT [negativmɑ̃] **adv.** ✦ De façon négative (I et II). CONTR. **affirmativement · positivement.**

NÉGATIVITÉ [negativite] **n. f.** ✦ DIDACT. 1. Caractère de ce qui est négatif (II, 1). 2. État d'un corps chargé d'électricité négative.

NÉGLIGÉ [negliʒe] **n. m.** 1. État d'une personne mise sans recherche. *Le négligé de sa toilette.* ➝ **péj.** *Il se fait remarquer par son négligé.* SYN. **débraillé.** 2. Tenue féminine légère portée dans l'intimité. SYN. **déshabillé.** *Elle était en négligé.*
ÉTYM. du participe passé de *négliger*.

NÉGLIGEABLE [negliʒabl] **adj.** ✦ Qui peut être négligé, qui ne vaut pas la peine qu'on en tienne compte. SYN. **dérisoire, insignifiant.** *Risque négligeable. Un avantage non négligeable.* ➝ **loc.** *Quantité* négligeable.* CONTR. **important, notable, remarquable.**
ÉTYM. de *négliger*.

NÉGLIGEMMENT [negliʒamɑ̃] **adv.** 1. D'une manière négligente, sans soin. 2. Sans s'y appliquer, avec une négligence apparente ou feinte. *Foulard négligemment noué.* 3. Avec un air d'indifférence. *Répondre négligemment.* CONTR. **méticuleusement, soigneusement.**
ÉTYM. de *négligent*.

NÉGLIGENCE [negliʒɑ̃s] **n. f.** 1. Attitude, état d'une personne dont l'esprit ne s'applique pas à ce qu'elle fait ou devrait faire. SYN. **désinvolture.** *Travail fait avec négligence.* 2. *Une négligence :* faute non intentionnelle, due à un oubli, au manque de soin. *Accident dû à une négligence.* CONTR. **application, conscience, exactitude, minutie, soin, zèle.**
ÉTYM. latin *negligentia*.

NÉGLIGENT, ENTE [negliʒɑ̃, ɑ̃t] **adj.** ✦ Qui fait preuve de négligence. SYN. **inattentif.** *Il est trop négligent dans son travail.* ➝ *Jeter un coup d'œil négligent.* CONTR. **appliqué, consciencieux, soigneux, zélé.** HOM. NÉGLIGEANT (p. présent de *négliger*)
ÉTYM. latin *neglegens, negligens*.

NÉGLIGER [negliʒe] **v. tr.** (conjug. 5) 1. Laisser (qqch.) manquer du soin, de l'application, de l'attention qu'on lui devrait ; ne pas accorder d'importance à. *Négliger ses intérêts, sa santé.* SYN. se **désintéresser** de. ➝ **pronom.** *Se négliger :* ne pas avoir soin de sa personne, de sa mise. ➝ *NÉGLIGER DE* (+ inf.) : ne pas prendre soin de. *Il a négligé de nous prévenir.* SYN. **omettre, oublier.** 2. Porter à (qqn) moins d'attention, d'affection qu'on le devrait. *Il néglige sa femme.* SYN. **délaisser.** 3. Ne pas tenir compte, ne faire aucun cas de. SYN. **dédaigner.** *Cet avantage n'est pas à négliger.* ➝ Laisser passer. *Sans négliger les moindres détails.* CONTR. s'**occuper** de, **soigner.** HOM. (du p. présent *négligeant*) NÉGLIGENT «inattentif».
► **NÉGLIGÉ, ÉE adj.** Laissé sans soin. ➝ **spécialt** (personnes) Peu soigné. CONTR. **soigné.**
ÉTYM. latin *negligere* ou *neglegere*, de *nec* (particule négative) et *legere* «recueillir, choisir».

NÉGOCE [negɔs] **n. m.** ✦ VIEILLI Commerce. *Négoce de bois.*
ÉTYM. latin *negotium* «occupation, travail», de *neg, nec* (particule négative) et *otium* «loisir, repos».

NÉGOCIABLE [negɔsjabl] **adj.** ✦ Qui peut être négocié.

NÉGOCIANT, ANTE [negɔsjɑ̃, ɑ̃t] **n.** ✦ Personne qui se livre au négoce, au commerce en gros. *Négociant en vins.* CONTR. **détaillant.**
ÉTYM. italien *negoziante*.

NÉGOCIATEUR, TRICE [negɔsjatœʀ, tʀis] **n.** ✦ Personne qui a la charge de négocier (une affaire ; un accord).
ÉTYM. latin *negotiator*.

NÉGOCIATION [negɔsjasjɔ̃] **n. f.** 1. Opération d'achat et de vente portant sur un effet de commerce. 2. Série d'entretiens, de démarches qu'on entreprend pour parvenir à un accord, pour conclure une affaire. *Ouverture de négociations internationales.* SYN. **pourparlers.**
ÉTYM. latin *negotiatio* «commerce».

NÉGOCIER [negɔsje] **v.** (conjug. 9) **I v. intr.** 1. VX Faire du négoce. 2. MOD. Mener une négociation (2). *Gouvernement qui négocie avec une puissance étrangère.* SYN.

traiter. **II** v. tr. 1. Établir, régler (un accord) entre deux parties. *Négocier un contrat.* 2. Transmettre à un tiers (un effet de commerce). 3. *Négocier un virage,* manœuvrer de manière à bien prendre son virage à grande vitesse.
ÉTYM. latin *negotiari,* de *negotium* → négoce.

NÈGRE, NÉGRESSE [nɛgʀ, negʀɛs] n. et adj.
I n. 1. VIEILLI et péj. Noir, Noire. Terme devenu raciste, sauf quand il est employé et revendiqué par les Noirs eux-mêmes (→ **négritude**). ➖ loc. *Travailler comme un nègre,* très durement, sans relâche. 2. n. m. fig. Personne payée par un écrivain pour écrire anonymement les ouvrages qu'il signe. 3. *PETIT-NÈGRE :* français rudimentaire à la syntaxe simplifiée.
II adj. (fém. *nègre*). VIEILLI ou péj. Relatif aux Noirs. ➖ MOD. sans péjoration *Art nègre,* des Africains.
ÉTYM. espagnol *negro* «noir», du latin *niger.*

NÉGRIER, IÈRE [negʀije, ijɛʀ] adj. et n. m. 1. adj. Relatif à la traite des Noirs. 2. n. m. Celui qui se livrait à la traite des Noirs, marchand d'esclaves. ◆ Navire qui servait à la traite des Noirs.
ÉTYM. de *nègre.*

NÉGRILLON, ONNE [negʀijɔ̃, ɔn] n. ✦ VIEILLI et péj. Enfant noir.

NÉGRITUDE [negʀityd] n. f. ✦ LITTÉR. Ensemble des caractères culturels propres aux Noirs ; appartenance à la communauté noire.
ÉTYM. de *nègre,* suffixe *-itude,* répandu par L. S. Senghor.

NEGRO-SPIRITUAL [negʀospiʀitɥɔl] n. m. ✦ Chant chrétien des Noirs des États-Unis. SYN. **gospel.** *Des negro-spirituals* [negʀospiʀitɥɔls].
ÉTYM. mot américain, de l'anglais *negro* «noir» et *spiritual* «cantique».

NÉGUS [negys] n. m. ✦ Titre porté par les souverains éthiopiens.
ÉTYM. mot éthiopien «roi (des rois)».

NEIGE [nɛʒ] n. f. 1. Eau congelée dans les hautes régions de l'atmosphère, et qui tombe en flocons blancs et légers. → **niv(o)-**. *Chute de neige. Accumulation de neige.* → **congère, névé.** ◆ La neige, répandue sur le sol. *Déblayer la neige.* appos. invar. *Des pneus neige,* antidérapants. ➖ spécialt *Les sports de neige. Classes* de neige.* 2. par analogie *Neige artificielle,* substance chimique qui simule la neige. *Neige carbonique.* ➖ ARGOT Cocaïne en poudre. ➖ *Battre des blancs (d'œufs) en neige,* de manière à obtenir une mousse blanche et ferme. *Œufs à la neige,* entremets fait de blancs d'œufs battus et pochés, servis avec une crème. 3. *DE NEIGE* loc. adj. D'une blancheur parfaite. *Des cheveux de neige.*
ÉTYM. de *neiger.*

NEIGER [neʒe] v. impers. (conjug. 5) ✦ (neige) Tomber. *Il a neigé très tôt cette année.*
ÉTYM. bas latin *nivicare,* classique *nivere,* de *nix, nivis* «neige».

NEIGEUX, EUSE [nɛʒø, øz] adj. ✦ Couvert de neige, constitué par de la neige. *Cimes neigeuses.* ➖ fig. *Peau, chevelure neigeuse.* SYN. ① **blanc.**

NEM [nɛm] n. m. ✦ Préparation composée d'une petite crêpe de riz fourrée de viande, de soja, etc., frite et servie chaude. SYN. **pâté** impérial.
ÉTYM. mot vietnamien.

NÉNÉ [nene] n. m. ✦ FAM. Sein de femme. SYN. **nichon.**
ÉTYM. du radical expressif *nan-, nen-.*

① **NÉNETTE** [nenɛt] n. f. ✦ FAM. VIEILLI Tête. *Se casser, se creuser la nénette.*
ÉTYM. de *comprenette,* de *comprendre.*

② **NÉNETTE** [nenɛt] n. f. ✦ FAM. Jeune fille, jeune femme. SYN. **nana.**
ÉTYM. peut-être de *nana.*

NENNI [neni] adv. ✦ VX Non, non pas.
ÉTYM. de *nen,* ancienne forme de *non,* et *il.*

NÉNUPHAR ou **NÉNUFAR** [nenyfaʀ] n. m. ✦ Plante aquatique à grandes feuilles rondes étalées sur l'eau. ➖ Écrire *nénufar* avec un *f* est permis.
ÉTYM. latin médiéval *nenuphar,* de l'arabe, du persan *nilufar,* emprunté au sanskrit.

| **NÉO-** Élément savant, du grec *neos* «nouveau».

NÉO-CALÉDONIEN, IENNE [neokaledɔnjɛ̃, jɛn] adj. et n. ✦ De la Nouvelle-Calédonie (→ noms propres). ➖ n. *Les Néo-Calédoniens.* SYN. **kanak.**

NÉOCLASSICISME [neoklasisism] n. m. ✦ Mouvement littéraire préconisant le retour au classicisme. ➖ Formes d'art imitées ou renouvelées de l'Antiquité classique.

NÉOCLASSIQUE [neoklasik] adj. ✦ Qui ressemble à l'art classique, cherche à l'imiter.

NÉOCOLONIALISME [neokɔlɔnjalism] n. m. ✦ Nouvelle forme de colonialisme qui impose la domination économique à une ancienne colonie devenue indépendante.
► **NÉOCOLONIALISTE** [neokɔlɔnjalist] adj. et n.

NÉOGOTHIQUE [neogɔtik] adj. ✦ ARCHIT. Qui imite le gothique.

NÉOLIBÉRALISME [neolibeʀalism] n. m. ✦ ÉCON., POLIT. Forme de libéralisme qui admet une intervention limitée de l'État.
► **NÉOLIBÉRAL, ALE, AUX** [neolibeʀal, o] adj.

NÉOLITHIQUE [neɔlitik] n. m. et adj. ✦ Période la plus récente de l'âge de pierre (après le *paléolithique* et le *mésolithique*), caractérisée par la fabrication d'outils en pierre polie, de poteries, le développement de l'agriculture et de l'élevage. ➖ adj. *Vestiges néolithiques.*
ÉTYM. anglais *neolithic* → néo- et -lithique.

NÉOLOGIE [neɔlɔʒi] n. f. ✦ DIDACT. Création de mots nouveaux et d'expressions ou de constructions nouvelles, dans une langue.
► **NÉOLOGIQUE** [neɔlɔʒik] adj.
ÉTYM. de *néo-* et de *-logie.*

NÉOLOGISME [neɔlɔʒism] n. m. ✦ Mot nouveau ou sens nouveau d'un mot.
ÉTYM. de *néo-* et *-logisme.*

NÉON [neɔ̃] n. m. ✦ Gaz de la série des gaz rares (symb. Ne). *Enseigne lumineuse au néon.* ➖ abusivt *Tube au néon :* tout tube fluorescent.
ÉTYM. du grec *neos* «nouveau».

NÉONATAL, ALE, ALS [neonatal] adj. ✦ DIDACT. Du nouveau-né. *Soins néonatals.*

NÉONAZISME [neonazism] n. m. ✦ Mouvement politique d'extrême droite qui s'inspire du programme du nazisme.
► **NÉONAZI, IE** [neonazi] adj. et n.

NÉOPHYTE [neɔfit] n. et adj. ✦ Personne qui a récemment adhéré à une doctrine, un parti, une association. SYN. **novice, prosélyte.** *Le zèle du néophyte.*
ÉTYM. latin ecclésiastique *neophytus*, du grec *neophutos*, proprement «nouvellement planté» → néo- et -phyte.

NÉOPLASME [neɔplasm] n. m. ✦ MÉD. Tumeur cancéreuse.
ÉTYM. de *néo-* et du grec *plasma* «chose façonnée».

NÉOPRÈNE [neɔpʀɛn] n. m. ✦ Caoutchouc synthétique malléable à la chaleur, obtenu par polymérisation d'un dérivé de l'acétylène. *Colle au néoprène. Combinaison de plongée en néoprène.*
ÉTYM. nom déposé ; anglais américain *neopren*.

NÉORÉALISME [neoʀealism] n. m. ✦ Théorie artistique, littéraire, renouvelée du réalisme. ➖ spécialt École cinématographique italienne caractérisée par le réalisme des situations et des décors, les préoccupations sociales.
► **NÉORÉALISTE** [neoʀealist] adj. et n.

NÉPHRÉTIQUE [nefʀetik] adj. ✦ MÉD. Relatif au rein. *Colique* néphrétique.*
ÉTYM. bas latin *nephreticus*, du grec, de *nephros* «rein».

NÉPHRITE [nefʀit] n. f. ✦ MÉD. Inflammation du rein.
ÉTYM. grec *nephritis* → néphr(o)- et *-ite*.

NÉPHR(O)- Élément savant, du grec *nephros* «rein».

NÉPHRON [nefʀɔ̃] n. m. ✦ Unité anatomique et fonctionnelle du rein. *Le rein humain est constitué d'environ un million de néphrons.*
ÉTYM. du grec *nephros* «rein».

NÉPOTISME [nepɔtism] n. m. ✦ DIDACT. Abus qu'une personne en place fait de son influence en faveur de sa famille, de ses amis.
ÉTYM. italien *nepotismo*, de *nepote* «neveu», du latin *nepos*.

NERD [nœʀd] n. ✦ anglicisme péj. Passionné(e) de science et de technique, notamment d'informatique, qui y consacre son temps au détriment de sa vie sociale. *Les nerds et les geeks.*
ÉTYM. mot anglais «ringard».

NÉRÉIDE [neʀeid] n. f. 1. MYTHOL. Nymphe de la mer. 2. ZOOL. Ver marin qui vit dans les fonds vaseux.
ÉTYM. latin *nereis*, du grec, de *Nereos*, nom du fils de Poséidon.

NERF [nɛʀ] n. m. **I** 1. VX Ligament, tendon des muscles. *Viande pleine de nerfs.* → **nerveux.** 2. *NERF DE BŒUF* : matraque faite d'un ligament de bœuf desséché. 3. fig. Force active, énergie. *Avoir du nerf.* ➖ FAM. *Allons, du nerf !* ➖ loc. *Le nerf de la guerre*.* 4. RELIURE Cordelette au dos d'un livre relié, qui forme une saillie (→ **nervure**). **II** 1. Filament qui relie un centre nerveux (moelle, cerveau) à un organe ou à une structure organique. → **neur(o)-.** *Nerf moteur, nerf sensitif. Le nerf sciatique.* 2. *LES NERFS*, considérés comme ce qui supporte les excitations extérieures ou les tensions intérieures. *Avoir les nerfs fragiles, solides.* ➖ loc. *C'est un paquet de nerfs*, une personne très nerveuse. *Porter, taper sur les nerfs.* → **exaspérer.** *Avoir les nerfs à vif*, FAM. *en pelote ; à fleur de peau* : être très énervé. *Être, vivre sur les nerfs. Passer ses nerfs sur qqn*, reporter son énervement sur qqn qui n'en est pas la cause. *Être à bout de nerfs*, surexcité. ➖ *CRISE DE NERFS* : cris, pleurs, gestes désordonnés (→ **hystérie**). *Faire, piquer une crise de nerfs.* ➖ *La guerre* des nerfs.*
ÉTYM. latin *nervus*.

NERVEUSEMENT [nɛʀvøzmɑ̃] adv. 1. Par l'action du système nerveux. *Épuisé nerveusement.* 2. D'une manière nerveuse, excitée. *Rire nerveusement.*

NERVEUX, EUSE [nɛʀvø, øz] adj. et n. **I** 1. Qui a des tendons vigoureux, apparents. *Mains nerveuses.* ➖ *Viande nerveuse*, qui présente des tendons, qui est trop dure. 2. Qui a du nerf, de l'énergie. SYN. **vigoureux.** *Un coureur nerveux.* ➖ *Voiture nerveuse*, qui a de bonnes reprises. ➖ *Style nerveux*, concis et vigoureux. **II** 1. Relatif au nerf, aux nerfs (II). *Cellule nerveuse* : neurone. *SYSTÈME NERVEUX* : ensemble des structures, des éléments de tissu nerveux qui commandent les fonctions vitales (sensibilité, motricité, nutrition, respiration, etc.) et, chez les mammifères supérieurs, notamment l'homme, les facultés intellectuelles et affectives. 2. Qui concerne les nerfs, supports de l'émotivité, des tensions psychologiques. *Des rires nerveux.* ➖ *Maladies nerveuses* (→ **névrose**). *Dépression nerveuse.* 3. Émotif et agité, qui ne peut garder son calme. *Un tempérament nerveux. L'attente rend nerveux.* SYN. **énervé, fébrile.** ➖ n. *C'est un grand nerveux.* ♦ Qui a des réactions vives, incontrôlées. SYN. **énervé.** *Ce chien est un peu nerveux.* CONTR. **languissant, mou** · ② **calme, flegmatique.**
ÉTYM. latin *nervosus*, de *nervus* «nerf».

NERVI [nɛʀvi] n. m. ✦ Homme de main, tueur.
ÉTYM. mot provençal «nerf ; vigueur», d'origine latine.

NERVOSITÉ [nɛʀvozite] n. f. ✦ État d'excitation nerveuse passagère. SYN. **énervement, irritation, surexcitation.** *Son attitude révèle, traduit sa nervosité.* CONTR. ① **calme.**
ÉTYM. latin *nervositas*.

NERVURE [nɛʀvyʀ] n. f. 1. Fine saillie traversant la feuille d'une plante. 2. (insectes) Filet corné qui se ramifie et soutient la membrane de l'aile. 3. ARCHIT. Moulure arrondie, arête saillante (d'une voûte). *Les nervures d'une voûte gothique.* ➖ → aussi **nerf** (I, 4).
ÉTYM. de *nerf* (I, 1).

N'EST-CE PAS [nɛspa] adv. interrog. ✦ Formule requérant l'adhésion, une réponse positive. *Vous viendrez, vous êtes d'accord, n'est-ce pas ? N'est-ce pas que j'ai raison ?*

① **NET, NETTE** [nɛt] adj. et adv.
I adj. 1. Que rien ne ternit ou ne salit. SYN. **propre.** *Rendre net.* → **nettoyer.** ➖ loc. fig. *Avoir les mains nettes* : n'avoir rien à se reprocher. *Avoir la conscience nette* : se sentir irréprochable. 2. Qui est débarrassé (de ce qui salit, encombre). *Faire place nette* : vider les lieux. ➖ loc. *EN AVOIR LE CŒUR NET*, en être assuré. 3. Dont on a déduit tout élément étranger (opposé à *brut*). *Bénéfice net. Poids net.* ➖ *NET DE* : exempt de. *Gain net d'impôt.* 4. (dans l'ordre intellectuel) Clair. *Avoir des idées nettes. Explication claire et nette.* SYN. **lumineux.** *Avoir la sensation très nette que... Une nette amélioration*, très sensible. *Une différence très nette.* SYN. **marqué.** ♦ Qui ne laisse pas de place au doute, à l'hésitation. *Ma position est nette.* SYN. **catégorique.** ➖ *Il a été très net* (en

paroles). **5.** Clair, précis et distinct. *L'image n'est pas nette.* – *Diction très nette.* CONTR. **sale** • **confus, flou, imprécis,** ③ **vague.**

II adv. **1.** D'une manière précise, tout d'un coup. *S'arrêter net. La balle l'a tué net.* **2.** *Je lui ai dit TOUT NET ce que j'en pensais,* franchement. SYN. **carrément, crûment.** **3.** Toute déduction faite. *Il reste net 32 euros.*

ÉTYM. latin *nitidus* «brillant».

② **NET** [nɛt] **n. m.** ✦ anglicisme *Le Net* : le réseau Internet.

NETBOOK [nɛtbuk] **n. m.** ✦ anglicisme Petit ordinateur portable destiné surtout à la navigation sur Internet.

ÉTYM. mot anglais.

NETTEMENT [nɛtmɑ̃] **adv.** **1.** Avec clarté. SYN. **clairement.** *S'expliquer nettement.* – D'une manière qui paraît claire, incontestable. *Il va nettement mieux.* **2.** D'une manière claire, très visible. *On voit nettement les détails.* SYN. **distinctement.**

ÉTYM. de *net.*

NETTETÉ [nɛtte] **n. f.** ✦ Caractère de ce qui est net. SYN. **clarté, précision.** – *La netteté d'une photographie.*

ÉTYM. de *net.*

NETTOIEMENT [netwamɑ̃] **n. m.** ✦ Ensemble des opérations ayant pour but de nettoyer.

ÉTYM. de *nettoyer.*

NETTOYAGE [netwajaʒ] **n. m.** **1.** Action de nettoyer ; son résultat. *Nettoyage d'une façade* (SYN. **ravalement**), *du linge* (SYN. **blanchissage, lavage**). *Nettoyage à sec en teinturerie.* – *Nettoyage par le vide.* **2.** MILIT. Action de débarrasser un lieu d'ennemis. *Le nettoyage d'une position.*

NETTOYER [netwaje] **v. tr.** (conjug. 10) **1.** Rendre net, propre. *Nettoyer des vêtements* (SYN. **laver**), *la maison* (→ **ménage**). **2.** FAM. Dépouiller (qqn) de son argent. *Se faire nettoyer au jeu.* **3.** Débarrasser (un lieu) de gens dangereux, d'ennemis. *L'armée a nettoyé la région.* – FAM. Éliminer en tuant. SYN. **liquider.**

ÉTYM. de *net,* suffixe *-oyer.*

① **NEUF** [nœf] **adj. numéral invar.** et **n. m. invar.** **1. adj. numéral cardinal** Huit plus un (9). *Les neuf Muses.* – loc. *Neuf fois sur dix.* **2. adj. numéral ordinal** Neuvième. *Le chapitre neuf.* **3. n. m. invar.** Le nombre neuf. *La preuve par neuf.* – Le chiffre, le numéro neuf. *Neuf arabe* (9), *romain* (IX). – Carte marquée de neuf points. *Le neuf de cœur.*

ÉTYM. latin *novem.*

② **NEUF, NEUVE** [nœf, nœv] **adj.** et **n. m.**

I adj. **1.** Qui vient d'être fait et n'a pas encore servi. *Étrenner un pantalon neuf. Livres neufs et livres d'occasion.* – *À l'état neuf ; tout neuf ;* loc. *flambant neuf* : en très bon état, qui semble n'avoir jamais servi. – fig. *Un regard neuf.* **2.** Qui est nouveau, original. *Des idées, des images neuves.* **3.** FAM. *QQCH. DE NEUF* : des faits récents pouvant amener un changement. *Rien de neuf dans cette affaire. Alors, quoi de neuf ?* CONTR. **ancien, usé, vieux** • **banal.**

II n. m. sing. **1.** *Le neuf* : ce qui est neuf. *Il ne vend que du neuf.* **2.** *DE NEUF* : avec qqch. de neuf. *Être vêtu de neuf.* **3.** *À NEUF* : de manière à rendre l'état ou l'apparence du neuf. *Studio refait à neuf. Remettre à neuf.* → **rafraîchir, rénover.** CONTR. **occasion.**

ÉTYM. latin *novus* «nouveau, jeune».

NEURASTHÉNIE [nøʀasteni] **n. f.** ✦ État durable d'abattement accompagné de tristesse. *Faire de la neurasthénie.*

ÉTYM. de *neur(o)-* et *asthénie.*

NEURASTHÉNIQUE [nøʀastenik] **adj.** ✦ Abattu, triste, sans motifs précis et de manière durable. – **n.** *Un, une neurasthénique.*

ÉTYM. de *neurasthénie.*

> **NEUR(O)-** Élément savant, du grec *neuron* «nerf, fibre, tendon», qui signifie «nerf» (ex. *neurobiologie* **n. f.** ; *neurochirurgie* **n. f.** ; *neuromusculaire* **adj.** ; *neurophysiologie* **n. f.** ; *neuropsychiatrie* **n. f.**). – variante ancienne NÉVR(O)-.

NEUROBLASTE [nøʀoblast] **n. m.** ✦ BIOL. Cellule nerveuse embryonnaire.

ÉTYM. de *neuro-* et du grec *blastos* «germe».

NEUROLEPTIQUE [nøʀɔlɛptik] **adj.** et **n. m.** ✦ MÉD. (médicament) Qui exerce une action calmante globale sur le système nerveux. – **n. m.** *Les neuroleptiques entrent dans le traitement des psychoses.*

ÉTYM. de *neuro-* et du grec *leptikos* «qui prend».

NEUROLOGIE [nøʀɔlɔʒi] **n. f.** ✦ Branche de la médecine qui étudie le système nerveux et en traite les maladies.

ÉTYM. de *neuro-* et *-logie.*

NEUROLOGIQUE [nøʀɔlɔʒik] **adj.** ✦ Qui a rapport aux nerfs ou à la neurologie.

NEUROLOGUE [nøʀɔlɔg] **n.** ✦ Médecin spécialisé en neurologie.

NEURONE [nøʀon ; nøʀɔn] **n. m.** ✦ BIOL. Cellule nerveuse qui assure la réception, l'analyse et le transport d'information. *L'axone, les dendrites du neurone.*

ÉTYM. grec *neuron* «nerf».

NEUROPSYCHIATRE [nøʀopsikjatʀ] **n.** ✦ DIDACT. Spécialiste de neuropsychiatrie.

NEUROPSYCHIATRIE [nøʀopsikjatʀi] **n. f.** ✦ DIDACT. Discipline médicale qui englobe la psychiatrie, la neurologie et leurs relations.

NEUROSCIENCES [nøʀosjɑ̃s] **n. f. pl.** ✦ DIDACT. Ensemble des disciplines étudiant le système nerveux.

NEUROTRANSMETTEUR [nøʀotʀɑ̃smetœʀ] **n. m.** ✦ Substance chimique qui assure la transmission du message nerveux d'un neurone à l'autre.

NEUROVÉGÉTATIF, IVE [nøʀoveʒetatif, iv] **adj.** ✦ PHYSIOL. *Système neurovégétatif,* qui contrôle les grandes fonctions involontaires (vie végétative) : circulation, excrétion, etc.

NEUTRALISATION [nøtʀalizasjɔ̃] **n. f.** **1.** Action de neutraliser, d'équilibrer. **2.** Action de déclarer neutre (un territoire), de retirer (à qqn) la qualité de belligérant.

NEUTRALISER [nøtʀalize] **v. tr.** (conjug. 3a) **1.** Assurer la qualité de neutre à (un État, un territoire, une ville). **2.** Empêcher d'agir, par une action contraire qui tend à annuler les efforts ou les effets ; rendre inoffensif. *Neutraliser l'adversaire. Neutraliser la concurrence.* – *Neutraliser le trafic, la circulation,* l'arrêter momentanément. ◆ CHIM. *Neutraliser une solution,* la rendre neutre (4) en la traitant par un acide ou une base. – *Neutraliser une couleur.*

ÉTYM. du latin *neutralis* «neutre».

A B C D E F G H I J K L M N O P Q R S T U V W X Y Z

NEUTRALISME [nøtRalism] **n. m.** ✦ Doctrine qui tend à maintenir l'indépendance vis-à-vis de puissances antagonistes. CONTR. **interventionnisme.**
ÉTYM. de *neutraliste.*

NEUTRALISTE [nøtRalist] **adj.** ✦ Favorable à la neutralité. *Les pays neutralistes.* ➝ **n.** *Les neutralistes.*
ÉTYM. du latin *neutralis* «neutre».

NEUTRALITÉ [nøtRalite] **n. f.** **1.** Caractère, état d'une personne qui reste neutre (2). **2.** État d'une nation qui ne participe pas à un conflit. CONTR. **intervention ; belligérance.**
ÉTYM. du latin *neutralis* «neutre».

NEUTRE [nøtR] **adj.** **1.** Qui ne participe pas à un conflit. *État, pays neutre.* ➝ **n.** *Les neutres :* les nations neutres. ➝ *Navire neutre.* **2.** Qui s'abstient de prendre parti. SYN. **impartial,** ① **objectif.** *Rester neutre dans un débat.* **3.** Qui appartient à une catégorie grammaticale où ne se manifestent pas les formes du masculin et du féminin. *Le genre neutre en latin, en allemand.* ➝ **n. m.** *Le neutre.* **4.** CHIM. Qui n'est ni acide, ni basique. *Solution neutre. Le pH neutre est égal à 7.* ➝ SC., TECHN. Qui n'a pas de charge électrique. *Particule neutre.* ➝ **neutron.** *Fil neutre.* ➝ MATH. *Élément neutre,* qui, combiné avec un élément, ne le modifie pas. **5.** *Couleur neutre,* indécise, sans éclat. **6.** Dépourvu de passion ; froid, détaché, objectif. *Répondre d'un ton neutre.* CONTR. **belligérant, ennemi, hostile · partial, partisan ·** ② **cru, éclatant,** ② **franc, vif.**
ÉTYM. latin *neuter* «aucun des deux».

NEUTRON [nøtRɔ̃] **n. m.** ✦ Particule élémentaire, électriquement neutre, constitutive du noyau atomique (sauf du noyau d'hydrogène normal). *Neutrons et protons.*
ÉTYM. mot anglais, de *neutral* «neutre», suffixe *-on* d'après *électron* et *proton.*

NEUVAIN [nœvɛ̃] **n. m.** ✦ Strophe de neuf vers. ☛ Littérature p. 123.
ÉTYM. de ① *neuf.*

NEUVAINE [nœvɛn] **n. f.** ✦ RELIG. CATHOL. Série d'exercices de piété et de prières poursuivie pendant neuf jours.
ÉTYM. de ① *neuf.*

NEUVIÈME [nœvjɛm] **adj.** **1.** **adj. numéral ordinal** Qui suit le huitième. loc. *Le neuvième art :* la bande dessinée. ➝ *Être neuvième dans un classement.* ➝ **n.** *Le, la neuvième.* **2.** (fraction) *La neuvième partie d'un tout.*
► **NEUVIÈMEMENT** [nœvjɛmmɑ̃] **adv.**
ÉTYM. de ① *neuf.*

NÉVÉ [neve] **n. m.** ✦ Amas de neige durcie qui alimente parfois un glacier, en haute montagne.
ÉTYM. provençal ; famille du latin *nix, nivis* «neige».

NEVEU [n(ə)vø] **n. m.** ✦ Fils du frère, de la sœur ou (par alliance) du beau-frère ou de la belle-sœur. *Neveux et nièces.* ➝ loc. *Neveu à la mode de Bretagne :* fils d'un cousin germain ou d'une cousine germaine.
ÉTYM. latin *nepos, nepotis* «petit-fils».

NÉVRALGIE [nevRalʒi] **n. f.** **1.** Douleur ressentie sur le trajet d'un nerf sensitif. *Névralgie faciale.* **2.** (abusif en médecine) Mal de tête. SYN. **migraine.**
ÉTYM. de *névr(o)-* et *-algie.*

NÉVRALGIQUE [nevRalʒik] **adj.** **1.** Relatif à la névralgie. *Douleur, point névralgique.* **2.** loc. fig. *POINT NÉVRALGIQUE :* endroit le plus sensible. *Ce carrefour est le point névralgique des embouteillages.*
ÉTYM. de *névralgie.*

NÉVRITE [nevRit] **n. f.** ✦ Lésion inflammatoire des nerfs (➝ **polynévrite**).
ÉTYM. de *névr(o)-* et *-ite.*

| **NÉVR(O)-** ➝ NEUR(O)-

NÉVROPATHE [nevRɔpat] **adj.** et **n.** ✦ VIEILLI Qui souffre de troubles psychiques, de névrose. SYN. **névrosé.**
ÉTYM. de *névro-* et *-pathe.*

NÉVROSE [nevRoz] **n. f.** ✦ Affection caractérisée par des troubles nerveux sans cause anatomique connue, et intimement liée à la vie psychique du sujet. *Névrose obsessionnelle, phobique. Les névroses et les psychoses.*
ÉTYM. de *névro-* et ② *-ose,* par l'anglais.

NÉVROSÉ, ÉE [nevRoze] **adj.** et **n.** ✦ Qui souffre d'une névrose.

NÉVROTIQUE [nevRɔtik] **adj.** ✦ Relatif à une névrose. *Troubles névrotiques.* ➝ *Un comportement névrotique.*
ÉTYM. de *névrose.*

NEWSLETTER [njuzlɛtœR] **n. f.** ✦ **anglicisme** Lettre d'information électronique, publiée périodiquement à l'intention des internautes abonnés. ➝ **recomm. offic.** *lettre d'information.*
ÉTYM. mot anglais, de *news* «nouvelles» et *letter* «lettre».

NEWTON [njutɔn] **n. m.** ✦ SC. Unité de mesure de force (symb. N), correspondant à la force qui communique une accélération de 1 m/s^2 à une masse de 1 kg.
ÉTYM. nom propre. ☛ noms propres.

NEZ [ne] **n. m.** **I** **1.** Partie saillante du visage, entre le front et la lèvre supérieure, et qui abrite l'organe de l'odorat (fosses nasales). SYN. FAM. ② **pif, tarin.** *Le bout du nez.* ➝ FAM. *Les trous de nez :* les narines. ➝ *Nez droit, grec. Nez camus. Nez aquilin, en bec d'aigle. Nez en trompette. Grand, gros nez.* ➝ *Se boucher le nez,* pour ne pas sentir une odeur désagréable. ➝ *Parler du nez.* ➝ **nasiller.** *Saigner du nez.* ➝ loc. *Ça sent le gaz À PLEIN NEZ,* très fort. ➝ *Avoir le nez bouché. Nez qui coule.* **2.** loc. fig. *Mener qqn par le bout du nez,* le mener à sa guise. ➝ *Ne pas voir plus loin que le bout de son nez :* manquer de discernement, de clairvoyance. ➝ *À vue de nez :* à première estimation. ➝ *Cela lui pend au nez :* cela va lui arriver. ◆ FAM. *Les doigts dans le nez :* sans aucune difficulté. ➝ *Se bouffer le nez :* se disputer violemment. *Avoir un verre dans le nez :* être éméché. ➝ VX *Un pied* (mesure) *de nez.* ➝ **pied de nez.** **3.** Face, figure, visage (dans des loc.). *Montrer son nez, le bout de son nez :* se montrer à peine. *Mettre le nez, son nez à la fenêtre.* ➝ FAM. (surtout négatif) *Mettre le nez dehors :* sortir. ➝ *Piquer du nez,* laisser tomber sa tête en avant (en s'endormant). ◆ fig. *Fourrer son nez partout :* être très curieux, indiscret. ➝ *Se casser le nez :* trouver porte close ; essuyer un échec. ➝ *Se trouver NEZ À NEZ avec qqn,* le rencontrer brusquement, à l'improviste. ➝ *Au nez de qqn :* devant lui, sans se cacher (avec une idée de bravade, d'impudence). *Il lui a ri au nez.* ➝ (choses) *Passer sous le nez,* échapper à (qqn) après avoir semblé être à sa portée. *Le poste lui est passé sous le nez.* **4.** (le nez, organe de l'odorat) loc. FAM. *Avoir qqn dans le nez,* le détester. ➝ (symbole du flair, de la perspicacité) loc. *Avoir*

du nez ; avoir le nez creux. 5. (animaux) → **mufle, museau ; groin.** II par analogie Partie saillante située à l'avant (de qqch.). → ② **avant.** *Le nez d'une fusée.*
HOM. NÉ «venu au monde»
ÉTYM. latin *nasus.*

NI [ni] **conj.** ✦ Conjonction servant à nier *et* et *ou.* I *NI* accompagné de *NE* 1. joignant deux (ou plusieurs) mots ou groupes de mots à l'intérieur d'une proposition négative (avec *ne..., pas, point, rien*) *Je n'ai pas de cigarettes ni de feu. Rien de doux ni d'agréable.* – (avec *ne* seul ; *ni* est répété devant chaque terme) *Je n'ai ni cigarette ni feu. Ne dire ni oui ni non. Ce n'est ni bon ni mauvais. Il ne veut ni manger ni boire. Ni elle ni lui ne me plaisent.* (accord au sing. lorsque les sujets s'excluent) *Ce n'est ni ton projet ni le sien qui sera choisi.* – *NI MÊME* (*même* renforce *ni*). *Je ne crois pas le connaître, ni même en avoir entendu parler.* 2. LITTÉR. (joignant plusieurs propositions négatives) *Jamais il ne s'amuse ni ne se repose.* II *NI,* sans *NE* 1. dans des propositions sans verbe *Irez-vous ? Ni ce soir ni demain.* 2. loc. (après *sans, sans que* + subj.) *Du thé sans sucre ni lait. Il est parti sans qu'elle ni moi le sachions.*
HOM. NID «abri d'oiseau» ; N'Y (adv. de négation *ne* et pronom *y*)
ÉTYM. latin *nec.*

Ni [ɛni] ✦ CHIM. Symbole du nickel.

NIABLE [njabl] **adj.** ✦ (surtout négatif) Qui peut être nié. CONTR. **indéniable.**
ÉTYM. de *nier.*

NIAIS, NIAISE [njɛ, njɛz] **adj.** ✦ Dont la simplicité, l'inexpérience va jusqu'à la bêtise. SYN. **benêt, nigaud, simplet ;** FAM. **godiche.** – **n.** *Pauvre niais !* – *Air, sourire niais.* SYN. **béat.** CONTR. **malicieux, malin.**
ÉTYM. latin *nidax, nidacis,* de *nidus* «nid» ; d'abord «(jeune faucon) pris au nid».

NIAISEMENT [njɛzmɑ̃] **adv.** ✦ D'une façon niaise.

NIAISERIE [njɛzʀi] **n. f.** 1. Caractère d'une personne ou d'une chose niaise. SYN. **bêtise, crédulité.** 2. *Une, des niaiseries :* action, parole de niais. SYN. **ânerie, bêtise.** – Sujet futile. *S'occuper à des niaiseries.*
ÉTYM. de *niais.*

NIAISEUX, EUSE [njɛzø, øz] **adj.** ✦ (Canada) Niais, sot.
ÉTYM. de *niais.*

① **NICHE** [niʃ] **n. f.** 1. Enfoncement pratiqué dans l'épaisseur d'une paroi pour abriter un objet décoratif. 2. Petit abri où couche un chien. 3. *Niche écologique :* milieu occupé par une espèce, du point de vue de ses relations avec les autres espèces et de son mode d'alimentation.
ÉTYM. de *nicher* ou italien *nicchio* «coquille».

② **NICHE** [niʃ] **n. f.** ✦ VIEILLI Tour malicieux et sans méchanceté. SYN. ② **farce,** ② **tour.** *Faire des niches à qqn.*
ÉTYM. p.-ê. famille de *nicher,* ou encore de *nique.*

NICHÉE [niʃe] **n. f.** ✦ Les oiseaux d'une même couvée qui sont encore au nid. *Une nichée de poussins.* – *Une nichée de chiots.*
ÉTYM. du participe passé de *nicher.*

NICHER [niʃe] **v.** (conjug. 3a) I **v. intr.** 1. (oiseau) Faire son nid. SYN. **nidifier.** – Se tenir dans son nid, y couver. 2. FAM. (personnes) Habiter, loger. II *SE NICHER* **v. pron.** 1. (oiseau) Faire son nid. 2. Se blottir, se cacher. *Où est-il allé se nicher ?*
ÉTYM. latin tardif *nidicare,* de *nidus* «nid».

NICHON [niʃɔ̃] **n. m.** ✦ FAM. Sein (de femme). SYN. **néné.**
ÉTYM. de *se nicher.*

NICKEL [nikɛl] **n. m.** 1. Métal d'un blanc argenté, malléable et ductile (symb. Ni). 2. **adj. invar.** FAM. D'une propreté parfaite. *Sa moto est nickel.*
ÉTYM. mot allemand, de *Kupfernickel* «cuivre *(Kupfer)* du lutin *Nickel* (Nicolas)».

NICKELER [nikle] **v. tr.** (conjug. 6a) ✦ Couvrir d'une mince couche de nickel. – au p. passé *Acier nickelé.*
ÉTYM. de *nickel.*

NICOTINE [nikɔtin] **n. f.** ✦ Alcaloïde du tabac.
ÉTYM. de *herbe à Nicot* «tabac», du nom de Jean Nicot. ☞ noms propres.

NID [ni] **n. m.** 1. Abri que les oiseaux se construisent pour y pondre, couver leurs œufs et élever leurs petits (→ **nicher**). – loc. *Nid d'hirondelle*.* – loc. fig. *NID D'AIGLE :* construction en un lieu élevé, escarpé. – *NID-DE-POULE :* petite dépression dans une chaussée. *Des nids-de-poule.* – prov. *Petit à petit, l'oiseau fait son nid,* les choses se font progressivement. 2. Abri de certains animaux. *Nid d'écureuil, de souris. Nid de guêpes* (guêpier). ◆ fig. *NID-D'ABEILLES :* broderie en forme d'alvéoles de ruche ; tissu dont l'armure dessine des alvéoles carrées. 3. Logis intime. *Un nid douillet.* 4. *NID DE :* endroit où sont rassemblées des personnes ou des choses dangereuses. SYN. **repaire.** *Un nid de brigands.* 5. FAM. *Nid à :* lieu propice à l'accumulation de. *Ce tapis est un nid à poussière.* HOM. NI (conjonction)
ÉTYM. latin *nidus.*

NIDATION [nidasjɔ̃] **n. f.** ✦ Implantation de l'œuf fécondé des mammifères dans la muqueuse utérine. *Le stérilet empêche la nidation.*
ÉTYM. du latin *nidus* «nid».

NIDIFIER [nidifje] **v. intr.** (conjug. 9) ✦ DIDACT. (oiseau) Faire son nid. SYN. **nicher.**
► **NIDIFICATION** [nidifikasjɔ̃] **n. f.**
ÉTYM. latin *nidificare,* de *nidus* «nid».

NIÈCE [njɛs] **n. f.** ✦ Fille du frère ou de la sœur ou (par alliance) du beau-frère ou de la belle-sœur. *Ses neveux et nièces.*
ÉTYM. bas latin *neptia,* classique *neptis* «petite-fille».

① **NIELLE** [njɛl] **n. m.** ✦ TECHN. Incrustation décorative d'émail noir dans une plaque de métal.
ÉTYM. de *nieller.*

② **NIELLE** [njɛl] **n. f.** ✦ Maladie de l'épi des céréales. *La nielle du blé.*
ÉTYM. latin *nigella,* de *niger* «noir».

NIELLER [njele] **v. tr.** (conjug. 3a) ✦ TECHN. Orner, incruster de nielles.
ÉTYM. de l'ancien français *neel* «émail noir», latin *nigellus,* de *niger* «noir».

NIÈME → ÉNIÈME

NIER [nje] **v. tr.** (conjug. 9) ✦ Rejeter (une proposition) ; penser, se représenter comme inexistant ; déclarer irréel (SYN. **contester, démentir ;** → **dénégation, négation**). *Nier l'évidence. Nier un fait, un évènement.* ◆ absolt *L'accusé persiste à nier* (ce dont on l'accuse). – (+ inf. passé) *Il nie avoir vu l'accident.* – *NIER QUE* (+ indic.). *Il nie qu'il est venu à quatre heures* (il est pourtant venu). – (+ subj.) *Je ne nie pas qu'il ait du talent.* CONTR. **affirmer, assurer, certifier, confirmer,**

A B C D E F G H I J K L M N O P Q R S T U V W X Y Z

reconnaître.
ÉTYM. latin *negare.*

NIGAUD, AUDE [nigo, od] **adj.** ✦ Qui se conduit d'une manière niaise. SYN. **sot.** ◆ **n.** *Il se comporte comme un nigaud.* SYN. **benêt, niais.** ➖ (avec une nuance affectueuse, en parlant à un enfant) *Allons, gros nigaud, ne pleure pas !* SYN. ② **bêta.**
ÉTYM. peut-être famille de *niais,* ou prononciation régionale et abréviation du prénom *Nicodème.*

NIHILISME [niilism] **n. m.** ✦ Idéologie qui rejette toute croyance ; qui refuse toute contrainte sociale.
ÉTYM. du latin *nihil* «rien».

NIHILISTE [niilist] **adj.** ✦ Relatif au nihilisme. ◆ Adepte du nihilisme. ➖ **n.** *Les nihilistes russes de la fin du XIXe siècle.*

NIMBE [nɛ̃b] **n. m.** ✦ Zone lumineuse qui entoure la tête des représentations de Dieu, des anges, des saints. SYN. **auréole.**
ÉTYM. latin *nimbus* «nuage».

NIMBER [nɛ̃be] **v. tr.** (conjug. 3a) ✦ Orner d'un nimbe. SYN. **auréoler.** ➖ au p. passé *Apparition nimbée de lumière.*
ÉTYM. de *nimbe.*

NIMBUS [nɛ̃bys] **n. m.** ✦ Gros nuage gris porteur de pluie ou de neige.
ÉTYM. mot latin «nuage».

N'IMPORTE (qui, quel...) → ② IMPORTER

NINJA [ninʒa] **n. m.** ✦ Guerrier japonais du Moyen Âge.
ÉTYM. mot japonais «espion».

NIPPE [nip] **n. f.** ✦ au plur. Vêtements pauvres et usés, ou ridicules et laids. SYN. **hardes.**
ÉTYM. peut-être de *guenipe,* variante de *guenille.*

NIPPER [nipe] **v. tr.** (conjug. 3a) ✦ FAM. VIEILLI Habiller. SYN. **fringuer.** ➖ pronom. *Se nipper de neuf.* ➖ au p. passé *Être bien, mal nippé.*
ÉTYM. de *nippe.*

NIPPON, ONE ou **ONNE** [nipɔ̃, ɔn] **adj.** et **n.** ✦ Japonais.
ÉTYM. japonais *nippon* «soleil levant».

NIQAB [nikab] **n. m.** ✦ Long voile comportant une fente au niveau des yeux, porté par certaines musulmanes.
ÉTYM. mot arabe, de *naqaba* «trouer».

NIQUE [nik] **n. f.** ✦ *FAIRE LA NIQUE à qqn,* lui faire un signe de mépris, de bravade.
ÉTYM. onomatopée.

NIRVANA [nirvana] **n. m.** ✦ (bouddhisme) Extinction du désir humain, entraînant la fin du cycle des réincarnations.
ÉTYM. mot sanskrit «extinction».

NITOUCHE [nituʃ] **n. f.** → SAINTE NITOUCHE

NITRATE [nitrat] **n. m.** ✦ Sel de l'acide nitrique. *Nitrate de sodium, de potassium* (→ **salpêtre**). ➖ *Nitrate d'argent,* utilisé en médecine comme antiseptique, caustique et cicatrisant. ➖ *Nitrates utilisés comme engrais.*
ÉTYM. de *nitre.*

NITRE [nitr] **n. m.** ✦ VX Salpêtre (nitrate de potassium).
ÉTYM. latin *nitrum* «soude ; potasse», du grec *nitron.*

NITRÉ, ÉE [nitre] **adj.** ✦ CHIM. *Dérivé nitré,* qui contient le radical NO_2 (substitué à l'hydrogène).
ÉTYM. de *nitre.*

NITRIQUE [nitrik] **adj.** ✦ *Acide nitrique* (HNO_3) : acide dérivé de l'azote, très corrosif.
ÉTYM. de *nitre.*

NITROGLYCÉRINE [nitrogliserin] **n. f.** ✦ Nitrate triple de glycérine, explosif puissant (constituant essentiel de la dynamite).
ÉTYM. de *nitre* et *glycérine.*

| **NIV-** → NIV(O)-

NIVAL, ALE, AUX [nival, o] **adj.** ✦ GÉOGR. De la neige. *Régime nival,* des cours d'eau alimentés par la fonte des neiges. HOM. NIVEAU «hauteur»
ÉTYM. latin *nivalis.*

NIVÉAL, ALE, AUX [niveal, o] **adj.** ✦ LITTÉR. Qui fleurit dans la neige, en hiver.
ÉTYM. du latin *nix, nivis* «neige».

NIVEAU [nivo] **n. m.** **I** Instrument qui sert à vérifier l'horizontalité. *Niveau à bulle* (d'air). **II** 1. Degré d'élévation, par rapport à un plan horizontal. SYN. **hauteur.** *Jauge indiquant le niveau d'essence. Inégalité de niveau* (→ **dénivellation**). ➖ *Être au même niveau que...,* à fleur, à ras de. *Mettre de niveau* (→ **niveler**). ➖ loc. *Passage* à niveau.* ➖ *Niveau de la mer :* niveau zéro à partir duquel on évalue les altitudes. ◆ *AU NIVEAU DE :* à la même hauteur que. *L'eau lui arrivait au niveau de la taille.* ➖ À côté de. *Arrivé au niveau du groupe, il ralentit.* 2. Étage d'un bâtiment. *Centre commercial sur deux niveaux.* 3. fig. Élévation comparative, degré comparatif (selon un jugement d'importance, de valeur). *Mettre au même niveau,* sur le même plan. ◆ *Niveau intellectuel* (culture, intelligence). *Des élèves de même niveau. Elle a un niveau bac +5.* ➖ *Niveaux de langue :* soutenu, courant ou neutre, familier. SYN. **registre ;** → ① **style.** ◆ *AU NIVEAU DE :* à l'échelon, au plan, sur le plan de. *Se mettre au niveau de qqn,* à sa portée. *Au niveau de la commune.* ➖ (emploi critiqué) En ce qui concerne. *Au niveau des finances. Au niveau du vécu.* 4. Degré hiérarchique. *Ces consignes viennent du plus haut niveau.* 5. Degré atteint. *Mesurer le niveau de pollution de l'air.* 6. *NIVEAU DE VIE :* façon de vivre selon le revenu moyen, dans un pays. HOM. NIVAUX (pluriel de *nival* «de la neige»)
ÉTYM. altération de *livel,* latin populaire *libellus,* classique *libella.*

NIVELER [niv(ə)le] **v. tr.** (conjug. 6a) 1. Mettre de niveau, rendre horizontal, plan, uni. SYN. **aplanir, égaliser.** *L'érosion tend à niveler les reliefs.* 2. fig. Mettre au même niveau, rendre égal. SYN. **égaliser.** *Niveler les salaires.*
ÉTYM. de *nivel,* ancienne forme de *niveau.*

NIVELEUR, EUSE [niv(ə)lœr, øz] **n.** 1. Personne qui nivelle. 2. *NIVELEUSE* **n. f.** TECHN. Engin de terrassement servant à niveler la surface du sol.
ÉTYM. de *niveler.*

NIVELLEMENT [nivɛlmɑ̃] **n. m.** 1. TECHN. Mesure des hauteurs relatives de différents points d'un terrain. 2. Action d'égaliser (une surface). *Le nivellement d'un terrain par des travaux de terrassement.* 3. fig. *Le nivellement des conditions sociales. Nivellement par le bas.*
ÉTYM. de *niveler.*

| **NIV(O)-** Élément savant, du latin *nix, nivis* «neige».

NIVÔSE [nivoz] **n. m.** ✦ Quatrième mois du calendrier républicain (du 21-22 décembre au 20-21 janvier).
ÉTYM. du latin *nivosus* «neigeux».

NÔ [no] **n. m.** ✦ Drame lyrique japonais de caractère traditionnel. *Des nôs.* HOM. NOS (adjectif possessif, pluriel de *notre*)
ÉTYM. mot japonais.

NOBÉLISER [nɔbelize] **v. tr.** (conjug. 3a) ✦ Attribuer le prix Nobel à (qqn). ➔ au p. passé *Camus, Le Clézio, Modiano, écrivains nobélisés.*

NOBILIAIRE [nɔbiljɛʀ] **adj.** ✦ Propre à la noblesse. *Titres nobiliaires. Particule nobiliaire.*
ÉTYM. du latin *nobilis* «noble».

NOBLE [nɔbl] **adj. et n.**
I adj. 1. LITTÉR. Dont les qualités morales sont grandes. SYN. ① **beau, élevé, généreux.** *Cœur noble.* ➔ *De nobles causes.* 2. *LE NOBLE ART* : la boxe. 3. Qui commande le respect, l'admiration, par sa distinction, son autorité naturelle. SYN. **distingué, imposant, majestueux.** *Noble prestance.* 4. (opposé à *bas*) *Genre, style noble,* qui rejette la vulgarité. SYN. **élevé, soutenu.** 5. (dans des expr.) Qui est considéré comme supérieur. *Matières nobles,* naturelles (non synthétiques) et appréciées : pierre, bois... *Métaux nobles* (argent, or, platine). SYN. **précieux.** CONTR. ① **bas, mesquin, vulgaire.**
II 1. **adj.** Qui appartient à une classe privilégiée (sociétés hiérarchisées, féodales, etc.) ou qui descend d'un membre de cette classe. 2. **n.** *Un noble.* SYN. **aristocrate.** *Les nobles.* SYN. **noblesse.** 3. **adj.** Qui appartient, qui est propre aux nobles. *Être de sang noble.* CONTR. **roturier, vilain.**
ÉTYM. latin *nobilis,* de *noscere* «connaître».

NOBLEMENT [nɔbləmɑ̃] **adv.** ✦ D'une manière noble (I), avec noblesse. SYN. **dignement, fièrement.**

NOBLESSE [nɔblɛs] **n. f.** **I** 1. Grandeur des qualités morales, de la valeur humaine. *Noblesse d'âme, de caractère.* 2. Caractère noble (comportement, expression, aspect physique). ➜ **dignité, distinction, majesté.** *La noblesse de son visage, de ses traits.* **II** 1. Condition du noble. *Titres de noblesse. Quartiers* de noblesse. Noblesse d'épée, de robe.* ➔ loc. prov. *Noblesse oblige,* la noblesse crée le devoir de faire honneur à son nom. ➔ *Lettres de noblesse,* par lesquelles le roi conférait la noblesse. 2. Classe sociale des nobles. SYN. **aristocratie.** *Les privilèges de la noblesse sous l'Ancien Régime.* ➔ *Noblesse d'Empire,* qui tient ses titres de Napoléon Ier. *Haute noblesse,* la plus ancienne, la plus illustre. *Petite noblesse.* CONTR. **bassesse, mesquinerie · vulgarité · roture.**
ÉTYM. de *noble.*

NOBLIAU [nɔblijo] **n. m.** ✦ péj. Noble de petite noblesse. *Des nobliaux.*
ÉTYM. de *noble.*

NOCE [nɔs] **n. f.** 1. (dans des loc.) *LES NOCES* : mariage. *Épouser qqn en secondes noces.* ➔ loc. *Convoler* en justes noces.* ➔ *Nuit de noces.* 2. Ensemble des réjouissances qui accompagnent un mariage. *Repas de noce.* ➔ loc. *N'être pas à la noce* : être dans une mauvaise situation. 3. au plur. Fête anniversaire d'un mariage. *Noces d'argent* (25e), *d'or* (50e), etc. 4. loc. FAM. *Faire la noce* : faire la fête ; mener une vie de débauche. ➜ **noceur.**
ÉTYM. latin populaire *noptiae,* du classique *nuptiae.*

NOCEUR, EUSE [nɔsœʀ, øz] **n. et adj.** ✦ FAM. (Personne) qui aime faire la noce (4). SYN. **fêtard.**
ÉTYM. de *noce.*

NOCHER [nɔʃe] **n. m.** ✦ POÉT. Celui qui dirige une embarcation. *Charon, le nocher des Enfers.*
ÉTYM. latin *nauclerus,* du grec *nauklêros* «propriétaire d'un navire *(naus)*».

NOCIF, IVE [nɔsif, iv] **adj.** ✦ (choses) Qui peut nuire. SYN. **dangereux, nuisible.** *Gaz nocif.* SYN. **délétère, toxique.** ➔ *Théories, influences nocives.* SYN. **pernicieux.** CONTR. **inoffensif.**
ÉTYM. latin *nocivus,* de *nocere* «nuire».

NOCIVITÉ [nɔsivite] **n. f.** ✦ Caractère de ce qui est nuisible. CONTR. **innocuité.**
ÉTYM. de *nocif.*

NOCTAMBULE [nɔktɑ̃byl] **n. et adj.** ✦ (Personne) qui se promène ou se divertit la nuit.
ÉTYM. latin médiéval *noctambulis,* de *nox, noctis* «nuit» et *ambulare* «marcher».

NOCTUELLE [nɔktɥɛl] **n. f.** ✦ Papillon de nuit de couleur terne, qui comprend plusieurs espèces.
ÉTYM. famille de *nox, noctis* «nuit».

NOCTULE [nɔktyl] **n. f.** ✦ Chauve-souris d'Europe et d'Asie, d'assez grande envergure.
ÉTYM. du latin *noctua* «chouette».

NOCTURNE [nɔktyʀn] **adj. et n.**
I adj. 1. Qui est propre à la nuit. ➔ Qui a lieu pendant la nuit. *Tapage nocturne.* 2. (animaux) Qui veille, se déplace, chasse pendant la nuit. *Oiseaux nocturnes* ou *de nuit.* CONTR. **diurne.**
II n. m. Morceau de piano mélancolique, de forme libre. *Les nocturnes de Chopin.*
III n. 1. **n. m.** ou **f.** Compétition qui a lieu en soirée. ➔ loc. adv. *En nocturne.* 2. **n. f.** Ouverture en soirée de magasins, expositions.
ÉTYM. latin *nocturnus,* de *nox, noctis* «nuit».

NODOSITÉ [nɔdozite] **n. f.** 1. MÉD. Lésion arrondie et dure. 2. État d'un végétal noueux. ➔ Nœud (III, 1).
ÉTYM. latin *nodositas,* de *nodus* «nœud».

NODULE [nɔdyl] **n. m.** 1. ANAT. Nodosité. *Des nodules tuberculeux.* 2. GÉOL. Masse globuleuse située dans une roche de nature différente.
ÉTYM. latin *nodulus* «petit nœud *(nodus)*».

NOËL [nɔɛl] **n. m.** 1. (☞ noms propres) Fête commémorant la naissance du Christ, célébrée par les chrétiens le 25 décembre. ➜ **nativité.** *Arbre, réveillon de Noël. Joyeux Noël !* ➔ *Le PÈRE NOËL* : personnage légendaire qui est censé déposer des cadeaux dans les souliers des enfants (correspond à saint Nicolas dans certains pays chrétiens). ➔ loc. *Croire au père Noël* · être très naïf. ➔ *La fête de Noël* ou **n. f.** *la Noël.* ➔ *Vacances de Noël.* 2. Cantique de Noël. 3. FAM. *Le noël, le petit noël* (d'un enfant) : cadeau de Noël.
ÉTYM. latin *natalis (dies)* «(jour) de naissance».

NŒUD [nø] **n. m.** **I** 1. Enlacement d'une chose flexible (fil, corde, cordage) ou entrelacement de deux objets flexibles qui se resserre si l'on tire sur les extrémités (➜ **nouer**). *Nœud simple, double nœud. Le nœud coulant d'un lasso. Corde à nœuds* (pour le grimper). ➔ *Nœud de cravate.* ➔ loc. *NŒUD GORDIEN* : difficulté, problème quasi insoluble. *Trancher le nœud gordien :*

A B C D E F G H I J K L M N O P Q R S T U V W X Y Z

résoudre de façon violente et décisive la difficulté. ➝ loc. FAM. *Sac de nœuds.* **2.** MAR. Unité de vitesse correspondant à 1 mille marin à l'heure. *Navire qui file vingt nœuds. Vent qui souffle à quarante nœuds.* **3.** Ruban noué ; ornement en forme de nœud. *Nœud qui retient les cheveux* (→ **catogan**). *Nœud papillon.* **4.** loc. *Nœud de vipères,* emmêlement de vipères dans le nid. *« Le Nœud de vipères »* (roman de Mauriac). **II** fig. **1.** VX ou LITTÉR. Attachement très étroit entre des personnes. SYN. **chaîne, lien. 2.** Point essentiel (d'une difficulté). *Voilà le nœud de l'affaire, de la situation.* ◆ *LE NŒUD DE L'ACTION* : péripétie qui amène l'action dramatique à son point culminant. ☛ Littérature p. 127. **3.** (concret) Endroit où se croisent plusieurs grandes voies de communication. *Nœud ferroviaire, routier.* **III** **1.** Protubérance à la partie externe d'un arbre. SYN. **nodosité** ; → **noueux.** ➝ Partie sombre et dure, vestige de cette protubérance, à l'intérieur de l'arbre. *Planche pleine de nœuds.* **2.** FAM. Extrémité de la verge. SYN. **gland.** ➝ VULG. (injure) *Tête de nœud !*

ÉTYM. latin *nodus.*

NOIR, NOIRE [nwaʀ] adj. et n.

I adj. **1.** Se dit de la couleur la plus foncée qui existe, de l'aspect d'une surface ne réfléchissant aucune lumière (→ **noirceur** ; **mélan(o)-**). *Noir comme (du) jais, de l'encre, du charbon. Yeux noirs. Chat noir.* **2.** Qui est plus sombre (dans son genre). *Café noir* (sans lait ou très fort). *Raisin noir.* ➝ *Une rue noire de monde. Savon noir. Lunettes noires.* **3.** Qui, pouvant être propre, se trouve sali. SYN. **sale.** *Des ongles noirs.* ➝ *NOIR DE... Mur noir de suie.* **4.** Privé de lumière. SYN. **obscur, sombre.** *Cabinet noir, chambre noire. Nuit noire,* sans lune, sans étoiles. ➝ loc. *Il fait noir comme dans un four.* **5.** FAM. (attribut) Ivre.

II adj. abstrait **1.** Assombri par la mélancolie. *Humeur noire. Avoir des idées noires.* loc. *Regarder qqn d'un œil noir,* avec hostilité et colère. **2.** (dans des expr.) Marqué par le mal. *Magie noire. Messe noire.* ➝ Où règne une atmosphère macabre. *Roman, film noir.* ➝ *Humour noir.* **3.** Non déclaré, non légal. SYN. **clandestin.** *Marché noir.* ➝ ellipt *Acheter du sucre au noir.* ➝ *Travail au noir.*

III n. m. **1.** Couleur noire. *Un noir profond. Être en noir, porter du noir.* ➝ loc. *C'est écrit noir sur blanc,* de façon visible, incontestable. ➝ *Film en noir et blanc* (opposé à *en couleur*). **2.** L'obscurité, la nuit. *Avoir peur dans le noir, du noir.* **3.** Matière colorante noire. *Noir de fumée.* ➝ loc. *Broyer* du noir.* ➝ *Avoir du noir sur la joue* (salissure). ➝ *Se mettre du noir aux yeux* (maquillage). ➝ *Les noirs d'un tableau.* **4.** *Voir tout en noir,* être pessimiste.

IV adj. et n. Qui appartient à un groupe humain caractérisé par une peau très pigmentée. *Peuples noirs* (→ **négritude**). ➝ n. *Des Noirs africains, antillais.* SYN. anglic. **black.** *Des Noirs américains* (des États-Unis), *brésiliens. La traite des Noirs.* SYN. **nègre** ➝ Relatif aux personnes de ce groupe. *Les quartiers noirs de Washington.*

ÉTYM. latin *niger.*

NOIRÂTRE [nwaʀɑtʀ] adj. ✦ D'une couleur tirant sur le noir.

ÉTYM. de *noir* et *-âtre.*

NOIRAUD, AUDE [nwaʀo, od] adj. et n. ✦ Qui est noir de teint, de type très brun. SYN. péj. **moricaud.**

ÉTYM. de *noir.*

NOIRCEUR [nwaʀsœʀ] n. f. ✦ LITTÉR. **1.** Couleur de ce qui est noir. *La noirceur du corbeau.* **2.** Méchanceté odieuse. SYN. **perfidie.** *La noirceur d'une trahison.* CONTR. **blancheur, clarté • bonté.**

ÉTYM. de *noir.*

NOIRCIR [nwaʀsiʀ] v. (conjug. 13) **I** v. intr. Devenir noir ou plus foncé. *La peinture a noirci.* **II** v. tr. **1.** Colorer ou enduire de noir. *La fumée a noirci les murs.* SYN. **salir.** ➝ loc. *Noircir du papier* : écrire beaucoup. **2.** Dépeindre d'une manière alarmiste, pessimiste. SYN. **dramatiser.** *Noircir la situation.* **3.** LITTÉR. Calomnier, dire du mal de (qqn).

ÉTYM. latin populaire *nigricire,* classique *nigrescere.*

NOIRCISSEMENT [nwaʀsismɑ̃] n. m. ✦ (concret) Action de noircir.

NOIRE [nwaʀ] n. f. **1.** Femme noire. → **noir** (IV). **2.** MUS. Note de musique à corps noir et à queue simple dont la valeur est de deux croches, d'une demi-blanche.

NOISE [nwaz] n. f. ✦ loc. *CHERCHER NOISE* (ou *DES NOISES*) *à qqn,* lui chercher querelle.

ÉTYM. peut-être du latin *nausea* « mal de mer ».

NOISETIER [nwaz(ə)tje] n. m. ✦ Arbrisseau des bois et des haies, qui produit la noisette. SYN. **coudrier.**

ÉTYM. de *noisette.*

NOISETTE [nwazɛt] n. f. **1.** Fruit du noisetier, petite coque ligneuse contenant une amande comestible. *Casser des noisettes* (→ **casse-noisette**). ◆ fig. *Une noisette de beurre.* **2.** adjectivt invar. Brun clair. *Des yeux noisette.*

ÉTYM. diminutif de *noix.*

NOIX [nwa] n. f. **1.** Fruit du noyer, constitué d'une écale verte (→ **brou**), d'une coque ligneuse, et d'une amande comestible formée de quatre quartiers. *Gauler des noix.* ➝ *Noix fraîche, sèche. Huile de noix.* ◆ fig. *Une noix de beurre.* **2.** Se dit d'autres fruits comestibles à coque. *Noix de coco, de cajou. Noix muscade.* **3.** *Noix de veau,* partie arrière du cuisseau. *La noix d'une côtelette,* la partie centrale. **4.** FAM. et VIEILLI Imbécile. ➝ loc. *À LA NOIX* : de mauvaise qualité, sans valeur. *Des excuses à la noix.*

ÉTYM. latin *nux, nucis.*

NOLISER [nɔlize] v. tr. (conjug. 3a) ✦ Affréter (un bateau, un avion). ➝ au p. passé *Avion nolisé* (anglicisme *charter*).

ÉTYM. italien *noleggiare,* du latin *naulum* « fret ».

NOM [nɔ̃] n. m. **I** Mot ou groupe de mots servant à désigner un objet individuel. *Nom propre* (pour distinguer du sens II). *Étude des noms (propres).* → **onomastique. 1.** Mot servant à nommer une personne. *Avoir, porter tel nom.* → **s'appeler,** se **nommer.** *Connaître qqn de nom,* ne le connaître que de réputation. ➝ *Nom de famille* (→ **patronyme**). *Nom de baptême* ou *petit nom.* → **prénom.** *Se cacher sous un faux nom. Nom d'emprunt.* → **pseudonyme, surnom.** ➝ *Agir AU NOM de qqn,* comme son représentant, son interprète. **2.** spécialt Nom de famille. *Nom, prénom et domicile. Nom de jeune fille* (d'une femme mariée). **3.** (dans des loc.) Notoriété, renommée. *Se faire un nom. Laisser un nom.* **4.** (jurons) *Nom de Dieu !* ➝ FAM. *Nom de nom ! Nom d'une pipe ! Nom d'un chien !* **5.** Désignation individuelle d'un animal, d'un lieu, d'un objet. *Noms de lieux* (→ **toponymie**). *Noms de chevaux de course.*

→ *Noms de produits, de marques. Nom déposé*.* **II** **1.** Forme du langage, mot ou expression correspondant à une notion, et servant à désigner les êtres, les choses d'une même catégorie. SYN. **appellation, dénomination, désignation.** *Quel est le nom de cet arbre ? Noms scientifiques, techniques.* → **nomenclature** ; ② **terme, terminologie.** → loc. *Appeler* les choses par leur nom.* → *SANS NOM* : qu'on ne peut qualifier. *Une terreur sans nom,* trop intense pour être nommée. *Une attitude sans nom.* → **inqualifiable ; innommable.** → loc. *Traiter qqn de tous les noms,* l'accabler d'injures. **2.** (par oppos. à la chose nommée) *Il n'est patron que de nom.* **3.** *AU NOM DE... :* en considération de..., en invoquant... *Au nom de la loi. Au nom de notre amitié.* **III** (dans le langage) **1.** Mot (partie du discours) qui peut être le sujet d'un verbe, être précédé d'un déterminatif. *Noms propres. Noms communs* (SYN. **substantif**). *Nom complément, nom attribut. Mot remplaçant un nom.* → **pronom.** *Complément de nom.* **2.** (sens large) DIDACT. Mot pouvant avoir les mêmes fonctions, incluant des formes verbales *(noms verbaux)* et les adjectifs. HOM. NON (adverbe de négation)

ÉTYM. latin *nomen, nominis.*

NOMADE [nɔmad] **adj.** et **n.** **I** **1.** (groupe humain) Qui n'a pas d'habitation fixe. *Tribu nomade.* → (animaux) Qui change de région avec les saisons. SYN. **migrateur.** **2.** *Vie nomade,* d'une personne en déplacements continuels. SYN. ① **errant, itinérant.** **3.** **n.** *Les nomades du désert.* CONTR. **fixe, sédentaire.** **II** anglicisme Se dit d'un appareil qui peut échanger des informations numériques sans être relié à une installation fixe. *Équipement nomade* (téléphone et ordinateur portables, répertoire électronique...). → *Travailleur nomade,* qui travaille avec cette technologie.

ÉTYM. latin *nomas, nomadis,* du grec, de *nemein* «attribuer (les pâtures)».

NOMADISER [nɔmadize] **v. intr.** (conjug. 3a) ✦ Vivre, se déplacer en nomade(s).

ÉTYM. de *nomade.*

NOMADISME [nɔmadism] **n. m.** ✦ Genre de vie des nomades.

ÉTYM. de *nomade.*

NO MAN'S LAND [nomanslɑ̃d] **n. m. invar.** ✦ anglicisme Zone comprise entre les premières lignes de deux armées ennemies. → Zone frontière. ♦ fig. Terrain neutre. → Zone d'incertitude.

ÉTYM. expression anglaise «terre *(land)* d'aucun homme *(man)*».

NOMBRE [nɔ̃bʀ] **n. m.** **1.** Symbole caractérisant une unité ou une collection d'unités considérée comme une somme. *Écriture des nombres* (→ **chiffre**). *Étude des nombres* (→ **arithmétique**). *Nombres entiers (pairs, impairs), décimaux. Nombre premier*. Élever un nombre au carré. Nombre cardinal, ordinal.* ♦ MATH. (élargissement du concept) Notion fondamentale de l'arithmétique et des sciences, liée à celles de pluralité, d'ensemble, de correspondance. *Nombres algébriques, imaginaires, irrationnels.* **2.** Nombre concret. *Nombre de fois* (→ **fréquence**). *Un certain nombre de... :* plusieurs. *Un petit nombre :* peu. *Un grand nombre :* beaucoup. → loc. prép. *Être AU NOMBRE DE dix :* être dix. → *AU (ou DU) NOMBRE DE...* → **parmi ; entre.** *Serez-vous au (ou du) nombre des invités ?* ellipt *Serez-vous du nombre ?* → *SANS NOMBRE :* sans possibilité d'être dénombré. → **innombrable.** *Des ennuis sans nombre.* **3.** *Le nombre,* pluralité, grand nombre. SYN. **quantité.** *Succomber sous le nombre. Faire nombre.* → *EN NOMBRE :* en grande quantité. *Ils sont venus en nombre,* à plusieurs. → *NOMBRE DE :* beaucoup, maint. *Depuis nombre d'années.* **4.** Catégorie grammaticale du singulier et du pluriel. *L'adjectif s'accorde en genre et en nombre.*

ÉTYM. latin *numerus.*

NOMBREUX, EUSE [nɔ̃bʀø, øz] **adj.** **1.** Qui est formé d'un grand nombre d'éléments. SYN. **abondant, considérable.** *Foule nombreuse. Famille nombreuse,* comprenant beaucoup d'enfants. **2.** En grand nombre. *Venez nombreux !* → (épithète ; avant le n.) *Dans de nombreux cas.* → **beaucoup.**

ÉTYM. de *nombre.*

NOMBRIL [nɔ̃bʀi(l)] **n. m.** ✦ Cicatrice arrondie sur le ventre des mammifères, à l'emplacement du cordon ombilical. SYN. **ombilic.** ♦ loc. fig. et FAM. *Se regarder le nombril* (→ **nombrilisme**). → *Se prendre pour le nombril du monde.* SYN. **centre.**

ÉTYM. altération de *omblil, nomblil,* latin populaire *umbiliculus,* diminutif de *umbilicus.*

NOMBRILISME [nɔ̃bʀilism] **n. m.** ✦ FAM. Attitude égocentrique.

ÉTYM. de *nombril.*

-NOME, -NOMIE, -NOMIQUE Éléments, du grec, de *nemein* «distribuer, administrer» (ex. *économe, agronomie, gastronomique*).

NOMENCLATURE [nɔmɑ̃klatyʀ] **n. f.** **1.** Termes employés dans une science, un art, etc., méthodiquement classés. SYN. **terminologie.** *Nomenclature botanique.* → Liste méthodique. SYN. **inventaire, répertoire.** **2.** Ensemble des termes faisant l'objet d'un article distinct (dans un dictionnaire, un glossaire, un vocabulaire).

ÉTYM. latin *nomenclatura* «action d'appeler *(calare)* par le nom *(nomen)*».

NOMINAL, ALE, AUX [nɔminal, o] **adj.** **I** Relatif au nom (I). *Appel nominal. Liste nominale.* SYN. ② **nominatif.** **II** **1.** DIDACT. Relatif aux mots, aux noms (II) et non aux choses. *Erreur nominale.* **2.** Qui existe seulement de nom et pas en réalité. *Autorité nominale.* **3.** ÉCON. *Valeur nominale d'une action,* sa valeur d'émission (par oppos. à cours actuel). *Salaire nominal* (en unités monétaires) *et salaire réel* (pouvoir d'achat). **III** GRAMM. Qui a la fonction d'un nom. *Formes nominales du verbe* (infinitif, participes). *Proposition, phrase nominale,* sans verbe (ex. aucune amélioration en vue ; silence absolu sur cette affaire). *Groupe nominal (GN),* formé d'un nom et d'un déterminant et d'éventuelles expansions. *Syntagme nominal.* → **n. m.** *Un nominal :* un pronom.

ÉTYM. latin *nominalis,* de *nomen* «nom».

NOMINALEMENT [nɔminalmɑ̃] **adv.** **1.** Par son nom. **2.** De nom (et pas en fait). **3.** GRAMM. En fonction de nom.

ÉTYM. de *nominal.*

NOMINALISATION [nɔminalizasjɔ̃] **n. f.** ✦ LING. Transformation (d'une proposition) en groupe nominal (ex. «L'exercice est facile» ; «La facilité de l'exercice»).

ÉTYM. de *nominal.*

NOMINALISME [nɔminalism] **n. m.** ✦ PHILOS. Doctrine qui ramène les idées générales à l'emploi des signes, des noms, leur refusant une réalité dans l'esprit ou hors de lui (alors opposé à *réalisme*).

① **NOMINATIF** [nɔminatif] **n. m.** ✦ Cas d'un substantif, adjectif ou pronom qui est sujet ou attribut du sujet (dans une langue à déclinaisons).
ÉTYM. latin *nominativus.*

② **NOMINATIF, IVE** [nɔminatif, iv] **adj.** ✦ Qui contient le nom, les noms (I). *Liste nominative.* SYN. **nominal.** *Carte nominative. Titre nominatif* (opposé à *au porteur*).
► **NOMINATIVEMENT** [nɔminativmɑ̃] **adv.**
ÉTYM. du latin *nominare* «nommer».

NOMINATION [nɔminasjɔ̃] **n. f.** **1.** Action de nommer (qqn) à un emploi, à une fonction, à une dignité. SYN. **désignation.** *Nomination à un poste supérieur* (→ **promotion**). *Il vient d'obtenir sa nomination.* **2.** Le fait d'être nommé parmi des lauréats. *Obtenir plusieurs nominations* (prix, accessits). CONTR. **destitution.**
ÉTYM. latin *nominatio.*

NOMMÉMENT [nɔmemɑ̃] **adv.** ✦ En nommant, en désignant (qqn) par son nom.
ÉTYM. de *nommé.*

NOMMER [nɔme] **v. tr.** (conjug. 3a) **I** Désigner par un nom. SYN. **appeler. 1.** Distinguer (une personne) par un nom ; donner un nom à (qqn). SYN. **dénommer.** *Ses parents l'ont nommé Paul.* SYN. **prénommer. 2.** Donner un nom à (qqch.). *Nommer une comète.* ➖ Affecter un nom, un terme à (une classe de choses, une notion distincte). **3.** Mentionner (une personne, une chose) en disant ou en écrivant son nom. SYN. **citer, désigner, indiquer.** *L'accusé refuse de nommer ses complices.* **II** Désigner, choisir (une personne) pour remplir une fonction (opposé à *élire*). *On l'a nommé directeur.* ➖ *Nommer qqn son héritier.* ➖ *Nommer d'office un expert.* SYN. **commettre. III** *SE NOMMER* **v. pron. 1.** passif Avoir pour nom. SYN. **s'appeler. 2.** réfl. Se faire connaître en disant son nom. *Il ne s'est pas nommé par timidité.*
► **NOMMÉ, ÉE adj. I 1.** (suivi du n. propre) Qui a pour nom. *Un médecin nommé X.* ➖ **n.** *Le nommé Dubois.* **2.** Désigné par son nom. *Les personnes nommées plus haut.* → **susdit. 3.** loc. *À POINT NOMMÉ* : au moment voulu, à propos. *Arriver à point nommé.* **II** Désigné, choisi par nomination. *Magistrats nommés et magistrats élus.*
ÉTYM. latin *nominare,* de *nomen* «nom».

NON [nɔ̃] **adv. de négation I 1.** Réponse négative, refus. *Non, n'insistez pas. Mais non ! Non merci.* ➖ FAM. (interrogatif) N'est-ce pas ? *C'est dommage, non ?* **2.** compl. dir. d'un verbe déclaratif *Il ne sait pas dire non.* FAM. *Je ne dis pas non* : je veux bien. ➖ *Je vous dis que non.* **3.** FAM. Exclamatif, marquant l'indignation, la protestation. *Non, par exemple ! Non, mais !* ➖ Marquant l'étonnement. *Il est nommé directeur. – Non !* (→ *sans blague !, pas possible !, c'est pas vrai !*). **II** (en phrase coordonnée ou juxtaposée) *ET NON ; MAIS NON. C'est pour moi et non pour vous.* ➖ *OU NON,* marquant une alternative. *Que vous le vouliez ou non.* ➖ (en fin de phrase) → ② **pas.** *Hier j'aurais pu ; aujourd'hui, non.* ➖ *NON PLUS* (remplace *aussi* dans une proposition négative). *Toi non plus, tu ne sais pas ?* ➖ *NON, NON PAS (POINT), NON SEULEMENT... MAIS... Non seulement il se trompe, mais en plus il s'obstine.* ➖ *NON SANS...,* avec un peu de... *Non sans hésitation* : avec une certaine hésitation. ➖ *NON QUE* **loc. conj.** (+ subj.), sert à écarter une explication possible. *Il n'y arrivera pas ; non qu'il soit incapable, mais il est trop distrait.* **III** *NON* : qui n'est pas, est le contraire de. *Un risque non négligeable.* → **non-. IV n. m. invar.** *Une majorité de non. Un non catégorique.* SYN. **refus.** ➖ loc. *Pour un oui* ou pour un non.* CONTR. **oui,** ② **si.**
HOM. NOM «appellation»
ÉTYM. latin *non.*

NON- Élément indiquant l'absence, le défaut ou le refus (ex. *non-activité* **n. f.** ; *non-exécution* **n. f.** ; *non-ingérence* **n. f.** ; *non-viable* **adj.**).

NONAGÉNAIRE [nɔnaʒenɛʀ] **adj.** et **n.** ✦ Dont l'âge est compris entre quatre-vingt-dix et quatre-vingt-dix-neuf ans.
ÉTYM. latin *nonagenarius.*

NON-AGRESSION [nɔnagʀesjɔ̃] **n. f.** ✦ Fait de ne pas recourir à l'agression (contre tel ou tel pays). *Pacte de non-agression.*

NON-ALIGNÉ, ÉE [nɔnaliɲe] **adj.** et **n.** ✦ Qui pratique le non-alignement. *Les pays non-alignés.* CONTR. **aligné.**

NON-ALIGNEMENT [nɔnaliɲmɑ̃] **n. m.** ✦ Fait pour un pays de refuser de se conformer à la politique internationale des grandes puissances, pendant la guerre froide. CONTR. **alignement.**

NONANTE [nɔnɑ̃t] **adj. numéral cardinal invar.** ✦ VX ou RÉGIONAL (Belgique, Suisse) Quatre-vingt-dix.
ÉTYM. latin *nonaginta.*

NONANTIÈME [nɔnɑ̃tjɛm] **adj. numéral ordinal** ✦ VX ou RÉGIONAL Quatre-vingt-dixième.

NON-ASSISTANCE [nɔnasistɑ̃s] **n. f.** ✦ DR. Délit qui consiste à ne pas secourir volontairement. *Non-assistance à personne en danger.* CONTR. **assistance, secours.**

NONCE [nɔ̃s] **n. m.** ✦ *Nonce (apostolique)* : archevêque ambassadeur du Vatican. SYN. **légat.**
ÉTYM. italien *nunzio,* du latin *nuntius* «annonciateur».

NONCHALAMMENT [nɔ̃ʃalamɑ̃] **adv.** ✦ Avec nonchalance.
ÉTYM. de *nonchalant.*

NONCHALANCE [nɔ̃ʃalɑ̃s] **n. f. 1.** Caractère, manière d'agir nonchalante ; manque d'ardeur, de soin. SYN. **indolence, langueur, mollesse, paresse. 2.** Lenteur, mollesse nuancée d'indifférence. *Répondre avec nonchalance.* ➖ Grâce alanguie. SYN. **abandon.** CONTR. **ardeur, entrain, vivacité.**
ÉTYM. de *nonchalant.*

NONCHALANT, ANTE [nɔ̃ʃalɑ̃, ɑ̃t] **adj.** ✦ Qui manque d'activité, d'ardeur, par insouciance, indifférence. SYN. **indolent** ; → **mou.** *D'un pas nonchalant.* SYN. **lent, traînant.** CONTR. ① **actif, décidé, rapide, vif.**
ÉTYM. de *non* et participe présent de *chaloir.*

NONCIATURE [nɔ̃sjatyʀ] **n. f.** ✦ Charge de nonce. ♦ Résidence du nonce.
ÉTYM. italien *nunziatura.*

NON-CONFORMISME [nɔ̃kɔ̃fɔʀmism] **n. m.** ✦ Attitude non-conformiste. CONTR. **conformisme.**

NON-CONFORMISTE [nɔ̃kɔ̃fɔʀmist] **n.** et **adj.** ✦ Personne qui ne se conforme pas aux usages établis. SYN. **anticonformiste,** ② **original.** ➖ **adj.** *Attitude non-conformiste.* CONTR. **conformiste.**

NON-DIT [nɔ̃di] **n. m.** ✦ Ce qui n'est pas dit, ce qui reste caché dans le discours de qqn. *Les non-dits de ce débat.*

NONE [nɔn] **n. f.** ✦ RELIG. CATHOL. Office de la neuvième heure du jour (vers 15 heures). HOM. NONNE «religieuse»
ÉTYM. latin *nona hora* «neuvième heure».

NON-EUCLIDIEN, IENNE [nɔnøklidjɛ̃, jɛn] **adj.** ✦ Qui n'obéit pas au postulat d'Euclide sur les parallèles. ➤ *Géométries non-euclidiennes.* CONTR. **euclidien.**

NON-FIGURATIF, IVE [nɔ̃figyʀatif, iv] **adj.** ✦ ARTS Qui ne représente pas le monde extérieur. *Peinture non-figurative.* SYN. **abstrait.** ➤ *Peintre non-figuratif.* ➤ **n. m.** *Les non-figuratifs.* CONTR. **figuratif.**

NON-FUMEUR, NON-FUMEUSE [nɔ̃fymœʀ, nɔ̃fymøz] **n.** ✦ Personne qui ne fume pas. ➤ **appos.** *Espace non-fumeurs.*

NON-INGÉRENCE [nɔnɛ̃ʒeʀɑ̃s] **n. f.** ✦ Attitude qui consiste à ne pas s'ingérer dans la politique d'un État étranger. SYN. **non-intervention.** CONTR. **ingérence.**

NON-INITIÉ, ÉE [nɔninisje] **n.** et **adj.** ✦ Personne qui n'est pas initiée. SYN. **profane.** *À l'usage des non-initiés.*

NON-INSCRIT, ITE [nɔnɛ̃skʀi, it] **n.** et **adj.** ✦ Parlementaire qui n'est pas inscrit à un groupe politique ou parlementaire. ➤ **adj.** *Les députés non-inscrits.*

NON-INTERVENTION [nɔnɛ̃tɛʀvɑ̃sjɔ̃] **n. f.** ✦ Attitude d'un État qui s'abstient d'intervenir dans les affaires d'un pays étranger. SYN. **non-ingérence.** CONTR. **ingérence, intervention.**

NON-LIEU [nɔ̃ljø] **n. m.** ✦ DR. Décision par laquelle le juge d'instruction déclare qu'il n'y a pas lieu de poursuivre en justice. *Arrêt, ordonnance de non-lieu. Des non-lieux.* CONTR. **inculpation,** mise en **examen.**

NON-MÉTAL, AUX [nɔ̃metal, o] **n. m.** ✦ CHIM. Élément ne présentant pas les propriétés d'un métal. SYN. **métalloïde.** *Le soufre, l'azote, l'oxygène sont des non-métaux.*

NONNE [nɔn] **n. f.** ✦ VX ou plais. Religieuse. HOM. NONE «office religieux»
ÉTYM. latin ecclésiastique *nonna,* de *nonnus* «moine».

NONOBSTANT [nɔnɔpstɑ̃] **prép.** et **adv.** **1. prép.** VX ou DR. Sans être empêché par qqch., sans s'y arrêter. SYN. en **dépit** de, **malgré.** *Nonobstant ses protestations...* **2. adv.** VX ou LITTÉR. *Nonobstant, il accepta.* SYN. **cependant, néanmoins.**
ÉTYM. de *non,* et ancien français *obstant,* du latin *obstans,* de *obstare* «faire obstacle».

NON-RECEVOIR [nɔ̃ʀ(ə)səvwaʀ] **n. m. invar.** ✦ *Fin* de non-recevoir.* ➙ ① **fin** (II, 3).

NON-RESPECT [nɔ̃ʀɛspɛ] **n. m.** ✦ Fait de ne pas observer, de ne pas respecter (une obligation, un engagement). *Le non-respect des délais.*

NON-RETOUR [nɔ̃ʀ(ə)tuʀ] **n. m.** ✦ *POINT DE NON-RETOUR* : moment où il n'est plus possible de revenir en arrière (dans une série d'actes, de décisions).

NON-SENS [nɔ̃sɑ̃s] **n. m. invar.** **1.** Défi au bon sens, à la raison. SYN. **absurdité.** *C'est un non-sens.* **2.** Ce qui est dépourvu de sens (phrase, raisonnement). *Faire un non-sens.* SYN. **contresens.** **3.** *Le non-sens* : l'absurde, le paradoxe.

NON-STOP [nɔnstɔp] **adj. invar.** ✦ anglicisme **1.** *Vol non-stop,* sans escale. SYN. **direct.** **2.** Ininterrompu. *Descente non-stop,* d'une seule traite (ski). *Ouverture non-stop d'un magasin de dix heures à dix-neuf heures.*

NON-VIOLENCE [nɔ̃vjɔlɑ̃s] **n. f.** ✦ Doctrine qui exclut toute action violente en politique. CONTR. **terrorisme, violence.**

NON-VIOLENT, ENTE [nɔ̃vjɔlɑ̃, ɑ̃t] **adj.** et **n.** ✦ Qui procède par la non-violence. *Manifestation non-violente.* ◆ Partisan de la non-violence. ➤ **n.** *Les non-violents.* CONTR. **terroriste.**

NON-VOYANT, ANTE [nɔ̃vwajɑ̃, ɑ̃t] **n.** ✦ Personne qui ne voit pas. SYN. **aveugle ; malvoyant.** *Des non-voyants.*

NOPAL, ALS [nɔpal] **n. m.** ✦ Cactus (oponce) à fruits comestibles (figues de Barbarie).
ÉTYM. mot espagnol, de l'aztèque.

NORD [nɔʀ] **n. m. invar.** **1.** Celui des quatre points cardinaux correspondant à la direction de l'Étoile polaire, du pôle de l'hémisphère où est située l'Europe (abrév. N.). *Vents du nord. Pièce exposée au nord.* ➤ **appos. invar.** *L'hémisphère Nord.* SYN. **boréal.** *Le pôle Nord.* SYN. **arctique.** *La frontière nord.* SYN. **septentrional.** ➤ *Nord magnétique,* indiqué par l'aiguille aimantée de la boussole. ➤ **loc. fig.** *Perdre le nord* : s'affoler. ➤ *AU NORD DE. Au nord de la Loire.* **2.** Partie d'un ensemble géographique qui est la plus proche du nord. *Les peuples du Nord.* ➙ **nordique.** *Afrique, Amérique du Nord.* ➤ *Le Grand Nord,* la partie du globe située près du pôle Nord. ➙ **arctique.** ➤ (à l'intérieur d'un pays) *L'Allemagne, l'Italie du Nord.* ➤ *Le Nord et le Midi.* (en France) *Les gens du Nord* (Flandre, Picardie...). ◆ Les pays industrialisés. *Dialogue Nord-Sud.* ◆ (dans des adj. et n. composés) *Le climat nord-africain ; les Nord-Africains.* CONTR. **antarctique, austral, méridional, sud.**
ÉTYM. anglais *north,* mot germanique.

NORD-EST [nɔʀɛst] **n. m. invar.** **1.** Point de l'horizon situé à égale distance entre le nord et l'est. **2.** Région située dans cette direction. *Le nord-est de la France.* ➤ **appos. invar.** *La partie nord-est du pays.*

NORDIQUE [nɔʀdik] **adj.** et **n.** ✦ Des pays du nord de l'Europe. *Langues nordiques* (anciennes : le *nordique* **n. m.**). ➤ **n.** *Un, une Nordique* (Scandinave, Islandais, Finlandais).
ÉTYM. de *nord.*

NORDISTE [nɔʀdist] **n. m.** et **adj.** ✦ Partisan des États du Nord (yankees), lors de la guerre de Sécession aux États-Unis. *Nordistes et Sudistes.*
ÉTYM. de *nord.*

NORD-OUEST [nɔʀwɛst] **n. m. invar.** **1.** Point de l'horizon situé à égale distance entre le nord et l'ouest. *Vent du nord-ouest.* ➙ **noroît.** **2.** Région située dans cette direction. *Le nord-ouest de l'Italie.* ➤ **appos. invar.** *La côte nord-ouest.*

NORIA [nɔʀja] **n. f.** ✦ Machine hydraulique à godets, qui sert à élever l'eau, à irriguer. *Noria égyptienne.*
ÉTYM. mot espagnol, de l'arabe *na'ura.*

NORMAL, ALE, AUX [nɔʀmal, o] **adj.** et **n. f.**
I adj. **1.** MATH. *Droite normale à,* perpendiculaire à. ➤ **n. f.** *Une normale.* **2.** *École normale,* qui formait les instituteurs. ➤ *L'École normale supérieure,* formant des professeurs (secondaire, université) et des chercheurs. ➤ **n. f.** *Être reçu à Normale Lettres ; Normale Sciences* (➙ **normalien**). **3.** CHIM. *Solution normale,* qui contient une mole d'éléments actifs par litre. **4.** Qui est dépourvu de tout caractère exceptionnel ; qui est

conforme au type le plus fréquent (→ **norme**) ; qui se produit selon l'habitude. *Il n'est pas normal :* il a des insuffisances ou des bizarreries. ➖ *État normal.* ➖ *Tout est normal. En temps normal.* SYN. **ordinaire.** ➖ *Sa réaction est normale.* SYN. ② **logique.** ➖ (+ inf.) *Ce n'est pas normal de dormir autant.* ➖ (avec *que* + subj.) *Il est normal qu'elle soit fatiguée.* CONTR. **anormal · bizarre, étonnant, exceptionnel, extraordinaire.**
II n. f. *LA NORMALE :* la moyenne. SYN. **norme.** *Intelligence au-dessus de la normale. S'écarter de la normale. Revenir, retour à la normale.*
ÉTYM. latin *normalis* «fait à l'équerre *(norma)*».

NORMALEMENT [nɔʀmalmɑ̃] **adv.** ✦ D'une manière normale. *Le cœur du blessé bat normalement.* ♦ En temps normal. SYN. **généralement, habituellement, ordinairement.** CONTR. **anormalement ; exceptionnellement.**

NORMALIEN, IENNE [nɔʀmaljɛ̃, jɛn] **n.** ✦ Élève qui fréquentait une école normale. ➖ spécialt Élève de l'École normale supérieure.

NORMALISATION [nɔʀmalizasjɔ̃] **n. f.** ✦ Fait de (se) normaliser. *La normalisation des relations entre deux pays.* ➖ *La normalisation des produits fabriqués.* SYN. **standardisation** anglicisme.

NORMALISER [nɔʀmalize] **v. tr.** (conjug. 3a) **1.** Soumettre (une production) à des normes (3). SYN. **standardiser.** ➖ au p. passé *Taille normalisée* (d'un vêtement). **2.** Faire devenir ou redevenir normal. *Normaliser les relations diplomatiques avec un pays étranger.*
ÉTYM. de *normal.*

NORMALITÉ [nɔʀmalite] **n. f.** ✦ DIDACT. Caractère de ce qui est normal. SYN. **norme.**
ÉTYM. de *normal.*

NORMAND, ANDE [nɔʀmɑ̃, ɑ̃d] **adj.** et **n. 1.** HIST. (☛ noms propres) *Les Normands :* peuple scandinave (Danois, Norvégiens et Suédois) qui envahit l'Europe à partir du IXe siècle. SYN. **viking. 2.** De la région française de Normandie. ➖ **n.** loc. *Une réponse de Normand,* qui ne dit ni oui ni non.
ÉTYM. ancien norrois *nord man* «homme du Nord».

NORMATIF, IVE [nɔʀmatif, iv] **adj.** ✦ DIDACT. Qui constitue une norme (1), est relatif à la norme, établit des règles. *Grammaire normative et grammaire descriptive.*
ÉTYM. du latin *norma* «norme».

NORME [nɔʀm] **n. f. 1.** DIDACT. Type concret ou formule abstraite de ce qui doit être. SYN. **loi, modèle, principe, règle.** *Norme juridique.* ➖ *La norme des puristes* (en matière de langage). **2.** État habituel, conforme à la majorité des cas. SYN. **normal(e), normalité.** *S'écarter de la norme.* **3.** Ensemble de règles techniques, de critères définissant un type d'objet, un produit, un procédé (→ **normaliser**). *Appareil conforme aux normes.*
ÉTYM. latin *norma* «équerre ; ligne de conduite».

NOROÎT [nɔʀwa] **n. m.** ✦ MAR. Vent du nord-ouest. *Le noroît et le suroît.* ➖ On peut aussi écrire *noroit,* sans accent circonflexe. HOM. NORROIS «langue germanique»
ÉTYM. variante régionale de *nord-ouest.*

NORROIS ou **NOROIS** [nɔʀwa] **n. m.** ✦ LING. Langue germanique ancienne dont une forme est le vieil islandais. HOM. NOROÎT «vent»
ÉTYM. origine germanique → nord.

NORVÉGIEN, IENNE [nɔʀveʒjɛ̃, jɛn] **adj.** et **n.** ✦ De Norvège (☛ noms propres). *Les fjords norvégiens. Omelette* norvégienne.* ➖ **n.** *Les Norvégiens.* ♦ **n. m.** *Le norvégien* (langue scandinave).

NOS [no] **adj. poss.** ✦ Pluriel de *notre.*

NOSTALGIE [nɔstalʒi] **n. f.** ✦ Regret mélancolique (d'une chose révolue ou de ce qu'on n'a pas connu) ; désir insatisfait. SYN. **mélancolie.** *Avoir la nostalgie de son enfance.*
ÉTYM. latin scientifique *nostalgia,* du grec *nostos* «retour» et *algos* «souffrance».

NOSTALGIQUE [nɔstalʒik] **adj.** et **n. 1.** Empreint de nostalgie. ➖ **n.** *Un nostalgique de la monarchie.* **2.** Mélancolique, triste. *Chanson nostalgique.*
ÉTYM. de *nostalgie.*

NOTA BENE [nɔtabene] **n. m. invar.** ✦ Note, remarque portant sur un texte écrit. ➖ abrév. N. B.
ÉTYM. mots latins «notez bien».

NOTABILITÉ [nɔtabilite] **n. f.** ✦ Personne notable, qui occupe un rang supérieur dans une hiérarchie. SYN. **notable, personnalité.**
ÉTYM. de *notable.*

NOTABLE [nɔtabl] **adj.** et **n. m. 1. adj.** Qui est digne d'être noté, remarqué. *De notables progrès.* SYN. **appréciable, important, sensible.** ➖ (personnes) Important. **2. n. m.** Personne à laquelle sa situation sociale confère une certaine autorité dans les affaires publiques. *Les notables d'une ville.* SYN. **notabilité, personnalité.** CONTR. **insensible ; négligeable.**
ÉTYM. latin *notabilis,* de *notare* «noter».

NOTABLEMENT [nɔtabləmɑ̃] **adv.** ✦ D'une façon sensible, appréciable.

NOTAIRE [nɔtɛʀ] **n.** ✦ Officier public chargé d'établir tous les actes et contrats auxquels il faut (ou auxquels on veut) donner un caractère authentique. *Étude, clerc de notaire. Comparaître par-devant notaire. Maître Suzanne X, notaire ; elle est notaire. La notaire. Frais de notaire.*
ÉTYM. latin *notarius* «secrétaire», de *nota* «signe, marque».

NOTAMMENT [nɔtamɑ̃] **adv.** ✦ En remarquant parmi d'autres. SYN. **particulièrement, spécialement.** *Les mammifères, et notamment l'homme.*
ÉTYM. de *notant,* ancien adjectif tiré de *noter.*

NOTARIAL, IALE, IAUX [nɔtaʀjal, jo] **adj.** ✦ Qui concerne la charge de notaire. *Office notarial,* étude de notaire. *Actes notariaux.*

NOTARIAT [nɔtaʀja] **n. m.** ✦ Fonction de notaire. ➖ Corps des notaires.
ÉTYM. de *notaire.*

NOTARIÉ, ÉE [nɔtaʀje] **adj.** ✦ Fait par un notaire, devant notaire. *Actes notariés.* SYN. **authentique.**
ÉTYM. de *notaire.*

NOTATION [nɔtasjɔ̃] **n. f. 1.** Action, manière de noter, de représenter par des symboles ; système de symboles. *Notation numérique ; notation par lettres. Notation musicale. Notation sténographique, phonétique.* **2.** Ce qui est noté (par écrit) ; courte remarque. SYN. **annotation, note. 3.** Action de donner une note. *La notation d'un devoir.*
ÉTYM. latin *notatio.*

NOTE [nɔt] n. f. **I** 1. *Note (de musique)* : signe qui sert à caractériser un son. *Savoir lire les notes.* → **déchiffrer.** 2. Son figuré par une note. *Les notes de la gamme* (do, ré, mi, fa, sol, la, si). – Son musical. *Une note cristalline.* ♦ loc. *Fausse note.* → FAM. **canard, couac.** fig. Élément qui détonne dans un ensemble. *Note juste* : détail vrai, approprié. – *Forcer la note,* exagérer. *Donner la note,* donner le ton. – *Être dans la note,* dans le style, en accord avec. SYN. ② **ton.** 3. Touche d'un clavier. *Taper sur deux notes à la fois.* **II** 1. Mot, phrase se rapportant à un texte et qui figure à côté de ce texte. SYN. **annotation.** *Note marginale.* – Bref éclaircissement ou élément informatif supplémentaire (d'un texte). *Notes en bas de page.* 2. Brève communication écrite. SYN. **avis, communiqué, notice.** *Note de service.* 3. Brève indication recueillie par écrit (en écoutant, en étudiant, en observant). *Prendre des notes pendant un cours.* – *Prendre note d'une adresse.* → **noter.** *J'en prends bonne note.* 4. Détail d'un compte ; papier sur lequel il est écrit. SYN. **compte,** ② **facture.** *Note d'électricité. Note de restaurant.* → **addition.** *Note de frais.* 5. Appréciation souvent chiffrée donnée selon un barème préalablement choisi. *Note sur 10, sur 20. Carnet de notes.*
ÉTYM. latin *nota* «marque».

NOTEBOOK [nɔtbuk] n. m. ✦ anglicisme Petit ordinateur portable, plat et léger. *Des notebooks.* – recomm. offic. *bloc-notes électronique.*
ÉTYM. mot anglais.

NOTER [nɔte] v. tr. (conjug. 3a) 1. Marquer d'un signe ou écrire (ce dont on veut garder l'indication, se souvenir). *Noter une adresse.* SYN. **consigner, inscrire.** – *Notez que nous serons absents cet été.* 2. Prêter attention à (qqch.). SYN. **constater, remarquer.** *Noter un changement. Ceci mérite d'être noté.* 3. Apprécier par une observation, une note chiffrée. *Noter un élève, un employé.* – au p. passé *Devoir noté.*
ÉTYM. latin *notare.*

NOTICE [nɔtis] n. f. ✦ Bref exposé écrit, ensemble d'indications sommaires. *Notice biographique. Lire attentivement la notice.*
ÉTYM. latin *notitia.*

NOTIFICATION [nɔtifikasjɔ̃] n. f. ✦ Action de notifier. Texte qui notifie qqch.

NOTIFIER [nɔtifje] v. tr. (conjug. 9) 1. Faire connaître expressément. *Notifier à qqn son renvoi.* SYN. **signifier.** 2. DR. Porter à la connaissance de qqn, dans les formes légales (un acte juridique). SYN. **intimer, signifier.** *Notifier un jugement.*
ÉTYM. latin *notificare.*

NOTION [nosjɔ̃] n. f. 1. surtout au plur. Connaissance élémentaire. SYN. **élément, rudiment.** *Avoir des notions d'anglais.* 2. Connaissance intuitive, assez imprécise (d'une chose). *Perdre la notion du temps.* 3. Objet général de connaissance. SYN. **concept, idée.** *Le mot et la notion. La notion de justice.*
ÉTYM. latin *notio.*

NOTIONNEL, ELLE [nosjɔnɛl] adj. ✦ DIDACT. De la notion (3). *Champ notionnel* : ensemble des mots qui servent à exprimer une notion.

NOTOIRE [nɔtwaʀ] adj. 1. Qui est connu d'une manière sûre par un grand nombre de personnes. SYN. **connu, évident.** *Son étourderie est notoire.* – impers. *Il est notoire que...* – DR. *Inconduite notoire.* 2. (personnes) Reconnu comme tel. *Un escroc notoire.* CONTR. **douteux, inconnu.**
► **NOTOIREMENT** [nɔtwaʀmɑ̃] adv.
ÉTYM. latin juridique *notorius* «qui notifie».

NOTORIÉTÉ [nɔtɔʀjete] n. f. 1. Caractère de ce qui est notoire (1). loc. *Il est de notoriété publique que...* : tout le monde sait que... 2. Fait d'être connu avantageusement. SYN. **célébrité, renom, réputation.** *Son livre l'a fait accéder à la notoriété.*
ÉTYM. du latin *notorius* → notoire.

NOTRE [nɔtʀ], plur. **NOS** [no] adj. poss. ✦ Adjectif possessif de la première personne du pluriel et des deux genres, correspondant au pronom personnel *nous.* **I** Qui est à nous, qui nous appartient. 1. (se référant à deux ou plusieurs personnes, dont celle qui parle) *Nos enfants. C'est à notre tour.* 2. (se référant à un groupe de personnes ou à tous les humains) *Notre civilisation. À notre époque.* – «*Notre Père, qui es* (ou *qui êtes*) *aux cieux*» (prière). **II** emplois stylistiques 1. (marquant la sympathie personnelle, l'intérêt) *Notre héros parvint à s'échapper.* 2. (représentant une seule personne ; correspond à *nous* de majesté ou de modestie) *Tel est notre bon plaisir.*
HOM. (du pluriel) NÔ «drame japonais»
ÉTYM. latin *noster.*

NÔTRE [notʀ] adj. poss. et pron. poss. ✦ Qui est à nous, nous appartient. 1. adj. poss. LITTÉR. À nous, de nous. *Nous avons fait nôtres ces opinions.* 2. pron. poss. *LE NÔTRE, LA NÔTRE, LES NÔTRES* : l'être ou l'objet qui est en rapport de possession, de parenté, d'intérêt, etc., avec le groupe formé par la personne qui parle (je, moi) et une ou plusieurs autres personnes (nous). *Ils ont leurs soucis, et nous (avons) les nôtres.* 3. n. *Nous y mettons chacun du nôtre,* nous faisons un effort (→ **sien**). – *Les nôtres* : nos parents, amis, partisans. *Soyez des nôtres* : joignez-vous à nous.
ÉTYM. latin *nostrum.*

NOTRE-DAME [nɔtʀədam] n. f. invar. ✦ sans article RELIG. CATHOL. La Vierge Marie. – Nom d'églises dédiées à la Vierge. *Notre-Dame de Paris* (☞ noms propres).

NOTULE [nɔtyl] n. f. ✦ DIDACT. Petite annotation.
ÉTYM. bas latin *notula* «petite marque *(nota)*».

NOUBA [nuba] n. f. 1. anciennt Musique militaire des régiments de l'armée française au Maghreb. 2. FAM. VIEILLI Bombance, fête. SYN. **java.** *Faire la nouba.*
ÉTYM. mot arabe.

NOUER [nwe] v. tr. (conjug. 3a) **I** 1. Arrêter (une corde, un fil, un lien) ou unir les deux bouts de (une corde, un lien) en faisant un nœud. SYN. **attacher, lier.** *Nouer sa cravate, ses lacets.* 2. Serrer, entourer (qqch.), réunir (un ensemble de choses) en faisant un ou plusieurs nœuds. *Nouer ses cheveux avec un ruban.* **II** fig. 1. Serrer comme par un nœud. *L'émotion lui nouait la gorge.* 2. Établir, former (un lien moral). *Nouer une alliance.* 3. Établir le nœud* d'une action au théâtre pour l'amener à son point culminant. – pronom. *L'intrigue se noue au IIe acte.* CONTR. **dénouer.**
► **NOUÉ, ÉE** adj. 1. *Foulard, mouchoir noué.* 2. fig. *Avoir la gorge nouée.* ♦ (personnes) Contracté (par la nervosité, l'angoisse).
ÉTYM. latin *nodare,* de *nodus* «nœud».

NOUEUX, NOUEUSE [nwø, nwøz] adj. 1. *Bois, arbre noueux,* qui a beaucoup de nœuds, de nodosités. 2. Dont les articulations sont saillantes. *Mains noueuses.*

→ *Un vieillard noueux.*
ÉTYM. latin *nodosus*, de *nodus* «nœud».

NOUGAT [nuga] n. m. 1. Confiserie fabriquée avec des amandes (ou des pistaches, des noisettes) et du sucre caramélisé, du miel. 2. loc. FAM. *C'est du nougat !*, c'est très facile.
ÉTYM. mot provençal ; famille du latin *nux* «noix».

NOUGATINE [nugatin] n. f. ✦ Nougat brun, dur, utilisé en confiserie et en pâtisserie.
ÉTYM. de *nougat.*

NOUILLE [nuj] n. f. 1. au plur. Pâtes* alimentaires, plates, de longueur moyenne. 2. fig. FAM. Personne molle et niaise. *Quelle nouille !* → adj. *Ce qu'il peut être nouille !* 3. appos. invar. *Style nouille* : style décoratif, où dominent les courbes, dit aussi Art nouveau, à la mode vers 1900. ☛ Art nouveau p. 187.
ÉTYM. allemand *Nudel.*

NOUNOU [nunu] n. f. ✦ lang. enfantin Nourrice. *Leurs vieilles nounous.*
ÉTYM. syllabe initiale de *nourrice*, redoublée.

NOUNOURS [nunuʀs] n. m. ✦ lang. enfantin Ours en peluche.
ÉTYM. de *un ours*, redoublé.

NOURRICE [nuʀis] n. f. I 1. Femme qui allaite un enfant en bas âge *(un nourrisson).* 2. Femme qui, par profession, garde et élève chez elle des enfants en bas âge. *Confier un bébé à une nourrice ; mettre un enfant EN NOURRICE.* ♦ *ÉPINGLE* DE NOURRICE* (qui attachait les langes). II Réservoir mobile. SYN. **bidon, jerricane.** *Une nourrice d'eau, d'essence.*
ÉTYM. latin tardif *nutricia*, de *nutrire* «nourrir».

NOURRICIER, IÈRE [nuʀisje, jɛʀ] adj. I *PÈRE NOURRICIER* : père adoptif. II 1. Qui fournit, procure la nourriture. *La terre nourricière.* 2. Qui sert à la nutrition. SYN. **nutritif.** *La sève nourricière.*
ÉTYM. de *nourrice.*

NOURRIR [nuʀiʀ] v. tr. (conjug. 13) I 1. vx Élever, éduquer. 2. Élever, alimenter (un nouveau-né) en l'allaitant. *Nourrir un bébé au sein.* 3. Entretenir, faire vivre (une personne, un animal) en lui donnant à manger. SYN. **alimenter, sustenter.** *Nourrir un malade.* → Procurer, fournir les aliments. SYN. **ravitailler.** *La pension loge et nourrit dix personnes.* ♦ Pourvoir (qqn) de moyens de subsistance. SYN. **entretenir.** *Il a trois personnes à nourrir*, à sa charge. → loc. *Ce métier ne nourrit pas son homme.* 4. absolt Constituer une subsistance pour l'organisme. *Le pain nourrit* (→ **nourrissant**). 5. LITTÉR. Entretenir (une chose) en augmentant l'importance, ou en faisant durer. *Nourrir le feu*, l'alimenter en combustible. → *Nourrir un récit de détails.* SYN. **étoffer.** 6. fig. Pourvoir (l'esprit) d'une nourriture spirituelle. *La lecture nourrit l'esprit.* 7. Entretenir en soi (un sentiment, une pensée). *Nourrir l'espoir, l'illusion de* (+ inf.). *Nourrir un soupçon.* II *SE NOURRIR* v. pron. 1. Absorber (des aliments). *Elle se nourrit surtout de légumes et de fruits.* → absolt *Il faut vous nourrir.* SYN. **s'alimenter,** ① **manger,** se **sustenter.** 2. fig. *Se nourrir de rêves.* SYN. s'**abreuver,** se **repaître.** CONTR. **affamer, priver** • **jeûner.**
► **NOURRI, IE** adj. 1. Alimenté. *Être mal nourri.* → loc. *Nourri, logé, blanchi.* 2. fig. *Tir nourri ; conversation nourrie.* SYN. **dense, intense.**
ÉTYM. latin *nutrire.*

NOURRISSANT, ANTE [nuʀisɑ̃, ɑ̃t] adj. 1. Qui nourrit plus ou moins. SYN. **nutritif.** *Aliment peu nourrissant.* 2. absolt Qui nourrit beaucoup. SYN. **riche, substantiel.** *C'est nourrissant mais indigeste.*

NOURRISSON [nuʀisɔ̃] n. m. ✦ Enfant qui n'a pas atteint l'âge du sevrage. SYN. **bébé, nouveau-né.** → DIDACT. Enfant âgé de plus d'un mois et de moins de deux ans.
ÉTYM. latin tardif *nutritio* «nourriture».

NOURRITURE [nuʀityʀ] n. f. 1. Ce qui entretient la vie d'un organisme en lui procurant des substances à assimiler (SYN. **alimentation, subsistance**) ; ces substances (SYN. **aliment**). *Absorber, prendre de la nourriture* : manger, se nourrir. *Nourriture pauvre, riche (en calories).* → Ce qu'on mange habituellement aux repas. SYN. FAM. ② **bouffe.** *La nourriture médiocre de la cantine.* 2. fig. LITTÉR. *Nourritures intellectuelles.*
ÉTYM. bas latin *nutritura*, de *nutrire* «nourrir».

NOUS [nu] pron. pers. ✦ Pronom personnel de la première personne du pluriel (représente la personne qui parle et une ou plusieurs autres, ou un groupe auquel la personne qui parle appartient → **on**). I pron. pers. 1. employé seul (sujet) *Vous et moi, nous sommes de vieux amis.* → (attribut) *C'est nous qui l'avons appelé.* → (compl.) *Il nous regarde.* ♦ (compl. indir.) *Il nous a écrit* (à nous). → avec prép. *Il est venu vers nous. C'est à nous.* → **nôtre.** → *ENTRE* NOUS.* ♦ (récipr. ; réfl.) *Nous nous sommes regardés en silence. Sauvons-nous !* 2. renforcé *Nous, nous n'irons pas.* → *NOUS-MÊMES. Nous l'ignorons nous-mêmes.* → *NOUS AUTRES* [nuzotʀ], marque une distinction très forte (employé avec un terme en apposition). *Nous autres, citadins.* → (précisé par un numéral cardinal) *À nous trois, nous y arriverons.* II emplois stylistiques 1. Employé pour *je* (pluriel de majesté ou de modestie). *Le Roi dit : nous voulons. Comme nous le montrerons dans ce livre* (écrit l'auteur). 2. Employé pour *tu, vous. Alors, comment allons-nous ce matin ?*
ÉTYM. latin *nos.*

NOUVEAU (ou **NOUVEL** devant un nom commençant par une voyelle ou un *h* muet), **NOUVELLE** [nuvo, nuvɛl] adj. I 1. (après le nom) Qui apparaît pour la première fois ; qui vient d'apparaître. SYN. ② **neuf, récent** ; → **néo-.** *Pommes de terre nouvelles. Mot nouveau.* → **néologisme.** prov. *Tout nouveau, tout beau* : ce qui est nouveau est apprécié (et délaissé ensuite). *Quoi de nouveau ?* SYN. ② **neuf.** → FAM. *Ça alors, c'est nouveau !* → n. m. *Il y a du nouveau dans l'affaire X.* SYN. **inattendu.** *Faire du nouveau.* → **innover.** 2. (devant le n.) Qui est depuis peu de temps ce qu'il est. *Les nouveaux riches. Les nouvelles recrues.* → **bleu.** → (devant un participe) *Les nouveaux mariés.* SYN. **jeune.** *Des nouveaux venus.* 3. n. *LE NOUVEAU, LA NOUVELLE* : personne qui vient d'arriver (dans une collectivité). 4. (après le n. et souvent qualifié) Qui tire de son caractère récent une valeur d'invention. SYN. **hardi, insolite,** ② **original.** *Un art tout à fait nouveau.* 5. *NOUVEAU POUR qqn* : qui était jusqu'ici inconnu de qqn ; dont on n'a pas l'habitude. SYN. **inaccoutumé, inhabituel, inusité.** *C'est pour moi une expérience nouvelle.* II (devant le n., en épithète) 1. Qui apparaît après un autre qu'il remplace, au moins provisoirement, dans notre vision, nos préoccupations. → *Le nouvel an. La nouvelle lune*, la phase durant laquelle elle est invisible puis commence à grandir (opposé à *pleine lune*). *Le Nouveau Monde* : l'Amérique. *Le Nouveau Testament.* → *La nouvelle vague*.* ♦ (personnes) D'un type inédit. *Les nouveaux pères, les nouveaux pauvres.* 2. Qui a succédé, s'est substitué à un(e) autre. *Sa nouvelle voiture. Son nouveau mari.* III loc. adv. 1. *DE NOUVEAU* : pour la seconde fois, une fois de plus. SYN. **derechef, encore.** *Il protesta de nouveau.* 2. *À NOUVEAU* : une nouvelle fois, de nouveau. ➖ D'une manière différente, sur de nouvelles bases. *Examiner à nouveau une question.* CONTR. **ancien, vieux • banal, habituel.**

ÉTYM. latin *novellus*, diminutif de *novus* → ② neuf.

NOUVEAU-NÉ, NOUVEAU-NÉE [nuvone] **adj.** et **n. m.** 1. **adj.** Qui vient de naître. *Un enfant nouveau-né. Des souris nouveau-nées.* 2. **n. m.** *Un nouveau-né.* SYN. **bébé, nourrisson** ; → **néonatal.** ➖ MÉD. Bébé de moins de 28 jours.

NOUVEAUTÉ [nuvote] **n. f.** 1. Caractère de ce qui est nouveau. *Objet qui plaît par sa nouveauté.* SYN. **originalité.** 2. Ce qui est nouveau. *Le charme, l'attrait de la nouveauté.* 3. Chose nouvelle. *Tiens, vous portez des lunettes ? C'est une nouveauté !* 4. Ouvrage, produit nouveau qui vient de sortir. 5. VIEILLI Production nouvelle de l'industrie de la mode. *Magasin de nouveautés*, d'articles de mode. CONTR. **ancienneté ; vieillerie.**

ÉTYM. de *nouveau*.

① **NOUVELLE** [nuvɛl] **n. f.** 1. Premier avis qu'on donne ou qu'on reçoit (d'un évènement récent) ; cet évènement porté pour la première fois à la connaissance de la personne intéressée, ou du public. *Annoncer, répandre une nouvelle.* ➖ *Bonne, mauvaise nouvelle* : annonce d'un évènement heureux, malheureux. 2. *Les nouvelles*, ce que l'on apprend par la rumeur publique, par la presse, les médias. *Les nouvelles du quartier. Aller aux nouvelles. Écouter les nouvelles à la radio.* SYN. **information(s).** 3. **au plur.** Renseignements concernant l'état ou la situation de qqn qu'on n'a pas vu depuis quelque temps. *J'attends des nouvelles de lui, de sa santé. Ne plus donner de ses nouvelles.* → **signe** de vie. ➖ **loc. prov.** *Pas de nouvelles, bonnes nouvelles* : faute de nouvelles, on peut supposer qu'elles sont bonnes. ➖ *Vous aurez de mes nouvelles !* (**menace**). *Vous m'en direz des nouvelles* : vous m'en ferez des compliments.

ÉTYM. latin populaire *novella*, de *novellus* « nouveau ».

② **NOUVELLE** [nuvɛl] **n. f.** ✦ Court récit écrit présentant une unité d'action et peu de personnages. ☛ Littérature p. 132. *Les nouvelles de Maupassant.*

ÉTYM. italien *novella*, même origine que ① *nouvelle*.

NOUVELLEMENT [nuvɛlmɑ̃] **adv.** ✦ (**seulement devant un p. passé, un passif**) Depuis peu de temps. SYN. **récemment.** *Livre nouvellement paru.* CONTR. **anciennement.**

NOUVELLISTE [nuvelist] **n.** ✦ Auteur de nouvelles.

ÉTYM. de ② *nouvelle*.

NOVA [nɔva], plur. **NOVÆ** [nɔve] **n. f.** ✦ ASTRON. Étoile qui présente brusquement un éclat très vif. *Nova de très grande magnitude* (→ **supernova**). *Des novæ* (plur. latin). ➖ On peut aussi employer le pluriel français, *des novas*.

ÉTYM. mot latin, féminin de *novus* « nouveau ».

NOVATEUR, TRICE [nɔvatœʀ, tʀis] **n.** ✦ Personne qui innove. SYN. **créateur, innovateur.** ➖ **adj.** *Esprit novateur. Un projet novateur.* SYN. **innovant.**

ÉTYM. latin *novator*, famille de *novus* « nouveau ».

NOVEMBRE [nɔvɑ̃bʀ] **n. m.** ✦ Onzième mois de l'année, de trente jours. *Le 1er novembre, fête de la Toussaint. Le 11 Novembre, anniversaire de l'armistice de 1918.*

ÉTYM. latin *novembris*, de *novem* « neuf ».

NOVICE [nɔvis] **n.** et **adj.** 1. **n.** RELIG. Personne qui passe un temps d'épreuve (→ **noviciat**) dans un couvent, avant de prononcer des vœux définitifs. 2. Personne qui aborde une chose dont elle n'a aucune habitude. *Pour un novice, il se débrouille bien.* SYN. **apprenti, débutant.** 3. **adj.** Qui manque d'expérience. SYN. **ignorant, inexpérimenté.** *Il est encore bien novice dans le métier.* CONTR. **initié • chevronné, expérimenté, habile.**

ÉTYM. latin *novicius*, de *novus* « nouveau ».

NOVICIAT [nɔvisja] **n. m.** ✦ Temps d'épreuve imposé aux novices (1).

ÉTYM. de *novice*.

NOVILLADA [nɔvijada] **n. f.** ✦ Corrida de novillos.

ÉTYM. mot espagnol.

NOVILLO [nɔvijo] **n. m.** ✦ Jeune taureau de combat (de quatre ans).

ÉTYM. mot espagnol, de *novo* « nouveau ».

NOYADE [nwajad] **n. f.** ✦ Fait de (se) noyer ; mort accidentelle par immersion dans l'eau. *Sauver qqn de la noyade.*

ÉTYM. de ① *noyer*.

NOYAU [nwajo] **n. m.** I Partie dure dans un fruit, renfermant l'amande (→ **graine**) ou les amandes de certains fruits (→ **drupe**). *Fruits à noyau et fruits à pépins. Noyaux de cerises, d'olives. Retirer le noyau.* → **dénoyauter.** II **par analogie** Partie centrale, fondamentale (d'un objet). SYN. **centre, cœur** ; → **nuclé(o)-** ; **nucléaire.** 1. GÉOL. Partie centrale du globe terrestre. 2. BIOL. Partie centrale de la cellule, qui contient les chromosomes et un ou plusieurs nucléoles (→ **mononucléaire, polynucléaire**). *Division du noyau.* → **méiose, mitose.** 3. PHYS. Partie centrale de l'atome, constituée de protons et de neutrons, autour de laquelle gravitent les électrons. III Groupe de personnes. 1. Groupe humain, considéré quant à sa permanence, à la fidélité de ses membres. 2. Très petit groupe considéré par rapport à sa cohésion, à l'action qu'il mène (au sein d'un milieu hostile). *Noyaux de résistance.* 3. *Le noyau dur*, la partie la plus intransigeante d'un groupe.

ÉTYM. bas latin *nucalis*, de *nux, nucis* « noix ».

NOYAUTAGE [nwajotaʒ] **n. m.** ✦ Introduction dans un milieu neutre ou hostile de propagandistes isolés chargés de le désorganiser et, le cas échéant, d'en prendre la direction.

ÉTYM. de *noyauter*.

NOYAUTER [nwajote] **v. tr.** (conjug. 3a) ✦ Soumettre au noyautage. *Parti qui noyaute un syndicat.* SYN. **infiltrer.**

ÉTYM. de *noyau*.

① **NOYER** [nwaje] **v. tr.** (conjug. 10) I 1. Tuer par asphyxie en immergeant dans un liquide. *Qui veut noyer son chien l'accuse de la rage* (prov.). ➖ **loc.** *Noyer le poisson* : embrouiller volontairement une affaire. 2. Recouvrir de liquide. LITTÉR. *L'inondation a noyé la plaine.* SYN. **submerger.** ➖ COUR. *Noyer le carburateur* (par excès d'essence). ◆ **fig.** *Noyer qqn sous un déluge de paroles.* ➖ **loc.** *Noyer une révolte dans le sang*, la

réprimer de façon sanglante. *Noyer son chagrin (dans l'alcool)* : s'enivrer pour oublier. **3.** Faire disparaître dans un ensemble vaste ou confus. *Noyer les contours.* ➙ au p. passé *Cri noyé dans le tumulte.* **II** *SE NOYER* v. pron. **1.** Mourir asphyxié par l'effet de l'immersion dans un liquide (➙ **noyade**). ➙ loc. *Se noyer dans un verre d'eau* : être incapable de surmonter les moindres obstacles. **2.** fig. Se perdre. *Se noyer dans les détails.* ► **NOYÉ, ÉE** **1.** adj. *Marins noyés en mer.* SYN. **disparu.** ➙ fig. *Être noyé,* dépassé par la difficulté d'un travail. SYN. **perdu.** ◆ par analogie *Des yeux noyés de pleurs.* **2.** n. Personne morte noyée ou qui est en train de se noyer. *Repêcher, ranimer un noyé.*
ÉTYM. latin *necare* «tuer».

② **NOYER** [nwaje] n. m. **1.** Arbre de grande taille, dont le fruit est la noix. **2.** Bois de cet arbre. ➙ *Ronce* de noyer.*
ÉTYM. latin populaire *nucarius,* de *nux* «noix».

N. P. I. [ɛnpei] n. m. pl. ✦ Nouveaux pays industrialisés, qui ont connu une croissance industrielle rapide. *La concurrence des N. P. I.*
ÉTYM. sigle.

① **NU, NUE** [ny] adj. et n. m.
I adj. **1.** Qui n'est couvert d'aucun vêtement. *Être nu, tout nu.* ➙ loc. *Nu comme un ver.* ➙ *Bras nus. Torse nu. Être nu-pieds, nu-tête.* **2.** dans des loc. Dépourvu de son complément habituel. *Épée nue,* hors du fourreau. ➙ loc. *À L'ŒIL NU* : sans instrument d'optique. *Se battre À MAINS NUES,* sans arme. **3.** Dépourvu d'ornement, de parure. *Un arbre nu,* sans feuilles. *Mur nu.* **4.** fig. Sans apprêt, sans fard. *La vérité toute nue.* SYN. ② **cru, pur.** **5.** *À NU* loc. adv. : à découvert. *Mettre à nu.* ➙ **dénuder, dévoiler.** CONTR. ② **couvert, habillé, vêtu.**
II n. m. Corps humain dépouillé de tout vêtement. ➙ Représentation artistique du corps humain nu. *Un nu de Rodin.*
HOM. NUE «nuage»
ÉTYM. latin *nudus.*

② **NU** [ny] n. m. invar. ✦ Treizième lettre de l'alphabet grec (Ν, ν), correspondant au *n* français. HOM. NUE «nuage»
ÉTYM. mot grec.

NUAGE [nɥaʒ] n. m. **1.** Amas de vapeur d'eau condensée en fines gouttelettes maintenues en suspension dans l'atmosphère. SYN. LITTÉR. **nue, nuée** ; ➙ **cirrus, cumulus, nimbus, stratus.** *Nuage de grêle, de pluie.* ➙ loc. *Être dans les nuages* : être distrait. SYN. dans la **lune.** ◆ fig. Ce qui trouble la sérénité. *Bonheur sans nuage.* **2.** par analogie *Un nuage de fumée, de poussière.* ➙ *Nuage radioactif* : concentration d'éléments radioactifs dans l'atmosphère. ➙ *Nuage de tulle.* ➙ *Nuage de lait* : petite quantité de lait qui prend l'aspect d'un nuage avant de se mélanger avec le café, le thé. ➙ *Nuage de sauterelles.* SYN. **nuée.** **3.** INFORM. *Nuage informatique ; informatique en nuage* (recomm. offic.) : mode d'exploitation et de gestion de données d'un client consistant à les stocker sur des serveurs à distance.
ÉTYM. de *nue.*

NUAGEUX, EUSE [nɥaʒø, øz] adj. ✦ Partiellement couvert de nuages. SYN. **nébuleux.** *Temps nuageux. Ciel nuageux à couvert.* CONTR. **clair,** ① **serein.**
ÉTYM. de *nuage.*

NUANCE [nɥɑ̃s] n. f. **1.** Chacun des degrés par lesquels peut passer une même couleur. SYN. **tonalité.** *Toutes les nuances de bleu.* ➙ **gamme.** **2.** État intermédiaire par lequel peut passer qqn, qqch. (SYN. **degré**) ; différence subtile. *Nuances imperceptibles. Esprit tout en nuances.* ➙ **finesse.** ➙ *Il y a une nuance,* une différence. ellipt *Nuance !* ◆ Ce qui apporte une légère modification. *Avec dans le regard une nuance d'ironie.*
ÉTYM. d'un anc. v. *nuer* «assortir, nuancer», de *nue.*

NUANCER [nɥɑ̃se] v. tr. (conjug. 4) ✦ Exprimer en tenant compte des différences les plus délicates. *Nuancer sa pensée.* CONTR. **contraster, trancher.**
► **NUANCÉ, ÉE** adj. Qui tient compte de différences ; qui n'est pas net, tranché. *Jugement nuancé.*
ÉTYM. de *nuance.*

NUANCIER [nɥɑ̃sje] n. m. ✦ Présentoir de coloris, selon une gamme.
ÉTYM. de *nuance.*

NUBILE [nybil] adj. ✦ (personnes) Qui est en âge d'être marié ; qui est apte à la reproduction. SYN. **pubère.** ➙ *Âge nubile* : fin de la puberté.
ÉTYM. latin *nubilis,* de *nubere* «se marier».

NUBILITÉ [nybilite] n. f. ✦ DR., LITTÉR. Âge nubile.

NUCLÉAIRE [nykleɛʀ] adj. **1.** BIOL. Relatif au noyau de la cellule. **2.** PHYS. Relatif au noyau de l'atome. *Physique nucléaire. Énergie nucléaire,* fournie par une réaction au cours de laquelle le noyau est modifié. ☞ Géographie p. 230. ➙ n. m. *Le nucléaire* : l'énergie nucléaire. **3.** Qui utilise ou concerne l'énergie nucléaire. SYN. **atomique.** *Centrale nucléaire. Armes nucléaires.* ➙ bombe **atomique ; thermonucléaire.** ➙ *Puissances nucléaires,* qui possèdent l'arme nucléaire. ➙ *Catastrophe nucléaire.*
ÉTYM. du latin *nucleus* «amande de la noix *(nux)*».

NUCLÉIQUE [nykleik] adj. ✦ BIOL. *Acides nucléiques* : constituants fondamentaux du noyau de la cellule, et porteurs de l'information génétique. ➙ **A. D. N., A. R. N.**
ÉTYM. de *nuclé(o)-.*

NUCLÉ(O)- Élément savant, du latin *nucleus* «noyau».

NUCLÉOLE [nykleɔl] n. m. ✦ BIOL. Petit corps sphérique qui se trouve dans le noyau cellulaire et qui contient de l'A. R. N.
ÉTYM. latin *nucleolus* «petit noyau *(nucleus)*».

NUCLÉON [nykleɔ̃] n. m. ✦ Particule constitutive du noyau atomique. ➙ **neutron, proton.**
ÉTYM. de *nucléo-,* d'après *proton.*

NUDISME [nydism] n. m. ✦ Pratique de la vie au grand air dans un état de complète nudité. SYN. **naturisme.** *Faire du nudisme sur la plage.*
ÉTYM. du latin *nudus* «nu».

NUDISTE [nydist] adj. ✦ Relatif au nudisme. ◆ Adepte du nudisme. ➙ n. *Plage de nudistes.*

NUDITÉ [nydite] n. f. **1.** État d'une personne nue. **2.** État de ce qui n'est pas recouvert, pas orné. *La nudité d'un mur.*
ÉTYM. bas latin *nuditas,* de *nudus* «nu».

NUE [ny] n. f. **1.** VX ou LITTÉR. Nuage. ➙ par ext. Ciel. **2.** loc. *METTRE, PORTER qqn, qqch. AUX NUES* : louer avec enthousiasme. ➙ *TOMBER DES NUES* : être extrêmement

surpris, décontenancé. HOM. ① NU «qui n'est pas couvert», ② NU (lettre grecque)
ÉTYM. latin populaire *nuba*, du latin classique *nubes*.

NUÉE [nɥe] **n. f.** 1. LITTÉR. Gros nuage. 2. *NUÉE ARDENTE* : avalanche de cendres et de débris qui se produit lors de certaines éruptions volcaniques. 3. fig. Multitude formant un groupe compact. *Des nuées de sauterelles.* ♦ Très grand nombre. *Il était entouré d'une nuée de photographes.*
ÉTYM. de *nue*.

NUE-PROPRIÉTÉ [nypʀɔpʀijete] **n. f.** ✦ DR. Droit restant au propriétaire d'un bien sur lequel une autre personne a un droit d'usufruit. *Des nues-propriétés.*

NUIRE [nɥiʀ] **v. tr. ind.** (conjug. 64a) ✦ *NUIRE À.* 1. Faire du tort, du mal (à qqn). SYN. **léser.** *Nuire à qqn,* par ext. *à la réputation de qqn.* ➛ absolt *Mettre qqn hors d'état de nuire,* le maîtriser, le désarmer. 2. (choses) Constituer un danger ; causer du tort. *Cette accusation lui a beaucoup nui.* 3. *SE NUIRE* **v. pron. réfl.** Se faire du mal, se causer du tort à soi-même. ➛ récipr. *Elles se sont nui.*
CONTR. **aider, assister, servir.**
ÉTYM. latin populaire *nocere*.

NUISANCE [nɥizɑ̃s] **n. f.** 1. VX Caractère de ce qui est nuisible. 2. Ensemble de facteurs d'origine technique (bruit, pollution, etc.) ou sociale (encombrement, promiscuité) qui nuisent à la qualité de la vie. *Les nuisances des grandes villes.* ☛ Géographie p. 228.
ÉTYM. de *nuire*.

NUISIBLE [nɥizibl] **adj.** ✦ Qui nuit (à qqn, à qqch.). SYN. **néfaste, nocif.** *Climat nuisible à la santé.* → **insalubre, malsain.** ♦ *Animaux nuisibles,* parasites ou destructeurs (d'animaux ou de végétaux utiles). ➛ **n. m.** *Les nuisibles.* CONTR. **bienfaisant, favorable ; utile.**
ÉTYM. latin *nocibilis*, de *nocere* «nuire».

NUIT [nɥi] **n. f.** **I** Obscurité qui enveloppe quotidiennement une partie de la Terre du fait de sa rotation. *Le jour et la nuit. Il fait nuit. La nuit tombe. À la nuit tombante.* → **crépuscule, soir.** *Nuit noire,* très obscure. *Nuit étoilée.* ➛ loc. *C'est le jour* et la nuit. La nuit des temps,* se dit d'une époque très reculée, dont on ne sait rien. ♦ fig. POÉT. *La nuit du tombeau, la nuit éternelle :* la mort. **II** Espace de temps qui s'écoule depuis le coucher jusqu'au lever du soleil. *Les longues nuits polaires. Jour et nuit ; nuit et jour* [nɥiteʒuʀ] : continuellement. *En pleine nuit.* ➛ *Nuit blanche,* sans sommeil. → **veille.** ➛ *Vivre, sortir la nuit* (→ **noctambule**). *Il en rêve la nuit. J'ai passé la nuit dehors.* ➛ *Bonne nuit !* → **bonsoir.** ♦ *DE NUIT* : qui a lieu, se passe la nuit. → **nocturne.** *Travail de nuit.* «*Vol de nuit*» (roman de Saint-Exupéry). ➛ Qui travaille la nuit. *Veilleur de nuit.* ➛ Qui sert pendant la nuit. *Chemise de nuit.* ➛ Qui est ouvert, qui fonctionne pendant la nuit. *Boîte* de nuit.* ➛ Qui vit, reste éveillé la nuit. *Oiseau de nuit* (→ **nocturne**) ; fig. noctambule.
ÉTYM. latin *nox, noctis*.

NUITAMMENT [nɥitamɑ̃] **adv.** ✦ LITTÉR. Pendant la nuit, à la faveur de la nuit. *S'évader nuitamment.*
ÉTYM. latin *noctanter*.

NUL, NULLE [nyl] **adj.** et **pron. indéf.**
I 1. **adj. indéf.** (placé devant le n.) LITTÉR. Pas un. SYN. **aucun.** ➛ (avec *ne*) *Nul homme n'en sera exempté.* → ② **personne.** *Je n'en ai nul besoin.* → ② **pas.** ♦ *NUL AUTRE. Nul autre n'en est capable.* ➛ (sans verbe exprimé) *Nul repos pour lui.* ➛ (avec *sans*) *Sans nul doute.* → **sûrement.** ➛ *NULLE* PART.* 2. **pron. indéf. sing.** (employé comme sujet) Pas une personne. SYN. **aucun,** ② **personne.** *Nul n'est censé ignorer la loi.* ➛ loc. *À l'impossible nul n'est tenu.* CONTR. **chaque • beaucoup • chacun.**
II adj. qualificatif (placé après le nom) 1. Qui est sans existence, se réduit à rien, à zéro. *Les avantages sont nuls.* SYN. **inexistant.** *Match nul,* où il n'y a ni gagnant ni perdant. ➛ DR. Qui n'a pas d'effet légal. 2. (ouvrage, travail, etc.) Qui ne vaut rien, pour la qualité. *Un devoir nul, qui mérite zéro.* ♦ (personnes) Sans mérite intellectuel, sans valeur. → **nullité.** ➛ *Nul en* : très mauvais dans (un domaine particulier). *Élève nul en français.* ➛ **n.** *Bande de nuls !* CONTR. **important, réel** • ① **fort, valable.**
ÉTYM. latin *nullus*.

NULLARD, ARDE [nylaʀ, aʀd] **adj.** ✦ FAM. Tout à fait nul, qui n'y connaît rien. ➛ **n.** *Quel nullard !* SYN. **nullité** (3).
ÉTYM. de *nul*, suffixe péjoratif *-ard*.

NULLEMENT [nylmɑ̃] **adv.** ✦ Pas du tout, en aucune façon. SYN. **aucunement.** *Cela ne me gêne nullement,* pas le moins du monde. CONTR. **beaucoup, grandement.**

NULLITÉ [nylite] **n. f.** 1. DR. Inefficacité (d'un acte juridique). *Nullité d'un contrat.* 2. Caractère de ce qui est nul, sans valeur. *La nullité d'un raisonnement.* ➛ (personnes) Défaut de talent, de connaissances, de compétence. 3. *Une nullité* : personne nulle. *Ce type est une nullité.* CONTR. **validité • valeur ; compétence,** ② **talent • génie.**
ÉTYM. latin médiéval *nullitas*.

NUMÉRAIRE [nymeʀɛʀ] **n. m.** ✦ Monnaie ayant cours légal. SYN. **espèce**(s). *Payer en numéraire,* en argent liquide.
ÉTYM. latin populaire *numerarius* «calculateur», de *numerus* «nombre».

NUMÉRAL, ALE, AUX [nymeʀal, o] **adj.** ✦ Qui désigne, représente un nombre, des nombres arithmétiques. *Système numéral.* ♦ GRAMM. *Adjectifs numéraux,* indiquant le nombre (→ ① **cardinal**), le rang (→ **ordinal**), la répartition (→ **distributif**). ➛ **n. m.** *Un numéral.* HOM. NUMÉRO «nombre caractéristique»
ÉTYM. bas latin *numeralis*.

NUMÉRATEUR [nymeʀatœʀ] **n. m.** ✦ Terme situé au-dessus de la barre de fraction, qui indique le dividende. *Numérateur et dénominateur d'une fraction.*
ÉTYM. bas latin *numerator* «celui qui compte».

NUMÉRATION [nymeʀasjɔ̃] **n. f.** 1. Système permettant d'écrire et de nommer les divers nombres. *Numération décimale, à base 10.* 2. Action de compter ; son résultat. SYN. **compte.** ➛ MÉD. *Numération globulaire.*
ÉTYM. latin *numeratio*, de *numerare* «compter».

NUMÉRIQUE [nymeʀik] **adj.** 1. Qui est représenté par un nombre, se fait avec des nombres. *Montre à affichage numérique.* SYN. ② **digital** anglic. 2. Qui est codé sous forme de nombres. *Livre numérique. Photo, image numérique.* 3. Qui concerne les nombres arithmétiques. *Calcul numérique.* 4. Évalué en nombre. SYN. **quantitatif.** *La supériorité numérique de l'ennemi.*
ÉTYM. du latin *numerus* «nombre».

NUMÉRIQUEMENT [nymeʀikmɑ̃] **adv.** ✦ Du point de vue du nombre. *L'ennemi était numériquement inférieur.*

NUMÉRISER [nymeʀize] **v. tr.** (conjug. 3a) ✦ TECHN. Transformer (une grandeur physique, analogique) en une donnée numérique. – au p. passé *Images numérisées,* codées en chiffres.
► **NUMÉRISATION** [nymeʀizasjɔ̃] **n. f.**
ÉTYM. de *numérique.*

NUMÉRO [nymeʀo] **n. m.** I 1. Nombre attribué à une chose pour la caractériser parmi des choses semblables, ou la classer (abrév. N°, n°, devant un nombre). *Le numéro d'immatriculation d'une voiture.* – *Numéro de téléphone. Composer un numéro.* 2. Ce qui porte un numéro. *Habiter au numéro 10* (maison). – *Tirer le bon, le mauvais numéro,* dans un tirage au sort. 3. loc. adj. *NUMÉRO UN :* principal. *L'ennemi public numéro un.* 4. Partie d'un ouvrage périodique qui paraît en une seule fois et porte un numéro. *Numéro d'une revue.* – loc. *La suite au prochain numéro,* la suite de l'article paraîtra dans le numéro suivant ; fig. FAM. la suite à une autre fois. II 1. Division du programme d'un spectacle. *Présenter un numéro de chant, de prestidigitation.* 2. fig. FAM. Spectacle donné par une personne qui se fait remarquer. *Il nous a fait son numéro habituel.* SYN. **cinéma, cirque.** III FAM. Personne bizarre, originale. SYN. **phénomène.** *C'est un sacré numéro !* HOM. NUMÉRAUX (pluriel de *numéral* «qui désigne un nombre»)
ÉTYM. italien *numero,* du latin *numerus* «nombre».

NUMÉROTAGE [nymeʀɔtaʒ] **n. m.** ✦ Action de numéroter.

NUMÉROTATION [nymeʀɔtasjɔ̃] **n. f.** 1. Numérotage. 2. Ordre des numéros. *La numérotation des pages d'un livre.*

NUMÉROTER [nymeʀɔte] **v. tr.** (conjug. 3a) ✦ Marquer, affecter d'un numéro. *Numéroter les pages d'un manuscrit.* – au p. passé *Siège numéroté.*

NUMISMATE [nymismat] **n.** ✦ DIDACT. Spécialiste, connaisseur des médailles et monnaies.
ÉTYM. de *numismatique.*

NUMISMATIQUE [nymismatik] **n. f.** et **adj.** ✦ DIDACT. Connaissance des médailles et des monnaies. – **adj.** *Recherches numismatiques.*
ÉTYM. du latin d'origine grecque *numisma, numismatis* «pièce de monnaie».

NU-PIED [nypje] **n. m.** ✦ Sandalette légère retenue au pied par des courroies. *Porter des nu-pieds.*

NUPTIAL, ALE, AUX [nypsjal, o] **adj.** 1. Relatif aux noces, à la célébration du mariage. *Bénédiction nuptiale.* 2. ZOOL. Relatif à l'accouplement. *Parade nuptiale.*
ÉTYM. latin *nuptialis,* de *nuptiae* «noces».

NUPTIALITÉ [nypsjalite] **n. f.** ✦ DIDACT. Nombre relatif des mariages dans une population.
ÉTYM. de *nuptial.*

NUQUE [nyk] **n. f.** ✦ Partie postérieure du cou, au-dessous de l'occiput. *Raideur de la nuque.*
ÉTYM. latin médiéval *nuca,* de l'arabe.

NURSE [nœʀs] **n. f.** ✦ Employée de maison qui s'occupe exclusivement des enfants. SYN. **bonne d'enfants, gouvernante.**
ÉTYM. mot anglais «infirmière», emprunté au français *nourrice.*

NURSERY [nœʀsəʀi] **n. f.** ✦ anglicisme VIEILLI Pièce réservée aux jeunes enfants. *Des nurserys* ou *des nurseries* (plur. anglais).
ÉTYM. mot anglais, de *nurse.*

NUTATION [nytasjɔ̃] **n. f.** ✦ ASTRON. Oscillation périodique de l'axe de rotation de la Terre.
ÉTYM. latin *nutatio,* de *nutare* «se balancer».

NUTRIMENT [nytʀimɑ̃] **n. m.** ✦ DIDACT. Substance directement assimilable par l'organisme, sans avoir à subir le processus de la digestion (ex. les minéraux, les vitamines). *Apport en nutriments.* ☛ Géographie p. 224.
ÉTYM. latin *nutrimentum* «nourriture, aliment».

NUTRITIF, IVE [nytʀitif, iv] **adj.** 1. Qui a la propriété de nourrir. *Principes nutritifs d'un aliment.* – par ext. Qui nourrit beaucoup. SYN. **nourrissant, riche.** 2. DIDACT. Relatif à la nutrition. *Les besoins nutritifs de l'homme. Valeur nutritive d'un aliment.*
ÉTYM. latin médiéval *nutritivus,* de *nutrire* «nourrir».

NUTRITION [nytʀisjɔ̃] **n. f.** 1. Transformation et utilisation des aliments dans l'organisme. *Mauvaise nutrition.* → **malnutrition.** 2. PHYSIOL. Ensemble des phénomènes d'échange (assimilation, excrétion, respiration) entre un organisme et le milieu, permettant la production d'énergie vitale.
► **NUTRITIONNEL, ELLE** [nytʀisjɔnɛl] **adj.** *Besoins nutritionnels.*
ÉTYM. bas latin *nutritio.*

NUTRITIONNISTE [nytʀisjɔnist] **n.** ✦ DIDACT. Spécialiste des problèmes de nutrition. SYN. **diététicien.** – appos. *Des médecins nutritionnistes.*
ÉTYM. de *nutrition.*

NYCTALOPE [niktalɔp] **adj.** et **n.** ✦ DIDACT. Qui voit la nuit. *Le hibou est nyctalope.*
ÉTYM. grec *nuktalôps,* de *nux, nuktos* «nuit» et *ôps* «vision».

NYLON [nilɔ̃] **n. m.** ✦ Fibre synthétique (polyamide). *Du nylon. Fil de nylon.* – appos. invar. *Des bas nylon.*
ÉTYM. mot américain ; marque déposée.

NYMPHE [nɛ̃f] **n. f.** I 1. MYTHOL. Divinité féminine d'un rang inférieur. → **dryade, naïade, néréide, oréade.** 2. plais. Jeune fille ou jeune femme au corps gracieux. II ZOOL. Deuxième stade de la métamorphose des insectes, entre la larve et l'imago. *Nymphe de papillon.* → **chrysalide.**
► **NYMPHAL, ALE, AUX** [nɛ̃fal, o] **adj.** *Stade nymphal du moustique.*
ÉTYM. latin *nympha,* du grec *numphê* «jeune fille nubile».

NYMPHÉA [nɛ̃fea] **n. m.** ✦ Nénuphar blanc. *Les nymphéas peints par Claude Monet.*
ÉTYM. latin d'origine grecque *nymphea.*

NYMPHOMANE [nɛ̃fɔman] **adj. f.** et **n. f.** ✦ Femme ou femelle atteinte de nymphomanie.
ÉTYM. de *nymphomanie.*

NYMPHOMANIE [nɛ̃fɔmani] **n. f.** ✦ Exagération pathologique des désirs sexuels chez la femme ou chez des femelles d'animaux.
ÉTYM. du grec *numphê* (→ nymphe) et de *-manie.*

NYMPHOSE [nɛ̃foz] **n. f.** ✦ ZOOL. Ensemble des phénomènes qui accompagnent la transformation de la larve d'insecte en nymphe.
ÉTYM. de *nymphe* (II).

O

O [o] **n. m. invar.** 1. Quinzième lettre, quatrième voyelle de l'alphabet. 2. *O.* : abréviation de *ouest*. 3. *O* [o] CHIM. Symbole de l'oxygène. HOM. AU(X) (article), AULX (pluriel de *ail* «plante»), EAU «liquide», ① HAUT «élevé», HO, OH «cri de surprise», Ô «incantation», OS (pluriel) «squelette»

Ô [o] **interj.** ✦ Interjection servant à invoquer, ou traduisant un vif sentiment. *Ô merveille !...* HOM. voir O
ÉTYM. latin *o*.

OASIS [ɔazis] **n. f.** 1. Endroit d'un désert qui présente de la végétation, un point d'eau. *Les oasis sahariennes.* 2. **fig.** Lieu ou moment reposant, agréable (dans un milieu hostile, une situation pénible). *Une oasis de paix.*
ÉTYM. mot d'origine égyptienne.

OBÉDIENCE [ɔbedjɑ̃s] **n. f.** 1. RELIG. Obéissance (d'un religieux) à un supérieur ecclésiastique. 2. LITTÉR. Obéissance ou soumission. 3. Fidélité à une puissance spirituelle, politique (surtout dans les expressions *dans l'obédience, d'obédience...*). *Il est d'obédience chrétienne.* CONTR. **indépendance.**
ÉTYM. latin *oboedientia*.

OBÉIR [ɔbeiʀ] **v. tr. ind.** (conjug. 13) ✦ *OBÉIR À.* 1. Se soumettre à (qqn) en se conformant à ce qu'il ordonne ou défend. *Elle n'obéit qu'à sa mère. Se faire obéir de qqn.* SYN. **écouter.** ➝ **absolt** *Il faut obéir.* SYN. **se soumettre.** 2. Se conformer, se plier à (ce qui est imposé par autrui ou par soi-même). *Obéir à un ordre.* SYN. **obtempérer.** *Obéir à sa conscience.* SYN. **suivre.** *Obéir à une impulsion.* SYN. **céder à.** 3. (choses) Être soumis à (une nécessité, une force, une loi naturelle). *Les corps obéissent à la loi de la gravitation.* CONTR. **commander, diriger, ordonner ; désobéir, résister.**
ÉTYM. latin *oboedire* «prêter l'oreille ; obéir».

OBÉISSANCE [ɔbeisɑ̃s] **n. f.** ✦ Fait, action d'obéir. SYN. **soumission.** *Vous lui devez l'obéissance.* CONTR. **désobéissance, indiscipline, insoumission.**
ÉTYM. de *obéir*.

OBÉISSANT, ANTE [ɔbeisɑ̃, ɑ̃t] **adj.** ✦ Qui obéit volontiers. SYN. **discipliné, docile, sage, soumis.** *Un chien obéissant.* CONTR. **désobéissant, indocile, insoumis.**
ÉTYM. du participe présent de *obéir*.

OBÉLISQUE [ɔbelisk] **n. m.** 1. Dans l'art égyptien, Colonne en forme d'aiguille quadrangulaire surmontée d'une pointe pyramidale. *L'obélisque de Louksor.* 2. Monument ayant cette forme.
ÉTYM. grec *obeliskos* «petite broche à rôtir».

OBÉRER [ɔbeʀe] **v. tr.** (conjug. 8) ✦ LITTÉR. 1. Faire peser une lourde charge financière sur. *Guerre qui obère les finances d'un pays.* 2. Compromettre le développement de. *Cette décision obère nos chances de réussite.*
ÉTYM. latin *obaeratus* «endetté».

OBÈSE [ɔbɛz] **adj. et n.** ✦ (personnes) Qui est anormalement gros. SYN. **énorme.** ➝ **n.** *Un, une obèse.* CONTR. **maigre.**
ÉTYM. latin *obesus*, de *edere* «manger».

OBÉSITÉ [ɔbezite] **n. f.** ✦ État d'une personne obèse, excès de poids dû à l'augmentation de la masse adipeuse. *La prévention de l'obésité, enjeu de santé publique.* ☛ Géographie p. 224.
ÉTYM. latin *obesitas*.

OBI [ɔbi] **n. f.** ✦ Large ceinture de soie du costume japonais traditionnel. HOM. HOBBY «passe-temps»
ÉTYM. mot japonais.

OBJECTER [ɔbʒɛkte] **v. tr.** (conjug. 3a) 1. Opposer (une objection) pour réfuter une opinion, une affirmation. *Objecter de bonnes raisons à, contre un argument. Objecter que* (+ indic.). SYN. **répondre, rétorquer.** 2. Opposer (un fait, un argument) à un projet, une demande, pour repousser. *Objecter la fatigue pour ne pas sortir.* SYN. **prétexter.** *On lui objecta son jeune âge ;* (avec *que* + indic.) *qu'il était trop jeune.* CONTR. **approuver.**
ÉTYM. latin *objectare* «mettre devant, opposer».

OBJECTEUR [ɔbʒɛktœʀ] **n. m.** 1. VX Celui qui fait des objections. SYN. **contradicteur.** 2. MOD. *OBJECTEUR DE CONSCIENCE* : celui qui refuse d'accomplir ses obligations militaires, en objectant son refus d'utiliser des armes.
ÉTYM. de *objecter*.

① **OBJECTIF, IVE** [ɔbʒɛktif, iv] **adj.** 1. PHILOS. Qui existe hors de l'esprit, est indépendant de l'esprit. *Réalité objective.* 2. Se dit d'une description de la réalité (ou d'un jugement sur elle) indépendante des intérêts,

des goûts, des préjugés de la personne qui la fait. *Un jugement objectif.* ➝ *Information objective.* 3. (personnes) Dont les jugements ne sont altérés par aucune préférence d'ordre personnel. SYN. **impartial.** *Historien objectif.* CONTR. **subjectif ; affectif, arbitraire, partial, tendancieux.**
ÉTYM. latin *objectivus.*

② **OBJECTIF** [ɔbʒɛktif] **n. m.** I Système optique formé de lentilles qui donne une image photographique des objets. *Objectif d'un appareil photographique, d'une caméra. Obturateur, diaphragme d'un objectif.* II (But à atteindre) 1. Point contre lequel est dirigée une opération stratégique ou tactique. *Les missiles ont atteint leur objectif.* SYN. **cible.** 2. But précis que se propose l'action. *Se fixer des objectifs.*
ÉTYM. ellipse de *verre objectif* «système optique dirigé vers l'objet observé».

OBJECTION [ɔbʒɛksjɔ̃] **n. f.** 1. Argument pour réfuter (une affirmation, une opinion). *Formuler une objection.* → **objecter.** 2. Ce que l'on allègue pour ne pas faire qqch. *Si vous n'y voyez pas d'objection.* SYN. **inconvénient, obstacle.** CONTR. **approbation.**
ÉTYM. bas latin *objectio.*

OBJECTIVEMENT [ɔbʒɛktivmɑ̃] **adv.** ✦ D'une manière objective. CONTR. **arbitrairement, subjectivement.**
ÉTYM. de ① *objectif.*

OBJECTIVITÉ [ɔbʒɛktivite] **n. f.** 1. PHILOS. Caractère de ce qui existe indépendamment de l'esprit. 2. Caractère de ce qui représente fidèlement un objet. *L'objectivité scientifique.* 3. Qualité de ce qui est impartial, d'une personne impartiale. *Vous manquez d'objectivité.* CONTR. **partialité, subjectivité.**
ÉTYM. de ① *objectif.*

OBJET [ɔbʒɛ] **n. m.** I concret Chose solide ayant unité et indépendance et répondant à une certaine destination. SYN. **chose ;** FAM. **bidule, machin, truc.** *Forme, matière, taille d'un objet.* ➝ *Bureau des objets trouvés.* ➝ *OBJETS D'ART,* ayant une valeur artistique (à l'exception des œuvres d'art et des meubles). II abstrait 1. Ce qui se présente à la pensée, qui est occasion ou matière pour l'activité de l'esprit. *L'objet de ses réflexions.* SYN. ② **sujet.** 2. PHILOS. Ce qui est donné par l'expérience, existe indépendamment de l'esprit (→ ① **objectif**). *Le sujet et l'objet.* 3. *Objet de* : être ou chose à quoi s'adresse (un sentiment). *Un objet de pitié, de mépris.* 4. Ce vers quoi tendent les désirs, la volonté, l'effort et l'action. SYN. **but,** ① **fin,** ② **objectif.** *L'objet de ma visite.* ◆ *Cette plainte est SANS OBJET,* n'a pas de raison d'être. ➝ *FAIRE, ÊTRE L'OBJET DE* : subir. *Faire l'objet de nombreuses critiques.* 5. GRAMM. *COMPLÉMENT D'OBJET (d'un verbe),* désignant la chose, la personne, l'idée sur lesquelles porte l'action marquée par le verbe (→ **transitif**). *Complément d'objet direct (COD),* directement rattaché au verbe (ex. je prends *un crayon*). *Complément d'objet indirect (COI),* rattaché au verbe par l'intermédiaire d'une préposition (ex. j'obéis *à vos ordres*). *Complément d'objet second (COS),* complément d'objet indirect qui complète un verbe qui a déjà un complément d'objet direct ou indirect (ex. il donne un cadeau *à son frère*).
ÉTYM. latin *objectum* «ce qui est exposé», de *objicere.*

OBJURGATION [ɔbʒyʀgasjɔ̃] **n. f.** ✦ surtout au plur. LITTÉR. Prière pressante (surtout pour dissuader). *Céder aux objurgations de qqn.*
ÉTYM. latin *objurgatio.*

OBLAT, ATE [ɔbla, at] **n.** ✦ Personne qui s'est agrégée à une communauté religieuse, mais sans prononcer les vœux.
ÉTYM. latin ecclésiastique *oblatus* «offert».

OBLIGATAIRE [ɔbligatɛʀ] **n.** et **adj.** ✦ DR., FIN. 1. **n.** Créancier titulaire d'une obligation (1). 2. **adj.** Relatif aux obligations. *Marché obligataire.*
ÉTYM. de *obligation.*

OBLIGATION [ɔbligasjɔ̃] **n. f.** 1. DR. Ce qui contraint une personne à donner, à faire ou à ne pas faire qqch. *Contracter une obligation juridique.* 2. Titre représentant un emprunt émis par une personne morale, qui rapporte un pourcentage généralement fixe. *Actions* et obligations.* 3. Lien, devoir moral ou social. *Satisfaire à ses obligations.* 4. *Obligation de* (+ inf.). SYN. **nécessité.** *Il est dans l'obligation d'emprunter.* ➝ (+ n.) *Jeu sans obligation d'achat.* SYN. **engagement.** 5. surtout au plur. Lien moral envers qqn pour qui on a de la reconnaissance. *J'ai des obligations envers lui* (→ **obligé**).
ÉTYM. latin juridique *obligatio.*

OBLIGATOIRE [ɔbligatwaʀ] **adj.** 1. Qui a la force d'une obligation. *Instruction gratuite et obligatoire.* 2. FAM. Inévitable, nécessaire. SYN. **certain, forcé, obligé.** *Il a raté son train, c'était obligatoire !* CONTR. **facultatif, volontaire.**
ÉTYM. latin juridique *obligatorius.*

OBLIGATOIREMENT [ɔbligatwaʀmɑ̃] **adv.** ✦ D'une manière obligatoire.

OBLIGEAMMENT [ɔbliʒamɑ̃] **adv.** ✦ Avec obligeance.
ÉTYM. de *obligeant.*

OBLIGEANCE [ɔbliʒɑ̃s] **n. f.** ✦ Disposition à se montrer obligeant, à rendre service. *Il a eu l'obligeance de m'accompagner.* CONTR. **désobligeance, malveillance.**
ÉTYM. de *obligeant.*

OBLIGEANT, ANTE [ɔbliʒɑ̃, ɑ̃t] **adj.** ✦ Qui aime à obliger, à rendre service. SYN. **complaisant, serviable.** *Un voisin obligeant.*
ÉTYM. du participe présent de *obliger.*

OBLIGER [ɔbliʒe] **v. tr.** (conjug. 5) I 1. Contraindre ou lier (qqn) par une obligation morale, légale. *La loi, l'honneur nous oblige à faire cela.* ➝ loc. prov. *Noblesse* oblige.* ◆ pronom. S'engager. *Il s'oblige à rembourser.* 2. Mettre (qqn) dans la nécessité de faire qqch. SYN. **astreindre, contraindre, forcer.** *Rien ne vous oblige à venir.* II Attacher (qqn) en rendant service. SYN. **aider ;** → **obligeant.** *Vous m'obligeriez beaucoup de parler en ma faveur, en parlant en ma faveur.*
► **OBLIGÉ, ÉE p. passé** I (personnes) 1. Tenu, lié par une obligation, une nécessité. *Être, se sentir obligé de* (+ inf.). 2. Reconnaissant (d'un service). SYN. **redevable.** *Je vous serais très obligé de bien vouloir...* ➝ **n.** *Je suis votre obligé.* II (choses) Qui résulte d'une obligation, d'une nécessité. SYN. **indispensable, obligatoire.** *Conséquence obligée.* ◆ FAM. *C'est obligé !,* c'est forcé.
ÉTYM. latin *obligare* «attacher à, engager».

OBLIQUE [ɔblik] adj. 1. Qui n'est pas perpendiculaire (à une ligne, à un plan) et, notamment, qui n'est ni vertical ni horizontal. *Ligne oblique* (ou n. f. *une oblique*). SYN. **biais.** *Rayons obliques du soleil couchant.* ◆ *Regard oblique ;* fig. peu franc. 2. *EN OBLIQUE* loc. adv. : dans une direction oblique, en diagonale. CONTR. ① **droit.**
ÉTYM. latin *obliquus.*

OBLIQUEMENT [ɔblikmɑ̃] adv. ✦ Dans une direction ou une position oblique. SYN. de **biais**, de **côté**, en **oblique.** CONTR. ① **droit.**
ÉTYM. de *oblique.*

OBLIQUER [ɔblike] v. intr. (conjug. 3a) ✦ Aller, marcher en ligne oblique. SYN. **dévier.** *La moto a obliqué vers la gauche.*
ÉTYM. de *oblique.*

OBLIQUITÉ [ɔblik(ɥ)ite] n. f. ✦ Caractère ou position de ce qui est oblique. SYN. **inclinaison.** *L'obliquité des rayons du soleil.* CONTR. **aplomb, verticalité.**
ÉTYM. latin *obliquitas.*

OBLITÉRATION [ɔbliteʀasjɔ̃] n. f. 1. Action d'oblitérer. *L'oblitération d'un timbre.* 2. MÉD. *L'oblitération d'une artère.* SYN. **obstruction, occlusion.**

OBLITÉRER [ɔbliteʀe] v. tr. (conjug. 8) 1. VIEILLI Effacer par une usure progressive. 2. MÉD. Obstruer, boucher (un canal, un orifice...). 3. *Oblitérer un timbre*, l'annuler par l'apposition d'un cachet qui le rend impropre à servir une seconde fois. → au p. passé *Timbre oblitéré.*
ÉTYM. latin *oblitterare* «effacer, abolir».

OBLONG, OBLONGUE [ɔblɔ̃, ɔblɔ̃g] adj. ✦ Qui est plus long que large. SYN. **allongé.** *Un visage oblong.*
ÉTYM. latin *oblongus.*

OBNUBILER [ɔbnybile] v. tr. (conjug. 3a) ✦ Envahir l'esprit de (qqn). SYN. **obséder.** *Ce rêve l'obnubile.* → passif *Être obnubilé par une idée.*
ÉTYM. latin *obnubilare* «couvrir de nuages *(nubes)*».

OBOLE [ɔbɔl] n. f. ✦ Modeste offrande, petite contribution en argent. *Apporter son obole.*
ÉTYM. grec *obolos*, nom d'une monnaie.

OBSCÈNE [ɔpsɛn] adj. ✦ Qui blesse délibérément la délicatesse par des représentations ou des manifestations d'ordre sexuel. SYN. **licencieux, pornographique.** *Geste obscène.* SYN. **impudique, inconvenant, indécent.** CONTR. **décent, pudique.**
ÉTYM. latin *obscenus* «de mauvais augure».

OBSCÉNITÉ [ɔpsenite] n. f. 1. Caractère de ce qui est obscène. SYN. **indécence.** 2. Parole obscène. *Dire des obscénités.* SYN. **cochonnerie, saleté.** CONTR. **décence, pudeur.**
ÉTYM. latin *obscenitas.*

OBSCUR, URE [ɔpskyʀ] adj. I 1. Qui est privé (momentanément ou habituellement) de lumière. SYN. **noir, sombre.** *Des ruelles obscures.* → loc. *Les salles obscures :* les salles de cinéma. 2. Qui est foncé, peu lumineux. SYN. **sombre.** II fig. 1. Qui est difficile à comprendre, à expliquer (par sa nature ou par la faute de la personne qui expose). SYN. **incompréhensible.** *Des phrases embrouillées et obscures.* → Qui n'est pas connu. *Mot d'origine obscure.* 2. Qui n'est pas net ; que l'on sent ou conçoit confusément. SYN. ③ **vague.** *Un obscur pressentiment.* 3. (personnes) Qui n'a aucun renom. SYN. **ignoré, inconnu.** *Un poète obscur.* ◆ LITTÉR. Simple, humble. *Une vie obscure.* CONTR. **clair, lumineux** • ① **net,** ① **précis** • **célèbre, connu, illustre** • **prestigieux.**
ÉTYM. latin *obscurus.*

OBSCURANTISME [ɔpskyʀɑ̃tism] n. m. ✦ Attitude de ceux qui s'opposent à la diffusion de l'instruction, de la culture.
► **OBSCURANTISTE** [ɔpskyʀɑ̃tist] adj. et n.
ÉTYM. de *obscur.*

OBSCURCIR [ɔpskyʀsiʀ] v. tr. (conjug. 13) I 1. Priver de lumière, de clarté ; rendre sombre. SYN. **assombrir.** *Ce gros arbre obscurcit la pièce.* → pronom. *Le ciel s'obscurcit.* 2. LITTÉR. Troubler, affaiblir (la vue). → au p. passé *Les yeux obscurcis de larmes.* SYN. **voilé.** II fig. Rendre peu intelligible. *Commentaires qui obscurcissent un raisonnement.* CONTR. **éclaircir** • **clarifier.**
ÉTYM. de *obscur.*

OBSCURCISSEMENT [ɔpskyʀsismɑ̃] n. m. 1. Action d'obscurcir ; perte de lumière, d'éclat. *Obscurcissement du ciel.* 2. fig. Fait de rendre peu intelligible. CONTR. **éclaircissement** • **clarification.**
ÉTYM. de *obscurcir.*

OBSCURÉMENT [ɔpskyʀemɑ̃] adv. ✦ D'une manière vague, insensible. *Il sentait obscurément le danger.* SYN. **confusément.** CONTR. **clairement, distinctement, nettement.**
ÉTYM. de *obscur.*

OBSCURITÉ [ɔpskyʀite] n. f. I Absence de lumière ; état de ce qui est obscur. SYN. **noir, nuit, ténèbres.** *Obscurité complète. L'obscurité d'une cave.* II fig. 1. Défaut de clarté, d'intelligibilité. *L'obscurité de la loi.* 2. Passage, point obscur. *Les obscurités d'un texte.* CONTR. **clarté, lumière** • **évidence, intelligibilité.**
ÉTYM. latin *obscuritas.*

OBSÉDANT, ANTE [ɔpsedɑ̃, ɑ̃t] adj. ✦ Qui obsède. *Des souvenirs obsédants.*
ÉTYM. du participe présent de *obséder.*

OBSÉDÉ, ÉE [ɔpsede] n. ✦ Personne qui est en proie à une idée fixe, à une obsession. SYN. **maniaque.** *Un obsédé sexuel.*
ÉTYM. du participe passé de *obséder.*

OBSÉDER [ɔpsede] v. tr. (conjug. 8) ✦ Tourmenter de manière incessante ; s'imposer sans répit à la conscience. SYN. **hanter, poursuivre.** *Le remords l'obsède. Il est obsédé par la peur d'échouer* (→ **obsession**).
ÉTYM. latin *obsidere* «assiéger», de *sedere* «être assis».

OBSÈQUES [ɔpsɛk] n. f. pl. ✦ Cérémonie et convoi funèbres. SYN. **enterrement, funérailles.** *Obsèques nationales.*
ÉTYM. latin *obsequiae*, famille de *sequi* «suivre».

OBSÉQUIEUX, EUSE [ɔpsekjø, øz] adj. ✦ Qui exagère les marques de politesse, par servilité ou hypocrisie. SYN. ① **plat, rampant, servile.** *Un subordonné obséquieux.* → *Une politesse obséquieuse.*
► **OBSÉQUIEUSEMENT** [ɔpsekjøzmɑ̃] adv.
ÉTYM. latin *obsequiosus* «plein de déférence».

A B C D E F G H I J K L M N O P Q R S T U V W X Y Z

OBSÉQUIOSITÉ [ɔpsekjozite] n. f. ✦ Attitude, comportement d'une personne obséquieuse. SYN. **bassesse, platitude, servilité.**
ÉTYM. de *obséquieux.*

OBSERVABLE [ɔpsɛʀvabl] adj. ✦ Qui peut être observé (II).

OBSERVANCE [ɔpsɛʀvɑ̃s] n. f. ✦ Action, manière de pratiquer (une règle religieuse). SYN. **observation** (I), ① **pratique.** CONTR. **manquement.**
ÉTYM. latin *observantia.*

OBSERVATEUR, TRICE [ɔpsɛʀvatœʀ, tʀis] n. et adj. 1. n. Personne qui observe un ou des évènements. SYN. **témoin.** *Un observateur attentif.* ➝ *Observateur diplomatique.* 2. adj. Qui sait observer. *Il est très observateur.*
ÉTYM. latin *observator.*

OBSERVATION [ɔpsɛʀvasjɔ̃] n. f. **I** Action d'observer (I) ce que prescrit une loi, une règle. SYN. **obéissance, observance, respect.** *L'observation d'un règlement.* **II** 1. Action de considérer avec une attention soutenue, afin de mieux connaître. SYN. **examen.** *L'observation de la nature. Avoir l'esprit d'observation.* ➝ Ce qui exprime le résultat de cette action. SYN. **note, réflexion.** 2. Parole, déclaration par laquelle on fait remarquer qqch. à qqn. *Observation critique.* → **objection.** ♦ Remarque de reproche. SYN. **réprimande, reproche.** 3. Action d'observer scientifiquement (un phénomène) ; compte rendu des phénomènes constatés. *Instruments d'observation. L'observation et l'expérience**. *Observations météorologiques.* 4. Surveillance attentive à laquelle on soumet un être vivant. *Malade en observation.* 5. Surveillance des activités d'un suspect, d'un ennemi. *Observation aérienne.* CONTR. **désobéissance, manquement · compliment.**
ÉTYM. latin *observatio.*

OBSERVATOIRE [ɔpsɛʀvatwaʀ] n. m. 1. Établissement destiné aux observations scientifiques (astronomie, météorologie...). *Coupole, télescope d'un observatoire.* 2. Lieu favorable à l'observation ; poste d'observation. *Observatoire d'artillerie.* ➝ fig. *Un observatoire économique.*
ÉTYM. de *observer.*

OBSERVER [ɔpsɛʀve] v. tr. (conjug. 3a) **I** Se conformer de façon régulière à (une prescription). *C'est une règle qu'il faut observer.* ➝ *Observer le silence.* SYN. **garder.** **II** 1. Considérer avec attention. SYN. **examiner, regarder.** ♦ Soumettre à l'observation scientifique. *Observer un phénomène.* 2. Examiner en surveillant. *Il observait tous nos gestes. Observer les mouvements de l'ennemi.* 3. Constater, remarquer par l'observation. SYN. **noter.** ➝ *Je vous fais observer que* (+ indic.). **III** *S'OBSERVER* v. pron. (réfl.) Se prendre pour sujet d'observation. *Il s'observe trop.* ➝ (récipr.) *Ils s'observent sans arrêt.* SYN. **s'épier,** se **surveiller.** CONTR. **désobéir, enfreindre, transgresser.**
ÉTYM. latin *observare.*

OBSESSION [ɔpsesjɔ̃] n. f. 1. Idée, image, mot qui obsède, s'impose à l'esprit sans relâche. SYN. **hantise, idée** fixe. 2. PSYCH. Représentation, accompagnée d'états émotifs pénibles, qui tend à accaparer le champ de la conscience. SYN. **manie, phobie.**
ÉTYM. latin *obsessio.*

OBSESSIONNEL, ELLE [ɔpsesjɔnɛl] adj. ✦ Propre à l'obsession. ➝ PSYCH. *Névrose obsessionnelle.* ♦ adj. et n. Qui est en proie à des obsessions.
ÉTYM. de *obsession.*

OBSIDIENNE [ɔpsidjɛn] n. f. ✦ Roche éruptive de couleur foncée.
ÉTYM. latin *obsidianus,* du nom propre *Obsius.*

OBSOLÈTE [ɔpsɔlɛt] adj. ✦ Dépassé, périmé. *Une technique obsolète.*
ÉTYM. latin *obsoletus.*

OBSTACLE [ɔpstakl] n. m. 1. Ce qui s'oppose au passage, gêne le mouvement. *Heurter, contourner un obstacle.* ➝ Chacune des difficultés d'un parcours hippique. *Course d'obstacles.* 2. abstrait Ce qui s'oppose à l'action, à l'obtention d'un résultat. SYN. **difficulté, empêchement.** *Franchir un obstacle.* ➝ *Faire obstacle à :* empêcher, gêner. SYN. **opposition.**
ÉTYM. latin *obstaculum,* de *obstare* «se tenir *(stare)* devant».

OBSTÉTRICIEN, IENNE [ɔpstetʀisjɛ̃, jɛn] n. ✦ Médecin spécialiste de l'obstétrique.
ÉTYM. de *obstétrique.*

OBSTÉTRIQUE [ɔpstetʀik] n. f. ✦ Partie de la médecine relative à la grossesse et à l'accouchement.
ÉTYM. du latin *obstetrix* «sage-femme».

OBSTINATION [ɔpstinasjɔ̃] n. f. ✦ Caractère, comportement d'une personne obstinée. SYN. **entêtement, opiniâtreté, ténacité.** CONTR. **inconstance.**
ÉTYM. latin *obstinatio.*

OBSTINÉ, ÉE [ɔpstine] adj. 1. Qui s'attache avec énergie et de manière durable à une manière d'agir, à une idée. SYN. **opiniâtre ; entêté, têtu.** 2. (choses) *Travail obstiné.* SYN. **assidu.** CONTR. **inconstant.**
ÉTYM. latin *obstinatus.*

OBSTINÉMENT [ɔpstinemɑ̃] adv. ✦ Avec obstination. *Refuser obstinément.*
ÉTYM. de *obstiné.*

S'OBSTINER [ɔpstine] v. pron. (conjug. 3a) ✦ Persister dans une idée, une décision sans vouloir changer. SYN. **s'entêter.** *Il s'obstine dans son idée.* SYN. se **buter.** *S'obstiner à mentir.* CONTR. **céder.**
ÉTYM. latin *obstinare.*

OBSTRUCTION [ɔpstʀyksjɔ̃] n. f. 1. Gêne ou obstacle à la circulation (dans un conduit de l'organisme). SYN. **engorgement, occlusion.** *Obstruction d'une artère.* SYN. **oblitération.** 2. Pratique qui consiste à entraver les débats (dans une assemblée, un groupe). *Faire de l'obstruction. Obstruction systématique.*
ÉTYM. latin *obstructio.*

OBSTRUER [ɔpstʀye] v. tr. (conjug. 3a) ✦ Boucher en faisant obstacle. SYN. ① **barrer, encombrer.** *Des rochers obstruent l'entrée de la grotte.* ➝ au p. passé *Des tuyaux obstrués.*
ÉTYM. latin *obstruere* «construire *(struere)* devant».

OBTEMPÉRER [ɔptɑ̃peʀe] v. tr. ind. (conjug. 8) ✦ ADMIN. *OBTEMPÉRER À :* obéir à (une injonction, un ordre). *Obtempérer à un ordre.* ➝ absolt *Refus d'obtempérer.* CONTR. **contrevenir.**
ÉTYM. latin *obtemperare.*

OBTENIR [ɔptəniʀ] **v. tr.** (conjug. 16) **1.** Parvenir à se faire accorder ou donner (ce qu'on veut avoir). SYN. **acquérir, conquérir, recevoir ;** FAM. **décrocher.** *Il a obtenu une augmentation.* SYN. ① **avoir.** *J'ai obtenu de partir, que ma sœur parte avec moi.* – *OBTENIR qqch. À, POUR qqn. Il lui a obtenu une promotion.* – **pronom.** (passif) *Cette autorisation ne s'obtient pas facilement.* **2.** Réussir à atteindre (un résultat), à produire (qqch.). SYN. **parvenir** à. *Obtenir un résultat. Obtenir un métal à l'état pur.*
ÉTYM. latin *obtinere.*

OBTENTION [ɔptɑ̃sjɔ̃] **n. f.** ✦ DIDACT. Fait d'obtenir. *L'obtention d'un diplôme.*
ÉTYM. du latin *obtentus,* participe passé de *obtinere* «obtenir».

OBTURATEUR, TRICE [ɔptyʀatœʀ, tʀis] **adj.** et **n. m. 1. adj.** Qui sert à obturer. **2. n. m.** Dispositif servant à obturer. – **spécialt** Dispositif dont l'ouverture détermine la quantité de lumière reçue par la surface sensible d'un appareil photo. *Obturateur focal, obturateur à rideau.*
ÉTYM. de *obturer.*

OBTURATION [ɔptyʀasjɔ̃] **n. f.** ✦ Action d'obturer. *Obturation dentaire.*
ÉTYM. latin *obturatio.*

OBTURER [ɔptyʀe] **v. tr.** (conjug. 3a) ✦ Boucher (une ouverture, un trou). *Obturer une fuite avec du mastic.*
ÉTYM. latin *obturare.*

OBTUS, USE [ɔpty, yz] **adj. I** LITTÉR. Émoussé, arrondi. *Pointe obtuse.* ◆ GÉOM. *ANGLE OBTUS,* plus grand qu'un angle droit (opposé à *aigu*). **II fig.** Qui manque de finesse, de pénétration. SYN. **borné.** *Esprit obtus.* CONTR. **aigu ; pénétrant.**
ÉTYM. latin *obtusus* «émoussé».

OBUS [ɔby] **n. m.** ✦ Projectile d'artillerie, le plus souvent creux et rempli d'explosif. *Obus incendiaire. Éclat d'obus. Trou d'obus.*
ÉTYM. origine tchèque.

OBUSIER [ɔbyzje] **n. m.** ✦ Canon court pouvant exécuter un tir courbe. SYN. **mortier.**
ÉTYM. de *obus.*

OBVIER [ɔbvje] **v. tr. ind.** (conjug. 9) ✦ LITTÉR. *OBVIER À :* mettre obstacle à, parer à. SYN. **prévenir.** *Obvier à un inconvénient.* SYN. **remédier.**
ÉTYM. latin *obviare.*

OC [ɔk] **adv. d'affirmation** ✦ *LANGUE D'OC :* ensemble des dialectes romans du sud de la France, où l'on disait oc pour «oui» (et non oïl*). SYN. **occitan.**
ÉTYM. mot occitan «oui», latin *hoc.*

OCARINA [ɔkaʀina] **n. m.** ✦ Petit instrument de musique à vent, ovoïde, en terre cuite ou en métal, percé de huit trous et muni d'un bec.
ÉTYM. mot italien, de *oca* «oie».

OCCASION [ɔkazjɔ̃] **n. f. 1.** Circonstance qui vient à propos, qui convient. *L'occasion ne s'est pas présentée. Profiter de l'occasion. Avoir l'occasion de* (+ inf.). FAM. *Il a sauté sur l'occasion. Il ne manque jamais une occasion de se vanter.* – **prov.** *L'occasion fait le larron :* les circonstances peuvent inciter à mal agir. – *À L'OCCASION* **loc. adv. :** quand, si l'occasion se présente, le cas échéant. *Nous en reparlerons à l'occasion.* – *À la première occasion :* dès que l'occasion se présente. **2.** Marché avantageux pour l'acheteur ; objet de ce marché. ◆ *D'OCCASION :* qui n'est pas neuf. *Livre, voiture d'occasion,* de seconde main. – *Une occasion* (abrév. FAM. OCCASE [ɔkaz]) : objet acheté d'occasion. **3.** *Occasion de :* circonstance qui détermine (une action), provoque (un évènement). SYN. **cause.** *Être l'occasion de :* provoquer, donner lieu à. – *À L'OCCASION DE* **loc. prép. :** pour. *Faire une fête à l'occasion de son anniversaire.* **4.** Circonstance. SYN. ① **cas.** *En maintes occasions. En toute occasion.* ◆ **loc.** *Les GRANDES OCCASIONS :* les circonstances importantes de la vie sociale.
ÉTYM. latin *occasio,* de *occidere* «tomber».

OCCASIONNEL, ELLE [ɔkazjɔnɛl] **adj.** ✦ Qui résulte d'une occasion, se produit, se rencontre par hasard. SYN. **fortuit.** *Une dépense occasionnelle.* SYN. **exceptionnel.** CONTR. **habituel.**
ÉTYM. de *occasion.*

OCCASIONNELLEMENT [ɔkazjɔnɛlmɑ̃] **adv.** ✦ D'une manière occasionnelle (et non habituelle).

OCCASIONNER [ɔkazjɔne] **v. tr.** (conjug. 3a) ✦ Être l'occasion de (qqch. de fâcheux). SYN. ① **causer, entraîner, provoquer.** *L'orage a occasionné de gros dégâts.*
ÉTYM. de *occasion.*

OCCIDENT [ɔksidɑ̃] **n. m. 1.** POÉT. Un des quatre points cardinaux ; côté où le soleil se couche. SYN. **couchant, ouest. 2.** (avec maj.) Région située vers l'ouest, par rapport à un lieu donné (opposé à *Orient*). – *L'Empire romain d'Occident.* ◆ **spécialt** POLIT. L'Europe de l'Ouest et l'Amérique du Nord (autrefois opposé à *Est, pays de l'Est*). SYN. **ouest.** *L'Occident et le tiers-monde* (SYN. **nord,** I, 2). CONTR. **est, levant, orient.** HOM. OXYDANT «qui oxyde»
ÉTYM. latin *occidens,* de *occidere* «tomber».

OCCIDENTAL, ALE, AUX [ɔksidɑ̃tal, o] **adj. 1.** Qui est à l'ouest. *Afrique occidentale.* **2.** Originaire de l'Occident ; qui se rapporte à l'Occident. *La culture occidentale.* – **n.** *Les Occidentaux.* ◆ **spécialt** POLIT. *Les puissances occidentales.* CONTR. **oriental.**
ÉTYM. latin *occidentalis.*

OCCIDENTALISER [ɔksidɑ̃talize] **v. tr.** (conjug. 3a) ✦ Modifier selon les habitudes de l'Occident. – **pronom.** *Le Japon s'est occidentalisé.*
► **OCCIDENTALISATION** [ɔksidɑ̃talizasjɔ̃] **n. f.**
ÉTYM. de *occidental.*

OCCIPITAL, ALE, AUX [ɔksipital, o] **adj.** ✦ Qui appartient à l'occiput. *Os occipital* et **n. m.** *l'occipital.* – *Lobe occipital du cerveau :* lobe postérieur.
ÉTYM. latin *occipitalis.*

OCCIPUT [ɔksipyt] **n. m.** ✦ Partie postérieure et inférieure de la tête.
ÉTYM. mot latin, de *caput* «tête».

OCCIRE [ɔksiʀ] **v. tr.** (seulement inf. et p. passé *occis, ise*) ✦ VX ou plais. Tuer.
ÉTYM. latin *occidere,* de *caedere* «tuer».

OCCITAN, ANE [ɔksitɑ̃, an] **adj.** ✦ Relatif aux parlers romans de langue d'oc. *Littérature occitane.* ◆ De l'Occitanie (☞ noms propres). – **n.** *Les Occitans.*
ÉTYM. latin médiéval *lingua occitana* «langue d'oc».

OCCLURE [ɔklyʀ] v. tr. (conjug. 57 ; sauf p. passé *occlus, use*) ✦ CHIR. Pratiquer l'occlusion de. CONTR. **ouvrir.**
ÉTYM. latin *occludere*, de *claudere* «fermer».

OCCLUSIF, IVE [ɔklyzif, iv] adj. 1. MÉD. Qui produit une occlusion. 2. PHONÉT. *Consonne occlusive,* qui s'articule à l'aide d'une occlusion momentanée du canal buccal ([p], [t], [k], [b], [d], [g]). ➤ n. f. *Une occlusive.*
ÉTYM. du latin *occlusum*, supin de *occludere* → occlure.

OCCLUSION [ɔklyzjɔ̃] n. f. 1. CHIR. Opération consistant à rapprocher les bords d'une ouverture naturelle. 2. Fermeture complète d'un conduit ou d'un orifice. *Occlusion intestinale.*
ÉTYM. latin *occlusio*.

OCCULTATION [ɔkyltasjɔ̃] n. f. ✦ Action d'occulter. ➤ fig. *L'occultation d'un fait historique.*
ÉTYM. latin *occultatio*.

OCCULTE [ɔkylt] adj. 1. Qui est caché et inconnu par nature. SYN. **mystérieux.** *Puissances occultes.* 2. Qui se cache, garde le secret. SYN. **clandestin.** *Comptabilité occulte.* 3. *SCIENCES OCCULTES* : doctrines et pratiques secrètes faisant intervenir des forces qui ne sont reconnues ni par la science, ni par la religion (alchimie, magie...). → **occultisme.**
ÉTYM. latin *occultus* «caché, secret».

OCCULTER [ɔkylte] v. tr. (conjug. 3a) 1. Cacher ou rendre peu visible (une source lumineuse). 2. fig. Dissimuler ; rendre obscur. *Occulter un souvenir.*
ÉTYM. latin *occultare*.

OCCULTISME [ɔkyltism] n. m. ✦ Ensemble des sciences occultes et des pratiques qui s'y rattachent. SYN. **ésotérisme, spiritisme.**
► **OCCULTISTE** [ɔkyltist] n. et adj.
ÉTYM. de *occulte*.

OCCUPANT, ANTE [ɔkypɑ̃, ɑ̃t] n. et adj. 1. n. Personne qui habite un lieu. *Les occupants de l'immeuble ont été évacués.* ➤ Personne qui est dans un véhicule. *Les occupants sont indemnes.* 2. adj. Qui occupe militairement un pays, un territoire. ➤ n. m. *Les occupants, l'occupant.* SYN. **envahisseur.**
ÉTYM. du participe présent de *occuper*.

OCCUPATION [ɔkypasjɔ̃] n. f. 1. Ce à quoi on consacre son activité, son temps. *Vaquer à ses occupations.* ➤ Travail susceptible d'occuper. *Chercher une occupation.* 2. Action d'occuper, de s'installer par la force. *Armée d'occupation.* ➤ spécialt (avec maj. ☞ noms propres) Période pendant laquelle la France fut occupée par les Allemands. *Pendant, sous l'Occupation.* 3. Fait d'habiter effectivement. *Occupation illégale d'un logement* (→ **squat**). 4. Prise de possession (d'un lieu). *Grève avec occupation des locaux.* CONTR. **inaction, oisiveté · évacuation.**
ÉTYM. latin *occupatio*.

OCCUPER [ɔkype] v. tr. (conjug. 3a) **I** 1. Prendre possession de (un lieu). *Occuper le terrain. Occuper un pays vaincu,* le soumettre à une occupation militaire. ➤ *Occuper une usine.* 2. Remplir, couvrir (un certain espace). *Occuper de la place.* SYN. **prendre.** ➤ (durée) *Occuper ses loisirs à peindre.* 3. Habiter (un lieu). ◆ Tenir (une place, un rang). *Occuper un emploi, un poste.* 4. *OCCUPER* (qqn) *À* : intéresser, employer à. *Occuper qqn à classer des fiches.* ➤ absolt *Lis, ça t'occupera !* **II** *S'OCCUPER* v. pron. *S'OCCUPER DE* (qqch.), y employer son temps, ses soins. SYN. se **consacrer** à, **travailler** à. *Ne vous occupez pas de cela,* n'en tenez pas compte ; ne vous en mêlez pas. ➤ FAM. *Occupe-toi de tes affaires,* de ce qui te regarde. ◆ *S'OCCUPER DE* (qqn), veiller sur lui ou le surveiller. ◆ absolt *S'OCCUPER* : passer son temps à une activité précise. CONTR. **libérer, quitter ; évacuer · abandonner, délaisser.**
► **OCCUPÉ, ÉE** adj. 1. Qui est très pris, a beaucoup à faire. 2. (choses) Dont on a pris possession. *Zone libre et zone occupée.* ➤ *Appartement occupé.* ➤ (au téléphone) *Ça sonne occupé.* CONTR. **inoccupé · désœuvré, inactif · libre, vide.**
ÉTYM. latin *occupare*, de *capere* «prendre».

OCCURRENCE [ɔkyʀɑ̃s] n. f. 1. LITTÉR. Cas, circonstance. ➤ loc. COUR. *EN L'OCCURRENCE* : dans le cas présent. *Le responsable, en l'occurrence M. Fabre.* 2. LING. Apparition (d'une unité linguistique) dans le discours ; cette unité qui peut prendre différentes formes. *Les occurrences du verbe «aller».*
ÉTYM. du latin *occurrere* «se présenter, se rencontrer».

OCÉAN [ɔseɑ̃] n. m. 1. Vaste étendue d'eau salée qui couvre une grande partie de la surface du globe terrestre. → **mer.** ➤ *L'océan Indien.* ➤ *Les plages de l'Océan* (en France, l'océan Atlantique). 2. fig. *Océan de* : vaste étendue de (qqch.). *Un océan de verdure.*
ÉTYM. latin *oceanus*, du grec.

OCÉANIQUE [ɔseanik] adj. 1. De l'océan. *Explorations océaniques.* 2. *Climat océanique,* qui subit l'influence de l'océan, caractérisé par des hivers doux, des étés frais et des précipitations régulières.

OCÉANOGRAPHE [ɔseanɔgʀaf] n. ✦ Spécialiste d'océanographie.

OCÉANOGRAPHIE [ɔseanɔgʀafi] n. f. ✦ Étude scientifique des mers et océans.
► **OCÉANOGRAPHIQUE** [ɔseanɔgʀafik] adj.
ÉTYM. de *océan* et *-graphie*.

OCÉANOLOGIE [ɔseanɔlɔʒi] n. f. ✦ Ensemble des activités scientifiques et techniques relatives au milieu marin.
► **OCÉANOLOGIQUE** [ɔseanɔlɔʒik] adj.
ÉTYM. de *océan* et *-logie*.

OCÉANOLOGUE [ɔseanɔlɔg] n. ✦ Spécialiste d'océanologie.

OCELLE [ɔsɛl] n. m. ✦ DIDACT. 1. Tache arrondie bicolore (comme un œil) sur un plumage, une aile d'insecte. 2. Œil simple de certains arthropodes.
ÉTYM. latin *ocellus* «petit œil *(oculus)*».

OCELLÉ, ÉE [ɔsele ; ɔsɛlle] adj. ✦ DIDACT. Parsemé d'ocelles. *Paon ocellé.*
ÉTYM. de *ocelle*.

OCELOT [ɔs(ə)lo] n. m. ✦ Grand chat sauvage d'Amérique à pelage roux tacheté de brun. SYN. **chat-tigre.** ➤ Fourrure de cet animal.
ÉTYM. origine aztèque.

OCRE [ɔkʀ] **n. f.** et **n. m. 1. n. f.** Colorant minéral naturel, jaune-brun ou rouge. **2. n. m.** Couleur d'un brun-jaune ou orange. – **adjectivt invar.** *Des façades ocre.*
ÉTYM. grec *ôkhra*.

OCRÉ, ÉE [ɔkʀe] **adj.** ✦ Teint en ocre ; de couleur ocre.

OCT-, OCTA-, OCTO- Élément savant, du grec *oktô* et latin *octo* «huit».

OCTAÈDRE [ɔktaɛdʀ] **n. m.** ✦ Polyèdre à huit faces.
ÉTYM. latin *octaedros*, du grec → octa- et -èdre.

OCTANE [ɔktan] **n. m.** ✦ CHIM. Hydrocarbure saturé présent dans l'essence de pétrole. – COUR. *Indice d'octane* : échelle caractérisant le pouvoir antidétonant d'un carburant.
ÉTYM. de *oct-* et *-ane*.

OCTANT [ɔktɑ̃] **n. m.** ✦ MAR. Ancien instrument de mesure de la hauteur des astres, composé d'un huitième de cercle gradué.
ÉTYM. latin *octans* «huitième partie».

OCTAVE [ɔktav] **n. f.** ✦ MUS. Intervalle parfait de huit degrés de l'échelle diatonique (par ex., de do à do).
ÉTYM. latin médiéval *octava*, de *octavus* «huitième».

OCTET [ɔktɛ] **n. m.** ✦ INFORM. Base de huit bits permettant de représenter une lettre, un chiffre, un caractère sous forme binaire.

OCTO- → OCT-

OCTOBRE [ɔktɔbʀ] **n. m.** ✦ Dixième mois de l'année. – HIST. *La révolution d'Octobre* (1917, en Russie).
ÉTYM. latin *october* «huitième mois de l'année», de *octo* «huit».

OCTOGÉNAIRE [ɔktɔʒenɛʀ] **adj.** et **n.** ✦ (Personne) qui a entre quatre-vingts et quatre-vingt-neuf ans.
ÉTYM. latin *octogenarius*.

OCTOGONAL, ALE, AUX [ɔktɔgɔnal, o] **adj.** ✦ Qui a huit angles. – Dont la base est un octogone.
ÉTYM. de *octogone*.

OCTOGONE [ɔktɔgɔn ; ɔktogon] **n. m.** ✦ Polygone à huit côtés.
ÉTYM. latin *octogonos*, du grec → octo- et ① -gone.

OCTOPODE [ɔktɔpɔd] **adj.** et **n. m.** ✦ ZOOL. Qui a huit pieds ou huit tentacules. – **n. m. pl.** *Les Octopodes* (sous-ordre de mollusques ; ex. la pieuvre).
ÉTYM. grec *oktôpous* → octo- et -pode.

OCTOSYLLABE [ɔktosi(l)lab] **adj.** ✦ Qui a huit syllabes. – **n. m.** Vers de huit syllabes. ☛ Littérature p. 122.

OCTROI [ɔktʀwa] **n. m. 1.** LITTÉR. Action d'octroyer. *L'octroi d'une faveur.* **2.** anciennt Contribution indirecte perçue par une municipalité sur les marchandises de consommation locale qui entraient dans la ville. – Administration chargée de percevoir cette taxe ; lieu où elle était perçue. *La barrière de l'octroi.*
ÉTYM. de *octroyer*.

OCTROYER [ɔktʀwaje] **v. tr.** (conjug. 10) ✦ Accorder à titre de faveur, de grâce. SYN. **concéder.** – **pronom.** *S'octroyer un répit.*
ÉTYM. latin *auctorare* «se porter garant».

OCTUOR [ɔktɥɔʀ] **n. m. 1.** Morceau de musique à huit parties. **2.** Ensemble vocal ou instrumental de huit musiciens.
ÉTYM. de *oct-*, d'après *quatuor*.

OCULAIRE [ɔkylɛʀ] **adj.** et **n. m.**
I adj. 1. De l'œil. *Globe oculaire.* **2.** *Témoin oculaire*, qui a vu de ses propres yeux.
II n. m. Lentille ou système de lentilles (d'un instrument optique) devant lequel on applique l'œil. *L'oculaire et l'objectif d'un microscope.*
ÉTYM. latin *ocularis*.

OCULISTE [ɔkylist] **n.** ✦ VIEILLI Médecin spécialiste des troubles de la vision. SYN. **ophtalmologiste.**
ÉTYM. du latin *oculus* «œil».

ODALISQUE [ɔdalisk] **n. f.** ✦ HIST. Esclave attachée au service des femmes d'un harem. – (abusivt) COUR. Femme d'un harem. *«L'Odalisque couchée»* (tableau d'Ingres).
ÉTYM. mot turc, de *oda* «chambre».

ODE [ɔd] **n. f. 1.** ANTIQ. GRECQUE Poème lyrique destiné à être accompagné de musique. *Les odes de Pindare.* **2.** Poème lyrique d'inspiration élevée. ☛ Littérature p. 124. *«Les Odes»* (cycles de poèmes de Ronsard).
ÉTYM. grec *ôdê* «chant».

ODEUR [ɔdœʀ] **n. f.** ✦ Émanation volatile perçue par les organes de l'odorat. *Avoir une bonne, une mauvaise odeur.* SYN. **parfum, senteur ;** → **sentir** (bon, mauvais). *Une odeur de renfermé. Chasser une odeur* (→ **désodoriser**). *Sans odeur* (→ **inodore**). ◆ **loc. fig.** *Mourir en odeur de sainteté*, en état de perfection spirituelle. – *Ne pas être en odeur de sainteté auprès de qqn*, en être mal vu.
ÉTYM. latin *odor*.

ODIEUSEMENT [ɔdjøzmɑ̃] **adv.** ✦ D'une manière odieuse. SYN. **abominablement.**

ODIEUX, EUSE [ɔdjø, øz] **adj. 1.** Qui excite la haine, le dégoût, l'indignation. SYN. **détestable, exécrable, ignoble.** *Un individu odieux.* – *Un crime odieux.* **2.** Très désagréable. *Un enfant odieux.* SYN. **insupportable.** CONTR. **adorable, agréable, charmant.**
ÉTYM. latin *odiosus*, de *odium* «haine».

-ODONTE, -ODONTIE, ODONTO- Éléments savants, du grec *odous, odontos* «dent».

ODONTOLOGIE [ɔdɔ̃tɔlɔʒi] **n. f.** ✦ DIDACT. Étude et traitement des dents.
ÉTYM. de *odonto-* et *-logie*.

ODORANT, ANTE [ɔdɔʀɑ̃, ɑ̃t] **adj.** ✦ Qui exhale une odeur (généralement bonne). SYN. **odoriférant.** *Des roses odorantes.* CONTR. **inodore.**
ÉTYM. du participe présent de l'ancien verbe *odorer* → odeur.

ODORAT [ɔdɔʀa] **n. m.** ✦ Sens qui permet de percevoir les odeurs. SYN. **olfaction ; flair ; nez.** *Les chiens ont un odorat développé.*
ÉTYM. latin *odoratus*.

ODORIFÉRANT, ANTE [ɔdɔʀifeʀɑ̃, ɑ̃t] **adj.** ✦ Qui répand une odeur agréable. *Des plantes odoriférantes.* SYN. **aromatique.** CONTR. **puant.**
ÉTYM. latin *odorifer* → odeur et -fère.

ODYSSÉE [ɔdise] **n. f.** ✦ Long voyage mouvementé, aventureux.
ÉTYM. latin *Odyssea*, du grec, de *Odusseus* « Ulysse ». ☛ ODYSSÉE (noms propres).

ŒCUMÉNIQUE [ekymenik ; øky-] **adj.** ✦ RELIG. **1.** Universel. *Concile œcuménique,* de tous les évêques catholiques. **2.** Relatif à l'œcuménisme.
ÉTYM. latin ecclésiastique *oecumenicus* « universel », du grec, de *oikein* « habiter » → éco-.

ŒCUMÉNISME [ekymenism ; øky-] **n. m.** ✦ Mouvement favorable à la réunion de toutes les Églises chrétiennes en une seule.
ÉTYM. de *œcuménique.*

ŒDÈME [edɛm ; ødɛm] **n. m.** ✦ Gonflement pathologique causé par une infiltration séreuse. *Œdème du poumon.*
► **ŒDÉMATEUX, EUSE** [edematø, øz ; ødematø, øz] **adj.**
ÉTYM. grec *oidêma.*

ŒDIPE [edip ; ødip] **n. m.** ✦ PSYCH. Complexe* d'Œdipe. *Un œdipe mal résolu.*
► **ŒDIPIEN, IENNE** [edipjɛ̃, jɛn ; ødipjɛ̃, jɛn] **adj.** *Conflit œdipien.*
ÉTYM. du n. d'un personnage de la mythol. grecque. ☛ noms propres.

ŒIL [œj], plur. **YEUX** [jø] **n. m.** **I** **1.** Organe de la vue (globe oculaire et ses annexes, logés dans l'orbite, nerf optique). *Avoir de bons yeux,* qui voient bien. → **vision, vue ; voir.** *Se fatiguer les yeux à lire. Perdre un œil, les deux yeux,* devenir borgne, aveugle. *Maladie, médecine des yeux.* → **ophtalm(o)-.** – Partie visible de l'œil. *De grands, de petits yeux. Yeux globuleux, enfoncés, bridés. Ses yeux brillent.* – loc. *Pour les beaux yeux de qqn,* par amour pour lui. – *Lever, baisser les yeux.* SYN. **regard.** – *Faire les GROS YEUX* (à qqn) : regarder d'un air mécontent, sévère. – *Ouvrir, fermer les yeux. Cligner des yeux, de l'œil* (→ **clin d'œil, œillade**). *Des yeux ronds,* agrandis par l'étonnement. *Écarquiller les yeux* (même sens). – fig. *Ouvrir l'œil :* être très attentif, vigilant. – *Ne pas fermer l'œil de la nuit,* ne pas dormir. – *Fermer les yeux sur qqch.,* faire, par tolérance, etc., comme si on n'avait pas vu. – *J'irais là-bas les yeux fermés* (tant le chemin m'est familier). *Accepter qqch. les yeux fermés,* en toute confiance. ◆ (dans l'action de la vue) *Voir une chose de ses yeux, de ses propres yeux.* – loc. *À L'ŒIL NU :* sans l'aide d'aucun instrument d'optique. *À VUE D'ŒIL :* d'une manière très visible ; approximativement. – *Surveiller DU COIN DE L'ŒIL,* d'un regard en coin. – *Sortir par les yeux à qqn,* être écœurant par la répétition. **2.** Regard. *Chercher, suivre qqn des yeux. Sous mes yeux,* à ma vue, devant moi. *Aux yeux de tous.* – *MAUVAIS ŒIL :* regard réputé porter malheur. ◆ *COUP D'ŒIL :* regard rapide. *Remarquer qqch. au premier coup d'œil. Jeter un coup d'œil sur le journal.* – *Le coup d'œil :* le discernement. – Vue qu'on a sur un paysage. *D'ici, le coup d'œil est très beau.* **3.** (dans des expr.) Attention portée par le regard. *Cela attire l'œil. « L'œil écoute »* (critiques d'art de Claudel). – *N'avoir pas les yeux dans sa poche :* tout observer. – *N'avoir d'yeux que pour qqn,* ne s'intéresser qu'à lui. – FAM. *Avoir, tenir qqn à l'œil,* le surveiller. *Je t'ai à l'œil.* – *Il a l'œil à tout.* **4.** abstrait Disposition, état d'esprit, jugement. *Voir qqch. d'un bon, d'un mauvais œil,* d'une manière favorable, défavorable. *Un œil critique.* – *Aux yeux de qqn,* selon son appréciation. **5.** loc. *Faire de l'œil à qqn,* lui faire signe en clignant de l'œil. – *Tourner de l'œil,* s'évanouir. – *Je m'en bats l'œil,* je m'en moque. – *Entre quatre yeux* (FAM. *entre quatre-z-yeux*), en tête à tête. – *Œil pour œil, dent pour dent,* expression de la loi du talion*, de la vengeance. ◆ FAM. *À L'ŒIL :* gratuitement. – *MON ŒIL !* (incrédulité, refus). **II** **1.** *Œil de verre,* œil artificiel (prothèse). **2.** *Œil électrique,* cellule photoélectrique. – *L'œil d'une porte.* SYN. **judas.** **III** (Objet, espace rond) **1.** Ouverture, trou rond. *L'œil d'une aiguille.* SYN. **chas.** ◆ au plur. *Les yeux du gruyère.* – *Les yeux du bouillon,* ronds de graisse qui surnagent. **2.** Bourgeon naissant. *Les yeux de la pomme de terre.* **3.** Centre d'un cyclone (zone de calme).
ÉTYM. latin *oculus.*

ŒIL-DE-BŒUF [œjdəbœf] **n. m.** ✦ Fenêtre, lucarne ronde ou ovale. *Des œils-de-bœuf.*

ŒIL-DE-PERDRIX [œjdəpɛʀdʀi] **n. m.** ✦ Cor entre les orteils. *Des œils-de-perdrix.*

ŒILLADE [œjad] **n. f.** ✦ Regard ou clin d'œil plus ou moins furtif. *Lancer une œillade à qqn.*
ÉTYM. de *œil.*

ŒILLÈRE [œjɛʀ] **n. f.** **1.** Plaque de cuir empêchant le cheval de voir sur le côté. **2.** fig. loc. *AVOIR DES ŒILLÈRES :* être borné. **3.** Petit récipient pour faire des bains d'œil.
ÉTYM. de *œil.*

ŒILLET [œjɛ] **n. m.** **I** Petit trou pratiqué dans une étoffe, du cuir, etc. servant à passer un lacet, etc. *Les œillets d'une ceinture.* ◆ Bordure rigide qui entoure un œillet. – Anneau de papier servant à consolider des perforations. **II** **1.** Plante cultivée pour ses fleurs très odorantes ; ces fleurs. **2.** *Œillet d'Inde,* plante ornementale à fleurs orangées ou jaunes.
ÉTYM. diminutif de *œil.*

ŒILLETON [œjtɔ̃] **n. m.** ✦ Petit viseur circulaire.
ÉTYM. de *œillet.*

ŒILLETTE [œjɛt] **n. f.** ✦ Pavot cultivé pour ses graines dont on extrait une huile comestible.
ÉTYM. d'une forme ancienne de *huile.*

| **ŒNO-** Élément savant, du grec *oinos* « vin ».

ŒNOLOGIE [enɔlɔʒi] **n. f.** ✦ Étude des techniques de fabrication et de conservation des vins.
► **ŒNOLOGIQUE** [enɔlɔʒik] **adj.**
ÉTYM. de *œno-* et *-logie.*

ŒNOLOGUE [enɔlɔg] **n.** ✦ Spécialiste d'œnologie.

ŒSOPHAGE [ezɔfaʒ] **n. m.** ✦ Partie de l'appareil digestif, canal qui va du pharynx à l'estomac.
► **ŒSOPHAGIEN, IENNE** [ezɔfaʒjɛ̃, jɛn] **adj.**
ÉTYM. grec *oisophagos* « qui transporte ce que l'on mange (*phagein*) ».

ŒSTROGÈNE ou **ESTROGÈNE** [ɛstʀɔʒɛn] **n. m.** ✦ PHYSIOL. Hormone sécrétée surtout par l'ovaire, qui provoque l'œstrus*.
ÉTYM. de *œstrus* et *-gène.*

ŒSTRUS [ɛstʀys] **n. m.** ✦ PHYSIOL. Période de l'ovulation (et du rut).
► **ŒSTRAL, ALE, AUX** [ɛstʀal, o] **adj.**
ÉTYM. mot latin d'origine grecque.

ŒUF [œf], plur. **ŒUFS** [ø] n. m. I 1. Corps dur et arrondi que produisent les femelles des oiseaux, qui contient le germe de l'embryon et des substances nutritives. *Oiseau qui pond un œuf dans son nid.* ➙ *Coquille d'œuf ; le blanc, le jaune de l'œuf. Œuf de poule, de pigeon.* 2. spécialt Œuf de poule. *Œufs frais.* ➙ *Œuf dur. Œuf mollet. Œuf à la coque. Omelette de six œufs. Œufs au plat.* ➙ *En forme d'œuf.* → **ovale, ovoïde.** ♦ loc. *Plein comme un œuf,* rempli. ➙ *Marcher sur des œufs,* avec précaution ; agir avec prudence. ➙ *Mettre tous ses œufs dans le même panier :* mettre tous ses moyens dans une même entreprise (en s'exposant ainsi à tout perdre). ➙ *L'œuf de Colomb :* une idée en apparence banale, mais ingénieuse (comme dans l'anecdote où Christophe Colomb fait tenir debout un œuf dont il coupe l'extrémité). ➙ *DANS L'ŒUF :* dans le principe, avant l'apparition de qqch. *Il faut étouffer cette affaire dans l'œuf.* ♦ Confiserie en forme d'œuf. *ŒUF DE PÂQUES en chocolat, en sucre.* 3. Produit des femelles ovipares (autres que les oiseaux : poissons, reptiles...). *Œufs de serpent, de grenouille. Œufs d'esturgeon* (caviar), *de saumon, de lump, de cabillaud.* II BIOL. Première cellule d'un être vivant à reproduction sexuée, née de la fusion des noyaux de deux cellules reproductrices. HOM. (du pluriel) E (lettre), EUH, HEU «marque d'hésitation», EUX (pron. pers.)
ÉTYM. latin *ovum.*

ŒUVRE [œvʀ] n. f. et n. m.
I n. f. 1. VX Activité, travail. ➙ loc. *À L'ŒUVRE. Être à l'œuvre,* au travail. ➙ *Maître d'œuvre,* personne qui dirige un travail. ➙ *METTRE EN ŒUVRE :* employer de façon ordonnée. 2. (au plur.) Action humaine, jugée au regard de la loi religieuse ou morale. *Juger qqn selon ses œuvres. Bonnes œuvres,* actions charitables que l'on fait. ➙ *Œuvre (de bienfaisance),* organisation ayant pour but de faire du bien à titre non lucratif. 3. Ensemble d'actions effectuées par qqn ou qqch. *Faire son œuvre,* agir, opérer. *La satisfaction de l'œuvre accomplie.* 4. Création intellectuelle, littéraire, artistique (d'une personne). SYN. **ouvrage.** *L'œuvre d'un savant.* ➙ *Une œuvre capitale, maîtresse.* → **chef-d'œuvre.** ➙ spécialt Œuvre littéraire. *Œuvres choisies.* ♦ *ŒUVRE D'ART,* résultat de la création esthétique d'un artiste.
II n. m. 1. *LE GROS ŒUVRE :* les fondations, les murs et la toiture d'un bâtiment. *Second œuvre :* travaux d'achèvement. 2. LITTÉR. Ensemble des œuvres d'un artiste. *L'œuvre gravé de Rembrandt.*
ÉTYM. latin *opera* «travail, activité».

ŒUVRER [œvʀe] v. intr. (conjug. 3a) ✦ LITTÉR. Travailler, agir. *Œuvrer pour la paix.*
ÉTYM. latin *operare.*

OFF [ɔf] adj. invar. ✦ anglicisme CIN. Hors champ*. *Une voix off commente la scène.*
ÉTYM. anglais *off (screen)* «hors de (l'écran)».

OFFENSANT, ANTE [ɔfɑ̃sɑ̃, ɑ̃t] adj. ✦ Qui offense. SYN. **blessant, injurieux.** *Des propos offensants.* CONTR. **flatteur.**
ÉTYM. du participe présent de *offenser.*

OFFENSE [ɔfɑ̃s] n. f. 1. Parole ou action qui attaque l'honneur, la dignité. SYN. **affront, injure, insulte, outrage.** *Faire offense à qqn.* ➙ Péché (qui offense Dieu). *«Pardonne-nous nos offenses»* (prière du «Notre Père»). 2. DR. Outrage envers un chef d'État. CONTR. **compliment, flatterie.**
ÉTYM. latin *offensa* «choc, heurt».

OFFENSÉ, ÉE [ɔfɑ̃se] adj. ✦ Qui a subi, qui ressent une offense. ➙ n. *L'offenseur et l'offensé.*

OFFENSER [ɔfɑ̃se] v. tr. (conjug. 3a) 1. Blesser (qqn) dans sa dignité ou dans son honneur. SYN. **froisser, humilier, injurier, outrager, vexer.** *Soit dit sans vous offenser.* 2. LITTÉR. Manquer gravement à (une règle, une vertu). SYN. **braver.** *Sa conduite offense le bon sens.* 3. *S'OFFENSER* v. pron. Réagir par un sentiment d'amour-propre, d'honneur blessé (à une offense). SYN. se **fâcher,** se **formaliser,** se **froisser,** se **vexer.** CONTR. **flatter • respecter.**
ÉTYM. de *offense.*

OFFENSEUR, EUSE [ɔfɑ̃sœʀ, øz] n. ✦ Personne qui fait une offense. SYN. **agresseur.**
ÉTYM. de *offenser.*

OFFENSIF, IVE [ɔfɑ̃sif, iv] adj. ✦ Qui attaque, sert à attaquer. *Armes offensives. Guerre offensive,* où l'on attaque l'ennemi. CONTR. **défensif.**
ÉTYM. de l'ancien français *offendre,* d'après *défensif.*

OFFENSIVE [ɔfɑ̃siv] n. f. 1. Action d'attaquer l'adversaire. SYN. **attaque.** *Déclencher une offensive.* 2. Attaque, campagne d'une certaine ampleur. *Offensive publicitaire.*
ÉTYM. de *offensif.*

OFFERTOIRE [ɔfɛʀtwaʀ] n. m. ✦ Partie de la messe, rites et prières qui accompagnent la bénédiction du pain et du vin.
ÉTYM. latin médiéval *offertorium* «offrande».

OFFICE [ɔfis] n. m. I 1. VX Fonction que qqn doit remplir. ➙ loc. (choses) *Remplir son office :* jouer son rôle. *Faire office de :* tenir lieu de. 2. HIST. Fonction permanente vendue par le roi à un individu qui en devenait propriétaire. *Vénalité des offices.* 3. Fonction publique conférée à vie. SYN. **charge.** *Office ministériel. Office de notaire.* 4. loc. *D'OFFICE :* par le devoir de sa charge ; sans l'avoir demandé. *Avocat commis, nommé d'office.* ➙ *Envois d'office ; offices :* envois de livres par l'éditeur aux libraires. 5. Lieu où l'on remplit les devoirs d'une charge ; agence, bureau. *Office de tourisme.* ➙ Service doté de l'autonomie financière et confié à un organisme. *Office départemental.* II Pièce attenante à la cuisine où se prépare le service de la table. III *BONS OFFICES :* démarches d'un État, pour amener d'autres États en litige à négocier. SYN. **conciliation, médiation.** IV 1. Prières de l'Église réparties aux heures de la journée. *L'office divin.* 2. Cérémonie du culte. *L'office du dimanche. Office funèbre.*
ÉTYM. latin *officium* «service, fonction».

OFFICIALISER [ɔfisjalize] v. tr. (conjug. 3a) ✦ Rendre officiel. *Officialiser une nomination.*
ÉTYM. de *officiel.*

OFFICIANT, ANTE [ɔfisjɑ̃, ɑ̃t] n. 1. n. m. Personne qui célèbre l'office (IV). SYN. **célébrant, prêtre.** 2. *OFFICIANTE* n. f. Religieuse de service au chœur.
ÉTYM. du participe présent de ② *officier.*

OFFICIEL, ELLE [ɔfisjɛl] adj. **I** (choses) 1. Qui émane d'une autorité constituée (gouvernement, administration). *Documents officiels.* ➝ *Journal officiel*, contenant les textes officiels (lois, décrets...). ➝ abrév. J. O. [ʒio]. ➝ Certifié par l'autorité. *La nouvelle est officielle depuis hier.* 2. Donné pour vrai par l'autorité. *La version officielle de l'incident.* 3. Organisé par les autorités. *Chef d'État en visite officielle.* 4. Annoncé, déclaré publiquement. *Leurs fiançailles sont maintenant officielles.* **II** (personnes) 1. Qui a une fonction officielle. *Le porte-parole officiel du gouvernement.* SYN. **autorisé.** 2. n. m. Personnage officiel. *La tribune des officiels.* CONTR. **officieux.**
ÉTYM. latin *officialis* → office.

OFFICIELLEMENT [ɔfisjɛlmɑ̃] adv. ✦ À titre officiel, de source officielle. *Il en a été officiellement avisé.* CONTR. **officieusement.**

① **OFFICIER, IÈRE** [ɔfisje, jɛʀ] n. 1. n. m. HIST. Titulaire d'un office. 2. Militaire ou marin d'un grade égal ou supérieur à celui de sous-lieutenant ou d'enseigne de seconde classe. *Officiers et soldats. Officiers supérieurs. Officier de marine. Elle est officier* ou *officière.* ➝ appos. *Les élèves officiers.* 3. Titulaire d'un grade (plus élevé que chevalier) dans un ordre honorifique. *Officier de la Légion d'honneur.* 4. ADMIN. *Officier public, ministériel* (huissier, notaire...). ➝ *Officier de police (judiciaire).*
ÉTYM. latin médiéval *officiarius.*

② **OFFICIER** [ɔfisje] v. intr. (conjug. 9) 1. Célébrer l'office divin, présider une cérémonie sacrée. 2. fig. Agir, procéder comme si l'on accomplissait une cérémonie.
ÉTYM. latin médiéval *officiare.*

OFFICIEUSEMENT [ɔfisjøzmɑ̃] adv. ✦ D'une manière officieuse. CONTR. **officiellement.**

OFFICIEUX, EUSE [ɔfisjø, øz] adj. ✦ Qui est communiqué sans garantie officielle par une source autorisée. CONTR. **officiel.**
ÉTYM. latin *officiosus* «obligeant, serviable».

OFFICINAL, ALE, AUX [ɔfisinal, o] adj. ✦ Utilisé en pharmacie. *Plantes, herbes officinales.* ♦ *Remède officinal*, préparé en pharmacie, selon le codex.
ÉTYM. de *officine.*

OFFICINE [ɔfisin] n. f. ✦ Lieu où un pharmacien vend, entrepose et prépare les médicaments. SYN. **pharmacie.**
ÉTYM. latin *officina* ; doublet de *usine.*

OFFRANDE [ɔfʀɑ̃d] n. f. 1. Don à une divinité ; don religieux. *Recueillir les offrandes des fidèles.* 2. Don, présent. *Verser une offrande.* SYN. **obole.**
ÉTYM. latin médiéval *offerenda*, classique *offeranda* «choses à offrir».

OFFRANT [ɔfʀɑ̃] n. m. ✦ loc. *Le PLUS OFFRANT* : celui qui offre le plus haut prix. *Vendre au plus offrant.*
ÉTYM. du participe présent de *offrir.*

OFFRE [ɔfʀ] n. f. 1. Action d'offrir ; ce que l'on offre. *Accepter, décliner une offre avantageuse. Offres de service. Une offre d'emploi.* SYN. **proposition.** 2. Quantité de produits ou de services offerts sur le marché. *L'offre et la demande.*
ÉTYM. de *offrir.*

OFFRIR [ɔfʀiʀ] v. tr. (conjug. 22) 1. Donner en cadeau. *Je lui ai offert des fleurs pour sa fête.* ➝ *S'offrir de belles vacances.* SYN. s'**accorder**, se **payer.** ♦ pronom. (récipr.) *Elles se sont offert des fleurs.* 2. Proposer ou présenter (qqch.) à qqn ; mettre à la disposition. *Offrir des rafraîchissements. Offrir son aide.* ➝ pronom. *Il s'est offert comme guide.* 3. Mettre à la portée de qqn. SYN. **procurer, proposer.** *On lui a offert l'occasion de s'exprimer.* ➝ (sujet chose) *Cette situation offre des avantages.* ➝ pronom. *Ce qui s'offre à l'esprit.* SYN. se **présenter.** 4. Proposer en contrepartie de qqch. *Je vous en offre vingt euros.* 5. LITTÉR. Exposer à la vue, à l'esprit. SYN. **montrer.** *Ils offrent l'image d'un couple uni.* ➝ pronom. *Une féerie s'offre à nos yeux.* 6. Exposer (à qqch. de pénible, de dangereux). *Offrir une cible à la critique.*
ÉTYM. latin populaire *offerire*, classique *offerre* «porter *(ferre)* devant».

OFFSET [ɔfsɛt] n. m. invar. ✦ anglicisme IMPRIM. Impression par report.
ÉTYM. mot anglais.

OFFUSQUER [ɔfyske] v. tr. (conjug. 3a) ✦ Indisposer, choquer. *Vos idées l'offusquent. Il est offusqué.* ➝ pronom. Se froisser, se formaliser. SYN. s'**offenser.**
ÉTYM. latin *offuscare* «obscurcir», de *fuscus* «sombre».

OGIVAL, ALE, AUX [ɔʒival, o] adj. ✦ De l'ogive (1), fait avec des ogives. *Voûte ogivale.*
ÉTYM. de *ogive.*

OGIVE [ɔʒiv] n. f. 1. Arc diagonal sous une voûte gothique, qui en marque l'arête. 2. Arc brisé (opposé à *arc en plein cintre*). 3. Partie supérieure de projectiles, de fusées, en forme d'ogive. *Ogive nucléaire.*
ÉTYM. origine incertaine, peut-être arabe.

OGM [oʒeɛm] n. m. ✦ Organisme dont le génome a été modifié pour lui donner une nouvelle propriété. ☛ Géographie p. 232. *Aliment garanti sans OGM.*
ÉTYM. sigle de *organisme génétiquement modifié.*

OGNON → OIGNON

OGRE, OGRESSE [ɔgʀ, ɔgʀɛs] n. ✦ Géant des contes de fées, à l'aspect effrayant, se nourrissant de chair humaine. ➝ loc. *Un appétit d'ogre.*
ÉTYM. peut-être du latin *Orcus*, nom d'une divinité.

OH [o] interj. ✦ Interjection de surprise, d'admiration, ou renforçant l'expression d'un sentiment. *Oh ! que c'est beau ! Oh ! quelle chance !* HOM. AU(X) (article), AULX (pluriel de *ail* «plante»), EAU «liquide», ① HAUT «élevé», HO «cri de surprise», O (lettre), Ô «incantation», OS (pluriel) «squelette»
ÉTYM. interjection latine.

OHÉ [ɔe] interj. ✦ Interjection servant à appeler. SYN. **hé, hep.** *Ohé ! là-bas !*
ÉTYM. latin *ohe.*

OHM [om] n. m. ✦ Unité de mesure de résistance électrique (symb. Ω), correspondant à la résistance d'un circuit entre les extrémités duquel existe une différence de potentiel de 1 volt quand l'intensité du courant qui le traverse est de 1 ampère. HOM. HEAUME «casque», HOME «foyer»
ÉTYM. du nom d'un physicien allemand. ☛ noms propres.

OHMIQUE [omik] **adj.** ✦ Relatif à l'ohm. *Conducteur ohmique,* qui vérifie la loi d'Ohm (→ **résistance**).

OHMMÈTRE [ommɛtʀ] **n. m.** ✦ Appareil servant à mesurer la résistance électrique.
ÉTYM. de *ohm* et *-mètre.*

-OÏDE, -OÏDAL Éléments savants, du grec *eidos* «aspect, forme», qui signifient «qui a telle forme».

OIE [wa] **n. f. 1.** Oiseau palmipède, au long cou, dont une espèce est domestiquée. **spécialt** La femelle de cette espèce. → **jars** (mâle), **oison** (petit). *L'oie cacarde. Engraisser, gaver des oies. Confit d'oie. Foie d'oie.* ➤ *Plume d'oie,* utilisée autrefois pour écrire. **2.** *JEU DE L'OIE :* jeu où chaque joueur fait avancer un pion, selon le coup de dés, sur un tableau formé de cases numérotées. **3. loc.** *Couleur caca* d'oie.* **4. fig.** Personne très sotte. ➤ *Oie blanche,* jeune fille innocente, niaise.
ÉTYM. latin *auca.*

OIGNON [ɔɲɔ̃] **n. m. I 1.** Plante potagère vivace, à bulbe ; ce bulbe (utilisé en cuisine). *Des oignons, des échalotes et de l'ail. Éplucher des oignons. Soupe à l'oignon.* ➤ **loc.** *En rang d'oignons :* sur une ligne. *Aux petits oignons :* très bien. ➤ **FAM.** *Occupe-toi de tes oignons :* mêle-toi de ce qui te regarde. **2.** Bulbe (de plantes d'ornement). *Oignons de tulipe.* **II 1.** Grosse montre de gousset, bombée. **2.** Grosseur qui se développe au niveau des articulations du pied (surtout du gros orteil). SYN. **cor, durillon.** ➤ On écrit aussi *ognon.*
ÉTYM. latin *unio, unionis.*

OÏL [ɔjl] **adv. d'affirmation** ✦ *LANGUE D'OÏL :* ensemble des dialectes romans des régions (Belgique, moitié nord de la France) où l'on disait oïl pour «oui» (et non oc*).
ÉTYM. ancien français «oui», latin *hoc* «cela» et *il.*

OINDRE [wɛ̃dʀ] **v. tr.** (conjug. 49 ; ne s'emploie plus qu'à l'infinitif et au participe passé *oint, ointe*) **1.** VX Frotter d'une substance grasse. **2.** RELIG. Toucher (une partie du corps : le front, les mains) avec les saintes huiles pour bénir ou sacrer. → **onction ; extrême-onction.**
ÉTYM. latin *ungere* «enduire».

OINT, OINTE [wɛ̃, wɛ̃t] **adj.** ✦ Frotté d'une substance grasse, ou des saintes huiles. ➤ **n. m.** RELIG. *Les oints du Seigneur :* les rois, les prêtres.
ÉTYM. participe passé de *oindre.*

OISEAU [wazo] **n. m. 1.** Animal vertébré ovipare, au corps recouvert de plumes, dont les membres antérieurs sont des ailes et qui a un bec. → **ornitho-.** *Oiseaux de basse-cour.* → **volaille, volatile.** *Jeune oiseau.* → **oisillon.** ➤ **loc. prov.** *Petit à petit l'oiseau fait son nid,* les choses se font progressivement. ➤ *Oiseau de malheur :* personne qui fait des prédictions funestes. ➤ *À VOL D'OISEAU* **loc. adv. :** en ligne droite (distances). **2.** FAM. **péj.** Individu. *Un drôle d'oiseau.* ➤ *Un oiseau rare :* une personne étonnante (surtout iron.).
ÉTYM. latin populaire *aucellus,* de *avicellus,* diminutif de *avis* «oiseau».

OISEAU-LYRE [wazoliʀ] **n. m.** ✦ Oiseau d'Australie à queue en forme de lyre. *Des oiseaux-lyres.*

OISEAU-MOUCHE [wazomuʃ] **n. m.** ✦ Colibri. *Des oiseaux-mouches.*

OISELIER, IÈRE [wazəlje, jɛʀ] **n.** ✦ Personne qui élève et vend des oiseaux.
ÉTYM. de *oisel,* ancienne forme de *oiseau.*

OISELLERIE [wazɛlʀi] **n. f. 1.** VX Lieu où l'on élève les oiseaux. **2.** Métier d'oiselier ; commerce des oiseaux.
ÉTYM. de *oisel,* ancienne forme de *oiseau.*

OISEUX, EUSE [wazø, øz] **adj.** ✦ Qui ne mène à rien. SYN. **inutile, vain.** *Dispute, question oiseuse.* CONTR. **important, utile.**
ÉTYM. latin *otiosus.*

OISIF, IVE [wazif, iv] **adj.** et **n. 1. adj.** Qui est dépourvu d'occupation, n'exerce pas de profession. SYN. **désœuvré, inactif, inoccupé.** ➤ *Mener une vie oisive.* **2. n.** Personne qui dispose de beaucoup de loisir. CONTR. ① **actif, laborieux, travailleur.**
► **OISIVEMENT** [wazivmɑ̃] **adv.**
ÉTYM. famille de *oiseux.*

OISILLON [wazijɔ̃] **n. m.** ✦ Jeune oiseau.
ÉTYM. de *oisel,* ancienne forme de *oiseau.*

OISIVETÉ [wazivte] **n. f.** ✦ État d'une personne oisive. SYN. **désœuvrement, inaction.** *Vivre dans l'oisiveté.* ➤ **prov.** *L'oisiveté est (la) mère de tous les vices.* CONTR. **occupation, travail.**
ÉTYM. de *oisif.*

OISON [wazɔ̃] **n. m.** ✦ Petit de l'oie.
ÉTYM. de l'ancien français *osson,* latin *aucio,* de *auca* «oie».

O. K. [ɔke ; ɔkɛ] **adv.** ✦ **anglicisme FAM.** D'accord. *À demain ? – O. K.* ➤ **adj. invar.** *C'est O. K. :* ça va, c'est bien. *Tout est O. K.* HOM. HOCKEY «sport»
ÉTYM. mot américain, de *oll korrect* «tout est bien», altération de *all correct.*

OKAPI [ɔkapi] **n. m.** ✦ Mammifère ruminant voisin de la girafe, à pelage en partie rayé.
ÉTYM. origine africaine.

OKOUMÉ [ɔkume] **n. m.** ✦ Arbre d'Afrique équatoriale ; bois de cet arbre, aux reflets rouges.
ÉTYM. mot du Gabon.

***OLA** [ɔla] **n. f.** ✦ Mouvement d'enthousiasme du public d'un stade, se levant successivement et créant l'effet d'une vague. *Faire la ola. Des olas.*
ÉTYM. mot espagnol «vague».

OLÉ [ɔle] ou **OLLÉ** [ɔ(l)le] **interj. 1.** Exclamation espagnole qui sert à encourager, en particulier dans les corridas. **2.** *OLÉ OLÉ* ou *OLLÉ OLLÉ* **adj. invar.** FAM. Qui est libre dans son langage, ses manières. *Elles sont un peu olé olé.*
ÉTYM. espagnol *ole.*

OLÉ-, OLÉI-, OLÉO- Éléments savants, du latin *oleum* «huile».

OLÉAGINEUX, EUSE [ɔleaʒinø, øz] **adj.** ✦ Qui contient de l'huile. *Graines, plantes oléagineuses.* ➤ **n. m.** *L'arachide, le colza sont des oléagineux.*
ÉTYM. du latin *oleaginus* «d'olivier».

OLÉODUC [ɔleɔdyk] **n. m.** ✦ Conduite pour le transport du pétrole. SYN. **pipeline anglicisme.**
ÉTYM. de *oléo-* (d'après anglais *oil* «pétrole») et *aqueduc.*

A B C D E F G H I J K L M N O P Q R S T U V W X Y Z

OLÉOPROTÉAGINEUX, EUSE [ɔleopʀɔteaʒinø, øz] **adj.** et **n. m.** ✦ (Plante) dont les graines sont riches en lipides et en protéines. *Le colza est un oléoprotéagineux.*
ÉTYM. du radical de *protéine* et de *oléagineux*.

OLFACTIF, IVE [ɔlfaktif, iv] **adj.** ✦ DIDACT. Relatif à l'odorat. *Sens olfactif.* → **odorat, olfaction.**
ÉTYM. du latin *olfactus* «odorat».

OLFACTION [ɔlfaksjɔ̃] **n. f.** ✦ DIDACT. Odorat.
ÉTYM. → olfactif.

OLIBRIUS [ɔlibʀijys] **n. m.** ✦ FAM. péj. Homme qui se fait fâcheusement remarquer. SYN.② **original, phénomène.**
ÉTYM. du nom d'un personnage romain.

OLIFANT [ɔlifɑ̃] **n. m.** ✦ anciennt Cor d'ivoire des chevaliers, taillé dans une défense d'éléphant. *L'olifant de Roland.* – On trouve aussi la variante ancienne *oliphant.*
ÉTYM. variante de *éléphant*.

OLIGARCHIE [ɔligaʀʃi] **n. f.** ✦ Régime politique dans lequel le pouvoir appartient à une classe restreinte et privilégiée. – Ce groupe.
► **OLIGARCHIQUE** [ɔligaʀʃik] **adj.**
ÉTYM. grec *oligarkhia* → olig(o)- et -archie.

OLIG(O)- Élément savant, du grec *oligos* «petit ; en petit nombre».

OLIGOCÈNE [ɔligɔsɛn] **n. m.** et **adj.** ✦ Deuxième période de l'ère tertiaire, entre l'éocène et le miocène.
ÉTYM. de *oligo-* et grec *kainos* «récent».

OLIGOÉLÉMENT [ɔligoelemɑ̃] **n. m.** ✦ PHYSIOL. Élément chimique présent en très faible quantité dans l'organisme, indispensable au métabolisme (ex. fer, cuivre, manganèse).

OLIPHANT → **OLIFANT**

OLIVÂTRE [ɔlivɑtʀ] **adj.** ✦ Qui tire sur le vert olive. – péj. *Teint, peau olivâtre,* mat et foncé.
ÉTYM. de *olive*, suffixe *-âtre*.

OLIVE [ɔliv] **n. f.** 1. Petit fruit comestible, oblong, verdâtre puis noirâtre à maturité, à peau lisse. *Huile d'olive.* 2. appos. invar. *Vert olive,* d'une couleur verte tirant sur le jaune. *Des rideaux vert olive.*
ÉTYM. latin *oliva* «olivier ; olive».

OLIVERAIE [ɔlivʀɛ] **n. f.** ✦ Plantation d'oliviers. SYN. **olivette.**

OLIVETTE [ɔlivɛt] **n. f.** I Oliveraie. II Petite tomate oblongue et ferme.
ÉTYM. de *olive*.

OLIVIER [ɔlivje] **n. m.** 1. Arbre ou arbrisseau à tronc noueux, à feuilles vert pâle et dont le fruit est l'olive. *Culture de l'olivier (oléiculture* **n. f.**). *Le rameau d'olivier, symbole de la paix.* 2. Bois de cet arbre.
ÉTYM. de *olive*.

OLLÉ → **OLÉ**

OLYMPIADE [ɔlɛ̃pjad] **n. f.** 1. Période de quatre ans entre deux célébrations des Jeux olympiques. 2. souvent au plur. Jeux olympiques.
ÉTYM. grec *olumpias, olumpiados,* de *Olumpia* «Olympie».

OLYMPIEN, IENNE [ɔlɛ̃pjɛ̃, jɛn] **adj.** 1. Relatif à l'Olympe, à ses dieux. 2. Noble, majestueux. *Air, calme olympien.*
ÉTYM. de *Olympe*, nom propre. ☛ noms propres.

OLYMPIQUE [ɔlɛ̃pik] **adj.** ✦ *Jeux olympiques :* rencontres sportives internationales qui ont lieu tous les quatre ans (→ **olympiade**). *Les Jeux olympiques d'hiver, d'été.* → **JO.** – *Champion olympique.* – Conforme aux règles des Jeux olympiques. *Piscine olympique.*
ÉTYM. grec *olumpikos*, du nom de la ville d'Olympie. ☛ noms propres.

OMBELLE [ɔ̃bɛl] **n. f.** ✦ Inflorescence dans laquelle les fleurs sont disposées dans un même plan, en forme de parasol.
ÉTYM. latin *umbella* «ombrelle».

OMBELLIFÈRE [ɔ̃belifɛʀ] **n. f.** ✦ Plante à fleurs en ombelles (famille des *Ombellifères ;* ex. carotte, cerfeuil, persil).
ÉTYM. de *ombelle* et *-fère*.

OMBILIC [ɔ̃bilik] **n. m.** ✦ ANAT. Nombril.
ÉTYM. latin *umbilicus* → nombril.

OMBILICAL, ALE, AUX [ɔ̃bilikal, o] **adj.** ✦ ANAT. Relatif à l'ombilic. *Cordon* ombilical.*
ÉTYM. de *ombilic*.

OMBLE [ɔ̃bl] **n. m.** ✦ Poisson de rivière, de lac, voisin du saumon. *Des ombles chevaliers.*
ÉTYM. bas latin *amulus*.

OMBRAGE [ɔ̃bʀaʒ] **n. m.** I 1. LITTÉR. Ensemble de branches et de feuilles qui donnent de l'ombre. *Se reposer sous l'ombrage.* 2. L'ombre que donnent les feuillages. II loc. *PRENDRE OMBRAGE DE qqch.*, en concevoir du dépit, de la jalousie. ♦ *PORTER, FAIRE OMBRAGE À qqn,* l'éclipser, lui donner du dépit.
ÉTYM. de *ombre*.

OMBRAGER [ɔ̃bʀaʒe] **v. tr.** (conjug. 5) ✦ (feuillage) Faire, donner de l'ombre. – au p. passé *Jardin ombragé.*
ÉTYM. de *ombrage*.

OMBRAGEUX, EUSE [ɔ̃bʀaʒø, øz] **adj.** 1. *Cheval ombrageux,* dangereux parce qu'il s'effraie (d'une ombre, etc.). 2. (personnes) Susceptible, méfiant. – *Caractère ombrageux.* CONTR. **paisible, tranquille.**
ÉTYM. de *ombrage*.

OMBRE [ɔ̃bʀ] **n. f.** I 1. Zone sombre créée par un corps opaque qui intercepte les rayons lumineux ; absence de lumière (surtout celle du Soleil) dans une telle zone. *Ombre partielle.* → **clair-obscur, demi-jour, pénombre.** *Le parasol fait de l'ombre. L'ombre des arbres. Une ombre épaisse.* ♦ loc. *À L'OMBRE. 30 degrés à l'ombre.* – FAM. *Mettre qqn à l'ombre,* l'emprisonner. – *Vivre dans l'ombre de qqn,* près de lui, dans l'effacement de soi. – *Laisser une chose dans l'ombre,* dans l'incertitude. *Faire de l'ombre à qqn,* l'éclipser. 2. Représentation d'une zone sombre, en peinture. *Les ombres et les clairs.* → **clair-obscur.** – loc. *Il y a une ombre au tableau,* la situation comporte un élément inquiétant. ♦ *Ombre à paupières :* fard à paupières. II 1. Zone sombre reproduisant le contour plus ou moins déformé (d'un corps qui intercepte la lumière). – loc. *Avoir peur de son ombre :* être très craintif. *Suivre qqn*

comme son ombre. **2.** au plur. *OMBRES CHINOISES :* projection sur un écran de silhouettes découpées. ➝ *Théâtre d'ombres.* **3.** Apparence changeante, trompeuse ou fragile (d'une réalité). ➝ loc. *Abandonner, laisser LA PROIE POUR L'OMBRE,* un avantage pour une espérance vaine. ➝ *(PAS) L'OMBRE DE :* (pas) la plus petite quantité de. SYN. **soupçon, trace.** *Il n'y a pas l'ombre d'un doute.* **4.** Dans certaines croyances, Apparence d'une personne qui survit après sa mort. SYN. **âme, fantôme.** *Le royaume des ombres.* **5.** Reflet affaibli (de ce qui a été). *N'être plus que l'ombre de soi-même.* CONTR. **clarté, éclairage, lumière.**
ÉTYM. latin *umbra.*

OMBRELLE [ɔ̃bʀɛl] **n. f.** ✦ Petit parasol portatif de femme.
ÉTYM. italien *ombrello,* du latin *umbella* «parasol».

OMBREUX, EUSE [ɔ̃bʀø, øz] **adj.** **1.** LITTÉR. Qui donne de l'ombre. *Les pins ombreux.* **2.** Qui est à l'ombre ; où il y a beaucoup d'ombre. *Une forêt ombreuse.* SYN. **sombre, ténébreux.** CONTR. **ensoleillé.**
ÉTYM. latin *umbrosus.*

OMÉGA [ɔmega] **n. m. invar.** ✦ Vingt-quatrième et dernière lettre de l'alphabet grec (Ω, ω). ➝ loc. *L'alpha* et l'oméga.*
ÉTYM. grec *ô mega* «o grand» → méga-.

OMELETTE [ɔmlɛt] **n. f.** ✦ Œufs battus et cuits à la poêle. *Omelette au jambon. Omelette baveuse.* ➝ loc. prov. *On ne fait pas d'omelette sans casser des œufs,* on n'obtient rien sans un minimum de sacrifices. ♦ *Omelette norvégienne :* entremets glacé et meringué.
ÉTYM. famille de *lamelle,* à cause de la forme aplatie.

OMERTA [ɔmɛʀta] **n. f.** ✦ Loi du silence (de la Mafia, etc.).
ÉTYM. mot sicilien, italien *umiltà* «humilité».

OMETTRE [ɔmɛtʀ] **v. tr.** (conjug. 46) ✦ S'abstenir ou négliger de considérer, de mentionner ou de faire. SYN. **manquer, oublier.** *Il a omis de nous prévenir.* CONTR. **penser à.**
ÉTYM. latin *omittere.*

OMICRON [ɔmikʀɔn] **n. m. invar.** ✦ Quinzième lettre de l'alphabet grec (Ο, ο) qui, en grec ancien, note le *o* bref fermé.
ÉTYM. grec *o mikron* «o petit» → micro-.

OMISSION [ɔmisjɔ̃] **n. f.** ✦ Le fait, l'action d'omettre qqch. ; la chose omise. *Omission volontaire ; involontaire.* SYN. **absence, lacune,** ① **manque, négligence, oubli.** *Mensonge par omission.* ➝ loc. *Sauf erreur ou omission.*
ÉTYM. latin *omissio.*

| **OMNI-** Élément savant, du latin *omnis* «tout».

OMNIBUS [ɔmnibys] **n. m.** ✦ Train qui dessert toutes les stations sur son trajet.
ÉTYM. mot latin «pour tous».

OMNIPOTENCE [ɔmnipɔtɑ̃s] **n. f.** ✦ LITTÉR. Puissance absolue. SYN. **toute-puissance.** CONTR. **impuissance.**
ÉTYM. latin *omnipotentia.*

OMNIPOTENT, ENTE [ɔmnipɔtɑ̃, ɑ̃t] **adj.** ✦ LITTÉR. Tout-puissant.
ÉTYM. latin *omnipotens.*

OMNIPRATICIEN, IENNE [ɔmnipʀatisjɛ̃, jɛn] **n.** ✦ DIDACT. Médecin généraliste*. CONTR. **spécialiste.**

OMNIPRÉSENCE [ɔmnipʀezɑ̃s] **n. f.** ✦ LITTÉR. Présence en tout lieu. SYN. **ubiquité.**

OMNIPRÉSENT, ENTE [ɔmnipʀezɑ̃, ɑ̃t] **adj.** ✦ LITTÉR. Qui est présent partout, toujours. *Une préoccupation omniprésente.*

OMNISCIENT, ENTE [ɔmnisjɑ̃, ɑ̃t] **adj.** ✦ LITTÉR. Qui sait tout. *Nul n'est omniscient.*
ÉTYM. latin *omnisciens,* de *scire* «savoir».

OMNISPORTS [ɔmnispɔʀ] **adj.** ✦ Où l'on peut pratiquer tous les sports. *Salle omnisports.*

OMNIUM [ɔmnjɔm] **n. m.** ✦ Compétition cycliste sur piste, combinant plusieurs courses. *Des omniums.*
ÉTYM. mot latin, génitif pluriel de *omnis* «tout».

OMNIVORE [ɔmnivɔʀ] **adj.** ✦ Qui se nourrit indifféremment d'aliments d'origine animale ou végétale. *L'homme est omnivore.*
ÉTYM. de *omni-* et *-vore.*

OMOPLATE [ɔmɔplat] **n. f.** ✦ Os plat triangulaire de l'épaule, en haut du dos.
ÉTYM. grec *ômoplatê.*

ON [ɔ̃] **pron. indéf.** ✦ Pronom personnel indéfini de la 3e personne, invariable, faisant toujours fonction de sujet **I** (marquant l'indétermination) **1.** Les hommes en général, les gens, l'opinion. *On dit que :* le bruit court que (→ **on-dit, qu'en-dira-t-on**). *Comme on dit :* selon l'expression consacrée. **2.** Une personne quelconque. SYN. **quelqu'un.** *On frappe. On m'a volé mes papiers.* **II** (représentant une ou plusieurs personnes déterminées) **1.** Tu, toi, vous. *Eh bien ! on ne s'en fait pas !* **2.** Je, moi, nous. *Tu sais bien qu'on t'aime. Oui, oui ! on y va.* ➝ (dans un écrit) *On montrera dans ce livre que...* ➝ FAM. *Nous, tu sais, on ne fait pas toujours ce qu'on veut.* HOM. ONT (forme du verbe *avoir*)
ÉTYM. latin *homo* → homme.

ONAGRE [ɔnagʀ] **n. m.** **1.** Âne sauvage de grande taille. **2.** Machine de guerre, catapulte utilisée lors des sièges.
ÉTYM. grec *onagros* «âne *(onos)* sauvage *(agrios)*».

ONANISME [ɔnanism] **n. m.** ✦ DIDACT. Masturbation.
ÉTYM. de *Onan,* personnage de la Bible.

ONCE [ɔ̃s] **n. f.** **1.** Mesure de poids anglo-saxonne qui vaut la seizième partie de la livre, soit 28,349 g (symb. oz). **2.** *UNE ONCE DE :* une très petite quantité de. *Il n'a pas une once de bon sens.* SYN. **grain.**
ÉTYM. latin *uncia* «douzième partie de la livre».

ONCHOCERCOSE [ɔ̃kosɛʀkoz] **n. f.** ✦ Maladie parasitaire causée par un ver, responsable de cécités dans les pays tropicaux.
ÉTYM. de *onchocerque* «ver parasite» et ② *-ose.*

ONCLE [ɔ̃kl] **n. m.** ✦ Frère du père ou de la mère ; mari de la tante. SYN. FAM. **tonton.** *Relatif à un oncle.* → **avunculaire.** *L'oncle et ses neveux, ses nièces.*
ÉTYM. latin *avunculus* «oncle maternel».

| **ONCO-** Élément savant, du grec *ogkos* «grosseur», qui signifie «tumeur».

A B C D E F G H I J K L M N O P Q R S T U V W X Y Z

ONCOGÈNE [ɔ̃kɔʒɛn] **adj.** ✦ DIDACT. Qui favorise le développement des tumeurs. SYN. **cancérigène.** *Gène oncogène.*
ÉTYM. de *onco-* et *-gène.*

ONCOLOGIE [ɔ̃kɔlɔʒi] **n. f.** ✦ DIDACT. Étude des tumeurs cancéreuses. SYN. **cancérologie, carcinologie.**
ÉTYM. de *onco-* et *-logie.*

ONCTION [ɔ̃ksjɔ̃] **n. f. 1.** Rite religieux qui consiste à oindre* une personne ou une chose (d'huile sainte). *L'onction du baptême.* **2.** LITTÉR. Douceur dans les gestes, les paroles, qui dénote la piété, la dévotion (parfois hypocrites). *Des gestes pleins d'onction.*
ÉTYM. latin *unctio,* de *ungere* «oindre».

ONCTUEUX, EUSE [ɔ̃ktɥø, øz] **adj.** ✦ Qui fait au toucher, au palais, une impression douce et moelleuse. *Potage onctueux. Savon onctueux.*
ÉTYM. latin *unctuosus,* de *ungere* «oindre».

ONCTUOSITÉ [ɔ̃ktɥozite] **n. f.** ✦ Caractère de ce qui est onctueux. *L'onctuosité d'une pommade.*
ÉTYM. de *onctueux.*

ONDE [ɔ̃d] **n. f.** **I** LITTÉR. et VIEILLI L'eau dans la nature (mer, lac, rivière...). *Onde limpide.* **II 1.** SC. Déformation, ébranlement ou vibration dont l'élongation est une fonction périodique des variables de temps et d'espace (→ **ondulatoire**). *Crête, creux d'une onde. Amplitude, période d'une onde.* – *Ondes liquides,* ondes concentriques dans l'eau. → **ride, rond.** – *Ondes sismiques.* – *Ondes sonores,* du son*. – *ONDES ÉLECTROMAGNÉTIQUES,* qui ne nécessitent aucun milieu matériel connu pour leur propagation. – *ONDES HERTZIENNES* ou *radioélectriques :* ondes électromagnétiques utilisées pour la propagation de messages et de sons (→ ① **radio**). *Ondes courtes, petites, grandes ondes. Longueur d'onde :* espace parcouru par la vibration pendant une période. – FAM. *Être sur la même longueur d'onde,* se comprendre. ♦ *LES ONDES :* la radiodiffusion. *Metteur en ondes.* **2.** LITTÉR. Sensation qui se propage comme une onde. *Une onde de plaisir.*
ÉTYM. latin *unda* «eau courante».

ONDÉE [ɔ̃de] **n. f.** ✦ Pluie soudaine et de peu de durée. *Être surpris par une ondée.* SYN. **averse.**
ÉTYM. de *onde.*

ONDINE [ɔ̃din] **n. f.** ✦ Déesse des eaux de la mythologie nordique. SYN. **naïade.**
ÉTYM. de *onde.*

ON-DIT [ɔ̃di] **n. m. invar.** ✦ (surtout au plur.) Bruit qui court. SYN. **racontar, rumeur.** *Ce ne sont que des on-dit.*

ONDOIEMENT [ɔ̃dwamɑ̃] **n. m.** ✦ Mouvement de ce qui ondoie. *L'ondoiement des herbes dans le vent.*
ÉTYM. de *ondoyer.*

ONDOYANT, ANTE [ɔ̃dwajɑ̃, ɑ̃t] **adj. 1.** Qui ondoie. *Flamme ondoyante.* **2.** LITTÉR. Changeant. *Un caractère ondoyant.* CONTR. **constant, stable.**
ÉTYM. du participe présent de *ondoyer.*

ONDOYER [ɔ̃dwaje] **v. intr.** (conjug. 10) ✦ LITTÉR. Se mouvoir en s'élevant et s'abaissant alternativement. *Les blés ondoyaient.* SYN. **onduler.**
ÉTYM. de *onde* «vague».

ONDULANT, ANTE [ɔ̃dylɑ̃, ɑ̃t] **adj.** ✦ Qui ondule. *Démarche ondulante.* SYN. **ondoyant.**
ÉTYM. du participe présent de *onduler.*

ONDULATION [ɔ̃dylasjɔ̃] **n. f. 1.** Mouvement alternatif de ce qui s'élève et s'abaisse en donnant l'impression d'un déplacement. SYN. **ondoiement. 2.** Forme sinueuse, faite de courbes alternativement concaves et convexes. SYN. **sinuosité.** *Les ondulations d'une rivière.* – *Les ondulations des cheveux.* SYN. **cran.** – *Ondulation du sol.* SYN. **pli.**
ÉTYM. du latin *undula* «petite onde *(unda)*».

ONDULATOIRE [ɔ̃dylatwaʀ] **adj.** ✦ SC. **1.** Qui a les caractères d'une onde. *Mouvement ondulatoire du son.* **2.** Qui se rapporte aux ondes. *MÉCANIQUE ONDULATOIRE :* théorie selon laquelle toute particule est associée à une onde périodique.
ÉTYM. de *onduler.*

ONDULÉ, ÉE [ɔ̃dyle] **adj.** ✦ Qui fait des ondulations. SYN. **onduleux.** – *Tôle* ondulée.* – *Cheveux ondulés.*
ÉTYM. participe passé de *onduler.*

ONDULER [ɔ̃dyle] **v. intr.** (conjug. 3a) **1.** Avoir un mouvement sinueux d'ondulation. SYN. **ondoyer.** *Écharpe, drapeau qui ondule au vent.* SYN. ① **flotter. 2.** Présenter des ondulations (2). *Ses cheveux ondulent naturellement.* **3.** trans. *Onduler des cheveux au fer.* SYN. **boucler, friser.**
ÉTYM. bas latin *undulare,* de *unda* «vague».

ONDULEUX, EUSE [ɔ̃dylø, øz] **adj. 1.** Qui présente de larges ondulations. SYN. **courbe, sinueux.** *Plaine onduleuse.* **2.** Qui ondule. SYN. **ondoyant, ondulant.**

> **-ONE** Élément savant très productif en chimie, notamment (de *acétone*) pour former les noms des cétones et (de *carbone*) pour former des noms de composés.

ONE MAN SHOW [wanmanʃo] **n. m.** ✦ anglicisme Spectacle de variétés centré sur une vedette (masculine ou féminine). *Des one man shows.* Recomm. offic. *spectacle solo.*
ÉTYM. mot anglais «spectacle *(show)* d'un seul homme *(man)*».

ONÉREUX, EUSE [ɔneʀø, øz] **adj. 1.** Qui impose des frais, des dépenses. SYN. **cher, coûteux, dispendieux.** *C'est trop onéreux pour nous.* **2.** DR. *À TITRE ONÉREUX :* sous la condition d'acquitter une charge, une obligation. CONTR. **avantageux, économique · bénévole, gracieux.**
ÉTYM. latin *onerosus,* de *onus, oneris* «charge».

O. N. G. [oɛnʒe] **n. f. invar.** ✦ Organisme financé essentiellement par des dons privés, qui se consacre à l'action humanitaire.
ÉTYM. sigle de *organisation non gouvernementale.*

ONGLE [ɔ̃gl] **n. m. 1.** Partie cornée à l'extrémité des doigts (mains, pieds). *Vernis à ongles. Ronger ses ongles* (→ **onychophagie**). *Gratter, griffer avec les, ses ongles. Coup d'ongle. Avoir les ongles noirs, en deuil* (sales). – loc. *JUSQU'AU BOUT DES ONGLES,* complètement, tout à fait. – *Il connaît le sujet sur le bout des ongles,* à fond. **2.** Griffe (des carnassiers).
ÉTYM. latin *ungula,* de *unguis.*

ONGLÉE [ɔ̃glə] **n. f.** ✦ Engourdissement douloureux de l'extrémité des doigts, provoqué par le froid (surtout dans *avoir l'onglée*).
ÉTYM. de *ongle*.

ONGLET [ɔ̃glɛ] **n. m.** **I** 1. Petite bande de papier (permettant d'insérer une feuille dans un livre). 2. Entaille, échancrure (sur un instrument, une lame ; la tranche d'un livre). **II** Morceau de bœuf à griller (muscles du diaphragme). *Onglet à l'échalote.*
ÉTYM. diminutif de *ongle*.

ONGUENT [ɔ̃gɑ̃] **n. m.** ✦ Médicament de consistance pâteuse que l'on applique sur la peau. SYN. **crème, liniment, pommade.**
ÉTYM. latin *unguens, unguentis*, de *unguere* → oindre.

ONGULÉ, ÉE [ɔ̃gyle] **adj.** ✦ ZOOL. (animaux) Dont les pieds sont terminés par des productions cornées (sabots). ➖ **n. m. pl.** *Les ongulés* : ordre de mammifères porteurs de sabots.
ÉTYM. du latin *ungula* «ongle».

ONIRIQUE [ɔniʀik] **adj.** 1. Relatif aux rêves. *Visions de l'état onirique.* 2. Qui évoque un rêve, semble sorti d'un rêve. *Atmosphère onirique.*
ÉTYM. du grec *oneiros* «rêve».

ONIR(O)- Élément savant, du grec *oneiros* «rêve».

ONOMASTIQUE [ɔnɔmastik] **n. f.** et **adj.** 1. **n. f.** DIDACT. Étude des noms propres (de personnes ; de lieux → **toponymie**). 2. **adj.** Relatif aux noms propres, à leur étude.
ÉTYM. grec *onomastikos* «relatif au nom *(onoma)*».

ONOMATOPÉE [ɔnɔmatɔpe] **n. f.** ✦ Mot qui évoque par le son la chose dénommée (son ou cause d'un son). *«Boum», «crac», «snif», «vrombir» sont des onomatopées.*
► **ONOMATOPÉIQUE** [ɔnɔmatɔpeik] **adj.** *Mot d'origine onomatopéique.*
ÉTYM. grec *onomatopoiia* «création de mots *(onoma)*».

ONTO- Élément savant, du grec *ôn, ontos* «l'être, ce qui est».

ONTOGENÈSE [ɔ̃tɔʒənɛz] **n. f.** ✦ BIOL. Développement de l'individu, depuis la fécondation de l'œuf jusqu'à l'état adulte.
ÉTYM. de *onto-* et *-genèse*.

ONTOLOGIE [ɔ̃tɔlɔʒi] **n. f.** ✦ Partie de la philosophie qui traite de l'être indépendamment de ses déterminations particulières.
► **ONTOLOGIQUE** [ɔ̃tɔlɔʒik] **adj.** *Preuve ontologique de l'existence de Dieu.*
ÉTYM. de *onto-* et *-logie*.

ONYCHOPHAGIE [ɔnikɔfaʒi] **n. f.** ✦ MÉD. Habitude de se ronger les ongles.
ÉTYM. du grec *onux* «ongle» et de *-phagie*.

-ONYME, -ONYMIE, -ONYMIQUE Éléments savants, du grec *onoma* «nom» (ex. *homonyme, paronyme*).

ONYX [ɔniks] **n. m.** ✦ Agate d'une variété présentant des zones concentriques régulières de diverses couleurs. *Coupe en onyx.*
ÉTYM. grec *onux* «ongle».

ONZAIN [ɔ̃zɛ̃] **n. m.** ✦ Strophe de onze vers. ☛ Littérature p. 123.

***ONZE** [ɔ̃z] **adj. numéral invar.** et **n. m. invar.**
I adj. numéral invar. 1. cardinal Nombre correspondant à dix plus un (11). *Un enfant de onze ans. Onze cents* (ou *mille cent*). 2. ordinal Onzième. *Louis XI. Chapitre onze.*
II n. m. invar. *Onze plus deux. Le onze. Le 11 octobre.* ➖ Équipe de onze joueurs, au football. *Le onze de France.*
ÉTYM. latin *undecim*, de *unus* «un» et *decem* «dix».

***ONZIÈME** [ɔ̃zjɛm] **adj.** et **n.** 1. **adj.** Qui vient immédiatement après le dixième. *Le onzième jour.* ➖ **n.** *Il est le onzième.* 2. **n. m.** La onzième partie. *Un onzième de l'héritage.*
► **ONZIÈMEMENT** [ɔ̃zjɛmmɑ̃] **adv.**

OOGONE [ɔɔgɔn ; oogon] **n. f.** ✦ BOT. Organe où se forment les oosphères chez certains champignons, certaines algues.
ÉTYM. du grec *ôon* «œuf» et de ② *-gone*.

OOLITHE ou **OOLITE** [ɔɔlit] **n. f.** ou **m.** ✦ Calcaire formé de grains sphériques de calcites.
► **OOLITHIQUE** [ɔɔlitik] **adj.** *Calcaires oolithiques*, caractéristiques du jurassique.
ÉTYM. du grec *ôon* «œuf» et de *-lithe*.

OOSPHÈRE [ɔɔsfɛʀ] **n. f.** ✦ BOT. Gamète femelle des plantes. *L'oosphère est fécondée par l'anthérozoïde.*
ÉTYM. du grec *ôon* «œuf» et de *sphère*.

O. P. A. [opea] **n. f.** ✦ FIN. Procédure d'acquisition de parts d'une société cotée en Bourse où l'acquéreur fait connaître publiquement ses intentions d'achat. *Lancer une O. P. A.*
ÉTYM. sigle de *offre publique d'achat*.

OPACIFIER [ɔpasifje] **v. tr.** (conjug. 9) ✦ Rendre opaque.

OPACITÉ [ɔpasite] **n. f.** 1. Propriété d'un corps opaque à la lumière. 2. fig. *L'opacité d'un texte.* CONTR. **translucidité, transparence.**
ÉTYM. latin *opacitas*.

OPALE [ɔpal] **n. f.** ✦ Pierre fine à reflets irisés.
ÉTYM. latin *opalus*, du grec.

OPALIN, INE [ɔpalɛ̃, in] **adj.** ✦ Qui a l'aspect de l'opale. SYN. **blanchâtre, laiteux.**
ÉTYM. de *opale*.

OPALINE [ɔpalin] **n. f.** ✦ Substance vitreuse dont on fait des objets décoratifs. ➖ *Une opaline* : objet en opaline.
ÉTYM. de *opalin*.

OPAQUE [ɔpak] **adj.** 1. Qui s'oppose au passage de la lumière. *Verre opaque.* ➖ SC. *OPAQUE À* : qui s'oppose au passage de (radiations). *Corps opaque aux rayons ultraviolets.* 2. Très sombre. *Nuit opaque.* 3. fig. Obscur, difficile à comprendre. *Une théorie opaque.* CONTR. **clair, diaphane, translucide, transparent.**
ÉTYM. latin *opacus* «ombragé, obscur».

OPEN [ɔpɛn] **adj. invar.** ✦ **anglicisme** 1. SPORTS Se dit d'une compétition ouverte aux professionnels et aux amateurs. ➛ **n. m.** *Un open de tennis.* 2. *Billet open,* titre de transport non daté et utilisable à n'importe quelle date. *Des billets open.*
ÉTYM. mot anglais «ouvert».

OPÉRA [ɔpeʀa] **n. m.** 1. Ouvrage dramatique mis en musique, composé de récitatifs, d'airs, de chœurs avec accompagnement d'orchestre. *Les opéras de Mozart. Opéra bouffe*. Le livret d'un opéra.* ➛ Ce genre musical. *Aimer l'opéra.* 2. Théâtre où l'on joue des opéras. *La Scala, célèbre opéra de Milan.*
ÉTYM. italien *opera,* mot latin.

OPÉRABLE [ɔpeʀabl] **adj.** ✦ Qui peut être opéré (2). CONTR. **inopérable.**

OPÉRA-COMIQUE [ɔpeʀakɔmik] **n. m.** ✦ Drame lyrique composé d'airs chantés avec accompagnement orchestral, alternant parfois avec des dialogues parlés ; ce genre musical. *Des opéras-comiques.*

OPÉRANDE [ɔpeʀɑ̃d] **n. m.** ✦ MATH. Quantité entrant dans une opération. *Les opérandes de la multiplication* (multiplicande, multiplicateur), *de la division* (dividende, diviseur). ◆ INFORM. Élément d'une instruction de programme.
ÉTYM. de *opérer.*

OPÉRATEUR, TRICE [ɔpeʀatœʀ, tʀis] **n.** 1. Personne qui exécute des opérations techniques déterminées, fait fonctionner un appareil. 2. **(au cinéma)** *Opérateur de prise de vues* **ou** *opérateur :* cadreur (SYN. **anglic. caméraman).** ➛ **appos.** *Des chefs opérateurs.* 3. **n. m.** FIN. Actionnaire principal (qui décide des opérations). 4. Symbole représentant une opération logique ou mathématique. *est l'opérateur de la réunion de deux ensembles.*
ÉTYM. latin *operator, operatrix.*

OPÉRATION [ɔpeʀasjɔ̃] **n. f.** 1. Action (d'un pouvoir, d'une fonction, d'un organe) qui produit un effet. ➛ **loc.** *Par l'opération du Saint-Esprit,* par un moyen mystérieux et efficace. 2. Acte ou série d'actes (matériels ou intellectuels) pour obtenir un résultat. SYN. **entreprise, travail.** *Opérations industrielles.* 3. MATH. Processus déterminé qui, à partir d'éléments connus, permet d'en engendrer un nouveau. ➙ ② **calcul.** *Opérations (arithmétiques) fondamentales,* addition, soustraction, multiplication, division *(les quatre opérations),* élévation à une puissance, extraction d'une racine (carrée, etc.). 4. *Opération (chirurgicale),* acte chirurgical. SYN. **intervention ;** ➙ **chirurgie.** *Subir une opération sous anesthésie. Table d'opération.* ➙ FAM. **billard.** 5. Mouvements, manœuvres militaires, combats (➙ **bataille, campagne**). *Prendre l'initiative des opérations. Le théâtre des opérations.* ➛ *Opération de police.* ◆ **fig.** Mesures coordonnées. *Opération «baisse des prix».* 6. Affaire commerciale ou financière. *Opérations de Bourse.* SYN. **transaction.** *Une bonne opération.* SYN. **affaire.**
ÉTYM. latin *operatio.*

OPÉRATIONNEL, ELLE [ɔpeʀasjɔnɛl] **adj.** 1. Relatif aux opérations militaires. *Base opérationnelle.* 2. *RECHERCHE OPÉRATIONNELLE :* analyse scientifique (mathématique) des phénomènes d'organisation. 3. Qui est prêt à être mis en service. *Le nouvel ascenseur sera bientôt opérationnel.*
ÉTYM. de *opération,* par l'anglais.

OPÉRATOIRE [ɔpeʀatwaʀ] **adj.** 1. Relatif aux opérations chirurgicales. *Le bloc opératoire d'un hôpital.* ➛ *Choc* opératoire.* 2. Relatif aux opérations mathématiques. *Techniques, priorités opératoires.* 3. *Mode opératoire,* manière de procéder. *Le mode opératoire d'un cambrioleur.*
ÉTYM. latin *operatorius* «efficace».

OPERCULE [ɔpɛʀkyl] **n. m.** ✦ DIDACT. Ce qui forme couvercle. *L'opercule de l'urne des mousses, de la coquille des bigorneaux.*
ÉTYM. latin *operculum* «couvercle».

OPÉRER [ɔpeʀe] **v. tr.** (conjug. 8) 1. Accomplir (une action), effectuer (une transformation) par une suite ordonnée d'actes. SYN. **exécuter, faire, réaliser.** *Il faut opérer un choix.* ➛ *Il ne fallait pas opérer ainsi.* SYN. **procéder.** 2. Soumettre à une opération chirurgicale. *On l'a opéré de l'appendicite.* ◆ **au p. passé** *Malade opéré.* ➛ **n.** *Les opérés en convalescence.*
ÉTYM. latin *operari* «travailler», de *opus* «œuvre».

OPÉRETTE [ɔpeʀɛt] **n. f.** ✦ Opéra-comique dont le sujet et le style, légers et faciles, sont empruntés à la comédie. ➛ **loc.** *D'opérette :* que l'on ne peut prendre au sérieux.
ÉTYM. italien *operetta,* diminutif de *opera.*

OPHIDIENS [ɔfidjɛ̃] **n. m. pl.** ✦ ZOOL. Ordre (ou sous-ordre) de reptiles comprenant les serpents.
ÉTYM. du grec *ophis* «serpent».

> **OPHI(O)-** Élément savant, du grec *ophis* «serpent».

OPHIURE [ɔfjyʀ] **n. f.** ✦ Échinoderme proche de l'étoile de mer, aux longs bras grêles.
ÉTYM. de *ophi(o)-* et du grec *oura* «queue».

OPHTALMIE [ɔftalmi] **n. f.** ✦ Inflammation de l'œil.
ÉTYM. latin *ophtalmia,* du grec *ophtalmos* «œil».

OPHTALMIQUE [ɔftalmik] **adj.** ✦ De l'œil, des yeux. SYN. **oculaire.** *Pommade ophtalmique.*
ÉTYM. latin *ophtalmicus,* du grec *ophtalmos* «œil».

> **OPHTALM(O)-, -OPHTALMIE** Éléments savants, du grec *ophtalmos* «œil».

OPHTALMOLOGIE [ɔftalmɔlɔʒi] **n. f.** ✦ Étude de l'œil, de sa structure, de son fonctionnement et de ses maladies.
► **OPHTALMOLOGIQUE** [ɔftalmɔlɔʒik] **adj.** *Clinique ophtalmologique.*
ÉTYM. de *ophtalmo-* et *-logie.*

OPHTALMOLOGUE [ɔftalmɔlɔg] **n.** ✦ Médecin spécialiste de l'œil. SYN. **oculiste.** ➛ **On dit aussi** OPHTALMOLOGISTE [ɔftalmɔlɔʒist]. ➛ **abrév.** FAM. OPHTALMO [ɔftalmo].

OPIACÉ, ÉE [ɔpjase] **adj.** ✦ DIDACT. Qui contient de l'opium.
ÉTYM. de *opium.*

OPIMES [ɔpim] adj. f. pl. ✦ HIST. *DÉPOUILLES OPIMES :* dépouilles d'un général ennemi tué par un général romain.
ÉTYM. latin *opimus* «copieux, riche».

OPINER [ɔpine] v. (conjug. 3a) 1. v. tr. ind. LITTÉR. *Opiner à :* donner son assentiment à. SYN. **acquiescer, adhérer, approuver.** *Il opinait à tout ce qu'elle disait.* 2. v. intr. loc. *Opiner du bonnet :* manifester son approbation.
ÉTYM. latin *opinari* «avoir pour opinion».

OPINIÂTRE [ɔpinjatʀ] adj. 1. LITTÉR. Tenace dans ses idées, ses résolutions. SYN. **acharné, obstiné, persévérant.** 2. (choses) Qui ne cède pas, que rien n'arrête. *Opposition opiniâtre.* SYN. **irréductible, obstiné.** *Toux opiniâtre.* SYN. **persistant, tenace.** CONTR. **faible, versatile.**
► **OPINIÂTREMENT** [ɔpinjatʀəmɑ̃] adv.
ÉTYM. du latin *opinio* → opinion.

OPINIÂTRETÉ [ɔpinjatʀəte] n. f. ✦ Persévérance tenace. SYN. **détermination, fermeté, ténacité.** *Travailler avec opiniâtreté.* SYN. **acharnement.** CONTR. **faiblesse, mollesse, versatilité.**
ÉTYM. de *opiniâtre.*

OPINION [ɔpinjɔ̃] n. f. I 1. Manière de penser, de juger. SYN. **avis ; conviction, croyance, idée, jugement,** ① **pensée, point de vue.** *Avoir une opinion, l'opinion que...* → **considérer, croire, estimer,** ① **juger, penser** *(verbes d'opinion). Partager l'opinion de qqn. Divergences d'opinions.* ➝ *Défendre, soutenir une opinion.* ➝ *Opinions toutes faites.* → **préjugé.** 2. Idée ou ensemble des idées que l'on a, dans un domaine déterminé. SYN. **doctrine, système,** ① **théorie.** *Opinions politiques. Opinions subversives.* ➝ *Liberté d'opinion.* 3. *Avoir (une) haute, bonne, mauvaise opinion de qqn,* le juger bien, mal. II 1. Jugement collectif, ensemble de jugements de valeur (sur qqch. ou qqn). ➝ *L'opinion,* les jugements portés par la majorité d'un groupe social. *Braver l'opinion.* 2. Ensemble des attitudes d'esprit dominantes dans un groupe, une société. *L'opinion paysanne. Sondage d'opinion.*
ÉTYM. latin *opinio,* de *opinari* → opiner.

OPIUM [ɔpjɔm] n. m. ✦ Suc du fruit d'un pavot, utilisé comme stupéfiant. *Fumer de l'opium.*
ÉTYM. mot latin, du grec *opion,* de *opos* «suc».

OPONCE [ɔpɔ̃s] n. m. ✦ Cactus à raquettes, dont une espèce est le figuier de Barbarie. SYN. **nopal.**
ÉTYM. latin botanique *opuntia,* du grec, d'un nom de lieu.

OPOSSUM [ɔpɔsɔm] n. m. ✦ Sarigue à pelage noir, blanc et gris. ➝ Sa fourrure. *Manteau d'opossum.*
ÉTYM. mot américain, de l'algonquin.

OPPIDUM [ɔpidɔm] n. m. ✦ DIDACT. Ville fortifiée (d'époque romaine).
ÉTYM. mot latin.

OPPORTUN, UNE [ɔpɔʀtœ̃, yn] adj. ✦ Qui vient à propos. SYN. **convenable.** *Au moment opportun.* SYN. **favorable, propice.** CONTR. **déplacé, fâcheux, inopportun, malencontreux.**
ÉTYM. latin *opportunus,* proprement «qui mène au port *(portus)*».

OPPORTUNÉMENT [ɔpɔʀtynemɑ̃] adv. ✦ À propos. CONTR. **inopportunément.**
ÉTYM. de *opportun.*

OPPORTUNISME [ɔpɔʀtynism] n. m. ✦ Comportement ou politique qui consiste à tirer parti des circonstances, à les utiliser au mieux de ses intérêts.
ÉTYM. de *opportun.*

OPPORTUNISTE [ɔpɔʀtynist] n. et adj. 1. n. et adj. Partisan de l'opportunisme ; qui se comporte avec opportunisme. 2. adj. anglicisme BIOL. (germe) Qui manifeste sa virulence sur des organismes aux défenses immunitaires affaiblies. *Infection opportuniste.*

OPPORTUNITÉ [ɔpɔʀtynite] n. f. 1. Caractère de ce qui est opportun. SYN. **à-propos.** *Discuter de l'opportunité d'une mesure.* 2. anglicisme Circonstance qui convient. SYN. **occasion.** *Profiter d'une opportunité.*
ÉTYM. latin *opportunitas.*

OPPOSABLE [ɔpozabl] adj. 1. Qui peut être opposé. 2. Qui peut être mis en face. *Le pouce est opposable aux autres doigts.*
► **OPPOSABILITÉ** [ɔpozabilite] n. f.

OPPOSANT, ANTE [ɔpozɑ̃, ɑ̃t] adj. et n. 1. Qui s'oppose (à une mesure, une autorité). *La minorité opposante.* ➝ n. *Les opposants au régime.* SYN. **adversaire ;** → **opposition.** 2. n. Dans un récit, Personnage (→ **actant**) qui essaie d'empêcher le héros de réussir sa mission. ☛ Littérature p. 131. *L'opposant et l'adjuvant.* CONTR. **approbateur, consentant ; défenseur, partisan.**
ÉTYM. du participe présent de *opposer.*

OPPOSÉ, ÉE [ɔpoze] adj. et n. m.
I adj. 1. Se dit de choses situées de part et d'autre et qui sont orientées face à face, dos à dos. → **symétrique.** *Les pôles sont diamétralement opposés.* (sing.) *Le mur opposé à la fenêtre. En sens opposé.* SYN. **contraire, inverse.** 2. Aussi différent que possible (dans le même ordre d'idées). SYN. **contraire, divergent.** *Ils ont des goûts opposés.* ➝ ARITHM. *Nombres opposés,* de même valeur absolue et de signe contraire (ex. + 5 et - 5). 3. Qui s'oppose (à), se dresse (contre). SYN. **adversaire, ennemi** de, **hostile.** *Je suis opposé à cette politique* (→ **opposant**). CONTR. **contigu • identique, semblable, similaire • favorable.**
II n. m. 1. Côté, sens opposé. *L'opposé du nord est le sud.* 2. abstrait Ce qui est opposé. SYN. **contraire.** *Soutenir l'opposé d'une opinion.* SYN. **contrepied, inverse.** *Cet enfant est tout l'opposé de son frère.* 3. loc. *À L'OPPOSÉ (de) :* du côté opposé (à) ; abstrait contrairement (à).
ÉTYM. de *opposer.*

OPPOSER [ɔpoze] v. tr. (conjug. 3a) I 1. Fournir (une raison contraire). SYN. **objecter, prétexter.** *Il n'y a rien à opposer à cela.* SYN. **répondre.** 2. Mettre en face, face à face pour le combat. *Opposer une armée puissante à l'ennemi.* ➝ *Opposer une personne à une autre.* SYN. ② **dresser, exciter** contre. ➝ (choses) *Match qui oppose deux équipes. Des questions d'intérêt les opposent.* SYN. **diviser.** 3. Placer (qqch.) en face pour faire obstacle. *À ses reproches, j'ai préféré opposer le silence.* ➝ (choses) Présenter (un obstacle). *La résistance qu'oppose le mur.* 4. Placer en face de ou tout près (ce qui s'oppose). *Opposer deux objets, un objet à un autre. Opposer deux couleurs.* 5. Montrer ensemble, comparer (deux choses différentes) ; présenter comme contraire. SYN. **confronter.** *Opposer l'ordre à (et) la liberté.* II *S'OPPOSER (À)* v. pron. 1. (personnes) Faire, mettre obstacle. SYN. **contrarier, contrecarrer, empêcher, inter-**

dire. *Ses parents s'opposent à son mariage. Je m'oppose formellement à ce que vous y alliez.* ◆ Agir contre, résister (à qqn) ; agir à l'inverse (de qqn). SYN. **braver, résister.** *Il s'oppose systématiquement à ses parents.* **2.** (choses) Faire obstacle. SYN. **empêcher,** ① **entraver.** *Leur religion s'y oppose.* SYN. **défendre, interdire.** **3.** Faire contraste ; être différent. SYN. **diverger ;** → **opposé.** ◆ Être le contraire. *« Haut » s'oppose à « bas ».* CONTR. **acquiescer, appuyer • rassembler, réunir • autoriser, consentir • concorder.**

ÉTYM. latin *opponere*, d'après *poser.*

à l'OPPOSITE (de) [alɔpozit] **loc.** ✦ Dans une direction opposée (à). SYN. **en face, vis-à-vis.**

ÉTYM. latin *oppositus* « opposé ».

OPPOSITION [ɔpozisjɔ̃] **n. f.** **I** **1.** Rapport de personnes que leurs opinions, leurs intérêts opposent. SYN. **désaccord.** *L'opposition de deux adversaires.* SYN. **antagonisme, hostilité, rivalité.** ◆ *EN OPPOSITION. Entrer en opposition avec qqn.* SYN. **conflit, dispute.** **2.** Effet produit par des objets, des éléments très différents juxtaposés. SYN. **contraste.** *Opposition de couleurs, de sons.* **3.** Rapport de deux choses opposées, qu'on oppose ou qui s'opposent. SYN. **différence.** *L'opposition des contraires, de deux principes* (→ **antithèse**). ◆ *EN OPPOSITION. Sa conduite est en opposition avec ses idées.* ◆ *PAR OPPOSITION (à) :* par contraste (avec), d'une manière opposée (à). *Employer ce mot par opposition à tel autre.* **II** **1.** Action, fait de s'opposer en mettant obstacle, en résistant. *L'opposition de qqn à une action. Faire opposition à qqch.* **2.** *FAIRE OPPOSITION à un chèque,* empêcher qu'il soit débité de son compte. ◆ DR. Moyen de faire juger à nouveau une affaire qui a fait l'objet d'un jugement en l'absence de l'une des parties. **3.** *L'opposition :* les personnes qui s'opposent à un gouvernement, un régime politique, une majorité. → **opposant.** *Les partis de l'opposition. Rallier l'opposition.* CONTR. **accord, harmonie ; alliance, correspondance • approbation, consentement •** ① **majorité.**

ÉTYM. latin *oppositio.*

OPPRESSANT, ANTE [ɔpʀesɑ̃, ɑ̃t] **adj.** ✦ Qui oppresse. *Il fait une chaleur oppressante.* SYN. **étouffant, suffocant.** ◆ *Crainte oppressante.*

ÉTYM. du participe présent de *oppresser.*

OPPRESSER [ɔpʀese] **v. tr.** (conjug. 3a) **1.** Gêner (qqn) dans ses fonctions respiratoires. SYN. **accabler, étouffer.** *L'effort, la chaleur l'oppressaient.* ◆ au participe passé *Se sentir oppressé. Respiration oppressée.* **2.** Gêner en angoissant.

ÉTYM. du latin *oppressum*, supin de *opprimere* « opprimer ».

OPPRESSEUR [ɔpʀesœʀ] **n. m.** ✦ Personne, groupe qui opprime. SYN. **tyran.** *L'oppresseur et les opprimés.* ◆ **adj. m.** *Un régime oppresseur.* SYN. **oppressif.** CONTR. **libérateur.**

ÉTYM. latin *oppressor.*

OPPRESSIF, IVE [ɔpʀesif, iv] **adj.** ✦ Qui opprime. *Autorité oppressive.* SYN. **tyrannique.** CONTR. **libéral.**

ÉTYM. de *oppresser.*

OPPRESSION [ɔpʀesjɔ̃] **n. f.** **1.** Action, fait d'opprimer. *L'oppression du faible par le fort.* SYN. **domination.** *Résistance à l'oppression.* SYN. **tyrannie.** **2.** Gêne respiratoire, sensation d'un poids qui oppresse la poitrine. SYN. **suffocation.** CONTR. **liberté.**

ÉTYM. latin *oppressio.*

OPPRIMER [ɔpʀime] **v. tr.** (conjug. 3a) **1.** Soumettre à une autorité excessive et injuste, persécuter. SYN. **asservir, tyranniser.** *Opprimer un peuple.* **2.** Empêcher de s'exprimer, de se manifester. SYN. **étouffer.** *Opprimer l'opinion.* CONTR. **délivrer, libérer, soulager.**

► **OPPRIMÉ, ÉE adj.** Qui subit une oppression. *Populations opprimées.* ◆ **n.** *Défendre les opprimés.*

ÉTYM. latin *opprimere* « presser, comprimer ».

OPPROBRE [ɔpʀɔbʀ] **n. m.** **1.** LITTÉR. Ce qui humilie à l'extrême, publiquement. SYN. **honte.** *Couvrir qqn d'opprobre.* **2.** Sujet de honte. *Il est l'opprobre de sa famille.* CONTR. **considération, gloire, honneur.**

ÉTYM. latin *opprobrium*, de *probrum* « action honteuse ».

OPTATIF, IVE [ɔptatif, iv] **adj.** ✦ LING. Qui exprime le souhait. *« Qu'il parte ! » est une proposition optative.* ◆ *Mode optatif* ou **n. m.** *l'optatif* (conjugaison). *L'optatif de souhait, de possibilité en grec ancien.*

ÉTYM. latin *optativus*, de *optare* « souhaiter ».

OPTER [ɔpte] **v. intr.** (conjug. 3a) ✦ Faire un choix (entre deux ou plusieurs choses qu'on ne peut avoir ou faire ensemble). SYN. **choisir,** se **décider.** *Il a opté pour des études littéraires.*

ÉTYM. latin *optare* « choisir ».

OPTICIEN, IENNE [ɔptisjɛ̃, jɛn] **n.** ✦ Personne qui fabrique, vend des instruments d'optique, des verres correcteurs, des lentilles de contact.

ÉTYM. de *optique.*

OPTIMAL, ALE, AUX [ɔptimal, o] **adj.** ✦ Qui est un optimum. *Conditions optimales.*

ÉTYM. de *optimum.*

OPTIMISER [ɔptimize] **v. tr.** (conjug. 3a) ✦ anglicisme Donner les meilleures conditions de fonctionnement à, exploiter au mieux.

► **OPTIMISATION** [ɔptimizasjɔ̃] **n. f.**

ÉTYM. anglais *to optimize*, du latin *optimus* « le meilleur ».

OPTIMISME [ɔptimism] **n. m.** **1.** Tournure d'esprit qui dispose à prendre les choses du bon côté, en négligeant leurs aspects fâcheux. **2.** Sentiment de confiance dans l'issue d'une situation. *Envisager l'avenir avec optimisme.* CONTR. **pessimisme.**

ÉTYM. du latin *optimus* « le meilleur, excellent ».

OPTIMISTE [ɔptimist] **adj.** ✦ Qui a de l'optimisme. ◆ **n.** *Un, une optimiste.* CONTR. **pessimiste.**

OPTIMUM [ɔptimɔm] **n. m.** et **adj.** **1. n. m.** État le plus favorable pour atteindre un but ou par rapport à une situation. *Des optimums.* **2. adj.** Qui est le plus favorable, le meilleur possible. SYN. **optimal.** *Température optimum.* ◆ On emploie parfois le pluriel latin *optima : des optima ; des conditions optima.*

ÉTYM. mot latin, neutre de l'adjectif *optimus* « le meilleur », superlatif de *bonus* → ① bon.

OPTION [ɔpsjɔ̃] **n. f.** **1.** Possibilité de choisir. SYN. **choix.** *Une option décisive.* ◆ *À OPTION.* → **optionnel.** *Matières à option à l'examen.* ◆ Action de choisir ; son résultat. *Ses options politiques ont changé.* **2.** Accessoire (d'un produit) qu'on peut obtenir moyennant un supplément de prix. *Automobile proposée avec la climatisation*

en option. **3.** DR. Promesse unilatérale de vente à un prix déterminé sans engagement de la part du futur acheteur. *Prendre une option sur un appartement.*
ÉTYM. latin *optio.*

OPTIONNEL, ELLE [ɔpsjɔnɛl] adj. ✦ Qui donne lieu à un choix. *Enseignement optionnel.* ➝ Qu'on peut acquérir facultativement (avec autre chose). CONTR. **obligatoire.**
ÉTYM. de *option.*

OPTIQUE [ɔptik] adj. et n. f.
I adj. **1.** Relatif à la vision. *Nerf optique. Angle optique.* SYN. **visuel.** **2.** Relatif à l'optique (II). *Verres optiques. Fibre* optique.* ◆ n. f. Partie optique d'un appareil. **3.** Qui fonctionne grâce à l'optique (II) et à l'électronique. *Crayon optique. Lecture optique.*
II n. f. **1.** Science qui a pour objet l'étude de la lumière et de la vision. *Appareils, instruments d'optique* (lentille, oculaire, microscope...). → **-scope.** ➝ loc. *Illusion* d'optique.* ◆ Commerce (→ **opticien**), fabrication, industrie des appareils d'optique. *Optique médicale, astronomique, photographique.* **2.** Ensemble des conditions de la vision dans un cas particulier. SYN. **perspective.** ➝ abstrait Manière de voir, point de vue. *Dans cette optique. Changer d'optique.*
ÉTYM. grec *optikos.*

OPTO- Élément savant, du grec *optos* «visible», qui signifie «vue, vision».

OPTOMÉTRIE [ɔptɔmetʀi] n. f. ✦ Étude de la vision oculaire, mesure de son acuité (à l'aide d'un *optomètre,* n. m.).
ÉTYM. de *opto-* et *-métrie.*

OPTOMÉTRISTE [ɔptɔmetʀist] n. ✦ Opticien qui détermine la formule des verres correcteurs.
ÉTYM. de *optométrie.*

OPULENCE [ɔpylɑ̃s] n. f. **1.** Grande abondance de biens. SYN. **aisance, richesse.** *Vivre dans l'opulence.* **2.** fig. *L'opulence des formes.* SYN. **ampleur.** CONTR. **besoin, misère, pauvreté.**
ÉTYM. latin *opulentia.*

OPULENT, ENTE [ɔpylɑ̃, ɑ̃t] adj. **1.** Qui est très riche, qui est dans l'opulence. *Contrée opulente. Vie opulente.* **2.** fig. (formes) Qui a de l'ampleur. *Poitrine opulente.* SYN. **généreux, plantureux.** CONTR. **misérable.**
ÉTYM. latin *opulentus,* de *ops, opis* «richesse».

OPUNTIA [ɔpɔ̃sja] n. m. → **OPONCE**

OPUS [ɔpys] n. m. ✦ Indication utilisée pour désigner un morceau de musique dans une œuvre (abrév. OP.). *Beethoven, opus 106. Numéro d'opus.*
ÉTYM. mot latin «œuvre».

OPUSCULE [ɔpyskyl] n. m. ✦ Petit ouvrage, petit livre. SYN. **brochure.**
ÉTYM. latin *opusculum* «petit ouvrage *(opus)*».

① **OR** [ɔʀ] n. m. **I** **1.** Élément atomique (symb. Au), métal précieux jaune, brillant, inaltérable et inoxydable (→ **chryso-**). *Pépites d'or. Mine d'or. Chercheurs d'or. La ruée vers l'or.* ➝ *Or jaune, blanc ; rouge, gris* (alliages). ➝ *Lingot d'or. Bijou en or massif, en plaqué or, en or 18 carats. Pièce, louis d'or.* ◆ (monnaie) *Le cours de l'or.* ➝ *Étalon or.* **2.** (Symbole de richesse, de fortune) *La soif de l'or.* ➝ loc. *Acheter, vendre À PRIX D'OR,* très cher. ➝ *Valoir son pesant d'or :* avoir une grande valeur (au propre et au fig.). ➝ *Une affaire EN OR,* très avantageuse. ➝ *ROULER SUR L'OR :* être riche. *Être COUSU* D'OR.* ➝ *Pour tout l'or du monde* (après une négation) : à aucun prix. → **jamais.** **3.** Substance ayant l'apparence de l'or. *L'or d'un cadre.* ➝ appos. *Peinture or.* → **doré.**
II fig. **1.** (En parlant de ce qui a une couleur, un éclat comparables à ceux de l'or) *L'or des blés.* **2.** Chose précieuse, excellente, rare (dans des loc.). *D'OR. Le silence est d'or.* ➝ *Parler d'or :* dire des choses très sages. ➝ *Un cœur d'or.* ➝ *EN OR :* excellent. *Un mari en or.* ◆ *ÂGE D'OR :* temps heureux d'une civilisation (ancien ou à venir). ➝ *L'âge d'or du cinéma.* ➝ *Siècle d'or,* se dit d'une époque brillante de prospérité et de culture (notamment à propos de l'Espagne). **3.** (Désignant une source de richesse) *L'or noir :* le pétrole. ➝ *L'or vert :* les ressources agricoles. HOM. HORS «à l'extérieur de»
ÉTYM. latin *aurum.*

② **OR** [ɔʀ] conj. ✦ Marque un moment particulier d'une durée (dans un récit) ou d'un raisonnement. *Or, un jour, il arriva que...* ➝ *Vous prétendez la connaître ; or je sais qu'il n'en est rien.* SYN. **cependant, pourtant.** HOM. HORS «à l'extérieur de»
ÉTYM. latin *hac hora* «à cette heure».

ORACLE [ɔʀakl] n. m. **1.** ANTIQ. Réponse qu'une divinité donnait à ceux qui la consultaient. *Les oracles de la pythie, de la sibylle.* ➝ Cette divinité ou son interprète ; son sanctuaire. *L'oracle de Delphes.* **2.** LITTÉR. Opinion qui jouit d'un grand crédit. **3.** Personne qui parle avec autorité, compétence. *C'est l'oracle de sa génération.*
ÉTYM. latin *oraculum.*

ORAGE [ɔʀaʒ] n. m. **1.** Perturbation atmosphérique violente, caractérisée par des phénomènes électriques (éclairs, tonnerre), souvent accompagnée de pluie, de vent. *L'orage menace, éclate, gronde.* **2.** fig. Trouble qui éclate ou menace d'éclater. ➝ loc. FAM. *Il y a de l'orage dans l'air.* SYN. **électricité.**
ÉTYM. de l'ancien français *ore* «vent», latin *aura* «souffle, vent».

ORAGEUX, EUSE [ɔʀaʒø, øz] adj. **1.** Qui annonce l'orage ; qui a les caractères de l'orage. *Le temps est orageux. Chaleur, pluie orageuse.* **2.** fig. Tumultueux. *Discussion orageuse.* SYN. **agité, mouvementé.**
ÉTYM. de *orage.*

ORAISON [ɔʀɛzɔ̃] n. f. **1.** VX ou RELIG. Prière. **2.** *ORAISON FUNÈBRE :* discours religieux prononcé à l'occasion des obsèques d'un personnage illustre.
ÉTYM. latin *oratio,* de *orare* «prier».

ORAL, ALE, AUX [ɔʀal, o] adj. **1.** (opposé à *écrit*) Qui se fait, se transmet par la parole. SYN. **verbal.** *Tradition orale.* ➝ *Épreuves orales d'un examen.* ➝ n. m. *L'écrit et l'oral. Les résultats des oraux.* **2.** De la bouche. SYN. **buccal.** *Par voie orale.* ➝ PHONÉT. *Voyelles orales et voyelles nasales.* ➝ PSYCH. *Stade oral,* premier stade de la libido, lié au plaisir de la succion, précédant le stade anal, selon Freud.
► **ORALITÉ** [ɔʀalite] n. f. *Marques d'oralité.*
ÉTYM. du latin *os, oris* «bouche».

ORALEMENT [ɔʀalmɑ̃] adv. ✦ D'une manière orale, de vive voix.

-ORAMA Élément, du grec *orama* «vue» (parfois abrégé en *-rama* ; ex. *panorama* ; *cinérama*).

ORANGE [ɔʀɑ̃ʒ] **n. f.** **1.** Fruit comestible de l'oranger, agrume d'un jaune tirant sur le rouge. *Écorce d'orange.* → **zeste.** *Orange sanguine. Jus d'orange.* **2. adj. invar.** De la couleur de l'orange. *Des rubans orange.* – **n. m.** *Un orange vif.*
ÉTYM. persan, par l'arabe.

ORANGÉ, ÉE [ɔʀɑ̃ʒe] **adj.** et **n. m.** **1. adj.** D'une couleur nuancée d'orange. *Un rose orangé.* **2. n. m.** DIDACT. Couleur du spectre solaire entre le jaune et le rouge.
HOM. ORANGER «arbre»

ORANGEADE [ɔʀɑ̃ʒad] **n. f.** ✦ Boisson à base de jus ou de sirop d'orange.
ÉTYM. de *orange.*

ORANGER [ɔʀɑ̃ʒe] **n. m.** ✦ Arbre fruitier qui produit les oranges. – *Eau de fleur d'oranger,* préparée par distillation des fleurs d'oranger. HOM. ORANGÉ «coloré en orange»
ÉTYM. de *orange.*

ORANGERAIE [ɔʀɑ̃ʒʀɛ] **n. f.** ✦ Plantation d'orangers cultivés en pleine terre.
ÉTYM. de *oranger.*

ORANGERIE [ɔʀɑ̃ʒʀi] **n. f.** **1.** Serre où l'on abrite des orangers cultivés en caisses. **2.** Partie d'un parc où les orangers sont placés pendant la belle saison.
ÉTYM. de *oranger.*

ORANG-OUTAN [ɔʀɑ̃utɑ̃] **n. m.** ✦ Grand singe d'Asie, à longs poils roux, aux membres antérieurs très longs. *Des orangs-outans.* – On écrit aussi *orang-outang, des orangs-outangs.*
ÉTYM. malais «homme des bois».

ORANT, ANTE [ɔʀɑ̃, ɑ̃t] **n.** ✦ ARTS **1.** (art chrétien primitif) Personnage représenté en prière, les bras étendus. – **adj.** *Vierge orante.* **2.** Statue funéraire représentant un personnage en prière, à genoux (s'oppose à *gisant*).
ÉTYM. du participe présent de l'ancien verbe *orer* «prier», latin *orare.*

ORATEUR, TRICE [ɔʀatœʀ, tʀis] **n.** **1.** Personne qui compose ou prononce des discours. SYN. **conférencier ; prédicateur ; tribun.** **2.** Personne éloquente, qui sait parler en public. *C'est un bon orateur.*
ÉTYM. latin *orator,* de *orare* «parler, prier».

① **ORATOIRE** [ɔʀatwaʀ] **adj.** ✦ Qui concerne l'art de parler en public, l'éloquence. *L'art oratoire. Joute oratoire.* – loc. *Précautions oratoires* : moyens employés pour ménager et se concilier l'auditeur ou le lecteur.
ÉTYM. latin *oratorius,* de *orator* → orateur.

② **ORATOIRE** [ɔʀatwaʀ] **n. m.** **1.** Petite chapelle. **2.** Nom de congrégations religieuses.
ÉTYM. latin chrétien *oratorium,* de *orare* «prier».

ORATORIEN [ɔʀatɔʀjɛ̃] **n. m.** ✦ Membre de l'Oratoire. *Malebranche, oratorien célèbre.*
ÉTYM. de ② *oratoire.*

ORATORIO [ɔʀatɔʀjo] **n. m.** ✦ Drame lyrique sur un sujet en général religieux. «*L'Oratorio de Noël*» (de Bach).
ÉTYM. mot italien.

① **ORBE** [ɔʀb] **adj.** ✦ TECHN. *Mur orbe,* sans aucune ouverture. SYN. **aveugle.**
ÉTYM. latin *orbus* «privé de ; aveugle».

② **ORBE** [ɔʀb] **n. m.** ✦ VX OU LITTÉR. Cercle ; globe, sphère.
ÉTYM. latin *orbis* «cercle» → orbite.

ORBITAL, ALE, AUX [ɔʀbital, o] **adj.** ✦ De l'orbite (II). *Vitesse orbitale.* – *Station orbitale* : engin spatial qui décrit une orbite.

ORBITE [ɔʀbit] **n. f.** **I** Cavité osseuse dans laquelle se trouve l'œil. *Yeux qui sortent des orbites.* → **exorbité.** **II** **1.** Trajectoire courbe (d'un corps céleste) ayant pour foyer un autre corps céleste. *L'orbite de la Terre. Orbite elliptique.* – *Mettre un engin spatial sur, en orbite,* lui faire décrire l'orbite calculée. → ① **lancer ; satelliser.** – PHYS. *L'orbite d'un électron,* sa révolution autour du noyau (ancienne théorie quantique). **2. fig.** Milieu où s'exerce l'influence de qqn. *Graviter dans l'orbite d'un haut personnage.* SYN. **sphère.**
ÉTYM. latin *orbita,* de *orbis* → ② orbe.

ORCHESTRAL, ALE, AUX [ɔʀkɛstʀal, o] **adj.** ✦ Propre à l'orchestre symphonique. *Musique orchestrale.* – *Style orchestral.*
ÉTYM. de *orchestre.*

ORCHESTRATION [ɔʀkɛstʀasjɔ̃] **n. f.** **1.** Action, manière d'orchestrer. SYN. **instrumentation.** **2.** Adaptation pour l'orchestre. SYN. **arrangement.** **3. fig.** *L'orchestration du discours.*
ÉTYM. de *orchestrer.*

ORCHESTRE [ɔʀkɛstʀ] **n. m.** **I** **1.** Espace compris entre le public et la scène d'un théâtre, un peu en contrebas. *La fosse d'orchestre.* **2.** Les places du rez-de-chaussée d'une salle de spectacle. ☛ Littérature p. 127. *Un fauteuil d'orchestre (ou un orchestre).* – Le public de l'orchestre. *Les applaudissements de l'orchestre.* **II** Groupe d'instrumentistes qui exécute de la musique polyphonique. SYN. **ensemble, formation.** *Orchestre symphonique, philharmonique. Concerto pour violon et orchestre. Orchestre à cordes. Chef d'orchestre.*
ÉTYM. grec *orkhêstra,* d'un verbe signifiant «danser».

ORCHESTRER [ɔʀkɛstʀe] **v. tr.** (conjug. 3a) **1.** MUS. Composer (une partition) en combinant les parties instrumentales. – Adapter pour l'orchestre. SYN. **arranger.** *Orchestrer un air populaire.* **2. fig.** Organiser en vue de donner le maximum d'ampleur, de retentissement. *Orchestrer une campagne de presse.*
ÉTYM. de *orchestre.*

ORCHIDÉE [ɔʀkide] **n. f.** ✦ Plante des climats chauds dont les fleurs sont recherchées pour leur beauté et l'originalité de leur forme.
ÉTYM. du latin *orchis* → orchis.

ORCHIS [ɔʀkis] **n. m.** ✦ BOT. Orchidée.
ÉTYM. mot latin, emprunté au grec *orkhis* «testicule».

ORCHITE [ɔʀkit] **n. f.** ✦ MÉD. Inflammation du testicule.
ÉTYM. du grec *orkhis* «testicule» et de *-ite.*

ORDALIE [ɔʀdali] **n. f.** ✦ Au Moyen Âge, Jugement de Dieu sous la forme d'épreuves (par l'eau, par le feu...).
ÉTYM. anglo-saxon *ordal.*

ORDINAIRE [ɔʀdinɛʀ] **adj. et n. m.**
I adj. 1. Conforme à l'ordre normal, habituel des choses. SYN. ① **courant, habituel, normal, usuel.** *La façon ordinaire de procéder.* ➝ *Pas ordinaire* (FAM. en épithète) : étonnant, remarquable. ➝ Coutumier (à qqn). *Sa maladresse ordinaire.* 2. Dont la qualité ne dépasse pas le niveau moyen le plus courant ; qui n'a aucun caractère spécial. SYN. **banal, commun.** *Du vin ordinaire. Le modèle ordinaire.* SYN. ① **standard.** ➝ *Les génies et les hommes ordinaires.* ➝ péj. *Des gens très ordinaires,* peu distingués. CONTR. **exceptionnel, extraordinaire, remarquable.**
II n. m. 1. Ce qui n'a rien d'exceptionnel. *Une intelligence au-dessus de l'ordinaire* (SYN. **moyenne**). ➝ *Sortir de l'ordinaire :* être remarquable. 2. Ce que l'on mange habituellement (surtout contexte communautaire). *Améliorer l'ordinaire.* 3. *L'ordinaire de la messe,* l'ensemble des prières invariables.
III *D'ORDINAIRE ; À L'ORDINAIRE* **loc. adv.** : de façon habituelle, le plus souvent. SYN. **d'habitude.** ◆ *Comme à son ordinaire :* comme il, elle le fait d'habitude. CONTR. **exceptionnellement.**
ÉTYM. latin *ordinarius* «rangé par ordre *(ordo)*».

ORDINAIREMENT [ɔʀdinɛʀmɑ̃] **adv.** ✦ D'une manière ordinaire, habituelle. SYN. **généralement, habituellement.** CONTR. **exceptionnellement.**

ORDINAL, ALE, AUX [ɔʀdinal, o] **adj.** ✦ Qui marque l'ordre, le rang. *Nombre ordinal,* qui désigne le rang d'un nombre cardinal. ➝ GRAMM. *Adjectif numéral ordinal* (ex. premier, centième). ➝ **n. m.** *Un ordinal.*
ÉTYM. latin *ordinalis.*

ORDINATEUR [ɔʀdinatœʀ] **n. m.** ✦ Machine électronique de traitement numérique de l'information, exécutant à grande vitesse les instructions d'un programme. *Le clavier, l'écran, les terminaux, la mémoire d'un ordinateur* (➝ ② **matériel**). *Le langage, les programmes d'un ordinateur* (➝ **logiciel**). *Ordinateur individuel.* ➝ **micro-ordinateur.** *Ordinateur portable.* ➝ **netbook, notebook** (anglicismes).
ÉTYM. du latin *ordinare* «mettre en ordre *(ordo)*».

ORDINATION [ɔʀdinasjɔ̃] **n. f.** ✦ Acte par lequel est administré le sacrement de l'ordre, spécialt la prêtrise (➝ **ordonner**).
ÉTYM. latin *ordinatio.*

ORDONNANCE [ɔʀdɔnɑ̃s] **n. f. I** DIDACT. Mise en ordre ; disposition selon un ordre. SYN. **agencement, arrangement, disposition, ordonnancement, organisation.** *L'ordonnance des idées. L'ordonnance d'un repas :* la suite des plats. ➝ ARTS Composition, disposition d'ensemble. ➝ *L'ordonnance d'un appartement.*
II (Prescription) 1. Texte législatif émanant du gouvernement, avec autorisation du Parlement. *Légiférer par ordonnance.* ➝ aussi **constitution, loi.** ➝ *Ordonnance de police.* ◆ Décision prise par un juge. *Ordonnance de non-lieu.* 2. Prescriptions d'un médecin ; papier sur lequel elles sont inscrites. *Médicament délivré sur ordonnance.* 3. MILIT. *Révolver d'ordonnance,* conforme au règlement. ◆ *Officier d'ordonnance,* qui remplit les fonctions d'aide de camp. 4. anciennt (souvent masc.) Soldat attaché au service d'un officier.
ÉTYM. de *ordonner.*

ORDONNANCEMENT [ɔʀdɔnɑ̃smɑ̃] **n. m.** ✦ DIDACT. Façon dont une chose est ordonnée. SYN. **agencement, ordonnance.**

ORDONNANCIER [ɔʀdɔnɑ̃sje] **n. m.** 1. Registre où le pharmacien consigne les produits prescrits sur ordonnance. 2. Bloc spécial sur lequel un praticien rédige ses ordonnances.
ÉTYM. de *ordonnance* (II, 2).

ORDONNATEUR, TRICE [ɔʀdɔnatœʀ, tʀis] **n.** ✦ Personne qui dispose, met en ordre. *L'ordonnatrice d'une fête.* ➝ *Ordonnateur des pompes funèbres,* qui accompagne le convoi et règle la cérémonie.
ÉTYM. de *ordonner.*

ORDONNÉ, ÉE [ɔʀdɔne] **adj.** 1. En bon ordre. *Maison bien ordonnée.* ◆ MATH. *Ensemble ordonné,* muni d'une relation d'ordre*. 2. Qui a de l'ordre. *Un enfant ordonné.* CONTR. **désordonné.**
ÉTYM. participe passé de *ordonner.*

ORDONNÉE [ɔʀdɔne] **n. f.** ✦ MATH. Coordonnée verticale servant à définir la position d'un point. *L'abscisse et l'ordonnée.*
ÉTYM. du participe passé de *ordonner.*

ORDONNER [ɔʀdɔne] **v. tr.** (conjug. 3a) **I** Disposer, mettre dans un certain ordre. SYN. **arranger, classer, organiser,** ① **ranger.** ➝ pronom. *Le cortège s'ordonnait peu à peu.* ◆ MATH. Écrire (un polynôme) en rangeant ses termes suivant les puissances croissantes ou décroissantes d'un terme. **II** Élever (qqn) à l'un des ordres de l'Église (SYN. **consacrer** ; ➝ **ordination**). *Ordonner un diacre, un prêtre.* **III** Prescrire par un ordre. SYN. **commander, enjoindre.** *Ordonner qqch. à qqn. Je vous ordonne de vous taire.* SYN. **sommer.** *Ordonner que* (+ subj.). ➝ *Médecin qui ordonne un régime.* SYN. **prescrire.** CONTR. **déranger, embrouiller • défendre, interdire ; obéir.**
ÉTYM. latin *ordinare* «mettre en ordre *(ordo)*».

ORDRE [ɔʀdʀ] **n. m. I** (Relation organisée entre plusieurs termes ➝ **structure**) 1. Disposition, succession régulière. SYN. **arrangement, distribution.** *Mettre dans un certain ordre* (➝ **ordonner**). *Procédons par ordre. Ordre chronologique, logique. Ordre alphabétique. Dans l'ordre d'entrée en scène.* ➝ MATH. *Relation d'ordre sur un ensemble E :* relation binaire sur E, réflexive, transitive et antisymétrique. ➝ Disposition d'une troupe sur le terrain. *Ordre de marche, de bataille.* ➝ *ORDRE DU JOUR :* sujets dont une assemblée doit délibérer. *Voter l'ordre du jour.* ➝ *À l'ordre du jour :* d'actualité. 2. Disposition qui satisfait l'esprit, semble la meilleure possible ; aspect régulier, organisé. *Mettre de l'ordre dans ses dossiers.* ➝ *EN ORDRE :* rangé, ordonné. ➝ loc. fig. *Mettre bon ordre à* (une situation). 3. Qualité d'une personne qui a une bonne organisation, de la méthode ; spécialt qui range les choses à leur place (➝ **ordonné**). 4. Principe de causalité ou de finalité du monde. ➝ loc. *C'est dans l'ordre des choses :* c'est normal, inévitable. 5. Organisation sociale. *L'ordre établi.* ◆ Stabilité sociale ; respect de la société établie. *Les partisans de l'ordre.* ➝ *Service d'ordre,* qui assure l'ordre dans une réunion publique. *Les forces de l'ordre.* ➝ **armée,**

A B C D E F G H I J K L M N O P Q R S T U V W X Y Z

① police. ➝ *L'ORDRE PUBLIC* : la sécurité publique, le bon fonctionnement des services publics. **6.** Norme, conformité à une règle. *Tout est rentré dans l'ordre. Rappeler qqn à l'ordre,* à ce qu'il convient de faire. → **réprimander.** *Rappel à l'ordre.* **II** (Catégorie, classe d'êtres ou de choses) **1.** (choses abstraites) Espèce. SYN. **genre, nature, sorte.** *Dans le même ordre d'idées.* ➝ *Ordre de grandeur.* **2.** (dans des loc.) Qualité, valeur. SYN. ② **plan.** *C'est un écrivain DE PREMIER ORDRE. Une œuvre DE SECOND ORDRE,* mineure. **3.** Système architectural antique ayant une unité de style. *Ordre dorique, ionique, corinthien.* **4.** BOT., ZOOL. Division intermédiaire entre la classe et la famille. **5.** Division de la société française sous l'Ancien Régime. *Les trois ordres,* noblesse, clergé, tiers état. **6.** Groupe de personnes soumises à des règles professionnelles, morales. SYN. **corporation, corps.** *L'ordre des médecins. Le conseil de l'ordre.* ➝ *Ordres de chevalerie.* **7.** Communauté de religieux, de religieuses. *La règle d'un ordre. L'ordre des carmélites.* **8.** L'un des degrés de la hiérarchie cléricale catholique. *Ordres mineurs ; majeurs* (→ **prêtrise**). *Entrer dans les ordres* : se faire moine, prêtre ou religieuse (→ **ordination**). **III 1.** Acte (déclaration) par lequel une autorité manifeste sa volonté ; disposition impérative. SYN. **commandement, directive, prescription.** *Donner un ordre.* → **ordonner** (III) ; ① **imposer.** *Exécuter, transgresser un ordre.* ➝ *Être AUX ORDRES de qqn,* être, se mettre à sa disposition ; agir pour son compte. ➝ *Être SOUS LES ORDRES de qqn,* dépendre d'un supérieur hiérarchique. *Elle a dix personnes sous ses ordres.* ➝ (sans article) *Il est en faction avec ordre de ne pas bouger.* ➝ *JUSQU'À NOUVEL ORDRE* : jusqu'à ce qu'un ordre, un fait nouveau vienne modifier la situation. **2.** Décision de faire une opération financière, commerciale. *Ordre d'achat, de vente. Billet* à ordre.* ➝ Endossement d'un effet de commerce. *Chèque à l'ordre de X.* **3.** *MOT D'ORDRE* : consigne, résolution commune aux membres d'un parti. CONTR. **chaos, confusion, désordre** • ① **défense, interdiction.**

ÉTYM. latin *ordo, ordinis.*

ORDURE [ɔʀdyʀ] **n. f. 1.** Matière qui souille et répugne. SYN. **saleté.** ➝ spécialt Excrément. **2.** au plur. Choses de rebut dont on se débarrasse. SYN. **détritus.** *Ordures ménagères.* ☛ Géographie p. 233. *Jeter, vider les ordures* (→ **poubelle ; vide-ordures**). *Collecte des ordures par les éboueurs.* SYN. **immondices.** *Dépôt d'ordures.* → **décharge, dépotoir.** ➝ *Mettre aux ordures,* jeter. **3.** Propos, écrit, action sale ou obscène. SYN. **grossièreté, saleté. 4.** Personne abjecte (injure violente). *Espèce d'ordure !*

ÉTYM. de l'ancien français *ord* « sale », latin *horridus* « terrible, repoussant ».

ORDURIER, IÈRE [ɔʀdyʀje, jɛʀ] **adj.** ✦ Qui dit ou écrit des choses sales, obscènes. SYN. **grossier.** ➝ *Plaisanteries ordurières.*

ÉTYM. de *ordure.*

ORÉADE [ɔʀead] **n. f.** ✦ MYTHOL. GRECQUE Nymphe des montagnes et des bois.

ÉTYM. grec *oreas,* de *oros* « montagne ».

ORÉE [ɔʀe] **n. f.** ✦ *L'orée du bois, de la forêt,* la bordure. SYN. **lisière.**

ÉTYM. latin *ora* « bord », de *os, oris* « entrée, ouverture ».

OREILLARD [ɔʀɛjaʀ] **n. m.** ✦ Petite chauve-souris aux longues oreilles.

ÉTYM. de *oreille.*

OREILLE [ɔʀɛj] **n. f. I 1.** Chacun des deux organes constituant l'appareil auditif (→ **auriculaire ; ot(o)-**). *Oreille externe, moyenne, interne. Sifflement d'oreilles.* ➝ par plais. *Les oreilles ont dû vous tinter, vous siffler* (tellement nous avons parlé de vous en votre absence). ➝ loc. *Écouter de toutes ses oreilles. N'écouter que d'une oreille, d'une oreille distraite. Prêter, tendre l'oreille* : écouter. *Faire la sourde oreille,* faire comme si on n'entendait pas ; ignorer une demande. *Casser* les oreilles à qqn. Parler, dire qqch. à qqn dans le creux de l'oreille,* de sorte qu'il soit seul à entendre. *Cela lui entre par une oreille et lui sort par l'autre* : il ne fait pas attention à ce qu'on lui dit, ne le retient pas. *Ce n'est pas tombé dans l'oreille d'un sourd* : ces paroles ont été ou seront mises à profit. ➝ prov. *Ventre affamé n'a pas d'oreilles* : celui qui a faim n'écoute plus rien. ➝ *Avoir l'oreille de qqn,* en être écouté favorablement. SYN. **confiance, faveur. 2.** Ouïe. *Être dur d'oreille. Avoir l'oreille fine. Avoir de l'oreille* : être apte à saisir les sons musicaux et leurs combinaisons. **3.** Pavillon de l'oreille. *Oreilles décollées, en feuille de chou. Le lobe de l'oreille. Boucles d'oreilles.* ➝ *Tirer l'oreille, les oreilles à un enfant* (pour le punir). ➝ loc. fig. *Se faire tirer l'oreille* : se faire prier. ➝ *Dormir sur ses deux oreilles,* sans s'inquiéter. ◆ (animaux) *Les longues oreilles du lièvre.* **II** Élément (d'un objet) évoquant la forme d'une oreille, et qui se présente en paire. *Les oreilles d'une marmite.* SYN. **anse.** *Un écrou à oreilles.* SYN. **ailette.**

ÉTYM. latin populaire *auricula,* diminutif de *auris.*

OREILLER [ɔʀeje] **n. m.** ✦ Pièce de literie pour poser la tête, coussin rembourré, généralement carré. *Taie d'oreiller.*

ÉTYM. de *oreille.*

OREILLETTE [ɔʀɛjɛt] **n. f. I** Partie d'un chapeau qui protège les oreilles. *Toque à oreillettes.* **II** Chacune des deux cavités supérieures du cœur, recevant le sang veineux et communiquant avec les ventricules. **III** Petit récepteur qui s'adapte à l'oreille. *Oreillette d'un téléphone portable.*

ÉTYM. diminutif de *oreille.*

OREILLON [ɔʀɛjɔ̃] **n. m.** ✦ Moitié d'abricot dénoyauté. *Oreillons au sirop.*

ÉTYM. de *oreille.*

OREILLONS [ɔʀɛjɔ̃] **n. m. pl.** ✦ Maladie infectieuse contagieuse, caractérisée par une inflammation des principales glandes salivaires.

ÉTYM. de *oreille.*

ORES [ɔʀ] **adv.** ✦ VX Maintenant. ➝ MOD. *D'ORES ET DÉJÀ* [dɔʀzedeʒa] : dès maintenant, dès à présent.

ÉTYM. → ② or.

ORFÈVRE [ɔʀfɛvʀ] **n.** ✦ Fabricant ou marchand d'objets en métaux précieux. *Orfèvre-joaillier, orfèvre-bijoutier.* ➝ loc. *Être orfèvre en la matière,* s'y connaître parfaitement.

ÉTYM. latin *aurifex,* avec influence de l'ancien français *fèvre* « artisan », latin *faber.*

ORFÈVRERIE [ɔʀfɛvʀəʀi] **n. f. 1.** Art, métier, commerce de l'orfèvre. **2.** Ouvrages de l'orfèvre.

ÉTYM. de *orfèvre.*

ORFRAIE [ɔʀfʀɛ] n. f. ✦ Rapace diurne à queue blanche. ➛ loc. *Pousser des cris d'orfraie,* des cris perçants.
ÉTYM. latin *ossifraga* «qui brise les os».

ORGANDI [ɔʀgɑ̃di] n. m. ✦ Mousseline de coton, très légère et empesée.
ÉTYM. du nom d'une ville d'Ouzbékistan.

ORGANE [ɔʀgan] n. m. **I** 1. Voix (surtout d'un chanteur, d'un orateur). *Un bel organe.* 2. Voix autorisée d'un porte-parole. *Le ministère public est l'organe de l'accusation.* ➛ Publication périodique qui donne l'opinion (de). *L'organe d'un parti.* SYN. **journal.** **II** 1. Partie d'un être vivant (organisme) remplissant une fonction particulière. *Les organes de la digestion. Organes génitaux.* → **sexe.** *Greffe d'organe.* ➛ *Les organes des sens. L'œil, organe de la vue.* 2. Institution chargée de faire fonctionner une catégorie de services. *Les organes gouvernementaux.* 3. Mécanisme. *Les organes de commande d'une machine.*
ÉTYM. latin *organum,* grec *organon* «instrument, outil».

ORGANIGRAMME [ɔʀganigʀam] n. m. ✦ Représentation schématique des diverses parties d'un ensemble complexe, et de leurs rapports mutuels.
ÉTYM. de *organiser* et *-gramme.*

ORGANIQUE [ɔʀganik] adj. 1. Relatif aux organes. *Trouble organique* (opposé à *fonctionnel*). 2. Propre aux êtres organisés. *Phénomènes organiques.* 3. Qui provient de tissus vivants. *Engrais organique* (opposé à *chimique*). ➛ *CHIMIE ORGANIQUE,* qui étudie les composés du carbone, corps contenu dans tous les êtres vivants (opposé à *chimie minérale*). 4. *Loi organique,* qui touche la structure des organes de l'État. CONTR. **inorganique.**
► **ORGANIQUEMENT** [ɔʀganikmɑ̃] adv.
ÉTYM. latin *organicus.*

ORGANISATEUR, TRICE [ɔʀganizatœʀ, tʀis] n. ✦ Personne qui organise, sait organiser. ➛ adj. *Esprit organisateur.*
ÉTYM. de *organiser.*

ORGANISATION [ɔʀganizasjɔ̃] n. f. 1. Action d'organiser (qqch.) ; son résultat. SYN. **agencement, aménagement, coordination.** *L'organisation du travail.* ➛ absolt *Manque d'organisation.* ♦ Façon dont un ensemble est constitué en vue de son fonctionnement. SYN. **ordre, structure.** *Les types d'organisation familiale.* 2. Association, groupement qui se propose des buts déterminés. SYN. **organisme, société.** *Une organisation syndicale, humanitaire* (→ **O. N. G.**). *Organisation secrète.* ➛ *L'Organisation des Nations unies (ONU).* CONTR. **chaos, désordre, désorganisation.**
ÉTYM. de *organiser.*

ORGANISÉ, ÉE [ɔʀganize] adj. 1. BIOL. Qui est de la nature d'un organisme vivant ; pourvu d'une structure correspondant aux fonctions vitales. *Les êtres organisés.* 2. Qui est disposé ou se déroule suivant un ordre, une méthode déterminés. *Voyage organisé.* ➛ *Une personne bien organisée,* qui sait s'organiser. 3. Qui appartient à, a reçu une organisation. *Des bandes organisées.* CONTR. **anarchique, confus, désorganisé, inorganisé.**
ÉTYM. participe passé de *organiser.*

ORGANISER [ɔʀganize] v. tr. (conjug. 3a) 1. Doter d'une structure, d'une constitution déterminée, d'un mode de fonctionnement. *Organiser les éléments d'un système.* SYN. **agencer, ordonner, structurer.** ➛ *Organiser le travail.* SYN. **coordonner.** 2. Soumettre à une façon déterminée de vivre ou de penser. *Organiser sa vie, ses loisirs.* ➛ pronom. *Il ne sait pas s'organiser.* 3. Préparer (une action) selon un plan. *Organiser une fête ; une rencontre* (SYN. ② **ménager**) ; *un complot* (SYN. **ourdir**). ➛ pronom. *Le projet commence à s'organiser.* CONTR. **déranger, dérégler, désorganiser.**
ÉTYM. de *organe.*

ORGANISME [ɔʀganism] n. m. **I** 1. Ensemble des organes qui constituent un être vivant. ➛ spécialt Le corps humain. *Les besoins de l'organisme.* 2. Être vivant organisé. *Un organisme microscopique.* **II** 1. Ensemble organisé. *L'organisme social.* 2. Ensemble des services affectés à une tâche. SYN. **organisation.** *Un organisme culturel. Les grands organismes internationaux.*
ÉTYM. de *organe.*

ORGANISTE [ɔʀganist] n. ✦ Instrumentiste qui joue de l'orgue.
ÉTYM. latin *organista.*

ORGANITE [ɔʀganit] n. m. ✦ Chacun des éléments différenciés de la cellule (ribosomes, mitochondrie, noyau, etc.) qui ont des fonctions bien définies.
ÉTYM. de *organe.*

ORGANOLOGIE [ɔʀganɔlɔʒi] n. f. ✦ DIDACT. Étude des instruments de musique.
ÉTYM. du grec *organon* «instrument» et de *-logie.*

ORGASME [ɔʀgasm] n. m. ✦ Point culminant du plaisir sexuel.
ÉTYM. grec *orgasmos,* de *orgê* «mouvement naturel ; passion».

ORGE [ɔʀʒ] n. f. 1. Plante à épis simples munis de longues barbes, cultivée comme céréale. 2. Grain de cette céréale, utilisé surtout en brasserie (→ **malt**). ➛ n. m. *Orge perlé**. 3. *Sucre* d'orge.*
ÉTYM. latin *hordeum.*

ORGEAT [ɔʀʒa] n. m. ✦ *Sirop d'orgeat* ou *orgeat :* sirop préparé avec une émulsion d'amandes douces (autrefois avec de l'orge).
ÉTYM. de *orge.*

ORGELET [ɔʀʒəlɛ] n. m. ✦ Petit furoncle sur le bord de la paupière. SYN. **compère-loriot.**
ÉTYM. bas latin *hordeolus* «grain d'orge (*hordeum*)».

ORGIAQUE [ɔʀʒjak] adj. ✦ LITTÉR. Qui tient de l'orgie, évoque l'orgie.
ÉTYM. grec *orgiakos.*

ORGIE [ɔʀʒi] n. f. 1. plur. ANTIQ. Fêtes solennelles en l'honneur de Dionysos à Athènes, Bacchus à Rome. 2. Partie de débauche. ➛ Repas long, copieux et arrosé à l'excès. SYN. **beuverie, ripaille.** 3. *ORGIE DE :* usage excessif de. SYN. **excès.** *Faire une orgie de fraises.* ➛ *Une orgie de couleurs.*
ÉTYM. latin *orgia,* mot grec.

ORGUE [ɔʀg] n. m. (souvent fém. au plur.) **I** 1. Grand instrument de musique à vent composé de nombreux tuyaux que l'on fait résonner par l'intermédiaire de claviers, en y introduisant de l'air au moyen d'une

A B C D E F G H I J K L M N O P Q R S T U V W X Y Z

soufflerie (→ **organiste**). *Pédale d'orgue.* ➙ (dans une église) *Les grandes orgues.* ♦ *Orgue de Barbarie,* instrument mobile dont on joue au moyen d'une manivelle. SYN. **limonaire.** ➙ *Orgue électrique* (sans tuyaux). ➙ *Orgue électronique,* à sonorité d'orgue d'église ou produisant une gamme variée de sons originaux. **2.** MUS. *POINT D'ORGUE :* temps d'arrêt qui suspend la mesure sur une note ou un silence dont la durée peut être prolongée à volonté ; signe (𝄐) qui marque ce temps d'arrêt. **II** *Orgues basaltiques :* coulées de basalte en forme de tuyaux serrés les uns contre les autres.

ÉTYM. latin ecclésiastique *organum.*

ORGUEIL [ɔʀgœj] **n. m. 1.** Opinion très avantageuse qu'une personne a de sa propre valeur aux dépens de la considération due à autrui. SYN. **arrogance, présomption, suffisance.** *Être bouffi d'orgueil.* ➙ (sens positif) Sentiment de dignité. SYN. **amour-propre, fierté.** **2.** *L'ORGUEIL DE :* la satisfaction d'amour-propre que donne (qqn, qqch.). SYN. **fierté.** *Tirer (grand) orgueil de* (→ **s' enorgueillir**). ➙ Ce qui motive cette fierté. *Elle est l'orgueil de sa famille.* CONTR. **humilité, modestie, simplicité • honte.**

ÉTYM. francique *urgoli* « fierté ».

ORGUEILLEUX, EUSE [ɔʀgœjø, øz] **adj.** ✦ Qui a de l'orgueil (SYN. ② **fier**) ; qui montre de l'orgueil. SYN. **arrogant, hautain, prétentieux, vaniteux.** loc. *Orgueilleux comme un paon.* ➙ **n.** *C'est une orgueilleuse.* CONTR. **humble, modeste.**

► **ORGUEILLEUSEMENT** [ɔʀgœjøzmɑ̃] **adv.**

ÉTYM. de *orgueil.*

ORIENT [ɔʀjɑ̃] **n. m. I 1.** POÉT. Un des quatre points cardinaux ; côté où le soleil se lève. SYN. **levant ; est.** *L'orient et l'occident.* **2.** (avec maj.) Région située vers l'est, par rapport à un lieu donné (opposé à *Occident*). HIST. *L'empire d'Orient :* l'Empire byzantin. ➙ spécialt L'Asie, certains pays du bassin méditerranéen ou de l'Europe centrale. « *Voyage en Orient* » (de Gérard de Nerval). *L'Extrême-Orient. Le Moyen-Orient, le Proche-Orient.* **II** *Le Grand Orient :* loge centrale de la franc-maçonnerie. **III** Reflet nacré des perles. *Des perles d'un bel orient.* CONTR. **couchant, occident, ouest.**

ÉTYM. latin *oriens,* de *oriri* « se lever ».

ORIENTABLE [ɔʀjɑ̃tabl] **adj.** ✦ Qui peut être orienté. *Antenne orientable.* CONTR. **fixe.**

ORIENTAL, ALE, AUX [ɔʀjɑ̃tal, o] **adj.** et **n. 1.** Qui est à l'est. *Pyrénées orientales.* **2.** Originaire de l'Orient ; qui se rapporte à l'Orient. *Le monde oriental. Musique orientale.* ➙ **n.** *Les Orientaux.* ♦ Qui évoque l'Orient. *Un décor oriental.* CONTR. **occidental.**

ÉTYM. latin *orientalis.*

ORIENTALISTE [ɔʀjɑ̃talist] **n.** et **adj. 1. n.** DIDACT. Spécialiste des civilisations de l'Orient. **2. adj.** ARTS *Peintre orientaliste,* dont les sujets sont empruntés à l'Orient.

ÉTYM. de *oriental.*

ORIENTATION [ɔʀjɑ̃tasjɔ̃] **n. f. 1.** Détermination des points cardinaux d'un lieu (pour se repérer, se diriger). *Avoir le sens de l'orientation.* **2.** fig. Fait de donner une direction déterminée. *L'orientation professionnelle. Conseillère d'orientation.* **3.** Fait d'être orienté d'une certaine façon. *L'orientation d'une maison.* SYN. **exposition.** ➙ fig. *L'orientation d'une politique.*

ÉTYM. de *orienter.*

ORIENTER [ɔʀjɑ̃te] **v. tr.** (conjug. 3a) **I 1.** Disposer par rapport aux points cardinaux, à une direction, à un objet déterminé. *Orienter une maison au sud, vers la vallée.* SYN. **exposer.** ➙ *Orienter un éclairage.* **2.** Indiquer à (qqn) la direction à prendre. SYN. **conduire, diriger, guider.** ➙ fig. *Orienter un élève vers les sciences.* **II** *S'ORIENTER* **v. pron. 1.** *S'orienter vers :* se tourner, se diriger vers (une direction déterminée). ➙ fig. *S'orienter vers la recherche.* **2.** Déterminer sa position. *S'orienter à l'aide d'une boussole.* CONTR. **égarer.**

► **ORIENTÉ, ÉE p. passé 1.** *Maison orientée à l'ouest ; bien orientée.* **2.** fig. Qui a une tendance doctrinale marquée, n'est pas objectif. *Un article orienté.* CONTR. **neutre,** ① **objectif.**

ÉTYM. de *orient.*

ORIFICE [ɔʀifis] **n. m. 1.** Ouverture qui fait communiquer une cavité avec l'extérieur. *L'orifice d'un puits.* ➙ *Boucher, agrandir un orifice.* **2.** ANAT. Ouverture servant d'entrée ou d'issue à certains organes. *Les orifices de l'appareil digestif* (bouche, anus).

ÉTYM. latin *orificium,* de *os, oris* « bouche ».

ORIFLAMME [ɔʀiflam] **n. f.** ✦ Drapeau, bannière d'apparat.

ÉTYM. famille de ① *or* et de *flamme.*

ORIGAMI [ɔʀigami] **n. m.** ✦ DIDACT. Art japonais traditionnel du papier plié.

ÉTYM. mot japonais.

ORIGAN [ɔʀigɑ̃] **n. m.** ✦ Plante aromatique à fleurs roses. SYN. **marjolaine.**

ÉTYM. latin *origanum,* emprunté au grec *origanon.*

ORIGINAIRE [ɔʀiʒinɛʀ] **adj. 1.** (choses, personnes) *Originaire de :* qui tire son origine, vient de (tel pays, tel lieu). **2.** DIDACT. Qui apparaît à l'origine, date de l'origine. SYN. **originel.**

ÉTYM. latin *originarius.*

ORIGINAIREMENT [ɔʀiʒinɛʀmɑ̃] **adv.** ✦ À l'origine. SYN. **originellement.**

① **ORIGINAL, AUX** [ɔʀiʒinal, o] **n. m. 1.** Ouvrage de la main de l'homme, dont il est fait des reproductions. *Copie conforme à l'original.* ➙ *La traduction est fidèle à l'original.* ➙ (œuvre d'art) *L'original est au Louvre.* **2.** Personne réelle, objet naturel représentés ou décrits par l'art. SYN. **modèle.** *Ressemblance du portrait avec l'original.* CONTR. **copie, double, imitation, reproduction.**

ÉTYM. latin *originalis.*

② **ORIGINAL, ALE, AUX** [ɔʀiʒinal, o] **adj. 1.** LITTÉR. Originel. **2.** Qui émane directement de l'auteur, est l'origine des reproductions. *Édition originale :* première édition en librairie d'un texte inédit. ➙ *Film en version originale* (non doublée). **3.** Qui paraît ne dériver de rien d'antérieur, qui est unique. SYN. **inédit,** ② **neuf, nouveau, personnel.** *Idée originale.* ➙ (personnes) *Auteur, artiste original.* **4.** Qui paraît bizarre, peu normal. SYN. **curieux, étrange, excentrique, singulier.** ➙ **n.** *C'est un original.* SYN. **numéro, phénomène.** CONTR. **banal, classique, commun, ordinaire • conformiste ; traditionnel.**

ÉTYM. → ① original.

ORIGINALEMENT [ɔʀiʒinalmɑ̃] **adv.** ✦ D'une manière originale (3), spécifique.

ORIGINALITÉ [ɔʀiʒinalite] **n. f.** **I** 1. Caractère de ce qui est original, d'une personne originale (3). 2. Étrangeté, excentricité, singularité. *Se faire remarquer par son originalité.* **II** *(Une, des originalités).* Élément original. SYN. **particularité.**
ÉTYM. de ② *original.*

ORIGINE [ɔʀiʒin] **n. f.** **I** 1. Ancêtres ou milieu humain primitif auquel remonte la généalogie d'un individu, d'un groupe. SYN. **ascendance, extraction, souche.** *Être d'origine française. Pays d'origine.* ➙ Milieu social d'où est issu qqn. *Être d'origine bourgeoise, modeste.* 2. Époque, milieu d'où vient qqch. *Une coutume d'origine médiévale.* ➙ *L'origine d'un mot.* SYN. **étymologie.** 3. Point de départ. SYN. **provenance.** *L'origine d'un appel téléphonique.* ➙ *L'origine d'un produit.* ➙ *Appellation d'origine.* 4. MATH. Point à partir duquel on mesure les coordonnées. *Origine d'un repère* : point d'intersection de tous les axes du système. **II** 1. Commencement, première apparition ou manifestation. SYN. **création, naissance.** ➙ *À L'ORIGINE* **loc. adv.** : au début. ➙ *D'ORIGINE* **loc. adj.** : qui date du début. *Pièces d'origine.* ◆ **au plur.** Commencements (d'une réalité qui se modifie). *Les origines de la vie.* 2. Ce qui explique l'apparition ou la formation (d'un fait nouveau). SYN. **cause, source.** *L'origine d'une révolution. Affection d'origine virale.*
ÉTYM. latin *origo, originis,* de *oriri* «se lever ; naître».

ORIGINEL, ELLE [ɔʀiʒinɛl] **adj.** ✦ Qui date de l'origine. SYN. **initial, originaire,** ② **original** (1) ; **premier, primitif.** *Sens originel d'un mot.* ➙ RELIG. CHRÉT. Du premier homme créé par Dieu. *Le péché originel.*
ÉTYM. même origine que ② *original.*

ORIGINELLEMENT [ɔʀiʒinɛlmɑ̃] **adv.** ✦ Dès l'origine, à l'origine. SYN. **originairement, primitivement.**

ORIGNAL, AUX [ɔʀiɲal, o] **n. m.** ✦ Élan* du Canada.
ÉTYM. du basque.

ORIPEAUX [ɔʀipo] **n. m. pl.** ✦ Vêtements voyants, vieux habits avec un reste de clinquant.
ÉTYM. famille de ① *or* et de *peau.*

O. R. L. [oɛʀɛl] **n.** 1. **n. f.** Otorhinolaryngologie. 2. **n.** Otorhinolaryngologiste. *Consulter une O. R. L.*
ÉTYM. abréviation.

ORLÉANISTE [ɔʀleanist] **n. et adj.** ✦ HIST. Personne qui soutenait les droits de la famille d'Orléans au trône de France. *Les orléanistes contre les légitimistes.*
ÉTYM. du nom propre *Orléans.*

ORME [ɔʀm] **n. m.** 1. Grand arbre à feuilles dentelées. 2. Bois de cet arbre. *Loupe d'orme.*
ÉTYM. latin *ulmus.*

① **ORMEAU** [ɔʀmo] **n. m.** ✦ Petit orme, jeune orme.
ÉTYM. de *orme.*

② **ORMEAU** [ɔʀmo] **n. m.** ✦ Mollusque marin comestible, à coquille plate.
ÉTYM. de l'ancien français *ormier,* du latin *aurum* «or» et *merus* «pur».

ORNEMANISTE [ɔʀnəmanist] **n.** ✦ ARTS Spécialiste du dessin ou de l'exécution de motifs décoratifs.
ÉTYM. de *ornement.*

ORNEMENT [ɔʀnəmɑ̃] **n. m.** 1. RARE Action d'orner ; décoration. ➙ COUR. *Arbres, plantes D'ORNEMENT.* ➙ **décoratif.** 2. Ce qui orne, s'ajoute à un ensemble pour l'embellir. *Sans ornement* (➙ **dépouillé, sobre**). 3. Motif accessoire (d'une composition artistique). *Ornements de style gothique.* 4. MUS. Groupe de notes qui s'ajoute à une mélodie sans en modifier la ligne (ex. le trille).
ÉTYM. latin *ornamentum.*

ORNEMENTAL, ALE, AUX [ɔʀnəmɑ̃tal, o] **adj.** 1. Qui a rapport à l'ornement, qui utilise des ornements. *Style ornemental.* 2. Qui sert à orner. SYN. **décoratif.** *Plantes ornementales.*
ÉTYM. de *ornement.*

ORNEMENTATION [ɔʀnəmɑ̃tasjɔ̃] **n. f.** ✦ Action d'ornementer ; ce qui orne. *Une ornementation raffinée.* SYN. **décoration.**

ORNEMENTER [ɔʀnəmɑ̃te] **v. tr.** (conjug. 3a) ✦ Garnir d'ornements ; embellir par des ornements (**surtout au p. passé**). SYN. **décorer, orner.**
ÉTYM. de *ornement.*

ORNER [ɔʀne] **v. tr.** (conjug. 3a) 1. Mettre en valeur, embellir (une chose). SYN. **agrémenter, décorer,** ① **parer.** *Des fleurs ornent le balcon.* ◆ Servir d'ornement à. *Des bracelets ornaient son bras.* 2. Rendre plus attrayant. *Orner la vérité.* ➙ **au p. passé** *Style trop orné.* SYN. **ouvragé, ouvré, tarabiscoté.**
ÉTYM. latin *ornare.*

ORNIÈRE [ɔʀnjɛʀ] **n. f.** 1. Trace plus ou moins profonde que les roues de voitures creusent dans les chemins. 2. **fig.** *Sortir de l'ornière,* d'une situation où l'on s'est enlisé.
ÉTYM. latin populaire *orbitaria.*

ORNITHO- Élément savant, du grec *ornis, ornithos* «oiseau».

ORNITHOLOGIE [ɔʀnitɔlɔʒi] **n. f.** ✦ Partie de la zoologie qui étudie les oiseaux.
► **ORNITHOLOGIQUE** [ɔʀnitɔlɔʒik] **adj.** *Réserve ornithologique.*
ÉTYM. de *ornitho-* et *-logie.*

ORNITHOLOGUE [ɔʀnitɔlɔg] **n.** ✦ Spécialiste de l'ornithologie. ➙ **On dit aussi** ORNITHOLOGISTE [ɔʀnitɔlɔʒist].

ORNITHOMANCIE [ɔʀnitɔmɑ̃si] **n. f.** ✦ Divination par le vol ou le chant des oiseaux.
ÉTYM. de *ornitho-* et *-mancie.*

ORNITHORYNQUE [ɔʀnitɔʀɛ̃k] **n. m.** ✦ Mammifère amphibie et ovipare, à bec corné, à longue queue plate, à pattes palmées et griffues (Australie, Tasmanie).
ÉTYM. de *ornitho-* et du grec *runkhos* «bec».

ORO- Élément savant, du grec *oros* «montagne».

OROGENÈSE [ɔʀɔʒənɛz] **n. f.** ✦ GÉOL. Processus de formation des reliefs de l'écorce terrestre.
ÉTYM. de *oro-* et *-genèse.*

OROGRAPHIE [ɔʀɔgʀafi] **n. f.** ✦ Étude des reliefs montagneux.
ÉTYM. de *oro-* et *-graphie.*

ORONGE [ɔʀɔ̃ʒ] **n. f.** ✦ Amanite* (champignon). *Oronge vraie* (comestible). *Fausse oronge* : amanite tue-mouche, vénéneuse.
ÉTYM. provençal «orange».

ORPAILLEUR, EUSE [ɔʀpajœʀ, øz] **n.** ✦ Ouvrier qui recueille par lavage les paillettes d'or dans les alluvions aurifères. ➝ Chercheur d'or.
ÉTYM. peut-être de ① *or* et de l'ancien verbe *harpailler, harper* «saisir».

ORPHELIN, INE [ɔʀfəlɛ̃, in] **n.** ✦ Enfant qui a perdu son père et sa mère, ou l'un des deux. *Un orphelin de père.* ➝ loc. *Défendre la veuve et l'orphelin* : protéger les opprimés. ➝ **adj.** *Un enfant orphelin.*
ÉTYM. latin ecclésiastique *orphanus*, emprunté au grec.

ORPHELINAT [ɔʀfəlina] **n. m.** ✦ Établissement qui élève des orphelins.
ÉTYM. de *orphelin.*

ORPHÉON [ɔʀfeɔ̃] **n. m.** ✦ Fanfare.
ÉTYM. de *Orphée*, poète et musicien mythologique. ☞ noms propres.

ORPHÉONISTE [ɔʀfeɔnist] **n.** ✦ Membre d'un orphéon.

ORPHISME [ɔʀfism] **n. m.** ✦ Doctrine ou secte religieuse de l'Antiquité qui s'inspire de la pensée d'Orphée.
► **ORPHIQUE** [ɔʀfik] **adj.**
ÉTYM. du nom propre *Orphée*, symbole de la création poétique et musicale ☞ noms propres.

ORPIMENT [ɔʀpimɑ̃] **n. m.** ✦ TECHN. Sulfure naturel d'arsenic, jaune vif ou orangé.
ÉTYM. latin *auripigmentum* «couleur d'or».

ORQUE [ɔʀk] **n. f.** ✦ Grand mammifère marin noir et blanc à grande nageoire dorsale, de la famille des dauphins. SYN. **épaulard.**
ÉTYM. latin *orca.*

ORTEIL [ɔʀtɛj] **n. m.** ✦ Chacun des cinq doigts du pied. *Le gros orteil* : le pouce du pied.
ÉTYM. latin *articulus* «articulation» ; doublet de *article.*

ORTH(O)- Élément savant, du grec *orthos* «droit, correct».

ORTHOCENTRE [ɔʀtosɑ̃tʀ] **n. m.** ✦ Point d'intersection des trois hauteurs d'un triangle.
ÉTYM. de *ortho-* et *centre.*

ORTHODONTIE [ɔʀtɔdɔ̃si ; ɔʀtɔdɔ̃ti] **n. f.** ✦ DIDACT. Spécialité médicale qui vise à prévenir ou à corriger les anomalies de position des dents.
ÉTYM. de *ortho-* et *-odontie.*

ORTHODONTISTE [ɔʀtɔdɔ̃tist] **n.** ✦ DIDACT. Dentiste spécialiste d'orthodontie.

ORTHODOXE [ɔʀtɔdɔks] **adj.** 1. Conforme au dogme, à la doctrine d'une religion. *Foi orthodoxe.* ➝ **n.** *Les orthodoxes et les hérétiques.* 2. Conforme à une doctrine, aux usages établis. SYN. **conformiste, traditionnel.** *Une morale orthodoxe.* ➝ *Historien orthodoxe.* ➝ (avec négation) *Sa méthode n'est pas très orthodoxe.* 3. Se dit des Églises chrétiennes des rites d'Orient séparées de Rome au XIe siècle. *L'Église orthodoxe russe.* ➝ *Clergé orthodoxe* (→ **métropolite, patriarche, pope**). ➝ **n.** *Les orthodoxes grecs.* CONTR. **hérétique, hétérodoxe • déviationniste, dissident, non-conformiste.**
ÉTYM. latin ecclésiastique *orthodoxus*, du grec, de *doxa* «opinion».

ORTHODOXIE [ɔʀtɔdɔksi] **n. f.** 1. Ensemble des doctrines, des opinions considérées comme vraies par la fraction dominante d'une Église et enseignées officiellement. SYN. **dogme.** *L'orthodoxie catholique.* 2. Caractère orthodoxe (dans une matière non religieuse). *Orthodoxie politique.* CONTR. **hérésie, hétérodoxie • déviationnisme, non-conformisme.**
ÉTYM. de *orthodoxe.*

ORTHOGONAL, ALE, AUX [ɔʀtɔgɔnal, o] **adj.** ✦ GÉOM. Qui forme un angle droit, se fait à angle droit. SYN. **perpendiculaire.** *Droites orthogonales.* ➝ *Projection orthogonale*, obtenue au moyen de perpendiculaires abaissées sur une surface.
► **ORTHOGONALEMENT** [ɔʀtɔgɔnalmɑ̃] **adv.**
► **ORTHOGONALITÉ** [ɔʀtɔgɔnalite] **n. f.** *Orthogonalité de deux vecteurs.*
ÉTYM. latin *orthogonus*, du grec → ortho- et -gonal.

ORTHOGRAPHE [ɔʀtɔgʀaf] **n. f.** 1. Manière d'écrire un mot qui est considérée comme la seule correcte. *Faute d'orthographe. Réforme de l'orthographe.* ➝ Capacité d'écrire sans faute. *Être bon en orthographe.* 2. Manière dont un mot est écrit. SYN. **graphie.** *Ce mot a deux orthographes possibles.*
► **ORTHOGRAPHIQUE** [ɔʀtɔgʀafik] **adj.**
ÉTYM. latin *orthographia*, mot grec → ortho- et -graphe.

ORTHOGRAPHIER [ɔʀtɔgʀafje] **v. tr.** (conjug. 9) ✦ Écrire selon les règles de l'orthographe. ➝ au p. passé *Mot mal orthographié.*

ORTHONORMÉ, ÉE [ɔʀtɔnɔʀme] **adj.** ✦ *Repère orthonormé*, dont les vecteurs sont orthogonaux et de même longueur (ou norme).

ORTHOPÉDIE [ɔʀtɔpedi] **n. f.** 1. DIDACT. Médecine du squelette, des muscles et des tendons. 2. COUR. Médecine et prothèse des membres inférieurs.
► **ORTHOPÉDIQUE** [ɔʀtɔpedik] **adj.** *Appareil orthopédique.*
ÉTYM. de *ortho-* et du grec *pais, paidos* «enfant».

ORTHOPÉDISTE [ɔʀtɔpedist] **n.** 1. Médecin qui pratique l'orthopédie. ➝ **adj.** *Chirurgien orthopédiste.* 2. Personne qui fabrique ou vend des appareils orthopédiques.
ÉTYM. de *orthopédie.*

ORTHOPHONIE [ɔʀtɔfɔni] **n. f.** ✦ Traitement des troubles du langage oral et écrit, de la voix.
ÉTYM. de *ortho-* et *-phonie.*

ORTHOPHONISTE [ɔʀtɔfɔnist] **n.** ✦ Spécialiste de l'orthophonie. *Cette orthophoniste rééduque les dyslexiques.*
ÉTYM. de *orthophonie.*

ORTHOPTÈRE [ɔʀtɔptɛʀ] **n. m.** ✦ ZOOL. *Les orthoptères :* ordre d'insectes dont les ailes postérieures ont des plis droits dans le sens de la longueur (ex. le grillon).
ÉTYM. de *ortho-* et *-ptère.*

ORTHOPTIE [ɔʀtɔpsi] **n. f.** ✦ MÉD. Traitement qui vise à la correction des défauts de la vision binoculaire.
► **ORTHOPTIQUE** [ɔʀtɔptik] **adj.** *Bilan orthoptique.*
► **ORTHOPTISTE** [ɔʀtɔptist] **n.**
ÉTYM. de *ortho-* et *optique.*

ORTIE [ɔʀti] **n. f.** ✦ Plante velue dont le contact provoque une sensation de brûlure. *Piqûre d'ortie.*
ÉTYM. latin *urtica.*

ORTOLAN [ɔʀtɔlɑ̃] **n. m.** ✦ Petit oiseau à chair très estimée. ➖ fig. *Des ortolans :* des mets coûteux et raffinés.
ÉTYM. italien *ortolano* ; famille du latin *hortus* «jardin».

ORVET [ɔʀvɛ] **n. m.** ✦ Reptile saurien dépourvu de membres, ressemblant à un serpent.
ÉTYM. origine obscure.

OS [ɔs] pluriel [o] **n. m. 1.** Chacune des pièces rigides qui forment le squelette* (→ **ostéo- ; ossature**). *Les os du thorax, du pied. Petit os.* → **osselet.** ♦ loc. *N'avoir que la peau sur les os. Un sac d'os, un paquet d'os* : une personne très maigre. ➖ *Se rompre les os* : se blesser grièvement dans une chute. ➖ *En chair* et en os.* ➖ *Il ne fera pas de vieux os* : il ne vivra pas longtemps. ➖ *Trempé jusqu'aux os,* complètement. ➖ FAM. *L'avoir dans l'os* : être possédé, refait. ♦ (os des animaux) *Viande vendue sans os* (→ **désossé**). *Os à moelle.* ➖ *Chien qui ronge un os.* ➖ loc. FAM. *Tomber sur un os ; il y a un os !,* une difficulté. **2.** *LES OS :* restes d'un être vivant, après sa mort. SYN. **carcasse, ossements. 3.** Matière qui constitue les os, utilisée dans la fabrication de certains objets. *Couteau à manche en os.* **4.** *OS DE SEICHE :* lame calcaire qui constitue la coquille interne dorsale de la seiche. HOM. (du pluriel) AU(X) (article), AULX (pluriel de *ail* «plante»), EAU «liquide», ① HAUT «élevé», HO, OH «marque de surprise», O (lettre), Ô «incantation»
ÉTYM. latin *ossum,* de *os, ossis* «os ; fond de l'être».

Os [oɛs] ✦ CHIM. Symbole de l'osmium.

O. S. [oɛs] **n.** ✦ Ouvrier, ouvrière spécialisé(e).
ÉTYM. sigle.

OSCAR [ɔskaʀ] **n. m.** ✦ Récompense décernée par un jury. *Ce film a obtenu plusieurs Oscars.*
ÉTYM. marque déposée ; mot américain, nom propre.

OSCARISER [ɔskaʀize] **v. tr.** (conjug. 3a) ✦ Récompenser par un Oscar.

OSCILLANT, ANTE [ɔsilɑ̃, ɑ̃t] **adj.** ✦ Qui oscille. *Mouvement oscillant.*
ÉTYM. du participe présent de *osciller.*

OSCILLATEUR [ɔsilatœʀ] **n. m.** ✦ PHYS. Dispositif mécanique, acoustique, électrique ou optique qui peut engendrer des oscillations. ➖ spécialt. Circuit électrique servant de générateur de signaux périodiques.
ÉTYM. de *osciller.*

OSCILLATION [ɔsilasjɔ̃] **n. f. 1.** Mouvement d'un corps qui oscille. SYN. **balancement.** *Les oscillations d'un balancier.* SYN. **battement.** ➖ PHYS. Variation alternative d'une grandeur, en fonction du temps, autour d'une valeur fixe. *Amplitude, période d'une oscillation.* **2.** fig. Fluctuation, variation. *Les oscillations de l'opinion.*
ÉTYM. latin *oscillatio.*

OSCILLATOIRE [ɔsilatwaʀ] **adj.** ✦ SC. De la nature de l'oscillation. *Mouvement oscillatoire.*

OSCILLER [ɔsile] **v. intr.** (conjug. 3a) **1.** Aller de part et d'autre d'une position moyenne par un mouvement de va-et-vient. *Le pendule oscille.* SYN. se **balancer.** ➖ *Il oscilla et tomba sur le trottoir.* SYN. **chanceler, vaciller. 2.** fig. Varier en passant par des alternatives. *Osciller entre deux positions, deux partis.* SYN. **hésiter.**
ÉTYM. bas latin *oscillare* «se balancer».

OSCILLOGRAMME [ɔsilɔgʀam] **n. m.** ✦ Courbe tracée par un oscillographe ou sur l'écran d'un oscilloscope.
ÉTYM. de *osciller* et *-gramme.*

OSCILLOGRAPHE [ɔsilɔgʀaf] **n. m.** ✦ Instrument permettant l'étude des variations d'une tension ou d'un courant électriques en fonction du temps. *Oscillographe électronique.*
ÉTYM. de *osciller* et *-graphe.*

OSCILLOSCOPE [ɔsilɔskɔp] **n. m.** ✦ Appareil de mesure permettant de visualiser les variations d'une tension en fonction du temps.
ÉTYM. de *osciller* et *-scope.*

> ① **-OSE** Élément savant, tiré de *glucose,* servant à former les noms des glucides (ex. *cellulose, saccharose*).

> ② **-OSE** Élément savant servant à former des noms de maladies non inflammatoires (ex. *brucellose, névrose*).

OSÉ, ÉE [oze] **adj. 1.** Qui est fait avec audace. *Démarche, tentative osée.* SYN. **hardi, risqué. 2.** Qui risque de choquer les bienséances. *Un décolleté osé.* CONTR. **timide • convenable.**
ÉTYM. du participe passé de *oser.*

OSEILLE [ozɛj] **n. f. 1.** Plante cultivée pour ses feuilles comestibles au goût acide. *Soupe à l'oseille.* **2.** FAM. Argent*.
ÉTYM. latin *acidula* «aigrelette».

OSER [oze] **v. tr.** (conjug. 3a) **1.** LITTÉR. Entreprendre avec assurance (une chose difficile, périlleuse). SYN. **risquer.** *Il est décidé à tout oser. Oser une plaisanterie.* **2.** (+ inf.) Avoir l'audace, le courage de. *Je n'ose plus rien dire.* ➖ *Il a osé me faire des reproches.* ➖ (précaution oratoire) *J'ose penser que...* SYN. se **permettre.** *Si j'ose m'exprimer ainsi.* ➖ (comme souhait) *J'ose l'espérer.* **3.** absolt Se montrer audacieux, prendre des risques. *Il faut oser ! Si j'osais...*
ÉTYM. bas latin *ausare,* classique *audere.*

OSERAIE [ozʀɛ] **n. f.** ✦ Terrain planté d'osiers.
ÉTYM. de *osier.*

OSIER [ozje] **n. m. 1.** Saule de petite taille, aux rameaux flexibles. *Branches d'osier.* **2.** Rameau d'osier, employé en vannerie. *Panier d'osier. Fauteuil en osier.*
ÉTYM. francique, de *alisa* «aulne».

OSMIUM [ɔsmjɔm] n. m. ✦ Métal extrait des minerais de platine (symb. Os).
ÉTYM. du grec *osmê* «odeur».

OSMOSE [ɔsmoz] n. f. 1. SC. Phénomène de diffusion (entre deux liquides ou solutions séparés par une membrane semi-perméable) qui laisse passer le solvant mais non la substance dissoute. 2. fig. Interpénétration, influence réciproque. *Osmose entre deux courants de pensée.*
ÉTYM. mot anglais, du grec *ôsmos* «poussée».

OSMOTIQUE [ɔsmɔtik] adj. ✦ SC. De l'osmose (1). *Pression osmotique.*

OSSATURE [ɔsatyʀ] n. f. 1. Ensemble des os, tels qu'ils sont disposés dans le corps. SYN. **squelette.** *Une ossature robuste.* 2. Ensemble de parties essentielles qui soutient un tout. SYN. **charpente.** *L'ossature en béton d'un pont.* – abstrait *L'ossature sociale.*
ÉTYM. de *os.*

OSSELET [ɔslɛ] n. m. 1. RARE Petit os. *Les osselets de l'oreille.* 2. *LES OSSELETS* : jeu d'adresse consistant à lancer puis à rattraper de petits objets (semblables à des osselets).
ÉTYM. diminutif de *os.*

OSSEMENTS [ɔsmɑ̃] n. m. pl. ✦ Os décharnés et desséchés de cadavres d'hommes ou d'animaux.
ÉTYM. latin *ossamentum.*

OSSEUX, EUSE [ɔsø, øz] adj. 1. De l'os, des os. *Tissu osseux,* formé de *cellules osseuses.* 2. *Poisson osseux* (opposé à *cartilagineux*), qui possède des arêtes. 3. Constitué par des os. *Carapace osseuse.* 4. COUR. Dont les os sont saillants. SYN. **maigre.** *Un visage émacié, osseux.* CONTR. **charnu, dodu.**
ÉTYM. de *os.*

OSSIFIER [ɔsifje] v. tr. (conjug. 9) ✦ Transformer en tissu osseux. – pronom. *Les fontanelles du nourrisson s'ossifient.* SYN. se **calcifier.**
▶ **OSSIFICATION** [ɔsifikasjɔ̃] n. f.
ÉTYM. de *os,* suffixe *-ifier.*

OSSO BUCO [ɔsobuko] n. m. invar. ✦ Jarret de veau servi avec l'os à moelle, cuisiné avec des tomates (plat italien).
ÉTYM. mot italien «os à trou».

OSSUAIRE [ɔsɥɛʀ] n. m. 1. Amas d'ossements. 2. Excavation (SYN. **catacombe**), bâtiment où sont conservés des ossements humains.
ÉTYM. bas latin *ossuarium* «urne funéraire».

OSTENSIBLE [ɔstɑ̃sibl] adj. ✦ LITTÉR. Qui est fait sans se cacher ou avec l'intention d'être remarqué. SYN. **apparent, visible.** *Attitude ostensible.* CONTR. **caché,** ① **discret.**
▶ **OSTENSIBLEMENT** [ɔstɑ̃sibləmɑ̃] adv.
ÉTYM. du latin *ostensum, ostentum,* supin de *ostendere* «montrer».

OSTENSOIR [ɔstɑ̃swaʀ] n. m. ✦ Pièce d'orfèvrerie destinée à exposer l'hostie.
ÉTYM. du latin *ostensum* → ostensible.

OSTENTATION [ɔstɑ̃tasjɔ̃] n. f. ✦ Mise en valeur excessive et indiscrète d'un avantage. → **étalage.** *Agir avec ostentation.* CONTR. **discrétion, modestie.**
ÉTYM. latin *ostentatio.*

OSTENTATOIRE [ɔstɑ̃tatwaʀ] adj. ✦ LITTÉR. Qui est fait, montré avec ostentation. *Charité ostentatoire.* CONTR. ① **discret.**
ÉTYM. du latin *ostendere* «exhiber, montrer».

OSTÉO- Élément savant, du grec *osteon* «os».

OSTÉOPATHE [ɔsteɔpat] n. ✦ Personne (parfois médecin) qui soigne par manipulation des os.
ÉTYM. anglais *osteopath* → ostéo- et -pathe.

OSTÉOPATHIE [ɔsteɔpati] n. f. ✦ MÉD. I Affection osseuse. II Thérapeutique faisant appel à des manipulations sur les os.
ÉTYM. de *ostéo-* et *-pathie.*

OSTÉOPOROSE [ɔsteɔpɔʀoz] n. f. ✦ MÉD. Raréfaction pathologique du tissu osseux.
ÉTYM. de *ostéo-* et du grec *poros* «passage».

OSTRACISME [ɔstʀasism] n. m. 1. ANTIQ. Bannissement de dix ans prononcé contre un citoyen à la suite d'un jugement du peuple, à Athènes. 2. Hostilité d'une collectivité qui rejette l'un de ses membres. *Être frappé d'ostracisme.*
ÉTYM. grec *ostrakismos,* de *ostrakon* «coquille ; tesson» ; on écrivait la sentence sur un tesson.

OSTRÉI- Élément savant, du latin *ostrea,* grec *ostreon* «huître».

OSTRÉICULTEUR, TRICE [ɔstʀeikyltœʀ, tʀis] n. ✦ Personne qui pratique l'ostréiculture.

OSTRÉICULTURE [ɔstʀeikyltyʀ] n. f. ✦ Élevage des huîtres.
ÉTYM. de *ostréi-,* d'après *agriculture.*

OSTROGOTH, OTHE [ɔstʀɔgo, ɔt] n. 1. HIST. Habitant de la partie est des territoires occupés par les Goths. *Les Ostrogoths et les Wisigoths.* 2. n. m. VX Homme ignorant et bourru. – Personnage extravagant. SYN. **olibrius.**
ÉTYM. bas latin *ostrogothus,* du germanique *ost* «est».

OTAGE [ɔtaʒ] n. m. ✦ Personne livrée ou reçue comme garantie, ou qu'on détient pour obtenir ce qu'on exige. SYN. **gage, garant.** – *Hold-up avec prise d'otages. Prendre qqn en otage ;* fig. se servir de lui comme moyen de pression.
ÉTYM. de *oste,* forme de *hôte.*

OTARIE [ɔtaʀi] n. f. ✦ Mammifère marin du Pacifique et des mers du Sud.
ÉTYM. grec *ôtarion* «petite oreille *(ous, ôtos)*».

ÔTER [ote] v. tr. (conjug. 3a) 1. Enlever* (un objet) de la place qu'il occupait. SYN. **déplacer, retirer.** – fig. *Ôter un poids* à qqn,* le soulager d'une inquiétude. – *On ne m'ôtera pas de l'idée que...,* j'en suis convaincu. – VX (compl. personne) *Ôte-moi d'un doute.* 2. VIEILLI OU RÉGIONAL Enlever. *Ôter son manteau.* – *6 ôté de 10 égale 4.* 3. *S'ÔTER* v. pron. *Ôtez-vous de là.* SYN. **s'écarter,** se **pousser.** CONTR. **ajouter • mettre.**
ÉTYM. latin *obstare* «se tenir devant».

OTITE [ɔtit] n. f. ✦ Inflammation de l'oreille.
ÉTYM. → ot(o)- et -ite.

OT(O)- Élément savant, du grec *ous, ôtos* «oreille».

OTORHINOLARYNGOLOGIE [ɔtoʀinolaʀɛ̃gɔlɔʒi] **n. f.** ✦ Partie de la médecine qui s'occupe des maladies de l'oreille, du nez et de la gorge. SYN. FAM. **O. R. L.** ➛ On écrit aussi *oto-rhino-laryngologie.*

OTORHINOLARYNGOLOGISTE [ɔtoʀinolaʀɛ̃gɔlɔʒist] **n.** ✦ Médecin spécialisé en otorhinolaryngologie. SYN. **O. R. L.** (2). *Des otorhinolaryngologistes.* ➛ On écrit aussi *oto-rhino-laryngologiste, des oto-rhino-laryngologistes,* mais on abrège souvent en *otorhino, des otorhinos* (ou *oto-rhino, des oto-rhinos*).

① **OTTOMAN, ANE** [ɔtɔmɑ̃, an] **adj.** ✦ HIST. (☞ noms propres) Turc. *L'Empire ottoman.*
ÉTYM. de *Othman,* fondateur d'une dynastie qui régna sur la Turquie.

② **OTTOMAN** [otomɑ̃] **n. m.** ✦ Étoffe de soie à grosses côtes, à trame de coton.
ÉTYM. → ① ottoman.

OU [u] **conj.** ✦ Conjonction qui joint des termes, membres de phrases ou propositions analogues, en séparant les idées exprimées. **1.** (équivalences de désignations) Autrement dit. *La coccinelle, ou bête à bon Dieu.* **2.** (indifférence) *Donnez-moi le rouge ou (bien) le noir, peu importe. Son père ou sa mère pourra* (ou *pourront*) *l'accompagner.* **3.** (évaluation approximative) *Un groupe de quatre ou cinq hommes.* → **à.** **4.** (alternative) *C'est l'un ou l'autre* (si c'est l'un, ce n'est pas l'autre). SYN. **soit.** *« Il faut qu'une porte soit ouverte ou fermée »* (comédie de Musset). *Acceptez-vous, oui ou non ?* ◆ (après un impér. ou un subj.) *Donne-moi ça ou je me fâche, ou alors je me fâche.* SYN. **sans ça, sinon.** ◆ *OU... OU... Ou c'est lui, ou c'est moi* (l'un exclut l'autre). HOM. AOÛT « mois », HOU « cri », HOUE « pioche », HOUX « arbuste », OÙ (adv. de lieu)
ÉTYM. latin *aut.*

OÙ [u] **pron.** et **adv.**
I pron., adv. rel. **1.** Dans un lieu (indiqué ou suggéré par l'antécédent). → **dans** lequel, **sur** lequel. *Le pays où il est né. Elle le retrouva là* où elle l'avait laissé.* ➛ *De là où vous êtes* (mais : *c'est là que vous êtes*). ➛ (+ inf.) *Je cherche une villa où passer mes vacances.* **2.** (indiquant un état, une situation) *Dans l'état où il est. Au prix où est le beurre,* auquel est... **3.** (indiquant le temps) *Au moment où il arriva.*
II adv. **1.** Là où, à l'endroit où. → **là.** *J'irai où vous voudrez.* ➛ *OÙ QUE...* (indéfini ; + subj.). *Où que tu ailles,* en quelque lieu. **2.** (temporel) *Mais où j'ai été surpris, ce fut quand...* **3.** *D'OÙ,* marquant la conséquence. *D'où vient, d'où il suit que, d'où il résulte que* (+ indic.). ➛ (sans verbe) *Je n'étais pas prévenu : d'où mon étonnement.* → **de là.**
III adv. interrog. **1.** (interrogation directe) En quel lieu ?, en quel endroit ? *Où est votre frère ? Où trouver cet argent ? D'où vient-il ? Par où est-il passé ?* **2.** (interrogation indirecte) *Dis-moi où tu vas.*
HOM. AOÛT « mois », HOU « cri », HOUE « pioche », HOUX « arbuste », OU (conj.)
ÉTYM. latin *ubi.*

OUAILLES [waj] **n. f. pl.** ✦ Les chrétiens, par rapport au prêtre. *Le curé et ses ouailles.*
ÉTYM. latin *ovis* « brebis », par métaphore.

***OUAIS** [wɛ] **interj.** ✦ FAM. (iron. ou sceptique) Oui.
ÉTYM. peut-être de *oui.*

(*)OUATE [wat] **n. f.** **1.** Laine, soie ou coton préparé pour garnir des doublures, pour rembourrer. *De l'ouate* ou *de la ouate.* **2.** Coton préparé pour les soins d'hygiène. SYN. **coton.** HOM. WATT « unité de mesure »
ÉTYM. origine incertaine ; p.-ê. arabe *wada'a.*

***OUATÉ, ÉE** [wate] **adj.** ✦ Garni d'ouate. ◆ **fig.** Peu sonore, amorti. *Des pas ouatés.* ➛ *Une ambiance ouatée.*
ÉTYM. de *ouate.*

(*)OUATER [wate] **v. tr.** (conjug. 3a) ✦ Doubler, garnir d'ouate.

(*)OUATINE [watin] **n. f.** ✦ Étoffe molletonnée utilisée pour doubler certains vêtements. *Manteau doublé d'ouatine.*
ÉTYM. de *ouate.*

(*)OUATINER [watine] **v. tr.** (conjug. 3a) ✦ Doubler d'ouatine. ➛ au p. passé *Doublure ouatinée.*

OUBLI [ubli] **n. m.** **1.** Défaillance de la mémoire, portant soit sur des connaissances ou aptitudes acquises, soit sur les souvenirs ; fait d'oublier. SYN. **absence, lacune, trou** de mémoire. *L'oubli d'un nom, d'une date, d'un évènement.* ➛ absolt *Le temps apporte l'oubli.* ◆ Absence de souvenirs dans la mémoire collective. *Tomber dans l'oubli. Sauver une œuvre de l'oubli.* **2.** *UN OUBLI.* SYN. **distraction, étourderie.** *Excusez-le, c'est un oubli. Réparer un oubli.* **3.** Fait de ne pas prendre en considération. *L'oubli de soi.* ◆ Pardon. *Pratiquer l'oubli des injures.*
ÉTYM. de *oublier.*

OUBLIER [ublije] **v. tr.** (conjug. 9) **I** **1.** Ne pas avoir, ne pas retrouver le souvenir de (une chose, un évènement, une personne). *J'ai oublié son nom. Je n'ai rien oublié.* ◆ Ne plus conserver dans la mémoire collective. ➛ **p. p. adj.** *Mourir complètement oublié.* ➛ *Se faire oublier,* faire en sorte qu'on ne parle plus de soi. **2.** Ne plus savoir pratiquer (des connaissances, une technique). *J'ai tout oublié en physique.* **3.** Cesser de penser à (ce qui tourmente). *Oubliez vos soucis.* ➛ absolt *Boire pour oublier.* **4.** Ne pas avoir à l'esprit (ce qui devrait tenir l'attention en éveil). SYN. **négliger, omettre.** *Oublier l'heure et se mettre en retard.* ➛ (+ inf.) *Il a oublié de nous prévenir.* ➛ (avec *que* + indic.) *Vous oubliez que c'est interdit.* ◆ Négliger de mettre. SYN. **omettre.** *Tu as oublié le sel* (tu n'as pas mis de sel). ➛ Négliger de prendre. SYN. **laisser.** *J'ai oublié mon parapluie (chez moi).* **5.** Négliger (qqn) en ne s'occupant pas de lui. *Oublier ses amis.* SYN. **délaisser,** se **détacher, laisser.** ➛ Ne pas donner qqch. à (qqn). *N'oubliez pas le guide !* **6.** Refuser de faire cas de, de tenir compte de. *Vous oubliez vos promesses.* ◆ Pardonner. *N'en parlons plus, j'ai tout oublié.* **II** *S'OUBLIER* **v. pron.** **1.** (passif) Être oublié. *Tout s'oublie.* **2.** Ne pas penser à soi, à ses propres intérêts. ➛ *Il ne s'est pas oublié,* il s'est réservé sa part d'avantages. **3.** Manquer aux convenances, aux égards dus à autrui ou à soi-même. *Vous vous oubliez !* **4.** Faire ses besoins dans un endroit qui ne convient pas. *Le chien s'est oublié dans la maison.*
ÉTYM. latin populaire *oblitare.*

OUBLIETTE [ublijɛt] **n. f.** ✦ souvent au plur. Cachot où l'on enfermait les personnes condamnées à la prison perpétuelle, ou dont on voulait se débarrasser. ➛ FAM.

Jeter, mettre aux oubliettes, laisser de côté.
ÉTYM. de *oublier.*

OUBLIEUX, EUSE [ublijø, øz] **adj.** ✦ Qui oublie, néglige de se souvenir de. ➡ *OUBLIEUX DE ses devoirs.* SYN. **négligent.** CONTR. **soucieux** de.
ÉTYM. de *oubli.*

OUED [wɛd] **n. m.** ✦ Rivière temporaire d'Afrique du Nord, du Proche-Orient. *Des oueds.*
ÉTYM. mot arabe.

OUEST [wɛst] **n. m. invar. 1.** Celui des quatre points cardinaux (abrév. O. ; anglicisme W) qui est situé vers le couchant*. SYN. **occident.** *Vent d'ouest.* ➡ *À L'OUEST DE :* dans la direction de l'ouest par rapport à. *Dreux est à l'ouest de Paris.* ➡ appos. invar. *La côte ouest.* SYN. **occidental. 2.** Partie la plus proche de l'Ouest. *L'ouest de la France. La conquête de l'Ouest* (américain, le Far West). ➡ (avec maj.) POLIT. L'Europe de l'Ouest et l'Amérique du Nord. SYN. **occident** (2). CONTR. **est, levant, orient.**
ÉTYM. anglais *west.*

***OUF** [uf] **interj.** ✦ Interjection exprimant le soulagement. *Ouf ! bon débarras.* ➡ loc. *Il n'a pas eu le temps de dire ouf,* de prononcer un seul mot.
ÉTYM. onomatopée.

***OUI** [wi] **adv. d'affirmation** **I** Adverbe équivalant à une proposition affirmative qui répond à une interrogation non accompagnée de négation (s'il y a négation ➡ **2 si**). **1.** (dans une réponse positive à une question) *Oui, j'accepte.* SYN. **certainement, certes,** FAM. **ouais.** *As-tu faim ? – Oui.* ➡ (renforcé) *Mais oui. Oui, bien sûr. Ma foi, oui. Ah oui, alors !* **2.** (interrogatif) *Ah oui ?,* vraiment ? *Tu viens, oui ?, oui ou non ?* **3.** (compl. direct) *Il dit toujours oui.* ➡ **accepter.** ➡ *Ne dire ni oui, ni non. Répondre par oui ou par non.* ➡ *Il semblerait que oui.* **II** **n. m. invar.** *Les oui d'un référendum.* ➡ loc. *Pour un oui (ou) pour un non,* à tout propos. HOM. OUÏE «audition»
ÉTYM. de *oïl.*

***OUÏ-DIRE** [widiʀ] **n. m. invar.** ✦ Ce qu'on connaît pour l'avoir entendu dire. SYN. **on-dit, rumeur.** ➡ *Par ouï-dire :* par la rumeur publique.
ÉTYM. de *ouïr* et *dire.*

OUÏE [wi] **n. f.** **I** Celui des cinq sens qui permet la perception des sons. SYN. **audition.** *Organe de l'ouïe.* ➡ **oreille.** *Son perceptible à l'ouïe.* ➡ **audible.** *Avoir l'ouïe fine.* ➡ FAM. plais. *Je suis tout ouïe* [tutwi] : j'écoute attentivement. **II** au plur. Orifices externes de l'appareil branchial des poissons, fentes situées sur les côtés de la tête. HOM. OUI (adv.)
ÉTYM. de *ouïr.*

***OUILLE** [uj] **interj.** ✦ Exclamation exprimant la douleur. SYN. **aïe.** HOM. HOUILLE «charbon»
ÉTYM. onomatopée.

OUÏR [wiʀ] **v. tr.** (conjug. 14 ; seulement inf. et p. passé) ✦ VX Entendre, écouter. ➡ MOD. *J'ai ouï dire que...* (➡ **ouï-dire**). ♦ DR. *Ouïr un témoin.*
ÉTYM. latin *audire.*

***OUISTITI** [wistiti] **n. m.** ✦ Singe de petite taille des forêts tropicales d'Amérique, à longue queue.
ÉTYM. peut-être origine africaine.

OUKASE [ukaz] **n. m. 1.** HIST. Édit promulgué par le tsar. **2.** fig. Décision arbitraire, ordre impératif. SYN. **diktat.** ➡ On écrit aussi *ukase.*
ÉTYM. russe *ukaz,* de *ukazat'* «expliquer ; commander».

OULÉMA ➡ **ULÉMA**

OUOLOF [wɔlɔf] ➡ **WOLOF**

OURAGAN [uʀagɑ̃] **n. m. 1.** Forte tempête avec un vent très violent (plus de 120 km à l'heure). SYN. **cyclone, tornade, typhon.** ➡ Vent violent accompagné de pluie. SYN. **bourrasque, tourmente. 2.** par métaphore *Un ouragan de bravos.*
ÉTYM. espagnol *huracan,* mot amérindien.

OURDIR [uʀdiʀ] **v. tr.** (conjug. 13) **1.** TECHN. Préparer (la chaîne), réunir les fils de chaîne en nappe et les tendre, avant le tissage. **2.** fig. LITTÉR. Disposer les premiers éléments de (une intrigue). *Ourdir un complot.* SYN. **organiser, tramer.**
ÉTYM. latin populaire *ordire,* classique *ordiri.*

OURDOU, E [uʀdu] **n. m.** et **adj.** ✦ Langue voisine de l'hindi, parlée dans le nord de l'Inde et au Pakistan. ➡ **adj.** *La langue ourdoue.*
ÉTYM. mot hindi, du turc *urdu* «camp».

-OURE Élément savant, du grec *oura* «queue».

OURLER [uʀle] **v. tr.** (conjug. 3a) ✦ Border d'un ourlet. *Ourler un mouchoir.*
► **OURLÉ, ÉE adj.** *Mouchoirs ourlés.*
ÉTYM. latin populaire *orulare,* de *ora* «bord».

OURLET [uʀlɛ] **n. m.** ✦ Repli d'étoffe cousu, terminant un bord. *Faire un ourlet à un pantalon.*
ÉTYM. de *ourler.*

OURS [uʀs] **n. m. 1.** Mammifère omnivore plantigrade de grande taille, au pelage épais, aux membres armés de griffes, au museau allongé ; le mâle adulte. *Femelle* (➡ **ourse**), *petit* (➡ **ourson**) *de l'ours.* ➡ *Ours brun* (➡ **grizzli**). *Ours polaire, ours blanc* (carnivore). ♦ loc. *Vendre la peau de l'ours (avant de l'avoir tué),* disposer d'une chose que l'on ne possède pas encore. **2.** Jouet d'enfant ayant l'apparence d'un ourson. SYN. **nounours.** *Un ours en peluche.* **3.** Homme insociable, qui fuit la société. SYN. **misanthrope, sauvage.** *C'est un ours.* ➡ **adj.** *Il est un peu ours.*
ÉTYM. latin *ursus.*

OURSE [uʀs] **n. f. 1.** Femelle de l'ours. *Une ourse et ses petits.* **2.** (☞ noms propres) *La Petite, la Grande Ourse,* constellations situées près du pôle arctique, appelées aussi *Petit, Grand Chariot.*
ÉTYM. latin *ursa.*

OURSIN [uʀsɛ̃] **n. m.** ✦ Animal marin, échinoderme, sphérique, muni de piquants. *Manger des oursins.*
ÉTYM. diminutif de *ours.*

OURSON [uʀsɔ̃] **n. m.** ✦ Jeune ours.
ÉTYM. diminutif de *ours.*

***OUSTE** [ust] **interj.** ✦ FAM. Interjection pour chasser ou presser qqn. *Allez, ouste, sors de là !* ➡ On écrit aussi *oust.*
ÉTYM. onomatopée.

***OUT** [aut] **adv.** ✦ anglicisme TENNIS Hors des limites du court. ➝ **adj. invar.** *La balle est out.*
ÉTYM. mot anglais «dehors».

OUTARDE [utaʀd] **n. f.** ✦ Oiseau échassier au corps massif, à pattes fortes et à long cou.
ÉTYM. latin populaire *austarda*, de *avis tarda* «oiseau lent».

OUTIL [uti] **n. m.** **1.** Objet fabriqué qui sert à agir sur la matière, à faire un travail. SYN. **engin, instrument, ustensile.** *Manier un outil. Boîte à outils.* **2.** Ce qui permet de faire un travail. *Sa voiture est son outil de travail.*
ÉTYM. bas latin *usitilium*, classique *utensilia*.

OUTILLAGE [utijaʒ] **n. m.** ✦ Assortiment d'outils nécessaires à un métier, à une activité. SYN. **équipement, ② matériel.** *Un outillage perfectionné.*
ÉTYM. de *outiller*.

OUTILLER [utije] **v. tr.** (conjug. 3a) ✦ Munir des outils, des équipements nécessaires à un travail, une production. SYN. **équiper.** *Outiller un atelier, une usine.* ➝ au p. passé *Atelier, ouvrier bien, mal outillé.* ➝ pronom. S'équiper. *Il s'est outillé pour la pêche.*
ÉTYM. de *outil*.

OUTRAGE [utʀaʒ] **n. m.** **1.** Offense ou injure extrêmement grave (de parole ou de fait). SYN. **affront, insulte.** ➝ fig. LITTÉR. *Les outrages du temps.* SYN. **atteinte, dommage.** **2.** DR. Délit par lequel on ne respecte pas un personnage officiel dans ses fonctions. SYN. **offense** (2). *Outrage à magistrat.* **3.** Acte gravement contraire (à une règle, à un principe). SYN. **violation.** ➝ DR. ANC. *Outrage aux bonnes mœurs,* atteinte à la moralité publique (délit).
ÉTYM. de ② *outre*.

OUTRAGEANT, ANTE [utʀaʒɑ̃, ɑ̃t] **adj.** ✦ Qui outrage. SYN. **injurieux, insultant.**
ÉTYM. du participe présent de *outrager*.

OUTRAGER [utʀaʒe] **v. tr.** (conjug. 5) **1.** Offenser gravement par un outrage (actes ou paroles). SYN. **bafouer, injurier, insulter, offenser.** ➝ au p. passé *Prendre un air outragé.* **2.** Contrevenir gravement à (qqch.). *Outrager la morale.*
ÉTYM. de *outrage*.

OUTRAGEUSEMENT [utʀaʒøzmɑ̃] **adv.** ✦ Excessivement. *Femme outrageusement fardée.*
ÉTYM. de l'ancien adjectif *outrageux* «excessif», de *outrage*.

OUTRANCE [utʀɑ̃s] **n. f.** **1.** Chose ou action outrée. SYN. **excès.** *Une outrance de langage.* **2.** Démesure, exagération. *L'outrance de son langage.* ◆ *À OUTRANCE* **loc. adv.** : avec excès.
ÉTYM. de *outrer*.

OUTRANCIER, IÈRE [utʀɑ̃sje, jɛʀ] **adj.** ✦ Qui pousse les choses à l'excès. SYN. **excessif, outré.**
ÉTYM. de *outrance*.

① **OUTRE** [utʀ] **n. f.** ✦ Peau d'animal cousue en forme de sac et servant de récipient. *Une outre de vin.* ➝ FAM. *Être plein comme une outre,* avoir trop bu, trop mangé.
ÉTYM. latin *uter, utris*.

② **OUTRE** [utʀ] **prép.** et **adv.** **1.** (dans des expr. adv.) Au-delà de. *Outre-Atlantique, outre-Manche. Les «Mémoires d'outre-tombe»* (œuvre posthume de Chateaubriand). **2. adv.** *PASSER OUTRE :* aller au-delà, plus loin. ➝ *PASSER OUTRE À qqch. :* ne pas tenir compte de (une opposition, une objection). ➝ **braver.** **3. prép.** En plus de. *Outre les bagages, nous avions les chiens avec nous.* ➝ *OUTRE QUE* (+ indic.) ; *outre le fait que,* en plus du fait que. **4.** *OUTRE MESURE* **loc. adv.** : excessivement, au-delà de la normale. SYN. **à l'excès, trop.** *Ça ne l'a pas fatigué outre mesure.* **5.** *EN OUTRE* **loc. adv.** : en plus. SYN. **aussi, également.**
ÉTYM. latin *ultra*.

OUTRÉ, ÉE [utʀe] **adj.** ✦ Qui va au-delà de la mesure normale. SYN. **exagéré, excessif, outrancier.** *Flatterie outrée.*
ÉTYM. de *outrer*.

OUTRECUIDANCE [utʀəkɥidɑ̃s] **n. f.** ✦ LITTÉR. **1.** Confiance excessive en soi. SYN. **fatuité, orgueil, présomption, suffisance.** **2.** Désinvolture impertinente envers autrui. SYN. **audace, effronterie, insolence.** *Répondre avec outrecuidance.* CONTR. **modestie, réserve.**
ÉTYM. de *outrecuidant*.

OUTRECUIDANT, ANTE [utʀəkɥidɑ̃, ɑ̃t] **adj.** ✦ LITTÉR. Qui montre de l'outrecuidance. SYN. **fat, impertinent, prétentieux.** CONTR. **modeste, réservé.**
ÉTYM. du participe présent de l'ancien verbe *outrecuider* «croire *(cuider)* au-delà».

OUTREMER [utʀəmɛʀ] **n. m.** ✦ Couleur d'un bleu intense. ➝ appos. invar. *Des pigments bleu outremer.* **adjectivt invar.** *Des yeux outremer.* HOM. OUTRE-MER «au-delà des mers»
ÉTYM. de *outre-mer*.

OUTRE-MER [utʀəmɛʀ] **adv.** ✦ Au-delà des mers, par rapport à une métropole. *Les départements français d'outre-mer (D. O. M.).* HOM. OUTREMER «couleur»
ÉTYM. de ② *outre* et *mer*.

OUTREPASSER [utʀəpase] **v. tr.** (conjug. 3a) ✦ Aller au-delà de (ce qui est possible, permis). SYN. **dépasser, transgresser.** *Outrepasser ses droits.*
ÉTYM. de ② *outre* et *passer*.

OUTRER [utʀe] **v. tr.** (conjug. 3a) **1.** LITTÉR. Exagérer, pousser (qqch.) au-delà des limites raisonnables. *Outrer une pensée, une attitude.* SYN. **forcer** ; ➝ **outré.** **2.** (aux temps composés) Indigner, mettre (qqn) hors de soi. SYN. **révolter, scandaliser.** *Votre façon de parler de lui m'a outré, j'en ai été outré.* ➝ au p. passé *Je suis outré.*
ÉTYM. de ② *outre*.

OUTSIDER [autsajdœʀ] **n. m.** ✦ anglicisme Cheval de course ou concurrent qui ne figure pas parmi les favoris.
ÉTYM. mot anglais «qui est à l'écart», de *side* «côté».

OUVERT, ERTE [uvɛʀ, ɛʀt] **adj.** **I** **1.** Disposé de manière à laisser le passage. *Porte, fenêtre ouverte, grande ouverte, à peine ouverte* (entrebâillée). **2.** (local) Où l'on peut entrer. *Magasin ouvert.* ➝ (récipient) *Tiroir ouvert.* **3.** Disposé de manière à laisser communiquer avec l'extérieur. *Bouche ouverte, yeux ouverts.* ➝ *Sons ouverts,* prononcés avec la bouche assez ouverte. *O ouvert* [ɔ]. *Syllabe ouverte,* terminée par une voyelle

A B C D E F G H I J K L M N O P Q R S T U V W X Y Z

prononcée. ➝ *Robinet ouvert,* qui laisse passer l'eau. 4. Dont les parties sont écartées, séparées. *Fleur ouverte,* épanouie. *À bras ouverts.* ➝ *À livre* ouvert.* 5. Percé, troué, incisé. *Avoir le crâne ouvert. Opération à cœur ouvert,* à l'intérieur du cœur. 6. Accessible (à qqn, qqch.), que l'on peut utiliser (moyen, voie). *Canal ouvert à la navigation. Bibliothèque ouverte à tous.* ➝ Qui n'est pas protégé, abrité. *Des espaces ouverts.* SYN. ① **découvert.** 7. Commencé. *La chasse est ouverte,* permise. *Les paris sont ouverts,* autorisés. 8. MATH. *Intervalle ouvert,* qui ne contient pas les éléments constituant la limite ou la frontière. **II** abstrait 1. Communicatif et franc. *Il est d'un naturel ouvert.* SYN. **confiant, expansif.** ➝ *Un visage très ouvert.* ➝ loc. *Parler à cœur ouvert,* en toute franchise. 2. Qui se manifeste, se déclare publiquement. SYN. **déclaré,** ① **manifeste, public.** *Un conflit ouvert.* 3. Qui s'ouvre facilement aux idées nouvelles. *Un esprit ouvert.* SYN. **éveillé, vif.** CONTR. **fermé** • ② **couvert** • **renfermé,** ① **secret** • **latent** • **borné, buté, étroit.**

ÉTYM. participe passé de *ouvrir.*

OUVERTEMENT [uvɛʀtəmɑ̃] **adv.** ✦ D'une manière ouverte, sans dissimulation. *Agir ouvertement. Dire les choses ouvertement.* SYN. **franchement.** CONTR. en **cachette, secrètement.**

OUVERTURE [uvɛʀtyʀ] **n. f.** **I** 1. Action d'ouvrir ; état de ce qui est ouvert. *Ouverture automatique. Heures d'ouverture d'un magasin.* ➝ Caractère de ce qui est plus ou moins ouvert (dispositifs réglables). *Régler l'ouverture d'un objectif.* ➝ *L'ouverture d'un angle,* l'écartement de ses côtés. 2. Le fait de rendre praticable, utilisable. *L'ouverture d'une autoroute. Cérémonie d'ouverture.* ➝ **inauguration.** 3. abstrait *Ouverture d'esprit,* qualité de l'esprit ouvert. ◆ *Politique d'ouverture.* 4. Le fait d'être commencé, mis en train. *L'ouverture de la session.* SYN. **commencement, début.** ➝ *Ouverture de la chasse, de la pêche,* le premier des jours où il est permis de chasser, de pêcher. ➝ (au rugby) *Demi d'ouverture,* joueur qui donne le champ libre aux attaquants. 5. au plur. Premier essai en vue d'entrer en pourparlers. *Faire des ouvertures de paix.* **II** Morceau de musique par lequel débute un opéra, un ouvrage lyrique (opposé à *finale,* n. m.). **III** *(Une, des ouvertures)* 1. Espace libre par lequel s'établit la communication entre l'extérieur et l'intérieur. SYN. **accès, entrée, issue, passage, trou.** *Les ouvertures d'un bâtiment.* ➝ ② **baie, fenêtre,** ① **porte.** 2. abstrait Voie d'accès ; moyen de comprendre. *C'est une ouverture sur une autre civilisation.* CONTR. **clôture, fermeture** • ① **fin.**

ÉTYM. latin populaire *opertura,* classique *apertura.*

OUVRABLE [uvʀabl] **adj. m.** ✦ Se dit des jours de la semaine qui ne sont pas des jours fériés. *Jours ouvrables et jours ouvrés*.*

ÉTYM. de *ouvrer* «travailler» (latin *operari*), suffixe *-able.*

OUVRAGE [uvʀaʒ] **n. m.** 1. Ensemble d'actions coordonnées par lesquelles on met qqch. en œuvre, on effectue un travail. SYN. **œuvre ; besogne, tâche, travail.** *Avoir de l'ouvrage.* SYN. **occupation.** *Être, se mettre à l'ouvrage. Ouvrages manuels. Boîte, corbeille à ouvrage* (pour la couture, le tricot). ◆ loc. *Avoir le cœur à l'ouvrage :* travailler avec entrain. ◆ au fém. POP. ou plais. *De la belle ouvrage :* un travail soigné. 2. Objet produit par le travail d'un ouvrier*, d'un artisan. *Ouvrage d'orfèvrerie.* ➝ Construction. *Le gros de l'ouvrage* (➝ **gros œuvre**). ➝ *OUVRAGES D'ART :* constructions (ponts, tranchées, tunnels) nécessaires à l'établissement d'une voie. 3. Texte scientifique, technique ou littéraire. SYN. ① **écrit, œuvre.** *La publication d'un ouvrage. Ouvrages de philosophie.* ➝ ① **livre.**

ÉTYM. d'une forme ancienne de *œuvre.*

OUVRAGÉ, ÉE [uvʀaʒe] **adj.** ✦ Finement travaillé, ouvré. *Pièce d'orfèvrerie ouvragée.*

ÉTYM. de *ouvrage.*

OUVRANT, ANTE [uvʀɑ̃, ɑ̃t] **adj.** ✦ Qui s'ouvre. *Le toit ouvrant d'une voiture.*

ÉTYM. du participe présent de *ouvrir.*

OUVRÉ, ÉE [uvʀe] **adj.** 1. Qui résulte d'un ouvrage (1). SYN. **travaillé.** *Produits ouvrés,* manufacturés. 2. *Jour ouvré,* où l'on travaille.

ÉTYM. p. passé de *ouvrer* «travailler», latin *operari.*

OUVRE-BOÎTE [uvʀəbwat] **n. m.** ✦ Instrument coupant servant à ouvrir les boîtes de conserve. *Des ouvre-boîtes.*

OUVRE-BOUTEILLE [uvʀəbutɛj] **n. m.** ✦ Instrument servant à ouvrir les bouteilles capsulées. SYN. **décapsuleur.** *Des ouvre-bouteilles.*

OUVREUR, EUSE [uvʀœʀ, øz] **n.** 1. (surtout fém.) Personne chargée de placer les spectateurs, dans une salle de spectacle. 2. Skieur qui ouvre une piste de ski.

ÉTYM. de *ouvrir.*

OUVRIER, IÈRE [uvʀije, ijɛʀ] **n. et adj.**

I n. 1. Personne qui exécute un travail manuel, exerce un métier manuel ou mécanique moyennant un salaire ; spécialt travailleur manuel de la grande industrie. ➝ **prolétaire ; travailleur.** *Ouvrier agricole. Ouvrier spécialisé (O. S.), qualifié. Ouvriers travaillant en équipe, à la chaîne.* ➝ *Les ouvriers d'une usine.* ➝ **main-d'œuvre, personnel.** 2. **n. m.** LITTÉR. Artisan, artiste. loc. prov. *À l'œuvre on reconnaît l'ouvrier.*

II adj. 1. Des ouvriers, du prolétariat industriel. *La classe ouvrière. Syndicat ouvrier.* ➝ *Cité ouvrière.* 2. loc. *Cheville ouvrière.* ➝ **cheville.**

III OUVRIÈRE **n. f.** Chez les insectes sociaux, Individu stérile qui assure la construction ou la défense. *La reine et les ouvrières* (d'une ruche, d'une fourmilière).

ÉTYM. latin *operarius,* de *opera* «travail».

OUVRIR [uvʀiʀ] **v.** (conjug. 22) **I v. tr.** 1. Écarter les éléments mobiles de (une ouverture) de manière à mettre en communication l'extérieur et l'intérieur. *Ouvre la fenêtre. Il a ouvert la porte.* (avec ellipse) *Va ouvrir. La clé qui ouvre une porte,* qui permet de l'ouvrir. 2. Mettre en communication (l'intérieur d'un contenant, d'un local) avec l'extérieur, rendre accessible l'intérieur de. *Ouvrir une armoire, une boîte. Ouvrir une bouteille.* SYN. ① **déboucher.** ◆ Rendre accessible (un local) au public. *Nous ouvrons le magasin à 9 heures.* 3. Mettre dans une position qui assure la communication ou le contact avec l'extérieur. *Ouvrir les lèvres, la bouche.* ➝ FAM. *L'ouvrir :* parler. ➝ loc. *Ouvrir l'œil*.* ◆ *Ouvrir un sac, un portefeuille.* ➝ FAM. *Ouvrir le gaz, la radio,* faire fonctionner. ◆ *Ouvrir l'appétit,* donner faim. 4. Écarter, séparer (des éléments mobiles) ; disposer en écartant, en séparant les éléments. *Ouvrir les bras. Ouvrir un parapluie. Ouvrez vos livres, page 52.* 5. Former (une ouverture) en creusant, en trouant. *Ouvrir une fenêtre dans un mur.* SYN. **percer.** 6. Atteindre l'intérieur de (quelque chose de vivant) en écartant, coupant, brisant. *Ouvrir des huîtres, une noix de coco.* ◆ *Chirurgien qui ouvre un abcès.* SYN. **inciser, percer.** ➜ *S'ouvrir les veines* (pour se suicider). **7.** Créer ou permettre d'utiliser (un moyen d'accès), d'avancer. *Ouvrir un chemin, une voie.* SYN. **frayer.** **8.** Découvrir, présenter. *Cela ouvre des horizons, des perspectives nouvelles.* **9.** *Ouvrir l'esprit (à qqn),* lui rendre l'esprit ouvert, large. SYN. **éveiller.** **10.** Commencer, mettre en train. *Ouvrir les hostilités. Ouvrir le feu*. Ouvrir un débat.* ➜ *Ouvrir un compte, un crédit à qqn.* ➜ Être le premier à faire, à exercer (une activité, etc.). *Ouvrir la danse, le bal.* **11.** Créer, fonder (un établissement ouvert au public). *Ouvrir un restaurant.* **II** **v. intr.** **1.** Être ouvert. *Cette porte ouvre difficilement.* ➜ *Le magasin ouvre à 10 heures.* **2.** *Ouvrir sur,* donner accès sur (ou *s'ouvrir sur,* III, 2). **III** *S'OUVRIR* **v. pron.** **1.** Devenir ouvert. *La porte s'ouvre.* ➜ *La fleur s'ouvre.* SYN. **éclore, s'épanouir.** **2.** *S'OUVRIR SUR* : être percé, de manière à donner accès ou vue sur (ou *ouvrir sur,* II, 2). **3.** S'offrir comme une voie d'accès. *Le chemin qui s'ouvre devant nous.* ➜ **fig.** Apparaître comme accessible. *Une vie nouvelle s'ouvrait devant lui, à lui.* **4.** (personnes, réalités humaines) *S'OUVRIR À qqch.* : se laisser pénétrer par (un sentiment, une idée). *Son esprit s'ouvre à cette idée.* ◆ *S'ouvrir à qqn.* SYN. se **confier.** **5.** (choses) Commencer. *L'exposition qui allait s'ouvrir.* CONTR. **fermer** • ① **boucher, clore.**

ÉTYM. latin populaire *operire*, classique *aperire*.

OUVROIR [uvRwaR] **n. m.** ✦ VIEILLI Lieu réservé aux ouvrages de couture, de broderie..., dans une communauté de femmes, un couvent. ➜ **fig.** *« L'ouvroir de littérature potentielle »* (OuLiPo ou Oulipo), de Queneau.

ÉTYM. de *ouvrer* → ouvré.

OV- → ovo-

OVAIRE [ɔvɛR] **n. m.** **1.** Glande génitale femelle qui produit l'ovule et des hormones (→ **ovulation** ; **ovarien**). **2.** BOT. Partie du pistil qui contient les ovules destinés à devenir des graines après fécondation.

ÉTYM. du latin *ovum* « œuf ».

OVALE [ɔval] **adj.** et **n. m.** **1.** **adj.** Qui a la forme d'une courbe fermée et allongée (analogue à celle d'un œuf de poule). SYN. **ovoïde.** ➜ *Le ballon ovale* (du rugby). **2.** **n. m.** Forme ovale. *Visage d'un ovale parfait.*

ÉTYM. du latin *ovum* « œuf ».

OVARIEN, IENNE [ɔvaRjɛ̃, jɛn] **adj.** ✦ De l'ovaire. *Cycle ovarien. Hormones ovariennes* (œstrogène et progestérone).

ÉTYM. de *ovaire*.

OVATION [ɔvasjɔ̃] **n. f.** **1.** ANTIQ. Cérémonie en l'honneur d'un général romain victorieux, accompagnée du sacrifice d'une brebis. **2.** Acclamations publiques rendant honneur à qqn. SYN. **acclamation, cri, vivat.** *La foule lui fit une ovation.* CONTR. **huée, tollé.**

ÉTYM. latin *ovatio*, de *ovis* « brebis ».

OVATIONNER [ɔvasjɔne] **v. tr.** (conjug. 3a) ✦ Acclamer, accueillir (qqn) par des ovations. *Elle s'est fait ovationner par la foule.* CONTR. **conspuer, huer, siffler.**

ÉTYM. de *ovation*.

OVERDOSE [ɔvœRdoz ; ɔvɛRdoz] **n. f.** ✦ **anglicisme** Dose excessive (d'une drogue), susceptible d'entraîner la mort. SYN. **surdose.** ➜ **fig.** *Une overdose de télévision.*

ÉTYM. mot anglais.

OVIN, INE [ɔvɛ̃, in] **adj.** ✦ Relatif au mouton, au bélier, à la brebis. *La race ovine.* ➜ **n. m. pl.** *Les ovins.*

ÉTYM. du latin *ovis* « brebis ».

OVIPARE [ɔvipaR] **adj.** ✦ Se dit des animaux qui pondent des œufs (I). ➜ **n. m.** *Les ovipares et les vivipares.*

► **OVIPARITÉ** [ɔvipaRite] **n. f.**

ÉTYM. latin *oviparus* → ovi- et -pare.

OVNI [ɔvni] **n. m.** ✦ Objet volant non identifié. SYN. **soucoupe** volante. *Des ovnis.*

ÉTYM. sigle.

OVO-, OVI-, OV- Éléments savants, du latin *ovum* « œuf ».

OVOCYTE [ɔvɔsit] **n. m.** ✦ BIOL. Gamète femelle (ovule) qui n'est pas encore arrivé à maturité.

ÉTYM. de *ovo-* et *-cyte*.

OVOÏDE [ɔvɔid] **adj.** ✦ Qui a la forme d'un œuf. SYN. **ovale.**

ÉTYM. de *ovo-* et *-oïde*.

OVOVIVIPARE [ɔvovivipaR] **adj.** ✦ Se dit d'animaux ovipares dont les œufs éclosent à l'intérieur du corps maternel. *La vipère est ovovivipare.*

ÉTYM. de *ovo-* et *vivipare*.

OVULAIRE [ɔvylɛR] **adj.** ✦ Relatif à l'ovule.

OVULATION [ɔvylasjɔ̃] **n. f.** ✦ Libération d'un ovule par l'ovaire, chez les mammifères.

OVULE [ɔvyl] **n. m.** **1.** Gamète femelle élaboré par l'ovaire. ◆ BOT. Gamète végétal femelle qui se transforme en graine après fécondation. **2.** Petit solide de forme ovoïde, contenant une substance active, destiné à être placé dans le vagin. *Ovules spermicides.*

ÉTYM. du latin *ovum* « œuf ».

OXFORD [ɔksfɔR(d)] **n. m.** ✦ Tissu de coton à fils de deux couleurs. *Chemise en oxford.*

ÉTYM. du nom d'une ville anglaise.

OXHYDRIQUE [ɔksidRik] **adj.** ✦ Se dit d'un mélange d'oxygène et d'hydrogène dont la combustion dégage une chaleur considérable. ➜ **par ext.** *Chalumeau oxhydrique.*

ÉTYM. de *oxy-* et *hydro-* « hydrogène ».

OXY- Élément savant, du grec *oxus* « pointu ; acide », qui représente *oxygène* dans des mots savants (ex. *oxhydrique*).

OXYDABLE [ɔksidabl] **adj.** ✦ Susceptible d'être oxydé. CONTR. **inoxydable.**

ÉTYM. de *oxyder*, suffixe *-able*.

OXYDANT, ANTE [ɔksidɑ̃, ɑ̃t] **adj.** et **n. m.** ✦ Qui a la propriété de faire passer un corps à l'état d'oxyde. *Agent oxydant.* ➜ **n. m.** *Le brome est un oxydant.*

HOM. OCCIDENT « ouest ».

ÉTYM. du participe présent de *oxyder*.

OXYDATION [ɔksidasjɔ̃] **n. f.** ✦ Combinaison (d'un corps) avec l'oxygène pour donner un oxyde ; réaction dans laquelle un atome ou un ion perd des électrons. *Oxydation et réduction**.
ÉTYM. de *oxyder*.

OXYDE [ɔksid] **n. m.** ✦ Composé résultant de la combinaison d'un corps avec l'oxygène. *Oxyde de carbone. Oxyde de cuivre.*
ÉTYM. du grec *oxus* → oxy-.

OXYDER [ɔkside] **v. tr.** (conjug. 3a) ✦ Faire passer à l'état d'oxyde. ◆ Altérer (un métal) par l'action de l'air. — **pronom.** *Le fer s'oxyde rapidement.* SYN. **rouiller.**
ÉTYM. de *oxyde*.

OXYDORÉDUCTION [ɔksidoʀedyksjɔ̃] **n. f.** ✦ CHIM. Transfert d'électrons d'un composé, du donneur, oxydé (→ **oxydant**), vers un autre, qui est réduit (→ **réducteur**).

OXYGÉNATION [ɔksiʒenasjɔ̃] **n. f.** ✦ Action d'oxygéner.

OXYGÈNE [ɔksiʒɛn] **n. m.** **1.** Gaz invisible, inodore (symb. O), qui constitue approximativement 1/5 de l'air atmosphérique. *L'oxygène est indispensable à la plupart des êtres vivants. Étouffer par manque d'oxygène* (→ **asphyxie**). *Masque à oxygène.* **2.** FAM. Air pur. *Aller prendre un bol d'oxygène.*
ÉTYM. mot de Lavoisier, proprement «qui engendre (→ -gène) un acide (→ oxy-)».

OXYGÉNER [ɔksiʒene] **v. tr.** (conjug. 8) **1.** Ajouter de l'oxygène à (une substance), par dissolution. *Oxygéner de l'eau.* — **p. p. adj.** *EAU OXYGÉNÉE :* solution aqueuse de peroxyde d'hydrogène (antiseptique et décolorante). **2.** *Oxygéner les cheveux,* les passer à l'eau oxygénée (pour les décolorer). — **au p. passé** *Cheveux blonds oxygénés.* **3.** FAM. *S'oxygéner (les poumons) :* respirer de l'air pur.
ÉTYM. de *oxygène*.

OXYMORE [ɔksimɔʀ] ou **OXYMORON** [ɔksimɔʀɔ̃] **n. m.** ✦ Figure de style qui consiste à allier deux mots de sens contradictoire (ex. «Cette obscure clarté qui tombe des étoiles» [Corneille] ; «Cette petite grande âme» [Hugo] ; se hâter lentement ; une douce violence). ☛ Littérature p. 117.
ÉTYM. grec *oxumôron*, de *oxus* «aigu ; spirituel» et *môros* «mou ; stupide».

OXYTON [ɔksitɔ̃] **n. m.** ✦ LING. Mot portant l'accent tonique sur la dernière syllabe.
ÉTYM. grec *oxutonos*.

OXYURE [ɔksjyʀ] **n. m.** ✦ DIDACT. Ver parasite des intestins (principalement de l'homme).
ÉTYM. de *oxy-* et du grec *oura* «queue».

OYAT [ɔja] **n. m.** ✦ Plante (graminée) utilisée pour fixer le sable des dunes.
ÉTYM. mot picard.

OZONE [ozon ; ɔzɔn] **n. m.** ✦ Gaz (symb. O) bleu et odorant. *Ozone atmosphérique* (→ **ozonosphère**). *La couche d'ozone est menacée par la pollution industrielle.*
ÉTYM. du grec *ozein* «exhaler une odeur».

OZONOSPHÈRE [ozonɔsfɛʀ ; ɔzɔnɔsfɛʀ] **n. f.** ✦ Couche de l'atmosphère terrestre entre 15 et 40 km d'altitude, dans laquelle la proportion d'ozone est élevée.
ÉTYM. de *ozone* et *sphère*.

P

P [pe] **n. m. invar. 1.** Seizième lettre, douzième consonne de l'alphabet. **2.** P CHIM. Symbole du phosphore.

PACAGE [pakaʒ] **n. m.** ✦ Terrain où l'on fait paître les bestiaux. SYN. **pâturage.**
ÉTYM. latin *pascuum* «pâturage».

PACHA [paʃa] **n. m. 1.** Dans l'Empire ottoman, Gouverneur d'une province ; titre honorifique. **2.** FAM. Commandant d'un navire de guerre. **3.** FAM. *Une vie de pacha,* fastueuse. *Faire le pacha :* se faire servir.
ÉTYM. mot turc, probablement emprunté au persan.

PACHYDERME [paʃidɛʀm ; pakidɛʀm] **n. m. 1.** Éléphant. **2.** fig. Animal, personne énorme.
ÉTYM. grec *pakhudermos* «à peau *(derma)* épaisse».

PACIFICATEUR, TRICE [pasifikatœʀ, tʀis] **n.** ✦ Personne qui pacifie, ramène le calme. ➡ **adj.** *Mesures pacificatrices.*
ÉTYM. latin *pacificator.*

PACIFICATION [pasifikasjɔ̃] **n. f.** ✦ Action de pacifier.
ÉTYM. latin *pacificatio.*

PACIFIER [pasifje] **v. tr.** (conjug. 9) **1.** Ramener à l'état de paix (un pays en proie à la guerre civile, un peuple en rébellion). ➡ **par euphém.** Rétablir l'ordre dans (un pays). **2.** Rendre calme. *Pacifier les esprits.* SYN. **apaiser.** CONTR. **agiter, attiser.**
ÉTYM. latin *pacificare,* de *pax* «paix».

PACIFIQUE [pasifik] **adj. 1. (personnes)** Qui ne recherche pas l'épreuve de force, les conflits ; qui aspire à la paix. *Un roi pacifique.* **2. (choses)** Qui n'est pas militaire, n'a pas la guerre pour objectif. *Utilisation pacifique de l'énergie nucléaire.* **3.** Qui se passe dans le calme, la paix. SYN. **paisible.** *Coexistence pacifique.* CONTR. **belliqueux ; guerrier.**
ÉTYM. latin *pacificus.*

PACIFIQUEMENT [pasifikmɑ̃] **adv.** ✦ D'une manière pacifique, sans violence.

PACIFISME [pasifism] **n. m.** ✦ Doctrine des pacifistes. CONTR. **bellicisme.**
ÉTYM. de *pacifique.*

PACIFISTE [pasifist] **n. et adj.** ✦ Partisan de la paix entre les nations ; adversaire du recours à la guerre. ➡ **adj.** *Un mouvement pacifiste.* CONTR. **belliciste.**

① **PACK** [pak] **n. m.** ✦ **anglicisme** Au rugby, Ensemble des avants. HOM. PÂQUE «fête juive», PÂQUES «fête chrétienne»
ÉTYM. mot anglais «paquet».

② **PACK** [pak] **n. m.** ✦ **anglicisme** Emballage réunissant plusieurs produits identiques. *Un pack de bière.* HOM. PÂQUE «fête juive», PÂQUES «fête chrétienne»
ÉTYM. → ① pack.

PACOTILLE [pakɔtij] **n. f.** ✦ Produits manufacturés de peu de valeur. SYN. **camelote, verroterie.** ➡ *DE PACOTILLE :* sans valeur. *Un bijou de pacotille.*
ÉTYM. peut-être espagnol ; famille de *paquet.*

PACS [paks] **n. m.** ✦ Contrat définissant les modalités juridiques de la vie commune de deux personnes qui ne souhaitent pas ou ne peuvent pas se marier. *Signer un Pacs, un pacs.*
ÉTYM. sigle de *pacte civil de solidarité.*

PACTE [pakt] **n. m.** ✦ Convention de nature formelle entre deux ou plusieurs parties (personnes ou États). *Conclure, signer un pacte.* ➡ *Pacte d'alliance, de non-agression.* HIST. *Pacte d'acier,* alliance offensive entre Hitler et Mussolini (mai 1939). *Pacte germano-soviétique,* pacte de non-agression entre Hitler et Staline (août 1939). *Pacte de Varsovie :* alliance défensive groupant les démocraties populaires européennes autour de l'U. R. S. S. de 1955 à 1991.
ÉTYM. latin *pactum ;* famille de *paix.*

PACTISER [paktize] **v. intr.** (conjug. 3a) **1.** Conclure un pacte, un accord (avec qqn). **2.** Agir de connivence (avec qqn) ; composer (avec qqch.). SYN. **transiger.** *Pactiser avec le crime.*
ÉTYM. de *pacte.*

PACTOLE [paktɔl] **n. m. 1.** LITTÉR. Source de profit. **2.** FAM. Grosse somme d'argent. *Il a empoché un pactole.*
ÉTYM. du nom d'une rivière aurifère de Lydie (Grèce).

PADDOCK [padɔk] **n. m. 1.** Enceinte d'un hippodrome dans laquelle les chevaux sont promenés avant l'épreuve. **2.** FAM. Lit.
ÉTYM. mot anglais «enclos».

PADDY [padi] **n. m.** ✦ COMM. Riz non décortiqué.
ÉTYM. mot anglais, du malais.

PAELLA [paela ; pae(l)ja] **n. f.** ✦ Plat espagnol à base de riz épicé, viandes, fruits de mer, etc.
ÉTYM. mot espagnol, du catalan «poêle».

① **PAF** [paf] **interj.** ✦ Bruit de chute, de coup.
ÉTYM. onomatopée.

② **PAF** [paf] **adj.** ✦ FAM. Ivre. *Ils étaient pafs.*
ÉTYM. de *paffer*, famille de *empiffrer.*

PAGAIE [pagɛ] **n. f.** ✦ Aviron court de pirogue, de canoë, de kayak, sans appui sur l'embarcation. → **pagayer.**
ÉTYM. malais des Moluques.

PAGAILLE [pagaj] **n. f.** ✦ FAM. Grand désordre. *Une chambre en pagaille.* ◆ loc. *EN PAGAILLE* : en grande quantité.
ÉTYM. de *pagaie*, allusion aux mouvements désordonnés que l'on fait avec la rame.

PAGANISME [paganism] **n. m.** ✦ Religion des païens (pour les chrétiens). → **animisme, polythéisme.**
ÉTYM. latin chrétien *paganismus*, de *paganus* «païen».

PAGAYER [pageje] **v. intr.** (conjug. 12) ✦ Ramer à l'aide d'une pagaie.
► **PAGAYEUR, EUSE** [pagɛjœʀ, øz] **n.**
ÉTYM. de *pagaie.*

① **PAGE** [paʒ] **n. f.** 1. Chacun des deux côtés d'une feuille de papier, généralement numéroté. → **recto, verso.** *Les pages d'un livre.* – *MISE EN PAGE(S)* : opération par laquelle on dispose définitivement le texte, les illustrations d'un livre (avant de l'imprimer). → **maquette.** – loc. *Être À LA PAGE* : être au courant de l'actualité ; suivre la dernière mode. 2. Texte inscrit sur une page. *Lire deux ou trois pages d'un livre.* 3. Feuille. *Corner une page.* – loc. fig. *Tourner la page* : passer à autre chose. 4. Passage d'une œuvre littéraire ou musicale. *Les plus belles pages d'un écrivain.* → **anthologie, morceaux** choisis. 5. Épisode de la vie d'une personne ou de l'histoire d'une nation. SYN. ② **fait.** *Une page glorieuse de l'histoire de France.*
ÉTYM. latin *pagina.*

② **PAGE** [paʒ] **n. m.** ✦ anciennt Jeune garçon noble placé auprès d'un seigneur, d'une grande dame, pour apprendre le métier des armes, faire le service d'honneur. SYN. **écuyer.**
ÉTYM. origine obscure.

PAGINATION [paʒinasjɔ̃] **n. f.** ✦ Action de paginer ; ordre des pages.

PAGINER [paʒine] **v. tr.** (conjug. 3a) ✦ Disposer (un livre, une revue, etc.) en pages numérotées ; numéroter les pages de.
ÉTYM. du latin *pagina* «page».

PAGNE [paɲ] **n. m.** ✦ Vêtement d'étoffe ou de feuilles, attaché à la ceinture.
ÉTYM. espagnol *paño* ; famille de ① *pan.*

PAGODE [pagɔd] **n. f.** 1. Temple des pays d'Extrême-Orient. 2. appos. (invar.) *Manches pagode*, qui vont en s'évasant (comme un toit de pagode).
ÉTYM. portugais *pagoda*, d'une langue du sud de l'Inde.

PAIE → PAYE

PAIEMENT [pɛmɑ̃] **n. m.** ✦ Action de payer. *Paiement par chèque. Facilités de paiement* : crédit. – On dit aussi *payement* [pɛjmɑ̃].
ÉTYM. de *payer.*

PAÏEN, PAÏENNE [pajɛ̃, pajɛn] **adj.** 1. D'une religion ancienne qui n'est pas fondée sur l'Ancien Testament. *Dieux, rites païens.* → **paganisme.** – **n.** *Les païens.* 2. Sans religion. SYN. **impie.** CONTR. **chrétien, pieux.**
ÉTYM. latin *paganus* «paysan».

PAILLARD, ARDE [pajaʀ, aʀd] **adj.** ✦ (personnes) plais. D'un érotisme actif, gai et vulgaire. – **n.** *Un vieux paillard.* ◆ (choses) *Chansons paillardes.* SYN. **grivois, obscène.**
ÉTYM. d'abord «vagabond qui couche sur la *paille*».

PAILLARDISE [pajaʀdiz] **n. f.** ✦ Action ou parole paillarde.
ÉTYM. de *paillard.*

① **PAILLASSE** [pajas] **n. f.** I Enveloppe garnie de paille, de feuilles sèches, qui sert de matelas. II 1. Partie d'un évier à côté de la cuve, où l'on pose la vaisselle. 2. Plan de travail. *Les paillasses d'un laboratoire.*
ÉTYM. de *paille.*

② **PAILLASSE** [pajas] **n. m.** ✦ LITTÉR. Clown.
ÉTYM. italien *Pagliaccio*, nom d'un personnage vêtu de toile rappelant un sac de paille.

PAILLASSON [pajasɔ̃] **n. m.** 1. Natte de paille, destinée à protéger certaines cultures des intempéries. 2. Natte rugueuse servant à s'essuyer les pieds sur le seuil d'un logement. SYN. **tapis-brosse.**
ÉTYM. de ① *paillasse.*

PAILLE [pɑj] **n. f.** 1. Ensemble des tiges des céréales quand le grain en a été séparé. → **chaume.** *Brin de paille.* – loc. fig. *Être sur la paille*, dans la misère. *Mettre qqn sur la paille*, le ruiner. 2. Fibres végétales ou synthétiques tressées, utilisées en vannerie. *Chapeau de paille. Chaise de paille.* → **paillé.** 3. Petite tige pleine ou creuse. *Tirer à la courte paille* : tirer au sort au moyen de brins de longueur inégale. – Petit tuyau servant à boire en aspirant. – appos. invar. *Pommes paille* : frites très fines. – FAM. iron. *Une paille* : (c'est) peu de chose. ◆ loc. (Bible) *La paille et la poutre*, un petit défaut (chez autrui) dénoncé par une personne qui en a un beaucoup plus gros. 4. *HOMME DE PAILLE* : personne qui sert de prête-nom dans une affaire peu honnête. 5. *PAILLE DE FER* : fins copeaux de fer réunis en paquet. 6. Défaut (dans une pierre fine, une pièce de métal, de verre).
ÉTYM. latin *palea.*

PAILLÉ, ÉE [pɑje] **adj.** ✦ Garni de paille. *Chaise paillée.*

PAILLER [pɑje] **v. tr.** (conjug. 3a) 1. Garnir de paille tressée. *Pailler des chaises* (→ **rempailler**). 2. Couvrir ou envelopper de paille, de paillassons (1).
ÉTYM. de *paille.*

PAILLETÉ, ÉE [pɑj(ə)te] **adj.** ✦ Orné de paillettes. *Robe pailletée.*
ÉTYM. de *paillette.*

PAILLETER [pɑj(ə)te] **v. tr.** (conjug. 6b) ✦ Orner, parsemer de paillettes (1).
ÉTYM. de *pailleté.*

PAILLETTE [pɑjɛt] **n. f.** 1. Lamelle brillante de métal, de nacre, de plastique, servant d'ornement (sur un tissu, un maquillage, etc.). 2. Parcelle d'or dans des sables aurifères. 3. par analogie *Lessive en paillettes.*
ÉTYM. diminutif de *paille.*

PAILLON [pɑjɔ̃] **n. m.** 1. Enveloppe de paille pour les bouteilles. 2. Fond de métal avivant l'éclat d'une pierre fine, d'un émail, etc.
ÉTYM. de *paille.*

PAILLOTE [pajɔt] n. f. ✦ Cabane, hutte de paille ou d'une matière analogue. SYN. **case.**
ÉTYM. de *paille.*

PAIN [pɛ̃] n. m. 1. Aliment fait de farine, d'eau, de sel et de levain ou de levure, pétri, levé et cuit au four. *Manger du pain. Le boulanger fait le pain.* ➖ *Un pain,* masse de cet aliment ayant une forme donnée. → **baguette, bâtard, couronne, ficelle, flûte, miche.** *Pain de seigle. Pain de campagne. Pain brioché. Pain de mie*.* ➖ *Du pain frais, rassis. Pain grillé.* → **rôtie, toast.** *Pain sec,* sans aucun accompagnement. *Pain azyme*.* ♦ loc. *Je ne mange pas de ce pain-là :* je refuse ce genre de procédés. *Avoir du pain sur la planche,* beaucoup de travail devant soi. *Se vendre comme des petits pains,* très facilement. ♦ Symbole de la nourriture. *Gagner son pain,* sa vie. → **gagne-pain.** *Long comme un jour sans pain,* interminable. 2. Pâtisserie légère, faite avec une pâte levée. *Pain au chocolat.* 3. *PAIN D'ÉPICE(S) :* gâteau fait avec de la farine de seigle, du miel, du sucre et de l'anis. 4. Masse (d'une substance) comparée à un pain. *Pain de savon.* ➖ *EN PAIN DE SUCRE :* en forme de cône. 5. FAM. Coup, gifle. HOM. PEINT (p. passé de *peindre*), PIN «arbre»
ÉTYM. latin *panis.*

PAINTBALL [pɛntbol] n. m. ✦ anglicisme Jeu de plein air, opposant deux équipes armées de pistolets chargés de billes de gélatine colorée.
ÉTYM. mot anglais «balle de peinture».

① **PAIR** [pɛʀ] n. m. **I** 1. Personne qui a la même situation ou fonction (élevée). *Négocier avec ses pairs.* 2. Au Royaume-Uni, Membre de la *Chambre des pairs* ou Chambres des lords. 3. En France, jusqu'en 1831, Membre de la *Chambre des pairs* et conseiller du roi. **II** (dans des loc.) Égalité. → **parité.** 1. *HORS DE PAIR* VIEILLI *HORS PAIR :* sans égal. ➖ *ALLER DE PAIR,* ensemble, sur le même rang. *Ces deux défauts vont souvent de pair.* 2. *AU PAIR :* en échangeant un travail contre le logement et la nourriture (sans salaire). *Cette étudiante est, travaille au pair. Jeune fille au pair.* HOM. PAIRE «couple», PÈRE «papa», PERS «bleu (yeux)»
ÉTYM. latin *par, paris* «égal, pareil».

② **PAIR, PAIRE** [pɛʀ] adj. ✦ Se dit d'un nombre entier naturel divisible par deux. *Jours pairs.* ♦ MATH. *Fonction paire,* dont la valeur ne change pas lorsque les variables changent de signe. CONTR. **impair.** HOM. PAIRE «couple», PÈRE «papa», PERS «bleu (yeux)»
ÉTYM. latin *par* → ① pair.

PAIRE [pɛʀ] n. f. 1. Réunion (de deux choses, de deux personnes semblables qui vont ensemble). *Une paire de chaussettes.* ➖ *Une paire d'amis.* loc. *Les deux font la paire :* ils s'entendent très bien ; péj. ils ont les mêmes défauts. 2. Objet unique composé de deux parties semblables et symétriques. *Une paire de lunettes, de ciseaux.* 3. loc. FAM. *Se faire la paire :* s'enfuir. HOM. ① PAIR «titre», ② PAIR «divisible par deux», PÈRE «papa», PERS «bleu (yeux)»
ÉTYM. latin populaire *paria ;* famille de ① *pair.*

PAIRESSE [pɛʀɛs] n. f. ✦ Épouse d'un pair (I, 2 et 3). ➖ Femme titulaire d'une pairie.
ÉTYM. anglais *peeress.*

PAIRIE [peʀi] n. f. ✦ Titre et dignité de pair (I, 2 et 3).
ÉTYM. de ① *pair.*

PAISIBLE [pezibl] adj. 1. Qui demeure en paix, ne s'agite pas, n'est pas agressif. SYN. ② **calme, tranquille.** *Un homme paisible.* 2. (choses) Qui ne trouble pas la paix. *Des mœurs paisibles.* SYN. **pacifique.** ♦ Qui donne une impression de paix. *Un grand fleuve paisible.* ➖ Dont rien ne vient troubler la paix. *Une vie paisible.* CONTR. **agressif, emporté, tourmenté • agité, troublé.**
ÉTYM. de *paix.*

PAISIBLEMENT [pezibləmɑ̃] adv. ✦ Calmement. *Dormir paisiblement.*

PAÎTRE [pɛtʀ] v. intr. (conjug. 52 ; pas de passé simple ni de subj. imp. ; pas de p. passé) 1. (animaux) Manger l'herbe sur pied, les fruits tombés. *Le troupeau paissait dans la prairie.* SYN. **brouter ;** → **pâturage.** 2. loc. FAM. *ENVOYER PAÎTRE qqn,* le rejeter, l'éconduire (→ envoyer promener).
ÉTYM. latin *pascere.*

PAIX [pɛ] n. f. **I** 1. Rapports entre personnes qui ne sont pas en conflit. SYN. **accord, concorde.** *Faire la paix :* se réconcilier. *Vivre en paix avec son entourage.* 2. Rapports calmes entre citoyens ; absence de troubles, de violences. *La paix sociale.* ➖ anciennt *GARDIEN DE LA PAIX :* agent de police. **II** 1. Situation d'une nation, d'un État qui n'est pas en guerre. «*Guerre et Paix*» (roman de Tolstoï). *En temps de paix. Aimer, défendre la paix.* → **pacifique.** 2. Accord terminant l'état de guerre. *Faire, signer la paix, après un armistice*. Traité de paix.* **III** 1. État d'une personne que rien ne trouble. SYN. ① **calme, repos, tranquillité.** *Laisser qqn en paix.* FAM. *Fichez-moi la paix !* ou ellipt *La paix !,* laissez-moi tranquille ! 2. État de l'âme qui n'est troublée par aucun conflit, aucune inquiétude. SYN. **apaisement, quiétude.** *Paix intérieure. Avoir la conscience en paix.* 3. Absence d'agitation, de bruit. SYN. ① **calme ;** → **paisible.** *La paix de la campagne.* CONTR. **conflit, querelle •** ② **trouble, violence • guerre • agitation • inquiétude, tourment.** HOM. PAIE «salaire», PET «gaz»
ÉTYM. latin *pax, pacis.*

PAL, plur. **PALS** [pal] n. m. ✦ Longue pièce de bois ou de métal aiguisée par un bout. SYN. ① **pieu.** *Le pal, ancien instrument de supplice* (→ **empaler**). HOM. PALE «rame», PÂLE «peu coloré»
ÉTYM. latin *palus* «poteau».

PALABRE [palabʀ] n. f. ou m. 1. Discussion interminable et oiseuse. 2. En Afrique, Assemblée coutumière qui débat des sujets concernant la communauté. *L'arbre à palabres.*
ÉTYM. espagnol *palabra* «parole».

PALABRER [palabʀe] v. intr. (conjug. 3a) ✦ Discourir, discuter interminablement.
ÉTYM. de *palabre.*

PALACE [palas] n. m. ✦ Hôtel de grand luxe.
ÉTYM. mot anglais, emprunté au français *palais.*

PALADIN [paladɛ̃] n. m. ✦ Chevalier généreux et vaillant. *Charlemagne et ses paladins.*
ÉTYM. italien *paladino ;* famille de *palais.*

① **PALAIS** [palɛ] n. m. 1. Vaste et somptueuse résidence. SYN. **château.** ➖ Grand édifice public. *Le palais des Sports.* 2. *Palais (de justice),* édifice où siègent les cours et tribunaux. 3. HIST. Résidence des rois francs. *Maire* du palais.* HOM. PALET «objet rond et plat»
ÉTYM. latin *palatium* «le mont *Palatin* (à Rome)».

A B C D E F G H I J K L M N O P Q R S T U V W X Y Z

② **PALAIS** [palɛ] **n. m.** **1.** Paroi supérieure interne de la bouche. **2.** Organe du goût. HOM. PALET «objet rond et plat»
ÉTYM. latin populaire *palatium*, classique *palatum*.

PALAN [palɑ̃] **n. m.** ✦ Appareil permettant de soulever et déplacer de très lourdes charges au bout d'un câble ou d'une chaîne.
ÉTYM. italien *palanco*.

PALANQUIN [palɑ̃kɛ̃] **n. m.** ✦ (dans certaines civilisations) Litière portée à bras d'hommes ou à dos d'animal (chameau, éléphant).
ÉTYM. portugais *palanquim*, du sanskrit.

PALATAL, ALE, AUX [palatal, o] **adj.** ✦ *Voyelle, consonne palatale*, dont l'articulation se fait dans la région antérieure (osseuse) du palais. ➖ **n. f.** *Une palatale*.
ÉTYM. du latin *palatum* → ② palais.

① **PALATIN, INE** [palatɛ̃, in] **adj.** **1.** HIST. Chargé d'un office dans le palais d'un souverain. *Seigneur palatin. Comtes palatins* (d'Allemagne). **2.** Qui dépend d'un palais. *Chapelle palatine*.
ÉTYM. latin *palatinus* → ① palais.

② **PALATIN, INE** [palatɛ̃, in] **adj.** ✦ ANAT. Du palais. *Voûte palatine. Amygdales palatines*.
ÉTYM. du latin *palatum* → ② palais.

PALE [pal] **n. f.** **1.** Partie d'un aviron, d'une roue à aubes qui pénètre dans l'eau. **2.** Partie d'une hélice qui agit sur l'air ou sur l'eau. *Les pales d'un hélicoptère*. HOM. PAL «pieu», PÂLE «peu coloré»
ÉTYM. latin *pala* «pelle».

PÂLE [pɑl] **adj.** **1.** (teint, peau, visage) Blanc, très peu coloré. *Un peu pâle*. ➡ **pâlichon, pâlot.** ➖ (personnes) Qui a le teint pâle. **2.** Qui a peu d'éclat. *Une lueur pâle*. SYN. **faible.** ◆ (couleur) Peu vif ou mêlé de blanc. SYN. **clair.** *Bleu pâle*. **3.** abstrait Fade, terne. *Une pâle imitation*. CONTR. **coloré • brillant, éclatant, vif • foncé.** HOM. PAL «pieu», PALE «rame»
ÉTYM. latin *pallidus* «jaune clair».

PALEFRENIER, IÈRE [palfʀənje, jɛʀ] **n.** ✦ Personne chargée du soin des chevaux. SYN. **lad.**
ÉTYM. famille de *palefroi*.

PALEFROI [palfʀwa] **n. m.** ✦ (au Moyen Âge) Cheval de promenade, de parade, de cérémonie (opposé à *destrier*).
ÉTYM. latin médiéval *paraveredus*, de *veredus* «cheval de voyage».

> **PALÉO-** Élément savant, du grec *palaios* «ancien». ➡ **archéo-.**

PALÉOCHRÉTIEN, IENNE [paleokʀetjɛ̃, jɛn] **adj.** ✦ DIDACT. Des premiers chrétiens. *Art paléochrétien*.
ÉTYM. de *paléo-* et *chrétien*.

PALÉOGÉOGRAPHIE [paleoʒeɔgʀafi] **n. f.** ✦ Partie de la géographie qui reconstitue les paysages anciens.
ÉTYM. de *paléo-* et *géographie*.

PALÉOGRAPHE [paleɔgʀaf] **n.** ✦ Spécialiste des écritures anciennes. appos. *Archiviste paléographe*.
ÉTYM. de *paléographie*.

PALÉOGRAPHIE [paleɔgʀafi] **n. f.** ✦ Science des écritures anciennes.
► **PALÉOGRAPHIQUE** [paleɔgʀafik] **adj.** *Étude paléographique d'un manuscrit*.
ÉTYM. de *paléo-* et *-graphie*.

PALÉOLITHIQUE [paleɔlitik] **adj.** et **n. m.** ✦ Relatif à l'âge de la pierre taillée. ➖ **n. m.** *Les premières sociétés humaines organisées apparurent au paléolithique*.
ÉTYM. anglais *paleolithic* → paléo- et -lithique.

PALÉOMAGNÉTISME [paleomaɲetism] **n. m.** ✦ Étude des effets du champ magnétique terrestre depuis les temps géologiques.
ÉTYM. de *paléo-* et *magnétisme*.

PALÉONTOLOGIE [paleɔ̃tɔlɔʒi] **n. f.** ✦ Science des êtres vivants ayant existé sur la Terre aux temps géologiques, fondée sur l'étude des fossiles*.
► **PALÉONTOLOGIQUE** [paleɔ̃tɔlɔʒik] **adj.**
ÉTYM. de *paléo-*, *onto-* et *-logie*.

PALÉONTOLOGUE [paleɔ̃tɔlɔg] **n.** ✦ Spécialiste de la paléontologie.

PALERON [palʀɔ̃] **n. m.** ✦ Morceau du bœuf, situé près de l'omoplate. ➡ **palette.**
ÉTYM. de *pale*.

PALESTRE [palɛstʀ] **n. f.** ✦ ANTIQ. Lieu public où l'on s'entraînait à la lutte, à la gymnastique.
ÉTYM. grec *palaistra*.

PALET [palɛ] **n. m.** **1.** Objet plat et rond avec lequel on vise un but (dans un jeu). *Palet de hockey sur glace*. **2.** Gâteau sec rond et plat. HOM. ① PALAIS «château», ② PALAIS «paroi de la bouche»
ÉTYM. de *pale*.

PALETOT [palto] **n. m.** **1.** Vêtement de dessus, généralement assez court, boutonné par-devant. ➖ RÉGIONAL Veste, manteau. **2.** FAM. *Tomber sur le paletot à qqn*, se jeter sur lui (pour le prendre à partie).
ÉTYM. vieil anglais *paltok*.

PALETTE [palɛt] **n. f.** **I** Plaque mince percée d'un trou pour passer le pouce et sur laquelle un peintre étend et mélange ses couleurs. ◆ Ensemble des couleurs et nuances propres à un peintre. *La palette de Rubens*. **II** Pièce de viande de mouton, de porc, provenant de l'omoplate. **III** Plateau de chargement servant à la manutention ; son chargement.
ÉTYM. diminutif de *pale*.

PALÉTUVIER [paletyvje] **n. m.** ✦ Grand arbre des régions tropicales, à racines aériennes, qui croît dans les mangroves.
ÉTYM. d'un mot indien du Brésil «arbre courbé».

PÂLEUR [pɑlœʀ] **n. f.** ✦ Couleur, aspect d'une personne, d'une chose pâle.
ÉTYM. de *pâle*.

PÂLICHON, ONNE [pɑliʃɔ̃, ɔn] **adj.** ✦ FAM. Un peu pâle. SYN. **pâlot.**
ÉTYM. de *pâle*.

PALIER [palje] **n. m.** **1.** Plateforme entre deux volées d'un escalier. *Voisins de palier*. ➡ **étage.** **2.** fig. Phase intermédiaire de stabilité dans une évolution. *Progresser par paliers*. HOM. PALLIER «compenser»
ÉTYM. ancien français *paele* «poêle», latin *patella*.

PALIÈRE [paljɛʀ] **adj. f.** ✦ *Porte palière*, qui s'ouvre sur le palier.
ÉTYM. de *palier*.

PALIMPSESTE [palɛ̃psɛst] **n. m.** ✦ DIDACT. Parchemin dont on a effacé la première écriture pour pouvoir écrire un nouveau texte.
ÉTYM. grec *palimpsêstos*, de *palin* «de nouveau» et *psên* «gratter».

PALINDROME [palɛ̃dʀom] **n. m.** ✦ DIDACT. Mot ou groupe de mots qui peut se lire indifféremment de gauche à droite ou de droite à gauche en gardant le même sens (ex. la mariée ira mal ; ressasser ; Anna).
☛ Littérature p. 121.
ÉTYM. grec *palindromos* «qui revient sur ses pas».

PALINODIE [palinɔdi] **n. f.** ✦ surtout au plur. LITTÉR. Changement d'opinions. SYN. **revirement.**
ÉTYM. latin *palinodia*, du grec, de *palin* «de nouveau» et *ôde* «chant».

PÂLIR [paliʀ] **v.** (conjug. 13) **I** **v. intr.** 1. (personnes) Devenir pâle. SYN. **blêmir.** *Pâlir de rage.* – loc. *Faire pâlir qqn,* lui inspirer de la jalousie, du dépit. 2. (choses) Perdre son éclat. *Les couleurs ont pâli.* SYN. ② **faner, passer, ternir. II** **v. tr.** Rendre pâle, plus pâle. – au p. passé *Ses joues pâlies par la fatigue.* CONTR. **rougir** • **briller.**
ÉTYM. de *pâle.*

PALISSADE [palisad] **n. f.** ✦ Clôture faite d'une rangée serrée de perches ou de planches.
ÉTYM. de *palis* «petit pieu», de *pal.*

PALISSANDRE [palisɑ̃dʀ] **n. m.** ✦ Bois dur tropical, d'une couleur violacée, nuancée de noir et de jaune.
ÉTYM. néerlandais *palissander*, d'une langue indienne.

PALLADIUM [paladjɔm] **n. m.** ✦ Métal léger (symb. Pd), blanc, voisin du platine.
ÉTYM. du nom de la déesse *Pallas.* ☛ noms propres.

PALLIATIF, IVE [paljatif, iv] **adj.** et **n. m.** 1. **adj.** MÉD. Qui atténue les symptômes sans agir sur la cause. *Traitement palliatif.* 2. **n. m.** Mesure qui n'a qu'un effet passager. SYN. ② **expédient.**
ÉTYM. latin médiéval *palliativus.*

PALLIER [palje] **v. tr.** (conjug. 9) ✦ Compenser (un manque), apporter une solution provisoire à. *Pallier un inconvénient, un défaut.* – *Pallier à* est incorrect.
HOM. PALIER «plateforme»
ÉTYM. bas latin *palliare* «couvrir d'un manteau *(pallium)*».

PALLIUM [paljɔm] **n. m.** 1. (en liturgie, dans l'Antiquité) Manteau. 2. ZOOL. Manteau qui recouvre les viscères du mollusque. – ANAT. Partie du cerveau.
ÉTYM. mot latin «manteau».

PALMARÈS [palmaʀɛs] **n. m.** ✦ Liste des lauréats (d'une distribution de prix) ; liste de récompenses. *Un beau palmarès.*
ÉTYM. latin *palmaris* «ceux qui méritent la palme».

PALME [palm] **n. f.** **I** 1. Feuille de palmier. 2. *Vin de palme, huile de palme,* de palmier. 3. *La palme,* symbole de la victoire. → **palmarès.** *Remporter la palme.* 4. Décoration dont l'insigne évoque une palme. *Palmes académiques.* **II** Nageoire qui se fixe au pied pour la nage sous-marine.
ÉTYM. latin *palma* ; doublet de *paume.*

PALMÉ, ÉE [palme] **adj.** ✦ Dont les doigts sont réunis par une membrane. *Les pattes palmées du canard* (→ **palmipède**).
ÉTYM. latin *palmatus.*

PALMER [palmɛʀ] **n. m.** ✦ Instrument de précision, mesurant les épaisseurs.
ÉTYM. du nom de l'inventeur.

PALMERAIE [palməʀɛ] **n. f.** ✦ Plantation de palmiers. *Les palmeraies d'une oasis.*
ÉTYM. de *palmier.*

PALMIER [palmje] **n. m.** 1. Grand arbre des régions chaudes, à tige simple, nue et rugueuse, à grandes feuilles en bouquet. *Palmier dattier.* ◆ *Cœur de palmier.* → **palmiste.** 2. Gâteau sec de pâte feuilletée sucrée (en forme de palme).
ÉTYM. de *palme.*

PALMIPÈDE [palmipɛd] **adj.** ✦ Dont les pieds sont palmés. *Oiseaux palmipèdes.* – **n. m.** *Le canard, l'oie sont des palmipèdes.*
ÉTYM. latin *palmipes, palmipedis* → -pède.

PALMISTE [palmist] **n. m.** 1. Fruit du palmier à huile. 2. *Palmiste* ou *chou palmiste,* appelé aussi *cœur de palmier* : bourgeon terminal de certains palmiers, tendre et comestible. *Des choux palmistes.*
ÉTYM. portugais *palmito* «petit palmier».

PALMURE [palmyʀ] **n. f.** ✦ Membrane tendue entre les doigts de la plupart des palmipèdes, de certains mammifères aquatiques et animaux terrestres. *La palmure du castor, de la grenouille.*
ÉTYM. de *palme.*

PALOMBE [palɔ̃b] **n. f.** ✦ RÉGIONAL (Sud-Ouest) Pigeon ramier. *Chasse à la palombe.*
ÉTYM. latin *palumbus.*

PALONNIER [palɔnje] **n. m.** ✦ Dispositif de commande du gouvernail de direction d'un avion, manœuvré avec les pieds.
ÉTYM. famille de *pal.*

PÂLOT, OTTE [palo, ɔt] **adj.** ✦ Un peu pâle. *Je la trouve bien pâlotte.*
ÉTYM. de *pâle.*

PALOURDE [paluʀd] **n. f.** ✦ Mollusque comestible bivalve (appelé aussi *clam, clovisse*).
ÉTYM. latin *peloris*, du grec.

PALPABLE [palpabl] **adj.** 1. Dont on peut s'assurer par le toucher. SYN. **concret, tangible.** 2. Que l'on peut vérifier avec certitude. *Des preuves palpables.* CONTR. **impalpable ; immatériel** • **douteux.**
ÉTYM. latin *palpabilis.*

PALPATION [palpasjɔ̃] **n. f.** ✦ MÉD. Action de palper (le corps humain). *Déceler une grosseur à la palpation.*

PALPER [palpe] **v. tr.** (conjug. 3a) 1. Examiner en touchant, en tâtant avec la main, les doigts. *L'aveugle palpe les objets pour les reconnaître.* 2. FAM. Toucher, recevoir (de l'argent). absolt *Il a déjà assez palpé dans cette affaire.*
ÉTYM. latin *palpare.*

PALPEUR [palpœʀ] **n. m.** ✦ Dispositif opérant par contact pour mesurer. *Le palpeur d'une plaque de cuisson agit sur un thermostat.*
ÉTYM. de *palper.*

PALPITANT, ANTE [palpitɑ̃, ɑ̃t] **adj.** 1. Qui palpite. *Palpitant d'émotion,* violemment ému. 2. Qui excite l'émotion, un vif intérêt. *Un film palpitant.*
ÉTYM. du participe présent de *palpiter.*

PALPITATION [palpitasjɔ̃] **n. f.** 1. Frémissement convulsif. *La palpitation des paupières.* 2. Battement de cœur plus fort et plus rapide ou moins régulier que dans l'état normal. *Avoir des palpitations.*
ÉTYM. latin *palpitatio.*

PALPITER [palpite] **v. intr.** (conjug. 3a) **1.** Être agité de frémissements. *Ses narines palpitent.* **2.** (cœur) Battre très fort.
ÉTYM. latin *palpitare* «s'agiter».

PALSAMBLEU [palsɑ̃blø] **interj.** ✦ VX Ancien juron. → **parbleu.**
ÉTYM. altération de *par le sang de Dieu !*

PALTOQUET [paltɔkɛ] **n. m.** ✦ VIEILLI Homme insignifiant et prétentieux, insolent.
ÉTYM. de *paltok* → paletot.

PALUDÉEN, ÉENNE [palydeɛ̃, eɛn] **adj.** ✦ Relatif au paludisme. ◆ Atteint de paludisme. ➖ **n.** *Les paludéens.*
ÉTYM. du latin *palus, paludis* «marais».

PALUDISME [palydism] **n. m.** ✦ Maladie infectieuse tropicale, due à un parasite transmis par la piqûre de certains moustiques (anophèles) et qui cause des accès de fièvre. SYN. **malaria.** *Épidémies de paludisme.* ☛ Géographie p. 224. *Crise de paludisme.* ➖ **abrév.** FAM. PALU.
ÉTYM. du latin *palus, paludis* «marais».

se **PÂMER** [pame] **v. pron.** (conjug. 3a) **1.** VIEILLI Perdre connaissance. SYN. **défaillir, s'évanouir. 2.** Être sous le coup d'une sensation, d'une émotion très agréable. *Se pâmer d'admiration.* → **s'extasier.**
ÉTYM. latin *spasmare*, de *spasmus* «spasme».

PÂMOISON [pamwazɔ̃] **n. f.** ✦ LITTÉR. ou plais. Fait de se pâmer, évanouissement. *Tomber en pâmoison.*

PAMPA [pɑ̃pa] **n. f.** ✦ Vaste plaine d'Amérique du Sud.
ÉTYM. espagnol d'Amérique, mot indien «plaine».

PAMPHLET [pɑ̃flɛ] **n. m.** ✦ Texte court et violent attaquant les institutions, un personnage connu. ☛ Littérature p. 139.
ÉTYM. mot anglais ; du prénom *Pamphile.*

PAMPHLÉTAIRE [pɑ̃fletɛʀ] **n.** ✦ Auteur de pamphlets.

PAMPLEMOUSSE [pɑ̃pləmus] **n. m.** ✦ Gros agrume jaune et légèrement amer. SYN. **pomélo.** *Jus de pamplemousse.*
ÉTYM. néerlandais *pompelmoes* «gros *(pompel)* citron *(limoes)*».

PAMPLEMOUSSIER [pɑ̃pləmusje] **n. m.** ✦ Arbre des climats chauds qui produit les pamplemousses.
ÉTYM. de *pamplemousse.*

PAMPRE [pɑ̃pʀ] **n. m.** ✦ Branche de vigne avec ses feuilles et ses grappes. *Les pampres d'une treille.*
ÉTYM. de l'ancien français *pampe*, latin *pampinus.*

① **PAN** [pɑ̃] **n. m. 1.** Grand morceau d'étoffe ; partie flottante ou tombante (d'un vêtement). *Un pan de chemise.* **2.** *Pan de mur,* partie plus ou moins grande d'un mur. ➖ *Pan coupé :* surface oblique remplaçant l'angle que formerait la rencontre de deux murs. **3.** **fig.** *Un pan de sa vie qu'il préfère oublier.* **4.** Face d'un objet polyédrique. *Les pans d'un prisme.* HOM. PAON «oiseau»
ÉTYM. latin *pannus.*

② **PAN** [pɑ̃] **interj.** ✦ Onomatopée qui exprime un bruit sec, un coup de fusil. HOM. PAON «oiseau»
ÉTYM. onomatopée.

PAN- Élément, du grec *pan*, de *pas* «tout,» qui signifie «tout» (ex. *panafricain* «qui concerne toute l'Afrique»). ➖ *PAN[...]ISME,* désigne une doctrine tendant à unifier la totalité de (un pays, un peuple, une religion) (ex. *pangermanisme, panislamisme*).

PANACÉE [panase] **n. f.** ✦ Remède universel ; formule par laquelle on prétend résoudre tous les problèmes. ➖ REM. *Panacée universelle* est à éviter (pléonasme).
ÉTYM. grec *panakeia*, de *pan* «tout» et *akos* «remède».

PANACHAGE [panaʃaʒ] **n. m. 1.** Action de panacher. *Un panachage de couleurs.* **2.** Possibilité, pour l'électeur, de choisir des candidats sur les différentes listes en présence.
ÉTYM. de *panacher.*

PANACHE [panaʃ] **n. m. 1.** Faisceau de plumes flottantes, qui servait à orner une coiffure, un dais, un casque (→ **empanaché**). allus. *«Ralliez-vous à mon panache blanc !»* (attribué à Henri IV). ◆ *La queue en panache d'un écureuil. Un panache de fumée.* **2.** **fig.** Brio, allure spectaculaire. *Avoir du panache,* avoir fière allure.
ÉTYM. italien *pennachio*, du latin *penna* «plume».

PANACHÉ, ÉE [panaʃe] **adj. 1.** Qui présente des couleurs variées. *Œillet panaché.* **2.** Composé d'éléments différents. *Haricots panachés* (verts et blancs). **3.** *Un demi panaché* ou **n. m.** *un panaché,* mélange de bière et de limonade.
ÉTYM. de *panache.*

PANACHER [panaʃe] **v. tr.** (conjug. 3a) **1.** Orner de couleurs variées. **2.** Composer d'éléments divers. *Panacher une liste électorale.* → **panachage** (2).
ÉTYM. de *panache.*

PANADE [panad] **n. f. 1.** Soupe faite de pain, d'eau et de beurre. **2.** FAM. *Être dans la panade,* dans la misère. SYN. **purée.**
ÉTYM. provençal *panado*, de *pan* «pain».

PANARD [panaʀ] **n. m.** ✦ FAM. Pied.
ÉTYM. origine obscure.

PANARIS [panaʀi] **n. m.** ✦ Infection aiguë d'un doigt ou d'un orteil.
ÉTYM. latin *panaricium*, du grec.

PANCAKE [pankɛk] **n. m.** ✦ anglicisme Petite crêpe épaisse.
ÉTYM. mot anglais, de *pan* «casserole» et *cake* «gâteau».

PANCARTE [pɑ̃kaʀt] **n. f.** ✦ Écriteau qui donne une information, présente une inscription. SYN. **panonceau.**
ÉTYM. latin médiéval *pancharta.*

PANCRACE [pɑ̃kʀas] **n. m.** ✦ ANTIQ. Sport de la Grèce antique qui combinait la lutte et le pugilat.
ÉTYM. grec *pankration*, de *pan* «tout» et *kratos* «force».

PANCRÉAS [pɑ̃kʀeas] **n. m.** ✦ Glande de l'appareil digestif située entre l'estomac et les reins.
ÉTYM. grec *pankreas*, de *kreas* «chair».

PANCRÉATIQUE [pɑ̃kʀeatik] **adj.** ✦ Du pancréas. *Suc pancréatique.*

PANDA [pɑ̃da] **n. m.** ✦ Mammifère des forêts d'Inde et de Chine, qui ressemble à un petit ours noir et blanc.
ÉTYM. du népalais.

PANDÉMIE [pɑ̃demi] **n. f.** ✦ Épidémie qui se répand sur une vaste zone géographique. *Pandémie de sida.* ☛ Géographie p. 224.
ÉTYM. de *pan-* et du grec *demos* «peuple».

PANDÉMONIUM [pɑ̃demɔnjɔm] **n. m.** ✦ LITTÉR. Lieu où règne un désordre infernal.
ÉTYM. anglais *pandemonium*, du grec *daimôn* «démon».

PANDIT [pɑ̃di(t)] **n. m.** ✦ Titre honorifique donné en Inde à un fondateur de secte, à un sage (brahmane). *Le pandit Nehru.*
ÉTYM. sanskrit *pandita* «savant».

PANDORE [pɑ̃dɔʀ] **n. m.** ✦ VX iron. Gendarme.
ÉTYM. nom propre, dans une chanson.

PANÉGYRIQUE [paneʒiʀik] **n. m.** ✦ Discours à la louange de qqn. SYN. **apologie.** *Faire le panégyrique de qqn.* SYN. **éloge.** CONTR. **blâme, calomnie.**
ÉTYM. grec *panêguris* «assemblée de tout le peuple».

PANÉGYRISTE [paneʒiʀist] **n.** ✦ Personne qui loue, qui vante qqn ou qqch.

PANEL [panɛl] **n. m.** ✦ anglicisme Échantillon* de personnes auprès desquelles est faite une enquête d'opinion.
ÉTYM. mot anglais «panneau».

PANER [pane] **v. tr.** (conjug. 3a) ✦ Enrober (un aliment) de panure avant de le faire frire.
► **PANÉ, ÉE adj.** *Escalopes panées.*
ÉTYM. du latin *panis* «pain».

PANGOLIN [pɑ̃gɔlɛ̃] **n. m.** ✦ Mammifère édenté d'Asie et d'Afrique, au corps couvert d'écailles, qui se roule en boule en cas de danger.
ÉTYM. malais *pengguling*, littéralement «celui qui s'enroule».

PANIER [panje] **n. m.** **1.** Réceptacle de vannerie servant à contenir, à transporter des marchandises. *Panier à provisions.* → **cabas, couffin.** – *Mettre au panier* : jeter. – loc. *Mettre* (plusieurs personnes) *dans le même panier*, porter sur elles le même jugement (négatif). ♦ Dispositif d'un site marchand destiné à enregistrer les achats lors d'une commande en ligne. *Valider son panier.* **2.** *PANIER À SALADE* : récipient métallique à claire-voie pour égoutter la salade ; fig. FAM. voiture cellulaire*. **3.** loc. *PANIER PERCÉ* : personne très dépensière. **4.** Contenu d'un panier. – *Panier-repas* : repas froid distribué à des voyageurs. – loc. *Le panier de la ménagère*.* **5.** Armature qui servait à faire gonfler les jupes. *Robe à paniers.* SYN. **crinoline, vertugadin.** ♦ FAM. Derrière, fesses. **6.** au basketball Filet ouvert en bas, fixé à un panneau de bois.
ÉTYM. latin *panarium* «corbeille à pain (*panis*)».

PANIÈRE [panjɛʀ] **n. f.** ✦ Grande corbeille à anses ou malle en osier.
ÉTYM. de *panier*.

PANIFIABLE [panifjabl] **adj.** ✦ Qui peut servir de matière première dans la fabrication du pain. *Céréales panifiables.*
ÉTYM. du latin *panis* «pain».

PANIFICATION [panifikasjɔ̃] **n. f.** ✦ Opérations de la fabrication du pain.

PANIFIER [panifje] **v. tr.** (conjug. 9) ✦ Transformer en pain. *Panifier de la farine de blé.*
ÉTYM. du latin *panis* «pain», suffixe *-fier*.

PANIQUE [panik] **adj.** et **n. f.** **1. adj.** Qui trouble subitement et violemment l'esprit. *Peur, terreur panique.* **2. n. f.** Terreur extrême et soudaine, souvent collective. SYN. **effroi, épouvante ; affolement.** *Être pris de panique. Semer la panique.*
ÉTYM. latin *panicus*, du nom du dieu *Pan*, dont l'apparition était terrifiante. ☛ noms propres.

PANIQUER [panike] **v.** (conjug. 3a) **1. v. tr.** FAM. Affoler, angoisser. – au p. passé *Elle est complètement paniquée.* **2. v. intr.** Être pris de panique. *Il panique facilement.*
ÉTYM. de *panique*.

① **PANNE** [pan] **n. f.** **1.** *Mettre, être EN PANNE* (navire), à l'arrêt (les vergues étant tournées). **2.** Arrêt de fonctionnement dans un mécanisme, un moteur ; impossibilité accidentelle de fonctionner. loc. *Tomber en panne. Panne d'essence* (ou *panne sèche*). – *Panne d'électricité.* **3.** FAM. *Être EN PANNE*, momentanément arrêté. – *Être en panne de qqch.*, en manquer. *Je suis en panne d'inspiration.* HOM. PAONNE (féminin de *paon* «oiseau»)
ÉTYM. latin *penna* «plume, aile», «partie latérale», en marine «vergue».

② **PANNE** [pan] **n. f.** **1.** Étoffe à poils couchés brillants. *Panne de velours.* **2.** Graisse qui se trouve sous la peau du cochon. HOM. voir ① panne
ÉTYM. latin *penna* «plume, aile».

③ **PANNE** [pan] **n. f.** ✦ TECHN. Pièce de charpente. HOM. voir ① panne
ÉTYM. latin *patena*, du grec.

PANNEAU [pano] **n. m.** **I 1.** Partie d'une construction, constituant une surface délimitée. *Panneaux préfabriqués.* **2.** Surface plane (de bois, de métal, de toile tendue) destinée à servir de support à des inscriptions. SYN. **pancarte, panonceau.** *Panneau d'affichage. Panneaux électoraux. Panneaux de signalisation.* **3.** COUT. Élément d'un vêtement fait de plusieurs morceaux. **II** VX Piège. ♦ loc. *Tomber, donner dans le panneau*, dans le piège ; se laisser tromper.
ÉTYM. famille de ① *pan*.

PANONCEAU [panɔ̃so] **n. m.** **1.** Écusson, plaque métallique placée à la porte d'un officier ministériel. *Le panonceau d'un notaire.* **2.** Enseigne, petit panneau qui signale un hôtel, un magasin, etc.
ÉTYM. de *pennon* «écusson d'armoiries».

PANOPLIE [panɔpli] **n. f.** **1.** Ensemble d'armes présenté sur un panneau et servant de trophée. **2.** Jouet d'enfant comprenant un déguisement et des accessoires présentés sur un carton. *Panoplie de cow-boy, d'infirmière.* **3.** Ensemble de moyens matériels. *La panoplie du parfait bricoleur.* – *Une panoplie de mesures contre le chômage.*
ÉTYM. grec *panoplia*, de *hoplon* «arme».

PANORAMA [panɔʀama] **n. m.** **1.** Vaste paysage que l'on peut contempler de tous côtés. **2.** fig. Vue d'ensemble, étude complète. *Un panorama de l'art contemporain.*
ÉTYM. mot anglais, du grec *pan* «tout» et *horama* «spectacle».

PANORAMIQUE [panɔʀamik] **adj.** et **n. m.**
I adj. Qui permet d'embrasser l'ensemble d'un paysage. *Vue panoramique.* ♦ *Restaurant panoramique.*
II n. m. CIN. Mouvement de balayage réalisé par rotation de la caméra. – Plan filmé grâce à ce mouvement.
ÉTYM. de *panorama*.

PANSAGE [pɑ̃saʒ] **n. m.** ✦ Action de panser (un cheval).
ÉTYM. de *panser*.

PANSE [pɑ̃s] **n. f.** **1.** Premier compartiment de l'estomac des ruminants. **2.** Partie renflée. *La panse d'une cruche.* **3.** FAM. Gros ventre. *S'en mettre plein la panse*, manger beaucoup.
ÉTYM. latin *pantex* «intestins, panse, abdomen».

PANSEMENT [pɑ̃smɑ̃] **n. m.** ✦ Linge, compresse servant à protéger une plaie des chocs et de l'infection. *Petit pansement au doigt.* → **poupée.**
ÉTYM. de *panser.*

PANSER [pɑ̃se] **v. tr.** (conjug. 3a) **1.** Donner à (un cheval) des soins de propreté. SYN. **bouchonner, étriller. 2.** Soigner (qqn, une plaie) en appliquant un pansement. *Panser la main de qqn.* SYN. **bander.** *Panser les blessés.* HOM. ① PENSÉE «esprit», ② PENSÉE «fleur», PENSER «réfléchir»
ÉTYM. de *penser de* «prendre soin de».

PANSU, UE [pɑ̃sy] **adj.** ✦ Renflé comme une panse. SYN. **ventru.** *Un vase pansu.*
ÉTYM. de *panse.*

PANTAGRUÉLIQUE [pɑ̃tagʀyelik] **adj.** ✦ Digne d'un très gros mangeur. *Un repas pantagruélique.* SYN. **gargantuesque.**
ÉTYM. de *Pantagruel.* ☛ noms propres.

PANTALON [pɑ̃talɔ̃] **n. m.** ✦ Culotte longue descendant jusqu'aux pieds. SYN. FAM. **froc.** *Mettre, enfiler son pantalon.*
ÉTYM. italien *Pantalone,* nom d'un personnage de farce, celui de saint *Pantaléon.* ☛ PANTALON (noms propres).

PANTALONNADE [pɑ̃talɔnad] **n. f. 1.** Farce burlesque. **2.** Démonstration hypocrite d'un sentiment.
ÉTYM. → pantalon.

PANTELANT, ANTE [pɑ̃t(ə)lɑ̃, ɑ̃t] **adj. 1.** Qui respire avec peine, convulsivement. SYN. **haletant. 2.** Suffoqué d'émotion.
ÉTYM. de *panteler* «haleter», famille de *pantois.*

PANTHÉISME [pɑ̃teism] **n. m.** ✦ Culte de la nature divinisée.
ÉTYM. anglais *pantheism,* du grec *theos* «dieu».

PANTHÉISTE [pɑ̃teist] **adj.** ✦ Relatif au panthéisme. ♦ **adj.** et **n.** Partisan du panthéisme.

PANTHÉON [pɑ̃teɔ̃] **n. m. 1.** Ensemble des dieux d'une religion polythéiste. *Le panthéon des anciens Grecs.* **2.** Monument consacré à la mémoire des grands hommes d'une nation. ➝ fig. *Panthéon littéraire.*
ÉTYM. grec *pantheion,* de *pan-* et *theos* «dieu».

PANTHÉONISER [pɑ̃teɔnize] **v. tr.** (conjug. 3a) ✦ Transférer les cendres de (qqn) au Panthéon.
► **PANTHÉONISATION** [pɑ̃teɔnizasjɔ̃] **n. f.**
ÉTYM. de *Panthéon,* nom d'un monument de Paris. ☛ ② PANTHÉON (noms propres).

PANTHÈRE [pɑ̃tɛʀ] **n. f.** ✦ Grand mammifère carnassier d'Afrique et d'Asie, au pelage noir ou jaune moucheté de taches noires. SYN. **léopard.** ♦ Fourrure de cet animal.
ÉTYM. latin *panthera,* du grec.

PANTIN [pɑ̃tɛ̃] **n. m. 1.** Jouet d'enfant d'apparence humaine (d'abord figurine en carton dont on agite les membres en tirant un fil). **2.** Personne qui change d'opinions, d'attitudes sous l'influence d'autrui. SYN. **fantoche, girouette, marionnette.**
ÉTYM. peut-être famille de ① *pan.*

PANTOIS, OISE [pɑ̃twa, waz] **adj.** ✦ Dont le souffle est coupé par l'émotion, la surprise. SYN. **ahuri,** ① **interdit, stupéfait.** *Il est resté pantois.*
ÉTYM. de l'ancien français *pantoisier* «haleter», latin populaire *pantasiare* «avoir des visions».

PANTOMIME [pɑ̃tɔmim] **n. f.** ✦ Jeu du mime* ; art de s'exprimer par la danse, le geste, la mimique, sans recourir à la parole. ♦ Pièce mimée.
ÉTYM. latin *pantomimus,* du grec.

PANTOUFLARD, ARDE [pɑ̃tuflaʀ, aʀd] **adj.** et **n.** ✦ FAM. (Personne) qui aime à rester chez soi, qui tient à son confort, à sa tranquillité. SYN. **casanier.**
ÉTYM. de *pantoufle.*

PANTOUFLE [pɑ̃tufl] **n. f.** ✦ Chaussure d'intérieur, en matière souple. SYN. **chausson, savate.** *Mettre ses pantoufles.*
ÉTYM. origine incertaine.

PANURE [panyʀ] **n. f.** ✦ Couches d'œuf battu et de chapelure enrobant un aliment pané.
ÉTYM. du latin *panis* «pain».

PAON, fém. RARE **PAONNE** [pɑ̃, pan] **n. 1.** Oiseau originaire d'Asie, de la taille d'un faisan, dont le mâle porte une longue queue ocellée qu'il redresse et déploie en éventail dans la parade. *Paon qui fait la roue.* **2.** loc. *Pousser des cris de paon,* très aigus. *Être vaniteux, fier comme un paon* (→ **se pavaner**). ➝ *Se parer des plumes du paon :* se prévaloir de mérites qui appartiennent à autrui. **3. n. m.** Papillon aux ailes ocellées. HOM. ① PAN «morceau», ② PAN «bruit» ; ① PANNE «arrêt»
ÉTYM. latin *pavo, pavonis.*

PAPA [papa] **n. m. 1.** surtout lang. enfantin Père. *Oui, papa. Où est ton papa ?* ➝ *Grand-papa, bon-papa :* grand-père. **2.** loc. FAM. *À LA PAPA :* tranquillement. → **pépère** (3). ➝ *DE PAPA :* désuet, périmé. *Le cinéma de papa.* ➝ péj. *Fils à papa :* jeune homme dont les parents sont riches.
ÉTYM. onomatopée indo-européenne.

PAPAÏNE [papain] **n. f.** ✦ CHIM. Enzyme extraite du latex du papayer, utilisée en médecine.
ÉTYM. de *papaye.*

PAPAL, ALE, AUX [papal, o] **adj.** ✦ Du pape. SYN. **pontifical.**

PAPARAZZI [papaʀadzi] **n. m.** ✦ Photographe dont le métier est de prendre des photos indiscrètes de personnes connues. *Une nuée de paparazzis entourait la vedette.*
ÉTYM. mot italien, pluriel de *paparazzo* «reporteur photographe», d'un nom propre.

PAPAUTÉ [papote] **n. f. 1.** Dignité, fonction de pape. SYN. **pontificat. 2.** Gouvernement ecclésiastique où l'autorité suprême est exercée par le pape (catholicisme romain).
ÉTYM. de *pape,* d'après *royauté.*

PAPAYE [papaj] **n. f.** ✦ Fruit tropical comestible, à la chair rouge orangé.
ÉTYM. mot caraïbe.

PAPAYER [papaje] **n. m.** ✦ Arbre tropical qui produit les papayes.
ÉTYM. de *papaye.*

PAPE [pap] **n. m.** ✦ Chef suprême de l'Église catholique romaine. SYN. souverain **pontife.** *Sa Sainteté le pape. Bulle, encyclique du pape.*
ÉTYM. latin *papa,* du grec «père» → papa.

① **PAPELARD, ARDE** [paplaʀ, aʀd] adj. ✦ LITTÉR. Faux, doucereux, mielleux.
► **PAPELARDISE** [paplaʀdiz] n. f.
ÉTYM. origine obscure.

②**PAPELARD** [paplaʀ] n. m. ✦ FAM. Morceau de papier ; écrit ; document administratif.
ÉTYM. de *papier*.

PAPERASSE [papʀas] n. f. ✦ plur. ou collectif Papiers écrits, considérés comme inutiles ou encombrants. ➛ *La paperasse administrative.*
ÉTYM. de *papier*.

PAPERASSERIE [papʀasʀi] n. f. ✦ Accumulation de paperasses.
ÉTYM. de *paperasse*.

PAPERASSIER, IÈRE [papʀasje, jɛʀ] adj. ✦ Qui accumule, multiplie les paperasses. *Une administration paperassière.*

PAPETERIE [papɛtʀi ; pap(ə)tʀi] ou **PAPÈTERIE** [papɛtʀi] n. f. 1. Fabrication du papier. ➛ Fabrique de papier. 2. Magasin où l'on vend des fournitures de bureau, d'école. *Des librairies-papeteries.* ➛ Écrire *papèterie* avec un accent grave avant le *t* est permis.
ÉTYM. de *papier*.

PAPETIER, IÈRE [pap(ə)tje, jɛʀ] n. ✦ Personne ou (n. m.) entreprise qui fabrique, vend du papier.

PAPI [papi] n. m. 1. lang. enfantin Grand-père. 2. FAM. Homme âgé. ➛ On écrit aussi *papy*.
ÉTYM. de *papa*.

PAPIER [papje] n. m. **I** 1. Matière fabriquée d'abord avec du chiffon, puis avec des fibres végétales (bois) réduites en pâte, traitée pour former une feuille mince. *Pâte à papier. Papier à lettres, à dessin. Papier d'emballage. Papier de soie. Papier buvard. Serviettes, mouchoirs en papier.* ➛ *Papier hygiénique, papier-toilette,* utilisé dans les W.-C. ➛ *PAPIER-MONNAIE* : billets de banque. ◆ *Papier à musique,* à portées imprimées. *Papier carbone. Papier collant. Papier de verre. Papier peint.* ◆ *PAPIER MÂCHÉ* : pâte de papier formant une substance malléable, puis durcie. loc. *Une mine de papier mâché* : un teint blafard. 2. Feuille très mince. *Papier d'aluminium.* **II** *UN, DES PAPIERS* 1. Feuille, morceau de papier. *Je l'ai noté sur un papier.* 2. Écrit officiel. ➛ *PAPIERS (D'IDENTITÉ)* : ensemble des documents (carte, livret, passeport...) qui prouvent l'identité d'une personne. *Avoir ses papiers sur soi.* 3. loc. *Être dans les petits papiers de qqn,* jouir de sa faveur.
ÉTYM. latin *papyrus*, du grec → papyrus.

PAPILLE [papij] n. f. ✦ Petite aspérité à la surface de la peau ou d'une muqueuse, qui correspond à une terminaison vasculaire ou nerveuse. *Papilles gustatives.*
ÉTYM. latin *papilla* «mamelon».

PAPILLON [papijɔ̃] n. m. 1. Insecte ayant quatre ailes, après métamorphose de la chenille. ➛ **lépidoptère.** *Papillons de nuit. La chasse aux papillons.* ➛ *Effet papillon* : effet considérable provoqué par une cause minime et lointaine. ➛ loc. FAM. *Minute papillon !,* une minute ; attendez ! 2. appos. *Nœud papillon,* nœud plat servant de cravate, en forme de papillon. *Des nœuds papillons.* FAM. *Un nœud pap.* 3. Feuille de papier jointe à un livre, un texte. ➛ Avis de contravention. ➛ Recomm. offic. pour *post-it.* 4. Écrou à ailettes. *Papillons d'une roue de bicyclette.* 5. Nage, appelée aussi *brasse papillon* où les bras effectuent ensemble des moulinets, et les jambes des battements.
ÉTYM. latin *papilio*.

PAPILLONNANT, ANTE [papijɔnɑ̃, ɑ̃t] adj. ✦ Qui papillonne.
ÉTYM. du participe présent de *papillonner*.

PAPILLONNEMENT [papijɔnmɑ̃] n. m. ✦ Fait de papillonner, de s'éparpiller.

PAPILLONNER [papijɔne] v. intr. (conjug. 3a) 1. Aller d'une personne, d'une chose à une autre sans s'y arrêter. SYN. **folâtrer, virevolter.** 2. fig. Passer d'un sujet à l'autre, sans rien approfondir.
ÉTYM. de *papillon*.

PAPILLOTANT, ANTE [papijɔtɑ̃, ɑ̃t] adj. 1. Qui éblouit par un grand nombre de points lumineux. 2. (yeux, regard) Qui papillote.
ÉTYM. du participe présent de *papilloter*.

PAPILLOTE [papijɔt] n. f. 1. Petit bout de papier sur lequel on enroulait les cheveux pour les friser. 2. Papier beurré ou huilé, feuille d'aluminium enveloppant certains aliments à cuire au four. *Truites en papillotes.*
ÉTYM. famille de *papillon*.

PAPILLOTEMENT [papijɔtmɑ̃] n. m. ✦ Éparpillement de points lumineux qui papillotent ; effet qu'il produit.
ÉTYM. de *papilloter*.

PAPILLOTER [papijɔte] v. intr. (conjug. 3a) 1. Scintiller comme des paillettes. 2. Être sans cesse en mouvement (en parlant des yeux, des paupières). SYN. **ciller.**
ÉTYM. de *papillote*.

PAPISTE [papist] n. ✦ HIST. péj. Partisan inconditionnel de la papauté.
ÉTYM. de *pape*.

PAPOTAGE [papɔtaʒ] n. m. ✦ Propos légers, insignifiants. SYN. **bavardage.** *Perdre son temps en papotages.*
ÉTYM. de *papoter*.

PAPOTER [papɔte] v. intr. (conjug. 3a) ✦ Parler beaucoup en disant des choses insignifiantes. SYN. **bavarder.**
ÉTYM. famille du latin *pappare* «manger», d'origine onomatopéique.

PAPRIKA [papʀika] n. m. ✦ Piment doux utilisé en poudre.
ÉTYM. mot hongrois, du serbe ; famille de *poivre*.

PAPY ➛ PAPI

PAPYRUS [papiʀys] n. m. 1. Plante des bords du Nil dont la tige servait à fabriquer des feuilles pour écrire. *Le papier* a remplacé le papyrus.* 2. Manuscrit sur papyrus.
ÉTYM. mot latin (→ papier), du grec.

PÂQUE [pɑk] n. f. 1. Fête juive qui commémore le départ d'Égypte des Hébreux, où l'on mange le pain azyme. 2. *La grande pâque russe* (➛ **Pâques**).
HOM. ① PACK «avants au rugby», ② PACK «emballage», PÂQUES «fête chrétienne»
ÉTYM. latin populaire *pascua*, grec *paskha*, hébreu *pesah*.

PAQUEBOT [pak(ə)bo] n. m. ✦ Grand navire principalement affecté au transport de passagers. SYN. **transatlantique.**
ÉTYM. anglais *packet* «paquet» et *boat* «bateau».

PÂQUERETTE [pɑkʀɛt] n. f. ✦ Petite plante des prairies, à fleurs blanches ou rosées, au cœur jaune. *Une pelouse émaillée de pâquerettes.*
ÉTYM. de *Pâques*.

PÂQUES [pak] n. f. pl. et n. m. 1. n. f. pl. (→ noms propres) Fête chrétienne commémorant la résurrection du Christ (→ ① pascal). *Joyeuses Pâques !* 2. n. m. sing. (sans article) Le jour, la fête de Pâques. *Vacances de Pâques.* ➝ loc. *À Pâques ou à la Trinité* : très tard, jamais.
HOM. ① PACK «avants au rugby», ② PACK «emballage», PÂQUE «fête juive»
ÉTYM. de *pâque.*

PAQUET [pakɛ] n. m. 1. Assemblage de choses attachées ou enveloppées ensemble ; objet emballé. *Un paquet de linge.* SYN. **ballot.** *Envoyer un paquet par la poste.* SYN. **colis.** 2. PAQUET DE : grande quantité de. *Il a touché un paquet de billets.* ♦ Masse informe. *Des paquets de neige.* ➝ FAM. *Un paquet de nerfs,* une personne nerveuse. 3. loc. FAM. *Mettre le paquet* : employer les grands moyens. ➝ *Risquer le paquet,* le tout pour le tout.
ÉTYM. mot germanique, anglais ou néerlandais.

PAQUETAGE [pak(ə)taʒ] n. m. ✦ Effets d'un soldat pliés et placés de manière réglementaire.
ÉTYM. de *paquet.*

PAR [paʀ] prép. I 1. (lieu) À travers. *Regarder par la fenêtre.* ➝ (En parcourant un lieu) → **dans.** *Voyager par, de par le monde.* ➝ (Sans mouvement) *Être assis par terre* (→ à). ➝ (Avec ou sans mouvement) *Voitures qui se heurtent par l'avant. Par ici, par là.* ➝ loc. *Par-ci par-là.* → ① **ci.** 2. (temps) Durant, pendant. *Par une belle matinée de printemps.* 3. (emploi distributif) *Plusieurs fois par jour. Marcher deux par deux.* II 1. (introduisant le compl. d'agent) Grâce à l'action de. *Faire faire qqch. par qqn. Il a été gêné par les arbres. Je l'ai appris par mes voisins.* 2. (moyen ou manière) *Obtenir qqch. par la force.* SYN. **au moyen** de. *Répondre par oui ou par non. Elle est venue par avion.* ➝ (+ inf.) *Il a fini par rire,* il a enfin ri. ➝ loc. *Par exemple**. *Par conséquent**. *Par suite**. *Par ailleurs**. *Par contre**. 3. À cause de. *Fidèle par devoir.* III *De par le roi, la loi,* de la part, au nom du roi, de la loi. IV adv. *PAR TROP* : vraiment trop. *Il est par trop égoïste.* HOM. PART «portion»
ÉTYM. latin *per* «à travers ; pendant» ; sens III, altération de *part.*

> ① **PARA-** Élément savant, du grec *para* «auprès de ; vers ; contre», qui signifie «à côté de» (ex. *paraphrase*).

> ② **PARA-** Élément (SYN. **pare-**) qui signifie «protection contre» (ex. *parachute*).

PARABEN ou **PARABÈNE** [paʀabɛn] n. m. ✦ Substance chimique utilisée dans l'industrie comme agent conservateur. *Cosmétiques sans paraben.*
ÉTYM. de *parahydroxybenzoate.*

① **PARABOLE** [paʀabɔl] n. f. ✦ Récit allégorique des livres saints sous lequel se cache un enseignement moral ou religieux. *Les paraboles de l'Évangile. La parabole du fils prodigue.*
ÉTYM. latin ecclésiastique *parabole,* du grec «comparaison».

② **PARABOLE** [paʀabɔl] n. f. ✦ Courbe dont chacun des points est situé à égale distance d'un point fixe (foyer) et d'une droite fixe (directrice).
ÉTYM. → ① parabole.

PARABOLIQUE [paʀabɔlik] adj. 1. Relatif à la parabole ②. 2. En forme de parabole. *Miroir parabolique. Antenne parabolique.*
ÉTYM. de ② *parabole.*

PARACENTÈSE [paʀasɛ̃tɛz] n. f. ✦ CHIR. Ponction pratiquée dans une cavité du corps pour en retirer du liquide en excédent.
ÉTYM. grec *parakentêsis,* de *kentêsis* «piqûre».

PARACHEVER [paʀaʃ(ə)ve] v. tr. (conjug. 7a) ✦ Conduire au point le plus proche de la perfection. SYN. **parfaire.** *Parachever une œuvre.*
ÉTYM. du latin *per-* «jusqu'au bout» et de *achever.*

PARACHUTAGE [paʀaʃytaʒ] n. m. ✦ Action de parachuter (qqn, qqch.).

PARACHUTE [paʀaʃyt] n. m. ✦ Équipement composé d'une voilure reliée à un harnais, permettant de ralentir la chute d'une personne ou d'un objet largué d'un avion. *Saut en parachute.*
ÉTYM. de ② *para-* et *chute.*

PARACHUTER [paʀaʃyte] v. tr. (conjug. 3a) 1. Lâcher d'un avion avec un parachute. *Parachuter des soldats, des vivres.* 2. FAM. Nommer (qqn) à un poste, envoyer dans un lieu à l'improviste.
ÉTYM. de *parachute.*

PARACHUTISME [paʀaʃytism] n. m. ✦ Technique du saut en parachute.

PARACHUTISTE [paʀaʃytist] n. ✦ Personne qui pratique le saut en parachute. ➝ Soldat d'une unité aéroportée, entraîné à combattre après avoir été parachuté (abrév. FAM. PARA).

① **PARADE** [paʀad] n. f. 1. VIEILLI Fait de montrer avec ostentation, pour se faire valoir. ➝ loc. *FAIRE PARADE DE qqch.* → **étaler, exhiber.** ➝ *DE PARADE* : destiné à être utilisé dans les occasions solennelles. *Habit de parade.* 2. Cérémonie militaire où les troupes en grande tenue défilent. SYN. **revue.** 3. Exhibition avant une représentation, pour attirer les spectateurs. *La parade d'un cirque.* 4. Comportement des animaux préludant au rapprochement sexuel. *Parade nuptiale des oiseaux.*
ÉTYM. de ① *parer.*

② **PARADE** [paʀad] n. f. ✦ Action, manière de parer, d'éviter un coup. SYN. ① **défense, riposte.** *Il a trouvé la parade.*
ÉTYM. de ② *parer.*

PARADER [paʀade] v. intr. (conjug. 3a) ✦ Se montrer en se donnant un air avantageux. SYN. se **pavaner.** *Il parade au milieu des jolies femmes.*
ÉTYM. de ① *parade.*

PARADIS [paʀadi] n. m. 1. RELIG. Lieu où les âmes des justes jouissent de la béatitude éternelle. SYN. **ciel.** *Le paradis et l'enfer.* 2. fig. Séjour enchanteur. *Cette île est un paradis.* ➝ *Les paradis artificiels* : les stupéfiants. 3. *Le PARADIS TERRESTRE,* jardin où, dans la Genèse, Dieu plaça Adam et Ève. SYN. **éden.** 4. loc. *Paradis fiscal* : lieu, pays qui offre des avantages fiscaux. 5. Galerie supérieure d'un théâtre. SYN. **poulailler.** 6. *Oiseau de paradis.* → **paradisier.**
ÉTYM. latin *paradisus,* grec *paradeisos,* du persan «enclos» ; doublet de *parvis.*

PARADISIAQUE [paʀadizjak] adj. 1. Qui appartient au paradis. 2. Délicieux, très agréable. *Un endroit paradisiaque.*

PARADISIER [paʀadizje] n. m. ✦ Oiseau de la Nouvelle-Guinée, aux jolies couleurs, appelé aussi *oiseau de paradis.*
ÉTYM. de *paradis.*

PARADOXAL, ALE, AUX [paradɔksal, o] **adj.** 1. Qui tient du paradoxe. 2. Qui recherche le paradoxe. 3. *Sommeil paradoxal,* phase du sommeil correspondant à une intense activité cérébrale (rêves).
► **PARADOXALEMENT** [paradɔksalmɑ̃] **adv.**
ÉTYM. de *paradoxe.*

PARADOXE [paradɔks] **n. m.** 1. Opinion, argument... qui va à l'encontre de l'opinion communément admise. *Soutenir un paradoxe.* 2. LOG. Proposition qui est à la fois vraie et fausse. *Le paradoxe du menteur.*
ÉTYM. grec *paradoxos,* de *doxa* «opinion».

PARAFE ; PARAFER ; PARAFEUR → PARAPHE ; PARAPHER ; PARAPHEUR

PARAFFINE [parafin] **n. f.** ✦ Substance solide blanche, tirée du pétrole, utilisée pour fabriquer des bougies et imperméabiliser le papier. ➛ *Huile de paraffine.*
ÉTYM. du latin *parvum affinis* «qui a peu d'affinités».

PARAFFINÉ, ÉE [parafine] **adj.** ✦ Imprégné de paraffine. *Papier paraffiné.*

PARAGES [paraʒ] **n. m. pl.** 1. Espace maritime défini par la proximité d'une terre. *Les parages du cap Horn.* 2. *DANS LES PARAGES (DE)* : aux environs de ; dans les environs. *Il habite dans les parages.*
ÉTYM. ancien provençal, du latin *parare* «s'arrêter».

PARAGRAPHE [paragraf] **n. m.** 1. Division d'un écrit en prose, où l'on passe à la ligne. *Les paragraphes d'un chapitre.* SYN. **alinéa.** 2. Signe typographique (§) présentant le numéro d'un paragraphe.
ÉTYM. grec *paragraphos* «écrit à côté» → ① para- et -graphe.

PARAGRÊLE [paragrɛl] **adj.** ✦ Qui protège les cultures en transformant la grêle en pluie. *Canon, fusée paragrêle.*
ÉTYM. de ② *para-* et *grêle.*

PARAÎTRE [parɛtr] **v. intr.** (conjug. 52) **I** Devenir visible. 1. Se présenter à la vue. SYN. **apparaître.** *Le soleil paraît à l'horizon.* 2. (imprimé) Être mis à la disposition du public (mis en vente, distribué...). *Faire paraître un ouvrage,* l'éditer, le publier. *Son livre est paru, vient de paraître* (→ **parution**). **II** Être visible, être vu. 1. (surtout négatif) *Dans quelques jours il n'y paraîtra plus.* ➛ *FAIRE, LAISSER PARAÎTRE* : manifester, montrer. 2. (personnes) Se montrer dans des circonstances où l'on doit remplir une obligation. *Il n'a pas paru à la réunion.* 3. (personnes) Se donner en spectacle. SYN. **briller.** *Elle aime paraître.* **III** (verbe d'état suivi d'un attribut) 1. Sembler, avoir l'air. *Elle paraît malade. Il paraît s'amuser.* 2. (opposé à *être*) Passer pour. *Il veut paraître ce qu'il n'est pas.* 3. impers. *Il me paraît préférable que vous sortiez.* ➛ *IL PARAÎT, IL PARAÎTRAIT QUE* (+ indic.) : le bruit court que. *C'est trop tard, paraît-il ; à ce qu'il paraît.* **IV** n. m. DIDACT. Apparence. *L'être et le paraître.*
ÉTYM. latin *parere* «apparaître».

PARALLAXE [paralaks] **n. f.** ✦ ASTRON. Déplacement de la position apparente (d'un corps céleste) dû au changement de position de l'observateur ; angle qui le mesure. ➛ OPT. Angle de deux axes optiques visant un même objet.
ÉTYM. grec *parallaxis* «changement».

PARALLÈLE [paralɛl] **adj.** et **n.** **I** 1. GÉOM. Se dit de lignes, de surfaces qui ne se rencontrent pas. *Deux droites parallèles.* ➛ **n. f.** Droite parallèle à une droite de référence. ◆ ÉLECTR. *Montage en parallèle* (opposé à *montage en série*). → **dérivation** (3). *Dans un circuit, deux dipôles sont branchés en parallèle lorsque leurs bornes sont communes.* 2. **n. m.** Cercle imaginaire de la sphère terrestre, parallèle au plan de l'équateur, servant à mesurer la latitude. *Parallèles et méridiens.* **II** 1. Qui a lieu en même temps, porte sur le même objet. *Marché parallèle* (au marché officiel). *Police parallèle,* secrète. 2. au plur. (choses) Qui peuvent être comparés. SYN. **semblable, similaire.** *Des expériences parallèles.* 3. **n. m.** Comparaison suivie entre deux ou plusieurs sujets. *Établir un parallèle entre deux légendes.* ➛ loc. *Mettre en parallèle* : comparer. CONTR. **convergent ; divergent.**
ÉTYM. grec *parallelos,* de *para* «à côté» et *allêlôn* «les uns les autres».

PARALLÈLEMENT [paralɛlmɑ̃] **adv.** ✦ D'une manière parallèle.

PARALLÉLÉPIPÈDE [paralelepipɛd] **n. m.** ✦ Polyèdre dont les six faces sont des parallélogrammes parallèles deux à deux (ex. le cube).
► **PARALLÉLÉPIPÉDIQUE** [paralelepipedik] **adj.**
ÉTYM. grec, de *epipedon* «surface plane».

PARALLÉLISME [paralelism] **n. m.** 1. État de lignes, de surfaces parallèles. *Le parallélisme des roues d'une voiture.* 2. Progression semblable ou ressemblance suivie entre choses que l'on compare. CONTR. **convergence, divergence.**
ÉTYM. grec *parallêlismos.*

PARALLÉLOGRAMME [paralelɔgram] **n. m.** ✦ Quadrilatère dont les côtés sont parallèles deux à deux (ex. le losange, le rectangle).
ÉTYM. grec *parallêlogrammon.*

PARALOGISME [paralɔʒism] **n. m.** ✦ DIDACT. Faux raisonnement fait de bonne foi. *Paralogismes et sophismes.*
ÉTYM. grec *paralogismos.*

PARALYMPIQUE [paralɛ̃pik] **adj.** ✦ *Jeux paralympiques* : compétitions sportives analogues aux Jeux olympiques, disputées par des athlètes handicapés.
ÉTYM. de l'anglais *Paralympics,* de *para(plegic)* «paraplégique» et *(O)lympics* «Jeux olympiques».

PARALYSANT, ANTE [paralizɑ̃, ɑ̃t] **adj.** ✦ Qui paralyse. *Gaz paralysant.*

PARALYSÉ, ÉE [paralize] **adj.** ✦ Atteint de paralysie. *Jambes paralysées.* ➛ **n.** *Les paralysés.* SYN. **paralytique.**

PARALYSER [paralize] **v. tr.** (conjug. 3a) 1. Frapper de paralysie. *L'accident qui l'a paralysé, qui l'a laissé paralysé.* ◆ Immobiliser. *Le froid paralyse les membres.* 2. fig. Rendre incapable d'agir ou de s'exprimer. *Être paralysé par la terreur.* ◆ *La grève a paralysé les transports en commun.*
ÉTYM. de *paralysie.*

PARALYSIE [paralizi] **n. f.** 1. Diminution ou privation complète de la capacité de mouvement, de la sensibilité. *Paralysie partielle* (→ **hémiplégie, paraplégie**), *complète.* 2. fig. Impossibilité d'agir, de s'extérioriser, de fonctionner. *La paralysie des transports.* CONTR. **animation, mouvement.**
ÉTYM. latin *paralysis,* du grec, de *lusis* «relâchement».

PARALYTIQUE [paralitik] **adj.** ✦ Atteint de paralysie. *Un vieillard paralytique.* SYN. **impotent, paralysé.** ➛ **n.** *Un paralytique.*
ÉTYM. latin *paralyticus.*

A B C D E F G H I J K L M N O P Q R S T U V W X Y Z

PARAMÉCIE [paʀamesi] **n. f.** ✦ Protozoaire de grande taille porteur de cils vibratiles, commun dans les eaux stagnantes.
ÉTYM. latin *paramecium*, du grec *paramêkês* «oblong».

PARAMÉDICAL, ALE, AUX [paʀamedikal, o] **adj.** ✦ Qui concerne les soins, la santé, sans appartenir au corps médical. *Professions paramédicales* (kinésithérapeutes, infirmiers, etc.).
ÉTYM. de ① *para-* et *médical*.

PARAMÈTRE [paʀamɛtʀ] **n. m. 1.** MATH. Variable dont dépendent les coefficients de certaines équations (équations *paramétriques*). SYN. **variable. 2.** fig. Élément variable pris en compte pour expliquer un phénomène. SYN. ② **facteur.**
ÉTYM. de ① *para-* et du grec *metron* «mesure».

PARAMILITAIRE [paʀamilitɛʀ] **adj.** ✦ Qui est organisé selon la discipline et la structure d'une armée. *Des formations paramilitaires.* → **milice.**
ÉTYM. de ① *para-* et *militaire*.

PARANGON [paʀɑ̃gɔ̃] **n. m.** ✦ LITTÉR. Modèle. *Un parangon de vertu.*
ÉTYM. italien *paragone* «pierre de touche», du grec.

PARANOÏA [paʀanɔja] **n. f.** ✦ Troubles caractériels (délire de persécution, orgueil démesuré, impossibilité de ne pas tout ramener à soi) pouvant déboucher sur la maladie mentale.
ÉTYM. mot allemand, du grec «folie».

PARANOÏAQUE [paʀanɔjak] **adj.** ✦ Relatif à la paranoïa. *Psychose paranoïaque.* ♦ **adj.** et **n.** Atteint de paranoïa. → abrév. FAM. PARANO [paʀano]. *Elles sont paranos.*

PARANORMAL, ALE, AUX [paʀanɔʀmal, o] **adj.** ✦ Qui n'est pas explicable par les lois, les mécanismes normaux. *Phénomènes paranormaux* (→ **parapsychologie**).
ÉTYM. de ① *para-* et *normal*.

PARAPENTE [paʀapɑ̃t] **n. m.** ✦ Parachute rectangulaire conçu pour s'élancer du sommet d'une montagne, d'une falaise, etc. → Sport ainsi pratiqué.

PARAPET [paʀapɛ] **n. m.** ✦ Mur à hauteur d'appui destiné à empêcher les chutes. SYN. **garde-fou.** *Le parapet d'un pont.*
ÉTYM. italien *parapetto* «qui protège la poitrine *(petto)*».

PARAPHARMACIE [paʀafaʀmasi] **n. f.** ✦ Ensemble des produits sans usage thérapeutique vendus par le pharmacien (dentifrice, coton, etc.). ♦ Commerce de ces produits.
ÉTYM. de ① *para-* et *pharmacie*.

PARAPHE ou **PARAFE** [paʀaf] **n. m. 1.** Trait, marque ajouté(e) à une signature. **2.** Signature abrégée.
ÉTYM. latin médiéval *paraphus*, altér. de *paragraphus*.

PARAPHER ou **PARAFER** [paʀafe] **v. tr.** (conjug. 3a) ✦ Marquer, signer d'un paraphe (2). *Parapher toutes les pages d'un contrat.*
ÉTYM. de *paraphe*.

PARAPHEUR ou **PARAFEUR** [paʀafœʀ] **n. m.** ✦ Classeur pour les documents présentés à la signature.
ÉTYM. de *parapher*.

PARAPHRASE [paʀafʀɑz] **n. f.** ✦ Reprise d'un texte sous une autre forme (en général plus développée, et plus explicative).
ÉTYM. latin *paraphrasis*, du grec «phrase à côté».

PARAPHRASER [paʀafʀɑze] **v. tr.** (conjug. 3a) ✦ Commenter, amplifier par une paraphrase.

PARAPLÉGIE [paʀapleʒi] **n. f.** ✦ Paralysie des membres inférieurs.
ÉTYM. du grec *plêgê* «choc».

PARAPLÉGIQUE [paʀapleʒik] **adj.** ✦ Atteint de paraplégie. → **n.** *La rééducation des paraplégiques.*

PARAPLUIE [paʀaplɥi] **n. m. 1.** Objet portatif constitué par une étoffe tendue sur une armature pliante à manche, et qui sert d'abri contre la pluie. SYN. FAM. ② **pépin. 2.** fig. *Parapluie nucléaire :* protection qu'une grande puissance nucléaire assure à ses alliés. ♦ loc. *Ouvrir le parapluie :* dégager sa responsabilité en cas d'ennuis.
ÉTYM. de ② *para-* et *pluie*.

PARAPSYCHOLOGIE [paʀapsikɔlɔʒi] **n. f.** ✦ Étude des phénomènes psychiques inexpliqués (télépathie, voyance, etc.).
ÉTYM. de ① *para-* et *psychologie*.

PARASCOLAIRE [paʀaskɔlɛʀ] **adj.** ✦ En marge des activités strictement scolaires, qui les complètent. *Ouvrages parascolaires* (cahiers de vacances, etc.).
ÉTYM. de ① *para-* et *scolaire*.

PARASISMIQUE [paʀasismik] **adj.** ✦ Conçu pour résister aux secousses sismiques. *Constructions parasismiques au Japon.*
ÉTYM. de ② *para-* et *sismique*.

PARASITAIRE [paʀazitɛʀ] **adj.** ✦ Causé par les parasites (II). *Maladie parasitaire* (ou *parasitose* **n. f.**).

PARASITE [paʀazit] **n.** et **adj.**
I n., péj. Personne qui vit dans l'oisiveté, aux dépens d'une communauté ou d'une autre personne.
II 1. n. m. Être vivant en association durable avec un autre dont il se nourrit. *Le parasite vit aux dépens de son hôte.* → **adj.** *Le gui est une plante parasite.* **2. adj.** Superflu et gênant.
III adj. *Bruits parasites* et **n. m.** *parasites,* perturbations dans la réception des signaux radioélectriques.
ÉTYM. latin *parasitus*, grec *parasitos*, de *-sitos* «qui mange».

PARASITER [paʀazite] **v. tr.** (conjug. 3a) **1.** Habiter (un être vivant) en parasite (II). **2.** Perturber (une émission) par des parasites (III).
ÉTYM. de *parasite*.

PARASITISME [paʀazitism] **n. m. 1.** Mode de vie du parasite (I). **2.** État d'un être vivant qui vit sur un autre en parasite (II).
ÉTYM. de *parasite*.

PARASOL [paʀasɔl] **n. m. 1.** Objet pliant, vaste ombrelle fixée à un support, destinée à protéger du soleil. **2.** appos. *Pin parasol,* dont les branches s'étalent en forme de parasol. *Des pins parasols.*
ÉTYM. italien *parasole* «contre le soleil *(sole)*».

PARATAXE [paʀataks] **n. f.** ✦ LING. Construction par juxtaposition des propositions.
ÉTYM. de ① *para-*, d'après *syntaxe*.

PARATEXTE [paʀatɛkst] **n. m.** ✦ DIDACT. Ensemble des éléments, des informations qui accompagnent un texte sans en faire véritablement partie (péritexte*, critiques, commentaires...).
► **PARATEXTUEL, ELLE** [paʀatɛkstɥɛl] **adj.** *Indices paratextuels.*
ÉTYM. de ① *para-* et *texte*.

PARATONNERRE [paratɔnɛʀ] n. m. ✦ Appareil destiné à préserver les bâtiments des effets de la foudre, fait de tiges métalliques fixées au toit et reliées au sol.
ÉTYM. de ② *para-* et *tonnerre.*

PARAVENT [paʀavɑ̃] n. m. 1. Meuble fait de panneaux verticaux articulés, destiné à protéger contre les courants d'air, à isoler. 2. fig. Ce qui protège en cachant.
ÉTYM. italien *paravento* «contre le vent *(vento)*».

PARBLEU [paʀblø] interj. ✦ vx Exclamation pour exprimer l'assentiment, l'évidence. SYN. FAM. **pardi.** *« Tu t'en souviens ? – Parbleu, si je m'en souviens ! »*
ÉTYM. altération de *par Dieu !.*

PARC [paʀk] n. m. I 1. Étendue de terrain entretenu, entièrement clos, dépendant généralement d'un château, d'une grande habitation. *Les allées d'un parc. Parc public.* SYN. **jardin.** – *Parc zoologique.* → **zoo.** *Parc de loisirs.* 2. *PARC NATIONAL, RÉGIONAL :* zone rurale étendue, soumise à des réglementations particulières visant à la protection des sites et à la sauvegarde de la faune et de la flore. → **réserve.** II 1. Clôture légère et transportable formant une enceinte. *Parc à moutons* (→ **parquer**). ◆ Petite clôture basse formant une enceinte permettant aux bébés de s'ébattre sans danger. 2. Enclos où est enfermé le bétail. *Un parc à bestiaux.* – Bassin où sont engraissés ou affinés des coquillages. *Parc à huîtres, à moules* (→ **bouchot**). 3. *Parc de stationnement* (pour les véhicules). SYN. anglic. **parking.** 4. Ensemble des véhicules dont dispose une armée, une collectivité, une entreprise. *Le parc automobile français.* HOM. PARQUE «déesse»
ÉTYM. latin médiéval *parricus.*

PARCELLAIRE [paʀselɛʀ] adj. ✦ Fait par parcelles. *Plan parcellaire.*
ÉTYM. de *parcelle.*

PARCELLE [paʀsɛl] n. f. 1. Très petit morceau. *Des parcelles d'or.* → **paillette.** 2. Portion de terrain de même culture, constituant l'unité cadastrale.
ÉTYM. latin *particula.*

PARCE QUE [paʀsəkə], FAM. [paskə] loc. conj. ✦ Exprime la cause. SYN. ① **attendu** que, ① **car, puisque.** *Il dort beaucoup parce qu'il est fatigué.* – absolt Marque le refus d'une explication. *« Pourquoi dites-vous cela ? – Parce que. »*
ÉTYM. de *par, ce* et *que.*

PARCHEMIN [paʀʃəmɛ̃] n. m. 1. Peau d'animal (mouton, chèvre, veau) préparée spécialement pour l'écriture, la reliure (→ **vélin**). 2. Écrit rédigé sur cette matière. ◆ FAM. Diplôme (sur papier).
ÉTYM. latin *pergamena charta,* du grec «(peau) de Pergame».
☞ PERGAME (noms propres).

PARCHEMINÉ, ÉE [paʀʃəmine] adj. ✦ Qui a la consistance ou l'aspect du parchemin. *Peau ridée et parcheminée.*

PARCIMONIE [paʀsimɔni] n. f. ✦ Épargne, économie extrême, minutieuse. *Distribuer qqch. avec parcimonie.* CONTR. **générosité, prodigalité, profusion.**
ÉTYM. latin *parsimonia,* de *parcere* «ne pas trop dépenser».

PARCIMONIEUX, EUSE [paʀsimɔnjø, øz] adj. ✦ Qui fait preuve de parcimonie. SYN. ② **chiche, économe, regardant.** – Qui dénote la parcimonie. SYN. **mesquin.** *Une distribution parcimonieuse.* CONTR. **généreux, prodigue · abondant.**
► **PARCIMONIEUSEMENT** [paʀsimɔnjøzmɑ̃] adv.

PAR-CI PAR-LÀ → ① CI

PARCMÈTRE [paʀkmɛtʀ] n. m. ✦ Compteur de stationnement payant, pour les voitures. *L'horodateur d'un parcmètre.*
ÉTYM. de *parc* (à voitures) et *-mètre.*

PARCOURIR [paʀkuʀiʀ] v. tr. (conjug. 17) 1. Aller dans toutes les parties de (un lieu, un espace). SYN. **traverser, visiter.** *J'ai parcouru toute la région.* – (choses) *Un frisson parcourut son corps.* 2. Accomplir (un trajet déterminé). *Distance à parcourir.* SYN. **couvrir.** 3. Lire rapidement. *Parcourir un journal.*
ÉTYM. latin *percurrere.*

PARCOURS [paʀkuʀ] n. m. 1. Chemin pour aller d'un point à un autre. SYN. **itinéraire, trajet.** – *Parcours du combattant,* parcours semé d'obstacles que doit accomplir un soldat en armes dans un temps donné ; fig. série d'épreuves. 2. Distance déterminée à suivre (dans une épreuve). – loc. *Incident de parcours :* difficulté imprévue retardant une entreprise.
ÉTYM. latin *percursus,* d'après *cours.*

PAR-DELÀ ; PAR-DERRIÈRE ; PAR-DESSOUS ; PAR-DESSUS → DELÀ ; ① DERRIÈRE ; ① DESSOUS ; ① DESSUS

PARDESSUS [paʀdəsy] n. m. ✦ Manteau d'homme en laine qui se porte par-dessus les autres vêtements.
HOM. PAR-DESSUS «au-dessus de»
ÉTYM. de *par-dessus.*

PAR-DEVANT ; PAR-DEVERS → ① DEVANT ; DEVERS

PARDI [paʀdi] interj. ✦ FAM. Exclamation renforçant une déclaration. SYN. **parbleu.** *Tiens, pardi ! ce n'est pas étonnant.*
ÉTYM. altération de *par Dieu !.*

PARDON [paʀdɔ̃] n. m. I 1. Action de pardonner. SYN. **absolution, grâce.** *Accorder son pardon à qqn.* SYN. **indulgence.** 2. *Je vous demande pardon* ou ellipt *pardon,* formule de politesse par laquelle on s'excuse. – *Pardon ?* pouvez-vous répéter ? SYN. **comment** ; FAM. **hein, quoi.** 3. FAM. Exclamation superlative. *Le père était déjà costaud, mais le fils, pardon !* II Fête religieuse. *Un pardon breton.* ◆ *Le Grand Pardon,* fête juive de l'expiation (Yom Kippour).
ÉTYM. de *pardonner.*

PARDONNABLE [paʀdɔnabl] adj. ✦ Que l'on peut pardonner. *Une méprise bien pardonnable.* SYN. **excusable.** CONTR. **impardonnable, inexcusable.**

PARDONNER [paʀdɔne] v. tr. (conjug. 3a) 1. Tenir (une offense, une faute) pour nulle, renoncer à punir, à se venger. *Pardonner les péchés.* SYN. **remettre.** – prov. *Faute avouée est à moitié pardonnée.* – *PARDONNER qqch. À qqn ; PARDONNER À qqn. Il cherche à se faire pardonner.* SYN. **absoudre.** 2. Juger avec indulgence, en minimisant la faute. SYN. **excuser.** *Pardonnez(-moi) mon indiscrétion.* – (formule de politesse) *Pardonnez-moi, mais je ne suis pas d'accord.* 3. loc. *C'est une maladie qui ne pardonne pas,* mortelle. – *Une erreur qui ne pardonne pas,* irréparable. CONTR. **accuser, condamner, punir.**
ÉTYM. de *par* et *donner.*

-PARE, -PARITÉ Éléments savants, du latin *parere* «engendrer» (ex. *ovipare*).

PARE- Élément tiré de *parer,* qui signifie «éviter, protéger contre». SYN. ② **para-.**

PARE-BALLE adj. ou **PARE-BALLES** [paʀbal] adj. invar. ✦ Qui protège des balles. *Un gilet pare-balle* ou *pare-balles* (invar.). ➖ n. m. Plaque de protection contre les balles.

PAREBRISE n. m. ou **PARE-BRISE** [paʀbʀiz] n. m. invar. ✦ Vitre avant d'un véhicule. *Des parebrises, des pare-brise* (invar.). ➖ Écrire *parebrise* en un seul mot est permis.

PARECHOC n. m. ou **PARE-CHOCS** [paʀʃɔk] n. m. invar. ✦ Garniture placée à l'avant et à l'arrière d'un véhicule pour amortir les chocs. *Des parechocs, des pare-chocs.* ➖ Écrire *parechoc* en un seul mot est permis.

PARE-FEU [paʀfø] n. m. 1. Dispositif de protection contre la propagation du feu. *Des pare-feux* ou *des pare-feu* (invar.). SYN. **coupe-feu.** 2. Écran qui empêche les étincelles de s'échapper du foyer d'une cheminée.

PARÉGORIQUE [paʀegɔʀik] adj. ✦ *Élixir parégorique,* médicament à base d'opium utilisé contre les douleurs d'intestin.
ÉTYM. latin *paregoricus,* du grec «qui calme».

PAREIL, EILLE [paʀɛj] adj. et n.
I adj. 1. Semblable (par un ou plusieurs aspects). *Elle est pareille à lui. Ils ne sont pas pareils.* ➖ loc. *À nul autre pareil :* sans égal. ➖ adv. FAM. *Ils sont habillés pareil,* de la même manière. 2. De cette nature, de cette sorte. → **tel.** *En pareil cas. À une heure pareille !,* si tard. CONTR. **autre, contraire, différent, dissemblable.**
II n. 1. Personne de même sorte. SYN. ② **pair, semblable.** *Il n'a pas son pareil :* il est extraordinaire, unique. ➖ *SANS PAREIL(LE) :* qui n'a pas son égal. 2. n. f. *RENDRE LA PAREILLE :* faire subir (à qqn) un traitement analogue à celui qu'on a reçu. 3. n. m., loc. FAM. *C'est du pareil au même :* c'est la même chose. → **kifkif.**
ÉTYM. latin populaire *pariculus,* du latin classique *par* → ① pair.

PAREILLEMENT [paʀɛjmɑ̃] adv. ✦ De la même manière. SYN. **aussi, également.** CONTR. **autrement, différemment.**

PAREMENT [paʀmɑ̃] n. m. 1. TECHN. Face extérieure (d'un mur) revêtue de pierres de taille. 2. Revers sur le col, les manches (d'un vêtement). *Manteau à parements de velours.*
ÉTYM. de ① *parer.*

PARENCHYME [paʀɑ̃ʃim] n. m. ✦ ANAT. Tissu qui assure une activité physiologique (par opposition au tissu de soutien). *Parenchyme pulmonaire, rénal.* ♦ BOT. Tissu cellulaire spongieux et mou des végétaux.
ÉTYM. grec *parenkhuma.*

PARENT, ENTE [paʀɑ̃, ɑ̃t] n. et adj.
I n. 1. au plur. *LES PARENTS :* le père et la mère. SYN. FAM. **daron.** *Obéir à ses parents.* 2. Personne avec laquelle on a un lien de parenté. → **famille.** *Un proche parent, un parent éloigné.* ➖ loc. *Traiter qqn en parent pauvre,* moins bien que les autres.
II adj. Avec qui on a un lien de parenté. SYN. **apparenté.** ➖ fig. *Les langues romanes sont parentes,* ont un ancêtre commun.
ÉTYM. latin *parens, parentis,* de *parere* «enfanter».

PARENTAL, ALE, AUX [paʀɑ̃tal, o] adj. ✦ Des parents. *Autorité parentale.*

PARENTÉ [paʀɑ̃te] n. f. 1. Rapport entre personnes descendant les unes des autres, ou d'un ancêtre commun. *Liens de parenté.* → **lignée, sang.** 2. Rapport équivalent établi par la société. *Parenté par alliance.* 3. Ensemble des parents et des alliés de qqn. *Toute sa parenté.* SYN. **parentèle.** 4. Rapport d'affinité, d'analogie. *Une parenté d'esprit.*
ÉTYM. latin populaire *parentatus.*

PARENTÈLE [paʀɑ̃tɛl] n. f. ✦ LITTÉR. Ensemble des parents.
ÉTYM. latin *parentela.*

PARENTHÈSE [paʀɑ̃tɛz] n. f. 1. Insertion, dans une phrase, d'un élément accessoire qui interrompt la construction syntaxique ; cet élément. *Faire une parenthèse.* SYN. **digression.** 2. Chacun des deux signes typographiques entre lesquels on place l'élément qui constitue une parenthèse : ( ). *Ouvrir, fermer la parenthèse.* ➖ fig. *ENTRE PARENTHÈSES :* en passant. → **incidemment.**
ÉTYM. latin *parenthesis,* du grec «action de mettre *(enthesis)* à côté».

PARÉO [paʀeo] n. m. 1. Pagne tahitien en tissu imprimé. 2. Vêtement de plage imitant le paréo tahitien.
ÉTYM. mot tahitien.

① **PARER** [paʀe] v. tr. (conjug. 3a) **I** 1. Apprêter, arranger (qqch.) de manière à rendre plus propre à un usage, à un effet. SYN. **préparer.** *Parer un morceau de viande.* 2. MAR. *PARE, PAREZ À* (+ inf.) : commandement préparatoire à une manœuvre. *Parez à virer !* **II** 1. Vêtir (qqn) avec recherche (→ **parure**). ♦ pronom. *Se parer pour une fête.* 2. fig. Attribuer (une qualité). *Parer qqn de toutes les vertus.* SYN. **orner.** CONTR. **déparer, enlaidir.**
ÉTYM. latin *parare* «préparer, arranger».

② **PARER** [paʀe] v. tr. (conjug. 3a) 1. *Parer un coup,* l'éviter ou le détourner (→ ② **parade**). 2. v. tr. ind. *PARER À :* faire face à. *Parer à toute éventualité :* prendre toutes les dispositions nécessaires. SYN. **remédier** à. loc. *Parer au plus pressé.* ➖ *Nous sommes parés (contre le froid),* protégés.
ÉTYM. italien *parare,* même origine que ① *parer.*

PARE-SOLEIL [paʀsɔlɛj] n. m. invar. ✦ Écran protégeant des rayons du soleil.

PARESSE [paʀɛs] n. f. 1. Goût pour l'oisiveté ; comportement d'une personne qui évite l'effort. SYN. **fainéantise,** FAM. **flemme.** ➖ prov. *La paresse est la mère de tous les vices.* ➖ *Paresse intellectuelle,* goût de la facilité. 2. Lenteur anormale à fonctionner, à réagir. *Paresse intestinale.* CONTR. **activité, effort, énergie, travail.**
ÉTYM. latin *pigritia,* de *piger* «paresseux».

PARESSER [paʀese] v. intr. (conjug. 3a) ✦ (personnes) Se laisser aller à la paresse ; ne rien faire. SYN. **fainéanter,** FAM. **flemmarder.** CONTR. **agir, travailler.**

PARESSEUSEMENT [paʀesøzmɑ̃] adv. 1. Avec paresse. 2. Avec lenteur. *Fleuve qui coule paresseusement.*

PARESSEUX, EUSE [paʀesø, øz] adj. et n.
I adj. 1. Qui montre habituellement de la paresse ; qui évite l'effort. SYN. **fainéant,** FAM. **flemmard.** *Paresseux comme une couleuvre. Il est paresseux pour se lever.* ♦ n. *Debout, gros paresseux !* 2. (organes) Qui fonctionne, réagit avec une lenteur anormale. *Estomac paresseux.* CONTR. ① **actif, laborieux, travailleur.**
II n. m. Mammifère à mouvements très lents, qui vit dans les arbres des forêts d'Amérique du Sud. SYN. **aï.**
ÉTYM. de *paresse.*

PARFAIRE [paʀfɛʀ] v. tr. (conjug. 41 ; seulement inf. et temps composés) ✦ Achever, de manière à conduire à la perfection. *Parfaire son ouvrage.* SYN. **parachever, peaufiner, polir.**
ÉTYM. latin *perficere.*

PARFAIT, AITE [paʀfɛ, ɛt] adj. et n. m.
I adj. 1. (choses) Qui est au plus haut, dans l'échelle des valeurs ; tel qu'on ne puisse rien concevoir de meilleur (→ **perfection**). *Une réussite parfaite. Filer le parfait amour.* SYN. **idéal.** *Une ressemblance parfaite.* SYN. **total.** ➛ *PARFAIT !* très bien ! 2. (personnes) Sans défaut, sans reproche. SYN. **irréprochable.** *Il est loin d'être parfait.* 3. (avant le nom) Qui correspond exactement à (ce que désigne le nom). SYN. **accompli, complet.** *Un parfait gentleman. Un parfait imbécile.* SYN. **fieffé.** 4. MATH. *Nombre parfait :* nombre entier égal à la somme de ses diviseurs (ex. 6 = 3 + 2 + 1). CONTR. **imparfait, mauvais, médiocre • approximatif, relatif.**
II n. m. LING. Ensemble de formes verbales indiquant un état présent résultant d'une action antérieure. *Parfait latin* (→ **perfectum**), *grec.*
III n. m. Entremets glacé à la crème. *Des parfaits au café.*
ÉTYM. latin *perfectus,* de *perficere* «parfaire».

PARFAITEMENT [paʀfɛtmɑ̃] adv. 1. D'une manière parfaite, très bien. SYN. **admirablement.** *Il sait parfaitement son rôle.* 2. Absolument. *Être parfaitement heureux.* SYN. **très.** *Vous avez parfaitement raison.* SYN. **complètement, entièrement.** 3. Oui, certainement, bien sûr. *Parfaitement, c'est comme ça.* CONTR. **imparfaitement • partiellement.**

PARFOIS [paʀfwa] adv. ✦ À certains moments, dans certains cas, de temps en temps. SYN. **quelquefois.** ➛ (répété) *Il est parfois gai, parfois triste.* SYN. **tantôt.** CONTR. **jamais ; toujours.**
ÉTYM. de *par fois.*

PARFUM [paʀfœ̃] n. m. 1. Odeur agréable et pénétrante. SYN. **senteur.** *Le parfum de la rose.* 2. Goût de ce qui est aromatisé. SYN. **arôme.** *Des glaces à tous les parfums.* 3. Substance aromatique très peu diluée. → **essence.** *Un flacon de parfum.* 4. loc. FAM. *Être AU PARFUM,* informé.
ÉTYM. de *parfumer.*

PARFUMER [paʀfyme] v. tr. (conjug. 3a) 1. Remplir, imprégner d'une odeur agréable. SYN. **embaumer.** 2. Imprégner de parfum (3). *Parfumer son mouchoir.* ➛ pronom. *Il se parfume.* ➛ au p. passé *Une femme parfumée.* 3. Aromatiser. CONTR. **empester, empuantir.**
ÉTYM. du latin *fumare* → ① fumer.

PARFUMERIE [paʀfymʀi] n. f. 1. Industrie de la fabrication des parfums et des produits de beauté. ➛ Produits de cette industrie. 2. Usine où l'on fabrique des produits de parfumerie. 3. Boutique de parfumeur.
ÉTYM. de *parfum.*

PARFUMEUR, EUSE [paʀfymœʀ, øz] n. ✦ Fabricant(e) ou marchand(e) de parfums.

PARI [paʀi] n. m. 1. Convention par laquelle deux ou plusieurs personnes s'engagent à donner qqch., à verser une certaine somme à celle qui aura raison. *Faire un pari.* → **parier.** *Tenir un pari,* l'accepter. *Je fais le pari que... Gagner, perdre un pari.* 2. Forme de jeu où le gain dépend de l'issue d'une épreuve sportive, d'une course de chevaux ; action de parier. (marque déposée ; en France) *Pari mutuel (urbain).* → **P. M. U.**
ÉTYM. de *parier.*

PARIA [paʀja] n. m. 1. En Inde, Individu hors caste, dont le contact est considéré comme une souillure. SYN. **intouchable.** 2. Personne méprisée, écartée d'un groupe. *Vivre en paria.*
ÉTYM. du tamoul.

PARIER [paʀje] v. tr. (conjug. 9) 1. Engager (un enjeu) dans un pari. *Je parie une bouteille de champagne qu'il acceptera.* ➛ *Parier cent euros sur un cheval.* SYN. **jouer, miser.** ➛ absolt *Parier aux courses.* 2. Affirmer avec vigueur ; être sûr. *Je parie que c'est lui. Vous avez soif, je parie ?* je suppose, j'imagine.
ÉTYM. latin *pariare* «rendre égal *(par)*».

PARIÉTAL, ALE, AUX [paʀjetal, o] adj. ✦ DIDACT. *PEINTURES PARIÉTALES,* faites sur une paroi de roche, notamment dans les grottes préhistoriques. SYN. **rupestre.**
ÉTYM. du latin *paries, parietis* «mur» → paroi.

PARIEUR, EUSE [paʀjœʀ, øz] n. ✦ Personne qui parie (1). *Parieur des champs de courses.* → **turfiste.**

PARIGOT, OTE [paʀigo, ɔt] adj. ✦ FAM. Parisien (et souvent populaire). *Accent parigot.* ➛ n. *Les Parigots.*

PARISIEN, IENNE [paʀizjɛ̃, jɛn] n. et adj. 1. n. Natif ou habitant de Paris. SYN. FAM. **parigot.** *Les Parisiens et les banlieusards.* 2. adj. De Paris. *Banlieue parisienne. Le Bassin parisien.*

PARISYLLABIQUE [paʀisi(l)labik] adj. ✦ LING. Se dit d'un mot latin dont le nombre de syllabes est le même au génitif qu'au nominatif singulier (ex. *pubes, pubis*). CONTR. **imparisyllabique.**
ÉTYM. du latin *par* «égal» et de *syllabe.*

PARITAIRE [paʀitɛʀ] adj. ✦ *COMMISSION PARITAIRE,* où employeurs et salariés ont un nombre égal de représentants.
ÉTYM. de *parité.*

PARITÉ [paʀite] n. f. 1. DIDACT. Fait d'être pareil (en parlant de deux choses). *La parité entre les salaires des hommes et des femmes.* 2. ÉCON. Égalité de la valeur d'échange des monnaies de deux pays dans chacun de ces pays. 3. Répartition égale entre deux groupes. *La parité hommes-femmes.* CONTR. **contraste, différence, disparité.**
ÉTYM. latin *paritas,* de *par* «pareil» ; sens 3, de *paritaire.*

PARJURE [paʀʒyʀ] n. ✦ LITTÉR. 1. n. m. Faux serment, violation de serment. 2. n. Personne qui commet un parjure. SYN. **traître.** ➛ adj. *Un témoin parjure.*
ÉTYM. latin *perjurium.*

se **PARJURER** [paʀʒyʀe] v. pron. (conjug. 3a) ✦ Faire un parjure, violer son serment.
ÉTYM. latin *perjurare.*

PARKA [paʀka] n. m. ou n. f. ✦ Court manteau imperméable muni d'un capuchon.
ÉTYM. mot américain, de l'inuit (esquimau).

PARKING [paʀkiŋ] n. m. ✦ anglicisme Parc de stationnement pour les automobiles. *Parking souterrain.*
ÉTYM. mot anglais «action de garer», de *to park,* emprunté au français *parc.*

PARKINSON [paʀkinsɔn] n. m. ✦ MÉD. Affection neurologique dégénérative caractérisée par des tremblements et une raideur musculaire.
► **PARKINSONIEN, IENNE** [paʀkinsɔnjɛ̃, jɛn] adj. et n.
ÉTYM. de *maladie de Parkinson,* du nom d'un médecin anglais.

A B C D E F G H I J K L M N O P Q R S T U V W X Y Z

PARLANT, ANTE [paʀlɑ̃, ɑ̃t] adj. 1. Qui reproduit, après enregistrement, la parole. *Horloge parlante.* → *Cinéma parlant* (opposé à *muet*). 2. (choses) Éloquent, qui se passe de commentaire. *Les chiffres sont parlants.*
ÉTYM. du participe présent de *parler.*

PARLÉ, ÉE [paʀle] adj. ✦ Qui se réalise par la parole. SYN. **oral.** *La langue parlée et la langue écrite.*
ÉTYM. de *parler.*

PARLEMENT [paʀləmɑ̃] n. m. 1. HIST. (en France) Cour souveraine de justice (des Capétiens jusqu'à la Révolution), institution associée au pouvoir du roi. *Le parlement de Paris, de Grenoble.* 2. Assemblée ou ensemble des chambres qui détiennent le pouvoir législatif. *En France, le Parlement est composé de l'Assemblée nationale et du Sénat. En Angleterre, le Parlement comprend la Chambre des lords et la Chambre des communes.* → *Le Parlement européen* (☛ noms propres).
ÉTYM. de *parler* ; sens 2, par l'anglais.

① **PARLEMENTAIRE** [paʀləmɑ̃tɛʀ] adj. et n. 1. adj. Relatif au Parlement. *Démocratie parlementaire.* 2. n. Membre du Parlement. → **député, sénateur.**
ÉTYM. de *parlement.*

② **PARLEMENTAIRE** [paʀləmɑ̃tɛʀ] n. ✦ Personne chargée de parlementer avec l'ennemi. SYN. **délégué,** ① **émissaire.**
ÉTYM. de *parlementer.*

PARLEMENTARISME [paʀləmɑ̃taʀism] n. m. ✦ Régime parlementaire.
ÉTYM. de ① *parlementaire.*

PARLEMENTER [paʀləmɑ̃te] v. intr. (conjug. 3a) 1. Entrer en pourparlers avec l'ennemi. SYN. **négocier, traiter.** 2. Discuter en vue d'un accord. 3. Parler longuement (pour vaincre une résistance). *Il fallut parlementer avec le gardien pour pouvoir entrer.*
ÉTYM. de *parlement* «discours».

① **PARLER** [paʀle] v. (conjug. 3a) **I** v. intr. 1. Communiquer, s'exprimer par la parole (→ aussi ① **dire**). *Cet enfant commence à parler. Parler distinctement.* → **articuler.** *Parler doucement, tout bas* (→ **chuchoter, murmurer**), *parler trop fort* (→ **crier**). *Parler en français.* → loc. *C'est une façon de parler,* il ne faut pas prendre à la lettre ce qui vient d'être dit. *Il parle d'or,* sagement. 2. absolt Révéler ce qu'on tenait caché. *Son complice a parlé.* SYN. **avouer.** 3. *PARLANT* (précédé d'un adv.) : en s'exprimant (de telle manière). *Généralement parlant.* 4. S'exprimer. *Les muets parlent par gestes.* SYN. **communiquer.** 5. (sujet chose) Être éloquent. *Les chiffres parlent d'eux-mêmes* (→ **parlant**). **II** v. tr. ind. 1. *PARLER DE qqn, DE qqch. Parlez-moi de vous, de vos projets.* loc. *Sans parler de,* en plus de, outre. *N'en parlons plus !* → par ext. *De quoi parle ce livre ?* 2. *PARLER DE* (+ inf.) : annoncer l'intention de. *Il parlait de déménager.* 3. *PARLER À qqn,* lui adresser la parole. *Laisse-moi lui parler.* → loc. *Trouver à qui parler,* avoir affaire à un adversaire difficile. → pronom. *Nous ne nous parlons plus,* nous sommes brouillés. 4. FAM. *TU PARLES !, VOUS PARLEZ !* (dubitatif ou méprisant). *Tu parles d'un idiot ! Tu parles si je m'en fiche ! Son talent, tu parles !* **III** v. tr. dir. 1. Pouvoir s'exprimer au moyen de (telle langue). *Je ne parle pas anglais. Elle parle et elle écrit l'arabe.* 2. Aborder, traiter (un sujet). *Parler politique.* SYN. **discuter.**
ÉTYM. latin *parabolare.*

② **PARLER** [paʀle] n. m. 1. Manière de parler. *Les mots du parler de tous les jours.* 2. LING. Ensemble des moyens d'expression particuliers à une région, à un milieu social, etc. → **dialecte, idiome, patois.**
ÉTYM. de ① *parler.*

PARLEUR [paʀlœʀ] n. m. ✦ loc. péj. *BEAU PARLEUR* : celui qui aime à faire de belles phrases. SYN. **phraseur.**
ÉTYM. de *parler.*

PARLOIR [paʀlwaʀ] n. m. ✦ Local où sont admis les visiteurs qui veulent s'entretenir avec un pensionnaire ou un détenu. *Élève appelé au parloir.*
ÉTYM. de *parler.*

PARLOTE [paʀlɔt] n. f. ✦ Échange de paroles insignifiantes. SYN. **causette.** → On écrit aussi *parlotte.*
ÉTYM. de *parler.*

PARME [paʀm] adj. invar. et n. m. 1. adj. invar. Mauve comme la violette de Parme. *Des draps parme.* → n. m. Cette couleur. 2. n. m. Jambon de Parme.
ÉTYM. de *Parme,* nom de la ville d'Italie. ☛ noms propres.

PARMENTIER → **HACHIS** Parmentier

PARMESAN [paʀməzɑ̃] n. m. ✦ Fromage à pâte dure, fabriqué dans les environs de Parme.
ÉTYM. italien *Parmigiano* «de *Parme*». ☛ noms propres.

PARMI [paʀmi] prép. 1. Au milieu de. SYN. **entre.** *Des maisons disséminées parmi les arbres. Nous souhaitons vous avoir parmi nous.* SYN. **avec, près** de. 2. Dans, au milieu des éléments d'un ensemble. *C'est une solution parmi (tant) d'autres.* 3. Dans un ensemble d'êtres vivants. SYN. **chez.** *« Discours sur l'origine et les fondements de l'inégalité parmi les hommes »* (de Rousseau).
ÉTYM. de *par* et *mi* «milieu».

PARNASSIEN, IENNE [paʀnasjɛ̃, jɛn] adj. et n. m. ✦ Qui appartient au groupe du Parnasse. *Leconte de Lisle et Heredia, grands poètes parnassiens. La poésie parnassienne.* → n. m. *Les parnassiens,* les poètes du Parnasse.
ÉTYM. de *Parnasse,* groupe de poètes adeptes de la théorie de «l'art pour l'art».

PARODIE [paʀɔdi] n. f. 1. Imitation burlesque (d'une œuvre sérieuse). ☛ Littérature p. 121. 2. Contrefaçon grotesque. SYN. **caricature.** *Une parodie de réconciliation.*
► **PARODIQUE** [paʀɔdik] adj. *Conte parodique.*
ÉTYM. grec *parodia,* de *odê* «chant».

PARODIER [paʀɔdje] v. tr. (conjug. 9) ✦ Imiter (une œuvre, un auteur) en faisant une parodie.
ÉTYM. de *parodie.*

PARODONTE [paʀɔdɔ̃t] n. m. ✦ ANAT. Ensemble des tissus de soutien qui relient la dent au maxillaire.
ÉTYM. de ① *para-* et *-odonte.*

PAROI [paʀwa] n. f. 1. Séparation intérieure dans une maison (SYN. **cloison**) ou face intérieure d'un mur. *Appuyer son lit contre la paroi.* 2. Terrain à pic, comparable à une muraille. *Une paroi rocheuse.* 3. Surface interne (d'un contenant). *Les parois d'un vase.*
ÉTYM. latin *paries, parietis* «mur» → pariétal.

PAROISSE [paʀwas] n. f. ✦ Circonscription ecclésiastique dont un curé, un pasteur a la charge.
ÉTYM. latin chrétien *parochia,* du grec.

PAROISSIAL, ALE, AUX [paʀwasjal, o] adj. ✦ De la paroisse. *Église paroissiale. Registres paroissiaux.*

PAROISSIEN, IENNE [paʀwasjɛ̃, jɛn] n. 1. Personne qui dépend d'une paroisse. *Le curé et ses paroissiens.* SYN. **ouailles.** 2. n. m. Livre de messe. SYN. **missel.**

PAROLE [paʀɔl] n. f. I *UNE, DES PAROLES* : élément de langage parlé. 1. Élément du langage articulé. → **mot ; expression.** *Des paroles aimables.* SYN. **propos.** *Voilà une bonne parole !* SYN. **discours.** – loc. *En paroles* : verbalement. *Il est courageux en paroles.* – *De belles paroles* : des promesses verbeuses. 2. au plur. Texte (d'un morceau de musique vocale). ☛ Littérature p. 125. *L'air et les paroles d'une chanson.* – loc. *Histoire sans paroles* : suite d'images qui se passe de légende. 3. Pensée exprimée à haute voix, en quelques mots. *Une parole historique.* 4. *Parole (d'honneur),* engagement, promesse sur l'honneur. *Donner sa parole. Tenir sa parole.* – *Sur parole,* sans autre garantie que la parole donnée. *Vous devez me croire sur parole.* – interj. *Ma parole ! Parole !,* je le jure. II *LA PAROLE, expression verbale de la pensée.* 1. Faculté de communiquer la pensée par un système de sons articulés émis par la voix. *Troubles de la parole. Perdre la parole,* devenir muet. 2. Fait de parler. *Avoir la parole facile,* être éloquent. *Adresser la parole à qqn. Prendre la parole. Couper la parole à qqn.* → **interrompre.**
ÉTYM. latin *parabola* «comparaison».

PAROLIER, IÈRE [paʀɔlje, jɛʀ] n. ✦ Auteur des paroles (I, 2) d'une chanson (☛ Littérature p. 125), d'un livret d'opéra (SYN. **librettiste**).

PARONOMASE [paʀɔnɔmaz] n. f. ✦ Figure de style qui consiste à rapprocher des mots qui se ressemblent phonétiquement dans une phrase (ex. Qui s'excuse s'accuse).
ÉTYM. du grec *onoma* «nom».

PARONYME [paʀɔnim] adj. et n. m. ✦ DIDACT. Se dit de mots de prononciation très proche, presque homonymes (ex. *éminent* et *imminent*).
▶ **PARONYMIE** [paʀɔnimi] n. f.
ÉTYM. grec *paronumos,* de *para* «à côté» et *onoma* «nom».

PAROXYSME [paʀɔksism] n. m. ✦ Le plus haut degré (d'une sensation, d'un sentiment). SYN. ① **comble, sommet, summum.** *Porter la douleur à son paroxysme.* → **exacerber, intensifier.** – Le plus haut degré (d'un phénomène). *La tempête est à son paroxysme.*
▶ **PAROXYSMIQUE** [paʀɔksismik], **PAROXYSTIQUE** [paʀɔksistik] adj.
ÉTYM. grec *paroxusmos,* de *oxus* «pointu, aigu».

PAROXYTON [paʀɔksitɔ̃] n. m. ✦ LING. Mot qui porte l'accent tonique sur l'avant-dernière syllabe.
ÉTYM. grec *paroxutonos* → oxyton.

PARPAILLOT, OTE [paʀpajo, ɔt] n. ✦ VX péj. Protestant.
ÉTYM. peut-être de *parpaillon* «papillon».

PARPAING [paʀpɛ̃] n. m. ✦ Bloc (de ciment, de béton creux) formant l'épaisseur d'une paroi. *Un mur en parpaings.*
ÉTYM. latin *perpetaneus,* de *perpes* «ininterrompu».

PARQUE [paʀk] n. f. ✦ MYTHOL. (☛ noms propres) Chacune des trois déesses romaines qui filent, dévident et tranchent le fil de la vie humaine. *Les trois Parques* (Clotho, Lachésis, Atropos) *sont représentées comme de vieilles femmes. «La Jeune Parque»* (poème de Valéry).
HOM. PARC «jardin»
ÉTYM. latin *Parca.*

PARQUER [paʀke] v. tr. (conjug. 3a) 1. Mettre (des animaux) dans un parc. 2. Enfermer (des personnes) dans un espace étroit et délimité. SYN. **entasser.** 3. Ranger (une voiture) dans un parc de stationnement. SYN. **garer.**
ÉTYM. de *parc.*

PARQUET [paʀkɛ] n. m. I Groupe des magistrats (procureur de la République et substituts) chargés de requérir l'application de la loi. II Assemblage d'éléments de bois *(lames, lattes de parquet)* qui garnissent le sol d'une pièce. SYN. ① **plancher.**
ÉTYM. diminutif de *parc.*

PARQUETER [paʀkəte] v. tr. (conjug. 6b) ✦ Garnir d'un parquet (II).

PARRAIN [paʀɛ̃] n. m. 1. Celui qui tient (ou a tenu) un enfant sur les fonts baptismaux. *Le parrain, la marraine et leur filleul.* 2. Celui qui présente qqn dans un cercle, un club, pour l'y faire inscrire. 3. Chef d'un groupe illégal. *Un parrain de la Mafia.* 4. Entreprise, mécène qui apporte son soutien financier (→ **parrainage**).
ÉTYM. latin populaire *patrinus,* de *pater* «père».

PARRAINAGE [paʀɛnaʒ] n. m. 1. Fonction, qualité de parrain (1 et 2) ou de marraine. 2. Appui moral accordé à une œuvre. SYN. **patronage.** *Comité de parrainage.* 3. Soutien financier apporté à une manifestation, une organisation dans un but publicitaire.
ÉTYM. de *parrain.*

PARRAINER [paʀene] v. tr. (conjug. 3a) ✦ Accorder son parrainage à.
ÉTYM. de *parrain.*

PARRICIDE [paʀisid] n. 1. n. m. Meurtre du père ou de la mère. 2. n. Personne qui a commis un parricide. – adj. *Fils parricide.*
ÉTYM. latin *parricidium* ; sens 2, latin *parricida.*

PARSEMER [paʀsəme] v. tr. (conjug. 7a) 1. Couvrir par endroits. SYN. **consteller, émailler.** 2. (choses) Être répandu çà et là sur (qqch.). *Les allusions qui parsèment un discours.*
ÉTYM. de *par* et *semer.*

PART [paʀ] n. f. I Ce qui, après un partage*, revient à qqn. 1. Ce qu'une personne possède ou acquiert en propre. *Recevoir la meilleure part.* – *AVOIR PART À :* participer à. *Un acte où la volonté a peu de part.* – *PRENDRE PART À :* jouer un rôle dans (une affaire). → **participer.** *Prendre part à un travail.* → **contribuer.** – S'associer (aux sentiments d'autrui). *Je prends part à votre douleur.* → **compatir ; sympathie.** – *POUR MA PART :* en ce qui me concerne. 2. *FAIRE PART DE qqch. À qqn,* faire connaître. *Il a fait part de son mariage à tous ses amis* (→ **faire-part**). 3. Partie attribuée à qqn ou consacrée à tel ou tel emploi. SYN. **lot, morceau, portion.** *Diviser en parts.* → **partager.** – Partie de capital possédée par un associé. *Acheter des parts dans une entreprise.* SYN. ② **action.** – Ce que chacun doit donner. *Il faut que chacun paie sa part.* SYN. **écot, quote-part.** 4. Unité de base servant à déterminer le montant de l'impôt sur le revenu. 5. *FAIRE LA PART DE :* tenir compte de. *Faire la part des choses.* II Partie. *Il a perdu une grande part de sa fortune.* loc. *Pour une large part :* en grande partie. III Côté, lieu (dans des loc.). 1. *DE LA PART DE (qqn) :* au nom de (qqn), pour (qqn). *Elle est venue de la part de sa mère. De la part de qui ?* (au téléphone). – *DE TOUTES PARTS* ou *DE TOUTE PART :* de tous les côtés. – *D'UNE PART... D'AUTRE PART ; D'UNE PART..., DE*

A B C D E F G H I J K L M N O P Q R S T U V W X Y Z

L'AUTRE, en comparant (deux idées ou deux faits). SYN. **côté.** – *D'AUTRE PART* (en début de phrase). → **d'ailleurs,** par **ailleurs,** en **outre.** – *DE PART ET D'AUTRE* : des deux côtés. – *DE PART EN PART* : d'un côté à l'autre. → à **travers.** *Traverser de part en part.* – *EN BONNE, EN MAUVAISE PART* : en bien, en mal. **2.** (avec un adj. indéf.) *NULLE PART* : en aucun lieu (s'oppose à *quelque part*). – *AUTRE PART* : dans un autre lieu. → **ailleurs.** – *QUELQUE PART* : en un lieu indéterminé. *Elle l'a déjà vu quelque part.* **3.** *À PART* **loc. adv.** : à l'écart. *Mettre à part.* → ① **écarter.** *Prendre qqn à part,* en particulier, seul à seul. → **aparté.** – **loc. prép.** Excepté. SYN. **sauf** (II). *À part lui, nous ne connaissons personne.* – **adjectivt** Qui est séparé d'un ensemble. *Occuper une place à part.* SYN. **particulier, spécial.** HOM. PAR (préposition)

ÉTYM. latin *pars, partis.*

PARTAGE [partaʒ] **n. m.** **I** Action de partager ou de diviser ; son résultat. **1.** Division (d'un tout) en parts. → **répartition.** *Le partage d'un domaine. Ligne de partage des eaux.* **2.** Fait de partager (qqch. avec qqn). *Le partage du pouvoir, du travail. Un partage équitable.* ♦ *SANS PARTAGE* : sans réserve. *Une amitié sans partage.* **II** Part qui revient à qqn. – *EN PARTAGE. Donner* (→ **impartir**), *recevoir en partage.*

ÉTYM. de ② *partir.*

PARTAGER [partaʒe] **v. tr.** (conjug. 5) **I** **1.** Diviser (un ensemble) en éléments pour les distribuer, les employer à des usages différents. *Partager un domaine.* SYN. **morceler.** *Partager son temps entre plusieurs occupations.* **2.** *Partager qqch. avec qqn,* lui en donner une partie. **3.** Avoir part à (qqch.) en même temps que d'autres. *Partager le repas de qqn.* – **fig.** Prendre part à. *Partager une responsabilité, les torts avec qqn.* – **au p. passé** *Un amour partagé,* mutuel. **4.** (sujet chose) Diviser (un ensemble) de manière à former plusieurs parties séparées ou non. SYN. **couper.** *Une cloison partage la pièce.* **5.** (sujet personne) **au passif** Être divisé entre plusieurs sentiments contradictoires. *Il était partagé entre l'amitié et la rancune.* – (sujet chose) **loc.** *Les avis sont partagés,* très divers. **II** *SE PARTAGER* **v. pron.** **1.** (passif) Être partagé. *Ce gâteau ne se partage pas facilement.* **2.** (réfl.) *Se partager entre diverses tendances. Partagez-vous en deux groupes !* **3.** (récipr.) *Ils se sont partagé l'héritage.* CONTR. **accaparer.**

ÉTYM. de *partage.*

PARTAGEUR, EUSE [partaʒœr, øz] **adj.** ✦ Qui partage volontiers ce qu'il (elle) possède. *Cet enfant n'est pas partageur.*

PARTANCE [partɑ̃s] **n. f.** ✦ *EN PARTANCE* : qui va partir (bateaux, grands véhicules). *En partance pour,* à destination de. CONTR. en **provenance** de.

ÉTYM. de ① *partir.*

① **PARTANT, ANTE** [partɑ̃, ɑ̃t] **n.** et **adj.** **1. n. m.** Personne qui part. **2. n.** Personne, cheval au départ d'une course. *Les partants d'une course cycliste.* **3. adj.** D'accord (pour), disposé (à). *Je ne suis pas partant, c'est trop risqué.*

ÉTYM. du participe présent de ① *partir.*

② **PARTANT** [partɑ̃] **conj.** ✦ LITTÉR. Ainsi, donc, par conséquent. *Un travail long et partant ennuyeux.*

ÉTYM. de *par* et *tant.*

PARTENAIRE [partənɛr] **n.** **1.** Personne avec qui l'on est allié contre d'autres joueurs. *Mon partenaire à la belote.* – Personne avec qui on est lié dans une compétition. *La partenaire d'un patineur.* **2.** Personne avec qui on a des relations sexuelles. **3.** Pays associé, allié commercial. *Les partenaires européens.* CONTR. **adversaire, rival.**

ÉTYM. anglais *partner.*

PARTENARIAT [partənarja] **n. m.** ✦ Association d'entreprises, d'institutions en vue de mener une action commune. *Accord de partenariat.*

ÉTYM. de *partenaire.*

PARTERRE [partɛr] **n. m.** **I** Partie d'un jardin où l'on a aménagé des compartiments de fleurs, de gazon. *Les parterres de Le Nôtre.* ☛ Classicisme p. 170. **II** Partie du rez-de-chaussée d'une salle de théâtre, derrière les fauteuils d'orchestre. ☛ Littérature p. 127.

ÉTYM. de *par* et *terre.*

PARTHÉNOGENÈSE [partenoʒənɛz ; partenoʒenɛz] **n. f.** ✦ BIOL. Reproduction sans fécondation, dans une espèce sexuée.

ÉTYM. grec *parthenos* «vierge» et *-genèse.*

① **PARTI** [parti] **n. m.** **I** **1.** LITTÉR. Solution proposée ou choisie pour résoudre une situation. *Hésiter entre deux partis.* **2.** *PRENDRE LE PARTI DE* : se décider à. SYN. **décision, résolution.** *Hésiter sur le parti à prendre. Prendre le parti d'en rire.* – *PRENDRE PARTI* : prendre position. – *PRENDRE SON PARTI* : se déterminer. *Prendre son parti de qqch., en prendre son parti, s'y résigner.* – *PARTI PRIS* : opinion préconçue, choix arbitraire. → **préjugé, prévention.** *Juger sans parti pris. Être de parti pris.* → **partial.** **II** **loc.** *TIRER PARTI DE* : exploiter, utiliser. *Savoir tirer parti de qqch.* **III** Personne à marier, du point de vue de la situation sociale et financière. *Un beau, un riche parti.*

HOM. PARTIE «morceau»

ÉTYM. de ② *partir.*

② **PARTI** [parti] **n. m.** **1.** Groupe de personnes défendant la même opinion. SYN. **camp.** *Se ranger du parti de qqn,* défendre la même opinion. → **partisan.** **2.** plus cour. Organisation dont les membres mènent une action commune à des fins politiques. SYN. **formation, mouvement, rassemblement, union.** *Les partis politiques. Parti républicain, démocrate, conservateur. Militant d'un parti.* HOM. PARTIE «morceau»

ÉTYM. de ② *partir.*

PARTIAL, ALE, AUX [parsjal, o] **adj.** ✦ Qui prend parti sans souci de justice ni de vérité. *Un juge ne doit pas être partial.* CONTR. **impartial, juste, neutre,** ① **objectif.**

► **PARTIALEMENT** [parsjalmɑ̃] **adv.**

ÉTYM. latin *partialis,* de *pars* «part».

PARTIALITÉ [parsjalite] **n. f.** ✦ Attitude partiale. *Partialité en faveur de qqn* (→ **favoritisme**), *contre qqn* (→ **injustice,** ① **parti pris**). CONTR. **impartialité, justice, objectivité.**

ÉTYM. latin *partialitas.*

PARTICIPANT, ANTE [partisipɑ̃, ɑ̃t] **adj.** ✦ Qui participe à (qqch.). ♦ **n.** *Les participants à une compétition.* SYN. **concurrent.** – *Les participants d'une association.* SYN. **adhérent, membre.**

ÉTYM. du participe présent de *participer.*

PARTICIPATIF, IVE [partisipatif, iv] **adj.** **1.** Qui concerne la participation à la vie ou aux bénéfices d'une entreprise. **2.** *Démocratie participative,* où les citoyens participent à la concertation et aux décisions. **3.** *Encyclopédie participative,* dont le contenu est rédigé par les utilisateurs. SYN. **contributif.**

PARTICIPATION [paʀtisipasjɔ̃] n. f. 1. Action de participer ; action en commun. SYN. **collaboration.** *Participation aux frais.* SYN. **contribution.** ➛ Fait de participer à un vote. *Taux de participation élevé.* 2. Action de participer à un profit ; son résultat. *Participation aux bénéfices.* 3. absolt Droit de regard et de libre discussion dans une communauté. *Manque de participation d'un élève.*
ÉTYM. latin *participatio.*

PARTICIPE [paʀtisip] n. m. ✦ Forme dérivée du verbe, qui tient à la fois de l'adjectif et du verbe. *Participe présent à valeur verbale* (ex. *étant* de *être* → **gérondif**), *à valeur d'adjectif* (ex. *brillantes* de *briller*). *Participe passé à valeur verbale* (ex. *pris* de *prendre*), *à valeur d'adjectif* (ex. *fardées* de *farder*). *L'accord du participe.* ➛ appos. *Des propositions participes.* SYN. **participial.**
ÉTYM. latin *participium.*

PARTICIPER [paʀtisipe] v. tr. ind. (conjug. 3a) **I** *PARTICIPER À* 1. Prendre part à (qqch.). *Participer à un travail.* SYN. **collaborer, coopérer.** ➛ fig. *Participer au chagrin d'un ami,* s'y associer. SYN. **partager.** ➛ absolt Prendre part à une manifestation, à la vie d'un groupe. *L'important c'est de participer. Cet élève ne participe pas suffisamment.* 2. Payer une part de. *Tous les convives participent aux frais.* 3. Avoir part à qqch. *Participer aux bénéfices.* **II** LITTÉR. (sujet chose) *PARTICIPER DE* : tenir de la nature de. *Cette fête participe des plus anciennes traditions populaires.* CONTR. s'**abstenir.**
ÉTYM. latin *participare.*

PARTICIPIAL, ALE, AUX [paʀtisipjal, o] adj. ✦ GRAMM. *Proposition participiale* : proposition ayant son sujet propre, et son verbe au participe présent ou passé (ex. *La chance aidant,* nous y arriverons).
ÉTYM. de *participe.*

PARTICULARISER [paʀtikylaʀize] v. tr. (conjug. 3a) ✦ Différencier par des traits particuliers. ➛ pronom. Se singulariser. CONTR. **généraliser.**
► **PARTICULARISATION** [paʀtikylaʀizasjɔ̃] n. f.
ÉTYM. du latin *particularis* «particulier».

PARTICULARISME [paʀtikylaʀism] n. m. 1. Attitude d'une communauté, d'un groupe qui veut conserver ses usages particuliers, son autonomie. 2. Caractère, trait particulier. *Particularisme culturel.*
► **PARTICULARISTE** [paʀtikylaʀist] adj. et n.
ÉTYM. du latin *particularis* «particulier».

PARTICULARITÉ [paʀtikylaʀite] n. f. ✦ Caractère particulier à qqn, qqch. SYN. **caractéristique.** *Le requin a, présente la particularité d'être vivipare.*
ÉTYM. latin *particularitas.*

PARTICULE [paʀtikyl] n. f. 1. Très petite partie, infime quantité (d'un corps). ♦ SC. Constituant (d'un système physique) considéré comme élémentaire. ➛ *Physique des particules,* étudiant les composants fondamentaux de la matière (électrons, quarks...) et du rayonnement (photons...). 2. *Particule nobiliaire* ou *particule,* la préposition de (du, de la) précédant un nom de famille. *Nom à particule. La particule ne constitue pas par elle-même une marque de noblesse.*
ÉTYM. latin *particula* «petite partie *(pars)*».

PARTICULIER, IÈRE [paʀtikylje, jɛʀ] adj. et n.
I adj. 1. Qui appartient en propre (à qqn, qqch. ou à une catégorie d'êtres, de choses). SYN. **personnel, propre.** *L'insouciance qui lui est particulière.* 2. Qui ne concerne qu'un individu (ou un petit groupe). SYN. **individuel.** *Des leçons particulières. Une voiture particulière.* ➛ *EN PARTICULIER* loc. adv. : à part. *Je voudrais vous parler en particulier,* seul à seul. 3. Qui présente des caractères hors du commun. SYN. **remarquable, spécial.** *Une manière très particulière de voir les choses. Des amitiés particulières* (homosexuelles). ➛ *EN PARTICULIER* : spécialement, surtout. *Un élève doué, en particulier pour les mathématiques.* 4. Qui concerne un cas précis. *Sur ce point particulier. Je ne veux rien de particulier.* SYN. **spécial.** ➛ n. m. *Aller du général au particulier.* ➛ *EN PARTICULIER* : d'un point de vue particulier. *Je ne veux rien en particulier.* CONTR. **collectif, commun,** ① **général** • ① **courant, normal, ordinaire.**
II n. Personne privée. *Vente aux particuliers.*
ÉTYM. latin *particularis.*

PARTICULIÈREMENT [paʀtikyljɛʀmɑ̃] adv. 1. D'une manière particulière (I, 3). SYN. ① **surtout.** *Il aime tous les arts, particulièrement la peinture.* 2. D'une manière spéciale, différente. SYN. **spécialement.** *J'attire tout particulièrement votre attention sur ce point.* CONTR. **généralement.**

PARTIE [paʀti] n. f. **I** 1. Élément (d'un tout), unité séparée ou abstraite (d'un ensemble). SYN. **morceau, parcelle, part.** *Le tout et les parties. Voilà une partie de la somme. Film en deux parties.* SYN. **épisode.** ➛ loc. *Une petite, une grande partie de,* un peu, beaucoup. *La majeure partie.* → la **plupart.** ➛ loc. *EN PARTIE.* → **partiellement.** 2. *FAIRE PARTIE DE* : être du nombre de, compter parmi. → **appartenir.** *Cela fait, ne fait pas partie de mes attributions.* 3. Élément constitutif (d'un être vivant). *Les parties du corps.* 4. (avec un poss.) Domaine d'activités. *Elle est très forte dans sa partie.* SYN. **branche, métier, spécialité.** **II** 1. DR. Personne physique ou morale qui participe à un acte juridique, est engagée dans un procès. → **plaideur.** *La partie adverse.* ➛ loc. *Être juge et partie,* avoir à juger une affaire où l'on est impliqué (→ **partial**). 2. loc. *PRENDRE qqn À PARTIE* : s'en prendre à lui, l'attaquer. 3. Adversaire. ➛ loc. *Avoir affaire à forte partie,* à un adversaire redoutable. **III** 1. Durée (d'un jeu) à l'issue de laquelle sont désignés gagnants et perdants (parfois distingué de *revanche* et *belle*). *Faire une partie de cartes. Gagner, perdre la partie.* ♦ Lutte, combat. *La partie a été rude. J'abandonne la partie.* 2. Divertissement organisé à plusieurs. *Une partie de chasse. Partie de plaisir.* 3. loc. *Se mettre, être de la partie. Ce n'est que partie remise, nous nous retrouverons.* CONTR. **ensemble, totalité,** ② **tout.**
HOM. ① PARTI «solution», ② PARTI «organisation politique»
ÉTYM. du participe passé de ② *partir.*

PARTIEL, ELLE [paʀsjɛl] adj. ✦ Qui n'existe qu'en partie, ne concerne qu'une partie. *Résultats partiels.* SYN. **incomplet.** *Examen partiel* ou n. m. *un partiel. Élections partielles,* qui ne portent que sur un ou quelques sièges. CONTR. **complet, entier, total** ; ① **général.**
► **PARTIELLEMENT** [paʀsjɛlmɑ̃] adv.
ÉTYM. latin *partialis* ; doublet de *partial.*

① **PARTIR** [paʀtiʀ] v. intr. (conjug. 23) **I** 1. Se mettre en mouvement pour quitter un lieu ; s'éloigner. SYN. s'en **aller.** *La fête est finie, il est temps de partir.* SYN. se **retirer.** *Partir de chez soi. Partir en hâte.* → s'**enfuir,** se **sauver.** *Partir à pied.* absolt *Allons, il faut partir.* ➛ *PARTIR POUR. Partir pour la chasse. Partir pour Londres.* ➛ *PARTIR À* (critiqué). *Partir à la guerre. Partir à Paris.* ➛ *PARTIR EN. Ils sont partis en Chine, en vacances. PARTIR* (+ inf.). *Il est parti déjeuner.* SYN. ① **sortir.** ➛ (choses) *Ma lettre est partie hier.* 2. Passer de l'immobilité à un mouvement rapide. *« À vos marques ! Prêts ? Partez ! » La voiture ne veut pas partir.* SYN. **démarrer.** 3. (choses ; surtout temps composés et p. passé) Se mettre à progresser, à marcher. *L'affaire est bien partie.* SYN. **commencer.** *C'est assez mal parti.* 4. (projectiles) Être lancé, commencer sa trajectoire. *Le coup n'est pas parti.* 5. FAM. Commencer (à faire qqch.). → se **mettre.** *Il est parti pour nous raconter sa vie.* 6. (choses) Disparaître. *La tache est partie.* ◆ Se défaire. *Ce livre part en lambeaux.* ◆ S'épuiser. *Tout son argent part dans les, en disques.* 7. Mourir. *Mon père est parti le premier.* II *PARTIR DE.* 1. Venir, provenir (d'une origine). *L'avion est parti de Londres.* 2. Avoir son principe dans. *Son geste part d'un bon sentiment.* 3. Commencer un raisonnement, une opération. *En partant de ce principe.* → ② **partant.** 4. *À PARTIR DE :* en prenant pour point de départ dans le temps. SYN. ① **de, depuis, dès.** *À partir d'aujourd'hui,* désormais. CONTR. **arriver • demeurer, rester.**

ÉTYM. de ② *partir* « diviser », d'où « séparer ».

② **PARTIR** [partir] v. tr. (seulement inf.) ✦ VX Partager. loc. *AVOIR MAILLE À PARTIR.* → ② **maille.**

ÉTYM. latin *partiri*, de *pars* « part, partie ».

PARTISAN, ANE [partizɑ̃, an] n. et adj. 1. n. rare au fém. Personne qui prend parti pour une doctrine. SYN. **adepte, défenseur.** *Partisans et adversaires du féminisme.* ➡ adj. *Ils, elles sont partisans d'accepter. Elle n'en est pas partisan,* (rare) *partisane,* elle n'y est pas favorable. 2. n. m. Soldat de troupes irrégulières, qui se battent en territoire occupé. SYN. **franc-tireur.** *Guerre de partisans* (→ **guérilla**). *« Le Chant des partisans »* (de Kessel et Druon), des résistants. 3. adj. Qui témoigne d'un parti pris. *Les haines partisanes.* CONTR. **adversaire • défavorable.**

ÉTYM. italien *partigiano*, de *parte* « part, partie ».

PARTITIF [partitif] adj. m. ✦ GRAMM. *ARTICLE PARTITIF,* qui détermine une partie non mesurable (ex. manger *du* pain, *de la* viande).

ÉTYM. latin *partitus*, de *partiri* « partager ».

PARTITION [partisjɔ̃] n. f. I 1. Partage d'un pays, d'un territoire. *La partition de Chypre.* 2. MATH. Partage (d'un ensemble) en parties non vides, disjointes deux à deux et dont la réunion reconstitue cet ensemble. II Notation d'une composition musicale. *Une partition de piano.*

ÉTYM. latin *partitio* « partage ».

PARTOUT [partu] adv. ✦ En tous lieux ; en de nombreux endroits. *On ne peut être partout à la fois. Il souffre de partout.* CONTR. nulle **part.**

ÉTYM. de *par* et *tout.*

PARTOUZE [partuz] n. f. ✦ FAM. Partie de débauche.

ÉTYM. de *partie.*

PARTURIENTE [partyrjɑ̃t] n. f. ✦ VIEILLI Femme qui accouche.

ÉTYM. du latin *parturiens, parturientis,* participe présent de *parturire* « accoucher ».

PARTURITION [partyrisjɔ̃] n. f. ✦ MÉD. Accouchement. → **enfantement.**

ÉTYM. latin *parturitio*, de *parturire* « accoucher ».

PARU, UE [pary] ✦ Participe passé du verbe *paraître.*

PARURE [paryr] n. f. 1. Ensemble des vêtements, des ornements, des bijoux d'une personne en grande toilette. 2. Ensemble de bijoux assortis (boucles, collier, broche...). *Une parure de diamants.* 3. Ensemble assorti de pièces de linge, de lingerie.

ÉTYM. de ① *parer.*

PARUTION [parysjɔ̃] n. f. ✦ Moment de la publication (d'un livre, d'un article). SYN. **sortie.**

ÉTYM. de *paraître.*

PARVENIR [parvənir] v. tr. ind. (conjug. 16) ✦ *PARVENIR À* 1. Arriver (en un point déterminé), dans un déplacement. SYN. **atteindre.** 2. (choses) Arriver à destination. SYN. **arriver.** *Faire parvenir un colis.* ➡ Se propager à travers l'espace (jusqu'à un lieu donné, jusqu'à quelqu'un). *Le bruit de la rue lui parvenait à peine.* 3. (personnes) Arriver à (un but, un résultat qu'on se proposait). SYN. **accéder** à. *Parvenir à ses fins, à ce qu'on voulait.* ➡ (+ inf.) *Je ne suis pas parvenu à le voir.* 4. Atteindre naturellement. *Parvenir à un âge avancé.*

ÉTYM. latin *pervenire.*

PARVENU, UE [parvəny] n. ✦ péj. Personne qui s'est élevée à une condition supérieure sans en acquérir les manières. *Des manières de parvenu.* SYN. nouveau **riche.**

ÉTYM. du participe passé de *parvenir.*

PARVIS [parvi] n. m. ✦ Place située devant la façade (d'une église, d'une cathédrale). *Le parvis de la cathédrale.* ◆ Espace dégagé réservé aux piétons, dans un ensemble urbain. SYN. **esplanade.**

ÉTYM. latin *paradisus* ; doublet de *paradis.*

① **PAS** [pɑ] n. m. I *UN, DES PAS* 1. Action de faire passer l'appui du corps d'un pied à l'autre, dans la marche. *Faire quelques pas en avant. Les premiers pas d'un enfant. Faire de grands pas.* SYN. **enjambée.** ➡ loc. *À pas de loup :* silencieusement. ➡ *PAS À PAS :* lentement, avec précaution. ➡ *Faire les CENT PAS :* marcher de long en large. ➡ loc. *Revenir SUR SES PAS,* en arrière. 2. *FAUX PAS :* pas où l'appui du pied manque ; fait de trébucher. ➡ fig. Écart de conduite, faute. 3. Trace laissée par un pied. *Des pas dans la neige.* 4. Longueur d'un pas. *C'est à deux pas (d'ici),* tout près. → à **proximité.** 5. fig. Chaque élément, chaque temps d'une progression, d'une marche. → **étape.** *Les discussions ont fait un pas en avant.* → **progresser.** ➡ loc. *Faire les premiers pas :* prendre l'initiative. ➡ prov. *Il n'y a que le premier pas qui coûte.* II 1. *LE PAS :* la façon de marcher. SYN. **allure, démarche.** *Allonger, ralentir le pas.* ➡ loc. *J'y vais de ce pas,* sans plus attendre. ➡ *AU PAS. Aller au pas,* à l'allure du pas normal. *Au pas de course,* rapidement. → au **galop,** au **trot.** ➡ loc. *Mettre qqn au pas,* le forcer à obéir. 2. Ensemble des pas d'une danse. ➡ *PAS DE DEUX :* partie d'un ballet dansée à deux. 3. Allure, marche (d'un animal). III (au sens de *passage*) 1. loc. *Prendre le pas sur qqn,* le précéder. *Céder le pas à qqn,* le laisser passer devant. 2. Passage. SYN. **col** (III). *Franchir le pas.* ◆ *Le pas de Calais* (détroit). 3. loc. *Se tirer d'un MAUVAIS PAS,* d'une situation périlleuse, grave. 4. *LE PAS DE LA PORTE :* le seuil. ➡ n. m. invar. *PAS-DE-PORTE :* somme payée au détenteur d'un bail pour avoir accès à un fonds de commerce. 5. Tours d'une rainure en spirale. *Un pas de vis.* SYN. ① **filet.**

ÉTYM. latin *passus.*

② **PAS** [pɑ] adv. de négation I *NE... PAS, NE PAS* (négation du verbe) SYN. ③ **point.** *Je ne sais pas. Je ne m'en souviens pas. Il n'en veut pas. Je ne vous ai pas vu.* ➡ (+ inf.) *Il espère ne pas le rencontrer.* ➡ loc. *Ce n'est pas que* (+ subj. ; pour introduire une restriction). *Ce n'est pas qu'il ait peur, mais...* II *PAS* (phrases non verbales) 1. ellipt (réponses, exclamations) *Non pas. Pas de chance ! Pourquoi pas ? Ils viennent ou pas ?* SYN. **non.** ➡ *PAS UN*

(→ **aucun, nul**). *Il est paresseux comme pas un,* plus que tout autre. 2. (devant un adj. ou un participe) *Un garçon pas bête (du tout).* III *PAS* (employé sans *ne*). FAM. (parlé) *Pleure pas ! On sait pas.*
ÉTYM. de ① *pas.*

① **PASCAL, ALE, ALS** ou **AUX** [paskal, o] **adj.** 1. Relatif à la Pâque juive. *Agneau pascal.* 2. Relatif à la fête de Pâques des chrétiens. *Communion pascale.*
ÉTYM. latin *paschalis.*

② **PASCAL** [paskal] **n. m.** ✦ INFORM. Langage de programmation pour applications scientifiques.
ÉTYM. du nom de *Blaise Pascal.* ☛ noms propres.

③ **PASCAL, ALS** [paskal] **n. m.** ✦ Unité de mesure de pression (symb. Pa) correspondant à une force de 1 newton exercée sur une surface plane de 1 m^2.
ÉTYM. du nom de *Blaise Pascal.* ☛ noms propres.

PASO DOBLE [pasodɔbl] **n. m. invar.** ✦ Danse sur une musique à deux temps de caractère espagnol.
ÉTYM. mots espagnols «pas double».

PASSABLE [pɑsabl] **adj.** ✦ Qui peut passer, qui convient à peu près. SYN. **acceptable,** ① **moyen.** *Un travail à peine passable.* CONTR. **excellent.**

PASSABLEMENT [pɑsabləmɑ̃] **adv.** 1. Pas trop mal. SYN. **moyennement.** 2. Plus qu'un peu, assez. *Il est passablement énervant.*

PASSADE [pɑsad] **n. f.** ✦ Liaison amoureuse de courte durée. – fig. Engouement passager (pour qqch.). SYN. **foucade, tocade.**
ÉTYM. italien *passata,* de *passare* «passer».

PASSAGE [pɑsaʒ] **n. m.** I Action, fait de passer. 1. (En traversant un lieu, en passant par un endroit) *Voie de passage. Passage interdit. Les heures de passage du car.* – *AU PASSAGE :* au moment où qqn, qqch. passe à un endroit. fig. *Saisir une occasion au passage.* – *DE PASSAGE :* qui ne fait que passer, ne reste pas longtemps. 2. Traversée (sur un navire). *Payer le passage.* 3. *EXAMEN DE PASSAGE,* pour passer dans la classe supérieure. 4. Fait de passer d'un état à un autre. *Le passage de l'enfance à l'adolescence.* II 1. Endroit par où l'on passe. *Se frayer un passage.* – *SUR LE PASSAGE DE :* sur le chemin de qqn. 2. Petite voie pour les piétons, généralement couverte, qui unit deux artères. *Passage couvert.* 3. *PASSAGE À NIVEAU :* croisement sur le même plan d'une voie ferrée et d'une route. – *PASSAGE SOUTERRAIN :* tunnel sous une voie de communication. – *PASSAGE CLOUTÉ*.* III Fragment (d'une œuvre, d'un texte). SYN. **extrait, morceau.**
ÉTYM. de *passer.*

PASSAGER, ÈRE [pɑsaʒe, ɛʀ] **n. et adj.**
I **n.** Personne transportée à bord d'un navire, d'un avion, d'une voiture et qui ne fait pas partie de l'équipage (pour un train, on dit *voyageur, euse*).
II **adj.** Dont la durée est brève. SYN. ① **court, éphémère.** *Un bonheur passager.* SYN. **fugace.** CONTR. **définitif, durable, permanent.**
ÉTYM. de *passage.*

PASSAGÈREMENT [pɑsaʒɛʀmɑ̃] **adv.** ✦ Pour peu de temps. SYN. **momentanément, provisoirement, temporairement.** CONTR. **définitivement.**

PASSANT, ANTE [pɑsɑ̃, ɑ̃t] **n. et adj.**
I **n.** Personne qui passe dans un lieu, dans une rue. SYN. **promeneur.** *Interpeler les passants.*
II **n. m.** Anneau, pièce cousue pour maintenir une courroie, une ceinture, etc. en place. *Les passants d'un pantalon.*
III **adj.** Où passent beaucoup de personnes, de véhicules (voies, rues...).
ÉTYM. du participe présent de *passer.*

PASSATION [pɑsasjɔ̃] **n. f.** 1. DR. Action de passer (un acte). → **passer** (VI, 9). *La passation d'un contrat.* 2. *Passation de pouvoirs,* transmission de pouvoirs à un autre, à d'autres.
ÉTYM. de *passer.*

① **PASSE** [pɑs] **n. f.** I 1. ESCR. Action d'avancer sur l'adversaire. ◆ fig. *PASSE D'ARMES :* échange d'arguments, de répliques vives. 2. loc. *MOT DE PASSE :* formule convenue qui permet de passer librement. 3. *MAISON DE PASSE,* de prostitution. 4. Mouvement de mains (d'un prestidigitateur, d'un magnétiseur...). 5. Action de passer la balle à un partenaire. *Une passe de basket.* II Passage étroit ouvert à la navigation. SYN. **canal, chenal.** ◆ Passage, en montagne. SYN. **col.** III loc. 1. *ÊTRE EN PASSE DE,* en position, sur le point de. 2. *ÊTRE DANS UNE MAUVAISE PASSE,* dans une période d'ennuis.
ÉTYM. de *passer.*

② **PASSE** **n. m.** → PASSE-PARTOUT

① **PASSÉ** [pɑse] **n. m.** I 1. Ce qui a été, précédant un moment donné, ce qui s'est passé. *Le passé et l'avenir. La connaissance du passé. Avoir le culte du passé,* être conservateur, traditionaliste (→ **passéisme**). *Oublions le passé.* FAM. *C'est du passé.* 2. Vie passée, considérée comme un ensemble de souvenirs. *Évoquer le passé.* II 1. Partie du temps, cadre où chaque chose passée aurait sa place. *Le passé, le présent et l'avenir. Le passé le plus reculé.* – *PAR LE PASSÉ :* autrefois. 2. GRAMM. Temps révolu où se situe l'action ou l'état exprimé par le verbe ; formes de ce verbe. *Le passé simple* (il fit ; j'arrivai) *et l'imparfait* (il faisait ; j'arrivais). *Passé composé* (il a fait). *Passé antérieur* (il eut fait). CONTR. **avenir, futur ;** ② **présent.**
ÉTYM. du participe passé de *passer.*

② **PASSÉ, ÉE** [pɑse] **adj. et prép.**
I **adj.** 1. Qui n'est plus, qui est écoulé. *Il est huit heures passées,* plus de huit heures. *L'an passé.* SYN. **dernier.** 2. (couleur) Qui a perdu son éclat. SYN. **fané.** CONTR. **prochain • éclatant, vif.**
II **prép.** Après, au-delà, dans l'espace ou le temps. *Passé l'église, tournez à droite. Passé minuit.* CONTR. ① **avant.**
ÉTYM. de *passer,* III.

PASSE-DROIT [pɑsdʀwa] **n. m.** ✦ Faveur accordée contre le règlement. *Profiter de passe-droits.*
ÉTYM. de *passer* et ③ *droit.*

PASSÉISME [paseism] **n. m.** ✦ DIDACT. Goût excessif du passé. CONTR. **modernisme.**
► **PASSÉISTE** [paseist] **adj.** *Attitude passéiste.* – **n.** *Un, une passéiste.*
ÉTYM. de ① *passé.*

PASSE-LACET [pɑslasɛ] **n. m.** ✦ Grosse aiguille servant à introduire un lacet dans un œillet, une coulisse. *Des passe-lacets.*

PASSEMENTERIE [pɑsmɑ̃tʀi] **n. f.** 1. Ouvrages de fil destinés à l'ornement, en couture ou en décoration. 2. Commerce, industrie de ces ouvrages.
ÉTYM. de *passement,* dérivé de *passer.*

PASSE-MONTAGNE [pasmɔ̃taɲ] n. m. ✦ Coiffure de tricot ne laissant qu'une partie du visage à découvert. SYN. **cagoule.** *Des passe-montagnes.*

PASSE-PARTOUT [paspaʀtu] n. m. invar. et adj. invar. 1. n. m. invar. Clé servant à ouvrir plusieurs serrures. SYN. **crochet.** ➖ abrév. PASSE. 2. adj. invar. Qui convient partout. *Une tenue passe-partout.*

PASSE-PASSE [paspas] n. m. invar. ✦ *TOUR DE PASSE-PASSE :* tour d'adresse des prestidigitateurs ; fig. tromperie habile.
ÉTYM. de *passer.*

PASSE-PLAT [paspla] n. m. ✦ Guichet pour passer les plats, les assiettes. *Des passe-plats.*

PASSEPOIL [paspwal] n. m. ✦ Liseré, bordure de tissu formant un bourrelet entre deux pièces cousues.
ÉTYM. de *passer* et *poil.*

PASSEPORT [paspɔʀ] n. m. ✦ Pièce certifiant l'identité et la nationalité, délivrée à une personne pour lui permettre de se rendre à l'étranger. *Contrôle des passeports à la douane.*
ÉTYM. de *passer* et *port* « issue ».

PASSER [pase] v. (conjug. 3a) **I** v. intr. (auxiliaire *être ;* parfois *avoir*) Se déplacer d'un mouvement continu (par rapport à un lieu fixe, à un observateur). 1. Être momentanément (à tel endroit), en mouvement. *Passer à un endroit, dans un lieu. Le train va passer ; il est passé.* ➖ *Ne faire que passer,* rester très peu de temps. ➖ *EN PASSANT :* au passage. ➖ *Soit dit en passant,* par parenthèse. 2. Être projeté (film), diffusé (émission). 3. (avec certaines prép.) *PASSER SOUS, DESSOUS. Passer sous un porche.* ➖ *Passer sous une voiture,* être écrasé. ➖ *PASSER SUR, DESSUS. Passer sur un pont.* ➖ fig. *Passer sur le corps, le ventre de qqn,* lui nuire pour parvenir à ses fins. ♦ Ne pas s'attarder sur (un sujet). *Passer rapidement sur les détails.* absolt *Passons !* ➖ Ne pas tenir compte de, oublier volontairement (qqch.). ➖ *PASSER OUTRE.* → ② **outre ; outrepasser.** ➖ *PASSER À (AU) TRAVERS :* traverser. *Passer à travers bois.* SYN. **couper, prendre.** ➖ *Passer au travers de difficultés,* les éviter, y échapper. ➖ *PASSER PRÈS, À CÔTÉ de qqn, de qqch.* ➖ *PASSER ENTRE* (deux personnes, deux choses). ➖ *PASSER DEVANT, DERRIÈRE :* précéder, suivre (dans l'espace). *Je passe devant pour vous montrer le chemin.* ➖ *PASSER AVANT, APRÈS :* précéder, suivre (dans le temps). *Passez donc ! Après vous !* ➖ (abstrait) *Passer avant,* être plus important, l'emporter sur. *Sa mère passe avant sa femme.* 4. absolt Franchir un endroit difficile, dangereux, interdit. *Halte ! on ne passe pas !* ➖ *LAISSER PASSER :* faire en sorte que qqn, qqch. passe. → **laissez-passer.** ♦ (sujet chose) Traverser un filtre (liquide). *Le café est en train de passer.* ➖ (aliments) Être digéré. *Mon déjeuner ne passe pas.* ➖ FAM. *Le, la sentir passer,* subir qqch. de pénible, souffrir. 5. absolt Être accepté, admis. ➖ *PASSE, PASSE ENCORE :* cela peut être admis. 6. *PASSER PAR :* traverser (un lieu) à un moment de son trajet. *Passer par Calais pour se rendre en Angleterre.* → **via.** *Il est passé par l'université,* il y a fait des études. ➖ loc. *Une idée m'est passée par la tête,* m'a traversé l'esprit. ➖ fig. *Je suis passé par là,* j'ai eu les mêmes difficultés. ♦ *Y PASSER :* subir nécessairement (une peine, un sort commun). ➖ spécialt FAM. Mourir. 7. *Passer inaperçu,* rester, être inaperçu. **II** v. intr. (Aller) 1. *PASSER DE... À, DANS, EN... :* quitter (un lieu) pour aller dans (un autre). SYN. se **rendre.** *Passer d'une pièce dans une autre. La nouvelle est passée de bouche en bouche.* SYN. **circuler.** ➖ (changement d'état) *Passer de vie à trépas :* mourir. *Il passe d'un extrême à l'autre.* 2. (sans de) *PASSER À, DANS, EN, CHEZ ; QUELQUE PART,* aller. *Passons à table. Je passerai chez vous.* ➖ (le passage étant définitif) S'établir, s'installer. *Passer à l'étranger. Passer à l'ennemi. Usage qui passe dans les mœurs.* ♦ Accéder. *Elle est passée dans la classe supérieure.* → **passage** (I, 3). 3. *PASSER* (+ inf.) : aller (faire qqch.). *Je passerai vous prendre demain.* 4. (choses) *Y PASSER :* être consacré à. *Il aime le cinéma, tout son argent y passe.* 5. *PASSER À :* en venir à. *Passer à l'action. Passons à autre chose.* 6. (suivi d'un attribut) Devenir. *Il est passé maître dans cet art.* **III** v. intr. (sans compl.) sens temporel 1. S'écouler (temps). *Les jours passaient. Comme le temps passe !* 2. Cesser d'être ou avoir une durée limitée. SYN. **disparaître.** *La douleur va passer. Faire passer à qqn le goût, l'envie de qqch.* 3. (couleur) Perdre son intensité, son éclat. SYN. ② **faner, pâlir ;** → ② **passé.** *Le bleu passe au soleil.* **IV** verbe d'état (auxiliaire *avoir*) *PASSER POUR :* être considéré comme, avoir la réputation de. *Il a longtemps passé pour un génie. Elle l'avait fait passer pour un idiot.* ➖ pronom. *Se faire passer pour ce qu'on n'est pas.* ♦ (choses) Être pris pour. *Cela peut passer pour vrai.* **V** v. tr. (Traverser ou dépasser) 1. Traverser (un lieu, un obstacle). SYN. **franchir.** *Passer une rivière, un col* (→ ① **passe**). *Passer la frontière.* 2. *Passer un examen,* en subir les épreuves. *Elle vient de passer l'oral.* 3. Employer (un temps), se trouver dans telle situation pendant (une durée). *Passer la soirée chez qqn.* ➖ *Passer le temps* à* (+ inf.). SYN. **employer.** 4. Abandonner (un élément d'une suite). SYN. **oublier, sauter.** *Passer une ligne en copiant.* 5. *PASSER* (qqch.) *À qqn.* SYN. **permettre.** *Ses parents lui passent tout. Passez-moi l'expression* (se dit pour s'excuser). 6. Dépasser (dans l'espace). ➖ loc. *Passer le cap de,* franchir (un âge critique, une difficulté). ➖ *Passer les limites, les bornes,* aller trop loin. SYN. **outrepasser.** ➖ (dans le temps) *Il a passé la limite d'âge pour s'inscrire.* **VI** v. tr. (Faire passer) 1. Faire traverser (qqch.). *Passer des marchandises en transit.* ➖ Faire mouvoir, aller, fonctionner. *Passer l'aspirateur.* 2. *Passer* (qqch.) *sur,* étendre. *Passer une couche de peinture sur une porte.* SYN. **appliquer.** 3. *Passer* (qqn, qqch.) *par, à :* soumettre à l'action de. *Passer une plaie à l'alcool. Se passer les mains à l'eau.* 4. Faire traverser un filtre (en parlant d'un liquide). *Passer le café.* 5. Projeter, diffuser. *Passer un film, un disque, une émission.* 6. Mettre rapidement. SYN. **enfiler.** *Passer une veste.* 7. Enclencher (les commandes de vitesse d'un véhicule). *Passer la troisième.* 8. *Passer qqch. à qqn,* remettre. SYN. **donner.** *Passe-moi le sel.* ➖ récipr. *Ils se sont passé le mot,* ils se sont mis d'accord. ➖ *Passer la parole à qqn,* la lui donner. ➖ *Passez-moi M. le Directeur,* mettez-moi en communication avec lui. ♦ *Passer une maladie à qqn,* la lui donner par contagion. SYN. **transmettre.** 9. Faire, établir. *Passer un contrat, une commande.* → **passation.** **VII** *SE PASSER* v. pron. 1. S'écouler (cf. ci-dessus, III). *Des moments qui se passent dans l'attente.* ➖ Prendre fin. *La douleur s'est passée.* 2. Être (en parlant d'une action, d'un évènement qui a une certaine durée). SYN. se **produire.** *L'action se passe au XVIe siècle. Cela s'est bien, mal passé.* ➖ loc. *Cela ne se passera pas comme ça,* je ne le tolérerai pas. ➖ impers. *Qu'est-ce qui se passe ? Que se passe-t-il ?* qu'est-ce qu'il y a ? 3. *SE PASSER DE.* Vivre sans (en s'accommodant de cette absence). *Se passer d'argent.* ➖ *Nous nous passerons d'aller au théâtre.* SYN. **s'abstenir,** se **dispenser.** *Je m'en passerais bien.* ♦ (choses) Ne pas avoir besoin. *Cela se passe de*

commentaires ! CONTR. **s'arrêter, rester ; durer.**
ÉTYM. latin *passare,* de *passus* «pas».

PASSEREAU [pasʀo] **n. m.** ✦ Oiseau de l'ordre des *Passereaux* ou *Passériformes* (alouette, hirondelle, moineau, etc.), généralement de petite taille.
ÉTYM. latin *passer* «moineau».

PASSERELLE [pasʀɛl] **n. f.** 1. Pont étroit, réservé aux piétons. 2. Plan incliné mobile par lequel on peut accéder à un navire, un avion. 3. Superstructure la plus élevée d'un navire. *Le commandant est sur la passerelle.*
ÉTYM. de *passer.*

PASSEROSE [pasʀoz] **n. f.** ✦ RÉGIONAL Rose trémière. *Des passeroses.*
ÉTYM. de *passer* «surpasser» et ① *rose.*

PASSE-TEMPS [pastɑ̃] **n. m. invar.** ✦ Ce qui fait passer agréablement le temps. SYN. **amusement, distraction, divertissement.**

PASSEUR, EUSE [pasœʀ, øz] **n.** 1. Personne qui fait passer une rivière. SYN. **batelier.** 2. Personne qui fait passer clandestinement une frontière à qqn ou qqch.

PASSIBLE [pasibl] **adj.** ✦ *PASSIBLE DE :* qui doit subir (une peine). *Être passible d'une amende.* → **encourir.**
ÉTYM. latin *passibilis,* de *pati* «souffrir».

PASSIF, IVE [pasif, iv] **adj.** et **n. m.**
I adj. 1. Qui se contente de subir, n'agit pas, ne prend pas d'initiative. *Il reste passif devant le danger,* il ne réagit pas (→ **passivité**). → *Résistance* passive. Défense* passive.* 2. Se dit des formes verbales présentant l'action comme subie par le sujet. *Voix* passive.* → **n. m.** *Le passif :* voix, conjugaison passive. *Un verbe au passif.* CONTR. ① **actif.**
II n. m. Ensemble de dettes et charges financières. *Débiteur dont le passif est supérieur à l'actif.* CONTR. ② **actif,** ② **avoir, crédit.**
ÉTYM. latin *passivus.*

PASSIFLORE [pasiflɔʀ] **n. f.** ✦ Plante à larges fleurs étoilées qui évoquent les clous de la Passion (II). *Fruit de la passiflore :* fruit de la passion*.
ÉTYM. latin botanique *passiflora* «fleur *(flos, floris)* de la passion».

PASSIM [pasim] **adv.** ✦ Çà et là (dans tel ouvrage), en différents endroits (d'un livre). *Page 9 et passim.*
ÉTYM. mot latin.

PASSION [pasjɔ̃] **n. f.** **I** 1. **surtout plur.** État affectif et intellectuel assez puissant pour dominer la vie mentale. *Obéir, résister à ses passions, vaincre ses passions.* SYN. **désir ;** → **affectivité, sentiment.** 2. Amour intense. *Déclarer sa passion.* SYN. **flamme.** *Passion subite.* → coup de **foudre.** 3. Vive inclination vers un objet auquel on s'attache de toutes ses forces. *La passion du jeu. La photo, c'est sa passion.* 4. Affectivité violente, qui nuit au jugement. *Discuter sans passion.* → *Céder aux passions politiques.* 5. *La passion,* ce qui, dans une œuvre, est le signe de la sensibilité, de l'enthousiasme de l'artiste. SYN. **émotion, vie.** **II** 1. RELIG. *La Passion,* souffrance et supplice du Christ. 2. *Fleur de la passion,* fleur de la passiflore. COUR. *Fruit de la passion.* CONTR. ① **calme, détachement • lucidité.**
ÉTYM. latin *passio* «souffrance».

PASSIONNANT, ANTE [pasjɔnɑ̃, ɑ̃t] **adj.** ✦ Qui passionne. SYN. **captivant, palpitant.** *Un reportage passionnant. Des nouvelles pas passionnantes,* sans intérêt. → *Des gens passionnants.* CONTR. **ennuyeux.**
ÉTYM. du participe présent de *passionner.*

PASSIONNÉ, ÉE [pasjɔne] **adj.** 1. Animé, rempli de passion. *Un amoureux passionné.* → **n.** *C'est un passionné.* ◆ *Passionné de, pour,* qui a une vive inclination pour (qqch.). SYN. **fanatique.** → **n.** *C'est un passionné de moto.* 2. Qui manifeste de la passion. *Un débat passionné.* CONTR. ② **calme, froid, indifférent • détaché,** ① **objectif.**
ÉTYM. du participe passé de *passionner.*

PASSIONNEL, ELLE [pasjɔnɛl] **adj.** 1. Relatif aux passions (I, 1), qui évoque la passion. *Des états passionnels.* 2. Inspiré par la passion (I, 2) amoureuse. *Crime passionnel.*
ÉTYM. latin *passionalis.*

PASSIONNÉMENT [pasjɔnemɑ̃] **adv.** ✦ Avec passion. *Ils s'aiment passionnément.*

PASSIONNER [pasjɔne] **v. tr.** (conjug. 3a) 1. Éveiller un très vif intérêt. *Ce film m'a passionné.* SYN. **captiver.** 2. Empreindre de passion (I, 4). *Passionner un débat.* 3. *SE PASSIONNER* **v. pron.** *Se passionner pour :* prendre un intérêt très vif à. CONTR. **ennuyer • dépassionner •** se **désintéresser.**
ÉTYM. de *passion.*

PASSIVEMENT [pasivmɑ̃] **adv.** ✦ D'une manière passive. CONTR. **activement.**
ÉTYM. de *passif.*

PASSIVITÉ [pasivite] **n. f.** ✦ État ou caractère de celui, de celle ou de ce qui est passif. SYN. **inertie.** CONTR. **activité, dynamisme, initiative.**

PASSOIRE [paswaʀ] **n. f.** ✦ Récipient percé de trous, utilisé pour égoutter des aliments, pour filtrer des liquides. → **(abstrait)** *Sa mémoire est une passoire,* ne retient rien.
ÉTYM. de *passer.*

PASTEL [pastɛl] **n. m.** 1. Pâte faite de pigments colorés façonnés en bâtonnets ; ces bâtonnets. *Boite de pastels. Des portraits au pastel.* 2. **appos. invar.** *Des fards bleu pastel.* → **adjectivt invar.** *Des tons pastel,* doux et clairs comme ceux du pastel. 3. Œuvre faite au pastel. *Un pastel et une aquarelle.*
ÉTYM. italien *pastello,* bas latin *pastellus.*

PASTELLISTE [pastelist] **n.** ✦ Peintre de pastels.
ÉTYM. de *pastel.*

PASTÈQUE [pastɛk] **n. f.** ✦ Gros fruit comestible à peau verte et luisante, à chair rouge et juteuse, appelé aussi *melon d'eau.*
ÉTYM. de l'arabe.

PASTEUR [pastœʀ] **n.** 1. **n. m.** LITTÉR. Celui qui fait paître le bétail. SYN. **berger, pâtre.** ◆ Celui qui vit de l'élevage. *Les pasteurs nomades.* → **appos.** *Les peuples pasteurs.* 2. RELIG. *LE BON PASTEUR :* le Christ. 3. Ministre d'un culte protestant. *Le pasteur et sa femme.* → **appos.** *Femme pasteur (une pasteur).*
ÉTYM. latin *pastor* «berger» ; doublet de *pâtre.*

PASTEURISATION [pastœʀizasjɔ̃] **n. f.** ✦ Procédé de conservation qui consiste à chauffer un liquide (80 °C) et à le refroidir brusquement, de manière à détruire un grand nombre de germes pathogènes. *Pasteurisation de la bière.*
ÉTYM. du nom de *Louis Pasteur.* ☞ noms propres.

A B C D E F G H I J K L M N O P Q R S T U V W X Y Z

PASTEURISER [pastœʀize] v. tr. (conjug. 3a) ✦ Soumettre à la pasteurisation. — au p. passé *Lait pasteurisé.*
ÉTYM. du nom de *Louis Pasteur.* ☞ noms propres.

PASTICHE [pastiʃ] n. m. ✦ Imitation ou évocation du style, de la manière (d'un écrivain, d'un artiste, d'une école). ☞ Littérature p. 121.
ÉTYM. italien *pasticcio* «pâté ; imbroglio».

PASTICHER [pastiʃe] v. tr. (conjug. 3a) ✦ Imiter la manière, le style de. *Il s'amusait à pasticher Hugo.*
ÉTYM. de *pastiche.*

PASTILLE [pastij] n. f. ✦ Petit morceau d'une pâte pharmaceutique ou d'une préparation de confiserie. *Pastille de menthe.* SYN. **bonbon.**
ÉTYM. espagnol *pastilla,* latin *pastillum* «petit pain».

PASTIS [pastis] n. m. 1. Boisson apéritive alcoolisée à l'anis, qui se consomme avec de l'eau. 2. FAM. Situation délicate ou difficile.
ÉTYM. ancien provençal «pâté» → pastiche.

PASTORAL, ALE, AUX [pastɔʀal, o] adj. ✦ LITTÉR. Relatif aux bergers. — Qui évoque les mœurs champêtres. *«La Symphonie pastorale»* (de Beethoven).
ÉTYM. latin *pastoralis.*

PASTOUREAU, ELLE [pastuʀo, ɛl] n. ✦ LITTÉR. Petit berger, petite bergère.
ÉTYM. de *pasteur.*

PATACHE [pataʃ] n. f. ✦ anciennt Diligence peu confortable à bon marché.
ÉTYM. espagnol, de l'arabe.

PATACHON [pataʃɔ̃] n. m. ✦ *Mener une VIE DE PATACHON,* agitée, consacrée aux plaisirs.
ÉTYM. de *patache,* d'abord «conducteur de patache».

PATAPHYSIQUE [patafizik] n. f. ✦ Science fictive des épiphénomènes, «des solutions imaginaires», inventée plaisamment par Alfred Jarry.
ÉTYM. composé plaisant, de *épi* et *métaphysique.*

PATAPOUF [patapuf] n. m. ✦ FAM. Personne, enfant gros et gras. SYN. **pataud.** *Regardez-moi ce gros patapouf !*
ÉTYM. onomatopée.

PATAQUÈS [patakɛs] n. m. 1. Faute grossière de liaison. SYN. **cuir.** *Faire un pataquès* (ex. Ce n'est pas-*t*-à moi). 2. Gaffe grossière. ◆ Situation embrouillée.
ÉTYM. de *je ne sais pas-t-à qu'* («*qui*») *est-ce.*

PATATE [patat] n. f. **I** *PATATE DOUCE :* plante tropicale, cultivée pour ses gros tubercules comestibles ; le tubercule. **II** 1. FAM. Pomme de terre. 2. FAM. Personne stupide. 3. loc. FAM. *En avoir GROS SUR LA PATATE,* sur le cœur. 4. MATH. Schéma courbe, fermé, de forme irrégulière, symbolisant un ensemble.
ÉTYM. d'une langue indienne d'Haïti.

PATATI PATATA [patatipatata] interj. ✦ FAM. Évoque un long bavardage. *Et patati ! et patata ! ils n'arrêtent pas.*
ÉTYM. onomatopée.

PATATRAS [patatʀa] interj. ✦ Bruit d'un corps qui tombe avec fracas. *Patatras ! Voilà le vase cassé !* SYN. **badaboum.**
ÉTYM. onomatopée.

PATAUD, AUDE [pato, od] n. et adj. 1. n. Personne à la démarche pesante et aux manières embarrassées. *Un gros pataud.* SYN. **patapouf.** 2. adj. Qui est lent et lourd dans ses mouvements. *Un chiot pataud.* SYN. **gauche, maladroit.** — *Une allure pataude.*
ÉTYM. de *patte.*

PATAUGAS [patogas] n. m. ✦ Chaussure de marche montante en toile, à semelle épaisse.
ÉTYM. marque déposée ; de *patauger.*

PATAUGEOIRE [patoʒwaʀ] n. f. ✦ Bassin peu profond pour les enfants.
ÉTYM. de *patauger.*

PATAUGER [patoʒe] v. intr. (conjug. 5) 1. Marcher sur un sol détrempé, dans une eau boueuse. SYN. **barboter.** *Les enfants pataugeaient dans les flaques.* 2. fig. S'embarrasser, se perdre dans des difficultés. *Les enquêteurs pataugent.* SYN. **nager.**
ÉTYM. de *patte.*

PATCHOULI [patʃuli] n. m. ✦ Parfum extrait d'une plante tropicale.
ÉTYM. du tamoul.

PATCHWORK [patʃwœʀk] n. m. ✦ anglicisme 1. Ouvrage de couture rassemblant des carrés de couleurs et de matières différentes. 2. fig. Ensemble d'éléments disparates.
ÉTYM. mot anglais, de *patch* «pièce» et *work* «travail».

PÂTE [pɑt] n. f. **I** 1. Préparation plus ou moins consistante, à base de farine délayée, que l'on consomme après cuisson. *Pétrir une pâte. Pâte feuilletée. Pâte à tarte, à pain, à crêpes.* 2. *PÂTES, PÂTES ALIMENTAIRES :* préparation culinaire à base de blé dur, vendue sous diverses formes. → **coquillette, macaroni, nouille, spaghetti, tagliatelle, vermicelle ; cannelloni, lasagne, ravioli.** *Des pâtes à la sauce tomate.* 3. loc. *Mettre la MAIN À LA PÂTE :* travailler soi-même à qqch. — *Être comme un COQ EN PÂTE :* mener une vie confortable, heureuse. **II** 1. Préparation, mélange plus ou moins mou. *Fromage à pâte cuite. Pâte de fruits,* friandise. — *Pâte dentifrice. Pâte à papier* (pour fabriquer le papier). *Pâte à modeler.* 2. Matière formée par les couleurs travaillées. *Ce peintre a une pâte extraordinaire.* 3. loc. *Une bonne pâte,* personne accommodante, très bonne. — *Une pâte molle,* personne sans caractère. HOM. PATTE «jambe»
ÉTYM. latin *pasta,* du grec *pastê* «sauce à la farine».

PÂTÉ [pɑte] n. m. **I** 1. *PÂTÉ* ou *PÂTÉ EN CROÛTE :* préparation (de viande, etc.) cuite dans une pâte, consommée chaude. — *Pâté impérial :* mets chinois fait d'une crêpe de riz fourrée de viande, de soja, etc. et frit (→ **nem**). 2. Préparation de charcuterie, hachis de viandes épicées cuit et consommé froid. *Pâté de campagne. Pâté de foie, de lapin. Chair à pâté.* **II** 1. Grosse tache d'encre. *Faire des pâtés en écrivant.* 2. *PÂTÉ DE MAISONS :* ensemble de maisons formant bloc. 3. *Pâté de sable* ou absolt *pâté,* sable moulé à l'aide d'un seau, d'un moule (jeu d'enfant). HOM. PÂTÉE «nourriture pour animaux»
ÉTYM. de *pâte.*

PÂTÉE [pɑte] n. f. 1. Mélange d'aliments formant une pâte dont on nourrit certains animaux domestiques. 2. Volée de coups ; défaite écrasante. *Recevoir une, la pâtée.* HOM. PÂTÉ «charcuterie»
ÉTYM. de *pâte.*

① **PATELIN, INE** [patlɛ̃, in] adj. ✦ LITTÉR. Doucereux, flatteur. *Un ton patelin.* SYN. **hypocrite, mielleux.**
ÉTYM. peut-être onomatopée *pat-* (→ patati patata), avec influence de *Pathelin,* nom d'un personnage de farce.

② **PATELIN** [patlɛ̃] **n. m.** ✦ FAM. Village. *Il passe ses vacances dans un patelin perdu.* SYN. **bled, trou.**
ÉTYM. de l'ancien français *pastis* «petit pâturage» ; famille du latin *pascere* «paître».

PATELLE [patɛl] **n. f.** ✦ Mollusque à coquille de forme conique qui vit fixé aux rochers, appelé aussi *chapeau chinois.* SYN. ① **bernique.**
ÉTYM. latin *patella* «petite coupe».

PATÈNE [patɛn] **n. f.** ✦ Petite assiette servant à présenter l'hostie avant de la consacrer.
ÉTYM. latin *patena* «plat creux».

PATENÔTRE [pat(ə)notʀ] **n. f.** ✦ iron. Prière. *Débiter des patenôtres.*
ÉTYM. du latin *Pater noster* «notre Père».

PATENT, ENTE [patɑ̃, ɑ̃t] **adj.** ✦ LITTÉR. Évident, manifeste. *Une injustice patente.* SYN. **flagrant.** CONTR. **douteux.**
ÉTYM. latin *patens,* de *patere* «être visible».

PATENTE [patɑ̃t] **adj.** et **n. f.** 1. **adj.** et **n. f.** *LETTRE PATENTE* ou *PATENTE :* écrit public émanant du roi qui établissait un droit ou un privilège. 2. **n. f.** Ancien nom de la taxe* professionnelle.
ÉTYM. → patent.

PATENTÉ, ÉE [patɑ̃te] **adj.** 1. Soumis à la patente ; qui payait la patente. 2. FAM. Connu (comme tel). *Des imbéciles patentés.*
ÉTYM. de *patente.*

PATER [patɛʀ] **n. m. invar.** ✦ Prière qui commence (en latin) par les mots *Pater noster* (notre Père). *Réciter des Pater et des Ave.* HOM. PATÈRE «porte-manteau»
ÉTYM. mot latin «père».

PATÈRE [patɛʀ] **n. f.** ✦ Pièce de bois ou de métal fixée à un mur, qui sert à suspendre les vêtements.
HOM. PATER «prière»
ÉTYM. latin *patera* «coupe».

PATERNALISME [patɛʀnalism] **n. m.** ✦ Tendance à imposer un contrôle, une domination à ses employés, ses sujets, sous couvert de protection.
► **PATERNALISTE** [patɛʀnalist] **adj.** *Un patron paternaliste.*
ÉTYM. anglais *paternalism.*

PATERNEL, ELLE [patɛʀnɛl] **adj.** et **n. m.** 1. **adj.** Qui est propre au père ; du père. *Amour paternel. Autorité paternelle.* ◆ Du côté du père, dans la famille. *Sa grand-mère paternelle* (opposé à *maternel*). 2. **n. m.** FAM. Père. *Attention ! voilà mon paternel !*
ÉTYM. latin *paternus,* de *pater* «père».

PATERNELLEMENT [patɛʀnɛlmɑ̃] **adv.** ✦ À la manière d'un père.
ÉTYM. de *paternel.*

PATERNITÉ [patɛʀnite] **n. f.** 1. État, qualité de père ; sentiment paternel. *Les soucis de la paternité.* 2. DR. Lien juridique qui unit le père à son enfant. *Paternité légitime. Paternité civile* (de l'adoption). 3. Fait d'être l'auteur (de qqch.). *Elle revendique la paternité de cet ouvrage.*
ÉTYM. latin *paternitas,* de *pater* «père».

PÂTEUX, EUSE [patø, øz] **adj.** 1. Qui a la consistance de la pâte. *La peinture est pâteuse, il faut la fluidifier.* 2. fig. *Style pâteux,* lourd. 3. loc. *Avoir la bouche, la langue pâteuse,* une salive épaisse, la langue embarrassée.
ÉTYM. de *pâte.*

PATHÉTIQUE [patetik] **adj.** et **n. m.** 1. **adj.** Qui suscite une émotion intense (douleur, pitié, horreur, terreur, tristesse). SYN. **poignant,** ② **touchant.** *Un film pathétique.* SYN. **bouleversant.** 2. **n. m.** LITTÉR. Caractère de ce qui est propre à émouvoir fortement. SYN. **pathos** (péj.). CONTR. **comique.**
► **PATHÉTIQUEMENT** [patetikmɑ̃] **adv.**
ÉTYM. grec *pathêtikos* «relatif à la passion».

-PATHIE, -PATHIQUE, -PATHE Éléments, du grec *pathos* «ce qu'on éprouve» (ex. *antipathie, apathique, névropathe, télépathie*).

PATHO- Élément, du grec *pathos* «maladie».

PATHOGÈNE [patɔʒɛn] **adj.** ✦ Qui peut causer une maladie. *Bactérie pathogène.*
ÉTYM. de *patho-* et *-gène.*

PATHOLOGIE [patɔlɔʒi] **n. f.** 1. Science liée à la physiologie et à l'anatomie, qui a pour objet l'étude du développement des maladies. 2. Ensemble des manifestations (d'une maladie). *La pathologie du sida.* 3. Maladie. *Les pathologies liées au tabac.*
ÉTYM. grec *pathologia* → patho- et -logie.

PATHOLOGIQUE [patɔlɔʒik] **adj.** 1. Relatif à la maladie ; dû à la maladie. *État pathologique.* SYN. **morbide.** 2. FAM. (comportement) Anormal. *Il a une peur pathologique de l'eau.* SYN. **maladif.** CONTR. **normal, sain.**

PATHOS [patos ; patɔs] **n. m.** ✦ LITTÉR. péj. Ton pathétique* excessif, dans un discours, un écrit. *Tomber dans le pathos.*
ÉTYM. mot grec «souffrance».

PATIBULAIRE [patibylɛʀ] **adj.** 1. ANTIQ. *Fourches patibulaires,* gibet. 2. Qui semble appartenir à un criminel (visage, apparence). SYN. **inquiétant,** ① **louche.** *Une mine patibulaire.*
ÉTYM. du latin *patibulum* «gibet».

PATIEMMENT [pasjamɑ̃] **adv.** ✦ Avec patience, d'une manière patiente. CONTR. **impatiemment.**
ÉTYM. de *patient.*

PATIENCE [pasjɑ̃s] **n. f.** I 1. Résignation ; courage pour supporter les désagréments, les malheurs. *Prendre son mal en patience,* l'endurer sans se plaindre. 2. Aptitude à persévérer dans une activité, un travail de longue haleine, sans se décourager. SYN. **constance, persévérance.** 3. Qualité d'une personne qui sait attendre, en gardant son calme. *Perdre patience.* → s'**impatienter.** 4. *PATIENCE ! :* interjection pour exhorter à la patience. 5. *JEU DE PATIENCE :* exercice solitaire consistant à réorganiser des éléments mêlés (ex. puzzle). II *UNE PATIENCE :* exercice exécuté seul et consistant à remettre en ordre un jeu de cartes selon certaines règles. SYN. **réussite.** CONTR. **impatience.**
ÉTYM. latin *patientia,* de *pati* «supporter, endurer».

PATIENT, ENTE [pasjɑ̃, ɑ̃t] **adj.** et **n.**
I **adj.** 1. Qui a de la patience, fait preuve de patience. *Un chercheur patient.* SYN. **persévérant.** 2. (choses) Qui manifeste de la patience. *Un patient labeur.* CONTR. **impatient, pressé.**
II **n.** Le malade, la personne qui consulte (par rapport au médecin). *Le médecin et ses patients.* SYN. **client, malade.**
ÉTYM. latin *patiens* «qui supporte».

A B C D E F G H I J K L M N O P Q R S T U V W X Y Z

PATIENTER [pasjɑ̃te] **v. intr.** (conjug. 3a) ✦ Attendre (avec patience). *Faites-le patienter un instant.* CONTR. **s'impatienter.**
ÉTYM. de *patient.*

PATIN [patɛ̃] **n. m. 1.** Pièce de tissu sur laquelle on pose le pied pour protéger un parquet. **2.** *PATIN À GLACE* ou *PATIN* : dispositif formé d'une lame verticale fixée à la chaussure et destiné à glisser sur la glace. *Des patins à glace.* ➖ *PATIN (À ROULETTES)* : dispositif monté sur roulettes qui se fixe à la chaussure. *Des patins à roulettes.* → **roller.** ◆ *Le patin* : le patinage. ➖ (Patin à roulettes) *Il préfère le patin à la planche à roulettes.* **3.** *Patin de frein,* organe mobile dont le serrage contre la jante d'une roue permet de freiner.
ÉTYM. de *patte.*

PATINAGE [patinaʒ] **n. m.** ✦ Sport du patin à glace. *Patinage artistique. Piste de patinage.* → **patinoire.**
ÉTYM. de *patin.*

PATINE [patin] **n. f.** ✦ Dépôt qui s'est formé progressivement sur certains objets ; couleur prise avec le temps. *La patine d'un meuble.*
ÉTYM. italien *patina.*

① **PATINER** [patine] **v. intr.** (conjug. 3a) **1.** Glisser avec des patins (2). *Apprendre à patiner.* **2.** (roue de véhicule) Glisser sans tourner ; tourner sans avancer. SYN. **chasser, déraper ; riper.**
ÉTYM. de *patin.*

② **PATINER** [patine] **v. tr.** (conjug. 3a) ✦ Couvrir de patine. *Le temps patine la pierre.* ➖ pronom. *Le cuir de ce fauteuil s'est patiné.*
ÉTYM. de *patine.*

PATINETTE [patinɛt] **n. f.** ✦ Appareil de locomotion formé d'une plateforme allongée montée sur deux roues et munie d'un guidon. SYN. **trottinette.** *Enfant qui fait de la patinette.*
ÉTYM. de ① *patiner.*

PATINEUR, EUSE [patinœʀ, øz] **n.** ✦ Personne qui fait du patin à glace ou à roulettes.
ÉTYM. de ① *patiner.*

PATINOIRE [patinwaʀ] **n. f.** ✦ Piste de patinage sur glace. ➖ Surface très glissante.
ÉTYM. de ① *patiner.*

PATIO [pasjo ; patjo] **n. m.** ✦ Cour intérieure d'une maison de style espagnol.
ÉTYM. mot espagnol.

PÂTIR [pɑtiʀ] **v. intr.** (conjug. 13) ✦ *PÂTIR DE* : souffrir à cause de ; subir les conséquences fâcheuses, pénibles de. *Pâtir de l'injustice. Sa santé pâtira de ses excès.* CONTR. **bénéficier, jouir, profiter.**
ÉTYM. latin *pati.*

PÂTISSERIE [pɑtisʀi] **n. f. 1.** Préparation de la pâte pour la confection de gâteaux ; préparation des gâteaux. *Moule, rouleau à pâtisserie.* **2.** Préparation sucrée de pâte travaillée. SYN. **gâteau. 3.** Commerce, industrie de la pâtisserie ; fabrication et vente de gâteaux frais. ◆ Magasin où l'on fabrique et où l'on vend des gâteaux. *Boulangerie pâtisserie.*
ÉTYM. de *pâtisser* «travailler la *pâte*».

PÂTISSIER, IÈRE [pɑtisje, jɛʀ] **n.** et **adj. 1. n.** Personne qui fait, qui vend de la pâtisserie, des gâteaux. *Boulanger pâtissier.* **2. adj.** *Crème pâtissière,* utilisée pour garnir certaines pâtisseries (choux, éclairs).
ÉTYM. de *pâtisser* → pâtisserie.

PATOIS [patwa] **n. m.** ✦ Parler local employé par une population généralement peu nombreuse, souvent rurale. SYN. **dialecte.** *Parler patois.* ➖ **adj.** *PATOIS, OISE. Mot patois, expression patoise.*
ÉTYM. origine obscure.

PATOISANT, ANTE [patwazɑ̃, ɑ̃t] **adj.** et **n.** ✦ (Personne) qui parle patois.
ÉTYM. du participe présent de *patoiser* «parler *patois*».

PÂTON [pɑtɔ̃] **n. m.** ✦ TECHN. Morceau de pâte à pain façonnée. *Enfourner les pâtons.*
ÉTYM. de *pâte.*

PATRAQUE [patʀak] **adj.** ✦ FAM. Un peu malade. SYN. **souffrant.** *Se sentir patraque.*
ÉTYM. italien *patracca* «monnaie de peu de valeur».

PÂTRE [pɑtʀ] **n. m.** ✦ Celui qui fait paître le bétail. SYN. **berger, pasteur.**
ÉTYM. latin *pastor* ; doublet de *pasteur.*

| PATR(I)- Élément, du latin *pater, patris* «père».

PATRIARCAL, ALE, AUX [patʀijaʀkal, o] **adj. 1.** Relatif aux patriarches ou qui en rappelle les mœurs paisibles. **2.** SOCIOL. Organisé selon les principes du patriarcat (opposé à *matriarcal*). *Une société patriarcale.*
ÉTYM. latin *patriarchalis* → patriarche.

PATRIARCAT [patʀijaʀka] **n. m. 1.** SOCIOL. Forme de famille fondée sur la parenté par les mâles et sur la puissance paternelle. ◆ Organisation sociale fondée sur la famille patriarcale (opposé à *matriarcat*). **2.** Dignité de patriarche (2). ➖ Circonscription d'un patriarche. *Le patriarcat d'Antioche.*
ÉTYM. latin *patriarchatus.*

PATRIARCHE [patʀijaʀʃ] **n. m. 1.** dans la Bible Nom donné aux pères de l'humanité (Adam, Noé, Abraham...). ◆ Vieillard qui mène une vie simple et paisible, entouré d'une nombreuse famille (→ **patriarcal**). **2.** Chef d'une Église séparée de l'Église romaine. ➖ Archevêque des Églises orientales. *Le patriarche de Jérusalem.*
ÉTYM. latin *patriarcha*, du grec, de *patêr* «père» et *arkhês* «chef».

PATRICIEN, IENNE [patʀisjɛ̃, jɛn] **n.** et **adj. 1. n.** et **adj.** (Personne) qui appartenait, de par sa naissance, à la classe supérieure des citoyens romains. *Patriciens et plébéiens.* **2. adj.** LITTÉR. Aristocrate.
ÉTYM. latin *patricius*, de *pater* «père».

PATRIE [patʀi] **n. f. 1.** Communauté sociale et politique à laquelle on appartient ou on a le sentiment d'appartenir ; pays habité par cette communauté. *La patrie et la nation*. L'amour de la patrie.* → **patriotisme.** *Ils ont la même patrie.* → **compatriote.** *Sans patrie.* → **apatride.** *Quitter sa patrie.* → **s'expatrier.** ➖ appos. *La mère patrie.* **2.** Lieu (ville, région) où qqn est né. *Clermont-Ferrand est la patrie de Pascal.*
ÉTYM. latin *patria* «pays du père *(pater)*».

PATRIMOINE [patʀimwan] **n. m. 1.** Biens de famille, biens hérités de ses parents. SYN. **fortune.** *Dilapider son patrimoine.* **2.** Ce qui est considéré comme une propriété transmise par les ancêtres. *Le patrimoine culturel d'un pays* : œuvres, monuments, traditions. *Entretenir, sauvegarder le patrimoine. Le patrimoine mondial* (liste établie par l'Unesco). **3.** *Le patrimoine héréditaire, génétique d'un individu* : les caractères hérités. SYN. **génotype.**
ÉTYM. latin *patrimonium* «héritage du père *(pater)*».

PATRIMONIAL, ALE, AUX [patʀimɔnjal, o] **adj.** 1. DR. Du patrimoine (1). 2. Qui appartient au patrimoine culturel commun. *Littérature patrimoniale.*
ÉTYM. latin *patrimonialis.*

PATRIOTE [patʀijɔt] **n.** ✦ Personne qui aime sa patrie et la sert avec dévouement. ➖ **adj.** *Être très patriote.*
ÉTYM. latin *patriota* «compatriote».

PATRIOTIQUE [patʀijɔtik] **adj.** ✦ Qui exprime l'amour de la patrie ou est inspiré par lui. *Des chants patriotiques.*
► **PATRIOTIQUEMENT** [patʀijɔtikmɑ̃] **adv.**
ÉTYM. de *patriote.*

PATRIOTISME [patʀijɔtism] **n. m.** ✦ Amour de la patrie ; désir, volonté de se dévouer, de se sacrifier pour la défendre.
ÉTYM. de *patriote.*

① **PATRON, ONNE** [patʀɔ̃, ɔn] **n.** I Saint, sainte dont on a reçu le nom au baptême, qu'un groupe reconnaît pour protecteur, à qui est dédiée une église. *Saint Éloi, patron des orfèvres.* II 1. Personne qui commande à des employés, des domestiques. 2. Personne qui dirige une maison de commerce. *Le patron, la patronne d'un café.* 3. **n. m.** Chef d'une entreprise. *Le (grand) patron.* → **P.-D. G., président.** *Le patron de l'usine.* SYN. **directeur.** ♦ Employeur. *Rapports entre patrons et employés* (→ **patronat**). 4. Professeur de médecine, chef de clinique. 5. Personne qui dirige des travaux intellectuels, artistiques. *Patron de thèse.*
ÉTYM. latin *patronus,* de *pater* «père».

② **PATRON** [patʀɔ̃] **n. m.** ✦ Modèle de papier ou de toile préparé pour tailler un vêtement. *Le patron d'un manteau.*
ÉTYM. de ① *patron.*

PATRONAGE [patʀɔnaʒ] **n. m.** 1. Appui donné par un personnage puissant, un organisme. *Gala placé sous le haut patronage d'un ministre, d'un ministère.* SYN. **parrainage.** 2. Œuvre qui donne une formation morale à des jeunes. SYN. **foyer.** *Patronage laïque, paroissial.* ➖ **péj.** *Un spectacle de patronage,* édifiant et naïf.
ÉTYM. de ① *patron.*

PATRONAL, ALE, AUX [patʀɔnal, o] **adj.** 1. D'un saint patron. *Fête patronale.* 2. D'un chef d'entreprise ; du patronat. *Cotisation patronale. Intérêts patronaux.*
ÉTYM. de ① *patron.*

PATRONAT [patʀɔna] **n. m.** ✦ Ensemble des chefs d'entreprise. *Le patronat français.*
ÉTYM. de ① *patron.*

PATRONNER [patʀɔne] **v. tr.** (conjug. 3a) ✦ Donner sa protection à (→ **patronage**). *Être patronné par un personnage influent.* SYN. **protéger.** *Patronner une candidature.* SYN. **appuyer.**
ÉTYM. de ① *patron.*

PATRONNESSE [patʀɔnɛs] **adj. f.** ✦ iron. *DAME PATRONNESSE,* qui se consacre à des œuvres de bienfaisance.
ÉTYM. féminin de ① *patron.*

PATRONYME [patʀɔnim] **n. m.** ✦ LITTÉR. Nom de famille.
► **PATRONYMIQUE** [patʀɔnimik] **adj.**
ÉTYM. latin, du grec, de *patêr* «père» et *onoma* «nom».

PATROUILLE [patʀuj] **n. f.** 1. Ronde de surveillance faite par un détachement de police ; ce détachement. 2. Déplacement d'un groupe de soldats chargé de remplir une mission ; ce groupe. *Patrouille de reconnaissance.* ➖ *Avions envoyés en patrouille. Patrouille de chasse.*
ÉTYM. de *patrouiller.*

PATROUILLER [patʀuje] **v. intr.** (conjug. 3a) ✦ Aller en patrouille, faire une patrouille. *Les garde-côtes patrouillent dans les eaux territoriales.*
ÉTYM. variante de *patouiller* «tripoter», de *patte.*

PATROUILLEUR, EUSE [patʀujœʀ, øz] **n.** 1. Soldat qui fait partie d'une patrouille. 2. **n. m.** Avion de chasse, navire de guerre d'escorte ou de surveillance.
ÉTYM. de *patrouille.*

PATTE [pat] **n. f.** I 1. (animaux) Membre qui supporte le corps, sert à la marche (→ **jambe**). *Les quatre pattes des quadrupèdes. Les deux pattes d'une poule.* ➖ **loc.** (personnes) *Marcher À QUATRE PATTES,* en posant les mains et les pieds (ou les genoux) par terre. ♦ Appendice servant à la marche (insectes, arthropodes, crustacés). *Les millepattes ont en fait quarante-deux pattes.* 2. FAM. Jambe. *Être court sur pattes. Se casser une patte. Traîner la patte.* 3. FAM. Main. *BAS LES PATTES !* ne touchez pas. 4. **loc.** *Retomber sur ses pattes,* se tirer sans dommage d'une affaire fâcheuse. ➖ *Montrer patte blanche,* présenter des garanties pour être admis (dans un groupe...). ➖ *Tirer dans les pattes à qqn,* lui susciter des difficultés. II 1. Poils qu'on laisse pousser devant l'oreille. SYN. **favori(s).** 2. Languette d'étoffe, de cuir (servant à fixer, à fermer). *La patte d'un portefeuille.* 3. Attache de fer scellée, chevillée ou clouée. HOM. PÂTE «nouille»
ÉTYM. radical onomatopéique «bruit des pas».

PATTE-D'OIE [patdwa] **n. f.** 1. Carrefour d'où partent plusieurs routes. 2. Petites rides divergentes au coin externe de l'œil. *Des pattes-d'oie.*

PATTEMOUILLE [patmuj] **n. f.** ✦ Linge humide dont on se sert pour repasser les vêtements.
ÉTYM. du mot régional *patte* «chiffon» et *mouiller.*

PÂTURAGE [pɑtyʀaʒ] **n. m.** ✦ Lieu couvert d'une herbe qui doit être consommée sur place par le bétail. SYN. **pacage, prairie, pré ; herbage.** *Les verts pâturages.*
ÉTYM. de *pâturer* «paître», de *pâture.*

PÂTURE [pɑtyʀ] **n. f.** 1. Ce qui sert à la nourriture des animaux. *L'oiseau apporte leur pâture à ses petits.* 2. **fig.** Ce qui sert d'aliment (à une faculté, à un besoin, à une passion...). *Il fait sa pâture de tout ce qu'il lit.* ➖ **loc.** *EN PÂTURE. Livrer sa vie privée en pâture aux journalistes.*
ÉTYM. latin *pastura,* de *pascere* «paître».

PATURON [patyʀɔ̃] **n. m.** ✦ Partie du bas de la jambe du cheval. ➖ On écrit aussi *pâturon.*
ÉTYM. de l'ancien français *pasture* «corde attachant l'animal par la jambe», latin *pastoria.*

PAULOWNIA [polɔnja] **n. m.** ✦ Grand arbre ornemental à fleurs bleues ou mauves.
ÉTYM. de *Anna Pavlovna,* fille du tsar Paul Ier.

PAUME [pom] **n. f.** I Intérieur, creux de la main. *Il avait les paumes couvertes d'ampoules.* II Sport (ancêtre du tennis) pratiqué en salle et qui consistait à se renvoyer une balle de part et d'autre d'un filet, au moyen d'une raquette et selon certaines règles. *Jouer à la paume.* ➖ *Jeu de paume,* salle de jeu de paume.
ÉTYM. latin *palma* ; doublet de *palme.*

PAUMÉ, ÉE [pome] **adj.** ✦ FAM. Perdu, égaré. *Il est complètement paumé,* il ne sait plus où il en est. ♦ *Un bled paumé.*
ÉTYM. de *paumer.*

PAUMELLE [pomɛl] **n. f.** ✦ TECHN. Charnière de métal réunissant le gond (d'un volet, d'une fenêtre, d'une porte) à la pièce où il s'articule (œil).
ÉTYM. de *paume.*

PAUMER [pome] **v. tr.** (conjug. 3a) ✦ FAM. Perdre. *J'ai paumé le fric.* → pronom. Se perdre. *Elle s'est paumée en route.*
ÉTYM. de *paume.*

PAUPÉRISATION [poperizasjɔ̃] **n. f.** ✦ ÉCON. Abaissement du niveau de vie ; appauvrissement d'une classe sociale. *La paupérisation des pays du tiers-monde. La paupérisation des chômeurs* (→ **nouveau pauvre**).
ÉTYM. anglais *pauperization,* du latin *pauper* «pauvre».

PAUPÉRISME [poperism] **n. m.** ✦ DIDACT. État permanent de pauvreté, dans une partie de la société.
ÉTYM. anglais *pauperism,* du latin *pauper* «pauvre».

PAUPIÈRE [popjɛr] **n. f.** ✦ Chacune des deux parties mobiles qui recouvrent et protègent l'œil. *Battre des paupières.*
ÉTYM. latin *palpebra.*

PAUPIETTE [popjɛt] **n. f.** ✦ Tranche de viande garnie de farce et roulée. *Paupiettes de veau.*
ÉTYM. italien *polpetta.*

PAUSE [poz] **n. f.** 1. Interruption momentanée (d'une activité, d'un travail, etc.). SYN. **arrêt, halte.** *Faire une pause. La pause de midi.* → FAM. *La PAUSE CAFÉ* (pour prendre le café). *Des pauses café.* 2. Temps d'arrêt dans les paroles. SYN. **silence.** *Marquer une pause entre deux phrases.* 3. MUS. Silence correspondant à la durée d'une ronde ; figure, signe qui sert à le noter. *Une pause vaut quatre soupirs.* HOM. POSE «mise en place»
ÉTYM. latin *pausa,* du grec, de *pauein* «arrêter».

PAUVRE [povr] **adj. et n.**
I adj. 1. épithète (après le nom) ou attribut d'un nom de personne Qui n'a pas (assez) d'argent. SYN. **indigent, nécessiteux ;** FAM. **fauché.** *Il est très pauvre, pauvre comme Job* (☛ noms propres). SYN. **misérable, miséreux.** → (lieux, communautés) *Les pays pauvres.* SYN. **sous-développé.** 2. (choses) Qui a l'apparence de la pauvreté. *Une pauvre maison.* 3. *PAUVRE DE :* qui n'a guère de. SYN. **dénué, dépourvu, privé.** *Pauvre d'esprit.* → *PAUVRE EN. Une ville pauvre en distractions.* 4. Qui est insuffisant, fournit ou produit trop peu. *Terre pauvre.* SYN. **maigre, stérile.** *Vocabulaire pauvre.* SYN. ① **réduit.** 5. épithète, avant le nom Qui inspire de la pitié. SYN. **malheureux.** *Un pauvre malheureux. La pauvre bête ! Un pauvre sourire,* triste, forcé. → (en s'adressant à qqn) *Ma pauvre chérie ! Mon pauvre ami !* (affectueux ou méprisant). → loc. *Pauvre de moi !* → n. *Le pauvre, la pauvre !* Mon, ma pauvre, exprime la commisération. 6. Pitoyable, lamentable. *C'est un pauvre type.* CONTR. **aisé, fortuné, riche · fécond, fertile ; abondant.**
II n. 1. VIEILLI *UN PAUVRE, UNE PAUVRESSE :* personne qui vit de la charité publique. SYN. **indigent, mendiant.** 2. *LES PAUVRES :* les personnes sans ressources, qui ne possèdent rien. *Les nouveaux pauvres :* les victimes récentes de crises économiques, du chômage.
ÉTYM. latin *pauper.*

PAUVREMENT [povrəmɑ̃] **adv.** ✦ D'une manière pauvre. *Vivre pauvrement.* SYN. **misérablement.** → *Pauvrement vêtu.* CONTR. **richement.**

PAUVRESSE [povrɛs] **n. f.** → **PAUVRE** (II)

PAUVRET, ETTE [povrɛ, ɛt] **n. et adj.** ✦ (diminutif de commisération) Pauvre petit(e).
ÉTYM. diminutif de *pauvre.*

PAUVRETÉ [povrəte] **n. f.** 1. État d'une personne qui manque de moyens matériels, d'argent ; insuffisance de ressources. SYN. **indigence, misère, nécessité ;** FAM. **dèche.** *Lutte contre la pauvreté.* ☛ Géographie p. 223. *La pauvreté augmente dans certains pays.* → **paupérisation.** *Seuil de pauvreté :* somme minimale pour vivre décemment dans un pays. ♦ Aspect pauvre, misérable. *La pauvreté d'un quartier.* 2. Insuffisance matérielle ou morale. *La pauvreté du sol.* SYN. **stérilité.** *Pauvreté intellectuelle.* CONTR. **aisance, fortune, richesse · abondance, fertilité.**
ÉTYM. latin *paupertas.*

PAVAGE [pavaʒ] **n. m.** 1. Travail qui consiste à paver. *Travailler au pavage d'une rue.* 2. Revêtement d'un sol. SYN. **carrelage, dallage.**
ÉTYM. de *paver.*

PAVANE [pavan] **n. f.** ✦ Ancienne danse (XVIe et XVIIe siècles), de caractère lent et solennel ; musique de cette danse. *«Pavane pour une Infante défunte»* (de Ravel).
ÉTYM. italien *pavana* «de Padoue».

se PAVANER [pavane] **v. pron.** (conjug. 3a) ✦ Marcher avec orgueil, avoir une attitude pleine de vanité. SYN. **parader.**
ÉTYM. de *pavane.*

PAVÉ [pave] **n. m.** **I** 1. *LE PAVÉ :* ensemble des blocs (pierre...) qui forment le revêtement du sol. SYN. **pavage, pavement.** *Le pavé de marbre d'une église.* 2. La partie d'une voie publique ainsi revêtue, la rue. SYN. **chaussée.** *Pavé glissant.* → loc. *Tenir le haut du pavé,* occuper le premier rang. → *Être sur le pavé,* sans domicile, sans emploi. *Battre le pavé,* marcher au hasard ou longtemps (dans une ville). 3. *UN PAVÉ :* bloc de pierre, de bois, taillé et préparé pour revêtir un sol. → loc. FAM. *Un pavé dans la mare :* un évènement inattendu qui sème le trouble. 4. MATH. *Pavé droit :* parallélépipède rectangle, prisme droit dont toutes les faces sont des rectangles. **II** 1. Pièce de viande rouge, épaisse. *Pavé au poivre.* 2. FAM. Gros livre épais. 3. Publicité, article de presse encadré dans la page.
ÉTYM. du participe passé de *paver.*

PAVEMENT [pavmɑ̃] **n. m.** ✦ Sol pavé. → Pavage artistique. *Pavement de mosaïque.*
ÉTYM. de *paver.*

PAVER [pave] **v. tr.** (conjug. 3a) ✦ Revêtir (un sol) d'éléments, de blocs assemblés (pavés, pierres, mosaïque). → au p. passé *Une route pavée.*
► **PAVEUR** [pavœr] **n. m.**
ÉTYM. latin populaire *pavare,* class. *pavire* «niveler».

PAVILLON [pavijɔ̃] **n. m.** **I** Petit bâtiment isolé ; petite maison dans un jardin, un parc. *Pavillon de chasse. Les pavillons d'un hôpital.* ♦ Maison particulière, en général en milieu urbain. *Les pavillons de banlieue.* **II** 1. Extrémité évasée (de certains instruments à vent). *Le pavillon d'une trompette.* 2. Partie visible de l'oreille externe (de l'homme et des mammifères). **III** Pièce

d'étoffe que l'on hisse sur un navire pour indiquer son origine, faire des signaux (SYN. **drapeau**). *Pétrolier qui bat pavillon grec. Amener, hisser le pavillon. Ensemble de pavillons.* → grand **pavois.** ➡ loc. *Baisser pavillon devant qqn,* céder.
ÉTYM. latin *papilio* «papillon» et «tente» (à cause des ailes).

PAVILLONNAIRE [pavijɔnɛʀ] **adj.** ✦ Formé de pavillons (I). *Une zone, un lotissement pavillonnaire.*
ÉTYM. de *pavillon.*

PAVOIS [pavwa] **n. m. 1.** HIST. Grand bouclier des Francs. ➡ loc. *Élever, hisser qqn SUR LE PAVOIS,* lui donner le pouvoir, le glorifier. **2.** MAR. Partie de la coque d'un navire qui dépasse le niveau du pont. **3.** *GRAND PAVOIS :* ensemble des pavillons hissés sur un navire comme signal de réjouissance. *Hisser le grand pavois.*
ÉTYM. italien *pavese* «de Pavie *(Pavia)*».

PAVOISER [pavwaze] **v. tr.** (conjug. 3a) ✦ Orner de drapeaux (un édifice public, une rue, etc.), à l'occasion d'une fête. ◆ **v. intr.,** fig. FAM. Manifester une grande joie. *Il n'y a pas de quoi pavoiser,* se réjouir.
ÉTYM. de *pavois.*

PAVOT [pavo] **n. m.** ✦ Plante cultivée pour ses fleurs ornementales, ses graines oléagineuses et la sève de ses capsules, qui fournit l'opium.
ÉTYM. latin *papaver.*

PAYABLE [pɛjabl] **adj.** ✦ Qui doit être payé. *Des marchandises payables en espèces.*

PAYANT, ANTE [pɛjɑ̃, ɑ̃t] **adj. 1.** Qui paie. *Spectateurs payants.* **2.** Qu'il faut payer. *Billet payant.* **3.** FAM. Qui profite, rapporte. *Une recherche longue mais payante.* SYN. **rentable.** CONTR. **invité · gratuit.**
ÉTYM. du participe présent de *payer.*

PAYE [pɛj] ou **PAIE** [pɛ] **n. f. 1.** Action de payer un salaire, une solde. *Le jour de paye.* **2.** FAM. Temps écoulé entre deux payes. loc. *Ça fait une paye,* il y a longtemps. **3.** Ce que l'on paie aux militaires (SYN. ① **solde**), aux employés et ouvriers (SYN. **salaire**). *Toucher sa paye. Feuille de paye.* HOM. PAIX «accord», PET «gaz»
ÉTYM. de *payer.*

PAYEMENT [pɛjmɑ̃] → PAIEMENT

PAYER [peje] **v. tr.** (conjug. 12) **I** avec compl. dir. **1.** *Payer qqn,* lui remettre ce qui lui est dû. *Payer un employé.* SYN. **rémunérer, rétribuer.** *Être payé à l'heure, au mois. Payer qqn X euros de l'heure.* ◆ fig. *Je suis payé pour savoir que,* j'ai appris à mes dépens que. ➡ *Payer qqn de retour,* reconnaître ses sentiments, etc., par des sentiments semblables. **2.** *Payer qqch. :* s'acquitter par un versement de (ce que l'on doit). *Payer ses dettes.* SYN. **rembourser.** prov. *Qui paie ses dettes s'enrichit.* **3.** Verser de l'argent en contrepartie de (qqch. : objet, travail). *Payer ses achats à la caisse.* SYN. **régler.** *Payer qqch. cher, bon marché.* ➡ au p. passé *Travail bien payé. Congés payés.* **4.** FAM. *Payer qqch. à qqn.* SYN. **offrir.** *Je te paie un verre ?* **5.** fig. *Il me le paiera !,* je l'en punirai. **II** sans compl. dir. **1.** Verser de l'argent. *Payer comptant. Pouvoir payer* (→ **solvable**). ➡ *PAYER DE :* payer avec. *Payer de ses deniers, de sa poche.* loc. fig. *Payer de sa personne,* s'employer activement à qqch. ➡ *PAYER POUR qqn. Payer pour un autre. Payer pour qqch.* **2.** Subir en compensation. SYN. **expier.** *Il faudra payer un jour ou l'autre.* **3.** (choses) Rapporter, être profitable. *Le crime ne paie pas.* → **payant. III** *SE PAYER* **v. pron. 1.** passif *Les commandes se paient à la livraison.* fig. *Tout se paye, s'expie.* **2.** réfl. *Voilà vingt euros, payez-vous.* **3.** réfl. indir. S'offrir. *On va se payer un bon repas.* ➡ FAM. *S'en payer une tranche,* s'offrir du bon temps. ➡ FAM. *Se payer la tête de qqn,* se moquer de lui.
ÉTYM. latin *pacare* «pacifier ; apaiser», de *pax* «paix».

PAYEUR, EUSE [pɛjœʀ, øz] **n. 1.** Personne qui paie ce qu'elle doit. *Mauvais payeur.* **2.** Personne chargée de payer pour une administration. *Trésorier-payeur général. Les trésoriers-payeurs généraux.*
ÉTYM. de *payer.*

① **PAYS** [pei] **n. m. 1.** Territoire d'une nation, délimité par des frontières. SYN. **État.** *Pays étrangers. Les pays du tiers-monde.* ➡ avec un possessif *Elle aime son pays.* SYN. **patrie. 2.** Région ; partie précise d'une province. *Le pays de Caux, les pays de la Loire. Vin de pays.* SYN. ① **cru.** *Produits du pays.* SYN. **terroir. 3.** Les habitants du pays (1 et 2). SYN. **région.** *Tout le pays en parle.* **4.** *LE PAYS DE qqch. :* terre d'élection, milieu riche en. *La Méditerranée, pays de l'olivier.* **5.** Région géographique, dans son aspect physique. SYN. **contrée.** *Les pays tempérés.* ➡ loc. *Pays de cocagne,* pays fabuleux où tous les biens sont en abondance. **6.** Petite ville ; village. SYN. FAM. **bled,** ② **patelin.** *Il habite un petit pays.* **7.** (Grande étendue) loc. *Voir du pays :* voyager.
ÉTYM. latin médiéval *pagensis* «paysan», de *pagus* «bourg, canton».

② **PAYS, PAYSE** [pei, peiz] **n.** ✦ RÉGIONAL ou plais. Personne du même pays (2 et 6). SYN. **compatriote.** *Rencontrer un pays, une payse.*
ÉTYM. de ① *pays.*

PAYSAGE [peizaʒ] **n. m. 1.** Partie d'un pays que la nature présente à un observateur. SYN. **site, vue.** *Un beau paysage.* ➡ *Paysage urbain.* **2.** Tableau représentant la nature. *Peintre de paysages.* → **paysagiste. 3.** fig. Aspect général. SYN. **situation.** *Paysage politique.* SYN. **scène.** *Le paysage audiovisuel français (P. A. F.).*
ÉTYM. de *pays.*

PAYSAGER, ÈRE [peizaʒe, ɛʀ] ou **PAYSAGÉ, ÉE** [peizaʒe] **adj.** ✦ Destiné à produire un effet de paysage naturel. *Parc paysager.*

PAYSAGISTE [peizaʒist] **n. 1.** Peintre de paysages. *Les paysagistes hollandais.* **2.** Personne qui élabore des plans d'aménagement des espaces verts urbains. appos. *Des architectes paysagistes.*
ÉTYM. de *paysage.*

PAYSAN, ANNE [peizɑ̃, an] **n. et adj. 1. n.** Homme, femme vivant à la campagne du travail de la terre. SYN. **agriculteur, cultivateur, exploitant** agricole, **fermier, métayer. 2. adj.** Propre aux paysans, relatif aux paysans. SYN. **rural, rustique, terrien.** *Vie paysanne. Révolte paysanne.* → **jacquerie** (HIST.). **3. adj. et n.,** péj. (Personne) qui a des manières grossières. SYN. **rustre.**
ÉTYM. de *pays.*

PAYSANNAT [peizana] **n. m.** ✦ Condition de paysan.
ÉTYM. de *paysan.*

PAYSANNERIE [peizanʀi] **n. f.** ✦ Ensemble des paysans.
ÉTYM. de *paysan.*

Pb [pebe] ✦ CHIM. Symbole du plomb.

① **P. C.** [pese] **n. m.** ✦ Poste de commandement.
ÉTYM. sigle.

② **P. C.** [pese] n. m. ✦ anglicisme Ordinateur personnel. SYN. **micro-ordinateur.**
ÉTYM. sigle de l'anglais *personal computer.*

Pd [pede] ✦ CHIM. Symbole du palladium.

P.-D. G. [pedeʒe] n. ✦ FAM. Président-directeur général. *Le nouveau P.-D. G. Ma P.-D. G.*
ÉTYM. sigle.

PÉAGE [peaʒ] n. m. 1. Droit que l'on paye pour emprunter une voie de communication. *Autoroute, pont à péage.* ➖ *Chaîne de télévision à péage,* accessible par abonnement. 2. L'endroit où se perçoit le péage. *S'arrêter au péage.*
ÉTYM. latin populaire *pedaticum* «droit de mettre le pied *(pes, pedis)* dans un lieu».

PEAU [po] n. f. I 1. Enveloppe extérieure du corps des animaux vertébrés, constituée par une partie profonde (le derme) et par une couche superficielle (l'épiderme). *Relatif à la peau.* → **cutané, épidermique ; derm(o)-.** *Reptile qui change de peau.* → **mue.** *Enlever la peau d'un animal.* → **dépiauter, écorcher.** 2. L'épiderme humain. *Peau claire, foncée, noire. Avoir la peau douce.* ➖ loc. FAM. *N'avoir que la peau et les os. Attraper qqn par la peau du cou, du dos,* le retenir au dernier moment. FAM. *Avoir qqn dans la peau,* l'aimer passionnément. ➖ loc. *Se sentir bien (mal) dans sa peau,* à l'aise (mal à l'aise). *Faire peau neuve,* changer complètement. *Risquer, sauver sa peau,* sa vie. ➖ FAM. *Faire la peau à qqn,* le tuer. 3. péj. *Vieille peau,* injure adressée à une femme. 4. Morceau de peau. *Couper les peaux autour d'un ongle.* SYN. **envie.** *Peaux mortes qui se détachent.* → **squame ; desquamation.** 5. Dépouille d'animal destinée à fournir la fourrure, le cuir (→ **peausserie, pelleterie**). *Traiter les peaux* (→ **corroyer, tanner ; mégisserie**). *Peau de chamois. Veste en peau de mouton.* ➖ absolt Cuir fin et souple. *Des gants de peau.* ◆ loc. FAM. *Une peau de vache,* une personne méchante. II Enveloppe extérieure (des fruits). *Enlever la peau d'un fruit.* → **peler ; pelure.** ➖ *Une peau de saucisson.* ➖ *La peau du lait,* pellicule qui se forme sur le lait bouilli. HOM. POT «vase»
ÉTYM. latin *pellis.*

PEAUFINER [pofine] v. tr. (conjug. 3a) 1. Nettoyer avec une peau de chamois. 2. fig. FAM. Soigner dans les moindres détails (un travail). SYN. **fignoler.**
ÉTYM. de *peau* et ① *fin.*

PEAU-ROUGE [poʀuʒ] n. ✦ VX Indien d'Amérique du Nord. *Les Peaux-Rouges.*

PEAUSSERIE [posʀi] n. f. 1. Commerce, métier, travail des peaux, des cuirs. 2. *(Une, des peausseries)* Peau travaillée.
ÉTYM. de *peaussier,* de *peau.*

PÉCAN [pekɑ̃] n. m. ✦ *Noix de pécan :* fruit du pacanier, contenant une noix comestible.
ÉTYM. américain *pecan,* de l'algonquin.

PÉCARI [pekaʀi] n. m. 1. Cochon sauvage d'Amérique. 2. Cuir de cet animal. *Des gants de pécari.*
ÉTYM. mot caraïbe.

PECCADILLE [pekadij] n. f. ✦ LITTÉR. Faute bénigne, sans gravité.
ÉTYM. espagnol *peccadillo* «petit péché *(peccado)*».

PECHBLENDE [pɛʃblɛ̃d] n. f. ✦ Principal minerai d'uranium et de radium.
ÉTYM. mot allemand, de *Pech* «poix» et *Blende* «minerai de zinc».

① **PÊCHE** [pɛʃ] n. f. 1. Fruit du pêcher, à noyau très dur et à chair fine. *Pêche jaune.* → aussi **brugnon, nectarine.** ➖ loc. *Peau, teint de pêche,* rose et velouté. 2. FAM. *Se fendre la pêche* («visage, bouche») : rire. 3. loc. FAM. *Avoir la pêche,* être en forme. 4. FAM. Coup, gifle. *Flanquer une pêche à qqn.*
ÉTYM. latin *persica,* de *persicum* «(fruit) de Perse».

② **PÊCHE** [pɛʃ] n. f. 1. Action ou manière de pêcher. *Pêche maritime, fluviale. Pêche sous-marine. Pêche à la ligne, au filet. Pêche industrielle. Pêche intensive.* ☛ Géographie p. 226. *Pêche à la truite.* ➖ *Aller à la pêche* (à la ligne). 2. Poissons, fruits de mer pêchés. *Rapporter une belle pêche.*
ÉTYM. de ② *pêcher.*

PÉCHÉ [peʃe] n. m. 1. RELIG. Acte conscient par lequel on fait ce qui est interdit par la loi divine, par l'Église. *Commettre, faire un péché. Confesser ses péchés. Péché mortel,* qui entraîne la damnation. *Les sept péchés capitaux,* avarice, colère, envie, gourmandise, luxure, orgueil, paresse. ➖ *PÉCHÉ MIGNON :* petit travers. → **faible.** 2. *LE PÉCHÉ :* l'état où se trouve la personne qui a commis un péché. *Vivre dans le péché.* SYN. ③ **mal.** HOM. PÉCHER «fauter», ① PÊCHER «arbre», ② PÊCHER «prendre du poisson»
ÉTYM. latin chrétien *peccatum* «faute».

PÉCHER [peʃe] v. intr. (conjug. 8) 1. Commettre un péché. *Pécher par orgueil.* 2. (sujet chose) Commettre une erreur. ◆ (choses) Être en défaut. *Ce devoir pèche par sa longueur.* HOM. PÉCHÉ «faute», ① PÊCHER «arbre», ② PÊCHER «prendre du poisson»
ÉTYM. latin chrétien *peccare.*

① **PÊCHER** [peʃe] n. m. ✦ Arbre cultivé pour ses fruits, les pêches. HOM. PÉCHÉ «faute», PÉCHER «fauter»
ÉTYM. de ① *pêche.*

② **PÊCHER** [peʃe] v. tr. (conjug. 3a) 1. Prendre ou chercher à prendre (du poisson, des animaux aquatiques, etc.). *Pêcher la truite.* ◆ absolt S'adonner à la pêche. ➖ loc. *Pêcher en eau trouble,* profiter d'un état de désordre, de confusion. 2. FAM. Chercher, prendre, trouver. *Je me demande où il va pêcher ces histoires.* HOM. PÉCHÉ «faute», PÉCHER «fauter»
ÉTYM. latin populaire *piscare,* de *piscis* «poisson».

PÊCHERIE [pɛʃʀi] n. f. ✦ Lieu, entreprise de pêche.
ÉTYM. de ② *pêcher.*

PÉCHEUR, PÉCHERESSE [peʃœʀ, peʃ(ə)ʀɛs] n. ✦ Personne qui commet des péchés, est dans l'état de péché. ➖ adj. LITTÉR. *Une âme pécheresse.* HOM. PÊCHEUR «marin»
ÉTYM. latin chrétien *peccator,* de *peccare* «pécher».

PÊCHEUR, PÊCHEUSE [pɛʃœʀ, øz] n. ✦ Personne qui s'adonne à la pêche, par métier ou par plaisir. *Les pêcheurs à la ligne.* ➖ appos. *Les marins pêcheurs.* ➖ *Pêcheur d'éponges. Pêcheuse de perles.* HOM. PÉCHEUR «personne qui commet des fautes»
ÉTYM. latin *piscator.*

PÉCORE [pekɔʀ] n. f. ✦ VIEILLI Femme sotte et prétentieuse. SYN. **pimbêche.**
ÉTYM. italien *pecora,* du latin, pluriel de *pecus, pecoris* «bétail».

PECTINE [pɛktin] n. f. ✦ Substance mucilagineuse présente dans de nombreux végétaux.
ÉTYM. du grec *pêktos* «figé».

PECTORAL, ALE, AUX [pɛktɔʀal, o] adj. 1. De la poitrine. *Muscles pectoraux* ou n. m. pl. *les pectoraux.* 2. De la face ventrale des animaux. *Nageoires pectorales.* 3. Qui combat les affections pulmonaires. *Sirop pectoral.*
ÉTYM. latin *pectoralis*, de *pectus* «poitrine».

PÉCULE [pekyl] n. m. 1. Somme d'argent économisée peu à peu. *Amasser un petit, un gros pécule.* 2. Argent qu'on acquiert par son travail, mais dont on ne peut disposer que dans certaines conditions. *Le pécule d'un détenu.*
ÉTYM. latin *peculium*, de *pecus* «bétail».

PÉCUNIAIRE [pekynjɛʀ] adj. 1. Relatif à l'argent. *Des ennuis pécuniaires.* SYN. **financier.** 2. En argent. *Avantage pécuniaire.*
► **PÉCUNIAIREMENT** [pekynjɛʀmɑ̃] adv. SYN. **financièrement.**
ÉTYM. latin *pecuniaris*, de *pecunia* «argent».

P. E. D. [peøde] n. m. invar. ✦ Pays en développement.
ÉTYM. sigle.

| **PÉD-** → ① PÉD(O)-

PÉDAGOGIE [pedagɔʒi] n. f. 1. Science de l'éducation des enfants (et, par ext. de la formation des adultes) ; méthode d'enseignement. 2. Qualité du bon pédagogue. *Il manque de pédagogie.*
ÉTYM. grec *paidagôgia* → ① pédo- et -agogie.

PÉDAGOGIQUE [pedagɔʒik] adj. 1. Qui a rapport à la pédagogie. SYN. **éducatif.** *Méthodes pédagogiques.* SYN. **didactique.** 2. Conforme aux principes de la pédagogie. *Une expérience très pédagogique.*
► **PÉDAGOGIQUEMENT** [pedagɔʒikmɑ̃] adv.
ÉTYM. grec *paidagôgikos.*

PÉDAGOGUE [pedagɔg] n. 1. Personne qui a le sens de l'enseignement. *Une excellente pédagogue.* – adj. *Un professeur peu pédagogue.* 2. Spécialiste de la pédagogie, de l'éducation.
ÉTYM. grec *paidagôgos* → ① péd(o)- et -agogue.

PÉDALE [pedal] n. f. I 1. Dispositif de commande ou de transmission qui s'actionne avec le pied. *La pédale d'une machine à coudre. Pédale d'embrayage d'une voiture.* – spécialt L'un des deux organes d'une bicyclette sur lequel on appuie pour la faire mouvoir (→ **pédaler**). – loc. FAM. *Perdre les pédales*, perdre ses moyens, se tromper dans une explication. 2. Touche (d'un instrument de musique) actionnée au pied. *Les pédales d'un piano.* II FAM. et injurieux, VIEILLI *Une pédale*, un homosexuel.
ÉTYM. italien *pedale*, du latin *pes, pedis* «pied».

PÉDALER [pedale] v. intr. (conjug. 3a) 1. Actionner les pédales d'une bicyclette ; rouler à bicyclette. 2. FAM. Aller vite. ◆ loc. FAM. *Pédaler (dans la choucroute, la semoule, le yaourt...)*, s'efforcer en vain.
ÉTYM. de *pédale.*

PÉDALIER [pedalje] n. m. 1. Ensemble formé par les pédales, le pignon et le(s) plateau(x) d'une bicyclette. 2. Clavier inférieur de l'orgue, actionné au pied ; pédales du piano.
ÉTYM. de *pédale.*

PÉDALO [pedalo] n. m. ✦ Petite embarcation à flotteurs mue par une roue à pales qu'on actionne au moyen de pédales. *Faire du pédalo sur un lac.*
ÉTYM. marque déposée ; de *pédale.*

PÉDANT, ANTE [pedɑ̃, ɑ̃t] n. et adj. 1. n. Personne qui fait étalage d'une érudition livresque. SYN. **cuistre.** 2. adj. Qui manifeste prétentieusement une affectation de savoir. *Il est un peu pédant.* ◆ (choses) *Un ton pédant.* SYN. **pédantesque.**
ÉTYM. italien *pedante.*

PÉDANTERIE [pedɑ̃tʀi] n. f. ✦ Manière d'agir d'une personne pédante ; affectation prétentieuse de savoir. SYN. **pédantisme.**

PÉDANTESQUE [pedɑ̃tɛsk] adj. ✦ LITTÉR. Propre au pédant. SYN. **doctoral, emphatique, pédant.** *Un langage pédantesque.*
ÉTYM. italien *pedantesco*, de *pedante* «pédant».

PÉDANTISME [pedɑ̃tism] n. m. ✦ Prétention propre au pédant ; caractère de ce qui est pédant. SYN. **cuistrerie, pédanterie.**
ÉTYM. de *pédant.*

| **-PÈDE** Élément savant, du latin *pes, pedis* «pied» (ex. *bipède, palmipède, vélocipède*). → **pédi-, podo-.**

PÉDÉRASTE [pedeʀast] n. m. 1. Homme qui s'adonne à la pédérastie (1). SYN. **pédophile.** 2. Homosexuel. – abrév. FAM. PÉDÉ (souvent injurieux).
ÉTYM. grec *paiderastes*, de *pais, paidos* «enfant» et *erastês* «qui aime».

PÉDÉRASTIE [pedeʀasti] n. f. 1. Pratique homosexuelle entre un homme et un jeune garçon. SYN. **pédophilie.** 2. Homosexualité masculine.
ÉTYM. grec *paiderastia* → pédéraste.

PÉDESTRE [pedɛstʀ] adj. ✦ Qui se fait à pied. *Randonnée pédestre.*
► **PÉDESTREMENT** [pedɛstʀəmɑ̃] adv.
ÉTYM. latin *pedester, pedestris*, de *pes* «pied».

| **PÉDI-** Élément savant, du latin *pes, pedis* «pied» (ex. *pédicure*). → **-pède, podo-.**

PÉDIATRE [pedjatʀ] n. ✦ Médecin spécialiste des soins aux enfants.
ÉTYM. de *pédiatrie.*

PÉDIATRIE [pedjatʀi] n. f. ✦ Médecine de l'enfant et de ses maladies.
► **PÉDIATRIQUE** [pedjatʀik] adj.
ÉTYM. de ① *pédo-* et *-iatrie.*

PÉDICELLE [pedisɛl] n. m. ✦ BOT. Ramification du pédoncule* se terminant par une fleur.
ÉTYM. latin *pedicellus* «petit pied *(pes, pedis)*».

PÉDICULE [pedikyl] n. m. 1. BOT. Support allongé et grêle (d'une plante). SYN. **queue, tige.** *Le pédicule d'un champignon.* SYN. **pied.** ◆ ZOOL. Mince attache entre deux organes. *Pédicule de l'abdomen des fourmis.* 2. ANAT. Ensemble de conduits unissant un organe à l'organisme. *Le pédicule du foie.*
ÉTYM. latin *pediculus* «petit pied *(pes, pedis)*».

PÉDICURE [pedikyʀ] n. ✦ Spécialiste des soins des pieds.
ÉTYM. de *pédi-* et du latin *curare* «soigner».

PEDIGREE [pedigʀe] n. m. ✦ Généalogie (d'un animal de race pure) ; document qui l'atteste. *Établir le pedigree d'un chien.*
ÉTYM. mot anglais, emprunté au français *pied de grue* «marque, signe».

① **PÉD(O)-** Élément savant, du grec *pais, paidos* «enfant» (ex. *pédopsychiatrie*). SYN. **puér(i)-**.

② **PÉDO-** Élément savant, du grec *pedon* «sol».

PÉDOGENÈSE [pedoʒənɛz] n. f. ✦ GÉOL. Étude des processus de formation et d'évolution des sols.
ÉTYM. de ② *pédo-* et *-genèse*.

PÉDOLOGIE [pedɔlɔʒi] n. f. ✦ Partie de la géologie qui étudie les caractères chimiques et physiques des sols.
ÉTYM. de ② *pédo-* et *-logie*.

PÉDONCULE [pedɔ̃kyl] n. m. 1. ANAT. Cordon de substance nerveuse unissant deux organes ou deux parties d'organes. *Pédoncules cérébraux*. 2. BOT. Queue d'une fleur ; axe supportant les pédicelles*.
ÉTYM. latin *pedunculus*.

PÉDOPHILE [pedɔfil] adj. et n. 1. (Personne) qui ressent une attirance sexuelle pour les enfants. ◆ spécialt, n. m. Pédéraste (1). 2. (Personne) qui recherche et pratique des relations sexuelles avec les enfants. *Un réseau de pédophiles.*
ÉTYM. de ① *péd(o)-* et *-phile*.

PÉDOPHILIE [pedɔfili] n. f. ✦ Attirance sexuelle (d'adultes) pour les enfants. ◆ spécialt Pédérastie (1).
ÉTYM. de *pédophile*.

PÈGRE [pɛgʀ] n. f. ✦ Monde de voleurs, d'escrocs formant une sorte de classe. SYN. **canaille, racaille.** *La pègre et le milieu.*
ÉTYM. origine obscure.

PEIGNAGE [pɛɲaʒ] n. m. ✦ Action de peigner les fibres textiles.

PEIGNE [pɛɲ] n. m. I 1. Instrument à dents fines et serrées qui sert à démêler et à lisser la chevelure. *Gros peigne.* → **démêloir.** *Se donner un coup de peigne.* loc. *Passer qqch. au peigne fin,* examiner minutieusement. ◆ Instrument analogue servant à retenir les cheveux. 2. Instrument pour le peignage des fibres textiles (lin, chanvre, laine) dans le filage à la main. II Mollusque dont les deux valves présentent des dentelures, dont certaines variétés sont comestibles. → **coquille** Saint-Jacques.
ÉTYM. latin *pecten*.

PEIGNER [peɲe] v. tr. (conjug. 3a) 1. Démêler, lisser (les cheveux) avec un peigne. SYN. **coiffer.** ➝ *Peigner qqn, ses cheveux.* ➝ pronom. *Se peigner.* 2. Démêler (des fibres textiles). *Peigner la laine.* ➝ au p. passé *Laine peignée.*
ÉTYM. latin *pectinare*, de *pecten* «peigne».

PEIGNOIR [pɛɲwaʀ] n. m. 1. Vêtement en tissu éponge, long, à manches, que l'on met en sortant du bain. *Se sécher dans son peignoir.* ➝ *Un peignoir de plage.* 2. Vêtement léger d'intérieur, porté par les femmes. *Un peignoir en soie.* SYN. **déshabillé.**
ÉTYM. de *se peigner*.

PEINARD, ARDE [pɛnaʀ, aʀd] adj. ✦ FAM. Paisible, qui se tient à l'écart des ennuis. SYN. **tranquille.** *Se tenir peinard.* ➝ *Un boulot peinard.* SYN. **pépère.** ➝ On écrit aussi *pénard, arde.*
► **PEINARDEMENT** [pɛnaʀdəmɑ̃] adv.
ÉTYM. de *peine*.

PEINDRE [pɛ̃dʀ] v. tr. (conjug. 48b) I Couvrir, colorer avec de la peinture. *Peindre un mur en bleu. Peindre qqch. de plusieurs couleurs.* → **barioler, peinturlurer.** ➝ au p. passé *Une statue en bois peint. Papier* peint.* II 1. Figurer au moyen de peinture. *Peindre un numéro sur une plaque.* 2. Représenter, reproduire par l'art de la peinture. *Peindre des paysages.* ➝ absolt Faire de la peinture. *Elle peint et elle sculpte.* III fig. 1. Représenter par le discours, en s'adressant à l'imagination. SYN. **décrire, dépeindre.** *Un roman qui peint la société.* 2. *SE PEINDRE* v. pron. Revêtir une forme sensible ; se manifester à la vue. SYN. **apparaître.** *La consternation se peignit sur les visages.* HOM. (du p. passé *peint*) PAIN «aliment», PIN «arbre»
ÉTYM. latin *pingere*.

PEINE [pɛn] n. f. I 1. Sanction appliquée à titre de punition* ou de réparation pour une action jugée répréhensible. SYN. **châtiment, condamnation, pénalité ;** → **pénal.** *Peine sévère, juste.* 2. Sanction prévue par la loi et applicable aux personnes en infraction. → droit **pénal.** *Être passible d'une peine. Infliger une peine,* condamner. *Peine pécuniaire.* → **amende.** *Peine privative de liberté,* emprisonnement. → **prison.** *Peine capitale, peine de mort.* 3. *SOUS PEINE DE* loc. prép. *Défense d'afficher sous peine d'amende.* II 1. Souffrance morale. SYN. ② **chagrin, douleur,** ③ **mal, malheur,** ① **souci, tourment.** *Peine de cœur,* chagrin d'amour. 2. *LA PEINE* : sentiment de tristesse et de dépression. SYN. **abattement, affliction.** *Avoir de la peine.* ➝ *Faire de la peine à qqn.* → **affliger, peiner.** 3. loc. *Être comme une ÂME EN PEINE,* très triste, inconsolable. III Fatigue. Dur travail ; difficulté. 1. Activité qui coûte, qui fatigue. SYN. **effort.** *Se donner de la peine, beaucoup de peine.* SYN. ③ **mal ;** → se **décarcasser,** se **démener.** ➝ *Prenez donc la peine d'entrer* (formule de politesse). 2. loc. *N'être pas au bout de ses peines,* avoir encore des difficultés à surmonter. *Pour votre peine, pour la peine,* en compensation. *Homme de peine,* qui effectue des travaux de force. → ② **manœuvre.** *Ça en vaut la peine. C'était bien la peine de tant travailler,* le résultat ne valait pas tant de travail. FAM. *C'est pas la peine* : ça ne sert à rien. *C'est peine perdue,* c'est inutile, vain. 3. Difficulté qui gêne (pour faire qqch.). SYN. **embarras,** ③ **mal.** *Avoir de la peine à parler. J'ai (de la) peine à le croire.* 4. loc. *Avec peine. À grand-peine.* → **difficilement.** ➝ *SANS PEINE.* → **aisément, facilement.** *Je le crois sans peine.* ➝ *Il n'est pas en peine pour,* il n'est pas gêné pour. IV *À PEINE* loc. adv. 1. Presque pas, très peu. *Il y a à peine de quoi manger.* ➝ (avec un numéral) Tout au plus. *Il y a à peine huit jours.* 2. Depuis très peu de temps. SYN. **juste.** *J'ai à peine commencé. À peine rentré, à peine chez lui, il s'est couché.* CONTR. **consolation, récompense · bonheur, félicité, joie, plaisir.** HOM. PÊNE «partie d'une serrure», PENNE «plume»
ÉTYM. latin *poena*, du grec.

PEINER [pene] v. (conjug. 3a) 1. v. intr. Se donner de la peine, du mal. *Il peinait pour s'exprimer.* ➝ *La voiture peine dans les montées.* SYN. **faiblir.** 2. v. tr. Donner de la peine à (qqn). SYN. **affliger, attrister, désoler.** *Cette nouvelle nous a beaucoup peinés.* ➝ au p. passé *Nous en sommes très peinés.* CONTR. **consoler, réconforter.**
HOM. PENNÉ «en forme de plume»
ÉTYM. de *peine*.

PEINTRE [pɛ̃tʀ] n. 1. Ouvrier ou artisan qui applique de la peinture sur une surface, un objet. *Peintre en bâtiment* ou absolt *peintre,* qui fait les peintures d'une maison, colle les papiers. 2. Artiste qui fait de la peinture. *La peintre Suzanne Valadon. Peintre figuratif ; peintre abstrait. L'atelier d'un peintre.* ➝ appos. *Des artistes peintres.* 3. fig. LITTÉR. (avec un compl.) Écrivain,

orateur qui peint par le discours. *Un peintre de son époque.*
ÉTYM. latin *pictor.*

PEINTURE [pɛ̃tyʀ] **n. f.** **I** Action, art de peindre. 1. Opération qui consiste à couvrir de couleur une surface. *Peinture d'art. Peinture en bâtiment. Peinture au rouleau, au pinceau.* 2. *EN PEINTURE :* en portrait peint, en effigie. loc. *Ne pas pouvoir voir qqn en peinture,* ne pas pouvoir le supporter. 3. Description évocatrice d'images. *Une peinture de la société contemporaine.* **II** 1. *LA PEINTURE :* représentation, suggestion du monde visible ou imaginaire sur une surface plane au moyen de couleurs ; organisation d'une surface par la couleur ; œuvres qui en résultent (→ **aquarelle, fresque, gouache, lavis, pastel ; pictural**). *Peinture à l'huile, à l'eau.* – (genres, styles) *Peinture figurative, abstraite. La peinture flamande.* – *Exposition, galerie de peinture* (→ **musée**). 2. *UNE PEINTURE :* ouvrage de peinture. SYN. **tableau, toile.** *Peintures rupestres*.* – *Mauvaise peinture.* → FAM. **croûte.** **III** 1. Couche de couleur dont une chose est peinte. *La peinture cloque, s'écaille.* 2. Couleur préparée pour pouvoir être étendue. *Un pot, un tube de peinture. Appliquer plusieurs couches de peinture. Peinture fraîche,* qui vient d'être posée.
ÉTYM. latin *pictura* → pictural.

PEINTURLURER [pɛ̃tyʀlyʀe] **v. tr.** (conjug. 3a) ✦ Peindre avec des couleurs criardes. SYN. **barbouiller.**
ÉTYM. de *peinturer,* de *peinture.*

PÉJORATIF, IVE [peʒɔʀatif, iv] **adj.** ✦ (mot, expression) Qui déprécie la chose ou la personne désignée. *Mot péjoratif. Le suffixe -âtre* (ex. *verdâtre*) *est péjoratif.* CONTR. **laudatif, mélioratif.**
► **PÉJORATIVEMENT** [peʒɔʀativmɑ̃] **adv.**
ÉTYM. du bas latin *pejorare* «rendre pire *(pejor)*».

PÉKINOIS [pekinwa] **n. m.** ✦ Petit chien à face aplatie et à poil long.
ÉTYM. de *Pékin,* capitale de la Chine. ☞ noms propres.

PELADE [pəlad] **n. f.** ✦ Maladie qui fait tomber par places les poils et les cheveux. SYN. **teigne.**
ÉTYM. de *peler* «ôter les poils».

PELAGE [pəlaʒ] **n. m.** ✦ Ensemble des poils (d'un mammifère). SYN. **fourrure, poil, robe, toison.** *Le pelage du léopard.*
ÉTYM. famille de *poil.*

PÉLAGIQUE [pelaʒik] **adj.** ✦ DIDACT. Relatif à la pleine mer, à la haute mer.
ÉTYM. du grec *pelagos* «haute mer».

PÉLARGONIUM [pelaʀgɔnjɔm] **n. m.** ✦ Plante cultivée pour ses fleurs (improprement appelée *géranium*).
ÉTYM. du grec *pelargos* «cigogne».

PELÉ, ÉE [pəle] **adj.** 1. Qui a perdu ses poils, ses cheveux. ◆ **n.,** loc. FAM. *QUATRE PELÉS ET UN TONDU :* un très petit nombre de personnes. 2. Dépourvu de végétation. *La montagne Pelée,* volcan de la Martinique.
ÉTYM. de *peler.*

PÊLE-MÊLE [pɛlmɛl] **adv.** et **n. m. invar.** – On peut aussi écrire *pêlemêle* en un seul mot.
I adv. Dans un désordre complet. *Jeter des objets pêle-mêle. Marchandises présentées pêle-mêle.* SYN. **en vrac.**
II n. m. invar. Cadre destiné à recevoir plusieurs photos.
ÉTYM. de l'ancien français *mesle mesle,* de *mêler.*

PELER [pəle] **v.** (conjug. 7a) 1. **v. tr.** Dépouiller (un fruit) de sa peau. *Peler une pomme.* SYN. **éplucher ;** → **pelure.** 2. **v. intr.** (sujet personne ou partie du corps) Perdre son épiderme par parcelles (→ **se desquamer**). *Avoir le nez qui pèle.*
ÉTYM. bas latin *pilare,* de *pilus* «poil».

PÈLERIN [pɛlʀɛ̃] **n. m.** 1. Personne qui fait un pèlerinage. *Les pèlerins de Lourdes.* 2. Criquet migrateur. 3. Grand requin inoffensif des eaux froides. 4. Faucon commun.
ÉTYM. latin *peregrinus* «étranger».

PÈLERINAGE [pɛlʀinaʒ] **n. m.** 1. Voyage à un lieu saint dans un esprit de dévotion. *Aller en pèlerinage à Jérusalem. Le pèlerinage de La Mecque* (des musulmans). 2. Voyage fait pour rendre hommage à un lieu, à une personne que l'on admire.
ÉTYM. de *pèlerin.*

PÈLERINE [pɛlʀin] **n. f.** ✦ Manteau sans manches, ample, souvent muni d'un capuchon. SYN. **cape.**
ÉTYM. de *pèlerin.*

PÉLICAN [pelikɑ̃] **n. m.** ✦ Oiseau palmipède au bec très long, crochu, et muni d'une poche où il emmagasine la nourriture de ses petits.
ÉTYM. grec *pelekan,* de *pelekus* «hache» (forme du bec).

PELISSE [pəlis] **n. f.** ✦ Manteau orné ou doublé d'une peau garnie de ses poils.
ÉTYM. latin *pellicius,* de *pellis* «peau, fourrure».

PELLE [pɛl] **n. f.** **I** 1. Outil composé d'une plaque mince ajustée à un manche. *Pelle à charbon.* – *Pelle à tarte.* 2. *Pelle mécanique,* machine pour les gros travaux de terrassement. SYN. **excavateur, pelleteuse.** 3. loc. fig. *À LA PELLE :* en abondance. **II** FAM. 1. *Rouler une pelle à qqn,* lui faire un baiser profond. 2. *Ramasser une pelle,* tomber ; échouer.
ÉTYM. latin *pala.*

PELLETÉE [pɛlte] **n. f.** ✦ Quantité de matière qu'on peut prendre d'un seul coup de pelle. *Une pelletée de sable.*
ÉTYM. de *pelle.*

PELLETER [pɛlte] **v. tr.** (conjug. 6b) ✦ Déplacer, remuer avec la pelle (I).
► **PELLETAGE** [pɛltaʒ] **n. m.**
ÉTYM. de *pelle.*

PELLETERIE [pɛltʀi ; pelɛtʀi] **n. f.** 1. Préparation des peaux destinée à les transformer en fourrure. 2. Commerce des fourrures.
ÉTYM. de *pelletier.*

PELLETEUSE [pɛltøz] **n. f.** ✦ Pelle mécanique pour charger, déplacer des matériaux.
ÉTYM. de *pelle.*

PELLETIER, IÈRE [pɛltje, jɛʀ] **n.** ✦ Personne qui s'occupe de pelleterie.
ÉTYM. de l'ancien français *pel* «peau», latin *pellis.*

PELLICULE [pelikyl] **n. f.** **I** Petite écaille qui se détache du cuir chevelu. *Shampoing contre les pellicules* (→ **antipelliculaire**). **II** 1. Couche fine à la surface d'un liquide, d'un solide. *Une mince pellicule de boue séchée.* 2. Feuille mince formant le support souple à une couche sensible (en photo argentique et cinéma). SYN. **film ;** ① **bande.** – *Une pellicule :* bobine de pellicule photographique.
ÉTYM. latin *pellicula* «petite peau *(pellis)*».

PELLUCIDE [pelysid] **adj.** ✦ Transparent, translucide. BIOL. *Membrane pellucide,* qui entoure l'ovule.
ÉTYM. latin *pellucidus.*

PELOTAGE [p(ə)lɔtaʒ] **n. m.** ✦ FAM. Attouchements sensuels.
ÉTYM. de *peloter.*

PELOTE [p(ə)lɔt] **n. f.** **I** **1.** Boule formée de ficelle, cordelette ou fil enroulé sur lui-même. SYN. **peloton** (I). *Pelote de laine.* ➝ loc. *Avoir les nerfs EN PELOTE :* être très énervé. **2.** Coussinet sur lequel on peut planter des épingles. **3.** Balle du jeu de paume et de pelote basque. **II** *PELOTE* ou *PELOTE BASQUE :* jeu, sport où les joueurs (appelés pelotaris) envoient la balle rebondir contre un mur (fronton), à main nue ou à l'aide de la chistéra.
ÉTYM. bas latin *pilotta,* diminutif de *pila* «boule».

PELOTER [p(ə)lɔte] **v. tr.** (conjug. 3a) ✦ FAM. Caresser, palper, toucher sensuellement.
▸ **PELOTEUR, EUSE** [p(ə)lɔtœʀ, øz] **n.**
ÉTYM. de *pelote.*

PELOTON [p(ə)lɔtɔ̃] **n. m.** **I** Petite pelote de fils roulés. *Dévider un peloton de ficelle.* **II** **1.** Groupe de soldats, troupe en opérations. SYN. **section.** ➝ *Peloton d'exécution,* groupe chargé de fusiller un condamné. **2.** Groupe compact (de concurrents dans une compétition). *Être dans le peloton de tête.*
ÉTYM. diminutif de *pelote.*

se PELOTONNER [p(ə)lɔtɔne] **v. pron.** (conjug. 3a) ✦ Se ramasser en boule, en tas. SYN. **se blottir.** *Se pelotonner dans un fauteuil ; contre qqn.* ➝ au p. passé *Chat pelotonné sur un édredon.*
ÉTYM. de *peloton.*

PELOUSE [p(ə)luz] **n. f.** **1.** Terrain couvert d'une herbe serrée. SYN. **gazon.** *Tondre la pelouse.* **2.** Partie d'un champ de courses, généralement gazonnée, ouverte au public. *La pelouse, le pesage et les tribunes.*
ÉTYM. provençal *pelouso,* du latin *pilosus* «poilu».

PELUCHE [p(ə)lyʃ] **n. f.** **1.** Tissu à poils moins serrés et plus longs que ceux du velours. *Peluche de laine. Ours en peluche.* → **nounours.** ➝ *Une peluche :* animal en peluche. **2.** *PELUCHE* ou FAM. *PLUCHE :* flocon de poussière ; amas de fibres détaché d'une étoffe. *Ce pull fait des peluches, des pluches.* SYN. **bouloche.**
ÉTYM. de l'ancien français *peluchier* → éplucher.

PELUCHER [p(ə)lyʃe] **v. intr.** (conjug. 3a) ✦ Former de petits amas de fibres. *Cette étoffe peluche beaucoup.* ➝ On écrit parfois *plucher* [plyʃe].
ÉTYM. de *peluche.*

PELUCHEUX, EUSE [p(ə)lyʃø, øz] **adj.** ✦ Qui donne au toucher la sensation de la peluche ; qui peluche. *Étoffe pelucheuse.* ➝ On écrit parfois *plucheux, euse* [plyʃø, øz].
ÉTYM. de *peluche.*

PELURE [p(ə)lyʀ] **n. f.** **1.** Peau (d'un fruit, d'un légume pelé). SYN. **épluchure.** *Pelures d'orange et peau de banane.* **2.** FAM. Habit, vêtement ; manteau. **3.** appos. invar. *Papier pelure,* fin et translucide.
ÉTYM. de *peler.*

PELVIEN, IENNE [pɛlvjɛ̃, jɛn] **adj.** ✦ ANAT. Relatif au pelvis. *Organes pelviens* (vessie, utérus, etc.). ♦ *Nageoires pelviennes,* abdominales.
ÉTYM. de *pelvis.*

PELVIS [pɛlvis] **n. m.** ✦ ANAT. Bassin.
ÉTYM. mot latin «bassin de métal».

PÉNAL, ALE, AUX [penal, o] **adj.** ✦ Relatif aux peines*, aux délits qui entraînent des peines. *Justice pénale. Code pénal.*
ÉTYM. latin *poenalis,* de *poena* «peine».

PÉNALEMENT [penalmɑ̃] **adv.** ✦ En matière pénale, en droit pénal.

PÉNALISATION [penalizasjɔ̃] **n. f.** ✦ Dans un match, Désavantage infligé à un concurrent qui a contrevenu à une règle.
ÉTYM. anglais *penalization* → pénaliser.

PÉNALISER [penalize] **v. tr.** (conjug. 3a) **1.** Infliger une peine, une punition à (qqn). ♦ Frapper d'une pénalité. *Être pénalisé pour excès de vitesse.* **2.** Mettre dans une situation désavantageuse.
ÉTYM. anglais *to penalize,* même origine que *pénal.*

PÉNALISTE [penalist] **n.** ✦ DR. Spécialiste du droit pénal. ➝ **adj.** *Avocat pénaliste.*

PÉNALITÉ [penalite] **n. f.** **1.** Peine ; sanctions applicables à un délit fiscal. **2.** Pénalisation. *Coup de pied de pénalité* (au rugby).
ÉTYM. de *pénal.*

PÉNALTY ou **PENALTY** [penalti] **n. m.** ✦ anglicisme (au football) Sanction d'une faute commise en défense dans la surface de réparation ; coup de pied tiré directement au but, en face du seul gardien. *Des pénaltys, des penalties* (plur. anglais). ➝ recomm. offic. *tir de réparation.*
ÉTYM. anglais *penalty* «pénalisation».

PÉNARD → **PEINARD**

PÉNATES [penat] **n. m. pl.** **1.** Dieux domestiques chez les anciens Romains. **2.** plais. Demeure. SYN. **foyer, maison.** *Regagner ses pénates.*
ÉTYM. latin *penates,* de *penus, penoris* «intérieur de la maison».

PENAUD, AUDE [pəno, od] **adj.** ✦ Honteux à la suite d'une maladresse ; déconcerté à la suite d'une déception. SYN. **confus, déconfit.** CONTR. ② **fier.**
ÉTYM. de *peine.*

PENCE [pɛns] → **PENNY**

PENCHANT [pɑ̃ʃɑ̃] **n. m.** **1.** Inclination naturelle (vers un objet ou une fin). SYN. **faible** (II, 3), **goût, propension, tendance.** *Mauvais penchants.* → **défaut, vice.** *Avoir un penchant à la paresse,* y être enclin. SYN. **disposition. 2.** LITTÉR. Mouvement de sympathie. SYN. **attirance, inclination.** *Avoir un penchant pour qqn.* CONTR. **antipathie, aversion, répugnance.**
ÉTYM. du participe présent de *pencher.*

PENCHER [pɑ̃ʃe] **v.** (conjug. 3a) **I** **v. intr.** **1.** (par rapport à la verticale) Être ou devenir oblique en prenant un équilibre instable ou une position anormale. *Ce mur penche.* **2.** (par rapport à l'horizontale) S'abaisser. *Ce tableau penche à droite.* ➝ loc. fig. *Faire pencher la balance* en faveur de qqch.* **3.** (sujet personne) *PENCHER VERS* (VX), *POUR :* être porté à choisir (qqch., qqn). → **penchant.** *Il penche pour la deuxième hypothèse.* SYN. **préférer.** **II** **v. tr.** Faire aller vers le bas. SYN. **incliner.** *Pencher une carafe pour verser de l'eau. Pencher la tête.* SYN. **courber, fléchir.** ➝ au p. passé *PENCHÉ, ÉE. La tour penchée de Pise. Écriture penchée.* **III** *SE PENCHER* **v. pron.** **1.** S'incliner. **2.** fig. *SE PENCHER SUR :* s'occuper de qqn avec sollicitude ; s'intéresser (à qqn ou à qqch.) avec curiosité. *Se pencher sur un problème.* SYN. **étudier, examiner.** CONTR. **redresser.**
ÉTYM. latin *pendicare,* de *pendere* «pendre».

PENDABLE [pɑ̃dabl] adj. ✦ loc. *C'est un cas pendable,* une action coupable. ➡ *Jouer un TOUR PENDABLE à qqn,* un mauvais tour.
ÉTYM. de *pendre,* suffixe *-able,* d'abord «qui mérite d'être pendu».

PENDAISON [pɑ̃dɛzɔ̃] n. f. 1. Action de pendre qqn. *Le supplice de la pendaison.* ➡ Ce supplice. *Être condamné à la pendaison.* SYN. **gibet, potence.** ♦ Action de se pendre (suicide). 2. Action de pendre, de suspendre qqch. *Pendaison de crémaillère*.*
ÉTYM. de *pendre.*

① **PENDANT, ANTE** [pɑ̃dɑ̃, ɑ̃t] adj. 1. Qui pend. *Les bras pendants.* SYN. **ballant.** 2. *Affaire, question pendante,* qui n'a pas reçu de solution (→ en suspens).
ÉTYM. du participe présent de *pendre.*

② **PENDANT** [pɑ̃dɑ̃] n. m. 1. *Pendants d'oreilles,* bijoux suspendus aux oreilles. SYN. **pendeloque.** 2. Chacun des deux objets d'art formant une paire. 3. *FAIRE PENDANT À ; SE FAIRE PENDANT :* être symétrique. *Les deux tours du château se font pendant.*
ÉTYM. du participe présent de *pendre.*

③ **PENDANT** [pɑ̃dɑ̃] prép. I 1. Dans le temps de. *Il a été malade pendant tout le voyage. Il est arrivé pendant la nuit.* SYN. au **cours** de. 2. Tout le temps qu'a duré (le complément). SYN. **durant.** *J'ai attendu pendant deux heures,* deux heures durant. *Pendant ce temps. Avant, pendant et après la guerre.* II *PENDANT QUE* loc. conj. : dans le même temps que ; dans tout le temps que. *Amusons-nous pendant que nous sommes jeunes. Pendant que j'y pense, je dois vous dire...,* puisque j'y pense. ➡ Alors que, tandis que. *Les uns s'amusent pendant que d'autres travaillent.*
ÉTYM. de ① *pendant.*

PENDARD, ARDE [pɑ̃daʀ, aʀd] n. ✦ VX Coquin, fripon, vaurien.
ÉTYM. de *pendre.*

PENDELOQUE [pɑ̃d(ə)lɔk] n. f. 1. Bijou suspendu à une boucle d'oreille. 2. Ornement suspendu à un lustre. *Des pendeloques de cristal.*
ÉTYM. d'un diminutif de *pendre.*

PENDENTIF [pɑ̃dɑ̃tif] n. m. ✦ Bijou que l'on porte suspendu à une chaîne, un collier.
ÉTYM. du latin *pendens, pendentis* «qui pend».

PENDERIE [pɑ̃dʀi] n. f. ✦ Petite pièce, placard où l'on suspend des vêtements.
ÉTYM. de *pendre.*

PENDILLER [pɑ̃dije] v. intr. (conjug. 3a) ✦ Être suspendu en se balançant, en s'agitant en l'air. *Le linge pendillait sur une corde.* ➡ On dit aussi (péj.) PENDOUILLER [pɑ̃duje] (conjug. 3a).
ÉTYM. de *pendre,* suffixe *-iller.*

PENDRE [pɑ̃dʀ] v. (conjug. 44) I v. intr. (choses) 1. Être fixé par le haut, la partie inférieure restant libre. *Casserole qui pend à un clou. Laisser pendre ses jambes.* 2. Descendre plus bas qu'il ne faudrait, s'affaisser. *Sa jupe pend par-derrière.* 3. loc. FAM. *Ça lui PEND AU NEZ,* se dit d'un désagrément dont qqn est menacé (par sa faute). II v. tr. 1. Fixer (qqch.) par le haut, la partie inférieure restant libre. SYN. **suspendre.** *Pendre son manteau.* SYN. **accrocher.** ➡ au p. passé *Du linge pendu aux fenêtres.* 2. Mettre à mort (qqn) en suspendant par le cou au moyen d'une corde. → **pendaison.** ➡ (dans des expr.) *Dire PIS QUE PENDRE de qqn.* → **médire.** ➡ FAM. *Je veux bien être pendu si... :* c'est impossible, faux... 3. loc. (au p. passé) *Avoir la langue BIEN PENDUE :* être très bavard. III *SE PENDRE* v. pron. 1. Se tuer, se suicider par pendaison. 2. Se tenir en laissant pendre (I) son corps. *Se pendre par les mains à une barre fixe.* SYN. se **suspendre.** ♦ fig., au p. passé *Être PENDU À :* ne pas quitter, ne pas laisser. *Elle est tout le temps pendue au téléphone.*
ÉTYM. latin *pendere.*

PENDU, UE [pɑ̃dy] n. ✦ Personne qui a été mise à mort par pendaison, ou qui s'est pendue. *«La Ballade des pendus»* (de Villon). ➡ loc. *Parler de corde dans la maison d'un pendu,* évoquer une chose gênante, qu'il fallait taire à ce moment précis.
ÉTYM. de *pendre.*

PENDULAIRE [pɑ̃dylɛʀ] adj. 1. Relatif au pendule. *Mouvement pendulaire.* 2. SOCIOL. *Migrants pendulaires :* personnes qui font des allers-retours entre leur domicile et leur lieu de travail.
ÉTYM. de ① *pendule.*

① **PENDULE** [pɑ̃dyl] n. m. 1. Masse suspendue à un point fixe par un fil tendu, qui oscille dans un plan fixe. *Oscillations, fréquence, période d'un pendule. Le pendule d'une horloge,* le balancier. 2. *Pendule de sourcier, de radiesthésiste,* servant à déceler les «ondes».
ÉTYM. latin *pendulus* «pendant, qui pend».

② **PENDULE** [pɑ̃dyl] n. f. ✦ Petite horloge, souvent munie d'un carillon qu'on pose ou qu'on applique. ➡ *Remettre les pendules à l'heure :* mettre les choses au point.
ÉTYM. de ① *pendule.*

PENDULETTE [pɑ̃dylɛt] n. f. ✦ Petite pendule portative. *Pendulette de voyage.*
ÉTYM. diminutif de ② *pendule.*

PÊNE [pɛn] n. m. ✦ Pièce mobile d'une serrure, qui s'engage dans une cavité (gâche) et tient fermé l'élément (porte, fenêtre) auquel la serrure est adaptée.
HOM. PEINE «chagrin ; effort», PENNE «plume»
ÉTYM. de l'ancien français *pesle,* du latin *pessulus* «verrou».

PÉNÉPLAINE [peneplɛn] n. f. ✦ GÉOGR. Région faiblement onduleuse, qui résulte de l'action prolongée de l'érosion.
ÉTYM. du latin *paene* «presque» et de *plaine.*

PÉNÉTRABLE [penetʀabl] adj. 1. Où il est possible de pénétrer. 2. Que l'on peut comprendre. *Mystère difficilement pénétrable.* SYN. **compréhensible.** CONTR. **impénétrable.**
ÉTYM. de *pénétrer.*

PÉNÉTRANT, ANTE [penetʀɑ̃, ɑ̃t] adj. 1. Qui transperce les vêtements, contre quoi on ne peut se protéger. *Une petite pluie pénétrante.* 2. Qui procure une sensation, une impression puissante. *Odeur pénétrante. Des regards pénétrants.* SYN. **perçant.** 3. (personne, esprit) Qui pénètre dans la compréhension des choses. SYN. **clair, clairvoyant, perspicace.** *Un esprit, un critique très pénétrant.* CONTR. **borné, obtus.**
ÉTYM. du participe présent de *pénétrer.*

PÉNÉTRANTE [penetʀɑ̃t] n. f. ✦ Grande voie de communication (autoroute) allant de la périphérie au cœur d'un centre urbain.
ÉTYM. de *pénétrant.*

PÉNÉTRATION [penetʀasjɔ̃] **n. f.** 1. Mouvement par lequel un corps pénètre dans un autre. *La force de pénétration d'un projectile.* – absolt *La pénétration* (du pénis, lors des relations sexuelles). SYN. **coït.** ♦ fig. *Favoriser la pénétration d'idées nouvelles.* 2. Facilité à comprendre, à connaître. SYN. **clairvoyance, perspicacité.** *Un esprit doué de beaucoup de pénétration.*
ÉTYM. latin *penetratio.*

PÉNÉTRÉ, ÉE [penetʀe] **adj.** ✦ Rempli, imprégné profondément (d'un sentiment, d'une conviction). SYN. **imbu,** ① **plein.** *Une mère pénétrée de ses devoirs. Pénétré de son importance. Un ton pénétré.* SYN. **convaincu.**

PÉNÉTRER [penetʀe] **v.** (conjug. 8) **I v. intr.** 1. (choses) Entrer profondément, en passant à travers ce qui fait obstacle. SYN. **s'enfoncer.** *Faire pénétrer qqch. dans...* → **introduire.** *Le soleil pénètre dans la chambre.* 2. (êtres vivants) Entrer. *Pénétrer dans une maison.* SYN. **s'introduire.** 3. fig. *Une habitude qui pénètre dans les mœurs.* **II v. tr.** 1. (sujet chose) Passer à travers, entrer profondément dans. *Liquide qui pénètre une substance.* SYN. **imbiber, imprégner.** – Procurer une sensation forte, intense à (qqn). SYN. **transpercer.** *La mélancolie pénètre son cœur.* SYN. **envahir, remplir.** 2. (sujet personne) Parvenir à connaître, à comprendre d'une manière poussée. SYN. **approfondir, percevoir, saisir.** *Pénétrer les intentions de qqn.* SYN. **deviner, percer, sonder.** **III** *SE PÉNÉTRER* **v. pron.** *Se pénétrer de,* s'imprégner de (une idée). CONTR. **affleurer, effleurer · se retirer,** ① **sortir.**
ÉTYM. latin *penetrare.*

PÉNIBLE [penibl] **adj.** 1. Qui se fait avec peine, avec fatigue. SYN. **ardu, difficile.** *Travail pénible.* SYN. **fatigant.** *Respiration pénible.* 2. Qui cause de la peine, de la douleur ou de l'ennui ; qui est moralement difficile. SYN. **désagréable ; cruel, déplorable, dur, triste.** *Vivre des moments pénibles.* SYN. **douloureux.** *Il m'est pénible de vous voir dans cet état.* 3. (personnes) FAM. Difficile à supporter. *Il a un caractère pénible, il est pénible.* CONTR. **aisé, facile · agréable, plaisant.**
ÉTYM. de *peine.*

PÉNIBLEMENT [peniblәmɑ̃] **adv.** 1. Avec peine, fatigue ou difficulté. *Il y est arrivé péniblement.* SYN. **difficilement.** 2. Avec douleur, souffrance. *Il en a été péniblement affecté.* SYN. **cruellement.** 3. À peine, tout juste. CONTR. **aisément, facilement · agréablement.**

PÉNICHE [peniʃ] **n. f.** ✦ Bateau de transport fluvial, à fond plat. SYN. **barge,** ① **chaland.**
ÉTYM. anglais *pinnace,* empr. au français *pinasse.*

PÉNICILLINE [penisilin] **n. f.** ✦ Antibiotique provenant d'une moisissure ou obtenu par synthèse, utilisé dans le traitement de nombreuses maladies infectieuses. *La pénicilline est le premier antibiotique connu.*
ÉTYM. anglais *penicillin,* du latin *penicillum* «pinceau».

PÉNIL [penil] **n. m.** ✦ ANAT. Saillie arrondie au-dessus du sexe de la femme, appelée aussi *mont de Vénus.*
ÉTYM. latin *pectiniculum,* diminutif de *pecten* «peigne».

PÉNINSULAIRE [penɛ̃sylɛʀ] **adj.** ✦ Relatif à une péninsule, à ses habitants.

PÉNINSULE [penɛ̃syl] **n. f.** ✦ Grande presqu'île ; région ou pays qu'entoure la mer de tous côtés sauf un. → **cap, presqu'île.** *La péninsule Ibérique,* l'Espagne et le Portugal.
ÉTYM. latin *paeninsula,* de *paene* «presque» et *insula* «île».

PÉNIS [penis] **n. m.** ✦ ANAT. Organe sexuel de l'homme, permettant le coït par son érection. SYN. **phallus, sexe, verge.**
ÉTYM. latin *penis.*

PÉNITENCE [penitɑ̃s] **n. f.** 1. *La pénitence,* profond regret, remords d'avoir offensé Dieu, accompagné de l'intention de réparer ses fautes. SYN. **contrition,** ② **repentir.** *Faire pénitence* : se repentir. *Sacrement de la pénitence.* → **confession ; absolution.** 2. *Une pénitence.* Peine que le confesseur impose au pénitent. – Pratique pénible que l'on s'impose pour expier ses péchés. SYN. **mortification.** 3. (hors du contexte religieux) Châtiment, punition. – loc. *Par pénitence* : pour se punir. *Pour ta pénitence* : comme punition. *Mettre un enfant en pénitence.*
ÉTYM. latin *paenitentia,* de *paenitere* «se repentir».

PÉNITENCIER [penitɑ̃sje] **n. m.** ✦ Prison ; bagne. ♦ ancienn! Maison de correction.
ÉTYM. de *pénitence.*

PÉNITENT, ENTE [penitɑ̃, ɑ̃t] **n.** 1. Personne qui confesse ses péchés. 2. Membre d'une confrérie s'imposant volontairement des pratiques de pénitence. SYN. **ascète.** *Les Pénitents blancs.* CONTR. **impénitent.**
ÉTYM. latin *paenitens.*

PÉNITENTIAIRE [penitɑ̃sjɛʀ] **adj.** ✦ Qui concerne les prisons, les détenus. *Régime, système pénitentiaire.* SYN. **carcéral.** *Colonie, établissement pénitentiaire.* → **pénitencier, prison.**
ÉTYM. de *pénitence.*

PENNE [pɛn] **n. f.** ✦ Grande plume des ailes (SYN. **rémige**) et de la queue des oiseaux. HOM. PEINE «chagrin ; effort», PÊNE «partie d'une serrure»
ÉTYM. latin *penna.*

PENNÉ, ÉE [pene] **adj.** ✦ BOT. *Feuille pennée* : feuille composée dont les folioles sont disposées de part et d'autre d'un axe central, comme les barbes d'une plume. HOM. PEINER «causer du chagrin»
ÉTYM. famille de *penne.*

PENNY [peni], plur. **PENCE** [pɛns] **n. m.** ✦ Monnaie anglaise, autrefois le douzième du shilling ; depuis 1971, le centième de la livre sterling. *Dix pence.*
ÉTYM. mot anglais.

PÉNOMBRE [penɔ̃bʀ] **n. f.** ✦ Lumière faible, tamisée. SYN. **demi-jour ; clair-obscur.** *Il aperçut une silhouette dans la pénombre.*
ÉTYM. du latin *paene* «presque» et *umbra* «ombre».

PENSABLE [pɑ̃sabl] **adj.** ✦ (surtout en tournure négative) Que l'on peut admettre, imaginer. SYN. **concevable, imaginable.** *Ce n'est pas pensable.* CONTR. **impensable.**

PENSANT, ANTE [pɑ̃sɑ̃, ɑ̃t] **adj.** ✦ Qui a la faculté de penser. SYN. **intelligent.** *Un être pensant.*
ÉTYM. du participe présent de *penser.*

PENSE-BÊTE [pɑ̃sbɛt] **n. m.** ✦ Marque, note manuscrite destinée à rappeler ce que l'on doit faire. *Des pense-bêtes.*

① **PENSÉE** [pɑ̃se] **n. f.** **I** *LA PENSÉE* 1. Ce que qqn pense, sent, veut. *Laisse-moi deviner ta pensée. Transmission de pensée* (→ **télépathie**). – L'esprit. *Chasser qqn de sa pensée.* – *En pensée, par la pensée* : en esprit (et non réellement). *Voyager par la pensée.* 2. Activité psychique, faculté ayant pour objet la connaissance. SYN.

esprit, intelligence, raison ; entendement. *Le langage exprime et organise la pensée.* 3. *LA PENSÉE DE qqn*, sa réflexion, sa façon de penser ; sa capacité intellectuelle ; sa position intellectuelle. *La pensée d'un philosophe* (→ **philosophie**), *d'un savant* (→ ① **théorie**). *Je partage votre pensée là-dessus.* SYN. **opinion, point de vue.** 4. Manière de penser. *Pensée originale, profonde.* ➝ (propre à un groupe, une époque) *Les grands courants de la pensée contemporaine.* II *UNE, DES PENSÉES* 1. Représentations, images dans la conscience d'une personne. SYN. **idée ;** → **sentiment.** *De sombres pensées.* ➝ (affectif) *Avoir une pensée émue pour qqn.* ◆ au plur. Réflexions. *Mettre de l'ordre dans ses pensées. Perdre le fil de ses pensées. Lire dans les pensées de qqn. Être perdu, absorbé dans ses pensées.* → **méditation.** 2. Expression brève d'une idée. SYN. **maxime, sentence.** *Les « Pensées » de Pascal.* III *LA PENSÉE DE (qqn, qqch.)* : le fait de penser à. *La pensée de ses enfants le réconforta. Se réjouir à la pensée que les vacances approchent.*
HOM. voir ② pensée
ÉTYM. du participe passé de *penser.*

② **PENSÉE** [pɑ̃se] n. f. ✦ Petite plante ornementale aux fleurs veloutées et très colorées. ➝ *Pensée sauvage.*
HOM. PENSER « réfléchir », PANSER « soigner »
ÉTYM. de ① *pensée*, cette fleur est l'emblème du souvenir.

PENSER [pɑ̃se] v. (conjug. 3a) I v. intr. 1. Appliquer son esprit à concevoir, à juger qqch. SYN. ① **juger, raisonner, réfléchir.** ➝ loc. *Une chose qui laisse, qui donne à penser,* qui fait réfléchir. ➝ *La façon de penser de qqn,* son opinion. *Je vais te dire ma façon de penser.* 2. Exercer son activité cérébrale, avoir des pensées. *« Je pense, donc je suis »* (Descartes). *Les animaux pensent-ils ?* II v. tr. ind. *PENSER À.* SYN. **songer** à. 1. Appliquer sa réflexion, son attention à. SYN. **réfléchir.** *À quoi pensez-vous ? N'y pensons plus* : oublions cela. *SANS Y PENSER* : machinalement. 2. Évoquer par la mémoire ou l'imagination. *Je pense souvent à vous.* ➝ *FAIRE PENSER À.* → **évoquer, suggérer.** *Elle me fait penser à qqn.* 3. S'intéresser à. SYN. **s'occuper** de. *Penser aux autres ; à l'avenir. Ne penser qu'à soi, qu'à s'amuser.* 4. Avoir en mémoire. *J'essaierai d'y penser.* SYN. **se souvenir.** ◆ Avoir présent à l'esprit. ➝ *Sans penser à mal* : innocemment. *Ne penser à rien* : avoir l'esprit complètement libre. 5. Considérer en vue d'une action ou de l'avenir. *J'ai pensé à tout.* SYN. **prévoir.** *Je n'avais pas pensé à cela* (SYN. faire **attention**, prendre **garde**). *C'est simple, mais il fallait y penser.* III v. tr. 1. Avoir pour opinion, pour conviction. SYN. **estimer.** *Voilà ce que je pense.* ➝ *Penser du bien, du mal de qqn, de qqch. Qu'en pensez-vous ?* ➝ loc. *Il ne dit rien mais il n'en pense pas moins* : il garde pour lui son opinion ou ce qu'il sait. 2. (sens affaibli) Avoir l'idée de. SYN. **croire, imaginer, présumer, supposer.** *Il n'est pas si naïf qu'on le pense.* ➝ exclam., absolt *Tu penses !* (→ FAM. *tu parles !*). *Penses-tu !, pensez-vous !* : mais non, pas du tout. ➝ *PENSER QUE* : croire, avoir l'idée, la conviction que. *Vous pensez bien que je n'aurais jamais accepté ! Je pense que c'est possible.* ➝ *Je ne pense pas que* (+ subj.). ➝ *Il ne pensait pas le rencontrer ici.* SYN. **espérer, imaginer.** ➝ *Il pensa se trouver mal.* 3. Avoir dans l'esprit (comme idée, image, sentiment, volonté, etc.). *Il ne dit pas ce qu'il pense.* ➝ euphémisme *Un coup de pied où je pense,* au derrière. ➝ *PENSER QUE* : imaginer. *Pensez qu'elle n'a que seize ans !* 4. (+ inf.) Avoir l'intention, envisager de. SYN. **compter, projeter.** *Que pensez-vous faire à présent ?* 5. LITTÉR. Considérer clairement, organiser par la pensée. SYN. **concevoir.** *Penser une œuvre.* ➝ au p. passé *Un dispositif (bien) pensé,* intelligemment conçu, pratique.
HOM. PANSER « soigner », ① PENSÉE « esprit », ② PENSÉE « plante »
ÉTYM. latin *pensare,* de *pendere* « peser ».

PENSEUR [pɑ̃sœʀ] n. m. 1. Personne qui s'occupe, s'applique à penser. *« Le Penseur »* (☛ noms propres ; sculpture de Rodin). ➝ Personne qui a des pensées neuves et personnelles sur les problèmes généraux. → **philosophe, savant.** 2. *LIBRE PENSEUR* (voir ce mot).
ÉTYM. de *penser.*

PENSIF, IVE [pɑ̃sif, iv] adj. ✦ Qui est absorbé dans ses pensées. SYN. **songeur.** ➝ *Un air pensif.* SYN. **absent, rêveur, songeur.**
ÉTYM. de *penser.*

PENSION [pɑ̃sjɔ̃] n. f. I Allocation périodique versée à une personne. SYN. **dotation ;** → **retraite ;** ① **bourse.** *Pension alimentaire. Pension d'invalidité.* II 1. (dans des expr.) Fait d'être nourri et logé chez qqn. *Prendre pension dans un hôtel.* ➝ *EN PENSION. Prendre qqn chez soi en pension.* 2. *PENSION DE FAMILLE* : établissement hôtelier où les conditions d'hébergement, de nourriture ont un aspect familial. 3. Établissement scolaire assurant hébergement et nourriture. SYN. **internat, pensionnat.** *Mettre un enfant en pension.*
ÉTYM. latin *pensio* « pesée ; paiement », de *pendere* « peser ; payer ».

PENSIONNAIRE [pɑ̃sjɔnɛʀ] n. 1. Acteur, actrice qui reçoit un traitement fixe. *Pensionnaires et sociétaires de la Comédie-Française.* 2. Personne qui prend pension chez un particulier ou dans un hôtel. 3. Élève interne dans une pension. *Les pensionnaires, les demi-pensionnaires et les externes.*
ÉTYM. de *pension.*

PENSIONNAT [pɑ̃sjɔna] n. m. ✦ Établissement d'enseignement privé où les élèves sont logés et nourris. SYN. **internat, pension.**
ÉTYM. de *pension.*

PENSIONNÉ, ÉE [pɑ̃sjɔne] n. et adj. ✦ (Personne) qui bénéficie d'une pension (I).
ÉTYM. de *pensionner.*

PENSIONNER [pɑ̃sjɔne] v. tr. (conjug. 3a) ✦ Pourvoir (qqn) d'une pension.
ÉTYM. de *pension.*

PENSIVEMENT [pɑ̃sivmɑ̃] adv. ✦ D'une manière pensive, d'un air pensif.

PENSUM [pɛ̃sɔm] n. m. 1. VIEILLI Travail supplémentaire imposé à un élève par punition. *Des pensums.* 2. LITTÉR. Travail ennuyeux. *Quel pensum, cette réunion !* SYN. **corvée.**
ÉTYM. mot latin « poids ; tâche ».

> **PENT(A)-** Élément savant, du grec *pente* « cinq » (ex. *pentamètre* n. m. « vers de cinq pieds »).

PENTAGONAL, ALE, AUX [pɛ̃tagɔnal, o] adj. ✦ En forme de pentagone (1) ; dont la base est un pentagone.

PENTAGONE [pɛ̃tagɔn] n. m. 1. GÉOM. Polygone qui a cinq angles et cinq côtés. 2. (☛ noms propres) *Le Pentagone* : l'état-major des forces armées des États-Unis, qui occupe à Washington un bâtiment pentagonal.
ÉTYM. latin *pentagonum,* du grec → penta- et ① -gone.

A B C D E F G H I J K L M N O P Q R S T U V W X Y Z

PENTATHLON [pɛ̃tatlɔ̃] n. m. ✦ Ensemble de cinq épreuves sportives. *Pentathlon antique ; moderne* (tir, natation, escrime, équitation, cross).
► **PENTATHLONIEN, IENNE** [pɛ̃tatlɔnjɛ̃, jɛn] n.
ÉTYM. mot grec, de *penta* «cinq» et *athlon* «combat».

PENTE [pɑ̃t] n. f. **I** 1. Inclinaison (d'une surface) par rapport à l'horizontale. SYN. **déclivité**. *Pente douce, raide, rapide.* – (route) *Une pente de dix pour cent.* 2. Direction de l'inclinaison selon laquelle une chose est entraînée. *Suivre la pente* (en descendant). loc. fig. *Suivre sa pente,* son penchant dominant, son goût. 3. *EN PENTE* : qui n'est pas horizontal. *Terrain, chemin en pente* (→ **pentu**). **II** Surface oblique. 1. Surface inclinée. *Gravir une pente.* SYN. ② **côte**. *Dévaler la pente.* SYN. **descente**. *Les pentes d'une montagne.* SYN. **versant** ; → **remonte-pente**. – *La pente d'un toit.* 2. fig. Ce qui incline la vie vers la facilité, le mal. loc. *Être sur une* (ou *la*) *mauvaise pente. Remonter la pente* : rétablir au prix d'un effort une situation compromise.
ÉTYM. latin populaire *pendita*, de *pendere* «pendre».

PENTECÔTE [pɑ̃tkot] n. f. 1. Fête chrétienne célébrée le septième dimanche après Pâques pour commémorer la descente du Saint-Esprit sur les apôtres. *Le lundi de (la) Pentecôte* (☞ noms propres). 2. Fête juive célébrée sept semaines après le deuxième jour de la pâque.
ÉTYM. latin ecclésiastique *pentecoste*, du grec «cinquantième (jour après Pâques)».

PENTHOTAL [pɛ̃tɔtal] n. m. ✦ Barbiturique communément appelé *sérum* de vérité.*
ÉTYM. de *penthiobarbital* → pent(a)-, thio- et barbiturique.

PENTU, UE [pɑ̃ty] adj. ✦ En pente, fortement incliné. *Un toit pentu. Une rue pentue.*
ÉTYM. de *pente*.

PENTURE [pɑ̃tyʀ] n. f. ✦ Ferrure décorative d'un battant (porte, volet).
ÉTYM. de *pente*.

PÉNULTIÈME [penyltjɛm] adj. ✦ DIDACT. Avant-dernier. – n. f. Avant-dernière syllabe. *La pénultième et l'antépénultième.*
ÉTYM. latin *paenultimus*, de *paene* «presque» et *ultimus* «dernier».

PÉNURIE [penyʀi] n. f. ✦ Manque de ce qui est nécessaire. *Pénurie de blé.* SYN. **carence, défaut** ; → **rareté**. *Période de pénurie.* – *Pénurie de devises.* CONTR. **abondance, profusion**.
ÉTYM. latin *penuria*.

PÉON [peɔ̃] n. m. ✦ Gardien de bétail, ouvrier agricole, paysan pauvre, en Amérique du Sud.
ÉTYM. espagnol *peón*, du bas latin *pedo* «piéton».

PEOPLE [pipœl] adj. invar. et n. m. invar. ✦ anglicisme 1. Qui concerne les vedettes, leur vie privée. *La presse people.* 2. n. m. pl. Ces vedettes. *Les people.*
ÉTYM. mot anglais.

PÉPÉ [pepe] n. m. ✦ FAM. 1. langage enfantin Grand-père. *Pépé et mémé.* 2. Homme âgé. *Un petit pépé.* SYN. **papi**.
HOM. PÉPÉE «femme»
ÉTYM. de *père*.

PÉPÉE [pepe] n. f. ✦ FAM. Femme, jeune fille. *Une belle pépée.* HOM. PÉPÉ «grand-père»
ÉTYM. de *poupée*.

PÉPÈRE [pepɛʀ] n. m. et adj. **I** n. m. FAM. 1. langage enfantin Grand-père. SYN. **pépé**. 2. Gros homme, gros enfant paisible, tranquille. *Un gros pépère.*
II adj. Agréable, tranquille. SYN. **peinard**. *Un petit coin pépère.* – *Un boulot pépère.*
ÉTYM. de *père*.

PÉPIE [pepi] n. f. ✦ FAM. *Avoir la pépie* : avoir très soif.
ÉTYM. latin *pituita* «mucus».

PÉPIEMENT [pepimɑ̃] n. m. ✦ Petit cri des jeunes oiseaux. – spécialt Cri du moineau.
ÉTYM. de *pépier*.

PÉPIER [pepje] v. intr. (conjug. 9) ✦ (jeunes oiseaux) Pousser de petits cris brefs et aigus. *Les poussins pépient.*
ÉTYM. onomatopée.

① **PÉPIN** [pepɛ̃] n. m. 1. Graine de certains fruits (raisins, baies, agrumes, pommes, poires, etc.). *Ôter les pépins.* 2. FAM. Ennui, complication, difficulté.
ÉTYM. d'un radical onomatopéique *pep-* «petit».

② **PÉPIN** [pepɛ̃] n. m. ✦ FAM. Parapluie.
ÉTYM. origine obscure.

PÉPINIÈRE [pepinjɛʀ] n. f. 1. Terrain où l'on fait pousser de jeunes arbres destinés à être replantés ou à recevoir des greffes. 2. fig. Ce qui fournit un grand nombre de personnes qualifiées. *Ce pays est une pépinière de savants.* SYN. **vivier**.
ÉTYM. de ① *pépin*.

PÉPINIÉRISTE [pepinjeʀist] n. ✦ Personne qui cultive une pépinière. → **arboriculteur**.
ÉTYM. de *pépinière*.

PÉPITE [pepit] n. f. ✦ Morceau d'or natif (naturel) sans gangue.
ÉTYM. espagnol *pepita* «pépin».

PÉPLUM [peplɔm] n. m. 1. ANTIQ. GRECQUE Vêtement de femme, sans manches, qui s'agrafait sur l'épaule. *Des péplums.* 2. Film à grand spectacle sur l'Antiquité. *Un péplum hollywoodien.*
ÉTYM. latin *peplum*, du grec.

PEPSINE [pɛpsin] n. f. ✦ Enzyme du suc gastrique qui décompose les protéines alimentaires.
ÉTYM. du grec *pepsis* «digestion».

PEPTIDE [pɛptid] n. m. ✦ BIOCHIM. Protide formé par deux acides aminés au minimum.
ÉTYM. de *pep(sine)* et *(pro)tide*.

PÉQUENAUD, AUDE [pɛkno, od] n. ✦ FAM. et péj. Paysan.
ÉTYM. origine obscure.

PER- Élément, du latin *per* «à travers».

PERCALE [pɛʀkal] n. f. ✦ Tissu de coton, fin et serré.
ÉTYM. mot anglais, du persan, par l'Inde.

PERÇANT, ANTE [pɛʀsɑ̃, ɑ̃t] adj. 1. Qui voit au loin. *Avoir une vue perçante.* – *Des yeux perçants,* vifs et brillants. 2. (son) Aigu et fort. *Des cris perçants.* SYN. **strident**. *Voix perçante.* HOM. PERSAN «de Perse»
ÉTYM. du participe présent de *percer*.

PERCE [pɛʀs] n. f. ✦ loc. *Mettre en perce* : faire une ouverture à (un tonneau) pour en tirer le contenu.
ÉTYM. de *percer*.

PERCÉE [pɛʀse] **n. f.** **1.** Ouverture qui ménage un passage ou une perspective. *Ouvrir une percée dans une forêt.* SYN. **trouée.** **2.** Action de percer, de rompre les défenses d'un adversaire. SYN. ① **brèche.** *Tenter une percée.* **3.** fig. Progrès spectaculaire. SYN. **avancée.**
ÉTYM. du participe passé de *percer.*

PERCEMENT [pɛʀsəmɑ̃] **n. m.** ✦ Action de percer, de pratiquer (une ouverture, un passage). *Le percement d'un tunnel.*
ÉTYM. de *percer.*

PERCE-NEIGE [pɛʀsənɛʒ] **n. m.** ou **n. f.** ✦ Plante à fleurs blanches qui s'épanouissent à la fin de l'hiver. *Des perce-neiges* ou *des perce-neige* (invar.).

PERCE-OREILLE [pɛʀsɔʀɛj] **n. m.** ✦ Insecte inoffensif dont l'abdomen se termine par une sorte de pince. *Des perce-oreilles.*

PERCEPTEUR, TRICE [pɛʀsɛptœʀ, tʀis] **n.** ✦ Comptable public chargé de la perception des impôts directs, des amendes.
ÉTYM. du latin *perceptus,* de *percipere* «recueillir, recevoir».

PERCEPTIBLE [pɛʀsɛptibl] **adj.** **1.** Qui peut être perçu par les sens. SYN. **visible ; audible ; appréciable, sensible.** *Des détails perceptibles à l'œil nu.* **2.** Qui peut être compris, saisi par l'esprit. *Une ironie à peine perceptible.* CONTR. **imperceptible, insensible.**
ÉTYM. latin *perceptibilis.*

PERCEPTIF, IVE [pɛʀsɛptif, iv] **adj.** ✦ DIDACT. Relatif à la perception (I).

PERCEPTION [pɛʀsɛpsjɔ̃] **n. f.** **I** **1.** Réunion de sensations en images mentales (→ **percevoir,** I, 2). *Perception visuelle, auditive, tactile. Troubles de la perception.* **2.** LITTÉR. Prise de connaissance, sensation, intuition. SYN. **impression.** *Perception du monde.* **II** **1.** Opération par laquelle l'Administration du fisc recouvre les impôts directs (→ **percepteur**). *Recette-perception.* **2.** Emploi, fonction de percepteur. — Bureau du percepteur. SYN. **recette.**
ÉTYM. latin *perceptio.*

PERCER [pɛʀse] **v.** (conjug. 4) **I** **v. tr.** **1.** Faire un trou dans (un objet). SYN. **perforer, trouer.** *Percer un mur.* — Traverser, trouer (une partie du corps). *Se faire percer les oreilles. Percer un abcès.* SYN. **crever, inciser, ouvrir.** **2.** VIEILLI Blesser à l'aide d'une arme pointue. *Percer qqn de nombreux coups.* SYN. **cribler.** — loc. fig. *Percer le cœur :* affliger, faire souffrir. **3.** Pratiquer dans (qqch.) une ouverture pouvant servir de passage, d'accès. *Percer un coffre-fort.* **4.** Traverser (une protection, un milieu intermédiaire). SYN. **transpercer.** *Le soleil perce les nuages. — Cri qui perce le tympan.* SYN. **déchirer ;** → **perçant.** **5.** LITTÉR. Parvenir à découvrir (un secret, un mystère). SYN. **déceler, pénétrer.** *On n'a jamais pu percer ce mystère.* — loc. *Percer à jour.* **6.** Pratiquer, faire (une ouverture). *Percer un trou.* SYN. **forer.** *Percer un tunnel, une avenue, une fenêtre.* **II** **v. intr.** **1.** Se frayer un passage en faisant une ouverture, un trou. — *Les premières dents du bébé ont percé. Abcès qui perce.* SYN. **crever.** — (personnes) *L'avant-centre perce* (→ **percée**). **2.** fig. Se déceler, se manifester, se montrer. *Rien n'a percé de leur entretien.* SYN. **filtrer, transpirer.** **3.** Acquérir la notoriété. SYN. **réussir.** *Un acteur qui commence à percer.* CONTR. ① **boucher, clore, fermer, obstruer.**
► **PERCÉ, ÉE adj.** *Souliers percés.* — loc. *Panier* percé. — Chaise* percée.*
ÉTYM. latin *pertusiare.*

PERCEUSE [pɛʀsøz] **n. f.** ✦ Machine-outil (foreuse, fraiseuse) utilisée pour percer des trous dans des matériaux durs. → **vilebrequin.**
ÉTYM. de *percer.*

PERCEVABLE [pɛʀsəvabl] **adj.** ✦ DIDACT. Qui peut être perçu (argent).
ÉTYM. de *percevoir.*

PERCEVOIR [pɛʀsəvwaʀ] **v. tr.** (conjug. 32) **I** **1.** Comprendre, parvenir à connaître. SYN. **discerner, distinguer, saisir, sentir.** *Percevoir une hésitation, une nuance.* **2.** Avoir conscience de (une sensation). SYN. **sentir ;** → **perception.** *Il perçut une présence. — Les chiens perçoivent les ultrasons.* **II** Recevoir (une somme d'argent). SYN. **encaisser.** *Percevoir un loyer.* SYN. ① **toucher.** — spécialt Recueillir (le montant d'un impôt, d'une taxe). SYN. ① **lever, recouvrer ;** → **percepteur, perception.** — au p. passé *Droits perçus.* CONTR. **payer, verser.**
ÉTYM. latin *percipere.*

① **PERCHE** [pɛʀʃ] **n. f.** ✦ Poisson d'eau douce, à chair estimée.
ÉTYM. latin *perca,* du grec.

② **PERCHE** [pɛʀʃ] **n. f.** **1.** Grande tige (de bois, de métal...). SYN. **gaule ;** ① **gaffe ; tuteur.** — *Les perches d'un téléski.* — *Perche à son,* qui supporte le micro. ♦ *SAUT À LA PERCHE :* saut en hauteur en prenant appui sur une perche (→ **perchiste**). **2.** loc. *TENDRE LA PERCHE à qqn,* lui fournir une occasion de se tirer d'embarras. **3.** FAM. Personne grande et maigre. SYN. **échalas.**
ÉTYM. latin *pertica.*

PERCHER [pɛʀʃe] **v.** (conjug. 3a) **I** **v. intr.** **1.** (oiseaux) Se mettre, se tenir sur une branche, un perchoir. **2.** FAM. (personnes) Loger, habiter. SYN. **demeurer.** *Où est-ce qu'il perche ?* SYN. **crécher.** **II** **v. tr.** FAM. Placer à un endroit élevé. SYN. **jucher.** *Pourquoi percher ce vase sur l'armoire ?* **III** *SE PERCHER* **v. pron.** Se mettre, se tenir sur un endroit élevé. SYN. **se jucher,** ① **grimper.**
► **PERCHÉ, ÉE p. passé** **1.** *Oiseau perché sur un arbre.* **2.** *Une voix haut perchée,* aiguë.
ÉTYM. de ② *perche.*

PERCHERON, ONNE [pɛʀʃəʀɔ̃, ɔn] **n. m.** et **adj.** ✦ **n. m.** Grand et fort cheval de trait. — **adj.** *Jument percheronne.*
ÉTYM. de *Perche,* nom d'une région française. ☛ noms propres.

PERCHISTE [pɛʀʃist] **n.** **1.** Sauteur à la perche. **2.** Technicien qui tient la perche à son. **3.** Personne qui vérifie le paiement et tend les perches d'un remonte-pente aux skieurs.
ÉTYM. de ② *perche.*

PERCHOIR [pɛʀʃwaʀ] **n. m.** **1.** Endroit où viennent se percher les oiseaux domestiques, les volailles. SYN. **juchoir.** **2.** FAM. (personnes) Siège, endroit élevé. *Descends de ton perchoir !*
ÉTYM. de *percher.*

PERCLUS, USE [pɛʀkly, yz] **adj.** ✦ Qui a de la peine à se mouvoir. *Être perclus, percluse de rhumatismes, de douleurs.* — LITTÉR. *Un vieillard perclus.* SYN. **impotent.**
ÉTYM. latin *perclusus.*

PERCOLATEUR [pɛʀkɔlatœʀ] **n. m.** ✦ Appareil à vapeur sous pression qui sert à faire du café en grande quantité. — abrév. FAM. PERCO [pɛʀko].
ÉTYM. du latin *percolare* «filtrer».

A B C D E F G H I J K L M N O P Q R S T U V W X Y Z

PERCOLATION [pɛʀkɔlasjɔ̃] **n. f.** ✦ DIDACT. Passage d'une substance à travers une matière absorbante.
ÉTYM. du radical de *percolateur.*

PERÇU, UE [pɛʀsy] ✦ Participe passé de *percevoir.*

PERCUSSION [pɛʀkysjɔ̃] **n. f. 1.** Action de frapper, de heurter ; choc qui en résulte. *Perceuse à percussion.* ➙ *Arme à percussion* (➙ **percuteur**). **2.** MUS. *Instrument à* (ou *de*) *percussion,* dont on joue en le frappant et dont le rôle est surtout rythmique (cymbales, grosse caisse, tambour). ➙ *La percussion.* SYN. **batterie.**
ÉTYM. latin *percussio* → percuter.

PERCUSSIONNISTE [pɛʀkysjɔnist] **n.** ✦ Musicien qui joue d'un ou plusieurs instruments à percussion.
ÉTYM. de *percussion.*

PERCUTANÉ, ÉE [pɛʀkytane] **adj.** ✦ MÉD. Qui se fait par absorption à travers la peau.
ÉTYM. de *per-* et *cutané.*

PERCUTANT, ANTE [pɛʀkytɑ̃, ɑ̃t] **adj. 1.** Qui donne un choc. ➙ *Obus percutant,* qui éclate lors de l'impact. **2.** fig. Qui frappe par sa netteté brutale, qui produit un choc psychologique. *Une formule percutante.* SYN. **frappant, saisissant.**
ÉTYM. du participe présent de *percuter.*

PERCUTER [pɛʀkyte] **v.** (conjug. 3a) **I v. tr.** Frapper, heurter (qqch.). *La voiture a percuté un camion.* **II v. intr. 1.** Heurter en explosant. **2.** *Percuter contre, sur,* heurter violemment. *La voiture est allée percuter contre un arbre.*
ÉTYM. latin *percutere.*

PERCUTEUR [pɛʀkytœʀ] **n. m. 1.** Dans une arme à feu, Pièce métallique destinée à frapper l'amorce et à la faire détoner. **2.** Outil préhistorique servant à frapper une roche pour en tirer des éclats.
ÉTYM. de *percuter.*

PERDANT, ANTE [pɛʀdɑ̃, ɑ̃t] **n. et adj. 1. n.** Personne qui perd au jeu, dans une affaire, une compétition. SYN. **battu, vaincu.** ➙ **loc.** *Être bon, mauvais perdant :* accepter sa défaite avec bonne ou mauvaise grâce. **2. adj.** Qui perd. *Les numéros perdants.* ➙ *Partir perdant.* CONTR. **gagnant.**
ÉTYM. du participe présent de *perdre.*

PERDITION [pɛʀdisjɔ̃] **n. f. 1.** RELIG. Éloignement de l'Église et des voies du salut ; ruine de l'âme par le péché. ➙ **loc.** COUR. *Lieu de perdition,* de débauche. **2.** *Navire EN PERDITION,* en danger de faire naufrage. SYN. **détresse.** ➙ **fig.** *Une entreprise en perdition.*
ÉTYM. bas latin *perditio.*

PERDRE [pɛʀdʀ] **v. tr.** (conjug. 44) **I** (sens passif) Être privé de la possession ou de la disposition de (qqch.). **1.** Ne plus avoir (un bien). *Perdre tout son argent au jeu.* ➙ *Perdre son emploi.* ➙ *Perdre ses illusions.* ➙ **loc.** *N'avoir plus rien à perdre.* ➙ (menace) *Il ne perd rien pour attendre,* il sera puni plus tard. **2.** Être séparé de (qqn) par la mort. *Perdre ses parents.* ➙ Ne plus avoir (un compagnon, un ami, etc.). **3.** Cesser d'avoir (une partie de soi ; une qualité). *Perdre ses cheveux.* ➙ *Perdre du poids. Perdre le souffle. Perdre l'appétit. Perdre la vie :* mourir. ➙ *Perdre la raison, la tête :* devenir fou. *Perdre la mémoire.* ➙ *Perdre connaissance :* s'évanouir. *Perdre courage. Perdre patience.* ➙ *L'avion perd de l'altitude.* **4.** Ne plus avoir en sa possession (ce qui n'est ni détruit ni pris). SYN. **égarer.** *Perdre ses clés. J'ai perdu votre adresse.* **5.** Laisser s'échapper. *Il a maigri, il perd son pantalon.* ➙ *Le blessé perd beaucoup de sang.* ◆ **fig.** *Ne pas perdre une miette de la conversation.* ➙ **loc.** *PERDRE DE VUE :* ne plus voir ; **spécialt** ne plus fréquenter (qqn), ne plus penser à (qqch.). **6.** Ne plus pouvoir suivre, contrôler. *Perdre son chemin.* ➙ **loc.** *Perdre pied*. Perdre le nord*.* **7.** Ne pas profiter de (qqch.), en faire mauvais usage. SYN. **dissiper, gâcher, gaspiller.** *Perdre du temps, son temps. Il n'y a pas un instant à perdre.* **8.** Ne pas obtenir ou ne pas garder (un avantage). ➙ *Perdre du terrain*.* ➙ Ne pas remporter. *Perdre la partie. Perdre une bataille, un procès, un pari.* ➙ **absolt** Être le perdant. *Avoir horreur de perdre.* **II** (sens actif) Priver (qqn) de la possession ou de la disposition de biens, d'avantages. **1.** Priver de sa réputation, de sa situation. *Son ambition le perdra.* ◆ **spécialt** Faire condamner. *Le témoignage de son complice l'a perdu.* **2.** VX ou LITTÉR. Corrompre, pervertir. ➙ **spécialt** (RELIG.) Damner (➙ **perdition**). **3.** Mettre hors du bon chemin. SYN. **égarer.** *Je crois que notre guide nous a perdus.* **III** *SE PERDRE* **v. pron. 1.** Être réduit à rien ; cesser d'exister. *Les traditions se perdent.* **2.** Être mal utilisé, ne servir à rien. *Laisser se perdre,* **ellipt** *laisser perdre une occasion.* **3.** Cesser d'être perceptible. SYN. **disparaître.** *Des silhouettes qui se perdent dans la nuit.* SYN. se **fondre. 4.** S'égarer ; ne plus retrouver son chemin. *Nous nous sommes perdus.* ➙ **fig.** *Se perdre dans les détails.* ➙ *L'intrigue est trop compliquée, on s'y perd.* **5.** *SE PERDRE DANS, EN :* appliquer entièrement son esprit au point de n'avoir conscience de rien d'autre. SYN. s'**absorber,** se **plonger.** *Se perdre dans ses pensées.* **6.** VX ou LITTÉR. Causer sa propre ruine. ➙ **spécialt** (RELIG.) Se damner (➙ **perdition**). CONTR. **acquérir, conserver, détenir, gagner, garder, obtenir, posséder, récupérer, retrouver, trouver • profiter** de • **remporter • sauver.**
ÉTYM. latin *perdere.*

PERDREAU [pɛʀdʀo] **n. m.** ✦ Jeune perdrix de l'année. ➙ **loc.** FAM. *Ne pas être un perdreau de l'année :* avoir un certain âge ; avoir de l'expérience.
ÉTYM. de l'ancien français *perdriel,* de *perdrix* et *gallus* (du latin « coq »).

PERDRIX [pɛʀdʀi] **n. f.** ✦ Oiseau de taille moyenne, au plumage roux (*perdrix rouge* ➙ **bartavelle**) ou gris cendré *(perdrix grise),* très apprécié comme gibier.
ÉTYM. latin *perdix,* du grec.

PERDU, UE [pɛʀdy] **adj. I** Qui a été perdu (➙ **perdre,** I). **1.** Dont on n'a plus la possession, la jouissance. *Regagner l'argent perdu. Tout est perdu :* il n'y a plus d'espoir, plus de remède. ➙ **prov.** *Un(e) de perdu(e), dix de retrouvé(e)s,* la perte sera facilement réparable. **2.** Égaré. *Objets perdus.* ➙ (lieu) Écarté ; éloigné, isolé. *Un coin perdu.* **3.** Mal contrôlé, abandonné au hasard. *Il a été blessé par une balle perdue,* qui a manqué son but et l'a atteint par hasard. **4.** Qui a été mal utilisé ou ne peut plus être utilisé. *Verre, emballage perdu* (opposé à *consigné*). ➙ *Occasion perdue.* SYN. **manqué.** ➙ *Du temps perdu,* inutilement employé. *À mes (ses...) moments perdus,* de loisir. **5.** Où on a eu le dessous. *Causes perdues.* **II** Qui a été perdu, atteint sans remède (par le fait d'une personne ou d'une chose). **1.** Atteint dans sa santé. *Le malade est perdu.* SYN. **condamné, incurable.** ➙ Atteint dans sa fortune, sa situation. *C'est un homme perdu.* SYN. **fini.** ➙ VIEILLI *Fille perdue :* prostituée. **2.** Abîmé, endommagé. *Fruits perdus,* gâtés. **III** Qui se perd, qui s'est perdu. *Enfant perdu.* ➙ *Le regard perdu dans le lointain.* ➙ **fig.** *Se sentir perdu.* SYN. **désemparé.** ➙ **n.** (dans des loc.) *Crier, rire*

comme un perdu, un fou.
ÉTYM. participe passé de *perdre.*

PERDURER [pɛʀdyʀe] **v. intr.** (conjug. 3a) ✦ VX ou LITTÉR. Durer toujours, se perpétuer. *Le marasme perdure.*
ÉTYM. latin *perdurare.*

PÈRE [pɛʀ] **n. m.** 1. Homme qui a engendré, donné naissance à un ou plusieurs enfants (→ **patr(i)-**). *Être, devenir père. Être (le) père de deux enfants.* ➝ *Père biologique*. Le père et la mère :* les parents. ➝ *Meurtre du père* (→ **parricide**). ➝ loc. prov. *Tel père, tel fils.* ➝ appellatif *Oui, père !* SYN. **papa.** 2. *PÈRE DE FAMILLE,* qui a un ou plusieurs enfants qu'il élève. SYN. **chef** de famille. ➝ loc. *En bon père de famille :* sagement, sans risque. 3. Le parent mâle (d'un être vivant sexué). *Le père de ce poulain est un pur-sang.* 4. au plur. LITTÉR. Les ancêtres, les aïeux. *L'héritage de nos pères.* 5. *Dieu le Père,* la première personne de la sainte Trinité. 6. fig. *Le père de qqch.* SYN. **créateur, fondateur, inventeur.** *Einstein, le père de la relativité.* 7. Celui qui se comporte comme un père, est considéré (en droit) comme un père. *Père légal, adoptif. Il a été un père pour moi.* 8. (titre de respect) Religieux. *Les Pères Blancs. Être élevé chez les Pères.* ➝ *Le Saint-Père.* → **pape.** ➝ *Les Pères de l'Église,* les docteurs de l'Église (du Ier au VIe siècle). ➝ (appellatif) *Mon Père.* 9. FAM. avant le nom de famille Désignant un homme mûr de condition modeste. *« Le Père Goriot »* (de Balzac). ➝ loc. *Le coup du père François,* un coup mortel sur la nuque. ➝ *Le père Noël*.* ➝ loc. *UN GROS PÈRE :* un gros homme placide. → **pépère.** *UN PÈRE TRANQUILLE :* un homme paisible. HOM. ② PAIR « divisible par deux », PAIRE « couple », PERS « bleu (yeux) »
ÉTYM. latin *pater, patris.*

PÉRÉGRINATION [peʀegʀinasjɔ̃] **n. f.** 1. VX Voyage en pays lointain. 2. MOD. au plur. Déplacements incessants en de nombreux endroits.
ÉTYM. latin *peregrinatio.*

PÉREMPTION [peʀɑ̃psjɔ̃] **n. f.** 1. DR. Anéantissement des actes de procédure après un certain délai. 2. COUR. *Date de péremption :* date à laquelle un produit est périmé.
ÉTYM. latin *peremptio,* de *perimere* « détruire ».

PÉREMPTOIRE [peʀɑ̃ptwaʀ] **adj.** 1. DR. Relatif à la péremption. 2. COUR. Qui détruit d'avance toute objection ; contre quoi on ne peut rien répliquer. SYN. **décisif, tranchant.** *Argument péremptoire.* ➝ *D'un ton péremptoire.* SYN. **catégorique.** CONTR. **hésitant, incertain.**
► **PÉREMPTOIREMENT** [peʀɑ̃ptwaʀmɑ̃] **adv.**
ÉTYM. latin *peremptorius.*

PÉRENNE [peʀɛn] **adj.** ✦ DIDACT. ou LITTÉR. Qui dure longtemps, qui est perpétuel. *Une tradition pérenne.*
ÉTYM. latin *perennis* « qui dure un an *(annus)* ».

PÉRENNISER [peʀenize] **v. tr.** (conjug. 3a) ✦ DIDACT. Rendre durable, éternel.
► **PÉRENNISATION** [peʀenizasjɔ̃] **n. f.**
ÉTYM. de *pérenne.*

PÉRENNITÉ [peʀenite] **n. f.** ✦ DIDACT. ou LITTÉR. État, caractère de ce qui dure toujours (SYN. **continuité, perpétuité**), ou très longtemps. *La pérennité de l'espèce.* CONTR. **brièveté.**
ÉTYM. latin *perennitas.*

PÉRÉQUATION [peʀekwasjɔ̃] **n. f.** ✦ DR., ÉCON. Répartition égalitaire de charges ou de moyens.
ÉTYM. latin *peraequatio,* de *peraequare* « égaliser ».

PERESTROÏKA [peʀɛstʀɔika] **n. f.** ✦ Politique libérale de « reconstruction », en U. R. S. S. (1986-1991). ➝ On peut aussi écrire *pérestroïka.*
ÉTYM. mot russe.

PERFECTIBLE [pɛʀfɛktibl] **adj.** ✦ Susceptible d'être amélioré.
► **PERFECTIBILITÉ** [pɛʀfɛktibilite] **n. f.**
ÉTYM. du latin *perfectus* « parfait ».

PERFECTIF, IVE [pɛʀfɛktif, iv] **adj.** ✦ GRAMM. Qui exprime une action achevée (opposé à *imperfectif*).
ÉTYM. du latin *perfectus* « achevé, accompli ».

PERFECTION [pɛʀfɛksjɔ̃] **n. f.** 1. État, qualité de ce qui est parfait (notamment dans le domaine moral et esthétique). 2. *À LA PERFECTION* loc. adv. : d'une manière parfaite, excellente. SYN. **parfaitement.** *Elle danse à la perfection.* 3. Qualité remarquable. *Elle a toutes les perfections.* ➝ *Une perfection :* personne ou chose parfaite. SYN. **perle ; merveille.** CONTR. **imperfection • défaut.**
ÉTYM. latin *perfectio.*

PERFECTIONNEMENT [pɛʀfɛksjɔnmɑ̃] **n. m.** ✦ Action de (se) perfectionner. *Le perfectionnement des méthodes.* SYN. **progrès.** *Stage de perfectionnement.* ➝ *Apporter des perfectionnements techniques.* SYN. **amélioration.**
ÉTYM. de *perfectionner.*

PERFECTIONNER [pɛʀfɛksjɔne] **v. tr.** (conjug. 3a) 1. Rendre meilleur, plus proche de la perfection. SYN. **améliorer, parfaire.** *Perfectionner son style.* ➝ *Perfectionner une méthode, un procédé.* 2. *SE PERFECTIONNER* **v. pron.** *Les machines se perfectionnent.* ➝ *Se perfectionner en anglais.* CONTR. **abîmer, détériorer.**
► **PERFECTIONNÉ, ÉE adj.** (choses) *Dispositif très perfectionné.*
ÉTYM. de *perfection.*

PERFECTIONNISTE [pɛʀfɛksjɔnist] **n. et adj.** ✦ (Personne) qui cherche la perfection dans ce qu'elle fait, qui fignole (à l'excès) son travail.
► **PERFECTIONNISME** [pɛʀfɛksjɔnism] **n. m.**
ÉTYM. de *perfection.*

PERFECTO [pɛʀfɛkto] **n. m.** ✦ Blouson court en cuir, créé pour les motocyclistes.
ÉTYM. marque déposée ; mot anglais américain, de l'espagnol « parfait ».

PERFECTUM [pɛʀfɛktɔm] **n. m.** ✦ Ensemble des formes du verbe latin bâties sur le radical du parfait, exprimant une action achevée (opposé à *infectum*).
ÉTYM. mot latin « achevé, parfait ».

PERFIDE [pɛʀfid] **adj.** ✦ LITTÉR. 1. Qui manque à sa parole, trahit la personne qui lui faisait confiance. SYN. **déloyal.** *Conseiller perfide.* ➝ loc. péj. ou plais. *La perfide Albion :* l'Angleterre. 2. Dangereux, nuisible sans qu'il y paraisse. *Une insinuation perfide.* SYN. **sournois.** CONTR. **loyal.**
► **PERFIDEMENT** [pɛʀfidmɑ̃] **adv.**
ÉTYM. latin *perfidus* « qui viole sa foi *(fides)* ».

PERFIDIE [pɛʀfidi] **n. f.** 1. *Une, des perfidies.* Action, parole perfide. 2. *La perfidie.* Caractère perfide. SYN. **déloyauté, fourberie** CONTR. **loyauté.**
ÉTYM. latin *perfidia* « mauvaise foi ».

PERFORATEUR, TRICE [pɛʀfɔʀatœʀ, tʀis] **adj. et n.** 1. **adj.** Qui perfore. 2. **n. f.** Machine-outil servant à percer profondément les roches, le sol.
ÉTYM. de *perforer.*

PERFORATION [pɛʀfɔʀasjɔ̃] **n. f.** **1.** Action de perforer. **2.** État de ce qui est perforé. ➝ Endroit perforé. SYN. **trou.** ➝ MÉD. Ouverture accidentelle ou pathologique dans un organe. *Perforation intestinale.*
ÉTYM. latin *perforatio.*

PERFORÉ, ÉE [pɛʀfɔʀe] **adj.** **1.** Percé. *Estomac perforé.* **2.** TECHN. Qui présente des petits trous réguliers, en vue d'un usage mécanique. *Carte perforée des métiers à tisser Jacquard.* ◆ *Feuille perforée pour classeur.*

PERFORER [pɛʀfɔʀe] **v. tr.** (conjug. 3a) ✦ Traverser en faisant un ou plusieurs petits trous. SYN. **percer, trouer.** *La balle lui a perforé le poumon.* ➝ **absolt** *Machines à perforer* (composteur, poinçonneuse ; perforatrice ; *perforeuse* [pɛʀfɔʀøz] **n. f.**).
ÉTYM. latin *perforare.*

PERFORMANCE [pɛʀfɔʀmɑ̃s] **n. f.** **1.** Résultat obtenu dans une compétition. *Les performances d'un champion. Performance homologuée.* **2.** Rendement, résultat le meilleur. *Les performances d'une machine, d'un avion.* ➝ **fig.** Exploit, réussite remarquable. SYN. **prouesse.** **3.** **anglicisme** Œuvre artistique conçue comme un évènement, une action en train de se faire.
ÉTYM. mot anglais, de l'ancien français *parformer* «parfaire».

PERFORMANT, ANTE [pɛʀfɔʀmɑ̃, ɑ̃t] **adj.** ✦ Capable de hautes performances. SYN. **compétitif.** *Une voiture performante.*
ÉTYM. de *performance.*

PERFUSER [pɛʀfyze] **v. tr.** (conjug. 3a) ✦ MÉD. Pratiquer une perfusion sur (un malade, un organe).
ÉTYM. de *perfusion,* d'après l'anglais.

PERFUSION [pɛʀfyzjɔ̃] **n. f.** ✦ MÉD. Injection lente et continue de sérum. *Être sous perfusion.* ➝ *Perfusion sanguine.*
ÉTYM. latin *perfusio,* de *perfundere* «répandre».

PERGÉLISOL [pɛʀʒelisɔl] **n. m.** ✦ GÉOL. Sol de régions arctiques, gelé en permanence et imperméable.
ÉTYM. de *permanent, géli-* et *sol.*

PERGOLA [pɛʀgɔla] **n. f.** ✦ Petite construction de jardin qui sert de support à des plantes grimpantes. SYN. **tonnelle.**
ÉTYM. mot italien.

PÉRI- Élément, du grec *peri* «autour» (ex. *périmètre, périphérie, périscope*).

PÉRICARDE [peʀikaʀd] **n. m.** ✦ ANAT. Membrane qui enveloppe le cœur et l'origine des gros vaisseaux.
ÉTYM. grec *perikardion,* de *kardia* «cœur».

PÉRICARPE [peʀikaʀp] **n. m.** ✦ BOT. Partie du fruit qui enveloppe la ou les graines.
ÉTYM. grec *perikarpion,* de *karpos* «fruit».

PÉRICLITER [peʀiklite] **v. intr.** (conjug. 3a) ✦ Aller à sa ruine, à sa fin. SYN. **décliner, dépérir.** *Un commerce qui périclite.* CONTR. **prospérer, réussir.**
ÉTYM. latin *periclitari,* de *periculum* «danger».

PÉRIDURAL, ALE, AUX [peʀidyʀal, o] **adj.** ✦ MÉD. *Anesthésie péridurale* ou **n. f.** *une péridurale* : anesthésie régionale par injection d'anesthésique entre les vertèbres et la dure-mère. *Accoucher sous péridurale.*
ÉTYM. de *péri-* et *dural* «relatif à la dure-mère».

PÉRIGÉE [peʀiʒe] **n. m.** ✦ ASTRON. Point de l'orbite d'un astre qui est le plus proche de la Terre. CONTR. **apogée.**
ÉTYM. du grec *perigeios* «qui entoure la Terre *(gê)*».

PÉRIHÉLIE [peʀieli] **n. m.** ✦ ASTRON. Point de l'orbite d'une planète qui est le plus proche du Soleil. CONTR. **aphélie.**
ÉTYM. du grec *helios* «soleil».

PÉRI-INFORMATIQUE [peʀiɛ̃fɔʀmatik] **n. f.** ✦ Ensemble des activités et des matériels liés aux périphériques d'ordinateurs.

PÉRIL [peʀil] **n. m.** ✦ LITTÉR. Situation où l'on court de grands risques ; ce qui menace l'existence. SYN. **danger ; risque.** ➝ **loc.** *Il y a péril en la demeure*.* ➝ *EN PÉRIL. Navire en péril.* SYN. **détresse.** *Chefs-d'œuvre en péril.* ➝ **loc.** *Au péril de sa vie :* en risquant sa vie. ➝ *Faire qqch. à ses risques et périls,* en acceptant d'en subir toutes les conséquences.
ÉTYM. latin *periculum.*

PÉRILLEUX, EUSE [peʀijø, øz] **adj.** **1.** LITTÉR. Où il y a des risques, du danger. SYN. **dangereux, difficile, risqué.** *Une entreprise périlleuse. C'est un sujet périlleux.* SYN. **délicat, sensible.** **2.** **loc.** *SAUT PÉRILLEUX,* où le corps fait un tour complet sur lui-même, dans un plan vertical. CONTR. **sûr.**
► **PÉRILLEUSEMENT** [peʀijøzmɑ̃] **adv.**
ÉTYM. latin *periculosus.*

PÉRIMÉ, ÉE [peʀime] **adj.** **1.** Qui n'a plus cours. SYN. **ancien, caduc, démodé.** *Des méthodes périmées.* **2.** Dont le délai de validité est expiré. *Passeport périmé.* **3.** Qui n'est plus consommable (→ **péremption**). *Yaourt périmé.* CONTR. **actuel • valide.**
ÉTYM. de *périmer.*

se **PÉRIMER** [peʀime] **v. pron.** (conjug. 3a) ✦ Être annulé après l'expiration du délai fixé ; cesser d'être valable. ➝ (**sans** *se*) *Laisser périmer un billet de chemin de fer.*
ÉTYM. latin *perimere* «détruire».

PÉRIMÈTRE [peʀimɛtʀ] **n. m.** **1.** MATH. Ligne qui délimite le contour d'une figure plane. *Le périmètre d'un cercle* (SYN. **circonférence**). **2.** Zone, surface délimitée. *Périmètre de sécurité. Dans un périmètre de 3 km.*
ÉTYM. grec *perimetros* → péri- et -mètre.

PÉRINATAL, ALE, ALS [peʀinatal] **adj.** ✦ MÉD. *Période périnatale,* qui précède et suit immédiatement la naissance. ➝ *Examens périnatals.*
ÉTYM. de *péri-* et *natal.*

PÉRINÉE [peʀine] **n. m.** ✦ Ensemble des tissus qui forment le plancher du petit bassin, entre l'anus et les parties génitales.
ÉTYM. bas latin *perineos,* mot grec.

PÉRIODE [peʀjɔd] **n. f.** **I** **1.** Espace de temps. SYN. **durée.** *La période des fêtes. En période de crise (→ en temps de).* ◆ *Période électorale,* qui précède le jour du scrutin. ◆ Division du temps marquée par des évènements importants. SYN. **époque, ère.** *La période révolutionnaire.* ➝ *La période bleue de Picasso.* **2.** DIDACT. Durée déterminée, caractérisée par un certain phénomène. SYN. **phase, stade.** *Division des ères géologiques en périodes.* ➝ MÉD. *La période d'incubation d'une maladie.* **II** SC. Temps qui s'écoule entre deux états successifs d'un système oscillant dans la même position et le même sens. *Période d'une onde :* intervalle entre deux maximums successifs en un point. *Nombre de périodes par seconde :* fréquence. ➝ ASTRON. Temps de révolution d'une planète. **III** DIDACT. Phrase dont l'assemblage des éléments, si variés qu'ils soient, est harmonieux. *Une belle période oratoire.*
ÉTYM. grec *periodos* «circuit», de *hodos* «voie, chemin».

PÉRIODICITÉ [peʀjɔdisite] n. f. ✦ Caractère de ce qui est périodique (I), retour d'un fait à des intervalles plus ou moins réguliers.
ÉTYM. de *périodique*.

PÉRIODIQUE [peʀjɔdik] adj. I 1. Qui se reproduit à des intervalles réguliers. *Les inondations périodiques du Nil.* ♦ *Protections* périodiques.* 2. Qui paraît chaque semaine, chaque mois, etc. *Presse périodique.* — n. m. *UN PÉRIODIQUE.* SYN. **magazine, publication, revue.** II SC. *Mouvement, fonction périodique,* qui reprend la même valeur à intervalles réguliers. → **période** (II). ♦ *Classification périodique des éléments*.*
ÉTYM. latin *periodicus*, du grec.

PÉRIODIQUEMENT [peʀjɔdikmɑ̃] adv. ✦ D'une manière périodique, régulièrement.

PÉRIOSTE [peʀjɔst] n. m. ✦ ANAT. Membrane conjonctive et fibreuse qui constitue l'enveloppe des os.
ÉTYM. grec *periosteon*, de *ostêon* «os».

PÉRIPATÉTICIENNE [peʀipatetisjɛn] n. f. ✦ LITTÉR. Prostituée qui racole dans la rue.
ÉTYM. du grec *peripatein* «se promener».

PÉRIPÉTIE [peʀipesi] n. f. 1. DIDACT. Changement subit de situation dans une action dramatique, un récit. SYN. **rebondissement.** 2. Évènement imprévu. SYN. ① **incident.** *Un voyage plein de péripéties.*
ÉTYM. grec *peripeteia* «évènement imprévu».

PÉRIPHÉRIE [peʀifeʀi] n. f. 1. Ligne qui délimite une surface. SYN. **bord, contour, périmètre, pourtour.** — Surface extérieure d'un volume. 2. Les quartiers éloignés du centre d'une ville. SYN. **faubourg.**
ÉTYM. grec *peripheria* «circonférence».

PÉRIPHÉRIQUE [peʀifeʀik] adj. et n. m. 1. adj. Qui est situé à la périphérie. *Système nerveux périphérique* (opposé à *central*). — *Le boulevard périphérique, à Paris ;* n. m. *le périphérique* (abrév. FAM. PÉRIF ou PÉRIPH [peʀif]). ♦ *Station, émetteur périphérique,* qui émet vers la France à partir de pays limitrophes. 2. n. m. INFORM. Élément de matériel distinct de l'unité de traitement d'un ordinateur (→ **péri-informatique**). CONTR. ① **central.**
ÉTYM. de *périphérie*.

PÉRIPHRASE [peʀifʀɑz] n. f. ✦ Expression par plusieurs mots d'une notion qu'un seul mot pourrait exprimer (ex. «l'empereur à la barbe fleurie» pour «Charlemagne»). SYN. **circonlocution, détour.** ☞ Littérature p. 117.
ÉTYM. latin *periphrasis*, mot grec → péri- et phrase.

PÉRIPHRASTIQUE [peʀifʀastik] adj. ✦ Qui abonde en périphrases. *Style périphrastique.* ♦ Qui constitue une périphrase. — *Le présent périphrastique en portugais.*

PÉRIPLE [peʀipl] n. m. 1. DIDACT. Grand voyage par mer. *Le périple de Magellan autour du monde.* 2. (sens critiqué) Voyage, randonnée, circulaire ou non. *Au cours de notre périple.*
ÉTYM. latin *periplus*, grec *periplous*, de *plein* «naviguer».

PÉRIR [peʀiʀ] v. intr. (conjug. 13) 1. Mourir (plutôt de manière violente). *Périr noyé.* — *S'ennuyer à périr. Périr d'ennui.* 2. Disparaître. SYN. **s'anéantir, finir.** *Les civilisations périssent. Navire qui périt corps et biens,* qui fait naufrage.
ÉTYM. latin *perire* «disparaître», de *ire* «aller».

PÉRISCOLAIRE [peʀiskɔlɛʀ] adj. ✦ Complémentaire de l'enseignement scolaire.
ÉTYM. de *péri-* et *scolaire*.

PÉRISCOPE [peʀiskɔp] n. m. ✦ Instrument d'optique permettant de voir autour de soi par-dessus un obstacle. *Les périscopes d'un sous-marin.*
ÉTYM. du grec *periskopein* «regarder autour».

PÉRISSABLE [peʀisabl] adj. 1. LITTÉR. Qui est sujet à périr ; qui n'est pas durable. SYN. **éphémère, fugace.** 2. *DENRÉE PÉRISSABLE,* qui se conserve difficilement à l'état naturel. CONTR. **durable, éternel, impérissable, incorruptible.**
ÉTYM. de *périr*.

PÉRISSOIRE [peʀiswaʀ] n. f. ✦ Embarcation plate, longue et étroite, qui se manœuvre à la pagaie double ou à l'aviron.
ÉTYM. de *périr*.

PÉRISTALTIQUE [peʀistaltik] adj. ✦ PHYSIOL. *Mouvements, contractions péristaltiques,* qui font progresser les aliments dans le tube digestif.
ÉTYM. grec *peristaltikos*, de *peristellein* «envelopper, comprimer».

PÉRISTYLE [peʀistil] n. m. ✦ DIDACT. Colonnade entourant la cour intérieure d'un édifice ou disposée autour d'un édifice.
ÉTYM. latin *peristylum*, du grec, de *stulos* «colonne».

PÉRITEXTE [peʀitɛkst] n. m. ✦ DIDACT. Ensemble des informations qui complètent le texte principal d'un ouvrage écrit (titre, préface, dédicace, table des matières, notes, etc.).

PÉRITOINE [peʀitwan] n. m. ✦ Membrane qui tapisse les parois intérieures de l'abdomen et recouvre les organes qui y sont contenus.
ÉTYM. latin *peritonaeum*, grec *peritonaion*.

PÉRITONITE [peʀitɔnit] n. f. ✦ Inflammation du péritoine.
ÉTYM. → péritoine et -ite.

PÉRIURBAIN, AINE [peʀiyʀbɛ̃, ɛn] adj. ✦ Situé aux abords immédiats d'une ville. SYN. **périphérique.** *Zones urbaines et périurbaines.*
ÉTYM. de *péri-* et *urbain*.

PERLE [pɛʀl] n. f. 1. Petite concrétion de nacre, généralement sphérique, sécrétée par certains mollusques (huîtres) pour isoler un corps étranger. *Pêcheurs de perles. Perle fine. Perles naturelles. Perles de culture,* obtenues en plaçant un grain de nacre dans une huître d'élevage. — appos. invar. *Des gants gris perle.* — loc. *Jeter des perles aux pourceaux :* accorder à qqn une chose dont il est incapable d'apprécier la valeur. — fig. *Des perles de rosée* (→ **perler**). 2. Petite boule percée d'un trou. *Perle de verre, de bois.* 3. Personne de grand mérite. *Ce cuisinier est une perle.* → **perfection.** 4. Erreur grossière, absurdité. *Perles relevées dans la presse.*
ÉTYM. latin populaire *pernula*, diminutif de *perna* «jambe».

PERLÉ, ÉE [pɛʀle] adj. 1. En forme de perle ronde. *Orge perlé.* 2. Qui a des reflets nacrés. *Coton perlé.* 3. Exécuté avec soin. *Ouvrage perlé.* 4. loc. *GRÈVE PERLÉE,* qui interrompt l'activité d'une entreprise par une succession de petits arrêts de travail.
ÉTYM. de *perle*.

PERLER [pɛʀle] v. (conjug. 3a) I v. tr. LITTÉR. Exécuter avec un soin minutieux. II v. intr. Former de petites gouttes arrondies. SYN. **suinter.** *Des gouttes de sueur perlaient sur son front.*
ÉTYM. de *perle*.

PERLIER, IÈRE [pɛʀlje, jɛʀ] **adj.** ✦ Qui a rapport aux perles. *Industrie perlière.* ➛ *Huître perlière.*
ÉTYM. de *perle.*

PERLINGUAL, ALE, AUX [pɛʀlɛ̃gwal, o] **adj.** ✦ MÉD. *Médicament administré par voie perlinguale,* en le plaçant sous la langue.
ÉTYM. de *per-* et du latin *lingua* «langue».

PERM ou **PERME** [pɛʀm] **n. f.** → PERMISSION

PERMACULTURE [pɛʀmakyltyʀ] **n. f.** ✦ Mode d'aménagement du territoire, visant à créer des systèmes autosuffisants et à produire de la nourriture en renforçant l'écosystème.
ÉTYM. mot-valise anglais, de *perma(nent)* et *(agri)culture.*

PERMALIEN [pɛʀmaljɛ̃] **n. m.** ✦ INFORM. Adresse universelle permanente, rendant un contenu web toujours accessible.
ÉTYM. calque de l'anglais *permalink,* mot-valise, de *perma(nent)* et *link* «lien».

PERMANENCE [pɛʀmanɑ̃s] **n. f. 1.** Caractère de ce qui est durable ; longue durée (de qqch.). SYN. **continuité, pérennité, stabilité. 2.** Service chargé d'assurer le fonctionnement ininterrompu d'un organisme. *Assurer, tenir une permanence. Être de permanence.* ➛ Local où fonctionne ce service. *Permanence électorale.* ◆ spécialt Salle d'études où les élèves se regroupent lorsqu'ils n'ont pas de cours. **3.** *EN PERMANENCE* **loc. adv.** : sans interruption. SYN. **constamment, toujours.** ➛ Très souvent. *Il plaisante en permanence.* CONTR. **instabilité, modification.**
ÉTYM. latin médiéval *permanentia,* de *manere* «demeurer».

PERMANENT, ENTE [pɛʀmanɑ̃, ɑ̃t] **adj. 1.** Qui dure, demeure sans discontinuer ni changer. *Surveillance permanente.* SYN. **constant, continu. 2.** *Ondulation permanente* et **n. f.** *une permanente* : traitement appliqué aux cheveux pour les onduler de façon durable. SYN. **indéfrisable. 3.** Qui exerce une activité permanente. *Un comité permanent.* ➛ (opposé à *spécial, extraordinaire*) *Le correspondant permanent d'un journal à l'étranger.* ➛ **n.** *Les permanents d'un syndicat, d'un parti,* les membres rémunérés pour se consacrer à son administration. CONTR. **éphémère, fugace, passager, temporaire, transitoire · intermittent.**
ÉTYM. latin *permanens.*

PERMANGANATE [pɛʀmɑ̃ganat] **n. m.** ✦ Sel dérivé du manganèse. *Permanganate de potassium,* de couleur violette, aux propriétés antiseptiques.
ÉTYM. de *per-* et *manganate.*

PERMÉABILITÉ [pɛʀmeabilite] **n. f.** ✦ DIDACT. Caractère de ce qui est perméable.
ÉTYM. de *perméable.*

PERMÉABLE [pɛʀmeabl] **adj. 1.** Qui se laisse traverser ou pénétrer par un fluide, spécialt par l'eau. SYN. **poreux.** *Roche, terrain perméable.* **2.** *PERMÉABLE À. Corps perméable à la lumière.* **3.** fig. Qui se laisse atteindre, toucher par (qqch.). *Être perméable aux suggestions.* CONTR. **étanche, imperméable · insensible, réfractaire.**
ÉTYM. latin *permeabilis,* de *permeare* «traverser».

PERMETTRE [pɛʀmɛtʀ] **v. tr.** (conjug. 46) **I 1.** Laisser faire (qqch.), ne pas empêcher. SYN. **autoriser, tolérer.** *Permettre l'exportation d'un produit.* ➛ *Si les circonstances le permettent.* ➛ *Permettre que* (+ subj.). SYN. **admettre, consentir.** *Il a permis qu'elle sorte.* ➛ *PERMETTRE qqch. À qqn.* SYN. **accorder, autoriser.** *Le médecin lui permet un peu de sel.* ➛ au passif *Il se croit tout permis.* ➛ *Permettre de* (+ inf.). *Je ne vous permets pas de me parler sur ce ton.* **2.** (sujet chose) Rendre possible. SYN. **autoriser.** *Sa santé ne lui permet aucun excès.* ➛ *PERMETTRE À qqn DE* (+ inf.). *Mes moyens ne me permettent pas de voyager.* ➛ impers. *Autant qu'il est permis d'en juger.* → **possible. 3.** *Permettez ! Vous permettez ?,* formules pour contredire qqn, protester ou agir à sa place, avec une apparence de courtoisie. ➛ (formule polie) *Permettez-moi de vous présenter M. X.* **II** *SE PERMETTRE* **v. pron. 1.** S'accorder (qqch.). SYN. **s'autoriser.** *Se permettre un petit répit.* **2.** *SE PERMETTRE DE* (+ inf.). Prendre la liberté de. SYN. **s'aviser de, oser.** *Elle s'était permis de répliquer.* CONTR. **défendre, empêcher, interdire.**
ÉTYM. latin *permittere.*

PERMIS [pɛʀmi] **n. m.** ✦ Autorisation officielle écrite. *Permis de construire. Permis de chasse.* ➛ *PERMIS DE CONDUIRE* ou *PERMIS* : certificat de capacité, nécessaire pour la conduite des automobiles, camions, motos. ➛ Examen du permis de conduire. *Passer son permis.*
ÉTYM. du participe passé de *permettre.*

PERMISSIF, IVE [pɛʀmisif, iv] **adj.** ✦ DIDACT. Qui permet trop facilement, qui tolère beaucoup. *Des parents très permissifs.*
► **PERMISSIVITÉ** [pɛʀmisivite] **n. f.**
ÉTYM. de *permis,* par l'anglais.

PERMISSION [pɛʀmisjɔ̃] **n. f. 1.** Action de permettre ; son résultat. SYN. **accord, autorisation.** *Agir sans la permission de qqn ; sans permission.* ➛ loc. FAM. *Avoir la permission de minuit,* de sortir jusqu'à minuit. ➛ *Avec votre permission* (formule de politesse) : si vous le permettez. **2.** Congé accordé à un militaire. ➛ abrév. FAM. PERM ou PERME [pɛʀm]. *Des perms, des permes.* CONTR. ① **défense, interdiction.**
ÉTYM. latin *permissio.*

PERMISSIONNAIRE [pɛʀmisjɔnɛʀ] **n. 1. n. m.** Soldat en permission. **2. n.** ADMIN. Bénéficiaire d'un permis.
ÉTYM. de *permission.*

PERMUTATION [pɛʀmytasjɔ̃] **n. f. 1.** Échange d'un emploi, d'un poste contre un autre. *La permutation de deux fonctionnaires.* ◆ (choses) Changement de place réciproque. **2.** MATH. Chacun des arrangements (disposition dans une série) que peut prendre un nombre défini d'objets différents. *Le nombre de permutations d'un nombre* n *d'objets est égal à factorielle* n.
ÉTYM. latin *permutatio.*

PERMUTER [pɛʀmyte] **v.** (conjug. 3a) **1. v. tr.** Mettre une chose à la place d'une autre (et réciproquement). *Permuter deux mots dans une phrase.* SYN. **intervertir. 2. v. intr.** Échanger sa place. *Ces deux officiers veulent permuter.*
ÉTYM. latin *permutare* «changer».

PERNICIEUX, EUSE [pɛʀnisjø, øz] **adj. 1.** MÉD. Dont l'évolution est très grave. *Accès pernicieux de paludisme.* **2.** LITTÉR. Nuisible moralement. SYN. **mauvais, nocif.** *Influence, théorie pernicieuse.* CONTR. **bénin · bienfaisant, salutaire.**
► **PERNICIEUSEMENT** [pɛʀnisjøzmɑ̃] **adv.**
ÉTYM. latin *perniciosus,* de *nex* «mort violente».

PÉRONÉ [peʀɔne] **n. m.** ✦ Os long et mince qui forme avec le tibia l'ossature de la jambe.
ÉTYM. grec *peronê.*

PÉRONNELLE [peʀɔnɛl] **n. f.** ✦ FAM. et VIEILLI Jeune femme, jeune fille sotte et bavarde.
ÉTYM. prénom ancien, peut-être de *Pierre*.

PÉRORAISON [peʀɔʀɛzɔ̃] **n. f.** 1. Conclusion d'un discours. 2. Discours creux de qqn qui pérore.
ÉTYM. latin *peroratio*, d'après *oraison*.

PÉRORER [peʀɔʀe] **v. intr.** (conjug. 3a) ✦ Discourir, parler d'une manière prétentieuse, avec emphase. SYN. **pontifier.**
ÉTYM. latin *perorare*.

PEROXYDE [pɛʀɔksid] **n. m.** ✦ CHIM. Oxyde contenant le maximum d'oxygène. *Peroxyde d'hydrogène* : eau oxygénée.
ÉTYM. de *per-* et *oxyde*.

PERPENDICULAIRE [pɛʀpɑ̃dikylɛʀ] **adj.** ✦ *Perpendiculaire à* : qui fait un angle droit avec. SYN. **orthogonal.** *Droites perpendiculaires. Rues perpendiculaires.* ➝ **n. f.** *Tirer une perpendiculaire.*
► **PERPENDICULAIREMENT** [pɛʀpɑ̃dikylɛʀmɑ̃] **adv.**
► **PERPENDICULARITÉ** [pɛʀpɑ̃dikylaʀite] **n. f.**
ÉTYM. latin *perpendicularis*, de *perpendiculum* «fil à plomb».

à PERPÈTE [apɛʀpɛt] **loc. adv.** ✦ FAM. 1. À perpétuité, pour toujours. *Attendre jusqu'à perpète.* 2. Très loin. *Il habite à perpète.*
ÉTYM. abréviation de *à perpétuité*.

PERPÉTRER [pɛʀpetʀe] **v. tr.** (conjug. 8) ✦ DR. OU LITTÉR. Faire, exécuter (un acte criminel). SYN. **commettre.**
► **PERPÉTRATION** [pɛʀpetʀasjɔ̃] **n. f.**
ÉTYM. latin *perpetrare* «accomplir».

PERPÉTUATION [pɛʀpetɥasjɔ̃] **n. f.** ✦ Action de perpétuer ; son résultat. SYN. **continuité.** *Assurer la perpétuation de l'espèce.*

PERPÉTUEL, ELLE [pɛʀpetɥɛl] **adj.** 1. Qui dure toujours, indéfiniment. SYN. **éternel.** ➝ *Mouvement perpétuel,* qui, une fois déclenché, continuerait éternellement sans apport d'énergie. 2. Qui dure, doit durer toute la vie. ➝ *Secrétaire perpétuel,* à vie. 3. Qui ne s'arrête, ne s'interrompt pas. SYN. **constant, continuel, incessant, permanent.** *Un souci perpétuel. C'est un perpétuel mécontent.* 4. au plur. Qui se renouvellent souvent. SYN. **continuel.** *Des jérémiades perpétuelles.* SYN. **sempiternel.** CONTR. **éphémère, momentané, passager, temporaire • discontinu, intermittent, sporadique.**
ÉTYM. latin *perpetualis*, de *perpetuus* «continu».

PERPÉTUELLEMENT [pɛʀpetɥɛlmɑ̃] **adv.** 1. Toujours, sans cesse. 2. Très souvent. *Il arrive perpétuellement en retard.* CONTR. **parfois • momentanément, passagèrement, temporairement.**

PERPÉTUER [pɛʀpetɥe] **v. tr.** (conjug. 3a) 1. Faire durer toujours ou très longtemps. SYN. **immortaliser.** *Perpétuer une tradition.* SYN. **maintenir.** 2. SE PERPÉTUER **v. pron.** SYN. **durer, perdurer.** *Les espèces se perpétuent.* SYN. **se reproduire.** CONTR. **abolir ; changer.**
ÉTYM. latin *perpetuare*.

PERPÉTUITÉ [pɛʀpetɥite] **n. f.** 1. LITTÉR. Durée infinie ou très longue. SYN. **pérennité.** 2. À PERPÉTUITÉ **loc. adv.** : pour toujours. *Les travaux forcés à perpétuité. Être condamné à perpétuité.* SYN. FAM. **à perpète.**
ÉTYM. latin *perpetuitas*.

PERPLEXE [pɛʀplɛks] **adj.** ✦ Qui hésite, ne sait que penser, que faire dans une situation embarrassante. SYN. **embarrassé, indécis.** *Votre demande me laisse perplexe.* ➝ *Un air perplexe.* CONTR. **assuré, convaincu, décidé, résolu.**
ÉTYM. latin *perplexus*, de *plectere* «entrelacer».

PERPLEXITÉ [pɛʀplɛksite] **n. f.** ✦ État d'une personne perplexe. SYN. **doute, embarras, incertitude, irrésolution.** *Être plongé dans la perplexité.* CONTR. **assurance, certitude, résolution.**
ÉTYM. latin *perplexitas*.

PERQUISITION [pɛʀkizisjɔ̃] **n. f.** ✦ Fouille policière d'un domicile sur ordre judiciaire. *Mandat de perquisition.*
ÉTYM. latin *perquisitio*, de *quaerere* «chercher».

PERQUISITIONNER [pɛʀkizisjɔne] **v. intr.** (conjug. 3a) ✦ Faire une perquisition. SYN. **fouiller.** *La police a perquisitionné chez lui.* ➝ **trans. (emploi critiqué)** *Perquisitionner un local.*
ÉTYM. de *perquisition*.

PERRON [peʀɔ̃] **n. m.** ✦ Petit escalier extérieur se terminant par une plateforme et donnant accès à la porte principale d'une maison.
ÉTYM. augmentatif de *perre*, ancienne forme de *pierre*.

PERROQUET [peʀɔkɛ] **n. m.** **I** Oiseau grimpeur au plumage vivement coloré, à gros bec très recourbé, capable d'imiter la parole humaine. ➝ **ara.** ➝ *Répéter, réciter qqch. comme un perroquet,* sans comprendre. **II** MAR. Mât gréé sur une hune. ◆ Voile carrée supérieure au hunier.
ÉTYM. de *Perrot* «Pierrot».

PERRUCHE [peʀyʃ] **n. f.** **I** 1. Oiseau grimpeur, de petite taille, au plumage vivement coloré, à longue queue. 2. fig. Femme bavarde. **II** MAR. Voile supérieure d'artimon.
ÉTYM. espagnol ; correspond au français *perroquet*.

PERRUQUE [peʀyk] **n. f.** ✦ Coiffure de faux cheveux, chevelure postiche.
ÉTYM. origine obscure.

PERRUQUIER [peʀykje] **n. m.** ✦ Fabricant de perruques et de postiches.

PERS [pɛʀ] **adj. m.** ✦ D'une couleur où le bleu domine (surtout en parlant des yeux). *Athéna, la déesse aux yeux pers.* HOM. ② PAIR «divisible par deux», PAIRE «couple», PÈRE «papa»
ÉTYM. latin médiéval *persus*.

PERSAN, ANE [pɛʀsɑ̃, an] **adj.** et **n.** 1. De Perse (☛ noms propres) (aujourd'hui, Iran). *Tapis persan.* ➝ *Chat persan,* à longs poils soyeux et à face camuse. 2. **n. m.** *Le persan,* la principale langue de l'Iran, notée en caractères arabes. HOM. PERÇANT «aigu»

PERSÉCUTER [pɛʀsekyte] **v. tr.** (conjug. 3a) 1. Tourmenter sans relâche par des traitements injustes et cruels. SYN. **martyriser, opprimer.** *Les premiers chrétiens furent persécutés.* 2. Poursuivre en importunant. SYN. **harceler.** *Journalistes qui persécutent une vedette.* CONTR. **favoriser, protéger.**
► **PERSÉCUTÉ, ÉE adj.** *Peuple persécuté.* ➝ **n.** *Les persécutés.*
ÉTYM. latin *persequi*.

PERSÉCUTEUR, TRICE [pɛʀsekytœʀ, tʀis] **n.** ✦ Personne qui persécute. SYN. **bourreau.**
ÉTYM. latin ecclésiastique *persecutor*.

PERSÉCUTION [pɛʀsekysjɔ̃] **n. f.** **1.** Traitement injuste et cruel infligé avec acharnement. *Les persécutions des premiers chrétiens* (→ **martyr**). ➝ Mauvais traitement. *Être en butte à des persécutions. C'est de la persécution.* **2.** PSYCH. **loc.** *Manie de la persécution, délire de persécution :* délire systématisé d'une personne qui se croit persécutée. → **paranoïa.** CONTR. **protection.**
ÉTYM. latin ecclésiastique *persecutio.*

PERSÉVÉRANCE [pɛʀseveʀɑ̃s] **n. f.** ✦ Action de persévérer, qualité, conduite de qqn qui persévère. SYN. **obstination, opiniâtreté, ténacité ; acharnement.** CONTR. **inconstance, versatilité.**
ÉTYM. latin *perseverantia.*

PERSÉVÉRANT, ANTE [pɛʀseveʀɑ̃, ɑ̃t] **adj.** ✦ Qui persévère ; qui a de la persévérance. SYN. **obstiné, opiniâtre, patient.** CONTR. **capricieux, inconstant, versatile.**
ÉTYM. du participe présent de *persévérer.*

PERSÉVÉRER [pɛʀseveʀe] **v. intr.** (conjug. 8) ✦ Continuer de faire ce qu'on a résolu, par un acte de volonté renouvelé. SYN. **insister, s'obstiner.** *Persévérer dans l'effort.* SYN. **s'acharner.** ➝ LITTÉR. *Persévérer à* (+ inf.). SYN. **persister.** *Le suspect persévère à nier.* CONTR. **abandonner, capituler ; cesser, renoncer.**
ÉTYM. latin *perseverare,* de *severus* «sérieux».

PERSIENNE [pɛʀsjɛn] **n. f.** ✦ Volet extérieur de bois ou de métal, muni de vantaux à claire-voie. SYN. **contrevent, ② jalousie.**
ÉTYM. féminin de l'ancien adjectif *persien* «de *Perse*».

PERSIFLER ou **PERSIFFLER** [pɛʀsifle] **v. tr.** (conjug. 3a) ✦ LITTÉR. Tourner (qqn) en ridicule par des propos ironiques ou faussement louangeurs. SYN. **se moquer, railler.** ➝ Écrire *persiffler, persifflage* avec deux *f* comme dans *siffler* est permis.
► **PERSIFLAGE** ou **PERSIFFLAGE** [pɛʀsiflaʒ] **n. m.** SYN. **moquerie, raillerie.**
ÉTYM. de *per-* et *siffler.*

PERSIFLEUR, EUSE ou **PERSIFFLEUR, EUSE** [pɛʀsiflœʀ, øz] **n.** et **adj.** ✦ VIEILLI (Personne) qui aime à persifler. ➝ COUR. *Un ton persifleur.* SYN. **moqueur, railleur.** ➝ Écrire *persiffleur, euse* avec deux *f* comme dans *siffler* est permis.

PERSIL [pɛʀsi] **n. m.** ✦ Plante potagère aromatique, utilisée comme condiment. *Persil plat, frisé.*
ÉTYM. latin *petroselinum,* du grec *petroselinon.*

PERSILLADE [pɛʀsijad] **n. f.** ✦ Assaisonnement à base de persil haché, souvent accompagné d'ail, etc.
ÉTYM. de *persil.*

PERSILLÉ, ÉE [pɛʀsije] **adj.** **1.** Accompagné de persil haché. **2.** *Fromage persillé,* à moisissures internes. SYN. **bleu.** ♦ *Viande persillée,* parsemée d'infiltrations de graisse.
ÉTYM. de *persil.*

PERSISTANCE [pɛʀsistɑ̃s] **n. f.** **1.** Action de persister ; fait de ne pas changer. SYN. **constance, fermeté ; entêtement ;** → **obstination, opiniâtreté.** **2.** Caractère de ce qui persiste, dure. *La persistance du mauvais temps.* CONTR. **cessation, changement.**
ÉTYM. de *persister.*

PERSISTANT, ANTE [pɛʀsistɑ̃, ɑ̃t] **adj.** ✦ Qui persiste, continue sans faiblir. SYN. **constant, durable.** *Une odeur persistante.* SYN. **tenace.** ➝ BOT. *Feuilles persistantes* (opposé à *caduques*), qui ne tombent pas en hiver.
ÉTYM. du participe présent de *persister.*

PERSISTER [pɛʀsiste] **v. intr.** (conjug. 3a) **1.** Demeurer inébranlable. SYN. **s'obstiner, persévérer.** *Je persiste dans mon opinion. Je persiste à croire que tout va s'arranger.* ➝ **loc.** *Je persiste et signe :* je maintiens fermement ce qui a été dit, écrit ou fait. **2.** Durer, rester malgré tout. SYN. **continuer, subsister.** *La fièvre persiste.* CONTR. **faiblir, fléchir, renoncer • cesser.**
ÉTYM. latin *persistere,* de *per* et *stare* «être immobile».

PERSONA GRATA [pɛʀsɔnagʀata] **n. f. invar.** ✦ (attribut) Représentant d'un État, lorsqu'il est agréé par un autre État (le représentant jugé indésirable est qualifié de PERSONA NON GRATA [pɛʀsɔnanɔngʀata]).
ÉTYM. mots latins «personne bienvenue».

PERSONNAGE [pɛʀsɔnaʒ] **n. m.** **1.** Personne qui joue un rôle social important et en vue. SYN. **notable, personnalité ;** → **pontife, sommité.** *Un personnage connu.* → **célébrité.** ➝ *Personnage historique.* **2.** Personne qui figure dans une œuvre théâtrale et qui doit être incarnée par un acteur, une actrice. SYN. **rôle.** *Le personnage principal.* → **héros, protagoniste.** ➝ *Les personnages d'un roman. Le narrateur et les personnages.* **3.** Personne considérée quant à son comportement. *Un drôle de personnage.* SYN. **type.** *Personnage inquiétant, bizarre.* SYN. **individu.** ♦ Rôle que l'on joue dans la vie. *Composer son personnage.* **4.** Être humain représenté dans une œuvre d'art. *Une tapisserie à personnages.*
ÉTYM. de ① *personne.*

PERSONNALISER [pɛʀsɔnalize] **v. tr.** (conjug. 3a) ✦ Donner un caractère personnel à (qqch.). *Personnaliser un contrat,* l'adapter aux besoins du client. ➝ **au p. passé** *Crédit personnalisé. Message publicitaire personnalisé.* CONTR. **dépersonnaliser.**
ÉTYM. du latin *personalis* «personnel».

PERSONNALISME [pɛʀsɔnalism] **n. m.** ✦ Système philosophique pour lequel la personne est la valeur suprême. *Personnalisme et individualisme.*
► **PERSONNALISTE** [pɛʀsɔnalist] **adj. et n.**
ÉTYM. de ① *personne.*

PERSONNALITÉ [pɛʀsɔnalite] **n. f.** **I** *(La personnalité)* **1.** Ce qui différencie une personne de toutes les autres. ➝ Force de caractère, originalité. *Un être banal, sans personnalité.* **2.** Ce qui fait l'individualité d'une personne. *Troubles de la personnalité et du comportement.* **3.** DR. *Personnalité juridique :* aptitude à être sujet de droit. → ① **personne** (II). **II** *(Une, des personnalités)* Personne en vue, remarquable. SYN. **notabilité, personnage.**
ÉTYM. latin *personalitas.*

① **PERSONNE** [pɛʀsɔn] **n. f.** **I** **1.** Individu de l'espèce humaine (lorsqu'on ne peut ou ne veut préciser ni l'apparence, ni l'âge, ni le sexe). SYN. ② **être.** *Une personne.* SYN. **quelqu'un ;** → **on.** *Des personnes âgées.* → ① **gens.** *Une ville où habitent dix mille personnes.* SYN. **âme.** *Distribuer une part* PAR PERSONNE. SYN. **tête.** ♦ **loc.** GRANDE PERSONNE : adulte. *Les enfants et les grandes personnes.* ➝ VIEILLI *Une jeune personne,* jeune femme ou jeune fille. **2.** *La personne de qqn,* la personnalité, le moi. *La personne et l'œuvre d'un écrivain.* ♦ **loc.** *Il est bien* DE SA PERSONNE : il a une belle apparence physique. ➝ *Payer* de sa personne.* ➝ EN PERSONNE : soi-même, lui-même. *Le ministre en personne.* **fig.** *C'est le calme en personne* (→ **personnifié**). **3.** Être humain qui a une conscience claire de lui-même et qui agit en conséquence. → **moi,** ② **sujet.** **II** DR. Être auquel est

reconnue la capacité d'être sujet de droit. *Personne civile.* → PERSONNE MORALE : association ou entreprise possédant la personnalité morale. *Personne morale publique* (ex. État, région). *Personne morale et physique* (individu). **III** Catégorie grammaticale classant les pronoms, les noms et les verbes, en fonction des rapports qui lient le locuteur, l'interlocuteur et le reste du monde. *Mettre un verbe à la première personne* (je, nous), *à la deuxième personne* (tu, vous).
ÉTYM. latin *persona*, d'abord «masque».

② **PERSONNE** [pɛʀsɔn] **pron. indéf.** 1. Quelqu'un. → *Il est sorti sans que personne s'en aperçoive.* → (en phrase comparative) *Vous le savez mieux que personne.* SYN. **quiconque.** 2. Aucun être humain. (avec *ne*) *Que personne ne sorte !* SYN. **nul.** *Il n'y avait personne.* → (sans *ne*) *Qui m'appelle ? – Personne.* → *Personne de* (suivi d'un adjectif ou participe au masculin). *Personne d'autre que lui. Je ne connais personne de plus sérieux qu'elle.* CONTR. **quelqu'un.**
ÉTYM. de ① *personne.*

PERSONNEL, ELLE [pɛʀsɔnɛl] **adj. et n. m.**
I adj. 1. Qui concerne une personne ①, lui appartient en propre. SYN. **individuel, particulier.** *Opinions personnelles. Elle a une fortune personnelle.* 2. Qui s'adresse à qqn en particulier. *Lettre personnelle.* 3. Qui concerne les personnes ou la personne en général. *Libertés personnelles.* CONTR. **collectif, commun,** ① **général.**
II adj. GRAMM. 1. Se dit des formes du verbe exprimant la personne ① (opposé à *impersonnel*). *«Il chante» est personnel, «il neige» est impersonnel.* → *Modes personnels du verbe* (indicatif, subjonctif, conditionnel, impératif). 2. PRONOM PERSONNEL, qui désigne un être en marquant la personne grammaticale (ex. je, il). CONTR. **impersonnel.**
III n. m. Ensemble des personnes qui sont employées dans une maison, une entreprise. *Le directeur du personnel* (→ *ressources* humaines*) *Le personnel d'une usine.* SYN. **main-d'œuvre.** *Le personnel navigant et le personnel au sol d'une compagnie aérienne.*
ÉTYM. latin *personalis.*

PERSONNELLEMENT [pɛʀsɔnɛlmɑ̃] **adv.** ✦ *Il va s'en occuper personnellement,* lui-même, en personne. → *Personnellement, je suis d'accord,* pour ma part.

PERSONNIFICATION [pɛʀsɔnifikasjɔ̃] **n. f.** 1. Action de personnifier, de représenter sous les traits d'un personnage, d'attribuer des caractéristiques humaines à une abstraction, un objet inanimé (ex. le bateau gémissait dans le vent). *La personnification des animaux dans les fables.* ☞ Littérature p. 116. 2. Le personnage qui incarne, personnifie (qqch.). ♦ (personne réelle) *Néron fut la personnification de la cruauté.* SYN. **incarnation, type.**
ÉTYM. de *personnifier.*

PERSONNIFIER [pɛʀsɔnifje] **v. tr.** (conjug. 9) 1. Évoquer, représenter (une chose abstraite ou inanimée) sous les traits d'une personne. *Harpagon, dans «L'Avare» de Molière, personnifie l'avarice.* 2. Réaliser dans sa personne (un caractère). → au p. passé *C'est l'honnêteté personnifiée,* il est l'honnêteté même.
ÉTYM. de ① *personne.*

PERSPECTIVE [pɛʀspɛktiv] **n. f.** **I** concret 1. PEINT., DESSIN Technique de représentation de l'espace et de ce qu'il contient en fonction de lignes de fuite (généralement convergentes). *Dessiner un cube en perspective. Les lois de la perspective.* → *Perspective cavalière,* à lignes de fuite parallèles. 2. Aspect esthétique que présente un ensemble, un paysage vu à distance. SYN. **panorama.** ♦ Grande avenue rectiligne. **II** 1. Évènement ou succession d'évènements qui se présente comme probable ou possible. SYN. **éventualité.** *La perspective de ce voyage l'enchantait.* 2. EN PERSPECTIVE : dans l'avenir ; en projet. *Il a un bel avenir en perspective.* 3. Aspect sous lequel une chose se présente ; manière de considérer qqch. SYN. **optique, point de vue.** *Dans une perspective optimiste. Roman policier raconté dans la perspective de l'enquêteur ou du criminel.*
ÉTYM. latin *perspectiva,* de *perspicere* «apercevoir».

PERSPICACE [pɛʀspikas] **adj.** ✦ Doué d'un esprit pénétrant, subtil. SYN. **intelligent ; clairvoyant.** *Un enquêteur perspicace.*
ÉTYM. latin *perspicax.*

PERSPICACITÉ [pɛʀspikasite] **n. f.** ✦ Qualité d'une personne perspicace. SYN. **clairvoyance, sagacité.**
ÉTYM. latin *perspicacitas.*

PERSUADER [pɛʀsɥade] **v. tr.** (conjug. 3a) 1. *Persuader qqn de qqch.,* l'amener à croire, à penser, à vouloir, à faire qqch. par une adhésion complète. SYN. **convaincre.** *Il m'a persuadé de sa sincérité, qu'il était sincère. Il faut le persuader de venir.* SYN. **décider, déterminer.** → au p. passé *J'en suis persuadé.* SYN. **certain, convaincu, sûr.** 2. SE PERSUADER v. pron. Se rendre certain (même à tort). *Se persuader de qqch., que...* CONTR. **dissuader.**
ÉTYM. latin *persuadere,* de *suadere* «conseiller».

PERSUASIF, IVE [pɛʀsɥazif, iv] **adj.** ✦ Qui a le pouvoir de persuader. *Un ton persuasif.* SYN. **éloquent.** *Un vendeur très persuasif.* SYN. **convaincant.** CONTR. **dissuasif.**

PERSUASION [pɛʀsɥazjɔ̃] **n. f.** ✦ Action de persuader ; fait d'être persuadé. SYN. **conviction.** CONTR. **dissuasion ; doute.**

PERTE [pɛʀt] **n. f.** **I** 1. Fait de perdre (qqn), d'en être séparé par la mort. *La perte cruelle d'un enfant.* → au plur. Personnes tuées. *Infliger des pertes sévères à l'ennemi,* mettre hors de combat de nombreux ennemis. 2. Fait d'être privé d'une chose dont on avait la propriété ou la jouissance, de subir un dommage. *Subir de lourdes pertes. Pertes financières.* → **déficit.** ♦ loc. *Passer une chose par* PROFITS ET PERTES, la considérer comme perdue. → *Perte sèche,* qui n'est compensée par aucun bénéfice. → *À perte :* en perdant de l'argent. 3. Fait d'égarer, de perdre qqch. *La perte d'un passeport.* 4. loc. À PERTE DE VUE : si loin que la vue ne peut plus distinguer les objets. 5. Fait de gaspiller. SYN. **gaspillage.** *Une perte de temps et d'argent.* → EN PURE PERTE : inutilement, sans aucun profit. *Se démener en pure perte.* ♦ Quantité (d'énergie, de chaleur) qui se dissipe inutilement. SYN. **déperdition.** → loc. *En perte de vitesse*.* 6. plur. *Pertes blanches :* écoulement vulvaire blanchâtre. *Les pertes peuvent être le signe d'une M. S. T.* 7. Fait de perdre, d'être vaincu. *La perte d'une bataille.* **II** Fait de périr, de se perdre. SYN. **ruine.** *Courir* à sa perte.* CONTR. **avantage, bénéfice, excédent, gain, profit.**
ÉTYM. latin populaire *perdita,* du participe passé de *perdere* «perdre».

PERTINEMMENT [pɛʀtinamɑ̃] **adv.** ✦ RARE De manière pertinente. → loc. *Savoir pertinemment qqch.,* en être informé exactement.
ÉTYM. de *pertinent.*

PERTINENCE [pɛʀtinɑ̃s] **n. f.** 1. Qualité de ce qui est pertinent (1). *Il a répondu avec pertinence.* 2. Caractère d'un élément pertinent (2).
ÉTYM. de *pertinent.*

PERTINENT, ENTE [pɛʀtinɑ̃, ɑ̃t] **adj.** 1. Qui convient exactement à l'objet dont il s'agit, qui dénote du bon sens. *Une remarque pertinente.* SYN. **judicieux ; approprié.** 2. SC. Doué d'une fonction dans un système, un ensemble. *Oppositions pertinentes.*
ÉTYM. latin *pertinens,* de *pertinere* «concerner».

PERTUIS [pɛʀtɥi] **n. m.** ✦ VX OU LITTÉR. Trou, ouverture ; passage.
ÉTYM. de l'ancien français *pertuisier,* famille de *percer.*

PERTUISANE [pɛʀtɥizan] **n. f.** ✦ Ancienne arme, lance munie d'un long fer triangulaire. → **hallebarde.**
ÉTYM. italien *partigiana* «arme de partisan».

PERTURBATEUR, TRICE [pɛʀtyʀbatœʀ, tʀis] **n. et adj.** 1. Personne qui trouble, crée le désordre. *Expulser les perturbateurs.* ➞ **adj.** *Éléments perturbateurs.* 2. **n. m.** *Perturbateur endocrinien, hormonal :* substance susceptible de perturber le fonctionnement du système hormonal.
ÉTYM. bas latin *perturbator.*

PERTURBATION [pɛʀtyʀbasjɔ̃] **n. f.** 1. Irrégularité dans le fonctionnement d'un système. SYN. ② **trouble.** ➞ *Perturbation atmosphérique,* vent accompagné de pluie, neige, etc. 2. Bouleversement, agitation dans la vie sociale ou individuelle. *Son intervention a semé la perturbation.*
ÉTYM. latin *perturbatio.*

PERTURBER [pɛʀtyʀbe] **v. tr.** (conjug. 3a) 1. Empêcher (qqch.) de fonctionner normalement. SYN. **déranger.** *La grève va perturber les transports.* 2. Bouleverser, troubler (qqn).
ÉTYM. latin *perturbare.*

PERVENCHE [pɛʀvɑ̃ʃ] **n. f.** ✦ Plante à fleurs bleu-mauve, qui croît dans les lieux ombragés. ➞ **appos. invar.** *Des yeux bleu pervenche.* **adjectivt invar.** *Des yeux pervenche.*
ÉTYM. latin *pervinca.*

PERVERS, ERSE [pɛʀvɛʀ, ɛʀs] **adj. et n.** 1. **adj.** LITTÉR. Qui se plaît à faire le mal ou à l'encourager. SYN. **corrompu, méchant.** *Une âme perverse.* 2. **adj. et n.** (Personne) qui témoigne de perversité ou de perversion. ◆ (Personne) qui accomplit systématiquement des actes immoraux, antisociaux. 3. **loc.** *Effet pervers :* conséquence pernicieuse.
ÉTYM. latin *perversus,* de *pervertere* «mettre sens dessus dessous».

PERVERSION [pɛʀvɛʀsjɔ̃] **n. f.** 1. LITTÉR. Action de pervertir ; changement en mal. SYN. **dépravation.** *La perversion des mœurs.* SYN. **corruption, dérèglement.** 2. PSYCH. Déviation des tendances, des instincts (par rapport à ce qui est jugé «normal»). *Les perversions sexuelles.*
ÉTYM. latin *perversio.*

PERVERSITÉ [pɛʀvɛʀsite] **n. f.** 1. Goût pour le mal, recherche du mal. 2. PSYCH. Tendance maladive à accomplir des actes immoraux, agressifs.
ÉTYM. latin *perversitas.*

PERVERTIR [pɛʀvɛʀtiʀ] **v. tr.** (conjug. 13) 1. Faire changer (qqn) en mal, rendre mauvais. SYN. **corrompre, dépraver, dévoyer.** 2. Détourner (qqch.) de son sens ou de ses buts. SYN. **altérer, dénaturer.** *L'argent pervertit le sport.*
ÉTYM. latin *pervertere* «renverser».

PERVERTISSEMENT [pɛʀvɛʀtismɑ̃] **n. m.** ✦ LITTÉR. Perversion (1).
ÉTYM. de *pervertir.*

PESAGE [pəzaʒ] **n. m.** 1. Détermination, mesure des poids. SYN. **pesée.** *Appareils de pesage.* → **balance, bascule, pèse-bébé, pèse-lettre, pèse-personne.** 2. Action de peser les jockeys avant une course. ➞ Endroit où s'effectue ce pesage.
ÉTYM. de *peser.*

PESAMMENT [pəzamɑ̃] **adv.** ✦ Lourdement. *Retomber pesamment.* CONTR. **légèrement.**
ÉTYM. de *pesant.*

PESANT, ANTE [pəzɑ̃, ɑ̃t] **adj.** 1. Qui pèse lourd. SYN. **lourd.** *Un fardeau pesant.* ◆ **n. m.** Poids. *Valoir* son pesant d'or.* 2. **fig.** Pénible à supporter. *Un travail, un chagrin pesant.* 3. Qui donne une impression de lourdeur. *Une démarche pesante.* ◆ (abstrait) *Un esprit pesant.* CONTR. **léger · agréable · agile, vif.**
ÉTYM. du participe présent de *peser.*

PESANTEUR [pəzɑ̃tœʀ] **n. f.** 1. PHYS. Caractère de ce qui a un poids. *La pesanteur de l'air.* ➞ **absolt** *LA PESANTEUR :* la force qui entraîne les corps vers le centre de la Terre. SYN. **attraction, gravitation, gravité.** 2. Caractère de ce qui paraît lourd, pesant. ➞ Manque de vivacité. *Pesanteur d'esprit.* 3. Force qui retarde une évolution. *Des pesanteurs sociologiques.* CONTR. **légèreté · vivacité.**
ÉTYM. de *pesant.*

PÈSE-BÉBÉ [pɛzbebe] **n. m.** ✦ Balance conçue pour qu'on puisse y placer un nourrisson. *Des pèse-bébés.*

PESÉE [pəze] **n. f.** 1. Quantité pesée en une fois. 2. Opération par laquelle on détermine le poids de qqch. *Effectuer une pesée à l'aide d'une balance.* 3. Action d'exercer une pression sur qqch. ou qqn. SYN. **poussée, pression.**
ÉTYM. du participe passé de *peser.*

PÈSE-LETTRE [pɛzlɛtʀ] **n. m.** ✦ Balance utilisée pour déterminer le poids des lettres. *Des pèse-lettres.*

PÈSE-PERSONNE [pɛzpɛʀsɔn] **n. m.** ✦ Balance plate à cadran, pour se peser. *Des pèse-personnes.*

PESER [pəze] **v.** (conjug. 7a) **I v. tr.** 1. Déterminer le poids de (qqch.), en le comparant à un poids connu. → **pesage, pesée.** ➞ **pronom.** *Il se pèse tous les matins.* 2. Apprécier, examiner avec attention. SYN. **considérer, estimer.** *Peser le pour et le contre.* → **comparer.** *Peser ses mots :* faire attention à ce qu'on dit. ➞ **au p. passé** *Tout bien pesé :* après mûre réflexion. **II v. intr.** (concret) 1. Avoir comme poids. SYN. **faire.** *Elle pèse soixante kilos. Les cent kilos qu'il a pesé* (sans accord). *Peser beaucoup, peu.* 2. *PESER SUR, CONTRE :* exercer une pression, une poussée. SYN. **appuyer.** *Il pesa de toutes ses forces contre la porte.* **III v. intr.** (abstrait) 1. *PESER À :* être pénible, difficile à supporter. SYN. **ennuyer, fatiguer, importuner.** *La solitude lui pèse.* 2. *PESER SUR :* constituer une charge pénible. SYN. **accabler.** *Le remords pèse sur sa conscience, lui pèse sur la conscience.* 3. Avoir de l'importance, de l'influence. *Cet élément a pesé, n'a*

pas pesé lourd dans notre décision.
ÉTYM. latin *pensare*, de *pendere* «peser».

PESETA [pezeta ; peseta] **n. f.** ✦ Ancienne unité monétaire de l'Espagne. *Des pesetas.*
ÉTYM. mot espagnol → peso.

PESO [pezo ; peso] **n. m.** ✦ Unité monétaire de plusieurs pays d'Amérique latine. *Des pesos.*
ÉTYM. mot espagnol «poids (d'or)».

PESSIMISME [pesimism] **n. m.** ✦ Disposition d'esprit qui porte à prendre les choses du mauvais côté, à être persuadé qu'elles tourneront mal. SYN. **défaitisme.** CONTR. **optimisme.**
ÉTYM. du latin *pessimus* «le pire», superlatif de *malus* «mauvais».

PESSIMISTE [pesimist] **adj.** et **n.** ✦ Qui est porté à être mécontent du présent et inquiet pour l'avenir, à penser que les choses vont mal tourner. SYN. **défaitiste ;** → **alarmiste.** *Les médecins sont pessimistes à son sujet.* – **n.** *Une pessimiste invétérée.* CONTR. **optimiste.**

PESTE [pɛst] **n. f.** 1. VX Grave épidémie. ◆ MOD. Très grave maladie infectieuse, épidémique et contagieuse, causée par le bacille de Yersin (→ **pestiféré**). – Épidémie de peste. *La peste de Londres* (1655). – loc. FAM. *Fuir, craindre qqn, qqch.* COMME LA PESTE. 2. Très grave maladie virale, contagieuse, frappant les animaux d'élevage. *Peste bovine, porcine.* 3. Femme, fillette insupportable, méchante. SYN. **gale, teigne.** *Quelle petite peste !*
ÉTYM. latin *pestis* «fléau».

PESTER [pɛste] **v. intr.** (conjug. 3a) ✦ Manifester son mécontentement, sa colère, par des paroles. SYN. **fulminer, jurer, maugréer.** *Pester contre le mauvais temps.*
ÉTYM. de *peste.*

PESTICIDE [pɛstisid] **adj.** et **n. m.** ✦ anglicisme Se dit de produits chimiques destinés à la protection des cultures et des récoltes contre les parasites, champignons (fongicide), mauvaises herbes (herbicide), insectes (insecticide). ☛ Géographie p. 232.
ÉTYM. mot anglais, de *pest* «insecte nuisible» et *-cide.*

PESTIFÉRÉ, ÉE [pɛstifeʀe] **adj.** ✦ Infecté ou atteint de la peste (1). – **n.** *On le fuit comme un pestiféré.*
ÉTYM. latin *pestifer* «qui apporte *(ferre)* la peste».

PESTILENCE [pɛstilɑ̃s] **n. f.** ✦ LITTÉR. Odeur infecte. SYN. **infection, puanteur.**
ÉTYM. latin *pestilentia*, de *pestis* «épidémie».

PESTILENTIEL, IELLE [pɛstilɑ̃sjɛl] **adj.** ✦ Qui répand une odeur infecte. *Des émanations pestilentielles.*
ÉTYM. de *pestilence.*

PET [pɛ] **n. m.** ✦ FAM. Gaz intestinal qui s'échappe de l'anus avec bruit. SYN. **flatuosité, gaz, vent.** *Lâcher un pet.* → **péter.** ◆ loc. FAM. *Ça ne vaut pas un pet (de lapin) :* cela n'a aucune valeur. HOM. PAIE «salaire», PAIX «accord»
ÉTYM. latin *peditum.*

> **PETA-** SC. Préfixe (symb. P) qui indique la multiplication par 10^{15} de l'unité dont il précède le nom.

PÉTAINISME [petenism] **n. m.** ✦ HIST. Idéologie des partisans du maréchal Pétain et du régime de Vichy pendant l'occupation de la France par l'Allemagne nazie. – On a dit aussi PÉTINISME [petinism].
► **PÉTAINISTE** [petenist] **adj.** et **n.**
ÉTYM. de *Pétain*, nom propre. ☛ noms propres.

PÉTALE [petal] **n. m.** ✦ Chacune des pièces florales qui composent la corolle d'une fleur.
ÉTYM. grec *petalon* «feuille».

PÉTANQUE [petɑ̃k] **n. f.** ✦ Variante provençale du jeu de boules.
ÉTYM. du provençal *pe* «pied» et *tanco* «fixé».

PÉTANT, ANTE [petɑ̃, ɑ̃t] **adj.** ✦ loc. FAM. *À neuf heures pétantes,* exactes. SYN. **sonnant, tapant.** *Il mange à midi pétant.*
ÉTYM. du participe présent de *péter.*

PÉTARADANT, ANTE [petaʀadɑ̃, ɑ̃t] **adj.** ✦ Qui pétarade. *Des motos pétaradantes.*
ÉTYM. du participe présent de *pétarader.*

PÉTARADE [petaʀad] **n. f.** ✦ Suite de pets (d'un cheval, etc.). ◆ Suite de détonations. *Les pétarades du moteur, d'une motocyclette.*
ÉTYM. provençal *petarrada ;* famille de *pet.*

PÉTARADER [petaʀade] **v. intr.** (conjug. 3a) ✦ Faire entendre une pétarade. *Le camion démarre en pétaradant.*

PÉTARD [petaʀ] **n. m.** 1. Petite charge d'explosif placée dans une enveloppe de papier fort. *Les enfants font claquer des pétards.* – loc. fig. *Pétard mouillé :* révélation que l'on pensait sensationnelle et qui n'a aucun effet. 2. FAM. Bruit, tapage. *Faire du pétard.* – *Être en pétard,* en colère. 3. FAM. Révolver. 4. FAM. Fesses, derrière. 5. FAM. Cigarette de haschich.
ÉTYM. de *pet.*

PÉTAUDIÈRE [petodjɛʀ] **n. f.** ✦ Assemblée où, faute de discipline, règnent la confusion et le désordre. *Cette réunion est une pétaudière.*
ÉTYM. de *Pétaud*, nom d'un roi légendaire.

PET-DE-NONNE [pɛd(ə)nɔn] **n. m.** ✦ Beignet soufflé fait avec de la pâte à choux. *Des pets-de-nonne.*
ÉTYM. d'un ancien sens métaphorique de *pet* «beignet».

PÉTER [pete] **v.** (conjug. 8) ✦ FAM. **I v. intr.** 1. Faire un pet, lâcher des vents. – loc. *Péter plus haut que son derrière, que son cul,* être prétentieux. *Péter de peur* (→ **péteux, pétoche**). 2. (sujet chose) Éclater avec bruit. SYN. **exploser ; pétarader.** *Des obus pétaient dans tous les coins.* – Se rompre brusquement, se casser. *L'élastique a pété.* – *Ça va péter.* SYN. ② **barder, chier. II v. tr.** 1. *Péter le feu :* déborder d'entrain, de vitalité. 2. Casser. *Il a pété sa montre.*
► **PÉTÉ, ÉE adj.** FAM. 1. Cassé. 2. (personnes) Fou. ◆ Ivre.
ÉTYM. latin *pedere.*

PÈTE-SEC [pɛtsɛk] **n. invar.** ✦ FAM. Personne autoritaire au ton hargneux et cassant. – **adj. invar.** *Une directrice pète-sec.*

PÉTEUX, EUSE [petø, øz] **n.** ✦ FAM. 1. Peureux. – **adj.** Honteux. *Se sentir péteux.* 2. Personne insignifiante et prétentieuse.
ÉTYM. de *péter.*

PÉTILLANT, ANTE [petijɑ̃, ɑ̃t] **adj.** 1. Qui pétille. *Eau minérale pétillante.* SYN. **gazeux.** 2. Qui brille d'un vif éclat. *Regard pétillant.*
ÉTYM. du participe présent de *pétiller.*

PÉTILLEMENT [petijmɑ̃] **n. m.** ✦ Fait de pétiller.

PÉTILLER [petije] **v. intr.** (conjug. 3a) 1. Éclater avec de petits bruits secs et répétés. *Le feu pétille.* SYN. **crépiter.** 2. (liquide) Produire de nombreuses bulles en bruissant.

Le champagne pétille dans les coupes. 3. LITTÉR. Briller d'un éclat très vif. *La joie pétille dans ses yeux.* – abstrait *Il pétille d'esprit.*
ÉTYM. de *pet.*

PÉTINISME → PÉTAINISME

PÉTIOLE [pesjɔl] n. m. ✦ Partie rétrécie de certaines feuilles vers la tige. SYN. **queue.**
ÉTYM. latin *petiolus* «petit pied *(pes)*».

PETIOT, OTE [p(ə)tjo, ɔt] adj. ✦ FAM. Petit, tout petit. – n. Petit enfant.
ÉTYM. de *petit.*

PETIT, ITE [p(ə)ti, it] adj. et n.
I adj. 1. (êtres vivants) Dont la taille est inférieure à la moyenne. *Il est plus petit que toi. Très petit.* → **minuscule.** *Devenir plus petit.* → **rapetisser.** – *Personne de petite taille* (s'emploie pour *nain**). – n. *Les grands et les petits.* – loc. *Se faire tout petit,* éviter de se faire remarquer. 2. Qui n'a pas encore atteint toute sa taille. SYN. **jeune.** *Quand j'étais petit.* SYN. **enfant.** *Son petit frère :* son frère plus jeune. 3. (choses) Dont les dimensions sont inférieures à la moyenne. *Une petite maison. Faire un petit tour.* – *Le petit doigt.* 4. Dont la grandeur, l'importance, l'intensité est faible. SYN. **faible, infime.** *Je vous demande une petite minute. Une petite somme.* SYN. **modique.** *Les petites et moyennes entreprises (P. M. E.).* 5. FAM. Agréable, charmant. *Un petit coin sympathique. De bons petits plats.* ◆ (personnes) – (exprimant la familiarité ou la condescendance) *Qu'est-ce qu'elle veut, la petite dame ? Quel petit crétin !* – (affectueux, après un possessif) *Ma petite maman.* – loc. FAM. *Son PETIT AMI.* CONTR. **grand ; colossal, géant, gigantesque, immense.**
II n. 1. Être humain jeune, pas encore adulte. → **bébé, enfant.** *Les tout-petits, les petits et les grands* (parmi les enfants). – RÉGIONAL *Bonjour, petite !* 2. n. m. Rejeton (d'un animal) ; jeune animal. *La chatte a eu des petits, a fait ses petits.* – loc. fig. *Faire des petits,* se multiplier.
III adj. 1. De peu d'importance. SYN. **minime.** *De petits inconvénients.* – *Petit nom.* → **prénom.** 2. (personnes) Qui a une condition, une situation peu importante. *Les petits commerçants.* – n. *Ce sont toujours les petits qui trinquent* (opposé à *gros*). 3. Qui a peu de valeur (quant au mérite, aux qualités intellectuelles ou morales). *Un petit esprit.* SYN. **borné, mesquin.** *C'est petit, ce qu'il a fait là. Les petits poètes.* SYN. ① **mineur.** CONTR. **considérable, important.**
IV adv. 1. *PETIT À PETIT :* peu à peu. SYN. **progressivement.** – prov. *Petit à petit, l'oiseau fait son nid*.* 2. *EN PETIT :* sur une petite échelle. *Le même objet mais en plus petit.* SYN. ① **réduit.**
ÉTYM. latin populaire *pititus.*

PETIT-BEURRE [p(ə)tibœʀ] n. m. ✦ Gâteau sec de forme rectangulaire fait au beurre. *Des petits-beurre* ou *des petits-beurres.* – On écrit aussi *petit beurre.*

PETIT-BOURGEOIS, PETITE-BOURGEOISE [p(ə)tibuʀʒwa, p(ə)titbuʀʒwaz] n. et adj. ✦ Personne qui appartient à la partie la moins aisée de la bourgeoisie (la *petite bourgeoisie*), réputée conformiste et mesquine. *Des petits-bourgeois.* – adj., péj. *Des réactions petites-bourgeoises.*

① **PETIT-DÉJEUNER** [p(ə)tideʒœne] n. m. ✦ Premier repas de la journée, pris le matin (au Canada, en Belgique, on dit *déjeuner*). *Petit-déjeuner à l'anglo-saxonne.* → **breakfast.** *Des petits-déjeuners copieux.* – abrév. FAM. PETIT-DÈJ ou PETIT DÈJ [p(ə)tidɛʒ].

② **PETIT-DÉJEUNER** [p(ə)tideʒœne] v. intr. (conjug. 3a) ✦ FAM. Prendre le petit-déjeuner. *Nous avons petit-déjeuné dans un café.*

PETITEMENT [pətitmɑ̃] adv. 1. *Être logé petitement,* à l'étroit. 2. fig. *Vivre petitement,* chichement. – *Se venger petitement,* mesquinement. CONTR. **grandement · généreusement.**
ÉTYM. de *petit.*

PETITESSE [p(ə)titɛs] n. f. 1. Caractère de ce qui est de petite dimension. *La petitesse de ses mains.* 2. Caractère mesquin, sans grandeur. *Petitesse d'esprit.* SYN. **étroitesse ;** → **mesquinerie.** 3. *(Une, des petitesses)* Trait, action dénotant un esprit mesquin. CONTR. **grandeur, hauteur ; largeur · générosité.**
ÉTYM. de *petit.*

PETIT-FILS [p(ə)tifis], **PETITE-FILLE** [p(ə)titfij] n. ✦ Fils, fille d'un fils ou d'une fille, par rapport à un grand-père ou à une grand-mère. *Ils ont quatre petites-filles et trois petits-fils.*

PETIT-FOUR [p(ə)tifuʀ] n. m. ✦ Petit gâteau très délicat, de la taille d'une bouchée. *Offrir des petits-fours avec le thé.* – On écrit aussi *petit four.*
ÉTYM. de *petit* et *pièce de four.*

PETIT-GRIS [p(ə)tigʀi] n. m. 1. Fourrure d'un écureuil de Russie d'un gris ardoise. SYN. **vair.** 2. Variété d'escargot à petite coquille brunâtre. *Des petits-gris.*

PÉTITION [petisjɔ̃] n. f. 1. Demande adressée, par écrit ou oralement, aux pouvoirs publics, à un organisme. *Signer une pétition.* 2. loc. DIDACT. *PÉTITION DE PRINCIPE :* faute logique par laquelle on considère comme admis ce qui doit être démontré.
ÉTYM. latin *petitio,* de *petere* «chercher à atteindre, à obtenir».

PÉTITIONNAIRE [petisjɔnɛʀ] n. ✦ Personne qui fait ou signe une pétition.
ÉTYM. de *pétition.*

PETIT-LAIT n. m. → LAIT

PETIT-NÈGRE n. m. → NÈGRE

PETIT-NEVEU, PETITE-NIÈCE [p(ə)tin(ə)vø, p(ə)titnjɛs] n. ✦ Fils, fille d'un neveu ou d'une nièce, par rapport à un grand-oncle ou à une grand-tante. *Des petits-neveux.*

PETIT-POIS [p(ə)tipwɑ] n. m. ✦ Graine verte du pois potager. *Des petits-pois frais, en conserve. Boîte de petits-pois.* – On écrit aussi *petit pois, des petits pois.*

PETITS-ENFANTS [p(ə)tizɑ̃fɑ̃] n. m. pl. ✦ Les enfants d'un fils ou d'une fille. → **petit-fils, petite-fille.**

PETIT-SUISSE [p(ə)tisɥis] n. m. ✦ Fromage frais moulé en forme de petit cylindre. *Des petits-suisses.*

PÉTOCHE [petɔʃ] n. f. ✦ FAM. Peur. *Avoir la pétoche.*
► **PÉTOCHARD, ARDE** [petɔʃaʀ, aʀd] adj. et n.
ÉTYM. de *péter.*

PÉTOIRE [petwaʀ] n. f. ✦ FAM. Mauvais fusil.
ÉTYM. de *péter.*

PETON [pətɔ̃] n. m. ✦ FAM. Petit pied.
ÉTYM. de *pied.*

PÉTONCLE [petɔ̃kl] n. m. ✦ Coquillage comestible, ressemblant à une petite coquille Saint-Jacques, brun et strié.
ÉTYM. latin *pectunculus* «petit peigne *(pecten)* de mer».

PÉTREL [petʀɛl] **n. m.** ✦ Oiseau palmipède très vorace, qui vit en haute mer.
ÉTYM. anglais *pitteral*, de *Peter* «(saint) Pierre».

PÉTRIFIANT, ANTE [petʀifjɑ̃, ɑ̃t] **adj.** ✦ (eaux) Qui pétrifie. *Une fontaine pétrifiante.*
ÉTYM. du participe présent de *pétrifier.*

PÉTRIFICATION [petʀifikasjɔ̃] **n. f.** ✦ Action de pétrifier (1 et 2). ◆ Objet pétrifié.
ÉTYM. de *pétrifier.*

PÉTRIFIER [petʀifje] **v. tr.** (conjug. 9) **1.** Changer en pierre. ➤ Rendre minérale (une matière organique). *La silice pétrifie le bois.* **2.** Recouvrir d'une couche minérale, calcaire. **3.** fig. Immobiliser (qqn) par une émotion violente. SYN. **méduser, paralyser.** *Cette nouvelle la pétrifia.* ➤ passif *Être pétrifié de terreur.*
ÉTYM. du latin *petra* «pierre», suffixe *-(i)fier.*

PÉTRIN [petʀɛ̃] **n. m. 1.** Coffre, bac dans lequel on pétrit le pain. *Pétrin mécanique.* **2.** FAM. Situation embarrassante d'où il semble impossible de sortir. *Se fourrer dans le pétrin, dans un sale pétrin.*
ÉTYM. latin *pistrinum* «moulin».

PÉTRIR [petʀiʀ] **v. tr.** (conjug. 13) **1.** Presser, remuer fortement et en tous sens (une pâte consistante). SYN. **malaxer, travailler.** *Le boulanger pétrit la pâte* (→ **pétrin**). ➤ *Pétrir de l'argile.* SYN. **façonner, modeler.** **2.** Palper fortement en tous sens. *Il pétrissait son chapeau entre ses doigts.* **3.** fig. LITTÉR. Donner une forme à, façonner. *Notre éducation nous a pétris.* **4.** au passif et p. passé ÊTRE PÉTRI, IE DE : formé(e), fait(e) avec. *Être pétri d'orgueil,* très orgueilleux. SYN. ① **plein.**
ÉTYM. bas latin *pistrire* → pétrin.

PÉTRISSAGE [petʀisaʒ] **n. m.** ✦ Action de pétrir. *Pétrissage mécanique.*
ÉTYM. de *pétrir.*

| **PÉTRO-** Élément, du grec *petra* «roche».

PÉTROCHIMIE [petʀoʃimi] **n. f.** ✦ Industrie des dérivés du pétrole.
► **PÉTROCHIMIQUE** [petʀoʃimik] **adj.** *Usine pétrochimique.*
ÉTYM. de *pétro(le)* et *chimie.*

PÉTRODOLLARS [petʀodɔlaʀ] **n. m. pl.** ✦ FIN. Devises en dollars provenant de la vente du pétrole par les pays producteurs.
ÉTYM. de *pétro(le)* et *dollars.*

PÉTROGRAPHIE [petʀɔgʀafi] **n. f.** ✦ Science qui décrit les roches. → **minéralogie.**
► **PÉTROGRAPHIQUE** [petʀɔgʀafik] **adj.**
ÉTYM. de *pétro-* et *-graphie.*

PÉTROLE [petʀɔl] **n. m. 1.** Huile minérale naturelle combustible, hydrocarbure liquide accumulé dans les roches, en gisements, et utilisée comme source d'énergie après raffinage, notamment sous forme d'essence. ☛ Géographie p. 230. *Puits de pétrole. Pétrole brut.* **2.** Un des produits obtenus par la distillation du pétrole. *Lampe à pétrole.* **3.** appos. invar. *Bleu pétrole,* nuance où entrent du bleu, du gris et du vert. *Des vestes bleu pétrole.*
ÉTYM. latin tardif *petroleum,* proprement «huile *(oleum)* de pierre *(petra)*».

PÉTROLIER, IÈRE [petʀɔlje, jɛʀ] **n. m. et adj.**
I n. m. 1. Navire-citerne conçu pour le transport en vrac du pétrole. *Un pétrolier géant.* SYN. anglic. **tanker.** **2.** Industriel, financier des sociétés pétrolières. *Les pétroliers du Texas.*
II adj. Relatif au pétrole. *Port pétrolier,* doté d'installations pour charger et décharger les pétroliers (I, 1). ➤ *Compagnies pétrolières.*
ÉTYM. de *pétrole.*

PÉTROLIFÈRE [petʀɔlifɛʀ] **adj.** ✦ Qui contient naturellement, fournit du pétrole. *Gisement pétrolifère.*
ÉTYM. de *pétrole* et *-fère.*

PÉTULANCE [petylɑ̃s] **n. f.** ✦ Caractère d'une personne pétulante. SYN. **fougue, turbulence.** ➤ *La pétulance d'un geste.* CONTR. **mollesse, nonchalance, réserve.**
ÉTYM. latin *petulantia.*

PÉTULANT, ANTE [petylɑ̃, ɑ̃t] **adj.** ✦ Qui manifeste une ardeur exubérante, brusque et désordonnée. SYN. **fougueux, impétueux, turbulent, vif.** *Un enfant pétulant.* CONTR. **mou, nonchalant, réservé.**
ÉTYM. latin *petulans,* de *petere* «attaquer».

PÉTUNIA [petynja] **n. m.** ✦ Plante ornementale des jardins, à fleurs violettes, roses ou blanches. *De beaux pétunias.*
ÉTYM. de *pétun* «tabac», d'un mot indien du Brésil.

PEU [pø] **adv. I** (en fonction de nom ou de nominal) Faible quantité. **1.** LE PEU QUE, DE... *Le peu que je sais, je le dois à mon père. Le peu d'argent qui lui reste.* **2.** UN PEU DE. SYN. **brin, grain, miette.** *Un peu de sel. Un peu de vin.* SYN. un **doigt,** une **goutte,** une **larme.** *Un petit peu.* ➤ POUR UN PEU (+ cond.) **loc. adv.** : il aurait suffi d'une faible différence pour que. *Pour un peu, il aurait renoncé.* **3.** (employé seul, sans compl.) loc. *Ce n'est pas peu dire,* c'est dire beaucoup, sans exagération. *Éviter un ennui de peu.* SYN. de **justesse.** *À peu près*.* FAM. *Très peu pour moi,* formule brusque de refus. ➤ (attribut) *C'est peu, trop peu.* ➤ PEU À PEU : en progressant par petites quantités, par petites étapes. → **doucement, petit** à petit, **progressivement.** **4.** PEU DE (suivi d'un compl.). *En peu de temps.* ➤ PEU DE CHOSE : une chose insignifiante. → **bagatelle, rien.** *À peu de chose près,* presque. ➤ (compl. au plur.) *Il dit beaucoup en peu de mots.* **5.** ellipt Peu de temps. *D'ici peu, sous peu, avant peu.* → **bientôt.** *Depuis peu, il y a peu.* → **récemment.** ◆ Un petit nombre (des personnes ou des choses dont il est question). *Bien peu l'ont su. Je ne renonce pas pour si peu !* **II 1.** (avec un verbe) En petite quantité, dans une faible mesure seulement. SYN. **modérément,** à **peine.** *Cette lampe éclaire très peu.* SYN. ② **mal.** *Peu importe.* ➤ (avec un adj.) Pas très. *Ils sont peu nombreux. Il n'était pas peu fier :* il était très fier. (avec un adv.) *Peu souvent.* ➤ SI PEU QUE (+ subj.). *Si peu que ce soit,* en quelque petite quantité que ce soit. ➤ *(UN) TANT SOIT PEU.* → **tant.** ➤ POUR PEU QUE (+ subj.) **loc. conj.** : si peu que ce soit. ➤ PEU OU PROU. → **prou.** **2.** UN PEU : dans une mesure faible, mais non négligeable. *Elle l'aime un peu.* UN PETIT PEU. → **légèrement.** *Il va un petit peu mieux.* ➤ LITTÉR. QUELQUE PEU : assez. ➤ FAM. UN PEU (pour atténuer un ordre ou souligner une remarque). *Je vous demande un peu ! Sors donc un peu, si tu l'oses !* ➤ poli ou iron. Bien trop. *C'est un peu fort !* ➤ (pour accentuer une affirmation) *«Tu ferais ça ? – Un peu !»* (→ *et comment !*). CONTR. **beaucoup.** HOM. PEUH «marque de mépris» ; PEUX, PEUT (formes du verbe *pouvoir*)
ÉTYM. latin *paucum.*

PEUCHÈRE [pøʃɛʀ] **interj.** ✦ RÉGIONAL (sud-est de la France) Exclamation exprimant une commisération affectueuse ou ironique.
ÉTYM. provençal *pecaire* «pécheur».

A B C D E F G H I J K L M N O P Q R S T U V W X Y Z

PEUH [pø] **interj.** ✦ Exprime le mépris, le dédain ou l'indifférence. *Peuh ! Ça m'est égal.* HOM. PEU «pas beaucoup»
ÉTYM. onomatopée.

PEUPLADE [pœplad] **n. f.** ✦ Groupement humain, petit peuple ne constituant pas une société complexe. SYN. **tribu.** *Une peuplade d'Amazonie.*
ÉTYM. de *peupler,* d'après l'espagnol *poblado.*

PEUPLE [pœpl] **n. m.** **I** Ensemble d'êtres humains vivant en société, formant une communauté culturelle, et ayant en partie une origine commune. SYN. **nation,** ① **pays, population, société ;** → **ethno-.** *Le droit des peuples à disposer d'eux-mêmes. Le peuple français. Le peuple élu :* les Hébreux. **II** 1. *LE PEUPLE, UN PEUPLE :* l'ensemble des personnes soumises aux mêmes lois et qui forment une nation. *Le gouvernement du peuple.* → **populaire ; démocratie.** *Les élus du peuple.* 2. *LE PEUPLE :* le plus grand nombre (opposé aux classes supérieures, dirigeantes, ou aux élites). SYN. ① **masse, multitude.** *Le peuple et la bourgeoisie.* SYN. **prolétariat ; plèbe.** *Une femme du peuple.* **III** 1. Foule, multitude de personnes assemblées. → **populeux.** – FAM. *Il y a du peuple,* du monde. SYN. **populo.** 2. **loc.** FAM. *Se fiche du peuple,* du monde, des gens. 3. LITTÉR. *Un peuple de,* un grand nombre de.
ÉTYM. latin *populus.*

PEUPLÉ, ÉE [pœple] **adj.** ✦ Où il y a une population, des habitants. SYN. **habité, populeux ;** → **surpeuplé.** CONTR. **dépeuplé,** ① **désert.**
ÉTYM. de *peupler.*

PEUPLEMENT [pœpləmɑ̃] **n. m.** 1. Action de peupler. *Le peuplement de terres vierges.* – (animaux) Occupation d'un milieu. *Le peuplement d'un étang.* 2. État d'un territoire peuplé. SYN. **population.** *Peuplement dense, clairsemé. Évolution du peuplement.* → **démographie.** CONTR. **dépeuplement.**
ÉTYM. de *peupler.*

PEUPLER [pœple] **v. tr.** (conjug. 3a) **I** Pourvoir (un pays, une contrée) d'une population, d'habitants. *Peupler une région.* – *Peupler un étang de gardons.* → **aleviner.** **II** 1. Habiter, occuper (une contrée, un pays). *Les hommes qui peuplent la terre.* 2. Être présent en grand nombre dans, prendre toute la place dans. *Les étudiants qui peuplent les universités.* – LITTÉR. *Les cauchemars qui peuplaient ses nuits.* SYN. **hanter.** **III** *SE PEUPLER* **v. pron.** Se remplir d'habitants. CONTR. **dépeupler, vider • déserter.**
ÉTYM. de *peuple.*

PEUPLERAIE [pøplərɛ] **n. f.** ✦ Plantation de peupliers.
ÉTYM. de *peuplier.*

PEUPLIER [pøplije] **n. m.** 1. Arbre élancé, de haute taille, à petites feuilles, des endroits frais et humides. 2. Bois de peuplier (bois blanc).
ÉTYM. latin *populus* (sans rapport avec l'homonyme → peuple).

PEUR [pœʀ] **n. f.** 1. Émotion qui accompagne la prise de conscience d'un danger, d'une menace. SYN. **crainte ;** FAM. **frousse, pétoche, trouille.** *Peur intense.* → **effroi, épouvante, frayeur, terreur.** *Être en proie à la peur.* → **apeuré.** *Être transi, vert, mort de peur. Trembler de peur.* – **loc.** *Avoir plus de peur que de mal.* – *LA PEUR DE...* (suivi du nom de la personne ou de l'animal qui éprouve la peur). *La peur du gibier devant le chasseur.* – (suivi du nom de l'être ou de l'objet qui inspire la peur, ou d'un verbe) *La peur du gendarme ; du loup. La peur de la mort ; de mourir.* SYN. **appréhension, hantise.** 2. *(Une, des peurs)* Émotion de peur qui saisit qqn dans une occasion. *Une peur bleue, intense.* SYN. **panique.** *Il m'a fait une de ces peurs !* 3. **loc.** (sans article) *Prendre peur.* – *AVOIR PEUR.* → **craindre.** *Avoir peur pour qqn,* craindre ce qui va lui arriver. *Avoir peur de qqn, de qqch.* → **redouter.** *N'avoir peur de rien. Il n'a pas peur. Jean sans Peur.* (sens faible) *N'ayez pas peur d'insister,* n'hésitez pas. – *FAIRE PEUR. Être laid à faire peur,* horrible. *Faire peur à qqn.* → **effrayer ; épouvanter, terroriser.** 4. *PAR PEUR DE, DE PEUR DE* **loc. prép.** : par crainte de. *Il a menti par peur d'une punition, de peur d'être puni.* – *DE PEUR QUE, PAR PEUR QUE* **loc. conj.** (+ subj.). *Il a menti de peur qu'on (ne) le punisse.* CONTR. **audace, bravoure, courage, intrépidité.**
ÉTYM. latin *pavor* «effroi».

PEUREUSEMENT [pøʀøzmɑ̃] **adv.** ✦ En ayant peur. SYN. **craintivement.** CONTR. **bravement, courageusement.**
ÉTYM. de *peureux.*

PEUREUX, EUSE [pøʀø, øz] **adj.** 1. Qui a facilement peur. SYN. **couard, lâche, poltron ;** FAM. **dégonflé, froussard, trouillard.** *Un enfant peureux.* – **n.** *C'est un peureux.* 2. Qui est sous l'empire de la peur. SYN. **apeuré.** *Il alla se cacher dans un coin, tout peureux.* CONTR. **audacieux, brave, courageux, intrépide.**
ÉTYM. de *peur.*

PEUT-ÊTRE [pøtɛtʀ] **adv.** 1. Adverbe indiquant une simple possibilité. *Ils ne viendront peut-être pas. Vous partez, peut-être ?* – (en réponse) *Peut-être ; peut-être bien. Peut-être..., mais...* SYN. sans **doute.** – (en tête d'énoncé, avec inversion du sujet) *Qui sait ? Peut-être aurons-nous cette chance.* 2. *PEUT-ÊTRE QUE. Peut-être bien que oui* (pop. *p'têt ben qu'oui*). *Peut-être que je ne pourrai pas venir.* – (+ cond.) *Peut-être qu'il viendrait si on lui demandait.* CONTR. **certainement.**
ÉTYM. de ① *pouvoir* et *être.*

PEYOTL [pɛjɔtl] **n. m.** ✦ Plante du Mexique, de la famille des cactus, dont on extrait un hallucinogène puissant, la mescaline.
ÉTYM. d'une langue indienne du Mexique.

PÈZE [pɛz] **n. m. sing.** ✦ FAM. Argent. *Ils ont du pèze.*
ÉTYM. peut-être occitan *pese* «pois».

PFENNIG [pfenig] **n. m.** ✦ Le centième du mark*. *50 pfennigs* ou *Pfennige* (pluriel allemand).
ÉTYM. mot allemand.

PFFT [pft] **interj.** ✦ Exprime l'indifférence, le mépris. *Pfft... ! il en est bien incapable.* – variante PFF ; PFUT [pfyt].
ÉTYM. onomatopée.

P. G. C. D. [peʒesede] **n. m. invar.** ✦ Plus grand commun diviseur. *Calculer le P. G. C. D. de deux entiers.*
ÉTYM. sigle.

pH [peaʃ] **n. m. invar.** ✦ Indice exprimant l'acidité, sur une échelle allant de 1 à 14. *Un pH inférieur à 7 indique une solution acide.*
ÉTYM. abréviation de *potentiel d'hydrogène.*

PHACOCHÈRE [fakɔʃɛʀ] **n. m.** ✦ Mammifère ongulé d'Afrique, voisin du sanglier et dont la tête porte des verrues.
ÉTYM. grec *phakos* «lentille ; verrue» et *khoiros* «cochon».

-PHAGE, -PHAGIE, -PHAGIQUE, PHAG(O)- Éléments savants, du grec *phagein* «manger» (ex. *aérophagie, anthropophage*). SYN. **-vore.**

PHAGOCYTE [fagɔsit] **n. m.** ✦ Cellule possédant la propriété d'englober et de détruire certaines particules en les digérant. → **macrophage.** *Les globules blancs sont des phagocytes.*
ÉTYM. de *phago-* et *-cyte.*

PHAGOCYTER [fagɔsite] **v. tr.** (conjug. 3a) 1. Détruire par phagocytose. 2. **fig.** Absorber et détruire. *Ce groupe a été phagocyté par un grand parti.*
ÉTYM. de *phagocyte.*

PHAGOCYTOSE [fagɔsitoz] **n. f.** ✦ Processus de défense cellulaire, fonction destructrice des phagocytes.
ÉTYM. de *phagocyte.*

① **PHALANGE** [falɑ̃ʒ] **n. f.** 1. ANTIQ. Formation de combat dans l'armée grecque. *La phalange macédonienne.* — LITTÉR. Armée, corps de troupes. 2. Groupement politique et paramilitaire d'extrême droite.
ÉTYM. grec *phalanx* «rondin», par analogie.

② **PHALANGE** [falɑ̃ʒ] **n. f.** ✦ Chacun des os longs qui soutiennent les doigts et les orteils. ♦ Segment (d'un doigt) soutenu par une phalange. *La deuxième phalange de l'index.*
ÉTYM. → ① phalange.

PHALANSTÈRE [falɑ̃stɛʀ] **n. m.** ✦ DIDACT. Groupe qui vit en communauté. — Endroit où vit ce groupe.
ÉTYM. de ① *phalange* et *monastère.*

PHALÈNE [falɛn] **n. f.** ou **m.** ✦ Grand papillon nocturne ou crépusculaire.
ÉTYM. grec *phal(l)aina.*

PHALLIQUE [falik] **adj.** ✦ Du phallus (1). *Symbole phallique.*
ÉTYM. latin *phallicus.*

PHALLOCRATE [falɔkʀat] **n.** ✦ Personne (surtout homme) qui considère les femmes comme inférieures aux hommes. SYN. **machiste.** — **adj.** *Un comportement phallocrate.* — **abrév.** FAM. PHALLO [falo].
► **PHALLOCRATIE** [falɔkʀasi] **n. f.**
ÉTYM. de *phallus* et *-crate.*

PHALLUS [falys] **n. m.** ✦ Pénis en érection ; son image symbolique.
ÉTYM. mot latin, du grec *phallos.*

PHANÈRE [fanɛʀ] **n. m.** ✦ DIDACT. Production épidermique apparente (poils, plumes, écailles, griffes, ongles, etc.).
ÉTYM. du grec *phaneros* «apparent».

PHANÉROGAME [faneʀɔgam] **adj.** ✦ (plantes) Qui a des organes sexuels (fleurs) apparents. — **n. f. pl.** *LES PHANÉROGAMES :* embranchement comprenant les plantes qui portent des fleurs et se reproduisent par graines.
ÉTYM. du grec *phaneros* «visible» et *gamos* «union, mariage» → -game.

PHANTASME → FANTASME

PHARAON [faʀaɔ̃] **n. m.** ✦ Souverain de l'ancienne Égypte. *Les momies des pharaons.*
ÉTYM. latin *Pharao, Pharaonis,* du grec, de l'égyptien antique «la grande maison ; le palais».

PHARAONIQUE [faʀaɔnik] **adj.** ✦ Des pharaons.

PHARE [faʀ] **n. m.** 1. Tour élevée sur une côte ou un îlot, munie à son sommet d'un puissant éclairage qui guide les navires. *Gardien de phare. Phare automatisé.* 2. Projecteur placé en général à l'avant d'un véhicule, d'une voiture automobile. *Appels de phares,* pour signaler sa présence. *Phare de recul.* — Position où le phare éclaire le plus. 3. **appos., fig.** *Un secteur phare de l'industrie. Les produits phares d'une marque.* HOM. FAR «gâteau», FARD «maquillage»
ÉTYM. latin *pharus,* du grec, du n. de l'île de *Pharos.* ☛ noms propres.

PHARISIEN, IENNE [faʀizjɛ̃, jɛn] **n.** 1. ANTIQ. (☛ noms propres) Membre d'une secte puritaine d'Israël, que les Évangiles accusent de formalisme et d'hypocrisie. 2. LITTÉR. **péj.** Personne hypocrite et sûre d'elle-même.
ÉTYM. mot araméen «séparés».

PHARMACEUTIQUE [faʀmasøtik] **adj.** ✦ De la pharmacie. *Produit pharmaceutique.*
ÉTYM. latin *pharmaceuticus,* du grec.

PHARMACIE [faʀmasi] **n. f.** 1. Science des remèdes et des médicaments, art de les préparer et de les contrôler (→ **allopathie, homéopathie**). *Docteur en pharmacie.* 2. Magasin où l'on vend des médicaments, des produits, objets et instruments destinés aux soins du corps et où l'on fait certaines préparations. SYN. **officine.** 3. Assortiment de produits pharmaceutiques usuels. *Armoire à pharmacie.* 4. Local d'un hôpital où l'on range ces produits.
ÉTYM. latin *pharmacia,* du grec, de *pharmakon* «plante médicinale, poison, philtre, sortilège».

PHARMACIEN, IENNE [faʀmasjɛ̃, jɛn] **n.** ✦ Personne qui exerce la pharmacie, est responsable d'une pharmacie (2 et 4). SYN. VX **apothicaire.**
ÉTYM. de *pharmacie.*

PHARMACO- Élément savant, du grec *pharmakon* «remède ; poison», qui signifie «remède».

PHARMACOLOGIE [faʀmakɔlɔʒi] **n. f.** ✦ Étude des médicaments, de leur action (propriétés thérapeutiques, etc.) et de leur emploi.
► **PHARMACOLOGIQUE** [faʀmakɔlɔʒik] **adj.**
ÉTYM. de *pharmaco-* et *-logie.*

PHARMACOPÉE [faʀmakɔpe] **n. f.** 1. Recueil officiel des médicaments, indiquant leur composition, leurs effets, et les doses usuelles. 2. Ensemble ou liste de médicaments. *La pharmacopée traditionnelle.*
ÉTYM. grec *pharmakopoiia.*

PHARYNGIEN, IENNE [faʀɛ̃ʒjɛ̃, jɛn] **adj.** ✦ Du pharynx.

PHARYNGITE [faʀɛ̃ʒit] **n. f.** ✦ Inflammation du pharynx. → **angine.**
ÉTYM. de *pharynx* et *-ite.*

PHARYNX [faʀɛ̃ks] **n. m.** ✦ Conduit musculo-membraneux où se croisent les voies digestives et respiratoires (→ **larynx, rhinopharynx**).
ÉTYM. grec *pharunx, pharungos* «gosier».

PHASE [fɑz] **n. f.** 1. Chacun des états successifs (d'une chose en évolution). SYN. **période.** *Les phases d'une maladie.* SYN. **stade.** *Les différentes phases d'un match.* SYN. **étape.** 2. Chacun des aspects que présentent la Lune et les planètes à un observateur terrestre, selon leur éclairement par le Soleil. *Les phases de la Lune.*

→ **lunaison.** 3. PHYS. Constante angulaire caractéristique d'un mouvement périodique. *Différence de phase.* – loc. *EN PHASE :* en variant de la même façon ; fig. en accord, en harmonie. *Écrivain en phase avec son époque.* 4. CHIM. État d'un élément. *Les phases solide, liquide et gazeuse.*
ÉTYM. grec *phasis*, de *phainein* «apparaître».

PHASME [fasm] **n. m.** ✦ Insecte dont le corps allongé et grêle se confond avec les tiges et brindilles qui l'entourent.
ÉTYM. grec *phasma* «fantôme».

PHÉNICIEN, IENNE [fenisjɛ̃, jɛn] **adj. et n.** ✦ De la Phénicie antique (Méditerranée orientale). *Les Phéniciens.* ☛ noms propres.

PHÉNIQUÉ, ÉE [fenike] **adj.** ✦ Qui contient du phénol. *Eau phéniquée.*

① **PHÉNIX** [feniks] **n. m.** 1. MYTHOL. Oiseau fabuleux, unique de son espèce, qui vivait plusieurs siècles et qui, brûlé, était censé renaître de ses cendres. 2. Personne unique en son genre, supérieure par ses dons.
ÉTYM. latin *phoenix*, du grec. ☛ PHÉNIX (noms propres).

② **PHÉNIX** → **PHŒNIX**

PHÉNOL [fenɔl] **n. m.** 1. Solide cristallisé blanc, soluble dans l'eau, corrosif et toxique, à odeur forte. *Le phénol est un antiseptique.* 2. CHIM. (au plur.) Série de composés organiques dérivés du benzène, analogues au phénol.
ÉTYM. de *phéno-*, du grec *phainein* «éclairer».

PHÉNOMÉNAL, ALE, AUX [fenɔmenal, o] **adj.** ✦ Qui sort de l'ordinaire. SYN. **étonnant, surprenant.** *Une mémoire phénoménale.*
ÉTYM. de *phénomène.*

PHÉNOMÈNE [fenɔmɛn] **n. m.** 1. DIDACT. (surtout au plur.) Fait naturel complexe pouvant faire l'objet d'expériences et d'études scientifiques. *Phénomènes physiques et psychologiques.* 2. Fait (ou ensemble de faits) observé, évènement anormal ou surprenant. *Un article sur le phénomène de la violence.* 3. FAM. Individu, personne bizarre. SYN. **excentrique,** ② **original.** *Quel phénomène !*
ÉTYM. grec *phainomena* «ce qui apparaît dans le ciel».

PHÉNOMÉNOLOGIE [fenɔmenɔlɔʒi] **n. f.** ✦ DIDACT. Philosophie qui écarte toute interprétation abstraite pour se limiter à la description et à l'analyse des seuls phénomènes perçus. *La phénoménologie de Husserl.*
▸ **PHÉNOMÉNOLOGIQUE** [fenɔmenɔlɔʒik] **adj.**
ÉTYM. de *phénomène* et *-logie.*

PHÉNOTYPE [fenɔtip] **n. m.** ✦ BIOL. Ensemble des caractères individuels correspondant à l'expression du génotype, en fonction de certaines conditions du milieu.
ÉTYM. de *phéno-*, du grec *phainein* «éclairer», et de *-type.*

PHÉROMONE [feʀɔmɔn] **n. f.** ✦ BIOL. Sécrétion externe d'un organisme qui stimule une réaction chez un autre membre de la même espèce.
ÉTYM. du grec *pherein* «porter» et de *hormone.*

PHI [fi] **n. m. invar.** ✦ Vingt et unième lettre de l'alphabet grec (Φ, ϕ). HOM. FI «marque de dédain»
ÉTYM. mot grec.

PHIL-, PHILO-, -PHILE, -PHILIE Éléments savants, du grec *philein* «aimer», qui signifient «ami» ou «aimer» (ex. *anglophilie, cinéphile*). CONTR. **mis(o)-, -phobe, -phobie.**

PHILANTHROPE [filɑ̃tʀɔp] **n.** 1. Personne qui aime l'humanité. 2. Personne généreuse et désintéressée. *C'est un commerçant, pas un philanthrope.* CONTR. **misanthrope.**
ÉTYM. grec *philanthropos* → phil- et -anthrope.

PHILANTHROPIE [filɑ̃tʀɔpi] **n. f.** 1. Amour de l'humanité. 2. Désintéressement. CONTR. **misanthropie.**
ÉTYM. grec *philanthropia* → phil- et -anthropie.

PHILANTHROPIQUE [filɑ̃tʀɔpik] **adj.** ✦ De la philanthropie ; inspiré par elle. *Organisation philanthropique.* SYN. **charitable, humanitaire.**

PHILATÉLIE [filateli] **n. f.** ✦ Connaissance des timbres-poste ; art de les collectionner.
▸ **PHILATÉLIQUE** [filatelik] **adj.**
ÉTYM. de *phil-* et du grec *ateleia* «exemption d'impôt», d'où «affranchissement».

PHILATÉLISTE [filatelist] **n.** ✦ Personne qui collectionne les timbres-poste.
ÉTYM. de *philatélie.*

PHILHARMONIQUE [filaʀmɔnik] **adj.** ✦ Se dit de sociétés d'amateurs de musique, de certains orchestres classiques. *L'orchestre philharmonique de Berlin.*
ÉTYM. de *phil-* et du grec *harmonia* «harmonie».

PHILHELLÈNE [filelɛn] **adj. et n.** ✦ HIST. Partisan de l'indépendance de la Grèce, au XIXe siècle.
ÉTYM. grec *philhellên* → phil- et hellène.

PHILIPPIQUE [filipik] **n. f.** ✦ LITTÉR. Discours violent contre une personne. CONTR. **apologie.**
ÉTYM. grec *philippikos (logos)* «discours de (Démosthène) contre Philippe (roi de Macédoine)». ☛ PHILIPPE II DE MACÉDOINE (noms propres).

PHILISTIN [filistɛ̃] **n. m.** ✦ LITTÉR. Personne de goût vulgaire, fermée aux arts et aux lettres, aux nouveautés. SYN. **béotien.** – **adj. m.** *Il est un peu philistin.*
ÉTYM. de l'hébreu (nom de peuple), par l'allemand ☛ PHILISTINS (noms propres).

PHILO n. f. → **PHILOSOPHIE**

PHILO- → **PHIL-**

PHILODENDRON [filɔdɛ̃dʀɔ̃] **n. m.** ✦ Plante grimpante originaire de l'Amérique tropicale, aux grandes feuilles très découpées et aux racines pendantes.
ÉTYM. grec *philodendros*, de *dendron* «arbre».

PHILOLOGIE [filɔlɔʒi] **n. f.** ✦ Étude historique d'une langue par l'analyse critique des textes.
▸ **PHILOLOGIQUE** [filɔlɔʒik] **adj.**
ÉTYM. latin *philologia*, mot grec → philo- et -logie.

PHILOLOGUE [filɔlɔg] **n.** ✦ Spécialiste de l'étude historique (grammaticale, linguistique, etc.) des textes.
ÉTYM. grec *philologos* «celui qui aime l'étude».

PHILOSOPHALE [filɔzɔfal] **adj. f.** ✦ *PIERRE PHILOSOPHALE :* substance recherchée par les alchimistes, et qui devait posséder des propriétés merveilleuses (transmuer les métaux en or, etc.).
ÉTYM. de *philosophe*, au sens anc. d' «alchimiste».

PHILOSOPHE [filɔzɔf] **n. et adj.**
I n. 1. Personne qui élabore une doctrine philosophique. SYN. **penseur.** – Spécialiste de philosophie. 2. Au XVIIIe siècle, Partisan des Lumières, du libre examen, de la liberté de pensée. 3. Personne qui pra-

tique la sagesse. SYN. **sage.** *Il vit en philosophe.*
II adj. Qui montre de la sagesse, du détachement et un certain optimisme. *Il est très philosophe, il sait se résigner.*
ÉTYM. latin *philosophus*, grec *philosophos* «ami de la sagesse, du savoir *(sophia)*».

PHILOSOPHER [filɔzɔfe] **v. intr.** (conjug. 3a) ✦ Penser, raisonner (sur des problèmes philosophiques, abstraits).
ÉTYM. latin *philosophari*.

PHILOSOPHIE [filɔzɔfi] **n. f.** **I** *LA PHILOSOPHIE* **1.** Ensemble des questions que l'être humain peut se poser sur lui-même et examen des réponses qu'il peut y apporter ; vision systématique et générale (mais non scientifique) du monde (→ **esthétique, éthique,** ① **logique, métaphysique, morale, ontologie, théologie**). **2.** Système d'idées qui cherche à établir les fondements d'une science. *La philosophie de l'histoire.* **3.** Matière des classes terminales des lycées où est enseignée la philosophie (abrév. PHILO [filo]). **II** *UNE PHILOSOPHIE* **1.** Ensemble de conceptions (ou d'attitudes) philosophiques (ex. matérialisme, phénoménologie, spiritualisme, etc.). SYN. **doctrine, système,** ① **théorie.** *La philosophie critique de Kant.* **2.** Ensemble des conceptions philosophiques (communes à un groupe social). *La philosophie orientale.* SYN. ① **pensée.** **3.** Conception générale, vision du monde et de la vie. *La philosophie de Hugo.* **4.** absolt Élévation d'esprit, détachement. SYN. **sagesse.** *Supporter les revers de fortune avec philosophie.* SYN. **résignation.**
ÉTYM. latin *philosophia*, mot grec.

PHILOSOPHIQUE [filɔzɔfik] **adj.** ✦ Relatif à la philosophie. *Doctrine philosophique.* ➤ Qui touche à des problèmes de philosophie. *Roman philosophique.*
☛ Littérature p. 133.

PHILOSOPHIQUEMENT [filɔzɔfikmɑ̃] **adv.** **1.** D'une manière philosophique. **2.** En sage, sereinement. *Accepter philosophiquement son sort.*

PHILTRE [filtʀ] **n. m.** ✦ Breuvage magique destiné à inspirer l'amour. *Le philtre de Tristan et Iseult.*
HOM. FILTRE «tamis»
ÉTYM. latin *philtrum*, grec *philtron*.

PHIMOSIS [fimozis] **n. m.** ✦ MÉD. Étroitesse du prépuce, empêchant de découvrir le gland.
ÉTYM. mot grec «resserrement».

PHLÉBITE [flebit] **n. f.** ✦ Inflammation d'une veine.
ÉTYM. du grec *phleps, phlebos* «veine, artère» et de *-ite*.

PHLEGMON ou **FLEGMON** [flɛgmɔ̃] **n. m.** ✦ MÉD. Inflammation purulente du tissu conjonctif ou sous-cutané. → **abcès, anthrax.** *Phlegmon des doigts.* → **panaris.**
ÉTYM. latin *phlegmone*, du grec, de *phlegein* «brûler».

" xmd="ph´"**PHÔ** [fø] **n. m.** ✦ Soupe vietnamienne à base de nouilles de riz et de lamelles de bœuf. HOM. FEU «combustion»
ÉTYM. mot vietnamien.

-PHOBE, -PHOBIE Éléments savants, du grec *phobos* «peur ; fuite», qui signifient «qui déteste» et «crainte, haine» (ex. *anglophobe, xénophobie*). CONTR. **-phile, -philie.**

PHOBIE [fɔbi] **n. f.** **1.** Peur morbide, angoisse éprouvée devant certains objets, actes, situations ou idées (*agoraphobie, claustrophobie,* etc.). **2.** Peur ou aversion instinctive. SYN. **haine, horreur.** *Il a la phobie des transports en commun.*
ÉTYM. lexicalisation de *-phobie*.

PHOBIQUE [fɔbik] **adj.** ✦ MÉD. Relatif à la phobie. *Obsession phobique.* ◆ Atteint de phobie. ➤ **n.** *Les phobiques et les obsédés.*

PHOCÉEN, ENNE [fɔseɛ̃, ɛn] **adj.** ✦ De Marseille. SYN. **marseillais.** *La cité phocéenne*, Marseille.
ÉTYM. de *Phocée*. ☛ noms propres.

PHŒNIX ou **PHÉNIX** [feniks] **n. m.** ✦ Palmier ornemental cultivé dans le midi de la France.
ÉTYM. latin *phoenix* «arbre phénicien».

PHON-, PHONO-, -PHONE, -PHONIE, -PHONIQUE Éléments savants, du grec *phônê* «son de la voix» ; «langage», qui signifient «voix ; son» (ex. *aphone, orthophoniste, phonographe, radiophonie, saxophone*). ➤ -PHONE signifie aussi «qui parle (une langue)» (ex. *francophone, arabophone*).

PHONATION [fɔnasjɔ̃] **n. f.** ✦ Ensemble des phénomènes qui concourent à la production de la voix et du langage articulé. *Les organes de la phonation.*
ÉTYM. du grec *phônê* «voix, son».

PHONÈME [fɔnɛm] **n. m.** ✦ DIDACT. Élément sonore du langage parlé, considéré comme une unité distinctive. *Le français comprend 36 phonèmes (16 voyelles et 20 consonnes).*
ÉTYM. grec *phônêma* «son de voix».

PHONÉTICIEN, IENNE [fɔnetisjɛ̃, jɛn] **n.** ✦ Spécialiste de phonétique.

PHONÉTIQUE [fɔnetik] **adj.** et **n. f.** **1. adj.** Qui a rapport aux sons du langage. *Alphabet phonétique international. Transcription phonétique.* **2. n. f.** Partie de la linguistique qui étudie les sons de la parole. *Phonétique descriptive. Phonétique fonctionnelle.* → **phonologie.**
► **PHONÉTIQUEMENT** [fɔnetikmɑ̃] **adv.** *Texte transcrit phonétiquement.*
ÉTYM. grec *phônêtikos*.

PHONIQUE [fɔnik] **adj.** ✦ DIDACT. Qui a rapport au son ou à la voix. *L'isolation phonique d'une pièce.* → **insonorisation.**
ÉTYM. du grec *phônê* «voix, son».

PHONO- → PHON-

PHONOGRAMME [fɔnɔgʀam] **n. m.** ✦ Signe graphique représentant un son (opposé à *idéogramme*).
ÉTYM. de *phono-* et *-gramme*.

PHONOGRAPHE [fɔnɔgʀaf] **n. m.** ✦ Ancien appareil acoustique reproduisant les sons enregistrés. → **gramophone.** ➤ abrév. PHONO [fono]. *Des vieux phonos à pavillon.*
ÉTYM. de *phono-* et *-graphe*.

PHONOLOGIE [fɔnɔlɔʒi] **n. f.** ✦ DIDACT. Science qui étudie les sons d'une langue (→ **phonème**) quant à leur fonction, à leurs oppositions.
ÉTYM. de *phono-* et *-logie*.

PHONOLOGIQUE [fɔnɔlɔʒik] adj. ✦ DIDACT. Qui concerne les oppositions de phonèmes (structurant le système oral d'une langue).
ÉTYM. de *phonologie*.

PHONOTHÈQUE [fɔnɔtɛk] n. f. ✦ Collection de documents sonores enregistrés sur tous supports ; lieu où elle est conservée.
ÉTYM. de *phono-* et *-thèque*.

PHOQUE [fɔk] n. m. 1. Mammifère marin des eaux froides, carnassier, aux membres antérieurs courts et palmés, au cou très court, au pelage ras. ➡ loc. *Souffler comme un phoque*, respirer avec effort, avec bruit. 2. Fourrure de phoque ou d'otarie. *Bottes en phoque.*
HOM. FOC «voile d'un navire»
ÉTYM. latin *phoca*, du grec.

-PHORE Élément savant, du grec *pherein* «porter», qui signifie «qui porte, présente».

PHOSPHATE [fɔsfat] n. m. ✦ CHIM. Sel des acides phosphoriques. *Phosphate de calcium* ou ellipt *phosphate* : engrais naturel ou enrichi.
ÉTYM. de *phosphorique*.

PHOSPHORE [fɔsfɔʀ] n. m. ✦ Élément chimique (symb. P) *(phosphore blanc)* très toxique et inflammable, qui brûle doucement en permanence, dégageant une lueur pâle. *Bombe (incendiaire) au phosphore.*
ÉTYM. grec *phôsphoros* «qui apporte la lumière *(phôs)*».

PHOSPHORESCENCE [fɔsfɔʀesɑ̃s] n. f. 1. Luminescence du phosphore. 2. Propriété qu'ont certains corps d'émettre de la lumière après en avoir reçu.
ÉTYM. de *phosphore*.

PHOSPHORESCENT, ENTE [fɔsfɔʀesɑ̃, ɑ̃t] adj. ✦ Doué de phosphorescence (2).

PHOSPHORIQUE [fɔsfɔʀik] adj. ✦ CHIM. Qui contient du phosphore. *Acide phosphorique.*

PHOTO [foto] n. f. et adj. ✦ → **photographie** (2 et 3) ; **photographique.**
ÉTYM. abréviation.

① **PHOTO-, -PHOTE** Éléments savants, du grec *phôs, phôtos* «lumière».

② **PHOTO-** Élément, tiré de *photographie.*

PHOTOCOMPOSER [fotokɔ̃poze] v. tr. (conjug. 3a) ✦ IMPRIM. Composer (un texte à imprimer) par photographie des caractères. ➡ au p. passé *Livre photocomposé.*
ÉTYM. de ② *photo-* et *composer.*

PHOTOCOMPOSITION [fotokɔ̃pozisjɔ̃] n. f. ✦ IMPRIM. Composition d'un texte par photographie.

PHOTOCOPIE [fɔtɔkɔpi] n. f. ✦ Reproduction photographique d'un document.
ÉTYM. de ① *photo-* et *copie.*

PHOTOCOPIER [fɔtɔkɔpje] v. tr. (conjug. 9) ✦ Reproduire (un document) par photographie.
ÉTYM. de *photocopie.*

PHOTOCOPIEUR [fɔtɔkɔpjœʀ] n. m. et **PHOTOCOPIEUSE** [fɔtɔkɔpjøz] n. f. ✦ Machine à photocopier.

PHOTOÉLECTRIQUE [fotoelɛktʀik] adj. 1. PHYS. *Effet photoélectrique*, émission d'électrons sous l'influence de la lumière. 2. *Cellule photoélectrique*, instrument utilisant l'effet photoélectrique pour mesurer l'intensité lumineuse qu'il reçoit et ainsi déclencher un signal (alarme, ouverture de porte, etc.).
ÉTYM. de ① *photo-* et *électrique.*

PHOTOGÉNIQUE [fɔtɔʒenik] adj. ✦ Qui produit, au cinéma, en photographie, un effet supérieur à l'effet produit au naturel. *Un visage photogénique.*
ÉTYM. anglais *photogenic* → ① photo- et -gène.

PHOTOGRAPHE [fɔtɔgʀaf] n. 1. Personne qui prend des photographies. *Le photographe d'un journal.* appos. *Des reporteurs photographes.* 2. Professionnel, commerçant qui se charge du développement, du tirage des clichés (et généralement de la vente d'appareils, d'accessoires).
ÉTYM. de *photographie.*

PHOTOGRAPHIE [fɔtɔgʀafi] ou (abrév.) **PHOTO** [foto] n. f. 1. Procédé, technique permettant d'obtenir l'image durable des objets, par l'action de la lumière sur une surface sensible. *Des appareils photos.* 2. (surtout *photo*) Technique, art de prendre des images photographiques. *Matériel de photo. Faire de la photo.* ➡ L'art photographique. *Histoire de la photographie.* 3. Image obtenue par le procédé de la photographie (le cliché positif). → **épreuve** ; **diapositive.** *Album de photos.* ➡ (élément de mots composés) *Des romans-photos, des safaris-photos.*
ÉTYM. de ① *photo-* et *-graphie.*

PHOTOGRAPHIER [fɔtɔgʀafje] v. tr. (conjug. 9) ✦ Obtenir l'image de (qqn, qqch.) par la photographie. *Se faire photographier.*
ÉTYM. de *photographie.*

PHOTOGRAPHIQUE [fɔtɔgʀafik] adj. ✦ De la photographie ; obtenu par la photographie. *Épreuve photographique.* ➡ abrév. PHOTO [foto] ➡ Qui est aussi fidèle, aussi exact que la photographie.

PHOTOGRAPHIQUEMENT [fɔtɔgʀafikmɑ̃] adv. 1. À l'aide de la photographie. 2. Avec une exactitude photographique.

PHOTOGRAVEUR, EUSE [fotogʀavœʀ, øz] n. ✦ Spécialiste de la photogravure.

PHOTOGRAVURE [fotogʀavyʀ] n. f. ✦ Procédé d'impression d'illustrations, dans lequel un négatif est projeté sur une plaque qui sera ensuite gravée par un acide.
ÉTYM. de ① *photo-* et *gravure.*

PHOTOMÉTRIE [fɔtɔmetʀi] n. f. ✦ DIDACT. Mesure de l'intensité des rayonnements électromagnétiques.
ÉTYM. de ① *photo-* et *-métrie.*

PHOTON [fɔtɔ̃] n. m. ✦ SC. Corpuscule, quantum d'énergie dont le flux constitue le rayonnement électromagnétique.
ÉTYM. mot anglais, de *phôs, phôtos* «lumière» et *-on* des noms de particules.

PHOTOPHORE [fɔtɔfɔʀ] n. m. 1. Lampe portative à réflecteur. 2. Coupe décorative contenant une bougie ou une veilleuse.
ÉTYM. de ① *photo-* et *-phore.*

PHOTOPILE [fɔtopil] n. f. ✦ Dispositif convertissant l'énergie lumineuse en courant électrique, appelé également *pile solaire.*
ÉTYM. de ① *photo-* et ① *pile.*

PHOTOSENSIBLE [fɔtosɑ̃sibl] **adj.** ✦ Sensible aux rayonnements lumineux.
ÉTYM. de ① *photo-* et *sensible.*

PHOTOSTYLE [fɔtɔstil] **n. m.** ✦ INFORM. Dispositif en forme de crayon (dit aussi *crayon optique*) muni d'un détecteur photosensible qui, en pointant sur un écran, permet de transmettre directement des informations à un ordinateur.
ÉTYM. de ① *photo-* et du grec *stulos* → ① style.

PHOTOSYNTHÈSE [fotosɛ̃tɛz] **n. f.** ✦ Processus par lequel les plantes vertes synthétisent des matières organiques grâce à l'énergie lumineuse, en absorbant l'eau et le gaz carbonique de l'air et en rejetant l'oxygène.
ÉTYM. de ① *photo-* et *synthèse.*

PHOTOTROPISME [fototʀɔpism] **n. m.** ✦ DIDACT. Tropisme déterminé par l'action de la lumière.
ÉTYM. de ① *photo-* et *tropisme.*

PHRASE [fʀɑz] **n. f.** 1. Assemblage oral ou écrit capable de représenter l'énoncé complet d'une idée. *La phrase débute par une majuscule. La phrase peut consister en un mot unique* (ex. Viens !), *mais contient habituellement un second terme qui est le sujet de l'énoncé* (ex. Tu viens ?). *Phrase nominale*. Phrase simple ; complexe* (formée de plusieurs propositions*). *Phrase déclarative, impérative* ou *injonctive, interrogative, exclamative. Ordre et construction de la phrase.* → **syntaxe.** *Échanger quelques phrases.* SYN. **propos.** 2. au plur. *Faire des phrases,* avoir recours à des façons de parler recherchées ou prétentieuses. ➖ *Sans phrases,* sans commentaire, sans détour. 3. Succession ordonnée de périodes musicales. *Phrase mélodique.*
ÉTYM. latin *phrasis* «diction ; style», emprunté au grec, de *phrazein* «expliquer».

PHRASÉ [fʀɑze] **n. m.** ✦ MUS. Manière de phraser.
ÉTYM. du participe passé de *phraser.*

PHRASÉOLOGIE [fʀɑzeɔlɔʒi] **n. f.** ✦ DIDACT. 1. Façon de s'exprimer, lexique et tournures propres à un milieu, une époque. *La phraséologie administrative.* 2. Ensemble des locutions, termes et expressions figés d'une langue.
ÉTYM. latin *phraseologia,* du grec → phrase et -logie.

PHRASER [fʀɑze] **v. tr.** (conjug. 3a) ✦ Délimiter ou ponctuer par l'exécution (les périodes successives d'une pièce musicale). *Le pianiste a bien phrasé ce passage.*
ÉTYM. de *phrase.*

PHRASEUR, EUSE [fʀɑzœʀ, øz] **n.** ✦ Faiseur de phrases, de vains discours. SYN. **bavard.** ➖ **adj.** *Il est un peu phraseur.*
ÉTYM. de *phraser.*

PHRÉATIQUE [fʀeatik] **adj.** ✦ *Nappe phréatique :* nappe d'eau souterraine qui alimente des sources, des puits. *Pollution des nappes phréatiques.* ☛ Géographie p. 232.
ÉTYM. du grec *phreas, phreatos* «puits».

> **PHRÉN(O)-, -PHRÉNIE** Éléments savants, du grec *phrên* «âme ; intelligence».

PHRYGIEN, IENNE [fʀiʒjɛ̃, jɛn] **adj.** et **n.** ✦ De Phrygie (☛ noms propres). ➖ HIST. *BONNET PHRYGIEN :* bonnet rouge porté par les révolutionnaires de 1789.

PHTISIE [ftizi] **n. f.** ✦ VX Tuberculose pulmonaire. ➖ *PHTISIE GALOPANTE :* forme rapide, très grave, de la tuberculose ulcéreuse.
ÉTYM. latin *phtisis,* mot grec «dépérissement».

PHTISIOLOGUE [ftizjɔlɔg] **n.** ✦ Médecin spécialiste de la tuberculose pulmonaire.
ÉTYM. de *phtisie* et *-logue.*

PHTISIQUE [ftizik] **adj.** et **n.** ✦ VX Tuberculeux.

> **PHYLL(O)-, -PHYLLE** Éléments savants, du grec *phullon* «feuille» (ex. *chlorophylle*).

PHYLLOXÉRA [filɔkseʀa] **n. m.** ✦ Puceron parasite des racines de la vigne. ➖ Maladie de la vigne due à cet insecte.
ÉTYM. du grec *phullon* «feuille» et *xêros* «sec».

PHYLOGENÈSE [filoʒənɛz] **n. f.** ✦ BIOL. Histoire de l'évolution et de la formation d'une espèce.
ÉTYM. du grec *phulon* «race, tribu» et *-genèse.*

PHYLOGÉNIE [filɔʒeni] **n. f.** ✦ BIOL. Représentation sous forme d'arbres des liens de parenté entre espèces résultant de leur histoire évolutive (→ **phylogenèse**). *Construire une phylogénie.*
ÉTYM. du grec *phulon* «race, tribu» et *-génie.*

PHYSICIEN, IENNE [fizisjɛ̃, jɛn] **n.** ✦ Spécialiste de la physique. *Physiciens et chimistes.* ➖ → aussi **astrophysicien, géophysicien.**
ÉTYM. de ② *physique.*

PHYSICOCHIMIQUE [fizikoʃimik] **adj.** ✦ DIDACT. À la fois physique et chimique. *Les conditions physicochimiques de l'apparition de la vie.*

> **PHYSIO-** Élément savant, du grec *phusis* «nature», qui signifie «nature (de l'être vivant) ; milieu naturel».

PHYSIOLOGIE [fizjɔlɔʒi] **n. f.** ✦ Science qui étudie les fonctions et les propriétés des organes et des tissus des êtres vivants ; ces fonctions. *Physiologie végétale.*
ÉTYM. latin *physiologia,* du grec → physio- et -logie.

PHYSIOLOGIQUE [fizjɔlɔʒik] **adj.** 1. De la physiologie. 2. Qui concerne la vie, les activités de l'organisme humain (opposé à *psychique*). *L'état physiologique du malade.* SYN. ① **physique, somatique.**
► **PHYSIOLOGIQUEMENT** [fizjɔlɔʒikmɑ̃] **adv.**

PHYSIOLOGISTE [fizjɔlɔʒist] **n.** ✦ Savant qui fait des recherches de physiologie.
ÉTYM. de *physiologie.*

PHYSIONOMIE [fizjɔnɔmi] **n. f.** 1. Ensemble des traits, aspect du visage (surtout d'après leur expression). SYN. **face, faciès ;** → ① **physique.** *Jeux de physionomie,* mimiques. 2. Aspect particulier (d'une chose). SYN. **apparence.** *La physionomie de la ville a changé.*
ÉTYM. latin *physiognomia,* du grec *phusiognômonia,* de *gnômôn* «qui connaît».

PHYSIONOMISTE [fizjɔnɔmist] **adj.** ✦ Capable de reconnaître au premier coup d'œil une personne déjà rencontrée. *Un portier physionomiste.*
ÉTYM. de *physionomie.*

① **PHYSIQUE** [fizik] **adj.** et **n. m.**
I adj. 1. Qui se rapporte à la nature. SYN. ① **matériel.** *Le monde physique. Géographie physique et humaine.* 2. Qui concerne le corps humain. *Souffrance physique.* loc. *Éducation, culture physique,* gymnastique, sport.

→ *État physique,* de santé. *Troubles physiques.* → **organique, physiologique.** → *Dégoût, horreur physique,* que la volonté ne contrôle pas. 3. Charnel, sexuel. *Amour, plaisir physique.* 4. Qui se rapporte à la nature, à l'exclusion des êtres vivants. *Les sciences physiques,* la physique 2 et la chimie. 5. Qui concerne la physique ②. *Propriétés physiques et chimiques d'un corps.* → **physicochimique.** CONTR. **mental, ① moral, psychique.**
II n. m. 1. Ce qui est physique dans l'être humain. → *AU PHYSIQUE. Il est brutal, au physique comme au moral.* 2. Aspect général (de qqn). SYN. **physionomie.** *Il a un physique agréable.* → loc. *Avoir LE PHYSIQUE DE L'EMPLOI,* un physique adapté à la situation, à la fonction.
ÉTYM. latin *physicus,* emprunté au grec *phusikos* «naturel», de *phusis* «nature».

② **PHYSIQUE** [fizik] **n. f.** 1. Science qui étudie les propriétés générales de la matière et établit des lois qui rendent compte des phénomènes matériels (distinguée de la *physiologie,* des *sciences naturelles*). *Physique expérimentale. Physique atomique, nucléaire,* science qui étudie la constitution intime de la matière, l'atome, le noyau. → **microphysique.** *Domaines de la physique classique :* acoustique, électricité, électronique, magnétisme, mécanique, optique, thermodynamique, etc. 2. Étude physique d'un problème. *Physique du globe* (géophysique), *des astres* (astrophysique), *de la vie* (biophysique).
ÉTYM. latin *physica,* emprunté au grec *phusikê.*

PHYSIQUEMENT [fizikmɑ̃] **adv.** 1. D'une manière physique, d'un point de vue physique. *Être diminué physiquement.* 2. En ce qui concerne l'aspect physique d'une personne. *Il est plutôt bien physiquement.* CONTR. **moralement.**
ÉTYM. de ① *physique.*

-PHYTE, PHYTO- Éléments savants, du grec *phuton* «ce qui pousse ; plante» (ex. *phytoplancton* **n. m.** «plancton végétal»).

PHYTOPHAGE [fitɔfaʒ] **adj. et n.** ✦ ZOOL. Qui se nourrit de matières végétales. *Les chenilles sont phytophages.*
ÉTYM. de *phyto-* et *-phage.*

PHYTOSANITAIRE [fitosanitɛʀ] **adj.** ✦ Relatif aux soins à donner aux végétaux. *Produits phytosanitaires.*
ÉTYM. de *phyto-* et *sanitaire.*

PHYTOTHÉRAPIE [fitoteʀapi] **n. f.** ✦ Traitement des maladies par les plantes ou leurs extraits.
ÉTYM. de *phyto-* et *-thérapie.*

PI [pi] **n. m. invar.** 1. Seizième lettre de l'alphabet grec (Π, π) correspondant au *p.* 2. MATH. Symbole (π) qui représente le rapport de la circonférence d'un cercle à son diamètre (nombre irrationnel : 3,1415926...).
ÉTYM. mot grec.

PIAF [pjaf] **n. m.** ✦ FAM. Moineau ; petit oiseau.
ÉTYM. onomatopée.

PIAFFANT, ANTE [pjafɑ̃, ɑ̃t] **adj.** ✦ Qui piaffe. *Ils sont piaffants d'impatience.*
ÉTYM. du participe présent de *piaffer.*

PIAFFEMENT [pjafmɑ̃] **n. m.** ✦ Mouvement, bruit du cheval qui piaffe.
ÉTYM. de *piaffer.*

PIAFFER [pjafe] **v. intr.** (conjug. 3a) 1. Se dit d'un cheval qui, sans avancer, frappe la terre des pieds de devant. 2. (personnes) Frapper du pied, piétiner. *Piaffer d'impatience.* SYN. **trépigner.**
ÉTYM. origine inconnue.

PIAILLEMENT [pjajmɑ̃] **n. m.** 1. Action, fait de piailler. 2. Cri poussé en piaillant (2).
ÉTYM. de *piailler.*

PIAILLER [pjaje] **v. intr.** (conjug. 3a) ✦ FAM. 1. (oiseaux) Pousser de petits cris aigus. SYN. **piauler.** 2. (personnes) *Enfant, marmot qui piaille.* SYN. **crier, pleurer.**
ÉTYM. onomatopée.

PIAN [pjɑ̃] **n. m.** ✦ Grave maladie tropicale, contagieuse et endémique (ulcérations de la peau, lésions osseuses aux jambes et aux pieds).
ÉTYM. d'une langue indienne du Brésil.

PIANISSIMO [pjanisimo] **adv. et n. m.** ✦ MUS. Très doucement. → **n. m.** *Des pianissimos.* CONTR. **fortissimo.**
ÉTYM. mot italien → ② piano.

PIANISTE [pjanist] **n.** ✦ Personne qui joue du piano, professionnellement ou en amateur.
ÉTYM. de ① *piano.*

① **PIANO** [pjano] **n. m.** 1. Instrument de musique à clavier, dont les cordes sont frappées par des marteaux (et non pincées comme celles du clavecin*). *Clavier, touches, pédales d'un piano.* → *Piano droit,* à table d'harmonie verticale. *Piano à queue,* à table d'harmonie horizontale. → *De vieux pianos désaccordés.* → FAM. **casserole.** *Jouer du piano.* → *PIANO MÉCANIQUE,* dont les marteaux sont actionnés par un mécanisme (bande perforée, etc.). → FAM. *Piano à bretelles.* → **accordéon.** 2. Technique, art de cet instrument. *Étudier le piano.*
ÉTYM. mot italien, abréviation de *piano forte* «doucement et fort», qualifiant le clavecin → piano-forte.

② **PIANO** [pjano] **adv. et n. m.** 1. MUS. Doucement, faiblement. *Jouer piano.* → **n. m.** Passage joué piano. *Des pianos.* 2. FAM. SYN. **doucement.** *Allez-y piano !* CONTR. **forte.**
ÉTYM. mot italien.

PIANO-FORTE [pjanofɔʀte] **n. m.** ✦ Instrument de musique à clavier (le premier piano, au XVIIIe siècle). *Des pianos-forte.* → On écrit aussi *pianoforte.*
ÉTYM. mot italien → ① piano.

PIANOTER [pjanɔte] **v. intr.** (conjug. 3a) 1. Jouer du piano maladroitement. 2. Tapoter (sur qqch.) avec les doigts. *Pianoter sur une table.*
► **PIANOTAGE** [pjanɔtaʒ] **n. m.**
ÉTYM. de ① *piano.*

PIASTRE [pjastʀ] **n. f.** 1. Monnaie actuelle ou ancienne de divers pays (actuellement : Syrie, Soudan, Égypte, Liban). 2. au Canada FAM. Dollar (canadien).
ÉTYM. italien *piastra* «plaque de métal».

PIAULE [pjol] **n. f.** ✦ FAM. Chambre, logement.
ÉTYM. origine inconnue.

PIAULER [pjole] **v. intr.** (conjug. 3a) 1. (petits oiseaux) Crier. SYN. **piailler.** 2. FAM. (personnes) Crier en pleurnichant. SYN. **piailler.**
► **PIAULEMENT** [pjolmɑ̃] **n. m.**
ÉTYM. onomatopée.

P. I. B. [peibe] **n. m. invar.** ✦ Produit* intérieur brut. *Le P. I. B. est un indicateur économique. Stagnation du P. I. B.*
ÉTYM. sigle.

① **PIC** [pik] **n. m.** ✦ Oiseau grimpeur qui frappe de son bec l'écorce des arbres pour en faire sortir les larves dont il se nourrit. *Pic-vert.* → **pivert.** HOM. voir ③ pic
ÉTYM. latin *picus.*

② **PIC** [pik] **n. m.** ✦ Outil de mineur, pioche à fer(s) pointu(s). HOM. voir ③ pic
ÉTYM. de ① *pic* ou de *piquer.*

③ **PIC** [pik] **n. m.** 1. Montagne dont le sommet dessine une pointe aiguë ; cette cime. *L'ascension d'un pic.* 2. *À PIC* **loc. adv.** : verticalement. *Rochers qui s'élèvent à pic au-dessus de la mer* (→ **à-pic**). ➝ **adj.** *Montagne à pic.* → **escarpé.** ◆ *Bateau qui coule à pic,* droit au fond de l'eau. ◆ FAM. À point nommé, à propos. *Ça tombe à pic.* HOM. ① PIQUE «lance», ② PIQUE «méchanceté»
ÉTYM. peut-être espagnol *pico.*

PICADOR [pikadɔʀ] **n. m.** ✦ Cavalier qui, dans les corridas, fatigue le taureau avec une pique. *Des picadors.*
ÉTYM. mot espagnol, de *picar* «piquer».

PICARESQUE [pikaʀɛsk] **adj.** ✦ *Roman picaresque,* qui met en scène des aventuriers (dans l'Espagne du XVIe au XVIIIe siècle).
ÉTYM. espagnol *picaresco,* de *picaro* «aventurier».

PICCOLO [pikɔlo] **n. m.** ✦ Petite flûte en ré. *Des piccolos.*
ÉTYM. mot italien «petit», d'origine onomatopéique.

PICHENETTE [piʃnɛt] **n. f.** ✦ Chiquenaude*, petit coup donné avec un doigt.
ÉTYM. origine obscure, peut-être du provençal *pichouneto* «petite».

PICHET [piʃɛ] **n. m.** ✦ Petite cruche à anse et à bec ; son contenu. *Boire un pichet de vin.*
ÉTYM. bas latin *becarius,* du grec *bikos* «récipient».

PICKLES [pikœls] **n. m. pl.** ✦ anglicisme Petits légumes macérés dans du vinaigre aromatisé, servis comme condiment. *Un bocal de pickles.*
ÉTYM. mot anglais.

PICKPOCKET [pikpɔkɛt] **n. m.** ✦ anglicisme Voleur à la tire.
ÉTYM. mot anglais, proprement «pique-poche».

PICKUP n. m. ou **PICK-UP** [pikœp] **n. m. invar.** ✦ anglicisme **I** VIEILLI Tourne-disque ; électrophone. **II** Camionnette à plateau découvert. *Des pickups, des pick-up* (invar.). ➝ Écrire *pickup* en un seul mot est permis.
ÉTYM. mot anglais, de *to pick up* «ramasser».

PICO- SC. Préfixe (symb. p) qui indique la division par un million de millions (10^{-12}) de l'unité dont il précède le nom (ex. *picoseconde* [ps]).

PICOLER [pikɔle] **v. intr.** (conjug. 3a) ✦ FAM. Boire du vin, de l'alcool avec excès.
► **PICOLEUR, EUSE** [pikɔlœʀ, øz] **n.**
ÉTYM. de *pic(c)olo* «vin ordinaire».

PICORER [pikɔʀe] **v.** (conjug. 3a) **I v. intr.** 1. (oiseaux) Chercher sa nourriture avec le bec. *Les poules picorent sur le fumier.* 2. (personnes) Manger très peu, sans appétit. **II v. tr.** Piquer, prendre de-ci de-là avec le bec. SYN. **becqueter, picoter.**
ÉTYM. probablement de *piquer.*

PICOT [piko] **n. m.** 1. TECHN. Pièce mécanique en relief destinée à transmettre un mouvement en s'emboîtant dans une perforation. 2. Petite dent bordant une dentelle, un galon.
ÉTYM. famille de *piquer.*

PICOTEMENT [pikɔtmɑ̃] **n. m.** ✦ Sensation de légères piqûres répétées. *Éprouver des picotements dans la gorge.*
ÉTYM. de *picoter.*

PICOTER [pikɔte] **v. tr.** (conjug. 3a) 1. Piquer légèrement et à petits coups répétés. ➝ (oiseaux) SYN. **becqueter, picorer.** 2. Irriter comme par de légères piqûres répétées. *La fumée picote les yeux.*
ÉTYM. de *piquer.*

PICOTIN [pikɔtɛ̃] **n. m.** ✦ Ration d'avoine donnée à un cheval.
ÉTYM. origine obscure.

PICRATE [pikʀat] **n. m.** 1. CHIM. Sel de l'acide picrique. 2. FAM. Vin rouge de mauvaise qualité.
ÉTYM. → picrique.

PICRIQUE [pikʀik] **adj.** ✦ *ACIDE PICRIQUE :* dérivé nitré du phénol, solide cristallisé jaune, toxique.
ÉTYM. du grec *pikros* «amer, piquant».

PICT(O)- Élément, du latin *pictum,* de *pingere* «peindre», qui signifie «peindre, colorer».

PICTOGRAMME [piktɔgʀam] **n. m.** ✦ DIDACT. Dessin figuratif schématique, utilisé comme symbole ou comme signe graphique (signaux routiers, signalisations des lieux publics...).
ÉTYM. → picto- et -gramme.

PICTOGRAPHIQUE [piktɔgʀafik] **adj.** ✦ DIDACT. *Écriture pictographique,* utilisant des pictogrammes.
ÉTYM. → picto- et -graphique.

PICTURAL, ALE, AUX [piktyʀal, o] **adj.** ✦ Qui a rapport ou appartient à la peinture en tant qu'art. *Techniques picturales.*
ÉTYM. du latin *pictura* «peinture».

PIC-VERT → PIVERT

① **PIE** [pi] **n. f.**
I n. f. 1. Passereau au plumage noir et blanc, à longue queue. *La pie jacasse, jase.* 2. Personne bavarde.
II adjectif invar. *Cheval, jument pie,* à robe noire et blanche (comme la pie) ou fauve et blanche. ◆ *Voitures pie* (de la police française).
HOM. PI «lettre grecque», ① PIS «mamelle»
ÉTYM. latin *pica,* féminin de *picus* → ① pic.

② **PIE** [pi] **adj. f.** ✦ loc. *Œuvre pie,* action inspirée par la piété. CONTR. **impie.** HOM. voir ① *pie*
ÉTYM. latin *pia,* féminin de *pius* «pieux».

PIÈCE [pjɛs] **n. f.** **I** Partie détachée d'un tout. SYN. **fragment, morceau.** *Découper une pièce dans du cuir* (→ **emporte-pièce**). ➝ loc. *Mettre EN PIÈCES :* casser, déchirer, déchiqueter. SYN. **lambeau, miette.** ➝ *Tailler l'ennemi en pièces,* le massacrer, l'anéantir. **II** 1. Chaque objet, chaque élément ou unité (d'un ensemble). ➝ (sens général) *Melon vendu au poids ou à la pièce. Deux euros (la) pièce.* SYN. **chacun.** *Travail AUX PIÈCES,* rémunéré selon le nombre de pièces exécutées par l'ouvrier. FAM. *On a le temps, on n'est pas aux pièces.* ➝ *Costume trois-pièces* (veston, pantalon, gilet). *Maillot de bain deux-pièces.* → **bikini, deux-pièces.** ◆ *Les pièces d'un jeu d'échecs.* 2. Quantité déterminée (d'une substance formant un tout). *Une pièce de soie.* 3. *Une pièce de bétail.* SYN. **tête.** **III** (emplois spéciaux, où l'élément est

A B C D E F G H I J K L M N O P Q R S T U V W X Y Z

considéré en lui-même) 1. *PIÈCE (DE TERRE)* : espace de terre cultivable. → **champ.** – *PIÈCE D'EAU* : grand bassin ou petit étang. ♦ *PIÈCE DE VIN.* → **barrique,** ① **tonneau.** 2. *PIÈCE MONTÉE* : grand ouvrage de pâtisserie et de confiserie, aux formes architecturales. 3. Chaque unité d'habitation, délimitée par ses murs, ses cloisons (sont exclus les couloirs, les W.-C., la salle de bains et la cuisine). *Un appartement de deux pièces, avec une chambre et un séjour.* – ellipt *Un deux-pièces cuisine.* 4. *PIÈCE (DE MONNAIE)* : petit disque de métal revêtu d'une empreinte distinctive et servant de valeur d'échange. *Des pièces d'or. Une pièce de deux euros, de dix francs, de cent sous* (anciennt). – FAM. *Donner la pièce à qqn,* lui donner un pourboire. 5. Écrit servant à établir un droit, à faire la preuve d'un fait. SYN. ② **acte, document.** *Pièces d'identité.* SYN. **papier**(s). – *PIÈCE À CONVICTION* : tout écrit ou objet permettant d'établir une preuve. – loc. *Juger, décider sur pièces, avec pièces à l'appui.* 6. Ouvrage littéraire ou musical. *Une pièce de vers.* – *Une pièce instrumentale.* ♦ *PIÈCE (DE THÉÂTRE)* : ouvrage dramatique. *Pièce en cinq actes.* **IV** 1. Chacun des éléments dont l'agencement, l'assemblage forme un tout organisé. *Les pièces d'une machine. Pièces de rechange. Pièces détachées.* ♦ BOT. *Pièces florales,* éléments constituant la fleur. 2. Élément destiné à réparer une déchirure, une coupure. *Mettre une pièce à un vêtement.* → **rapiécer.** 3. loc. *Être fait d'une seule pièce, tout d'une pièce,* d'un seul tenant. – (personnes) *Être TOUT D'UNE PIÈCE,* franc et direct, ou sans souplesse. → **entier.** – *Être fait de pièces et de morceaux,* manquer d'unité, d'homogénéité. → **disparate.** – *Créer, inventer DE TOUTES PIÈCES,* entièrement, sans rien emprunter à la réalité.

ÉTYM. latin médiéval *petia,* du gaulois.

PIÉCETTE [pjesɛt] n. f. ✦ Petite pièce de monnaie.

ÉTYM. diminutif de *pièce.*

PIED [pje] n. m. **I** 1. Extrémité inférieure du corps humain articulée à la jambe, permettant la station verticale et la marche. → **-pède, pédi-** ; **cou-de-pied,** ② **plante, talon.** *Doigts de pied.* → **orteil.** *Pied bot.* → **bot.** *Se fouler le pied.* → **entorse.** ♦ loc. *Être pieds nus, nu-pieds.* – *Avoir mis les pieds (quelque part),* y être allé. *DE PIED EN CAP* : de la tête aux pieds. *Être trempé de la tête aux pieds,* complètement. – *Avoir un pied dans la tombe,* être très vieux ou moribond. – *COUP DE PIED* : coup donné avec le pied. *Donner des coups de pied.* – FAM. *Être bête comme ses pieds,* très bête. *Faire qqch. comme un pied,* très mal. – *Marcher sur les pieds de qqn* ; fig. chercher à l'évincer. – *Casser les pieds (de, à qqn),* l'ennuyer. → **casse-pied.** – *Faire les pieds à qqn,* lui donner une leçon. *Bien fait pour ses pieds.* – *Mettre les pieds dans le plat,* aborder une question délicate brutalement ; faire une gaffe. – *S'être levé du pied gauche,* être de mauvaise humeur. – *Pieds et poings liés,* réduit à l'impuissance. – *Faire du pied à qqn,* poser discrètement le pied sur le sien (pour l'avertir, signifier une attirance, etc.). – *Faire des pieds et des mains pour* (+ inf.), se démener pour. – *Attendre qqn de pied ferme,* avec détermination. – *Au pied levé,* sans préparation. – *En avoir sous le pied* : avoir de l'énergie, des ressources en réserve. 2. loc. (avec *sur, à, en*) *Sur ses pieds, sur un pied.* → **debout.** – *Retomber sur ses pieds,* se tirer à son avantage d'une situation difficile. – *SUR PIED. Dès cinq heures, il est sur pied,* debout, levé. – *Mettre sur pied une entreprise,* la créer. → **organiser.** – *À PIED* : en marchant. *Allons-y à pied. Course à pied* (opposé à *course cycliste, automobile...*). *Randonnée à pied* (→ **pédestre**). – *Il a été mis à pied,* suspendu dans ses fonctions. *Mise à pied.* – *Sauter À PIEDS JOINTS* : en gardant les pieds rapprochés. – *EN PIED* : représenté debout, des pieds à la tête. *Un portrait en pied.* – *AUX PIEDS DE qqn* : devant lui (en étant baissé, prosterné). 3. loc. sans article *Mettre pied à terre* : descendre de cheval, de voiture (→ **pied-à-terre**). *Avoir pied,* pouvoir se tenir debout en ayant la tête hors de l'eau. *Perdre pied,* ne plus avoir pied ; fig. se troubler, être emporté par qqch. qu'on ne contrôle plus. – *Lâcher pied,* céder, reculer. 4. *Avoir bon pied, bon œil,* être solide, agile, et avoir bonne vue. – *Pied à pied,* pas à pas. 5. Emplacement des pieds. *Le pied et la tête d'un lit.* 6. (chez l'animal) Extrémité inférieure de la jambe (chevaux), de la patte (mammifères, oiseaux). → **-pède, -pode.** – *Pieds de veau, de mouton, de porc* (vendus en boucherie). **II** 1. Partie (d'un objet) qui touche le sol. SYN. ① **bas, base.** *Caler le pied d'une échelle. Le pied d'un mur.* – loc. *Être au pied du mur,* dans l'obligation d'agir. *Être à pied d'œuvre,* en situation d'agir, de faire un travail. – (végétaux) *Fruits vendus sur pied,* avant la récolte. 2. Chaque plant (de végétaux cultivés). *Pied de vigne.* SYN. **cep.** 3. Partie (d'un objet) servant de support. *Un verre à pied. Pied de table.* **III** 1. Ancienne unité de mesure de longueur (0,324 m). – loc. fig. *Vouloir (préférer...) être (à) cent pieds sous terre,* avoir envie de se cacher (par honte). VIEILLI *Tirer un nez d'un pied de long,* être déçu, honteux (→ **pied de nez**). 2. Mesure de longueur anglo-saxonne (0,3048 m) ; unité internationale d'altitude en aéronautique. *L'avion vole à 10 000 pieds.* **IV** (mesure) loc. 1. *Au pied de la lettre.* → **lettre.** – *PRENDRE SON PIED* : sa part de butin ; FAM. jouir. *Quel pied !* quel plaisir ! *C'est le pied.* 2. *SUR (le, un) PIED (de). Sur un pied d'égalité,* comme égal. *Sur le même pied,* sur le même plan. – *Armée sur le pied de guerre,* équipée et préparée pour la guerre. – *Vivre sur un grand pied,* dans le luxe. 3. *AU PETIT PIED* : en réduction, en imitation faible. 4. *PIED À COULISSE* : instrument pour mesurer les épaisseurs et les diamètres. 5. POÉSIE Unité rythmique constituée par un groupement de syllabes d'une valeur déterminée (quantité, accentuation). *Les pieds d'un vers latin.* – abusivt Syllabe (dans un vers français).

ÉTYM. latin *pes, pedis.*

PIED-À-TERRE [pjetatɛʀ] n. m. invar. ✦ Logement occupé occasionnellement. *Il a plusieurs pied-à-terre en province.*

PIED-DE-BICHE [pjed(ə)biʃ] n. m. 1. TECHN. Levier métallique à tête fendue. 2. Pièce d'une machine à coudre qui maintient l'étoffe. *Des pieds-de-biche.*

PIED DE NEZ [pjed(ə)ne] n. m. ✦ Geste de dérision qui consiste à étendre la main, doigts écartés, en appuyant le pouce sur son nez. *Faire des pieds de nez à qqn.*

ÉTYM. de *pied* (III), « *nez* d'un *pied* de long ».

PIED-DE-POULE [pjed(ə)pul] n. m. ✦ Tissu dont le dessin forme un damier. *Des pieds-de-poule.* – adj. invar. *Des manteaux pied-de-poule.*

PIÉDESTAL, AUX [pjedɛstal, o] n. m. 1. Support isolé et élevé (d'une colonne, d'un objet d'art). SYN. **socle.** 2. loc. fig. *Mettre qqn sur un piédestal,* lui vouer une grande admiration, l'idéaliser. *Tomber de son piédestal,* perdre tout son prestige.

ÉTYM. italien *piedestallo,* de *piede* « pied » et *stallo* « support ».

PIED-NOIR [pjenwaʀ] **n.** et **adj.** ✦ Français d'Algérie. *Les pieds-noirs rapatriés en 1962.* ➛ **adj.** *La communauté pied-noir* ou *pied-noire. Des origines pieds-noirs* ou *pied-noires.*
ÉTYM. p.-ê. des *pieds noirs* des soutiers algériens.

PIÈGE [pjɛʒ] **n. m. 1.** Engin destiné à prendre ou à attirer des animaux ou des oiseaux. *Tendre un piège. Un renard pris au piège. Piège à rats.* **2.** Artifice pour mettre qqn dans une mauvaise situation ; danger caché. SYN. **feinte, ruse, traquenard.** *On lui a tendu un piège. Il a été pris au piège. Il est tombé dans le piège.* ◆ Difficulté cachée. *Une dictée pleine de pièges.* SYN. **embûche.** ➛ **appos.** *Des questions pièges.*
ÉTYM. latin *pedica* «lien aux pieds *(pes, pedis)*».

PIÉGER [pjeʒe] **v. tr.** (conjug. 8b) **1.** Chasser, prendre (un animal) au moyen de pièges. **2.** FAM. *Piéger qqn,* le prendre au piège. *Ils se sont fait piéger.* **3.** Munir (un lieu, un objet) d'un engin explosif qui se déclenche au premier contact. ➛ **au p. passé** *Attentat à la voiture piégée. Colis piégé.*
ÉTYM. de *piège.*

PIE-GRIÈCHE [pigʀijɛʃ] **n. f. 1.** Passereau des bois et des haies. **2.** Femme acariâtre. *Des pies-grièches.*
ÉTYM. de *pie* et *grièche,* peut-être de *grec.*

PIÉMONT [pjemɔ̃] **n. m.** ✦ GÉOGR. Glacis alluvial assez incliné, au pied d'un ensemble montagneux.
ÉTYM. anglais *piedmont-glacier* ; de *pied* et *mont.*

PIERCING [piʀsiŋ] **n. m.** ✦ **anglicisme** Pratique consistant à percer certaines parties du corps pour y introduire un anneau, un bijou.
ÉTYM. mot anglais, de *body piercing* «perforation du corps».

PIÉRIDE [pjeʀid] **n. f.** ✦ Papillon blanc ou jaunâtre dont les chenilles dévorent les crucifères. *La piéride du chou.*
ÉTYM. de *Piérides,* nom donné aux Muses.

PIERRAILLE [pjeʀɑj] **n. f.** ✦ **collectif 1.** Petites pierres ; éclats de pierre. SYN. **gravier. 2.** Étendue de pierres. SYN. **caillasse.**
ÉTYM. de *pierre.*

PIERRE [pjɛʀ] **n. f. I 1.** Matière minérale solide, dure, qui forme l'écorce terrestre. ➛ **litho-**. *Bloc de pierre.* ➛ **rocher.** *Pierre de taille,* apte à être taillée. *Cheminée de pierre, en pierre.* ➛ **loc.** *Un cœur de pierre,* dur et impitoyable. ➛ *L'âge de (la) pierre.* ➛ **néolithique, paléolithique.** ◆ Variété particulière de cette matière. ➛ **minéral.** *Pierre à plâtre,* gypse. **2.** *Une pierre,* bloc ou fragment rocheux. SYN. **roc, rocher ;** ➛ **caillou, galet.** *Un tas de pierres. Jeter des pierres à, sur qqn.* ➛ **lapider.** ◆ **loc.** *Jeter la pierre à qqn,* l'accuser, le blâmer. ➛ *Malheureux comme les pierres,* très malheureux. *Faire d'une pierre deux coups,* obtenir deux résultats par la même action. **3.** Fragment minéral servant à un usage particulier. *Pierre à aiguiser. Pierre ponce.* ➛ **ponce.** ➛ *PIERRE DE TOUCHE* : fragment de jaspe (puis céramique) utilisé pour éprouver l'or et l'argent ; **fig.** ce qui sert à mesurer la valeur d'une personne ou d'une chose. ◆ Bloc employé dans la construction. *Une carrière de pierres. Tailleur de pierres. Immeuble en pierres de taille.* **4.** Bloc constituant un monument. ➛ **mégalithe, monolithe.** *Pierres levées.* ➛ **menhir ; dolmen.** *Pierre tombale.* ➛ **tombe. II** *PIERRE (PRÉCIEUSE)* : minéral, cristal dont la rareté, l'éclat font la valeur. SYN. **gemme.** *Pierres précieuses* (➛ **pierreries ; diamant, émeraude, rubis, saphir).** *Pierres fines, semi-précieuses* : les autres gemmes naturelles. **III** Gros calcul qui se forme dans les reins, la vésicule. SYN. ① **calcul, lithiase.** ➛ *Avoir la pierre.*
ÉTYM. latin *petra.*

PIERRERIES [pjɛʀʀi] **n. f. pl.** ✦ Pierres précieuses taillées, employées comme ornement. SYN. **joyau.** *Un diadème serti de pierreries.*
ÉTYM. de *pierre.*

PIERREUX, EUSE [pjeʀø, øz] **adj. 1.** Couvert de pierres. SYN. **rocailleux.** *Chemin pierreux.* SYN. **caillouteux. 2.** Qui ressemble à de la pierre. *Concrétion pierreuse.*
ÉTYM. de *pierre.*

PIERROT [pjeʀo] **n. m. I** Moineau. SYN. FAM. **piaf. II** Homme travesti en Pierrot, semblable au personnage de pantomime nommé Pierrot (face ronde et blanche). *Des pierrots.*
ÉTYM. prénom, diminutif de *Pierre.*

PIETÀ [pjeta] **n. f. invar.** ✦ Statue ou tableau représentant la Vierge tenant sur ses genoux le corps du Christ mort.
ÉTYM. mot italien «pitié».

PIÉTAILLE [pjetɑj] **n. f.** ✦ **plais.** *La piétaille* : l'infanterie ; les subalternes.
ÉTYM. latin populaire *peditalia,* de *pedes, peditis* «fantassin».

PIÉTÉ [pjete] **n. f. 1.** Attachement fervent aux devoirs et aux pratiques de la religion. SYN. **dévotion, ferveur ;** ➛ ② **pie, pieux. 2.** LITTÉR. Attachement fait de tendresse et de respect. SYN. **affection, amour.** *Piété filiale.*
ÉTYM. latin *pietas.*

PIÉTINEMENT [pjetinmɑ̃] **n. m. 1.** Action de piétiner (1). ➛ Bruit d'une multitude qui piétine. **2.** Absence de progrès, stagnation.

PIÉTINER [pjetine] **v.** (conjug. 3a) **I v. intr. 1.** S'agiter sur place en frappant les pieds contre le sol. *Il piétinait de colère.* ➛ **trépigner.** ➛ Marcher sur place, sans avancer normalement. *Cortège qui piétine.* **2. abstrait** Avancer peu ; ne faire aucun progrès. *L'enquête piétine.* SYN. **stagner. 3.** (foule, troupeau) Marcher ou courir en martelant le sol avec un bruit sourd. **II v. tr. 1.** Fouler aux pieds. *Piétiner le sol, la terre.* **2.** Ne pas respecter, malmener. *Piétiner les convenances.* CONTR. **avancer, progresser.**
ÉTYM. de l'ancien verbe *piéter* «aller à pied».

PIÉTON, ONNE [pjetɔ̃, ɔn] **n. m.** et **adj. 1. n. m.** Personne qui circule à pied. *Passage pour piétons.* **2. adj.** Pour les piétons. *Rue piétonne.* SYN. **piétonnier.**
ÉTYM. de *piéter* → piétiner.

PIÉTONNIER, IÈRE [pjetɔnje, jɛʀ] **adj.** ✦ (passage, voie...) Réservé aux piétons. *Zone, rue piétonnière.*
ÉTYM. de *piéton.*

PIÈTRE [pjɛtʀ] **adj.** ✦ LITTÉR. (devant le nom) Très médiocre. SYN. **dérisoire, minable.** *C'est un piètre réconfort. Faire piètre figure. Un piètre cuisinier.*
► **PIÈTREMENT** [pjɛtʀəmɑ̃] **adv.**
ÉTYM. latin *pedester* «qui va à pied», puis «mauvais».

① **PIEU** [pjø] **n. m.** ✦ Pièce de bois dont l'un des bouts est pointu et destiné à être fiché en terre. ➛ **épieu, pal,** ① **piquet.** *Des pieux.* HOM. PIEUX «dévot»
ÉTYM. latin *palus* → pal.

② **PIEU** [pjø] **n. m.** ✦ FAM. Lit (dans ses fonctions). *Se mettre au pieu.* ➛ **se pieuter.** HOM. PIEUX «dévot»
ÉTYM. peut-être forme picarde de *peau* (sur laquelle on dormait).

PIEUSEMENT [pjøzmɑ̃] **adv.** 1. Avec piété. 2. Avec un pieux respect. *Conserver pieusement un souvenir.*
ÉTYM. de *pieux.*

se PIEUTER [pjøte] **v. pron.** (conjug. 3a) ✦ FAM. Se mettre au lit, au pieu ②.
ÉTYM. de ② *pieu.*

PIEUVRE [pjœvʀ] **n. f.** 1. Poulpe (de grande taille). 2. fig. Personne, entreprise tentaculaire, qui ne lâche jamais sa proie.
ÉTYM. latin *polypus* ; doublet de *poulpe* et *polype.*

PIEUX, PIEUSE [pjø, pjøz] **adj.** 1. Animé ou inspiré par des sentiments de piété. SYN. **dévot.** *Un musulman très pieux.* 2. LITTÉR. Plein d'une respectueuse affection. CONTR. **impie.** HOM. ① PIEU «piquet», ② PIEU «lit»
ÉTYM. latin *pius.*

PIÉZOÉLECTRIQUE [pjezoelɛktʀik] **adj.** ✦ Qui concerne les phénomènes électriques produits par des corps soumis à des efforts mécaniques.
► **PIÉZOÉLECTRICITÉ** [pjezoelɛktʀisite] **n. f.**
ÉTYM. du grec *piezein* «presser».

① **PIF** [pif] **interj.** ✦ Onomatopée redoublée (ou suivie de *paf*) exprimant un bruit sec.
ÉTYM. onomatopée.

② **PIF** [pif] **n. m.** ✦ FAM. Nez. *Un coup sur le pif.* ♦ loc. fig. *Faire qqch. au pif,* approximativement, au hasard. *Répondre au pif.*
ÉTYM. origine onomatopéique.

PIFER ou **PIFFER** [pife] **v. tr.** (conjug. 3a) ✦ (seulement à l'infinitif négatif) FAM. Supporter. SYN. **sentir, souffrir.** *Je ne peux pas le pifer, ce type-là.* ➝ On dit aussi *piffrer.*
ÉTYM. de ② *pif.*

au PIFOMÈTRE [opifɔmɛtʀ] **loc. adv.** ✦ FAM. Au flair. *J'ai choisi au pifomètre.*
ÉTYM. de ② *pif* et *-mètre.*

① **PIGE** [piʒ] **n. f.** **I** TECHN. Longueur conventionnelle prise pour étalon ; objet servant d'unité de mesure. **II** Mode de rémunération d'une personne rétribuée à la quantité de texte rédigé. *Une journaliste payée à la pige.* → **pigiste.** **III** ARGOT FAM. Année (dans un compte). *Elle a plus de quarante piges.*
ÉTYM. de *piger* «mesurer», latin *pinsiare.*

② **PIGE** [piʒ] **n. f.** ✦ loc. FAM. *FAIRE LA PIGE À qqn,* faire mieux que lui, le dépasser, le surpasser.
ÉTYM. de *piger* «comprendre».

PIGEON [piʒɔ̃] **n. m.** **I** Oiseau au bec grêle, aux ailes courtes, au plumage de couleurs diverses selon les espèces (→ **colombe, ramier [et palombe], tourterelle**). *Le pigeon roucoule.* ➝ *PIGEON VOYAGEUR,* élevé (→ **colombophile**) pour porter des messages entre deux lieux éloignés. **II** FAM. Personne naïve qu'on attire dans une affaire pour la dépouiller. SYN. **dupe** ; → **pigeonner.** *Il, elle a été le pigeon dans l'affaire.*
ÉTYM. latin *pipio, pipionis.*

PIGEONNANT, ANTE [piʒɔnɑ̃, ɑ̃t] **adj.** ✦ Se dit d'une poitrine haute et ronde, et du soutien-gorge qui donne cet aspect aux seins.
ÉTYM. de *pigeon.*

PIGEONNE [piʒɔn] **n. f.** ✦ Femelle du pigeon.

PIGEONNEAU [piʒɔno] **n. m.** ✦ Jeune pigeon. *Des pigeonneaux rôtis.*

PIGEONNER [piʒɔne] **v. tr.** (conjug. 3a) ✦ FAM. Duper, rouler. *Se faire pigeonner.*
ÉTYM. de *pigeon,* II.

PIGEONNIER [piʒɔnje] **n. m.** ✦ Petit bâtiment où l'on élève des pigeons. SYN. **colombier.**

PIGER [piʒe] **v. tr.** (conjug. 5) ✦ FAM. Saisir, comprendre. *Je n'ai rien pigé à ce livre.* ➝ *Tu as pigé ? Pigé !*
ÉTYM. latin *pedicare* «prendre au piège».

PIGISTE [piʒist] **n.** ✦ Personne payée à la pige.
ÉTYM. de ① *pige,* II.

PIGMENT [pigmɑ̃] **n. m.** 1. Substance naturelle colorée donnant aux tissus et liquides organiques leur coloration (ex. chlorophylle, hémoglobine, mélanine). 2. Substance colorante insoluble qui ne pénètre pas dans les matières sur lesquelles on l'applique (au contraire des teintures).
ÉTYM. latin *pigmentum* ; doublet de *piment.*

PIGMENTATION [pigmɑ̃tasjɔ̃] **n. f.** ✦ Couleur due à un pigment (1). *La pigmentation de la peau,* sa couleur naturelle.

PIGMENTÉ, ÉE [pigmɑ̃te] **adj.** ✦ Coloré par un pigment (1). *Peau foncée, fortement pigmentée.*

PIGNE [piɲ] **n. f.** ✦ RÉGIONAL Pomme de pin (du pin pignon) ; sa graine comestible. SYN. ③ **pignon.**
ÉTYM. mot provençal ; famille de *pin.*

PIGNOCHER [piɲɔʃe] **v. intr.** (conjug. 3a) ✦ FAM. Manger sans appétit, du bout des dents. SYN. **grignoter, picorer.**
ÉTYM. de l'anc. verbe *espinocher,* famille de *épine.*

① **PIGNON** [piɲɔ̃] **n. m.** ✦ Partie haute et triangulaire d'un mur, entre les deux versants d'un toit. → **fronton, gable.** *Maisons flamandes à pignons.* ➝ loc. *Avoir PIGNON SUR RUE* : être honorablement connu et solvable.
ÉTYM. latin *pinnio.*

② **PIGNON** [piɲɔ̃] **n. m.** ✦ Roue dentée (d'un engrenage). *Les pignons de la boîte de vitesses.*
ÉTYM. de *peigne,* à cause des dents.

③ **PIGNON** [piɲɔ̃] **n. m.** 1. Graine de la pomme de pin. SYN. **pigne.** 2. appos. *Pin pignon,* pin parasol.
ÉTYM. provençal → pigne.

PIGNOUF [piɲuf] **n. m.** ✦ FAM. péj. Individu mal élevé, grossier. SYN. **goujat, rustre.**
ÉTYM. d'un verbe *pigner* «geindre».

PILAF [pilaf] **n. m.** ✦ Riz au gras, servi fortement épicé, avec des morceaux de viande, de poisson, etc. ➝ appos. *Riz pilaf.*
ÉTYM. mot turc, du persan.

PILAGE [pilaʒ] **n. m.** ✦ Action de piler. *Le pilage du mil.*
ÉTYM. de ① *piler.*

PILASTRE [pilastʀ] **n. m.** ✦ Pilier engagé dans un mur, un support ; colonne plate formant une légère saillie. *Cheminée à pilastres.*
ÉTYM. italien *pilastro,* du latin *pila* «colonne».

PILATES [pilat] **n. m.** ✦ Méthode d'exercices physiques pour renforcer les muscles centraux et l'équilibre.
ÉTYM. de *Joseph Pilates,* nom de l'inventeur.

① **PILE** [pil] **n. f.** **I** **1.** Pilier de maçonnerie soutenant les arches d'un pont. **2.** Amas d'objets entassés les uns sur les autres. *Une pile d'assiettes. Mettre en pile.* → **empiler.** **II** **1.** Appareil transformant de l'énergie chimique en énergie électrique. *La pile d'une lampe de poche.* – *Pile solaire.* → **photopile.** **2.** VX *Pile atomique* : réacteur nucléaire.
ÉTYM. latin *pila.*

② **PILE** [pil] **n. f.** ✦ FAM. Volée de coups. – Défaite écrasante. *Son équipe a reçu une de ces piles !*
ÉTYM. de ① *piler.*

③ **PILE** [pil] **n. f. et adv.**
I n. f. Côté d'une pièce de monnaie comportant l'indication de sa valeur. SYN. **revers.** loc. *PILE OU FACE* : revers ou face (d'une monnaie qu'on jette en l'air) pour remettre une décision au hasard. *Pile,* le coup où la pièce tombe en montrant son revers. *Jouer, tirer qqch. à pile ou face.* – appos. *Le côté pile.*
II adv. *S'arrêter pile,* net, brusquement. → ② **piler.** *Ça tombe pile,* juste comme il faut. SYN. à **pic.** *Il est trois heures pile,* exactement.
ÉTYM. probablement de ① *pile.*

① **PILER** [pile] **v. tr.** (conjug. 3a) **1.** Réduire en menus fragments, en poudre, en pâte, par des coups répétés. SYN. **broyer, écraser, pilonner ;** → **pilon.** *Piler de l'ail dans un mortier.* **2.** FAM. Vaincre complètement, battre (→ ② **pile**).
ÉTYM. latin *pilare.*

② **PILER** [pile] **v. intr.** (conjug. 3a) ✦ FAM. Freiner brutalement.
ÉTYM. de ③ *pile,* II.

PILEUX, EUSE [pilø, øz] **adj.** ✦ Qui a rapport aux poils. *Le système pileux,* l'ensemble des poils et des cheveux.
ÉTYM. latin *pilosus.*

PILIER [pilje] **n. m.** **1.** Support vertical dans une construction. → **colonne, pilastre.** *Les piliers d'un temple.* – *Piliers de fer.* **2.** Personne ou chose qui assure la solidité, la stabilité. *Les piliers du régime.* **3.** péj. ou plais. Habitué (d'un lieu). *Un pilier de bar.* **4.** au rugby Chacun des deux avants de première ligne.
ÉTYM. latin populaire *pilare,* de *pila* «colonne».

PILLAGE [pijaʒ] **n. m.** ✦ Action de piller ; dégâts commis en pillant. SYN. **razzia,** ② **sac.**

PILLARD, ARDE [pijaʀ, aʀd] **n. et adj.** **1. n.** Personne qui pille (1). SYN. **brigand, voleur ;** → **maraudeur, pirate.** **2. adj.** Qui pille, a l'habitude de piller.
ÉTYM. de *piller.*

PILLER [pije] **v. tr.** (conjug. 3a) **1.** Dépouiller (une ville, un local) des biens qui s'y trouvent, d'une façon violente et destructrice. SYN. **dévaster, saccager.** *Ils prirent, pillèrent et rasèrent la ville.* – au p. passé *Des magasins pillés au cours d'une émeute.* **2.** Voler (un bien) au cours d'un pillage. **3.** Emprunter à un auteur qu'on plagie. – au p. passé *Phrases pillées dans une œuvre.*
ÉTYM. dérivé du latin *pilleum* «bonnet ; chiffon» ; d'abord «déchirer (comme un chiffon)».

PILLEUR, EUSE [pijœʀ, øz] **n.** ✦ Personne qui pille (2 et 3). *Un pilleur d'épaves.*
ÉTYM. de *piller.*

PILON [pilɔ̃] **n. m.** **1.** Instrument cylindrique servant à piler. *Broyer de l'ail avec un pilon.* – *Marteau*-pilon.* – loc. *Mettre un livre au pilon,* en détruire l'édition. **2.** Extrémité d'une jambe de bois. **3.** Partie inférieure de la cuisse (d'une volaille).
ÉTYM. de ① *piler.*

PILONNER [pilɔne] **v. tr.** (conjug. 3a) **1.** Écraser avec un pilon (1). **2.** Écraser sous les obus, les bombes. *L'artillerie pilonnait les lignes ennemies.*
► **PILONNAGE** [pilɔnaʒ] **n. m.**
ÉTYM. de *pilon.*

PILORI [pilɔʀi] **n. m.** **1.** Poteau auquel on attachait le condamné à l'exposition publique. → **carcan.** – Cette peine. **2.** loc. *Mettre, clouer qqn AU PILORI,* le signaler à l'indignation, au mépris publics.
ÉTYM. latin médiéval *pilorium.*

PILOSITÉ [pilozite] **n. f.** ✦ Ensemble des poils sur une région du corps. *Pilosité excessive.*
ÉTYM. du latin *pilosus* «poilu».

PILOTAGE [pilɔtaʒ] **n. m.** **1.** Manœuvre, science du pilote (1). *Le pilotage des navires dans un port.* **2.** Action de diriger un avion, un appareil volant. *Poste de pilotage. Pilotage automatique.*
ÉTYM. de *piloter.*

PILOTE [pilɔt] **n.** **1.** Marin autorisé à guider les navires pour entrer dans les ports, en sortir, ou dans des parages difficiles. – *Bateau-pilote,* petit bateau du pilote. ♦ *Poisson pilote* (on croyait qu'il conduisait les bateaux). **2.** Personne qui conduit (un avion, un appareil volant). *La pilote et le copilote. Pilote de ligne. Pilote d'essai.* **3.** Conducteur d'une voiture de course. **4.** Personne qui en guide une autre. SYN. **guide.** **5.** fig. appos. Qui ouvre la voie, utilise de nouvelles méthodes. SYN. **expérimental.** *École pilote. Des fermes pilotes.*
ÉTYM. italien *piloto* ou *pilota,* d'origine incertaine.

PILOTER [pilɔte] **v. tr.** (conjug. 3a) **1.** Conduire en qualité de pilote (un navire, un avion). **2.** Servir de guide à (qqn). *Je l'ai piloté dans Paris.* SYN. **guider.** **3.** Diriger, prendre le commandement de (une opération, une entreprise).
ÉTYM. de *pilote.*

PILOTIS [pilɔti] **n. m.** ✦ Ensemble de pieux enfoncés en terre pour maintenir les fondations d'une construction sur l'eau ou en terrain meuble. *Maison sur pilotis.*
ÉTYM. de *pilot* «gros pieu», de ① *pile.*

PILOU [pilu] **n. m.** ✦ Tissu de coton pelucheux.
ÉTYM. du latin *pilosus* «poilu».

PILULE [pilyl] **n. f.** **1.** Médicament façonné en petite boule et destiné à être avalé. *Boîte à pilules.* → **pilulier.** – loc. FAM. *Avaler la pilule,* supporter (qqch.) sans protester. *Dorer* la pilule à qqn.* **2.** *Pilule contraceptive ;* COUR. *la pilule* : contraceptif oral féminin. *Elle prend la pilule.*
ÉTYM. latin *pilula* «petite boule *(pila)*».

PILULIER [pilylje] **n. m.** ✦ Petite boîte où l'on met des pilules.

PILUM [pilɔm] **n. m.** ✦ Lourd javelot, arme des légionnaires romains.
ÉTYM. mot latin.

PIMBÊCHE [pɛ̃bɛʃ] **n. f.** ✦ Femme, petite fille prétentieuse et hautaine. SYN. **mijaurée.** – **adj.** *Elle est un peu pimbêche.*
ÉTYM. origine obscure.

PIMENT [pimɑ̃] **n. m.** 1. Plante des régions chaudes, dont les fruits servent de condiment ; son fruit. → **paprika, poivre** de Cayenne. *Piment doux.* → **poivron.** 2. **fig.** Ce qui relève, donne du piquant. SYN. **sel.** *Ses plaisanteries mettent du piment dans la conversation.*
ÉTYM. latin *pigmentum* ; doublet de *pigment.*

PIMENTER [pimɑ̃te] **v. tr.** (conjug. 3a) 1. Assaisonner de piment. – **au p. passé** *Une cuisine très pimentée.* SYN. **épicé.** 2. **fig.** Rendre piquant. *Détails qui pimentent un récit.*
ÉTYM. de *piment.*

PIMPANT, ANTE [pɛ̃pɑ̃, ɑ̃t] **adj.** ✦ Qui a un air de fraîcheur et d'élégance. SYN. **fringant.** *Une jeune fille pimpante.*
ÉTYM. du radical expressif *pimp-.*

PIN [pɛ̃] **n. m.** ✦ Arbre résineux (conifère) à aiguilles persistantes. *Pin sylvestre, pin maritime, pin parasol* ou *pin pignon. Forêt, plantation de pins.* → **pinède.** *Pommes de pin.* → RÉGIONAL **pigne.** ♦ Bois clair fourni par cet arbre. HOM. PAIN «aliment», PEINT (p. passé de *peindre*)
ÉTYM. latin *pinus.*

PINACLE [pinakl] **n. m.** 1. LITTÉR. Sommet d'un édifice. 2. **fig.** Haut degré d'honneurs. *Porter qqn* AU PINACLE, le porter aux nues.
ÉTYM. latin chrétien *pinnaculum.*

PINACOTHÈQUE [pinakɔtɛk] **n. f.** ✦ Musée de peinture.
ÉTYM. latin *pinacotheca,* du grec, de *pinax* «peinture sur bois».

PINAILLER [pinaje] **v. intr.** (conjug. 3a) ✦ FAM. Ergoter sur des vétilles.
▶ **PINAILLAGE** [pinajaʒ] **n. m.**
▶ **PINAILLEUR, EUSE** [pinajœʀ, øz] **n.**
ÉTYM. origine obscure.

PINARD [pinaʀ] **n. m.** ✦ FAM. Vin.
ÉTYM. peut-être variante de *pineau.*

PINCE [pɛ̃s] **n. f.** 1. Instrument composé de deux leviers articulés, servant à saisir et à serrer. → **pincette, tenaille.** *Pince coupante.* – *Pince à épiler. Pince à sucre. Pince à cheveux. Pince à linge. Pince à feu.* → **pincette**(s). 2. Levier, pied-de-biche. → **pince-monseigneur.** 3. Partie antérieure des grosses pattes (de certains crustacés). *Pinces de homard, de crabe.* 4. FAM. *Serrer la pince à qqn,* la main. – *Aller à pinces,* à pied. 5. Pli cousu sur l'envers de l'étoffe destiné à diminuer l'ampleur. *Pantalon à pinces.*
ÉTYM. de *pincer.*

PINCÉ, ÉE [pɛ̃se] **adj.** 1. (personnes) Contraint, prétentieux ou mécontent. – *Un air, un sourire pincé.* 2. **concret** Mince, serré. *Bouche pincée.* 3. *(Instrument) à cordes pincées* (sans archet) : luth, guitare...
ÉTYM. de *pincer.*

PINCEAU [pɛ̃so] **n. m.** 1. Objet composé d'un faisceau de poils ou de fibres, fixé à l'extrémité d'un manche, dont on se sert pour peindre, vernir, encoller, etc. → **brosse.** *Coup de pinceau.* 2. *Pinceau lumineux,* faisceau passant par une ouverture étroite. SYN. **rai,** ① **rayon.** 3. FAM. Jambe ; pied.
ÉTYM. latin *penicillus,* de *penis* «queue».

PINCÉE [pɛ̃se] **n. f.** ✦ Quantité (d'une substance en poudre, en grains) que l'on peut prendre entre les doigts. *Une pincée de sel.*
ÉTYM. du participe passé de *pincer.*

PINCEMENT [pɛ̃smɑ̃] **n. m.** 1. Action de pincer. 2. *Pincement au cœur,* sensation brève de douleur et d'angoisse.

PINCE-MONSEIGNEUR [pɛ̃smɔ̃sɛɲœʀ] **n. f.** ✦ Levier pour ouvrir de force une porte. *Les pinces-monseigneur des cambrioleurs.*

PINCE-NEZ [pɛ̃sne] **n. m. invar.** ✦ Lorgnon qu'un ressort pince sur le nez.

PINCER [pɛ̃se] **v. tr.** (conjug. 4) 1. Serrer entre les extrémités des doigts, entre les branches d'une pince ou d'un objet analogue. **loc.** *Pince-moi, je rêve !,* c'est incroyable. – **pronom.** *Il s'est pincé en fermant la porte.* 2. (en parlant du froid) Affecter désagréablement. SYN. **mordre.** – **absolt** *Ça pince :* il fait très froid. 3. Serrer fortement de manière à rapprocher, à rendre plus étroit, plus mince. *Pincer les lèvres.* → **pincé** (2). 4. FAM. Arrêter, prendre (un malfaiteur) ; prendre en faute. SYN. **piquer** (III). *Il s'est fait pincer.* 5. *EN PINCER POUR qqn,* en être amoureux.
ÉTYM. d'un radical onomatopéique *pints-.*

PINCE-SANS-RIRE [pɛ̃ssɑ̃ʀiʀ] **n. invar.** ✦ Personne qui pratique l'ironie, l'humour tout en restant impassible. – **adj. invar.** *Ils, elles sont très pince-sans-rire.*

PINCETTE [pɛ̃sɛt] **n. f.** 1. Petite pince. 2. **au plur.** Longue pince pour attiser le feu, déplacer les bûches, les braises. – **loc.** *Ne pas être à prendre avec des pincettes,* être très sale ; **fig.** de très mauvaise humeur.
ÉTYM. diminutif de *pince.*

PINÇON [pɛ̃sɔ̃] **n. m.** ✦ Marque qui apparaît sur la peau qui a été pincée. HOM. PINSON «oiseau»
ÉTYM. de *pincer.*

PINEAU [pino] **n. m.** 1. Cépage du Val de Loire. *Pineau rouge, blanc.* 2. Vin de liqueur des Charentes, mélange de cognac et de jus de raisin frais. → **ratafia.** HOM. PINOT «cépage»
ÉTYM. de *pin,* la grappe ressemble à une pomme de pin.

PINÈDE [pinɛd] **n. f.** ✦ Plantation, forêt de pins.
ÉTYM. provençal *pinedo,* latin *pinetum.*

PINGOUIN [pɛ̃gwɛ̃] **n. m.** ✦ Gros oiseau marin palmipède, à plumage blanc et noir, commun dans l'Atlantique nord.
ÉTYM. néerlandais *pinguin* ; peut-être celtique *pen gwen* «tête blanche».

PING-PONG [piŋpɔ̃g] **n. m. invar.** ✦ Tennis de table. *Joueur de ping-pong.* → **pongiste.**
ÉTYM. mot anglais, onomatopée.

PINGRE [pɛ̃gʀ] **n.** et **adj.** ✦ Avare particulièrement mesquin. *C'est un vieux pingre.* – **adj.** *Elle est très pingre.* SYN. **ladre.**
ÉTYM. peut-être de *épingle.*

PINGRERIE [pɛ̃gʀəʀi] **n. f.** ✦ Avarice mesquine. *Il est d'une pingrerie révoltante.*
ÉTYM. de *pingre.*

PINOT [pino] **n. m.** ✦ Cépage (distinct du pineau) entrant (notamment) dans la confection des vins de Champagne et de Bourgogne. HOM. PINEAU «liqueur des Charentes»
ÉTYM. de *pin* → pineau.

PIN-PON [pɛ̃pɔ̃] **interj.** ✦ Onomatopée qui exprime le bruit des avertisseurs à deux tons des voitures de pompiers (en France).
ÉTYM. onomatopée.

PIN'S [pins] **n. m.** ✦ faux anglicisme Petit insigne décoratif qui se pique (sur un vêtement...). ➛ recomm. offic. *épinglette.*
ÉTYM. anglais *pin* «épingle».

PINSON [pɛ̃sɔ̃] **n. m.** ✦ Passereau à plumage bleu verdâtre et noir, à bec conique, bon chanteur. ➛ loc. *Être gai comme un pinson,* très gai. HOM. PINÇON «marque de pincement»
ÉTYM. latin *pincio, pincionis.*

PINTADE [pɛ̃tad] **n. f.** ✦ Oiseau gallinacé, au plumage sombre semé de taches claires. ➛ *Une pintade au chou.*
ÉTYM. portugais *pintada* «tachetée», de *pintar* «peindre».

PINTADEAU [pɛ̃tado] **n. m.** ✦ Petit de la pintade.

PINTE [pɛ̃t] **n. f.** 1. Ancienne mesure de capacité pour les liquides (0,93 l). 2. Mesure de capacité anglo-saxonne (0,568 l en Grande-Bretagne et 1,136 l au Canada). HOM. PEINTE (p. passé féminin de *peindre*)
ÉTYM. latin populaire *pincta* «(mesure) marquée», de *pingere* «peindre».

PINTER [pɛ̃te] **v.** (conjug. 3a) ✦ FAM. 1. **v. intr.** Boire beaucoup. 2. SE PINTER **v. pron.** S'enivrer. ➛ au p. passé *Il est complètement pinté.*
ÉTYM. de *pinte.*

PIN-UP ou **PIN UP** [pinœp] **n. f. invar.** ✦ anglicisme 1. Photo de jolie fille peu vêtue (affichée dans un local). 2. Jolie fille sexuellement attirante. ➛ On peut aussi écrire *pinup, des pinups.*
ÉTYM. américain *pinup,* abréviation de *pin-up girl,* de *to pin up* «épingler».

PINYIN [pinjin] **n. m.** ✦ Système de transcription des idéogrammes chinois dans l'écriture alphabétique romaine.
ÉTYM. mot chinois «épellation».

PIOCHE [pjɔʃ] **n. f.** I 1. Outil composé d'un fer à deux pointes opposées, dont une aplatie, et d'un manche. *Pioche de terrassier.* 2. FAM. *Tête de pioche :* personne entêtée, qui a la tête dure. II Lot (de cartes, dominos...) non distribué où l'on pioche en cours de partie. SYN. **pot.**
ÉTYM. de ② *pic.*

PIOCHER [pjɔʃe] **v.** (conjug. 3a) I **v. tr.** 1. Creuser, remuer (la terre, etc.) avec une pioche. 2. FAM., VIEILLI Étudier avec ardeur. SYN. FAM. ① **bûcher.** II **v. intr.** 1. Fouiller (dans un tas) pour saisir qqch. 2. jeux Prendre (une carte, un domino...) dans la pioche (II).
ÉTYM. de *pioche.*

PIOLET [pjɔlɛ] **n. m.** ✦ Bâton d'alpiniste à bout ferré, garni à l'autre extrémité d'un petit fer de pioche.
ÉTYM. de *piola,* mot du Val d'Aoste «petite hache».

① **PION** [pjɔ̃] **n. m.** 1. Aux échecs, Chacune des huit pièces autres que les figures. ➛ Chacune des pièces au jeu de dames, et à divers autres jeux. ➛ **jeton.** 2. loc. *N'être qu'un pion sur l'échiquier,* être manœuvré. *Damer* le pion à qqn.*
ÉTYM. latin *pedo, pedonis* «fantassin».

② **PION, PIONNE** [pjɔ̃, pjɔn] **n.** ✦ FAM. Surveillant(e) ; maître, maîtresse d'internat.
ÉTYM. → ① pion.

PIONCER [pjɔ̃se] **v. intr.** (conjug. 4) ✦ FAM. Dormir.
ÉTYM. de *piausser* «coucher» → ② pieu.

PIONNIER, IÈRE [pjɔnje, jɛʀ] **n.** I Colon qui s'installe sur des terres inhabitées pour les défricher. *Les pionniers de l'Ouest américain.* II Personne qui est la première à se lancer dans une entreprise, qui fraye le chemin. SYN. **créateur.** *Hélène Boucher, pionnière de l'aviation.*
ÉTYM. de *pion* «fantassin».

PIOUPIOU [pjupju] **n. m.** ✦ FAM. et VX Simple soldat. *Les pioupious.*
ÉTYM. onomatopée du cri des poussins.

PIPE [pip] **n. f.** 1. Tuyau terminé par un petit fourneau qu'on bourre de tabac. ➛ **bouffarde, brûle-gueule, calumet, narguilé.** *Bourrer une pipe. Fumer la pipe.* 2. loc. FAM. *Par TÊTE DE PIPE :* par personne. ➛ *Casser sa pipe,* mourir (➛ **casse-pipe**). ➛ *Se fendre la pipe,* rire. ➛ *Nom d'une pipe !* 3. FAM., VIEILLI Cigarette. SYN. **clope.**
ÉTYM. de *piper* «jouer de la flûte».

PIPEAU [pipo] **n. m.** 1. Petite flûte à bec. 2. FAM. *C'est du pipeau :* c'est un mensonge.
ÉTYM. de *pipe,* au sens de «flûte champêtre».

PIPEAUTER [pipɔte] **v. tr.** (conjug. 3a) ✦ FAM. 1. Essayer d'abuser (qqn). *Tu vois bien qu'il te pipeaute !* 2. Falsifier, truquer. *Pipeauter des comptes.*
ÉTYM. de *pipeau* (2).

PIPELET, ETTE [piplɛ, ɛt] **n.** ✦ VIEILLI, FAM. 1. Concierge. 2. PIPELETTE **n. f.** Personne bavarde. *Son frère est une vraie pipelette !*
ÉTYM. du nom d'un personnage de concierge d'Eugène Sue.

PIPELINE [piplin ; pajplajn] **n. m.** ✦ anglicisme Tuyau servant au transport à grande distance et en grande quantité de fluides (pétrole, gaz naturel...). ➛ **gazoduc, oléoduc.** *Des pipelines.*
ÉTYM. mot anglais, de *pipe* «tuyau» et *line* «ligne».

PIPER [pipe] **v.** (conjug. 3a) 1. **v. intr.** *Ne pas piper,* ne pas souffler mot. 2. **v. tr.** *Piper des dés,* les truquer. ➛ loc. au p. passé *Les dés sont pipés :* la partie est faussée.
ÉTYM. latin *pipare* «piauler, glousser».

PIPÉRADE [pipeʀad] **n. f.** ✦ Plat basque, œufs battus assaisonnés de tomates et de poivrons. ➛ On dit aussi *piperade* [pipəʀad].
ÉTYM. mot béarnais, de *piper* «poivron».

PIPETTE [pipɛt] **n. f.** ✦ Petit tube (gradué) dont on se sert en laboratoire pour prélever un échantillon de liquide.
ÉTYM. diminutif de *pipe.*

PIPI [pipi] **n. m.** ✦ FAM. Urine. *Ça sent le pipi.* ➛ *FAIRE PIPI :* uriner. ➛ **pisser.** ➛ *Du pipi de chat :* une boisson fade ; une chose sans intérêt.
ÉTYM. de *pisser.*

PIPISTRELLE [pipistʀɛl] **n. f.** ✦ Petite chauve-souris commune, à oreilles courtes.
ÉTYM. italien *pipistrello,* du latin *vespertilio* «chauve-souris», de *vesper* «soir».

PIQUAGE [pikaʒ] **n. m.** ✦ Opération consistant à piquer (I, 7). *Le piquage d'une couette maintient le duvet.*
ÉTYM. de *piquer.*

① **PIQUANT, ANTE** [pikɑ̃, ɑ̃t] **adj.** 1. Qui présente une ou plusieurs pointes acérées. SYN. **pointu.** 2. Qui donne une sensation de piqûre. *Un froid sec et piquant.* ➛ *Sauce piquante.* 3. Qui stimule l'intérêt, l'attention. *Une petite brune piquante.* ➛ **n. m.** *Une situation cocasse*

qui ne manque pas de piquant. SYN. **sel.** CONTR. **fade, doux.**
ÉTYM. du participe présent de *piquer.*

② **PIQUANT** [pikɑ̃] n. m. ✦ Excroissance dure et acérée (des végétaux et animaux) qui peut piquer. SYN. **épine.** *Les piquants des cactus, des oursins.*
ÉTYM. → ① piquant.

① **PIQUE** [pik] n. f. et n. m. 1. n. f. Arme formée d'un long manche et d'un fer plat et pointu. → **hallebarde, lance.** *Les piques des révolutionnaires.* 2. n. m. Une des couleurs du jeu de cartes, représentée par un fer de pique noir, stylisé. *La dame de pique. Jouer pique.* ♦ loc. *Habillé, fichu comme l'as* de pique.* HOM. ③ PIC «montagne pointue», ② PIC «outil», ① PIC «oiseau»
ÉTYM. néerlandais *pike.*

② **PIQUE** [pik] n. f. ✦ Parole, allusion qui blesse. *Envoyer des piques à qqn.* HOM. voir ① pique
ÉTYM. de *piquer,* II.

① **PIQUÉ** [pike] n. m. ✦ Tissu à piqûres formant des côtes ou des dessins. *Du piqué de coton.*
ÉTYM. du participe passé de *piquer.*

② **PIQUÉ** [pike] n. m. ✦ Mouvement d'un avion qui se laisse tomber presque à la verticale. ➛ *EN PIQUÉ. Bombardement en piqué.*
ÉTYM. du participe passé de *piquer.*

③ **PIQUÉ, ÉE** [pike] adj. ✦ (personnes) FAM. Un peu fou. SYN. **cinglé, toqué.**

PIQUE-ASSIETTE [pikasjɛt] n. ✦ Personne qui se fait inviter pour manger. *Des pique-assiettes.*

PIQUE-BŒUF [pikbœf] n. m. ✦ Oiseau qui cherche les parasites des bovins. *Des pique-bœufs* [pikbø].

PIQUE-FEU [pikfø] n. m. ✦ Tisonnier. *Des pique-feux.*

PIQUE-NIQUE ou **PIQUENIQUE** [piknik] n. m. ✦ Repas en plein air, dans la nature. *Des pique-niques, des piqueniques.* ➛ Écrire *piquenique* en un seul mot est permis.
ÉTYM. de *piquer* et *nique* «chose sans valeur».

PIQUE-NIQUER ou **PIQUENIQUER** [piknike] v. intr. (conjug. 3a) ✦ Faire un pique-nique. ➛ Écrire *piqueniquer* en un seul mot est permis.
► **PIQUE-NIQUEUR, EUSE** ou **PIQUENIQUEUR, EUSE** [piknikœʀ, øz] n. *Des pique-niqueurs, des piqueniqueurs.* ➛ Écrire *piqueniqueur, euse* en un seul mot est permis.

PIQUER [pike] v. (conjug. 3a) **I** v. tr. Faire pénétrer une pointe dans (qqch.). 1. Entamer, percer avec une pointe (un corps vivant). *Piquer la peau, le doigt de qqn.* 2. FAM. Faire une piqûre à (qqn). *On l'a piqué contre la variole.* SYN. **vacciner.** ➛ *Faire piquer un vieux chien malade* (pour le tuer). 3. (insectes, serpents) Percer la peau de (qqn, un animal) en enfonçant un aiguillon, un crochet à venin. *Un serpent l'a piqué* (→ **mordre**). loc. *Quelle mouche* le pique ?* 4. Percer (qqch.) avec un objet pointu, pour attraper. *Piquer sa viande avec sa fourchette.* 5. Fixer (qqch.) en traversant par une pointe. *Piquer une photo au mur.* SYN. **épingler, punaiser.** 6. Enfoncer par la pointe. ➛ fig. *PIQUER UNE TÊTE :* se jeter, plonger la tête la première. 7. Coudre à la machine. *Bâtir une robe avant de la piquer.* ➛ au p. passé *Un couvre-lit piqué,* décoré par des piqûres. 8. Parsemer de petits trous. *Les vers ont piqué ce livre.* SYN. **ronger.** ♦ au p. passé SYN. **vermoulu.** ➛ loc. FAM. *Ce n'est pas piqué des hannetons* ou *des vers,* c'est remarquable en son genre. ➛ Semé de points, de petites taches. SYN. **moucheter, piqueter, tacheter.** *Un visage piqué de taches de rousseur. Miroir piqué.* **II** par ext. 1. Donner la sensation d'une pointe qui entame. *La fumée piquait les yeux. Ça me pique.* ➛ FAM. absolt *De l'eau qui pique,* gazeuse. 2. Faire une vive impression sur. SYN. **exciter ;** → ① **piquant.** *Son attitude a piqué ma curiosité.* ➛ *PIQUER AU VIF :* irriter l'amour-propre de. **III** v. tr. fig. 1. Attraper, prendre. *La police l'a piqué à l'aéroport.* SYN. **pincer.** ➛ Voler. *On lui a piqué son portefeuille.* SYN. **faucher.** 2. FAM. Déclencher subitement (une action). *Piquer un cent mètres,* se mettre à courir vite. ➛ *Piquer un roupillon. Piquer une crise.* **IV** v. intr. 1. Tomber, descendre brusquement. *Un avion qui pique,* qui descend en piqué (→ ② **piqué**). ➛ *Piquer du nez,* tomber le nez en avant. 2. S'enfoncer. *Le navire piquait de l'avant.* **V** *SE PIQUER* v. pron. 1. (personnes) Se blesser avec une pointe. *Elle s'est piquée en cousant.* ➛ Se faire une piqûre (spécialt médicale ou toxique). 2. (choses) Avoir des petits trous, des taches. *Les livres se piquent.* ➛ fig. *Vin qui se pique,* s'aigrit. 3. *SE PIQUER DE.* Prétendre avoir, faire des efforts pour avoir (une qualité, une aptitude). *Elle se pique de poésie, d'être poète.*
ÉTYM. latin populaire *pikkare,* d'orig. onomatopéique.

① **PIQUET** [pikɛ] n. m. 1. Petit pieu destiné à être fiché, piqué en terre. *Piquets de tente.* → **piton.** ➛ *Droit, raide, planté comme un piquet,* immobile. 2. loc. *Mettre un élève au piquet,* le punir en le faisant rester debout et immobile. SYN. **coin.** 3. *Piquet de grève,* grévistes veillant sur place à l'exécution des ordres de grève.
ÉTYM. de *piquer.*

② **PIQUET** [pikɛ] n. m. ✦ Jeu de cartes au cours duquel chaque joueur doit réunir le plus de cartes de même couleur.
ÉTYM. origine inconnue.

PIQUETER [pik(ə)te] v. tr. (conjug. 6b) ✦ Parsemer de points, de petites taches. ➛ *Miroir piqueté.*
ÉTYM. de ① *piquet.*

① **PIQUETTE** [pikɛt] n. f. ✦ Vin ou cidre acide, médiocre.
ÉTYM. de *piquer,* II.

② **PIQUETTE** [pikɛt] n. f. ✦ FAM. Raclée, défaite écrasante. SYN. ② **pile.**
ÉTYM. de *pique,* mot régional, «correction» → piquer.

PIQUEUR, EUSE [pikœʀ, øz] n. et adj.
I n. 1. n. m. (chasse à courre) Valet qui poursuit la bête à cheval (en vénerie PIQUEUX [pikø] n. m.). 2. Ouvrier, ouvrière qui pique à la machine. 3. n. m. Ouvrier travaillant au marteau pneumatique *(marteau-piqueur).*
II adj. *Insectes piqueurs,* qui piquent.
ÉTYM. de *piquer.*

PIQÛRE [pikyʀ] n. f. 1. Petite blessure faite par ce qui pique. *Une piqûre d'épingle. Piqûre de moustique.* ➛ Sensation produite par quelque chose d'urticant. *Piqûre d'ortie.* 2. *Piqûre* ou *point de piqûre,* point servant de couture ou d'ornement. *Piqûres à la machine.* 3. Petit trou. *Piqûre de ver.* ♦ Petite tache. 4. Introduction d'une aiguille creuse dans une partie du corps pour en retirer un liquide organique (→ **ponction, prise de sang**) ou pour y injecter un liquide (→ **injection**).
ÉTYM. de *piquer.*

PIRANHA [piʀana] n. m. ✦ Petit poisson carnassier très vorace des fleuves de l'Amérique du Sud.
ÉTYM. mot portugais, du tupi (langue indienne du Brésil).

PIRATAGE [piʀataʒ] **n. m.** ✦ Action de pirater.

PIRATE [piʀat] **n. m.** **I** **1.** Aventurier qui courait les mers pour piller les navires. SYN. **flibustier.** → **boucanier, forban.** *Des histoires de pirates et de corsaires*.* ➛ **appos.** *Bateau pirate,* monté par des pirates. **2.** Individu sans scrupules, qui s'enrichit aux dépens d'autrui. **3.** *Pirate (informatique),* personne qui copie ou télécharge illégalement des œuvres, des produits sous copyright. *Pirate de l'air,* personne qui détourne un avion ou menace la sécurité des passagers pour exercer un chantage. **II** **appos.** Clandestin, illicite. *Radio, logiciel pirate. Des enregistrements pirates.*
ÉTYM. latin *pirata,* du grec *peiratês.*

PIRATER [piʀate] **v. tr.** (conjug. 3a) **1.** Copier ou télécharger illégalement (une œuvre). ➛ **au p. passé** *Un logiciel piraté.* **2.** *Pirater (un ordinateur)* : piller ses données ou le détourner de son utilisation normale. SYN. **craquer.**
ÉTYM. de *pirate.*

PIRATERIE [piʀatʀi] **n. f.** ✦ Acte de pirate ; activité d'un pirate.

PIRE [piʀ] **adj.** **I** **comparatif** Plus mauvais, plus nuisible, plus pénible. *Devenir pire.* → **empirer.** *Le remède est pire que le mal.* ◆ *Il n'y a rien de pire.* SYN. ② **pis** (2). **II** **superlatif** *LE PIRE, LA PIRE, LES PIRES* **1. adj.** Le plus mauvais. *Ses pires ennemis. La meilleure et la pire des choses.* **2. n. m.** Ce qu'il y a de plus mauvais. SYN. ② **pis.** *Le pire de tout, c'est l'ennui.* ➛ **absolt** *Époux unis pour le meilleur et pour le pire. La politique du pire.*
ÉTYM. latin *pejor,* comparatif de *malus* «mauvais».

PIRIFORME [piʀifɔʀm] **adj.** ✦ En forme de poire.
ÉTYM. du latin *pirum* «poire» et de *-forme.*

PIROGUE [piʀɔg] **n. f.** ✦ Longue barque étroite et plate (surtout Afrique et Océanie). *Pirogue à balancier.*
ÉTYM. espagnol *piragua,* mot caraïbe.

PIROGUIER [piʀɔgje] **n. m.** ✦ Conducteur d'une pirogue.

PIROUETTE [piʀwɛt] **n. f.** **1.** Tour ou demi-tour qu'on fait sur soi-même, sans changer de place. **2. fig. FAM.** Brusque changement d'opinion. SYN. **revirement, virevolte, volte-face.** ➛ **loc. FAM.** *Répondre par une pirouette,* éluder une question par des plaisanteries.
ÉTYM. de *pirouelle* «toupie», de *rouelle* «petite roue».

PIROUETTER [piʀwete] **v. intr.** (conjug. 3a) ✦ Faire une, des pirouettes. SYN. **virevolter.**

① **PIS** [pi] **n. m.** ✦ Mamelle (d'une bête laitière). *Les pis de la vache, de la chèvre.* HOM. PI «lettre grecque», ① PIE «oiseau»
ÉTYM. latin *pectus* «poitrine».

② **PIS** [pi] **adv.** **I** **comparatif** **1.** Plus mal. *TANT PIS :* cela ne fait rien. loc. *Aller de mal en pis,* empirer. **2. adj.** **(neutre)** LITTÉR. Plus mauvais, plus fâcheux. *C'est bien pis.* SYN. COUR. **pire.** ➛ **loc.** *QUI PIS EST* [kipizɛ] : ce qui est plus grave. *Il est paresseux ou, qui pis est, idiot.* **3. n. m.** Une chose pire. loc. *Dire PIS QUE PENDRE de qqn,* répandre sur lui les pires médisances. **II** **superlatif** **1.** LITTÉR. *LE PIS :* la pire chose. SYN. **pire** (II). *Le pis qui puisse arriver...* **2.** *AU PIS ALLER* [pizale] **loc. adv.** : en supposant que les choses aillent le pus mal possible. HOM. PI «lettre grecque», ① PIE «oiseau»
ÉTYM. latin *pejus,* de *pejor* → pire.

PIS-ALLER [pizale] **n. m. invar.** ✦ Personne, solution, moyen à quoi on a recours faute de mieux. SYN. **palliatif.**

| **PISCI-** Élément savant, du latin *piscis* «poisson».

PISCICULTEUR, TRICE [pisikyltœʀ, tʀis] **n.** ✦ Personne qui élève des poissons.

PISCICULTURE [pisikyltyʀ] **n. f.** ✦ Production, élevage des poissons. → **aquaculture.** *Truites de pisciculture.*
ÉTYM. de *pisci-* et *culture.*

PISCINE [pisin] **n. f.** **1.** DIDACT. Bassin pour les rites de la purification. **2.** COUR. Bassin de natation, et ensemble des installations qui l'entourent. *Piscine olympique.* **3.** PHYS. Bassin dans lequel la matière fissile est immergée. *Piscine d'un réacteur nucléaire.*
ÉTYM. latin *piscina,* de *piscis* «poisson».

PISCIVORE [pisivɔʀ] **adj.** ✦ DIDACT. Qui se nourrit ordinairement de poissons.
ÉTYM. de *pisci-* et *-vore.*

PISÉ [pize] **n. m.** ✦ Maçonnerie en terre argileuse mélangée de paille hachée, qu'on coule entre des planches de bois. SYN. **torchis.** *Des maisons en pisé.*
ÉTYM. du participe passé de l'ancien verbe *piser* «broyer».

PISSALADIÈRE [pisaladjɛʀ] **n. f.** ✦ Tarte à l'oignon, aux anchois et aux olives faite d'une pâte à pain.
ÉTYM. mot niçois, de *pissala* «poisson salé».

PISSE [pis] **n. f.** ✦ VULG. Urine. SYN. FAM. **pipi.** ➛ VIEILLI *Chaude pisse :* blennorragie.
ÉTYM. de *pisser.*

PISSEMENT [pismã] **n. m.** ✦ MÉD. Fait de pisser (2). *Pissement de sang.*
ÉTYM. de *pisser.*

PISSENLIT [pisãli] **n. m.** ✦ Plante vivace à feuilles longues et dentées, aux fleurs jaunes. *Salade de pissenlit.* ➛ **loc. FAM.** *Manger les pissenlits par la racine,* être mort et enterré.
ÉTYM. de *pisser, en* et *lit.*

PISSER [pise] **v.** (conjug. 3a) ✦ FAM. **1. v. intr.** Uriner. SYN. faire **pipi.** ➛ **loc.** *Ça l'a pris comme une envie de pisser,* brusquement. ➛ *Il pleut comme vache qui pisse,* à verse. ➛ *Laisser pisser le mérinos*.* ➛ *C'est comme si on pissait dans un violon,* c'est une action sans effet. **2. v. tr.** Évacuer avec l'urine. *Pisser du sang.* ➛ (choses) Laisser s'écouler (un liquide).
ÉTYM. latin populaire *pissiare,* onomatopée.

PISSEUR, EUSE [pisœʀ, øz] **n.** ✦ VULG. Personne, animal qui pisse souvent. ◆ *PISSEUSE* **n. f., péj. et sexiste.** Fille.
HOM. PISSEUSE (féminin de *pisseux* «jauni»)
ÉTYM. de *pisser.*

PISSEUX, EUSE [pisø, øz] **adj.** **1.** FAM. Imprégné d'urine, qui sent l'urine. *Des draps pisseux.* **2.** D'une couleur passée, jaunie. *Un jaune pisseux.* HOM. PISSEUSE «fille» (féminin de *pisseur*)
ÉTYM. de *pisser.*

PISSOTIÈRE [pisɔtjɛʀ] **n. f.** ✦ FAM. Urinoir public réservé aux hommes. SYN. **vespasienne.**
ÉTYM. de *pisser.*

PISTACHE [pistaʃ] **n. f.** **1.** Fruit du pistachier. ➛ Graine de ce fruit. *Pistache grillée et salée. Glace à la pistache.* **2. appos. invar.** *Vert pistache,* vert clair. *Des colorants vert pistache.* **adjectivt invar.** *Des vestes pistache.*
ÉTYM. italien *pistaccio,* du grec.

PISTACHIER [pistaʃje] **n. m.** ✦ Arbre résineux des régions chaudes dont le fruit contient la pistache. SYN. **lentisque.**
ÉTYM. de *pistache.*

PISTE [pist] **n. f.** 1. Trace que laisse un animal sur le sol où il a marché. SYN. **voie.** ➛ Chemin qui conduit à qqn ou à qqch. ; ce qui guide dans une recherche. *Brouiller les pistes.* 2. Terrain aménagé pour les courses, les épreuves d'athlétisme, etc. 3. Emplacement souvent circulaire, disposé pour certaines activités (spectacles, sports). *La piste d'un cirque. Piste de danse.* ➛ *Entrer, être EN PISTE.* 4. Route non revêtue. *Piste de brousse.* 5. Parcours aménagé. *Piste cyclable. Piste cavalière. Piste de ski.* 6. Partie d'un terrain d'aviation aménagée pour le décollage et l'atterrissage des avions. 7. Surface magnétique pour l'enregistrement d'informations. SYN. ① **bande.** *Magnétophone à quatre pistes.*
ÉTYM. italien *pista,* du bas latin *pistare* «écraser», classique *pinsare.*

PISTER [piste] **v. tr.** (conjug. 3a) ✦ Suivre la piste de ; épier. *Attention, on nous piste !* SYN. **filer.**
ÉTYM. de *piste.*

PISTIL [pistil] **n. m.** ✦ Organe femelle des plantes à fleurs, renfermant l'ovaire.
ÉTYM. latin *pistillum* «pilon», de *pinsare* «piler, broyer».

PISTOLE [pistɔl] **n. f.** ✦ **anciennt** Monnaie d'or d'Espagne, d'Italie, ayant même poids que le louis (6,75 g). ◆ Monnaie de compte qui valait dix livres.
ÉTYM. mot allemand, du tchèque *pichtal* «arme à feu portative».

PISTOLET [pistɔlɛ] **n. m.** I 1. Arme à feu courte et portative. *Une paire de pistolets de duel. Pistolet automatique à chargeur.* ➛ Jouet analogue. *Pistolet à eau.* 2. Pulvérisateur de peinture, de vernis. *Peinture au pistolet.* II **fig.** *Un DRÔLE DE PISTOLET* : un individu bizarre.
ÉTYM. même origine que *pistole.*

PISTOLET-MITRAILLEUR [pistɔlɛmitʀajœʀ] **n. m.** ✦ Arme automatique individuelle pour le combat rapproché. SYN. **mitraillette.** *Des pistolets-mitrailleurs.* ➛ **abrév.** P.-M.

PISTON [pistɔ̃] **n. m.** I 1. Pièce qui se déplace dans un tube et transmet une pression. *Pistons et cylindres d'un moteur à explosion. Le piston d'une seringue.* 2. Pièce mobile réglant le passage de l'air dans certains instruments à vent (cuivres). *Cornet à pistons.* II **FAM.** Appui, recommandation qui décide d'une nomination, d'un avancement. *Avoir du piston.*
ÉTYM. italien *pistone* → piste.

PISTONNER [pistɔne] **v. tr.** (conjug. 3a) ✦ Appuyer, protéger (un candidat à une place). *Il s'est fait pistonner par le ministre.*
ÉTYM. de *piston,* II.

PISTOU [pistu] **n. m.** 1. Basilic pilé avec de l'ail (assaisonnement provençal). *Soupe au pistou.* 2. Plat de légumes au pistou.
ÉTYM. mot provençal, du latin *pistare* «piler».

PITANCE [pitɑ̃s] **n. f.** ✦ **péj.** Nourriture. *On leur servit une maigre pitance.* ➛ Nourriture (d'un animal).
ÉTYM. de *pitié.*

PITBULL [pitbul ; pitbyl] **n. m.** ✦ Chien issu du croisement de bouledogues et de terriers. *Des pitbulls.*
ÉTYM. anglais *pit bull,* de *pit* «arène» et *bull* «taureau».

PITCHPIN [pitʃpɛ̃] **n. m.** ✦ Bois de plusieurs espèces de pins d'Amérique du Nord, utilisé en menuiserie. *Une armoire en pitchpin.*
ÉTYM. anglais *pitchpine* «pin à résine *(pitch)*».

PITEUX, EUSE [pitø, øz] **adj.** 1. **VX** Qui suscite une pitié mêlée de mépris. SYN. **pitoyable.** ◆ **iron.** Qui prête à rire, par son air penaud. 2. Médiocre, nul. *Des résultats piteux.* ➛ *En piteux état,* en mauvais état. CONTR. **triomphant.**
► **PITEUSEMENT** [pitøzmɑ̃] **adv.**
ÉTYM. latin médiéval *pietosus,* de *pietas* «piété».

PITHÉCANTHROPE [pitekɑ̃tʀɔp] **n. m.** ✦ Mammifère primate fossile (hominien : *Homo erectus*).
ÉTYM. latin *pithecanthropus,* du grec → pithéc(o)- et -anthrope.

PITHÉC(O)-, -PITHÈQUE Éléments savants, du grec *pithêkos* «singe».

PITHIVIERS [pitivje] **n. m.** ✦ Gâteau feuilleté à la frangipane.
ÉTYM. du nom d'une ville du Loiret.

PITIÉ [pitje] **n. f.** 1. Sympathie née des souffrances d'autrui. SYN. **commisération, compassion.** *Inspirer la pitié* (→ **pitoyable**). *Éprouver de la pitié.* → **s'apitoyer.** **prov.** *Il vaut mieux faire envie que pitié. Prendre qqn en pitié.* ➛ *Par pitié,* je vous en supplie, de grâce. *Sans pitié.* → **impitoyable.** *Pas de pitié !* SYN. **quartier.** 2. *Quelle pitié !,* quelle chose pitoyable, dérisoire ! CONTR. **cruauté.**
ÉTYM. latin *pietas.*

PITON [pitɔ̃] **n. m.** I Clou, vis dont la tête forme un anneau ou un crochet. *Cadenas passant dans deux pitons.* II Éminence isolée en forme de pointe. SYN. ③ **pic.** *Des pitons rocheux.* HOM. PYTHON «serpent»
ÉTYM. du provençal *pitar* «picorer, picoter».

PITOYABLE [pitwajabl] **adj.** 1. Digne de pitié. SYN. **déplorable.** *Après son accident, il était dans un état pitoyable.* 2. Qui inspire, mérite une pitié méprisante. SYN. **piteux ; lamentable.** *Une réponse pitoyable.* CONTR. **enviable · excellent.**
ÉTYM. de *pitié.*

PITOYABLEMENT [pitwajabləmɑ̃] **adv.** ✦ D'une manière pitoyable.

PITRE [pitʀ] **n. m.** ✦ Personne qui fait rire par ses bouffonneries. SYN. **clown.** *Arrête de faire le pitre !*
ÉTYM. variante dialectale de *piètre.*

PITRERIE [pitʀəʀi] **n. f.** ✦ Plaisanterie, facétie de pitre. SYN. **clownerie.** *Faire des pitreries.*

PITTORESQUE [pitɔʀɛsk] **adj.** 1. Qui attire l'attention, charme ou amuse par un aspect original. *Un quartier pittoresque.* 2. Qui dépeint bien, d'une manière imagée. *Des détails pittoresques.* 3. **n. m.** Caractère pittoresque, expressif. SYN. **couleur.** CONTR. **banal · insipide,** ① **plat, terne.**
► **PITTORESQUEMENT** [pitɔʀɛskəmɑ̃] **adv.**
ÉTYM. italien *pittoresco,* de *pittore* «peintre».

PIVERT [pivɛʀ] **n. m.** ✦ Pic de grande taille au plumage jaune et vert. ➛ **On écrit aussi** *pic-vert.*
ÉTYM. de ① *pic* et *vert.*

PIVOINE [pivwan] **n. f.** ✦ Plante vivace, cultivée pour ses larges fleurs rouges, roses, blanches ; sa fleur. ➛ **loc.** *Être rouge comme une pivoine,* très rouge.
ÉTYM. latin *paeonia,* du grec.

PIVOT [pivo] n. m. 1. Cône ou pointe terminant un axe vertical fixe (sur lequel tourne librement une charge). *Le pivot d'une boussole.* 2. fig. Ce sur quoi repose et tourne tout le reste. SYN. **base, centre.** *Le pivot d'une entreprise.* 3. Support d'une dent artificielle, enfoncé dans la racine. *Dent à, sur pivot.*
ÉTYM. origine obscure.

PIVOTANT, ANTE [pivɔtɑ̃, ɑ̃t] adj. 1. Qui pivote. *Fauteuil pivotant.* 2. BOT. *Racine pivotante,* unique et verticale.
ÉTYM. du participe présent de *pivoter.*

PIVOTER [pivɔte] v. intr. (conjug. 3a) 1. Tourner sur un pivot, comme sur un pivot. *Il pivota sur ses talons.* 2. (racine) S'enfoncer verticalement en terre.
ÉTYM. de *pivot.*

PIXEL [piksɛl] n. m. ✦ Chaque point d'une image numérique. *Le nombre de pixels définit la qualité de l'image.*
ÉTYM. mot américain, de *pix,* de *picture,* et *el,* de *element* : «élément d'image».

PIXÉLISER [pikselize] v. tr. (conjug. 3a) ✦ TECHN. Rendre apparents les pixels de (une image numérique). ➤ p. p. adj. *Photo pixélisée.*
► **PIXÉLISATION** [pikselizasjɔ̃] n. f.

PIZZA [pidza] n. f. ✦ Tarte salée de pâte à pain garnie de tomates, anchois, olives, etc. (plat originaire de Naples). *Des pizzas.*
ÉTYM. mot italien «galette».

PIZZÉRIA [pidzeʀja] n. f. ✦ Restaurant où l'on fait et sert des pizzas. *Des pizzérias.* ➤ On écrit aussi *pizzeria, des pizzerias.*
ÉTYM. italien *pizzeria.*

PIZZICATO [pidzikato] n. m. ✦ Manière de jouer d'un instrument à archet en pinçant les cordes. *Les pizzicatos* (ou *les pizzicati,* plur. italien) *des violons.*
ÉTYM. mot italien, de *pizzicare* «pincer».

P. J. [peʒi] n. f. ✦ FAM. Police judiciaire. *Les inspecteurs de la P. J.*
ÉTYM. sigle.

PLACAGE [plakaʒ] n. m. ✦ Application sur une matière d'une plaque de matière plus précieuse. *Un placage d'acajou.* SYN. **revêtement.** HOM. PLAQUAGE «action de plaquer l'adversaire»
ÉTYM. de *plaquer.*

PLACARD [plakaʀ] n. m. I 1. Écrit qu'on affiche sur un mur, un panneau, pour donner un avis au public. SYN. **affiche, écriteau.** *L'Affaire des placards* (antipapistes), en 1534. 2. IMPRIM. Épreuve avant mise en pages. 3. Annonce publicitaire occupant une surface importante, dans un journal, une revue. II Enfoncement, recoin de mur ou assemblage de menuiserie fermé par une porte et constituant une armoire fixe. *Un placard-penderie.* ♦ fig. *Mettre qqn, qqch. au placard,* à l'écart pour s'en débarrasser.
ÉTYM. de *plaquer* «appliquer un sceau».

PLACARDER [plakaʀde] v. tr. (conjug. 3a) ✦ Afficher. *Placarder un avis sur un mur.*
ÉTYM. de *placard,* I.

PLACE [plas] n. f. I 1. Lieu public, espace découvert, entouré de constructions. → **esplanade, rond-point.** *Une place rectangulaire.* ➤ loc. *Sur la place publique,* en public. 2. *PLACE FORTE* ou ellipt *PLACE :* ville fortifiée. SYN. **forteresse.** 3. Ensemble des banquiers, des commerçants qui exercent leur activité dans une ville. *Sur la place de Paris.* II 1. Partie d'un espace ou d'un lieu (surtout avec une prép. de lieu). SYN. **emplacement, endroit,** ① **lieu.** *À la même place. De place en place, par places.* ➤ *Ne pas tenir EN PLACE,* bouger sans cesse. ♦ *SUR PLACE. Rester sur place,* immobile. ➤ n. m. *Faire DU SURPLACE* (ou *du sur-place*), rester presque immobile. ➤ À l'endroit où un évènement a eu lieu. *Faire une enquête sur place.* 2. Endroit, position qu'une personne occupe ou peut occuper. *Faites-moi une petite place. Aller s'asseoir à sa place.* ➤ loc. sans article *Prendre place,* se placer. *Faire place à qqn,* se ranger pour lui permettre de passer. *Place ! place !* laissez passer. 3. spécialt Siège qu'occupe ou que peut occuper une personne (dans une salle de spectacle, un véhicule, etc.). *Réserver deux places dans un train.* ➤ loc. *Les places sont chères,* la concurrence est dure. *La place du mort*.* 4. Espace libre où l'on peut mettre qqch. *(de la place)* ; portion d'espace qu'une chose occupe *(une place, la place de...). Tenir, prendre trop de place. Faire de la place. Un piano ? On n'a pas la place.* ➤ *Une place de parking.* 5. Endroit, position qu'une chose occupe, peut ou doit occuper dans un lieu, un ensemble. SYN. **emplacement, position.** *Changer qqch. de place. La place des mots dans la phrase.* SYN. **disposition, ordre.** ➤ *EN PLACE, À SA PLACE :* à la place qui convient. *Il faut tout remettre en place.* ➤ *MISE EN PLACE :* arrangement, installation. III abstrait 1. Le fait d'être admis, d'être classé (dans une catégorie) ; situation dans laquelle on se trouve. *Avoir sa place au soleil,* profiter des mêmes avantages que les autres. ➤ ellipt *Place aux jeunes !* ➤ *Se mettre À LA PLACE de qqn,* supposer qu'on est soi-même dans la situation où il est. *À votre place, je refuserais.* 2. Position, rang dans une hiérarchie, un classement. *Être reçu dans les premières places.* 3. Emploi (généralement modeste). *Perdre sa place.* ♦ *Les gens EN PLACE,* qui ont une fonction, une charge importante. 4. (idée de remplacement) *Prendre la place de qqn,* se substituer à lui. *Laisser la place à qqn.* ➤ loc. *Faire place à qqn, qqch.,* être remplacé par. *La nuit a fait place au jour.* ➤ loc. *À LA PLACE DE :* au lieu de. → **pour.** *Employer un mot à la place d'un autre.* 5. *La place de qqn,* celle qui lui convient. *Être à sa place,* être fait pour une fonction qu'on occupe, adapté au milieu, aux circonstances. loc. *Remettre qqn à sa place,* le rappeler à l'ordre. → **reprendre, réprimander.**
ÉTYM. latin *platea,* du grec.

PLACÉ, ÉE [plase] adj. 1. Mis à une place. 2. (avec un adv.) Qui est dans telle situation. *Personnage haut placé.* ➤ *Je suis bien placé pour le savoir. C'est de la fierté mal placée,* hors de propos. 3. *Cheval placé,* qui se classe dans les deux premiers (4 à 7 partants) ou dans les trois premiers (plus de 7 partants) d'une course.
ÉTYM. de ① *placer.*

PLACÉBO ou **PLACEBO** [plasebo] n. m. ✦ PHARM. Préparation sans principe actif administrée à la place d'un médicament pour son effet rassurant sur le patient. *La recherche médicale utilise des placébos, des placebos.* ➤ appos. *Effet placébo :* effet thérapeutique constaté après la prise d'un placébo.
ÉTYM. latin *placebo* «je plairai», par l'anglais.

PLACEMENT [plasmɑ̃] n. m. 1. L'action, le fait de placer de l'argent ; l'argent ainsi placé. SYN. **investissement.** *Faire un bon placement.* 2. *Agence, bureau de placement,* qui se charge de répartir les offres et les

demandes d'emploi.
ÉTYM. de ① *placer*, II.

PLACENTA [plasɛ̃ta] n. m. ✦ Organe temporaire en forme de disque qui se développe dans l'utérus pendant la grossesse et qui sert aux échanges sanguins entre la mère et l'enfant.
ÉTYM. mot latin «galette», du grec.

PLACENTAIRE [plasɛ̃tɛʀ] adj. ✦ Du placenta. *Hormone placentaire.* ◆ ZOOL. Dont le fœtus vit grâce à un placenta. *Mammifères placentaires ;* n. m. *les placentaires.*

① **PLACER** [plase] v. tr. (conjug. 4) **I** 1. Mettre (qqn) à une certaine place, en un certain lieu ; conduire à sa place. SYN. **installer** ; FAM. **caser.** *Placer qqn au théâtre* (→ **placeur**). 2. Mettre (qqch.) à une certaine place, en un certain lieu ; disposer. *Placer un vase sur la table. Placer les choses bien en ordre.* SYN. ① **ranger.** – SPORTS *Placer une balle,* l'envoyer toucher un point déterminé. **II** 1. Mettre (qqn) dans une situation déterminée. – au p. passé *L'équipe placée sous mes ordres.* 2. *Placer qqn,* lui procurer une place, un emploi. *Placer un apprenti chez un artisan.* 3. fig. Mettre (qqch.) dans une situation, à une place ; faire consister en. *Il a mal placé sa confiance.* 4. Faire se passer (l'objet d'un récit en un lieu, à une époque). SYN. **localiser, situer.** 5. Introduire, dans un récit, une conversation. *Il n'a pas pu placer un mot,* il n'a rien pu dire. 6. S'occuper de vendre. *Représentant qui place des marchandises.* → **placier.** 7. Employer (un capital) afin d'en tirer un revenu ou d'en conserver la valeur. SYN. **investir** ; → **placement.** *Placer son argent en actions, dans l'immobilier.* **III** SE PLACER v. pron. 1. Se mettre à une place. – (personnes) SYN. **s'installer.** *Placez-vous de face.* – (choses) Être placé. 2. abstrait *Se placer à un certain point de vue.* 3. Prendre une place, un emploi (notamment comme personnel de maison). CONTR. **déplacer, déranger.**
ÉTYM. de *place.*

② **PLACER** [plasɛʀ] n. m. ✦ anglicisme Gisement d'or, de pierres précieuses. *Les placers de Californie.*
ÉTYM. mot espagnol ; famille de *place.*

PLACET [plasɛ] n. m. ✦ VX Écrit adressé à un roi, à un ministre pour se faire accorder une grâce, une faveur.
ÉTYM. forme latine «il plaît».

PLACEUR, EUSE [plasœʀ, øz] n. 1. Personne qui place (des spectateurs). 2. Personne qui tient un bureau de placement.
ÉTYM. de ① *placer.*

PLACIDE [plasid] adj. ✦ Qui est doux et calme. SYN. **paisible.** *Rester placide sous les injures.* SYN. **flegmatique** ; → **imperturbable.** CONTR. **emporté, nerveux.**
► **PLACIDEMENT** [plasidmɑ̃] adv.
ÉTYM. latin *placidus,* de *placere* «plaire».

PLACIDITÉ [plasidite] n. f. ✦ Caractère placide. SYN. ① **calme, flegme, sérénité.**
ÉTYM. latin *placiditas.*

PLACIER, IÈRE [plasje, jɛʀ] n. ✦ Personne qui vend qqch., place des marchandises pour une maison de commerce. SYN. **courtier, représentant, V. R. P.** *Placier en librairie.*
ÉTYM. de *place.*

PLAF [plaf] interj. ✦ Onomatopée, bruit de chute à plat. SYN. **flac.**
ÉTYM. onomatopée.

PLAFOND [plafɔ̃] n. m. **I** Surface solide et horizontale qui clôt en haut une pièce d'habitation parallèlement au sol, au plancher. *Plafond à poutres apparentes.* **II** 1. fig. Limite supérieure d'altitude à laquelle peut voler un avion. 2. (opposé à *plancher*) Maximum qu'on ne peut dépasser. *Ce salaire est un plafond* (→ **plafonner**). – appos. invar. *Des revenus plafond.* – loc. *Crever le plafond.*
ÉTYM. de *plat* et *fond.*

PLAFONNEMENT [plafɔnmɑ̃] n. m. ✦ Action de plafonner (II, 2). *Le plafonnement des frais bancaires.* CONTR. **déplafonnement.**
ÉTYM. de *plafond.*

PLAFONNER [plafɔne] v. (conjug. 3a) **I** v. tr. 1. Garnir (une pièce) d'un plafond. 2. fig. Imposer un plafond, limiter. *Plafonner les augmentations.* **II** v. intr. 1. (avions) Atteindre son altitude maximale. 2. Atteindre un plafond (II, 2). *Les salaires plafonnent.*
ÉTYM. de *plafond.*

PLAFONNIER [plafɔnje] n. m. ✦ Appareil d'éclairage fixé au plafond sans être suspendu.
ÉTYM. de *plafond.*

PLAGE [plaʒ] n. f. **I** Endroit plat et bas d'un rivage où les vagues déferlent. SYN. ① **grève.** *Plage de sable, de galets.* – Cet endroit, destiné à la baignade. *Aller à la plage. Sac de plage.* – Rive sableuse (d'un lac, d'une rivière). **II** 1. *Plage lumineuse,* surface éclairée également. 2. Chacun des espaces gravés d'un disque séparés par un intervalle. *La première plage fait trois minutes.* 3. Espace plat situé entre le tableau de bord et le parebrise d'une voiture *(plage avant)* ou entre les sièges et la vitre arrière *(plage arrière).* 4. Laps de temps, durée limitée. *Plages horaires.*
ÉTYM. italien *piaggia* «pente», du grec *plagios* «oblique».

PLAGIAIRE [plaʒjɛʀ] n. ✦ Personne qui pille ou démarque les ouvrages des auteurs. SYN. **imitateur.**
ÉTYM. latin *plagiarius,* du grec *plagios* «oblique» et «fourbe».

PLAGIAT [plaʒja] n. m. ✦ Action de plagier, vol littéraire. SYN. **copie.** *Ce roman est un plagiat.*

PLAGIER [plaʒje] v. tr. (conjug. 9) ✦ Copier (un auteur) en s'attribuant indûment des passages de son œuvre. SYN. **piller.** – *Plagier une œuvre.*
ÉTYM. de *plagiaire.*

PLAGISTE [plaʒist] n. ✦ Personne qui exploite une plage (I) payante.
ÉTYM. de *plage.*

① **PLAID** [plɛd] n. m. ✦ Couverture de voyage en lainage écossais.
ÉTYM. mot anglais, du gaélique.

② **PLAID** [plɛ] n. m. ✦ Tribunal féodal, assemblée judiciaire du haut Moyen Âge. HOM. PLAIE «blessure»
ÉTYM. latin *placitum* «ce qui plaît», «accord».

PLAIDER [plede] v. (conjug. 3a) **I** v. intr. 1. Soutenir ou contester qqch. en justice. *Plaider contre qqn,* lui intenter un procès. 2. Défendre une cause devant les juges. *L'avocat plaide pour son client.* – fig. PLAIDER POUR, EN FAVEUR DE : défendre par des arguments justificatifs ou des excuses. (sujet chose) *Sa sincérité plaide en sa faveur.* **II** v. tr. 1. Défendre (une cause) en justice. *L'avocat plaide la cause de l'accusé.* – *Plaider la cause de qqn :* parler en sa faveur. 2. Soutenir, faire valoir (qqch.) dans une plaidoirie. *L'avocat a plaidé la*

légitime défense. ellipt *Plaider coupable.* ➛ loc. *Plaider le faux pour savoir le vrai,* déguiser sa pensée pour amener qqn à dire la vérité, à se découvrir.
ÉTYM. de ② *plaid.*

PLAIDEUR, EUSE [plɛdœʀ, øz] n. ✦ Personne qui plaide en justice. SYN. **partie** (II). *« Les Plaideurs »* (comédie de Racine).
ÉTYM. de *plaider.*

PLAIDOIRIE [plɛdwaʀi] n. f. ✦ Action de plaider, exposition orale des faits d'un procès et des prétentions du plaideur (faite en général par son avocat). SYN. ① **défense, plaidoyer.** CONTR. **accusation, réquisitoire.**
ÉTYM. de l'anc. v. *plaidoyer* « plaider », de ② *plaid.*

PLAIDOYER [plɛdwaje] n. m. 1. Plaidoirie pour défendre les droits de qqn. 2. Défense passionnée. *Un plaidoyer en faveur des droits de l'homme.* CONTR. **accusation, réquisitoire.**
ÉTYM. → plaidoirie.

PLAIE [plɛ] n. f. 1. Ouverture dans les chairs. SYN. **blessure, lésion.** *Les lèvres d'une plaie. Désinfecter, panser une plaie.* 2. fig. Blessure, déchirement. *Les plaies du cœur.* ➛ loc. *Retourner, remuer le couteau dans la plaie :* faire souffrir en insistant sur un sujet douloureux. 3. *Les dix* (ou *sept*) *plaies d'Égypte,* fléaux dévastateurs. 4. FAM. *Quelle plaie !,* c'est une chose, une personne insupportable. SYN. **peste.** HOM. ② PLAID « tribunal »
ÉTYM. latin *plaga* « coup, blessure ».

PLAIGNANT, ANTE [plɛɲɑ̃, ɑ̃t] adj. et n. ✦ (Personne) qui dépose une plainte en justice. *La partie plaignante, le plaignant, dans un procès.*
ÉTYM. du participe présent de *plaindre.*

PLAIN, PLAINE [plɛ̃, plɛn] adj. ✦ VX Dont la surface est unie. SYN. ① **plan,** ① **plat.** CONTR. **accidenté, inégal.**
ÉTYM. latin *planus* « plat, uni ».

PLAIN-CHANT [plɛ̃ʃɑ̃] n. m. ✦ Musique vocale à une voix de la liturgie catholique romaine. SYN. **grégorien.** *Des plains-chants.*
ÉTYM. de *plain* et *chant.*

PLAINDRE [plɛ̃dʀ] v. tr. (conjug. 48a) **I** 1. Considérer (qqn) avec un sentiment de pitié, de compassion ; témoigner de la compassion à. *Je le plains d'avoir tant de soucis. Être À PLAINDRE :* mériter d'être plaint. *Il est plus à plaindre qu'à blâmer.* 2. loc. *Il ne plaint pas sa peine,* il se dépense sans compter. **II** *SE PLAINDRE* v. pron. 1. Exprimer sa peine ou sa souffrance par des pleurs, des gémissements, des paroles. SYN. **se lamenter ;** → **plainte.** *Elle se plaint de maux de tête.* 2. Exprimer son mécontentement (au sujet de qqn, qqch.). SYN. **protester ;** FAM. **râler, rouspéter.** *Se plaindre de qqn,* lui reprocher son attitude. *Se plaindre de son sort.* ➛ *Je ne m'en plains pas,* j'en suis assez content. ➛ absolt *Il se plaint sans cesse.* ➛ *Se plaindre à qqn,* auprès de lui. ➛ *Se plaindre de* (+ inf.). *Elle s'est plainte d'avoir trop à faire.* ➛ *Se plaindre que* (+ subj. ou indic.).
ÉTYM. latin *plangere* « frapper » ; on se frappait la poitrine en signe de douleur.

PLAINE [plɛn] n. f. 1. Vaste étendue de pays plat ou faiblement ondulé (→ **pénéplaine**) et moins élevée que les pays environnants. *La plaine de la Beauce.* 2. fig. HIST. (☞ noms propres) *La Plaine :* députés de la Convention qui ne faisaient partie ni des Girondins ni des Montagnards. SYN. **marais.** HOM. PLAINE (féminin de *plain* « plat »)
ÉTYM. latin *plana* « plate » → plain.

de **PLAIN-PIED** [d(ə)plɛ̃pje] loc. adv. ✦ Au même niveau. *Pièce qui ouvre de plain-pied sur une terrasse. Maison de plain-pied,* à un seul niveau. ➛ loc. *Être de plain-pied avec qqn,* être sur un pied d'égalité, en relations aisées et naturelles avec lui.
ÉTYM. de *plain* et *pied.*

PLAINTE [plɛ̃t] n. f. **I** 1. Expression vocale de la douleur. SYN. **cri, gémissement, lamentation, pleur.** *Les blessés poussaient des plaintes déchirantes.* → **se plaindre.** ◆ fig. Son qui évoque une plainte. *La plainte du vent.* SYN. **complainte.** 2. Expression d'un mécontentement. SYN. **blâme, doléances, grief.** *Les plaintes et les revendications du personnel.* **II** Dénonciation en justice d'une infraction par la personne qui affirme en être la victime (→ **plaignant**). *Déposer, retirer une plainte.* ➛ loc. *PORTER PLAINTE contre qqn.* HOM. PLINTHE « planche fine »
ÉTYM. de *plaindre.*

PLAINTIF, IVE [plɛ̃tif, iv] adj. ✦ Qui a l'accent, la sonorité d'une plainte douce. *Une voix plaintive.*
► **PLAINTIVEMENT** [plɛ̃tivmɑ̃] adv.
ÉTYM. de *plaindre.*

PLAIRE [plɛʀ] v. (conjug. 42) **I** v. tr. ind. 1. (personnes) *PLAIRE À :* être d'une fréquentation agréable à (qqn), lui procurer une satisfaction. SYN. **attirer, charmer, séduire.** *Chercher à plaire à qqn. Il ne me plaît pas du tout.* ◆ Éveiller l'amour, le désir de qqn. *Il lui plut, elle l'épousa.* ◆ (sans objet précisé) *L'art de plaire.* 2. (choses) Être agréable à. SYN. **convenir.** *Ce film m'a beaucoup plu.* SYN. **enchanter, ravir, réjouir.** *Ça ne me plaît pas.* **II** v. impers. 1. *IL... PLAÎT. Il me plaît d'obéir. Tant qu'il vous plaira,* tant que vous voudrez. *Faites ce qui vous plaît,* ce que vous voudrez (distinct de faites ce qu'il vous plaît, ce que vous aimez). 2. *S'IL TE PLAÎT, S'IL VOUS PLAÎT :* formule de politesse, dans une demande, un conseil, un ordre. *Comment dites-vous cela, s'il vous plaît ?* (abrév. S. V. P. [ɛsvepe]). 3. VIEILLI *PLAÎT-IL ?* (employé pour faire répéter ce que l'on a mal entendu ou mal compris). SYN. **comment, pardon.** 4. LITTÉR. au subj. *PLAISE..., PLÛT...* (en tête de phrase). *Plaise, plût au ciel que...,* pour marquer qu'on souhaite qqch. ➛ *À Dieu ne plaise que... :* pourvu que cela n'arrive pas. **III** *SE PLAIRE* v. pron. (p. passé invar.) 1. (réfl.) Plaire à soi-même, être content de soi. 2. (récipr.) Se plaire l'un à l'autre. *Ils se sont tout de suite plu.* 3. *SE PLAIRE À :* prendre plaisir à. SYN. **aimer, s'intéresser.** *Il se plaît au travail, à travailler.* 4. Trouver du plaisir, de l'agrément à être dans (un lieu, une compagnie, un milieu). *Il se plaît beaucoup à la campagne ; avec (auprès de) toi.*
ÉTYM. réfection de l'anc. verbe *plaisir,* latin *placere.*

PLAISAMMENT [plɛzamɑ̃] adv. ✦ De façon plaisante. *Une colère plaisamment simulée.* CONTR. **sérieusement.**
ÉTYM. de *plaisant.*

de **PLAISANCE** [plɛzɑ̃s] loc. adj. invar. ✦ *Un bateau de plaisance,* pour l'agrément ou le sport. *La navigation de plaisance ;* n. f. *la plaisance* (→ **plaisancier**).
ÉTYM. de *plaisant.*

PLAISANCIER, IÈRE [plɛzɑ̃sje, jɛʀ] n. ✦ Personne qui pratique la navigation de plaisance.
ÉTYM. de *plaisance.*

PLAISANT, ANTE [plɛzɑ̃, ɑ̃t] adj. et n. m.
I adj. 1. Qui plaît, procure du plaisir. SYN. **agréable, attrayant.** *Une maison plaisante. Ce n'est guère plaisant.* SYN. **engageant.** ➛ (personnes) *C'est une femme très*

A B C D E F G H I J K L M N O P Q R S T U V W X Y Z

plaisante. SYN. **aimable, charmant.** 2. LITTÉR. Qui plaît en amusant, en faisant rire. SYN. **comique,** ① **drôle.** *Une anecdote assez plaisante.* CONTR. **déplaisant, désagréable.**
II n. m. 1. LITTÉR. Ce qui plaît, ce qui amuse. *Voilà le plaisant de l'histoire...* 2. *MAUVAIS PLAISANT* : personne qui fait des plaisanteries de mauvais goût. SYN. **plaisantin.**
ÉTYM. du participe présent de *plaire.*

PLAISANTER [plɛzɑ̃te] v. (conjug. 3a) I v. intr. 1. Faire ou (plus souvent) dire des choses destinées à faire rire ou à amuser. SYN. **blaguer.** *Elle adore plaisanter.* 2. Dire ou faire qqch. par jeu, sans penser être pris au sérieux. *Il ne plaisante pas,* il prend tout au sérieux. *Ne plaisantez pas avec cela.* II v. tr. LITTÉR. Railler (qqn) légèrement, sans méchanceté. SYN. **taquiner.** *Il aime bien me plaisanter sur mon accent.*
ÉTYM. de *plaisant.*

PLAISANTERIE [plɛzɑ̃tʀi] n. f. 1. Propos destinés à faire rire, à amuser. *Des plaisanteries de mauvais goût. Savoir manier la plaisanterie* (→ **humour**). 2. Propos ou actes visant à se moquer. SYN. **quolibet, taquinerie.** *Être victime d'une mauvaise plaisanterie.* SYN. ② **farce.** *Comprendre la plaisanterie.* 3. Chose peu sérieuse, dérisoire. SYN. **bêtise.** *Faire des réformes ? Quelle plaisanterie !* SYN. ② **blague.** ➛ Chose très facile. SYN. **bagatelle.**
ÉTYM. de *plaisant.*

PLAISANTIN [plɛzɑ̃tɛ̃] n. m. ✦ Personne qui plaisante trop, qui fait des plaisanteries d'un goût douteux, mauvais plaisant. *C'est un plaisantin, mais il n'est pas méchant.* ➛ *Vous êtes un petit plaisantin !*
ÉTYM. de *plaisant.*

PLAISIR [plezir] n. m. I 1. Sensation ou émotion agréable, liée à la satisfaction d'un désir, d'un besoin matériel ou mental. SYN. **bien-être, contentement.** *Le plaisir et la douleur. Éprouver du plaisir à... Je vous souhaite bien du plaisir,* formule de politesse ironique. ♦ *FAIRE PLAISIR* : être agréable (à qqn) en rendant service, etc. → **obliger.** *Qu'est-ce qui te ferait plaisir ?* ➛ *Faites-moi le plaisir d'accepter, faites-moi ce plaisir.* 2. absolt Les sensations érotiques agréables, notamment dans l'acte sexuel. SYN. **jouissance, volupté.** 3. *LE PLAISIR DE qqch.,* causé par (une chose, un objet). *Le plaisir du devoir accompli.* SYN. **satisfaction.** 4. loc. *Prendre plaisir à* (+ inf.), aimer. → se **complaire** à, se **plaire** à. ➛ *Avoir du plaisir à* (+ inf.), être charmé, ravi de. *J'espère avoir bientôt le plaisir de vous voir.* SYN. **avantage.** ➛ *Au plaisir de vous revoir,* formule aimable d'adieu. ellipt *Au plaisir !* 5. *POUR LE PLAISIR, PAR PLAISIR* : sans autre raison que le plaisir qu'on y trouve. *Il ment pour le plaisir, par plaisir.* 6. *AVEC PLAISIR. Accueillir qqn avec plaisir.* II (Un, les plaisirs) 1. Émotion, sensation agréable. SYN. **agrément, joie.** *C'est un vrai plaisir pour moi de...* 2. *LES PLAISIRS* : ce qui peut donner une émotion ou une sensation agréable (objets ou actions). SYN. **agrément, amusement, distraction, divertissement.** *Les plaisirs de la vie, du sport. Mener une vie de plaisirs,* rechercher les boissons, les bons repas, les rapports amoureux. ♦ au sing. *C'est un plaisir coûteux.* 3. (sing. collectif) *Fréquenter les lieux de plaisir.* III dans des expr. (Ce qu'il plaît à qqn de faire, d'ordonner ; ce qu'il juge bon.) loc. 1. *Le BON PLAISIR de qqn,* sa volonté, acceptée sans discussion. *Car tel est notre (bon) plaisir,* formule qui terminait les édits royaux. 2. *À PLAISIR* : selon les impulsions, sans se limiter. *Il se lamente à plaisir.* CONTR. **déplaisir, peine** • **désagrément, ennui, insatisfaction.**
ÉTYM. ancien infinitif du verbe *plaire.*

① **PLAN, PLANE** [plɑ̃, plan] adj. 1. Sans aspérité, inégalité, ni courbure (d'une surface). SYN. **plain,** ① **plat, uni.** *Surface, figure plane.* 2. *Géométrie plane,* qui étudie les figures planes (opposé à *dans l'espace*). CONTR. **gauche, inégal.** HOM. PLANT «jeune plante»
ÉTYM. latin *planus* → plain.

② **PLAN** [plɑ̃] n. m. 1. Surface plane (dans quelques emplois). *PLAN INCLINÉ.* ➛ *PLAN D'EAU* : surface d'eau calme et unie. ➛ *Plan de travail* (d'une cuisine). 2. GÉOM. Surface contenant entièrement toute droite joignant deux de ses points. *Plans parallèles ; plans sécants.* 3. Chacune des surfaces perpendiculaires à la direction du regard, représentant les profondeurs, les éloignements (dessin, peinture, photo). *Au premier plan,* à peu de distance ; fig. en étant considéré comme essentiel. ➛ *Je les mets tous sur le même plan. En arrière-plan,* derrière. ➛ *SUR LE PLAN DE* (suivi d'un nom), *SUR LE PLAN* (suivi d'un adj. abstrait) : au point de vue (de). *Sur le plan de la morale, sur le plan moral,* en ce qui concerne. → au **niveau, quant à.** ➛ (emploi critiqué) *Au plan* (+ nom), *au plan de...* 4. Image (photo), succession d'images (cinéma) définie par l'éloignement de l'objectif et de la scène à photographier, et par le contenu de cette image (dimension des objets). *Gros plan de visage. Plan américain,* à mi-corps. *Plan rapproché. Plan général, d'ensemble.* ➛ Prise de vue effectuée sans interruption. *Scène, séquence tournée en dix-huit plans. Plan séquence,* séquence d'un seul plan. *Montage des plans.* HOM. PLANT «jeune plante»
ÉTYM. de ① *plan.*

③ **PLAN** [plɑ̃] n. m. I 1. Représentation (d'une construction, d'un jardin, etc.) en projection horizontale. *Tracer le plan d'un bâtiment.* 2. Carte à grande échelle (d'une ville, d'un réseau de communications). 3. Reproduction en projection orthogonale (d'une machine). SYN. **schéma.** *Les plans d'un avion.* II 1. Projet élaboré, comportant une suite ordonnée d'opérations destinée à atteindre un but. *Plan d'action. Plan de bataille.* ♦ FAM. Projet de distraction, d'occupation. *Un bon plan.* 2. Disposition, organisation des parties (d'une œuvre, d'une rédaction). SYN. **canevas, charpente.** *Plan en trois parties. Faire le plan au brouillon.* 3. Ensemble des dispositions arrêtées en vue de l'exécution d'un projet. SYN. **planification, planning.** *Plan économique. Plan quinquennal. Les services du Plan,* de l'administration qui prépare les grands plans d'équipement, en France (→ **planifier**). ➛ HIST. *Plan Marshall* : plan d'aide des États-Unis pour la reconstruction de l'Europe (1947). III FAM. *EN PLAN* : sur place, sans s'en occuper. *Laisser qqn en plan.* → **abandonner, planter** là. *Tous les projets sont restés en plan.* SYN. en **suspens.**
HOM. PLANT «jeune plante»
ÉTYM. de *planter.*

PLANANT, ANTE [planɑ̃, ɑ̃t] adj. ✦ FAM. Qui fait planer (I, 3). *Une musique planante.*
ÉTYM. du participe présent de *planer.*

PLANCHE [plɑ̃ʃ] n. f. I 1. Pièce de bois plane, plus longue que large. → **latte, planchette.** *Débiter un tronc d'arbre en planches.* ♦ *Planche à dessin,* panneau de bois sur lequel on fixe une feuille de papier à dessin. ➛ *Planche à repasser.* ➛ *Planche à pain,* sur laquelle on pose le pain pour le couper. FAM. Femme plate et maigre. ➛ fig. *Planche de salut,* suprême appui ; ultime ressource, dernier moyen. ♦ *Faire la planche,* flotter sur le dos. 2. *LES PLANCHES* : le plancher de la scène, au théâtre ; fig. le théâtre. *Monter sur les planches,* faire

du théâtre. 3. Pièce de bois plate et mince, ou plaque destinée à la gravure. *Planche à billets,* servant à imprimer les billets de banque. 4. Estampe tirée sur une planche gravée. *Une planche de Dürer.* ➖ Feuille ornée d'une gravure. *Les planches en couleurs d'un livre.* ➖ PHOTOGR. *Planche-contact :* tirage sur une seule feuille de l'ensemble des vues d'une pellicule. 5. FAM. *Les planches :* les skis. 6. SPORTS *Planche de surf.* ➖ *PLANCHE À ROULETTES.* (→ **skate-board ; planchiste.** ➖ *PLANCHE À VOILE,* munie d'une dérive, d'un mât et d'une voile (→ **planchiste, véliplanchiste**). II Bande de terre cultivée dans un jardin. *Les planches d'un potager.*
ÉTYM. bas latin *planca.*

PLANCHÉIER [plɑ̃ʃeje] **v. tr.** (conjug. 9) ✦ Garnir (le sol, les parois intérieures d'une construction) d'un assemblage de planches (→ ① **plancher**).
ÉTYM. de *planche.*

① **PLANCHER** [plɑ̃ʃe] **n. m.** 1. Partie d'une construction qui constitue une plateforme horizontale au rez-de-chaussée, ou une séparation entre deux étages. *Le plancher* (bas) *et le plafond* (haut) *d'une pièce.* 2. Sol constitué d'un assemblage de bois (plus grossier que le *parquet*). *Lattes, lames d'un plancher.* ➖ Sol (d'un véhicule, etc.). *Le plancher d'un ascenseur.* LOC. *Le pied au plancher,* en appuyant sur l'accélérateur au maximum. ◆ loc. FAM. *Débarrasser le plancher :* sortir, être chassé. ➖ *Le plancher des vaches,* la terre ferme. 3. abstrait Limite inférieure (opposé à *plafond*). ➖ appos. invar. *Prix plancher,* minimum. *Des peines plancher.*
ÉTYM. de *planche.*

② **PLANCHER** [plɑ̃ʃe] **v. intr.** (conjug. 3a) ✦ ARGOT SCOL. Subir une interrogation, faire un travail au tableau ou par écrit. ➖ *Plancher sur qqch. :* travailler à qqch.
ÉTYM. de *planche* «tableau».

PLANCHETTE [plɑ̃ʃɛt] **n. f.** ✦ Petite planche. SYN. **tablette.**
ÉTYM. diminutif de *planche.*

PLANCHISTE [plɑ̃ʃist] **n.** ✦ Personne qui pratique la planche à voile (SYN. **véliplanchiste**) ou la planche à roulettes.
ÉTYM. de *planche.*

PLANCTON [plɑ̃ktɔ̃] **n. m.** ✦ (collectif) Organismes microscopiques, animaux (crevettes, etc. : *zooplancton*) et végétaux (algues, etc. : *phytoplancton*) vivant en suspension dans l'eau de mer. SYN. **krill.** *Les baleines se nourrissent de plancton.*
► **PLANCTONIQUE** [plɑ̃ktɔnik] **adj.** *Larves planctoniques.*
ÉTYM. allemand *Planfkton,* du grec *planktos* «errant».

PLANÉ, ÉE [plane] **adj.** ✦ *VOL PLANÉ* (d'un oiseau qui plane ; d'un avion dont les moteurs sont arrêtés). ➖ fig. FAM. *Faire un vol plané,* une chute.
ÉTYM. de *planer.*

PLANER [plane] **v. intr.** (conjug. 3a) I 1. (oiseaux) Se soutenir en l'air sans remuer ou sans paraître remuer les ailes. SYN. ① **voler.** *Rapace qui plane.* ➖ (avions) Voler, le moteur coupé ou à puissance réduite. ➖ (planeurs) Voler en utilisant les courants atmosphériques. 2. Dominer par la pensée. *Planer au-dessus des querelles.* 3. Rêver, être perdu dans l'abstraction. ➖ FAM. Être dans un état d'euphorie, de rêverie agréable (→ **planant**). II (choses) 1. Flotter en l'air. *Une vapeur épaisse planait.* 2. abstrait Constituer une présence menaçante. *Un danger plane sur nous.*
ÉTYM. du latin *planus* → plain, ① plan.

PLANÉTAIRE [planetɛʀ] **adj.** 1. Relatif aux planètes. *Le système planétaire.* 2. Relatif à toute la planète Terre. SYN. **mondial.** *Une vision planétaire de l'économie.*
ÉTYM. de *planète.*

PLANÉTARIUM [planetaʀjɔm] **n. m.** ✦ Représentation, à des fins pédagogiques, des corps célestes sur la voûte d'un bâtiment. *Des planétariums.*
ÉTYM. de *planète.*

PLANÈTE [planɛt] **n. f.** ✦ Corps céleste qui tourne autour du Soleil (ou d'une étoile) et n'émet pas de lumière propre. *Les principales planètes du système solaire sont — en s'éloignant du Soleil — Mercure, Vénus, la Terre, Mars, Jupiter, Saturne, Uranus et Neptune. Planètes telluriques, gazeuses.*
ÉTYM. grec *planêtês* «(astre) errant, en mouvement».

PLANEUR [planœʀ] **n. m.** ✦ Aéronef léger, sans moteur, conçu pour planer. *Pilotage des planeurs :* vol à voile (→ **deltaplane**).
ÉTYM. de *planer.*

PLANEUSE [planøz] **n. f.** ✦ TECHN. Machine à aplanir, à dresser les tôles.
ÉTYM. de *planer* «aplanir».

PLANIFICATEUR, TRICE [planifikatœʀ, tʀis] **n.** ✦ Personne qui organise selon un plan. ➖ **adj.** *Mesures planificatrices.*
ÉTYM. de *planifier.*

PLANIFICATION [planifikasjɔ̃] **n. f.** ✦ Organisation selon un plan. *La planification de l'économie. Planification des naissances.* SYN. **planning** (2). ☛ Géographie p. 222.
ÉTYM. de *planifier.*

PLANIFIER [planifje] **v. tr.** (conjug. 9) ✦ Organiser suivant un plan. ➖ au p. passé *Économie planifiée.*
ÉTYM. de ③ *plan,* suffixe *-ifier.*

PLANISPHÈRE [planisfɛʀ] **n. m.** ✦ Carte où l'ensemble du globe terrestre est représenté en projection plane. ☛ cartes 54 et 55.
ÉTYM. du latin *planus* «plan» et de *sphère.*

PLANNING [planiŋ] **n. m.** ✦ anglicisme 1. Plan d'activité détaillé. *Des plannings.* 2. *Planning familial :* contrôle des naissances (→ **contraception**). ☛ Géographie p. 222.
ÉTYM. mot anglais, de *to plan* «prévoir».

PLANQUE [plɑ̃k] **n. f.** ✦ FAM. 1. Lieu où l'on cache qqch. ou qqn. SYN. **cachette.** 2. fig. Situation abritée, peu exposée ; place où le travail est facile. *Il a trouvé une bonne planque.*
ÉTYM. de *planquer.*

PLANQUER [plɑ̃ke] **v. tr.** (conjug. 3a) ✦ FAM. Cacher, mettre à l'abri. ◆ *SE PLANQUER* **v. pron.** Se cacher, se mettre à l'abri du danger. SYN. **s'embusquer.**
► **PLANQUÉ, ÉE adj. et n.** *Il ne risque rien, c'est un planqué.*
ÉTYM. de *planter* «cacher».

PLANT [plɑ̃] **n. m.** 1. Ensemble de végétaux de même espèce plantés dans un même terrain ; ce terrain. SYN. **pépinière.** *Un plant de carottes.* 2. Jeune végétal destiné à être repiqué ou qui vient de l'être. HOM. ① PLAN «à plat», ② PLAN «surface», ③ PLAN «schéma»
ÉTYM. de *planter.*

① **PLANTAIN** [plɑ̃tɛ̃] **n. m.** ✦ Herbe très commune, dont la semence sert à nourrir les oiseaux.
ÉTYM. latin *plantago.*

② **PLANTAIN** [plɑ̃tɛ̃] n. m. ✦ Variété de bananier dont le fruit se mange cuit. ♦ appos. *Des bananes plantains.*
ÉTYM. espagnol *platano* «banane».

PLANTAIRE [plɑ̃tɛʀ] adj. ✦ De la plante des pieds. *Verrues plantaires.*
ÉTYM. latin *plantaris* «qui tient aux pieds».

PLANTATION [plɑ̃tasjɔ̃] n. f. I Action, manière de planter. *Faire des plantations.* II 1. Ensemble de végétaux plantés (généralt au plur.). *L'orage a saccagé les plantations.* SYN. **culture.** 2. Terrain, champ planté. *Une plantation de légumes* (potager), *d'arbres fruitiers* (verger). 3. Exploitation agricole de produits tropicaux (→ **planteur**). *Les esclaves des plantations de coton.* III *La plantation des cheveux,* la manière dont ils sont plantés (4). SYN. **implantation.**
ÉTYM. latin *plantatio.*

① **PLANTE** [plɑ̃t] n. f. ✦ Végéal (surtout végétal à racine, tige, feuilles [excluant les champignons, les mousses...], de petite taille [opposé à *arbre*]). *Étude des plantes.* → **botanique.** *Les plantes d'une région.* SYN. **flore, végétation.** *Plantes grimpantes, rampantes. Plantes grasses,* les cactus. *Plantes d'appartement, plantes vertes,* à feuilles toujours vertes.
ÉTYM. latin *planta.*

② **PLANTE** [plɑ̃t] n. f. ✦ Face inférieure (du pied) ; la partie comprise entre le talon et la base des orteils (→ **plantaire**). *La plante des pieds.*
ÉTYM. latin *planta.*

PLANTÉ, ÉE [plɑ̃te] adj. ✦ (personnes) 1. *Bien planté,* droit et ferme sur ses jambes, bien bâti. 2. Debout et immobile. *Ne restez pas planté là sans rien faire.*
ÉTYM. de *planter.*

PLANTER [plɑ̃te] v. (conjug. 1) I v. tr. 1. Mettre, fixer (un plant, une plante) en terre. *Planter des salades.* SYN. **repiquer.** 2. Mettre en terre (des graines, bulbes, tubercules). SYN. **semer.** *Planter des tulipes.* 3. *Planter un lieu,* le garnir de végétaux qu'on plante par plants ou semences. SYN. **ensemencer.** – au p. passé *Avenue plantée d'arbres.* 4. Enfoncer, faire entrer en terre (un objet). SYN. ① **ficher.** *Planter un pieu.* – *Planter des clous.* – pronom. *Une écharde s'est plantée dans son pied.* – au p. passé *Cheveux plantés dru. Dents mal plantées.* 5. Mettre, placer debout, droit. SYN. ② **dresser.** *Planter sa tente. Planter les décors,* les disposer sur scène. 6. *PLANTER LÀ qqn, qqch.,* l'abandonner brusquement (→ laisser en plan). *Il l'a planté là et il est parti.* II v. intr. FAM. Cesser de fonctionner. *L'ordinateur a planté.* SYN. **boguer.** III *SE PLANTER* v. pron. 1. (passif) *Les arbres se plantent en hiver.* 2. (personnes) Se tenir debout et immobile (par rapport à qqch.). *Il est venu se planter devant nous.* SYN. se **camper** ; → **planté** (2). 3. FAM. (véhicule) Sortir de la route ; avoir un accident. *Il s'est planté en moto.* ♦ fig. Échouer. *Se planter à un examen.* – Faire une erreur. *Se planter dans ses calculs.* – *Ordinateur qui se plante,* cesse de fonctionner. *L'ordinateur est planté.* CONTR. **arracher, déraciner.**
ÉTYM. latin *plantare.*

PLANTEUR, EUSE [plɑ̃tœʀ, øz] n. I n. Agriculteur qui possède et exploite une plantation (II, 3) dans un pays tropical. *Un planteur de café.* II n. m. Punch aux jus de fruits.
ÉTYM. anglais *planter,* du français → planter.

PLANTIGRADE [plɑ̃tigʀad] adj. ✦ ZOOL. Qui marche sur la plante des pieds (opposé à *digitigrade*). *L'homme, l'ours sont plantigrades.* – n. m. *Les plantigrades.*
ÉTYM. de ② *plante* et *-grade.*

PLANTOIR [plɑ̃twaʀ] n. m. ✦ Outil de jardinage taillé en pointe pour ouvrir dans le sol le trou qui recevra le plant à repiquer.
ÉTYM. de *planter.*

PLANTON [plɑ̃tɔ̃] n. m. ✦ Soldat de service auprès d'un officier supérieur, pour porter ses ordres ; sentinelle sans armes. – fig. FAM. *Faire le planton :* attendre debout.
ÉTYM. de *planter.*

PLANTUREUX, EUSE [plɑ̃tyʀø, øz] adj. 1. Très abondant. *Repas plantureux et bien arrosé.* SYN. **copieux.** 2. *Femme plantureuse,* grande et bien en chair. CONTR. **frugal ; maigre.**
► **PLANTUREUSEMENT** [plɑ̃tyʀøzmɑ̃] adv.
ÉTYM. famille de l'ancien français *plenté* «abondance», latin *plenitas.*

PLAQUAGE [plakaʒ] n. m. 1. Confection d'un placage. 2. SPORTS Action de plaquer (I, 4) un adversaire. 3. FAM. Abandon. HOM. PLACAGE «revêtement»
ÉTYM. de *plaquer.*

PLAQUE [plak] n. f. I 1. Feuille d'une matière rigide, plate et peu épaisse. *Plaque d'égout en fonte. Les plaques chauffantes d'une cuisinière électrique.* ♦ Couche peu épaisse. *Une plaque de verglas.* – *Plaque dentaire :* dépôt blanchâtre qui se forme sur les gencives et les dents, sur lequel se développent les micro-organismes. 2. Plaque portant une inscription. *Plaque d'identité. Plaque d'immatriculation.* 3. *PLAQUE TOURNANTE :* plateforme tournante, servant à déplacer le matériel roulant. – fig. Carrefour, lieu d'échanges. *La plaque tournante d'un trafic.* 4. PHOTOGR. *Plaque sensible,* support rigide recouvert d'une émulsion photosensible. 5. GÉOL. Fraction de l'écorce terrestre formant un bloc (qui ne correspond pas aux continents). *La tectonique des plaques.* II Tache étendue. *Avoir des plaques rouges sur le visage.*
ÉTYM. de *plaquer.*

PLAQUÉ [plake] n. m. ✦ Métal recouvert d'un autre plus précieux. *Médaille en plaqué or.*
ÉTYM. du participe passé de *plaquer.*

PLAQUER [plake] v. tr. (conjug. 3a) I 1. Appliquer (une plaque) sur qqch. 2. Mettre (qqch.) à plat. *Elle a plaqué ses cheveux, elle s'est plaqué les cheveux.* 3. *Plaquer un accord,* en produire les notes ensemble. 4. *Plaquer qqn, qqch. contre, sur qqch.,* l'y appuyer avec force. – SPORTS Faire tomber (le porteur du ballon) en le saisissant par les jambes (→ **plaquage**). II FAM. Abandonner (qqn, qqch.). *Elle vient de le plaquer. Elle a tout plaqué pour lui.* SYN. ① **lâcher.** III Couvrir (qqch.) d'une couche plate (de métal, de bois...). – au p. passé *Bois plaqué* (→ **contreplaqué, placage**). *Un meuble plaqué de merisier. Des bijoux plaqués.* → **plaqué.**
ÉTYM. néerlandais ancien *placken* «enduire, rapiécer, coller».

PLAQUETTE [plakɛt] n. f. 1. Petite plaque. *Une plaquette de beurre.* – *Plaquette de pilules.* 2. Petit livre très mince. *Une plaquette de vers.* 3. ANAT. *Plaquettes (sanguines) :* cellules sans noyau, jouant un rôle dans l'hémostase et la coagulation du sang.
ÉTYM. diminutif de *plaque.*

PLASMA [plasma] n. m. **I** *Plasma sanguin,* partie liquide du sang. SYN. **sérum. II 1.** PHYS. État de la matière à très haute température, où la plupart des atomes sont ionisés. *Le plasma solaire.* **2.** *Écran à plasma* ou ellipt *écran plasma,* dont l'affichage utilise la lumière produite par un gaz sous pression.
ÉTYM. mot grec, de *plassein* «façonner, modeler».

-PLASTE, -PLASTIE Éléments, du grec *plassein* «modeler» (ex. *galvanoplastie*).

PLASTIC [plastik] n. m. ✦ Masse d'explosif malléable. *Attentat au plastic* (→ **plastiquer**). HOM. PLASTIQUE «qu'on peut façonner»
ÉTYM. mot anglais → plastique.

PLASTICAGE [plastikaʒ] n. m. ✦ Attentat au plastic.
ÉTYM. de *plastiquer.*

PLASTICIEN, IENNE [plastisjɛ̃, jɛn] n. **1.** Artiste spécialisé dans les recherches en arts plastiques. **2.** Technicien spécialiste des matières plastiques.
ÉTYM. de *plastique.*

PLASTICITÉ [plastisite] n. f. ✦ Caractère de ce qui est plastique, malléable. *La plasticité de la cire.* ♦ fig. *La plasticité du caractère de l'enfant.*
ÉTYM. de *plastique.*

PLASTIFIER [plastifje] v. tr. (conjug. 9) ✦ Donner les propriétés d'une matière plastique à (une substance). ➝ Couvrir, enrober de matière plastique. ➝ au p. passé *Carte d'identité plastifiée.*
► **PLASTIFICATION** [plastifikasjɔ̃] n. f.
ÉTYM. de *plastique.*

PLASTIQUE [plastik] adj. et n. f.
I adj. et n. f. 1. adj. Qui a le pouvoir de donner une forme. *Chirurgie plastique.* SYN. **esthétique. 2.** Relatif aux arts qui élaborent des formes. *Arts plastiques,* sculpture, architecture, dessin, peinture (→ **plasticien**). *La beauté plastique d'une œuvre.* ♦ n. f. *Les règles de la plastique.* **3.** Beau de forme. ♦ n. f. Beauté des formes du corps. *Une plastique agréable.*
II adj. 1. Flexible, malléable, mou. *L'argile est plastique.* ♦ fig. *Un caractère plastique.* **2.** *Matière plastique* ou n. m. *du plastique* : matière synthétique composée de macromolécules, qui peut être moulée (bakélite, cellulose, galalithe, nylon, résine, silicone...). *Bouteille en plastique. Des sacs en plastique,* ellipt *des sacs plastique.*
HOM. PLASTIC «explosif»
ÉTYM. grec *plastikos,* de *plassein* «façonner».

PLASTIQUEMENT [plastikmɑ̃] adv. ✦ Du point de vue de la plastique, de la beauté des formes.

PLASTIQUER [plastike] v. tr. (conjug. 3a) ✦ Faire exploser au plastic. *Terroristes qui plastiquent une maison.*
ÉTYM. de *plastic.*

PLASTIQUEUR, EUSE [plastikœʀ, øz] n. ✦ Personne qui commet un attentat au plastic.
ÉTYM. de *plastiquer.*

PLASTRON [plastʀɔ̃] n. m. ✦ Partie (d'un vêtement) qui recouvre la poitrine. *Plastron de chemise.* ➝ *Plastron d'escrimeur* (protection).
ÉTYM. italien *piastrone,* de *piastra* «plaque».

PLASTRONNER [plastʀɔne] v. intr. (conjug. 3a) ✦ Parader, poser (en «bombant le torse»). *Il plastronne pour la galerie.*
ÉTYM. de *plastron.*

① **PLAT, PLATE** [pla, plat] adj. et n. m.
I adj., concret **1.** Qui présente une surface plane ; horizontal. *Les Anciens croyaient que la Terre était plate. Pays plat,* plaine, plateau. ➝ GÉOM. *Angle plat,* de 180°. **2.** Dont le fond est plat ou peu profond. *Assiette plate. Des huîtres plates.* **3.** Peu saillant. *Ventre plat.* ➝ *À PLAT VENTRE* loc. adv. : étendu, couché sur le ventre, la face contre terre. fig. *Ils sont à plat ventre devant leurs supérieurs,* ils s'abaissent servilement. **4.** De peu d'épaisseur. *Avoir la bourse plate,* vide. ➝ Qui n'est pas haut. *Talons plats. Chaussures plates,* à talons plats. **5.** *À PLAT* loc. adv. : horizontalement, sur la surface plate. *Posez le tissu bien à plat.* ➝ *Pneu à plat.* SYN. **dégonflé.** ♦ (personnes) FAM. *Être à plat,* déprimé, épuisé. ♦ *Mettre à plat (une question...),* examiner dans le détail tous les éléments. **6.** *Rimes plates,* alternance de deux vers à rime masculine et deux vers à rime féminine. CONTR. **accidenté, montagneux • creux, profond • bombé, saillant.**
II fig. **1.** Sans caractère saillant ni qualité frappante. *Style plat.* SYN. **fade, médiocre. 2.** (personnes) Obséquieux. *Il est très plat devant ses supérieurs.* ➝ *De plates excuses.* **3.** *De l'eau plate,* non gazeuse. CONTR. **remarquable.**
III n. m. 1. La partie plate (de qqch.). *Le plat de la main,* la paume et les doigts non repliés. ➝ Partie plate d'une route (opposé à *côte, pente*). *Faire du vélo sur les plats.* **2.** Plongeon manqué où le corps frappe l'eau à plat. *Faire un plat.* **3.** FAM. *FAIRE DU PLAT à qqn,* chercher à le séduire par de belles paroles. SYN. **courtiser, flatter. 4.** Chacun des deux côtés de la reliure d'un livre.
ÉTYM. latin *plattus,* du grec *platus* «large, plan».

② **PLAT** [pla] n. m. **I 1.** Pièce de vaisselle plus grande que l'assiette, dans laquelle on présente les aliments à table. *Plat creux, long.* ➝ *Des œufs au plat, sur le plat,* qu'on fait cuire dans la poêle sans les brouiller. ♦ loc. *Mettre les pieds dans le plat,* intervenir maladroitement, brutalement. *Mettre les petits plats dans les grands,* se mettre en frais en l'honneur de qqn. **2.** *PLAT À BARBE* : plat ovale et creux, marqué d'une échancrure pour le cou, utilisé autrefois par les barbiers. **II** Mets d'un repas. *Plats régionaux.* SYN. **recette, spécialité.** *Plat garni,* composé de viande ou de poisson et de légumes. *Plat du jour* : au restaurant, plat qui varie selon les jours. *Plat de résistance*.* ♦ fig. FAM. *Faire tout un plat de qqch.* : accorder à qqch. trop d'importance.
ÉTYM. de *vaisselle plate* → ① plat.

PLATANE [platan] n. m. **1.** Arbre élevé, à large frondaison, à écorce lisse se détachant par plaques irrégulières. *Route bordée de platanes.* ➝ FAM. *Rentrer dans un platane,* heurter un arbre (en voiture). **2.** *FAUX PLATANE* : variété d'érable (sycomore).
ÉTYM. grec *platanos.*

PLATEAU [plato] n. m. **I 1.** Support plat servant à poser et à transporter des objets, des marchandises. *Servir le café sur un plateau.* ➝ *Plateau-repas,* servi dans les avions, les trains, etc. *Plateau de fromages* : assortiment de fromages. **2.** spécialt *Les plateaux d'une balance. Plateau tournant où l'on pose les disques vinyles.* → ① **platine. II** Étendue de pays assez plate et dominant les environs. *Plateau calcaire.* → **causse.** *Plateau continental* : fond marin proche des côtes, jusqu'à deux cents mètres de profondeur. SYN. **plateforme. III** Plateforme où est présenté un spectacle, etc. *Le plateau d'un théâtre,* les planches, la scène. *Le plateau d'un studio de cinéma.* ➝ Ensemble des invités d'une émission. *Un beau plateau.* ➝ Ensemble des installa-

A B C D E F G H I J K L M N O P Q R S T U V W X Y Z

tions, du personnel nécessaires à la prise de vues en studio.
ÉTYM. de ② *plat* ; sens II, de ① *plat*.

PLATEBANDE [platbɑ̃d] **n. f.** ✦ Bande de terre cultivée, dans un jardin. *Une platebande de fleurs.* ➜ fig. FAM. *Marcher sur les platebandes de qqn,* empiéter sur son domaine. ➜ Écrire *platebande* en un seul mot est permis. ➜ On écrit aussi *plate-bande, des plates-bandes.*
ÉTYM. de ① *plat* et *bande*.

PLATÉE [plate] **n. f.** ✦ Contenu d'un plat (généralement simple et nourrissant). *Une platée de purée.*
ÉTYM. de ② *plat*.

PLATEFORME [platfɔʀm] **n. f.** **I** 1. Surface plane, horizontale, plus ou moins surélevée. *Plateforme de quai. Des plateformes.* 2. Partie ouverte, non munie de sièges (d'un véhicule public). 3. Plateau (II). GÉOGR. *Plateforme continentale.* SYN. **plateau.** 4. *Plateforme de forage :* installation servant à l'exploitation des gisements pétroliers en mer. **II** fig. Ensemble d'idées, sur lesquelles on s'appuie pour présenter une politique commune. SYN. **base.** *La plateforme électorale d'un parti.* ➜ Écrire *plateforme* en un seul mot est permis. ➜ On écrit aussi *plate-forme, des plates-formes.*
ÉTYM. de ① *plat* et *forme*.

PLATEMENT [platmɑ̃] **adv.** ✦ D'une manière plate, banalement. *C'est écrit platement.* CONTR. **remarquablement, spirituellement.**

① **PLATINE** [platin] **n. f.** ✦ Support plat. ➜ spécialt *La platine d'un tourne-disque ;* absolt *une platine laser.* ➜ *Platine de microscope,* support plan sur lequel on place l'objet à examiner.
ÉTYM. de ① *plat*.

② **PLATINE** [platin] **n. m.** 1. Métal précieux, d'un blanc grisâtre (symb. Pt). 2. **adjectivt invar.** De la couleur du platine. *Des cheveux platine.* SYN. ① **platiné.** ➜ appos. invar. *Des mèches blond platine.*
ÉTYM. espagnol *platina*, diminutif de *plata* «argent».

① **PLATINÉ, ÉE** [platine] **adj.** ✦ (cheveux) Teint en blond presque blanc. ➜ *Une blonde platinée.*
ÉTYM. de ② *platine*.

② **PLATINÉ, ÉE** [platine] **adj.** ✦ AUTOM. *VIS PLATINÉES :* pièces de contact en acier au tungstène (autrefois vis à tête de platine) pour l'allumage d'un moteur à explosion.
ÉTYM. de ② *platine*.

PLATITUDE [platityd] **n. f.** 1. Caractère de ce qui est plat, sans originalité. SYN. **médiocrité.** 2. Propos plat, banal. SYN. **banalité.** *Débiter des platitudes.* 3. Acte qui témoigne de servilité. SYN. **bassesse.**
ÉTYM. de ① *plat*.

PLATONICIEN, IENNE [platɔnisjɛ̃, jɛn] **adj.** ✦ Qui s'inspire de la philosophie de Platon (et de ses disciples), appelée *platonisme* [platɔnism] **n. m.** *Philosophes platoniciens* et **n. m.** *les platoniciens.*
ÉTYM. de *Platon*. ☞ noms propres.

PLATONIQUE [platɔnik] **adj.** 1. Qui a un caractère purement idéal, sans rien de matériel ou de charnel. *Amour platonique.* SYN. **chaste, éthéré.** 2. Théorique, de pure forme. SYN. **formel.** *Protestation platonique.* CONTR. **charnel,** ① **matériel.**
ÉTYM. de *Platon*. ☞ noms propres.

PLATONIQUEMENT [platɔnikmɑ̃] **adv.** ✦ D'une façon platonique (1).

PLÂTRAGE [plɑtʀaʒ] **n. m.** ✦ Action de plâtrer.

PLÂTRAS [plɑtʀɑ] **n. m.** ✦ Débris d'un ouvrage en plâtre. ➜ **gravats.**
ÉTYM. de *plâtre*.

PLÂTRE [plɑtʀ] **n. m.** 1. Poudre blanche obtenue par cuisson et broyage du gypse et qui, une fois gâchée dans l'eau, fournit une pâte qui durcit en séchant. *Pierre à plâtre,* le gypse. *Sac de plâtre. Carreau de plâtre. Plâtre moulé.* ➜ **stuc.** ◆ fig. FAM. Ce qui a une consistance plâtreuse. ➜ loc. *Battre qqn comme plâtre,* avec violence. 2. *LES PLÂTRES :* les revêtements, les ouvrages de plâtre. *Refaire les plâtres.* loc. *Essuyer* les plâtres.* 3. *UN PLÂTRE :* objet moulé en plâtre. ◆ Appareil formé de pièces de tissu imprégnées de plâtre, pour immobiliser un membre, une articulation. *Avoir une jambe dans le plâtre.*
ÉTYM. de *emplâtre*.

PLÂTRER [plɑtʀe] **v. tr.** (conjug. 3a) 1. Couvrir de plâtre ; sceller avec du plâtre. 2. Mettre (un membre fracturé) dans un plâtre. *Il faudra lui plâtrer l'avant-bras.* ➜ au p. passé *Une jambe plâtrée.*
ÉTYM. de *plâtre*.

PLÂTRERIE [plɑtʀəʀi] **n. f.** 1. Entreprise, usine où l'on fabrique le plâtre. SYN. **plâtrière.** 2. Travail du plâtrier.

PLÂTREUX, EUSE [plɑtʀø, øz] **adj.** 1. Couvert de plâtre. 2. D'une blancheur de plâtre. 3. Qui a la consistance du plâtre. *Un camembert plâtreux.*

PLÂTRIER [plɑtʀije] **n. m.** ✦ Ouvrier qui utilise le plâtre gâché pour le revêtement et divers ouvrages. *Plâtrier peintre.*
ÉTYM. de *plâtre*.

PLÂTRIÈRE [plɑtʀijɛʀ] **n. f.** 1. Carrière de gypse à plâtre. 2. Four à plâtre ; usine où l'on fabrique le plâtre.
ÉTYM. de *plâtre*.

PLAUSIBLE [plozibl] **adj.** ✦ Qui semble devoir être admis. SYN. **admissible, vraisemblable.** *Une excuse plausible.* CONTR. **invraisemblable.**
ÉTYM. latin *plausibilis* «digne d'être applaudi *(plaudere)*».

PLAY-BACK [plɛbak] **n. m. invar.** ✦ anglicisme Enregistrement du son en plusieurs fois. ➜ spécialt Interprétation mimée d'un rôle, d'un chant enregistré à l'avance. *Chanter en play-back* (opposé à *en direct*). ➜ recomm. offic. *présonorisation.*
ÉTYM. mot anglais, de *to play* «jouer» et *back* «à nouveau».

PLAY-BOY [plɛbɔj] **n. m.** ✦ anglicisme Jeune homme élégant et riche, menant une vie oisive et facile. *Jouer les play-boys.*
ÉTYM. mot anglais, de *to play* «s'amuser» et *boy* «garçon».

PLÈBE [plɛb] **n. f.** 1. HIST. Second ordre du peuple romain. ➜ **plébéien.** 2. péj. LITTÉR. Le bas peuple. SYN. **populace, racaille.**
ÉTYM. latin *plebs, plebis*.

PLÉBÉIEN, IENNE [plebejɛ̃, jɛn] **n.** et **adj.** 1. **n.** Romain, romaine de la plèbe. *Les patriciens et les plébéiens.* 2. **adj.** LITTÉR. *Des goûts plébéiens* (opposé à *aristocratique*). SYN. **populaire.**

PLÉBISCITE [plebisit] **n. m.** ✦ Vote direct du corps électoral par oui ou par non sur un projet présenté par le pouvoir. *Bonaparte se fit élire consul à vie par plébiscite.*
► **PLÉBISCITAIRE** [plebisitɛʀ] **adj.**

ÉTYM. latin *plebiscitum* «décret *(scitum)* du peuple *(plebs, plebis)*».

PLÉBISCITER [plebisite] **v. tr.** (conjug. 3a) 1. Voter (qqch.), désigner (qqn) par plébiscite. *Les Français ont plébiscité la fin de la guerre d'Algérie.* 2. Élire (qqn) ou approuver (qqch.) à une majorité écrasante. *Ce modèle a été plébiscité par notre clientèle.*

PLECTRE [plɛktʀ] **n. m.** ✦ MUS. 1. ANTIQ. Baguette qui servait à gratter les cordes de la lyre. 2. MOD. Médiator.
ÉTYM. latin *plectrum*, du grec *plêktron.*

-PLÉGIE Élément, du grec *plêssein* «frapper», qui signifie «paralysie» (ex. *hémiplégie, paraplégie, tétraplégie*).

PLÉIADE [plejad] **n. f.** ✦ Groupe de personnes remarquables. *Ce film réunit une pléiade d'acteurs.* ♦ *La Pléiade* : groupe de sept poètes de la Renaissance (parmi lesquels Ronsard et du Bellay). ☛ Littérature p. 141 et noms propres.
ÉTYM. grec *Pleiades* «les Pléiades», nom d'une constellation de sept étoiles. ☛ noms propres.

① **PLEIN, PLEINE** [plɛ̃, plɛn] **adj.** **I** 1. (sens fort) Qui contient toute la quantité possible. SYN. **rempli.** *Un verre plein, plein à ras bords. Une valise pleine à craquer.* – *Parler la bouche pleine. Avoir l'estomac plein.* 2. (personnes) FAM. *Un gros plein de soupe,* un homme gros, vulgaire. 3. Se dit d'une femelle animale en gestation. SYN. **gros.** *La jument, la vache est pleine.* 4. (avant le nom) *Un plein panier de légumes,* le contenu d'un panier. – loc. (idée d'entier, complet) *Saisir qqch. à pleines mains,* sans hésiter, fermement. 5. Qui contient autant de personnes qu'il est possible. SYN. **bondé.** *Les autobus sont pleins.* SYN. **complet.** 6. (temps) *Une journée pleine,* complète ou bien occupée. *Travailler à temps plein* (opposé à *partiel*). 7. Qui éprouve entièrement (un sentiment), est rempli (de connaissances, d'idées). ♦ (personnes) *PLEIN DE* : pénétré de. *Être plein de son sujet.* – VIEILLI *PLEIN DE SOI-MÊME* : occupé et content de sa propre personne. → **imbu, infatué.** 8. FAM. *PLEIN AUX AS* : très riche. **II** 1. Dont la matière occupe tout le volume. *Une sphère pleine.* ♦ (formes humaines) Rond. SYN. **dodu, potelé.** *Des joues pleines.* 2. (surtout avant le nom) Qui est entier, à son maximum. *Plein soleil. La pleine lune. Reliure pleine peau,* entièrement en peau. – loc. *Plein air* : air libre, grand* air. *Pleine mer* : le large. ♦ Qui a sa plus grande force. SYN. **total.** *Plein succès. Donner pleine satisfaction. Les pleins pouvoirs* (→ **plénipotentiaire**). 3. loc. adv. *À PLEIN, EN PLEIN.* SYN. **pleinement, totalement.** *Argument qui porte à plein.* ♦ *EN PLEIN(E)*, suivi d'un nom : au milieu de. *Vivre en pleine nature. Se réveiller en pleine nuit.* – Exactement (dans, sur). *Visez en plein milieu.* ♦ FAM. *EN PLEIN SUR, DANS* : juste, exactement sur, dans. *En plein dans le mille. En plein dedans.* **III** *PLEIN DE* : qui contient, qui a beaucoup de. *Un pré plein de fleurs. Des yeux pleins de larmes.* – (personnes) *Être plein de santé.* – FAM. *TOUT PLEIN (de...). Il y en a tout plein.* **IV** (confondu avec *plain* «horizontal») *DE PLEIN FOUET* **loc. adj.** : horizontal. *Tir de plein fouet.* – **loc. adv.** *Heurter qqch. de plein fouet*.*
CONTR. **vide** • ① **désert, inoccupé, libre** • **creux** • **dépourvu, exempt, sans.** HOM. PLAIN «plat» ; PLAINE «pays plat»
ÉTYM. latin *plenus.*

② **PLEIN** [plɛ̃] **n. m.** **I** *LE PLEIN (DE)* 1. État de ce qui est plein. *La lune était dans son plein.* 2. *BATTRE SON PLEIN* : être à son point culminant. 3. Plénitude, maximum. *C'était le plein de la bousculade.* 4. *Faire le plein de,* emplir totalement un réservoir. *Un plein d'essence,* le contenu entier du réservoir. ♦ fig. Le maximum. *Le plein des voix de gauche.* **II** *UN PLEIN* 1. Endroit plein (d'une chose). *Les pleins et les vides.* 2. Trait épais, dans l'écriture calligraphiée. *Les pleins et les déliés.*
HOM. PLAIN «plat»
ÉTYM. → ① plein.

③ **PLEIN** [plɛ̃] **prép.** 1. En grande quantité dans. *Avoir de l'argent plein les poches,* beaucoup. – loc. *En avoir plein la bouche* (de qqn, qqch.), en parler fréquemment. FAM. *En avoir plein les bottes,* être fatigué d'avoir marché. *En avoir plein le dos,* en avoir assez. *En mettre plein la vue* à qqn.* – FAM. Partout sur. *Il a des boutons plein la figure.* 2. FAM. *PLEIN DE* **loc. prép.** *Il y avait plein de monde.* SYN. **beaucoup.** ♦ *TOUT PLEIN. C'est mignon tout plein.* SYN. **très.** HOM. PLAIN «plat»
ÉTYM. → ① plein.

PLEINEMENT [plɛnmɑ̃] **adv.** ✦ Entièrement, totalement. *Il est pleinement responsable.* SYN. **complètement.** CONTR. **partiellement.**

PLEIN-EMPLOI ou **PLEIN EMPLOI** [plɛnɑ̃plwa] **n. m. sing.** ✦ Emploi de la totalité des travailleurs. CONTR. **chômage, sous-emploi.**

PLÉISTOCÈNE [pleistɔsɛn] **n. m.** et **adj.** ✦ GÉOL. Période du quaternaire qui vient après le pliocène.
ÉTYM. du grec *pleistos* «le plus» et *kainos* «récent».

PLÉNIER, IÈRE [plenje, jɛʀ] **adj.** ✦ *Assemblée plénière,* où siègent tous les membres. ♦ *Adoption plénière,* avec rupture des liens avec la famille d'origine.
ÉTYM. latin *plenarius* «complet», de *plenus* «plein».

PLÉNIPOTENTIAIRE [plenipɔtɑ̃sjɛʀ] **n.** ✦ Agent diplomatique qui a pleins pouvoirs pour l'accomplissement d'une mission. – **adj.** *Ministre plénipotentiaire,* titre immédiatement inférieur à celui d'ambassadeur.
ÉTYM. du latin *plenus* «plein» et *potentia* «puissance».

PLÉNITUDE [plenityd] **n. f.** 1. LITTÉR. Ampleur, épanouissement. *La plénitude des formes.* 2. État de ce qui est complet, dans toute sa force. *Acteur dans la plénitude de son talent.* SYN. **intégrité, totalité** ; → **maturité.**
ÉTYM. latin *plenitudo.*

PLÉONASME [pleɔnasm] **n. m.** ✦ Terme ou expression qui ne fait que répéter ce qui vient d'être énoncé. SYN. **redondance.** *Pléonasme fautif* (ex. monter en haut ; panacée universelle ; prévoir d'avance).
► **PLÉONASTIQUE** [pleɔnastik] **adj.**
ÉTYM. grec *pleonasmos* «excès».

PLÉSIOSAURE [plezjɔzɔʀ] **n. m.** ✦ PALÉONT. Grand reptile marin fossile de l'ère secondaire.
ÉTYM. du grec *plêsios* «proche, voisin» et de *-saure.*

PLÉTHORE [pletɔʀ] **n. f.** ✦ LITTÉR. Abondance, excès. *La pléthore d'un produit sur le marché. Il y a pléthore de candidats.* CONTR. **pénurie.**
ÉTYM. grec *plêthôrê* «surabondance».

PLÉTHORIQUE [pletɔʀik] **adj.** ✦ Trop abondant, surchargé. *Classes pléthoriques.*
ÉTYM. grec *plêthôrikos.*

PLEUR [plœʀ] **n. m.** ✦ VIEILLI ou LITTÉR. 1. Larme. *Verser un pleur.* 2. au plur. *LES PLEURS.* Le fait de pleurer, les larmes ; plaintes dues à une vive douleur. *Répandre, verser des pleurs.* – *EN PLEURS. Elle était tout en pleurs.* → **éploré.**
ÉTYM. de *pleurer.*

PLEURAL, ALE, AUX [plœʀal, o] adj. ✦ Qui concerne la plèvre. *Carité pleurale.*
ÉTYM. du grec *pleura* → plèvre.

PLEURARD, ARDE [plœʀaʀ, aʀd] adj. et n. ✦ FAM. 1. adj. et n. (Personne) qui pleure à tout propos. SYN. **pleurnicheur.** 2. adj. *Air, ton pleurard.* SYN. **geignard, plaintif.**
ÉTYM. de *pleurer.*

PLEURER [plœʀe] v. (conjug. 3a) **I** v. intr. 1. Répandre des larmes, sous l'effet d'une émotion pénible. SYN. **sangloter ;** FAM. **chialer, pleurnicher.** *Pleurer à chaudes larmes, comme un veau,* beaucoup. ➝ *Elle pleurait de rage. Un bébé qui pleure.* SYN. **crier.** ➝ loc. *C'est Jean qui pleure et Jean qui rit,* qqn qui passe facilement de la tristesse à la gaieté. 2. *À PLEURER, À FAIRE PLEURER :* au point de pleurer, de faire pleurer. → **déplorable.** *Bête à pleurer,* extrêmement. 3. (autres émotions) *Pleurer de rire.* ➝ (d'un réflexe de protection de l'œil) *Le vent me fait pleurer. Avoir les yeux qui pleurent.* **II** v. intr. 1. Être dans un état d'affliction. *Consoler ceux qui pleurent,* les affligés (→ **éploré).** ➝ *PLEURER SUR :* s'affliger à propos de (qqn, qqch.). *Pleurer sur son sort.* SYN. **gémir, se lamenter.** 2. Présenter une demande d'une manière plaintive et pressante. *Pleurer pour obtenir une augmentation.* **III** v. tr. 1. Regretter, se lamenter sur. *Pleurer sa jeunesse enfuie. Pleurer un enfant* (mort). ➝ FAM. *Pleurer misère,* se plaindre. 2. FAM. Accorder, dépenser à regret (seulement en loc.). *Pleurer le pain qu'on mange,* être avare. 3. Laisser couler (des larmes, des pleurs). *Elle pleura des larmes de joie.* SYN. **répandre, verser.**
ÉTYM. latin *plorare* «se lamenter».

PLEURÉSIE [plœʀezi] n. f. ✦ Inflammation de la plèvre. *Pleurésie sèche,* sans épanchement.
ÉTYM. grec *pleuritis.*

PLEURÉTIQUE [plœʀetik] adj. 1. Relatif à la pleurésie. 2. Qui souffre de pleurésie. ➝ n. *Un, une pleurétique.*

PLEUREUR [plœʀœʀ] adj. m. ✦ *SAULE PLEUREUR,* dont les branches retombent vers le sol.
ÉTYM. de *pleurer.*

PLEUREUSE [plœʀøz] n. f. ✦ Femme payée pour pleurer aux funérailles. *Des pleureuses corses.*
ÉTYM. de *pleurer.*

PLEURNICHER [plœʀniʃe] v. intr. (conjug. 3a) ✦ FAM. Pleurer sans raison, d'une manière affectée ; se plaindre sur un ton geignard. SYN. **larmoyer.**
► **PLEURNICHERIE** [plœʀniʃʀi] n. f.
► **PLEURNICHEUR, EUSE** [plœʀniʃœʀ, øz] ou **PLEURNICHARD, ARDE** [plœʀniʃaʀ, aʀd] n. et adj.
ÉTYM. de *pleurer* et altération du normand *micher* «pleurer».

PLEUROTE [plœʀɔt] n. m. ✦ Champignon dont le pied s'insère sur le côté du chapeau.
ÉTYM. du grec *pleuron* «côté» et *oûs, ôtos* «oreille».

PLEUTRE [pløtʀ] n. m. ✦ LITTÉR. Homme sans courage. SYN. **couard, lâche.** ➝ adj. *Il est très pleutre.* CONTR. **courageux, hardi.**
ÉTYM. peut-être du flamand *pleute* «chiffon».

PLEUTRERIE [pløtʀəʀi] n. f. ✦ LITTÉR. Lâcheté. CONTR. **courage.**
ÉTYM. de *pleutre.*

PLEUVIOTER → PLEUVOTER

PLEUVOIR [pløvwaʀ] v. (conjug. 36) **I** v. impers. 1. *Il pleut :* la pluie tombe. SYN. FAM. ② **flotter.** *Il pleut légèrement.* → **bruiner, pleuvoter.** *Il pleuvait à verse, à flots, à seaux, à torrents,* (FAM.) *comme vache qui pisse,* très fort. 2. Tomber. *Il pleut de grosses gouttes,* (loc.) *des cordes, des hallebardes.* ➝ loc. FAM. *Comme s'il en pleuvait.* → **beaucoup. II** v. intr. (surtout 3e pers. du plur.) 1. S'abattre, en parlant de ce que l'on compare à la pluie. *Les coups pleuvaient sur son dos.* 2. Affluer, arriver en abondance. *Les punitions pleuvent.*
ÉTYM. latin populaire *plovere,* classique *pluere.*

PLEUVOTER [pløvɔte] ou **PLEUVIOTER** [pløvjɔte] v. impers. (conjug. 3a) ✦ Pleuvoir légèrement, par petites averses. SYN. **crachiner.**

PLÈVRE [plɛvʀ] n. f. ✦ Chacune des deux membranes qui enveloppent les poumons (→ **pleural).** *Inflammation de la plèvre.* → **pleurésie.**
ÉTYM. grec *pleura* «côtes, côtés».

PLEXIGLAS [plɛksiglas] n. m. ✦ Plastique dur transparent imitant le verre, que l'on peut travailler à chaud.
ÉTYM. nom déposé ; mot allemand «verre *(Glas)* malléable (latin *plectere* "ployer")».

PLEXUS [plɛksys] n. m. ✦ Réseau de nerfs et de vaisseaux. *Plexus solaire,* au creux de l'estomac.
ÉTYM. mot latin «entrelacement».

PLI [pli] n. m. **I** 1. Partie d'une matière souple rabattue sur elle-même. *Les plis d'un éventail. Jupe à plis.* → **plissé.** 2. Ondulation (d'un tissu flottant). *Les plis d'un drapeau.* ♦ Mouvement (de terrain) qui forme une ondulation (→ **plissement).** *Pli convexe* (→ **anticlinal),** *concave* (→ **synclinal).** 3. Marque qui reste à ce qui a été plié. SYN. **pliure.** *Faire le pli d'un pantalon,* le repasser. ➝ *FAUX PLI* ou absolt *PLI :* endroit froissé ou mal ajusté. ➝ loc. FAM. *Cela ne fait (ne fera) pas un pli :* cela ne fait pas de difficulté, de doute. 4. *MISE EN PLIS :* opération qui consiste à donner aux cheveux mouillés une forme qu'ils garderont une fois secs. 5. loc. *PRENDRE UN (LE) PLI :* acquérir une habitude. *Elle a pris le mauvais pli.* 6. Repli ou marque allongée sur la peau. *Son ventre fait des plis.* **II** 1. Papier replié servant d'enveloppe. *Envoyer un message sous pli cacheté.* 2. Levée, aux cartes. *Faire tous les plis.* HOM. PLIE «poisson»
ÉTYM. de *plier.*

PLIABLE [plijabl] adj. ✦ Qui peut être plié sans casser. *Un carton pliable.*
ÉTYM. de *plier.*

PLIAGE [plijaʒ] n. m. 1. Action de plier ; manière dont une chose est pliée. 2. Fait de plier et replier du papier pour obtenir une forme. ➝ Objet ainsi produit.
ÉTYM. de *plier.*

PLIANT, PLIANTE [plijɑ̃, plijɑ̃t] adj. et n. m. 1. adj. Articulé de manière à pouvoir se plier. *Un lit pliant.* 2. n. m. Siège de toile sans dossier ni bras, à pieds articulés en X.
ÉTYM. du participe présent de *plier.*

PLIE [pli] n. f. ✦ Poisson plat comestible. SYN. **carrelet.**
HOM. PLI «ondulation»
ÉTYM. bas latin *platessa.*

PLIER [plije] v. (conjug. 9) **I** v. tr. 1. Rabattre (une chose souple) sur elle-même. *Plier sa serviette.* ➝ au p. passé *Feuille pliée en quatre.* ♦ FAM. *Plier ses affaires,* les ranger. ➝ loc. *Plier bagage,* faire ses bagages, s'apprêter à partir, à fuir ; partir. 2. Courber (une chose flexible). SYN. **ployer, recourber.** *Plier une branche.* ➝ (articulation) *Plier le genou, la jambe.* SYN. **fléchir.** ➝ passif et p. passé *Être plié en deux par l'âge.* SYN. **courbé.** FAM. *Être*

plié en deux (de rire). **3.** Rabattre l'une sur l'autre (les parties d'un ensemble articulé). SYN. **replier.** *Plier une chaise longue.* **4.** fig. Adapter. *Plier ses désirs à la réalité.* ♦ Forcer (qqn) à s'adapter. *Il plie ses élèves à une discipline sévère.* ➖ pronom. Suivre, s'adapter par force. SYN. **céder,** se **soumettre.** *Elle se plie à tous ses caprices.* SYN. **obéir.** *Se plier aux circonstances.* **II** v. intr. **1.** Se courber, fléchir. SYN. **céder.** *La branche plie sous le poids des fruits.* SYN. **s'affaisser, ployer. 2.** (personnes) Céder, faiblir. *Rien ne le fera plier.* SYN. **fléchir, mollir.** CONTR. **déplier, déployer, étaler, étendre • résister.**
ÉTYM. latin *plicare* ; doublet de *ployer.*

PLINTHE [plɛ̃t] n. f. ✦ Bande plate de menuiserie au bas d'une cloison, d'un lambris. HOM. PLAINTE «gémissement»
ÉTYM. grec *plinthos* «brique».

PLIOCÈNE [plijɔsɛn] n. m. et adj. ✦ GÉOL. Dernière période de l'ère tertiaire, succédant au miocène.
ÉTYM. anglais *pliocene*, du grec *pleion* «plus» et *kainos* «récent».

PLISSAGE [plisaʒ] n. m. ✦ Action de former des plis, un plissé.
ÉTYM. de *plisser.*

PLISSÉ, ÉE [plise] adj. et n. m. **1.** adj. À plis. *Jupe plissée.* ♦ Qui forme des plis. *Une peau toute plissée.* **2.** n. m. Ensemble, aspect des plis. *Le plissé d'une jupe.*
ÉTYM. du participe passé de *plisser.*

PLISSEMENT [plismɑ̃] n. m. **1.** Action de plisser (la peau de). SYN. **froncement.** *Le plissement de son front.* **2.** Déformation des couches géologiques par pression latérale, produisant un ensemble de plis. *Le plissement alpin.*

PLISSER [plise] v. (conjug. 3a) **I** v. tr. **1.** Modifier (une surface souple) en y faisant un arrangement de plis. *Plisser un tissu, une jupe.* ➖ pronom. *L'écorce terrestre s'est plissée.* **2.** Contracter les muscles de... en formant un pli. SYN. **froncer.** *Plisser les yeux,* les fermer à demi. ➖ pronom. *Son front se plissait.* **II** v. intr. Faire des plis. *Tes chaussettes plissent.*
ÉTYM. de *pli.*

PLIURE [plijyʀ] n. f. **1.** Endroit où une partie se replie sur elle-même. *À la pliure du bras.* **2.** Marque formée par un pli. *La pliure d'un ourlet.*
ÉTYM. de *plier.*

PLOC [plɔk] interj. ✦ Bruit de chute d'un objet qui s'écrase au sol ou s'enfonce dans l'eau. SYN. **floc, plouf.** ➖ n. m. *Avec un ploc sourd.*
ÉTYM. onomatopée.

PLOIEMENT [plwamɑ̃] n. m. ✦ LITTÉR. Action de ployer, de plier (qqch.) ; fait de se ployer, d'être ployé.
ÉTYM. de *ployer.*

PLOMB [plɔ̃] n. m. **I** *DU PLOMB* **1.** Métal lourd d'un gris bleuâtre, mou, facile à travailler (symb. Pb). *Toiture en plomb ; tuyau de plomb.* → **plomberie.** ➖ *SOLDATS DE PLOMB :* figurines (à l'origine, en plomb) représentant des soldats. **2.** (symbole de pesanteur ; opposé à plume) *Lourd comme du plomb.* loc. *N'avoir pas de plomb dans la tête,* être léger, étourdi. ➖ *DE PLOMB, EN PLOMB :* lourd. *Sommeil de plomb,* très profond. *Un soleil de plomb.* **3.** Alliage au plomb (spécialt utilisé en typographie). ➖ Composition traditionnelle «au plomb». **II** *UN PLOMB* **1.** *Plomb (de sonde),* masse de plomb attachée à l'extrémité d'une corde (pour sonder). *Fil* à plomb.* ➖ *À plomb* loc. adv. : verticalement. *Mettre un mur à plomb.* → **aplomb.** *Le soleil tombe à plomb.* ♦ Grains de plomb lestant un bas de ligne, un filet. ➖ Petit disque de plomb portant une marque, qui sert à sceller un colis, etc. SYN. **sceau. 2.** Chacun des grains sphériques qui garnissent une cartouche de chasse. *Des plombs de chasse.* → **chevrotine. 3.** Baguette de plomb qui maintient les verres d'un vitrail. **4.** Fusible. *Les plombs ont sauté.*
ÉTYM. latin *plumbum.*

PLOMBAGE [plɔ̃baʒ] n. m. ✦ Obturation (d'une dent). ➖ FAM. Amalgame* qui bouche le trou d'une dent. *Mon plombage est parti.*
ÉTYM. de *plomber.*

PLOMBÉ, ÉE [plɔ̃be] adj. **1.** D'une teinte bleuâtre, grisâtre. *Ciel plombé. Teint plombé.* SYN. **livide. 2.** Scellé au plomb. *Wagon plombé.* **3.** Obturé. *Dent plombée.*
ÉTYM. de *plomber.*

PLOMBER [plɔ̃be] v. tr. (conjug. 3a) **1.** Garnir de plomb. *Plomber une sonde.* **2.** v. pron. Devenir livide. *Sa peau se plombait.* **3.** Sceller avec un sceau de plomb. *Plomber un compteur électrique.* **4.** Obturer (une dent) avec un alliage argent-étain (amalgame).

PLOMBERIE [plɔ̃bʀi] n. f. **1.** Fabrication des objets de plomb. **2.** Pose des couvertures en plomb, en zinc. **3.** COUR. Pose des conduites et des appareils de distribution d'eau, de gaz d'un édifice. *Entreprise de plomberie.* ♦ Ces conduites et installations. *La plomberie est en mauvais état.*
ÉTYM. de *plomb.*

PLOMBIER [plɔ̃bje] n. m. ✦ Ouvrier, entrepreneur qui exécute des travaux de plomberie. *Plombier-zingueur. Elle est plombier.*
ÉTYM. de *plomb.*

PLOMBIÈRES [plɔ̃bjɛʀ] n. f. ✦ Glace à la vanille garnie de fruits confits.
ÉTYM. de *Plombières*, nom d'une ville d'eaux.

PLONGE [plɔ̃ʒ] n. f. ✦ Travail des plongeurs (II), dans un restaurant, etc. SYN. **vaisselle.** *Faire la plonge.*
ÉTYM. de *plonger.*

PLONGEANT, ANTE [plɔ̃ʒɑ̃, ɑ̃t] adj. ✦ Qui est dirigé vers le bas (dans des expr.). *Vue plongeante.* ➖ *Décolleté plongeant,* très profond.
ÉTYM. du participe présent de *plonger.*

PLONGÉE [plɔ̃ʒe] n. f. **1.** Action de plonger et de séjourner sous l'eau (plongeur, sous-marin). *Sous-marin en plongée.* **2.** PHOTOGR., CIN. Vue plongeante. *Scène filmée en plongée,* la caméra étant placée plus haut que l'objet filmé (s'oppose à *contre-plongée*).
ÉTYM. du participe passé de *plonger.*

PLONGEOIR [plɔ̃ʒwaʀ] n. m. ✦ Tremplin, dispositif au-dessus de l'eau, permettant de plonger.
ÉTYM. de *plonger.*

① **PLONGEON** [plɔ̃ʒɔ̃] n. m. ✦ Oiseau palmipède, de la taille du canard, nichant près de la mer (où il plonge pour se nourrir).
ÉTYM. bas latin *plumbio*, de *plumbum* «plomb».

② **PLONGEON** [plɔ̃ʒɔ̃] n. m. **1.** Action de plonger. *Faire un plongeon.* ♦ Discipline sportive qui consiste à plonger. **2.** loc. FAM. *Faire le plongeon,* perdre beaucoup d'argent et être en difficulté. **3.** FOOTBALL Détente du gardien de but pour saisir ou détourner le ballon.
ÉTYM. de *plonger.*

PLONGER [plɔ̃ʒe] v. (conjug. 5) **I** v. tr. 1. Faire entrer dans un liquide, entièrement (SYN. **immerger,** ① **noyer**) ou en partie (SYN. **baigner, tremper**). *Plonger sa tête dans une cuvette.* – pronom. *Se plonger dans l'eau,* y entrer tout entier. 2. Enfoncer (une arme). *Il lui plongea son poignard dans le cœur.* 3. Mettre, enfoncer (le corps, une partie du corps) dans une chose creuse ou molle. SYN. **enfouir.** *Plonger la main dans une boîte.* – *Être plongé dans l'obscurité.* 4. loc. *Plonger ses yeux, son regard dans,* regarder au fond de. 5. Mettre (qqn) d'une manière brusque et complète (dans une situation). SYN. ① **précipiter.** *Vous me plongez dans l'embarras !* – pronom. *Se plonger dans un livre.* SYN. **s'absorber.** – passif et p. passé *Il était plongé dans sa rêverie.* SYN. **absorbé, perdu.** **II** v. intr. 1. S'enfoncer tout entier dans l'eau, descendre au fond de l'eau (→ **plongée**). *Le sous-marin va plonger.* 2. Se jeter dans l'eau la tête et les bras en avant ; faire un plongeon. 3. Se jeter ou s'enfoncer (dans, sur, vers...). *Aigle qui plonge sur sa proie.* SYN. **fondre** sur. 4. abstrait *Plonger dans le sommeil.* 5. (regard) S'enfoncer au loin, vers le bas. – FAM. Voir aisément (d'un lieu plus élevé). *De cette fenêtre, on plonge chez nos voisins.*
ÉTYM. latin populaire *plumbicare,* de *plumbum* «plomb».

PLONGEUR, EUSE [plɔ̃ʒœʀ, øz] n. **I** 1. Personne qui plonge sous l'eau (pêcheur sous-marin, homme-grenouille...). 2. Personne qui plonge, se jette dans l'eau les bras et la tête en avant. **II** Personne chargée de laver la vaisselle dans un restaurant (→ **plonge**).
ÉTYM. de *plonger.*

PLOT [plo] n. m. 1. Pièce métallique permettant d'établir un contact, une connexion électrique. *Les plots et les cosses d'une batterie.* 2. Cube numéroté d'où s'élancent les participants d'une compétition de natation.
ÉTYM. croisement du latin *plautus* «plat» et germanique *block* «bloc».

PLOUC [pluk] n. ✦ FAM. et péj. (injurieux) 1. Paysan(ne). 2. Personne qui a des manières grossières. *Quels ploucs !* – adj. (invar. en genre) *Elles sont trop ploucs.*
ÉTYM. origine obscure, peut-être onomatopéique.

PLOUF [pluf] interj. ✦ Bruit d'une chute dans l'eau. SYN. **ploc.** – n. m. *On entendit un grand plouf.*
ÉTYM. onomatopée.

PLOUTOCRATE [plutɔkʀat] n. m. ✦ Personnage très riche qui exerce par son argent une influence politique.
ÉTYM. du grec *ploutos* «richesse» et de *-crate.*

PLOUTOCRATIE [plutɔkʀasi] n. f. ✦ Gouvernement par les plus fortunés.
ÉTYM. du grec *ploutos* «richesse» et de *-cratie.*

PLOYER [plwaje] v. (conjug. 10) **I** v. tr. LITTÉR. Plier, tordre en abaissant. SYN. **courber.** *Ployer les genoux,* les plier, étant debout. SYN. **fléchir.** – pronom. *Les herbes se ployaient sous le vent.* **II** v. intr. 1. Se courber, se déformer sous une force. SYN. **céder, fléchir.** *Le vent faisait ployer les arbres. Ses jambes ployèrent sous lui.* SYN. **faiblir.** 2. fig. LITTÉR. Céder à une force. SYN. **fléchir.** *Ployer sous le travail.* CONTR. **déployer, étendre · résister.**
ÉTYM. latin *plicare* ; doublet de *plier.*

① **PLU** ✦ Participe passé du verbe *plaire.*

② **PLU** ✦ Participe passé du verbe *pleuvoir.*

PLUCHE ; PLUCHER ; PLUCHEUX → PELUCHE ; PELUCHER ; PELUCHEUX

PLUIE [plɥi] n. f. 1. Eau qui tombe en gouttes des nuages sur la terre. SYN. FAM. ② **flotte** ; → **pleuvoir, pluvio-.** *La pluie tombe à verse. Gouttes de pluie. Pluie fine.* → **bruine, crachin.** *Pluie diluvienne, battante, torrentielle. Le temps est à la pluie,* il va pleuvoir. *Jour de pluie.* → **pluvieux.** *Eau de pluie.* → **pluvial.** 2. loc. *Ennuyeux comme la pluie,* très ennuyeux. *Après la pluie, le beau temps,* après la tristesse, vient la joie. *Faire la pluie et le beau temps,* être très influent. *Parler de la pluie et du beau temps,* dire des banalités. 3. *UNE PLUIE :* chute d'eau sous forme de pluie. *Une grosse pluie.* → **averse, déluge, giboulée, grain, ondée.** *La saison sèche et la saison des pluies.* → **hivernage.** ◆ *Pluies acides,* chargées d'ions acides d'origine industrielle, nuisibles pour la végétation. 4. *EN PLUIE :* en gouttes dispersées. – *Sable qui retombe en pluie.* 5. Ce qui tombe d'en haut, comme une pluie. *S'enfuir sous une pluie de pierres.* 6. Ce qui est dispensé en grande quantité. SYN. **avalanche, déluge,** ② **grêle.** *Une pluie de coups, de cadeaux.*
ÉTYM. latin populaire *ploia,* classique *pluvia.*

PLUMAGE [plymaʒ] n. m. ✦ L'ensemble des plumes recouvrant le corps d'un oiseau. SYN. **livrée.** *Le plumage noir du corbeau.*
ÉTYM. de *plume.*

PLUMARD [plymaʀ] ou **PLUME** [plym] n. m. ✦ FAM. Lit.
ÉTYM. de *plume.*

① **PLUME** [plym] n. f. **I** 1. Chacun des appendices qui recouvrent la peau des oiseaux, formé d'un axe (tube) et de barbes latérales, fines et serrées. → **duvet, rémige.** *Gibier à plume et gibier à poil. L'oiseau lisse ses plumes.* SYN. **plumage.** 2. loc. FAM. *Voler dans les plumes (à qqn),* se jeter sur lui, l'attaquer. – FAM. *Y laisser des plumes,* essuyer une perte. ◆ (symbole de légèreté ; opposé à plomb) *Léger comme une plume.* – appos. *POIDS PLUME :* se dit d'une catégorie de boxeurs légers (moins de 57 kg). *Les poids plumes.* 3. Plume d'oiseau utilisée comme ornement, garniture, etc. *Chapeau à plumes.* → **aigrette, panache, plumet.** – *Oreiller, édredon de plume.* FAM. *Se mettre dans les plumes,* dans son lit. → FAM. **plumard.** **II** 1. Grande plume de certains oiseaux, dont le tube taillé en pointe servait à écrire. 2. Petite lame de métal, terminée en pointe, adaptée à un porteplume ou à un stylo, et qui, enduite d'encre, sert à écrire. *Un stylo à plume* ou *un stylo-plume.* 3. Instrument de l'écriture, de l'écrivain. *Prendre la plume.* – *Vivre de sa plume,* faire métier d'écrire.
ÉTYM. latin *pluma.*

② **PLUME** [plym] n. m. → PLUMARD

PLUMEAU [plymo] n. m. ✦ Ustensile de ménage formé d'un manche court auquel est fixée une touffe de plumes, et qui sert à épousseter. *Donner, passer un coup de plumeau.*
ÉTYM. de *plume.*

PLUMER [plyme] v. tr. (conjug. 3a) 1. Dépouiller (un oiseau) de ses plumes en les arrachant. – au p. passé *Volaille plumée.* 2. FAM. Dépouiller, voler. *Ses associés l'ont plumé.*

PLUMET [plymɛ] n. m. ✦ Touffe de plumes garnissant une coiffure.

PLUMETIS [plymti] n. m. ✦ Étoffe légère brodée de petits pois en relief.
ÉTYM. de *plumet.*

PLUMIER [plymje] **n. m.** ✦ ancienn Boîte oblongue utilisée pour ranger les porteplumes, crayons, gommes.
ÉTYM. de *plume*.

la PLUPART [laplypaʀ] **n. f.** **1.** *LA PLUPART DE* (avec un sing.) : la plus grande part de. *La plupart du temps.* → **ordinairement.** *La plupart de son temps.* ➜ *LA PLUPART DE* (avec un plur.) : le plus grand nombre de. SYN. ① **majorité.** *La plupart des hommes. Dans la plupart des cas,* presque toujours. ➜ *Pour la plupart* **loc. adv.** : en majorité. **2. pron. indéf.** *LA PLUPART* : le plus grand nombre. *La plupart s'en vont ;* LITTÉR. *s'en va.*
ÉTYM. de *plus* et *part*.

PLURALISME [plyʀalism] **n. m.** ✦ Système qui repose sur la reconnaissance de plusieurs façons de penser, de plusieurs comportements, en matière politique, religieuse, culturelle, etc.
▶ **PLURALISTE** [plyʀalist] **adj.**
ÉTYM. du latin *pluralis* «composé de plusieurs».

PLURALITÉ [plyʀalite] **n. f.** ✦ Le fait d'exister en grand nombre, de n'être pas unique. SYN. **multiplicité.** *La pluralité des opinions.* CONTR. **singularité, unicité.**
ÉTYM. latin *pluralitas*.

PLURI- Élément, du latin *plures* «plus nombreux», signifiant «plusieurs», qui entre dans la formation d'adjectifs (ex. *pluridisciplinaire* «qui concerne plusieurs disciplines ou sciences» ; *plurilingue* «qui utilise plusieurs langues»). SYN. **multi-, poly-.** CONTR. **mono-, uni-.**

PLURICELLULAIRE [plyʀiselylɛʀ] **adj.** ✦ BIOL. Qui comporte plusieurs cellules. CONTR. **unicellulaire.**
ÉTYM. de *pluri-* et *cellulaire*.

PLURIEL [plyʀjɛl] **n. m.** **1.** Catégorie grammaticale concernant les mots variables (articles ou déterminants, adjectifs, noms communs, verbes, participes et pronoms) accordés entre eux, qui désignent en principe plusieurs êtres, plusieurs objets, plusieurs notions ou y renvoient (→ aussi ② **duel**). *Le singulier et le pluriel.* → **nombre.** **2.** Catégorie de la conjugaison des verbes ayant pour sujet les pronoms *nous, vous, ils, elles. La première personne du pluriel.*
ÉTYM. latin *pluralis*.

① **PLUS** [plys] **adv.** **I** **adv. comparatif de supériorité** **1.** (en principe [ply] devant consonne, [plyz] devant voyelle, [plys] à la finale) modifiant un verbe, un adjectif, un adverbe. *Je t'aime plus* [plys], *maintenant.* SYN. **davantage.** *Plus grand. Plus souvent. De plus près.* ➜ *EN PLUS* (suivi d'un adj.). *C'est comme chez lui en plus grand.* **2.** *PLUS... QUE. Il est plus bête que méchant.* SYN. **plutôt.** *Aimer qqch. plus que tout.* → ① **surtout.** *Un résultat plus qu'honorable.* ➜ *Beaucoup, cent fois plus. Deux ans plus tôt.* ➜ (avec un verbe et *ne* explétif) *Il est plus tard que tu ne penses.* **3.** (en corrélation avec *plus* ou *moins*) *Plus on est de fous, plus on rit. D'autant* plus.* **4.** loc. *PLUS OU MOINS. Réussir plus ou moins bien,* avoir des résultats inégaux, ou moyennement. ➜ *NI PLUS NI MOINS :* exactement. *C'est de la triche, ni plus ni moins.* **5.** *DE PLUS EN PLUS :* toujours davantage. *De plus en plus fort.* ➜ *ON NE PEUT PLUS* (devant l'adj. ou l'adv.) : au plus haut point. → **extrêmement.** **II** nominal **1.** Une chose plus grande, plus importante. absolt. *Demander plus. Il était plus de minuit.* → ② **passé.** *Plus d'une fois.* → **plusieurs.** **2.** *PLUS DE* (avec un compl. partitif) : davantage. *Elle avait plus de charme que de beauté.* **3.** loc. *DE PLUS* [plys] : encore. *Une fois de plus.* ➜ *DE PLUS, QUI PLUS EST :* en outre. ◆ *EN PLUS.* → **aussi, avec, également.** ➜ *En plus de* **loc. prép.** → ② **outre.** *En plus de ses études, il travaille.* ➜ *SANS PLUS :* sans rien de plus. *Elle est mignonne, sans plus.* **4. n. m.** [plys] prov. *Qui peut le plus peut le moins.* **III** **1. conj. de coordination** [plys] En ajoutant. SYN. **et.** *Deux plus trois font cinq* (2 + 3 = 5). **2.** S'emploie pour désigner une quantité positive, ou certaines grandeurs au-dessus du point zéro. *Le signe plus* (+). **IV** *LE, LA, LES PLUS* **1.** adverbial *Ce qui frappe le plus. La plus grande partie.* → ① **majeur.** ➜ *Ce que j'ai de plus précieux.* ➜ *DES PLUS :* parmi les plus. *Un homme des plus intelligents.* Extrêmement (adj. souvent au sing.). *Ça m'est des plus pénible.* **2.** nominal *LE PLUS DE :* la plus grande quantité. *Les gens qui ont rendu le plus de services.* ➜ *AU PLUS, TOUT AU PLUS* [tutoplys]. → au **maximum.** *Vous en tirerez cent euros, tout au plus.* **V** **n. m. invar.**, anglicisme *UN, DES PLUS* [plys]. COMM., PUBLICITÉ Avantage, atout supplémentaire. *Apporter un plus.* CONTR. **moins.**
ÉTYM. mot latin, comparatif de *multus* «beaucoup».

② **PLUS** [ply] **adv. de négation** **1.** *PAS PLUS QUE. Il n'était pas plus ému* [plyzemy] *que ça.* **2.** *NON PLUS :* pas plus que (telle autre personne ou chose dont il est question ; remplace *aussi,* en proposition négative). *Tu n'attends pas ? Moi non plus.* **3.** *NE... PLUS :* désormais... ne pas. *On ne comprend plus. Il n'y en a plus. Elle n'est plus,* elle est morte. *Il n'y a plus personne. Je ne le ferai jamais plus, plus jamais.* ➜ *SANS PLUS... Sans plus se soucier de rien.* ➜ LITTÉR. *NON PLUS. Compter non plus par syllabes, mais par mots.* ➜ (sans *ne* ni verbe) *Plus un mot !*

PLUSIEURS [plyzjœʀ] **adj.** et **pron. indéf.** **1. adj.** Plus d'un (en général, plus de deux), un certain nombre. SYN. **quelque(s).** *Plusieurs fois. En plusieurs endroits.* SYN. **différent, divers.** **2. pron. indéf. pl.** *Nous en avons plusieurs.* ➜ indéterminé Plusieurs personnes ; certains. *Ils s'y sont mis à plusieurs.*
ÉTYM. latin *pluriores,* de *plures* «plus nombreux».

PLUS-QUE-PARFAIT [plyskəpaʀfɛ] **n. m.** ✦ Temps composé du passé dans lequel l'auxiliaire est à l'imparfait, qui exprime une action accomplie antérieure à une autre action passée. *Plus-que-parfait de l'indicatif* (ex. quand il *avait dîné,* il nous quittait ; si j'*avais pu,* je vous aurais aidé). *Plus-que-parfait du subjonctif* (ex. bien qu'il *eût compris,* il ne réagit pas).

PLUS-VALUE [plyvaly] **n. f.** **1.** Augmentation de la valeur d'une chose (bien ou revenu), qui n'a subi aucune transformation matérielle. *Des plus-values boursières.* **2.** terme marxiste Différence entre la valeur des biens produits et le prix des salaires, dont bénéficient les capitalistes.
ÉTYM. ancien français *value,* du p. passé de *valoir.*

PLUTONIQUE [plytɔnik] **adj.** ✦ GÉOL. *Roche plutonique,* formée par lente cristallisation du magma, à de grandes profondeurs (ex. granit).
ÉTYM. de *Pluton,* dieu des enfers. ☛ noms propres.

PLUTONIUM [plytɔnjɔm] **n. m.** ✦ Élément radioactif produit à partir de l'uranium par bombardement de neutrons (symb. Pu).
ÉTYM. du latin *Pluto* «Pluton, dieu des enfers», grec *Ploutos* «le Riche». ☛ PLUTON (noms propres).

PLUTÔT [plyto] **adv.** **1.** De préférence. ➜ (appliqué à une action) *Choisis plutôt celui-ci. Plutôt que de se plaindre, il ferait mieux de se soigner* (→ *au lieu de*). *Plutôt mourir !* ➜ *OU PLUTÔT :* pour être plus précis. *Il a l'air méchant,*

A B C D E F G H I J K L M N O P Q R S T U V W X Y Z

ou plutôt brutal. MAIS PLUTÔT. *Il ne dormait pas, mais plutôt somnolait.* 2. Passablement, assez. *La vie est plutôt monotone.* – FAM. Très. *Il est plutôt barbant, celui-là !* HOM. PLUS TÔT «auparavant»
ÉTYM. de *plus* et *tôt.*

PLUVIAL, ALE, AUX [plyvjal, o] **adj.** ✦ Qui a rapport à la pluie. – *Eaux pluviales,* eaux de pluie.
ÉTYM. latin *pluvialis.*

PLUVIER [plyvje] **n. m.** ✦ Oiseau échassier migrateur, vivant au bord de l'eau.
ÉTYM. latin populaire *plovarius* «oiseau de pluie».

PLUVIEUX, EUSE [plyvjø, øz] **adj.** ✦ Caractérisé par la pluie. *Temps pluvieux.* – *Pays pluvieux.* CONTR. **sec.**
ÉTYM. latin *pluviosus.*

| **PLUVIO-** Élément, du latin *pluvia* «pluie».

PLUVIOMÈTRE [plyvjɔmɛtʀ] **n. m.** ✦ Instrument qui sert à mesurer la quantité de pluie tombée dans un lieu, en un temps donné.
ÉTYM. de *pluvio-* et *-mètre.*

PLUVIOMÉTRIE [plyvjɔmetʀi] **n. f.** ✦ Mesure de la quantité de pluie tombée en un lieu et en un temps donné ; étude de la répartition des pluies à la surface du globe.
► **PLUVIOMÉTRIQUE** [plyvjɔmetʀik] **adj.** *Zones pluviométriques.*
ÉTYM. de *pluviomètre.*

PLUVIÔSE [plyvjoz] **n. m.** ✦ Cinquième mois du calendrier républicain (du 20 ou 21 janvier au 18 ou 19 février).
ÉTYM. du latin *pluviosus* «pluvieux».

PLUVIOSITÉ [plyvjozite] **n. f.** ✦ Caractère pluvieux. Régime des pluies.
ÉTYM. de *pluvieux.*

P. M. A. [peɛma] **n. m. pl.** ✦ Pays les moins développés du monde, à très faible niveau de vie. ☛ Géographie p. 223.
ÉTYM. sigle de *pays les moins avancés.*

P. M. E. [peɛmø] **n. f. invar.** ✦ Entreprise de taille moyenne.
ÉTYM. sigle de *petites et moyennes entreprises.*

P. M. U. [peɛmy] **n. m. invar.** ✦ En France, Organisme qui gère les paris sur les courses de chevaux. → **tiercé.**
ÉTYM. sigle de *pari mutuel urbain* ; marque déposée.

P. N. B. [peɛnbe] **n. m. invar.** ✦ Produit* national brut. *Hausse du P. N. B.*
ÉTYM. sigle.

PNEU [pnø] **n. m.** 1. Bandage en caoutchouc armé de tissu ou d'acier, tube circulaire tenu par une jante et contenant de l'air. *Les pneus d'un vélo, d'une voiture. Pneu sans chambre à air.* → **boyau.** *Gonfler un pneu.* 2. Pneumatique (II).
ÉTYM. abréviation de *pneumatique.*

PNEUMATIQUE [pnømatik] **adj.** et **n. m.**
I **adj.** 1. Qui fonctionne à l'air comprimé. *Marteau pneumatique.* 2. Gonflable. *Canot pneumatique.*
II **n. m.** Lettre rapide, acheminée par un réseau de tubes à air comprimé par les P. T. T. de Paris (jusqu'en 1985). – **abrév.** PNEU.
ÉTYM. latin *pneumaticus,* grec *pneumatikos,* de *pneuma* «souffle».

| **PNEUMO-** Élément savant, du grec *pneumôn* «poumon».

PNEUMOCOQUE [pnømɔkɔk] **n. m.** ✦ Bactérie responsable d'infections respiratoires.
ÉTYM. latin moderne → pneumo- et -coque.

PNEUMOGASTRIQUE [pnømogastʀik] **adj. m.** et **n. m.**
✦ ANAT. *Nerf pneumogastrique :* nerf crânien provenant du bulbe rachidien, qui innerve essentiellement les organes du thorax et de la partie supérieure de l'abdomen. – **n. m.** *Le pneumogastrique est également appelé* nerf vague.
ÉTYM. de *pneumo-* et *gastrique.*

PNEUMONIE [pnømɔni] **n. f.** ✦ Inflammation aiguë du poumon, maladie infectieuse due au pneumocoque. → **bronchopneumonie.**
ÉTYM. grec *pneumonia.*

PNEUMOPATHIE [pnømopati] **n. f.** ✦ MÉD. Affection pulmonaire.

PNEUMOTHORAX [pnømotɔʀaks] **n. m.** ✦ MÉD. Épanchement d'air dans la cavité pleurale.

Po [peo] ✦ CHIM. Symbole du polonium.

POCHADE [pɔʃad] **n. f.** 1. LITTÉR. Croquis en couleur exécuté en quelques coups de pinceau. 2. Œuvre littéraire écrite rapidement (souvent sur un ton burlesque).
ÉTYM. de *pocher* «esquisser».

POCHARD, ARDE [pɔʃaʀ, aʀd] **n.** ✦ FAM. Ivrogne misérable.
ÉTYM. de *poche.*

POCHE [pɔʃ] **n. f.** I 1. Petit sac, pièce cousu(e) dans ou sur un vêtement et où l'on met les objets qu'on porte sur soi. *Les poches d'une veste. Mettre qqch. dans ses poches.* → **empocher.** – LOC. FAM. *Faire les poches à qqn,* lui prendre ce qui s'y trouve. – *Les mains dans les poches,* sans rien faire (ou sans effort). ♦ *DE POCHE :* de dimensions restreintes. *Livre de poche ;* **ellipt** *un poche* **n. m.** – *Argent de poche,* destiné aux petites dépenses. ♦ LOC. *Se remplir les poches, s'en mettre plein les poches :* s'enrichir rapidement et sans scrupule. – *Payer DE SA POCHE,* avec son propre argent. FAM. *En être de sa poche,* perdre de l'argent. – *Connaître qqch., qqn comme sa poche,* à fond. – (avec *dans*) FAM. *N'avoir pas les yeux, la langue dans sa poche,* être observateur, bavard. *Mettre qqn dans sa poche,* l'utiliser à son profit. FAM. *C'est dans la poche,* c'est une affaire faite, c'est facile. 2. Déformation de ce qui est détendu, mal tendu. *Ce pantalon fait des poches aux genoux.* – *Poches sous les yeux,* formées par la peau distendue. SYN. FAM. **valise.** 3. Petit sac en papier, en matière plastique. → **pochette.** 4. Partie, compartiment (d'un bagage, d'un sac). *Les poches d'un sac à dos.* 5. Organe creux, cavité de l'organisme. *Poche ventrale du kangourou femelle.* II **fig.** 1. Cavité remplie (d'une substance). *Une poche d'eau, de pétrole.* 2. MILIT. Enfoncement dans une ligne de défense. *Poche de résistance.* 3. Secteur, domaine limité. *Une poche de chômage.*
ÉTYM. francique *pokka.*

POCHER [pɔʃe] **v. tr.** (conjug. 3a) 1. *Pocher un œil à qqn,* meurtrir par un coup violent. 2. Cuire sans faire bouillir. *Pocher un poisson.* – au p. passé *Des œufs pochés.*
ÉTYM. de *poche.*

POCHETTE [pɔʃɛt] n. f. 1. Petite enveloppe (de tissu, de papier...). *Pochette d'allumettes.* POCHETTE-SURPRISE : cornet de papier qu'on achète ou qu'on gagne sans en connaître le contenu. 2. Petite pièce d'étoffe disposée dans la poche de poitrine pour l'orner. 3. Sac à main sans poignée ni bandoulière.
ÉTYM. diminutif de *poche.*

POCHOIR [pɔʃwaʀ] n. m. ✦ Feuille à motif découpé sur laquelle on passe de la peinture à la brosse ou au vaporisateur pour répéter des dessins, des inscriptions. *Frise peinte au pochoir.*
ÉTYM. de *pocher* «esquisser».

PODAGRE [pɔdagʀ] adj. ✦ (personnes) Qui souffre de goutte au pied. *Un vieillard podagre.*
ÉTYM. latin *podagra,* du grec «piège qui retient le pied».

PODCAST [pɔdkast] n. m. ✦ anglicisme 1. Fichier audio ou vidéo destiné à être téléchargé à partir d'Internet sur un appareil portable. *Transférer des podcasts.* 2. Ce mode de diffusion.
► **PODCASTER** [pɔdkaste] v. tr. (conjug. 3a)
ÉTYM. de l'anglais américain *Ipod,* marque déposée, et *broadcast* «diffusion».

PODIUM [pɔdjɔm] n. m. 1. Plateforme, estrade sur laquelle on fait monter les vainqueurs après une épreuve sportive. *Les trois marches du podium.* 2. Plancher surélevé servant de scène.
ÉTYM. mot latin, du grec ; doublet de *puy.*

PODO-, -PODE Éléments savants, du grec *pous, podos* «pied», qui signifient «pied, organe de locomotion (patte, membre, etc.)» (ex. *pseudopode, gastéropode*). → **-pède, pédi-.**

PODOLOGIE [pɔdɔlɔʒi] n. f. ✦ Étude, soins du pied.
► **PODOLOGUE** [pɔdɔlɔg] n.
ÉTYM. de *podo-* et *-logie.*

PODZOL [pɔdzɔl] n. m. ✦ GÉOGR. Sol acide, très délavé, des climats froids.
ÉTYM. mot russe, de *zola* «cendre».

① **POÊLE** [pwal] n. m. ✦ Appareil de chauffage clos, où brûle un combustible. → **fourneau.** *Poêle à bois, à mazout.* HOM. POIL «pelage»
ÉTYM. du latin *pensilis* «suspendu».

② **POÊLE** [pwal] n. f. ✦ Ustensile de cuisine en métal, plat, à bords bas, et muni d'une longue queue. *Une poêle à frire.* HOM. POIL «pelage»
ÉTYM. latin *patella.*

③ **POÊLE** [pwal] n. m. ✦ Étoffe noire recouvrant le cercueil, pendant les funérailles. *Les cordons du poêle.* HOM. POIL «pelage»
ÉTYM. latin *pallium* «manteau ; tenture».

POÊLER [pwale] v. tr. (conjug. 3a) ✦ Cuire dans une casserole fermée, avec un corps gras. → au p. passé *Viande poêlée.*
ÉTYM. de ② *poêle.*

POÊLON [pwalɔ̃] n. m. ✦ Casserole de métal ou de terre à manche creux. *Poêlon à fondue.*
ÉTYM. de ② *poêle.*

POÈME [pɔɛm] n. m. 1. Ouvrage de poésie, en vers ou en prose rythmée. SYN. **poésie** (2). *Poème à forme fixe* (lai, rondeau, ballade, sonnet, ode, villanelle...). *Poème régulier,* dont les strophes comportent le même nombre de vers qui ont le même nombre de syllabes. *«Petits poèmes en prose»* (de Baudelaire). → loc. FAM. *C'est tout un poème,* cela semble extraordinaire. 2. MUS. *Poème symphonique*.*
ÉTYM. latin *poema,* emprunté au grec *poiêma,* de *poiein* «créer».

POÉSIE [pɔezi] n. f. 1. Art du langage, visant à exprimer ou à suggérer par le rythme (vers* ou prose), l'harmonie (sonorités) et l'image. ☛ Littérature p. 122. *Le vers, la rime* (→ ① **métrique, prosodie, versification**), *le rythme en poésie. Poésie lyrique, épique.* ♦ VIEILLI *Poésie dramatique* : théâtre en vers. ♦ Manière propre à un poète, à une école, de pratiquer cet art. *La poésie symboliste.* 2. Poème. *Réciter une poésie.* 3. Caractère de ce qui éveille l'émotion poétique. *La poésie d'une aurore.* 4. Aptitude de qqn à éprouver l'émotion poétique. *Il manque de poésie,* il est terre à terre, prosaïque.
ÉTYM. latin *poesis,* du grec «création».

POÈTE [pɔɛt] n. 1. Écrivain qui fait de la poésie. → (ancienn') **aède,** ① **barde, chantre, troubadour, trouvère.** *Les poètes romantiques.* → en parlant d'une femme *Cette femme est une grande poète, un grand poète.* SYN. **poétesse.** → adj. *Il, elle est poète.* 2. Auteur dont l'œuvre est pénétrée de poésie. 3. Personne douée de poésie (4). → **rêveur.**
ÉTYM. latin *poeta,* du grec *poiêtês* «auteur, créateur».

POÉTESSE [pɔetɛs] n. f. ✦ Femme poète. SYN. **poète.**

① **POÉTIQUE** [pɔetik] adj. 1. Relatif, propre à la poésie. *Style, image poétique. L'inspiration poétique.* 2. Empreint de poésie. SYN. **lyrique.** *Une prose poétique.* 3. Qui émeut par la beauté, le charme. *Un paysage très poétique.*
ÉTYM. latin *poeticus,* du grec *poiêtikos.*

② **POÉTIQUE** [pɔetik] n. f. ✦ Traité de poésie. ♦ Théorie générale de la poésie, de la création littéraire. *La poétique d'Aristote.* → aussi **rhétorique.**
ÉTYM. latin *poetica,* du grec *poiêtikê (tekhnê)* «art de la poésie».

POÉTIQUEMENT [pɔetikmɑ̃] adv. 1. Au point de vue de la poésie. 2. D'une manière poétique.

POÉTISER [pɔetize] v. tr. (conjug. 3a) ✦ Rendre poétique (2, 3). SYN. **embellir, idéaliser.** → au p. passé *Récit poétisé.*
ÉTYM. de *poète.*

POGNON [pɔɲɔ̃] n. m. ✦ FAM. Argent.
ÉTYM. de *po(i)gner* «saisir avec la main».

POGROM ou **POGROME** [pɔgʀɔm] n. m. ✦ HIST. Massacre et pillage des juifs par le reste de la population (tolérée ou encouragée par le pouvoir).
ÉTYM. mot russe.

POIDS [pwa] n. m. **I** 1. SC. Force exercée sur un corps matériel, proportionnelle à la masse de ce corps et à l'intensité de la pesanteur au point où se trouve le corps. COUR. Masse. *D'un poids faible* (→ **léger**), *d'un grand poids* (→ **lourd, pesant**). → *Poids volumique,* poids de l'unité de volume. → **densité.** 2. Caractère, effet de ce qui pèse. SYN. **lourdeur, pesanteur.** *Le poids d'un fardeau.* → loc. *Peser de tout son poids,* le plus possible. 3. Mesure du poids (de la masse). *Denrée vendue au poids.* → *Poids utile,* que peut transporter un véhicule. → (d'une personne) *Prendre, perdre du poids,* grossir, maigrir. 4. Catégorie d'athlètes, de boxeurs, d'après leur poids ; l'athlète, le boxeur. *Poids plume, poids légers, moyens, lourds.* → loc. fig. *Il ne fait pas le poids,* il n'a pas les capacités requises. **II** 1. Corps

matériel pesant. SYN. ① **masse** ; → **charge, fardeau.** *Soulever des poids énormes.* 2. Objet de masse déterminée servant à peser (→ **gramme,** ② **livre, kilo**). *La balance et les poids.* ➝ loc. *Faire deux poids, deux mesures,* juger deux choses, deux personnes de façon différente selon l'intérêt, la circonstance. 3. SPORTS Masse de métal d'un poids déterminé, à soulever, lancer. *Poids et haltères.* ➝ *Le lancer du poids.* 4. Sensation d'un corps pesant. *Avoir un poids sur l'estomac.* III fig. 1. Charge pénible. *Vieillard courbé sous le poids des ans.* ➝ Souci, remords. *Cela m'ôte un poids de la conscience.* ➝ *POIDS MORT :* chose, personne inutile, inactive et qui gêne. 2. Force, influence (de qqch., qqn). *Le poids d'un argument. Un allié de poids.* HOM. POIS «plante», POIX «colle», POUAH «marque de dégoût»
ÉTYM. ancien français *peis,* latin *pensum.*

POIDS LOURD [pwaluʀ] n. m. ✦ Véhicule automobile de fort tonnage. SYN. **camion.** *Des poids lourds.*

POIGNANT, ANTE [pwaɲɑ̃, ɑ̃t] adj. ✦ Qui cause une impression vive et pénible. SYN. **déchirant.** *Une scène poignante.*
ÉTYM. du participe présent de *poindre* (I, 2).

POIGNARD [pwaɲaʀ] n. m. ✦ Couteau à lame courte et aiguë. → **dague.** *Tuer qqn d'un coup de poignard, à coups de poignard.*
ÉTYM. latin populaire *pugnalis* «arme de poing *(pugnus)*».

POIGNARDER [pwaɲaʀde] v. tr. (conjug. 3a) ✦ Frapper, blesser ou tuer avec un poignard, un couteau.
ÉTYM. de *poignard.*

POIGNE [pwaɲ] n. f. 1. La force du poing, de la main, pour empoigner, tenir. *Avoir de la poigne.* 2. fig. Énergie, fermeté. *Un homme à poigne.*
ÉTYM. forme féminine de *poing.*

POIGNÉE [pwaɲe] n. f. 1. Quantité (d'une chose) que peut contenir une main fermée. *Une poignée de sel.* ➝ *À poignées, par poignées :* à pleines mains. 2. Petit nombre (de personnes). *Une poignée de mécontents.* 3. Partie (d'un objet : arme, ustensile) spécialement disposée pour être tenue avec la main serrée. *Une poignée de porte ; la poignée d'une porte.* SYN. **bec-de-cane.** 4. *POIGNÉE DE MAIN :* geste par lequel on serre* la main de qqn, pour saluer civilement.
ÉTYM. de *poing.*

POIGNET [pwaɲɛ] n. m. 1. Articulation qui réunit l'avant-bras à la main. ➝ loc. *À la force du poignet,* en se hissant à la force des bras ; fig. par ses seuls moyens, et en faisant de grands efforts. 2. Extrémité de la manche, couvrant le poignet. *Des poignets de chemise.*
ÉTYM. diminutif de *poing.*

POIL [pwal] n. m. I 1. Production filiforme sur la peau de certains animaux (surtout mammifères). *Un chat qui perd ses poils. Les poils d'une fourrure.* ➝ Ces poils utilisés dans la confection d'objets. *Les poils d'un pinceau.* par ext. *Poils en nylon* (d'une brosse...). 2. *LE POIL.* SYN. **pelage.** *Gibier à poil.* ➝ loc. FAM. *Caresser qqn dans le sens du poil,* chercher à lui plaire. ◆ Peau d'animal garnie de ses poils (et ne méritant pas le nom de fourrure). *Bonnet à poil.* 3. Cette production chez l'être humain lorsqu'elle n'est ni un cheveu, ni un cil. *Les poils du visage* (→ ① **barbe, moustache, sourcil ; duvet**), *du torse, du pubis. Ne plus avoir un poil de sec,* être trempé (par la pluie, la sueur ; fig. la peur). ◆ collectif *LE POIL, DU POIL.* SYN. **pilosité.** *Avoir du poil sur le corps* (→ **poilu**). 4. loc. FAM. *Avoir un poil dans la main,* être très paresseux. *Tomber sur le poil de qqn,* se jeter brutalement sur lui. ➝ *Reprendre du poil de la bête,* se ressaisir. *De tout poil* (ou *de tous poils*), de toute espèce (personnes). *Des gens de tout poil.* ➝ FAM. *À POIL :* tout nu. ➝ FAM. *De bon, de mauvais poil :* de bonne, de mauvaise humeur. 5. *POIL À GRATTER :* bourre piquante des fruits du rosier (→ **gratte-cul**), utilisée comme farce. 6. Partie velue d'un tissu. *Les poils d'un velours, d'un tapis.* II fig. 1. FAM. Une très petite quantité. *Il n'a pas un poil de bon sens.* SYN. **once.** ➝ *À un poil près,* à très peu de chose près. SYN. **cheveu.** 2. loc. adv. FAM. *AU POIL :* parfaitement. *Ça marche au poil !* ➝ adj. FAM. *Elle est au poil, ta copine,* très bien. ➝ exclam. *Au poil !* parfait. HOM. ① POÊLE «chauffage», ② POÊLE «ustensile», ③ POÊLE «tissu»
ÉTYM. latin *pilus.*

POILU, UE [pwaly] adj. 1. Qui a des poils très apparents. SYN. **velu.** *Il est poilu comme un singe.* 2. VX Courageux. ◆ n. m. Soldat français combattant de la guerre de 1914-1918.
ÉTYM. de *poil.*

POINÇON [pwɛ̃sɔ̃] n. m. 1. Instrument métallique terminé en pointe, pour percer, entamer les matières dures. *Poinçon de cordonnier.* SYN. **alène.** 2. Tige terminée par une face gravée, pour imprimer une marque. ➝ La marque. SYN. **estampille.** *Le poinçon d'un bijou contrôlé.*
ÉTYM. latin *punctio, punctionis* «piqûre».

POINÇONNAGE [pwɛ̃sɔnaʒ] n. m. ✦ Action de poinçonner. *Le poinçonnage de l'or.* ◆ *Le poinçonnage des tickets.*

POINÇONNER [pwɛ̃sɔne] v. tr. (conjug. 3a) 1. Marquer d'un poinçon (une marchandise, un poids, une pièce d'orfèvrerie). ➝ au p. passé *Couverts d'argent poinçonnés.* 2. Perforer avec une pince (un billet) pour attester le contrôle. ◆ TECHN. Perforer, découper à la poinçonneuse.
ÉTYM. de *poinçon.*

POINÇONNEUR, EUSE [pwɛ̃sɔnœʀ, øz] n. ✦ anciennt Employé(e) qui poinçonnait les billets de chemin de fer, de métro, à l'accès des quais. → **contrôleur.**

POINÇONNEUSE [pwɛ̃sɔnøz] n. f. ✦ TECHN. Machine-outil pour perforer ou découper, munie d'un emporte-pièce.
ÉTYM. de *poinçonner.*

POINDRE [pwɛ̃dʀ] v. (conjug. 49) ✦ LITTÉR. I v. tr. 1. VX Piquer. 2. Blesser, faire souffrir. *L'angoisse le point, le poignait.* → **poignant.** II v. intr. Apparaître. *L'aube commence à poindre* (→ ① **point du jour**). *Au printemps, on voit poindre les tulipes.* → ② **pointer.**
ÉTYM. latin *pungere.*

POING [pwɛ̃] n. m. ✦ Main fermée. *Serrer le poing. Donner des coups de poing à qqn.* → ① **boxer.** ➝ *Dormir à poings fermés,* très profondément. *Montrer, tendre le poing* (menace). HOM. ① POINT «lieu», ② POINT «piqûre»
ÉTYM. latin *pugnus.*

① **POINT** [pwɛ̃] n. m. I dans l'espace (→ **ponctuel,** II) 1. Endroit, lieu. *Aller d'un point à un autre. Point de chute. Point de mire. Point de repère. Point de départ. Point de non-retour*. Les quatre points cardinaux.* ➝ *POINT D'EAU :* endroit où l'on trouve de l'eau (source, puits). ➝ *Point culminant,* crête, sommet. ➝ *Point de vue* (où l'on voit). → **point de vue.** ➝ *Point chaud,* endroit où ont lieu des combats, des évènements graves. ♦ *POINT DE VENTE :* lieu de vente (d'un produit) ; succursale (d'une chaîne commerciale). ➖ *C'est son point faible,* sa faiblesse. ➖ *Point de côté.* → ② **point.** 2. GÉOM. Intersection de deux droites, n'ayant aucune surface propre et généralement désignée par une lettre. *Segment joignant le point A et le point B. Point qui décrit une ligne.* 3. *Le point,* la position d'un navire en mer. → **latitude, longitude.** ➖ loc. fig. *FAIRE LE POINT :* préciser la situation où l'on se trouve ; faire l'analyse d'une situation. 4. *METTRE AU POINT :* régler (un mécanisme), élaborer (un procédé, une technique). ➖ loc. *MISE AU POINT :* réglage précis (spécialt, en photo, au cinéma). *Nous avons eu une mise au point,* une explication. ➖ *Être au point :* bien réglé, en état de fonctionner. ♦ *Point mort* (voir ce mot). **II** (Moment précis) 1. *À POINT, À POINT NOMMÉ :* au moment opportun. → à **propos.** loc. prov. *« Rien ne sert de courir, il faut partir à point »* (La Fontaine). 2. *SUR LE POINT DE :* au moment de. *Il était sur le point de partir.* SYN. ① **prêt à.** 3. *LE POINT DU JOUR :* le moment où le jour commence à poindre (II). **III** Marque, signe ; unité de compte. 1. Tache, image petite et aux contours imperceptibles. *Un point lumineux.* ➖ *POINT NOIR :* comédon. 2. Chaque unité attribuée à un joueur (aux jeux, en sports). *Jouer une partie en 500 points. Marquer des points contre, sur qqn,* prendre un avantage. 3. Chaque unité d'une note. *Cette faute vaut deux points.* ➖ *BON POINT :* image ou petit carton servant de récompense. fig. *C'est un bon point pour lui,* un aspect qui joue en sa faveur. **IV** 1. Signe de ponctuation (.) servant à marquer la fin d'un énoncé. *Le point est suivi d'une majuscule. Les points et les virgules. Points de suspension* (...). *Le(s) deux-points* (:). *Point-virgule* (;). *Point d'exclamation* (!). *Point d'interrogation* (?). 2. Signe qui surmonte les lettres *i* et *j* minuscules. ♦ loc. *Mettre les points sur les i,* préciser ou insister. 3. TYPOGR. Unité de dimension des caractères d'imprimerie. **V** (exprimant un état) 1. loc. *À POINT, AU POINT :* dans tel état, telle situation. *Au point où nous en sommes. Il n'en est pas au point de désespérer. Au point, à tel point que...* ➖ *À POINT :* dans l'état convenable. *Un steak à point,* entre saignant et bien cuit. ➖ *MAL EN POINT :* en mauvais état, malade. *Elle est très mal en point.* ♦ *Le plus haut point.* → **apogée,** ① **comble, sommet, summum.** *Au plus haut point,* le plus possible. ➖ *À ce point, à tel point... Jusqu'à un certain point.* 2. PHYS. État mesurable. *Point de congélation, de fusion. Point d'ébullition de l'eau.* **VI** 1. Chaque partie (d'un discours, d'un texte). *Les différents points d'une loi.* SYN. **article.** 2. Question. *Un point litigieux.* ➖ *C'est un point commun entre eux,* un caractère commun. ➖ *Sur ce point, je ne suis pas d'accord.* ➖ *En tout point,* absolument. HOM. POING « main fermée »

ÉTYM. latin *punctum,* de *pungere* « piquer ».

② **POINT** [pwɛ̃] **n. m.** ✦ (Action de piquer, de poindre) 1. Chaque longueur de fil entre deux piqûres de l'aiguille. *Bâtir à grands points.* ➖ *Faire un point à un vêtement,* le réparer sommairement. ➖ CHIR. *Point de suture.* 2. Manière d'exécuter une suite de points. *Point de croix. Point de tricot.* 3. *POINT DE CÔTÉ,* douleur au côté. HOM. POING « main fermée »

ÉTYM. → ① point.

③ **POINT** [pwɛ̃] **adv.** ✦ LITTÉR. ou RÉGIONAL *Ne... point... :* ne... pas... *Je n'irai point. Point du tout.* → **nullement.**

ÉTYM. de ① *point.*

POINTAGE [pwɛ̃taʒ] **n. m.** 1. Action de pointer (①, I). 2. Le fait de pointer, de diriger vers une cible, un objectif. → **tir.**

ÉTYM. de ① *pointer.*

POINT DE VUE [pwɛ̃d(ə)vy] **n. m.** 1. Endroit où l'on doit se placer pour voir un objet le mieux possible. 2. Endroit d'où l'on jouit d'une vue pittoresque. SYN. **panorama, vue.** *De beaux points de vue.* 3. Manière particulière dont une question peut être considérée. SYN. **aspect, optique, perspective.** *Adopter un point de vue.* ➖ Dans une narration, Angle selon lequel le narrateur raconte. SYN. **focalisation.** *Point de vue interne, externe, omniscient.* 4. Opinion particulière. *Je partage votre point de vue.* ➖ **loc. prép.** *AU (DU) POINT DE VUE DE. Au point de vue social.* → sur le **plan, quant à.** ➖ FAM. (suivi d'un nom, sans *de*) *Au point de vue santé.*

POINTE [pwɛ̃t] **n. f.** **I** 1. Extrémité allongée (d'un objet qui se termine par un angle très aigu) servant à piquer, percer. *La pointe d'une aiguille, d'une épée* (→ **estoc**). *Aiguiser la pointe d'un outil.* 2. Extrémité aiguë ou plus fine. *Les pointes d'un col de chemise.* ➖ *Pointes d'asperges. En pointe,* pointu. 3. Partie extrême qui s'avance. *La pointe du Raz. La pointe d'une armée,* son extrémité. ➖ loc. *Être à la pointe du progrès.* → **avant-garde.** ➖ *DE POINTE. Techniques de pointe.* 4. *LA POINTE DES PIEDS :* l'extrémité. loc. fig. *Sur la pointe des pieds :* très discrètement ; précautionneusement. ♦ (danse) *Faire des pointes :* se maintenir sur la pointe des pieds. ➖ *Des pointes :* chaussons de danse. **II** Objet pointu. 1. Objet en forme d'aiguille, de lame. *Casque à pointe. Chaussures à pointes,* pour la course. SYN. **crampon.** 2. Clou petit et court. 3. Outil servant à gratter, percer, tracer, etc. SYN. **poinçon.** ➖ *POINTE SÈCHE* ou absolt *POINTE :* outil qui sert à graver sur le cuivre. → **burin.** *Une pointe sèche,* l'estampe ainsi obtenue. 4. *POINTES DE FEU :* petites brûlures faites avec un cautère (traitement médical). **III** 1. après quelques verbes Opération qui consiste à avancer en territoire ennemi. *Pousser une pointe jusqu'à,* prolonger son chemin jusqu'à. 2. Allusion ironique, parole blessante. SYN. ① **pique.** *Se lancer des pointes.* **IV** Petite quantité (d'une chose piquante ou forte). SYN. **soupçon.** *Une pointe d'ail.* ➖ *Une pointe d'ironie, d'accent.* **V** Moment où une activité, un phénomène atteint un maximum d'intensité. *Vitesse de pointe d'une automobile.* ➖ *HEURES DE POINTE :* période d'utilisation intense d'un service (énergie, transports).

ÉTYM. latin *puncta* « estocade », de *pungere* « piquer ».

POINTÉ, ÉE [pwɛ̃te] **adj.** 1. Marqué d'un point, d'un signe. 2. MUS. *Note pointée,* dont la valeur est augmentée de moitié. 3. *Zéro pointé,* éliminatoire.

ÉTYM. de *pointer.*

① **POINTER** [pwɛ̃te] **v. tr.** (conjug. 3a) **I** 1. Marquer (qqch.) d'un point, d'un signe pour faire un contrôle. → ① **cocher.** *Pointer les noms d'une liste.* 2. Contrôler les entrées et les sorties (des employés d'une entreprise). absolt *Machine à pointer.* → **pointeuse.** 3. intrans. Enregistrer ses heures de présence (travail). ➖ *Pointer au chômage.* **II** 1. Diriger. *Il pointait son index vers moi.* 2. Braquer, viser. *Pointer un canon vers un objectif.* 3. absolt, aux boules Lancer la boule le plus près du cochonnet. *Tirer ou pointer ?*

ÉTYM. de ① *point.*

② **POINTER** [pwɛ̃te] **v.** (conjug. 3a) **I** Dresser, avancer en pointe. *Cheval qui pointe les oreilles. Souris qui pointe le bout de son nez.* **II** **v. intr.** 1. Commencer d'apparaître. *Les jeunes pousses pointent.* SYN. **poindre.**

A B C D E F G H I J K L M N O P Q R S T U V W X Y Z

2. S'élever. *Des cyprès pointaient vers le ciel.* **III** *SE POINTER* **v. pron.** FAM. Arriver. *Il s'est pointé à trois heures.*
ÉTYM. de *pointe.*

③ **POINTER** ou **POINTEUR** [pwɛ̃tœʀ] **n. m.** ✦ Chien d'arrêt, à poil ras. ➖ Écrire *pointeur* avec le suffixe français *-eur* est permis. HOM. POINTEUR «personne qui pointe»
ÉTYM. anglais *pointer,* de *to point* «montrer».

① **POINTEUR, EUSE** [pwɛ̃tœʀ, øz] **n.** **I** **1. n.** Personne qui fait une opération de pointage. **2.** *POINTEUSE* **n. f.** Machine enregistrant les heures d'arrivée et de départ de travailleurs. **3. n. m.** INFORM. Élément graphique (flèche...) qui reproduit à l'écran les déplacements de la souris et permet de sélectionner un élément. **II** **n.** **1.** Personne qui procède au pointage (2) d'une bouche à feu. ➙ **artilleur.** **2.** aux boules Joueur chargé de pointer. HOM. ③ POINTER «chien d'arrêt»
ÉTYM. de ① *pointer.*

② **POINTEUR** ➙ ③ **POINTER**

POINTILLÉ [pwɛ̃tije] **n. m.** **1.** Dessin, gravure au moyen de points. **2.** Trait formé de petits points. *Frontières représentées en pointillé.* ➖ *Lire en pointillé,* comprendre les allusions. **3.** Trait formé de petites perforations. *Détachez suivant le pointillé.*
ÉTYM. de ① *point.*

POINTILLEUX, EUSE [pwɛ̃tijø, øz] **adj.** ✦ Qui est d'une minutie excessive, dans ses exigences. SYN. **sourcilleux, tatillon.** *Il est très pointilleux sur le règlement.*
ÉTYM. italien *puntiglioso.*

POINTILLISME [pwɛ̃tijism] **n. m.** ✦ Peinture par petites touches, par points juxtaposés de couleurs pures.
▶ **POINTILLISTE** [pwɛ̃tijist] **adj. et n.** *Seurat, peintre pointilliste.*

POINT MORT [pwɛ̃mɔʀ] **n. m.** ✦ Position du levier de changement de vitesse, de l'embrayage d'une automobile lorsqu'aucune vitesse n'est enclenchée. ➖ loc. *L'affaire est au point mort,* elle n'évolue plus.

POINTU, UE [pwɛ̃ty] **adj.** **1.** Qui se termine en pointe(s). SYN. **aigu.** *Chapeau pointu. Un menton pointu.* **2.** *Un caractère pointu,* agressif. *Un air pointu,* désagréable et sec. **3.** (son, voix) Qui a un timbre aigu, désagréable. *Parler sur un ton pointu.* ➖ *Accent pointu,* se dit dans le Midi de l'accent du nord de la France. **4.** Qui est très spécialisé, d'une grande technicité. *Une formation pointue.* CONTR. **arrondi.**
ÉTYM. de *pointe.*

POINTURE [pwɛ̃tyʀ] **n. f.** ✦ Nombre qui indique la dimension des chaussures, des coiffures, des gants (SYN. ③ **taille**). *La pointure 40,* elliptiquement *du 40.*
ÉTYM. latin *punctura.*

POINT-VIRGULE [pwɛ̃viʀgyl] **n. m.** ✦ Signe de ponctuation (;) qui marque une pause intermédiaire entre le point et la virgule. *Les points-virgules sont suivis d'une minuscule.*

POIRE [pwaʀ] **n. f.** **1.** Fruit du poirier, charnu, à pépins, allongé et ventru. *Une poire fondante, blette. En forme de poire.* ➙ **piriforme.** ➖ loc. fig. *Garder une poire pour la soif,* économiser pour les besoins à venir. ➖ *Couper la poire en deux,* faire un compromis. ◆ Alcool de poire. **2.** Objet de forme analogue. *Une poire à lavement.* ➖ *Poire électrique,* interrupteur à bouton, au bout d'un fil. **3.** FAM. Face, figure. *Il a pris un coup en pleine poire.* **4.** FAM. Personne qui se laisse tromper facilement. SYN. naïf, FAM. ① **pomme.** ➖ **adj.** *Tu es aussi poire que moi.*
ÉTYM. latin populaire *pira,* du latin classique *pirum.*

POIRÉ [pwaʀe] **n. m.** ✦ Cidre de poire.

POIREAU [pwaʀo] **n. m.** **1.** Plante, variété d'ail à bulbe peu développé, cultivée pour son pied ; ce pied consommé comme légume. *Une botte de poireaux.* **2.** loc. FAM. *Faire le poireau,* attendre. ➙ **poireauter.**
ÉTYM. altération de *porreau,* latin *porrum.*

POIREAUTER [pwaʀɔte] **v. intr.** (conjug. 3a) ✦ FAM. Attendre. *Ça fait deux heures que je poireaute devant sa porte.*
ÉTYM. de *poireau.*

POIRIER [pwaʀje] **n. m.** **1.** Arbre de taille moyenne, cultivé pour ses fruits, les poires. **2.** Bois de cet arbre, utilisé en ébénisterie. **3.** loc. *Faire le poirier,* se tenir en équilibre sur les mains, la tête touchant le sol.
ÉTYM. de *poire.*

POIS [pwa] **n. m.** **I** **1.** Plante dont certaines variétés potagères sont cultivées pour leurs graines. *Semer des pois.* **2.** Le fruit (gousse, cosse) d'une de ces plantes ; chacune des graines rondes enfermées dans cette gousse. *Pois verts, pois à écosser,* plus cour. *PETITS POIS.* ➙ **petit-pois.** ➖ *Pois cassés,* pois secs divisés en deux. ➖ loc. *Purée* de pois.* **3.** *POIS CHICHE.* ➙ ① **chiche.** **4.** *POIS DE SENTEUR* : plante à fleurs odorantes. ➙ **gesse.** **II** Petit disque, pastille d'une couleur différente du fond. *Cravate à pois.* HOM. POIDS «lourdeur», POIX «colle», POUAH «marque de dégoût»
ÉTYM. latin *pisum.*

POISON [pwazɔ̃] **n. m.** **1.** Substance capable d'incommoder fortement ou de tuer. *Un poison mortel, violent.* ➙ **empoisonnement, intoxication.** *Remède contre les poisons.* ➙ **antidote, contrepoison.** **2.** LITTÉR. Ce qui est pernicieux, dangereux. *Le poison de la jalousie.* SYN. **venin.** **3. n.** FAM. *UN, UNE POISON* : personne acariâtre ou insupportable.
ÉTYM. latin *potio, potionis* ; doublet de *potion.*

POISSE [pwas] **n. f.** ✦ FAM. Malchance. *Quelle poisse !* SYN. ② **guigne.** *Porter la poisse.*
ÉTYM. de *poisser.*

POISSER [pwase] **v. tr.** (conjug. 3a) **1.** Salir avec une matière gluante. *Se poisser les mains.* ➖ au p. passé *Avoir les cheveux tout poissés.* **2.** FAM. Arrêter, prendre (qqn). *Se faire poisser.*
ÉTYM. de *poix.*

POISSEUX, EUSE [pwasø, øz] **adj.** ✦ Gluant, collant. *Des papiers de bonbons poisseux.* ◆ Sali par une matière poisseuse. *Mains poisseuses.*
ÉTYM. de *poix.*

POISSON [pwasɔ̃] **n. m.** **1.** Animal aquatique vertébré, muni de nageoires et de branchies (➙ **ichtyo-, pisci-**). *Les ouïes d'un poisson. Arêtes, écailles de poisson. Poissons de rivière, de mer. Jeunes poissons.* ➙ **alevin.** ➖ *Élevage des poissons.* ➙ **pisciculture.** ◆ collectif *Prendre du poisson.* ➙ ② **pêcher.** *Marchand de poisson.* ◆ *POISSON-CHAT.* ➙ **silure.** *POISSON VOLANT* : poisson des mers chaudes, capable de bondir hors de l'eau. *POISSON ROUGE* : cyprin doré. **2.** loc. *Être comme un poisson dans l'eau,* se trouver dans son élément. ➖ prov. *Petit poisson deviendra grand,* cette personne, cette chose se développera. ➖ FAM. *Engueuler qqn comme du poisson pourri,* l'invectiver. ➖ *Finir en QUEUE DE POISSON,* sans conclusion satisfaisante. ➖ *Faire une queue de*

poisson à un véhicule, un conducteur, après avoir doublé, se rabattre brusquement devant lui. 3. ASTRON. *Les Poissons :* constellation zodiacale de l'hémisphère boréale ; douzième signe du zodiaque (19 février-20 mars). → *Être Poissons,* de ce signe. 4. loc. *POISSON D'AVRIL**.
ÉTYM. latin *piscis.*

POISSONNERIE [pwasɔnʀi] n. f. ✦ Commerce du poisson et des produits animaux de la mer et des rivières. ♦ Magasin du poissonnier.

POISSONNEUX, EUSE [pwasɔnø, øz] adj. ✦ Qui contient de nombreux poissons. *Une rivière poissonneuse.*

POISSONNIER, IÈRE [pwasɔnje, jɛʀ] n. ✦ Personne qui fait le commerce de détail des poissons, des fruits de mer.

POITRAIL, AILS [pwatʀaj] n. m. ✦ Devant du corps (du cheval et de quelques animaux domestiques), entre l'encolure et les pattes de devant.
ÉTYM. latin *pectorale* «cuirasse».

POITRINAIRE [pwatʀinɛʀ] adj. et n. ✦ VX Atteint de tuberculose pulmonaire.

POITRINE [pwatʀin] n. f. 1. Partie du corps humain qui s'étend des épaules à l'abdomen et qui contient le cœur et les poumons. SYN. **thorax ; buste, torse.** *Tour de poitrine,* mesure de la poitrine à l'endroit le plus large. *Fluxion* de poitrine.* 2. Partie antérieure du thorax. *Bomber la poitrine.* SYN. **torse.** 3. Partie inférieure du thorax (d'un animal de boucherie). *Poitrine de porc. Du lard de poitrine.* 4. Seins (de femme). SYN. **buste, gorge.** *Une poitrine ferme.* → *Elle a de la poitrine,* des seins développés.
ÉTYM. latin populaire *pectorina,* de *pectus.*

POIVRADE [pwavʀad] n. f. ✦ Sauce, préparation au poivre. → appos. *Sauce poivrade.* → *Artichauts poivrades* (artichauts nouveaux).

POIVRE [pwavʀ] n. m. 1. Épice à saveur très forte, piquante, faite des fruits séchés du poivrier. *Poivre gris. Poivre en grains. Moulin à poivre.* → **poivrier.** *Steak au poivre.* 2. loc. *Cheveux POIVRE ET SEL,* bruns mêlés de blancs. → **grisonnant.** 3. *Poivre de Cayenne,* condiment fort et piquant tiré d'un piment.
ÉTYM. latin *piper.*

POIVRÉ, ÉE [pwavʀe] adj. 1. Assaisonné de poivre. ♦ Qui rappelle l'odeur, le goût du poivre. *Menthe poivrée.* 2. abstrait Grossier ou licencieux. *Une plaisanterie poivrée.* SYN. ① **salé.**
ÉTYM. de *poivrer.*

POIVRER [pwavʀe] v. tr. (conjug. 3a) 1. Assaisonner de poivre. 2. *SE POIVRER* v. pron. FAM. S'enivrer (→ **poivrot**).

POIVRIER [pwavʀije] n. m. 1. Arbrisseau grimpant des régions tropicales, produisant le poivre. 2. Moulin à poivre. 3. Petit flacon pour servir le poivre moulu. SYN. **poivrière.**
ÉTYM. de *poivre.*

POIVRIÈRE [pwavʀijɛʀ] n. f. 1. Flacon pour le poivre. SYN. **poivrier** (3). 2. Guérite de forme conique, à l'angle d'un bastion. SYN. **échauguette.** → *Toit EN POIVRIÈRE,* conique.

POIVRON [pwavʀɔ̃] n. m. ✦ Fruit du piment* doux. *Salade de poivrons verts et rouges.*
ÉTYM. de *poivre.*

POIVROT, OTE [pwavʀo, ɔt] n. ✦ FAM. Ivrogne.
ÉTYM. de *poivre* «eau-de-vie».

POIX [pwa] n. f. ✦ Matière visqueuse à base de résine ou de goudron de bois. HOM. POIDS «lourdeur», POIS «plante», POUAH «marque de dégoût»
ÉTYM. latin *pix, picis.*

POKER [pɔkɛʀ] n. m. **I** Jeu de cartes basé sur des combinaisons (cinq cartes par joueur) et où l'on mise de l'argent. → loc. *Un coup de poker,* tentative audacieuse où l'on risque tout. **II** *POKER D'AS :* jeu de dés comportant des figures.
ÉTYM. mot américain ; sens II, de l'anglais *poker dice* «poker de dés *(die)*».

POLAIRE [pɔlɛʀ] adj. **I** 1. Relatif aux pôles (terrestres, célestes) ; situé près d'un pôle. *Étoile Polaire,* indiquant le nord. *Cercle polaire.* 2. Propre aux régions arctiques et antarctiques, froides et désertes. *Climat polaire. Ours polaire* (ours blanc). *Expédition polaire.* **II** 1. MATH. *Coordonnées polaires* (d'un point par rapport à un point d'origine). 2. SC. Relatif aux pôles magnétiques, électriques.
ÉTYM. latin *polaris.*

POLAR [pɔlaʀ] n. m. ✦ FAM. Roman ou film policier. *Des polars.*
ÉTYM. de *(roman) policier.*

POLARISATION [pɔlaʀizasjɔ̃] n. f. ✦ DIDACT. 1. SC. Réorganisation simplifiée (d'un corps ou d'une lumière) sous l'effet d'un champ électromagnétique ou d'un filtre. 2. fig. Concentration en un point (des forces, des influences). CONTR. **dépolarisation.**
ÉTYM. de *polariser.*

POLARISER [pɔlaʀize] v. tr. (conjug. 3a) 1. SC. Soumettre au phénomène de la polarisation. → au p. passé *Lumière polarisée.* 2. fig. Attirer, concentrer en un point. *Polariser l'attention.* → pronom. Se fixer, se concentrer (sur un objectif...). *Il se polarise sur son travail.* CONTR. **dépolariser.**
ÉTYM. de *polaire.*

POLARITÉ [pɔlaʀite] n. f. ✦ Qualité d'un système qui présente deux pôles. *La polarité d'un aimant.*
ÉTYM. de *polaire.*

POLAROÏD [pɔlaʀɔid] n. m. ✦ Procédé de photographie permettant le développement des photos dans l'appareil de prise de vues ; cet appareil. → Photo obtenue grâce à ce procédé.
ÉTYM. nom déposé ; mot américain, de *to polarize* «polariser».

POLDER [pɔldɛʀ] n. m. ✦ Terre gagnée sur la mer grâce à la construction de digues. *Les polders du Zuiderzee.*
ÉTYM. mot néerlandais.

-POLE → POLI-

PÔLE [pol] n. m. 1. Un des deux points de la surface terrestre formant les extrémités de l'axe de rotation de la Terre. *Pôle Nord,* arctique. *Pôle Sud,* antarctique, austral. 2. Région géographique située près d'un pôle. 3. *Pôle céleste,* extrémité de l'axe autour duquel la sphère céleste semble tourner. 4. Chacun des deux points de l'aimant qui correspondent aux pôles Nord et Sud. *Les pôles d'une boussole.* 5. Chacune des deux extrémités d'un circuit électrique (→ **électrode**), chargée l'une d'électricité positive (*pôle positif, pôle + [plus]* → **anode**), l'autre d'électricité négative (*pôle*

négatif, pôle – [moins] → **cathode**). SYN. **borne** ; → **polarisation, polarité**. 6. fig. L'un des deux points principaux et opposés. *Les pôles de l'opinion.* 7. fig. Ce qui attire, entraîne ; centre d'intérêt, d'activité. *Pôle d'attraction. Pôle économique.*
ÉTYM. latin *polus*, du grec *polos*.

POLÉMIQUE [pɔlemik] **adj.** et **n. f.** 1. **adj.** Qui manifeste une attitude critique ou agressive. *Un style polémique.* 2. **n. f.** Débat par écrit, vif ou agressif. SYN. **controverse, débat, discussion**. *Engager une polémique avec les journalistes.* CONTR. **conciliant**.
ÉTYM. grec *polemikos* «relatif à la guerre *(polemos)*».

POLÉMIQUER [pɔlemike] **v. intr.** (conjug. 3a) ✦ Faire de la polémique. *Polémiquer contre qqn.*

POLÉMISTE [pɔlemist] **n.** ✦ Personne qui pratique, aime la polémique. SYN. **pamphlétaire**.

POLÉMOLOGIE [pɔlemɔlɔʒi] **n. f.** ✦ DIDACT. Étude de la guerre d'un point de vue sociologique ou psychologique.
ÉTYM. du grec *polemos* «guerre» et *-logie*.

POLENTA [pɔlɛnta] **n. f.** 1. Galette de farine de maïs (Italie). 2. Mets à base de farine de châtaignes (Corse).
ÉTYM. mot italien, du latin «bouillie de farine d'orge».

① **POLI, IE** [pɔli] **adj.** 1. Dont le comportement, le langage sont conformes aux règles de la politesse. SYN. **civil, courtois**. *Un enfant poli, bien élevé. Il a été tout juste, à peine poli avec moi.* SYN. **correct**. – loc. prov. *Trop poli pour être honnête*, dont les manières trop affables font supposer des intentions malhonnêtes. 2. (choses) *Un refus poli*, exprimé avec politesse. CONTR. **grossier, impoli, incorrect, malpoli**.
ÉTYM. de *polir*.

② **POLI, IE** [pɔli] **adj.** et **n. m.** 1. **adj.** Lisse et brillant. *Un caillou poli.* 2. **n. m.** Aspect d'une chose lisse et brillante. *Le poli d'un meuble ciré.* CONTR. ① **mat**.
ÉTYM. de *polir*.

> **POLI-, -POLE, -POLITE** Éléments, du grec *polis* «ville» (ex. *policlinique, nécropole*).

① **POLICE** [pɔlis] **n. f.** 1. Administration assurant le maintien de l'ordre public et la répression des infractions. *Police judiciaire.* → FAM. **P. J.** *Police secrète, polices parallèles. Inspecteurs de police ; agents de police. Police montée*, qui patrouille à cheval. – en France *Police secours*, chargée de porter secours dans les cas d'urgence. – *Commissariat de police.* – *La police des polices* : l'inspection générale des services. 2. Organisation rationnelle de l'ordre public. *La police de la circulation. La police intérieure d'un lycée.* SYN. **discipline**.
ÉTYM. latin *politia*, du grec *politeia*, de *polis* «ville».

② **POLICE** [pɔlis] **n. f.** **I** Contrat signé avec une compagnie d'assurances. *Souscrire à une police.* **II** TYPOGR. *Police (de caractères)* : assortiment des lettres et signes d'imprimerie d'un même type. SYN. ① **fonte**.
ÉTYM. italien *polizza*, d'origine grecque.

POLICER [pɔlise] **v. tr.** (conjug. 4) ✦ LITTÉR. Adoucir les mœurs par des institutions, par la culture. SYN. **civiliser**. – au p. passé *Les sociétés les plus policées.*
ÉTYM. de ① *police*.

POLICHINELLE [pɔliʃinɛl] **n. m.** 1. Personnage à double bosse de la comédie italienne. *Un polichinelle.* – loc. *Secret de polichinelle* : secret connu de tous. 2. Personne irréfléchie et ridicule. SYN. **guignol**.
ÉTYM. italien *Pulcinella*, napolitain *Pulecenella*.

POLICIER, IÈRE [pɔlisje, jɛʀ] **adj.** et **n.**
I adj. 1. Relatif à la police ; appartenant à la police. – *Chien policier.* – *Régime policier*, où la police a une grande importance. 2. Se dit des formes de littérature, de spectacle qui concernent des activités criminelles faisant l'objet d'une enquête. ☛ Littérature p. 134. *Un roman policier.* → FAM. **polar**.
II n. Personne qui appartient à un service de police. SYN. FAM. **flic, poulet**. *Un policier en tenue, en civil. Une policière zélée.*
ÉTYM. de ① *police*.

POLICLINIQUE [pɔliklinik] **n. f.** ✦ Établissement où l'on soigne des malades qui ne sont pas hospitalisés.
HOM. POLYCLINIQUE «clinique diversifiée»
ÉTYM. de *poli-* et *clinique*.

POLIMENT [pɔlimɑ̃] **adv.** ✦ D'une manière polie. *Refuser poliment.* CONTR. **impoliment**.
ÉTYM. de ① *poli*.

POLIOMYÉLITE [pɔljɔmjelit] ou (abrév.) **POLIO** [pɔljo] **n. f.** ✦ Maladie causée par l'inflammation de la substance grise de la moelle épinière.
ÉTYM. du grec *polios* «gris» et de *myélite*.

POLIOMYÉLITIQUE [pɔljɔmjelitik] **adj.** 1. Relatif à la poliomyélite. 2. Atteint de poliomyélite. – **n.** *Un(e) poliomyélitique* ou FAM. *polio*.

POLIR [pɔliʀ] **v. tr.** (conjug. 13) 1. Rendre poli ② par frottement *Polir l'argenterie. Se polir les ongles.* 2. Travailler pour améliorer. SYN. **parfaire, perfectionner**. *Polir son style.* CONTR. **dépolir, ternir**.
ÉTYM. latin *polire*.

POLISSAGE [pɔlisaʒ] **n. m.** ✦ Opération qui consiste à polir (une surface). *Le polissage du bois.* SYN. **ponçage**.
ÉTYM. de *polir*.

POLISSOIR [pɔliswaʀ] **n. m.** ✦ Instrument servant à polir (notamment, les ongles).
ÉTYM. de *polir*.

POLISSON, ONNE [pɔlisɔ̃, ɔn] **n.** et **adj.** 1. **n.** Enfant espiègle, désobéissant. *Un petit polisson.* 2. **adj.** (choses) Un peu grivois, licencieux. SYN. **canaille, égrillard**. *Une chanson polissonne.* – *Des yeux polissons.* SYN. **fripon**.
ÉTYM. de *polir*, argot «nettoyer ; écouler».

POLISSONNERIE [pɔlisɔnʀi] **n. f.** 1. Action d'un enfant espiègle, turbulent. 2. Acte ou propos licencieux.
ÉTYM. de *polisson*.

POLITESSE [pɔlitɛs] **n. f.** 1. Ensemble de règles qui régissent le comportement, le langage à adopter dans une société ; le fait et la manière d'observer ces usages. SYN. **civilité, courtoisie, éducation, savoir-vivre**. *Formules de politesse* (ex. s'il vous plaît, je vous en prie...). – loc. *Brûler la politesse à qqn*, partir brusquement. 2. *UNE POLITESSE* : action, parole exigée par les bons usages. *Échanger des politesses. Rendre la politesse à qqn. Se faire des politesses.* CONTR. **grossièreté, impolitesse, incorrection**.
ÉTYM. italien *politezza*, du latin *politus* «poli, lisse».

POLITICIEN, IENNE [pɔlitisjɛ̃, jɛn] **n.** et **adj.** 1. **n.** Personne qui exerce une action politique. SYN. ① **politique**. – péj. *Un politicien véreux* (ou *politicard* **n. m.**). 2. **adj.** péj. Purement politique ; qui se borne aux aspects techniques de la politique. *La politique politicienne.*
ÉTYM. anglais *politician*, du français → ① politique.

POLITICO- Élément, du grec *politikos* «politique», qui entre dans la formation d'adjectifs (ex. *politico-économique, politico-social*).

① **POLITIQUE** [pɔlitik] **adj.** et **n. m.**
I adj. 1. Relatif à l'organisation, à l'exercice du pouvoir dans une société organisée. *Pouvoir politique :* pouvoir de gouverner. *Un homme, une femme politique.* → **politicien.** 2. Relatif à la théorie du gouvernement. *Les grandes doctrines politiques.* ➖ Relatif à la connaissance scientifique des faits politiques. *Institut d'études politiques.* 3. Relatif aux rapports du gouvernement et de son opposition, à la lutte autour du pouvoir. *La vie politique. Les partis* politiques. L'actualité politique, économique et sociale.* 4. Relatif à un État, aux États et à leurs rapports. *Géographie politique,* partie de la géographie humaine. 5. LITTÉR. Habile. *Ce n'est pas très politique.* SYN. **diplomatique.** 6. *ÉCONOMIE POLITIQUE.* → **économie.**
II n. m. 1. LITTÉR. Homme ou femme de gouvernement. *Un fin politique. Les grands politiques et les politiciens.* 2. Ce qui est politique. *Le politique et le social.*
ÉTYM. latin *politicus,* du grec *politikos* «de la cité *(polis)*».

② **POLITIQUE** [pɔlitik] **n. f.** 1. Manière de gouverner un État *(politique intérieure)* ou de mener les relations avec les autres États *(politique extérieure). Une politique conservatrice, libérale. La politique d'un parti. Politique économique.* 2. Ensemble des affaires publiques. *Faire de la politique.* ➖ La carrière politique. *Il se destine à la politique.* 3. Manière concertée de conduire une affaire. SYN. **tactique.** *Pratiquer la politique du pire. La politique de l'autruche*.*
ÉTYM. de ① *politique.*

POLITIQUEMENT [pɔlitikmɑ̃] **adv.** 1. En ce qui concerne le pouvoir politique. *Pays unifié politiquement.* 2. LITTÉR. Avec habileté. *Agir politiquement.*

POLITISER [pɔlitize] **v. tr.** (conjug. 3a) ✦ Donner un caractère, un rôle politique à. *Éviter de politiser un débat.* ➖ **au p. passé** *Un syndicat politisé.* CONTR. **dépolitiser.**
▶ **POLITISATION** [pɔlitizasjɔ̃] **n. f.**
ÉTYM. de ① *politique.*

POLKA [pɔlka] **n. f.** ✦ Danse à l'allure vive et très rythmée. ➖ Musique de cette danse.
ÉTYM. tchèque «demi-pas».

POLLEN [pɔlɛn] **n. m.** ✦ Poussière faite de grains minuscules produits par les étamines des fleurs et qui féconde les fleurs femelles.
ÉTYM. mot latin «fine farine».

POLLINIQUE [pɔlinik] **adj.** ✦ Du pollen. *Sac, tube pollinique d'une fleur.*
ÉTYM. de *pollen.*

POLLINISATEUR, TRICE [pɔlinizatœʀ, tʀis] **adj.** ✦ Qui produit, transporte du pollen. *Insectes pollinisateurs.*
ÉTYM. de *pollinisation.*

POLLINISATION [pɔlinizasjɔ̃] **n. f.** ✦ Transport du pollen des étamines d'une fleur sur le pistil d'une autre fleur de la même espèce, permettant la fécondation. *Pollinisation par les insectes.* ☛ Géographie p. 226. *Pollinisation artificielle* (pour créer des hybrides).
ÉTYM. de *pollen.*

POLLINISER [pɔlinize] **v. tr.** (conjug. 3a) ✦ Féconder par du pollen. *Les abeilles pollinisent les fleurs en butinant.*

POLLUANT, ANTE [pɔlɥɑ̃, ɑ̃t] **adj.** et **n. m.** ✦ Qui pollue, provoque une pollution. *Usine polluante.* ➖ **n. m.** *Les polluants domestiques et industriels.*
ÉTYM. du participe présent de *polluer.*

POLLUER [pɔlɥe] **v. tr.** (conjug. 3a) ✦ Salir en rendant malsain, dangereux. *Des pétroliers ont pollué le littoral.* ➖ **au p. passé** *Eaux polluées. Air pollué.* ◆ **absolt** Dégrader l'environnement. ☛ Géographie p. 225, 230 et 233. *Les pesticides polluent.*
ÉTYM. latin *polluere* «salir, souiller».

POLLUEUR, EUSE [pɔlɥœʀ, øz] **adj.** et **n.** ✦ Qui pollue. ➖ **n.** Personne, industrie qui pollue. *Les pollueurs paieront.*

POLLUTION [pɔlysjɔ̃] **n. f. I** VX Action de souiller. ◆ MÉD. *POLLUTION NOCTURNE :* éjaculation pendant le sommeil. **II** Dégradation de l'environnement par des substances chimiques, des déchets industriels, des nuisances. ☛ Géographie p. 225, 230 et 233. *Pollution des mers. Pollution atmosphérique. Pollution sonore.*
ÉTYM. latin *pollutio.*

① **POLO** [pɔlo] **n. m.** ✦ Sport dans lequel deux équipes de cavaliers doivent pousser une boule de bois dans le camp adverse avec un maillet à long manche.
ÉTYM. mot anglais, d'une langue indienne «balle».

② **POLO** [pɔlo] **n. m.** ✦ Chemise de sport en tricot, à col ouvert.
ÉTYM. anglais *polo (shirt)* «(chemise de) polo» → ① polo.

POLOCHON [pɔlɔʃɔ̃] **n. m.** ✦ FAM. Traversin. *Une bataille de polochons.*
ÉTYM. origine obscure.

POLONAIS, AISE [pɔlɔnɛ, ɛz] **adj.** et **n.** ✦ **adj.** De Pologne (☛ noms propres). ➖ **n.** *Les Polonais.* ◆ **n. m.** *Le polonais* (langue slave).

POLONAISE [pɔlɔnɛz] **n. f.** 1. Danse marchée, qui était la danse nationale de Pologne. ➖ Sa musique. *Les polonaises de Chopin.* 2. Gâteau meringué, contenant des fruits confits.
ÉTYM. de *polonais.*

POLONIUM [pɔlɔnjɔm] **n. m.** ✦ Métal rare dont tous les isotopes sont radioactifs (symb. Po).
ÉTYM. de *Pologne,* pays natal de Marie Curie.

POLTRON, ONNE [pɔltʀɔ̃, ɔn] **adj.** ✦ Qui manque de courage physique. SYN. **couard, lâche, peureux ;** FAM. **froussard, trouillard.** ➖ **n.** *Un poltron, une poltronne.* CONTR. **brave, courageux.**
▶ **POLTRONNERIE** [pɔltʀɔnʀi] **n. f.**
ÉTYM. italien *poltrone,* de *poltro* «poulain».

POLY- Élément, du grec *polus* «nombreux ; abondant». SYN. **multi-, pluri-.** CONTR. **mono-, uni-.**

POLYACIDE [pɔliasid] **n. m.** ✦ CHIM. Corps possédant plusieurs fois la fonction acide.

POLYAMIDE [pɔliamid] **n. m.** ✦ Corps résultant de la réaction d'un polyacide sur une polyamine, constituant de nombreuses matières plastiques.
ÉTYM. de *poly-* et *amide.*

POLYAMINE [pɔliamin] **n. f.** ✦ CHIM. Corps possédant plusieurs fois la fonction amine.
ÉTYM. de *poly-* et *amine.*

A B C D E F G H I J K L M N O P Q R S T U V W X Y Z

POLYANDRE [pɔljɑ̃dʀ ; pɔliɑ̃dʀ] **adj.** ✦ DIDACT. Qui a plusieurs maris simultanément. *Une femme polyandre.* CONTR. **monogame.**
► **POLYANDRIE** [pɔljɑ̃dʀi ; pɔliɑ̃dʀi] **n. f.**
ÉTYM. de *poly-* et *-andre.*

POLYCHROME [pɔlikʀom] **adj.** ✦ Qui est de plusieurs couleurs ; décoré de plusieurs couleurs. *Une statue polychrome.* CONTR. **monochrome.**
ÉTYM. grec *polukhrômos* → poly- et -chrome.

POLYCHROMIE [pɔlikʀɔmi] **n. f.** ✦ Application de la couleur à la statuaire, à l'architecture.
ÉTYM. de *polychrome.*

POLYCLINIQUE [pɔliklinik] **n. f.** ✦ Clinique où se donnent toutes sortes de soins. HOM. POLICLINIQUE « clinique sans hospitalisation »

POLYCOPIE [pɔlikɔpi] **n. f.** ✦ Procédé de reproduction graphique par report (décalque), encrage et tirage.

POLYCOPIER [pɔlikɔpje] **v. tr.** (conjug. 9) ✦ Reproduire par polycopie. ◆ au p. passé *Cours, document polycopié.* — **n. m.** *Un polycopié de chimie* (abrév. FAM. *un poly*).

POLYCULTURE [pɔlikyltyʀ] **n. f.** ✦ Culture simultanée de différents produits sur un même domaine, dans une même région. CONTR. **monoculture.**

POLYÈDRE [pɔljɛdʀ ; pɔliɛdʀ] **n. m.** ✦ GÉOM. Solide limité de toutes parts par des polygones plans. *Les arêtes, les faces d'un polyèdre. Le cube, la pyramide sont des polyèdres.*
► **POLYÉDRIQUE** [pɔljedʀik ; pɔliedʀik] **adj.**
ÉTYM. grec *poluedros* → poly- et -èdre.

POLYESTER [pɔliɛstɛʀ] **n. m.** ✦ Ester à poids moléculaire élevé résultant de l'enchaînement de nombreuses molécules d'esters.

POLYÉTHYLÈNE [pɔlietilɛn] **n. m.** ✦ Matière plastique obtenue par polymérisation de l'éthylène.

POLYGAME [pɔligam] **n.** ✦ Homme uni à plusieurs femmes, femme unie à plusieurs hommes à la fois, en vertu de liens légitimes. *Une polygame.* — **adj.** *Un musulman polygame.* CONTR. **monogame.**
ÉTYM. grec *polugamos* → poly- et -game.

POLYGAMIE [pɔligami] **n. f.** ✦ Situation d'une personne polygame. ◆ Système social où un homme peut avoir plusieurs conjointes légitimes.
ÉTYM. grec *polugamia* → poly- et -gamie.

POLYGÉNISME [pɔliʒenism] **n. m.** ✦ Doctrine selon laquelle l'espèce humaine proviendrait de plusieurs souches différentes.
ÉTYM. de *poly-* et *-génie.*

POLYGLOTTE [pɔliglɔt] **adj.** et **n.** ✦ Qui parle plusieurs langues ; plurilingue. *Interprète polyglotte.* — **n.** *Un(e) polyglotte.*
ÉTYM. grec *poluglôttos,* de *glôtta* « langue ».

POLYGONAL, ALE, AUX [pɔligɔnal, o] **adj.** ✦ Qui a plusieurs angles et plusieurs côtés.
ÉTYM. de *polygone.*

POLYGONE [pɔligɔn ; pɔligon] **n. m.** 1. Figure plane formée par des segments de droite. 2. Espace polygonal, dans une place de guerre, une fortification. *Polygone de tir.*
ÉTYM. grec *polugônos* → poly- et ① -gone.

POLYMÈRE [pɔlimɛʀ] **n. m.** ✦ Grosse molécule formée par l'enchaînement de monomères*.
ÉTYM. de *poly-* et du grec *meros* « partie ».

POLYMÉRISATION [pɔlimeʀizasjɔ̃] **n. f.** ✦ Union de plusieurs molécules de faible masse moléculaire (monomères) pour former une grosse molécule (macromolécule). *Résines de polymérisation,* composant les matières plastiques.
ÉTYM. de *polymériser.*

POLYMÉRISER [pɔlimeʀize] **v. tr.** (conjug. 3a) ✦ Transformer en polymère.
ÉTYM. de *polymère,* suffixe *-iser.*

POLYMORPHE [pɔlimɔʀf] **adj.** ✦ DIDACT. Qui peut se présenter sous des formes différentes. *Roches polymorphes.*
ÉTYM. de *poly-* et *-morphe.*

POLYMORPHISME [pɔlimɔʀfism] **n. m.** ✦ Caractère de ce qui est polymorphe. *Le polymorphisme d'une maladie.*

POLYNÉVRITE [pɔlinevʀit] **n. f.** ✦ Névrite qui atteint plusieurs nerfs.

POLYNÔME [pɔlinom] **n. m.** ✦ Expression algébrique constituée par une somme algébrique de monômes (séparés par les signes + ou –). → **binôme, trinôme.**
ÉTYM. de *poly-* et du latin *nomen* « terme ».

POLYNUCLÉAIRE [pɔlinykleɛʀ] **adj.** ✦ BIOL. (cellule) Qui possède plusieurs noyaux. — **n. m.** *Un polynucléaire :* globule blanc à noyau segmenté ou irrégulier paraissant multiple.
ÉTYM. de *poly-* et *nucléaire.*

POLYPE [pɔlip] **n. m.** I Forme des cnidaires dans laquelle le corps est constitué d'un tube dont une extrémité porte une bouche entourée de tentacules (→ **polypier**). II Tumeur, excroissance fibreuse ou muqueuse, implantée par un pédicule. *Se faire opérer d'un polype.*
ÉTYM. latin *polypus,* du grec ; doublet de *pieuvre* et *poulpe.*

POLYPHONIE [pɔlifɔni] **n. f.** ✦ Combinaison de plusieurs voix ou parties mélodiques, dans une composition musicale. → **contrepoint.**
ÉTYM. grec *poluphônia* → poly- et -phonie.

POLYPHONIQUE [pɔlifɔnik] **adj.** ✦ Qui constitue une polyphonie ; à plusieurs voix.
ÉTYM. de *polyphonie.*

POLYPIER [pɔlipje] **n. m.** ✦ Squelette calcaire des polypes (I). *Le corail est un polypier.*

POLYPODE [pɔlipɔd] **n. m.** ✦ Fougère à rhizome rampant, à feuilles lobées, commune sur les rochers et les murs humides.
ÉTYM. latin *polypodium,* du grec → poly- et -pode.

POLYSÉMIE [pɔlisemi] **n. f.** ✦ LING. Caractère d'un signe qui possède plusieurs contenus, plusieurs sens.
► **POLYSÉMIQUE** [pɔlisemik] **adj.** *Mot polysémique* (opposé à *monosémique*).
ÉTYM. grec *polusêmos* « qui a plusieurs sens ».

POLYSTYRÈNE [pɔlistiʀɛn] **n. m.** ✦ Matière plastique obtenue par polymérisation du styrène.

POLYTECHNICIEN, IENNE [pɔlitɛknisjɛ̃, jɛn] **n.** ✦ Élève, ancien(ne) élève de Polytechnique. SYN. FAM. **X.**
ÉTYM. de *polytechnique.*

POLYTECHNIQUE [pɔlitɛknik] adj. et n. f. 1. VX Qui embrasse plusieurs sciences et techniques. 2. *École polytechnique* ou n. f. *Polytechnique* : grande école scientifique française. SYN. FAM. **X.**

POLYTHÉISME [pɔliteism] n. m. ✦ Doctrine qui admet l'existence de plusieurs dieux. *Le polythéisme grec.* → **panthéon.** CONTR. **monothéisme.**
ÉTYM. grec *polutheos*, de *theos* «dieu».

POLYTHÉISTE [pɔliteist] n. et adj. ✦ (Personne) qui croit en plusieurs dieux. ➛ adj. Relatif au polythéisme. CONTR. **monothéiste.**

POLYTONAL, ALE, AUX ou **ALS** [pɔlitɔnal, o] adj. ✦ Qui comporte plusieurs tons simultanément. *Accords polytonaux.*

POLYTRANSFUSÉ, ÉE [pɔlitʀɑ̃sfyze] adj. et n. ✦ MÉD. Qui a subi plusieurs transfusions sanguines. ➛ n. *Des polytransfusés.*
ÉTYM. de *poly-* et *transfuser.*

POLYURÉTHANE [pɔliyʀetan] n. m. ✦ Matière plastique obtenue par condensation de polyesters. ➛ On écrit aussi *polyuréthanne.*
ÉTYM. de *poly-* et *uréthane*, de *éthane.*

POLYVALENCE [pɔlivalɑ̃s] n. f. ✦ Caractère de ce qui est polyvalent.
ÉTYM. de *polyvalent.*

POLYVALENT, ENTE [pɔlivalɑ̃, ɑ̃t] adj. et n. m. 1. adj. Qui a plusieurs fonctions, plusieurs activités différentes. *Salle polyvalente. Un professeur polyvalent.* 2. n. m. Fonctionnaire chargé de vérifier la comptabilité des entreprises. *Les polyvalents.*
ÉTYM. de *poly-* et du latin *valens*, participe présent de *valere* «avoir de la valeur».

POMÉLO [pɔmelo] n. m. ✦ Fruit (agrume) appelé couramment *pamplemousse.*
ÉTYM. anglais *pomelo*, du latin *pomum melo* «fruit melon».

POMMADE [pɔmad] n. f. ✦ Préparation grasse à mettre sur la peau (médicament, etc.). SYN. **crème.** ➛ loc. *Passer de la pommade à qqn* ; fig. le flatter grossièrement.
ÉTYM. italien *pomata.*

① **POMME** [pɔm] n. f. **I** 1. Fruit du pommier, rond, à pulpe ferme et juteuse. *Pomme reinette, canada, golden, granny smith, belle de Boskoop. Jus de pomme.* → aussi **cidre.** *Eau-de-vie de pomme.* → **calvados.** *Compote de pommes.* 2. appos. invar. *VERT POMME* : assez vif et clair. *Des jupes vert pomme.* 3. loc. FAM. *Tomber dans les pommes*, s'évanouir. ♦ FAM. *Ma, sa pomme*, moi, lui. ➛ FAM. Idiot, naïf. *Quelle pomme !* SYN. **poire.** 4. *POMME D'ADAM* : saillie à la partie antérieure du cou (des hommes). 5. *POMME DE PIN* : organe reproducteur du pin, formé d'écailles dures qui protègent les graines. **II** *Pomme d'arrosoir, pomme de douche*, partie arrondie percée de petits trous, qui permet de distribuer l'eau en pluie.
ÉTYM. latin *pomum* «fruit», spécialisé au sens de *malum* «pomme».

② **POMME** [pɔm] n. f. ✦ Pomme de terre. *Pommes frites.* → **frite.** *Pommes vapeur.*

POMMÉ, ÉE [pɔme] adj. ✦ (plantes) Qui a un cœur rond et compact. *Un chou pommé.*
ÉTYM. de *pommer.*

POMMEAU [pɔmo] n. m. ✦ Tête arrondie de la poignée (d'un sabre, d'une épée). ➛ Boule à l'extrémité d'une canne, d'un parapluie. *Canne à pommeau d'argent.*
ÉTYM. de ① *pomme.*

POMME DE TERRE [pɔmdətɛʀ] n. f. 1. Tubercule comestible. SYN. ② **pomme** ; FAM. **patate.** *Variétés de pommes de terre* : bintje, rosa, roseval, belle de Fontenay, ratte... *Pommes de terre à l'eau, sautées. Pommes de terre en robe des champs. Purée de pommes de terre. Pommes de terre frites.* → **frite.** 2. La plante cultivée pour ses tubercules. *Champ de pommes de terre.*
ÉTYM. de ① *pomme* au sens de «fruit».

POMMELÉ, ÉE [pɔm(ə)le] adj. 1. Couvert ou formé de petits nuages ronds. *Un ciel pommelé.* 2. (robe du cheval) Couvert de taches rondes grises ou blanches. *Cheval pommelé, gris pommelé.*
ÉTYM. de ① *pomme.*

POMMER [pɔme] v. intr. (conjug. 3a) ✦ Se former avec un cœur rond et plein. *Les laitues commencent à pommer.*
ÉTYM. de ① *pomme.*

POMMETTE [pɔmɛt] n. f. ✦ Partie haute de la joue. *Des pommettes saillantes.*
ÉTYM. diminutif de ① *pomme.*

POMMIER [pɔmje] n. m. 1. Arbre à frondaison arrondie dont le fruit est la pomme. *Pommier commun ; pommier à cidre.* 2. *Pommier du Japon, de Chine*, variété exotique cultivée pour ses fleurs roses.
ÉTYM. de ① *pomme.*

POMPAGE [pɔ̃paʒ] n. m. ✦ Action de pomper ; aspiration d'un liquide ou d'un gaz. *Les stations de pompage d'un oléoduc.*
ÉTYM. de *pomper.*

① **POMPE** [pɔ̃p] n. f. 1. LITTÉR. Déploiement de faste dans un cérémonial. SYN. **apparat, magnificence** ; → **pompeux.** ➛ loc. *En grande pompe*, avec faste. 2. *POMPES FUNÈBRES**. 3. RELIG. au plur. Les vanités du monde. *Renoncer à Satan, à ses pompes et à ses œuvres.*
ÉTYM. latin *pompa*, du grec *pompê.*

② **POMPE** [pɔ̃p] n. f. **I** 1. Appareil destiné à déplacer un liquide. *Pompe aspirante ; foulante. Amorcer une pompe. Aller chercher de l'eau à la pompe. Pompe à incendie. Bateau-pompe*, muni de lances à incendie. 2. *POMPE (À ESSENCE)* : distributeur d'essence. *Passer à la pompe.* SYN. ② **poste** d'essence, **station-service** ; SYN. **pompiste.** 3. Appareil déplaçant de l'air. *Pompe à vélo.* 4. FAM. Traction des bras. **II** fig. FAM. 1. *Avoir un COUP DE POMPE* : se sentir brusquement épuisé. 2. *Partir À TOUTE POMPE*, à toute vitesse. 3. Chaussure. *Une paire de pompes.* ➛ loc. *Être à côté de ses pompes* : ne pas avoir les idées claires, être distrait.
ÉTYM. mot néerlandais, peut-être onomatopée.

POMPER [pɔ̃pe] v. tr. (conjug. 3a) 1. Déplacer (un liquide, un gaz) à l'aide d'une pompe. *Pomper de l'eau.* ♦ loc. FAM. *Pomper l'air à qqn* : le fatiguer, l'ennuyer. 2. Aspirer (un liquide). *Les moustiques pompent le sang.* 3. Absorber (un liquide). 4. FAM. Copier. *Il a tout pompé sur son voisin.* 5. FAM. Épuiser. *Cet effort l'a pompé.* ➛ au p. passé *Je suis pompé.* SYN. **épuisé.**
ÉTYM. de ② *pompe.*

POMPETTE [pɔ̃pɛt] **adj.** ✦ FAM. Un peu ivre, éméché. *Il est rentré pompette.*
ÉTYM. origine obscure ; famille de *pompon*, influence de *pomper* «boire».

POMPEUSEMENT [pɔ̃pøzmɑ̃] **adv.** ✦ Avec emphase. *Déclamer pompeusement un discours.* CONTR. **simplement.**
ÉTYM. de *pompeux.*

POMPEUX, EUSE [pɔ̃pø, øz] **adj.** ✦ Qui affecte une solennité plus ou moins ridicule. *Un ton pompeux.* SYN. **déclamatoire, emphatique.** CONTR. **simple.**
ÉTYM. latin *pomposus*, de *pompa* → ① pompe.

① **POMPIER** [pɔ̃pje] **n. m.** ✦ Homme appartenant au corps des sapeurs-pompiers, chargé de combattre incendies et sinistres. *Avertisseur des voitures de pompiers.* → **pin-pon.** *La grande échelle des pompiers.* ➛ loc. FAM. *Fumer comme un pompier*, beaucoup.
ÉTYM. de ② *pompe.*

② **POMPIER, IÈRE** [pɔ̃pje, jɛʀ] **adj.** ✦ Emphatique et prétentieux. *Ça fait terriblement pompier.* ◆ **n. m.** Peintre académique du XIXe siècle.
ÉTYM. du casque des soldats antiques, comparé à celui des *pompiers*, avec influence de ① *pompe.*

POMPISTE [pɔ̃pist] **n.** ✦ Personne préposée à la distribution du carburant.
ÉTYM. de ② *pompe.*

POMPON [pɔ̃pɔ̃] **n. m.** 1. Touffe de laine servant d'ornement. SYN. **houppe.** *Le bonnet à pompon rouge des marins français.* 2. appos. *Rose pompon*, variété de rose, à petite fleur sphérique. *Des dahlias pompons.* 3. loc. FAM. *Avoir le pompon*, l'emporter (souvent iron.). *C'est le pompon !*, c'est le comble !
ÉTYM. onomatopée *pomp-*.

POMPONNER [pɔ̃pɔne] **v. tr.** (conjug. 3a) ✦ Parer, orner avec soin. SYN. **bichonner.** ➛ pronom. *Elle se pomponne pour sortir.*
ÉTYM. de *pompon.*

PONANT [pɔnɑ̃] **n. m.** ✦ RÉGIONAL ou LITTÉR. Couchant (opposé au *levant*). SYN. **occident, ouest.**
ÉTYM. provençal *ponen* «(soleil) qui se pose».

PONÇAGE [pɔ̃saʒ] **n. m.** ✦ Action de poncer ; son résultat.

PONCE [pɔ̃s] **adj. f.** 1. *PIERRE PONCE :* roche volcanique poreuse, légère et très dure. *Des pierres ponces.* 2. Sachet d'étoffe contenant une poudre colorante, utilisé pour reproduire des dessins (→ **poncif**).
ÉTYM. latin *pumex.*

PONCEAU [pɔ̃so] **adj. invar.** ✦ D'un rouge vif et foncé. *Des rubans ponceau.*
ÉTYM. de *paon.*

PONCER [pɔ̃se] **v. tr.** (conjug. 4) 1. Décaper, polir (une surface) au moyen d'une matière abrasive (pierre ponce, papier de verre...). *Poncer un parquet.* 2. ARTS Reproduire un dessin piqué en frottant avec un tampon (→ **ponce**) imprégné d'une poudre.
ÉTYM. de *ponce.*

PONCEUSE [pɔ̃søz] **n. f.** ✦ Machine servant à poncer.

PONCHO [pɔ̃(t)ʃo] **n. m.** ✦ Manteau formé d'une pièce d'étoffe percée d'un trou pour passer la tête (traditionnel en Amérique du Sud).
ÉTYM. mot espagnol du Pérou.

PONCIF [pɔ̃sif] **n. m.** 1. ARTS Dessin piqué reproduit par ponçage. 2. Thème, expression littéraire ou artistique dénuée d'originalité. SYN. **banalité, cliché,** ① **lieu commun.** *Ce film policier utilise tous les poncifs du genre.*
ÉTYM. de *poncer.*

PONCTION [pɔ̃ksjɔ̃] **n. f.** 1. Introduction d'une aiguille dans un tissu, un organe, une cavité pour extraire ou prélever un fluide. *Ponction lombaire.* 2. Prélèvement (d'argent, etc.).
ÉTYM. latin *punctio.*

PONCTIONNER [pɔ̃ksjɔne] **v. tr.** (conjug. 3a) ✦ Prélever, vider par une ponction. *Ponctionner un kyste.*

PONCTUALITÉ [pɔ̃ktɥalite] **n. f.** ✦ Qualité d'une personne ponctuelle (I, 2). SYN. **exactitude.**
ÉTYM. de *ponctuel.*

PONCTUATION [pɔ̃ktɥasjɔ̃] **n. f.** ✦ Système de signes non alphabétiques servant à indiquer les divisions d'un texte, à noter certains rapports syntaxiques. *Signes de ponctuation.* → **crochet, deux-points, guillemet, parenthèse,** ① **point, point-virgule, tiret, virgule.** ➛ Manière d'utiliser ces signes. *Mettre, oublier la ponctuation.*
ÉTYM. de *ponctuer.*

PONCTUEL, ELLE [pɔ̃ktɥɛl] **adj.** I Qui respecte les horaires, qui est à l'heure. *Un employé ponctuel.* SYN. **assidu, exact.** II 1. SC. Qui peut être assimilé à un point*. *Source lumineuse ponctuelle.* 2. fig. Qui ne concerne qu'un point, qu'un élément d'un ensemble. *Des remarques ponctuelles.* CONTR. **inexact** • **diffus** • ① **général, global.**
ÉTYM. latin *punctualis*, de *punctum* «point».

PONCTUELLEMENT [pɔ̃ktɥɛlmɑ̃] **adv.** ✦ Avec ponctualité.

PONCTUER [pɔ̃ktɥe] **v. tr.** (conjug. 3a) 1. Diviser (un texte) au moyen de la ponctuation. ➛ au p. passé *Un devoir mal ponctué.* 2. Marquer par (un cri, un geste répété). *Ponctuer ses phrases de soupirs.*
ÉTYM. du latin *punctum* «point».

PONDÉRABLE [pɔ̃deʀabl] **adj.** ✦ Qui peut être pesé ; qui a un poids mesurable. CONTR. **impondérable.**
ÉTYM. latin *ponderabilis*, de *ponderare* «peser».

PONDÉRAL, ALE, AUX [pɔ̃deʀal, o] **adj.** ✦ DIDACT. Relatif au poids. *Surcharge pondérale :* excès de poids.
ÉTYM. latin *ponderalis.*

PONDÉRATION [pɔ̃deʀasjɔ̃] **n. f.** 1. Calme, équilibre et mesure dans les jugements. *Réagir avec pondération.* 2. STATIST. Valeur relative attribuée à une variable. *Coefficient de pondération.*
ÉTYM. latin *ponderatio.*

PONDÉRÉ, ÉE [pɔ̃deʀe] **adj.** 1. Calme, équilibré. *Un esprit pondéré.* 2. Affecté d'un coefficient de pondération. *Moyenne pondérée.* CONTR. **bouillant, excessif, impulsif.**
ÉTYM. participe passé de *pondérer.*

PONDÉRER [pɔ̃deʀe] **v. tr.** (conjug. 8) 1. LITTÉR. Équilibrer (les forces). *Pondérer le pouvoir exécutif par un contrôle du Parlement.* ➛ au p. passé *Forces pondérées.* 2. Procéder à la pondération de (une variable, un indice).
ÉTYM. latin *ponderare*, de *pondus* «poids».

PONDEUR, EUSE [pɔ̃dœʀ, øz] adj. ✦ Qui pond des œufs. *Poule pondeuse,* élevée pour ses œufs. ➝ n. f. *Une bonne pondeuse.*
ÉTYM. de *pondre.*

PONDRE [pɔ̃dʀ] v. tr. (conjug. 44) 1. (femelle ovipare) Déposer, faire (ses œufs). → ① **ponte.** ➝ au p. passé *Un œuf tout frais pondu.* 2. FAM. péj. Écrire, produire (une œuvre). *Il pond un roman tous les ans.*
ÉTYM. latin *ponere* «poser, déposer».

PONEY [pɔnɛ] n. m. ✦ Cheval d'une race de petite taille. *Des poneys.*
ÉTYM. anglais *pony,* de l'ancien français *poulenet* «petit poulain».

PONGÉ [pɔ̃ʒe] n. m. ✦ Taffetas de soie léger et souple. ➝ On écrit aussi *pongée,* n. m.
ÉTYM. anglais *pongee,* du chinois.

PONGISTE [pɔ̃ʒist] n. ✦ Joueur, joueuse de ping-pong.
ÉTYM. de *ping-pong.*

PONT [pɔ̃] n. m. I 1. Construction, ouvrage reliant deux points séparés par une dépression ou par un obstacle. → **viaduc.** *Pont franchissant une rivière, une voie ferrée, une autoroute. Levée, parapet et tablier d'un pont. Pont suspendu. Pont pour les piétons.* → **passerelle.** *Franchir, traverser un pont. Pont mobile, tournant, levant* ou *basculant.* → **pont-levis.** ➝ loc. *Il est solide comme le Pont-Neuf,* très vigoureux. *Il coulera (passera) de l'eau sous les ponts,* il se passera un long temps. ➝ *Couper les ponts,* s'interdire tout retour en arrière ; cesser les relations. ◆ *Pont de graissage,* qui permet de soulever les automobiles pour les graisser. 2. *PONTS ET CHAUSSÉES* : en France, service public chargé de la construction et de l'entretien des voies publiques. 3. *PONT AUX ÂNES* : démonstration du théorème de Pythagore. ➝ par ext. Banalité connue de tous. 4. loc. fig. *Faire un PONT D'OR à qqn* : lui offrir une forte somme, pour le décider à accepter qqch. 5. Ensemble des organes (d'une automobile) qui transmettent le mouvement aux roues. *Pont arrière.* 6. Pièce d'étoffe qui se rabat. *Pantalon à pont.* 7. Jours où l'on ne travaille pas entre deux jours fériés. *Le pont de l'Ascension. Faire le pont.* 8. *PONT AÉRIEN* : liaison aérienne d'urgence quasi ininterrompue (au-dessus d'une zone interdite, dangereuse...). 9. *TÊTE DE PONT* : point où une armée prend possession d'un territoire à conquérir. II Ensemble des bordages recouvrant entièrement la coque d'un navire. *Navire à trois ponts.* ➝ *Pont d'envol,* sur un porte-avion. ➝ absolt Pont supérieur. *Tout le monde sur le pont !*
ÉTYM. latin *pons, pontis.*

PONTAGE [pɔ̃taʒ] n. m. ✦ CHIR. Opération qui consiste à réunir deux veines (ou artères) par greffage sur un troisième segment.
ÉTYM. de *pont.*

① **PONTE** [pɔ̃t] n. f. ✦ Action de pondre. *La ponte des poules. La ponte des œufs.* ➝ Les œufs pondus en une fois. *La ponte des poissons est abondante.*
ÉTYM. de *pondre.*

② **PONTE** [pɔ̃t] n. m. I au baccara, à la roulette, etc. Chacun des joueurs qui jouent contre le banquier. II FAM. Personnage important. *Son chirurgien est un grand ponte.* SYN. **pontife.**
ÉTYM. de ② *ponter.*

① **PONTER** [pɔ̃te] v. tr. (conjug. 3a) ✦ Munir d'un pont (un navire en construction). ➝ au p. passé *Une barque pontée, non pontée.*
ÉTYM. de *pont.*

② **PONTER** [pɔ̃te] v. (conjug. 3a) 1. v. intr. Jouer contre la personne qui tient la banque ; être ponte, au baccara, à la roulette. 2. v. tr. Miser. *Ponter mille euros.*
ÉTYM. de *pont,* ancien participe passé de *pondre* «poser (de l'argent)».

PONTIFE [pɔ̃tif] n. m. I 1. DIDACT. Grand prêtre, à Rome dans l'Antiquité. 2. Haut dignitaire catholique. SYN. **prélat.** ➝ appos. COUR. *Le souverain pontife,* le pape (→ **pontificat**). II FAM. iron. Personnage qui fait autorité, gonflé de son importance. SYN. ② **ponte** ; → **pontifier.** *Les grands pontifes de la Faculté.*
ÉTYM. latin *pontifex.*

PONTIFIANT, ANTE [pɔ̃tifjɑ̃, ɑ̃t] adj. ✦ Qui pontifie. ➝ *Un ton pontifiant.* SYN. **doctoral, pédant.**
ÉTYM. du participe présent de *pontifier.*

PONTIFICAL, ALE, AUX [pɔ̃tifikal, o] adj. ✦ Relatif au souverain pontife, au pape. SYN. **papal.** *Messe pontificale.*
ÉTYM. latin *pontificalis.*

PONTIFICAT [pɔ̃tifika] n. m. ✦ Dignité de souverain pontife. SYN. **papauté.** ➝ Règne (d'un pape).
ÉTYM. latin *pontificatus.*

PONTIFIER [pɔ̃tifje] v. intr. (conjug. 9) ✦ Faire le pontife (II), dispenser sa science, ses conseils avec prétention et emphase.
ÉTYM. bas latin *pontificare.*

PONT-L'ÉVÊQUE [pɔ̃levɛk] n. m. invar. ✦ Fromage fermenté à pâte molle.
ÉTYM. du nom d'une ville du Calvados.

PONT-LEVIS [pɔ̃l(ə)vi] n. m. ✦ Pont mobile basculant qui se lève ou s'abaisse à volonté au-dessus du fossé d'un bâtiment fortifié. *Les ponts-levis d'un château fort.*
ÉTYM. de *pont* et *levis* «qui se lève».

PONTON [pɔ̃tɔ̃] n. m. 1. Construction flottante formant plateforme. *Ponton d'accostage.* 2. Chaland ponté servant aux gros travaux des ports. *Ponton-grue.* 3. Vieux vaisseau désarmé servant de prison.
ÉTYM. latin *ponto, pontonis* «bateau de transport».

PONTONNIER [pɔ̃tɔnje] n. m. ✦ Soldat du génie chargé de la pose, du démontage, de l'entretien, etc., des ponts militaires.
ÉTYM. de *ponton.*

POOL [pul] n. m. ✦ anglicisme Groupe de personnes associées ou effectuant le même travail dans une entreprise. HOM. ① POULE «volaille», ② POULE «enjeu»
ÉTYM. mot anglais, du français ② *poule.*

POP [pɔp] adj. invar. ✦ anglicisme I *Musique pop* (angl. *pop music),* se dit de la musique issue du rock (1960-1970), à base d'instruments électriques et de mélodies simples et rythmées. ➝ *Groupes pop.* ➝ n. m. ou n. f. *Aimer le, la pop.* II Du pop art. HOM. POPE «prêtre»
ÉTYM. mot anglais, de *popular* «populaire».

POP ART [pɔpaʀt] n. m. ✦ École anglo-saxonne de peinture qui tire son inspiration de produits industriels de masse.
ÉTYM. mot américain «art populaire».

A B C D E F G H I J K L M N O P Q R S T U V W X Y Z

POPCORN ou **POP-CORN** [pɔpkɔʀn] n. m. ✦ anglicisme Grains de maïs soufflés, sucrés ou salés. *Du popcorn. Des popcorns, des pop-corns.* ➝ Écrire *popcorn* en un seul mot est permis.
ÉTYM. mot américain, de *popped* «éclaté» et *corn* «maïs».

POPE [pɔp] n. m. ✦ Prêtre de l'Église orthodoxe slave.
HOM. POP «musique»
ÉTYM. russe *pop*, du grec.

POPELINE [pɔplin] n. f. ✦ Tissu de coton ou de laine et soie. *Chemise en popeline.*
ÉTYM. anglais *poplin*, emprunté au français *papeline*, peut-être «étoffe des papes».

POPLITÉ, ÉE [pɔplite] adj. ✦ ANAT. De la partie postérieure du genou. *Creux poplité.*
ÉTYM. du latin *poples, poplitis* «jarret ; genou».

POPOTE [pɔpɔt] n. f. et adj. invar.
I n. f. 1. Table commune d'officiers. SYN. **mess** ; → **cantine.** 2. FAM. Soupe, cuisine. *Faire la popote.*
II adj. invar. FAM. Occupé par les travaux réguliers, monotones du foyer. SYN. **casanier, pot-au-feu.** *Un couple très popote.*
ÉTYM. peut-être de *pot.*

POPOTIN [pɔpɔtɛ̃] n. m. ✦ FAM. Fesses, derrière. ➝ loc. FAM. *Se manier le popotin,* se dépêcher.
ÉTYM. de *pot*, au sens vulgaire de «postérieur».

POPULACE [pɔpylas] n. f. ✦ péj. Bas peuple.
ÉTYM. italien *popolaccio*, de *popolo* «peuple».

POPULACIER, IÈRE [pɔpylasje, jɛʀ] adj. ✦ péj. Propre à la populace. SYN. **commun, vulgaire.** *Une allure populacière.* SYN. **canaille.**
ÉTYM. de *populace.*

POPULAIRE [pɔpylɛʀ] adj. 1. Qui émane du peuple. *La volonté populaire. Un soulèvement populaire.* ➝ HIST. *Front* populaire.* 2. Propre au peuple. *Les traditions populaires.* ➝ LING. Qui est employé surtout par le peuple, n'est guère en usage dans la bourgeoisie. *Une expression populaire.* 3. À l'usage du peuple (et qui en émane ou non). *Un spectacle populaire. Art populaire.* → **folklore.** ➝ (personnes) Qui s'adresse au très grand public. *Un romancier, une émission populaire.* 4. Qui se recrute dans le peuple, qui est fréquenté par le peuple. *Clientèle populaire. Bal populaire.* 5. Qui plaît au peuple, au plus grand nombre. → **popularité.** *Henri IV était un roi populaire.* CONTR. **élitiste • huppé • impopulaire.**
ÉTYM. latin *popularis*, de *populus* «peuple».

POPULAIREMENT [pɔpylɛʀmɑ̃] adv. ✦ D'une manière populaire. Dans le langage populaire. *S'exprimer populairement.*

POPULARISER [pɔpylaʀize] v. tr. (conjug. 3a) ✦ Faire connaître parmi le peuple, le grand nombre. *Feuilleton qui popularise un prénom américain.* SYN. **répandre.**
ÉTYM. de *populaire.*

POPULARITÉ [pɔpylaʀite] n. f. ✦ Fait d'être connu et aimé du plus grand nombre. SYN. **célébrité, gloire, renommée.** *La cote de popularité d'un chef d'État.* CONTR. **impopularité.**
ÉTYM. latin *popularitas.*

POPULATION [pɔpylasjɔ̃] n. f. 1. Ensemble des personnes qui habitent un espace, une terre (→ **habitant**). *Accroissement de la population.* ☛ Géographie p. 222. *La population de la France. Recensement de la population. Région à population dense, faible* (SYN. **peuplement** ; → **démographie**). 2. Ensemble des personnes d'une catégorie particulière. *La population active*, les travailleurs.* 3. (animaux) *La population d'une ruche.* 4. SC. Ensemble statistique.
ÉTYM. bas latin *populatio*, par l'anglais.

POPULEUX, EUSE [pɔpylø, øz] adj. ✦ Très peuplé. *Des rues populeuses.*
ÉTYM. latin *populosus.*

POPULISME [pɔpylism] n. m. 1. École littéraire qui cherche, dans les romans, à dépeindre avec réalisme la vie des gens du peuple. 2. Discours politique qui s'adresse aux classes populaires, en critiquant le système et les élites.
► **POPULISTE** [pɔpylist] adj. et n.
ÉTYM. du latin *populus* «peuple».

POPULO [pɔpylo] n. m. ✦ FAM. 1. Peuple. 2. Grand nombre de gens. SYN. **foule.**
ÉTYM. de *populaire*, suffixe *-o.*

POP-UP [pɔpœp] n. m. ✦ anglicisme INFORM. Fenêtre secondaire qui s'ouvre soudainement devant la fenêtre principale. ➝ recomm. offic. *fenêtre intruse.*
ÉTYM. mot anglais, de *to pop up* «surgir».

PORC [pɔʀ] n. m. 1. Mammifère au corps épais dont la tête est terminée par un groin, qui est domestiqué et élevé pour sa chair ; spécialt le mâle adulte de l'espèce SYN. ① **cochon, verrat.** *Le porc, la truie et les porcelets. Relatif au porc.* → **porcin.** ➝ loc. *Il est gras, sale comme un porc. Manger comme un porc,* salement. ➝ *C'est un vrai porc,* un homme débauché, grossier. 2. Viande de cet animal (→ **jambon ; charcuterie**). *Un rôti de porc. Graisse de porc.* → **lard, saindoux.** 3. Peau tannée de cet animal. *Une valise en porc.* 4. par ext. *Porc sauvage.* → **sanglier.** HOM. PORE «orifice», ① PORT «abri pour les navires»
ÉTYM. latin *porcus.*

PORCELAINE [pɔʀsəlɛn] n. f. 1. Mollusque, coquillage univalve luisant et poli, aux couleurs vives. 2. Substance translucide, imperméable, résultant de la cuisson du kaolin. → **biscuit.** *Vaisselle en porcelaine, de porcelaine.* 3. Objet en porcelaine. *Collection de porcelaines.*
ÉTYM. italien *porcellana.*

PORCELAINIER, IÈRE [pɔʀsəlenje, jɛʀ] n. et adj. 1. n. Marchand(e), fabricant(e) de porcelaine. 2. adj. *L'industrie porcelainière de Limoges.*

PORCELET [pɔʀsəlɛ] n. m. ✦ Jeune porc. SYN. ① **cochon** de lait, **goret.**
ÉTYM. diminutif de l'ancien français *porcel*, forme de *pourceau.*

PORC-ÉPIC [pɔʀkepik] n. m. ✦ Mammifère rongeur d'Afrique et d'Asie, au corps recouvert de longs piquants. *Des porcs-épics* [pɔʀkepik].
ÉTYM. italien *porcospino* «porc épine», calque du grec.

PORCHE [pɔʀʃ] n. m. 1. Construction en saillie qui abrite la porte d'entrée (d'un édifice). *Le porche principal d'une cathédrale.* 2. Hall d'entrée (d'un immeuble).
ÉTYM. latin *porticus*, de *porta* «porte» ; doublet de *portique.*

PORCHER, ÈRE [pɔʀʃe, ɛʀ] n. ✦ Gardien, gardienne de porcs ; ouvrier agricole qui s'occupe des porcs.
ÉTYM. latin *porcarius.*

PORCHERIE [pɔʀʃəʀi] n. f. 1. Bâtiment où l'on élève, où l'on engraisse les porcs. 2. Local très sale. *C'est une vraie porcherie, ici !*
ÉTYM. de *porcher.*

PORCIN, INE [pɔʀsɛ̃, in] adj. 1. Relatif au porc. *Élevage porcin. Race porcine.* ➝ n. m. *Les porcins.* 2. péj. Dont l'aspect rappelle celui du porc. *Des yeux porcins.*
ÉTYM. latin *porcinus.*

PORE [pɔʀ] n. m. 1. Chacun des minuscules orifices de la peau par où sortent la sueur, le sébum. ➝ loc. *Par tous les pores,* de toute sa personne. 2. *Les pores d'une plante, du bois.* 3. Interstice d'une matière poreuse.
HOM. PORC «cochon», ① PORT «abri pour les bateaux»
ÉTYM. latin *porus,* grec *poros* «passage».

POREUX, EUSE [pɔʀø, øz] adj. ✦ Qui présente une multitude de pores, de petits trous. *La pierre ponce est une roche poreuse.*
ÉTYM. de *pore.*

PORION [pɔʀjɔ̃] n. m. ✦ Agent de maîtrise, contremaître dans les mines de charbon, par ext. dans les puits de pétrole.
ÉTYM. du français de Belgique *caporion,* italien *caporione* «chef *(capo)* de quartier».

PORNO [pɔʀno] adj. et n. m. ✦ FAM. 1. adj. Qui relève de la pornographie, pornographique. *Des films pornos.* 2. n. m. Pornographie (spécialt, cinéma pornographique). *Les stars du porno.*
ÉTYM. abréviation.

PORNOGRAPHIE [pɔʀnɔgʀafi] n. f. ✦ Représentation de choses obscènes destinées à être communiquées au public. ➝ Obscénité.
► **PORNOGRAPHIQUE** [pɔʀnɔgʀafik] adj.
ÉTYM. de *pornographe,* du grec *pornê* «prostituée».

POROSITÉ [pɔʀozite] n. f. ✦ État de ce qui est poreux. *La porosité de la craie.*
ÉTYM. de *poreux.*

PORPHYRE [pɔʀfiʀ] n. m. ✦ Roche magmatique à grands cristaux de feldspath. *Des colonnes de porphyre rouge.*
ÉTYM. italien *porfiro,* latin *porphyrites,* du grec «(pierre) pourpre».

PORRIDGE [pɔʀidʒ] n. m. ✦ anglicisme Bouillie de flocons d'avoine.
ÉTYM. mot anglais, du français *potage.*

① **PORT** [pɔʀ] n. m. **I** 1. Abri naturel ou artificiel aménagé pour recevoir les navires, pour l'embarquement et le débarquement de leur chargement. *Port maritime, fluvial. Port pétrolier.* ➝ ② **terminal.** *Port de commerce, de pêche, de guerre. Port de plaisance. Port d'attache d'un bateau,* où il est immatriculé. *Port franc,* non soumis au service des douanes. ➝ loc. *Arriver À BON PORT :* arriver à destination sans accident, ou (choses) en bon état. 2. LITTÉR. Lieu de repos ; abri. SYN. **havre, refuge.** 3. Ville qui possède un port. *Marseille, port de la Méditerranée.* **II** Col, dans les Pyrénées. **III** INFORM. Prise d'un ordinateur permettant de connecter un périphérique. *Port USB.* HOM. PORC «cochon», PORE «orifice»
ÉTYM. latin *portus.*

② **PORT** [pɔʀ] n. m. **I** Action de porter (dans quelques expressions). 1. Le fait de porter sur soi. *Le port illégal de décorations. Permis de port d'armes* (d'avoir une arme sur soi). 2. *PORT D'ARMES :* position du soldat qui présente son arme. 3. MUS. *PORT DE VOIX :* passage progressif de la voix d'un son à un autre. **II** Prix du transport (d'une lettre, d'un colis). *Port dû, port payé. Expédier un colis franco de port.* **III** Manière naturelle de se tenir. SYN. **allure, maintien.** *Un port de déesse, de reine.* ➝ *Un gracieux port de tête.* HOM. PORC «cochon», PORE «orifice»
ÉTYM. de *porter.*

PORTABILITÉ [pɔʀtabilite] n. f. ✦ INFORM. Qualité d'un programme lui permettant de fonctionner sur des ordinateurs de types différents.
ÉTYM. de *portable.*

PORTABLE [pɔʀtabl] adj. 1. (vêtement) Qu'on peut porter. SYN. **mettable.** 2. Transportable. SYN. **portatif.** *Ordinateur, téléphone portable* ou n. m. *un portable.* CONTR. **immettable,** ② **importable.**
ÉTYM. de ① *porter.*

PORTAGE [pɔʀtaʒ] n. m. 1. Transport d'objets à dos d'homme (➝ **porteur**). 2. PRESSE Système de distribution des journaux à domicile.
ÉTYM. de ① *porter.*

PORTAIL, AILS [pɔʀtaj] n. m. 1. Grande porte, parfois de caractère monumental. *Le porche et le portail d'une cathédrale.* ➝ *Le portail du parc d'un château.* 2. INFORM. Site d'accès au réseau Internet.
ÉTYM. de *porte ;* sens 2, de l'américain.

PORTANT, ANTE [pɔʀtɑ̃, ɑ̃t] adj. et n.
I adj. 1. Dont la fonction est de porter, de soutenir. *Les murs portants d'un édifice.* SYN. **porteur ;** ➝ **soutènement.** 2. *ÊTRE BIEN, MAL PORTANT :* en bonne, en mauvaise santé. ➝ se **porter.** ➝ n. *Les bien portants.*
II n. m. 1. Montant qui soutient un élément de décor, un appareil d'éclairage, au théâtre. ➝ Cette partie du décor. 2. Montant (d'une ouverture).
ÉTYM. du participe présent de ① *porter.*

PORTATIF, IVE [pɔʀtatif, iv] adj. ✦ Qui peut être transporté facilement. *Poste de télévision portatif.* SYN. **portable.**
ÉTYM. de ① *porter.*

① **PORTE** [pɔʀt] n. f. **I** 1. VX Ouverture aménagée dans l'enceinte d'une ville pour permettre le passage. SYN. **poterne.** ➝ *L'ennemi est à nos portes,* à nos frontières, tout près. 2. Lieu où se trouvait autrefois une porte de l'enceinte d'une ville. *La porte des Lilas* (à Paris). **II** 1. Ouverture spécialement aménagée pour permettre le passage ; l'encadrement de cette ouverture. *Les portes d'une maison. La grande porte du château.* ➝ **porche, portail.** *Porte palière. Porte d'entrée. Porte de secours.* SYN. **issue.** *Le seuil d'une porte. Sur le pas de la porte.* ➝ fig. *PAS-DE-PORTE :* bail commercial. ♦ loc. *Faire du PORTE-À-PORTE :* passer de logement en logement (pour vendre, quêter...). ➝ *Cela s'est passé à ma porte,* tout près de chez moi. FAM. *C'est la porte à côté,* tout près d'ici. ➝ *Recevoir qqn entre deux portes,* lui parler rapidement sans le faire entrer. *Mettre, jeter, flanquer qqn à la porte.* ➝ **congédier, renvoyer ; licencier.** ellipt *À la porte !* ➝ *Être à la porte,* ne pas pouvoir entrer. ➝ *Prendre la porte.* ➝ ① **partir,** ① **sortir.** ➝ fig. *La grande, la petite porte :* un accès direct, indirect. ♦ *Se ménager une porte de sortie.* ➝ **échappatoire, issue.** 2. Panneau mobile permettant d'obturer l'ouverture, la porte (II, 1). *Porte à double battant. Porte coulissante. Porte vitrée. Poignée de porte. Petite porte.* ➝ **portillon.** *Porte*

A B C D E F G H I J K L M N O P Q R S T U V W X Y Z

à tambour. Trouver porte close. Écouter aux portes, derrière les portes. ➙ loc. *Frapper à la bonne, à la mauvaise porte,* s'adresser au bon, au mauvais endroit, à la bonne, à la mauvaise personne. *Fermer sa porte à qqn,* refuser de l'admettre chez soi. *C'est la porte ouverte à tous les abus,* l'accès libre. ➙ *Journée porte ouverte,* pendant laquelle le public peut visiter une entreprise, etc. 3. (d'un véhicule) *Voiture à quatre portes.* SYN. **portière.** ➙ (d'un meuble) *La porte d'une armoire.* III 1. Passage étroit dans une région montagneuse. SYN. **défilé, gorge.** 2. Espace compris entre deux piquets où le skieur doit passer, dans un slalom.
ÉTYM. latin *porta.*

② **PORTE** [pɔʀt] adj. f. ✦ *VEINE PORTE,* qui ramène au foie le sang des organes digestifs abdominaux.
ÉTYM. de ① *porte.*

PORTE- Élément, tiré du verbe *porter,* qui signifie «qui porte». ➙ **-fère, -phore.**

PORTE-À-FAUX [pɔʀtafo] n. m. invar. ✦ Ouvrage, construction hors d'aplomb. ♦ loc. *En porte-à-faux* : qui n'est pas d'aplomb. ➙ fig. Dans une situation instable, ambiguë. *Se sentir en porte-à-faux.*

PORTE(-)À(-)PORTE n. m. ➙ ① PORTE (II)

PORTE-AVION n. m. ou **PORTE-AVIONS** [pɔʀtavjɔ̃] n. m. invar. ✦ Navire de guerre dont le pont supérieur constitue une plateforme d'envol et d'atterrissage pour les avions. *Des porte-avions.*

PORTE-BAGAGE n. m. ou **PORTE-BAGAGES** [pɔʀt(ə)bagaʒ] n. m. invar. 1. Dispositif adapté à un véhicule pour recevoir les bagages. *Le porte-bagage d'une moto.* 2. Filet, galerie métallique où l'on place les bagages dans un train, un car. *Des porte-bagages.*

PORTE-BÉBÉ [pɔʀt(ə)bebe] n. m. ✦ Nacelle munie de poignées pour transporter un bébé. ♦ Sac ventral ou dorsal muni d'un harnais, pour porter un bébé. *Des porte-bébés.*

PORTE-BILLET n. m. ou **PORTE-BILLETS** [pɔʀt(ə)bijɛ] n. m. invar. ✦ Petit portefeuille pour les billets de banque (➙ **porte-carte**). *Des porte-billets.*

PORTE-BONHEUR [pɔʀt(ə)bɔnœʀ] n. m. ✦ Objet que l'on considère comme porteur de chance (ex. le trèfle à quatre feuilles). SYN. **amulette, fétiche.** *Des porte-bonheur* (invar.) ou *des porte-bonheurs.* CONTR. **porte-malheur.**

PORTE-BOUTEILLE n. m. ou **PORTE-BOUTEILLES** [pɔʀt(ə)butɛj] n. m. invar. 1. Casier pour conserver les bouteilles couchées. 2. Panier à compartiments pour transporter les bouteilles (debout). *Des porte-bouteilles.*

PORTE-CARTE n. m. ou **PORTE-CARTES** [pɔʀt(ə)kaʀt] n. m. invar. ✦ Portefeuille à étuis transparents pour ranger les papiers d'identité, etc. (➙ **porte-billet**). *Des porte-cartes.*

PORTE-CIGARETTE n. m. ou **PORTE-CIGARETTES** [pɔʀt(ə)sigaʀɛt] n. m. invar. ✦ Étui à cigarettes. *Des porte-cigarettes.*

PORTE-CLÉ n. m. ou **PORTE-CLÉS** [pɔʀtəkle] n. m. invar. ✦ Anneau ou étui pour porter des clés, parfois orné d'une breloque. *Des porte-clés.*

PORTE-CONTENEUR n. m. ou **PORTE-CONTENEURS** [pɔʀt(ə)kɔ̃t(ə)nœʀ] n. m. invar. ✦ Navire destiné à transporter des conteneurs. *Des porte-conteneurs.*

PORTE-COUTEAU [pɔʀt(ə)kuto] n. m. ✦ Ustensile de table sur lequel on pose l'extrémité du couteau. *Des porte-couteaux.*

PORTE-DOCUMENT n. m. ou **PORTE-DOCUMENTS** [pɔʀt(ə)dɔkymɑ̃] n. m. invar. ✦ Serviette très plate, sans soufflet. SYN. **attaché-case.** *Des porte-documents.*

PORTE-DRAPEAU [pɔʀt(ə)dʀapo] n. 1. Soldat qui porte le drapeau d'un régiment. *Des porte-drapeaux.* 2. fig. Chef reconnu et actif. *La porte-drapeau des sans-abris.*

PORTÉE [pɔʀte] n. f. I 1. Ensemble des petits qu'une femelle de mammifère porte et met bas en une seule fois. *Une portée de chatons.* 2. TECHN. Charge, poids que supporte ou peut supporter qqch. 3. MUS. Les cinq lignes horizontales et parallèles qui portent la notation musicale. *Les portées d'une partition.* II Distance à laquelle porte une chose. 1. Distance à laquelle peut être lancé un projectile. *La portée d'un missile.* ➙ *Portée d'un radar,* distance maximale à laquelle il peut détecter une cible. ➙ *La portée d'un son, d'une voix.* 2. loc. *À (LA) PORTÉE (DE)* : à la distance convenable pour que ce dont il est question puisse porter. *À portée de voix.* ➙ *À portée de la main,* accessible sans se déplacer. ➙ *Mettre un verre à la portée d'un malade,* à portée de sa main. ➙ *HORS DE (LA) PORTÉE. Être hors de portée de voix. Produit à tenir hors de (la) portée des enfants.* SYN. **atteinte.** 3. fig. *À (LA) PORTÉE, HORS DE (LA) PORTÉE DE* : accessible ou non. *Spectacle à la portée de toutes les bourses,* bon marché. 4. Aptitude à comprendre ; capacités intellectuelles. *Ça passe au-dessus de sa portée.* ➙ *À LA PORTÉE DE.* SYN. **niveau.** *Un texte à la portée des enfants.* 5. (idée, pensée) Capacité à convaincre, à toucher. SYN. **impact.** *La portée d'un argument. Il n'a pas mesuré la portée de ses paroles.* SYN. **force.** ➙ (action, évènement) *Une décision sans portée pratique.* SYN. **effet.** *La portée d'une découverte.* SYN. **importance.**
ÉTYM. de *porter* (une charge).

PORTEFAIX [pɔʀtəfɛ] n. m. ✦ anciennt Celui qui faisait métier de porter des fardeaux. SYN. **porteur.**
ÉTYM. de ① *porter* et *faix.*

PORTE-FENÊTRE [pɔʀt(ə)fənɛtʀ] n. f. ✦ Fenêtre qui descend jusqu'au sol et fait office de porte. *Des portes-fenêtres.*

PORTEFEUILLE [pɔʀtəfœj] n. m. I 1. VX Cartable, serviette. ♦ MOD. Titre, fonctions de ministre. SYN. **ministère.** 2. Ensemble des effets de commerce, des valeurs mobilières détenus par une personne physique ou morale. ➙ *Portefeuille d'assurance* (ensemble de contrats). II 1. Étui pliant qu'on porte sur soi, muni de poches où l'on range billets de banque, papiers, etc. ➙ **porte-carte.** ➙ fig. *Avoir le portefeuille bien garni* : être riche. 2. loc. *Faire un lit en portefeuille,* replier le drap à mi-hauteur (en manière de farce). ➙ appos. *Jupe portefeuille,* qui se ferme sur le devant par la superposition de deux pans. *Des jupes portefeuilles.*
ÉTYM. de ① *porter* et *feuille* (de papier).

PORTE-GREFFE [pɔʀtəgʀɛf] n. m. ✦ TECHN. Plante sur laquelle on fixe le greffon. *Des porte-greffes.*

PORTE-HÉLICOPTÈRE n. m. ou **PORTE-HÉLICOPTÈRES** [pɔʀtelikɔptɛʀ] n. m. invar. ✦ Navire de guerre à pont d'envol pour les hélicoptères. *Des porte-hélicoptères.*

PORTE-JARRETELLE n. m. ou **PORTE-JARRETELLES** [pɔʀt(ə)ʒaʀtɛl] n. m. invar. ✦ Sous-vêtement féminin composé d'une ceinture munie de quatre jarretelles. *Des porte-jarretelles.*

PORTE-MALHEUR [pɔʀt(ə)malœʀ] n. m. ✦ RARE Chose ou personne que l'on considère comme portant malheur. *Des porte-malheur* (invar.) ou *des porte-malheurs.* CONTR. **porte-bonheur.**

PORTEMANTEAU [pɔʀt(ə)mɑ̃to] n. m. ✦ Patère ; ensemble de patères pour suspendre les vêtements. *Mettre sa veste au portemanteau.* ◆ Cintre.
ÉTYM. de ① *porter* et *manteau.*

PORTEMENT [pɔʀtəmɑ̃] n. m. ✦ *Portement de croix :* scène de la Passion où le Christ est représenté portant sa croix.
ÉTYM. de ① *porter.*

PORTEMINE [pɔʀtəmin] n. m. ✦ Instrument dans lequel on place des mines de crayon très fines. *Des portemines.*
ÉTYM. de ① *porter* et *mine.*

PORTEMONNAIE ou **PORTE-MONNAIE** [pɔʀt(ə)mɔnɛ] n. m. ✦ Petit sac souple où l'on met essentiellement de la monnaie. *Des portemonnaies, des porte-monnaies.* ➝ loc. *Faire appel au portemonnaie de qqn,* à sa générosité.

PORTE-OBJET [pɔʀtɔbʒɛ] n. m. ✦ Lame sur laquelle on dispose un objet à examiner au microscope. *Des porte-objets.*

PORTE-PARAPLUIE [pɔʀt(ə)paʀaplɥi] n. m. ✦ Ustensile disposé pour recevoir les parapluies, les cannes. *Des porte-parapluies.*

PORTE-PAROLE [pɔʀt(ə)paʀɔl] n. ✦ Personne qui prend la parole au nom de qqn d'autre, d'une assemblée, d'un groupe. SYN. **interprète.** *La porte-parole du gouvernement. Ce journal est le porte-parole de l'opposition. Des porte-paroles* ou *des porte-parole* (invar.).

PORTEPLUME ou **PORTE-PLUME** [pɔʀtəplym] n. m. ✦ Tige au bout de laquelle on assujettit une plume à écrire. *Des porteplumes, des porte-plumes.*

① **PORTER** [pɔʀte] v. tr. (conjug. 3a) **I** Supporter le poids de. **1.** Soutenir, tenir (ce qui pèse). *Porter un enfant dans ses bras. Porter une valise à la main.* **2.** abstrait Supporter. *Porter le poids d'une faute.* **3.** Soutenir. *Mes jambes ne me portent plus.* **4.** Produire en soi (un petit, des petits [→ **portée**], un rejeton). *Porter un enfant.* SYN. **attendre.** ➝ *Les fruits que porte un arbre.* **5.** Avoir en soi, dans l'esprit, le cœur. ➝ loc. *Je ne le porte pas dans mon cœur :* je ne l'aime pas, je lui en veux. **6.** Avoir sur soi. SYN. ① **avoir.** *Porter la barbe.* ➝ *Porter des lunettes.* ➝ loc. fig. *Porter la robe :* être magistrat. ◆ *Le nom que l'on porte.* ➝ *Ce tableau porte un beau titre.* ➝ *La lettre porte la date du 20 mai.* ➝ *Porter la marque d'un coup.* **II** Mettre. **1.** Prendre pour emporter, déposer. *Porter un malade sur un lit.* SYN. **mettre, transporter.** *Va lui porter ce paquet.* SYN. **apporter. 2.** (gestes, attitudes) Orienter, diriger. *Porter le corps en avant. Porter la main sur qqn,* le toucher ou le frapper. SYN. ① **lever.** ➝ fig. *Porter son effort sur...* **3.** loc. fig. *Porter atteinte à la réputation de qqn.* → **attenter.** *Porter témoignage. Porter plainte contre qqn.* **4.** Mettre par écrit. SYN. **inscrire.** *Porter une somme sur un registre.* ➝ *Se faire porter malade* (ou FAM. *porter pâle*). **5.** *PORTER À :* amener, faire arriver à (un état élevé, extrême). *Porter un homme au pouvoir.* ➝ loc. *Porter qqn aux nues*.* ◆ *Porter un roman à l'écran.* SYN. **adapter. 6.** Donner, apporter (un sentiment, une aide... à qqn). *L'amitié que je vous porte.* ➝ loc. *Porter ombrage.* ➝ *Porter chance.* ➝ prov. *La nuit porte conseil.* ◆ *Porter un jugement sur qqn, qqch.,* le formuler, l'émettre. **7.** *PORTER qqn À qqch. :* pousser, inciter, entraîner à. ➝ *PORTER qqn À* (+ inf.). *Tout me porte à croire que c'est faux.* ➝ *ÊTRE PORTÉ À* (+ inf.) : être naturellement poussé à. → **enclin.** ➝ *ÊTRE PORTÉ SUR qqch. :* avoir un goût marqué, un faible pour. → **aimer.** *Être porté sur la boisson.* FAM. *Être porté sur la chose* (l'érotisme, le sexe). **III** v. tr. ind. Appuyer, toucher. **1.** *PORTER SUR :* peser, appuyer sur (qqch.). → **portée** (I, 2). *Tout l'édifice porte sur ces colonnes.* SYN. ① **reposer.** ➝ fig. *L'accent porte sur la dernière syllabe.* ➝ FAM. *Cela me porte sur les nerfs,* m'agace. ◆ Avoir pour objet. *Le conflit portait sur les salaires.* **2.** absolt (tir) Avoir une portée. *Un canon qui porte loin.* **3.** Toucher le but. *Une voix qui porte,* qui s'entend loin. fig. *Le coup a porté.* ➝ fig. *Vos observations ont porté,* on en a tenu compte. **IV** *SE PORTER* v. pron. **1.** *Se porter (bien, mal) :* être en bonne, en mauvaise santé. SYN. ① **aller.** *Il se porte à merveille ; comme un charme*.* **2.** (vêtement, parure) Être porté. *Le bleu se porte beaucoup cette année* (→ *être à la mode*). **3.** LITTÉR. Se diriger (vers). *Se porter à la rencontre de qqn.* SYN. ① **aller.** ➝ fig. *Les soupçons se portent sur lui.* **4.** *SE PORTER À :* se laisser aller à. *Empêchez-le de se porter à cette extrémité. Se porter à des excès.* SYN. **se livrer à. 5.** (dans des loc.) Se présenter (à, comme). *Se porter acquéreur. Se porter garant*, se porter caution. Se porter partie civile.* CONTR. **déposer, poser • enlever, retirer.**
ÉTYM. latin *portare.*

② **PORTER** [pɔʀtɛʀ] n. m. ✦ Bière brune amère (d'origine anglaise).
ÉTYM. mot anglais, de *porter's ale* «bière de portefaix».

PORTERIE [pɔʀtəʀi] n. f. ✦ Loge de portier.
ÉTYM. de *portier.*

PORTE-SAVON [pɔʀt(ə)savɔ̃] n. m. ✦ Support ou emplacement destiné à recevoir un savon. *Des porte-savons.*

PORTE-SERVIETTE [pɔʀt(ə)sɛʀvjɛt] n. m. ✦ Support pour les serviettes de toilette. *Des porte-serviettes.* ➝ On écrit aussi *un porte-serviettes* (invar.).

PORTEUR, EUSE [pɔʀtœʀ, øz] n. et adj. **1.** Personne chargée de remettre des lettres, des messages, des colis à leurs destinataires. → ① **facteur, messager.** *Envoyer un pli par porteur.* SYN. ② **coursier. 2.** (dans des expr.) Personne dont le métier est de porter des fardeaux. *Porteuse d'eau.* ➝ *Chaise à porteurs.* ◆ absolt *PORTEUR :* personne chargée de porter les bagages des voyageurs (dans les gares, aéroports...). ➝ (dans une expédition) → **coolie, sherpa ; portage. 3.** Personne qui porte effectivement (un objet). *Le porteur du ballon.* **4.** Personne qui détient (certains papiers, titres). SYN. **détenteur.** ◆ DR. COMM. *Les petits porteurs :* les petits actionnaires. ➝ *AU PORTEUR* (mention figurant sur des titres non nominatifs). *Chèque au porteur, payable au porteur.* **5.** MÉD. *Porteur sain :* sujet cliniquement sain qui porte des germes pathogènes. *Les porteurs sains sont contagieux.* → **séropositif. 6.** adj. Qui porte. *Mur porteur.* ➝ *Fusée porteuse.* ➝ ÉLECTR. *Onde porteuse,* qui porte l'information. ◆ *Secteur porteur de l'économie,* qui entraîne les autres par son développement. **7.** adj. *MÈRE PORTEUSE,* qui, ayant reçu un embryon, mène la

grossesse à terme pour le compte d'une autre femme.
ÉTYM. de ① *porter.*

PORTE-VOIX [pɔʀtəvwa] n. m. invar. ✦ Tube, cornet à pavillon évasé, pour amplifier la voix. ➛ *Mettre ses mains en porte-voix,* en cornet autour de la bouche.

PORTFOLIO [pɔʀtfɔljo] n. m. ✦ Pochette, coffret contenant des photographies, des estampes.
ÉTYM. mot anglais, de l'italien *portafogli.*

PORTIER, IÈRE [pɔʀtje, jɛʀ] n. 1. Personne qui garde une porte. SYN. **concierge.** ➛ n. m. *Le portier de l'hôtel.* SYN. **gardien.** ➛ n. (dans une communauté religieuse) appos. *Sœur portière.* 2. n. m. *Portier électronique* (digicode, interphone, etc.).
ÉTYM. latin *portarius.*

PORTIÈRE [pɔʀtjɛʀ] n. f. 1. Tenture qui ferme l'ouverture d'une porte, ou en couvre le panneau. *Une portière de lanières.* 2. Porte (d'une voiture, d'un train). *Fermeture automatique des portières.*
ÉTYM. de ① *porte.*

PORTILLON [pɔʀtijɔ̃] n. m. ✦ Porte à battant plus ou moins bas. *Portillon automatique du métro.* ➛ loc. FAM. *Ça se bouscule au portillon :* il y a foule de gens qui veulent entrer ; fig. il, elle parle trop vite et s'embrouille.
ÉTYM. de ① *porte.*

PORTION [pɔʀsjɔ̃] n. f. 1. Part qui revient à qqn ; spécialt quantité de nourriture destinée à une personne. SYN. **ration.** *Une portion de gâteau.* SYN. **part, tranche.** ◆ (argent, biens) *La portion d'un héritage.* 2. Partie. *Portion de terrain cultivé.* SYN. **parcelle.**
ÉTYM. latin *portio* «part» et «rapport».

PORTIQUE [pɔʀtik] n. m. 1. Galerie ouverte soutenue par deux rangées de colonnes, ou par un mur et une rangée de colonnes. *Portique d'église.* → **narthex.** 2. Barre horizontale soutenue par deux poteaux verticaux, et à laquelle on accroche des agrès. *Portique de jardin.* 3. TECHN. Dispositif en forme de pont. ➛ *Portique de détection :* cadre muni d'un dispositif de détection (d'armes, d'explosifs), placé à l'entrée d'un lieu public.
ÉTYM. latin *porticus ;* doublet de *porche.*

PORTO [pɔʀto] n. m. ✦ Vin de liqueur portugais très estimé. *Du porto rouge, blanc. De vieux portos.*
ÉTYM. de *Porto,* nom d'une ville du Portugal. ☞ noms propres.

PORTRAIT [pɔʀtʀɛ] n. m. **I** 1. Représentation (d'une personne réelle, spécialt de son visage) par le dessin, la peinture, la gravure. *Faire le portrait de qqn. Un portrait en pied,* de tout le corps, debout. *Portrait de l'artiste par lui-même.* → **autoportrait.** 2. Photographie (d'une personne). 3. fig. Image, réplique fidèle. *C'est (tout) le portrait de son père.* 4. FAM. Figure. *Se faire abîmer le portrait.* **II** Description orale ou écrite (d'une personne).
ÉTYM. du participe passé de l'ancien verbe *portraire,* de *pour* et *traire,* au sens ancien de «tirer ; dessiner».

PORTRAITISTE [pɔʀtʀetist] n. ✦ Peintre, dessinateur de portraits.
ÉTYM. de *portrait.*

PORTRAIT-ROBOT [pɔʀtʀɛʀɔbo] n. m. ✦ Portrait d'un individu recherché par la police, obtenu en combinant les signalements donnés par des témoins. *Des portraits-robots.*

PORTRAITURER [pɔʀtʀetyʀe] v. tr. (conjug. 3a) ✦ Faire le portrait de. *Se faire portraiturer.*
ÉTYM. de l'anc. nom féminin *portraiture,* de *portrait.*

PORTUAIRE [pɔʀtɥɛʀ] adj. ✦ Qui appartient à un port. *Équipements portuaires.*
ÉTYM. du latin *portus* → ① port.

PORTUGAIS, AISE [pɔʀtygɛ, ɛz] adj. et n. 1. Du Portugal (☞ noms propres). ➛ n. *Les Portugais.* ◆ n. m. *Le portugais,* langue romane parlée au Portugal, au Brésil, en Afrique occidentale (→ **lusophone**). 2. PORTUGAISE n. f. Variété d'huître commune qui vit sur la côte atlantique.

PORTULAN [pɔʀtylɑ̃] n. m. ✦ anciennt Carte marine des premiers navigateurs (XIIIe-XVIe siècles), souvent ornée. ➛ Livre contenant la description des ports et des côtes.
ÉTYM. italien *portolano* «pilote», de *porto* «port».

P. O. S. [pɔs] n. m. ✦ Plan d'occupation des sols, carte mise au point par le conseil municipal (remplacé par le *plan local d'urbanisme* ou *PLU*). *Consulter le P. O. S. avant d'accorder un permis de construire.*
ÉTYM. sigle.

POSE [poz] n. f. **I** Action de poser, mise en place. *La pose de la première pierre d'un édifice.* ➛ *La pose d'un verrou.* ➛ *La pose d'une prothèse.* **II** 1. Attitude que prend le modèle qui pose. SYN. **position.** *Garder la pose.* ➛ Attitude du corps. *Prendre une pose, essayer des poses.* 2. Affectation dans le maintien, le comportement. → **poseur.** **III** PHOTOGR. Exposition de la surface sensible à l'action de la lumière. *Temps de pose,* nécessaire à la formation d'une image correcte. ➛ *Pellicule 36 poses,* permettant de faire 36 photos. HOM. PAUSE «arrêt»
ÉTYM. de *poser.*

POSÉ, ÉE [poze] adj. 1. Calme, pondéré. *Un homme posé.* SYN. **réfléchi.** 2. *Voix bien, mal posée,* capable ou non d'émettre des sons fermes dans toute son étendue. CONTR. **brusque, fougueux.**
ÉTYM. de *poser.*

POSÉMENT [pozemɑ̃] adv. ✦ Calmement. *Parler posément.* SYN. **doucement, lentement.** CONTR. **précipitamment.**

POSEMÈTRE [pozmɛtʀ] n. m. ✦ PHOTOGR. Appareil de mesure (de la lumière) qui détermine le temps de pose*.
ÉTYM. de *pose* et *-mètre.*

POSER [poze] v. (conjug. 3a) **I** v. tr. 1. Mettre (une chose) en un endroit qui peut naturellement la recevoir et la porter. *Poser un objet sur une table. Poser sa tête sur l'oreiller.* ➛ fig. *Poser son regard sur qqn.* SYN. **arrêter.** 2. Mettre en place à l'endroit approprié. SYN. **installer ;** → **pose** (I). *Poser des rideaux.* ➛ Écrire (un chiffre) dans une opération. *Quinze, je pose cinq et je retiens un.* 3. fig. Établir, énoncer. *Posons le principe que...* ➛ au p. passé *Ceci posé :* ceci étant admis. 4. Formuler (une question, un problème). *POSER UNE QUESTION À qqn,* l'interroger, le questionner. *Poser une colle.* ➛ *Se poser une question.* → **s'interroger.** ➛ *Cela pose un problème.* SYN. **soulever.** 5. *Poser sa candidature :* se déclarer officiellement candidat. 6. Donner de l'importance, de la notoriété... à (qqn). *Une voiture comme ça, ça vous pose !* 7. Abandonner, déposer. *Poser le masque.* **II** v. intr. 1. Être posé, appuyé (sur qqch.). SYN. ① **porter,** ① **reposer.** *Poutre qui pose sur une*

traverse. **2.** Se tenir immobile dans une attitude, pour être peint, dessiné, photographié (→ **pose**, 1). *Modèle qui pose pour un sculpteur.* **3.** Prendre des attitudes étudiées pour se faire remarquer (→ **pose**, 2). – loc. *Poser pour la galerie.* ♦ *POSER À... :* tenter de se faire passer pour... SYN. **jouer.** *Poser au justicier.* **III** *SE POSER* **v. pron.** **1.** Se placer, s'arrêter doucement (quelque part). *Oiseau qui se pose sur une branche.* – absolt *Un avion qui se pose.* SYN. **atterrir.** – fig. *Son regard se posa sur nous.* **2.** Se donner (pour tel). *Se poser comme, en tant que... – Se poser en... :* prétendre jouer le rôle de. SYN. **s'ériger.** *Se poser en victime.* **3.** passif Être, devoir être posé. *Chapeau qui se pose sur le côté de la tête.* – fig. *La question ne s'est pas encore posée.* **4.** loc. FAM. *Se poser (un peu) là :* dépasser la norme, la moyenne (en mieux ou en pire). *Comme bricoleur, il se pose là !* CONTR. **déposer, enlever, ôter • décoller, s'envoler.**
ÉTYM. latin populaire *pausare,* du grec.

POSEUR, EUSE [pozœʀ, øz] **n.** **I** Personne chargée de la pose (d'un objet). *Poseur de moquette.* **II** Personne qui prend une attitude affectée pour se faire valoir. SYN. **fat, pédant.** – **adj.** *Elle est un peu poseuse.* SYN. **affecté, maniéré, prétentieux.**
ÉTYM. de *poser.*

POSITIF, IVE [pozitif, iv] **adj.** et **n. m.** **I** PHILOS. Qui est imposé à l'esprit par les faits, l'expérience. *Connaissance positive,* fondée sur l'observation et l'expérience. – Qui est fondé sur cette connaissance (→ **positivisme**). *Sciences positives.* **II** **1.** Qui a un caractère de certitude. SYN. **certain, évident, sûr.** *Un fait positif,* attesté. **2.** Qui a un caractère d'utilité pratique. *Des avantages positifs.* SYN. **concret,** ① **effectif.** **3.** Qui donne la préférence aux faits, à la réalité concrète. *Des gens positifs et matérialistes.* **4.** **n. m.** *LE POSITIF :* ce qui est rationnel (opposé à *surnaturel, imaginaire, affectif*). *Il lui faut du positif.* **III** **1.** Qui affirme qqch. SYN. **affirmatif.** *Réponse positive.* – (emploi critiqué) Qui affirme du bien de qqn, de qqch. SYN. **favorable.** *Une critique positive.* – *Esprit positif.* SYN. **constructif.** **2.** MÉD. *Réaction positive,* effective, qui se produit. *Cutiréaction positive. Examen bactériologique positif,* qui révèle la présence effective de bactéries. – (personnes) *Elle a été déclarée positive au contrôle antidopage.* **3.** *Nombre positif,* plus grand que zéro. *Le signe +* (plus), *symbole des nombres positifs.* **4.** *Électricité positive,* analogue à celle obtenue en frottant un morceau de verre. – *Électrode positive.* → **anode.** **5.** PHOTOGR. *Épreuve positive :* image dont les valeurs (ombres et lumières) ne sont pas inversées par rapport au sujet. CONTR. **chimérique, douteux, incertain • abstrait, idéal • négatif.**
ÉTYM. latin *positivus,* de *ponere* «placer».

POSITION [pozisjɔ̃] **n. f.** **1.** Manière dont une chose, une personne est placée, située ; lieu où elle est placée. SYN. **disposition, emplacement, place.** *Position horizontale, verticale. Position stable* (→ **équilibre**), *instable.* – *La position d'un navire, d'un avion. Déterminer sa position.* → **s'orienter.** – *FEU DE POSITION* (d'un navire, d'un avion, d'une automobile). **2.** Emplacement de troupes, d'installations ou de constructions militaires. *Position stratégique. Position clé.* – loc. *Guerre de positions et guerre de mouvement.* **3.** Maintien du corps ou d'une partie du corps. SYN. **attitude, pose, posture, station.** *Position assise, couchée. Changer de position.* – MILIT. Attitude réglementaire. *Rectifier la position.* – *EN POSITION. On se mit en position de combat.* **4.** fig. Ensemble des circonstances où l'on se trouve. *Une position critique, délicate, fausse.* ♦ loc. *Être en position de force.* **5.** Situation dans la société. SYN. **condition.** *Occuper une position (sociale) en vue.* **6.** Ensemble des idées qu'une personne soutient et qui la situe par rapport à d'autres personnes. *Position politique.* – *Prendre position.* – loc. *Rester sur ses positions :* refuser toute concession. **7.** Montant du solde d'un compte en banque, à une date donnée.
ÉTYM. latin *positio,* de *ponere* «poser».

POSITIONNEMENT [pozisjɔnmɑ̃] **n. m.** ✦ anglicisme Action de positionner.

POSITIONNER [pozisjɔne] **v. tr.** (conjug. 3a) ✦ anglicisme **1.** TECHN. Mettre, placer (une pièce, un engin) dans une position déterminée en vue d'une fonction précise. **2.** BANQUE Calculer la position de (un compte en banque). **3.** PUBLICITÉ Déterminer la technique de promotion de (un produit) quant à son marché, sa clientèle.
ÉTYM. anglais *to position ;* sens 2, du franç. *position.*

POSITIVEMENT [pozitivmɑ̃] **adv.** **1.** D'une manière certaine, sûre. *Je ne le sais pas positivement.* – Réellement, vraiment. *C'est positivement insupportable.* **2.** PHYS. Avec de l'électricité positive. *Particules chargées positivement.* **3.** (emploi critiqué) D'une manière positive (III, 1), en acquiesçant. *Il a répondu positivement.* CONTR. **sûrement • négativement.**
ÉTYM. de *positif.*

POSITIVISME [pozitivism] **n. m.** ✦ Doctrine d'Auguste Comte selon laquelle les sciences positives sont appelées à fonder la philosophie.
► **POSITIVISTE** [pozitivist] **adj.** et **n.**
ÉTYM. de *positif.*

POSITRON [pozitʀɔ̃] ou **POSITON** [pozitɔ̃] **n. m.** ✦ PHYS. Particule de même masse que l'électron, et de charge électrique opposée.
ÉTYM. de *positif* et *électron,* d'après l'anglais *positron.*

POSOLOGIE [pozɔlɔʒi] **n. f.** ✦ Indication du dosage et de la fréquence de prise d'un médicament.
ÉTYM. du grec *poson* «combien» et de *-logie.*

POSSÉDANT, ANTE [pɔsedɑ̃, ɑ̃t] **adj.** et **n.** ✦ Qui possède des biens, des richesses, des capitaux. *Les classes possédantes.* – **n.** *Les possédants.*
ÉTYM. du participe présent de *posséder.*

POSSÉDÉ, ÉE [pɔsede] **adj.** ✦ Qui est dominé par une puissance occulte. *Il se croit possédé du démon.* ♦ **n.** *Exorciser un possédé.* – loc. *Se démener, hurler comme un possédé,* avec une violence incontrôlée.
ÉTYM. du participe passé de *posséder.*

POSSÉDER [pɔsede] **v. tr.** (conjug. 8) **1.** Avoir (qqch.) à sa disposition ; avoir parmi ses biens. SYN. **détenir.** *Posséder une fortune, une maison.* **2.** fig. Avoir en propre (une chose abstraite). *Il croit posséder la vérité.* SYN. **détenir.** – *Il possède une excellente mémoire.* **3.** Avoir une connaissance sûre de (qqch.). SYN. **connaître.** *Posséder à fond son sujet.* **4.** Jouir des faveurs de (qqn) ; s'unir sexuellement à (qqn). *Posséder une femme.* **5.** FAM. Tromper, duper. *Il nous a bien possédés !* SYN. ① **avoir, feinter, rouler.** **6.** Dominer moralement. *La jalousie le possède,* le tient, le subjugue. **7.** LITTÉR. Maîtriser (ses propres états). ♦ pronom. Se maîtriser. SYN. se **contenir,** se **dominer.** *Il ne se possède plus de joie,* il ne peut contenir sa joie. **8.** (forces occultes) S'emparer du corps et de l'esprit de (qqn) (→ **possédé**).
ÉTYM. latin *possidere.*

POSSESSEUR [pɔsesœʀ] n. 1. Personne qui possède (un bien). *L'heureux possesseur du numéro gagnant.* 2. Personne qui peut jouir (de qqch.). *La possesseur d'un secret.* SYN. **dépositaire.**
ÉTYM. latin *possessor.*

POSSESSIF, IVE [pɔsesif, iv] adj. 1. en grammaire Qui marque une relation d'appartenance, un rapport (de possession, de dépendance, etc.). *Adjectifs, pronoms possessifs* (mon, ton, son... ; mien, tien, sien...). ➝ n. m. *Un possessif.* 2. PSYCH. Qui s'exerce, agit dans un sens d'appropriation. *Sentiments possessifs.* SYN. **exclusif.** ➝ *Un mari jaloux et très possessif.*
ÉTYM. latin grammatical *possessivus.*

POSSESSION [pɔsesjɔ̃] n. f. **I** 1. Fait, action de posséder. *La possession d'une fortune.* ♦ *EN (LA, SA...) POSSESSION.* (sens actif) *Être en possession de qqch. Avoir des biens en sa possession.* → **détenir.** ➝ (sens passif) → **appartenir,** ① **être à.** *Cette somme est-elle en votre possession ?* ♦ *PRENDRE POSSESSION DE* (un lieu) : s'installer comme chez soi dans. 2. Fait de posséder par l'esprit. SYN. **connaissance, maîtrise.** *La possession d'un métier, d'une langue.* 3. Fait de posséder sexuellement (un partenaire amoureux). 4. État d'une personne qui maîtrise ses facultés, ses sentiments. *Reprendre possession de soi, de soi-même* (après une émotion violente). ➝ *Être EN POSSESSION de toutes ses facultés,* dans son état mental normal. *Être en pleine possession de ses moyens.* 5. Fait d'être possédé. ♦ Forme de délire dans lequel le malade se croit habité par un démon (→ **possédé**), avec sentiment de dédoublement et hallucinations. 6. GRAMM. Mode de relation exprimé par les *possessifs* (ex. *mon* livre, *sa* mère) ou les prépositions *à* et *de* (ex. c'est *à* moi, la mère *de* cet enfant). **II** *(Une, des possessions)* 1. Chose possédée par qqn. SYN. ② **avoir,** ② **bien.** 2. HIST. Dépendance coloniale d'un État. SYN. **colonie, territoire.** CONTR. **dépossession, privation.**
ÉTYM. latin *possessio.*

POSSESSIVITÉ [pɔsesivite] n. f. ✦ PSYCH. Fait d'être, de se montrer possessif.
ÉTYM. de *possessif.*

POSSIBILITÉ [pɔsibilite] n. f. 1. Caractère de ce qui peut se réaliser. *La possibilité d'un évènement.* SYN. **éventualité.** *Il n'y a entre eux aucune possibilité d'entente.* 2. Chose possible. *Envisager toutes les possibilités.* SYN. ① **cas.** *Il n'y a que deux possibilités.* SYN. **option ;** → **alternative.** 3. Capacité (de faire). SYN. **faculté,** ② **moyen, occasion.** *J'irai si j'en ai la possibilité. Aucune possibilité de refuser.* 4. au plur. Moyens dont on peut disposer. *Chacun paiera selon ses possibilités.* ➝ *Connaître ses possibilités.* → **limite.** CONTR. **impossibilité.**
ÉTYM. latin *possibilitas.*

POSSIBLE [pɔsibl] adj. et n. m.
I adj. 1. Qui peut être réalisé, qu'on peut faire. SYN. **faisable, réalisable, virtuel.** *C'est tout à fait possible.* SYN. **envisageable, pensable.** ➝ *Venez demain si (c'est) possible.* ➝ impers. *Il est possible d'y parvenir, qu'on y parvienne.* ➝ (pour marquer l'étonnement) *Ce n'est pas possible !* SYN. **croyable.** ellipt FAM. *Pas possible !* 2. Qui constitue une limite extrême. *Il a accumulé toutes les erreurs possibles et imaginables.* ♦ (en compar., avec *que*) *Autant que possible. Dès que possible.* ♦ (en superl., avec *le plus, le moins*) *Prenez le moins de risques possible(s). Achetez des fraises, les plus grosses possible(s).* 3. Qui peut se réaliser, être vrai ; qui peut être ou ne pas être. SYN. **éventuel.** *Il n'y a aucun doute possible.* ➝ (dans une réponse) *Tu viendras nous voir ? – Possible !* ➝ impers. *Il est possible que* (+ subj.) : il se peut que. 4. Qui est peut-être ou peut devenir (tel). *C'est un concurrent possible.* SYN. **éventuel.** 5. FAM. Acceptable, convenable ; supportable. *Il est possible, comme chef. J'en ai assez, ce n'est plus possible !* CONTR. **impossible, infaisable** • ① **effectif.**
II n. m. *LE POSSIBLE* 1. (dans des loc.) Ce qui est possible. *Dans la mesure du possible :* autant qu'on le peut. *Faire tout son possible (pour...).* ➝ *AU POSSIBLE* loc. adv. → **beaucoup, extrêmement.** *Il est désagréable au possible.* 2. Ce qui est réalisable. *Les limites du possible.* 3. au plur. Choses qu'on peut faire, qui peuvent arriver. *Envisager tous les possibles.* SYN. **possibilité.**
ÉTYM. latin *possibilis,* de *posse* «pouvoir».

POSSIBLEMENT [pɔsibləmɑ̃] adv. ✦ RARE, sauf au Canada Peut-être ; vraisemblablement.

POST [pɔst] n. m. ✦ anglicisme Message, billet qu'un internaute publie sur un forum, sur un blog. *Des posts.*
HOM. ① POSTE «service du courrier», ② POSTE «lieu»
ÉTYM. mot anglais, du français ① *poste.*

> **POST-** Élément, du latin *post* «après», dans le temps (ex. *postdater*) et dans l'espace (ex. *postposer*). CONTR. **anté-, pré-.**

POSTAGE [pɔstaʒ] n. m. ✦ Action de poster (le courrier).
ÉTYM. de ① *poster.*

POSTAL, ALE, AUX [pɔstal, o] adj. ✦ Qui concerne la poste, l'administration des postes. *Service postal. Carte* postale.* ➝ *Code postal.* ➝ *Compte chèque postal (C. C. P.).*
ÉTYM. de ① *poste.*

POSTCURE [pɔstkyʀ] n. f. ✦ Période qui suit une cure, un traitement, et durant laquelle le malade reste sous surveillance médicale.

POSTDATE [pɔstdat] n. f. ✦ ADMIN. Date portée sur un document et qui est postérieure à la date réelle.

POSTDATER [pɔstdate] v. tr. (conjug. 3a) ✦ Dater postérieurement à la date réelle. ➝ au p. passé *Chèque postdaté.* CONTR. **antidater.**

① **POSTE** [pɔst] n. f. 1. anciennt Relais de chevaux, étape pour le transport des voyageurs et du courrier. ♦ Distance entre deux relais. 2. En France, Administration chargée du service de la correspondance et d'opérations bancaires. *Bureau de poste. Employé de la poste.* 3. Bureau de poste. *La poste était fermée. Mettre une lettre à la poste,* dans la boîte du bureau, ou dans une boîte à lettres publique. ➝ *POSTE RESTANTE :* mention indiquant que la correspondance est adressée au bureau de poste où le destinataire doit venir la chercher. HOM. POST «message»
ÉTYM. italien *posta,* du latin, famille de *ponere* «poser, déposer».

② **POSTE** [pɔst] n. m. **I** 1. Lieu où un soldat, un corps de troupes se trouve placé par ordre supérieur, en vue d'une opération militaire. *Un poste avancé.* → **avant-poste.** *Poste de commandement* (abrév. P. C.). ♦ loc. *Être, rester À SON POSTE,* là où le devoir l'exige ; là où l'on est. ➝ FAM. *Être SOLIDE* AU POSTE.* 2. Groupe de soldats placé en ce lieu. *Relever un poste.* 3. *POSTE DE POLICE* ou *POSTE :* corps de garde d'un commissariat de police. *Passer la nuit au poste.* 4. *POSTE-FRONTIÈRE :* point de passage gardé, à une frontière. **II** 1. Emploi auquel on est nommé ; lieu où on l'exerce. SYN. **charge,**

fonction. *Être titulaire de son poste. Occuper un poste élevé. Poste vacant.* **2.** TECHN. Durée de travail d'une équipe. *Un poste de huit heures* (→ *travail posté**). **III** Emplacement affecté à un usage particulier. *Le poste de pilotage d'un avion.* ➤ *Poste d'essence.* → **station-service.** ➤ *Poste d'incendie.* **IV** Appareil récepteur (de radio, de télévision). *Poste portatif.* HOM. POST «message»
ÉTYM. italien *posto*, du latin.

POSTÉ, ÉE [pɔste] **adj.** ✦ *Travail posté*, par équipes qui se relaient sur les mêmes postes de travail, selon un horaire organisé par tranches.
ÉTYM. de ② *poste*.

① **POSTER** [pɔste] **v. tr.** (conjug. 3a) **1.** Mettre à la poste. **2.** Introduire (un article, une contribution → **post**) sur un forum, dans un groupe de discussion... *Poster un billet sur un blog.*
ÉTYM. de ① *poste*.

② **POSTER** [pɔste] **v. tr.** (conjug. 3a) **1.** Placer (des soldats) à un poste déterminé. SYN. **établir.** *Poster des sentinelles.* **2.** *SE POSTER* **v. pron.** Se placer (quelque part) pour une action déterminée, spécialt pour observer, guetter. *Se poster à la fenêtre.*
ÉTYM. de ② *poste*.

③ **POSTER** [pɔstɛʀ] **n. m.** ✦ anglicisme Affiche destinée à la décoration.
ÉTYM. mot anglais.

POSTÉRIEUR, EURE [pɔsteʀjœʀ] **adj.** et **n. m.**
I adj. **1.** Qui vient après, dans le temps. *Les poètes postérieurs à Rimbaud. Nous verrons cela à une date postérieure.* SYN. **futur, ultérieur.** **2.** DIDACT. Qui est derrière, dans l'espace. *Les membres postérieurs du cheval.* CONTR. **antérieur, précédent.**
II n. m. FAM. Arrière-train (d'une personne). SYN. ② **derrière.**
ÉTYM. latin *posterior*.

POSTÉRIEUREMENT [pɔsteʀjœʀmɑ̃] **adv.** ✦ À une date postérieure. SYN. **après, ultérieurement.** CONTR. **antérieurement,** ① **avant, précédemment.**

a POSTERIORI → **A POSTERIORI**

POSTÉRIORITÉ [pɔsteʀjɔʀite] **n. f.** ✦ Caractère de ce qui est postérieur à qqch. (dans le temps). CONTR. **antériorité.**
ÉTYM. de *postérieur*.

POSTÉRITÉ [pɔsteʀite] **n. f.** **1.** LITTÉR. Suite de personnes d'une même origine. SYN. **descendance, lignée.** *Mourir sans postérité.* ➤ fig. *La postérité d'un artiste*, ceux qui s'inspirent de lui, après lui. **2.** Générations à venir. *Travailler pour la postérité.* → **avenir.** ➤ *Œuvre qui passe à la postérité.* CONTR. **ancêtres, prédécesseurs.**
ÉTYM. latin *posteritas*.

POSTFACE [pɔstfas] **n. f.** ✦ Commentaire placé à la fin d'un livre. CONTR. **préambule, préface.**
ÉTYM. de *post-*, d'après *préface*.

POSTHUME [pɔstym] **adj.** **1.** Qui est né après la mort de son père. *Enfant posthume.* **2.** Qui a vu le jour après la mort de son auteur. *Œuvre posthume*, publiée après la mort. ➤ *Décoration posthume*, donnée à un mort. *Décoré à titre posthume.*
ÉTYM. latin *postumus* «dernier».

POSTICHE [pɔstiʃ] **adj.** **1.** Que l'on porte pour remplacer artificiellement qqch. de naturel (ne se dit pas des prothèses). SYN. **factice,** ① **faux.** *Des cheveux postiches.* → **perruque.** ♦ **n. m.** Mèche que l'on adapte à volonté à sa coiffure. SYN. FAM. **moumoute.** **2.** fig. Faux, inventé. *Une élégance postiche.*
ÉTYM. italien *posticcio*.

POSTIER, IÈRE [pɔstje, jɛʀ] **n.** ✦ Employé(e) du service des postes.
ÉTYM. de ① *poste*.

POSTILLON [pɔstijɔ̃] **n. m.** **I** anciennt Conducteur d'une voiture de poste. SYN. ② **cocher.** *Le postillon de la diligence.* **II** Gouttelette de salive projetée en parlant.
ÉTYM. probablement italien *postiglione*.

POSTILLONNER [pɔstijɔne] **v. intr.** (conjug. 3a) ✦ Envoyer des postillons.
ÉTYM. de *postillon*, II.

POST-IT [pɔstit] **n. m. invar.** ✦ Petit morceau de papier partiellement adhésif, repositionnable. ➤ Recomm. offic. *papillon*.
ÉTYM. marque déposée ; mot anglais «pose-le».

POSTMODERNE [pɔstmɔdɛʀn] **adj.** ✦ ARTS Qui rejette la rigueur du style dit «moderne» dans les arts plastiques et se caractérise par l'éclectisme.

POSTNATAL, ALE, ALS [pɔstnatal] **adj.** ✦ DIDACT. Relatif à la période qui suit immédiatement la naissance. CONTR. **prénatal.**

POSTOPÉRATOIRE [pɔstɔpeʀatwaʀ] **adj.** ✦ MÉD. Qui se produit ou se fait après une opération.

POSTPOSER [pɔstpoze] **v. tr.** (conjug. 3a) ✦ DIDACT. Placer après un autre mot. ➤ au p. passé *Adjectif postposé.* CONTR. **antéposer.**
► **POSTPOSITION** [pɔstpozisjɔ̃] **n. f.**

POST-SCRIPTUM [pɔstskʀiptɔm] **n. m. invar.** ✦ Complément ajouté au bas d'une lettre, après la signature (abrév. P.-S. [peɛs]).
ÉTYM. locution latine «écrit après».

POSTSYNCHRONISATION [pɔstsɛ̃kʀɔnizasjɔ̃] **n. f.** ✦ CIN. Addition du son et de la parole après le tournage d'un film.

POSTSYNCHRONISER [pɔstsɛ̃kʀɔnize] **v. tr.** (conjug. 3a) ✦ TECHN. Faire la postsynchronisation de (un film).

POST-TRAUMATIQUE [pɔsttʀomatik] **adj.** ✦ MÉD. Qui fait suite à un traumatisme. *Stress post-traumatique.*

POSTULANT, ANTE [pɔstylɑ̃, ɑ̃t] **n.** ✦ Personne qui postule à une place, un emploi. SYN. **candidat.**
ÉTYM. du participe présent de *postuler*.

POSTULAT [pɔstyla] **n. m.** ✦ MATH., PHILOS. Proposition qui ne peut être démontrée, mais qui est nécessaire pour établir une démonstration. → aussi **axiome.** *Les cinq postulats d'Euclide* (dont le cinquième, dit *Postulat d'Euclide* ou *postulat des parallèles*).
ÉTYM. latin *postulatum* «demande».

POSTULER [pɔstyle] **v. tr.** (conjug. 3a) **1.** Demander (un emploi, une place). *Postuler un emploi* (ou trans. indir. *postuler à, pour un emploi* SYN. **candidater**). **2.** DIDACT. Poser (une proposition) comme postulat.
ÉTYM. latin *postulare* «demander».

POSTURE [pɔstyʀ] **n. f.** **1.** Attitude particulière du corps (→ **position**), spécialt lorsqu'elle est peu naturelle ou peu convenable. *Une posture inconfortable.* **2.** loc. fig. *Être, se trouver en bonne, en mauvaise posture*, dans une situation favorable ou défavorable.
ÉTYM. italien *postura*.

POT [po] **n. m.** **I** **1.** Récipient de ménage, destiné surtout à contenir liquides et aliments. *Un pot de terre, de grès.* → **poterie.** loc. *C'est le pot de terre contre le pot de fer,* le faible contre le fort, une lutte inégale. – *POT À,* destiné à contenir. *Pot à lait. Pot à eau.* – *POT DE,* contenant effectivement. *Un pot de yaourt.* – *POT (DE FLEURS)* : récipient dans lequel on fait pousser des plantes ornementales. ♦ loc. fig. *Découvrir le POT AUX ROSES* : découvrir le secret d'une affaire. – *POT AU NOIR* : situation inextricable et dangereuse ; spécialt région de brumes opaques redoutée des navigateurs, des aviateurs. – *Payer les pots cassés* : réparer les dommages qui ont été faits. – *Être sourd comme un pot,* très sourd. **2.** VX Marmite servant à faire cuire les aliments (→ **pot-au-feu**). – MOD. *Poule* au pot. Cuillère à pot,* pour écumer la marmite. – loc. FAM. *En deux coups de cuillère* à pot.* ♦ loc. *Tourner autour du pot* : parler avec des circonlocutions, ne pas se décider à dire ce que l'on veut dire. – *À la fortune du pot* : sans façons, à la bonne franquette. **3.** *POT (DE CHAMBRE),* où l'on fait ses besoins. SYN. ① **vase** de nuit. *Mettre un enfant sur le* (ou *sur son*) *pot.* **4.** Contenu d'un pot (1). – absolt FAM. *Boire, prendre un pot,* une consommation. SYN. **verre.** **5.** *POT D'ÉCHAPPEMENT* : tuyau muni de chicanes qui, à l'arrière d'une voiture, d'une moto, laisse échapper les gaz brûlés. – loc. FAM. *Plein pot* : à toute vitesse ; fig. plein tarif. *Payer plein pot.* **6.** L'enjeu, dans certains jeux d'argent. *Ramasser le pot.* **II** FAM. Chance, veine. *Avoir du pot. C'est un coup de pot. Manque de pot !* SYN. ① **bol.** HOM. PEAU «épiderme»

ÉTYM. mot d'origine préceltique.

POTABILITÉ [pɔtabilite] **n. f.** ✦ DIDACT. Caractère de ce qui est potable (1). *La potabilité de l'eau.*

POTABLE [pɔtabl] **adj.** **1.** Qui peut être bu sans danger pour la santé. *Eau non potable.* **2.** FAM. Qui passe à la rigueur ; assez bon. SYN. **acceptable, passable.**

ÉTYM. bas latin *potabilis,* de *potare* «boire».

POTACHE [pɔtaʃ] **n. m.** ✦ FAM. Collégien, lycéen.

ÉTYM. peut-être de *pot à chien,* désignant un chapeau, ou dérivé de *pot.*

POTAGE [pɔtaʒ] **n. m.** ✦ Bouillon dans lequel on a fait cuire des aliments solides, le plus souvent coupés fin ou passés. SYN. **soupe.**

ÉTYM. de *pot* (I, 2), d'abord «aliments cuits au pot».

POTAGER, ÈRE [pɔtaʒe, ɛʀ] **adj.** et **n. m.**

I adj. **1.** (plantes) Dont certaines parties peuvent être utilisées dans l'alimentation humaine (à l'exclusion des céréales). *Plantes potagères.* → **légume.** **2.** Où l'on cultive des plantes potagères pour sa propre consommation. *Jardin potager.* – *Culture potagère* (opposé à *maraîchère*).

II n. m. Jardin destiné à la culture des légumes (et de certains fruits) pour la consommation.

ÉTYM. de *potage.*

> **POTAMO-, -POTAME** Éléments savants, du grec *potamos* «fleuve» (ex. *potamologie* **n. f.** «science qui étudie les cours d'eau»).

POTAMOCHÈRE [pɔtamɔʃɛʀ] **n. m.** ✦ Mammifère ongulé voisin du sanglier, qui vit dans les marécages, en Afrique.

ÉTYM. de *potamo-* et du grec *khoiros* «petit cochon».

POTASSE [pɔtas] **n. f.** **1.** Hydroxyde de potassium, solide blanc très caustique. **2.** *Potasse d'Alsace,* minerai contenant du chlorure de potassium, utilisé comme engrais.

ÉTYM. néerlandais *potasch,* germanique «cendre *(asch)* du pot».

POTASSER [pɔtase] **v. tr.** (conjug. 3a) ✦ FAM. Étudier avec acharnement. *Potasser un examen.*

ÉTYM. peut-être de *pot.*

POTASSIQUE [pɔtasik] **adj.** ✦ CHIM. Se dit des composés du potassium. *Engrais potassiques.*

ÉTYM. de *potasse.*

POTASSIUM [pɔtasjɔm] **n. m.** ✦ Corps simple (symb. K), métal alcalin très oxydable présent dans la potasse.

ÉTYM. latin moderne → potasse.

POT-AU-FEU [potofø] **n. m.** **1.** Plat composé de viande de bœuf bouillie avec des légumes (carottes, poireaux...). SYN. **potée.** *Le bouillon du pot-au-feu. Des pots-au-feu* [potofø] ou *des pot-au-feu.* ♦ Le morceau de bœuf qui sert à faire le pot-au-feu. **2.** adjectivt invar. FAM. VIEILLI *Être pot-au-feu* : aimer avant tout le calme et le confort du foyer. SYN. **popote.** *Des couples pot-au-feu.*

POT-DE-VIN [pod(ə)vɛ̃] **n. m.** ✦ Somme d'argent, cadeau offerts clandestinement pour obtenir illégalement un avantage. *Toucher des pots-de-vin.*

POTE [pɔt] **n. m.** ✦ FAM. Camarade, ami. SYN. **copain, poteau** (II).

ÉTYM. de *poteau,* II.

POTEAU [pɔto] **n. m.** **I** **1.** Pièce de charpente dressée verticalement pour servir de support. SYN. **pilier.** *Poteau de bois, de béton.* **2.** Pièce de bois, de métal, etc., dressée verticalement. *Poteau indicateur,* portant la direction des routes. – *Poteau télégraphique, poteau électrique,* portant les fils et leurs isolateurs. – SPORTS *Poteau de but.* – *Poteau de départ, d'arrivée.* – loc. *Coiffer (un concurrent) sur le poteau,* le battre de justesse. **3.** *Poteau (d'exécution),* où l'on attache ceux que l'on va fusiller. – loc. *Envoyer qqn au poteau,* le condamner à la fusillade. **II** FAM., VIEILLI Ami fidèle (sur lequel on peut s'appuyer). SYN. **pote.**

ÉTYM. de l'ancien français *post,* latin *postis* «pilier de porte».

POTÉE [pɔte] **n. f.** ✦ Plat analogue au pot-au-feu, composé de viande de porc ou de bœuf et de légumes variés. *Potée au chou.*

ÉTYM. de *pot.*

POTELÉ, ÉE [pɔt(ə)le] **adj.** ✦ Qui a des formes rondes et pleines. SYN. **dodu, grassouillet.** *Un bébé potelé.*

ÉTYM. de l'ancien français *(main) pote* «enflée».

POTENCE [pɔtɑ̃s] **n. f.** **1.** TECHN. Pièce de charpente faite d'un poteau et d'une traverse placée en équerre. ♦ MÉD. Support du matériel servant aux perfusions. **2.** Instrument de supplice (pour l'estrapade, la pendaison), formé d'une potence soutenant une corde. SYN. **gibet.** – *Mériter la potence.* SYN. **corde.** – loc. *Gibier* de potence.*

ÉTYM. latin *potentia* «puissance» puis «soutien, appui».

POTENTAT [pɔtɑ̃ta] **n. m.** **1.** Celui qui a la souveraineté absolue dans un grand État. SYN. **monarque,** ① **souverain, tyran.** **2.** Homme qui possède un pouvoir excessif, absolu. SYN. **despote.**

ÉTYM. latin *potentatus* «puissance politique».

POTENTIALITÉ [pɔtɑ̃sjalite] **n. f.** ✦ DIDACT. ou LITTÉR. **1.** Caractère de ce qui est potentiel. *Le subjonctif peut exprimer la potentialité.* **2.** Qualité, chose potentielle. SYN. **possibilité, virtualité.** *Des potentialités inexploitées.*

ÉTYM. de *potentiel.*

POTENTIEL, ELLE [pɔtɑ̃sjɛl] adj. et n. m.
I adj. 1. DIDACT. Qui existe en puissance (opposé à *actuel*). SYN. **virtuel.** — COUR. *Client, marché potentiel.* 2. GRAMM. Qui exprime une possibilité (→ **potentialité,** 1). *Un mode potentiel* (ex. conditionnel). 3. SC. *Énergie potentielle,* celle d'un corps capable de fournir un travail (ex. ressort comprimé).
► **POTENTIELLEMENT** [pɔtɑ̃sjɛlmɑ̃] adv.
II n. m. 1. PHYS. *Potentiel électrique* : grandeur caractérisant l'état électrique en un point d'un circuit, liée au travail fourni par le champ électrique. *L'unité de potentiel est le volt. Différence de potentiel entre les bornes d'un générateur.* → **tension.** 2. BIOL. *Potentiel de membrane* ou *potentiel de repos* : différence de potentiel entre les faces externes et internes de la membrane cellulaire. 3. Capacité d'action, de production. SYN. **puissance.** *Le potentiel économique et militaire d'un pays.*
ÉTYM. bas latin *potentialis,* de *potentia* «puissance».

POTENTIOMÈTRE [pɔtɑ̃sjɔmɛtʀ] n. m. ✦ ÉLECTR. Rhéostat.
ÉTYM. de *potentiel* et *-mètre.*

POTERIE [pɔtʀi] n. f. 1. Fabrication des objets utilitaires en terre cuite. → **céramique, faïence, porcelaine.** 2. Objet ainsi fabriqué ; matière dont il est fait. *Façonner une poterie au tour.* 3. Atelier de poterie.
ÉTYM. de *pot.*

POTERNE [pɔtɛʀn] n. f. 1. Porte dérobée dans la muraille d'enceinte d'un château, de fortifications. 2. Voûte, galerie voûtée.
ÉTYM. bas latin *posterula* «porte de derrière».

POTICHE [pɔtiʃ] n. f. 1. Grand vase de porcelaine d'Extrême-Orient. 2. fig. Personne reléguée à une place honorifique, sans aucun rôle actif. *Jouer les potiches.*
ÉTYM. de *pot.*

POTIER, IÈRE [pɔtje, jɛʀ] n. ✦ Personne qui fabrique et vend des objets en céramique, des poteries. → **céramiste.** *Tour, four de potier.*
ÉTYM. de *pot.*

POTIMARRON [pɔtimaʀɔ̃] n. m. ✦ Petite courge orange, à chair farineuse au goût de châtaigne.
ÉTYM. de *potiron* et ① *marron.*

POTIN [pɔtɛ̃] n. m. 1. surtout au pluriel Bavardage, commérage. SYN. ① **cancan, ragot.** *Faire des potins sur qqn.* 2. Bruit, tapage, vacarme. SYN. ① **boucan.** *Faire du potin, un potin du diable.*
ÉTYM. mot normand, de *potiner* «bavarder autour des *potines* (chaufferettes)», de *pot.*

POTION [posjɔ̃] n. f. ✦ VIEILLI Médicament liquide destiné à être bu. — loc. *Potion magique* : remède miracle.
ÉTYM. latin *potio, potionis* ; doublet de *poison.*

POTIRON [pɔtiʀɔ̃] n. m. ✦ Variété de courge plus grosse que la citrouille. *Soupe au potiron.*
ÉTYM. origine obscure.

POT-POURRI [popuʀi] n. m. 1. VX Mélange hétéroclite. 2. Pièce de musique légère faite de thèmes empruntés à diverses sources. 3. Mélange odorant à base de pétales séchés. *Des pots-pourris.*

POTRON-MINET [pɔtʀɔ̃minɛ] n. m. ✦ LITTÉR. Le point du jour, l'aube. *Dès potron-minet.*
ÉTYM. ancienne locution «quand le chat *(minet)* montre son derrière (*potron,* du latin *posterio*)».

POU [pu] n. m. 1. Insecte qui vit en parasite sur l'homme (→ **pouilleux ; épouiller**). *Œuf de pou.* → **lente.** «*Les Chercheuses de poux*» (poème de Rimbaud). ◆ loc. FAM. *Être laid comme un pou,* très laid. *Chercher des poux dans la tête de qqn, à qqn,* le chicaner, lui chercher querelle. 2. Insecte parasite des animaux. *Pou de chien* (→ **tique**). HOM. POULS «pulsation du sang»
ÉTYM. latin populaire *peduculus,* classique *pediculus.*

POUAH [pwa] interj. ✦ FAM. Exclamation qui exprime le dégoût, le mépris.
ÉTYM. onomatopée.

POUBELLE [pubɛl] n. f. ✦ Récipient destiné aux ordures ménagères (d'un immeuble, d'un appartement). *Ramassage des poubelles par les éboueurs. Jeter qqch. à la poubelle.* appos. *Sacs poubelles. Voitures poubelles* : bennes à ordures. — loc. FAM. *Faire les poubelles,* les fouiller pour récupérer de la nourriture, des objets.
ÉTYM. du nom du préfet qui l'imposa en 1884.

POUCE [pus] n. m. 1. Le premier doigt de la main, opposable aux autres doigts. *Bébé qui suce son pouce.* ◆ loc. *Mettre les pouces* : cesser de résister, s'avouer vaincu. — FAM. *Manger un morceau SUR LE POUCE,* sans assiette et debout. — *Se tourner les pouces* : rester sans rien faire. — *Donner le COUP DE POUCE,* la dernière main à un ouvrage. ◆ *Pouce !,* interjection enfantine servant à se mettre momentanément hors du jeu, à demander une trêve. 2. Le gros orteil. 3. Ancienne mesure de longueur valant 2,7 cm. — MOD. (dans certains pays) Douzième partie du pied, valant 2,54 cm. *Mesurer cinq pieds six pouces* (1,78 m). — loc. *Ne pas reculer, bouger, avancer d'un pouce* : rester immobile. HOM. POUSSE «bourgeon»
ÉTYM. latin *pollex, pollicis.*

POUDING [pudiŋ] → **PUDDING**

POUDRAGE [pudʀaʒ] n. m. ✦ Action de poudrer.

POUDRE [pudʀ] n. f. 1. VX Poussière (→ **poudroyer**). 2. Substance solide formée de très petites particules. *Réduire en poudre.* → **moudre, pulvériser.** — *Sucre en poudre.* — loc. *Poudre de perlimpinpin,* que les charlatans vendaient comme une panacée. — loc. *Jeter de la poudre aux yeux,* chercher à éblouir. 3. Substance pulvérulente utilisée sur la peau comme fard. *Poudre de riz.* 4. Mélange explosif pulvérulent. *Poudre à canon.* — loc. *Mettre le FEU AUX POUDRES* : déclencher un évènement violent. *Faire parler la poudre* : tirer. — *Il n'a pas inventé la poudre,* il n'est pas très intelligent.
ÉTYM. latin *pulvis, pulveris* «poussière».

POUDRER [pudʀe] v. tr. (conjug. 3a) 1. Couvrir de poudre. SYN. **saupoudrer.** 2. Couvrir (ses cheveux, sa peau) d'une couche de poudre (3). — pronom. *Se poudrer.* — p. passé adj. Au visage poudré. *Une femme fardée, poudrée.*

POUDREUSE [pudʀøz] n. f. ✦ Instrument servant à répandre une poudre (2).
ÉTYM. de *poudre.*

POUDREUX, EUSE [pudʀø, øz] adj. 1. VX ou LITTÉR. Poussiéreux. 2. Qui a la consistance d'une poudre. *Neige poudreuse,* ou n. f. *de la poudreuse* : neige fraîche et molle.

POUDRIER [pudʀije] n. m. ✦ Récipient à poudre (3). *Poudrier en argent.*
ÉTYM. de *poudre.*

POUDRIÈRE [pudʀijɛʀ] **n. f.** 1. Magasin à poudre (4), à explosifs. 2. Lieu où règnent des tensions susceptibles d'engendrer des incidents violents.
ÉTYM. de *poudre.*

POUDROIEMENT [pudʀwamɑ̃] **n. m.** ✦ Effet produit par la poussière soulevée et éclairée ou par la lumière éclairant les grains d'une poudre.
ÉTYM. de *poudroyer.*

POUDROYER [pudʀwaje] **v. intr.** (conjug. 10) 1. LITTÉR. Produire de la poussière ; s'élever en poussière. 2. Avoir une apparence de poudre brillante. ◆ Faire briller les grains de poussière en suspension. *Le soleil poudroie à travers les volets.*
ÉTYM. de *poudre.*

POUET [pwɛt] **interj.** ✦ Onomatopée (souvent répétée) évoquant un bruit de trompe, de klaxon.

POUF [puf] **interj. et n. m.**
I **interj.** Exclamation exprimant un bruit sourd de chute. *Et pouf ! le voilà par terre.*
II **n. m.** Siège bas, gros coussin capitonné. *Un pouf en cuir.*
ÉTYM. onomatopée → ① paf, ① pif.

POUFFER [pufe] **v. intr.** (conjug. 3a) ✦ *POUFFER (DE RIRE) :* éclater de rire malgré soi. SYN. **s'esclaffer.**
ÉTYM. de *pouf.*

POUILLES [puj] **n. f. pl.** ✦ LITTÉR., VX *CHANTER POUILLES à qqn :* l'accabler d'injures, de reproches.
ÉTYM. de l'ancien français *pouiller* «épouiller».

POUILLEUX, EUSE [pujø, øz] **adj.** 1. Couvert de poux, de vermine. *Un mendiant pouilleux.* 2. Qui est dans une extrême misère. ➝ **n.** *Les pouilleux.* SYN. **gueux, miséreux.** 3. (choses) Misérable et sale. SYN. **sordide.** *Un quartier pouilleux.* 4. (après un nom géographique) *La Champagne pouilleuse,* calcaire, la moins fertile.
ÉTYM. de *pouil,* ancienne forme de *pou.*

POULAILLER [pulaje] **n. m.** I Abri où on élève des poules ou d'autres volailles. ➝ Ensemble des poules qui logent dans cet abri. II FAM. Galerie supérieure d'un théâtre. SYN. **paradis.** *Prendre une place au poulailler.*
ÉTYM. de l'ancien français *poulaille,* de *poule.*

POULAIN [pulɛ̃] **n. m.** 1. Petit du cheval, mâle ou femelle (jusqu'à trente mois). → **pouliche ; pouliner.** *La jument et son poulain.* 2. Débutant prometteur (sportif, étudiant, écrivain), par rapport à la personne qui l'appuie. *Les poulains d'un éditeur.*
ÉTYM. latin *pullamen,* de *pullus* «petit d'un animal».

à la POULAINE [alapulɛn] **loc. adj.** ✦ *Souliers à la poulaine,* à l'extrémité allongée en pointe (fin du Moyen Âge).
ÉTYM. de l'ancien adjectif *poulain* «polonais».

POULARDE [pulaʀd] **n. f.** ✦ Jeune poule engraissée.
ÉTYM. de *poule.*

POULBOT [pulbo] **n. m.** ✦ Enfant de Montmartre, gavroche. *Un petit poulbot.*
ÉTYM. du nom du dessinateur.

① **POULE** [pul] **n. f.** I 1. Femelle du coq, oiseau de basse-cour à ailes courtes et arrondies, à queue courte, à crête dentelée et petite. *La poule picore ; glousse, caquette. Poule pondeuse. Œuf de poule. La poule et ses poussins.* ➝ *Poule au pot. Poule au riz.* → aussi **poularde.** 2. loc. *Quand les poules auront des dents,* jamais. *Tuer la poule aux œufs d'or,* détruire par avidité ou impatience la source d'un profit important. *Se coucher comme (avec) les poules,* très tôt. ➝ *MÈRE POULE :* mère qui «couve» ses enfants. *Des papas poules. POULE MOUILLÉE :* personne poltronne. ➝ *Bouche en cul-de-poule.* → **cul-de-poule.** 3. Femelle de gallinacés. *Poule faisane,* faisan femelle. ◆ (autres espèces) *POULE D'EAU :* petit échassier. II FAM. *Ma poule :* terme d'affection (pour les filles, les femmes). SYN. ① **cocotte, poulet, poulette.** III FAM. Fille de mœurs légères. SYN. **grue.** ◆ (avec un possessif) VIEILLI, péj. Maîtresse (d'un homme). *Il est avec sa poule.* HOM. POOL «groupe d'associés»
ÉTYM. latin *pulla,* de *pullus* «petit d'un animal».

② **POULE** [pul] **n. f.** 1. (aux cartes) Enjeu déposé au début de la partie ; somme constituée par le total des mises qui revient au gagnant. SYN. **pot.** 2. SPORTS Groupe d'équipes destinées à se rencontrer, dans la première phase d'un championnat. *Poule A, poule B.*
ÉTYM. origine obscure ; sens 2, de l'anglais *pool.*

POULET [pulɛ] **n. m.** I 1. Petit de la poule, plus âgé que le poussin (de trois à dix mois). 2. Jeune poule ou jeune coq (→ **coquelet**) destiné à l'alimentation. → **chapon, poularde.** *Poulet de grain, poulet fermier. Poulet rôti.* ➝ *Manger du poulet.* 3. *Mon (petit) poulet,* terme d'affection (pour les deux sexes). SYN. ① **poule** (II). II FAM. Policier. SYN. **flic.**
ÉTYM. diminutif de *poule* ; sens II, de *poule* «police» argot, d'origine italienne.

POULETTE [pulɛt] **n. f.** I Jeune poule. II FAM. Jeune fille, jeune femme. ➝ *Ma poulette,* terme d'affection.
ÉTYM. de *poule.*

POULICHE [puliʃ] **n. f.** ✦ Jument qui n'est pas encore adulte (mais qui n'est plus un poulain).
ÉTYM. latin *pullinum* → poulain.

POULIE [puli] **n. f.** ✦ Petite roue qui porte sur sa jante une corde, une courroie et sert à soulever des fardeaux, à transmettre un mouvement. → **palan.**
ÉTYM. du grec *polos* «pivot».

POULINER [puline] **v. intr.** (conjug. 3a) ✦ TECHN. Mettre bas, en parlant d'une jument.

POULINIÈRE [pulinjɛʀ] **adj. f.** ✦ *Jument poulinière,* destinée à la reproduction. ➝ **n. f.** *Une poulinière.*
ÉTYM. de *pouliner.*

POULPE [pulp] **n. m.** ✦ Mollusque à longs bras (tentacules) armés de ventouses. SYN. **pieuvre.**
ÉTYM. latin *polypus* ; doublet de *pieuvre* et *polype.*

POULS [pu] **n. m.** ✦ Battement rythmique des artères produit par le passage du sang projeté du cœur (perceptible au toucher, notamment sur la face interne du poignet). *Prendre le pouls,* en compter les pulsations. ➝ fig. *Le pouls de l'opinion.* ◆ L'endroit où l'on sent le pouls. *Tâter le pouls.* HOM. POU «parasite»
ÉTYM. latin *pulsus.*

POUMON [pumɔ̃] **n. m.** ✦ Chacun des deux viscères placés dans la cage thoracique, organes de la respiration (→ **pneumo- ; pulmonaire**). *Enveloppe des poumons.* → **plèvre.** ➝ *Aspirer À PLEINS POUMONS :* profondément. *Chanter, crier à pleins poumons,* de toutes ses forces. → **s'époumoner.**
ÉTYM. latin *pulmo, pulmonis.*

POUPE [pup] **n. f.** ✦ Arrière (d'un navire). → ② **gaillard** d'arrière. ➜ **loc. fig.** *Avoir le vent en poupe*, être poussé vers le succès.
ÉTYM. génois *popa*, latin *puppis*.

POUPÉE [pupe] **n. f.** 1. Figurine humaine servant de jouet d'enfant, d'ornement. *Jouer à la poupée. Avoir un visage de poupée.* → **poupin.** *Maison de poupée*, en miniature. 2. FAM. Jeune femme, jeune fille. SYN. **pépée.** *Une chouette poupée.* 3. FAM. Doigt blessé, entouré d'un pansement ; le pansement.
ÉTYM. latin populaire *puppa*, classique *pupa*.

POUPIN, INE [pupɛ̃, in] **adj.** ✦ Qui a les traits d'une poupée. *Un visage poupin.*
ÉTYM. de *poupée*.

POUPON [pupɔ̃] **n. m.** ✦ Bébé, très jeune enfant. *Un mignon poupon.*

POUPONNER [pupɔne] **v. intr.** (conjug. 3a) ✦ Dorloter maternellement des bébés. *Elle adore pouponner.*
ÉTYM. de *poupon*.

POUPONNIÈRE [pupɔnjɛʀ] **n. f.** ✦ Établissement où l'on garde les enfants jusqu'à trois ans. SYN. **crèche.**
ÉTYM. de *poupon*.

POUR [puʀ] **prép.** et **n. m.** **I** (idée d'échange, d'équivalence, de correspondance, de réciprocité) 1. En échange de ; à la place de. *Vendre qqch. pour telle somme.* SYN. **contre, moyennant.** ➜ loc. *Il en a été pour son argent, pour ses frais*, il n'a rien eu en échange. ➜ *Dix pour cent (%), pour mille (‰).* → **pourcentage.** ➜ *Dire un mot pour un autre*, au lieu de. ➜ (avec le même nom avant et après) *Dans un an, jour pour jour*, exactement. 2. (avec un terme redoublé marquant la possibilité d'un choix) *Mourir pour mourir*, autant que ce soit de mort subite. 3. (rapport d'équivalence entre deux termes) *Avoir la liberté pour principe.* SYN. **comme.** ➜ *Pour tout avantage, pour tous avantages.* → en **fait** de. *Pour le moins*, au moins, au minimum. ➜ loc. FAM. *Pour de bon*, d'une façon authentique. 4. En prenant la place de. *Payer pour qqn*, à sa place. 5. En ce qui concerne (qqch.). ➜ Par rapport à. *Il fait froid pour la saison.* 6. (mise en valeur du sujet, de l'attribut ou du compl. d'objet) *Pour moi, je pense que...* SYN. **quant à.** *Pour ce qui est de...* 7. En ce qui concerne (qqn). *Elle est tout pour moi.* **II** (direction, destination, résultat, intention) 1. Dans la direction de, en allant vers. *Partir pour le Japon. Les voyageurs pour Bruxelles.* 2. (terme dans le temps) *C'est pour ce soir.* ➜ *Pour six mois*, pendant six mois à partir de maintenant. *Pour le moment*, momentanément. *C'est pour quand ? Pour dans huit jours.* ➜ FAM. *C'est pour aujourd'hui ou pour demain ? Pour une fois, pour cette fois. Pour le coup*, cette fois-ci. 3. (destination, but...) Destiné à (qqn, qqch.). *C'est pour vous. Film pour adultes.* ➜ ellipt FAM. *C'est fait pour.* SYN. ② **exprès.** ◆ Destiné à combattre. SYN. **contre.** *Médicament pour la grippe.* ➜ En vue de. *C'est pour son bien.* ◆ À l'égard de. SYN. ① **envers.** *Son amitié pour lui.* ➜ *Tant mieux, tant pis pour lui.* ◆ En faveur de, pour l'intérêt, le bien de... *Prier pour qqn. Chacun pour soi.* 4. En faveur de (opposé à *contre*). *Voter pour un candidat.* ÊTRE POUR *qqn, qqch.* : être partisan de (qqn, qqch.). → **pro-**. *Je suis pour cette décision ;* ellipt *je suis pour.* ◆ **n. m.** loc. LE POUR ET LE CONTRE : les aspects favorables et défavorables. 5. POUR (+ inf.) : afin de pouvoir. *Faire l'impossible pour réussir. Travailler pour vivre. Pour quoi faire ?* ➜ loc. FAM. *Ce n'est pas pour dire, mais...* (renforce l'assertion). *C'est pour rire.* 6. POUR QUE : afin que. *Il faudra du temps pour que cela réussisse.* ➜ POUR QUE... NE PAS. *Il ferma les fenêtres pour que la chaleur ne sorte pas.* **III** (conséquence) 1. En ayant pour résultat (qqch.). *Pour son malheur, il a cédé.* ➜ (+ inf.) Afin de. *Pour réussir, il a besoin d'être plus sûr de lui.* ➜ (forme négative) *Ce projet n'est pas pour me déplaire*, me plaît. 2. POUR QUE (avec une subordonnée de conséquence). *Assez, trop... pour que...* **IV** (cause) 1. À cause de. *Il a été puni pour ses mensonges.* ➜ loc. *Pour un oui, pour un non*, à toute occasion. *Pour sa peine*, en considération de sa peine. *Pour quoi ?* → **pourquoi.** ➜ absolt *Et pour cause !*, pour une raison trop évidente. 2. (+ inf. passé ou passif) *Il a été puni pour avoir menti.* **V** (opposition, concession) 1. LITTÉR. POUR... QUE. SYN. **aussi**, ① **si**, ① **tout ;** → avoir **beau.** *Pour intelligent qu'il soit, il ne réussira pas sans travail.* ➜ loc. *Pour autant que*, dans la mesure où. *Ils ne sont pas plus heureux pour autant.* 2. *Pour être riches, ils n'en sont pas plus heureux*, bien qu'ils soient riches.
ÉTYM. latin *pro*.

POURBOIRE [puʀbwaʀ] **n. m.** ✦ Somme d'argent remise, à titre de gratification, de récompense, par le client à un travailleur salarié, en plus du prix du service.
ÉTYM. de *pour* et *boire*.

POURCEAU [puʀso] **n. m.** ✦ VX ou LITTÉR. Cochon, porc. ➜ loc. LITTÉR. *Pourceau d'Épicure* : épicurien, jouisseur.
ÉTYM. latin *porcellus* « petit porc *(porcus)* ».

POURCENTAGE [puʀsɑ̃taʒ] **n. m.** 1. Taux (d'un intérêt, d'une commission) calculé sur un capital de cent unités. *Toucher un pourcentage sur les ventes.* 2. Proportion pour cent. *Un fort pourcentage de chômeurs.*
ÉTYM. de *pour* et *cent*.

POURCHASSER [puʀʃase] **v. tr.** (conjug. 3a) 1. Poursuivre, rechercher (qqn) avec obstination. SYN. **chasser, poursuivre.** *Être pourchassé par la police.* 2. Poursuivre (qqch.). *Il pourchasse les honneurs.* ➜ *Être pourchassé par la malchance.*

POURFENDRE [puʀfɑ̃dʀ] **v. tr.** (conjug. 44) 1. VX Fendre complètement, couper. ➜ au p. passé *Une statuette pourfendue.* 2. LITTÉR. ou plais. Attaquer violemment. *Pourfendre ses adversaires.*

se **POURLÉCHER** [puʀleʃe] **v. pron.** (conjug. 8) ✦ Se passer la langue sur les lèvres (en signe de contentement). *S'en pourlécher les babines.*

POURPARLERS [puʀpaʀle] **n. m. pl.** ✦ Conversation entre plusieurs parties pour arriver à un accord. SYN. **négociation, tractation.** *Être en pourparlers avec...*
ÉTYM. de l'ancien verbe *pourparler* « comploter », de *pour* et *parler*.

POURPOINT [puʀpwɛ̃] **n. m.** ✦ anciennt Partie du vêtement d'homme qui couvrait le torse (→ **justaucorps**).
ÉTYM. ancien français *porpoint*, adj., « piqué ».

POURPRE [puʀpʀ] **n.** et **adj.**
I **n. f.** 1. Matière colorante d'un rouge vif, extraite à l'origine d'un mollusque (*le pourpre*, **n. m.**). 2. LITTÉR. Étoffe teinte de pourpre, d'un rouge vif. *Tunique romaine à bande de pourpre.* ➜ La dignité de cardinal. 3. LITTÉR. Couleur rouge vif. *La pourpre de la honte* (→ **empourprer**).
II **n. m.** Couleur rouge foncé, tirant sur le violet. SYN. **amarante.**
III **adj.** D'une couleur rouge foncé. SYN. **purpurin.** *Velours pourpre.*
ÉTYM. latin *purpura*, du grec *porphura*.

A B C D E F G H I J K L M N O P Q R S T U V W X Y Z

POURPRÉ, ÉE [purpre] adj. ✦ LITTÉR. Coloré de pourpre.

POURQUOI [purkwa] adv., conj. et n. m. invar.
I adv. et conj. 1. (interrogation directe) *Pourquoi ? : pour quelle raison, dans quelle intention ?* (réponse : *parce que...*). *Pourquoi partez-vous ?* ◆ (sans inversion) *Pourquoi est-ce que vous la saluez ?* FAM. *Pourquoi tu pleures ?* ◆ (faute) *Pourquoi que tu cries ?* ◆ (+ inf.) À quoi bon ? *Mais pourquoi crier ?* ◆ absolt *Pourquoi ? Pourquoi non ? Pourquoi pas ?* 2. (interrogation indirecte) Pour quelle cause, dans quelle intention. *Je vous demande pourquoi vous riez. Explique-moi pourquoi.* 3. *Voilà, voici pourquoi.* ◆ *C'est pourquoi...*, c'est pour cela que.
II n. m. invar. 1. Cause, motif, raison. *Il demanda le pourquoi de tout ce bruit.* 2. Question par laquelle on demande la raison d'une chose. *Les pourquoi des enfants.*
HOM. POUR QUOI «pour quelle chose»
ÉTYM. de *pour* et *quoi*.

POURRI, IE [puri] adj. et n.
I adj. 1. Corrompu ou altéré par la décomposition. *Une planche pourrie.* ◆ (aliments) *Des fruits pourris.* SYN. **gâté**. *De la viande pourrie.* SYN. **avarié**. 2. Désagrégé. *Pierre pourrie,* humide et effritée. 3. Humide. *Un climat pourri.* SYN. **malsain**. *Un été pourri,* très pluvieux. 4. (personnes) Moralement corrompu. *Une société pourrie. Un flic pourri.* SYN. **ripou**. ◆ n. m. FAM. *Bande de pourris !* SYN. **pourriture**. 5. FAM. *POURRI DE* : rempli de, qui a beaucoup de. *Il est pourri de fric.*
II n. m. Ce qui est pourri. *Une odeur de pourri* (→ **putride**).
ÉTYM. du participe passé de *pourrir*.

POURRIR [purir] v. (conjug. 13) I v. intr. 1. (matière organique) Se décomposer. SYN. **se corrompre**, **se putréfier**. *Ce bois pourrit à l'humidité.* 2. (personnes) Rester dans une situation où l'on se dégrade. *Pourrir dans l'ignorance.* SYN. **croupir**. *On l'a laissé pourrir en prison.* SYN. **moisir**. ◆ Se dégrader. *Laisser pourrir la situation.* II v. tr. 1. Attaquer, corrompre en faisant pourrir. SYN. **gâter**. *La pluie a pourri le foin.* ◆ pronom. *Se pourrir,* devenir pourri. 2. Gâter extrêmement (un enfant). *Sa mère ne le gâte pas, elle le pourrit.*
ÉTYM. latin *putrire* → putréfaction.

POURRISSANT, ANTE [purisɑ̃, ɑ̃t] adj. ✦ Qui est en train de pourrir. *Une épave pourrissante.*
ÉTYM. du participe présent de *pourrir*.

POURRISSEMENT [purismɑ̃] n. m. ✦ Dégradation progressive (d'une situation).
ÉTYM. de *pourrir* (I, 2).

POURRITURE [purityr] n. f. 1. Altération profonde, décomposition des tissus organiques (SYN. **putréfaction**) ; état de ce qui est pourri. *Une odeur de pourriture.* 2. Ce qui est complètement pourri. 3. (abstrait) État de grande corruption morale. *La pourriture de la société.* 4. (injure) Personne corrompue, ignoble. SYN. **ordure**, **pourri**. *Quelle pourriture, ce type !*

POURSUITE [pursɥit] n. f. I Action de poursuivre (I). 1. Action de suivre (qqn, un animal) pour le rattraper, s'en saisir. *Se lancer à la poursuite de qqn.* ◆ appos. *Des courses poursuites.* 2. Effort pour atteindre (une chose qui semble inaccessible). SYN. **recherche**. *La poursuite de l'argent, de la vérité.* 3. Acte juridique dirigé contre qqn qui a commis une infraction. *Engager des poursuites (judiciaires) contre qqn.* → **accusation**. II *LA POURSUITE DE qqch.* : action de poursuivre. *La poursuite des recherches nécessite de nouveaux crédits.* CONTR. (du II) **arrêt**, **cessation**, ① **fin**.
ÉTYM. de *poursuivre*, d'après *suite*.

POURSUIVANT, ANTE [pursɥivɑ̃, ɑ̃t] n. ✦ Personne qui poursuit qqn. *Le fugitif a échappé à ses poursuivants.*
ÉTYM. du participe présent de *poursuivre*.

POURSUIVRE [pursɥivr] v. tr. (conjug. 62) I Suivre pour atteindre. 1. Suivre de près pour atteindre (ce qui fuit). *La police poursuivait les terroristes.* SYN. **courir** après, **pourchasser** ; → **poursuite**. *Poursuivre les fugitifs.* SYN. **traquer**. 2. Tenter de rejoindre (qqn qui se dérobe). SYN. **presser**, **relancer**. *Il est poursuivi par ses créanciers.* ◆ Tenter d'obtenir les faveurs amoureuses de (qqn). 3. *Poursuivre qqn de,* s'acharner contre lui par... SYN. **harceler**. *Elle le poursuivait de sa colère, de ses récriminations.* 4. Chercher à obtenir (qqch.). SYN. **briguer**, **rechercher**. *Poursuivre un idéal.* 5. (sujet chose) Hanter, obséder. *Cette vision le poursuit.* 6. Agir en justice contre (qqn). SYN. **accuser**. *Poursuivre qqn devant les tribunaux.* II Continuer sans relâche. *Poursuivre son chemin. Il ne poursuivra pas ses études ; il abandonne. Poursuivre un récit.* ◆ absolt *Poursuivez, cela m'intéresse !* ◆ pronom. *La réunion se poursuivit jusqu'à l'aube.* CONTR. **éviter**, **fuir** • **abandonner**, **arrêter**, **cesser**.
ÉTYM. latin *prosequi*, d'après *suivre*.

POURTANT [purtɑ̃] adv. ✦ (opposant deux notions pour mieux les relier) SYN. **cependant**, **mais**, **néanmoins**, **toutefois**. *Tout a l'air de bien se passer, pourtant je suis inquiet. C'est pourtant simple. Elle n'est pas jolie et pourtant quel charme !*
ÉTYM. de *pour* et *tant*.

POURTOUR [purtur] n. m. 1. Ligne formant le tour (d'un objet, d'une surface). SYN. **circonférence**. 2. Partie qui forme les bords (d'un lieu). *Le pourtour de la place était planté d'arbres.*
ÉTYM. de l'ancien verbe *portorner* «retourner».

POURVOI [purvwa] n. m. ✦ DR. *Pourvoi en cassation,* demande de révision d'un procès par un tribunal de cassation. ◆ *Pourvoi en grâce.* SYN. **recours**.
ÉTYM. de *pourvoir*.

POURVOIR [purvwar] v. tr. (conjug. 34) I v. tr. ind. *POURVOIR À qqch.* : faire ou fournir le nécessaire pour. *Pourvoir à l'entretien de sa famille.* SYN. **assurer**. *Pourvoir aux besoins de qqn.* SYN. **subvenir**. II v. tr. dir. 1. Mettre (qqn) en possession (de ce qui est nécessaire). SYN. **donner à**, **munir**, **nantir**. *Pourvoir qqn d'une recommandation, d'un emploi.* 2. Munir (une chose). *Pourvoir un atelier de, en matériel.* SYN. **approvisionner**, **fournir**. 3. (sujet chose) LITTÉR. *La nature l'a pourvu de grandes qualités.* SYN. **doter**, **douer**. 4. passif et p. passé *ÊTRE POURVU, UE* : avoir, posséder. *Le voilà bien pourvu,* il a tout ce qu'il lui faut. III *SE POURVOIR* v. pron. 1. *SE POURVOIR DE qqch.* Faire en sorte de posséder, d'avoir (une chose nécessaire). *Il faut se pourvoir de provisions pour le voyage.* 2. DR. Recourir à une juridiction supérieure (→ **pourvoi**). *Elle s'est pourvue en appel, puis en cassation.* CONTR. **démunir**, **déposséder**.
ÉTYM. latin *providere*, d'après *pour* et *voir*.

POURVOYEUR, EUSE [purvwajœr, øz] n. ✦ *Pourvoyeur de...* : personne qui fournit (qqch.) à qqn, ou qui munit (une chose). *Pourvoyeur de drogue.* → **dealeur**.
ÉTYM. de *pourvoir*.

① **POURVU, UE** → POURVOIR

② **POURVU QUE** [puʀvyk(ə)] loc. conj. ✦ (+ subj.) Du moment que, à condition de, si. *Moi, pourvu que je mange à ma faim...* ◆ (souhait) *Pourvu qu'il fasse beau dimanche !*
ÉTYM. de *pourvoir.*

POUSSAH [pusa] n. m. 1. Jouet composé d'un buste de magot* porté par une boule lestée qui le ramène à la position verticale lorsqu'on le penche. 2. Gros homme mal bâti.
ÉTYM. mot chinois.

POUSSE [pus] n. f. I Action de pousser, développement de ce qui pousse. *La pousse des feuilles. Une lotion qui favorise la pousse des cheveux.* II Bourgeon naissant, germe de la graine. *Pousses de bambou.*
HOM. POUCE «doigt»
ÉTYM. de *pousser.*

POUSSE-CAFÉ [puskafe] n. m. ✦ FAM. Verre d'alcool que l'on prend après le café. *Café, pousse-café et cigare. Des pousse-cafés.*

POUSSÉE [puse] n. f. 1. Action d'une force. SYN. **pression.** *Sous la poussée, la porte s'ouvrit. Résister à la poussée des assaillants.* SYN. **attaque.** 2. Force exercée par un élément pesant (arc, voûte, etc.) sur ses supports et qui tend à les renverser. ◆ PHYS. Pression exercée par un corps pesant sur un autre et tendant à le déplacer. — *La poussée d'Archimède,* exercée par tout fluide sur un corps immergé. 3. Manifestation brutale (d'une force). SYN. **impulsion.** *La poussée de l'opposition aux élections,* sa progression. 4. Manifestation subite (d'un mal). *Une poussée de fièvre.* SYN. **accès, crise.**
ÉTYM. du participe passé de *pousser.*

POUSSE-POUSSE [puspus] n. m. invar. ✦ Voiture légère à deux roues, à une place, tirée par un homme, en usage en Extrême-Orient. — abrév. POUSSE.
ÉTYM. de *pousser.*

POUSSER [puse] v. (conjug. 3a) I v. tr. 1. Soumettre (qqch., qqn) à une pression ou à un choc de manière à mettre en mouvement dans une direction. *Pousser un meuble contre un mur. Poussez la porte. On nous a poussés dehors. Pousser qqn du coude, du genou,* pour l'avertir. — loc. adv. FAM. *À LA VA COMME JE TE POUSSE :* n'importe comment. 2. Faire aller (un être vivant) devant soi, dans une direction déterminée, par une action continue. *Le berger pousse son troupeau devant lui.* — (d'une force) Entraîner. *C'est l'intérêt qui le pousse.* — au p. passé *Poussé par l'intérêt.* 3. *POUSSER qqn À :* inciter. SYN. **conduire, entraîner.** *Elle l'a poussé à divorcer. Pousser à la consommation.* — Aider (qqn) ; faciliter la réussite de (qqn). SYN. **favoriser.** *Pousser un élève,* le faire travailler. — *POUSSER (qqn) À BOUT :* acculer, exaspérer (qqn). 4. Faire avancer (qqch.). *Pousser un landau.* 5. (abstrait) Faire aller jusqu'à un certain degré, une limite (une activité, un travail, etc.). *Il poussa ses recherches jusqu'au bout.* → **terminer.** *Il pousse la plaisanterie un peu trop loin.* → **exagérer.** — au p. passé *Un amour poussé jusqu'à la passion.* 6. sans compl. indir. Faire parvenir à un degré supérieur de développement, d'intensité. *Pousser son travail.* SYN. faire **avancer, poursuivre.** — au p. passé *Faire des études poussées.* SYN. **approfondi.** — *Pousser un moteur,* lui faire rendre le maximum. 7. (sujet nom d'être animé) Produire avec force ou laisser échapper avec effort par la bouche (un son). *Pousser un cri.* loc. *Pousser les hauts cris*. Pousser un soupir.* SYN. **exhaler.** — FAM. *Pousser la romance, la chansonnette.* → **chanter.** II v. intr. 1. Faire un effort en poussant qqn, qqch. *Ne poussez pas !* 2. Faire un effort pour expulser de son organisme (un excrément...). 3. *Pousser jusqu'à... :* aller plus loin. *Je vais pousser jusqu'au prochain village.* 4. (végétation) Croître, se développer. *Un jardin où tout pousse.* SYN. **venir** ; → ② **repousser.** *Faire pousser des légumes.* → **cultiver.** *L'herbe commence à pousser* (→ **pousse**). *Ses cheveux poussent vite.* 5. (villes, constructions) S'accroître, se développer. *Des villes qui poussent comme des champignons.* 6. (enfants) Grandir. *Il pousse, ce petit.* 7. FAM. Exagérer. *Faut pas pousser !* III *SE POUSSER* v. pron. 1. Avancer (socialement) en poussant les autres. — fig. Se mettre en avant. 2. S'écarter pour laisser passer. *Pousse-toi !* CONTR. **tirer • détourner, dissuader, empêcher.**
ÉTYM. latin *pulsare.*

POUSSETTE [pusɛt] n. f. ✦ Petite voiture d'enfant. *Poussette pliante.* ◆ Châssis à roulettes pour transporter les provisions. SYN. ② **caddie.**
ÉTYM. de *pousser.*

POUSSIER [pusje] n. m. 1. Poussière de charbon. 2. Débris pulvérulents, poussière.
ÉTYM. forme masculine de *poussière.*

POUSSIÈRE [pusjɛʀ] n. f. 1. Terre desséchée réduite en particules très fines, très légères. *Un tourbillon de poussière.* 2. Fins débris en suspension dans l'air et qui se déposent. *Flocon de poussière.* → **mouton.** *Ôter la poussière des meubles.* → **dépoussiérer, épousseter.** *Tomber en poussière,* se désagréger. 3. LITTÉR. Restes matériels de l'être humain, après sa mort. SYN. **cendre(s), débris.** 4. *UNE POUSSIÈRE :* un rien. — loc. FAM. *Cela m'a coûté trente euros et des poussières,* et un peu plus. SYN. **broutille.** 5. (collectif) *Une poussière de,* une multiplicité (d'éléments). *La Voie lactée est une poussière d'étoiles.* 6. Matière réduite en fines particules. SYN. **poudre.** *Poussière de charbon.* → **poussier.** *Réduire en poussière :* pulvériser ; fig. anéantir, détruire. ◆ SC. Matière pulvérulente*. *Poussière cosmique.*
ÉTYM. de l'ancien français *pous,* latin *pulvis.*

POUSSIÉREUX, EUSE [pusjeʀø, øz] adj. 1. Couvert, rempli de poussière (2). *Un grenier poussiéreux.* 2. Vieux, à l'abandon. *Une administration poussiéreuse.*
ÉTYM. de *poussière.*

POUSSIF, IVE [pusif, iv] adj. 1. Qui respire difficilement, manque de souffle. *Un homme poussif.* 2. *Une voiture poussive,* qui n'avance pas.
► **POUSSIVEMENT** [pusivmɑ̃] adv.
ÉTYM. de *pousser.*

POUSSIN [pusɛ̃] n. m. 1. Petit de la poule, nouvellement sorti de l'œuf. *Les poussins piaillent, piaulent.* — appos. invar. *Jaune poussin,* clair et doux. *Des robes jaune poussin.* 2. FAM. Terme d'affection (à un enfant). *Mon poussin.* 3. Jeune sportif de moins de 11 ans. *L'équipe des poussins.*
ÉTYM. latin *pullicinus,* de *pullus* → poulain, ① poule.

POUSSOIR [puswaʀ] n. m. ✦ Bouton sur lequel on appuie pour déclencher ou régler un mécanisme. *Les poussoirs d'une montre.*
ÉTYM. de *pousser.*

POUTRE [putʀ] n. f. 1. Grosse pièce de bois équarrie servant de support (dans une construction, une charpente). → **madrier.** *Plafond aux poutres apparentes.* → **solive.** *Poutre faîtière. La maîtresse poutre,* la poutre

principale. ➝ loc. fig. *La paille* et la poutre.* 2. Élément de construction allongé (en métal, en béton armé, etc.). 3. SPORTS Longue pièce de bois surélevée servant à des exercices de gymnastique féminine.
ÉTYM. de l'ancien français *poutre* «jeune jument», bas latin *pultrella*, de *pullus* «petit d'un animal».

POUTRELLE [putʀɛl] n. f. 1. Petite poutre. 2. Barre de fer allongée entrant dans la construction d'une charpente métallique.

① **POUVOIR** [puvwaʀ] v. tr. (conjug. 29 ; p. passé invar. *pu*) **I** (devant un inf.) 1. Avoir la possibilité de (faire qqch.). *Il ne peut pas parler. Dire qu'il a pu faire une chose pareille ! Si vous le pouvez ; dès que vous pourrez.* ➝ loc. adv. et adj. *On ne peut mieux,* le mieux possible. *On ne peut plus,* le plus possible. ➙ **très.** *Il est on ne peut plus serviable.* ➝ (sujet chose) *Qu'est-ce que ça peut bien lui faire ?* 2. Avoir le droit, la permission de (faire qqch.). *Les élèves peuvent sortir.* ➝ Avoir raisonnablement la possibilité de. *On peut tout supposer.* loc. *Si l'on peut dire* (pour atténuer ce qu'on vient de dire). 3. Être susceptible de. *Les malheurs qui peuvent nous arriver.* SYN. **risquer** de. *Un train peut en cacher un autre.* 4. LITTÉR. au subj. (ellipt) Exprime un souhait. *Puisse le ciel nous être favorable ! Puissiez-vous venir demain !* 5. impers. *IL PEUT, IL POURRA* (➙ **peut-être**). *Il peut y avoir une erreur, il ne peut pas y avoir d'erreur.* ➝ (plus dubitatif) *Il peut ne pas y avoir d'erreur.* ➝ *Il peut arriver, se faire que...* ➝ pronom. loc. *Autant que faire se peut,* autant que cela est possible. *Il, cela se peut,* c'est possible. *Il se peut que* (+ subj.). *Il se peut qu'il pleuve.* FAM. *Ça se peut. Ça se pourrait bien.* **II** 1. (le pronom neutre *le* remplaçant l'infinitif complément) *Résistez si vous le pouvez. Dès qu'il le put.* 2. Être capable, être en mesure de faire (qqch.). *Tu peux y arriver, tu en es capable. Il a fait ce qu'il pouvait (pour...).* ➝ prov. *Qui peut le plus peut le moins.* 3. loc. *N'en pouvoir plus,* être dans un état d'extrême fatigue, de souffrance. *Je n'en peux plus, je m'en vais.* ➝ Ne pas supporter un excès de plaisir. *Je n'en peux plus de rire.* ➝ LITTÉR. *N'en pouvoir mais,* n'y pouvoir rien. HOM. (de *peux, peut*) PEU (adverbe)
ÉTYM. latin populaire *potere*, classique *posse*.

② **POUVOIR** [puvwaʀ] n. m. 1. Fait de pouvoir (I, 1 et 2), de disposer de moyens qui permettent une action. SYN. **faculté, possibilité.** *Cet élève possède un grand pouvoir de concentration. Le pouvoir d'analyser le réel.* SYN. ① **don.** ➝ *POUVOIR D'ACHAT :* valeur réelle (surtout d'un salaire) mesurée par ce qu'il est possible d'acheter. ➝ *Cela n'est pas en mon pouvoir.* ♦ au plur. *Des pouvoirs extraordinaires.* 2. Capacité légale (de faire une chose). SYN. ③ **droit** ; ➙ **mandat, mission.** *Avoir plein(s) pouvoir(s), donner plein(s) pouvoir(s).* ➙ **carte** blanche. *Fondé* de pouvoir* (d'une société). ➝ Procuration. *Avoir un pouvoir par-devant notaire.* 3. (avec un adj.) Propriété physique d'une substance placée dans des conditions déterminées. *Pouvoir calorifique.* 4. Possibilité d'agir sur qqn, qqch. SYN. **autorité, puissance.** *Le pouvoir moral qu'il a sur nous.* SYN. ② **ascendant, influence.** ➝ *Être, tomber au pouvoir de qqn,* sous sa domination. 5. Situation d'un dirigeant ; puissance politique. *Le pouvoir suprême.* ➙ **souveraineté.** *Pouvoir supérieur.* ➙ **hégémonie.** *Pouvoir absolu.* ➙ **omnipotence, toute-puissance.** *Prendre, détenir, perdre le pouvoir. Être, se maintenir au pouvoir.* ➝ *Pouvoir législatif,* chargé d'élaborer la loi (parlement). *Pouvoir exécutif,* chargé du gouvernement et de l'administration (gouvernement). *Pouvoir judiciaire,* chargé de la fonction de juger. ➙ **justice.** *Démocratie et séparation des pouvoirs.* 6. Organes, hommes qui exercent le pouvoir. ➝ au plur. *Les pouvoirs publics,* les autorités pouvant imposer des règles aux citoyens. ♦ absolt *L'opinion et le pouvoir.* CONTR. **impossibilité.**
ÉTYM. de ① *pouvoir.*

POUZZOLANE [pudzɔlan] n. f. ✦ Roche volcanique légère et poreuse, composant de bétons légers.
ÉTYM. italien *pozzolana*, du nom d'une ville italienne.

P. P. C. M. [pepeseɛm] n. m. invar. ✦ Plus petit commun multiple.
ÉTYM. sigle.

PRACTICE [pʀaktis] n. m. ✦ anglicisme Terrain d'entraînement, au golf.
ÉTYM. mot anglais.

PRÆSIDIUM ➙ PRÉSIDIUM

PRAGMATIQUE [pʀagmatik] adj. ✦ Qui est adapté à l'action concrète, qui concerne la pratique. SYN. ② **pratique.**
ÉTYM. latin *pragmaticus*, grec *pragmatikos* «relatif à l'action *(pragma)*».

PRAGMATISME [pʀagmatism] n. m. 1. PHILOS. Doctrine selon laquelle n'est vrai que ce qui fonctionne réellement. 2. Attitude d'une personne qui ne se soucie que d'efficacité. SYN. **réalisme.**
ÉTYM. allemand *Pragmatismus*, du grec.

PRAGMATISTE [pʀagmatist] adj. ✦ Relatif au pragmatisme. ♦ adj. et n. Partisan du pragmatisme.

PRAIRE [pʀɛʀ] n. f. ✦ Mollusque bivalve comestible, coquillage vivant dans le sable.
ÉTYM. mot provençal «prêtre».

PRAIRIAL [pʀɛʀjal] n. m. ✦ HIST. Neuvième mois du calendrier républicain (du 20 mai au 18 juin).
ÉTYM. de *prairie.*

PRAIRIE [pʀeʀi] n. f. ✦ Terrain couvert d'herbe qui fournit du fourrage au bétail. SYN. **pré ; herbage, pâturage.** ♦ *La Prairie,* vastes steppes des États-Unis.
ÉTYM. latin populaire *prataria*, de *pratum.*

PRAKRIT [pʀakʀi] n. m. ✦ DIDACT. Ensemble des langues de l'Inde ancienne issues du sanskrit. ➝ On écrit aussi *prâkrit.*
ÉTYM. mot sanskrit «ordinaire, vulgaire».

PRALINE [pʀalin] n. f. 1. Bonbon fait d'une amande rissolée dans du sucre bouillant. 2. en Belgique Bonbon au chocolat. 3. loc. FAM. (invar.) *Cucul la praline :* niais, ridicule.
ÉTYM. du nom du maréchal du Plessis-Praslin.

PRALINÉ, ÉE [pʀaline] adj. 1. Rissolé dans du sucre. *Amandes pralinées.* 2. Mélangé de pralines. *Du chocolat praliné.* ➝ Parfumé à la praline. *Une glace pralinée.*
ÉTYM. de *praline.*

PRATICABLE [pʀatikabl] adj. et n. m.
I adj. 1. Où l'on peut passer sans danger, sans difficulté. *Un chemin praticable pour les voitures.* SYN. **carrossable.** 2. Que l'on peut mettre à exécution. SYN. **possible, réalisable.** *Un plan difficilement praticable.* CONTR. **impraticable · irréalisable.**
II n. m. THÉÂTRE Décor où l'on peut se mouvoir. ➝ CIN., TÉLÉV. Plateforme supportant des projecteurs, des caméras et les techniciens qui s'en occupent.
ÉTYM. de *pratiquer.*

PRATICIEN, IENNE [pratisjɛ̃, jɛn] n. 1. Personne qui connaît la pratique d'un art, d'une technique. *Les théoriciens et les praticiens.* 2. Médecin qui exerce, qui soigne les malades (opposé à *chercheur, théoricien*). SYN. **clinicien.** *Praticien généraliste* ou *omnipraticien.* ◆ Personne qui donne des soins médicaux (dentiste, sage-femme, vétérinaire...).
ÉTYM. de ① *pratique.*

PRATIQUANT, ANTE [pratikɑ̃, ɑ̃t] adj. et n. ✦ Qui observe les pratiques d'une religion. *Il est croyant mais peu pratiquant.* ➙ n. *Un pratiquant, une pratiquante.*
ÉTYM. du participe présent de *pratiquer.*

① **PRATIQUE** [pratik] n. f. 1. Activités volontaires visant des résultats concrets (opposé à *théorie*). *Dans la pratique,* dans la vie, en réalité. 2. Manière concrète d'exercer une activité (opposé à *règle, principe*). *La pratique d'un sport, d'une langue étrangère, d'un art. Être condamné pour pratique illégale de la médecine.* SYN. **exercice.** ➙ *EN PRATIQUE :* en fait, dans l'exécution. *Mettre en pratique :* appliquer, exécuter. 3. LITTÉR. Fait de suivre une règle d'action (sur le plan moral ou social). *La pratique religieuse.* 4. *(Une, des pratiques)* Manière habituelle d'agir (propre à une personne, un groupe). *Le travail sur ordinateur est devenu une pratique courante.* SYN. **usage.** 5. VX Clientèle. ➙ Client, cliente *(une pratique).*
ÉTYM. latin *pratice,* du grec *praktikê.*

② **PRATIQUE** [pratik] adj. 1. (épithète) Qui s'applique aux réalités, aux situations concrètes, aux intérêts matériels. *Ce garçon n'a aucun sens pratique.* ➙ (personnes) Qui a le sens du réel (activités quotidiennes). *Une femme pratique.* SYN. **pragmatique, réaliste.** 2. Qui concerne l'action. *Des considérations pratiques et théoriques. Travaux pratiques* (abrév. T. P.), les exercices d'application dans l'enseignement d'une matière. 3. Qui concerne la réalité matérielle, utilitaire. *La vie pratique,* quotidienne. *Des considérations pratiques.* 4. (choses, actions) Ingénieux et efficace, bien adapté à son but. *Un outil pratique. C'est, ce n'est pas pratique.* SYN. ① **commode.** CONTR. **chimérique, théorique · incommode, malcommode.**
ÉTYM. bas latin *practicus.*

PRATIQUEMENT [pratikmɑ̃] adv. 1. Dans la pratique. 2. En fait. 3. Quasiment, pour ainsi dire. *Il est pratiquement aveugle.*
ÉTYM. de ② *pratique.*

PRATIQUER [pratike] v. tr. (conjug. 3a) 1. Mettre en application (une prescription, une règle). SYN. **observer.** *Pratiquer le respect d'autrui, la tolérance.* ➙ absolt Observer les pratiques religieuses (➙ **pratiquant**). 2. Mettre en action, appliquer (une théorie, une méthode). ➙ Exercer (un métier, une activité...). 3. Employer (un moyen, un procédé) d'une manière habituelle. *Il pratique le chantage.* ➙ pronom. (passif) *Comme cela se pratique en général.* 4. Exécuter (une opération manuelle) selon les règles prescrites. SYN. **opérer.** *Pratiquer une ponction.* 5. Ménager (une ouverture, un abri). ➙ au p. passé *De nombreuses fenêtres étaient pratiquées dans les murs.* 6. VX Fréquenter. ➙ LITTÉR. *Pratiquer un livre, un auteur.* CONTR. **ignorer ; s'abstenir.**
ÉTYM. de ① *pratique.*

PRÉ [pre] n. m. 1. Terrain produisant de l'herbe qui sert à la nourriture du bétail. SYN. **prairie.** *Mener les vaches au pré.* SYN. **pâturage.** ➙ Étendue d'herbe à la campagne. *À travers les prés et les champs.* 2. loc. *Le pré carré* (de qqn) : son domaine réservé.
ÉTYM. latin *pratum.*

> **PRÉ-** Élément, du latin *prae* «devant», qui signifie «devant, en avant» et marque l'antériorité dans le temps (ex. *préavis, préhistoire*) ou dans l'espace (ex. *Préalpes*). SYN. **anté-.** CONTR. **post-.**

PRÉADOLESCENT, ENTE [preadɔlesɑ̃, ɑ̃t] n. ✦ Jeune garçon, fillette qui atteint l'âge situé entre l'enfance et l'adolescence.

PRÉALABLE [prealabl] adj. et n. m. 1. Qui a lieu, se fait ou se dit avant autre chose (dans une suite de faits liés entre eux). SYN. **préliminaire.** ➙ *PRÉALABLE À... L'enquête préalable à une opération.* 2. Qui doit précéder (qqch.). *Question préalable.* 3. n. m. Condition ou ensemble de conditions auxquelles est subordonnée l'ouverture de négociations. *Être prêt à discuter sans préalable.* 4. *AU PRÉALABLE* loc. adv. SYN. d'**abord, auparavant.** *Il faudrait l'en avertir au préalable.* CONTR. **postérieur.**
ÉTYM. d'un ancien verbe *préaller,* de *pré-* et *aller.*

PRÉALABLEMENT [prealabləmɑ̃] adv. ✦ Au préalable.

PRÉAMBULE [preɑ̃byl] n. m. 1. Introduction, exposé des motifs et des buts (d'une constitution, d'un traité, d'une loi). ➙ Exposé d'intentions (au début d'un discours, d'un écrit). SYN. **avant-propos, préface.** 2. Paroles, démarches qui ne sont qu'une entrée en matière. *Sans préambule* (➙ **à brûle-pourpoint**). ◆ fig. Ce qui précède, laisse présager qqch. SYN. **prélude.**
ÉTYM. latin *praeambulus,* de *praeambulare* «marcher *(ambulare)* devant».

PRÉAU [preo] n. m. 1. Cour intérieure. *Un préau de prison.* 2. Partie couverte d'une cour d'école.
ÉTYM. de *pré.*

PRÉAVIS [preavi] n. m. ✦ Avertissement préalable que la loi impose de donner dans un délai et des conditions déterminées. *Préavis de licenciement. Trois mois de préavis. Déposer un préavis de grève.*

PRÉBENDE [prebɑ̃d] n. f. ✦ Revenu fixe qui était accordé à un ecclésiastique. ➙ Revenu facilement acquis.
ÉTYM. latin *praebenda,* de *praebere* «fournir».

PRÉCAIRE [prekɛr] adj. 1. Dont l'avenir, la durée, la stabilité ne sont pas assurés. SYN. **éphémère, incertain.** *Une santé précaire.* SYN. **fragile.** *Être dans une situation précaire. Emploi précaire.* 2. DR. Révocable selon la loi. *Possession précaire, à titre précaire.* CONTR. **assuré, durable, permanent, stable.**
ÉTYM. latin *precarius,* de *precari* «demander en priant».

PRÉCAMBRIEN, IENNE [prekɑ̃brijɛ̃, ijɛn] n. m. et adj. ✦ GÉOL. Première ère de l'histoire de la Terre, précédant le cambrien. ➙ adj. *Terrains précambriens,* sans fossiles.

PRÉCARISER [prekarize] v. tr. (conjug. 3a) ✦ Rendre précaire. ➙ pronom. *L'emploi se précarise.* CONTR. **stabiliser.**
► **PRÉCARISATION** [prekarizasjɔ̃] n. f.
ÉTYM. de *précaire.*

PRÉCARITÉ [prekarite] n. f. ✦ LITTÉR. Caractère ou état de ce qui est précaire. SYN. **fragilité, instabilité.** ◆ Conditions de vie précaires. *Lutte contre la précarité.*
☛ Géographie p. 223.

PRÉCAUTION [pʀekosjɔ̃] **n. f.** **1.** Disposition prise pour éviter un mal ou en atténuer l'effet. SYN. **garantie.** *Prendre des, ses précautions. Par précaution.* SYN. **prudence.** **2.** Manière d'agir prudente. *Produit à manipuler avec précaution. Sans précaution,* de façon brutale ou dangereuse. *S'exprimer sans aucune précaution.* → **circonspection, ménagement.**
ÉTYM. latin *praecautio,* de *praecavere* «se garder de».

se PRÉCAUTIONNER [pʀekosjɔne] **v. pron.** (conjug. 3a) ✦ LITTÉR. *Se précautionner contre,* prendre ses précautions contre. SYN. **s'assurer,** se **prémunir.**

PRÉCAUTIONNEUX, EUSE [pʀekosjɔnø, øz] **adj.** ✦ Qui a l'habitude de prendre des précautions. SYN. **prudent.** ➝ (actes) *Manières précautionneuses.* CONTR. **imprudent, irréfléchi.**
► **PRÉCAUTIONNEUSEMENT** [pʀekosjɔnøzmɑ̃] **adv.**

PRÉCÉDEMMENT [pʀesedamɑ̃] **adv.** ✦ Antérieurement, auparavant. CONTR. **après, postérieurement.**
ÉTYM. de *précédent.*

PRÉCÉDENT, ENTE [pʀesedɑ̃, ɑ̃t] **adj.** et **n. m.**
I adj. Qui précède (dans le temps ou l'espace). *Dans un précédent ouvrage.* SYN. **antérieur.** *Le jour précédent,* la veille. ➝ *Vous auriez dû descendre à l'arrêt précédent.* CONTR. **prochain,** ① **suivant.**
II n. m. **1.** Fait antérieur qui permet de comprendre un fait analogue ; décision, manière d'agir dont on peut s'autoriser ensuite dans un cas semblable. → **jurisprudence.** *Créer un précédent. Il y a des précédents.* **2.** *SANS PRÉCÉDENT :* inouï, jamais vu.
HOM. PRÉCÉDANT (p. présent de *précéder*)
ÉTYM. latin *praecedens.*

PRÉCÉDER [pʀesede] **v. tr.** (conjug. 8) **I** (choses) **1.** Exister, se produire avant, dans le temps. *Les symptômes qui précèdent la maladie.* **2.** Être avant, selon l'ordre logique ou spatial. *L'avant-propos qui précède cet ouvrage.* **3.** Être connu ou perçu avant. *Sa mauvaise réputation l'avait précédé.* **II** (personnes) **1.** Exister avant. *Ceux qui nous ont précédés.* → **prédécesseur.** **2.** Être, marcher devant (qqn, qqch.). *Je vous précède pour vous montrer le chemin.* **3.** Arriver à un endroit avant (qqn, qqch.). *Il ne nous a précédé que de cinq minutes.* **4.** abstrait Devancer (qqn). *Il l'a précédé dans cette voie.* → **précurseur.** CONTR. **suivre.** HOM. (du p. présent *précédant*) PRÉCÉDENT «antérieur»
ÉTYM. latin *praecedere.*

PRÉCELTIQUE [pʀesɛltik] **adj.** ✦ DIDACT. Antérieur à la civilisation celtique.

PRÉCEPTE [pʀesɛpt] **n. m.** ✦ Formule qui exprime un enseignement, une règle (art, science, morale, etc.). SYN. **commandement, leçon, principe.** *Les préceptes de l'Évangile.*
ÉTYM. latin *praeceptum.*

PRÉCEPTEUR, TRICE [pʀesɛptœʀ, tʀis] **n.** ✦ Personne chargée de l'éducation, de l'instruction d'un enfant (de famille noble, riche...) à domicile. *Le précepteur d'un jeune prince.*
ÉTYM. latin *praeceptor,* de *praecepere* «enseigner».

PRÉCESSION [pʀesesjɔ̃] **n. f.** ✦ PHYS. Mouvement de rotation autour d'un axe fixe, de l'axe d'un gyroscope. ♦ ASTRON. *PRÉCESSION DES ÉQUINOXES :* mouvement rétrograde des points équinoxiaux.
ÉTYM. latin *praecessio.*

PRÉCHAUFFER [pʀeʃofe] **v. tr.** (conjug. 3a) ✦ Amener (un appareil) à la température voulue.
► **PRÉCHAUFFAGE** [pʀeʃofaʒ] **n. m.**

PRÊCHE [pʀɛʃ] **n. m.** **1.** Discours religieux prononcé par un pasteur protestant. ➝ Sermon. SYN. **prédication.** **2.** FAM. Discours moralisateur et ennuyeux. SYN. **prêchi-prêcha.**
ÉTYM. de *prêcher.*

PRÊCHER [pʀeʃe] **v.** (conjug. 3a) **I v. tr.** **1.** Enseigner (la révélation religieuse). **2.** Conseiller, vanter (qqch.). SYN. **préconiser, prôner.** *Prêcher l'indulgence.* **II v. intr.** Prononcer un sermon. *Le curé a bien prêché* (→ **prédicateur**). **III v. tr.** *PRÊCHER qqn :* lui enseigner la parole de Dieu. SYN. **évangéliser.** *Prêcher les infidèles.* ➝ FAM. Essayer de convaincre (qqn), lui faire la morale. SYN. **sermonner.** *Vous prêchez un converti*.*
ÉTYM. latin *praedicare* «proclamer, publier».

PRÊCHEUR, EUSE [pʀɛʃœʀ, øz] **n.** **1.** VX Prédicateur. ➝ **adj.** *Les Frères prêcheurs,* les dominicains. **2.** péj. Personne qui aime faire la morale aux autres.
ÉTYM. de *prêcher.*

PRÊCHI-PRÊCHA [pʀeʃipʀeʃa] **n. m. invar.** ✦ FAM. Radotage moralisateur. *Il nous ennuie avec ses prêchi-prêcha !*
ÉTYM. de *prêcher.*

PRÉCIEUSEMENT [pʀesjøzmɑ̃] **adv.** ✦ Comme il convient pour un objet précieux, avec grand soin. *Conserver précieusement une lettre.*

PRÉCIEUX, EUSE [pʀesjø, øz] **adj.** et **n.** **I** **1.** De grand prix, d'une grande valeur. *Pierres* précieuses.* **2.** Auquel on attache une grande valeur (pour des raisons sentimentales, intellectuelles, morales). *Les droits les plus précieux de l'homme.* ➝ Particulièrement cher ou utile (à qqn). *Mes amis sont ce que j'ai de plus précieux. Perdre un temps précieux.* **II** **1. n.** Au XVIIe siècle, les personnes (d'abord des femmes) qui recherchaient l'élégance et le raffinement dans les sentiments, les manières et le langage. «*Les Précieuses ridicules*», de Molière. **2. adj.** *Les écrivains précieux, la littérature précieuse.* ➝ par ext. (autres époques) Propre à la préciosité.
ÉTYM. latin *pretiosus* «qui a du prix *(pretium)*».

PRÉCIOSITÉ [pʀesjozite] **n. f.** **1.** Ensemble des traits qui caractérisent les précieuses et le mouvement précieux du XVIIe siècle en France. ☛ Langue française p. 106. **2.** Caractère recherché du langage, du style. SYN. ① **affectation.**
ÉTYM. de *précieux* (II).

PRÉCIPICE [pʀesipis] **n. m.** ✦ Vallée ou anfractuosité du sol très profonde, aux flancs abrupts. SYN. **abîme, à-pic, gouffre, ravin.** ➝ fig. *Être, marcher au bord du précipice :* se trouver dans une situation très dangereuse.
ÉTYM. latin *praecipitium.*

PRÉCIPITAMMENT [pʀesipitamɑ̃] **adv.** ✦ En grande hâte ; avec précipitation. SYN. **brusquement.** CONTR. **calmement, lentement, posément.**
ÉTYM. de l'anc. adj. *précipitant* «hâtif», de *précipiter.*

① **PRÉCIPITATION** [pʀesipitasjɔ̃] **n. f.** **1.** Grande hâte, hâte excessive. **2.** Caractère hâtif et improvisé. *Dans la précipitation du départ, il a oublié son passeport.* CONTR. ① **calme, lenteur.**
ÉTYM. latin *praecipitatio.*

② **PRÉCIPITATION** [presipitasjɔ̃] **n. f.** 1. CHIM. Phénomène à la suite duquel un corps solide insoluble (→ ② **précipité**) se forme dans un liquide. 2. plur. *Précipitations atmosphériques :* chute de l'eau provenant de l'atmosphère (météores : pluie, brouillard, rosée, neige, grêle).
ÉTYM. → ① précipitation.

① **PRÉCIPITÉ, ÉE** [presipite] **adj.** 1. Très rapide dans son allure, son rythme. *Il s'éloigna à pas précipités.* 2. Qui a un caractère de précipitation. *Tout cela est bien précipité.* SYN. **hâtif, soudain.** CONTR. **lent, posé.**
ÉTYM. participe passé de ① *précipiter.*

② **PRÉCIPITÉ** [presipite] **n. m.** ✦ Dépôt obtenu quand se produit la précipitation ②.
ÉTYM. de ② *précipiter.*

① **PRÉCIPITER** [presipite] **v. tr.** (conjug. 3a) **I** 1. LITTÉR. Jeter ou faire tomber d'un lieu élevé dans un lieu bas ou profond. *Il précipita la voiture dans le vide.* ➖ fig. Faire tomber d'une situation élevée ; entraîner la décadence de... 2. Pousser, entraîner avec violence. *Ils ont été précipités contre la paroi.* 3. Faire aller plus vite. SYN. **accélérer, hâter.** *Précipiter son départ.* SYN. **avancer, brusquer.** *Précipiter le mouvement. Il ne faut rien précipiter,* il faut avoir de la patience. **II** *SE PRÉCIPITER* **v. pron.** 1. (personnes ou choses) Se jeter de haut dans un lieu bas ou profond. SYN. **tomber.** *Le torrent se précipite du haut de la montagne.* 2. (personnes) S'élancer brusquement, impétueusement. SYN. **foncer,** se **lancer,** se **ruer.** *Se précipiter au devant de qqn.* SYN. **accourir, courir.** ◆ absolt *Inutile de se précipiter, nous avons le temps.* SYN. se **dépêcher,** se **hâter,** se **presser.** 3. (choses) Prendre un rythme accéléré. *Le pouls se précipite.* SYN. **s'accélérer.** CONTR. **ralentir, retarder • attendre.**
ÉTYM. latin *praecipitare,* de *praeceps* «la tête *(caput)* en avant».

② **PRÉCIPITER** [presipite] **v.** (conjug. 3a) ✦ CHIM. **I** **v. tr.** Faire tomber, faire se déposer (un corps en solution dans un liquide). **II** **v. intr.** Former un précipité. *Le mélange précipite lorsqu'on le chauffe.*

① **PRÉCIS, ISE** [presi, iz] **adj.** 1. Qui fournit une information, un savoir sans équivoque. SYN. **clair,** ① **net.** *Des idées, des données précises. Sans raison précise.* → **particulier.** ◆ Qui procède avec clarté sur un objet bien délimité. *Un raisonnement précis.* 2. Perçu nettement. *Des contours précis.* ➖ Déterminé avec exactitude. *Un point précis sur la carte.* 3. Effectué de façon sûre. *Un geste précis.* ◆ Qui agit avec précision. *Un homme précis.* 4. (grandeurs, mesures) Qui, à la limite, est exact ; qui est exactement calculé. SYN. **exact.** *Quatre heures précises.* SYN. **juste ;** FAM. ③ **pile ; sonnant, tapant.** CONTR. **ambigu, confus, imprécis, incertain,** ③ **vague • diffus, flou • approchant, approximatif.**
ÉTYM. latin *praecisus* «coupé, séparé de».

② **PRÉCIS** [presi] **n. m.** 1. Exposé précis et succinct. SYN. **abrégé.** 2. Petit manuel. *Un précis de grammaire.*
ÉTYM. de ① *précis.*

PRÉCISÉMENT [presizemɑ̃] **adv.** 1. D'une façon précise. *Répondre précisément.* ➖ (pour corriger, préciser) *Il est italien, vénitien plus précisément,* plus exactement, plutôt. 2. ellipt (dans une réponse) Oui, c'est cela même. ➖ (en loc. négative) *Ma vie n'est pas précisément distrayante :* guère, pas du tout. 3. Indiquant une concordance entre deux séries de faits ou d'idées distinctes. SYN. **justement.** *C'est précisément pour cela que je viens vous voir.* CONTR. **confusément, vaguement • approximativement, environ.**
ÉTYM. de ① *précis.*

PRÉCISER [presize] **v. tr.** (conjug. 3a) 1. Exprimer, présenter de façon plus précise. *Précisez votre idée. Préciser un rendez-vous.* SYN. **déterminer, fixer.** ➖ Dire pour clarifier. *Le témoin a précisé qu'il n'avait pas tout vu.* SYN. **souligner.** 2. pronom. (réfl.) Devenir plus précis, plus net. *Le danger se précise.* CONTR. **s'estomper.**
ÉTYM. de ① *précis.*

PRÉCISION [presizjɔ̃] **n. f.** **I** 1. Netteté de ce qui est précis. SYN. **clarté.** *Des renseignements d'une grande précision. Il revoyait toute la scène avec précision.* 2. Façon précise d'agir. SYN. **sûreté.** *Une précision mathématique. La précision d'un tir.* SYN. **justesse.** 3. Qualité de ce qui est calculé, mesuré d'une manière précise. SYN. **exactitude.** *La précision d'un calcul. Une balance de précision.* **II** au plur. Détails, explications permettant une information sûre et sans ambiguïté. *Demander des précisions sur tel ou tel point.* CONTR. **ambiguïté, confusion, imprécision • approximation •** ① **généralité.**
ÉTYM. latin *praecisio.*

PRÉCOCE [prekɔs] **adj.** 1. (végétaux) Qui est mûr avant le temps, plus tôt que les individus de son espèce. SYN. **hâtif.** *Fruits précoces* (→ **primeur,** II). 2. Qui survient, se développe plus tôt que d'habitude. *Gelées précoces. Un été précoce. Des rides précoces.* SYN. **prématuré.** *Sénilité précoce.* 3. Qui se produit, se fait plus tôt qu'il n'est d'usage. *Un mariage précoce.* 4. (personnes) Dont le développement psychique est très rapide. *Un enfant très précoce.* SYN. **avancé.** CONTR. **tardif • arriéré, attardé, retardé.**
► **PRÉCOCEMENT** [prekɔsmɑ̃] **adv.**
ÉTYM. latin *praecox.*

PRÉCOCITÉ [prekɔsite] **n. f.** ✦ Caractère de ce qui est précoce.

PRÉCOLOMBIEN, IENNE [prekɔlɔ̃bjɛ̃, jɛn] **adj.** ✦ Relatif à l'Amérique avant la venue des Européens au XVe siècle. *Arts précolombiens* (aztèque, inca, maya...).
ÉTYM. de *pré-* et *(Christophe) Colomb* ☛ noms propres.

PRÉCONÇU, UE [prekɔ̃sy] **adj.** ✦ péj. Élaboré sans jugement critique ni expérience. *Idées préconçues. Opinion préconçue* (→ **préjugé**).
ÉTYM. de *pré-* et participe passé de *concevoir.*

PRÉCONISER [prekɔnize] **v. tr.** (conjug. 3a) ✦ Recommander vivement (une méthode, un remède, etc.). SYN. **prôner.** CONTR. **critiquer, déconseiller, dénigrer.**
► **PRÉCONISATION** [prekɔnizasjɔ̃] **n. f.**
ÉTYM. latin *praeconizare,* de *praeco* «crieur public».

PRÉCONTRAINT, AINTE [prekɔ̃trɛ̃, ɛ̃t] **adj.** ✦ *BÉTON PRÉCONTRAINT :* soumis à une compression préalable afin d'en augmenter la résistance.
ÉTYM. de *pré-* et participe passé de *contraindre.*

PRÉCURSEUR [prekyrsœr] **n.** et **adj. m.** 1. Personne dont la doctrine, les œuvres ont frayé la voie à l'auteur (personne, mouvement) de développements. *Les précurseurs de Freud, d'Einstein, de l'art moderne.* SYN. **pionnier.** 2. **adj. m.** Annonciateur. SYN. **avant-coureur.** *Signes précurseurs de l'orage.*
ÉTYM. latin *praecursor* «éclaireur», de *praecurrere* «courir devant».

PRÉDATEUR [predatœr] **n. m.** ✦ (animaux) Qui se nourrit de proies. *Les rapaces sont des prédateurs.* ➖ **adj.** *Insectes prédateurs.*
ÉTYM. latin *praedator,* de *praeda* «proie».

PRÉDATION [predasjɔ̃] **n. f.** ✦ DIDACT. Mode de nutrition par capture de proies.
ÉTYM. latin *praedatio*.

PRÉDÉCESSEUR [predesesœr] **n.** 1. Personne qui a précédé (qqn) dans une fonction, une charge. SYN. **devancier.** 2. au plur. Ceux qui ont précédé qqn. SYN. **ancêtre, précurseur.** CONTR. **successeur.**
ÉTYM. latin *praedecessor*.

PRÉDESTINATION [predɛstinasjɔ̃] **n. f.** 1. Doctrine religieuse selon laquelle Dieu destine certaines créatures au salut par la seule force de sa grâce et voue les autres (quoi qu'elles fassent) à la damnation. 2. LITTÉR. Détermination préalable d'évènements ayant un caractère de fatalité.
ÉTYM. latin *praedestinatio*.

PRÉDESTINÉ, ÉE [predɛstine] **adj.** 1. RELIG. Qui est soumis à la prédestination divine. 2. *PRÉDESTINÉ À :* voué à (un destin particulier). *Il était prédestiné à devenir artiste.* ➝ absolt Voué à un destin exceptionnel. *Un être prédestiné.*
ÉTYM. de *prédestiner*.

PRÉDESTINER [predɛstine] **v. tr.** (conjug. 3a) 1. RELIG. (sujet Dieu) Fixer à l'avance le salut ou la perte de (Sa créature). 2. (sens affaibli ; sujet chose) Vouer à un destin, à une activité particulière. *Rien ne le prédestinait à devenir médecin.* SYN. **prédéterminer.**
ÉTYM. latin religieux *praedestinare*.

PRÉDÉTERMINER [predetɛrmine] **v. tr.** (conjug. 3a) ✦ DIDACT. (cause, raison) Déterminer d'avance (une décision, un acte).
► **PRÉDÉTERMINATION** [predetɛrminasjɔ̃] **n. f.**
ÉTYM. latin religieux *praedeterminare*.

PRÉDICAT [predika] **n. m.** ✦ DIDACT. Ce qui, dans un énoncé, est affirmé à propos d'un autre terme, le thème (ex. le cheval [*thème* ou *sujet*] galope [*prédicat*]). *Le prédicat est le plus souvent composé d'un verbe et de ses compléments s'il en a.*
ÉTYM. latin *praedicatum*.

PRÉDICATEUR, TRICE [predikatœr, tris] **n.** ✦ RELIG. Personne qui prêche, prononce un sermon.
ÉTYM. latin *praedicator*.

PRÉDICATION [predikasjɔ̃] **n. f.** 1. RELIG. Action de prêcher. 2. LITTÉR. Sermon.
ÉTYM. latin *praedicatio*, de *praedicare* «prêcher ; proclamer».

PRÉDICTION [prediksjɔ̃] **n. f.** 1. Action de prédire ; paroles par lesquelles on prédit. *Faire des prédictions.* SYN. **prophétie.** 2. Ce qui est prédit. *Vos prédictions se sont réalisées.*
ÉTYM. latin *praedictio*.

PRÉDIGÉRÉ, ÉE [prediʒere] **adj.** ✦ TECHN. Qui a été soumis à une digestion chimique préalable. *Lait prédigéré pour prématurés.*

PRÉDILECTION [predilɛksjɔ̃] **n. f.** ✦ Préférence marquée (pour qqn, qqch.). ➝ *DE PRÉDILECTION :* préféré. *Son menu de prédilection.* CONTR. **aversion.**
ÉTYM. de *pré-* et *dilection*.

PRÉDIRE [predir] **v. tr.** (conjug. 65a sauf ***prédisez***) 1. Annoncer (un évènement) comme devant se produire, sans preuves ni indices rationnels. *La voyante avait prédit le tremblement de terre.* 2. Annoncer (une chose probable) comme devant se produire, par raisonnement ou intuition. *Les experts prédisent la reprise. Je vous l'avais prédit.*
ÉTYM. latin *praedicere*.

PRÉDISPOSER [predispoze] **v. tr.** (conjug. 3a) ✦ Disposer d'avance (qqn à qqch.), mettre dans une disposition favorable. SYN. **incliner.** ➝ au p. passé *Il est prédisposé à la rêverie.* SYN. **enclin.**

PRÉDISPOSITION [predispozisjɔ̃] **n. f.** ✦ Tendance naturelle (de qqn) à (un type d'activité). SYN. **aptitude, penchant.** *Elle a des prédispositions artistiques.* ➝ *Prédisposition à une maladie.*
ÉTYM. de *prédisposer*.

PRÉDOMINANCE [predɔminɑ̃s] **n. f.** ✦ Caractère prédominant. SYN. **prépondérance.**

PRÉDOMINANT, ANTE [predɔminɑ̃, ɑ̃t] **adj.** ✦ Qui prédomine. SYN. **prépondérant.** *Tendances prédominantes.*
ÉTYM. du participe présent de *prédominer*.

PRÉDOMINER [predɔmine] **v. intr.** (conjug. 3a) ✦ (choses) Être le plus important. SYN. **l'emporter, prévaloir.** *Son avis prédomine toujours.* SYN. ② **primer.**
ÉTYM. de *pré-* et *dominer*.

PRÉEMBALLÉ, ÉE [preɑ̃bale] **adj.** ✦ Se dit d'un produit alimentaire frais vendu sous emballage. *Viande préemballée.*

PRÉÉMINENCE [preeminɑ̃s] **n. f.** ✦ Supériorité absolue de ce qui est au premier rang. SYN. **primauté ; suprématie.** *Donner la prééminence à qqch.,* placer au-dessus. CONTR. **infériorité.**
ÉTYM. latin *praeeminentia*.

PRÉÉMINENT, ENTE [preeminɑ̃, ɑ̃t] **adj.** ✦ LITTÉR. Qui a la prééminence. SYN. **supérieur.** CONTR. **inférieur.**
ÉTYM. latin *praeeminens*.

PRÉEMPTION [preɑ̃psjɔ̃] **n. f.** ✦ DR. Action d'acheter avant un autre. *Droit de préemption.*
ÉTYM. de *pré-* et du latin *emptio* «achat», de *emere* «acheter».

PRÉÉTABLI, IE [preetabli] **adj.** ✦ Établi à l'avance, une fois pour toutes. *Réaliser un plan préétabli.*

PRÉEXISTANT, ANTE [preɛgzistɑ̃, ɑ̃t] **adj.** ✦ Qui préexiste (à qqch.). CONTR. **consécutif.**
ÉTYM. du participe présent de *préexister*.

PRÉEXISTER [preɛgziste] **v. intr.** (conjug. 3a) ✦ Exister antérieurement (à qqch.).

PRÉFABRIQUÉ, ÉE [prefabrike] **adj.** 1. Se dit d'éléments de construction fabriqués en série et assemblés ultérieurement sur place. ➝ **n. m.** *Une maison en préfabriqué.* 2. fig. Composé à l'avance. *Une décision préfabriquée.* SYN. **artificiel, factice.**
► **PRÉFABRICATION** [prefabrikasjɔ̃] **n. f.**

PRÉFACE [prefas] **n. f.** ✦ Texte placé en tête d'un livre et qui sert à le présenter au lecteur. SYN. **avant-propos, avertissement, introduction.** ☛ Littérature p. 139. *Ce livre a une préface et une postface. Préface de l'auteur.*
ÉTYM. latin *praefatio*, de *praefari* «dire (*fari*) avant».

PRÉFACER [prefase] **v. tr.** (conjug. 4) ✦ Présenter par une préface.
ÉTYM. de *préface*.

PRÉFACIER, IÈRE [prefasje, jɛr] **n.** ✦ Auteur d'une préface (au livre d'un autre).
ÉTYM. de *préface*.

PRÉFECTORAL, ALE, AUX [prefɛktɔral, o] **adj.** ✦ Relatif au préfet, à l'administration par les préfets. *Arrêté préfectoral.*

PRÉFECTURE [prefɛktyr] **n. f. 1.** Charge de préfet. ➖ Ensemble des services du préfet ; local où ils sont installés. **2.** Ville où siège cette administration. SYN. **chef-lieu.** *Préfectures et sous-préfectures.* ➖ Circonscription administrée par le préfet (→ **département**). **3.** *PRÉFECTURE DE POLICE :* à Paris, services de direction de la police.
ÉTYM. latin *praefectura.*

PRÉFÉRABLE [preferabl] **adj.** ✦ Qui mérite d'être préféré, choisi. SYN. **meilleur.** *Partez maintenant, c'est préférable, bien préférable.* SYN. **mieux.** ➖ **impers.** *Il est préférable que* (+ **subj.**), *de* (+ **inf.**) : il vaut mieux.
▶ **PRÉFÉRABLEMENT** [preferabləmɑ̃] **adv.**

PRÉFÉRÉ, ÉE [prefere] **adj.** ✦ Le plus aimé, jugé le meilleur (par qqn). *Son disque préféré.* ➖ **n.** (personnes) *Cet élève est son préféré.* SYN. **favori ;** FAM. **chouchou.**

PRÉFÉRENCE [preferɑ̃s] **n. f. 1.** Jugement ou sentiment par lequel on place une personne, une chose au-dessus des autres. *Il a une préférence marquée pour les gens discrets.* SYN. **prédilection.** ➖ *Je n'ai pas de préférence,* cela m'est égal. ➖ *Accorder, donner la préférence à,* donner l'avantage. → **préférer.** ➖ *DE PRÉFÉRENCE* **loc. adv.** : plutôt. *Venez le matin, de préférence.* ➖ *DE PRÉFÉRENCE À, PAR PRÉFÉRENCE À qqch.* **loc. prép.** → **plutôt** que. **2.** Le fait d'être préféré. *Avoir, obtenir la préférence sur qqn.* → **l'emporter.**
ÉTYM. de *préférer.*

PRÉFÉRENTIEL, ELLE [preferɑ̃sjɛl] **adj. 1.** Qui établit une préférence. *Tarif préférentiel.* SYN. **de faveur. 2.** *Vote préférentiel,* qui permet à l'électeur de changer l'ordre des candidats sur une liste.
ÉTYM. de *préférence,* d'après l'anglais.

PRÉFÉRENTIELLEMENT [preferɑ̃sjɛlmɑ̃] **adv.** ✦ De préférence.

PRÉFÉRER [prefere] **v. tr.** (conjug. 8) ✦ Considérer comme meilleure, supérieure, plus importante (une chose, une personne parmi plusieurs) ; se déterminer en sa faveur. SYN. **aimer** mieux. *Préférer le train à l'avion.* ➖ *PRÉFÉRER* (+ **inf.**). *Elle a préféré partir. Faites comme vous préférez,* comme vous voudrez. ◆ *SE PRÉFÉRER* **v. pron.** *Je me préfère avec les cheveux longs.*
ÉTYM. latin *praeferre* «porter *(ferre)* en avant».

PRÉFET [prefɛ] **n. m. 1.** HIST. Haut magistrat chargé de l'administration de Rome. **2.** en France Fonctionnaire représentant le pouvoir exécutif central à la tête d'une préfecture. *Le préfet et les sous-préfets.* ➖ *Préfet de Région.* ➖ *Préfet de police,* placé à la tête d'une préfecture de police. **3.** Prêtre chargé de la discipline dans certains collèges religieux. *Préfet des études.*
ÉTYM. latin *praefectus* «gouverneur, intendant».

PRÉFÈTE [prefɛt] **n. f. 1.** Femme d'un préfet. **2.** Femme préfet (2). *La préfète de Moselle.*
ÉTYM. de *préfet.*

PRÉFIGURATION [prefigyrasjɔ̃] **n. f.** ✦ LITTÉR. Ce qui préfigure qqch.
ÉTYM. latin *praefiguratio.*

PRÉFIGURER [prefigyre] **v. tr.** (conjug. 3a) ✦ LITTÉR. Présenter par avance tous les caractères de (une chose à venir). *Troubles qui préfiguraient la révolution.* SYN. **annoncer.**
ÉTYM. latin *praefigurare.*

PRÉFIXATION [prefiksasjɔ̃] **n. f.** ✦ Formation d'un mot grâce à un préfixe. *Le mot «préhistoire» est formé par préfixation.*
ÉTYM. de *préfixer.*

PRÉFIXE [prefiks] **n. m.** ✦ Élément de formation de mots, placé devant un radical (opposé à *suffixe*), et qui en modifie le sens (ex. ***pré-*** dans ***préhistoire***). ☛ Langue française p. 110. *Préfixes privatifs*.*
ÉTYM. latin *praefixus* «placé devant».

PRÉFIXER [prefikse] **v. tr.** (conjug. 3a) ✦ Joindre (un élément) comme préfixe ; composer avec un préfixe.
ÉTYM. de *préfixe.*

PRÉGNANT, ANTE [pregnɑ̃, ɑ̃t] **adj.** ✦ PSYCH. Qui s'impose à l'esprit, à la perception. *Formes prégnantes.*
ÉTYM. du participe présent de l'ancien français *priembre* «presser», latin *premere.*

PRÉHENSEUR [preɑ̃sœr] **adj. m.** ✦ DIDACT. Qui sert à prendre, à saisir. *Organe préhenseur.*
ÉTYM. de *préhension.*

PRÉHENSILE [preɑ̃sil] **adj.** ✦ DIDACT. Qui peut servir à prendre, à saisir (alors que la fonction première n'est pas la préhension). *La trompe préhensile de l'éléphant.*
ÉTYM. de *préhension.*

PRÉHENSION [preɑ̃sjɔ̃] **n. f.** ✦ DIDACT. Faculté de saisir avec un organe approprié.
ÉTYM. latin *prehensio,* de *prehendere* «saisir, prendre».

PRÉHISTOIRE [preistwar] **n. f. 1.** Ensemble des évènements concernant l'humanité avant l'apparition de l'écriture ; étude de ces évènements (→ **protohistoire**). ☛ Préhistoire p. 148. **2.** fig. *La préhistoire de l'aviation.*

PRÉHISTORIEN, IENNE [preistɔrjɛ̃, jɛn] **n.** ✦ Historien spécialiste de la préhistoire.

PRÉHISTORIQUE [preistɔrik] **adj. 1.** Qui appartient à la préhistoire. *Les temps préhistoriques. Animaux préhistoriques.* **2.** Très ancien, suranné. SYN. **antédiluvien.** *Une voiture préhistorique.*

PRÉHOMINIENS [preɔminjɛ̃] **n. m. pl.** ✦ SC. Groupe d'hominiens les plus proches des hommes (pithécanthrope, etc.).

PRÉJUDICE [preʒydis] **n. m. 1.** Perte d'un bien, d'un avantage par le fait d'autrui (agissant le plus souvent contre le droit, la justice) ; acte ou évènement nuisible aux intérêts de qqn. *Causer un préjudice à qqn.* SYN. **dommage.** *Porter préjudice,* causer du tort. *AU PRÉJUDICE de qqn :* contre son intérêt, à son détriment. **2.** Ce qui est nuisible pour, ce qui va contre (qqch.). *Un grave préjudice causé à la justice.* ➖ LITTÉR. *SANS PRÉJUDICE DE :* sans porter atteinte, sans renoncer à. CONTR. **avantage, bénéfice · bienfait.**
ÉTYM. latin *praejudicium,* de *praejudicare* «préjuger».

PRÉJUDICIABLE [preʒydisjabl] **adj.** ✦ Qui porte, peut porter préjudice (à qqn, à qqch.). SYN. **nuisible.** *Une alimentation préjudiciable à la santé.* CONTR. **salutaire.**
ÉTYM. latin *praejudiciabilis.*

PRÉJUGÉ [preʒyʒe] **n. m. 1.** Croyance, opinion préconçue* souvent imposée par le milieu, l'époque ; parti pris. SYN. **a priori, prévention.** *Les préjugés bourgeois.* **2.** Indice qui permet de se faire une opinion

provisoire. *C'est un préjugé en sa faveur.*
ÉTYM. du participe passé de *préjuger.*

PRÉJUGER [preʒyʒe] **v. tr. ind.** (conjug. 5) ✦ LITTÉR. OU DR. *PRÉJUGER DE* : porter un jugement prématuré sur (qqch.) ; considérer comme résolue une question qui ne l'est pas. *Je ne peux pas préjuger de sa décision.*
ÉTYM. latin *praejudicare.*

se PRÉLASSER [prelase] **v. pron.** (conjug. 3a) ✦ Se détendre, se reposer nonchalamment et béatement.
ÉTYM. altération de l'ancien verbe *prélater* «se pavaner (comme un *prélat*)».

PRÉLAT [prela] **n. m.** ✦ Haut dignitaire ecclésiastique (cardinal, archevêque, etc.), dans l'Église catholique.
ÉTYM. latin *praelatus*, du participe passé de *praeferre* → préférer.

PRÉLATIN, INE [prelatɛ̃, in] **adj.** ✦ DIDACT. Antérieur à la civilisation latine, au latin (langue). *Mot italien d'origine prélatine.*

PRÉLAVAGE [prelavaʒ] **n. m.** ✦ Lavage préliminaire, dans le cycle d'un lave-linge, d'un lave-vaisselle.

PRÈLE [prɛl] **n. f.** ✦ Plante à tige creuse et à épis, qui pousse dans des endroits humides. ➡ On écrit aussi *prêle.*
ÉTYM. de l'ancien français *asprele*, du latin *asper* «rugueux, âpre».

PRÉLÈVEMENT [prelɛvmɑ̃] **n. m.** ✦ Action de prélever ; quantité qu'on prélève. *Prélèvement automatique sur un compte en banque. Un prélèvement de sang.* ➡ absolt MÉD. *Faire un prélèvement* (d'organe, de tissu, etc.), en vue d'une analyse, d'une transplantation.
ÉTYM. de *prélever.*

PRÉLEVER [prel(ə)ve] **v. tr.** (conjug. 7a) ✦ Prendre (une partie d'un ensemble, d'un total). SYN. **enlever, retenir, retrancher.** *Prélever un échantillon. Prélevez cette somme sur mon compte.*
ÉTYM. latin *praelevare.*

PRÉLIMINAIRE [preliminɛr] **adj.** et **n. m.**
I adj. Qui précède, prépare (une autre chose considérée comme essentielle, plus importante). SYN. **préalable, préparatoire.** *Discours préliminaire* : introduction, préambule. → **liminaire.**
II *PRÉLIMINAIRES* **n. m. pl.** 1. Ensemble des négociations qui précèdent et préparent un armistice, un traité de paix. 2. Ce qui prépare un acte, un évènement plus important. SYN. **commencement.** ➡ *Préliminaires amoureux.*
ÉTYM. latin *praeliminaris* → pré- et liminaire.

PRÉLUDE [prelyd] **n. m.** 1. Pièce instrumentale ou orchestrale de forme libre (qui sert parfois d'introduction). *Les préludes de Chopin.* 2. fig. Ce qui précède, annonce (qqch.) ; ce qui constitue le début (d'une œuvre, d'une série d'évènements...). SYN. **amorce, commencement, prologue.** *Le prélude des hostilités. Ce n'est qu'un prélude (à...).* SYN. **début.**
ÉTYM. latin *praeludium.*

PRÉLUDER [prelyde] **v.** (conjug. 3a) 1. **v. intr.** *Préluder par*, chanter, jouer (un morceau) pour commencer. 2. **v. tr. ind.** (sujet chose) *PRÉLUDER À* : se produire avant (une autre chose) en la laissant prévoir. SYN. **annoncer.** *Les incidents qui ont préludé aux émeutes.*
ÉTYM. latin *praeludere.*

PRÉMATURÉ, ÉE [prematyre] **adj.** 1. Qu'il n'est pas encore temps d'entreprendre. *Une démarche prématurée.* ➡ Qui a été fait trop tôt. *Une nouvelle prématurée*, annoncée avant que les évènements se soient produits. 2. Qui arrive avant le temps normal. SYN. **précoce.** *Une mort prématurée.* 3. *Un enfant prématuré* : enfant viable, né avant 8 mois de grossesse. ➡ **n.** *Mettre un prématuré en couveuse.* CONTR. **tardif.**
ÉTYM. latin *praematurus.*

PRÉMATURÉMENT [prematyremɑ̃] **adv.** ✦ Avant le temps habituel ou convenable. CONTR. **tardivement.**

PRÉMÉDITATION [premeditasjɔ̃] **n. f.** ✦ Dessein réfléchi d'accomplir une action (surtout une action mauvaise, délit ou crime). *Meurtre avec préméditation* (circonstance aggravante).
ÉTYM. latin *praemeditatio.*

PRÉMÉDITER [premedite] **v. tr.** (conjug. 3a) ✦ Décider, préparer avec calcul. SYN. **projeter.** *Il avait prémédité sa fuite, de s'enfuir.* ➡ au p. passé *Un crime prémédité.*
ÉTYM. latin *praemeditari.*

PRÉMICES [premis] **n. f. pl.** 1. HIST. Premiers fruits de la terre, premiers animaux nés du troupeau, que les Anciens offraient à la divinité. 2. LITTÉR. Commencement, début. *Les prémices de l'hiver.* HOM. PRÉMISSE «proposition logique»
ÉTYM. latin *primitiae.*

PREMIER, IÈRE [prəmje, jɛr] **adj.** et **n.** **I** (épithète ; souvent avant le nom) Qui vient avant les autres, dans un ordre (*premier*, second, troisième..., dernier). 1. Qui est le plus ancien ou parmi les plus anciens dans le temps ; qui s'est produit, apparaît avant. SYN. **initial.** *Le premier jour du mois.* ➡ **n. m.** Premier jour. *Le premier avril. Le premier de l'an (1er janvier).* ➡ *Son premier amour. La première fois.* ➡ loc. *Au, du premier coup, au premier essai. À première vue, au premier abord* : tout d'abord. SYN. ① **prime.** *Il n'est plus de la première jeunesse.* ➡ (attribut) *Arriver premier*, avant les autres. → **en tête.** ◆ **n.** *Parler le premier. La première arrivée.* loc. *Le premier venu**. 2. Le premier à venir (dans le futur). *À la première occasion.* 3. Qui se présente avant (dans une série, un ordre). *La première personne du singulier. Première partie.* → **commencement, début.** ➡ **n. m.** Premier terme d'une charade. *Mon premier..., mon second..., mon tout.* 4. (après le nom) LITTÉR. Qui est dans l'état de son origine, de son début. SYN. **originel, primitif.** *L'état premier de ses recherches.* ➡ *Matières* premières.* 5. Qui se présente d'abord (dans l'espace, par rapport à un observateur, à un point de repère). *La première (rue) à droite. Montez au premier (étage).* 6. Qui vient en tête pour l'importance, la valeur, est plus remarquable que les autres. SYN. **meilleur, principal.** *Première qualité, premier choix. De (tout) premier ordre. Voyager en première (classe).* ◆ (personnes) *Le Premier ministre. Premier violon.* ➡ (attribut) Qui vient avant les autres, dans un classement. *Sortir premier d'une école.* ➡ **n.** *Le premier, la première de la classe.* 7. (après le nom) Qui n'est pas déduit, qui n'est pas défini au moyen d'autre chose. *Les vérités premières.* ➡ *Nombre premier*, divisible uniquement par 1 et par lui-même (ex. 3, 7, 11, 13...). 8. (après le nom) Qui contient en soi la raison d'être des autres réalités. *Les causes premières.*
II n. (voir ci-dessus) spécialt 1. *JEUNE PREMIER, JEUNE PREMIÈRE* : comédien, comédienne qui joue les premiers rôles d'amoureux. 2. anglicisme Premier ministre (dans un pays anglo-saxon). **III loc. adv.** *EN PREMIER* : d'abord. *Partez en premier, je vous rejoindrai.* CONTR. **dernier,**

ultime • après, ① derrière, ensuite.
ÉTYM. latin *primarius*, de *primus* doublet de *primaire*.

PREMIÈRE [pʀəmjɛʀ] **n. f.** **1.** Première représentation d'une pièce ou projection d'un film. *La générale et la première.* → **avant-première.** ▸ Première fois qu'un évènement important se produit. *Une première dans l'histoire de l'alpinisme.* **2.** loc. FAM. *De première !* remarquable, exceptionnel. **3.** En France, Classe qui précède les classes terminales des études secondaires. *Entrer en première.* **4.** Première vitesse d'une automobile. *Passer la (en) première.*
ÉTYM. de *premier.*

PREMIÈREMENT [pʀəmjɛʀmɑ̃] **adv.** ✦ D'abord, en premier lieu (dans une énumération). SYN. **primo.**

PREMIER-NÉ, PREMIÈRE-NÉE [pʀəmjene, pʀəmjɛʀne] **adj.** et **n.** ✦ Se dit du premier enfant d'une famille (opposé à *dernier-né*). SYN. **aîné.** *Les premiers-nés.*

PRÉMISSE [pʀemis] **n. f.** **1.** Chacune des deux propositions initiales d'un syllogisme, dont on tire la conclusion. **2.** Affirmation dont on tire une conclusion ; commencement d'une démonstration. HOM. PRÉMICES «commencement»
ÉTYM. latin *praemissa* «(proposition) mise en avant».

PRÉMOLAIRE [pʀemɔlɛʀ] **n. f.** ✦ Chacune des dents situées entre la canine et les molaires.

PRÉMONITION [pʀemɔnisjɔ̃] **n. f.** ✦ Avertissement inexplicable qui fait connaître un évènement à l'avance ou à distance. SYN. **pressentiment.** *Avoir la prémonition de qqch., une prémonition.*
ÉTYM. latin *praemonitio*, de *monere* «avertir».

PRÉMONITOIRE [pʀemɔnitwaʀ] **adj.** ✦ Qui a rapport à la prémonition, constitue une prémonition. *Un rêve prémonitoire. Signe prémonitoire,* annonciateur.

PRÉMUNIR [pʀemyniʀ] **v. tr.** (conjug. 13) ✦ LITTÉR. Protéger (qqn), mettre en garde (contre qqch.). *Prémunir qqn contre un danger.* ▸ pronom. (réfl.) *Se prémunir contre le froid.*
ÉTYM. latin *praemunire.*

PRENANT, ANTE [pʀənɑ̃, ɑ̃t] **adj.** **1.** *PARTIE PRENANTE :* en droit, partie qui reçoit de l'argent ou une fourniture. ▸ plus cour. Protagoniste. *Les parties prenantes d'un conflit.* **2.** Qui captive en émouvant, en intéressant profondément. *Un film prenant.* SYN. **passionnant.** *Une voix prenante.* **3.** *Un métier très prenant,* qui occupe beaucoup, accapare.
ÉTYM. du participe présent de *prendre.*

PRÉNATAL, ALE, ALS [pʀenatal] **adj.** ✦ Qui précède la naissance. *Allocations prénatales. Examens prénatals.*

PRENDRE [pʀɑ̃dʀ] **v.** (conjug. 45) **I** **v. tr.** Mettre avec soi ou faire sien. **1.** Mettre dans sa main (pour avoir avec soi, pour faire passer d'un lieu dans un autre, pour utiliser...). *Prendre un objet dans sa main, à pleine main.* SYN. **empoigner, saisir.** ▸ pronom. (passif) *Cela se prend par le milieu.* ▸ *Prendre qqch. des mains de qqn.* SYN. **arracher, enlever, ôter, retirer.** ▸ loc. *Prendre une affaire en main,* décider de s'en occuper. *Prendre dans ses bras.* → **embrasser.** ▸ pronom. (récipr.) *Elles se sont prises par la main.* **2.** Mettre avec soi, amener à soi. *N'oublie pas de prendre ton parapluie.* SYN. **emporter.** ▸ spécialt *Prendre du pain,* en acheter. ▸ (compl. n. de personne) *Le coiffeur m'a pris à 5 heures.* SYN. **accueillir.** *Je passerai vous prendre chez vous.* SYN. **chercher.** **3.** *PRENDRE qqch. SUR SOI, sous sa responsabilité :* en accepter la responsabilité. → **assumer.** ▸ *PRENDRE SUR SOI DE :* s'imposer de. *Il a pris sur lui de venir malgré sa fatigue.* **4.** fig. Aborder, se mettre à considérer (qqch., qqn) de telle façon. *Prendre la vie du bon côté. On ne sait par où le prendre* (tant il est susceptible). *Il n'est pas à prendre avec des pincettes*.* ▸ (sans compl. de manière) *Prenons cet exemple.* SYN. **considérer.** ▸ loc. adv. *À TOUT PRENDRE :* somme toute. ▸ *PRENDRE BIEN, MAL qqch. :* l'accepter ou en souffrir. SYN. **accueillir.** ▸ *Prendre les choses comme elles viennent. Prendre qqn, qqch. au sérieux, à la légère.* pronom. *Se prendre au sérieux.* ▸ *Si vous le prenez ainsi,* si c'est là votre manière de voir. ▸ *PRENDRE EN... :* avoir en. *Prendre qqn en amitié. Prendre en grippe*.* **5.** Faire sien (une chose abstraite). *Il a pris un pseudonyme. Prendre (un) rendez-vous. Prendre et garder une habitude.* **6.** Évaluer, définir (pour connaître). *Prendre des mesures. Prenez votre température.* **7.** Inscrire ou reproduire. *Prendre des notes, une photo.* **8.** S'adjoindre (une personne). SYN. **embaucher, engager.** ▸ *Prendre pour, comme, à, en,* s'adjoindre, se servir de (qqn) en tant que... *Il l'a prise comme assistante.* **9.** *PRENDRE POUR :* croire qu'une personne, une chose est (autre ou autrement). *Prendre une personne pour une autre.* SYN. **confondre.** *Prendre ses désirs pour des réalités.* ▸ pronom. (réfl.) *Se prendre pour un génie,* considérer qu'on en est un. SYN. se **croire.** **10.** Absorber, manger ou boire. *Prendre son café. Prendre un verre.* SYN. ① **boire.** *Vous prenez, vous prendrez de la viande ou du poisson ?* ▸ pronom. (passif) *Médicament qui se prend avant les repas.* ▸ fig. *Prendre le frais. Prendre le soleil.* ▸ *Prendre un bain.* **II** **v. tr.** Agir de façon à avoir, à posséder (qqch., qqn). **1.** Se mettre en possession de ; se rendre maître de. SYN. s'**approprier.** *Prendre qqch. par force, par ruse.* ▸ loc. *C'est à prendre ou à laisser*.* ◆ Posséder sexuellement (qqn). **2.** Demander, exiger. *Combien prend-il ?* quel est son prix ? *Ce travail me prendra une heure.* **3.** FAM. Recevoir, supporter. *Il a pris un coup de pied.* SYN. **attraper.** *Qu'est-ce qu'il a pris !* **4.** Se rendre maître par force ; conquérir. *Prendre* (un lieu) *d'assaut,* en attaquant de vive force. SYN. **enlever.** *Prendre le pouvoir.* ▸ loc. FAM. au p. passé *C'est autant de pris (sur l'ennemi),* se dit d'un avantage dont on est assuré. **5.** *PRENDRE qqch. À qqn :* s'emparer de (ce qui lui appartient). SYN. ② **voler.** *Il lui a pris son argent. Prendre la place de qqn.* **6.** Se saisir de (ce qui fuit, se dérobe : animal, personne). SYN. **attraper, capturer.** *Il s'est fait prendre par la police.* SYN. **arrêter.** ▸ (passif) *Être pris dans l'engrenage.* (choses) *Le navire est pris par (dans) les glaces.* **7.** Amener (qqn) à ses vues, à faire ce qu'on veut. *Prendre qqn par la douceur,* en le traitant doucement. *Prendre qqn en traître, par traîtrise.* → ① **avoir.** ▸ absolt *Savoir prendre qqn,* agir envers lui avec diplomatie pour obtenir de lui ce qu'on veut. **8.** *PRENDRE qqn* (de telle ou telle manière). SYN. **surprendre.** *On l'a pris en flagrant délit. Il les a pris au dépourvu.* ▸ *Prendre qqn à* (qqch., faire qqch.). *Je vous y prends !* ▸ *On ne m'y prendra plus,* je ne serai plus dupe. **9.** (sensation, sentiment) Saisir (qqn), faire sentir à (qqn). *Les douleurs la prirent brusquement. Être pris de vertiges.* ▸ FAM. *Qu'est-ce qui vous (te) prend ?,* se dit à une personne dont l'attitude est inattendue ou déplacée. ▸ impers. *Il me prend l'envie d'aller le voir.* **10.** *BIEN, MAL lui, vous... PREND DE :* cela a de bonnes, de fâcheuses conséquences. *Mal lui en a pris de mentir,* il a eu tort, il en subit les conséquences. **III** **v. tr.** exprimant le commencement ou la progression d'une action (avec certains substantifs) **1.** Se mettre à utiliser, à avoir, à être (sans idée d'appropriation). *Prendre le deuil,* mettre des vêtements de deuil. *Prendre la plume,* écrire. *Prendre le lit,* s'aliter. ➝ Faire usage de (un véhicule). *Prendre l'avion, sa voiture.* ➝ S'engager dans. *Prendre un virage. Prendre la porte,* sortir. *Prendre la mer,* s'embarquer. ➝ Emprunter (une voie de communication). *Prendre un raccourci, l'autoroute.* ➝ sans compl. direct *Prenez à droite, sur votre droite.* **2.** User à son gré de. *Prendre le temps de, prendre son temps. Prendre congé.* **3.** Se mettre à avoir, se donner. *Prendre une décision. Prendre la fuite. Prendre du repos. Prendre la parole,* commencer à parler. *Prendre l'avantage sur qqn.* ➝ (compl. sans article) loc. *Prendre position,* choisir. *Prendre soin de... Prendre acte. Prendre garde.* ➝ (formule de politesse) *Prenez la peine d'entrer,* veuillez entrer. **4.** Commencer à avoir (une façon d'être). *Prendre une mauvaise tournure.* loc. *Prendre forme.* ➝ (personnes ; désignant une action involontaire) *Prendre de l'âge,* vieillir. *Prendre des couleurs. Il y prend goût.* loc. *Prendre peur.* **5.** Subir l'effet de. *Prendre feu,* s'enflammer. *Prendre froid ; prendre mal, du mal.* **IV** v. intr. **1.** (substances) Durcir, épaissir. *La mayonnaise a pris.* ➝ Attacher, coller. **2.** (végétaux) Pousser des racines, continuer sa croissance après transplantation. *La bouture a pris.* **3.** *Le feu va prendre,* se mettre à brûler. **4.** Produire son effet, l'effet recherché. SYN. **réussir.** *Vaccin qui prend. C'est une mode qui ne prendra pas.* **5.** Être cru, accepté. *À d'autres, ça ne prend pas !* **V** *SE PRENDRE* v. pron. **1.** Se laisser attraper. ➝ fig. *Se prendre au jeu.* **2.** *S'EN PRENDRE À :* s'attaquer à, en rendant responsable. SYN. **incriminer.** *Il ne pourra s'en prendre qu'à lui-même,* il est responsable de ses propres malheurs. **3.** *SE PRENDRE DE :* se mettre à avoir. *Se prendre d'amitié pour qqn.* SYN. **éprouver.** **4.** *S'Y PRENDRE :* agir d'une certaine manière en vue d'obtenir un résultat. *Il s'y est mal pris.* SYN. **procéder.** *S'y prendre à deux fois,* tâtonner. *Savoir s'y prendre.* ➝ (avec une précision de temps) Se mettre à s'occuper de. *Il faudra s'y prendre à l'avance.* CONTR. **jeter,** ① **lâcher** · **abandonner, laisser, oublier, quitter** · **donner, offrir** · **perdre.**

ÉTYM. latin *prehendere, prendere.*

PRENEUR, EUSE [pʀənœʀ, øz] n. **1.** Personne qui achète qqch. SYN. **acheteur, acquéreur.** *Je suis preneur. Trouver preneur.* **2.** loc. *Preneur de son :* technicien chargé de la prise* de son.

ÉTYM. de *prendre.*

PRÉNOM [pʀenɔ̃] n. m. ✦ Chacun des noms personnels qui précèdent le nom de famille. *Appeler qqn par son prénom (→ petit nom, nom de baptême).*

ÉTYM. latin *praenomen.*

PRÉNOMMER [pʀenɔme] v. tr. (conjug. 3a) ✦ Appeler d'un prénom. *On l'a prénommé Jean.* ➝ pronom. (passif) *Elle se prénomme Anne.* ➝ au p. passé *Un prénommé Jean.*

ÉTYM. de *prénom.*

PRÉNUPTIAL, ALE, AUX [pʀenypsjal, o] adj. ✦ Qui précède le mariage. *Des examens (médicaux) prénuptiaux.*

PRÉOCCUPANT, ANTE [pʀeɔkypɑ̃, ɑ̃t] adj. ✦ Qui préoccupe, inquiète. *La situation est préoccupante.*

ÉTYM. du participe présent de *préoccuper.*

PRÉOCCUPATION [pʀeɔkypasjɔ̃] n. f. ✦ Souci, inquiétude qui occupe l'esprit.

ÉTYM. latin *praeoccupatio.*

PRÉOCCUPÉ, ÉE [pʀeɔkype] adj. ✦ Qui est sous l'effet d'une préoccupation. SYN. **absorbé, anxieux, inquiet.** // *a l'air préoccupé. Préoccupé de...,* soucieux de.

PRÉOCCUPER [pʀeɔkype] v. tr. (conjug. 3a) **1.** Inquiéter fortement. SYN. **tourmenter, tracasser.** *Sa santé me préoccupe.* **2.** Occuper exclusivement (l'esprit, l'attention). SYN. **absorber, obséder.** *Cette idée le préoccupe.* **3.** *SE PRÉOCCUPER* v. pron. S'occuper (de qqch.) en y attachant un vif intérêt mêlé d'inquiétude. SYN. se **soucier.**

ÉTYM. latin *praeoccupare* «occuper le premier».

PRÉPARATEUR, TRICE [pʀepaʀatœʀ, tʀis] n. **1.** Personne attachée à un laboratoire, chargée de préparer des expériences scientifiques. SYN. **laborantin.** **2.** *PRÉPARATEUR EN PHARMACIE :* employé chargé de certaines préparations pharmaceutiques.

ÉTYM. latin *praeparator.*

PRÉPARATIFS [pʀepaʀatif] n. m. pl. ✦ Dispositions prises pour préparer qqch. SYN. **arrangement, disposition.** *Les préparatifs du départ.*

ÉTYM. de *préparer.*

PRÉPARATION [pʀepaʀasjɔ̃] n. f. **I** **1.** Action de préparer (qqch.). *La préparation des repas.* ♦ Chose préparée. SYN. **composition.** *Préparation pharmaceutique :* médicament préparé en officine. **2.** Arrangement, organisation ayant pour effet de préparer. *La préparation d'une fête. Roman en préparation.* **3.** LITTÉR. Manière de préparer (I, 4). **II** Action de préparer (qqn) ou de se préparer. SYN. **formation.** *La préparation des candidats au baccalauréat.* ➝ *Préparation militaire,* stage ouvert aux jeunes gens qui veulent découvrir la vie militaire.

ÉTYM. latin *praeparatio.*

PRÉPARATOIRE [pʀepaʀatwaʀ] adj. ✦ Qui prépare (qqch., qqn). ➝ *Cours préparatoire (C. P.),* premier cours de l'enseignement primaire. *Classes préparatoires* (aux concours d'entrée des grandes écoles) ; FAM. PRÉPA n. f. et adj. *Elle est en prépa. Les classes prépas.*

PRÉPARER [pʀepaʀe] v. tr. (conjug. 3a) **I** **1.** Mettre en état de fonctionner, de servir. SYN. **apprêter, arranger, disposer.** *Préparer la table.* SYN. **mettre.** *Préparer la voie, le terrain.* **2.** Faire tout ce qu'il faut pour (une opération, une œuvre, etc.). SYN. **organiser.** *Il a préparé soigneusement son voyage* (→ **préparatifs**). ➝ au p. passé *Un coup préparé de longue date.* SYN. **préméditer.** ➝ Travailler (à). *Préparer un examen.* ➝ *Préparer une grande école,* le concours d'entrée à cette école (→ **préparatoire**). *Elle prépare Polytechnique.* **3.** Rendre possible, par son action. *Préparer l'avenir. Préparer qqch. à qqn,* faire que la chose lui arrive. SYN. **réserver.** *On lui a préparé une surprise.* ➝ (sujet chose) Rendre possible ou probable. *Cela ne nous prépare rien de bon.* **4.** (théâtre, roman, film...) Rendre possible ou naturel en enlevant le caractère arbitraire. SYN. **amener,** ② **ménager.** *Préparer un dénouement.* ➝ *Préparer ses effets.* **II** Rendre (qqn) capable de, prêt à, par une action préalable et concertée. *Préparer sa classe au brevet.* ➝ Mettre dans les dispositions d'esprit requises. *Préparer qqn à une mauvaise nouvelle.* **III** *SE PRÉPARER* v. pron. **1.** (réfl.) Se mettre en état, en mesure de faire (qqch.). *Se préparer au combat, à combattre.* SYN. **s'apprêter.** **2.** (passif) Être préparé. *La cuisine où se prépare le repas.* **3.** Être près de se produire. *Un orage se prépare.* SYN. **couver** ; → **imminent.** ➝ impers. *Il se prépare quelque chose de grave.* CONTR. **accomplir, effec-**

tuer, réaliser • improviser.
ÉTYM. latin *praeparare*.

PRÉPONDÉRANCE [pʀepɔ̃deʀɑ̃s] n. f. ✦ Fait d'être plus important.
ÉTYM. de *prépondérant*.

PRÉPONDÉRANT, ANTE [pʀepɔ̃deʀɑ̃, ɑ̃t] adj. ✦ Qui a plus de poids, qui l'emporte en autorité, en influence. SYN. **dominant, prédominant.** *Jouer un rôle prépondérant.*
ÉTYM. du latin *praeponderare* «surpasser en poids *(pondus)*».

PRÉPOSÉ, ÉE [pʀepoze] n. 1. Personne qui accomplit une fonction déterminée (généralement subalterne). SYN. **employé.** *La préposée au vestiaire.* 2. ADMIN. Facteur, factrice. *La tournée du préposé.*
ÉTYM. du participe passé de *préposer*.

PRÉPOSER [pʀepoze] v. tr. (conjug. 3a) ✦ *Préposer qqn à...,* le charger d'assurer (un service, une fonction). SYN. **employer.** ➝ au passif *Il est préposé au nettoyage.*
ÉTYM. latin *praeponere*, francisé d'après *poser*.

PRÉPOSITIF, IVE [pʀepozitif, iv] adj. ✦ LING. *Locution prépositive,* fonctionnant comme une préposition (ex. à cause de, à côté de, grâce à).
ÉTYM. latin *praepositivus*.

PRÉPOSITION [pʀepozisjɔ̃] n. f. ✦ Mot grammatical invariable, servant à introduire un complément (ex. à, de, en, jusque, malgré...).
ÉTYM. latin *praepositio*.

PRÉPUCE [pʀepys] n. m. ✦ Repli de peau qui entoure le gland de la verge. *Excision du prépuce.* → **circoncision.**
ÉTYM. latin *praeputium*.

PRÉRAPHAÉLITE [pʀeʀafaelit] n. et adj. ✦ ARTS Se dit de peintres anglais (fin XIXe siècle) qui s'inspiraient de la peinture italienne d'avant Raphaël (☛ noms propres).
ÉTYM. anglais *Pre-Raphaelite*.

PRÉRETRAITE [pʀeʀ(ə)tʀɛt] n. f. ✦ Retraite anticipée. *Partir en préretraite.*
► **PRÉRETRAITÉ, ÉE** [pʀeʀ(ə)tʀete] n.

PRÉROGATIVE [pʀeʀɔgativ] n. f. ✦ Avantage ou droit attaché à une fonction, un état. SYN. **privilège.** *Les prérogatives des députés.*
ÉTYM. latin *praerogativa* «(centurie) qui vote la première».

PRÉROMAN, ANE [pʀeʀɔmɑ̃, an] adj. ✦ DIDACT. 1. Qui précède l'art roman (art médiéval). 2. Antérieur aux langues romanes, sur le territoire où elles se parlent.

PRÉROMANTIQUE [pʀeʀɔmɑ̃tik] adj. et n. ✦ Qui précède et annonce l'époque romantique.
► **PRÉROMANTISME** [pʀeʀɔmɑ̃tism] n. m.

PRÈS [pʀɛ] adv. I 1. À une distance considérée comme petite. *Il habite assez près, tout près. Venez plus près.* 2. loc. adv. DE PRÈS. (dans l'espace) *Regarder de près, de trop près. Rasé de près,* au ras des poils. ➝ fig. *Examiner de près,* attentivement. loc. *Ne pas y regarder de trop près,* ne pas être trop exigeant, méticuleux. ◆ (dans le temps) *Deux évènements qui se suivent de près.* 3. loc. prép. PRÈS DE. (dans l'espace) À petite distance de. SYN. **proche.** *Près d'ici. Tout près de Lausanne,* aux abords de. *S'asseoir près de qqn,* auprès de, aux côtés de. *L'un près de l'autre, tout près l'un de l'autre.* ➝ loc. FAM. *Être près de ses sous,* avare. ◆ (mesure approximative) Un peu moins de. *Il en manque près de la moitié.* ◆ (dans le temps) Sur le point de. *Il était près de mourir.* ➝ impers. *Il est près de midi.* SYN. **presque.** II (exprimant l'idée d'une différence, dans des loc.) 1. À PEU PRÈS : indiquant l'approximation. *L'hôtel était à peu près vide.* SYN. **presque.** *Il y a à peu près vingt minutes.* SYN. **environ.** 2. À PEU DE CHOSE(S) PRÈS. *Il y en a mille, à peu de choses près.* SYN. **presque.** ➝ À BEAUCOUP PRÈS : avec de grandes différences. ➝ À CELA PRÈS : cela étant mis à part. → **excepté, sauf.** 3. À (quelque chose) PRÈS, indiquant le degré de précision d'une évaluation. *Calculer au centime près.* ➝ *On n'est pas à dix euros près* : une différence de dix euros n'est pas gênante. CONTR. **loin.**
HOM. ① PRÊT «préparé», ② PRÊT «crédit»
ÉTYM. latin *presse*, de *premere* «presser».

PRÉSAGE [pʀezaʒ] n. m. 1. Signe d'après lequel on pense pouvoir prévoir l'avenir. SYN. **augure.** *Croire aux présages. Bon, mauvais présage.* 2. Ce qui annonce (un évènement à venir). *Les présages d'une crise.*
ÉTYM. latin *praesagium*.

PRÉSAGER [pʀezaʒe] v. tr. (conjug. 5) 1. LITTÉR. Être le présage de. SYN. **annoncer.** ➝ Faire présumer, supposer. SYN. **augurer.** *Cela ne présage rien de bon.* 2. LITTÉR. (personnes) Prévoir. *Présager qqch., que...*
ÉTYM. de *présage*.

PRÉ-SALÉ [pʀesale] n. m. ✦ Mouton, agneau engraissé dans des pâturages côtiers dont l'herbe est imprégnée de sel ; viande (très estimée) de cet animal. *Des prés-salés.*
ÉTYM. de *pré* et *salé*.

PRESBYTE [pʀɛsbit] n. et adj. ✦ (Personne) atteinte de presbytie. CONTR. **myope.**
ÉTYM. grec *presbutês* «ancien, vieux».

PRESBYTÈRE [pʀɛsbitɛʀ] n. m. ✦ Habitation du curé, du pasteur dans une paroisse. SYN. ② **cure.**
ÉTYM. latin *presbyterium* «l'ordre des prêtres *(presbyter)*».

PRESBYTÉRIEN, IENNE [pʀɛsbiteʀjɛ̃, jɛn] n. et adj. ✦ Membre des Églises réformées adeptes d'un système où des laïcs sont associés à la direction de l'Église.
ÉTYM. anglais *presbyterian*, du latin *presbyter* «prêtre».

PRESBYTIE [pʀɛsbisi] n. f. ✦ Vision trouble des objets rapprochés, due au vieillissement (→ **hypermétropie**). *La presbytie est corrigée par des verres convergents.*
ÉTYM. de *presbyte*.

PRESCIENCE [pʀesjɑ̃s] n. f. ✦ LITTÉR. Faculté ou action de prévoir les évènements à venir. SYN. **prémonition, pressentiment, prévision.**
ÉTYM. latin *praescientia*.

PRÉSCOLAIRE [pʀeskɔlɛʀ] adj. ✦ Relatif à la période qui précède celle de la scolarité obligatoire.

PRESCRIPTEUR, TRICE [pʀɛskʀiptœʀ, tʀis] n. 1. Personne qui prescrit. ➝ appos. *Médecins prescripteurs.* 2. Personne qui influe sur le choix de produits, de services.
ÉTYM. de *prescrire*.

PRESCRIPTIBLE [pʀɛskʀiptibl] adj. ✦ DR. Qui peut faire l'objet d'une prescription. *Infraction prescriptible.* CONTR. **imprescriptible.**
ÉTYM. de *prescrire*.

PRESCRIPTION [pʀɛskʀipsjɔ̃] n. f. 1. DR. Délai prévu par la loi, passé lequel la justice ne peut plus être saisie. *On ne peut plus le poursuivre, il y a prescription.* ◆ DR. Moyen d'acquérir un droit par une possession inin-

A B C D E F G H I J K L M N O P Q R S T U V W X Y Z

terrompue, ou de perdre un droit non exercé. **2.** Ordre expressément formulé, avec précision. *Suivre les prescriptions du médecin* (→ **ordonnance**).
ÉTYM. latin *praescriptio.*

PRESCRIRE [pʀɛskʀiʀ] **v. tr.** (conjug. 67) **1.** Ordonner ou recommander expressément ; indiquer avec précision (ce qu'on exige, ce qu'on impose). *Les formes que la loi a prescrites.* SYN. **fixer.** ◆ Recommander, conseiller formellement. *Le médecin lui a prescrit beaucoup de repos.* **2.** (choses) Demander impérieusement. *L'honneur lui prescrivait de renoncer.* SYN. **obliger.** CONTR. **interdire.**
ÉTYM. latin *praescribere* «écrire en tête».

PRESCRIT, ITE [pʀɛskʀi, it] **adj.** ✦ Qui est imposé, fixé. *Ne pas dépasser la dose prescrite.*
ÉTYM. du participe passé de *prescrire.*

PRÉSÉANCE [pʀeseɑ̃s] **n. f.** ✦ Droit de précéder (qqn) dans une hiérarchie protocolaire. *Respecter les préséances. Par ordre de préséance.*
ÉTYM. de *pré-* et *séance.*

PRÉSÉLECTION [pʀeselɛksjɔ̃] **n. f.** **1.** Sélection préalable. *Présélection des candidats.* **2.** TECHN. Réglage préalable permettant une sélection automatique. *Touches de présélection d'un autoradio.*

PRÉSENCE [pʀezɑ̃s] **n. f.** **I** **1.** (personnes) Fait d'être physiquement quelque part, auprès de qqn. *La présence de son ami le réconfortait.* ◆ loc. *Faire* ACTE DE PRÉSENCE : être présent, sans plus. ◆ (nation) Fait de manifester son influence dans un pays. *La présence française en Océanie.* **2.** (choses) Fait qu'une chose soit dans le lieu où l'on est ou dont on parle. *Les sondages révèlent la présence de pétrole.* ◆ *PRÉSENCE D'ESPRIT* : faculté d'être toujours prêt à répondre et réagir avec à-propos. **3.** (acteurs) Qualité consistant à manifester avec force sa personnalité. *Avoir de la présence.* **II** **1.** **loc. prép.** *EN PRÉSENCE DE* : en face de ; devant. *Dresser un acte en présence de témoins. En ma (ta, sa...) présence.* **2.** **loc. adv.** *EN PRÉSENCE* : dans le même lieu, face à face. ◆ **adj.** *Les deux armées en présence,* confrontées.
CONTR. **absence** · **carence,** ① **manque.**
ÉTYM. latin *praesentia.*

① **PRÉSENT, ENTE** [pʀezɑ̃, ɑ̃t] **adj.** **I** **1.** Qui est dans le lieu, le groupe où se trouve la personne qui parle, ou dont on parle. *Les personnes ici présentes* ou **n.** *les présents. Être présent à une réunion.* → **assister.** *Répondre : présent !* ◆ *Être présent en pensée.* **2.** (choses) *Métal présent dans un minerai.* **3.** abstrait *Présent à l'esprit, à la mémoire,* à quoi l'on pense, dont on se souvient. **II** **1.** Qui existe, se produit au moment, à l'époque où l'on parle ou dont on parle. *Les circonstances présentes.* SYN. **actuel.** *L'instant présent.* **2.** (avant le nom) Dont il est actuellement question, qu'on fait en ce moment même. → ① **ce.** *Au moment où s'ouvre le présent récit.* ◆ **n. f.** *Par la présente,* par cette lettre. **3.** Qui est au présent ②. *Participe présent.* CONTR. **absent** · **futur ;** ② **passé.**
ÉTYM. latin *praesens,* de *praeesse* «être *(esse)* en avant».

② **PRÉSENT** [pʀezɑ̃] **n. m.** **I** **1.** Partie du temps qui correspond à l'expérience immédiate, durée opposable au passé et au futur. *Vivre dans le présent,* sans se préoccuper du passé ni de l'avenir. ◆ Ce qui existe ou se produit dans cette partie du temps. **2.** GRAMM. Temps du verbe qui correspond à l'expression du temps de la communication (ex. il fait beau aujourd'hui), de la partie du temps qui coïncide avec le moment dont on parle (ex. je le vois demain), ou exprime un fait intemporel (ex. l'homme est mortel). *Conjuguer un verbe au présent. Le présent de l'indicatif, du subjonctif. Présent de narration* ou *présent historique,* employé à la place du passé simple à des fins expressives (ex. Victor Hugo meurt à Paris en 1885). *Présent de vérité générale* (ex. le soleil se lève à l'est). **II** **loc. adv.** *À PRÉSENT* : au moment où l'on parle ; au moment dont on parle. SYN. **maintenant.** *À présent, allons-nous-en ! Jusqu'à présent, il a plu.* ◆ **loc. conj.** *À PRÉSENT QUE* : maintenant que. ◆ **loc. adj.** LITTÉR. *D'À PRÉSENT* : actuel. *La jeunesse d'à présent.*
ÉTYM. → ① présent.

③ **PRÉSENT** [pʀezɑ̃] **n. m.** ✦ LITTÉR. Cadeau.
ÉTYM. de *présenter.*

PRÉSENTABLE [pʀezɑ̃tabl] **adj.** **1.** (choses) Qui est digne d'être présenté, donné. *Ce plat n'est pas présentable.* **2.** (personnes) Dont l'apparence, le comportement en public est conforme aux normes sociales. SYN. **sortable.**
ÉTYM. de *présenter.*

PRÉSENTATEUR, TRICE [pʀezɑ̃tatœʀ, tʀis] **n.** **1.** Personne qui présente qqch. au public, pour la vente. **2.** Personne qui présente (et souvent anime → **animateur**) une émission, un spectacle.
ÉTYM. de *présenter.*

PRÉSENTATIF [pʀezɑ̃tatif] **n. m.** ✦ Mot ou expression qui permet de composer une phrase complète sans verbe (ex. c'est, il y a, voilà...).
ÉTYM. de *présenter.*

PRÉSENTATION [pʀezɑ̃tasjɔ̃] **n. f.** **1.** Action de présenter une personne à une autre. *Faire les présentations.* **2.** Apparence d'une personne (selon son habillement, ses manières). *Avoir une bonne présentation* (→ **présentable**). **3.** Action de présenter (qqch.) à qqn. **4.** Manifestation au cours de laquelle on présente qqch. au public. *Présentation de mode.* **5.** Manière dont une chose est présentée. *La présentation des marchandises dans un magasin* (→ **présentoir**). **6.** Manière de présenter (une opinion, des idées, etc.). **7.** MÉD. Manière particulière dont le fœtus se présente lors de l'accouchement. *Présentation par la tête, le siège.*
ÉTYM. de *présenter.*

PRÉSENTEMENT [pʀezɑ̃tmɑ̃] **adv.** ✦ VIEILLI OU RÉGIONAL Au moment, à l'époque où l'on est. SYN. **actuellement.**
ÉTYM. de ① *présent.*

PRÉSENTER [pʀezɑ̃te] **v.** (conjug. 3a) **I** **v. tr.** **1.** Amener (une personne) en présence de qqn, la faire connaître en énonçant son nom, ses titres, selon les usages de la politesse. *Présenter un homme à une femme. Je vais vous présenter au directeur.* **2.** Faire inscrire (à un examen, à un concours, à une élection). *Son professeur l'a présenté au concours général.* ◆ au p. passé *Candidat présenté par un parti.* **3.** Mettre (qqch.) à la portée, sous les yeux de qqn. *Présenter sa carte d'identité aux policiers, son billet au contrôleur.* SYN. **montrer.** ◆ *Présenter les armes,* rendre les honneurs par un maniement d'armes. ◆ (sujet chose) *La rade de Brest présente un spectacle superbe.* **4.** Faire connaître au public par une manifestation. *Présenter une émission, un spectacle,* annoncer au public le titre, le thème, le nom des acteurs, etc. (→ **présentateur**). **5.** Disposer (ce

qu'on expose à la vue du public) (→ **présentoir**). 6. Remettre (qqch.) à qqn en vue d'une vérification, d'un jugement. *Présenter un devis.* ➡ *Présenter sa candidature.* 7. Exprimer, faire l'exposé de... *Présenter ses condoléances, ses félicitations.* 8. Montrer, définir comme... *Présenter les choses telles qu'elles sont.* 9. Avoir (telle apparence, tel caractère). *Présenter un symptôme. Cette solution présente des inconvénients.* II **v. intr.** FAM. (personnes) *PRÉSENTER BIEN (MAL)* : faire bonne (mauvaise) impression par son physique, sa tenue. III *SE PRÉSENTER* **v. pron.** 1. Arriver en un lieu ; paraître (devant qqn). *Se présenter à un guichet.* 2. Se faire connaître à qqn, en énonçant son nom selon les usages de la politesse. *« Je me présente : Pierre Dubois. »* 3. Venir se proposer au choix, à l'appréciation de qqn. *Se présenter pour un emploi.* SYN. **postuler.** ➡ Subir les épreuves (d'un examen, d'un concours). *Se présenter au bac.* SYN. **passer.** 4. (sujet chose) Apparaître, venir. *Deux noms se présentent à mon esprit. Les occasions qui se présentent.* SYN. **s'offrir.** 5. Apparaître sous un certain aspect ; être disposé d'une certaine manière. *Se présenter bien (mal),* faire bonne (mauvaise) impression dès le début.
ÉTYM. latin *praesentare.*

PRÉSENTOIR [prezɑ̃twaʀ] **n. m.** ✦ Dispositif pour présenter des marchandises, dans un lieu de vente. *Présentoir à cartes postales.*
ÉTYM. de *présenter.*

PRÉSERVATIF [prezɛʀvatif] **n. m.** ✦ Enveloppe protectrice souple en latex recouvrant la verge, employée pour une raison contraceptive ou hygiénique (protection contre les maladies sexuellement transmissibles). SYN. FAM. **capote** anglaise. *Le préservatif est un moyen efficace de prévention contre le sida.*

PRÉSERVATION [prezɛʀvasjɔ̃] **n. f.** ✦ Action ou moyen de préserver. *La préservation des ressources de la planète.* SYN. **sauvegarde.**
ÉTYM. de *préserver.*

PRÉSERVER [prezɛʀve] **v. tr.** (conjug. 3a) ✦ Garantir, mettre à l'abri ou sauver (d'un danger, d'un mal). SYN. **abriter.** *Préserver les espèces en voie de disparition.* SYN. **protéger.** ➡ pronom. *Comment se préserver de la contagion ?* SYN. se **prémunir.**
ÉTYM. latin *praeservare.*

PRÉSIDENCE [prezidɑ̃s] **n. f.** 1. Fonction de président. *La présidence de la République.* ➡ Durée de ces fonctions. 2. Action de présider. *La présidence d'une séance.* 3. Résidence, bureaux d'un président.
ÉTYM. de *président.*

PRÉSIDENT, ENTE [prezidɑ̃, ɑ̃t] **n.** 1. Personne qui préside (une assemblée, une réunion, un groupement organisé) pour diriger les travaux. *La présidente de l'association. Président-directeur général d'une société.* → **P.-D. G.** 2. Le chef de l'État (dans une République). *Le président de la République française, des États-Unis.* absolt *Le Président.* ➡ *Le président de l'Assemblée nationale, du Sénat.* ➡ *PRÉSIDENT DU CONSEIL* : sous les IIIe et IVe Républiques, Premier ministre. *Le président, la présidente X. Mme Legrand, présidente* (ou *président*) *de la société X.*
ÉTYM. latin *praesidens.*

PRÉSIDENTIEL, ELLE [prezidɑ̃sjɛl] **adj.** ✦ Relatif à un président ; spécialt au président (2). *Élection présidentielle* ou **n. f.** *la présidentielle.* ➡ *Régime présidentiel,* fondé sur la séparation des pouvoirs, et dans lequel le pouvoir exécutif est entre les mains du président de la République.
ÉTYM. de *président.*

PRÉSIDER [prezide] **v. tr.** (conjug. 3a) I **v. tr. dir.** 1. Diriger à titre de président. *Présider une assemblée.* 2. Occuper la place d'honneur dans (une manifestation). *Présider un banquet.* II **v. tr. ind.** (choses) *PRÉSIDER À...* : être présent en tant qu'élément actif dans... *La volonté d'aboutir qui a présidé à nos entretiens.*
ÉTYM. latin *praesidere* « siéger devant », de *sedere* « être assis ».

PRÉSIDIUM [prezidjɔm] **n. m.** ✦ HIST. (en U. R. S. S.) Organisme directeur du Conseil suprême des Soviets (ou Soviet suprême). ➡ On écrit aussi *præsidium.*
ÉTYM. mot russe, emprunté au latin.

PRÉSOCRATIQUE [presɔkʀatik] **adj.** ✦ DIDACT. Des philosophes grecs antérieurs à Socrate (☞ noms propres). ➡ **n. m.** *Les présocratiques* (Héraclite, Thalès, Pythagore...).

PRÉSOMPTIF, IVE [prezɔ̃ptif, iv] **adj.** ✦ DR. *Héritier présomptif,* qu'on pense devoir succéder à une personne encore en vie.
ÉTYM. latin *praesumptivus,* de *praesumere* « présumer ».

PRÉSOMPTION [prezɔ̃psjɔ̃] **n. f.** 1. Action de présumer ; opinion fondée seulement sur la vraisemblance. SYN. **hypothèse, supposition.** *Vous n'avez que des présomptions, aucune preuve.* ➡ DR. *Présomption d'innocence.* 2. LITTÉR. Opinion trop avantageuse que l'on a de soi-même. SYN. **prétention, suffisance.** *Il est plein de présomption.* → **présomptueux.** CONTR. **modestie, simplicité.**
ÉTYM. latin *praesumptio,* de *praesumere* « présumer ».

PRÉSOMPTUEUX, EUSE [prezɔ̃ptɥø, øz] **adj.** ✦ Qui fait preuve ou témoigne de présomption. *Il est trop présomptueux.* SYN. **prétentieux.** ➡ **n.** *Jeune présomptueux !* CONTR. **modeste, simple.**
► **PRÉSOMPTUEUSEMENT** [prezɔ̃ptɥøzmɑ̃] **adv.**
ÉTYM. latin *praesumptuosus.*

PRESQUE [pʀɛsk] **adv.** 1. À peu près ; pas exactement ou pas tout à fait. *C'est presque sûr.* SYN. **quasiment.** *Il est presque aveugle. Elle pleurait presque.* SYN. à **moitié.** *Presque toujours. Presque personne. Presque pas,* très peu, à peine. ➡ ellipt *Tout le monde ou presque.* 2. LITTÉR. (modifiant un substantif) *La presque totalité de...* SYN. ① **quasi.**
ÉTYM. de la loc. ancienne *près* « quasiment » *que.*

PRESQU'ÎLE [pʀɛskil] **n. f.** ✦ Partie saillante d'une côte, rattachée à la terre par un isthme, une langue de terre. → **péninsule.** *Des presqu'îles.*

PRESSAGE [pʀesaʒ] **n. m.** ✦ Opération par laquelle on presse, on fabrique en pressant (des disques vinyles, CD...).
ÉTYM. de *presser.*

PRESSANT, ANTE [pʀesɑ̃, ɑ̃t] **adj.** 1. Qui sollicite avec insistance. *Une demande pressante.* ➡ (personnes) *Il s'est montré pressant :* il a beaucoup insisté. 2. Qui oblige ou incite à agir sans délai. SYN. **urgent.** *Un pressant besoin d'argent.* ➡ FAM. *Un besoin pressant,* un besoin naturel urgent.
ÉTYM. du participe présent de *presser.*

PRESS-BOOK [pʀɛsbuk] n. m. ✦ anglicisme Gros cahier à volets transparents servant à présenter des photos et documents pour les vendre ou les inclure dans un curriculum vitæ. *Des press-books.* ➝ abrév. BOOK [buk].
ÉTYM. mot anglais, de *press* (du français *presse*) et *book* «livre».

PRESSE [pʀɛs] n. f. **I** LITTÉR. Foule très dense. **II** 1. Mécanisme destiné à exercer une pression sur un solide pour le comprimer ou y laisser une impression. *Presse à emboutir. Presse à balancier.* → **pressoir.** 2. Machine destinée à l'impression typographique. SYN. **rotative.** ➝ loc. *Mettre* SOUS PRESSE : donner, commencer à imprimer. **III** 1. Fait d'imprimer ; impression de textes. *Liberté de la presse,* liberté d'imprimer et de diffuser. *Délits de presse,* fausses nouvelles, diffamations, etc. 2. *La presse* : l'ensemble des publications périodiques (journaux, hebdomadaires) et des organismes qui s'y rattachent. *La presse à grand tirage. La presse du cœur* : les magazines sentimentaux. *Campagne de presse.* ➝ loc. *Avoir bonne, mauvaise presse* : avoir des commentaires flatteurs ou défavorables dans la presse, par ext. dans l'opinion. SYN. **réputation.** 3. Ensemble des moyens de diffusion de l'information journalistique. *Presse orale* (radio, télévision) *et presse écrite.* SYN. **média.** ➝ loc. *Conférence de presse. Agence de presse,* qui recueille l'information pour les rédactions abonnées (journaux, radios, chaînes de télévision). *Attaché(e) de presse.* **IV** Se dit, dans le commerce et l'industrie, des activités plus intenses dans certaines périodes. *Les moments de presse.* SYN. coup de **feu** ; → **pressé.**
ÉTYM. de *presser.*

PRESSE- Élément, tiré du verbe *presser,* servant à former des substantifs.

PRESSÉ, ÉE [pʀese] adj. 1. Qui montre de la hâte, qui se presse. *« L'Homme pressé »* (roman de Paul Morand). ➝ (+ inf.) *Il a l'air pressé de partir.* ➝ (+ subj.) *Elle ne semble pas pressée que je parte.* 2. Urgent, pressant. *La réponse est pressée.* ➝ n. m. *Aller, parer au plus pressé,* à ce qui est le plus urgent.
ÉTYM. du participe passé de *presser.*

PRESSE-CITRON [pʀɛssitʀɔ̃] n. m. ✦ Ustensile servant à presser les citrons, les oranges pour en extraire le jus. *Des presse-citrons.*

PRESSENTIMENT [pʀesɑ̃timɑ̃] n. m. ✦ Connaissance intuitive et vague d'un évènement qui ne peut être connu par le raisonnement. SYN. **intuition, prémonition.** *Le pressentiment d'un danger. J'ai le pressentiment que...*
ÉTYM. de *pressentir.*

PRESSENTIR [pʀesɑ̃tiʀ] v. tr. (conjug. 23) 1. Prévoir vaguement. SYN. **deviner, sentir, soupçonner, subodorer.** *Il pressentait une dispute.* ➝ Entrevoir (une intention cachée, une intrigue). *Laisser pressentir ses intentions.* 2. Sonder (qqn) sur ses intentions, avant de lui confier des responsabilités. *Il a été pressenti pour ce poste.* ➝ au p. passé *Le président pressenti.*
ÉTYM. latin *praesentire.*

PRESSE-PAPIER n. m. ou **PRESSE-PAPIERS** [pʀɛspapje] n. m. invar. ✦ Ustensile de bureau, objet lourd qu'on pose sur les papiers pour les maintenir. *Des presse-papiers.*

PRESSE-PURÉE [pʀɛspyʀe] n. m. ✦ Ustensile de cuisine servant à réduire les légumes en purée. *Des presse-purées.*

PRESSER [pʀese] v. tr. (conjug. 3a) **I** 1. Serrer (qqch.) de manière à extraire un liquide. *Presser des oranges.* ➝ au p. passé *Orange pressée. Fromage à pâte pressée.* ➝ loc. *On presse l'orange et on jette l'écorce,* on rejette qqn après s'en être servi au maximum. 2. Serrer pour comprimer, marquer une empreinte. *Presser un disque, un CD,* l'éditer à partir d'une matrice. 3. Serrer ou appuyer fortement. *Presser qqn dans ses bras, contre, sur sa poitrine.* → **étreindre.** 4. Exercer une poussée sur. SYN. **appuyer.** *Pressez le bouton.* **II** fig. 1. (sujet personne) Pousser vivement (qqn) à faire qqch. *Il presse ses amis d'agir.* 2. Faire que (qqn) se dépêche, se hâte. SYN. **bousculer.** *Rien ne vous presse.* ➝ (compl. chose) Mener plus activement. *Il faut presser la signature du contrat.* SYN. **accélérer, activer, hâter.** *Presser le pas* : marcher plus vite. 3. PRESSER *qqn* DE... : harceler. *On le presse de questions.* ➝ Inciter à faire rapidement. *On le presse de s'expliquer.* 4. intrans. Être urgent ; ne laisser aucun délai. *Le temps presse. Rien ne presse, on a tout le temps.* **III** SE PRESSER v. pron. 1. S'appuyer fortement. *L'enfant se pressait contre sa mère.* SYN. se **blottir.** 2. Être ou se disposer en foule compacte. SYN. s'**entasser,** se **masser.** *Les gens se pressaient à l'entrée.* 3. Se hâter. SYN. se **dépêcher** ; → **pressé.** *Sans se presser,* en prenant son temps. *Se presser de* (+ inf.). *Je me presse de terminer ce travail.* ➝ FAM. (ellipse de *nous*) *Allons, pressons !*
ÉTYM. latin *pressare,* de *premere* «serrer, enfoncer».

PRESSING [pʀesiŋ] n. m. ✦ anglicisme Repassage à la vapeur ; établissement où l'on pratique ce repassage. SYN. **teinturerie.** *Des pressings.*
ÉTYM. mot anglais «action de presser *(to press)*».

PRESSION [pʀesjɔ̃] n. f. **I** 1. Force qui agit sur une surface donnée ; mesure de cette force par unité de surface. *Mesurer la pression des gaz* (→ **manomètre**). *Unités de pression* (pascal, newton/m² ; atmosphère, bar). ➝ SOUS PRESSION. *Chaudière sous pression,* dont la vapeur est à une pression suffisante pour assurer le fonctionnement. loc. *Il est toujours sous pression,* pressé d'agir. ◆ *Pression atmosphérique,* exercée par l'atmosphère terrestre en un point (→ **baromètre ; millibar,** ③ **pascal**). *Hautes* (→ **anticyclone**), *basses pressions* (→ **cyclone, dépression**). 2. Action de presser ; force (de ce qui presse). *Une légère pression de la main l'avertit.* 3. *Bière (à la) pression,* mise sous pression et tirée directement dans les verres, au café. ➝ *Des demis pression.* 4. *Pression artérielle, sanguine,* résultant des contractions cardiaques et propulsant le sang dans les artères. SYN. **tension.** 5. fig. Influence, action persistante qui tend à contraindre. *La pression des évènements. Faire pression sur qqn. Des moyens de pression.* ➝ *Groupe de pression.* → anglicisme **lobby.** **II** n. f. ou n. m. Petit bouton métallique en deux parties (appelé aussi *bouton-pression*) qui se referme par pression de l'une sur l'autre. *Robe fermée par des pressions, des boutons-pressions.*
ÉTYM. latin *pressio.*

PRESSOIR [pʀeswaʀ] n. m. 1. Machine servant à presser (certains fruits ou graines). *Pressoir à huile, à olive.* ➝ absolt Machine à presser les raisins pour la fabrication du vin. 2. Bâtiment abritant cette machine.
ÉTYM. latin *pressorium.*

PRESSURER [pʀesyʀe] v. tr. (conjug. 3a) 1. Presser (des fruits, des graines) pour en extraire un liquide. 2. Tirer de (une personne, une chose) tout ce qu'elle peut donner. SYN. **exploiter.** *L'occupant pressurait la popula-*

tion.

► **PRESSURAGE** [presyʀaʒ] n. m.
ÉTYM. de *pressoir*.

PRESSURISATION [pʀesyʀizasjɔ̃] n. f. ✦ Mise sous pression normale. *Système de pressurisation d'un avion.* CONTR. **dépressurisation.**
ÉTYM. de *pressuriser*, d'après l'anglais.

PRESSURISER [pʀesyʀize] v. tr. (conjug. 3a) ✦ Maintenir à une pression d'air normale (un avion, un véhicule spatial). → au p. passé *Cabine pressurisée.* CONTR. **dépressuriser.**
ÉTYM. anglais *to pressurize*, de *pressure* «pression».

PRESTANCE [pʀɛstɑ̃s] n. f. ✦ Aspect imposant (d'une personne). *Avoir de la prestance*, de l'allure.
ÉTYM. latin *praestantia* «supériorité».

PRESTATAIRE [pʀɛstatɛʀ] n. m. 1. DR. Contribuable assujetti à la prestation en nature. 2. Personne qui bénéficie d'une prestation. 3. *Prestataire de services*, personne, entreprise qui vend des services.
ÉTYM. de *prestation*.

PRESTATION [pʀɛstasjɔ̃] n. f. I 1. Ce qui doit être fourni ou accompli en vertu d'une obligation. → *Prestation de services.* 2. Allocation versée au titre d'une législation sociale. *Les prestations de la Sécurité sociale.* 3. (emploi critiqué) Performance publique (d'un athlète, d'un artiste, d'un homme politique). *La prestation télévisée du ministre.* II Action de prêter (serment).
ÉTYM. latin *praestatio*, de *praestare* «fournir».

PRESTE [pʀɛst] adj. ✦ LITTÉR. Prompt et agile. CONTR. **lent, maladroit.**
ÉTYM. italien *presto*.

PRESTEMENT [pʀɛstəmɑ̃] adv. ✦ Rapidement, vivement. CONTR. **lentement, maladroitement.**

PRESTIDIGITATEUR, TRICE [pʀɛstidiʒitatœʀ, tʀis] n. ✦ Personne qui, par son adresse, des manipulations, des truquages, produit des illusions magiques en faisant disparaître, apparaître, changer de place ou d'aspect des objets. SYN. **escamoteur, illusionniste, magicien.**
ÉTYM. de *preste* et du latin *digitus* «doigt».

PRESTIDIGITATION [pʀɛstidiʒitasjɔ̃] n. f. ✦ Technique, art du prestidigitateur. SYN. **illusionnisme.** *Un tour de prestidigitation.* SYN. **passe-passe.**
ÉTYM. de *prestidigitateur*.

PRESTIGE [pʀɛstiʒ] n. m. ✦ Attrait particulier de ce qui frappe l'imagination, impose le respect ou l'admiration. SYN. ② **ascendant, séduction.** *Ce chef d'État jouit d'un grand prestige.* SYN. **gloire.** *Le prestige de l'uniforme.* → loc. *Politique de prestige.*
ÉTYM. latin *praestigium* «imposture, illusion».

PRESTIGIEUX, EUSE [pʀɛstiʒjø, øz] adj. ✦ Qui a du prestige. *Des vins prestigieux. Un pianiste prestigieux.*

PRESTISSIMO [pʀɛstisimo] adv. ✦ MUS. Très vite.
ÉTYM. mot italien, superlatif de *presto*.

PRESTO [pʀɛsto] adv. 1. Vite (indication de mouvement musical). 2. FAM. Rapidement. *Il faut le payer presto.* SYN. **illico, subito.**
ÉTYM. mot italien.

PRÉSUMER [pʀezyme] v. tr. (conjug. 3a) 1. v. tr. Donner comme probable. SYN. **conjecturer, supposer** ; → **présomption.** *On peut présumer son succès ; qu'il réussira.* → au p. passé *Les auteurs présumés d'un crime.* → (au passif, avec attribut) *Tout homme est présumé innocent tant qu'il n'a pas été déclaré coupable.* 2. v. tr. ind. PRÉSUMER DE. Avoir trop bonne opinion de, compter trop sur. *Il a trop présumé de ses forces.*
ÉTYM. latin *praesumere*.

PRÉSUPPOSER [pʀesypoze] v. tr. (conjug. 3a) ✦ LITTÉR. (choses) Supposer préalablement. SYN. **impliquer.** *Ce travail présuppose une grande disponibilité.* → au p. passé *Connaissances présupposées.* ◆ n. m. *Un présupposé. Présupposés et sous-entendus* (→ **implicite**).

PRÉSUPPOSITION [pʀesypozisjɔ̃] n. f. ✦ LITTÉR. Supposition préalable, non formulée.
ÉTYM. de *présupposer*.

PRÉSURE [pʀezyʀ] n. f. ✦ Substance qui fait cailler le lait, extraite de l'estomac des bovins.
ÉTYM. latin populaire *prensura* «ce qui fait prendre (*prehendere*)».

① **PRÊT, PRÊTE** [pʀɛ, pʀɛt] adj. 1. Qui est en état, est devenu capable (de faire qqch.) grâce à une préparation matérielle ou morale. loc. *Fin prêt.* → *«À vos marques. Prêts ? Partez !»* (formule de départ des courses à pied). → Habillé, paré (pour sortir, paraître en société). *Elle est prête, on peut partir.* → PRÊT(E) À (+ inf.) : disposé(e) à. *Il est prêt à la suivre. Prêt à tout*, disposé à n'importe quel acte pour arriver à ses fins, ou décidé à tout supporter. → *Prêt pour* (qqch.). *Prêt de* (VX), *à* : sur le point de... 2. (choses) Mis en état (pour telle ou telle utilisation). *Tout est prêt pour les recevoir.* → Préparé. *Le café est prêt.* HOM. PRÈS «pas loin»
ÉTYM. latin populaire *praestus*, du classique *praesto* «à portée».

② **PRÊT** [pʀɛ] n. m. 1. Action de prêter qqch. ; ce qui est prêté (notamment somme d'argent). *Demander un prêt à sa banque.* SYN. **crédit, emprunt.** *Prêt à intérêt. Prêt d'honneur*, prêt sans intérêt, et qu'on s'engage sur l'honneur à rembourser. 2. Solde du militaire qui fait son service. HOM. PRÈS «pas loin»
ÉTYM. de *prêter*.

PRÉTANTAINE → **PRÉTENTAINE**

PRÊT-À-PORTER [pʀɛtapɔʀte] n. m. ✦ collectif Vêtements de confection (opposé à *sur mesure*). *Salon du prêt-à-porter.*

PRÊTÉ [pʀete] n. m. ✦ loc. *C'est un prêté pour un rendu*, s'emploie pour constater un échange de bons ou de mauvais procédés.
ÉTYM. du participe passé de *prêter*.

PRÉTENDANT, ANTE [pʀetɑ̃dɑ̃, ɑ̃t] n. 1. Personne qui prétend au pouvoir souverain, à un trône. 2. n. m. LITTÉR. ou plais. Homme qui souhaite épouser une femme. *Les prétendants de Pénélope.*
ÉTYM. du participe présent de *prétendre*.

PRÉTENDRE [pʀetɑ̃dʀ] v. tr. (conjug. 44) 1. VX Revendiquer. 2. Avoir la ferme intention de (avec la conscience d'en avoir le droit, le pouvoir). SYN. ① **vouloir.** *Je prétends être obéi. Que prétendez-vous faire ?* → *Il prétend nous donner des leçons.* SYN. **se targuer.** 3. v. tr. ind. LITTÉR. PRÉTENDRE À : aspirer ouvertement à (ce que l'on considère comme un droit, un dû). *Prétendre à un titre*, le revendiquer. 4. Affirmer ; oser donner pour certain (sans nécessairement convaincre autrui). SYN. **déclarer, soutenir.** *Il prétend m'avoir prévenu, qu'il m'a prévenu. À ce qu'il prétend* : selon ses dires. → pronom. *Il se prétend persécuté* : il prétend qu'il est persécuté. *Elle se prétend journaliste.*
ÉTYM. latin *praetendere* «mettre en avant, invoquer».

A B C D E F G H I J K L M N O P Q R S T U V W X Y Z

PRÉTENDU, UE [pʀetɑ̃dy] adj. ✦ (placé avant le nom) Que l'on prétend à tort être tel ; qui passe à tort pour ce qu'il n'est pas. *Le prétendu directeur était un escroc.* SYN. **soi-disant.** CONTR. **authentique, véritable, vrai.**
ÉTYM. du participe passé de *prétendre.*

PRÉTENDUMENT [pʀetɑ̃dymɑ̃] adv. ✦ Faussement, à ce que l'on prétend. SYN. **soi-disant.** CONTR. **vraiment.**
ÉTYM. de *prétendu.*

PRÊTE-NOM [pʀɛtnɔ̃] n. m. ✦ Personne qui assume les responsabilités d'une affaire, d'un contrat à la place du principal intéressé. SYN. homme de **paille.** *Des prête-noms.*
ÉTYM. de *prêter* et *nom.*

PRÉTENTAINE [pʀetɑ̃tɛn] n. f. ✦ loc. vx ou plais. *COURIR LA PRÉTENTAINE :* faire sans cesse des escapades ; avoir de nombreuses aventures galantes. → On écrit aussi *prétantaine.*
ÉTYM. peut-être d'un refrain.

PRÉTENTIEUX, EUSE [pʀetɑ̃sjø, øz] adj. ✦ Qui affiche de la prétention (3), est trop satisfait de ses mérites. SYN. **présomptueux, suffisant, vaniteux.** → n. *Un petit prétentieux.* ♦ Qui dénote de la prétention. *Parler sur un ton prétentieux.* SYN. **affecté, maniéré.** *Une villa prétentieuse.* CONTR. **modeste ; simple, sobre.**
► **PRÉTENTIEUSEMENT** [pʀetɑ̃sjøzmɑ̃] adv.
ÉTYM. de *prétention.*

PRÉTENTION [pʀetɑ̃sjɔ̃] n. f. 1. souvent au plur. Revendication de qqch., exigence fondée sur un droit que l'on affirme ou un privilège que l'on réclame. *Il a des prétentions sur cet héritage. Quelles sont vos prétentions ?* (en matière de rémunération). 2. Haute idée que l'on se fait de ses propres capacités. SYN. **ambition.** *Sa prétention à l'élégance.* → *Je n'ai pas la prétention d'être savant,* je ne le prétends pas, je ne m'en flatte pas. 3. (sans compl.) *Il est d'une prétention insupportable.* SYN. **fatuité, présomption, suffisance, vanité ;** → **prétentieux.** → (choses) *Un style sans prétention,* simple. CONTR. **modestie, simplicité.**
ÉTYM. du latin *praetendere* → prétendre.

PRÊTER [pʀete] v. (conjug. 3a) **I** v. tr. 1. Mettre (qqch.) à la disposition de qqn pour un temps déterminé. SYN. **donner, fournir.** *Prêter son concours à une entreprise.* → loc. *Prêter attention, prêter l'oreille à qqch. Prêter serment.* → **prestation** II. → v. pron. *SE PRÊTER À :* consentir à, supporter. *Je ne me prêterai pas à cette comédie.* (choses) Pouvoir s'adapter à, être propre à. *Une terre qui se prête à certaines cultures.* 2. Fournir (une chose) à la condition qu'elle sera rendue. → ② **prêt.** *Prêter de l'argent à qqn.* SYN. **avancer.** → sans compl. ind. *Il ne prête pas ses livres. Prêter sur gage.* 3. Attribuer ou proposer d'attribuer (un caractère, un acte) à qqn. *On me prête des propos que je n'ai jamais tenus. Prêter de l'importance à qqch.* SYN. **donner.** → prov. *On ne prête qu'aux riches,* on prête aux gens certains propos, certaines actions d'après leur seule réputation. 4. v. tr. ind. *PRÊTER À :* donner matière à. *Prêter aux commentaires, à la critique. Ça prête à confusion. Sa prétention prête à rire.* **II** v. intr. (matière non élastique) Pouvoir s'étirer, s'étendre. *Le cuir prête à l'usage.* CONTR. **emprunter.**
ÉTYM. latin *praestare.*

PRÉTÉRIT [pʀeteʀit] n. m. ✦ Forme temporelle du passé dans certaines langues (allemand, anglais) correspondant à l'imparfait ou au passé simple français.
ÉTYM. latin *praeteritum,* de *praeterire* «passer devant».

PRÉTÉRITION [pʀeteʀisjɔ̃] n. f. ✦ Figure de rhétorique par laquelle on attire l'attention sur une chose en prétendant ne pas vouloir en parler (ex. «je ne vous parlerai pas de son courage», «vous n'êtes pas sans savoir que...», «inutile de rappeler que...»).
ÉTYM. latin *praeteritio* «omission».

PRÉTEUR [pʀetœʀ] n. m. ✦ ANTIQ. Magistrat romain chargé de la justice ; gouverneur de province (→ **prétoire**). HOM. PRÊTEUR «personne qui prête»
ÉTYM. latin *praetor,* de *praeterire* «passer devant».

PRÊTEUR, EUSE [pʀɛtœʀ, øz] n. 1. Personne qui prête de l'argent, consent un prêt. 2. Personne qui fait métier de prêter à intérêt. *Un prêteur sur gages.* 3. adj. Qui prête. HOM. PRÉTEUR «magistrat»
ÉTYM. de *prêter.*

① **PRÉTEXTE** [pʀetɛkst] adj. ✦ ANTIQ. *TOGE PRÉTEXTE :* toge blanche bordée d'une bande de pourpre des jeunes patriciens romains et des magistrats lors des cérémonies.
ÉTYM. latin *praetexta (toga),* de *praetexere* «border».

② **PRÉTEXTE** [pʀetɛkst] n. m. 1. Raison donnée pour dissimuler le véritable motif d'une action. *Un mauvais prétexte. Trouver un prétexte pour refuser.* → loc. *SOUS... PRÉTEXTE. Sous un prétexte quelconque. Ne sortez sous aucun prétexte,* en aucun cas. *Il ne sort plus, sous prétexte qu'il fait trop froid.* 2. Ce qui permet de faire qqch. ; occasion. *Le sport est prétexte à rassemblement.*
ÉTYM. latin *praetextus,* de *praetexere* «prétexter».

PRÉTEXTER [pʀetɛkste] v. tr. (conjug. 3a) ✦ Alléguer, prendre pour prétexte. SYN. **arguer** de. *Elle prétexta un malaise, et se retira. Il a prétexté qu'il était attendu.* SYN. **prétendre.**
ÉTYM. de ② *prétexte.*

PRÉTOIRE [pʀetwaʀ] n. m. **I** ANTIQ. 1. Palais du préteur. 2. Tribunal où le préteur rendait la justice. **II** LITTÉR. Salle d'audience d'un tribunal.
ÉTYM. latin *praetorium.*

PRÉTORIEN, IENNE [pʀetɔʀjɛ̃, jɛn] adj. 1. ANTIQ. Du préteur. → *Garde prétorienne :* garde personnelle d'un empereur romain ; fig. et péj. d'un chef d'État despotique. 2. n. m. Militaire servant un régime autoritaire.
ÉTYM. latin *praetorianus.*

PRÊTRE [pʀɛtʀ] n. m. 1. Membre du clergé catholique. SYN. **abbé,** FAM. **curé ;** → **ecclésiastique.** *Être ordonné prêtre.* → loc. *PRÊTRE-OUVRIER,* qui partage la condition des travailleurs. *Les prêtres-ouvriers.* → *Prêtre de paroisse.* → **curé, vicaire.** 2. Ministre d'une religion, dans une société quelconque (ne se dit pas quand il existe un mot spécial : *pasteur, rabbin...*).
ÉTYM. latin chrétien *presbyter,* du grec *presbuteros* «un ancien».

PRÊTRESSE [pʀɛtʀɛs] n. f. ✦ Femme ou jeune fille attachée au culte d'une ancienne divinité païenne. *Les bacchantes, prêtresses de Bacchus.*
ÉTYM. de *prêtre.*

PRÊTRISE [pʀetʀiz] n. f. ✦ Fonction, dignité de prêtre catholique. SYN. **sacerdoce.**
ÉTYM. de *prêtre.*

PREUVE [pʀœv] n. f. 1. Ce qui sert à établir qu'une chose est vraie. *Preuve matérielle, tangible. Donner comme preuve,* alléguer. *Fournir des preuves ; faire la preuve de..., que...* → **prouver.** → loc. *Démontrer preuve en main,* par une preuve matérielle. *Croire une chose* *jusqu'à preuve du contraire,* jusqu'à ce qu'on ait la preuve qu'il faut croire le contraire. *Preuve par l'absurde*.* ◆ Acte, réalité qui atteste un sentiment, une intention. *Une preuve d'amour.* SYN. **marque, témoignage.** ➛ FAM. *À preuve..., la preuve...,* en voici la preuve. ➛ *La preuve en est que,* cela est prouvé par le fait que... ➛ *FAIRE PREUVE DE.* → **montrer.** *Faire preuve de courage.* ➛ *Faire ses preuves,* montrer sa valeur, ses capacités. **2.** Ce qui sert d'exemple probant (personne ou chose). *Vous en êtes la preuve vivante.* **3.** DR. Démonstration de l'existence d'un fait matériel ou d'un acte juridique. **4.** Opération qui sert à vérifier le résultat d'un calcul. **spécialt** *PREUVE PAR NEUF ;* **fig.** preuve irréfutable.

ÉTYM. de *prouver.*

PREUX [prø] **adj. m.** ✦ VX Brave, vaillant. *Un preux chevalier* **ou n. m.** *un preux.* CONTR. **lâche.**

ÉTYM. bas latin *prode* «utile».

PRÉVALOIR [prevalwar] **v. intr.** (conjug. 39 ; sauf subjonctif présent : *que je prévale*) **1.** LITTÉR. (choses) L'emporter. *La thèse de l'attentat prévaut sur celle de l'accident.* ➛ sans compl. *Les vieux préjugés prévalaient encore.* **2.** **v. pron.** *SE PRÉVALOIR DE :* faire valoir (qqch.) pour en tirer avantage ou parti. *Elles se sont prévalues de leurs droits.* ➛ Tirer vanité (de qqch.). SYN. **s'enorgueillir.** *Un homme modeste qui ne se prévaut jamais de ses titres.*

ÉTYM. latin *praevalere.*

PRÉVARICATEUR, TRICE [prevarikatœr, tris] **adj.** et **n.** ✦ Qui se rend coupable de prévarication. CONTR. **intègre.**

ÉTYM. latin *praevaricator.*

PRÉVARICATION [prevarikasjɔ̃] **n. f.** ✦ DR. Grave manquement d'un fonctionnaire, d'un homme d'État, aux devoirs de sa charge (abus d'autorité, détournement de fonds publics, concussion). SYN. **forfaiture.**

ÉTYM. latin *praevaricatio,* de *praevaricari* «dévier».

PRÉVENANCE [prev(ə)nɑ̃s] **n. f. 1.** Disposition à se montrer prévenant. **2.** (souvent au plur.) Action, parole qui témoigne de cette disposition. *Il l'entourait de prévenances.*

ÉTYM. de *prévenant.*

PRÉVENANT, ANTE [prev(ə)nɑ̃, ɑ̃t] **adj.** ✦ Qui prévient les désirs d'autrui, est plein d'attentions délicates. SYN. **attentionné.** CONTR. **désagréable, hostile, indifférent.**

ÉTYM. du participe présent de *prévenir.*

PRÉVENIR [prev(ə)nir] **v. tr.** (conjug. 16 ; auxiliaire *avoir*) **I** (Précéder, devancer) **1.** Aller au-devant de (un besoin, un désir) pour mieux le satisfaire (→ **prévenance, prévenant**). **2.** Empêcher par ses précautions (un mal, un abus). *Limiter la vitesse pour prévenir les accidents* (→ **prévention**). ➛ prov. *Mieux vaut prévenir que guérir.* **3.** Éviter (une chose considérée comme gênante) en prenant les devants. *Prévenir une objection,* la réfuter avant qu'elle ait été formulée. **II** LITTÉR. (sujet chose) *Prévenir contre qqn, en faveur de qqn :* mettre dans une disposition d'esprit défavorable, favorable (avant toute expérience). *Son apparence sympathique nous prévenait en sa faveur.* **III** Avertir, mettre au courant (qqn) d'une chose à venir, **spécialt** pour y remédier. *Il faut prévenir le médecin, la police.*

ÉTYM. latin *praevenire* «prendre les devants».

PRÉVENTIF, IVE [prevɑ̃tif, iv] **adj.** **I** Qui tend à empêcher (une chose fâcheuse) de se produire (→ **prévenir**). *Des mesures préventives.* ➛ *Médecine préventive. Traitement préventif et traitement curatif.* **II** DR. Qui est appliqué aux prévenus*. *Détention préventive* (appelée depuis 1970 *détention provisoire*). → **prévention** (II).

ÉTYM. du latin *praventus,* de *praevenire* → prévenir.

PRÉVENTION [prevɑ̃sjɔ̃] **n. f.** **I** **1.** Opinion, sentiment irraisonné d'attirance ou de répulsion. SYN. ① **parti** pris, **préjugé.** *Avoir des préventions contre qqn.* **2.** Ensemble de mesures préventives contre certains risques. *Prévention des risques.* ☛ Géographie p. 227. *Campagne de prévention contre le sida. La prévention routière.* **II** DR. **1.** Situation d'une personne prévenue d'une infraction (→ ① **prévenu**). **2.** Temps passé en prison entre l'arrestation et le jugement (détention provisoire).

ÉTYM. latin *praeventio.*

PRÉVENTIVEMENT [prevɑ̃tivmɑ̃] **adv.** ✦ D'une manière préventive (I). *Se soigner préventivement.*

① **PRÉVENU, UE** [prev(ə)ny] **adj.** et **n.** ✦ Qui est cité devant un tribunal pour répondre d'un délit. ➛ **n.** *Le prévenu a été reconnu innocent.*

ÉTYM. d'un sens anc. de *prévenir* «citer en justice».

② **PRÉVENU, UE** [prev(ə)ny] **adj.** ✦ Qui a de la prévention (I), des préventions (contre ou pour qqn, qqch.). *Être prévenu en faveur de qqn ; contre qqn.*

ÉTYM. de *prévenir* (II).

PRÉVISIBLE [previzibl] **adj.** ✦ Qui peut être prévu. *Un évènement prévisible.* CONTR. **imprévisible.**

ÉTYM. de *prévoir,* d'après *visible.*

PRÉVISION [previzjɔ̃] **n. f. 1.** Action de prévoir. *La prévision économique.* → **prospective.** ➛ **loc. prép.** *EN PRÉVISION DE :* en pensant que telle chose sera, arrivera. *Prendre son parapluie en prévision d'une averse.* **2.** (rare au sing.) Opinion formée par le raisonnement sur les choses futures. SYN. **pronostic.** *Se tromper dans ses prévisions. Prévisions météorologiques,* indications données sur l'état probable de l'atmosphère pour le ou les jours à venir.

ÉTYM. latin *praevisio.*

PRÉVISIONNEL, ELLE [previzjɔnɛl] **adj.** ✦ DIDACT. Qui est fait en prévision de qqch., pour prévoir. *Budget prévisionnel.*

ÉTYM. de *prévision.*

PRÉVOIR [prevwar] **v. tr.** (conjug. 33) **1.** Imaginer à l'avance comme probable (un évènement futur). *Prévoir la pluie, qu'il pleuvra. Je l'avais prévu.* **2.** Envisager (des possibilités). *Les cas prévus par la loi.* **3.** Organiser d'avance, décider pour l'avenir. *Prévoir des réparations.* ➛ **passif et p. passé** *Tout était prévu.* **ellipt** *L'opération s'est déroulée comme prévu.* ➛ *Être prévu pour,* être fait pour, destiné à. *Un buffet prévu pour cent personnes.*

ÉTYM. latin *praevidere,* d'après *voir.*

PRÉVÔT [prevo] **n. m. 1.** HIST. Nom d'officiers, de magistrats, sous l'Ancien Régime. *Étienne Marcel, le prévôt des marchands de Paris.* **2.** Officier de gendarmerie aux armées (→ **prévôté**). ◆ **escrime** Second d'un maître d'armes. **3.** **anciennt** Détenu faisant office de surveillant.

ÉTYM. latin *praepositus* «préposé».

PRÉVÔTÉ [prevote] **n. f. 1.** HIST. Fonction, juridiction du prévôt. **2.** Service de gendarmerie aux armées (police militaire).

ÉTYM. de *prévôt.*

PRÉVOYANCE [pʀevwajɑ̃s] **n. f.** ✦ Qualité d'une personne prévoyante. CONTR. **imprévoyance, insouciance.**
ÉTYM. de *pourvoyance* (ancien dérivé de *pourvoir*), d'après *prévoir.*

PRÉVOYANT, ANTE [pʀevwajɑ̃, ɑ̃t] **adj.** ✦ Qui prévoit avec perspicacité ; qui prend des dispositions en vue de ce qui doit ou peut arriver. SYN. **prudent.** *Une femme organisée, prévoyante.* CONTR. **imprévoyant, insouciant.**
ÉTYM. du participe présent de *prévoir.*

PRÉVU, UE → PRÉVOIR

PRIE-DIEU [pʀidjø] **n. m. invar.** ✦ Siège bas, au dossier terminé en accoudoir, sur lequel on s'agenouille pour prier. *Des prie-Dieu.*
ÉTYM. de *prier* et *Dieu.*

PRIER [pʀije] **v.** (conjug. 9) **I** 1. **v. intr.** Élever son âme vers Dieu par la prière. *Il priait avec ferveur.* 2. **v. tr.** S'adresser à (Dieu, un être surnaturel) par une prière. *Prions le ciel qu'il réussisse.* **II v. tr.** 1. Demander (à qqn) avec humilité ou déférence. SYN. **implorer, supplier.** *Il le priait de venir au plus vite.* ➖ *SE FAIRE PRIER* : n'accorder qqch. qu'après avoir opposé une certaine résistance aux prières. *Elle ne se fait pas prier,* elle accepte volontiers. 2. (sens faible) *Je te prie, je vous prie* (formules de politesse). SYN. **demander.** *Vous êtes prié d'assister à...,* invité à. ➖ ellipt (après une interrogation) *Je t'en prie, entre.* 3. Demander avec fermeté à (qqn). *Elle me pria de me taire.* ➖ iron. *Ah non, je t'en prie, ça suffit !* 4. VIEILLI Inviter. *Il fut prié à déjeuner.*
ÉTYM. latin *precari.*

PRIÈRE [pʀijɛʀ] **n. f.** 1. Mouvement de l'âme tendant à une communication spirituelle avec Dieu. *Prière d'action de grâces. Être en prière,* prier. *La synagogue, l'église, la mosquée sont des lieux de prière.* ◆ Suite de formules exprimant ce mouvement de l'âme et consacrées par une liturgie, un culte. *Faire, dire sa prière, des prières.* 2. Action de prier qqn ; demande instante. *Il finit par céder à leur prière.* ➖ *À LA PRIÈRE DE* qqn : sur sa demande. ➖ ellipt *PRIÈRE DE :* vous êtes priés de. *Prière de répondre par retour du courrier.*
ÉTYM. latin *preces* (pluriel).

PRIEUR, PRIEURE [pʀijœʀ] **n.** ✦ Supérieur(e) de certains couvents.
ÉTYM. latin *prior* «premier ; supérieur».

PRIEURÉ [pʀijœʀe] **n. m.** ✦ Couvent dirigé par un(e) prieur(e) ; église de ce couvent ; maison du prieur.
ÉTYM. de *prieur.*

PRIMA DONNA [pʀimadɔna] **n. f.** ✦ Première chanteuse d'un opéra. SYN. **cantatrice, diva.** *Des prime donne* (plur. italien) ou *des prima donna* (invar.).
ÉTYM. mots italiens «première dame».

PRIMAIRE [pʀimɛʀ] **adj.** **I** 1. Qui est du premier degré, en commençant. *Élections primaires :* premier tour de scrutin. ➖ *Enseignement primaire* et **n. m.** *le primaire,* enseignement du premier degré (opposé à *secondaire, supérieur*). SYN. **élémentaire.** 2. péj. Simpliste et borné. *Un esprit primaire.* **II** 1. Qui est, qui vient en premier dans le temps, dans une série. *Couleurs primaires,* couleurs fondamentales, non mélangées (bleu, jaune, rouge). ➖ *Ère primaire* et **n. m.** *le Primaire,* ère géologique, période de formation des terrains (dits primaires) où se rencontrent les plus anciens fossiles (opposé à *secondaire, tertiaire* et *quaternaire*). 2. ÉCON. *Secteur primaire ;* **n. m.** *le primaire :* domaine des activités productrices de matières non transformées : agriculture, pêche, mines... (opposé à *secondaire* et *tertiaire*).
ÉTYM. latin *primarius ;* doublet de *premier.*

① **PRIMAT** [pʀima] **n. m.** ✦ Prélat ayant la prééminence sur plusieurs archevêchés et évêchés. *L'archevêque de Lyon est primat des Gaules lyonnaises.* ▶ **PRIMATIAL, ALE, AUX** [pʀimasjal, o] **adj.** *Église primatiale ;* **n. f.** *une primatiale.*
ÉTYM. latin chrétien *primas, primatis* «qui est au premier rang».

② **PRIMAT** [pʀima] **n. m.** ✦ LITTÉR. Primauté. *Le primat de la pensée.*
ÉTYM. mot allemand, du latin.

PRIMATE [pʀimat] **n. m.** 1. DIDACT. Animal (mammifère) à dentition complète et à main préhensile. *Les grands singes et l'homme sont des primates.* 2. péj. Homme grossier, inintelligent (comparé à un singe).
ÉTYM. du latin *primus* «les premiers (des animaux)».

PRIMAUTÉ [pʀimote] **n. f.** ✦ Caractère, situation de ce qu'on met au premier rang. SYN. **prééminence,** ② **primat, suprématie.** *Avoir la primauté sur.* → ① **primer.**
ÉTYM. du latin *primus* «premier», d'après *royauté.*

① **PRIME** [pʀim] **adj.** 1. en loc. Premier. *De prime abord*. Dans sa prime jeunesse.* 2. Se dit en mathématique d'un symbole (lettre) affecté d'un seul signe en forme d'accent. *Les points A et A prime (A').*
ÉTYM. latin *primus* «premier».

② **PRIME** [pʀim] **n. f.** 1. Somme que l'assuré doit payer à l'assureur. *La prime d'une assurance moto.* 2. Somme d'argent allouée à titre d'encouragement *(prime à l'exportation),* d'aide *(prime de transport)* ou de récompense *(prime de rendement).* fig. Ce qui encourage (à faire qqch.). *C'est une prime à la fainéantise !* 3. Objet remis à titre gratuit à un acheteur. *Pour tout achat d'une bouteille d'apéritif, nous vous offrons ce verre en prime.* ➖ *EN PRIME :* en plus, par-dessus le marché.
ÉTYM. anglais *premium,* du latin *praemium* «avantage, récompense».

① **PRIMER** [pʀime] **v. intr.** (conjug. 3a) ✦ (choses) L'emporter (→ **primauté**). *Chez lui, c'est l'intelligence qui prime.* SYN. **dominer.** ➖ trans. *Il estime que la force prime le droit.*
ÉTYM. de ① *prime.*

② **PRIMER** [pʀime] **v. tr.** (conjug. 3a) ✦ Récompenser par un prix. ➖ au p. passé *Film primé au festival de Venise.*
ÉTYM. de ② *prime.*

PRIMEROSE [pʀimʀoz] **n. f.** ✦ Rose trémière.
ÉTYM. de l'ancien français *prime* (féminin de *prin* «mince, délicat») et ① *rose.*

PRIMESAUTIER, IÈRE [pʀimsotje, jɛʀ] **adj.** ✦ Qui obéit au premier mouvement, agit, parle spontanément. SYN. **spontané.** *Un enfant primesautier.* ➖ *Humeur primesautière.*
ÉTYM. de *de prime saut* «du premier saut» → ① prime.

PRIMEUR [pʀimœʀ] **n. f.** **I** LITTÉR. Caractère de ce qui est tout nouveau. *Avoir la primeur de qqch.,* être le premier à l'avoir, à en bénéficier. **II** au plur. Premiers fruits, premiers légumes récoltés dans leur saison, ou obtenus avant l'époque normale de leur maturité.
ÉTYM. de ① *prime.*

PRIMEVÈRE [pʀimvɛʀ] n. f. ✦ Plante herbacée à fleurs de couleurs variées qui fleurit au printemps. *Primevère officinale,* à fleurs jaunes. → **coucou.**
ÉTYM. latin *prima vera* «premier printemps».

PRIMIPARE [pʀimipaʀ] adj. et n. f. ✦ DIDACT. 1. (femelle) Qui met bas pour la première fois. 2. (femme) Qui accouche pour la première fois. – n. f. *Une primipare.*
ÉTYM. du latin *primus* «premier» et *-pare.*

PRIMITIF, IVE [pʀimitif, iv] adj. et n.
I adj. 1. Qui est à son origine ou près de son origine. 2. Qui est le premier, le plus ancien. SYN. **initial, originaire, originel.** *Cette étoffe a perdu sa couleur primitive.* 3. Qui est la source, l'origine (d'une autre chose de même nature). *Le sens primitif d'un mot.* SYN. **étymologique,** ② **original, premier.** ♦ n. f. MATH. *Primitive d'une fonction,* qui admet cette fonction pour dérivée. 4. VIEILLI Se dit des groupes humains à tradition orale, et dont les formes sociales et les techniques sont différentes de celles des sociétés dites «évoluées». *Les sociétés primitives ; les peuples primitifs.* – Relatif à ces peuples. *L'art primitif.* 5. (personnes) Simple et grossier. SYN. **fruste.** – (choses) *Procédé primitif. Une installation primitive.* SYN. **sommaire.** CONTR. **moderne, récent · civilisé, évolué.**
II n. 1. Personne appartenant à un groupe social dit primitif. *Les primitifs d'Australie.* SYN. **aborigène.** 2. n. m. Artiste (surtout peintre) antérieur à la Renaissance, en Europe occidentale. *Les primitifs flamands.*
ÉTYM. latin *primitivus.*

PRIMITIVEMENT [pʀimitivmɑ̃] adv. ✦ À l'origine, initialement.
ÉTYM. de *primitif.*

PRIMO [pʀimo] adv. ✦ D'abord, en premier lieu. SYN. **premièrement.** *Primo..., secundo...*
ÉTYM. mot latin.

PRIMO-INFECTION [pʀimoɛ̃fɛksjɔ̃] n. f. ✦ Infection (surtout tuberculeuse) qui se produit pour la première fois. *Des primo-infections.*
ÉTYM. du latin *primo* «d'abord» et de *infection.*

PRIMORDIAL, ALE, AUX [pʀimɔʀdjal, o] adj. ✦ Qui est de première importance. SYN. ① **capital, essentiel, fondamental.** *Rôle primordial.* CONTR. **accessoire, secondaire.**
ÉTYM. latin *primordialis,* de *primordium* «commencement».

PRINCE [pʀɛ̃s] n. m. 1. DIDACT. ou LITTÉR. Celui qui possède une souveraineté (à titre personnel et héréditaire) ; celui qui règne. → **monarque, roi,** ① **souverain.** ♦ loc. *Le fait du prince :* acte du gouvernement qui contraint à l'obéissance (surtout mesures arbitraires). ♦ Souverain régnant sur une principauté. *Le prince de Monaco.* 2. Celui qui appartient à une famille souveraine, sans régner lui-même ; titre porté par les membres de la famille royale, en France. *Le prince héritier.* → ② **dauphin.** *Les princes du sang :* les proches parents du souverain. *Le prince de Galles :* le fils aîné du souverain d'Angleterre. – *Le prince charmant des contes de fées.* 3. en France Titulaire du plus haut titre de noblesse. 4. loc. *Être bon prince :* faire preuve de générosité, de bienveillance, de tolérance. – *Être vêtu comme un prince,* richement.
ÉTYM. latin *princeps* «le premier».

PRINCE DE GALLES [pʀɛ̃sdəgal] n. m. invar. ✦ Tissu de laine, à lignes fines croisées de teinte uniforme sur fond clair. *Des costumes (en) prince de Galles.*

PRINCEPS [pʀɛ̃sɛps] adj. ✦ DIDACT. *Édition princeps :* première édition (d'un ouvrage ancien et rare).
ÉTYM. mot latin «le premier».

PRINCESSE [pʀɛ̃sɛs] n. f. ✦ Fille ou femme d'un prince, fille d'un souverain. *La princesse de Lamballe.* ♦ RARE Souveraine, reine. – loc. fig. *Aux frais de la princesse,* de l'État, d'une collectivité.
ÉTYM. de *prince.*

PRINCIER, IÈRE [pʀɛ̃sje, jɛʀ] adj. 1. De prince, de princesse. *Titre princier.* 2. Digne d'un prince. SYN. **luxueux, somptueux.** *Accueil princier.*
ÉTYM. de *prince.*

PRINCIÈREMENT [pʀɛ̃sjɛʀmɑ̃] adv. ✦ D'une façon princière, en grand seigneur. SYN. **royalement.**

PRINCIPAL, ALE, AUX [pʀɛ̃sipal, o] adj. et n.
I adj. 1. Qui est le plus important, le premier parmi plusieurs. SYN. ① **capital, essentiel.** *Raison principale.* SYN. **dominant, fondamental.** *Il joue le rôle principal. Bâtiment principal.* – *Résidence principale* (opposé à *secondaire*). 2. en grammaire *Proposition principale* et n. f. *la principale :* la proposition dont les autres dépendent (subordonnées). 3. (personnes) Qui a le plus d'importance. *Elle est la principale intéressée dans cette affaire :* la première. ♦ *Clerc principal* ou n. m. *le principal :* premier clerc d'un notaire. – *Commissaire principal.* – *Professeur principal.* CONTR. **accessoire, annexe, secondaire.**
II n. 1. n. m. Ce qu'il y a de plus important. SYN. **essentiel.** *Il va mieux, c'est le principal.* 2. n. En France, Titre des directeurs de collèges d'enseignement secondaire.
ÉTYM. latin *principalis.*

PRINCIPALEMENT [pʀɛ̃sipalmɑ̃] adv. ✦ Avant les autres choses, par-dessus tout. SYN. ① **surtout.** CONTR. **accessoirement.**

PRINCIPAT [pʀɛ̃sipa] n. m. ✦ ANTIQ. Dignité impériale. *Le principat d'Auguste.*
ÉTYM. latin *principatus,* de *princeps* «le premier».

PRINCIPAUTÉ [pʀɛ̃sipote] n. f. ✦ Petit État indépendant dont le souverain porte le titre de prince ou de princesse. *La principauté d'Andorre.*
ÉTYM. latin *principalitas* «primauté», d'après *royauté.*

PRINCIPE [pʀɛ̃sip] n. m. I 1. DIDACT. Cause première active. SYN. **fondement, origine, source.** *Connaissance, recherche des principes* (→ **métaphysique, philosophie**). 2. *Le principe actif* (d'un médicament, d'une plante) : l'ingrédient, le constituant actif. II 1. DIDACT. Proposition première, posée et non déduite (dans un raisonnement, un syllogisme). SYN. **axiome, hypothèse, postulat, prémisse.** 2. Proposition fondamentale ; énoncé d'une loi générale. *Le principe d'Archimède.* ♦ *Le principe d'une machine,* ses règles de fonctionnement. 3. au plur. Connaissances de base. SYN. **rudiment.** III 1. Règle d'action s'appuyant sur un jugement de valeur et constituant un modèle ou un but. SYN. **loi, précepte.** *Partons du principe que... J'en fais une question de principe. Avoir pour principe de* (+ inf.). ♦ loc. *Déclaration de principes.* – *POUR LE PRINCIPE :* pour une raison théorique (et non pour des raisons d'intérêt ou affectives). *Punir un enfant pour le principe.* 2. au plur. Les règles morales auxquelles une personne, un groupe est attaché. SYN. **morale.** *Manquer à ses principes.* – absolt *Avoir des principes. Une personne sans principes.* IV loc. *PAR PRINCIPE :* par une décision, une

détermination a priori. *Il critique tout par principe.* ➝ *DE PRINCIPE* : a priori. *Donner son accord de principe.* ➝ *EN PRINCIPE* : théoriquement. *En principe, cela devrait marcher. En principe, elle habite chez ses parents, mais en fait elle n'y est pas souvent.*
ÉTYM. latin *principium* «commencement».

PRINTANIER, IÈRE [pʀɛ̃tanje, jɛʀ] **adj.** ✦ Du printemps. *Soleil printanier.* ➝ *Tenue printanière,* légère, claire, fleurie.
ÉTYM. de *printemps.*

PRINTEMPS [pʀɛ̃tɑ̃] **n. m.** 1. La première des saisons, qui va du 20 ou 21 mars (équinoxe de printemps) au 21 ou 22 juin (solstice d'été) dans l'hémisphère Nord. *Un printemps précoce, tardif. Légumes de printemps.* → **primeur** (II). 2. fig. LITTÉR. Jeune âge. *Le printemps de la vie,* la jeunesse. ♦ Période où des progrès sociaux, etc. semblent réalisables. *Le printemps de Pékin.* 3. VIEILLI ou LITTÉR. (d'une personne jeune) Année. *Fêter ses quinze printemps.* ➝ par plais. *Ses quatre-vingts printemps.*
ÉTYM. latin *primus tempus* «bonne saison».

PRION [pʀijɔ̃] **n. m.** ✦ BIOL. Agent infectieux qui provoque des maladies dégénératives du système nerveux (ex. maladie de la vache folle).
ÉTYM. mot anglais, pour *Protein Infections Particle.*

a PRIORI → **A PRIORI**

PRIORITAIRE [pʀijɔʀitɛʀ] **adj.** ✦ Qui a la priorité. *Véhicules prioritaires* (police, pompiers, ambulances). ➝ *Notre objectif prioritaire.*
▶ **PRIORITAIREMENT** [pʀijɔʀitɛʀmɑ̃] **adv.**
ÉTYM. de *priorité.*

PRIORITÉ [pʀijɔʀite] **n. f.** 1. Qualité de ce qui vient, passe en premier, dans le temps. *En priorité* : en premier lieu. *La priorité (des priorités) est de résorber le chômage.* 2. Droit de passer le premier. *Priorité à droite. Laisser la priorité à une voiture.* ➝ *Carte de priorité.* → **coupe-file.**
ÉTYM. latin médiéval *prioritas.*

PRIS, PRISE [pʀi, pʀiz] **adj.** 1. Occupé. *Cette place est-elle prise ? Avoir les mains prises. Ma journée est prise.* ➝ *Je suis très pris ce mois-ci.* 2. *PRIS DE* : subitement affecté de. *Pris de fièvre ; de panique.* ➝ *Être pris de vin, de boisson* : ivre. 3. Atteint d'une affection. *Avoir la gorge prise,* enflammée. 4. *BIEN PRIS* : bien fait. *Taille bien prise.* 5. Durci, coagulé. *La mayonnaise est prise.* ➝ *L'étang est pris,* gelé. CONTR. **inoccupé, libre.** HOM. PRIX «coût»
ÉTYM. participe passé de *prendre.*

PRISE [pʀiz] **n. f.** I 1. Manière de saisir et d'immobiliser l'adversaire. *Prise de judo.* ♦ loc. fig. *Prise de bec* : altercation, dispute. ♦ loc. *ÊTRE AUX PRISES AVEC* : se battre avec. ➝ fig. *Se trouver aux prises avec des difficultés.* ➝ *LÂCHER PRISE* : cesser de tenir, de serrer ; abandonner. 2. Endroit, moyen par lequel une chose peut être prise, tenue. ➝ spécialt Endroit d'une paroi où l'on peut s'agripper ou prendre appui. *Alpiniste qui cherche une bonne prise.* ♦ loc. fig. *DONNER PRISE À* : s'exposer à. *Son silence donne prise aux soupçons.* ➝ *AVOIR PRISE SUR* (qqn, qqch.) : avoir un moyen d'agir sur. 3. Action de s'emparer. *La prise de la Bastille, le 14 juillet 1789.* ➝ *Prise d'otages.* 4. Ce qui est pris (chasse, pêche, vol...). SYN. **butin.** *Une belle prise.* II (dans des loc.) *PRISE DE.* 1. *PRISE D'ARMES* : parade militaire en présence de soldats en armes pour une revue, une cérémonie. 2. *PRISE DE VUE(S)* : tournage d'un plan, entre le déclenchement de la caméra et son arrêt. ♦ *PRISE DE SON* : réglage de la qualité du son pour le transmettre ou l'enregistrer. 3. *PRISE DE SANG* : prélèvement de sang pour l'analyse, la transfusion. 4. *PRISE DIRECTE* : position du changement de vitesse dans laquelle la transmission du mouvement moteur est directe (opposé à *point mort*). ➝ fig. *Être en prise (directe) sur son époque, avec la réalité,* en contact direct et actif. 5. (Dispositif qui prend). *PRISE D'EAU* : robinet, tuyau, vanne où l'on peut prendre de l'eau. ♦ *PRISE DE COURANT ; PRISE (ÉLECTRIQUE)* : dispositif de contact électrique, relié à une ligne d'alimentation. *Prise mâle ; prise femelle. Prise multiple* : prise femelle à plusieurs douilles. ➝ *Prise de téléphone.* 6. Quantité de médicament administrée en une seule fois. ➝ Dose, pincée (de tabac) que l'on aspire par le nez (→ ② **priser**). III fig. Action, fait de se mettre à avoir (correspond à *prendre* + n.). *PRISE DE. Prise de contact. Prise de conscience ; prise de position.* ♦ *PRISE EN. Prise en charge. Prise en considération.* IV Fait de prendre, de durcir. *Ciment à prise rapide.*
ÉTYM. du participe passé féminin de *prendre.*

① **PRISER** [pʀize] **v. tr.** (conjug. 3a) ✦ LITTÉR. Donner du prix à. SYN. **apprécier, estimer.** ➝ au p. passé *Une qualité très prisée.* CONTR. **discréditer, mépriser.**
ÉTYM. latin *pretiare,* de *pretium* «prix».

② **PRISER** [pʀize] **v. tr.** (conjug. 3a) ✦ Prendre, aspirer (du tabac) par le nez. ➝ *Tabac à priser.*
ÉTYM. de *prise* (II, 6).

PRISMATIQUE [pʀismatik] **adj.** 1. Du prisme. ➝ Qui a la forme d'un prisme. 2. Qui est muni d'un prisme optique. *Jumelles prismatiques.* 3. *Couleurs prismatiques,* perçues à travers un prisme optique. SYN. **spectral.**
ÉTYM. de *prisme.*

PRISME [pʀism] **n. m.** 1. Polyèdre à deux bases parallèles et dont les faces sont des parallélogrammes. *Prisme triangulaire.* 2. Prisme en matière transparente qui a la propriété de dévier et de décomposer la lumière (→ **spectre**). *Prisme de verre.* ➝ fig. *Voir à travers un prisme* : voir la réalité déformée.
ÉTYM. grec *prisma, prismatos,* de *prizein* «scier».

PRISON [pʀizɔ̃] **n. f.** I 1. Établissement clos aménagé pour recevoir des délinquants condamnés à une peine privative de liberté, ou des prévenus en instance de jugement. *Les cellules, le parloir d'une prison. Gardien de prison.* → **geôlier,** ARGOT **maton.** ➝ loc. FAM. *Aimable comme une porte de prison* : très désagréable. ➝ *Être en prison. Mettre en prison* (→ **emprisonner**). 2. fig. LITTÉR. Ce qui enferme, emprisonne. *Le corps, prison de l'âme.* II Peine privative de liberté subie dans une prison. SYN. **détention, emprisonnement, réclusion.** *Risquer la prison. Condamné à cinq ans de prison.*
ÉTYM. latin *prehensio,* de *prehendere* «arrêter, se saisir de (qqn)».

PRISONNIER, IÈRE [pʀizɔnje, jɛʀ] **n.** et **adj.** 1. Personne tombée aux mains de l'ennemi au cours d'une guerre. *Un camp de prisonniers.* ➝ *Il a été fait prisonnier.* ➝ loc. *Prisonnier de guerre.* 2. Personne qui est détenue dans une prison. SYN. **détenu,** FAM. **taulard.** 3. Personne que prend, qu'arrête la police. *Se constituer prisonnier* : se livrer à la police. 4. **adj.** Enfermé ou maintenu dans une position qui empêche toute liberté d'action. *Bateau prisonnier des glaces.* ➝ fig. *Prisonnier de* : esclave de. *Il est prisonnier de ses manies.*
ÉTYM. de *prison.*

PRIVATIF, IVE [pʀivatif, iv] adj. 1. Dont on a la jouissance exclusive mais non la propriété. *Jardin privatif.* 2. GRAMM. Qui marque la privation, l'absence d'un caractère donné. *Préfixes privatifs* (ex. a- dans anormal, in- dans insécurité, dé- dans défriser). 3. Qui entraîne la privation de. *Peine privative de liberté.*
ÉTYM. latin *privativus.*

PRIVATION [pʀivasjɔ̃] n. f. 1. Action de priver (d'une chose dont l'absence entraîne un dommage) ; fait d'être privé ou de se priver. SYN. **défaut,** ① **manque.** — DR. *Privation des droits civils, civiques* (→ **interdiction**). 2. Fait d'être privé de choses nécessaires ou de s'en priver volontairement ; choses dont on est ainsi privé. *S'imposer des privations.* SYN. **restriction, sacrifice.** CONTR. **jouissance.**
ÉTYM. latin *privatio.*

PRIVATISATION [pʀivatizasjɔ̃] n. f. ✦ Action de privatiser ; son résultat. CONTR. **étatisation, nationalisation.**

PRIVATISER [pʀivatize] v. tr. (conjug. 3a) 1. Transférer au secteur privé (une entreprise publique). SYN. **dénationaliser.** — au p. passé *Banque privatisée.* 2. Réserver (un espace public) pour un usage privé. *Privatiser un restaurant.* CONTR. **étatiser, nationaliser.**
ÉTYM. de *privé,* d'après *étatiser.*

PRIVAUTÉ [pʀivote] n. f. ✦ LITTÉR. surtout plur. Familiarité excessive, liberté. *Des privautés de langage.* — spécialt *Se permettre des privautés avec une femme.*
ÉTYM. de l'ancien français *priveté,* de *privé.*

PRIVÉ, ÉE [pʀive] adj. et n. m. 1. Où le public n'a pas accès, n'est pas admis. *Propriété privée. Club privé.* — *EN PRIVÉ* loc. adv. : seul à seul. *Puis-je vous parler en privé ?* 2. Individuel, particulier. *Des intérêts privés.* 3. Personnel. SYN. **intime.** *Vie professionnelle et vie privée.* — n. m. *Ils se tutoient dans le privé,* dans l'intimité. 4. Qui n'a aucune part aux affaires publiques. *En tant que personne privée* : en tant que simple citoyen. → **particulier.** — *Chef d'État qui séjourne à titre privé dans un pays étranger. De source privée, on apprend que...* SYN. **officieux.** 5. Qui n'est pas d'État, ne dépend pas de l'État. *Enseignement privé.* SYN. **libre.** *Le secteur privé* (→ **privatiser**). — n. m. FAM. *Le privé* : le secteur privé. *L'administration et le privé.* 6. *Détective* privé.* — n. m. FAM. *Un privé.* CONTR. **collectif, commun, public** • **officiel** • **étatique, national.**
ÉTYM. latin *privatus.*

PRIVER [pʀive] v. tr. (conjug. 3a) 1. Empêcher (qqn) de jouir d'un bien, d'un avantage présent ou futur ; lui ôter ce qu'il a ou lui refuser ce qu'il espère. SYN. **déposséder, frustrer.** *Priver un enfant de dessert. Priver un héritier de ses droits.* — *La peur le prive de tous ses moyens.* — *Être privé de sommeil.* 2. *SE PRIVER* v. pron. Renoncer à qqch. volontairement. *Il se prive de tout.* — *Il ne se prive pas de vous dénigrer* : il vous dénigre souvent. — absolt S'imposer des privations. *Il se prive car il veut maigrir.* CONTR. **gratifier, nantir.**
ÉTYM. latin *privare.*

PRIVILÈGE [pʀivilɛʒ] n. m. 1. Droit, avantage particulier accordé à un individu ou à une collectivité, en dehors de la loi commune. *Les privilèges de la noblesse et du clergé sous l'Ancien Régime.* SYN. **prérogative.** — *Privilège exclusif.* → **monopole.** 2. Avantage, faveur que donne qqch. *Le privilège de la jeunesse, de la fortune.* 3. Apanage naturel (d'un être, d'une chose). *La pensée est le privilège de l'espèce humaine.* SYN. **propre** (I, 4). — *J'ai eu le privilège de le rencontrer.*
ÉTYM. latin juridique *privilegium.*

PRIVILÉGIÉ, ÉE [pʀivileʒje] adj. 1. Qui bénéficie d'un ou de divers privilèges. — DR. *Créancier privilégié,* prioritaire. ◆ spécialt Qui jouit d'avantages matériels considérables. *Les classes privilégiées.* — n. *Les privilégiés.* ◆ Qui a de la chance. *Nous avons été privilégiés, nous avons eu un temps splendide.* 2. LITTÉR. D'un caractère exceptionnel ; qui convient mieux que tout autre. *Emplacement privilégié.* — *Relations privilégiées.* CONTR. **défavorisé, déshérité ; malheureux ; malchanceux.**
ÉTYM. participe passé de *privilégier.*

PRIVILÉGIER [pʀivileʒje] v. tr. (conjug. 9) ✦ Doter d'un privilège ; accorder une importance particulière à (qqn, qqch.). SYN. **avantager, favoriser.** CONTR. **désavantager, défavoriser.**

PRIX [pʀi] n. m. **I** 1. Rapport d'échange entre un bien ou un service et la monnaie. SYN. **coût, valeur.** *Le prix d'une marchandise. D'un prix élevé* (cher), *bas* (bon marché). — *Le prix d'un travail.* → **salaire.** — *Y mettre le prix* : payer ce qu'il faut, ne pas regarder à la dépense. *Vendre à bas, à vil prix. Casser les prix.* — *Le dernier prix,* celui qui n'est plus modifié, dans un marchandage. *Mille euros, dernier prix.* — *Au prix fort* : sans remise, sans rabais. *Cela coûte un prix fou,* excessif. — *Prix modique. Prix d'ami,* consenti par faveur (plus bas). *Je vous fais un prix,* une réduction. — *Prix hors taxes (prix H. T.) ; prix toutes taxes comprises (prix T. T. C.).* ◆ *PRIX DE REVIENT* : somme des coûts d'achat, de production et de distribution. ◆ loc. *DE PRIX* : qui coûte cher. — *HORS DE PRIX* : extrêmement coûteux. → **inabordable.** — *N'avoir pas de prix, être sans prix* : être de très grande valeur. ◆ *À PRIX. Mettre à prix* : proposer en vente. *Mise à prix,* prix initial dans une vente aux enchères. — fig. *Sa tête est mise à prix,* une récompense en argent est promise à qui le capturera, le tuera. — *À prix d'or* : contre une forte somme. 2. Étiquette, marque indiquant le prix. *Enlevez le prix, c'est pour faire un cadeau.* 3. fig. Ce qu'il en coûte pour obtenir qqch. *Le prix de la gloire.* SYN. **rançon.** — (dans des loc.) Valeur. *J'apprécie votre geste à son juste prix. Donner du prix à qqch.* — *À AUCUN PRIX. Je ne céderai à aucun prix,* jamais. — *À TOUT PRIX* : quoi qu'il puisse en coûter. — *AU PRIX DE* : en échange de (un sacrifice). **II** 1. Récompense destinée à honorer la personne qui l'emporte dans une compétition. *Attribuer, décerner un prix* (→ ② **primer**). *Recevoir un prix. Prix littéraires. Le prix Nobel de physique.* — (contexte scolaire) *Prix d'excellence. Distribution des prix.* ◆ L'œuvre primée. *Avez-vous lu le prix Goncourt ?* ◆ Le lauréat. *C'est un premier prix du Conservatoire.* 2. Épreuve à l'issue de laquelle est décerné un prix. *Grand prix automobile.*
HOM. PRIS «occupé»
ÉTYM. latin *pretium.*

PRO [pʀo] n. et adj. ✦ FAM. 1. Professionnel(elle). *Les amateurs et les pros. C'est une pro de la finance.* — adj. *Un comportement très pro. Ils sont pros.* 2. adj. *Bac pro* : baccalauréat professionnel.
ÉTYM. abréviation.

PRO- Élément, du grec ou du latin *pro,* qui signifie «en avant» (ex. *propulsion*), «à la place de» (ex. *pronom*) et «favorable à, partisan de» (ex. *progouvernemental*). CONTR. ① **anti-.**

PROBABILITÉ [pʀɔbabilite] n. f. 1. Caractère de ce qui est probable. SYN. **éventualité.** *Selon toute probabilité.* SYN. **vraisemblance.** 2. Grandeur par laquelle on évalue le nombre de chances qu'a un phénomène de se produire. *Probabilité forte, faible. Probabilité nulle :* impossibilité. – *Calcul des probabilités* (partie des mathématiques). 3. surtout au plur. Apparence, indice qui laisse à penser qu'une chose est probable. *Opinion fondée sur de simples probabilités.* SYN. **présomption.**
ÉTYM. latin *probabilitas.*

PROBABLE [pʀɔbabl] adj. 1. Qui peut être ; qui est plutôt vrai que faux. *Une hypothèse probable.* 2. Qui peut être prévu raisonnablement. *L'aboutissement probable de ses efforts.* SYN. **vraisemblable.** ♦ impers. *Il est probable qu'il viendra.* – ellipt FAM. *Probable qu'il a raison.* CONTR. **certain, douteux, improbable, invraisemblable.**
ÉTYM. latin *probabilis,* de *probare* «vérifier ; prouver».

PROBABLEMENT [pʀɔbabləmɑ̃] adv. ✦ Vraisemblablement, sans doute. *Probablement que... :* il est probable que.

PROBANT, ANTE [pʀɔbɑ̃, ɑ̃t] adj. ✦ Qui prouve sérieusement. *Un argument probant.* SYN. **concluant, convaincant, décisif.**
ÉTYM. du latin *probare* «prouver».

PROBATION [pʀɔbasjɔ̃] n. f. ✦ DIDACT. Temps de mise à l'épreuve.
ÉTYM. latin *probatio,* de *probare* «éprouver, vérifier».

PROBATOIRE [pʀɔbatwaʀ] adj. ✦ DIDACT. Qui permet de vérifier le niveau d'un candidat. *Examen probatoire.*
ÉTYM. latin *probatorius,* de *probare* «vérifier».

PROBE [pʀɔb] adj. ✦ LITTÉR. Honnête, intègre. CONTR. **malhonnête.**
ÉTYM. latin *probus.*

PROBITÉ [pʀɔbite] n. f. ✦ Respect scrupuleux des principes de la morale, de la justice. SYN. **droiture, intégrité.** CONTR. **déloyauté, dépravation, malhonnêteté.**
ÉTYM. latin *probitas.*

PROBLÉMATIQUE [pʀɔblematik] adj. et n. f.
I adj. 1. Dont l'existence, la vérité, la réussite est douteuse. SYN. **aléatoire, hasardeux.** *Le succès est problématique.* 2. Qui pose un problème, est difficile à résoudre, à accomplir. *Son renvoi est problématique.* CONTR. **assuré, certain • aisé, facile.**
II n. f. DIDACT. Ensemble des problèmes se posant sur un sujet déterminé. *La problématique littéraire.*
ÉTYM. bas latin *problematicus.*

PROBLÈME [pʀɔblɛm] n. m. 1. Question à résoudre qui prête à discussion, dans une science. *Poser, soulever un problème. C'est la clé du problème.* – *Faux problème :* problème mal posé, qui ne correspond pas aux vraies difficultés. ♦ Exercice scolaire consistant à trouver la réponse à la question posée à partir des éléments donnés dans l'énoncé. *Un problème de géométrie. La solution d'un problème.* 2. Difficulté qu'il faut résoudre pour obtenir un résultat ; situation instable ou dangereuse exigeant une décision. SYN. **question.** *Régler le problème de la circulation.* ♦ loc. *Faire, poser problème.* – FAM. *Il n'y a pas de problème :* c'est une chose simple, évidente. ♦ *Avoir des problèmes de santé, d'argent.* SYN. **ennui.** *Problèmes (psychologiques) :* conflit affectif, difficulté à trouver un bon équilibre psychologique. 3. Ce qui cause un problème. *Cet élève est un problème.*
ÉTYM. latin *problema,* du grec «ce qui est mis en avant».

PROCARYOTE [pʀɔkaʀjɔt] adj. et n. m. ✦ BIOL. Dont le noyau cellulaire est mêlé au cytoplasme (s'oppose à *eucaryote*). *Végétal procaryote.*
ÉTYM. de *pro-* et du grec *karuon* «noyau».

PROCÉDÉ [pʀɔsede] n. m. **I** 1. surtout au plur. Façon d'agir à l'égard d'autrui. SYN. **comportement, conduite.** *De curieux procédés.* SYN. **agissements.** – loc. *Échange de bons procédés :* services rendus réciproquement ; iron. échange de malveillances. 2. Méthode employée pour parvenir à un certain résultat. *Procédé de fabrication.* – péj. *Cela sent le procédé,* la recette, l'artifice. **II** Rondelle de cuir au petit bout d'une queue de billard.
ÉTYM. du participe passé de *procéder.*

PROCÉDER [pʀɔsede] v. (conjug. 8) **I** v. intr. 1. LITTÉR. *PROCÉDER DE :* tenir de, tirer son origine de. SYN. **découler, émaner.** *Son attitude procède de l'intimidation.* 2. Agir (de telle manière). *Procéder avec méthode.* – loc. *Procédons par ordre.* **II** v. tr. ind. *PROCÉDER À.* 1. DR. Exécuter (un acte juridique). *Procéder à une perquisition.* 2. Faire, exécuter (un travail complexe, une opération). SYN. **effectuer.** *Procéder au montage d'un film.*
ÉTYM. latin *procedere* «aller *(cedere)* en avant».

PROCÉDURE [pʀɔsedyʀ] n. f. 1. Manière de procéder juridiquement ; série de formalités qui doivent être remplies. *Quelle est la procédure à suivre ? Engager une procédure de divorce.* 2. Branche du droit qui détermine ou étudie les règles d'organisation judiciaire. *Code de procédure civile, de procédure pénale.* 3. TECHN. Succession de procédés utilisés dans la conduite d'une opération complexe.
ÉTYM. de *procéder.*

PROCÉDURIER, IÈRE [pʀɔsedyʀje, jɛʀ] adj. et n. ✦ péj. Qui est enclin à la procédure, à la chicane. SYN. **chicanier.**
ÉTYM. de *procédure.*

PROCÈS [pʀɔsɛ] n. m. **I** DIDACT. Processus. ♦ LING. Action, devenir, état qu'exprime un verbe. **II** 1. Litige soumis à une juridiction. SYN. **instance.** *Soutenir un procès* (→ **plaider**). *Engager un procès contre qqn.* → **attaquer, poursuivre ; plainte.** *Intenter un procès à qqn. Gagner, perdre un procès.* – HIST. *Le procès de Nuremberg* (1945-1946), au cours duquel furent jugés les chefs nazis. 2. loc. fig. *Faire le procès de qqn, qqch.,* en faire la critique systématique. → **accuser, attaquer, condamner.** 3. loc. *Sans autre forme de procès :* sans formalité, purement et simplement. *On l'a renvoyé sans autre forme de procès.*
ÉTYM. latin *processus* «progression, progrès».

PROCESSEUR [pʀɔsesœʀ] n. m. ✦ INFORM. Partie d'un ordinateur qui interprète et exécute les instructions.
ÉTYM. anglais *processor.*

PROCESSION [pʀɔsesjɔ̃] n. f. 1. Défilé religieux qui s'effectue en chantant et en priant. *La procession des Rameaux.* 2. Succession, file. *Une procession de fourmis.* – fig. Suite de personnes qui se succèdent à brefs intervalles. SYN. **cortège, défilé.**
ÉTYM. latin *processio,* de *procedere* «s'avancer».

PROCESSIONNAIRE [pʀɔsesjɔnɛʀ] adj. ✦ ZOOL. *Chenilles processionnaires,* qui se déplacent en file serrée le long d'un fil de soie sécrété par la chenille de tête.
ÉTYM. de *procession.*

PROCESSUS [prɔsesys] **n. m.** **1.** DIDACT. Ensemble de phénomènes, conçu comme actif et organisé dans le temps. SYN. **évolution.** *Le processus de la mitose. Le processus inflationniste.* **2.** Façon de procéder. *Selon le processus habituel.* **3.** Suite ordonnée d'opérations aboutissant à un résultat. *Processus de fabrication.*
ÉTYM. mot latin → procès.

PROCÈS-VERBAL, AUX [prɔsɛvɛrbal, o] **n. m.** **1.** Acte dressé par une autorité compétente et qui constate un fait entraînant des conséquences juridiques. SYN. **constat.** *Procès-verbal de perquisition.* ➡ spécialt *Avoir un procès-verbal pour excès de vitesse.* SYN. **contravention,** FAM. **P.-V.** *Dresser (un) procès-verbal* (→ **verbaliser**). **2.** Relation officielle écrite de ce qui a été dit ou fait dans une réunion, une assemblée, etc. SYN. **compte rendu.**

PROCHAIN, AINE [prɔʃɛ̃, ɛn] **adj. et n.**
I adj. Très rapproché. SYN. **proche.** **1.** (dans l'espace) VX *Dans la forêt prochaine.* SYN. **voisin.** ◆ MOD. *Le prochain arrêt.* ➡ ellipt n. f. *Vous descendez à la prochaine* (station) ? **2.** (dans le temps) Qui est près de se produire. *Une naissance prochaine.* ◆ spécialt *La semaine prochaine. Jeudi prochain.* ◆ (avant le nom) *La prochaine fois :* la première fois que la chose se reproduira. *À la prochaine fois ;* FAM. *à la prochaine !* (formule de départ, de séparation). ➡ *Le prochain train.* SYN. ① **suivant.** ➡ *Ma prochaine voiture.* CONTR. **lointain ; dernier,** ② **passé, précédent.**
II n. m. Personne, être humain considéré comme un semblable. *L'amour du prochain. Dire du mal de son prochain.* SYN. **autrui.**
ÉTYM. latin populaire *propeanus,* du classique *prope* «près de».

PROCHAINEMENT [prɔʃɛnmɑ̃] **adv.** ✦ Dans un proche avenir, bientôt.

PROCHE [prɔʃ] **adv. et adj.**
I adv. VX Près. ➡ MOD. *DE PROCHE EN PROCHE :* en avançant par degrés, peu à peu. *L'incendie gagne de proche en proche.*
II adj. Qui est à peu de distance. **1.** (dans l'espace) Voisin. *Lieu proche, tout proche. Le Proche-Orient.* **2.** LITTÉR. (dans le temps) Qui va bientôt arriver ; qui est arrivé il y a peu de temps. *Le départ est proche* (SYN. **imminent ;** → **approcher**). *Des évènements tout proches de nous.* SYN. **récent.** **3.** fig. Qui est peu différent. SYN. **approchant, semblable.** *Des couleurs assez proches.* **4.** Intime. *Un ami très proche.* ◆ Dont les liens de parenté sont étroits. *Un proche parent.* ➡ n. *LES PROCHES :* les parents (au sens large). CONTR. **lointain ; distant, éloigné · différent.**
ÉTYM. de *prochain.*

PROCLAMATION [prɔklamasjɔ̃] **n. f.** **1.** Action de proclamer. *La proclamation de l'indépendance.* **2.** Discours ou écrit public contenant ce qu'on proclame. SYN. **avis, communiqué, déclaration.** *Afficher une proclamation.*
ÉTYM. latin *proclamatio.*

PROCLAMER [prɔklame] **v. tr.** (conjug. 3a) **1.** Publier ou reconnaître solennellement par un acte officiel. *Proclamer le résultat d'un concours.* **2.** Annoncer ou déclarer hautement auprès d'un vaste public. SYN. **clamer, crier.** *Proclamer son innocence.*
ÉTYM. latin *proclamare.*

PROCONSUL [prɔkɔ̃syl] **n. m.** ✦ ANTIQ. Magistrat (ancien consul) qui recevait le gouvernement d'une province romaine et détenait le pouvoir militaire, civil et judiciaire.
ÉTYM. mot latin → consul.

PROCRASTINATION [prɔkrastinasjɔ̃] **n. f.** ✦ LITTÉR. Tendance à remettre au lendemain, à ajourner, à temporiser.
ÉTYM. latin *procrastinatio* «ajournement, délai», de *cras* «demain».

PROCRASTINER [prɔkrastine] **v. intr.** (conjug. 3a) ✦ Avoir tendance à remettre au lendemain, à plus tard.
ÉTYM. latin *procrastinare,* de *crastinus* «du lendemain *(cras)*».

PROCRÉATEUR, TRICE [prɔkreatœr, tris] **adj.** ✦ LITTÉR. Qui procrée.
ÉTYM. latin *procreator.*

PROCRÉATION [prɔkreasjɔ̃] **n. f.** ✦ LITTÉR. Action de procréer. SYN. **engendrement, génération.** ➡ *Procréation médicalement assistée (P. M. A.)* (insémination artificielle, fécondation in vitro, etc.).
ÉTYM. latin *procreatio.*

PROCRÉER [prɔkree] **v. tr.** (conjug. 3a) ✦ LITTÉR. (espèce humaine) Engendrer. SYN. **enfanter.**
ÉTYM. latin *procreare.*

PROCURATEUR [prɔkyratœr] **n. m.** ✦ ANTIQ. Intendant des domaines impériaux dans les provinces romaines. *Ponce Pilate, procurateur de Judée.*
ÉTYM. latin *procurator.*

PROCURATION [prɔkyrasjɔ̃] **n. f.** ✦ Document par lequel on autorise autrui à agir à sa place. SYN. **mandat.** *Avoir la procuration sur le compte en banque de qqn. Voter par procuration.* ➡ fig. *Cyrano courtisait Roxane par procuration,* en laissant un autre la courtiser à sa place.
ÉTYM. latin *procuratio.*

PROCURE [prɔkyr] **n. f.** **1.** RELIG. Office de procureur (3). ➡ Bureau, logement du procureur. **2.** Magasin d'articles religieux.
ÉTYM. de *procurer.*

PROCURER [prɔkyre] **v. tr.** (conjug. 3a) **1.** Obtenir pour qqn (qqch. d'utile ou d'agréable). SYN. **donner, fournir.** *Procurer un emploi à qqn.* SYN. **trouver.** ➡ *SE PROCURER (qqch.) :* obtenir pour soi. SYN. **acquérir.** *Se procurer un livre, une somme d'argent.* **2.** Être la cause ou l'occasion de. SYN. ① **causer, occasionner.** *Le plaisir que nous procure la lecture.*
ÉTYM. latin *procurare.*

PROCUREUR [prɔkyrœr] **n.** **1.** DR. Titulaire d'une procuration juridique. **2.** *PROCUREUR DE LA RÉPUBLIQUE :* représentant du ministère public et chef du parquet d'un tribunal de grande instance. *Le réquisitoire de la procureur. Procureur général :* représentant du ministère public et chef du parquet près la Cour de cassation, la Cour des comptes et les cours d'appel. **3.** n. m. Religieux chargé des intérêts temporels de la communauté.
ÉTYM. de *procurer.*

PRODIGALITÉ [prɔdigalite] **n. f.** **1.** Caractère d'une personne prodigue. ◆ fig. LITTÉR. Générosité. *La prodigalité de la nature.* **2.** souvent au plur. Dépense excessive. *Il s'est ruiné par ses prodigalités.* CONTR. **avarice, cupidité, économie.**
ÉTYM. latin *prodigalitas.*

PRODIGE [prɔdiʒ] **n. m.** **1.** Évènement extraordinaire, de caractère magique ou surnaturel. SYN. **miracle.** ➡ loc. *Cela tient du prodige :* c'est extraordinaire, inexplicable. **2.** Acte extraordinaire. SYN. **merveille.** *Vous avez*

A B C D E F G H I J K L M N O P Q R S T U V W X Y Z

fait des prodiges ! ➝ *Déployer des prodiges d'ingéniosité.* **3.** Personne extraordinaire par ses dons, ses talents. SYN. **phénomène.** *C'est un petit prodige.* ➝ appos. *Des enfants prodiges.*
ÉTYM. latin *prodigium.*

PRODIGIEUSEMENT [pʀɔdiʒjøzmɑ̃] **adv.** ✦ D'une manière surprenante, prodigieuse ; à un degré extrême.

PRODIGIEUX, EUSE [pʀɔdiʒjø, øz] **adj.** ✦ Extraordinaire. SYN. **étonnant, stupéfiant.** *Une quantité prodigieuse.* SYN. **considérable.** ➝ *Une force prodigieuse.* SYN. **phénoménal.** ➝ *Un artiste prodigieux.*
ÉTYM. latin *prodigiosus.*

PRODIGUE [pʀɔdig] **adj.** **1.** Qui fait des dépenses excessives ; qui dilapide son bien. SYN. **dépensier ;** → **prodigalité.** ➝ *L'enfant, le fils prodigue,* accueilli avec joie au foyer après une longue absence (allusion à l'Évangile). ➝ prov. *À père avare, fils prodigue.* **2.** fig. *PRODIGUE DE :* qui distribue, donne abondamment. *Être prodigue de compliments.* CONTR. **avare, avide, économe** • ② **chiche, parcimonieux.**
ÉTYM. latin *prodigus.*

PRODIGUER [pʀɔdige] **v. tr.** (conjug. 3b) **1.** Accorder, distribuer généreusement, employer sans compter. *Prodiguer son énergie. Prodiguer des conseils, des soins.* **2.** *SE PRODIGUER* **v. pron.** Se dépenser sans compter. CONTR. **économiser,** ② **ménager, mesurer.**
ÉTYM. latin *prodigere.*

PRO DOMO [pʀodomo] **loc. adj.** ✦ *Plaidoyer pro domo,* pour soi-même, pour sa cause.
ÉTYM. mots latins « pour sa maison *(domus)* ».

PRODROME [pʀodʀom] **n. m.** **1.** LITTÉR. Ce qui annonce un évènement. *Les prodromes d'une guerre.* **2.** MÉD. Symptôme avant-coureur d'une maladie.
ÉTYM. latin *prodromus,* du grec *prodromos* « qui court devant ».

PRODUCTEUR, TRICE [pʀɔdyktœʀ, tʀis] **adj.** et **n.** **1. adj.** Qui produit qqch. *Les pays producteurs de pétrole.* **2. n.** Personne physique ou morale qui produit des biens ou assure des services. *Directement du producteur au consommateur.* **3. n.** Personne ou société qui assure le financement d'un film, d'un spectacle. ♦ Personne qui conçoit une émission (radio, télévision) et favorise sa réalisation.
ÉTYM. du latin *productus* → produire.

PRODUCTIF, IVE [pʀɔdyktif, iv] **adj.** ✦ Qui produit, crée ; qui est d'un bon rapport. *Sol productif.* ➝ *Capital productif d'intérêts.* CONTR. **improductif, stérile.**
ÉTYM. du latin *productus* → produire.

PRODUCTION [pʀɔdyksjɔ̃] **n. f.** **I** DR., ADMIN. Action de présenter (un document, etc.). ➝ *Production de témoins.* **II** **1.** Action de provoquer (un phénomène) ; fait ou manière de se produire. *Production de gaz lors d'une réaction chimique.* **2.** Ouvrage produit par qqn ; ensemble des œuvres (d'un artiste, d'un genre ou d'une époque). *La production dramatique du XVIIe siècle.* **3.** (opposé à *consommation*) Fait de créer ou de transformer des biens, ou d'assurer des services. *Moyens de production* (sol, instruments, machines...). *Facteurs de production* (énergie, travail, capital). ➝ Résultat de cette activité économique. *Production industrielle, agricole. Production élevée.* SYN. **rendement.** ➝ *La production d'un nouveau modèle.* SYN. **fabrication.** **4.** Fait de produire (un film, un spectacle, une émission...). *La société X a assuré la production du film.* ➝ Le film produit. *Une production à grand spectacle.* → **superproduction.**
ÉTYM. latin juridique *productio.*

PRODUCTIVISME [pʀɔdyktivism] **n. m.** ✦ Système d'organisation économique qui cherche à accroître le rendement, la productivité.
► **PRODUCTIVISTE** [pʀɔdyktivist] **adj.** *Agriculture productiviste.* ☛ Géographie p. 232.

PRODUCTIVITÉ [pʀɔdyktivite] **n. f.** **1.** Caractère productif. *La productivité d'un placement.* **2.** Rapport entre le produit et les facteurs de production nécessaires pour l'obtenir. SYN. **rendement.**
ÉTYM. de *productif.*

PRODUIRE [pʀɔdɥiʀ] **v. tr.** (conjug. 64b) **I** Faire apparaître, faire connaître (ce qui existe déjà). ➝ DR., ADMIN. Présenter (un document, etc.). *Produire un certificat.* SYN. **fournir.** ➝ *Produire des témoins.* **II** Faire exister (ce qui n'existe pas encore). SYN. **créer.** **1.** Causer, provoquer (un phénomène). *La nouvelle produisit sur lui une vive impression.* SYN. **faire.** ➝ au p. passé *L'effet produit.* **2.** (écrivain, artiste) Composer (une œuvre). **3.** Former naturellement, faire naître. *Cet arbre produit de beaux fruits.* SYN. **donner.** ➝ *Une époque qui a produit des génies.* **4.** Faire exister, par une activité économique (→ **producteur ; production, productivité**). *La France produit de nombreux fromages.* **5.** Procurer (un profit). *Le capital produit des intérêts.* SYN. **rapporter ;** → **fructifier, rendre.** **6.** Assurer la réalisation matérielle de (un film, une émission, un spectacle), par le financement et l'organisation (→ **producteur, production**). **III** *SE PRODUIRE* **v. pron.** **1.** Jouer, paraître en public au cours d'une représentation. *La troupe va se produire à Lyon.* **2.** Arriver, survenir, avoir lieu. *Cela peut se produire.* ➝ impers. *Il se produisit un incident.*
ÉTYM. latin *producere* « conduire *(ducere)* en avant ».

PRODUIT [pʀɔdɥi] **n. m.** **I** **1.** Nombre qui est le résultat d'une multiplication. *Le produit de deux facteurs.* ➝ *Produit vectoriel.* **2.** Ce que rapporte une propriété, une activité. SYN. **bénéfice, profit, rapport.** *Vivre du produit de son travail.* ➝ *Produit brut. Produit net.* ➝ *Produit intérieur brut (P. I. B.)* : somme des valeurs réalisées en un an par un pays à l'intérieur de ses frontières. *Produit national brut (P. N. B.)* : somme du P. I. B. et des valeurs créées à l'étranger. **II** **1.** Ce qui résulte d'un processus naturel, d'une opération humaine. *Les produits de la terre ; de la distillation du pétrole.* ➝ fig. *C'est le produit de son imagination.* SYN. **fruit.** **2.** Substance, mélange chimique. *Produit de synthèse.* ➝ BIOCHIM. *Produits organiques* (hormones, enzymes...). **3.** Production de l'agriculture ou de l'industrie. *Produits bruts et produits manufacturés. Produits finis.* ➝ *Produits alimentaires. Produits d'entretien.* ➝ *Un produit pour laver la vaisselle.*
ÉTYM. du participe passé de *produire.*

PROÉMINENCE [pʀɔeminɑ̃s] **n. f.** ✦ LITTÉR. Caractère proéminent ; protubérance, saillie.

PROÉMINENT, ENTE [pʀɔeminɑ̃, ɑ̃t] **adj.** ✦ Qui dépasse en relief ce qui l'entoure, forme une avancée. SYN. **saillant.** *Front, ventre proéminent.* CONTR. **creux, rentrant.**
ÉTYM. latin *proeminens.*

PROF [pʀɔf] **n.** ✦ FAM. Professeur. *Un, une prof de maths. Des bons profs.*
ÉTYM. abréviation.

PROFANATEUR, TRICE [pʀɔfanatœʀ, tʀis] **n. et adj.** ✦ LITTÉR. Personne qui profane. ➖ **adj.** *Un geste profanateur.*
ÉTYM. latin *profanator.*

PROFANATION [pʀɔfanasjɔ̃] **n. f.** ✦ Action de profaner. *Profanation de sépulture.* SYN. **violation.** CONTR. **respect.**
ÉTYM. latin *profanatio.*

PROFANE [pʀɔfan] **adj. et n.** 1. LITTÉR. Qui est étranger à la religion. *Musique profane.* ➖ **n. m.** *Le sacré et le profane.* 2. **n.** Personne qui n'est pas initiée à une religion. 3. Qui n'est pas initié à un art, une science, un domaine. SYN. **ignorant.** *Expliquez-moi, je suis profane en la matière.* ♦ **n.** *Un, une profane en musique.* ➖ **n. m.** (collectif) *Aux yeux du profane,* des gens non initiés. CONTR. **religieux,** ① **sacré • connaisseur, initié.**
ÉTYM. latin *profanus* «devant le temple *(fanum),* hors de l'enceinte sacrée».

PROFANER [pʀɔfane] **v. tr.** (conjug. 3a) 1. Traiter sans respect (un objet, un lieu), en violant le caractère sacré. *Des vandales ont profané plusieurs tombes.* 2. **fig.** Faire un usage indigne, mauvais de (qqch.), en violant le respect qui est dû. SYN. **avilir,** ① **dégrader.** *Profaner un grand sentiment.* CONTR. **consacrer, respecter.**
ÉTYM. latin *profanare.*

PROFÉRER [pʀɔfeʀe] **v. tr.** (conjug. 8) ✦ Articuler à voix haute. SYN. **prononcer.** *Sans proférer un mot.* ➖ *Proférer des injures.*
ÉTYM. latin *proferre* «porter *(ferre)* en avant».

PROFESSER [pʀɔfese] **v. tr.** (conjug. 3a) 1. LITTÉR. Déclarer hautement avoir (un sentiment, une croyance). *Professer envers un maître la plus vive admiration.* 2. VIEILLI Enseigner (une matière) en qualité de professeur. ➖ MOD. **absolt** *Il professe à la Sorbonne.*
ÉTYM. de *profession.*

PROFESSEUR [pʀɔfesœʀ] **n.** ✦ Personne qui enseigne une discipline, un art, une technique, d'une manière habituelle. SYN. **enseignant.** *Professeur de collège, de faculté. Professeur principal. Professeur agrégé. Elle est professeur d'anglais* (au Québec *professeure*). SYN. FAM. **prof.** *La nouvelle professeur.* ➖ *Professeur des écoles.* → **instituteur.**
ÉTYM. latin *professor,* de *profiteri* «déclarer en public».

PROFESSION [pʀɔfesjɔ̃] **n. f.** **I** LITTÉR. **loc.** *Faire profession de* (une opinion, une croyance), la déclarer ouvertement. ♦ *PROFESSION DE FOI :* communion solennelle ; **fig.** déclaration de principe, manifeste. **II** 1. Occupation déterminée dont on peut tirer ses moyens d'existence. SYN. **métier.** *Quelle est votre profession ? Être sans profession.* 2. Métier qui a un certain prestige social ou intellectuel. SYN. ① **carrière.** *Les professions libérales. Exercer une profession.* 3. **loc.** *Faire profession de :* avoir comme activité rétribuée. 4. *DE PROFESSION :* professionnel. *Un chanteur de profession.* ➖ *Un râleur de profession.*
ÉTYM. latin *professio.*

PROFESSIONNALISME [pʀɔfesjɔnalism] **n. m.** 1. Caractère professionnel d'une activité (opposé à *amateurisme*). 2. Qualité de professionnel. SYN. **compétence, sérieux.** *Un grand professionnalisme.*
ÉTYM. de *professionnel.*

PROFESSIONNEL, ELLE [pʀɔfesjɔnɛl] **adj. et n.**
I adj. 1. Relatif à la profession, au métier. *L'orientation professionnelle. Enseignement professionnel, lycée professionnel,* qui est en relation avec l'entreprise et ses métiers. ➖ *Certificat d'aptitude professionnelle (C. A. P.), brevet d'études professionnelles (B. E. P.).* ➖ *Conscience professionnelle. Secret professionnel.* 2. De profession. *Sportif professionnel* (opposé à *amateur*) ; **n.** *passer professionnel.*
II n. Personne de métier (opposé à *amateur*). SYN. FAM. **pro.** *Du travail de professionnel.* ♦ SPORTS *Les professionnels et les amateurs.* CONTR. **amateur, dilettante.**
ÉTYM. de *profession.*

PROFESSIONNELLEMENT [pʀɔfesjɔnɛlmɑ̃] **adv.** ✦ De façon professionnelle. ➖ Du point de vue de la profession.

PROFESSORAL, ALE, AUX [pʀɔfesɔʀal, o] **adj.** ✦ Propre aux professeurs. *Le corps professoral.* ➖ **péj.** *Un ton professoral.* SYN. **doctoral, pontifiant.**
ÉTYM. du latin *professor* → professeur.

PROFESSORAT [pʀɔfesɔʀa] **n. m.** ✦ État de professeur. *S'orienter vers le professorat.* SYN. **enseignement.**
ÉTYM. du latin *professor* → professeur.

PROFIL [pʀɔfil] **n. m.** 1. Aspect du visage vu par un de ses côtés. SYN. **contour.** *Dessiner le profil de qqn.* ♦ **loc. fig.** (anglicisme) *Adopter un profil bas :* se montrer réservé, discret (par calcul). 2. (visage, corps) *DE PROFIL :* en étant vu par le côté. *Photos de face et de profil.* 3. Représentation ou aspect d'une chose dont le contour se détache. SYN. **silhouette.** *Le profil du clocher se découpait sur le ciel.* ♦ Coupe perpendiculaire. ARCHIT. *Le profil d'une corniche.* ➖ GÉOL. *Le profil d'une vallée.* 4. **fig.** Ensemble d'aptitudes, de qualités requises pour un emploi. *Il n'a pas le (bon) profil pour ce poste.*
ÉTYM. italien *profilo.*

PROFILÉ, ÉE [pʀɔfile] **adj.** ✦ TECHN. Auquel on a donné un profil déterminé. *Carrosserie profilée.* ➖ **n. m.** *Profilés métalliques* (cornières, poutres, rails, etc.).
ÉTYM. participe passé de *profiler.*

PROFILER [pʀɔfile] **v. tr.** (conjug. 3a) **I** 1. (choses) Présenter (ses contours) avec netteté. 2. TECHN. Établir le profil de. *Profiler une carlingue.* **II** *SE PROFILER* **v. pron.** 1. TECHN. Avoir un profil déterminé. 2. Se montrer en silhouette, avec des contours précis. SYN. se **découper,** se **dessiner,** ① se **détacher.** *L'ombre se profile sur le mur.* ➖ **fig.** *Voilà des ennuis qui se profilent à l'horizon !*
ÉTYM. de *profil.*

PROFILEUR, EUSE [pʀɔfilœʀ, øz] **n.** ✦ Spécialiste qui établit le portrait psychologique d'un criminel recherché, pour orienter l'enquête policière.
ÉTYM. anglais *profiler.*

PROFIT [pʀɔfi] **n. m.** 1. Augmentation des biens que l'on possède, ou amélioration de situation qui résulte d'une activité. SYN. **avantage, bénéfice.** *Il cherche son profit.* ♦ **loc.** *FAIRE SON PROFIT DE qqch.,* l'utiliser à son avantage. ➖ *TIRER PROFIT DE qqch.,* en faire résulter qqch. de bon. → **exploiter, utiliser.** ➖ *METTRE À PROFIT :* utiliser de manière à tirer tous les avantages. *Mettre à profit ses connaissances dans un devoir.* ♦ *AU PROFIT DE qqn, qqch.,* de sorte que la chose en question profite à. *Gala donné au profit des handicapés,* au bénéfice de. ➖ En agissant pour le bien, l'intérêt de qqn. ♦ (sujet chose) *FAIRE DU PROFIT :* pouvoir être utilisé longtemps, durer (→ FAM. faire de l'usage). 2. *(Un profit)* Gain,

A B C D E F G H I J K L M N O P Q R S T U V W X Y Z

avantage financier que l'on retire d'une chose, d'une activité. ➝ loc. *Il n'y a pas de petits profits,* se dit à propos d'une personne sordidement intéressée. 3. *LE PROFIT :* ce que rapporte une activité économique, en plus du salaire du travail. SYN. **plus-value.** CONTR. **désavantage, détriment, dommage, perte, préjudice.**
ÉTYM. latin *profectus,* de *proficere* «augmenter».

PROFITABLE [pRɔfitabl] **adj.** ✦ Qui apporte un profit, un avantage. SYN. **fructueux, utile.** *Cette leçon lui sera peut-être profitable.* SYN. **bénéfique.** CONTR. **dommageable, néfaste, préjudiciable.**
ÉTYM. de *profiter.*

PROFITER [pRɔfite] **v. tr. ind.** (conjug. 3a) 1. *PROFITER DE :* tirer avantage de. SYN. **bénéficier.** *Profiter de la situation. Profiter de l'occasion.* SYN. **saisir.** ➝ *PROFITER DE QQCH. POUR :* prendre prétexte de, saisir l'occasion pour. *Profiter du soleil pour sortir.* ➝ *PROFITER DE QQN,* abuser de sa bonne volonté, l'exploiter. 2. FAM. ou RÉGIONAL Se développer, se fortifier. *Cet enfant profite bien.* 3. *PROFITER À qqn, qqch.,* apporter du profit ; être utile à. SYN. **servir.** *Chercher à qui profite le crime.* ➝ spécialt *Tout ce qu'elle mange lui profite.* ➝ prov. *Bien mal acquis ne profite jamais.* CONTR. **gâcher, négliger, perdre, rater.**
ÉTYM. de *profit.*

PROFITEROLE [pRɔfitRɔl] **n. f.** ✦ Petit chou fourré de glace et nappé de chocolat chaud.
ÉTYM. diminutif de *profit.*

PROFITEUR, EUSE [pRɔfitœR, øz] **n.** ✦ péj. Personne qui tire des profits malhonnêtes ou immoraux de qqch. *Les profiteurs de guerre.*
ÉTYM. de *profiter.*

PROFOND, ONDE [pRɔfɔ̃, ɔ̃d] **adj.** **I** concret 1. Dont le fond est très bas par rapport à l'orifice, aux bords. *Un trou profond, profond de dix mètres.* ➝ (eaux) Dont le fond est très loin de la surface. *Un lac profond.* 2. Qui est loin au-dessous de la surface du sol ou de l'eau. SYN. ① **bas.** *Une cave profonde.* ➝ *Racines profondes.* ➝ loc. *Au plus profond de :* tout au fond de. 3. Dont le fond est loin de l'orifice, des bords, dans quelque direction que ce soit. *Un placard profond. Une plaie profonde.* ➝ *Forêt profonde.* ➝ *Décolleté profond.* 4. (trace, empreinte...) Très marqué. *Des rides profondes.* **II** 1. Qui évoque la profondeur. *Un regard profond.* ➝ *Une profonde obscurité. Un vert profond,* foncé, intense. SYN. **soutenu.** ➝ *Un sommeil profond.* 2. (mouvement, opération) Qui descend très bas ou pénètre très avant. *Un forage profond.* ➝ *Un profond salut,* où l'on s'incline très bas. 3. Qui semble venir de loin. *Un profond soupir.* ➝ *Une voix profonde.* SYN. **grave.** **III** abstrait 1. Qui va au fond des choses. *Un esprit profond.* SYN. **pénétrant.** *De profondes réflexions.* 2. Intérieur, difficile à atteindre. *Nos tendances profondes.* ➝ *La France profonde.* 3. Très grand, extrême en son genre. SYN. **intense.** *Un profond silence. Une profonde amitié. Ennui profond.* ♦ PSYCH. *Débile profond.* **IV** **adv.** Profondément ; bas. *Creuser très profond.* CONTR. **superficiel • faible, léger • superficiellement.**
ÉTYM. latin *profundus,* de *fundus* «fond».

PROFONDÉMENT [pRɔfɔ̃demɑ̃] **adv.** ✦ D'une manière profonde. 1. Loin de la surface. *Creuser profondément la terre.* ♦ Intensément. *Dormir ; respirer profondément.* 2. *J'en suis profondément convaincu.* SYN. **intimement.** *Je l'aime profondément.* SYN. **vivement.** ➝ *C'est profondément différent.* SYN. **foncièrement.** CONTR. **superficiellement • légèrement, peu.**

PROFONDEUR [pRɔfɔ̃dœR] **n. f.** **I** concret 1. Caractère de ce qui est profond (I). *La profondeur d'un fossé.* ➝ au plur. *Les profondeurs de l'océan.* SYN. **abysse, fond.** ♦ *La profondeur d'une plaie.* 2. Dimension verticale mesurée de haut en bas. *Longueur, largeur et profondeur d'une boîte.* SYN. **hauteur.** ➝ Distance au-dessous de la surface (du sol, de l'eau). *À deux mètres de profondeur.* 3. Dimension horizontale perpendiculaire à la face extérieure. *Hauteur, largeur et profondeur d'une armoire.* ♦ *PROFONDEUR DE CHAMP (d'un objectif) :* espace dans les limites duquel les images sont nettes. **II** 1. Suggestion d'un espace à trois dimensions sur une surface. *La profondeur est rendue par la perspective.* 2. fig. *La profondeur d'un regard.* 3. Caractère de ce qui s'enfonce. *La profondeur d'un forage.* **III** fig. 1. Qualité de ce qui va au fond des choses, au-delà des apparences. *Profondeur de vues.* ➝ *La profondeur d'un esprit, d'une œuvre.* 2. (vie affective) Caractère de ce qui est durable, intense. *La profondeur d'un sentiment.* ➝ *EN PROFONDEUR :* de façon approfondie. 3. Partie la plus intérieure et la plus difficile à pénétrer. *Les profondeurs de l'âme, de la conscience.* SYN. **tréfonds.** CONTR. **superficie, surface • faiblesse, légèreté.**
ÉTYM. de *profond.*

PRO FORMA [pRofɔRma] **loc. adj. invar.** ✦ *Facture pro forma :* facture anticipée, établie dans les règles, et n'entraînant aucune conséquence juridique pour le client.
ÉTYM. mots latins «pour la forme».

PROFUS, USE [pRɔfy, yz] **adj.** ✦ LITTÉR. ou DIDACT. Qui se répand en abondance. SYN. **abondant.** *Une lumière profuse.*
► **PROFUSÉMENT** [pRɔfyzemɑ̃] **adv.**
ÉTYM. latin *profusus,* de *fundere* «répandre».

PROFUSION [pRɔfyzjɔ̃] **n. f.** ✦ Grande abondance. *Une profusion de cadeaux.* ➝ Abondance excessive. SYN. **surabondance.** *Une profusion de détails.* SYN. **débauche.** ➝ *À PROFUSION* **loc. adv.** → **abondamment.** *Les rosiers fleurissent à profusion.* CONTR. **rareté.**
ÉTYM. latin *profusio* → profus.

PROGÉNITURE [pRɔʒenityR] **n. f.** ✦ LITTÉR. Les êtres engendrés par un être humain, un animal. SYN. **descendance.** ➝ plais. *Promener sa progéniture,* sa famille, ses enfants.
ÉTYM. du latin *progenitor* «ancêtre», de *progignere* «engendrer».

PROGESTATIF, IVE [pRɔʒɛstatif, iv] **adj.** ✦ BIOL. Se dit des substances qui favorisent les processus de la grossesse. ➝ **n. m.** *La progestérone est un progestatif.*
ÉTYM. du latin *gestare* «porter».

PROGESTÉRONE [pRɔʒɛsteRɔn] **n. f.** ✦ BIOL. Hormone sexuelle femelle sécrétée par les ovaires après l'ovulation et pendant la grossesse.
ÉTYM. allemand *Progesterone,* de *pro-, gestation* et *-sterone* (de *cholesterol*).

PROGICIEL [pRɔʒisjɛl] **n. m.** ✦ INFORM. Ensemble de programmes informatiques munis d'une documentation, commercialisés en vue d'un type d'utilisation. *Progiciel de traitement de textes.*
ÉTYM. de *produit* et *logiciel.*

PROGNATHE [pRɔgnat] **adj.** ✦ DIDACT. Qui a les maxillaires proéminents. *Un visage prognathe.*
► **PROGNATHISME** [pRɔgnatism] **n. m.**
ÉTYM. de *pro-* et du grec *gnathos* «mâchoire».

PROGRAMMABLE [prɔgramabl] adj. ✦ Que l'on peut programmer ; dont on peut régler à l'avance la mise en route. *Thermostat programmable.*
ÉTYM. de *programmer.*

PROGRAMMATEUR, TRICE [prɔgramatœr, tris] n. 1. Personne chargée de la programmation de spectacles. 2. n. m. Système qui commande le déroulement d'une série d'opérations simples. *Régler le programmateur d'une machine à laver.*
ÉTYM. de *programmer.*

PROGRAMMATION [prɔgramasjɔ̃] n. f. 1. Établissement, organisation des programmes (cinéma, radio, télévision). 2. Élaboration et codification d'un programme informatique. *Langages de programmation* (ex. basic, fortran, pascal).
ÉTYM. de *programmer.*

PROGRAMME [prɔgram] n. m. 1. Écrit annonçant et décrivant les parties d'une cérémonie, d'un spectacle, etc. *Demandez le programme !* ➝ Ce qui est annoncé. *Changement de programme.* 2. Ensemble des matières qui sont enseignées dans un cycle d'études ou qui forment le sujet d'un examen, d'un concours. *Programme scolaire. Le programme du bac. Cet auteur fait partie du programme.* 3. Suite d'actions que l'on se propose d'accomplir pour arriver à un résultat. SYN. ③ **plan, projet.** ➝ loc. *C'est tout un programme,* se dit d'une annonce, d'un titre qui suffit à faire prévoir la suite. ♦ *Programme électoral.* ♦ FAM. *Quel est le programme de ta soirée ?* 4. Suite ordonnée d'opérations qu'une machine est chargée d'effectuer. *Le programme d'un four électrique.* ♦ *Programme informatique.* SYN. **logiciel, progiciel.** *Le menu* proposé par un programme.*
ÉTYM. grec *programma* « ce qui est écrit à l'avance ».

PROGRAMMER [prɔgrame] v. tr. (conjug. 3a) 1. Inclure dans un programme (cinéma, radio, télévision). ➝ au p. passé *Émission programmée à une heure tardive.* 2. Assigner un programme (4) à (un ordinateur). ♦ Commander une machine grâce à un programme. *Programmer un magnétoscope.* ➝ *Programmer un temps de cuisson.* 3. FAM. Prévoir et organiser. SYN. **planifier.** *Programmer l'achat d'une voiture.*
ÉTYM. de *programme.*

PROGRAMMEUR, EUSE [prɔgramœr, øz] n. ✦ Spécialiste qui établit le programme d'un ordinateur. appos. *Des analystes programmeurs.*
ÉTYM. de *programmer.*

PROGRÈS [prɔgrɛ] n. m. 1. surtout au plur. Avance d'une troupe, d'une armée. SYN. **progression.** ♦ Fait de se répandre, de gagner du terrain. SYN. **propagation.** *Les progrès de l'incendie ; d'une épidémie.* 2. Changement d'état qui consiste en un passage à un degré supérieur. SYN. **développement.** *La criminalité est en progrès.* ➝ **progresser.** *Les progrès de la maladie.* 3. Développement en bien. SYN. **amélioration.** *Élève qui fait des progrès.* ➝ *Les progrès de la médecine.* ➝ FAM. *Il y a du progrès.* 4. absolt *LE PROGRÈS :* l'évolution de l'humanité, de la civilisation (vers un terme idéal). *Croire au progrès.* (➝ **progressiste**). CONTR. **arrêt, recul, stagnation · décadence.**
ÉTYM. latin *progressus* « marche en avant », de *gradi* « avancer ».

PROGRESSER [prɔgrese] v. intr. (conjug. 3a) 1. Se développer, être en progrès. *Le mal progresse.* SYN. **s'aggraver, empirer.** ➝ Faire des progrès (3). *Cet élève a beaucoup progressé.* ➝ *Les négociations progressent.* SYN. **avancer.** 2. Avancer, gagner du terrain. *L'ennemi progresse.* CONTR. **s'arrêter, reculer, régresser, stagner.**
ÉTYM. de *progrès.*

PROGRESSIF, IVE [prɔgresif, iv] adj. 1. Qui suit une progression, un mouvement par degrés. *Impôt progressif.* 2. Qui s'effectue d'une manière régulière et continue. SYN. **graduel.** *Changement progressif.* ♦ *Forme progressive :* en anglais, forme verbale qui exprime une progression, une évolution régulière, une action en train de s'accomplir (ex. *-ing* dans « he is sleeping »). CONTR. **dégressif, rétrograde · brusque, brutal.**

PROGRESSION [prɔgresjɔ̃] n. f. 1. Suite de nombres dans laquelle chaque terme est déduit du précédent par une loi constante. *Progression arithmétique*, géométrique*. Raison* d'une progression.* 2. Avance élaborée, organisée. *La progression d'une armée.* ➝ *La lente progression des glaciers.* SYN. **avance,** ② **marche.** 3. Développement par degrés, régulier et continu. ➝ **progrès.** *La progression du chômage.* CONTR. **recul · régression.**
ÉTYM. latin *progressio.*

PROGRESSISTE [prɔgresist] adj. et n. ✦ Qui est partisan du progrès politique, social, économique (par des réformes ou des moyens violents). *Parti progressiste.* ➝ *Idées progressistes.* ♦ n. *Les progressistes et les conservateurs, les réactionnaires.*
► **PROGRESSISME** [prɔgresism] n. m.
ÉTYM. de *progrès.*

PROGRESSIVEMENT [prɔgresivmɑ̃] adv. ✦ D'une manière progressive, petit à petit. SYN. **graduellement.** CONTR. **brusquement, brutalement.**

PROGRESSIVITÉ [prɔgresivite] n. f. ✦ Caractère progressif, graduel. *La progressivité de l'impôt.*

PROHIBÉ, ÉE [prɔibe] adj. ✦ Défendu par la loi. ➝ *Armes prohibées,* dont l'usage, le port sont interdits. CONTR. **autorisé, permis.**
ÉTYM. participe passé de *prohiber.*

PROHIBER [prɔibe] v. tr. (conjug. 3a) ✦ Défendre, interdire par une mesure légale. CONTR. **autoriser, permettre.**
ÉTYM. latin *prohibere* « empêcher ».

PROHIBITIF, IVE [prɔibitif, iv] adj. 1. DR. Qui défend, interdit légalement. *Des mesures prohibitives.* 2. *Droits, tarifs douaniers prohibitifs,* si élevés qu'ils équivalent à la prohibition d'une marchandise. ➝ COUR. (prix) Trop élevé, excessif. *Un prix prohibitif.* SYN. **exorbitant.**
ÉTYM. du latin *prohibitum* → prohiber.

PROHIBITION [prɔibisjɔ̃] n. f. 1. Interdiction légale. *La prohibition du port d'armes.* 2. Interdiction d'importer, de fabriquer, de vendre certaines marchandises. ➝ absolt *LA PROHIBITION,* celle de l'alcool, de 1919 à 1933, aux États-Unis. CONTR. **autorisation, permission.**
ÉTYM. latin *prohibitio.*

PROIE [prwa] n. f. 1. Être vivant dont un animal (➝ **prédateur**) s'empare pour le dévorer. *Bondir, fondre sur sa proie.* ➝ *DE PROIE :* qui se nourrit surtout de proies vivantes. ➝ **prédateur.** *Oiseau de proie.* ➝ **rapace.** ➝ loc. fig. *Lâcher la proie pour l'ombre*.* 2. Bien dont on s'empare par la force ; personne que l'on dépouille. *Être une proie facile pour qqn.* SYN. **victime.** 3. *ÊTRE LA PROIE DE :* être absorbé, pris par (un sentiment, une force hostile). *Être la proie des remords.* ➝ Être livré à, détruit par. *La forêt fut en un instant la proie des*

A B C D E F G H I J K L M N O P Q R S T U V W X Y Z

flammes. 4. *EN PROIE À :* tourmenté par (un mal, un sentiment, une pensée). *Être en proie au désespoir.*
ÉTYM. latin *praeda.*

PROJECTEUR [pʀɔʒɛktœʀ] n. m. 1. Appareil d'optique qui projette des rayons lumineux intenses en un faisceau parallèle. *Projecteurs de théâtre.* → **spot.** 2. Appareil servant à projeter des images sur un écran. → **vidéoprojecteur.** *Projecteur de cinéma.*
ÉTYM. du latin *projectum,* de *projicere* «jeter en avant».

PROJECTIF, IVE [pʀɔʒɛktif, iv] adj. ✦ DIDACT. *Test projectif :* test psychologique destiné à amener le sujet à exprimer sa personnalité.
ÉTYM. américain *projective.*

PROJECTILE [pʀɔʒɛktil] n. m. ✦ Objet lancé avec force contre qqn, qqch. ♦ spécialt Corps lancé par une arme. *Projectiles d'artillerie :* obus, bombes.
ÉTYM. du latin *projectum* → projecteur.

PROJECTION [pʀɔʒɛksjɔ̃] n. f. 1. Action de projeter, de lancer en avant. – Lancement (de projectiles). – surtout au plur. Matières projetées. *Les projections d'un volcan.* 2. GÉOM. Opération par laquelle on fait correspondre, à un ou plusieurs points de l'espace, un point ou un ensemble de points sur une droite ou sur une surface, suivant un procédé géométrique défini ; le ou les points ainsi définis. *Projection orthogonale.* 3. Action de projeter une image, un film sur un écran. *Appareil de projection.* → **projecteur.** *Conférence avec projection.* 4. PSYCH. Mécanisme de défense par lequel le sujet voit chez autrui des idées, des affects qui lui sont propres. 5. Fait de projeter dans l'avenir. *Projections démographiques :* prévisions concernant l'évolution hypothétique de la population.
ÉTYM. latin *projectio,* de *projicere* «projeter».

PROJECTIONNISTE [pʀɔʒɛksjɔnist] n. ✦ Technicien, technicienne chargé(e) de la projection des films.
ÉTYM. de *projection.*

PROJET [pʀɔʒɛ] n. m. 1. Image d'une situation, d'un état que l'on pense atteindre. SYN. **dessein, intention,** ③ **plan.** *Projet détaillé, élaboré.* SYN. **programme.** *Accomplir, réaliser un projet. Faire des projets d'avenir.* – *Avoir un projet de livre. Projet personnel :* réflexion sur le métier que l'élève souhaiterait exercer et sur les moyens d'y parvenir. 2. Brouillon, ébauche, premier état. *Laisser qqch. à l'état de projet.* – *EN PROJET :* à l'étude. – *Projet de loi*.* ♦ Dessin d'un édifice à construire. – Dessin, modèle antérieur à la réalisation. → **avant-projet.** *L'étude d'un projet.*
ÉTYM. de *projeter.*

PROJETER [pʀɔʒ(ə)te] v. tr. (conjug. 6b) **I** 1. Jeter en avant et avec force. SYN. ① **lancer ;** → **projection.** *L'explosion les projeta au sol.* ♦ (sans idée de mouvement) *Arbre qui projette ses branches au-dessus d'un mur.* 2. SC. Figurer, tracer en projection. *Projeter un volume sur un plan.* 3. Envoyer sur une surface (des rayons lumineux, une image). – pronom. *Sa silhouette se projetait sur le mur.* SYN. se **profiler.** – au p. passé *Ombre projetée.* ♦ *Projeter un film.* 4. PSYCH. *Projeter un sentiment sur qqn,* lui attribuer un sentiment qu'on éprouve soi-même. *Projeter son angoisse sur ses enfants.* **II** Former l'idée de (ce que l'on veut faire et les moyens pour y parvenir) (→ **projet**). *Il projetait un voyage.* SYN. **envisager, préparer.** – *Projeter de* (+ inf.).
ÉTYM. de l'ancien français *pourjeter,* de *jeter.*

PROJETEUR, EUSE [pʀɔʒ(ə)tœʀ, øz] n. ✦ Technicien, technicienne qui établit des projets.
ÉTYM. de *projeter.*

PROLAPSUS [pʀɔlapsys] n. m. ✦ MÉD. Descente (d'un organe ou d'une partie d'un organe). *Prolapsus de l'utérus.*
ÉTYM. latin moderne, participe passé de *prolabi* «tomber en glissant».

PROLÉGOMÈNES [pʀɔlegɔmɛn] n. m. pl. ✦ DIDACT. 1. Longue préface. 2. Principes préliminaires à l'étude d'une question.
ÉTYM. grec *prolegomena.*

PROLEPSE [pʀɔlɛps] n. f. ✦ DIDACT. Figure de rhétorique par laquelle on va au-devant d'une objection, en la réfutant d'avance.
ÉTYM. grec *prolepsis.*

PROLÉTAIRE [pʀɔletɛʀ] n. 1. ANTIQ. ROMAINE Citoyen de la dernière classe du peuple, exempt d'impôt, et ne pouvant être utile à l'État que par sa descendance. 2. Ouvrier, paysan, employé qui ne vit que de son salaire (opposé à *capitaliste, bourgeois*). – spécialt Travailleur manuel de la grande industrie (abrév. FAM. PROLO [pʀolo]). – adj. *Les masses prolétaires.*
ÉTYM. latin *proletarius,* de *proles* «lignée».

PROLÉTARIAT [pʀɔletaʀja] n. m. ✦ Classe sociale des prolétaires. *Le prolétariat urbain, ouvrier ; rural. Dictature* du prolétariat.*
ÉTYM. de *prolétaire.*

PROLÉTARIEN, IENNE [pʀɔletaʀjɛ̃, jɛn] adj. ✦ Relatif au prolétariat ; formé par le prolétariat. *Les masses prolétariennes.*
ÉTYM. de *prolétaire.*

PROLÉTARISER [pʀɔletaʀize] v. tr. (conjug. 3a) ✦ Réduire à la condition de prolétaire.
► **PROLÉTARISATION** [pʀɔletaʀizasjɔ̃] n. f. *La prolétarisation des paysans.*
ÉTYM. de *prolétaire.*

PROLIFÉRATION [pʀɔlifeʀasjɔ̃] n. f. ✦ Fait de proliférer. *Prolifération d'algues dans un aquarium.* ♦ fig. *La prolifération des armes nucléaires.*

PROLIFÉRER [pʀɔlifeʀe] v. intr. (conjug. 8) 1. DIDACT. (cellules vivantes) Se multiplier en se reproduisant. 2. (plantes, animaux) Se multiplier en abondance, rapidement. *Le gibier prolifère, par ici.* ♦ fig. *Les agences immobilières prolifèrent.* SYN. **foisonner.** CONTR. se **raréfier.**
ÉTYM. du latin *proles* «lignée» et de *-fère.*

PROLIFIQUE [pʀɔlifik] adj. 1. Qui se multiplie rapidement. *Les lapins sont prolifiques.* SYN. **fécond.** 2. fig. Qui produit beaucoup. *Un romancier prolifique.* CONTR. **stérile.**
► **PROLIFICITÉ** [pʀɔlifisite] n. f.
ÉTYM. du latin *proles* «lignée».

PROLIXE [pʀɔliks] adj. ✦ Qui est trop long, qui a tendance à délayer dans ses écrits ou ses discours. SYN. **bavard, verbeux.** *Un orateur prolixe.* – *Style prolixe.* CONTR. ① **bref, concis, laconique.**
► **PROLIXITÉ** [pʀɔliksite] n. f. LITTÉR. *La prolixité d'un orateur.* SYN. **faconde, verbiage.**
ÉTYM. latin *prolixus.*

PROLOGUE [pʀɔlɔg] n. m. 1. Discours qui introduit une pièce de théâtre. 2. Texte introductif. SYN. **introduction, préface.** – fig. Préliminaire, prélude. *Un pro-*

logue sanglant à des troubles. 3. Première partie (d'une œuvre narrative) exposant des évènements antérieurs à l'action proprement dite. CONTR. **épilogue.**
ÉTYM. latin *prologus*, du grec *prologos*.

PROLONGATEUR [pRɔlɔ̃gatœR] n. m. ✦ Cordon électrique muni de deux prises (mâle et femelle). SYN. **rallonge.**
ÉTYM. de *prolongation*.

PROLONGATION [pRɔlɔ̃gasjɔ̃] n. f. 1. Action de prolonger dans le temps ; temps prolongé. *Obtenir une prolongation de congé.* 2. SPORTS Chacune des deux périodes supplémentaires qui prolongent un match en vue de départager deux équipes à égalité. *Jouer les prolongations* ; fig. poursuivre une activité au-delà du terme prévu.
ÉTYM. latin chrétien *prolongatio*.

PROLONGÉ, ÉE [pRɔlɔ̃ʒe] adj. ✦ Qui se prolonge dans le temps. ➛ FAM. *Adolescent(e) prolongé(e)*, adulte sans maturité.
ÉTYM. de *prolonger*.

PROLONGEMENT [pRɔlɔ̃ʒmɑ̃] n. m. 1. Action de prolonger dans l'espace ; augmentation de longueur. SYN. **allongement.** *Le prolongement d'une autoroute.* 2. Ce qui prolonge la partie principale (d'une chose). *Les prolongements de la cellule nerveuse.* 3. loc. *DANS LE PROLONGEMENT de*, dans la direction qui prolonge... ➛ fig. *Dans le prolongement de cette politique.* 4. Ce par quoi un évènement, une situation se prolonge. SYN. **conséquence, suite.** *Les prolongements d'une affaire.* CONTR. **raccourcissement.**
ÉTYM. de *prolonger*.

PROLONGER [pRɔlɔ̃ʒe] v. tr. (conjug. 5) 1. (temporel) Faire durer plus longtemps (→ **allonger, rallonger ; prolongation**). *Prolonger une conversation, ses vacances.* ➛ pronom. Durer plus longtemps que prévu. SYN. **continuer,** se **poursuivre.** *La séance s'est prolongée jusqu'à minuit.* 2. (spatial) Faire aller plus loin dans le sens de la longueur. SYN. **allonger** ; → **prolongement.** *Prolonger une ligne de métro.* ➛ pronom. Aller plus loin. SYN. **continuer.** *Le chemin se prolonge jusqu'à la route.* 3. (choses) Être le prolongement de. CONTR. **abréger, diminuer, raccourcir.**
ÉTYM. latin *prolongare*.

PROMENADE [pRɔm(ə)nad] n. f. 1. Action de se promener ; trajet fait en se promenant. SYN. **balade ; excursion.** *Faire une promenade à pied, en voiture.* → ② **tour.** *Partir en promenade.* «*Promenades dans Rome*» (de Stendhal). 2. Lieu aménagé dans une ville pour les promeneurs. → **avenue, cours.** *La promenade des Anglais, à Nice.*
ÉTYM. de *promener*.

PROMENER [pRɔm(ə)ne] v. tr. (conjug. 7a) **I** 1. Faire aller dans plusieurs endroits, pour le plaisir, le délassement. *Promener un ami dans Paris.* 2. Déplacer, faire aller et venir (qqch.). *Promener un archet sur les cordes.* **II** *SE PROMENER* v. pron. 1. Aller d'un lieu à un autre pour se détendre, prendre l'air, etc. SYN. FAM. se **balader.** *Je vais me promener.* → ① **sortir.** 2. FAM. (sans pron.) *Envoyer* promener qqn, qqch.* : repousser, rejeter.
ÉTYM. de *mener*.

PROMENEUR, EUSE [pRɔm(ə)nœR, øz] n. ✦ Personne qui se promène à pied. SYN. **flâneur, passant.** «*Les Rêveries du promeneur solitaire*» (de Rousseau).

PROMENOIR [pRɔm(ə)nwaR] n. m. 1. Lieu destiné à la promenade dans l'enceinte d'un édifice clos (couvent, prison...). 2. Partie d'une salle de spectacle où les spectateurs, à l'origine, pouvaient circuler.

PROMESSE [pRɔmɛs] n. f. 1. Action de promettre ; ce que l'on s'engage à faire. *Il m'a fait des promesses qu'il n'a pas tenues. Manquer à sa promesse.* SYN. **parole.** 2. Engagement de contracter une obligation ou d'accomplir un acte. *Promesse d'achat. Promesse de mariage.* 3. LITTÉR. Espérance que donne qqch. *Un livre plein de promesses*, qui laisse espérer de belles œuvres.
ÉTYM. latin *promissa*.

PROMETTEUR, EUSE [pRɔmetœR, øz] adj. ✦ Plein de promesses (3). *Des débuts prometteurs.*
ÉTYM. de *promettre*.

PROMETTRE [pRɔmɛtR] v. tr. (conjug. 46) **I** 1. S'engager envers qqn à faire qqch. *Il lui a promis son aide, de l'aider, qu'il l'aiderait.* 2. Affirmer, assurer. *Je vous promets qu'il le regrettera.* SYN. **jurer.** 3. S'engager envers qqn à donner (qqch.). *On leur promet une récompense.* ➛ loc. *Promettre la lune, monts et merveilles*, des choses impossibles. 4. *La météo nous promet du beau temps pour demain.* SYN. **annoncer, prédire.** 5. (choses) Faire espérer (un développement, des évènements). *Ce nuage ne promet rien de bon.* 6. absolt Donner de grandes espérances. *Un enfant, un début qui promet.* → **promesse** (3) ; **prometteur.** ➛ FAM. *De la neige en septembre, ça promet pour cet hiver !*, ça va être encore pire. **II** *SE PROMETTRE* v. pron. 1. (réfl. ind.) Espérer, compter sur. *Les joies qu'il s'était promises.* ➛ *Se promettre de* (+ inf.) : faire le projet de. *Il se promit d'essayer.* 2. (récipr.) Se faire des promesses mutuelles. *Elles se sont promis de s'écrire.*
ÉTYM. latin *promittere*, d'après *mettre*.

PROMIS, ISE [pRɔmi, iz] adj. et n.
I adj. 1. loc. *Chose promise, chose due*, on doit faire, donner ce qu'on a promis. ➛ *La TERRE PROMISE* : la terre de Canaan que Dieu avait promise au peuple hébreu ; fig. pays, milieu dont on rêve. 2. *PROMIS À* : destiné à, voué à. *Être promis à un brillant avenir.*
II n. RÉGIONAL Fiancé(e).
ÉTYM. participe passé de *promettre*.

PROMISCUITÉ [pRɔmiskɥite] n. f. ✦ Situation qui oblige des personnes à vivre côte à côte et à se mêler malgré elles ; voisinage choquant ou désagréable. *La promiscuité du métro, de la prison.*
ÉTYM. du latin *promiscus* «mêlé ; confondu».

PROMONTOIRE [pRɔmɔ̃twaR] n. m. ✦ Pointe de terre (SYN. **cap, presqu'île**), de relief élevé, s'avançant en saillie dans la mer.
ÉTYM. latin *promontorium*.

PROMOTEUR, TRICE [pRɔmɔtœR, tRis] n. 1. LITTÉR. Personne qui donne la première impulsion (à qqch.). SYN. **instigateur.** *Le promoteur d'une réforme.* 2. *Promoteur (immobilier)* : homme d'affaires, société qui assure et finance la construction d'immeubles. ➛ adj. *Société promotrice.*
ÉTYM. bas latin *promotor*.

PROMOTION [pRɔmɔsjɔ̃] n. f. 1. Fait de parvenir à un grade, un emploi supérieur. SYN. **avancement.** *Obtenir une promotion.* ➛ *Promotion sociale* : accession àun rang social supérieur. 2. Ensemble des candidats admis la même année à certaines grandes écoles. *Camarades de promotion.* ➛ abrév. FAM. PROMO [pRɔmo]. 3. *PROMO-*

TION DES VENTES : développement des ventes ; techniques, services chargés de ce développement. → **marketing.** – *Article vendu en promotion.* SYN. **réclame** ; → **promotionnel. 4.** *Promotion immobilière* : activité du promoteur (2). **5.** Action de promouvoir (2). *La promotion du travail manuel.*
ÉTYM. latin *promotio.*

PROMOTIONNEL, ELLE [pʀɔmɔsjɔnɛl] **adj.** ✦ Qui favorise l'expansion des ventes. → **promotion** (3). *Vente promotionnelle.*

PROMOUVOIR [pʀɔmuvwaʀ] **v. tr.** (conjug. 35 ; rare, sauf à l'inf. et au participe passé) **1.** Élever à une dignité, un grade... supérieur. – **passif et participe passé** *Être promu à la direction des ventes, promu directeur.* – **n.** *Un promu.* **2.** Encourager, provoquer la création, l'essor de (qqch.). *Promouvoir la recherche scientifique.*
ÉTYM. latin *promovere* «faire avancer».

PROMPT, PROMPTE [pʀɔ̃(pt), pʀɔ̃(p)t] **adj.** **I 1.** LITTÉR. Qui agit, fait (qqch.) sans tarder. – *PROMPT À... :* que son tempérament entraîne rapidement à... *Il était prompt à la colère, à riposter.* **2.** (choses) Qui ne tarde pas à se produire. *Un prompt rétablissement.* – *Ciment prompt,* à prise rapide. **II 1.** LITTÉR. (personnes) Qui met peu de temps à ce qu'il fait, se meut avec rapidité. *Prompt comme l'éclair, comme la foudre,* très rapide. **2.** (choses) Qui se produit en peu de temps. SYN. **rapide, soudain.** *Une prompte riposte.* CONTR. **lent · long, tardif.**
► **PROMPTEMENT** [pʀɔ̃ptəmɑ̃ ; pʀɔ̃tmɑ̃] **adv.**
ÉTYM. latin *promptus.*

PROMPTEUR [pʀɔ̃ptœʀ] **n. m.** ✦ **anglicisme** Appareil qui fait défiler au-dessus d'une caméra de télévision un texte à lire par la personne qui est à l'écran. Recomm. offic. *télésouffleur,* n. m.
ÉTYM. américain *teleprompter,* de l'anglais *prompter* «souffleur de théâtre».

PROMPTITUDE [pʀɔ̃(p)tityd] **n. f.** ✦ LITTÉR. **1.** Manière d'agir, réaction d'une personne prompte. SYN. **rapidité. 2.** Caractère de ce qui survient vite ou se fait en peu de temps. *La promptitude des secours.* CONTR. **lenteur ; retard.**
ÉTYM. latin *promptitudo.*

PROMU, UE [pʀɔmy] ✦ Participe passé du verbe *promouvoir.*

PROMULGATION [pʀɔmylgasjɔ̃] **n. f.** ✦ Action de promulguer (une loi).
ÉTYM. latin *promulgatio.*

PROMULGUER [pʀɔmylge] **v. tr.** (conjug. 3b) ✦ Décréter (une loi) valable et exécutoire. *En France, le président de la République promulgue les lois votées par le Parlement.*
ÉTYM. latin *promulgare* «afficher, publier».

PRONATION [pʀɔnasjɔ̃] **n. f.** ✦ DIDACT. (opposé à *supination*) Mouvement de rotation interne de la main et de l'avant-bras (sous l'action des muscles *pronateurs*).
ÉTYM. du latin *pronatio,* de *pronus* «penché en avant».

PRÔNE [pʀon] **n. m.** ✦ RELIG. Sermon du dimanche.
ÉTYM. latin *protirum,* du grec.

PRÔNER [pʀone] **v. tr.** (conjug. 3a) ✦ Vanter et recommander sans réserve et avec insistance. *Prôner la tolérance.* SYN. **exalter, préconiser.** CONTR. **décrier, dénigrer, déprécier.**
► **PRÔNEUR, EUSE** [pʀonœʀ, øz] **n.**
ÉTYM. de *prône.*

PRONOM [pʀɔnɔ̃] **n. m.** ✦ GRAMM. Mot qui a les fonctions du nom et qui représente ou remplace un nom. *Pronoms démonstratifs* (ceci, cela, celle-ci...), *indéfinis* (on, certains...), *interrogatifs* (qui, quoi, lequel...), *personnels* (je, tu...), *possessifs* (le mien, le tien...), *relatifs* (que, qui, auquel, dont...).
ÉTYM. latin *pronomen.*

PRONOMINAL, ALE, AUX [pʀɔnɔminal, o] **adj. 1.** Relatif au pronom. *L'emploi pronominal de «tout».* **2.** *Verbe pronominal,* précédé d'un pronom personnel réfléchi et qui, en français, se conjugue obligatoirement avec l'auxiliaire être aux temps composés (ex. je me suis promené). *Verbe pronominal réfléchi** (ex. je me lave), *réciproque** (ex. ils se battent), *à sens passif* (ex. ce tissu ne se lave pas). *Verbe essentiellement pronominal,* qui ne s'emploie jamais à la forme simple (ex. s'évanouir, se souvenir). – *Voix active, passive, pronominale.*
► **PRONOMINALEMENT** [pʀɔnɔminalmɑ̃] **adv.**
ÉTYM. latin *pronominalis.*

PRONONÇABLE [pʀɔnɔ̃sabl] **adj.** ✦ Que l'on peut prononcer. CONTR. **imprononçable.**

PRONONCÉ, ÉE [pʀɔnɔ̃se] **adj.** **I** → **prononcer. II** Très marqué, très visible, très perceptible. *Des rides prononcées. Un goût prononcé pour la musique.* CONTR. **faible, imperceptible.**

PRONONCER [pʀɔnɔ̃se] **v.** (conjug. 4) **I v. tr. 1.** Rendre, lire (un jugement) ; faire connaître (une décision). *Prononcer la clôture des débats.* – **au p. passé** *Jugement prononcé.* **2.** Dire (un mot, une phrase). *Il n'a pu prononcer un mot tant il était ému.* **3.** Articuler d'une certaine manière (les sons du langage). → **prononciation.** *Prononcer correctement l'anglais.* – Articuler (tel mot). *Nom impossible à prononcer.* – **pronom.** (passif) *Ce mot s'écrit comme il se prononce.* – **p. passé** *Phrase mal prononcée.* **4.** Faire entendre, dire ou lire publiquement (un texte). *Le maire prononça un discours.* **II v. intr.** Rendre un arrêt, un jugement. *Le tribunal n'a pas encore prononcé.* SYN. ① **juger, statuer.** **III** *SE PRONONCER* **v. pron.** Se décider, se déterminer. *Les électeurs doivent se prononcer en faveur d'un candidat.*
ÉTYM. latin *pronuntiare.*

PRONONCIATION [pʀɔnɔ̃sjasjɔ̃] **n. f. 1.** DR. Lecture d'un arrêt, d'un jugement. **2.** Manière dont les sons du langage sont articulés, dont un mot est prononcé. → **phonétique.** *Les prononciations régionales d'une langue.* → **accent.** *Défaut de prononciation.* SYN. **élocution.**
ÉTYM. latin *pronuntiatio.*

PRONOSTIC [pʀɔnɔstik] **n. m. 1.** Jugement que porte un médecin (après le diagnostic) sur la durée et l'issue d'une maladie. **2.** souvent au plur. Conjecture, hypothèse sur ce qui doit arriver, sur l'issue d'une affaire, etc. SYN. **prédiction, prévision.** *Se tromper dans ses pronostics.* – **spécialt** *Le pronostic des courses* (de chevaux).
ÉTYM. latin *prognosticus,* du grec, de *progignôskein* «connaître à l'avance».

PRONOSTIQUER [pʀɔnɔstike] **v. tr.** (conjug. 3a) **1.** MÉD. Faire un pronostic. **2.** Donner un pronostic sur (ce qui doit arriver). SYN. **annoncer, prévoir.** *Pronostiquer la victoire d'une équipe.*
ÉTYM. de *pronostic.*

PRONOSTIQUEUR, EUSE [pʀɔnɔstikœʀ, øz] **n.** ✦ Personne qui fait des pronostics (spécialt qui établit les pronostics sportifs, dans un journal, à la radio, etc.).
ÉTYM. de *pronostiquer.*

PROPAGANDE [pʀɔpagɑ̃d] **n. f.** ✦ Action exercée sur l'opinion pour l'amener à avoir et à appuyer certaines idées (surtout politiques). *Propagande électorale. Faire de la propagande pour qqch., qqn. Film de propagande. Propagande et publicité.*
ÉTYM. du latin moderne *Congregatio de propaganda fide* «congrégation pour propager la foi».

PROPAGANDISTE [pʀɔpagɑ̃dist] **n.** 1. Personne qui fait de la propagande. 2. Personne qui fait l'éloge de qqn, de qqch.
ÉTYM. de *propagande.*

PROPAGATEUR, TRICE [pʀɔpagatœʀ, tʀis] **n.** ✦ Personne qui propage (une religion, une opinion, une méthode...).
ÉTYM. latin *propagator.*

PROPAGATION [pʀɔpagasjɔ̃] **n. f.** 1. Le fait de propager. *La propagation de la foi.* 2. Le fait de se propager ; progression par expansion. *La propagation d'une épidémie. La propagation du son. Propagation rectiligne de la lumière dans le vide.*
ÉTYM. latin *propagatio.*

PROPAGER [pʀɔpaʒe] **v. tr.** (conjug. 5) **I** Répandre, diffuser (des idées, des paroles, etc.). *Propager une rumeur.* SYN. **colporter, transmettre. II** *SE PROPAGER* **v. pron.** 1. Se multiplier par reproduction. *Cette espèce s'est propagée en France.* 2. Se répandre. *L'incendie se propage.* SYN. **s'étendre, gagner.** 3. (phénomène vibratoire, influx, etc.) Se déplacer en s'éloignant de son origine. *Le son ne se propage pas dans le vide.*
ÉTYM. latin *propagare.*

PROPANE [pʀɔpan] **n. m.** ✦ Gaz naturel ou sous-produit de raffinage d'hydrocarbure, vendu en bouteilles pour le chauffage, le travail des métaux.
ÉTYM. mot anglais, de *(acid) propionic,* du grec *piôn* «gras».

PROPAROXYTON [pʀɔpaʀɔksitɔ̃] **n. m.** ✦ LING. Mot qui porte l'accent sur l'antépénultième syllabe.
ÉTYM. de *paroxyton.*

PROPÉDEUTIQUE [pʀɔpedøtik] **n. f. et adj.** ✦ DIDACT. Enseignement préparant à des études plus approfondies.
ÉTYM. du grec *paideuein* «enseigner».

PROPENSION [pʀɔpɑ̃sjɔ̃] **n. f.** ✦ Tendance naturelle. SYN. **inclination, penchant.** *Il a une certaine propension à critiquer, à la critique.*
ÉTYM. latin *propensio.*

PROPERGOL [pʀɔpɛʀgɔl] **n. m.** ✦ CHIM. Substance dont la décomposition ou la réaction chimique produit de l'énergie utilisée pour la propulsion des fusées.
ÉTYM. mot allemand, de *propulsion* et du grec *ergon* «énergie».

PROPHÈTE, PROPHÉTESSE [pʀɔfɛt, pʀɔfetɛs] **n.** 1. Personne inspirée par la divinité, qui prédit l'avenir et révèle des vérités cachées. SYN. **augure, devin, oracle.** *Les prophètes de la Bible.* ➝ *Le Prophète,* Mahomet, prophète de l'islam. ➝ loc. *FAUX PROPHÈTE :* imposteur. 2. (sens affaibli) loc. prov. *Nul n'est prophète en son pays :* il est plus difficile d'être écouté, considéré par ses compatriotes ou ses proches que par les étrangers. ➝ loc. *Prophète de malheur,* celui qui annonce, prédit des évènements fâcheux.
ÉTYM. latin *propheta,* du grec.

PROPHÉTIE [pʀɔfesi] **n. f.** 1. Ce qui est prédit par un prophète. SYN. **divination.** *Le don de prophétie. Les prophéties de la Pythie de Delphes.* SYN. **oracle.** 2. Ce qui est annoncé par des personnes qui prétendent connaître l'avenir. *Les prophéties d'une cartomancienne.* 3. Expression d'une conjecture, d'une hypothèse sur des évènements à venir. SYN. **prédiction.** *Tes prophéties se sont réalisées.*
ÉTYM. latin *prophetia.*

PROPHÉTIQUE [pʀɔfetik] **adj.** ✦ Qui a rapport à un prophète, a le caractère de la prophétie. *Des paroles prophétiques,* que l'avenir devait confirmer.

PROPHÉTISER [pʀɔfetize] **v. tr.** (conjug. 3a) 1. Prédire, en se proclamant inspiré par la divinité. ➝ absolt Parler au nom de Dieu. 2. Prédire, annoncer (ce qui va arriver).
ÉTYM. latin *prophetizare.*

PROPHYLACTIQUE [pʀɔfilaktik] **adj.** ✦ Qui prévient la maladie. *Mesures d'hygiène prophylactiques.* SYN. **préventif.**

PROPHYLAXIE [pʀɔfilaksi] **n. f.** ✦ Ensemble des mesures à prendre pour prévenir l'apparition des maladies. SYN. **hygiène, prévention.**
ÉTYM. grec *prophulaxis,* de *phulassein* «protéger».

PROPICE [pʀɔpis] **adj.** 1. LITTÉR. (divinité) Bien disposé, favorable. *Que le sort nous soit propice !* 2. (choses) *Propice à...,* qui se prête tout particulièrement à. SYN. ① **bon.** *Climat propice à sa santé.* ◆ Opportun, favorable. *Choisir le moment propice.* CONTR. **adverse, contraire, défavorable, néfaste • nuisible ; inopportun.**
ÉTYM. latin *propitius.*

PROPITIATOIRE [pʀɔpisjatwaʀ] **adj.** ✦ LITTÉR. Qui a pour but de rendre la divinité propice. *Une offrande propitiatoire.*
ÉTYM. latin *propitiatorium.*

PROPORTION [pʀɔpɔʀsjɔ̃] **n. f.** 1. (qualité) Rapport esthétiquement satisfaisant entre deux éléments d'un ensemble ; équilibre des surfaces, des masses, des dimensions. *La proportion entre la hauteur et la largeur d'une façade.* ➝ au plur. Formes. *Une statue aux proportions harmonieuses,* bien proportionnée. 2. MATH. Égalité de deux rapports. *Dans la proportion a/b = c/d, le produit des extrêmes (ad) est égal à celui des moyens* (bc). 3. (quantité) Rapport (entre deux ou plusieurs choses). *Une proportion égale de réussites et d'échecs. Proportion des naissances par rapport aux décès.* SYN. **pourcentage, taux.** ◆ loc. *À PROPORTION DE... :* suivant l'importance, la grandeur relative de. → **proportionnellement** à. ➝ *À PROPORTION QUE* (+ indic.) : à mesure que (et dans la mesure où). *À PROPORTION :* suivant la même proportion. *La clientèle a augmenté et le travail à proportion.* ➝ *EN PROPORTION DE. Un travail payé en proportion des résultats.* → **selon,** ② **suivant.** *C'est peu de chose, en proportion du service rendu.* SYN. en **comparaison** de ; → par **rapport** à, **relativement** à. *EN PROPORTION :* suivant la même proportion. *Il est grand, et gros en proportion.* ➝ *HORS DE PROPORTION,* sans commune mesure avec... → **disproportionné.** 4. au plur. Dimensions (par référence implicite à une échelle, une mesure). *Ramener une affaire à ses justes proportions.* CONTR. **disproportion.**
ÉTYM. latin *proportio.*

PROPORTIONNALITÉ [pʀɔpɔʀsjɔnalite] **n. f.** ✦ DIDACT. 1. Caractère des grandeurs proportionnelles entre elles. *Coefficient de proportionnalité.* 2. Fait de répartir (qqch.) selon une juste proportion. *La proportionnalité de l'impôt.*
ÉTYM. latin *proportionalitas.*

PROPORTIONNÉ, ÉE [pʀɔpɔʀsjɔne] **adj.** 1. *Proportionné à,* qui a un rapport normal avec. *Des efforts proportionnés au résultat cherché.* 2. *BIEN PROPORTIONNÉ :* qui a de belles proportions (1), bien fait. CONTR. **disproportionné.**
ÉTYM. participe passé de *proportionner.*

PROPORTIONNEL, ELLE [pʀɔpɔʀsjɔnɛl] **adj.** 1. MATH. *Suite proportionnelle,* chacune des fractions (dont aucun terme n'est égal à 0) donnée pour égale à une autre (ex. a/b = c/d = e/f...). ➝ *Moyenne, grandeur proportionnelle,* calculée à partir de suites proportionnelles. *Quatrième proportionnelle :* quatrième terme d'une proportion, qui se calcule à partir des trois autres, connus (règle de trois*). 2. Qui est, reste en rapport avec (qqch.), varie dans le même sens. *Salaire proportionnel au travail fourni.* ➝ absolt Déterminé par une proportion. *Impôt proportionnel,* à taux invariable (opposé à *progressif*). 3. *Représentation proportionnelle* ou **n. f.** *la proportionnelle :* système électoral où les élus de chaque liste sont en nombre proportionnel à celui des voix obtenues par cette liste. CONTR. **absolu, indépendant.**
ÉTYM. latin *proportionalis.*

PROPORTIONNELLEMENT [pʀɔpɔʀsjɔnɛlmɑ̃] **adv.** ✦ Suivant une proportion ; d'une manière proportionnelle. *Effectuer des dépenses proportionnellement à son salaire.* SYN. **comparativement, relativement.**

PROPORTIONNER [pʀɔpɔʀsjɔne] **v. tr.** (conjug. 3a) ✦ Rendre (une chose) proportionnelle (à une autre) ; établir un rapport convenable, normal entre (plusieurs choses).
ÉTYM. latin *proportionare.*

PROPOS [pʀɔpo] **n. m.** **I** au sing. 1. LITTÉR. Ce qu'on propose ; ce qu'on se fixe pour but. SYN. **dessein, intention.** 2. loc. *À PROPOS DE :* au sujet de. SYN. **concernant.** *À propos de tout et de rien,* sans motif. ➝ *À TOUT PROPOS* (→ *pour un oui ou pour un non, à tout bout de champ).* ➝ *À PROPOS, À CE PROPOS* (introduisant une idée qui surgit brusquement à l'esprit) (→ *au fait). Ah ! à propos, je voulais vous demander...* ➝ *Mal à propos,* de manière intempestive, inopportune. ◆ **loc. adv.** *À PROPOS :* de la manière, au moment, à l'endroit convenable ; avec discernement. *Voilà qui tombe à propos.* → ① **bien ;** FAM. à **pic.** ➝ Convenable, opportun. *Il a jugé à propos de démissionner.* ◆ *HORS DE PROPOS :* mal à propos. → à **contretemps.** ➝ Inopportun. *Questions hors de propos.* **II** *UN, DES PROPOS :* paroles dites au sujet de qqn, qqch., mots échangés. SYN. **parole.** *Ce sont des propos en l'air. Tenir des propos blessants.*
ÉTYM. de *proposer,* d'après le latin *propositum.*

PROPOSER [pʀɔpoze] **v. tr.** (conjug. 3a) **I** *PROPOSER qqch. À qqn.* 1. Faire connaître à qqn, soumettre à son choix. *On leur proposa un large choix de desserts.* SYN. **présenter.** ➝ *Proposer une solution.* SYN. **avancer, suggérer.** ➝ *Proposer de* (+ inf.), *que* (+ subj.). 2. Soumettre (un projet) en demandant d'y prendre part. *Il nous a proposé un arrangement, de partager les frais.* 3. Demander à qqn d'accepter. *On lui a proposé de l'argent.* SYN. **offrir.** 4. Donner (un sujet, un thème). ➝ au p. passé *Le sujet proposé aux candidats à un examen.* **II** *PROPOSER qqn :* désigner (qqn) comme candidat pour un emploi. *On l'a proposé pour ce poste.* **III** *SE PROPOSER* **v. pron.** 1. Se fixer (un but) ; former le projet de (faire). *Elles se sont proposé un objectif précis.* 2. Poser sa candidature à un emploi, offrir ses services. *Elle s'est proposée pour garder les enfants.*
ÉTYM. latin *proponere,* d'après *poser.*

PROPOSITION [pʀɔpozisjɔ̃] **n. f.** 1. Action de proposer, d'offrir, de suggérer qqch. à qqn ; ce qui est proposé. SYN. **offre.** *Faire, accepter, rejeter une proposition. Faire des propositions à une femme,* lui proposer une aventure amoureuse. *Sur (la) proposition de qqn,* conformément à ce qu'il, elle a proposé, sur son conseil. *Propositions et contre-propositions.* ➝ *PROPOSITION DE LOI*.* 2. LOG. Assertion considérée dans son contenu. *Démontrer qu'une proposition est vraie, fausse, contradictoire.* 3. GRAMM. Énoncé constituant une phrase simple ou entrant dans la formation d'une phrase complexe. *Proposition principale, subordonnée, indépendante.*
ÉTYM. latin *propositio.*

PROPRE [pʀɔpʀ] **adj.** **I** (→ **propriété**) 1. (après le nom ; dans quelques expressions) Qui appartient d'une manière exclusive ou particulière à une personne, une chose. *Vous lui remettrez ces papiers en mains propres.* ➝ *NOM PROPRE :* nom qui s'applique à une personne, à un lieu, à une chose unique ou à une collection de choses qu'il désigne. *Jean, Marseille, S. N. C. F. sont des noms propres.* ➝ *SENS PROPRE* (opposé à *sens figuré*) : sens initial (d'un mot), logiquement ou historiquement. SYN. **littéral.** ➝ *PROPRE À... C'est un trait de caractère qui lui est propre. L'ardeur propre à la jeunesse.* SYN. **spécifique.** 2. (sens affaibli ; avec un possessif et avant le nom) *Rentrer par ses propres moyens. Il l'a vu de ses propres yeux.* ➝ *Ce sont ses propres mots,* ceux qu'il a employés. SYN. **même.** 3. (après le nom) Qui convient particulièrement (opposé à *impropre*). *Le mot propre.* SYN. **exact, juste.** *Une atmosphère propre, peu propre au travail.* SYN. **propice ; approprié, convenable.** ➝ (personnes) Apte, par sa personnalité, ses capacités. *Je le crois propre à remplir cet emploi.* ➝ **n.** *UN, UNE PROPRE À RIEN :* personne qui ne sait ou ne veut rien faire, bonne à rien. → **incapable.** *Quels propres à rien !* 4. **n. m.** *EN PROPRE :* possédé à l'exclusion de tout autre. *Avoir un bien en propre,* à soi. → **propriété.** ◆ *LE PROPRE DE :* la qualité distinctive qui caractérise, qui appartient à (une chose, une personne). *Boire sans soif est le propre de l'homme.* SYN. **particularité.** ◆ *AU PROPRE :* au sens propre. **II** (→ **propreté**) 1. VX Qui est net, bien tenu, soigné. ◆ MOD. *La copie est propre.* ➝ **n. m.** *Mettre au propre,* recopier proprement ce qui n'était qu'un brouillon, un ensemble de notes. 2. (choses) Qui n'a aucune trace de saleté, de souillure. SYN. **impeccable,** ① **net.** *Des draps bien propres.* SYN. **immaculé.** *Avoir les mains propres.* ➝ (d'une action, d'une occupation) *Manger avec ses doigts, ce n'est pas propre.* SYN. **hygiénique.** ◆ (personnes) Qui se lave souvent ; dont le corps et les vêtements sont débarrassés de toute trace de saleté. loc. *Propre comme un sou neuf,* très propre. ◆ fig., iron. *Nous voilà propres !,* dans une mauvaise situation. SYN. ① **frais.** ◆ Qui ne se souille pas. *Les chats sont propres. Cet enfant était propre à deux ans,* contrôlait ses fonctions naturelles. 3. Qui pollue peu. *Énergies, industries propres.* ☛ Géographie p. 229 et 230. 4. fig. Honnête, dont la réputation est sans tache. ➝ (choses) *Une affaire pas très propre.* SYN. **correct.** ◆ **n. m.** iron. *C'est du propre !,* se dit d'un comportement indécent, immoral (→ c'est du beau, du joli !). CONTR. **impropre, inapproprié ; incapable · crasseux, malpropre, sale, sali, taché · polluant · malhonnête.**

ÉTYM. latin *proprius.*

PROPREMENT [pʀɔpʀəmɑ̃] **adv.** **I** 1. D'une manière spéciale à qqn ou à qqch. ; en propre. *Une affaire proprement belge, française, et non pas internationale.* SYN. **exclusivement, strictement.** 2. LITTÉR. Au sens propre du mot, à la lettre. SYN. **exactement, précisément.** *C'est proprement scandaleux.* ➝ *À PROPREMENT PARLER* : en nommant les choses exactement, par le mot propre. ➝ *PROPREMENT DIT(E)* : au sens exact et restreint, au sens propre. **II** 1. D'une manière propre, soigneuse ou sans souillure. *Manger proprement.* 2. Comme il faut, correctement. SYN. **convenablement.** *Un travail proprement exécuté.* CONTR. **malproprement, salement · ② mal.**

ÉTYM. de *propre.*

PROPRET, ETTE [pʀɔpʀɛ, ɛt] **adj.** ✦ Bien propre dans sa simplicité. *Une petite auberge proprette.*

ÉTYM. de *propre.*

PROPRETÉ [pʀɔpʀəte] **n. f.** ✦ État, qualité d'une personne, d'une chose propre. *Une propreté méticuleuse.* CONTR. **crasse, malpropreté, saleté.**

ÉTYM. de *propre* (II).

PROPRIÉTAIRE [pʀɔpʀijetɛʀ] **n.** 1. Personne qui possède (qqch.) en propriété. *La propriétaire d'une voiture.* ➝ loc. *Faire le tour du propriétaire,* visiter sa maison, son domaine. 2. Personne qui possède en propriété des biens immeubles. *Propriétaire terrien.* 3. Personne qui possède un logement et le loue. *Propriétaire et locataire.*

ÉTYM. latin *proprietarius.*

PROPRIÉTÉ [pʀɔpʀijete] **n. f.** **I** 1. Fait de posséder en propre ; droit de jouir et de disposer de biens (→ **copropriété, nue-propriété**). *Accession à la propriété. Titre de propriété.* ➝ Monopole temporaire d'exploitation d'une œuvre, d'une invention par son auteur. *Propriété littéraire, artistique.* → **copyright.** 2. Ce qu'on possède en vertu de ce droit. *C'est ma propriété. La propriété de l'État.* 3. Terre, construction ainsi possédée. *Vivre du revenu de ses propriétés.* 4. Riche maison d'habitation avec un jardin, un parc. **II** 1. Qualité propre. *Les propriétés de la matière. Propriétés physiques, chimiques.* 2. Qualité du mot propre, de l'expression qui convient exactement (opposé à *impropriété*). *Veiller à la propriété des termes employés.*

ÉTYM. latin *proprietas.*

PROPULSER [pʀɔpylse] **v. tr.** (conjug. 3a) 1. Faire avancer par une poussée (→ **propulsion**). ➝ au p. passé *Missile propulsé par une fusée.* 2. Projeter au loin, avec violence. 3. *SE PROPULSER* **v. pron.** FAM. Se déplacer, se promener.

ÉTYM. de *propulsion.*

PROPULSEUR [pʀɔpylsœʀ] **n. m.** 1. ETHNOL., PRÉHIST. Bâton à encoche servant à lancer une arme de jet. 2. Engin de propulsion (d'un bateau, d'un avion, d'un engin spatial). *Propulseur à hélice, à réaction.*

PROPULSION [pʀɔpylsjɔ̃] **n. f.** 1. DIDACT. Fait de pousser en avant, de mettre en mouvement. *La propulsion du sang par le cœur.* 2. Production d'une énergie qui assure le déplacement d'un mobile, le fonctionnement d'un moteur. *Sous-marin à propulsion nucléaire.*

ÉTYM. du latin *propulsum,* de *propellere* «faire avancer».

PROPYLÉE [pʀɔpile] **n. m.** ✦ ANTIQ. Vestibule d'un temple grec. ➝ au plur. Portique à colonnes qui formait l'entrée monumentale d'un sanctuaire, d'une citadelle. ☛ noms propres.

ÉTYM. grec *propulaion* «ce qui est devant la porte».

au **PRORATA** de [pʀɔʀata] **loc. prép.** ✦ En proportion de, proportionnellement à. *Prime calculée au prorata des salaires.*

ÉTYM. latin *pro rata (parte)* «selon (la part) calculée».

PROROGATION [pʀɔʀɔgasjɔ̃] **n. f.** ✦ Action de proroger. *La prorogation d'un bail.* SYN. **prolongation.**

ÉTYM. latin *prorogatio.*

PROROGER [pʀɔʀɔʒe] **v. tr.** (conjug. 5) 1. Renvoyer à une date ultérieure. *Proroger l'échéance d'un crédit.* 2. Faire durer au-delà de la date d'expiration fixée. SYN. **prolonger.** *Proroger un passeport.*

ÉTYM. latin *prorogare.*

PROSAÏQUE [pʀozaik] **adj.** ✦ Qui manque d'idéal, de noblesse, de poésie. SYN. **commun, ① plat.** *Une vie prosaïque. C'est un homme prosaïque,* terre à terre. CONTR. **lyrique, ① poétique.**

► **PROSAÏQUEMENT** [pʀozaikmɑ̃] **adv.**

ÉTYM. latin *prosaicus.*

PROSAÏSME [pʀozaism] **n. m.** ✦ LITTÉR. Caractère prosaïque. *Le prosaïsme du quotidien.* CONTR. **lyrisme, noblesse, poésie.**

ÉTYM. de *prosaïque.*

PROSATEUR, TRICE [pʀozatœʀ, tʀis] **n.** ✦ Auteur qui écrit en prose. *Les prosateurs et les poètes.*

ÉTYM. italien *prosatore.*

PROSCRIPTION [pʀɔskʀipsjɔ̃] **n. f.** 1. HIST. Mesure de bannissement, qui était prise à l'encontre de certaines personnes en période d'agitation civile ou de dictature. SYN. **exil.** 2. LITTÉR. Action de proscrire (2) qqch. ; son résultat. SYN. **condamnation, interdiction.**

ÉTYM. latin *proscriptio.*

PROSCRIRE [pʀɔskʀiʀ] **v. tr.** (conjug. 67) 1. HIST. Bannir, exiler. → **proscription** (1). 2. LITTÉR. Interdire formellement (une chose que l'on condamne, l'usage de qqch.). *Proscrire le tabac, l'alcool.*

ÉTYM. latin *proscribere.*

PROSCRIT, ITE [pʀɔskʀi, it] **adj.** 1. Qui est frappé de proscription. SYN. **banni, exilé.** ➝ **n.** *Vivre comme un proscrit.* 2. Interdit.

ÉTYM. participe passé de *proscrire.*

PROSE [pʀoz] **n. f.** 1. Forme ordinaire du discours oral ou écrit ; manière de s'exprimer qui n'est pas soumise aux règles de la versification. *Poème en prose.* ☛ Littérature p. 123. ◆ Ensemble de textes en prose. *La prose française du XVIIIe siècle.* 2. FAM. souvent iron. Manière (propre à une personne ou à certains milieux) d'utiliser le langage écrit ; texte où se reconnaît cette manière. *La prose administrative.*

ÉTYM. latin *prosa (oratio)* «(discours) droit».

PROSÉLYTE [pʀɔzelit] **n.** 1. Nouveau converti à une religion. 2. fig. Personne récemment gagnée à une doctrine, un parti, une nouveauté. SYN. **adepte, néophyte.**

ÉTYM. latin *proselytus,* du grec.

PROSÉLYTISME [pʀɔzelitism] **n. m.** ✦ Zèle déployé pour faire des prosélytes, recruter des adeptes. SYN. **propagande.** *Faire du prosélytisme.*

ÉTYM. de *prosélyte.*

A B C D E F G H I J K L M N O P Q R S T U V W X Y Z

PROSODIE [pʀɔzɔdi] n. f. 1. DIDACT. Durée, mélodie et rythme des sons d'un poème ; règles concernant ces caractères des sons. → ① **métrique, versification.** *La prosodie latine.* 2. Règles fixant les rapports entre paroles et musique du chant. 3. Intonation et débit propres à une langue. *Phonétique et prosodie françaises, allemandes.*
► **PROSODIQUE** [pʀɔzɔdik] adj. *Accent prosodique.*
ÉTYM. grec *prosôdia.*

PROSOPOPÉE [pʀɔzɔpɔpe] n. f. ✦ RHÉT. Figure par laquelle on fait parler un être que l'on évoque, un absent, un mort, un animal ou une chose personnifiés.
ÉTYM. latin *prosopopeia*, du grec, de *prosôpon* «personne».

PROSPECTER [pʀɔspɛkte] v. tr. (conjug. 3a) 1. Examiner, étudier (un terrain) pour rechercher les richesses naturelles. *Prospecter une région pour chercher du pétrole.* 2. Parcourir (une région), étudier les possibilités de (un marché, une clientèle) pour y découvrir une source de profit.
ÉTYM. anglais *to prospect*, du latin ou de l'ancien français → prospectus.

PROSPECTEUR, TRICE [pʀɔspɛktœʀ, tʀis] n. ✦ Personne qui prospecte. ♦ *Prospecteur placier,* qui recherche des emplois à pourvoir. *Les prospecteurs placiers.*
ÉTYM. anglais *prospector* → prospecter.

PROSPECTIF, IVE [pʀɔspɛktif, iv] adj. ✦ Qui concerne l'avenir, sa connaissance. CONTR. **rétrospectif.**
ÉTYM. latin *prospectivus* «d'où l'on a de la perspective».

PROSPECTION [pʀɔspɛksjɔ̃] n. f. ✦ Recherche d'une personne qui prospecte.
ÉTYM. de *prospecter.*

PROSPECTIVE [pʀɔspɛktiv] n. f. ✦ Ensemble de recherches concernant l'évolution future des sociétés et permettant de dégager des éléments de prévision.
ÉTYM. de *prospectif.*

PROSPECTUS [pʀɔspɛktys] n. m. ✦ Imprimé publicitaire (brochure ou feuille, dépliant) destiné à vanter un produit, un commerce, une affaire...
ÉTYM. mot latin, de *prospicere* «regarder au loin».

PROSPÈRE [pʀɔspɛʀ] adj. ✦ Qui est dans un état heureux de réussite, de prospérité. SYN. **florissant.** *Une santé, une mine prospère. Région prospère.* SYN. **opulent, riche.** CONTR. **misérable, pauvre.**
ÉTYM. latin *prosperus.*

PROSPÉRER [pʀɔspeʀe] v. intr. (conjug. 8) 1. Être, devenir prospère. *Terrain où prospèrent les orties.* 2. (affaire, entreprise...) Réussir, progresser dans la voie du succès. SYN. se **développer, marcher.** *Son commerce prospère.* CONTR. **dépérir, échouer, péricliter.**
ÉTYM. latin *prosperare.*

PROSPÉRITÉ [pʀɔspeʀite] n. f. 1. Bonne santé, situation favorable (d'une personne). 2. État d'abondance ; augmentation des richesses (d'une collectivité) ; heureux développement (d'une production, d'une entreprise). *La prospérité économique d'un pays.* CONTR. **infortune, malheur · crise, dépression, marasme.**
ÉTYM. latin *prosperitas.*

PROSTAGLANDINE [pʀɔstaglɑ̃din] n. f. ✦ MÉD. Substance hormonale présente dans la plupart des tissus animaux.
ÉTYM. de *prostate* et *glande.*

PROSTATE [pʀɔstat] n. f. ✦ Glande de l'appareil génital masculin, située sous la vessie. *Opération de la prostate* (appelée *prostatectomie* n. f.) : ablation de la prostate ou de tumeurs de la prostate.
► **PROSTATIQUE** [pʀɔstatik] adj.
ÉTYM. grec *prostatês* «qui se tient en avant».

PROSTATITE [pʀɔstatit] n. f. ✦ MÉD. Inflammation de la prostate.
ÉTYM. de *prostate* et *-ite.*

se **PROSTERNER** [pʀɔstɛʀne] v. pron. (conjug. 3a) 1. S'incliner en avant et très bas dans une attitude d'adoration, de supplication, d'extrême respect. *Les musulmans en prière se prosternent en direction de La Mecque.* 2. fig. *Se prosterner devant qqn,* faire preuve de servilité envers lui. SYN. **s'humilier.** *Se prosterner devant le pouvoir.*
► **PROSTERNATION** [pʀɔstɛʀnasjɔ̃] n. f.
► **PROSTERNEMENT** [pʀɔstɛʀnəmɑ̃] n. m.
ÉTYM. latin *prosternere.*

PROSTITUÉ, ÉE [pʀɔstitɥe] n. ✦ Personne qui se livre à la prostitution. *Une prostituée qui fait le trottoir.* SYN. **péripatéticienne,** FAM. **putain.** – au masculin *Prostitué homosexuel, travesti.*
ÉTYM. participe passé de *prostituer.*

PROSTITUER [pʀɔstitɥe] v. tr. (conjug. 3a) 1. Livrer (une personne) ou l'inciter à se livrer aux désirs sexuels d'autrui pour en tirer profit (→ **prostitution**). – pronom. Se livrer à la prostitution. 2. LITTÉR. Déshonorer, avilir. *Prostituer son talent,* l'utiliser pour des besognes indignes, déshonorantes. – pronom. (réfl.) S'abaisser, se dégrader.
ÉTYM. latin *prostituere* «exposer aux yeux».

PROSTITUTION [pʀɔstitysjɔ̃] n. f. 1. Le fait de livrer son corps aux plaisirs sexuels d'autrui pour de l'argent et d'en faire métier ; ce métier, le phénomène social qu'il représente. *Prostitution et proxénétisme. Maison de prostitution* (→ VULG. **bordel**). 2. LITTÉR. Action d'avilir, de s'avilir dans un comportement dégradant.
ÉTYM. latin *prostitutio.*

PROSTRATION [pʀɔstʀasjɔ̃] n. f. ✦ État d'abattement physique et psychologique extrême, de faiblesse et d'inactivité totale. CONTR. **surexcitation.**
ÉTYM. latin *prostratio.*

PROSTRÉ, ÉE [pʀɔstʀe] adj. ✦ Qui est dans un état de prostration. SYN. **abattu, accablé, effondré.** *On l'a retrouvé prostré dans un coin de sa chambre.*
ÉTYM. latin *prostratus*, participe passé de *prosternere* «terrasser».

PROTAGONISTE [pʀɔtagɔnist] n. ✦ Personne qui joue le premier rôle dans une affaire. SYN. **héros.**
ÉTYM. grec *prôtagônistês*, de *protos* «premier» et *agônizesthai* «lutter».

PROTECTEUR, TRICE [pʀɔtɛktœʀ, tʀis] n. et adj.
I n. 1. Personne qui protège, défend (les faibles, les pauvres, etc.). SYN. **défenseur.** 2. Personne qui protège, qui patronne qqn. 3. Personne qui favorise la naissance ou le développement (de qqch.). *Un protecteur des arts.* → **mécène.** 4. HIST. État qui établit un protectorat* sur un autre. CONTR. **agresseur, oppresseur, persécuteur · protégé.**
II adj. 1. Qui remplit son rôle de protection à l'égard de qqn, qqch. *Société protectrice des animaux (S. P. A.).* 2. Qui exprime une intention bienveillante et condes-

cendante. *Un ton protecteur.* CONTR. **agressif.**
ÉTYM. latin *protector.*

PROTECTION [pʀɔtɛksjɔ̃] **n. f. 1.** Action de protéger, de défendre qqn ou qqch. (contre un agresseur, un danger, etc.) ; le fait d'être protégé. SYN. ① **aide,** ① **défense, secours.** *La protection sociale. Prendre qqn sous sa protection. Protection contre les maladies.* SYN. **prévention, prophylaxie.** *Protection de la nature.* SYN. **préservation, sauvegarde. 2.** Personne ou chose (matière, dispositif) qui protège. *Installer une protection contre le froid.* ➝ *Protections périodiques,* que les femmes utilisent pendant les règles (serviettes, etc.). **3.** Action d'aider, de patronner qqn. SYN. FAM. **piston.** *Obtenir un emploi par protection,* grâce aux appuis dont on dispose. **4.** Action de favoriser la naissance ou le développement de qqch. **5.** ÉCON. Contrôle ou limitation de l'entrée de marchandises étrangères dans un pays (➝ **protectionnisme**). *Protections douanières.*
ÉTYM. latin *protectio.*

PROTECTIONNISME [pʀɔtɛksjɔnism] **n. m.** ✦ Politique douanière qui vise à protéger l'économie nationale contre la concurrence étrangère. CONTR. **libre-échange.**
ÉTYM. de *protection.*

PROTECTIONNISTE [pʀɔtɛksjɔnist] **adj.** ✦ Relatif au protectionnisme. ◆ **adj.** et **n.** Partisan du protectionnisme.

PROTECTORAT [pʀɔtɛktɔʀa] **n. m.** ✦ HIST. Régime établi par traité, dans lequel un État (le protecteur) contrôlait un État protégé (diplomatie, défense) qui gardait son autonomie politique intérieure ; cet État protégé. *Jusqu'en 1956, le Maroc était un protectorat français.*
ÉTYM. du latin *protector* «protecteur».

PROTÉGÉ, ÉE [pʀɔteʒe] **adj.** et **n. 1. adj.** Qui est mis à l'abri, préservé. *Espèces animales protégées.* **2. n.** Personne protégée par une autre. *Son petit protégé.* **3.** HIST. *État protégé.* ➝ **protectorat.**
ÉTYM. de *protéger.*

PROTÈGE-CAHIER [pʀɔtɛʒkaje] **n. m.** ✦ Couverture en matière souple qui sert à protéger un cahier d'écolier. *Des protège-cahiers.*

PROTÈGE-DENTS [pʀɔtɛʒdɑ̃] **n. m. invar.** ✦ Appareil que les boxeurs, certains lutteurs, placent dans leur bouche pour protéger leurs dents.

PROTÉGER [pʀɔteʒe] **v. tr.** (conjug. 8b) **1.** Aider (une personne) de manière à la mettre à l'abri d'une attaque, des mauvais traitements, du danger physique ou moral. SYN. **défendre, secourir ;** ➝ **protecteur, protection.** *Protéger les plus faibles. Protéger qqn de, contre (qqn, qqch.), contre un danger.* ➝ *Que Dieu vous protège !* (formule de souhait). SYN. **assister, garder. 2.** Défendre contre toute atteinte. SYN. **garantir, sauvegarder.** *La loi doit protéger les libertés individuelles.* **3.** (choses) Couvrir de manière à arrêter ce qui peut nuire, à mettre à l'abri. SYN. **abriter, préserver.** *Les arbres nous protégeront du vent, contre le vent.* ◆ pronom. *SE PROTÉGER :* utiliser un préservatif. **4.** Aider (qqn) en facilitant sa carrière, sa réussite. SYN. **recommander, patronner ;** FAM. **pistonner. 5.** Favoriser la naissance ou le développement de (une activité). SYN. **encourager, favoriser. 6.** Favoriser (une production) par des mesures protectionnistes. CONTR. **agresser, attaquer, menacer, persécuter · découvrir, exposer.**
ÉTYM. latin *protegere,* de *tegere* «abriter».

PROTÈGE-SLIP [pʀɔtɛʒslip] **n. m.** ✦ Protection féminine de petite taille, qui se fixe au fond du slip. *Des protège-slips.*

PROTÉIFORME [pʀɔteifɔʀm] **adj.** ✦ Qui peut prendre de multiples formes, se présenter sous les aspects les plus divers. *Un génie protéiforme.*
ÉTYM. de *Protée* (dieu grec qui changeait d'apparence) et *-forme.*

PROTÉINE [pʀɔtein] **n. f.** ✦ Grosse molécule formée d'une longue chaîne d'acides aminés, constituant essentiel des matières organiques et des êtres vivants. *Alimentation riche en protéines.*
ÉTYM. du grec *prôtos* «premier».

PROTESTANT, ANTE [pʀɔtɛstɑ̃, ɑ̃t] **n.** et **adj.** ✦ Chrétien appartenant à la religion réformée. ➝ **anglican, calviniste, évangéliste, huguenot** (HIST.), **luthérien, presbytérien, puritain.** *Temple protestant. Ministre protestant.* ➝ **pasteur.**
ÉTYM. du p. présent de *protester* «attester».

PROTESTANTISME [pʀɔtɛstɑ̃tism] **n. m. 1.** La religion réformée qui s'est détachée du catholicisme au XVIe siècle et s'est opposée au pape (➝ **Réforme**) ; l'ensemble des Églises protestantes. **2.** Les protestants (d'une région, d'un pays). *Le protestantisme suisse, français.*
ÉTYM. de *protestant.*

PROTESTATAIRE [pʀɔtɛstatɛʀ] **adj.** et **n.** ✦ LITTÉR. Qui proteste. SYN. **contestataire.**
ÉTYM. de *protester.*

PROTESTATION [pʀɔtɛstasjɔ̃] **n. f. 1.** LITTÉR. Déclaration par laquelle on atteste (ses bons sentiments, sa bonne volonté envers qqn). *Des protestations d'amitié.* SYN. **démonstration. 2.** Déclaration par laquelle on s'élève contre ce qu'on déclare illégitime, injuste. *Rédiger, signer une protestation.* SYN. **pétition. 3.** Témoignage de désapprobation, d'opposition, de refus. *Élever une protestation énergique. En signe de protestation.* CONTR. **acquiescement, approbation, assentiment.**
ÉTYM. latin *protestatio.*

PROTESTER [pʀɔtɛste] **v.** (conjug. 3a) **I 1. v. tr. ind.** LITTÉR. *PROTESTER DE :* donner l'assurance formelle de. *L'accusé protestait de son innocence.* **2. v. intr.** Déclarer formellement son opposition, son refus. ➝ Exprimer son opposition à qqch. *Protester contre une injustice. Vous avez beau protester, je ne céderai pas.* SYN. **s'indigner,** FAM. **rouspéter. II v. tr.** DR. Faire un protêt contre (un chèque, une lettre de change). CONTR. **accepter, acquiescer, approuver, soutenir.**
ÉTYM. latin *protestari.*

PROTÊT [pʀɔtɛ] **n. m.** ✦ DR. Acte authentique par lequel le bénéficiaire d'un chèque, d'une lettre de change, fait constater qu'il n'a pas été payé à l'échéance.
ÉTYM. de *protester.*

PROTHALLE [pʀɔtal] **n. m.** ✦ BOT. Petite lame verte, produit de la germination des spores, chez les fougères.
ÉTYM. de *pro-* et *-thalle.*

PROTHÈSE [pʀɔtɛz] **n. f. 1.** Remplacement d'organes, de membres (en tout ou en partie) par des appareils artificiels. *Des appareils de prothèse.* **2.** Appareil de ce genre. *Une prothèse dentaire.*
► **PROTHÉTIQUE** [pʀɔtetik] **adj.**
ÉTYM. grec *prosthêsis.*

A B C D E F G H I J K L M N O P Q R S T U V W X Y Z

PROTHÉSISTE [pʀɔtezist] n. ✦ Technicien fabriquant des prothèses. *Prothésiste dentaire.*

PROTIDE [pʀɔtid] n. m. ✦ BIOCHIM. VIEILLI Acide aminé ; corps qui libère un tel acide (peptides, protéines...).
ÉTYM. de *protéine.*

PROTISTE [pʀɔtist] n. m. ✦ BIOL. Organisme vivant unicellulaire.
ÉTYM. mot allemand, du grec *prôtos* «premier».

PROTO- Élément savant, du grec *prôtos* «premier», qui signifie «premier, primitif» (ex. *prototype, protozoaire*).

PROTOCOLAIRE [pʀɔtɔkɔlɛʀ] adj. 1. Relatif au protocole. 2. Conforme au protocole, respectueux du protocole et, en général, des usages dans la vie sociale. *Une visite très protocolaire.* SYN. **cérémonieux.**
ÉTYM. de *protocole* (2).

PROTOCOLE [pʀɔtɔkɔl] n. m. 1. Document portant les résolutions d'une assemblée, d'une conférence, le texte d'un engagement. *Un protocole d'accord sur les salaires.* 2. Recueil de règles à observer en matière d'étiquette, dans les relations officielles. ➙ Service chargé des questions d'étiquette. *Le chef du protocole.* 3. SC. Description précise des conditions et du déroulement d'une expérience, d'un test, d'une opération chirurgicale.
ÉTYM. latin *protocollum,* du grec «ce qui est collé en premier».

PROTOHISTOIRE [pʀɔtoistwaʀ] n. f. ✦ DIDACT. Période de transition entre la préhistoire et l'histoire (du IIIe au Ier millénaire avant J.-C.) ; fin du néolithique.
► **PROTOHISTORIQUE** [pʀɔtoistɔʀik] adj.
ÉTYM. de *proto-* et *histoire.*

PROTON [pʀɔtɔ̃] n. m. ✦ Particule élémentaire (lourde) de charge positive, qui, avec le neutron, constitue le noyau des atomes.
ÉTYM. mot anglais, du grec *prôtos* «premier».

PROTOPLASME [pʀɔtoplasm] n. m. ✦ BIOL. Substance organique qui constitue l'essentiel de la cellule vivante. *Le protoplasme du cytoplasme, du noyau, de la membrane.*
► **PROTOPLASMIQUE** [pʀɔtoplasmik] adj.
ÉTYM. mot allemand, du grec *plasma* «chose façonnée».

PROTOTYPE [pʀɔtotip] n. m. 1. LITTÉR. Type, modèle original ou principal. 2. Premier exemplaire d'un modèle (de mécanisme, de véhicule) construit avant la fabrication en série. *Mise au point d'un prototype de voiture.*
ÉTYM. latin *prototypus,* du grec «qui est le premier *(prôtos)* type».

PROTOXYDE [pʀɔtɔksid] n. m. ✦ CHIM. Oxyde le moins riche en oxygène (d'un élément). *Protoxyde d'azote* (N_2O), utilisé comme anesthésique.
ÉTYM. de *proto-* et *oxyde.*

PROTOZOAIRE [pʀɔtɔzɔɛʀ] n. m. ✦ Protiste* dépourvu de chlorophylle, qui se multiplie par mitose ou reproduction sexuée (ex. amibes, infusoires...).
ÉTYM. de *proto-* et *-zoaire.*

PROTUBÉRANCE [pʀɔtybeʀɑ̃s] n. f. 1. Saillie en forme de bosse. 2. *Protubérances (solaires)* : immenses jets de gaz enflammés à la surface du Soleil.
ÉTYM. de *protubérant.*

PROTUBÉRANT, ANTE [pʀɔtybeʀɑ̃, ɑ̃t] adj. ✦ Qui forme saillie. *Une pomme d'Adam protubérante.* SYN. **proéminent, saillant.**
ÉTYM. du latin *protuberare* «devenir saillant», de *tuber* «excroissance».

PROU [pʀu] adv. ✦ LOC. LITTÉR. *PEU OU PROU,* plus ou moins. *Il est peu ou prou ruiné.* HOM. PROUE «avant d'un navire»
ÉTYM. de l'ancien français *proud* «profit», latin *prode* «utile».

PROUE [pʀu] n. f. ✦ Avant d'un navire (opposé à *poupe*). *Une figure* de proue.* HOM. PROU (adv.)
ÉTYM. peut-être latin *prora,* du grec.

PROUESSE [pʀuɛs] n. f. 1. LITTÉR. Acte de courage, d'héroïsme ; action d'éclat. SYN. **exploit.** *Des prouesses techniques.* 2. iron. Action remarquable. *Il s'est levé avant midi, quelle prouesse !*
ÉTYM. des formes anciennes de *preux.*

PROUVER [pʀuve] v. tr. (conjug. 3a) 1. Faire apparaître ou reconnaître (qqch.) comme vrai, certain, au moyen de preuves, d'arguments. SYN. **démontrer, établir.** *Prouver son innocence. Cela reste à prouver.* ➙ impers. *Il est prouvé que...* SYN. **avéré.** 2. Exprimer (une chose) par une attitude, des gestes, des paroles. SYN. **manifester, montrer, témoigner.** *Comment vous prouver ma reconnaissance ?* 3. (sujet chose) Servir de preuve, être (le) signe de. SYN. **montrer, révéler.** *Ces évènements prouvent que la crise n'est pas terminée. Son étonnement prouve sa bonne foi.*
ÉTYM. latin *probare* «éprouver».

PROVENANCE [pʀɔv(ə)nɑ̃s] n. f. 1. Endroit d'où vient ou provient une chose. *J'ignore la provenance de cette lettre. Un vol EN PROVENANCE DE Bordeaux, de Montréal* (opposé à *à destination de*). ♦ Origine. *Des éléments de toutes provenances.* 2. *Pays de provenance,* celui d'où une marchandise est importée (qui peut être distinct du pays d'origine).
ÉTYM. du p. présent de *provenir.*

PROVENÇAL, ALE, AUX [pʀɔvɑ̃sal, o] adj. et n. 1. adj. Qui appartient ou qui a rapport à la Provence (☛ noms propres). ➙ n. *Les Provençaux.* 2. n. m. *Le provençal,* dialectes de la langue d'oc parlés en Provence. 3. loc. adv. *À LA PROVENÇALE* : cuisiné avec de l'huile d'olive, de l'ail, du persil. *Tomates à la provençale,* ellipt *tomates provençale* ou adj. *tomates provençales.*
ÉTYM. de *Provence,* latin *provincia (romana)* «province (romaine)».

PROVENIR [pʀɔv(ə)niʀ] v. intr. (conjug. 16) 1. (choses) Venir (de). *D'où provient ce vin ?* 2. (choses) Avoir son origine dans, tirer son origine de. *L'ambre gris provient du cachalot. Mot provenant du latin.* SYN. ① **dériver.** ♦ (sentiments, idées) Découler, émaner. *Les habitudes proviennent de l'éducation.*
ÉTYM. latin *provenire* «naître».

PROVERBE [pʀɔvɛʀb] n. m. ✦ Courte formule exprimant une vérité d'expérience ou un conseil de sagesse pratique. ➙ **adage, aphorisme, dicton.** *Comme dit le proverbe...*
ÉTYM. latin *proverbium.*

PROVERBIAL, ALE, AUX [pʀɔvɛʀbjal, o] adj. 1. Qui est de la nature du proverbe. *Phrase proverbiale.* ➙ Qui tient du proverbe par la forme, l'emploi. *Locution proverbiale.* 2. Connu et frappant (comme un proverbe) ; cité comme type. *Sa générosité est proverbiale.*
ÉTYM. de *proverbe.*

PROVIDENCE [pʀɔvidɑ̃s] **n. f.** 1. RELIG. Sage gouvernement de Dieu sur la création ; (avec maj.) Dieu gouvernant la création. *Les décrets de la Providence.* 2. *Être la providence de qqn,* la cause de son bonheur.
ÉTYM. latin *providentia,* de *providere* «prévoir ; pourvoir».

PROVIDENTIEL, ELLE [pʀɔvidɑ̃sjɛl] **adj.** 1. Qui est un effet heureux de la providence. 2. Qui arrive par un heureux hasard (pour secourir, tirer d'embarras). *Une rencontre providentielle.* CONTR. **fatal, malencontreux.**
► **PROVIDENTIELLEMENT** [pʀɔvidɑ̃sjɛlmɑ̃] **adv.**
ÉTYM. de *providence.*

PROVINCE [pʀɔvɛ̃s] **n. f.** I 1. ANTIQ. ROM. Territoire conquis hors de l'Italie, soumis aux lois romaines. *Les quatre provinces de la Gaule romaine. Province consulaire* (→ **proconsul**), *prétorienne* (→ **préteur**). 2. Région avec ses coutumes et ses traditions particulières. – HIST. en France Subdivision administrative du royaume. *La Bretagne, la Normandie, la Provence... provinces françaises.* 3. Partie distincte d'un pays. *De quelle province est-il ?* ♦ *Les provinces de France, d'Espagne.* – *Les Provinces-Unies,* ancien nom des Pays-Bas. ♦ *LA PROVINCE :* en France, l'ensemble du pays, les villes, les bourgs, à l'exclusion de la capitale (et, le plus souvent, de la campagne). *Vivre en province.* 4. **adjectivt invar.** FAM. Provincial. *Cela fait province. Des mentalités très province.* II anglicisme État fédéré du Canada, doté d'un gouvernement propre. *La province de l'Ontario. La Belle Province :* le Québec.
ÉTYM. latin *provincia.*

PROVINCIAL, ALE, AUX [pʀɔvɛ̃sjal, o] **adj.** et **n.** I 1. **adj.** Relatif à la province dans ce qu'on lui trouve de typique. *La vie provinciale.* 2. **n.** Personne qui vit en province. II au Canada D'une province (II). *Les gouvernements provinciaux* (opposé à *fédéral*).
ÉTYM. latin *provincialis.*

PROVISEUR [pʀɔvizœʀ] **n.** ✦ Fonctionnaire de l'administration scolaire qui dirige un lycée. SYN. **directeur.** *Madame le proviseur* ou *la proviseur.*
ÉTYM. latin *provisor.*

PROVISION [pʀɔvizjɔ̃] **n. f.** I 1. Réunion de choses utiles ou nécessaires en vue d'un usage. SYN. **approvisionnement, réserve, stock.** *Avoir une provision de bois pour l'hiver. FAIRE PROVISION DE qqch. :* s'en pourvoir en abondance. 2. au plur. Achat de choses nécessaires à la vie courante (nourriture, produits d'entretien) ; ces choses. *Faire des, ses provisions.* SYN. **course**(s). *Un filet à provisions.* II 1. Somme versée à titre d'acompte. 2. Somme déposée chez un banquier pour assurer le paiement d'un titre. – *Chèque sans provision,* tiré sur un compte insuffisamment approvisionné.
ÉTYM. latin *provisio.*

PROVISIONNEL, ELLE [pʀɔvizjɔnɛl] **adj.** ✦ Qui constitue une provision (II). *Acompte, tiers provisionnel,* défini par rapport aux impôts de l'année précédente.
ÉTYM. de *provision.*

PROVISOIRE [pʀɔvizwaʀ] **adj.** 1. Qui existe, se fait en attendant autre chose, ou d'être remplacé. SYN. **temporaire, transitoire.** *Une solution provisoire.* → ① **expédient, palliatif.** *À titre provisoire.* – *Une installation provisoire.* SYN. de **fortune.** – **n. m.** *Du provisoire qui dure.* 2. DR. Prononcé ou décidé avant le jugement définitif. *Liberté provisoire.* CONTR. **définitif, durable, permanent.**
ÉTYM. du latin *provisus,* participe passé de *providere* «prévoir ; pourvoir».

PROVISOIREMENT [pʀɔvizwaʀmɑ̃] **adv.** ✦ De manière provisoire ; en attendant. SYN. **momentanément.** CONTR. **définitivement.**

PROVOCANT, ANTE [pʀɔvɔkɑ̃, ɑ̃t] **adj.** 1. Qui provoque ou tend à provoquer qqn, à le pousser à des sentiments ou à des actes violents. *Attitude provocante.* SYN. **agressif.** 2. Qui incite au désir, au trouble des sens. *Une femme provocante. Un décolleté provocant.* CONTR. **apaisant, calmant • froid, réservé.** HOM. PROVOQUANT (p. présent de *provoquer*)
ÉTYM. de *provoquer.*

PROVOCATEUR, TRICE [pʀɔvɔkatœʀ, tʀis] **n.** 1. rare au fém. Personne qui provoque, incite à la violence. SYN. **agitateur.** 2. Personne qui incite qqn, un groupe à la violence, à l'illégalité, dans l'intérêt du pouvoir ou d'un parti opposé. – **adj.** *Agent provocateur.*
ÉTYM. latin *provocator.*

PROVOCATION [pʀɔvɔkasjɔ̃] **n. f.** 1. Action de provoquer. SYN. **appel, incitation.** *Provocation au meurtre, à la débauche.* ♦ absolt Défi. *C'est de la provocation !* – abrév. FAM. PROVOC [pʀɔvɔk]. 2. Action, parole qui provoque. *Répondre à une provocation.* CONTR. **apaisement.**
ÉTYM. latin *provocatio.*

PROVOQUER [pʀɔvɔke] **v. tr.** (conjug. 3a) I *PROVOQUER qqn À.* 1. Inciter, pousser (qqn) à une action, notamment à une action violente. SYN. **entraîner, inciter.** – sans compl. second *Provoquer qqn,* l'inciter à la violence. SYN. **attaquer,** ① **défier.** 2. Exciter le désir de (qqn) par son attitude (→ **provocant**). II *PROVOQUER qqch.* (sujet personne) Être volontairement ou non la cause de (qqch.). *Provoquer une explication.* SYN. ① **causer, susciter.** *Provoquer la colère, des troubles.* SYN. **attirer.** ♦ (sujet chose) *Le redoux a provoqué une avalanche.* SYN. **déclencher, occasionner.** HOM. (du p. présent *provoquant*) PROVOCANT «agressif»
ÉTYM. latin *provocare* «appeler *(vocare)* dehors».

PROXÉNÈTE [pʀɔksenɛt] **n.** ✦ Personne qui tire des revenus de la prostitution d'autrui. SYN. **souteneur ;** FAM. ② **maquereau.**
ÉTYM. latin *proxeneta,* du grec «courtier».

PROXÉNÉTISME [pʀɔksenetism] **n. m.** ✦ Le fait de tirer des revenus de la prostitution d'autrui. *Le proxénétisme est interdit par la loi, mais pas la prostitution.*
ÉTYM. de *proxénète.*

PROXIMITÉ [pʀɔksimite] **n. f.** 1. LITTÉR. Situation d'une chose qui est à peu de distance d'une ou plusieurs autres, qui est proche. SYN. **contiguïté.** *La proximité de la mer.* 2. *À PROXIMITÉ* **loc. adv. :** tout près. – *À PROXIMITÉ DE* **loc. prép. :** à faible distance de, près de. *Habiter à proximité du métro.* ♦ *Commerce DE PROXIMITÉ,* situé près du domicile des clients. – *Police, justice de proximité,* qui est proche des citoyens. 3. Caractère de ce qui est proche dans le temps, passé ou futur. SYN. **imminence.** CONTR. **distance, éloignement.**
ÉTYM. latin *proximitas,* de *proximus* «proche».

PRUDE [pʀyd] **adj.** ✦ Qui est d'une pudeur affectée et outrée. SYN. **bégueule, pudibond.** – **n. f.** *Jouer les prudes.* SYN. **sainte nitouche.**
ÉTYM. de *preux.*

PRUDEMMENT [pʀydamɑ̃] **adv.** ✦ Avec prudence. *Conduire prudemment.* CONTR. **imprudemment.**
ÉTYM. de *prudent.*

PRUDENCE [pʀydɑ̃s] **n. f.** ✦ Attitude d'esprit d'une personne qui s'applique à éviter des erreurs, des malheurs possibles. SYN. **prévoyance.** *Je vous recommande la plus grande prudence.* SYN. **circonspection.** *Annoncez-lui la nouvelle avec beaucoup de prudence.* SYN. **ménagement, précaution.** *Conseils de prudence aux automobilistes. Se faire vacciner par (mesure de) prudence.* prov. *Prudence est mère de sûreté.* CONTR. **imprudence, témérité.**
ÉTYM. latin *prudentia.*

PRUDENT, ENTE [pʀydɑ̃, ɑ̃t] **adj. 1.** Qui a de la prudence, agit avec prudence. SYN. **circonspect, prévoyant.** *Il était trop prudent pour lui faire confiance. Soyez prudents, ne roulez pas trop vite.* **2.** (choses) Inspiré par la prudence, empreint de prudence. *Une démarche prudente.* ➛ impers. *Il (ce) serait plus prudent de prendre une assurance.* ➛ *Il jugea prudent de renoncer.* SYN. **raisonnable, sage.** CONTR. **imprudent, intrépide, téméraire.**
ÉTYM. latin *prudens.*

PRUDERIE [pʀydʀi] **n. f.** ✦ LITTÉR. Affectation de pudeur outrée. SYN. **pudibonderie.**
ÉTYM. de *prude.*

PRUD'HOMME ou **PRUDHOMME** [pʀydɔm] **n. m.** ✦ Membre élu d'un *conseil de prud'hommes*, chargé de juger les litiges entre salariés et employeurs. *Elle est prud'homme.* ➛ Écrire *prudhomme* en un seul mot est permis.
► **PRUD'HOMAL, ALE, AUX** ou **PRUDHOMMAL, ALE, AUX** [pʀydɔmal, o] **adj.** *Les élections prud'homales.* ➛ Écrire *prudhommal* en un seul mot et avec deux *m* comme dans *prudhomme* est permis.
ÉTYM. de *preux* et *homme.*

PRUINE [pʀyin] **n. f.** ✦ Fine pellicule cireuse, naturelle, à la surface de certains fruits (prune, raisin), des feuilles de chou.
ÉTYM. latin *pruina* «gelée blanche».

PRUNE [pʀyn] **n. f.**
I n. f. 1. Fruit du prunier, de forme ronde ou allongée, à peau fine, jaune, verte ou bleutée, à chair juteuse et sucrée. ➛ **mirabelle,** ① **prunelle, quetsche, reine-claude.** *Tarte aux prunes. Eau-de-vie de prune,* ou ellipt *de la prune.* **2.** *POUR DES PRUNES* loc. FAM. : pour rien.
II adjectivt invar. De la couleur violet foncé de certaines prunes. *Des robes prune.*
ÉTYM. latin *pruna,* de *prunum.*

PRUNEAU [pʀyno] **n. m.** ✦ Prune séchée. *Pruneaux d'Agen.* ➛ loc. *Être noir comme un pruneau,* très hâlé.
ÉTYM. de *prune.*

PRUNELIER ou **PRUNELLIER** [pʀynəlje] **n. m.** ✦ Arbrisseau épineux des haies qui produit les prunelles. ➛ Écrire *prunelier* avec un seul *l* est permis et conforme à la prononciation.
ÉTYM. de ① *prunelle.*

① **PRUNELLE** [pʀynɛl] **n. f.** ✦ Fruit d'un prunier sauvage (➛ **prunelier**), petite prune bleu ardoise, de saveur âcre. *Eau-de-vie de prunelle,* ou ellipt *de la prunelle.*
ÉTYM. de *prune.*

② **PRUNELLE** [pʀynɛl] **n. f.** ✦ Pupille de l'œil, considérée surtout quant à son aspect. ◆ loc. *Tenir à qqch. comme à la prunelle de ses yeux,* y tenir beaucoup.
ÉTYM. de ① *prunelle.*

PRUNELLIER ➛ **PRUNELIER**

PRUNIER [pʀynje] **n. m.** ✦ Arbre fruitier qui produit les prunes. ➛ loc. FAM. *Secouer qqn comme un prunier,* très vigoureusement. ◆ *Prunier sauvage.* ➛ **prunelier.** *Prunier du Japon,* espèce ornementale. ➛ **prunus.**
ÉTYM. de *prune.*

PRUNUS [pʀynys] **n. m.** ✦ Prunier ornemental à feuilles pourpres.
ÉTYM. mot latin «prunier».

PRURIGINEUX, EUSE [pʀyʀiʒinø, øz] **adj.** ✦ DIDACT. Qui cause un prurit (1), une démangeaison.
ÉTYM. du latin *prurigo* «démangeaison».

PRURIT [pʀyʀit] **n. m.** ✦ Démangeaison liée à une affection cutanée ou générale. *Prurit allergique.*
ÉTYM. latin *pruritus,* de *prurire* «démanger».

PRYTANÉE [pʀitane] **n. m.** ✦ Établissement d'éducation gratuite pour fils de militaires.
ÉTYM. grec *prutaneion* «édifice abritant le feu sacré».

P.-S. [peɛs] **n. m.** ✦ Post-scriptum.
ÉTYM. sigle.

PSALMODIE [psalmɔdi] **n. f. 1.** Manière de chanter, de réciter les psaumes. **2.** LITTÉR. Manière monotone de déclamer, de chanter.
ÉTYM. latin *psalmodia,* du grec, de *psalmos* (➛ psaume) et *ôdê* «chant».

PSALMODIER [psalmɔdje] **v.** (conjug. 9) **1. v. intr.** Dire ou chanter les psaumes. ➛ trans. *Psalmodier les offices.* **2. v. tr.** Réciter ou dire d'une façon monotone. *Psalmodier les tables de multiplication.*
ÉTYM. de *psalmodie.*

PSAUME [psom] **n. m. 1.** L'un des poèmes religieux qui constituent un livre de la Bible et qui servent de prières et de chants religieux dans la liturgie. *Chanter, réciter des psaumes.* ➛ **psalmodier.** *Les psaumes de David.* **2.** Composition musicale (vocale), sur le texte d'un psaume.
ÉTYM. latin *psalmus,* du grec, de *psallein* «faire vibrer les cordes».

PSAUTIER [psotje] **n. m.** ✦ DIDACT. Recueil de psaumes. *Psautier et antiphonaire.*
ÉTYM. latin *psalterium.*

PSCHENT [pskɛnt] **n. m.** ✦ DIDACT. Coiffure des pharaons composée d'une double couronne.
ÉTYM. mot égyptien ancien.

PSEUDO- Élément savant, du grec *pseudês* «menteur», qui signifie «faux» (ex. *une pseudo-science*).

PSEUDONYME [psødɔnim] **n. m.** ✦ Nom choisi par une personne pour masquer son identité. *Voltaire, Stendhal, George Sand sont des pseudonymes célèbres.* ➛ abrév. FAM. PSEUDO [psødo].
ÉTYM. grec *pseudônumos* ➛ pseudo- et -onyme.

PSEUDOPODE [psødɔpɔd] **n. m.** ✦ Chacun des prolongements rétractiles de certains protozoaires, qui leur permettent de se déplacer, de se nourrir.
ÉTYM. de *pseudo-* et *-pode.*

PSI [psi] **n. m. invar.** ✦ Vingt-troisième lettre de l'alphabet grec (Ψ, ψ) qui sert à noter le son [ps].
HOM. PSY «psychanalyste»

PSITT [psit] **interj.** ✦ FAM. Interjection servant à appeler, à attirer l'attention, etc. ➛ variante PST [pst].
ÉTYM. onomatopée.

PSITTACISME [psitasism] **n. m.** ✦ DIDACT. Répétition mécanique (comme par un perroquet) de phrases par qqn qui ne les comprend pas.
ÉTYM. du latin *psittacus* «perroquet».

PSORIASIS [psɔʀjazis] **n. m.** ✦ MÉD. Maladie de la peau, caractérisée par des plaques rouges à croûtes blanchâtres.
ÉTYM. mot grec, de *psora* «gale».

PSY [psi] **n.** ✦ FAM. Psychanalyste, psychologue ou psychiatre. *Il va chez son psy.* – *Les psys* : les spécialistes de psychologie. HOM. PSI «lettre grecque»
ÉTYM. abréviation.

PSYCH- → PSYCH(O)-

PSYCHANALYSE [psikanaliz] **n. f.** 1. Méthode de psychologie clinique, investigation des processus psychiques profonds, de l'inconscient ; ensemble des travaux de Freud et de ses continuateurs concernant le rôle de l'inconscient. *Psychanalyse et psychiatrie.* 2. Traitement de troubles psychiques (surtout névroses) et psychosomatiques par cette méthode. SYN. **analyse** ; → **psychothérapie.** 3. Étude psychanalytique (d'une œuvre d'art, de thèmes...). *Psychanalyse des contes.*
ÉTYM. allemand *Psychoanalyse* → psych(o)- et analyse.

PSYCHANALYSER [psikanalize] **v. tr.** (conjug. 3a) 1. Traiter par la psychanalyse. *Se faire psychanalyser.* SYN. **analyser.** 2. Étudier, interpréter par la psychanalyse. *Psychanalyser un tableau.*

PSYCHANALYSTE [psikanalist] **n.** ✦ Spécialiste de la psychanalyse. SYN. **analyste,** FAM. **psy.**

PSYCHANALYTIQUE [psikanalitik] **adj.** ✦ Propre ou relatif à la psychanalyse. SYN. **analytique.**

PSYCHÉ [psiʃe] **n. f.** ✦ Grande glace mobile montée sur un châssis à pivots.
ÉTYM. de *Psyché,* déesse de la mythologie grecque. ☛ noms propres.

PSYCHÉDÉLIQUE [psikedelik] **adj.** ✦ PSYCH. *État psychédélique* : état de rêve éveillé provoqué par l'absorption d'hallucinogènes. – COUR. Qui évoque cet état. *Une musique psychédélique.*
ÉTYM. anglais *psychedelic,* du grec, proprement «qui révèle *(dêloun)* l'âme».

PSYCHIATRE [psikjatʀ] **n.** ✦ Médecin spécialiste des maladies mentales. SYN. **aliéniste,** FAM. **psy.**
ÉTYM. de *psych(o)-* et *-iatre.*

PSYCHIATRIE [psikjatʀi] **n. f.** ✦ Partie de la médecine qui étudie et traite les maladies mentales, les troubles de la vie psychique, notamment les psychoses. → **neurologie, neuropsychiatrie, psychopathologie, psychothérapie.** *Psychiatrie et psychanalyse.*
ÉTYM. de *psychiatre.*

PSYCHIATRIQUE [psikjatʀik] **adj.** ✦ Relatif à la psychiatrie. *Hôpital* psychiatrique.*

PSYCHIQUE [psiʃik] **adj.** ✦ Qui concerne l'esprit, la pensée. SYN. **mental, psychologique.** *Maladie organique à cause psychique.* SYN. **psychosomatique.**
ÉTYM. latin *psychicus,* grec *psukhikos.*

PSYCHISME [psiʃism] **n. m.** 1. La vie psychique. 2. Ensemble de faits psychiques. *Le psychisme animal, humain.*

PSYCH(O)- Élément savant, du grec *psukhê* «âme, esprit».

PSYCHOACTIF, IVE [psikoaktif, iv] **adj.** ✦ Qui agit sur le système nerveux central, sur le psychisme. *Les drogues sont des substances psychoactives.*

PSYCHODRAME [psikɔdʀam] **n. m.** ✦ Psychothérapie de groupe où les participants doivent mettre en scène des situations conflictuelles. ◆ Situation qui évoque ce genre de mise en scène. *La réunion a fini en psychodrame.*
ÉTYM. de *psycho-* et *drame.*

PSYCHOLINGUISTIQUE [psikolɛ̃gɥistik] **n. f.** et **adj.** ✦ DIDACT. Étude des aspects psychologiques des phénomènes linguistiques.

PSYCHOLOGIE [psikɔlɔʒi] **n. f.** 1. Étude scientifique des phénomènes de l'esprit (au sens le plus large). *Psychologie expérimentale. Psychologie appliquée. Licence de psychologie.* – abrév. FAM. PSYCHO [psiko]. 2. Connaissance spontanée des sentiments d'autrui ; aptitude à comprendre, à prévoir les comportements. SYN. **intuition.** *Manquer de psychologie.* 3. Analyse des états de conscience, des sentiments, dans une œuvre. 4. Ensemble d'idées, d'états d'esprit caractéristiques d'une collectivité. – FAM. Mentalité (d'une personne). SYN. **psychisme.**
ÉTYM. latin *psychologia,* du grec → psych(o)- et -logie.

PSYCHOLOGIQUE [psikɔlɔʒik] **adj.** 1. Qui appartient à la psychologie. *L'analyse psychologique. Un roman psychologique.* 2. Étudié par la psychologie ; qui concerne les faits psychiques, la pensée. SYN. **mental, psychique.** *Des problèmes psychologiques.* 3. Qui agit ou vise à agir sur le psychisme (de qqn, d'un groupe). *Guerre psychologique,* visant à amoindrir le moral d'un adversaire. CONTR. ① **physique, somatique.**

PSYCHOLOGIQUEMENT [psikɔlɔʒikmɑ̃] **adv.** 1. Du point de vue psychologique. 2. (opposé à *physiquement*) Moralement. *Être psychologiquement fort.*

PSYCHOLOGUE [psikɔlɔg] **n.** et **adj.** 1. **n.** Spécialiste de la psychologie ; de la psychologie appliquée. SYN. FAM. **psy.** *Une psychologue scolaire.* 2. **adj.** Qui a une connaissance empirique des sentiments, des réactions d'autrui. *Le directeur n'est guère psychologue.*
ÉTYM. de *psychologie.*

PSYCHOMOTEUR, TRICE [psikomɔtœʀ, tʀis] **adj.** ✦ DIDACT. Qui concerne à la fois les fonctions motrices et psychiques. *Rééducation psychomotrice.*
ÉTYM. de *psycho-* et *moteur.*

PSYCHOMOTRICIEN, IENNE [psikomɔtʀisjɛ̃, jɛn] **n.** ✦ DIDACT. Personne chargée de la rééducation des personnes atteintes de troubles psychomoteurs.
ÉTYM. de *psychomoteur.*

PSYCHOMOTRICITÉ [psikomɔtʀisite] **n. f.** ✦ DIDACT. Intégration des fonctions motrices et psychiques résultant de la maturation du système nerveux.
ÉTYM. de *psycho-* et *motricité.*

PSYCHONÉVROSE [psikonevʀoz] **n. f.** ✦ MÉD. Troubles mentaux intermédiaires entre la névrose et la psychose.

PSYCHOPATHE [psikɔpat] **n.** ✦ VIEILLI Individu présentant un déséquilibre psychique.
ÉTYM. de *psycho-* et *-pathe.*

PSYCHOPATHOLOGIE [psikopatɔlɔʒi] **n. f.** ✦ DIDACT. Étude des troubles mentaux, base de la psychiatrie.
► **PSYCHOPATHOLOGIQUE** [psikopatɔlɔʒik] **adj.**
ÉTYM. de *psycho-* et *pathologie.*

PSYCHOPÉDAGOGIE [psikopedagɔʒi] **n. f.** ✦ DIDACT. Discipline qui applique la psychologie expérimentale à la pédagogie.

PSYCHOPHYSIOLOGIE [psikofizjɔlɔʒi] **n. f.** ✦ DIDACT. Étude des rapports entre l'activité physiologique et le psychisme.
► **PSYCHOPHYSIOLOGIQUE** [psikofizjɔlɔʒik] **adj.**

PSYCHOSE [psikoz] **n. f.** 1. Maladie mentale ignorée de la personne qui en est atteinte (à la différence des névroses*) et qui provoque des troubles de la personnalité (ex. paranoïa, schizophrénie...). → **psychotique** ; ① **folie.** 2. Obsession, idée fixe. *La psychose du nucléaire.*
ÉTYM. de *psycho-*, d'après *névrose.*

PSYCHOSOCIOLOGIE [psikosɔsjɔlɔʒi] **n. f.** ✦ DIDACT. Psychologie sociale.

PSYCHOSOMATIQUE [psikosɔmatik] **adj.** ✦ Qui concerne les maladies physiques liées à des causes psychiques. *Troubles psychosomatiques.*
ÉTYM. de *psycho-* et *somatique.*

PSYCHOSTIMULANT, ANTE [psikostimylɑ̃, ɑ̃t] **adj.** et **n. m.** ✦ (Substance) qui stimule l'activité mentale. *Drogues psychostimulantes.*

PSYCHOTECHNICIEN, IENNE [psikotɛknisjɛ̃, jɛn] **n.** ✦ Spécialiste de la psychotechnique.

PSYCHOTECHNIQUE [psikotɛknik] **n. f.** ✦ Discipline qui évalue les aptitudes physiques et mentales (orientation professionnelle, recrutement de salariés...). ➝ **adj.** *Examens psychotechniques.* → **test.**

PSYCHOTER [psikɔte] **v. intr.** (conjug. 3a) ✦ FAM. Avoir peur, se faire du souci. SYN. ② **flipper.**
ÉTYM. de *psychose.*

PSYCHOTHÉRAPEUTE [psikoteʀapøt] **n.** ✦ DIDACT. Personne qui pratique la psychothérapie.

PSYCHOTHÉRAPIE [psikoteʀapi] **n. f.** ✦ DIDACT. Thérapeutique des troubles psychiques ou somatiques (et psychosomatiques) par des procédés psychiques (psychanalyse* et pratiques dérivées). *Psychothérapie familiale.*
ÉTYM. de *psycho-* et *-thérapie.*

PSYCHOTIQUE [psikɔtik] **adj.** ✦ DIDACT. Relatif aux psychoses. ♦ Atteint d'une psychose. ➝ **n.** *Un, une psychotique.*

PSYCHOTROPE [psikɔtʀɔp] **adj.** et **n. m.** ✦ DIDACT. (Médicament) qui agit chimiquement sur le psychisme.
ÉTYM. de *psycho-* et *-trope.*

Pt [pete] ✦ CHIM. Symbole du platine.

PTÉR(O)-, -PTÈRE Éléments savants, du grec *pteron* «aile».

PTÉRODACTYLE [pteʀodaktil] **adj.** et **n. m.** 1. **adj.** Qui a les doigts reliés par une membrane. 2. **n. m.** Reptile fossile volant du jurassique (contemporain des dinosaures ; ancêtre des oiseaux).
ÉTYM. de *ptéro-* et *-dactyle.*

PTOSE [ptoz] **n. f.** ✦ MÉD. Descente (d'un organe) par relâchement des moyens de soutien. SYN. **prolapsus.**
ÉTYM. grec *ptôsis* «chute».

PU [py] ✦ Participe passé du verbe *pouvoir.* HOM. PUS «humeur»

Pu [pey] ✦ CHIM. Symbole du plutonium.

PUANT, PUANTE [pɥɑ̃, pɥɑ̃t] **adj.** 1. Qui pue. SYN. **fétide, pestilentiel.** 2. fig. Qui est odieux de prétention, de vanité. *Un discours puant.* CONTR. **odoriférant, parfumé.**
ÉTYM. du participe présent de *puer.*

PUANTEUR [pɥɑ̃tœʀ] **n. f.** ✦ Odeur infecte. SYN. **infection.**
ÉTYM. de *puant.*

① **PUB** [pœb] **n. m.** ✦ (pays anglo-saxons) Établissement public où l'on sert des boissons alcoolisées. ➝ en France Bar de luxe imitant un tel établissement. *Des pubs.*
ÉTYM. mot anglais, abrév. de *public house* «auberge».

② **PUB** [pyb] **n. f.** ✦ FAM. Publicité. *Les pubs à la télévision. Travailler dans la pub.*
ÉTYM. abréviation.

PUBALGIE [pybalʒi] **n. f.** ✦ MÉD. Inflammation des tendons au niveau de la symphyse pubienne.
ÉTYM. de *pubis* et *-algie.*

PUBÈRE [pybɛʀ] **adj.** ✦ LITTÉR. Qui a atteint l'âge de la puberté.
ÉTYM. latin *puber*, de *pubes* «poil» (le poil caractérisant l'état adulte).

PUBERTÉ [pybɛʀte] **n. f.** ✦ Passage de l'enfance à l'adolescence ; ensemble des modifications physiologiques et psychologiques qui se produisent à cette époque, qui font de l'enfant un être apte à procréer.
ÉTYM. latin *pubertas.*

PUBIEN, IENNE [pybjɛ̃, jɛn] **adj.** ✦ ANAT. Du pubis. *Symphyse pubienne.*

PUBIS [pybis] **n. m.** ✦ Renflement triangulaire à la partie inférieure du bas-ventre. *Les poils du pubis.*
ÉTYM. du latin *pubes* «poil».

PUBLI- Élément, tiré de *publicité* (ex. *publiphobe* **adj. et n.** «qui déteste la publicité»).

PUBLIC, IQUE [pyblik] **adj.** et **n. m.**

I adj. 1. Qui concerne le peuple dans son ensemble ; relatif à la nation, à l'État (→ **république**). *L'ordre public. Les affaires publiques.* → ① **politique.** *L'intérêt public.* SYN. **commun,** ① **général.** *L'opinion publique.* ♦ Relatif aux collectivités sociales juridiquement définies, à l'État. *Les pouvoirs publics. La fonction* publique. Service public. L'école publique.* SYN. **laïque.** 2. Accessible, ouvert à tous. *La voie publique. Jardin public. Réunion publique.* ➝ VX *Fille publique* : prostituée. 3. Qui a lieu en présence de témoins, n'est pas secret. *Scrutin public.* 4. Qui concerne la fonction qu'on remplit dans la société. *La vie publique et la vie privée.* ➝ *Un homme public,* investi d'une fonction officielle. 5. Connu de tous. SYN. **notoire, officiel.** *Le scandale est devenu public.* CONTR. **privé ; individuel, particulier • clandestin,** ① **secret • intime.**

II n. m. 1. Les gens, la masse de la population. *Chantier interdit au public.* ➝ *Le grand public* : la population en général. **loc. adj. invar.** *Les films grand public.* 2. Ensemble des personnes que touche une œuvre (littéraire, artistique, musicale, un spectacle). *Livrer son ouvrage au public. Le public de qqn,* celui qu'il touche, qui le suit. 3. Ensemble de personnes qui assistent effectivement (à un spectacle, une réunion...). SYN. **assistance, auditoire.** *Le public applaudissait.* ➝ Les personnes devant lesquelles on parle ou on se donne en spectacle. *Il lui faut toujours un public.* loc. *Être bon public,* peu difficile, bienveillant (à l'égard d'une

œuvre, etc.). 4. *EN PUBLIC* **loc. adv.** : en présence d'un certain nombre de personnes. *Parler en public.*
ÉTYM. latin *publicus* «du peuple, de l'État».

PUBLICATION [pyblikasjɔ̃] **n. f.** 1. Action de publier (un ouvrage, un écrit) ; son résultat. *Après la publication de son roman.* SYN. **apparition, parution, sortie.** ➝ Écrit publié (brochures, périodiques). *Publications scientifiques.* 2. Action de publier (2), de porter à la connaissance de tous. *La publication d'une loi. Publications des bans du mariage.*
ÉTYM. latin *publicatio.*

PUBLICISTE [pyblisist] **n.** 1. VIEILLI Journaliste. 2. **abusivt** Agent de publicité. SYN. **publicitaire.**
ÉTYM. de *public.*

PUBLICITAIRE [pyblisitɛʀ] **adj.** 1. Qui sert à la publicité, présente un caractère de publicité. *Film publicitaire. Message* publicitaire. Espace* publicitaire.* 2. Qui s'occupe de publicité. *Dessinateur publicitaire.* ➝ **n.** *Un, une publicitaire.*
ÉTYM. de *publicité.*

PUBLICITÉ [pyblisite] **n. f.** **I** 1. Le fait d'exercer une action psychologique sur le public à des fins commerciales. SYN. ② **pub, réclame.** *Agence de publicité. Campagne de publicité.* 2. Message destiné à faire connaître un produit, un service pour le faire acheter. **II** Caractère de ce qui est public, connu de tous. *Donner une regrettable publicité à une affaire privée.*
ÉTYM. de *public.*

PUBLIER [pyblije] **v. tr.** (conjug. 9) 1. Faire paraître (un texte) dans un livre, un journal. *Publier un article dans une revue.* ➝ (compl. personne) *Gallimard a publié Malraux.* SYN. **éditer.** ➝ passif et p. passé *Être publié.* 2. Faire connaître au public ; annoncer publiquement. SYN. **divulguer.** *On a publié les bans à la mairie.*
ÉTYM. latin *publicare.*

PUBLIPOSTAGE [pyblipɔstaʒ] **n. m.** ✦ Prospection publicitaire ou vente par correspondance (recomm. offic. pour *mailing*).
ÉTYM. de *publi-* et *postage.*

PUBLIQUEMENT [pyblikmɑ̃] **adv.** ✦ En public, au grand jour. *Injurier qqn publiquement.* CONTR. **clandestinement, secrètement.**

PUCE [pys] **n. f.** **I** 1. Insecte sauteur, de couleur brune, parasite de l'homme et d'animaux. *Être piqué par une puce.* 2. loc. FAM. *Mettre la puce à l'oreille à qqn,* l'intriguer, éveiller ses soupçons. ➝ *Secouer les puces à qqn,* le réprimander, l'attraper. ➝ *Le marché aux puces* et ellipt *les puces,* marché où l'on vend toutes sortes d'objets d'occasion. 3. FAM. Personne très petite. ➝ terme d'affection *Ça va, ma puce ?* 4. **adjectivt invar.** D'un brun-rouge assez foncé (couleur de la puce). *Des gants puce.* **II** Petite pastille d'un matériau semi-conducteur sur laquelle se trouve un microprocesseur. *Carte à puce.*
ÉTYM. latin *pulex, pulicis.*

PUCEAU [pyso] **n. m.** ✦ FAM. Garçon, homme vierge.
ÉTYM. de *pucelle.*

PUCELAGE [pys(ə)laʒ] **n. m.** ✦ FAM. Virginité. *Perdre son pucelage.*

PUCELLE [pysɛl] **n. f.** 1. VX ou plais. Jeune fille. *La pucelle d'Orléans* : Jeanne d'Arc. 2. FAM. Fille vierge.
ÉTYM. latin *pullicella.*

PUCER [pyse] **v. tr.** (conjug. 4) ✦ Implanter une puce électronique sous la peau de (un être vivant) pour pouvoir l'identifier. *Pucer un cheval.*
► **PUÇAGE** [pysaʒ] **n. m.**

PUCERON [pys(ə)ʀɔ̃] **n. m.** ✦ Petit insecte parasite des plantes. *Puceron du rosier.*
ÉTYM. de *puce.*

PUDDING [pudiŋ] **n. m.** 1. Gâteau à base de farine, d'œufs, de graisse de bœuf et de raisins secs. *Le pudding traditionnel d'un Noël anglais. Des puddings.* 2. Gâteau à base de pain, de cannelle, de raisins secs. ➝ On peut aussi écrire *pouding, des poudings.*
ÉTYM. mot anglais, de même origine que *boudin.*

PUDDLER [pydle] **v. tr.** (conjug. 3a) ✦ anglicisme TECHN. Affiner (la fonte) par brassage.
► **PUDDLAGE** [pydlaʒ] **n. m.**
ÉTYM. anglais *to puddle* «brasser».

PUDEUR [pydœʀ] **n. f.** 1. Sentiment de honte, de gêne qu'une personne éprouve à faire, à envisager des choses de nature sexuelle ; disposition permanente à éprouver un tel sentiment. SYN. **chasteté, décence, pudicité** ; ➙ **pudique.** *Des propos qui blessent la pudeur.* ➝ *Attentat* à la pudeur.* 2. Sentiment de gêne à se montrer nu. 3. Gêne qu'éprouve une personne délicate devant ce que sa dignité semble lui interdire. SYN. **discrétion, réserve, retenue.** *Cacher son chagrin par pudeur.* CONTR. **impudeur, indécence • cynisme.**
ÉTYM. latin *pudor,* de *pudere* «avoir honte».

PUDIBOND, ONDE [pydibɔ̃, ɔ̃d] **adj.** ✦ Qui a une pudeur exagérée jusqu'au ridicule. SYN. **prude.** CONTR. **impudique.**
ÉTYM. latin *pudibundus.*

PUDIBONDERIE [pydibɔ̃dʀi] **n. f.** ✦ LITTÉR. Pudeur excessive, ridicule. SYN. **pruderie.**
ÉTYM. de *pudibond.*

PUDICITÉ [pydisite] **n. f.** ✦ LITTÉR. Pudeur, caractère pudique. CONTR. **impudicité.**

PUDIQUE [pydik] **adj.** 1. Qui a de la pudeur, montre de la pudeur. SYN. **chaste, sage.** *Un garçon pudique. Un geste pudique.* 2. Plein de discrétion, de réserve. *Une allusion pudique.* CONTR. **impudique, indécent, provocant • cynique.**
ÉTYM. latin *pudicus.*

PUDIQUEMENT [pydikmɑ̃] **adv.** 1. D'une manière pudique. 2. En termes pudiques ; par euphémisme. *Ce qu'on appelle pudiquement rétablir l'ordre.* CONTR. **crûment, cyniquement.**

PUER [pɥe] **v.** (conjug. 3a) 1. **v. intr.** Sentir très mauvais, exhaler une odeur infecte. SYN. **empester** ; FAM. **chlinguer** ; **puant.** 2. **v. tr.** Répandre une très mauvaise odeur de. *Puer la sueur, l'alcool.* ➝ fig. *Ça pue la magouille.* CONTR. **embaumer.**
ÉTYM. de l'ancien français *puir,* latin *putire.*

PUÉR(I)- Élément, du latin *puer, pueris* «enfant». SYN. ① **péd(o)-.**

PUÉRICULTEUR, TRICE [pɥeʀikyltœʀ, tʀis] **n.** ✦ Personne diplômée spécialiste de puériculture.

PUÉRICULTURE [pɥeʀikyltyʀ] **n. f.** ✦ Ensemble des méthodes propres à assurer la croissance et l'épanouissement du nouveau-né et de l'enfant (jusque vers trois ou quatre ans).

A B C D E F G H I J K L M N O P Q R S T U V W X Y Z

PUÉRIL, ILE [pɥeʀil] **adj.** ✦ Qui n'est pas digne d'un adulte ; qui manque de sérieux. SYN. **enfantin, infantile.** *Une réaction puérile.* CONTR. **adulte, mûr.**
► **PUÉRILEMENT** [pɥeʀilmɑ̃] **adv.**
ÉTYM. latin *puerilis*, de *puer* «enfant».

PUÉRILITÉ [pɥeʀilite] **n. f.** 1. Caractère puéril, peu sérieux. SYN. **futilité.** 2. LITTÉR. Action, parole, idée puérile. SYN. **enfantillage.** *Cessez vos puérilités !* CONTR. **maturité, sérieux.**
ÉTYM. latin *puerilitas.*

PUERPÉRAL, ALE, AUX [pɥɛʀpeʀal, o] **adj.** ✦ MÉD. Relatif à la période qui suit l'accouchement. *Fièvre puerpérale,* due à une infection utérine.
ÉTYM. latin *puerpera* «accouchée», de *puer* «enfant» et *parere* «enfanter».

PUGILAT [pyʒila] **n. m.** ✦ Bagarre à coups de poing. SYN. **rixe.**
ÉTYM. latin *pugilatus.*

PUGILISTE [pyʒilist] **n. m.** ✦ LITTÉR. Boxeur ; lutteur.

PUGNACE [pygnas] **adj.** ✦ LITTÉR. Qui aime le combat, la polémique. SYN. **combatif.** CONTR. **pacifique.**
ÉTYM. latin *pugnax*, de *pugnus* «poing».

PUGNACITÉ [pygnasite] **n. f.** ✦ Combativité.
ÉTYM. latin *pugnacitas.*

PUÎNÉ, ÉE [pɥine] **adj.** et **n.** ✦ VIEILLI Qui est né après un frère ou une sœur. SYN. **cadet.** *Frère puîné.* – **n.** *Sa puînée.* – On peut aussi écrire *puiné, ée* sans accent circonflexe. CONTR. **aîné.**
ÉTYM. de *puis* et *né*, participe passé de *naître.*

PUIS [pɥi] **adv.** 1. (succession dans le temps) LITTÉR. Après cela, dans le temps qui suit. SYN. **ensuite.** *Ils entraient, (et) puis ressortaient.* 2. LITTÉR. Plus loin, dans l'espace. SYN. **après.** *On aperçoit la cathédrale, puis la mairie.* 3. *ET PUIS* (introduisant le dernier terme d'une énumération). → **et.** *Il y avait ses amis, son frère et puis sa sœur.* – (introduisant une nouvelle raison) *Je n'ai pas le temps, et puis ça ne me regarde pas !* → **d'ailleurs.** FAM. *Et puis quoi ? ; et puis après ?* quelle importance ? HOM. PUITS «cavité», PUY «montagne»
ÉTYM. latin *postius*, de *post* «après».

PUISARD [pɥizaʀ] **n. m.** ✦ Puits en pierres sèches destiné à recevoir et absorber les résidus liquides. → **égout, fosse.**
ÉTYM. de *puiser.*

PUISATIER, IÈRE [pɥizatje, jɛʀ] **n.** ✦ Personne, entreprise qui creuse des puits. «*La Fille du puisatier*» (film de Marcel Pagnol).
ÉTYM. de *puiser.*

PUISER [pɥize] **v. tr.** (conjug. 3a) 1. Prendre dans une masse liquide (une portion de liquide). *Puiser de l'eau à la rivière.* 2. absolt *Puiser dans ses économies*, y prélever de l'argent. 3. fig. Emprunter, prendre. *Il a puisé ses exemples dans les auteurs classiques.* – au p. passé *Information puisée aux meilleures sources.*
ÉTYM. de *puits.*

PUISQUE [pɥisk(ə)] **conj.** ✦ conjonction de subordination 1. (introduisant une cause, rapport de cause à effet) Dès l'instant où, du moment que... *Puisque vous insistez, je viendrai. Puisque vous êtes ici, restez à dîner !*, étant donné que... 2. (servant à justifier une assertion) *Puisque je vous le dis* (sous-entendu : c'est vrai). – (reprenant un terme) *Son départ, puisque départ il y a, est fixé à midi.*
ÉTYM. de *puis* et *que.*

PUISSAMMENT [pɥisamɑ̃] **adv.** 1. Avec des moyens puissants, avec une action efficace. 2. Avec force, intensité. – iron. *C'est puissamment raisonné !* CONTR. **faiblement.**
ÉTYM. de *puissant.*

PUISSANCE [pɥisɑ̃s] **n. f.** **I** 1. Situation, état d'une personne, d'un groupe qui a une grande action ; domination qui en résulte. *Volonté de puissance :* besoin de dominer les gens et les choses, d'être plus fort que l'homme moyen, au mépris de la morale. – spécialt Pouvoir social, politique. *La puissance temporelle, spirituelle.* SYN. ② **pouvoir.** ♦ Grand pouvoir de fait exercé dans la vie politique d'une collectivité. *La puissance d'un parti, d'un syndicat.* 2. Caractère de ce qui peut beaucoup, de ce qui produit de grands effets. SYN. **efficacité, force.** *La puissance des mots.* – *Puissance sexuelle.* SYN. **virilité** ; opposé à *impuissance.* 3. SC. Quantité d'énergie fournie par unité de temps. *Puissance d'un moteur. Unité de puissance électrique.* → **watt.** 4. Pouvoir d'action (d'un appareil) ; intensité (d'un phénomène). *La puissance d'un microscope. Augmenter, diminuer la puissance*, l'intensité du phénomène produit par un appareil (volume sonore, par exemple). *Marcher à pleine puissance.* 5. MATH. Produit de plusieurs facteurs égaux, le nombre de facteurs étant indiqué par l'exposant. *10^5 (dix puissance cinq). Élever un nombre à la puissance deux* (→ **carré**), *trois* (→ **cube**). **II** *(Une, des puissances)* 1. LITTÉR. Chose qui a un grand pouvoir, produit de grands effets. 2. Catégorie, groupement de personnes qui ont un grand pouvoir de fait dans la société. *Les puissances d'argent.* 3. État souverain. SYN. **nation,** ① **pays.** *Les grandes puissances.* → aussi **superpuissance.** **III** *EN PUISSANCE* **loc. adj.** : qui existe sans produire d'effet, sans se manifester. SYN. **potentiel, virtuel.** *Un talent en puissance. Un criminel en puissance.* CONTR. **faiblesse, impuissance.**
ÉTYM. de *puissant.*

PUISSANT, ANTE [pɥisɑ̃, ɑ̃t] **adj.** 1. Qui a un grand pouvoir, de la puissance. *Un personnage très puissant.* SYN. **considérable, influent** ; → **tout-puissant.** – **n.** *Les puissants de ce monde.* – Qui a de grands moyens militaires, techniques, économiques. *Un pays puissant.* → **puissance** (II, 3). 2. Qui est très actif, qui produit de grands effets. *Un remède puissant.* SYN. **énergique.** *Un sentiment puissant.* SYN. **profond.** ♦ (personnes) Qui s'impose par sa force, son action. *Une puissante personnalité.* 3. Qui a de la force physique. *Des muscles puissants.* 4. (moteur, machine) Qui a de la puissance, de l'énergie. *Une voiture puissante.* 5. Qui a une grande intensité. SYN. ① **fort.** *Un éclairage puissant.* CONTR. **faible, impuissant · inefficace ; timide · poussif.**
ÉTYM. ancien p. présent du verbe *pouvoir.*

PUITS [pɥi] **n. m.** 1. Cavité circulaire, profonde et étroite, à parois maçonnées, pratiquée dans le sol pour atteindre une nappe d'eau souterraine. *Tirer de l'eau au puits.* → **puiser.** *Puits artésien*.* 2. Excavation pratiquée dans le sol ou le sous-sol pour l'exploitation d'un gisement. *Puits de mine.* – *Derrick pour le forage des puits de pétrole.* 3. loc. fig. *Un PUITS DE SCIENCE :* une personne qui a de vastes connaissances. HOM. PUIS «après», PUY «montagne»
ÉTYM. latin *puteus* «trou, fosse».

PULLMAN [pulman] **n. m.** 1. Voiture de luxe, dans un train. *Des pullmans.* 2. appos. invar. *Autocar pullman*, de grand confort. *Voitures pullman d'un train de luxe.*
ÉTYM. du nom de l'inventeur américain.

PULL-OVER [pylɔvɛʀ ; pulɔvœʀ] ou **PULL** [pyl] n. m. ✦ Tricot de laine ou de coton à manches, qu'on enfile par la tête. *Des pull-overs ; des pulls.*
ÉTYM. mot anglais, de *to pull over* « tirer au-dessus ».

PULLULEMENT [pylylmɑ̃] n. m. ✦ Fait de pulluler ; ce qui pullule. *Un pullulement d'insectes.*
ÉTYM. de *pulluler.*

PULLULER [pylyle] v. intr. (conjug. 3a) 1. Se multiplier ; se reproduire en grand nombre et très vite. 2. (personnes, animaux) Se manifester en très grand nombre. SYN. **fourmiller, grouiller, proliférer.** *Les acariens pullulent dans la moquette.* ➡ (choses) Abonder, foisonner.
ÉTYM. latin *pullulare,* de *pullus* « petit (d'animal) ».

PULMONAIRE [pylmɔnɛʀ] adj. 1. Qui affecte, atteint le poumon. *Congestion pulmonaire. Tuberculose pulmonaire.* 2. Du poumon. *Les alvéoles pulmonaires.*
ÉTYM. latin *pulmonarius.*

PULPE [pylp] n. f. 1. Partie charnue. *La pulpe des doigts.* 2. *La pulpe des dents,* le tissu conjonctif interne. 3. Partie juteuse (des fruits charnus). SYN. **chair.** *La peau et la pulpe.* 4. Résidu pâteux de végétaux écrasés. *Pulpe de betteraves.*
ÉTYM. latin *pulpa.*

PULPEUX, EUSE [pylpø, øz] adj. 1. Fait de pulpe (3). *Un fruit pulpeux.* 2. fig. *Une fille pulpeuse,* aux formes rondes et pleines.
ÉTYM. de *pulpe.*

PULQUE [pulke] n. m. ✦ Boisson fermentée de suc d'agave.
ÉTYM. mot indien du Mexique.

PULSATION [pylsasjɔ̃] n. f. 1. Battement (du cœur, des artères). SYN. **pouls.** 2. Battement régulier.
ÉTYM. latin *pulsatio.*

PULSÉ [pylse] adj. m. ✦ *Air pulsé,* poussé par une soufflerie.
ÉTYM. de l'anglais *to pulse* « pousser ».

PULSION [pylsjɔ̃] n. f. ✦ PSYCH. Force psychique qui préside à l'activité de l'individu. *Pulsions sexuelles.* → **libido.**
► **PULSIONNEL, ELLE** [pylsjɔnɛl] adj.
ÉTYM. latin *pulsio,* de *pulsum,* de *pellere* « donner une impulsion ».

PULVÉRISATEUR [pylveʀizatœʀ] n. m. ✦ Appareil servant à projeter une poudre, un liquide pulvérisé. SYN. **atomiseur, vaporisateur.**
ÉTYM. de *pulvérisation.*

PULVÉRISATION [pylveʀizasjɔ̃] n. f. 1. Action de pulvériser. 2. Prise de médicament en aérosol (nez, gorge).
ÉTYM. de *pulvériser.*

PULVÉRISER [pylveʀize] v. tr. (conjug. 3a) 1. Réduire (un solide) en poudre, en très petites parcelles ou miettes. SYN. **broyer,** ① **piler.** ➡ au p. passé *Charbon pulvérisé.* 2. Projeter (un liquide sous pression) en fines gouttelettes. SYN. **vaporiser.** *Pulvériser de l'insecticide.* 3. Faire éclater en petits morceaux. *La grêle a pulvérisé la serre.* ♦ fig. Détruire complètement, réduire à néant. SYN. **anéantir.** *Pulvériser une objection.* ♦ FAM. *Le record a été pulvérisé,* battu de beaucoup.
ÉTYM. latin *pulverizare,* de *pulvis, pulveris* « poudre ».

PULVÉRULENT, ENTE [pylveʀylɑ̃, ɑ̃t] adj. ✦ Qui a la consistance de la poudre ou se réduit facilement en poudre. *La chaux vive est pulvérulente.*
ÉTYM. latin *pulverulentus.*

PUMA [pyma] n. m. ✦ Félin d'Amérique à pelage fauve et sans crinière. SYN. **couguar.** *Des pumas femelles.*
ÉTYM. mot quechua.

PUNAISE [pynɛz] n. f. **I** Petit insecte à corps aplati et d'odeur infecte. *Punaise (des lits),* parasite de l'homme. ➡ interj. RÉGIONAL *Punaise !* exprimant la surprise ou le dépit. ♦ fig. Personne détestable. ➡ loc. *Punaise de sacristie*.* **II** Petit clou à large tête ronde, à pointe courte servant à fixer des feuilles de papier sur une surface.
ÉTYM. de l'ancien français *punais,* adj. « puant ».

PUNAISER [pyneze] v. tr. (conjug. 3a) ✦ Fixer à l'aide de punaises (II).

① **PUNCH** [pɔ̃ʃ] n. m. ✦ Boisson alcoolisée à base de rhum, de sirop de canne, parfois de jus de fruits.
ÉTYM. mot anglais, du hindi *pānch* « cinq ».

② **PUNCH** [pœnʃ] n. m. 1. Aptitude d'un boxeur à porter des coups secs et décisifs. 2. Efficacité, dynamisme. *Avoir du punch.*
ÉTYM. mot anglais « coup ».

PUNCHEUR, EUSE [pœnʃœʀ, øz] n. ✦ Boxeur qui a du punch.
ÉTYM. de ② *punch.*

PUNCHING-BALL [pœnʃiŋbol] n. m. ✦ Ballon fixé par des liens élastiques, servant à l'entraînement des boxeurs.
ÉTYM. mot anglais, de *punching* « en frappant » et *ball* « ballon ».

PUNIQUE [pynik] adj. ✦ ANTIQ. De Carthage ; carthaginois. *Les guerres puniques,* menées par Rome contre Carthage.
ÉTYM. latin *Punicus.*

PUNIR [pyniʀ] v. tr. (conjug. 13) 1. Frapper (qqn) d'une peine pour avoir commis un délit ou un crime. SYN. **châtier, condamner.** *La justice punit les coupables. Être puni de prison.* ➡ Frapper (qqn) d'une sanction pour une faute répréhensible. *Punir un enfant d'avoir (pour avoir) menti.* 2. Sanctionner (une faute) par une peine, une punition. *Punir une infraction.* 3. passif et p. passé *Il est bien puni de sa curiosité,* il en supporte les conséquences fâcheuses. CONTR. **épargner, récompenser.**
ÉTYM. latin *punire.*

PUNISSABLE [pynisabl] adj. ✦ Qui entraîne ou peut entraîner une peine. *Faute punissable.* SYN. **répréhensible.**
ÉTYM. de *punir.*

PUNITIF, IVE [pynitif, iv] adj. ✦ Propre ou destiné à punir. *Une expédition punitive.*
ÉTYM. de *punition.*

PUNITION [pynisjɔ̃] n. f. 1. LITTÉR. Action de punir. SYN. **châtiment.** *La punition des crimes, des péchés.* 2. Ce que l'on fait subir à l'auteur d'une faute (non d'un crime ou d'un délit grave) ; spécialt à un enfant, un élève. *Infliger une punition à qqn. Pour ta punition, tu resteras dans ta chambre.* ♦ Ce qui est infligé en punition. 3. Conséquence pénible (d'une faute, d'un défaut dont on semble puni). *Ce sera la punition de votre erreur.* CONTR. **récompense.**
ÉTYM. latin *punitio.*

PUNK [pœk ; pœnk] n. ✦ anglicisme 1. n. m. Mouvement de contestation regroupant des jeunes qui affichent des signes provocateurs (coiffures, ornements). ➖ adj. *La musique punk. Des tenues punks* ou *punk* (invar.). 2. n. Adepte de ce mouvement. *Une punk aux cheveux bleus.*
ÉTYM. mot argot américain «voyou».

① **PUPILLE** [pypij ; pypil] n. 1. Orphelin(e) mineur(e) en tutelle. *Le, la pupille et son tuteur.* 2. *Pupille de la Nation,* orphelin de guerre pris en tutelle par l'État.
ÉTYM. latin *pupillus,* de *pupus* «petit garçon».

② **PUPILLE** [pypij ; pypil] n. f. ✦ Zone centrale de l'iris de l'œil, par où passent les rayons lumineux. SYN. ② **prunelle.**
ÉTYM. latin *pupilla,* de *pupa* «petite fille» → poupée.

PUPITRE [pypitʀ] n. m. 1. Petit meuble à tableau incliné sur un ou plusieurs pieds, où l'on pose, à hauteur de vue, un livre, du papier. *Pupitre d'orchestre. Pupitre de chœur.* → **lutrin.** 2. Petite table, casier à couvercle incliné servant à écrire. *Pupitre d'écolier.* 3. Tableau de commandes (d'un système électronique). SYN. **console.** *Le pupitre d'un studio d'enregistrement.*
ÉTYM. latin *pulpitum.*

PUPITREUR, EUSE [pypitʀœʀ, øz] n. ✦ Technicien chargé de suivre au pupitre le fonctionnement d'un ordinateur.
ÉTYM. de *pupitre* (3).

PUR, PURE [pyʀ] adj. I concret 1. Qui n'est pas mêlé avec autre chose, qui ne contient aucun élément étranger. *Substance, eau chimiquement pure. Du vin pur,* sans eau. ➖ (devant un nom de produit) *Confiture pur fruit, pur sucre,* sans additifs ni adjuvants. *Tissu pure laine.* ➖ *Couleur pure,* franche. *Son pur,* simple. ➖ *Cheval de pur sang.* → **pur-sang.** 2. Qui ne renferme aucun élément mauvais ou défectueux. *Eau pure,* claire, bonne à boire. *Air pur,* salubre (opposé à *pollué*). *Ciel pur,* sans nuages ni fumées. SYN. **limpide.** II abstrait 1. Qui est sans mélange, n'a aucun élément étranger à sa nature. SYN. **absolu.** ♦ (activité intellectuelle) Qui ne dépend pas de l'expérience, de la sensation. *«La Critique de la raison pure»* (Kant), opposé à *raison pratique. Science pure.* SYN. **théorique** (opposé à *appliqué*). *Recherche pure,* fondamentale. *Musique pure.* 2. (en général devant le nom) Qui est seulement et complètement tel. SYN. **complet, parfait, simple, véritable.** *Ouvrage de pure fiction. Un pur hasard. C'est de la pure folie, de la folie pure.* loc. *De pure forme. En pure perte.* ➖ (après le nom) *PUR ET SIMPLE :* sans restriction. *Je vous demande un consentement pur et simple.* ♦ loc. *PUR ET DUR :* qui applique des principes avec rigueur. *Une politique pure et dure.* ➖ (personnes) *Un extrémiste pur et dur.* n. *Un pur et dur.* 3. Sans défaut d'ordre moral, sans corruption, sans tache. SYN. **innocent.** *Un cœur pur. Ses intentions étaient pures,* bonnes et désintéressées. ➖ spécialt RELIG. *Rendre pur.* → **purification, purificatoire.** ♦ n. *C'est une pure.* 4. Chaste. *Une jeune fille pure.* 5. Sans défaut d'ordre esthétique. SYN. **parfait.** *Un profil, des traits purs.* ♦ (langue, style) D'une correction élégante. SYN. **châtié, épuré ;** → **purisme.** CONTR. **impur · altéré, corrompu, vicié.**
ÉTYM. latin *purus.*

PURÉE [pyʀe] n. f. 1. Légumes cuits et écrasés. *Purée de carottes, de pois cassés.* ➖ absolt Purée de pommes de terre. *Boudin purée.* ➖ appos. (invar.) *Pommes purée.* → **mousseline.** ♦ *PURÉE DE POIS* loc. fig. : brouillard très épais. 2. FAM. *Être dans la purée,* dans la gêne, la misère. SYN. **panade.** ♦ exclam. POP. *Purée !* misère !
ÉTYM. de l'ancien français *purer* «purifier ; cribler», latin *purare,* de *purus* «pur».

PUREMENT [pyʀmɑ̃] adv. ✦ Intégralement, exclusivement. *Une réaction purement instinctive.* ➖ loc. *PUREMENT ET SIMPLEMENT :* sans condition ni réserve ; sans aucun doute possible.

PURETÉ [pyʀte] n. f. I (concret) 1. État d'une substance pure. *Une eau d'une grande pureté.* 2. État de ce qui est sans défaut, sans altération. SYN. **limpidité, netteté.** *Ce diamant est d'une pureté absolue. La pureté de l'air.* II (abstrait) 1. LITTÉR. État de ce qui est sans souillure morale. SYN. **honnêteté, innocence.** ♦ Chasteté. 2. État de ce qui est sans mélange. 3. État de ce qui se conforme à des règles, à un type de perfection, à un idéal (de beauté, élégance, clarté...). SYN. **correction.** *La pureté du style, du dessin. Veiller à la pureté de la langue* (→ **purisme**). CONTR. **impureté · corruption, immoralité · mélange · imperfection, incorrection.**
ÉTYM. latin *puritas.*

PURGATIF, IVE [pyʀgatif, iv] adj. ✦ Qui a la propriété de purger. SYN. **dépuratif, laxatif.** ➖ n. m. *Un purgatif.*
ÉTYM. latin *purgativus.*

PURGATION [pyʀgasjɔ̃] n. f. ✦ Action de purger ; remède qui purge.
ÉTYM. latin *purgatio.*

PURGATOIRE [pyʀgatwaʀ] n. m. 1. THÉOL. CATHOL. Lieu où les âmes des justes expient, se purifient de leurs péchés avant d'accéder au paradis. 2. Lieu ou temps d'épreuve, d'expiation.
ÉTYM. du latin *purgatorius* «qui purifie».

PURGE [pyʀʒ] n. f. 1. Action de purger ; remède purgatif. *Prendre une purge.* SYN. **purgation.** 2. Évacuation d'un liquide, d'un gaz d'une conduite. SYN. **vidange ;** → **purgeur.** *Robinet de purge.* 3. Élimination autoritaire, violente d'éléments politiquement indésirables. SYN. **épuration.** *Les grandes purges staliniennes.*
ÉTYM. de *purger.*

PURGER [pyʀʒe] v. tr. (conjug. 5) 1. Débarrasser de ce qui gêne le fonctionnement. *Purger un radiateur. Purger un moteur.* 2. LITTÉR. Débarrasser (d'une chose mauvaise ou d'êtres considérés comme dangereux). SYN. **purifier.** 3. Administrer un purgatif à (qqn, un animal). ➖ pronom. *Se purger,* prendre un purgatif. 4. Faire disparaître en subissant (une condamnation, une peine). *Purger une peine de prison.*
ÉTYM. latin *purgare.*

PURGEUR [pyʀʒœʀ] n. m. ✦ Robinet ou dispositif automatique de purge (d'une tuyauterie, d'une machine).
ÉTYM. de *purger.*

PURIFICATEUR, TRICE [pyʀifikatœʀ, tʀis] adj. ✦ Qui purifie. SYN. **purificatoire.** *Cérémonie purificatrice.* ♦ n. m. *Purificateur d'air* (appareil).
ÉTYM. de *purification.*

PURIFICATION [pyʀifikasjɔ̃] n. f. ✦ Action de purifier, de se purifier. ➖ RELIG. *Fête de la Purification de Marie.* → **Chandeleur.** ♦ fig. Élimination d'éléments jugés hétérogènes. ➖ loc. *Purification ethnique :* élimination ou déplacement violent de groupes ethniques par un autre groupe.
ÉTYM. latin *purificatio.*

PURIFICATOIRE [pyʀifikatwaʀ] **adj.** ✦ LITTÉR. Propre à la purification. SYN. **lustral, purificateur.** *Rites purificatoires.*
ÉTYM. latin *purificatorius.*

PURIFIER [pyʀifje] **v. tr.** (conjug. 9) **1.** Débarrasser (une substance) de ses impuretés. SYN. **clarifier, épurer, filtrer.** **2.** LITTÉR. Rendre pur, débarrasser de la corruption, de la souillure morale. *La souffrance l'a purifié.* — RELIG. *Rites destinés à purifier.* → **purificatoire.** — pronom. (réfl.) *Se purifier* (RELIG.). **3.** LITTÉR. Rendre plus pur, plus correct (la langue, le style). CONTR. **corrompre, salir, souiller.**
ÉTYM. latin *purificare.*

PURIN [pyʀɛ̃] **n. m.** ✦ Partie liquide du fumier, constituée par les urines et la décomposition des parties solides. SYN. **lisier.** *Fosse à purin.*
ÉTYM. mot dial. du Nord, de l'anc. v. *purer* → purée.

PURINE [pyʀin] **n. f.** ✦ BIOCHIM. Substance azotée à deux chaînes fermées.
ÉTYM. allemand *Purin,* du latin *purus* « pur ».

PURIQUE [pyʀik] **adj.** ✦ Dérivé de la purine. *Les bases puriques des acides nucléiques.*
ÉTYM. de *purine.*

PURISME [pyʀism] **n. m.** **1.** Souci excessif de la pureté et de la correction du langage par rapport à un modèle intangible et idéal. **2.** Souci de pureté, de conformité totale à un type idéal (art, idées, etc.). CONTR. **laxisme ; tolérance.**
ÉTYM. de *pur.*

PURISTE [pyʀist] **adj.** et **n.** ✦ Partisan du purisme. *Un puriste normatif.* CONTR. **laxiste ; tolérant.**

PURITAIN, AINE [pyʀitɛ̃, ɛn] **n.** **1.** HIST. Membre d'une secte protestante anglaise et hollandaise qui voulait pratiquer un christianisme plus pur. → **presbytérien.** **2.** Personne qui montre une pureté morale scrupuleuse, un respect rigoureux des principes. SYN. **rigoriste.** — **adj.** *Il a reçu une éducation puritaine.* SYN. **austère, rigide.**
ÉTYM. anglais *puritan,* de *purity* « pureté ».

PURITANISME [pyʀitanism] **n. m.** **1.** Esprit, conduite des puritains. **2.** Rigorisme, austérité.
ÉTYM. de *puritain.*

PURPURIN, INE [pyʀpyʀɛ̃, in] **adj.** ✦ LITTÉR. ou plais. Pourpre. *Des lèvres purpurines.*
ÉTYM. du latin *purpura* → pourpre.

PUR-SANG [pyʀsɑ̃] **n. m.** ✦ Cheval de course, de race (française, d'origine anglaise) pure. *Des pur-sang* (invar.) ou *des purs-sangs.*

PURULENT, ENTE [pyʀylɑ̃, ɑ̃t] **adj.** ✦ Qui contient ou produit du pus. *Une plaie purulente.*
► **PURULENCE** [pyʀylɑ̃s] **n. f.**
ÉTYM. latin *purulentus.*

PUS [py] **n. m.** ✦ Production pathologique, liquide blanchâtre ou jaunâtre, qui se forme aux points d'infection de l'organisme. → **py(o)-.** *Écoulement de pus.* → **pyorrhée, suppuration ; purulent.** HOM. PU (participe passé de ① *pouvoir*)
ÉTYM. latin *pus, puris.*

PUSILLANIME [pyzi(l)lanim] **adj.** ✦ LITTÉR. Qui manque d'audace, craint le risque, les responsabilités. SYN. **craintif, timoré.** CONTR. **audacieux, courageux, entreprenant.**
ÉTYM. latin *pusillanimis,* de *pusillus animus* « esprit mesquin ».

PUSILLANIMITÉ [pyzi(l)lanimite] **n. f.** ✦ Caractère d'une personne pusillanime. CONTR. **audace, hardiesse, témérité.**
ÉTYM. latin *pusillanimitas.*

PUSTULE [pystyl] **n. f.** **1.** Petite tumeur purulente sur la peau. SYN. **bouton.** *Les pustules de la variole.* **2.** Chacune des vésicules qui couvrent le dos du crapaud, les feuilles ou tiges de certaines plantes.
ÉTYM. latin *pustula.*

PUSTULEUX, EUSE [pystylø, øz] **adj.** ✦ Caractérisé par la présence de pustules.
ÉTYM. latin *pustulosus.*

PUTAIN [pytɛ̃] **n. f.** **I** VULG. **1.** péj. Prostituée. SYN. **pute.** **2.** péj. Femme qui a une vie sexuelle très libre. — *Enfant de putain* (terme d'injure). **3.** Personne qui cherche à plaire à tout le monde. **II** FAM. **1.** *Putain de* (+ nom), marque l'exaspération, le mépris. *Putain de moto qui refuse de démarrer !* **2.** *Putain !* exclamation de désagrément ; par ext. d'étonnement, d'admiration.
ÉTYM. de l'ancien français *put* « puant, sale », du latin *putere* « pourrir ».

PUTATIF, IVE [pytatif, iv] **adj.** ✦ DR. *Enfant, père putatif,* personne supposée être l'enfant, le père de qqn.
ÉTYM. latin *putativus,* de *putare* « penser, croire ».

PUTE [pyt] **n. f.** ✦ péj. et VULG. **1.** Prostituée. **2.** *Faire la pute ;* **adj.** *être pute :* s'abaisser pour arriver à ses fins. SYN. **putain** (I, 3).
ÉTYM. féminin de l'ancien français *put* → putain.

PUTOIS [pytwa] **n. m.** **1.** Petit mammifère carnivore, à fourrure brune, à odeur nauséabonde. — loc. *Crier comme un putois :* crier, protester très fort. **2.** Fourrure de cet animal.
ÉTYM. de *put* « puant » → putain.

PUTRÉFACTION [pytʀefaksjɔ̃] **n. f.** ✦ Décomposition des matières organiques sous l'action des bactéries. SYN. **pourriture.** *Cadavre en état de putréfaction avancée.*
ÉTYM. latin *putrefactio.*

PUTRÉFIER [pytʀefje] **v. tr.** (conjug. 9) ✦ Faire tomber en putréfaction. — pronom. Se décomposer, pourrir.
ÉTYM. latin *putrefacere.*

PUTRESCIBLE [pytʀesibl] **adj.** ✦ Qui peut se putréfier. CONTR. **imputrescible.**
ÉTYM. latin *putrescibilis,* de *putrescere* « pourrir ».

PUTRIDE [pytʀid] **adj.** **1.** Qui est en putréfaction. **2.** (miasme, odeur) Qui résulte de la putréfaction.
ÉTYM. latin *putridus.*

PUTSCH [putʃ] **n. m.** ✦ Soulèvement, coup de main d'un groupe politique armé, en vue de prendre le pouvoir. SYN. coup d'**État.** *Un putsch militaire. Des putschs.*
ÉTYM. mot allemand « poussée ».

PUTSCHISTE [putʃist] **n.** ✦ Personne qui organise un putsch ou qui y participe. — **adj.** *Des officiers putschistes.*
ÉTYM. de *putsch.*

PUY [pɥi] **n. m.** **I** Montagne, en Auvergne. **II** HIST. Société littéraire qui organisait des concours de poésie. *Le puy d'Amiens, de Rouen.* HOM. PUIS « après », PUITS « cavité »
ÉTYM. latin *podium* « estrade, hauteur » ; doublet de *podium.*

A B C D E F G H I J K L M N O P Q R S T U V W X Y Z

PUZZLE [pœzl ; pœzœl] **n. m.** 1. Jeu de patience, composé d'éléments à assembler pour reconstituer une image. 2. Multiplicité d'éléments qu'un raisonnement logique doit assembler pour reconstituer la réalité des faits. *Les pièces du puzzle commencent à s'ordonner dans sa tête.*
ÉTYM. mot anglais, de *to puzzle* «embarrasser».

P.-V. [peve] **n. m. invar.** ✦ FAM. Procès-verbal. ◆ spécialt Contravention. *Attraper un P.-V., un p.-v.*
ÉTYM. sigle.

PYGMÉE [pigme] **n. m.** 1. MYTHOL. Nain légendaire de la région du Nil. *Le combat d'Hercule contre les Pygmées.* 2. Personne appartenant à des populations de petite taille (autour de 1,50 m) habitant la forêt équatoriale du centre de l'Afrique. *Les pygmées vivent de cueillette et de chasse.*
ÉTYM. grec *pugmaios* «grand comme le poing *(pugmê)*».

PYJAMA [piʒama] **n. m.** ✦ Vêtement léger de nuit ou d'intérieur. *Veste, pantalon de pyjama. Être en pyjama.*
ÉTYM. anglais *pyjamas*, de l'hindoustani, de *pāy* «jambe» et *jāma* «vêtement».

PYLÔNE [pilon] **n. m.** 1. Portail monumental à l'entrée des temples égyptiens. ◆ Pilier placé de part et d'autre de l'entrée d'un pont, d'une avenue. 2. Structure élevée, métallique ou en béton armé, servant de support à des câbles, des antennes, etc. *Pylône électrique.*
ÉTYM. grec *pulôn*, de *pulê* «porte».

PYLORE [pilɔʀ] **n. m.** ✦ ANAT. Orifice faisant communiquer l'estomac avec le duodénum.
ÉTYM. grec *pulôros* «gardien de la porte *(pulê)*».

| **PY(O)-** Élément savant, du grec *puon* «pus».

PYORRHÉE [pjɔʀe] **n. f.** ✦ PATHOL. Écoulement de pus.
ÉTYM. de *pyo-* et *-rrhée*.

PYRAMIDAL, ALE, AUX [piʀamidal, o] **adj.** ✦ En forme de pyramide. ◆ ANAT. *Faisceaux pyramidaux* (de la moelle épinière).

PYRAMIDE [piʀamid] **n. f.** 1. Grand monument à base carrée et à faces triangulaires (qui servait de tombeau aux pharaons d'Égypte, de base aux temples aztèques, incas du Mexique, etc.). → aussi **ziggourat**. *La pyramide de Chéops.* ☛ Égypte p. 151. *La bataille des Pyramides* (remportée par Bonaparte). 2. Polyèdre qui a pour base un polygone et pour faces des triangles possédant un sommet commun. 3. Entassement (d'objets) qui repose sur une large base et s'élève en s'amincissant. *Une pyramide de boîtes de conserve.* 4. Représentation graphique d'une statistique, où les éléments se raréfient vers le haut. *La pyramide des âges, des salaires.*
ÉTYM. latin *pyramis, pyramidis*, du grec.

PYREX [piʀɛks] **n. m.** ✦ Verre très résistant pouvant aller au feu.
ÉTYM. nom déposé ; de l'anglais *pie* «tourte».

PYRIMIDINE [piʀimidin] **n. f.** ✦ BIOCHIM. Substance azotée à une chaîne fermée.
ÉTYM. allemand, du grec *pur, puros* «feu».

PYRIMIDIQUE [piʀimidik] **adj.** ✦ BIOCHIM. Dérivé de la pyrimidine. *Bases pyrimidiques des acides nucléiques.*

PYRITE [piʀit] **n. f.** ✦ Sulfure naturel de fer.
ÉTYM. grec *puritês*.

| **PYR(O)-** Élément savant, du grec *pur, puros* «feu».

PYROGRAVEUR, EUSE [piʀogʀavœʀ, øz] **n.** ✦ Artiste en pyrogravure.

PYROGRAVURE [piʀogʀavyʀ] **n. f.** ✦ Procédé de décoration du bois consistant à graver un dessin à l'aide d'une pointe métallique incandescente. ➛ Gravure réalisée par ce procédé.
ÉTYM. de *pyro-* et *gravure*.

PYROLYSE [piʀɔliz] **n. f.** ✦ SC. Décomposition chimique sous l'action de la chaleur. ➛ *Four à pyrolyse.*
ÉTYM. de *pyro-* et *-lyse*.

PYROMANE [piʀɔman] **n.** ✦ Incendiaire obéissant à l'impulsion obsédante d'allumer des incendies (dite *pyromanie*, **n. f.**).
ÉTYM. de *pyro-* et ② *-mane*.

PYROTECHNIE [piʀotɛkni] **n. f.** ✦ Technique de la fabrication et de l'utilisation des feux d'artifice.
► **PYROTECHNIQUE** [piʀotɛknik] **adj.** *Spectacle pyrotechnique.*
ÉTYM. de *pyro-* et *-technie*, du grec *tekhnê* → technique.

PYRRHONIEN, IENNE [piʀɔnjɛ̃, jɛn] **adj.** et **n.** ✦ DIDACT. Sceptique à la manière de Pyrrhon.
► **PYRRHONISME** [piʀɔnism] **n. m.** → **scepticisme.**
ÉTYM. de *Pyrrhon*, nom d'un philosophe grec.

PYTHIE [piti] **n. f.** ✦ DIDACT. (☛ noms propres) Prêtresse de l'oracle d'Apollon à Delphes. *L'oracle de la Pythie.* ➛ LITTÉR. *Une pythie*, une prophétesse. SYN. **pythonisse.**
ÉTYM. grec *puthia*, de *Puthô*, anc. nom de Delphes.

PYTHON [pitɔ̃] **n. m.** ✦ Serpent des forêts tropicales d'Afrique et d'Asie, de très grande taille (jusqu'à 10 m), qui broie sa proie entre ses anneaux avant de l'avaler. HOM. PITON «crochet»
ÉTYM. grec *puthôn*, nom d'un serpent fabuleux tué par Apollon.

PYTHONISSE [pitɔnis] **n. f.** ✦ LITTÉR. ou plais. Prophétesse, voyante. SYN. **pythie.**
ÉTYM. latin *pythonissa* ; famille de *pythie*.

PYXIDE [piksid] **n. f.** ✦ DIDACT. 1. RELIG. Petite boîte ou récipient à couvercle. 2. BOT. Capsule qui s'ouvre par en haut (plantes).
ÉTYM. latin *pyxis, pyxidis*, du grec «coffret».

Q

Q [ky] **n. m. invar.** 1. Dix-septième lettre, treizième consonne de l'alphabet. 2. MATH. ℚ Ensemble des nombres rationnels. HOM. CUL «derrière»

QCM [kyseɛm] **n. m. invar.** ✦ Questionnaire proposant plusieurs réponses parmi lesquelles il faut choisir la bonne.
ÉTYM. sigle de *questionnaire à choix multiple.*

Q. G. [kyʒe] **n. m. invar.** ✦ FAM. Quartier* général.
ÉTYM. sigle.

Q. I. [kyi] **n. m. invar.** ✦ Quotient* intellectuel.
ÉTYM. sigle.

QUADR-, QUADRI-, QUADRU- Élément, du latin *quattuor* «quatre». SYN. **tétra-**.

QUADRAGÉNAIRE [k(w)adʀaʒenɛʀ] **adj.** et **n.** ✦ Qui a entre quarante et quarante-neuf ans. *Elle est quadragénaire.*
ÉTYM. latin *quadragenarius.*

QUADRATURE [k(w)adʀatyʀ] **n. f.** ✦ Opération qui consiste à construire un carré de même surface que celle d'une figure curviligne. → loc. *La quadrature du cercle,* problème insoluble, chose irréalisable.
ÉTYM. latin *quadratura,* de *quadratus* «carré».

QUADRIENNAL, ALE, AUX [k(w)adʀijenal, o] **adj.** 1. Qui dure quatre ans. 2. Qui revient tous les quatre ans.
ÉTYM. latin *quadriennalis,* de *quadri-* et *annus* «an».

QUADRIGE [k(w)adʀiʒ] **n. m.** ✦ Char antique attelé de quatre chevaux de front.
ÉTYM. latin *quadrijugus* «attelé de quatre chevaux».

QUADRILATÈRE [k(w)adʀilatɛʀ] **n. m.** ✦ Polygone à quatre côtés (ex. le carré, le losange).
ÉTYM. latin *quadrilaterus,* de *latus* «côté».

QUADRILLAGE [kadʀijaʒ] **n. m.** 1. Dessin d'une surface quadrillée. 2. Action de quadriller (2).

QUADRILLE [kadʀij] **n. m.** ✦ Contredanse (I) à la mode au XIXe siècle. *Le quadrille des lanciers.*
ÉTYM. espagnol *cuadrilla.*

QUADRILLER [kadʀije] **v. tr.** (conjug. 3a) 1. Couvrir de lignes entrecroisées en carrés, en rectangles. → au p. passé *Papier quadrillé.* 2. Diviser (un territoire) en compartiments où l'on répartit des troupes, pour en garder le contrôle.
ÉTYM. de *quadrille,* en broderie, de l'espagnol *cuadrilla* «carreau».

QUADRIMESTRE [k(w)adʀimɛstʀ] **n. m.** ✦ COMPTAB. Durée de quatre mois.
ÉTYM. de *quadri-,* d'après *trimestre.*

QUADRIMOTEUR [k(w)adʀimɔtœʀ] **n. m.** et **adj.** ✦ (Avion) muni de quatre moteurs.

QUADRIRÉACTEUR [k(w)adʀiʀeaktœʀ] **n. m.** et **adj.** ✦ (Avion) muni de quatre réacteurs.

QUADRUMANE [k(w)adʀyman] **adj.** et **n.** ✦ Dont les quatre membres sont terminés par une main. → **n.** Animal à quatre mains. *Le singe est un quadrumane.*
ÉTYM. latin *quadrumanus* → quadru- et ① -mane.

QUADRUPÈDE [k(w)adʀypɛd] **adj.** et **n.** ✦ (animaux) Qui a quatre pattes. → **n.** *Un quadrupède* : mammifère terrestre possédant quatre pattes (excluant le quadrumane). → aussi **tétrapode.**
ÉTYM. latin *quadrupes* → quadru- et -pède.

QUADRUPLE [k(w)adʀypl] **adj.** ✦ Qui est répété quatre fois, qui vaut quatre fois (une quantité). *Une quadruple rangée de barbelés.* → **n. m.** *Huit est le quadruple de deux.*
ÉTYM. latin *quadruplus.*

QUADRUPLER [k(w)adʀyple] **v.** (conjug. 3a) 1. **v. tr.** Multiplier par quatre. *Quadrupler la production.* 2. **v. intr.** Devenir quatre fois plus élevé. *Les dépenses ont quadruplé.*
ÉTYM. latin *quadruplare.*

QUADRUPLÉS, ÉES [k(w)adʀyple] **n. pl.** ✦ Quatre enfants (jumeaux) issus d'une même grossesse.
ÉTYM. de *quadrupler.*

QUAI [ke] **n. m.** 1. Mur où accostent les bateaux, chaussée aménagée au bord de l'eau. *Quai de débarquement, d'embarquement.* → **débarcadère, embarcadère.** *Navire à quai,* rangé le long du quai. 2. Voie publique aménagée sur cette chaussée. *Se promener sur les quais.* 3. Plateforme longeant la voie dans une gare. *Le quai n° 4.*
ÉTYM. mot normand et picard, du gaulois → chai.

QUAKER, QUAKERESSE [kwɛkœʀ, kwɛkʀɛs] **n.** ✦ Membre d'un mouvement religieux protestant, fondé au XVIIe siècle, prêchant le pacifisme, la philanthropie

et la simplicité des mœurs.
ÉTYM. mot anglais, de *to quake* «trembler».

QUALIFIABLE [kalifjabl] **adj.** ✦ Qui peut être qualifié (de telle façon). CONTR. **inqualifiable.**

QUALIFICATIF, IVE [kalifikatif, iv] **adj.** et **n. m.** 1. **adj.** Qui sert à qualifier, à exprimer une qualité. *Adjectif qualificatif.* 2. **n. m.** Mot (adjectif) ou groupe de mots servant à qualifier qqn ou qqch. SYN. **épithète.**
ÉTYM. du latin *qualificare* → qualifier.

QUALIFICATION [kalifikasjɔ̃] **n. f.** 1. Action ou manière de qualifier (1). SYN. **appellation, épithète, nom,** ① **titre.** 2. Fait d'être qualifié (2). 3. *Qualification professionnelle :* formation, aptitudes qui qualifient (3) pour un emploi. CONTR. **disqualification, élimination.**
ÉTYM. latin *qualificatio.*

QUALIFIÉ, ÉE [kalifje] **adj.** 1. *Ouvrier qualifié,* ayant une formation professionnelle poussée. 2. DR. *Vol qualifié,* évident, manifeste.

QUALIFIER [kalifje] **v. tr.** (conjug. 9) 1. Caractériser par un mot, une expression. SYN. **appeler, désigner, nommer.** *Une conduite qu'on ne saurait qualifier* (→ **inqualifiable**). – *QUALIFIER DE* (+ attribut). *Elle m'a qualifiée d'idiote !* SYN. **traiter.** 2. Faire que (qqn, un concurrent) soit admis aux épreuves suivantes d'une compétition. – pronom. Obtenir sa qualification. *Elles se sont qualifiées pour la finale.* 3. (compl. personne) Donner qualité de faire qqch. *Son diplôme ne le qualifie pas pour ce travail.*
ÉTYM. latin scolastique *qualificare,* de *qualis* «quel».

QUALITATIF, IVE [kalitatif, iv] **adj.** ✦ Relatif à la qualité, qui est du domaine de la qualité. CONTR. **quantitatif.**
ÉTYM. latin *qualitativus.*

QUALITATIVEMENT [kalitativmɑ̃] **adv.** ✦ Au point de vue qualitatif. CONTR. **quantitativement.**

QUALITÉ [kalite] **n. f.** **I** 1. *(La qualité)* Manière d'être non mesurable (d'une chose) qui donne une valeur plus ou moins grande (s'oppose à *quantité*). *La qualité d'un produit. Marchandise de bonne, de mauvaise qualité. Améliorer la qualité.* – *Rapport qualité-prix.* ◆ Bonne qualité. *Des produits de qualité.* 2. *(Une, des qualités)* Trait de caractère (d'une personne) qui correspond à une valeur morale. SYN. **vertu.** *Les qualités et les défauts de qqn.* – *Les qualités d'une chose.* **II** 1. VX Haute condition sociale. SYN. **noblesse.** *Des gens de qualité.* 2. Condition, situation sociale, civile, juridique (d'une personne). SYN. **état.** – loc. *EN QUALITÉ, EN SA QUALITÉ DE... :* en tant que... CONTR. **quantité · défaut, imperfection.**
ÉTYM. latin *qualitas.*

QUAND [kɑ̃] **conj.** et **adv.**
I conj. 1. À (ce) moment. → **comme** (II) ; **lorsque, où** (I, 3). *J'attendais depuis dix minutes, quand il est arrivé.* – FAM. *Je n'aime pas quand tu cries.* 2. Chaque fois que, toutes les fois que. *Quand l'un dit oui, l'autre dit non.* 3. LITTÉR. (+ cond.) En admettant que. *Quand il l'aurait voulu, il ne l'aurait pas pu* (même s'il l'avait voulu). – *QUAND (BIEN) MÊME...* (même sens). 4. *QUAND MÊME* **loc. adv. :** cependant, pourtant. *Il l'aime quand même.* ◆ FAM. Tout de même. *Ce serait quand même plus agréable si vous veniez. Quand même ! il exagère !*
II adv. (interrogation sur le temps) À quel moment ? *Quand partez-vous ? C'est pour quand ? Alors, à quand le mariage ?* – *Je ne sais pas quand.*
HOM. CAMP «installation provisoire», KHAN «souverain mongol», QUANT (prép.) ; QU'EN (conj. *que* et préposition *en*)
ÉTYM. latin *quando.*

QUANTA [k(w)ɑ̃ta] → **QUANTUM**

QUANT À [kɑ̃ta] **loc. prép.** ✦ Pour ce qui est de, en ce qui concerne. *Il est très discret quant à son passé. Quant à vous, attendez ici. Quant à moi...* – *Quant-à-soi* (voir ce mot). HOM. CAMP «installation provisoire», KHAN «souverain mongol», QUAND «lorsque» ; QU'EN (conj. *que* et préposition *en*) ; QUANTA (pluriel de *quantum*)
ÉTYM. latin *quantum ad,* de *quantum* «combien».

QUANT-À-SOI [kɑ̃taswa] **n. m. sing.** ✦ Réserve un peu fière d'une personne qui garde pour elle ses sentiments. *Rester sur son quant-à-soi :* garder ses distances.

QUANTIÈME [kɑ̃tjɛm] **n. m.** ✦ DIDACT. Désignation du jour du mois par son chiffre. *Montre qui marque les quantièmes. Le quantième sommes-nous ?* SYN. FAM. **combien.**
ÉTYM. de l'ancien adjectif *quant, quante* «combien de», du latin *quantum.*

QUANTIFIABLE [kɑ̃tifjabl] **adj.** ✦ DIDACT. Que l'on peut quantifier. *Données quantifiables.*

QUANTIFICATEUR [kɑ̃tifikatœʀ] **n. m.** 1. MATH., LOG. Symbole qui lie une ou plusieurs variables à une quantité. *Quantificateur universel* (: pour tout), *existentiel* (: il existe au moins un). 2. Mot utilisé pour exprimer une quantité, précise ou non.
ÉTYM. de *quantifier.*

QUANTIFIER [kɑ̃tifje] **v. tr.** (conjug. 9) ✦ DIDACT. Attribuer une grandeur mesurable à (qqch.). *Quantifier le coût d'une réforme.*
ÉTYM. anglais *to quantify,* du latin, de *quantus* «combien grand».

QUANTIFIEUR [kɑ̃tifjœʀ] **n. m.** ✦ LING. Déterminant exprimant l'idée de quantité (ex. un, deux, chaque, tout).

QUANTIQUE [k(w)ɑ̃tik] **adj.** ✦ PHYS. Des quanta ; de la théorie des quanta (→ **quantum**). *Mécanique quantique.* HOM. CANTIQUE «chant religieux»
ÉTYM. de *quantum.*

QUANTITATIF, IVE [kɑ̃titatif, iv] **adj.** ✦ Qui appartient au domaine de la quantité et des valeurs numériques (opposé à *qualitatif*).
► **QUANTITATIVEMENT** [kɑ̃titativmɑ̃] **adv.**
ÉTYM. latin *quantitativus.*

QUANTITÉ [kɑ̃tite] **n. f.** 1. Nombre plus ou moins grand (de choses, de personnes) ; mesure qui sert à évaluer l'importance (d'une collection, d'un ensemble). *En grande, en petite quantité.* → **beaucoup, peu.** 2. *Une, des quantité(s) de,* grand nombre, abondance. SYN. **foule,** ① **masse.** *Quantité de gens le pensent.* – *EN QUANTITÉ :* en abondance. FAM. *En quantité industrielle*.* 3. Qualité de ce qui peut être mesuré ; chose mesurable. – loc. *Considérer qqn comme une quantité négligeable :* ne pas en tenir compte. 4. *LA QUANTITÉ :* l'ensemble des valeurs mesurables (opposé à *la qualité*). *Adverbes de quantité.*
ÉTYM. latin *quantitas,* de *quantus* «combien grand».

QUANTUM [k(w)ɑ̃tɔm] plur. **QUANTA** [k(w)ɑ̃ta] n. m. ✦ PHYS. *Quantum d'action, d'énergie :* la plus petite quantité. *Théorie des quanta,* qui suppose que la lumière, l'énergie se manifestent par petites quantités discontinues (particules).
ÉTYM. mot latin «combien».

QUARANTAINE [kaʀɑ̃tɛn] n. f. **I** 1. Nombre d'environ quarante. *Une quarantaine de personnes.* 2. Âge d'environ quarante ans (→ **quadragénaire**). **II** Isolement de durée variable (quarante jours à l'origine) imposé en cas de risques contagieux. *Mettre qqn* EN QUARANTAINE *;* fig. exclure, mettre à l'écart.
ÉTYM. de *quarante.*

QUARANTE [kaʀɑ̃t] adj. numéral invar. **I** adj. numéral invar. 1. (cardinal) Quatre fois dix (40). *Quarante et un, quarante-deux..., quarante-neuf. Un trajet de quarante minutes.* ➝ absolt (nominal) *Les Quarante :* les membres de l'Académie française. 2. (ordinal) Quarantième. *Page quarante.* **II** n. m. invar. Le chiffre, le numéro quarante.
ÉTYM. latin populaire *quaranta,* classique *quadraginta.*

QUARANTIÈME [kaʀɑ̃tjɛm] adj. 1. Ordinal de *quarante. Dans sa quarantième année.* 2. Se dit de ce qui est contenu quarante fois dans un tout. *La quarantième partie.* ➝ n. *Deux quarantièmes.*

QUARK [kwaʀk] n. m. ✦ PHYS. Particule fondamentale électriquement chargée, qui se manifeste dans les particules lourdes.
ÉTYM. mot anglais, tiré de «*Finnegans Wake*» de J. Joyce.

① **QUART, QUARTE** [kaʀ, kaʀt] adj. ✦ VX Quatrième. ➝ «*Le Quart Livre*» (de Rabelais). ➝ *Le quart-monde.* → **quart-monde.** ➝ *Fièvre quarte* (accès tous les quatre jours). HOM. ① CAR (conj.), ② CAR «autocar», CARRE «angle» ; CARTE «morceau de carton», KART «véhicule»
ÉTYM. latin *quartus.*

② **QUART** [kaʀ] n. m. **I** Fraction d'un tout divisé en quatre parties égales. *Dépenser le quart, les trois quarts de son revenu.* ➝ Quart d'une livre (125 g). *Un quart de beurre.* ➝ loc. *Au quart de tour* (d'un moteur) ; fig. immédiatement. ◆ QUART D'HEURE *:* quinze minutes. *Une heure moins le quart, deux heures et quart. Passer un mauvais quart d'heure :* un moment pénible. **II** 1. Période de quatre heures, pendant laquelle une partie de l'équipage est de service. *Officier, matelot de quart,* de service. *Prendre le quart.* 2. Partie appréciable de (qqch.). *Je n'ai pas lu le quart de ce rapport.* ➝ LES TROIS QUARTS *:* la plus grande partie. LES TROIS QUARTS DU TEMPS *:* le plus souvent. ➝ *Portrait* DE TROIS QUARTS *:* entre face et profil (on voit les trois quarts du visage). HOM. ① CAR (conj.), ② CAR «autocar», CARRE «angle»
ÉTYM. latin *quartum* → ① quart.

QUARTE [kaʀt] n. f. ✦ MUS. Intervalle de quatre degrés dans la gamme diatonique (ex. de do à fa). HOM. CARTE «morceau de carton», KART «véhicule»
ÉTYM. italien *quarta.*

QUARTÉ [k(w)aʀte] n. m. ✦ Forme de pari mutuel où l'on parie sur quatre chevaux dans une course.
ÉTYM. de ① *quart,* d'après *tiercé ;* marque déposée.

① **QUARTERON** [kaʀtəʀɔ̃] n. m. ✦ péj. Petit groupe. *Un quarteron de protestataires.*
ÉTYM. de ② *quart.*

② **QUARTERON, ONNE** [kaʀtəʀɔ̃, ɔn] n. ✦ Fils, fille d'un blanc et d'une mulâtresse, ou d'une blanche et d'un mulâtre.
ÉTYM. espagnol *cuarteron,* de *cuarto* «quart».

QUARTETTE [k(w)aʀtɛt] n. m. ✦ Ensemble de jazz formé de quatre musiciens.
ÉTYM. italien *quartetto,* puis anglais *quartet.*

QUARTIER [kaʀtje] n. m. **I** 1. Portion d'environ un quart. *Un quartier de pomme. Un quartier de bœuf.* 2. L'une des phases de la Lune où une partie du disque est éclairée. *Premier, dernier quartier.* **II** 1. Partie d'une ville ayant une certaine unité. *Les beaux quartiers. Les gens du quartier.* 2. au plur. (dans des loc.) Cantonnement. QUARTIERS D'HIVER *:* lieu où logent les troupes pendant l'hiver. ➝ QUARTIER GÉNÉRAL *:* bureaux du commandant d'une armée et de son état-major (sigle Q. G.). ◆ loc. *Avoir quartier libre :* être autorisé à sortir de la caserne ; avoir un moment de liberté. 3. VX Lieu de sûreté. loc. *Demander quartier,* la vie sauve. ➝ MOD. *Ne pas faire de quartier :* massacrer tout le monde ; traiter sans ménagement. 4. Partie d'une prison affectée à une catégorie de détenus. *Le quartier des femmes.*
ÉTYM. de *quart.*

QUARTIER-MAÎTRE [kaʀtjemɛtʀ] n. m. ✦ Marin du premier grade au-dessus de celui du matelot. *Des quartiers-maîtres.*
ÉTYM. traduction de l'allemand → quartier (II, 2).

QUARTILE [kwaʀtil] n. m. ✦ DIDACT. Chacune des quatre parties divisant également un ensemble statistique.
ÉTYM. latin *quartilis,* de *quartus* → ① quart.

QUART-MONDE [kaʀmɔ̃d] n. m. 1. Partie de la population la plus défavorisée, dans un pays développé. *Des quarts-mondes.* 2. Les pays les plus démunis du tiers-monde*.
ÉTYM. de ① *quart* et *monde,* d'après *tiers-monde.*

QUARTZ [kwaʀts] n. m. ✦ Forme la plus courante de la silice naturelle cristallisée. SYN. **cristal** de roche. *Montre à quartz.*
ÉTYM. mot allemand.

QUASAR [kazaʀ] n. m. ✦ Source céleste d'ondes hertziennes (radiosource) analogue à une étoile.
ÉTYM. mot américain, de *quas(i) (stell)ar radio source.*

① **QUASI** [kazi] adv. ✦ RÉGIONAL OU LITTÉR. (devant un adj.) Presque, pour ainsi dire. *Le raisin est quasi mûr.* SYN. FAM. **quasiment.** ➝ (devant un nom, avec un trait d'union) *Quasi-certitude, quasi-totalité.* ➝ DR. *Quasi-contrat, quasi-délit.*
ÉTYM. mot latin.

② **QUASI** [kazi] n. m. ✦ Morceau du haut de la cuisse du veau. *Un rôti dans le quasi.*
ÉTYM. origine discutée, peut-être famille de *case.*

QUASIMENT [kazimɑ̃] adv. ✦ FAM. OU RÉGIONAL Presque, à peu près.
ÉTYM. de ① *quasi.*

QUATERNAIRE [kwatɛʀnɛʀ] adj. 1. Formé de quatre éléments. 2. *Ère quaternaire* ou n. m. *le quaternaire :* ère géologique la plus récente (environ deux millions d'années), marquée par le développement de l'homme et des glaciations.
ÉTYM. latin *quaternarius.*

QUATORZE [katɔʀz] **adj. numéral invar.** **I** **adj. numéral invar.** 1. (cardinal) Dix plus quatre (14). *Mille neuf cent quatorze ;* ellipt *quatorze.* loc. *Comme en quatorze,* avec l'enthousiasme du début de la guerre (de 1914-1918). 2. (ordinal) Quatorzième. *Louis XIV.* **II** **n. m. invar.** Le nombre, le numéro ainsi désigné. *Avoir (un) quatorze en français.*
ÉTYM. latin *quatt(u)ordecim.*

QUATORZIÈME [katɔʀzjɛm] **adj.** et **n.** 1. Ordinal de *quatorze. Le quatorzième siècle* (entre 1301 et 1400). 2. Se dit d'une partie d'un tout également divisé en quatorze.
► **QUATORZIÈMEMENT** [katɔʀzjɛmmɑ̃] **adv.**

QUATRAIN [katʀɛ̃] **n. m.** ✦ Strophe de quatre vers. ☛ Littérature p. 123. *Les quatrains d'un sonnet.*
ÉTYM. de *quatre.*

QUATRE [katʀ] **adj. numéral invar.** **I** **adj. numéral invar.** 1. (cardinal) Trois plus un (4). → **quadr-, tétra-**. *Les quatre saisons.* ♦ loc. *Se mettre en quatre :* se donner beaucoup de mal. → se **décarcasser.** – *Manger comme quatre,* énormément. – *Descendre un escalier quatre à quatre,* très vite. *Un de ces quatre (matins),* un jour. 2. (ordinal) Quatrième. *Henri IV.* **II** **n. m. invar.** Le nombre, le numéro ainsi désigné. *Deux et deux font quatre.*
ÉTYM. latin *quatt(u)or.*

QUATRE-CENT-VINGT-ET-UN [kat(ʀə)sɑ̃vɛ̃teœ̃] **n. m. invar.** ✦ Jeu de dés, appelé aussi *quatre-vingt-et-un,* où la combinaison la plus forte est composée d'un quatre, d'un deux et d'un as.

QUATRE-HEURES [katʀœʀ] **n. m. invar.** ✦ FAM. Goûter, collation du milieu de l'après-midi.

QUATRE-QUARTS [kat(ʀə)kaʀ] **n. m. invar.** ✦ Gâteau où entrent à poids égal du beurre, de la farine, du sucre et des œufs.

QUATRE-QUATRE [kat(ʀə)katʀ] **n. f. invar.** ou **n. m. invar.** ✦ Automobile tout-terrain à quatre roues motrices. – On écrit parfois *4 × 4.*

QUATRE-VINGT [katʀəvɛ̃] **adj. numéral** ✦ prend un *s* final lorsqu'il n'est pas suivi d'un autre adj. numéral 1. **adj. numéral (cardinal)** Huit fois dix (80). *Âgé de quatre-vingts ans* (→ **octogénaire**), *de quatre-vingt-deux ans.* – *QUATRE-VINGT DIX :* neuf fois dix (90). SYN. RÉGIONAL **nonante.** ♦ (ordinal) *QUATRE-VINGT.* Quatre-vingtième. *Page quatre-vingt.* 2. **n. m. invar.** *QUATRE-VINGTS.* Le nombre, le numéro ainsi désigné.
ÉTYM. de *quatre* et *vingt.*

QUATRE-VINGT-ET-UN [kat(ʀə)vɛ̃teœ̃] → QUATRE-CENT-VINGT-ET-UN

QUATRE-VINGTIÈME [katʀəvɛ̃tjɛm] **adj.** et **n.** 1. Ordinal de *quatre-vingt.* 2. Se dit d'une partie d'un tout également divisé en quatre-vingts parties.

QUATRIÈME [katʀijɛm] **adj.** et **n.** 1. **adj.** et **n.** Ordinal de quatre. *Habiter au quatrième.* – loc. *En quatrième vitesse :* très vite. 2. **n. f.** en France Classe des collèges qui suit la cinquième.
ÉTYM. de *quatre.*

QUATRIÈMEMENT [katʀijɛmmɑ̃] **adv.** ✦ En quatrième lieu.

QUATUOR [kwatɥɔʀ] **n. m.** 1. Œuvre de musique écrite pour quatre instruments ou quatre voix. *Quatuor à cordes,* pour deux violons, alto et violoncelle. 2. Groupe de quatre musiciens ou chanteurs. SYN. **quartette.**
ÉTYM. mot latin, variante de *quattuor* «quatre».

① **QUE** [kə] **conj.** 1. avant une subordonnée complétive (à l'indic. ou au subj. selon le v. de la principale, ou la nuance à rendre) *Je pense que tout ira bien. Je crois qu'il est là. C'est dommage qu'il soit malade.* 2. servant à former des loc. conj. *À condition, à mesure que...* 3. avant une proposition circonstancielle – (temporelle) *Il avait à peine fini qu'il s'en allait.* – (finale) *Venez là que nous causions.* – (causale) *Il reste au lit, non qu'il soit vraiment malade, mais il le croit.* – (hypothétique) *Qu'il pleuve ou qu'il vente, j'irai. Que tu viennes ou non, ou pas.* ♦ *NE... QUE... NE... :* sans que, avant que. *Il ne se passe pas une semaine qu'il ne vienne.* 4. substitut d'un autre mot grammatical (*quand, si, comme...*), dans une coordonnée *Quand il arriva et qu'elle le vit.* 5. introduit le second terme d'une comparaison *Autant, plus, moins que...* 6. en corrélation avec *ne,* pour marquer la restriction *NE... QUE... :* seulement. *Je n'aime que toi.* – (renforcement) *Il n'en est que plus coupable.* 7. introduit une indépendante au subj. (ordre, souhait...) *Qu'il parte !*
ÉTYM. latin médiéval *que,* de *quia* «parce que».

② **QUE** [kə] **adv.** 1. interrog. (dans les loc.) Pourquoi, en quoi ? *Que m'importe son opinion ? Que ne venez-vous ?* 2. exclam. Comme, combien ! *Que c'est beau ! Que de monde !* – FAM. *Ce qu'il est bête !*
ÉTYM. → ① que.

③ **QUE** [kə] **pron.** **I** Pronom relatif désignant une personne ou une chose. 1. (objet direct) *Celle que j'aime. Les cadeaux que tu lui as faits.* 2. (compl. indir. ou circonstanciel) *Depuis dix ans que nous habitons ici. L'été qu'il a fait si chaud,* où* il a fait si chaud. 3. (attribut) *L'homme que vous êtes.* **II** Pronom interrogatif désignant une chose. 1. (objet direct) Quelle chose ? (en concurrence avec *qu'est-ce que...*). *Que faire ? Que fais-tu ? Que se passe-t-il ? Qu'y a-t-il ?* ♦ (interrog. indir.) Quoi. *Il ne savait plus que dire.* 2. (attribut) *Qu'est-ce ? Que deviens-tu ?* ♦ *QU'EST-CE QUE... Qu'est-ce que vous dites ? Qu'est-ce que c'est que ça ?* – *QU'EST-CE QUI... ? Qu'est-ce qui te prend ?*
ÉTYM. latin *quem,* accusatif de *qui ;* sens II, latin *quid* «quoi».

QUÉBÉCISME [kebesism] **n. m.** ✦ LING. Fait de langue propre au français du Québec.
ÉTYM. de *Québec.*

QUÉBÉCOIS, OISE [kebekwa, waz] **adj.** et **n.** ✦ Du Québec, province francophone du Canada ; de la ville de Québec (☛ noms propres).

QUECHUA [ketʃwa] **n. m.** ✦ Langue amérindienne (Argentine, Pérou, Bolivie) qui fut celle des Incas. – On écrit aussi *quéchua* et on dit parfois *quichua* [kitʃwa].
ÉTYM. mot indigène. ☛ QUECHUAS (noms propres).

QUEL, QUELLE [kɛl] **adj.** **I** Adjectif interrogatif portant sur la nature, l'identité (de qqch., qqn). 1. interrog. dir. (attribut) *Quelle est cette personne ?* SYN. **qui.** – (épithète) *Quels amis inviterez-vous ? Quelle heure est-il ?* 2. interrog. indir. *Il ne savait pas quelle route prendre.* 3. exclam. *Quelle jolie maison ! Quel dommage qu'elle soit partie ! Quelle idée !* **II** LITTÉR. pron. interrog. (avec un partitif) *De nous deux, quel est le plus grand ?* SYN. **lequel, qui.**

III adjectif relatif *QUEL (...) QUE*, avec le verbe *être* au subj. (loc. concessive) *Quelle que soit la solution choisie.* HOM. QU'ELLE (conj. et pronom personnel) ; (de *quel, quelle... que*) QUELQUE(S) «plusieurs»
ÉTYM. latin *qualis, quale.*

QUELCONQUE [kɛlkɔ̃k] **adj. 1. adj. indéf.** N'importe lequel, quel qu'il soit. *Un point quelconque du cercle. Un quelconque prétexte.* – Qui n'a aucune propriété particulière. *Triangle quelconque.* SYN. **scalène. 2. adj. qualificatif** Tel qu'on peut en trouver partout, sans qualité ou valeur particulière. *Un homme quelconque,* insignifiant. *C'est très quelconque.* SYN. **banal, médiocre.** CONTR. **exceptionnel, remarquable.**
ÉTYM. latin *qualiscumque.*

QUELQUE [kɛlk(ə)] **adj. I** LITTÉR. *QUELQUE... QUE* (concessif) **1.** (qualifiant un nom) *Quelques efforts qu'il fasse, il échouera,* quels que soient ses efforts. **2.** (adverbial, qualifiant un adj.) *Quelque difficiles que soient les circonstances.* SYN. **aussi, ① si. II adj. indéf. 1.** *QUELQUE :* un, certain. *Il sera allé voir quelque ami. Quelque part*.* – Un peu de. *Depuis quelque temps.* **2.** *QUELQUES :* un certain nombre de. SYN. **plusieurs.** *J'ai vu quelques amis. Cent et quelques euros ; cent euros et quelques.* **3. adv.** Environ. *Un livre de quelque vingt euros.* HOM. QUEL QUE (voir *quel,* III)
ÉTYM. de *quel* et ① *que.*

QUELQUE CHOSE → CHOSE

QUELQUEFOIS [kɛlkəfwa] **adv. 1.** Un certain nombre de fois. *Il est venu quelquefois.* **2.** Dans un certain nombre de cas. SYN. **parfois.** *Il est quelquefois drôle.*
ÉTYM. de *quelque* et *fois.*

QUELQUE PART → PART (III, 2)

QUELQU'UN, UNE [kɛlkœ̃, yn], plur. **QUELQUES-UNS, UNES** [kɛlkəzœ̃, yn] **pron. indéf. I** au sing. *QUELQU'UN.* **1.** Une personne (indéterminée). *Il y a quelqu'un ?* – *Il a quelqu'un dans sa vie.* **2.** (avec *de* et un qualificatif) *Il faut trouver quelqu'un de sérieux.* **3.** Personne remarquable ; personnalité. – exclam. *C'est quelqu'un !* **II** au plur. *Quelques-uns de(s),* un petit nombre indéterminé de (parmi plusieurs). SYN. **certain.** *Quelques-uns des spectateurs se mirent à rire. Quelques-unes de ses poésies sont belles.* – absolt *C'est l'avis de quelques-uns.*
ÉTYM. de *quelque* et *un.*

QUÉMANDER [kemɑ̃de] **v. tr.** (conjug. 3a) ✦ Demander humblement et avec insistance (de l'argent, une faveur).
ÉTYM. de l'ancien français *cayment* «mendiant», de *Caïn* ➡ noms propres.

QUÉMANDEUR, EUSE [kemɑ̃dœʀ, øz] **n.** ✦ Personne qui quémande.

QU'EN-DIRA-T-ON [kɑ̃diʀatɔ̃] **n. m. sing.** ✦ Opinion, commentaires prévisibles et malveillants d'autrui. *Se moquer du qu'en-dira-t-on.*

QUENELLE [kənɛl] **n. f.** ✦ Rouleau de pâte légère où est incorporé du poisson (de la volaille, etc.) haché fin.
ÉTYM. alsacien *knödel.*

QUENOTTE [kənɔt] **n. f.** ✦ FAM. Petite dent (d'enfant).
ÉTYM. mot normand, de l'ancien français *cane* «dent», mot germanique.

QUENOUILLE [kənuj] **n. f.** ✦ Petit bâton garni en haut d'une matière textile, que les femmes filaient en la dévidant au moyen du fuseau ou du rouet. ◆ loc. *Tomber en quenouille :* se disait d'un héritage quand il était échu à une femme ; fig. perdre sa valeur, être à l'abandon.
ÉTYM. latin *conucula,* diminutif de *colus* (même sens).

QUÉQUETTE [kekɛt] **n. f.** ✦ FAM. enfantin Pénis d'un jeune garçon.
ÉTYM. d'un radical expressif *kik-* s'appliquant à une chose pointue.

QUERELLE [kəʀɛl] **n. f.** ✦ Vif désaccord entre personnes. SYN. **dispute, dissension.** *Querelle d'amoureux.* – loc. *Chercher querelle à qqn,* le provoquer. SYN. **noise.** ◆ Lutte d'idées. HIST. LITTÉR. *La querelle des anciens et des modernes* (au XVIIe siècle).
ÉTYM. latin *querela,* de *queri* «se plaindre».

QUERELLER [kəʀele] **v. tr.** (conjug. 3a) **1.** LITTÉR. Adresser des reproches à (qqn). SYN. **gronder. 2.** *SE QUERELLER* **v. pron.** (récipr.) Avoir une querelle, une dispute vive. SYN. se **chamailler,** se **disputer.** *Ils se querellent sans cesse.* – (réfl.) *Se quereller avec qqn.*
ÉTYM. de *querelle.*

QUERELLEUR, EUSE [kəʀelœʀ, øz] **adj.** ✦ Qui aime les querelles. SYN. **batailleur.** *D'humeur querelleuse,* agressive. CONTR. **conciliant, doux.**
ÉTYM. de *quereller.*

QUÉRIR [keʀiʀ] **v. tr.** (seulement inf.) ✦ VX Chercher. *ALLER QUÉRIR qqn, qqch.*
ÉTYM. latin *quaerere.*

QUESTEUR [kɛstœʀ] **n. m. 1.** ANTIQ. ROMAINE Magistrat qui assistait les consuls, en matière financière et criminelle. **2.** Membre d'une assemblée parlementaire faisant partie d'un bureau (la *questure*) chargé d'ordonner les dépenses, de veiller au maintien de la sécurité.
ÉTYM. latin *quaestor.*

QUESTION [kɛstjɔ̃] **n. f. 1.** Demande qu'on adresse à qqn en vue d'apprendre qqch. de lui. SYN. **interrogation.** *Poser une question à qqn. Une bonne question, une question indiscrète. Répondez à ma question.* – *Les questions d'un examen.* ◆ DR. Demande d'explication à un ministre, adressée par un parlementaire. **2.** Sujet qui implique des difficultés, donne lieu à discussion. SYN. **affaire, matière, ① point, problème.** *La question est difficile. La question est (de savoir) si... Les questions économiques, sociales.* – *Là est la question, c'est toute la question,* la difficulté essentielle. *Ce n'est pas la question :* il ne s'agit pas de cela. – *C'est une question de principe.* impers. *Il est question de...,* on parle de..., il s'agit de... – introduisant une éventualité qu'on envisage *Il est question de lui comme directeur. Il n'est pas question, il est hors de question que... :* on ne peut envisager que... *Pas question de céder !* ◆ *EN QUESTION. La personne, la chose en question,* dont il s'agit. *Mettre, remettre qqch. en question :* mettre, remettre en cause. **3.** anciennt Torture infligée pour arracher des aveux. *Infliger la question. Soumettre qqn à la question.*
ÉTYM. latin *quaestio.*

QUESTIONNAIRE [kɛstjɔnɛʀ] **n. m.** ✦ Liste de questions posées en vue d'une enquête, d'un jeu ; formulaire. *Questionnaire à choix multiple,* dans lequel des

réponses sont proposées (abrév. Q. C. M.).
ÉTYM. de *question.*

QUESTIONNER [kɛstjɔne] v. tr. (conjug. 3a) ✦ Poser des questions à (qqn), d'une manière suivie. SYN. **interroger.** *Questionner un candidat.*
► **QUESTIONNEMENT** [kɛstjɔnmɑ̃] n. m.
ÉTYM. de *question.*

QUÊTE [kɛt] n. f. **I** 1. VX ou LITTÉR. Recherche. *La quête du Graal.* 2. loc. *EN QUÊTE DE* : à la recherche de. *Il se met en quête d'un restaurant.* **II** Action de recueillir de l'argent pour des œuvres pieuses ou charitables. SYN. **collecte.** *Faire la quête pour les lépreux.*
ÉTYM. latin *quaesitus,* de *quaerere* «chercher».

QUÊTER [kete] v. (conjug. 3a) **I** v. tr. Demander ou rechercher comme un don, une faveur. SYN. **mendier, solliciter.** *Son regard quête une approbation.* **II** v. intr. Faire la quête (II).
ÉTYM. de *quête.*

QUÊTEUR, EUSE [kɛtœʀ, øz] n. ✦ Personne chargée de faire la quête.
ÉTYM. de *quêter.*

QUETSCHE [kwɛtʃ] n. f. 1. Grosse prune oblongue à la peau de couleur violet sombre. *Tarte aux quetsches.* 2. Eau-de-vie de quetsches.
ÉTYM. mot allemand.

QUEUE [kø] n. f. **I** 1. Appendice poilu qui prolonge la colonne vertébrale de nombreux mammifères. → **caudal.** *La queue d'un chat, d'une vache. De la tête à la queue.* ➝ loc. *Rentrer la queue basse, la queue entre les jambes,* piteusement. ➝ *À LA QUEUE LEU LEU* loc. adv. : l'un derrière l'autre. → en **file** indienne. 2. Extrémité postérieure allongée du corps (poissons, reptiles, etc.). *Queue de lézard. Queues de langoustines,* l'abdomen. 3. Ensemble des plumes du croupion (d'un oiseau). 4. loc. *QUEUE-DE-MORUE, QUEUE-DE-PIE* : longues basques d'une veste d'habit. ➝ *QUEUE-DE-CHEVAL* : coiffure où les cheveux sont ramassés et attachés à l'arrière de la tête. *Des queues-de-cheval.* ➝ *QUEUE DE POISSON*.* ➝ *Pas la queue d'un, d'une* : pas un(e) seul(e). 5. Tige (d'une fleur, d'une feuille). ➝ Attache (d'un fruit). *Tisane de queues de cerises.* 6. VULG. Membre viril. **II** 1. Partie terminale, prolongement. *La queue d'une comète,* la traînée lumineuse qui la suit. ➝ *PIANO À QUEUE* : grand piano dont les cordes sont disposées horizontalement. 2. *Queue de billard* : long bâton arrondi qui sert à pousser les billes. ◆ *La queue d'une poêle.* SYN. ② **manche.** ➝ fig. *Tenir la queue de la poêle*.* **III** 1. Derniers rangs, dernières personnes (d'un groupe). *La tête et la queue du cortège.* 2. File de personnes qui attendent leur tour. *Faire la queue devant un cinéma.* 3. Arrière d'une file de véhicules. *Les wagons de queue. Monter en queue.* 4. loc. FAM. *Sans queue ni tête,* dénué de sens, incohérent. HOM. QUEUX «cuisinier»
ÉTYM. latin *coda,* variante de *cauda.*

QUEUX [kø] n. m. ✦ VX ou plais *MAÎTRE-QUEUX* : cuisinier.
HOM. QUEUE «extrémité»
ÉTYM. latin *coquus, cocus* «cuisinier».

QUI [ki] pron. **I** Pronom relatif des deux nombres, masculin ou féminin, désignant une personne ou une chose. 1. (sujet ; avec antécédent exprimé) *Prenez la rue qui monte. Moi qui suis son père. C'est toi qui commences.* ➝ (sans antécédent exprimé) Quiconque ; celui qui. *Qui va lentement va sûrement. C'était à qui des deux serait le plus aimable.* ➝ Ce qui. *Voilà qui doit être agréable.* 2. (compl.) Celui, celle que... *Embrassez qui vous voudrez. Qui vous savez,* la personne qu'on ne veut pas nommer. ➝ (compl. indir. ou circonstanciel) *L'homme à qui j'ai parlé, de qui je parle* (→ **dont**), *pour qui je vote.* SYN. **lequel.** **II** Pronom interrogatif singulier désignant une personne. 1. (interrog. dir. ; sujet, attribut) *Qui te l'a dit ? Qui sait ? Qui sont ces gens ? Qui est-ce ?* ➝ (compl.) *Qui demandez-vous ? De qui parlez-vous ?* 2. (interrog. indir.) *Dis-moi qui tu fréquentes, et je te dirai qui tu es.* 3. *QUI QUE* (+ subj.). *Qui que tu sois, écoute-moi. Qui que ce soit,* n'importe qui. HOM. KHI (lettre grecque)
ÉTYM. latin *qui.*

à QUIA [akɥija] loc. adv. ✦ *Réduire qqn à quia,* le mettre dans l'impossibilité de répondre, de réfuter.
ÉTYM. latin *quia* «parce que».

QUICHE [kiʃ] n. f. 1. Tarte salée garnie d'une préparation à base de crème, d'œufs et de lard, qui se mange chaude. *Quiche lorraine.* 2. FAM. Personne sotte ou nulle.
ÉTYM. alsacien *küchen* «gâteau».

QUICHUA [kitʃwa] → **QUECHUA**

QUICONQUE [kikɔ̃k] pron. 1. pron. rel. Toute personne qui... ; qui que ce soit qui. *Quiconque m'aime, me suive.* SYN. **qui** (I, 1). 2. pron. indéf. N'importe qui, personne. *Je n'en parlerai à quiconque. Je le sais mieux que quiconque.*
ÉTYM. de *qui,* redoublé *(qui qu'),* et *onques* «jamais».

QUIDAM [k(ɥ)idam] n. m. ✦ plais. Un certain individu, un homme. SYN. FAM. **bonhomme, mec, type.** *Qui est ce quidam ? Des quidams.*
ÉTYM. mot latin «un certain».

QUIET, QUIÈTE [kjɛ, kjɛt] adj. ✦ LITTÉR. Paisible, tranquille. CONTR. **inquiet.**
ÉTYM. latin *quietus.*

QUIÉTUDE [kjetyd] n. f. ✦ LITTÉR. Calme paisible. SYN. **sérénité.** loc. *En toute quiétude* : en toute tranquillité. CONTR. **agitation, inquiétude.**
ÉTYM. latin *quietudo.*

QUIGNON [kiɲɔ̃] n. m. ✦ *QUIGNON (DE PAIN)* : gros croûton de pain.
ÉTYM. de *coignon,* de *coin.*

① **QUILLE** [kij] n. f. **I** 1. Chacune des pièces de bois cylindriques qu'on dispose debout pour les renverser avec une boule lancée à la main. *Un jeu de quilles.* → **bowling.** 2. FAM. Jambe. **II** ARGOT MILIT. Fin du service militaire. SYN. **classe.** *Vive la quille !*
ÉTYM. ancien allemand *kegil.*

② **QUILLE** [kij] n. f. ✦ Pièce située à la partie inférieure d'un bateau, dans l'axe de la longueur, et qui sert à l'équilibrer.
ÉTYM. ancien norrois *kilir.*

QUINCAILLERIE [kɛ̃kajʀi] n. f. 1. Ensemble d'ustensiles et de petits produits utilitaires en métal. 2. Industrie de ces objets ou magasin où ils sont vendus. 3. FAM. Bijoux faux ou de mauvais goût.
ÉTYM. de l'ancien français *quincaille* «objets de fer», même radical que *clinquant.*

QUINCAILLIER, IÈRE [kɛ̃kaje, jɛʀ] n. ✦ Personne qui vend de la quincaillerie. SYN. **ferblantier.** ➝ Écrire *quincailler, quincaillère,* sans *i* après les deux *l,* est permis.

QUINCONCE [kɛ̃kɔ̃s] **n. m.** ✦ *EN QUINCONCE*, se dit d'objets disposés par groupes de cinq, dont quatre aux quatre angles d'un carré, d'un rectangle, et le cinquième au centre. *Plantation d'arbres en quinconce.* ➡ *La place des Quinconces, à Bordeaux.*
ÉTYM. latin *quincunx, quincuncis* «cinq *(quinque)* onces *(uncia)*».

QUININE [kinin] **n. f.** ✦ Alcaloïde extrait de l'écorce de quinquina, remède contre le paludisme.
ÉTYM. de *quina*, variante de *quinquina*.

QUINQU(A)- Élément, du latin *quinque* «cinq» SYN. **pent(a)-**.

QUINQUAGÉNAIRE [kɛ̃kaʒenɛʀ ; kɥɛ̃kwaʒenɛʀ] **adj. et n.** ✦ Qui a entre cinquante et cinquante-neuf ans. ➡ **n.** *Un, une quinquagénaire.*
ÉTYM. latin *quinquagenarius*.

QUINQUENNAL, ALE, AUX [kɛ̃kenal, o] **adj.** 1. Qui a lieu tous les cinq ans. 2. Qui dure cinq ans. *Plan quinquennal.*
ÉTYM. latin *quinquennalis*.

QUINQUENNAT [kɛ̃kena] **n. m.** ✦ Durée de cinq ans (d'une fonction, d'un mandat).
ÉTYM. de *quinquennal*.

QUINQUET [kɛ̃kɛ] **n. m.** 1. **anciennt** Lampe à huile à réservoir. 2. **FAM. VIEILLI** Œil (**surtout avec** *ouvrir, fermer*).
ÉTYM. nom propre.

QUINQUINA [kɛ̃kina] **n. m.** 1. Écorce amère aux propriétés toniques et fébrifuges (→ **quinine**). 2. Vin apéritif contenant du quinquina.
ÉTYM. espagnol *quinaquina*, du quechua.

QUINT, QUINTE [kɛ̃, kɛ̃t] **adj.** ✦ **VX** Cinquième (**ordinal**). *Charles Quint.*
ÉTYM. latin *quintus* «cinquième».

QUINTAL, AUX [kɛ̃tal, o] **n. m.** ✦ Unité de mesure de masse valant cent kilogrammes (**symb.** q).
ÉTYM. latin médiéval *centenarium* «poids de cent livres», par le grec et l'arabe.

① **QUINTE** [kɛ̃t] **n. f.** 1. Intervalle de cinq degrés dans la gamme diatonique. 2. Suite de cinq cartes de même couleur.
ÉTYM. du latin *quintus* «cinquième».

② **QUINTE** [kɛ̃t] **n. f.** ✦ *QUINTE (DE TOUX)* : accès de toux.
ÉTYM. de *quint*, car la toux, croyait-on, revenait toutes les *cinq* heures.

QUINTESSENCE [kɛ̃tesɑ̃s] **n. f.** ✦ Ce en quoi se résument l'essentiel et le plus pur de qqch. SYN. le **meilleur**, le **principal**.
ÉTYM. de *quinte* «cinquième» (→ quint) et *essence*.

QUINTETTE [k(ɥ)ɛ̃tɛt] **n. m.** 1. Œuvre de musique écrite pour cinq instruments ou cinq voix. 2. Orchestre de jazz composé de cinq musiciens.
ÉTYM. italien *quintetto*.

QUINTIL [kɛ̃til] **n. m.** ✦ Strophe de cinq vers. ☛ Littérature p. 123.
ÉTYM. latin *quintelius*, de *quintus* «cinquième».

QUINTUPLE [kɛ̃typl] **adj.** 1. Qui est répété cinq fois, qui vaut cinq fois plus. ➡ **n. m.** *Le quintuple.* 2. Constitué de cinq éléments semblables.
ÉTYM. latin *quintuplex*.

QUINTUPLER [kɛ̃typle] **v.** (conjug. 3a) 1. **v. tr.** Rendre quintuple. 2. **v. intr.** Devenir quintuple.

QUINTUPLÉS, ÉES [kɛ̃typle] **n. pl.** ✦ Les cinq enfants (jumeaux) issus d'une même grossesse.
ÉTYM. de *quintupler*.

QUINZAINE [kɛ̃zɛn] **n. f.** 1. Nombre de quinze ou environ. 2. Intervalle d'environ deux semaines. *Dans une quinzaine.*
ÉTYM. de *quinze*.

QUINZE [kɛ̃z] **adj. numéral invar.** **I** **adj. numéral invar.** 1. (**cardinal**) Quatorze plus un (15). *Quinze minutes.* → ② **quart** d'heure. *Quinze cents* (mille cinq cents). ➡ *Quinze jours.* → **quinzaine.** 2. (**ordinal**) Quinzième. *Page quinze. Louis XV.* **II** **n. m. invar.** 1. Le nombre, le numéro ainsi désigné. 2. **au rugby** Équipe de quinze joueurs. *Le Quinze de France.*
ÉTYM. latin *quindecim*.

QUINZIÈME [kɛ̃zjɛm] **adj. et n.** 1. Ordinal de *quinze.* 2. Se dit de ce qui est également partagé en quinze.
► **QUINZIÈMEMENT** [kɛ̃zjɛmmɑ̃] **adv.**

QUIPOU [kipu] **n. m.** ✦ Faisceau de cordelettes dont les nœuds et combinaisons remplaçaient l'écriture des nombres, chez les Incas. ➡ **On écrit aussi** *quipu* [kipu].
ÉTYM. mot quechua.

QUIPROQUO [kipʀɔko] **n. m.** ✦ Erreur qui consiste à prendre une personne, une chose pour une autre ; malentendu qui en résulte. *Des quiproquos comiques.*
☛ Littérature p. 128.
ÉTYM. latin *quid pro quod* «(prendre) quoi pour ce que».

QUITTANCE [kitɑ̃s] **n. f.** ✦ Attestation écrite du paiement d'une somme due. SYN. **récépissé.** *Quittance de loyer, de téléphone.*
ÉTYM. de *quitter*, au sens ancien de «être quitte».

QUITTE [kit] **adj.** 1. (**avec le v.** *être*) Libéré d'une obligation juridique, d'une dette (matérielle ou morale). *Me voilà quitte envers lui. Nous sommes quittes.* 2. (**avec** *tenir, considérer, estimer,* **etc.**) Libéré d'une obligation morale (par l'accomplissement de ce que l'on doit). *S'estimer quitte envers qqn.* 3. *ÊTRE QUITTE (DE)*, débarrassé (d'une situation désagréable, d'obligations). *Être quitte d'une corvée.* ◆ **loc.** *En être quitte pour la peur* : n'avoir eu que la peur (et pas de mal). ➡ *QUITTE À* (+ **inf.**) : au risque de. *Elle sort sans parapluie, quitte à se faire mouiller.* 4. **loc.** *Jouer à QUITTE OU DOUBLE*, de manière à annuler ou doubler les résultats des parties précédentes ; **fig.** risquer un grand coup, le tout pour le tout. HOM. KIT «éléments à assembler»
ÉTYM. latin médiéval *quitus*, altération de *quietus* «tranquille».

QUITTER [kite] **v. tr.** (conjug. 3a) **I** *(Quitter qqn)* 1. Laisser (qqn) en s'éloignant, en prenant congé. *Je dois vous quitter,* m'en aller, partir. 2. Laisser (qqn) pour très longtemps, rompre avec (qqn). ➡ **pronom.** *Ils se sont quittés bons amis.* SYN. se **séparer.** 3. (**sujet chose**) Cesser d'habiter, d'occuper (qqn). *Cette pensée ne le quitte pas.* ◆ Cesser d'être toujours avec. *La pipe qui ne le quitte jamais.* 4. **loc.** *Ne pas quitter qqn des yeux,* le regarder longuement ; le surveiller. ➡ *Ne quittez pas !* (au téléphone). **II** *(Quitter qqch.)* 1. Laisser (un lieu) en s'éloignant. *Quitter son pays.* 2. (**surtout négatif**) Cesser d'avoir sur soi, avec soi. SYN. **enlever, ôter.** *Il ne quitte jamais son chapeau.* 3. Abandonner (une activité, un genre de vie).
ÉTYM. latin médiéval *quitare*, de *quitus* → quitte.

A B C D E F G H I J K L M N O P Q R S T U V W X Y Z

QUITUS [kitys] **n. m.** ✦ DR. Reconnaissance d'une gestion conforme aux obligations, avec décharge de responsabilités. *Donner quitus à un administrateur.*
ÉTYM. latin médiéval → quitte.

QUI-VIVE [kiviv] **interj.** et **n. m. invar.** 1. **interj.** Cri par lequel une sentinelle, une patrouille interroge en entendant ou en voyant une présence suspecte. 2. **n. m. invar.** *Être SUR LE QUI-VIVE* **loc. adv.**, sur ses gardes.
ÉTYM. de *qui* et *vivre* au subjonctif.

QUOI [kwa] **pron. rel.** et **interrog.** **I** Pronom relatif désignant une chose (toujours précédé d'une préposition). 1. *Voilà de quoi il s'agit. À quoi, pour quoi.* ◆ (se rapportant à l'idée que l'on vient d'exprimer) → **cela.** *Réfléchis bien ; sans quoi tu vas te tromper. Faute de quoi.* → **autrement, sinon.** *Moyennant quoi* : en contrepartie. *Comme quoi...* : ce qui montre que... 2. (dans une relative à l'inf.) *Il n'a pas de quoi vivre,* ce qu'il faut pour vivre. *Je vous remercie. – Il n'y a pas de quoi ;* ellipt *pas de quoi !* **II** Pronom interrogatif désignant une chose. 1. (interrog. indir.) *Je ne vois pas en quoi cela te gêne. Je saurai à quoi m'en tenir.* 2. (interrog. dir.) *Quoi faire ? À quoi penses-tu ?* 3. FAM. *Quoi, qu'est-ce que tu dis ?* SYN. **comment.** ◆ FAM. *De quoi ?,* expression de menace, de défi (souvent répété). 4. **interj.** *Quoi ? Vous osez protester ?* SYN. **comment.** 5. *QUOI QUE* (loc. concessive). *Quoi qu'il arrive* : quel que soit ce qui arrive. *Quoi qu'il en soit* : de toute façon. ◆ *Quoi que ce soit* : quelque chose de quelque nature que ce soit. *Il n'a jamais manqué de quoi que ce soit.*
HOM. ① COI «silencieux» ; (de *quoi que*) QUOIQUE (conj.)
ÉTYM. forme tonique du latin *quid*.

QUOIQUE [kwak(ə)] **conj.** 1. introduit une proposition circonstancielle d'opposition ou de concession (+ subj.). Bien que, encore que. *Je lui confierai ce travail quoiqu'il soit bien jeune.* ◆ (avec ellipse du verbe) *Il était simple, quoique riche.* 2. introduisant une objection faite après coup. *Nous irons à la montagne, quoique nous aimions aussi la mer.*
HOM. COUAC «son discordant», QUOI QUE (voir *quoi*, II, 5)
ÉTYM. de *quoi* et *que*.

QUOLIBET [kɔlibɛ] **n. m.** ✦ LITTÉR. Propos moqueur à l'adresse de qqn. SYN. **raillerie.**
ÉTYM. latin *disputationes de quolibet* «débats sur n'importe quel sujet».

QUORUM [k(w)ɔʀɔm] **n. m.** ✦ DR., ADMIN. Nombre minimum de membres présents pour qu'une assemblée puisse valablement délibérer. *Des quorums.*
ÉTYM. mot anglais, du latin *quorum* «desquels», génitif de *qui* → qui.

QUOTA [k(w)ɔta] **n. m.** 1. ADMIN. Contingent ou pourcentage déterminé. *Quotas d'immigration* (dans un pays). *Quotas d'importations.* 2. Pourcentage de personnes retenues dans un échantillon correspondant aux critères repérés (âge, sexe, etc.). *La méthode des quotas.*
ÉTYM. mot anglais, du latin *quota (pars)* → quote-part.

QUOTE-PART [kɔtpaʀ] **n. f.** ✦ Part qui revient à chacun dans une répartition. *Payer, toucher sa quote-part. Des quotes-parts.*
ÉTYM. latin *quota pars*.

QUOTIDIEN, IENNE [kɔtidjɛ̃, jɛn] **adj.** et **n. m.**
I adj. De chaque jour ; qui se fait, revient tous les jours. *Son travail quotidien.* SYN. **habituel, journalier.**
II n. m. 1. *Le quotidien* : ce qui appartient à la vie de tous les jours. *Le handicap au quotidien.* 2. Journal qui paraît chaque jour. *Les quotidiens du matin.* SYN. **journal.**
ÉTYM. latin *quotidianus*, de *quotidie* «chaque jour».

QUOTIDIENNEMENT [kɔtidjɛnmɑ̃] **adv.** ✦ Tous les jours.

QUOTIENT [kɔsjɑ̃] **n. m.** 1. MATH. Résultat d'une division. *Simplification de quotients.* 2. *Quotient intellectuel* : rapport de l'âge mental, mesuré par des tests, à l'âge réel (sigle Q. I.).
ÉTYM. latin *quotie(n)s* «combien de fois».

QUOTITÉ [kɔtite] **n. f.** ✦ DR. Montant d'une quote-part.
ÉTYM. du latin *quotus* «en quel nombre», d'après *quantité*.

R

R [ɛʀ] **n. m. invar.** 1. Dix-huitième lettre, quatorzième consonne de l'alphabet. *Rouler les r. R grasseyé.* 2. MATH. ℝ Ensemble des nombres réels. HOM. ① AIR «atmosphère», ① AIRE «surface», ÈRE «époque», ERS «plante», HAIRE «chemise rugueuse», HÈRE «pauvre homme».

| **R-** → RE-

Ra [ɛʀa] ✦ CHIM. Symbole du radium.

RAB [ʀab] **n. m.** ✦ FAM. Rabiot. *Il y a du rab.* ➡ loc. *EN RAB* : en surplus.
ÉTYM. de *rabiot.*

RABÂCHAGE [ʀabɑʃaʒ] **n. m.** ✦ Action de rabâcher. SYN. **radotage.**

RABÂCHER [ʀabɑʃe] **v.** (conjug. 3a) 1. **v. intr.** Revenir sans cesse sur ce qu'on a déjà dit. SYN. **radoter.** 2. **v. tr.** Répéter continuellement, d'une manière fastidieuse. *Rabâcher un argument.* SYN. **ressasser.**
ÉTYM. peut-être origine onomatopéique.

RABÂCHEUR, EUSE [ʀabɑʃœʀ, øz] **n.** ✦ Personne qui a l'habitude de rabâcher.

RABAIS [ʀabɛ] **n. m.** ✦ Diminution faite sur un prix, un montant. SYN. **réduction.** *Consentir un rabais sur le prix de qqch.* ➡ *Vente AU RABAIS.* → ② **solde.** CONTR. **augmentation.**
ÉTYM. de *rabaisser.*

RABAISSER [ʀabese] **v. tr.** (conjug. 3a) 1. Ramener à un état ou à un degré inférieur. SYN. **abaisser, rabattre, ravaler.** *Rabaisser les prétentions de qqn.* 2. Estimer ou mettre très au-dessous de la valeur réelle. SYN. **déprécier ; dénigrer.** *Rabaisser les mérites de qqn.* ➡ pronom. *Se rabaisser.* SYN. **s'humilier.** CONTR. **hausser, relever · exalter, surévaluer.**

RABANE [ʀaban] **n. f.** ✦ Tissu de raphia. *Sac en rabane.*
ÉTYM. origine incertaine, peut-être malgache.

RABAT [ʀaba] **n. m.** 1. Large cravate formant plastron, portée par les magistrats, etc. 2. Partie rabattue ou qui peut se replier. *Poche à rabat.*
ÉTYM. de *rabattre.*

RABAT-JOIE [ʀabaʒwa] **n.** ✦ Personne chagrine, qui trouble la joie des autres. SYN. **trouble-fête.** *Des rabat-joie* (invar.) ou *des rabat-joies.* ➡ **adj. invar.** *Elles sont trop rabat-joie.*
ÉTYM. de *rabattre* et *joie.*

RABATTAGE [ʀabataʒ] **n. m.** ✦ Action de rabattre (le gibier).

RABATTEUR, EUSE [ʀabatœʀ, øz] **n.** 1. Personne chargée de rabattre le gibier. 2. péj. Personne qui fournit des clients, des marchandises à qqn. SYN. **racoleur.**

RABATTRE [ʀabatʀ] **v. tr.** (conjug. 47) **I** 1. Diminuer en retranchant (une partie d'une somme). SYN. **déduire, défalquer.** *Rabattre une somme sur un prix.* ➡ (intrans.) *EN RABATTRE* : abandonner de ses prétentions ou de ses illusions. *Il a dû en rabattre.* 2. Amener vivement à un niveau plus bas, faire retomber. *Rabattre son chapeau sur ses yeux.* 3. Mettre à plat, appliquer contre qqch. *Rabattre le col de son pardessus.* ➡ *Rabattre le capot d'une voiture.* 4. Diminuer. SYN. **rabaisser.** *Rabattre l'orgueil de qqn.* **II** Ramener par force dans une certaine direction. *Rabattre le gibier* (vers les chasseurs). **III** *SE RABATTRE* **v. pron.** 1. Aller brusquement sur le côté. *Voiture qui se rabat après un dépassement.* 2. *Se rabattre sur* (qqn, qqch.) : en venir à accepter, faute de mieux. CONTR. **augmenter · relever · éloigner.**
► **RABATTU, UE adj.** Qui est abaissé ou replié. *Un chapeau aux bords rabattus.*
ÉTYM. de *re-* et *abattre.*

RABBIN [ʀabɛ̃] **n. m.** ✦ Chef religieux d'une communauté juive, qui préside au culte. *Grand rabbin,* chef d'un consistoire israélite. ➡ variante RABBI [ʀabi].
ÉTYM. mot araméen, de *rabb* «maître».

RABBINIQUE [ʀabinik] **adj.** ✦ Relatif aux rabbins. *L'enseignement rabbinique.*

RABELAISIEN, IENNE [ʀablɛzjɛ̃, jɛn] **adj.** ✦ Qui rappelle la verve truculente de Rabelais (☛ noms propres).

RABIBOCHAGE [ʀabibɔʃaʒ] **n. m.** ✦ FAM. 1. Réparation sommaire. 2. Réconciliation.
ÉTYM. de *rabibocher.*

RABIBOCHER [ʀabibɔʃe] **v. tr.** (conjug. 3a) ✦ FAM. 1. VIEILLI Rafistoler. 2. Réconcilier. ➡ pronom. *Ils se sont rabibochés.*
ÉTYM. origine dialectale, p.-ê. onomatopée.

RABIOT [ʀabjo] **n. m.** ✦ FAM. Supplément, surplus après une distribution. *Un rabiot de frites.* SYN. **rab.**
ÉTYM. origine incertaine.

RABIOTER [Rabjɔte] **v.** (conjug. 3a) ✦ FAM. **1.** **v. intr.** Faire de petits profits supplémentaires. SYN. **gratter.** **2.** **v. tr.** S'approprier à titre de petit profit. *Rabioter un jour de congé.*
ÉTYM. de *rabiot.*

RABIQUE [Rabik] **adj.** ✦ DIDACT. Relatif à la rage ②.
ÉTYM. du latin *rabies* «rage».

RÂBLE [Rɑbl] **n. m.** **1.** Partie charnue du dos, chez certains quadrupèdes. *Râble de lapin.* **2.** **loc.** FAM. *Tomber SUR LE RÂBLE à qqn,* l'attaquer ; l'insulter.
ÉTYM. de *râble* «sorte de râteau», latin *rutabulum.*

RÂBLÉ, ÉE [Rɑble] **adj.** **1.** Qui a le râble épais. *Un cheval râblé.* **2.** (personnes) Trapu et vigoureux. *Un garçon râblé.*

RABOT [Rabo] **n. m.** ✦ Outil de menuisier, servant à enlever les inégalités d'une surface de bois. SYN. **varlope.**
ÉTYM. origine dialectale.

RABOTAGE [Rabɔtaʒ] **n. m.** ✦ Action de raboter.

RABOTER [Rabɔte] **v. tr.** (conjug. 3a) ✦ Aplanir au rabot. *Raboter une pièce de bois.* ➛ au p. passé *Plancher raboté.*
ÉTYM. de *rabot.*

RABOTEUX, EUSE [Rabɔtø, øz] **adj.** **1.** Dont la surface présente des inégalités, des aspérités. SYN. **inégal ; rugueux.** *Sol raboteux. Plancher raboteux.* **2.** **fig.** *Un style raboteux,* heurté. CONTR. **égal,** ① **lisse, uni.**
ÉTYM. de *rabot.*

RABOUGRI, IE [RabugRi] **adj.** **1.** (plantes) Qui s'est peu développé. *Arbuste rabougri.* **2.** (personnes) Mal conformé, chétif. *Un vieillard rabougri.* CONTR. ① **fort, vigoureux.**
ÉTYM. de *se rabougrir.*

se RABOUGRIR [RabugRiR] **v. pron.** (conjug. 13) **1.** (plantes) Être arrêté dans son développement. SYN. **s'étioler.** **2.** (personnes) *Vieillard qui se rabougrit.* SYN. se **ratatiner.**
ÉTYM. de *bougre,* au sens ancien de «chétif».

RABOUGRISSEMENT [RabugRismɑ̃] **n. m.** ✦ Fait de devenir rabougri.

RABROUER [RabRue] **v. tr.** (conjug. 3a) ✦ Traiter (qqn) avec rudesse, en le réprimandant ou en le repoussant. *Se faire rabrouer.* SYN. **rembarrer.**
ÉTYM. de l'anc. verbe *brouer* «gronder, écumer».

RACAILLE [Rakaj] **n. f.** ✦ péj. Ensemble d'individus peu recommandables (craints ou méprisés). SYN. **canaille, fripouille.**
ÉTYM. de *rasquer,* latin populaire *rasicare* «racler, gratter», classique *radere.*

RACCOMMODAGE [Rakɔmɔdaʒ] **n. m.** ✦ Action de raccommoder ; manière dont est raccommodé (qqch.).

RACCOMMODEMENT [Rakɔmɔdmɑ̃] **n. m.** ✦ FAM. Réconciliation.

RACCOMMODER [Rakɔmɔde] **v. tr.** (conjug. 3a) **1.** VIEILLI Remettre en état. SYN. **réparer.** **2.** Réparer à l'aiguille (du linge, un vêtement). SYN. **rapiécer, ravauder, repriser.** ➛ au p. passé *Des chaussettes raccommodées.* **3.** FAM. Réconcilier. *Raccommoder deux amis.* ➛ pronom. (réfl.) *Se raccommoder avec qqn.* (récipr.) *Ils se sont raccommodés.* SYN. se **réconcilier ;** FAM. se **rabibocher.** CONTR. **détériorer · brouiller.**
ÉTYM. de *re-* et *accommoder.*

RACCOMMODEUR, EUSE [Rakɔmɔdœr, øz] **n.** ✦ Personne qui raccommode. *Raccommodeur de filets de pêche.*

RACCOMPAGNER [Rakɔ̃paɲe] **v. tr.** (conjug. 3a) ✦ Accompagner (qqn qui s'en va). SYN. **reconduire.**

RACCORD [RakɔR] **n. m.** **1.** Liaison de continuité établie entre deux choses, deux parties. *Un raccord de maçonnerie.* **2.** CIN. Manière dont deux plans (d'un film) s'enchaînent. **3.** Pièce réunissant deux éléments. → **assemblage.** *Un raccord de tuyau.*
ÉTYM. de *raccorder.*

RACCORDEMENT [RakɔRdəmɑ̃] **n. m.** ✦ Action, manière de raccorder ; endroit où deux choses se raccordent. *Voie de raccordement* (entre deux voies ferrées).

RACCORDER [RakɔRde] **v. tr.** (conjug. 3a) **1.** Relier par un raccord. *Raccorder deux tuyaux.* **2.** (choses) Former un raccord, un raccordement. *Le tronçon qui raccorde les deux voies.* **3.** *SE RACCORDER* **v. pron.** *Ce chemin se raccorde à la route.* ➛ **fig.** Se rattacher. *Un discours qui ne se raccorde à rien.* CONTR. **disjoindre, séparer.**
ÉTYM. de *re-* et *accorder.*

RACCOURCI [RakuRsi] **n. m.** **1.** VX Abrégé, résumé. ➛ MOD. *EN RACCOURCI. Voici l'histoire en raccourci.* **2.** Ce qui est exprimé de façon ramassée, elliptique. *De saisissants raccourcis.* **3.** ARTS Réduction d'une figure vue en perspective. **4.** Chemin plus court que le chemin ordinaire pour aller quelque part. *Prendre un raccourci.*
ÉTYM. de *raccourcir.*

RACCOURCIR [RakuRsiR] **v.** (conjug. 13) **1.** **v. tr.** Rendre plus court. *Raccourcir une robe.* ➛ *Raccourcir un texte.* SYN. **abréger.** **2.** **v. intr.** Devenir plus court. *Ce pull a raccourci au lavage.* ➛ (durée) *Les jours raccourcissent.* SYN. **diminuer.** CONTR. **allonger, rallonger.**
ÉTYM. famille de *court.*

RACCOURCISSEMENT [RakuRsismɑ̃] **n. m.** ✦ Action, fait de raccourcir. CONTR. **allongement.**

RACCROC [RakRo] **n. m.** ✦ **loc.** *PAR RACCROC :* par un heureux hasard. ➛ *DE RACCROC :* dû au hasard.
ÉTYM. de *raccrocher.*

RACCROCHAGE [RakRɔʃaʒ] **n. m.** ✦ Action de raccrocher. ➛ spécialt Racolage.

RACCROCHER [RakRɔʃe] **v. tr.** (conjug. 3a) **1.** Remettre en accrochant (ce qui était décroché). *Raccrocher un tableau.* ➛ *Raccrocher* (le combiné du téléphone), le reposer sur son support ; interrompre la communication. **2.** Arrêter pour retenir (qqn qui passe). SYN. **racoler.** *Raccrocher les passants.* **3.** *SE RACCROCHER* **v. pron.** Se retenir (à un point d'appui). *Se raccrocher à une branche.* ➛ **fig.** *Se raccrocher à un espoir.*
ÉTYM. de *re-* et *accrocher.*

RACE [Ras] **n. f.** **I** **1.** Famille illustre, considérée dans sa continuité. → **ascendance, descendance ; sang.** *La race des Capétiens.* ◆ VIEILLI Ascendance. ➛ Descendance. **2.** Catégorie de personnes formant une communauté, ou apparentées par le comportement. → **espèce.** *La race des seigneurs* (traduction de Nietzsche). **II** Ensemble d'individus réunissant certains caractères communs héréditaires, à l'intérieur d'une espèce zoologique. *Races chevalines.* ➛ *Animal*

DE RACE, de race pure (→ **pur-sang ; pedigree**). III REM. La notion de race est sans fondement scientifique. 1. Ensemble d'êtres humains qui ont en commun la couleur naturelle de leur peau. *Race blanche, jaune, noire. Union entre races* (→ **métissage**). *Hostilité envers une race.* → **racisme.** 2. par ext. VIEILLI Groupe d'hommes qui ont des caractères (culturels, etc.) semblables provenant d'un passé commun. *La race latine, celte.* HOM. ② RAS «chef éthiopien»

ÉTYM. origine incertaine ; p.-ê. famille du latin *ratio.*

RACÉ, ÉE [ʀase] adj. 1. (animaux) Qui présente les qualités propres à sa race. *Un cheval racé.* 2. (personnes) Qui a une distinction, une élégance naturelles.

ÉTYM. de *race.*

RACHAT [ʀaʃa] n. m. ✦ Action de racheter, de se racheter.

ÉTYM. de *racheter.*

RACHETER [ʀaʃ(ə)te] v. tr. (conjug. 7b) I 1. Acheter de nouveau. *Racheter des actions.* ➖ *Il faut racheter du pain.* ◆ Acheter (à qqn qui a acheté). *Racheter une entreprise.* 2. Obtenir, contre rançon, la mise en liberté de (qqn). *Racheter des prisonniers.* II 1. Sauver par la rédemption. SYN. **rédimer.** ➖ *Racheter un criminel.* SYN. **réhabiliter.** 2. Réparer par sa conduite ultérieure ; faire oublier ou pardonner. *Tenter de racheter ses fautes.* 3. *SE RACHETER* v. pron. Retrouver dignité, estime, etc. (après une faute, une défaillance). *Se racheter par des gentillesses.*

RACHIDIEN, IENNE [ʀaʃidjɛ̃, jɛn] adj. ✦ ANAT. De la colonne vertébrale. *Nerfs rachidiens.* SYN. **spinal.** *Bulbe* rachidien. Canal rachidien* (qui contient la moelle épinière).

ÉTYM. de *rachis.*

RACHIS [ʀaʃis] n. m. ✦ ANAT. Colonne vertébrale ; épine dorsale.

ÉTYM. grec *rhakhis.*

RACHITIQUE [ʀaʃitik] adj. et n. ✦ Atteint de rachitisme. ◆ par ext. Malingre, chétif.

ÉTYM. de *rachis,* d'après le grec.

RACHITISME [ʀaʃitism] n. m. ✦ Maladie de la croissance (enfants, nourrissons), qui se manifeste par des déformations du squelette. ➖ Développement incomplet (d'un végétal).

ÉTYM. de *rachitique.*

RACIAL, ALE, AUX [ʀasjal, o] adj. ✦ Relatif à la race, aux races (III). *Injure raciale.* ➖ *Discrimination raciale* (→ **ségrégation ; racisme**).

ÉTYM. de *race.*

RACINE [ʀasin] n. f. I 1. Partie des végétaux par laquelle ils se fixent au sol et se nourrissent. *Les racines d'un arbre. Racines comestibles* (la carotte, le navet...). *Racine principale* (→ **pivot**) *et radicelles*.* ◆ loc. fig. *PRENDRE RACINE* : rester debout et immobile ; ne plus partir. 2. fig. LITTÉR. Principe profond, origine. *Attaquer le mal à la racine.* 3. au plur. Attaches, lien (avec un lieu, un milieu d'origine). *Être coupé de ses racines.* II Partie par laquelle un organe est implanté. *La racine du nez.* ➖ *La racine d'une dent.* III 1. *Racine carrée, cubique d'un nombre,* nombre dont le carré, le cube est égal à ce nombre. *4 est la racine carrée de 16 (noté). Extraire une racine,* la calculer (→ **radical**). ➖ *Racine d'une équation,* valeur de la variable qui satisfait à l'équation. 2. Élément signifiant irréductible d'un mot, obtenu par élimination des désinences, des préfixes ou des suffixes. SYN. **radical.** *«Bataille» et «combat» ont la même racine. Racines indo-européennes* (☛ Langue française p. 84), *grecques, latines.*

ÉTYM. latin *radix.*

RACISME [ʀasism] n. m. 1. Idéologie selon laquelle il existerait une hiérarchie des races (III). ➖ Ensemble de réactions qui, consciemment ou non, s'accordent à cette idéologie. *Ligue contre le racisme.* 2. Discrimination, hostilité envers un groupe humain. *Racisme xénophobe.* ➖ par ext. *Racisme antijeunes.*

ÉTYM. de *race.*

RACISTE [ʀasist] adj. et n. ✦ Partisan du racisme. ➖ n. *Les racistes.* ◆ adj. Qui dénote le racisme. *Comportement raciste.* CONTR. **antiraciste.**

RACKET [ʀakɛt] n. m. ✦ anglicisme Extorsion d'argent ou d'objets, par chantage, intimidation ou terreur.

HOM. RAQUETTE «instrument de sport»

ÉTYM. mot anglais.

RACKETTER [ʀakete] v. tr. (conjug. 3a) ✦ anglicisme Soumettre (qqn) à un racket.

ÉTYM. de *racket.*

RACKETTEUR, EUSE [ʀaketœʀ, øz] n. ✦ Malfaiteur qui exerce un racket.

RACLAGE [ʀɑklaʒ] n. m. ✦ Action de nettoyer en raclant.

RACLÉE [ʀɑkle] n. f. ✦ FAM. 1. Volée de coups. SYN. **correction.** *Recevoir une raclée ; flanquer une raclée à qqn.* 2. fig. Défaite complète. SYN. **déculottée,** ② **pile.** *Ils ont pris une raclée aux élections.*

ÉTYM. du participe passé de *racler.*

RACLEMENT [ʀɑkləmɑ̃] n. m. ✦ Action de racler ; bruit qui en résulte. *Un raclement de gorge.*

ÉTYM. de *racler.*

RACLER [ʀɑkle] v. tr. (conjug. 3a) 1. Frotter rudement (une surface) pour égaliser ou détacher ce qui adhère. SYN. **gratter.** *Racler ses semelles. Racler une casserole.* ➖ loc. FAM. *Racler les fonds de tiroirs*.* ➖ *Se racler la gorge* (par une expiration brutale, pour s'éclaircir la voix). 2. Enlever (qqch.) en frottant. *Racler une tache de boue.* 3. Frotter en entrant rudement en contact. *Les pneus raclent le bord du trottoir.* 4. Jouer maladroitement, en raclant les cordes. *Racler du violon.*

ÉTYM. latin populaire *rasiculare,* class. *radere* → raser.

RACLETTE [ʀɑklɛt] n. f. 1. Petit racloir. 2. Plat suisse fait de fromage du pays exposé à la chaleur, et dont on racle la partie ramollie pour la manger. ➖ Ce fromage.

ÉTYM. de *racler.*

RACLOIR [ʀɑklwaʀ] n. m. ✦ Outil servant à racler. *Racloir en silex.* ☛ Préhistoire p. 148.

RACLURE [ʀɑklyʀ] n. f. ✦ Déchet de ce qui a été raclé. SYN. **rognure.**

ÉTYM. de *racler.*

RACOLAGE [ʀakɔlaʒ] n. m. ✦ Action de racoler.

RACOLER [ʀakɔle] v. tr. (conjug. 3a) 1. Attirer, recruter par des moyens publicitaires ou autres. *Racoler des électeurs.* 2. (prostitué[e]) Accoster (qqn) en vue de l'attirer. SYN. **raccrocher.**

ÉTYM. de *re-* et *accoler.*

RACOLEUR, EUSE [rakɔlœʀ, øz] n. et adj. 1. n. Personne qui racole. 2. adj. Qui cherche à attirer l'attention, à retenir l'intérêt d'une façon équivoque ou grossière. *Publicité racoleuse.*

RACONTABLE [rakɔ̃tabl] adj. ✦ Qui peut être raconté (surtout avec négation). *Cela n'est guère racontable devant des enfants.* CONTR. **inracontable.**

RACONTAR [rakɔ̃taʀ] n. m. ✦ (surtout au plur.) Propos médisant ou sans fondement sur le compte de qqn. SYN. **commérage, médisance.**
ÉTYM. de *raconter.*

RACONTER [rakɔ̃te] v. tr. (conjug. 3a) 1. Exposer par un récit (des faits vrais ou présentés comme tels). SYN. **conter, narrer, rapporter, relater, retracer.** *Raconter une histoire.* loc. FAM. *Raconter sa vie,* s'étendre en anecdotes. 2. Décrire, dépeindre. *Il raconta les coutumes de son pays.* 3. Dire, débiter à la légère ou de mauvaise foi. *N'écoute pas tout ce qu'on raconte.* SYN. ① **dire ;** → **racontar.** *Qu'est-ce que tu me racontes là ?* SYN. **chanter.** 4. *SE RACONTER* v. pron. (réfl.) Se décrire, parler de soi. ➜ (passif) *Cela ne se raconte pas.*
ÉTYM. de *conter.*

RACONTEUR, EUSE [rakɔ̃tœʀ, øz] n. ✦ (avec un compl.) Personne qui raconte. *Un raconteur de balivernes.*

RACORNI, IE [rakɔʀni] adj. ✦ Durci comme de la corne. ➜ fig. *Un cœur racorni.* SYN. **sec.**
ÉTYM. participe passé de *racornir.*

RACORNIR [rakɔʀniʀ] v. tr. (conjug. 13) ✦ Rendre dur comme de la corne ; dessécher.
▸ **RACORNISSEMENT** [rakɔʀnismɑ̃] n. m.
ÉTYM. de *corne.*

RADAR [radaʀ] n. m. ✦ Système ou appareil de détection, qui émet des ondes radioélectriques et en reçoit l'écho, permettant ainsi de déterminer la position d'un objet (avion, etc.). *Radar de surveillance. Contrôle de la vitesse des voitures par radar.* ➜ appos. *Des écrans radars.*
ÉTYM. mot anglais, sigle de *Radio Detecting And Ranging* «détection et télémétrie par radio».

RADE [rad] n. f. 1. Grand bassin ayant une issue vers la mer et où les navires peuvent mouiller. *La rade de Brest.* 2. loc. FAM. *EN RADE :* en panne ; à l'abandon. ➜ *Le projet est resté en rade.*
ÉTYM. ancien anglais *rád* «course».

RADEAU [rado] n. m. ✦ Plateforme formée de pièces de bois assemblées, servant au transport sur l'eau. ➜ *«Le Radeau de la Méduse»* (tableau de Géricault).
ÉTYM. ancien provençal *radel,* du latin *ratis.*

RADIAL, ALE, AUX [radjal, o] adj. **I** DIDACT. Du radius. *Nerf radial.* **II** Relatif au rayon ; disposé selon un rayon. ➜ *Voie radiale* et n. f. *radiale,* route qui rejoint une voie centrale. HOM. ① RADIO «émission d'ondes»
ÉTYM. du latin *radius* «rayon».

RADIAN [radjɑ̃] n. m. ✦ Unité de mesure d'angle (symb. rad) équivalant à l'angle qui, ayant son sommet au centre d'un cercle, intercepte, sur la circonférence de ce cercle, un arc d'une longueur égale à celle du rayon de ce cercle. HOM. RADIANT «qui rayonne»
ÉTYM. mot anglais, du latin *radius* «rayon».

RADIANT, ANTE [radjɑ̃, ɑ̃t] adj. ✦ Qui se propage par radiation ; qui émet des radiations. *Chaleur radiante.* HOM. RADIAN «unité de mesure d'angle»
ÉTYM. latin *radians,* de *radiare* «rayonner».

RADIATEUR [radjatœʀ] n. m. 1. Appareil de chauffage à grande surface de rayonnement. 2. Organe de refroidissement des moteurs à explosion (tubes où l'eau se refroidit).
ÉTYM. de ② *radiation.*

① **RADIATION** [radjasjɔ̃] n. f. ✦ Action de radier (qqn ou qqch.) d'une liste, d'un registre (souvent à titre de sanction).
ÉTYM. du latin médiéval *radiare,* fausse étymologie pour *rayer.*

② **RADIATION** [radjasjɔ̃] n. f. ✦ Énergie émise et propagée sous forme d'ondes* à travers un milieu matériel. SYN. **rayonnement.** *Radiations radioactives* (→ **irradiation**).
ÉTYM. latin *radiatio,* de *radiare* «rayonner».

RADICAL, ALE, AUX [radikal, o] adj. et n. m.
I adj. 1. Qui tient à l'essence, au principe (d'une chose, d'un être). SYN. **foncier, fondamental ; essentiel.** *Changement radical.* SYN. **total.** 2. Qui vise à agir sur la cause profonde de ce que l'on veut modifier. *Prendre des mesures radicales.* 3. Relatif au radicalisme politique ; partisan de réformes modérées, laïque et démocrate. *Parti radical.* ➜ n. *Les radicaux.*
II n. m. 1. Forme particulière prise par la racine* d'un mot. *Verbe à deux radicaux* (ex. appeler). *Le radical et la terminaison. Formation de mots en ajoutant un préfixe, un suffixe à un radical* (ex. capote—décapotable). 2. CHIM. Groupement d'atomes qui conserve son identité au cours de changements chimiques. 3. MATH. Symbole ($\sqrt[n]{\ }$) qui représente la racine de degré *n* (d'un nombre). *Sommes et produits de radicaux.*
ÉTYM. latin *radicalis,* de *radix* «racine».

RADICALEMENT [radikalmɑ̃] adv. ✦ Dans son principe ; d'une manière radicale. SYN. **totalement.** *Des opinions radicalement opposées.* SYN. **diamétralement.**

RADICALISATION [radikalizasjɔ̃] n. f. ✦ Action de radicaliser, fait de se radicaliser.

RADICALISER [radikalize] v. tr. (conjug. 3a) 1. Rendre radical, plus intransigeant. ➜ pronom. *La lutte se radicalise.* SYN. se **durcir.** 2. Faire adopter à (qqn) des positions radicales, extrêmes. ➜ pronom. *Jeune qui se radicalise.*

RADICALISME [radikalism] n. m. ✦ Doctrine politique des radicaux.

RADICELLE [radisɛl] n. f. ✦ BOT. Racine secondaire.
ÉTYM. latin *radicula* «petite racine *(radix)*».

RADICULE [radikyl] n. f. ✦ BOT. Première racine (d'un végétal), élaborée par l'embryon lors de la germination de la graine.
ÉTYM. latin *radicula* «petite racine *(radix)*».

RADIER [radje] v. tr. (conjug. 9) ✦ Faire disparaître d'une liste, d'un registre… SYN. **effacer, rayer ;** → ① **radiation.** *Être radié des listes électorales.*
ÉTYM. de ① *radiation.*

RADIESTHÉSIE [radjɛstezi] n. f. ✦ Procédé de détection fondé sur une réceptivité particulière à des radiations qu'émettraient certains corps (→ **rhabdomancie**).
ÉTYM. de ② *radiation* et *-esthésie.*

RADIESTHÉSISTE [radjɛstezist] n. ✦ Personne qui pratique la radiesthésie. SYN. **sourcier.** *Baguette, pendule de radiesthésiste.*

RADIEUX, EUSE [ʀadjø, øz] adj. 1. Qui rayonne, brille d'un grand éclat. SYN. **brillant, éclatant.** *Un soleil radieux.* – Très lumineux. *Une journée radieuse.* 2. (personnes) Rayonnant de joie, de bonheur. *Une jeune femme radieuse.* – *Un sourire radieux.* SYN. **lumineux, resplendissant.** CONTR. **éteint, terne • sombre, triste.**
► **RADIEUSEMENT** [ʀadjøzmɑ̃] adv.
ÉTYM. latin *radiosus.*

RADIN, INE [ʀadɛ̃, in] adj. ✦ FAM. Avare.
ÉTYM. peut-être de *radeau,* «comptoir» en argot.

RADINER [ʀadine] v. (conjug. 3a) 1. v. intr. FAM. Arriver, venir. 2. v. pron. *Se radiner* (même sens).
ÉTYM. origine incertaine.

RADINERIE [ʀadinʀi] n. f. ✦ FAM. Avarice.
ÉTYM. de *radin.*

① **RADIO** [ʀadjo] n. f. I 1. Radiodiffusion. *Écouter la radio.* 2. Station émettrice d'émissions radiophoniques. *Radio locale.* 3. Poste récepteur de radio. → **transistor, tuner ; autoradio.** II 1. Radiotéléphonie. – appos. invar. *Des messages radio. Silence radio.* 2. Radiotélégraphie. HOM. RADIAUX (pluriel de *radial*) «relatif aux rayons»
ÉTYM. abréviation.

② **RADIO** [ʀadjo] n. m. ✦ Spécialiste qui assure les liaisons par radio (II), à bord d'un bateau, etc. *Le pilote et le radio.* HOM. voir ① *radio*
ÉTYM. abréviation.

③ **RADIO** [ʀadjo] n. f. 1. Radioscopie. 2. Radiographie.
HOM. voir ① *radio*
ÉTYM. abréviation.

RADIO- Élément qui signifie «radiation» et «radiodiffusion».

RADIOACTIF, IVE [ʀadjoaktif, iv] adj. ✦ Doué de radioactivité. *Éléments radioactifs.* → **radioélément.** – *Déchets radioactifs.*

RADIOACTIVITÉ [ʀadjoaktivite] n. f. ✦ Propriété qu'ont certains noyaux atomiques de se transformer spontanément en émettant divers rayonnements. *Henri Becquerel découvrit le phénomène de la radioactivité (auquel Marie Curie donna ce nom).*

RADIOBALISE → BALISE (2)

RADIOCASSETTE [ʀadjokasɛt] n. f. ✦ Appareil constitué d'un récepteur de radio et d'un lecteur de cassettes.

RADIODIAGNOSTIC [ʀadjodjagnɔstik] n. m. ✦ MÉD. Technique de diagnostic par examen aux rayons X (radiographie ou radioscopie).

RADIODIFFUSER [ʀadjodifyze] v. tr. (conjug. 3a) ✦ Émettre et transmettre par radiodiffusion. – au p. passé *Concert radiodiffusé.*

RADIODIFFUSION [ʀadjodifyzjɔ̃] n. f. ✦ Émission et transmission, par ondes hertziennes, de programmes variés. SYN. ① **radio.**

RADIOÉLECTRIQUE [ʀadjoelɛktʀik] adj. ✦ *Ondes radioélectriques :* ondes électromagnétiques de longueur supérieure aux radiations visibles et infrarouges. SYN. **hertzien.**

RADIOÉLÉMENT [ʀadjoelemɑ̃] n. m. ✦ SC. Élément radioactif naturel ou artificiel. SYN. **radio-isotope.**

RADIOGONIOMÈTRE [ʀadjogɔnjɔmɛtʀ] n. m. ✦ Appareil récepteur permettant de déterminer l'angle et la direction d'un signal radioélectrique. – abrév. FAM. GONIO [gɔnjo] n. f.

RADIOGRAPHIE [ʀadjɔgʀafi] n. f. ✦ Image photographique de la structure d'un corps traversé par des rayons X. SYN. ③ **radio.** *Radiographie dentaire.*
ÉTYM. de *radio-* et *-graphie.*

RADIOGRAPHIER [ʀadjɔgʀafje] v. tr. (conjug. 9) ✦ Faire une radiographie de. *Radiographier un organe.*

RADIOGUIDAGE [ʀadjogidaʒ] n. m. 1. Guidage (d'un navire, d'un avion, d'un engin spatial) à l'aide d'ondes radioélectriques. 2. Informations radiophoniques concernant la circulation routière.

RADIO-ISOTOPE [ʀadjoizɔtɔp] n. m. ✦ SC. Isotope radioactif (d'un élément). SYN. **radioélément.** *Des radio-isotopes.*

RADIOLOGIE [ʀadjɔlɔʒi] n. f. ✦ Discipline traitant de l'étude et des applications (médicales, etc.) des rayons X et autres rayonnements. → **radiographie, radioscopie, radiothérapie ; imagerie** médicale. *Le service de radiologie d'un hôpital.*
ÉTYM. de *radio-* et *-logie.*

RADIOLOGUE [ʀadjɔlɔg] n. ✦ Spécialiste de la radiologie. – spécialt Médecin spécialisé en radiologie.

RADIOPHONIQUE [ʀadjɔfɔnik] adj. ✦ De la radiodiffusion. *Jeux radiophoniques.*
ÉTYM. de *radiophonie* «radiodiffusion».

RADIOREPORTAGE [ʀadjoʀ(ə)pɔʀtaʒ] n. m. ✦ Reportage radiodiffusé.

RADIOREPORTEUR, TRICE [ʀadjoʀ(ə)pɔʀtœʀ, tʀis] n. ou **RADIOREPORTER** [ʀadjoʀ(ə)pɔʀtɛʀ] n. m. ✦ Journaliste spécialisé(e) dans les radioreportages.

RADIORÉVEIL [ʀadjoʀevɛj] n. m. ✦ Appareil de radio programmable servant de réveil.

RADIOSCOPIE [ʀadjɔskɔpi] n. f. ✦ Examen de l'image que forme un corps traversé par des rayons X. SYN. ③ **radio, scopie.**
ÉTYM. de *radio-* et *-scopie.*

RADIO-TAXI [ʀadjotaksi] n. m. ✦ Taxi équipé d'un poste récepteur-émetteur de radio relié à une station centrale. *Des radios-taxis.*

RADIOTÉLÉGRAPHIE [ʀadjotelegʀafi] n. f. ✦ Télégraphie sans fil, transmission par ondes hertziennes de messages en morse.

RADIOTÉLÉPHONE [ʀadjotelefɔn] n. m. ✦ Téléphone utilisant les ondes radioélectriques.

RADIOTÉLÉPHONIE [ʀadjotelefɔni] n. f. ✦ Téléphonie par ondes radioélectriques. SYN. ① **radio.**

RADIOTÉLESCOPE [ʀadjotelɛskɔp] n. m. ✦ Instrument permettant l'étude des corps célestes, par réception et analyse des ondes qu'ils émettent.

RADIOTÉLÉVISÉ, ÉE [ʀadjotelevize] adj. ✦ Qui est à la fois radiodiffusé et télévisé. *Allocution radiotélévisée.*

RADIOTHÉRAPIE [ʀadjoteʀapi] n. f. ✦ MÉD. Application thérapeutique des rayons X et autres rayonnements.
ÉTYM. de *radio-* et *-thérapie.*

RADIS [ʀadi] **n. m.** **1.** Plante potagère à racine comestible (généralement rose) ; cette racine. *Une botte de radis.* — *Un radis noir.* **2.** **loc.** FAM. *N'avoir plus un radis*, plus un sou.
ÉTYM. italien *radice* «racine».

RADIUM [ʀadjɔm] **n. m.** ✦ Élément chimique (symb. Ra), très radioactif.
ÉTYM. de *radioactif.*

RADIUS [ʀadjys] **n. m.** ✦ ANAT. Os long, situé à la partie externe de l'avant-bras.
ÉTYM. mot latin «rayon».

RADJA [ʀadʒa] ou **RAJAH** [ʀa(d)ʒa] **n. m.** ✦ Souverain d'un royaume ou d'une principauté en Inde. SYN. **maharadja.**
ÉTYM. sanskrit *râjâ* «roi».

RADON [ʀadɔ̃] **n. m.** ✦ Élément radioactif (symb. Rn), gaz rare issu de la désagrégation des isotopes du radium.
ÉTYM. de *radium.*

RADOTAGE [ʀadɔtaʒ] **n. m.** ✦ Action de radoter.

RADOTER [ʀadɔte] **v. intr.** (conjug. 3a) **1.** Tenir, par sénilité, des propos décousus et peu sensés. **2.** Se répéter. SYN. **rabâcher.** *Cesse donc de radoter !*
ÉTYM. origine germanique.

RADOTEUR, EUSE [ʀadɔtœʀ, øz] **n.** ✦ Personne qui radote.

RADOUB [ʀadu] **n. m.** ✦ Entretien, réparation de la coque d'un navire. *Cale, bassin de radoub.*
ÉTYM. de *radouber.*

RADOUBER [ʀadube] **v. tr.** (conjug. 3a) ✦ Réparer la coque de (un navire). SYN. **calfater, caréner.**
ÉTYM. de *re-* et *adouber* «arranger».

RADOUCIR [ʀadusiʀ] **v. tr.** (conjug. 13) **1.** Rendre plus doux (qqn ; son caractère). **2.** Rendre plus doux (le temps). *La pluie a radouci la température.* **3.** *SE RADOUCIR* **v. pron.** Devenir plus doux. *Sa colère tombée, il s'est radouci.* — *Le temps se radoucit.*
► **RADOUCISSEMENT** [ʀadusismɑ̃] **n. m.** *Un brusque radoucissement* (du temps). SYN. **redoux.**
ÉTYM. de *re-* et *adoucir.*

RAFALE [ʀafal] **n. f.** **1.** Coup de vent soudain et brutal. SYN. **bourrasque.** — *Une rafale de neige.* **2.** Succession de coups tirés rapidement (par une batterie, une arme automatique). SYN. **bordée, salve.** *Une rafale de mitrailleuse.*
ÉTYM. peut-être famille de *affaler.*

RAFFERMIR [ʀafɛʀmiʀ] **v. tr.** (conjug. 13) **1.** Rendre plus ferme. SYN. **affermir, durcir.** *Le froid raffermit les muscles.* SYN. **tonifier.** **2.** **fig.** Remettre dans un état plus stable. SYN. **fortifier.** *Raffermir le courage de qqn.* **3.** *SE RAFFERMIR* **v. pron.** Devenir plus ferme. *Le sol se raffermit.* — **fig.** Retrouver son assurance. *Il parut hésiter, puis se raffermit.* CONTR. **ramollir • affaiblir, ébranler.**
ÉTYM. de *re-* et *affermir.*

RAFFERMISSEMENT [ʀafɛʀmismɑ̃] **n. m.** ✦ Fait de se raffermir. CONTR. **ramollissement ; affaiblissement.**

RAFFINAGE [ʀafinaʒ] **n. m.** ✦ Ensemble des traitements opérés de manière à obtenir un corps pur ou un mélange doué de propriétés déterminées. *Le raffinage du sucre.* — *Le raffinage du pétrole*, permettant d'en obtenir des produits finis (essences, huiles...).
ÉTYM. de *raffiner.*

RAFFINEMENT [ʀafinmɑ̃] **n. m.** **1.** Caractère de ce qui est raffiné. *Le raffinement de ses manières.* **2.** Acte, chose qui dénote ou exige de la recherche, de la subtilité. ◆ LITTÉR. *Un raffinement de perfidie*, le point extrême... CONTR. **grossièreté, vulgarité.**
ÉTYM. de *raffiner.*

RAFFINER [ʀafine] **v. tr.** (conjug. 3a) **I** Procéder au raffinage de. **II** **1.** LITTÉR. Rendre plus fin, plus subtil. SYN. **affiner.** *Raffiner son style.* SYN. **châtier.** **2.** **intrans.** Rechercher la délicatesse ou la subtilité la plus grande. *Ne cherchons pas à raffiner.*
► **RAFFINÉ, ÉE adj.** **1.** Traité par raffinage (sucre, pétrole...). **2.** Qui est d'une extrême délicatesse, d'une subtilité remarquable. *Politesse raffinée. Une cuisine raffinée.* — *Un homme raffiné.* SYN. **distingué.** CONTR. **brut • grossier, lourd ; vulgaire.**
ÉTYM. de *re-* et *affiner.*

RAFFINERIE [ʀafinʀi] **n. f.** ✦ Usine où s'effectue le raffinage (du sucre, du pétrole...).
ÉTYM. de *raffiner.*

RAFFOLER [ʀafɔle] **v. tr. ind.** (conjug. 3a) ✦ *RAFFOLER DE* : avoir un goût très vif pour (qqn, qqch.). SYN. **adorer,** être **fou** de. *J'aime bien les sucreries, mais je n'en raffole pas.*
ÉTYM. de *re-* et *affoler.*

RAFFUT [ʀafy] **n. m.** ✦ FAM. Tapage, vacarme.
ÉTYM. probablement famille de *fût.*

RAFIOT [ʀafjo] **n. m.** ✦ Mauvais bateau. *Un vieux rafiot.*
ÉTYM. origine obscure.

RAFISTOLER [ʀafistɔle] **v. tr.** (conjug. 3a) ✦ Réparer grossièrement. *Rafistoler une chaise.*
► **RAFISTOLAGE** [ʀafistɔlaʒ] **n. m.**
ÉTYM. de l'ancien verbe *afistoler*, peut-être de l'italien *fistola* «flûte».

① **RAFLE** [ʀɑfl] **n. f.** ✦ Arrestation massive opérée à l'improviste par la police. SYN. **descente** de police. *Être pris dans une rafle. La rafle du Vel' d'Hiv* (16 juillet 1942).
ÉTYM. de l'allemand *raffen* «emporter».

② **RAFLE** [ʀɑfl] **n. f.** ✦ Ensemble des pédoncules (d'une grappe de fruits : raisins, etc.).
ÉTYM. origine incertaine.

RAFLER [ʀɑfle] **v. tr.** (conjug. 3a) **1.** FAM. Prendre et emporter promptement sans rien laisser. *Ils ont raflé tous les bijoux.* **2.** Prendre dans une rafle.
ÉTYM. de ① *rafle.*

RAFRAÎCHIR [ʀafʀeʃiʀ] **v.** (conjug. 13) **I** **v. tr.** **1.** Rendre frais, refroidir modérément. *La pluie a rafraîchi l'atmosphère.* **2.** Donner une sensation de fraîcheur à (qqn). *Cette boisson m'a rafraîchi.* ◆ **pronom.** *Se rafraîchir*, boire un rafraîchissement. — Faire un brin de toilette. **3.** Rendre la fraîcheur, l'éclat du neuf à (qqch.). *Rafraîchir les peintures d'un appartement.* — *Rafraîchir une coupe de cheveux.* **4.** Redonner de la vivacité à. *Lecture qui rafraîchit l'esprit.* — **loc.** FAM. *Rafraîchir la mémoire à qqn*, lui rappeler un souvenir oublié. **5.** INFORM. Régénérer (les informations enregistrées) pour éviter leur dégradation. *Rafraîchir l'écran* : renouveler l'affichage de l'image. **II** **v. intr.** Devenir plus frais. *Mettre un melon à rafraîchir.* CONTR. **réchauffer, tiédir.**
► **RAFRAÎCHI, IE adj.** *Champagne rafraîchi.* SYN. **frappé.** *Fruits rafraîchis.*
ÉTYM. de *re-* et *fraîchir.*

RAFRAÎCHISSANT, ANTE [ʀafʀeʃisɑ̃, ɑ̃t] **adj.** ✦ Qui rafraîchit. *Une brise rafraîchissante.* ➛ *Boissons rafraîchissantes.* → **rafraîchissement.** ◆ abstrait Qui plaît par sa fraîcheur. *Un spectacle rafraîchissant.*
ÉTYM. du participe présent de *rafraîchir.*

RAFRAÎCHISSEMENT [ʀafʀeʃismɑ̃] **n. m.** 1. Action, fait de rafraîchir. *Un rafraîchissement de la température.* 2. Boisson fraîche prise en dehors des repas.

RAFT [ʀaft] **n. m.** ✦ anglicisme Embarcation gonflable insubmersible utilisée pour la descente des rapides (→ **rafting**).
ÉTYM. mot anglais.

RAFTING [ʀaftiŋ] **n. m.** ✦ anglicisme Sport qui consiste à descendre des rapides en raft. *Faire du rafting.*

RAGAILLARDIR [ʀagajaʀdiʀ] **v. tr.** (conjug. 13) ✦ Rendre de la vitalité, de l'entrain à (qqn). SYN. **réconforter, revigorer.** *Cette nouvelle nous a ragaillardis.* ➛ au p. passé *Se sentir tout ragaillardi.*
ÉTYM. de ① *gaillard.*

① **RAGE** [ʀaʒ] **n. f.** 1. État, mouvement de colère ou de dépit extrêmement violent, qui rend agressif. SYN. **fureur.** *Être fou, ivre de rage* (→ **enrager, rager**). *Il était dans une rage folle.* 2. *RAGE DE...* : envie violente et passionnée de... SYN. **fureur.** *La rage de vivre.* ➛ loc. FAM. *Ce n'est plus de l'amour, c'est de la rage* (souvent iron.). 3. (choses) *FAIRE RAGE* : se déchaîner, atteindre la plus grande violence. *L'incendie faisait rage.* 4. *Rage de dents* : mal de dents violent.
ÉTYM. latin populaire *rabia*, classique *rabies.*

② **RAGE** [ʀaʒ] **n. f.** ✦ Maladie mortelle d'origine virale transmise à l'homme par la morsure de certains animaux, et caractérisée par des convulsions ou de la paralysie. *Vaccin contre la rage* (→ **antirabique**).
ÉTYM. de ① *rage.*

RAGEANT, ANTE [ʀaʒɑ̃, ɑ̃t] **adj.** ✦ Qui fait rager.
ÉTYM. du participe présent de *rager.*

RAGER [ʀaʒe] **v. intr.** (conjug. 5) ✦ FAM. Enrager.
ÉTYM. de *rage.*

RAGEUR, EUSE [ʀaʒœʀ, øz] **adj.** 1. Sujet à des accès de colère. *Un enfant rageur.* 2. Qui dénote la colère. *Un ton rageur.*
ÉTYM. de *rager.*

RAGEUSEMENT [ʀaʒøzmɑ̃] **adv.** ✦ Avec rage, avec hargne.

RAGLAN [ʀaglɑ̃] **n. m.** ✦ Pardessus assez ample, dont les emmanchures remontent en biais jusqu'à l'encolure. ➛ **adj. invar.** *Manches raglan.*
ÉTYM. mot anglais, du nom de lord *Raglan.*

RAGONDIN [ʀagɔ̃dɛ̃] **n. m.** ✦ Mammifère rongeur originaire d'Amérique du Sud, de mœurs aquatiques et dont la fourrure est très estimée. ➛ Cette fourrure. *Un manteau de ragondin.*
ÉTYM. origine obscure.

RAGOT [ʀago] **n. m.** ✦ FAM. surtout au plur. Bavardage malveillant. SYN. **commérage.**
ÉTYM. origine obscure.

RAGOÛT [ʀagu] **n. m.** ✦ Plat composé de morceaux de viande et de légumes cuits dans une sauce. *Un ragoût de mouton.*
ÉTYM. du verbe *ragoûter* «réveiller le goût».

RAGOÛTANT, ANTE [ʀagutɑ̃, ɑ̃t] **adj.** ✦ (avec une négation) Appétissant, plaisant. *Un mets peu ragoûtant.* CONTR. **dégoûtant, répugnant.**
ÉTYM. du p. présent de *ragoûter* → ragoût.

RAGTIME [ʀagtajm] **n. m.** ✦ anglicisme Musique de danse syncopée des Noirs américains, qui fut une des sources du jazz.
ÉTYM. mot américain, littéralement «temps en haillons *(rag)*».

RAI [ʀɛ] **n. m.** ✦ LITTÉR. Rayon (de lumière). *Un rai de soleil.* HOM. ① RAIE «rayure», ② RAIE «poisson», RETS «filet»
ÉTYM. latin *radius.*

RAÏ [ʀaj] **n. m.** ✦ Musique populaire arabe d'origine maghrébine, improvisation chantée sur des thèmes contemporains. ➛ **adj.** *Des groupes raïs* ou *raï* (invar.).
HOM. RAIL (de chemin de fer)
ÉTYM. mot arabe.

RAID [ʀɛd] **n. m.** 1. Opération militaire très rapide en territoire ennemi. SYN. **incursion.** ➛ *Raid aérien.* 2. Épreuve sportive d'endurance sur une longue distance. *Raid automobile.* SYN. **rallye.** 3. Opération financière réalisée par un raider. HOM. RAIDE «rigide»
ÉTYM. mot anglais, var. de l'anc. *rád* «course».

RAIDE [ʀɛd] **adj.** I 1. Qui ne se laisse pas plier, manque de souplesse. SYN. **rigide.** *Un tissu raide.* ➛ *Cheveux raides.* ◆ Engourdi. *Avoir les jambes raides.* ◆ FAM. (personnes) Sans argent. ➛ Ivre. ➛ Sous l'effet d'une drogue. 2. (personnes) Qui se tient droit et ferme. *Il est raide comme un piquet.* ➛ *Maintien raide.* 3. Tendu au maximum. *Une corde raide.* ➛ loc. *Être sur la corde* raide.* 4. Très incliné par rapport au plan horizontal. SYN. **abrupt.** *Une pente très raide.* II abstrait 1. LITTÉR. Qui manque d'abandon, de spontanéité. SYN. **guindé, sévère.** ➛ *Une morale raide.* 2. FAM. (choses) Difficile à accepter, à croire. *Elle est raide, celle-là.* III **adv.** 1. En pente raide. *Le sentier grimpe raide.* 2. *RAIDE MORT* (emploi adj.) : mort soudainement. *Elles sont tombées raides mortes.* CONTR. **élastique, flexible, souple.**
HOM. RAID «rallye»
ÉTYM. d'abord *roide* ; latin *rigidus* ; doublet de *rigide.*

RAIDER [ʀɛdœʀ] **n. m.** ✦ anglicisme Personne ou société qui effectue des achats systématiques de titres pour prendre le contrôle de sociétés. HOM. RAIDEUR «rigidité»
ÉTYM. mot anglais «pillard».

RAIDEUR [ʀɛdœʀ] **n. f.** ✦ État, caractère de ce qui est raide. SYN. **rigidité.** *La raideur d'un membre.* ➛ abstrait *La raideur de ses principes.* SYN. **rigueur.** CONTR. **souplesse.**
HOM. RAIDER «spéculateur»

RAIDILLON [ʀedijɔ̃] **n. m.** ✦ Court chemin en pente raide.
ÉTYM. de *raide.*

RAIDIR [ʀediʀ] **v. tr.** (conjug. 13) 1. Faire devenir raide ; priver de souplesse. *Raidir ses muscles.* SYN. ② **contracter.** 2. *SE RAIDIR* **v. pron.** Devenir raide. ➛ Tendre ses forces pour résister. *Se raidir contre la douleur.* CONTR. **assouplir, fléchir.**
► **RAIDI, IE p. passé** *Corps raidi par le froid.* ➛ *Raidi dans son obstination.*

RAIDISSEMENT [ʀedismɑ̃] **n. m.** ✦ Action de raidir, de se raidir. CONTR. **assouplissement, fléchissement.**

① **RAIE** [ʀɛ] **n. f.** 1. Ligne droite, bande mince et longue sur qqch. SYN. **rayure, trait.** *Un tissu à raies.* → **rayé.** ➛ FAM. *La raie des fesses* : le sillon entre les

fesses. 2. Ligne de séparation entre les cheveux, où le cuir chevelu est apparent. *Porter la raie au milieu.*
HOM. RAI « rayon », RETS « filet »
ÉTYM. gaulois « sillon ».

② **RAIE** [ʀɛ] n. f. ✦ Poisson cartilagineux au corps aplati en losange, à la chair délicate. *Raie au beurre noir.*
HOM. RAI « rayon », RETS « filet »
ÉTYM. latin *raia.*

RAIFORT [ʀɛfɔʀ] n. m. ✦ Plante cultivée pour sa racine au goût piquant ; condiment fait de cette racine râpée. *Sauce au raifort.*
ÉTYM. latin *radix* « racine » et *fort.*

RAIL [ʀaj] n. m. 1. Chacune des barres d'acier installées en deux lignes parallèles sur des traverses pour constituer une voie ferrée ; chacune des bandes continues ainsi formées. SYN. **voie.** *L'écartement des rails. Sortir des rails.* → **dérailler.** ➡ loc. *Remettre* (qqn, qqch.) *sur les rails,* sur la bonne voie ; dans de bonnes conditions de fonctionnement. 2. *Le rail :* le transport par voie ferrée. SYN. **chemin de fer.** *La concurrence entre le rail et la route.* HOM. RAÏ « musique »
ÉTYM. mot anglais, emprunt à l'ancien français, latin *regula* « barre ».

RAILLER [ʀaje] v. tr. (conjug. 3a) ✦ LITTÉR. Tourner en ridicule (qqn, qqch.) par des moqueries. SYN. **se moquer, persifler.**
ÉTYM. ancien provençal, du latin populaire, peut-être de *ragere* « rugir ».

RAILLERIE [ʀajʀi] n. f. 1. Action, habitude de railler (les gens, les choses). 2. Propos ou écrit par lequel on raille (qqn, qqch.). SYN. **moquerie, quolibet, sarcasme.**
ÉTYM. de *railler.*

RAILLEUR, EUSE [ʀajœʀ, øz] adj. ✦ Qui raille, exprime la raillerie. → **ironique, moqueur, narquois.** *Un air railleur.*
ÉTYM. de *railler.*

RAINETTE [ʀɛnɛt] n. f. ✦ Petite grenouille arboricole, aux doigts munis de ventouses. HOM. REINETTE « pomme »
ÉTYM. diminutif de l'ancien français *raine,* latin *rana* « grenouille ».

RAINURE [ʀenyʀ] n. f. ✦ Entaille faite en long (à la surface d'un objet).
ÉTYM. de *rouanne,* nom d'un instrument, latin *runcina,* du grec.

RAISIN [ʀɛzɛ̃] n. m. ✦ *Le raisin* (collectif), *les raisins :* fruit de la vigne, ensemble de baies (grains) réunies en grappes sur la rafle. *Du raisin blanc, noir. Raisin de table ; raisin de cuve* (destiné à la fabrication du vin*). ➡ *Cueillir du raisin, des raisins* (→ **vendange**). *Cure de raisin* (→ **uval**). ➡ *Raisins secs. Pain aux raisins.* ➡ *Jus de raisin* (→ aussi **verjus**).
ÉTYM. latin *racemus.*

RAISINÉ [ʀezine] n. m. ✦ Confiture à base de jus de raisin concentré.
ÉTYM. de *raisin.*

RAISON [ʀɛzɔ̃] n. f. **I** (pensée, jugement) 1. La faculté qui permet à l'être humain de connaître, juger et agir conformément à des principes (SYN. **compréhension, entendement, esprit, intelligence**), et spécialt de bien juger et d'appliquer ce jugement à l'action (SYN. **discernement, jugement,** bon sens). ➡ *Conforme à la raison* (→ **raisonnable, rationnel**) ; *contraire à la raison* (→ **déraisonnable**). ➡ loc. *L'âge de raison,* l'âge auquel l'enfant est censé posséder la raison (7 ans). ➡ *Ramener qqn à la raison,* à une attitude raisonnable. ➡ (opposé à *instinct, intuition...*) Pensée logique. *La raison et la passion. Mariage de raison* (réglé par les convenances). 2. Les facultés intellectuelles (d'une personne), dans leur fonctionnement. SYN. **lucidité.** *Perdre la raison,* devenir fou. 3. (dans des loc.) Ce qui est raisonnable. *Sans rime* ni raison.* ➡ *Il ne veut pas entendre* raison.* ➡ *PLUS QUE DE RAISON :* à l'excès. ➡ LITTÉR. *COMME DE RAISON :* comme la raison le suggère. 4. Connaissance à laquelle l'être humain accède (sans l'intervention d'une foi ou d'une révélation). *Mysticisme et raison.* → **rationalisme.** *Le culte de la Raison, pendant la Révolution française.* 5. (dans des loc.) Jugement, comportement en accord avec les faits. *AVOIR RAISON :* être dans le vrai, ne pas se tromper. ➡ *DONNER RAISON à qqn,* juger qu'il a raison. ➡ *À tort* ou à raison.* **II** (principe, cause) 1. Ce qui permet d'expliquer (l'apparition d'un fait). *Comprendre la raison d'un phénomène.* SYN. **cause.** ◆ Ce qui permet d'expliquer (un acte, un sentiment). SYN. **motif.** *La raison de son attitude.* ◆ loc. *PAR,* (plus cour.) *POUR LA RAISON QUE :* parce que. *C'est pour la (simple) raison que... Pour quelle raison ?* → **pourquoi.** *Pour une raison ou pour une autre,* sans raison connue. *EN RAISON DE :* à cause de. ➡ *SE FAIRE UNE RAISON :* se résigner à admettre ce qu'on ne peut changer, en prendre son parti. 2. Motif légitime qui justifie (qqch.) en expliquant. → ② **sujet.** *Avoir une raison d'espérer. Avoir de bonnes, de fortes raisons de penser que... Des craintes sans raison.* SYN. **fondement ;** → **injustifié.** ➡ *Ce n'est pas une raison ! Il n'y a pas de raison. Raison de plus pour...* (c'est une raison de plus). ➡ *La raison du plus fort*.* ◆ loc. *AVEC (JUSTE) RAISON.* → à juste **titre.** ➡ *À PLUS FORTE RAISON :* avec des raisons encore meilleures. → **a fortiori.** ➡ *SANS RAISON :* sans motif raisonnable. *Non sans raison.* 3. au plur. Arguments destinés à prouver. *Se rendre aux raisons de qqn.* 4. *AVOIR RAISON DE* (qqn, qqch.) : vaincre la résistance de, venir à bout de. **III** *RAISON SOCIALE :* nom, désignation (d'une société). **IV** SC. Proportion, rapport. *Raison d'une progression*,* nombre que l'on ajoute ou multiplie pour l'obtenir. *En raison directe :* rapport entre deux quantités qui augmentent ou diminuent dans la même proportion. *En raison inverse,* rapport entre deux quantités dont l'une augmente d'autant que l'autre diminue. ➡ *À RAISON DE :* en comptant, sur la base de. CONTR. **déraison,** ① **folie, instinct** · **tort.**
ÉTYM. latin *ratio ;* doublet de *ration.*

RAISONNABLE [ʀɛzɔnabl] adj. 1. Doué de raison (I), de jugement. SYN. **intelligent, pensant.** *L'homme, animal raisonnable.* 2. Qui pense et agit selon la raison. SYN. **réfléchi, sensé.** *Un enfant raisonnable.* ➡ Conforme à la raison. *Une décision raisonnable.* SYN. **rationnel ; judicieux, sage.** ➡ impers. *Il est raisonnable de...* SYN. **naturel, normal.** 3. Qui consent des conditions modérées. *Un négociateur raisonnable.* 4. Qui correspond à la mesure normale. *À une distance raisonnable.* SYN. **acceptable.** *Des prix raisonnables.* SYN. **convenable, modéré.** CONTR. **déraisonnable, extravagant,** ① **fou, insensé** · **excessif, exorbitant.**
ÉTYM. de *raison.*

RAISONNABLEMENT [ʀɛzɔnabləmɑ̃] adv. ✦ D'une manière raisonnable. *Agir raisonnablement.* ◆ Modérément. CONTR. **déraisonnablement ; exagérément, excessivement.**

RAISONNÉ, ÉE [ʀɛzɔne] **adj.** 1. Soutenu par des raisons (II). *Un projet raisonné,* réfléchi. ◆ *Agriculture raisonnée,* limitant l'impact sur l'environnement. 2. Qui explique par des raisonnements. SYN. **rationnel.** *Méthode raisonnée de grammaire.* CONTR. **irraisonné, irréfléchi.** HOM. RAISONNER « penser », RÉSONNER « retentir »
ÉTYM. participe passé de *raisonner.*

RAISONNEMENT [ʀɛzɔnmɑ̃] **n. m.** 1. Activité de la raison (I), manière dont elle s'exerce. *Opinion fondée sur le raisonnement ou sur l'expérience.* 2. Fait de raisonner en vue de parvenir à une conclusion. *Raisonnement inductif, déductif. Les prémisses, la conclusion d'un raisonnement. Un raisonnement juste ; faux.*
ÉTYM. de *raison.*

RAISONNER [ʀɛzɔne] **v.** (conjug. 3a) **I v. intr.** 1. Faire usage de sa raison pour former des idées, des jugements. SYN. **penser ;** → **philosopher.** 2. Employer des arguments pour convaincre, prouver ou réfuter. *Il a la manie de raisonner* (SYN. **discuter, ergoter, ratiociner ;** → **raisonneur**). 3. Enchaîner les parties d'un raisonnement pour aboutir à une conclusion. *Raisonner par analogie.* **II v. tr.** Chercher à amener (qqn) à une attitude raisonnable. *On ne peut pas le raisonner.* ◆ *SE RAISONNER* **v. pron.** Se conformer à la raison. *Tâche de te raisonner.* → (passif) *L'amour ne se raisonne pas.* CONTR. **déraisonner.** HOM. RAISONNÉ « réfléchi », RÉSONNER « retentir »
ÉTYM. latin *rationare.*

RAISONNEUR, EUSE [ʀɛzɔnœʀ, øz] **n.** ✦ Personne qui discute, raisonne, réplique. *Un insupportable raisonneur.* → **adj.** *Il est très raisonneur.*

RAJAH → **RADJA**

RAJEUNIR [ʀaʒœniʀ] **v.** (conjug. 13) **I v. tr.** 1. Rendre une certaine jeunesse à (qqn). → FAM. *Cela ne nous rajeunit pas,* se dit à propos d'un évènement qui souligne l'âge. 2. Attribuer un âge moins avancé à (qqn). *Vous me rajeunissez de cinq ans !* 3. Faire paraître (qqn) plus jeune (aspect physique). *Cette coiffure te rajeunit.* → pronom. *Il essaie de se rajeunir par tous les moyens.* 4. Ramener (qqch.) à un état de fraîcheur, de nouveauté. → **rafraîchir.** → *Rajeunir un équipement.* SYN. **moderniser.** 5. Abaisser l'âge de (un groupe). *Rajeunir l'encadrement d'une entreprise.* **II v. intr.** Reprendre les apparences de la jeunesse. *Elle a rajeuni de dix ans.* CONTR. **vieillir.**
ÉTYM. de *re-* et *jeune.*

RAJEUNISSANT, ANTE [ʀaʒœnisɑ̃, ɑ̃t] **adj.** ✦ Propre à rajeunir.
ÉTYM. du participe présent de *rajeunir.*

RAJEUNISSEMENT [ʀaʒœnismɑ̃] **n. m.** ✦ Action, fait de rajeunir. CONTR. **vieillissement.**

RAJOUT [ʀaʒu] **n. m.** ✦ Ce qui est rajouté. *Rajout en marge d'un texte.* SYN. **ajout.**
ÉTYM. de *rajouter.*

RAJOUTER [ʀaʒute] **v. tr.** (conjug. 3a) 1. Ajouter de nouveau. *Il n'y a rien à rajouter.* → FAM. Ajouter en plus. *Rajouter du sel.* 2. FAM. *EN RAJOUTER* : en dire, en faire plus qu'il n'en faut. SYN. en **remettre ; exagérer.** *N'en rajoute pas !* CONTR. **enlever, supprimer.**
ÉTYM. de *re-* et *ajouter.*

RAJUSTEMENT [ʀaʒystəmɑ̃] **n. m.** ✦ Action de rajuster. SYN. **réajustement.**

RAJUSTER [ʀaʒyste] **v. tr.** (conjug. 3a) 1. Remettre (qqch.) en bonne place. *Rajuster ses lunettes (sur son nez).* → *Rajuster un vêtement, sa tenue ;* pronom. *se rajuster.* 2. VX Remettre en accord, en harmonie. → MOD. *Rajuster les salaires.* → **réajuster.**
ÉTYM. de *re-* et *ajuster.*

① **RÂLE** [ʀɑl] **n. m.** 1. Bruit rauque de la respiration, chez certains moribonds. *Un râle d'agonie.* 2. MÉD. Altération du bruit respiratoire, qui signale une affection pulmonaire.
ÉTYM. de *râler.*

② **RÂLE** [ʀɑl] **n. m.** ✦ Petit échassier migrateur. *Râle d'eau.*
ÉTYM. peut-être de *râler.*

RALENTI [ʀalɑ̃ti] **n. m.** 1. Régime le plus bas d'un moteur. *Régler le ralenti.* 2. Procédé cinématographique qui fait paraître les mouvements plus lents que dans la réalité. 3. loc. *AU RALENTI. Vivre au ralenti. Activité au ralenti.* CONTR. **accéléré.**
ÉTYM. du participe passé de *ralentir.*

RALENTIR [ʀalɑ̃tiʀ] **v.** (conjug. 13) **I v. tr.** 1. Rendre plus lent (un mouvement...). *Ralentir le pas.* 2. Rendre plus lent (un processus). *Ralentir la production.* **II v. intr.** Réduire la vitesse du véhicule que l'on conduit. SYN. **décélérer, freiner.** *Ralentir, travaux.* **III** *SE RALENTIR* **v. pron.** *Le rythme se ralentit.* → *La production s'est ralentie.* CONTR. **accélérer, activer, hâter.**
ÉTYM. du verbe *alentir,* de *lent.*

RALENTISSEMENT [ʀalɑ̃tismɑ̃] **n. m.** ✦ Fait de se ralentir. → *Le ralentissement de l'expansion.* CONTR. **accélération.**

RALENTISSEUR [ʀalɑ̃tisœʀ] **n. m.** 1. Dispositif monté sur un véhicule, qui sert à réduire sa vitesse. 2. Petit dos d'âne aménagé sur la chaussée pour faire ralentir les véhicules.

RÂLER [ʀɑle] **v. intr.** (conjug. 3a) **I** Faire entendre un râle en respirant. **II** FAM. Manifester sa mauvaise humeur ; protester. SYN. **grogner, maugréer.**
ÉTYM. de même origine que *racler.*

RÂLEUR, EUSE [ʀɑlœʀ, øz] **n.** ✦ FAM. Personne qui proteste, râle à tout propos. *Quelle râleuse !* → **adj.** *Ce qu'il est râleur !*
ÉTYM. de *râler.*

RALLIEMENT [ʀalimɑ̃] **n. m.** 1. Fait de rallier (une troupe), de se rallier. SYN. **rassemblement, regroupement.** *Manœuvre de ralliement.* ◆ loc. *Point de ralliement,* lieu convenu pour se retrouver. → *Signe de ralliement,* qui sert aux membres d'un groupe à se reconnaître. 2. Fait de se rallier (à un parti, une cause, etc.). SYN. **adhésion.** CONTR. **débandade, dispersion · abandon, défection.**
ÉTYM. de *rallier.*

RALLIER [ʀalje] **v. tr.** (conjug. 9) **I** 1. Regrouper (des personnes dispersées). *Le chef rallie ses troupes.* SYN. **rassembler, réunir.** 2. Unir pour une cause commune ; convertir à sa cause. SYN. **gagner.** *Il a rallié les indécis.* 3. Rejoindre (une troupe, un parti, etc.). *Rallier la majorité.* **II** *SE RALLIER* **v. pron.** 1. Se regrouper. *Les troupes se rallient.* 2. *Se rallier à,* rejoindre, adhérer à. *Se rallier à un parti.* → *Se rallier à l'avis de qqn.* SYN. **se ranger.** CONTR. **disperser, disséminer.**
ÉTYM. de *re-* et *allier.*

RALLONGE [ralɔ̃ʒ] n. f. 1. Ce qu'on ajoute à une chose pour la rallonger. SYN. **allonge.** – Planche qui sert à augmenter la surface d'une table. *Table à rallonges.* ♦ loc. FAM. *Nom à rallonge,* formé de plusieurs éléments (particule, etc.). 2. Prolongateur électrique. 3. FAM. Ce que l'on paye ou reçoit en plus du prix convenu. SYN. **supplément.** *Obtenir une rallonge.*
ÉTYM. de *rallonger.*

RALLONGEMENT [ralɔ̃ʒmɑ̃] n. m. ✦ Opération qui consiste à rallonger (qqch.). CONTR. **raccourcissement.**

RALLONGER [ralɔ̃ʒe] v. (conjug. 5) 1. v. tr. Rendre plus long (en ajoutant un élément). SYN. **allonger.** *Rallonger une robe.* – *Ce chemin rallonge le trajet.* 2. v. intr. FAM. Allonger. *Les jours rallongent.* CONTR. **raccourcir • diminuer.**
ÉTYM. de *re-* et *allonger.*

RALLUMER [ralyme] v. tr. (conjug. 3a) 1. Allumer de nouveau. *Rallumer le feu.* – absolt *Rallumer :* redonner de la lumière. 2. fig. Redonner de l'ardeur, de la vivacité à. SYN. **ranimer, raviver.** – pronom. *Les haines se sont rallumées.*

RALLYE [rali] n. m. ✦ Course automobile où les concurrents doivent rallier un lieu déterminé.
ÉTYM. de l'anglais *to rally* «rassembler».

-RAMA → -ORAMA

RAMADAN [ramadɑ̃] n. m. ✦ Mois pendant lequel les musulmans doivent s'astreindre à l'abstinence (jeûne strict, etc.) entre le lever et le coucher du soleil. – *Faire le ramadan :* observer les prescriptions de ce mois.
ÉTYM. mot arabe.

RAMAGE [ramaʒ] n. m. I VX Rameau, branchage. *Sous les ramages.* ♦ MOD. au plur. *Tissu à ramages,* décoré de rameaux fleuris et feuillus. II LITTÉR. Chant des oiseaux. SYN. **gazouillement.** *« Si votre ramage Se rapporte à votre plumage »* (La Fontaine).
ÉTYM. du latin *ramus* «rameau».

RAMASSAGE [ramasaʒ] n. m. 1. Action de ramasser des choses éparses. *Le ramassage des feuilles mortes.* 2. *RAMASSAGE SCOLAIRE :* transport quotidien, par un service routier spécial, des écoliers demeurant loin de leur établissement. *Car de ramassage scolaire.*
ÉTYM. de *ramasser.*

RAMASSÉ, ÉE [ramase] adj. ✦ Resserré en une masse, blotti. SYN. **pelotonné.** – *Un corps ramassé.* SYN. ① **massif, trapu.** – fig. *Style ramassé,* concis et dense. CONTR. **allongé, élancé.**

RAMASSE-MIETTE [ramasmjɛt] n. m. ✦ Ustensile pour ramasser les miettes sur la table après un repas. *Des ramasse-miettes.* – On écrit aussi *un ramasse-miettes* (invar.).

RAMASSER [ramase] v. tr. (conjug. 3a) I 1. Resserrer en une masse ; tenir serré. *Ramasser ses cheveux.* – pronom. *Se ramasser :* se mettre en masse, en boule. SYN. se **pelotonner.** *Le chat se ramassa, puis bondit.* 2. Réunir (des choses éparses). *Ramasser les ordures.* SYN. **enlever.** – *Le professeur ramasse les copies.* ♦ fig. *Ramasser ses forces.* SYN. **rassembler.** II 1. Prendre par terre (des choses éparses) pour les réunir. *Ramasser des noix.* – loc. *On en ramasse à la pelle*.* 2. Prendre par terre (une chose qui s'y trouve). *Ramasser les balles, au tennis.* ♦ *On l'a ramassé ivre mort.* – loc. FAM. *Être à ramasser à la petite cuiller*.* 3. FAM. *Ramasser une bûche, une gamelle, une pelle :* tomber. – pronom. Se relever après être tombé ; échouer. *Il s'est ramassé au bac.* 4. fig. FAM. Prendre (des coups) ; attraper (un mal). *Il a ramassé une volée. Ramasser un bon rhume.* SYN. **choper.** CONTR. **étaler, étendre • disperser • répandre.**
ÉTYM. de *amasser.*

RAMASSEUR, EUSE [ramasœr, øz] n. 1. Personne qui ramasse. *Un ramasseur de balles* (au tennis). 2. Personne qui va chercher chez les producteurs (les denrées destinées à la vente). *Ramasseur de lait.*

RAMASSIS [ramasi] n. m. ✦ péj. Réunion (de choses ou de gens de peu de valeur). *Un ramassis d'incapables.* SYN. **tas.**
ÉTYM. de *ramasser.*

RAMBARDE [rɑ̃baʀd] n. f. ✦ Garde-corps placé autour des gaillards et des passerelles d'un navire. – Rampe métallique, garde-fou. *La rambarde d'une jetée.*
ÉTYM. italien *rembata.*

RAMDAM [ramdam] n. m. ✦ FAM. Tapage, vacarme. SYN. **raffut.** *Faire du ramdam.*
ÉTYM. de *ramadan,* à cause de la vie nocturne bruyante du ramadan.

① **RAME** [ram] n. f. ✦ Longue barre de bois aplatie à une extrémité, qu'on manœuvre pour propulser et diriger une embarcation. SYN. **aviron.**
ÉTYM. latin *remus.*

② **RAME** [ram] n. f. 1. VX Branche d'arbre. 2. Branche rameuse fichée en terre pour guider une plante potagère grimpante. *Pois à rames.*
ÉTYM. du latin *ramus* «branche».

③ **RAME** [ram] n. f. 1. Ensemble de cinq cents feuilles (de papier). 2. File de wagons attelés. *Rame de métro.*
ÉTYM. espagnol *resma,* de l'arabe.

RAMEAU [ramo] n. m. ✦ Petite branche d'arbre. *Des rameaux d'olivier. Branches et rameaux.* → **ramure.**
ÉTYM. latin *ramus* «branche».

RAMÉE [rame] n. f. ✦ LITTÉR. 1. Ensemble des branches à feuilles d'un arbre. SYN. **feuillage, ramure.** 2. VX Branches coupées avec leurs feuilles. HOM. ① RAMER «avancer à la rame»
ÉTYM. du latin *ramus* «branche».

RAMENER [ram(ə)ne] v. tr. (conjug. 7a) I 1. Amener de nouveau (qqn). *Ramenez-moi le malade demain.* 2. Faire revenir (qqn en l'accompagnant, un animal ; un véhicule) au lieu qu'il avait quitté. *Je vais vous ramener chez vous.* SYN. **raccompagner, reconduire.** *Ramener un cheval à l'écurie.* – *Je te ramènerai la voiture demain.* ♦ Provoquer le retour de (qqn). *L'averse le ramena à la maison.* 3. Faire revenir (à un état, à un sujet). *On l'a ramené à la vie, ramené à lui.* → **ranimer.** *Ramener qqn à la raison.* – (sujet chose) *Ceci nous ramène à notre sujet.* – (compl. chose) *Ramener la conversation sur... Ramener tout à soi :* faire preuve d'égocentrisme. 4. fig. Faire renaître, faire revenir. *Ramener la paix.* SYN. ① **restaurer, rétablir.** 5. Amener (qqn), apporter (qqch.) avec soi, en revenant au lieu qu'on avait quitté. *Il a ramené un chat de la campagne.* 6. Faire prendre une certaine position à (qqch.) ; remettre en place. *Ramener la couverture sur ses pieds.* 7. loc. FAM. *Ramener sa fraise :* arriver, venir ; fig. manifester de la prétention. – ellipt *La ramener.* → **crâner.** 8. fig. Porter (à un certain point de simplification ou d'unification). SYN. **réduire.** *Ramener une fraction à sa plus simple expres-*

sion. **II** *SE RAMENER* **v. pron.** 1. *Se ramener à* : se réduire, être réductible à. *Tout cela se ramène à une question d'argent.* 2. FAM. Venir. *Ramène-toi !* CONTR. ① **écarter, éloigner.**

RAMEQUIN [ramkɛ̃] **n. m.** 1. Petit gâteau au fromage. 2. Petit récipient individuel qui supporte la cuisson.
ÉTYM. origine néerlandaise.

① **RAMER** [rame] **v. intr.** (conjug. 3a) 1. Manœuvrer les rames ; avancer avec les rames. 2. FAM. Avoir du mal à faire qqch. ; faire des efforts. HOM. RAMÉE «feuillage»
ÉTYM. latin populaire *remare*, de *remus* «rame».

② **RAMER** [rame] **v. tr.** (conjug. 3a) ✦ Soutenir (une plante) avec une rame (②, 2). HOM. RAMÉE «feuillage»
ÉTYM. de ② *rame*.

RAMETTE [ramɛt] **n. f.** ✦ Rame de papier de petit format.
ÉTYM. diminutif de ③ *rame*.

RAMEUR, EUSE [ramœʀ, øz] **n.** ✦ Personne qui rame, qui est chargée de ramer. *Un rang, un banc de rameurs.*
HOM. RAMEUSE (féminin de *rameux* «ramifié»)
ÉTYM. de ① *ramer*.

RAMEUTER [ramøte] **v. tr.** (conjug. 3a) ✦ Regrouper pour faire nombre ou pour une action commune. *Rameuter ses partisans.*
ÉTYM. de *re-* et *ameuter*.

RAMEUX, EUSE [ramø, øz] **adj.** ✦ BOT. Qui a de nombreux rameaux. HOM. RAMEUSE (féminin de *rameur* «qui rame»)
ÉTYM. latin *ramosus*.

RAMI [rami] **n. m.** ✦ Jeu de cartes consistant à réunir des combinaisons de cartes qu'on étale sur la table. ➜ *Faire rami* : étaler toutes ses cartes.
ÉTYM. mot anglais, p.-ê. de *rummy* «bizarre».

RAMIER [ramje] **n. m.** ✦ Gros pigeon sauvage qui niche dans les arbres. ➜ **adj.** *Pigeon ramier.*
ÉTYM. famille de *rameau*.

RAMIFICATION [ramifikasjɔ̃] **n. f.** 1. Division en plusieurs rameaux ; chacune des divisions ou chacun des rameaux. ♦ ANAT. *Ramifications vasculaires, nerveuses.* ♦ *Les ramifications d'un égout, d'une voie ferrée.* 2. **fig.** Groupement secondaire dépendant d'un organisme central. *Les ramifications d'un complot.*
ÉTYM. latin *ramificatio*.

se **RAMIFIER** [ramifje] **v. pron.** (conjug. 9) 1. Se diviser en plusieurs branches ou rameaux. ➜ **p. p. adj.** *Les prolongements ramifiés de la cellule nerveuse.* 2. **fig.** Avoir, pousser des ramifications. *Une secte qui se ramifie.*
ÉTYM. latin *ramificare*.

RAMILLE [ramij] **n. f.** ✦ Chacune des plus petites et dernières divisions d'un rameau.
ÉTYM. famille de *rameau*.

RAMOLLI, IE [ramɔli] **adj.** 1. Devenu mou. *Des biscuits ramollis.* ➜ **fig.** FAM. *Cerveau ramolli*, faible, sans idées. 2. FAM. Dont le cerveau est devenu faible. SYN. **gâteux.**
ÉTYM. participe passé de *ramollir*.

RAMOLLIR [ramɔliʀ] **v. tr.** (conjug. 13) ✦ Rendre mou ou moins dur. SYN. **amollir.** *Ramollir du beurre.* ➜ **pronom.** *Chairs qui se ramollissent.* ♦ **fig.** LITTÉR. *La peur ramollit la volonté.* CONTR. **durcir, raffermir.**
ÉTYM. de *re-* et *amollir*.

RAMOLLISSEMENT [ramɔlismɑ̃] **n. m.** ✦ Action de se ramollir, état de ce qui est ramolli. ➜ MÉD. *Ramollissement cérébral*, lésion due à un trouble de l'irrigation sanguine.

RAMONAGE [ʀamɔnaʒ] **n. m.** ✦ Action de ramoner ; son résultat.

RAMONER [ramɔne] **v. tr.** (conjug. 3a) ✦ Nettoyer en raclant pour débarrasser de la suie (les cheminées, les tuyaux).
ÉTYM. famille de *rameau*.

RAMONEUR [ʀamɔnœʀ] **n. m.** ✦ Celui dont le métier est de ramoner les cheminées.

RAMPANT, ANTE [ʀɑ̃pɑ̃, ɑ̃t] **adj.** **I** ARCHIT. *Arc rampant*, dont les naissances ne sont pas à la même hauteur. **II** 1. Qui rampe. *Animal rampant.* ➜ *Plantes rampantes.* ♦ **par plais.** (ARGOT AVIAT.) *Personnel rampant*, qui est employé à terre (opposé à *navigant*). 2. **fig.** Obséquieux, servile. 3. **fig. et péj.** Qui progresse sournoisement. *Fascisme rampant.*
ÉTYM. du participe présent de *ramper*.

RAMPE [ʀɑ̃p] **n. f.** **I** 1. Plan incliné qui sert de passage entre deux plans horizontaux. *Rampe d'accès.* ♦ Plan incliné pour le lancement d'engins catapultés. *Rampe de lancement de fusées.* 2. Partie en pente d'un terrain, d'une route, d'une voie ferrée. SYN. ② **côte, montée.** **II** 1. Balustrade à hauteur d'appui, le long d'un escalier. ➜ **loc. fig.** FAM. *Tenir bon la rampe* : tenir bon. *Lâcher la rampe* : mourir ; abandonner la partie. 2. Rangée de lumières disposées au bord d'une scène de théâtre. «*Les Feux de la rampe*» (film de Chaplin). ➜ **loc.** *Passer la rampe* : produire de l'effet sur un public. *Acteur qui ne passe pas la rampe.*
ÉTYM. de *ramper*, au sens ancien de «grimper».

RAMPER [ʀɑ̃pe] **v. intr.** (conjug. 3a) 1. **(reptiles, vers, etc.)** Progresser par un mouvement de reptation*. ➜ **(animaux, personnes)** Progresser lentement le ventre au sol, en s'aidant de ses membres. *L'enfant rampe avant de marcher.* 2. **(plantes)** Se développer au sol, ou s'étendre sur un support en s'y accrochant. *Lierre qui rampe le long d'un mur.* 3. **fig. et péj.** S'abaisser, être soumis. *Ramper devant un supérieur.*
ÉTYM. francique *hrampon* «grimper».

RAMURE [ramyʀ] **n. f.** 1. LITTÉR. Ensemble des branches et rameaux (d'un arbre). SYN. **branchage, ramée.** 2. Ensemble des bois des cervidés. ➜ **andouiller.**
ÉTYM. de ② *rame*.

RANCARD ou **RENCARD** [ʀɑ̃kaʀ] **n. m.** **I** ARGOT Renseignement confidentiel. SYN. **tuyau.** **II** FAM. Rendez-vous. *Avoir (un) rancard avec qqn. Filer (un) rancard à qqn.*
HOM. RANCART «rebut»
ÉTYM. origine incertaine.

RANCARDER ou **RENCARDER** [ʀɑ̃kaʀde] **v. tr.** (conjug. 3a) **I** ARGOT Renseigner. SYN. FAM. **tuyauter.** ➜ **pronom.** *Se rancarder.* **II** FAM. et RARE Donner un rendez-vous à (qqn.).
ÉTYM. de *rancard*.

RANCART [ʀɑ̃kaʀ] **n. m.** ✦ **loc.** FAM. *Mettre au rancart* : jeter, se débarrasser de. SYN. **rebut.** ➜ *Un projet mis au rancart*, abandonné. HOM. RANCARD «rendez-vous»
ÉTYM. origine incertaine, p.-ê. famille de *écarter*.

RANCE [Rɑ̃s] **adj.** ✦ (corps gras) Qui a pris une odeur forte et un goût âcre. *Huile rance.* — **n. m.** *Ce beurre sent le rance.*
ÉTYM. latin *rancidus.*

RANCH [Rɑ̃tʃ] **n. m.** ✦ Ferme de la Prairie, aux États-Unis ; exploitation d'élevage qui en dépend. *Des ranchs* ou *des ranches* (plur. anglais).
ÉTYM. mot américain, de l'espagnol *rancho* « cabane ».

RANCIR [Rɑ̃siR] **v. intr.** (conjug. 13) ✦ Devenir rance. *Cette huile a ranci.* — fig. Vieillir en s'altérant, en s'aigrissant.
► **RANCI, IE adj.** *Un vieux célibataire ranci.*
ÉTYM. de *rance.*

RANCISSEMENT [Rɑ̃sismɑ̃] **n. m.** ✦ Fait de rancir.

RANCŒUR [Rɑ̃kœR] **n. f.** ✦ LITTÉR. Ressentiment tenace, amertume que l'on garde après une désillusion, une injustice, etc. SYN. **aigreur, rancune.** *Avoir de la rancœur pour, contre qqn. Oublier sa rancœur.*
ÉTYM. latin *rancor.*

RANÇON [Rɑ̃sɔ̃] **n. f.** 1. Prix que l'on exige pour délivrer une personne qu'on tient captive. *Les ravisseurs exigent une rançon. Payer une rançon.* 2. fig. *La rançon de* : l'inconvénient que comporte (un avantage, un plaisir). SYN. **contrepartie.** *C'est la rançon de la gloire.*
ÉTYM. latin *redemptio* « rachat » ; doublet de *rédemption.*

RANÇONNEMENT [Rɑ̃sɔnmɑ̃] **n. m.** ✦ RARE Fait de rançonner (qqn).

RANÇONNER [Rɑ̃sɔne] **v. tr.** (conjug. 3a) ✦ Exiger de (qqn) une somme d'argent sous la contrainte. *Des brigands rançonnaient les voyageurs.* — fig. VIEILLI *Rançonner les clients,* vendre à des prix exagérés.
ÉTYM. de *rançon.*

RANCUNE [Rɑ̃kyn] **n. f.** ✦ Souvenir tenace que l'on garde d'une offense, d'un préjudice, avec de l'hostilité et un désir de vengeance. SYN. **rancœur, ressentiment.** *Avoir de la rancune contre qqn. Garder rancune à qqn de qqch.* — *Sans rancune !* (formule de réconciliation).
ÉTYM. latin populaire *rancura.*

RANCUNIER, IÈRE [Rɑ̃kynje, jɛR] **adj.** ✦ Porté à la rancune. SYN. **vindicatif.** CONTR. **indulgent.**

RANDOMISATION [Rɑ̃dɔmizasjɔ̃] **n. f.** ✦ anglicisme STATIST. Méthode de répartition fondée sur le hasard destinée à réduire ou supprimer l'interférence de variables autres que celles qui sont étudiées.
ÉTYM. anglais *randomization,* de *at random* « au hasard ».

RANDOMISER [Rɑ̃dɔmize] **v. tr.** (conjug. 3a) ✦ anglicisme STATIST. Procéder à la randomisation de.

RANDONNÉE [Rɑ̃dɔne] **n. f.** ✦ Longue promenade. *Randonnée pédestre. Randonnée à bicyclette.* — *Faire de la randonnée.* — *Sentier de grande randonnée* (abrév. G. R.), balisé pour les marcheurs.
ÉTYM. de l'ancien verbe *randonner* « courir vite », d'origine incertaine.

RANDONNEUR, EUSE [Rɑ̃dɔnœR, øz] **n.** ✦ Personne qui pratique la randonnée.

RANG [Rɑ̃] **n. m.** **I** 1. Suite (de personnes, de choses) disposées sur une même ligne, en largeur (opposé à *file*). SYN. **rangée.** *Collier à trois rangs de perles.* — *Alignement de sièges. Se placer au premier rang.* — Suite de mailles. *Un rang* (tricoté) *à l'endroit, un rang à l'envers.* ◆ *EN RANG(S). Mettez-vous en rang par deux.* — loc. *En rangs d'oignons*.* — *Dormir dix heures DE RANG,* d'affilée. 2. spécialt (soldats...) *Un double rang de C. R. S.* — *Serrer les rangs. Rompre les rangs.* 3. *LES RANGS* (d'une armée), les hommes qui y servent. *Servir dans les rangs de tel régiment.* — loc. *ÊTRE, SE METTRE SUR LES RANGS* : entrer en concurrence avec d'autres (pour obtenir qqch.). ◆ fig. Masse, nombre. *Grossir les rangs des mécontents.* 4. *LE RANG* : l'ensemble des hommes de troupe. *Militaires du rang.* — loc. fig. *Rentrer dans le rang* : se soumettre à une discipline. **II** (Place dans une série → **ordre**) 1. Situation dans une série, une suite concrète. *Livres classés par rang de taille.* — *Se présenter par rang d'âge, d'ancienneté.* 2. Place, position dans un ordre, une hiérarchie. SYN. **classe, échelon, grade.** *Fonctionnaire d'un certain rang. Un écrivain de second rang.* 3. Place (d'une personne) dans la société, de par sa naissance, sa fonction... SYN. **classe, condition, niveau.** *Le rang social de qqn.* — (rangs élevés) *Garder, tenir son rang. Les honneurs dus à son rang.* ◆ loc. (personnes ; choses) *Du même rang,* de même valeur. *Mettre sur le même rang,* sur le même plan. 4. Place dans un groupe, un ensemble (sans idée de hiérarchie). — loc. *PRENDRE RANG parmi* : figurer parmi. *Mettre AU RANG DE* : compter parmi. → ① **ranger.**
ÉTYM. francique *hring* « anneau, cercle ».

RANGÉE [Rɑ̃ʒe] **n. f.** ✦ Suite (de choses, de personnes) disposées côte à côte sur la même ligne. SYN. **alignement, rang** (I). *Une double rangée d'arbres.*
ÉTYM. du participe passé de ① *ranger.*

RANGEMENT [Rɑ̃ʒmɑ̃] **n. m.** ✦ Action de ranger, de mettre en ordre. — *Meuble de rangement.* — *Un rangement rationnel.* CONTR. **dérangement, désordre.**
ÉTYM. de ① *ranger.*

① **RANGER** [Rɑ̃ʒe] **v. tr.** (conjug. 5) **I** 1. Disposer à sa place, avec ordre. SYN. **classer, ordonner.** *Ranger ses affaires.* ◆ au p. passé *Tout est bien rangé.* — *Mots rangés par ordre alphabétique.* ◆ Mettre de l'ordre dans (un lieu). *Ranger sa chambre.* 2. Mettre au nombre de, au rang de. *Cet auteur est à ranger parmi les classiques.* 3. Mettre de côté pour laisser le passage. *Ranger sa voiture sur le bas-côté.* SYN. **garer.** **II** *SE RANGER* **v. pron.** 1. Se mettre en rang, en ordre. *Rangez-vous par trois !* 2. S'écarter pour laisser le passage. *Se ranger contre le trottoir.* SYN. se **garer.** 3. *Se ranger du côté de qqn,* prendre son parti. — *Se ranger à l'avis de qqn* (SYN. **adopter**). 4. absolt Adopter un genre de vie plus régulier, une conduite plus raisonnable. SYN. **s'assagir.** — loc. FAM. *Se ranger des voitures* (même sens) ; aussi passif : *être rangé(e) des voitures.* CONTR. **déranger, mélanger.**
► **RANGÉ, ÉE adj.** 1. loc. *Bataille* rangée.* 2. Qui s'est rangé (4). SYN. **sérieux.** *Un homme rangé.* — *Vie rangée.* CONTR. **bohème, désordonné, dissolu.**
ÉTYM. de *rang.*

② **RANGER** [Rɑ̃dʒɛR ; Rɑ̃dʒœR] **n. m.** 1. Garde dans une réserve, un parc national (États-Unis). 2. Soldat d'un corps d'élite de l'armée de terre américaine. 3. Brodequin à tige montante.
ÉTYM. mot américain.

RANIMER [Ranime] **v. tr.** (conjug. 3a) 1. Rendre la conscience, le mouvement à. SYN. **réanimer** ; → **réanimation.** *Ranimer un noyé.* ◆ Revigorer. *Cet air frais m'a ranimé.* 2. abstrait Redonner de l'énergie à. SYN. **réconforter.** *Ce discours ranima les troupes.* — *Ranimer l'ardeur de qqn.* SYN. **réveiller.** 3. Redonner de la force, de l'éclat à (un feu). SYN. **attiser, rallumer.** *Ranimer la*

flamme. SYN. **raviver.** – pronom. *Le volcan assoupi s'est ranimé.* CONTR. **éteindre, étouffer.**
ÉTYM. de *re-* et *animer.*

RANTANPLAN [ʀɑ̃tɑ̃plɑ̃] **interj.** ✦ Onomatopée exprimant le roulement du tambour. – variante RATAPLAN [ʀataplɑ̃].

RAOUT [ʀaut] **n. m.** ✦ VIEILLI Réunion, fête mondaine.
ÉTYM. anglais *rout,* empr. à l'ancien français «troupe».

RAP [ʀap] **n. m.** ✦ anglicisme Musique au rythme martelé, soutenant des paroles scandées. HOM. RÂPE «lime»
ÉTYM. mot anglais «coup sec».

RAPACE [ʀapas] **adj.** et **n. m.**
I adj. Qui cherche à s'enrichir rapidement et brutalement, au détriment d'autrui. SYN. **avide, cupide.** *Usurier rapace.*
II n. m. Oiseau carnivore, aux doigts armés de serres, au bec puissant, arqué et pointu. *Nid de rapace.* → ② **aire.** *Rapaces diurnes* (aigle, vautour...) ; *nocturnes* (chouette, hibou).
ÉTYM. latin *rapax,* de *rapere* «enlever».

RAPACITÉ [ʀapasite] **n. f.** 1. Avidité brutale. SYN. **cupidité.** 2. (animaux) Ardeur à poursuivre sa proie.
ÉTYM. latin *rapacitas.*

RAPATRIÉ, ÉE [ʀapatʀije] **adj.** ✦ Qu'on a rapatrié. *Un malade rapatrié.* – **n.** (contexte politique : guerres, décolonisation...) *L'aide aux rapatriés.*
ÉTYM. participe passé de *rapatrier.*

RAPATRIEMENT [ʀapatʀimɑ̃] **n. m.** ✦ Action de rapatrier.

RAPATRIER [ʀapatʀije] **v. tr.** (conjug. 9) ✦ Assurer le retour de (une personne) sur le territoire du pays auquel elle appartient par sa nationalité. *Rapatrier des prisonniers de guerre.* – *Rapatrier des capitaux.* CONTR. **déporter, exiler.**
ÉTYM. de *re-* et *patrie.*

RÂPE [ʀɑp] **n. f.** 1. Lime à grosses entailles. *Une râpe de sculpteur.* 2. Ustensile de cuisine qui sert à râper un aliment, un condiment. *Râpe à fromage.* HOM. RAP «musique»
ÉTYM. de *râper.*

① **RÂPÉ, ÉE** [ʀɑpe] **adj.** 1. Réduit en poudre, en petits morceaux. *Gruyère râpé* et **n. m.** *du râpé.* 2. (tissu) Usé par le frottement ; qui a perdu ses poils, son velouté. SYN. **élimé.**
ÉTYM. de *râper.*

② **RÂPÉ** [ʀɑpe] **adj.** ✦ FAM. *C'est râpé,* se dit à l'occasion d'un contretemps, d'un espoir déçu. *Pour mon voyage, c'est râpé !* SYN. FAM. **cuit,** ① **fichu.**

RAPER ou **RAPPER** [ʀape] **v. intr.** (conjug. 3a) ✦ Jouer, chanter ou danser du rap. HOM. RÂPER «limer»
► **RAPEUR, EUSE** ou **RAPPEUR, EUSE** [ʀapœʀ, øz] **n.**

RÂPER [ʀɑpe] **v. tr.** (conjug. 3a) 1. Réduire en poudre grossière, en filaments, au moyen d'une râpe*. *Râper des carottes.* 2. Travailler à la râpe (1). *Râper une planche.* ♦ **fig.** Irriter. *Vin qui râpe la gorge.* 3. RARE User jusqu'à la corde (un vêtement, un tissu). HOM. RAPER «jouer du rap»
ÉTYM. francique *raspôn* «gratter».

RAPETASSER [ʀap(ə)tase] **v. tr.** (conjug. 3a) ✦ FAM. Réparer sommairement, grossièrement (un vêtement, etc.). SYN. **raccommoder, rapiécer.**
ÉTYM. origine provençale.

RAPETISSEMENT [ʀap(ə)tismɑ̃] **n. m.** ✦ Action, fait de rapetisser. CONTR. **agrandissement.**

RAPETISSER [ʀap(ə)tise] **v.** (conjug. 3a) **I v. tr.** 1. Rendre plus petit. SYN. **diminuer, réduire.** 2. Faire paraître plus petit. *La distance rapetisse les objets.* 3. **fig.** Diminuer la valeur de (qqch.), le mérite de (qqn). **II v. intr.** Devenir plus petit, plus court (dans l'espace ou dans le temps). *Pull qui rapetisse au lavage.* SYN. **rétrécir.** CONTR. **agrandir ; amplifier.**
ÉTYM. de *re-* et l'ancien verbe *apetisser,* de *petit.*

RÂPEUX, EUSE [ʀɑpø, øz] **adj.** 1. Hérissé d'aspérités, rude au toucher comme une râpe. SYN. **rugueux.** *La langue râpeuse du chat.* 2. Qui râpe la gorge. SYN. **âpre.** *Un vin râpeux.*
ÉTYM. de *râpe.*

RAPHIA [ʀafja] **n. m.** ✦ Palmier d'Afrique et d'Amérique équatoriale, à très longues feuilles. – Fibre tirée de ces feuilles. *Tissu en raphia.* → **rabane.**
ÉTYM. mot malgache.

RAPIA [ʀapja] **adj.** et **n.** ✦ FAM. Avare (de façon mesquine). *Elles sont rapias.* – On écrit aussi *rapiat, ate. Elles sont rapiates.*
ÉTYM. origine incertaine.

RAPIDE [ʀapid] **adj.** et **n. m.**
I adj. 1. (cours d'eau) Qui coule avec une grande vitesse. *Courant rapide.* ♦ *Pente rapide.* SYN. **abrupt, raide.** 2. Qui se meut ou peut se mouvoir à une vitesse élevée. *Il est rapide à la course.* SYN. **véloce.** *Rapide comme l'éclair.* – *Voiture rapide et nerveuse.* 3. (sans idée de déplacement) Qui exécute vite. *Il est rapide dans son travail.* SYN. **diligent, expéditif, prompt.** – Qui comprend vite. *Esprit rapide.* SYN. **vif.** ♦ *Poison rapide,* qui agit vite. 4. (allure, mouvement) Qui s'accomplit à une vitesse élevée. *Allure, pas rapide.* – *Pouls rapide,* dont les battements sont très rapprochés. *Respiration rapide.* 5. **fig.** (style, récit) Qui va droit à l'essentiel. 6. (action, processus) Qui atteint son terme en peu de temps, qui a un rythme vif. SYN. **prompt.** *Guérison rapide. Sa décision a été bien rapide.* – *Méthode rapide.* ♦ PHOTOGR. *Pellicule rapide,* très sensible. 7. *Voie rapide,* conçue pour une circulation à grande vitesse. CONTR. **lent.**
II n. m. 1. Partie d'un cours d'eau où le courant est rapide et tourbillonnant. *Les rapides du Saint-Laurent.* 2. Train qui va plus vite que l'express et ne s'arrête qu'aux gares importantes (ne se dit pas du T. G. V.).
ÉTYM. latin *rapidus,* de *rapere* «emporter précipitamment».

RAPIDEMENT [ʀapidmɑ̃] **adv.** ✦ D'une manière rapide, à une grande vitesse, en un temps bref. SYN. **vite.** CONTR. **lentement.**

RAPIDITÉ [ʀapidite] **n. f.** ✦ Caractère de ce qui est rapide. *La rapidité d'une voiture.* → **vitesse.** *Agir avec rapidité.* SYN. **célérité, promptitude.** *Rapidité d'esprit. Rapidité de mouvements* (→ **agilité**). CONTR. **lenteur.**
ÉTYM. latin *rapiditas.*

RAPIÉÇAGE [ʀapjesaʒ] **n. m.** ✦ Action de rapiécer. – Partie rapiécée.

RAPIÉCER [ʀapjese] **v. tr.** (conjug. 4 et 8a) ✦ Réparer ou raccommoder en mettant une pièce. *Rapiécer du linge.* SYN. **repriser ;** FAM. **rapetasser.**
► **RAPIÉCÉ, ÉE adj.** *Pantalon rapiécé.*
ÉTYM. de *re-* et *pièce.*

RAPIÈRE [Rapjɛʀ] n. f. ✦ anciennt Épée longue et effilée, à garde hémisphérique.
ÉTYM. de *râpe*.

RAPIN [Rapɛ̃] n. m. ✦ VIEILLI Peintre apprenti ; par ext. artiste peintre. *Le chapeau du rapin 1900.*
ÉTYM. origine incertaine.

RAPINE [Rapin] n. f. ✦ LITTÉR. Vol, pillage. *Vivre de rapines.*
ÉTYM. latin *rapina*, de *rapere* «voler».

RAPLAPLA [Raplapla] adj. ✦ FAM. 1. Fatigué ; sans force. 2. Aplati. *Oreiller tout raplapla. Ses cheveux sont raplaplas.*
ÉTYM. de *à plat* ou de *raplatir*.

RAPPEL [Rapɛl] n. m. 1. Action d'appeler pour faire revenir. *Le rappel d'un exilé. Le rappel des réservistes* (sous les drapeaux). SYN. **mobilisation.** ➛ loc. fig. *BATTRE LE RAPPEL :* essayer de réunir les personnes ou les moyens nécessaires. *Battre le rappel de ses amis.* ➛ Applaudissements par lesquels on fait revenir sur scène un artiste pour l'acclamer. SYN. ② **bis.** 2. *RAPPEL À :* action de faire revenir qqn à. *Rappel à l'ordre*, à la réalité.* 3. Fait d'évoquer à la mémoire. *Elle rougit au rappel de cette aventure. Le rappel des titres de l'actualité* (d'un journal parlé). ♦ Avertissement d'avoir à payer ou à toucher un complément de paiement. ➛ Ce paiement. *Toucher un rappel.* 4. Répétition qui renvoie à une même chose. *Un rappel de couleur.* ➛ *Injection de rappel* (ou ellipt *rappel*), consolidant l'immunité conférée par une première vaccination. 5. ALPIN. Descente au moyen d'une corde qui peut être rappelée. CONTR. **exil, renvoi • oubli.**
ÉTYM. de *rappeler*.

RAPPELER [Rap(ə)le] v. tr. (conjug. 6a) **I** 1. Appeler pour faire revenir. *Rappeler son chien en le sifflant.* ➛ *Rappeler un ambassadeur.* ➛ loc. (euphémisme) *Dieu l'a rappelé à lui,* il est mort. 2. fig. *RAPPELER qqn À :* le faire revenir à. SYN. **ramener.** *Rappeler qqn à la vie* (➛ **ranimer**). ➛ *Rappeler qqn à la raison ; à l'ordre*.* 3. Appeler (qqn) de nouveau (au téléphone). **II** 1. Faire revenir vers soi. *Rappeler une corde en tirant dessus* (➛ **rappel,** 5). 2. Faire revenir à la mémoire, à la conscience. *Rappelez-moi votre nom.* ➛ *Rappelle-moi de lui écrire.* ➛ (formule de politesse) *Rappelez-moi à son bon souvenir.* 3. Faire venir à l'esprit par association d'idées. SYN. **évoquer.** *Ces lieux me rappellent mon enfance. Cela ne te rappelle rien ?* ➛ Faire penser, ressembler à. *Un paysage qui rappelle les bords de la Loire.* **III** intrans. MAR. *Le navire rappelle sur son ancre,* revient dessus. **IV** *SE RAPPELER* 1. Rappeler (un souvenir) à sa mémoire ; avoir présent à l'esprit. SYN. se **souvenir,** se **remémorer.** *Je me rappelle très bien cette scène, mais je ne me souviens plus du film. Rappelle-toi qu'on t'attend.* 2. v. pron. réfl. *SE RAPPELER À,* faire souvenir de soi. *Je me rappelle à votre bon souvenir.* 3. récipr. (au téléphone) *On se rappelle ce soir ?* CONTR. **chasser, exiler • oublier.**

RAPPER ➛ RAPER

RAPPLIQUER [Raplike] v. intr. (conjug. 3a) ✦ FAM. Revenir ; venir, arriver. *Ils ont rappliqué à l'improviste.*
ÉTYM. de *re-* et *appliquer*.

RAPPORT [Rapɔʀ] n. m. **I** (Action, fait de rapporter) 1. Action de rapporter (ce qu'on a vu, entendu) ; récit, témoignage. *Des rapports indiscrets.* 2. Compte rendu. *Faire un rapport écrit, oral sur qqch., sur qqn. Rapport confidentiel. Rapport de police.* 3. Fait de procurer un profit. SYN. **fruit, produit, rendement.** *Il vit du rapport de ses terres. Être d'un bon rapport.* ➛ *Immeuble DE RAPPORT,* dont le propriétaire tire profit par la location ; par ext. immeuble bourgeois. ➛ JEUX Gain calculé en fonction de la mise. *Le rapport du tiercé.* **II** 1. Lien entre plusieurs objets distincts. SYN. **relation.** *Rapports de parenté. Établir un rapport entre deux faits. Je ne vois pas le rapport.* ➛ *Cela n'a aucun rapport,* cela n'a rien à voir. ➛ *Un bon rapport qualité-prix.* ➛ *AVOIR RAPPORT À :* être en relation avec, se rapporter* à. 2. Relation de ressemblance ; traits, éléments communs. SYN. **affinité, analogie, parenté.** *Être sans rapport avec,* tout à fait différent de. ➛ *EN RAPPORT AVEC :* qui correspond, convient à. *Un poste en rapport avec ses compétences.* SYN. **conformité.** 3. SC. Quotient de deux grandeurs de même espèce. SYN. **fraction.** *Dans le rapport de un à dix. Rapport entre une grandeur et une unité.* ➛ **mesure.** 4. loc. *PAR RAPPORT À :* pour ce qui regarde, en ce qui concerne. SYN. **relativement à.** ➛ Par comparaison avec. *Le cours du pétrole a chuté par rapport au mois dernier.* ♦ *Sous le rapport de :* du point de vue de. *Étudier un projet sous le rapport de sa rentabilité.* SYN. **aspect.** ➛ *Sous tous (les) rapports :* à tous égards. **III** surtout au plur. 1. Relation* entre des personnes. *Les rapports sociaux. Entretenir de bons rapports avec qqn. Rapports de force, conflictuels.* ➛ *Rapports (sexuels). Rapports protégés.* ♦ *Se mettre EN RAPPORT avec qqn.* ➛ **contacter.** 2. Relation avec des collectivités. *Les rapports entre États, entre peuples.* 3. Façon d'appréhender qqch. *Son rapport à l'argent est problématique.*
ÉTYM. de *rapporter*.

RAPPORTAGE [Rapɔʀtaʒ] n. m. ✦ FAM. (langage scolaire) Action de rapporter, de dénoncer.

RAPPORTER [Rapɔʀte] v. tr. (conjug. 3a) **I** 1. Apporter (une chose qui avait été déplacée) à l'endroit initial (SYN. **remettre** à sa place), ou à la personne à laquelle on l'avait empruntée (SYN. **rendre**). 2. Apporter (qqch.) d'un lieu en revenant. *Tu rapporteras du pain. Rapporter du chocolat de Suisse.* ➛ *Rapporter une réponse à qqn.* 3. Ajouter (une chose) pour compléter qqch. ; spécialt coudre (une pièce) sur une autre. ➛ au p. passé *Veste à poches rapportées.* ♦ MATH. *Rapporter un angle,* le tracer après l'avoir mesuré (➛ **rapporteur,** 3). 4. Produire comme gain, bénéfice. *Rapporter un revenu.* ➛ absolt *Investissement qui rapporte.* ➛ **rentable.** 5. Venir dire, répéter (ce qu'on a appris, entendu). *Rapporter des on-dit.* SYN. **colporter.** ➛ *Rapporter un mot célèbre.* SYN. **citer.** ➛ *Discours rapporté.* ♦ spécialt Répéter par indiscrétion ou malice (une chose de nature à nuire à qqn). ➛ absolt FAM. (lang. enfantin) *C'est très vilain de rapporter !* SYN. **cafarder, moucharder ;** ➛ **rapportage, rapporteur** (1). ♦ Exposer en faisant un rapport écrit (SYN. **consigner**) ou oral. **II** *RAPPORTER (qqch.) À :* rattacher (une chose) par une relation logique à (une autre chose). *Rapporter un évènement à son contexte.* **III** DR. *Rapporter un décret, une mesure.* SYN. **abroger, annuler.** **IV** *SE RAPPORTER* v. pron. 1. VX Ressembler (à), aller (avec). *« Si votre ramage Se rapporte à votre plumage »* (La Fontaine). 2. Avoir rapport (à), être en relation (avec). SYN. **concerner, intéresser.** *La réponse ne se rapporte pas à la question.* 3. *S'EN RAPPORTER À qqn,* lui faire confiance (pour décider, juger, agir). SYN. s'en **remettre** à. *Je m'en rapporte à vous ; à votre jugement.* SYN. se **fier** à. CONTR. **emporter, renvoyer • confirmer, entériner.**

RAPPORTEUR, EUSE [RapɔRtœR, øz] **n. 1.** VIEILLI ou (MOD.) enfantin Personne qui rapporte ce qu'il conviendrait de taire. SYN. **délateur,** FAM. **mouchard.** ➛ **adj.** *Elle est rapporteuse.* **2. n. m.** Personne qui rend compte d'un procès, d'un projet de loi, qui rédige ou expose un rapport. *Désigner un rapporteur.* **3. n. m.** Instrument en forme de demi-cercle, à périmètre gradué de 0 à 180°, pour mesurer ou tracer les angles.
ÉTYM. de *rapporter.*

RAPPRENDRE v. tr. → RÉAPPRENDRE

RAPPROCHÉ, ÉE [RapRɔʃe] **adj. 1.** Proche (de qqch.) ; au plur. proches l'un de l'autre. *Avoir les yeux très rapprochés.* **2.** Qui se produit à peu d'intervalle. *Des maternités trop rapprochées.* CONTR. **éloigné.**

RAPPROCHEMENT [RapRɔʃmɑ̃] **n. m.** ✦ (sens général) Action de rapprocher, de se rapprocher. ◆ spécialt *Tentative de rapprochement entre deux pays.* ➛ *Faire un rapprochement entre deux évènements.* SYN. **lien, relation.** CONTR. **éloignement.**

RAPPROCHER [RapRɔʃe] **v. tr.** (conjug. 3a) **I 1.** Mettre plus près de (qqn, qqch.) ; rendre plus proche. *Rapprochez votre siège du mien.* ➛ *Rapprocher les bords d'une plaie.* ➛ FAM. *Je vais vous rapprocher* (de là où vous allez). ◆ Faire paraître plus proche. *Les jumelles rapprochent les objets.* **2.** Faire approcher (d'un moment, d'un état à venir). *Chaque jour nous rapproche des vacances.* **3.** fig. Disposer (des personnes) à des rapports amicaux. *Le malheur rapproche les hommes.* **4.** Rattacher, associer en découvrant une certaine parenté. *Ce sens est à rapprocher du précédent* (→ **voisin**). **II** *SE RAPPROCHER DE* **v. pron. 1.** Venir plus près. *Se rapprocher de qqn ; d'un lieu.* **2.** Devenir plus proche (dans le temps ou dans l'espace). *L'examen se rapproche. L'orage se rapproche.* **3.** fig. En venir à des relations meilleures (avec qqn). *Se rapprocher de qqn.* ➛ *Ils se sont rapprochés.* **4.** Tendre à être plus près (d'un but, un principe). *Se rapprocher de son idéal.* **5.** Présenter une analogie avec, ressembler à. *C'est ce qui se rapproche le plus de la vérité.* CONTR. **disjoindre,** ① **écarter, éloigner, séparer • opposer • différencier, dissocier • s'éloigner • diverger.**
ÉTYM. de *re-* et *approcher.*

RAPSODE ; RAPSODIE → RHAPSODE ; RHAPSODIE

RAPT [Rapt] **n. m.** ✦ Enlèvement illégal (d'une personne). *Le rapt d'un enfant.* SYN. **kidnappage.**
ÉTYM. latin *raptus,* de *rapere* «enlever».

RAQUER [Rake] **v. intr.** (conjug. 3a) ✦ FAM. Payer. ➛ trans. *Raquer cent dollars.* SYN. **casquer.**
ÉTYM. mot dial. «cracher», d'orig. onomatopéique.

RAQUETTE [Rakɛt] **n. f. 1.** Instrument de forme ovale ou arrondie adapté à un manche, et permettant de lancer une balle, un volant. *Les cordes d'une raquette de tennis. Raquette de ping-pong.* **2.** Large semelle ovale pour marcher sur la neige. **3.** Rameau d'oponce (cactus). ➛ Oponce. HOM. RACKET «extorsion d'argent»
ÉTYM. de l'arabe «paume de la main».

RARE [RaR] **adj. 1.** (après le n.) Qui se rencontre peu souvent, dont il existe peu d'exemplaires. *Objet rare. Pierres rares.* SYN. **précieux.** loc. *Perle* rare. Oiseau* rare.* ➛ *Mot, terme rare,* peu usité. ➛ (dans une situation donnée) *La main-d'œuvre était rare en ce temps-là.* ➛ au plur. (avant le n.) Peu nombreux, en petit nombre. *À de rares exceptions près.* ➛ *Un(e) des rares... qui,... que* (+ subj. ou cond.). **2.** Qui se produit peu souvent ; peu fréquent. SYN. **exceptionnel.** *Cas rare. Vos visites se font rares.* ➛ *Tu te fais rare,* on te voit peu, moins qu'avant. ➛ *Cela arrive, mais c'est rare. Il est rare de* (+ inf.), *que* (+ subj.). **3.** Qui sort de l'ordinaire. SYN. **remarquable.** *Il a des qualités rares.* ➛ *D'UN(E) RARE* (+ n.). *Il est d'une rare incorrection.* **4.** Peu abondant, peu fourni. *Avoir le cheveu rare. Herbe rare.* SYN. **clairsemé.** *Lumière rare.* SYN. **avare,** ② **chiche.** CONTR. **commun,** ① **courant, fréquent, ordinaire • abondant, dense, dru, fourni.**
ÉTYM. latin *rarus.*

RARÉFACTION [Rarefaksjɔ̃] **n. f.** ✦ Fait de se raréfier. *La raréfaction des ressources en eau.*
ÉTYM. latin *rarefactio.*

RARÉFIER [Rarefje] **v. tr.** (conjug. 9) ✦ Rendre rare, moins dense, moins fréquent. ◆ *SE RARÉFIER* **v. pron.** Devenir plus rare. *En altitude l'oxygène se raréfie. Ses lettres se raréfient.* SYN. **s'espacer.**
► **RARÉFIÉ, ÉE adj.** *Gaz raréfié :* gaz sous une très faible pression.
ÉTYM. latin *rarefacere.*

RAREMENT [RaRmɑ̃] **adv.** ✦ Peu souvent. CONTR. **fréquemment, souvent.**

RARETÉ [RaRte] **n. f. 1.** Qualité de ce qui est rare, peu commun. *Un métal d'une grande rareté.* ◆ LITTÉR. *Une rareté :* un objet rare, curieux. **2.** Caractère de ce qui est peu fréquent. *La rareté de ses visites.* CONTR. **abondance, profusion • fréquence.**
ÉTYM. latin *raritas.*

RARISSIME [RaRisim] **adj.** ✦ Extrêmement rare. *Une édition rarissime.*
ÉTYM. italien *rarissimo,* superl. de *raro,* du latin → rare.

① **RAS, RASE** [Rɑ, Rɑz] **adj. 1.** Coupé tout contre la peau. *Cheveux ras.* ➛ *Chien à poil ras,* dont le poil est naturellement très court. ➛ (végétation) Qui s'élève peu au-dessus du sol. *Herbe rase.* ◆ **adv.** Très court. *Pelouse tondue ras.* **2.** dans des loc. Plat et uni. *EN RASE CAMPAGNE :* en terrain découvert. ➛ *Faire TABLE RASE de :* écarter, rejeter (tout ce qui était précédemment admis). **3.** Rempli jusqu'au bord sans dépasser. *Une cuillérée rase de sucre.* ➛ loc. *À RAS BORD(S). Verre rempli à ras bord.* **4.** *À RAS DE, AU RAS DE* **loc. prép. :** au plus près de la surface de, au même niveau. *Au ras du sol. À ras de terre.* ➛ loc. FAM. *Au ras des pâquerettes :* prosaïque, peu élevé. ◆ *À RAS* **loc. adv.** *Coupé à ras.* ◆ (vêtement) *Ras du cou,* dont l'encolure s'arrête juste à la naissance du cou. **5. adv.,** loc. FAM. *En avoir RAS LE BOL,* VULG. *ras le cul,* en avoir assez (→ plein le dos, par-dessus la tête). ➛ **n. m. invar.** *Un ras-le-bol général.*
HOM. RAZ «courant marin», RAT «animal»
ÉTYM. latin *rasus,* p. passé de *radere* «raser».

② **RAS** [Rɑs] **n. m.** ✦ Chef éthiopien. HOM. RACE «espèce»
ÉTYM. mot arabe «chef».

RASADE [Rɑzad] **n. f.** ✦ Quantité de boisson servie à ras bord. *Se verser, boire une grande rasade de limonade.*
ÉTYM. de ① ras (3).

RASAGE [Rɑzaʒ] **n. m.** ✦ Action de raser, de se raser.

RASANT, ANTE [Rɑzɑ̃, ɑ̃t] **adj. 1.** Qui rase, passe tout près. *Tir rasant.* ➛ *Lumière rasante.* **2.** FAM. Qui ennuie. SYN. **barbant, rasoir.** *Un discours, un auteur rasant.*
ÉTYM. du participe présent de *raser.*

RASCASSE [Raskas] n. f. ✦ Poisson comestible à grosse tête hérissée d'épines (mers tropicales ou tempérées chaudes).
ÉTYM. provençal *rascasso.*

RASE-MOTTE [Razmɔt] n. m. ✦ *Vol en rase-motte,* très près du sol. *Des rase-mottes.* → On écrit aussi *faire du rase-mottes.*
ÉTYM. de *raser* et *motte.*

RASER [Raze] v. tr. (conjug. 3a) **I** 1. Couper (le poil) au ras de la peau. SYN. **tondre.** *Raser la barbe de qqn.* → Couper le poil au ras de. *Raser les joues de qqn. Se raser les jambes. Crème à raser.* ♦ Couper à ras les cheveux, la barbe de (qqn). → pronom. *Se raser :* se faire la barbe. 2. FAM. Ennuyer, fatiguer. SYN. **assommer, barber.** *Il nous rase avec ses histoires.* → pronom. *Se raser :* s'ennuyer. **II** 1. Abattre à ras de terre. *Raser une fortification.* SYN. **démanteler, démolir, détruire.** *Tout le quartier a été rasé.* 2. TECHN. Mettre à ras, de niveau. SYN. **araser.** **III** Passer très près de (qqch.). SYN. **frôler.** *Avion qui rase le sol* (→ **rase-motte**). → loc. *Raser les murs*.*
ÉTYM. latin *radere.*

RASEUR, EUSE [RazœR, øz] n. ✦ FAM. Personne qui ennuie.

RAS-LE-BOL [Ral(ə)bɔl] n. m. → ① RAS (5)

RASOIR [RazwaR] n. m. et adj. invar. 1. n. m. Instrument servant à raser les poils. *Lame de rasoir. Rasoir électrique.* 2. adj. invar. FAM. Ennuyeux, assommant. *Elles sont plutôt rasoir. Un film rasoir.*
ÉTYM. latin populaire *rasorium.*

RASSASIEMENT [Rasazimɑ̃] n. m. ✦ RARE État d'une personne rassasiée ; fait d'être rassasié (de qqch.).

RASSASIER [Rasazje] v. tr. (conjug. 9) 1. Satisfaire entièrement la faim de (qqn). *On ne peut pas le rassasier* (→ **insatiable**). → absolt *Un plat qui rassasie.* → pronom. *Se rassasier d'un mets.* 2. fig. Satisfaire pleinement les aspirations, les désirs de (qqn). SYN. **combler.** → *Rassasier sa vue de...* → pronom. *Se rassasier de plaisirs.* CONTR. **affamer.**
► **RASSASIÉ, ÉE** p. passé 1. Repu. *Convives rassasiés.* 2. fig. *Être rassasié de tout* (→ **saturé**). CONTR. **affamé** • **assoiffé, avide, insatiable.**
ÉTYM. de *re-* et l'ancien verbe *assasier,* latin populaire *assatiare,* de *satis* « assez ».

RASSEMBLEMENT [Rasɑ̃bləmɑ̃] n. m. 1. Action de rassembler (des choses dispersées). 2. Fait de se rassembler ; groupe ainsi formé. *Disperser un rassemblement.* SYN. **attroupement.** 3. Action de rassembler (des troupes) ; sonnerie pour rassembler. *Faites sonner le rassemblement.* 4. fig. Union pour une action commune. → Parti politique qui groupe diverses tendances. CONTR. **dispersion.**

RASSEMBLER [Rasɑ̃ble] v. tr. (conjug. 3a) 1. Faire venir au même endroit (des personnes). *Général qui rassemble ses troupes.* → au p. passé *Famille rassemblée pour le repas.* SYN. **réunir.** ♦ fig. Réunir pour une action commune. *Rassembler tous les mécontents.* SYN. **grouper, unir.** 2. Mettre ensemble (des choses). SYN. **réunir.** *Rassembler des documents.* 3. Réunir (ses facultés, etc.). *Rassembler ses idées.* → *Rassembler ses esprits :* reprendre son sang-froid. *Rassembler son courage.* 4. ÉQUIT. *Rassembler un cheval,* le tenir prêt à exécuter un mouvement. 5. *SE RASSEMBLER* v. pron. S'assembler. *La foule se rassemble sur la place.* SYN. **se masser.** → SPORTS Se replier pour prendre son élan. CONTR. **disperser, disséminer, éparpiller.**
ÉTYM. de *re-* et *assembler.*

RASSEMBLEUR, EUSE [Rasɑ̃blœR, øz] adj. ✦ Qui rassemble. → n. Personne qui sait réunir des gens pour une action commune. *Un grand rassembleur.*

RASSEOIR [RaswaR] v. tr. (conjug. 38) ✦ Asseoir de nouveau. ♦ *SE RASSEOIR* v. pron. *Elle s'est rassise aussitôt.* → (sans *se*) *Faire rasseoir qqn.*

RASSÉRÉNER [RaseRene] v. tr. (conjug. 8) ✦ Ramener au calme, à la sérénité. SYN. **apaiser, rassurer.** → au p. passé *Se sentir rasséréné.* → pronom. *Son visage s'est rasséréné.*
ÉTYM. de *re-* et ① *serein.*

RASSIR [RasiR] v. intr. (conjug. 13) ✦ Devenir rassis. *Ce pain commence à rassir.*
ÉTYM. de *rassis.*

RASSIS, ISE [Rasi, iz] adj. 1. Qui n'est plus frais sans être encore dur. *Du pain rassis. Une brioche rassise* ou FAM. *rassie.* → *Viande rassise,* d'animaux tués depuis plusieurs jours. 2. LITTÉR. Pondéré, réfléchi. *Un homme de sens rassis,* qui a un jugement équilibré. CONTR. ① **frais, moelleux** • **impulsif, irréfléchi.**
ÉTYM. du participe passé de *rasseoir.*

RASSORTIMENT ; RASSORTIR → RÉASSORTIMENT ; RÉASSORTIR

RASSURANT, ANTE [RasyRɑ̃, ɑ̃t] adj. ✦ De nature à rassurer. *Des nouvelles rassurantes.* → *Un individu peu rassurant.* CONTR. **alarmant, inquiétant.**
ÉTYM. du participe présent de *rassurer.*

RASSURER [RasyRe] v. tr. (conjug. 3a) ✦ Rendre la confiance, la tranquillité d'esprit à (qqn). SYN. **apaiser, rasséréner, sécuriser, tranquilliser.** *Le médecin l'a rassuré.* → au p. passé *Je n'étais pas rassuré,* j'avais peur. ♦ *SE RASSURER* v. pron. Se libérer de ses craintes, cesser d'avoir peur. CONTR. **alarmer, inquiéter.**
ÉTYM. de *re-* et *assurer.*

RASTA [Rasta] n. et adj. ✦ Adepte du retour culturel à l'Afrique et de la musique reggae. → adj. *La musique rasta. Des musiciens rastas.*
ÉTYM. abréviation de *rastafari,* du nom du ras Tafari Makonnen, l'empereur Hailé Sélassié → ② ras.

RASTAQUOUÈRE [RastakwɛR] n. m. ✦ péj. VIEILLI Étranger aux allures voyantes, affichant une richesse suspecte.
ÉTYM. hispano-américain « parvenu », proprement « ratisse-cuir ».

RAT [Ra] n. m. 1. Petit mammifère rongeur, à museau pointu et à très longue queue. *Rat d'égout* (→ **surmulot**) ; *rat d'eau* (→ **campagnol**). → *Détruire les rats* (→ **dératiser ; mort-aux-rats ; ratière**). ♦ Mâle adulte de l'espèce (→ aussi ① **rate, raton**). ♦ loc. *Être fait comme un rat :* être pris au piège. → *Face de rat* (injure). 2. fig. Personne avare, pingre. → adjectivt *Ce qu'elle est rat !* 3. fig. *Rat de bibliothèque*.* ♦ *RAT D'HÔTEL :* personne qui s'introduit dans les chambres d'hôtel pour y voler. ♦ *PETIT RAT (de l'Opéra) :* jeune élève de la classe de danse de l'Opéra. 4. Nom donné à des animaux ressemblant au rat. *Rat musqué, rat d'Amérique.* → **ragondin.** HOM. ① RAS « coupé court », RAZ « courant marin »
ÉTYM. origine obscure, peut-être onomatopéique.

RATA [Rata] **n. m.** ✦ VIEILLI Ragoût grossier servi aux soldats.
ÉTYM. abréviation de *ratatouille.*

RATAFIA [Ratafja] **n. m.** ✦ Liqueur à base d'eau-de-vie et de sucre.
ÉTYM. origine créole.

RATAGE [Rataʒ] **n. m.** ✦ Échec.
ÉTYM. de *rater.*

RATAPLAN interj. → RANTANPLAN

RATATINER [Ratatine] **v. tr.** (conjug. 3a) 1. Rapetisser, réduire la taille en déformant. 2. fig. FAM. *Se faire ratatiner :* se faire battre, écraser (jeu, compétition). 3. *SE RATATINER* **v. pron.** Se réduire, se tasser en se déformant. *Vieillard qui se ratatine.*
► **RATATINÉ, ÉE adj.** 1. Rapetissé et déformé. *Pomme ratatinée. Visage ratatiné.* 2. fig. FAM. Démoli, hors d'usage. *La voiture est complètement ratatinée.*
ÉTYM. origine onomatopéique.

RATATOUILLE [Ratatuj] **n. f.** 1. Plat fait de légumes (aubergines, courgettes, tomates...) cuits à l'huile. 2. FAM. Volée de coups. *Prendre une ratatouille.*
ÉTYM. de *tatouiller* et *ratouiller,* formes expressives de *touiller.*

① **RATE** [Rat] **n. f.** ✦ Femelle du rat. HOM. RATTE «pomme de terre»
ÉTYM. féminin de *rat.*

② **RATE** [Rat] **n. f.** ✦ Organe lymphoïde situé sous la partie gauche du diaphragme. ◆ loc. FAM. *DILATER LA RATE :* faire rire. – *Se fouler la rate :* faire des efforts.
HOM. RATTE «pomme de terre»
ÉTYM. origine incertaine.

RATÉ, ÉE [Rate] **n.** **I n. m.** 1. (arme à feu) Fait de rater. 2. Bruit anormal, à-coup dus à des problèmes d'allumage, dans un moteur à explosion. *Le moteur a des ratés.* **II n.** Personne qui a raté sa vie, sa carrière.

RÂTEAU [Rɑto] **n. m.** 1. Outil fait d'une traverse munie de dents, ajustée en son milieu à un long manche (→ **râteler, ratisser**). 2. Raclette avec laquelle le croupier ramasse les mises, les jetons.
ÉTYM. latin *rastellus,* diminutif de *raster.*

RÂTELER [Rɑt(ə)le] **v. tr.** (conjug. 6a) ✦ Ramasser avec un râteau. *Ils râtellent le foin.*
ÉTYM. de *ratel,* ancienne forme de *râteau.*

RÂTELIER [Rɑtəlje] **n. m.** 1. Assemblage de barreaux parallèles incliné contre un mur (d'étable, etc.), qui sert à recevoir le fourrage du bétail. ◆ loc. fig. *Manger à tous les râteliers :* tirer profit de toutes les situations, sans hésiter à servir les camps opposés. 2. Support pour ranger verticalement des objets. *Râtelier d'armes.* 3. FAM. et VIEILLI Dentier.
ÉTYM. de *râteau,* par analogie de forme.

RATER [Rate] **v.** (conjug. 3a) **I v. intr.** 1. (arme à feu) Ne pas partir. *Le coup a raté.* 2. Échouer. *L'affaire a raté.* – FAM. *Ça n'a pas raté,* c'était prévisible. **II v. tr.** 1. Ne pas atteindre (ce qu'on visait). SYN. FAM. **louper.** *Chasseur qui rate un lièvre.* – *Rater son train.* – *Rater qqn,* ne pas réussir à le rencontrer. – pronom. *Ils se sont ratés de peu.* – FAM. *Je ne vais pas le rater,* je vais lui donner la leçon qu'il mérite. 2. fig. Ne pas profiter de. SYN. **manquer.** *Rater le début d'un film. Rater une occasion.* – FAM. iron. *Il n'en rate pas une* (maladresse). 3. Ne pas réussir, ne pas mener à bien. *Rater son coup, son effet.* – *Rater sa vie* (→ **raté,** II). **III** *SE RATER* **v. pron.** FAM. Échouer en essayant de se suicider (notamment avec une arme à feu).
► **RATÉ, ÉE adj.** *Occasion ratée.* – *Une photo ratée.* – *Écrivain raté.*
ÉTYM. de l'ancienne locution *prendre un rat* «manquer son coup».

RATIBOISER [Ratibwaze] **v. tr.** (conjug. 3a) ✦ FAM. 1. Rafler (au jeu) ; prendre, voler. *Ils m'ont ratiboisé cent euros.* 2. Ruiner (qqn), notamment au jeu. – au p. passé *Je suis ratiboisé.* 3. Couper très court les cheveux de (qqn). *Le coiffeur l'a ratiboisé.*
ÉTYM. origine incertaine.

RATIER [Ratje] **n. m.** ✦ Chien qui chasse les rats. – appos. *Des chiens ratiers.*
ÉTYM. de *rat.*

RATIÈRE [RatjɛR] **n. f.** ✦ Piège à rats. SYN. **souricière.**
ÉTYM. de *rat.*

RATIFICATION [Ratifikasjɔ̃] **n. f.** ✦ Action de ratifier. *La ratification d'un contrat.* – Acte, document qui ratifie. CONTR. **annulation.**
ÉTYM. latin médiéval *ratificatio.*

RATIFIER [Ratifje] **v. tr.** (conjug. 9) 1. Approuver ou confirmer par un acte authentique. *Ratifier un traité.* 2. LITTÉR. Confirmer, reconnaître comme vrai. *Ratifier une promesse.* CONTR. **annuler · démentir.**
ÉTYM. latin médiéval *ratificare.*

RATINE [Ratin] **n. f.** ✦ Tissu de laine épais, cardé, dont le poil est tiré en dehors et frisé.
ÉTYM. de l'ancien verbe *raster* → ratisser.

RATIOCINATION [Rasjɔsinasjɔ̃] **n. f.** ✦ LITTÉR. Action de ratiociner ; argumentation exagérément subtile. SYN. **argutie.**
ÉTYM. latin *ratiocinatio.*

RATIOCINER [Rasjɔsine] **v. intr.** (conjug. 3a) ✦ LITTÉR. Se perdre en raisonnements trop subtils et interminables. SYN. **ergoter.**
ÉTYM. latin *ratiocinari,* de *ratio* «raison».

RATION [Rasjɔ̃] **n. f.** 1. Quantité (d'aliments) attribuée à une personne, à un animal pendant une journée. 2. *Ration alimentaire :* quantité et nature des aliments nécessaires à l'organisme pour une durée de vingt-quatre heures. 3. *RATION DE :* quantité due ou exigée de (souvent iron.). *J'ai eu ma ration d'ennuis.* SYN. **dose, lot, part.**
ÉTYM. latin *ratio* «compte» ; doublet de *raison.*

RATIONALISATION [Rasjɔnalizasjɔ̃] **n. f.** ✦ Action de rationaliser ; son résultat. – PSYCH. Justification consciente et rationnelle d'une conduite inspirée par des motivations inconscientes.

RATIONALISER [Rasjɔnalize] **v. tr.** (conjug. 3a) 1. Rendre rationnel, conforme à la raison. 2. Organiser rationnellement. *Rationaliser le travail, la production.* 3. PSYCH. Justifier (une conduite) par des motifs rationnels.
ÉTYM. du latin *rationalis* «rationnel».

RATIONALISME [Rasjɔnalism] **n. m.** 1. PHILOS. Doctrine selon laquelle toute connaissance certaine vient de la raison (opposé à *empirisme*). *Le rationalisme de Descartes.* 2. Croyance et confiance dans la raison (opposée à la religion, etc.). *Le rationalisme des philosophes du XVIIIe siècle.* – *Un rationalisme étroit.*
ÉTYM. du latin *rationalis* «rationnel».

RATIONALISTE [Rasjɔnalist] **adj.** ✦ Du rationalisme. ➙ *Philosophe rationaliste.*

RATIONALITÉ [Rasjɔnalite] **n. f.** ✦ DIDACT. Caractère de ce qui est rationnel.
ÉTYM. du latin *rationalis* «rationnel».

RATIONNEL, ELLE [Rasjɔnɛl] **adj.** **I** 1. Qui appartient à la raison, relève de la raison. *L'activité rationnelle,* le raisonnement. ➙ Qui provient de la raison et non de l'expérience. *Philosophie rationnelle.* 2. Conforme à la raison, au bon sens. SYN. **raisonnable, sensé.** *Conduite rationnelle.* ➙ Organisé avec méthode. *Installation rationnelle.* SYN. **fonctionnel.** ◆ *Esprit rationnel.* SYN. ② **logique. II** MATH. *Nombre rationnel,* qui peut être mis sous la forme d'un rapport entre deux nombres entiers. *L'ensemble* ℚ *des nombres rationnels.* CONTR. **empirique, irrationnel • déraisonnable, insensé ; mystique.**
ÉTYM. latin *rationalis,* de *ratio* «raison».

RATIONNELLEMENT [Rasjɔnɛlmɑ̃] **adv.** ✦ D'une manière rationnelle ; avec bon sens.

RATIONNEMENT [Rasjɔnmɑ̃] **n. m.** ✦ Action de rationner ; son résultat. *Cartes, tickets de rationnement.*

RATIONNER [Rasjɔne] **v. tr.** (conjug. 3a) 1. Distribuer des rations limitées de (qqch.). *Rationner l'eau, l'essence.* 2. Mettre (qqn) à la ration, restreindre sa consommation (de vivres, etc.). ➙ **pronom.** *Se rationner :* s'imposer des restrictions, des économies.
ÉTYM. de *ration.*

RATISSAGE [Ratisaʒ] **n. m.** ✦ Action de ratisser (1 ou 3).

RATISSER [Ratise] **v. tr.** (conjug. 3a) 1. Nettoyer à l'aide d'un râteau ; passer le râteau sur. *Ratisser une allée.* ➙ Recueillir en promenant le râteau. SYN. **râteler.** *Ratisser des feuilles mortes.* ➙ **loc.** FAM. *Ratisser large,* réunir le plus d'éléments possible. 2. **fig.** FAM. Ruiner (qqn). SYN. FAM. **ratiboiser.** *Se faire ratisser au jeu.* 3. (armée...) Fouiller méthodiquement. *La police a ratissé tout le quartier.*
ÉTYM. de l'ancien verbe *raster, rater* (même sens) ; peut-être famille de *raser.*

RATON [Ratɔ̃] **n. m.** 1. Jeune rat. 2. *RATON LAVEUR :* mammifère carnivore qui lave ses aliments avant de les absorber. *Des ratons laveurs.*
ÉTYM. de *rat.*

RATONNADE [Ratɔnad] **n. f.** ✦ Expédition punitive ou brutalités exercées contre des Maghrébins.
ÉTYM. de *raton,* péjoratif et injurieux, «Maghrébin».

RATONNER [Ratɔne] **v.** (conjug. 3a) 1. **v. intr.** Se livrer à des ratonnades. 2. **v. tr.** Exercer les brutalités d'une ratonnade sur (qqn).

RATTACHEMENT [Rataʃmɑ̃] **n. m.** ✦ Action de rattacher ; son résultat. *Le rattachement de l'Alsace-Lorraine à la France.* SYN. **annexion.**

RATTACHER [Rataʃe] **v. tr.** (conjug. 3a) 1. Attacher de nouveau. *Rattacher un chien.* ➙ *Rattacher ses lacets.* 2. Attacher, lier entre eux (des objets). SYN. **relier.** ➙ **fig.** Constituer une attache. *Le dernier lien qui le rattachait à la vie.* 3. **fig.** Faire dépendre (de qqch.), relier (à qqch.). *Rattacher des faits à une loi. Rattacher un territoire à un État.* SYN. **annexer, incorporer.** ➙ **pronom.** *Tout ce qui se rattache à la question.* CONTR. ① **détacher.**

RATTE [Rat] **n. f.** ✦ Pomme de terre de petite taille, de forme allongée. HOM. ② RATE «organe», ① RATE «rat femelle»
ÉTYM. de ① *rate,* par analogie de forme.

RATTRAPABLE [RatRapabl] **adj.** ✦ Que l'on peut rattraper. *Une erreur rattrapable.*

RATTRAPAGE [RatRapaʒ] **n. m.** ✦ *Cours, classe de rattrapage,* cours destinés à des élèves retardés dans leurs études, mais d'intelligence normale.
ÉTYM. de *rattraper.*

RATTRAPER [RatRape] **v. tr.** (conjug. 3a) **I** 1. Attraper de nouveau (ce qu'on avait laissé échapper). SYN. **reprendre.** *Rattraper un prisonnier évadé.* ➙ *Rattraper une maille.* 2. Attraper (ce qui allait tomber, s'en aller). SYN. **retenir.** ◆ **fig.** Réparer (une imprudence, une erreur). SYN. **racheter.** *Rattraper une phrase malheureuse.* 3. S'activer pour compenser (une perte de temps). *Rattraper un retard.* ➙ *Rattraper un cours.* 4. Rejoindre (qqn ou qqch. qui a de l'avance). → **atteindre.** *Partez devant, je vous rattraperai.* **II** *SE RATTRAPER* **v. pron.** 1. *SE RATTRAPER À (qqch.),* se raccrocher à. *Se rattraper à une branche.* 2. Agir pour combler un retard, pallier une insuffisance. *Je me rattraperai à l'oral.* 3. **absolt** Réparer, éviter une maladresse. *Se rattraper à temps.*

RATURE [RatyR] **n. f.** ✦ Trait que l'on tire sur un ou plusieurs mots pour les annuler ou les remplacer. *Un devoir couvert de ratures.*
ÉTYM. latin populaire *raditura,* de *radere* «raser, racler».

RATURER [RatyRe] **v. tr.** (conjug. 3a) ✦ Annuler par des ratures. SYN. ① **barrer, biffer, rayer.** *Raturer un mot.* ➙ Corriger par des ratures. *Raturer un manuscrit.*
► **RATURAGE** [RatyRaʒ] **n. m.**
ÉTYM. de *rature.*

RAUCITÉ [Rosite] **n. f.** ✦ LITTÉR. Caractère rauque (d'une voix).
ÉTYM. latin *raucitas.*

RAUQUE [Rok] **adj.** ✦ (voix) Rude et âpre, qui produit des sons voilés. SYN. **éraillé.** *Un cri rauque.*
ÉTYM. latin *raucus.*

RAVAGE [Ravaʒ] **n. m.** ✦ **surtout au plur.** 1. Dégâts importants causés par des forces humaines ou naturelles. SYN. **destruction, dévastation, dommage.** *Les ravages de la guerre. Les ravages d'un incendie.* 2. Effet néfaste (de qqch.). *Les ravages de l'alcoolisme.* ➙ LITTÉR. *Les ravages du temps :* les conséquences du vieillissement. 3. **loc.** FAM. *Faire des ravages :* se faire aimer et faire souffrir.
ÉTYM. de *ravir* «dévaster».

RAVAGER [Ravaʒe] **v. tr.** (conjug. 5) 1. Faire des ravages dans. SYN. **dévaster, saccager.** *Pillards qui ravagent un pays.* ➙ *La guerre a ravagé la contrée. Grêle qui ravage les récoltes.* SYN. **détruire.** 2. **fig.** Apporter de graves perturbations physiques ou morales à. *L'alcool a ravagé ses traits.* CONTR. **épargner.**
► **RAVAGÉ, ÉE adj.** 1. Endommagé, détruit par une action violente. 2. Marqué, flétri (par le temps, etc.). *Visage ravagé.* ➙ LITTÉR. *Ravagé de remords.* 3. FAM. Fou, cinglé.
ÉTYM. de *ravage.*

RAVAGEUR, EUSE [RavaʒœR, øz] **adj.** 1. Qui détruit, ravage. SYN. **destructeur, dévastateur.** *Les insectes ravageurs du blé.* 2. **fig.** Qui ravage (2). *Une passion ravageuse.* ➙ *Sourire ravageur.*

RAVALEMENT [ravalmɑ̃] **n. m.** ✦ Nettoyage (des murs, des façades).
ÉTYM. de *ravaler.*

RAVALER [ravale] **v. tr.** (conjug. 3a) **I 1.** Nettoyer, refaire le parement de (un mur, etc.) de haut en bas. *Ravaler un immeuble.* ➙ **loc.** FAM. *Se ravaler la façade :* refaire son maquillage. **2.** fig. LITTÉR. Abaisser, déprécier. ➙ **au p. passé** *Un homme ravalé au rang de la brute.* ➙ **pronom.** S'abaisser, s'avilir moralement. **II** Avaler de nouveau, avaler (ce qu'on a dans la bouche). *Ravaler sa salive.* ➙ fig. Retenir (ce qu'on allait dire). *Ravaler une boutade.* ➙ Empêcher de s'exprimer. *Ravaler sa colère, son sourire.*
ÉTYM. de *re-* et *avaler,* au sens de «descendre».

RAVAUDER [ravode] **v. tr.** (conjug. 3a) ✦ VIEILLI Raccommoder à l'aiguille. SYN. **rapiécer, repriser.**
► **RAVAUDAGE** [ravodaʒ] **n. m.**
ÉTYM. famille de *ravaler.*

① **RAVE** [rav] **n. f.** ✦ (désigne plusieurs espèces) Plante potagère cultivée pour sa racine comestible. ➙ **betterave, chou-rave, navet, radis, rutabaga.** (élément de mots composés) *Du céleri-rave. Des choux-raves.*
ÉTYM. latin *rapa,* par le provençal.

② **RAVE** [rɛv] **n. f.** ✦ anglicisme Fête nocturne, souvent clandestine, dédiée à la danse et à la techno. HOM. RÊVE «songe»
► **RAVEUR, EUSE** [rɛvœr, øz] **n.** HOM. rêveur «songeur»
ÉTYM. de l'anglais *to rave* «délirer».

RAVI, IE [ravi] **adj.** ✦ Très content, heureux. SYN. **comblé, enchanté.** *Je suis ravie de mon séjour. Être ravi que* (+ subj.). *Vous m'en voyez ravi.* ➙ *Un air ravi.* SYN. **radieux.** CONTR. **désolé, navré.**
ÉTYM. du participe passé de *ravir.*

RAVIER [ravje] **n. m.** ✦ Petit plat creux et oblong, dans lequel on sert les hors-d'œuvre.
ÉTYM. de *rave.*

RAVIGOTANT, ANTE [ravigɔtɑ̃, ɑ̃t] **adj.** ✦ FAM. Qui ravigote.
ÉTYM. du participe présent de *ravigoter.*

RAVIGOTE [ravigɔt] **n. f.** ✦ Vinaigrette très relevée. ➙ **appos. invar.** *Sauce ravigote.*
ÉTYM. de *ravigoter.*

RAVIGOTER [ravigɔte] **v. tr.** (conjug. 3a) ✦ FAM. Rendre plus vigoureux, redonner de la force à (qqn). SYN. **revigorer.** ➙ **absolt** *Un air frais qui ravigote.*
ÉTYM. variante de *revigorer.*

RAVIN [ravɛ̃] **n. m.** ✦ Petite vallée étroite à versants raides. *Voiture tombée au fond d'un ravin.*
ÉTYM. de *raviner.*

RAVINE [ravin] **n. f.** ✦ Lit creusé par un torrent ; petit ravin.
ÉTYM. du latin *rapina,* de *rapere* «emporter».

RAVINEMENT [ravinmɑ̃] **n. m.** ✦ Formation de sillons dans le sol par les eaux de ruissellement ; ces sillons.
ÉTYM. de *raviner.*

RAVINER [ravine] **v. tr.** (conjug. 3a) **1.** (eaux de ruissellement) Creuser (le sol) de sillons, emporter (la terre). **2.** fig. Marquer de rides profondes. ➙ **au p. passé** *Visage raviné.*
ÉTYM. de *ravine.*

RAVIOLI [ravjɔli] **n. m.** ✦ Petit carré de pâte farci de viande hachée ou de légumes. *Des raviolis.*
ÉTYM. mot italien.

RAVIR [ravir] **v. tr.** (conjug. 13) **1.** LITTÉR. Prendre, enlever de force. *Aigle qui ravit sa proie.* **2.** RELIG. Transporter au ciel. **3.** Plaire beaucoup à. *Cela m'a ravi.* SYN. **enchanter, enthousiasmer ;** FAM. **emballer.** ➙ *À RAVIR* **loc. adv.** : admirablement, à merveille. *Cette coiffure lui va à ravir.* CONTR. **affliger, attrister, désoler.**
ÉTYM. latin populaire *rapire,* classique *rapere* «emporter ; piller».

se RAVISER [ravize] **v. pron.** (conjug. 3a) ✦ Changer d'avis, revenir sur sa décision. *Se raviser au dernier moment.*
ÉTYM. de ② *aviser.*

RAVISSANT, ANTE [ravisɑ̃, ɑ̃t] **adj.** ✦ Qui plaît beaucoup, touche par la beauté, le charme. *Chapeau ravissant.* ➙ *Jeune fille ravissante.*
ÉTYM. du participe présent de *ravir.*

RAVISSEMENT [ravismɑ̃] **n. m. 1.** VX Action de ravir, d'enlever de force. SYN. **enlèvement, rapt. 2.** Émotion éprouvée par une personne transportée de joie. SYN. **enchantement, extase.** *Une musique qui le jetait dans le ravissement.* CONTR. **affliction, tristesse.**
ÉTYM. de *ravir.*

RAVISSEUR, EUSE [ravisœr, øz] **n.** ✦ Personne qui a commis un rapt. *Les ravisseurs demandent une rançon.*
ÉTYM. de *ravir.*

RAVITAILLEMENT [ravitajmɑ̃] **n. m.** ✦ Action de ravitailler, de se ravitailler. ➙ *Le ravitaillement des grandes villes.* SYN. **approvisionnement.**

RAVITAILLER [ravitaje] **v. tr.** (conjug. 3a) **1.** Pourvoir (une armée...) de vivres, de munitions, etc. ➙ **par ext.** Fournir (une communauté) en vivres, en denrées diverses. SYN. **approvisionner.** ➙ *Ravitailler un avion en vol,* lui transférer, en vol, du carburant. **2.** *SE RAVITAILLER* **v. pron.** *Les coureurs se ravitaillent à l'étape.*
ÉTYM. de *re-* et l'ancien verbe *avitailler,* de *vitaille,* latin *victualia* «victuailles».

RAVITAILLEUR [ravitajœr] **n. m.** ✦ Personne ou engin (navire, avion...) qui fournit le ravitaillement. ➙ **appos.** *Des avions ravitailleurs.*
ÉTYM. de *ravitailler.*

RAVIVER [ravive] **v. tr.** (conjug. 3a) **1.** Rendre plus vif. *Raviver le feu, la flamme.* SYN. **ranimer.** *Raviver des couleurs.* SYN. **aviver, rafraîchir. 2.** fig. Ranimer, faire revivre. *Raviver un souvenir.* SYN. **réveiller.** CONTR. **atténuer, estomper, éteindre.**
ÉTYM. de *re-* et *aviver.*

RAVOIR [ravwar] **v. tr.** (seulement inf.) **1.** Avoir de nouveau (qqch.). SYN. **récupérer.** *Il voudrait bien ravoir son jouet.* **2.** FAM. Remettre en bon état de propreté. *Une poêle difficile à ravoir.*
ÉTYM. de *re-* et ① *avoir.*

RAYER [reje] **v. tr.** (conjug. 12) **1.** Marquer de raies, en entamant la surface. *Le diamant raye le verre.* **2.** Tracer un trait sur (un mot...) pour l'annuler. SYN. ① **barrer, raturer.** ➙ *Rayer qqn d'une liste.* SYN. **radier.** ➙ *Rayer* (un lieu) *de la carte,* le détruire entièrement.
► **RAYÉ, ÉE p. passé et adj. 1.** Qui porte des raies, des rayures. *Tricot rayé.* **2.** Qui porte des éraflures. *Carrosserie rayée.* ➙ *Disque rayé.* **3.** Annulé, supprimé. *Nom rayé sur une liste.*
ÉTYM. de ① *raie.*

A B C D E F G H I J K L M N O P Q R S T U V W X Y Z

① **RAYON** [ʀɛjɔ̃] **n. m.** **I** **1.** Trace de lumière en ligne ou en bande. SYN. **rai.** *Un rayon de soleil, de lune.* ➝ *Les rayons du soleil,* sa lumière. ◆ par métaphore Ce qui éclaire, répand la joie. *Un rayon d'espérance.* ➝ loc. *Un rayon de soleil*.* **2.** OPT. Trajet d'une radiation lumineuse. *Rayons convergents ; divergents* (→ **faisceau**). *Rayons réfractés, réfléchis.* ➝ *Rayon visuel :* ligne idéale joignant un point à l'œil de l'observateur. **3.** au plur. Radiations. → **radio-**. *Rayons infrarouges, ultraviolets. Rayons X,* rayonnement électromagnétique de faible longueur d'onde, utilisé pour son pouvoir de pénétration dans la matière (→ radiographie, radioscopie). **II** **1.** Chacune des pièces divergentes qui relient le moyeu (d'une roue) à la jante. *Rayons d'une roue de bicyclette.* ➝ *Rues disposées en rayons* (→ **rayonner**). **2.** Segment joignant un point (d'un cercle, d'une sphère) à son centre ; longueur (constante) de ce segment. *Le rayon est égal à la moitié du diamètre.* ◆ loc. *DANS UN RAYON DE :* dans un espace circulaire de (distances). *Dans un rayon de dix kilomètres.* ◆ *RAYON D'ACTION :* distance maximale qu'un navire, un avion peut parcourir sans être ravitaillé en combustible ; fig. zone d'activité. *Ce transporteur a étendu son rayon d'action.*
ÉTYM. de *rai.*

② **RAYON** [ʀɛjɔ̃] **n. m.** **1.** Gâteau de cire fait par les abeilles. *Les rayons d'une ruche.* **2.** Planche, tablette de rangement. SYN. **étagère, rayonnage.** *Les rayons d'une bibliothèque.* **3.** Partie d'un magasin affectée à un type de marchandises. *Le rayon des jouets.* ◆ loc. *C'est (de) votre rayon,* cela vous concerne. *Je regrette, ce n'est pas mon rayon.* ➝ FAM. *En connaître un rayon :* être très compétent (dans un domaine).
ÉTYM. de l'ancien français *ree,* francique *hrâta.*

RAYONNAGE [ʀɛjɔnaʒ] **n. m.** ✦ Rayons assemblés (meuble de rangement). SYN. **étagère.**
ÉTYM. de ② *rayon.*

RAYONNANT, ANTE [ʀɛjɔnɑ̃, ɑ̃t] **adj.** **1.** Qui présente une disposition en rayons. *Fleurs rayonnantes.* ➝ ARCHIT. *Chapelles rayonnantes.* **2.** Qui émet des rayons lumineux. *Soleil rayonnant.* SYN. **radieux.** **3.** Qui rayonne (I, 3). *Une beauté rayonnante.* SYN. **éclatant.** ➝ *Visage rayonnant de joie.* SYN. **radieux.** *Un enfant rayonnant de santé.*
ÉTYM. du participe présent de *rayonner.*

RAYONNE [ʀɛjɔn] **n. f.** ✦ Fibre textile artificielle, en viscose.
ÉTYM. américain *rayon,* de l'anglais *ray* «rayon», emprunté au français *rai.*

RAYONNEMENT [ʀɛjɔnmɑ̃] **n. m.** ✦ Action, fait de rayonner. *Le rayonnement solaire. Rayonnement thermique de la Terre.* ➝ SC. Ensemble de radiations. *Rayonnement infrarouge.* ◆ fig. *Le rayonnement d'une œuvre.*
ÉTYM. de *rayonner.*

RAYONNER [ʀɛjɔne] **v. intr.** (conjug. 3a) **I** **1.** Émettre de la lumière, des rayons lumineux. **2.** Se propager par rayonnement. *Chaleur qui rayonne.* **3.** fig. Émettre comme une lumière, un éclat, une influence heureuse. → **rayonnant** (3). *Rayonner de bonheur.* ➝ *Culture qui rayonne dans le monde.* SYN. se **diffuser.** **II** **1.** Être disposé en rayons autour d'un centre. *Une place d'où rayonnent des avenues.* **2.** Se manifester dans toutes les directions. *La douleur rayonne.* SYN. **irradier.** **3.** Se déplacer dans un certain rayon (à partir d'un lieu). *Nous rayonnerons dans la région.*
ÉTYM. de ① *rayon.*

RAYURE [ʀejyʀ] **n. f.** **1.** Chacune des bandes, des lignes qui se détachent sur un fond de couleur différente. *Étoffe à rayures.* → **rayé.** *Rayures sur le pelage d'un animal.* SYN. **zébrure.** **2.** Éraflure ou rainure (sur une surface). *Rayures sur un meuble.*
ÉTYM. de *rayer.*

RAZ [ʀɑ] **n. m.** **1.** MAR. Courant marin violent, dans un passage étroit. ➝ Ce passage. *Le raz de Sein.* **2.** *RAZ DE MARÉE.* → **raz-de-marée.** HOM. ① RAS «coupé court», RAT «animal»
ÉTYM. mot breton, d'origine scandinave.

RAZ-DE-MARÉE ou **RAZ DE MARÉE** [ʀɑdmaʀe] **n. m. invar.** ✦ Vague isolée et très haute, d'origine sismique ou volcanique, qui pénètre profondément dans les terres. *Des raz-de-marée, des raz de marée.* ➝ fig. Bouleversement social ou politique irrésistible. *Un raz-de-marée électoral.*
ÉTYM. de *raz* et *marée.*

RAZZIA [ʀa(d)zja] **n. f.** **1.** Attaque de pillards (à l'origine, en pays arabe). *Des razzias.* **2.** FAM. *Faire une razzia sur :* s'abattre sur (des choses qu'on emporte rapidement). *On a fait une razzia sur les petits-fours.*
ÉTYM. mot arabe.

RAZZIER [ʀa(d)zje] **v. tr.** (conjug. 9) ✦ Prendre dans une razzia. SYN. **rafler.**
ÉTYM. de *razzia.*

RE-, RÉ-, R- Élément qui exprime le fait de ramener en arrière (ex. *rabattre*), le retour à un état antérieur (ex. *rhabiller*), le renforcement, l'achèvement (ex. *réunir, ramasser*), la répétition ou la reprise (ex. *redire, refaire*).

RÉ [ʀe] **n. m. invar.** ✦ Deuxième note de la gamme d'ut ; ton correspondant. *Sonate en ré mineur.*
ÉTYM. de la première syllabe du latin *resonare* dans l'hymne à saint Jean-Baptiste.

RÉA [ʀea] **n. m.** ✦ Roue, poulie à gorge.
ÉTYM. de *rouet.*

RÉABONNEMENT [ʀeabɔnmɑ̃] **n. m.** ✦ Action de (se) réabonner.

RÉABONNER [ʀeabɔne] **v. tr.** (conjug. 3a) ✦ Abonner de nouveau. ➝ pronom. *Se réabonner à un journal.*

RÉAC [ʀeak] **adj.** et **n.** ✦ FAM. Réactionnaire. *Un discours réac.* ➝ **n.** *Les réacs.*
ÉTYM. abréviation.

RÉACCOUTUMER [ʀeakutyme] **v. tr.** (conjug. 3a) ✦ LITTÉR. Accoutumer de nouveau ; réhabituer. ➝ pronom. *Se réaccoutumer au bruit.*

RÉACTEUR [ʀeaktœʀ] **n. m.** **1.** Moteur, propulseur à réaction. **2.** *Réacteur nucléaire,* dispositif dans lequel se produisent et s'entretiennent des réactions nucléaires.
ÉTYM. de *réaction.*

RÉACTIF [ʀeaktif] **n. m.** ✦ CHIM. Substance qui prend part à une réaction chimique.
ÉTYM. de *réaction.*

RÉACTION [ʀeaksjɔ̃] **n. f.** **I** SC. **1.** Force qu'un corps agissant sur un autre détermine en retour chez celui-ci. *Principe de l'égalité de l'action et de la réaction.* ➝ *Avion à réaction,* propulsé par un moteur éjectant des gaz sous pression (moteur à réaction). **2.** *Réaction chimique :* action réciproque de deux ou plusieurs substances, qui entraîne des transformations chi-

miques. ➝ *Réaction nucléaire*.* ➝ *Réaction en chaîne*.* 3. Réponse (d'un organe, d'un organisme) à une excitation, une cause morbide, etc. *Réaction inflammatoire. Réaction immunitaire.* ♦ PSYCH. *Réaction comportementale. Réaction de défense.* **II** 1. Réponse à une action par une action contraire tendant à l'annuler. *Agir en, par réaction contre qqn, qqch.* 2. Action politique qui s'oppose aux changements, au progrès social. *Les forces de la réaction.* ➙ **réactionnaire.** ➝ La droite politique. 3. Comportement (d'une personne) face à une action extérieure. *La réaction de qqn à qqch. Une réaction de peur. Réaction soudaine* (➙ **réflexe, sursaut**). *Être sans réaction,* rester inerte. 4. Réponse (d'une machine...) aux commandes. *Cette voiture a de bonnes réactions.*
ÉTYM. latin *reactio.*

RÉACTIONNAIRE [reaksjɔnɛʀ] **adj.** ✦ De la réaction, en politique. ➝ *Opinions réactionnaires.* ♦ Partisan d'un retour à l'ordre antérieur. ➝ **n.** *Un, une réactionnaire.* SYN. FAM. **réac.**

RÉACTIONNEL, ELLE [reaksjɔnɛl] **adj.** ✦ DIDACT. Relatif à une réaction. ➝ PSYCH. *Psychose réactionnelle,* consécutive à un traumatisme.

RÉACTIVER [reaktive] **v. tr.** (conjug. 3a) ✦ Rendre de nouveau actif. SYN. **activer, ranimer.** *Réactiver un virus.*
ÉTYM. de *re-* et *activer.*

RÉADAPTATION [readaptasjɔ̃] **n. f.** ✦ Action, fait de réadapter, de se réadapter.

RÉADAPTER [readapte] **v. tr.** (conjug. 3a) ✦ Adapter de nouveau (qqn, qqch.) qui n'était plus adapté. *Réadapter qqn à la vie sociale.* SYN. **réinsérer.** ➝ **pronom.** *Laissez-lui le temps de se réadapter.*

RÉAFFIRMER [reafiʀme] **v. tr.** (conjug. 3a) ✦ Affirmer de nouveau, dans une autre occasion.

RÉAGIR [reaʒiʀ] **v. intr.** (conjug. 13) **I** Avoir une réaction, des réactions (I) ; participer à une réaction. *L'organisme réagit contre les maladies infectieuses.* **II** 1. *RÉAGIR SUR :* agir en retour ou réciproquement sur. SYN. se **répercuter.** *Le moral réagit sur l'état de santé du malade.* 2. *RÉAGIR CONTRE :* s'opposer à (une action) par une action contraire. *Réagir contre une injustice, contre le découragement.* **absolt** *Essayez de réagir, ne vous laissez pas abattre.* 3. **tr. ind.** *RÉAGIR À :* avoir une réaction à, répondre à. *Réagir à un évènement.* ➝ **absolt** *Personne n'a réagi. Il a réagi brutalement.*
ÉTYM. de *re-* et *agir.*

RÉAJUSTEMENT [reaʒystəmɑ̃] **n. m.** ✦ Action de réajuster. SYN. **rajustement.** *Réajustement des salaires.*

RÉAJUSTER [reaʒyste] **v. tr.** (conjug. 3a) ✦ Rajuster (2). ➝ **spécialt** Modifier pour adapter à de nouvelles conditions. *Réajuster les salaires* (en fonction de l'évolution du coût de la vie).

RÉALISABLE [realizabl] **adj.** 1. Susceptible d'être réalisé, de se réaliser. SYN. **possible.** 2. Transformable en argent. *Héritage réalisable.* CONTR. **irréalisable.**
ÉTYM. de *réaliser.*

RÉALISATEUR, TRICE [realizatœʀ, tʀis] **n.** 1. Personne qui réalise, rend réel. *Il est l'inventeur et le réalisateur de cette machine.* 2. Personne qui dirige la réalisation (d'un film, d'une émission). SYN. **metteur** en scène, en ondes. ➝ **appos.** *Des assistants réalisateurs.*

RÉALISATION [realizasjɔ̃] **n. f.** 1. Action, fait de rendre réel, effectif. *La réalisation d'un projet.* ➝ Chose réalisée ; création, œuvre. 2. Transformation (d'un bien) en argent. 3. Ensemble des opérations nécessaires à la création (d'un film, d'une émission).
ÉTYM. de *réaliser.*

RÉALISER [realize] **v. tr.** (conjug. 3a) 1. Faire passer à l'état de réalité concrète (ce qui n'existait que dans l'esprit). SYN. **accomplir, concrétiser, exécuter.** *Réaliser un projet,* le rendre effectif. *Réaliser une ambition, un idéal.* SYN. **atteindre.** ➝ **pronom.** *Ses vœux se sont réalisés.* ➝ *Réaliser (en soi) le type, le modèle de...* SYN. **personnifier.** ♦ **pronom.** *Se réaliser :* devenir ce que l'on a rêvé d'être. 2. DR. Faire. *Réaliser une vente.* 3. Être le réalisateur de (un film, une émission). 4. Convertir, transformer en argent (➙ **liquider, vendre**). *Réaliser un capital.* 5. **anglicisme (emploi critiqué, mais courant)** Se rendre compte avec précision de ; se faire une idée nette de. SYN. **comprendre, saisir.** *Réaliser la gravité d'un problème. Réaliser que...* ➝ *Je n'ai pas réalisé tout de suite.*
ÉTYM. de *réel,* d'après le latin *realis ;* sens 5, anglais *to realize.*

RÉALISME [realism] **n. m.** 1. Conception selon laquelle l'art doit représenter la réalité telle qu'elle est, en évitant de l'idéaliser (➙ aussi **naturalisme, vérisme**). *Le réalisme de Flaubert, de Zola.* ☛ Littérature p. 144 et Réalisme p. 182. ➝ Caractère d'une œuvre qui répond à cette conception. *Un portrait d'un réalisme saisissant.* 2. Attitude d'une personne qui tient compte de la réalité, l'apprécie avec justesse. *Faire preuve de réalisme.* CONTR. **idéalisme ; irréalisme.**
ÉTYM. de *réel,* d'après le latin *realis.*

RÉALISTE [realist] **adj.** 1. Partisan du réalisme ; qui représente le réalisme, en art, en littérature. *Courbet, Daumier, peintres réalistes. Écrivain réaliste.* ➝ *Description réaliste.* 2. Qui fait preuve de réalisme (2). *Un homme d'État réaliste.* SYN. **pragmatique.** ➝ **n.** *Un, une réaliste.* ➝ **(choses)** *Une analyse réaliste de la situation.* CONTR. **idéaliste ; irréaliste, utopiste · utopique.**

RÉALITÉ [realite] **n. f.** 1. Caractère de ce qui est réel, de ce qui existe effectivement (et n'est pas seulement une invention, une apparence). ➙ **vérité.** *La réalité d'un fait.* SYN. **matérialité.** 2. *La réalité,* ce qui est réel. *Connaissance, description de la réalité.* ♦ La vie, l'existence réelle (opposée aux désirs, aux illusions...). *Le rêve et la réalité.* ➝ Ce qui existe (opposé à l'imagination, à la représentation par l'art). *Réalité et merveilleux.* ➝ **loc.** *La réalité dépasse la fiction.* ➝ *Dans la réalité :* dans la vie réelle. ➝ *EN RÉALITÉ :* en fait, réellement. 3. *(Une, des réalités)* Chose réelle, fait réel. *Les réalités de la vie. Avoir le sens des réalités* (➙ **réaliste**). ➝ **loc.** *Prendre ses désirs pour des réalités :* se faire des illusions. CONTR. **apparence, illusion · idéal, imagination, rêve · chimère, fiction, utopie.**
ÉTYM. latin *realitas.*

RÉANIMATION [reanimasjɔ̃] **n. f.** ✦ Action visant à rétablir les fonctions vitales abolies ou perturbées. *La réanimation d'un asphyxié. Le service de réanimation d'un hôpital.*
ÉTYM. de *réanimer.*

RÉANIMER [reanime] **v. tr.** (conjug. 3a) ✦ Procéder à la réanimation de (qqn). SYN. **ranimer.**
► **RÉANIMATEUR, TRICE** [reanimatœʀ, tʀis] **n.** **appos.** *Médecins réanimateurs.*
ÉTYM. de *re-* et *animer.*

A B C D E F G H I J K L M N O P Q R S T U V W X Y Z

RÉAPPARAÎTRE [ReapaRɛtR] v. intr. (conjug. 52) ✦ Apparaître, paraître de nouveau. SYN. **reparaître.** *La lune a réapparu, est réapparue.*

RÉAPPARITION [ReapaRisjɔ̃] n. f. ✦ Fait de réapparaître.

RÉAPPRENDRE [ReapRɑ̃dR] v. tr. (conjug. 45) ✦ Apprendre de nouveau. *Réapprendre l'anglais.* ▸ variante (moins cour.) RAPPRENDRE [RapRɑ̃dR].

RÉAPPROVISIONNER [ReapRɔvizjɔne] v. tr. (conjug. 3a) ✦ Approvisionner de nouveau.
▸ **RÉAPPROVISIONNEMENT** [ReapRɔvizjɔnmɑ̃] n. m.

RÉARMEMENT [ReaRməmɑ̃] n. m. ✦ Action de réarmer. CONTR. **désarmement ; démilitarisation.**

RÉARMER [ReaRme] v. (conjug. 3a) I v. tr. 1. Pourvoir de nouveau en armes. 2. Armer de nouveau. ▸ spécialt *Réarmer un fusil.* II v. intr. (État) Recommencer à s'équiper pour la guerre. CONTR. **désarmer ; démilitariser.**

RÉASSORT [ReasɔR] n. m. ✦ COMM. Réassortiment. *Commande de réassort.*
ÉTYM. abréviation.

RÉASSORTIMENT [ReasɔRtimɑ̃] n. m. ✦ Action de réassortir ; nouvel assortiment. SYN. **réassort.** ▸ variante (VIEILLI) RASSORTIMENT [RasɔRtimɑ̃].

RÉASSORTIR [ReasɔRtiR] v. tr. (conjug. 13) ✦ Reconstituer un assortiment de (qqch.). *Réassortir des couverts.* ▸ variante (VIEILLI) RASSORTIR [RasɔRtiR].

RÉBARBATIF, IVE [RebaRbatif, iv] adj. 1. Qui rebute par un aspect rude, désagréable. *Un air rébarbatif.* 2. Difficile et ennuyeux. *Sujet rébarbatif.* SYN. **ingrat.** CONTR. **affable, engageant • attirant, attrayant, séduisant.**
ÉTYM. de l'ancien verbe *(se) rebarber* «faire face», de *barbe.*

REBÂTIR [R(ə)batiR] v. tr. (conjug. 13) ✦ Bâtir de nouveau (ce qui était détruit). SYN. **reconstruire.** *Rebâtir une ville.* ▸ fig. *Rebâtir le monde, la société.* SYN. **refaire.**

REBATTRE [R(ə)batR] v. tr. (conjug. 47) 1. RARE Battre de nouveau. 2. loc. *REBATTRE LES OREILLES à qqn de qqch.*, lui en parler continuellement jusqu'à l'excéder. *Il nous rebat les oreilles de sa nouvelle moto.*

REBATTU, UE [R(ə)baty] adj. ✦ Dont on a parlé inlassablement. *Thème rebattu.* SYN. **éculé.**
ÉTYM. participe passé de *rebattre.*

REBELLE [Rəbɛl] adj. et n. 1. Qui ne reconnaît pas l'autorité légitime, se révolte contre elle. *Troupes rebelles.* ▸ n. *Négocier avec des rebelles.* SYN. **insurgé.** ♦ LITTÉR. *Une jeunesse rebelle.* 2. *REBELLE À* : réfractaire à (qqch.). SYN. **récalcitrant.** *Il est rebelle à tout effort* (SYN. **opposé**) ; *rebelle aux mathématiques* (SYN. **fermé**). ▸ (choses) Qui résiste à. *Maladie rebelle aux traitements.* ▸ absolt *Fièvre rebelle.* SYN. **persistant, tenace.** *Mèche (de cheveux) rebelle.* SYN. **indiscipliné.** CONTR. **discipliné, docile, obéissant, soumis.**
ÉTYM. latin *rebellis* «qui recommence la guerre *(bellum)*».

se **REBELLER** [R(ə)bele] v. pron. (conjug. 3a) ✦ Faire acte de rebelle (1) en se révoltant. SYN. **s'insurger.** *Se rebeller contre les lois.* SYN. **braver.** ▸ fig. Protester, regimber. CONTR. **obéir, se soumettre.**
ÉTYM. latin *rebellare.*

RÉBELLION [Rebeljɔ̃] n. f. ✦ Action de se rebeller ; acte de rebelle (1). SYN. **insurrection, révolte.** ▸ Tendance à se rebeller. SYN. **désobéissance, insubordination.** *Esprit de rébellion.* CONTR. **docilité, obéissance, soumission.**
ÉTYM. latin *rebellio.*

REBELOTE [Rəbəlɔt] interj. ✦ JEUX → **belote.** ▸ FAM., COUR. *(Et) rebelote*, ça recommence.

se **REBIFFER** [R(ə)bife] v. pron. (conjug. 3a) ✦ FAM. Refuser avec vivacité de se laisser mener ou humilier.
ÉTYM. origine obscure.

REBIQUER [R(ə)bike] v. intr. (conjug. 3a) ✦ FAM. Se dresser, se retrousser en faisant un angle. *Les pointes de son col rebiquent.*
ÉTYM. de *re-* et *bique*, au sens dialectal de «corne».

REBLOCHON [Rəblɔʃɔ̃] n. m. ✦ Fromage au lait de vache, à pâte grasse et de saveur douce, fabriqué en Savoie.
ÉTYM. mot savoyard.

REBOISEMENT [R(ə)bwazmɑ̃] n. m. ✦ Action de reboiser.

REBOISER [R(ə)bwaze] v. tr. (conjug. 3a) ✦ Planter d'arbres (un terrain qui a été déboisé).
ÉTYM. de *re-* et *boiser.*

REBOND [R(ə)bɔ̃] n. m. ✦ Fait de rebondir (1) ; mouvement d'un corps qui rebondit. *Les rebonds d'une balle.*
ÉTYM. de *rebondir.*

REBONDI, IE [R(ə)bɔ̃di] adj. ✦ De forme arrondie. *Cruche rebondie.* SYN. **pansu, renflé.** ▸ (formes humaines) *Joues rebondies.* SYN. **rond.**
ÉTYM. du participe passé de *rebondir.*

REBONDIR [R(ə)bɔ̃diR] v. intr. (conjug. 13) 1. Faire un ou plusieurs bonds après avoir heurté un obstacle. *Balle qui rebondit sur le sol.* → **rebond.** *Rebondir très haut.* 2. fig. Prendre un nouveau développement après un temps d'arrêt. SYN. ② **repartir.** *L'enquête rebondit* (→ **rebondissement**).
ÉTYM. de *re-* et *bondir.*

REBONDISSEMENT [R(ə)bɔ̃dismɑ̃] n. m. ✦ Action, fait de rebondir (surtout 2). *Un procès aux multiples rebondissements.*

REBORD [R(ə)bɔR] n. m. ✦ Bord en saillie. *Le rebord d'une fenêtre.*

REBOUCHER [R(ə)buʃe] v. tr. (conjug. 3a) ✦ Boucher de nouveau. *Reboucher un flacon.*

REBOURS [R(ə)buR] n. m. I *À REBOURS* 1. loc. adv. Dans le sens contraire au sens habituel ; à l'envers. *Marcher à rebours. Caresser un chat à rebours*, à rebrousse-poil. ▸ *Prendre l'ennemi à rebours.* 2. (adj.) *COMPTE À REBOURS* : vérification successive des opérations de lancement d'un engin, d'une fusée, aboutissant au zéro du départ. 3. fig. (adv.) D'une manière contraire à l'usage, etc. *Faire tout à rebours*, → *à l'envers.* II *À REBOURS DE, AU REBOURS DE* loc. prép. Contrairement à, à l'inverse de. *Il agit à rebours du bon sens.*
ÉTYM. altération du latin *reburrus* «qui a les cheveux rejetés en arrière».

REBOUTEUX, EUSE [R(ə)butø, øz] n. ✦ FAM. Personne (guérisseur) qui fait métier de remettre les membres démis, etc. par des moyens empiriques.
ÉTYM. de *rebouter* «remettre (un os)», de *re-* et *bouter.*

REBOUTONNER [R(ə)butɔne] **v. tr.** (conjug. 3a) ✦ Boutonner de nouveau (un vêtement). ➛ **pronom.** *Se reboutonner :* reboutonner ses vêtements.

à REBROUSSE-POIL [aR(ə)bRuspwal] **loc. adv.** ✦ En rebroussant le poil. *Caresser un chat à rebrousse-poil.* SYN. à **rebours.** ➛ fig. *Prendre qqn à rebrousse-poil,* de telle sorte qu'il se hérisse, se vexe.

REBROUSSER [R(ə)bRuse] **v. tr.** (conjug. 3a) **1.** Relever (les cheveux, le poil) dans un sens contraire à la direction naturelle. *Rebrousser les poils d'un tapis.* **2.** loc. *REBROUSSER CHEMIN :* s'en retourner en sens opposé.
ÉTYM. de *rebours.*

REBUFFADE [R(ə)byfad] **n. f.** ✦ LITTÉR. Refus hargneux, méprisant. *Essuyer une rebuffade.*
ÉTYM. italien *rebuffo,* d'origine onomatopéique.

RÉBUS [Rebys] **n. m.** ✦ Devinette graphique, suite de dessins, de mots, de chiffres, de lettres évoquant par le son le mot ou la phrase qui est la solution (ex. deux mains pour «demain»).
ÉTYM. latin *rebus,* ablatif pluriel de *res* «chose».

REBUT [Rəby] **n. m.** ✦ Ce qu'on a rejeté. *Le rebut d'un tri.* ➛ fig. Ce qu'il y a de plus mauvais (dans un ensemble). *Le rebut de la société. Objet DE REBUT,* sans valeur. ➛ loc. *Mettre* (qqch.) *AU REBUT :* jeter, se débarrasser de.
ÉTYM. de *rebuter.*

REBUTANT, ANTE [R(ə)bytɑ̃, ɑ̃t] **adj.** ✦ Qui rebute. *Travail rebutant.* SYN. **rébarbatif.** CONTR. **attrayant, plaisant, séduisant.**
ÉTYM. du participe présent de *rebuter.*

REBUTER [R(ə)byte] **v. tr.** (conjug. 3a) **1.** Dégoûter (qqn) par les difficultés, le caractère ingrat (d'une entreprise). *Rien ne le rebute.* SYN. **décourager. 2.** Choquer (qqn), inspirer de la répugnance à. *Ses manières me rebutent.* CONTR. **attirer, plaire, séduire.**
ÉTYM. de *re-* et *but,* c'est-à-dire «écarter du but».

RECADRER [R(ə)kadRe] **v. tr.** (conjug. 3a) **1.** Modifier le cadrage de (une photo). **2.** Rappeler les règles à (qqn qui agit mal). *Recadrer un élève.*

RÉCALCITRANT, ANTE [Rekalsitrɑ̃, ɑ̃t] **adj.** ✦ Qui résiste avec entêtement. *Cheval récalcitrant.* SYN. **rétif.** ◆ (personnes) *Se montrer récalcitrant.* ➛ *Caractère récalcitrant.* SYN. **indocile, rebelle.** ➛ **n.** *Tenter de convaincre les récalcitrants.* ◆ (choses) Qu'on ne peut arranger à son gré. *Mèche de cheveux récalcitrante.* SYN. **indiscipliné.** CONTR. **docile, soumis.**
ÉTYM. du participe présent de l'ancien verbe *récalcitrer* «regimber», latin *recalcitare,* de *calx* «talon».

RECALER [R(ə)kale] **v. tr.** (conjug. 3a) ✦ FAM. Refuser (qqn) à un examen. SYN. **coller ;** FAM. **étaler, étendre.** *Elle s'est fait recaler au bac.* ➛ au p. passé *Il est recalé.* CONTR. **admettre, recevoir.**
ÉTYM. de *re-* et ② *caler.*

RECAPITALISER [R(ə)kapitalize] **v. tr.** (conjug. 3a) ✦ Augmenter ou reconstituer le capital de (une entreprise).
► **RECAPITALISATION n. f.**

RÉCAPITULATIF, IVE [Rekapitylatif, iv] **adj.** ✦ Qui sert à récapituler. *Liste récapitulative.*

RÉCAPITULATION [Rekapitylasjɔ̃] **n. f.** ✦ Reprise point par point ; résumé.
ÉTYM. latin *recapitulatio.*

RÉCAPITULER [Rekapityle] **v. tr.** (conjug. 3a) ✦ Répéter en énumérant les points principaux. SYN. **résumer.** *Récapituler un discours.* ➛ Reprendre, en se rappelant ou en redisant, point par point. *Récapituler sa journée.*
ÉTYM. latin *recapitulare* «reconsidérer».

RECASER [R(ə)kaze] **v. tr.** (conjug. 3a) ✦ FAM. Caser de nouveau (qqn, qqch.).

RECEL [Rəsɛl] **n. m.** ✦ Action de receler ; fait de détenir sciemment des choses volées par un autre. *Recel de bijoux.*
ÉTYM. de *receler.*

RECELER [Rəs(ə)le ; R(ə)səle ; R(ə)sele] (conjug. 7a) ou **RECÉLER** [R(ə)sele] **v. tr.** (conjug. 8) **1.** (choses) Garder, contenir en soi (une chose cachée, secrète). SYN. **renfermer.** *Receler un mystère.* **2.** Détenir, garder par un recel (des choses volées par un autre). *Receler des objets volés.* ➛ Écrire *recéler* avec un accent aigu est permis et conforme à la prononciation.
ÉTYM. de *re-* et *celer.*

RECELEUR, EUSE [Rəs(ə)lœR ; R(ə)səlœR ; R(ə)selœR, øz] ou **RECÉLEUR, EUSE** [R(ə)selœR, øz] **n.** ✦ Personne qui se rend coupable de recel. ➛ Écrire *recéleur, euse* avec un accent aigu est permis et conforme à la prononciation.
ÉTYM. de *receler.*

RÉCEMMENT [Resamɑ̃] **adv.** ✦ À une époque récente. SYN. **dernièrement.** *Tout récemment...*
ÉTYM. de *récent.*

RECENSEMENT [R(ə)sɑ̃smɑ̃] **n. m.** ✦ Compte ou inventaire détaillé. *Recensement des ressources.* ➛ Dénombrement détaillé (des habitants d'un pays).
ÉTYM. de *recenser.*

RECENSER [R(ə)sɑ̃se] **v. tr.** (conjug. 3a) **1.** Dénombrer en détail (une population). **2.** Dénombrer, inventorier.
ÉTYM. latin *recensere.*

RECENSION [R(ə)sɑ̃sjɔ̃] **n. f.** ✦ DIDACT. Examen critique (d'un texte).
ÉTYM. latin *recensio.*

RÉCENT, ENTE [Resɑ̃, ɑ̃t] **adj.** ✦ Qui s'est produit ou qui existe depuis peu de temps. *Évènements récents. Une nouvelle toute récente.* SYN. ① **frais.** *Passé récent.* SYN. **proche.** CONTR. **ancien, vieux ; éloigné.**
ÉTYM. latin *recens.*

RÉCÉPISSÉ [Resepise] **n. m.** ✦ Écrit par lequel on reconnaît avoir reçu un objet, une somme, etc. SYN. ② **reçu.**
ÉTYM. latin *recepisse,* forme de *recipere* «recevoir».

RÉCEPTACLE [Resɛptakl] **n. m.** ✦ Contenant qui reçoit son contenu de diverses provenances. *La mer, réceptacle des eaux fluviales.*
ÉTYM. latin *receptaculum.*

① **RÉCEPTEUR** [Resɛptœr] **n. m. 1.** Appareil qui reçoit et met en forme des signaux véhiculés par des ondes. *Récepteur de radio, de télévision.* SYN. ② **poste.** ➛ *Récepteur d'un téléphone (fixe),* partie mobile de l'appareil téléphonique, où l'on écoute (et parle). SYN. **combiné.** *Décrocher le récepteur.* **2.** Structure qui reçoit des stimulus et les transmet aux organes correspondants. *Récepteur sensoriel.* **3.** LING. Personne à qui l'on parle ou à qui l'on écrit. ➛ Personne qui reçoit un message. *Le récepteur n'est pas toujours le destinataire.* CONTR. **émetteur.**
ÉTYM. latin *receptor.*

② **RÉCEPTEUR, TRICE** [ʀesɛptœʀ, tʀis] adj. ✦ Qui reçoit (des ondes). *Antenne réceptrice.* CONTR. **émetteur, générateur.**
ÉTYM. de ① *récepteur.*

RÉCEPTIF, IVE [ʀesɛptif, iv] adj. 1. Susceptible de recevoir des impressions. SYN. **sensible.** ➙ *Être réceptif à qqch.* 2. MÉD. Sensible (à l'action d'agents pathogènes). CONTR. **réfractaire, résistant.**
ÉTYM. du latin *receptus,* de *recipere* «recevoir».

RÉCEPTION [ʀesɛpsjɔ̃] n. f. I 1. Action de recevoir (une marchandise transportée). *La réception d'une commande. Accuser réception d'un paquet.* 2. Action de recevoir (des ondes) ; fait d'en être le récepteur. *L'orage perturbe la réception.* 3. SPORTS Action de recevoir le ballon. ➙ Manière dont le corps se reçoit, après un saut. II 1. Action, manière de recevoir, d'accueillir (une personne). SYN. **accueil.** 2. Local où sont reçus des clients, des usagers (→ **réceptionniste**). *La réception d'un hôtel.* 3. Action de recevoir des invités chez soi. ➙ Réunion mondaine (chez qqn). *Donner une réception. Salle de réception* (et ellipt *réception*). → **salon.** 4. Fait de recevoir ou d'être reçu dans une assemblée, etc., en tant que membre ; cérémonie qui a lieu à cette occasion. *Discours de réception à l'Académie.* CONTR. **envoi, expédition • émission.**
ÉTYM. latin *receptio.*

RÉCEPTIONNER [ʀesɛpsjɔne] v. tr. (conjug. 3a) 1. Recevoir, vérifier et enregistrer (une livraison). 2. Recevoir (la balle, le ballon) dans un jeu.
ÉTYM. de *réception.*

RÉCEPTIONNISTE [ʀesɛpsjɔnist] n. ✦ Personne chargée de l'accueil, de la réception (de clients...).
ÉTYM. de *réception.*

RÉCEPTIVITÉ [ʀesɛptivite] n. f. 1. Caractère de ce qui est réceptif ; aptitude à recevoir des impressions. SYN. **sensibilité.** ➙ *État de réceptivité.* 2. Aptitude à contracter (une maladie). *La réceptivité de l'organisme* (à un germe, etc.). CONTR. **insensibilité • immunité, résistance.**
ÉTYM. de *réceptif.*

RÉCESSIF, IVE [ʀesesif, iv] adj. ✦ BIOL. Se dit d'un gène qui produit son effet seulement lorsqu'il existe sur les deux chromosomes de la paire (opposé à *dominant*).
ÉTYM. de *récession.*

RÉCESSION [ʀesesjɔ̃] n. f. ✦ Régression, ralentissement de l'activité économique. SYN. **crise.** CONTR. **expansion, progrès.**
ÉTYM. latin *recessio* «action de s'éloigner *(recedere)*», de *re-* «en arrière» et *cedere* «aller».

RECETTE [ʀ(ə)sɛt] n. f. I 1. Total des sommes d'argent reçues. *Recette journalière. Une bonne recette* (→ **bénéfice**). ➙ loc. (spectacle...) *Faire recette :* avoir beaucoup de succès. ➙ au plur. Rentrées d'argent. *Recettes et dépenses.* 2. DR. Action de recevoir (de l'argent). *La recette de l'impôt.* 3. Bureau d'un receveur des impôts. *Recette des finances.* II 1. Procédé pour mener à bien la confection (d'un mets) ; description détaillée qui s'y rapporte. *Un livre de recettes (de cuisine).* 2. fig. Moyen, procédé. *C'est une recette infaillible pour réussir.*
ÉTYM. latin *recepta,* de *recipere* «recevoir».

RECEVABLE [ʀ(ə)səvabl ; ʀəs(ə)vabl] adj. 1. Qui peut être reçu, accepté. *Cette excuse n'est pas recevable.* SYN. **acceptable, admissible.** 2. DR. Contre quoi il n'existe aucun obstacle juridique à l'examen du fond. CONTR. **irrecevable ; inacceptable, inadmissible.**
ÉTYM. de *recevoir.*

RECEVEUR, EUSE [ʀ(ə)səvœʀ ; ʀəs(ə)vœʀ, øz] n. 1. Comptable public chargé d'effectuer les recettes et certaines dépenses publiques. *Receveur des contributions.* → **percepteur.** 2. Employé préposé à la recette, dans certains transports publics. 3. MÉD. Personne qui reçoit du sang (dans une transfusion sanguine), un organe, un tissu (dans une greffe) qui provient d'un donneur.
ÉTYM. de *recevoir.*

RECEVOIR [ʀ(ə)səvwaʀ ; ʀəs(ə)vwaʀ] v. tr. (conjug. 32) I (sens passif) *RECEVOIR qqch.* 1. Être mis en possession de (qqch.) par un envoi, un don, un paiement, etc. *Recevoir une lettre. Recevoir de l'argent.* SYN. **encaisser ; percevoir,** ① **toucher ;** → **recette.** ➙ *Recevoir un prix, une distinction.* SYN. **obtenir ;** → **récipiendaire.** ➙ *Recevoir un conseil. Recevez, Monsieur, mes salutations* (formule). SYN. **agréer.** 2. Être atteint par (qqch. que l'on subit, que l'on éprouve). *Recevoir des coups.* SYN. **prendre.** ➙ *Recevoir un affront* (SYN. **essuyer**). ◆ (choses) *Recevoir une impulsion, un mouvement.* ➙ Être l'objet de. *Le projet a reçu des modifications.* SYN. **subir.** II (sens actif) *RECEVOIR qqn, qqch.* 1. Laisser ou faire entrer (qqn qui se présente). SYN. **accueillir.** *Recevoir qqn à dîner, à sa table. Il s'est levé pour recevoir son ami.* ➙ Réserver un accueil (bon ou mauvais) à. SYN. **traiter.** *Recevoir qqn avec empressement.* ➙ au p. passé *Être bien, mal reçu.* ◆ absolt Accueillir habituellement des invités ; donner une réception. *Ils reçoivent très peu.* ➙ Accueillir les clients, les visiteurs. *Médecin qui reçoit sur rendez-vous* ◆ fig. (compl. chose) *Son initiative a été mal reçue.* SYN. **accueillir.** 2. Laisser entrer (qqn) à certaines conditions (surtout au passif). SYN. **admettre.** *Être reçu à l'Institut.* ➙ *Être reçu à un examen.* ➙ au p. passé *Candidats admissibles, reçus.* 3. (sujet chose) Laisser entrer. *Les égouts reçoivent les eaux usées. Ce salon peut recevoir cent personnes.* SYN. **contenir.** 4. LITTÉR. Admettre (qqch.) en son esprit (comme vrai, légitime). SYN. **accepter.** *Recevoir l'opinion de qqn.* ➙ au p. passé *Les usages reçus. Idée* reçue.* ◆ DR. *Recevoir une plainte.* ➙ loc. *Fin* de non-recevoir.* III *SE RECEVOIR* v. pron. 1. récipr. *Ils se reçoivent beaucoup.* 2. réfl. SPORTS Retomber d'une certaine façon, après un saut. CONTR. **donner, envoyer, remettre, verser • éliminer, exclure, recaler, refuser.**
ÉTYM. latin *recipere.*

de RECHANGE [dəʀ(ə)ʃɑ̃ʒ] loc. adj. ✦ Destiné à remplacer (un objet ou un élément identique). *Pièces de rechange. Vêtements de rechange.* ➙ fig. De remplacement. *Une solution de rechange.*
ÉTYM. de *rechanger,* de *re-* et *changer.*

RÉCHAPPER [ʀeʃape] v. tr. ind. (conjug. 3a) ✦ Échapper à un péril pressant, menaçant. *Réchapper à un danger ; d'une maladie ;* plus cour. *en réchapper. Il en a réchappé* (action) ; *il en est réchappé* (état). ➙ absolt *Nul n'en réchappa.* ➙ au p. passé RARE *Blessés réchappés d'un accident.* → **rescapé.**
ÉTYM. de *re-* et *échapper.*

RECHARGE [ʀ(ə)ʃaʀʒ] n. f. 1. Action de recharger (un appareil). 2. Ce qui permet de recharger. *Une recharge de stylo.* SYN. ① **cartouche.**
ÉTYM. de *recharger.*

RECHARGEABLE [ʀ(ə)ʃaʀʒabl] adj. ✦ Qu'on peut recharger. *Briquet rechargeable.*

RECHARGER [R(ə)ʃaRʒe] **v. tr.** (conjug. 5) **1.** Charger de nouveau, ou davantage. *Recharger un camion.* **2.** Remettre une charge dans (une arme) ; approvisionner de nouveau. *Recharger un fusil.* ➖ *Recharger une batterie.*
ÉTYM. de *re-* et *charger.*

RÉCHAUD [Reʃo] **n. m.** ✦ Ustensile de cuisine portatif, servant à chauffer ou à faire cuire les aliments. *Réchaud à gaz.*
ÉTYM. de *réchauffer,* d'après *chaud.*

RÉCHAUFFEMENT [Reʃofmɑ̃] **n. m.** ✦ Action de réchauffer, de se réchauffer. *Le réchauffement de la température. Le réchauffement climatique.* ☛ Géographie p. 225. CONTR. **refroidissement.**

RÉCHAUFFER [Reʃofe] **v. tr.** (conjug. 3a) **1.** Chauffer (ce qui s'est refroidi). *Réchauffer un plat. Se réchauffer les mains.* ➖ absolt *La marche, ça réchauffe !* **2.** fig. Ranimer (une faculté, un sentiment). SYN. **réveiller.** *Réchauffer l'amour dans le couple.* **3.** *SE RÉCHAUFFER* **v. pron.** Redonner de la chaleur à son corps. *Courir pour se réchauffer.* ➖ Devenir plus chaud. *La mer se réchauffe.* CONTR. **rafraîchir, refroidir.**
► **RÉCHAUFFÉ, ÉE adj. 1.** *Dîner réchauffé.* **2.** FAM. *Tu es réchauffé !,* tu n'as pas froid (à une personne peu vêtue). **3.** fig. et péj. *Une plaisanterie réchauffée,* servie trop souvent et qui a perdu son effet. ➖ **n. m.** *C'est du réchauffé ; ça sent le réchauffé.*
ÉTYM. de *re-* et *échauffer.*

RÊCHE [Rɛʃ] **adj.** ✦ Rude au toucher, légèrement râpeux. SYN. **rugueux.** *Tissu rêche.* CONTR. **doux, moelleux.**
ÉTYM. orig. incert., p.-ê. francique *rubisk* «rauque».

RECHERCHE [R(ə)ʃɛRʃ] **n. f.** **I** **1.** Effort pour trouver (qqch.). *La recherche d'une information.* ➖ Action de rechercher (qqn). *Avis de recherche.* **2.** Effort de l'esprit vers (la connaissance). *La recherche de la vérité.* ➖ *(Une, des recherches)* Travaux faits pour trouver des connaissances nouvelles (dans un domaine). *Recherches scientifiques.* **3.** *LA RECHERCHE :* l'ensemble des travaux qui tendent à la découverte de connaissances nouvelles. *Faire de la recherche* (➙ **chercheur**). **4.** Action de chercher à obtenir. SYN. **quête.** *La recherche du bonheur.* **5.** loc. *À LA RECHERCHE DE. Il est à la recherche d'un emploi.* ➖ *«À la recherche du temps perdu»* (de Proust). **II** Effort de délicatesse, de raffinement. *S'habiller avec recherche. Recherche dans le style.* SYN. **préciosité.** CONTR. **laisser-aller, négligence.**
ÉTYM. de *rechercher.*

RECHERCHÉ, ÉE [R(ə)ʃɛRʃe] **adj.** **1.** Que l'on cherche à obtenir ; à quoi l'on attache du prix. *Édition recherchée.* SYN. **rare.** ➖ (personnes) Que l'on cherche à voir, à fréquenter... *Un acteur très recherché.* **2.** Qui témoigne de recherche (II). SYN. **raffiné.** *Une toilette recherchée.* CONTR. **négligé.**

RECHERCHER [R(ə)ʃɛRʃe] **v. tr.** (conjug. 3a) **1.** Chercher à découvrir, à retrouver (qqch. ; qqn). SYN. **chercher ;** ➙ **recherche.** *Rechercher un objet égaré.* ➖ *Rechercher un criminel.* ➖ passif *Il est recherché pour meurtre.* **2.** Chercher à connaître, à découvrir. *Rechercher la cause d'un phénomène. Rechercher si...* **3.** Tenter d'obtenir, d'avoir. *Rechercher la gloire, les honneurs.* CONTR. **éviter, fuir.**
ÉTYM. de *re-* et *chercher.*

RECHIGNER [R(ə)ʃiɲe] **v. tr. ind.** (conjug. 3a) ✦ *RECHIGNER À :* témoigner de la mauvaise volonté pour. *Rechigner à la besogne.* SYN. **renâcler.**
ÉTYM. francique *kînan* «tordre la bouche».

RECHUTE [R(ə)ʃyt] **n. f.** ✦ Nouvel accès (d'une maladie qui était en voie de guérison).
ÉTYM. de l'ancien verbe *recheoir,* de *re-* et *choir.*

RECHUTER [R(ə)ʃyte] **v. intr.** (conjug. 3a) ✦ Faire une rechute, tomber malade de nouveau.
ÉTYM. de *rechute.*

RÉCIDIVE [Residiv] **n. f.** **1.** Réapparition (d'une maladie qui était guérie). **2.** Fait de commettre une nouvelle infraction, après une condamnation. *Escroquerie avec récidive.* ◆ fig. Fait de retomber dans la même faute. *En cas de récidive, vous serez sanctionné.*
ÉTYM. latin *recidivus* «qui retombe».

RÉCIDIVER [Residive] **v. intr.** (conjug. 3a) **1.** (maladie) Réapparaître, recommencer. **2.** Se rendre coupable de récidive (2).

RÉCIDIVISTE [Residivist] **n.** ✦ Personne qui est en état de récidive (2).
ÉTYM. de *récidive.*

RÉCIF [Resif] **n. m.** ✦ Rocher ou groupe de rochers à fleur d'eau, dans la mer. SYN. **écueil.** *Faire naufrage sur des récifs.* ➖ *Récif de corail.*
ÉTYM. arabe, par l'espagnol.

RÉCIPIENDAIRE [Resipjɑ̃dɛR] **n.** ✦ LITTÉR. **1.** Personne qui vient d'être reçue dans une assemblée, etc. *Discours du récipiendaire à l'Académie.* **2.** Personne qui reçoit un diplôme, une nomination, etc. (➙ **impétrant**).
ÉTYM. du latin *recipiendus* «qui doit être reçu».

RÉCIPIENT [Resipjɑ̃] **n. m.** ✦ Ustensile creux qui sert à recueillir, à contenir des substances solides, liquides ou gazeuses.
ÉTYM. latin *recipiens,* participe présent de *recipere* «recevoir».

RÉCIPROCITÉ [ResipRɔsite] **n. f.** ✦ Caractère de ce qui est réciproque (1). *La réciprocité d'un sentiment.*
ÉTYM. bas latin *reciprocitas.*

RÉCIPROQUE [ResipRɔk] **adj.** et **n. f.** **1. adj.** Qui implique entre deux personnes, deux groupes, deux choses, un échange de même nature. SYN. **mutuel.** *Confiance réciproque. Un amour réciproque.* SYN. **partagé.** ◆ spécialt LOG., MATH. *Relation réciproque (d'une relation). Propositions réciproques,* telles que le sujet de l'une peut devenir attribut de l'autre et inversement. ➖ GRAMM. *Verbe (pronominal) réciproque,* qui indique une action exercée par plusieurs sujets les uns sur les autres (ex. séparer deux personnes qui *se battent*). **2. n. f.** *Il aime Lise, mais la réciproque n'est pas vraie :* elle ne l'aime pas. ➖ MATH. *La réciproque du théorème de Thalès.*
ÉTYM. latin *reciprocus* «qui revient au point de départ».

RÉCIPROQUEMENT [ResipRɔkmɑ̃] **adv.** ✦ De façon réciproque. *Ils s'admirent réciproquement.* SYN. **mutuellement.** ➖ *ET RÉCIPROQUEMENT.* SYN. **inversement, vice versa.**

RÉCIT [Resi] **n. m.** ✦ Relation orale ou écrite (de faits vrais ou imaginaires). SYN. **exposé, narration ;** ➙ **raconter.** *Il nous a fait le récit de ses aventures. Récit autobiographique. L'imparfait, le passé simple, temps du récit.*
ÉTYM. de *réciter.*

A B C D E F G H I J K L M N O P Q R S T U V W X Y Z

RÉCITAL, ALS [resital] **n. m.** ✦ Séance musicale, artistique consacrée à un seul artiste. *Récital de piano, de chant. Des récitals.*
ÉTYM. anglais *recital*, de *to recite*, emprunté au français *réciter*.

RÉCITANT, ANTE [resitɑ̃, ɑ̃t] **n.** 1. MUS. Personne qui chante un récitatif ou déclame un texte parlé. 2. Personne qui récite, déclame un texte (théâtre, etc.).
ÉTYM. du participe présent de *réciter*.

RÉCITATIF [resitatif] **n. m.** ✦ MUS. Chant qui se rapproche des inflexions de la voix parlée. *Un récitatif d'opéra.*
ÉTYM. italien *recitativo*.

RÉCITATION [resitasjɔ̃] **n. f.** 1. Action, manière de réciter (qqch.). *La récitation d'une leçon.* 2. absolt Exercice scolaire qui consiste à réciter un texte littéraire appris par cœur ; ce texte. *Apprendre une récitation.*
ÉTYM. latin *recitatio*.

RÉCITER [resite] **v. tr.** (conjug. 3a) ✦ Dire à haute voix (ce qu'on sait par cœur). *Réciter des prières. Réciter un poème à qqn.*
ÉTYM. latin *recitare*.

RÉCLAMATION [reklamasjɔ̃] **n. f.** ✦ Action de réclamer, de s'adresser à une autorité pour faire reconnaître l'existence d'un droit. SYN. **plainte.** *Faire une réclamation.*
ÉTYM. latin *reclamatio*.

RÉCLAME [reklam] **n. f.** 1. VX Article élogieux recommandant qqch. ou qqn, dans un journal. *Une réclame pour une crème de beauté.* 2. VIEILLI *LA RÉCLAME* : la publicité. *Faire de la réclame. Articles EN RÉCLAME* : en vente à prix réduit, à titre de réclame. SYN. en **promotion.** 3. Publicité particulière. *Des réclames lumineuses.* 4. Ce qui fait valoir, ce qui assure le succès. *Cela ne lui fait pas de réclame.*
ÉTYM. de *réclamer*.

RÉCLAMER [reklame] **v. tr.** (conjug. 3a) **I** 1. Demander (comme une chose indispensable) en insistant. *On lui a donné ce qu'il réclamait. Réclamer le silence.* – *Réclamer qqn,* sa présence. 2. VIEILLI (choses) Requérir, exiger, nécessiter. *Ce travail réclame beaucoup de soin.* 3. Demander comme dû, comme juste. SYN. **exiger, revendiquer.** *Réclamer sa part. Réclamer des dommages.* **II** intrans. Faire une réclamation. SYN. **protester.** – FAM. *Mon estomac réclame,* j'ai faim. **III** *SE RÉCLAMER* **v. pron.** *Se réclamer de* (qqn, qqch.) : invoquer en sa faveur le témoignage ou la caution de (qqn) ; se référer à (qqch.). SYN. se **recommander.** *Les escrocs se réclamaient de la police.*
ÉTYM. latin *reclamare*.

RECLASSEMENT [ʀ(ə)klasmɑ̃] **n. m.** 1. Nouveau classement. – ADMIN. Établissement d'une nouvelle échelle des salaires. 2. Affectation (de qqn) à une nouvelle activité. *Le reclassement des victimes d'accidents du travail.*
ÉTYM. de *reclasser*.

RECLASSER [ʀ(ə)klase] **v. tr.** (conjug. 3a) 1. Classer de nouveau. *Reclasser des fiches.* 2. Procéder au reclassement de (qqn).

RECLUS, USE [ʀəkly, yz] **n.** ✦ LITTÉR. Personne qui vit retirée du monde. *Vivre en reclus.* – **adj.** *Existence recluse.*
ÉTYM. du participe passé de l'ancien verbe *reclure*, latin *recludere* «enfermer».

RÉCLUSION [reklyzjɔ̃] **n. f.** ✦ Peine criminelle, privation de liberté avec obligation de travailler. *Risquer la réclusion.* SYN. **détention, prison.** *Réclusion criminelle à perpétuité.*
ÉTYM. de *reclus*, d'après le latin *reclusio*.

RECOIFFER [ʀ(ə)kwafe] **v. tr.** (conjug. 3a) ✦ Coiffer de nouveau. – pronom. *Se recoiffer avant de sortir.*

RECOIN [ʀəkwɛ̃] **n. m.** 1. Coin, endroit caché, retiré. *Les recoins d'un grenier. Explorer les coins et les recoins* (d'un lieu). 2. fig. Partie secrète, intime. *Les recoins de la mémoire.*
ÉTYM. de *coin*.

RÉCOLER [rekɔle] **v. tr.** (conjug. 3a) ✦ DR. Procéder à la vérification de (un inventaire...).
► **RÉCOLEMENT** [rekɔlmɑ̃] **n. m.**
ÉTYM. latin *recolere* «passer en revue».

RÉCOLLECTION [rekɔlɛksjɔ̃] **n. f.** ✦ RELIG. Action de se recueillir ; retraite spirituelle.
ÉTYM. du latin *recolligere* «rassembler».

RECOLLER [ʀ(ə)kɔle] **v. tr.** (conjug. 3a) ✦ Coller de nouveau ; réparer en collant. *Recoller un vase.*

RÉCOLTE [rekɔlt] **n. f.** 1. Action de recueillir (les produits de la terre). SYN. **cueillette, ramassage.** *La récolte des pommes.* 2. Les produits recueillis. *Bonne, mauvaise récolte.* 3. fig. Ce qu'on recueille à la suite d'une recherche ou d'une quête. SYN. **collecte.** *Une récolte d'observations.*
ÉTYM. italien *ricolta*, famille du latin *recolligere* «réunir».

RÉCOLTER [rekɔlte] **v. tr.** (conjug. 3a) 1. Faire la récolte de. SYN. **cueillir, recueillir.** *Récolter le blé.* ◆ par métaphore prov. *Qui sème* le vent récolte la tempête.* – loc. *Récolter ce qu'on a semé*.* 2. fig. Gagner, recueillir. *Récolter des renseignements.* SYN. **collecter, glaner.** – FAM. Recevoir. *Récolter des coups.*
ÉTYM. de *récolte*.

RECOMBINANT, ANTE [ʀəkɔ̃binɑ̃, ɑ̃t] **adj.** ✦ BIOL. *ADN recombinant,* obtenu par combinaison de fragments d'ADN d'origines distinctes.

RECOMMANDABLE [ʀ(ə)kɔmɑ̃dabl] **adj.** ✦ Digne d'être recommandé, estimé. *Recommandable à tous égards.* – *Un individu peu recommandable.* CONTR. **condamnable.**
ÉTYM. de *recommander*.

RECOMMANDATION [ʀ(ə)kɔmɑ̃dasjɔ̃] **n. f.** 1. Action de recommander (qqn). *Lettre de recommandation.* 2. Action de recommander, de conseiller (qqch.) avec insistance. *Faire des recommandations à qqn. Recommandation officielle* (d'employer un mot plutôt qu'un autre). ☛ Langue française p. 109. 3. Opération par laquelle on recommande (un envoi postal).
ÉTYM. de *recommander*.

RECOMMANDER [ʀ(ə)kɔmɑ̃de] **v. tr.** (conjug. 3a) **I** 1. Désigner (qqn) à l'attention bienveillante, à la protection d'une personne. *Recommander un ami à qqn* (→ **appuyer,** FAM. **pistonner**). ◆ *Recommander son âme à Dieu,* avant de mourir. 2. Désigner (une chose) à l'attention de qqn ; vanter les avantages de. SYN. **préconiser.** *Recommander un livre à des amis.* 3. Demander avec insistance (qqch.) à qqn. SYN. ② **conseiller, exhorter.** *Je vous recommande la plus grande prudence.* – impers. *Il est recommandé de retenir sa place.* – au p. passé *Ce n'est pas (très) recommandé,* c'est décon-

seillé. 4. Soumettre (un envoi postal) à une taxe spéciale qui garantit sa remise en mains propres. *Recommander un paquet.* ➙ au p. passé *Lettre recommandée.* ➙ n. m. *Envoi en recommandé.* **II** SE RECOMMANDER v. pron. 1. *Se recommander de qqn,* invoquer son appui, son témoignage. SYN. se **réclamer.** 2. *Se recommander à qqn,* réclamer sa protection. CONTR. **condamner, déconseiller.**
ÉTYM. de *re-* et *commander.*

RECOMMENCEMENT [R(ə)kɔmɑ̃smɑ̃] n. m. ✦ Action, fait de recommencer.

RECOMMENCER [R(ə)kɔmɑ̃se] v. (conjug. 4) **I** v. tr. 1. Commencer de nouveau (ce qu'on avait interrompu, abandonné ou rejeté). SYN. **reprendre.** *Recommencer la lutte.* ➙ absolt *J'ai oublié où j'en étais, je recommence.* ➙ RECOMMENCER À (+ inf.). SYN. se **remettre.** *Il recommença à gémir.* ➙ impers. *Il recommence à pleuvoir.* 2. Faire de nouveau depuis le début (ce qu'on a déjà fait). SYN. **refaire.** *Recommencer un travail mal fait. Si c'était à recommencer...* **II** v. intr. 1. LITTÉR. Avoir de nouveau un commencement. *Les années s'achèvent et recommencent.* 2. Se produire de nouveau (après une interruption). SYN. **reprendre.** *L'orage recommence.*

RÉCOMPENSE [rekɔ̃pɑ̃s] n. f. 1. Action de récompenser (qqn). *Voilà pour ta récompense.* 2. Bien matériel ou moral donné ou reçu pour une bonne action, un service rendu, des mérites. *Donner, recevoir une récompense.* ➙ *Il a reçu un livre en récompense.* CONTR. **châtiment, punition, sanction.**
ÉTYM. de *récompenser.*

RÉCOMPENSER [rekɔ̃pɑ̃se] v. tr. (conjug. 3a) ✦ Gratifier (qqn) d'une récompense. *Récompenser qqn de, pour ses efforts.* ➙ passif *Être récompensé de ses efforts.* ♦ (compl. chose) *Récompenser le travail de qqn.* CONTR. **châtier, punir, sanctionner.**
ÉTYM. latin *recompensare.*

RECOMPOSÉ, ÉE [Rəkɔ̃poze] adj. ✦ *Famille recomposée,* dans laquelle certains des enfants sont issus d'une union antérieure d'au moins l'un des parents.

RECOMPTER [R(ə)kɔ̃te] v. tr. (conjug. 3a) ✦ Compter de nouveau.

RÉCONCILIATION [rekɔ̃siljasjɔ̃] n. f. ✦ Action de réconcilier ; fait de se réconcilier. CONTR. **brouille, désunion, rupture.**

RÉCONCILIER [rekɔ̃silje] v. tr. (conjug. 9) 1. Remettre en accord, en harmonie (des personnes qui étaient brouillées). SYN. FAM. **rabibocher, raccommoder.** *Réconcilier deux personnes ; Pierre et Jean, Pierre avec Jean.* ♦ pronom. *Se réconcilier avec qqn.* ➙ *Ils se sont réconciliés.* 2. Concilier (des opinions, des doctrines foncièrement différentes). *Réconcilier la politique et la morale.* ♦ Faire revenir (qqn) sur une hostilité, une opinion défavorable. *Ce livre me réconcilie avec la science-fiction.* CONTR. **brouiller, désunir, diviser** • se **fâcher.**
ÉTYM. latin *reconciliare.*

RECONDUCTIBLE [R(ə)kɔ̃dyktibl] adj. ✦ Qui peut être reconduit. *Contrat reconductible.* SYN. **renouvelable.**
ÉTYM. de *reconduire.*

RECONDUCTION [R(ə)kɔ̃dyksjɔ̃] n. f. ✦ DR. Acte par lequel on reconduit (un bail, etc.). *Tacite reconduction.* SYN. **renouvellement.**
ÉTYM. latin *reconductio.*

RECONDUIRE [R(ə)kɔ̃dɥiR] v. tr. (conjug. 64b) 1. Accompagner (une personne qui s'en va) à son domicile. SYN. **raccompagner, ramener.** ➙ Accompagner (un visiteur qui s'en va), par civilité. *Je vous reconduis jusqu'à l'ascenseur.* 2. DR., ADMIN. Renouveler ou proroger (un contrat, etc.). *Reconduire un bail* (➙ **reconduction**).
ÉTYM. latin juridique *reconducere.*

RÉCONFORT [rekɔ̃fɔR] n. m. ✦ Ce qui redonne du courage, de l'espoir. *Votre visite m'a apporté un grand réconfort.* CONTR. **accablement, découragement.**
ÉTYM. de *réconforter.*

RÉCONFORTANT, ANTE [rekɔ̃fɔRtɑ̃, ɑ̃t] adj. ✦ Qui réconforte. *Des nouvelles réconfortantes.* ➙ *Un remède réconfortant ;* n. m. *un réconfortant.* SYN. **remontant.** CONTR. **accablant, démoralisant ; débilitant.**
ÉTYM. du participe présent de *réconforter.*

RÉCONFORTER [rekɔ̃fɔRte] v. tr. (conjug. 3a) 1. Donner, redonner du courage, de l'énergie à (qqn). SYN. **soutenir.** *Réconforter un ami dans la peine.* 2. Redonner momentanément des forces physiques à (une personne affaiblie). SYN. **remonter, revigorer.** *Ce café m'a réconforté.* CONTR. **accabler, décourager, démoraliser** • **affaiblir, débiliter.**
ÉTYM. de *re-* et *conforter.*

RECONNAISSABLE [R(ə)kɔnɛsabl] adj. ✦ Qui peut être aisément reconnu, distingué. *Un parfum reconnaissable entre tous.* CONTR. **méconnaissable.**

RECONNAISSANCE [R(ə)kɔnɛsɑ̃s] n. f. **I** 1. Fait de reconnaître (I). *La reconnaissance d'un objet.* ➙ Identification à une structure. *Reconnaissance des formes ; de la parole* (par un ordinateur). 2. Fait de se reconnaître. ➙ *Signe de reconnaissance.* **II** (Action de reconnaître [II]) 1. LITTÉR. Aveu, confession (d'une faute). *La reconnaissance de ses erreurs.* 2. Examen (d'un lieu). SYN. **exploration.** *La reconnaissance d'un pays inconnu.* ➙ Opération militaire dont le but est de recueillir des renseignements. *Mission de reconnaissance.* ➙ *Envoyer un détachement* EN RECONNAISSANCE. 3. Action de reconnaître formellement, juridiquement. *La reconnaissance d'un État par un autre État.* ➙ *Reconnaissance d'enfant,* acte par lequel une personne reconnaît être le père ou la mère d'un enfant naturel. ➙ *Reconnaissance de dette :* acte écrit par lequel on se reconnaît débiteur envers qqn. **III** 1. Fait de reconnaître (un bienfait reçu). ➙ *En reconnaissance de vos services...* 2. Gratitude. *Éprouver de la reconnaissance.* ➙ FAM. *La reconnaissance du ventre,* celle que l'on éprouve envers la personne qui vous a nourri. CONTR. **oubli** • **désaveu** • **ingratitude.**
ÉTYM. de *reconnaître.*

RECONNAISSANT, ANTE [R(ə)kɔnɛsɑ̃, ɑ̃t] adj. ✦ Qui ressent, témoigne de la reconnaissance. *Je vous suis très reconnaissant de m'avoir aidé.* CONTR. **ingrat.**
ÉTYM. du participe présent de *reconnaître.*

RECONNAÎTRE [R(ə)kɔnɛtR] v. tr. (conjug. 52) **I** (Saisir par la pensée) 1. Identifier (qqn, qqch.) à l'aide de la mémoire. SYN. se **rappeler,** se **souvenir.** *Je reconnais cet endroit. J'ai eu du mal à le reconnaître* (➙ **méconnaissable**). *Le chien reconnaît son maître.* 2. Identifier (qqch., qqn) au moyen d'un caractère déjà identifié ou en tant qu'appartenant à une catégorie. *Reconnaître une fleur. Reconnaître une chose sans pouvoir la nommer. Reconnaître l'écriture de qqn. Reconnaître qqn sous un déguisement.* ➙ (compl. au plur.)

A B C D E F G H I J K L M N O P Q R S T U V W X Y Z

Des jumeaux impossibles à reconnaître. SYN. **distinguer.** – Retrouver (une chose, une personne) telle qu'on l'a connue. *Je le reconnais bien là ; je reconnais bien là sa paresse.* – *RECONNAÎTRE qqn, qqch. À,* l'identifier grâce à (tel caractère, tel signe). *Reconnaître qqn à son parfum ; un arbre à la forme de ses feuilles.* **II** (Tenir pour vrai) **1.** Admettre, avouer (un acte blâmable qu'on a commis). *Reconnaître ses torts.* SYN. **confesser.** *Il reconnaît avoir menti ; qu'il a menti.* **2.** LITTÉR. Admettre (qqn) pour chef, pour maître. *Se faire reconnaître roi.* **3.** Admettre (qqch.). SYN. **convenir** de. *Reconnaître la valeur de qqn. Reconnaître que...* – *Reconnaître une qualité à qqn.* **4.** Admettre, après une recherche. SYN. **constater, découvrir.** *Reconnaître peu à peu les difficultés d'un sujet.* **5.** Chercher à connaître, effectuer une reconnaissance (II, 2) dans (un lieu). *Reconnaître le terrain.* **6.** Admettre officiellement l'existence juridique de. *Reconnaître un gouvernement.* – (→ **reconnaissance,** II, 3) *Reconnaître un enfant ; une dette.* **III** *SE RECONNAÎTRE* **v. pron. 1. réfl.** Retrouver son image, s'identifier. *Je ne me reconnais pas sur cette photo.* – *Se reconnaître dans qqn,* se trouver des points de ressemblance avec lui. ♦ Identifier les lieux où l'on se trouve. *Se reconnaître dans un dédale de ruelles.* SYN. **s'orienter.** – **fig.** *Ne plus s'y reconnaître,* se perdre (dans un raisonnement...). SYN. se **retrouver. 2. récipr.** *Ils ne se sont pas reconnus, après tant d'années.* **3. passif** Être reconnu ou reconnaissable. *Le rossignol se reconnaît à son chant.* CONTR. **confondre ; oublier · contester · méconnaître.**

► **RECONNU, UE adj.** Admis pour vrai ou important. *C'est un fait reconnu.* – *Un auteur reconnu.* CONTR. **discuté ; inconnu, méconnu.**

ÉTYM. latin *recognoscere.*

RECONQUÉRIR [R(ə)kɔ̃keRiR] **v. tr.** (conjug. 27) **1.** Reprendre par une conquête. – **au p. passé** *Une ville reconquise.* **2. fig.** Conquérir de nouveau par une lutte. *Reconquérir sa liberté.*

ÉTYM. de *re-* et *conquérir.*

RECONQUÊTE [R(ə)kɔ̃kɛt] **n. f.** ✦ Action de reconquérir.

RECONSIDÉRER [R(ə)kɔ̃sideRe] **v. tr.** (conjug. 8) ✦ Considérer de nouveau (une question...). *Il faut reconsidérer le problème.*

RECONSTITUANT, ANTE [R(ə)kɔ̃stitɥɑ̃, ɑ̃t] **adj.** ✦ Propre à reconstituer, à redonner des forces à (l'organisme). *Aliment reconstituant.* – **n. m.** *Un reconstituant.* SYN. **fortifiant,** ① **tonique.** CONTR. **débilitant.**

ÉTYM. du participe présent de *reconstituer.*

RECONSTITUER [R(ə)kɔ̃stitɥe] **v. tr.** (conjug. 3a) **1.** Constituer, former de nouveau. *Reconstituer une armée.* – **pronom.** *Le parti s'est reconstitué.* **2.** Rétablir dans son état d'origine, en réalité ou par la pensée. SYN. **restituer.** *Reconstituer le plan d'une ville disparue.* **3.** Rétablir dans son état antérieur (et normal). *Reconstituer ses forces.* SYN. **régénérer.**

RECONSTITUTION [R(ə)kɔ̃stitysjɔ̃] **n. f.** ✦ Action de reconstituer, de se reconstituer. *La reconstitution d'un parti.* – *La reconstitution d'un crime. Une reconstitution historique* (dans un spectacle, etc.).

RECONSTRUCTION [R(ə)kɔ̃stRyksjɔ̃] **n. f.** ✦ Action de reconstruire.

RECONSTRUIRE [R(ə)kɔ̃stRɥiR] **v. tr.** (conjug. 64b) **1.** Construire de nouveau (ce qui était démoli). *Reconstruire une ville.* SYN. **rebâtir.** – **au p. passé** *Immeuble reconstruit.* **2.** Réédifier, refaire. *Reconstruire sa fortune.* SYN. **reconstituer. 3. fig.** Donner une forme nouvelle à. *La mémoire reconstruit sans cesse les souvenirs.*

RECONVERSION [R(ə)kɔ̃vɛRsjɔ̃] **n. f. 1.** Adaptation à des conditions nouvelles. *Reconversion économique, technique.* **2.** Affectation, adaptation (de qqn) à un nouvel emploi. *Reconversion professionnelle.*

ÉTYM. de *reconvertir,* d'après *conversion.*

RECONVERTIR [R(ə)kɔ̃vɛRtiR] **v. tr.** (conjug. 13) ✦ Procéder à la reconversion de (qqn, qqch.). – **pronom.** *Se reconvertir dans la publicité.*

ÉTYM. de *re-* et *convertir.*

RECOPIAGE [R(ə)kɔpjaʒ] **n. m.** ✦ Action de recopier ; son résultat.

RECOPIER [R(ə)kɔpje] **v. tr.** (conjug. 9) ✦ Copier (un texte déjà écrit). SYN. **transcrire.** *Recopier une adresse.* – Mettre au net, au propre. *Recopier un devoir.*

RECORD [R(ə)kɔR] **n. m. 1.** Exploit sportif qui dépasse ce qui a été fait avant dans la même spécialité. *Homologuer un record. Battre un record. Record du monde.* **2.** Résultat supérieur à ceux obtenus antérieurement dans le même domaine. *Record de productivité.* – **iron.** FAM. *Sa paresse bat tous les records !* **3. appos. invar.** Jamais atteint. *Des ventes record. Atteindre le chiffre record de...* – *En un temps record :* très vite.

ÉTYM. mot anglais, emprunté au français *record, recort* « rappel ; témoignage ».

RECOUCHER [R(ə)kuʃe] **v. tr.** (conjug. 3a) ✦ Coucher* de nouveau. – **pronom.** *Se recoucher.*

RECOUDRE [R(ə)kudR] **v. tr.** (conjug. 59) ✦ Coudre (ce qui est décousu). *Recoudre un bouton.* – Coudre les lèvres de (une plaie...). *Recoudre une blessure.*

RECOUPEMENT [R(ə)kupmɑ̃] **n. m.** ✦ Rencontre de renseignements de sources différentes, pour établir un fait ; vérification par ce moyen. *Procéder par recoupement.*

ÉTYM. de *recouper.*

RECOUPER [R(ə)kupe] **v. tr.** (conjug. 3a) **1.** Couper de nouveau. **2. absolt** JEUX Couper une seconde fois les cartes. **3.** Coïncider avec, en confirmant. *Votre témoignage recoupe le sien.* – **pronom.** *Leurs déclarations se recoupent.*

RECOURBER [R(ə)kuRbe] **v. tr.** (conjug. 3a) ✦ Courber à son extrémité, rendre courbe. *Recourber une tige de métal.* – **au p. passé** *Bec recourbé.* SYN. **crochu.**

RECOURIR [R(ə)kuRiR] **v.** (conjug. 17) **I 1. v. intr.** Se remettre à courir. *Il n'a pas recouru depuis son accident.* **2. v. tr.** Courir une seconde fois. *Recourir un cent mètres.* **II** *RECOURIR À* **v. tr. ind. 1.** Demander une aide à (qqn). *Recourir à un spécialiste.* SYN. **s'adresser. 2.** Mettre en œuvre (un moyen). *Recourir à un mensonge, à un prétexte, à la force.* **III v. intr.** DR. Se pourvoir (en justice). *Recourir en cassation.*

ÉTYM. de *re-* et *courir.*

RECOURS [R(ə)kuR] **n. m. 1.** Action de recourir (à qqn, qqch.). *Le recours à la force.* – *AVOIR RECOURS À :* faire appel à, user de. → **recourir** (II). *Avoir recours à qqn.* → s'**adresser. 2.** Ce à quoi on recourt, dernier moyen efficace. SYN. **ressource.** *C'est notre dernier recours. C'est sans recours,* c'est irrémédiable. **3.** Procédure destinée à obtenir (d'une juridiction) le nouvel examen d'une question. SYN. **pourvoi.** *Recours en cassation.* – *Recours*

en grâce (adressé au chef de l'État).
ÉTYM. latin *recursus.*

① **RECOUVREMENT** [R(ə)kuvRəmɑ̃] **n. m.** ✦ Action de recouvrer. (LITTÉR.) *Le recouvrement de richesses.* ➛ *Le recouvrement de l'impôt.*
ÉTYM. de *recouvrer.*

② **RECOUVREMENT** [R(ə)kuvRəmɑ̃] **n. m.** 1. Action de recouvrir. ◆ MATH. *Recouvrement d'un ensemble E :* famille d'ensembles dont la réunion inclut E. 2. TECHN. Ce qui recouvre.
ÉTYM. de *recouvrir.*

RECOUVRER [R(ə)kuvRe] **v. tr.** (conjug. 3a) 1. LITTÉR. Rentrer en possession de. *Il a recouvré son bien.* SYN. **récupérer.** *Recouvrer la santé,* guérir. SYN. **retrouver.** 2. Recevoir le paiement de (une somme due). SYN. **encaisser, percevoir.** *Recouvrer une créance.*
ÉTYM. latin *recuperare ;* doublet de *récupérer.*

RECOUVRIR [R(ə)kuvRiR] **v. tr.** (conjug. 22) **I** 1. Couvrir de nouveau. *Recouvre la casserole.* ➛ Ramener une couverture sur (qqn). *Recouvrir un enfant dans son lit.* 2. Mettre un nouveau revêtement à (un siège...). *Recouvrir un fauteuil.* **II** 1. (choses) Couvrir entièrement. *La neige recouvre le sol.* 2. (personnes) Couvrir toute la surface de (qqch.). *Recouvrir un mur de papier peint* (SYN. **revêtir ; tapisser**). 3. (choses) Cacher, masquer. *Sa désinvolture recouvre une grande timidité.* 4. abstrait S'appliquer à, correspondre à. *Notion qui recouvre plusieurs idées.* SYN. **embrasser.** CONTR. **découvrir, dévoiler.**

RECRACHER [R(ə)kRaʃe] **v. tr.** (conjug. 3a) ✦ Rejeter de la bouche (ce qu'on y a mis). *Recracher les noyaux.*
ÉTYM. de *re-* et *cracher.*

RÉCRÉATIF, IVE [RekReatif, iv] **adj.** ✦ Qui a pour objet ou pour effet de divertir. *Séance récréative.*
ÉTYM. de *récréer.*

RECRÉATION [RəkReasjɔ̃] **n. f.** ✦ Action de recréer.

RÉCRÉATION [RekReasjɔ̃] **n. f.** 1. LITTÉR. Délassement, divertissement. *Prendre un peu de récréation.* 2. Temps de liberté accordé aux élèves pour qu'ils puissent se délasser. *Cour de récréation.* ➛ abrév. FAM. RÉCRÉ [RekRe].
ÉTYM. latin *recreatio.*

RECRÉER [R(ə)kRee] **v. tr.** (conjug. 3a) 1. Créer de nouveau. 2. Reconstituer, faire revivre. *Recréer l'atmosphère d'une époque.* 3. Reconstruire, réinventer. *L'imagination recrée le monde.*
ÉTYM. de *re-* et *créer.*

RÉCRÉER [RekRee] **v. tr.** (conjug. 3a) ✦ LITTÉR. Délasser (qqn) par une occupation agréable. SYN. **distraire.** ➛ pronom. *Se récréer en jardinant.* CONTR. **ennuyer.**
ÉTYM. latin *recreare* «faire revivre», de *creare* → créer.

se **RÉCRIER** [RekRije] **v. pron.** (conjug. 9) ✦ LITTÉR. S'exclamer sous l'effet d'une vive émotion. *Se récrier d'admiration.* ➛ absolt *Ils se sont récriés.*
ÉTYM. de *re-* et *s'écrier.*

RÉCRIMINATION [RekRiminasjɔ̃] **n. f.** ✦ Fait de récriminer.

RÉCRIMINER [RekRimine] **v. intr.** (conjug. 3a) ✦ Manifester son mécontentement avec amertume et âpreté. SYN. **protester, réclamer.** *Inutile de récriminer.* ➛ *Récriminer contre qqn,* se plaindre de lui.
ÉTYM. latin médiéval *recriminari,* de *crimen* «accusation».

RÉCRIRE [RekRiR] ou **RÉÉCRIRE** [ReekRiR] **v. tr.** (conjug. 67) 1. Écrire de nouveau (un message) à qqn. ➛ absolt *Je te récrirai demain.* 2. Rédiger de nouveau (→ **réécriture**). ➛ au p. passé *Scénario réécrit de bout en bout.*

se **RECROQUEVILLER** [R(ə)kRɔkvije] **v. pron.** (conjug. 3a) 1. Se rétracter, se recourber en se desséchant. SYN. se **racornir.** *Le cuir se recroqueville à la chaleur.* 2. (personnes) Se replier, se ramasser sur soi-même. ➛ au p. passé *Malade recroquevillé dans son lit.* 3. trans. *Le froid recroqueville les plantes.*
ÉTYM. famille de *coquille.*

RECRU, UE [RəkRy] **adj.** ✦ LITTÉR. Fatigué jusqu'à l'épuisement. SYN. **éreinté, fourbu.** *Bête recrue.* ➛ *Être recru de fatigue.* HOM. RECRUE «nouvel engagé»
ÉTYM. de l'ancien verbe *recroire* «renoncer».

RECRUDESCENCE [R(ə)kRydesɑ̃s] **n. f.** 1. Aggravation (d'une maladie) après une amélioration. *Une recrudescence de la douleur. Recrudescence d'une épidémie,* augmentation du nombre des cas. 2. Brusque réapparition, sous une forme plus intense. *Recrudescence de la criminalité.* CONTR. **accalmie.**
ÉTYM. du latin *recrudescere* «se raviver».

RECRUDESCENT, ENTE [R(ə)kRydesɑ̃, ɑ̃t] **adj.** ✦ LITTÉR. Qui est en recrudescence.

RECRUE [RəkRy] **n. f.** 1. Soldat qui vient d'être recruté. SYN. **conscrit.** *Les nouvelles recrues.* 2. Personne qui vient s'ajouter (à un groupe). *Une recrue de valeur.* HOM. RECRU «fatigué»
ÉTYM. du participe passé de l'ancien verbe *recroître* «ajouter à une armée», de *croître.*

RECRUTEMENT [R(ə)kRytmɑ̃] **n. m.** ✦ Action de recruter (des soldats). *Bureau de recrutement.* ➛ Action de recruter (du personnel). *Recrutement de cadres. Cabinet de recrutement.*

RECRUTER [R(ə)kRyte] **v. tr.** (conjug. 3a) 1. Engager (des hommes) pour former une troupe ; former (une troupe). *Recruter des soldats* (→ **recrue**) ; *une armée.* 2. Amener (qqn) à faire partie d'un groupe. *Recruter des partisans ; des collaborateurs.* 3. *SE RECRUTER* **v. pron.** (passif) Être recruté. *Membres qui se recrutent par élection.* ➛ *Se recruter dans, parmi...* CONTR. **licencier, renvoyer.**
ÉTYM. de *recrue.*

RECRUTEUR, EUSE [R(ə)kRytœR, øz] **n.** ✦ Personne chargée de recruter. ➛ appos. *Des sergents recruteurs.*

RECTA [Rɛkta] **adv.** ✦ FAM. Ponctuellement, très exactement. *Payer recta.*
ÉTYM. mot latin «tout droit», de l'adjectif *rectus* «droit ; honnête».

RECTAL, ALE, AUX [Rɛktal, o] **adj.** ✦ DIDACT. Du rectum. *Température rectale.* SYN. **anal.** HOM. RECTO «première page»
ÉTYM. de *rectum.*

RECTANGLE [Rɛktɑ̃gl] **adj. et n. m.** ✦ GÉOM. 1. **adj.** Dont un angle au moins est droit. *Triangle rectangle.* ➛ Dont la base est un rectangle. *Parallélépipède rectangle.* 2. **n. m.** Quadrilatère dont les quatre angles sont droits. *Le carré est un rectangle.*
ÉTYM. latin médiéval *rectangulus,* de *rectus* «droit» et *angulus* «angle».

RECTANGULAIRE [Rɛktɑ̃gylɛR] **adj.** ✦ Qui a la forme d'un rectangle. *Pièce rectangulaire.*

RECTEUR, TRICE [ʀɛktœʀ, tʀis] n. 1. Universitaire qui est à la tête d'une académie (→ **rectorat**). 2. n. m. anciennt Supérieur d'un collège de jésuites. 3. n. m. RÉGIONAL Curé.
ÉTYM. latin *rector*, de *regere* «diriger».

RECTIFIABLE [ʀɛktifjabl] adj. ✦ Qui peut être rectifié.

RECTIFICATIF, IVE [ʀɛktifikatif, iv] adj. ✦ Qui a pour objet de rectifier (une chose inexacte). *Note rectificative.* – n. m. Texte rectificatif. *Publier un rectificatif.*
ÉTYM. de *rectifier*.

RECTIFICATION [ʀɛktifikasjɔ̃] n. f. ✦ Action de rectifier. – spécialt Correction. *Rectification en marge.*

RECTIFIER [ʀɛktifje] v. tr. (conjug. 9) 1. Rendre droit. *Rectifier un alignement.* SYN. **redresser.** 2. Modifier (qqch.) pour le rendre conforme. *Rectifier un tracé. Rectifier un assaisonnement.* – loc. *Rectifier le tir*.* 3. Rendre exact. SYN. **corriger.** *Rectifier un calcul.* 4. Faire disparaître en corrigeant. *Rectifier une erreur.* 5. ARGOT Tuer. CONTR. **altérer, fausser.**
ÉTYM. bas latin *rectificare* «redresser», de *rectus* «droit» et *facere* «faire».

RECTILIGNE [ʀɛktiliɲ] adj. 1. GÉOM. Limité par des droites ou des segments de droite. 2. Qui est ou se fait en ligne droite. *Allées rectilignes.* – *Mouvement rectiligne.* CONTR. **angulaire • courbe, curviligne, sinueux.**
ÉTYM. latin *rectilineus*.

RECTITUDE [ʀɛktityd] n. f. ✦ LITTÉR. Qualité de ce qui est droit, rigoureux. *Rectitude morale.* → **droiture.** *La rectitude d'un raisonnement.* SYN. **justesse.**
ÉTYM. latin *rectitudo*, de *rectus* «droit».

RECTO [ʀɛkto] n. m. ✦ Première page d'un feuillet (s'oppose à *verso*). *Des rectos.* – loc. *RECTO VERSO* : au recto et au verso. HOM. RECTAUX (pluriel de *rectal* «du rectum»)
ÉTYM. de la locution latine *folio recto* «sur le feuillet à l'endroit».

RECTORAT [ʀɛktɔʀa] n. m. ✦ Charge de recteur (1) ; durée de cette charge. – Bureaux du recteur.
ÉTYM. du latin *rector* → recteur.

RECTUM [ʀɛktɔm] n. m. ✦ ANAT. Portion terminale du gros intestin, qui aboutit à l'anus.
ÉTYM. du latin médical *rectum (intestinum)*, littéralement «(intestin) droit *(rectus)*».

① **REÇU, UE** [ʀ(ə)sy] adj. → RECEVOIR

② **REÇU** [ʀ(ə)sy] n. m. ✦ Écrit par lequel on reconnaît avoir reçu une somme, un objet. SYN. **quittance, récépissé.** *Délivrer un reçu.*
ÉTYM. du participe passé de *recevoir*.

RECUEIL [ʀəkœj] n. m. ✦ Ouvrage réunissant des écrits, des documents. *Recueil de poèmes. Recueil de morceaux choisis.* SYN. **anthologie, florilège.**
ÉTYM. de *recueillir*.

RECUEILLEMENT [ʀ(ə)kœjmɑ̃] n. m. ✦ Action, fait de se recueillir. *Écouter avec recueillement.* CONTR. **dissipation, distraction.**

RECUEILLIR [ʀ(ə)kœjiʀ] v. tr. (conjug. 18) I 1. LITTÉR. Prendre en cueillant ou en ramassant, pour utiliser ultérieurement. *Les abeilles recueillent le pollen.* – par métaphore *Recueillir le fruit de ses efforts.* SYN. **récolter.** ♦ COUR. *Recueillir des fonds.* SYN. **collecter.** 2. Faire entrer et séjourner dans un récipient. *Recueillir l'eau de pluie.* 3. Recevoir (par voie d'héritage, etc.). *Recueillir une succession.* – Obtenir. *Recueillir la moitié des suffrages* (dans une élection). 4. Recevoir pour conserver (une information). SYN. **enregistrer.** *Recueillir des témoignages.* 5. Rassembler, réunir (des éléments dispersés). *Recueillir des articles dans un recueil.* SYN. **colliger.** II Offrir chez soi un refuge et une protection à (qqn). *Recueillir un orphelin.* – *Recueillir des chiens errants.* III *SE RECUEILLIR* v. pron. 1. Concentrer sa pensée sur la vie spirituelle (→ **récollection, retraite**). 2. S'isoler du monde extérieur pour mieux réfléchir, se concentrer. SYN. **méditer** ; → **recueillement.** – au p. passé *Un air recueilli.* CONTR. **disperser, éparpiller** • se **dissiper.**
ÉTYM. latin *recolligere* «réunir», de *colligere* «cueillir».

RECUIRE [ʀ(ə)kɥiʀ] v. (conjug. 64b) 1. v. tr. Cuire de nouveau. *Recuire une poterie.* 2. v. intr. Subir une nouvelle cuisson. *Faire recuire un gigot trop saignant.*

RECUIT [ʀəkɥi] n. m. ✦ TECHN. Action de remettre au feu. *Le recuit de l'émail.* – Opération thermique destinée à améliorer (un métal, etc.).
ÉTYM. du participe passé de *recuire*.

RECUL [ʀ(ə)kyl] n. m. 1. (mécanisme) Fait de reculer. *Le recul d'un canon* (après le départ du coup). 2. Action de reculer, mouvement ou pas en arrière. *Le recul d'une armée.* SYN. **repli, retraite.** *Avoir un mouvement de recul.* – fig. Régression. *Le recul d'une maladie.* 3. Position éloignée permettant une appréciation meilleure. *Prendre du recul pour apprécier un tableau.* – abstrait *Le recul nécessaire à l'historien.* ♦ Fait de se détacher par l'esprit d'une situation actuelle pour mieux en juger. *Avoir, prendre du recul. Manquer de recul.* CONTR. **avance, progrès, progression.**
ÉTYM. de *reculer*.

RECULADE [ʀ(ə)kylad] n. f. ✦ LITTÉR. et péj. Fait de reculer, de céder après s'être trop avancé. SYN. **dérobade.** *Honteuse reculade.*

RECULÉ, ÉE [ʀ(ə)kyle] adj. 1. Lointain et difficile d'accès. *Village reculé.* SYN. **isolé.** 2. Éloigné (dans le temps). SYN. **ancien.** *À une époque très reculée.*

RECULER [ʀ(ə)kyle] v. (conjug. 3a) I v. intr. 1. Aller, faire mouvement en arrière. SYN. **rétrograder.** *Reculer d'un pas.* – *Voiture qui recule.* ♦ loc. fig. *Reculer pour mieux sauter*, attendre pour avoir plus de chances de réussir ; éviter une difficulté qu'il faudra de toute façon affronter. 2. fig. (choses) Perdre du terrain. *L'épidémie a reculé.* SYN. **régresser.** 3. fig. Se dérober (devant une difficulté) ; revenir à une position plus sûre. SYN. **renoncer.** *Il s'est trop avancé pour reculer.* – *Reculer devant le danger. Il ne recule devant rien.* ♦ Hésiter (à faire qqch.). *Aller au fait sans reculer.* II v. tr. 1. Porter en arrière. *Reculez un peu votre chaise.* – pronom. *Se reculer pour mieux voir.* ♦ Reporter plus loin. *Reculer les frontières d'un pays.* SYN. ① **repousser.** 2. Reporter à plus tard. SYN. **ajourner, différer, retarder.** *Reculer une décision.* CONTR. **avancer, progresser.**
ÉTYM. de *re-* et *cul*.

à RECULONS [aʀ(ə)kylɔ̃] loc. adv. ✦ En reculant, en allant en arrière. *S'éloigner à reculons.* ♦ fig. En sens inverse du progrès. – De mauvaise grâce.
ÉTYM. de *reculer*.

RÉCUPÉRABLE [ʀekypeʀabl] adj. ✦ Qui peut être récupéré. *Déchets récupérables.* – (personnes) *Il est tout à fait récupérable.* CONTR. **irrécupérable.**

RÉCUPÉRATEUR, TRICE [RekypeRatœR, tRis] **n.** **1.** Personne qui collecte des matériaux usagés en vue d'une utilisation ultérieure. **2.** **n. m.** Appareil destiné à récupérer de la chaleur ou de l'énergie. *Récupérateur de chaleur.*

RÉCUPÉRATION [RekypeRasjɔ̃] **n. f.** ✦ Action, fait de récupérer ou d'être récupéré.

RÉCUPÉRER [RekypeRe] **v. tr.** (conjug. 8) **1.** Rentrer en possession de (ce qu'on avait perdu, dépensé). SYN. **recouvrer.** *Récupérer de l'argent.* ➛ *Récupérer ses forces ;* absolt *avoir besoin de récupérer.* ♦ FAM. Retrouver, reprendre. *Récupérer un livre prêté. Récupérer un enfant à la sortie de l'école.* **2.** Recueillir (ce qui serait perdu ou inutilisé). SYN. **recycler.** *Récupérer de la ferraille.* **3.** Fournir (un temps de travail) ou bénéficier de (un temps de repos) en compensation. *Récupérer une journée de travail.* **4.** S'assimiler (un individu, un groupe) exprimant des idées différentes ou opposées pour lui faire servir ses propres desseins. *Récupérer un mouvement populaire.* ➛ (passif) *Les grévistes ne veulent pas être récupérés.* CONTR. **perdre.**
ÉTYM. latin *recuperare* ; doublet de *recouvrer.*

RÉCURAGE [RekyRaʒ] **n. m.** ✦ Action de récurer ; son résultat.

RÉCURER [RekyRe] **v. tr.** (conjug. 3a) ✦ Nettoyer en frottant. *Récurer une casserole.* ➛ *Poudre à récurer.*
ÉTYM. de *re-* et *écurer,* de *curer.*

RÉCURRENCE [RekyRɑ̃s] **n. f.** ✦ DIDACT. Retour, répétition. ♦ *Raisonnement par récurrence,* par lequel on étend à une série de termes une propriété vraie pour deux d'entre eux. ♦ MÉD. Réveil de l'activité de (une maladie infectieuse).
ÉTYM. de *récurrent.*

RÉCURRENT, ENTE [RekyRɑ̃, ɑ̃t] **adj.** ✦ DIDACT. Relatif à une récurrence ; qui revient, réapparaît. *Phénomène récurrent. Fièvre récurrente.*
ÉTYM. latin *recurrens* «qui revient».

RÉCUSABLE [Rekyzabl] **adj.** ✦ Que l'on peut récuser.

RÉCUSATION [Rekyzasjɔ̃] **n. f.** ✦ DR. Fait de récuser (qqn).

RÉCUSER [Rekyze] **v. tr.** (conjug. 3a) **1.** DR. Refuser d'accepter (qqn) comme juge, arbitre, témoin... *Récuser un témoin.* **2.** Repousser comme tel ; refuser, rejeter. *Récuser l'autorité de qqn.* SYN. **contester.** *Cet argument ne peut être récusé* (➛ **irrécusable**). **3.** *SE RÉCUSER* **v. pron.** Affirmer son incompétence (sur une question). CONTR. **accepter, agréer.**
ÉTYM. latin *recusare.*

RECYCLABLE [R(ə)siklabl] **adj.** ✦ Que l'on peut recycler (2). *L'aluminium est recyclable à l'infini.* ☛ Géographie p. 233.

RECYCLAGE [R(ə)siklaʒ] **n. m.** **1.** Changement de l'orientation scolaire (d'un élève). ♦ Formation complémentaire (de qqn) destinée à apporter de nouvelles connaissances professionnelles. **2.** Action de récupérer des déchets et de les réintroduire, après traitement, dans le cycle de production. ☛ Géographie p. 229 et 233. *Le recyclage du verre, du papier.*
ÉTYM. de *re-* et *cycle.*

RECYCLER [R(ə)sikle] **v. tr.** (conjug. 3a) **1.** Effectuer le recyclage de (qqn). ➛ pronom. *Se recycler en vue d'une reconversion.* **2.** Soumettre à un recyclage (2). ☛ Géographie p. 233. *Recycler l'aluminium.* ➛ au p. passé *Papier recyclé.*
ÉTYM. de *re-* et *cycle.*

RECYCLERIE [R(ə)sikləRi] **n. f.** ✦ Centre de récupération et de recyclage d'objets, proposés ensuite à la vente à prix modiques. SYN. **ressourcerie.**

RÉDACTEUR, TRICE [Redaktœr, tRis] **n.** ✦ Personne qui assure la rédaction d'un texte (publicitaire, littéraire...) ou d'articles de journaux. *Rédacteur publicitaire. Rédacteur politique* (➛ **journaliste ; chroniqueur**). ➛ *Rédacteur en chef* (d'un journal).
ÉTYM. du latin *redactus,* participe passé de *redigere* «ramener».

RÉDACTION [Redaksjɔ̃] **n. f.** **1.** Action ou manière de rédiger (un texte). **2.** Ensemble des rédacteurs (d'un journal, d'une œuvre collective) ; locaux où ils travaillent. **3.** Exercice scolaire qui consiste à traiter par écrit un sujet narratif. ➛ aussi **composition** française, **dissertation.**
ÉTYM. latin *redactio* «réduction».

RÉDACTIONNEL, ELLE [Redaksjɔnɛl] **adj.** ✦ Relatif à la rédaction (d'un texte). *Équipe rédactionnelle.* ➛ *Publicité rédactionnelle,* affectant l'aspect d'un article.

REDDITION [Redisjɔ̃] **n. f.** ✦ Fait de se rendre, de capituler. SYN. **capitulation.**
ÉTYM. latin *redditio,* de *reddere* «rendre».

REDEMANDER [R(ə)dəmɑ̃de ; Rəd(ə)mɑ̃de] **v. tr.** (conjug. 3a) **1.** Demander de nouveau, ou davantage. **2.** Demander (ce qu'on a prêté ou laissé). *Je lui ai redemandé mon stylo.*

RÉDEMPTEUR, TRICE [Redɑ̃ptœR, tRis] **n. m.** et **adj.** **1.** **n. m.** RELIG. *Le Rédempteur,* le Christ (en tant qu'il a racheté le genre humain par sa mort, selon la doctrine chrétienne). SYN. **sauveur.** **2.** **adj.** Qui rachète (au sens moral ou religieux). *Souffrance rédemptrice.*
ÉTYM. latin *redemptor.*

RÉDEMPTION [Redɑ̃psjɔ̃] **n. f.** **1.** RELIG. Rachat du genre humain par le Christ. SYN. **salut.** *Le mystère de la Rédemption.* **2.** Fait de racheter, de se racheter (au sens religieux ou moral). *La rédemption des péchés* (➛ **rédimer**).
ÉTYM. latin *redemptio* «rachat, rançon» ; doublet de *rançon.*

REDÉPLOIEMENT [R(ə)deplwamɑ̃] **n. m.** ✦ Réorganisation (d'un dispositif militaire, d'une politique économique). *Redéploiement industriel.*
ÉTYM. de *re-* et *déploiement.*

REDESCENDRE [R(ə)desɑ̃dR] **v.** (conjug. 44) **I** **v. intr.** Descendre de nouveau ; descendre après être monté. **II** **v. tr.** *Redescendre un escalier.* ➛ Porter de nouveau en bas. *Redescendre des bagages.* CONTR. **remonter.**

REDEVABLE [R(ə)dəvabl ; Rəd(ə)vabl] **adj.** **1.** Qui est ou demeure débiteur envers qqn. *Être redevable d'une somme à un créancier.* **2.** *Être redevable de qqch. à qqn,* bénéficier de qqch. grâce à lui, avoir une obligation envers lui.
ÉTYM. de *redevoir.*

REDEVANCE [R(ə)dəvɑ̃s ; Rəd(ə)vɑ̃s] **n. f.** **1.** Somme qui doit être payée à échéances déterminées (rente, dette, etc.). **2.** Taxe due en contrepartie de l'utilisation d'un service public. *Redevance audiovisuelle.*
ÉTYM. de *redevoir.*

REDEVENIR [ʀ(ə)dəv(ə)niʀ ; ʀəd(ə)vəniʀ] **v. intr.** (conjug. 16) ✦ Devenir de nouveau, recommencer à être (ce qu'on était et qu'on a cessé d'être). *Elle est redevenue étudiante.*

REDEVOIR [ʀ(ə)dəvwaʀ ; ʀəd(ə)vwaʀ] **v. tr.** (conjug. 30) ✦ DR. Devoir comme reliquat.

RÉDHIBITOIRE [ʀedibitwaʀ] **adj.** 1. DR. *Vice rédhibitoire*, qui peut motiver l'annulation d'une vente. 2. LITTÉR. Qui constitue un défaut, un empêchement absolu, radical. *Un prix rédhibitoire.* SYN. **prohibitif.**
ÉTYM. latin *redhibitorius.*

REDIFFUSER [ʀ(ə)difyze] **v. tr.** (conjug. 3a) ✦ (radio, télévision) Diffuser de nouveau (une émission).

REDIFFUSION [ʀ(ə)difyzjɔ̃] **n. f.** ✦ Nouvelle diffusion. – Émission rediffusée.

RÉDIGER [ʀediʒe] **v. tr.** (conjug. 5) ✦ Écrire (un texte) sous une certaine forme (→ **rédaction**). *Rédiger un article de journal.* – au p. passé *Un devoir bien rédigé.*
ÉTYM. latin *redigere* «ramener ; réduire à».

RÉDIMER [ʀedime] **v. tr.** (conjug. 3a) ✦ RELIG. Racheter ; sauver. *Rédimer les pécheurs* (→ **rédemption**).
ÉTYM. latin *redimere*, de *emere* «acheter».

REDINGOTE [ʀ(ə)dɛ̃gɔt] **n. f.** 1. anciennt Long vêtement d'homme, à basques. 2. MOD. Manteau ajusté à la taille.
ÉTYM. francisation de l'anglais *riding-coat* «habit pour monter à cheval *(to ride)*».

REDIRE [ʀ(ə)diʀ] **v. tr.** (conjug. 65a) **I** 1. Dire (qqch.) de nouveau. *Redites-moi votre nom.* 2. Dire (qqch.) plusieurs fois. SYN. **répéter.** *Il redit toujours la même chose.* SYN. **rabâcher, radoter, ressasser.** 3. Dire (ce qu'un autre a déjà dit). SYN. **répéter.** *Redites-le après moi.* **II** (tr. ind.) *Avoir, trouver À REDIRE À qqch.*, trouver qqch. à critiquer dans. *Trouver à redire à tout.* – *C'est parfait, il n'y a rien à redire.*

REDISTRIBUER [ʀ(ə)distʀibɥe] **v. tr.** (conjug. 3a) ✦ Distribuer une seconde fois et autrement. – loc. *Redistribuer les cartes*.* ♦ Répartir une seconde fois et autrement. *Redistribuer des terres.*

REDISTRIBUTIF, IVE [ʀ(ə)distʀibytif, iv] **adj.** ✦ ÉCON. Qui opère une redistribution des ressources, des revenus. *Système fiscal redistributif.*

REDISTRIBUTION [ʀ(ə)distʀibysjɔ̃] **n. f.** ✦ Nouvelle répartition. *Redistribution des tâches. Redistribution des richesses.* ☞ Géographie p. 223.
ÉTYM. de *redistribuer.*

REDITE [ʀ(ə)dit] **n. f.** ✦ Chose répétée inutilement ; répétition. *Un texte plein de redites.*
ÉTYM. du participe passé de *redire.*

REDONDANCE [ʀ(ə)dɔ̃dɑ̃s] **n. f.** ✦ Abondance excessive dans le discours (développements, redites). SYN. **verbiage.** – Ces développements, répétitions. *Ce discours est plein de redondances.* SYN. **redite.** ♦ DIDACT. Caractère de ce qui apporte une information déjà donnée sous une autre forme. CONTR. **concision.**
ÉTYM. latin *redundantia.*

REDONDANT, ANTE [ʀ(ə)dɔ̃dɑ̃, ɑ̃t] **adj.** ✦ Qui a de la redondance, présente des redondances. *Style redondant.* – *Terme redondant.* SYN. **superflu.** CONTR. **concis.**
ÉTYM. latin *redundans*, de *redundare* «déborder».

REDONNER [ʀ(ə)dɔne] **v. tr.** (conjug. 3a) ✦ Donner de nouveau ; rendre. SYN. **restituer.** *Redonne-lui son stylo.* ♦ *Redonner confiance à qqn.* – *Médicament qui redonne des forces.* CONTR. **reprendre.**

REDOUBLANT, ANTE [ʀ(ə)dublɑ̃, ɑ̃t] **n.** ✦ Élève qui redouble une classe.
ÉTYM. du participe présent de *redoubler.*

REDOUBLÉ, ÉE [ʀ(ə)duble] **adj.** ✦ Répété. *Syllabe redoublée.* – loc. *Marcher à pas redoublés*, plus vite. *Frapper à coups redoublés*, violents et précipités.

REDOUBLEMENT [ʀ(ə)dubləmɑ̃] **n. m.** 1. Action de redoubler. – LING. Répétition d'un ou plusieurs éléments d'un mot (ex. fofolle). 2. Fait de redoubler (une classe).

REDOUBLER [ʀ(ə)duble] **v.** (conjug. 3a) **I v. tr.** 1. Rendre double. SYN. **doubler.** *Redoubler une syllabe.* 2. Recommencer une année d'études dans (une classe). *Redoubler sa seconde.* 3. Renouveler en augmentant sensiblement. *Redoubler ses efforts.* **II v. tr. ind.** *REDOUBLER DE* : apporter, montrer encore plus de. *Redoubler d'amabilité ; de prudence.* – *Le vent redouble de fureur.* **III v. intr.** Recommencer de plus belle ; augmenter de beaucoup. *La tempête redouble.*
ÉTYM. de *doubler.*

REDOUTABLE [ʀ(ə)dutabl] **adj.** ✦ Qui est à redouter. *Adversaire redoutable.* – *Une arme redoutable.* CONTR. **inoffensif.**

REDOUTER [ʀ(ə)dute] **v. tr.** (conjug. 3a) 1. Craindre comme menaçant. *Redouter qqn ; le jugement de qqn.* – au p. passé *Un chef très redouté.* 2. Craindre, appréhender. *Redouter l'avenir.* – *REDOUTER DE* (+ inf.), *REDOUTER QUE* (+ subj.). *Elle redoutait d'être surprise, qu'on la surprenne.*
ÉTYM. de *re-* et *douter*, au sens anc. de «craindre».

REDOUX [ʀədu] **n. m.** ✦ Radoucissement de la température, dans une saison froide ; période pendant laquelle la température se radoucit.
ÉTYM. de *re-* et *doux.*

REDRESSEMENT [ʀ(ə)dʀɛsmɑ̃] **n. m.** 1. Action de redresser ou de se redresser. *Le redressement économique d'un pays.* 2. PHYS. Transformation d'un courant alternatif en courant de sens constant. 3. Rectification de l'impôt (plutôt dans le sens d'une majoration). 4. anciennt *Maison de redressement*, où étaient détenus les jeunes délinquants.

REDRESSER [ʀ(ə)dʀese] **v. tr.** (conjug. 3a) **I** 1. Remettre dans une position droite ou verticale. *Redresser un poteau. Redresser la tête.* – Hausser le nez de (un avion). *Redresser l'appareil avant d'atterrir.* – Remettre les roues de (une voiture) en ligne droite. absolt *Braquer et redresser.* 2. Redonner une forme droite, correcte à. *Redresser une tôle tordue.* – PHYS. *Redresser un courant*, lui donner un sens constant. ♦ fig. Rectifier ou corriger qqch. *Redresser des abus.* – *Redresser la situation* : rattraper une situation compromise. **II** *SE REDRESSER* **v. pron.** 1. Se remettre droit, vertical, debout. SYN. **se relever.** – fig. *L'économie du pays s'est redressée.* 2. Se tenir plus droit. *Redresse-toi !* CONTR. **courber ; incliner • déformer, tordre.**
ÉTYM. de *re-* et *dresser.*

REDRESSEUR, EUSE [ʀ(ə)dʀesœʀ, øz] **n.** et **adj.** 1. **n.** (souvent iron.) *REDRESSEUR, EUSE DE TORTS* : personne qui s'érige en justicier, en justicière. 2. **adj.** TECHN. Qui

redresse. *Mécanisme redresseur.* ♦ n. m. PHYS. Appareil qui ne laisse passer le courant électrique que dans un sens.
ÉTYM. de *redresser.*

RÉDUCTEUR, TRICE [redyktœʀ, tʀis] adj. 1. Qui réduit, simplifie. *Raisonnement réducteur.* 2. CHIM. Qui peut fournir des électrons.
ÉTYM. latin *reductor.*

RÉDUCTIBLE [redyktibl] adj. ✦ Qui peut être réduit. *Fraction réductible.* – *Quantité réductible.* CONTR. **irréductible.**

RÉDUCTION [redyksjɔ̃] n. f. 1. MÉD. Opération consistant à réduire (un os...). *Réduction d'une fracture.* 2. Fait de résoudre, de réduire (en une chose plus simple). *Réduction à des éléments simples.* → **analyse.** – *Réduction de fractions au même dénominateur,* recherche d'un dénominateur commun. 3. CHIM. Réaction dans laquelle un corps perd une partie de son oxygène, ou dans laquelle un atome ou un ion gagne des électrons. *Oxydation* et réduction.* 4. Action de réduire en quantité. SYN. **diminution.** *Réduction des dépenses ; du personnel.* SYN. **compression.** – absolt Diminution accordée sur un prix. SYN. **rabais, remise, ristourne.** *Faire une réduction de 10 %.* 5. Reproduction selon un format réduit. *La réduction d'une carte. Réduction à l'échelle 1/100 000.* – EN RÉDUCTION loc. adv. : en plus petit, en miniature. CONTR. **agrandissement, augmentation, hausse.**
ÉTYM. latin *reductio.*

RÉDUIRE [redɥiʀ] v. tr. (conjug. 64b) I MÉD. Remettre en place (un os, un organe déplacé). – *Réduire une fracture.* II 1. *RÉDUIRE qqn À, EN* : amener à, dans (un état d'infériorité, de soumission). *Réduire des populations en esclavage.* – *EN ÊTRE RÉDUIT À* : n'avoir plus d'autre ressource que. – *En être réduit à la mendicité, à mendier.* ♦ sans compl. second Anéantir. *Réduire une résistance.* 2. *RÉDUIRE qqch. À,* ramener à ses éléments, à un état plus simple. *Réduire des idées à une notion simple.* – *Réduire des fractions au même dénominateur.* – loc. *Réduire qqch. à sa plus simple expression*.* 3. *Réduire un jus, une sauce,* faire épaissir, concentrer par évaporation. – *RÉDUIRE qqch. EN* : mettre (en petites parties). *Réduire un objet en miettes ; une substance en bouillie, en poudre.* III Diminuer (une quantité...). SYN. **limiter, restreindre.** *Réduire le nombre des trains. Réduire ses dépenses.* ♦ *Réduire un dessin,* reproduire en un format inférieur. ♦ Abréger. *Réduire un texte.* IV *SE RÉDUIRE* v. pron. 1. *SE RÉDUIRE À* : se ramener à. *Ses espoirs se sont réduits à rien.* 2. *SE RÉDUIRE EN. Se réduire en cendres.* 3. (personnes) VIEILLI *Se réduire* : restreindre ses dépenses. CONTR. **agrandir, augmenter, développer.**
ÉTYM. latin *reducere* « ramener ».

① **RÉDUIT, ITE** [redɥi, it] adj. 1. Rendu plus petit. *Format réduit.* – Reproduit à petite échelle. *Modèle* réduit* (d'avion...). 2. Pour lequel on a consenti une diminution, une réduction. *Tarif réduit.* 3. Restreint (en nombre, en importance). *Activité réduite. Vitesse réduite.*
ÉTYM. participe passé de *réduire.*

② **RÉDUIT** [redɥi] n. m. 1. Local exigu, généralement sombre et pauvre. *Vivre dans un réduit.* 2. Recoin (dans une pièce).
ÉTYM. latin populaire *reductum* « qui est à l'écart ».

RÉÉCHELONNEMENT [reeʃ(ə)lɔnmɑ̃] n. m. ✦ Répartition des échéances de remboursement de (une dette) sur une plus longue période. *Le rééchelonnement de la dette d'un pays.*
ÉTYM. de *re-* et *échelonnement.*

RÉÉCRIRE [reekʀiʀ] → **RÉCRIRE**

RÉÉCRITURE [reekʀityʀ] n. f. ✦ Action de réécrire (un texte) pour l'améliorer ou l'adapter.

RÉÉDITER [reedite] v. tr. (conjug. 3a) 1. Donner une nouvelle édition de. *Rééditer un ouvrage épuisé.* 2. fig. FAM. Répéter, refaire, reprendre. *Il a réédité son exploit.*

RÉÉDITION [reedisjɔ̃] n. f. 1. Action de rééditer ; nouvelle édition. – Ouvrage réédité. 2. fig. FAM. Répétition (d'une situation).

RÉÉDUCATION [reedykasjɔ̃] n. f. ✦ Action de rééduquer.

RÉÉDUQUER [reedyke] v. tr. (conjug. 3a) 1. Rétablir par différents moyens l'usage de (une fonction, un organe lésé). *Rééduquer sa voix.* – *Rééduquer un accidenté.* 2. Éduquer (moralement, idéologiquement) une nouvelle fois et différemment.

RÉEL, RÉELLE [reɛl] adj. et n. m.
I adj. 1. Qui existe en fait. *Personnage réel. Un fait réel et incontestable.* SYN. **authentique.** 2. Qui est bien conforme à sa définition. SYN. **véritable, vrai.** *Des difficultés réelles. La signification réelle d'un mot. La valeur réelle d'un objet.* ♦ (avant le nom) Sensible, notable. *Un réel plaisir.* 3. MATH. *Nombre réel,* élément de l'ensemble des nombres qui ne sont ni imaginaires* ni complexes*. *L'ensemble* ℝ *des nombres réels.* 4. OPT. *Image réelle* (opposé à *virtuel*), qui se forme à l'intersection de rayons convergents. CONTR. **chimérique, fictif, imaginaire, irréel, virtuel.**
II n. m. Les faits réels, la vie réelle ; ce qui est, existe en fait. SYN. **réalité.** *Le réel et l'imaginaire. Le sens du réel.* → **réalisme.** CONTR. **abstraction, idéal, rêve.**
ÉTYM. bas latin *realis,* de *res* « chose ».

RÉÉLECTION [reelɛksjɔ̃] n. f. ✦ Action de réélire ; fait d'être réélu.
ÉTYM. de *re-* et *élection.*

RÉÉLIRE [reeliʀ] v. tr. (conjug. 68) ✦ Élire de nouveau (qqn) à une fonction à laquelle il avait déjà été élu. – au p. passé *Député réélu.*

RÉELLEMENT [reɛlmɑ̃] adv. ✦ En fait, en réalité. SYN. **effectivement, véritablement, vraiment.** *Voir qqn tel qu'il est réellement.*
ÉTYM. de *réel.*

RÉEMPLOYER [reɑ̃plwaje] ou **REMPLOYER** [ʀɑ̃plwaje] v. tr. (conjug. 10) ✦ Employer de nouveau. *Réemployer des matériaux. Réemployer du personnel.*

RÉEMPRUNTER [reɑ̃pʀœ̃te] → **REMPRUNTER**

RÉENGAGER [reɑ̃gaʒe] → **RENGAGER**

RÉENTENDRE [reɑ̃tɑ̃dʀ] v. tr. (conjug. 44) ✦ Entendre de nouveau.

RÉÉQUILIBRER [reekilibʀe] v. tr. (conjug. 3a) ✦ Redonner un équilibre à (ce qui l'avait perdu). *Rééquilibrer un budget.*

RÉESSAYER [reeseje] v. tr. (conjug. 12) 1. Essayer de nouveau (un vêtement). 2. Tenter de nouveau ; faire un nouvel essai. – variante RESSAYER [reseje].

A B C D E F G H I J K L M N O P Q R S T U V W X Y Z

RÉÉVALUATION [reevalɥasjɔ̃] **n. f.** ✦ Nouvelle évaluation sur de nouvelles bases. *La réévaluation des loyers.* ➝ **spécialt** Augmentation de la parité officielle de (une monnaie). *Réévaluation du yen.* CONTR. **dévaluation.**

RÉÉVALUER [reevalɥe] **v. tr.** (conjug. 3a) **1.** Évaluer de nouveau. *Réévaluer une situation.* **2.** Procéder à la réévaluation de. SYN. **revaloriser.**

RÉEXAMEN [reɛgzamɛ̃] **n. m.** ✦ Nouvel examen.

RÉEXAMINER [reɛgzamine] **v. tr.** (conjug. 3a) ✦ Procéder à un nouvel examen de. *Réexaminons la question.* SYN. **reconsidérer.**

RÉEXPÉDIER [reɛkspedje] **v. tr.** (conjug. 9) ✦ Expédier à une nouvelle destination. *Réexpédier du courrier* (à une nouvelle adresse). ➝ Renvoyer (une chose) d'où elle vient. *Réexpédier une lettre.* SYN. **retourner.**

RÉEXPÉDITION [reɛkspedisjɔ̃] **n. f.** ✦ Action de réexpédier.

REFAIRE [R(ə)fɛR] **v. tr.** (conjug. 41) **I 1.** Faire de nouveau (ce qu'on a déjà fait ou ce qui a déjà été fait). SYN. **recommencer.** *Refaire un pansement.* **2.** Faire tout autrement. *Refaire sa vie. Si c'était à refaire...* **3.** Remettre en état. SYN. **réparer,** ① **restaurer ;** ➝ **réfection.** *Refaire le toit. Refaire à neuf.* ➝ *Elle s'est fait refaire le nez* (chirurgie esthétique). ➝ *Refaire ses forces, sa santé.* SYN. **rétablir.** *Elle s'est refait une santé.* **4.** FAM. Rouler (qqn). SYN. **duper.** ➝ **adj.** *Je suis refait.* SYN. **cuit** (FIG.). **II** *SE REFAIRE* **v. pron.** **1.** Rétablir sa situation financière (notamment après des pertes au jeu). **2.** (avec une négation) Se faire autre qu'on est, changer complètement. *On ne se refait pas à mon âge !* CONTR. **défaire.**

RÉFECTION [refɛksjɔ̃] **n. f.** ✦ Action de refaire, de remettre en état. *La réfection d'une route.*
ÉTYM. latin *refectio.*

RÉFECTOIRE [refɛktwaR] **n. m.** ✦ Salle à manger (d'une communauté). *Le réfectoire d'une école.* SYN. **cantine.**
ÉTYM. latin chrétien *refectorium,* de *refectorius* «réconfortant».

RÉFÉRÉ [refere] **n. m.** ✦ DR. Procédure d'urgence pour régler provisoirement un litige. *Assigner qqn en référé.* ➝ Arrêt rendu selon cette procédure.
ÉTYM. du participe passé de *référer.*

RÉFÉRENCE [referɑ̃s] **n. f.** **1.** Action ou moyen de se référer, de situer par rapport à. *Indemnité calculée par référence au salaire.* ➝ GÉOM. *Système de référence :* système d'axes par rapport auquel on détermine des coordonnées. **2.** Fait de se référer (à un texte, une autorité, etc.). *Faire référence à un auteur. Ouvrages de référence,* faits pour être consultés (dictionnaires, encyclopédies, etc.). ◆ Indication précise de ce à quoi l'on renvoie. *Référence bibliographique.* ➝ *Numéro de référence d'une facture.* **3.** au plur. Attestation servant de garantie, fournie par qqn. *Avoir de sérieuses références.* ◆ fig. Fait permettant de reconnaître la valeur de qqn. *Ce n'est pas une référence !*
ÉTYM. anglais *reference,* du latin → référer.

RÉFÉRENCER [referɑ̃se] **v. tr.** (conjug. 4) ✦ Attribuer une référence à. ➝ **au p. passé** *Citation référencée,* dont on indique précisément la source. ◆ COMM. Introduire (un article) dans la liste des produits vendus.
► **RÉFÉRENCEMENT** [referɑ̃smɑ̃] **n. m.**

RÉFÉRENDAIRE [referɑ̃dɛR] **adj.** ✦ Relatif à un référendum. *Projet de loi référendaire.*
ÉTYM. latin *referendarius.*

RÉFÉRENDUM [referɛ̃dɔm] **n. m.** ✦ Vote qui permet à l'ensemble des citoyens d'approuver ou de rejeter une mesure proposée par le pouvoir exécutif. *Des référendums. Le projet de nouvelle constitution a été approuvé lors du référendum de 1958.*
ÉTYM. de la locution latine *ad referendum,* de *referre* «soumettre à une assemblée».

① **RÉFÉRENT** [referɑ̃] **n. m.** ✦ LING. Ce à quoi renvoie un signe linguistique.
ÉTYM. anglais *referent.*

② **RÉFÉRENT, ENTE** [referɑ̃, ɑ̃t] **n.** ✦ Personne de référence qui assure la liaison avec un organisme, une autorité... *La référente d'un enfant en crèche.*

RÉFÉRER [refere] **v.** (conjug. 8) **1. v. pron.** *SE RÉFÉRER À :* recourir à, comme à une autorité. *Se référer à l'avis de qqn. Se référer à un texte* (➝ **référence**). ➝ (choses) Se rapporter. *Cet article se réfère à un évènement récent.* **2. v. tr. ind.** *EN RÉFÉRER À qqn,* lui soumettre un cas pour qu'il décide. *En référer à son supérieur.*
ÉTYM. latin *referre* «rapporter».

REFERMER [R(ə)fɛRme] **v. tr.** (conjug. 3a) ✦ Fermer (ce qu'on avait ouvert ou ce qui s'était ouvert). *Refermer un livre.* ➝ **pronom.** *La plaie se referme.*

REFILER [R(ə)file] **v. tr.** (conjug. 3a) ✦ FAM. Remettre, donner (qqch. dont on veut se débarrasser). *On m'a refilé un faux billet.* ➝ Donner. SYN. **filer.** *Il m'a refilé son rhume.*

RÉFLÉCHIR [refleʃiR] **v.** (conjug. 13) **I v. tr.** Renvoyer par réflexion. *Réfléchir la lumière* (➝ **réflecteur**). *Miroir qui réfléchit une image.* SYN. **refléter.** ➝ **pronom.** *Le ciel se réfléchit dans le lac.* **II 1. v. intr.** Faire usage de la réflexion. SYN. **penser ;** ➝ **se concentrer, délibérer, méditer.** *Réfléchir avant de parler. Agir sans réfléchir.* ➝ **étourdiment.** *Cela donne à réfléchir,* cela engage à la prudence. *Je demande à réfléchir,* je déciderai plus tard. **2. v. tr. ind.** *RÉFLÉCHIR SUR qqch. Réfléchir sur un sujet.* ➝ *RÉFLÉCHIR À qqch.* SYN. **examiner, peser.** *Réfléchis bien à ma proposition.* ◆ **trans.** *RÉFLÉCHIR QUE :* s'aviser, juger après réflexion que.
► **RÉFLÉCHI, IE adj.** **I 1.** Renvoyé par réflexion. *Rayon réfléchi.* **2.** GRAMM. *Verbe (pronominal) réfléchi,* qui indique que l'action émanant du sujet fait retour à lui-même (ex. je me lave ; l'oiseau se pose). ➝ *Pronom réfléchi,* pronom personnel représentant, en tant que complément, la personne qui est sujet du verbe (ex. je *me* suis trouvé un appartement ; tu ne penses qu'à *toi*). **II** Qui a l'habitude de la réflexion ; qui marque de la réflexion. *Un homme réfléchi.* SYN. **pondéré, prudent, raisonnable.** ➝ *Une décision réfléchie.* ➝ **loc.** *Tout bien réfléchi,* après mûre réflexion (→ tout bien pesé). *C'est tout réfléchi* (ma décision est prise). CONTR. **irréfléchi ; impulsif.**
ÉTYM. latin *reflectere* «recourber».

RÉFLÉCHISSANT, ANTE [refleʃisɑ̃, ɑ̃t] **adj.** ✦ Qui réfléchit (la lumière, une onde). *Surface réfléchissante.*
ÉTYM. du participe présent de *réfléchir* (I).

RÉFLECTEUR [reflɛktœR] **n. m.** ✦ Dispositif destiné à réfléchir (la lumière, les ondes...). *Réflecteur optique.*
ÉTYM. du latin *reflectere* → réfléchir.

REFLET [R(ə)flɛ] **n. m.** **1.** Lumière atténuée réfléchie par un corps. *Reflets métalliques. Cheveux à reflets roux.* ➝ *Des reflets d'incendie.* **2.** Image réfléchie. *Reflets dans l'eau.* **3.** fig. Image, représentation. SYN. **écho.** *L'écriture,*

reflet de la personnalité.
ÉTYM. italien *riflesso*, du latin *reflexus.*

REFLÉTER [R(ə)flete] v. tr. (conjug. 8) 1. Réfléchir (un corps) en produisant des reflets. *Miroir qui reflète les objets.* – pronom. *Se refléter dans..., sur...* – au p. passé *Ciel reflété dans un étang.* 2. fig. Être, présenter un reflet de. SYN. **traduire.** *Ses paroles ne reflètent pas sa pensée.*
ÉTYM. de *reflet.*

REFLEURIR [R(ə)flœRiR] v. intr. (conjug. 13) ✦ Fleurir de nouveau. *Le rosier a refleuri.* – fig. LITTÉR. *Une amitié qui refleurit.*

REFLEX ou **RÉFLEX** [Reflɛks] adj. ✦ (appareil photo...) Qui fournit dans le viseur l'image exacte qui sera enregistrée, grâce à un miroir. – n. m. Appareil reflex. *Des reflex, des réflex.* – Écrire *réflex* avec un accent aigu est permis. HOM. RÉFLEXE «réaction spontanée»
ÉTYM. anglais *reflex*, emprunt au français *reflet.*

RÉFLEXE [Reflɛks] n. m. 1. Réaction automatique, involontaire et immédiate (d'un organisme vivant) à une stimulation. *Réflexe rotulien.* – *Réflexe conditionné*, provoqué, en l'absence d'une excitation, par une autre excitation qui lui a été associée. – adj. *Mouvement réflexe.* 2. Réaction spontanée à une situation nouvelle. *Avoir de bons réflexes, des réflexes rapides.* HOM. REFLEX «appareil photo»
ÉTYM. latin *reflexus*, participe passé de *reflectere* «retourner».

RÉFLEXIF, IVE [Reflɛksif, iv] adj. ✦ MATH. *Relation réflexive*, relation binaire sur un ensemble telle que tout élément de cet ensemble est en relation avec lui-même.
ÉTYM. latin *reflexivus.*

RÉFLEXION [Reflɛksjɔ̃] n. f. I Changement de direction des ondes (lumineuses, sonores, etc.) qui rencontrent un corps interposé (→ **réfléchir**). *La réflexion de la lumière par un miroir. Réflexion et réfraction**. *La réflexion des ondes sonores* (→ **écho, réverbération**). II 1. Retour de la pensée sur elle-même en vue d'examiner plus à fond une idée, une situation. → **délibération, méditation ; réfléchir.** *Accordez-moi une minute de réflexion. Il y a là matière à réflexion.* – loc. *Après mûre** *réflexion.* RÉFLEXION FAITE : après y avoir réfléchi. À LA RÉFLEXION : quand on y réfléchit bien ; tout compte fait. 2. Capacité de réfléchir, qualité d'un esprit qui sait réfléchir. SYN. **discernement, intelligence.** *Affaire menée avec réflexion.* 3. UNE, DES RÉFLEXIONS : pensée exprimée (oralement ou par écrit) d'une personne qui a réfléchi. *Faire part à qqn de ses réflexions. Recueil de réflexions* (SYN. **maxime,** ① **pensée**). – Remarque adressée à qqn, et qui le concerne. *Une réflexion désobligeante.* CONTR. **étourderie, irréflexion.**
ÉTYM. bas latin *reflexio.*

REFLUER [R(ə)flye] v. intr. (conjug. 3a) ✦ Se mettre à couler en sens contraire. *L'eau reflue à marée descendante.* SYN. se **retirer** ; → **reflux.** ♦ fig. *La foule refluait lentement.* CONTR. **affluer.**
ÉTYM. latin *refluere.*

REFLUX [Rəfly] n. m. 1. Mouvement des eaux qui refluent. *Le flux et le reflux de la mer.* 2. Mouvement en arrière (de gens, etc.) qui succède à un mouvement en avant. *Le reflux d'une armée* (SYN. **recul**).
ÉTYM. de *re-* et *flux.*

REFONDRE [R(ə)fɔ̃dR] v. tr. (conjug. 44) ✦ Remanier pour améliorer (un texte, un ouvrage).
ÉTYM. de *re-* et *fondre.*

REFONTE [Rəfɔ̃t] n. f. ✦ Action de refondre, de remanier.
ÉTYM. de *refondre.*

REFORESTATION [Rəfɔrɛstasjɔ̃] n. f. ✦ Reconstitution d'une forêt. SYN. **reboisement.** CONTR. **déforestation.**
ÉTYM. de *re-* et *(dé)forestation.*

RÉFORMABLE [RefɔRmabl] adj. ✦ Qui peut ou doit être réformé.

RÉFORMATEUR, TRICE [RefɔRmatœR, tRis] n. et adj. 1. n. Personne qui réforme ou veut réformer. – HIST. Fondateur d'une Église réformée. 2. adj. Qui réforme. *Des mesures réformatrices.*
ÉTYM. latin *reformator.*

RÉFORME [RefɔRm] n. f. I 1. Changement qu'on apporte (dans les mœurs, les lois, les institutions) afin d'en obtenir de meilleurs résultats (→ **amélioration**). *Réformes sociales. Réforme de l'orthographe. Réforme agraire*, qui modifie la répartition des terres agricoles. – Changement progressif (opposé à *révolution*). 2. HIST. (☞ noms propres) *LA RÉFORME* : mouvement religieux du XVIe siècle, qui fonda le protestantisme. ☞ Réforme p. 168. II Situation du militaire réformé ; dispense des obligations militaires. *Conseil de réforme.*
ÉTYM. de *réformer.*

REFORMER [R(ə)fɔRme] v. tr. (conjug. 3a) ✦ Former de nouveau, refaire (ce qui était défait). SYN. **reconstituer.** – pronom. *Le groupe se reforma plus loin.*

RÉFORMER [RefɔRme] v. tr. (conjug. 3a) I 1. Rétablir dans sa forme primitive (une règle...). *Réformer un ordre religieux.* 2. VIEILLI Corriger, ramener à la vertu. *Réformer son caractère.* 3. Changer en mieux (une institution...). SYN. **améliorer** ; → **réforme.** *Réformer la constitution.* 4. VIEILLI Supprimer pour améliorer. *Réformer les abus.* II MILIT. Retirer du service (ce qui y est devenu impropre) ; classer comme inapte au service. *Réformer un soldat.*
► **RÉFORMÉ, ÉE** adj. 1. HIST. Issu de la Réforme (I, 2). *Religion réformée* (→ **protestantisme**). 2. *Matériel réformé.* – *Soldat réformé* ; n. m. *un réformé.*
ÉTYM. latin *reformare.*

RÉFORMISME [RefɔRmism] n. m. ✦ Doctrine politique de ceux qui préconisent des réformes plutôt qu'une transformation radicale des structures.
ÉTYM. de *réformiste.*

RÉFORMISTE [RefɔRmist] n. ✦ Partisan du réformisme. – adj. *Socialiste réformiste.*
ÉTYM. anglais *reformist.*

REFORMULER [RəfɔRmyle] v. tr. (conjug. 3a) ✦ Formuler à nouveau, d'une autre manière. *Reformulez la thèse de l'auteur.*
► **REFORMULATION** [RəfɔRmylasjɔ̃] n. f.

REFOULÉ, ÉE [R(ə)fule] adj. 1. PSYCH. Qui a fait l'objet du refoulement (2). *Pulsions refoulées.* – n. m. Ce qui est refoulé. *Retour du refoulé.* 2. FAM. (personnes) Qui a refoulé ses instincts (notamment sexuels). – n. *Des refoulés.*
ÉTYM. participe passé de *refouler.*

REFOULEMENT [R(ə)fulmɑ̃] n. m. 1. Action de refouler (des personnes). 2. PSYCH. Mécanisme inconscient par lequel on refuse l'accès à la conscience d'un désir inconciliable avec d'autres exigences (notamment, celles du surmoi*). – COUR. Refus des pulsions sexuelles.
ÉTYM. de *refouler.*

A B C D E F G H I J K L M N O P Q R S T U V W X Y Z

REFOULER [R(ə)fule] v. tr. (conjug. 3a) 1. Faire refluer (un liquide). 2. Faire reculer, refluer (des personnes). *Refouler des envahisseurs.* SYN. **chasser,** ① **repousser.** *Ils ont été refoulés à la frontière.* 3. Faire rentrer en soi (ce qui veut s'extérioriser). SYN. **contenir, réprimer, retenir.** *Refouler ses larmes.* — au p. passé *Colère refoulée.* ◆ PSYCH. Soumettre au refoulement (2). — au p. passé → **refoulé.** CONTR. **attirer · assouvir ; défouler.**
ÉTYM. de *re-* et *fouler.*

RÉFRACTAIRE [RefRaktɛR] adj. I (personnes) 1. *RÉFRACTAIRE À :* qui résiste à, refuse de se soumettre à. SYN. **rebelle.** *Être réfractaire à la loi.* — n. *Un, une réfractaire.* ◆ Fermé à, insensible à. *Être réfractaire aux mathématiques.* 2. HIST. *Prêtre réfractaire,* qui avait refusé de prêter serment à la constitution civile du clergé (en 1790). SYN. **insermenté.** ◆ *Conscrit réfractaire* (au recrutement). SYN. **insoumis.** II (choses) Qui résiste à de très hautes températures. *Brique réfractaire.* CONTR. **docile, obéissant · fusible.**
ÉTYM. latin *refractarius* «querelleur».

RÉFRACTER [RefRakte] v. tr. (conjug. 3a) ✦ Faire dévier (une onde) par réfraction. — au p. passé *Rayon réfracté par un prisme.*
ÉTYM. anglais *to refract,* du latin *refringere.*

RÉFRACTION [RefRaksjɔ̃] n. f. ✦ Déviation d'une onde (lumineuse, etc.) qui franchit la surface de séparation de deux milieux dans lesquels la vitesse de propagation est différente (→ **réfringent**). *Réfraction et réflexion*.*
ÉTYM. latin *refractio.*

REFRAIN [RəfRɛ̃] n. m. 1. Suite de mots ou de phrases répétée à la fin de chaque couplet d'une chanson, d'un poème. ☛ Littérature p. 123 et 125. *Reprendre un refrain en chœur.* 2. fig. Paroles, idées qui reviennent sans cesse. SYN. **leitmotiv, rengaine.** *Avec lui, c'est toujours le même refrain.* SYN. **chanson.**
ÉTYM. famille du latin *refringere* «briser».

RÉFRÉNER ou **REFRÉNER** [RefRene] v. tr. (conjug. 8) ✦ Réprimer par une contrainte ; mettre un frein à. SYN. **freiner.** *Réfréner son impatience ; une envie.* — Écrire *réfréner* avec deux accents aigus est permis.
ÉTYM. latin *refrenare* «arrêter par le frein *(frenum)*».

RÉFRIGÉRANT, ANTE [RefRiʒeRɑ̃, ɑ̃t] adj. 1. Qui sert à produire du froid. *Fluide réfrigérant.* SYN. **frigorifique.** — n. m. Appareil servant à refroidir. 2. fig. FAM. (personnes, comportements) Qui refroidit, glace. SYN. **froid.** *Un accueil réfrigérant.* SYN. **glacial.** CONTR. **calorifique · chaleureux.**
ÉTYM. du participe présent de *réfrigérer.*

RÉFRIGÉRATEUR [RefRiʒeRatœR] n. m. ✦ Appareil muni d'un organe producteur de froid et destiné à conserver des aliments. SYN. **frigidaire** (marque).
ÉTYM. du latin *refrigeratorius* «rafraîchissant».

RÉFRIGÉRATION [RefRiʒeRasjɔ̃] n. f. ✦ Abaissement de la température par un moyen artificiel. *Appareils de réfrigération. Réfrigération et congélation.*
ÉTYM. latin *refrigeratio.*

RÉFRIGÉRÉ, ÉE [RefRiʒeRe] adj. 1. Qui est réfrigéré, sert à réfrigérer. *Vitrine réfrigérée.* 2. FAM. (personnes) *Tu as l'air réfrigéré.* SYN. **frigorifié, gelé.**

RÉFRIGÉRER [RefRiʒeRe] v. tr. (conjug. 8) 1. Refroidir artificiellement. SYN. **frigorifier.** *Réfrigérer du poisson.* 2. fig. FAM. Mettre (qqn) mal à l'aise par un comportement froid. *Ses remarques m'ont réfrigéré.* SYN. **refroidir.**
ÉTYM. latin *refrigerare,* de *frigus* «froid».

RÉFRINGENT, ENTE [RefRɛ̃ʒɑ̃, ɑ̃t] adj. ✦ Qui produit la réfraction. *La cornée est un milieu réfringent.*
ÉTYM. latin *refringens,* de *refringere* «briser».

REFROIDIR [R(ə)fRwadiR] v. (conjug. 13) I v. tr. 1. Rendre plus froid ou moins chaud ; faire baisser la température de (qqch.). SYN. **rafraîchir ; tiédir.** *Refroidir un corps au-dessous de zéro.* SYN. **congeler, geler, glacer, surgeler.** *Pluies qui refroidissent l'atmosphère.* ◆ pronom. Devenir plus froid. *L'air se refroidit.* — FAM. Prendre froid. 2. fig. Diminuer l'ardeur de. *Son accueil nous a refroidis.* SYN. **glacer, réfrigérer.** — *Refroidir l'enthousiasme de qqn.* — pronom. *Son zèle s'est refroidi.* II v. intr. Devenir plus froid, moins chaud. *Laisser refroidir une tarte.* CONTR. **chauffer, réchauffer · enthousiasmer, exalter.**

REFROIDISSEMENT [R(ə)fRwadismɑ̃] n. m. 1. Abaissement de la température. *Refroidissement de l'air. Circuit de refroidissement d'un moteur.* 2. Malaise (grippe, rhume...) causé par un abaissement de la température. 3. fig. Diminution (d'un sentiment). *Refroidissement de l'amitié.* CONTR. **réchauffement.**

REFUGE [R(ə)fyʒ] n. m. 1. Lieu où l'on se réfugie pour échapper à un danger. SYN. **abri, asile.** — en fonction d'adj. *Une valeur refuge,* sûre. 2. Abri de haute montagne. 3. Emplacement aménagé au milieu de la chaussée, qui permet aux piétons de se mettre à l'abri de la circulation.
ÉTYM. latin *refugium.*

RÉFUGIÉ, ÉE [Refyʒje] adj. ✦ Qui a dû fuir son pays afin d'échapper à un danger (guerre, persécutions, catastrophe naturelle, etc.). — n. *Réfugiés politiques.*
ÉTYM. du participe passé de *réfugier.*

se RÉFUGIER [Refyʒje] v. pron. (conjug. 9) ✦ Se retirer (en un lieu) pour s'y mettre à l'abri (→ **refuge**). *Se réfugier chez un ami.* — *Surprise par la pluie, elle s'est réfugiée sous un porche.* SYN. **s'abriter.** *Enfant qui se réfugie dans les bras de son père.* SYN. se **blottir.** ◆ fig. *Se réfugier dans le sommeil.*
ÉTYM. de *refuge.*

REFUS [R(ə)fy] n. m. ✦ Action, fait de refuser. *Refus d'obéissance ; refus de se soumettre.* — *Opposer un refus à qqn. Se heurter à un refus.* — FAM. *Ce n'est pas de refus :* j'accepte volontiers. CONTR. **acceptation, approbation, assentiment, consentement.**
ÉTYM. de *refuser.*

REFUSER [R(ə)fyze] v. tr. (conjug. 3a) I 1. Ne pas accorder (ce qui est demandé). *Refuser une augmentation à qqn.* 2. *REFUSER DE* (+ inf.) : ne pas consentir à (faire qqch.). *Elle refuse de reconnaître ses torts.* 3. Ne pas accepter (ce qui est offert). *Refuser un cadeau, une invitation.* 4. Ne pas accepter (ce qui semble défectueux ou insuffisant). *Refuser une marchandise.* 5. (compl. personne) Ne pas laisser entrer. *La pièce marche bien, on refuse du monde.* — Ne pas recevoir à un examen. SYN. **ajourner.** *Refuser un candidat.* SYN. FAM. **coller, recaler.** II *SE REFUSER* v. pron. 1. (passif) *Une offre semblable ne se refuse pas.* 2. *SE REFUSER À :* ne pas consentir à (faire qqch.), à admettre (qqch.). *Je me refuse à envisager cette solution.* CONTR. **accorder, donner, offrir · accepter, consentir · admettre, recevoir.**
ÉTYM. latin populaire *refusare,* croisement de *refutare* «repousser» et *recusare* «refuser».

RÉFUTATION [Refytasjɔ̃] **n. f.** ✦ Action de réfuter ; raisonnement par lequel on réfute. *La réfutation d'un argument.* CONTR. **approbation.**
ÉTYM. latin *refutatio.*

RÉFUTER [Refyte] **v. tr.** (conjug. 3a) ✦ Repousser (un raisonnement) en prouvant sa fausseté. *Réfuter une théorie ; des objections.* ➙ par ext. *Réfuter un auteur.* CONTR. **approuver, confirmer.**
ÉTYM. latin *refutare.*

REG [Rɛg] **n. m.** ✦ GÉOGR. Forme particulière de désert rocheux, caillouteux.
ÉTYM. mot arabe.

REGAGNER [R(ə)gaɲe] **v. tr.** (conjug. 3a) **1.** Reprendre, retrouver (ce qu'on avait perdu). *Regagner l'amitié de qqn.* **2.** Revenir, retourner à (un endroit). *Regagner sa place.*

① **REGAIN** [Rəgɛ̃] **n. m.** ✦ Herbe qui repousse dans une prairie après la première coupe. *Faucher le regain.*
ÉTYM. du francique *waida* « prairie ».

② **REGAIN** [Rəgɛ̃] **n. m.** ✦ Retour (de ce qui était compromis, avait disparu). *Un regain de jeunesse, d'intérêt.*
ÉTYM. de *regagner.*

RÉGAL, ALS [Regal] **n. m.** **1.** Nourriture délicieuse. *Cette glace est un régal.* SYN. **délice.** *Des régals.* **2.** abstrait Ce qui cause un grand plaisir. *Un régal pour les yeux.*
ÉTYM. probablt de l'ancien français *gale* « réjouissance ».

à la **RÉGALADE** [alaRegalad] **loc. adv.** ✦ *Boire À LA RÉGALADE,* en renversant la tête en arrière, et sans que le récipient touche les lèvres.
ÉTYM. du mot régional *galade* « gosier », avec influence de *régaler.*

RÉGALER [Regale] **v. tr.** (conjug. 3a) **1.** Offrir un bon repas, un bon plat à (qqn). *Régaler qqn de qqch.* ➙ absolt FAM. Payer à boire ou à manger. *C'est moi qui régale.* **2.** *SE RÉGALER* **v. pron.** Prendre un vif plaisir à manger qqch. *Nous nous sommes bien régalés.* ➙ abstrait *Se régaler de musique.* SYN. se **délecter.**
ÉTYM. de *régal.*

RÉGALIEN, IENNE [Regaljɛ̃, jɛn] **adj.** ✦ *Droit régalien,* qui appartient au roi, et, par ext. au chef de l'État. *Le droit de grâce est une survivance du droit régalien.*
ÉTYM. latin *regalis* « du roi (*rex, regis*) ».

REGARD [R(ə)gaR] **n. m.** **1.** Action de regarder ; expression des yeux de la personne qui regarde. *Parcourir, suivre du regard. Soustraire aux regards,* cacher. ◆ *LE REGARD (de qqn). Son regard se posa sur moi.* ➙ L'expression habituelle des yeux. *Il a le regard perçant.* ◆ *UN REGARD. Un regard furtif, en coin. Au premier regard :* au premier coup d'œil. ➙ *Échanger un regard avec qqn. Un regard complice.* ➙ *Un regard étonné, inquiet.* **2.** loc. *Avoir droit de regard sur :* avoir le droit de surveiller, de contrôler. ◆ *AU REGARD DE* **loc. prép.** : en ce qui concerne. *Au regard de la loi.* ◆ *EN REGARD* **loc. adv.** : en face, vis-à-vis. *Texte avec la traduction en regard.* ➙ *EN REGARD DE* **loc. prép.** : comparativement à. **3.** Ouverture facilitant les visites, les réparations (dans un conduit, une cave...).
ÉTYM. de *regarder.*

REGARDABLE [R(ə)gaRdabl] **adj.** ✦ surtout négatif Supportable à regarder. *Cette émission n'est pas regardable.*

REGARDANT, ANTE [R(ə)gaRdɑ̃, ɑ̃t] **adj.** **1.** Qui regarde à la dépense ; qui est très économe. **2.** Vigilant, attentif à. *Il est peu regardant sur la qualité.* CONTR. **dépensier, prodigue.**
ÉTYM. du participe présent de *regarder.*

REGARDER [R(ə)gaRde] **v. tr.** (conjug. 3a) **I 1.** Faire en sorte de voir, s'appliquer à voir (qqn, qqch.). SYN. **examiner, observer.** *Regarder le ciel. Regarder sa montre* (pour *regarder l'heure*). ➙ *Regarder qqn avec attention, insistance.* SYN. **dévisager.** *Regarder qqn, qqch. du coin de l'œil, à la dérobée.* SYN. **lorgner.** *Regarder qqn de travers.* ◆ FAM. *Regardez-moi ce travail !,* constatez vous-même. ◆ absolt *Regarder par la fenêtre. Regarder autour de soi.* **2.** absolt Observer. *Savoir regarder. Regardez bien.* ◆ (+ inf.) *Regarder la pluie tomber, tomber la pluie.* **3.** Envisager, considérer (de telle ou telle façon). *Regarder la réalité en face.* ➙ *Regarder la vie avec optimisme. Il ne regarde que son intérêt.* SYN. **rechercher.** **4.** (sujet chose) Avoir rapport à. SYN. **concerner.** *Cela ne te regarde pas,* ce n'est pas ton affaire. *Mêle-toi de ce qui te regarde !* **5.** (choses) Être tourné vers. *Façade qui regarde la rue.* **II v. tr. ind.** *REGARDER À (qqch.)* : considérer attentivement, tenir compte de. *Ne regardez pas à la dépense.* ➙ *Y regarder de près ; à deux fois* (avant de juger, de se décider). **III** *SE REGARDER* **v. pron.** **1.** **réfl.** *Se regarder dans la glace.* ➙ loc. *Il ne s'est pas regardé ! :* il ne voit pas ses propres défauts (en jugeant les autres). **2.** **récipr.** *Ils se regardent amoureusement.*
ÉTYM. de *re-* et *garder* « veiller, avoir l'œil ».

RÉGATE [Regat] **n. f.** **1.** Course de bateaux sur un parcours (sur mer, rivière...). **2.** RARE Cravate de type courant (un nœud, deux pans superposés).
ÉTYM. vénitien *regata* « défi ».

RÉGATER [Regate] **v. intr.** (conjug. 3a) ✦ Participer à une régate.

RÉGATIER, IÈRE [Regatje, jɛR] **n.** ✦ Personne qui participe à une régate.

RÉGENCE [Reʒɑ̃s] **n. f.** **1.** Gouvernement d'une monarchie par un régent*. **2.** spécialt (☛ noms propres) *La Régence :* régence du duc d'Orléans (1715-1723), en France, après la mort de Louis XIV. *Le libertinage de la Régence.* **3.** **appos. invar.** De l'époque de la Régence, ou qui en rappelle le style souple et gracieux. *Style Régence. Des meubles Régence.*
ÉTYM. de *régent.*

RÉGÉNÉRATEUR, TRICE [ReʒeneRatœR, tRis] **adj.** ✦ Qui régénère.

RÉGÉNÉRATION [ReʒeneRasjɔ̃] **n. f.** ✦ Action de régénérer ; fait de se régénérer.
ÉTYM. latin *regeneratio.*

RÉGÉNÉRER [ReʒeneRe] **v. tr.** (conjug. 8) **1.** Reconstituer (un tissu vivant). ➙ pronom. *La queue du lézard se régénère.* **2.** Renouveler en redonnant les qualités perdues. *Régénérer la société.*
ÉTYM. latin *regenerare* « faire revivre ».

RÉGENT, ENTE [Reʒɑ̃, ɑ̃t] **n.** **1.** Personne qui assume la responsabilité du pouvoir politique (régence) pendant la minorité ou l'absence d'un souverain. ➙ **adj.** *Reine régente, prince régent.* ◆ spécialt *Le Régent,* le duc d'Orléans (➙ **régence,** 2). **2.** Personne qui régit, administre.
ÉTYM. latin *regens,* p. passé de *regere* « diriger ».

RÉGENTER [reʒɑ̃te] **v. tr.** (conjug. 3a) ✦ Diriger avec une autorité excessive ou injustifiée. *Il veut tout régenter.*
ÉTYM. de *régent.*

REGGAE [rege] **n. m.** ✦ Musique populaire de la Jamaïque, au rythme marqué. ➝ **adj. invar.** *Musique reggae. Des groupes reggae.*
ÉTYM. mot anglais de la Jamaïque.

RÉGICIDE [reʒisid] **n.** 1. Assassin d'un roi. *Le régicide Ravaillac.* ➝ **adj.** *Révolution régicide.* 2. **n. m.** Meurtre (ou condamnation à mort) d'un roi.
ÉTYM. latin *regicida* et *regicidium,* de *rex, regis* «roi» → -cide.

RÉGIE [reʒi] **n. f.** 1. Entreprise gérée par les fonctionnaires d'une collectivité publique ; entreprise confiée par l'État à un établissement qui le représente. *La Régie française des tabacs.* ➝ (dans le nom d'entreprises nationalisées) *Régie autonome des transports parisiens (R. A. T. P.).* 2. Organisation matérielle (d'un spectacle, d'une émission) ; service qui en est chargé (→ **régisseur**).
ÉTYM. de *régir.*

REGIMBER [r(ə)ʒɛ̃be] **v. intr.** (conjug. 3a) ✦ Résister en refusant.
ÉTYM. de l'ancien français *regiber* «ruer», probablement d'origine onomatopéique.

① **RÉGIME** [reʒim] **n. m.** 1. Organisation politique, économique, sociale (d'un État). *Régime parlementaire, présidentiel.* ➝ *Les opposants au régime.* ➝ *L'Ancien Régime,* celui de la monarchie française avant 1789 (☞ noms propres). 2. Dispositions qui organisent une institution ; cette organisation. *Régime fiscal, douanier, pénitentiaire.* 3. Conduite à suivre en matière d'hygiène, de nourriture. *Ordonner un régime à un malade. Le régime d'entraînement d'un sportif.* ➝ *Le régime alimentaire d'un animal,* ce qu'il mange. ♦ spécialt COUR. Alimentation raisonnée. *Se mettre au régime. Suivre un régime pour maigrir.* 4. Manière dont se produisent certains phénomènes physiques (mouvements...). *Le régime d'écoulement d'un fluide.* ➝ *Régime d'un moteur* (nombre de tours ; allure). *Régime normal, ralenti.* loc. *À plein régime ;* fig. avec le maximum d'intensité, de moyens. *L'usine tourne à plein régime.* ♦ GÉOGR. Conditions définissant un phénomène (météorologique, hydrographique). *Régime d'un fleuve. Régime des précipitations.* 5. GRAMM. Terme régi par un autre terme. *Régime direct, indirect* (d'un verbe). *Le régime des verbes et des adjectifs en allemand.*
ÉTYM. latin *regimen* «direction, conduite».

② **RÉGIME** [reʒim] **n. m.** ✦ Ensemble des fruits, réunis en grappe, de certains arbres (bananiers, dattiers). *Un régime de bananes.*
ÉTYM. mot des Antilles, peut-être espagnol *racimo* «grappe de raisin».

RÉGIMENT [reʒimɑ̃] **n. m.** 1. Corps de troupe de l'armée de terre placé sous la direction d'un colonel. *Un régiment d'infanterie, de chars.* ♦ FAM. *Le régiment :* l'armée, le service militaire. *Aller au régiment :* être incorporé. *Un copain de régiment.* 2. Grand nombre (de personnes, de choses). SYN. **bataillon.** ➝ FAM. *Il y en a pour un régiment,* beaucoup.
ÉTYM. latin *regimentum* «direction».

RÉGION [reʒjɔ̃] **n. f.** 1. Territoire possédant des caractères particuliers qui lui donnent une unité. SYN. **contrée, province.** *Région désertique, polaire. Région à forte population.* ➝ *Dans nos régions,* nos climats, nos pays. ♦ Unité territoriale administrative. *Région militaire.* ➝ *La Région Bretagne. Préfet de Région.* 2. Étendue de pays (autour d'une ville). *La région de Pau.* ➝ *Sillonner la région.* 3. Partie déterminée du corps. *La région du cœur. La région lombaire.*
ÉTYM. latin *regio.*

RÉGIONAL, ALE, AUX [reʒjɔnal, o] **adj.** 1. Relatif à une région. *Les parlers régionaux. Les usages régionaux d'une langue* (→ **régionalisme**). *Coutumes régionales* (→ **folklore**). ➝ *Élections régionales.* 2. Qui regroupe plusieurs nations voisines. *Accords régionaux en Europe.*

RÉGIONALEMENT [reʒjɔnalmɑ̃] **adv.** ✦ Du point de vue de la région ; sur le plan régional.

RÉGIONALISATION [reʒjɔnalizasjɔ̃] **n. f.** ✦ Décentralisation à l'échelle de la région.
ÉTYM. de *régionaliser.*

RÉGIONALISER [reʒjɔnalize] **v. tr.** (conjug. 3a) ✦ Opérer la régionalisation de. ➝ Organiser par régions.
ÉTYM. de *régional.*

RÉGIONALISME [reʒjɔnalism] **n. m.** 1. Tendance à favoriser les traits particuliers d'une région. ➝ Tendance donnant aux régions une certaine autonomie. 2. LING. Fait de langue propre à une région, qui diffère de l'usage général.
ÉTYM. de *régional.*

RÉGIONALISTE [reʒjɔnalist] **adj. et n.** ✦ Partisan du régionalisme, de la régionalisation. ➝ *Écrivain régionaliste,* dont l'œuvre est centrée sur une région.

RÉGIR [reʒir] **v. tr.** (conjug. 13) 1. VIEILLI Administrer, gérer (→ **régisseur**). 2. (lois, règles) Déterminer. *Les lois qui régissent la société.* 3. GRAMM. Déterminer, entraîner (une fonction, un mode...). *Conjonction qui régit le subjonctif.*
ÉTYM. latin *regere* «diriger, gouverner».

RÉGISSEUR [reʒisœr] **n. m.** 1. Personne qui administre, qui gère (une propriété). SYN. **intendant.** 2. Personne qui organise matériellement les représentations théâtrales. ➝ *Régisseur de plateau* (cinéma, télévision).
ÉTYM. de *régir.*

REGISTRE [rəʒistr] **n. m.** **I** 1. Cahier sur lequel on note ce dont on veut garder le souvenir. SYN. ① **livre, répertoire.** *Inscrire sur, dans un registre* (→ **enregistrer**). ➝ *Le registre du commerce,* où doivent s'inscrire les commerçants. *Registres publics d'état civil* (naissances, mariages). 2. INFORM. Petite mémoire capable de stocker des informations. **II** 1. Chacun des étages de la voix d'un chanteur, quant à la hauteur des sons. *Le registre aigu, haut, moyen, grave.* ➝ Étendue de l'échelle musicale (d'une voix, d'un instrument). SYN. **tessiture.** 2. fig. Caractères particuliers (d'une œuvre, du discours). SYN. ② **ton.** *Changer de registre.* ➝ *Registres de langue :* manières d'exprimer un message selon la situation de communication (*registre familier, courant* ou *neutre, soutenu*). SYN. **niveau.**
ÉTYM. latin *regesta.*

RÉGLABLE [reglabl] **adj.** 1. Qu'on peut régler. *Siège réglable.* 2. Qui doit être payé (dans certaines conditions). *Achat réglable en six mensualités.*

RÉGLAGE [reglaʒ] n. m. ✦ Opération qui consiste à régler (un dispositif, un mécanisme...) ; manière de régler. *Le réglage d'une machine. Mauvais réglage.*
ÉTYM. de *régler.*

RÈGLE [ʀɛgl] n. f. **I** Instrument allongé qui sert à tirer des traits, à mesurer une longueur, etc. *Tracer des lignes à la règle, avec une règle. Règle graduée.* **II 1.** Ce qui est imposé ou adopté comme ligne directrice de conduite ; formule qui indique ce qui doit être fait dans un cas déterminé. SYN. **loi, principe** ; → **règlement, réglementation.** *Adopter une règle de conduite, une règle de vie* (→ **ligne**). *Les règles de la politesse.* – *Règle de grammaire. La règle et l'exception. Les règles de l'harmonie.* loc. *Dans les règles de l'art*.* – *Les règles d'un jeu, d'un sport.* **2.** loc. *Selon les règles, dans les règles,* comme il se doit. – *En règle générale.* → **généralement.** – *C'est la règle,* c'est ainsi. ♦ *DE RÈGLE. Il est de règle de..., que... Le tutoiement est de règle ici.* ♦ *Être, se mettre EN RÈGLE avec...* – *EN RÈGLE.* loc. adj. Conforme aux règles, aux usages. *Faire une cour en règle à qqn.* – Conforme aux prescriptions légales. *Avoir ses papiers en règle.* **3.** Ensemble des préceptes disciplinaires auxquels est soumis un ordre religieux (→ **régulier,** II, 1). *Règle monastique.* **4.** Procédé arithmétique qui permet de résoudre certains problèmes. *Règle de trois*.* **III** au plur. Écoulement périodique de sang provenant de l'utérus, chez la femme. SYN. **menstrues.** *Avoir ses règles.*
ÉTYM. latin *regula.*

RÉGLÉ, ÉE [ʀegle] adj. **1.** Soumis à des règles, une discipline. *Une vie réglée.* SYN. **organisé. 2.** Qui a ses règles (III). *Jeune fille réglée* (→ **nubile, pubère**). CONTR. **déréglé.**
ÉTYM. de *régler.*

RÈGLEMENT [ʀɛgləmɑ̃] n. m. **I 1.** Action, fait de régler (une affaire, un différend). *Le règlement d'un conflit.* **2.** Action de régler (un compte ; une note). *Le règlement d'une dette. Faire un règlement par chèque.* – loc. *Règlement de compte(s)*.* **II 1.** Décision administrative qui pose une règle générale. → ① **arrêté, décret.** *Règlement de police.* **2.** Ensemble de règles qui préside au fonctionnement d'un groupe, d'un organisme. *Règlement intérieur du collège. Règlement d'une association* (→ **statut**).

RÉGLEMENTAIRE [ʀɛgləmɑ̃tɛʀ] adj. **1.** Conforme au règlement ; imposé, fixé par un règlement. **2.** *Pouvoir réglementaire,* en vertu duquel une autorité peut faire des règlements (II, 1).
► **RÉGLEMENTAIREMENT** [ʀɛgləmɑ̃tɛʀmɑ̃] adv.

RÉGLEMENTATION [ʀɛgləmɑ̃tasjɔ̃] n. f. ✦ Action de réglementer ; ensemble de règlements. *La réglementation du travail.* CONTR. **déréglementation.**

RÉGLEMENTER [ʀɛgləmɑ̃te] v. tr. (conjug. 3a) ✦ Assujettir à un règlement ; organiser selon un règlement. – au p. passé *Stationnement réglementé.* CONTR. **déréglementer.**

RÉGLER [ʀegle] v. tr. (conjug. 8) **I** Couvrir (du papier...) de lignes droites parallèles (→ **réglure**). – au p. passé *Papier réglé.* **II 1.** VX ou LITTÉR. Assujettir à des règles. *Régler sa vie.* – MOD. *Régler sa conduite sur qqn, qqch.,* prendre pour modèle, pour règle. *Régler son pas sur celui de qqn.* **2.** Fixer, définitivement ou exactement. *Régler les modalités d'une entrevue.* SYN. **établir, déterminer. 3.** Mettre au point le fonctionnement de (un dispositif, un mécanisme...). *Régler le débit d'un robinet, le régime d'une machine* (→ **réglage**). – au p. passé *Carburateur mal réglé.* **III 1.** Résoudre, terminer. *Régler une question ; un litige.* – au p. passé *C'est une affaire réglée.* **2.** Arrêter et payer (un compte) ; payer (une note). *Régler une facture.* SYN. **acquitter.** absolt *Régler en espèces.* – Payer (un fournisseur). *Régler le boucher.* CONTR. **dérégler.**

RÈGLES n. f. pl. → RÈGLE (III)

RÉGLEUR, EUSE [ʀeglœʀ, øz] n. ✦ Ouvrier, ouvrière spécialisé(e) dans le réglage de certains appareils ou machines.
ÉTYM. de *régler.*

RÉGLISSE [ʀeglis] n. f. ✦ Plante à racine brune, jaune au-dedans, comestible. – *Pâte de réglisse,* tirée de la réglisse. – *Sucer de la réglisse* (aussi masc. : *du réglisse*).
ÉTYM. du grec *glukurrhiza* «racine douce».

RÉGLO [ʀeglo] adj. ✦ FAM. Conforme à la règle ; qui respecte la règle. *Des types réglos.* SYN. **régulier.**
ÉTYM. de *régulier.*

RÉGLURE [ʀeglyʀ] n. f. ✦ Opération qui consiste à régler du papier ; lignes ainsi tracées.
ÉTYM. de *régler.*

RÉGNANT, ANTE [ʀeɲɑ̃, ɑ̃t] adj. **1.** Qui règne. *Le prince régnant. Famille régnante,* dont un membre règne. **2.** fig. LITTÉR. Qui domine, qui a cours. SYN. **dominant.**
ÉTYM. du participe présent de *régner.*

RÈGNE [ʀɛɲ] n. m. **I 1.** Exercice du pouvoir souverain ; période pendant laquelle il s'exerce. *Le règne de Louis XIV.* **2.** Pouvoir absolu ; influence prédominante (d'une personne, d'un groupe ; d'une chose). *Le règne de l'argent ; des technocrates.* **II** *Règne végétal, animal,* les deux grandes divisions du monde vivant. VX *Règne minéral.*
ÉTYM. latin *regnum* «autorité du roi *(rex, regis)*».

RÉGNER [ʀeɲe] v. intr. (conjug. 8) **1.** Exercer le pouvoir monarchique (→ **règne**). *Régner (pendant) vingt ans.* – loc. *Diviser* pour régner.* **2.** Exercer un pouvoir absolu. SYN. **dominer.** *Il règne en maître dans son entreprise.* ♦ (choses) Avoir une influence prédominante. *Faire régner la justice sur le monde.* **3.** (sens affaibli ; sujet chose) Exister, s'être établi (quelque part). *L'harmonie qui règne entre nous.* – *Faire régner l'ordre, le silence.* – iron. *Vous vérifiez tout ? La confiance règne !*
ÉTYM. latin *regnare.*

REGONFLER [ʀ(ə)gɔ̃fle] v. tr. (conjug. 3a) ✦ Gonfler (qqch.) de nouveau. *Regonfler un pneu.* ♦ fig. FAM. *Regonfler qqn, le moral de qqn,* lui redonner du courage. – au p. passé *Regonflé à bloc.*

REGORGER [ʀ(ə)gɔʀʒe] v. tr. ind. (conjug. 5) ✦ *REGORGER DE :* avoir en surabondance. *Les bois regorgent de champignons.* CONTR. **manquer.**
ÉTYM. de *re-* et *gorge.*

RÉGRESSER [ʀegʀese] v. intr. (conjug. 3a) ✦ Subir une régression. CONTR. se **développer, progresser.**
ÉTYM. de *régression,* d'après *progresser.*

RÉGRESSIF, IVE [ʀegʀesif, iv] adj. ✦ Qui constitue une régression, résulte d'une régression. *Phénomène régressif.* CONTR. **progressif.**

RÉGRESSION [ʀegʀesjɔ̃] n. f. 1. Évolution qui ramène à un degré moindre. SYN. **recul.** *La mortalité infantile est en régression.* SYN. **diminution.** *Régression de la production.* → **récession.** 2. GÉOL. Retrait de la mer en deçà de ses limites antérieures (baisse du niveau de la mer, soulèvement du continent). 3. PSYCH. Retour à un stade antérieur de développement psychique. CONTR. **hausse, progrès, progression • transgression.**
ÉTYM. latin *regressio.*

REGRET [ʀ(ə)gʀɛ] n. m. I État de conscience douloureux causé par la perte d'un bien. *Le regret du pays natal ; du passé.* SYN. **nostalgie.** *Regrets éternels* (formule d'inscription funéraire). II 1. Mécontentement ou chagrin (d'avoir fait, de n'avoir pas fait, dans le passé). SYN. **remords,** ② **repentir.** *Avoir, montrer du regret de...* – *Regret d'une faute, d'avoir commis une faute.* 2. Déplaisir causé par une réalité contrariante. *Le regret de n'avoir pas réussi.* – *À REGRET* loc. adv. : contre son désir. *Accepter à regret.* 3. Déplaisir qu'on exprime d'être dans la nécessité de. *J'ai le regret de ne pouvoir vous recevoir.* – (formule) *Nous sommes au regret de vous annoncer...*
ÉTYM. de *regretter.*

REGRETTABLE [ʀ(ə)gʀetabl] adj. ✦ Qui est à regretter. SYN. **fâcheux.** *Un incident regrettable.* SYN. **déplorable.** – *Il est regrettable que...* (SYN. **dommage, malheureux**). CONTR. **heureux, souhaitable.**

REGRETTER [ʀ(ə)gʀete] v. tr. (conjug. 3a) I Éprouver le désir douloureux de (un bien qu'on a eu et qu'on n'a plus). *Regretter le temps passé ; sa jeunesse.* ♦ Ressentir péniblement l'absence ou la mort de (qqn). – au p. passé *Notre regretté confrère.* II 1. Être mécontent (d'avoir fait ou de n'avoir pas fait). SYN. **se repentir.** *Il regrette son indulgence. Je ne regrette rien.* – Désavouer (sa conduite passée). *Je regrette mon geste.* 2. Être mécontent de (ce qui contrarie une attente, un désir). SYN. **déplorer.** *Je regrette cette décision.* – *REGRETTER QUE* (+ subj.). *Je regrette qu'il soit parti.* 3. *REGRETTER DE* (+ inf.) : faire savoir qu'on éprouve du regret de. *Je regrette de vous avoir fait attendre.* SYN. **s'excuser.** *Je regrette* (formule pour contredire ou s'excuser). → **pardon.** CONTR. **se féliciter, se réjouir.**
ÉTYM. origine incertaine, peut-être ancien scandinave *grâta* «pleurer».

REGROUPEMENT [ʀ(ə)gʀupmɑ̃] n. m. ✦ Action de regrouper, de se regrouper ; son résultat.

REGROUPER [ʀ(ə)gʀupe] v. tr. (conjug. 3a) 1. Grouper de nouveau (ce qui s'était dispersé). *Regrouper les membres d'un parti.* – pronom. *Se regrouper autour de qqn.* 2. Grouper (des éléments dispersés), réunir. *Regrouper des tendances diverses.* SYN. **rassembler, réunir.** CONTR. **disperser, disséminer.**

RÉGULARISATION [ʀegylaʀizasjɔ̃] n. f. ✦ Action de régulariser ; fait d'être régularisé.

RÉGULARISER [ʀegylaʀize] v. tr. (conjug. 3a) 1. Rendre conforme aux lois ; mettre en règle. *Régulariser sa situation* (administrative...). 2. Rendre régulier (ce qui est inégal, intermittent). *Régulariser le fonctionnement d'un appareil* (→ **régler**) ; *le régime d'un fleuve.*
ÉTYM. du latin *regularis* → régulier.

RÉGULARITÉ [ʀegylaʀite] n. f. 1. Conformité aux règles. *La régularité d'une élection.* 2. Fait de présenter des proportions régulières. *La régularité d'une façade* (→ **symétrie ; harmonie**). 3. Caractère régulier, égal, uniforme. *La régularité de son pas. Une vie d'une grande régularité.*
ÉTYM. du latin *regularis* → régulier.

RÉGULATEUR, TRICE [ʀegylatœʀ, tʀis] adj. et n. m. I adj. Qui règle, qui régularise. *Mécanisme régulateur.* II n. m. Système destiné à maintenir la régularité du fonctionnement d'un mécanisme. *Régulateur de vitesse, de température.*
ÉTYM. du latin *regulare* «régler».

RÉGULATION [ʀegylasjɔ̃] n. f. ✦ Fait d'assurer le fonctionnement correct (d'un système complexe). *La régulation du trafic* (chemin de fer, etc.). *Régulation des naissances.* SYN. **contrôle.** – *Régulation thermique* (chez les mammifères, les oiseaux).
ÉTYM. du latin *regulare* «régler», de *regula* → règle.

RÉGULER [ʀegyle] v. tr. (conjug. 3a) ✦ DIDACT. Soumettre à une régulation.

RÉGULIER, IÈRE [ʀegylje, jɛʀ] adj. I (choses) 1. Qui est conforme aux règles. SYN. **normal.** *Verbes réguliers,* qui suivent les règles ordinaires de la conjugaison. – Conforme aux dispositions légales, réglementaires. *Gouvernement régulier.* – jeux, sports *Coup régulier,* permis. 2. Qui présente un caractère de symétrie, d'ordre, d'harmonie. *Proportions régulières. Écriture régulière. Visage régulier.* – MATH. *Polygone régulier,* aux côtés et aux angles égaux. 3. (mouvement, phénomène) Qui se déroule de façon uniforme. SYN. **égal.** *Vitesse régulière. Rythme régulier. Progrès réguliers* (→ **suivi**). 4. Qui se renouvelle à intervalles égaux. *Frapper des coups réguliers. Contrôles réguliers.* – *À intervalles réguliers,* régulièrement. 5. Qui n'est pas occasionnel, mais habituel. *Un service régulier de cars.* 6. Qui reste conforme aux mêmes principes. *Habitudes régulières. Vie régulière.* SYN. **réglé.** II (personnes) 1. Qui appartient à un ordre religieux. *Clergé régulier et clergé séculier* (→ **règle,** II, 3). 2. *Armées, troupes régulières,* contrôlées par le pouvoir central (par opposition aux milices, etc.). 3. Ponctuel, réglé. *Être régulier dans son travail.* – Qui obtient des résultats d'un niveau constant. *Élève régulier.* 4. FAM. Qui respecte les règles en vigueur (dans une profession, une activité). *Régulier en affaires.* SYN. **correct,** FAM. **réglo.** CONTR. **irrégulier ; illégal • asymétrique, inégal • exceptionnel, occasionnel.**
ÉTYM. latin *regularis* «qui sert de règle *(regula)*».

RÉGULIÈREMENT [ʀegyljɛʀmɑ̃] adv. 1. D'une manière régulière, légale. *Fonctionnaire régulièrement nommé.* 2. Avec régularité. *Couche de terre répartie régulièrement.* SYN. **uniformément.** – *Client qui vient régulièrement.* CONTR. **irrégulièrement • exceptionnellement, occasionnellement.**

RÉGURGITER [ʀegyʀʒite] v. tr. (conjug. 3a) ✦ DIDACT. Rendre ; faire revenir de l'estomac dans la bouche. *Régurgiter des aliments.*
► **RÉGURGITATION** [ʀegyʀʒitasjɔ̃] n. f.
ÉTYM. du latin *gurges* «tourbillon».

RÉHABILITATION [ʀeabilitasjɔ̃] n. f. ✦ Fait de réhabiliter. *La réhabilitation du capitaine Dreyfus.*

RÉHABILITER [ʀeabilite] v. tr. (conjug. 3a) 1. Rendre à (qqn) ses droits perdus et l'estime publique. *Réhabiliter un condamné.* – au p. passé *Innocent réhabilité.* ♦ Rétablir dans l'estime, dans la considération d'autrui. – pronom. *Se réhabiliter.* SYN. **se racheter.** 2. Remettre en bon état (ce qui est délabré, insalubre). SYN. **rénover.** – au p. passé *Immeuble ancien réhabilité.* CONTR.

① **dégrader,** ② **flétrir.**
ÉTYM. de *re-* et *habiliter.*

RÉHABITUER [Reabitɥe] v. tr. (conjug. 3a) ✦ Faire reprendre une habitude perdue à (qqn). SYN. **réaccoutumer.** ➝ pronom. *Se réhabituer à se lever tôt.*

REHAUSSER [Rəose] v. tr. (conjug. 3a) 1. Hausser davantage ; élever à un plus haut niveau. *Rehausser un mur.* SYN. **surélever.** 2. fig. Faire ressortir, mettre en valeur. *Le fard rehausse l'éclat de son teint.* ➝ au p. passé *Rehaussé de* : orné de. *Habit rehaussé de broderies.* 3. PEINT. Donner plus de relief à (un dessin) en accentuant certains éléments (➝ **rehaut**). CONTR. **rabaisser** • **atténuer, déprécier.**

REHAUT [Rəo] n. m. ✦ PEINT. Touche claire qui accuse les lumières.
ÉTYM. de *rehausser.*

RÉHYDRATER [ReidRate] v. tr. (conjug. 3a) ✦ Hydrater de nouveau (ce qui est déshydraté).
► **RÉHYDRATATION** [ReidRatasjɔ̃] n. f.

RÉIMPRESSION [Reɛ̃pResjɔ̃] n. f. ✦ Action de réimprimer (un livre) ; livre réimprimé.

RÉIMPRIMER [Reɛ̃pRime] v. tr. (conjug. 3a) ✦ Imprimer de nouveau (généralement sous la même forme). ➝ au p. passé *Un livre souvent réimprimé.*

REIN [Rɛ̃] n. m. 1. au plur. Partie inférieure du dos, au niveau des vertèbres lombaires. SYN. **lombes.** *La cambrure des reins. Avoir mal aux reins.* ➝ *Tour de reins* : lumbago. ♦ loc. fig. *Avoir les reins solides* : être de taille à affronter une épreuve. ➝ *Casser les reins à qqn,* briser sa carrière. 2. Chacun des deux organes qui élaborent l'urine. ➝ **néphr(o)-** ; **rénal.** *Rein droit, gauche. Greffe du rein.* ➝ *Rein artificiel* : appareil palliant l'insuffisance rénale par dialyse*. ♦ *Rein des animaux.* ➝ **rognon.**
ÉTYM. latin *renes* (pluriel).

RÉINCARNATION [Reɛ̃karnasjɔ̃] n. f. ✦ RELIG. Incarnation dans un nouveau corps (d'une âme qui avait été unie à un autre corps). SYN. **métempsycose.**

se **RÉINCARNER** [Reɛ̃karne] v. pron. (conjug. 3a) ✦ RELIG. S'incarner dans un nouveau corps.

REINE [Rɛn] n. f. 1. Épouse d'un roi. ♦ *Reine mère* : mère du souverain régnant. 2. Femme qui détient l'autorité souveraine dans un royaume. SYN. **souveraine.** *Époux d'une reine.* ➝ prince **consort.** ➝ loc. *Un port de reine* : un maintien majestueux. 3. JEUX Deuxième pièce du jeu d'échecs, à l'action la plus étendue. ➝ (aux cartes) *Reine de carreau.* SYN. ① **dame.** 4. Femme qui l'emporte sur les autres. *La reine de la soirée* (SYN. ① **héroïne**). *Reine de beauté.* ➝ **miss.** ➝ *C'est la reine de son cœur.* 5. Femelle féconde (d'abeille...), unique dans la colonie. *La reine et les ouvrières d'une ruche.*
HOM. RÊNE «bride», RENNE «animal»
ÉTYM. latin *regina.*

REINE-CLAUDE [Rɛnklod] n. f. ✦ Prune verte, à la chair fondante. *Des reines-claudes.*
ÉTYM. de *prune de la reine Claude,* femme de François Ier.
☛ CLAUDE DE FRANCE (noms propres).

REINE-MARGUERITE [RɛnmaRgəRit] n. f. ✦ Plante aux fleurs blanches, roses ou mauves ; ces fleurs. *Des reines-marguerites.*

REINETTE [Rɛnɛt] n. f. ✦ Variété de pomme très parfumée. *Reinette grise ; reinette du Canada* (➝ **canada**).
HOM. RAINETTE «grenouille»
ÉTYM. diminutif de *reine.*

RÉINITIALISER [Reinisjalize] v. tr. (conjug. 3a) ✦ INFORM. 1. Redémarrer (un ordinateur, un système informatique) après un blocage. 2. Remettre (une application, un système informatique) dans son état initial.
► **RÉINITIALISATION** [Reinisjalizasjɔ̃] n. f.

RÉINSÉRER [Reɛ̃seRe] v. tr. (conjug. 8) ✦ Fournir à (qqn) les moyens de se réadapter à la vie sociale. *Réinsérer un ancien détenu.* ➝ pronom. *Se réinsérer.*
ÉTYM. de *re-* et *insérer.*

RÉINSERTION [Reɛ̃sɛRsjɔ̃] n. f. ✦ Fait de réinsérer, de se réinsérer. *Réinsertion sociale.*

RÉINSTALLER [Reɛ̃stale] v. tr. (conjug. 3a) ✦ Installer de nouveau.
► **RÉINSTALLATION** [Reɛ̃stalasjɔ̃] n. f.

RÉINTÉGRATION [Reɛ̃tegRasjɔ̃] n. f. ✦ Action de réintégrer (2) ; son résultat.

RÉINTÉGRER [Reɛ̃tegRe] v. tr. (conjug. 8) 1. Revenir dans (un lieu). *Réintégrer son logis.* SYN. **regagner.** 2. Rétablir (qqn) dans la jouissance d'un bien, d'un droit. *Réintégrer qqn dans ses fonctions.*
ÉTYM. latin médiéval *reintegrare,* classique *redintegrare* «rétablir».

RÉINTRODUIRE [Reɛ̃tRɔdɥiR] v. tr. (conjug. 64b) ✦ Introduire de nouveau.
► **RÉINTRODUCTION** [Reɛ̃tRɔdyksjɔ̃] n. f.

RÉINVENTER [Reɛ̃vɑ̃te] v. tr. (conjug. 3a) ✦ Inventer de nouveau ; renouveler.

RÉITÉRER [ReiteRe] v. tr. (conjug. 8) ✦ Faire de nouveau, faire plusieurs fois. SYN. **renouveler.** *Réitérer une promesse.* ➝ au p. passé *Efforts réitérés.* SYN. **répété.**
► **RÉITÉRATION** [ReiteRasjɔ̃] n. f.
ÉTYM. latin *reiterare.*

REJAILLIR [R(ə)ʒajiR] v. intr. (conjug. 13) 1. (liquide) Jaillir en étant renvoyé (par un choc...). 2. fig. *REJAILLIR SUR qqn* : retomber, se reporter sur (par un prolongement de l'effet). *Son succès a rejailli sur nous.*
► **REJAILLISSEMENT** [R(ə)ʒajismɑ̃] n. m.

REJET [Rəʒɛ] n. m. I Nouvelle pousse (d'une plante). *Rejet de châtaignier.* SYN. **rejeton** (1). II 1. Action de rejeter, d'évacuer ; son résultat. 2. Renvoi d'un ou plusieurs mots (vers la fin de la proposition...), dans un souci d'expressivité. ➝ Procédé qui consiste à placer au début d'un vers un mot lié par la syntaxe et le sens au vers précédent. SYN. **enjambement.** ☛ Littérature p. 122. III 1. Action de rejeter, de refuser ; son résultat. SYN. **refus.** *Le rejet d'un recours en grâce.* 2. Attitude de refus envers (qqn, un groupe ; qqch.). *Rejet des différences.* ➝ aussi **exclusion.** 3. Intolérance de l'organisme à (une greffe). *Phénomène de rejet.* CONTR. **admission, adoption.**
ÉTYM. de *rejeter.*

REJETER [Rəʒ(ə)te ; R(ə)ʒəte] v. tr. (conjug. 6b) I 1. Jeter en sens inverse. *La mer rejette les épaves à la côte.* ♦ Évacuer, expulser. *Son estomac rejette toute nourriture.* SYN. **rendre, vomir.** 2. fig. Faire retomber (sur un autre). *Rejeter une responsabilité sur qqn.* 3. Jeter, porter ou mettre ailleurs. *Rejeter un mot à la fin d'une phrase.* ➝ (en changeant la position) *Rejeter la tête, les épaules*

en arrière. **II** **1.** Écarter (qqch.) en refusant. *Rejeter une proposition.* SYN. **décliner ;** ① **repousser. 2.** Écarter (qqn) en repoussant. ➙ au p. passé *Se sentir rejeté par ses proches.* **3.** Ne pas assimiler (un greffon). CONTR. **conserver, garder • accepter, admettre, adopter.**
ÉTYM. latin *rejectare.*

REJETON [ʀ(ə)ʒətɔ̃ ; ʀəʒ(ə)tɔ̃] **n. m. 1.** Rejet (I). **2.** FAM. ou iron. Enfant ; fils.
ÉTYM. de *rejeter* « produire des rejets ».

REJOINDRE [ʀ(ə)ʒwɛ̃dʀ] **v. tr.** (conjug. 49) **1.** Aller retrouver qqn ; un groupe. *Rejoindre sa famille.* ◆ Regagner (un lieu). *Rejoindre son domicile.* **2.** (choses) Venir en contact avec. *Rue qui rejoint un boulevard.* **3.** Avoir des points communs avec. *Cela rejoint votre opinion.* **4.** Rattraper (qqn qui a de l'avance). *Pars devant, je te rejoindrai.*
ÉTYM. de *re-* et *joindre.*

RÉJOUIR [ʀeʒwiʀ] **v. tr.** (conjug. 13) **I** Rendre joyeux, faire plaisir à. *Cela me réjouit.* ➙ *Ce spectacle réjouit le cœur.* ◆ Mettre en gaieté. SYN. **amuser, égayer.** *Ses plaisanteries ont réjoui l'assemblée.* **II** *SE RÉJOUIR* **v. pron.** Éprouver de la joie, de la satisfaction. *Il n'y a pas lieu de se réjouir. SE RÉJOUIR À.* SYN. **jubiler.** *Je me réjouis à la pensée de vous revoir.* ➙ *SE RÉJOUIR DE.* SYN. **se féliciter.** *Se réjouir du succès de qqn ; qu'il ait réussi.* ➙ au p. passé *Une mine réjouie.* SYN. **gai, joyeux.** CONTR. **affliger, attrister, désoler • déplorer, regretter.**
ÉTYM. de *re-* et ancien français *esjouir* « rendre joyeux ».

RÉJOUISSANCE [ʀeʒwisɑ̃s] **n. f.** ✦ Joie collective. *Des occasions de réjouissance.* ◆ au plur. *Réjouissances publiques.* SYN. **fête.**
ÉTYM. de *réjouir.*

RÉJOUISSANT, ANTE [ʀeʒwisɑ̃, ɑ̃t] **adj.** ✦ Qui réjouit, est propre à réjouir. *Une nouvelle qui n'a rien de réjouissant.* CONTR. **attristant, désolant, navrant.**
ÉTYM. du participe présent de *réjouir.*

RELÂCHE [ʀəlɑʃ] **n. m.** et **n. f. I** **n. m.** ou **f. 1.** LITTÉR. Répit. *Un moment de relâche.* ➙ MOD. loc. adv. *SANS RELÂCHE :* sans répit. SYN. **interruption, trêve.** *Travailler sans relâche.* **2.** Fermeture momentanée (d'une salle de spectacle). *Jour de relâche. Faire relâche.* **II** **n. f.** MAR. Action de relâcher, de s'arrêter (dans un port). *Bateau qui fait relâche.* SYN. **escale.**
ÉTYM. de *relâcher.*

RELÂCHÉ, ÉE [ʀ(ə)laʃe] **adj.** ✦ Qui a perdu de sa force. *Morale relâchée.* SYN. **laxiste.** ➙ Qui manque de rigueur. *Style relâché.* CONTR. **sévère, strict ; rigoureux, soigné.**
ÉTYM. de *relâcher.*

RELÂCHEMENT [ʀ(ə)laʃmɑ̃] **n. m.** ✦ État de ce qui est relâché, moins tendu. ➙ fig. *Le relâchement des mœurs.* SYN. **laisser-aller.**

RELÂCHER [ʀ(ə)laʃe] **v.** (conjug. 3a) **I** **v. tr. 1.** Rendre moins tendu ou moins serré. SYN. **desserrer, détendre.** *Relâcher son étreinte.* ➙ *Relâcher ses muscles.* **2.** fig. Reposer et détendre. *Relâcher son attention.* ➙ Laisser perdre de sa force, de sa rigueur. *Relâcher la discipline.* **3.** Remettre (qqn) en liberté. SYN. **libérer,** ① **relaxer. II** **v. intr.** MAR. Faire escale. **III** *SE RELÂCHER* **v. pron. 1.** Devenir plus lâche. SYN. **se distendre.** ➙ fig. *Liens familiaux qui se relâchent.* **2.** Devenir moins rigoureux. SYN. **faiblir, fléchir.** *La discipline s'est relâchée.* ➙ (personnes) *Se relâcher dans son travail.* CONTR. **raidir, resserrer • renforcer • capturer, détenir.**
ÉTYM. latin *relaxare.*

RELAIS [ʀəlɛ] **n. m. 1.** anciennt Lieu où des chevaux étaient postés pour remplacer les chevaux fatigués. *Relais de poste.* ➙ MOD. Auberge ou hôtel, près d'une route. *Relais routier.* **2.** loc. *Prendre le relais de.* → **relayer. 3.** *Course de relais* ou *relais :* épreuve disputée entre équipes de plusieurs coureurs qui se relayent à des distances déterminées. *Relais 4 × 100 mètres ; 400 mètres relais.* **4.** Organisation d'un travail continu où les personnes se remplacent par roulement. *Équipes de relais.* **5.** Étape. ➙ appos. *Des villes relais.* ◆ Intermédiaire (entre personnes). *Servir de relais dans une transaction.* **6.** SC., TECHN. Dispositif servant à retransmettre un signal radioélectrique en l'amplifiant. *Relais hertzien.* ➙ On peut aussi écrire *relai* sans *s* final, comme dans *délai.*
ÉTYM. de *relayer.*

RELANCE [ʀ(ə)lɑ̃s] **n. f. 1.** JEUX Action de relancer (II). *Limiter la relance, au poker.* **2.** Reprise, nouvelle impulsion. *La relance de l'économie.* **3.** Action de relancer (I, 3). SYN. **rappel.** *Lettre de relance.*
ÉTYM. de *relancer.*

RELANCER [ʀ(ə)lɑ̃se] **v.** (conjug. 4) **I** **v. tr. 1.** Lancer à son tour (une chose reçue). *Relancer une balle.* SYN. **renvoyer. 2.** Remettre en marche ; lancer de nouveau. *Relancer un moteur.* ➙ *Relancer un projet.* **3.** Poursuivre (qqn) avec insistance, pour obtenir qqch. de lui. *Relancer qqn par téléphone.* **II** **v. intr.** JEUX Augmenter l'enjeu. *Relancer de cent euros.*

RELAPS, APSE [ʀəlaps] **adj.** ✦ RELIG. Retombé dans une hérésie, après l'avoir abjurée. *Jeanne d'Arc fut brûlée comme relapse.*
ÉTYM. latin *relapsus* « retombé ».

RELATER [ʀ(ə)late] **v. tr.** (conjug. 3a) ✦ LITTÉR. Raconter d'une manière précise et détaillée. SYN. **rapporter.** *Les historiens relatent que...* ➙ *Journal qui relate les évènements de l'actualité.*
ÉTYM. du latin *relatus* « narration », de *referre* « rapporter ».

RELATIF, IVE [ʀ(ə)latif, iv] **adj. I** **1.** Qui présente une relation avec ; au plur. qui ont une relation mutuelle. *Positions relatives.* SYN. **respectif.** ➙ MATH. *Entier relatif,* affecté du signe + ou du signe –. *L'ensemble* $\mathbb{Z}$ *des entiers relatifs.* **2.** Qui ne suffit pas à soi-même, n'est ni absolu, ni indépendant. *Tout savoir est relatif. Valeur relative. Tout est relatif :* on ne peut juger de rien en soi. **3.** Incomplet, imparfait. SYN. **partiel.** *Il est d'une propreté relative, d'une relative propreté.* **4.** *RELATIF À :* se rapportant à, concernant. *Documents relatifs à telle période.* **II** GRAMM. Se dit des mots servant à établir une relation entre un nom ou un pronom qu'ils représentent (→ **antécédent**) et une subordonnée. *Pronoms relatifs* (qui, que, dont, quoi, où, lequel, quiconque) ; *adjectifs relatifs* (lequel, quel). *Proposition relative* et **n. f.** *une relative,* introduite par un pronom relatif. CONTR. **absolu • idéal, parfait.**
ÉTYM. latin *relativus,* du supin de *referre* « rapporter ».

RELATION [ʀ(ə)lasjɔ̃] **n. f. I** DIDACT. Fait de relater ; récit. *Selon la relation d'un témoin.* SYN. **témoignage.** *Relation écrite.* → **compte rendu.** ➙ Récit fait par un voyageur. *La relation d'un voyage en Chine.* **II** (lien, rapport) **1.** Rapport de dépendance entre des choses, des phénomènes. *Relation de cause à effet. En relation avec...* → **relatif** à. *Ce que je dis n'a pas de relation avec ce qui précède.* **2.** Lien de dépendance ou d'influence réciproque (entre personnes) ; au plur. fait de se fréquenter. SYN. **commerce, contact, rapport.** *Les relations*

humaines. Relations d'amitié ; amoureuses. Relations professionnelles. Nouer des relations avec qqn. Bonnes, mauvaises relations (→ *être en bons, en mauvais termes*). *Interrompre ses relations avec qqn.* ➛ *Être, se mettre, rester* EN RELATION(S) *avec qqn.* ♦ *Avoir des relations* : connaître des gens influents. ➛ *Obtenir un poste par relations.* **3.** Personne avec qui on a des relations d'habitude. SYN. **connaissance.** *Ce n'est pas un ami, seulement une relation.* **4.** Lien entre groupes (peuples, nations, États). *Les relations internationales.* ➛ *Relations diplomatiques.* ♦ *RELATIONS PUBLIQUES* : techniques d'information et de promotion utilisées par un groupement, une société. → **communication. 5.** SC. Rapport d'interdépendance (entre un être vivant et un milieu). *Relations des êtres vivants avec leur milieu* (→ **écologie**).
ÉTYM. latin *relatio.*

RELATIONNEL, ELLE [R(ə)lasjɔnɛl] **adj.** ✦ Qui concerne les relations entre les personnes.
ÉTYM. de *relation.*

RELATIVEMENT [R(ə)lativmɑ̃] **adv. 1.** Par une relation, un rapport de comparaison (→ par rapport à). **2.** D'une manière relative. SYN. **plutôt.** *C'est relativement rare.* SYN. **assez. 3.** *RELATIVEMENT À* : en ce qui concerne. SYN. **quant à.**
ÉTYM. de *relatif.*

RELATIVISER [R(ə)lativize] **v. tr.** (conjug. 3a) ✦ Faire perdre son caractère absolu à (qqch.), en le mettant en relation avec qqch. d'analogue ou avec un ensemble.
ÉTYM. de *relatif.*

RELATIVISME [R(ə)lativism] **n. m.** ✦ Doctrine qui admet la relativité de la connaissance humaine.
ÉTYM. de *relatif.*

RELATIVITÉ [R(ə)lativite] **n. f. I** Caractère de ce qui est relatif (I). *La relativité de la connaissance ; du jugement humain.* **II** *Théorie de la relativité* (d'Einstein, 1905), exprimant le rapport des lois naturelles avec le mouvement.
ÉTYM. de *relatif.*

RELAX ou **RELAX, AXE** [Rəlaks] **adj.** ✦ FAM. Qui favorise la détente. SYN. **décontracté.** *Une soirée relax.* ➛ *Fauteuil relax* et **n. m.** *un relax* : fauteuil ou chaise longue confortable. ♦ À l'aise, détendu. *Un type relax.* ➛ *Une tenue relax.* ♦ **adv.** *Conduire relax.* CONTR. **tendu.**
HOM. RELAXE « décision du tribunal »
ÉTYM. de l'anglais *to relax* « se détendre ».

RELAXANT, ANTE [R(ə)laksɑ̃, ɑ̃t] **adj.** ✦ Qui procure une détente.
ÉTYM. du participe présent de ② *relaxer.*

RELAXATION [R(ə)laksasjɔ̃] **n. f. I** DIDACT. Diminution ou suppression d'une tension. **II anglicisme** Méthode thérapeutique de détente par des procédés psychologiques actifs. ➛ COUR. Repos, détente.
ÉTYM. latin *relaxatio.*

RELAXE [Rəlaks] **n. f.** ✦ DR. Décision par laquelle un tribunal déclare un prévenu non coupable. CONTR. **condamnation.** HOM. RELAX « décontracté »
ÉTYM. de ① relaxer.

① **RELAXER** [R(ə)lakse] **v. tr.** (conjug. 3a) ✦ DR. Déclarer (un prévenu) non coupable (→ **relaxe**). CONTR. **condamner.**
ÉTYM. latin *relaxare* « relâcher ».

② **RELAXER** [R(ə)lakse] **v. tr.** (conjug. 3a) **1.** *SE RELAXER* **v. pron.** Se détendre (physiquement et intellectuellement). SYN. se **décontracter. 2. v. tr.** Détendre. *Ce bain m'a relaxé.* CONTR. ② **contracter, crisper.**
ÉTYM. anglais *to relax* « se détendre », emprunté au français.

RELAYER [R(ə)leje] **v. tr.** (conjug. 12) ✦ Remplacer (qqn) dans une activité qui ne peut être interrompue (→ **relais**). *Quand tu seras fatigué de ramer, je te relaierai.* ♦ *SE RELAYER* **v. pron.** Se remplacer l'un l'autre, alternativement. *Elles se sont relayées toute la nuit auprès du malade.*
ÉTYM. de *re-* et l'ancien verbe dial. *laier* « laisser ».

RELECTURE [R(ə)lɛktyR] **n. f.** ✦ Action de relire. *Relecture des épreuves d'imprimerie.*

RELÉGATION [R(ə)legasjɔ̃] **n. f.** ✦ DR. Peine qui consistait à exiler (qqn) hors du territoire métropolitain. *La relégation fut remplacée en 1970 par la tutelle pénale.*
ÉTYM. latin *relegatio.*

RELÉGUER [R(ə)lege] **v. tr.** (conjug. 8c) **1.** DR. Condamner (qqn) à la relégation. **2.** Envoyer, maintenir (qqn) en un lieu écarté ou médiocre. SYN. **exiler.** *On l'a relégué dans la chambre du fond.* ➛ *Reléguer un objet au grenier.* ♦ **fig.** *Reléguer qqn dans une fonction subalterne.*
ÉTYM. latin *relegare.*

RELENT [Rəlɑ̃] **n. m.** ✦ **souvent au plur.** Mauvaise odeur qui persiste. *Des relents de friture.* ➛ **fig.** Trace, soupçon. *Des relents de racisme.*
ÉTYM. du latin *lentus* « visqueux, tenace ».

RELÈVE [R(ə)lɛv] **n. f. 1.** Remplacement (d'une personne, d'une équipe), dans un travail continu. *La relève de la garde. Prendre la relève.* → **relayer.** ➛ Personnes qui assurent ce remplacement. *La relève tarde.* **2. fig.** Remplacement (dans une action, une tâche collective). *La relève est assurée.*
ÉTYM. de *relever.*

RELEVÉ [R(ə)ləve ; Rəl(ə)ve] **n. m.** ✦ Action de relever, de noter ; ce qu'on a noté. *Relevé de plan. Le relevé des dépenses.* ➛ *Relevé d'identité bancaire.*

RELÈVEMENT [R(ə)lɛvmɑ̃] **n. m. 1.** Redressement, rétablissement. *Le relèvement d'un pays.* **2.** Action de relever, de hausser. *Le relèvement d'un sol.* ➛ *Le relèvement des salaires.* SYN. **hausse, majoration.** CONTR. **chute · diminution.**
ÉTYM. de *relever.*

RELEVER [R(ə)ləve ; Rəl(ə)ve] **v. tr.** (conjug. 7a) **I 1.** Remettre debout. *Relever des ruines. Relever qqn qui est tombé.* **2. fig.** Remettre en bon état (ce qui est au plus bas). *Relever l'économie.* ➛ *Relever le moral de qqn.* **3.** Ramasser, collecter. *Professeur qui relève les copies.* ➛ **loc.** *Relever le défi*.* **4. fig.** Faire remarquer ; mettre en relief. SYN. **noter, souligner.** *Relever des erreurs dans un texte.* ♦ Répondre vivement à (une parole). *Je n'ai pas voulu relever l'allusion.* ♦ Noter par écrit ou par un croquis (→ **relevé**). *Relever un passage dans un texte. Relever le plan d'un appartement. Relever des empreintes.* ➛ *Relever un compteur,* le chiffre d'un compteur. **II** (Remettre plus haut) **1.** Diriger, orienter vers le haut (une partie du corps, du vêtement). SYN. ① **lever, redresser.** *Relever la tête, le front. Relever son col ; ses manches* (SYN. **retrousser**). **2.** Donner plus de hauteur à (SYN. **élever** ; → **relèvement**) ; **fig.** élever le chiffre de (SYN. **hausser, majorer**). *Relever le niveau de* *vie, les salaires.* 3. fig. Donner une valeur plus haute à. SYN. **rehausser.** *Relever le niveau de la conversation.* 4. Donner plus de goût à (par des condiments...). *Relever une sauce.* SYN. **assaisonner, épicer.** 5. LITTÉR. Donner du relief, de l'attrait à. *Relever un récit de détails piquants.* SYN. **agrémenter, pimenter.** III 1. Assurer la relève de (qqn). SYN. **relayer.** *Relever une sentinelle.* 2. *RELEVER qqn DE,* le libérer de (une obligation). SYN. **délier.** *Relever qqn d'une promesse.* ➙ *Relever qqn de ses fonctions.* SYN. **destituer.** IV v. tr. ind. *RELEVER DE.* 1. Dépendre de (une autorité). *Les seigneurs relevaient du roi.* 2. Être du ressort de. *Affaire qui relève du tribunal correctionnel.* 3. Être du domaine de. *Cette notion relève de la philosophie.* V v. intr. *RELEVER DE :* se rétablir, se remettre de. *Relever de maladie.* VI *SE RELEVER* v. pron. 1. Se remettre debout ; reprendre la position verticale. *Aider qqn à se relever.* ➙ fig. *Pays qui se relève de ses ruines. Se relever d'un échec.* SYN. se **remettre.** 2. Se diriger vers le haut. *Les coins de sa bouche se relèvent.* ➙ (passif) Être ou pouvoir être dirigé vers le haut. *Volet qui se relève.* 3. (récipr.) Se remplacer (dans une tâche). SYN. se **relayer.** CONTR. **renverser** • **abattre, abaisser** • **descendre, rabattre** • **déprécier, diminuer, rabaisser** • se **baisser** • **tomber.**

► **RELEVÉ, ÉE** adj. 1. Dirigé, ramené vers le haut. *Col relevé.* ➙ *Virage relevé,* dont la courbe extérieure est plus haute. 2. VIEILLI Qui a de l'élévation. *Style relevé.* ➙ MOD. (en tournure négative) *Une plaisanterie pas très relevée,* médiocre, de mauvais goût. 3. Épicé, piquant. CONTR. **rabattu** • **commun, vulgaire** • **fade, insipide.**

ÉTYM. de *re-* et *lever.*

RELEVEUR, EUSE [R(ə)ləvœR, øz ; Rəl(ə)vœR, øz] adj. et n. 1. adj. Qui relève. ➙ ANAT. *Muscle releveur de la paupière.* 2. n. Professionnel qui relève, ramasse, ou enregistre. *Releveur de compteurs.*

RELIEF [Rəljɛf] n. m. I au plur. Restes (d'un repas). *Les reliefs d'un festin.* II 1. *UN RELIEF :* ce qui fait saillie sur une surface. *La paroi ne présentait aucun relief.* 2. ARTS Ouvrage comportant des éléments qui se détachent sur un fond plan. ➙ **bas-relief, haut-relief.** *Façade ornée de reliefs.* 3. Caractère (d'une image) donnant l'impression d'une profondeur, de plans différents ; perception qui y correspond. *Le relief d'une peinture. Sensation de relief.* 4. Forme d'une surface qui comporte des saillies et des creux. *Le relief du sol.* ➙ spécialt Forme de la surface terrestre, dans ses variations. *Étude du relief* (➙ **géomorphologie, orographie, topographie**). 5. *EN RELIEF. Les caractères en relief du braille.* ➙ *Photographie, film en relief,* qui donne l'impression du relief. 6. fig. Apparence plus nette, plus vive, du fait des oppositions. *Un style qui manque de relief.* ➙ *Mettre en relief :* faire valoir, en mettant en évidence.

ÉTYM. de *relever,* d'après l'anc. conjug. *je relief.*

RELIER [Rəlje] v. tr. (conjug. 9) I 1. Lier ensemble. SYN. **assembler, attacher.** *Relier deux maillons, un maillon à un autre.* 2. Mettre en communication avec. SYN. **joindre, raccorder.** *Route qui relie deux villes.* 3. fig. Mettre en rapport. *Relier des indices.* II Attacher ensemble (des feuillets), former (un livre) en couvrant avec une matière rigide. *Relier une collection de revues.* ➙ au p. passé *Livre relié et livre broché.* CONTR. **délier, séparer.**

ÉTYM. de *re-* et *lier.*

RELIEUR, EUSE [RəljœR, øz] n. ✦ Personne dont le métier est de relier des livres. *Relieur d'art.*

ÉTYM. de *relier.*

RELIGIEUSEMENT [R(ə)liʒjøzmɑ̃] adv. 1. Avec religion ; selon les rites d'une religion. *Se marier religieusement.* 2. Avec une exactitude religieuse. SYN. **scrupuleusement.** *Observer religieusement le règlement.* 3. Avec une attention recueillie. *Écouter religieusement un concert.*

RELIGIEUX, EUSE [R(ə)liʒjø, øz] adj. et n.
I adj. 1. Qui concerne la religion, les rapports entre les êtres humains et un pouvoir surnaturel. *Le sentiment religieux. Pratiques religieuses, rites religieux. Édifices religieux* (église, mosquée, pagode, temple...). *Fêtes religieuses. Mariage religieux* (opposé à *civil*). ➙ *Doctrines religieuses.* ➙ **dogme, théologie.** ➙ *Art religieux.* SYN. ① **sacré.** 2. Qui croit en une religion, pratique une religion. SYN. **croyant.** 3. Consacré à la religion, à Dieu, par des vœux. *La vie religieuse.* SYN. **monastique.** ➙ *Congrégations religieuses ; ordres religieux.* 4. Qui présente les caractères du sentiment ou du comportement religieux. *Un respect religieux. Un silence religieux.* 5. *Mante* religieuse.* CONTR. **civil, laïque, profane** • **athée, incroyant, irréligieux.**
II n. Personne qui a prononcé des vœux dans un ordre monastique. ➙ **moine, nonne, sœur.** *Une communauté de religieux, de religieuses.* ➙ **congrégation, couvent, monastère, ordre.** CONTR. **agnostique, athée, incroyant.**
III *RELIGIEUSE* n. f. Pâtisserie faite de deux choux superposés, fourrés de crème pâtissière (au café, au chocolat).

ÉTYM. latin chrétien *religiosus.*

RELIGION [R(ə)liʒjɔ̃] n. f. 1. *LA RELIGION.* Reconnaissance par l'être humain d'un principe supérieur de qui dépend sa destinée ; attitude intellectuelle et morale qui en résulte. *Être sans religion* (➙ **agnostique, areligieux, athée**). *Neutralité d'un État en matière de religion.* ➙ **laïcité.** ➙ *Guerres de religion.* 2. Croyance, conviction religieuse (de qqn). SYN. **foi.** ➙ plais. *Ma religion m'interdit de me lever tôt.* 3. *UNE RELIGION.* Système de croyances et de pratiques propre à un groupe social. ➙ **culte.** *Pratiquer une religion. Se convertir à une religion. Les adeptes d'une religion. Ministres, prêtres des diverses religions. Les religions du monde* (☛ carte 58). ➙ *Religions révélées. Religion animiste, polythéiste. Religions monothéistes.* ➙ **christianisme ; islamisme ; judaïsme.** *La religion catholique. La religion réformée.* ➙ **protestantisme.** ➙ *Les religions orientales.* ➙ **bouddhisme, hindouisme.** 4. loc. *Entrer en religion :* prononcer ses vœux de religieux, entrer dans les ordres. 5. Culte, attachement (à certaines valeurs). *Une religion de la science, de l'art.* CONTR. **irréligion.**

ÉTYM. latin *religio,* rattaché par les Anciens à *ligare* «lier» ou à *legere* «cueillir».

RELIGIOSITÉ [R(ə)liʒjozite] n. f. ✦ Inclination sentimentale vers la religion.

ÉTYM. du latin *religiosus* «religieux».

RELIQUAIRE [RəlikɛR] n. m. ✦ Coffret précieux renfermant des reliques (➙ **châsse**).

ÉTYM. de *relique.*

RELIQUAT [Rəlika] n. m. ✦ Ce qui reste (d'une somme à payer, à percevoir). SYN. **reste.**

ÉTYM. mot latin, de l'adjectif *reliquus* «restant».

RELIQUE [Rəlik] n. f. 1. Fragment du corps d'un saint (ou objet associé à la vie du Christ ou d'un saint) auquel on rend un culte. ➙ *Garder qqch. comme une relique,* précieusement. 2. Objet témoignant du passé

auquel on attache moralement le plus grand prix.
ÉTYM. latin *reliquiae* «restes».

RELIRE [ʀ(ə)liʀ] v. tr. (conjug. 68) 1. Lire de nouveau (ce qu'on a déjà lu). *J'ai relu ce livre avec plaisir.* 2. Lire en vue de corriger, de vérifier. *Relire un manuscrit.* ➛ pronom. *Se relire avec attention.*

RELIURE [ʀəljyʀ] n. f. 1. Action ou art de relier (les feuillets d'un livre ; un livre). 2. Manière dont un livre est relié ; couverture d'un livre relié. *Les plats, le dos d'une reliure. Reliure pleine peau.*
ÉTYM. de *relier.*

RELOGEMENT [ʀ(ə)lɔʒmɑ̃] n. m. ✦ Action de reloger ; fait d'être relogé.

RELOGER [ʀ(ə)lɔʒe] v. tr. (conjug. 5) ✦ Procurer un nouveau logement à (qqn). *Reloger des sinistrés.*
ÉTYM. de *re-* et *loger.*

RELOUER [ʀəlwe] v. tr. (conjug. 3a) ✦ Louer ② de nouveau. *Nous relouons la même villa cet été.*

RELU, UE → RELIRE

RELUIRE [ʀ(ə)lɥiʀ] v. intr. (conjug. 64a) ✦ Luire en réfléchissant la lumière, en produisant des reflets. SYN. **briller.** ◆ spécialt Luire après avoir été nettoyé et frotté. *Faire reluire des cuivres.* ➛ *Brosse* à reluire.*
ÉTYM. latin *relucere.*

RELUISANT, ANTE [ʀ(ə)lɥizɑ̃, ɑ̃t] adj. 1. Qui reluit. *Parquet reluisant.* 2. fig. (en phrase négative) SYN. **brillant.** *Un avenir peu reluisant.*
ÉTYM. du participe présent de *reluire.*

RELUQUER [ʀ(ə)lyke] v. tr. (conjug. 3a) ✦ FAM. 1. Regarder du coin de l'œil, avec intérêt et curiosité. SYN. **lorgner.** *Reluquer les filles.* SYN. ② **mater.** 2. fig. Considérer avec convoitise. SYN. **guigner.** *Reluquer un héritage.*
ÉTYM. origine incertaine.

REMÂCHER [ʀ(ə)mɑʃe] v. tr. (conjug. 3a) 1. (ruminants) Mâcher une seconde fois. 2. abstrait Revenir sans cesse en esprit sur. SYN. **ressasser, ruminer.** *Remâcher sa rancune.*

REMAILLAGE [ʀ(ə)mɑjaʒ] ; **REMAILLER** [ʀ(ə)mɑje] → REMMAILLAGE ; REMMAILLER

REMAKE [ʀimɛk] n. m. ✦ anglicisme Nouvelle version (d'un film, d'une œuvre littéraire). *Des remakes.*
ÉTYM. mot américain, de *to make* «faire».

RÉMANENCE [ʀemanɑ̃s] n. f. ✦ SC. Persistance d'un phénomène après disparition de sa cause. *Rémanence des images visuelles.*
ÉTYM. de *rémanent.*

RÉMANENT, ENTE [ʀemanɑ̃, ɑ̃t] adj. ✦ SC. Qui subsiste après la disparition de la cause. *Image rémanente,* subsistant après l'excitation visuelle.
ÉTYM. latin *remanens,* de *remanere* «demeurer».

REMANIEMENT [ʀ(ə)manimɑ̃] n. m. ✦ Action de remanier ; son résultat. *Remaniement ministériel.*

REMANIER [ʀ(ə)manje] v. tr. (conjug. 9) 1. Modifier (un ouvrage de l'esprit) par un nouveau travail. SYN. **corriger, refondre, retoucher.** *Remanier un texte.* 2. Modifier la composition de (un ensemble). *Remanier le gouvernement.*
ÉTYM. de *re-* et *manier.*

se REMARIER [ʀ(ə)maʀje] v. pron. (conjug. 9) ✦ Se marier à nouveau.
► **REMARIAGE** [ʀ(ə)maʀjaʒ] n. m.

REMARQUABLE [ʀ(ə)maʀkabl] adj. 1. Digne d'être remarqué, d'attirer l'attention. SYN. **marquant, notable.** *Un évènement remarquable. Un artiste remarquable par son talent. Il est remarquable que* (+ subj.). 2. Digne d'être remarqué par son mérite, sa qualité. SYN. **éminent.** *Une des femmes les plus remarquables de son temps. Exploit remarquable.* SYN. **extraordinaire.** CONTR. **banal, insignifiant, négligeable • médiocre.**
ÉTYM. de *remarquer.*

REMARQUABLEMENT [ʀ(ə)maʀkabləmɑ̃] adv. ✦ D'une manière remarquable. SYN. **très ; admirablement, étonnamment.** CONTR. **peu.**

REMARQUE [ʀ(ə)maʀk] n. f. 1. Action de remarquer (qqch.). *Il en a déjà fait la remarque :* il l'a déjà constaté. 2. Énoncé ayant pour but d'attirer l'attention de qqn sur qqch. SYN. **réflexion.** *Faire une remarque à qqn.* ➛ spécialt Observation, critique désobligeante. *Je n'ai pas apprécié sa remarque.* ◆ Notation écrite qui attire l'attention du lecteur. SYN. **annotation, commentaire.**
ÉTYM. de *remarquer.*

REMARQUÉ, ÉE [ʀ(ə)maʀke] adj. ✦ Qui est l'objet de l'attention, de la curiosité. *Une absence remarquée.* CONTR. ① **discret, inaperçu.**

REMARQUER [ʀ(ə)maʀke] v. tr. (conjug. 3a) 1. Avoir la vue, l'attention frappée par (qqch.). SYN. **apercevoir, découvrir.** *Remarquer qqch. du premier coup d'œil. Remarquer la présence, l'absence de qqn.* ➛ pronom. (passif) *Détails qui se remarquent à peine.* ➛ REMARQUER QUE. *J'ai remarqué qu'il boitait.* ➛ (en tournure négative) *Je n'ai pas remarqué qu'il était (ou qu'il fût) déçu.* ➛ *Remarquez, remarquez bien que...* (se dit pour attirer l'attention). SYN. **noter.** *Permettez-moi de vous faire remarquer que vous êtes en retard.* 2. Distinguer particulièrement (une personne, une chose parmi d'autres). *J'ai remarqué un individu à la mine louche.* ➛ *Son excentricité le fait remarquer partout.* ◆ plutôt péj. *SE FAIRE REMARQUER :* attirer sur soi l'attention. *Il cherche à se faire remarquer.*
ÉTYM. de *re-* et *marquer.*

REMBALLER [ʀɑ̃bale] v. tr. (conjug. 3a) ✦ Emballer (ce qu'on a déballé). *Le représentant a remballé sa marchandise.* ➛ fig. FAM. *Il peut remballer ses compliments,* les garder, ne pas les dire. CONTR. **déballer.**
► **REMBALLAGE** [ʀɑ̃balaʒ] n. m. CONTR. **déballage.**

REMBARQUEMENT [ʀɑ̃baʀkəmɑ̃] n. m. ✦ Action, fait de rembarquer. *Le rembarquement des troupes.*

REMBARQUER [ʀɑ̃baʀke] v. (conjug. 3a) 1. v. tr. Embarquer (ce qu'on avait débarqué). 2. *Se rembarquer* v. pron. ; *rembarquer* v. intr. : s'embarquer de nouveau. CONTR. **débarquer.**

REMBARRER [ʀɑ̃baʀe] v. tr. (conjug. 3a) ✦ Repousser brutalement (qqn) par un refus, une réponse désobligeante. *Elle s'est fait rembarrer et a dû se taire.*
ÉTYM. de *re-* et *embarrer* «enfoncer», de *barre.*

REMBLAI [ʀɑ̃blɛ] n. m. 1. Opération de terrassement consistant à rapporter des terres pour faire une levée ou combler une cavité. *Travaux de remblai.* 2. Terres rapportées à cet effet. *Le mur de soutènement d'un remblai.* CONTR. **déblai.**
ÉTYM. de *remblayer.*

A B C D E F G H I J K L M N O P Q R S T U V W X Y Z

REMBLAYER [ʀɑ̃bleje] v. tr. (conjug. 12) ✦ Faire des travaux de remblai sur. *Remblayer une route ; un fossé.* CONTR. **déblayer.**
► **REMBLAYAGE** [ʀɑ̃blɛjaʒ] n. m. CONTR. **déblaiement.**
ÉTYM. de *re-* et ancien français *emblayer.*

REMBOBINER [ʀɑ̃bɔbine] v. tr. (conjug. 3a) ✦ Bobiner, enrouler de nouveau. *Rembobiner un film.*
► **REMBOBINAGE** [ʀɑ̃bɔbinaʒ] n. m.

REMBOÎTER [ʀɑ̃bwate] v. tr. (conjug. 3a) ✦ Remettre en place (ce qui était déboîté). *Remboîter un os.* CONTR. **déboîter.**
► **REMBOÎTEMENT** [ʀɑ̃bwatmɑ̃] n. m. CONTR. **déboîtement.**
ÉTYM. de *re-* et *emboîter.*

REMBOURRAGE [ʀɑ̃buʀaʒ] n. m. ✦ Action de rembourrer ; matière servant à rembourrer.

REMBOURRER [ʀɑ̃buʀe] v. tr. (conjug. 3a) ✦ Garnir de bourre. SYN. **bourrer, capitonner, matelasser.** *Rembourrer un siège.*
► **REMBOURRÉ, ÉE** adj. *Un coussin bien rembourré.* ➝ FAM. (personnes) Grassouillet, bien en chair.
ÉTYM. famille de ① *bourre.*

REMBOURSABLE [ʀɑ̃buʀsabl] adj. ✦ Qui peut ou qui doit être remboursé. *Prêt remboursable en* (ou *sur*) *quinze ans.*

REMBOURSEMENT [ʀɑ̃buʀsəmɑ̃] n. m. ✦ Action de rembourser. ➝ *Envoi, expédition contre remboursement,* contre paiement à la livraison.

REMBOURSER [ʀɑ̃buʀse] v. tr. (conjug. 3a) **1.** Rendre à qqn (la somme qu'il a déboursée). *Rembourser une dette à qqn.* ➝ *Remboursez* (les places) !, cri de mécontentement, à un spectacle. **2.** Rendre à (qqn) ce qu'il a déboursé. *Rembourser un créancier.* ➝ *On l'a remboursé de tous ses frais.* SYN. **défrayer.** CONTR. **débourser, emprunter.**
ÉTYM. de *re-* et *embourser* «mettre dans une bourse».

se **REMBRUNIR** [ʀɑ̃bʀyniʀ] v. pron. (conjug. 13) ✦ Prendre un air sombre, chagrin. *À ces mots, elle se rembrunit.* ➝ au p. passé *Mine rembrunie.* CONTR. **s'épanouir,** se **réjouir.**
ÉTYM. famille de *brun.*

REMÈDE [ʀ(ə)mɛd] n. m. **1.** Substance employée au traitement d'une maladie. SYN. **médicament.** *Prendre un remède. Remède universel.* ➔ **panacée.** ➝ loc. *Remède de bonne femme,* empirique et traditionnel. *Remède de cheval,* brutal. **2.** fig. Ce qui est employé pour atténuer ou guérir une souffrance morale. loc. prov. *Le remède est pire que le mal.* ➝ *Un remède à, contre l'ennui.* ➝ *Porter remède à...* ➔ **remédier.** ➝ loc. prov. *Aux grands maux, les grands remèdes :* il faut agir énergiquement dans les cas graves. ➝ loc. péj. *C'est un remède à l'amour* (d'une personne très laide). ➝ *Sans remède.* ➔ **irrémédiable.**
ÉTYM. latin *remedium,* de *mederi* «soigner».

REMÉDIABLE [ʀ(ə)medjabl] adj. ✦ À quoi l'on peut remédier. CONTR. **irrémédiable, irréparable.**

REMÉDIATION [ʀ(ə)medjasjɔ̃] n. f. ✦ Dispositif pédagogique mis en place pour remédier aux difficultés d'apprentissage d'un élève. *Exercices de remédiation.*
ÉTYM. anglais *remediation.*

REMÉDIER [ʀ(ə)medje] v. tr. ind. (conjug. 9) ✦ REMÉDIER À : apporter un remède (2) à. *Pour remédier à cette situation...* SYN. **obvier,** ② **parer ; pallier.**
ÉTYM. latin *remediare.*

REMEMBREMENT [ʀ(ə)mɑ̃bʀəmɑ̃] n. m. ✦ Regroupement de parcelles de terre afin de constituer un domaine agricole d'un seul tenant. CONTR. **démembrement, morcellement.**
ÉTYM. de *re-* et *membre,* d'après *démembrement.*

REMEMBRER [ʀ(ə)mɑ̃bʀe] v. tr. (conjug. 3a) ✦ Rassembler (des parcelles) en un seul domaine. CONTR. **démembrer, morceler.**
ÉTYM. de *remembrement.*

REMÉMORER [ʀ(ə)memɔʀe] v. tr. (conjug. 3a) ✦ LITTÉR. Remettre en mémoire. ➝ SE REMÉMORER *(qqch.).* Reconstituer (qqch.) avec précision dans sa mémoire. SYN. se **rappeler.** *Il se remémora la scène dans tous ses détails.*
ÉTYM. bas latin *rememorari.*

REMERCIEMENT [ʀ(ə)mɛʀsimɑ̃] n. m. ✦ Action de remercier (1), témoignage de reconnaissance. *Avec tous mes remerciements. Se confondre en remerciements.*

REMERCIER [ʀ(ə)mɛʀsje] v. tr. (conjug. 9) **1.** Dire merci, témoigner de la reconnaissance à (qqn). *Remerciez-le de ma part. Je ne sais comment vous remercier.* ➝ REMERCIER *qqn* DE, POUR. *Je vous remercie de votre gentillesse, pour votre cadeau. Il l'a remercié d'être venu.* ➝ *Je vous remercie, je ne fume pas* (refus poli). **2.** Renvoyer, licencier (qqn). SYN. **congédier.**
ÉTYM. de *merci.*

RÉMÉRÉ [ʀemeʀe] n. m. ✦ DR. Rachat possible de son bien par le vendeur. *Clause de réméré.*
ÉTYM. du latin *redimere* «racheter».

REMETTRE [ʀ(ə)mɛtʀ] v. tr. (conjug. 46) **I** (Mettre de nouveau) **1.** Mettre à sa place antérieure. *Remettre une chose en place, à sa place.* ➝ loc. *Ne plus remettre les pieds quelque part,* ne plus y retourner. ➝ *Remettre un enfant au lit.* ➝ loc. fig. *Remettre qqn sur la bonne voie. Remettre qqn à sa place,* le rabrouer. **2.** fig. *Remettre en esprit, en mémoire :* rappeler (une chose oubliée). ➝ *Remettre qqn,* le reconnaître. *Ah, maintenant, je vous remets !* **3.** Mettre de nouveau sur soi. *Remettre ses gants.* **4.** Rétablir. *Remettre le courant.* ➝ *Remettre de l'ordre.* **5.** Mettre plus de. SYN. **ajouter.** *Remettre du sel dans un plat.* ➝ FAM. *EN REMETTRE :* faire ou dire plus qu'il n'est utile, exagérer. SYN. en **rajouter. 6.** Replacer (dans la position antérieure). *Remettre une chose d'aplomb.* ➝ loc. *Remettre qqn sur pied.* ➔ **guérir.** ➝ *Remettre un os luxé.* SYN. **remboîter. 7.** REMETTRE À, EN : faire passer dans un autre état, ou à l'état antérieur. *Remettre un moteur en marche. Remettre qqch. en état, à neuf ; en ordre.* ➝ *Remettre en cause, en question.* ➔ **reconsidérer.** ➝ *Cure qui remet en forme.* ➔ FAM. **retaper.** ➝ absolt Réconforter. *Prenez un thé, ça vous remettra.* **II 1.** Mettre en la possession ou au pouvoir de qqn. *Remettre un paquet à son destinataire.* ➝ *Remettre un coupable à la justice.* ➝ *Remettre sa démission.* SYN. **donner.** *Je remets mon sort entre vos mains.* **2.** Faire grâce de (une obligation). *Je vous remets votre dette :* je vous en tiens quitte. ➝ *Remettre les péchés.* SYN. **absoudre, pardonner ;** ➔ **rémission. III** Renvoyer (qqch.) à plus tard. SYN. **ajourner, différer.** *Remettre qqch. au lendemain. Il a remis son départ de deux jours.* ➝ *Tendance à remettre à plus tard.* ➔ **procrastination.** ➝ (au p. passé) loc. *Ce n'est que partie remise :* ce sera pour une autre fois. **IV** FAM. *REMETTRE ÇA :* recommencer. *Allez, on remet ça !* ➝ Resservir ou reprendre à boire. *Je remets une tournée. Patron,* *remettez-nous ça !* **V** *SE REMETTRE* v. pron. (au sens I du v.) 1. Se replacer. *Se remettre debout.* – *Le temps s'est remis au beau.* 2. *SE REMETTRE À* (+ n. ou inf.). SYN. **recommencer.** *Se remettre au latin. Il s'est remis à fumer.* 3. *SE REMETTRE DE* : revenir à un état antérieur plus favorable. *Se remettre d'une maladie.* SYN. **guérir,** se **rétablir.** – absolt *Il se remet très vite.* SYN. **récupérer.** – *Se remettre de sa frayeur.* – *Il ne s'en est jamais remis.* SYN. **relever.** – absolt *Allons, remettez-vous !* reprenez vos esprits. 4. *Se remettre avec qqn, se remettre ensemble* : vivre de nouveau ensemble. **VI** *SE REMETTRE* (au sens II du v.) 1. *Se remettre entre les mains de qqn.* 2. *S'EN REMETTRE À qqn,* lui faire confiance. SYN. se **fier,** se **reposer** sur. *S'en remettre à qqn du soin de...,* lui laisser le soin de. *Je m'en remets à votre jugement.* CONTR. **enlever, garder** • **hâter, presser.**

ÉTYM. latin *remittere* «renvoyer, laisser».

RÉMIGE [ʀemiʒ] n. f. ✦ Grande plume rigide de l'aile (des oiseaux). SYN. **penne.**

ÉTYM. du latin *remex, remigis* «rameur».

REMILITARISER [ʀ(ə)militaʀize] v. tr. (conjug. 3a) ✦ Militariser de nouveau. SYN. **réarmer.** CONTR. **démilitariser.**

► **REMILITARISATION** [ʀ(ə)militaʀizasjɔ̃] n. f.

RÉMINISCENCE [ʀeminisɑ̃s] n. f. ✦ LITTÉR. Souvenir imprécis, où domine la tonalité affective. *De vagues réminiscences.*

ÉTYM. latin philosophique *reminiscentia,* de *reminisci* «se souvenir».

REMIS, ISE [ʀ(ə)mi, iz] → REMETTRE

REMISE [ʀ(ə)miz] n. f. **I** (Action de remettre) 1. (dans des loc.) *REMISE EN, À* : action de mettre à sa place antérieure, dans son état antérieur. *Remise en marche, en ordre. Remise à neuf.* – *Une remise en question.* 2. Action de mettre en la possession de (qqn). *La remise d'un colis à son destinataire.* SYN. **livraison.** *Remise de prix.* 3. Renonciation (à une créance). *Remise de dette.* 4. *REMISE DE PEINE* : réduction de la peine (d'un condamné). 5. Diminution de prix. SYN. **rabais, réduction, ristourne.** *Faire, consentir une remise à qqn. Remise de 5 % sur les livres.* 6. Renvoi à plus tard. SYN. **ajournement.** **II** Local où l'on peut abriter des voitures, des objets. SYN. **hangar, resserre.**

ÉTYM. du participe passé de *remettre.*

REMISER [ʀ(ə)mize] v. tr. (conjug. 3a) 1. Ranger (un véhicule) sous une remise, un abri. SYN. **garer.** 2. Mettre (qqch.) à l'abri en un lieu écarté. *Remiser une malle au grenier.*

ÉTYM. de *remise.*

RÉMISSIBLE [ʀemisibl] adj. ✦ DIDACT. Digne de rémission, de pardon. CONTR. **impardonnable, irrémissible.**

ÉTYM. bas latin *remissibilis.*

RÉMISSION [ʀemisjɔ̃] n. f. 1. Action de remettre, de pardonner (les péchés). *La rémission des péchés.* SYN. **absolution.** ♦ loc. *SANS RÉMISSION* : sans indulgence, sans possibilité de pardon. *Punir sans rémission.* 2. Diminution momentanée (d'un mal). SYN. **répit.** *Les rémissions de la douleur.*

ÉTYM. latin *remissio,* de *remittere* → remettre.

RÉMITTENT, ENTE [ʀemitɑ̃, ɑ̃t] adj. ✦ MÉD. (maladie...) Qui présente des périodes d'accalmie. *Fièvre rémittente.*

ÉTYM. latin *remittens* → rémission.

REMMAILLER [ʀɑ̃maje] v. tr. (conjug. 3a) ✦ Réparer en reconstituant, en remontant les mailles. *Remmailler un filet endommagé.* – On dit aussi REMAILLER [ʀ(ə)maje].

► **REMMAILLAGE** [ʀɑ̃majaʒ] n. m. – On dit aussi REMAILLAGE [ʀ(ə)majaʒ].

ÉTYM. famille de ① *maille.*

REMMAILLEUSE [ʀɑ̃majøz] n. f. ✦ Ouvrière qui remmaille.

REMMENER [ʀɑ̃m(ə)ne] v. tr. (conjug. 7a) ✦ Emmener (qqn) au lieu d'où on l'a amené. SYN. **ramener ; reconduire.**

REMODELER [ʀ(ə)mɔd(ə)le] v. tr. (conjug. 7a) 1. Transformer en améliorant la forme de (qqch.). *Chirurgien qui remodèle un visage.* 2. Modifier l'organisation de (qqch.). SYN. **remanier, restructurer.**

► **REMODELAGE** [ʀ(ə)mɔd(ə)laʒ] n. m.

REMONTAGE [ʀ(ə)mɔ̃taʒ] n. m. ✦ Action de remonter (un mécanisme...).

REMONTANT, ANTE [ʀ(ə)mɔ̃tɑ̃, ɑ̃t] adj. ✦ Qui remonte, redonne de la vigueur. SYN. **fortifiant, reconstituant.** – n. m. *Un remontant* : boisson, médicament qui redonne des forces. SYN. **cordial,** ① **tonique.** CONTR. **déprimant, fatigant.**

REMONTÉE [ʀ(ə)mɔ̃te] n. f. 1. Action de remonter. *La remontée de l'eau dans un siphon.* – Fait de remonter (une pente, une rivière). 2. SPORTS Action de regagner du terrain perdu. *Équipe qui fait une belle remontée.* 3. Dispositif servant à remonter les skieurs. *Remontées mécaniques* : remonte-pentes, télésièges, etc.

ÉTYM. du participe passé de *remonter.*

REMONTE-PENTE [ʀ(ə)mɔ̃tpɑ̃t] n. m. ✦ Câble servant à hisser les skieurs en haut d'une pente, au moyen de perches. SYN. **téléski,** FAM. **tire-fesses.** *Des remonte-pentes.*

REMONTER [ʀ(ə)mɔ̃te] v. (conjug. 3a) **I** v. intr. 1. Monter de nouveau ; regagner l'endroit d'où l'on est descendu. *Il est remonté au grenier.* – *Sous-marin qui remonte à la surface.* – *Sa jupe remonte.* 2. S'élever de nouveau en pente. *La route descend, puis remonte* (sans idée de répétition). SYN. **monter.** 3. Aller vers la source, en amont (d'un fleuve). – fig. Aller vers l'origine (de qqch.). *Remonter de l'effet à la cause.* 4. *REMONTER À* : être aussi ancien que, avoir son origine à (une époque passée). SYN. **dater.** *Souvenirs qui remontent à l'enfance.* **II** v. tr. 1. Parcourir de nouveau vers le haut. *Remonter l'escalier.* – *Remonter le peloton,* regagner le terrain perdu sur lui. 2. Parcourir vers l'amont (un cours d'eau). *Remonter un fleuve, le cours d'un fleuve.* – *Remonter le courant ;* fig. redresser une situation compromise. – fig. *La machine à remonter le temps.* 3. Porter de nouveau en haut. *Remonter une malle au grenier. Remonter son col.* SYN. **relever.** 4. Tendre le ressort de (un mécanisme). *Remonter un réveil.* – pronom. (passif) *Montre à pile qui ne se remonte pas.* 5. fig. Rendre l'énergie à. *Remonter le moral de qqn* (→ **réconforter**). – par ext. *Ce café va vous remonter.* SYN. **ragaillardir, revigorer ;** FAM. **ravigoter, requinquer ;** → **remontant.** – pronom. *Boire un alcool pour se remonter.* 6. Monter (ce qui était démonté). *Remonter un moteur.* 7. Pourvoir à nouveau de ce qui est nécessaire. *Remonter sa garde-robe.* CONTR. **redescendre** • **affaiblir ; déprimer** • **démonter.**

REMONTOIR [R(ə)mɔ̃twaR] **n. m.** ✦ Dispositif pour remonter un mécanisme. *Montre à remontoir.*
ÉTYM. de *remonter.*

REMONTRANCE [R(ə)mɔ̃tRɑ̃s] **n. f.** 1. surtout au plur. Critique motivée et raisonnée adressée à qqn pour lui reprocher son attitude. SYN. **réprimande.** *Faire des remontrances à un enfant.* 2. HIST. Discours adressé au roi par les Parlements pour critiquer un édit, une loi.
ÉTYM. de *remontrer.*

REMONTRER [R(ə)mɔ̃tRe] **v. intr.** (conjug. 3a) **I** *EN REMONTRER À (qqn) :* se montrer supérieur à ; donner des leçons à. *Il prétend en remontrer à son professeur.* **II** Montrer de nouveau. *Remontrez-moi ce modèle.*
ÉTYM. de *re-* et *montrer.*

RÉMORA [RemɔRa] **n. m.** ✦ Poisson à la tête munie d'un disque grâce auquel il s'attache à de gros poissons.
ÉTYM. latin *remora* «retard».

REMORDS [R(ə)mɔR] **n. m.** ✦ Sentiment douloureux, accompagné de honte, que cause la conscience d'avoir mal agi. SYN. **regret,** ② **repentir.** *Avoir des remords. Être bourrelé de remords.* ➡ *Le remords d'une faute.*
ÉTYM. de l'ancien verbe *remordre* «ronger (l'esprit)», de *re-* et *mordre.*

REMORQUAGE [R(ə)mɔRkaʒ] **n. m.** ✦ Action de remorquer. *Le remorquage des péniches.*

REMORQUE [R(ə)mɔRk] **n. f.** 1. (dans des loc.) Action de remorquer. *Câble de remorque.* ➡ *Prendre un bateau, une voiture EN REMORQUE.* 2. loc. fig. *Être À LA REMORQUE :* traîner, rester en arrière. *Être à la remorque de qqn,* se laisser mener par lui. 3. Câble de remorque. 4. Véhicule sans moteur, destiné à être tiré par un autre. *Remorque de camion.*
ÉTYM. de *remorquer.*

REMORQUER [R(ə)mɔRke] **v. tr.** (conjug. 3a) 1. Tirer (un navire) au moyen d'un câble. SYN. **haler, touer ;** → **remorque** (3). 2. Tirer (un véhicule sans moteur ou en panne). *Dépanneuse qui remorque une voiture.* ➡ fig. FAM. *Il faut remorquer toute la famille !*
ÉTYM. italien *remorchiare,* du latin *remulcare* «traîner».

REMORQUEUR [R(ə)mɔRkœR] **n. m.** ✦ Navire muni de dispositifs de remorquage.
ÉTYM. de *remorquer.*

RÉMOULADE [Remulad] **n. f.** ✦ Mayonnaise additionnée de moutarde, d'ail, etc. ➡ appos. invar. *Du céleri rémoulade.*
ÉTYM. origine incertaine.

RÉMOULEUR [RemulœR] **n. m.** ✦ Artisan, souvent ambulant, qui aiguise les instruments tranchants.
ÉTYM. famille de *moudre.*

REMOUS [Rəmu] **n. m.** 1. Tourbillon à l'arrière d'un navire. ➡ Tourbillon dans l'eau, au contact d'un obstacle. *Les remous d'une rivière.* ➡ Tourbillon dans un fluide quelconque. *L'avion traverse une zone de remous.* 2. Mouvement confus et massif (d'une foule). *Il y eut des remous dans l'auditoire.* 3. fig. Agitation. *Des remous sociaux.*
ÉTYM. origine incertaine.

REMPAILLER [Rɑ̃paje] **v. tr.** (conjug. 3a) ✦ Garnir (un siège) d'une nouvelle paille. SYN. **canner.**
▶ **REMPAILLAGE** [Rɑ̃pajaʒ] **n. m.**
ÉTYM. de *re-* et *empailler.*

REMPAILLEUR, EUSE [Rɑ̃pajœR, øz] **n.** ✦ Personne dont le métier est de rempailler des sièges.
ÉTYM. de *rempailler.*

REMPAQUETER [Rɑ̃pak(ə)te] **v. tr.** (conjug. 6b) ✦ Empaqueter de nouveau.

REMPART [Rɑ̃paR] **n. m.** 1. Forte muraille qui forme l'enceinte (d'une forteresse, d'une ville fortifiée). *Des remparts crénelés.* ◆ au plur. Zone (d'une ville) comprise entre cette enceinte et les habitations les plus proches. 2. LITTÉR. Ce qui sert de défense, de protection. SYN. **bouclier.** *Le rempart de la foi.*
ÉTYM. de l'ancien verbe *remparer* «fortifier», de *re-* et *emparer.*

REMPILER [Rɑ̃pile] **v.** (conjug. 3a) 1. **v. tr.** Empiler de nouveau. *Rempiler des livres.* 2. **v. intr.** FAM. Se rengager (dans l'armée).

REMPLAÇABLE [Rɑ̃plasabl] **adj.** ✦ (choses, personnes) Qui peut être remplacé.

REMPLAÇANT, ANTE [Rɑ̃plasɑ̃, ɑ̃t] **n.** ✦ Personne qui en remplace momentanément une autre (dans son travail). SYN. **suppléant.** *Médecin qui prend un remplaçant pendant les vacances.*
ÉTYM. du participe présent de *remplacer.*

REMPLACEMENT [Rɑ̃plasmɑ̃] **n. m.** ✦ Action, fait de remplacer qqn, qqch. ➡ *En remplacement de* (qqch.) : à la place de. ➡ *Produit de remplacement.* → **ersatz, succédané.** ◆ *Faire un remplacement.* → **remplaçant ; intérim, suppléance.**

REMPLACER [Rɑ̃plase] **v. tr.** (conjug. 4) 1. *Remplacer qqch.,* mettre une autre chose à sa place. *Remplacer des rideaux par des stores.* ➡ *Remplacer qqn,* lui donner un remplaçant ou un successeur. ➡ Mettre à la place de (qqch.) une chose semblable et en bon état. *Remplacer un carreau cassé.* SYN. **changer.** 2. Être mis, se mettre à la place de (qqch., qqn). *Les calculettes ont remplacé le calcul mental.* SYN. **succéder** à. 3. Tenir lieu de. SYN. **suppléer.** *Le miel peut remplacer le sucre.* 4. Exercer temporairement les fonctions de (qqn). *Remplacer qqn à une cérémonie.* SYN. **représenter.** *Acteur qui se fait remplacer.* SYN. **doubler.**
ÉTYM. de *re-* et l'anc. v. *emplacer* «mettre en place».

REMPLI, IE [Rɑ̃pli] **adj.** 1. Plein. *Un bol rempli de lait.* ➡ Plein (d'assistants). *La salle est remplie.* SYN. **bondé,** ② **comble.** ➡ Occupé dans toute sa durée. *Journée bien remplie.* ➡ fig. LITTÉR. *Être rempli de son importance.* SYN. **gonflé.** 2. *Rempli de :* qui contient en grande quantité ; qui a beaucoup de. *Un texte rempli d'erreurs.* SYN. **truffé.** CONTR. **vide · exempt.**
ÉTYM. participe passé de *remplir.*

REMPLIR [Rɑ̃pliR] **v. tr.** (conjug. 13) **I** 1. Rendre plein, utiliser entièrement (un espace disponible). SYN. **emplir.** *Remplir une casserole d'eau. Remplir un bol à moitié, à ras bord.* ◆ *Remplir une salle* (de spectateurs...). ➡ pronom. *La salle commence à se remplir.* ◆ fig. *Ce succès l'a rempli d'orgueil.* SYN. **combler.** 2. Couvrir entièrement (un espace). *Remplir une feuille de dessins.* ➡ par ext. *Remplir un discours de citations.* SYN. **truffer.** 3. (sans compl. second) Compléter (un document qui a des espaces laissés en blanc). *Remplir un chèque.* **II** (sans compl. second) 1. Rendre plein par sa présence. *L'eau remplissait la baignoire.* ➡ *La foule remplissait la place.* SYN. **envahir.** ◆ fig. Occuper entièrement. *La colère qui remplit son cœur.* ➡ *Toutes les occupations qui remplissent sa vie.* 2. Couvrir entièrement (un support visuel).

Remplir des pages et des pages. **III** (sans compl. second) Exercer, accomplir effectivement. *Remplir une fonction.* ➝ *Il a rempli ses engagements.* SYN. **respecter, tenir.** ➝ *Remplir certaines conditions.* SYN. **satisfaire** à. CONTR. **vider ; dépeupler • évacuer.**
ÉTYM. de *re-* et *emplir.*

REMPLISSAGE [ʀɑ̃plisaʒ] **n. m.** 1. Opération qui consiste à remplir ; fait de se remplir. *Le remplissage d'une piscine.* 2. péj. Ce qui allonge un texte inutilement. *C'est du remplissage.* SYN. **délayage.**
ÉTYM. de *remplir.*

REMPLOYER [ʀɑ̃plwaje] → **RÉEMPLOYER**

se **REMPLUMER** [ʀɑ̃plyme] **v. pron.** (conjug. 3a) 1. (oiseaux) Se couvrir de nouvelles plumes. 2. FAM. Rétablir sa situation financière. 3. FAM. Reprendre du poids. *Le convalescent commence à se remplumer.* CONTR. se **déplumer.**
ÉTYM. famille de *plume.*

REMPOCHER [ʀɑ̃pɔʃe] **v. tr.** (conjug. 3a) ✦ Remettre dans sa poche. *Rempocher sa monnaie.*
ÉTYM. de *re-* et *empocher.*

REMPOISSONNER [ʀɑ̃pwasɔne] **v. tr.** (conjug. 3a) ✦ Repeupler de poissons.
► **REMPOISSONNEMENT** [ʀɑ̃pwasɔnmɑ̃] **n. m.**

REMPORTER [ʀɑ̃pɔʀte] **v. tr.** (conjug. 3a) **I** Emporter (ce qu'on avait apporté). *Remporte tes disques.* SYN. **reprendre.** *Remporter un plat à la cuisine.* **II** Emporter (ce qui est disputé). SYN. **gagner.** *Remporter une victoire* (→ **vaincre**), *un prix.* ➝ (sans compétition) *Film qui remporte un grand succès.*

REMPOTER [ʀɑ̃pɔte] **v. tr.** (conjug. 3a) ✦ Changer (une plante) de pot.
► **REMPOTAGE** [ʀɑ̃pɔtaʒ] **n. m.**
ÉTYM. de *re-* et *empoter.*

REMPRUNTER [ʀɑ̃pʀœ̃te] ou **RÉEMPRUNTER** [ʀeɑ̃pʀœ̃te] **v. tr.** (conjug. 3a) ✦ Emprunter de nouveau.

REMUANT, ANTE [ʀəmɥɑ̃, ɑ̃t] **adj.** ✦ Qui remue beaucoup. *Un enfant remuant.* SYN. **turbulent.** ➝ Qui a des activités multiples et un peu brouillonnes.
ÉTYM. du participe présent de *remuer.*

REMUE-MÉNAGE [ʀ(ə)mymenaʒ] **n. m.** ✦ Mouvements, déplacements bruyants et désordonnés. *Faire du remue-ménage.* SYN. **chahut.** *Des remue-ménage* (invar.) ou *des remue-ménages.* ➝ fig. *Un grand remue-ménage politique.*

REMUE-MÉNINGES [ʀ(ə)mymenɛ̃ʒ] **n. m. invar.** ✦ Réunion organisée pour que les participants émettent des idées, formulent des propositions. ➝ recomm. offic. pour *brainstorming*

REMUEMENT [ʀ(ə)mymɑ̃] **n. m.** ✦ Action de remuer ; mouvement de ce qui remue.

REMUER [ʀ(ə)mɥe] **v.** (conjug. 3a) **I** **v. tr.** 1. Faire changer de position. SYN. **bouger, déplacer.** *Objet lourd à remuer.* ➝ *Remuer les lèvres.* ➝ loc. *Ne pas remuer le petit doigt* : ne rien faire pour aider qqn. 2. Déplacer dans ses parties, ses éléments. *Remuer des braises. Remuer la salade.* SYN. **retourner,** FAM. **touiller.** ➝ loc. *Remuer ciel et terre* : faire appel à tous les moyens (pour obtenir qqch.). 3. fig. Agiter moralement. *Remuer de vieux souvenirs.* ➝ *Son récit nous a profondément remués.* SYN. **émouvoir.** ➝ au p. passé Ému. *Il semble très remué.* **II** **v. intr.** 1. Bouger, changer de position. *Il souffre dès qu'il remue.* ➝ loc. FAM. *Ton nez remue !* tu mens. ➝ *Avoir une dent qui remue.* 2. S'agiter, menacer de passer à l'action. SYN. **bouger.** *Les syndicats commencent à remuer.* **III** *SE REMUER* **v. pron.** Se mouvoir, faire des mouvements. *Avoir de la peine à se remuer.* ➝ fig. Agir en se donnant de la peine. SYN. se **démener,** se **dépenser.** *Se remuer pour faire aboutir un projet.* CONTR. **immobiliser.**
ÉTYM. de *re-* et *muer.*

REMUGLE [ʀəmygl] **n. m.** ✦ LITTÉR. Odeur désagréable de renfermé.
ÉTYM. origine germanique.

RÉMUNÉRATEUR, TRICE [ʀemyneʀatœʀ, tʀis] **adj.** ✦ Qui paie bien, procure des bénéfices. *Activité rémunératrice.* SYN. **lucratif.**
ÉTYM. latin *remunerator.*

RÉMUNÉRATION [ʀemyneʀasjɔ̃] **n. f.** ✦ Argent reçu pour prix d'un service, d'un travail. SYN. **rétribution, salaire.**
ÉTYM. latin *remuneratio.*

RÉMUNÉRER [ʀemyneʀe] **v. tr.** (conjug. 8) ✦ Payer (un service, un travail). ➝ Payer (qqn) pour un travail. SYN. **rétribuer.** ➝ au p. passé *Travail, collaborateur bien, mal rémunéré.*
ÉTYM. latin *remunerare,* de *munus, muneris* «cadeau».

RENÂCLER [ʀ(ə)nɑkle] **v. intr.** (conjug. 3a) 1. (animaux) Renifler en signe de mécontentement. 2. fig. Témoigner de la répugnance (devant une contrainte). *Renâcler à la besogne.* SYN. **rechigner.** *Accepter une corvée sans renâcler.*
ÉTYM. probablement famille de *nez.*

RENAISSANCE [ʀ(ə)nɛsɑ̃s] **n. f.** **I** 1. RELIG. Nouvelle naissance. 2. fig. Nouvel essor. *Renaissance des arts.* SYN. **renouveau.** **II** (avec maj. ☞ noms propres) *LA RENAISSANCE* : essor intellectuel et artistique provoqué, à partir du XVe siècle en Italie, puis dans toute l'Europe, par le retour aux idées et à l'art antiques. ☞ Renaissance p. 164. ➝ Période historique allant du XIVe ou du XVe siècle à la fin du XVIe siècle. *Tableau, édifice de la Renaissance.* ➝ appos. (invar.) *Châteaux Renaissance.*
ÉTYM. de *renaître,* d'après *naissance.*

RENAISSANT, ANTE [ʀ(ə)nɛsɑ̃, ɑ̃t] **adj.** 1. Qui renaît. *Les forces renaissantes d'un convalescent.* 2. DIDACT. De la Renaissance. *L'art renaissant.*
ÉTYM. du participe présent de *renaître.*

RENAÎTRE [ʀ(ə)nɛtʀ] **v. intr.** (conjug. 53 ; rare au p. passé, à cause du prénom *René*) 1. Naître de nouveau. ➝ loc. fig. *Renaître de ses cendres* : réapparaître, revivre après la destruction, la ruine. 2. LITTÉR. *RENAÎTRE À* : revenir dans (tel ou tel état). *Renaître à la vie* : recouvrer la santé, la joie de vivre. 3. Reprendre des forces. *Se sentir renaître.* SYN. **revivre.** 4. (choses) Recommencer à vivre. SYN. **reparaître.** *L'espoir renaît.* ➝ *Faire renaître le passé.* 5. Recommencer à croître. *La végétation renaît au printemps.* CONTR. **disparaître.**

RÉNAL, ALE, AUX [ʀenal, o] **adj.** ✦ Relatif au rein ou à sa région. SYN. **néphrétique.** *Calculs rénaux.*
ÉTYM. latin médical *renalis,* de *ren, renis* «rein».

RENARD [ʀ(ə)naʀ] **n. m.** 1. Mammifère carnivore à la tête triangulaire et effilée, à la queue touffue ; le mâle adulte. *Le renard glapit.* ➝ *Renard des sables.* → **fennec.** ➝ loc. *Rusé comme un renard.* 2. Fourrure de cet animal.

Col de renard. **3.** Personne rusée, subtile. *Un vieux renard.*

ÉTYM. de *Renart,* nom propre d'origine germanique dans le *«Roman de Renart».* ☛ noms propres.

RENARDE [ʀ(ə)naʀd] **n. f.** ✦ Femelle du renard.

RENARDEAU [ʀ(ə)naʀdo] **n. m.** ✦ Petit du renard.

RENARDIÈRE [ʀ(ə)naʀdjɛʀ] **n. f.** ✦ Terrier du renard.

RENAUDER [ʀənode] **v. intr.** (conjug. 3a) ✦ POP., VIEILLI Protester avec mauvaise humeur.

ÉTYM. origine incertaine ; probablt famille de *renard.*

RENCARD ; RENCARDER → RANCARD ; RANCARDER

RENCHÉRIR [ʀɑ̃ʃeʀiʀ] **v. intr.** (conjug. 13) **1.** Devenir plus cher. *Les prix ont renchéri.* **2.** fig. *RENCHÉRIR SUR :* aller encore plus loin que, en action ou en paroles. SYN. **surenchérir.** *Renchérir sur un mensonge.* CONTR. **baisser, diminuer.**

ÉTYM. de *re-* et *enchérir.*

RENCHÉRISSEMENT [ʀɑ̃ʃeʀismɑ̃] **n. m.** ✦ Hausse du prix (de qqch.). CONTR. **baisse, diminution.**

ÉTYM. de *renchérir.*

RENCOGNER [ʀɑ̃kɔɲe] **v. tr.** (conjug. 3a) ✦ FAM. VX Pousser, repousser dans un coin. ▸ pronom. MOD. *Se rencogner.* SYN. se **blottir.**

ÉTYM. famille de *coin.*

RENCONTRE [ʀɑ̃kɔ̃tʀ] **n. f.** **I** LITTÉR. Circonstance fortuite, hasard. ▸ loc. adj. *DE RENCONTRE :* fortuit. *Des amours de rencontre.* **II 1.** Le fait, pour deux personnes, de se trouver (par hasard ou non) en contact. *Une rencontre agréable. Mauvaise rencontre,* celle d'une personne dangereuse. *Ménager une rencontre entre deux personnes.* SYN. **entrevue, rendez-vous.** ▸ *À LA RENCONTRE DE :* au-devant de. *Aller à la rencontre de qqn ; à sa rencontre.* **2.** Engagement, combat, match. *Une rencontre de boxe.* ▸ Réunion autour d'une discussion. *Rencontre au sommet.* **3.** (choses) Le fait de se trouver en contact. SYN. **jonction.** *Point de rencontre. Rencontre brutale.* → **choc, collision.**

ÉTYM. de *rencontrer.*

RENCONTRER [ʀɑ̃kɔ̃tʀe] **v. tr.** (conjug. 3a) **I 1.** Se trouver en présence de (qqn) par hasard. *Je l'ai rencontré sur mon chemin.* SYN. **croiser.** ◆ Se trouver avec (qqn) par une rencontre ménagée. *Rencontrer un émissaire.* ▸ Être opposé en compétition à (un adversaire). ◆ Se trouver pour la première fois avec (qqn). → faire la **connaissance** de. *Le jour où je l'ai rencontré. Je l'ai rencontré chez des amis.* ◆ Trouver (parmi d'autres). *Un collaborateur comme on n'en rencontre guère,* remarquable. **2.** Se trouver près de, en présence de (qqch.). *C'est un thème qu'on rencontre souvent chez cet auteur.* ▸ (sujet chose) *Son regard rencontra le mien.* ▸ *Sa tête a rencontré le mur.* SYN. **heurter.** **3.** fig. Se trouver en présence de (un évènement...). *Rencontrer une occasion.* ▸ *Le projet a rencontré une forte opposition.* **II** *SE RENCONTRER* **v. pron.** **1.** Se trouver en même temps au même endroit. *Ils se sont rencontrés dans la rue.* ▸ Faire connaissance. *Nous nous sommes déjà rencontrés.* ▸ Avoir une entrevue. SYN. se **réunir.** ◆ fig. Partager, exprimer les mêmes idées ou sentiments. loc. prov. *Les grands esprits* se rencontrent.* **2.** Entrer en contact. *Leurs regards se rencontrèrent.* **3.** passif Se trouver, être constaté. SYN. **exister.** *Résoudre les problèmes qui se rencontrent.* ▸ impers. *Il se rencontre des gens qui...* SYN. se **trouver.** CONTR. **éviter, manquer.**

ÉTYM. de *re-* et l'ancien verbe *encontrer* «venir en face», de *encontre* → à l'encontre.

RENDEMENT [ʀɑ̃dmɑ̃] **n. m.** **1.** Produit de la terre, évalué par rapport à la surface cultivée. ☛ Géographie p. 232. *Rendement à l'hectare.* ▸ Production évaluée par rapport à des données de base (matériel, capital, travail, etc.). SYN. **productivité.** *Augmentation, baisse du rendement.* **2.** Produit, gain. SYN. **rentabilité.** *Taux de rendement d'un investissement.* ▸ (dans un travail) *Il s'applique, mais le rendement est faible.* SYN. **efficacité.**

ÉTYM. de *rendre.*

RENDEZ-VOUS [ʀɑ̃devu] **n. m.** **1.** Rencontre convenue entre deux ou plusieurs personnes. SYN. FAM. **rancard.** *Avoir, prendre (un) rendez-vous avec qqn. Donner (un) rendez-vous à qqn. Médecin qui reçoit sur rendez-vous.* ◆ spécialt *Rendez-vous amoureux, galant.* ▸ *Maison de rendez-vous,* qui accueille des couples de rencontre. **2.** Lieu fixé pour une rencontre. *Arriver le premier au rendez-vous.* ▸ Lieu de rencontre habituel. *Ce café est le rendez-vous des étudiants.*

ÉTYM. de l'impératif de *se rendre.*

RENDORMIR [ʀɑ̃dɔʀmiʀ] **v.** (conjug. 23) ✦ Endormir de nouveau. ▸ pronom. *Elle s'est vite rendormie.*

RENDRE [ʀɑ̃dʀ] **v. tr.** (conjug. 44) **I 1.** Donner en retour (ce qui est dû). *Je vous rends votre argent* (SYN. **rembourser**). ◆ abstrait Donner (sans idée de restitution). *Rendre service, rendre des services à qqn. Rendre grâce(s) à :* remercier. ▸ (sans compl. second) *Rendre un jugement.* SYN. **prononcer.** **2.** Donner en retour (ce qui a été pris ou reçu). SYN. **restituer.** *Rendre ce qu'on a pris.* ▸ fig. *Rendre la liberté à qqn. Rendre à qqn sa parole,* le délier d'un engagement. ◆ Rapporter au vendeur (ce qu'on a acheté). *Article qui ne peut être ni rendu ni échangé.* **3.** Faire recouvrer. SYN. **redonner.** *Ce traitement m'a rendu des forces ; le sommeil.* **4.** Donner en retour (en échange de ce qu'on a reçu). *Rendre un baiser.* ▸ loc. *Rendre coup pour coup. Rendre le mal pour le mal.* ▸ *Rendre la monnaie.* fig. *Rendre à qqn la monnaie* de sa pièce.* ▸ *Rendre la pareille*.* ▸ *Rendre à qqn sa visite ;* par ext. *rendre visite* à qqn.* **5.** intrans. Produire, rapporter. *La ferme a bien rendu* (→ **rendement ; rente**). **II 1.** Laisser échapper (ce qu'on ne peut garder, retenir). ▸ spécialt Vomir. *Il a rendu son dîner.* absolt *Avoir envie de rendre.* ◆ fig. *Rendre l'âme, l'esprit, le dernier soupir :* mourir. **2.** Faire entendre (un son). *Instrument qui rend des sons grêles.* **3.** Céder, livrer. loc. *Rendre les armes.* **III** Faire devenir. *Il me rendra fou.* ▸ au passif *Le jugement a été rendu public.* **IV** (Présenter après interprétation) **1.** Bien traduire. *Une tournure difficile à rendre.* **2.** Exprimer par le langage. *Une sensation qu'aucun mot ne pouvait rendre.* ◆ Exprimer par un moyen plastique ou graphique. *Rendre avec vérité un paysage.* ▸ au p. passé *Détail bien rendu* (→ **rendu**). **V** *SE RENDRE* **v. pron.** **1.** *Se rendre à :* se soumettre, céder à. *Se rendre aux prières, aux ordres de qqn.* ◆ absolt Se soumettre (en rendant les armes). → **reddition.** *Se rendre sans conditions.* SYN. **capituler.** ▸ (d'un criminel) Se livrer. **2.** Se transporter, aller. *Se rendre à son travail.* **3.** (suivi d'un attribut) Se faire (tel), devenir par son propre fait. *Se rendre maître de la situation.* ▸ *Vous allez vous rendre malade.* CONTR. **emprunter, prêter ; confisquer, garder • résister.**

► **(ÊTRE) RENDU, UE v. passif et p. passé** **1.** Parvenir à sa destination. *Nous voilà rendus.* **2.** Être extrêmement fatigué. → **fourbu.**

ÉTYM. latin populaire *rendere,* du latin classique *reddere.*

RENDU [Rɑ̃dy] **n. m.** **1.** **loc.** *C'est un prêté* pour un rendu.* **2.** ARTS Exécution restituant fidèlement l'impression donnée par la réalité. *Le rendu de l'eau.*
ÉTYM. du participe passé de *rendre.*

RÊNE [Rɛn] **n. f.** ✦ Chacune des courroies fixées aux harnais d'une bête de selle, et servant à diriger l'animal. SYN. **bride, guide.** ◆ LITTÉR. *Les rênes de l'État.* ➡ **loc.** *Prendre les rênes d'une affaire,* la diriger.
HOM. REINE «souveraine», RENNE «animal»
ÉTYM. latin populaire *retina,* de *retinere* «retenir».

RENÉGAT, ATE [Rənega, at] **n.** ✦ Personne qui a renié sa religion. SYN. **apostat.** ➡ Personne qui a trahi ses opinions, son parti, etc. SYN. **traître.**
ÉTYM. italien *rinnegato,* de *rinnegare* «renier».

RENFERMÉ, ÉE [Rɑ̃fɛRme] **adj.** et **n. m.** **1.** **adj.** Qui ne montre pas ses sentiments. SYN. **dissimulé,** ① **secret.** *Un enfant renfermé.* ➡ *Caractère renfermé.* **2.** **n. m.** Mauvaise odeur d'un lieu mal aéré. *Cette chambre sent le renfermé.* CONTR. **démonstratif, expansif, ouvert.**

RENFERMER [Rɑ̃fɛRme] **v. tr.** (conjug. 3a) **1.** Tenir caché (un sentiment). SYN. **dissimuler.** ➡ **pronom.** *Se renfermer en soi-même,* ne rien livrer de ses sentiments. **2.** (choses) Tenir contenu. *Les roches renferment des minéraux.* SYN. **contenir.** ➡ **abstrait** Comprendre, contenir. *Texte qui renferme de grandes idées.* CONTR. **exposer, libérer, montrer.**
ÉTYM. de *re-* et *enfermer.*

RENFLÉ, ÉE [Rɑ̃fle] **adj.** ✦ Qui présente une partie bombée. SYN. **pansu, ventru.**
ÉTYM. participe passé de *renfler.*

RENFLEMENT [Rɑ̃fləmɑ̃] **n. m.** ✦ État de ce qui est renflé ; partie renflée. CONTR. **concavité ; creux.**

RENFLER [Rɑ̃fle] **v. tr.** (conjug. 3a) ✦ RARE Rendre convexe, bombé. ➡ **pronom.** *Se renfler.* CONTR. **aplatir, creuser.**
ÉTYM. de *re-* et *enfler.*

RENFLOUAGE [Rɑ̃fluaʒ] **n. m.** ✦ Action de renflouer. ➡ **On trouve aussi** RENFLOUEMENT [Rɑ̃flumɑ̃].

RENFLOUER [Rɑ̃flue] **v. tr.** (conjug. 3a) **1.** Remettre (un navire) à flot. *Renflouer un navire échoué.* **2.** **fig.** Sauver (qqn, une entreprise) de difficultés financières en fournissant des fonds.
ÉTYM. mot normand, même origine que *flot.*

RENFONCEMENT [Rɑ̃fɔ̃smɑ̃] **n. m.** ✦ Ce qui forme un creux. *Le renfoncement d'une porte.* ➡ Recoin, partie en retrait. CONTR. **avancée, saillie.**
ÉTYM. de *renfoncer.*

RENFONCER [Rɑ̃fɔ̃se] **v. tr.** (conjug. 4) ✦ Enfoncer plus avant, plus fort. *Renfoncer son chapeau.*

RENFORCEMENT [Rɑ̃fɔRsəmɑ̃] **n. m.** ✦ Action, fait de renforcer, d'être renforcé.

RENFORCER [Rɑ̃fɔRse] **v. tr.** (conjug. 4) **1.** Rendre plus fort, plus solide. SYN. **consolider.** *Renforcer un mur.* ➡ **au p. passé** *Talons renforcés.* ◆ Rendre plus puissant. *Renforcer une armée* (➡ **renfort**). **2.** Rendre plus intense. *Renforcer une couleur.* ➡ *Mot qui sert à renforcer l'expression.* **3.** Rendre plus ferme, plus certain. SYN. **fortifier.** *Cela renforce ma certitude.* SYN. **confirmer.** ➡ **par ext.** *Renforcer qqn dans une opinion.* CONTR. **affaiblir,** ① **saper.**
ÉTYM. de *re-* et l'ancien verbe *enforcier* «rendre plus fort», de *force.*

RENFORT [Rɑ̃fɔR] **n. m.** **1.** Effectifs et matériel destinés à renforcer une armée. *Envoyer des renforts.* **fig.** *Prendre du personnel en renfort.* **2.** **loc.** *À GRAND RENFORT DE :* à l'aide d'une grande quantité de. *S'exprimer à grand renfort de gestes.*
ÉTYM. de *renforcer.*

RENFROGNÉ, ÉE [Rɑ̃fRɔɲe] **adj.** **1.** Contracté par le mécontentement. *Visage renfrogné.* **2.** (personnes) Maussade, revêche. CONTR. **aimable.**
ÉTYM. du participe passé de *renfrogner.*

se RENFROGNER [Rɑ̃fRɔɲe] **v. pron.** (conjug. 3a) ✦ Témoigner son mécontentement par une expression contractée du visage. CONTR. **se détendre, s'épanouir.**
ÉTYM. de *re-* et l'ancien verbe *frogner* «froncer le nez», d'origine gauloise.

RENGAGER [Rɑ̃gaʒe] **v. tr.** (conjug. 5) ✦ Engager de nouveau. *Rengager du personnel.* ◆ *SE RENGAGER* **v. pron.** ou *RENGAGER* **v. intr.** : reprendre du service volontaire dans l'armée. SYN. **rempiler.** ➡ **au p. passé** *Soldat rengagé.* ➡ **variante** RÉENGAGER [Reɑ̃gaʒe].

RENGAINE [Rɑ̃gɛn] **n. f.** **1.** Formule répétée à tout propos. *C'est toujours la même rengaine.* SYN. **chanson, refrain.** **2.** Chanson ressassée. *Une rengaine à la mode.*
ÉTYM. de *rengainer.*

RENGAINER [Rɑ̃gene] **v. tr.** (conjug. 3a) **1.** Remettre dans la gaine, l'étui. *Rengainer son pistolet.* **2.** FAM. Retenir (ce qu'on allait manifester). *Rengainer son compliment.* SYN. **remballer.** CONTR. **dégainer.**
ÉTYM. famille de *gaine.*

se RENGORGER [Rɑ̃gɔRʒe] **v. pron.** (conjug. 5) **1.** (oiseaux) Gonfler la gorge. *Le paon se rengorge.* **2.** (personnes) Prendre une attitude avantageuse, vaniteuse. *Depuis ce succès, il se rengorge.*
ÉTYM. famille de *gorge.*

RENIEMENT [Rənimɑ̃] **n. m.** ✦ Action, fait de renier.

RENIER [Rənje] **v. tr.** (conjug. 9) **1.** Déclarer faussement qu'on ne connaît pas ou qu'on ne reconnaît pas (qqn). *Saint Pierre renia trois fois Jésus. Renier sa famille.* **2.** Renoncer à (ce qui inspire la fidélité). *Renier sa foi.* SYN. **abjurer.** *Renier ses opinions ; sa signature.* SYN. **désavouer.** *Renier ses engagements,* s'y dérober. CONTR. **reconnaître.**
ÉTYM. latin populaire *renegare.*

RENIFLEMENT [R(ə)nifləmɑ̃] **n. m.** ✦ Action de renifler ; bruit fait en reniflant.

RENIFLER [R(ə)nifle] **v.** (conjug. 3a) **1.** **v. intr.** Aspirer bruyamment par le nez. **2.** **v. tr.** Aspirer par le nez, sentir (qqch.). SYN. **flairer.** *Chien qui renifle une odeur. Renifler un plat.* ➡ **fig.** *Renifler quelque chose de louche.*
ÉTYM. de *re-* et l'anc. v. *nifler,* d'orig. onomatopéique.

RENNE [Rɛn] **n. m.** ✦ Mammifère ruminant de grande taille, aux bois aplatis, qui vit dans les régions froides de l'hémisphère Nord. SYN. **caribou.** HOM. REINE «souveraine», RÊNE «bride»
ÉTYM. origine scandinave.

RENOM [Rənɔ̃] **n. m.** **1.** LITTÉR. Opinion répandue dans le public (sur qqn ou qqch.). SYN. **réputation.** *Un mauvais renom.* **2.** COUR. Opinion favorable et largement répandue. SYN. **renommée.** *Acquérir du renom.* ➡ **loc. adj.** *En renom, de renom,* réputé, célèbre.
ÉTYM. de *renommer.*

A B C D E F G H I J K L M N O P Q R S T U V W X Y Z

RENOMMÉ, ÉE [R(ə)nɔme] adj. ✦ Qui a du renom, de la renommée. SYN. **célèbre, fameux, réputé.**
ÉTYM. de *renommer.*

RENOMMÉE [R(ə)nɔme] n. f. **1.** LITTÉR. Opinion publique répandue. *Si l'on en croit la renommée.* **2.** COUR. Fait (pour qqn, qqch.) d'être largement connu et, spécialt, favorablement connu. SYN. **célébrité, gloire, notoriété, renom.** *Un savant de renommée internationale.* ➙ prov. *Bonne renommée vaut mieux que ceinture dorée* (que la richesse).
ÉTYM. du participe passé de *renommer.*

RENOMMER [R(ə)nɔme] v. tr. (conjug. 3a) **1.** VX Nommer souvent, célébrer. ➙ MOD. Nommer une seconde fois. SYN. **réélire. 2.** Donner un nouveau nom à. *Renommer un fichier.*
ÉTYM. de *re-* et *nommer.*

RENONCEMENT [R(ə)nɔ̃smɑ̃] n. m. ✦ Fait de renoncer (à une chose) au profit d'une valeur jugée plus haute (surtout contexte moral ou religieux) ; attitude qui en résulte. *Renoncement au monde, aux plaisirs.* ➙ *Vivre dans le renoncement.* CONTR. **attachement.**

RENONCER [R(ə)nɔ̃se] v. tr. ind. (conjug. 4) ✦ *RENONCER À* **1.** Cesser de prétendre à (qqch.) ; abandonner un droit sur (qqch.). *Renoncer à une succession.* ◆ Abandonner l'idée de. *Renoncer à un voyage, à un projet. Je renonce à comprendre. C'est impossible, j'y renonce !* ➙ absolt *Il a renoncé un peu vite.* **2.** Abandonner volontairement (ce qu'on a). SYN. **quitter.** *Renoncer au pouvoir.* ➙ **abdiquer.** ◆ Cesser de pratiquer, d'exercer. *Sportif qui renonce à la compétition.* SYN. **abandonner.** *Renoncer au tabac.* ◆ RELIG. *Renoncer au monde,* cesser d'être attaché aux choses de ce monde (➙ **renoncement**). ➙ loc. *Renoncer à Satan, à ses pompes* et à ses œuvres.* **3.** *Renoncer à qqn,* cesser de rechercher sa compagnie. *Renoncer à celle, à celui qu'on aime.* CONTR. **s'attacher ; conserver, garder · persévérer, persister.**
ÉTYM. latin *renuntiare.*

RENONCIATION [R(ə)nɔ̃sjasjɔ̃] n. f. **1.** Fait de renoncer (à un droit, etc.) ; acte par lequel on renonce. *Renonciation à une succession.* ➙ *Renonciation au trône.* **2.** Fait de renoncer (à qqch., notamment à un bien moral).
ÉTYM. latin *renuntiatio.*

RENONCULE [Rənɔ̃kyl] n. f. ✦ Plante herbacée, à fleurs serrées de couleurs vives, en particulier jaunes (SYN. **bouton-d'or**).
ÉTYM. latin *ranunculus* «petite grenouille *(rana)*».

RENOUER [Rənwe] v. (conjug. 3a) **I** v. tr. **1.** Refaire un nœud à ; nouer (ce qui est dénoué). *Renouer ses lacets.* **2.** fig. Rétablir après une interruption. *Renouer la conversation.* SYN. **reprendre.** *Renouer amitié avec qqn.* **II** v. intr. *RENOUER AVEC* : reprendre des relations avec. *Renouer avec un ami.* ➙ *Renouer avec une tradition.* CONTR. **dénouer · interrompre.**
ÉTYM. de *re-* et *nouer.*

RENOUVEAU [R(ə)nuvo] n. m. **1.** Nouvel épanouissement ; apparition de formes nouvelles. SYN. **renaissance ; renouvellement.** *Renouveau des arts.* **2.** LITTÉR. Retour du printemps.
ÉTYM. de *renouveler,* d'après *nouveau.*

RENOUVELABLE [R(ə)nuv(ə)labl] adj. ✦ Qui peut être renouvelé. *Énergie renouvelable.* ☞ Géographie p. 230. *Bail renouvelable.* SYN. **reconductible.**

RENOUVELER [R(ə)nuv(ə)le] v. tr. (conjug. 6a) **I** **1.** Remplacer par une chose nouvelle et semblable (ce qui a servi, est altéré...). SYN. **changer.** *Renouveler l'air d'une pièce. Renouveler sa garde-robe.* ◆ Remplacer une partie des membres de (un groupe). *Renouveler le personnel d'une entreprise.* **2.** Changer (qqch.) en donnant une forme nouvelle ; faire renaître. SYN. **rénover.** *Renouveler un sujet, une question, une technique.* **3.** Donner une validité nouvelle à (ce qui expire). *Renouveler un bail.* SYN. **reconduire. 4.** Faire de nouveau. SYN. **réitérer.** *Renouveler une demande. Renouveler une expérience.* SYN. **répéter.** ◆ RELIG. *Renouveler les vœux du baptême.* ➙ intrans. Refaire sa communion solennelle un an après la cérémonie. **II** *SE RENOUVELER* v. pron. **1.** Être remplacé par des éléments nouveaux et semblables. *Les élèves se renouvellent chaque année.* **2.** Prendre une forme nouvelle. *Mode d'expression qui se renouvelle.* ◆ (personnes) Changer son activité, se montrer inventif. *Il n'a pas su se renouveler.* **3.** Renaître, se reconstituer. *La peau se renouvelle.* **4.** Recommencer. SYN. se **reproduire.** *Que cela ne se renouvelle pas !* CONTR. **garder, maintenir.**
ÉTYM. de *re-* et l'ancien verbe *noveler,* de *novel* «nouveau».

RENOUVELLEMENT [R(ə)nuvɛlmɑ̃] n. m. **1.** Action de renouveler. *Renouvellement d'un stock.* **2.** Changement qui crée un état nouveau. SYN. **renouveau.** *Besoin de renouvellement.* **3.** Remise en vigueur. *Le renouvellement d'un bail.* SYN. **reconduction. 4.** RELIG. Confirmation (des vœux). absolt Confirmation de la communion solennelle. ➙ **renouveler** (I, 4).
ÉTYM. de *renouveler.*

RÉNOVATEUR, TRICE [RenɔvatœR, tRis] n. ✦ Personne qui rénove. *Les rénovateurs d'un parti.* ➙ adj. *Un courant rénovateur.*
ÉTYM. latin *renovator.*

RÉNOVATION [Renɔvasjɔ̃] n. f. ✦ Remise à neuf. *Rénovation d'un vieux quartier.*
ÉTYM. latin *renovatio* «renouvellement».

RÉNOVER [Renɔve] v. tr. (conjug. 3a) **1.** Améliorer en donnant une forme nouvelle, moderne. SYN. **moderniser, renouveler, transformer.** *Rénover un enseignement.* **2.** Remettre à neuf. SYN. **réhabiliter.** ➙ au p. passé *Immeuble entièrement rénové.*
ÉTYM. latin *renovare.*

RENSEIGNEMENT [Rɑ̃sɛɲ(ə)mɑ̃] n. m. **1.** Ce par quoi on renseigne (qqn), on se renseigne ; chose ainsi connue. SYN. **information,** FAM. **tuyau ;** ARGOT **rancard.** *Donner, fournir un renseignement à qqn. Chercher des renseignements sur un sujet.* SYN. **documentation.** *Demander qqch. à titre de renseignement,* à titre indicatif. ◆ *Bureau, service des renseignements.* **2.** Information concernant la sécurité du territoire ; recherche de telles informations. *Agent de renseignements.*
ÉTYM. de *renseigner.*

RENSEIGNER [Rɑ̃seɲe] v. tr. (conjug. 3a) ✦ Éclairer sur un point précis, fournir un renseignement à. SYN. **informer, instruire ;** FAM. **rancarder, tuyauter.** *Renseigner un passant égaré. Il pourra vous renseigner sur ce sujet.* ➙ pronom. *Se renseigner* : prendre, obtenir des renseignements. *Se renseigner auprès de qqn. Renseignez-vous à l'accueil.* ➙ passif et p. passé *Être bien, mal renseigné. Être renseigné sur...* ◆ (choses) Constituer une source d'information. *Ce document nous renseigne utilement.*
ÉTYM. de *re-* et *enseigner.*

RENTABILISER [ʀɑ̃tabilize] **v. tr.** (conjug. 3a) ✦ Rendre rentable (1).

RENTABILITÉ [ʀɑ̃tabilite] **n. f.** 1. Capacité (d'un investissement) à procurer un bénéfice. 2. Caractère de ce qui est rentable.
ÉTYM. de *rentable*.

RENTABLE [ʀɑ̃tabl] **adj.** 1. Qui produit une rente, un bénéfice. *Une exploitation rentable.* 2. FAM. Qui donne des résultats. SYN. **payant.** *Une méthode rentable.*
ÉTYM. de *rente*.

RENTE [ʀɑ̃t] **n. f.** 1. Revenu périodique d'un bien, d'un capital. *Avoir des rentes.* ➝ loc. *Vivre de ses rentes* (sans travailler). 2. Somme d'argent qu'une personne est tenue de donner périodiquement à une autre. *Rente viagère.* 3. Emprunt de l'État, représenté par un titre qui donne droit à un intérêt.
ÉTYM. latin populaire *rendita*, du participe passé de *rendere* «rendre».

RENTIER, IÈRE [ʀɑ̃tje, jɛʀ] **n.** ✦ Personne qui a des rentes, qui vit de ses rentes.
ÉTYM. de *rente*.

RENTRANT, ANTE [ʀɑ̃tʀɑ̃, ɑ̃t] **adj.** 1. Qui peut être rentré. SYN. **escamotable.** 2. *ANGLE RENTRANT*, de plus de 180° (opposé à *saillant*).
ÉTYM. du participe présent de *rentrer*.

RENTRE-DEDANS [ʀɑ̃t(ʀə)dədɑ̃] **n. m. invar.** ✦ FAM. Attitude de séduction insistante, indiscrète. *Faire du rentre-dedans à qqn.*

RENTRÉE [ʀɑ̃tʀe] **n. f.** **I** 1. Fait de rentrer. *La rentrée des vacanciers à la capitale.* 2. Reprise des activités (de certaines institutions), après une interruption. *La rentrée parlementaire.* ➝ *La rentrée des classes,* après les grandes vacances. *Rentrée universitaire.* ➝ *LA RENTRÉE* : l'époque de l'année (celle de la rentrée des classes), où l'ensemble des activités reprennent. *Les spectacles de la rentrée. Nous en reparlerons à la rentrée.* 3. Retour (d'un artiste) à la scène, après une interruption. *Faire sa rentrée sur une grande scène.* ➝ par analogie *Préparer sa rentrée politique.* **II** (choses) 1. Mise à l'abri. *La rentrée des foins.* 2. *Rentrée d'argent* (en caisse). *Les rentrées de l'impôt.* SYN. **recette.** ➝ absolt *Des rentrées importantes.*
CONTR. ① **départ • sortie • dépense.**
ÉTYM. du participe passé de *rentrer*.

RENTRER [ʀɑ̃tʀe] **v.** (conjug. 3a) **I** **v. intr.** (auxiliaire *être*) 1. Entrer de nouveau (dans un lieu où l'on a déjà été). 2. Revenir (chez soi). *Je vais rentrer chez moi.* ➝ *Nous rentrerons tard. Rentrer dîner.* 3. Entrer de nouveau (dans une situation antérieure). SYN. **réintégrer.** ➝ loc. *Rentrer dans le rang**. 4. absolt Reprendre ses activités, ses fonctions. *Les lycéens rentrent en septembre* (➝ **rentrée**). 5. loc. *Rentrer en grâce**. ➝ *Rentrer dans ses droits* (SYN. **recouvrer**). *Rentrer dans ses frais* (les récupérer). ➝ (choses) *Tout est rentré dans l'ordre* : l'ordre est revenu. 6. LITTÉR. *Rentrer en soi-même.* ➝ se **recueillir.** 7. (sans idée de répétition ni de retour) Entrer. ♦ (avec force) *Sa voiture est rentrée dans un arbre.* ➝ loc. *Rentrer dedans**. ♦ *La clé rentre dans la serrure.* ➝ *Cela ne rentre pas dans mes attributions.* ➝ (argent) Être perçu. *Faire rentrer l'impôt.* **II** **v. tr.** (auxiliaire *avoir*) 1. Mettre ou remettre à l'intérieur, dedans. *Rentrer les foins. Rentrer sa voiture (au garage). Avion qui rentre son train d'atterrissage.* ➝ *Rentrer le ventre,* le faire plat. 2. Dissimuler, faire disparaître (sous, dans). *Rentrer sa chemise dans son pantalon. Le chat rentre ses griffes.* ➝ fig. *Rentrer ses larmes, sa rage.* SYN. **contenir, ravaler, refouler, réprimer.** CONTR. ① **sortir • extérioriser.**
► **RENTRÉ, ÉE adj.** 1. *Yeux rentrés,* enfoncés. 2. Qui est réprimé (sentiments). *Colère rentrée.*
ÉTYM. de *re-* et *entrer*.

RENVERSANT, ANTE [ʀɑ̃vɛʀsɑ̃, ɑ̃t] **adj.** ✦ Qui renverse, frappe de stupeur. *Une nouvelle renversante.*
ÉTYM. du participe présent de *renverser*.

RENVERSE [ʀɑ̃vɛʀs] **n. f.** 1. MAR. (courant, marée) Changement de sens. 2. *À LA RENVERSE* **loc. adv.** *Tomber à la renverse,* sur le dos.
ÉTYM. de *renverser*.

RENVERSÉ, ÉE [ʀɑ̃vɛʀse] **adj.** 1. À l'envers ; le haut mis en bas. *Une image renversée.* ➝ *CRÈME RENVERSÉE,* qu'on retourne pour la servir. 2. Stupéfait. *Je suis renversé.* 3. Que l'on a fait tomber. *Chaises renversées.* 4. Incliné en arrière. *Boire la tête renversée.* CONTR. **debout,** ① **droit.**
ÉTYM. de *renverser*.

RENVERSEMENT [ʀɑ̃vɛʀsəmɑ̃] **n. m.** 1. Passage en bas de la partie haute. *Le renversement d'une image.* 2. Passage à un ordre inverse. *Le renversement de la marée.* 3. Changement complet en l'inverse. *Le renversement de la hiérarchie. Renversement de situation.* SYN. **retournement.** 4. Fait de renverser, de jeter bas. *Renversement d'un régime.* SYN. **chute.** 5. Rejet en arrière (d'une partie du corps). CONTR. **redressement, relèvement.**
ÉTYM. de *renverser*.

RENVERSER [ʀɑ̃vɛʀse] **v. tr.** (conjug. 3a) **I** 1. Mettre de façon que la partie supérieure devienne inférieure. *Renverser des verres pour les égoutter.* SYN. **retourner.** 2. Disposer ou faire mouvoir en sens inverse (SYN. **intervertir, inverser**). *Renverser les termes d'une proposition.* ➝ loc. *Renverser la vapeur**. ♦ intrans. MAR. *La marée renverse,* s'inverse (➝ **renverse**). 3. Troubler, étonner extrêmement (qqn). *Cela me renverse* (➝ **renversant**). 4. Faire tomber à la renverse, jeter à terre (qqn). *Renverser un piéton.* ➝ Faire tomber (qqch.). *Renverser une chaise.* ➝ Répandre (un liquide). *Renverser du vin ; son café.* 5. fig. Faire tomber, démolir. SYN. **abattre.** *Renverser les obstacles.* ➝ Provoquer la chute de (un gouvernement...). 6. Incliner en arrière. *Renverser la tête, le buste.* **II** *SE RENVERSER* **v. pron.** 1. (choses) Se retourner. *La barque s'est renversée.* SYN. **chavirer.** ➝ Basculer, tomber. *La bouteille s'est renversée.* 2. (personnes) *Se renverser dans un fauteuil.* CONTR. **redresser • relever • instaurer.**
ÉTYM. famille de ② *envers*.

RENVOI [ʀɑ̃vwa] **n. m.** **I** (Action de renvoyer) 1. *Le renvoi de qqn à son lieu de départ.* 2. Fait de renvoyer (2) qqn. *Le renvoi d'un employé.* 3. Fait de renvoyer à l'expéditeur. *Le renvoi d'une lettre.* 4. Fait de relancer. *Le renvoi d'un ballon.* 5. Fait d'envoyer à l'autorité compétente. *Renvoi aux assises.* ♦ Indication invitant le lecteur à se reporter (à un passage). 6. Ajournement, remise à plus tard. *Renvoi à une date ultérieure.* SYN. **report.** **II** Éructation. SYN. FAM. **rot.** *Un renvoi bruyant.*
CONTR. **engagement, rappel.**
ÉTYM. de *renvoyer*.

RENVOYER [ʀɑ̃vwaje] **v. tr.** (conjug. 11 ; sauf au futur *je renverrai,* et au conditionnel *je renverrais*) 1. Faire retourner (qqn) là où il était précédemment. *Il est guéri, vous pouvez le renvoyer chez lui.* ➝ Faire repartir (qqn dont on ne souhaite plus la présence). *Renvoyer un*

A B C D E F G H I J K L M N O P Q **R** S T U V W X Y Z

importun. SYN. **éconduire.** 2. Faire partir (en faisant cesser une fonction, une situation). *Renvoyer un élève.* SYN. **expulser.** *Renvoyer un employé.* SYN. **chasser, congédier, licencier, remercier.** 3. Faire reporter (qqch.) à qqn. SYN. **rendre.** *Je vous renvoie vos documents.* 4. Relancer (un objet qu'on a reçu). *Renvoyer un ballon.* ♦ Réfléchir, répercuter (la lumière, le son...). *Miroir qui renvoie une image déformée.* 5. Adresser (qqn) à une autorité plus compétente. *On m'a renvoyé à un autre service. Renvoyer un prévenu devant la cour d'assises.* ♦ Faire se reporter. *Renvoyer à une référence ; à un passage* (→ **renvoi**). 6. Remettre à une date ultérieure. SYN. **ajourner, différer,** ① **reporter.** *Renvoyer un débat.* CONTR. **appeler** • **employer, engager, recruter** • **conserver, garder.**

ÉTYM. de *re-* et *envoyer.*

RÉOCCUPER [reɔkype] v. tr. (conjug. 3a) ✦ Occuper de nouveau. *Réoccuper un territoire ; une fonction.*
► **RÉOCCUPATION** [reɔkypasjɔ̃] n. f.

RÉORGANISATION [reɔrganizasjɔ̃] n. f. ✦ Action de réorganiser ; son résultat.

RÉORGANISER [reɔrganize] v. tr. (conjug. 3a) ✦ Organiser de nouveau, d'une autre manière. *Réorganiser un service.* SYN. **restructurer.**

RÉOUVERTURE [reuvɛrtyr] n. f. ✦ Fait de rouvrir* (qqch.), de rouvrir (intrans.). *La réouverture d'un théâtre.* — *Réouverture des débats ; des négociations.*

ÉTYM. de *re-* et *ouverture.*

REPAIRE [r(ə)pɛr] n. m. 1. Lieu qui sert de refuge aux bêtes sauvages. SYN. **antre, tanière.** 2. Refuge (notamment d'individus dangereux). *Un repaire de brigands.*

HOM. REPÈRE «marque»

ÉTYM. de l'ancien verbe *repairer,* famille de *patrie.*

REPAÎTRE [rəpɛtr] v. tr. (conjug. 52) I LITTÉR. Nourrir, rassasier (abstrait). *Repaître qqn de fausses espérances. Repaître ses yeux d'un spectacle.* II *SE REPAÎTRE* v. pron. 1. (animaux) Assouvir sa faim (→ **repu,** adj.). 2. abstrait LITTÉR. Trouver sa satisfaction (à). *Se repaître d'illusions.*

ÉTYM. de *re-* et *paître.*

RÉPANDRE [repɑ̃dr] v. tr. (conjug. 44) I 1. Faire tomber (un liquide) ; disperser, étaler (des objets). *Répandre du vin sur la nappe.* SYN. **renverser.** *Répandre des graines.* SYN. **épandre.** 2. (choses) Produire et envoyer autour de soi (de la lumière, etc.). SYN. **diffuser, émettre.** *Répandre une odeur.* SYN. **dégager, exhaler.** II 1. LITTÉR. Donner avec profusion (une chose abstraite). SYN. **dispenser, prodiguer.** *Répandre des bienfaits.* 2. Faire régner (un sentiment) autour de soi. *Répandre la terreur.* SYN. **jeter, semer.** *Répandre la joie.* 3. Diffuser, rendre commun à un grand nombre. *Répandre une doctrine, une mode.* SYN. **propager, vulgariser.** 4. Rendre public. *Répandre une nouvelle, un bruit.* SYN. **colporter.** III *SE RÉPANDRE* v. pron. 1. (choses) Couler ; s'étaler. *L'eau s'est répandue partout. La fumée se répand dans la pièce.* SYN. **envahir.** — fig. *La consternation se répandit sur les visages.* ♦ (personnes) *La foule se répandit dans les rues.* 2. Se propager. *Cet usage se répand peu à peu.* SYN. **gagner.** — *Le bruit s'est répandu que...* SYN. **courir.** 3. (personnes) *SE RÉPANDRE EN* : exprimer ses sentiments par une abondance de. *Se répandre en injures, en compliments.* CONTR. **amasser, ramasser.**
► **RÉPANDU, UE** adj. 1. *Du vin répandu.* — *Papiers répandus.* 2. (opinions...) Commun à un grand nombre de personnes. SYN. ① **courant.** *Un préjugé très répandu.*

ÉTYM. de *re-* et *épandre.*

RÉPARABLE [reparabl] adj. 1. Qu'on peut réparer. *Cette montre est réparable.* 2. Qu'on peut compenser. *Une maladresse difficilement réparable.* CONTR. **irréparable** • **irrémédiable.**

REPARAÎTRE [r(ə)parɛtr] v. intr. (conjug. 52) 1. Se montrer de nouveau à la vue. SYN. **réapparaître.** *Le soleil reparaît.* ♦ Paraître de nouveau (devant qqn). *Ne reparais jamais devant moi !* 2. Se manifester de nouveau. *La fièvre n'a pas reparu, n'est pas reparue. Souvenir qui reparaît à la conscience.* CONTR. **disparaître.**

RÉPARATEUR, TRICE [reparatœr, tris] n. et adj. 1. n. Artisan qui répare des objets. 2. adj. Qui répare les forces, qui reconstitue. *Sommeil réparateur.* — *Chirurgie réparatrice* (de lésions graves).

ÉTYM. latin *reparator.*

RÉPARATION [reparasjɔ̃] n. f. 1. Opération, travail qui consiste à réparer (qqch.). *La réparation d'une montre.* — *L'ascenseur est EN RÉPARATION.* — *Faire des réparations dans sa maison.* 2. Action de réparer (un accident...). *La réparation d'une panne.* 3. Action de réparer (une faute, etc.). — loc. *Demander réparation* (d'une offense). — SPORTS *Surface de réparation* : partie du terrain de football où une faute donne lieu à un coup de pied de réparation (→ **pénalty** anglic.). ♦ Dédommagement, indemnité. *Réparations imposées à un pays vaincu.* CONTR. **dégât, dommage.**

ÉTYM. latin *reparatio* «rétablissement».

RÉPARER [repare] v. tr. (conjug. 3a) 1. Remettre en bon état (ce qui a été endommagé, ce qui s'est détérioré). SYN. **raccommoder** (1). *Réparer une montre.* SYN. **arranger.** *Réparer sommairement.* → péj. **bricoler** ; FAM. **rabibocher, rafistoler, rapetasser, retaper.** ♦ fig. *Réparer ses forces, sa santé.* 2. Faire disparaître (les dégâts causés à qqch.). *Réparer un accroc.* 3. Corriger (une faute, etc.) en supprimant les conséquences. *Réparer une perte, un oubli.* SYN. **remédier** à. CONTR. **abîmer, casser, détériorer.**

ÉTYM. latin *reparare* «préparer *(parare)* de nouveau».

REPARLER [r(ə)parle] v. tr. ind. (conjug. 3a) ✦ Parler de nouveau (de qqch., de qqn ; à qqn). *Nous en reparlerons. Il ne lui reparle plus.* — intrans. *Il n'a pas reparlé depuis son accident.*

RÉPARTIE ou **REPARTIE** [reparti] n. f. ✦ Réponse rapide et juste. SYN. **réplique, riposte.** *Répartie adroite.* — *Avoir de la répartie. Esprit de répartie.* — Écrire *répartie* avec un accent aigu est permis et conforme à la prononciation.

ÉTYM. de ② *répartir.*

① **REPARTIR** [repartir ; r(ə)partir] v. intr. → ② RÉPARTIR

② **REPARTIR** [r(ə)partir] v. intr. (conjug. 23) 1. Partir de nouveau (après un temps d'arrêt). *Le train va repartir.* 2. fig. Recommencer. *Repartir à, de zéro.* — (choses) Reprendre. *L'affaire repart bien.* 3. Partir (pour l'endroit d'où l'on vient). *Ils sont repartis le lendemain de leur arrivée.*

ÉTYM. de *re-* et ② *partir.*

① **RÉPARTIR** [repartir] v. tr. (conjug. 13) 1. Partager selon des conventions précises (une quantité ou un ensemble). *Répartir une somme, le travail entre plusieurs personnes.* 2. Distribuer dans un espace. SYN. **disposer.** *Répartir des troupes.* — au p. passé *Chargement mal réparti.* 3. Étaler dans le temps. *Répartir un paiement sur plusieurs années.* SYN. **échelonner.** 4. Classer, diviser. *Répartir des élèves en deux groupes.* SYN. **dispat-**

cher. CONTR. **regrouper, réunir.**
ÉTYM. de *re-* et ② *partir.*

② **RÉPARTIR** [repartir] ou **REPARTIR** [repartir ; r(ə)partir] v. intr. (conjug. 23) ✦ LITTÉR. Répliquer, répondre. ➙ Écrire *répartir* avec un accent aigu est permis et conforme à la prononciation.
ÉTYM. de *re-* et ① *partir.*

RÉPARTITION [repartisjɔ̃] n. f. ✦ Opération qui consiste à répartir (qqch.) ; manière dont une chose est répartie. SYN. **distribution.** *La répartition des biens.* ➙ *La répartition géographique de la vigne.*
ÉTYM. de ① *répartir.*

REPAS [r(ə)pa] n. m. 1. Nourriture prise en une fois à heures réglées. *Faire un repas copieux, pantagruélique.* ➙ **festin.** *Repas léger.* ➙ **collation.** *Repas froid.* ➙ *Préparer, servir le repas.* ➙ *Repas à la carte* (au restaurant). 2. Action de se nourrir, répétée quotidiennement à heures réglées. *Prendre son repas. Repas de midi, du soir ; faire trois repas par jour* (➙ ① **petit-déjeuner,** ② **déjeuner,** ② **dîner,** ② **souper).** ➙ *Les deux principaux repas* (déjeuner et dîner). *Être chez soi à l'heure des repas.* ➙ *Repas de noces.* ➙ **banquet.** *Repas champêtre.* ➙ **pique-nique.**
ÉTYM. de l'ancien français *past* ; famille de *paître.*

REPASSAGE [r(ə)pɑsaʒ] n. m. ✦ Action de repasser (III). *Le repassage des couteaux.* ➙ *Faire du repassage.*

REPASSER [r(ə)pɑse] v. (conjug. 3a) **I** v. intr. Passer de nouveau. *Je repasserai à la poste demain. Je repasserai vous voir.* SYN. **revenir.** *Repasser par le même chemin.* ➙ fig. *Des souvenirs repassaient dans sa mémoire.* **II** v. tr. 1. Passer, franchir de nouveau ou en retournant. *Il faudra repasser la rivière.* ➙ *Repasser un examen,* en subir de nouveau les épreuves. 2. Passer de nouveau (qqch.) à qqn. *Repasser les plats.* ◆ FAM. Passer (ce qu'on a reçu de qqn d'autre). SYN. FAM. **refiler.** *Il m'a repassé son rhume.* 3. Faire passer à nouveau (dans son esprit). SYN. **évoquer.** *Repasser les évènements de sa vie.* 4. Relire, apprendre en revenant sur le même sujet. SYN. **potasser.** *Repasser ses leçons.* SYN. **réviser, revoir. III** 1. Affiler, aiguiser (une lame). *Repasser des ciseaux.* 2. Rendre lisse et net (du linge, du tissu, etc.), au moyen d'un instrument approprié (fer, cylindre...). *Repasser une chemise.* ➙ absolt *Fer* à repasser.*

REPASSEUSE [r(ə)pɑsøz] n. f. ✦ Ouvrière qui repasse le linge, les vêtements.

REPÊCHAGE [r(ə)pɛʃaʒ] n. m. 1. Action de repêcher. *Le repêchage d'un noyé.* 2. FAM. Épreuve supplémentaire organisée pour permettre (à un concurrent, un candidat éliminé) d'être qualifié ou admis.

REPÊCHER [r(ə)peʃe] v. tr. (conjug. 3a) 1. Retirer de l'eau (ce qui y est tombé). *Repêcher un noyé.* 2. FAM. Recevoir (un candidat, un concurrent) après une épreuve de repêchage*.
ÉTYM. de *re-* et ② *pêcher.*

REPEINDRE [r(ə)pɛ̃dr] v. tr. (conjug. 52) ✦ Peindre de nouveau ; peindre à neuf.

REPEINT [rəpɛ̃] n. m. ✦ ARTS Partie (d'un tableau) qui a été repeinte. *Les repeints d'une fresque.*
ÉTYM. du participe passé de *repeindre.*

REPENSER [r(ə)pɑ̃se] v. tr. (conjug. 3a) 1. (tr. ind.) *Repenser à* : penser de nouveau à, réfléchir encore à (qqch.). *Quand j'y repense, j'en ris encore.* 2. Reconsidérer. *Repenser un projet.*

REPENTANT, ANTE [r(ə)pɑ̃tɑ̃, ɑ̃t] adj. ✦ Qui se repent de ses fautes, de ses péchés. SYN. **contrit.** *Un pécheur repentant.* CONTR. **impénitent.**
ÉTYM. du participe présent de *se repentir.*

REPENTI, IE [r(ə)pɑ̃ti] adj. et n. 1. Qui s'est repenti de ses fautes. *Pécheur repenti.* ➙ par analogie *Un buveur repenti.* 2. n. Ancien criminel qui collabore avec la police, la justice. CONTR. **impénitent.**
ÉTYM. de *se repentir.*

① **se REPENTIR** [r(ə)pɑ̃tir] v. pron. (conjug. 23) 1. Ressentir le regret (d'une faute), avec le désir de ne plus la commettre, de réparer. SYN. **regretter.** (contexte religieux) *Se repentir d'un péché.* absolt *Pécheur qui se repent.* 2. Regretter vivement d'avoir fait ou dit (qqch.). *Se repentir d'un acte ; d'avoir trop parlé.* ➙ *Il s'en repentira* (menace).
ÉTYM. du latin *paenitere* «avoir du regret, du repentir».

② **REPENTIR** [r(ə)pɑ̃tir] n. m. 1. Vif regret (d'une faute), accompagné d'un désir de réparation. SYN. **remords ; contrition.** *Un repentir sincère.* 2. Regret (d'un acte, d'une parole). 3. ARTS Changement apporté à une œuvre, en cours d'exécution. SYN. **correction.** *Les repentirs d'un tableau, d'un manuscrit.*
ÉTYM. de ① *repentir.*

REPÉRAGE [r(ə)peraʒ] n. m. ✦ Opération par laquelle on repère (qqch.). *Repérage des avions par radar.* ➙ (cinéma...) Recherche des lieux de tournage. *Repérage des extérieurs.*

RÉPERCUSSION [repɛrkysjɔ̃] n. f. 1. Fait d'être répercuté, de se répercuter. *La répercussion d'un son par l'écho.* 2. au plur. Conséquences indirectes (d'un évènement...). SYN. **incidence.** *Cette décision aura de graves répercussions.*
ÉTYM. latin *repercussio.*

RÉPERCUTER [repɛrkyte] v. tr. (conjug. 3a) **I** 1. Renvoyer (un son, une onde). SYN. **réfléchir.** ➙ au p. passé *Écho répercuté.* 2. FAM. (critiqué) Transmettre. *Répercuter un ordre.* **II** *SE RÉPERCUTER* v. pron. 1. Être renvoyé. *Bruit qui se répercute.* 2. abstrait Se transmettre, se propager par une suite de réactions.
ÉTYM. latin *repercutere.*

REPÈRE [r(ə)pɛr] n. m. 1. Marque qui sert à retrouver un emplacement avec précision. *Tracer des repères sur une planche.* 2. *POINT DE REPÈRE, REPÈRE* : objet ou endroit choisi pour s'orienter, se retrouver (dans l'espace ou dans le temps). ➙ abstrait *Amnésique privé de ses repères.* 3. MATH. Éléments définissant un système de coordonnées. *Repère affine.* HOM. REPAIRE «refuge»
ÉTYM. altération de *repaire.*

REPÉRER [r(ə)pere] v. tr. (conjug. 8) 1. Marquer par des repères. *Repérer un alignement.* 2. Situer avec précision, grâce à des repères. *Repérer un emplacement. Repérer l'ennemi.* ◆ *SE REPÉRER* v. pron. Reconnaître où l'on est, grâce à des repères (concret et abstrait). *Je n'arrive pas à me repérer.* 3. FAM. Remarquer (qqch. ; qqn). *Repérer un coin tranquille. Repérer qqn dans la foule.* ➙ *Se faire repérer* : être découvert (alors qu'on cherche à ne pas être vu).
ÉTYM. de *repère.*

RÉPERTOIRE [repɛrtwar] n. m. 1. Inventaire (liste, recueil...) où les matières sont classées dans un ordre qui permet de les retrouver facilement. *Répertoire alphabétique* (➙ **dictionnaire, index, lexique).**

◆ Carnet permettant de classer (des adresses, etc.). 2. Liste des pièces qui forment le fonds d'un théâtre. *Le répertoire de la Comédie-Française.* ➝ *Le répertoire d'un artiste*, les œuvres qu'il a l'habitude d'interpréter.
ÉTYM. bas latin *repertorium*, de *reperire* «retrouver».

RÉPERTORIER [ʀepɛʀtɔʀje] v. tr. (conjug. 9) ◆ Inscrire dans un répertoire ; faire le répertoire de.
ÉTYM. du radical latin de *répertoire*.

RÉPÉTÉ, ÉE [ʀepete] adj. ◆ Qui se produit en série. *Coups de tonnerre répétés.* SYN. **redoublé.** ➝ *Des tentatives répétées.*

RÉPÉTER [ʀepete] v. tr. (conjug. 8) I 1. Dire de nouveau (ce qu'on a déjà dit). → **redire.** *Répéter toujours la même chose.* SYN. **rabâcher, radoter, ressasser, seriner.** *Répéter une phrase. Répéter que* (+ indic.). 2. Exprimer, dire (ce qu'un autre a dit). *Je ne fais que répéter ses paroles.* SYN. **citer, rapporter.** ➝ *Je vous confie un secret, ne le répétez pas.* 3. Recommencer (une action...). *Répéter une expérience ; des essais.* SYN. **réitérer, renouveler.** 4. Redire ou refaire pour s'exercer, pour fixer dans sa mémoire (→ **apprendre**). *Répéter une leçon.* SYN. **repasser.** ➝ *Répéter un rôle ; répéter un opéra.* ➝ absolt *Les comédiens sont en train de répéter* (→ **répétition**). II *SE RÉPÉTER* v. pron. 1. (personnes) Redire les mêmes choses. *Vous vous répétez !* 2. (choses) Être répété ; se reproduire.
ÉTYM. latin *repetere* «ramener, recommencer».

RÉPÉTITEUR, TRICE [ʀepetitœʀ, tʀis] n. ◆ Personne qui explique ses leçons à un élève, le fait travailler.
ÉTYM. latin *repetitor* «celui qui réclame».

RÉPÉTITIF, IVE [ʀepetitif, iv] adj. ◆ Qui se répète d'une manière monotone. *Une tâche répétitive et ennuyeuse.*
ÉTYM. de *répétition.*

RÉPÉTITION [ʀepetisjɔ̃] n. f. 1. Fait (pour un mot...) d'être dit, exprimé plusieurs fois. *La répétition d'un mot. Des répétitions inutiles* (SYN. **redite, redondance** ; → **pléonasme, tautologie**). ➝ *La répétition d'un thème.* → **leitmotiv.** 2. Fait de recommencer (une action...). *La répétition d'un acte.* ➝ *Armes À RÉPÉTITION* (à chargement automatique). 3. Fait de répéter pour s'exercer. *La répétition d'un rôle.* ➝ Séance de travail pour mettre au point les divers aspects d'un spectacle. *Répétition générale*.* 4. VX Leçon particulière (→ **répétiteur**).
ÉTYM. latin *repetitio.*

RÉPÉTITIVITÉ [ʀepetitivite] n. f. ◆ DIDACT. Caractère répétitif (de qqch.).

REPEUPLEMENT [ʀ(ə)pœpləmɑ̃] n. m. ◆ Action, fait de repeupler. CONTR. **dépeuplement.**

REPEUPLER [ʀ(ə)pœple] v. tr. (conjug. 3a) ◆ Peupler de nouveau. *Les immigrants qui ont repeuplé ce pays.* ➝ Regarnir (un lieu) d'espèces animales ou végétales. *Repeupler un étang* (de poissons). CONTR. **dépeupler.**

REPIQUAGE [ʀ(ə)pikaʒ] n. m. ◆ Action de repiquer (1 et 2).

REPIQUER [ʀ(ə)pike] v. tr. (conjug. 3a) 1. Mettre en terre (de jeunes plants). SYN. **replanter.** *Repiquer des salades, le riz.* 2. TECHN. *Repiquer une chaussée*, en changer les pavés usés. ◆ JOURNAL. Reprendre (un texte). ◆ Copier par un nouvel enregistrement. *Repiquer un disque.* 3. v. tr. ind. FAM. *REPIQUER À* : revenir à, recommencer (une occupation, une activité). ➝ loc. *Repiquer au truc* : recommencer.
ÉTYM. de *re-* et *piquer.*

RÉPIT [ʀepi] n. m. ◆ Arrêt d'une chose pénible ; temps pendant lequel on cesse d'être menacé ou accablé par elle. SYN. **repos.** *Je n'ai pas un instant de répit.* ➝ *SANS RÉPIT* : sans arrêt, sans cesse.
ÉTYM. latin *respectus* «égard ; refuge» ; doublet de *respect.*

REPLACER [ʀ(ə)plase] v. tr. (conjug. 4) ◆ Remettre en place, à sa place. SYN. ① **ranger.** *Replacer un bijou dans son écrin.* ➝ fig. *Replacer un évènement dans son contexte.* CONTR. **déplacer.**

REPLANTER [ʀ(ə)plɑ̃te] v. tr. (conjug. 3a) 1. Planter de nouveau. SYN. **repiquer, transplanter.** 2. Repeupler de végétaux. *Replanter une forêt en chênes.* CONTR. **déplanter.**

REPLÂTRAGE [ʀ(ə)plɑtʀaʒ] n. m. 1. Action de replâtrer (1). 2. FAM. Réparation ou arrangement sommaire.

REPLÂTRER [ʀ(ə)plɑtʀe] v. tr. (conjug. 3a) 1. Plâtrer de nouveau ; reboucher avec du plâtre. *Replâtrer un mur ; une fissure.* 2. FAM. Réparer, remanier ou arranger d'une manière sommaire ou fragile. *Replâtrer une théorie.* ➝ au p. passé *Une amitié replâtrée.*

REPLET, ÈTE [ʀəplɛ, ɛt] adj. ◆ Qui a de l'embonpoint. SYN. **dodu, grassouillet.** *Une petite dame replète.* CONTR. **maigrichon.**
ÉTYM. latin *repletus* «rempli».

RÉPLÉTION [ʀeplesjɔ̃] n. f. ◆ DIDACT. État d'un organe (humain) rempli, surchargé. *Réplétion gastrique* (→ **satiété**). *Réplétion vésicale.*
ÉTYM. latin *repletio.*

REPLI [ʀəpli] n. m. I 1. Pli qui se répète (d'une étoffe...). *Les replis d'un rideau.* ➝ Pli profond. *Les replis de l'intestin.* 2. fig. Partie dissimulée, secrète. *Les replis du cœur, de la conscience.* II Action, fait de se replier. *Repli sur soi-même.* ➝ (troupes) *Manœuvre de repli.* SYN. **retraite.** CONTR. **avance, progression.**
ÉTYM. de *replier.*

RÉPLICATION [ʀeplikasjɔ̃] n. f. ◆ BIOL. Mécanisme (de copie) par lequel le matériel génétique se reproduit (→ **duplication**).
ÉTYM. anglais *replication.*

REPLIER [ʀ(ə)plije] v. tr. (conjug. 9) I 1. Plier de nouveau (ce qui avait été déplié). *Replier un journal.* 2. Ramener en pliant (ce qui a été étendu, déployé). *L'oiseau replie ses ailes.* ➝ au p. passé *Jambe repliée.* 3. Ramener en arrière, en bon ordre (une troupe). *Replier son armée.* II *SE REPLIER* v. pron. 1. abstrait *Se replier sur soi-même*, rentrer en soi-même, s'isoler de l'extérieur. 2. (troupes) Reculer en bon ordre. *Ordre aux troupes de se replier.* CONTR. **déplier** • **s'épancher, s'extérioriser** • **avancer.**

RÉPLIQUE [ʀeplik] n. f. I 1. Réponse vive, marquant une opposition. SYN. **riposte.** ➝ Objection. *Des arguments sans réplique.* 2. Élément d'un dialogue, texte qu'un acteur doit dire en réponse à un autre personnage. ☛ Littérature p. 126. *Oublier une réplique.* ◆ loc. *DONNER LA RÉPLIQUE à* (un acteur), lire, réciter un rôle pour lui permettre de dire le sien. ➝ *Donner la réplique à qqn ; se donner la réplique*, répondre, se répondre, discuter. II 1. ARTS Nouvel exemplaire (d'une œuvre), exécuté dans la manière de l'original. *Les répliques romaines des statues grecques.* SYN. **copie.** 2. Chose ou personne qui semble être le double d'une autre. SYN.

sosie. *C'est la réplique de son frère.*
ÉTYM. de *répliquer.*

RÉPLIQUER [Replike] **v. tr.** (conjug. 3a) **I** **1. v. tr. ind.** Répondre vivement en s'opposant. *Répliquer à une critique.* **2.** *RÉPLIQUER* (qqch.) *À qqn,* répondre par une réplique. *Que pouvais-je lui répliquer ? Je lui ai répliqué que...* ➙ *Il n'admet pas qu'on lui réplique.* **II** BIOL. Reproduire par réplication.
ÉTYM. latin juridique *replicare.*

REPLONGER [R(ə)plɔ̃ʒe] **v. tr.** (conjug. 5) ✦ Plonger de nouveau (qqch.). ➙ pronom. (fig.) *Se replonger dans sa lecture. Se replonger dans l'atmosphère familiale.* SYN. **se retremper.**

RÉPONDANT, ANTE [Repɔ̃dɑ̃, ɑ̃t] **n.** ✦ Personne qui se porte garante* pour qqn. SYN. **caution.** *Servir de répondant à qqn.* ◆ FAM. *Avoir du répondant :* avoir de quoi faire face (spécialt avoir de l'argent ; avoir de la répartie).
ÉTYM. du participe présent de *répondre.*

RÉPONDEUR [Repɔ̃dœR] **n. m.** ✦ *Répondeur (téléphonique) :* appareil relié ou intégré à un poste téléphonique et qui délivre, en cas de non-réponse du destinataire, un message enregistré. *Répondeur enregistreur,* qui peut enregistrer un message du correspondant.
ÉTYM. de *répondre.*

RÉPONDRE [Repɔ̃dR] **v. tr. ind.** (conjug. 44) **I** **1.** *RÉPONDRE À qqn :* faire connaître sa pensée (verbalement ou par écrit) en retour (à la personne qui s'adresse au sujet). *Répondez-moi par oui ou par non. Répondez-moi franchement. Répondre par un sourire.* ➙ (En s'opposant) Se défendre verbalement. SYN. **répliquer, riposter.** *Je saurai lui répondre.* **2.** *RÉPONDRE À qqch. Répondre à une question ; à une lettre.* ➙ (En se défendant) *Répondre à des attaques.* **3.** (sujet chose) Se faire entendre tout de suite après. *Bruit auquel répond l'écho.* ➙ pronom. fig. *Les rimes se répondent.* **4.** Réagir (à un appel). *Nous avons sonné, personne n'a répondu.* ➙ *Répondre au nom de Jean* (avoir pour nom). **5.** (tr. dir.) *RÉPONDRE* (qqch.) *À qqn, À qqch. :* dire, faire connaître (sa pensée) en retour. *Et que lui répondrez-vous ? Il ne savait que répondre à cela.* ➙ *« Jamais ! » répondit-il.* ➙ *RÉPONDRE QUE* (+ indic.), *DE* (+ inf.). SYN. ① **dire, objecter, rétorquer.** *Répondez-lui que je ne peux pas venir. Il m'a répondu de faire ce que je voulais.* **II** **1.** *RÉPONDRE À.* (choses) Être en accord avec, conforme à (une chose). SYN. **correspondre.** *Cette politique répond à un besoin.* ◆ (personnes) Réagir par un certain comportement à. *Répondre à la force par la force.* ➙ *Répondre à un salut.* SYN. **rendre.** *Répondre à l'affection de qqn.* ◆ (choses) Produire les effets attendus, après une stimulation. SYN. **réagir.** *L'organisme répond aux excitations extérieures.* ➙ absolt *Freins qui répondent bien.* **2.** (personnes) *RÉPONDRE DE.* S'engager en faveur de (qqn) envers un tiers, se porter garant. *Je réponds de lui* (➙ **répondant**). ➙ *Répondre de l'innocence de qqn.* ◆ S'engager en affirmant (qqch.). SYN. **assurer, garantir.** *Je réponds de notre succès. Je ne réponds de rien :* je ne garantis rien. ➙ *Je vous en réponds* (renforce une affirmation).
ÉTYM. latin *respondere.*

RÉPONS [Repɔ̃] **n. m.** ✦ MUS. Chant liturgique exécuté par un soliste et répété par le chœur.
ÉTYM. latin *responsum,* du participe passé de *respondere* → répondre.

RÉPONSE [Repɔ̃s] **n. f.** **1.** Action de répondre (verbalement ou par écrit) ; son résultat. *La réponse à une question. Donner, faire une réponse. Obtenir, recevoir une réponse. Notre demande est restée sans réponse. Réponse affirmative, négative.* loc. *Réponse de Normand*. En réponse à votre lettre...* ➙ loc. *AVOIR RÉPONSE À TOUT :* avoir de la répartie ; faire face à toutes les situations. ➙ (élément de mots composés) *Des bulletins-réponses. Une enveloppe-réponse.* **2.** Solution apportée (à une question) par le raisonnement. ➙ *La réponse d'un problème de mathématiques.* **3.** Réfutation qu'on oppose aux attaques, aux critiques de qqn. SYN. **réplique, riposte.** ➙ *DROIT DE RÉPONSE :* droit de faire insérer une réponse dans un journal. ◆ Riposte. *Ce sera ma réponse à ses manœuvres.* **4.** Réaction à un appel. *J'ai sonné : pas de réponse.* **5.** Réaction à une stimulation. *Réponse musculaire* (➙ **réflexe**).
ÉTYM. féminin de *répons.*

REPORT [R(ə)pɔR] **n. m.** **1.** Fait de reporter, de renvoyer à plus tard. *Le report d'une cérémonie.* **2.** Fait de reporter ailleurs, sur un autre document. *Report d'écritures.* ➙ Fait de reporter un total en haut d'une colonne. **3.** *Report des voix* (sur un candidat, lors d'une élection).
ÉTYM. de ① *reporter.*

REPORTAGE [R(ə)pɔRtaʒ] **n. m.** **1.** Article, émission où un, une journaliste relate une enquête. **2.** Métier de reporteur ; genre journalistique qui s'y rapporte. *Il a débuté dans le reportage.*
ÉTYM. de ② *reporter.*

① **REPORTER** [R(ə)pɔRte] **v. tr.** (conjug. 3a) **I** Porter (une chose) à l'endroit où elle se trouvait. SYN. **rapporter.** *Je vais reporter la malle au grenier.* **II** (Porter plus loin ou ailleurs [espace ou temps]) **1.** Renvoyer à plus tard. SYN. **ajourner, différer, remettre.** *Il a reporté son voyage.* **2.** Faire un report (2). *Reporter une écriture.* **3.** *REPORTER SUR :* appliquer (un sentiment...) à (un autre objet). *Reporter un sentiment sur qqn* (➙ **transfert**). ➙ *Reporter sa voix sur un autre candidat* (➙ **report**). **4.** anglicisme *Reporter à qqn,* lui rendre compte, dans une hiérarchie. **5.** *SE REPORTER* **v. pron.** Revenir en esprit (à une époque antérieure). *Se reporter à son enfance.* ◆ Se référer (à qqch.). *Se reporter à un texte, à un ouvrage.*
ÉTYM. de *re-* et ① *porter.*

② **REPORTER** [R(ə)pɔRtɛR ; R(ə)pɔRtœR] **n. m.** ➙ **REPORTEUR**

REPORTEUR, TRICE [R(ə)pɔRtœR, tRis] **n.** ou **REPORTER** [R(ə)pɔRtɛR ; R(ə)pɔRtœR] **n. m.** ✦ Journaliste qui fait des reportages, mène des enquêtes. *Un reporteur photographe.* ➙ Écrire *reporteur* avec le suffixe français *-eur* est permis.
ÉTYM. anglais *reporter,* de *to report* « relater », d'origine française.

REPOS [R(ə)po] **n. m.** **1.** Fait de se reposer, état d'une personne qui se repose ; temps pendant lequel on se repose. *Prendre du repos ; un jour de repos.* ➙ *Maison de repos,* lieu (clinique, etc.) où des malades se reposent. ◆ MILIT. L'une des positions militaires réglementaires. *Garde à vous !... Repos !* (commandement). **2.** Arrêt du mouvement, de l'activité (d'un organisme). ➙ loc. *Ne pas pouvoir rester EN REPOS,* tranquille. ➙ *Animal AU REPOS,* immobile. **3.** État d'une personne que rien ne vient troubler, déranger. SYN. **paix, sérénité, tranquillité.** *Ne pas pouvoir trouver le repos.* ➙ loc. *DE TOUT REPOS :* sûr, assuré. *C'est une situation de tout repos. Ce*

A B C D E F G H I J K L M N O P Q R S T U V W X Y Z

n'est pas de tout repos. ♦ par analogie Moment de calme (dans les évènements, la nature, etc.). SYN. **accalmie, répit.** CONTR. **effort, mouvement, travail · agitation,** ② **trouble.**
ÉTYM. de *reposer.*

REPOSANT, ANTE [R(ə)pozɑ̃, ɑ̃t] **adj.** ✦ Qui repose. SYN. **délassant.** *Des vacances reposantes.* CONTR. **fatigant.**
ÉTYM. du participe présent de *reposer.*

REPOSE- Élément tiré du verbe *reposer,* qui sert à former des mots désignant des objets où l'on peut poser qqch. (ex. *repose-pied, repose-tête*).

REPOSÉ, ÉE [R(ə)poze] **adj.** 1. Qui s'est reposé. *Vous avez l'air reposé.* – *Visage frais et reposé.* 2. Qui est dans un état de repos. – **loc. adv.** *À TÊTE REPOSÉE* : à loisir, en prenant le temps de réfléchir. CONTR. **fatigué,** ① **las · agité.**

① **REPOSER** [R(ə)poze] **v.** (conjug. 3a) **I v. intr.** 1. LITTÉR. Rester immobile ou allongé de manière à se délasser. *Il ne dort pas, il repose.* – (sujet chose) *La nuit, tout repose.* 2. (d'un mort) Être étendu. – Être enterré (à tel endroit). *Ici repose...* : ci-gît. 3. *REPOSER SUR* : être établi sur (un support), être fondé sur. *La tour Eiffel repose sur quatre piliers.* – abstrait *Cette accusation ne repose sur rien.* 4. (liquide, etc.) Rester immobile. *Laisser reposer un liquide.* – *Laisser reposer la pâte.* ♦ *Laisser reposer la terre,* la laisser en jachère. **II v. tr.** 1. Mettre dans une position qui délasse ; appuyer (sur). *Reposer sa tête sur un oreiller.* 2. Délasser. *Cette lumière douce repose la vue.* – absolt *Cette musique repose* (→ **reposant**). **III** *SE REPOSER* **v. pron.** 1. Cesser de se livrer à une activité fatigante afin de se délasser. SYN. se **délasser,** se **détendre,** se **relaxer.** 2. *SE REPOSER SUR qqn,* lui faire confiance. SYN. **compter** sur. *Je me repose entièrement sur vous.* CONTR. **fatiguer, lasser · agiter, remuer.**
ÉTYM. bas latin *repausare* ; famille de *pause.*

② **REPOSER** [R(ə)poze] **v. tr.** (conjug. 3a) 1. Poser de nouveau (ce qu'on a soulevé). *Reposer un enfant à terre.* 2. Poser de nouveau (ce qu'on a enlevé) ; remettre en place. 3. Poser de nouveau (une question). – pronom. *Le problème se repose dans les mêmes termes.*
ÉTYM. de *re-* et *poser.*

REPOSITIONNABLE [R(ə)pozisjɔnabl] **adj.** ✦ *Adhésif repositionnable,* qui peut être collé et décollé à plusieurs reprises.

REPOSOIR [R(ə)pozwaR] **n. m.** ✦ Support en forme d'autel sur lequel on dépose le Saint-Sacrement, en certaines occasions.
ÉTYM. de ① *reposer.*

REPOUSSANT, ANTE [R(ə)pusɑ̃, ɑ̃t] **adj.** ✦ Qui inspire de la répulsion. SYN. **répulsif ; dégoûtant, répugnant.** *Une laideur repoussante. Une saleté repoussante. Un personnage malpropre et repoussant.* CONTR. **attirant, attrayant, engageant.**
ÉTYM. du participe présent de ① *repousser.*

① **REPOUSSER** [R(ə)puse] **v. tr.** (conjug. 3a) 1. Pousser (qqn) en arrière, faire reculer loin de soi. SYN. ① **écarter, éloigner.** *Il l'a repoussé d'une bourrade. Repousser l'ennemi.* SYN. **refouler.** ♦ Ne pas accueillir, ou accueillir mal. SYN. **éconduire, rabrouer.** *Repousser qqn avec dédain.* ♦ RARE Inspirer de l'aversion (à qqn). SYN. **dégoûter, déplaire ;** → **répulsion.** *Une odeur qui repousse* (→ **repoussant**). 2. Pousser (qqch.) en arrière ou en sens contraire. *Repousser sa chaise.* SYN. **éloigner, reculer.** ♦ TECHN. Travailler (du cuir, du métal) pour y faire apparaître des reliefs. – au p. passé *Cuir repoussé.* 3. Refuser d'accepter, de céder à. SYN. **rejeter.** *Repousser les offres de qqn.* SYN. **décliner.** 4. (critiqué) Remettre à plus tard. *Repousser un rendez-vous.* SYN. **différer.** CONTR. **accepter, accueillir, admettre, attirer.**
ÉTYM. de *re-* «en arrière» et *pousser.*

② **REPOUSSER** [R(ə)puse] **v. intr.** (conjug. 3a) ✦ Pousser de nouveau. *Les feuilles repoussent.*
ÉTYM. de *re-* et *pousser.*

REPOUSSOIR [R(ə)puswaR] **n. m.** ✦ Chose ou personne qui en fait valoir une autre par contraste. *Servir de repoussoir.* – FAM. *C'est un vrai repoussoir,* se dit d'une personne laide.
ÉTYM. de ① *repousser.*

RÉPRÉHENSIBLE [RepReɑ̃sibl] **adj.** ✦ (actions) Qui mérite d'être blâmé, repris (II). SYN. **blâmable, condamnable.** *Acte, conduite répréhensible.* CONTR. **irréprochable,** ① **louable.**
ÉTYM. bas latin *reprehensibilis,* de *reprehendere* «blâmer».

REPRENDRE [R(ə)pRɑ̃dR] **v.** (conjug. 45) **I v. tr.** 1. Prendre de nouveau (ce qu'on a cessé d'avoir ou d'utiliser). *Poser un objet, puis le reprendre. Reprendre sa (la) route.* – *Reprendre courage, confiance.* – loc. *Reprendre ses esprits.* → **revenir** à soi. *Reprendre haleine*.* 2. Prendre à nouveau (ce qu'on avait donné). *Donner, puis reprendre sa parole. Reprendre ses billes*.* – Prendre (ce qu'on a vendu) et rembourser le prix. 3. *REPRENDRE DE* (qqch.), en prendre une seconde fois. *Reprendre d'un plat.* SYN. se **resservir.** 4. Prendre de nouveau (qqn qu'on avait abandonné ou laissé échapper). *Reprendre un prisonnier évadé.* ♦ loc. *On ne m'y reprendra plus,* je ne me laisserai plus prendre, tromper. – *Que je ne vous y reprenne pas !* (menace). ♦ (sujet chose) Avoir de nouveau un effet sur (qqn). *Mon rhumatisme m'a repris. Voilà que ça le reprend ! Ça lui passera* avant que ça me reprenne !* 5. Recommencer après une interruption. SYN. se **remettre** à. *Reprendre le travail. Reprendre ses études.* – (sujet chose) *La vie reprend son cours.* ♦ Prendre de nouveau la parole pour dire (qqch.). *Il reprit d'une voix menaçante...* 6. Remettre la main à (qqch.) pour améliorer. *Reprendre un vêtement,* y faire une retouche. *Reprendre un article.* SYN. **remanier.** *Reprendre un tableau.* SYN. **retoucher.** 7. Adopter de nouveau, en adaptant. *Reprendre un programme.* – *Reprendre une pièce,* la jouer de nouveau. ♦ *Reprendre une entreprise,* en devenir le responsable ; la racheter pour en continuer l'activité (→ **repreneur**). 8. Redire, répéter. *Reprendre un refrain en chœur. Reprenons l'histoire depuis le début.* **II v. tr.** LITTÉR. Faire (à qqn) une observation sur une erreur ou une faute commise. SYN. **critiquer, réprimander.** *Reprendre qqn avec douceur.* – (compl. chose) → **blâmer, condamner ; répréhensible.** *Il n'y a rien à reprendre à sa conduite.* **III v. intr.** 1. Reprendre vie, vigueur (après un temps d'arrêt, de faiblesse). *Les affaires reprennent.* 2. Recommencer. *La pluie reprit de plus belle.* **IV** *SE REPRENDRE* **v. pron.** Se ressaisir. *Reprenez-vous !* – Corriger ses propos. *Elle s'est trompée, mais s'est vite reprise.* ♦ *S'y reprendre à deux fois, à plusieurs fois (pour faire qqch.),* faire deux, plusieurs tentatives. – *Se reprendre à* (+ inf.) : se remettre à. *On se reprend à espérer.* CONTR. **redonner · abandonner, laisser ; céder · approuver.**
ÉTYM. latin *reprehendere.*

REPRENEUR, EUSE [R(ə)pʀənœʀ, øz] **n.** ✦ Personne, entreprise qui reprend une entreprise, la rachète.
ÉTYM. de *reprendre*.

REPRÉSAILLES [ʀ(ə)pʀezaj] **n. f. pl.** 1. Mesures de violence prises par un État pour répondre à un acte jugé illicite d'un autre État. *User de représailles* (→ **rétorsion**). 2. Riposte individuelle à un mauvais procédé. *Exercer des représailles contre qqn.* → se **venger**.
ÉTYM. latin médiéval *represalia*.

REPRÉSENTANT, ANTE [ʀ(ə)pʀezɑ̃tɑ̃, ɑ̃t] **n.** I 1. Personne qui représente qqn et agit en son nom. SYN. **agent, délégué, mandataire.** *La mission d'un représentant.* 2. Personne désignée par un groupe pour agir en son nom. *Représentant syndical.* – *Les représentants du peuple.* → ① **parlementaire.** 3. Personne désignée pour représenter un État, un gouvernement, auprès d'un autre (→ **diplomate**). 4. Personne qui visite la clientèle pour le compte d'une entreprise. SYN. **voyageur** de commerce, **V. R. P.** *Il est représentant de commerce. Une représentante en pharmacie.* II Personne, animal ou chose que l'on considère comme type (d'une classe, d'une catégorie). *Les représentants d'une espèce animale. L'un des meilleurs représentants de l'école expressionniste.*
ÉTYM. du participe présent de *représenter*.

REPRÉSENTATIF, IVE [ʀ(ə)pʀezɑ̃tatif, iv] **adj.** 1. Qui représente, rend sensible (quelque chose d'autre). *Symbole représentatif d'une idée.* 2. Relatif à la représentation (d'un groupe) ; qui concerne cette représentation. *Assemblée représentative. Le système représentatif* (→ ① **parlementaire**). 3. Propre à représenter (une classe, une catégorie), qui représente bien. SYN. **typique.** *Un garçon représentatif de sa génération.*
ÉTYM. de *représenter*.

REPRÉSENTATION [ʀ(ə)pʀezɑ̃tasjɔ̃] **n. f.** I 1. Fait de rendre sensible (un objet, une chose abstraite) au moyen d'une image, d'un signe, etc. ; image, signe qui représente. *Représentation d'un phénomène par une courbe. Représentation graphique d'une fonction mathématique.* – Fait, manière de représenter (la réalité extérieure) dans les arts plastiques. *Une représentation réaliste.* 2. Fait de représenter (une pièce...). SYN. **spectacle.** ☛ Littérature p. 127. *Première représentation.* → **première.** 3. Processus par lequel une image est présentée aux sens. SYN. **perception.** *Représentation du monde.* 4. Train de vie auquel certaines personnes sont tenues, en raison de leur situation. *Frais de représentation.* II 1. Fait de représenter (qqn ; un groupe). SYN. **délégation.** – Ceux qui représentent le peuple (→ **représentant**). *La représentation nationale.* 2. Métier de représentant (de commerce). *Faire de la représentation.*
ÉTYM. latin *repraesentatio*.

REPRÉSENTATIVITÉ [ʀ(ə)pʀezɑ̃tativite] **n. f.** ✦ DIDACT. Caractère représentatif (2 et 3).

REPRÉSENTER [ʀ(ə)pʀezɑ̃te] **v. tr.** (conjug. 3a) I 1. Présenter à l'esprit, rendre sensible (un objet, une chose abstraite) au moyen d'un autre objet (signe) qui lui correspond. SYN. **évoquer, exprimer.** *La balance représente la Justice.* SYN. **symboliser.** *Représenter un concept par un mot.* SYN. **nommer.** – (le sujet désigne le signe) *Les lettres représentent des sons.* ◆ Évoquer par un procédé graphique, plastique. SYN. **dessiner, figurer, peindre.** *Représenter un objet, un paysage.* – (en parlant de l'image) *Ce tableau représente des ruines.* 2. Faire apparaître, à l'esprit, par le moyen du langage. SYN. **décrire, dépeindre.** *Représenter les faits dans toute leur complexité.* 3. Montrer (une action) à un public par des moyens scéniques. *Troupe qui représente une pièce.* SYN. **interpréter, jouer.** 4. Rendre présent à l'esprit, à la conscience (un objet qui n'est pas perçu directement). *Ce mot ne me représente rien.* – SE REPRÉSENTER *qqch.* : former dans son esprit (l'image d'une réalité absente), évoquer (une réalité passée). SYN. **concevoir, s'imaginer.** *Se représenter une situation. Représentez-vous ma surprise.* 5. Présenter (une chose) à l'esprit par association d'idées ; être un exemple de. SYN. **évoquer, symboliser.** *Ville qui représente l'histoire d'un pays. Il représente l'intelligence et le talent.* – (choses équivalentes) *Ce projet représente un gros investissement.* SYN. **constituer, correspondre** à. *Cet achat représente un mois de salaire.* II 1. Tenir la place de (qqn ; un groupe), agir en son nom, en vertu d'un mandat. *Le ministre s'était fait représenter.* 2. Être le représentant de (une entreprise). *Il représente diverses compagnies d'assurances.* III Présenter de nouveau. *Le parti représente le même candidat.* ◆ pronom. *Se représenter à un examen.* – (choses) *Si l'occasion se représente.*
ÉTYM. latin *repraesentare* « rendre présent ».

RÉPRESSIF, IVE [ʀepʀesif, iv] **adj.** ✦ Qui réprime, sert à réprimer. *Loi répressive.* – *Société répressive.* – (personnes) *Parents répressifs.* CONTR. **permissif.**
ÉTYM. du radical de *répression*.

RÉPRESSION [ʀepʀesjɔ̃] **n. f.** ✦ Action de réprimer (2). SYN. **châtiment, punition.** *La répression d'un crime.* – *Répression et prévention.* ◆ Fait d'arrêter par la violence un mouvement de révolte collectif. *Mesures de répression.* – *Une répression aveugle.*
ÉTYM. latin médiéval *repressio*.

RÉPRIMANDE [ʀepʀimɑ̃d] **n. f.** ✦ Blâme adressé avec sévérité à une personne sur laquelle on a autorité. SYN. **observation, remontrance, reproche.** CONTR. **compliment, félicitation.**
ÉTYM. du latin *reprimenda (culpa)* « (faute) qui doit être réprimée ».

RÉPRIMANDER [ʀepʀimɑ̃de] **v. tr.** (conjug. 3a) ✦ Faire des réprimandes à (qqn). SYN. **blâmer.**
ÉTYM. de *réprimande*.

RÉPRIMER [ʀepʀime] **v. tr.** (conjug. 3a) 1. Empêcher (un sentiment, une tendance) de se développer, de s'exprimer. SYN. **contenir, réfréner.** *Réprimer sa colère. Un instinct que l'on ne peut réprimer* (→ **irrépressible**). 2. Empêcher (une chose jugée dangereuse pour la société) de se manifester, de se développer. SYN. **châtier, punir.** *Réprimer les délits.* – *Réprimer une insurrection.* SYN. ① **mater.** CONTR. **encourager** · **autoriser, permettre, tolérer.**
ÉTYM. latin *reprimere*.

REPRINT [ʀəpʀint] **n. m.** ✦ anglicisme Réédition (d'un ouvrage) par procédé photographique ; cet ouvrage.
ÉTYM. mot anglais, de *to print* « imprimer ».

REPRIS, ISE → REPRENDRE

REPRIS DE JUSTICE [ʀ(ə)pʀid(ə)ʒystis] **n. m. invar.** ✦ Personne qui a déjà été l'objet d'une ou plusieurs condamnations pénales. SYN. **récidiviste.**

A B C D E F G H I J K L M N O P Q R S T U V W X Y Z

REPRISE [R(ə)pRiz] **n. f.** **I** **1.** (rare en emploi général) Action de reprendre (ce qu'on avait laissé, donné). **2.** Action de faire de nouveau après une interruption ; résultat de cette action. *La reprise des hostilités.* ◆ Chaque partie (d'une action qui se déroule en plusieurs fois). *Combat* (de boxe) *en trois reprises* (SYN. **round**). *Reprises d'une compétition d'équitation.* ◆ (moteur...) Passage à un régime supérieur. *Cette voiture a de bonnes reprises.* **3.** Fait de reprendre pour remanier, adapter ou répéter. ◆ spécialt Raccommodage d'un tissu dont on cherche à reconstituer le tissage. *Faire une reprise à un pantalon.* → **repriser.** ◆ *La reprise d'une pièce de théâtre.* – *Reprise d'une entreprise.* – MUS. Répétition, seconde exécution (d'un fragment, d'un morceau). – GRAMM. *Reprise d'un nom par un pronom personnel* (→ **anaphorique**). ◆ loc. *À... REPRISES* (marquant la répétition). *À deux, trois ; plusieurs, maintes reprises* (→ **fois**). **4.** Objets rachetés ou somme d'argent versée pour succéder au locataire d'un appartement. *Payer une grosse reprise.* **II** Fait de prendre un nouvel essor après un moment de crise. *La reprise des affaires.* – absolt *Les investisseurs attendent la reprise.* CONTR. **arrêt, interruption.**
ÉTYM. du participe passé de *reprendre.*

REPRISER [R(ə)pRize] **v. tr.** (conjug. 3a) ✦ Raccommoder en faisant une ou plusieurs reprises. au p. passé *Des chaussettes reprisées.* – absolt *Aiguille à repriser.*
ÉTYM. de *reprise.*

RÉPROBATEUR, TRICE [RepRɔbatœR, tRis] **adj.** ✦ Qui exprime la réprobation. SYN. **désapprobateur.** *Un regard réprobateur.* CONTR. **approbateur, approbatif.**
ÉTYM. latin *reprobator.*

RÉPROBATION [RepRɔbasjɔ̃] **n. f.** ✦ Fait de réprouver* ; désapprobation vive, sévère. *Encourir la réprobation de ses amis.* CONTR. **approbation.**
ÉTYM. latin *reprobatio.*

REPROCHE [R(ə)pRɔʃ] **n. m.** ✦ Blâme formulé pour inspirer la honte ou le regret. SYN. **remontrance, réprimande ; observation, remarque.** *Faire des reproches à qqn. Accabler qqn de reproches.* – *Sans reproche(s)* : à qui, à quoi on ne peut adresser de reproches. → **irréprochable.** *Une vie sans reproches.* CONTR. **compliment.**
ÉTYM. de *reprocher.*

REPROCHER [R(ə)pRɔʃe] **v. tr.** (conjug. 3a) ✦ *Reprocher* (qqch.) *à qqn,* lui faire observer, en le blâmant (une chose dont on le tient pour coupable ou responsable). *On lui reproche sa négligence, d'être négligent.* – (compl. indir. chose) *Ce que je reproche à cette voiture, c'est son prix.* ◆ *SE REPROCHER qqch.,* se considérer comme responsable de. *Il n'a rien à se reprocher. Se reprocher de manquer d'audace.* CONTR. **excuser ; complimenter, féliciter.**
ÉTYM. latin populaire *repropriare* «rapprocher», de *prope* «près».

REPRODUCTEUR, TRICE [R(ə)pRɔdyktœR, tRis] **adj.** ✦ Qui sert à la reproduction (animale, végétale). *Organes reproducteurs.*
ÉTYM. du radical de *reproduction.*

REPRODUCTION [R(ə)pRɔdyksjɔ̃] **n. f.** **I** Fonction par laquelle les êtres vivants se reproduisent ; action de se reproduire. *Reproduction asexuée, sexuée.* **II** **1.** Action de reproduire fidèlement (une chose existante). *La reproduction de la nature par l'art* (SYN. **imitation**). *La reproduction d'un son.* **2.** Fait de reproduire, de copier (un original) par un procédé technique. *Reproduction d'un tableau. Reproduction interdite.* – Image obtenue à partir d'un original. *Une excellente reproduction.*
ÉTYM. de *reproduire,* d'après *production.*

REPRODUIRE [R(ə)pRɔdɥiR] **v. tr.** (conjug. 64b) **I** **1.** Répéter, rendre fidèlement (qqch.). SYN. **imiter, représenter.** *Reproduire la nature, la réalité* (par l'art...). **2.** Faire exister, par un procédé technique, des choses semblables à (un modèle). SYN. **copier.** *Reproduire un dessin, un texte.* ◆ (choses) Constituer une image de. *Moulage qui reproduit un modèle.* **3.** Perpétuer, répéter. *Il reproduit les erreurs de son prédécesseur.* **II** *SE REPRODUIRE* **v. pron.** **1.** Produire des êtres vivants (semblables à soi-même) par la génération. SYN. se **multiplier, proliférer.** *Les insectes se reproduisent très rapidement.* **2.** Se produire de nouveau. SYN. **recommencer,** se **répéter.** *Veillez à ce que cet incident ne se reproduise plus.*
ÉTYM. de *re-* et *produire.*

RÉPROUVÉ, ÉE [RepRuve] **n.** ✦ Personne rejetée par la société. *Vivre en réprouvé.* – RELIG. Personne rejetée par Dieu. → **damné.**
ÉTYM. de *réprouver.*

RÉPROUVER [RepRuve] **v. tr.** (conjug. 3a) **1.** Rejeter en condamnant (qqch., qqn). SYN. **blâmer ;** → **réprobation.** *Actes que la morale réprouve.* – par ext. *Réprouver l'attitude de qqn.* SYN. **désavouer. 2.** RELIG. Rejeter et destiner aux peines éternelles. → **maudire.** CONTR. **approuver.**
ÉTYM. latin *reprobare.*

REPS [Rɛps] **n. m.** ✦ Tissu d'ameublement à côtes.
ÉTYM. origine incertaine.

REPTATION [Rɛptasjɔ̃] **n. f.** ✦ (reptiles...) Mode de locomotion dans lequel le corps progresse sur sa face ventrale, par des mouvements d'ensemble.
ÉTYM. latin *reptatio,* de *reptare* «ramper».

REPTILE [Rɛptil] **n. m.** ✦ Animal vertébré, généralement ovipare, à peau couverte d'écailles (classe des *Reptiles ;* serpents, lézards, tortues, crocodiles). *Reptiles fossiles* (dinosaure, ptérodactyle).
ÉTYM. latin *reptilis* «qui rampe» → reptation.

REPU, UE [Rəpy] **adj.** ✦ Qui a mangé à satiété. → **rassasié.** *Lion repu. Je suis repu.* CONTR. **affamé.**
ÉTYM. participe passé de *repaître.*

RÉPUBLICAIN, AINE [Repyblikɛ̃, ɛn] **adj.** **1.** Qui est partisan de la république. *L'esprit républicain. Journal républicain.* – **n.** *Des républicains convaincus.* **2.** Relatif à la république, à une république ; de la république. *Constitution républicaine.*

RÉPUBLIQUE [Repyblik] **n. f.** ✦ Forme de gouvernement où le chef de l'État (→ **président**) n'est pas seul à détenir le pouvoir qui n'est pas héréditaire ; État ainsi gouverné. *République démocratique, populaire, socialiste ; fédérale. Les républiques de la Grèce antique.* – FAM. *On est en république !* (protestation contre une contrainte). – *La République française* : le régime politique français actuel (depuis 1793) ; la France sous ce régime. *Le président de la République. Marianne,* La Marseillaise, *le drapeau tricolore, la devise « Liberté, Égalité, Fraternité » sont des symboles de la République. La Ve République.* ☛ Ve République p. 197 et noms propres
ÉTYM. du latin *respublica* «chose *(res)* publique».

RÉPUDIER [Repydje] **v. tr.** (conjug. 9) **1.** (dans certaines civilisations) Renvoyer (une épouse) en rompant le mariage selon les formes légales et de manière unilatérale. **2.** LITTÉR. Rejeter, repousser (un sentiment, une idée, etc.). *Répudier ses engagements.* SYN. **renier.**

► **RÉPUDIATION** [Repydjasjɔ̃] **n. f.**

ÉTYM. latin *repudiare* «repousser (qqn)».

RÉPUGNANCE [Repyɲɑ̃s] **n. f. 1.** Vive sensation d'écœurement que provoque une chose qu'on ne peut supporter. SYN. **répulsion.** *Avoir de la répugnance pour un aliment.* SYN. **dégoût. 2.** abstrait Vif sentiment de mépris, de dégoût qui fait qu'on évite (qqn, qqch.). SYN. **horreur.** *Avoir une grande répugnance pour le mensonge.* – Manque d'enthousiasme ou difficulté psychologique (à faire qqch.). CONTR. **attirance, goût.**

ÉTYM. latin *repugnantia.*

RÉPUGNANT, ANTE [Repyɲɑ̃, ɑ̃t] **adj. 1.** Qui inspire de la répugnance (physique). SYN. **dégoûtant, écœurant, repoussant.** *Une maison d'une saleté répugnante.* **2.** Qui inspire de la répugnance, au plan intellectuel ou moral. SYN. **abject, ignoble.** *Un individu répugnant.* CONTR. **attirant, désirable.**

ÉTYM. latin *repugnans,* participe présent de *repugnare* «résister».

RÉPUGNER [Repyɲe] **v. tr.** (conjug. 3a) **I v. tr. ind.** *RÉPUGNER À.* **1.** LITTÉR. Éprouver de la répugnance pour (qqch.). *Il ne répugnait pas à cette perspective, à admettre cette perspective.* **2.** Inspirer de la répugnance à (qqn) ; faire horreur. *Cette nourriture lui répugne.* SYN. **dégoûter.** *Ce type me répugne.* **II v. tr. dir.** RARE Dégoûter, rebuter (qqn). *La puanteur répugnait tout le monde.* CONTR. **attirer, charmer, séduire.**

ÉTYM. latin *repugnare* «résister».

RÉPULSIF, IVE [Repylsif, iv] **adj.** ✦ LITTÉR. Qui inspire de la répulsion. SYN. **repoussant.** CONTR. **attirant, attractif.**

ÉTYM. du latin *repulsus,* participe passé de *repellere* «repousser».

RÉPULSION [Repylsjɔ̃] **n. f. 1.** Répugnance (physique ou morale). SYN. **dégoût, écœurement.** *Éprouver, avoir de la répulsion pour, à l'égard de qqn, qqch.* **2.** PHYS. Phénomène par lequel deux corps se repoussent mutuellement. CONTR. **attirance, attraction, désir, envie, goût.**

ÉTYM. latin *repulsio.*

RÉPUTATION [Repytasjɔ̃] **n. f. 1.** Fait d'être honorablement connu du point de vue moral. *Nuire à la réputation de qqn.* **2.** Fait d'être avantageusement connu. *Il doit soutenir sa réputation. La réputation d'une entreprise.* SYN. **renom. 3.** Fait d'être connu (honorablement ou fâcheusement). *Avoir bonne, mauvaise réputation.* ♦ *RÉPUTATION DE :* fait d'être considéré comme. *Une réputation de séducteur.*

ÉTYM. latin *reputatio* «considération».

RÉPUTER [Repyte] **v. tr.** (conjug. 3a) **1.** LITTÉR. (+ attribut) Tenir pour, considérer comme. *On le répute excellent nageur.* **2.** *(ÊTRE) RÉPUTÉ, ÉE* (+ attribut). Avoir la réputation de, passer pour. *Des terres réputées incultes. Être réputé pour..., comme...*

► **RÉPUTÉ, ÉE adj.** Qui jouit d'une grande réputation. SYN. **célèbre, connu, fameux, renommé.** *Un vin réputé.* – *Une ville réputée pour ses musées.*

ÉTYM. latin *reputare* «calculer ; réfléchir».

REQUÉRIR [RəkeRiR] **v. tr.** (conjug. 27) **1.** LITTÉR. Demander, solliciter (une chose abstraite). *Requérir l'aide de qqn.* **2.** DR. Réclamer au nom de la loi (→ **requête ; réquisition**). **3.** LITTÉR. (sujet chose) Demander, réclamer. *Ce travail requiert de l'attention.*

► **REQUIS, ISE adj.** Demandé, exigé comme nécessaire. → **prescrit.** *Satisfaire aux conditions requises. Avoir l'âge requis.*

ÉTYM. latin *requirere* «rechercher, réclamer».

REQUÊTE [Rəkɛt] **n. f. 1.** LITTÉR. Demande instante, verbale ou écrite. SYN. **prière.** *Présenter, adresser une requête à qqn.* – *À, sur la requête de :* à la demande de. **2.** DR. Demande écrite présentée devant une juridiction. *Requête en révision.* **3.** INFORM. Commande permettant d'extraire des informations d'une base de données. *Lancer une requête.*

ÉTYM. de l'anc. v. *requerre* → requérir, d'après *quête.*

REQUIEM [Rekɥijɛm] **n. m. invar. 1.** Prière, chant pour les morts, dans la liturgie catholique. *Messe de requiem.* **2.** Partie de la messe des morts mise en musique. *Le Requiem de Mozart.*

ÉTYM. premier mot de la prière latine «donnez-leur le repos *(requies)* éternel».

REQUIN [Rəkɛ̃] **n. m. 1.** Poisson de grande taille, au corps fuselé, très puissant et très vorace. SYN. **squale. 2.** fig. Personne cupide et impitoyable en affaires. *Les requins de la finance.*

ÉTYM. origine incert., p.-ê. normand *quin* «chien».

REQUINQUER [R(ə)kɛ̃ke] **v. tr.** (conjug. 3a) ✦ FAM. **1.** Redonner des forces, de l'entrain à. *Ce séjour à la montagne m'a requinqué.* SYN. **remonter. 2.** *SE REQUINQUER* **v. pron.** Reprendre des forces, retrouver la santé. SYN. se **retaper.** *Elle s'est bien requinquée.*

ÉTYM. origine incertaine.

REQUIS, ISE [Rəki, iz] → **REQUÉRIR**

RÉQUISITION [Rekizisjɔ̃] **n. f.** ✦ Opération par laquelle l'Administration exige une prestation d'activité ou la fourniture d'un bien. *Réquisition de véhicules, en temps de guerre.*

ÉTYM. latin *requisitio* → requérir.

RÉQUISITIONNER [Rekizisjɔne] **v. tr.** (conjug. 3a) **1.** Se procurer (qqch.) par voie de réquisition. *Réquisitionner des locaux.* **2.** Utiliser par réquisition les services de (qqn). – FAM. Utiliser (qqn) d'autorité. *Je vous réquisitionne tous pour m'aider.*

ÉTYM. de *réquisition.*

RÉQUISITOIRE [RekizitwaR] **n. m. 1.** Développement oral, par le représentant du ministère public, des moyens de l'accusation. **2.** Discours, écrit contenant de violentes attaques. *Un réquisitoire contre une réforme.* CONTR. **plaidoirie • plaidoyer.**

ÉTYM. du latin *requisitus,* participe passé de *requirere* → requérir.

R. E. R. [ɛRøɛR] **n. m.** ✦ Métro régional desservant Paris et sa région. *Lignes de R. E. R.*

ÉTYM. sigle de *réseau express régional.*

RESCAPÉ, ÉE [Rɛskape] **n.** ✦ Personne qui est réchappée d'un accident, d'un sinistre. *Les rescapés d'un naufrage.* CONTR. **victime.**

ÉTYM. de la forme picarde du verbe *réchapper.*

à la RESCOUSSE [alaRɛskus] **loc. adv.** ✦ Au secours, à l'aide. *Appeler ; venir à la rescousse.*

ÉTYM. p.-ê. de l'ancien verbe *resco(u)rre* «délivrer», de *escorre* «secouer», latin *excutere.*

RÉSEAU [Rezo] **n. m. 1.** Ensemble de lignes, de bandes, etc., entrelacées plus ou moins régulièrement. *Le réseau des mailles d'un filet.* **2.** Ensemble de lignes, de voies de communication, etc., qui desservent une même unité géographique. *Réseau ferroviaire, routier.*

A B C D E F G H I J K L M N O P Q R S T U V W X Y Z

Réseau téléphonique. 3. Répartition des éléments d'une organisation en différents points ; ces éléments. *Réseau commercial.* — Organisation clandestine. *Réseau d'espionnage. Réseaux de résistants.* 4. Ensemble d'ordinateurs connectés entre eux pour échanger des informations.
ÉTYM. de *rets.*

RÉSEAUTER [rezote] **v. intr.** (conjug. 3a) ✦ Développer et utiliser son réseau de relations sociales et professionnelles.

RÉSEAUTIQUE [rezotik] **n. f.** ✦ INFORM. Ensemble des techniques pour concevoir et gérer les réseaux informatiques.

RÉSECTION [resɛksjɔ̃] **n. f.** ✦ CHIR. Opération chirurgicale qui consiste à couper, enlever une partie d'organe ou de tissu. SYN. **ablation.** *Résection d'un vaisseau.*
ÉTYM. latin *resectio* «taille (de la vigne)».

RÉSÉDA [rezeda] **n. m.** ✦ Plante aux fleurs odorantes disposées en grappe. *Des résédas.*
ÉTYM. latin *reseda,* impératif de *resedare* «calmer ; guérir».

RÉSÉQUER [reseke] **v. tr.** (conjug. 8) ✦ CHIR. Enlever par résection.
ÉTYM. latin *resecare* «couper».

RÉSERVATION [rezɛʀvasjɔ̃] **n. f.** ✦ Fait de réserver (une place, etc.).

RÉSERVE [rezɛʀv] **n. f.** **I** (Fait de garder pour l'avenir ; abstrait) 1. *Faire, émettre des réserves sur* (une opinion, etc.), ne pas donner son approbation pleine et entière. *Les savants font de sérieuses réserves sur cette hypothèse.* ◆ **loc.** *SOUS TOUTES RÉSERVES :* sans garantie. *Nouvelle donnée sous toutes réserves.* — *SOUS RÉSERVE :* sous condition. — *SOUS RÉSERVE DE :* en réservant (un recours). *Sous réserve de vérification.* 2. *SANS RÉSERVE* **loc. adv. et adj. :** sans restriction, sans réticence. *Il lui est dévoué sans réserve. Une admiration sans réserve.* **II** Qualité qui consiste à se garder de tout excès (dans les propos, etc.). SYN. **circonspection, discrétion, retenue.** *Garder une certaine réserve.* — *Être, se tenir sur la réserve,* garder une attitude réservée. — *Obligation, devoir de réserve* (des agents de l'État). **III** 1. Quantité accumulée pour en disposer au moment le plus opportun. SYN. **provision.** *Réserves de vivres, d'argent. Les réserves de graisse de l'organisme.* — Quantité non encore exploitée (d'un minéral). *Les réserves mondiales de pétrole.* 2. **loc.** *Avoir, mettre, tenir qqch. EN RÉSERVE,* de côté. — *DE RÉSERVE :* qui constitue une réserve. *Vivres de réserve.* 3. MILIT. *Les réserves :* troupe gardée disponible. — *La réserve* (s'oppose à *armée active*) : partie des forces militaires d'un pays qui peut être rappelée sous les drapeaux (→ **réserviste**). *Officier de réserve.* **IV** 1. Territoire choisi pour la protection de la flore et de la faune. *Réserve naturelle.* 2. (en Amérique du Nord) Territoire réservé aux Indiens et soumis à un régime spécial. 3. Local où l'on garde à part (des objets). *Les réserves d'un musée.* CONTR. (du II) **audace, hardiesse, imprudence.**
ÉTYM. de *réserver.*

RÉSERVÉ, ÉE [rezɛʀve] **adj.** **I** Qui a été réservé. *Droits de traduction réservés.* — *Chasse réservée.* — *Place réservée.* **II** Qui fait preuve de réserve (II). SYN. ① **discret, prudent.** *Un homme réservé.* — *Une attitude réservée.* CONTR. **libre • audacieux, effronté, hardi.**

RÉSERVER [rezɛʀve] **v. tr.** (conjug. 3a) **I** 1. Destiner exclusivement ou spécialement (à une personne, un groupe). *On vous a réservé ce bureau, cet étage.* 2. S'abstenir d'utiliser immédiatement (qqch.), en vue d'une occasion plus favorable. SYN. **garder.** *Réserver le meilleur pour la fin.* — *Réserver son jugement,* le remettre à plus tard. 3. Mettre de côté (une marchandise) pour qqn ; faire mettre à part (ce qu'on veut trouver disponible). *Réserver deux places dans un train* (SYN. **retenir** ; → **réservation**). 4. Destiner (à qqn) ; causer (pour qqn). *Le sort qui nous est réservé. Cette soirée nous réservait bien des surprises.* **II** *SE RÉSERVER* **v. pron.** 1. S'abstenir d'agir, de manière à conserver toutes possibilités pour plus tard. *Je me réserve pour une meilleure occasion.* ◆ **spécialt** Manger peu afin de garder de l'appétit (pour un plat, un repas). *Se réserver pour le dessert.* 2. Réserver pour soi-même. *Je me réserve le droit d'intervenir.* — *Se réserver de* (+ inf.) : conserver pour l'avenir le droit ou la possibilité de (faire qqch.). *Il se réserve de refuser.*
ÉTYM. latin *reservare.*

RÉSERVISTE [rezɛʀvist] **n. m.** ✦ Membre de l'armée de réserve. *Rappel de réservistes.*
ÉTYM. de *réserve.*

RÉSERVOIR [rezɛʀvwaʀ] **n. m.** 1. Cavité où un liquide peut s'accumuler, être gardé en réserve. *Réservoir d'eau* (citerne, cuve...). *Réservoir d'essence* (d'une voiture). 2. **fig.** *Le réservoir d'images du poète.*
ÉTYM. de *réserver.*

RÉSIDENCE [rezidɑ̃s] **n. f.** 1. DIDACT. Séjour obligatoire. — *Être assigné à résidence. Résidence surveillée.* 2. Fait de demeurer habituellement en un lieu ; ce lieu. SYN. **demeure, habitation.** *Changer de résidence.* — DR. Lieu où une personne habite durant un certain temps, ou a un centre d'activités, sans y avoir nécessairement son domicile. 3. (avec une idée de luxe) Lieu, habitation où l'on réside. — *Résidence secondaire,* maison de vacances. ◆ Groupe d'immeubles résidentiels.
ÉTYM. latin *residentia.*

RÉSIDENT, ENTE [rezidɑ̃, ɑ̃t] **n.** 1. Personne qui réside (en un lieu). *Les résidents d'une cité.* 2. Personne établie dans un autre pays que son pays d'origine. *Les résidents espagnols en France. Carte de résident.* HOM. RÉSIDANT (p. présent de *résider*)
ÉTYM. latin *residens* → résider.

RÉSIDENTIEL, ELLE [rezidɑ̃sjɛl] **adj.** ✦ Propre à l'habitation, à la résidence (en parlant des beaux quartiers). *Immeubles, quartiers résidentiels.*
ÉTYM. de *résidence.*

RÉSIDER [rezide] **v. intr.** (conjug. 3a) 1. (personnes) Être établi d'une manière habituelle (dans un lieu), y avoir sa résidence. SYN. **demeurer, habiter.** *Résider en province.* 2. (choses abstraites) Avoir son siège, son principe. SYN. **consister.** *La difficulté réside en ceci...* HOM. (du p. présent *résidant*) RÉSIDENT «habitant»
ÉTYM. latin *residere.*

RÉSIDU [rezidy] **n. m.** 1. **péj.** Reste sans valeur. SYN. **déchet, détritus.** 2. Ce qui reste après une opération physique ou chimique, un traitement industriel. *Les cendres, les scories, résidus de combustion.*
ÉTYM. latin *residuum,* de *residere* «rester».

RÉSIDUEL, ELLE [rezidɥɛl] **adj.** ✦ DIDACT. Qui constitue un reste, un résidu. — **fig.** *Chômage résiduel.*
ÉTYM. de *résidu.*

RÉSIGNATION [reziɲasjɔ̃] n. f. ✦ Fait d'accepter sans protester (la volonté de qqn, le sort) ; tendance à se soumettre. SYN. **soumission.** *Résignation à l'injustice.* ➜ *Supporter qqch. avec résignation.* CONTR. **lutte, protestation.**
ÉTYM. de *résigner.*

RÉSIGNER [reziɲe] v. tr. (conjug. 3a) **I** LITTÉR. Abandonner (une fonction). SYN. se **démettre.** *Résigner sa charge.* **II** *SE RÉSIGNER* v. pron. *Se résigner à* : accepter sans protester (une chose pénible). *Se résigner à l'inévitable. Se résigner à partir.* ➜ absolt Adopter une attitude d'acceptation ; se soumettre. SYN. **s'incliner.** *Il faut se résigner, c'est la vie !* CONTR. **s'insurger, lutter,** se **révolter.**
► **RÉSIGNÉ, ÉE** adj. Qui accepte avec résignation ; empreint de résignation. *Il est résigné.* ➜ *Un courage résigné.* CONTR. **révolté.**
ÉTYM. latin *resignare* «rompre le sceau *(signum)* de ; annuler».

RÉSILIATION [reziljasjɔ̃] n. f. ✦ Action de résilier ; son résultat. *La résiliation d'un contrat.*

RÉSILIENCE [reziljɑ̃s] n. f. ✦ DIDACT. Capacité à vivre, à se développer, en surmontant l'adversité, les évènements exceptionnels.
ÉTYM. anglais *resilience*, du latin *resilientia.*

RÉSILIER [rezilje] v. tr. (conjug. 9) ✦ Dissoudre (un contrat) par l'accord des parties ou par la volonté d'un seul. *Résilier son abonnement au gaz.*
ÉTYM. latin *resilire* «sauter en arrière ; se dédire».

RÉSILLE [rezij] n. f. ✦ Tissu de mailles formant une poche dans laquelle on enserre les cheveux. SYN.③ **filet.** ➜ appos. *Bas résille,* formé d'un réseau de larges mailles. *Des bas résilles* ou *résille* (invar.).
ÉTYM. espagnol *redecilla*, du latin *rete* «filet».

RÉSINE [rezin] n. f. **1.** Substance collante et visqueuse qui suinte de certains végétaux, notamment les conifères. *Résine du pin.* **2.** Composé utilisé dans la fabrication des matières plastiques. *Résines synthétiques.*
ÉTYM. latin *resina.*

RÉSINEUX, EUSE [rezinø, øz] adj. **1.** Qui produit de la résine, contient de la résine (1). *Arbres, bois résineux.* ➜ n. m. *Les principaux résineux sont des conifères.* **2.** Propre à la résine (1). *Odeur résineuse.*
ÉTYM. de *résine.*

RÉSISTANCE [rezistɑ̃s] n. f. **I** (Phénomène physique) **1.** Fait de résister, d'opposer une force (à une autre) ; cette force. *La résistance de l'air.* ♦ Capacité d'annuler ou de diminuer l'effet d'une force. *Résistance à la torsion.* ➜ *Résistance des matériaux,* leur comportement face à des forces, des contraintes ; étude de ce comportement. **2.** ÉLECTR. *Résistance (électrique)* : grandeur physique, rapport entre la tension aux bornes d'un conducteur et l'intensité du courant qui le traverse. *L'unité de résistance est l'ohm.* ➜ COUR. *Une résistance,* conducteur qui dégage de la chaleur. **3.** Qualité physique par laquelle on résiste (à des épreuves, des fatigues). SYN. **endurance, force, solidité.** *Manquer de résistance. Résistance au froid.* **4.** loc. *PLAT DE RÉSISTANCE* (proprt dont on ne vient pas à bout aisément) : plat principal d'un repas. **II** (Action humaine) **1.** Action par laquelle on essaie de rendre sans effet (une action dirigée contre soi). *La résistance à l'oppression. Résistance passive,* refus d'obéir. ♦ Ce qui s'oppose à la volonté. SYN. **difficulté, obstacle.** *Rencontrer de la résistance.* ➜ *Venir à bout d'une résistance.* **2.** Action de s'opposer à une attaque par les moyens de la guerre. *Résistance armée. Organiser la résistance.* ♦ HIST. (avec maj. ☛ noms propres) *La Résistance* : l'opposition de certains Français à l'action de l'occupant allemand pendant la Seconde Guerre mondiale ; l'organisation qui s'ensuivit. CONTR. **faiblesse, fragilité** • **assentiment, soumission.**
ÉTYM. de *résister.*

RÉSISTANT, ANTE [rezistɑ̃, ɑ̃t] adj. **1.** Qui résiste à une force contraire ; qui résiste à l'effort, à l'usure. *Un tissu très résistant.* SYN. **solide. 2.** (êtres vivants) Endurant, robuste. **3.** n. Personne qui appartenait à la Résistance (II, 2). ➜ Personne qui fait partie d'un mouvement de résistance. CONTR. **fragile** • **collaborateur.**
ÉTYM. du participe présent de *résister.*

RÉSISTER [reziste] v. tr. ind. (conjug. 3a) ✦ *RÉSISTER À* **I** (valeur passive) **1.** (choses) Ne pas céder, ne pas s'altérer sous l'effet de. *Quelques arbres ont résisté à la tempête. Couleurs qui résistent au lavage.* **2.** (êtres vivants) Ne pas être détruit, altéré par (ce qui menace l'organisme). *Résister à la fatigue, à la maladie.* SYN. **supporter.** ➜ Supporter sans faiblir (ce qui est moralement pénible). *Résister à un chagrin.* **3.** (choses abstraites) Se maintenir, survivre. *Leur amitié a résisté au temps.* ➜ *L'argument ne résiste pas à l'examen.* **II** (valeur active) **1.** Faire effort contre l'usage de la force. *Résister à un agresseur.* ♦ S'opposer à (une attaque) par les moyens de la guerre. SYN. se **défendre. 2.** S'opposer à (ce qui contrarie les désirs, menace la liberté). SYN. **lutter** contre. *Résister à l'oppression.* SYN. se **révolter. 3.** (contexte amoureux) Repousser (qqn), lutter contre le pouvoir de (qqn). *Personne ne peut lui résister* (➜ **irrésistible**). **4.** S'opposer à (ce qui plaît, tente). *Résister à une tentation.* ➜ *Je n'ai pas pu résister à l'envie de venir.* CONTR. **céder, fléchir** • **capituler,** se **rendre, succomber.**
ÉTYM. latin *resistere.*

RÉSISTIVITÉ [rezistivite] n. f. ✦ ÉLECTR. Résistance spécifique d'une substance. CONTR. **conductivité.**
ÉTYM. anglais *resistivity*, de *resistive* «résistant».

RÉSOLU, UE [rezɔly] adj. ✦ Qui sait prendre une résolution et s'y tenir. SYN. **décidé, déterminé.** *Un adversaire résolu de la peine de mort.* ➜ *Un air résolu.* CONTR. **indécis, irrésolu.**
ÉTYM. participe passé de *résoudre.*

RÉSOLUMENT [rezɔlymɑ̃] adv. ✦ D'une manière résolue. SYN. **énergiquement.**

RÉSOLUTION [rezɔlysjɔ̃] n. f. **I 1.** DIDACT. Transformation physique d'une substance qui se résout. *Résolution de l'eau en vapeur.* **2.** Opération par laquelle l'esprit résout (une difficulté, un problème). SYN. **solution.** *La résolution d'une équation ; d'une énigme* (☛ Littérature p. 134). **II 1.** Décision volontaire arrêtée après délibération. *Prendre la résolution de...* ➜ **décider.** ➜ *Bonnes résolutions* : résolutions de bien faire. ➜ *Les résolutions de l'O. N. U.* **2.** Comportement, caractère d'une personne résolue. SYN. **détermination, énergie, fermeté.** CONTR. **hésitation, irrésolution, perplexité.**
ÉTYM. latin *resolutio.*

RÉSONANCE [rezɔnɑ̃s] n. f. **1.** Augmentation de la durée ou de l'intensité des sons, des vibrations. *Caisse de résonance.* ➜ Propriété d'un lieu où ce phénomène se produit. *La résonance d'une voûte.* **2.** fig., LITTÉR. Effet de ce qui se répercute (dans l'esprit...). SYN. **écho.** *La résonance d'une œuvre.* **3.** SC. Augmentation de l'ampli-

A B C D E F G H I J K L M N O P Q R S T U V W X Y Z

tude d'une oscillation. ♦ *Résonance magnétique nucléaire (R. M. N.),* basée sur les modifications de niveaux d'énergie provoquées par un champ magnétique (utilisée dans l'imagerie médicale).
ÉTYM. de *résonner.*

RÉSONATEUR [ʀezɔnatœʀ] n. m. ✦ Appareil, milieu où peut se produire un phénomène de résonance.
ÉTYM. de *résonner.*

RÉSONNER [ʀezɔne] v. intr. (conjug. 3a) 1. Produire un son accompagné de résonances. *Cloche qui résonne.* 2. (sons) Retentir en s'accompagnant de résonances. *La musique résonnait dans toute la maison.* 3. S'emplir d'échos, de résonances. *La rue résonnait de cris d'enfants.* HOM. RAISONNER «réfléchir»
ÉTYM. latin *resonare.*

RÉSORBER [ʀezɔʀbe] v. tr. (conjug. 3a) 1. MÉD. Opérer la résorption de. ➝ pronom. Disparaître par résorption. *Hématome qui se résorbe.* 2. Faire disparaître par une action interne. *Résorber un déficit.*
ÉTYM. latin *resorbere* «avaler de nouveau».

RÉSORPTION [ʀezɔʀpsjɔ̃] n. f. 1. MÉD. Disparition (d'un produit pathologique repris par la circulation sanguine ou lymphatique). *Résorption d'un abcès.* 2. Suppression (d'un phénomène nuisible). *Résorption du chômage.*
ÉTYM. de *résorber,* d'après *absorption.*

RÉSOUDRE [ʀezudʀ] v. tr. (conjug. 61) I 1. (p. passé *résous, oute*) Transformer en ses éléments. ➝ pronom. *Brouillard qui se résout en pluie.* 2. (p. passé *résolu, ue*) Découvrir la solution de. *Résoudre un problème, une équation. L'énigme n'a pu être résolue* (→ **insoluble**). II (p. passé *résolu, ue*) 1. Déterminer (qqn) à prendre une résolution. *Il faut le résoudre à abandonner.* ➝ au passif (plus cour.) *Il est résolu à partir.* ➝ pronom. → **se décider.** *Il ne peut pas se résoudre à partir.* 2. Décider (un acte, qqch. à exécuter). *Ils ont résolu sa perte, de le perdre. Faire ce qu'on a résolu. Résoudre de...* SYN. **décider de.**
ÉTYM. latin *resolvere.*

RESPECT [ʀɛspɛ] n. m. 1. Sentiment qui porte à accorder à qqn de la considération en raison de la valeur qu'on lui reconnaît. SYN. **déférence, révérence ; estime.** *Inspirer le respect. Avoir du respect pour qqn.* ➝ loc. *Sauf votre respect, sauf le respect que je vous dois :* se dit pour s'excuser d'une parole trop libre, un peu choquante. ♦ Sentiment de vénération. SYN. **culte, piété.** *Le respect pour les morts.* ➝ *Le respect d'un idéal.* 2. au plur. Témoignage de respect (formule de politesse). *Présenter ses respects à qqn.* 3. Considération que l'on porte à une chose jugée bonne, avec le souci de ne pas lui porter atteinte. *Le respect des convenances. Tenir qqn en respect,* dans une soumission forcée (en montrant sa force, etc.). CONTR. **insolence, irrespect, irrévérence.**
ÉTYM. latin *respectus* «égard» ; doublet de *répit.*

RESPECTABILITÉ [ʀɛspɛktabilite] n. f. ✦ Caractère respectable. *Souci de respectabilité.*
ÉTYM. anglais *respectability.*

RESPECTABLE [ʀɛspɛktabl] adj. 1. Qui est digne de respect. *Un homme respectable.* SYN. **estimable, honorable.** ➝ *Vos scrupules sont respectables.* 2. Assez important (quantité). *Une somme respectable.* CONTR. **méprisable · négligeable.**
ÉTYM. de *respecter.*

RESPECTER [ʀɛspɛkte] v. tr. (conjug. 3a) 1. Considérer avec respect. SYN. **honorer ; vénérer.** *Respecter ses parents.* ➝ *Respecter certaines valeurs.* 2. Ne pas porter atteinte à. SYN. **observer.** *Respecter le règlement ; les convenances.* 3. *SE RESPECTER* v. pron. Agir de manière à conserver l'estime de soi-même. ➝ loc. adj. FAM. *QUI SE RESPECTE :* qui est fidèle à soi-même ; digne du nom qui le désigne. *Proposition inacceptable pour un homme qui se respecte.* CONTR. **mépriser · compromettre, enfreindre, violer.**
ÉTYM. latin *respectare* «prendre en considération».

RESPECTIF, IVE [ʀɛspɛktif, iv] adj. ✦ Qui concerne chaque chose, chaque personne (parmi plusieurs). *Les droits respectifs des époux.* (au sing.) *La position respective des astres.*
ÉTYM. latin *respectivus,* de *respectus* «considération».

RESPECTIVEMENT [ʀɛspɛktivmɑ̃] adv. ✦ Chacun en ce qui le concerne.

RESPECTUEUSEMENT [ʀɛspɛktɥøzmɑ̃] adv. ✦ Avec respect.

RESPECTUEUX, EUSE [ʀɛspɛktɥø, øz] adj. 1. Qui éprouve ou témoigne du respect. *Des enfants respectueux.* 2. Qui marque du respect. *Ton respectueux.* ➝ (formule de politesse) *Veuillez agréer mes sentiments respectueux.* ➝ loc. *Rester à (une) distance respectueuse,* à une distance assez grande. 3. *RESPECTUEUX DE :* soucieux de ne pas porter atteinte à. *Être respectueux des usages.* CONTR. **irrespectueux, irrévérencieux, méprisant.**
ÉTYM. de *respect.*

RESPIRABLE [ʀɛspiʀabl] adj. ✦ Que l'on peut respirer (surtout en emploi négatif). *Air peu respirable.* CONTR. **irrespirable.**

RESPIRATION [ʀɛspiʀasjɔ̃] n. f. 1. Fait de respirer ; manière de respirer. *Respiration difficile, haletante. Retenir sa respiration.* SYN. **souffle.** ♦ *Respiration artificielle :* manœuvres pratiquées pour rétablir les fonctions respiratoires, chez les asphyxiés. 2. DIDACT. Fonction biologique qui permet l'absorption de l'oxygène et le rejet du gaz carbonique. *Respiration pulmonaire, branchiale, cutanée. Respiration interne* (des cellules, des tissus).
ÉTYM. latin *respiratio.*

RESPIRATOIRE [ʀɛspiʀatwaʀ] adj. 1. Qui permet la respiration. *Appareil respiratoire.* 2. De la respiration. *Échanges respiratoires de la cellule.*
ÉTYM. de *respirer.*

RESPIRER [ʀɛspiʀe] v. (conjug. 3a) I v. intr. 1. Absorber l'air dans la cage thoracique, puis l'en rejeter. → **aspirer, inspirer, expirer.** *Respirer par le nez, par la bouche. Respirer avec difficulté.* → **haleter.** ♦ Exercer la fonction de la respiration (2). 2. Avoir un moment de calme, de répit. SYN. **souffler.** *Laissez-moi respirer !* II v. tr. Aspirer, attirer par les voies respiratoires. *Respirer le grand air. On lui fit respirer de l'éther.* SYN. **renifler, sentir.** III v. tr. Dégager une impression de. *Il respire la santé.* ➝ *Visage qui respire l'intelligence.*
ÉTYM. latin *respirare,* de *spirare* «souffler».

RESPLENDIR [ʀɛsplɑ̃diʀ] v. intr. (conjug. 13) ✦ LITTÉR. Briller d'un vif éclat. ➝ fig. *Son visage resplendit de bonheur.*
ÉTYM. latin *resplendere.*

RESPLENDISSANT, ANTE [ʀɛsplɑ̃disɑ̃, ɑ̃t] adj. ✦ Qui resplendit. SYN. **éclatant.** *Un soleil resplendissant.* → fig. *Visage resplendissant de bonne humeur.* SYN. **rayonnant.** *Une mine resplendissante* (de santé).
ÉTYM. du participe présent de *resplendir.*

RESPONSABILISER [ʀɛspɔ̃sabilize] v. tr. (conjug. 3a) ✦ Donner à (qqn) des responsabilités ; faire prendre conscience de ses responsabilités à (qqn). CONTR. **déresponsabiliser.**
ÉTYM. de *responsable.*

RESPONSABILITÉ [ʀɛspɔ̃sabilite] n. f. 1. Obligation, pour un gouvernement, de quitter le pouvoir lorsque le corps législatif lui retire sa confiance. 2. DR. Obligation de réparer le dommage que l'on a causé par sa faute, dans certains cas déterminés par la loi. *Responsabilité civile.* 3. Fait d'être responsable (3). → Nécessité morale de remplir un devoir, un engagement. *Assumer une responsabilité. Prendre la responsabilité de qqch.,* accepter d'en être tenu pour responsable. *Prendre, assumer ses responsabilités. Confier des responsabilités à qqn.*
ÉTYM. de *responsable.*

RESPONSABLE [ʀɛspɔ̃sabl] adj. 1. Qui doit rendre compte de sa politique (→ **responsabilité,** 1). *Gouvernement responsable devant le parlement.* 2. DR. Qui doit réparer les dommages qu'il a causés. 3. Qui doit répondre de ses actes ou de ceux d'autrui. *Être responsable de qqn. Être tenu pour responsable de qqch.* ◆ Qui est la cause volontaire et consciente (de qqch.), en porte la responsabilité. → n. FAM. *Qui est le responsable de cette plaisanterie ?* SYN. **auteur, coupable.** 4. Chargé de. *Le ministre responsable de la justice.* → n. Personne qui prend les décisions. SYN. **dirigeant.** *Une responsable syndicale.* 5. Raisonnable, réfléchi, sérieux. *Une attitude responsable.* 6. (choses) *Commerce responsable.* SYN. **équitable.** *Tourisme responsable.* SYN. **durable.** CONTR. **irresponsable.**
ÉTYM. du latin *responsum,* supin de *respondere* «répondre, se porter garant de».

RESQUILLE [ʀɛskij] n. f. ✦ FAM. Action de resquiller. → On dit aussi RESQUILLAGE [ʀɛskijaʒ] n. m.
ÉTYM. de *resquiller.*

RESQUILLER [ʀɛskije] v. (conjug. 3a) 1. v. intr. Entrer sans payer, sans attendre son tour (spectacles, transports) ; obtenir qqch. sans y avoir droit. 2. v. tr. Obtenir (qqch.) par ruse, sans y avoir droit. *Il a resquillé sa place.*
ÉTYM. provençal *resquilha* «glisser».

RESQUILLEUR, EUSE [ʀɛskijœʀ, øz] n. ✦ Personne qui resquille.

RESSAC [ʀəsak] n. m. ✦ Retour brutal des vagues sur elles-mêmes, lorsqu'elles ont frappé un obstacle.
ÉTYM. espagnol *resaca,* de *resacar* «tirer en arrière».

se **RESSAISIR** [ʀ(ə)seziʀ] v. pron. (conjug. 13) ✦ Redevenir calme et maître de soi. *Ressaisissez-vous !* → Se rendre de nouveau maître de la situation.
ÉTYM. de *re-* et *saisir.*

RESSASSER [ʀ(ə)sase] v. tr. (conjug. 3a) 1. Revenir sur (les mêmes choses), faire repasser dans son esprit. SYN. **remâcher, ruminer.** *Ressasser des regrets.* 2. Répéter de façon lassante. SYN. **rabâcher.** → au p. passé *Des histoires ressassées.*
ÉTYM. de *re-* et *sasser.*

RESSAUT [ʀəso] n. m. ✦ Saillie ; petite avancée.
ÉTYM. italien *risalto,* de *risaltare* «faire saillie».

RESSAYER [ʀeseje] → RÉESSAYER

RESSEMBLANCE [ʀ(ə)sɑ̃blɑ̃s] n. f. 1. Rapport entre des objets présentant des éléments identiques suffisamment nombreux et apparents. *Ressemblance parfaite.* SYN. **similitude.** → au plur. Traits communs. *Ressemblances et différences.* 2. Fait, pour une personne, de présenter des traits physiques communs avec d'autres personnes (surtout ceux du visage). *La ressemblance de deux jumeaux.* 3. Rapport entre la chose et son modèle, tel que la chose donne l'image du modèle. *Un portrait d'une grande ressemblance.* CONTR. **différence, disparité, dissemblance.**
ÉTYM. de *ressembler.*

RESSEMBLANT, ANTE [ʀ(ə)sɑ̃blɑ̃, ɑ̃t] adj. ✦ Qui a de la ressemblance avec son modèle. *Un portrait très ressemblant.* CONTR. **différent, dissemblable.**
ÉTYM. du participe présent de *ressembler.*

RESSEMBLER [ʀ(ə)sɑ̃ble] v. tr. ind. (conjug. 3a) ✦ *RESSEMBLER À* 1. (personnes) Avoir de la ressemblance, des traits physiques communs avec (qqn). *Il ressemble à sa mère.* SYN. **tenir** de. → (pronom.) loc. *Se ressembler comme deux gouttes* d'eau.* ◆ (au moral) *Chercher à ressembler à qqn.* → (pronom.) prov. *Qui se ressemble s'assemble.* 2. (choses) Avoir de la ressemblance avec. *Roche qui ressemble à du marbre.* → loc. *Cela ne ressemble à rien,* c'est très original ; péj. c'est informe. → pronom. *Toutes ces maisons se ressemblent.* prov. *Les jours se suivent et ne se ressemblent pas.* 3. Avoir de la ressemblance (3) avec (un modèle). *Ce portrait me ressemble* (→ **ressemblant**). 4. Être conforme au caractère de (qqn), digne de (qqn). *Ce retard ne lui ressemble pas.* CONTR. **contraster, diverger.**
ÉTYM. de *re-* et *sembler.*

RESSEMELAGE [ʀ(ə)səm(ə)laʒ] n. m. ✦ Action, manière de ressemeler.

RESSEMELER [ʀ(ə)səm(ə)le] v. tr. (conjug. 6a) ✦ Garnir de semelles neuves. *Faire ressemeler ses chaussures.*
ÉTYM. de *re-* et *semelle.*

RESSENTI [ʀ(ə)sɑ̃ti] n. m. ✦ Impression ou sensation, physique ou mentale, que l'on éprouve. *Le ressenti corporel.*
ÉTYM. du participe passé de *ressentir.*

RESSENTIMENT [ʀ(ə)sɑ̃timɑ̃] n. m. ✦ Fait de se souvenir avec rancune des torts qu'on a subis. SYN. **rancœur.** *Éprouver, garder du ressentiment de qqch., contre qqn.*
ÉTYM. de *ressentir.*

RESSENTIR [ʀ(ə)sɑ̃tiʀ] v. tr. (conjug. 23) **I** 1. LITTÉR. Éprouver vivement, sentir l'effet moral de. *Ressentir une injure.* → *Ressentir une privation.* 2. Être pleinement conscient de (un état affectif qu'on éprouve). *Ressentir de la sympathie pour, à l'égard de qqn.* 3. Éprouver (une sensation physique). *Ressentir du bien-être. Ressentir une douleur.* **II** v. pron. 1. Subir l'influence de. *Son travail se ressent de son humeur.* 2. Continuer à éprouver les effets de (une maladie, un mal). *Se ressentir d'une chute.*
ÉTYM. de *re-* et *sentir.*

RESSERRE [ʀəsɛʀ] n. f. ✦ Local où l'on range des objets. SYN. **remise.** *Ranger des outils dans une resserre.*
ÉTYM. de *resserrer.*

RESSERREMENT [R(ə)sɛRmɑ̃] n. m. ✦ Action de resserrer, de se resserrer ; état de ce qui est resserré.

RESSERRER [R(ə)seRe] v. tr. (conjug. 3a) 1. Réduire (qqch.) en contractant, en rapprochant les éléments. 2. Rapprocher de nouveau ou davantage (des parties ; un lien) ; serrer de nouveau ou davantage. *Resserrer un nœud, un boulon.* ➝ fig. *Resserrer une amitié.* 3. *SE RESSERRER* v. pron. *L'étau se resserre.* ➝ fig. *Leurs relations se sont resserrées.* CONTR. **élargir** • **desserrer, relâcher.**
ÉTYM. de *re-* et *serrer.*

RESSERVIR [R(ə)sɛRviR] v. (conjug. 21) 1. v. tr. Servir de nouveau. *Resservir un plat.* ➝ pronom. *Resservez-vous !* ◆ fig. *Les boniments qu'il nous ressert depuis dix ans.* 2. v. intr. Être encore utilisable. *Cela peut resservir.*

① **RESSORT** [R(ə)sɔR] n. m. 1. Pièce (d'un mécanisme) qui produit un mouvement en utilisant ses propriétés élastiques. *Tendre un ressort. Ressort à boudins, à lames. Matelas à ressorts.* 2. LITTÉR. Énergie, force (généralement cachée) qui fait agir. *Les ressorts secrets de nos actes.* 3. loc. *Avoir du ressort,* une grande capacité de résistance ou de réaction.
ÉTYM. de ① *ressortir.*

② **RESSORT** [R(ə)sɔR] n. m. 1. DR. VX Recours à une juridiction supérieure. ➝ MOD. loc. *EN DERNIER RESSORT :* sans possibilité de recours ; finalement. 2. DR. Compétence (d'une juridiction). ➝ loc. COUR. *DU RESSORT DE :* de la compétence, du domaine de. *Cette affaire est du ressort de la cour d'appel.* ➝ ② **ressortir.** *Cela n'est pas de mon ressort.*
ÉTYM. de ① *ressortir.*

① **RESSORTIR** [R(ə)sɔRtiR] v. (conjug. 23) **I** v. intr. (auxiliaire *être*) 1. Sortir à nouveau (d'un lieu) peu après être entré. *Il ressortait de chez lui.* ➝ (choses) *La vis est ressortie de l'autre côté.* 2. Paraître avec plus de relief, être saillant. SYN. se **détacher.** ➝ Paraître nettement, par contraste. *La couleur ressort mieux sur ce fond.* ◆ fig. Se montrer. *Ses qualités ressortent dans ces circonstances. Faire ressortir qqch.,* mettre en évidence. 3. Apparaître comme conséquence. SYN. **résulter.** *Il ressort de notre étude que...* **II** v. tr. (auxiliaire *avoir*) Sortir, faire sortir (qqch.) de nouveau. *Il a ressorti ses vieux disques.* ◆ FAM. *Il ressort toujours les mêmes blagues.* ➝ **ressasser.**
ÉTYM. de *re-* et *sortir.*

② **RESSORTIR** [R(ə)sɔRtiR] v. tr. ind. (conjug. 13) ✦ *RESSORTIR À* 1. DR. Être du ressort, de la compétence de (une juridiction). SYN. **relever** de. *Ce procès ressortit à une autre juridiction.* 2. LITTÉR. Être (par nature) relatif à. SYN. ① **dépendre** de, **concerner.** *Tout ce qui ressortit au théâtre.*
ÉTYM. de ② *ressort.*

RESSORTISSANT, ANTE [R(ə)sɔRtisɑ̃, ɑ̃t] n. ✦ Personne qui, dans un pays, relève de l'autorité d'un autre pays. *Les ressortissants et les nationaux.*
ÉTYM. du participe présent de ② *ressortir.*

RESSOURCE [R(ə)suRs] n. f. **I** Ce qui peut améliorer une situation fâcheuse. SYN. ② **expédient, recours.** *Avoir la ressource de... Je n'ai d'autre ressource que d'accepter.* **II** au plur. 1. Moyens matériels d'existence. SYN. **finance, fonds, revenu.** *Ses ressources sont modestes. Les ressources de l'État.* SYN. **recette.** 2. Moyens (personnes, réserves...) dont dispose ou peut disposer une collectivité. *Les ressources naturelles d'un pays. Ressources énergétiques* (pétrole, gaz, charbon). ☛ Géographie p. 222, 225, 229 et 230. *Les ressources en eau.* ➝ *Ressources humaines d'une entreprise,* son personnel. 3. Moyens intellectuels et possibilités d'action qui en découlent. *Toutes les ressources de son talent.* ➝ loc. *Un homme de ressources,* habile. ➝ au sing. *Il a de la ressource.* ◆ Moyens, possibilités. *Les ressources d'un art. Les ressources d'une langue* (en tant que moyen d'expression).
ÉTYM. de l'ancien verbe *resourdre* «relever, rétablir», du latin *resurgere.*

se **RESSOURCER** [R(ə)suRse] v. pron. (conjug. 4) ✦ Trouver de nouvelles forces (en revenant à ses racines, à des valeurs fondamentales...).
ÉTYM. de *source.*

RESSOURCERIE [R(ə)suRs(ə)Ri] n. f. ✦ Recyclerie.
ÉTYM. marque déposée ; de *ressource.*

se **RESSOUVENIR** [R(ə)suv(ə)niR] v. pron. (conjug. 16) ✦ LITTÉR. Se souvenir (d'une chose ancienne ou que l'on avait oubliée).

RESSURGIR [R(ə)syRʒiR] v. intr. (conjug. 13) ✦ Surgir, apparaître brusquement de nouveau. ➝ On écrit aussi *resurgir.*

RESSUSCITER [Resysite] v. (conjug. 3a) **I** v. intr. 1. Être de nouveau vivant (contexte mystique). ➝ **résurrection.** ➝ au p. passé *Le Christ ressuscité.* 2. Revenir à la vie normale, après une grave maladie. 3. Manifester une vie nouvelle. *Pays qui ressuscite après une guerre.* ➝ se **relever.** **II** v. tr. 1. Ramener de la mort à la vie (contexte mystique). *Ressusciter les morts.* 2. (sujet chose) Ranimer ; guérir d'une grave maladie. *Ce traitement l'a ressuscité.* 3. Faire revivre en esprit, par le souvenir. *Ressusciter les héros du passé.* ➝ Faire renaître. *Ressusciter un art, une mode.*
ÉTYM. latin *resuscitare* «réveiller, rallumer».

① **RESTANT, ANTE** [Rɛstɑ̃, ɑ̃t] adj. 1. Qui reste (d'un ensemble). *Les dix euros restants. La seule héritière restante.* 2. loc. *POSTE* RESTANTE.*
ÉTYM. du participe présent de *rester.*

② **RESTANT** [Rɛstɑ̃] n. m. ✦ Ce qui reste (d'un ensemble). *Le restant de mes dettes.* SYN. **reliquat,** ② **solde.** ➝ *Un restant de lumière.*
ÉTYM. du participe présent de *rester.*

RESTAURANT [Rɛstɔʀɑ̃] n. m. ✦ Établissement où l'on sert des repas moyennant paiement. *Aller au restaurant. Un bon restaurant. Café-restaurant.* ➝ **bistrot, brasserie, taverne** ; anglic. **snack-bar.** *Restaurant libre-service.* ➝ **cafétéria** ; anglic. **self-service.** *Restaurant d'entreprise.* ➝ **cantine.** ➝ (élément de mots composés) *Des tickets-restaurants. Des wagons-restaurants.* ➝ abrév. FAM. RESTO ; RESTAU [Rɛsto]. *Des restos, des restaus.*
ÉTYM. du participe présent de ② *restaurer.*

① **RESTAURATEUR, TRICE** [Rɛstɔratœr, tris] n. ✦ Spécialiste de la restauration des œuvres d'art.
ÉTYM. latin *restaurator.*

② **RESTAURATEUR, TRICE** [Rɛstɔratœr, tris] n. ✦ Personne qui tient un restaurant.
ÉTYM. de ② *restaurer.*

① **RESTAURATION** [Rɛstɔrasjɔ̃] n. f. 1. Action de restaurer. *La restauration d'une coutume.* ◆ spécialt Rétablissement au pouvoir de (un régime). ➝ absolt HIST. (avec maj. ☛ noms propres) *La Restauration,* celle des Bourbons (1814-1830). appos. invar. *Des fauteuils Res-*

tauration. 2. Action, manière de restaurer (une œuvre d'art, un monument). *Restauration d'une fresque.* CONTR. **destitution, renversement** • ① **dégradation, détérioration.**
ÉTYM. latin *restauratio.*

② **RESTAURATION** [ʀɛstɔʀasjɔ̃] n. f. ✦ Métier de restaurateur. *Restauration rapide.* → anglic. **fast-food.**
ÉTYM. de ② *restaurer.*

① **RESTAURER** [ʀɛstɔʀe] v. tr. (conjug. 3a) 1. LITTÉR. Rétablir en son état ancien ou en sa forme première (des choses abstraites). *Restaurer la paix.* SYN. **ramener.** ◆ spécialt *Restaurer un régime* (→ ① **restauration**). 2. Réparer (une œuvre d'art, un monument) en respectant l'état primitif, le style. *Restaurer une cathédrale, un tableau. Restaurer un quartier ancien.* SYN. **réhabiliter.** CONTR. **destituer, renverser** • ① **dégrader, détériorer.**
ÉTYM. latin *restaurare* «rebâtir, réparer».

② **RESTAURER** [ʀɛstɔʀe] v. tr. (conjug. 3a) ✦ LITTÉR. Nourrir (qqn). ◆ *SE RESTAURER* v. pron. Reprendre des forces en mangeant. SYN. se **nourrir,** se **sustenter.**
ÉTYM. latin *restaurare* «rétablir la vigueur».

RESTAUROUTE [ʀɛstoʀut] n. m. → RESTOROUTE

RESTE [ʀɛst] n. m. **I** *LE RESTE DE* : ce qui reste de (un tout dont une ou plusieurs parties ont été enlevées). 1. (d'un objet ou d'une quantité mesurable) *Le reste d'une somme d'argent.* SYN. **reliquat,** ② **restant,** ② **solde.** → loc. *Partir SANS DEMANDER SON RESTE,* sans insister. 2. (d'un espace de temps) *Le reste de sa vie.* → loc. *LE RESTE DU TEMPS* : aux autres moments. 3. (d'une pluralité d'êtres ou de choses) *Vivre isolé du reste des hommes. Le reste de mes amis est venu* ou (LITTÉR.) *sont venus.* 4. (d'une chose non mesurable) *Le reste du travail. Laissez-moi faire le reste.* 5. absolt *LE RESTE* : ce qui n'est pas la chose précédemment mentionnée. *Ne t'occupe pas du reste. Pour le reste, quant au reste.* → (en fin d'énumération) *Et le reste,* et ce qui s'ensuit. SYN. **et cetera.** 6. loc. adv. *DE RESTE* : plus qu'il n'en faut. → *Avoir de l'argent, du temps de reste,* en avoir trop et le prodiguer inutilement. ◆ *Être, demeurer EN RESTE,* être le débiteur, l'obligé (de qqn). ◆ *AU RESTE* (LITTÉR.) ; *DU RESTE* : quant au reste (s'emploie pour ajouter qqch.). → d'**ailleurs,** au **surplus.** *Elle vivait, du reste, très simplement.* **II** *UN, DES RESTES* : élément restant d'un tout qui a disparu. 1. concret *Les restes d'une vieille cité, d'une fortune.* SYN. **débris, ruine, vestige.** *Les restes d'un repas* (SYN. **relief,** FAM. **rogaton**). → *Un reste de beurre.* 2. LITTÉR. *Les restes de qqn,* son cadavre. 3. (dans un calcul) Élément restant d'une quantité, après soustraction ou division. *Le reste doit toujours être plus petit que le diviseur.*
ÉTYM. de *rester.*

RESTER [ʀɛste] v. intr. (conjug. 3a) **I** (Continuer d'être dans un lieu SYN. **demeurer**) 1. (sujet personne) *Il est resté à Paris. Rester chez soi. Rester au lit, à table.* → FAM. *Il a failli y rester,* mourir. ◆ absolt (s'oppose à *partir, s'en aller*) *Je ne peux pas rester.* → *Restez donc dîner avec nous.* 2. (sujet chose) *La voiture est restée au garage. L'arête est restée en travers de sa gorge.* → fig. *Rester sur l'estomac*, sur le cœur*.* ◆ *Rester dans la mémoire.* → *Cela doit rester entre nous* (d'un secret). 3. Continuer d'être (dans une position, une situation, un état). *Rester debout. Rester en place. Rester dans le même état.* → *RESTER À* (+ inf.) *Elle resta à attendre.* → (+ attribut) *Rester immobile. La porte est restée ouverte.* 4. Subsister à travers le temps. *C'est une œuvre qui restera.* SYN. **durer.** prov. *Les paroles s'envolent, les écrits restent.* 5. *RESTER À qqn* : continuer d'être, d'appartenir à qqn. *L'avantage est resté à nos troupes. Ce surnom lui est resté.* 6. *EN RESTER À* : s'arrêter, être arrêté à. *Nous en étions restés au troisième chapitre. Où en es-tu resté de ta lecture ?* → *EN RESTER LÀ* : ne pas continuer, ne pas poursuivre. *Restons-en là.* → *RESTER SUR* : conserver, s'en tenir à. *Rester sur sa faim*. Rester sur une mauvaise impression.* **II** (en parlant d'éléments d'un tout) 1. Être encore présent (après élimination des autres éléments). SYN. **subsister** ; → **reste.** *Rien ne reste de cette ville. Le seul bien qui me reste.* → impers. *Il reste du pain.* (personnes) *Il ne reste plus que trois candidats.* 2. *RESTER À* (+ inf.) *Le plus dur reste à faire.* → impers. *Il reste beaucoup à faire. Le temps qu'il me reste à vivre. (Il) reste à savoir si...* 3. impers. (+ indic.) *Il reste certain que...* → *Il n'en reste pas moins que...,* il n'en est pas moins vrai que... → LITTÉR. *RESTE QUE* (+ indic.). *Reste qu'il faudra bien se décider.* CONTR. se **déplacer,** ① **partir, quitter** • **disparaître, passer.**
ÉTYM. latin *restare.*

RESTITUER [ʀɛstitɥe] v. tr. (conjug. 3a) 1. Rendre (une chose dérobée ou retenue indûment). *Restituer un objet volé à son propriétaire.* 2. DIDACT. Reconstituer à l'aide de fragments, de documents, etc. *Restituer un texte altéré, une inscription.* 3. Libérer (ce qui a été absorbé, accumulé). *Système qui restitue de l'énergie.* 4. Reproduire fidèlement. *Enregistrement qui restitue les nuances d'une interprétation.* CONTR. **conserver, garder.**
ÉTYM. latin *restituere.*

RESTITUTION [ʀɛstitysjɔ̃] n. f. ✦ Action, fait de restituer (qqch.). CONTR. **confiscation.**
ÉTYM. latin *restitutio.*

RESTO [ʀɛsto] n. m. → RESTAURANT

RESTOROUTE [ʀɛstoʀut] n. m. ✦ Restaurant situé au bord d'une autoroute, d'une route à grande circulation. → On écrit aussi *restauroute.*
ÉTYM. nom déposé ; de *restaurant* et *route.*

RESTREINDRE [ʀɛstʀɛ̃dʀ] v. tr. (conjug. 48b) 1. Rendre plus petit, ramener dans des limites plus étroites. SYN. **diminuer, limiter, réduire.** *Restreindre ses dépenses ; ses ambitions.* 2. *SE RESTREINDRE* v. pron. Devenir plus petit, moins étendu. *Le champ de nos recherches se restreint.* ◆ *Se restreindre dans ses dépenses.* → absolt *Il va falloir se restreindre.* CONTR. **accroître, augmenter, développer, étendre.**
► **RESTREINT, EINTE** adj. 1. Étroit ; limité. *Espace restreint ; personnel restreint.* 2. *RESTREINT À* : limité à. *Une modernisation restreinte à un secteur de l'économie.* CONTR. **étendu, large** • **élargi.**
ÉTYM. latin *restringere* «resserrer».

RESTRICTIF, IVE [ʀɛstʀiktif, iv] adj. ✦ Qui restreint, qui apporte une restriction. SYN. **limitatif.** *Clause, condition restrictive.* CONTR. **extensif.**
ÉTYM. du latin *restrictus.*

RESTRICTION [ʀɛstʀiksjɔ̃] n. f. 1. Ce qui restreint le développement, la portée de qqch. *Apporter des restrictions à un principe.* → *Faire des restrictions* : émettre des réserves, des critiques. → *SANS RESTRICTION* loc. adv. : entièrement, sans réserve. 2. Action de restreindre ; fait de devenir moindre. SYN. **limitation.** *Restriction des crédits.* 3. au plur. Mesures propres à réduire la consommation en période de pénurie ; privations qui en résultent. SYN. **rationnement.** *Restrictions en temps de guerre.* CONTR. **accroissement, augmentation.**
ÉTYM. latin *restrictio.*

RESTRUCTURATION [ʀəstʀyktyʀasjɔ̃] **n. f.** ✦ Action de restructurer ; son résultat. *Restructurations industrielles.*

RESTRUCTURER [ʀəstʀyktyʀe] **v. tr.** (conjug. 3a) ✦ Donner une nouvelle structure, une nouvelle organisation à. *Restructurer une entreprise.* SYN. **réorganiser.**

RESUCÉE [ʀ(ə)syse] **n. f.** ✦ FAM. Répétition, reprise (d'un sujet déjà traité).
ÉTYM. du verbe *resucer*, de *re-* et *sucer.*

RÉSULTANTE [ʀezyltɑ̃t] **n. f.** ✦ Conséquence, résultat de l'action de plusieurs facteurs (forces, actions complexes). ♦ SC. Somme géométrique de deux ou plusieurs vecteurs.
ÉTYM. du participe présent de *résulter.*

RÉSULTAT [ʀezylta] **n. m.** 1. Ce qui arrive et est produit par une cause. SYN. **conséquence, effet.** *Cela a eu un résultat heureux, désastreux. Avoir pour résultat.* → ① **causer, produire.** 2. Ce que produit une activité consciente dirigée vers une fin ; cette fin. *Le résultat d'une expérience. Arriver à un bon résultat.* → **réussite, succès.** – *S'escrimer sans résultat.* → **en vain.** ♦ *Résultat d'une entreprise :* solde entre les produits (recettes) et les charges (dépenses) d'une année. – au plur. Réalisations concrètes. *Obtenir des résultats.* 3. Solution (d'un problème). – Dernière phase d'une opération mathématique. → **produit, quotient, reste,** ① **somme.** *Le résultat d'une division.* 4. Admission ou échec (à un examen...) ; liste de ceux qui ont réussi. *Affichage des résultats.* – Issue (d'une compétition). *Les résultats d'une élection. Résultat d'un match.*
ÉTYM. latin *resultatum.*

RÉSULTER [ʀezylte] **v. intr.** (conjug. 3a ; seulement inf., p. présent et 3e pers.) ✦ *RÉSULTER DE* 1. Être le résultat de. SYN. **découler, naître, provenir.** *Je ne sais ce qui en résultera.* 2. impers. (avec *que* + indic.) *Il résulte de ceci que, il en est résulté que...* SYN. ① **ressortir.**
ÉTYM. latin *resultare* «rebondir».

RÉSUMÉ [ʀezyme] **n. m.** 1. Abrégé, condensé. *Faire le résumé d'un livre.* 2. *EN RÉSUMÉ* loc. adv. : en peu de mots ; à tout prendre, somme toute.
ÉTYM. du participe passé de *résumer.*

RÉSUMER [ʀezyme] **v. tr.** (conjug. 3a) 1. Rendre en moins de mots. SYN. **abréger.** *Résumer un discours.* – Présenter brièvement. *Résumer la situation.* 2. *SE RÉSUMER* v. pron. Reprendre en peu de mots ce qu'on a dit. *Pour nous résumer...* ♦ (passif) *Cet article pourrait se résumer en dix lignes.* – fig. *La vie se résume pour lui à...* CONTR. **développer.**
ÉTYM. latin *resumere* «reprendre».

RÉSURGENCE [ʀezyʀʒɑ̃s] **n. f.** ✦ DIDACT. Eaux souterraines qui ressortent à la surface ; source ainsi formée. – fig. Fait de réapparaître, de ressurgir. *La résurgence d'une idéologie.*
ÉTYM. du latin *resurgere* «se relever».

RESURGIR → RESSURGIR

RÉSURRECTION [ʀezyʀɛksjɔ̃] **n. f.** 1. Retour de la mort à la vie (contexte mystique). → **ressusciter.** *La résurrection du Christ.* 2. Guérison inattendue. 3. Fait de faire revivre en esprit, de ressusciter (le passé). 4. Retour à l'activité ; nouvel essor.
ÉTYM. latin *resurrectio*, de *resurrectum*, supin de *resurgere* «se relever».

RETABLE [ʀətabl] **n. m.** ✦ Partie postérieure et décorée d'un autel, qui surmonte verticalement la table. *Retable en bois sculpté.*
ÉTYM. famille de *table.*

RÉTABLIR [ʀetabliʀ] **v. tr.** (conjug. 13) **I** 1. Établir de nouveau (ce qui a été oublié, altéré). *Rétablir un texte* (SYN. **restituer**). *Rétablir la vérité.* 2. Remettre (dans une situation, un état). *On l'a rétabli dans ses fonctions.* 3. Faire exister ou fonctionner de nouveau. *Le courant est rétabli après l'orage. Rétablir l'ordre.* SYN. **ramener.** **II** Remettre (qqn) en bonne santé. *Ce traitement va le rétablir.* **III** *SE RÉTABLIR* v. pron. 1. Se produire de nouveau. SYN. **revenir.** *Le silence se rétablit.* 2. Guérir, se remettre. *Malade qui se rétablit.* 3. Faire un rétablissement (3). *Se rétablir sur la barre.* CONTR. **altérer, fausser** • ① **démettre** • **couper, interrompre.**
▶ **RÉTABLI, IE** adj. *Contact rétabli.* ♦ *Santé rétablie.* – (personnes) *Il est tout à fait rétabli.*

RÉTABLISSEMENT [ʀetablismɑ̃] **n. m.** 1. Action de rétablir (ce qui était altéré, interrompu...). *Le rétablissement de relations diplomatiques.* 2. Retour à la santé. SYN. **guérison.** *Je vous souhaite un prompt rétablissement.* 3. Mouvement de gymnastique, traction des bras aboutissant à se retrouver en appui sur les mains, les bras à la verticale. – fig. Effort pour retrouver l'équilibre après une crise. *Opérer un rétablissement.* CONTR. **altération ; interruption.**

RÉTAMAGE [ʀetamaʒ] **n. m.** ✦ Action de rétamer ; son résultat.

RÉTAMER [ʀetame] **v. tr.** (conjug. 3a) 1. Étamer de nouveau (un ustensile). *Faire rétamer des casseroles.* 2. fig. FAM. Enivrer ; épuiser. *Vous m'avez rétamé !* 3. *SE RÉTAMER* v. pron. FAM. Tomber ; échouer à un examen.

RÉTAMEUR, EUSE [ʀetamœʀ, øz] **n.** ✦ Personne qui rétame des ustensiles.

RETAPE [ʀ(ə)tap] **n. f.** ✦ FAM. Racolage.
ÉTYM. d'un sens argotique ancien de *retaper.*

RETAPER [ʀ(ə)tape] **v. tr.** (conjug. 3a) 1. Remettre dans sa forme. *Retaper un lit*, taper, défroisser la literie. 2. FAM. Réparer, arranger sommairement. *Retaper une vieille maison.* 3. FAM. Remettre en bonne santé, en forme. – pronom. Se rétablir, retrouver ses forces. *Il a besoin de se retaper.*
ÉTYM. de *re-* et *taper.*

RETARD [ʀ(ə)taʀ] **n. m.** 1. Fait d'arriver trop tard, après le moment fixé, attendu. *Le retard d'un train. Arriver, être EN RETARD* (→ **retardataire**). *Se mettre en retard.* – Temps écoulé entre le moment où qqn, qqch. arrive et le moment attendu. *Un retard d'une heure. Avoir du retard, une heure de retard.* 2. Fait d'agir trop tard, de n'avoir pas encore fait ce que l'on aurait dû faire. *Retard dans un paiement. Avoir du courrier en retard.* – *Coureur en retard sur le peloton.* 3. Différence entre l'heure marquée (par une montre, etc., qui retarde) et l'heure réelle. 4. Action de retarder, de remettre à plus tard. SYN. **ajournement, atermoiement.** *Il s'est décidé après bien des retards.* – *SANS RETARD :* sans délai, sans tarder. ♦ appos. invar. PHARM. Se dit d'un médicament conçu pour une diffusion progressive dans l'organisme. *Insuline retard.* 5. État d'une personne qui est moins avancée dans un développement, un progrès. *Retard mental, affectif. Retard psychomoteur. Un enfant en retard.* → **retardé.** – (collectivités) *Retard économique d'un pays.* → **sous-développement.** CONTR.

avance.
ÉTYM. de *retarder.*

RETARDATAIRE [R(ə)taRdatɛR] adj. 1. Qui arrive en retard. – n. *Attendre les retardataires.* 2. Qui a du retard dans son développement. 3. Qui est en retard sur son époque. *Une pédagogie retardataire.* SYN. **archaïque.** CONTR. **avant-gardiste.**
ÉTYM. de *retarder.*

RETARDÉ, ÉE [R(ə)taRde] adj. ✦ Qui est en retard dans son développement, dans ses études. *Un enfant retardé.* SYN. **arriéré, attardé.**

à RETARDEMENT [aR(ə)taRdəmɑ̃] loc. adj. ✦ *Engin à retardement,* muni d'un dispositif qui diffère la déflagration. *Bombe à retardement.* ♦ fig. Qui se manifeste trop tard. *Témoin à retardement.* – (adv.) *Comprendre à retardement.*
ÉTYM. de *retarder.*

RETARDER [R(ə)taRde] v. (conjug. 3a) **I** v. tr. 1. Faire arriver en retard. *Je ne veux pas vous retarder.* – (sujet chose) *Cet incident m'a retardé.* ♦ *Retarder qqn dans* (une activité), faire aller plus lentement. 2. *Retarder une montre,* la mettre à une heure moins avancée. 3. Faire se produire plus tard. SYN. **ajourner, différer, remettre.** *La neige a retardé son départ.* **II** v. intr. 1. (montre, etc.) Aller trop lentement, marquer une heure moins avancée que l'heure réelle. – FAM. *Je retarde :* ma montre retarde. 2. *Retarder sur son temps,* ne pas avoir les idées, le goût de son temps. 3. FAM. Découvrir qqch. longtemps après les autres. *Son mari ? Vous retardez, ils ont divorcé l'an dernier.* CONTR. **avancer • anticiper, hâter.**
ÉTYM. latin *retardare.*

RETENIR [R(ə)təniR ; Rət(ə)niR] v. tr. (conjug. 16) **I** 1. Garder pour soi, en vue d'un usage futur. – spécialt Garder (une somme) pour un usage particulier. SYN. **déduire, prélever.** *On lui retient dix pour cent de son salaire.* → **retenue.** 2. Faire réserver (ce qu'on veut trouver disponible). *Retenir une chambre dans un hôtel.* – Engager d'avance (qqn pour un travail). *Retenir des déménageurs.* – FAM. iron. *Celui-là, je le retiens !* (de qqn dont on a à se plaindre). 3. Conserver dans sa mémoire. SYN. **se souvenir.** *Retenir une leçon ; une date.* 4. Prendre comme élément d'appréciation ou objet d'étude. *Retenir une proposition ; une candidature.* 5. Faire une retenue (arithmétique). *Je pose 4 et je retiens 3.* **II** 1. Faire rester (qqn) avec soi. SYN. **garder.** *Il m'a retenu plus d'une heure. Retenir qqn à dîner. Je ne vous retiens pas* (formule pour congédier). – *Retenir qqn prisonnier.* – (sujet chose) *Le mauvais temps nous a retenus ici.* SYN. **immobiliser.** 2. Être un objet d'intérêt pour (qqn ; son attention). *Votre offre a retenu notre attention.* 3. Maintenir (qqch.) en place. SYN. **attacher, fixer.** – au p. passé *Cheveux retenus par un ruban.* 4. (sujet chose) Ne pas laisser passer ; contenir. *Barrage qui retient l'eau.* 5. (sujet personne) S'empêcher d'émettre. *Retenir son souffle. Retenir ses larmes. Retenir un cri.* 6. Maintenir, tirer en arrière. SYN. **arrêter.** *Retenir qqn par le bras.* – *Retenir un cheval.* 7. Empêcher (qqn) d'agir. *Retenez-moi ou je fais un malheur ! Retenir qqn de* (+ inf.). – (sujet chose) *Sa pudeur le retient de se plaindre.* **III** *SE RETENIR* v. pron. 1. Faire effort pour ne pas tomber. *Se retenir à la rampe.* SYN. **s'accrocher.** 2. S'abstenir de céder à un désir, une impulsion. SYN. **se contenir.** *Elle se retenait pour ne pas pleurer. Se retenir de rire.* – Différer de satisfaire ses besoins naturels. *Bébé qui ne sait pas encore se retenir* (→ ① **incontinent**). CONTR. **oublier • rejeter • congédier, libérer • entraîner, exciter.**
ÉTYM. de *tenir,* d'après le latin *retinere.*

RÉTENTION [Retɑ̃sjɔ̃] n. f. 1. Fait de retenir pour soi. – *Rétention d'informations.* 2. MÉD. Séjour prolongé dans l'organisme (d'une substance qui devrait en être évacuée). *Rétention d'urine ; d'eau.* 3. GÉOGR. Immobilisation de l'eau des précipitations. *Rétention glaciaire.*
ÉTYM. latin *retentio.*

RETENTIR [R(ə)tɑ̃tiR] v. intr. (conjug. 13) 1. LITTÉR. Être rempli par un bruit. – *RETENTIR DE. La salle retentissait d'acclamations.* 2. (son) Se faire entendre avec force. SYN. **résonner.** *Un coup de tonnerre retentit.* 3. DIDACT. *Retentir sur :* avoir un retentissement, des répercussions sur.
ÉTYM. de *re-* et ancien français *tentir,* latin populaire *tinnitire,* classique *tinnire* «tinter».

RETENTISSANT, ANTE [R(ə)tɑ̃tisɑ̃, ɑ̃t] adj. 1. Qui retentit, résonne. SYN. **sonore.** 2. Qui a un grand retentissement (3). *Un succès retentissant.* SYN. **éclatant.** CONTR. **étouffé, sourd.**
ÉTYM. du participe présent de *retentir.*

RETENTISSEMENT [R(ə)tɑ̃tismɑ̃] n. m. 1. LITTÉR. Fait de retentir ; bruit, son répercuté. 2. Effet indirect ou effet en retour ; série de conséquences. SYN. **contrecoup, répercussion.** *Les retentissements d'une découverte scientifique.* 3. Fait de susciter l'intérêt ou les réactions du public. *Ce scandale a eu un grand retentissement.*

RETENU, UE [R(ə)təny ; Rət(ə)ny] adj. ✦ Qui fait preuve de retenue (III). SYN. ① **discret, réservé.**
ÉTYM. du participe passé de *retenir.*

RETENUE [R(ə)təny ; Rət(ə)ny] n. f. **I** 1. Prélèvement sur une rémunération. *Retenues pour la retraite.* 2. Chiffre qu'on réserve pour l'ajouter à la colonne suivante, dans une opération. **II** (Fait, action de retenir (II) qqn, qqch.) 1. Punition scolaire consistant à retenir un élève en dehors des heures de cours. SYN. **colle, consigne.** *Être en retenue.* 2. Fait de retenir l'eau ; eau ainsi retenue. *Établir une retenue d'eau.* **III** Attitude d'une personne qui se contient, qui se modère. SYN. **mesure, pondération, réserve.** *Manquer de retenue.* – *Rire sans retenue.* CONTR. **audace, imprudence, laisser-aller.**
ÉTYM. du participe passé de *retenir.*

RÉTIAIRE [Retjɛʀ ; Resjɛʀ] n. m. ✦ ANTIQ. ROMAINE Gladiateur qui combattait armé d'un filet et d'un trident. *Le rétiaire et le mirmillon.*
ÉTYM. latin *retiarius,* de *rete* «filet».

RÉTICENCE [Retisɑ̃s] n. f. 1. Omission volontaire d'une chose qu'on devrait dire ; la chose omise. → **sous-entendu.** 2. par ext. Témoignage de réserve, dans le discours, le comportement. SYN. **hésitation.** *Manifester une certaine réticence.*
ÉTYM. latin *reticentia* «silence», de *reticere* «(se) taire».

RÉTICENT, ENTE [Retisɑ̃, ɑ̃t] adj. 1. Qui comporte des réticences. – *Être réticent,* ne pas dire tout ce que l'on devrait. 2. par ext. Qui manifeste de la réticence, de la réserve. *Il s'est montré réticent.*
ÉTYM. de *réticence.*

RÉTICULE [Retikyl] n. m. 1. SC. Système de fils croisés placé dans le plan focal d'un instrument d'optique. 2. Petit sac à main (de femme).
ÉTYM. latin *reticulum* «petit filet (*rete*)».

RÉTICULÉ, ÉE [retikyle] adj. ✦ SC. Qui forme, imite un réseau.
ÉTYM. de *réticule*.

RÉTIF, IVE [Retif, iv] adj. 1. (monture) Qui s'arrête, refuse d'avancer. *Cheval rétif.* 2. (personnes) Difficile à conduire, à persuader. SYN. **récalcitrant.** *Enfant rétif.* ➖ *Humeur rétive.* CONTR. **docile, doux, facile, maniable.**
ÉTYM. latin populaire *restivus*, de *restare* «s'arrêter».

RÉTINE [Retin] n. f. ✦ Membrane interne de l'œil, destinée à recevoir les impressions lumineuses et à les transmettre au nerf optique. *Formation des images sur la rétine.*
ÉTYM. latin médical médiéval *retina*, de *rete* «filet».

RÉTINIEN, IENNE [Retinjɛ̃, jɛn] adj. ✦ De la rétine. *Image rétinienne,* qui se forme sur la rétine.

RETIRAGE [R(ə)tiRaʒ] n. m. ✦ Nouveau tirage (d'un livre, d'une photo, etc.).

RETIRÉ, ÉE [R(ə)tiRe] adj. 1. (personnes) Qui s'est retiré (du monde, des affaires...). *Vivre retiré,* loin des hommes. *Vie retirée.* SYN. **solitaire.** 2. (choses) Éloigné, situé dans un lieu isolé. *Quartier retiré et tranquille.* SYN. ① **écarté.**
ÉTYM. de *retirer*.

RETIRER [R(ə)tiRe] v. tr. (conjug. 3a) **I** 1. *Retirer de* : faire sortir (qqn, qqch.) de. *Retirer un corps des décombres.* SYN. **dégager.** ➖ *Retirer un objet d'une boîte.* 2. Faire sortir (qqch.) à son profit ; rentrer en possession de. *Retirer de l'argent de la banque.* 3. Éloigner en ramenant vers soi. *Retirer une épine de sa main.* ➖ *Retire tes doigts !* 4. Enlever (ce qui garnit, ce qui couvre). *Retirer ses vêtements. Retirer l'emballage d'un colis.* 5. *Retirer* (qqch.) *à* (qqn) : enlever, priver de. *Retirer le permis de conduire à un chauffard.* SYN. **confisquer, saisir.** 6. Cesser de présenter. SYN. **annuler ;** ➡ **retrait.** *Retirer sa candidature ; une plainte. Je retire ce que j'ai dit.* ➡ **se rétracter.** 7. Obtenir pour soi (qqch. qui provient de). SYN. **recueillir.** *Retirer un bénéfice d'une affaire. Je n'en ai retiré que des désagréments.* **II** Tirer de nouveau. *Retirer des coups de feu.* ➖ *Retirer une photo, une gravure* (➡ **retirage**). **III** *SE RETIRER* v. pron. 1. Partir, s'éloigner. *Il est temps de se retirer.* 2. *SE RETIRER DE* : quitter (une activité). *Se retirer de la partie, des affaires.* 3. Aller en arrière. *Armée qui se retire.* 4. (fluides) Refluer. *La mer se retire.* 5. Aller (dans un lieu) pour y trouver un abri, du repos. *Se retirer dans sa chambre.* CONTR. **ajouter, déposer, mettre · donner, rendre · maintenir · s'avancer.**
ÉTYM. de *re-* et *tirer*.

RETOMBÉE [R(ə)tɔ̃be] n. f. 1. Mouvement de ce qui retombe. ◆ Choses qui retombent. *Une retombée d'étincelles.* ➖ *Retombées radioactives,* substances radioactives qui retombent (après une explosion, une fuite). 2. (souvent au plur.) Conséquence (d'un évènement). SYN. **répercussion.** *Les retombées d'une découverte. Les retombées politiques d'un scandale.*
ÉTYM. du participe passé de *retomber*.

RETOMBER [R(ə)tɔ̃be] v. intr. (conjug. 3a) **I** (êtres vivants) 1. Tomber de nouveau. *Elle se releva, mais retomba aussitôt.* ➖ Toucher terre après s'être élevé. *Retomber après un saut. Le chat est retombé sur ses pattes.* ➖ loc. fig. *Retomber sur ses pieds*.* 2. Tomber de nouveau (dans une situation mauvaise). *Retomber malade* (➡ **rechuter**). ➖ (moral) *Retomber dans l'erreur.* **II** (choses) 1. Tomber après s'être élevé. SYN. **redescendre.** *La fusée est retombée.* 2. S'abaisser (après avoir été levé). *Laisser retomber les bras.* 3. Pendre librement. *Ses cheveux retombent sur ses épaules.* 4. Revenir (dans un état, une situation). *Son nom est retombé dans l'oubli.* 5. Cesser de se soutenir. *L'intérêt ne doit pas retomber.* 6. (sujet chose abstraite) *RETOMBER SUR* (qqn) : être rejeté sur. SYN. **incomber à, rejaillir sur.** *C'est sur lui que retombe la responsabilité.*

RETOQUER [Rətɔke] v. tr. (conjug. 3a) ✦ Rejeter, refuser (une proposition, un projet). *Les députés ont retoqué le projet de loi.*
► **RETOQUAGE** [Rətɔkaʒ] n. m.
ÉTYM. p.-ê. de *re-* et *toquer*.

RETORDRE [R(ə)tɔRdR] v. tr. (conjug. 44) ✦ TECHN. Assembler (des fils) en tordant. ➖ loc. fig. *Donner du fil* à retordre à qqn.*

RÉTORQUER [Retɔrke] v. tr. (conjug. 3a) ✦ LITTÉR. Retourner contre qqn (un argument). ➖ COUR. *Rétorquer que,* répliquer que. SYN. **objecter, répondre.**
ÉTYM. latin *retorquere* «tourner en arrière».

RETORS, ORSE [Rətɔr, ɔrs] adj. 1. Qui a été retordu. *Fil retors.* 2. fig. Plein de ruse, d'une habileté tortueuse. SYN. **malin, rusé.** *Un politicien retors.* ➖ *Des manœuvres retorses.* CONTR. **direct,** ① **droit.**
ÉTYM. ancien participe passé de *retordre*.

RÉTORSION [RetɔRsjɔ̃] n. f. ✦ Fait, pour un État, de prendre contre un autre État des mesures coercitives analogues à celles que celui-ci a prises contre lui. *Mesures de rétorsion.* ➡ **représailles.**
ÉTYM. latin médiéval *retorsio* → rétorquer.

RETOUCHE [R(ə)tuʃ] n. f. 1. Action de retoucher (un travail...). 2. Modification partielle d'un vêtement de confection, pour l'adapter aux mesures de l'acheteur. *Faire une retouche à une robe.*
ÉTYM. de *retoucher*.

RETOUCHER [R(ə)tuʃe] v. tr. (conjug. 3a) 1. Reprendre (un travail, une œuvre) en faisant des changements partiels. SYN. **corriger, remanier.** *Retoucher un tableau, un texte.* ➖ au p. passé *Photo retouchée.* 2. Faire des retouches à (un vêtement).
ÉTYM. de *re-* et ① *toucher*.

RETOUCHEUR, EUSE [R(ə)tuʃœR, øz] n. ✦ Personne qui effectue des retouches. *Retoucheur photographe.*
ÉTYM. de *retoucher*.

RETOUR [R(ə)tuR] n. m. **I** (Déplacement vers le point de départ) 1. Fait de repartir pour l'endroit d'où l'on est venu. *Il faut songer au retour. Partir sans esprit de retour,* sans intention de revenir. *Sur le chemin du retour.* ◆ Voyage que l'on fait, temps qu'on met pour revenir à son point de départ. *L'aller* et le retour.* ◆ Moment où l'on arrive, fait d'être revenu à son point de départ. *Je ne l'ai pas vu depuis son retour.* ➖ loc. *À MON (TON...) RETOUR (DE) ; AU RETOUR DE* : au moment du retour ; après le retour. *À mon retour de vacances.* ➖ *Être DE RETOUR* : être revenu. ➖ *RETOUR DE* : au retour de (tel endroit). ◆ *PAR RETOUR (DU COURRIER)* : par le courrier qui suit immédiatement. 2. Action de retourner, fait d'être retourné. *Retour de service* (au tennis). *Retour à l'envoyeur* (d'un objet, d'une lettre, etc.). ➡ **réexpédition.** **II** (Mouvement inverse d'un précédent ; dans des loc.) *RETOUR DE BÂTON*.* ◆ *RETOUR OFFENSIF* (d'une armée qui attaque après avoir reculé). ➖ fig. *Retour offensif du froid.* ◆ *RETOUR DE FLAMME* (mouvement accidentel de gaz enflammés) ; *RETOUR DE*

MANIVELLE (mouvement brutal de la manivelle en sens inverse) ; fig. contrecoup d'une action qui se retourne contre son auteur ; changement brutal. ♦ appos. *MATCH RETOUR,* opposant deux équipes qui se sont déjà rencontrées (dans un match aller). *Des matchs retours.* ♦ *Effet, action, choc EN RETOUR,* qui s'exerce une deuxième fois en sens inverse de la première. → **contrecoup, rétroaction.** III abstrait 1. *RETOUR À :* fait de retourner ou d'être retourné à (son état habituel, un état antérieur). *Le retour au calme. Retour aux sources*.* 2. *ÊTRE SUR LE RETOUR (de l'âge) :* commencer à prendre de l'âge, vieillir. – *RETOUR D'ÂGE :* ménopause. 3. *Retour en arrière,* fait de remonter à un point antérieur d'une narration. *Le retour en arrière, technique romanesque, cinématographique* (→ anglic. **flash-back**). – *Faire un retour sur soi-même.* 4. Fait de revenir, de réapparaître. *Le retour de la belle saison. Le retour de la paix.* PSYCH. *Le retour du refoulé* (qui tend à réapparaître à la conscience). – Répétition, reprise. *Le retour régulier du refrain. Retour périodique* (→ **rythme**). – loc. *L'ÉTERNEL RETOUR :* le retour cyclique des évènements, selon certaines philosophies. 5. loc. *SANS RETOUR :* de façon irréversible. ♦ *Payer* qqn de retour.* – *EN RETOUR :* en échange, en compensation.
ÉTYM. de *retourner.*

RETOURNEMENT [ʀ(ə)tuʀnəmɑ̃] n. m. 1. Action de retourner (qqch.). 2. Changement brusque et complet d'attitude, d'opinion. SYN. **revirement, volte-face.** 3. Transformation soudaine et complète (d'une situation). SYN. **renversement.** *Le retournement du marché.*
ÉTYM. de *retourner.*

RETOURNER [ʀ(ə)tuʀne] v. (conjug. 3a) I v. tr. (auxiliaire *avoir*) 1. Tourner en sens contraire, à l'envers. *Retourner un matelas.* – *Retourner une carte* (pour la faire voir, notamment pour fixer l'atout). – loc. *Savoir DE QUOI IL RETOURNE,* de quoi il s'agit, quelle est la situation. ♦ *Retourner la terre,* la travailler. → **labourer.** *Retourner la salade.* – FAM. *Il a retourné toute la maison* (pour trouver ce qu'il cherchait). 2. Mettre la face intérieure à l'extérieur. *Retourner ses poches.* – fig. *Retourner sa veste*.* – FAM. *Retourner qqn,* le faire changer d'avis. – Changer complètement. *Il a su retourner la situation en sa faveur.* 3. Bouleverser (qqn). SYN. **émouvoir.** – au p. passé *J'en suis toute retournée !* 4. Modifier par la permutation des éléments. *Retourner un mot* (→ **verlan**). 5. Diriger dans le sens opposé. *Retourner une arme contre soi-même. On peut retourner l'argument contre vous.* 6. Renvoyer. *Retourner une marchandise.* SYN. **réexpédier.** – *Retourner une critique à qqn.* 7. Tourner de nouveau. *Tourner et retourner un objet.* – fig. *Retourner le couteau dans la plaie*.* ♦ (souvent avec *tourner*) Examiner longuement (une idée, etc.). *Un problème qu'il ne cesse de tourner et retourner dans sa tête.* II v. intr. (auxiliaire *être*) 1. Aller au lieu d'où l'on est venu, où l'on est habituellement (et qu'on a quitté). SYN. **rentrer ; revenir.** *Il est retourné chez lui, dans son pays. Retourner à sa place.* SYN. **regagner, réintégrer.** – (+ inf.) *Il est retourné travailler.* 2. Aller de nouveau (là où l'on est déjà allé). *Je retournerai à Venise cette année.* 3. *RETOURNER À :* retrouver (un état initial, un stade antérieur). *Retourner à la vie sauvage. Retourner à ses premières amours.* 4. (choses) Être restitué (à son possesseur). III *SE RETOURNER* v. pron. 1. *S'EN RETOURNER :* repartir pour le lieu d'où l'on est venu. SYN. **revenir.** *S'en retourner chez soi.* – absolt S'en aller. 2. Changer de position en se tournant. *Se retourner sur le dos. La barque s'est retournée.* SYN. **chavirer, se renverser.** 3. Tourner la tête en arrière (pour regarder). *Partir sans se retourner. On se retournait sur son passage.* 4. *SE RETOURNER CONTRE :* combattre (qqn, qqch. dont on avait pris le parti). – (choses) *Ses procédés se retourneront contre elle,* lui nuiront après lui avoir servi. 5. FAM. Changer d'attitude afin de s'adapter aux circonstances. *Un homme qui sait se retourner.* – *Laissez-moi le temps de me retourner.*
ÉTYM. de *re-* et *tourner.*

RETRACER [ʀ(ə)tʀase] v. tr. (conjug. 4) ✦ Raconter de manière à faire revivre. *Retracer la vie d'un grand homme.*
ÉTYM. de *re-* et *tracer.*

① **RÉTRACTER** [ʀetʀakte] v. tr. (conjug. 3a) 1. LITTÉR. Nier, retirer (ce qu'on avait dit). *Rétracter des propos calomnieux.* 2. *SE RÉTRACTER* v. pron. Revenir sur des déclarations. SYN. **se dédire.**
► **RÉTRACTATION** [ʀetʀaktasjɔ̃] n. f.
ÉTYM. latin *retractare.*

② **RÉTRACTER** [ʀetʀakte] v. tr. (conjug. 3a) ✦ Contracter (un organe...) en rétrécissant (→ **rétraction**). *L'escargot rétracte ses cornes.* – pronom. Se contracter. *Muscle qui se rétracte.*
ÉTYM. du latin *retrahere* «tirer en arrière».

RÉTRACTILE [ʀetʀaktil] adj. 1. (griffes...) Que l'animal peut rentrer. 2. Susceptible de rétraction. *Organes rétractiles.*
ÉTYM. du latin *retractum,* de *retrahere.*

RÉTRACTION [ʀetʀaksjɔ̃] n. f. ✦ Réaction par laquelle certains animaux, certains organes se rétractent. – Raccourcissement (d'un tissu, d'un organe malade). SYN. **contraction.** *Rétraction musculaire.*
ÉTYM. latin *retractio.*

RETRAIT [ʀ(ə)tʀɛ] n. m. I Fait de se retirer. *Retrait des eaux après une inondation.* – (personnes) *Le retrait des troupes d'occupation.* SYN. **évacuation.** – *Son retrait des affaires ; de la compétition.* ♦ loc. *EN RETRAIT :* en arrière de l'alignement. *Maison construite en retrait.* – fig. *Être, rester en retrait,* ne pas se mettre en avant. II Action de retirer. *Le retrait d'une somme d'argent d'un compte bancaire. Retrait du permis de conduire.* CONTR. **avance, progression • dépôt.**
ÉTYM. du participe passé de l'ancien verbe *retraire* «se retirer», latin *retrahere.*

RETRAITE [ʀ(ə)tʀɛt] n. f. I 1. LITTÉR. Action de s'écarter. *Une brusque retraite.* 2. MILIT., VIEILLI Fait, pour les troupes, de regagner leur casernement. – COUR. *RETRAITE AUX FLAMBEAUX :* défilé populaire avec des lampions. 3. Recul délibéré et méthodique (d'une armée). SYN. **repli.** – loc. *BATTRE EN RETRAITE :* reculer ; fig. céder. II 1. Action de se retirer de la vie active ou mondaine. *Une période de retraite forcée.* 2. Période passée dans la prière et le recueillement. SYN. **récollection.** 3. Situation d'une personne qui s'est retirée d'un emploi, et qui a droit à une pension. *Prendre sa retraite. Être à la retraite, en retraite* (→ **retraité**). – Pension assurée aux personnes admises à la retraite. *Toucher sa retraite.* 4. LITTÉR. Lieu où l'on se retire, pour échapper aux dangers ou aux tracas. SYN. **asile, refuge.** CONTR. **avance, invasion • activité, occupation.**
ÉTYM. de l'ancien verbe *retraire* → retrait.

RETRAITÉ, ÉE [ʀ(ə)tʀete] adj. ✦ Qui est à la retraite (II, 3). *Un fonctionnaire retraité.* – n. *Une jeune retraitée.*

RETRAITEMENT [R(ə)tRɛtmɑ̃] **n. m.** ✦ TECHN. Traitement (d'un matériau déjà employé) en vue d'une nouvelle utilisation. *Retraitement des combustibles nucléaires.*
ÉTYM. de *re-* et *traitement.*

RETRAITER [R(ə)tRete] **v. tr.** (conjug. 3a) ✦ TECHN. Procéder au retraitement de.
ÉTYM. de *re-* et *traiter.*

RETRANCHEMENT [R(ə)tRɑ̃ʃmɑ̃] **n. m.** ✦ Position utilisée pour protéger les défenseurs (dans une place de guerre) ; obstacle employé à la défense. *Retranchements creusés.* → **tranchée.** ▬ loc. *Forcer, pousser qqn dans ses (derniers) retranchements,* l'attaquer de manière qu'il ne puisse plus répondre, se défendre.
ÉTYM. de *retrancher.*

RETRANCHER [R(ə)tRɑ̃ʃe] **v. tr.** (conjug. 3a) **I** Enlever d'un tout (une partie, un élément). SYN. **éliminer, enlever, ôter.** ▬ *Retrancher certains passages d'un texte.* SYN. **biffer.** ▬ (d'une quantité) *Retrancher cent euros d'une somme.* SYN. **déduire, prélever, soustraire.** **II** *SE RETRANCHER* **v. pron.** Se fortifier, se protéger par des moyens de défense (→ **retranchement**). ▬ **fig.** *Se retrancher dans un mutisme farouche. Se retrancher derrière le secret professionnel.* CONTR. **ajouter, incorporer, insérer.**
ÉTYM. de *re-* et *trancher.*

RETRANSMETTRE [R(ə)tRɑ̃smɛtR] **v. tr.** (conjug. 46) **1.** Transmettre de nouveau, à d'autres (un message). *Retransmettre un ordre.* **2.** Diffuser (dans une émission). ▬ **au p. passé** *Concert retransmis à la radio.*

RETRANSMISSION [R(ə)tRɑ̃smisjɔ̃] **n. f.** ✦ Action de retransmettre ; son résultat. *Retransmission en direct, en différé.*

RÉTRÉCI, IE [RetResi] **adj.** **1.** Devenu plus étroit. *Chaussée rétrécie.* **2.** **fig.** *Esprit rétréci.* SYN. **borné, étriqué.**
ÉTYM. participe passé de *rétrécir.*

RÉTRÉCIR [RetResiR] **v.** (conjug. 13) **I** **v. tr.** Rendre plus étroit, diminuer la largeur de (qqch.). *Rétrécir une jupe.* **II** **v. intr.** Devenir plus étroit, plus court. *Tissu qui rétrécit au lavage.* **III** *SE RÉTRÉCIR* **v. pron.** Devenir de plus en plus étroit. SYN. **se resserrer.** ▬ **fig.** *L'avenir se rétrécit.* CONTR. **élargir, dilater • s'évaser.**
ÉTYM. de *re-* et l'ancien verbe *étrécir*, latin populaire *strictiare*, de *strictus* «étroit».

RÉTRÉCISSEMENT [RetResismɑ̃] **n. m.** **1.** Fait de se rétrécir. ▬ **fig.** *Rétrécissement de l'esprit.* **2.** Diminution permanente du calibre (d'un conduit, d'un orifice naturel). *Rétrécissement de l'aorte. Rétrécissement mitral.* CONTR. **agrandissement, élargissement.**

se RETREMPER [R(ə)tRɑ̃pe] **v. pron.** (conjug. 3a) ✦ **abstrait** *Se retremper dans,* se replonger dans (un milieu). *Se retremper dans le milieu familial.*

RÉTRIBUER [RetRibɥe] **v. tr.** (conjug. 3a) **1.** Donner de l'argent en contrepartie de (un service, un travail). SYN. **payer, rémunérer.** ▬ **au p. passé** *Travail bien rétribué.* **2.** Payer (qqn) pour un travail. SYN. **appointer.**
ÉTYM. latin *retribuere* «attribuer *(tribuere)* en retour».

RÉTRIBUTION [RetRibysjɔ̃] **n. f.** ✦ Ce qui est donné en échange d'un service, d'un travail (en général de l'argent).
ÉTYM. latin *retributio.*

① **RÉTRO** [RetRo] **adj.** ✦ Qui imite un style démodé assez récent. *La mode rétro. Des chansons rétros.* ▬ **n. m.** *Un amateur de rétro.*
ÉTYM. abréviation de *rétrograde.*

② **RÉTRO** [RetRo] **n. m.** → **RÉTROVISEUR**

RÉTRO- Élément savant, du latin *retro* «en arrière».

RÉTROACTIF, IVE [RetRoaktif, iv] **adj.** ✦ Qui exerce une action sur ce qui est antérieur, sur le passé. *Loi sans effet rétroactif.*
► **RÉTROACTIVEMENT** [RetRoaktivmɑ̃] **adv.**
ÉTYM. du latin *retroactus,* participe passé de *retroagere* «ramener en arrière».

RÉTROACTION [RetRoaksjɔ̃] **n. f.** ✦ DIDACT. Effet rétroactif. ▬ Action en retour.
ÉTYM. du latin *retroactus,* d'après *action* → rétroactif.

RÉTROACTIVITÉ [RetRoaktivite] **n. f.** ✦ DIDACT. Caractère rétroactif. *La rétroactivité d'une mesure.*
ÉTYM. de *rétroactif.*

RÉTROCÉDER [RetRosede] **v. tr.** (conjug. 8) **1.** Céder à qqn (ce qu'on avait reçu de lui). SYN. **rendre.** **2.** Vendre à un tiers (ce qui vient d'être acheté).
ÉTYM. latin *retrocedere* «reculer».

RÉTROCESSION [RetRosesjɔ̃] **n. f.** ✦ Action de rétrocéder.
ÉTYM. latin *retrocessio.*

RÉTROCOMMISSION [RetRokɔmisjɔ̃] **n. f.** ✦ Pratique illégale qui consiste à rétrocéder au vendeur une partie de la commission qu'il a versée aux intermédiaires d'une transaction.

RÉTROCONTRÔLE [RetRokɔ̃tRol] **n. m.** ✦ BIOL. Contrôle en retour d'un processus par le produit obtenu au cours de celui-ci.

RÉTROÉCLAIRAGE [RetRoeklɛRaʒ] **n. m.** ✦ TECHN. Système d'éclairage par l'arrière. *Écran à rétroéclairage LED.*

RÉTROFUSÉE [RetRofyze] **n. f.** ✦ Fusée servant au freinage ou au recul (d'un engin spatial).
ÉTYM. de *rétro-* et *fusée.*

RÉTROGRADATION [RetRɔgRadasjɔ̃] **n. f.** **1.** DIDACT. Mouvement rétrograde. SYN. **recul, régression.** **2.** Mesure disciplinaire par laquelle qqn doit reculer dans la hiérarchie. ▬ SPORTS Sanction par laquelle on fait reculer (un concurrent) dans un classement. CONTR. **avancement, progression.**
ÉTYM. latin *retrogradatio.*

RÉTROGRADE [RetRɔgRad] **adj.** **1.** DIDACT. Qui va vers l'arrière, qui revient vers son point de départ. *Mouvement rétrograde.* **2.** COUR. Qui veut rétablir un état passé, précédent ; qui s'oppose à l'évolution, au progrès. *Politique rétrograde.* SYN. **réactionnaire.** *Des esprits rétrogrades.* CONTR. **progressiste.**
ÉTYM. latin *retrogradus,* de *retrogradi* «aller en arrière».

RÉTROGRADER [RetRɔgRade] **v.** (conjug. 3a) **I** **v. intr.** **1.** LITTÉR. Marcher vers l'arrière ; revenir en arrière. SYN. **reculer.** **2.** Aller contre le progrès ; perdre les acquisitions apportées par une évolution. SYN. **régresser.** **3.** Passer la vitesse inférieure, en conduisant un véhicule. *Rétrograder avant un virage.* **II** **v. tr.** Faire reculer (qqn) dans une hiérarchie, un classement (→ **rétrogradation**). ▬ **au p. passé** *Fonctionnaire ; coureur rétrogradé.*

CONTR. **avancer, progresser • promouvoir.**
ÉTYM. latin *retrogradare.*

RÉTROPÉDALAGE [ʀetʀopedalaʒ] **n. m.** ✦ Action de pédaler à l'envers. *Freiner par rétropédalage.*

RÉTROPROJECTEUR [ʀetʀopʀɔʒɛktœʀ] **n. m.** ✦ Projecteur permettant de reproduire des images sur un écran placé derrière l'opérateur, sans assombrir la salle.

RÉTROSPECTIF, IVE [ʀetʀɔspɛktif, iv] **adj.** 1. Qui regarde en arrière, dans le temps ; qui concerne le passé. *L'examen rétrospectif des faits.* 2. Se dit d'un sentiment actuel qui s'applique à des faits passés. *Peur rétrospective.* CONTR. **avant-coureur, prospectif • préalable.**
► **RÉTROSPECTIVEMENT** [ʀetʀɔspɛktivmɑ̃] **adv.**
ÉTYM. de *rétro-* et rad. du latin *spectare* «regarder».

RÉTROSPECTIVE [ʀetʀɔspɛktiv] **n. f.** ✦ Exposition, manifestation qui présente les œuvres et l'évolution d'un artiste, d'une école. *Rétrospective du cubisme.*
ÉTYM. de *rétrospectif.*

RETROUSSÉ, ÉE [ʀ(ə)tʀuse] **adj.** 1. Qui est remonté, relevé. *Manches retroussées.* 2. *Nez retroussé,* court et au bout relevé.
ÉTYM. participe passé de *retrousser.*

RETROUSSER [ʀ(ə)tʀuse] **v. tr.** (conjug. 3a) **I** Replier vers le haut et vers l'extérieur. SYN. **relever.** *Retrousser sa jupe pour marcher dans l'eau.* ➜ *Retroussons nos manches !* (pour travailler). **II** *SE RETROUSSER* **v. pron.** 1. Se relever vers l'extérieur. *Moustache qui se retrousse.* 2. VIEILLI Retrousser sa jupe, sa robe. CONTR. **baisser, rabattre.**
ÉTYM. de *re-* et *trousser.*

RETROUVAILLES [ʀ(ə)tʀuvaj] **n. f. pl.** ✦ Fait, pour des personnes séparées, de se retrouver. *Amis qui fêtent leurs retrouvailles.*
ÉTYM. de *retrouver.*

RETROUVER [ʀ(ə)tʀuve] **v. tr.** (conjug. 3a) **I** 1. Voir se présenter de nouveau. *C'est une occasion que vous ne retrouverez pas.* 2. Découvrir de nouveau (ce qui a été découvert, puis oublié). *Retrouver un secret de fabrication.* 3. Trouver (qqn) de nouveau (quelque part). *Gare à vous si je vous retrouve ici !* 4. Trouver quelque part (ce qui existe déjà ailleurs). *On retrouve chez le fils l'expression du père.* SYN. **reconnaître.** **II** 1. Trouver (une personne échappée, partie). *On a retrouvé les fugitifs.* ➜ (avec un attribut) *Il faut le retrouver vivant.* ➜ loc. prov. *Un(e) de perdu(e)*, dix de retrouvé(e)s.* ◆ (choses) *Retrouver une voiture volée.* ◆ loc. prov. *Une chienne, une chatte n'y retrouverait pas ses petits,* se dit d'un endroit en désordre. 2. Recouvrer (une qualité, un état perdu). *Retrouver le sommeil. Retrouver la sérénité.* **III** Être de nouveau en présence de (qqn dont on était séparé). *Aller retrouver ses amis.* SYN. **rejoindre.** ➜ (avec un attribut) Revoir sous tel aspect. *Elle le retrouva grandi.* ➜ (choses) *Retrouver sa région natale.* **IV** *SE RETROUVER* **v. pron.** 1. récipr. Être de nouveau en présence l'un de l'autre. ➜ *On se retrouvera !* (menace). 2. réfl. Retrouver son chemin après s'être perdu. ➜ fig. *Se retrouver dans ; s'y retrouver,* s'y reconnaître. *On ne s'y retrouve plus dans ce désordre.* ◆ FAM. *S'y retrouver,* rentrer dans ses débours ; tirer profit, avantage. ◆ Être de nouveau (dans un lieu, une situation). *Se retrouver à son point de départ.* ➜ Se trouver soudainement (dans une situation). *Se retrouver seul ; au chômage.* 3. passif *Ce mot se retrouve dans plusieurs langues.* CONTR. **égarer, oublier, perdre.**
ÉTYM. de *re-* et *trouver.*

RÉTROVIRAL, ALE, AUX [ʀetʀoviʀal, o] **adj.** ✦ Relatif à un rétrovirus. *Infections rétrovirales.*

RÉTROVIRUS [ʀetʀoviʀys] **n. m.** ✦ Virus à A. R. N. dont la famille comprend le virus responsable du sida.

RÉTROVISEUR [ʀetʀɔvizœʀ] **n. m.** ✦ Dispositif formé d'un miroir qui permet au conducteur d'un véhicule de voir derrière lui sans avoir à se retourner. ➜ abrév. FAM. RÉTRO [ʀetʀo].
ÉTYM. de *rétro-* et rad. du latin *visere* «examiner».

RETS [ʀɛ] **n. m.** ✦ VX Filet (pour la chasse). HOM. RAI «rayon», ① RAIE «rayure», ② RAIE «poisson»
ÉTYM. latin *retis,* variante de *rete* «filet».

RÉUNIFICATION [ʀeynifikasjɔ̃] **n. f.** ✦ Action de réunifier ; son résultat. *La réunification de l'Allemagne* (1990).

RÉUNIFIER [ʀeynifje] **v. tr.** (conjug. 9) ✦ Rétablir l'unité de (un pays, un groupe divisé). *Réunifier un parti.*
ÉTYM. de *re-* et *unifier.*

RÉUNION [ʀeynjɔ̃] **n. f.** **I** (choses) 1. Fait de réunir (une province à un État). SYN. **annexion, rattachement.** *La réunion de la Savoie à la France en 1860. L'île de la Réunion,* nom donné à l'île Bourbon lorsqu'elle fut annexée à la couronne de France. 2. Fait de réunir (des choses séparées), de rassembler (des choses éparses). *La réunion des documents nécessaires à un exposé.* SYN. **rassemblement.** 3. MATH. *Réunion de deux ensembles* (notée) : ensemble de tous les éléments appartenant au moins à l'un des deux. **II** (personnes) 1. Le fait de se retrouver ensemble. SYN. **rassemblement ; rencontre.** 2. Fait de réunir des personnes (pour le plaisir ou le travail) ; les personnes ainsi réunies ; temps pendant lequel elles sont ensemble. SYN. **assemblée.** *Participer à une réunion. Salle de réunion.* ➜ *Réunion politique.* ➜ **meeting.** CONTR. **dispersion, éparpillement • intersection.**
ÉTYM. de *réunir.*

RÉUNIR [ʀeyniʀ] **v. tr.** (conjug. 13) **I** 1. Mettre ensemble (des choses séparées) ; joindre pour unir (des choses entre elles). SYN. **assembler, grouper, rassembler.** *Réunir une province à un État. Réunir des objets par un lien. Réunir des pièces de collection.* ◆ Rapprocher (des éléments abstraits). *Réunir des preuves.* 2. Comporter (des éléments d'origines diverses). *Il réunit en lui d'étonnantes qualités.* **II** Mettre ensemble (des personnes). *Réunir des amis autour d'une table.* **III** *SE RÉUNIR* **v. pron.** 1. Se rapprocher ; se joindre. 2. Faire en sorte d'être ensemble. *Se réunir entre amis, avec des amis.* SYN. **se retrouver.** ➜ Former une réunion (II, 2). *Les ministres vont se réunir.* CONTR. **désunir, disperser, éparpiller, isoler, séparer.**
ÉTYM. de *re-* et *unir.*

RÉUSSI, IE [ʀeysi] **adj.** ✦ Exécuté avec bonheur, succès. *Une œuvre réussie. Une soirée réussie,* qui est un succès. ➜ FAM. iron. *Eh bien, c'est réussi !* (le résultat est contraire à celui attendu). CONTR. **manqué, raté.**
ÉTYM. participe passé de *réussir.*

RÉUSSIR [ʀeysiʀ] **v.** (conjug. 13) **I** **v. intr.** 1. (choses) Avoir une heureuse issue, un bon résultat, du succès. *L'opération a réussi.* ➜ *RÉUSSIR À qqn :* avoir (pour lui) d'heureux résultats. *Tout lui réussit.* 2. (personnes)

Obtenir un bon résultat. *Réussir dans une entreprise. Réussir du premier coup.* ➛ (tr. ind.) *RÉUSSIR À. Réussir à un examen. Il a réussi à me convaincre.* SYN. **arriver, parvenir.** ◆ spécialt Avoir du succès (dans une profession, etc.). *Réussir dans les affaires.* ➛ *Ses enfants ont tous réussi.* **II** v. tr. Exécuter, faire avec succès. *Il réussit tout ce qu'il entreprend.* CONTR. **échouer, manquer, rater.**
ÉTYM. italien *riuscire* « ressortir ; déboucher ».

RÉUSSITE [Reysit] n. f. **I** 1. Succès (de qqch.). *La réussite d'une expérience.* ➛ *C'est une réussite,* une chose qui est un succès. 2. Fait pour qqn, de réussir ou d'avoir réussi. *Une brillante réussite.* **II** Jeu de cartes auquel on joue seul. *Faire une réussite.* SYN. **patience.** CONTR. **désastre, échec, insuccès.**
ÉTYM. italien *riuscita* → réussir.

RÉUTILISER [Reytilize] v. tr. (conjug. 3a) ✦ Utiliser une nouvelle fois ; utiliser une nouvelle quantité de.

REVALOIR [R(ə)valwaR] v. tr. (conjug. 39 ; rare sauf à l'inf., au futur et au cond.) ✦ Rendre la pareille à qqn, en bien (remercier) ou en mal (se venger). *Je vous revaudrai ça un jour.*
ÉTYM. de *re-* et *valoir.*

REVALORISATION [R(ə)valɔRizasjɔ̃] n. f. ✦ Action de revaloriser. CONTR. **dépréciation, dévalorisation.**

REVALORISER [R(ə)valɔRize] v. tr. (conjug. 3a) 1. Rendre sa valeur à (une monnaie). SYN. **réévaluer.** ➛ Rendre son pouvoir d'achat à (un salaire). SYN. **réajuster.** 2. Donner une plus grande importance, accorder un nouvel intérêt à. *Revaloriser l'artisanat.* CONTR. **déprécier, dévaloriser, dévaluer.**
ÉTYM. de *re-* et *valoriser.*

REVANCHARD, ARDE [R(ə)vɑ̃ʃaR, aRd] adj. ✦ péj. Qui cherche à prendre une revanche (surtout d'ordre militaire). *Politique revancharde.* ➛ n. *Des revanchards.*
ÉTYM. de *revanche,* suffixe *-ard.*

REVANCHE [R(ə)vɑ̃ʃ] n. f. 1. Fait de reprendre l'avantage (sur qqn) après avoir eu le dessous. SYN. **vengeance.** *Prendre sa revanche sur qqn.* ◆ JEUX, SPORTS Partie, match qui donne au perdant une nouvelle chance de gagner. *La première manche, la revanche et la belle.* 2. loc. *À CHARGE DE REVANCHE* : à condition qu'on rendra la pareille. 3. *EN REVANCHE* loc. adv. : en contrepartie ; inversement. SYN. par **contre** (critiqué).
ÉTYM. du v. *revancher,* d'une var. anc. de *venger.*

RÊVASSER [Rɛvase] v. intr. (conjug. 3a) ✦ S'abandonner à une rêverie.
ÉTYM. de *rêver.*

RÊVASSERIE [Rɛvasri] n. f. ✦ Fait de rêvasser. ➛ Idée chimérique. SYN. **rêverie.**
ÉTYM. de *rêvasser.*

RÊVE [Rɛv] n. m. 1. Suite de phénomènes psychiques (d'images, en particulier) se produisant pendant le sommeil. SYN. LITTÉR. **songe** ; → **onirique.** *Rêve pénible* (→ **cauchemar**). ➛ *En rêve,* au cours d'un rêve. ➛ *S'évanouir, disparaître comme un rêve,* sans laisser de trace. ◆ *LE RÊVE* : l'activité psychique pendant le sommeil. *Théorie freudienne du rêve.* 2. Construction de l'imagination à l'état de veille, destinée à échapper au réel, à satisfaire un désir. SYN. **fantasme.** *Caresser, poursuivre un rêve. Rêves irréalisables, fous.* SYN. **chimère, illusion, utopie.** ➛ *La maison de ses rêves,* celle qu'il avait rêvée. ➛ *De rêve,* idéal. *Une voiture de rêve.* ◆ *LE RÊVE* : l'imagination créatrice, la faculté de former des représentations imaginaires. *Le rêve et la réalité.* ◆ FAM. Objet d'un désir ; chose ravissante. *Mon rêve serait...* ➛ *C'est le rêve, ce n'est pas le rêve,* l'idéal. HOM. ② RAVE « fête »
ÉTYM. de *rêver.*

RÊVÉ, ÉE [Reve] adj. 1. Qui existe en rêve, dans un rêve. *Une image rêvée.* 2. Qui convient tout à fait. SYN. **idéal.** *L'endroit rêvé pour passer ses vacances.*
ÉTYM. de *rêver.*

REVÊCHE [Rəvɛʃ] adj. ✦ Peu accommodant, qui manifeste un mauvais caractère. SYN. **acariâtre, hargneux.** CONTR. **avenant, doux.**
ÉTYM. origine incertaine, probablement francique.

① **RÉVEIL** [Revɛj] n. m. 1. Passage du sommeil à l'état de veille. *Un réveil brutal. Elle a des réveils difficiles, joyeux.* ➛ *AU RÉVEIL* : au moment du réveil. ➛ *Réveil en fanfare**. 2. fig. Fait de reprendre une activité. *Le réveil de la nature,* le retour du printemps. *Réveil d'un volcan éteint. Le réveil d'une passion.* 3. Fait de revenir à la réalité (après un beau rêve). *N'ayez pas trop d'illusions, le réveil serait pénible.*
ÉTYM. de *réveiller.*

② **RÉVEIL** [Revɛj] n. m. ✦ Réveille-matin. *Mettre son réveil à sept heures.*
ÉTYM. abréviation.

RÉVEILLE-MATIN [Revɛjmatɛ̃] n. m. invar. ✦ Pendule munie d'une sonnerie qui se déclenche à l'heure que l'on a déterminée. → ② **réveil.**
ÉTYM. de *réveiller* et *matin.*

RÉVEILLER [Reveje] v. tr. (conjug. 3a) **I** 1. Tirer du sommeil. SYN. **éveiller.** *Vous me réveillerez à six heures.* ➛ prov. *Il ne faut pas réveiller le chat qui dort,* ranimer une affaire désagréable. ➛ loc. FAM. *Un bruit à réveiller les morts,* très fort. 2. Ramener à l'activité (une personne). *Réveiller qqn de sa torpeur.* ➛ (compl. chose) *Réveiller un sentiment, de vieux souvenirs.* SYN. **ranimer.** **II** *SE RÉVEILLER* v. pron. 1. Sortir du sommeil. SYN. **s'éveiller.** *Se réveiller en sursaut.* 2. fig. Reprendre une activité après un état d'inaction. *Allons, réveillez-vous, le temps presse !* ➛ (choses) Reprendre de la vigueur. *Douleur qui se réveille.* CONTR. **assoupir, endormir** • **apaiser, engourdir.**
ÉTYM. de *re-* (renforcement) et *éveiller.*

RÉVEILLON [Revɛjɔ̃] n. m. ✦ Repas de fête de la nuit de Noël ou de la nuit du 31 décembre ; la fête elle-même.
ÉTYM. de *réveiller.*

RÉVEILLONNER [Revɛjɔne] v. intr. (conjug. 3a) ✦ Faire un réveillon.

RÉVÉLATEUR, TRICE [RevelatœR, tRis] n. m. et adj.
I n. m. Solution employée en photographie, qui rend visible l'image latente.
II adj. Qui indique, révèle (qqch.). SYN. **caractéristique, significatif.** *Un silence révélateur.* SYN. **éloquent.** *Un lapsus révélateur.*
ÉTYM. latin chrétien *revelator.*

RÉVÉLATION [Revelasjɔ̃] n. f. 1. Fait de révéler (ce qui était secret). SYN. **divulgation.** *La révélation d'un secret.* ◆ Information qui apporte des éléments nouveaux, permet d'éclaircir une question. *Les révélations de la presse sur une affaire.* 2. Phénomène par lequel des vérités cachées sont révélées aux hommes, d'une manière surnaturelle ; ces vérités. → ① **mystère.** 3. Ce qui apparaît brusquement comme une connaissance

nouvelle, un principe d'explication ; la prise de conscience elle-même. *Ce voyage en Inde a été pour lui une révélation.* **4.** Personne dont les qualités, le talent se révèlent brusquement au public. *La révélation de l'année.*
ÉTYM. latin *revelatio.*

RÉVÉLER [revele] **v. tr.** (conjug. 8) **I** **1.** Faire connaître (ce qui était inconnu, secret). SYN. **dévoiler, divulguer.** *Révéler ses véritables intentions.* – *Révéler qqn à lui-même,* lui faire découvrir ce qu'il est réellement. **2.** Faire connaître d'une manière surnaturelle. – Faire connaître par révélation (2) divine. **3.** Faire connaître, laisser deviner (par un signe manifeste). SYN. **indiquer, témoigner.** *Cette odeur révèle une fuite de gaz.* – *Une démarche qui révèle de bons sentiments.* **II** *SE RÉVÉLER* **v. pron. 1.** (divinité) Se manifester par une révélation. **2.** Se manifester par des signes, des résultats. *Son talent s'est révélé cette année.* – (avec un attribut) *Cette hypothèse s'est révélée exacte.* CONTR. **cacher, dissimuler, taire • masquer.**
► **RÉVÉLÉ, ÉE adj.** Connu par une révélation. *Vérité révélée.* – *Religion révélée,* fondée sur une révélation.
ÉTYM. latin *revelare* «dévoiler, découvrir».

REVENANT, ANTE [ʀəv(ə)nɑ̃, ɑ̃t ; ʀ(ə)vənɑ̃] **n. 1.** Âme d'un mort supposée revenir de l'autre monde sous une forme physique. SYN. **apparition, fantôme, spectre. 2.** FAM. Personne qui revient (après une longue absence). *Tiens, voilà un revenant !*
ÉTYM. du participe présent de *revenir.*

REVENDEUR, EUSE [ʀ(ə)vɑ̃dœʀ, øz] **n.** ✦ Personne qui vend au détail des marchandises ou qui vend des articles d'occasion. *Les revendeurs des marchés aux puces.* – *Revendeur de drogue.* → anglic. **dealeur.**
ÉTYM. de *revendre.*

REVENDICATIF, IVE [ʀ(ə)vɑ̃dikatif, iv] **adj.** ✦ Qui comporte, qui exprime des revendications (sociales). *Mouvement revendicatif.*
ÉTYM. de *revendication.*

REVENDICATION [ʀ(ə)vɑ̃dikasjɔ̃] **n. f.** ✦ Fait de revendiquer (un bien ; un droit, un dû) ; ce qu'on revendique. *Revendications salariales.*
ÉTYM. du latin *rei vindicatio* «réclamation d'une chose *(res)*».

REVENDIQUER [ʀ(ə)vɑ̃dike] **v. tr.** (conjug. 3a) **1.** Réclamer (une chose sur laquelle on a un droit). *Revendiquer sa part d'héritage.* **2.** Demander avec force, comme un dû. SYN. **exiger.** *Revendiquer une augmentation de salaire.* **3.** Vouloir assumer pleinement. *Revendiquer une responsabilité.* – Assumer la responsabilité de (un acte criminel). *L'attentat n'est pas revendiqué.*
ÉTYM. de *re-* et l'ancien verbe *vendiquer,* latin *vindicare* «réclamer en justice».

REVENDRE [ʀ(ə)vɑ̃dʀ] **v. tr.** (conjug. 44) **1.** Vendre ce qu'on a acheté (notamment, sans être commerçant). *Revendre sa voiture.* **2.** loc. *AVOIR qqch. À REVENDRE :* en avoir beaucoup. *Elle a de l'énergie à revendre.*

REVENEZ-Y [ʀ(ə)vənezi ; ʀəv(ə)nezi] **n. m. invar.** ✦ FAM. *Un goût de revenez-y,* un goût agréable, un plaisir qui incite à recommencer.
ÉTYM. de *revenir* et ② *y.*

REVENIR [ʀ(ə)vəniʀ ; ʀəv(ə)niʀ] **v. intr.** (conjug. 16) **I** **1.** Venir de nouveau (là où on était déjà venu). SYN. **repasser.** *Le docteur reviendra demain. Je reviendrai vous voir.* ◆ (choses) Apparaître ou se manifester de nouveau. *Un mot qui revient souvent dans la conversation.* **2.** (sujet personne) *Revenir à qqn,* retourner avec qqn. ◆ abstrait Reprendre (ce qu'on avait laissé). *Revenir aux anciennes méthodes. Nous y reviendrons,* nous en parlerons plus tard. *Revenons à nos moutons*.* ◆ (chose abstraite) Se présenter de nouveau (après être sorti de l'esprit). *Son nom ne me revient pas. Ça me revient !* je m'en souviens à l'instant. ◆ (sujet personne) *REVENIR À SOI :* reprendre conscience. *Elle est revenue à elle après un long évanouissement.* **3.** (sujet chose) Devoir être donné (à titre de profit, d'héritage). SYN. **échoir.** *Cet argent me revient* (→ **revenu**). ◆ Être à qqn, en vertu d'un droit, d'une prérogative. SYN. **appartenir.** *Cet honneur vous revient.* impers. *C'est à lui qu'il revient de...* SYN. **incomber. 4.** Plaire (surtout négatif ; avec un pronom). *Sa tête ne me revient pas,* il ne m'est pas sympathique. **5.** en loc. Équivaloir. *Cela revient au même,* c'est la même chose. **6.** Coûter au total (à qqn). *La fabrication est revenue à dix euros (→ prix* de revient). Sa maison de campagne lui revient cher.* **II** *REVENIR SUR* **1.** Examiner à nouveau, reprendre (une question, une affaire). *C'est décidé, on ne reviendra pas là-dessus.* **2.** Annuler (ce qu'on a dit, promis). SYN. se **dédire.** *Revenir sur sa décision, sur des aveux.* SYN. ① se **rétracter.** **III** **1.** Partir, venir (d'un lieu où l'on était allé). *Revenir chez soi, à la maison.* SYN. **rentrer, retourner.** *Revenir dans son pays.* – absolt *Je reviens dans une minute.* **2.** *S'EN REVENIR.* **v. pron.** LITTÉR. *Ils s'en revenaient tranquillement.* **IV** *FAIRE REVENIR* (un aliment) : passer dans un corps gras chaud pour en dorer la surface. SYN. **rissoler.**
ÉTYM. de *re-* et *venir.*

REVENU [ʀ(ə)vəny ; ʀəv(ə)ny] **n. m.** ✦ Ce qui revient à qqn comme rémunération du travail ou fruit du capital. *Avoir un gros revenu. Des revenus modestes. Revenu minimum* (→ **R. M. I.**). – *Revenu d'un capital,* ce qu'il rapporte. SYN. **intérêt.** – *Impôt sur le revenu.* – *Revenu national,* valeur des biens produits par une nation (pendant une période donnée).
ÉTYM. du participe passé de *revenir.*

RÊVER [ʀeve] **v.** (conjug. 3a) **I** **v. intr. 1.** Laisser aller son imagination. SYN. **rêvasser ;** → **rêverie.** *Vous rêvez au lieu d'écouter* (→ **rêveur**). – **tr. ind.** *RÊVER À :* penser vaguement à, imaginer. *À quoi rêvez-vous ?* **2.** Faire des rêves (1). *Je rêve rarement.* – loc. *On croit rêver,* c'est une chose incroyable (exprime souvent l'indignation). – **tr. ind.** *RÊVER DE :* voir, entendre en rêve (qqn, qqch.). *J'ai rêvé de vous. Il en rêve la nuit,* cela l'obsède. **3.** S'absorber dans ses désirs, ses souhaits. – **tr. ind.** *RÊVER DE :* songer à, en souhaitant ardemment. *Rêver d'un monde meilleur.* (+ inf.) *Il rêve d'aller à Venise.* **II** **v. tr. 1.** LITTÉR. Imaginer, désirer idéalement. *Ce n'est pas la vie qu'il avait rêvée.* **2.** (compl. indéterminé) Former en dormant (telle image...). *Nous avons rêvé la même chose.* – *RÊVER QUE* (+ indic.). *J'ai rêvé que je m'envolais.*
ÉTYM. origine incertaine.

RÉVERBÉRATION [ʀevɛʀbeʀasjɔ̃] **n. f.** ✦ Action de réverbérer (la lumière, etc.) ; son résultat. *La réverbération du soleil sur la neige.*
ÉTYM. de *réverbérer.*

RÉVERBÈRE [ʀevɛʀbɛʀ] **n. m.** ✦ Appareil destiné à l'éclairage de la voie publique. SYN. **bec** de gaz ; **lampadaire.**
ÉTYM. de *réverbérer.*

RÉVERBÉRER [ʀevɛʀbeʀe] **v. tr.** (conjug. 8) ✦ Renvoyer (la lumière, la chaleur, le son). SYN. **réfléchir.**
ÉTYM. latin *reverberare.*

A B C D E F G H I J K L M N O P Q R S T U V W X Y Z

REVERDIR [R(ə)vɛRdiR] **v. intr.** (conjug. 13) ✦ Redevenir vert, retrouver sa verdure. *Les arbres reverdissent au printemps.*

RÉVÉRENCE [reveRɑ̃s] **n. f.** **I** LITTÉR. Grand respect. SYN. **déférence, vénération.** *S'adresser à qqn avec révérence.* **II** Salut cérémonieux qu'on exécute en inclinant le buste et en pliant les genoux. *Faire une révérence, la révérence à la reine.* ➝ loc. TIRER SA RÉVÉRENCE *à qqn*, le quitter, s'en aller.
ÉTYM. latin *reverentia.*

RÉVÉRENCIEUX, IEUSE [reveRɑ̃sjø, jøz] **adj.** ✦ LITTÉR. Qui a, qui manifeste de la révérence. SYN. **respectueux.** CONTR. **irrévérencieux.**

RÉVÉREND, ENDE [reveRɑ̃, ɑ̃d] **adj.** et **n.** **1. adj.** Épithète honorifique devant les mots *père, mère* (en parlant de religieux). *La révérende mère.* ➝ **n.** *Mon révérend.* **2. n. m.** Titre des pasteurs, dans l'Église anglicane.
HOM. RÉVÉRANT (p. présent de *révérer* «respecter»)
ÉTYM. latin *reverendus* «qui doit être révéré».

RÉVÉRER [reveRe] **v. tr.** (conjug. 8) ✦ LITTÉR. Traiter avec un grand respect, honorer particulièrement. SYN. **respecter ; vénérer.** ➝ au p. passé *Un maître révéré.* HOM. (du p. présent *révérant*) RÉVÉREND «titre»
ÉTYM. latin *revereri* «craindre avec respect».

RÊVERIE [RɛvRi] **n. f.** **1.** Activité mentale qui n'est pas dirigée par l'attention, mais se soumet à des causes subjectives et affectives. *Se laisser aller à la rêverie.* ➝ *Une douce rêverie.* SYN. LITTÉR. **songerie.** «*Les Rêveries du promeneur solitaire*» (de Rousseau). **2.** péj. Idée vaine et chimérique. SYN. **illusion.** *Ces rêveries ne mèneront à rien.*
ÉTYM. de *rêver.*

REVERS [R(ə)vɛR] **n. m.** **1.** Côté opposé à celui qui se présente d'abord ou est considéré comme le principal. SYN. **dos,** ② **envers, verso.** *Le revers de la main,* le dos, la surface opposée à la paume. **2.** Côté (d'une médaille, d'une monnaie) opposé à la face principale. SYN. ③ **pile.** ➝ loc. *Le revers de la médaille :* l'aspect déplaisant d'une chose qui paraissait sous son beau jour. **3.** Partie d'un vêtement qui est repliée. *Pantalon à revers.* ➝ *Les revers d'une veste.* **4.** *Prendre l'ennemi à revers :* de flanc ou par-derrière. **5.** Geste par lequel on écarte, on frappe, etc., avec le dos de la main. *Un revers de (la) main.* ➝ SPORTS Coup de raquette effectué le dos de la main en avant (s'oppose à *coup droit*). **6.** fig. Évènement inattendu, qui change une situation en mal. SYN. **défaite, échec.** *Essuyer, subir un revers. Revers militaires. Revers de fortune.* CONTR. **avers, endroit, face, recto · réussite, succès.**
ÉTYM. latin *reversus*, participe passé de *revertere* «revenir, se retourner».

REVERSER [R(ə)vɛRse] **v. tr.** (conjug. 3a) **1.** Verser de nouveau (un liquide) ou le remettre dans le même récipient. **2.** Reporter. *Reverser un excédent sur un compte.*

RÉVERSIBLE [revɛRsibl] **adj.** **1.** Qui peut se reproduire en sens inverse. *Mouvement réversible.* **2.** Qui peut se porter à l'envers comme à l'endroit ; qui n'a pas d'envers. *Tissu ; veste réversible.* CONTR. **irréversible.**
ÉTYM. du latin *reversus*, de *revertere* → revers.

REVÊTEMENT [R(ə)vɛtmɑ̃] **n. m.** ✦ Élément qui recouvre une surface, pour la protéger, la consolider. *Le revêtement d'une route. Revêtement de sol.*
ÉTYM. de *revêtir.*

REVÊTIR [R(ə)vetiR] **v. tr.** (conjug. 26) **I** **1.** Couvrir (qqn) d'un vêtement particulier. SYN. ① **parer.** *Revêtir un académicien de son habit vert.* ➝ pronom. *Se revêtir d'un uniforme.* **2.** abstrait Investir. *Revêtir qqn d'une dignité.* **3.** Couvrir d'une apparence, d'un aspect. **4.** Mettre sur (un document) les signes matériels de sa validité. *Revêtir un acte des signatures prévues par la loi.* **5.** Orner ou protéger par un revêtement. SYN. **couvrir, garnir, recouvrir.** **II** **1.** Mettre sur soi (un habillement spécial). SYN. **endosser.** *Revêtir l'uniforme.* **2.** Avoir, prendre (un aspect). *Le conflit revêt un caractère politique.* CONTR. **dénuder, dévêtir.**
ÉTYM. de *re-* et *vêtir.*

RÊVEUR, EUSE [RɛvœR, øz] **adj.** ✦ Qui se laisse aller à la rêverie. *Un enfant rêveur.* ➝ *Un air rêveur.* SYN. **songeur.** ♦ **n.** *C'est un rêveur.* SYN. **utopiste.** ♦ loc. *Cela laisse rêveur,* perplexe. HOM. RAVEUR «fêtard»
► **RÊVEUSEMENT** [Rɛvøzmɑ̃] **adv.**
ÉTYM. de *rêver.*

prix de **REVIENT** → PRIX

REVIGORANT, ANTE [R(ə)vigɔRɑ̃, ɑ̃t] **adj.** ✦ Qui revigore. *Un froid sec et revigorant.*
ÉTYM. du participe présent de *revigorer.*

REVIGORER [R(ə)vigɔRe] **v. tr.** (conjug. 3a) ✦ Redonner de la vigueur à (qqn). SYN. **ragaillardir, remonter.** *Cette douche m'a revigoré.* CONTR. **affaiblir, épuiser.**
ÉTYM. de *vigueur.*

REVIREMENT [R(ə)viRmɑ̃] **n. m.** ✦ Changement brusque et complet dans les dispositions, les opinions. SYN. **retournement, volte-face.** *Un revirement inexplicable. Revirement d'opinion.*
ÉTYM. de l'ancien verbe *revirer*, de *re-* et *virer.*

RÉVISER [revize] **v. tr.** (conjug. 3a) **1.** Procéder à la révision de. SYN. **modifier.** *Réviser un traité. Réviser un manuscrit.* SYN. **revoir.** ➝ *Réviser son jugement,* le modifier. **2.** Vérifier le bon état, le fonctionnement de (qqch.). *Faire réviser un moteur.* **3.** Revoir (ce qu'on a appris). *Réviser une leçon.* SYN. **repasser.**
ÉTYM. latin *revisere* «revenir voir».

RÉVISEUR, EUSE [revizœR, øz] **n.** ✦ Personne qui révise, qui revoit. *Réviseur de traductions.*
ÉTYM. de *réviser.*

RÉVISION [revizjɔ̃] **n. f.** **1.** Action d'examiner de nouveau en vue de corriger ou de modifier. *La révision de la Constitution.* ➝ Acte par lequel une juridiction peut infirmer, après examen, une décision juridique. *La révision d'un procès.* ➝ Mise à jour, par un nouvel examen. *Révision des listes électorales.* **2.** Examen (de qqch.) pour réviser (2). *Révision d'un véhicule.* **3.** Action de réviser (un programme d'études). *Faire des révisions.*
ÉTYM. latin *revisio.*

RÉVISIONNISME [revizjɔnism] **n. m.** **1.** Position idéologique qui préconise la révision, la remise en question d'une doctrine politique. **2.** Position idéologique qui tend à minimiser le génocide des Juifs par les nazis et prétend réviser l'histoire sur ce point.

RÉVISIONNISTE [revizjɔnist] **n.** et **adj.** **1.** Partisan d'une révision (notamment, d'une révision de la Constitution). **2.** Partisan du révisionnisme.

REVISITER [R(ə)vizite] **v. tr.** (conjug. 3a) ✦ Voir, interpréter d'une manière nouvelle. *Revisiter un auteur.*

REVIVRE [R(ə)vivR] **v.** (conjug. 63) **I** **v. intr.** 1. Vivre de nouveau (après la mort). SYN. **ressusciter.** 2. LITTÉR. Se continuer (en la personne d'un autre). *Il revit dans son fils.* 3. Recouvrer ses forces, son énergie. *Je me sens revivre !* 4. Renaître. *Tradition qui revit.* 5. *FAIRE REVIVRE :* redonner vie à (qqch. du passé). *Faire revivre une œuvre.* **II** **v. tr.** Vivre ou ressentir de nouveau (qqch.). *Je ne veux pas revivre cette épreuve.*
ÉTYM. latin *revivere.*

RÉVOCABLE [Revɔkabl] **adj.** ✦ Qui peut être révoqué. CONTR. **irrévocable.**
ÉTYM. latin *revocabilis.*

RÉVOCATION [Revɔkasjɔ̃] **n. f.** ✦ Action de révoquer (qqch. ; qqn). *La révocation de l'édit de Nantes* (1685).
ÉTYM. latin *revocatio* «rappel».

REVOICI [R(ə)vwasi] **prép.** ✦ FAM. Voici de nouveau. *Me revoici !*

REVOILÀ [R(ə)vwala] **prép.** ✦ FAM. Voilà de nouveau. *Nous revoilà dans la même situation.*

REVOIR [R(ə)vwaR] **v. tr.** (conjug. 37) **I** 1. Être de nouveau en présence de (qqn). SYN. **retrouver.** *J'aimerais le revoir.* ➝ **pronom.** *Ils ne se sont jamais revus.* ♦ *AU REVOIR :* locution interjective par laquelle on prend congé de qqn que l'on pense revoir. → FAM. à la **revoyure.** *Dire au revoir.* ➝ **n. m. invar.** *Ce n'est qu'un au revoir.* 2. Retourner dans (un lieu qu'on avait quitté). *Revoir son village natal.* 3. Regarder de nouveau ; assister de nouveau à (un spectacle). *Un film qu'on aimerait revoir.* 4. Voir de nouveau, par la mémoire. *Je le revois, assis dans ce fauteuil.* ➝ **pronom.** *Il se revoit enfant.* **II** 1. Examiner de nouveau pour parachever, corriger. *Revoir un texte de près* (SYN. **réviser**). ➝ **au p. passé** *Édition revue et corrigée.* 2. Apprendre de nouveau pour se remettre en mémoire. SYN. **repasser, réviser.** *J'ai revu tout le programme.*

RÉVOLTANT, ANTE [Revɔltɑ̃, ɑ̃t] **adj.** ✦ Qui révolte. *Une injustice révoltante.*
ÉTYM. du participe présent de *révolter.*

RÉVOLTE [Revɔlt] **n. f.** 1. Action violente par laquelle un groupe se révolte contre l'autorité politique, la règle sociale établie. SYN. **émeute, insurrection, mutinerie, rébellion, sédition, soulèvement.** *Une révolte de paysans.* → **jacquerie.** 2. Attitude de refus et d'hostilité devant une autorité, une contrainte. SYN. **indignation.** *Esprit de révolte.* → **contestation.** *Cri, sursaut de révolte.* CONTR. **résignation, soumission • conformisme.**
ÉTYM. de *révolter.*

RÉVOLTÉ, ÉE [Revɔlte] **adj.** 1. Qui est en révolte (contre l'autorité, le pouvoir). SYN. **insurgé, rebelle.** *Des soldats révoltés.* SYN. **mutiné.** 2. Qui a une attitude d'opposition. *Adolescent révolté contre la société. « L'Homme révolté »* (de Camus). ➝ **n.** *C'est une révoltée.* 3. Rempli d'indignation. SYN. **outré.** CONTR. **résigné, soumis • conformiste.**

RÉVOLTER [Revɔlte] **v. tr.** (conjug. 3a) **I** 1. RARE Porter à la révolte. SYN. **soulever.** 2. Soulever (qqn) d'indignation, remplir de réprobation. SYN. **écœurer, indigner.** *Ces procédés me révoltent.* **II** *SE RÉVOLTER* **v. pron.** 1. (groupe) Se dresser, entrer en lutte contre le pouvoir, l'autorité. SYN. **s'insurger,** se **soulever.** *Se révolter contre un dictateur. Équipage qui se révolte.* SYN. se **mutiner.** 2. Se dresser contre (une autorité). *Enfant qui se révolte contre ses parents.* SYN. se **rebeller.** ➝ *Se révolter contre le destin.* CONTR. **apaiser, calmer • charmer, plaire • obéir,** se **soumettre •** se **résigner.**
ÉTYM. italien *rivoltare* «retourner», du latin *revolvere* «rouler».

RÉVOLU, UE [Revɔly] **adj.** ✦ **(espace de temps)** Écoulé, terminé. *À l'âge de 18 ans révolus. Une époque révolue.*
ÉTYM. latin *revolutus,* participe passé de *revolvere* «ramener, revenir».

RÉVOLUTION [Revɔlysjɔ̃] **n. f.** **I** 1. Retour périodique d'un astre à un point de son orbite ; mouvement de cet astre ; temps qu'il met à parcourir son orbite. *Les révolutions de la Terre.* 2. Rotation complète d'un corps mobile autour de son axe *(axe de révolution). Surface de révolution.* **II** 1. Changement très important dans la société, dans l'histoire. SYN. **bouleversement, transformation ;** → **évolution.** *Une révolution artistique. La révolution industrielle au XIXe siècle.* ☛ Révolution industrielle p. 178. ➝ *La révolution copernicienne,* produite en astronomie par l'œuvre de Copernic. *La révolution sexuelle.* ♦ FAM. *Tout le quartier est en révolution.* SYN. **ébullition, effervescence.** 2. Ensemble des évènements historiques qui ont lieu lorsqu'un groupe renverse le régime en place et que des changements profonds se produisent dans la société. *La révolution russe de 1917.* ☛ Révolution russe p. 190. ➝ **spécialt** (☛ noms propres) *La Révolution française ;* **absolt** *la Révolution,* celle de 1789. ☛ Révolution française p. 174.
ÉTYM. bas latin *revolutio,* de *revolvere* «rouler en arrière».

RÉVOLUTIONNAIRE [Revɔlysjɔnɛʀ] **adj.** 1. Qui a le caractère d'une révolution. *Mouvement révolutionnaire.* ♦ Propre à une révolution (la Révolution française, en particulier). *Le gouvernement révolutionnaire.* 2. Partisan de la révolution. *Forces révolutionnaires.* ➝ **n.** *Les révolutionnaires.* 3. Qui apporte des changements radicaux et soudains (dans un domaine). SYN. **novateur.** *Une théorie révolutionnaire.* CONTR. **conservateur, contre-révolutionnaire, réactionnaire • conformiste.**
ÉTYM. de *révolution.*

RÉVOLUTIONNER [Revɔlysjɔne] **v. tr.** (conjug. 3a) 1. Agiter violemment. *La nouvelle a révolutionné le quartier.* 2. Transformer radicalement. SYN. **bouleverser.** *La technologie a révolutionné le monde du travail.*
ÉTYM. de *révolution.*

RÉVOLVER ou **REVOLVER** [Revɔlvɛʀ] **n. m.** ✦ Arme à feu courte et portative, munie d'un magasin qui tourne sur lui-même (→ **barillet**). ➝ **Écrire** *révolver* **avec un accent aigu est permis.**
ÉTYM. anglais *revolver,* de *to revolve* «tourner».

RÉVOQUER [Revɔke] **v. tr.** (conjug. 3a) 1. Destituer (un fonctionnaire, un magistrat...). SYN. **casser.** 2. Annuler (un acte juridique). *Révoquer un testament.*
ÉTYM. latin *revocare* «rappeler».

à la REVOYURE [alaR(ə)vwajyR] **loc. interj.** ✦ FAM. Au revoir.
ÉTYM. de *revoir.*

REVUE [R(ə)vy] **n. f.** **I** 1. Examen qu'on fait (d'un ensemble matériel ou abstrait) en considérant successivement chacun des éléments. SYN. **inventaire.** ➝ *Revue de presse,* sélection d'extraits d'articles. 2. Cérémonie militaire de présentation des troupes. SYN. **défilé,** ① **parade.** *La revue du 14 Juillet.* 3. **loc.** *PASSER EN REVUE :* inspecter (des militaires) ; **fig.** examiner successivement (les éléments d'un ensemble) ; examiner en détail. **II** Pièce satirique qui passe en revue l'actualité. ➝ Spectacle de variétés ou de music-hall. *Revue à*

grand spectacle. **III** Publication périodique qui contient des essais, des comptes rendus, etc. SYN. **magazine, périodique.** *Revue littéraire, scientifique.*
ÉTYM. du participe passé de *revoir.*

RÉVULSÉ, ÉE [Revylse] **adj.** ✦ (visage...) Qui a une expression bouleversée. *Yeux révulsés,* tournés de telle sorte qu'on ne voit presque plus la pupille.

RÉVULSER [Revylse] **v. tr.** (conjug. 3a) **1.** RARE Bouleverser (le visage, les yeux). **2.** Bouleverser (qqn), indigner. *Ça me révulse !* **3.** *SE RÉVULSER* **v. pron.** Se contracter (visage, corps) ; se retourner à moitié (yeux).
ÉTYM. du latin *revulsum,* participe passé de *revellere* «arracher».

RÉVULSIF, IVE [Revylsif, iv] **adj.** ✦ Qui produit la révulsion. *Remède révulsif.* ➡ **n. m.** *Un révulsif.*
ÉTYM. du latin *revulsum* → révulser.

RÉVULSION [Revylsjɔ̃] **n. f.** ✦ Procédé thérapeutique qui consiste à provoquer un afflux de sang afin de dégager un organe atteint de congestion ou d'inflammation.
ÉTYM. latin *revulsio.*

REZ-DE-CHAUSSÉE [Red(ə)ʃose] **n. m. invar.** ✦ Partie d'un édifice dont le plancher est sensiblement au niveau du sol.
ÉTYM. de *rez,* forme anc. de l'adj. *ras,* et *chaussée.*

REZ-DE-JARDIN [Red(ə)ʒaRdɛ̃] **n. m. invar.** ✦ Partie d'un édifice qui se trouve de plain-pied avec un jardin.
ÉTYM. de *rez-de-(chaussée)* et *jardin.*

RFID [ɛRɛfide] **n. f.** ✦ TECHN. Méthode permettant de mémoriser et de récupérer des données à distance à l'aide d'émetteurs-récepteurs incorporés à des objets ou implantés dans des organismes.
ÉTYM. sigle anglais de *Radio Frequency Identification* «identification par radiofréquence».

RHABDOMANCIE [Rabdɔmɑ̃si] **n. f.** ✦ Radiesthésie* pratiquée avec une baguette.
► **RHABDOMANCIEN, IENNE** [Rabdɔmɑ̃sjɛ̃, jɛn] **n.**
ÉTYM. du grec *rhabdos* «baguette» et de *-mancie.*

RHABILLER [Rabije] **v. tr.** (conjug. 3a) ✦ Habiller de nouveau. *Rhabiller un enfant.* ◆ **pronom.** *Les baigneurs se rhabillaient.* ➡ **fig.** FAM. *Il peut ALLER SE RHABILLER :* il n'a plus qu'à s'en aller, à renoncer.

RHAPSODE ou **RAPSODE** [Rapsɔd] **n. m.** ✦ Chanteur de la Grèce antique qui allait de ville en ville récitant des poèmes épiques.
ÉTYM. grec *rhapsôdos* «qui coud *(rhaptein),* ajuste des chants *(ôdê)*».

RHAPSODIE ou **RAPSODIE** [Rapsɔdi] **n. f.** **1.** ANTIQ. GRECQUE Poème récité par un rhapsode. **2.** Pièce musicale instrumentale de composition très libre et d'inspiration populaire. *Les «Rhapsodies hongroises»,* de Liszt.
ÉTYM. grec *rhapsôdia* → rhapsode.

RHÉNAN, ANE [Renɑ̃, an] **adj.** ✦ Du Rhin ; de la Rhénanie.
ÉTYM. latin *rhenanus,* de *Rhenus,* n. latin du Rhin.

RHÉOSTAT [Reɔsta] **n. m.** ✦ Résistance variable qui, placée dans un circuit électrique, permet de modifier l'intensité du courant.
ÉTYM. anglais *rheostat,* du grec *rheô, rhein* «couler» et *statos* «stable».

RHÉSUS [Rezys] **n. m.** **I** ZOOL. Singe du genre macaque, du nord de l'Inde. **II** MÉD. Facteur d'un système de groupes sanguins (symb. Rh) présent chez certains sujets *(rhésus positif)* et absent chez d'autres *(rhésus négatif).* ➡ **appos.** *Incompatibilité rhésus* (entre les deux types de sang).
ÉTYM. nom propre latin, grec *Rhêsos,* roi légendaire de Thrace ; sens II, du fait que ce facteur fut mis en évidence à l'aide de sang de singe rhésus.

RHÉTEUR [RetœR] **n. m.** **1.** ANTIQ. Maître de rhétorique. **2.** péj. Orateur, écrivain au discours emphatique. SYN. **phraseur.**
ÉTYM. grec *rhêtôr.*

RHÉTORICIEN, IENNE [Retɔrisjɛ̃, jɛn] **n.** ✦ Spécialiste de la rhétorique.

RHÉTORIQUE [Retɔrik] **n. f.** et **adj.**
I n. f. **1.** Art de bien parler ; technique de la mise en œuvre des moyens d'expression (par la composition, les figures). *Figures de rhétorique* (ellipse, chiasme, oxymoron, métaphore, litote, etc.). **2.** péj. Éloquence creuse, purement formelle. SYN. **déclamation, emphase.**
II adj. Qui appartient à la rhétorique, a le caractère de la rhétorique. *Procédés rhétoriques.*
ÉTYM. latin *rhetorica,* du grec *rhêtorikê technê* «art de l'éloquence», de *rhêtôr* «orateur».

RHÉTORIQUEUR [RetɔRikœR] **n. m.** ✦ HIST. LITTÉR. *Les grands rhétoriqueurs :* nom d'un groupe de poètes (fin XVe-début XVIe siècle) très attachés aux raffinements du style.
ÉTYM. de *rhétorique.*

RHINITE [Rinit] **n. f.** ✦ MÉD. Inflammation de la muqueuse des fosses nasales. SYN. **coryza, rhume.**
ÉTYM. de *rhin(o)-* et *-ite.*

RHIN(O)- Élément savant, du grec *rhis, rhinos* «nez».

RHINOCÉROS [Rinɔserɔs] **n. m.** ✦ Mammifère de grande taille, à la peau épaisse et rugueuse, qui porte une ou deux cornes sur le nez. *Rhinocéros d'Afrique, d'Asie. Le rhinocéros barrit.*
ÉTYM. grec *rhinokerôs,* de *rhinos* «nez» et *keras* «corne».

RHINOPHARYNGITE [RinofaRɛ̃ʒit] **n. f.** ✦ Affection du rhinopharynx.
ÉTYM. de *rhinopharynx* et *-ite.*

RHINOPHARYNX [RinofaRɛ̃ks] **n. m.** ✦ Partie supérieure du pharynx.
ÉTYM. de *rhino-* et *pharynx.*

RHIZOME [Rizom] **n. m.** ✦ Tige souterraine, qui porte des racines et des tiges aériennes. *Rhizome d'iris.*
ÉTYM. du grec *rhizoma* «touffe de racines *(rhiza)*».

RHO [Ro] **n. m. invar.** ✦ Dix-septième lettre de l'alphabet grec (Ρ, ρ) qui correspond au *r* français. ➡ On écrit aussi *rhô.* HOM. ROT «renvoi», RÔT «rôti»

RHODANIEN, IENNE [Rɔdanjɛ̃, jɛn] **adj.** ✦ Du Rhône. *Le sillon rhodanien.*
ÉTYM. du latin *Rhodanus* «Rhône».

RHODODENDRON [Rɔdɔdɛ̃dRɔ̃] **n. m.** ✦ Arbuste à feuilles persistantes, aux fleurs de couleurs variées.
ÉTYM. mot grec, de *rhodon* «rose» et *dendron* «arbre».

RHODOÏD [Rɔdɔid] **n. m.** ✦ Matière plastique à base d'acétate de cellulose, transparente et incombustible.
ÉTYM. nom déposé ; du latin *Rhodanus* «Rhône» (pour *Rhône-Poulenc*) et *celluloïd.*

RHOMBO- Élément savant, du grec *rhombos* «losange» (ex. *rhomboèdre* n. m. «parallélépipède dont les six faces sont des losanges»).

RHUBARBE [RybaRb] n. f. ✦ Plante à large feuilles portées par de gros pétioles comestibles. ➤ Pétiole de cette plante. *Tarte à la rhubarbe.*
ÉTYM. latin médiéval d'origine incertaine.

RHUM [Rɔm] n. m. ✦ Eau-de-vie obtenue par fermentation et distillation du jus de canne à sucre, ou de mélasses. *Boissons au rhum.* → **grog,** ① **punch.**
ÉTYM. anglais *rum.*

RHUMATISANT, ANTE [Rymatizɑ̃, ɑ̃t] adj. et n. ✦ Atteint de rhumatisme.
ÉTYM. de *rhumatisme.*

RHUMATISMAL, ALE, AUX [Rymatismal, o] adj. ✦ Propre au rhumatisme. *Douleurs rhumatismales.*

RHUMATISME [Rymatism] n. m. ✦ Affection douloureuse, aiguë ou chronique des articulations, des muscles et d'autres tissus. → **arthrite.**
ÉTYM. grec *rheumatismos.*

RHUMATOLOGIE [Rymatɔlɔʒi] n. f. ✦ MÉD. Discipline médicale qui traite des affections rhumatismales.
ÉTYM. de *rhumatisme* et *-logie.*

RHUMATOLOGUE [Rymatɔlɔg] n. ✦ MÉD. Médecin spécialiste de rhumatologie.

RHUME [Rym] n. m. ✦ Inflammation générale des muqueuses des voies respiratoires (nez, gorge, bronches). *Attraper un rhume.* → **s'enrhumer.** ➤ *Rhume de cerveau :* inflammation des fosses nasales. SYN. **coryza, rhinite.**
ÉTYM. latin *rheuma,* mot grec «eau qui coule *(rhein)*».

RHUMERIE [RɔmRi] n. f. 1. Distillerie de rhum. 2. Café spécialisé dans les boissons au rhum.
ÉTYM. de *rhum.*

RIA [Rija] n. f. ✦ GÉOGR. Vallée fluviale envahie par la mer. SYN. **aber.**
ÉTYM. mot espagnol ou portugais, de *rio* «fleuve».

RIANT, RIANTE [R(i)jɑ̃, R(i)jɑ̃t] adj. 1. Qui exprime la gaieté. SYN. **gai.** *Un visage riant.* 2. Qui semble respirer la gaieté. *Une campagne riante.* CONTR. ① **chagrin, maussade,** ① **morose, triste.**
ÉTYM. du participe présent de *rire.*

RIBAMBELLE [Ribɑ̃bɛl] n. f. 1. Longue suite (de personnes ou de choses en grand nombre). *Une ribambelle d'enfants.* 2. Bande de papier présentant une suite de motifs identiques, découpés dans la bande pliée.
ÉTYM. origine incertaine, peut-être d'une forme dialectale de *ruban* et d'un radical onomatopéique.

RIBO- Élément savant, tiré de *ribose.*

RIBONUCLÉIQUE [Ribonykleik] adj. ✦ CHIM. *Acide ribonucléique.* → **A. R. N.**
ÉTYM. de *ribo-* et *nucléique.*

RIBOSE [Riboz] n. m. ✦ CHIM. Sucre (ose*), constituant des acides nucléiques.
ÉTYM. allemand, d'après le franç. *arabique* (gomme).

RIBOSOME [Ribozom] n. m. ✦ Organite du cytoplasme qui assure la synthèse des protéines.
ÉTYM. de *ribo-* et du grec *sôma* «corps».

RICANEMENT [Rikanmɑ̃] n. m. ✦ Fait de ricaner ; rire d'une personne qui ricane.

RICANER [Rikane] v. intr. (conjug. 3a) 1. Rire à demi de façon méprisante ou sarcastique. 2. Rire de façon stupide sans motif ou par gêne.
ÉTYM. origine dialectale.

RICANEUR, EUSE [RikanœR, øz] n. ✦ Personne qui ricane. ➤ adj. *Il est un peu ricaneur.*

RICHARD, ARDE [RiʃaR, aRd] n. ✦ FAM. et péj. Personne riche. *Un gros richard.*
ÉTYM. de *riche,* suffixe *-ard.*

RICHE [Riʃ] adj. 1. Qui a de la fortune, possède des richesses. SYN. **fortuné, opulent,** FAM. **rupin.** *Des gens très riches.* → **richissime.** loc. *Riche comme Crésus :* très riche (→ **crésus**). ➤ *Faire un riche mariage,* se marier avec une personne riche. ➤ *Les pays riches, industrialisés, développés.* ◆ n. m. *Un riche ; les riches.* SYN. **milliardaire, millionnaire,** FAM. **richard.** ➤ *NOUVEAU RICHE :* personne récemment enrichie, qui étale sa fortune sans modestie et sans goût. SYN. **parvenu.** 2. (choses ; souvent avant le nom) Qui suppose la richesse, semble coûteux. SYN. **luxueux, somptueux.** *De riches tapis.* 3. (choses) *RICHE EN :* qui possède beaucoup de. *Aliment riche en vitamines.* ➤ *RICHE DE* (surtout abstrait). *Un livre riche d'enseignements.* 4. (choses) Qui contient de nombreux éléments, ou des éléments en abondance. *Un sol, une terre riche.* SYN. **fertile.** *Une riche bibliothèque. Rime* riche.* ➤ FAM. *Une riche idée,* excellente. CONTR. **pauvre.**
ÉTYM. francique *rîki* «puissant».

RICHELIEU [Riʃəljø] n. m. ✦ Chaussure basse lacée. *Une paire de richelieux.*
ÉTYM. nom propre.

RICHEMENT [Riʃmɑ̃] adv. 1. De manière à rendre ou à devenir riche. *Il a marié richement ses filles.* 2. Avec magnificence. *Richement vêtu.* CONTR. **pauvrement.**

RICHESSE [Riʃɛs] n. f. **I** *LA RICHESSE* 1. Possession de grands biens (en nature ou en argent). SYN. **aisance, fortune, opulence.** *Vivre dans la richesse.* 2. Qualité de ce qui est coûteux ou le paraît. *La richesse d'un mobilier.* SYN. **luxe, somptuosité.** 3. Qualité de ce qui a en abondance les éléments requis. *Richesse du sous-sol. La richesse d'un minerai,* sa teneur en métal. *La richesse de sa documentation.* SYN. **abondance, importance. II** *LES RICHESSES* 1. L'argent, les possessions matérielles. *Accumuler les richesses.* 2. Ressources (d'un pays, d'une collectivité). *La répartition des richesses. Richesses naturelles d'une région.* 3. Objets de grande valeur. *Les richesses d'un musée.* SYN. **trésor.** ◆ Biens d'ordre intellectuel, esthétique. *Les richesses d'une œuvre littéraire, musicale.* CONTR. **pauvreté.**
ÉTYM. de *riche.*

RICHISSIME [Riʃisim] adj. ✦ Extrêmement riche.
ÉTYM. de *riche,* suffixe *-issime.*

RICIN [Risɛ̃] n. m. ✦ Plante dont le fruit renferme des graines oléagineuses. ➤ *Huile de ricin* (employée comme purgatif, comme lubrifiant).
ÉTYM. latin *ricinus.*

RICOCHER [Rikɔʃe] v. intr. (conjug. 3a) ✦ Faire ricochet. SYN. **rebondir.**
ÉTYM. de *ricochet.*

RICOCHET [Rikɔʃɛ] n. m. 1. Rebond d'une pierre lancée obliquement sur la surface de l'eau, ou d'un projectile renvoyé par un obstacle. *Faire des ricochets.* ➤ *Faire ricochet* (projectile). 2. fig. *PAR RICOCHET :* par contrecoup, indirectement.
ÉTYM. origine obscure.

A B C D E F G H I J K L M N O P Q R S T U V W X Y Z

RIC-RAC [rikrak] **adv.** ✦ FAM. Exactement ; tout juste. *C'est calculé ric-rac.*
ÉTYM. origine onomatopéique.

RICTUS [riktys] **n. m.** ✦ Contraction de la bouche, qui donne l'aspect d'un rire forcé, d'un sourire grimaçant. *Un rictus cruel.*
ÉTYM. mot latin «bouche ouverte».

RIDE [rid] **n. f.** 1. Petit pli de la peau (le plus souvent au front, à la face et au cou, dû notamment à l'âge). SYN. **ridule.** *Visage sillonné de rides.* 2. Légère ondulation à la surface de l'eau ; pli, sillon sur une surface.
ÉTYM. de *rider.*

RIDÉ, ÉE [ride] **adj.** ✦ Marqué de rides. *Visage ridé.* SYN. **flétri, fripé.** ➜ *Une pomme ridée.*

RIDEAU [rido] **n. m.** 1. Pièce d'étoffe (mobile) destinée à tamiser la lumière, à abriter ou décorer qqch. *Doubles rideaux :* rideaux de fenêtres en tissu épais, par-dessus des voilages. ➜ *Fermer, tirer les rideaux.* 2. Grande draperie (ou toile peinte) qui sépare la scène de la salle d'un théâtre. ☛ Littérature p. 127. *Lever, baisser le rideau.* 3. *RIDEAU DE FER,* fermeture métallique protégeant la devanture d'un magasin. *Baisser le rideau de fer.* ◆ HIST. Ligne qui, à partir de 1947, isolait en Europe les pays communistes de l'Est. ☛ carte 18. 4. *RIDEAU DE :* chose capable d'arrêter la vue, de faire écran. *Un rideau de verdure.*
ÉTYM. de *rider,* au sens ancien de «froncer».

RIDELLE [ridɛl] **n. f.** ✦ Châssis disposé de chaque côté d'une charrette, d'un camion, etc., afin de maintenir la charge.
ÉTYM. origine germanique.

RIDER [ride] **v. tr.** (conjug. 3a) 1. Marquer, sillonner de rides. SYN. LITTÉR. ① **flétrir.** ➜ pronom. *Peau qui se ride* (➜ **ridé**). 2. Marquer d'ondulations, de plis. *La brise ridait la surface de l'eau.*
ÉTYM. orig. incertaine, p.-ê. germanique *ridan* «tordre».

RIDICULE [ridikyl] **adj.** et **n. m.**
I adj. 1. Qui mérite d'exciter le rire et la moquerie, qui fait rire par un caractère de laideur, d'absurdité, de bêtise. SYN. **dérisoire, risible.** *Se rendre ridicule. «Les Précieuses ridicules»* (de Molière). ➜ *Un accoutrement ridicule.* SYN. **grotesque.** ◆ Dénué de bon sens. SYN. **absurde, déraisonnable.** *Elle est ridicule de s'entêter.* ➜ impers. *Il est, c'est ridicule de* (+ inf.), *que* (+ subj.). 2. Insignifiant, infime. *Une somme ridicule.* SYN. **dérisoire.**
II n. m. 1. loc. *TOURNER qqn EN RIDICULE,* le rendre ridicule. SYN. se **moquer, ridiculiser.** 2. Trait qui rend ridicule ; ce qu'il y a de ridicule dans. *Souligner les ridicules de qqn.* SYN. **défaut.** *Sentir le ridicule d'une situation.* 3. *Le ridicule,* ce qui excite le rire, la moquerie. *C'est le comble du ridicule. Il n'a pas peur du ridicule.* ➜ prov. *Le ridicule tue (ne tue pas),* on ne se relève pas (on supporte très bien) d'avoir été ridicule.
ÉTYM. latin *ridiculus,* de *ridere* «rire».

RIDICULEMENT [ridikylmɑ̃] **adv.** ✦ De manière ridicule. *Être ridiculement accoutré.* ➜ *Salaire ridiculement bas.*

RIDICULISER [ridikylize] **v. tr.** (conjug. 3a) ✦ Rendre ridicule. ➜ pronom. *Il se ridiculise.*

RIDULE [ridyl] **n. f.** ✦ Petite ride.

RIEN [ʀjɛ̃] **pron. indéf., n. m.** et **adv.**
I nominal indéfini ➜ REM. Dans cet emploi, on fait la liaison. — *Rien,* objet direct, suit le verbe ou l'auxiliaire (ex. *je ne vois rien, je n'ai rien vu*) et se place habituellement devant l'infinitif (ex. *ne rien voir*). 1. Quelque chose (dans un contexte négatif). *Il fut incapable de rien dire,* de dire quoi que ce soit. *Rester sans rien faire. A-t-on jamais vu rien de pareil ?* 2. (avec *ne*) Aucune chose, nulle chose. *Je n'ai rien vu. Il n'en sait rien. Il n'y a rien à craindre.* prov. *Qui ne risque rien n'a rien. Vous n'aurez rien du tout,* absolument rien. *Il ne comprend rien à rien. Cela ne fait rien,* cela n'a pas d'importance. ➜ *RIEN QUE :* seulement. *Je n'ai rien que mon salaire.* ➜ *RIEN DE* (+ adj. ou adv.). *Il n'y a rien de mieux, de tel.* ➜ *RIEN QUI, QUE* (le plus souvent + subj.). *Je n'ai rien trouvé qui vaille la peine ; que tu puisses faire.* ➜ *N'AVOIR RIEN DE,* aucun des caractères de. *Elle n'a rien d'une beauté.* (+ adj.) N'être pas du tout. *Cela n'a rien d'impossible.* ◆ (comme sujet) *Rien n'est trop beau pour lui. Rien ne va plus* (spécialt au jeu il est trop tard pour miser). ◆ (en attribut) *N'ÊTRE RIEN. Elle n'est rien pour moi,* elle ne compte pas. *Ce n'est rien,* c'est sans importance. ➜ *Ce n'est pas rien,* ce n'est pas négligeable. ◆ loc. *Il n'en est rien :* rien n'est vrai de cela. ➜ *Comme si de rien n'était :* comme si rien ne s'était passé. ◆ *RIEN (DE) MOINS que.* LITTÉR. *Ce n'est rien moins que sûr,* ce n'est pas du tout sûr. ➜ *Il ne s'agissait de rien (de) moins que de...,* pas moins que de... 3. loc. adv. *EN RIEN* (positif) : en quoi que ce soit. *Sans gêner en rien son action.* ➜ *NE... EN RIEN :* d'aucune manière. *Cela ne nous touche en rien.* 4. (sans particule négative, dans une phrase elliptique, une réponse) Nulle chose. *«À quoi penses-tu ? – À rien.» Rien à faire :* la chose est impossible. *Rien de tel pour se distraire. «Je vous remercie. – De rien»,* je vous en prie. *C'est tout ou rien,* il n'y a pas de demi-mesure. *C'est cela ou rien,* il n'y a pas d'autre choix. *Rien de plus, rien de moins,* exactement (ceci). *Qu'il me rende ce qu'il me doit, rien de plus, rien de moins.* ◆ (comparaison) *C'est mieux que rien. C'est moins que rien,* c'est nul. *En moins de rien,* en très peu de temps. *Comme rien :* VX pas du tout ; MOD. (par antiphrase) aisément, facilement. ◆ *Deux, trois fois rien :* une chose insignifiante. ◆ *RIEN QUE.* ➜ **seulement.** *Toute la vérité, rien que la vérité. C'est à moi, rien qu'à moi.* ➜ **uniquement.** *Rien que d'y penser,* à cette seule pensée. 5. (après une prép.) Chose ou quantité (quasi) nulle. *Faire quelque chose de rien. Se réduire à rien.* SYN. **à néant, à zéro.** ◆ *POUR RIEN :* pour un résultat nul. ➜ **inutilement.** *Se déranger pour rien.* ➜ Sans raison. *Beaucoup de bruit* pour rien.* ➜ Sans payer, à bas prix. *Je l'ai eu pour rien.* ◆ *DE RIEN* (VIEILLI) ; *DE RIEN DU TOUT* (compl. de nom) : sans valeur, sans importance. *Un homme de rien. Un petit bobo de rien du tout.* CONTR. **quelque chose,** ② **tout · beaucoup.**
II n. 1. **n. m.** *UN RIEN :* peu de chose. *Un rien l'amuse.* ➜ au plur. *Perdre son temps à des riens.* SYN. **bagatelle, bêtise.** ➜ *POUR UN RIEN :* pour une raison insignifiante. *S'inquiéter pour un rien.* ➜ FAM. *COMME UN RIEN :* très facilement. 2. *UN RIEN DE :* un peu de. *Un (petit) rien de fantaisie.* ➜ *En un rien de temps.* ➜ **promptement.** ◆ *UN RIEN* **loc. adv.** : un peu, légèrement. *C'est un rien trop grand.* 3. **n. invar.** *UN, UNE RIEN DU TOUT :* une personne méprisable. SYN. **vaurien.**
III adv. POP. et VIEILLI (par antiphrase) Très. SYN. **rudement.** *C'est rien chouette ici !*
ÉTYM. du latin *rem,* accusatif de *res* «chose».

RIEUR, RIEUSE [R(i)jœR, R(i)jøz] **n. et adj.** **1. n.** Personne qui rit, est en train de rire. ➙ **loc.** *Mettre les rieurs de son côté* : faire rire aux dépens de son adversaire. **2. adj.** Qui aime à rire, à s'amuser. SYN. **gai ; enjoué.** *Un enfant rieur.* ➙ Qui exprime la gaieté. *Yeux rieurs.* SYN. **riant.** CONTR. ① **morose, triste.**
ÉTYM. de *rire.*

RIFIFI [rififi] **n. m.** ✦ **FAM. VIEILLI** Bagarre.
ÉTYM. de l'argot anc. *rif* «feu», d'origine italienne.

RIGIDE [Riʒid] **adj.** **1. concret** Qui garde sa forme, ne se déforme pas. SYN. **raide.** *Armature rigide. Livre à couverture rigide.* **2.** Qui se refuse aux concessions, aux compromis. SYN. **inflexible, rigoureux.** *Un moraliste rigide.* SYN. **intransigeant.** ➙ Qui manque d'abandon. *Une attitude rigide.* ➙ Qui manque de souplesse. *Des règles rigides.* SYN. **strict.** CONTR. **flexible, souple • accommodant, facile, indulgent.**
ÉTYM. latin *rigidus* ; doublet de *raide.*

RIGIDITÉ [Riʒidite] **n. f.** ✦ Caractère de ce qui est rigide. SYN. **raideur.** *La rigidité d'un papier. Rigidité cadavérique.* ➙ *Rigidité des principes.* SYN. **austérité, rigorisme.** CONTR. **flexibilité, souplesse.**
ÉTYM. latin *rigiditas.*

RIGOLADE [Rigɔlad] **n. f.** ✦ **FAM.** **1.** Amusement, divertissement. *Une partie de rigolade.* ➙ *Prendre qqch. à la rigolade,* comme une plaisanterie. **2.** Chose ridicule, ou sans importance. *C'est une rigolade.* ➙ *C'est de la rigolade* **(même sens).**
ÉTYM. de *rigoler.*

RIGOLARD, ARDE [Rigɔlar, ard] **adj.** ✦ **FAM.** Gai. *Un air rigolard.*
ÉTYM. de *rigoler.*

RIGOLE [Rigɔl] **n. f.** **1.** Petit conduit, fossé étroit pour l'écoulement des eaux. **2.** Filet d'eau qui ruisselle. *La pluie forme des rigoles.*
ÉTYM. probablt orig. néerlandais, empr. latin *regula* → règle.

RIGOLER [Rigɔle] **v. intr.** (conjug. 3a) ✦ **FAM.** Rire, s'amuser. *On a bien rigolé.* ➙ Plaisanter. *Il ne faut pas rigoler avec ça.*
ÉTYM. famille de ① *rire.*

RIGOLO, OTE [Rigɔlo, ɔt] **adj. et n.** ✦ **FAM.**
I adj. **1.** Qui amuse, fait rire. SYN. **amusant.** *Elle est rigolote.* **2.** Curieux, étrange. SYN. ① **drôle.**
II n. **1.** Personne amusante. **2.** Personne à qui l'on ne peut pas faire confiance. SYN. ② **fumiste.** *Un (petit) rigolo.*
ÉTYM. de *rigoler.*

RIGORISME [Rigɔrism] **n. m.** ✦ Respect strict ou exagéré des principes religieux ou moraux. SYN. **austérité, puritanisme, rigidité.** CONTR. **laxisme.**
ÉTYM. du latin *rigor, rigoris* «rigueur».

RIGORISTE [Rigɔrist] **n.** ✦ Personne qui fait preuve de rigorisme. ➙ **adj.** *Attitude rigoriste.* SYN. **intransigeant, sévère.** CONTR. **laxiste.**
ÉTYM. du latin *rigor, rigoris* «rigueur».

RIGOUREUSEMENT [Riguʀøzmɑ̃] **adv.** **1.** D'une manière rigoureuse, stricte. *C'est rigoureusement interdit.* SYN. **formellement, strictement.** **2.** Absolument, totalement. *C'est rigoureusement exact.* **3.** Avec exactitude, minutie. *Respecter rigoureusement les consignes.* CONTR. **approximativement.**

RIGOUREUX, EUSE [Riguʀø, øz] **adj.** **1. (personnes)** Qui fait preuve de rigueur. ➙ **(choses)** *Une morale rigoureuse.* SYN. **rigide ; rigoriste.** **2.** Dur à supporter. *Un hiver rigoureux.* SYN. **rude.** **3.** D'une exactitude inflexible. *Une rigoureuse neutralité.* SYN. **absolu, strict.** ♦ Mené avec précision. *Un raisonnement rigoureux.* ➙ **(personnes)** *Être rigoureux dans une démonstration.* CONTR. **doux, indulgent • clément • approximatif, incertain.**
ÉTYM. latin *rigorosus.*

RIGUEUR [Rigœr] **n. f.** **1.** Sévérité, dureté extrême. *La rigueur du règlement. La rigueur de la répression.* ➙ **loc.** *TENIR RIGUEUR à qqn (de...)* : lui garder rancune (de...). ♦ **au plur.** **LITTÉR.** *Les rigueurs de l'hiver.* **2.** Exactitude, logique inflexible. *Son exposé manque de rigueur.* ♦ *Politique de rigueur.* SYN. **austérité.** **3.** *DE RIGUEUR* **loc. adj.** : imposé par les usages, les règlements. SYN. **obligatoire.** *Tenue de soirée de rigueur.* **4. loc. adv.** *À LA RIGUEUR* : en cas de nécessité absolue. ➙ *EN TOUTE RIGUEUR* : absolument, rigoureusement. CONTR. **douceur, indulgence • approximation, incertitude.**
ÉTYM. latin *rigor.*

RIKIKI **adj.** → **RIQUIQUI**

RILLETTES [Rijɛt] **n. f. pl.** ✦ Charcuterie faite de viande (surtout de porc) hachée et cuite dans la graisse. *Un pot de rillettes.* ➙ *Rillettes d'oie.*
ÉTYM. diminutif de l'ancien français *rille* «bande de lard».

RIMAILLER [Rimaje] **v. intr.** (conjug. 3a) ✦ **péj.** Faire de mauvais vers.
ÉTYM. de *rimer,* suffixe *-ailler.*

RIMAILLEUR, EUSE [RimajœR, øz] **n.** ✦ **péj.** Mauvais poète.

RIME [Rim] **n. f.** **1.** Disposition de sons identiques à la finale de mots placés à la fin de deux ou plusieurs vers. ☞ Littérature p. 123. *Rime riche,* comprenant au moins une voyelle et sa consonne d'appui (ex. image-hommage). *Rime suffisante* (ex. image-ravage), *rime pauvre* (ex. ami-pari). *Rimes plates* ; rimes croisées*, embrassées*. Rime féminine*, masculine*.* **2. loc.** *SANS RIME NI RAISON* : d'une manière incompréhensible, absurde. *Ça n'a ni rime ni raison,* aucun sens.
ÉTYM. origine discutée, peut-être du latin *rhythmus* «rythme» ou francique *rîm* «série».

RIMÉ, ÉE [Rime] **adj.** ✦ Pourvu de rimes. *Poésie rimée.*

RIMER [Rime] **v. intr.** (conjug. 3a) **1.** Faire des vers. **2.** Constituer une rime. *Mot qui rime avec un autre.* ➙ **loc.** *Cela ne rime à rien* : cela n'a aucun sens.
ÉTYM. de *rime.*

RIMEUR, EUSE [RimœR, øz] **n.** ✦ **péj.** Poète sans inspiration.
ÉTYM. de *rimer.*

RIMMEL [Rimɛl] **n. m.** ✦ Fard pour les cils. SYN. **mascara.**
ÉTYM. marque déposée ; peut-être nom propre.

RINÇAGE [Rɛ̃saʒ] **n. m.** **1.** Action de rincer. *Le rinçage de la vaisselle.* **2. COIFFURE** Teinture légère (des cheveux).

RINCEAU [Rɛ̃so] **n. m.** ✦ Ornement architectural en forme d'arabesque végétale. *Rinceaux sculptés.*
ÉTYM. bas latin *ramusculus* «petite branche *(ramus)*».

RINCE-DOIGTS [Rɛ̃sdwa] **n. m. invar.** ✦ Petit récipient contenant de l'eau (parfumée de citron, etc.), servant à se rincer les doigts à table.

A B C D E F G H I J K L M N O P Q R S T U V W X Y Z

RINCER [Rɛ̃se] **v. tr.** (conjug. 4) **1.** Nettoyer à l'eau (un récipient). SYN. **laver.** *Rincer des bouteilles.* **2.** Passer à l'eau (ce qui a été lavé) pour enlever les produits de lavage. *Rincer du linge.* ➝ *Se rincer les mains.* **3.** **loc. FAM.** *SE RINCER L'ŒIL* : regarder avec plaisir (une chose belle, agréable).
ÉTYM. latin populaire *recentiare* «rafraîchir».

RINÇURE [Rɛ̃syR] **n. f.** ✦ Eau qui a servi à rincer.
ÉTYM. de *rincer.*

RING [Riŋ] **n. m.** ✦ Estrade entourée de cordes, sur laquelle se font les combats de boxe, de catch. *Des rings.* ➝ *Le ring* : la boxe. *Une vedette du ring.*
ÉTYM. mot anglais «cercle».

RINGARD, ARDE [Rɛ̃gaR, aRd] **n. et adj.** ✦ FAM.
I n. **1.** Artiste de variétés passé de mode. **2.** Personne incapable. *C'est un vrai ringard.* **3.** Personne qui n'est pas à la mode.
II adj. Démodé ; médiocre, de mauvais goût. *Ça fait ringard.* SYN. **tarte.**
ÉTYM. origine obscure, peut-être nom propre.

RIPAILLE [Ripɑj] **n. f.** ✦ FAM. Repas où l'on mange beaucoup et bien. SYN. **festin.** ➝ *Faire ripaille.* SYN. **bombance.**
ÉTYM. de *riper.*

RIPAILLER [Ripɑje] **v. intr.** (conjug. 3a) ✦ Faire ripaille.

RIPER [Ripe] **v.** (conjug. 3a) **1.** **v. tr.** Faire glisser (une chose lourde). *Riper une caisse.* **2.** **v. intr.** Glisser, déraper. *L'outil a ripé.*
ÉTYM. moyen néerlandais *rippen* «tirailler».

RIPOLIN [Ripɔlɛ̃] **n. m.** ✦ Peinture laquée très brillante.
ÉTYM. nom déposé ; de *Riep,* nom de l'inventeur.

RIPOLINER [Ripɔline] **v. tr.** (conjug. 3a) ✦ Peindre au ripolin. ➝ au p. passé *Murs ripolinés.*

RIPOSTE [Ripɔst] **n. f.** **1.** Réponse vive, instantanée, faite à un interlocuteur agressif. SYN. **réplique.** **2.** Vive réaction de défense, contre-attaque vigoureuse. *Une riposte foudroyante.*
ÉTYM. italien *risposta.*

RIPOSTER [Ripɔste] **v. intr.** (conjug. 3a) **1.** Adresser une riposte. *Riposter par une plaisanterie.* ➝ trans. *Il riposta qu'il n'en savait rien.* SYN. **répliquer, rétorquer.** **2.** Répondre par une attaque (à une attaque). SYN. **contre-attaquer,** se **défendre.**
ÉTYM. de *riposte.*

RIPOU [Ripu] **adj.** ✦ FAM. Corrompu. ➝ **n. m.** Policier vénal. *Des ripous* (parfois *ripoux*).
ÉTYM. verlan de *pourri.*

RIQUIQUI [Rikiki] **adj.** ✦ FAM. Petit ; mesquin, pauvre. *Ça fait un peu riquiqui. Des budgets riquiquis.* ➝ On écrit aussi *rikiki.*
ÉTYM. origine onomatopéique.

① **RIRE** [RiR] **v.** (conjug. 66) **I v. intr.** **1.** Exprimer la gaieté par un mouvement de la bouche, accompagné d'expirations saccadées plus ou moins bruyantes. SYN. s'**esclaffer** ; FAM. se **marrer, rigoler.** ➝ *Rire aux éclats, à gorge déployée, aux larmes.* ➝ FAM. se **bidonner,** se **gondoler,** se **tordre.** *Rire comme une baleine, comme un bossu.* ➝ *Éclater, pouffer, se tordre de rire. C'est à mourir de rire. Pleurer, hurler de rire.* ➝ *Rire de..., à cause de...* ➝ *Il n'y a pas de quoi rire.* **loc.** *Avoir toujours le mot pour rire,* plaisanter à tout propos. ➝ **loc. prov.** *Rira bien qui rira le dernier,* se dit pour annoncer une revanche. **2.** S'amuser. SYN. se **divertir.** *Elle ne pense qu'à rire.* **3.** dans des loc. Ne pas parler ou ne pas faire qqch. sérieusement. SYN. **badiner, plaisanter.** *Vous voulez rire ? C'est pour rire. Histoire de rire... Sans rire, est-ce que... ?* **4.** *RIRE DE* : se moquer de (qqn, qqch.). SYN. **railler, ricaner** ; ➝ **dérision.** *Rire de qqn.* ➝ *Mieux vaut en rire.* **5.** LITTÉR. Avoir un aspect joyeux (➝ **riant, rieur**). *Des yeux qui rient.* **II** *SE RIRE (DE)* **v. pron.** Se moquer de, se jouer de. *Se rire des difficultés.*
ÉTYM. latin *ridere.*

② **RIRE** [RiR] **n. m.** ✦ Fait de rire. *Un rire bruyant. Un gros rire.* ➝ *Un éclat de rire.* ➝ *Avoir le FOU RIRE* : ne plus pouvoir s'arrêter de rire. ➝ *Rire nerveux, forcé, méchant.* ➝ **ricanement.** ◆ *Attirer les rires, le rire,* la moquerie (➝ **ridicule, risible**).
ÉTYM. de ① *rire.*

① **RIS** [Ri] **n. m.** ✦ MAR. Partie d'une voile qu'on peut replier pour diminuer sa surface. ➝ *Prendre un ris,* diminuer la surface de voilure présentée au vent.
HOM. RIZ «céréale»
ÉTYM. ancien scandinave *rif.*

② **RIS** [Ri] **n. m.** ✦ Thymus du veau, de l'agneau ou du chevreau, qui constitue un mets apprécié. *Ris de veau, d'agneau.* HOM. RIZ «céréale»
ÉTYM. origine incertaine.

① **RISÉE** [Rize] **n. f.** ✦ Moquerie collective (dans des expr.). *Être un objet de risée. S'exposer à la risée du public.* ➝ *Être la risée de* (qqn, un groupe), un objet de moquerie pour.
ÉTYM. de l'ancien substantif *ris* «rire», latin *risus.*

② **RISÉE** [Rize] **n. f.** ✦ MAR. Renforcement subit et momentané du vent. SYN. **rafale.**
ÉTYM. → ① ris.

RISETTE [Rizɛt] **n. f.** **1.** Sourire (surtout en parlant des enfants). *Faire (une) risette, des risettes.* **2.** fig. FAM. Sourire de commande.
ÉTYM. diminutif de l'ancien français *ris* → ① risée.

RISIBLE [Rizibl] **adj.** ✦ Propre à exciter une gaieté moqueuse. SYN. **ridicule.** *Sa colère est risible.* CONTR. **sérieux ; respectable.**
ÉTYM. latin *risibilis.*

RISOTTO [Rizɔto] **n. m.** ✦ Riz préparé à l'italienne. *Des risottos.*
ÉTYM. mot italien, de *riso* «riz».

RISQUE [Risk] **n. m.** **1.** Danger éventuel plus ou moins prévisible. *Il n'y a aucun risque. Ce sont les risques du métier.* SYN. **inconvénient.** *C'est un risque à courir,* c'est risqué, mais il faut le tenter. ➝ **loc.** *À vos risques et périls*.* ➝ *RISQUE DE. Un risque d'aggravation.* ➝ *Courir le risque de,* s'exposer à. ➝ *Au risque de* (+ inf.), en s'exposant au danger de. ◆ *À RISQUE(S)* **loc. adj.** : qui représente un risque ; exposé à un risque. *Grossesse à risque.* **2.** DR. Éventualité d'un évènement qui peut causer un dommage. *Assurance tous risques* (➝ **multirisque**). *Risques naturels, risques majeurs* (cyclone, éruption volcanique, avalanche, inondation, éboulement, glissement de terrain...). ☛ Géographie p. 227. *Prévention des risques. Zone à risque. Le risque résulte de la confrontation d'un aléa et d'enjeux.* **3.** Fait de s'exposer à un danger (dans l'espoir d'obtenir un avantage). *Avoir le goût du risque.* ➝ *Prendre un risque, des risques.* ➝ **oser.**
ÉTYM. ancien italien *risco,* du latin.

RISQUÉ, ÉE [Riske] **adj.** ✦ Plein de risques. SYN. **dangereux, hasardeux.** *Démarche risquée. C'est trop risqué.*

RISQUER [Riske] **v. tr.** (conjug. 3a) **I 1.** Exposer à un risque. SYN. **aventurer.** *Risquer sa vie, sa tête,* s'exposer à la mort. *Risquer de l'argent à la roulette.* loc. *Risquer le paquet*, le tout* pour le tout.* prov. *Qui ne risque rien n'a rien.* ➝ absolt *Risquer gros,* prendre des risques importants. ➝ FAM. Mettre (une partie du corps) là où il y a quelque risque (d'être surpris, etc.). *Risquer un œil à la fenêtre.* **2.** Tenter (qqch. qui comporte des risques). SYN. **oser.** *Risquer une démarche.* ➝ *Risquer le coup*.* ♦ Avancer (un mot, une remarque, etc.) avec la conscience du risque couru. SYN. **hasarder.** *Risquer une question.* **3.** S'exposer ou être exposé à (un danger, un inconvénient). *Risquer la mort ; les pires ennuis.* ➝ (choses) *Vos bagages ne risquent rien ici.* **4.** *RISQUER DE* (+ inf.). (personnes) Courir le risque de. *Vous risquez de tomber.* (choses) Pouvoir (en tant que possibilité dangereuse ou fâcheuse). SYN. **menacer.** *Le rôti risque de brûler.* ➝ par ext. (Sans idée d'inconvénient ; critiqué) Avoir une chance de. *Ça risque de l'intéresser.* ♦ *RISQUER QUE* (+ subj.). *Vous risquez qu'il s'en aperçoive.* **II** *SE RISQUER* **v. pron. 1.** S'exposer, avec la conscience du risque. *Se risquer dans une affaire.* **2.** *SE RISQUER À* : se hasarder à (dire, faire qqch.). *Je ne me risquerai pas à le contredire.*
ÉTYM. de *risque.*

RISQUE-TOUT [Riskətu] **n. invar.** ✦ Personne qui pousse l'audace jusqu'à l'imprudence. SYN. **casse-cou.** ➝ **adj. invar.** *Elles sont risque-tout.*
ÉTYM. de *risquer* et *tout.*

RISSOLE [Risɔl] **n. f.** ✦ Petit pâté frit.
ÉTYM. du latin *russus* «roux».

RISSOLER [Risɔle] **v. tr.** (conjug. 3a) ✦ Exposer à une température élevée (une viande, des légumes, etc.) de manière à dorer la surface. ➝ au p. passé *Pommes de terre rissolées.*
ÉTYM. de *rissole.*

RISTOURNE [RistuRn] **n. f. 1.** Remboursement d'une partie d'une cotisation. **2.** Remise accordée à un client. **3.** Commission versée à un intermédiaire.
ÉTYM. italien *ristorno.*

RISTOURNER [RistuRne] **v. tr.** (conjug. 3a) ✦ Attribuer à titre de ristourne.

RITE [Rit] **n. m. 1.** Ensemble des cérémonies en usage dans une communauté religieuse ; organisation traditionnelle de ces cérémonies. SYN. **culte. 2.** Cérémonie réglée ou geste particulier prescrit par la liturgie d'une religion. SYN. **rituel.** *Rites d'initiation.* ➝ par analogie *Rites maçonniques.* **3.** fig. Pratique réglée, invariable. SYN. **coutume, usage.** *Les rites de la politesse. C'est devenu un rite,* une habitude. *Un rite immuable.*
ÉTYM. latin *ritus.*

RITOURNELLE [RituRnɛl] **n. f.** ✦ Air à couplets répétés.
ÉTYM. italien *ritornello,* de *ritorno* «retour».

RITUEL, ELLE [Ritɥɛl] **adj.** et **n. m.**
I adj. 1. Qui constitue un rite ; qui a rapport aux rites. *Chants rituels.* **2.** fig. Réglé comme par un rite. *Sa promenade rituelle.*
II n. m. 1. Livre liturgique (catholique), recueil des rites du culte. **2.** Ensemble de rites. *Rituel d'initiation.* **3.** fig. Ensemble d'habitudes, de règles.
ÉTYM. latin *ritualis.*

RITUELLEMENT [Ritɥɛlmɑ̃] **adv. 1.** Conformément aux rites. *Animal abattu rituellement.* **2.** fig. Invariablement ; régulièrement.

RIVAGE [Rivaʒ] **n. m. 1.** Partie de la terre qui borde une mer. SYN. ② **côte, littoral.** *S'éloigner du rivage.* **2.** Zone soumise à l'action des vagues, des marées. SYN. ① **grève, plage ;** ➝ **estran.** *Épaves rejetées sur le rivage.*
ÉTYM. de *rive.*

RIVAL, ALE, AUX [Rival, o] **n.** et **adj.**
I n. 1. Personne qui dispute à autrui ce qu'un seul peut obtenir. SYN. **adversaire, concurrent.** *Le rival de qqn. Il a évincé ses rivaux.* **2.** spécialt Personne qui dispute à une autre l'amour de qqn. **3.** par ext. Personne qui dispute le premier rang, qui est égale ou comparable. ➝ *Sans rival,* inégalable. CONTR. **allié, associé, partenaire.**
II adj. Qui est opposé (à qqn ou à qqch.) pour obtenir un avantage (sans recourir à la violence). *Équipes rivales.*
ÉTYM. latin *rivalis,* de *rivales* «riverains ; qui tirent l'eau du même ruisseau *(rivus)*».

RIVALISER [Rivalize] **v. intr.** (conjug. 3a) ✦ Être en concurrence (avec qqn, dans un domaine), chercher à égaler ou surpasser. *Rivaliser avec qqn. Ils rivalisent d'ingéniosité.* ➝ par ext. Être comparable. *Il rivalise avec les meilleurs spécialistes.*
ÉTYM. de *rival.*

RIVALITÉ [Rivalite] **n. f.** ✦ Situation de personnes rivales, d'une personne rivale d'une autre (dans un domaine). SYN. **compétition, concurrence.** *Rivalité politique, amoureuse.* ➝ *Une, des rivalités.* SYN. **opposition.** *Des rivalités d'intérêts.* CONTR. **coopération.**
ÉTYM. latin *rivalitas.*

RIVE [Riv] **n. f. 1.** Bande de terre qui borde un cours d'eau important. SYN. ① **berge, bord.** *La rive droite et la rive gauche d'un fleuve* (dans le sens du courant). ➝ par ext. *Habiter rive gauche, à Paris.* **2.** Bord (d'une mer fermée, d'un lac, d'un étang).
ÉTYM. latin *ripa.*

RIVER [Rive] **v. tr.** (conjug. 3a) **I 1.** Attacher solidement et étroitement, au moyen de pièces de métal. SYN. **enchaîner.** *On rivait les forçats à des chaînes.* **2.** fig. Attacher fermement, fixer. ➝ surtout passif et p. passé *Être rivé à son travail.* ➝ *L'œil, le regard rivé sur qqn, qqch.*
II 1. Rabattre l'extrémité de (un clou, une pointe...) sur la pièce traversée. ➝ loc. fig. *River son clou à qqn,* le réduire au silence (par une réponse, etc.). **2.** Fixer, assujettir par des pièces que l'on rive, par des rivets. SYN. **riveter.** *River deux plaques de tôle.*
ÉTYM. de *rive,* au sens de «bord».

RIVERAIN, AINE [Riv(ə)Rɛ̃, ɛn] **n. 1.** Personne qui habite le long d'un cours d'eau, d'un lac... **2.** *Les riverains d'une rue, d'une route,* ceux dont les maisons, les terres bordent cette voie.
ÉTYM. de *rivière,* au sens ancien de «rive».

RIVET [Rivɛ] **n. m.** ✦ Tige cylindrique munie d'une tête et dont l'autre extrémité est aplatie au moment de l'assemblage (➝ **river ; riveter**).
ÉTYM. de *river.*

RIVETER [Riv(ə)te] **v. tr.** (conjug. 6b) ✦ Fixer au moyen de rivets. SYN. **river.**
► **RIVETAGE** [Riv(ə)taʒ] **n. m.**

RIVIÈRE [rivjɛʀ] n. f. 1. Cours d'eau naturel de moyenne importance ou qui se jette dans un autre cours d'eau. *Les bords de la rivière.* → ① **berge, rive.** *Rivière navigable. Les rivières, affluents des fleuves.* 2. SPORTS Obstacle constitué d'un fossé rempli d'eau. 3. fig. LITTÉR. Nappe allongée. *Une rivière de lave.* 4. *RIVIÈRE DE DIAMANTS* : collier de diamants.
ÉTYM. bas latin *riparia*, de *ripa* «rive».

RIXE [riks] n. f. ✦ Querelle violente accompagnée de coups, dans un lieu public. SYN. **bagarre.**
ÉTYM. latin *rixa* «dispute».

RIZ [ʀi] n. m. 1. Céréale *(Graminées)* originaire d'Extrême-Orient, riche en amidon. *Grain de riz. Chapeau en paille de riz.* 2. Grain de cette plante, préparé pour la consommation. *Poule au riz.* – *Riz à l'espagnole* (→ **paella**), *à l'italienne* (→ **risotto**). – *Riz au lait,* sucré et servi comme entremets. *Gâteau de riz.* HOM. ① RIS «partie de voile», ② RIS «glande»
ÉTYM. italien *riso*, du grec, origine persane.

RIZICOLE [ʀizikɔl] adj. ✦ Où l'on cultive le riz. *Delta rizicole.*
ÉTYM. de *riz* et *-cole*.

RIZICULTURE [ʀizikyltyʀ] n. f. ✦ Culture du riz.

RIZIÈRE [ʀizjɛʀ] n. f. ✦ Terrain (souvent inondé) où l'on cultive le riz ; plantation de riz.
ÉTYM. de *riz*.

R. M. I. [ɛʀɛmi] n. m. ✦ En France (jusqu'en 2009) Revenu garanti aux personnes démunies (accompagné de dispositions devant faciliter leur insertion sociale). → **RSA.**
ÉTYM. sigle de *revenu minimum d'insertion*.

RMN [ɛʀɛmɛn] n. f. ✦ Résonance* magnétique nucléaire.
ÉTYM. sigle.

Rn [ɛʀɛn] ✦ CHIM. Symbole du radon.

ROBE [ʀɔb] n. f. I 1. anciennt et en Orient Vêtement d'homme d'un seul tenant descendant aux genoux ou aux pieds. ♦ MOD. Vêtement distinctif de certains états ou professions (hommes ou femmes). *Robe de magistrat, d'avocat.* – anciennt *Les gens de robe,* les hommes de loi, les magistrats. 2. Vêtement féminin de dessus, d'un seul tenant, de longueur variable. *Robe d'été.* – *Robe longue. Robe du soir. Robe de mariée.* 3. Vêtement d'enfant en bas âge. *Robe de baptême.* 4. *ROBE DE CHAMBRE* : long vêtement d'intérieur, pour homme ou femme. → **déshabillé, peignoir.** *Des robes de chambre.* II Pelage de certains animaux (cheval, fauves...).
ÉTYM. germanique *rauba* «butin».

ROBERT [ʀɔbɛʀ] n. m. ✦ FAM. Sein. *Elle a une sacrée paire de roberts !*
ÉTYM. du nom d'une marque de biberons.

ROBINET [ʀɔbinɛ] n. m. ✦ Appareil placé sur un tuyau de canalisation permettant de régler à volonté le passage d'un fluide. *Robinet d'eau froide, d'eau chaude. Le robinet du gaz.* – *Ouvrir, fermer un robinet.*
ÉTYM. diminutif de *Robin*, nom donné au mouton au Moyen Âge (les becs des fontaines étant souvent ornés d'une tête de mouton).

ROBINETTERIE [ʀɔbinɛtʀi] n. f. 1. Industrie, commerce des robinets. 2. Ensemble des robinets d'un dispositif, d'une installation.

ROBINIER [ʀɔbinje] n. m. ✦ Arbre épineux à fleurs blanches en grappes, appelé aussi *faux acacia.*
ÉTYM. de *Robin*, nom d'un botaniste.

ROBORATIF, IVE [ʀɔbɔʀatif, iv] adj. ✦ LITTÉR. Qui revigore, redonne des forces.
ÉTYM. du latin *roborare* «fortifier».

ROBOT [ʀɔbo] n. m. 1. Machine à l'aspect humain. *Les robots des films d'anticipation.* – fig. Être humain réduit à l'état d'automate. 2. Mécanisme automatique complexe pouvant se substituer à l'homme pour effectuer certaines opérations. *Robots industriels* (→ **cybernétique, robotique**). – (élément de mots composés) *Des logiciels-robots. Des avions-robots.* ♦ Appareil ménager pour la cuisine, à utilisations multiples.
ÉTYM. du tchèque *robota* «travail».

ROBOTIQUE [ʀɔbɔtik] n. f. ✦ Étude et mise au point de robots (2). *Robotique industrielle.*

ROBOTISER [ʀɔbɔtize] v. tr. (conjug. 3a) 1. Équiper de machines, de robots. – *Atelier robotisé.* 2. Transformer (qqn) en robot ; faire perdre sa liberté d'action à (qqn).
▸ **ROBOTISATION** [ʀɔbɔtizasjɔ̃] n. f.

ROBUSTE [ʀɔbyst] adj. 1. Fort et résistant, de par sa solide constitution. *Un homme robuste.* SYN. **vigoureux** ; FAM. **costaud.** – *Une santé robuste.* 2. *Plante robuste.* SYN. **résistant.** – *Un moteur robuste.* SYN. **solide.** 3. abstrait Ferme, inébranlable. *Un robuste appétit.* CONTR. **chétif, délicat, faible, fragile.**
ÉTYM. latin *robustus* «solide (comme le chêne *[robur, roboris]*)».

ROBUSTESSE [ʀɔbystɛs] n. f. ✦ Qualité de ce qui est robuste. SYN. **force, résistance, solidité.** CONTR. **délicatesse, fragilité.**

ROC [ʀɔk] n. m. 1. LITTÉR. Rocher. 2. *LE ROC* : matière rocheuse et dure. *Corniche taillée dans le roc.* SYN. **roche.** 3. par métaphore ou fig. (Symbole de dureté, de solidité) *Un homme dur, ferme comme un roc. Solide comme un roc, le roc.* – *C'est un roc !* HOM. ROCK «musique»
ÉTYM. forme masculine de *roche*.

ROCADE [ʀɔkad] n. f. ✦ Voie de communication routière utilisée comme dérivation.
ÉTYM. de *roquer*.

ROCAILLE [ʀɔkaj] n. f. 1. Pierres qui jonchent le sol ; terrain plein de pierres. SYN. **pierraille.** 2. Pierre utilisée, avec des coquillages, etc., pour construire des décorations de jardin. *Fontaine en rocaille.* – *Une rocaille :* décor de pierres entre lesquelles on plante des fleurs, des plantes. 3. Style ornemental (période Louis XV-Régence), variété de baroque caractérisée par la fantaisie des lignes contournées. SYN. **rococo.** – appos. invar. *Des commodes rocaille.*
ÉTYM. de *roc*.

ROCAILLEUX, EUSE [ʀɔkajø, øz] adj. 1. Plein de pierres. SYN. **pierreux ; caillouteux.** *Chemin rocailleux.* 2. Dur et heurté. *Un style rocailleux.* – *Une voix rocailleuse,* rauque.
ÉTYM. de *rocaille*.

ROCAMBOLESQUE [ʀɔkɑ̃bɔlɛsk] adj. ✦ Extravagant, plein de péripéties extraordinaires. *Aventures rocambolesques.*
ÉTYM. de *Rocambole* (☞ noms propres), nom d'un héros de Ponson du Terrail.

ROCHE [ʀɔʃ] **n. f. 1.** Rocher. *Des éboulis de roches.* **2.** LA ROCHE : la pierre (surtout dure). *Un quartier de roche.* — *Eau de roche* : eau de source très limpide. — loc. *C'est clair* comme de l'eau de roche.* **3.** SC. Assemblage de minéraux définis par leur composition chimique. *Étude des roches.* → **géologie ; minéralogie, pétrographie.** *Roches sédimentaires ; éruptives ; métamorphiques.*
ÉTYM. latin *rocca*, mot prélatin.

ROCHER [ʀɔʃe] **n. m. 1.** Grande masse de roche formant une éminence généralement abrupte. *Des rochers escarpés.* **2.** LE ROCHER : la paroi rocheuse. *À flanc de rocher.* **3.** Partie massive de l'os temporal. *Fracture du rocher.* **4.** Gâteau ou confiserie en forme de petit rocher. *Rocher au chocolat.*
ÉTYM. de *roche*.

ROCHEUX, EUSE [ʀɔʃø, øz] **adj. 1.** Couvert, formé de rochers. *Côte rocheuse.* **2.** Formé de roche, de matière minérale dure. *Un fond rocheux.*
ÉTYM. de *roche*.

ROCK AND ROLL [ʀɔkɛnʀɔl] ou abrév. **ROCK** [ʀɔk] **n. m.** ✦ anglicisme Musique populaire d'origine nord-américaine, issue du blues, du jazz et de la musique rurale blanche, caractérisée par un rythme très marqué. — Morceau de cette musique. — Danse sur cette musique. ◆ **adj.** *Des chanteurs rocks* ou *rock* (invar.).
HOM. ROC « rocher »
ÉTYM. mot américain, de *to rock* « balancer » et *to roll* « rouler ».

ROCKEUR, EUSE [ʀɔkœʀ, øz] **n.** ou **ROCKER** [ʀɔkœʀ] **n. m.** ✦ Chanteur, musicien de rock. — Amateur de rock. — Écrire *rockeur, euse* avec le suffixe français *-eur* est permis.
ÉTYM. anglais *rocker* « blouson noir ».

ROCKING-CHAIR [ʀɔkiŋ(t)ʃɛʀ] **n. m.** ✦ Fauteuil à bascule que l'on fait osciller par un mouvement du corps. *Des rocking-chairs.*
ÉTYM. mot américain, de *to rock* « balancer » et *chair* « chaise ».

ROCOCO [ʀɔkɔko ; ʀokoko] **n. m.** et **adj. invar. 1. n. m.** Style décoratif du XVIIIe siècle, prolongement du baroque. SYN. **rocaille.** — **adj. invar.** *L'art rococo.* **2. adj. invar.** Démodé, vieillot.
ÉTYM. formation plaisante sur *rocaille*.

RODAGE [ʀɔdaʒ] **n. m.** ✦ Action, fait de roder. *Voiture en rodage.* — *Le rodage d'un spectacle.*

RODÉO [ʀɔdeo] **n. m. 1.** Fête donnée en Amérique du Nord pour le marquage du bétail, et qui comporte des jeux sportifs de lutte avec les animaux. **2.** FAM. Course bruyante et agitée de voitures ou de motos.
ÉTYM. américain *rodeo*, de l'hispano-américain « encerclement du bétail ».

RODER [ʀɔde] **v. tr.** (conjug. 3a) **1.** Faire fonctionner (un moteur neuf, une voiture neuve) avec précaution et de manière progressive. **2.** fig. FAM. Mettre au point (une chose nouvelle) par des essais, par la pratique. *Roder un spectacle ; une méthode de travail.* — (personnes ; passif et p. passé) *Vous êtes maintenant parfaitement rodé.*
ÉTYM. latin *rodere* « ronger ».

RÔDER [ʀode] **v. intr.** (conjug. 3a) **1.** Errer avec des intentions suspectes. *Voyou qui rôde dans une rue.* — (sujet chose abstraite) *La mort rôde.* **2.** Errer au hasard. SYN. **vagabonder.**
ÉTYM. occitan *rodar* « tourner ».

RÔDEUR, EUSE [ʀodœʀ, øz] **n.** ✦ Personne qui rôde en quête d'un mauvais coup.

RODOMONT [ʀɔdɔmɔ̃] **n. m.** ✦ LITTÉR. Personnage fanfaron. SYN. **hâbleur, vantard.**
ÉTYM. italien *Rodomonte*, personnage littéraire.

RODOMONTADE [ʀɔdɔmɔ̃tad] **n. f.** ✦ Action, propos de rodomont, de fanfaron. SYN. **fanfaronnade, vantardise.**

ROGATOIRE [ʀɔgatwaʀ] **adj.** ✦ DR. Relatif à une demande. — *Commission rogatoire* : délégation qui charge un tribunal, un juge d'un acte de procédure ou d'instruction.
ÉTYM. du latin *rogatum*, participe passé de *rogare* « interroger ; demander ».

ROGATON [ʀɔgatɔ̃] **n. m.** ✦ FAM. (surtout au plur.) Bribe de nourriture ; reste d'un repas.
ÉTYM. latin médiéval *rogatum* « demande ».

ROGNE [ʀɔɲ] **n. f.** ✦ FAM. Colère, mauvaise humeur. — *Être ; mettre qqn* EN ROGNE.
ÉTYM. de ② *rogner*.

① **ROGNER** [ʀɔɲe] **v. tr.** (conjug. 3a) **1.** Couper de manière à diminuer les dimensions, rectifier les contours ou prélever une partie. *Rogner les cahiers d'un livre* (SYN. **massicoter**). — *Rogner les griffes à un chat.* — loc. fig. *Rogner les ailes à qqn,* lui enlever ses moyens d'action. **2.** fig. Diminuer d'une petite quantité (pour un profit mesquin). *Rogner les revenus de qqn.* — (sans compl. dir.) *Rogner sur un budget.*
ÉTYM. latin populaire *rotundiare* « arrondir ».

② **ROGNER** [ʀɔɲe] **v. intr.** (conjug. 3a) ✦ FAM. Être en rogne, en colère. SYN. **rager.**
ÉTYM. origine onomatopéique.

ROGNON [ʀɔɲɔ̃] **n. m.** ✦ Rein (d'un animal), destiné à la cuisine. *Rognon de veau, d'agneau.*
ÉTYM. latin populaire *renio*, classique *renes* « reins ».

ROGNURE [ʀɔɲyʀ] **n. f. 1.** surtout au plur. Ce que l'on enlève quand on rogne qqch. SYN. **déchet.** *Des rognures de cuir.* **2.** Déchet, résidu.
ÉTYM. de ① *rogner*.

ROGUE [ʀɔg] **adj.** ✦ LITTÉR. Plein de morgue. *Un homme rogue et pontifiant.* — *Un ton rogue.* SYN. **arrogant, hargneux.** CONTR. **aimable, doux.**
ÉTYM. de l'anc. scandinave *krokr* « insolence ».

ROI [ʀwa] **n. m. 1.** Chef souverain (homme) de certains États (→ **royaume**), accédant au pouvoir par voie héréditaire (SYN. **dynastie**). SYN. **monarque,** ① **souverain ;** → **majesté, sire.** *Le roi et la reine. Le sacre des rois de France à Reims.* — *Le Roi-Soleil,* Louis XIV. — *Les Rois mages*. La fête des Rois.* → **Épiphanie.** *La galette des Rois.* loc. *Tirer les Rois,* se réunir pour manger la galette. ◆ loc. *Heureux comme un roi,* très heureux. — *Morceau de roi,* de choix. ◆ appos. invar. *Bleu roi* : bleu très vif. *Des uniformes bleu roi.* **2.** Homme qui règne quelque part, dans un domaine. *Ce cuisinier est le roi du cassoulet.* — Personne qui a la maîtrise (d'un secteur économique). *Les rois du pétrole.* SYN. **magnat.** — appos. À qui l'on confère une grande importance. *L'argent roi. Les enfants rois.* **3.** Chef, représentant éminent (d'un groupe ou d'une espèce). *Le roi des animaux,* le lion. — FAM. Le plus grand. *C'est le roi des imbéciles.* **4.** Pièce la plus importante du jeu d'échecs. *Échec au roi.* — Carte à jouer figurant un roi.
ÉTYM. latin *rex, regis*.

A B C D E F G H I J K L M N O P Q R S T U V W X Y Z

ROITELET [Rwat(ə)lɛ] **n. m.** **I** Roi peu important ; roi d'un petit pays. **II** Oiseau passereau plus petit que le moineau.
ÉTYM. d'un diminutif de *roi.*

RÔLE [Rol] **n. m.** **I** ancienn^t Rouleau sur lequel on inscrivait les actes. ◆ DR. ADMIN. Registre où sont portées les affaires soumises à un tribunal. ➝ Liste d'effectifs. *Rôle d'équipage* (d'un navire). *Rôle de la conscription.* ➝ Liste des contribuables. ◆ *À TOUR DE RÔLE* **loc. adv.** : chacun à son tour. *Vous entrerez à tour de rôle.* **II** **1.** Partie d'un texte que doit dire sur scène un acteur ; personnage qu'il représente. ☛ Littérature p. 127. *Rôle tragique, comique. Jouer, interpréter un rôle.* **2.** Conduite sociale de qqn qui joue un personnage. *Jouer, tenir un rôle. Le rôle de la mère indigne.* ➝ loc. *Avoir LE BEAU RÔLE* : apparaître à son avantage (dans une situation). ➝ *Jeu de rôles,* impliquant des rôles sociaux ou symboliques. **3.** Influence, fonction (de qqn, dans la société). *Avoir, jouer un rôle important dans une affaire.* ➝ *Le rôle social du médecin.* ➝ (choses) Fonction. *Le rôle du verbe dans la phrase.*
ÉTYM. latin médiéval *rotulus* « rouleau », diminutif de *rota* « roue ».

ROLLER [Rɔlœr] **n. m.** ✦ anglicisme Patin à roulettes auquel est fixé une chaussure. *Une paire de rollers.* ➝ *Faire du roller.* HOM. ROLLEUR « patineur »
ÉTYM. de l'anglais *rollerskate* « patin à roulettes ».

ROLLEUR, EUSE [Rɔlœr, øz] **n.** ✦ Personne qui pratique le roller. HOM. ROLLER « patin »

ROLLMOPS [Rɔlmɔps] **n. m.** ✦ Filet de hareng mariné dans du vinaigre.
ÉTYM. mot allemand, de *rollen* « enrouler ».

ROMAIN, AINE [Rɔmɛ̃, ɛn] **adj.** **1.** De l'ancienne Rome et son empire. SYN. **latin.** *L'Empire romain. Chiffre* romain.* ◆ **n.** *Les Romains.* ➝ loc. *Un TRAVAIL DE ROMAIN* : une œuvre longue et difficile. **2.** De la Rome moderne. *La campagne romaine.* ◆ TYPOGR. *Caractère romain,* à traits perpendiculaires à la ligne de base (s'oppose à *italique*). **n. m.** *Composer en romain.* **3.** De Rome, siège de la papauté. *L'Église catholique, apostolique et romaine.*
ÉTYM. latin *romanus* « de Rome *(Roma)* ».

① **ROMAINE** [Rɔmɛn] **n. f.** ✦ Laitue d'une variété à feuilles allongées et croquantes. ➝ loc. FAM. *Bon comme la romaine* : bon jusqu'à la faiblesse.
ÉTYM. de *(laitue) romaine* → romain.

② **ROMAINE** [Rɔmɛn] **adj. f.** et **n. f.** ✦ *Balance romaine* ou *romaine* : balance formée d'un fléau à bras inégaux, dont le plus long porte une masse que l'on déplace jusqu'à l'équilibre.
ÉTYM. origine arabe, avec influence de *romain.*

① **ROMAN** [Rɔmɑ̃] **n. m.** **I** LING. Langue issue du latin oral, qui a précédé l'ancien français. ☛ Langue française p. 97. **II** **1.** HIST. LITTÉR. Récit en roman (I), puis en ancien français, contant des aventures merveilleuses. *Le Roman de la Rose. Le Roman de Renart.* **2.** COUR. Œuvre d'imagination en prose qui présente des personnages donnés comme réels. ☛ Littérature p. 133. *Romans et nouvelles*. Roman d'amour, d'aventures. Roman policier.* ◆ Genre littéraire que constituent ces œuvres. SYN. **fiction.** *Le roman réaliste.* ➝ *Le NOUVEAU ROMAN* : tendance du roman français du XXe siècle, qui refuse les conventions du roman traditionnel (psychologie, linéarité du récit, etc.). ☛ Littérature p. 146. HOM. ROMAND « de Suisse »
ÉTYM. latin populaire *romanice,* adverbe « en langue populaire », de *romanus* → romain.

② **ROMAN, ANE** [Rɔmɑ̃, an] **adj.** **I** **1.** *La langue romane* : le roman (1, I) de Gaule. ☛ Langue française p. 97. **2.** Relatif aux peuples conquis par Rome. *Les langues romanes,* issues du latin populaire (français, italien, espagnol, catalan, portugais, roumain, etc.). ☛ Langue française p. 84. **II** Relatif à l'art médiéval d'Europe occidentale (notamment l'architecture), de la fin de l'État carolingien à la diffusion du style gothique. ☛ Art roman p. 158. *Église romane.* ➝ **n. m.** Art, style roman. *Le roman auvergnat.* HOM. ROMAND « de Suisse »
ÉTYM. de ① *roman.*

ROMANCE [Rɔmɑ̃s] **n. f.** **1.** HIST. LITTÉR. Pièce poétique mise en musique, de style simple. **2.** COUR. Chanson sentimentale. *Pousser la romance.*
ÉTYM. mot espagnol.

ROMANCER [Rɔmɑ̃se] **v. tr.** (conjug. 4) ✦ Présenter en donnant les caractères du roman. ➝ au p. passé *Biographie romancée.*
ÉTYM. de *romanz,* forme ancienne de ① *roman.*

ROMANCHE [Rɔmɑ̃ʃ] **n. m.** ✦ Langue romane en usage notamment dans les Grisons. *Le romanche est la quatrième langue nationale de la Suisse.*
ÉTYM. du latin populaire *romanice* → ① roman.

ROMANCIER, IÈRE [Rɔmɑ̃sje, jɛr] **n.** ✦ Auteur de romans.
ÉTYM. de ① *roman.*

ROMAND, ANDE [Rɔmɑ̃, ɑ̃d] **adj.** ✦ Se dit de la partie de la Suisse où l'on parle le français. *Le pays romand.* HOM. ① ROMAN « récit », ② ROMAN « style médiéval »
ÉTYM. variante de ① *roman.*

ROMANESQUE [Rɔmanɛsk] **adj.** **1.** Qui offre les caractères traditionnels du roman (aventures, sentiments, etc.). *Aventures romanesques.* **2.** Qui a des idées, des sentiments dignes des romans. SYN. **sentimental ; romantique** (3). **3.** Propre au roman, genre littéraire. *La création romanesque.*
ÉTYM. de ① *roman.*

ROMANICHEL, ELLE [Rɔmaniʃɛl] **n.** ✦ péj. Tsigane nomade. SYN. **bohémien.**
ÉTYM. origine tsigane.

ROMANISATION [Rɔmanizasjɔ̃] **n. f.** ✦ Action d'imposer à (un peuple conquis) les mœurs romaines, la langue latine. *La romanisation de la Gaule.*
ÉTYM. du latin *romanus* « romain ».

ROMANISTE [Rɔmanist] **n.** ✦ DIDACT. Linguiste spécialiste des langues romanes.
ÉTYM. de ② *roman.*

ROMANITÉ [Rɔmanite] **n. f.** ✦ DIDACT. Civilisation de la Rome antique.
ÉTYM. du latin *romanus* → romain.

ROMAN-PHOTO [Rɔmɑ̃fɔto] **n. m.** ✦ Récit présenté sous la forme d'une série de photos accompagnées de textes succincts. *Des romans-photos.*

ROMANTIQUE [Rɔmɑ̃tik] **adj.** **1.** Qui appartient au romantisme. *La poésie romantique.* ➝ **n.** *Les classiques et les romantiques.* **2.** Qui évoque les attitudes et les thèmes chers aux romantiques (sensibilité, exaltation, rêverie, lyrisme, etc.). *Un paysage romantique.* **3.** Qui

manifeste de l'idéalisme, de la sentimentalité. SYN. **romanesque.** *Une âme romantique.* ➛ *Une histoire romantique.*
ÉTYM. anglais *romantic* «du genre littéraire du roman *(romance)*».

ROMANTISME [ʀɔmɑ̃tism] **n. m.** 1. Mouvement littéraire et artistique qui s'est développé dans la première moitié du XIXe siècle par réaction contre la régularité classique et le rationalisme des siècles précédents. ☛ Littérature p. 143 et Romantisme p. 180. *Le romantisme français, allemand.* 2. Caractère, esprit romantique. *Le romantisme de l'adolescence.*
ÉTYM. de *romantique.*

ROMARIN [ʀɔmaʀɛ̃] **n. m.** ✦ Arbuste aromatique à feuilles persistantes et à fleurs bleues.
ÉTYM. latin *rosmarinus,* proprement «rosée de mer».

ROMBIÈRE [ʀɔ̃bjɛʀ] **n. f.** ✦ péj. Femme d'âge mûr, ennuyeuse, prétentieuse et un peu ridicule.
ÉTYM. origine incertaine.

ROMPRE [ʀɔ̃pʀ] **v.** (conjug. 51) **I v. tr.** 1. LITTÉR. Casser. *Rompre le pain,* le partager à la main. ➛ *Se rompre le cou*.* ➛ *Applaudir à tout rompre,* très fort. ➛ *Rompre la glace*.* 2. Briser (une chose souple). *Le navire a rompu ses amarres.* 3. LITTÉR. Enfoncer par un effort violent. *La mer a rompu les digues.* 4. Défaire (un arrangement, un ordre). ➛ loc. *ROMPRE LES RANGS,* les quitter de manière à ne plus former un rang. absolt *Rompez !* (ordre militaire). 5. Arrêter le cours de. SYN. **interrompre.** *Rompre le silence* (en parlant). loc. *Le charme* est rompu.* ➛ Interrompre (des relations). *Rompre des relations diplomatiques.* ➛ Cesser de respecter (un engagement, une promesse). → **rupture.** *Rompre un traité. Rompre des fiançailles.* SYN. **annuler.** 6. LITTÉR. *Rompre qqn à un exercice,* l'y accoutumer. → **rompu** (2). **II v. intr.** 1. LITTÉR. Casser. *La corde a rompu.* 2. SPORTS Reculer. 3. Renoncer soudain à des relations d'amitié (avec qqn). SYN. se **brouiller.** *Il a rompu avec sa famille.* ➛ spécialt Se séparer (en parlant d'amoureux). SYN. **casser.** *Ils ont rompu.* ➛ *Rompre avec qqch.,* cesser de pratiquer. *Rompre avec les traditions.*
ÉTYM. latin *rumpere.*

ROMPU, UE [ʀɔ̃py] **adj.** 1. (personnes) Extrêmement fatigué. SYN. **fourbu.** 2. LITTÉR. *ROMPU À :* très exercé à (une discipline...). *Elle est rompue à cet exercice.* 3. loc. *À bâtons* rompus.*
ÉTYM. participe passé de *rompre.*

ROMSTECK ou **RUMSTECK** [ʀɔmstɛk] **n. m.** ✦ Partie de l'aloyau, qui se mange rôtie ou grillée.
ÉTYM. anglais *rump-steak,* de *rump* «croupe» et *steak* «tranche».

RONCE [ʀɔ̃s] **n. f.** 1. Arbuste épineux aux fruits comestibles (→ **mûre**). *Un buisson de ronces* (→ **roncier**). ♦ Branche épineuse. *S'accrocher à des ronces.* 2. Nœuds, veines de certains bois ; bois qui offre cette particularité. *Ronce de noyer.*
ÉTYM. latin *rumex* «dard ; oseille».

RONCERAIE [ʀɔ̃sʀɛ] **n. f.** ✦ Terrain où croissent des ronces.

RONCHON, ONNE [ʀɔ̃ʃɔ̃, ɔn] **n.** ✦ FAM. Personne qui a l'habitude de ronchonner. SYN. **ronchonneur.** ➛ **adj.** *Elle est ronchonne* (ou invar. *ronchon*). SYN. **grognon.**
ÉTYM. de *ronchonner.*

RONCHONNEMENT [ʀɔ̃ʃɔnmɑ̃] **n. m.** ✦ FAM. Action de ronchonner ; paroles d'une personne qui ronchonne.

RONCHONNER [ʀɔ̃ʃɔne] **v. intr.** (conjug. 3a) ✦ FAM. Manifester son mécontentement en grognant, en protestant. SYN. **bougonner, grogner, râler.** *Il est toujours en train de ronchonner.*
ÉTYM. origine dialectale, de *roncher* «gronder».

RONCHONNEUR, EUSE [ʀɔ̃ʃɔnœʀ, øz] **n.** ✦ Personne qui ronchonne sans cesse. SYN. **ronchon.**

RONCIER [ʀɔ̃sje] **n. m.** ✦ Buisson de ronces.
ÉTYM. de *ronce.*

ROND, RONDE [ʀɔ̃, ʀɔ̃d] **adj.** et **n. m.**
I adj. 1. Dont la forme extérieure constitue (approximativement) un cercle. SYN. **circulaire, sphérique ;** → **rotondité.** *La Terre est ronde. Le ballon rond* (du football). ➛ *Des yeux ronds,* de forme ronde, ou écarquillés. 2. En arc de cercle. *Tuiles rondes.* ➛ Arrondi, voûté. *Avoir le dos rond.* ➛ *Écriture ronde* (→ **ronde**). ♦ (parties du corps) Charnu, sans angles. *Des joues rondes.* SYN. **rebondi.** ➛ (personnes) Gros et court. *Un petit bonhomme tout rond.* SYN. ① **boulot, rondelet, rondouillard.** 3. (quantité ; nombre) Entier ; spécialt qui se termine par un ou plusieurs zéros. *Une somme ronde. Un compte rond* (→ **arrondir**). 4. (personnes) Qui agit sans détours. *Un homme rond en affaires.* 5. FAM. Ivre. ➛ loc. *Rond comme une queue de pelle.* 6. **adv.** (dans des loc.) *TOURNER ROND,* d'une manière régulière. *Moteur qui tourne rond.* ➛ *Ça ne tourne pas rond,* il y a quelque chose d'anormal. ♦ *Cent euros tout rond* (→ ci-dessus, 3).
II n. m. 1. Figure circulaire. SYN. **cercle, circonférence.** *Tracer un rond. Faire des ronds dans l'eau,* des ondes circulaires et concentriques. *Faire des ronds de fumée,* des anneaux, en fumant. ♦ *EN ROND* **loc. adv.** : en cercle. *S'asseoir en rond autour d'une table.* ➛ loc. *Tourner en rond,* ne pas progresser. 2. Objet matériel de forme ronde. *Rond de serviette,* anneau pour enserrer une serviette roulée. ➛ loc. fig. FAM. *En baver des ronds de chapeau,* être très étonné ; être soumis à un traitement sévère (→ **en baver**). ♦ FAM. Sou. *Une pièce de vingt ronds.* ➛ *Ils ont des ronds,* de l'argent. *Il n'a pas le rond* (SYN. **sou**). 3. DANSE *Rond de jambe,* mouvement circulaire de la jambe. ➛ loc. *Faire des RONDS DE JAMBE,* des politesses exagérées.
ÉTYM. latin *rotundus.*

ROND-DE-CUIR [ʀɔ̃d(ə)kɥiʀ] **n. m.** ✦ péj. Employé de bureau. *«Messieurs les Ronds-de-cuir»* (de Courteline).
ÉTYM. du coussin rond en cuir qui garnissait les sièges de bureau.

RONDE [ʀɔ̃d] **n. f.** 1. *À LA RONDE :* dans un espace circulaire. SYN. **alentour.** *À dix kilomètres à la ronde.* ➛ Tour à tour, parmi des personnes installées en rond. *Servir à la ronde.* 2. Inspection militaire de surveillance. *Faire une ronde. «La Ronde de nuit»* (tableau de Rembrandt). ➛ Visite de surveillance. *La ronde du gardien.* 3. Danse où plusieurs personnes forment un cercle et tournent en se tenant par la main. *Entrer dans la ronde.* ➛ Chanson de cette danse. 4. Écriture à jambages courbes, à boucles arrondies. 5. Figure de note évidée et sans queue. *La ronde vaut deux blanches.*
ÉTYM. de *rond.*

RONDEAU [ʀɔ̃do] **n. m.** ✦ Poème à forme fixe, sur deux rimes avec des vers répétés. ☛ Littérature p. 124. *Les rondeaux de Charles d'Orléans.* HOM. RONDO «musique»
ÉTYM. de *rond.*

RONDE-BOSSE [ʀɔ̃dbɔs] **n. f.** ✦ Sculpture en relief qui se détache du fond. *Des rondes-bosses.*
ÉTYM. de *rond* et *bosse.*

A B C D E F G H I J K L M N O P Q R S T U V W X Y Z

RONDELET, ETTE [Rɔ̃d(ə)lɛ, ɛt] adj. ✦ Qui a des formes arrondies. SYN. **dodu, grassouillet, potelé, rond,** FAM. **rondouillard.** ➝ *Une somme rondelette,* assez importante. SYN. **coquet.** CONTR. **maigrelet.**
ÉTYM. diminutif de *rond.*

RONDELLE [Rɔ̃dɛl] n. f. 1. Pièce ronde, peu épaisse, généralement évidée. *Rondelle en caoutchouc.* 2. Petite tranche ronde. *Une rondelle de citron.*
ÉTYM. de *rond.*

RONDEMENT [Rɔ̃dmɑ̃] adv. 1. Avec vivacité et efficacité. *Une affaire rondement menée.* 2. D'une manière franche et directe. SYN. **franchement, nettement.**
ÉTYM. de *rond.*

RONDEUR [Rɔ̃dœR] n. f. 1. Forme ronde (d'une partie du corps). *La rondeur d'une hanche.* ➝ au plur. Formes rondes du corps. *Elle a pris quelques rondeurs.* 2. Caractère rond ; attitude directe et franche.
ÉTYM. de *rond.*

RONDIN [Rɔ̃dɛ̃] n. m. 1. Morceau de bois de chauffage (cylindrique). 2. Tronc d'arbre employé dans les travaux de construction. *Cabane en rondins.*
ÉTYM. de *rond.*

RONDO [Rɔ̃do] n. m. ✦ MUS. Pièce brillante (à couplets et refrain) servant de finale, dans la sonate et la symphonie classiques. HOM. RONDEAU «poème»
ÉTYM. mot italien, du français *rondeau.*

RONDOUILLARD, ARDE [Rɔ̃dujaR, aRd] adj. ✦ FAM. Qui a de l'embonpoint. SYN. **rondelet.**
ÉTYM. de *rond.*

ROND-POINT [Rɔ̃pwɛ̃] n. m. ✦ Place circulaire d'où rayonnent plusieurs avenues. ➜ **carrefour.** *Des ronds-points.*

RONÉO [Rɔneo] n. f. ✦ Machine qui reproduisait des textes au moyen de stencils.
ÉTYM. nom déposé.

RONÉOTYPER [Rɔneotipe] v. tr. (conjug. 3a) ✦ Reproduire au moyen de la ronéo.
ÉTYM. de *ronéo-* et *-type.*

RONFLANT, ANTE [Rɔ̃flɑ̃, ɑ̃t] adj. ✦ péj. Grandiloquent, plein d'emphase. SYN. **pompeux.** *Style ronflant.* SYN. **prétentieux.**
ÉTYM. du participe présent de *ronfler.*

RONFLEMENT [Rɔ̃fləmɑ̃] n. m. ✦ Action de ronfler ; bruit que fait qqn qui ronfle. *Des ronflements sonores.* ➝ *Le ronflement d'un moteur.* SYN. **ronron.**

RONFLER [Rɔ̃fle] v. intr. (conjug. 3a) ✦ Faire, en respirant pendant le sommeil, un fort bruit du nez. ➝ par analogie (choses) SYN. **ronronner, vrombir.** *Le poêle commence à ronfler.*
ÉTYM. origine onomatopéique.

RONFLEUR, EUSE [Rɔ̃flœR, øz] n. ✦ Personne qui ronfle, qui a l'habitude de ronfler.

RONGER [Rɔ̃ʒe] v. tr. (conjug. 5) 1. User en coupant avec les dents (incisives) par petits morceaux. *Souris qui ronge du pain.* SYN. **grignoter.** *Chien qui ronge un os. Se ronger les ongles.* ➝ (vers, insectes) Attaquer, détruire peu à peu. *Vers qui rongent le bois.* au p. passé *Meuble rongé par les vers.* ➜ **vermoulu.** ➝ Mordiller (un corps dur). *Cheval qui ronge son mors.* loc. *Ronger son frein*.* 2. (choses) Attaquer, détruire peu à peu (qqch.). *La rouille ronge le fer ; les acides rongent les métaux.* SYN. **corroder.** ➝ par métaphore *Le mal qui le ronge.* SYN. **miner.** 3. abstrait *Le chagrin, le remords le ronge.* SYN. **torturer, tourmenter.** ➝ FAM. *Se ronger (les sangs),* se faire du souci. ➝ au passif *Être rongé de remords, par le remords.*
ÉTYM. latin *rumigare* «ruminer», avec influence de *rodere* «ronger».

RONGEUR, EUSE [Rɔ̃ʒœR, øz] adj. et n. m. 1. adj. Qui ronge. 2. n. m. Mammifère à incisives tranchantes (ordre des *Rongeurs ;* ex. écureuil, souris).

RONRON [Rɔ̃Rɔ̃] n. m. 1. FAM. Ronflement sourd et continu. *Le ronron d'un moteur.* ◆ fig. Monotonie, routine. *Le ronron de la vie quotidienne.* 2. Petit grondement régulier du chat lorsqu'il est content. *Faire ronron.* ➜ **ronronner.**
ÉTYM. origine onomatopéique.

RONRONNEMENT [Rɔ̃Rɔnmɑ̃] n. m. ✦ Ronron (d'un chat).
ÉTYM. de *ronronner.*

RONRONNER [Rɔ̃Rɔne] v. intr. (conjug. 3a) ✦ (chat) Faire entendre des ronrons.
ÉTYM. de *ronron.*

ROQUEFORT [Rɔkfɔr] n. m. ✦ Fromage de lait de brebis, ensemencé d'une moisissure spéciale.
ÉTYM. du nom d'une localité de l'Aveyron. ☛ noms propres.

ROQUER [Rɔke] v. intr. (conjug. 3a) ✦ ÉCHECS Placer l'une de ses tours à côté de son roi et faire passer ce dernier de l'autre côté de la tour.
ÉTYM. de *roc,* ancien nom de la tour aux échecs, d'origine persane.

ROQUET [Rɔkɛ] n. m. 1. Petit chien hargneux qui aboie pour un rien. 2. fig. Personne hargneuse.
ÉTYM. origine onomatopéique.

ROQUETTE [Rɔkɛt] n. f. ✦ Projectile autopropulsé et non guidé. *Roquette antichar.*
ÉTYM. anglais *rocket,* du germanique *rukka* «quenouille».

RORQUAL, ALS [RɔRk(w)al] n. m. ✦ Mammifère marin voisin de la baleine. *Des rorquals.*
ÉTYM. de l'ancien norvégien «baleine *(hwalr)* rouge *(raudh)*».

ROSACE [Rozas] n. f. 1. Figure symétrique faite de courbes inscrites dans un cercle. ➝ Ornement qui a cette forme. *Plafond à rosace.* 2. Grand vitrail d'église, de forme circulaire. SYN. ① **rose.**
ÉTYM. de ① *rose.*

ROSACÉE [Rozase] n. f. ✦ BOT. Plante à feuilles dentées, à étamines nombreuses (famille des *Rosacées :* ex. l'aubépine, le rosier).
ÉTYM. de ① *rose.*

ROSAIRE [RozɛR] n. m. ✦ Grand chapelet de quinze dizaines d'Ave précédées chacune d'un Pater. ➝ Les prières elles-mêmes. *Réciter son rosaire.*
ÉTYM. latin ecclésiastique *rosarium* «guirlande de roses *(rosa)*».

ROSÂTRE [RozɑtR] adj. ✦ Qui est d'un rose peu franc.
ÉTYM. de ② rose, suffixe *-âtre.*

ROSBIF [Rɔsbif] n. m. ✦ Morceau de bœuf à rôtir, généralement coupé dans l'aloyau.
ÉTYM. anglais *roast-beef,* de *beef* «bœuf» et *roast* «rôti».

① **ROSE** [Roz] n. f. **I** 1. Fleur du rosier, décorative et odorante. *Des roses rouges, blanches. Bouton de rose. Rose sauvage.* ➜ **églantine.** ➝ *Essence de roses.* EAU DE ROSE : essence de roses diluée. fig. *Un roman à l'eau de*

rose, sentimental et mièvre. ◆ loc. *Être frais, fraîche comme une rose :* avoir un teint éblouissant. ➝ prov. *Il n'y a pas de roses sans épines*.* ➝ *Ne pas sentir la rose :* sentir mauvais. ◆ FAM. *Envoyer qqn* SUR LES ROSES, le rembarrer. ➝ *Découvrir le pot* aux roses.* **2.** *Bois de rose :* bois de couleur rosée utilisé en ébénisterie. **3.** (autres fleurs) *Rose trémière*. Laurier*-rose.* **II 1.** Grand vitrail circulaire. SYN. **rosace. 2.** ROSES DES VENTS : étoile à 32 divisions (aires du vent), représentée sur le cadran d'une boussole, etc. **3.** ROSE DE SABLE, DES SABLES : cristallisation de gypse, en forme de rose.
ÉTYM. latin *rosa.*

② **ROSE** [roz] **adj.** et **n. m. 1. adj.** Qui est d'un rouge très pâle, comme la rose primitive. *Des joues roses. Crevette rose.* ➝ loc. *Ce n'est pas rose :* ce n'est pas gai. **2. n. m.** Couleur rose. *Rose vif, pâle. Rose bonbon,* vif. ➝ *Voir la vie en rose, voir tout en rose,* avec optimisme (s'oppose à *en noir*).
ÉTYM. de ① *rose.*

ROSÉ, ÉE [roze] **adj.** ✦ Légèrement teinté de rose. *Beige rosé.* ➝ *Vin rosé* et **n. m.** *du rosé :* vin de couleur rosée. *Rosé de Provence.* HOM. ROSÉE «vapeur d'eau»
ÉTYM. de ② *rose.*

ROSEAU [rozo] **n. m.** ✦ Plante aquatique à tige droite et lisse. «*Le Chêne et le Roseau*» (fable de La Fontaine). ➝ allus. littér. «*L'homme n'est qu'un roseau* [...] *mais c'est un roseau pensant*» (Pascal).
ÉTYM. germanique *raus* «jonc».

ROSÉE [roze] **n. f.** ✦ Vapeur d'eau qui se condense et se dépose en fines gouttelettes ; ces gouttelettes. *Herbe humide de rosée.* HOM. ROSÉ «rose»
ÉTYM. latin populaire *rosata,* de *ros, roris.*

ROSÉOLE [rozeɔl] **n. f.** ✦ Éruption de taches rosées qui s'observe dans certaines maladies ou intoxications.
ÉTYM. de ② *rose,* d'après *rougeole.*

ROSERAIE [rozʀɛ] **n. f.** ✦ Plantation de rosiers.
ÉTYM. de *rosier.*

ROSETTE [rozɛt] **n. f. 1.** Nœud à boucles d'un ruban. **2.** Insigne du grade d'officier, dans certains ordres (➝ **décoration**). **3.** Saucisson d'origine lyonnaise.
ÉTYM. diminutif de ① *rose.*

ROSEVAL [rozval] **n. f.** ✦ Pomme de terre à la peau rose et à la pulpe jaune.

ROSIER [rozje] **n. m.** ✦ Arbrisseau épineux portant les roses. *Rosier grimpant. Rosier sauvage.* ➝ **églantier.**
ÉTYM. de ① *rose.*

ROSIÈRE [rozjɛʀ] **n. f.** ✦ anciennt Jeune fille à laquelle on décernait une couronne de roses en récompense, pour sa réputation de vertu.
ÉTYM. de ① *rose.*

ROSIR [roziʀ] **v.** (conjug. 13) **1. v. intr.** Prendre une couleur rose. *Son visage rosit de plaisir.* **2. v. tr.** Rendre rose. *Le vent rosit son nez.*
ÉTYM. de *rosé.*

ROSSE [ʀɔs] **n. f. I** VIEILLI Mauvais cheval. **II** Personne dure, méchante. SYN. FAM. **chameau, vache.** *Ah ! les rosses !* ➝ **adj.** *Vous avez été rosse avec lui.*
ÉTYM. origine germanique.

ROSSER [ʀɔse] **v. tr.** (conjug. 3a) ✦ Battre violemment. *Se faire rosser.*
ÉTYM. origine incertaine.

ROSSERIE [ʀɔsʀi] **n. f. 1.** Parole ou action rosse. SYN. **méchanceté. 2.** Caractère rosse. *Il est d'une rosserie !*
ÉTYM. de *rosse.*

ROSSIGNOL [ʀɔsiɲɔl] **n. m. I** Oiseau passereau, au chant varié et harmonieux. **II 1.** Instrument pour crocheter les portes. **2.** FAM. Livre invendu, sans valeur. ➝ Objet démodé. *De vieux rossignols en solde.*
ÉTYM. ancien provençal *rossinhol,* d'un diminutif du latin *luscinia.*

ROSTRE [ʀɔstʀ] **n. m. 1.** ANTIQ. ROMAINE Éperon de navire. **2.** ZOOL. Prolongement pointu, vers l'avant du corps (crustacés ; insectes...). *Le rostre du puceron.*
ÉTYM. latin *rostrum* «bec, museau ; éperon de navire».

-ROSTRE Élément savant, du latin *rostrum* «bec».

ROT [ʀo] **n. m.** ✦ FAM. Expulsion plus ou moins bruyante de gaz de l'estomac par la bouche. SYN. **éructation, renvoi.** HOM. RHO (lettre grecque), RÔT «rôti»
ÉTYM. altération du latin *ructus.*

RÔT [ʀo] **n. m.** ✦ LITTÉR. Rôti. HOM. RHO (lettre grecque), ROT «renvoi»
ÉTYM. de *rôtir.*

ROTATIF, IVE [ʀɔtatif, iv] **adj.** ✦ Qui agit en tournant, par une rotation. *Foreuse rotative.* ➝ *Presse rotative.* ➝ **rotative.**
ÉTYM. du radical de *rotation.*

ROTATION [ʀɔtasjɔ̃] **n. f. 1.** DIDACT. Mouvement d'un corps autour d'un axe (matériel ou non). *Rotation de la Terre.* ➝ Mouvement circulaire. SYN. **cercle,** ② **tour.** *Exécuter une rotation.* **2.** abstrait Fait d'alterner, de remplacer périodiquement. *Rotation des cultures.* ➝ **assolement.** ➝ *Rotation d'un stock* (de marchandises). ➝ *Rotation du personnel* (dans une équipe). ◆ Fréquence des voyages à partir d'un même lieu. *La rotation des avions d'une ligne.*
ÉTYM. latin *rotatio.*

ROTATIVE [ʀɔtativ] **n. f.** ✦ Presse à imprimer continue, agissant au moyen de cylindres. *Journal sortant des rotatives.*
ÉTYM. de *presse rotative* → rotatif.

ROTATOIRE [ʀɔtatwaʀ] **adj.** ✦ Caractérisé par une rotation. *Mouvement rotatoire.* SYN. **circulaire, giratoire.**
ÉTYM. de *rotation.*

ROTER [ʀɔte] **v. intr.** (conjug. 3a) ✦ FAM. Faire un rot, des rots. SYN. **éructer.**
ÉTYM. altération du latin *ructare.*

RÔTI [ʀoti ; ʀɔti] **n. m.** ✦ Morceau de viande de boucherie, cuit à feu vif. SYN. LITTÉR. **rôt.** *Rôti de bœuf* (➝ **rosbif**), *de veau.* HOM. RÔTIE «pain grillé»
ÉTYM. du participe passé de *rôtir.*

RÔTIE [ʀoti ; ʀɔti] **n. f.** ✦ VIEILLI ou RÉGIONAL Tranche de pain grillé. SYN. **toast.** HOM. RÔTI «viande»
ÉTYM. de *rôtir.*

ROTIN [ʀɔtɛ̃] **n. m.** ✦ Tige d'un palmier (appelé *rotang* **n. m.**), utilisée pour faire des meubles, des objets. *Fauteuil de rotin.*
ÉTYM. malais *rōtan,* par le néerlandais.

RÔTIR [ʀotiʀ ; ʀɔtiʀ] **v.** (conjug. 13) **1. v. tr.** Faire cuire (de la viande) à feu vif. ➝ au p. passé *Poulet rôti.* ◆ FAM. Exposer à une forte chaleur. *Rôtir son dos devant le feu.* ➝ pronom. *Se rôtir au soleil.* SYN. se **dorer. 2. v. intr.** Cuire

à feu vif. *Mettre la viande à rôtir.* – FAM. Subir une chaleur qui incommode. *On rôtit, ici.* SYN. **cuire.**
ÉTYM. germanique *raustjan.*

RÔTISSERIE [ʀotisʀi ; ʀɔtisʀi] n. f. 1. Boutique de rôtisseur. 2. Restaurant où l'on mange des viandes rôties.
ÉTYM. de *rôtir.*

RÔTISSEUR, EUSE [ʀotisœʀ, øz ; ʀɔtisœʀ, øz] n. ✦ Personne qui prépare et vend des viandes rôties.
ÉTYM. de *rôtir.*

RÔTISSOIRE [ʀotiswaʀ ; ʀɔtiswaʀ] n. f. 1. Ustensile de cuisine qui sert à faire rôtir la viande. 2. Four muni d'un tournebroche.
ÉTYM. de *rôtir.*

ROTONDE [ʀɔtɔ̃d] n. f. ✦ Édifice circulaire (souvent à dôme et à colonnes).
ÉTYM. italien *Rotunda*, nom propre, du latin, féminin de *rotundus* «rond».

ROTONDITÉ [ʀɔtɔ̃dite] n. f. 1. Caractère de ce qui est rond, sphérique. *La rotondité d'un globe.* 2. FAM. Rondeur, embonpoint.
ÉTYM. latin *rotunditas.*

ROTOR [ʀɔtɔʀ] n. m. 1. Partie mobile d'un mécanisme rotatif (opposé à *stator*). *La bobine du rotor.* 2. Voilure tournante (pales) d'un hélicoptère.
ÉTYM. contraction du latin *rotator* «celui qui fait tourner».

ROTULE [ʀɔtyl] n. f. ✦ Os plat situé à la partie antérieure du genou. – loc. FAM. *Être sur les rotules,* très fatigué (→ être sur les genoux).
ÉTYM. latin *rotula* «petite roue *(rota)*».

ROTULIEN, IENNE [ʀɔtyljɛ̃, jɛn] adj. ✦ Relatif à la rotule. – *Réflexe rotulien,* obtenu en frappant la rotule.

ROTURE [ʀɔtyʀ] n. f. ✦ LITTÉR. Condition, classe des roturiers (opposé à *noblesse*).
ÉTYM. latin *ruptura* «rupture» ; doublet de *rupture.*

ROTURIER, IÈRE [ʀɔtyʀje, jɛʀ] adj. ✦ Qui n'est pas noble (société féodale, Ancien Régime...). – n. *Un roturier, une roturière.* SYN. **bourgeois, manant, vilain.**
ÉTYM. de *roture.*

ROUAGE [ʀwaʒ] n. m. 1. Chacune des pièces (petites roues) d'un mécanisme (d'horlogerie, etc.). *Les rouages d'une horloge.* 2. fig. Partie essentielle (d'un ensemble qui fonctionne). *Les rouages de l'économie.*
ÉTYM. de *roue.*

ROUBLARD, ARDE [ʀublaʀ, aʀd] adj. ✦ FAM. Qui fait preuve d'astuce et de ruse dans la défense de ses intérêts. SYN. **malin, rusé.** – n. *C'est un vieux roublard.*
ÉTYM. origine incertaine.

ROUBLARDISE [ʀublaʀdiz] n. f. ✦ Caractère, conduite de roublard. SYN. **rouerie.**

ROUBLE [ʀubl] n. m. ✦ Unité monétaire de la Russie et de certains États issus de l'U. R. S. S. *Un rouble vaut cent kopecks.*
ÉTYM. russe *rubl'.*

ROUCOULER [ʀukule] v. intr. (conjug. 3a) 1. (pigeon, tourterelle) Faire entendre son cri. 2. Tenir des propos tendres. *Des amoureux qui roucoulent.*
► **ROUCOULEMENT** n. m. Fait de roucouler.
ÉTYM. probablement origine onomatopéique.

ROUDOUDOU [ʀududu] n. m. ✦ Confiserie faite d'une pâte sucrée coulée dans une coquille ou une petite boîte. *Des roudoudous.*
ÉTYM. formation enfantine.

ROUE [ʀu] n. f. 1. Disque plein ou évidé tournant sur un axe et utilisé comme organe de déplacement. *Les roues d'une voiture, d'une bicyclette. Véhicule à deux roues* (→ **deux-roues**), *à quatre roues. Roue avant, arrière.* – *Roue de secours,* de rechange. – *Chapeau de roue* (qui protège le moyeu). FAM. *Virage sur les chapeaux de roue,* à toute allure. – *ROUE LIBRE :* dispositif permettant au cycliste de rouler sans pédaler. – loc. *Pousser à la roue,* aider qqn à réussir. *Mettre des bâtons* dans les roues. Être la cinquième roue du carrosse,* être inutile ou insignifiant. 2. Disque tournant sur son axe, servant d'organe de transmission, etc. → **poulie, rouage.** *Roues dentées.* 3. Supplice qui consistait à attacher le condamné sur une roue et à lui rompre les membres (→ **rouer**). 4. Disque tournant. *Roue de loterie.* – *GRANDE ROUE :* attraction foraine, manège en forme de roue dressée. 5. *FAIRE LA ROUE.* Tourner latéralement sur soi-même en faisant reposer le corps successivement sur les mains et sur les pieds. – (oiseaux) Déployer en rond les plumes de la queue. *Paon qui fait la roue.* – fig., péj. Déployer ses séductions. → **se pavaner.** 6. Disque, cylindre. *Une roue de gruyère.*
HOM. ROUX «couleur fauve»
ÉTYM. latin *rota.*

ROUÉ, ROUÉE [ʀwe] n. ✦ LITTÉR. 1. Personne soumise au supplice de la roue. 2. Personne rusée et sans scrupules. – adj. Rusé.
ÉTYM. de *rouer.*

ROUELLE [ʀwɛl] n. f. ✦ Partie de la cuisse de veau au-dessus du jarret, coupée en rond.
ÉTYM. bas latin *rotella* «petite roue *(rota)*».

ROUER [ʀwe] v. tr. (conjug. 3a) 1. anciennt Supplicier sur la roue (3). 2. loc. *Rouer qqn de coups,* le battre violemment.
ÉTYM. de *roue* (3).

ROUERIE [ʀuʀi] n. f. ✦ Ruse sans scrupule d'une personne rouée.
ÉTYM. de *roué.*

ROUET [ʀwɛ] n. m. ✦ anciennt Machine à roue servant à filer (chanvre, laine, lin, etc.).
ÉTYM. diminutif de *roue.*

ROUF [ʀuf] n. m. ✦ MAR. Petite construction élevée sur le pont d'un navire.
ÉTYM. néerlandais *roef.*

ROUFLAQUETTE [ʀuflakɛt] n. f. ✦ FAM. Patte de cheveux sur la joue ; au plur. favoris courts.
ÉTYM. origine obscure, peut-être de *roufle* «gifle», mot dialectal d'origine onomatopéique.

ROUGE [ʀuʒ] adj. et n.
I adj. 1. Qui est de la couleur du sang, du rubis, etc. (extrémité du spectre solaire). → **carmin, écarlate, pourpre.** *Écrire au crayon rouge. Rose rouge. Feu* rouge. Le drapeau rouge* (révolutionnaire). ♦ *VIN ROUGE,* fait avec des raisins ayant leur peau (souvent des raisins noirs), avec macération complète. *Un bordeaux rouge.* – n. m. FAM. *Un coup de rouge. Du gros rouge.* 2. Qui a pour emblème le drapeau rouge ; qui est d'extrême gauche. SYN. **communiste ; révolutionnaire.** n. VIEILLI *Les rouges :* les communistes. – *L'armée rouge :* l'armée

soviétique. 3. Qui est porté à l'incandescence. *Fer* rouge.* 4. Dont la peau devient de couleur rouge, par l'afflux du sang (peau claire ; opposé à blanc, pâle). SYN. **congestionné.** *Être rouge comme un coquelicot, une pivoine* (d'émotion, de confusion). *Rouge de colère.* ➡ *Teint rouge.* SYN. **cramoisi, rougeaud, rubicond.** ◆ adv. *Se fâcher tout rouge,* devenir rouge de colère. *Voir rouge,* avoir un accès de colère.
II n. m. 1. Couleur rouge. *Un rouge vif, foncé.* 2. Colorant rouge ; pigment donnant une couleur rouge. ◆ Fard rouge. *Rouge à joues, à lèvres.* 3. Couleur, aspect, état du métal incandescent. *Barre de fer portée au rouge.* 4. Teinte rouge que prennent les peaux claires sous l'effet d'une émotion. SYN. ① **feu.** *Le rouge lui monte aux joues.* 5. (Couleur des signaux de danger, d'interdiction) *La jauge est dans le rouge.* ➡ fig. *Être dans le rouge,* dans une situation (notamment financière) difficile, critique.
ÉTYM. latin *rubeus* «roux», de *ruber* «rouge».

ROUGEÂTRE [ʀuʒɑtʀ] adj. ✦ Légèrement rouge.
ÉTYM. de *rouge,* suffixe *-âtre.*

ROUGEAUD, AUDE [ʀuʒo, od] adj. ✦ Rouge (teint) ; qui a le teint rouge.

ROUGE-GORGE [ʀuʒgɔʀʒ] n. m. ✦ Oiseau passereau à gorge et poitrine d'un roux vif. *Des rouges-gorges.*

ROUGEOIEMENT [ʀuʒwamɑ̃] n. m. ✦ Teinte ou reflet rougeâtre.
ÉTYM. de *rougeoyer.*

ROUGEOLE [ʀuʒɔl] n. f. ✦ Maladie infectieuse caractérisée par une éruption de taches rouges sur la peau. *Vaccin contre la rougeole.*
ÉTYM. latin populaire *rubeola,* de *rubeus* «roux».

ROUGEOYANT, ANTE [ʀuʒwajɑ̃, ɑ̃t] adj. ✦ Qui prend des teintes rougeâtres.
ÉTYM. du participe présent de *rougeoyer.*

ROUGEOYER [ʀuʒwaje] v. intr. (conjug. 10) ✦ Prendre une teinte rougeâtre ; produire des reflets rougeâtres. *Incendie qui rougoie dans la nuit.*
ÉTYM. de *rouge.*

ROUGET [ʀuʒɛ] n. m. ✦ Poisson de mer de couleur rouge, très estimé. *Rouget barbet.* ➡ *Rouget grondin*.*
ÉTYM. diminutif de *rouge.*

ROUGEUR [ʀuʒœʀ] n. f. 1. LITTÉR. Couleur rouge. 2. Coloration rouge du visage causée par la chaleur, l'émotion. 3. (souvent au plur.) Tache rouge sur la peau (inflammation, etc.). SYN. **couperose, érythème.**

ROUGIR [ʀuʒiʀ] v. (conjug. 13) I v. intr. 1. Devenir rouge, plus rouge. 2. (personnes) Devenir rouge sous l'effet d'une émotion. SYN. piquer un **fard.** *Rougir jusqu'aux oreilles,* beaucoup. ➡ *Rougir de colère, de honte.* ➡ au p. passé *Des yeux rougis* (de pleurs). 3. Éprouver un sentiment de culpabilité, de confusion. *Je n'ai pas à en rougir.* II v. tr. 1. Rendre rouge. *La lumière du couchant rougit l'horizon.* 2. Chauffer (un métal) au rouge.
ÉTYM. de *rouge.*

ROUGISSANT, ANTE [ʀuʒisɑ̃, ɑ̃t] adj. ✦ Qui rougit d'émotion. *Un garçon timide et rougissant.*
ÉTYM. du participe présent de *rougir.*

ROUGISSEMENT [ʀuʒismɑ̃] n. m. ✦ Fait de rougir.

ROUILLE [ʀuj] n. f. 1. Produit de la corrosion du fer en présence de l'oxygène de l'air, en milieu humide. *Tache de rouille.* ◆ adjectivt invar. D'un rouge brun. SYN. **roux ;** → **rubigineux.** *Des vestes rouille.* 2. Nom de diverses maladies des végétaux. 3. Aïoli relevé de piment rouge.
ÉTYM. latin populaire *robicula,* classique *robigo.*

ROUILLER [ʀuje] v. (conjug. 3a) I v. intr. Se couvrir de rouille. *Les outils ont rouillé sous la pluie.* II v. tr. 1. Provoquer la formation de rouille sur (qqch.). *L'humidité rouille le fer.* ➡ pronom. *La grille se rouille.* 2. fig. Rendre moins alerte (le corps, l'esprit) par manque d'exercice. ➡ pronom. *Il s'est rouillé faute d'entraînement.*
► **ROUILLÉ, ÉE** adj. 1. Taché, couvert de rouille. *Un clou rouillé.* 2. fig. Qui a perdu son agilité, faute d'entraînement. *Avoir les jambes rouillées, la mémoire rouillée.* ➡ *Être rouillé.*
ÉTYM. de *rouille.*

ROUIR [ʀwiʀ] v. tr. (conjug. 13) ✦ TECHN. Isoler les fibres textiles (du lin, du chanvre) par macération.
ÉTYM. du francique.

ROULADE [ʀulad] n. f. 1. Succession de notes chantées sur une seule syllabe. 2. Mouvement de gymnastique qui consiste à s'enrouler sur soi-même, en avant ou en arrière. SYN. **galipette.**
ÉTYM. de *rouler.*

ROULANT, ANTE [ʀulɑ̃, ɑ̃t] adj. 1. Qui roule. *Table roulante. Fauteuil roulant.* ◆ *Personnel roulant* (dans les transports en commun). 2. Se dit de surfaces animées d'un mouvement continu, servant à transporter d'un point à un autre. *Trottoir, tapis, escalier roulant.* 3. (route...) Où l'on circule avec facilité. 4. *Feu roulant,* tir continu. ➡ fig. *Un feu roulant de questions.*
ÉTYM. du participe présent de *rouler.*

ROULEAU [ʀulo] n. m. I 1. Bande enroulée de forme cylindrique. *Rouleau de parchemin. Rouleau de pellicule photographique.* SYN. **bobine.** ➡ loc. *Être au bout du rouleau,* avoir épuisé toutes ses ressources, ses forces. 2. Chose enroulée, objets roulés en cylindre. *Rouleau de pièces de monnaie.* ◆ *Rouleau de printemps* : crêpe de riz fourrée de crudités, de crevettes (cuisine asiatique). 3. Grosse vague qui se brise sur une plage. 4. Saut en hauteur au cours duquel le corps roule au-dessus de la barre. *Rouleau dorsal, ventral.* II 1. Cylindre allongé (de bois, etc.) que l'on fait rouler. *Rouleau à pâtisserie.* ➡ *Rouleau compresseur,* cylindre pour aplanir le macadam. ➡ *Rouleau de peintre en bâtiment,* servant à appliquer la peinture. 2. Objet cylindrique destiné à recevoir ce qui s'enroule. ➡ spécialt Gros bigoudi.
ÉTYM. diminutif de *rôle.*

ROULÉ-BOULÉ [ʀulebule] n. m. ✦ Culbute par laquelle on tombe en se roulant en boule pour amortir le choc. *Des roulés-boulés.*
ÉTYM. de *rouler* et *bouler.*

ROULEMENT [ʀulmɑ̃] n. m. 1. Action, fait de rouler (II). ➡ Mécanisme contenant des pièces qui roulent, destiné à diminuer les frottements. *Roulement à billes.* 2. Bruit de ce qui roule, ou bruit analogue. *Le roulement continu des voitures.* ➡ *Un roulement de tambour.* 3. Mouvement de ce qui tourne. *Roulement d'yeux.* 4. (argent) Fait de circuler. *Le roulement des capitaux. Fonds de roulement.* 5. Alternance de personnes qui se relaient dans un travail. *Ils travaillent par roulement.*

ROULER [Rule] v. (conjug. 3a) **I** v. tr. 1. Déplacer (un corps arrondi) en le faisant tourner sur lui-même. *Rouler un tonneau.* – loc. *Rouler sa bosse,* voyager beaucoup. → **bourlinguer.** 2. Déplacer (un objet muni de roues, de roulettes). *Rouler une brouette.* 3. Mettre en rouleau. *Rouler un tapis. Rouler une cigarette,* en roulant le tabac dans la feuille de papier. 4. Imprimer un balancement à. *Rouler les hanches en marchant.* – FAM. *Rouler les mécaniques ; rouler sa caisse :* faire l'important. – *Se rouler les pouces*.* 5. LITTÉR. Tourner et retourner (des pensées). *Rouler mille projets dans sa tête.* 6. Duper (qqn). *Il a voulu me rouler. Vous vous êtes fait rouler.* 7. *Rouler les r,* les faire vibrer. **II** v. intr. 1. Avancer en tournant sur soi-même. *Faire rouler un cerceau. Larme qui roule sur la joue.* SYN. **couler.** – Tomber et tourner sur soi-même (par l'élan pris dans la chute). SYN. **dégringoler.** *Rouler du haut d'un talus.* 2. (sujet chose) Avancer au moyen de roues, de roulettes. *La voiture roulait lentement.* – (sujet personne) Avancer, voyager dans un véhicule à roues. *Rouler à droite* (→ **conduire**). 3. (bateau) Être agité de roulis. 4. (personnes) Errer de lieu en lieu. *Elle a pas mal roulé dans sa vie.* 5. (bruit) Se prolonger. *Détonation qui roule.* 6. (conversation...) *ROULER SUR :* avoir pour sujet. SYN. ① **porter** sur. *L'entretien a roulé sur la politique.* **III** *SE ROULER* v. pron. 1. Se tourner de côté et d'autre en position allongée. *Se rouler par terre ; dans l'herbe.* 2. S'envelopper (dans). SYN. **s'enrouler.** *Se rouler dans une couverture.* CONTR. **dérouler.**

► **ROULÉ, ÉE** [Rule] adj. 1. Enroulé ; mis en rouleau. *Col roulé.* 2. *R roulé* (→ **rouler** I, 7). 3. FAM. (personnes) *BIEN ROULÉ :* bien fait, qui a un beau corps.

ÉTYM. de *rouelle,* avec influence de *rôle.*

ROULETTE [Rulɛt] n. f. 1. Petite roue permettant le déplacement d'un objet. *Table à roulettes. Patins* à roulettes.* – loc. *Marcher, aller comme sur des roulettes,* très bien (affaire, entreprise). 2. Instrument à roue dentée. *Roulette de pâtissier.* – Fraise (de dentiste). 3. Jeu de hasard où une petite boule, lancée dans une cuvette tournante à cases numérotées, décide du gagnant ; cette cuvette.

ÉTYM. diminutif de *rouelle.*

ROULIS [Ruli] n. m. ✦ Mouvement d'oscillation transversal d'un bateau, sous l'effet de la houle. *Roulis et tangage*.*

ÉTYM. de *rouler.*

ROULOTTE [Rulɔt] n. f. 1. Voiture aménagée où vivent des nomades. 2. *Vol à la roulotte,* effectué dans un véhicule en stationnement.

ÉTYM. de *rouler.*

ROUMAIN, AINE [Rumɛ̃, ɛn] adj. et n. ✦ De Roumanie (☞ noms propres). – n. *Les Roumains.* ◆ n. m. *Le roumain,* langue romane.

ROUND [Raund ; Rund] n. m. ✦ Reprise (d'un combat de boxe). *Combat en dix rounds.*

ÉTYM. mot anglais «rond, cercle».

① **ROUPIE** [Rupi] n. f. ✦ VX Morve. – MOD. FAM. *De la roupie de sansonnet :* une chose insignifiante.

ÉTYM. origine inconnue.

② **ROUPIE** [Rupi] n. f. ✦ Unité monétaire de l'Inde, du Pakistan, du Népal, etc.

ÉTYM. hindoustani, du sanskrit.

ROUPILLER [Rupije] v. intr. (conjug. 3a) ✦ FAM. Dormir.

ROUPILLON [Rupijɔ̃] n. m. ✦ FAM. Petit somme. *Piquer un roupillon.*

ROUQUIN, INE [Rukɛ̃, in] adj. ✦ FAM. Qui a les cheveux roux. – n. *Une belle rouquine.*

ÉTYM. de *roux.*

ROUSPÉTER [Ruspete] v. intr. (conjug. 8) ✦ FAM. Protester, réclamer (contre qqch.). SYN. **râler.** *Il rouspète toute la journée.*

ÉTYM. de *rousser,* argot «gronder», et *péter* «protester».

ROUSPÉTEUR, EUSE [RuspetœR, øz] n. ✦ FAM. Personne qui rouspète, qui aime à rouspéter. SYN. **râleur.**

ROUSSÂTRE [RusɑtR] adj. ✦ Qui tire sur le roux.

ROUSSETTE [Rusɛt] n. f. 1. Poisson comestible, squale de petite taille, appelé aussi *chien de mer.* 2. Grande chauve-souris des régions tropicales.

ÉTYM. féminin de *rousset,* diminutif de *roux.*

ROUSSEUR [RusœR] n. f. 1. Couleur rousse. – *TACHE DE ROUSSEUR :* tache rousse de la peau (du visage, des mains...). → **éphélides.** *Des taches de rousseur.* 2. Tache roussâtre qui apparaît avec le temps sur le papier.

ROUSSI [Rusi] n. m. ✦ Odeur d'une chose qui a légèrement brûlé. – loc. *Sentir le roussi,* mal tourner, se gâter (affaire, situation).

ROUSSIR [RusiR] v. (conjug. 13) 1. v. tr. Rendre roux, roussâtre (spécialt en brûlant légèrement). *Roussir du linge en repassant.* – au p. passé *Herbe roussie.* 2. v. intr. Devenir roux, roussâtre. *Faire roussir des oignons.*

ROUTAGE [Rutaʒ] n. m. 1. TECHN. Action de grouper (des imprimés...) selon leur destination. 2. MAR. Action de router (un navire). 3. INFORM. Opération consistant à router des données sur un réseau. *Protocole, algorithme de routage.*

ÉTYM. de *router.*

ROUTARD, ARDE [RutaR, aRd] n. ✦ Personne qui voyage librement et à peu de frais.

ÉTYM. de *route.*

ROUTE [Rut] n. f. 1. Voie de communication terrestre de première importance. *Route côtière, route de montagne. Route à chaussées séparées.* → **autoroute ; voie** express. – *La route de Bruxelles,* qui va à Bruxelles. – *La grande route, la grand-route,* la route principale (d'un endroit, d'une région). ◆ absolt *La route,* l'ensemble des routes ; le moyen de communication qu'elles constituent. *Voyager par la route. Code de la route. Accident de la route.* – *Tenue* de route d'un véhicule.* – fig. *TENIR LA ROUTE :* agir de manière fiable et durable, être solide. 2. Chemin suivi ou à suivre dans une direction déterminée pour parcourir un espace. SYN. **itinéraire.** *Changer de route. Rencontrer qqn sur sa route.* ◆ Itinéraire (ligne) que suit un navire, un avion. *L'ancienne route des Indes.* – fig. *FAIRE FAUSSE ROUTE :* se tromper dans les moyens, la méthode à employer. 3. (dans des loc.) Marche, voyage. *Faire route. Bonne route !* – *EN ROUTE. Se mettre en route.* – *Journal, carnet DE ROUTE.* ◆ *METTRE EN ROUTE :* mettre en marche (un moteur, une machine). *Mettre en route sa voiture.* – fig. *Mise en route,* mise en train (d'une affaire). *Avoir qqch. en route,* être en train d'exécuter qqch. 4. fig. *Nos routes se sont croisées.* SYN. **chemin.** *Vous êtes sur la bonne route.* SYN. **voie.** – loc. *La route est toute tracée,* on sait ce qu'il faut faire.

ÉTYM. latin populaire *(via) rupta* «(voie) ouverte», du classique *rumpere viam* «frayer un passage».

ROUTER [Rute] v. tr. (conjug. 3a) 1. TECHN. Effectuer le routage de (des imprimés...). 2. MAR. Fixer la route, l'itinéraire de (un navire). 3. Assigner à (un message) une voie de communication, le diriger vers sa destination.
ÉTYM. de *route*.

① **ROUTEUR, EUSE** [Rutœr, øz] n. 1. Personne chargée du routage des imprimés, des colis. 2. MAR. Personne responsable du routage d'un navire.
ÉTYM. de *router*.

② **ROUTEUR** [RutœR] n. m. ✦ INFORM. Dispositif destiné à acheminer et à répartir les informations circulant sur un réseau.
ÉTYM. anglais américain *router*.

① **ROUTIER, IÈRE** [Rutje, jɛR] adj. et n. m. 1. adj. Relatif aux routes. *Réseau routier. Carte routière.* ➡ *Gare routière,* pour les services d'autocars. 2. n. m. Conducteur de poids lourds effectuant de longs trajets. SYN. **camionneur.** ◆ Restaurant fréquenté par les routiers.
ÉTYM. de *route*.

② **ROUTIER** [Rutje] n. m. ✦ *Vieux routier,* homme habile, plein d'expérience. *Un vieux routier de la politique.*
ÉTYM. de l'ancien français *rote,* puis *route* «bande», de l'ancien participe passé de *rompre*.

ROUTINE [Rutin] n. f. 1. Habitude d'agir ou de penser devenue mécanique. SYN. **traintrain** ; FAM. **ronron.** *Son travail est devenu une espèce de routine.* ➡ *La routine,* l'ensemble des habitudes et des préjugés considérés comme faisant obstacle au progrès. 2. anglicisme (non péj.) *De routine :* courant, habituel. *Contrôle de routine.*
ÉTYM. de *route*.

ROUTINIER, IÈRE [Rutinje, jɛR] adj. ✦ Qui agit par routine, se conforme à la routine. ➡ Caractérisé par la routine. *Travail routinier.* CONTR. **innovateur.**

ROUVRIR [RuvRiR] v. (conjug. 22) **I** v. tr. Ouvrir de nouveau (ce qui a été fermé). *Rouvrir une porte. Rouvrir son magasin.* ➡ *Rouvrir les yeux.* ➡ pronom *La plaie s'est rouverte.* **II** v. intr. Être de nouveau ouvert (après une période de fermeture). → **réouverture.** *La boulangerie rouvre demain.*

ROUX, ROUSSE [Ru, Rus] adj. 1. D'une couleur entre l'orangé et le rouge. *Teinte rousse.* SYN. **fauve, roussâtre.** ➡ spécialt *Des cheveux roux.* ◆ n. m. Couleur rousse. 2. (personnes) Dont les cheveux sont roux. ➡ n. *Un roux, une rousse.* SYN. FAM. **rouquin.** 3. *Beurre roux,* qu'on a fait roussir. ➡ n. m. Sauce à base de farine roussie dans du beurre. 4. *LUNE ROUSSE :* lune d'avril (qui est censée roussir, geler la végétation). HOM. ROUE «disque»
ÉTYM. latin *russus* «rouge, roux».

ROYAL, ALE, AUX [Rwajal, o] adj. 1. Du roi ; qui concerne le roi. *Palais royal. La famille royale.* ➡ *La Marine royale* et n. f. *la Royale.* 2. Digne d'un roi. *Un cadeau royal.* ➡ *Une indifférence royale,* parfaite. SYN. ① **souverain.**
ÉTYM. de *roi,* d'après le latin *regalis,* de *rex, regis* «roi».

ROYALEMENT [Rwajalmɑ̃] adv. 1. Avec magnificence. *Être royalement traité.* 2. FAM. À l'extrême. *S'en moquer royalement,* tout à fait.

ROYALISME [Rwajalism] n. m. ✦ Attachement à la monarchie, à la doctrine monarchiste.

ROYALISTE [Rwajalist] n. et adj. ✦ Partisan du roi, du régime monarchique. SYN. **monarchiste.** ➡ loc. *Être plus royaliste que le roi :* défendre les intérêts de qqn, d'un parti, avec plus d'ardeur qu'il ne le fait lui-même.

ROYALTIES [Rwajalti] n. f. pl. ✦ anglicisme Redevance versée au propriétaire d'un brevet, à un auteur, etc. ➡ Redevance versée par une compagnie pétrolière au pays producteur. ➡ recomm. offic. *redevance.*
ÉTYM. anglais *royalty,* emprunt à l'ancien français *roialté* → royauté.

ROYAUME [Rwajom] n. m. 1. État gouverné par un roi, une reine ; territoire d'une monarchie. 2. RELIG. *Le royaume de Dieu, des cieux,* le règne de Dieu. 3. loc. prov. *Au royaume des aveugles*, les borgnes sont rois.*
ÉTYM. altération, par croisement avec *royal,* de l'ancien français *reiame, roiame,* latin *regimen* «direction».

ROYAUTÉ [Rwajote] n. f. 1. Dignité de roi. *Aspirer à la royauté.* → **couronne, trône.** 2. Pouvoir royal. SYN. **monarchie.** *Chute de la royauté.*
ÉTYM. de *royal*.

-RRAGIE Élément savant, du grec *rhêgnumi* «jaillir», qui signifie «écoulement anormal, flux» (ex. *hémorragie*).

-RRHÉE Élément savant, du grec *rhein* «couler», qui signifie «écoulement, flux» (ex. *séborrhée*).

RSA [ɛRɛsa] n. m. ✦ en France Allocation constituant un revenu minimum et un complément en cas de reprise d'activité.
ÉTYM. sigle de *revenu de solidarité active.*

RTT [ɛRtete] n. f. ✦ en France Réduction du temps de travail. *Négociations sur la RTT.*

RU [Ry] n. m. ✦ RÉGIONAL Petit ruisseau. HOM. RUE «voie»

RUADE [Rɥad] n. f. ✦ Mouvement par lequel les équidés (chevaux, ânes, etc.) lancent vivement en arrière leurs membres postérieurs en soulevant leur train arrière. *Lancer une ruade.* → **ruer.**
ÉTYM. de *ruer*.

RUBAN [Rybɑ̃] n. m. 1. Étroite bande de tissu, servant d'ornement, d'attache (→ **faveur, galon ; bolduc**). *Ruban de velours.* 2. Bande de tissu servant d'insigne à une décoration (→ **cordon**). *Le ruban de la Légion d'honneur.* 3. Bande mince et étroite d'une matière flexible. *Ruban adhésif.*
ÉTYM. néerlandais *ringhband* «collier».

RUBÉOLE [Rybeɔl] n. f. ✦ Maladie éruptive contagieuse voisine de la rougeole.
ÉTYM. du latin *rubeus* «rouge».

RUBICOND, ONDE [Rybikɔ̃, ɔ̃d] adj. ✦ (visage) Très rouge. *Des joues rubicondes.*
ÉTYM. latin *rubicundus.*

RUBIGINEUX, EUSE [Rybiʒinø, øz] adj. ✦ DIDACT. 1. Couvert de rouille. 2. Qui a la couleur de la rouille.
ÉTYM. latin *rubiginosus* «rouille».

RUBIS [Rybi] n. m. 1. Pierre précieuse d'un beau rouge ; cette pierre taillée en bijou. 2. loc. *Payer RUBIS SUR L'ONGLE :* payer comptant et en totalité (ce qu'on doit).
ÉTYM. latin médiéval *rubinus,* de *rubeus* → rouge.

RUBRIQUE [RybRik] **n. f.** 1. Titre indiquant la matière d'un article de presse. *La rubrique des spectacles.* ➝ Article, généralement régulier, sur un sujet déterminé. SYN. ② **chronique.** *Tenir la rubrique littéraire.* 2. *SOUS (telle) RUBRIQUE :* sous tel titre, telle désignation. *Classer deux choses sous la même rubrique.*
ÉTYM. latin *rubrica* «terre rouge» et «titre écrit en rouge (ruber)».

RUCHE [Ryʃ] **n. f.** 1. Abri aménagé pour un essaim d'abeilles. *Ruche en bois.* 2. Colonie d'abeilles qui habite une ruche. *Bourdonnement d'une ruche.* ♦ **fig.** Lieu où règne une activité incessante. 3. Ruché.
ÉTYM. latin médiéval *rusca*, d'origine gauloise «écorce».

RUCHÉ [Ryʃe] **n. m.** ✦ Bande d'étoffe plissée servant d'ornement. SYN. **ruche.** HOM. RUCHER «ruches»

RUCHER [Ryʃe] **n. m.** ✦ Emplacement où sont disposées des ruches ; ensemble de ruches. HOM. RUCHÉ «tissu plissé»

RUDE [Ryd] **adj.** 1. (personnes) Simple et grossier. *Un homme rude.* SYN. **fruste.** ➝ *Des manières un peu rudes.* 2. (personnes) LITTÉR. Dur, sévère. ➝ Redoutable. *Un rude adversaire.* 3. (choses) Qui donne du mal, est dur à supporter. SYN. **pénible.** *Un métier rude. Une rude journée.* loc. *À rude épreuve*.* ➝ *Un climat rude.* SYN. **rigoureux.** 4. Dur au toucher. SYN. **rugueux.** *Toile rude.* SYN. **rêche.** ➝ Dur ou désagréable à l'oreille. *Une voix rude.* 5. FAM. (avant le nom) Remarquable en son genre. SYN. ① **drôle, fameux,** ① **sacré.** *Un rude appétit.* SYN. **solide.** CONTR. **délicat, raffiné · doux.**
ÉTYM. latin *rudis* «brut, grossier».

RUDEMENT [Rydmɑ̃] **adv.** 1. De façon brutale. *Heurter qqch. rudement.* 2. Avec dureté, sans ménagement. *Il le traite rudement.* 3. FAM. Beaucoup, très. SYN. **drôlement.** *C'est rudement bon.* CONTR. **délicatement, doucement.**

RUDESSE [Rydɛs] **n. f.** 1. Caractère rude (1). *La rudesse de ses manières.* 2. Caractère rude (2) ; sévérité. SYN. **brutalité, dureté.** *Traiter qqn avec rudesse.* ➞ **rudoyer.** 3. Caractère de ce qui est rude à supporter. *La rudesse de l'hiver.* 4. Caractère de ce qui est rude (4) aux sens. CONTR. **délicatesse, raffinement · douceur ; gentillesse.**

RUDIMENT [Rydimɑ̃] **n. m.** 1. au plur. Notions élémentaires (d'une science, d'un art). SYN. **abc, b. a.-ba.** *Des rudiments d'anglais.* 2. Ébauche ou reste (d'un organe). *Un rudiment de queue.* 3. au plur. Premiers éléments (d'une organisation, d'un système...).
ÉTYM. latin *rudimentum.*

RUDIMENTAIRE [Rydimɑ̃tɛR] **adj.** 1. Qui n'a atteint qu'un développement très limité. SYN. **élémentaire.** *La technique rudimentaire des premiers hommes.* ➝ Sommaire, insuffisant. *Connaissances rudimentaires.* 2. (organe) Qui est à l'état d'ébauche ou de résidu. CONTR. **complexe, élaboré, perfectionné.**
ÉTYM. de *rudiment.*

RUDOYER [Rydwaje] **v. tr.** (conjug. 10) ✦ Traiter rudement, sans ménagement. CONTR. **cajoler, dorloter.**
ÉTYM. de *rude.*

RUE [Ry] **n. f.** 1. Voie bordée de maisons, dans une agglomération. ➞ **artère, avenue, boulevard, impasse.** *La rue principale d'un village, la grande rue, la grand-rue. Une petite rue.* ➞ **ruelle.** *Une rue calme, animée, commerçante. Traverser la rue. Au coin de la rue.* ➝ *Arts de la rue :* spectacles (théâtre, cirque, mime...) qui ont lieu en plein air, dans l'espace public. ➝ loc. *À tous les coins de rue :* partout. 2. *La rue, les rues,* symbole de la vie urbaine, des milieux populaires. *L'homme de la rue. Un gamin des rues.* ➝ loc. *Être À LA RUE,* sans domicile, sans abri. ♦ *La rue,* siège des manifestations populaires. *Descendre dans la rue* (pour manifester). ➝ Le peuple, les manifestants. *La rue se mobilise.* 3. Ensemble des habitants ou des passants d'une rue. HOM. RU «ruisseau»
ÉTYM. latin *ruga* «ride».

RUÉE [Rɥe] **n. f.** ✦ Mouvement rapide d'un grand nombre de personnes dans la même direction. «*La Ruée vers l'or*» (film de Chaplin).
ÉTYM. de *ruer.*

RUELLE [Rɥɛl] **n. f.** **I** Petite rue étroite. SYN. **venelle.** **II** Espace libre entre un lit et le mur ou entre deux lits. ➝ HIST. Au XVIIe siècle, Chambre, alcôve où certaines femmes de haut rang recevaient.
ÉTYM. diminutif de *rue.*

RUER [Rɥe] **v.** (conjug. 3a) **I** *SE RUER* **v. pron.** S'élancer avec violence, impétuosité. SYN. **se précipiter.** *Se ruer sur qqn pour le frapper.* ➝ (En masse) ➞ **ruée.** *Les gens se ruaient vers la sortie. Les troupes se ruèrent à l'assaut.* **II** **v. intr.** Lancer une ruade, des ruades. ➝ loc. fig. *Ruer dans les brancards :* regimber, résister.
ÉTYM. latin *rutare,* de *ruere* «se précipiter ; tomber».

RUFFIAN ou **RUFIAN** [Ryfjɑ̃] **n. m.** 1. VX ou LITTÉR. Entremetteur, souteneur. 2. MOD. Aventurier peu scrupuleux.
ÉTYM. italien *ruffiano.*

RUGBY [Rygbi] **n. m.** ✦ Sport d'équipe dans lequel il faut poser un ballon ovale derrière la ligne de but de l'adversaire (➞ **essai**), ou le faire passer entre les poteaux de but. *Équipe de rugby.* ➞ **quinze.** ➝ *Rugby* ou *jeu à treize,* joué avec des équipes de treize joueurs. ➝ *Rugby américain.* ➞ **football** américain.
ÉTYM. mot anglais, du nom de la ville où se trouve le collège où ce jeu fut inventé en 1823.

RUGBYMAN [Rygbiman] **n. m.** ✦ Joueur de rugby. *Des rugbymans* ou *des rugbymen* [Rygbimɛn] (plur. anglais).
ÉTYM. de *rugby* et de l'anglais *man* «homme».

RUGIR [Ryʒir] **v.** (conjug. 13) **I** **v. intr.** 1. (lion, fauves) Pousser des rugissements. 2. (personnes) Pousser des cris terribles. SYN. **hurler.** *Rugir de colère.* 3. (choses) Produire un bruit sourd et violent. *Le vent rugit.* **II** **v. tr.** Proférer avec violence, avec des cris. *Rugir des injures.*
ÉTYM. latin *rugire.*

RUGISSEMENT [Ryʒismɑ̃] **n. m.** 1. Cri du lion et de certains fauves (tigres, panthères, etc.). 2. Cri rauque. *Des rugissements de colère.* 3. (choses) Grondement sourd et violent. SYN. **mugissement.** *Le rugissement de la tempête.*
ÉTYM. de *rugir.*

RUGOSITÉ [Rygozite] **n. f.** ✦ État d'une surface rugueuse ; petite aspérité sur cette surface. CONTR. ② **poli.**
ÉTYM. du latin *rugosus* → rugueux.

RUGUEUX, EUSE [Rygø, øz] **adj.** ✦ Dont la surface présente de petites aspérités, et qui est rude au toucher. SYN. **raboteux, râpeux, rêche, rude.** *Écorce rugueuse.* CONTR. ① **lisse,** ② **poli, uni.**
ÉTYM. latin *rugosus* «ridé», de *ruga* «ride».

RUINE [ʀɥin] **n. f.** **I** *(Une, des ruines)* **1.** Débris d'un édifice ancien ou écroulé. SYN. **décombres, vestige.** *Des ruines gallo-romaines.* – *Une ruine,* un édifice écroulé. **2.** Personne dégradée par l'âge, la maladie... *C'est une véritable ruine.* SYN. **loque.** **II** *(La ruine)* **1.** Écroulement partiel ou total d'un édifice ; état de ce qui s'écroule (→ **délabrement, vétusté**). *Tomber en ruine.* → **crouler.** *Château en ruine.* – *Menacer ruine* : risquer de tomber en ruine. **2.** Destruction, perte. *Le dictateur a précipité sa ruine.* – *C'est la ruine de ses espérances.* SYN. **anéantissement.** **3.** Perte des biens, de la fortune. *Être au bord de la ruine.* – par ext. *Une ruine,* une cause de ruine, une source de dépenses (→ **ruineux**). *Cette collection est une ruine.*
ÉTYM. latin *ruina,* de *ruere* «s'écrouler».

RUINER [ʀɥine] **v. tr.** (conjug. 3a) **1.** VX Réduire à l'état de ruines. – au p. passé MOD. *Château ruiné.* **2.** Endommager gravement. *Ruiner sa santé.* SYN. **altérer.** **3.** Causer la ruine, la perte de. SYN. **anéantir, détruire.** *Cet échec a ruiné tous ses espoirs.* **4.** Faire perdre la fortune, la prospérité à. *La guerre a ruiné le pays.* – au p. passé *Elle est complètement ruinée.* ◆ par exagér. Faire faire des dépenses excessives à (qqn). *Tu me ruines ; tu veux me ruiner !* **5.** *SE RUINER* **v. pron.** Perdre ses biens, causer sa propre ruine. *Il s'est ruiné au jeu.* – Dépenser trop. *Se ruiner en médicaments.* CONTR. **affermir, renforcer • enrichir.**
ÉTYM. de *ruine.*

RUINEUX, EUSE [ʀɥinø, øz] **adj.** ✦ Qui amène la ruine, des dépenses excessives. *Des goûts ruineux.*
ÉTYM. latin *ruinosus* «écroulé».

RUISSEAU [ʀɥiso] **n. m.** **1.** Petit cours d'eau (→ **ru ; ruisselet**). – prov. *Les petits ruisseaux font les grandes rivières,* des éléments modestes additionnés produisent une chose importante. – par exagér. *Des ruisseaux de sang, de larmes.* SYN. **torrent.** **2.** Eau qui coule le long des trottoirs ; caniveau destiné à la recevoir. – loc. *Tomber dans le ruisseau,* dans une situation dégradante, dans la misère. *Tirer qqn du ruisseau.*
ÉTYM. latin *rivuscellus* «petit ruisseau *(rivus)*».

RUISSELANT, ANTE [ʀɥis(ə)lɑ̃, ɑ̃t] **adj.** **1.** Qui ruisselle (1). *Pluie ruisselante.* – *Lumière ruisselante.* **2.** Qui ruisselle (2). *Ruisselant d'eau.* absolt *Un parapluie ruisselant.* – par métaphore *Une robe ruisselante de pierreries.*
ÉTYM. du participe présent de *ruisseler.*

RUISSELER [ʀɥis(ə)le] **v. intr.** (conjug. 6a) **1.** Couler sans arrêt en formant des ruisseaux, des filets d'eau. *La pluie ruisselle.* – Se répandre à profusion. *Une pièce où ruisselle le soleil.* **2.** *RUISSELER DE* : être couvert de (un liquide qui ruisselle). *La vitre ruisselait de pluie. Ruisseler de sueur, de larmes.*
ÉTYM. de *ruissel,* ancienne forme de *ruisseau.*

RUISSELET [ʀɥis(ə)lɛ] **n. m.** ✦ Petit ruisseau.
ÉTYM. diminutif de *ruissel,* anc. forme de *ruisseau.*

RUISSELLEMENT [ʀɥisɛlmɑ̃] **n. m.** ✦ Fait de ruisseler. – GÉOL. *Ruissellement pluvial* : écoulement, sur le sol, des eaux de pluie (qui produira les cours d'eau). ◆ fig. *Un ruissellement de lumière.*

RUMBA [ʀumba] **n. f.** ✦ Danse d'origine cubaine ; musique de cette danse.
ÉTYM. mot espagnol des Antilles.

RUMEUR [ʀymœʀ] **n. f.** **1.** Bruit, nouvelle de source incontrôlée qui se répand. *Une vague rumeur. Des rumeurs de dévaluation.* – *La rumeur publique.* **2.** Bruit confus de voix qui protestent. *Rumeur de mécontentement.* **3.** Bruit confus. *La rumeur d'une cascade.*
ÉTYM. latin *rumor.*

RUMINANT [ʀyminɑ̃] **n. m.** ✦ Mammifère ongulé dont l'estomac complexe permet la rumination (ex. les bovidés, les cervidés).
ÉTYM. du participe présent de *ruminer.*

RUMINATION [ʀyminasjɔ̃] **n. f.** ✦ Action de ruminer, fonction physiologique des ruminants.

RUMINER [ʀymine] **v. tr.** (conjug. 3a) **1.** (ruminants) Mâcher de nouveau des aliments revenus de l'estomac, avant de les avaler. *Les vaches ruminent l'herbe* (et, absolt, *ruminent*). **2.** (personnes) Tourner et retourner lentement dans son esprit. SYN. **remâcher.** *Ruminer son chagrin.*
ÉTYM. latin *ruminare,* de *rumen* «panse».

RUMSTECK [ʀɔmstɛk] **n. m.** → ROMSTECK

RUNE [ʀyn] **n. f.** ✦ DIDACT. Caractère de l'ancien alphabet des langues germaniques.
ÉTYM. mot danois et norvégien.

RUNIQUE [ʀynik] **adj.** ✦ DIDACT. Relatif aux runes, formé de runes. *Écriture runique.*
ÉTYM. de *rune.*

RUPESTRE [ʀypɛstʀ] **adj.** ✦ DIDACT. **1.** Qui vit dans les rochers. *Flore rupestre.* **2.** (œuvre plastique) Qui est exécuté sur une paroi rocheuse. *Peintures rupestres.* – *Art rupestre.*
ÉTYM. du latin *rupes* «paroi de rocher».

RUPIN, INE [ʀypɛ̃, in] **adj.** et **n.** ✦ FAM., VIEILLI Riche.
ÉTYM. origine incertaine.

RUPTEUR [ʀyptœʀ] **n. m.** ✦ TECHN. Dispositif qui interrompt le courant électrique (→ **interrupteur**).
ÉTYM. de *rompre,* d'après *rupture.*

RUPTURE [ʀyptyʀ] **n. f.** **1.** Fait de se casser, de se rompre. *La rupture d'un câble.* **2.** Cessation brusque (de ce qui durait). *Rupture des relations diplomatiques.* – Annulation (d'un engagement). *Rupture de contrat ; de fiançailles. Être en rupture de ban*.* – *Rupture de stock* (quand le stock est insuffisant). *Livre en rupture de stock.* ◆ Opposition entre des choses qui se suivent. *Rupture de ton, de rythme,* changement brusque. – *EN RUPTURE AVEC* : en opposition affirmée à. *Être en rupture avec la société.* **3.** Séparation (entre des personnes qui étaient unies). *Lettre de rupture.*
ÉTYM. latin *ruptura,* de *rumpere* «rompre» ; doublet de *roture.*

RURAL, ALE, AUX [ʀyʀal, o] **adj.** ✦ Qui concerne la vie dans les campagnes. SYN. **rustique** (1). *Exploitation rurale.* SYN. **agricole.** *Milieu rural.* – *L'exode rural* : le dépeuplement des campagnes. – **n. m. pl.** *Les ruraux.* SYN. **campagnard ; paysan.** CONTR. **urbain ; citadin.**
ÉTYM. latin *ruralis,* de *rus, ruris* «campagne».

RURBANISATION [ʀyʀbanizasjɔ̃] **n. f.** ✦ GÉOGR. Urbanisation progressive des zones rurales à proximité des villes.
ÉTYM. de *rural* et *urbanisation.*

RUSE [ʀyz] **n. f.** **1.** Procédé habile pour tromper. SYN. **artifice, feinte, machination,** ① **manœuvre, piège, stratagème, subterfuge.** – loc. *Ruse de guerre* (et, fig.,

A B C D E F G H I J K L M N O P Q R S T U V W X Y Z

pour surprendre un adversaire). *Des ruses de Sioux*.* 2. *LA RUSE :* art de dissimuler, de tromper. SYN. **habileté, rouerie.** CONTR. **candeur, droiture.**
ÉTYM. de l'ancien verbe *ruser* «reculer», latin *recusare* «refuser» → récuser.

RUSÉ, ÉE [ʀyze] adj. ✦ Qui a, emploie ou exprime de la ruse. SYN. **malin, roublard.** ➛ n. *C'est une rusée. Un petit rusé.* CONTR. **candide,** ① **droit.**

RUSER [ʀyze] v. intr. (conjug. 3a) ✦ User de ruses, agir avec ruse.

RUSH [ʀœʃ] n. m. ✦ anglicisme 1. SPORTS Accélération d'un concurrent en fin de course. SYN. **sprint.** 2. Ruée. 3. au plur. (au cinéma...) Épreuves de tournage (avant montage). *Des rushs* ou *des rushes* (plur. anglais).
ÉTYM. mot anglais, de *to rush* «se précipiter».

RUSSE [ʀys] adj. et n. ✦ De Russie (☛ noms propres). *La révolution russe.* ➛ loc. *Montagnes* russes. Salade russe.* ♦ n. *Les Russes.* HIST. *Russe blanc,* émigré russe après 1917. ➛ loc. *Boire à la russe,* en faisant cul sec et en jetant le verre. ♦ n. m. Langue slave parlée en Russie. *Le russe s'écrit en alphabet cyrillique.*

RUSSULE [ʀysyl] n. f. ✦ Champignon à lamelles, dont plusieurs variétés sont comestibles.
ÉTYM. du latin *russus* «rouge, roux».

RUSTAUD, AUDE [ʀysto, od] adj. ✦ Qui a des manières grossières et maladroites. ➛ n. *Un gros rustaud.*
ÉTYM. de *rustre.*

RUSTICITÉ [ʀystisite] n. f. ✦ LITTÉR. Manières rustiques. ➛ Caractère rustique.
ÉTYM. latin *rusticitas.*

RUSTINE [ʀystin] n. f. ✦ Petite rondelle de caoutchouc qui sert à réparer une chambre à air de bicyclette.
ÉTYM. nom déposé ; de *Rustin,* nom du fabricant.

RUSTIQUE [ʀystik] adj. 1. LITTÉR. De la campagne. SYN. **agreste, champêtre, rural.** *La vie rustique.* 2. (mobilier) Dans le style traditionnel de la campagne, de la province. 3. péj. Très simple et peu raffiné. *Manières rustiques.* 4. (plante) Qui demande peu de soins. → **résistant.**
ÉTYM. latin *rusticus,* de *rus, ruris* «campagne».

RUSTRE [ʀystʀ] n. m. ✦ Homme grossier et brutal. SYN. **brute, goujat, malotru, rustaud.** *Quel rustre !*
ÉTYM. du latin *rusticus* → rustique.

RUT [ʀyt] n. m. ✦ Période d'activité sexuelle pendant laquelle les animaux (mammifères) cherchent à s'accoupler (→ **œstrus**). ➛ *Femelle en rut,* en chaleur.
ÉTYM. bas latin *rugitus* «rugissement».

RUTABAGA [ʀytabaga] n. m. ✦ Plante dont la tige renflée, à chair jaune, est comestible ; cette tige.
ÉTYM. suédois dialectal.

RUTILANT, ANTE [ʀytilɑ̃, ɑ̃t] adj. 1. LITTÉR. D'un rouge ardent. 2. Qui brille d'un vif éclat.
ÉTYM. latin *rutilans* «brillant, éclatant».

RUTILER [ʀytile] v. intr. (conjug. 3a) ✦ Être rutilant, briller d'un vif éclat.
ÉTYM. latin *rutilare,* de *rutilus* «d'un rouge ardent».

RYTHME [ʀitm] n. m. ✦ Retour à intervalles réguliers d'un repère constant ; alternance de temps forts et de temps faibles. 1. Mouvement du discours poétique réglé par la métrique, qui le distingue de la prose (→ **poésie**). ➛ Mouvement général (de la phrase, etc.) qui résulte de son agencement, de la répartition des accents. 2. Répartition des sons musicaux dans le temps, du point de vue de l'intensité et de la durée. SYN. **mesure, tempo.** *Marquer le rythme. Avoir le sens du rythme.* → ② **swing.** 3. ARTS Distribution des masses, des lignes. *Le rythme d'une façade.* 4. Mouvement périodique, régulier. *Le rythme cardiaque. Le rythme des saisons.* ➛ *Rythme biologique :* variation périodique des phénomènes biologiques, dans le monde vivant. → **biorythme ; horloge** interne. 5. Allure à laquelle s'exécute une action, se déroule un processus. SYN. **cadence, vitesse.**
ÉTYM. latin *rhythmus,* du grec *rhuthmos,* de *rhein* «couler».

RYTHMÉ, ÉE [ʀitme] adj. ✦ Qui a un rythme et, spécialt, un rythme marqué. *Une musique rythmée.*

RYTHMER [ʀitme] v. tr. (conjug. 3a) 1. Soumettre à un rythme. *Rythmer sa marche.* 2. Souligner le rythme de (une phrase, un morceau de musique...). SYN. **scander.** *Rythmer un air en claquant des mains.*

RYTHMIQUE [ʀitmik] adj. 1. Qui est soumis à un rythme régulier. ➛ *Gymnastique rythmique,* par mouvements rythmés et enchaînés. *Danse rythmique.* 2. Relatif au rythme. *Accent rythmique.* 3. Qui utilise les effets du rythme. *Versification rythmique,* fondée sur l'accent tonique. ♦ n. f. Étude des rythmes dans la langue.
► **RYTHMIQUEMENT** adv.
ÉTYM. latin *rhythmicus,* emprunt au grec → rythme.

S

S [ɛs] **n. m.** **I** 1. Dix-neuvième lettre, quinzième consonne de l'alphabet. *L's* ou *le s.* 2. *S'* → **se** ; ① **si.** 3. Forme sinueuse du s. *Un virage en s, en S.* **II** *S* CHIM. Symbole du soufre. HOM. ÈS «dans les», ESSE «crochet»

SA → ① SON (adj. poss.)

SABAYON [sabajɔ̃] **n. m.** ✦ Crème mousseuse aromatisée de vin doux ou de champagne.
ÉTYM. italien *zabaione*, d'origine incertaine.

SABBAT [saba] **n. m.** 1. Repos que les juifs doivent observer le samedi, jour consacré à Dieu. → On dit aussi *shabbat* [ʃabat]. 2. Assemblée nocturne et bruyante de sorciers et sorcières, au Moyen Âge.
ÉTYM. latin ecclésiastique *sabbatum*, de l'hébreu «repos», par le grec.

SABBATIQUE [sabatik] **adj.** ✦ Qui a rapport au sabbat (1). → loc. *Année sabbatique,* année de congé accordée dans certains pays aux professeurs d'université, aux cadres d'entreprise, à des fins de recherche ou de formation.
ÉTYM. latin chrétien *sabbaticus.*

SABIR [sabiʀ] **n. m.** ✦ Jargon mêlé d'arabe, de français, d'espagnol, d'italien, qui était parlé dans le bassin méditerranéen. ◆ LING. Langue mixte dont l'usage se limite aux échanges commerciaux. → péj. Langage hybride et incompréhensible. SYN. **charabia, jargon.**
ÉTYM. de l'espagnol *saber* «savoir», latin *sapere.*

SABLAGE [sablaʒ] **n. m.** ✦ Action de sabler.

SABLE [sabl] **n. m.** 1. Ensemble de petits grains minéraux (quartz) séparés, recouvrant le sol. *Grain de sable. Une plage de sable fin.* → *Sables mouvants :* sable où l'on peut s'enliser. *Rose* des sables.* → *Tempête de sable,* qui soulève et transporte le sable. ◆ loc. *BÂTIR* SUR LE SABLE.* → FAM. *ÊTRE SUR LE SABLE :* n'avoir plus d'argent ; être sans travail. → *Le marchand de sable est passé :* les enfants ont sommeil (les yeux leur piquent). 2. **adjectivt invar.** Beige très clair. *Des gants sable.*
ÉTYM. latin *sabulum.*

SABLÉ, ÉE [sable] **n. m.** et **adj.** 1. **n. m.** Petit gâteau sec à pâte friable. 2. **adj.** Qui a la texture de ce gâteau. *Pâte sablée.*
ÉTYM. de *Sablé,* ville de la Sarthe.

SABLER [sable] **v. tr.** (conjug. 3a) 1. Couvrir de sable. *Sabler une route.* → au p. passé *Allée sablée.* 2. TECHN. Couler dans un moule de sable. ◆ fig. VX Boire d'un trait. → MOD. loc. *SABLER LE CHAMPAGNE :* boire du champagne lors d'une réjouissance. 3. TECHN. Décaper à la sableuse.

SABLEUR, EUSE [sablœʀ, øz] **n.** **I** **n.** 1. Ouvrier, ouvrière qui fait les moules en sable dans une fonderie. 2. Ouvrier, ouvrière qui travaille à la sableuse. **II** *SABLEUSE* **n. f.** Machine servant à décaper, à dépolir par projection d'un jet de sable.
ÉTYM. de *sabler.*

SABLEUX, EUSE [sablø, øz] **adj.** ✦ Qui contient du sable.

SABLIER [sablije] **n. m.** ✦ Instrument fait de deux petits récipients transparents superposés communiquant par un étroit conduit, rempli de sable qui coule doucement du récipient supérieur dans l'autre (pour mesurer le temps).
ÉTYM. de *sable.*

SABLIÈRE [sablijɛʀ] **n. f.** ✦ Carrière de sable.

SABLONNEUX, EUSE [sablɔnø, øz] **adj.** ✦ Naturellement couvert ou constitué de sable. *Terrain sablonneux.*
ÉTYM. de l'ancien français *sablon* «sable».

SABORD [sabɔʀ] **n. m.** ✦ Ouverture rectangulaire servant, sur les vaisseaux de guerre, de passage à la bouche des canons. → FAM. *Mille sabords !* juron de marins.
ÉTYM. peut-être de *bord.*

SABORDAGE [sabɔʀdaʒ] **n. m.** ✦ Action de (se) saborder.

SABORDER [sabɔʀde] **v. tr.** (conjug. 3a) 1. Couler volontairement (un navire). → pronom. *Se saborder :* couler volontairement son navire. 2. Mettre fin volontairement à (une activité, une entreprise). → pronom. *Le journal s'est sabordé.*
ÉTYM. de *sabord.*

SABOT [sabo] **n. m.** 1. Chaussure paysanne faite généralement d'une seule pièce de bois évidée (→ **galoche**). → loc. fig. *Je le vois venir AVEC SES GROS*

SABOTS, ses allusions, ses intentions sont trop claires. → *Avoir les deux pieds dans le même sabot :* être embarrassé. **2.** Enveloppe cornée qui entoure l'extrémité des doigts chez les ongulés. *Ferrer les sabots d'un cheval.* **3.** *Sabot (de frein),* pièce mobile qui vient s'appliquer sur la jante de la roue. → *Sabot de Denver,* pince que la police ajuste à la roue d'un véhicule pour l'immobiliser. **4.** appos. *Baignoire sabot :* baignoire courte où l'on se baigne assis. *Des baignoires sabots.*
ÉTYM. origine incertaine ; peut-être croisement de *savate* et de *bot*, ancienne variante de *botte*.

SABOTAGE [sabɔtaʒ] n. m. ✦ Action de saboter. *Sabotage industriel.*

SABOTER [sabɔte] v. tr. (conjug. 3a) **1.** Faire vite et mal. SYN. **bâcler, expédier.** → au p. passé *Un travail saboté.* **2.** Détériorer ou détruire (une machine, une installation) pour empêcher le fonctionnement d'un service ou d'une entreprise. *Saboter un avion ennemi.* → fig. *Saboter un projet.*
ÉTYM. de *sabot*.

SABOTEUR, EUSE [sabɔtœʀ, øz] n. ✦ Personne qui sabote.

SABOTIER, IÈRE [sabɔtje, jɛʀ] n. ✦ Personne qui fabrique, qui vend des sabots.

SABRE [sabʀ] n. m. **1.** Arme blanche, à pointe et à simple tranchant, à lame plus ou moins recourbée. → **cimeterre, yatagan.** → loc. *LE SABRE ET LE GOUPILLON :* l'armée et l'Église. **2.** Sport de l'escrime au sabre.
ÉTYM. allemand *Sabel*, var. de *Säbel*, du hongrois.

SABRER [sabʀe] v. tr. (conjug. 3a) **I** Frapper à coups de sabre. *Sabrer l'ennemi.* **II** fig. **1.** Pratiquer de larges coupures dans (un texte). **2.** Éliminer (qqch.), évincer (qqn). → FAM. *Sabrer un candidat,* le noter sévèrement ; le refuser.

SABREUR, EUSE [sabʀœʀ, øz] n. ✦ Personne qui se bat au sabre. → Sportif qui pratique l'escrime au sabre. ♦ n. m. fig. Soldat brutal.

① **SAC** [sak] n. m. **I** **1.** Contenant formé d'une matière souple, ouvert seulement par le haut. *Un sac de toile. Sac à deux poches.* → **besace.** *Sac en plastique ;* FAM. *sac plastique.* SYN. **poche.** → *Un sac de ciment,* contenant du ciment. ♦ *SAC DE COUCHAGE,* fait de duvet naturel ou synthétique, pour dormir. → FAM. *Sac à viande :* drap cousu en fourreau. **2.** loc. *Mettre dans le même sac :* englober dans la même réprobation. *Prendre qqn la main dans le sac,* le prendre sur le fait. ♦ FAM. *SAC DE NŒUDS :* affaire confuse et embrouillée. → *SAC À VIN :* ivrogne. ♦ *L'affaire est dans le sac :* le succès est assuré. → FAM. *VIDER SON SAC :* dire le fond de sa pensée ; avouer. → *Avoir plus d'un tour dans son sac :* être très malin. **3.** Objet souple fabriqué pour servir de contenant, où l'on peut ranger, transporter diverses choses. SYN. **musette, sacoche ; havresac.** *Sac d'alpiniste, de campeur,* porté sur le dos à l'aide de bretelles. *Sac à dos.* → *Sac à provisions.* → **cabas.** → *Sac de voyage.* ♦ *SAC À MAIN* et absolt *SAC :* sac où les femmes mettent l'argent, les papiers, etc. *Porter son sac en bandoulière.* ♦ Serviette, cartable (d'écolier). **4.** Contenu d'un sac. *Moudre un sac de café.* **5.** anciennt FAM. avec un numéral Somme de dix francs. *Ça coûtait dix sacs.* **II** DIDACT. Cavité (d'un organisme) ou enveloppe en forme de poche, de sac. *Sac lacrymal* (de l'œil).
ÉTYM. latin *saccus*, du grec.

② **SAC** [sak] n. m. ✦ Pillage (d'une ville, d'une région). SYN. **saccage.** *Le sac de Rome, en 1527.* → loc. *Mettre à sac :* piller, saccager.
ÉTYM. italien *(mettere a) sacco* « (mettre à) sac », de *saccomano* « brigand », allemand *Sademann* « homme au sac ».

SACCADE [sakad] n. f. ✦ Mouvement brusque et irrégulier. SYN. **à-coup, secousse, soubresaut.** *Avancer par saccades.*
ÉTYM. origine incertaine ; p.-ê. de l'ancien français dialectal *saquer* « tirer violemment », de ① *sac*.

SACCADÉ, ÉE [sakade] adj. ✦ Qui procède par saccades. SYN. **haché, heurté.** *Des gestes saccadés.*

SACCAGE [sakaʒ] n. m. ✦ Pillage commis en saccageant.
ÉTYM. de *saccager*.

SACCAGER [sakaʒe] v. tr. (conjug. 5) **1.** Mettre à sac, en détruisant et en volant. SYN. **piller, ravager. 2.** Mettre en désordre, abîmer. *Les cambrioleurs ont tout saccagé.*
ÉTYM. italien *saccheggiare*, de *sacco* « ② sac ».

SACCAGEUR, EUSE [sakaʒœʀ, øz] n. ✦ Personne qui saccage (une ville, un pays).

SACCHARINE [sakaʀin] n. f. ✦ Substance blanche utilisée comme succédané du sucre.
ÉTYM. marque déposée ; de l'adjectif *saccharin* « du sucre ».

SACCHAR(O)- Élément, du latin *saccharum*, grec *sakkharon* « sucre ». → **gluc(o)-**.

SACCHAROSE [sakaʀoz] n. m. ✦ DIDACT. Sucre courant alimentaire.
ÉTYM. de *saccharo-* et ① *-ose*.

SACERDOCE [sasɛʀdɔs] n. m. **1.** Dignité ou fonction du ministre de Dieu. SYN. **ministère. 2.** fig. Fonction qui présente un caractère quasi religieux en raison du dévouement qu'elle exige. *La médecine est pour lui un sacerdoce.*
ÉTYM. latin *sacerdotium*, de *sacerdos* « prêtre ».

SACERDOTAL, ALE, AUX [sasɛʀdɔtal, o] adj. ✦ Propre au sacerdoce, aux prêtres. *Vêtements sacerdotaux.*
ÉTYM. latin *sacerdotalis*.

SACHEM [saʃɛm] n. m. ✦ Vieillard, ancien (chef, conseiller), chez les Indiens d'Amérique du Nord.
ÉTYM. mot iroquois.

SACHET [saʃɛ] n. m. ✦ Petit sac. *Un sachet de bonbons.* SYN. **paquet.** *Potage en sachet.* → *Sachets de thé.*
ÉTYM. diminutif de ① *sac*.

SACOCHE [sakɔʃ] n. f. ✦ Sac de cuir ou de toile forte qu'une courroie permet de porter. *Sacoche de facteur, d'écolier.* → *Sacoches (de cycliste, de motocycliste),* fixées au porte-bagage.
ÉTYM. italien *saccoccia* ; famille du latin *saccus* « ① sac ».

SACQUER → SAQUER

SACRAL, ALE, AUX [sakʀal, o] adj. ✦ DIDACT. Relatif au sacré ; qui a été sacralisé. CONTR. **profane.**
ÉTYM. du latin *sacer* « sacré ».

SACRALISATION [sakʀalizasjɔ̃] n. f. ✦ DIDACT. Fait de sacraliser.

SACRALISER [sakʀalize] **v. tr.** (conjug. 3a) ✦ DIDACT. Attribuer un caractère sacré à. *Certains peuples sacralisent leurs ancêtres.* CONTR. **désacraliser.**
ÉTYM. de *sacral.*

SACRAMENTEL, ELLE [sakʀamɑ̃tɛl] **adj.** ✦ DIDACT. D'un sacrement, des sacrements. *Rites sacramentels.*
ÉTYM. latin ecclésiastique *sacramentalis.*

① **SACRE** [sakʀ] **n. m. 1.** Cérémonie par laquelle l'Église consacre un souverain, un évêque. SYN. **couronnement. 2.** fig. Consécration solennelle. *« Le Sacre du printemps »* (ballet de Stravinski).
ÉTYM. de ① *sacrer.*

② **SACRE** [sakʀ] **n. m.** ✦ RÉGIONAL (Canada) Juron ; blasphème.
ÉTYM. de ① *sacré.*

① **SACRÉ, ÉE** [sakʀe] **adj.** **I 1.** Qui appartient à un domaine interdit et inviolable (par opposition à *profane*) et fait l'objet d'une vénération religieuse. SYN. **saint.** *Les livres sacrés.* ➝ loc. *Avoir le feu* sacré.* ➝ **n. m.** *Le sacré et le profane.* ◆ Qui appartient à la liturgie. *La musique sacrée.* SYN. **religieux. 2.** Qui est digne d'un respect absolu. SYN. **inviolable, sacro-saint.** *Un droit sacré.* **II** FAM. (avant le n. ; valeur intensive) *Tu es un sacré menteur !* SYN. **fieffé.** *Tu as une sacrée chance.*
ÉTYM. du participe passé de ① *sacrer.*

② **SACRÉ, ÉE** [sakʀe] **adj.** ✦ ANAT. Relatif au sacrum. *Vertèbres sacrées.*
ÉTYM. de *sacrum.*

SACRÉ-CŒUR [sakʀekœʀ] **n. m.** ✦ Cœur de Jésus-Christ, auquel l'Église catholique rend un culte.
ÉTYM. de ① *sacré* et *cœur.*

SACREMENT [sakʀəmɑ̃] **n. m.** ✦ Rite sacré institué par Jésus-Christ, pour produire ou augmenter la grâce dans les âmes. *Les sept sacrements. Les derniers sacrements,* administrés à un mourant. *Le Saint-Sacrement* ou *Saint Sacrement (de l'autel)* : l'eucharistie. ➝ loc. *Porter qqch. comme le Saint-Sacrement,* avec précaution et respect.
ÉTYM. latin *sacramentum,* de *sacrare* «① sacrer» ; doublet de *serment.*

SACRÉMENT [sakʀemɑ̃] **adv.** ✦ FAM. Très, extrêmement. *Il est sacrément prétentieux.*
ÉTYM. de ① *sacré.*

① **SACRER** [sakʀe] **v. tr.** (conjug. 3a) **1.** Consacrer (qqn) par la cérémonie du sacre. *Sacrer un roi* (➝ **introniser**), *un évêque.* **2.** fig. (avec un attribut) *Être sacré champion olympique.*
ÉTYM. latin *sacrare,* de *sacer* «sacré».

② **SACRER** [sakʀe] **v. intr.** (conjug. 3a) ✦ VIEILLI OU RÉGIONAL Jurer ; dire des sacres (➝ ② **sacre**).
ÉTYM. de ① *sacré.*

SACRIFICATEUR, TRICE [sakʀifikatœʀ, tʀis] **n.** ✦ Prêtre, prêtresse préposé(e) aux sacrifices.
ÉTYM. latin *sacrificator.*

SACRIFICE [sakʀifis] **n. m. 1.** Offrande rituelle à la divinité, caractérisée par la destruction (réelle ou symbolique) ou l'abandon volontaire de la chose offerte. *Offrir un sacrifice. Animal immolé en sacrifice. Sacrifices humains,* d'êtres humains. ➝ RELIG. CATHOL. *Le saint sacrifice :* la messe. **2.** Renoncement ou privation volontaire (dans une intention religieuse, morale, etc.). *Faire le sacrifice de sa vie.* ➝ Privation financière ; renoncement à un gain. *C'est pour lui un gros sacrifice. Faire des sacrifices.* ◆ *Le sacrifice de soi.* SYN. ① **don.** ➝ absolt *Esprit de sacrifice.* ➝ **abnégation, dévouement, renoncement.**
ÉTYM. latin *sacrificium,* de *sacrificare* «sacrifier».

SACRIFICIEL, ELLE [sakʀifisjɛl] **adj.** ✦ DIDACT. Propre à un sacrifice, aux sacrifices (1).

SACRIFIER [sakʀifje] **v. tr.** (conjug. 9) **1.** Offrir en sacrifice (1). SYN. **immoler.** *Sacrifier un animal à une divinité.* ◆ **intrans.** *SACRIFIER À. Sacrifier aux idoles.* ➝ fig. LITTÉR. *Sacrifier à la mode,* s'y conformer. **2.** Abandonner ou négliger (qqch., qqn) par un sacrifice (2). *Il a sacrifié sa santé, sa famille à sa carrière.* **3.** FAM. Se défaire de (qqch.). *Sacrifier une bonne bouteille.* ➝ au p. passé *Marchandises sacrifiées,* soldées à bas prix. **4.** *SE SACRIFIER* **v. pron.** Se dévouer par le sacrifice de soi, de ses intérêts. *Se sacrifier à un idéal. Elle s'est sacrifiée pour ses enfants.*
ÉTYM. latin *sacrificare,* de *sacrum facere* «faire une cérémonie sacrée *(sacer)*».

SACRILÈGE [sakʀilɛʒ] **n.**
I n. m. Profanation d'objets, de lieux, de personnes revêtus d'un caractère sacré. SYN. **blasphème.** *Commettre un sacrilège.* ◆ fig. *C'est un sacrilège d'avoir démoli ce château.*
II n. Personne qui a commis un sacrilège. SYN. **profanateur.** ➝ **adj.** *Un attentat sacrilège.* SYN. **blasphématoire, impie.**
ÉTYM. latin *sacrilegus* «qui dérobe des objets sacrés *(sacer)*».

SACRIPANT [sakʀipɑ̃] **n. m.** ✦ FAM. Mauvais sujet, chenapan. SYN. **vaurien.**
ÉTYM. italien *Sacripante,* nom d'un personnage de l'*Orlando innamorato* de Boiardo.

SACRISTAIN [sakʀistɛ̃] **n. m.** ✦ Celui qui est préposé à la sacristie, à l'entretien de l'église. SYN. **bedeau.**
ÉTYM. latin médiéval *sacristanus,* de *sacrista* «celui qui garde les trésors de l'église».

SACRISTAINE [sakʀistɛn] ou **SACRISTINE** [sakʀistin] **n. f.** ✦ Religieuse ou laïque qui était préposée à la sacristie.
ÉTYM. féminin de *sacristain.*

SACRISTIE [sakʀisti] **n. f.** ✦ Annexe d'une église où sont déposés les objets du culte.
ÉTYM. latin ecclésiastique *sacristia,* de *sacrista* → sacristain.

SACRO- Élément savant, tiré de *sacrum* (ex. *sacro-iliaque* **adj.** «relatif au sacrum et à l'os iliaque»).

SACRO-SAINT, SACRO-SAINTE [sakʀosɛ̃, sakʀosɛ̃t] **adj. 1.** VX Saint et sacré. **2.** MOD. Qui fait l'objet d'un respect exagéré. *Ses sacro-saints principes.*
ÉTYM. latin *sacrosanctus* «sacré et saint».

SACRUM [sakʀɔm] **n. m.** ✦ Os formé par la réunion des cinq vertèbres sacrées, à la partie inférieure de la colonne vertébrale, articulé avec le coccyx.
ÉTYM. mot latin «(os) sacré» car il était offert aux dieux dans les sacrifices d'animaux.

SADIEN, IENNE [sadjɛ̃, jɛn] **adj.** ✦ DIDACT. Propre aux œuvres du marquis de Sade (☛ noms propres).

A B C D E F G H I J K L M N O P Q R S T U V W X Y Z

SADIQUE [sadik] **adj.** ✦ Qui manifeste du sadisme. *Il est sadique.* ➜ *Plaisir sadique.* ◆ **n.** *Un, une sadique.*
ÉTYM. de *sadisme.*

SADIQUEMENT [sadikmɑ̃] **adv.** ✦ De manière sadique.

SADISME [sadism] **n. m.** 1. PSYCH. Perversion sexuelle dans laquelle le plaisir ne peut être obtenu que par la souffrance infligée à l'objet du désir. *Sadisme et masochisme.* 2. COUR. Goût pervers de faire souffrir.
ÉTYM. du nom du marquis de *Sade.* ☛ noms propres.

SADOMASOCHISME [sadomazɔʃism] **n. m.** ✦ PSYCH. Perversion sexuelle qui associe sadisme et masochisme.
ÉTYM. de *sadisme* et *masochisme.*

SADOMASOCHISTE [sadomazɔʃist] **adj.** et **n.** ✦ PSYCH. À la fois sadique et masochiste.

SAFARI [safaʀi] **n. m.** ✦ Expédition de chasse aux gros animaux sauvages, en Afrique noire. ➜ *SAFARI-PHOTO :* excursion au cours de laquelle on photographie ou filme des animaux sauvages. *Des safaris-photos.*
ÉTYM. mot swahili «bon voyage», de l'arabe.

① **SAFRAN** [safʀɑ̃] **n. m.** 1. Plante (crocus) dont les fleurs portent des stigmates orangés. 2. Condiment en poudre provenant de ces stigmates. *Riz au safran.* 3. Couleur jaune orangé. ➜ **adjectivt invar.** *Des soieries safran.* ➜ **appos. invar.** *Des rideaux jaune safran.*
ÉTYM. arabe *zafaran.*

② **SAFRAN** [safʀɑ̃] **n. m.** ✦ Pièce principale d'un gouvernail de navire.
ÉTYM. arabe *za'frân.*

SAGA [saga] **n. f.** 1. LITTÉR. Récit historique ou mythologique de la littérature médiévale scandinave. *Les sagas islandaises.* 2. Histoire présentant un aspect légendaire. *Écrire la saga d'une famille.*
ÉTYM. mot du norrois «conte».

SAGACE [sagas] **adj.** ✦ LITTÉR. Qui a de la sagacité. CONTR. **naïf, obtus.**
ÉTYM. latin *sagax* «qui a l'odorat subtil».

SAGACITÉ [sagasite] **n. f.** ✦ Pénétration faite d'intuition, de finesse et de vivacité d'esprit. SYN. **perspicacité.** CONTR. **aveuglement, naïveté.**
ÉTYM. latin *sagacitas.*

SAGAIE [sagɛ] **n. f.** ✦ Lance, javelot (dans certaines civilisations traditionnelles).
ÉTYM. espagnol *azagaia,* de l'arabe.

SAGE [saʒ] **adj.** 1. LITTÉR. Qui a un art de vivre supérieur, qui peut être considéré comme un modèle. ➜ **n. m.** *Sa vie fut celle d'un sage.* 2. Réfléchi et modéré. SYN. **prudent, raisonnable, sensé, sérieux.** ➜ *De sages conseils.* → **judicieux.** 3. **après le nom** Calme et docile (enfants). *Sage comme une image.* 4. (choses) Mesuré. *Des goûts sages.* CONTR. ① **fou, insensé · turbulent · audacieux, excentrique.**
ÉTYM. latin populaire *sapius,* pour *sapidus* «qui a du goût, sapide», de *sapere* «avoir du goût ; avoir de l'intelligence ; savoir».

SAGE-FEMME [saʒfam] **n. f.** ✦ Praticienne dont le métier est de surveiller la grossesse et d'assister les femmes lors de l'accouchement. SYN. **accoucheuse.** *Des sages-femmes.*
ÉTYM. de *sage* «expert» et *femme.*

SAGEMENT [saʒmɑ̃] **adv.** ✦ D'une manière sage. *Il a agi très sagement.* ➜ *Attends-moi bien sagement ici.* CONTR. **déraisonnablement.**

SAGESSE [saʒɛs] **n. f.** 1. Philosophie, conduite du sage (1). ◆ Prudence éclairée. *La sagesse du législateur.* ➜ *La sagesse des nations,* remarques et conseils de bon sens mis en proverbes. 2. Modération et prudence dans la conduite. *Avoir la sagesse d'attendre. La voix de la sagesse.* SYN. **raison.** 3. Tranquillité, docilité (enfants). *Bravo, tu as été d'une sagesse exemplaire.* 4. (choses) Mesure ; absence d'excès, d'innovation. CONTR. ① **folie, imprudence · déraison · turbulence · audace, excentricité.**

SAGITTAIRE [saʒitɛʀ] **n. m.** ✦ Neuvième signe du zodiaque (22 novembre-20 décembre). ➜ *Être Sagittaire,* de ce signe.
ÉTYM. latin *sagittarius* «archer», de *sagitta* «flèche».

SAGITTAL, ALE, AUX [saʒital, o] **adj.** ✦ DIDACT. 1. En forme de flèche. 2. *Plan sagittal :* plan vertical perpendiculaire au plan vu de face.
ÉTYM. du latin *sagitta* «flèche».

SAGOUIN, OUINE [sagwɛ̃, win] **n.** 1. **n. m.** Petit singe d'Amérique du Sud. 2. **n.** FAM. Personne, enfant malpropre. ➜ *Tas de sagouins !* (injure).
ÉTYM. tupi *sahy* «singe», par le portugais *sagui(m).*

SAHARIEN, IENNE [saaʀjɛ̃, jɛn] **adj.** et **n.** ✦ Du Sahara. *Les oasis sahariennes.* ➜ **n.** *Les Sahariens.*
ÉTYM. de *Sahara,* arabe *sahra* «désert». ☛ noms propres.

SAHARIENNE [saaʀjɛn] **n. f.** ✦ Veste de toile à manches courtes et poches plaquées.
ÉTYM. de *saharien.*

SAHÉLIEN, IENNE [saeljɛ̃, jɛn] **adj.** ✦ Relatif au Sahel (☛ noms propres). *Climat sahélien.*

SAHRAOUI, IE [saʀawi] **adj.** et **n.** ✦ Du Sahara-Occidental. ➜ **n.** *Les Sahraouis.*
ÉTYM. mot arabe «saharien».

SAÏ [sai ; saj] **n. m.** ✦ Singe d'Amérique du Sud (sapajou).
ÉTYM. tupi *sahy* «singe».

SAÏGA [sajga ; saiga] **n. m.** ✦ Petite antilope d'Eurasie.
ÉTYM. mot russe.

SAIGNANT, ANTE [sɛɲɑ̃, ɑ̃t] **adj.** 1. Qui dégoutte de sang. SYN. **sanglant.** 2. (viande) Peu cuit, où il reste du sang. SYN. **rouge.** *Bifteck saignant. Très saignant.* → **bleu.**
ÉTYM. du participe présent de *saigner.*

SAIGNÉE [seɲe] **n. f.** I 1. Évacuation provoquée d'une certaine quantité de sang. 2. **fig.** Pertes humaines dues à la guerre, etc. *La saignée subie par la France en 1914.* II 1. Pli entre le bras et l'avant-bras (où se fait souvent la saignée). *La saignée du bras.* 2. Entaille longitudinale (dans un arbre, etc.).
ÉTYM. du participe passé de *saigner.*

SAIGNEMENT [sɛɲmɑ̃] **n. m.** ✦ Écoulement de sang. SYN. **hémorragie.** *Saignement de nez.*
ÉTYM. de *saigner.*

SAIGNER [seɲe] **v.** (conjug. 3a) **I v. intr. 1.** (corps, organe) Perdre du sang. *La plaie saigne.* – loc. *Saigner du nez.* **2.** fig. LITTÉR. Être le siège d'une vive souffrance. *Son cœur saigne.* **3.** FAM. impers. *Ça va saigner :* il va y avoir des coups, le conflit va être dur. **II v. tr. 1.** Faire une saignée à (qqn). – loc. fig. *Saigner à blanc :* priver de ressources. **2.** Tuer (un animal) par égorgement. SYN. **égorger.** *Saigner un porc.* **3.** fig. Épuiser (qqn) en lui retirant ses ressources. *Le roi saigne le peuple.* – pronom. loc. *Se saigner aux quatre veines :* donner tout ce que l'on peut, se priver pour qqn.

ÉTYM. latin *sanguinare,* de *sanguis* «sang».

SAILLANT, ANTE [sajɑ̃, ɑ̃t] **adj. 1.** Qui avance, dépasse. SYN. **proéminent.** *Pommettes saillantes.* – *Angle saillant,* de moins de 180° (opposé à *rentrant*). **2.** fig. Qui frappe l'attention. SYN. **frappant, marquant, remarquable.** *Le trait le plus saillant de son caractère.* CONTR. **creux, rentrant • insignifiant.**

ÉTYM. du participe présent de *saillir.*

SAILLIE [saji] **n. f. I 1.** VX Action de s'élancer ; élan. **2.** LITTÉR. Trait d'esprit brillant et inattendu. SYN. **boutade. 3.** Accouplement des animaux domestiques en vue de la reproduction. SYN. **monte. II** Partie qui avance, dépasse le plan, l'alignement. SYN. **avancée, relief.** *Les saillies d'un mur.* – *En saillie.* → **saillant.** – *Faire saillie.* → **dépasser,** ① **ressortir.** CONTR. **cavité, creux.**

ÉTYM. du participe passé de *saillir.*

SAILLIR [sajiʀ] **v. I** (conjug. 13 ; rare sauf inf. et 3e pers.) **1. v. intr.** VX Jaillir avec force. **2. v. tr.** (animaux mâles) Couvrir (la femelle). **II v. intr.** (conjug. 19 ; ou LITTÉR. 13) Avancer en formant un relief. *L'effort faisait saillir ses veines. Ses veines saillaient,* LITTÉR. *saillissaient.*

ÉTYM. latin *salire* «sauter, bondir».

SAIN, SAINE [sɛ̃, sɛn] **adj. 1.** Qui est en bonne santé ; dont l'organisme fonctionne normalement. *Des enfants sains,* bien portants. – *Dents saines. Une plaie saine,* qui ne s'infecte pas. ♦ loc. *SAIN ET SAUF :* en bon état physique, après un danger. *Les explorateurs sont revenus sains et saufs.* → **indemne. 2.** Qui jouit d'une bonne santé psychique. *Être sain de corps et d'esprit.* – *Un jugement sain.* ♦ Considéré comme bon et normal. *De saines lectures.* **3.** Qui contribue à la bonne santé physique. *Un climat sain.* SYN. **salubre.** *Une nourriture saine.* – *Une vie saine.* **4.** fig. Qui ne présente aucune anomalie cachée. *Une affaire saine.* – *Une économie saine.* CONTR. **malade • dépravé,** ① **fou ; malsain • nuisible.** HOM. CINQ «chiffre», SAINT «vertueux», SEIN «partie du corps», SEING «signature» ; (du féminin) CÈNE «repas du Christ», SCÈNE «plateau de théâtre», SEINE «filet»

ÉTYM. latin *sanus.*

SAINDOUX [sɛ̃du] **n. m.** ✦ Graisse de porc fondue. *Du saindoux.*

ÉTYM. de l'ancien français *sain* (latin populaire *saginem,* de *sagina* «embonpoint») et de *doux.*

SAINEMENT [sɛnmɑ̃] **adv. 1.** D'une manière saine (3). *Vivre sainement.* **2.** Judicieusement, raisonnablement. *Juger sainement.*

SAINFOIN [sɛ̃fwɛ̃] **n. m.** ✦ Plante à fleurs rouges cultivée comme fourrage.

ÉTYM. de *sain* et *foin.*

SAINT, SAINTE [sɛ̃, sɛ̃t] **n.** et **adj.**

I n. 1. Personne qui est après sa mort l'objet, de la part de l'Église catholique, d'un culte public, en raison de la perfection chrétienne qu'elle a atteinte durant sa vie. *La canonisation d'un saint, d'une sainte.* ♦ loc. *Ne savoir À QUEL SAINT SE VOUER :* ne plus savoir comment se tirer d'affaire. – *Ce n'est pas un saint,* il n'est pas parfait. – *Un petit saint,* un personnage vertueux. – *Il vaut mieux s'adresser à Dieu qu'à ses saints,* au chef plutôt qu'aux subordonnés. **2.** (dans d'autres religions) *Les saints de l'islam, du bouddhisme.* **3.** Personne d'une vertu, d'une patience exemplaires. **4. n. m.** *Le Saint des Saints,* l'enceinte du Temple la plus sacrée (→ **sanctuaire**). – fig. *Le saint des saints :* le cœur, l'endroit le plus secret et le plus important (d'une organisation...). **II adj. 1.** S'emploie devant le nom d'un saint, d'une sainte. *L'Évangile selon saint Jean.* – *La sainte Famille :* Jésus, Joseph et Marie. – *La Sainte Vierge.* – *La Saint-Sylvestre :* le 31 décembre. **2.** Qui mène une vie irréprochable, conforme à la religion. *Un saint homme, une sainte femme.* **3.** Qui a un caractère sacré, religieux ; qui appartient à la religion judéo-chrétienne, à l'Église (→ **consacré ; sanctifier**). *L'histoire sainte. Les Lieux* saints, la Terre sainte.* – loc. FAM. *Toute la sainte journée :* pendant toute la journée, sans arrêt. ♦ *Guerre* sainte.* **4.** Qui est inspiré par la piété. *Une sainte indignation.* **5.** Qui inspire de la vénération. SYN. ① **sacré, vénérable.**

HOM. CINQ «chiffre», SAIN «en bonne santé», SEIN «partie du corps», SEING «signature»

ÉTYM. latin *sanctus,* participe passé de *sancire* «rendre sacré».

SAINT-BERNARD [sɛ̃bɛʀnaʀ] **n. m.** ✦ Grand chien de montagne à pelage roux et blanc, que l'on dresse à porter secours aux voyageurs égarés. *Des saint-bernards.* – loc. *C'est un vrai saint-bernard,* une personne toujours prête à se dévouer.

ÉTYM. du nom du *col du Grand-Saint-Bernard,* dans les Alpes.

☛ SAINT-BERNARD (noms propres).

SAINT-CYRIEN [sɛ̃siʀjɛ̃] **n. m.** ✦ Élève de l'École militaire de Saint-Cyr.

ÉTYM. de *Saint-Cyr,* localité. ☛ noms propres.

SAINTEMENT [sɛ̃tmɑ̃] **adv.** ✦ D'une manière sainte.

SAINTE NITOUCHE [sɛ̃tnituʃ] **n. f.** ✦ Personne (spécialt femme, fillette) qui affecte l'innocence. *Des saintes nitouches.*

ÉTYM. de *saint* et *n'y touche (pas).*

SAINT-ESPRIT [sɛ̃tɛspʀi] **n. m.** → **ESPRIT** (I, 1)

SAINTETÉ [sɛ̃tte] **n. f. 1.** Caractère d'une personne ou d'une chose sainte. **2.** *Sa, Votre Sainteté,* titre de respect envers le pape.

ÉTYM. de l'ancien français *sainté,* d'après le latin *sanctitas.*

SAINT-FRUSQUIN [sɛ̃fʀyskɛ̃] **n. m.** ✦ FAM. Ce qu'on a d'argent, d'effets. – (à la fin d'une énumération) *... et tout le saint-frusquin :* et tout le reste.

ÉTYM. de l'argot *frusquin* «habit», orig. incertaine.

à la SAINT-GLINGLIN [alasɛ̃glɛ̃glɛ̃] **loc. adv.** ✦ FAM. À une date indéfiniment reportée. *Il me remboursera à la saint-glinglin* (SYN. **jamais**).

ÉTYM. origine incertaine, peut-être de *seing* «cloche» (même origine que *seing*) et du verbe dialectal *glinguer* «sonner».

SAINT-HONORÉ [sɛ̃tɔnɔʀe] n. m. ✦ Gâteau fourré de crème chantilly et garni de petits choux. *Des saint-honorés.*
ÉTYM. de *saint Honoré*, patron des boulangers ou de la *rue Saint-Honoré*.

SAINT-MARCELLIN [sɛ̃maʀsəlɛ̃] n. m. ✦ Petit fromage à base de lait de vache, à pâte molle. *Des saint-marcellins.*
ÉTYM. nom de lieu.

SAINT-NECTAIRE [sɛ̃nɛktɛʀ] n. m. ✦ Fromage d'Auvergne, à base de lait de vache, à pâte pressée. *Des saint-nectaires.*
ÉTYM. nom de lieu.

SAINT-SACREMENT → SACREMENT

SAINT-SÉPULCRE → SÉPULCRE

SAINT-SIÈGE [sɛ̃sjɛʒ] n. m. sing. ✦ *Le Saint-Siège* : la papauté.

SAINT-SIMONIEN, IENNE [sɛ̃simɔnjɛ̃, jɛn] adj. ✦ Relatif au réformateur social Saint-Simon (☞ noms propres) ou à sa doctrine (le *saint-simonisme* n. m.). ♦ adj. et n. Partisan ou disciple de Saint-Simon.

SAISI, IE [sezi] adj. ✦ DR. (personnes, choses) Qui fait l'objet d'une saisie (1). → n. m. *Le saisi et le saisissant**.
ÉTYM. du participe passé de *saisir*.

SAISIE [sezi] n. f. 1. Procédure par laquelle des biens sont remis à la justice ou à l'autorité administrative dans l'intérêt d'un créancier. *Être sous le coup d'une saisie. Saisie effectuée par huissier.* 2. Prise de possession (d'objets interdits par l'autorité publique). *La saisie d'un journal.* 3. Enregistrement de données (généralement au moyen d'un clavier alphanumérique) en vue d'un traitement informatique. *Opérateur de saisie.* → **claviste.**
ÉTYM. du participe passé de *saisir*.

SAISINE [sezin] n. f. ✦ DR. 1. Prérogative de saisir (un organe juridique, une personne) pour faire exercer un droit. *La saisine d'un tribunal.* 2. Droit à la possession d'un héritage.
ÉTYM. de *saisir*.

SAISIR [seziʀ] v. tr. (conjug. 13) **I** 1. Mettre dans sa main (qqch.) avec force ou rapidité. SYN. **attraper, empoigner, prendre.** *Saisir qqch. au passage.* SYN. **intercepter.** 2. *Saisir qqn, un animal,* le prendre, le retenir brusquement ou avec force. *Saisir qqn à bras le corps.* 3. Se mettre promptement en mesure d'utiliser, de profiter de. *Une occasion à saisir.* → *Saisir un prétexte.* 4. Parvenir à comprendre, à connaître (qqch.) par les sens, par la raison. *Je ne saisissais que des bribes de la conversation. Saisir la différence.* SYN. **discerner, percevoir.** → absolt FAM. *Je ne saisis pas bien.* 5. (sensations, émotions, etc.) S'emparer brusquement des sens, de l'esprit de (qqn). SYN. **prendre.** *Un frisson de peur la saisit.* → Faire une impression vive et forte sur (qqn). SYN. **frapper, impressionner, marquer.** *Sa pâleur m'a saisi.* 6. Exposer d'emblée à un feu vif (ce qu'on fait cuire). → au p. passé *Viande à peine saisie.* 7. Procéder à la saisie (1) de. *Saisir les meubles.* → *Saisir qqn,* saisir ses biens. ♦ *Saisir un numéro d'un journal.* 8. Effectuer la saisie (3) de. **II** DR. 1. VX Mettre (qqn) en possession (de qqch.). → loc. *Le mort saisit le vif* : l'héritier est investi sans délai des biens du défunt. 2. Porter devant (une juridiction). *Saisir un tribunal d'une affaire.* ♦ REM. Plus courant au passif. **III** *SE SAISIR (DE)* v. pron. Mettre en sa possession. SYN. **s'emparer** de. *Se saisir d'un couteau.* CONTR. ① **lâcher, laisser · dessaisir.**
ÉTYM. origine incertaine ; p.-ê. ancien allemand *sazjan* «mettre (en possession)», francique *satjan*.

SAISISSANT, ANTE [sezisɑ̃, ɑ̃t] adj. **I** (sensation) Qui surprend. *Un froid saisissant,* vif. ♦ Qui frappe l'esprit. SYN. **étonnant, frappant.** *Une ressemblance saisissante.* **II** DR. Qui pratique une saisie (1). *Le créancier saisissant* et n. m. *le saisissant.*
ÉTYM. du participe présent de *saisir*.

SAISISSEMENT [sezismɑ̃] n. m. ✦ Effet soudain d'une sensation ou d'une émotion. *Être muet de saisissement.*
ÉTYM. de *saisir*.

SAISON [sɛzɔ̃] n. f. 1. Époque de l'année caractérisée par un certain climat et par l'état de la végétation. *La belle, la mauvaise saison. Saison sèche et saison des pluies* (en climat tropical). → *Fruits de saison,* de la saison en cours. → *Marchand(e) des QUATRE-SAISONS* : marchand(e) ambulant(e) de légumes et de fruits. → *La saison des foins.* → *La saison des amours* : la période où les animaux s'accouplent. ♦ POÉT. Époque. 2. Chacune des quatre grandes divisions de l'année, délimitées par les équinoxes et les solstices (printemps, été, automne et hiver). *Le cycle des saisons.* 3. fig. LITTÉR. Période particulière (de la vie). «*Une saison en enfer*» (de Rimbaud). 4. Époque de l'année propice à une activité. SYN. **période.** *La saison des vacances.* → *La saison théâtrale.* ♦ absolt Époque où les vacanciers, les visiteurs affluent. *En saison. Prix hors saison.* → (modes) *Les nouveautés de la saison.*
ÉTYM. latin *satio* «semailles».

SAISONNIER, IÈRE [sɛzɔnje, jɛʀ] adj. 1. Propre à une saison. *Fruits saisonniers.* 2. Qui ne dure qu'une saison, qu'une partie de l'année. *Travail saisonnier.* → *Personnel saisonnier.* 3. Qui se fait à chaque saison. *Migrations saisonnières.*

SAJOU n. m. → SAPAJOU

SAKÉ [sake] n. m. ✦ Boisson alcoolisée japonaise à base de riz fermenté. HOM. SAQUER «congédier»
ÉTYM. mot japonais.

SALACE [salas] adj. ✦ LITTÉR. (hommes) Porté à l'acte sexuel. SYN. **lascif, lubrique.** → *Propos salaces.*
ÉTYM. latin *salax* «lascif, lubrique», de *salire* «saillir».

SALACITÉ [salasite] n. f. ✦ LITTÉR. Forte propension aux rapprochements sexuels. SYN. **lubricité.**
ÉTYM. latin *salacitas*, de *salax* → salace.

SALADE [salad] n. f. 1. *De la salade, une salade* : mets fait de feuilles d'herbes potagères crues, assaisonnées d'huile, de vinaigre et de sel. *Une salade d'endives. Salade verte.* 2. Plante cultivée dont on fait la salade (surtout les laitues et les chicorées). *Repiquer des salades. Pied, plant de salade.* 3. Plat froid fait de légumes, de viandes, d'œufs, etc., assaisonnés d'une vinaigrette. *Salade de tomates. Salade niçoise* (olives, tomates, anchois, etc.). → *Salade russe* : macédoine de légumes à la mayonnaise. → *EN SALADE* : accommodé comme une salade. *Du riz en salade.* 4. *Salade de fruits* : fruits coupés, servis froids avec un sirop, une liqueur. SYN. **macédoine.** 5. fig. FAM. Mélange confus. *Quelle salade !* SYN. **confusion, méli-mélo.** 6. fig. FAM. *Vendre sa*

salade : chercher à convaincre par des boniments. ➞ au plur. Histoires, mensonges. *Pas de salades !*
ÉTYM. italien dialectal *salada*, de *insalata* ; famille du latin *sal* «sel».

SALADIER [saladje] **n. m.** ✦ Récipient, jatte où l'on sert la salade, et d'autres mets ; son contenu.

SALAFISME [salafism] **n. m.** ✦ RELIG. Doctrine musulmane sunnite prônant le retour aux valeurs fondamentales de l'islam.
► **SALAFISTE** [salafist] **adj. et n.**
ÉTYM. de l'arabe *salaf* «ancêtre».

SALAGE [salaʒ] **n. m.** ✦ Action de saler ; son résultat. *Le salage d'un porc.*

SALAIRE [salɛʀ] **n. m.** 1. Rémunération d'un travail, d'un service. SYN. **appointements, traitement.** ➞ spécialt Somme d'argent payable régulièrement par l'employeur à la personne qu'il emploie (s'oppose à *émoluments, honoraires, indemnités*). *Toucher son salaire.* SYN. **paye.** *Salaire brut ; net. Salaire minimum.* → **S. M. I. C.** *Bulletin de salaire.* 2. fig. Ce par quoi on est payé (récompensé ou puni). prov. *Toute peine mérite salaire :* l'effort mérite récompense.
ÉTYM. latin *salarium* «ration de sel *(sal)*» puis «solde (des soldats)».

SALAISON [salɛzɔ̃] **n. f.** 1. Opération par laquelle on sale (un produit alimentaire) pour le conserver. 2. Denrée ainsi conservée.
ÉTYM. de *saler*.

SALAMALEC [salamalɛk] **n. m.** ✦ FAM. (surtout plur.) Saluts, politesses exagérées. *Faire des salamalecs.*
ÉTYM. arabe *salâm alaïk* «paix sur toi».

SALAMANDRE [salamɑ̃dʀ] **n. f.** 1. Petit batracien noir taché de jaune, dont la peau sécrète une substance corrosive. 2. (nom déposé) Poêle à combustion lente.
ÉTYM. latin *salamandra*, du grec.

SALAMI [salami] **n. m.** ✦ Gros saucisson sec.
ÉTYM. mot italien «choses salées» ; famille du latin *sal* «sel».

SALANGANE [salɑ̃gan] **n. f.** ✦ ZOOL. Oiseau de Malaisie, proche du martinet, dont le nid est comestible (nid d'hirondelle*).
ÉTYM. mot d'une langue des Philippines.

SALANT [salɑ̃] **adj. m.** ✦ TECHN. Qui produit du sel. *Puits salant.* ➞ COUR. *Marais* salant.*
ÉTYM. du participe présent de *saler*.

SALARIAL, ALE, AUX [salaʀjal, o] **adj.** ✦ Du salaire (1), relatif aux salaires. *Masse salariale* (d'une entreprise, d'un pays). ➞ *Cotisation sociale salariale.*

SALARIAT [salaʀja] **n. m.** 1. Condition de salarié. 2. Ensemble des salariés. *Le salariat et le patronat.*
ÉTYM. de *salarié*.

SALARIÉ, ÉE [salaʀje] **adj.** ✦ Qui reçoit un salaire (1). ➞ **n.** *Les salariés.*
ÉTYM. du participe passé de *salarier*.

SALARIER [salaʀje] **v. tr.** (conjug. 9) ✦ Rétribuer par un salaire (1). *Salarier un stagiaire.*

SALAUD [salo] **n. m.** ✦ FAM. Homme méprisable, moralement répugnant. SYN. **fumier, saligaud, salopard.** ➞ sans valeur injurieuse *Eh bien mon salaud, tu ne te refuses rien !* ◆ **adj. m.** *Il est vraiment salaud.*
ÉTYM. de *sale*.

SALE [sal] **adj.** **I** concret (après le nom) 1. Qui n'est pas propre. SYN. **crasseux, dégoûtant, malpropre ;** FAM. **dégueulasse.** *Avoir les mains sales. Du linge sale.* ➞ (personnes) *Être sale comme un porc, comme un peigne.* 2. *Couleur sale,* qui n'est pas franche, qui est ternie. 3. **n. m.** FAM. loc. *Mettre* (du linge) *au sale,* à laver. **II** abstrait 1. VX Qui est impur, souillé. ➞ MOD. *Argent sale,* provenant d'activités condamnées par la loi. ◆ FAM. *Histoires sales.* SYN. ② **cochon, grivois.** 2. (avant le nom) Très désagréable. *C'est une sale histoire.* SYN. **fâcheux, vilain.** ➞ FAM. *Il a une sale gueule,* un visage très antipathique ; il a mauvaise mine. 3. (qualifiant qqn que l'on condamne ou méprise) *Un sale type.* ➞ *La sale bête m'a piqué.* CONTR. ① **net, propre ; soigné.** HOM. SALLE «local»
ÉTYM. francique *salo*.

① **SALÉ, ÉE** [sale] **adj.** **I** 1. Qui contient naturellement du sel. *Eau salée.* ➞ *Goût salé.* 2. Assaisonné ou conservé avec du sel. *Cacahouètes salées. Morue salée.* **II** 1. fig. Licencieux, grivois. SYN. **corsé,** ② **cru.** *Des propos salés.* 2. FAM. Exagéré, excessif. *Une condamnation salée. La note est salée !*
ÉTYM. du participe passé de *saler*.

② **SALÉ** [sale] **n. m.** ✦ Porc salé. ➞ *PETIT SALÉ :* poitrine de porc conservée par salaison, que l'on mange bouillie. *Du petit salé aux lentilles.*
ÉTYM. de *porc salé* → ① salé.

SALEMENT [salmɑ̃] **adv.** 1. D'une manière sale, en salissant. *Manger salement.* 2. FAM. Très. *Je suis salement embêté.* CONTR. **proprement.**

SALER [sale] **v. tr.** (conjug. 3a) **I** 1. Assaisonner avec du sel. *Saler la soupe.* 2. Imprégner de sel ou plonger dans la saumure pour conserver (→ **salaison**). 3. *Saler une chaussée,* y répandre du sel pour faire fondre la neige, le verglas. **II** FAM. *Saler la note :* demander un prix excessif. ➞ *Saler le client.* CONTR. **dessaler.**
ÉTYM. de *sel*, d'après le latin *salare*.

SALETÉ [salte] **n. f.** 1. Caractère de ce qui est sale. SYN. **malpropreté.** 2. Ce qui est sale, mal tenu ; ce qui salit. SYN. **crasse, ordure.** *Vivre dans la saleté. Tu en as fait des saletés !* 3. fig. Chose immorale, indélicate. ➞ Propos obscène. SYN. **obscénité.** 4. FAM. Chose sans valeur, qui déplaît. *Pourquoi acheter toutes ces saletés ?* SYN. **cochonnerie, saloperie.** CONTR. **netteté, propreté.**

SALICAIRE [salikɛʀ] **n. f.** ✦ Plante à grands épis de fleurs rouges ou roses, qui pousse près de l'eau.
ÉTYM. latin moderne *salicaria*, de *salix* «saule».

SALICORNE [salikɔʀn] **n. f.** ✦ Plante qui croît dans les terrains salés.
ÉTYM. catalan *salicorn*, du bas latin *salicorneum*, de *sal* «sel» et *corneum* «en forme de corne».

SALICYLIQUE [salisilik] **adj.** ✦ *Acide salicylique :* antiseptique puissant qui sert à préparer l'aspirine.
ÉTYM. du latin *salix* «saule» et de *-yle*.

SALIÈRE [saljɛʀ] **n. f.** 1. Petit récipient de table dans lequel on met le sel. 2. FAM. Creux derrière la clavicule, chez les personnes maigres.
ÉTYM. latin *salarius* «par où on transporte le sel *(sal)*».

SALIGAUD [saligo] n. m. ✦ FAM. Homme méprisable, ignoble. SYN. **salaud.**
ÉTYM. de *sale.*

① **SALIN, INE** [salɛ̃, in] adj. 1. Qui contient du sel, est formé de sel. *Roche saline.* 2. CHIM. Relatif à un sel. *Solution saline.*
ÉTYM. de *sel*, d'après le latin *sal.*

② **SALIN** [salɛ̃] n. m. ✦ Marais* salant.
ÉTYM. de *sel*, d'après le latin *sal.*

SALINE [salin] n. f. ✦ Entreprise de production du sel. ➝ par ext. Marais* salant. *Exploiter une saline* (➙ **saunier**).
ÉTYM. latin *salinae*, pluriel.

SALINITÉ [salinite] n. f. ✦ Teneur en sel (d'un milieu).
ÉTYM. de ① *salin.*

SALIQUE [salik] adj. ✦ HIST. *Loi salique*, qui excluait les femmes de la succession foncière (invoquée au XIVe siècle pour les exclure de la succession à la couronne de France).
ÉTYM. bas latin *salicus*, de *Salii* «les Saliens», nom d'une tribu franque.

SALIR [saliʀ] v. tr. (conjug. 13) 1. Rendre sale. SYN. **souiller, tacher.** *Tu as sali tes gants. Elle s'est sali les mains.* ◆ pronom. (réfl.) *Elle s'est salie en tombant.* ➝ (passif) *Un tissu clair qui se salit vite* (➙ **salissant**). 2. fig. Abaisser, avilir. *Chercher à salir la réputation de qqn, à le salir.* CONTR. **laver, nettoyer.**
ÉTYM. de *sale.*

SALISSANT, ANTE [salisɑ̃, ɑ̃t] adj. 1. Qui se salit aisément. 2. Qui salit, où l'on se salit. *Un travail salissant.*
ÉTYM. du participe présent de *salir.*

SALISSURE [salisyʀ] n. f. ✦ Ce qui salit.
ÉTYM. de *salir.*

SALIVAIRE [salivɛʀ] adj. ✦ Qui a rapport à la salive. *Glandes salivaires.*
ÉTYM. latin *salivarius.*

SALIVATION [salivasjɔ̃] n. f. ✦ DIDACT. Sécrétion de la salive.
ÉTYM. latin *salivatio.*

SALIVE [saliv] n. f. ✦ Liquide produit par les glandes salivaires dans la bouche. SYN. **bave.** *Jet de salive.* ➙ **crachat ; postillon** (II). ➝ loc. *Avaler sa salive ;* fig. se retenir de parler. *Perdre sa salive :* parler en vain.
ÉTYM. latin *saliva.*

SALIVER [salive] v. intr. (conjug. 3a) ✦ Sécréter de la salive. *Un fumet qui fait saliver (→ mettre l'eau à la bouche).*
ÉTYM. latin *salivare.*

SALLE [sal] n. f. 1. (dans des loc. ; nom de certaines pièces d'une habitation) *SALLE À MANGER*, pour prendre les repas. *SALLE DE BAINS*, pour le bain et la toilette. *SALLE D'EAU*, pour la toilette (plus sommaire que la salle de bains). *SALLE DE SÉJOUR.* ➙ **séjour** (3). 2. Vaste local, dans un édifice ouvert au public. *Les salles d'un musée ; d'un hôpital.* ➝ *Salle de classe, d'audience, d'attente.* ➝ *Salle d'armes*, où l'on enseigne et pratique l'escrime. *Salle des ventes.* ➝ Local aménagé pour recevoir des spectateurs. *Salle de spectacle. Salle de concert. Salle de cinéma.* loc. *Les salles obscures :* les salles de cinéma. 3. Le public d'une salle de spectacle. *Toute la salle était debout.* SYN. **assistance.** HOM. SALE «pas propre»
ÉTYM. francique *sal.*

SALMIGONDIS [salmigɔ̃di] n. m. ✦ Mélange disparate et incohérent. *Quel salmigondis !*
ÉTYM. famille de *sel* et peut-être de *condiment.*

SALMIS [salmi] n. m. ✦ Plat de gibier rôti servi avec une sauce spéciale *(sauce salmis). Un salmis de pintade.*
ÉTYM. forme abrégée de *salmigondis.*

SALMONELLOSE [salmɔneloz] n. f. ✦ Maladie infectieuse due à des bactéries du genre *salmonelle* (n. f.).
ÉTYM. de *salmonelle* (du nom du médecin américain *D. E. Salmon*) et ① *-ose.*

SALMONIDÉ [salmɔnide] n. m. ✦ Poisson à deux nageoires dorsales (famille des *Salmonidés ;* ex. le saumon).
ÉTYM. du latin *salmo, salmonis* «saumon».

SALOIR [salwaʀ] n. m. ✦ Coffre, pot ou local destiné aux salaisons.
ÉTYM. de *saler.*

SALON [salɔ̃] n. m. I 1. Pièce de réception (dans un logement privé). ➝ Mobilier de salon. *Un salon Louis XV.* 2. Lieu de réunion, dans une maison où l'on reçoit régulièrement ; la société qui s'y réunit. *Les salons littéraires du XVIIIe siècle.* ➝ *Faire salon :* se réunir, réunir des personnes pour converser. ◆ *Les salons*, la société mondaine. ➝ *Une conversation DE SALON.* ➙ **mondain.** 3. Salle (d'un établissement ouvert au public). *Salon de coiffure :* boutique de coiffeur. ➝ *Salon de thé :* pâtisserie où l'on sert des consommations. II 1. Exposition périodique d'œuvres d'artistes vivants. *Le Salon d'automne.* 2. Manifestation commerciale, exposition où l'on présente des nouveautés. *Le Salon de l'auto. Le Salon du livre.*
ÉTYM. italien *salone* «grande salle *(sala)*», même origine que *salle.*

SALONNARD, ARDE [salɔnaʀ, aʀd] n. ✦ péj. Habitué(e) des salons mondains.

SALOON [salun] n. m. ✦ anglicisme Bar, tripot (notamment au Far West). *Des saloons.*
ÉTYM. mot américain, du français *salon.*

SALOPARD [salɔpaʀ] n. m. ✦ FAM. Salaud.
ÉTYM. de *salop*, variante ancienne de *salope.*

SALOPE [salɔp] n. f. ✦ FAM. 1. Femme dévergondée. 2. Femme méprisable.
ÉTYM. origine incertaine ; probablement de *sale* et d'une variante de *huppe* (oiseau).

SALOPER [salɔpe] v. tr. (conjug. 3a) ✦ FAM. 1. Faire très mal (un travail). 2. Salir énormément.
ÉTYM. de *salop* → salopard.

SALOPERIE [salɔpʀi] n. f. ✦ FAM. Saleté (aux sens 2, 3 et 4).
ÉTYM. de *salope* «personne très malpropre».

SALOPETTE [salɔpɛt] n. f. 1. Vêtement de travail, à plastron, qu'on porte par-dessus ses vêtements. SYN. **bleu, combinaison, cotte.** 2. Pantalon à bretelles et à plastron.
ÉTYM. de *salope* «personne très malpropre».

SALPÊTRE [salpɛtʀ] **n. m.** ✦ Couche de nitrates pulvérulente qui se forme sur les murs humides, et qui entrait autrefois dans la fabrication d'une poudre explosive.
ÉTYM. latin médiéval *salpetrae* «sel *(sal)* de pierre *(petra)*».

SALPINGITE [salpɛ̃ʒit] **n. f.** ✦ MÉD. Inflammation d'une trompe de l'utérus.
ÉTYM. du latin *salpinx, salpingos* «trompette», du grec, et de *-ite*.

SALSA [salsa] **n. f.** ✦ Musique et danse afro-cubaines au rythme marqué.
ÉTYM. mot espagnol des Caraïbes «sauce».

SALSEPAREILLE [salsəpaʀɛj] **n. f.** ✦ Arbuste épineux dont la racine a des vertus dépuratives.
ÉTYM. portugais *salsaparilla* ou espagnol *zarzaparrilla*, de *zarza* «ronce».

SALSIFIS [salsifi] **n. m.** ✦ Plante potagère cultivée pour sa longue racine comestible ; cette racine.
ÉTYM. italien *salsifica*, d'origine obscure.

SALTIMBANQUE [saltɛ̃bɑ̃k] **n.** ✦ Personne qui fait des tours d'adresse, des acrobaties en public. SYN. **bateleur.**
ÉTYM. italien *saltimbanco*, proprt «saute-en-banc».

SALUBRE [salybʀ] **adj.** ✦ (air, climat, milieu) Qui a une action favorable sur l'organisme. SYN. **sain.** CONTR. **insalubre, malsain, nuisible.**
ÉTYM. latin *salubris* «utile à la santé *(salus)*».

SALUBRITÉ [salybʀite] **n. f.** 1. Caractère de ce qui est salubre. 2. État d'une population préservée des maladies endémiques et contagieuses. *Mesures de salubrité publique.* SYN. **hygiène.** CONTR. **insalubrité.**
ÉTYM. latin *salubritas*.

SALUER [salɥe] **v. tr.** (conjug. 3a) 1. Adresser, donner une marque extérieure de reconnaissance et de civilité à (qqn). → **salut.** *Saluer qqn de la voix, du geste. Saluer un ami.* – *J'ai bien l'honneur de vous saluer* (formule pour conclure une lettre, etc.). 2. Manifester du respect par des pratiques réglées, rendre hommage à. *Saluer le drapeau.* 3. Accueillir par des manifestations extérieures. *Son apparition a été saluée par des sifflements.* 4. *Saluer qqn comme..., saluer en lui...*, l'honorer, le reconnaître comme. *On salue en lui un précurseur.*
ÉTYM. latin *salutare* «donner le salut *(salus)*».

SALURE [salyʀ] **n. f.** ✦ DIDACT. Caractère de ce qui est salé ; teneur en sel (d'un corps).
ÉTYM. de *saler*.

SALUT [saly] **n. m.** **I** 1. Fait d'échapper à la mort, au danger, de garder ou de recouvrer un état heureux, prospère. *Chercher son salut dans la fuite. Devoir son salut à* : en réchapper grâce à. – *Le SALUT PUBLIC* : la protection de la nation. *Comité* de salut public.* 2. RELIG. Félicité éternelle ; fait d'être sauvé du péché et de la damnation. *Le salut de l'âme.* ◆ *L'ARMÉE DU SALUT*, nom d'une association religieuse à but philanthropique (→ **salutiste**). **II** 1. LITTÉR. Formule exclamative par laquelle on souhaite à qqn, santé, prospérité. *Salut et fraternité !* 2. FAM. Formule brève d'accueil ou d'adieu. *Salut, les gars !* 3. Démonstration de civilité (geste ou parole) qu'on fait en rencontrant qqn. *Adresser, faire, rendre un salut à qqn.* → **saluer.** ◆ Geste de salut. *Salut militaire.* 4. Cérémonie d'hommage. *Salut au drapeau.* ◆ RELIG. CATHOL. *Salut du Saint-Sacrement* (office chanté).
ÉTYM. latin *salus, salutis* «bon état ; santé».

SALUTAIRE [salytɛʀ] **adj.** ✦ Qui a une action favorable (domaine physique ou moral). SYN. **bienfaisant,** ① **bon, utile.** *Un effet salutaire.* CONTR. **fâcheux, mauvais, néfaste.**
ÉTYM. latin *salutaris*, de *salus* «salut».

SALUTATION [salytasjɔ̃] **n. f.** 1. VX Action de saluer. → **salut.** 2. Manière de saluer exagérée. *De grandes salutations.* 3. au plur. dans les formules de politesse écrites *Veuillez agréer mes respectueuses salutations.*
ÉTYM. latin *salutatio*.

SALUTISTE [salytist] **n.** ✦ Membre de l'Armée du Salut*.

SALVATEUR, TRICE [salvatœʀ, tʀis] **adj.** ✦ LITTÉR. Qui sauve. *Geste salvateur.*
ÉTYM. bas latin *salvator*, de *salvare* «sauver» ; doublet de *sauveur*.

SALVE [salv] **n. f.** 1. Décharge simultanée d'armes à feu ou coups de canon successifs (notamment pour saluer). *Une salve d'artillerie.* 2. par analogie *Des salves d'applaudissements.*
ÉTYM. latin *salve* «salut», impératif de *salvere* «être sain et sauf *(salvus)*».

SAMARE [samaʀ] **n. f.** ✦ BOT. Fruit sec à péricarpe prolongé en aile membraneuse. *Les samares de l'érable.*
ÉTYM. latin *samara* «semence d'orme».

SAMBA [sɑ̃(m)ba] **n. f.** ✦ Danse à deux temps d'origine brésilienne ; sa musique. *Des sambas.*
ÉTYM. mot portugais du Brésil.

SAMEDI [samdi] **n. m.** ✦ Sixième jour de la semaine, qui succède au vendredi. *Tous les samedis.*
ÉTYM. bas latin *sambati dies* «jour du sabbat», de *sabbatum* «sabbat» et *dies* «jour».

SAMIZDAT [samizdat] **n. m.** ✦ En U. R. S. S., Diffusion clandestine d'ouvrages interdits par la censure ; ouvrage ainsi édité. *Des samizdats.*
ÉTYM. mot russe «auto-édition».

SAMOURAÏ [samuʀaj] **n. m.** ✦ Guerrier japonais de la société féodale. *Les samouraïs.*
ÉTYM. mot japonais.

SAMOVAR [samɔvaʀ] **n. m.** ✦ Bouilloire russe utilisée surtout pour la confection du thé.
ÉTYM. mot russe «qui bout par soi-même».

SAMPAN [sɑ̃pɑ̃] **n. m.** ✦ Petite embarcation chinoise.
ÉTYM. chinois *sanpan*, proprement «trois *(san)* bords *(pan)*».

SANATORIUM [sanatɔʀjɔm] **n. m.** ✦ Maison de santé où l'on traite les tuberculeux pulmonaires. *Des sanatoriums.* – abrév. FAM. SANA [sana]
ÉTYM. mot latin «propre à guérir», famille de *sanus* «sain».

SANCTIFIANT, ANTE [sɑ̃ktifjɑ̃, ɑ̃t] **adj.** ✦ RELIG. Qui sanctifie. *Grâce sanctifiante.*

SANCTIFICATEUR, TRICE [sɑ̃ktifikatœʀ, tʀis] **n.** ✦ RELIG. Personne qui sanctifie. – **adj.** *Action sanctificatrice.* SYN. **sanctifiant.**
ÉTYM. latin *sanctificator*.

SANCTIFICATION [sɑ̃ktifikasjɔ̃] **n. f.** ✦ Action de sanctifier ; son résultat.
ÉTYM. latin *sanctificatio*.

A B C D E F G H I J K L M N O P Q R S T U V W X Y Z

SANCTIFIER [sɑ̃ktifje] **v. tr.** (conjug. 9) **1.** Rendre saint. *Sanctifier un lieu.* SYN. **consacrer.** **2.** Révérer comme saint. *« Que ton nom soit sanctifié »* (prière).
ÉTYM. latin *sanctificare*, de *sanctus* « saint ».

SANCTION [sɑ̃ksjɔ̃] **n. f.** **I** **1.** DIDACT. Acte par lequel le chef du pouvoir exécutif approuve une mesure législative. **2.** fig. Approbation, confirmation, ratification. *Ce mot a reçu la sanction de l'usage.* **II** Peine établie par une autorité pour réprimer un acte. SYN. **condamnation.** – *Sanction scolaire.* SYN. **punition.** – *Sanctions économiques prises contre un pays.* → **blocus, embargo.** CONTR. **démenti, refus · désapprobation.**
ÉTYM. latin *sanctio*, de *sancire* « consacrer ; rendre irrévocable » puis « interdire ».

SANCTIONNER [sɑ̃ksjɔne] **v. tr.** (conjug. 3a) **1.** Confirmer par une sanction (I, 1). *Sanctionner une loi.* SYN. **approuver.** ♦ fig. Approuver officiellement. SYN. **entériner, homologuer, ratifier.** – au p. passé *Études sanctionnées par un diplôme.* **2.** Punir par une sanction (II). *Sanctionner une faute.* – *Sanctionner qqn.* CONTR. **condamner, refuser · récompenser.**

SANCTUAIRE [sɑ̃ktɥɛʀ] **n. m.** **1.** Lieu le plus saint d'un temple, d'une église. **2.** Édifice consacré aux cérémonies du culte ; lieu saint. *Delphes, sanctuaire d'Apollon.* **3.** fig. Territoire inviolable. ♦ Réserve protégeant des espèces menacées. *Sanctuaire marin.*
ÉTYM. latin *sanctuarium*, de *sanctus* « saint ».

SANDALE [sɑ̃dal] **n. f.** ✦ Chaussure légère faite d'une semelle retenue par des cordons ou des lanières. SYN. **nu-pied.**
ÉTYM. latin *sandalium*, du grec.

SANDALETTE [sɑ̃dalɛt] **n. f.** ✦ Sandale légère.

SANDOW [sɑ̃do] **n. m.** ✦ Câble élastique. SYN. **tendeur.**
ÉTYM. nom déposé ; nom propre d'un athlète.

SANDRE [sɑ̃dʀ] **n. m.** ✦ Poisson de rivière voisin de la perche. HOM. CENDRE « restes brûlés »
ÉTYM. allemand *Zander.*

SANDWICH [sɑ̃dwi(t)ʃ] **n. m.** **1.** Mets constitué de deux tranches de pain entre lesquelles on place des aliments froids. SYN. FAM. **casse-croûte.** *Des sandwichs* ou *des sandwiches* (plur. anglais). *Un sandwich au jambon.* **2.** loc. FAM. *Être pris EN SANDWICH,* serré, coincé entre deux choses ou deux personnes (abstrait ou concret).
ÉTYM. mot anglais, du nom du comte de *Sandwich.*

SANG [sɑ̃] **n. m.** **1.** Liquide rouge, visqueux, qui circule dans les vaisseaux, à travers tout l'organisme, où il joue des rôles essentiels et multiples (→ **hémat(o)- ; -émie**). *La circulation du sang. Globules, plaquettes du sang.* – VIEILLI *Animaux à sang chaud,* à température stable ; *à sang froid,* à température variable. *Perdre beaucoup de sang* (→ **exsangue**). – *Couleur de sang.* appos. invar. *Foulards rouge sang.* ♦ loc. *Le sang lui monte au visage,* il, elle devient tout(e) rouge. – *Mon sang n'a fait qu'un tour,* j'ai été bouleversé. – *COUP DE SANG :* congestion. *Jusqu'au sang :* jusqu'à faire saigner. – *EN SANG* (→ **ensanglanté ; saigner**). – fig. *Un apport de sang frais :* un apport d'éléments nouveaux ou jeunes. **2.** (dans des loc.) Principe de vie. *Avoir le sang chaud :* être irascible, ou impétueux. – *Se faire du MAUVAIS SANG,* du souci. → **s'inquiéter,** se **tourmenter.** – *Se faire un SANG D'ENCRE :* s'inquiéter énormément. – *Il, elle a ça DANS LE SANG :* c'est une tendance profonde. **3.** dans des loc. (Sang humain versé par violence) *Verser, faire couler le sang.* → **tuer.** – *Noyer une révolte dans le sang.* – *Avoir du sang sur les mains,* avoir commis un crime. ♦ *BON SANG !,* juron familier. **4.** *Le sang,* traditionnellement considéré (par erreur) comme porteur des caractères héréditaires. *Les liens du sang.* – loc. *Avoir du SANG BLEU :* être d'origine noble. – *La voix du sang :* l'instinct affectif familial. HOM. ① CENT « nombre », ③ CENT « monnaie », SANS « dépourvu de »
ÉTYM. latin *sanguen*, de *sanguis, sanguinis.*

SANG-FROID [sɑ̃fʀwa] **n. m. invar.** ✦ Maîtrise de soi qui permet de ne pas céder à l'émotion et de garder sa présence d'esprit. SYN. ① **calme, impassibilité.** *Garder, perdre son sang-froid.* – *Faire qqch. de sang-froid,* délibérément et consciemment. CONTR. **émotion, exaltation.**

SANGLANT, ANTE [sɑ̃glɑ̃, ɑ̃t] **adj.** **1.** En sang, couvert de sang. *Poignard sanglant.* SYN. **ensanglanté.** **2.** Qui fait couler le sang, s'accompagne d'effusion de sang. SYN. **meurtrier.** *Guerre sanglante.* **3.** fig. Extrêmement dur et outrageant. *Affront sanglant.*
ÉTYM. latin *sanguilentus* « en sang », variante de *sanguinolentus* « sanguinolent ».

SANGLE [sɑ̃gl] **n. f.** ✦ Bande large et plate qu'on tend pour maintenir ou serrer qqch. *Les sangles d'une selle.* – ANAT. *Sangle abdominale :* ensemble des muscles abdominaux.
ÉTYM. latin *cingula*, de *cingere* « ceindre ».

SANGLER [sɑ̃gle] **v. tr.** (conjug. 3a) **1.** *Sangler un cheval,* serrer la sangle qui maintient sa selle. **2.** Serrer fortement. – au p. passé *Sanglé dans un uniforme.*

SANGLIER [sɑ̃glije] **n. m.** ✦ Porc sauvage à peau épaisse garnie de soies dures, vivant dans les forêts. → ① **laie, marcassin ; solitaire.** *La hure du sanglier.*
ÉTYM. latin médiéval *singularis (porcus)* « (porc) qui vit seul ».

SANGLOT [sɑ̃glo] **n. m.** ✦ Respiration saccadée et bruyante qui se produit généralement dans les crises de larmes (→ **hoquet**). *Être secoué de sanglots. Éclater en sanglots.* – *Avoir des sanglots dans la voix,* une voix étranglée par des sanglots retenus.
ÉTYM. latin populaire *singluttus*, de *singultus* « hoquet », d'après *gluttire* « avaler ».

SANGLOTER [sɑ̃glɔte] **v. intr.** (conjug. 3a) ✦ Pleurer avec des sanglots.
ÉTYM. latin populaire *singluttare*, de *singultare* « hoqueter », d'après *gluttire* « avaler ».

SANG-MÊLÉ [sɑ̃mele] **n.** ✦ VIEILLI Personne issue du croisement de races différentes. SYN. **métis.** *Des sang-mêlé* (invar.) ou *des sangs-mêlés.*

SANGRIA [sɑ̃gʀija] **n. f.** ✦ Boisson à base de vin rouge et de fruits.
ÉTYM. mot espagnol, de *sangre* « sang ».

SANGSUE [sɑ̃sy] **n. f.** **1.** Ver d'eau annélide muni de deux ventouses. *Les sangsues absorbent le sang des vertébrés ; on les a utilisées pour les saignées.* **2.** fig. FAM. Personne importune, qui impose sa présence.
ÉTYM. latin *sanguisuga* « qui suce *(sugere)* le sang *(sanguis)* ».

SANGUIN, INE [sɑ̃gɛ̃, in] **adj.** **1.** Du sang, qui a rapport au sang, à sa circulation. *Groupes sanguins.* – *Transfusion sanguine.* **2.** Qui est couleur de sang. **3.** MÉD. ANC.

Tempérament sanguin (forte corpulence, face rouge, caractère irascible). ➝ n. m. *C'est un sanguin.*
ÉTYM. latin *sanguineus.*

SANGUINAIRE [sɑ̃ginɛʀ] adj. ✦ Qui se plaît à répandre le sang, à tuer. *Tyran sanguinaire.*
ÉTYM. latin *sanguinarius.*

SANGUINE [sɑ̃gin] n. f. 1. Variété d'hématite rouge. ➝ Crayon fait de cette matière. ➝ Dessin exécuté avec ce crayon. *Une sanguine de Watteau.* 2. Orange à la pulpe rouge sang.
ÉTYM. de *sanguin.*

SANGUINOLENT, ENTE [sɑ̃ginɔlɑ̃, ɑ̃t] adj. ✦ Couvert, teinté de sang. ♦ D'un rouge sang. *Lèvres sanguinolentes.*
ÉTYM. latin *sanguinolentus.*

SANHÉDRIN [sanedʀɛ̃] n. m. ✦ HIST. Tribunal religieux et civil de la Palestine antique.
ÉTYM. mot hébreu, du grec *sunedrion* «assemblée».

SANIE [sani] n. f. ✦ MÉD. (VX) ou LITTÉR. Pus mêlé de sang qui s'écoule des plaies infectées.
ÉTYM. latin *sanies.*

SANITAIRE [sanitɛʀ] adj. 1. Relatif à la santé publique et à l'hygiène. *Service sanitaire. Cordon* sanitaire.* 2. Se dit des appareils et installations d'hygiène qui distribuent et évacuent l'eau dans les habitations (baignoires, bidets, lavabos, éviers, W.-C.). ➝ n. m. pl. *Les sanitaires,* ces installations ; spécialt les toilettes.
ÉTYM. du latin *sanitas* «santé».

SANS [sɑ̃] prép. 1. Préposition qui exprime l'absence, le manque, la privation ou l'exclusion. *Être sans argent. Un film sans intérêt. Avec ou sans sucre ?* ♦ (hypothèse) *Sans toi, j'étais mort !,* si tu n'avais pas été là, j'étais mort. ➝ *Sans quoi, sans cela...* → **autrement, sinon.** ♦ (dans des loc. de valeur négative) *Sans cesse, sans exception.* ♦ (+ inf.) *Il partit sans dire un mot.* ➝ loc. *Cela va sans dire*. Vous n'êtes pas sans savoir* que...* 2. loc. conj. *SANS QUE* (+ subj.). *Ne faites rien sans qu'il soit d'accord.* 3. adv. FAM. *Comment faire sans ? Les jours avec et les jours sans,* les jours où tout va bien et ceux où tout va mal. CONTR. **avec.** HOM. ① CENT «nombre», ③ CENT «monnaie», SANG «liquide rouge» ; ② S'EN (pron.)
ÉTYM. latin *sine.*

SANS-ABRI [sɑ̃zabʀi] n. ✦ Personne qui n'a pas de logement. SYN. **sans-logis.** *Reloger les sans-abris.*

SANS-CŒUR [sɑ̃kœʀ] n. ✦ FAM. Personne qui est insensible à la souffrance d'autrui. *Des sans-cœurs* ou *des sans-cœur* (invar.).

SANSCRIT, ITE [sɑ̃skʀi, it] → **SANSKRIT, ITE**

SANS-CULOTTE [sɑ̃kylɔt] n. m. ✦ Nom que se donnaient les républicains les plus ardents, sous la Révolution française. ☛ Révolution française p. 175. *Les sans-culottes.*
ÉTYM. à cause de la *culotte* des aristocrates.

SANS-EMPLOI [sɑ̃zɑ̃plwa] n. ✦ surtout au plur. Personne sans travail. SYN. **chômeur.** *Des sans-emplois.*

SANS-FAUTE [sɑ̃fot] n. m. ✦ SPORTS Parcours effectué sans aucune faute. ➝ par ext. Prestation parfaite. *Des sans-fautes.*

SANS-FIL [sɑ̃fil] n. m. ✦ anciennt Message transmis par radiotélégraphie. *Des sans-fils.*

SANS-FILISTE [sɑ̃filist] n. 1. Opérateur de T. S. F. SYN. ② **radio.** 2. Personne qui pratique la T. S. F. en amateur. *Des sans-filistes.*
ÉTYM. de *sans-fil.*

SANS-GÊNE [sɑ̃ʒɛn] adj. invar. et n. invar. 1. adj. invar. Qui agit avec une liberté, une familiarité excessives. *Des filles sans-gêne. «Madame Sans-Gêne»* (comédie de V. Sardou). ➝ n. invar. *Un, une sans-gêne.* 2. n. m. invar. Attitude d'une personne qui ne se gêne pas pour les autres. SYN. **désinvolture, impolitesse.** CONTR. **discrétion, politesse.**

SANS-GRADE [sɑ̃gʀad] n. 1. n. m. Simple soldat. *Des sans-grades.* 2. n. Exécutant, subalterne.

SANSKRIT, ITE ou **SANSCRIT, ITE** [sɑ̃skʀi, it] n. m. et adj. 1. n. m. Langue indo-européenne, langue classique de la civilisation brahmanique de l'Inde. *Les Védas sont rédigés en sanskrit. Sanskrit et prakrits*.* 2. adj. *Grammaire sanskrite.*
ÉTYM. sanskrit *samskr(i)ta* «parfait ; qui observe la grammaire».

SANS-LE-SOU [sɑ̃l(ə)su] n. invar. ✦ FAM. Personne sans argent.

SANS-LOGIS [sɑ̃lɔʒi] n. ✦ Personne qui ne dispose pas d'une habitation. SYN. **sans-abri.**

SANSONNET [sɑ̃sɔnɛ] n. m. ✦ Étourneau. ➝ loc. FAM. *De la roupie* de sansonnet.*
ÉTYM. de *Samson,* nom propre.

SANS-PAPIERS ou **SANS-PAPIER** [sɑ̃papje] n. ✦ Personne qui ne possède pas les papiers d'identité, visas, carte de séjour, nécessaires pour être en situation régulière dans le pays où elle se trouve. *Des sans-papiers.* ➝ Écrire *sans-papier* sans *s* au singulier est permis.

SANTAL, ALS [sɑ̃tal] n. m. ✦ Arbre exotique dont le bois, imputrescible, fournit une essence balsamique. ➝ Son bois. *Faire brûler du santal.* ➝ Parfum qui en est extrait.
ÉTYM. latin médiéval *sandalum,* de l'arabe *sandal,* par le grec.

SANTÉ [sɑ̃te] n. f. 1. Bon état physiologique d'un être vivant, fonctionnement régulier et harmonieux de l'organisme. *Être plein de santé. Elle n'a pas de santé. Mauvais pour la santé.* → **malsain.** ➝ FAM. *Il a la santé !* ; fig. il a de l'aplomb. ➝ *Boire à la santé de qqn,* en son honneur. → **trinquer.** *À ta santé !* 2. Fonctionnement plus ou moins harmonieux de l'organisme, sur une période assez longue. *Être en bonne ; en mauvaise santé* (→ **malade**). ☛ Géographie p. 224. *Sa santé se rétablit* (→ **convalescence**). ➝ *Comment va la santé ?* 3. Équilibre psychique. *Santé mentale, intellectuelle.* 4. État sanitaire d'une société. *Santé publique.*
ÉTYM. latin *sanitas,* de *sanus* «sain».

SANTIAG [sɑ̃tjag] n. f. ✦ FAM. Botte de cuir à piqûres décoratives, à bout effilé et à talon oblique. *Des santiags.*
ÉTYM. probablement de *Santiago,* nom de ville.

SANTON [sɑ̃tɔ̃] n. m. ✦ Figurine provençale ornant les crèches de Noël.
ÉTYM. provençal *santoun* «petit saint *(sant)*».

SAOUL, SAOULE [su, sul] ; **SAOULARD** [sulaʀ] ; **SAOULER** [sule]... → **SOÛL ; SOÛLARD ; SOÛLER**

SAPAJOU [sapaʒu] ou **SAJOU** [saʒu] **n. m.** ✦ Petit singe de l'Amérique centrale et du Sud, à longue queue préhensile. *Des sapajous.*
ÉTYM. du tupi.

① **SAPE** [sap] **n. f.** **I** Tranchée ou fosse creusée sous une construction pour la faire écrouler. **II** Action de saper. *Travaux de sape.* ➝ fig. *Faire un travail de sape.* → ① **saper** (2).
ÉTYM. de ① *saper.*

② **SAPE** [sap] **n. f.** ✦ FAM. *Les sapes, la sape* : les vêtements.
ÉTYM. de ② *se saper.*

① **SAPER** [sape] **v. tr.** (conjug. 3a) **1.** Détruire les assises de (une construction) pour faire écrouler. **2.** fig. Attaquer les bases de. SYN. **ébranler, miner.** *Saper l'autorité masculine.* ➝ FAM. *Il m'a sapé le moral.*
ÉTYM. italien *zappare,* de *zappa* «pioche».

② **se SAPER** [sape] **v. pron.** (conjug. 3a) ✦ FAM. S'habiller. ➝ **au p. passé** *Être bien sapé.*
ÉTYM. origine obscure.

SAPERLIPOPETTE [sapɛʀlipɔpɛt] **interj.** ✦ Juron familier et vieilli exprimant le dépit. ➝ variante SAPERLOTTE [sapɛʀlɔt]
ÉTYM. altération de *sacré.*

SAPEUR [sapœʀ] **n. m.** ✦ Soldat du génie employé à la sape et à d'autres travaux.
ÉTYM. de ① *saper.*

SAPEUR-POMPIER [sapœʀpɔ̃pje] **n. m.** ✦ ADMIN. Pompier. *Des sapeurs-pompiers.*

SAPHIQUE [safik] **adj.** ✦ LITTÉR. Relatif à l'homosexualité féminine. SYN. **lesbien.**
ÉTYM. de *Sappho,* poétesse grecque. ☛ noms propres.

SAPHIR [safiʀ] **n. m.** **1.** Pierre précieuse très dure, transparente et bleue. ➝ *Un saphir,* cette pierre taillée. **2.** Petite pointe de cette matière qui constitue la tête de lecture d'une platine.
ÉTYM. bas latin *saphirus,* du grec.

SAPHISME [safism] **n. m.** ✦ LITTÉR. Homosexualité féminine. SYN. **lesbianisme.**
ÉTYM. de *Sappho,* poétesse grecque. ☛ noms propres.

SAPIDE [sapid] **adj.** ✦ DIDACT. Qui a du goût, de la saveur. CONTR. **insipide.**
ÉTYM. latin *sapidus,* famille de *sapere* «avoir du goût».

SAPIDITÉ [sapidite] **n. f.** ✦ DIDACT. Qualité de ce qui est sapide. SYN. **goût, saveur.** ➝ *Agent de sapidité* (additif alimentaire). CONTR. **insipidité.**

SAPIN [sapɛ̃] **n. m.** **1.** Arbre résineux (conifère) à tronc droit, à branches inclinées et à feuilles (aiguilles) persistantes. ➝ *Sapin de Noël* (en réalité épicéa), qu'on décore pour Noël. **2.** Bois de cet arbre (bois blanc).
ÉTYM. latin *sapinus.*

SAPINIÈRE [sapinjɛʀ] **n. f.** ✦ Forêt, plantation de sapins.

SAPONAIRE [sapɔnɛʀ] **n. f.** ✦ Plante à fleurs roses et odorantes, qui contient une substance qui peut mousser comme du savon.
ÉTYM. latin médiéval *saponaria,* de *sapo* «savon».

SAPONIFIER [sapɔnifje] **v. tr.** (conjug. 9) ✦ DIDACT. Transformer en savon (par une réaction chimique appelée *saponification* **n. f.**).
ÉTYM. du latin *sapo* «savon».

SAPOTILLE [sapɔtij] **n. f.** ✦ Grosse baie charnue qui se mange blette, fruit d'un arbre d'Amérique centrale (*sapotillier* **n. m.**).
ÉTYM. de l'aztèque *tzapotl.*

SAPRISTI [sapʀisti] **interj.** ✦ Juron familier exprimant l'étonnement ou l'exaspération.
ÉTYM. altération de *sacristi,* de *sacré.*

SAQUER ou **SACQUER** [sake] **v. tr.** (conjug. 3a) ✦ FAM. **1.** Renvoyer, congédier. ➝ Noter sévèrement. **2.** *Ne pas pouvoir saquer qqn,* le détester (SYN. **encadrer, encaisser, sentir**). HOM. SAKÉ «alcool»
ÉTYM. de ① *sac.*

SARABANDE [saʀabɑ̃d] **n. f.** **1.** Danse d'origine espagnole, au rythme vif. **2.** Ancienne danse française grave et lente, voisine du menuet, qui se dansait par couples. *Une sarabande de Bach.* **3.** loc. *Danser, faire la sarabande* : faire du tapage, du vacarme. **4.** fig. Succession rapide d'éléments disparates. SYN. **ribambelle.**
ÉTYM. espagnol *zarabanda,* d'origine persane.

SARBACANE [saʀbakan] **n. f.** ✦ Tube creux servant à lancer de petits projectiles, par la force du souffle.
ÉTYM. de *sarbatenne,* espagnol *zebratana,* d'origine malaise, par l'arabe, d'après *canne.*

SARCASME [saʀkasm] **n. m.** ✦ Dérision, raillerie insultante. ➝ Trait d'ironie mordante. *Décocher des sarcasmes.* CONTR. **compliment, flatterie.**
ÉTYM. bas latin *sarcasmus,* du grec «rire amer».

SARCASTIQUE [saʀkastik] **adj.** ✦ Moqueur et méchant. *Sourire sarcastique.* SYN. **sardonique.** CONTR. **bienveillant.**
► **SARCASTIQUEMENT** [saʀkastikmɑ̃] **adv.**
ÉTYM. de *sarcasme.*

SARCELLE [saʀsɛl] **n. f.** ✦ Oiseau palmipède sauvage, plus petit que le canard commun.
ÉTYM. latin populaire *cercedula,* de *querquedula,* du grec.

SARCLAGE [saʀklaʒ] **n. m.** ✦ Action de sarcler. *Sarclage à la houe.*

SARCLER [saʀkle] **v. tr.** (conjug. 3a) **1.** Arracher en extirpant les racines, avec un outil (sarcloir, etc.). *Sarcler le chiendent.* **2.** Débarrasser (un lieu ; une culture) des herbes nuisibles avec un outil. *Sarcler un potager.*
ÉTYM. latin *sarculare.*

SARCLOIR [saʀklwaʀ] **n. m.** ✦ Outil servant à sarcler.

> **SARC(O)-** Élément savant, du grec *sarx, sarkos* «chair».

SARCOME [saʀkom] **n. m.** ✦ MÉD. Tumeur maligne développée aux dépens du tissu conjonctif.
► **SARCOMATEUX, EUSE** [saʀkɔmatø, øz] **adj.**
ÉTYM. bas latin *sarcoma,* du grec, de *sarx, sarkos* «chair».

SARCOPHAGE [saʀkɔfaʒ] **n. m.** ✦ Cercueil de pierre. *Sarcophages égyptiens.*
ÉTYM. latin *sarcophagus* «tombeau», du grec «qui consume la chair» → sarco- et -phage.

SARCOPTE [sarkɔpt] **n. m.** ✦ Acarien parasite de l'homme et de certains mammifères, qui provoque la gale.
ÉTYM. de *sarc(o)-* et du grec *koptein* «couper».

SARDANE [sardan] **n. f.** ✦ Danse catalane à plusieurs danseurs formant un cercle.
ÉTYM. mot catalan.

SARDINE [sardin] **n. f.** 1. Petit poisson, très abondant dans la Méditerranée et l'Atlantique. *Un banc de sardines.* – *Une boîte de sardines à l'huile.* – **loc.** *Être serrés comme des sardines,* très serrés. 2. FAM. Piquet de tente de camping.
ÉTYM. latin *sardina* «(poisson) de Sardaigne». ☞ noms propres.

SARDINERIE [sardinri] **n. f.** ✦ Conserverie de sardines.

SARDINIER, IÈRE [sardinje, jɛr] **adj.** et **n.**
I adj. Relatif à la pêche ou à l'industrie de la conserve des sardines. *Bateau sardinier* et **n. m.** *un sardinier.*
II n. 1. Pêcheur, pêcheuse de sardines. 2. Ouvrier, ouvrière d'une sardinerie.

SARDONIQUE [sardɔnik] **adj.** ✦ Qui exprime une moquerie amère, froide et méchante. *Rire, rictus sardonique.* SYN. **sarcastique.**
► **SARDONIQUEMENT** [sardɔnikmɑ̃] **adv.**
ÉTYM. latin *(risus) sardonicus,* du grec, de *sardonios,* p.-ê. «(herbe) de Sardaigne» (provoquant un rictus).

SARGASSE [sargas] **n. f.** ✦ Algue brune, très répandue au nord-est des Antilles (*mer des Sargasses* ☞ noms propres).
ÉTYM. portugais *sargaco* ; famille du latin *salix* «saule».

SARI [sari] **n. m.** ✦ Vêtement traditionnel des femmes indiennes, fait d'une longue étoffe drapée.
ÉTYM. mot hindi.

SARIGUE [sarig] **n. f.** ✦ Petit mammifère (marsupial), à longue queue préhensile (→ **opossum**).
ÉTYM. du tupi, par le portugais.

S. A. R. L. [ɛsaɛrɛl] **n. f. invar.** ✦ Société commerciale où la responsabilité des associés est limitée au montant de leurs apports. *Créer une S. A. R. L.*
ÉTYM. sigle de *société à responsabilité limitée.*

SARMENT [sarmɑ̃] **n. m.** ✦ Rameau de vigne lorsqu'il est devenu ligneux. *Faire un feu de sarments.* – Tige ou branche ligneuse de plante grimpante.
ÉTYM. latin *sarmentum.*

SAROUEL [sarwɛl] **n. m.** ✦ Pantalon flottant à large fond.
ÉTYM. arabe *sirwal.*

① **SARRASIN, INE** [sarazɛ̃, in] **n.** ✦ Musulman d'Orient, d'Afrique ou d'Espagne, au Moyen Âge. SYN. **arabe, maure.** *Les Sarrasins* (☞ noms propres). ♦ **adj.** *Invasions sarrasines.*
ÉTYM. bas latin *Sarraceni,* n. d'un peuple de l'Arabie.

② **SARRASIN** [sarazɛ̃] **n. m.** ✦ Céréale (aussi appelée *blé noir*). – Farine de cette céréale. *Galettes de sarrasin.*
ÉTYM. de *blé sarrasin,* à cause de la couleur foncée du grain → ① sarrasin.

SARRAU [saro] **n. m.** ✦ Blouse de travail en grosse toile, courte et ample. *Sarrau de peintre. Des sarraus.*
ÉTYM. de l'ancien allemand *sarroc* «vêtement militaire».

SARRIETTE [sarjɛt] **n. f.** ✦ Plante dont on cultive une variété pour ses feuilles aromatiques.
ÉTYM. diminutif de l'ancien français *sarriee,* latin *satureia.*

SAS [sɑs] **n. m.** 1. Tamis de tissu cerclé de bois, servant à passer des matières liquides ou pulvérulentes. SYN. **crible** ; → **sasser.** 2. Bassin entre les deux portes d'une écluse. *La péniche attend dans le sas.* 3. Pièce étanche entre deux milieux différents, qui permet le passage. *Sas d'un engin spatial.*
ÉTYM. latin *saetacium* «tamis», de *saeta* «soie (II)».

SASHIMI [saʃimi] **n. m.** ✦ Plat japonais fait de poisson cru en tranches fines. *Des sashimis.*
ÉTYM. mot japonais.

SASSAFRAS [sasafra] **n. m.** ✦ Arbre voisin du laurier, dont le bois et les feuilles sont aromatiques. *«Du vent dans les branches de sassafras»* (pièce de René de Obaldia).
ÉTYM. espagnol *sasafras.*

SASSER [sɑse] **v. tr.** (conjug. 3a) 1. Passer au sas. SYN. **cribler, tamiser.** 2. Faire passer par le sas d'une écluse.
ÉTYM. de *sas.*

SATANÉ, ÉE [satane] **adj.** **I** (épithète ; avant le nom) Maudit. SYN. ① **sacré.** **II** (au sens faible) *Satané menteur.* SYN. **fieffé.** *Satanée pluie.*
ÉTYM. de *Satan.* ☞ noms propres.

SATANIQUE [satanik] **adj.** 1. De Satan ; inspiré par Satan (☞ noms propres). SYN. **démoniaque, diabolique.** *Culte satanique.* – *«Les Versets sataniques»* (roman de Salman Rushdie). 2. Qui évoque Satan, est digne de Satan. SYN. **infernal.** *Une ruse satanique.* CONTR. **divin ;** ① **angélique.**

SATELLISER [satelize] **v. tr.** (conjug. 3a) ✦ Transformer en satellite (I ou III). – **au p. passé** *Fusée satellisée.*
► **SATELLISATION** [satelizasjɔ̃] **n. f.**

SATELLITE [satelit] **n. m.** **I** 1. Corps céleste gravitant autour d'une planète. *La Lune est le satellite de la Terre.* 2. *Satellite (artificiel)* : engin placé en orbite autour d'un astre et porteur d'équipements (à destination scientifique, industrielle, etc.). *Satellite de télécommunications. Retransmission par satellite.* **II** Bâtiment annexe d'un autre, auquel il est relié par un couloir. *Les satellites d'une aérogare.* **III fig.** Personne ou nation qui est sous la dépendance d'une autre. – **appos.** *Les pays satellites d'une grande puissance.*
► **SATELLITAIRE** [satelitɛr] **adj.** *Images satellitaires.*
ÉTYM. latin *satelles, satellitis* «garde du corps».

SATIÉTÉ [sasjete] **n. f.** ✦ LITTÉR. État d'indifférence d'une personne dont un besoin, un désir est amplement satisfait. SYN. **rassasiement.** ♦ **loc. adv.** *À SATIÉTÉ* : jusqu'à la satiété. *Boire à satiété.* – *Répéter qqch. à satiété,* jusqu'à fatiguer l'auditoire. CONTR. **besoin, désir, envie.**
ÉTYM. latin *satietas,* de *satis* «assez».

SATIN [satɛ̃] **n. m.** ✦ Étoffe (de soie, de coton...) lisse et lustrée sur l'endroit, sans trame apparente. – **fig.** *Une peau de satin,* douce comme du satin.
ÉTYM. arabe *zaytuni* «de la ville de *Zäytun* (en Chine)», par l'espagnol.

SATINÉ, ÉE [satine] **adj.** ✦ Qui a la douceur et le reflet du satin. *Peinture satinée.* – *Peau satinée.*

SATINER [satine] **v. tr.** (conjug. 3a) ✦ Lustrer (une étoffe, un papier...) pour donner l'apparence du satin.

SATINETTE [satinɛt] **n. f.** ✦ Étoffe de coton, ou de coton et de soie, qui a l'aspect du satin.

SATIRE [satiʀ] **n. f.** **1.** HIST. LITTÉR. Ouvrage libre de la littérature latine, qui critiquait les mœurs publiques. **2.** Poème où l'auteur attaque les défauts, les ridicules de ses contemporains. *Les satires de Boileau.* **3.** Écrit, discours qui s'attaque à qqch., à qqn, en s'en moquant. SYN. **pamphlet.** ♦ Critique moqueuse. *Faire la satire d'un milieu.* HOM. SATYRE «homme pervers»
ÉTYM. latin *satira*, proprt «macédoine, mélange».

SATIRIQUE [satiʀik] **adj.** ✦ De la satire ; qui constitue une satire. *Dessin satirique. Roman satirique.* ☛ Littérature p. 133.

SATIRISTE [satiʀist] **n.** ✦ DIDACT. Auteur de satires.

SATISFACTION [satisfaksjɔ̃] **n. f.** **1.** Acte par lequel on accorde à qqn ce qu'il demande. *Avoir, obtenir satisfaction.* SYN. **gain** de cause. **2.** Sentiment de bien-être, plaisir qui résulte de l'accomplissement de ce qu'on juge souhaitable. SYN. **contentement, joie.** *Sentiment de satisfaction. À la satisfaction générale.* – loc. *DONNER SATISFACTION. Ce collaborateur, ce travail donne satisfaction, toute satisfaction.* **3.** Plaisir, occasion de plaisir. *Les petites satisfactions de la vie quotidienne.* **4.** Action de satisfaire (un besoin, un désir). SYN. **assouvissement.** *La satisfaction d'un penchant.* CONTR. **refus • insatisfaction • frustration, inassouvissement.**
ÉTYM. latin *satisfactio* «excuse ; réparation (d'une faute)».

SATISFAIRE [satisfɛʀ] **v. tr.** (conjug. 41) **I** **1.** Faire ou être pour (qqn) ce qu'il demande, ce qui lui convient. *Satisfaire un créancier.* – *Cette situation ne me satisfait pas.* SYN. **convenir, plaire.** ♦ pronom. *Il se satisfait de peu.* SYN. se **contenter.** **2.** Contenter (un besoin, un désir). SYN. **assouvir.** *Satisfaire sa faim.* – *Satisfaire la curiosité, le désir de qqn.* **II** **v. tr. ind.** *SATISFAIRE À :* s'acquitter de (ce qui est exigé), remplir (une exigence). *Satisfaire à un engagement.* – *Le projet devra satisfaire à trois conditions.* SYN. **remplir.** CONTR. **mécontenter • frustrer • manquer** à.
ÉTYM. latin *satisfacere* «s'acquitter d'une dette», de *satis* «assez».

SATISFAISANT, ANTE [satisfəzɑ̃, ɑ̃t] **adj.** ✦ Qui satisfait, est conforme à ce qu'on peut attendre. SYN. **acceptable,** ① **bon, honnête.** *Un résultat satisfaisant.* CONTR. **insatisfaisant, mauvais.**
ÉTYM. du participe présent de *satisfaire.*

SATISFAIT, AITE [satisfɛ, ɛt] **adj.** **1.** Qui a ce qu'il veut. SYN. **comblé, content.** *Je m'estime satisfait. N'être jamais satisfait* (→ **insatiable**). **2.** *SATISFAIT DE :* content de. *Être satisfait de son sort.* – *Être satisfait de soi* (→ **autosatisfaction**). ♦ *Un air satisfait.* SYN. **suffisant.** **3.** Qui est assouvi, réalisé. *Besoins, désirs satisfaits.* CONTR. **insatisfait, mécontent • inassouvi.**
ÉTYM. du participe passé de *satisfaire.*

SATISFECIT [satisfesit] **n. m. invar.** ✦ LITTÉR. Témoignage de satisfaction ; approbation. *Décerner des satisfecit.* – On peut aussi écrire *satisfécit* avec accent aigu, *des satisfécits.*
ÉTYM. mot latin «il a satisfait».

SATRAPE [satʀap] **n. m.** **1.** HIST. Gouverneur d'une province (dite *satrapie* **n. f.**), dans l'ancien Empire perse. **2.** fig. LITTÉR. Homme puissant et despotique ; personne riche qui mène grand train.
ÉTYM. latin *satrapes*, du persan, par le grec.

SATURATEUR [satyʀatœʀ] **n. m.** ✦ Dispositif qui humidifie l'air par évaporation. SYN. **humidificateur.**
ÉTYM. de *saturer.*

SATURATION [satyʀasjɔ̃] **n. f.** **1.** SC. Action de saturer ; état de ce qui est saturé (1). *Point de saturation. Saturation d'une solution en sel.* **2.** État de ce qui est saturé (2). *Saturation du marché.* **3.** fig. *Il a trop de travail, il arrive à saturation.*
ÉTYM. bas latin *saturatio* «rassasiement».

SATURÉ, ÉE [satyʀe] **adj.** **1.** SC. (liquide, solution) Qui, à une température et une pression données, renferme la quantité maximale d'une substance dissoute. ♦ CHIM. (atome) Dont toutes les valences sont satisfaites. – *Hydrocarbures saturés* (de formule générale C_nH_{2n+2}). **2.** Qui ne peut contenir plus. *Une éponge saturée d'eau.* SYN. ① **plein.** – *Marché saturé* (d'un produit). *Autoroute saturée.* **3.** fig. *Être saturé de qqch.*, être dégoûté par son excès (→ **satiété**). *Être saturé de télévision.* CONTR. **insaturé.**
ÉTYM. du participe passé de *saturer.*

SATURER [satyʀe] **v. tr.** (conjug. 3a) **1.** SC. Remplir complètement ; rendre saturé. *Saturer une éponge d'eau.* – *Saturer le marché.* **2.** fig. *Saturer qqn de qqch.* SYN. **dégoûter, soûler.**
ÉTYM. latin *saturare*, de *satur* «rassasié».

SATURNALES [satyʀnal] **n. f. pl.** ✦ ANTIQ. ROMAINE Fêtes célébrées en l'honneur de Saturne. – fig. et LITTÉR. (aussi au sing.). Temps de licence ; fêtes débridées.
ÉTYM. latin *saturnalia*, de *Saturnus* «Saturne». ☛ noms propres.

SATURNIEN, IENNE [satyʀnjɛ̃, jɛn] **adj.** **1.** DIDACT. De Saturne. **2.** VX ou LITTÉR. Triste, mélancolique (opposé à *jovial*, de Jupiter). *«Poèmes saturniens»* (de Verlaine).

SATURNIN, INE [satyʀnɛ̃, in] **adj.** ✦ MÉD. Provoqué par le plomb ou ses composés. *Colique saturnine.*
ÉTYM. latin médiéval *saturninus* ou de *Saturne.* ☛ noms propres.

SATURNISME [satyʀnism] **n. m.** ✦ MÉD. Intoxication par le plomb ou par les sels de plomb.
ÉTYM. de *saturne*, nom du plomb en alchimie.

SATYRE [satiʀ] **n. m.** **1.** MYTHOL. GRECQUE Divinité à corps humain, à cornes et à pieds de bouc. SYN. ① **faune.** **2.** Homme lubrique ; exhibitionniste, voyeur. HOM. SATIRE «critique moqueuse»
ÉTYM. latin *satyrus*, du grec. ☛ SATYRES (noms propres).

SAUCE [sos] **n. f.** **1.** Préparation liquide ou onctueuse qui sert à accommoder certains mets. *Sauce tomate. Sauce blanche,* à base de beurre et de farine. – *Sauce madère.* – *Viande en sauce.* **2.** loc. *À quelle sauce serons-nous mangés ?*, de quelle façon serons-nous vaincus, dupés ? – *Mettre qqn à toutes les sauces*, l'employer à toutes sortes d'activités. – *Allonger* la sauce.* **3.** FAM. Averse. SYN. **saucée.**
ÉTYM. de l'ancien adjectif *salse* «salé», latin populaire *salsa*, famille de *sal* «sel».

SAUCÉE [sose] **n. f.** ✦ FAM. Averse, forte pluie qui trempe.
ÉTYM. du participe passé de *saucer* (2).

SAUCER [sose] **v. tr.** (conjug. 4) **1.** Essuyer en enlevant la sauce (pour la manger). *Saucer son assiette avec du pain.* **2.** FAM. *Se faire saucer, être saucé :* recevoir la pluie.

SAUCIER [sosje] **n. m.** ✦ Cuisinier spécialisé dans la préparation des sauces.

SAUCIÈRE [sosjɛʀ] **n. f.** ✦ Récipient dans lequel on sert les sauces, les jus, les crèmes.

SAUCISSE [sosis] **n. f.** **1.** Préparation de viande maigre hachée et de gras de porc *(chair à saucisse)*, assaisonnée et entourée d'un boyau, que l'on fait cuire ou chauffer. *Saucisse de Morteau, de Strasbourg.* – *Saucisse de bœuf, de mouton pimentée.* → **merguez.** – *Saucisse sèche,* long saucisson mince. **2.** Ballon captif de forme allongée.
ÉTYM. latin populaire *salsicia*, de *salsus* «salé», famille de *sal* «sel».

SAUCISSON [sosisɔ̃] **n. m.** ✦ Préparation de charcuterie (porc, bœuf haché et cuit dans un boyau), qui se mange telle quelle. *Tranche, rondelle de saucisson. Saucisson sec ; saucisson à l'ail. Saucisson pur porc.*
ÉTYM. italien *salsiccione* «grosse saucisse *(salsiccia)*».

SAUCISSONNÉ, ÉE [sosisɔne] **adj.** ✦ FAM. Serré dans ses vêtements. SYN. **boudiné.**
ÉTYM. de *saucisson.*

SAUCISSONNER [sosisɔne] **v.** (conjug. 3a) ✦ FAM. **1. v. intr.** Manger un repas froid sur le pouce. **2. v. tr.** Diviser, répartir en tranches. – **au p. passé** *Émission saucissonnée par des publicités.*
ÉTYM. de *saucisson.*

SAUF, SAUVE [sof, sov] **adj. et prép.**
I adj. Indemne, sauvé (dans quelques expr.). *Sain* et sauf. Laisser la vie sauve à qqn,* l'épargner. – *L'honneur est sauf.* CONTR. **blessé, endommagé.**
II *SAUF* **prép. 1.** À l'exclusion de. SYN. **excepté, hormis.** *Tous, sauf lui.* SYN. à **part.** – *Sauf quand... Sauf si...* → à **moins** que. ◆ À moins de, sous réserve de. *Sauf avis contraire. Sauf erreur.* – LITTÉR. *SAUF À* (+ inf.). SYN. **quitte** à. *Il acceptera, sauf à s'en repentir plus tard.* ◆ *SAUF QUE* (+ indic.) : avec cette réserve que. *C'est un bon film, sauf qu'il est trop long.* **2.** loc. *Sauf le respect que je vous dois ; sauf votre respect*.*
ÉTYM. latin *salvus* «entier ; en bonne santé».

SAUF-CONDUIT [sofkɔ̃dɥi] **n. m.** ✦ Document délivré par une autorité et qui permet de se rendre en un lieu, de traverser un territoire, etc. SYN. **laissez-passer.** *Des sauf-conduits.*
ÉTYM. de *sauf* et *conduit* «protection, escorte», du participe passé de *conduire.*

SAUGE [soʒ] **n. f.** ✦ Plante aromatique aux nombreuses variétés. *Sauge officinale.*
ÉTYM. latin *salvia*, de *salvus* «en bonne santé ; sauf».

SAUGRENU, UE [sogʀəny] **adj.** ✦ Inattendu et quelque peu ridicule. SYN. **absurde, bizarre.** *Quelle idée saugrenue !*
ÉTYM. de *sau* (forme de *sel*) et *grenu.*

SAULE [sol] **n. m.** ✦ Arbre ou arbrisseau qui croît dans les lieux humides. *Saule pleureur*.*
ÉTYM. francique *salha.*

SAUMÂTRE [somɑtʀ] **adj. 1.** Qui a un goût amer et salé. *Eau saumâtre :* mélange d'eau douce et d'eau de mer. **2.** fig. Amer, désagréable. – loc. FAM. *La trouver saumâtre :* trouver (la situation, la plaisanterie) amère.
ÉTYM. latin populaire *salmaster*, classique *salmacidus* ; peut-être famille de *sal* «sel».

SAUMON [somɔ̃] **n. m. 1.** Poisson migrateur à chair rose, qui abandonne la mer et remonte les fleuves au moment du frai. – *Saumon fumé.* **2. adjectivt invar.** D'un rose tendre légèrement orangé. *Des draps saumon.* – **appos. invar.** *Rose saumon. Des fleurs rose saumon.*
ÉTYM. latin *salmo, salmonis.*

SAUMONÉ, ÉE [somɔne] **adj. 1.** *Truite saumonée,* qui a la chair rose comme celle du saumon. **2.** *Rose saumoné.* SYN. **saumon** (2).

SAUMURE [somyʀ] **n. f.** ✦ Préparation liquide salée dans laquelle on met des aliments pour les conserver. *Mettre des olives dans la saumure.*
ÉTYM. latin médiéval *salimuria*, de *sal* «sel» et *muria* «eau salée».

SAUNA [sona] **n. m.** ✦ Bain de vapeur sèche, d'origine finlandaise. *Prendre un sauna.* – Local, établissement où l'on prend ces bains.
ÉTYM. mot finnois.

SAUNIER [sonje] **n. m. 1.** Exploitant d'un marais salant ou d'une saline. – Ouvrier qui travaille dans une saline. **2.** HIST. *FAUX SAUNIER :* celui qui faisait la contrebande du sel.
ÉTYM. latin populaire *salinarius*, de *salinae* «saline».

SAUPIQUET [sopikɛ] **n. m.** ✦ Sauce relevée, au vinaigre.
ÉTYM. de *sau* (forme de *sel*) et *piquer.*

SAUPOUDRAGE [sopudʀaʒ] **n. m.** ✦ Action de saupoudrer ; son résultat.

SAUPOUDRER [sopudʀe] **v. tr.** (conjug. 3a) **1.** Éparpiller une substance pulvérulente sur. *Saupoudrer un pain de farine.* **2.** fig. Parsemer, émailler. *Saupoudrer un texte de citations.* **3.** Affecter en petite quantité à de très nombreux bénéficiaires. *Saupoudrer des subventions.*
ÉTYM. de *sau* (forme de *sel*) et *poudrer.*

SAUR [sɔʀ] **adj. m.** ✦ *Hareng saur :* hareng fumé. → FAM. **gendarme.** HOM. SORT «destin»
ÉTYM. orig. discutée, p.-ê. anc. néerlandais *soor* «séché».

> **-SAURE** Élément savant, du grec *saura* «lézard», qui entre dans des mots désignant des sauriens fossiles (ex. *brontosaure, dinosaure, plésiosaure*).

SAURIEN [sɔʀjɛ̃] **n. m.** ✦ Reptile tel que le lézard ou le caméléon (sous-ordre des *Sauriens ;* généralement munis de pattes).
ÉTYM. du grec *saura, sauros* «lézard».

SAUROPODES [sɔʀɔpɔd] **n. m. pl.** ✦ PALÉONT. Groupe de reptiles herbivores *(dinosauriens)* de l'ère secondaire, de taille gigantesque. → **brontosaure, dinosaure, diplodocus.**

SAUT [so] **n. m. 1.** Mouvement ou ensemble de mouvements par lesquels un homme, un animal s'élève au-dessus du sol ou se projette à distance de son appui. SYN. **bond.** *Faire un saut.* – *Saut acrobatique. Saut périlleux* (tour complet). – *Saut en hauteur, à la perche, en longueur ; triple saut* (épreuves athlétiques). *Saut de l'ange,* plongeon les bras écartés (comme des ailes). – *Saut en parachute.* ◆ loc. fig. *FAIRE LE SAUT :* prendre une résolution décisive et risquée. – *LE GRAND SAUT :* la mort. **2.** Mouvement, déplacement brusque (pour changer de position). *Se lever d'un saut.* → **bond.** – loc. *AU SAUT DU LIT :* au sortir du lit, au lever. **3.** Action

A B C D E F G H I J K L M N O P Q R S T U V W X Y Z

d'aller très rapidement et sans rester. *Faire un saut chez qqn.* 4. fig. Changement brusque. ➛ *Faire un saut d'un siècle* (par l'imagination). 5. Cascade, chute d'eau. *Le saut du Doubs.* HOM. SCEAU «empreinte», SEAU «récipient», SOT «stupide»

ÉTYM. latin *saltus*, du participe passé de *salire* «sauter, bondir».

SAUTE [sot] n. f. ✦ (dans des expressions) Brusque changement. *Saute de vent ; de température.* ➛ *Avoir des sautes d'humeur.*

ÉTYM. de *sauter.*

SAUTÉ, ÉE [sote] adj. et n. m. 1. adj. Cuit à feu vif et en remuant. *Pommes de terre sautées.* 2. n. m. Aliment (viande) cuit dans un corps gras, à feu vif. *Un sauté de veau.*

ÉTYM. du participe passé de *sauter* (I, 6).

SAUTE-MOUTON [sotmutɔ̃] n. m. ✦ Jeu où l'on saute par-dessus un autre joueur, qui se tient courbé (le «mouton»). *Jouer à saute-mouton. Une série de saute-moutons.*

SAUTER [sote] v. (conjug. 3a) I v. intr. 1. Faire un saut. *Sauter haut. Sauter à pieds joints ; à cloche-pied.* ➛ *Sauter dans l'eau, dans le vide ; par la fenêtre.* ➛ *Sauter de joie.* ➛ loc. FAM. *Sauter au plafond, en l'air :* exprimer vivement sa colère, son indignation, sa surprise. SYN. **bondir.** ➛ spécialt *Sauter en longueur, à la perche...* (➛ **saut**). ➛ loc. fig. *Reculer* pour mieux sauter.* 2. Monter, descendre, se lever... vivement. *Sauter de son lit. Sauter dans un taxi.* ◆ Se jeter, se précipiter. *Sauter sur qqn, lui sauter dessus.* ➛ FAM. *Sauter au cou* de qqn.* ➛ (sujet chose) loc. *SAUTER AUX YEUX :* frapper la vue ; être ou devenir évident. *La solution saute aux yeux.* 3. abstrait Aller, passer vivement (d'une chose à une autre). *Sauter d'un sujet à un autre.* 4. (choses) Être déplacé ou projeté avec soudaineté. *Attention, le bouchon va sauter.* SYN. ① **partir.** *Faire sauter une serrure.* ➛ *La chaîne du vélo a sauté.* ➛ FAM. *Et que ça saute !,* que cela soit vite fait. 5. Exploser. *Le navire a sauté sur une mine.* ◆ *Les plombs ont sauté,* ont fondu (par un court-circuit). ◆ FAM. Perdre brusquement son poste. *Le directeur a sauté.* 6. *FAIRE SAUTER* (un aliment), le faire revenir à feu très vif (➛ **sauté**). II v. tr. 1. Franchir par un saut. *Sauter un obstacle ; un mur.* ➛ loc. (abstrait) *SAUTER LE PAS :* se décider. 2. Passer sans s'y arrêter. SYN. **omettre.** *Sauter une ligne* (en lisant). ➛ *Sauter un repas. Sauter une classe, un cours* (SYN. **manquer,** FAM. **sécher**). 3. FAM. *Sauter (qqn),* avoir des relations sexuelles avec (qqn).

ÉTYM. latin *saltare*, d'abord «danser», de *salire* «sauter, bondir».

SAUTERELLE [sotʀɛl] n. f. 1. Insecte sauteur vert ou gris à grandes pattes postérieures repliées et à tarière. 2. abusivt Criquet pèlerin. *Un nuage de sauterelles.* 3. Personne maigre et sèche.

ÉTYM. de *sauter.*

SAUTERIE [sotʀi] n. f. ✦ VIEILLI ou plais. Réunion sans prétention où l'on danse entre amis.

ÉTYM. de *sauter.*

SAUTEUR, EUSE [sotœʀ, øz] n. et adj.
I n. 1. Athlète spécialiste du saut. 2. n. m. Cheval dressé pour le saut. *Les sauteurs et les trotteurs.*
II adj. (animaux) Qui avance en sautant. *Insectes sauteurs.*

ÉTYM. de *sauter.*

SAUTEUSE [sotøz] n. f. ✦ Casserole à bords peu élevés pour faire sauter les viandes, les légumes.

SAUTILLANT, ANTE [sotijɑ̃, ɑ̃t] adj. ✦ Qui sautille. ➛ *Musique sautillante,* au rythme rapide et saccadé.

SAUTILLEMENT [sotijmɑ̃] n. m. ✦ Action de sautiller ; suite de petits sauts.

SAUTILLER [sotije] v. intr. (conjug. 3a) ✦ Faire de petits sauts successifs. *Boxeur qui sautille.*

ÉTYM. de *sauter.*

SAUTOIR [sotwaʀ] n. m. I Longue chaîne ou long collier qui se porte sur la poitrine. *Un sautoir de perles.* ➛ *Porter une montre en sautoir,* en collier. II Emplacement aménagé pour les sauts des athlètes.

ÉTYM. de *sauter.*

SAUVAGE [sovaʒ] adj. et n. I 1. (animaux) Qui vit en liberté dans la nature. *Animaux sauvages.* ➛ Non domestiqué (dans une espèce qui comporte des animaux domestiques). *Canard sauvage.* 2. VIEILLI ou péj. (êtres humains) Primitif. ➛ n. *La théorie du «bon sauvage»* (de Montaigne à Rousseau). ◆ *L'état, la vie sauvage.* 3. (végétaux) Qui pousse et se développe naturellement sans être cultivé. *Fleurs sauvages.* ➛ *Rosier sauvage.* 4. (lieux) Que la présence humaine n'a pas marqué ; peu hospitalier. *Côte sauvage.* 5. Spontané, ni contrôlé ni organisé. *Grève sauvage.* ➛ *Camping sauvage.* II (domaine moral) 1. Qui fuit toute relation avec les hommes. SYN. **farouche ; insociable.** *Enfant très sauvage.* ➛ n. *C'est un sauvage.* SYN. **ours, solitaire.** 2. D'une nature rude ou même brutale. ➛ n. *Bande de sauvages !* 3. Qui a quelque chose d'inhumain, de barbare (➛ **sauvagerie**). *Crime sauvage.* ➛ n. *Ces soldats se sont comportés comme des sauvages.* ◆ par ext. *Une répression sauvage. Des cris sauvages.* CONTR. **domestique, familier · civilisé, évolué, policé · délicat, raffiné.**

ÉTYM. bas latin *salvaticus*, de *silvaticus* «fait pour la forêt (*silva*)».

SAUVAGEMENT [sovaʒmɑ̃] adv. ✦ D'une manière sauvage ; avec brutalité, férocité.

SAUVAGEON, ONNE [sovaʒɔ̃, ɔn] n. 1. n. m. Arbre non greffé. *Greffer sur sauvageon.* 2. n. Enfant farouche, qui a grandi sans éducation.

ÉTYM. de *sauvage.*

SAUVAGERIE [sovaʒʀi] n. f. 1. Caractère d'une personne sauvage (II, 1). 2. Caractère brutal et cruel. SYN. **barbarie, cruauté.** *Frapper qqn avec sauvagerie.*

SAUVAGINE [sovaʒin] n. f. ✦ CHASSE Ensemble des oiseaux sauvages des zones aquatiques. *Chasse à la sauvagine.*

SAUVEGARDE [sovgaʀd] n. f. 1. Protection et garantie (de la personne, des droits) assurées par une autorité ou une institution. *Se placer sous la sauvegarde de la justice.* 2. Protection, défense. *La sauvegarde des milieux naturels.* 3. INFORM. Copie de sécurité destinée à préserver des données mises en mémoire.

ÉTYM. de *sauf* (I) et *garde.*

SAUVEGARDER [sovgaʀde] v. tr. (conjug. 3a) 1. Assurer la sauvegarde de. SYN. **défendre, préserver, protéger.** *Sauvegarder les libertés.* 2. INFORM. Effectuer une sauvegarde de. *Sauvegarder un fichier.*

SAUVE-QUI-PEUT [sovkipø] **n. m. invar. 1.** Cri de *sauve qui peut.* **2.** Fuite générale et désordonnée. SYN. **débandade, déroute.** *Un sauve-qui-peut général.*

ÉTYM. de *sauver* et ① *pouvoir,* proprement «que se sauve celui qui peut».

SAUVER [sove] **v. tr.** (conjug. 3a) **I 1.** Faire échapper (qqn, un groupe) à un grave danger. *Il a pu sauver l'enfant qui se noyait. Il est sauvé,* hors de danger, sain et sauf. – *SAUVER DE :* soustraire à, tirer de. *Sauver qqn de la misère.* ◆ RELIG. Assurer le salut de (SYN. **racheter, rédimer ;** → **rédemption**). **2.** Empêcher la destruction, la perte de (qqch.). *Il m'a sauvé la vie.* – **loc. FAM.** *SAUVER LES MEUBLES :* sauver l'indispensable, lors d'un désastre. – *Sauver une entreprise de la faillite.* **3.** Faire accepter, rendre passable (qqch. de médiocre). *Les acteurs sauvent ce film.* **II** *SE SAUVER* **v. pron. 1.** S'enfuir pour échapper au danger. *Il se sauva à toutes jambes.* ◆ **FAM.** Prendre congé promptement. *Sauve-toi, tu vas être en retard.* **2. FAM. (liquide qui bout)** Déborder. *Le lait se sauve.*

ÉTYM. bas latin *salvare,* de *salvus* «en bonne santé ; sauf».

SAUVETAGE [sov(ə)taʒ] **n. m.** ✦ Action de sauver (un navire en détresse, qqn qui se noie). *Canot de sauvetage.* – *Bouée, gilet de sauvetage.* ◆ Action de sauver (des hommes, du matériel) d'un sinistre quelconque (incendie, etc.). *Le sauvetage des alpinistes.*

ÉTYM. de l'ancien français *sauveté* «état d'une personne *sauve*».

SAUVETEUR, EUSE [sov(ə)tœʀ, øz] **n.** ✦ Personne qui prend part à, opère un sauvetage. *L'équipe des sauveteurs.*

à la SAUVETTE [alasovɛt] **loc. adv. 1.** *Vendre à la sauvette,* vendre en fraude sur la voie publique (avec un équipement minimum, pour pouvoir s'enfuir rapidement en cas d'alerte). **2.** À la hâte, pour ne pas attirer l'attention. *Rencontrer qqn à la sauvette.*

ÉTYM. de *se sauver.*

SAUVEUR, EUSE [sovœʀ, øz] **n. 1. n. m.** RELIG. CHRÉT. *Le Sauveur :* Jésus-Christ. SYN. **Messie, rédempteur. 2.** Personne qui sauve (qqn, une collectivité). *Vous êtes mon sauveur ! Elle a été notre sauveuse. Le sauveur de la patrie.*

ÉTYM. bas latin *salvator,* de *salvare* «sauver» ; doublet de *salvateur.*

SAVAMMENT [savamɑ̃] **adv. 1.** D'une manière savante ; avec érudition. SYN. **doctement.** *Parler savamment.* **2.** Avec une grande habileté. SYN. **ingénieusement.** CONTR. **simplement · maladroitement.**

ÉTYM. de *savant.*

SAVANE [savan] **n. f.** ✦ Vaste prairie des régions tropicales, pauvre en arbres et en fleurs. *Les hautes herbes de la savane.*

ÉTYM. espagnol *sabana,* d'une langue indienne d'Haïti.

SAVANT, ANTE [savɑ̃, ɑ̃t] **adj.** et **n.**

I adj. 1. Qui sait beaucoup, en matière d'érudition ou de science. SYN. **docte, érudit, instruit.** *Il est très savant.* «*Les Femmes savantes*» (de Molière). – *Être savant en histoire ; savant en la matière.* SYN. **compétent. 2.** Où il y a de l'érudition. *Conversation savante.* – *Une édition savante.* – LING. *Mot savant :* mot emprunté au grec ou au latin (ou formé d'éléments grecs ou latins) et qui n'a pas évolué phonétiquement comme les formes dites populaires. *Formes savante et populaire d'un même mot* (doublet). ◆ Qui, par sa difficulté, n'est pas facilement accessible au profane. SYN. **compliqué, recherché.** *Musique savante. C'est trop savant pour moi.* SYN. **difficile. 3.** Qui est très habile (dans un art, une spécialité). *Un savant cuisinier.* ◆ **(animal)** Dressé à faire des tours d'adresse. *Chien savant.* **4.** Fait avec science, art ; où il y a une grande habileté. *Un arrangement savant. De savantes précautions.* CONTR. **ignorant, inculte · facile, simple.**

II n. 1. VX Personne très cultivée. **2. n. m.** Personne qui par son savoir et ses recherches contribue à l'élaboration, au progrès d'une science (surtout science expérimentale ou exacte). SYN. **chercheur.** *Marie Curie fut un grand savant.*

ÉTYM. ancien participe présent de *savoir.*

SAVARIN [savaʀɛ̃] **n. m.** ✦ Gâteau en forme de couronne, fait d'une pâte molle que l'on imbibe d'un sirop à la liqueur. *Moule à savarin.*

ÉTYM. de *Brillat-Savarin,* magistrat et gastronome.

SAVATE [savat] **n. f. 1.** Vieille chaussure ou vieille pantoufle. – **loc. FAM.** *Traîner la savate :* vivre misérablement. **2. FAM.** Personne maladroite. *Il joue comme une savate !* **3.** Sport de combat (dont fut tirée la boxe française) où l'on porte des coups de pied à l'adversaire.

ÉTYM. origine obscure ; peut-être arabe *sabbāt* «pantoufle».

SAVETIER [sav(ə)tje] **n. m.** ✦ VX Cordonnier. «*Le Savetier et le Financier*» (fable de La Fontaine).

ÉTYM. de *savate.*

SAVEUR [savœʀ] **n. f. 1.** Qualité perçue par le sens du goût. SYN. **goût ; sapidité.** *Une saveur agréable* (→ **savoureux**). *Sans saveur* (→ **insipide**). **2. fig.** Qualité de ce qui est agréable, plaisant. *La saveur de la nouveauté.* SYN. **piment, sel.** CONTR. **fadeur.**

ÉTYM. latin *sapor,* de *sapere* «avoir du goût ; savoir».

① **SAVOIR** [savwaʀ] **v. tr.** (conjug. 31 ; p. passé *su, sue*) **I** (Appréhender par l'esprit) **1.** Avoir présent à l'esprit (qqch. que l'on identifie et que l'on tient pour réel) ; pouvoir affirmer l'existence de. SYN. **connaître.** *Je ne sais pas son nom.* – *Avez-vous su la nouvelle ?* SYN. **apprendre.** – *Il n'en sait rien.* – *FAIRE SAVOIR.* → **annoncer, communiquer.** *Je vous ferai savoir la date de mon retour.* – **pronom.** *Tout finit par se savoir.* – **(suivi d'une subordonnée)** *Je sais qu'il est en voyage. Savez-vous s'il doit venir ?* – LITTÉR. **(suivi d'un attribut)** *Je le sais honnête.* **2.** Être conscient* de ; connaître la valeur, la portée de. *Il sait ce qu'il fait.* – *Être poète sans le savoir.* – **FAM.** *Je ne veux pas le savoir !* – **pronom. (suivi d'un attribut)** *Il se sait aimé.* **3.** Avoir dans l'esprit (des connaissances organisées rationnellement). *Il croit tout savoir. En savoir moins, plus, autant que qqn* (sur qqch.). **4.** Être en mesure d'utiliser, de pratiquer. *Il sait son métier.* – *Savoir l'espagnol.* **5.** Avoir présent à l'esprit, de manière à pouvoir répéter. *Savoir son rôle, sa leçon. Savoir qqch. par cœur.* **II (dans des loc. ; sens affaibli)** *Vous n'êtes pas sans savoir que... :* vous n'ignorez pas que... – *Sachez que... :* apprenez que... – **(souligne une affirmation)** *Il est gentil, vous savez. Ça va mieux, sais-tu ?* – *À SAVOIR* **loc. conj. :** c'est-à-dire. – *Peut-on savoir ? Qui sait ?* → **peut-être.** – *Savoir si...,* je me demande si... – **(avec ne)** *On ne sait jamais. Il est on ne sait où.* – *Ne savoir que faire, quoi faire. Ne savoir où se mettre.* – *QUE JE SACHE :* autant que je puisse savoir, en juger. **III (+ inf.)** (Être capable de) **1.** Être capable, par un apprentissage, par l'habitude, de.

Savoir lire et écrire. ➝ *Savoir s'exprimer.* **2.** Avoir (par aptitude, effort de volonté) la possibilité de. *Savoir écouter. Savoir dire non.* **3.** (au conditionnel et en tour négatif avec *ne* seul) Pouvoir. « *On ne saurait penser à tout* » (de Musset). CONTR. **ignorer.**
ÉTYM. latin *sapere* « avoir du goût ; avoir du jugement ; connaître ».

② **SAVOIR** [savwaʀ] **n. m.** ✦ Ce que l'on sait (I, 3) ; ensemble de connaissances. SYN. **culture, érudition, instruction, science.** *Un savoir encyclopédique.* CONTR. **ignorance.**
ÉTYM. de ① *savoir.*

SAVOIR-FAIRE [savwaʀfɛʀ] **n. m. invar.** ✦ Habileté à résoudre les problèmes pratiques ; compétence, expérience dans l'exercice d'une activité. *Le savoir-faire des artisans.*
ÉTYM. de ① *savoir* et *faire.*

SAVOIR-VIVRE [savwaʀvivʀ] **n. m. invar.** ✦ Qualité d'une personne qui connaît et sait appliquer les règles de la politesse. SYN. **éducation, tact.**
ÉTYM. de ① *savoir* et *vivre.*

SAVON [savɔ̃] **n. m.** **1.** Produit utilisé pour le dégraissage et le lavage, obtenu par l'action d'un alcali sur un corps gras. *Pain de savon. Savon liquide.* **2.** *Un savon* : morceau moulé de ce produit. *Un savon de Marseille.* **3.** **loc.** FAM. *Passer un savon à qqn,* le réprimander.
ÉTYM. latin *sapo, saponis,* d'origine germanique.

SAVONNAGE [savɔnaʒ] **n. m.** ✦ Lavage au savon.
ÉTYM. de *savonner.*

SAVONNER [savɔne] **v. tr.** (conjug. 3a) **1.** Laver en frottant avec du savon. *Savonner du linge et le rincer. Se savonner les mains.* ➝ **pronom.** Se laver au savon. **2.** **loc.** FAM. (VX) *Savonner la tête à qqn,* le réprimander (→ passer un savon*).

SAVONNERIE [savɔnʀi] **n. f.** **1.** Usine de savon. **2.** Tapis fabriqué à la manufacture de la Savonnerie.

SAVONNETTE [savɔnɛt] **n. f.** ✦ Petit savon pour la toilette.

SAVONNEUX, EUSE [savɔnø, øz] **adj.** ✦ Qui contient du savon. *Eau savonneuse.* ➝ **loc.** FAM. *Être sur une pente savonneuse,* sur une mauvaise pente*.

SAVOURER [savuʀe] **v. tr.** (conjug. 3a) **1.** Manger, boire avec lenteur et attention, pour apprécier pleinement. SYN. **déguster.** **2.** **fig.** *Savourer un instant de détente.* SYN. se **délecter** de.
ÉTYM. de *saveur.*

SAVOUREUSEMENT [savuʀøzmɑ̃] **adv.** ✦ D'une façon savoureuse.

SAVOUREUX, EUSE [savuʀø, øz] **adj.** **1.** Qui a une saveur agréable, riche et délicate. SYN. **délectable, succulent.** **2.** **fig.** Qui a de la saveur, du piquant. *Une anecdote savoureuse.* CONTR. **infect, mauvais.**
ÉTYM. bas latin *saporosus,* de *sapor* « saveur ».

SAXIFRAGE [saksifʀaʒ] **n. f.** ✦ Plante herbacée qui pousse dans les fissures des murs et des rochers.
ÉTYM. bas latin *saxifraga* « qui brise les pierres (*saxum*) ».

SAXON, ONNE [saksɔ̃, ɔn] **n. et adj.** **1.** **n.** HIST. Membre d'un des anciens peuples germaniques. *Les Saxons* (☛ noms propres). ➝ **adj.** *Invasions saxonnes.* **2.** **adj.** De la Saxe. ➝ **n.** *Les Saxons.* **3.** **n. m.** LING. Ensemble des langues et dialectes dérivant du parler des Saxons (1). *Vieux saxon ; bas saxon.*
ÉTYM. bas latin *Saxo* « habitant de la Saxe ».

SAXOPHONE [saksɔfɔn] **n. m.** ✦ Instrument à vent de la famille des bois, à anche simple et à clefs. *Saxophone ténor, alto.* ➝ **abrév.** FAM. SAX [saks] ; SAXO [sakso].
ÉTYM. de *Sax,* nom de l'inventeur, et *-phone.*

SAXOPHONISTE [saksɔfɔnist] **n.** ✦ Joueur de saxophone. ➝ **abrév.** FAM. SAXO [sakso].

SAYNÈTE [sɛnɛt] **n. f.** ✦ Courte pièce comique avec peu de personnages. SYN. **sketch.**
ÉTYM. espagnol *sainete,* diminutif de *sain* « graisse (de porc) ».

Sb [ɛsbe] ✦ CHIM. Symbole de l'antimoine.

SBIRE [sbiʀ] **n. m.** ✦ **péj.** Policier. ➝ Homme de main. SYN. **nervi.**
ÉTYM. italien *sbirro* « policier », de *birro,* bas latin *burrus* « roux », du grec « rouge feu ».

SCABIEUSE [skabjøz] **n. f.** ✦ Plante herbacée à fleurs mauves, employée autrefois comme dépuratif.
ÉTYM. latin *scabiosa,* famille de *scabere* « gratter ».

SCABREUX, EUSE [skabʀø, øz] **adj.** **1.** LITTÉR. Embarrassant, délicat. *C'est un sujet scabreux.* **2.** De nature à choquer la décence. SYN. **indécent, licencieux.** *Une histoire scabreuse.*
ÉTYM. bas latin *scabrosus* « rude », de *scabere* « gratter ; se gratter ».

SCALAIRE [skalɛʀ] **adj.** ✦ MATH. *Grandeur scalaire,* qui est entièrement définie par sa mesure (s'oppose à *vectoriel*).
ÉTYM. du latin *scalaris* « d'escalier », de *scala* « degré ; escalier ».

SCALÈNE [skalɛn] **adj.** ✦ GÉOM. *Triangle scalène,* triangle quelconque, dont les trois côtés sont de longueurs inégales.
ÉTYM. bas latin *scalenus,* du grec « boiteux ; impair ».

SCALP [skalp] **n. m.** **1.** Action de scalper. *Danse du scalp,* qu'exécutaient les Indiens d'Amérique autour de la victime qui allait être scalpée. **2.** Trophée constitué par la peau du crâne avec sa chevelure.
ÉTYM. mot anglais.

SCALPEL [skalpɛl] **n. m.** ✦ Petit couteau à manche plat pour inciser et disséquer. *Le bistouri et le scalpel.*
ÉTYM. latin *scalpellum,* de *scalpere* « gratter, tailler ».

SCALPER [skalpe] **v. tr.** (conjug. 3a) ✦ Dépouiller (qqn) du cuir chevelu par incision de la peau.
ÉTYM. anglais *to scalp,* de *scalp.*

SCAMPI [skɑ̃pi] **n. m.** ✦ Langoustine ou grosse crevette frite, en beignet. *Des scampis.*
ÉTYM. mot italien, pluriel de *scampo* « langoustine », du grec *kampê* « chenille », proprt « (animal) courbe ».

SCANDALE [skɑ̃dal] **n. m.** **1.** Effet fâcheux, retentissement dans le public d'actes ou de propos considérés comme condamnables. *Sa tenue a provoqué un scandale, a fait scandale.* ➝ Émotion indignée qui accompagne cet effet. SYN. **indignation.** *Au grand scandale de sa famille.* **2.** Désordre, esclandre. *Faire du scandale. Je* *vais faire un scandale !* 3. Grave affaire publique où des personnalités sont compromises. *Scandale politique.* 4. Fait immoral, injuste, révoltant. SYN. **honte.** *Cette condamnation est un scandale !*

ÉTYM. bas latin *scandalum* «pierre d'achoppement», du grec «piège» ; doublet de *esclandre.*

SCANDALEUX, EUSE [skɑ̃dalø, øz] **adj.** 1. Qui cause du scandale. *Une conduite scandaleuse.* SYN. **choquant.** 2. Qui constitue un scandale (4). SYN. **honteux, révoltant.** *Prix scandaleux.* CONTR. **édifiant,** ① **moral.**

► **SCANDALEUSEMENT** [skɑ̃daløzmɑ̃] **adv.**

ÉTYM. bas latin ecclésiastique *scandalosus* «abominable».

SCANDALISER [skɑ̃dalize] **v. tr.** (conjug. 3a) ✦ Apparaître comme un scandale à. SYN. **choquer, indigner.** ➖ pronom. S'indigner. *Pourquoi se scandaliser d'une chose si naturelle ?*

ÉTYM. bas latin chrétien *scandalizare.*

SCANDER [skɑ̃de] **v. tr.** (conjug. 3a) 1. Analyser (un vers) en ses éléments métriques ; prononcer (un vers) en le rythmant. *Scander des alexandrins.* 2. Prononcer en détachant les syllabes, les groupes de mots. *Scander un slogan.*

ÉTYM. latin *scandere.*

SCANDINAVE [skɑ̃dinav] **adj.** ✦ De Scandinavie (☞ noms propres). ➖ **n.** *Les Scandinaves.* ♦ LING. *Langues scandinaves* (ou *nordiques*) : danois, suédois, norvégien, islandais.

ÉTYM. du latin *Scandinavia* «Scandinavie», d'origine germanique.

① **SCANNER** [skanɛʀ] **n. m.** ✦ anglicisme 1. MÉD. Appareil de radiodiagnostic composé d'un système de tomographie et d'un ordinateur qui en fournit les résultats sous forme d'images. SYN. **tomodensitomètre.** 2. TECHN. Appareil électronique d'analyse de documents (textes, images).

ÉTYM. mot anglais, de *to scan* «scruter».

② **SCANNER** [skane] **v. tr.** (conjug. 3a) ✦ anglicisme TECHN. Analyser (un document) au moyen d'un scanner.

ÉTYM. de l'anglais *to scan* «scruter».

SCANOGRAPHIE [skanɔgʀafi] **n. f.** ✦ MÉD. Technique du scanner (1). SYN. **tomodensitométrie.** ➖ Image obtenue par scanner.

ÉTYM. de ① *scanner* et *-graphie.*

SCANSION [skɑ̃sjɔ̃] **n. f.** ✦ DIDACT. Action, manière de scander (un vers).

ÉTYM. latin *scansio.*

SCAPHANDRE [skafɑ̃dʀ] **n. m.** ✦ Équipement de plongée individuel à casque étanche. *Scaphandre autonome,* pourvu d'une bouteille d'air comprimé. ➖ par analogie *Scaphandre de cosmonaute.*

ÉTYM. du grec *skaphê* «barque» et *anêr, andros* «homme».

SCAPHANDRIER [skafɑ̃dʀije] **n. m.** ✦ Plongeur muni d'un scaphandre.

① **SCAPULAIRE** [skapylɛʀ] **n. m.** ✦ RELIG. CATHOL. 1. Vêtement religieux composé de deux bandes d'étoffe tombant sur la poitrine et sur le dos. 2. Objet de dévotion composé de deux petits morceaux d'étoffe bénits reliés par des cordons.

ÉTYM. latin *scapularis* «relatif aux épaules *(scapulae)*».

② **SCAPULAIRE** [skapylɛʀ] **adj.** ✦ ANAT. De l'épaule. *Ceinture scapulaire.*

ÉTYM. du latin *scapulae* «les épaules».

SCARABÉE [skaʀabe] **n. m.** ✦ Insecte coléoptère coprophage (→ **bousier**).

ÉTYM. latin *scarabaeus,* altération du grec *karabos.*

SCARIFICATION [skaʀifikasjɔ̃] **n. f.** ✦ MÉD. Incision superficielle (de la peau, des muqueuses). *Vaccination par scarification.*

ÉTYM. latin *scarificatio.*

SCARIFIER [skaʀifje] **v. tr.** (conjug. 9) ✦ MÉD. Inciser superficiellement (la peau, les muqueuses).

ÉTYM. latin *scarificare,* du grec.

SCARLATINE [skaʀlatin] **n. f.** ✦ Maladie contagieuse caractérisée par une éruption de plaques écarlates sur la peau et les muqueuses.

ÉTYM. du latin médiéval *scarlatum* «écarlate».

SCAROLE [skaʀɔl] **n. f.** ✦ Salade (chicorée) à larges feuilles peu découpées.

ÉTYM. italien *scariola,* bas latin *escariola,* proprement «bon à manger».

SCAT [skat] **n. m.** ✦ anglicisme Style vocal propre au jazz, chant sur des syllabes arbitraires.

ÉTYM. mot américain, origine onomatopéique.

SCATO- Élément savant, du grec *skatos,* génitif de *skôr* «excrément».

SCATOLOGIE [skatɔlɔʒi] **n. f.** ✦ Écrit ou propos grossier, où il est question d'excréments. ➖ Caractère de tels écrits ou propos.

ÉTYM. de *scato-* et *-logie.*

SCATOLOGIQUE [skatɔlɔʒik] **adj.** ✦ Qui a rapport à la scatologie. *Plaisanterie scatologique.* ➖ Qui a rapport aux excréments.

SCEAU [so] **n. m.** 1. Cachet officiel dont l'empreinte est apposée sur des actes pour les rendre authentiques ou les fermer de façon inviolable. *Le garde* des Sceaux.* 2. Empreinte faite par ce cachet ; cire, plomb portant cette empreinte. *Apposer son sceau sur un document.* → **sceller.** 3. LITTÉR. Ce qui authentifie, confirme ; marque distinctive. *Un récit marqué du, au sceau de la bonne foi.* ➖ loc. *SOUS LE SCEAU DU SECRET :* sous la condition d'une discrétion absolue. HOM. SAUT «bond», SEAU «récipient», SOT «stupide»

ÉTYM. latin populaire *sigellum,* de *sigillum,* diminutif de *signum* «marque, signe».

SCÉLÉRAT, ATE [seleʀa, at] **n.** ✦ LITTÉR. Bandit, criminel. ➖ **adj.** (choses) *Une ruse scélérate.* SYN. **perfide.** *Loi scélérate.*

ÉTYM. latin *sceleratus,* du participe passé de *scelerare* «souiller par un crime *(scelus)*».

SCÉLÉRATESSE [seleʀatɛs] **n. f.** ✦ LITTÉR. Caractère, comportement de scélérat. ➖ Action scélérate.

SCELLÉ [sele] **n. m.** ✦ (surtout au plur.) Bande portant des cachets revêtus d'un sceau officiel apposée par l'autorité de justice sur une fermeture (porte, etc.). *Mettre les scellés. Local sous scellés.* HOM. SCELLER «fermer hermétiquement», SELLER «munir (un cheval) d'une selle»

ÉTYM. du participe passé de *sceller.*

SCELLEMENT [sɛlmɑ̃] **n. m.** ✦ Action de sceller (notamment, en maçonnerie). *Scellement d'un balcon.*

SCELLER [sele] v. tr. (conjug. 3a) **I** 1. Marquer (un acte) d'un sceau. ➙ Fermer au moyen d'un sceau. 2. fig. Confirmer (comme par un sceau). *Sceller une réconciliation.* **II** 1. Fermer hermétiquement. *Sceller une boîte de conserve.* 2. Fixer (avec du ciment, etc.). ➙ au p. passé *Fenêtre à barreaux scellés.* HOM. SCELLÉ «fermeture officielle», SELLER «munir (un cheval) d'une selle»
ÉTYM. latin populaire *sigellare*, famille de *sigillum* «sceau».

SCÉNARIO [senaʀjo] n. m. 1. Document décrivant l'action (d'un film), comprenant indications techniques et dialogues. SYN. **script ; synopsis.** *Écrire des scénarios.* ◆ Texte (d'une bande dessinée). 2. fig. Déroulement (d'un processus). *Le scénario des négociations.*
ÉTYM. italien *scenario* «décor», de *scena* «scène».

SCÉNARISER [senaʀize] v. tr. (conjug. 3a) 1. Donner la forme d'un scénario à (une histoire, un récit). *Scénariser un fait divers pour la télévision.* 2. DIDACT. Organiser en séquences d'apprentissage (des activités pédagogiques). *Enseignant qui scénarise son cours en ligne.*
► **SCÉNARISATION** [senaʀizasjɔ̃] n. f.

SCÉNARISTE [senaʀist] n. ✦ Personne qui écrit des scénarios.

SCÈNE [sɛn] n. f. **I** 1. Emplacement d'un théâtre où les acteurs paraissent devant le public. SYN. **planche** (les planches), **plateau.** *L'entrée en scène des acteurs. Un comédien sur la scène, sur scène.* ➙ METTRE EN SCÈNE : représenter par l'art dramatique. *Metteur* en scène ; mise* en scène* (→ **scénographie, scénologie**). *Adapter un texte pour la scène.* ➙ *Mettre en scène un film* (→ **réaliser**). ◆ par métaphore ou fig. *La scène du monde* : le monde, considéré comme un théâtre. ➙ loc. *Occuper LE DEVANT DE LA SCÈNE*, une position en vue. ➙ *La scène politique.* SYN. **paysage.** 2. *La scène* : le théâtre, l'art dramatique. *Les vedettes de la scène et de l'écran.* 3. Décor du théâtre. *La scène représente une forêt.* ◆ L'action*. *La scène se passe à Londres.* **II** 1. Partie, division d'un acte, dans une pièce de théâtre ; l'action qui s'y déroule. ☛ Littérature p. 127. *Acte III, scène 2. Une belle scène.* ➙ loc. FAM. *La grande scène (du deux)* : démonstration théâtrale (de colère, etc.). 2. Action partielle ayant une unité, dans une œuvre (livre, film...). *Scène d'amour. Une scène de film.* SYN. **séquence.** 3. Action représentée en peinture. *Une scène de genre. Scène d'intérieur.* 4. Action, évènement dont on se trouve spectateur. *J'ai été témoin de la scène. Une scène touchante.* 5. Explosion de colère, dispute bruyante. *Faire une scène à qqn. Scène de ménage* (dans un couple). 6. PSYCH. *Scène originaire* (ou *primitive*) : scène de rapports sexuels entre les parents (dans la vie psychique de l'enfant). HOM. CÈNE «repas du Christ», SAINE (féminin de *sain* «en bonne santé»), SEINE «filet»
ÉTYM. latin *scaena*, *scena* «scène ; théâtre», du grec.

SCÉNIQUE [senik] adj. ✦ Propre à la scène, au théâtre.
ÉTYM. latin *scenicus*, du grec.

SCÉNOGRAPHE [senɔgʀaf] n. ✦ DIDACT. Spécialiste de scénographie (1 et 2).

SCÉNOGRAPHIE [senɔgʀafi] n. f. ✦ DIDACT. 1. Art de représenter en perspective. 2. Art et technique de l'aménagement de la scène, de l'espace théâtral. ☛ Littérature p. 127.
► **SCÉNOGRAPHIQUE** [senɔgʀafik] adj. *L'espace scénographique.*
ÉTYM. latin *scenographia*, du grec.

SCÉNOLOGIE [senɔlɔʒi] n. f. ✦ DIDACT. Art et technique de la mise en scène théâtrale.
ÉTYM. de *scène* et *-logie.*

SCEPTICISME [sɛptisism] n. m. 1. Doctrine (notamment des anciens philosophes sceptiques grecs) selon laquelle l'esprit humain ne peut atteindre aucune vérité générale (s'oppose à *dogmatisme*). 2. Refus d'admettre une chose sans examen critique. 3. Doctrine selon laquelle l'homme ne peut atteindre la vérité (dans un domaine). *Scepticisme scientifique.* ➙ spécialt Mise en doute des dogmes religieux. SYN. **incrédulité.** 4. Attitude critique faite de défiance à l'égard des idées reçues, de refus de toute illusion. CONTR. **certitude, conviction, crédulité, dogmatisme, foi.**
ÉTYM. de *sceptique.*

SCEPTIQUE [sɛptik] n. et adj.
I n. 1. Philosophe qui pratique le scepticisme. 2. Personne qui adopte une attitude de scepticisme. *C'est une sceptique.*
II adj. 1. Qui professe le scepticisme philosophique. 2. Enclin au scepticisme. ➙ *Un esprit sceptique.* ➙ *Une moue sceptique.* CONTR. **certain, convaincu, crédule, dogmatique.**
HOM. SEPTIQUE «porteur de germes»
ÉTYM. grec *skeptikos* «qui observe».

SCEPTRE [sɛptʀ] n. m. 1. Bâton de commandement, signe d'autorité suprême, dans certaines sociétés. *Le sceptre d'un roi.* 2. fig. LITTÉR. *Le sceptre* : l'autorité souveraine, la royauté.
ÉTYM. latin *sc(a)eptrum*, du grec.

SCHAH → SHAH

SCHAKO [ʃako] n. m. → SHAKO

SCHEIK [ʃɛk] n. m. → CHEIK

SCHELEM [ʃlɛm] n. m. → CHELEM

SCHÉMA [ʃema] n. m. 1. Figure donnant une représentation simplifiée et fonctionnelle (d'un objet, d'un lieu, d'un processus...). SYN. **croquis, diagramme.** *Schéma d'un moteur. Schéma de la respiration.* 2. Description ou représentation mentale réduite aux traits essentiels. SYN. **esquisse ; schème.** *Voici le schéma de l'opération. Schéma narratif* : structure d'un récit. SYN. **trame.** ➙ PSYCH. *Schéma corporel* : image mentale de son propre corps.
ÉTYM. latin *schema* «attitude ; figure (géométrique)», du grec.

SCHÉMATIQUE [ʃematik] adj. 1. D'un schéma ; qui constitue un schéma. *Croquis schématique.* 2. Simplifié ; qui manque de nuances. *Compte rendu schématique.*
► **SCHÉMATIQUEMENT** [ʃematikmɑ̃] adv.

SCHÉMATISATION [ʃematizasjɔ̃] n. f. ✦ Action de schématiser (1 et 2).

SCHÉMATISER [ʃematize] v. tr. (conjug. 3a) 1. Présenter en schéma. 2. Présenter de façon schématique, simplifiée.
ÉTYM. de *schéma*, d'après le bas latin *schematizare.*

SCHÈME [ʃɛm] n. m. ✦ DIDACT. Représentation abstraite, structure d'ensemble (d'un objet, d'un processus).
ÉTYM. du latin *schema*, par l'allemand.

SCHERZO [skɛʀdzo] **n. m.** ✦ Morceau musical vif et gai. *Le scherzo d'une sonate. Des scherzos.*
ÉTYM. mot italien, d'abord « plaisanterie ».

SCHILLING [ʃiliŋ] **n. m.** ✦ Ancienne unité monétaire de l'Autriche. HOM. SHILLING « monnaie anglaise »
ÉTYM. mot allemand.

SCHISMATIQUE [ʃismatik] **adj.** ✦ Qui forme schisme. *Église schismatique.*

SCHISME [ʃism] **n. m.** 1. Séparation des fidèles d'une religion, qui reconnaissent des autorités différentes. HIST. *Le schisme d'Orient* (entre les Églises d'Occident et d'Orient). 2. Scission (d'un groupe organisé). *Schisme politique.*
ÉTYM. bas latin ecclésiastique *schisma*, du grec « séparation », de *skhizein* « fendre ».

SCHISTE [ʃist] **n. m.** ✦ Roche qui présente une structure feuilletée. ➝ *Gaz de schiste* : hydrocarbure contenu dans des roches sédimentaires argileuses.
ÉTYM. latin *schistos (lapis)* « (pierre) fendue », du grec, de *skhizein* « fendre ».

SCHISTEUX, EUSE [ʃistø, øz] **adj.** ✦ De la nature du schiste. *Roche schisteuse.*

SCHIZOPHRÈNE [skizɔfʀɛn] **adj.** ✦ Atteint de schizophrénie. ➝ **n.** *Un, une schizophrène.*

SCHIZOPHRÉNIE [skizɔfʀeni] **n. f.** ✦ Psychose caractérisée par une grave division de la personnalité et la perte du contact avec la réalité. *Schizophrénie et autisme.*
ÉTYM. allemand *Skizophrenie*, du grec *skhizein* « fendre » et *phrên, phrenos* « esprit ».

SCHLASS [ʃlas] **adj.** ✦ FAM. Ivre. *Elle est complètement schlass.*
ÉTYM. de l'allemand *schlaff* « mou, fatigué ».

SCHLINGUER → CHLINGUER

SCHLITTE [ʃlit] **n. f.** ✦ RÉGIONAL Traîneau qui sert à descendre le bois des montagnes (Vosges, Forêt-Noire).
ÉTYM. mot vosgien, allemand *Schlitten* « luge ».

SCHNAPS [ʃnaps] **n. m.** ✦ Eau-de-vie de pomme de terre ou de grain (dans les pays germaniques).
ÉTYM. mot allemand, de *schnappen* « happer, aspirer ».

SCHNOCK → CHNOQUE

SCHUSS [ʃus] **n. m.** ✦ Descente directe à skis en suivant la plus grande pente. ➝ **adv.** *Descendre (tout) schuss.*
ÉTYM. de l'allemand *Schussfahrt* « descente à pic ».

SCIAGE [sjaʒ] **n. m.** ✦ Action, manière de scier (un matériau).

SCIATIQUE [sjatik] **adj.** et **n. f.** 1. **adj.** ANAT. Du bassin, de la hanche. *Nerf sciatique.* 2. **n. f.** Douleur violente qui se fait sentir le long du trajet du nerf sciatique (jambe, hanche). *Crise de sciatique.*
ÉTYM. bas latin *sciaticus*, du grec *iskhiadikos*, famille de *iskhion* « hanche ».

SCIE [si] **n. f.** 1. Outil ou machine servant à couper des matières dures par l'action d'une lame dentée (→ **égoïne ; tronçonneuse**). *Scie à bois, à métaux. Scie circulaire* (à moteur ; munie d'un disque tournant à grande vitesse). 2. *POISSON-SCIE* ou *SCIE* : poisson (squale) dont le museau s'allonge en une lame portant deux rangées de dents. *Des poissons-scies.* 3. *SCIE MUSICALE* : instrument de musique fait d'une lame d'acier qu'on fait vibrer. 4. Chanson ou formule ressassée et usée. SYN. **rengaine.** HOM. ① CI « ici », ① SI (conj.), ② SI « oui » (adv.), ③ SI « note », SIS « situé », SIX « chiffre »
ÉTYM. de *scier.*

SCIEMMENT [sjamɑ̃] **adv.** ✦ En connaissance de cause, volontairement. CONTR. **involontairement.**
ÉTYM. du latin *sciens* « qui sait » → science.

SCIENCE [sjɑ̃s] **n. f.** **I** 1. VIEILLI Ensemble des connaissances générales (de qqn). SYN. ② **savoir.** *Sa science est étendue.* ➝ loc. *Un puits* de science.* 2. LITTÉR. Savoir-faire que donnent les connaissances, l'expérience, l'habileté. SYN. **art.** *La science d'un orateur. Une science consommée des couleurs.* **II** 1. plus cour. *UNE SCIENCE, LES SCIENCES* : ensemble de connaissances, de travaux d'une valeur universelle, ayant pour objet l'étude de faits et de relations vérifiables, selon des méthodes déterminées (comme l'observation, l'expérience, ou les hypothèses et la déduction). *Sciences exactes*. Sciences pures et sciences appliquées. Sciences expérimentales. Sciences naturelles ; sciences de la vie et de la Terre (S. V. T.)* : biologie, géologie. *Sciences humaines*, qui étudient l'homme (psychologie, sociologie, linguistique, etc.). *Étude critique des sciences et théorie de la connaissance* (→ **épistémologie**). ♦ absolt *LES SCIENCES* : les sciences où le calcul, la déduction et l'observation ont une grande part (mathématiques, astronomie, biologie, etc.). *Les sciences et les lettres.* 2. *LA SCIENCE* : ensemble des travaux et des résultats des sciences ; connaissance exacte, universelle et vérifiable exprimée par les lois.
ÉTYM. latin *scientia*, de *sciens*, *scientis* « qui sait », participe présent de *scire* « savoir ».

SCIENCE-FICTION [sjɑ̃sfiksjɔ̃] **n. f.** ✦ Genre littéraire et artistique qui décrit un état futur du monde (→ **anticipation**) en utilisant des données de la science ou de la technique. ☛ Littérature p. 136. ➝ abrév. S. F. [ɛsɛf].
ÉTYM. américain *science fiction*, de *science* et *fiction*, du français.

SCIENTIFIQUE [sjɑ̃tifik] **adj.** et **n.**
I adj. 1. Qui appartient à la science, concerne les sciences. *Une revue scientifique. La recherche scientifique.* ➝ spécialt (par oppos. à *littéraire*) *Enseignement scientifique et technique.* 2. Qui est conforme aux exigences d'objectivité, de méthode, de précision de la science. *Votre raisonnement n'est pas très scientifique.*
II n. Spécialiste d'une science, des sciences. *Un, une scientifique.* SYN. **chercheur, savant.** ➝ spécialt *Les littéraires et les scientifiques.*
ÉTYM. latin *scientificus.*

SCIENTIFIQUEMENT [sjɑ̃tifikmɑ̃] **adv.** 1. D'une manière scientifique. 2. Du point de vue de la science.

SCIENTISME [sjɑ̃tism] **n. m.** ✦ Attitude philosophique consistant à considérer que la connaissance ne peut être atteinte que par la science, et que la connaissance scientifique suffit à résoudre les problèmes philosophiques.
ÉTYM. de *scientiste.*

SCIENTISTE [sjɑ̃tist] **adj.** ✦ Qui relève du scientisme. *Positivisme scientiste.* ◆ **adj. et n.** Adepte du scientisme.
ÉTYM. de *science.*

SCIER [sje] **v. tr.** (conjug. 9) **1.** Couper avec une scie, une tronçonneuse. *Scier du bois.* **2.** FAM. Stupéfier. *Cette nouvelle m'a scié.*
ÉTYM. latin *secare* «couper».

SCIERIE [siʀi] **n. f.** ✦ Atelier, usine où des scies mécaniques débitent le bois.
ÉTYM. de *scier.*

SCIEUR [sjœʀ] **n. m.** ✦ Celui dont le métier est de scier (des matériaux). ➝ *SCIEUR DE LONG,* qui scie des troncs en long. HOM. SIEUR «monsieur»

SCINDER [sɛ̃de] **v. tr.** (conjug. 3a) ✦ Couper, diviser (une chose abstraite ; un groupe). ➝ **pronom. (plus cour.)** *Le parti s'est scindé* (→ **scission**). CONTR. **associer, unir.**
ÉTYM. latin *scindere* «fendre».

SCINTIGRAPHIE [sɛ̃tigʀafi] **n. f.** ✦ MÉD. Méthode d'exploration (d'un organe) par injection d'une substance radioactive.
ÉTYM. de *scinti(llation)* et *-graphie.*

SCINTILLANT, ANTE [sɛ̃tijɑ̃, ɑ̃t] **adj.** ✦ Qui scintille. *Lumière scintillante.*

SCINTILLATION [sɛ̃tijasjɔ̃] **n. f. 1.** Modification rapide et répétée de la lumière des étoiles due à la réfraction dans l'atmosphère. **2.** Action de scintiller (2). ➝ Lumière qui scintille.
ÉTYM. latin *scintillatio.*

SCINTILLEMENT [sɛ̃tijmɑ̃] **n. m.** ✦ Éclat de ce qui scintille.

SCINTILLER [sɛ̃tije] **v. intr.** (conjug. 3a) **1. (astres)** Briller d'un éclat caractérisé par la scintillation (1). **2.** Briller d'un éclat intermittent. *Diamant qui scintille.*
ÉTYM. latin *scintillare* «étinceler», de *scintilla* «étincelle».

SCION [sjɔ̃] **n. m.** ✦ Jeune branche (d'arbre) droite et flexible.
ÉTYM. orig. incert. ; p.-ê. francique *kith* «rejeton».

SCISSION [sisjɔ̃] **n. f.** ✦ Action de scinder, de se scinder. SYN. **division, schisme, séparation ; dissidence.** *La scission du parti.* CONTR. **association, union.**
ÉTYM. latin *scissio,* de *scindere* «scinder».

SCISSIPARE [sisipaʀ] **adj.** ✦ BIOL. Qui se reproduit par scissiparité.
ÉTYM. du latin *scissum* (forme de *scindere* «scinder») et de *-pare.*

SCISSIPARITÉ [sisipaʀite] **n. f.** ✦ BIOL. Reproduction par simple division de l'organisme.
ÉTYM. de *scissipare.*

SCISSURE [sisyʀ] **n. f.** ✦ ANAT. Sillon naturel à la surface de certains organes (cerveau, poumon...).
ÉTYM. latin *scissura,* de *scindere* «scinder».

SCIURE [sjyʀ] **n. f.** ✦ Déchets en poussière d'une matière qu'on scie (notamment le bois).
ÉTYM. de *scier.*

SCLÉROSE [skleʀoz] **n. f. 1.** MÉD. Durcissement pathologique (d'un organe, d'un tissu). ➝ *Sclérose en plaques,* grave maladie du système nerveux central caractérisée par des plaques de sclérose. **2. fig.** État, défaut de ce qui ne sait plus évoluer ni s'adapter. SYN. **vieillissement.** *La sclérose des institutions.*
ÉTYM. grec *sklêrosis,* de *sklêros* «dur».

SCLÉROSÉ, ÉE [skleʀoze] **adj. 1.** MÉD. Atteint de sclérose (1). *Tissu sclérosé.* **2. fig.** Qui n'évolue plus. SYN. **figé.** *Économie sclérosée.*
ÉTYM. de *sclérose.*

se **SCLÉROSER** [skleʀoze] **v. pron.** (conjug. 3a) **1.** MÉD. **(organes, tissus)** Se durcir, être atteint de sclérose. **2. fig.** Se figer, ne plus évoluer. *Le syndicat se sclérose.*
ÉTYM. de *sclérosé.*

SCLÉROTIQUE [skleʀɔtik] **n. f.** ✦ ANAT. Membrane fibreuse (blanc de l'œil) qui entoure le globe oculaire et s'ouvre, à l'avant, sur la cornée.
ÉTYM. latin médiéval *sclerotica,* du grec «dureté».

SCOLAIRE [skɔlɛʀ] **adj. 1.** Relatif ou propre aux écoles, à l'enseignement et aux élèves. *Établissement scolaire. Programmes scolaires. Année scolaire,* période allant de la rentrée à la fin des classes. ➝ *Obligation scolaire* (en France, loi Jules Ferry du 28 mars 1882). *Âge scolaire :* âge légal de l'obligation scolaire. **2. péj.** Qui évoque les exercices de l'école par son côté livresque et peu original.
ÉTYM. latin *scholaris,* de *schola* «école».

SCOLARISATION [skɔlaʀizasjɔ̃] **n. f.** ✦ Action de scolariser ; fait d'être scolarisé. *Le développement par la scolarisation.* ☛ Géographie p. 223.

SCOLARISER [skɔlaʀize] **v. tr.** (conjug. 3a) **1.** Pourvoir (un lieu) d'établissements scolaires. **2.** Soumettre (qqn) à un enseignement scolaire régulier. ➝ **au p. passé** *Enfants scolarisés.*
ÉTYM. de *scolaire.*

SCOLARITÉ [skɔlaʀite] **n. f.** ✦ Fait de suivre régulièrement les cours d'un établissement d'enseignement. *Certificat de scolarité.* ➝ Période des études scolaires.
ÉTYM. latin médiéval *scholaritas,* de *scholaris* «scolaire».

SCOLASTIQUE [skɔlastik] **n. f. et adj.** ✦ DIDACT.
I n. f. Philosophie et théologie enseignées au Moyen Âge par l'Université.
II adj. 1. Relatif à la scolastique. **2. péj.** Qui rappelle la scolastique décadente, par son formalisme et son abus de la dialectique. *Esprit scolastique.*
ÉTYM. latin *scholasticus,* d'abord «d'école *(schola)*», du grec.

SCOLIOSE [skɔljoz] **n. f.** ✦ Déviation latérale de la colonne vertébrale.
ÉTYM. grec *skoliôsis,* de *skolios* «tortueux».

① **SCOLOPENDRE** [skɔlɔpɑ̃dʀ] **n. f.** ✦ Fougère à feuilles entières qui croît dans les lieux humides.
ÉTYM. latin *scolopendrium,* du grec.

② **SCOLOPENDRE** [skɔlɔpɑ̃dʀ] **n. f.** ✦ Millepatte des régions chaudes.
ÉTYM. latin *scolopendra,* du grec «insecte».

SCONSE [skɔ̃s] **n. m.** ✦ Fourrure de la mouffette, noire à bandes blanches. ➝ **On écrit aussi** *skunks.*
ÉTYM. anglais *skun(s),* de l'algonquin «putois».

SCOOP [skup] **n. m.** ✦ **anglicisme** Nouvelle importante donnée en exclusivité par une agence de presse, un journal.
ÉTYM. mot américain.

SCOOTER [skutœʀ ; skutɛʀ] n. m. ✦ Motocycle léger, caréné, à cadre ouvert et à plancher. *Des scooters.*
ÉTYM. de l'anglais *motor-scooter* «patinette à moteur».

-SCOPE, -SCOPIE Éléments savants, du grec *skopein* «observer», qui entrent dans des mots désignant des instruments et des techniques d'observation.

SCOPIE [skɔpi] n. f. ✦ MÉD., FAM. Radioscopie.
ÉTYM. abréviation.

SCORBUT [skɔʀbyt] n. m. ✦ Maladie due à l'insuffisance de vitamine C dans l'alimentation.
ÉTYM. latin médiéval *scorbutus*, d'orig. néerlandaise.

SCORBUTIQUE [skɔʀbytik] adj. ✦ Relatif au scorbut. ♦ adj. et n. Atteint du scorbut. → n. *Un, une scorbutique.*

SCORE [skɔʀ] n. m. 1. Décompte des points au cours d'une partie, d'un match. SYN. **marque.** *Le score final.* 2. Résultat chiffré, lors d'une élection, d'un test.
ÉTYM. mot anglais.

SCORIE [skɔʀi] n. f. ✦ rare au sing. 1. Résidu solide provenant de la fusion de minerais métalliques, de la combustion de la houille, etc. SYN. ② **laitier, mâchefer.** 2. *Scories (volcaniques)* : lave refroidie, légère et fragmentée. 3. fig. Partie médiocre ou mauvaise. *Débarrasser un texte de ses scories.*
ÉTYM. latin *scoria*, du grec «écume du fer».

SCORPION [skɔʀpjɔ̃] n. m. 1. Petit animal (arachnide) dont la queue porte un aiguillon crochu et venimeux. *Piqûre de scorpion.* 2. Huitième signe du zodiaque (23 octobre-21 novembre). → *Être Scorpion*, de ce signe.
ÉTYM. latin *scorpio*, du grec.

① **SCOTCH** [skɔtʃ] n. m. ✦ Whisky écossais. → Verre de ce whisky. *Des scotchs* ou *des scotches* (plur. anglais).
ÉTYM. mot anglais «écossais».

② **SCOTCH** [skɔtʃ] n. m. ✦ Ruban adhésif transparent (de cette marque). *Des scotchs.*
ÉTYM. nom déposé ; → ① scotch.

SCOTCHER [skɔtʃe] v. tr. (conjug. 3a) ✦ Coller avec du scotch, du ruban adhésif.
ÉTYM. de ② *scotch.*

SCOTCH-TERRIER [skɔtʃtɛʀje] n. m. ✦ Chien terrier de taille moyenne, à poils durs. *Des scotch-terriers.* → On dit aussi SCOTTISH-TERRIER [skɔtiʃtɛʀje]. *Des scottish-terriers.*
ÉTYM. mot anglais «terrier écossais».

SCOUBIDOU [skubidu] n. m. ✦ Petit objet fait de fils de plastique tressés. *Des scoubidous multicolores.*
ÉTYM. probablement formé sur les syllabes du scat.

SCOUT, SCOUTE [skut] n. et adj. 1. n. m. Jeune qui fait partie d'une organisation de scoutisme. SYN. **boy-scout ; éclaireur.** *Les scouts et les louveteaux, et les guides**. 2. adj. Propre aux scouts, au scoutisme. *Camp scout. Réunion scoute* (→ **jamboree**). 3. n. fig. Personne d'un idéalisme naïf. SYN. **boy-scout.** → adj. *Avoir un côté scout.*
ÉTYM. de l'anglais *boy-scout* → boy-scout.

SCOUTISME [skutism] n. m. ✦ Mouvement éducatif destiné à compléter la formation des jeunes par des activités collectives et de plein air.
ÉTYM. de *scout.*

SCRABBLE [skʀabl] n. m. ✦ Jeu de société qui consiste à placer sur une grille des jetons portant une lettre, de manière à former des mots.
ÉTYM. nom déposé ; mot anglais «gribouillage».

SCRAPBOOKING [skʀapbukiŋ] n. m. ✦ Loisir créatif qui consiste à personnaliser, notamment par collage, un album de photos, de souvenirs, un journal intime.
ÉTYM. faux anglicisme, de l'anglais *to scrapbook*, de *scrap* «fragment» et *book* «livre».

SCRIBE [skʀib] n. m. 1. anciennt Celui qui faisait profession d'écrire à la main. SYN. **copiste.** 2. ANTIQ. Celui qui écrivait les textes officiels, copiait les écrits, tenait les comptes. *Les scribes égyptiens.* 3. ANTIQ. JUIVE Docteur de la Loi.
ÉTYM. latin *scriba* «copiste», de *scribere* «écrire».

SCRIBOUILLARD, ARDE [skʀibujaʀ, aʀd] n. ✦ péj. Employé(e) aux écritures (notamment, fonctionnaire). SYN. **gratte-papier.**
ÉTYM. de *scribe.*

SCRIPT [skʀipt] n. m. **I** Type d'écriture à la main, proche des caractères d'imprimerie. *Écrire en script.* **II** Scénario (d'un film, d'une émission), comprenant le découpage technique et les dialogues. *Des scripts.*
HOM. SCRIPTE «assistant du réalisateur»
ÉTYM. mot anglais «document écrit» ; famille du latin *scribere* «écrire».

SCRIPTE [skʀipt] n. ✦ Personne chargée de noter les détails techniques et artistiques de chaque prise de vues (d'un film, etc.) afin d'assurer la continuité de l'ensemble. *Une scripte.* HOM. SCRIPT «scénario»
ÉTYM. de l'anglais *script(-girl)* «assistante du réalisateur».

SCROFULE [skʀɔfyl] n. f. 1. MÉD. ANC. (au plur.) Écrouelles. 2. Lésion de tuberculose cutanée, ganglionnaire ou osseuse.
ÉTYM. bas latin *scrofulae* ; doublet de *écrouelles.*

SCROFULEUX, EUSE [skʀɔfylø, øz] adj. ✦ De la scrofule. ♦ adj. et n. Atteint de scrofule.

SCROGNEUGNEU [skʀɔɲøɲø] interj. ✦ Interjection, juron atténué.
ÉTYM. altération de *sacré nom de Dieu.*

SCROTUM [skʀɔtɔm] n. m. ✦ ANAT. Enveloppe cutanée des testicules. SYN. ① **bourse(s).**
ÉTYM. mot latin.

SCRUPULE [skʀypyl] n. m. 1. Incertitude d'une conscience exigeante sur la conduite à adopter ; inquiétude sur un point de morale. *Un scrupule me retient. Être dénué de scrupules, sans scrupule.* → LITTÉR. *Avoir scrupule à ; se faire (un) scrupule de* (+ inf.), hésiter (par scrupule) à (faire qqch.). 2. Exigence morale très poussée ; tendance à se juger avec rigueur. *Honnêteté poussée jusqu'au scrupule.*
ÉTYM. latin *scrupulus* «petite pierre pointue *(scrupus)* ; souci».

SCRUPULEUSEMENT [skʀypyløzmɑ̃] adv. ✦ D'une manière scrupuleuse. *Il m'a remboursé scrupuleusement.* CONTR. **approximativement.**

SCRUPULEUX, EUSE [skʀypylø, øz] adj. 1. Qui a fréquemment des scrupules, qui est exigeant sur le plan moral. SYN. **consciencieux.** → (choses) *Une honnêteté scrupuleuse.* 2. Qui respecte strictement les règles, les prescriptions. *Un observateur scrupuleux.* SYN. **méticu-**

leux. CONTR. **indélicat ; approximatif • négligent.**
ÉTYM. latin *scrupulosus.*

SCRUTATEUR, TRICE [skrytatœr, tris] **adj.** et **n.**
I adj. LITTÉR. Qui scrute, qui examine attentivement. *Un regard scrutateur.* SYN. **inquisiteur.**
II n. Personne qui participe au dépouillement d'un scrutin.
ÉTYM. latin *scrutator.*

SCRUTER [skryte] **v. tr.** (conjug. 3a) **1.** Examiner avec soin, pour découvrir ce qui est caché. *Scruter les intentions de qqn.* SYN. **sonder. 2.** Examiner attentivement (par la vue) ; fouiller du regard. *Scruter l'horizon.*
ÉTYM. latin *scrutari* «fouiller ; rechercher».

SCRUTIN [skrytɛ̃] **n. m. 1.** Vote au moyen de bulletins déposés dans un récipient (urne). **2.** Ensemble des opérations électorales ; modalités des élections. *Ouverture, clôture du scrutin. Scrutin uninominal ; scrutin de liste. Scrutin proportionnel ; scrutin majoritaire. Dépouiller le scrutin* (→ **scrutateur,** II).
ÉTYM. latin *scrutinium* «action de fouiller, de scruter».

SCUD [skyd ; skœd] **n. m.** ✦ FAM. Attaque verbale. *Envoyer des scuds à qqn.*
ÉTYM. nom donné par l'Otan à un missile soviétique, d'un mot anglais.

SCULPTER [skylte] **v. tr.** (conjug. 3a) **1.** Produire (une œuvre d'art) par l'un des procédés de la sculpture. *Sculpter un buste.* **2.** Façonner (une matière dure) par la sculpture. *Sculpter de la pierre.*
ÉTYM. latin *sculpere,* d'après *sculpture.*

SCULPTEUR, TRICE [skyltœr, tris] **n.** ✦ Personne qui pratique l'art de la sculpture. *Une grande sculptrice.*
ÉTYM. latin *sculptor.*

SCULPTURAL, ALE, AUX [skyltyral, o] **adj. 1.** DIDACT. Relatif à la sculpture. **2.** Qui a la beauté formelle des sculptures classiques. *Une beauté sculpturale.*

SCULPTURE [skyltyr] **n. f. 1.** Représentation d'un objet dans l'espace, au moyen d'une matière à laquelle on impose une forme esthétique ; ensemble des techniques qui permettent cette représentation ; ensemble d'œuvres d'art qui en résultent. *La sculpture grecque ; romane ; contemporaine.* **2.** *Une sculpture,* une œuvre sculptée (→ **statue**).
ÉTYM. latin *sculptura,* de *sculpere* «sculpter».

S. D. F. [ɛsdeɛf] **n. invar.** ✦ Personne qui n'a pas de logement régulier. *Les S. D. F.*
ÉTYM. sigle de *sans domicile fixe.*

SE [sə] **pron. pers.** (s'élide en *s'* devant une voyelle ou un *h* muet) ✦ Pronom personnel réfléchi de la 3e personne du singulier et du pluriel. *Il se lave. Elle s'est fait réprimander. Elle s'est lavé les mains. Ils se sont rencontrés.* ➙ impers. *Cela ne se fait pas.* HOM. ① CE (adj. démonstratif)
ÉTYM. latin *se.*

Se [ɛse] ✦ CHIM. Symbole du sélénium.

SÉANCE [seɑ̃s] **n. f. 1.** Réunion des membres d'un corps constitué siégeant en vue d'accomplir certains travaux ; durée de cette réunion. *Les séances du Parlement.* SYN. **débat, session.** ➙ *Être en séance. Tenir séance.* ◆ loc. *SÉANCE TENANTE :* la séance se poursuivant ; fig. immédiatement et sans retard. **2.** Durée déterminée consacrée à une occupation qui réunit deux ou plusieurs personnes. *Séance de travail ; de rééducation.* **3.** Temps consacré à certains spectacles ; le spectacle lui-même. *Séance de cinéma. La séance de midi.*
ÉTYM. de ① *séant.*

① **SÉANT** [seɑ̃] **n. m.** ✦ loc. *Se dresser, se mettre SUR SON SÉANT :* s'asseoir brusquement (en parlant d'une personne qui était allongée). HOM. CÉANS «ici»
ÉTYM. du participe présent de *seoir* «être assis».

② **SÉANT, ANTE** [seɑ̃, ɑ̃t] **adj.** ✦ LITTÉR. Qui sied (→ **seoir**), est convenable. SYN. **bienséant.** *Il n'est pas séant de refuser.* CONTR. **malséant.** HOM. CÉANS «ici»
ÉTYM. du participe présent de *seoir.*

SEAU [so] **n. m.** ✦ Récipient cylindrique muni d'une anse, servant à transporter des liquides ou diverses matières. *Seau en plastique. Seau à glace,* servant à contenir des glaçons. ◆ Contenu d'un seau. *Un demi-seau d'eau.* ➙ loc. FAM. *IL PLEUT À SEAUX,* abondamment.
HOM. SAUT «bond», SCEAU «empreinte», SOT «stupide»
ÉTYM. latin populaire *sitellus,* classique *sitella.*

SÉBACÉ, ÉE [sebase] **adj.** ✦ DIDACT. Relatif au sébum. ➙ *Glandes sébacées,* glandes de la peau qui sécrètent le sébum.
ÉTYM. latin *sebaceus,* de *sebum.*

SÉBILE [sebil] **n. f.** ✦ Petite coupe de bois (notamment pour mendier).
ÉTYM. origine incertaine.

SÉBORRHÉE [sebɔre] **n. f.** ✦ Sécrétion excessive de sébum.
▶ **SÉBORRHÉIQUE** [sebɔreik] **adj.**
ÉTYM. de *sébum* et *-rrhée.*

SÉBUM [sebɔm] **n. m.** ✦ Sécrétion grasse produite par les glandes sébacées.
ÉTYM. latin *sebum* «suif» ; doublet de *suif.*

SEC, SÈCHE [sɛk, sɛʃ] **adj.** et **n. m.**
I adj. 1. Qui n'est pas ou est peu imprégné de liquide. *Du bois sec. Le linge est déjà sec.* ➙ Sans humidité atmosphérique, sans pluie. *Un temps sec.* ➙ *Avoir la gorge sèche :* avoir soif. **2.** Déshydraté, séché en vue de la conservation. *Raisins secs. Légumes secs* (s'oppose à *frais*). **3.** Qui n'est pas accompagné de ce à quoi il est généralement associé. *Mur de pierres sèches,* sans ciment. *Toux sèche,* sans expectoration. ➙ *Perte* sèche. Licenciement sec* (sans compensations). **4.** (parties du corps) Qui a peu de sécrétions. *Peau sèche* (s'oppose à *gras*). ◆ *Yeux secs,* sans larmes. ➙ fig. *Regarder d'un œil sec,* sans être ému. **5.** Qui a peu de graisse, qui est peu charnu. *Un petit vieux tout sec.* ➙ loc. *Sec comme un coup de trique*.* **6.** Qui manque de moelleux ou de douceur. *Une voix sèche. Coup sec,* rapide et bref. ◆ *Vin sec,* peu sucré (s'oppose à *doux*). CONTR. **humide, mouillé ; pluvieux •** ① **frais.**
II abstrait 1. Qui manque de sensibilité, de gentillesse. SYN. **dur.** *Un cœur sec.* SYN. **insensible.** ➙ *Répondre d'un ton sec.* SYN. **cassant, tranchant. 2.** Qui manque de grâce ; sans ornements. SYN. **austère,** ① **nu.** *Un style un peu sec.* **3.** FAM. *Rester sec,* ne savoir que répondre.
III n. m. 1. Sécheresse ; endroit sec. *Mettre, tenir qqch. au sec.* **2.** *À SEC* loc. adj. : sans eau. SYN. **tari.** *Rivière à sec.* ➙ FAM. Sans argent. *Ils sont à sec.*
IV adv. 1. *Boire* (un alcool) *sec,* sans y mettre d'eau. ➙ absolt *Il boit sec,* beaucoup. **2.** Rudement et rapide-

ment. *Frapper sec. Freiner sec.* SYN. **brutalement.** 3. FAM. *AUSSI SEC* **loc. adv.** : immédiatement et sans hésiter.
HOM. SEICHE « mollusque »
ÉTYM. latin *siccus.*

SÉCABLE [sekabl] **adj.** ✦ DIDACT. Qui peut être coupé, divisé. *Comprimé sécable.* CONTR. **insécable.**
ÉTYM. latin *secabilis,* de *secare* « couper ».

SÉCANT, ANTE [sekɑ̃, ɑ̃t] **adj.** ✦ GÉOM. Qui coupe (une ligne, un plan, etc.) ; **au plur.** qui se coupent. *Plan sécant. Droites sécantes. Cercles sécants en deux points.* ➡ **n. f.** Droite sécante.
ÉTYM. latin *secans,* p. présent de *secare* « couper ».

SÉCATEUR [sekatœʀ] **n. m.** ✦ Outil de jardinage, gros ciseaux à ressort.
ÉTYM. du latin *secare* « couper ».

SÉCESSION [sesesjɔ̃] **n. f.** ✦ Action par laquelle une partie de la population d'un État se sépare de l'ensemble de la collectivité en vue de former un État distinct ou de se réunir à un autre. *Faire sécession.* ➡ HIST. (☛ noms propres) *La guerre de Sécession,* entre le nord et le sud des États-Unis (1861-1865).
ÉTYM. latin *secessio,* de *secedere* « se retirer ; faire sécession ».

SÉCESSIONNISTE [sesesjɔnist] **adj.** ✦ Qui fait sécession, lutte pour la sécession.

SÉCHAGE [seʃaʒ] **n. m.** ✦ Action de faire sécher, de sécher.

SÈCHE-CHEVEUX [sɛʃʃəvø] **n. m. invar.** ✦ Appareil électrique manuel qui, en envoyant de l'air chaud, sert à sécher les cheveux mouillés. SYN. **séchoir.** ➡ On peut aussi écrire *un sèche-cheveu, des sèche-cheveux* (singulier et pluriel réguliers).

SÈCHE-LINGE [sɛʃlɛ̃ʒ] **n. m.** ✦ Appareil électroménager qui sert à sécher le linge (en le brassant dans un flux d'air chaud). *Des sèche-linges* ou *des sèche-linge* (invar.).

SÈCHEMENT [sɛʃmɑ̃] **adv.** 1. D'une manière sèche, sans douceur. *Frapper sèchement la balle.* 2. Avec froideur, dureté. *Refuser sèchement.* CONTR. **doucement** • **gentiment.**
ÉTYM. de *sec.*

SÉCHER [seʃe] **v.** (conjug. 8) **I** **v. tr.** 1. Rendre sec. *Le froid sèche la peau* (SYN. **dessécher**). *Sécher ses cheveux ; se sécher les cheveux.* ➡ pronom. *Se sécher avec une serviette.* SYN. **s'essuyer.** 2. Absorber ou faire s'évaporer (un liquide). *Sécher ses larmes.* 3. FAM. Manquer volontairement et sans être excusé (un cours, etc.). *Sécher le lycée.* ➡ absolt *Il sèche pour aller au cinéma.* **II** **v. intr.** 1. Devenir sec (par une opération ou naturellement). *Mettre du linge à sécher.* ➡ *Sécher sur pied* (plantes) ; fig. (personnes) se consumer d'ennui. 2. S'évaporer. *L'encre a séché.* 3. FAM. Rester sec*, être embarrassé pour répondre (➔ **antisèche**). CONTR. **arroser, humecter, mouiller.**
ÉTYM. latin *siccare,* de *siccus* « sec ».

SÉCHERESSE [sɛʃʀɛs] **n. f.** 1. État de ce qui est sec, de ce qui manque d'humidité. SYN. **aridité.** *La sécheresse d'un sol.* 2. Temps sec, absence ou insuffisance des pluies. ☛ Géographie p. 227. *Végétation qui souffre de la sécheresse.* 3. LITTÉR. Dureté, insensibilité. *Sécheresse de cœur.* ➡ *Répondre avec sécheresse.* ➔ **sèchement.** 4. Caractère de ce qui manque de charme, de grâce. *Sécheresse du style.* SYN. **austérité.** CONTR. **humidité** • **gentillesse, sensibilité** • ① **charme, grâce.**
ÉTYM. de *sécher.*

SÉCHOIR [seʃwaʀ] **n. m.** 1. Lieu aménagé pour le séchage. 2. Dispositif sur lequel on étend ce que l'on veut faire sécher. *Séchoir à linge.* 3. Appareil servant à faire sécher des matières humides par évaporation accélérée. *Séchoir (à cheveux).* SYN. **casque, sèche-cheveux.**
ÉTYM. de *sécher.*

SECOND, ONDE [s(ə)gɔ̃, ɔ̃d] **adj.** et **n.**
I **adj.** 1. Qui vient après une chose de même nature ; qui suit le premier. SYN. **deuxième.** *Pour la seconde fois. En second lieu.* ➡ *De seconde main*. Enseignement du second degré.* ➔ **secondaire** (2). 2. Qui n'a pas la primauté, qui vient après le plus important ou le meilleur (opposé à *premier*). *Article de second choix. Billet de seconde classe* (ou **n. f.** de seconde). ♦ **n.** *Le second d'une course.* ♦ *EN SECOND* : en tant que second (dans un ordre, une hiérarchie). *Capitaine en second.* ➡ *Passer en second,* passer après. 3. Qui constitue une nouvelle forme de qqch. d'unique. SYN. **autre.** *Il a été un second père pour moi.* ♦ **n.** LITTÉR. *SANS SECOND, SANS SECONDE* : unique, sans pareil, inégalable. 4. (après le n.) Qui dérive d'une chose première, primitive. *Causes secondes.* ♦ *État second,* état pathologique d'une personne qui se livre à une activité étrangère à sa personnalité manifeste. ➡ COUR. *Être dans un état second,* anormal, bizarre.
II **n.** 1. **n. m.** Personne qui aide qqn. SYN. **adjoint, assistant ;** ➔ **seconder.** ➡ Officier de marine qui vient après le commandant. 2. *SECONDE* **n. f.** Classe de l'enseignement secondaire français qui précède la première.
ÉTYM. latin *secundus* « suivant », de *sequi* « suivre ».

SECONDAIRE [s(ə)gɔ̃dɛʀ] **adj.** 1. Qui vient au second rang, est de moindre importance. SYN. **accessoire.** 2. Qui constitue un second ordre dans le temps. *L'enseignement secondaire* ou **n. m.** *le secondaire,* de la sixième à la terminale (en France). ➡ *Ère secondaire* ou **n. m.** *le secondaire,* ère géologique qui succède au primaire, comprenant le trias, le jurassique et le crétacé. SYN. **mésozoïque.** 3. Qui se produit dans une deuxième phase dérivant de la première ; qui dépend de qqch. d'autre. *Effets secondaires d'un médicament.* ➡ ÉCON. *Secteur secondaire* ou **n. m.** *le secondaire,* activités productrices de matières transformées, activités industrielles (opposé à *primaire* et à *tertiaire*). CONTR. ① **capital, essentiel, fondamental, primordial, principal** • **primaire ; primitif.**
ÉTYM. latin *secundarius.*

① **SECONDE** [s(ə)gɔ̃d] **n. f.** ➔ SECOND (II, 2)

② **SECONDE** [s(ə)gɔ̃d] **n. f.** 1. Unité de temps, soixantième partie de la minute (symb. s). ♦ Temps très bref. SYN. ② **instant.** *Je reviens dans une seconde.* 2. Unité de mesure d'angle égale à 1/60 de la minute (symb. ″).
ÉTYM. latin médiéval *secunda minuta* « parties menues *(minuta)* résultant de la seconde *(secunda)* division de l'heure ou du degré ».

SECONDEMENT [s(ə)gɔ̃dmɑ̃] **adv.** ✦ RARE. En second lieu. SYN. **deuxièmement, secundo.**

SECONDER [s(ə)gɔ̃de] **v. tr.** (conjug. 3a) **1.** Aider (qqn) en tant que second. SYN. **assister.** **2.** Favoriser (les actions de qqn ; qqch.). *Seconder les projets de qqn.* ➜ *Les circonstances l'ont secondé.* CONTR. **contrarier,** ② **desservir.**
ÉTYM. de *second* (II, 1).

SECOUER [s(ə)kwe] **v. tr.** (conjug. 3a) **1.** Remuer avec force, dans un sens puis dans l'autre (généralement à plusieurs reprises). SYN. **agiter.** *Secouer un tapis.* ➜ **loc.** *Secouer le cocotier*.* ➜ *Secouer qqn pour le réveiller.* **2.** Mouvoir brusquement et à plusieurs reprises (une partie de son corps). *Secouer la tête* (en signe d'assentiment, de doute...). SYN. **hocher.** **3.** Se débarrasser de (qqch.) par des mouvements vifs et répétés. *Secouer la neige de son manteau.* ➜ **loc. fig.** *Secouer le joug*.* **4.** Ébranler par une vive impression. *Cette maladie l'a beaucoup secoué.* **5.** FAM. *Secouer qqn, lui secouer les puces,* le réprimander ou l'inciter à l'action. ➜ **pronom.** *Allons, secoue-toi !*
ÉTYM. latin *succutere.*

SECOURABLE [s(ə)kuʀabl] **adj.** ✦ LITTÉR. Qui secourt, aide volontiers les autres. SYN. **obligeant.** ➜ **loc.** *Prêter, tendre une MAIN SECOURABLE à qqn* (pour l'aider, le soulager).
ÉTYM. de *secourir,* suffixe *-able.*

SECOURIR [s(ə)kuʀiʀ] **v. tr.** (conjug. 17) ✦ Aider (qqn) à se tirer d'un danger ; assister (qqn) dans le besoin. SYN. prêter **main-forte,** porter **secours.** *Secourir un blessé.*
ÉTYM. latin *succurrere* «courir vers ; courir au secours».

SECOURISME [s(ə)kuʀism] **n. m.** ✦ Méthode de sauvetage et d'aide aux victimes d'accidents, aux blessés, etc. *Brevet de secourisme.*
ÉTYM. de *secours.*

SECOURISTE [s(ə)kuʀist] **n.** ✦ Personne qui fait partie d'une organisation de secours aux blessés (SYN. **sauveteur**), ou qui pratique le secourisme.
ÉTYM. de *secours.*

SECOURS [s(ə)kuʀ] **n. m.** **1.** Ce qui sert à qqn pour sortir d'une situation difficile, et qui vient d'un concours extérieur. SYN. ① **aide, appui, assistance, soutien.** *Porter, prêter secours à qqn.* ➜ **secourir.** *Aller au secours de qqn.* ➜ *Appeler AU SECOURS. Au secours !,* cri d'appel à l'aide. **2.** Aide matérielle ou financière. *Secours mutuel.* ➜ **entraide, solidarité.** ➜ *Secours aux sinistrés, aux sans-abris.* **3.** Moyens pour porter assistance aux personnes en danger (➜ **sauvetage**). *Secours en mer, en montagne. Attendre les secours.* **4.** Soins que l'on donne à un malade, à un blessé dans un état critique. *Secours d'urgence. Premiers secours.* ➜ *Poste de secours.* **5.** RELIG. Aide surnaturelle. **6.** (dans *d'un... secours*) Ce qui est utile dans une situation délicate. *Être d'un grand secours à qqn ; n'être d'aucun secours* (SYN. **utilité**). **7.** (choses) *DE SECOURS :* destiné à servir en cas de nécessité. *Sortie de secours. Roue de secours.*
ÉTYM. latin *succursum,* de *succurrere* «secourir».

SECOUSSE [s(ə)kus] **n. f.** **1.** Mouvement brusque qui ébranle ou met en mouvement un corps. SYN. **choc.** *Une violente secousse.* ➜ *Secousse sismique, tellurique,* tremblement de terre (➜ **séisme**). **2.** Choc psychologique. ➜ Perturbation qui affecte une collectivité. *Secousse économique.* **3. loc.** *Par secousses :* par accès. ➜ *Sans secousse :* paisiblement.
ÉTYM. du p. passé de *secorre,* anc. forme de *secouer.*

① **SECRET, ÈTE** [səkʀɛ, ɛt] **adj.** **1.** Qui n'est connu que d'un nombre limité de personnes ; qui est ou doit être caché aux autres, au public. *Garder, tenir une chose secrète. Réunion secrète.* SYN. **clandestin.** ➜ *Renseignements secrets.* SYN. **confidentiel.** *Documents très secrets* (anglicisme *top secret*). ➜ *Services secrets. Agent secret.* **2.** Qui appartient à un domaine réservé. SYN. **ésotérique, occulte.** *Rites secrets.* **3.** Qui n'est pas facile à trouver. SYN. **caché, dérobé.** *Tiroir secret.* ➜ *Code secret.* **4.** Qui ne se manifeste pas. SYN. **intérieur, intime.** *Pensées secrètes.* **5.** (personnes) LITTÉR. Qui ne se confie pas. SYN. **renfermé, réservé.** *Un homme secret et silencieux.* CONTR. **apparent, public, visible • ouvert.**
ÉTYM. latin *secretus* «séparé, à part», de *secernere* «séparer».

② **SECRET** [səkʀɛ] **n. m.** **1.** Ensemble de connaissances, d'informations qui doivent être réservées à quelques-uns (tenues secrètes*) et que le détenteur ne doit pas révéler. *Confier un secret à qqn. Garder, trahir un secret.* ➜ *SECRET D'ÉTAT :* information dont la divulgation, nuisible aux intérêts de l'État, est punie. ➜ **loc.** *SECRET DE POLICHINELLE*.* **2.** *Être DANS LE SECRET,* dans la connaissance réservée à quelques-uns (→ dans la confidence). ➜ **loc.** FAM. *Être dans le secret des dieux* (même sens). **3.** Ce qui ne peut pas être connu ou compris. SYN. ① **mystère.** *Dans le secret de son cœur.* SYN. **tréfonds.** ➜ *Les secrets de la vie.* **4.** Explication, raison cachée. *Le secret de l'affaire.* ➜ **clé.** **5.** Moyen pour obtenir un résultat, connu seulement de quelques-uns. *Les secrets du métier.* ➜ *Secret de fabrication.* ➜ **loc.** *Une formule dont il a le secret,* qu'il est seul à trouver. **6.** *EN SECRET,* sans que personne ne le sache. SYN. **secrètement.** *Ils s'aiment en secret.* **7.** *Mettre qqn AU SECRET,* l'emprisonner dans un lieu caché, sans communication avec l'extérieur. **8.** Discrétion, silence sur une chose qui a été confiée ou que l'on a apprise. *Exiger le secret.* ➜ *Secret professionnel,* obligation de ne pas divulguer des faits confidentiels appris dans l'exercice de la profession. ➜ **loc.** *Sous le sceau* du secret.* **9.** Mécanisme dont le fonctionnement est secret. CONTR. **révélation.**
ÉTYM. latin *secretum* «lieu écarté», de *secretus* → ① secret.

SECRÉTAIRE [s(ə)kʀetɛʀ] **n.** **I n.** **1. n. m.** anciennt Nom donné à divers personnages qui relevaient directement d'une haute autorité politique. ➜ **n.** MOD. *Secrétaire d'État,* en France, membre du gouvernement généralement placé sous l'autorité d'un ministre. *Les secrétaires d'État. La secrétaire d'État au tourisme. Secrétaire d'ambassade* (agent diplomatique). **2.** Personne qui s'occupe de l'organisation et du fonctionnement (d'un organisme). *Le secrétaire perpétuel de l'Académie française. Secrétaire d'une section syndicale. Secrétaire général(e).* ➜ *Secrétaire de rédaction* (d'un journal), qui coordonne la rédaction. **3.** Personne (surtout, femme) chargée d'assurer la rédaction du courrier de qqn, de préparer des dossiers, etc. *Secrétaire de direction. Secrétaire médical(e),* qui assiste un médecin, un dentiste. **II n. m.** Meuble à tiroirs destiné à ranger des papiers et pourvu d'un panneau qui, rabattu, sert de table à écrire. *Un secrétaire Louis XVI.*
ÉTYM. latin *secretarium* «lieu retiré», de *secretus* → ① secret.

SECRÉTARIAT [s(ə)kʀetaʀja] **n. m.** 1. Fonction de secrétaire ; durée de cette fonction. 2. Service dirigé par un(e) secrétaire ; personnel d'un tel service. 3. Métier de secrétaire (I, 3). *École de secrétariat.*
ÉTYM. de *secrétaire.*

SECRÈTEMENT [s(ə)kʀɛtmɑ̃] **adv.** 1. D'une manière secrète. SYN. en **cachette, clandestinement, furtivement,** en **secret.** 2. LITTÉR. D'une manière non apparente. *Il était secrètement déçu.* CONTR. **ouvertement** • **visiblement.**

SÉCRÉTER [sekʀete] **v. tr.** (conjug. 8) ✦ Produire (une substance) par sécrétion. ➝ fig. *Ce village sécrète l'ennui.* SYN. **distiller.**
ÉTYM. de *sécrétion.*

SÉCRÉTION [sekʀesjɔ̃] **n. f.** 1. Phénomène physiologique par lequel un tissu produit une substance spécifique. *Glandes à sécrétion interne* (endocrines), *externe* (exocrines). 2. Substance ainsi produite.
ÉTYM. latin *secretio* «séparation», de *secernere* «séparer».

SECTAIRE [sɛktɛʀ] **n.** et **adj.** 1. Personne qui fait preuve d'intolérance et d'étroitesse d'esprit (en politique, religion, etc.). SYN. **fanatique.** ➝ **adj.** *Une attitude sectaire.* SYN. **intolérant.** 2. **adj.** Relatif aux sectes. *Le phénomène sectaire.* CONTR. **libéral, tolérant.**
ÉTYM. de *secte.*

SECTARISME [sɛktaʀism] **n. m.** ✦ Attitude sectaire. CONTR. **libéralisme.**

SECTATEUR, TRICE [sɛktatœʀ, tʀis] **n.** ✦ VX Adepte, partisan.
ÉTYM. latin *sectator,* de *sequi* «suivre».

SECTE [sɛkt] **n. f.** 1. Groupe organisé de personnes qui ont une même doctrine au sein d'une religion. ♦ Groupe d'inspiration religieuse ou mystique, vivant en communauté fermée sous l'influence de maîtres, de gourous. 2. péj. Coterie, clan.
ÉTYM. latin *secta,* de *sequi* «suivre».

SECTEUR [sɛktœʀ] **n. m.** 1. GÉOM. *Secteur angulaire :* partie de plan limitée par deux demi-droites issues d'un même point. *Secteur circulaire :* portion de disque limitée par deux rayons. 2. Partie d'un front ou d'un territoire qui constitue le terrain d'opérations d'une unité militaire. 3. FAM. Endroit, lieu. SYN. **coin.** *Il va falloir changer de secteur.* 4. Division artificielle d'un territoire (en vue d'organiser une action, etc.). SYN. **zone ; section** (III, 2). ➝ spécialt Subdivision d'un réseau de distribution d'électricité. *Panne de secteur.* 5. ÉCON. Ensemble d'activités et d'entreprises qui ont un objet commun ou entrent dans la même catégorie. *Secteur primaire*, secondaire*, tertiaire*. Secteur privé ; secteur public, nationalisé.* 6. Domaine ; partie. *Un secteur de la science.*
ÉTYM. latin *sector* «celui qui coupe *(secare)*».

SECTION [sɛksjɔ̃] **n. f.** I 1. GÉOM. Figure qui résulte de l'intersection de deux autres (➝ **sécant**). *Section plane d'un volume* (par un plan). *Section conique* (d'un cône par un plan). 2. Forme, surface présentée par une chose coupée selon un plan transversal. *Section circulaire d'un tube.* 3. Dessin en coupe. II DIDACT. Action de couper. *La section d'un tendon.* SYN. **sectionnement.** ➝ Aspect qu'une chose présente à l'endroit où elle est coupée. *Une section nette.* III 1. Élément, partie (d'un groupe humain, d'un ensemble). *Section syndicale.* ➝ MILIT. *Section d'infanterie.* 2. ADMIN. Partie, division administrative. SYN. **secteur** (4). *Section de commune. Section électorale.* 3. Partie (d'un ensemble). *Les sections d'un ouvrage.* ➝ *Sections d'une ligne d'autobus.*
ÉTYM. latin *sectio* «action de couper *(secare)*».

SECTIONNEMENT [sɛksjɔnmɑ̃] **n. m.** 1. Division en sections (III). 2. Fait de couper net, d'être coupé net.

SECTIONNER [sɛksjɔne] **v. tr.** (conjug. 3a) 1. Diviser (un ensemble) en plusieurs sections (III). SYN. **fractionner.** 2. Couper net. ➝ au p. passé *Il a eu un doigt sectionné par la machine.* SYN. **trancher.**
ÉTYM. de *section.*

SECTORIEL, ELLE [sɛktɔʀjɛl] **adj.** ✦ Relatif à un secteur (5). *Revendications sectorielles.*
ÉTYM. du latin *sector* «secteur», d'après l'anglais *sectorial.*

SECTORISER [sɛktɔʀize] **v. tr.** (conjug. 3a) ✦ DIDACT. Organiser, répartir par secteurs.
► **SECTORISATION** [sɛktɔʀizasjɔ̃] **n. f.**
ÉTYM. du latin *sector* «secteur».

SÉCULAIRE [sekylɛʀ] **adj.** ✦ Qui existe depuis un siècle (SYN. **centenaire**), plusieurs siècles. *Une tradition séculaire.*
ÉTYM. latin *saecularis,* de *saeculum* «siècle».

SÉCULARISER [sekylaʀize] **v. tr.** (conjug. 3a) ✦ RELIG. Faire passer (qqn, qqch.) à l'état séculier ou laïque.
ÉTYM. du latin *saecularis* «séculaire».

SÉCULIER, IÈRE [sekylje, jɛʀ] **adj.** 1. Qui appartient au siècle* (II), à la vie laïque (par oppos. à *ecclésiastique*). SYN. **laïque.** *Tribunaux séculiers.* 2. Qui vit dans le siècle, dans le monde (par opposition à *régulier*). *Le clergé séculier.*
ÉTYM. de l'ancien français *seculer,* latin *saecularis* «séculaire».

SECUNDO [səgɔ̃do] **adv.** ✦ En second lieu (s'emploie avec *primo*). SYN. **deuxièmement, secondement.**
ÉTYM. mot latin, de *secundus* «suivant, second».

SÉCURISANT, ANTE [sekyʀizɑ̃, ɑ̃t] **adj.** ✦ Qui sécurise. SYN. **rassurant.** CONTR. **angoissant, inquiétant.**

SÉCURISER [sekyʀize] **v. tr.** (conjug. 3a) I Apporter, donner une impression de sécurité à (qqn). SYN. **rassurer.** ➝ au p. passé *Enfant peu sécurisé.* II 1. Rendre (qqch.) plus sûr. 2. Protéger contre la fraude, le piratage. *Paiement sécurisé* (sur Internet). CONTR. **angoisser, inquiéter.**
ÉTYM. de *sécurité.*

SÉCURITAIRE [sekyʀitɛʀ] **adj.** ✦ De la sécurité publique ; qui tend à privilégier les problèmes de sécurité publique.

SÉCURITÉ [sekyʀite] **n. f.** 1. État d'esprit confiant et tranquille d'une personne qui se croit, se sent à l'abri du danger. SYN. **assurance, tranquillité ;** ➝ **sûr.** *Sentiment de sécurité.* 2. Situation tranquille qui résulte de l'absence réelle de danger. *Être en sécurité.* SYN. **en sûreté.** *La sécurité des personnes. Sécurité matérielle.* ➝ (sur le plan collectif) *La sécurité publique* (➝ **ordre ; paix**). *La sécurité nationale, internationale. Conseil de sécurité de l'O. N. U.* 3. *La Sécurité sociale,* (en France) mesures et organisation pour garantir les individus contre certains risques (risques sociaux : maladies, accidents...). ➝ abrév. FAM. SÉCU [seky]. 4. Absence ou faiblesse relative d'accidents. *Sécurité routière. Mesures de sécurité.* ➝ *DE SÉCURITÉ :* (dispositif) capable

A B C D E F G H I J K L M N O P Q R S T U V W X Y Z

d'assurer la sécurité (→ **de sûreté**). *Ceinture de sécurité* (pour automobilistes). CONTR. **insécurité.**
ÉTYM. latin *securitas*, de *securus* «sûr».

SÉDATIF, IVE [sedatif, iv] **adj.** ✦ Calmant. *Propriétés sédatives.* ➡ **n. m.** Remède calmant.
ÉTYM. latin *sedativus*, de *sedare* «faire asseoir ; calmer».

SÉDENTAIRE [sedɑ̃tɛʀ] **adj.** 1. (occupations) Qui se passe, s'exerce dans un même lieu. *Une vie sédentaire.* 2. (personnes) Qui ne quitte guère son domicile. SYN. **casanier.** ➡ Dont l'habitat est fixe. *Une population sédentaire.* CONTR. **ambulant,** ② **errant, itinérant, nomade.**
ÉTYM. latin *sedentarius*, de *sedere* «être assis».

SÉDENTARISER [sedɑ̃taʀize] **v. tr.** (conjug. 3a) ✦ Rendre sédentaire (une population).
► **SÉDENTARISATION** [sedɑ̃taʀizasjɔ̃] **n. f.**

SÉDIMENT [sedimɑ̃] **n. m.** 1. MÉD. Dépôt de matières dans un liquide organique. *Sédiment urinaire.* 2. surtout au plur. Dépôt naturel dû à l'action d'agents externes (vent, etc.). SYN. **alluvion.** *Sédiments marins, glaciaires.*
ÉTYM. latin *sedimentum* «dépôt», de *sedere* «demeurer fixé».

SÉDIMENTAIRE [sedimɑ̃tɛʀ] **adj.** ✦ Produit ou constitué par un sédiment (2). *Roches sédimentaires.*

SÉDIMENTATION [sedimɑ̃tasjɔ̃] **n. f.** 1. MÉD. Formation de sédiment (1). ➡ *Vitesse de sédimentation* (des globules rouges du sang), examen qui permet de connaître l'importance d'une maladie infectieuse ou inflammatoire. 2. Formation des sédiments (2).

SÉDIMENTER [sedimɑ̃te] **v. intr.** (conjug. 3a) ✦ Se déposer par sédimentation (2).

SÉDITIEUX, EUSE [sedisjø, øz] **adj.** ✦ LITTÉR. 1. Qui prend part à une sédition. SYN. **factieux.** *Peuple séditieux.* 2. Qui tend à la sédition ou la provoque. *Propos séditieux.* SYN. **subversif.**
ÉTYM. latin *seditiosus.*

SÉDITION [sedisjɔ̃] **n. f.** ✦ LITTÉR. Révolte concertée contre l'autorité publique. SYN. **insurrection.**
ÉTYM. latin *seditio.*

SÉDUCTEUR, TRICE [sedyktœʀ, tʀis] **n.** ✦ Personne qui séduit, qui fait habituellement des conquêtes. *Un séducteur* (SYN. **don Juan,** FAM. **tombeur**) ; *une séductrice* (SYN. femme **fatale, sirène, vamp**). ➡ **adj.** *Sourire séducteur.* SYN. **charmeur, enjôleur, ensorcelant.** ♦ **n. m.** VIEILLI Homme qui séduisait (2) une femme, une jeune fille. SYN. **suborneur.**
ÉTYM. latin *seductor*, de *seducere* «séparer ; séduire».

SÉDUCTION [sedyksjɔ̃] **n. f.** 1. Action de séduire (2, 3 et 4), d'entraîner (SYN. **attirance, fascination**). 2. Moyen de séduire ; charme, attrait puissant. *Une séduction irrésistible.* ➡ *Les séductions de la nouveauté.*
ÉTYM. latin *seductio.*

SÉDUIRE [sedɥiʀ] **v. tr.** (conjug. 64b) 1. VX Détourner (qqn) du droit chemin. 2. Amener (qqn) à des relations sexuelles. *Chercher à séduire une femme, un homme.* ♦ VIEILLI Amener (une femme) à des rapports sexuels hors mariage. SYN. **suborner.** *Séduite et abandonnée.* 3. Gagner (qqn) en persuadant ou en touchant, en employant tous les moyens de plaire. SYN. **conquérir.** 4. (choses) Attirer de façon puissante, irrésistible. SYN. **captiver, charmer, fasciner, plaire.** *Son idée a séduit tout le monde.* CONTR. **choquer, déplaire à.**
ÉTYM. latin *seducere* «séparer» puis «corrompre».

SÉDUISANT, ANTE [sedɥizɑ̃, ɑ̃t] **adj.** 1. Qui séduit ou peut séduire, grâce à son charme. SYN. **attirant, charmant.** 2. (choses) Qui attire fortement. SYN. **attrayant.** ➡ *Offre séduisante.* SYN. **alléchant, tentant.** CONTR. **déplaisant ; repoussant, répugnant.**
ÉTYM. du participe présent de *séduire.*

SÉFARADE [sefaʀad] **n. et adj.** ✦ Juif des pays méditerranéens (hors Israël) (s'oppose à *ashkénaze*). ➡ variante SÉPHARADE.
ÉTYM. hébreu *Sefarad* «Espagne».

SEGMENT [sɛgmɑ̃] **n. m.** 1. Portion (d'une figure géométrique). *Segment de droite. Le segment [AB].* 2. Partie distincte (d'un organe). *Segments des membres des insectes.* 3. Nom de diverses pièces mécaniques. *Segment de piston.*
ÉTYM. latin *segmentum*, de *secare* «couper».

SEGMENTATION [sɛgmɑ̃tasjɔ̃] **n. f.** 1. Division en segments. SYN. **fractionnement, fragmentation, morcellement.** *Segmentation du texte en phrases, de la phrase en propositions.* 2. BIOL. Ensemble des premières divisions de l'œuf fécondé.

SEGMENTER [sɛgmɑ̃te] **v. tr.** (conjug. 3a) ✦ Diviser, partager en segments. ➡ pronom. *Œuf fécondé qui se segmente* (→ **segmentation**).

SÉGRÉGATION [segʀegasjɔ̃] **n. f.** ✦ Séparation imposée, de droit ou de fait, d'un groupe social d'avec les autres. SYN. **discrimination.** *Ségrégation raciale* (→ **apartheid**). *Ségrégation sociale, sexuelle.*
ÉTYM. latin *segregatio*, de *segregare* «séparer du troupeau *(grex, gregis)* ; isoler».

SÉGRÉGATIONNISTE [segʀegasjɔnist] **adj. et n.** ✦ Partisan de la ségrégation raciale.

SEICHE [sɛʃ] **n. f.** ✦ Mollusque marin (céphalopode) à coquille interne *(os de seiche)*, qui projette pour se défendre un liquide noirâtre (→ **encre ; sépia**).
HOM. SÈCHE (féminin de *sec* «desséché»)
ÉTYM. latin *sepia* «seiche», du grec.

SÉIDE [seid] **n. m.** ✦ LITTÉR. Homme fanatiquement dévoué à un chef.
ÉTYM. de l'arabe *Zäyd*, n. d'un affranchi de Mahomet.

SEIGLE [sɛgl] **n. m.** ✦ Céréale dont les grains produisent une farine brune ; cette farine. *Pain de seigle.*
ÉTYM. latin *secale.*

SEIGNEUR [sɛɲœʀ] **n. m.** 1. Maître, dans le système des relations féodales. *Le seigneur* (SYN. **suzerain**) *et ses vassaux.* ➡ prov. *À tout seigneur tout honneur*, à chacun selon son rang, son mérite, sa responsabilité. 2. Titre honorifique donné aux grands personnages (hommes) de l'Ancien Régime. SYN. **gentilhomme, noble.** ➡ fig. *GRAND SEIGNEUR*, personne riche, ou noble par sa conduite. *Vivre en grand seigneur*, dans le luxe. *Faire le grand seigneur*, dépenser sans compter. ♦ Ancien terme de civilité (hommes). 3. RELIG. *Le Seigneur :* Dieu, dans certaines religions. ➡ *Notre-Seigneur Jésus-Christ.* ➡ *Seigneur Dieu ! Seigneur !*, exclamations.
ÉTYM. latin *seniorem*, accusatif de *senior* «vieux».

SEIGNEURIAL, ALE, AUX [sɛɲœʀjal, o] **adj.** 1. Du seigneur (1). *Terres seigneuriales.* 2. LITTÉR. Digne d'un seigneur. SYN. **magnifique, noble, princier.** *Une réception seigneuriale.*

SEIGNEURIE [sɛɲœʀi] **n. f.** 1. Pouvoir, droits, terre d'un seigneur. 2. (précédé d'un possessif) Titre donné autrefois à certains dignitaires. *Sa Seigneurie.*

SEIN [sɛ̃] **n. m.** 1. LITTÉR. Partie antérieure de la poitrine. *Serrer, presser qqn, qqch. sur, contre son sein.* ➝ fig. *Le sein de Dieu,* le paradis. *Le sein de l'Église,* la communion des fidèles de l'Église catholique. 2. VX Poitrine (de la femme). ➝ MOD. *Donner le sein à un enfant,* l'allaiter. 3. Chacune des mamelles de la femme. SYN. FAM. **néné, nichon, robert, téton.** *Les seins.* SYN. **poitrine.** 4. LITTÉR. Partie du corps féminin où l'enfant est conçu, porté. SYN. **entrailles, flanc.** *Dans le sein de sa mère.* SYN. **ventre.** 5. LITTÉR. Partie intérieure (d'une chose). *Le sein de la terre.* ➝ *Au sein des flots.* (abstrait) *Au sein du bonheur.* ➝ COUR. *Au sein de :* dans, parmi. *Au sein d'un groupe.* HOM. CINQ «chiffre», SAIN «en bonne santé», SAINT «vertueux», SEING «signature»
ÉTYM. latin *sinus* «pli que forme la toge relevée sur l'épaule» et «poitrine (fig.)» ; doublet de ① *sinus.*

SEINE ou **SENNE** [sɛn] **n. f.** ✦ PÊCHE Filet formant un demi-cercle. HOM. CÈNE «repas du Christ», SAINE (féminin de *sain* «en bonne santé»), SCÈNE «plateau de théâtre»
ÉTYM. latin *sagena,* du grec.

SEING [sɛ̃] **n. m.** ✦ VX Signature. ➝ loc. DR. *SEING PRIVÉ :* signature d'un acte non enregistré devant notaire. *Acte sous seing privé.* HOM. CINQ «chiffre», SAIN «en bonne santé», SAINT «vertueux», SEIN «partie du corps»
ÉTYM. latin *signum.*

SÉISME [seism] **n. m.** ✦ DIDACT. Tremblement* de terre. *Bâtiment qui résiste aux séismes* (➝ **antisismique, parasismique**). ☛ Géographie p. 227.
ÉTYM. grec *seismos,* de *seiein* «secouer».

SEIZE [sɛz] **adj. numéral invar.** ✦ cardinal Dix plus six (16). *Elle a seize ans.* ♦ ordinal *La page seize.* ➝ **n. m. invar.** *Le seize du mois. Il habite au seize,* au numéro 16.
ÉTYM. latin *sedecim,* de *sex* «six» et *decem* «dix».

SEIZIÈME [sɛzjɛm] **adj. et n.** 1. **adj. numéral ordinal** Dont le numéro, le rang est seize (16e). *Le seizième siècle (XVIe).* ➝ **n.** *Le, la seizième.* 2. **n. m.** Fraction d'un tout divisé également en seize.
► **SEIZIÈMEMENT** [sɛzjɛmmɑ̃] **adv.**

SÉJOUR [seʒuʀ] **n. m.** 1. Fait de séjourner, de demeurer un certain temps en un lieu. SYN. **résidence.** *Séjour forcé.* ➝ *Carte de séjour,* délivrée aux étrangers vivant en France. 2. Temps où l'on séjourne. *Un bref séjour à la campagne.* 3. *SALLE DE SÉJOUR* ou *SÉJOUR :* pièce principale où l'on vit, où l'on reçoit. SYN. **living-room** anglic. 4. LITTÉR. Lieu où l'on séjourne pendant un certain temps. *Un séjour enchanteur.* ➝ *Le séjour des morts.*
ÉTYM. de *séjourner.*

SÉJOURNER [seʒuʀne] **v. intr.** (conjug. 3a) 1. Habiter (dans un lieu) sans y être fixé. *Nous avons séjourné à l'hôtel.* 2. (choses) Rester longtemps à la même place. *Une cave où l'eau séjourne.*
ÉTYM. latin populaire *subdiurnare,* de *diurnus* «jour».

SEL [sɛl] **n. m.** 1. Substance (chlorure de sodium) blanche, friable, soluble dans l'eau, d'un goût piquant, et qui sert à l'assaisonnement et à la conservation des aliments. *Sel gemme. Sel marin. Sel de cuisine* ou *gros sel. Sel de table* ou *sel fin.* ➝ allus. *«Vous êtes le sel de la Terre»* (Bible), l'élément actif. 2. fig. Ce qui donne du piquant, de l'intérêt. *Une plaisanterie pleine de sel.* SYN. **esprit.** 3. HIST. DES SC. Solide ressemblant au sel (obtenu par évaporation). ♦ MOD. *Sels médicinaux. Sels de bain.* ➝ *Sels anglais* ou absolt *sels,* que l'on faisait respirer aux personnes évanouies. 4. CHIM. Composé résultant de l'action d'un acide sur une base. HOM. CELLE (féminin de *celui*), ① SELLE «pièce de cuir»
ÉTYM. latin *sal.*

SÉLECT, ECTE [selɛkt] **adj.** ✦ FAM. VIEILLI Choisi, distingué. ➝ **chic, élégant.** *Une clientèle sélecte.*
ÉTYM. anglais *select,* latin *selectus.*

SÉLECTEUR [selɛktœʀ] **n. m.** 1. Appareil ou dispositif permettant une sélection. *Sélecteur de programmes.* 2. Pédale de changement de vitesse d'une motocyclette.
ÉTYM. de *sélection.*

SÉLECTIF, IVE [selɛktif, iv] **adj.** 1. Qui constitue ou opère une sélection. *Épreuve sélective.* ➝ *Tri sélectif, collecte sélective des déchets ménagers* (permettant le recyclage d'une partie). ☛ Géographie p. 228 et 233. 2. TECHN. (poste récepteur) Doué de sélectivité.
ÉTYM. de *sélection,* d'après l'anglais *selective.*

SÉLECTION [selɛksjɔ̃] **n. f.** 1. Action de choisir les objets, les individus qui conviennent le mieux. *Faire, opérer une sélection. Critères de sélection.* ♦ Choix (sur un appareil, etc.). *La sélection d'une station de radio.* 2. Choix d'animaux reproducteurs. 3. BIOL. *Sélection naturelle,* théorie de Darwin selon laquelle l'élimination naturelle des individus les moins aptes dans la «lutte pour la vie» permet à l'espèce de se perfectionner de génération en génération. 4. Ensemble des choses, des personnes choisies. SYN. **choix.** *Une sélection de films.*
ÉTYM. latin *selectio,* de *seligere* «choisir».

SÉLECTIONNER [selɛksjɔne] **v. tr.** (conjug. 3a) ✦ Choisir par une sélection. ➝ au p. passé *Les athlètes sélectionnés* (après une épreuve). ➝ *Graines sélectionnées.*

SÉLECTIONNEUR, EUSE [selɛksjɔnœʀ, øz] **n.** ✦ Personne dont le métier est de sélectionner.

SÉLECTIVITÉ [selɛktivite] **n. f.** ✦ TECHN. Qualité d'un récepteur de radio qui opère une bonne séparation des ondes de fréquences voisines.
ÉTYM. de *sélectif.*

SÉLÉNIUM [selenjɔm] **n. m.** ✦ Corps simple (symb. Se), utilisé dans la fabrication de cellules photoélectriques.
ÉTYM. du grec *selênê* «Lune».

SELF [sɛlf] **n. m.** ➝ **SELF-SERVICE**

SELFIE [sɛlfi] **n. m.** ✦ anglicisme Autoportrait numérique, généralement pris avec un smartphone et publié sur les réseaux sociaux. *Poster un selfie.*
ÉTYM. mot anglais, de *self* «soi-même».

SELF-MADE-MAN [sɛlfmɛdman] **n. m.** ✦ anglicisme Homme qui ne doit sa réussite matérielle et sociale qu'à lui-même. *Des self-made-mans* ou *des self-made-men* [sɛlfmɛdmɛn] (plur. anglais).

A B C D E F G H I J K L M N O P Q R S T U V W X Y Z

ÉTYM. mot américain «homme *(man)* qui s'est fait *(made)* lui-même *(self)*».

SELF-SERVICE [sɛlfsɛʀvis] **n. m.** ✦ anglicisme Magasin, restaurant où l'on se sert soi-même. SYN. **libre-service.** *Des self-services.* ➡ abrév. FAM. SELF [sɛlf].
ÉTYM. mot américain, de *self* «soi-même» et *service* «service», du français.

① **SELLE** [sɛl] **n. f. 1.** Pièce de cuir incurvée, placée sur le dos du cheval et qui sert de siège au cavalier. *Cheval de selle,* qui sert de monture. ➡ *Sauter, se mettre EN SELLE,* à cheval. ➡ fig. *Mettre qqn en selle,* l'aider dans ses débuts. **2.** Petit siège de cuir adapté à un cycle, un tracteur. **3.** Partie de la croupe (du mouton, etc.) entre le gigot et la première côte. HOM. CELLE (féminin de *celui*), SEL «assaisonnement»
ÉTYM. latin *sella* «siège», de *sedere* «être assis».

② **SELLE** [sɛl] **n. f. 1.** VX Chaise percée. ➡ MOD. *ALLER À LA SELLE :* expulser les matières fécales. → **déféquer. 2.** *Les selles,* les matières fécales. HOM. CELLE (féminin de *celui*), SEL «assaisonnement»
ÉTYM. de ① *selle.*

SELLER [sele] **v. tr.** (conjug. 3a) ✦ Munir (un cheval) d'une selle. HOM. SCELLÉ «fermeture officielle», SCELLER «fermer hermétiquement»
ÉTYM. de ① *selle.*

SELLERIE [sɛlʀi] **n. f. 1.** Ensemble de selles, de harnais ; lieu où l'on range ces harnachements. **2.** Métier, commerce du sellier. HOM. CÉLERI «plante»
ÉTYM. de *sellier.*

SELLETTE [sɛlɛt] **n. f.** ✦ VX Petit siège sur lequel on faisait asseoir les accusés. ➡ MOD. loc. *Être SUR LA SELLETTE :* être accusé, mis en cause.
ÉTYM. diminutif de ① *selle.*

SELLIER [selje] **n. m.** ✦ Fabricant, marchand de selles, de harnais. SYN. **bourrelier.** HOM. CELLIER «cave»
ÉTYM. de ① *selle.*

SELON [s(ə)lɔ̃] **prép. 1.** En se conformant à. SYN. **conformément à,** ② **suivant.** *Faire qqch. selon les règles.* ➡ En suivant (telle loi...). *La Terre tourne autour du Soleil selon une orbite elliptique.* ➡ En proportion de. *À chacun selon ses mérites.* **2.** Si l'on se rapporte à. *Selon l'expression consacrée.* ➡ D'après. *Selon moi... Évangile selon saint Jean.* ➡ Si l'on juge d'après (tel critère...). *Selon toute vraisemblance.* **3.** (marquant l'alternative) *Selon les cas. Selon l'humeur.* ➡ *SELON QUE* (+ indic.). *Selon qu'il est reçu ou recalé.* **4.** FAM. *C'EST SELON :* cela dépend des circonstances.
ÉTYM. latin populaire *sublongum* «le long *(longus)* de».

SEMAILLES [s(ə)maj] **n. f. pl.** ✦ Action de semer (SYN. **semis**) ; période où l'on sème. ➡ Grain que l'on sème.
ÉTYM. de *semer* ou bas latin *seminalia,* de *semen* «graine, semence».

SEMAINE [s(ə)mɛn] **n. f. 1.** Chacun des cycles de sept jours (lundi, mardi, mercredi, jeudi, vendredi, samedi, dimanche) dont la succession partage conventionnellement le temps en périodes égales qui règlent le déroulement de la vie sociale. *En début, en fin de semaine. À la semaine prochaine ! Une fois par semaine* (→ **hebdomadaire**). ➡ *Fin de semaine.* → **week-end. 2.** Cette période, du point de vue des activités professionnelles. *La semaine de 35 heures.* (VIEILLI) *Semaine anglaise,* où le samedi est jour de repos (outre le dimanche). ➡ L'ensemble des jours ouvrables. *Un jour de semaine.* **3.** Période de sept jours (quel que soit le jour initial). *Dans une semaine.* ➡ *Chambre louée à la semaine.* loc. FAM. *À LA PETITE SEMAINE :* à court terme, sans idée directrice, au jour le jour. **4.** Salaire d'une semaine de travail. *Toucher sa semaine.*
ÉTYM. latin *septimana,* de *septem* «sept».

SEMAINIER [s(ə)menje] **n. m. 1.** Agenda divisé selon les jours de la semaine. **2.** Petit meuble à sept tiroirs.

SÉMANTIQUE [semɑ̃tik] **n. f. et adj.** ✦ DIDACT. **1. n. f.** Étude du sens, de la signification des signes, notamment dans le langage. → **sémiologie. 2. adj.** Qui concerne le sens, la signification. *Analyse sémantique.* ♦ *Phrase sémantique,* qui a un sens (opposé à *asémantique*).
► **SÉMANTIQUEMENT** [semɑ̃tikmɑ̃] **adv.**
ÉTYM. grec *sêmantikos* «qui signifie», famille de *sêma* «caractère distinctif».

SÉMAPHORE [semafɔʀ] **n. m. 1.** Poste établi sur le littoral, permettant de communiquer par signaux optiques avec les navires. **2.** Dispositif qui indique si une voie de chemin de fer est libre ou non.
ÉTYM. du grec *sêma* «signe» et de *-phore.*

SEMBLABLE [sɑ̃blabl] **adj. 1.** Qui ressemble (à). SYN. **analogue, comparable, identique, similaire.** *Une maison semblable à beaucoup d'autres.* ➡ Qui ressemble à la chose en question. SYN. **même, pareil.** *En semblable occasion.* **2.** au plur. Qui se ressemblent entre eux. *Des goûts semblables. Triangles semblables,* dont les angles sont égaux deux à deux (→ **similitude**). **3.** LITTÉR. (souvent avant le nom) De cette nature. → **tel.** *De semblables propos sont inadmissibles.* **4. n.** Être, personne semblable. *Vous et vos semblables.* SYN. **congénère.** ➡ Être humain (considéré comme semblable aux autres). SYN. **prochain.** *Aimer ses semblables.* CONTR. **autre, différent, dissemblable ; opposé.**
ÉTYM. de *sembler,* suffixe *-able.*

SEMBLANT [sɑ̃blɑ̃] **n. m. 1.** *Un semblant de,* quelque chose qui n'a que l'apparence de. SYN. **simulacre.** *Manifester un semblant d'intérêt.* **2.** loc. *FAIRE SEMBLANT DE :* se donner l'apparence de, faire comme si. SYN. **feindre, simuler.** *Elle fait semblant de dormir.* ➡ *Ne faire semblant de rien,* feindre l'ignorance ou l'indifférence.
ÉTYM. du participe présent de *sembler.*

SEMBLER [sɑ̃ble] **v. intr.** (conjug. 3a) **1.** (+ attribut) Avoir l'air, présenter (telle apparence) pour qqn. SYN. **paraître.** *Les heures m'ont semblé longues. Elle semble fatiguée.* ➡ (+ inf.) *Vous semblez le regretter.* **2.** impers. (+ attribut) *Il (me) semble inutile de revenir là-dessus.* ➡ *SEMBLER BON :* convenir, plaire. *Il travaille quand (comme) bon lui semble.* ♦ *IL SEMBLE QUE :* les apparences donnent à penser que. *Il semble qu'il n'y a plus rien à faire* (c'est certain) ; *qu'il n'y ait plus rien à faire* (ce n'est pas certain). ♦ *Il me semble que c'est assez grave.* ➡ (+ inf.) *Il me semble connaître ce garçon.* ♦ LITTÉR. *Que vous semble de... ?,* que pensez-vous de... ? *Que vous en semble ?*
ÉTYM. bas latin *similare* «être semblable *(similis)*».

SÈME [sɛm] **n. m.** ✦ LING. Unité minimale différentielle de signification (dans l'analyse du sens d'un mot).
ÉTYM. du grec *sêmeion,* de *sêma* «signe».

SEMELLE [s(ə)mɛl] **n. f. 1.** Pièce constituant la partie inférieure de la chaussure, en contact avec le sol. *Semelle de cuir, de caoutchouc.* ➝ Pièce découpée (de feutre, etc.) qu'on met à l'intérieur d'une chaussure. ➝ Partie (d'un bas, d'une chaussette) correspondant à la plante du pied. **2.** loc. *NE PAS QUITTER qqn D'UNE SEMELLE* : rester constamment avec lui. **3.** FAM. Viande coriace, trop cuite. **4.** Partie plane du dessous d'un ski. **5.** Pièce plate servant d'appui. *Semelle d'un fer à repasser.*
ÉTYM. origine incertaine ; peut-être de l'ancien picard *lemelle* «lamelle».

SEMENCE [s(ə)mɑ̃s] **n. f. 1.** Graines qu'on sème ou qu'on enfouit. **2.** Liquide séminal. SYN. **sperme. 3.** Clou court à tête plate.
ÉTYM. bas latin *sementia*, famille de *semen* «graine, semence».

SEMER [s(ə)me] **v. tr.** (conjug. 7a) **1.** Répandre en surface ou mettre en terre (des semences). *Semer du blé.* ➝ prov. *Qui sème le vent récolte la tempête,* en prêchant la violence on risque de déchaîner des catastrophes. ➝ loc. *Récolter ce qu'on a semé,* avoir les résultats (mauvais) qu'on mérite. **2.** Répandre en dispersant. SYN. **disséminer.** *Semer des pétales de fleurs sur le passage de qqn.* **3.** fig. *Semer la discorde, la ruine, la zizanie.* **4.** LITTÉR. *Semer* (un lieu) *de* : parsemer de. ➝ au p. passé *Un parcours semé d'embûches.* **5.** FAM. Se débarrasser de la compagnie de (qqn qu'on devance). *Semer ses poursuivants.* SYN. **devancer, distancer.**
ÉTYM. latin *seminare*, de *semen* «graine, semence».

SEMESTRE [s(ə)mɛstʀ] **n. m. 1.** Première ou seconde moitié d'une année (civile ou scolaire) ; période de six mois consécutifs. **2.** Rente, pension qui se paye tous les six mois.
ÉTYM. latin *semestris*, de *sex* «six» et *mensis* «mois».

SEMESTRIEL, ELLE [s(ə)mɛstʀijɛl] **adj.** ✦ Qui a lieu, se fait chaque semestre. *Examens semestriels.*

SEMEUR, EUSE [s(ə)mœʀ, øz] **n. 1.** Personne qui sème (du grain). **2.** *Semeur, semeuse de...,* personne qui répand, propage. *Un semeur de discorde.*
ÉTYM. de *semer.*

> **SEMI-** Élément de mots composés, du latin *semi-* «à demi», qui signifie «demi». SYN. **demi-, hémi-.**

SEMI-AUTOMATIQUE [s(ə)miɔtɔmatik] **adj.** ✦ Qui est en partie automatique. *Armes semi-automatiques.*

SEMI-AUXILIAIRE [s(ə)mioksiljɛʀ] **adj. et n. m.** ✦ *Verbe semi-auxiliaire,* qui peut servir d'auxiliaire, employé avec un infinitif. ➝ **n. m.** *«Aller, faire, laisser» sont des semi-auxiliaires.*

SEMI-CIRCULAIRE [s(ə)misiʀkylɛʀ] **adj.** ✦ En forme de demi-cercle. ➝ ANAT. *Canaux semi-circulaires,* tubes osseux de l'oreille interne, jouant un rôle important dans l'équilibre.
ÉTYM. de *semi-* et *circulaire* (I).

SEMI-CONDUCTEUR, TRICE [s(ə)mikɔ̃dyktœʀ, tʀis] **n. m.** ✦ Corps non métallique qui conduit imparfaitement l'électricité. *Applications techniques des semi-conducteurs.* ➝ **adj.** *Propriétés semi-conductrices.*
ÉTYM. de *semi-* et *conducteur* (II).

SEMI-CONSERVE [s(ə)mikɔ̃sɛʀv] **n. f.** ✦ TECHN. Conserve partiellement stérilisée, qui doit être gardée au frais.

SEMI-CONSONNE [s(ə)mikɔ̃sɔn] **n. f.** ✦ Voyelle ou groupe vocalique qui a une fonction de consonne (ex. [j] dans *pied*). *Des semi-consonnes.* ➝ On dit aussi SEMI-VOYELLE [s(ə)mivwajɛl].

SEMI-FINI, IE [s(ə)mifini] **adj.** ✦ (produit) Qui a subi une transformation (opposé à *matière première*), mais doit en subir d'autres avant d'être commercialisé (opposé à *produit fini*).

SÉMILLANT, ANTE [semijɑ̃, ɑ̃t] **adj.** ✦ LITTÉR. D'une vivacité, d'un entrain plaisants. SYN. **fringant.** *Une sémillante jeune personne.*
ÉTYM. du participe présent de l'ancien verbe *sémiller* «s'agiter», de *semille* «descendance» et «action» ; famille du latin *semen* «semence».

SEMI-MARATHON [s(ə)mimaʀatɔ̃] **n. m.** ✦ Course à pied de grand fond (21,1 km), sur route. *Des semi-marathons.*

SÉMINAIRE [seminɛʀ] **n. m. 1.** Établissement religieux (dit aussi *grand séminaire*) où étudient les jeunes clercs qui doivent recevoir les ordres. ➝ *Petit séminaire,* qui préparait au grand séminaire. **2.** Groupe de travail d'étudiants, sous la direction d'un enseignant. ♦ Réunion d'un petit nombre de personnes pour l'étude de certaines questions. SYN. **colloque.** *Séminaire de vente.*
ÉTYM. latin *seminarium* «pépinière», de *semen* «semence».

SÉMINAL, ALE, AUX [seminal, o] **adj.** ✦ Relatif au sperme. *Liquide séminal* : sperme. *Vésicules séminales.*
ÉTYM. latin *seminalis*, de *semen* «semence».

SÉMINARISTE [seminaʀist] **n. m.** ✦ Élève d'un séminaire religieux.

SÉMINIFÈRE [seminifɛʀ] **adj.** ✦ ANAT. Qui conduit le sperme. *Tubes séminifères.*
ÉTYM. du latin *semen, seminis* «semence» et de *-fère.*

> **SÉMIO-** Élément savant, du grec *sêmeion* «signal», qui signifie «signe, signification, sens ; symptôme».

SÉMIOLOGIE [semjɔlɔʒi] **n. f.** ✦ DIDACT. **1.** Discipline médicale qui étudie les signes (symptômes) des maladies. ➙ **symptomatologie. 2.** Science qui étudie les systèmes de signes (langage et autres systèmes). SYN. **sémiotique.**
► **SÉMIOLOGIQUE** [semjɔlɔʒik] **adj.**
ÉTYM. de *sémio-* et *-logie.*

SÉMIOTIQUE [semjɔtik] **n. f. et adj.** ✦ DIDACT. **1. n. f.** Théorie générale des systèmes de signes. SYN. **sémiologie** (2). *Sémiotique générale. Sémiotique animale* (zoosémiotique). **2. adj.** De la sémiotique.
ÉTYM. grec *sêmeiôtikê*, famille de *sêmeion* «signal».

SEMI-REMORQUE [s(ə)miʀ(ə)mɔʀk] **n. f. et n. m. 1. n. f.** Remorque de camion qui s'adapte au dispositif de traction. **2. n. m.** Camion à semi-remorque. *Des semi-remorques.*

SEMIS [s(ə)mi] **n. m. 1.** Action, manière de semer. SYN. **semailles.** *Semis à la volée.* **2.** Terrain ensemencé et plantes qui y poussent. **3.** Ornement fait d'un petit motif répété.
ÉTYM. de *semer.*

SÉMITE [semit] n. 1. Personne appartenant à l'un des peuples provenant d'un groupe ethnique originaire d'Asie occidentale (de langues apparentées → **sémitique**). 2. abusivt Juif.
ÉTYM. de *Sem* (☞ noms propres), nom d'un fils de Noé.

SÉMITIQUE [semitik] adj. ✦ Qui appartient à un groupe de langues possédant des racines de trois lettres autour desquelles s'organisent leurs vocabulaires (notamment l'hébreu, l'arabe).
ÉTYM. de *Sem* (☞ noms propres).

SEMI-VOYELLE n. f. → SEMI-CONSONNE

SEMOIR [səmwaʀ] n. m. ✦ Machine agricole, dispositif qui sert à semer le grain.

SEMONCE [səmɔ̃s] n. f. 1. MAR. Ordre donné à un navire de montrer ses couleurs, de s'arrêter. → *COUP DE SEMONCE* : coup de canon appuyant cet ordre ; fig. avertissement brutal, acte d'intimidation. 2. Avertissement sous forme de reproches. SYN. **réprimande.**
ÉTYM. du p. passé de l'anc. verbe *semondre*, latin populaire *submonere* « avertir *(monere)* secrètement ».

SEMOULE [s(ə)mul] n. f. ✦ Farine granulée (notamment de blé dur). *Gâteau de semoule.* → appos. invar. *Sucre semoule,* aux grains plus gros que le sucre en poudre.
ÉTYM. italien *semola*, bas latin *simola*, de *simila* « fleur de farine ».

SEMPITERNEL, ELLE [sɑ̃pitɛʀnɛl ; sɛ̃pitɛʀnɛl] adj. ✦ Continuel et lassant. SYN. **perpétuel.** *Des récriminations sempiternelles.*
▶ **SEMPITERNELLEMENT** [sɑ̃pitɛʀnɛlmɑ̃ ; sɛ̃pitɛʀnɛlmɑ̃] adv.
ÉTYM. latin *sempiternus*, de *semper* « toujours » et *aeternus* « éternel ».

SÉNAT [sena] n. m. 1. HIST. Conseil souverain de la Rome antique. SYN. ① **curie.** *Décret du sénat.* → **sénatus-consulte.** ♦ Conseil, assemblée politique (d'une république). *Le sénat d'Athènes.* 2. Assemblée législative élue au suffrage indirect ou dont les membres représentent des collectivités territoriales ; l'édifice où elle siège. *Le président du Sénat* (☞ noms propres).
ÉTYM. latin *senatus* « conseil des Anciens *(senex)* ».

SÉNATEUR, TRICE [senatœʀ, tʀis] n. ✦ Membre d'un sénat, du Sénat (☞ noms propres). *En France, les sénateurs sont élus pour six ans. La sénatrice de Paris.*
ÉTYM. latin *senator.*

SÉNATORIAL, ALE, AUX [senatɔʀjal, o] adj. ✦ Relatif à un sénat, aux sénateurs.
ÉTYM. du latin *senatorius.*

SÉNATUS-CONSULTE [senatyskɔ̃sylt] n. m. ✦ HIST. Décret, décision du sénat romain. → (en France ; Consulat, Empire) Acte émanant du sénat, qui avait force de loi. *Des sénatus-consultes.*
ÉTYM. latin *senatus consultum* « décret du sénat ».

SÉNÉCHAL, AUX [seneʃal, o] n. m. ✦ HIST. Officier du roi.
ÉTYM. francique *siniskalk* « serviteur *(kalk)* le plus âgé *(sinis)* ».

SÉNEÇON [sɛnsɔ̃] n. m. ✦ Plante herbacée aux fleurs jaunes.
ÉTYM. latin *senecio.*

SÉNESCENCE [senesɑ̃s] n. f. ✦ DIDACT. Processus de ralentissement de l'activité vitale chez les individus âgés. SYN. **vieillissement ;** → **sénilité.**
ÉTYM. du latin *senescere* « devenir vieux *(senex)* ».

SÉNESTRE [senɛstʀ] adj. ✦ VX Gauche. → n. f. La main gauche (opposé à *dextre*). → On écrit aussi *senestre* [senɛstʀ].
ÉTYM. latin *sinistrer ;* doublet de ① *sinistre.*

SÉNEVÉ [sɛnve] n. m. ✦ Moutarde sauvage ; graine de cette plante.
ÉTYM. latin populaire *sinapatum*, de *sinapi*, du grec « moutarde ».

SÉNILE [senil] adj. 1. De vieillard ; propre à la vieillesse. *Tremblement sénile.* 2. Atteint de sénilité. CONTR. **infantile, juvénile.**
ÉTYM. latin *senilis*, de *senex* « vieillard ».

SÉNILITÉ [senilite] n. f. ✦ Détérioration pathologique des facultés physiques et psychiques liée à la vieillesse. *Sénilité précoce.*
ÉTYM. de *sénile.*

SÉNIOR ou **SENIOR** [senjɔʀ] n. ✦ anglicisme 1. Sportif de la catégorie adulte (plus âgé que les juniors, plus jeune que les vétérans). → adj. *Joueurs séniors.* 2. Personne de plus de 45 ans. *L'emploi des séniors.*
ÉTYM. anglais *senior*, du latin « plus âgé ».

SENNE n. f. → SEINE

① **SENS** [sɑ̃s] n. m. **I** 1. Faculté d'éprouver les impressions que font les objets matériels (→ **sensation**), correspondant à un organe récepteur spécifique (→ **sentir**, I, 1). *Les cinq sens traditionnels* (vue, ouïe, odorat, goût, toucher). → *Le sixième sens,* l'intuition. → loc. *TOMBER SOUS LE SENS* : aller de soi, être évident. 2. au plur. LITTÉR. *LES SENS* (chez l'être humain) : instinct sexuel, besoin de le satisfaire (→ **sensualité**). *Les plaisirs des sens.* 3. *LE SENS DE...* : faculté de connaître d'une manière immédiate et intuitive (→ **instinct**). *Avoir le sens du rythme, le sens de l'humour. Manquer de sens pratique.* → *Le sens moral,* la conscience morale. **II** 1. *BON SENS* : capacité de bien juger. SYN. **raison, sagesse.** *Avoir du bon sens.* → **sensé.** 2. *SENS COMMUN* : manière de juger commune et raisonnable (qui équivaut au bon sens). 3. (dans des loc.) Manière de juger (d'une personne). SYN. **opinion, sentiment.** *À mon sens,* à mon avis. → Manière de voir. *En un sens,* d'un certain point de vue. **III** 1. Idée ou ensemble intelligible d'idées que représente un signe* ou un ensemble de signes. SYN. **signification.** *Le sens d'un texte ; d'un sourire. Le sens d'un mythe.* 2. Idée générale (concept) à laquelle correspond un mot, une expression (objet, sentiment, relation, etc.). SYN. **acception, valeur.** *Ce mot a plusieurs sens* (→ **polysémie**). *Sens propre, sens figuré. Étude du sens.* → **sémantique.** 3. Idée intelligible servant d'explication, de justification. *Ce qui donne un sens à la vie.* CONTR. **absurdité, déraison, non-sens.**
HOM. CENS « impôt »
ÉTYM. latin *sensus*, de *sentire* « sentir ».

② **SENS** [sɑ̃s] n. m. 1. Direction ; position dans l'espace (plan, volume). *Dans le sens de la longueur. Retourner un objet dans tous les sens.* ♦ loc. adv. *SENS DESSUS DESSOUS* : (choses) dans une position telle que ce qui devrait être dessus se trouve dessous ; dans un grand désordre ; fig. (personnes) dans un grand trouble. → *Il a mis son pull SENS DEVANT DERRIÈRE.* 2. Ordre dans lequel un mobile parcourt une série de points ; mouvement

orienté. *Refaire un chemin en sens inverse. Sens unique. Sens d'une rotation : sens des aiguilles d'une montre* (à droite), *sens trigonométrique* (à gauche). 3. abstrait Direction que prend une activité. *Nous devons travailler dans le même sens.* ➝ Direction générale (irréversible). *Le sens de l'histoire.* HOM. CENS «impôt»
ÉTYM. germanique *sinno.*

SENSATION [sɑ̃sasjɔ̃] **n. f.** 1. Impression perçue directement par les organes des sens (→ ① **sens**). *Sensations auditives, olfactives... Éprouver une sensation de vertige.* 2. État psychologique qui résulte d'impressions reçues (distinct du sentiment par son caractère immédiat et simple). *Une sensation agréable. Une sensation de dégoût. Avoir la sensation que... Aimer les sensations fortes.* SYN. **émotion.** 3. (dans des loc.) Forte impression produite sur plusieurs personnes. *FAIRE SENSATION. Son intervention a fait sensation.* ➝ *À SENSATION* **loc. adj.** : qui fait ou est destiné à faire sensation. *La presse à sensation.*
ÉTYM. bas latin *sensatio* «compréhension», de *sentire* «sentir».

SENSATIONNEL, ELLE [sɑ̃sasjɔnɛl] **adj.** 1. Qui fait sensation. *Un évènement sensationnel.* ➝ **n. m.** *Journaliste à l'affût du sensationnel.* 2. FAM. Remarquable, exceptionnel. SYN. **formidable.** *Un acteur sensationnel.*

SENSÉ, ÉE [sɑ̃se] **adj.** ✦ Qui a du bon sens. SYN. **raisonnable, sage.** ➝ (choses) Conforme à la raison. SYN. **judicieux.** *Des remarques sensées.* CONTR. **absurde, déraisonnable, insensé.** HOM. CENSÉ «présumé»
ÉTYM. de ① *sens.*

SENSIBILISATION [sɑ̃sibilizasjɔ̃] **n. f.** 1. Action de sensibiliser (une émulsion photographique). 2. Modification de l'organisme, qui le rend sensible à une agression. SYN. **allergie.** 3. Action de sensibiliser (qqn, l'opinion).
ÉTYM. du latin *sensibilis* «sensible».

SENSIBILISER [sɑ̃sibilize] **v. tr.** (conjug. 3a) 1. Rendre sensible à l'action de la lumière (une émulsion photographique). 2. Provoquer la sensibilisation (2) de. 3. Rendre (qqn ; un groupe) sensible à. ➝ au p. passé *L'opinion est sensibilisée aux problèmes d'environnement.*
ÉTYM. du latin *sensibilis* «sensible».

SENSIBILITÉ [sɑ̃sibilite] **n. f.** 1. Propriété (d'un être vivant, d'un organe) de réagir d'une façon adéquate aux modifications du milieu. SYN. **excitabilité.** *La sensibilité de la rétine.* 2. Propriété de l'être humain sensible (traditionnellement distinguée de l'intelligence et de la volonté). → **affectivité, cœur.** *Une vive sensibilité. Un artiste qui manque de sensibilité.* ➝ *Un ouvrage plein de sensibilité* (→ **senti**). 3. Propriété d'un objet sensible (I, 3). CONTR. **insensibilité • froideur.**
ÉTYM. bas latin *sensibilitas.*

SENSIBLE [sɑ̃sibl] **adj.** I (sens actif) 1. Capable de sensation et de perception. *Les êtres sensibles.* ➝ *Une ouïe sensible* (SYN. ② **fin**). ➝ *Être sensible au froid.* ◆ (choses) Que le moindre contact rend douloureux. *Endroit sensible. Il a les pieds sensibles.* ➝ (personnes) *Il est sensible du foie.* SYN. **délicat, fragile.** 2. Capable de sentiment, apte à ressentir profondément les impressions. *C'est un enfant très sensible.* SYN. **émotif, impressionnable ;** → **hypersensible.** ➝ *SENSIBLE À... :* qui ressent vivement. *Je suis sensible à vos attentions.* 3. (objets) Qui réagit au contact, à de faibles variations. *Balance sensible.* ➝ *Pellicule photographique sensible.* II (sens passif) 1. Qui peut être perçu par les sens. SYN. **tangible.** *La réalité sensible.* 2. Assez important pour être perçu. SYN. **appréciable, notable.** *Une amélioration sensible.* 3. anglicisme Que l'on doit traiter avec des précautions particulières. SYN. **délicat.** *Un dossier sensible.* CONTR. **insensible ; dur • froid.**
ÉTYM. latin *sensibilis,* de *sentire* «sentir».

SENSIBLEMENT [sɑ̃sibləmɑ̃] **adv.** 1. Autant que les sens ou l'intuition puissent en juger. *Ils sont sensiblement de la même taille.* 2. D'une manière appréciable. SYN. **notablement.** *Les prix ont sensiblement augmenté.* CONTR. **insensiblement.**

SENSIBLERIE [sɑ̃sibləʀi] **n. f.** ✦ Sensibilité (2) exagérée et déplacée ; compassion un peu ridicule.
ÉTYM. de *sensible.*

SENSITIF, IVE [sɑ̃sitif, iv] **adj.** 1. Qui transmet les sensations. *Nerfs sensitifs.* 2. LITTÉR. Qui est particulièrement sensible, qu'un rien peut blesser. SYN. **hypersensible.** ➝ **n.** *Un sensitif, une sensitive.*
ÉTYM. latin *sensitivus,* de *sensus* «① sens».

SENSITIVE [sɑ̃sitiv] **n. f.** ✦ Mimosa dont les feuilles se rétractent au contact.
ÉTYM. de *sensitif.*

SENSORIEL, ELLE [sɑ̃sɔʀjɛl] **adj.** ✦ Qui concerne les sensations, les organes des sens.
ÉTYM. du bas latin *sensorium* «organe du sens *(sensus)*».

SENSUALISME [sɑ̃sɥalism] **n. m.** ✦ PHILOS. Doctrine d'après laquelle toutes les connaissances viennent des sensations (et non de la raison).
ÉTYM. du latin ecclésiastique *sensualis* «relatif aux sens *(sensus)*».

SENSUALISTE [sɑ̃sɥalist] **adj.** ✦ PHILOS. Du sensualisme. ◆ **adj.** et **n.** Partisan du sensualisme.

SENSUALITÉ [sɑ̃sɥalite] **n. f.** 1. Tempérament d'une personne sensuelle (2), attirance pour les plaisirs des sens. ➝ spécialt (Dans l'amour physique) *L'éveil de la sensualité.* 2. Caractère sensuel (de qqch.). *Une danse pleine de sensualité.* SYN. **érotisme.** CONTR. **frigidité, froideur.**
ÉTYM. latin ecclésiastique *sensualitas* «sensibilité».

SENSUEL, ELLE [sɑ̃sɥɛl] **adj.** 1. Propre aux sens, émanant des sens. SYN. **charnel.** *Plaisir sensuel.* 2. (personnes) Porté à rechercher et à goûter tout ce qui flatte les sens (en amour). 3. Qui annonce ou évoque un tempérament voluptueux. *Une bouche sensuelle.*
► **SENSUELLEMENT** [sɑ̃sɥɛlmɑ̃] **adv.**
ÉTYM. latin ecclésiastique *sensualis.*

SENT-BON [sɑ̃bɔ̃] **n. m. invar.** ✦ FAM. (lang. enfantin) Parfum ; eau de toilette.
ÉTYM. de *sentir* et ① *bon.*

SENTE [sɑ̃t] **n. f.** ✦ RÉGIONAL OU LITTÉR. Petit chemin, sentier.
ÉTYM. latin *semita.*

SENTENCE [sɑ̃tɑ̃s] **n. f.** 1. Décision d'un juge, d'un arbitre. SYN. **arrêt, jugement, verdict.** *Prononcer, faire exécuter une sentence.* 2. LITTÉR. Maxime.
ÉTYM. latin *sententia* «façon de penser *(sentire)*».

SENTENCIEUSEMENT [sɑ̃tɑ̃sjøzmɑ̃] **adv.** ✦ D'une manière sentencieuse.

A B C D E F G H I J K L M N O P Q R S T U V W X Y Z

SENTENCIEUX, EUSE [sɑ̃tɑ̃sjø, øz] **adj.** ✦ Qui s'exprime comme par sentences (2), avec quelque chose de solennel et d'affecté. *Un ton sentencieux et moralisateur.*
ÉTYM. latin *sententiosus.*

SENTEUR [sɑ̃tœʀ] **n. f.** ✦ LITTÉR. Odeur (surtout, agréable). *Les senteurs d'un soir d'été.* ➖ *Pois* de senteur.*
ÉTYM. de *sentir.*

SENTI, IE [sɑ̃ti] **adj.** ✦ LITTÉR. Empreint de sincérité, de sensibilité. *Une description sentie.* ➖ COUR. *BIEN SENTI* : exprimé avec conviction et justesse. *Un discours bien senti.*
ÉTYM. du participe passé de *sentir.*

SENTIER [sɑ̃tje] **n. m.** ✦ Chemin étroit (dans la campagne...) pour les piétons et les bêtes. ➖ **loc. fig.** *Les SENTIERS BATTUS* : les usages communs. *Suivre les sentiers battus. Sortir des sentiers battus.*
ÉTYM. latin populaire *semitarius*, de *semita* «sente».

SENTIMENT [sɑ̃timɑ̃] **n. m.** **I** 1. Conscience plus ou moins claire, connaissance comportant des éléments affectifs et intuitifs. SYN. **impression.** *Un sentiment d'impuissance.* 2. LITTÉR. Capacité d'apprécier (un ordre de choses ou de valeurs). SYN. ① **sens** (I, 3). *Le sentiment de la beauté.* 3. LITTÉR. Avis, opinion. *Si vous voulez mon sentiment.* **II** 1. État affectif complexe, assez stable et durable. SYN. **émotion, passion.** *Manifester ses sentiments. La sympathie, la jalousie, la honte sont des sentiments.* ➖ Amour. *Un sentiment partagé.* ◆ *Les (bons) sentiments,* les sentiments généreux, les inclinations altruistes. ➖ (dans les formules de politesse) *Recevez l'assurance de mes sentiments distingués.* 2. *Le sentiment* : la vie affective, la sensibilité. ➖ FAM. Démonstrations sentimentales. *Faire du sentiment. Avoir qqn AU SENTIMENT* : réussir à l'attendrir. ◆ Expression de la sensibilité. *Elle a chanté avec beaucoup de sentiment.*
ÉTYM. de *sentir.*

SENTIMENTAL, ALE, AUX [sɑ̃timɑ̃tal, o] **adj.** 1. Qui concerne la vie affective et, spécialt, l'amour. SYN. **amoureux.** *« L'Éducation sentimentale »* (roman de Flaubert). 2. Qui provient de causes d'ordre affectif, n'est pas raisonné. *La valeur sentimentale d'un objet.* 3. Qui est sensible, donne de l'importance aux sentiments tendres et les manifeste volontiers. SYN. **romanesque,** ② **tendre.** ➖ **n.** *C'est un sentimental.* 4. Empreint d'une sensibilité mièvre. *Des romances sentimentales.*
ÉTYM. anglais *sentimental*, de *sentiment*, du français.

SENTIMENTALEMENT [sɑ̃timɑ̃talmɑ̃] **adv.** ✦ D'une manière sentimentale. ➖ Sur le plan des sentiments.

SENTIMENTALITÉ [sɑ̃timɑ̃talite] **n. f.** ✦ Caractère sentimental (3 et 4).

SENTINE [sɑ̃tin] **n. f.** 1. Endroit de la cale d'un navire où s'amassent les eaux. 2. LITTÉR. Lieu sale et humide. SYN. **cloaque.**
ÉTYM. latin *sentina.*

SENTINELLE [sɑ̃tinɛl] **n. f.** ✦ Soldat qui a la charge de faire le guet, de protéger un lieu, etc. SYN. **factionnaire, guetteur.**
ÉTYM. italien *(far la) sentinella* «(faire le) guet» ; famille du latin *sentire* «percevoir par les sens».

SENTIR [sɑ̃tiʀ] **v. tr.** (conjug. 23) **I** 1. Connaître, pouvoir réagir à (un fait, une qualité...) par des sensations. SYN. **percevoir** ; ➜ ① **sens.** *Je sens un courant d'air. Il ne sentait pas la fatigue.* SYN. **ressentir.** ◆ Avoir la sensation de (une odeur ; l'odeur de qqch.). SYN. **flairer, humer.** *Sentir un parfum ; une fleur.* ➖ FAM. *NE PAS POUVOIR SENTIR qqn,* le détester. 2. Avoir ou prendre conscience de ; avoir l'intuition de. SYN. **pressentir.** *Il sentait le danger ; que c'était grave.* ➖ FAM. *Fais comme tu (le) sens.* 3. Avoir un sentiment esthétique de (qqch.). SYN. **apprécier,** ① **goûter.** *Sentir la beauté d'une œuvre d'art.* 4. Être affecté agréablement ou désagréablement par (qqch.). SYN. **éprouver, ressentir.** *Sentir de l'admiration, de la crainte.* 5. *FAIRE SENTIR,* faire éprouver. *Il m'a fait sentir que j'étais de trop.* ➖ *Se faire sentir,* devenir sensible. *Les effets se feront bientôt sentir.* **II** 1. Dégager, répandre une odeur de. ➜ **senteur.** *Cette pièce sent le renfermé. Ces fleurs sentent bon.* ➜ **embaumer.** *Tu sens mauvais.* ➜ **puer.** ➖ **absolt** Sentir mauvais. *Il sent des pieds.* 2. Donner une impression de, évoquer l'idée de. *Des manières qui sentent la prétention.* **III** *SE SENTIR* **v. pron.** 1. *Ne pas se sentir de,* être transporté de. FAM. *Tu ne te sens plus ?,* tu perds la tête ? ➖ (+ inf.) Avoir l'impression, le sentiment de. *Elle s'est sentie tomber.* ➖ (+ attribut, adv.) *Se sentir joyeux ; se sentir mieux. Je m'en sens capable.* SYN. **s'estimer.** 2. FAM. *Ils ne peuvent pas se sentir,* ils se détestent.
ÉTYM. latin *sentire* «percevoir par les sens ou par l'intelligence».

SEOIR [swaʀ] **v. intr.** (conjug. 38 ; seulement 3e pers. prés., imp., futur, cond. et p. présent) ✦ LITTÉR. Convenir. *Cette robe vous sied à merveille.* ➜ **seyant.** ➖ **impers.** *Comme il sied* (➜ ② **séant**) ; *comme il vous siéra.* HOM. SOIR «fin du jour»
ÉTYM. latin *sedere* «être assis» et «être la volonté de qqn».

SÉPALE [sepal] **n. m.** ✦ Chaque pièce (foliole) du calice d'une fleur.
ÉTYM. latin scientifique *sepalum*, du grec *skepê* «protection».

SÉPARABLE [sepaʀabl] **adj.** ✦ Qui peut être séparé (d'autre chose, d'un ensemble). CONTR. **inséparable.**

SÉPARATION [sepaʀasjɔ̃] **n. f.** 1. Action de (se) séparer ; fait d'être séparé. *La séparation des éléments d'un mélange. La séparation d'une province* (SYN. **scission, sécession**). *La séparation de l'Église et de l'État.* 2. (personnes) Fait de se séparer, de se quitter. *Leur séparation a été pénible.* SYN. **rupture.** 3. Ce qui empêche l'union ou le contact (de deux choses, etc.). *Haie qui sert de séparation.* CONTR. **assemblage, réunion • contact.**
ÉTYM. latin *separatio.*

SÉPARATISTE [sepaʀatist] **n.** ✦ Personne qui réclame une séparation d'ordre politique (attitude appelée *séparatisme* **n. m.**). SYN. **autonomiste, dissident.** ➖ **adj.** *Mouvement séparatiste basque.*
► **SÉPARATISME** [sepaʀatism] **n. m.**
ÉTYM. de *séparation.*

SÉPARÉMENT [sepaʀemɑ̃] **adv.** ✦ De façon séparée, à part l'un de l'autre. *Je les recevrai séparément.* CONTR. **conjointement, ensemble.**
ÉTYM. de *séparé*, participe passé de *séparer.*

SÉPARER [sepaʀe] **v. tr.** (conjug. 3a) **I** 1. Faire cesser (une chose) d'être avec une autre ; faire cesser (plusieurs choses) d'être ensemble. ➜ ① **détacher, disjoindre, dissocier, isoler.** *Séparer une chose d'une autre,* *d'avec une autre.* 2. Faire que (des personnes) ne soient plus ensemble ou en contact. *Séparer des amoureux.* ➖ *On a séparé les combattants.* SYN. **écarter, éloigner.** 3. Faire que (des personnes) ne soient pas, ou plus, en harmonie. *Leurs goûts les séparent.* 4. Considérer (deux qualités ou notions) comme étant à part, comme ne devant pas être confondues. SYN. **différencier, distinguer.** *Vous avez tort de séparer théorie et pratique.* 5. (sujet chose) Constituer une séparation entre (deux choses, deux personnes). *Frontière qui sépare deux pays.* II *SE SÉPARER* v. pron. 1. *SE SÉPARER DE* : cesser d'être avec. SYN. **quitter.** *Elle s'est séparée de son mari.* ➖ (récipr.) *Ils se sont séparés à l'amiable.* SYN. **se quitter, rompre.** ◆ Ne plus garder avec soi. *Se séparer de vieilleries.* SYN. se **débarrasser.** *Il ne se sépare jamais de son canif.* 2. Se diviser. *Le chemin se sépare en deux.* CONTR. **assembler, attacher, réunir, unir · lier, rapprocher · confondre, englober.**

ÉTYM. latin *separare* ; doublet de *sevrer.*

SÉPHARADE → SÉFARADE

SÉPIA [sepja] n. f. 1. ZOOL. Liquide noirâtre sécrété par la seiche. SYN. **encre.** 2. Matière colorante d'un brun très foncé. *Un lavis à la sépia.* ➖ adjectivt invar. *Des photos sépia.* 3. Dessin, lavis exécuté avec cette matière. *Des sépias.*

ÉTYM. italien *seppia*, du latin *sepia* «seiche» et «encre (de la seiche)».

SEPT [sɛt] adj. numéral invar. ✦ Six plus un (7). → **hepta-.** *Les sept jours de la semaine.* ◆ ordinal *Chapitre sept.* ➖ n. m. invar. *Il habite au sept,* au numéro sept.

HOM. CET, CETTE (adj. dém., voir ① *ce*), SET «manche, au tennis» et «napperon»

ÉTYM. latin *septem.*

SEPTAIN [sɛtɛ̃] n. m. ✦ Poème ou strophe de sept vers.

☛ Littérature p. 123.

ÉTYM. de *sept.*

SEPTANTE [sɛptɑ̃t] adj. numéral cardinal ✦ RÉGIONAL Soixante-dix.

ÉTYM. latin populaire *septanta*, de *septuaginta.*

SEPTEMBRE [sɛptɑ̃bʀ] n. m. ✦ Neuvième mois de l'année.

ÉTYM. latin *september*, de *septem* «sept», septième mois de l'année romaine qui commençait en mars.

SEPTENNAT [sɛptena] n. m. ✦ Durée de sept ans (d'une fonction).

ÉTYM. de *septennal* «qui dure sept ans», bas latin *septennalis*, de *septem* «sept» et *annus* «an».

SEPTENTRION [sɛptɑ̃tʀijɔ̃] n. m. ✦ VX ou LITTÉR. Le nord.

ÉTYM. latin *septentrio* «les sept *(septem)* bœufs de labour», nom de la Grande ou Petite Ourse.

SEPTENTRIONAL, ALE, AUX [sɛptɑ̃tʀijɔnal, o] adj. ✦ Du nord, situé au nord. CONTR. **méridional.**

ÉTYM. latin *septentrionalis.*

SEPTICÉMIE [sɛptisemi] n. f. ✦ Maladie grave (infection généralisée) provoquée par le développement de germes pathogènes dans le sang.

ÉTYM. du latin *septicus* «septique» et du grec *haima* «sang», d'après *anémie.*

SEPTIÈME [sɛtjɛm] adj. et n. 1. adj. numéral ordinal Dont le numéro, le rang est sept (7e). *Le septième art* : le cinéma. ➖ n. *La septième de l'étape.* 2. n. m. Fraction d'un tout divisé également en sept.

► **SEPTIÈMEMENT** [sɛtjɛmmɑ̃] adv.

SEPTIQUE [sɛptik] adj. 1. MÉD. Qui produit l'infection. ➖ Qui s'accompagne d'infection. *Plaie septique.* 2. *Fosse septique,* fosse d'aisances aménagée pour que les excréments s'y transforment, sous l'action de microbes anaérobies, en composés minéraux. CONTR. **antiseptique, aseptique.** HOM. SCEPTIQUE «qui doute»

ÉTYM. latin *septicus*, du grec, de *sêpein* «pourrir».

SEPTUAGÉNAIRE [sɛptɥaʒenɛʀ] adj. ✦ Dont l'âge est compris entre soixante-dix et soixante-dix-neuf ans. ➖ n. *Un, une septuagénaire.*

ÉTYM. latin *septuagenarius*, de *septuaginta* «soixante-dix».

SEPTUPLE [sɛptypl] adj. ✦ Qui vaut sept fois (la quantité désignée). ➖ n. m. *Le septuple.*

ÉTYM. bas latin *septuplus.*

SÉPULCRAL, ALE, AUX [sepylkʀal, o] adj. ✦ Qui évoque la mort. SYN. **funèbre.** *Un silence sépulcral.*

ÉTYM. latin *sepulcralis.*

SÉPULCRE [sepylkʀ] n. m. ✦ LITTÉR. Tombeau. *Les sépulcres des pharaons.* ➖ *Le Saint-Sépulcre* : le tombeau du Christ, à Jérusalem.

ÉTYM. latin *sepulc(h)rum*, de *sepelire* «ensevelir».

SÉPULTURE [sepyltyʀ] n. f. 1. LITTÉR. Inhumation, considérée surtout dans les formalités et cérémonies qui l'accompagnent. 2. Lieu où est déposé le corps d'un défunt. *Violation de sépulture.*

ÉTYM. latin *sepultura*, de *sepelire* «ensevelir».

SÉQUELLE [sekɛl] n. f. ✦ surtout au plur. Lésion ou trouble qui persiste après la fin de l'évolution d'une maladie ou d'un traumatisme. ◆ fig. Effet ou contrecoup fâcheux (d'un évènement). *Les séquelles d'une guerre.*

ÉTYM. latin *sequella*, de *sequi* «suivre».

SÉQUENCE [sekɑ̃s] n. f. 1. jeux Série d'au moins trois cartes ou de cinq cartes qui se suivent. 2. CIN. Succession de plans formant un tout, une scène. 3. DIDACT. Suite ordonnée (d'éléments, d'opérations).

ÉTYM. latin *sequentia*, de *sequi* «suivre».

SÉQUENTIEL, ELLE [sekɑ̃sjɛl] adj. ✦ DIDACT. Relatif à une séquence. ➖ Partagé, organisé en séquences.

SÉQUESTRATION [sekɛstʀasjɔ̃] n. f. ✦ Action de séquestrer ; fait d'être séquestré.

ÉTYM. latin *sequestratio.*

SÉQUESTRE [sekɛstʀ] n. m. I DR. Dépôt (d'une chose litigieuse) entre les mains d'un tiers en attendant le règlement de la contestation. ➖ *Mettre des biens sous séquestre.* II MÉD. Fragment d'os détaché retenu dans les tissus.

ÉTYM. latin *sequestrum* «dépôt».

SÉQUESTRER [sekɛstʀe] v. tr. (conjug. 3a) 1. Enfermer et isoler rigoureusement (qqn). *Ils séquestrent leur fille.* 2. Tenir arbitrairement et illégalement (qqn) enfermé. *Séquestrer des otages.*

ÉTYM. latin *sequestrare* «mettre en dépôt» et «éloigner».

A B C D E F G H I J K L M N O P Q R S T U V W X Y Z

SEQUIN [səkɛ̃] **n. m.** ✦ Ancienne monnaie d'or de Venise.
ÉTYM. italien de Venise *zecchino*, de l'arabe *sikki* «pièce de monnaie».

SÉQUOIA [sekɔja] **n. m.** ✦ Arbre (conifère) originaire de Californie, aux dimensions gigantesques.
ÉTYM. latin scientifique *sequoia*, de *See-Quayah*, nom d'un chef indien des États-Unis.

SÉRAC [seʀak] **n. m.** ✦ Bloc de glace entouré de crevasses, dans un glacier.
ÉTYM. du mot régional (Savoie, Suisse) *sérat* «fromage blanc» ; famille du latin *serum* «petit-lait».

SÉRAIL, AILS [seʀaj] **n. m.** 1. Palais du sultan, dans l'Empire ottoman. ➝ loc. fig. *Être né dans le sérail* : appartenir à un milieu fermé, influent. 2. VX Harem. *«L'Enlèvement au sérail»* (opéra de Mozart).
ÉTYM. italien *serraglio*, du persan.

SÉRAPHIN [seʀafɛ̃] **n. m.** ✦ RELIG. CHRÉT. Ange du niveau le plus élevé en dignité.
ÉTYM. latin ecclésiastique *seraphim*, de l'hébreu.

SÉRAPHIQUE [seʀafik] **adj.** ✦ RELIG. Des séraphins. ➝ fig. *Une beauté séraphique.* SYN. ① **angélique, céleste.**
ÉTYM. latin ecclésiastique *seraphicus*.

① **SEREIN, EINE** [səʀɛ̃, ɛn] **adj.** 1. LITTÉR. (ciel, temps) Qui est à la fois pur et calme. 2. abstrait Dont le calme provient de la paix morale. SYN. **paisible, tranquille.** *Un esprit serein.* ➝ *Un visage serein.* ◆ *Un jugement serein.* SYN. **impartial.** CONTR. **nuageux · inquiet, tourmenté.**
HOM. SERIN «oiseau»
ÉTYM. latin populaire *seranus*, de *serenus*.

② **SEREIN** [səʀɛ̃] **n. m.** ✦ LITTÉR. OU RÉGIONAL Humidité ou fraîcheur qui tombe avec le soir après une belle journée. HOM. SERIN «oiseau»
ÉTYM. latin populaire *seranus*, de *serum* «heure tardive (*serus*)».

SEREINEMENT [səʀɛnmɑ̃] **adv.** ✦ D'une manière sereine, calme ou impartiale.
ÉTYM. de ① *serein*.

SÉRÉNADE [seʀenad] **n. f.** 1. Concert qui se donnait la nuit sous les fenêtres d'une femme courtisée. *L'aubade et la sérénade.* ➝ Composition musicale (surtout pour instruments à vent). *Les sérénades de Mozart.* 2. FAM. Tapage ; concert de cris ou de reproches.
ÉTYM. italien *serenata*, du latin *serenus* «① serein», avec influence de *sera* «soir».

SÉRENDIPITÉ [seʀɑ̃dipite] **n. f.** ✦ anglicisme Capacité à faire par hasard, lors d'une recherche, une découverte inattendue et à en saisir la portée.
ÉTYM. anglais *serendipity*, d'un nom propre.

SÉRÉNISSIME [seʀenisim] **adj.** ✦ Titre honorifique donné à certains hauts personnages. *Altesse sérénissime.*
ÉTYM. italien *serenissimo*, du latin *serenus* «① serein».

SÉRÉNITÉ [seʀenite] **n. f.** ✦ État, caractère d'une personne sereine. SYN. ① **calme, quiétude,** FAM. **zénitude.** ➝ Caractère d'un jugement serein. CONTR. **agitation, émotion, inquiétude.**
ÉTYM. latin *serenitas*.

SÉREUX, EUSE [seʀø, øz] **adj.** ✦ Qui ressemble au sérum ; qui produit ou renferme du sérum. *Liquide séreux.* ➝ **sérosité.** *Membrane séreuse* et **n. f.** *séreuse*, qui tapisse certaines cavités de l'organisme *(cavités séreuses).*
ÉTYM. du latin *serum* «petit-lait».

SERF, SERVE [sɛʀ(f), sɛʀv] **n.** ✦ HIST. Sous la féodalité, Personne qui n'avait pas de liberté personnelle, était attachée à une terre et astreinte à des obligations (➝ **corvée,** ② **taille**). *Les serfs et les vilains.* ➝ **adj.** *La condition serve* (➝ **servage**). HOM. CERF «animal», SERRE «abri pour les plantes»
ÉTYM. latin *servus* «esclave».

SERGE [sɛʀʒ] **n. f.** ✦ Étoffe présentant des côtes obliques.
ÉTYM. du latin *serica* «étoffes de soie (*sericum*)».

SERGENT, ENTE [sɛʀʒɑ̃, ɑ̃t] **n.** 1. **n. m.** anciennt Officier de justice. ➝ VIEILLI *SERGENT DE VILLE* : agent de police. 2. Sous-officier du grade le plus bas. *Sergent-chef. Sergent-major,* chargé de la comptabilité d'une compagnie. *La sergente-major.*
ÉTYM. latin *servientem*, de *servire* «servir».

SÉRICI- Élément, du latin *sericus* «de soie», du grec, qui signifie «soie».

SÉRICICULTEUR, TRICE [seʀisikyltœʀ, tʀis] **n.** ✦ Personne qui élève des vers à soie.
ÉTYM. de *sérici-* et *-culteur*.

SÉRICICULTURE [seʀisikyltyʀ] **n. f.** ✦ Élevage des vers à soie.
ÉTYM. de *sérici-* et *culture*, d'après *agriculture*.

SÉRIE [seʀi] **n. f.** 1. SC. Suite de nombres, d'expressions, de composés chimiques, etc. qui répondent à une loi. 2. Suite déterminée et limitée (de choses de même nature). *Une série de casseroles. Une série de timbres.* ➝ *Tueur en série,* qui commet plusieurs meurtres selon le même mode opératoire. ➝ loc. *Série noire* : succession de catastrophes. *La loi des séries* (selon laquelle un type d'évènement inhabituel se produit plusieurs fois). ◆ spécialt Ensemble de vêtements, etc. comportant toutes les tailles. *Soldes de fins de séries.* ➝ MUS. Suite de douze demi-tons de la gamme chromatique (➝ **sériel**). ➝ *Série (télévisée)* : cycle de téléfilms ayant une unité narrative. 3. Petit groupe constituant une subdivision d'un classement. SYN. **catégorie.** *Ranger par séries.* ➝ *Film de série B,* à petit budget. ➝ SPORTS Groupe de concurrents ; épreuve de qualification ; degré dans un classement. 4. Ensemble d'objets identiques fabriqués à la chaîne. *Fabrication en série. Voiture de série. Exemplaire hors série.* ➝ **hors-série.** ➝ fig. *HORS SÉRIE* : hors du commun ; exceptionnel. *Un homme hors série.* 5. ÉLECTR. *Montage en série* : ensemble de conducteurs disposés de manière à être traversés par un même courant (opposé à en *parallèle*).
ÉTYM. latin *series* «suite, enchaînement», de *serere* «tresser».

SÉRIEL, ELLE [seʀjɛl] **adj.** ✦ DIDACT. Qui forme une série ; qui se rapporte à une série. ➝ MUS. Fondé sur la série des douze demi-tons. SYN. **dodécaphonique.** *Musique sérielle.*

SÉRIER [seʀje] **v. tr.** (conjug. 9) ✦ Classer, disposer par séries. *Il faut sérier les problèmes.*

SÉRIEUSEMENT [seʀjøzmɑ̃] adv. 1. D'une manière sérieuse, avec réflexion et application. SYN. **consciencieusement.** 2. Sans plaisanter. *Vous parlez sérieusement ?* 3. Réellement. *Il songe sérieusement à émigrer.* 4. Fortement. *Il est sérieusement malade.* SYN. **gravement.**

SÉRIEUX, EUSE [seʀjø, øz] adj. et n. m.
I adj. 1. Qui prend en considération ce qui mérite de l'être. SYN. **posé, raisonnable.** *Un homme sérieux et réfléchi.* ➖ Qui est fait dans cet esprit, avec soin. *Un travail sérieux.* 2. Qui ne rit pas, ne manifeste aucune gaieté. SYN. **grave.** ➖ FAM. *Sérieux comme un pape,* très sérieux. 3. Sur qui (ou sur quoi) l'on peut compter. SYN. **sûr.** *Une amitié sérieuse. S'adresser à une entreprise sérieuse.* 4. Qui ne prend pas de libertés avec la morale sexuelle. SYN. **rangé, sage, vertueux.** 5. Qui ne peut prêter à rire, qui mérite considération. SYN. **important.** *Revenons aux choses sérieuses.* ➖ Qui compte, par la quantité ou la qualité. *Un sérieux effort.* ♦ Qui inspire de l'inquiétude. *La situation est sérieuse.* SYN. ① **critique, préoccupant.** 6. Qui n'est pas fait pour l'amusement. *Des lectures sérieuses.* CONTR. **frivole, futile • amusant, comique, enjoué, gai • débauché.**
II n. m. 1. État d'une personne qui ne rit pas, ne plaisante pas. *Garder son sérieux,* rester grave. 2. Qualité d'une personne sérieuse, appliquée. *Manquer de sérieux.* 3. Caractère d'une chose que l'on doit prendre en considération. ➖ *PRENDRE* (qqch., qqn) *AU SÉRIEUX,* lui attacher de l'importance, le considérer comme sérieux. ➖ pronom. *Se prendre au sérieux,* attacher une importance exagérée à sa propre personne. CONTR. **enjouement, gaieté • légèreté.**
ÉTYM. latin médiéval *seriosus,* classique *serius.*

SÉRIGRAPHIE [seʀigʀafi] n. f. ✦ TECHN. Procédé d'impression à l'aide d'un écran de tissu (soie, etc.). ➖ Œuvre réalisée par ce procédé.
ÉTYM. de *séricigraphie* → sérici- et -graphie.

SERIN [s(ə)ʀɛ̃] n. m. ✦ Petit passereau chanteur au plumage généralement jaune. SYN. **canari.** HOM. ① SEREIN «calme», ② SEREIN «humidité»
ÉTYM. p.-ê. grec *seirên* «sirène, animal ailé».

SERINER [s(ə)ʀine] v. tr. (conjug. 3a) ✦ Répéter inlassablement (qqch. à qqn). ➖ Ennuyer (qqn) en lui répétant souvent la même chose. *Tu nous serines avec tes histoires !*
ÉTYM. de *serin.*

SERINGA [s(ə)ʀɛ̃ga] n. m. ✦ Arbrisseau à fleurs blanches très odorantes. ➖ On écrit aussi *seringat.*
ÉTYM. latin scientifique *syringa,* proprement «seringue».

SERINGUE [s(ə)ʀɛ̃g] n. f. ✦ Instrument (petite pompe munie d'une aiguille) utilisé pour injecter des liquides dans l'organisme ou en prélever.
ÉTYM. latin *syringa,* du grec *surinx* «roseau ; flûte».

SÉRIQUE [seʀik] adj. ✦ Relatif à un sérum.
ÉTYM. de *sérum.*

SERMENT [sɛʀmɑ̃] n. m. 1. Affirmation ou promesse solennelle faite en invoquant un être ou un objet sacré, une valeur morale reconnue. *Prêter serment.* → **jurer** ; parole d'**honneur.** *Témoigner SOUS SERMENT.* ➖ Engagement solennel prononcé en public. *Serment professionnel. Serment d'Hippocrate,* énonçant les principes de déontologie médicale. HIST. *Les Serments de Strasbourg* (☛ noms propres). 2. Promesse ou affirmation particulièrement ferme. *Je vous en fais le serment.* ➖ loc. *Serment d'ivrogne*.* ♦ spécialt Promesse d'amour durable, de fidélité. *Échanger des serments.* HOM. SERREMENT «action de serrer»
ÉTYM. latin *sacramentum* ; doublet de *sacrement.*

SERMON [sɛʀmɔ̃] n. m. 1. Discours prononcé en chaire par un prédicateur (notamment catholique). SYN. **homélie, prêche, prédication, prône.** *Les sermons de Bossuet, de Bourdaloue.* ☛ Littérature p. 139. 2. péj. Discours moralisateur et ennuyeux. *Faire un sermon à qqn* (→ **sermonner**).
ÉTYM. latin *sermo* «conversation ; dialogue».

SERMONNER [sɛʀmɔne] v. tr. (conjug. 3a) ✦ Adresser des conseils ou des remontrances à (qqn).
ÉTYM. de *sermon.*

SERMONNEUR, EUSE [sɛʀmɔnœʀ, øz] n. ✦ Personne qui aime à sermonner.

| **SÉRO-** Élément savant, tiré de *sérum.*

SÉRODIAGNOSTIC [seʀodjagnɔstik] n. m. ✦ MÉD. Diagnostic de maladies infectieuses fondé sur la recherche, dans le sérum du patient, d'anticorps spécifiques (des antigènes de l'agent infectieux).

SÉROLOGIE [seʀɔlɔʒi] n. f. ✦ SC. Étude des sérums (notamment du point de vue immunologique).
► **SÉROLOGIQUE** [seʀɔlɔʒik] adj. *Test sérologique.*
ÉTYM. de *séro-* et *-logie.*

SÉRONÉGATIF, IVE [seʀonegatif, iv] adj. et n. ✦ (Personne) qui présente un sérodiagnostic négatif, dont le sérum sanguin ne contient pas d'anticorps spécifiques d'un antigène donné (spécialt, à propos du virus du sida).
► **SÉRONÉGATIVITÉ** [seʀonegativite] n. f.

SÉROPOSITIF, IVE [seʀopozitif, iv] adj. et n. ✦ (Personne) qui présente un sérodiagnostic positif, dont le sérum sanguin contient des anticorps spécifiques d'un antigène donné (spécialt, à propos du virus du sida → **porteur sain**).
► **SÉROPOSITIVITÉ** [seʀopozitivite] n. f.

SÉROSITÉ [seʀozite] n. f. ✦ Liquide organique sécrété et contenu dans les cavités séreuses. *Épanchement de sérosité.*
ÉTYM. de *séreux.*

SÉROTHÉRAPIE [seʀoteʀapi] n. f. ✦ MÉD. Emploi thérapeutique de sérums sanguins à titre préventif ou curatif.
ÉTYM. de *séro-* et *-thérapie.*

SERPE [sɛʀp] n. f. ✦ Outil formé d'une large lame tranchante recourbée, montée sur un manche, et servant à tailler le bois, à élaguer. → **serpette.** ➖ loc. *Visage taillé à la serpe,* anguleux.
ÉTYM. latin populaire *sarpa,* de *sarpere* «tailler».

SERPENT [sɛʀpɑ̃] n. m. 1. Reptile à corps cylindrique très allongé, dépourvu de membres apparents. → **ophidiens.** *Une morsure de serpent. Serpent venimeux.* ➖ *Serpent à lunette* : naja. *Serpent à sonnette* : crotale. 2. Représentation symbolique ou religieuse de cet animal. *Les Gorgones à chevelure de serpents.* ➖ *Serpent de mer* : monstre marin mythique ; fig. thème rebattu. ➖ *Le serpent,* symbole de l'esprit du mal, dans

la Bible (Genèse).
ÉTYM. latin *serpens*, du participe présent de *serpere* «ramper».

SERPENTER [sɛʀpɑ̃te] **v. intr.** (conjug. 3a) ✦ Aller ou être disposé suivant une ligne sinueuse. SYN. **onduler.** *Le chemin serpente dans les vignes.*
ÉTYM. de *serpent.*

SERPENTIN [sɛʀpɑ̃tɛ̃] **n. m.** **1.** Tuyau en spirale ou à plusieurs coudes (dans un appareil). **2.** Accessoire de cotillon, petit rouleau de papier coloré qui se déroule quand on le lance.
ÉTYM. latin *serpentinus* «de serpent *(serpens)*».

SERPETTE [sɛʀpɛt] **n. f.** ✦ Petite serpe.

SERPILLIÈRE ou **SERPILLÈRE** [sɛʀpijɛʀ] **n. f.** ✦ Pièce de toile grossière servant à laver les sols. SYN. RÉGIONAL **wassingue.** ➞ Écrire *serpillère,* sans *i* après les deux *l,* est permis.
ÉTYM. origine incertaine.

SERPOLET [sɛʀpɔlɛ] **n. m.** ✦ Plante odoriférante, variété de thym.
ÉTYM. mot provençal, diminutif de *serpol,* du latin *serpullum.*

SERRAGE [seʀaʒ] **n. m.** ✦ Action de serrer ; son résultat.

SERRE [sɛʀ] **n. f.** **I** surtout au plur. Griffe ou ongle de certains oiseaux (spécialt les rapaces). **II** Construction vitrée où l'on met les plantes à l'abri, où l'on cultive les végétaux exotiques ou délicats. *Laitue de serre.* ➞ *Effet de serre* (réchauffement de l'atmosphère terrestre). ☞ Géographie p. 225. *Gaz à effet de serre* (dioxyde de carbone, méthane, ozone...). HOM. CERF «animal», SERF «sujet féodal»
ÉTYM. de *serrer.*

SERRÉ, ÉE [seʀe] **adj.** **1.** Comprimé, contracté. *Avoir la gorge serrée.* **2.** Qui s'applique étroitement sur le corps. SYN. **ajusté, moulant.** ♦ (personnes) *Être serré dans son pantalon.* SYN. **boudiné. 3.** au plur. Placés l'un tout contre l'autre. *Serrés comme des harengs, des sardines.* ➞ *En rangs serrés.* **4.** Dont les éléments sont très rapprochés. SYN. **compact, dense.** *Herbe serrée.* SYN. **dru.** *Une écriture serrée.* ➞ *Un café serré,* fort. SYN. **tassé. 5.** abstrait Qui dit beaucoup en peu de mots. SYN. **concis.** *Un style serré.* ♦ *Une négociation serrée,* difficile, acharnée. CONTR. **large • clairsemé • lâche.**
ÉTYM. du participe passé de *serrer.*

SERRE-LIVRE **n. m.** ou **SERRE-LIVRES** [sɛʀlivʀ] **n. m. invar.** ✦ Objet servant à maintenir des livres debout, serrés les uns contre les autres. *Des serre-livres.* ➞ Écrire *un serre-livre* est permis.

SERREMENT [sɛʀmɑ̃] **n. m.** ✦ Action de serrer. *Serrement de main :* poignée de main. ➞ Fait d'être serré, contracté. *Un serrement de gorge.* ➞ *Serrement de cœur,* sentiment de tristesse. HOM. SERMENT «promesse»

SERRER [seʀe] **v. tr.** (conjug. 3a) **1.** VX Fermer. ➞ MOD., RÉGIONAL Ranger ; mettre à l'abri. **2.** Saisir ou maintenir vigoureusement, de manière à comprimer. SYN. **empoigner.** *Serrer qqch. dans sa main.* ➞ *Serrer la main à qqn* (pour le saluer). ➞ Prendre (qqn) entre ses bras et tenir pressé (contre soi). SYN. **embrasser, enlacer, étreindre, presser.** *Serrer qqn contre soi, dans ses bras.* **3.** (sensation) Faire peser une sorte de pression sur (la gorge, le cœur). *Émotion qui serre le cœur.* **4.** Disposer (des choses, des personnes) plus près les unes des autres. SYN. **rapprocher.** *Serrez les rangs !* **5.** Maintenir énergiquement fermé (le poing), rapprocher énergiquement (les mâchoires...). SYN. ② **contracter. 6.** Rendre plus étroit (un lien). *Serrer une ceinture.* ➞ (choses) Comprimer en entourant. *Cette jupe me serre* (SYN. **boudiner**), *me serre la taille.* **7.** Faire mouvoir de manière à rapprocher deux choses, à fermer un mécanisme. *Serrer un robinet. Serrer un écrou.* SYN. **bloquer.** ➞ loc. *Serrer la vis* à qqn.* **8.** Rester, passer tout près de. *Serrer qqn de près.* SYN. **talonner.** ♦ *Serrer sa droite* (en conduisant). ➞ intrans. *Serrez à droite.* **9.** *SE SERRER* **v. pron.** (réfl.) Se mettre tout près de, tout contre (qqn). *Se serrer contre qqn.* SYN. **se blottir.** ➞ (récipr.) Se rapprocher jusqu'à se toucher. *Serrez-vous, faites-nous un peu de place sur le banc.* CONTR. ① **écarter, espacer • desserrer, ouvrir.**
ÉTYM. latin *serare* «fermer».

SERRE-TÊTE [sɛʀtɛt] **n. m.** ✦ Bandeau, demi-cercle qui maintient les cheveux. *Des serre-têtes.*
ÉTYM. de *serrer* et *tête.*

SERRURE [seʀyʀ] **n. f.** ✦ Dispositif fixe de fermeture (d'une porte, etc.) comportant un mécanisme (➞ **gâche, pêne**) qu'on manœuvre notamment à l'aide d'une clé.
ÉTYM. de *serrer* «fermer».

SERRURERIE [seʀyʀʀi] **n. f.** **1.** Métier de serrurier ; fabrication et commerce des serrures, verrous, etc. **2.** Confection d'ouvrages en fer. *Serrurerie d'art.* SYN. **ferronnerie.**

SERRURIER, IÈRE [seʀyʀje, jɛʀ] **n.** **1.** Artisan qui fait, vend ou pose des serrures, fabrique des clés. **2.** Entrepreneur, ouvrier en serrurerie (2).

SERTIR [sɛʀtiʀ] **v. tr.** (conjug. 13) **1.** Enchâsser (une pierre précieuse). ➞ au p. passé *Rubis serti dans une monture.* ➞ *SERTI DE :* incrusté de. *Coffret serti de turquoises.* **2.** TECHN. Assujettir, sans soudure, une pièce métallique à une autre. *Sertir le couvercle d'une boîte de conserve.*
ÉTYM. latin populaire *sartire,* classique *sarcire.*

SERTISSAGE [sɛʀtisaʒ] **n. m.** ✦ Action de sertir.

SERTISSEUR, EUSE [sɛʀtisœʀ, øz] **n.** ✦ Personne qui sertit.

SÉRUM [seʀɔm] **n. m.** **1.** *Sérum sanguin,* partie liquide du sang (➞ **séro-**). **2.** *Sérum thérapeutique,* préparation à base d'un sérum sanguin contenant un anticorps spécifique, utilisée en injections à titre curatif ou préventif. ➞ **sérothérapie.** *Sérum antitétanique.* ➞ *Sérum de vérité,* barbiturique (➞ **penthotal**) utilisé pour diminuer la vigilance du sujet et lui faire révéler des faits qu'il tiendrait cachés. ➞ *Sérum physiologique,* solution saline de même concentration moléculaire que le plasma sanguin.
ÉTYM. latin *serum* «petit-lait ; liquide séreux».

SERVAGE [sɛʀvaʒ] **n. m.** ✦ Condition du serf. *Le servage était héréditaire. L'abolition du servage.*
ÉTYM. de *serf.*

SERVANT [sɛʀvɑ̃] **adj. m.** et **n. m.**
I adj. m. *Chevalier* servant.*
II n. m. **1.** Clerc ou laïque qui sert* le prêtre pendant la messe basse. **2.** Soldat chargé d'approvisionner une pièce d'artillerie.
ÉTYM. du participe présent de *servir.*

SERVANTE [sɛʀvɑ̃t] **n. f.** ✦ VIEILLI Jeune fille ou femme employée comme domestique.
ÉTYM. féminin de *servant*.

SERVEUR, EUSE [sɛʀvœʀ, øz] **n.** 1. Personne qui sert les clients dans un café, un restaurant. SYN. **barman, garçon ; barmaid.** ➝ Personne qu'on engage en extra pour servir à table. 2. Personne qui met la balle en jeu (tennis, etc.), qui distribue les cartes... 3. Système informatique chargé de fournir des services, des informations à d'autres systèmes, à des usagers connectés ; organisme exploitant un tel système. ➝ appos. *Des centres serveurs.* 4. *Serveur vocal,* accessible par téléphone, qui délivre des messages enregistrés.
ÉTYM. de *servir*.

SERVIABILITÉ [sɛʀvjabilite] **n. f.** ✦ Caractère d'une personne serviable.

SERVIABLE [sɛʀvjabl] **adj.** ✦ Qui est toujours prêt à rendre service. SYN. **complaisant, obligeant.**
ÉTYM. de *servir*, suffixe *-able*, d'après *amiable*.

SERVICE [sɛʀvis] **n. m.** I 1. (Obligation et action de servir) RELIG. Ensemble des devoirs envers la divinité. *Le service de Dieu.* ➝ *Service divin* (messe, office). *Service funèbre.* ◆ Ensemble des devoirs des individus envers l'État, la société. *Le service de l'État.* ➝ ADMIN. *Service national ;* COUR. *SERVICE (MILITAIRE) :* temps qu'un citoyen doit passer dans l'armée. *Service civique* (volontariat). ➝ *ÉTATS DE SERVICE :* carrière d'un militaire. 2. Travail particulier que l'on doit accomplir. SYN. **fonction.** *Assurer un service. Être de service ; prendre son service.* 3. Obligations d'une personne dont le métier est de servir qqn ; fonction de domestique. *Être au service de qqn.* ◆ Travail de celui qui est chargé de servir des clients. *Service rapide et soigné.* ➝ Rémunération de ce travail. *Le service est compris.* ◆ *Escalier DE SERVICE* (affecté aux fournisseurs, etc.). 4. Action, manière de servir des convives, de servir les plats à table. *Faire le service.* 5. Ensemble de repas servis à la fois (dans un restaurant, une cantine...). *Premier, deuxième service.* 6. Assortiment de vaisselle pour la table. *Un service à thé.* ➝ absolt *Un service de porcelaine.* ◆ Assortiment de linge de table. II 1. (dans des expr.) Fait de se mettre à la disposition de (qqn) par obligeance. *Je suis à votre service.* 2. *UN, DES SERVICES :* ce que l'on fait pour qqn, avantage qu'on lui procure bénévolement. SYN. ① **aide, faveur.** *J'ai un service à vous demander. Un grand service. Rendre un service.* ➝ *Rendre un mauvais service à qqn,* lui nuire en croyant agir dans son intérêt. → ② **desservir.** ➝ (sujet personne ou chose) *RENDRE SERVICE à qqn,* l'aider, lui être utile. *Votre parapluie m'a rendu service.* 3. au plur. Ce qu'on fait pour qqn contre rémunération. *Offrir ses services* (à un employeur). 4. ÉCON. Activité qui présente une valeur économique sans correspondre à la production d'un bien matériel (ex. commerces, banques, transports, tourisme → **secteur tertiaire**). *Prestation de service.* III 1. Ensemble d'opérations par lesquelles on fait fonctionner (qqch.). *Le service d'une pièce d'artillerie* (→ **servant**). 2. Coup par lequel on sert la balle (au tennis, etc.). 3. Expédition, distribution. *Le service d'une revue.* ➝ loc. *SERVICE DE PRESSE* (d'un livre aux journalistes). 4. (dans des expr.) Usage, fonctionnement. *Mettre qqch. EN SERVICE.* ➝ *HORS SERVICE* (voir ce mot). IV 1. Fonction d'utilité commune, publique (service public) ; activité organisée chargée de satisfaire les besoins de la population. *Les grands services publics. Le service des postes.* ➝ Le travail dans ces activités. *Il est à cheval sur le service,* très pointilleux. 2. Organisation chargée d'une branche d'activités correspondant à une fonction. SYN. **département.** *Chef de service. Services administratifs. Le service de pédiatrie d'un hôpital.* ➝ Organe d'une entreprise chargé d'une fonction précise. *Le service commercial.*
ÉTYM. latin *servitium* «esclavage», de *servus* «esclave, serf».

SERVIETTE [sɛʀvjɛt] **n. f.** 1. Pièce de linge dont on se sert à table ou pour la toilette. *Serviette de table, de toilette.* loc. *Les torchons* et les serviettes.* ➝ *Serviette en papier.* 2. *SERVIETTE HYGIÉNIQUE :* bande de coton ou de cellulose utilisée pendant les règles. 3. Sac à compartiments, rectangulaire, servant à porter des papiers, des livres. SYN. **porte-document.**
ÉTYM. de *servir*.

SERVILE [sɛʀvil] **adj.** 1. DIDACT. Propre aux esclaves et aux serfs. *Condition servile.* 2. LITTÉR. Qui a un caractère de soumission avilissante. SYN. ① **bas, obséquieux,** ① **plat.** *Un flatteur servile.* 3. Qui est étroitement soumis à un modèle, dépourvu d'originalité. *Une imitation servile.* CONTR. **libre • créatif,** ② **original.**
ÉTYM. latin *servilis,* de *servus* «esclave, serf».

SERVILEMENT [sɛʀvilmɑ̃] **adv.** ✦ D'une manière servile.

SERVILITÉ [sɛʀvilite] **n. f.** ✦ LITTÉR. Caractère, comportement servile. SYN. **obséquiosité.**

SERVIR [sɛʀviʀ] **v. tr.** (conjug. 21) I *SERVIR qqn.* 1. S'acquitter d'obligations, de tâches envers (qqn, une institution à qui, à laquelle on obéit). *Il a bien servi son pays, l'État.* ➝ absolt Être soldat. *Servir comme marin.* ◆ (À titre de subordonné, etc.) *Servir le prêtre pendant la messe* (→ **servant**). ➝ *Servir qqn* (comme domestique). ➝ prov. *On n'est jamais si bien servi que par soi-même.* ◆ *Servir qqn à table.* ➝ *Servir un client,* lui fournir ce qu'il demande. ➝ iron. *En fait de neige, nous avons été servis !* 2. Aider, appuyer (qqn), en y employant sa peine, son crédit. *Servir qqn ; servir les intérêts de qqn.* ➝ (sujet chose) *Sa discrétion l'a servi.* SYN. **aider, favoriser.** II *SERVIR qqch.* 1. Mettre à la disposition de qqn pour tel ou tel usage. *Servir la soupe. Servir à boire.* ➝ Mettre (la balle) en jeu (au tennis, etc.) ; distribuer (les cartes). ➝ *Servir une pension à qqn.* SYN. **allouer, verser.** 2. Mettre (une chose) en état de se dérouler ou de fonctionner. *Servir la messe.* ➝ *Servir un canon.* III **v. tr. ind.** 1. *SERVIR À.* Être utile à (qqn). *Cela peut vous servir à l'occasion.* ◆ Être utile à, utilisé pour (qqch.). *À quoi sert cet instrument ? Ne pleure pas, cela ne sert à rien. Cette prime va me servir à payer mes impôts.* 2. *SERVIR DE.* Être utilisé comme, tenir lieu de. *Servir de modèle à qqn. Cela te servira de leçon.* IV *SE SERVIR* **v. pron.** 1. (réfl.) Prendre de ce qui est proposé. *Servez-vous du poulet.* ◆ *Se servir chez un commerçant,* être client chez lui. SYN. **se fournir.** 2. *SE SERVIR DE,* utiliser. *Se servir d'un outil. Se servir de son expérience.* ➝ *Se servir de qqn,* l'utiliser ; l'exploiter. CONTR. ② **desservir ; gêner, nuire.**
ÉTYM. latin *servire* «être esclave *(servus)*».

SERVITEUR [sɛʀvitœʀ] **n. m.** 1. LITTÉR. Celui qui sert (qqn, une institution envers qui, envers quoi il a des devoirs). *Un fidèle serviteur de l'État.* ➝ VIEILLI Domestique. 2. VX (dans les formules de politesse) *Je suis votre*

serviteur. ➔ MOD. plais. *Votre serviteur :* moi-même.
ÉTYM. bas latin *servitor.*

SERVITUDE [sɛʀvityd] **n. f.** 1. État de dépendance totale d'une personne soumise à une autre, d'un peuple, d'une nation soumis(e) à un(e) autre. SYN. **asservissement, soumission, sujétion.** *Maintenir qqn dans la servitude.* 2. Ce qui crée ou peut créer un état de dépendance. SYN. **contrainte.** *Les servitudes d'un métier.* 3. DR. Charge que supporte un immeuble, un terrain pour l'utilité commune. *Servitude de passage.* CONTR. **affranchissement, émancipation, liberté.**
ÉTYM. bas latin *servitudo,* famille de *servus* «esclave, serf».

SERVO- Élément, du latin *servus* «esclave», qui entre dans la composition de termes techniques et marque un asservissement mécanique.

SERVOCOMMANDE [sɛʀvokɔmɑ̃d] **n. f.** ✦ TECHN. Mécanisme auxiliaire qui assure automatiquement, par amplification d'une force, le fonctionnement d'un ensemble.
ÉTYM. de *servo-* et *commande.*

SERVOFREIN [sɛʀvofʀɛ̃] **n. m.** ✦ TECHN. Servocommande de freinage.
ÉTYM. de *servo-* et *frein.*

SERVOMÉCANISME [sɛʀvomekanism] **n. m.** ✦ TECHN. Mécanisme automatique capable d'accomplir une tâche complexe en s'adaptant aux consignes qu'il reçoit.
ÉTYM. de *servo-* et *mécanisme.*

SES adj. poss. → ① SON

SÉSAME [sezam] **n. m.** I Plante oléagineuse originaire de l'Inde. ➔ Graine de cette plante. *Biscuits au sésame.* II Mot, formule qui fait accéder à qqch., obtenir qqch.
ÉTYM. latin *sesamum,* du grec ; sens II, du conte d'Ali Baba.

SESSION [sesjɔ̃] **n. f.** ✦ Période pendant laquelle une assemblée est apte à tenir séance. *Session extraordinaire du Parlement.* ➔ Période pendant laquelle siège un jury d'examen. *La session de septembre.* ➔ INFORM. Durée d'exécution d'un programme pour un utilisateur donné. *Ouverture de session* (→ **connexion**).
HOM. CESSION «action de céder»
ÉTYM. latin *sessio* «action de s'asseoir *(sedere)*».

SESTERCE [sɛstɛʀs] **n. m.** ✦ Ancienne monnaie romaine, division du denier.
ÉTYM. latin *sestertius.*

SET [sɛt] **n. m.** ✦ anglicisme I Manche d'un match de tennis, etc. *Match en trois sets.* II *Set (de table),* napperons d'un service de table ; abusivt un de ces napperons. HOM. CET, CETTE (adj. dém., voir ① *ce*), SEPT «chiffre»
ÉTYM. mot anglais.

SETTER [setɛʀ] **n. m.** ✦ Chien de chasse à poil long. *Setter irlandais.*
ÉTYM. mot anglais, de *to set* «s'arrêter».

SEUIL [sœj] **n. m.** 1. Dalle ou pièce de bois qui forme la partie inférieure de l'ouverture d'une porte ; entrée d'une maison. SYN. ① **pas de la porte.** 2. par métaphore *AU SEUIL DE :* au commencement de. *Au seuil de l'hiver.* 3. DIDACT. Limite au-delà de laquelle se mettent en place de nouvelles conditions. *Seuil critique.* ◆ PHYSIOL. Niveau d'un stimulus, au-dessous duquel l'excitation n'est pas perçue.
ÉTYM. latin *solea* «sandale» et «plancher», de *solum* → ① sol.

SEUL, SEULE [sœl] **adj.** I (attribut) 1. Qui se trouve sans compagnie, séparé des autres. SYN. **isolé, solitaire.** *Être seul, tout seul.* ➔ *Être seul avec qqn,* sans autre compagnie. ➔ *Il faut que je vous parle SEUL À SEUL :* en particulier, en tête à tête. 2. Qui a peu de relations avec d'autres personnes. *Être seul, tout seul au monde.* SYN. **esseulé.** 3. Unique. *Il se croit seul de son espèce.* II (épithète) 1. après le nom Qui n'est pas accompagné. *Un homme seul entra dans le restaurant.* ➔ loc. *FAIRE CAVALIER* SEUL.* 2. avant le nom Un (et pas plus). SYN. **unique.** *C'est ma seule consolation. D'un seul coup. À la seule idée de...* III valeur d'adv. 1. Seulement. (en tête de phrase) *Seuls comptent les faits.* ➔ (après un nom, un pronom) *Elle seule en est capable. Dieu seul le sait.* 2. Sans aide. *Je vais le faire seul, tout seul.* ➔ *Cela ira tout seul,* sans difficulté. 3. (renforçant une loc.) *Pour cette seule raison que... Dans la seule intention de...* IV **n.** *UN, UNE SEUL(E) :* une seule personne, une seule chose. *Par la volonté d'un seul. Un seul de ses livres m'a plu.* ➔ *LE, LA SEUL(E) :* la seule personne. *Il est le seul à m'avoir aidé.* CONTR. **ensemble.**
ÉTYM. latin *solus* «unique ; isolé».

SEULEMENT [sœlmɑ̃] **adv.** 1. Sans rien d'autre que ce qui est mentionné. SYN. **exclusivement, rien que, simplement, uniquement.** *Ce sirop traite seulement la toux. Non* seulement... mais encore...* ➔ *Il vient seulement d'arriver,* à l'instant même. SYN. **juste.** 2. loc. (souhait) *Si seulement :* si encore, si au moins. 3. (en tête de proposition) Sert à introduire une restriction. SYN. **cependant, mais, toutefois.** *C'est une belle voiture, seulement elle coûte cher.*
ÉTYM. de *seul.*

SEULET, ETTE [sœlɛ, ɛt] **adj.** ✦ VX Seul, esseulé.

SÈVE [sɛv] **n. f.** 1. Liquide nutritif qui circule dans les plantes vasculaires. 2. fig. LITTÉR. Principe vital ; énergie, vigueur. *La sève de la jeunesse.*
ÉTYM. latin *sapa* «vin cuit».

SÉVÈRE [sevɛʀ] **adj.** 1. Qui n'admet pas qu'on manque à la règle ; prompt à punir ou à blâmer. SYN. **dur, exigeant.** *Être sévère avec qqn, envers qqn.* ➔ *Un visage sévère.* 2. (choses) Qui punit, blâme durement. *De sévères critiques.* ➔ Très rigoureux. *Des mesures sévères.* 3. LITTÉR. Qui est austère, ne cherche pas à plaire. *Une élégance sévère. La façade est sévère.* SYN. **dépouillé.** 4. Très grave, très difficile. *Une sévère défaite.* SYN. **lourd.** CONTR. **débonnaire, indulgent · léger · plaisant.**
ÉTYM. latin *severus* «sérieux, dur».

SÉVÈREMENT [sevɛʀmɑ̃] **adv.** ✦ Avec sévérité. CONTR. **légèrement.**

SÉVÉRITÉ [severite] **n. f.** 1. Caractère ou comportement d'une personne sévère. SYN. **dureté.** 2. Caractère rigoureux (d'une peine, etc.). 3. LITTÉR. Caractère austère, sérieux. SYN. **austérité.** CONTR. **indulgence.**
ÉTYM. latin *severitas.*

SÉVICES [sevis] **n. m. pl.** ✦ Mauvais traitements corporels exercés sur qqn qu'on a sous son autorité, sous sa garde. *Exercer des sévices sur qqn. Sévices sexuels.* SYN. **violence.**
ÉTYM. latin *saevicia* «violence, fureur», de *saevus* «furieux ; cruel».

SÉVIR [seviʀ] **v. intr.** (conjug. 13) **1.** Exercer la répression avec rigueur. *Les autorités sont décidées à sévir.* SYN. **punir. 2.** (d'un fléau) Exercer des ravages. *Épidémie qui sévit.*
ÉTYM. latin *saevire* «être furieux *(saevus)*».

SEVRAGE [səvʀaʒ] **n. m. 1.** Action de sevrer (un nourrisson...). **2.** Privation d'alcool ou de drogue, lors d'une désintoxication. ➝ *Sevrage tabagique.*

SEVRER [səvʀe] **v. tr.** (conjug. 7a) **1.** Cesser progressivement d'alimenter en lait (un enfant ; un jeune animal), pour donner une nourriture plus solide. ➝ par analogie *Sevrer un toxicomane* (→ **sevrage**). **2.** LITTÉR. *SEVRER qqn DE*, le priver de (qqch. d'agréable). SYN. **frustrer.** ➝ au p. passé *Une enfant sevrée de tendresse.*
ÉTYM. latin populaire *seperare*, classique *separare* «séparer» ; doublet de *séparer*.

SEXAGÉNAIRE [sɛksaʒenɛʀ] **adj.** ✦ (personnes) Qui a entre soixante et soixante-neuf ans. ➝ **n.** *Un, une sexagénaire.*
ÉTYM. latin *sexagenarius*, de *sexaginta* «soixante».

SEX-APPEAL → **SEXE-APPEAL**

SEXE [sɛks] **n. m.** **I** (chez les humains) **1.** Conformation particulière qui distingue l'homme de la femme en leur assignant un rôle déterminé dans la reproduction. *Enfant de sexe masculin, féminin.* **2.** Qualité d'homme ou qualité de femme. *L'égalité des sexes.* **3.** Ensemble des hommes ou des femmes. ➝ iron. *Le sexe fort*, les hommes. *Le sexe faible, le deuxième sexe, le beau sexe*, les femmes. **4.** *Le sexe* : la sexualité (2). **5.** Parties sexuelles, organes génitaux externes. *Le sexe de l'homme.* → **pénis ; testicule.** *Le sexe de la femme.* → **vulve ; clitoris, vagin.** **II** BIOL. Ensemble des caractères et des fonctions qui distinguent le mâle de la femelle en leur assignant un rôle dans la reproduction dite sexuée. *Cette plante porte les organes des deux sexes* (→ **bisexué, monoïque**).
ÉTYM. latin *sexus*.

SEXE-APPEAL ou **SEX-APPEAL** [sɛksapil] **n. m.** ✦ anglicisme VIEILLI Charme, attrait sensuel (d'une personne). *Des sexes-appeals, des sex-appeals.*
ÉTYM. anglais américain *sex-appeal*, de *sex* «sexe» et *appeal* «attrait», du français *appel*.

SEXE-RATIO ou **SEX-RATIO** [sɛksʀasjo] **n. m.** ✦ anglicisme Rapport entre le nombre d'individus mâles et femelles dans une population. *Des sexes-ratios, des sex-ratios.*
ÉTYM. de l'anglais *sex* «sexe» et *ratio* «pourcentage».

SEXE-SHOP ou **SEX-SHOP** [sɛksʃɔp] **n. m.** ✦ anglicisme Magasin spécialisé dans la vente de livres, d'objets, etc., érotiques ou pornographiques. *Les sexes-shops, les sex-shops.*
ÉTYM. de l'anglais *sex* «sexe» et *shop* «boutique».

SEXE-SYMBOLE ou **SEX-SYMBOL** [sɛkssɛ̃bɔl] **n. m.** ✦ anglicisme VIEILLI Vedette symbolisant un idéal de charme de nature sensuelle, symbole sexuel masculin ou féminin. *Des sexes-symboles, des sex-symbols.*
ÉTYM. anglais américain *sex-symbol*.

SEXISME [sɛksism] **n. m.** ✦ Attitude de discrimination fondée sur le sexe (spécialt, discrimination à l'égard des femmes).
ÉTYM. de *sexe*, d'après *racisme*.

SEXISTE [sɛksist] **n.** et **adj. 1. n.** Personne dont les modes de pensée et le comportement sont imprégnés de sexisme. **2. adj.** Propre au sexisme. *Comportement sexiste.*
ÉTYM. de *sexe*, d'après *raciste*.

SEXOLOGIE [sɛksɔlɔʒi] **n. f.** ✦ DIDACT. Étude de la sexualité des êtres humains.
ÉTYM. de *sexe* et *-logie*.

SEXOLOGUE [sɛksɔlɔg] **n.** ✦ DIDACT. Spécialiste de sexologie.

SEX-SHOP → **SEXE-SHOP**

SEX-SYMBOL → **SEXE-SYMBOLE**

SEXTANT [sɛkstɑ̃] **n. m.** ✦ Instrument qui permet, au moyen d'un sixième de cercle gradué, de mesurer la hauteur d'un astre au-dessus de l'horizon.
ÉTYM. latin scientifique *sextans*, proprement «sixième», de *sex* «six».

SEXTUOR [sɛkstɥɔʀ] **n. m. 1.** Composition musicale à six parties. **2.** Orchestre de chambre formé de six instruments.
ÉTYM. du latin *sex* «six», d'après *quatuor*.

SEXTUPLE [sɛkstypl] **adj.** ✦ Qui vaut six fois (une quantité donnée). ➝ **n. m.** *Le sextuple.*
ÉTYM. bas latin *sextuplus*, de *sex* «six».

SEXUALITÉ [sɛksɥalite] **n. f. 1.** BIOL. Caractère de ce qui est sexué, ensemble des caractères propres à chaque sexe. *La sexualité des plantes.* **2.** Ensemble des comportements relatifs à la satisfaction de l'instinct sexuel. SYN. **libido, sexe** (4). *Sexualité infantile, adulte.*
ÉTYM. de *sexuel*.

SEXUÉ, ÉE [sɛksɥe] **adj.** ✦ BIOL. **1.** Qui a un sexe ; qui est mâle ou femelle. **2.** Qui se fait par la conjonction des sexes. *La reproduction sexuée.* CONTR. **asexué.**
ÉTYM. de *sexe*.

SEXUEL, ELLE [sɛksɥɛl] **adj. 1.** Relatif au sexe, aux conformations et fonctions particulières du mâle et de la femelle, de l'homme et de la femme. *Organes sexuels.* SYN. **génital.** *Caractères sexuels primaires* (organes génitaux), *secondaires* (poils, etc.). **2.** (chez les humains) Qui concerne les comportements liés à la satisfaction des besoins érotiques. *L'acte sexuel* (→ **coït**). *Relations sexuelles. Rapports sexuels. Vie sexuelle.* SYN. **érotique.**
ÉTYM. bas latin *sexualis*.

SEXUELLEMENT [sɛksɥɛlmɑ̃] **adv.** ✦ Relativement au sexe, à la sexualité. *Maladie, infection sexuellement transmissible (M. S. T., I. S. T.)*, qui se transmet par les rapports sexuels.
ÉTYM. de *sexuel*.

SEXY [sɛksi] **adj.** ✦ anglicisme **1.** Qui est sexuellement attirant, qui a du sexe-appeal. SYN. **désirable. 2.** Qui excite le désir sexuel. *Des tenues sexys* ou *sexy* (invar.).
ÉTYM. mot américain, de *sex* «sexe».

SEYANT, ANTE [sɛjɑ̃, ɑ̃t] **adj.** ✦ Qui va bien, flatte la personne qui le porte. *Une coiffure seyante.*
ÉTYM. variante de ② *séant*, d'après l'imparfait de *seoir*.

S. F. [ɛsɛf] **n. f.** → **SCIENCE-FICTION**

SHABBAT [ʃabat] **n. m.** → **SABBAT**

SHAH ou **SCHAH** [ʃa] **n. m.** ✦ Souverain de la Perse, puis de l'Iran. HOM. CHAS «trou (d'une aiguille)», ① CHAT «animal»
ÉTYM. persan *šāh* «roi».

SHAKER ou **SHAKEUR** [ʃɛkœʀ] **n. m.** ✦ anglicisme Récipient formé d'une double timbale utilisé pour la préparation des cocktails et boissons glacées. ➖ Écrire *shakeur* avec le suffixe français *-eur* est permis.
ÉTYM. anglais *shaker*, de *to shake* «secouer».

SHAKO [ʃako] **n. m.** ✦ Coiffure militaire d'apparat, rigide, à visière. *Des shakos.* ➖ On écrit aussi *schako*.
ÉTYM. hongrois *csákó*.

SHAMAN [ʃaman] **n. m.** → CHAMAN

SHAMPOING [ʃɑ̃pwɛ̃] **n. m.** 1. Lavage des cheveux et du cuir chevelu au moyen d'un produit approprié. *Se faire un shampoing.* 2. Ce produit. *Une bouteille de shampoing.* ➖ par ext. Produit moussant pour nettoyer les sols, les tapis... *Shampoing à moquette.* ➖ On écrit aussi *shampooing*.
ÉTYM. anglais *shampooing*, de *to shampoo* «masser», de l'hindi.

SHAMPOUINER [ʃɑ̃pwine] **v. tr.** (conjug. 3a) ✦ Faire un shampoing à. ➖ On écrit aussi *shampooiner*.

SHAMPOUINEUR, EUSE [ʃɑ̃pwinœʀ, øz] **n.** 1. **n.** Personne qui, dans un salon de coiffure, fait les shampoings. 2. **n. f.** Appareil servant à appliquer sur les sols une mousse qui les nettoie. ➖ On écrit aussi *shampooineur, euse*.

SHANTUNG ou **CHANTOUNG** [ʃɑ̃tuŋ] **n. m.** ✦ Tissu de soie voisin du pongé.
ÉTYM. du nom d'une province de Chine, par l'anglais.

SHARIA [ʃaʀja] **n. f.** → CHARIA

SHEIKH [ʃɛk] **n. m.** → CHEIK

SHÉRIF [ʃeʀif] **n. m.** 1. (en Angleterre) Magistrat responsable de l'application de la loi, dans un comté. 2. (aux États-Unis) Officier de police élu, à la tête d'un comté. *Des shérifs.*
ÉTYM. anglais *sheriff* «premier magistrat *(reeve)* du comté *(shire)*».

SHERPA [ʃɛʀpa] **n. m.** ✦ Guide de haute montagne ou porteur, dans l'Himalaya.
ÉTYM. mot népalais, nom d'un peuple du Népal.

SHERRY [ʃeʀi] **n. m.** ✦ anglicisme Xérès. *Des sherrys* ou *des sherries* (plur. anglais). HOM. CHÉRI «aimé», CHERRY «liqueur de cerise»
ÉTYM. mot anglais, de *Jeres*.

SHETLAND [ʃɛtlɑ̃d] **n. m.** ✦ Tissu de laine d'Écosse. *Veste en shetland.* ➖ absolt Pull-over fait avec cette laine. *Des shetlands.*
ÉTYM. du nom des îles *Shetland*. ☛ noms propres.

SHIITE [ʃiit] → CHIITE

SHILLING [ʃiliŋ] **n. m.** ✦ Ancienne unité monétaire anglaise (1/20 de livre). HOM. SCHILLING «monnaie autrichienne»
ÉTYM. mot anglais.

SHINTOÏSME [ʃintɔism] **n. m.** ✦ DIDACT. Religion japonaise, polythéisme animiste.
ÉTYM. du japonais *shintô* «voie des dieux».

SHIT [ʃit] **n. m.** ✦ anglicisme FAM. Haschich.
ÉTYM. mot anglais «merde».

SHOAH [ʃɔa] **n. f.** ✦ HIST. (☛ noms propres) *La Shoah* : génocide perpétré contre les Juifs par le régime nazi, de 1939 à 1945. SYN. **holocauste.**
ÉTYM. mot hébreu «anéantissement».

SHOGUN ou **SHOGOUN** [ʃɔgun] **n. m.** ✦ HIST. Général en chef des armées, au Japon (XIIe au XIXe siècle). *Des shoguns.*
ÉTYM. mot japonais, du chinois.

SHOOT [ʃut] **n. m.** ✦ anglicisme **I** (au football) Tir (au but) ou dégagement puissant. **II** FAM. Piqûre, injection d'un stupéfiant.
ÉTYM. anglais *shot* «coup», de *to shoot* «lancer».

SHOOTÉ, ÉE [ʃute] **adj.** ✦ anglicisme FAM. Qui s'est injecté des stupéfiants.
ÉTYM. de *se shooter*.

SHOOTER [ʃute] **v.** (conjug. 3a) ✦ anglicisme **I** **v. intr.** Exécuter un shoot (I). **II** **v. tr.** FAM. Injecter un stupéfiant à (qqn). ◆ **pronom.** *Se shooter.* SYN. se **piquer.** ➖ par ext. Se droguer.
ÉTYM. de *shoot*.

SHOPPING [ʃɔpiŋ] **n. m.** ✦ anglicisme Fait d'aller de magasin en magasin pour regarder et faire des achats (→ **lèche-vitrine**). *Faire du shopping.* ➖ Au Canada, on dit *magasinage**. ➖ On écrit aussi *shoping*.
ÉTYM. mot anglais, de *shop* «boutique».

SHORT [ʃɔʀt] **n. m.** ✦ Culotte courte (pour le sport, les vacances). ➖ loc. FAM. *Tailler un short à qqn*, le frôler, en voiture.
ÉTYM. anglais *shorts*, de *short* «court».

SHOW [ʃo] **n. m.** ✦ anglicisme 1. Spectacle de variétés centré sur une vedette. 2. Prestation (d'une personnalité). *Des shows télévisés.* HOM. CHAUD «brûlant», CHAUX «calcaire»
ÉTYM. mot anglais «spectacle», de *to show* «montrer».

SHOW-BUSINESS [ʃobiznɛs] **n. m. invar.** ✦ anglicisme Industrie, métier du spectacle. ➖ abrév. FAM. SHOWBIZ [ʃobiz].
ÉTYM. mot américain → show et business.

SHUNT [ʃœt] **n. m.** ✦ anglicisme 1. ÉLECTR. Résistance placée en dérivation. 2. MÉD. Déviation de la circulation sanguine, d'où résulte un mélange des sangs artériel et veineux.
ÉTYM. mot anglais, de *to shunt* «dériver».

SHUNTER [ʃœte] **v. tr.** (conjug. 3a) ✦ anglicisme 1. ÉLECTR., MÉD. Munir d'un shunt. 2. fig. FAM. Court-circuiter (2). *Shunter un intermédiaire.*
ÉTYM. de *shunt*.

① **SI** [si] **conj.** ✦ devient *s'* devant *il, ils* **I** (hypothétique) 1. Introduit soit une condition (à laquelle correspond une conséquence dans la principale), soit une simple supposition ou éventualité. SYN. au **cas** où. *Si tu veux, nous irons ensemble. Si tu lui en parlais, il accepterait peut-être. Si j'avais su, je ne serais pas venu. Viendras-tu ? Si oui, préviens-moi à l'avance.* 2. (en corrélation avec une proposition implicite) *Il réagit toujours comme si on l'agressait. Et si ça tourne mal ?* ➖ (souhait, regret) *Si seulement, si au moins je pouvais me reposer ! Si j'avais su !* 3. (dans des loc.) *Si on veut. Si on peut dire. Si je ne*

me trompe. ♦ *SI CE N'EST...* → **sinon.** *SI CE N'EST QUE... :* sauf que... **4.** **n. m. invar.** Hypothèse, supposition. loc. prov. *Avec des si, on mettrait Paris dans une bouteille.* **II** (non hypothétique) **1.** (servant à marquer un lien logique) *S'il revient, c'est qu'il t'aime.* SYN. **puisque.** **2.** (introduisant une complétive, une interrogative indirecte) *Je dois m'assurer si tout est en ordre. Tu me diras si c'est lui.* ➝ (exclamatif) *Vous pensez s'ils étaient fiers !* SYN. **combien, comme.**
HOM. ① CI «ici», SCIE «outil», SIS «situé», SIX «chiffre» ; ② S'Y (pronoms *se* et *y*)
ÉTYM. latin *si* «toutes les fois que ; au cas où».

② **SI** [si] **adv.** **I** **1.** VX Ainsi. ➝ LITTÉR. *SI FAIT :* mais oui. **2.** S'emploie pour «oui», en réponse à une phrase négative. *Tu n'iras pas. – Si !* ➝ *Mais si ! Que si !* **II** (exprime l'intensité) **1.** À un tel degré. SYN. **tellement.** *Ce n'est pas si facile.* **2.** (avec une consécutive) *Le film était si ennuyeux que je me suis endormi.* ➝ *SI BIEN QUE* **loc. conj. :** de sorte que. **III** **adv. de compar.** (avec *que*) Au même degré (que). SYN. **aussi.** (prov.) *On n'est jamais si bien servi que par soi-même.* ♦ (avec une concessive) *Il échouera, si malin qu'il soit.* SYN. **quelque.** HOM. ① CI «ici», SCIE «outil», SIS «situé», SIX «chiffre» ; ② S'Y (pronoms *se* et *y*)
ÉTYM. latin *sic* «ainsi».

③ **SI** [si] **n. m. invar.** ✦ Septième note de la gamme d'ut. HOM. voir ② si
ÉTYM. des initiales de *Sancte Iohannes* dans l'hymne de saint Jean-Baptiste.

Si [ɛsi] ✦ CHIM. Symbole du silicium.

SIALAGOGUE [sjalagɔg] **adj.** ✦ MÉD. Qui accroît la sécrétion de la salive.
ÉTYM. du grec *sialon* «salive» et de *-agogue.*

SIAMOIS, OISE [sjamwa, waz] **adj.** **I** VIEILLI Thaïlandais. ➝ *Chat siamois* **et n. m.** *un siamois :* chat à poil ras et aux yeux bleus. **II** *Frères siamois, sœurs siamoises,* jumeaux, jumelles rattaché(e)s l'un(e) à l'autre par deux parties homologues de leurs corps.
ÉTYM. de *Siam* (☛ noms propres), ancien nom de la Thaïlande ; sens II, des *frères siamois,* jumeaux originaires du Siam présentés en France en 1829.

SIBÉRIEN, IENNE [siberjɛ̃, jɛn] **adj.** ✦ De Sibérie (☛ noms propres). ➝ **fig.** *Un froid sibérien,* extrême.

SIBYLLE [sibil] **n. f.** ✦ Devineresse, femme inspirée qui prédisait l'avenir, dans l'Antiquité. *La sibylle de Cumes.*
ÉTYM. latin *Sibylla,* du grec, nom d'une prophétesse.

SIBYLLIN, INE [sibilɛ̃, in] **adj.** **1.** DIDACT. D'une sibylle. **2.** LITTÉR. Dont le sens est caché. SYN. **énigmatique, mystérieux, obscur.** *Des propos sibyllins.*
ÉTYM. latin *sibyllinus.*

SIC [sik] **adv.** ✦ Se met entre parenthèses après un mot ou une expression que l'on cite, pour souligner qu'on cite textuellement. HOM. SIKH «religieux indien»
ÉTYM. mot latin «ainsi».

SICAV [sikav] **n. f. invar.** ✦ Portefeuille de valeurs mobilières détenu collectivement par des épargnants et géré par un établissement spécialisé ; fraction de ce portefeuille. *Acheter des sicav.*
ÉTYM. sigle de *société d'investissement à capital variable.*

SICCATIF, IVE [sikatif, iv] **adj.** ✦ Qui fait sécher ; spécialt qui accélère le séchage des peintures, etc. ➝ **n. m.** Produit siccatif.
ÉTYM. latin *siccativus,* de *siccare* «sécher».

SIDA [sida] **n. m.** ✦ Maladie très grave d'origine virale, caractérisée par une chute brutale des défenses immunitaires de l'organisme. ☛ Géographie p. 224. *Virus du sida.* → **V. I. H. ; H. I. V.** (anglicisme). *Le sida est transmissible par voie sexuelle ou sanguine.*
ÉTYM. sigle de *syndrome d'immunodéficience acquise* (ou *immunodéficitaire acquis*).

SIDE-CAR [sidkaʀ ; sajdkaʀ] **n. m.** ✦ anglicisme Habitacle à une roue et pour un passager, monté sur le côté d'une motocyclette ; l'ensemble du véhicule. *Des side-cars.*
ÉTYM. mot anglais, de *side* «côté» et *car* «véhicule», du français *char.*

SIDÉEN, ENNE [sideɛ̃, ɛn] **adj. et n.** ✦ (Malade) atteint du sida.
ÉTYM. de *sida.*

SIDÉRAL, ALE, AUX [sideʀal, o] **adj.** ✦ DIDACT. Qui a rapport aux astres.
ÉTYM. latin *sideralis,* de *sidus, sideris* «étoile, astre».

SIDÉRANT, ANTE [sideʀɑ̃, ɑ̃t] **adj.** ✦ Qui sidère. SYN. **stupéfiant.**
ÉTYM. du participe présent de *sidérer.*

SIDÉRER [sideʀe] **v. tr.** (conjug. 8) ✦ Frapper de stupeur. SYN. **abasourdir, stupéfier.** *Cette nouvelle m'a sidéré.* ➝ **au p. passé** *Complètement sidéré.*
ÉTYM. latin *siderari* «subir l'action funeste des astres *(sidus, sideris)*».

SIDÉRURGIE [sideʀyʀʒi] **n. f.** ✦ Métallurgie du fer, de la fonte, de l'acier et des alliages ferreux.
► **SIDÉRURGIQUE** [sideʀyʀʒik] **adj.**
ÉTYM. du grec *sidêrourgos* «forgeron, celui qui travaille *(ergein)* le fer *(sidêros)*», d'après *métallurgie.*

SIDÉRURGISTE [sideʀyʀʒist] **n.** ✦ Métallurgiste de la sidérurgie.

SIDOLOGIE [sidɔlɔʒi] **n. f.** ✦ DIDACT. Branche de la médecine consacrée à l'étude et au traitement du sida.
ÉTYM. de *sida* et *-logie.*

SIDOLOGUE [sidɔlɔg] **n.** ✦ DIDACT. Médecin ou biologiste spécialiste du sida.
ÉTYM. de *sida* et *-logue.*

SIÈCLE [sjɛkl] **n. m.** **I** **1.** Période de cent ans dont le début est déterminé arbitrairement, en particulier par rapport à l'ère chrétienne. *Le cinquième siècle après Jésus-Christ* (de 401 à 500), *avant J.-C.* (de 499 à 400). *Au siècle dernier.* **2.** Période de cent années environ, considérée comme une unité historique. *Le siècle des Lumières,* le XVIIIe siècle en Europe. ➝ *Siècle d'or*.* ♦ Époque où l'on vit. *Les idées de son siècle, du siècle.* ➝ FAM. (par exagér.) *C'est l'affaire du siècle.* **3.** Durée de cent années (→ **centenaire ; séculaire**). **4.** **au plur.** Très longue période. *Depuis des siècles. Pendant des siècles.* **II** RELIG. *Le siècle,* le monde temporel (→ **séculier**).
ÉTYM. latin *saeculum* «époque ; siècle».

SIÈGE [sjɛʒ] **n. m.** **I** **1.** Lieu où se trouve la résidence principale (d'une autorité, d'une société...). *Le siège d'un parti.* ➝ *SIÈGE SOCIAL :* domicile légal (d'une société). **2.** Lieu où réside, où se trouve la cause (d'un phénomène). *Le siège d'une douleur.* **II** Lieu où s'établit une armée, opérations menées pour prendre une

A B C D E F G H I J K L M N O P Q R S T U V W X Y Z

place forte. *Mettre le siège devant une ville.* → **assiéger.** *Lever le siège.* ◆ *ÉTAT DE SIÈGE* : régime spécial qui soumet les libertés individuelles à une emprise renforcée de l'autorité publique. **III** **1.** Objet fabriqué, meuble disposé pour qu'on puisse s'y asseoir. *Offrir un siège à qqn. Prenez un siège,* asseyez-vous. ◆ *Les sièges d'une automobile.* **2.** Place, fonction d'un membre d'une assemblée. *Siège de député. La majorité perd dix sièges.* **3.** Dignité d'évêque, de pontife. *Siège épiscopal.* **IV** (dans quelques emplois) Partie du corps humain sur laquelle on s'assied. SYN. ② **derrière, postérieur.** *Bain de siège. Enfant qui se présente par le siège* (lors d'un accouchement).

ÉTYM. latin populaire *sedicum,* de *sedere* «être assis».

SIÉGER [sjeʒe] **v. intr.** (conjug. 8b) **1.** Tenir séance, être en séance. *Le tribunal siégera demain.* **2.** Occuper un siège, une fonction. **3.** Avoir son siège à tel endroit. *L'Assemblée nationale siège au Palais-Bourbon.* **4.** (choses) LITTÉR. Résider, se trouver. *Voilà où siège le mal.*

ÉTYM. de *siège.*

SIEN, SIENNE [sjɛ̃, sjɛn] **adj.** et **pron. poss.** de la 3e pers. du sing.

I adj. LITTÉR. À lui, à elle. *Il a fait siennes les idées de sa femme.*

II pron. *Je préfère mon vélo au sien.*

III n. **1. n. m.** *Il y a mis du sien,* de la bonne volonté. **2. n. f. loc.** FAM. *FAIRE DES SIENNES,* des sottises. *Il a encore fait des siennes.* **3. n. m.** *Les siens,* sa famille, ses amis ; ses partisans.

ÉTYM. du latin *suum,* accusatif de *suus* «① son», d'après *mien.*

SIERRA [sjeʀa] **n. f.** ✦ Montagne à relief allongé (dans les pays de langue espagnole).

ÉTYM. mot espagnol, du latin *serra* «scie».

SIESTE [sjɛst] **n. f.** ✦ Repos pris après le repas de midi. *Faire la sieste.*

ÉTYM. espagnol *siesta,* latin *sexta (hora)* «la sixième (heure) ; midi».

SIEUR [sjœʀ] **n. m.** ✦ VX ou DR. Monsieur. ◆ **péj.** *Le sieur Untel.* HOM. SCIEUR «celui qui scie»

ÉTYM. du latin populaire *seiorem,* accusatif de *seior* (→ sire), de *senior* «le plus âgé».

SIEVERT [sivɛʀt] **n. m.** ✦ Unité d'équivalent de dose de rayonnement ionisant (symb. Sv).

ÉTYM. nom propre.

SIFFLANT, ANTE [siflɑ̃, ɑ̃t] **adj.** ✦ Qui s'accompagne d'un sifflement. *Respiration sifflante.*

ÉTYM. du participe présent de *siffler.*

SIFFLEMENT [sifləmɑ̃] **n. m.** **1.** Action de siffler ; son émis en sifflant. *Un sifflement admiratif.* **2.** Fait de siffler ; production d'un son aigu. *Le sifflement des balles.*

SIFFLER [sifle] **v.** (conjug. 3a) **I v. intr.** **1.** Émettre un son aigu, modulé ou non, en faisant échapper l'air par une ouverture étroite (bouche, sifflet...). *Sais-tu siffler ?* ◆ *Asthmatique qui siffle en respirant.* ◆ (animaux) *Le merle siffle.* **2.** Produire un son aigu par un frottement, par un mouvement rapide de l'air. *Le vent sifflait dans la cheminée.* ◆ *Jet de vapeur qui siffle.* SYN. **chuinter.** **3.** *Avoir les oreilles qui sifflent* : éprouver une sensation de sifflement, sans cause extérieure. ◆ **plais.** *Les oreilles* ont dû vous siffler.* **II v. tr.** **1.** Moduler (un air) en sifflant. *Siffler un petit air joyeux.* **2.** Appeler ou signaler en sifflant. *Siffler son chien. L'arbitre a sifflé une faute.* **3.** Désapprouver bruyamment, par des sifflements, des cris, etc. *Le pianiste s'est fait siffler.* SYN. **conspuer, huer.** **4.** FAM. Boire d'un trait. *Il a sifflé son verre.*

ÉTYM. bas latin *sifilare,* variante de *sibilare,* d'origine onomatopéique.

SIFFLET [siflɛ] **n. m.** **1.** Petit instrument formé d'un tuyau court à ouverture en biseau, servant à émettre un son aigu. **2.** *Coup de sifflet,* ou absolt *sifflet,* son produit en soufflant dans un sifflet ou en sifflant. *Les coups de sifflet de l'arbitre.* **3.** FAM. et VX Gorge, gosier. ◆ MOD. loc. (FAM.) *COUPER LE SIFFLET à qqn,* lui couper la parole, l'empêcher de s'exprimer. ◆ *Ça m'a coupé le sifflet.* → **interloquer.**

ÉTYM. de *siffler.*

SIFFLEUR, EUSE [siflœʀ, øz] **adj.** ✦ Qui siffle. *Merle siffleur.*

SIFFLOTEMENT [siflɔtmɑ̃] **n. m.** ✦ Action de siffloter ; air siffloté.

SIFFLOTER [siflɔte] **v. intr.** (conjug. 3a) ✦ Siffler négligemment en modulant un air. *Siffloter gaiement.* ◆ **trans.** *Siffloter un air.*

SIGILLAIRE [siʒilɛʀ] **adj.** ✦ DIDACT. Muni d'un sceau. ◆ Relatif aux sceaux.

ÉTYM. bas latin *sigillarius,* de *sigillum* «sceau».

SIGLE [sigl] **n. m.** ✦ Suite d'initiales servant d'abréviation (ex. H. L. M.). ☛ Langue française p. 112. *Sigles et acronymes.*

ÉTYM. bas latin *sigla* «abréviations».

SIGMA [sigma] **n. m. invar.** ✦ Dix-huitième lettre de l'alphabet grec (Σ, σ, ς).

ÉTYM. mot grec.

SIGNAL, AUX [siɲal, o] **n. m.** **1.** Signe convenu (geste, son...) fait par qqn pour indiquer le moment d'agir. *À son signal, tout le monde se leva. Donner le signal du départ.* ◆ Fait qui déclenche une action, un processus. *Leur arrestation a été le signal de l'insurrection.* **2.** Signe (ou système) conventionnel destiné à transmettre une information. *Signal d'alarme. Signaux optiques, acoustiques.* ◆ *Signaux routiers* (→ **signalisation**). ◆ DIDACT. Message véhiculant de l'information ; grandeur servant de support à une information.

ÉTYM. latin *signale,* de *signalis* «qui sert de signe *(signum)*».

SIGNALÉ, ÉE [siɲale] **adj.** ✦ (dans des loc., devant le nom) Remarquable, insigne. *Il m'a rendu un signalé service.*

ÉTYM. italien *segnalato,* participe passé de *segnalare* «rendre illustre».

SIGNALEMENT [siɲalmɑ̃] **n. m.** ✦ Description physique (d'une personne qu'on veut faire reconnaître). *Diffuser le signalement d'un criminel.*

ÉTYM. de *signaler (un soldat)* «faire la description par écrit (d'un soldat qu'on enrôle)».

SIGNALER [siɲale] **v. tr.** (conjug. 3a) **1.** Annoncer par un signal (ce qui se présente, un mouvement). ◆ au passif *Le virage est signalé par un panneau.* **2.** Faire remarquer ou connaître (qqch.) en attirant l'attention. *On a signalé leur présence à Paris. Permettez-moi de vous signaler que... Rien à signaler* (abrév. R. A. S. [ɛʀaɛs]). ◆ Appeler l'attention sur (qqn). *Signaler qqn à la police.* **3.** *SE SIGNALER* **v. pron.** Se faire remarquer, se distinguer (en bien ou en mal). *Elle s'est signalée par*

son courage.
ÉTYM. de *signalé.*

SIGNALÉTIQUE [siɲaletik] adj. et n. f. 1. adj. Qui donne un signalement. *Fiche signalétique.* 2. n. f. Ensemble des éléments de signalisation (dans un lieu public). *La signalétique d'un musée, d'une gare.*
ÉTYM. de *signaler.*

SIGNALISATION [siɲalizasjɔ̃] n. f. ✦ Emploi, disposition des signaux destinés à assurer la bonne utilisation d'une voie et la sécurité des usagers. *Panneaux, feux de signalisation.*
ÉTYM. de *signaliser.*

SIGNALISER [siɲalize] v. tr. (conjug. 3a) ✦ Munir d'un ensemble de signaux coordonnés. *Signaliser une route, une côte.*
ÉTYM. de *signal*, p.-ê. d'après l'anglais *to signalize.*

SIGNATAIRE [siɲatɛʀ] n. ✦ Personne, autorité qui a signé un acte, etc. *Les signataires d'un accord.*
ÉTYM. de *signature.*

SIGNATURE [siɲatyʀ] n. f. 1. Inscription qu'une personne fait de son nom (sous une forme particulière et constante) en vue de certifier exact ou authentique, ou d'engager sa responsabilité. SYN. **griffe, paraphe, seing.** *Apposer sa signature.* → ① **signer.** – *Honorer sa signature,* l'engagement qu'on a signé. 2. Action de signer (un écrit, un acte). *L'arrêté va être porté à la signature du ministre.*
ÉTYM. latin *signatura*, famille de *signare* «① signer».

SIGNE [siɲ] n. m. **I** 1. Chose perçue qui permet de conclure à l'existence ou à la vérité (d'une autre chose, à laquelle elle est liée). SYN. **indice, manifestation, marque, signal, symbole, symptôme.** *La fumée est le signe du feu. Un portrait est un signe de la personne représentée.* SYN. **image.** *C'est un signe qui ne trompe pas. Signes cliniques d'une maladie.* SYN. **symptôme.** *Donner des signes de fatigue, de nervosité.* → **manifester, témoigner.** – loc. *Ne pas donner* SIGNE DE VIE : paraître mort ; ne donner aucune nouvelle. *C'est* BON SIGNE, *c'est* MAUVAIS SIGNE, c'est l'annonce que ça va bien, mal. 2. Élément ou caractère (d'une personne, d'une chose) qui permet de distinguer, de reconnaître. *Signes distinctifs.* – loc. *Un signe des temps,* une chose qui caractérise l'époque où l'on vit. ♦ Marque faite pour distinguer. *Marquer un arbre d'un signe.* **II** 1. Mouvement ou geste destiné à communiquer avec qqn, à faire savoir qqch. SYN. **signal.** *Communiquer par signes. La langue des signes* (des sourds). → ③ **signer.** *Un signe de tête. Il me fit signe que oui ; d'entrer.* – *Je vous ferai signe,* j'entrerai en contact avec vous. – *En signe de,* pour manifester, exprimer. *Agiter la main en signe d'adieu.* 2. Représentation matérielle simple qui se rapporte conventionnellement, dans une société donnée, à une réalité complexe. SYN. **symbole.** *Le noir, signe de deuil. Le signe «plus»* (+), *le signe «moins»* (–). *Signes de ponctuation.* 3. DIDACT. Tout objet perceptible qui renvoie à une chose qu'il évoque. *Étude des signes.* → **sémiologie, sémiotique ; sémantique.** ♦ LING. Élément du langage associant un signifiant à un signifié. *Les mots sont des signes.* 4. Emblème, insigne (d'une société, d'une fonction...). *Le signe de (la) croix* (emblème des chrétiens). 5. Chacune des figures représentant en astrologie les douze constellations du zodiaque. *Être né sous le signe du Bélier, être du signe du Bélier.* HOM. CYGNE «oiseau»
ÉTYM. latin *signum.*

① **SIGNER** [siɲe] v. tr. (conjug. 3a) ✦ Revêtir de sa signature (une lettre, une œuvre d'art...). *Signer un chèque.* – *Signer la paix,* le traité de paix. – au p. passé *Œuvre signée de la main de l'artiste.*
ÉTYM. latin *signare* «marquer d'un signe *(signum)*».

② **se SIGNER** [siɲe] v. pron. (conjug. 3a) ✦ Faire le signe de croix. *Se signer en entrant dans une église.*
ÉTYM. même origine que ① *signer.*

③ **SIGNER** [siɲe] v. intr. (conjug. 3a) ✦ S'exprimer en langue des signes. *Jeune sourd qui apprend à signer.*

SIGNET [siɲɛ] n. m. 1. Petit ruban ou bande d'une matière souple qui sert à marquer tel ou tel endroit d'un livre. SYN. **marque-page.** 2. INFORM. Favori (II, 5).
ÉTYM. diminutif de *signe.*

SIGNIFIANT, ANTE [siɲifjɑ̃, ɑ̃t] adj. et n. m. 1. adj. Qui signifie. *Phrase signifiante.* 2. n. m. LING. Partie matérielle du signe (phonèmes ou sons, caractères écrits), opposée et liée au signifié*. *Les homophones, les homographes ont le même signifiant.* CONTR. **asémantique.**
ÉTYM. du participe présent de *signifier.*

SIGNIFICATIF, IVE [siɲifikatif, iv] adj. ✦ Qui signifie, exprime ou renseigne clairement. SYN. **expressif ; révélateur.**
ÉTYM. latin *significativus.*

SIGNIFICATION [siɲifikasjɔ̃] n. f. 1. Ce que signifie (une chose, un fait). *Quelle est la signification de ce geste ?* ♦ Sens (d'un signe, d'un ensemble de signes, et notamment d'un mot). *Les diverses significations d'un mot.* SYN. **acception.** 2. DR. Action de signifier.
ÉTYM. latin *significatio.*

SIGNIFIÉ [siɲifje] n. m. ✦ LING. Contenu du signe, opposé et lié au signifiant*. → ① **sens.**
ÉTYM. du participe passé de *signifier.*

SIGNIFIER [siɲifje] v. tr. (conjug. 9) 1. (sujet chose) Avoir pour sens, être le signe de. SYN. **vouloir dire.** *Qu'est-ce que cela signifie ?* (expression de mécontentement) ♦ (signes) Avoir pour sens. SYN. **désigner, exprimer.** *Je ne sais pas ce que signifie ce mot. Le mot anglais «bed» signifie «lit».* 2. (sujet personne) Faire connaître par des signes, des termes parfaitement clairs. *Il nous a signifié ses intentions.* SYN. **indiquer.** *Signifier un ordre.* SYN. **intimer.** ♦ DR. Faire savoir légalement. SYN. **notifier.** *Signifier un jugement.*
ÉTYM. du latin *significare* «faire comprendre», famille de *signum* «signe».

SIKH, SIKHE [sik] n. et adj. ✦ Membre d'une communauté religieuse de l'Inde fondée au XVe siècle (opposée notamment au système hindou des castes).
HOM. SIC «ainsi»
ÉTYM. mot hindi «disciple».

SILENCE [silɑ̃s] n. m. **I** 1. Fait de ne pas parler ; état, attitude d'une personne qui reste sans parler. SYN. **mutisme.** *Garder le silence,* se taire. *Faire silence.* ellipt *Silence !* – *Minute de silence,* hommage rendu à un mort en demeurant debout, immobile et silencieux. ♦ *(Un, des silences)* Moment pendant lequel on ne dit rien. *Une conversation coupée de silences.* 2. Fait de ne pas exprimer, de ne pas divulguer (ce qui est secret) ;

A B C D E F G H I J K L M N O P Q R S T U V W X Y Z

attitude, état d'une personne qui ne s'exprime pas. *Promets-moi un silence absolu.* SYN. ② **secret.** – *La loi du silence* (entre malfaiteurs ; dans des sociétés secrètes). – *Passer qqch. sous silence,* n'en rien dire. – *Réduire, forcer qqn au silence.* **II** 1. Absence de bruit, d'agitation. SYN. ① **calme, paix.** *Un silence de mort,* total. 2. Interruption du son musical, indiquée dans la notation ; signe qui l'indique. SYN. **pause, soupir.** CONTR. **parole · aveu · bruit, tapage.**

ÉTYM. latin *silentium.*

SILENCIEUSEMENT [silɑ̃sjøzmɑ̃] **adv.** ✦ Sans parler ; sans faire de bruit. CONTR. **bruyamment.**

SILENCIEUX, EUSE [silɑ̃sjø, øz] **adj.** et **n. m.**

I adj. 1. Qui garde le silence. *Rester silencieux.* SYN. **muet, taciturne.** ♦ Qui ne s'accompagne pas de paroles. *Repas silencieux.* – *Une douleur silencieuse.* 2. Qui se fait, fonctionne sans bruit. *Une voiture silencieuse.* – Où le silence et le calme règnent. *Une rue silencieuse.* SYN. **paisible.** CONTR. **bavard, volubile · bruyant, sonore.**

II n. m. Dispositif qui étouffe le bruit (d'une arme, d'un moteur).

ÉTYM. latin *silentiosus.*

SILEX [silɛks] **n. m.** 1. Roche sédimentaire siliceuse, dure, à grain très fin. 2. Arme, outil préhistorique en silex taillé.

ÉTYM. mot latin.

SILHOUETTE [silwɛt] **n. f.** 1. Forme (de qqn, de qqch.) qui se profile sur un fond plus clair. *Distinguer une silhouette dans le brouillard.* – Forme ou dessin aux contours schématiques. *Silhouette des arbres reflétée dans l'eau.* 2. Allure ou ligne générale (d'une personne). *Une silhouette jeune.*

ÉTYM. nom propre.

SILHOUETTER [silwete] **v. tr.** (conjug. 3a) ✦ Représenter en silhouette. – **pronom.** *Se silhouetter.* SYN. **se profiler.**

SILICATE [silikat] **n. m.** ✦ Minéral composé essentiellement de silicium et d'oxygène. *Les silicates, constituants des roches magmatiques.*

ÉTYM. de *silice.*

SILICE [silis] **n. f.** ✦ Oxyde de silicium, corps solide de grande dureté, entrant dans la composition de nombreux minéraux. *Silice pure cristallisée.* → **quartz.**

HOM. CILICE « ceinture rugueuse »

ÉTYM. du latin *silex, silicis* « silex ».

SILICEUX, EUSE [silisø, øz] **adj.** ✦ Formé de silice.

SILICIUM [silisjɔm] **n. m.** ✦ Corps simple (symb. Si), métalloïde du groupe du carbone.

ÉTYM. de *silice.*

SILICONE [silikon] **n. f.** ✦ Nom générique des dérivés du silicium se présentant sous forme d'huiles, de résines, de matières plastiques.

ÉTYM. de *silicium.*

SILICOSE [silikoz] **n. f.** ✦ Maladie pulmonaire (maladie professionnelle) due à l'inhalation de poussières de silice. *Mineur atteint de silicose.*

ÉTYM. de *silice* et ② *-ose.*

SILLAGE [sijaʒ] **n. m.** ✦ Trace qu'un bateau laisse derrière lui à la surface de l'eau. – **loc.** *Être, marcher DANS LE SILLAGE de qqn :* à la suite de, derrière qqn (qui ouvre la voie). ♦ **fig.** *Un sillage parfumé.*

ÉTYM. de l'ancien verbe *siller* « faire un sillage » ; famille de *sillon.*

SILLON [sijɔ̃] **n. m.** 1. Longue tranchée ouverte dans la terre par la charrue. – **au plur.** POÉT. Les champs cultivés, la campagne. 2. Ligne, ride. *Menton creusé d'un sillon.* – ANAT. *Les sillons du cerveau,* les rainures qui séparent les circonvolutions. 3. Trace produite à la surface d'un disque par l'enregistrement phonographique (→ **microsillon**).

ÉTYM. origine incertaine.

SILLONNER [sijɔne] **v. tr.** (conjug. 3a) 1. Creuser en faisant des sillons, des fentes. – **au p. passé** *Un front sillonné de rides.* 2. Traverser d'un bout à l'autre. *Les éclairs sillonnaient le ciel.* – Traverser, parcourir en tous sens.

ÉTYM. de *sillon.*

SILO [silo] **n. m.** ✦ Réservoir où l'on entrepose les produits agricoles pour les conserver (→ **ensiler**). *Des silos à blé.*

ÉTYM. mot espagnol, du grec *siros* « cavité où l'on conserve le grain », par le latin.

SILURE [silyʀ] **n. m.** ✦ Poisson d'eau douce à longs barbillons, aussi appelé *poisson-chat.*

ÉTYM. latin *silurus,* du grec.

SIMAGRÉE [simagʀe] **n. f.** ✦ **surtout au plur.** Comportement affecté destiné à attirer l'attention, à tromper. SYN. **chichi, manière.** *Faire des simagrées.*

ÉTYM. origine obscure ; on a proposé *si m'agrée* « s'il me plaît », de *agréer.*

SIMIEN [simjɛ̃] **n. m.** ✦ Primate du sous-ordre comprenant les singes. *Les anthropoïdes sont des simiens.*

ÉTYM. du latin *simia* « singe ».

SIMIESQUE [simjɛsk] **adj.** ✦ LITTÉR. Qui tient du singe, évoque le singe. *Des grimaces simiesques.*

ÉTYM. du latin *simia* « singe ».

SIMILAIRE [similɛʀ] **adj.** ✦ Qui est à peu près semblable. SYN. **analogue, équivalent.** CONTR. **différent.**

ÉTYM. du latin *similis* « semblable ».

SIMILARITÉ [similaʀite] **n. f.** ✦ Caractère des choses similaires. CONTR. **différence.**

> **SIMILI-** Élément, du latin *similis* « semblable », qui entre dans des mots désignant des imitations. → **pseudo-.**

SIMILICUIR [similikɥiʀ] **n. m.** ✦ Matière plastique imitant le cuir. SYN. **skaï.**

ÉTYM. de *simili-* et *cuir.*

SIMILIGRAVURE [similigʀavyʀ] **n. f.** ✦ Photogravure en demi-teinte au moyen de trames à travers lesquelles sont photographiés les objets ; cliché ainsi obtenu. – **abrév.** SIMILI [simili].

ÉTYM. de *simili-* et *gravure.*

SIMILITUDE [similityd] **n. f.** ✦ Relation unissant deux choses semblables. SYN. **analogie, identité, ressemblance.** – GÉOM. Caractère de deux figures semblables ; transformation du plan, composée d'une rotation et d'une homothétie de même centre. CONTR. **différence.**

ÉTYM. latin *similitudo,* de *similis* « semblable ».

SIMOUN [simun] **n. m.** ✦ Vent violent, chaud et sec, qui souffle sur les régions désertiques (Arabie, etc.). SYN. **sirocco.**
ÉTYM. anglais *simoon*, arabe *samūn*.

SIMPLE [sɛ̃pl] **adj.** et **n.**
I (personnes) 1. Qui agit selon ses sentiments, sans affectation, sans calcul, sans recherche. SYN. **direct.** *Un homme simple et bon.* ➙ *« Un cœur simple »* (conte de Flaubert). 2. Dont les manières, les goûts ne dénotent aucune prétention. *Il a su rester simple.* 3. Qui est de condition modeste. *Des gens simples.* 4. Qui a peu de finesse, se laisse facilement tromper. SYN. **crédule, simplet.** *Il est un peu simple.* ◆ *SIMPLE D'ESPRIT* : qui n'a pas une intelligence normalement développée. → **arriéré.** ➙ **n.** *Un, une simple d'esprit.* CONTR. **affecté** • ② **fin, rusé.**
II (choses) 1. Qui n'est pas composé de parties, est indécomposable. *Corps (chimiques) simples. Un aller simple* (opposé à *aller et retour*). *Temps simples d'un verbe* (opposé à *composé*). ➙ **n. m.** *Varier du simple au double.* 2. (avant le nom) Qui est uniquement (ce que le substantif implique), et rien de plus. *Une simple formalité.* SYN. **pur.** *Un simple soldat.* ➙ *Pur* et simple.* 3. Qui est formé d'un petit nombre de parties ou d'éléments. SYN. **élémentaire.** *Phrase simple,* composée d'une seule proposition. 4. Qui, étant formé de peu d'éléments, est aisé à comprendre, à utiliser. SYN. ① **commode, facile.** *Il y a un moyen bien simple.* loc. *Simple comme bonjour*.* ➙ FAM. *C'est simple, bien simple,* se dit pour présenter une évidence ou résumer une situation. 5. Qui comporte peu d'éléments ajoutés, peu d'ornements. *Une robe toute simple.* ➙ loc. *Dans le plus simple appareil*.* CONTR. **complexe** • **compliqué, difficile** • **apprêté, recherché, sophistiqué.**
III n. m. 1. (au plur.) Plante médicinale. *Cueillir des simples.* 2. Partie de tennis, de tennis de table entre deux adversaires (opposé à *double*). *Un simple dames.*
ÉTYM. latin *simplex*.

SIMPLEMENT [sɛ̃pləmɑ̃] **adv.** 1. D'une manière simple ; avec simplicité. *Ils vivent très simplement.* 2. Seulement. *Je voulais simplement te dire... Tout simplement.* ➙ *Purement* et simplement.*

SIMPLET, ETTE [sɛ̃plɛ, ɛt] **adj.** 1. Qui est un peu simple (I, 4). SYN. **naïf, niais.** 2. (choses) D'une excessive simplicité. *Une mélodie simplette.*

SIMPLICITÉ [sɛ̃plisite] **n. f.** **I** 1. VIEILLI Sincérité sans détour. SYN. **franchise.** ➙ Comportement naturel et spontané. SYN. **naturel.** *Manquer de simplicité.* 2. Caractère d'une personne simple (I, 2). ➙ loc. *EN TOUTE SIMPLICITÉ* : sans cérémonie. 3. LITTÉR. Naïveté exagérée. SYN. **candeur.** **II** (choses) 1. Caractère de ce qui n'est pas composé ou décomposable. 2. Caractère de ce qui est facile à comprendre, à utiliser. *Problème d'une grande simplicité, d'une simplicité enfantine.* 3. Qualité de ce qui n'est pas chargé d'éléments superflus. *La simplicité d'une architecture.* CONTR. ① **affectation** • **finesse, ruse** • **complexité, complication, difficulté** • **recherche, sophistication.**
ÉTYM. latin *simplicitas*.

SIMPLIFICATION [sɛ̃plifikasjɔ̃] **n. f.** ✦ Action, fait de simplifier ; résultat de cette action. CONTR. **complexification, complication.**

SIMPLIFIER [sɛ̃plifje] **v. tr.** (conjug. 9) ✦ Rendre plus simple (moins complexe, moins chargé, plus facile). *Cela simplifie la question. Cet appareil me simplifie la vie.* ➙ *Simplifier une fraction,* réduire également les deux termes. CONTR. **complexifier, compliquer.**
ÉTYM. latin médiéval *simplificare*.

SIMPLISTE [sɛ̃plist] **adj.** ✦ Qui simplifie outre mesure. *Un raisonnement simpliste.*
ÉTYM. de *simple*.

SIMULACRE [simylakʀ] **n. m.** ✦ LITTÉR. Ce qui n'a que l'apparence (de ce qu'il prétend être). SYN. **parodie, semblant.** *Un simulacre de procès.*
ÉTYM. latin *simulacrum*, de *simulare* « faire semblant, simuler ».

SIMULATEUR, TRICE [simylatœʀ, tʀis] **n.** 1. Personne qui simule un sentiment, prend une attitude trompeuse. ➙ spécialt Personne qui simule une maladie. 2. **n. m.** Appareil qui reproduit artificiellement un fonctionnement réel. *Simulateur de vol.*
ÉTYM. latin *simulator*.

SIMULATION [simylasjɔ̃] **n. f.** 1. DR. Fait de simuler (un acte juridique). 2. Action de simuler (un sentiment ; une maladie). 3. TECHN. Représentation simulée d'un fonctionnement, d'un processus.
ÉTYM. latin *simulatio*.

SIMULER [simyle] **v. tr.** (conjug. 3a) 1. DR. Faire paraître comme réel, effectif (ce qui ne l'est pas). *Simuler une vente.* 2. Imiter l'apparence de. SYN. **contrefaire, feindre,** faire **semblant** de. *Simuler un malaise.* ➙ au p. passé *Une indifférence simulée.* SYN. **feint.** 3. (choses) Avoir l'apparence de. *Peinture qui simule le marbre.* SYN. **imiter.** 4. TECHN. Représenter artificiellement (un fonctionnement ; un processus) (→ **simulateur,** 2).
ÉTYM. latin *simulare* « rendre semblable *(similis)* » et « feindre ».

SIMULTANÉ, ÉE [simyltane] **adj.** 1. Se dit d'évènements distincts ayant lieu au même moment. SYN. **concomitant, synchrone.** *Mouvements simultanés.* 2. *Interprétation, traduction simultanée,* donnée en même temps que parle l'orateur. CONTR. **successif.**
ÉTYM. latin médiéval *simultaneus*, de *simul* « en même temps ».

SIMULTANÉITÉ [simyltaneite] **n. f.** ✦ Caractère simultané. *« Tandis que » marque la simultanéité.* CONTR. **succession.**

SIMULTANÉMENT [simyltanemɑ̃] **adv.** ✦ En même temps. CONTR. **successivement.**

SIN-, SINO- Élément savant, du latin *Sinae* (nom d'une ville d'Extrême-Orient), qui signifie « de la Chine ».

SINANTHROPE [sinɑ̃tʀɔp] **n. m.** ✦ Grand primate fossile (hominien : *homo erectus*) découvert en Chine.
ÉTYM. de *sin-* et *-anthrope*.

SINAPISME [sinapism] **n. m.** ✦ anciennt Traitement révulsif par application d'un cataplasme de farine de moutarde ; ce cataplasme.
ÉTYM. bas latin *sinapismus*, du grec, de *sinapi* « moutarde ».

SINCÈRE [sɛ̃sɛʀ] **adj.** 1. Qui est disposé à reconnaître la vérité et à faire connaître ce qu'il pense, ce qu'il ressent. SYN. ② **franc, loyal.** *Elle s'est excusée, et je la crois sincère.* ➙ (épithète) Véritable, authentique. *Ami sincère.* 2. Réellement pensé ou senti. *Aveu, repentir sincère.* ➙ (politesse) *Sincères salutations.* CONTR. ① **faux, hypo-**

crite, menteur • feint, mensonger, simulé.
ÉTYM. latin *sincerus.*

SINCÈREMENT [sɛ̃sɛʀmɑ̃] **adv.** ✦ D'une manière sincère.

SINCÉRITÉ [sɛ̃seʀite] **n. f.** 1. Qualité d'une personne sincère. SYN. bonne **foi, franchise, loyauté.** *Je vous le dis en toute sincérité.* 2. Caractère de ce qui est sincère. *La sincérité de son amour.* CONTR. **hypocrisie.**
ÉTYM. latin *sinceritas.*

SINÉCURE [sinekyʀ] **n. f.** ✦ Charge ou emploi où l'on est rétribué sans avoir rien (ou presque rien) à faire ; situation de tout repos. ➡ **loc.** FAM. *Ce n'est pas une sinécure :* ce n'est pas de tout repos.
ÉTYM. anglais *sinecure,* du latin *sine cura* «sans souci».

SINE DIE [sinedje] **loc. adv.** ✦ Sans fixer de date pour une autre séance. *Ajourner un débat sine die.*
ÉTYM. locution latine «sans (fixer) le jour».

SINE QUA NON [sinekwanɔn] **loc. adj. invar.** ✦ *Condition sine qua non,* absolument indispensable.
ÉTYM. locution latine, littéralement «(condition) sans laquelle non».

SINGE [sɛ̃ʒ] **n. m.** 1. Mammifère (primate) à face nue, au cerveau développé, aux membres préhensiles à cinq doigts. → **simien ; pithéc(o)- ; simiesque.** ➡ Mâle de l'espèce. *Un singe et une guenon.* 2. **loc.** *Malin comme un singe,* très malin. ➡ *Payer en MONNAIE DE SINGE,* par de belles paroles. ➡ *Faire le singe :* faire des grimaces, des pitreries (→ **singerie**). ➡ **prov.** *On n'apprend pas à un vieux singe à faire la grimace :* on n'apprend pas les ruses à une personne d'expérience. 3. Imitateur ; personne qui contrefait. 4. FAM. Cornedbeef.
ÉTYM. latin *simius,* variante de *simia.*

SINGER [sɛ̃ʒe] **v. tr.** (conjug. 5) 1. Imiter maladroitement ou d'une manière caricaturale. SYN. **contrefaire.** *Singer qqn, les manies de qqn.* 2. Feindre, simuler (un sentiment...).
ÉTYM. de *singe.*

SINGERIE [sɛ̃ʒʀi] **n. f.** **I** 1. **au plur.** Grimace, attitude comique. 2. **fig.** Imitation maladroite ou caricaturale. **II** Ménagerie de singes.
ÉTYM. de *singe.*

SINGLETON [sɛ̃glətɔ̃] **n. m.** ✦ MATH. Ensemble constitué d'un seul élément.
ÉTYM. mot anglais, de *single* «seul».

SINGULARISER [sɛ̃gylaʀize] **v. tr.** (conjug. 3a) ✦ Distinguer des autres par qqch. de peu courant. ♦ *SE SINGULARISER* **v. pron.** Se faire remarquer par quelque chose de particulier, d'extraordinaire. CONTR. **banaliser.**
ÉTYM. du latin *singularis* «unique ; singulier».

SINGULARITÉ [sɛ̃gylaʀite] **n. f.** 1. LITTÉR. Caractère exceptionnel de ce qui se distingue (en bien ou en mal). SYN. **étrangeté, originalité.** 2. Fait, trait singulier. SYN. **particularité.** CONTR. **banalité.**
ÉTYM. bas latin *singularitas* «fait d'être unique *(singularis)*».

SINGULIER, IÈRE [sɛ̃gylje, jɛʀ] **adj. et n. m.**
I adj. 1. **loc.** *Combat singulier,* entre une personne et un seul adversaire. → **duel.** 2. LITTÉR. Différent des autres. SYN. **extraordinaire, particulier, unique.** *Une personnalité singulière.* ♦ COUR. Digne d'être remarqué par des traits peu communs. SYN. **bizarre, étonnant, rare.** *Un charme très singulier.* ➡ **iron.** *Singulière façon de raisonner !* SYN. **étrange.** CONTR. **collectif • banal, commun, ordinaire.**
II n. m. 1. Catégorie grammaticale qui exprime l'unité. *Le singulier et le pluriel.* → **nombre.** ➡ **adj. m.** *Nom masculin singulier.* 2. Catégorie de la conjugaison des verbes ayant pour sujet les pronoms *je, tu, il, elle. Deuxième personne du singulier.*
ÉTYM. latin *singularis* «seul ; unique».

SINGULIÈREMENT [sɛ̃gyljɛʀmɑ̃] **adv.** 1. Particulièrement ; notamment. 2. Beaucoup, très. 3. LITTÉR. Bizarrement ; étrangement. *Singulièrement accoutré.*

SINISER [sinize] **v. tr.** (conjug. 3a) ✦ DIDACT. Répandre la civilisation chinoise dans (un pays). ➡ **pronom.** *Se siniser.*
ÉTYM. de *sin(o)-,* suffixe *-iser.*

① **SINISTRE** [sinistʀ] **adj.** 1. Qui fait craindre un malheur, une catastrophe. *Présage sinistre.* ➡ *Des craquements sinistres.* SYN. **effrayant.** ♦ Menaçant, inquiétant. *Cette forêt est sinistre la nuit.* 2. **(sens affaibli)** Triste et ennuyeux. *Une soirée sinistre.* 3. **avant le nom** COUR. **(intensif)** *Un sinistre crétin.* SYN. **sombre.**
ÉTYM. latin *sinister* «gauche», et aussi «funeste» ; doublet de *senestre.*

② **SINISTRE** [sinistʀ] **n. m.** 1. Évènement catastrophique naturel (incendie, inondation, etc.) qui occasionne des pertes, des dommages. 2. Dommages ou pertes subis par un assuré. *Évaluer le sinistre.*
ÉTYM. italien *sinistro,* même origine que ① *sinistre.*

SINISTRÉ, ÉE [sinistʀe] **adj.** ✦ Qui a subi un sinistre. *Région sinistrée. Populations sinistrées.* ➡ **n.** *Indemniser des sinistrés.*

SINISTROSE [sinistʀoz] **n. f.** 1. PSYCH. État mental de certains accidentés qui s'exagèrent leur infirmité. 2. Pessimisme (collectif) excessif.
ÉTYM. de ① *sinistre* et ② *-ose.*

| **SINO-** → **SIN-**

SINOLOGIE [sinɔlɔʒi] **n. f.** ✦ DIDACT. Ensemble des études relatives à la Chine.
ÉTYM. de *sino-* et *-logie.*

SINOLOGUE [sinɔlɔg] **n.** ✦ Spécialiste de la Chine.
ÉTYM. de *sino-* et *-logue.*

SINON [sinɔ̃] **conj.** 1. **(après une proposition négative)** En dehors de. SYN. **excepté, sauf.** *Il n'aime personne sinon lui-même.* ➡ **(après une proposition interrogative)** Si ce n'est. *Que peut-on faire sinon accepter ?* 2. **(concession)** En admettant que ce ne soit pas. *Sinon l'approbation, du moins l'indulgence.* SYN. **à défaut** de. ♦ Peut-être même. *Un air indifférent sinon hostile.* SYN. **voire.** 3. Si la supposition (énoncée) ne se réalise pas. SYN. **autrement, sans** quoi. *Il n'a pas eu mon message, sinon il serait venu. Si tu es là, tant mieux ; sinon, on se débrouillera.*
ÉTYM. de ① *si* et *non.*

SINUEUX, EUSE [sinɥø, øz] **adj.** ✦ Qui présente une suite de courbes irrégulières. *Des ruelles sinueuses.* ➡ **fig.** *Raisonnement sinueux.* SYN. **tortueux.** CONTR. **direct,** ① **droit.**
ÉTYM. latin *sinuosus,* de *sinus* «pli, courbe».

SINUOSITÉ [sinɥozite] **n. f.** ✦ Ligne sinueuse ; courbe. → **détour.** *Les sinuosités d'une rivière.* SYN. **méandre.**
ÉTYM. latin *sinuositas.*

① **SINUS** [sinys] **n. m.** 1. Cavité de certains os de la face (frontal, maxillaire supérieur). 2. Renflement de certains vaisseaux sanguins.
ÉTYM. mot latin «courbe, pli ; creux» ; doublet de *sein.*

② **SINUS** [sinys] **n. m.** ✦ GÉOM., MATH. *Sinus d'un angle :* rapport entre la longueur d'une perpendiculaire menée d'un côté de l'angle sur l'autre côté, et la longueur de l'hypoténuse du triangle rectangle ainsi formé (symb. sin) (→ **trigonométrie ; aussi cosinus**).
ÉTYM. mot du latin médiéval pour traduire l'arabe *djayb* «pli (d'un vêtement)».

SINUSITE [sinyzit] **n. f.** ✦ Inflammation des sinus de la face.
ÉTYM. de ① *sinus* et *-ite.*

SINUSOÏDAL, ALE, AUX [sinyzɔidal, o] **adj.** 1. MATH. Relatif à une sinusoïde. 2. Qui fait des sinuosités, des zigzags.

SINUSOÏDE [sinyzɔid] **n. f.** ✦ MATH. Courbe représentant les variations du sinus (ou du cosinus) d'un angle.
ÉTYM. de ② *sinus* et *-oïde.*

SIONISME [sjɔnism] **n. m.** ✦ Mouvement politique et religieux, visant à l'établissement puis à la consolidation d'un État juif en Palestine.
ÉTYM. de *Sion,* montagne de Jérusalem.

SIONISTE [sjɔnist] **adj.** ✦ Relatif au sionisme. ♦ Partisan du sionisme. → **n.** *Les sionistes.*

SIOUX [sju] **n. et adj.** ✦ Membre d'un ensemble de peuples indiens de l'Amérique du Nord (Dakota, etc.). *Les Sioux* (☞ noms propres). → **loc.** *Une ruse de Sioux,* très habile.
ÉTYM. de *nadoweisiv* «petit serpent», nom donné par les Indiens Chippewa aux Sioux, qui se nommaient eux-mêmes *Dakotas.*

SIPHON [sifɔ̃] **n. m.** 1. Tube courbé ou appareil permettant de transvaser un liquide ou de faire communiquer deux liquides. → Tube en forme de S, à la sortie des appareils sanitaires. 2. Bouteille remplie d'une boisson gazeuse sous pression et munie d'un bouchon à levier. *Un siphon d'eau de Seltz.*
ÉTYM. latin *sipho,* du grec.

SIPHONNÉ, ÉE [sifɔne] **adj.** ✦ FAM. Fou.
ÉTYM. du participe passé de *siphonner.*

SIPHONNER [sifɔne] **v. tr.** (conjug. 3a) ✦ Transvaser (un liquide), vider (un contenant) à l'aide d'un siphon.

SIRE [siʀ] **n. m.** 1. Ancien titre honorifique. ♦ **loc.** *Un triste sire :* un individu peu recommandable. 2. (appellatif) Titre donné à un souverain. HOM. CIRE «produit d'entretien»
ÉTYM. latin populaire *seior,* de *senior* «le plus âgé *(senex)*».

SIRÈNE [siʀɛn] **n. f.** I MYTHOL. (☞ noms propres) Être marin fabuleux, à tête et torse de femme et à queue de poisson, qui passait pour attirer, par la douceur de son chant, les navigateurs sur les écueils. → **loc.** *Écouter le chant des sirènes :* se laisser charmer, séduire. ♦ **fig.** LITTÉR. Dangereuse séductrice. II Puissant appareil sonore destiné à produire un signal. *Sirène d'alarme.*
ÉTYM. bas latin *sirena,* de *siren,* du grec.

SIROCCO ou **SIROCO** [siʀɔko] **n. m.** ✦ Vent de sud-est chaud et sec, d'origine saharienne. SYN. **simoun.**
ÉTYM. italien *scirocco,* de l'arabe *sarqi* «(vent) oriental».

SIROP [siʀo] **n. m.** ✦ Solution de sucre dans de l'eau, du jus de fruit... *Sirop d'orgeat.* → *Sirop pharmaceutique. Sirop contre la toux.* → **fig.** FAM. *Cette musique, c'est du sirop* (→ **sirupeux**).
ÉTYM. latin médiéval *sirupus,* arabe *sarab* «boisson».

SIROTER [siʀɔte] **v. tr.** (conjug. 3a) ✦ FAM. Boire à petits coups, en savourant. SYN. **déguster.** *Siroter son café.*
ÉTYM. de *sirop.*

SIRUPEUX, EUSE [siʀypø, øz] **adj.** 1. De la consistance du sirop. 2. **fig. péj.** *Musique sirupeuse,* facile, mièvre.
ÉTYM. du latin *sirupus* «sirop».

SIS, SISE [si, siz] **adj.** ✦ DR. ou LITTÉR. Situé. *Un domaine sis à tel endroit.* HOM. ① CI «ici», SCIE «outil», ① SI (conj.), ② SI «oui» (adv.), ③ SI «note», SIX «chiffre»
ÉTYM. du participe passé de *seoir* «être situé».

SISAL, ALS [sizal] **n. m.** ✦ Agave dont les feuilles fournissent une fibre textile ; cette fibre.
ÉTYM. du nom d'un port du Mexique.

SISMICITÉ [sismisite] **n. f.** ✦ Fréquence et intensité des séismes (d'une région donnée).
ÉTYM. de *sismique.*

SISMIQUE [sismik] **adj.** ✦ Relatif aux séismes. *Secousse sismique.* SYN. **tellurique.**
ÉTYM. de *sisme,* variante vieillie de *séisme.*

SISM(O)- Élément savant, du grec *seismos* «secousse», qui signifie «séisme» (ex. *sismologie* n. f. «étude des séismes»).

SISMOGRAMME [sismɔgʀam] **n. m.** ✦ DIDACT. Tracé d'un sismographe.
ÉTYM. de *sismo-* et *-gramme.*

SISMOGRAPHE [sismɔgʀaf] **n. m.** ✦ Appareil qui enregistre les vibrations du sol, les ondes sismiques.
ÉTYM. de *sismo-* et *-graphe.*

SISTRE [sistʀ] **n. m.** ✦ Instrument de musique à percussion comportant des objets (coquilles, rondelles) qui s'entrechoquent quand on le secoue.
ÉTYM. latin *sistrum,* du grec, de *seiein* «secouer».

SITAR [sitaʀ] **n. m.** ✦ Instrument de musique à cordes pincées, en usage en Inde. HOM. CITHARE «instrument de musique»
ÉTYM. mot hindi.

SITE [sit] **n. m.** 1. Paysage (du point de vue de l'esthétique, du pittoresque). *Un site grandiose.* 2. Configuration d'un lieu (en rapport avec son utilisation par l'homme). *L'usine s'élèvera sur ce site.* SYN. **emplacement ;** → **situation.** → *Site archéologique* (où l'on effectue des fouilles). 3. INFORM. Serveur de données accessible par un réseau (comme Internet). *L'adresse d'un site.*
ÉTYM. latin *situs* «position».

SIT-IN [sitin] **n. m. invar.** ✦ anglicisme Manifestation non-violente consistant à s'asseoir en groupes sur la voie publique.
ÉTYM. mot américain, de *to sit* «s'asseoir».

SITÔT [sito] **adv.** **1.** adv. de temps Aussitôt. *Sitôt dit, sitôt fait.* — LITTÉR. *Sitôt après.* — **loc. adv.** *PAS DE SITÔT. Il ne reviendra pas de sitôt* : il n'est pas près de revenir. **2.** *SITÔT QUE* **loc. conj.** (+ indic.) : aussitôt que. SYN. **dès que.** *Sitôt qu'il la vit, il sortit.* HOM. SI TÔT «tellement de bonne heure»
ÉTYM. de ② *si* et *tôt.*

SITUATION [sitɥasjɔ̃] **n. f.** **1.** Fait d'être dans un lieu ; place occupée dans un espace. — spécialt Emplacement (d'une ville, d'un édifice). → **site** (2). **2.** Ensemble des circonstances dans lesquelles une personne se trouve. *Être dans une situation délicate.* SYN. **condition, position.** *Être maître de la situation.* — *Situation de famille* (célibataire, marié...). — loc. *Être EN SITUATION DE* (+ inf.), en mesure de ; bien placé pour. ♦ (pays, collectivité) *La situation est grave.* ♦ (au théâtre, etc.) *Une situation comique, dramatique.* **3.** Emploi, poste rémunérateur régulier et stable. SYN. **fonction, place.** *Il a une belle situation. Perdre sa situation.* **4.** Ensemble des relations qui unissent une personne, un groupe à son milieu. *L'homme en situation.* — *Mettre qqn EN SITUATION,* dans une situation aussi proche que possible de la réalité.
ÉTYM. latin médiéval *situatio,* de *situare* «situer».

SITUATIONNISME [sitɥasjɔnism] **n. m.** ✦ Mouvement gauchiste de contestation qui prit des positions radicales dans les années 1960 (notamment, refus de la «société du spectacle»).
► **SITUATIONNISTE** [sitɥasjɔnist] **adj. et n.**
ÉTYM. de *situation.*

SITUER [sitɥe] **v. tr.** (conjug. 3a) **I** **1.** Placer en un lieu. — au p. passé *Ville située au bord d'un fleuve.* — (par la pensée) SYN. **localiser.** *L'auteur a situé l'action à Londres.* **2.** Mettre à une certaine place dans un ensemble. *Situer un évènement à telle époque.* — FAM. *On ne le situe pas bien,* on ne voit pas quelle sorte d'homme c'est. **II** *SE SITUER* **v. pron.** **1.** passif Se trouver. *Notre maison se situe en dehors du village.* — Avoir lieu. **2.** réfl. *Se situer par rapport à qqn, qqch.* : préciser sa position (sens propre et figuré).
ÉTYM. latin médiéval *situare,* de *situs* «situation».

SIX [sis] (prononcé [si] devant un mot commençant par une consonne ou un *h* aspiré) **adj. numéral** et **n. m.** **1.** adj. numéral Cinq plus un (6). → **demi-douzaine ; hexa-.** *Six mois.* → **semestre.** ♦ ordinal Sixième. *Page six. Charles VI.* — **n. m.** *Il habite au six,* au numéro six. **2.** **n. m.** [sis] Le chiffre, le nombre, le numéro six. HOM. ① CI «ici», SCIE «outil», ① SI (conj.), ② SI «oui» (adv.), ③ SI «note», SIS «situé»
ÉTYM. latin *sex.*

SIXIÈME [sizjɛm] **adj.** **1.** Dont le numéro, le rang est six (6e). *Le sixième jour.* — **n. f.** Classe qui commence le premier cycle de l'enseignement secondaire (en France). **2.** Se dit d'une partie d'un tout divisé également en six. — **n. m.** *Un sixième.*
► **SIXIÈMEMENT** [sizjɛmmɑ̃] **adv.**

à la **SIX-QUATRE-DEUX** [alasiskatdø] **loc. adv.** ✦ FAM. À la hâte ; sans soin. SYN. **va** (à la va-vite). *Un travail fait à la six-quatre-deux.*

SIXTE [sikst] **n. f.** ✦ MUS. Sixième degré de la gamme diatonique. — Intervalle de six degrés.
ÉTYM. du latin *sextus* «sixième», d'après *six.*

SIZAIN [sizɛ̃] **n. m.** ✦ Poème, strophe de six vers. ☛ Littérature p. 123.
ÉTYM. de *six.*

SKAÏ [skaj] **n. m.** ✦ Tissu enduit de matière synthétique, imitant le cuir. SYN. **similicuir.**
ÉTYM. nom déposé.

SKATE-BOARD [skɛtbɔʀd] **n. m.** ✦ anglicisme Planche* à roulettes. *Des skate-boards.* — abrév. FAM. SKATE [skɛt] *Des skates.*
ÉTYM. mot américain, de *skate* «patin» et *board* «planche».

SKATEUR, EUSE [skɛtœʀ, øz] **n.** ✦ anglicisme Personne qui fait du skate-board.
ÉTYM. anglais *skater,* de *skate-board.*

SKETCH [skɛtʃ] **n. m.** ✦ anglicisme Courte scène, comique et enlevée, pour un petit nombre d'acteurs. SYN. **saynète.** *Des sketchs* ou *des sketches* (plur. anglais).
ÉTYM. mot anglais, proprement «esquisse», même origine que *esquisse.*

SKI [ski] **n. m.** **1.** Longue lame relevée à l'avant, fixée sous le pied pour glisser sur la neige. *Une paire de skis. Aller en skis, à skis.* **2.** *Le ski* : la locomotion, le sport en skis (descente, slalom, saut...). *Faire du ski.* — *Ski de piste, ski alpin. Ski de fond,* sur parcours à faible dénivellation. **3.** *SKI NAUTIQUE* : sport où l'on glisse sur l'eau, tiré par un canot à moteur et chaussé d'un ou deux longs patins.
ÉTYM. mot norvégien.

SKIABLE [skjabl] **adj.** ✦ Où l'on peut faire du ski. *Piste skiable.*

SKIER [skje] **v. intr.** (conjug. 9) ✦ Faire du ski.

SKIEUR, SKIEUSE [skjœʀ, skjøz] **n.** ✦ Personne qui fait du ski.

SKIF ou **SKIFF** [skif] **n. m.** ✦ Bateau de sport très long, effilé, pour un seul rameur.
ÉTYM. mot anglais, du français *esquif.*

SKINHEAD [skinɛd] **n.** ✦ anglicisme Garçon ou fille qui prône l'agressivité et la violence, et dont la tenue manifeste cette idéologie (crâne rasé, etc.). — abrév. FAM. SKIN [skin] *Une bande de skins.*
ÉTYM. mot anglais, de *skin* «peau» et *head* «tête».

SKIPPEUR, EUSE [skipœʀ, øz] **n.** ✦ anglicisme **1.** Chef de bord d'un yacht. **2.** Barreur d'un voilier de régates. — Écrire *skippeur* avec le suffixe *-eur* est permis. — On emploie aussi la graphie anglaise *skipper* n. m.
ÉTYM. anglais *skipper.*

SKUNKS [skɔ̃s] **n. m.** → SCONSE

SLALOM [slalɔm] **n. m.** ✦ Épreuve de ski, descente sinueuse où l'on passe entre des piquets (→ ① **porte**). *Slalom géant* (portes plus espacées). — fig. *Faire du slalom entre les voitures* (moto, vélo...).
ÉTYM. mot norvégien.

SLALOMER [slalɔme] **v. intr.** (conjug. 3a) ✦ Effectuer un slalom. — fig. *La moto slalome dans les embouteillages.* SYN. **zigzaguer.**

SLALOMEUR, EUSE [slalɔmœʀ, øz] **n.** ✦ Skieur, skieuse qui pratique le slalom.

SLAM [slam] **n. m.** ✦ anglicisme Déclamation de textes poétiques en public, de manière très libre. ☛ Littérature p. 125.
ÉTYM. mot anglais «claquement».

SLAMER [slame] **v. intr.** (conjug. 3a) ✦ Faire du slam.
► **SLAMEUR, EUSE** [slamœʀ, øz] **n.** ☛ Littérature p. 125.

SLASH [slaʃ] **n. m.** ✦ **anglicisme** INFORM. Barre oblique (/), qui marque une séparation.
ÉTYM. mot américain, de *to slash* «balafrer».

SLAVE [slav] **adj.** et **n.** ✦ Se dit des peuples d'Europe centrale et orientale dont les langues sont apparentées (*langues slaves* : bulgare, polonais, russe, serbo-croate, slavon, slovaque, slovène, tchèque ; plusieurs sont écrites en alphabet cyrillique). ➝ **n.** *Les Slaves* (☛ noms propres). ➝ **n. m.** *Le vieux slave.* ➙ **slavon.**
ÉTYM. latin médiéval *s(c)lavus* «esclave».

SLAVON, ONNE [slavɔ̃, ɔn] **adj.** et **n.** ✦ De Slavonie. ➝ **n.** *Les Slavons.* ◆ **n. m.** *Le slavon,* langue liturgique des slaves orthodoxes, au Moyen Âge, appelée aussi *vieux slave.*

SLEEPING [slipiŋ] **n. m.** ✦ **anglicisme** VIEILLI Wagon-lit.
ÉTYM. abréviation de l'anglais *sleeping car,* littéralement «voiture *(car)* pour dormir *(to sleep)*».

SLIM [slim] **n. m.** ✦ **anglicisme** Pantalon très collant. *Des slims.* ➝ **appos.** *Un jean slim.*
ÉTYM. mot anglais «mince»

SLIP [slip] **n. m.** ✦ Culotte échancrée sur les cuisses, à ceinture basse (sous-vêtement ou culotte de bain). *Slip de bain.*
ÉTYM. mot anglais «combinaison de femme» ; faux anglicisme.

SLOGAN [slɔgɑ̃] **n. m.** ✦ Formule brève et frappante, utilisée par la publicité, la propagande politique, etc.
ÉTYM. mot anglais, du gaélique «cri de guerre».

SLOOP [slup] **n. m.** ✦ Voilier à un seul mât.
ÉTYM. mot anglais, du néerlandais *sloep.*

SLOVAQUE [slɔvak] **adj.** et **n.** ✦ De Slovaquie (☛ noms propres). ➝ **n.** *Les Slovaques.* ◆ **n. m.** *Le slovaque,* langue slave occidentale.

SLOVÈNE [slɔvɛn] **adj.** et **n.** ✦ De Slovénie (☛ noms propres). ➝ **n.** *Les Slovènes.* ◆ **n. m.** *Le slovène,* langue slave méridionale.

SLOW [slo] **n. m.** ✦ **anglicisme** Danse lente à pas glissés, où les partenaires se tiennent enlacés ; musique qui accompagne cette danse. *Des slows.*
ÉTYM. mot anglais «lent».

SMALA [smala] **n. f.** 1. Réunion de tentes abritant la famille, le personnel, les bagages d'un chef arabe. 2. FAM. Famille ou suite nombreuse qui vit aux côtés de qqn. SYN. **tribu.** *Il a débarqué avec toute sa smala.*
ÉTYM. arabe d'Algérie *zmālah* «maisonnée, famille».

SMARTPHONE [smaʀtfɔn] **n. m.** ✦ **anglicisme** Téléphone portable qui assure des fonctions informatiques et multimédias. ➝ **recomm. offic.** *terminal de poche* ou *ordiphone.*
ÉTYM. marque déposée ; mot anglais, de *smart* «intelligent» et *phone* «téléphone».

SMASH [sma(t)ʃ] **n. m.** ✦ **anglicisme** SPORTS (tennis, volley-ball...) Coup qui rabat violemment une balle haute. *Faire un smash* (*smasher* **v. intr.,** conjug. 3a). *Des smashs* ou *des smashes* (plur. anglais).
ÉTYM. mot anglais «coup violent», de *to smash* «fracasser».

S. M. I. C. [smik] **n. m. invar.** ✦ Salaire minimum autorisé par la loi, en France (depuis 1970). *Salarié payé au S. M. I. C.* ➙ **smicard.**
ÉTYM. sigle de *salaire minimum interprofessionnel de croissance.*

SMICARD, ARDE [smikaʀ, aʀd] **n.** ✦ FAM. Personne payée au S. M. I. C., qui touche le salaire minimum. *Les smicards.*

SMOCKS [smɔk] **n. m. pl.** ✦ **anglicisme** Fronces décoratives, brodées. *Robe à smocks.*
ÉTYM. de l'anglais *to smock* «orner un vêtement de fils entrecroisés».

SMOKING [smɔkiŋ] **n. m.** ✦ Tenue habillée comportant un veston à revers de soie, un gilet et un pantalon à galon de soie.
ÉTYM. de l'anglais *smoking jacket* «veste d'intérieur», littéralement «pour fumer *(to smoke)*» ; faux anglicisme.

SMOOTHIE [smuzi] **n. m.** ✦ **anglicisme** Boisson onctueuse à base de fruits frais mixés avec du lait, du yaourt ou un jus de fruit. *Smoothie aux fruits rouges.*
ÉTYM. mot anglais, de *smooth* «doux, onctueux».

SMS [ɛsɛmɛs] **n. m.** ✦ Bref message écrit échangé entre téléphones mobiles. SYN. ② **texto**
ÉTYM. sigle anglais, de *Short Message Service.*

Sn [ɛsɛn] ✦ CHIM. Symbole de l'étain.

SNACK-BAR [snakbaʀ] ou **SNACK** [snak] **n. m.** ✦ **anglicisme** Café-restaurant où l'on sert rapidement des plats simples. *Des snack-bars ; des snacks.*
ÉTYM. mot américain, de *snack* «repas léger et rapide» (de *to snack* «mordre») et *bar* «① bar».

SNIF ou **SNIFF** [snif] **interj.** ✦ Onomatopée (bruit de reniflement).
ÉTYM. américain *sniff,* de *to sniff* «renifler».

SNIFER ou **SNIFFER** [snife] **v. tr.** (conjug. 3a) ✦ **anglicisme** (argot de la drogue) Priser (un stupéfiant).
ÉTYM. de l'anglais *to sniff* «renifler».

SNOB [snɔb] **n.** ✦ Personne qui admire et imite sans discernement les manières, les goûts, les modes des milieux dits distingués. *Un, une snob. Des snobs.* ➝ **adj.** (invar. en genre) *Des manières snobs. Elles sont un peu snobs.* ➙ **snobinard.**
ÉTYM. mot anglais, proprement «cordonnier» puis en argot d'école «celui qui n'était pas de l'université de Cambridge».

SNOBER [snɔbe] **v. tr.** (conjug. 3a) ✦ Traiter (qqn) de haut ; tenir (qqn) à l'écart.
ÉTYM. de *snob.*

SNOBINARD, ARDE [snɔbinaʀ, aʀd] **adj.** et **n.** ✦ FAM. péj. Un peu snob.

SNOBISME [snɔbism] **n. m.** ✦ Comportement de snob.

SNOWBOARD [snobɔʀd] **n. m.** ✦ **anglicisme** Sport de glisse qui se pratique sur la neige, debout sur une planche.
ÉTYM. mot anglais, de *snow* «neige» et *board* «planche».

SNOW-BOOT [snobut] **n. m.** ✦ VIEILLI Bottine de caoutchouc qui se met par-dessus la chaussure pour la protéger. *Des snow-boots.*
ÉTYM. de l'anglais *snow* «neige» et *boot* «botte» ; faux anglicisme.

SOBRE [sɔbʀ] **adj.** 1. Qui mange, boit avec modération. SYN. **frugal, tempérant.** ➝ **loc.** FAM. *Sobre comme un chameau :* très sobre. ◆ **spécialt** Qui boit peu ou ne boit pas d'alcool. 2. LITTÉR. Mesuré, modéré. *Être sobre de gestes ; en paroles.* ◆ COUR. *Vêtement de coupe sobre.* SYN.

classique, simple. ➙ *Style sobre.* SYN. **dépouillé.** CONTR. **goinfre, intempérant, ivrogne • orné, surchargé.**
ÉTYM. latin *sobrius* «qui n'est pas ivre *(ebrius)*».

SOBREMENT [sɔbʀəmɑ̃] **adv.** ✦ De manière sobre, simple.

SOBRIÉTÉ [sɔbʀijete] **n. f.** 1. Comportement d'un être sobre. *La sobriété du chameau.* 2. Modération, réserve (dans un domaine quelconque). *La sobriété d'une décoration.* CONTR. **gloutonnerie, intempérance, ivrognerie • excentricité.**
ÉTYM. latin *sobrietas.*

SOBRIQUET [sɔbʀikɛ] **n. m.** ✦ Surnom familier, généralement moqueur.
ÉTYM. origine incertaine.

SOC [sɔk] **n. m.** ✦ Lame de la charrue qui tranche horizontalement la terre. HOM. SOCQUE «chaussure»
ÉTYM. probablement gaulois *succos.*

SOCIABILITÉ [sɔsjabilite] **n. f.** ✦ Caractère d'une personne sociable.

SOCIABLE [sɔsjabl] **adj.** 1. DIDACT. Capable de vivre en société. 2. Capable de relations humaines faciles, qui recherche la compagnie. ➙ *Caractère sociable.* CONTR. **insociable • farouche, sauvage, solitaire.**
ÉTYM. latin *sociabilis,* de *sociare* «mettre en commun».

SOCIAL, ALE, AUX [sɔsjal, o] **adj.** 1. Relatif à un groupe d'individus (êtres humains) considéré comme un tout (→ **société**), et aux rapports de ces individus entre eux. *Rapports sociaux. Les phénomènes sociaux. Les sciences sociales.* ➙ *Animaux sociaux,* qui vivent en société. 2. Propre à la société constituée. *Classes sociales. Milieu social.* → **condition.** 3. Relatif aux rapports entre les classes de la société (et notamment à la condition des travailleurs des catégories moins favorisées, et à l'amélioration de celle-ci). *Conflits sociaux.* ➙ *Mesures sociales. Politique sociale.* ➙ **n. m.** *Le social.* 4. Relatif à une société civile ou commerciale. *Siège social.* CONTR. **individuel • antisocial.**
ÉTYM. latin *socialis,* de *socius* «compagnon, associé, allié».

SOCIAL-DÉMOCRATE [sɔsjaldemɔkʀat] **adj.** et **n.** ✦ Partisan de la social-démocratie. ➙ **n.** *Les sociaux-démocrates.*
ÉTYM. de *social* et *démocrate,* calque de l'allemand *Sozialdemokrat.*

SOCIAL-DÉMOCRATIE [sɔsjaldemɔkʀasi] **n. f.** ✦ Socialisme de tendance réformiste (à l'origine, en Allemagne). *Les social-démocraties scandinaves.*
ÉTYM. de *social-démocrate.*

SOCIALEMENT [sɔsjalmɑ̃] **adv.** ✦ Quant aux rapports sociaux, spécialt entre classes sociales.
ÉTYM. de *social.*

SOCIALISATION [sɔsjalizasjɔ̃] **n. f.** 1. Intégration (d'un individu) à la vie sociale. *La socialisation du jeune enfant.* 2. Fait d'opter pour la propriété collective, publique.
ÉTYM. de *socialiser.*

SOCIALISER [sɔsjalize] **v. tr.** (conjug. 3a) 1. DIDACT. Susciter les rapports sociaux entre individus. 2. Gérer ou diriger au nom de la société entière (→ **socialisme**). *Socialiser la propriété.* SYN. **collectiviser.**
ÉTYM. de *social.*

SOCIALISME [sɔsjalism] **n. m.** 1. Doctrine d'organisation sociale qui entend faire prévaloir l'intérêt général sur les intérêts particuliers, au moyen d'une organisation concertée (opposé à *libéralisme*). *Socialisme collectiviste. Socialisme étatiste. Socialisme réformiste et socialisme révolutionnaire.* ♦ Ensemble des partis ou des personnes qui se réclament de cette doctrine. 2. POLIT. (vocabulaire marxiste) Phase transitoire entre la disparition du capitalisme et l'instauration du communisme.
ÉTYM. de *social.*

SOCIALISTE [sɔsjalist] **adj.** et **n.** 1. Relatif au socialisme ; qui fait profession de socialisme. *Les partis socialistes.* ➙ **n.** *Un, une socialiste.* 2. Qui appartient à un parti socialiste. ➙ **n.** *Les socialistes et les radicaux.* 3. Relatif au socialisme organisé dans certains pays. *Économie socialiste.*
ÉTYM. de *social.*

SOCIÉTAIRE [sɔsjetɛʀ] **adj.** et **n.** ✦ (Personne) qui fait partie d'une société (SYN. **associé**), spécialt d'une société d'acteurs. *Les sociétaires et les pensionnaires de la Comédie-Française.*
ÉTYM. de *société* (III).

SOCIÉTAL, ALE, AUX [sɔsjetal, o] **adj.** ✦ DIDACT. Relatif à la société, à la vie en société. *Problème sociétal. Choix sociétaux.*

SOCIÉTÉ [sɔsjete] **n. f.** I 1. VX Vie en compagnie, en groupe. *Aimer la société.* ➙ loc. *JEUX DE SOCIÉTÉ :* jeux distrayants qui se jouent à plusieurs. 2. Compagnie habituelle. *Se plaire dans la société des femmes.* II 1. État particulier à certains êtres vivants, qui vivent en groupes organisés. *Les abeilles vivent en société.* 2. Ensemble des personnes entre lesquelles existent des rapports durables et organisés (avec des institutions, etc.) ; milieu humain par rapport aux individus. SYN. **communauté** ; → **collectif, public, social.** *L'homme et la société.* ➙ *UNE SOCIÉTÉ :* groupe social limité dans le temps et dans l'espace. *Les sociétés primitives. La société féodale.* ➙ Type d'état social. *La société de consommation.* 3. Ensemble de personnes réunies (à un moment). *Une société brillante.* ♦ (Habituellement, en raison d'affinités de classe) *La haute société,* absolt *la société :* les personnes qui ont une vie mondaine, les couches aisées. SYN. FAM. **gratin.** III (Groupe organisé dans un but précis) 1. Compagnie ou association religieuse. SYN. **congrégation.** *La Société de Jésus.* 2. Organisation fondée pour un travail commun ou une action commune. *Société savante.* ➙ *Société secrète,* qui fonctionne en secret. 3. Groupement, issu d'un contrat, dont le patrimoine social est constitué par les apports de chaque associé. *Détenir des actions dans une société.* ➙ *Société civile,* ayant une activité non commerciale. *SOCIÉTÉ (COMMERCIALE),* qui réalise des opérations commerciales à but lucratif. SYN. **compagnie, entreprise, établissement.** *Société anonyme*. Société à responsabilité limitée.* → **S. A. R. L.** ➙ *Le président, le conseil d'administration d'une société.* 4. Association d'États. ➙ HIST. *La Société des Nations (S. D. N.).*
ÉTYM. latin *societas,* de *socius* «compagnon, associé, allié».

SOCIO- Élément, tiré de *social* ou de *société* (ex. *socioéducatif, sociopolitique*).

SOCIOCULTUREL, ELLE [sɔsjokyltyʀɛl] **adj.** ✦ Qui concerne à la fois les structures sociales et la culture qui leur correspond.

SOCIOÉCONOMIQUE [sɔsjoekɔnɔmik] adj. ✦ DIDACT. Qui concerne les phénomènes sociaux, économiques et leurs relations. *Enquête socioéconomique.*

SOCIOLINGUISTIQUE [sɔsjolɛ̃gɥistik] n. f. ✦ DIDACT. Partie de la linguistique qui traite des relations entre langage, culture et société.

SOCIOLOGIE [sɔsjɔlɔʒi] n. f. 1. Étude scientifique des faits sociaux humains. *Sociologie et anthropologie.* — abrév. FAM. SOCIO [sɔsjo] 2. Étude de toutes les formes de sociétés. *Sociologie animale.*
ÉTYM. de *socio-* et *-logie.*

SOCIOLOGIQUE [sɔsjɔlɔʒik] adj. 1. De la sociologie. *Analyse sociologique.* 2. (abusivt) Relatif aux faits étudiés par la sociologie. *Phénomène sociologique.* SYN. **social.**

SOCIOLOGUE [sɔsjɔlɔg] n. ✦ Spécialiste de sociologie.

SOCIOPROFESSIONNEL, ELLE [sɔsjopʀɔfesjɔnɛl] adj. ✦ DIDACT. Se dit des catégories utilisées pour classer une population selon l'activité professionnelle (ex. agriculteur, ouvrier, employé, cadre, etc.).

SOCLE [sɔkl] n. m. ✦ Base sur laquelle repose une construction, un objet. *Le socle d'une statue.*
ÉTYM. italien *zoccolo* «sabot», d'un dérivé latin de *soccus* «socque».

SOCQUE [sɔk] n. m. 1. ANTIQ. ROMAINE Chaussure basse portée par les acteurs de comédie. *Le socque et le cothurne.* 2. Chaussure à semelle de bois. SYN. **sabot.**
HOM. SOC «lame»
ÉTYM. latin *soccus.*

SOCQUETTE [sɔkɛt] n. f. ✦ Chaussette basse arrivant au-dessus de la cheville.
ÉTYM. de l'anglais *sock* (du latin *soccus* «socque») et suffixe français *-ette.*

SOCRATIQUE [sɔkʀatik] adj. ✦ DIDACT. Propre à Socrate (☞ noms propres), ou qui l'évoque. *L'ironie socratique.*

SODA [sɔda] n. m. ✦ Boisson gazeuse aromatisée. ◆ Eau gazéifiée. — ellipt *Des whiskys soda.*
ÉTYM. de l'anglais *soda water,* de *soda* «soude» (mot latin) et *water* «eau».

SODÉ, ÉE [sɔde] adj. ✦ CHIM. Qui contient de la soude ou du sodium.
ÉTYM. de *soude.*

SODIQUE [sɔdik] adj. ✦ CHIM. Relatif au sodium.

SODIUM [sɔdjɔm] n. m. ✦ Corps simple (symb. Na), métal alcalin mou d'un blanc argenté, qui brûle à l'air et réagit violemment avec l'eau, avec formation de soude et dégagement d'hydrogène. *Chlorure de sodium* (sel). *Hydroxyde de sodium* (soude caustique).
ÉTYM. anglais *sodium,* de *soda* «soude», mot latin.

SODOMIE [sɔdɔmi] n. f. ✦ Pratique du coït anal.
ÉTYM. latin ecclésiastique *sodomia,* de *Sodoma* «Sodome». ☞ noms propres.

SODOMISER [sɔdɔmize] v. tr. (conjug. 3a) ✦ Pratiquer la sodomie sur (qqn).

SODOMITE [sɔdɔmit] n. m. ✦ LITTÉR. ou VIEILLI Celui qui pratique la sodomie. — par ext. Homosexuel (homme).
ÉTYM. latin ecclésiastique *sodomita.*

SŒUR [sœʀ] n. f. 1. Personne de sexe féminin, considérée par rapport aux autres enfants des mêmes parents. *Sœur aînée, sœur cadette* (plus fam. *grande sœur, petite sœur*). *Ils sont frère et sœur.* — loc. FAM. *Et ta sœur ?* (refus ironique, incrédulité…). — par ext. *Sœur de lait*.* 2. Femme à laquelle on est lié par une grande tendresse. 3. fig. Se dit de choses apparentées (mots de genre féminin). *L'intolérance est sœur de l'ignorance.* ◆ appos. *ÂME SŒUR* : personne avec laquelle on a de fortes affinités sentimentales. *Trouver l'âme sœur* (rencontre amoureuse). *Les âmes sœurs.* 4. Titre donné aux religieuses. *La sœur Claire. Au revoir, ma sœur.* — loc. FAM. *BONNE SŒUR* : religieuse.
ÉTYM. latin *soror.*

SŒURETTE [sœʀɛt] n. f. ✦ Terme d'affection envers une jeune sœur (1).

SOFA [sɔfa] n. m. ✦ Lit de repos à trois appuis, servant aussi de siège. SYN. **canapé, divan.**
ÉTYM. arabe *sffāh* «banquette», par le turc.

SOFTWARE [sɔftwaʀ ; sɔftwɛʀ] n. m. ✦ anglicisme (opposé à *hardware*) Logiciel.
ÉTYM. mot américain, de *soft* «mou», d'après *hardware.*

SOI [swa] pron. pers. réfl. de la 3e pers. I (personnes) 1. (se rapportant à un sujet indéterminé) *Avoir confiance en soi. La conscience de soi.* — *Chez soi* : à son domicile (→ **chez-soi**). 2. VX (se rapportant à un sujet déterminé) → **lui, elle, eux.** *Il regardait droit devant soi.* II (choses) *Le bateau tire à soi les filets.* — loc. *Cela va de soi* : c'est tout naturel, évident. — *EN SOI* : de par sa nature propre. *Ce n'est pas une fin en soi.* III *SOI-MÊME. Être soi-même. Sortir de soi-même.* — n. m. invar. loc. *Un autre soi-même.* → **alter ego.** HOM. SOIE «textile», SOIT (conj.)
ÉTYM. latin *se.*

SOI-DISANT [swadizɑ̃] adj. invar. 1. Qui se dit, qui prétend être (tel). *De soi-disant amis.* 2. (emploi critiqué) Prétendu. *Une soi-disant démocratie.* 3. adv. Prétendument. *Il est là soi-disant pour affaires.*
ÉTYM. de *soi* et participe présent de *dire.*

SOIE [swa] n. f. I 1. Substance filiforme sécrétée par des larves (*vers à soie* → **bombyx**), utilisée comme matière textile. → **sériciculture ; magnanerie.** *Fil de soie. Soie grège.* — *Bas de soie.* — Tissu de soie. SYN. **soierie.** ◆ *Soie sauvage,* produite par certaines chenilles d'Extrême-Orient. 2. *PAPIER DE SOIE* : papier fin, translucide et brillant. II Poil long et rude du porc et du sanglier. HOM. SOI (pron. personnel), SOIT (conj.)
ÉTYM. latin *seta,* variante de *saeta* «crins, poil».

SOIERIE [swaʀi] n. f. 1. Tissu de soie. 2. Industrie et commerce de la soie.
ÉTYM. de *soie* (I).

SOIF [swaf] n. f. 1. Sensation correspondant à un besoin de l'organisme en eau. *Avoir soif. Donner soif.* → **altérer, assoiffer.** — loc. fig. *JUSQU'À PLUS SOIF* : à satiété. *Rester sur sa soif* : n'être pas satisfait. ◆ (terre, végétation) *Les rosiers ont soif.* 2. fig. Désir passionné et impatient. *Avoir soif d'aimer ; soif d'indépendance.*
ÉTYM. latin *sitis.*

SOIFFARD, ARDE [swafaʀ, aʀd] adj. ✦ FAM. Qui est toujours prêt à boire, qui boit exagérément (du vin, de l'alcool). — n. *Une bande de soiffards.*

A B C D E F G H I J K L M N O P Q R S T U V W X Y Z

SOIGNANT, ANTE [swaɲɑ̃, ɑ̃t] **adj.** ✦ *Personnel soignant* (d'un hôpital), chargé des soins aux malades. *Équipe soignante.* ➝ **n.** *Aide*-soignant(e).*
ÉTYM. du participe présent de *soigner.*

SOIGNER [swaɲe] **v. tr.** (conjug. 3a) **I** **1.** S'occuper du bien-être et du contentement de (qqn), du bon état de (qqch.). *Soigner ses clients.* SYN. **bichonner, gâter.** *Soigner ses outils, ses livres.* SYN. **entretenir. 2.** Apporter du soin à (ce que l'on fait). *Soigner un travail.* ➝ *Soigner les détails.* SYN. **fignoler, peaufiner. 3.** S'occuper de rétablir la santé de (qqn). *Le médecin qui me soigne* (→ **médecin traitant**). ➝ **loc.** FAM. *Il faut te faire soigner !* tu es fou ! ♦ S'occuper de guérir (un mal). *Soigner son rhume.* **II** *SE SOIGNER* **v. pron. 1.** S'occuper de son bien-être, de son apparence physique. **2.** Faire ce qu'il faut pour guérir. **3. passif (maladie)** Pouvoir ou devoir être soigné. ➝ **loc.** FAM. *Ça se soigne !,* se dit de qqn dont on juge le comportement peu normal. CONTR. **maltraiter • négliger ; bâcler.**
► **SOIGNÉ, ÉE adj. 1.** Qui prend soin de sa personne. ➝ *Des mains soignées.* **2.** Fait avec soin. *Cuisine soignée.* CONTR. **négligé • bâclé.**
ÉTYM. latin médiéval *soniare,* famille du latin *somnus* «sommeil».

SOIGNEUR, EUSE [swaɲœʀ, øz] **n.** ✦ Personne chargée de prendre soin de l'état physique (d'un sportif, **spécialt** un boxeur).
ÉTYM. de *soigner.*

SOIGNEUSEMENT [swaɲøzmɑ̃] **adv.** ✦ Avec soin.

SOIGNEUX, EUSE [swaɲø, øz] **adj. 1.** *Soigneux de* (qqch.) : qui prend soin de. *Être soigneux de sa personne.* **2.** Qui apporte du soin à ce qu'il fait ; **spécialt** propre et ordonné. *Enfant soigneux.* **3.** Qui est fait avec soin, avec méthode. *Travail soigneux.* CONTR. **négligé • désordonné, sale • bâclé, grossier.**
ÉTYM. de *soigner.*

SOIN [swɛ̃] **n. m. 1.** LITTÉR. Pensée qui occupe l'esprit, préoccupation. *Son premier soin fut de m'avertir.* ➝ *AVOIR, PRENDRE SOIN DE* (+ inf.) : penser à, s'occuper de. → **veiller** à. *Prenez soin de fermer la porte.* ♦ Travail dont on est chargé. *Laisser, confier à qqn le soin de...* SYN. **responsabilité. 2.** *AVOIR, PRENDRE SOIN DE* (qqn, qqch.) : soigner (1). *Prendre soin de soi-même ; de ses affaires.* **3.** *LES SOINS.* Actes par lesquels on soigne (1). SYN. **attention, prévenance, sollicitude.** *Un enfant a besoin de soins. Aux bons soins de M. X,* se dit d'une lettre confiée à qqn. *Les soins du ménage.* ➝ **loc.** *Être AUX PETITS SOINS pour qqn* : être très attentionné. ➝ **spécialt** *Les soins du corps. Soins de beauté.* ♦ Actions par lesquelles on conserve ou on rétablit la santé (→ **soigner,** 3 ; **curatif**). *Le blessé a reçu les premiers soins.* **4.** *LE SOIN.* Manière appliquée, exacte, scrupuleuse (de faire qqch.). SYN. **application, sérieux.** *Apporter, mettre du soin à faire qqch.* ➝ Ordre et propreté ; aspect soigné. *Être habillé avec soin.* CONTR. **mépris • négligence.**
ÉTYM. latin médiéval *sonium,* famille du latin *somnus* «sommeil».

SOIR [swaʀ] **n. m. 1.** Fin du jour, moments qui précèdent et qui suivent le coucher du soleil. SYN. **crépuscule ;** → **vespéral.** *Le soir descend, tombe.* ➝ *Il fait frais le soir.* ♦ **fig.** *Le soir de la vie* : la vieillesse. **2.** Les dernières heures du jour et les premières de la nuit (s'oppose à *après-midi*). *Le film du soir.* SYN. **soirée.** *Sortir le soir. Tous les lundis soir. Hier (au) soir. À ce soir !* ➝ *Robe du soir,* de soirée. ♦ **loc.** *ÊTRE DU SOIR* : être actif le soir, aimer se coucher tard. **3. (décompte des heures)** Temps qui va de midi à minuit. *Dix heures du soir* (s'oppose à *du matin*).
HOM. SEOIR «convenir»
ÉTYM. latin *sero* «tard», de *serus* «tardif».

SOIRÉE [swaʀe] **n. f. 1.** Temps compris entre le déclin du jour et le moment où l'on s'endort. SYN. **soir ;** → **veillée.** *Les longues soirées d'hiver. Toute la soirée.* **2.** Réunion qui a lieu le soir, généralement après le repas du soir. *Soirée mondaine.* ➝ *Tenue de soirée,* très habillée. **3.** Séance de spectacle qui se donne le soir (opposé à *matinée*). *Projeter un film en soirée.*
ÉTYM. de *soir.*

SOIT [swa] **conj.** et **adv.**
I conj. 1. *SOIT... SOIT...* : marque l'alternative. SYN. **ou.** *Soit l'un, soit l'autre.* ➝ *SOIT QUE... SOIT QUE...* (+ subj.). *Soit que j'aille chez lui, soit qu'il vienne.* **2.** *SOIT* **(présentant une hypothèse ou une supposition)** : étant donné. *Soit un triangle rectangle. Soit deux droites parallèles.* ➝ À savoir, c'est-à-dire. *Soixante secondes, soit une minute.*
II *SOIT* [swat] **adv. d'affirmation** (valeur de concession). Bon ; admettons. *Eh bien, soit !* d'accord.
ÉTYM. du subjonctif présent du verbe *être.*

SOIXANTAINE [swasɑ̃tɛn] **n. f. 1.** Nombre de soixante ou environ. **2.** Âge de soixante ans. *Approcher de la soixantaine, friser la soixantaine.*

SOIXANTE [swasɑ̃t] **adj. invar.** et **n. m. invar. 1. adj. numéral invar.** Six fois dix (60). *Soixante-huit* (68). *Soixante-douze* (72). *Soixante-dix-huit* (78). *Âgé de soixante ans* (→ **sexagénaire**), *de soixante-dix ans* (→ **septuagénaire**). ♦ **ordinal** *Page soixante.* ➝ **n. m.** *Il habite au 60.* **2. n. m. invar.** Le nombre, le numéro soixante.
ÉTYM. du latin *sexaginta,* de *sex* «six».

SOIXANTE-HUITARD, ARDE [swasɑ̃tɥitaʀ, aʀd] **adj.** ✦ FAM. Relatif aux évènements de mai 1968. ➝ **n.** Personne qui en a conservé l'esprit, les idées. *Les soixante-huitards.*
ÉTYM. de *soixante-huit.*

SOIXANTIÈME [swasɑ̃tjɛm] **adj. 1.** Dont le numéro, le rang est soixante (60e). ➝ **n.** *Le soixantième d'un rallye.* **2.** Se dit d'une partie d'un tout divisé également en soixante. ➝ **n. m.** *Le soixantième* (1/60).

SOJA [sɔʒa] **n. m.** ✦ Plante légumineuse originaire d'Extrême-Orient, aux graines oléagineuses. *Huile de soja. Pâte de soja.* → **tofu.** ♦ Plante utilisée dans l'alimentation asiatique. *Germes de soja.*
ÉTYM. du mandchou *soya.*

① **SOL** [sɔl] **n. m. 1.** Partie superficielle de la croûte terrestre, à l'état naturel ou aménagée par l'homme. SYN. **terre.** *Posé au sol, à même le sol.* ➝ **par ext.** *Le sol lunaire.* **2.** Surface de terre, territoire. *Le sol natal.* ➝ *Le droit du sol,* permettant à un enfant d'immigrés né sur le territoire d'être naturalisé (opposé à *droit du sang*). **3.** Terrain. *Science des sols.* → **pédologie.** *Sol riche, pauvre.* **4.** Surface plane constituant la limite inférieure d'une construction. *Un sol en terre battue.* HOM. ② SOLE «poisson»
ÉTYM. latin *solum.*

② **SOL** [sɔl] **n. m. invar.** ✦ Cinquième degré de la gamme de do. *Clé* de sol.* HOM. ② SOLE «poisson»
ÉTYM. première syllabe de *solve*, dans l'hymne à saint Jean-Baptiste.

SOLAIRE [sɔlɛʀ] **adj. 1.** Relatif au Soleil, à sa position ou à son mouvement apparent dans le ciel. *Heure solaire et heure légale.* **2.** Du Soleil. *Taches solaires. Énergie solaire.* ☛ Géographie p. 230. — *Système solaire* : ensemble des corps célestes formé par le Soleil et les astres qui gravitent autour de lui. **3.** Qui fonctionne grâce au soleil. *Cadran solaire. Chauffage solaire.* **4.** Qui protège du soleil. *Crème solaire.* **5.** De forme rayonnante. *Plexus* solaire.*
ÉTYM. latin *solaris*, de *sol* «soleil».

SOLANACÉE [sɔlanase] **n. f.** ✦ BOT. Plante dicotylédone telle que l'aubergine, la pomme de terre, le tabac (famille des *Solanacées*).
ÉTYM. du latin *solanum*, nom d'une plante, famille de *sol* «soleil».

SOLARIUM [sɔlaʀjɔm] **n. m.** ✦ Lieu aménagé pour les bains de soleil. *Des solariums.*
ÉTYM. mot latin «endroit exposé au soleil *(sol)*».

SOLDAT [sɔlda] **n. m. 1.** Homme qui sert dans une armée. SYN. **militaire.** *Soldats de métier et soldats du contingent.* — *Un grand soldat* : un grand homme de guerre. **2.** *Simple soldat* ou *soldat* : militaire non gradé des armées de terre et de l'air. SYN. **sans-grade** ; FAM. **bidasse, pioupiou, troufion.** — appos. *Une femme soldat* (FAM. SOLDATE, **n. f.**). *Des femmes soldats.* — *La tombe du Soldat inconnu* (☛ noms propres ; sous l'Arc de triomphe, à Paris). **3.** fig. *Soldat de*, combattant, défenseur au service de (une cause). *Un soldat de la liberté.* **4.** *Soldats de plomb, petits soldats* : figurines pour jouer.
ÉTYM. italien *soldato*, de *soldare* «payer une solde *(soldo)*».

SOLDATESQUE [sɔldatɛsk] **adj.** et **n. f.** ✦ péj. **1. adj.** Propre aux soldats. **2. n. f.**, péj. Ensemble de soldats brutaux et indisciplinés.
ÉTYM. italien *soldatesco*.

① **SOLDE** [sɔld] **n. f. 1.** Rémunération versée aux militaires. *Toucher sa solde.* — par ext. *Congé sans solde* (accordé à un salarié). **2.** loc. péj. *À LA SOLDE DE* (qqn), payé, acheté par qqn. *Il était à la solde de l'étranger.*
ÉTYM. italien *soldo* ; même origine que *sou*.

② **SOLDE** [sɔld] **n. m. 1.** Différence entre le crédit et le débit, dans un compte. *Solde créditeur, débiteur.* — absolt *Le solde* : ce qui reste à payer. SYN. **reliquat.** — loc. *POUR SOLDE DE TOUT COMPTE*, s'emploie lorsque la totalité de la somme due est réglée. ◆ Différence entre deux grandeurs. *Solde naturel* : différence entre le nombre de naissances et le nombre de décès annuels. **2.** *EN SOLDE* : vendu au rabais. *Acheter des chaussures en solde.* — au plur. *SOLDES* : articles mis en solde. *Des soldes intéressants.*
ÉTYM. italien *saldo*, de *saldare* «solder», de *saldo* adj. «solide, compact», latin *solidus*.

SOLDER [sɔlde] **v. tr.** (conjug. 3a) **1.** Arrêter, clore (un compte) en établissant le solde. — Acquitter (une dette...) en payant ce qui reste dû. ◆ pronom. (compte, budget) *SE SOLDER PAR* : faire apparaître à la clôture un solde de. *Le bilan se solde par un déficit de dix millions.* — fig. Aboutir en définitive à. *Tous ses efforts se sont soldés par un échec.* **2.** Mettre en solde, vendre en solde. — au p. passé *Articles soldés.*
ÉTYM. italien *saldare* → ② solde.

SOLDEUR, EUSE [sɔldœʀ, øz] **n.** ✦ Personne qui fait le commerce d'articles soldés.
ÉTYM. de *solder* (2).

① **SOLE** [sɔl] **n. f.** ✦ ZOOL. Partie cornée formant le dessous du sabot chez le cheval, l'âne, etc. HOM. ① SOL «terre», ② SOL «note»
ÉTYM. latin *solea* «sandale», de *solum* «① sol».

② **SOLE** [sɔl] **n. f.** ✦ Poisson de mer plat et ovale, à chair très estimée. HOM. ① SOL «terre», ② SOL «note»
ÉTYM. latin *solea* ; même origine que ① *sole*.

SOLÉCISME [sɔlesism] **n. m.** ✦ Emploi syntaxique fautif de formes par ailleurs existantes (ex. je suis été). *Barbarisme et solécisme.*
ÉTYM. latin *soloecismus*, du grec.

SOLEIL [sɔlɛj] **n. m. 1.** Astre qui donne lumière et chaleur à la Terre, et rythme la vie à sa surface. *Le lever, le coucher du soleil.* — prov. *Le soleil brille pour tout le monde. Rien de nouveau SOUS LE SOLEIL*, sur la terre. — *Le soleil de minuit, dans les régions polaires.* ◆ SC. (avec une majuscule ☛ noms propres). Cet astre, en tant qu'étoile de la Galaxie, autour duquel gravitent plusieurs planètes dont la Terre. → **héli(o)- ; solaire.** *Éclipse de Soleil.* **2.** Lumière de cet astre ; temps ensoleillé. *Un beau soleil. Il fait soleil.* ◆ Rayons du soleil. *Le soleil tape.* — *Lunettes de soleil.* — *Bain* de soleil.* — *COUP DE SOLEIL* : insolation ou légère brûlure causée par le soleil. ◆ Lieu exposé aux rayons du soleil. *S'asseoir au soleil. En plein soleil.* — loc. *UNE PLACE AU SOLEIL* : une situation où l'on profite de certains avantages. *Avoir des biens au soleil*, des propriétés immobilières. **3.** loc. fig. *RAYON DE SOLEIL* : personne, chose qui réjouit, console. *Ses nièces sont son rayon de soleil.* **4.** Image de cet astre, cercle entouré de rayons. **5.** Tour acrobatique autour d'un axe horizontal. *Faire le grand soleil à la barre fixe.* **6.** Fleur de tournesol.
ÉTYM. latin populaire *soliculus*, diminutif de *sol, solis*.

SOLENNEL, ELLE [sɔlanɛl] **adj. 1.** Qui est célébré avec pompe, par des cérémonies publiques. *Obsèques solennelles.* **2.** Accompagné de formalités qui donnent une importance particulière. *Un serment solennel.* **3.** (souvent péj.) Qui a une gravité propre aux grandes occasions. *Un ton solennel.* SYN. **cérémonieux, pompeux.** CONTR. **intime, privé · familier.**
► **SOLENNELLEMENT** [sɔlanɛlmɑ̃] **adv.** *Jurer solennellement.*
ÉTYM. latin *sollemnis*.

SOLENNITÉ [sɔlanite] **n. f. 1.** Manifestation, fête solennelle. **2.** (souvent péj.) Caractère solennel, pompeux. SYN. **apparat, ① pompe.**
ÉTYM. latin *solemnitas*.

SOLÉNOÏDE [sɔlenɔid] **n. m.** ✦ Bobine allongée constituée par un fil conducteur enroulé qui crée sur son axe un champ magnétique quand il est parcouru par un courant.
ÉTYM. du grec *sôlên* «tuyau» et de *-oïde*.

SOLFATARE [sɔlfataʀ] **n. f.** ✦ Terrain volcanique qui dégage des fumerolles sulfureuses.
ÉTYM. italien *solfatare*, du nom d'un volcan, de *solfo* «soufre», latin *sulfur*.

SOLFÈGE [sɔlfɛʒ] **n. m.** ✦ Étude des principes élémentaires de la musique et de sa notation.
ÉTYM. italien *solfeggio*, de *solfa* «gamme» → ② sol et fa.

SOLFIER [sɔlfje] **v. tr.** (conjug. 9) ✦ Chanter (un morceau de musique) en nommant les notes.
ÉTYM. du latin médiéval *solfa* «gamme».

SOLIDAIRE [sɔlidɛʀ] **adj.** 1. Se dit de personnes qui sont ou se sentent liées par une responsabilité et des intérêts communs. *Des associés solidaires.* – au sing. *Se sentir solidaire de qqn.* 2. Fondé sur la solidarité, l'assistance aux moins favorisés. *Économie solidaire.* 3. Se dit de choses, de mécanismes qui dépendent l'un de l'autre, qui fonctionnent ensemble. *Problèmes solidaires.* – *Bielle solidaire d'un vilebrequin.*
► **SOLIDAIREMENT** [sɔlidɛʀmɑ̃] **adv.**
ÉTYM. du latin juridique *in solido* «pour le tout», de *solidum* «le solide ; totalité d'une somme» → solide.

SOLIDARISER [sɔlidaʀize] **v. tr.** (conjug. 3a) ✦ Rendre solidaire. ◆ *SE SOLIDARISER* **v. pron.** Se déclarer solidaire, partager la cause de. *Les employés de l'usine se sont solidarisés avec les ouvriers grévistes.* CONTR. se **désolidariser.**

SOLIDARITÉ [sɔlidaʀite] **n. f.** 1. Fait d'être solidaire ; relation entre personnes qui entraîne une obligation morale d'assistance mutuelle. *Solidarité professionnelle. Solidarité avec les générations futures.* ☞ Géographie p. 235. – spécialt Contribution à l'assistance aux moins favorisés. *Impôt de solidarité.* ◆ Sentiment humanitaire qui pousse à assister autrui. *Lancer un appel à la solidarité.* 2. Fait d'être solidaire (2).

SOLIDE [sɔlid] **adj.** et **n. m.** I 1. Qui a de la consistance, qui n'est pas liquide (tout en pouvant être plus ou moins mou). *Aliments solides et aliments liquides.* ◆ (en physique) *L'état solide* (opposé à *gazeux* et à *liquide*). – **n. m.** *Les solides* : les corps solides. 2. **n. m.** Figure à trois dimensions, limitée par une surface fermée, à volume mesurable. *Le cube, la sphère sont des solides.* SYN. **volume.** II 1. Qui résiste aux efforts, à l'usure. SYN. **résistant, robuste.** *Rendre plus solide.* → **consolider.** – **n. m.** FAM. *C'est du solide !* ◆ Qui garde sa position. SYN. ① **ferme, stable.** *Être solide sur ses jambes.* 2. abstrait Sur quoi l'on peut s'appuyer, compter ; qui est à la fois effectif et durable. SYN. **sérieux, sûr.** *Une amitié solide. Un solide bon sens.* 3. Qui est massif, puissant. SYN. ① **fort.** *Un solide gaillard.* SYN. **robuste.** – Qui a une santé à toute épreuve, une grande endurance. SYN. **vigoureux.** – Équilibré, sérieux. 4. FAM. Important, intense. *Un solide appétit.* SYN. **rude.** CONTR. **inconsistant · fragile · instable, précaire · faible.**
► **SOLIDEMENT** [sɔlidmɑ̃] **adv.**
ÉTYM. latin *solidus* «dense, compact ; complet».

SOLIDIFICATION [sɔlidifikasjɔ̃] **n. f.** ✦ Action de (se) solidifier ; passage de l'état liquide à l'état solide. CONTR. **fusion, liquéfaction.**

SOLIDIFIER [sɔlidifje] **v. tr.** (conjug. 9) ✦ Donner une consistance solide à (une substance). – pronom. *Le ciment se solidifie.* SYN. **durcir, prendre** (IV). – **p. p. adj.** *Laves solidifiées.* CONTR. **fluidifier, fondre, liquéfier, vaporiser.**

SOLIDITÉ [sɔlidite] **n. f.** 1. Robustesse, résistance (d'une chose). 2. Caractère de ce qui est effectif et durable (→ **solide,** II, 2). 3. Qualité de ce qui est bien pensé, sérieux. CONTR. **fragilité · faiblesse, précarité, vulnérabilité.**
ÉTYM. latin *soliditas.*

SOLIFLORE [sɔliflɔʀ] **n. m.** ✦ Vase destiné à recevoir une seule fleur.
ÉTYM. du latin *solus* «seul» et *flos, floris* «fleur».

SOLILOQUE [sɔlilɔk] **n. m.** ✦ Discours d'une personne qui se parle à elle-même ou qui pense tout haut. SYN. **monologue.** CONTR. **dialogue.**
ÉTYM. bas latin *soliloquium*, de *solus* «seul» et *loqui* «parler».

SOLILOQUER [sɔlilɔke] **v. intr.** (conjug. 3a) ✦ Se livrer à un, à des soliloques. SYN. **monologuer.**

SOLISTE [sɔlist] **n.** ✦ Musicien ou chanteur qui exécute un solo. *Le, la soliste d'un concerto.*
ÉTYM. italien *solista* ou de *solo.*

SOLITAIRE [sɔlitɛʀ] **adj.** et **n.**
I **adj.** 1. Qui vit seul, dans la solitude. SYN. **esseulé.** – Qui vit dans la solitude et s'y complaît. 2. *Fleur solitaire* (ex. la tulipe). *Ver solitaire.* → **ténia.** 3. Que l'on accomplit seul, qui se passe dans la solitude. *Une enfance solitaire.* – loc. *Plaisir solitaire* : masturbation. 4. Où l'on est seul ; inhabité. SYN. ① **écarté, isolé, retiré.** *Un endroit solitaire.* CONTR. **mondain, sociable · fréquenté, habité.**
II **n.** Ermite. – Personne qui a l'habitude de vivre seule. *Vivre en solitaire.*
III **n. m.** 1. Sanglier mâle qui a quitté toute compagnie. 2. Diamant monté seul (en particulier sur une bague). 3. Jeu de combinaisons, à un seul joueur.
ÉTYM. latin *solitarius*, de *solus* «seul».

SOLITAIREMENT [sɔlitɛʀmɑ̃] **adv.** ✦ Dans la solitude.

SOLITUDE [sɔlityd] **n. f.** 1. Situation d'une personne qui est seule (de façon momentanée ou durable). *Troubler la solitude de qqn.* – *Vivre dans la solitude.* SYN. **isolement.** *Solitude morale. La solitude des exclus.* 2. LITTÉR. Lieu solitaire. – Atmosphère, aspect solitaire (d'un lieu). *La solitude des forêts.*
ÉTYM. latin *solitudo*, de *solus* «seul».

SOLIVE [sɔliv] **n. f.** ✦ Pièce de charpente qui s'appuie sur les poutres ou les murs et soutient le plancher.
ÉTYM. de l'ancien nom *sole* «pièce de bois», même origine que ① *sole.*

SOLLICITATION [sɔlisitasjɔ̃] **n. f.** 1. Incitation, tentation insistante. 2. Demande pressante. *Céder aux sollicitations de qqn.*
ÉTYM. latin *sollicitatio.*

SOLLICITER [sɔlisite] **v. tr.** (conjug. 3a) 1. Chercher à éveiller (l'attention, la curiosité). *Solliciter l'attention de qqn par des signes.* SYN. **attirer.** – Agir sur (qqn) en attirant l'attention. *Être continuellement sollicité par la publicité.* 2. Faire appel à, prier (qqn) de façon pressante en vue d'obtenir qqch. *Solliciter qqn au sujet d'une affaire.* – *Solliciter qqn de faire qqch.* ◆ *Solliciter qqch. (de qqn),* le lui demander dans les formes. *Je sollicite votre aide.* SYN. **requérir.** *Solliciter une audience, une faveur.*
ÉTYM. latin *sollicitare*, de *sollicitus* «troublé ; inquiet» ; doublet de *soucier.*

SOLLICITEUR, EUSE [sɔlisitœʀ, øz] **n.** ✦ Personne qui sollicite qqch. d'une autorité, d'un personnage influent. SYN. **quémandeur.** *Éconduire une solliciteuse.*

SOLLICITUDE [sɔlisityd] **n. f.** ✦ Attention soutenue et affectueuse. *Une sollicitude toute maternelle.* CONTR. **indifférence.**
ÉTYM. latin *sollicitudo* «souci».

SOLO [sɔlo] **n. m.** 1. Morceau joué ou chanté par un seul interprète (→ **soliste**), que les autres accompagnent. *Des solos* ou *des soli* (plur. italien). ➝ appos. *Guitare solo. Des violons solos.* ◆ *En solo* : sans accompagnement ; par ext. (FAM.) seul, en solitaire. 2. *Spectacle solo* ou *un solo* : recomm. offic. pour l'anglicisme *one man show.* CONTR. **chœur, ensemble.**
ÉTYM. mot italien, latin *solus* «seul».

SOLSTICE [sɔlstis] **n. m.** ✦ Chacune des deux époques où le Soleil atteint son plus grand éloignement de l'équateur. *Solstice d'hiver* (21 ou 22 décembre), *d'été* (21 ou 22 juin), jour le plus court et jour le plus long de l'année dans l'hémisphère Nord.
ÉTYM. latin *solstitium*, proprt «arrêt du soleil *(sol)*».

SOLUBILISER [sɔlybilize] **v. tr.** (conjug. 3a) ✦ Rendre soluble. ➝ au p. passé *Cacao solubilisé.*

SOLUBILITÉ [sɔlybilite] **n. f.** ✦ Caractère de ce qui est soluble.

SOLUBLE [sɔlybl] **adj.** 1. Qui peut se dissoudre (dans un liquide). *Café soluble.* 2. (problème) Qui peut être résolu. CONTR. **insoluble.**
ÉTYM. latin *solubilis*, de *solvere* «dissoudre».

SOLUTÉ [sɔlyte] **n. m.** 1. Préparation médicamenteuse liquide contenant une substance en solution. 2. Corps dissous dans un solvant*.
ÉTYM. du latin *solutus*, participe passé de *solvere* «dissoudre».

SOLUTION [sɔlysjɔ̃] **n. f.** **I** 1. Opération mentale par laquelle on surmonte une difficulté, on résout un problème ; son résultat. *Chercher, trouver la solution d'une énigme, d'un problème* (→ **résoudre**). 2. (situations concrètes) Ensemble de décisions et d'actes qui peuvent résoudre une difficulté. *Une solution de facilité,* qui exige un faible effort. *Ce n'est pas une solution !* ◆ HIST. loc. *La solution finale* : le projet d'extermination des Juifs par les nazis, lors de la Deuxième Guerre mondiale. 3. Manière dont une situation compliquée se dénoue ; évènements qui la terminent. SYN. **dénouement, issue.** *La solution de la crise est proche.* **II** 1. loc. *SOLUTION DE CONTINUITÉ* : interruption de la continuité ; séparation. SYN. **coupure, rupture.** *Sans solution de continuité* : continu ; joint. 2. Action de dissoudre (un solide) dans un liquide ; fait de se dissoudre. SYN. **dissolution.** *Solution à chaud.* 3. Résultat de la dissolution ; mélange homogène (→ **soluté ; solvant**). *Solution aqueuse,* dont le solvant est l'eau. ➝ Liquide contenant un solide dissous.
ÉTYM. latin *solutio*, de *solvere* «résoudre, dissoudre».

SOLUTIONNER [sɔlysjɔne] **v. tr.** (conjug. 3a) ✦ (mot critiqué) Résoudre. *Solutionner un problème.*
ÉTYM. de *solution.*

SOLVABILITÉ [sɔlvabilite] **n. f.** ✦ Fait d'être solvable. CONTR. **insolvabilité.**

SOLVABLE [sɔlvabl] **adj.** ✦ Qui a les moyens de payer ; qui peut respecter ses engagements financiers. CONTR. **insolvable.**
ÉTYM. du latin *solvere* «payer, acquitter».

SOLVANT [sɔlvɑ̃] **n. m.** ✦ Substance (le plus souvent liquide) qui a le pouvoir de dissoudre d'autres substances.
ÉTYM. du latin *solvere* «dissoudre».

SOMATIQUE [sɔmatik] **adj.** ✦ Qui concerne le corps (opposé à *psychique*). ➝ Qui provient de causes physiques. SYN. **physiologique.**
ÉTYM. grec *sômatikos* «du corps *(sôma)*».

SOMATISER [sɔmatize] **v. tr.** (conjug. 3a) ✦ Rendre somatique, physiologique (un trouble psychique). *Il somatise son angoisse en tombant malade.*
► **SOMATISATION** [sɔmatizasjɔ̃] **n. f.**
ÉTYM. de *somatique.*

SOMBRE [sɔ̃bʀ] **adj.** **I** 1. Qui est peu éclairé, reçoit peu de lumière. SYN. **obscur.** *Pièce sombre.* ➝ *Il fait sombre.* 2. Foncé. *Une teinte sombre.* **II** fig. 1. Empreint de tristesse, d'inquiétude. SYN. ① **morne,** ① **morose, taciturne, triste.** *Il était sombre et silencieux.* ➝ *Regard, air sombre.* ➝ *De sombres réflexions.* 2. (choses) D'une tristesse tragique ou menaçante. SYN. **inquiétant,** ① **sinistre.** *L'avenir est sombre.* 3. FAM. Déplorable, lamentable. *Un sombre idiot.* SYN. ① **sinistre.** CONTR. **clair, éclairé, illuminé • gai, jovial, joyeux.**
ÉTYM. probablement d'un ancien verbe *sombrer* «faire de l'ombre», bas latin *subumbrare.*

SOMBRER [sɔ̃bʀe] **v. intr.** (conjug. 3a) 1. (bateau) Cesser de flotter, s'enfoncer dans l'eau. SYN. **couler,** faire **naufrage.** 2. fig. Disparaître, s'anéantir, se perdre. *Sombrer dans le désespoir.* SYN. **s'enfoncer.** ➝ *Sa raison a sombré.*
ÉTYM. de l'anc. v. *soussoubrer* «se renverser», du catalan *sotsobre* «sens dessus *(sobre)* dessous *(sot)*».

SOMBRÉRO ou **SOMBRERO** [sɔ̃bʀeʀo] **n. m.** ✦ Chapeau à larges bords, porté surtout en Amérique latine. *Les sombréros, les sombreros mexicains.* ➝ Écrire *sombréro* avec un accent aigu est permis.
ÉTYM. espagnol *sombrero*, de *sombra* «ombre».

SOMMAIRE [sɔmɛʀ] **adj.** et **n. m.**
I adj. 1. Qui est résumé brièvement. SYN. ① **bref,** ① **court ; succinct.** *Exposé sommaire.* 2. Qui est fait promptement, sans formalité. SYN. **expéditif.** *Jugement, exécution sommaire.* 3. Qui est réduit à sa forme la plus simple. *Connaissances sommaires.* SYN. **élémentaire, rudimentaire.** ➝ *Repas sommaire.* SYN. **frugal.** CONTR. **détaillé, long • complexe, minutieux.**
II n. m. Bref résumé des chapitres d'un livre. SYN. **table** des matières. ➝ *Sommaire d'une revue,* liste des articles et de leurs auteurs.
ÉTYM. latin *summarium* «abrégé», de *summa* «① somme».

SOMMAIREMENT [sɔmɛʀmɑ̃] **adv.** ✦ D'une manière sommaire.

SOMMATION [sɔmasjɔ̃] **n. f.** ✦ Action de sommer qqn. ➝ spécialt Avertissement d'avoir à s'arrêter ou à se disperser. *Après la troisième sommation, la sentinelle tira.*

① **SOMME** [sɔm] **n. f.** 1. Quantité formée de quantités additionnées ; résultat d'une addition. *Faire la somme de deux nombres.* 2. Ensemble de choses qui s'ajoutent. SYN. **total.** ➝ Quantité considérée dans son ensemble. SYN. ① **masse.** *Une somme de travail considérable.* ◆ *EN SOMME* **loc. adv.** : tout bien considéré. ➝ *SOMME TOUTE* : en résumé. → **finalement.** 3. *Somme (d'argent)* : quantité déterminée d'argent. *Une grosse somme. Arrondir*

une somme. 4. DIDACT. Œuvre qui fournit une synthèse des connaissances relatives à un domaine.
ÉTYM. latin *summa (linea)* «(la ligne) d'en haut», les Romains comptant de bas en haut → sommet.

② **SOMME** [sɔm] n. f. ✦ loc. *BÊTE DE SOMME :* bête qui porte les fardeaux.
ÉTYM. du latin *sagma*, du grec «selle, bât».

③ **SOMME** [sɔm] n. m. ✦ Action de dormir, considérée dans sa durée. *Faire un petit somme.* SYN. FAM. **roupillon.**
ÉTYM. latin *somnus* «sommeil».

SOMMEIL [sɔmɛj] n. m. 1. État d'une personne qui dort, caractérisé essentiellement par la suspension de la vigilance et le ralentissement de certaines fonctions. *Dormir d'un sommeil profond ; d'un sommeil de plomb. Avoir le sommeil léger.* ➖ *Le premier sommeil,* qui suit l'endormissement. *Sommeil paradoxal**. ➖ *Chercher le sommeil* (→ **insomnie**). *Provoquer le sommeil* (→ **somnifère, soporifique ; hypnose, narcose**). ➖ *Maladie du sommeil.* → **trypanosomiase ; tsétsé.** ◆ Envie de dormir. *Avoir sommeil. Tomber de sommeil.* ◆ (animaux) *Le sommeil profond du chat.* 2. Ralentissement des fonctions vitales pendant les saisons froides, chez certains êtres vivants (→ **hibernation**). 3. LITTÉR. *Le sommeil éternel, le dernier sommeil :* la mort. 4. fig. État de ce qui est provisoirement inactif. *Laisser une affaire en sommeil,* en suspens. CONTR. **éveil,** ① **réveil, veille, vigilance.**
ÉTYM. bas latin *somniculus* «sommeil *(somnus)* léger».

SOMMEILLER [sɔmeje] v. intr. (conjug. 3a) 1. Dormir d'un sommeil léger et bref. SYN. **somnoler.** 2. fig. Exister à l'état latent. *Une haine qui sommeille.*

SOMMELIER, IÈRE [sɔməlje, jɛʀ] n. ✦ Personne chargée de la cave, des vins, dans un restaurant.
ÉTYM. de l'ancien français *somier* «bête de somme».

SOMMER [sɔme] v. tr. (conjug. 3a) ✦ DR. Mettre (qqn) en demeure (de faire qqch.) dans les formes établies ; avertir par une sommation. *Sommer qqn à, de comparaître.* SYN. **assigner.** ➖ LITTÉR. *Sommer qqn de.* SYN. **enjoindre, ordonner.** *Je l'ai sommé de répondre.*
ÉTYM. peut-être latin médiéval *summare* «dire en résumé *(summa)*».

SOMMET [sɔmɛ] n. m. 1. Point ou endroit le plus élevé (d'une chose verticale). SYN. **faîte,** ② **haut.** *Monter au sommet d'une tour.* ◆ Point culminant (du relief). *Le sommet d'une montagne.* SYN. **cime.** ➖ *L'air pur des sommets.* 2. fig. Ce qui est le plus haut ; degré le plus élevé. SYN. **apogée,** ① **comble, summum.** *Être au sommet de la gloire.* ◆ *Conférence au sommet,* ou *sommet,* entre les dirigeants suprêmes. *Sommet franco-allemand. Sommet de la Terre* (Rio, 1992). ☛ Géographie p. 236. 3. Intersection de deux côtés (d'un angle, d'un polygone). *Angles opposés par le sommet.* CONTR. ① **bas, base, pied.**
ÉTYM. de l'ancien français *som,* latin *summum.*

SOMMIER [sɔmje] n. m. I Partie souple d'un lit, qui supporte le matelas. *Sommier à ressorts.* II ADMIN. Gros registre ou dossier. *Les sommiers de la police judiciaire.*
ÉTYM. bas latin *sagmarius* «bête de somme», de *sagma* → ② somme.

SOMMITÉ [sɔmite] n. f. I DIDACT. Extrémité (d'une tige, d'une plante). II Personnage éminent. SYN. **personnalité.** *Les sommités de la science.*
ÉTYM. bas latin *summitas,* de *summus* «sommet».

SOMNAMBULE [sɔmnɑ̃byl] n. 1. Personne qui, pendant son sommeil, effectue par automatisme des actes coordonnés (marche, etc.). ➖ adj. *Il est somnambule.* 2. Personne qui, dans un sommeil hypnotique, peut agir ou parler.
ÉTYM. du latin *somnus* «sommeil» et *ambulare* «marcher».

SOMNAMBULIQUE [sɔmnɑ̃bylik] adj. ✦ Relatif au somnambulisme.
ÉTYM. de *somnambule.*

SOMNAMBULISME [sɔmnɑ̃bylism] n. m. ✦ État d'automatisme inconscient du somnambule.

SOMNIFÈRE [sɔmnifɛʀ] adj. et n. m. ✦ (Médicament) qui provoque le sommeil. SYN. **soporifique.**
ÉTYM. latin *somnifer,* de *somnus* «sommeil» et *ferre* «porter».

SOMNOLENCE [sɔmnɔlɑ̃s] n. f. ✦ État intermédiaire entre la veille et le sommeil. SYN. **demi-sommeil, torpeur.** ➖ Tendance irrésistible à s'assoupir.
ÉTYM. bas latin *somnolentia,* de *somnolentus* «somnolent».

SOMNOLENT, ENTE [sɔmnɔlɑ̃, ɑ̃t] adj. ✦ Qui somnole. HOM. SOMNOLANT (p. présent de *somnoler*)
ÉTYM. latin *somnolentus.*

SOMNOLER [sɔmnɔle] v. intr. (conjug. 3a) ✦ Être dans un état de somnolence, dormir à demi. SYN. **sommeiller.** HOM. (du p. présent *somnolant*) SOMNOLENT «assoupi»
ÉTYM. de *somnolent.*

SOMPTUAIRE [sɔ̃ptɥɛʀ] adj. 1. ANTIQ. *Loi somptuaire,* qui, à Rome, restreignait les dépenses de luxe. 2. (critiqué) *Dépenses somptuaires,* de luxe.
ÉTYM. latin *sumptuarius,* de *(lex) sumptuaria* «(loi) qui concerne les dépenses».

SOMPTUEUX, EUSE [sɔ̃ptɥø, øz] adj. ✦ Qui est d'une beauté coûteuse, d'un luxe visible. SYN. **fastueux, luxueux, magnifique.** *Un cadeau somptueux.* CONTR. **pauvre, simple.**
▸ **SOMPTUEUSEMENT** [sɔ̃ptɥøzmɑ̃] adv.
ÉTYM. latin *sumptuosus,* de *sumptus* «dépense».

SOMPTUOSITÉ [sɔ̃ptɥozite] n. f. ✦ Beauté de ce qui est riche, somptueux.
ÉTYM. latin *sumptuositas.*

① **SON, SA, SES** [sɔ̃, sa, se] adj. poss. (3e pers. du sing.) ✦ Qui appartient, est relatif à la personne ou la chose dont il est question. *C'est son parapluie, c'est le sien. Sa voiture. Son idée.* ➖ *Il a comparu devant ses juges.* ➖ *Une œuvre qui a perdu de son actualité.* ➖ *Être content de son sort. Chacun son tour.* HOM. SONT (forme du verbe *être*) ; (du féminin *sa*) ① ÇA (pron. dém.), ÇÀ (adv.) ; (du pluriel *ses*) C (lettre), CES (adj. dém.)
ÉTYM. formes du latin *suus* «son, sien, leur».

② **SON** [sɔ̃] n. m. ✦ Sensation auditive créée par un mouvement vibratoire dans l'air ; ce phénomène. → **bruit ; phon-.** *Entendre, percevoir un son. Émettre des sons.* ➖ *Sons inarticulés, articulés.* ➖ *Vitesse de propagation du son.* ◆ *Sons musicaux. Enregistrement, reproduction du son.* HOM. SONT (forme du verbe *être*)
ÉTYM. latin *sonus.*

③ **SON** [sɔ̃] n. m. 1. Résidu de la mouture provenant de l'enveloppe des grains. ➝ *Farine de son,* mêlée de son. 2. Sciure servant à bourrer. *Poupée de son.* 3. loc. *TACHES DE SON :* taches de rousseur. HOM. SONT (forme du verbe *être*)
ÉTYM. origine discutée, p.-ê. anglo-saxon *seon.*

SONAR [sɔnaʀ] n. m. ✦ Équipement, appareil de détection sous-marine par réflexion des ondes sonores.
ÉTYM. mot anglais, sigle de *so(und) na(vigation) and r(anging),* d'après *radar.*

SONATE [sɔnat] n. f. ✦ Composition musicale pour un ou deux instruments, en trois ou quatre mouvements. *Sonate pour violon et piano.* ♦ MUS. Forme musicale réalisée par la sonate, le concerto, le quatuor, etc. ➝ appos. *La forme sonate.*
ÉTYM. italien *sonata,* du p. passé de *sonare* «jouer sur un instrument», latin *sonare* «faire résonner».

SONATINE [sɔnatin] n. f. ✦ Petite sonate de caractère facile.
ÉTYM. italien *sonatina,* diminutif de *sonata* «sonate».

SONDAGE [sɔ̃daʒ] n. m. 1. Exploration locale et méthodique (d'un milieu : mer, sol...). 2. Introduction d'une sonde (2) dans l'organisme. 3. *Sondage (d'opinion) :* enquête visant à déterminer la répartition des opinions sur une question, en recueillant des réponses auprès d'un échantillon de population.
ÉTYM. de *sonder.*

SONDE [sɔ̃d] n. f. 1. Instrument, appareil qui sert à déterminer la profondeur de l'eau et la nature du fond. ➝ Appareil de mesure des altitudes. 2. Instrument destiné à explorer les canaux (naturels ou accidentels) de l'organisme. ➝ Instrument servant à l'alimentation artificielle. 3. Appareil servant aux forages et aux sondages du sol (➜ **trépan**). 4. *Sonde spatiale :* engin d'exploration spatiale non habité.
ÉTYM. norrois *sund* «mer», dans *sundgyrd* «perche pour sonder», *sundrap* «corde pour sonder».

SONDER [sɔ̃de] v. tr. (conjug. 3a) 1. Reconnaître au moyen d'une sonde ou d'un appareil de sondage. *Sonder les grands fonds.* ♦ Procéder au sondage de. *Sonder une plaie.* 2. abstrait Chercher à entrer dans le secret de. SYN. **explorer, pénétrer, scruter.** *Sonder les cœurs.* ♦ Chercher à connaître l'état d'esprit, les intentions de (qqn). SYN. **tâter.** ➝ *Sonder l'opinion* (➜ **sondage**).
ÉTYM. de *sonde.*

SONDEUR, EUSE [sɔ̃dœʀ, øz] n. **I** n. Personne qui fait des sondages. **II** n. m. Appareil de sondage.
ÉTYM. de *sonder.*

SONGE [sɔ̃ʒ] n. m. ✦ LITTÉR. Rêve. *Je l'ai vu en songe.*
ÉTYM. latin *somnium* «rêve», de *somnus* «sommeil».

SONGER [sɔ̃ʒe] v. tr. ind. (conjug. 5) 1. VX Rêver ou s'abandonner à la rêverie. SYN. **rêvasser ;** ➜ **songeur.** 2. *SONGER À :* penser à, réfléchir à. *Songez-y bien !* ➝ Évoquer par la mémoire ou l'imagination. *Songer à l'avenir.* ➝ Envisager en tant que projet. *Il songe au mariage ; à se marier.* ➝ S'intéresser à, se préoccuper de. *Songer au lendemain.* 3. (trans.) *Songer que :* prendre en considération le fait que. *Avez-vous songé qu'il y a un risque ?*
ÉTYM. latin *somniare,* de *somnium* → songe.

SONGERIE [sɔ̃ʒʀi] n. f. ✦ LITTÉR. Rêverie.
ÉTYM. de *songe.*

SONGEUR, EUSE [sɔ̃ʒœʀ, øz] adj. ✦ Perdu dans une rêverie empreinte de préoccupation. SYN. **pensif.** *Cette nouvelle l'a laissée songeuse.*
ÉTYM. de *songer.*

SONNAILLE [sɔnɑj] n. f. ✦ Cloche ou clochette attachée au cou d'un animal domestique. ➝ au plur. Son de ces cloches.
ÉTYM. de *sonner.*

SONNANT, ANTE [sɔnɑ̃, ɑ̃t] adj. 1. VX Qui résonne, sonne. ➝ MOD. loc. *Espèces SONNANTES ET TRÉBUCHANTES :* monnaie métallique. 2. (heure) Qui est en train de sonner. SYN. **tapant.** *À cinq heures sonnantes.* SYN. ① **précis.**
ÉTYM. du participe présent de *sonner.*

SONNÉ, ÉE [sɔne] adj. 1. Annoncé par une sonnerie. *Il est midi sonné.* SYN. ② **passé.** ♦ *Il a cinquante ans bien sonnés,* révolus. 2. Assommé par un coup. *Boxeur sonné.* SYN. **groggy.** 3. FAM. Fou. SYN. **timbré, toqué.** *Il est complètement sonné.*

SONNER [sɔne] v. (conjug. 3a) **I** v. intr. 1. Retentir sous un choc. SYN. **résonner, tinter.** *Les cloches sonnent.* SYN. **carillonner.** 2. Produire une sonnerie. *Le téléphone a sonné.* ➝ (heure) *Minuit sonne. Trois heures sonnent.* 3. (avec un adv.) *Une phrase qui sonne mal,* peu harmonieuse. *Sonner juste, bien.* ➝ *Joie, témoignage qui sonne faux,* donne une impression d'hypocrisie, de mensonge. 4. Faire fonctionner une sonnerie. *Entrez sans sonner.* **II** v. tr. ind. *SONNER DE :* faire rendre des sons à (un instrument à vent). *Sonner du cor.* **III** v. tr. 1. Faire résonner. *Le sacristain sonnait les cloches.* ➝ loc. FAM. *Se faire sonner les cloches*.* 2. Faire entendre (une sonnerie) ; annoncer par une sonnerie. *Sonner la charge.* ➝ *L'horloge a sonné onze heures.* 3. Appeler (qqn) par une sonnerie, une sonnette. *Sonner l'infirmière, la bonne.* ➝ loc. FAM. *ON NE T'A PAS SONNÉ :* on ne t'a pas appelé, mêle-toi de tes affaires. 4. Assommer, étourdir d'un coup de poing (➜ **sonné,** 2).
ÉTYM. latin *sonare,* de *sonus* «② son».

SONNERIE [sɔnʀi] n. f. 1. Son de ce qui sonne ou d'un instrument dont on sonne. *La sonnerie du téléphone.* ➝ *Une sonnerie de clairon.* 2. Mécanisme qui fait sonner (une horloge, etc.). *Activer la sonnerie d'un réveil.* ➝ Appareil avertisseur. SYN. **sonnette.** *Sonnerie électrique.* SYN. **timbre.**
ÉTYM. de *sonner.*

SONNET [sɔnɛ] n. m. ✦ Petit poème à forme fixe (deux quatrains sur deux rimes embrassées et deux tercets).
☛ Littérature p. 123.
ÉTYM. italien *sonnetto,* de l'ancien français *sonet,* diminutif de ② *son.*

SONNETTE [sɔnɛt] n. f. 1. Petit instrument métallique (clochette) qui sonne pour avertir. ➝ Timbre, sonnerie électrique ; objet qui sert à déclencher la sonnerie. *Coup de sonnette. Sonnette d'alarme. Appuyer sur la sonnette.* ♦ *Serpent à sonnette :* crotale. 2. Son produit par une sonnette. SYN. **sonnerie.**
ÉTYM. de *sonner.*

SONNEUR, EUSE [sɔnœʀ, øz] n. 1. Personne qui sonne les cloches. ➝ loc. *Dormir comme un sonneur* (que les cloches ne réveillent pas), profondément. 2. Musicien

A B C D E F G H I J K L M N O P Q R S T U V W X Y Z

qui joue d'un instrument à vent. *Sonneur de cor, de cornemuse.*

SONO n. f. → SONORISATION

SONORE [sɔnɔʀ] adj. 1. Qui résonne fort. SYN. **éclatant.** *Une voix sonore.* – *Consonne sonore* et n. f. *une sonore* (opposé à *sourde*), dont l'émission s'accompagne de vibrations des cordes vocales (ex. [b]). 2. Qui renvoie ou propage le son. *Une salle trop sonore.* 3. Relatif au son, phénomène physique ou sensation auditive. *Ondes sonores.* – *Effets sonores* (dans un film...). CONTR. **muet, silencieux** · **insonore.**
ÉTYM. latin *sonorus*, famille de *sonus* «② son».

SONORISATION [sɔnɔʀizasjɔ̃] n. f. 1. Action de sonoriser. 2. Matériel d'amplification du son. – abrév. FAM. SONO [sɔno]. *Brancher la sono.* CONTR. **insonorisation.**

SONORISER [sɔnɔʀize] v. tr. (conjug. 3a) 1. Rendre sonore. 2. Adjoindre du son à (un film, un spectacle). 3. Munir (une salle) d'une sonorisation (2). – au p. passé *Salle sonorisée.* CONTR. **insonoriser.**

SONORITÉ [sɔnɔʀite] n. f. 1. Caractère particulier, qualité d'un son. *La sonorité d'un instrument de musique. Une belle sonorité.* – au plur. Inflexions, sons particuliers (d'une voix). 2. Caractère, qualité acoustique (d'un local).
ÉTYM. bas latin *sonoritas.*

SOPHISME [sɔfism] n. m. ✦ Argument, raisonnement faux malgré une apparence de vérité (généralement avancé de mauvaise foi).
ÉTYM. latin *sophisma*, mot grec «habileté».

SOPHISTE [sɔfist] n. 1. n. m. ANTIQ. GRECQUE Maître de rhétorique et de philosophie qui enseignait l'art de parler en public et de défendre toutes les thèses. 2. n. Personne qui use de raisonnements spécieux (→ **sophisme**).
ÉTYM. latin *sophistes*, du grec.

SOPHISTICATION [sɔfistikasjɔ̃] n. f. ✦ anglicisme 1. Caractère sophistiqué, artificiel. 2. Élaboration poussée, complexité technique.
ÉTYM. mot anglais.

SOPHISTIQUÉ, ÉE [sɔfistike] adj. 1. Alambiqué, affecté. *Un style sophistiqué.* 2. anglicisme Qui se distingue par son allure recherchée, artificielle. *Une femme sophistiquée.* 3. anglicisme Complexe, perfectionné. *Du matériel très sophistiqué.*
ÉTYM. du participe passé de l'anc. verbe *sophistiquer* «user de procédés sophistiqués», latin *sophisticari*, avec influence de l'anglais *sophisticated.*

SOPHROLOGIE [sɔfʀɔlɔʒi] n. f. ✦ DIDACT. Ensemble de pratiques (relaxation, etc.) visant à dominer les sensations douloureuses et de malaise psychique.
ÉTYM. du grec *sôphrôn* «sensé, sage» et de *-logie.*

SOPORIFIQUE [sɔpɔʀifik] adj. 1. Qui provoque le sommeil. – n. m. *Un soporifique.* SYN. **somnifère.** 2. FAM. Endormant, ennuyeux. *Un discours soporifique.*
ÉTYM. du latin *sopor* «sommeil profond» et *facere* «faire».

SOPRANISTE [sɔpʀanist] n. m. ✦ MUS. Chanteur (homme) qui a une voix de soprano. SYN. **haute-contre.**
ÉTYM. de *soprano.*

SOPRANO [sɔpʀano] n. 1. n. m. La plus élevée des voix. *Le soprano de la femme, de l'enfant.* 2. n. Personne qui a cette voix. *Un, une soprano. Des sopranos* ou *des soprani* (plur. italien).
ÉTYM. mot italien «qui est au-dessus», latin populaire *superanum*, de *super* «au-dessus».

SORBE [sɔʀb] n. f. ✦ Fruit du sorbier, baie rouge orangé.
ÉTYM. ancien occitan *sorba*, du latin *sorbum.*

SORBET [sɔʀbɛ] n. m. ✦ Glace légère, sans crème, généralement à base de jus de fruit. *Sorbet au cassis.*
ÉTYM. italien *sorbetto*, de l'arabe dialectal *chourba*, de *sarab* «boisson ; sirop», par le turc.

SORBETIÈRE [sɔʀbətjɛʀ] n. f. ✦ Appareil pour préparer les glaces et les sorbets.

SORBIER [sɔʀbje] n. m. ✦ Arbre sauvage ou ornemental dont certaines espèces produisent des fruits comestibles (→ **sorbe**). SYN. **alisier.**
ÉTYM. de *sorbe.*

SORBONNARD, ARDE [sɔʀbɔnaʀ, aʀd] n. ✦ péj. Étudiant ou professeur de la Sorbonne. – adj. *Esprit sorbonnard.*
ÉTYM. de *Sorbonne*, université parisienne ☞ noms propres.

SORCELLERIE [sɔʀsɛlʀi] n. f. ✦ Pratique des sorciers. *Les anciens procès de sorcellerie.* – *C'est de la sorcellerie :* c'est inexplicable, extraordinaire.
ÉTYM. d'abord *sorcerie* ; de *sorcier.*

SORCIER, IÈRE [sɔʀsje, jɛʀ] n. et adj.
I n. 1. Personne qui pratique une magie de caractère traditionnel, secret et illicite ou dangereux. SYN. **magicien.** *Les sorciers du Moyen Âge. Sorciers et devins.* ◆ loc. *L'apprenti* sorcier.* – *CHASSE AUX SORCIÈRES :* poursuite systématique d'opposants ; persécution organisée. → **maccarthysme.** 2. n. f. fig. *(Vieille) sorcière :* vieille femme laide et méchante.
II adj. m. loc. FAM. *Ce n'est pas sorcier :* ce n'est pas difficile. SYN. **malin.**
ÉTYM. latin populaire *sortiarius* «diseur de sort *(sors, sortis)*».

SORDIDE [sɔʀdid] adj. 1. D'une saleté repoussante, qui dénote une misère extrême. *Des bidonvilles sordides.* 2. Qui est bassement intéressé et mesquin. *Avarice sordide.* – *Une sordide affaire d'héritage.* CONTR. **pimpant, propre** · **désintéressé, généreux, noble.**
ÉTYM. latin *sordidus* «sale».

SORDIDEMENT [sɔʀdidmɑ̃] adv. ✦ D'une manière sordide.

SORGO ou **SORGHO** [sɔʀgo] n. m. ✦ Graminée des pays chauds, utilisée comme céréale.
ÉTYM. italien *sorgo*, latin populaire *suricum (granum)* «grain de Syrie *(Syria)*».

SORNETTE [sɔʀnɛt] n. f. ✦ surtout au plur. Propos frivole, affirmation sans fondement. SYN. **baliverne.** *Raconter, débiter des sornettes.*
ÉTYM. diminutif de l'ancien français *sorne* «plaisanterie», de l'anc. occitan *sorn* «obscur», d'origine incertaine.

SORORAL, ALE, AUX [sɔʀɔʀal, o] adj. ✦ DIDACT. D'une sœur, de sœurs (correspond à *fraternel*).
ÉTYM. du latin *soror* «sœur».

SORORITÉ [sɔʀɔʀite] **n. f.** ✦ DIDACT. Solidarité entre femmes (considérée comme spécifique).
ÉTYM. du latin *soror* «sœur», d'après *fraternité*.

SORT [sɔʀ] **n. m.** 1. Ce qui échoit (à qqn) du fait du hasard, ou d'une prédestination supposée ; situation faite ou réservée (à une personne, une catégorie de personnes). SYN. **destinée.** *Abandonner qqn à son sort. L'amélioration du sort des travailleurs.* SYN. **condition.** ➛ LITTÉR. *FAIRE UN SORT À qqch.*, le mettre en valeur ; FAM. s'en débarrasser d'une manière radicale, spécialement, consommer entièrement. *On a fait un sort à la bûche de Noël.* 2. Puissance qui est supposée fixer le cours des choses. *C'est un coup du sort. L'ironie* du sort.* ➛ *Le MAUVAIS SORT* : la malchance. *Conjurer le mauvais sort.* ➛ FAM. (juron) *Coquin de sort !* 3. Désignation par le hasard (s'oppose à *choix*, *élection*). *Le sort décidera.* ➛ *Tirer au sort* : décider, désigner par le recours au hasard. ➛ *Le sort en est jeté*, la décision est prise. 4. Effet magique, généralement néfaste, en relation avec une opération de sorcellerie (surtout dans *jeter un sort*). SYN. **envoûtement, maléfice, sortilège.**
HOM. SAUR «(hareng) fumé»
ÉTYM. latin *sors, sortis*.

SORTABLE [sɔʀtabl] **adj.** ✦ Que l'on peut sortir, présenter en public. *Tu n'es vraiment pas sortable.* CONTR. **insortable.**

SORTANT, ANTE [sɔʀtɑ̃, ɑ̃t] **adj.** 1. Qui sort par le fait du hasard. *Les numéros sortants.* SYN. **gagnant.** 2. Qui cesse de faire partie d'une assemblée. *Député sortant.*
ÉTYM. du participe présent de ① *sortir*.

SORTE [sɔʀt] **n. f.** 1. Ensemble (de gens ou d'objets caractérisés par une certaine manière d'être). SYN. **espèce, genre.** *Il y a plusieurs sortes de problèmes. Cette sorte de gens. Toutes sortes de gens. Des fruits de toutes sortes, de la même sorte.* 2. *UNE SORTE DE* : ce que l'on ne peut qualifier exactement et que l'on rapproche de. SYN. une **espèce** de. *Une sorte de vagabond. Une sorte de fascination.* 3. dans des expr. Façon d'accomplir une action. ➛ LITTÉR. *DE LA SORTE* : de cette façon, ainsi. ➛ *EN QUELQUE SORTE* : d'une certaine manière ; pour ainsi dire. *Vous avez eu de la chance, en quelque sorte.* ➛ *DE SORTE À* (+ inf.) : de manière à. ➛ *DE TELLE SORTE QUE* : de telle manière que. ➛ *DE SORTE QUE* : si bien que. ➛ *FAIRE EN SORTE QUE* (+ subj.), *DE* (+ inf.) : s'arranger pour (que). *Fais en sorte que tout soit prêt ; d'être à l'heure.*
ÉTYM. latin *sors, sortis* «sort ; catégorie».

SORTIE [sɔʀti] **n. f.** **I** (Action de sortir) 1. Action de quitter un lieu ; moment où (qqn) sort. *La sortie des élèves* (des classes). *La sortie des usines, des bureaux. Viens me chercher à la sortie. Porte de sortie.* ➛ au théâtre Action de quitter la scène. *Fausse sortie* (pour rentrer en scène peu après). 2. Action militaire pour sortir d'un lieu. *Tenter une sortie.* ◆ fig. Attaque verbale ; parole incongrue. 3. Action de sortir pour faire qqch. (se distraire, etc.). *Une courte sortie.* ➛ FAM. *Aujourd'hui, nous sommes DE SORTIE.* 4. (biens) Fait de sortir d'un pays. *D'importantes sorties de capitaux.* 5. Fait d'être produit, livré au public. *La sortie d'un nouveau modèle, d'un livre* (SYN. **parution, publication**). 6. Somme dépensée. *Les rentrées et les sorties.* SYN. **dépense.** 7. (fluides) Action de s'écouler, de s'échapper. *La sortie des gaz.* SYN. **échappement.** 8. INFORM. Émission de données de l'unité centrale vers l'extérieur (par oppos. à *entrée*). **II** Porte, endroit par où les personnes, les choses sortent. *Sortie de secours.* SYN. **issue.** *Par ici la sortie !* ➛ *Les sorties d'une autoroute.* **III** *SORTIE DE BAIN* : vêtement (peignoir...) que l'on porte après le bain.
CONTR. **entrée • accès.**
ÉTYM. du participe passé de ① *sortir*.

SORTILÈGE [sɔʀtilɛʒ] **n. m.** ✦ Artifice de sorcier ; action, influence qui semble magique. SYN. ① **charme, ensorcellement.** *Victime d'un sortilège.* SYN. **maléfice, sort.**
ÉTYM. du latin *sortilegus* «prophétique», littéralement «qui lit *(legere)* le sort *(sors, sortis)*».

① **SORTIR** [sɔʀtiʀ] **v.** (conjug. 23) **I** **v. intr.** avec l'auxiliaire *être* (Aller du dedans au dehors) 1. Aller hors (d'un lieu). *Sortir de chez soi.* ➛ absolt Quitter une maison, une pièce. SYN. ① **partir,** se **retirer.** *Il est sorti discrètement.* 2. Aller dehors (notamment pour se promener). *Ce n'est pas un temps pour sortir ! Il est sorti faire un tour.* SYN. ① **aller.** ➛ Aller hors de chez soi pour se distraire (au spectacle, etc.). *Nous sortons beaucoup.* ◆ *Sortir avec qqn*, avoir une relation amoureuse avec. SYN. **fréquenter.** 3. (objet en mouvement, fluide) Aller hors (de). *Eau qui sort d'une source.* SYN. **s'échapper, jaillir, sourdre.** ◆ Aller hors du contenant ou de l'espace normal. *Rivière qui sort de son lit.* → **déborder.** *La voiture est sortie de la route.* ➛ fig. *Cela m'est sorti de la tête*, je l'ai oublié. 4. Apparaître en se produisant à l'extérieur. SYN. **pousser ; percer.** *Les bourgeons sortent.* ◆ Être livré au public. SYN. **paraître.** *Ce film sort la semaine prochaine.* 5. Apparaître, être visible hors de qqch. SYN. **saillir ; dépasser.** *Les pousses sortent de terre.* 6. Se produire (au jeu, au tirage au sort). *Ce numéro n'est pas encore sorti.* **II** **v. intr.** (personnes) (Cesser d'être dans un tel lieu, dans un tel état) 1. Quitter (le lieu d'une occupation). *Sortir de table* : avoir fini de manger. ➛ absolt *Les élèves sortent à cinq heures.* 2. Quitter (une occupation). *Sortir d'un travail difficile.* 3. Quitter (un état), faire ou voir cesser (une situation). *Sortir de l'enfance. Il sort de maladie. Nous sommes sortis de ce mauvais pas.* ➛ Abandonner (un comportement habituel). *Sortir de sa réserve.* SYN. se **départir.** 4. Ne pas se tenir (à une chose fixée). SYN. **s'écarter.** *Vous sortez de votre rôle.* ◆ (choses) Être en dehors (de). *Cela sort de ma compétence. Ce modèle sort de l'ordinaire.* **III** **v. intr.** (Être issu de) 1. Avoir son origine, sa source (dans). SYN. **provenir, venir** de. *Des paroles sincères, qui sortent du cœur.* 2. (personnes) Avoir pour ascendance. *Il sort d'une bonne famille.* SYN. **descendre.** ◆ Avoir été formé (quelque part). *Sortir d'une grande école.* **IV** **v. tr.** (avec l'auxiliaire *avoir*) 1. Mener dehors (un être que l'on accompagne). *Sortir un malade. Je vais sortir le chien.* SYN. **promener.** ➛ FAM. Mener (qqn) au spectacle, etc. 2. Mettre dehors (qqch.), tirer (d'un lieu). *Sortir son mouchoir de sa poche.* 3. FAM. Expulser, jeter dehors (qqn). SYN. FAM. **vider, virer.** *Il s'est fait sortir du bar.* ➛ Éliminer (un concurrent, une équipe). 4. Tirer (d'un état, d'une situation). *Il faut le sortir de là.* ◆ pronom. *Se sortir d'un mauvais pas.* ➛ *S'EN SORTIR* : venir à bout d'une situation pénible, dangereuse. *Elle s'en est sortie brillamment.* SYN. s'en **tirer.** 5. Produire pour le public. SYN. **commercialiser.** *Éditeur qui sort un livre.* SYN. **publier.** 6. FAM. Dire, débiter. *Qu'est-ce qu'il va encore nous sortir ?* CONTR. **entrer, rentrer • enfoncer, enfouir.**
ÉTYM. latin *sortiri* «tirer au sort *(sors, sortis)*, choisir, obtenir».

A B C D E F G H I J K L M N O P Q R S T U V W X Y Z

② **SORTIR** [sɔʀtiʀ] n. m. ✦ LITTÉR. *AU SORTIR DE :* en sortant de (un lieu ; un état, une occupation). *Au sortir de l'enfance.*
ÉTYM. de ① *sortir.*

S. O. S. [ɛsoɛs] n. m. ✦ Signal de détresse (d'un bateau, d'un avion). *Envoyer, lancer un S. O. S.* ➝ Appel à secourir d'urgence des personnes en difficulté.
ÉTYM. suite de trois lettres de l'alphabet morse.

SOSIE [sɔzi] n. m. ✦ Personne qui a une ressemblance parfaite avec une autre. *Avoir un sosie. Être le sosie de qqn.*
ÉTYM. latin *Sosia* (personnage d'une pièce de Plaute), du grec *Sôsias ;* nom popularisé par l'*Amphitryon* de Molière.

SOT, SOTTE [so, sɔt] adj. et n.
I adj. LITTÉR. **1.** Qui a peu d'intelligence et peu de jugement. SYN. **bête, idiot, stupide.** *Je ne suis pas assez sot pour le croire.* ➝ Privé momentanément de jugement (du fait de la surprise, etc.). SYN. **confus.** *Se trouver tout sot.* SYN. **penaud.** ◆ n. *Vous n'êtes qu'un sot !* SYN. **âne. 2.** (choses) Qui dénote un manque d'intelligence et de jugement. SYN. **absurde, inepte.** *Une sotte vanité.* CONTR. ② **fin, intelligent, spirituel.**
II n. m. HIST. LITTÉR. Personnage de bouffon, dans les sotties*.
HOM. SAUT « bond », SCEAU « empreinte », SEAU « récipient »
ÉTYM. origine inconnue, p.-ê. onomatopéique.

SOTIE → SOTTIE

SOT-L'Y-LAISSE [solilɛs] n. m. invar. ✦ Morceau délicat, au-dessus du croupion d'une volaille.
ÉTYM. de *(le) sot l'y laisse.*

SOTTEMENT [sɔtmɑ̃] adv. ✦ D'une manière sotte. SYN. **bêtement.** CONTR. **intelligemment.**

SOTTIE ou **SOTIE** [sɔti] n. f. ✦ HIST. LITTÉR. Farce satirique et allégorique du Moyen Âge, jouée par des acteurs en costume de bouffon.
ÉTYM. de *sot.*

SOTTISE [sɔtiz] n. f. **1.** LITTÉR. Manque d'intelligence et de jugement. SYN. **bêtise, stupidité. 2.** Parole ou action qui dénote un manque d'intelligence. *Dire des sottises.* SYN. **ânerie. 3.** Maladresse, acte de désobéissance (d'enfant). **4.** Chose de peu d'importance. *Se tracasser pour des sottises.* CONTR. **finesse, intelligence.**
ÉTYM. de *sot.*

SOTTISIER [sɔtizje] n. m. ✦ Recueil de sottises (2) ou de platitudes échappées à des auteurs connus, des journalistes.

SOU [su] n. m. **1.** anciennt Le vingtième du franc, cinq centimes. *Une pièce de cent sous.* ➝ MOD. *Machine à sous,* appareil où l'on joue des pièces de monnaie. ➝ loc. *Amasser SOU À SOU, SOU PAR SOU. Dépenser jusqu'au dernier sou. N'avoir PAS LE SOU ; être SANS LE SOU :* ne pas avoir d'argent. *Un bijou de quatre sous,* sans valeur. *Il n'est pas compliqué POUR UN SOU* (pas du tout). *Il n'a pas un sou de bon sens* (SYN. **grain, gramme, once**). **2.** FAM. au plur. Argent. *Être près de ses sous,* avare. *Une question de gros sous,* d'intérêt.
HOM. SOÛL « ivre », SOUS (préposition)
ÉTYM. latin *soli(i)dus* « pièce d'or », de *solidus* « compact, entier, solide ».

SOUAHÉLI, IE [swaeli] → SWAHILI

SOUBASSEMENT [subasmɑ̃] n. m. **1.** Partie inférieure (d'une construction...). SYN. **base. 2.** Socle sur lequel reposent des couches géologiques.
ÉTYM. de *sous* et ① *bas* (II).

SOUBRESAUT [subʀəso] n. m. **1.** Saut brusque (d'un animal) ; secousse imprévue. **2.** Mouvement convulsif et violent (du corps). SYN. **haut-le-corps.**
ÉTYM. occitan *sobresaut* ou espagnol *sobresalto,* de *sobre* « sur » et *salto* « saut ».

SOUBRETTE [subʀɛt] n. f. ✦ Suivante ou servante de comédie.
ÉTYM. occitan *soubreto,* fém. de *soubret* « affecté ».

SOUCHE [suʃ] n. f. **1.** Ce qui reste du tronc, avec les racines, quand l'arbre a été coupé. ➝ loc. *Dormir comme une souche,* profondément. **2.** (dans des loc.) Origine d'une lignée. *Faire souche,* avoir des descendants. *De vieille souche,* de vieille famille. ➝ Origine commune (d'un groupe de peuples, de langues). *Mot de souche germanique.* ➝ *Souche de bactéries, de virus.* appos. *Cellules souches.* **3.** Partie d'un document qui reste fixée, reliée, quand on en a détaché l'autre partie. SYN. **talon.** *Carnet à souche.*
ÉTYM. gaulois *tsukka.*

① **SOUCI** [susi] n. m. **1.** Préoccupation inquiète (à propos de qqn ou de qqch.). SYN. **contrariété, tracas.** *Être accablé de soucis. De graves soucis.* ➝ *Se faire du souci.* → **s'inquiéter.** ➝ *Être sans souci* (→ **insouciant, insoucieux**). **2.** Ce qui provoque cet état d'esprit. *Sa santé est devenue un souci. Des soucis familiaux.* SYN. **ennui, problème. 3.** Intérêt soutenu. *Avoir le souci de la perfection.* SYN. **manie.** CONTR. **joie, plaisir.**
ÉTYM. de *se soucier.*

② **SOUCI** [susi] n. m. ✦ Petite plante de jardin, à fleurs jaunes ou orangées ; ces fleurs.
ÉTYM. latin *solsequia* « qui suit *(sequi)* le soleil *(sol)* ».

se **SOUCIER** [susje] v. pron. (conjug. 9) ✦ (surtout négatif) Prendre intérêt à, se préoccuper de. *Se soucier de sa santé. Je ne m'en soucie guère.* FAM. *Il s'en soucie comme de sa première chemise,* pas du tout.
ÉTYM. latin *sollicitare ;* doublet de *solliciter.*

SOUCIEUX, EUSE [susjø, øz] adj. **1.** Qui est absorbé, marqué par le souci. SYN. **inquiet, préoccupé.** ➝ *Un air soucieux.* **2.** *SOUCIEUX DE :* qui se préoccupe, se soucie de. *Être soucieux de sa tranquillité.* CONTR. **décontracté.**
ÉTYM. de ① *souci.*

SOUCOUPE [sukup] n. f. **1.** Petite assiette qui se place sous une tasse. **2.** *SOUCOUPE VOLANTE :* objet volant d'origine inconnue (supposée extraterrestre). SYN. **ovni.**
ÉTYM. italien *sottocoppa,* de *sotto* « sous » et *coppa* « coupe ».

SOUDAGE [sudaʒ] n. m. ✦ Action de souder (1) ; opération par laquelle on soude. → **soudure.**

SOUDAIN, AINE [sudɛ̃, ɛn] adj. et adv.
I adj. Qui arrive, se produit en très peu de temps, sans avoir été prévu. SYN. **brusque, rapide, subit.** *Une mort soudaine.* CONTR. **graduel, lent, prévu, progressif.**
II adv. Dans l'instant même, tout à coup. *Soudain, il s'enfuit.* CONTR. **lentement, progressivement.**
ÉTYM. latin populaire *subitanus,* de *subitus* « subit ».

SOUDAINEMENT [sudɛnmɑ̃] adv. ✦ D'une manière soudaine. *Le mal empira soudainement.* CONTR. **lentement, progressivement.**

SOUDAINETÉ [sudɛnte] **n. f.** ✦ Caractère de ce qui est soudain. SYN. **brusquerie, rapidité.** CONTR. **lenteur.**

SOUDARD [sudaʀ] **n. m.** ✦ LITTÉR. Homme de guerre brutal et grossier.
ÉTYM. de *soude*, ancienne forme de ① *solde*.

SOUDE [sud] **n. f.** 1. Carbonate de sodium. *Cristaux de soude.* 2. *Soude caustique* : hydroxyde de sodium. 3. PHARM. Sodium. *Sulfate de soude.*
ÉTYM. latin médiéval *soda*, arabe *suwwâd*.

SOUDER [sude] **v. tr.** (conjug. 3a) 1. Joindre, ou faire adhérer (des pièces métalliques, des matières plastiques) en faisant une seule masse (→ **braser**). ➙ absolt *Lampe à souder* (→ **chalumeau**). 2. fig. Unir étroitement et solidement. ➙ au p. passé *Une famille très soudée.* CONTR. **dessouder • désunir, diviser, séparer.**
ÉTYM. latin *solidare* «rendre solide *(solidus)*, consolider».

SOUDEUR, EUSE [sudœʀ, øz] **n.** 1. Spécialiste de la soudure. 2. *SOUDEUSE* **n. f.** Machine à souder.
ÉTYM. de *souder*.

SOUDOYER [sudwaje] **v. tr.** (conjug. 10) ✦ S'assurer en payant et d'une manière immorale le concours de (qqn). SYN. **acheter, corrompre.**
ÉTYM. de l'ancien français *soulde*, variante de ① *solde*.

SOUDURE [sudyʀ] **n. f.** 1. Alliage fusible servant à souder les métaux. 2. Résultat de l'opération de soudage ; cette opération elle-même. *Soudure au chalumeau.* ➙ Partie soudée. *La soudure est fragile.* 3. fig. *Faire la soudure* : satisfaire à la demande, entre deux récoltes, deux livraisons. ➙ par ext. Assurer la transition (entre deux systèmes, etc.).
ÉTYM. de *souder*.

SOUFFLAGE [suflaʒ] **n. m.** ✦ Opération par laquelle on façonne un objet creux en verre en le soufflant.

SOUFFLANT, ANTE [suflã, ãt] **adj.** 1. Qui sert à souffler, qui envoie de l'air. *Radiateur soufflant.* 2. FAM. Qui coupe le souffle. SYN. **époustouflant, étonnant.**

SOUFFLE [sufl] **n. m.** **I** 1. Mouvement de l'air que l'on produit en soufflant. *Éteindre une bougie d'un souffle.* 2. Expiration ; air rejeté par la bouche. SYN. **haleine.** ➙ loc. *Le dernier souffle*, la dernière manifestation de la vie, au moment de la mort (→ le dernier soupir). *Jusqu'à son dernier souffle.* ◆ La respiration ; son bruit. *Retenir son souffle. Couper le souffle à qqn* ; fig. étonner vivement. *Une beauté à couper le souffle.* ➙ *Être à bout de souffle*, haletant de fatigue, épuisé. ➙ *Le souffle* : la capacité à ne pas s'essouffler. *Avoir du souffle.* ➙ fig. *Trouver un second souffle*, un regain d'énergie, d'inspiration. 3. Force qui anime, crée. *Souffle créateur.* → **inspiration.** ➙ *Ce récit manque de souffle.* **II** 1. Mouvement naturel de l'air dans l'atmosphère. SYN. **bouffée,** ② **courant.** *Un souffle d'air, de vent.* ➙ *Les feuilles frémissent au moindre souffle.* 2. Air, fluide déplacé (par une différence de pression). SYN. **poussée.** *Le souffle d'un réacteur.* ➙ *Effet de souffle d'un explosif.* 3. Bruit anormal perçu à l'auscultation du cœur ou des poumons. *Souffle au cœur.* 4. Bruit de fond, dans un récepteur radio.
ÉTYM. de *souffler*.

SOUFFLÉ, ÉE [sufle] **adj. et n. m.**
I adj. 1. Gonflé. *Beignet soufflé* (par la cuisson). 2. Bouffi, boursouflé. *Des traits soufflés.* 3. FAM. Stupéfait. SYN. **ahuri, époustouflé, sidéré.**
II n. m. Préparation de pâte légère qui gonfle à la cuisson. *Un soufflé au fromage.*
ÉTYM. du participe passé de *souffler*.

SOUFFLEMENT [sufləmã] **n. m.** ✦ Action de souffler ; bruit, mouvement de l'air qui en résulte.

SOUFFLER [sufle] **v.** (conjug. 3a) **I v. intr.** 1. Expulser de l'air par la bouche ou par le nez, par une action volontaire. *Souffler sur le feu ; dans une trompette.* 2. Respirer avec peine, en expirant fort. SYN. **haleter.** *Souffler comme un bœuf, comme un phoque.* ◆ Reprendre haleine ; se reposer. *Laissez-moi le temps de souffler.* 3. (vent) Produire un mouvement de l'air. *Le vent souffle en rafales.* **II v. tr.** 1. Envoyer un courant d'air sur (qqch.). *Souffler une bougie* (pour l'éteindre). 2. FAM. *SOUFFLER qqch. à qqn*, le lui enlever. SYN. **soulever.** ➙ *Souffler un pion*, aux dames, le prendre quand l'adversaire ne s'en est pas servi pour prendre. 3. Détruire par un souffle violent. ➙ au p. passé *Maison soufflée par une explosion.* 4. Envoyer de l'air, du gaz dans (qqch.). *Souffler le verre* (pour le façonner). 5. Faire sortir en soufflant. *Souffler la fumée par le nez.* 6. Dire à voix basse. *Souffler qqch. à l'oreille de qqn*, lui dire en confidence. SYN. **chuchoter, murmurer.** ➙ loc. *Ne pas souffler mot* : ne rien dire. ◆ Dire discrètement (qqch.) pour aider qqn. *Souffler une réplique à un acteur* (→ **souffleur**). *Souffler la réponse.* ➙ absolt *Défense de souffler.* 7. FAM. Stupéfier. *Son courage nous a soufflés.* SYN. **époustoufler.**
ÉTYM. latin *sufflare*, de *flare* «souffler».

SOUFFLERIE [sufləʀi] **n. f.** 1. Machine servant à souffler et conduire de l'air. *La soufflerie d'un orgue.* 2. Installation permettant d'étudier les mouvements d'un fluide (notamment l'air) autour d'un objet. *Essais aérodynamiques en soufflerie.*

SOUFFLET [suflɛ] **n. m.** **I** 1. Instrument qui sert à souffler de l'air par le rapprochement de deux tablettes reliées par un assemblage souple. 2. Partie pliante ou souple entre deux parties rigides. *Sac à soufflets.* ➙ Passage articulé entre deux voitures d'un train, d'un autobus. **II** LITTÉR. Gifle. ➙ fig. Insulte grave. SYN. **camouflet.**
ÉTYM. de *souffler*.

SOUFFLETER [suflәte] **v. tr.** (conjug. 6b) ✦ LITTÉR. Gifler.
ÉTYM. de *soufflet* (II).

SOUFFLEUR, EUSE [suflœʀ, øz] **n.** 1. Personne qui façonne le verre par soufflage. 2. au théâtre Personne qui souffle leur rôle aux acteurs, en cas de trou de mémoire.

SOUFFLURE [suflyʀ] **n. f.** ✦ TECHN. Bulle de gaz (défaut de fabrication d'un ouvrage de métal, de verre).
ÉTYM. de *souffler*.

SOUFFRANCE [sufʀãs] **n. f.** 1. Fait de souffrir ; douleur physique ou morale. 2. *EN SOUFFRANCE* : se dit de marchandises qui n'ont pas été retirées, ou d'une affaire qui reste en suspens.
ÉTYM. de *souffrir* ou latin *sufferentia* «action de supporter *(sufferre)*».

SOUFFRANT, ANTE [sufʀã, ãt] **adj.** 1. LITTÉR. Qui souffre. *L'humanité souffrante.* 2. Légèrement malade. SYN. **indisposé.**

A B C D E F G H I J K L M N O P Q R S T U V W X Y Z

SOUFFRE-DOULEUR [sufʀədulœʀ] **n. m.** ✦ Personne qui est en butte aux mauvais traitements, aux tracasseries de son entourage. *Des souffre-douleur* (invar.) ou *des souffre-douleurs.*

SOUFFRETEUX, EUSE [sufʀətø, øz] **adj.** ✦ Qui est de santé fragile, qui est habituellement souffrant. → **maladif, malingre.** CONTR. **florissant.**
ÉTYM. de l'ancien français *suffraite* «privation» (famille du latin *frangere* «briser, anéantir»), avec infl. de *souffrir.*

SOUFFRIR [sufʀiʀ] **v.** (conjug. 22) **I v. tr.** LITTÉR. **1.** Supporter (qqch. de pénible ou de désagréable). SYN. **endurer.** ◆ (compl. personne ; tournure négative) *Je ne peux pas souffrir ce type.* – pronom. *Ils ne peuvent pas se souffrir.* **2.** Permettre, tolérer. *Souffrez que...* (+ subj.). – (choses) *Une règle qui ne souffre aucune exception.* SYN. **admettre. II v. intr. 1.** Éprouver une souffrance, des douleurs physiques ou morales ; avoir mal. *Où souffrez-vous ?* – *SOUFFRIR DE* (origine, cause). *Souffrir de rhumatismes. Souffrir du froid. Souffrir de la solitude.* ◆ FAM. Avoir du mal, peiner. *J'ai souffert pour lui expliquer le problème.* **2.** Éprouver un dommage. SYN. **pâtir.** *Plante qui souffre de la sécheresse. Sa réputation en a souffert.* **3.** trans. Éprouver avec souffrance. – loc. *Souffrir le martyre, mille morts,* souffrir beaucoup.
ÉTYM. latin populaire *sufferire,* classique *sufferre,* de *ferre* «porter».

SOUFI, IE [sufi] **adj.** ✦ Relatif au soufisme. ◆ Adepte du soufisme. – **n.** *Les soufis.*
ÉTYM. mot arabe «vêtu de laine *(souf)*».

SOUFISME [sufism] **n. m.** ✦ Courant ascétique et mystique de l'islam, qui vise au pur amour de Dieu.
ÉTYM. de *soufi.*

SOUFRAGE [sufʀaʒ] **n. m.** ✦ Action de soufrer.

SOUFRE [sufʀ] **n. m.** ✦ Corps simple (symb. S), solide, jaune citron, très répandu dans la nature (→ **sulf(o)-**). *Vapeurs de soufre* (→ **sulfureux ; solfatare**). ◆ *Odeur de soufre,* qui passe pour signaler la présence du diable. – loc. *Sentir le soufre,* paraître diabolique ; être peu orthodoxe.
ÉTYM. latin *sulfur.*

SOUFRER [sufʀe] **v. tr.** (conjug. 3a) **1.** Imprégner, enduire de soufre. – au p. passé *Allumettes soufrées.* **2.** Traiter au soufre, à l'anhydride sulfureux (des végétaux...). *Soufrer la vigne.*

SOUFRIÈRE [sufʀijɛʀ] **n. f.** ✦ Lieu d'où l'on extrait le soufre.

SOUHAIT [swɛ] **n. m. 1.** Désir d'obtenir qqch., de voir un évènement se produire. SYN. **vœu.** *Exprimer, former des souhaits. Souhaits de réussite.* – *Les souhaits de bonne année.* – *À tes, vos souhaits !,* se dit à qqn qui éternue. **2.** *À SOUHAIT* **loc. adv.** : autant, aussi bien qu'on peut le souhaiter. *Tout marche à souhait.*
ÉTYM. de *souhaiter.*

SOUHAITABLE [swɛtabl] **adj.** ✦ Qui peut ou doit être souhaité, recherché. SYN. **désirable.** *Elle a toutes les qualités souhaitables pour cet emploi.*

SOUHAITER [swete] **v. tr.** (conjug. 3a) ✦ Désirer, pour soi ou pour autrui, l'accomplissement de (qqch.). SYN. **espérer.** *Je souhaite sa réussite ;* (+ subj.) *qu'il réussisse. Je lui souhaite de réussir. Je souhaite le rencontrer.* ◆ *Souhaiter la bienvenue, le bonjour à qqn. Je vous souhaite bonne chance.* – FAM. *Souhaiter la bonne année,* offrir ses vœux de nouvel an. CONTR. **craindre, regretter.**
ÉTYM. origine discutée, peut-être latin populaire *subtushaitare,* du latin *subtus* «sous» et du francique *haitan* «ordonner, promettre».

SOUILLE [suj] **n. f. 1.** Bourbier où le sanglier aime à se vautrer. **2.** TECHN. Empreinte (dans la terre, etc.) de qqch. qui s'est enfoncé.
ÉTYM. peut-être famille de *souiller.*

SOUILLER [suje] **v. tr.** (conjug. 3a) ✦ LITTÉR. **1.** Salir. – au p. passé *Plage souillée de détritus.* **2.** fig. Salir, altérer (ce qui aurait dû être respecté). *On tente de souiller sa mémoire.* CONTR. **blanchir, laver, purifier.**
ÉTYM. de l'ancien français *soil* «bourbier», latin *solium* «siège ; cuve».

SOUILLON [sujɔ̃] **n. f.** ✦ LITTÉR. Femme (notamment, servante) malpropre.
ÉTYM. de *souiller.*

SOUILLURE [sujyʀ] **n. f.** ✦ LITTÉR. **1.** Saleté, tache. **2.** fig. Tache morale, flétrissure.
ÉTYM. de *souiller.*

SOUK [suk] **n. m. 1.** Marché couvert des pays arabes réunissant des boutiques et des ateliers. SYN. **bazar.** *Les souks du Caire.* **2.** FAM. Lieu où règne le désordre, le bruit. *Quel souk !*
ÉTYM. mot arabe «marché».

SOÛL, SOÛLE [su, sul] **adj. I 1.** VX Rassasié, repu. – MOD. LITTÉR. *Être soûl de qqch.,* en avoir trop, en être rassasié. **2. n. m.** *TOUT MON (TON, SON...) SOÛL* **loc. adv.** : à satiété, autant qu'on veut. *Pleurer tout son soûl.* **II 1.** FAM. Ivre. *Soûl comme une bourrique, comme une grive.* **2.** fig. Enivré, grisé. *Soûl de paroles.* – On écrit aussi *saoul, saoule* [su, sul]. HOM. SOU «pièce de monnaie», SOUS (préposition)
ÉTYM. latin *satullus,* diminutif de *satur* «rassasié».

SOULAGEMENT [sulaʒmɑ̃] **n. m. 1.** Action ou manière de soulager ; ce qui soulage. *Paroles de soulagement. Chercher un soulagement.* **2.** État d'une personne soulagée. *Soupir de soulagement.* CONTR. **accablement.**

SOULAGER [sulaʒe] **v. tr.** (conjug. 5) **1.** Débarrasser (qqn, un animal, qqch.) de (une partie d'un fardeau), dispenser de (un effort, une fatigue...). *Donnez-moi cette valise, cela vous soulagera.* – plais. *Un pickpocket l'a soulagé de son portefeuille.* SYN. **délester.** ◆ *SE SOULAGER* **v. pron.** FAM. Satisfaire un besoin naturel. **2.** Débarrasser partiellement (qqn) de ce qui pèse sur lui (douleur, inquiétude, etc.). *Ce remède va soulager le malade. Dites-moi ce qui ne va pas, cela vous soulagera.* **3.** Rendre moins pénible à supporter (un mal). *Soulager la peine de qqn.* CONTR. **accabler · aggraver.**
ÉTYM. de l'ancien verbe *suslegier,* latin populaire *subleviare,* classique *sublevare,* d'après l'ancien français *soulaz* «consolation» (latin *solacium).*

SOULANE [sulan] **n. f.** ✦ RÉGION. Versant ensoleillé d'une montagne, dans les Pyrénées. SYN. **adret.**
ÉTYM. béarnais *soulena,* du latin *sol* «soleil».

SOÛLANT, ANTE [sulɑ̃, ɑ̃t] **adj.** ✦ FAM. Ennuyeux, lassant. – On écrit aussi *saoulant, ante.*
ÉTYM. du participe présent de *soûler.*

SOÛLARD, ARDE [sulaʀ, aʀd] adj. ✦ FAM. Ivrogne. SYN. **soûlaud.** ➝ On écrit aussi *saoulard, arde.*
ÉTYM. de *soûl.*

SOÛLAUD, AUDE [sulo, od] n. ✦ FAM. Ivrogne. SYN. **soûlard.** ➝ On écrit aussi *soûlot, ote* [sulo, ɔt].
ÉTYM. de *soûl.*

SOÛLER [sule] v. tr. (conjug. 3a) 1. Enivrer. ➝ pronom. *Se soûler au whisky.* 2. fig. Griser. *On l'a soûlé de promesses.* 3. FAM. Ennuyer, fatiguer. *Tu nous soûles avec tes histoires !* ➝ On écrit aussi *saouler* [sule].
ÉTYM. de *soûl.*

SOÛLERIE [sulʀi] n. f. ✦ FAM. Fait de se soûler ; ivresse. SYN. **beuverie, soûlographie.** ➝ On écrit aussi *saoulerie.*

SOULÈVEMENT [sulɛvmɑ̃] n. m. 1. Fait de se soulever, d'être soulevé. *Un soulèvement de terrain.* 2. Mouvement massif de révolte. SYN. **insurrection.** *Le soulèvement des esclaves.*

SOULEVER [sul(ə)ve] v. tr. (conjug. 7a) 1. Lever à une faible hauteur. *Soulever un poids.* ➝ pronom. *Se soulever sur le coude.* ◆ Relever. *Soulever un rideau.* 2. Faire s'élever. *Soulever de la poussière.* ➝ loc. *Soulever le cœur*.* 3. fig. Transporter, exalter (qqn). *La fureur qui le soulevait.* 4. Animer de sentiments hostiles ; entraîner à la révolte. *Soulever le peuple contre un dictateur.* ➝ pronom. Se révolter ; s'insurger (→ **soulèvement**). 5. Exciter puissamment (une réaction...). SYN. **provoquer.** *Soulever l'enthousiasme, la curiosité.* 6. Faire que se pose (une question, un problème). SYN. **poser.** 7. FAM. Enlever, prendre. *Il lui a soulevé l'affaire.* SYN. **souffler.** CONTR. **abaisser, affaisser • soumettre.**
ÉTYM. de *sous* et *lever.*

SOULIER [sulje] n. m. ✦ Chaussure épaisse, qui couvre bien le pied. *Souliers de marche.* ➝ loc. *Être DANS SES PETITS SOULIERS* : être mal à l'aise, embarrassé.
ÉTYM. latin populaire *subtelare* «chaussure», famille de *talus* «talon, cheville».

SOULIGNAGE [suliɲaʒ] n. m. ✦ Action de souligner ; trait qui souligne. ➝ On dit aussi SOULIGNEMENT [suliɲmɑ̃].

SOULIGNER [suliɲe] v. tr. (conjug. 3a) 1. Tirer une ligne, un trait sous (des mots qu'on veut signaler). *Souligner un passage en rouge.* ◆ Border d'un trait qui met en valeur. *Des paupières soulignées de noir.* 2. fig. Accentuer ; mettre en valeur. SYN. **appuyer.** *Souligner une allusion par un sourire.* ➝ Faire remarquer avec une insistance particulière. *L'auteur souligne l'importance de cet évènement.*
ÉTYM. de *sous* et *ligne.*

SOÛLOGRAPHIE [sulɔgʀafi] n. f. ✦ FAM. Ivrognerie ; excès de boisson. SYN. **soûlerie.** ➝ On écrit aussi *saoulographie.*
ÉTYM. de *soûl* et *-graphie*, formation plaisante.

SOULTE [sult] n. f. ✦ DR. Somme d'argent qui, dans un partage ou un échange, compense une inégalité.
ÉTYM. de *sout*, participe passé de l'ancien verbe *soldre* «payer», latin *solvere.*

SOUMETTRE [sumɛtʀ] v. tr. (conjug. 46) 1. Mettre dans un état de dépendance ; ramener à l'obéissance. *Soumettre des rebelles.* 2. Mettre dans l'obligation d'obéir à une loi, d'accomplir un acte. SYN. **assujettir.** ➝ au p. passé *Revenus soumis à l'impôt.* 3. Présenter, proposer à l'examen, au choix. *Soumettre un manuscrit à un éditeur.* 4. Exposer à un effet que l'on fait subir. *Sportif soumis à un entraînement sévère.* 5. *SE SOUMETTRE* v. pron. Obéir, se conformer (à). SYN. se **plier.** *Se soumettre au règlement.* CONTR. **soulever • exempter.**
ÉTYM. latin *submittere.*

SOUMIS, ISE [sumi, iz] adj. ✦ Docile, obéissant. *Un chien soumis.* ➝ *Un air soumis.* CONTR. **indiscipliné, indocile, récalcitrant.**
ÉTYM. du participe passé de *soumettre.*

SOUMISSION [sumisjɔ̃] n. f. 1. Fait de se soumettre, d'être soumis (à une autorité, une loi) ; attitude d'une personne soumise. SYN. **obéissance.** *Une soumission aveugle.* 2. Action de se soumettre, d'accepter une autorité contre laquelle on a lutté. *Faire acte de soumission.* 3. DR. Devis établi en réponse à un appel d'offres, à une adjudication publique. CONTR. **désobéissance, insoumission.**
ÉTYM. latin *submissio.*

SOUMISSIONNER [sumisjɔne] v. tr. (conjug. 3a) ✦ DR. Proposer par une soumission (3).

SOUPAPE [supap] n. f. ✦ Pièce mobile qu'une surpression peut ouvrir momentanément. SYN. **clapet, valve.** *Les soupapes d'un moteur d'automobile* (commandant l'admission et l'échappement). ➝ *Soupape de sûreté.*
ÉTYM. probablement de l'ancien français *souspape* «coup sous le menton», de *sous* et *paper* «manger», latin *pappare*, d'origine onomatopéique.

SOUPÇON [supsɔ̃] n. m. 1. Opinion qui fait attribuer à qqn des actes ou des intentions blâmables. SYN. **suspicion.** *Nous avons des soupçons à son sujet. Être l'objet d'un soupçon* (→ **suspect**). ➝ *Être au-dessus, à l'abri de tout soupçon*, d'une honnêteté irréprochable. 2. Fait de soupçonner (qqch.) ; idée, pressentiment. *Des difficultés dont vous n'avez pas soupçon.* 3. Apparence qui laisse supposer la présence d'une chose ; très petite quantité. *Un soupçon de vulgarité.* SYN. **ombre, pointe.** CONTR. **certitude.**
ÉTYM. bas latin *suspectio*, classique *suspicio*, de *suspicere* «suspecter».

SOUPÇONNABLE [supsɔnabl] adj. ✦ Qui peut être soupçonné. CONTR. **insoupçonnable.**

SOUPÇONNER [supsɔne] v. tr. (conjug. 3a) 1. Faire peser des soupçons sur (qqn). SYN. **suspecter.** *On le soupçonne de vol, d'avoir volé.* 2. Pressentir (qqch.) d'après certains indices. SYN. **entrevoir, flairer.** *Soupçonner une fraude.*

SOUPÇONNEUX, EUSE [supsɔnø, øz] adj. ✦ Enclin aux soupçons. SYN. **méfiant ; suspicieux.** *Un mari soupçonneux.* ➝ *Un air soupçonneux.* CONTR. **confiant, crédule.**

SOUPE [sup] n. f. **I** VX Tranche de pain arrosée de bouillon. ➝ *Tremper la soupe* : arroser le pain de bouillon. ➝ loc. FAM. *Être trempé comme une soupe*, complètement trempé (par la pluie). **II** 1. Potage ou bouillon épaissi. *Soupe aux légumes. Soupe à l'oignon.* ◆ loc. *Un GROS PLEIN DE SOUPE* (FAM.) : un homme très gros. ➝ *Être SOUPE AU LAIT*, se mettre facilement en colère. 2. Repas composé d'un plat unique, souvent une soupe épaisse (dans certaines communautés : armée, prison, etc.). SYN. **rata.** *À la soupe !* ➝ *Soupe populaire*, repas gratuit servi aux défavorisés ; local où on le sert. ☛ Crise de 1929 p. 193. 3. loc. FAM. *Par ici la bonne*

soupe ! l'argent. ➡ *Aller à la soupe :* chercher les avantages, un profit.
ÉTYM. bas latin *suppa*, d'origine germanique.

SOUPENTE [supɑ̃t] **n. f.** ✦ Réduit aménagé dans la hauteur d'une pièce ou sous un escalier.
ÉTYM. de l'anc. v. *soupendre*, forme de *suspendre*.

① **SOUPER** [supe] **v. intr.** (conjug. 3a) **1.** VX OU RÉGIONAL Prendre le repas du soir. SYN. ① **dîner. 2.** Faire un repas tard dans la nuit (➡ ② **souper,** 2). **3.** FAM. *J'en ai soupé :* j'en ai assez.
ÉTYM. de *soupe*.

② **SOUPER** [supe] **n. m. 1.** VX OU RÉGIONAL Repas du soir. SYN. ② **dîner. 2.** Repas que l'on prend à une heure avancée de la nuit, après le spectacle, etc.
ÉTYM. de ① *souper*.

SOUPESER [supəze] **v. tr.** (conjug. 7a) **1.** Soulever et soutenir un moment dans la main (pour juger du poids). *Soupeser une valise.* **2.** fig. Peser, évaluer. *Soupeser des arguments. Soupeser ses chances.*
ÉTYM. de *sous* et *peser*.

SOUPIÈRE [supjɛʀ] **n. f.** ✦ Récipient large et profond, dans lequel on sert la soupe ou le potage ; son contenu.
ÉTYM. de *soupe*.

SOUPIR [supiʀ] **n. m. 1.** Inspiration ou respiration plus ou moins bruyante, dans les états d'émotion. *Pousser des soupirs ; un profond soupir.* ➡ *Rendre le dernier soupir :* mourir (→ le dernier souffle*). **2.** MUS. Silence correspondant à une noire ; signe indiquant ce silence.
ÉTYM. de *soupirer*.

SOUPIRAIL, AUX [supiʀaj, o] **n. m.** ✦ Ouverture pratiquée pour donner de l'air, du jour à un sous-sol.
ÉTYM. de *soupirer* «exhaler», d'après le latin *spiraculum* «soupirail».

SOUPIRANT [supiʀɑ̃] **n. m.** ✦ iron. Celui qui fait la cour à une femme. SYN. **prétendant.**
ÉTYM. du participe présent de *soupirer*.

SOUPIRER [supiʀe] **v.** (conjug. 3a) **1. v. intr.** Pousser un soupir, des soupirs. ♦ LITTÉR. Être amoureux. ➡ *Soupirer après, pour* (qqn, qqch.) : désirer ardemment (ce dont on ressent la privation). **2. v. tr.** (surtout en incise) Dire en soupirant. *Hélas ! soupira-t-il.*
ÉTYM. latin *suspirare*, de *spirare* «souffler».

SOUPLE [supl] **adj. 1.** Que l'on peut plier et replier facilement, sans casser ni détériorer. *Un tuyau souple.* SYN. **flexible.** *Un cuir souple.* ♦ (corps, personnes) Qui se plie et se meut avec aisance. *Elle est très souple ; souple comme une anguille.* **2.** abstrait Capable de s'adapter adroitement aux exigences d'une situation. *Un caractère souple.* ♦ Qui est capable d'adaptation, qui n'est pas rigide. *Une éducation souple.* CONTR. ① **ferme, raide, rigide • buté, intransigeant, têtu.**
ÉTYM. latin *supplex, supplicis* «qui se plie *(plicare)*».

SOUPLESSE [suplɛs] **n. f. 1.** Propriété de ce qui est souple (1). SYN. **élasticité, flexibilité ; agilité.** *La souplesse d'une liane.* **2.** Caractère, action d'une personne souple (2). SYN. ② **adresse.** ♦ Faculté d'adaptation. *La souplesse d'une langue.* CONTR. **raideur, rigidité • intransigeance.**

SOUQUER [suke] **v.** (conjug. 3a) ✦ MAR. **1. v. tr.** Tirer fortement sur. *Souquer un nœud.* **2. v. intr.** Tirer fortement sur les avirons.
ÉTYM. occitan *souca*, d'origine incertaine.

SOURATE [suʀat] **n. f.** ✦ Chapitre du Coran.
ÉTYM. arabe *sūrat*.

SOURCE [suʀs] **n. f. 1.** Eau qui sort de terre ; lieu où une eau souterraine se déverse à la surface du sol. *Source thermale. Eau de source.* ➡ fig. *Couler* de source.* ♦ spécialt *La source d'un cours d'eau,* celle qui lui donne naissance. *La Seine prend sa source au plateau de Langres.* **2.** fig. Origine, principe. *La source d'une erreur. Une source de profit.* ➡ appos. *Langue source* (dans une traduction, celle que l'on traduit ; opposé à langue cible). *Les langues sources.* **3.** Origine (d'une information). *Savoir de source sûre. Citer ses sources.* ♦ Œuvre antérieure qui a fourni un thème, une idée (à un artiste). **4.** Corps, point d'où rayonne (une énergie). *Source de chaleur ; source lumineuse.* SYN. **foyer.**
ÉTYM. féminin de *sours*, anc. p. passé du v. *sourdre*.

SOURCER [suʀse] **v. tr.** (conjug. 4) ✦ Indiquer la source, l'origine, la référence de (une information, des données). ➡ au p. passé *Citation non sourcée.*

SOURCIER, IÈRE [suʀsje, jɛʀ] **n.** ✦ Personne à laquelle on attribue l'art de découvrir les sources et les nappes d'eau souterraines. SYN. **radiesthésiste.** *Baguette, pendule de sourcier.*
ÉTYM. de *source*.

SOURCIL [suʀsi] **n. m.** ✦ (êtres humains) Arc garni de poils qui surplombe les yeux ; ces poils. *Avoir de gros sourcils.* ➡ *Froncer les sourcils* (en signe de mécontentement).
ÉTYM. latin *supercilium*, de *super* «au-dessus de» et *cilium* «cil».

SOURCILIER, IÈRE [suʀsilje, jɛʀ] **adj.** ✦ Relatif aux sourcils. ➡ *Arcade sourcilière.*

SOURCILLER [suʀsije] **v. intr.** (conjug. 3a) ✦ (en emploi négatif) Manifester son trouble, son mécontentement. *Il n'a pas sourcillé, il a payé sans sourciller.* SYN. **ciller.**
ÉTYM. de *sourcil*.

SOURCILLEUX, EUSE [suʀsijø, øz] **adj. 1.** LITTÉR. Hautain, sévère. **2.** Exigeant. SYN. **pointilleux.**
ÉTYM. latin *superciliosus* «renfrogné».

SOURD, SOURDE [suʀ, suʀd] **adj.** et **n.** **I** (personnes) **1.** Qui perçoit insuffisamment les sons ou ne les perçoit pas (➡ **surdité**). *Être sourd ; sourd d'une oreille.* ➡ loc. *Sourd comme un pot :* complètement sourd. ♦ **n.** *Les sourds et les malentendants.* ➡ loc. *Crier ; frapper, cogner comme un sourd,* de toutes ses forces. ➡ *DIALOGUE DE SOURDS,* où aucun des interlocuteurs ne comprend l'autre. **2.** fig. LITTÉR. *SOURD À :* qui refuse d'entendre, reste insensible à. *Rester sourd aux critiques.* SYN. **fermé, inaccessible.** **II** (choses) **1.** Peu sonore, qui ne retentit pas. *Un bruit sourd.* SYN. **assourdi, étouffé.** ➡ *Consonne sourde* et **n. f.** *une sourde* (opposé à sonore), émise sans vibration des cordes vocales (ex. [p]). **2.** Qui est peu prononcé, ne se manifeste pas nettement. *Une douleur sourde.* ➡ *Une lutte sourde,* cachée. SYN. **clandestin.** CONTR. **éclatant, sonore • aigu, vif.**
ÉTYM. latin *surdus*.

SOURDEMENT [suʀdəmɑ̃] **adv. 1.** Avec un bruit sourd. **2.** D'une manière sourde, cachée.

SOURDINE [suRdin] **n. f.** 1. Dispositif qu'on adapte à des instruments à vent ou à cordes, pour amortir le son. 2. loc. *EN SOURDINE :* sans bruit, sans éclat. SYN. **discrètement.** – *Mettre une sourdine à,* exprimer moins bruyamment.
ÉTYM. italien *sordina,* de *sordo* «sourd».

SOURDINGUE [suRdɛ̃g] **adj.** ✦ FAM. (souvent péj.) Sourd.
ÉTYM. de *sourd,* suffixe argotique.

SOURD-MUET [suRmɥɛ], **SOURDE-MUETTE** [suRdəmɥɛt ; suRdmɥɛt] **n.** ✦ Personne atteinte de surdité congénitale entraînant la mutité. *Des sourds-muets.*

SOURDRE [suRdR] **v. intr.** (seulement inf. et 3e pers. de l'indic. : *il sourd, ils sourdent ; il sourdait, ils sourdaient*) ✦ LITTÉR. 1. (eau) Sortir de terre. 2. fig. Naître, surgir.
ÉTYM. latin *surgere ;* doublet de *surgir.*

SOURIANT, ANTE [suRjɑ̃, ɑ̃t] **adj.** 1. Qui sourit, est aimable et gai. 2. Qui est agréable à vivre. *Un paysage souriant.* CONTR. **grave, triste** • ① **sinistre.**

SOURICEAU [suRiso] **n. m.** ✦ Jeune souris. *Des souriceaux.*
ÉTYM. de *souris.*

SOURICIÈRE [suRisjɛR] **n. f.** 1. Piège à souris. SYN. **ratière.** 2. Piège tendu par la police (en un lieu où qqn doit se rendre). *Tomber dans une souricière.*
ÉTYM. de *souris.*

① **SOURIRE** [suRiR] **v. intr.** (conjug. 66) 1. Prendre une expression rieuse ou ironique par un léger mouvement de la bouche et des yeux. → aussi ① **rire.** – *Sourire à qqn,* lui adresser un sourire. – *Sa naïveté fait sourire,* amuse. 2. (sujet chose) Être agréable. SYN. **plaire.** *Ce projet ne me sourit guère.* – Être favorable. *La chance lui a souri.*
ÉTYM. latin *subridere,* de *ridere* «① rire».

② **SOURIRE** [suRiR] **n. m.** ✦ Action de sourire, mouvement et expression d'un visage qui sourit. *Le sourire de la Joconde.* – *Avoir le sourire :* être heureux, content. *Garder le sourire* (en dépit d'une déception).
ÉTYM. de ① *sourire.*

SOURIS [suRi] **n. f.** 1. Petit mammifère rongeur (spécialt la souris commune, au pelage gris). *Souris grise, blanche. Souris femelle, souris mâle. Jeune souris.* → **souriceau.** 2. FAM. VIEILLI Jeune fille, jeune femme. 3. Muscle charnu à l'extrémité du gigot. 4. Boîtier connecté à un ordinateur, qui permet, par déplacement et pression sur un bouton (→ **cliquer**), de désigner un point sur l'écran et de donner des instructions.
ÉTYM. latin populaire *sorix, soricis,* classique *sorex, soricis.*

SOURNOIS, OISE [suRnwa, waz] **adj.** 1. Qui dissimule ses sentiments réels dans une intention malveillante. SYN. **dissimulé, fourbe.** – **n.** *C'est un sournois.* SYN. **hypocrite.** ♦ *Une méchanceté sournoise.* 2. Qui ne se déclare pas franchement. *Une douleur sournoise.* SYN. **sourd.** CONTR. ② **franc.**
► **SOURNOISEMENT** [suRnwazmɑ̃] **adv.**
ÉTYM. probablement de l'occitan *sourne,* de *sorn* «obscur, sombre» → sornette.

SOURNOISERIE [suRnwazRi] **n. f.** ✦ Caractère sournois, conduite sournoise ; action sournoise. SYN. **dissimulation, fourberie.** CONTR. **franchise.**

SOUS [su] **prép.** I Marque la position en bas par rapport à ce qui est en haut, ou en dedans par rapport à ce qui est en dehors. SYN. ① **dessous.** 1. (chose en contact) *Disposer un oreiller sous sa tête.* – *Sous la terre, sous terre.* 2. (chose qui recouvre) *Lettre sous enveloppe.* – abstrait *Ce qui se cache sous les apparences.* 3. (sans contact) *S'abriter sous un parapluie.* – *Sous les fenêtres de qqn,* devant chez lui. – (chose à quoi l'on est exposé) *Sous le feu de l'ennemi.* II fig. 1. (subordination ou dépendance) *Sous sa direction. Sous condition.* – Sous l'action de. *Malade sous perfusion.* 2. (temporel) Pendant le règne de. *Sous Louis XIV.* – Avant que ne soit écoulé (un espace de temps). *Sous huitaine. Sous peu :* bientôt. 3. (causal) Par l'effet de. *Sous la pression des évènements.* 4. En considérant (par un aspect, un côté). *Vu sous cet angle.* CONTR. ① **sur.** HOM. SOU «pièce de monnaie», SOÛL «ivre»
ÉTYM. latin *subtus* «en dessous, par-dessous».

> **SOUS-** Préfixe, tiré de *sous,* qui marque la position (ex. *sous-sol*), la subordination (ex. *sous-préfet*), la subdivision (ex. *sous-ensemble*), le degré inférieur (ex. *sous-prolétariat*) et l'insuffisance (ex. *sous-alimenté*). → **hypo-, infra-, sub-.** CONTR. **sur-.**

SOUS-ALIMENTATION [suzalimɑ̃tasjɔ̃] **n. f.** ✦ Grave insuffisance alimentaire. CONTR. **suralimentation.**

SOUS-ALIMENTÉ, ÉE [suzalimɑ̃te] **adj.** ✦ Victime de la sous-alimentation. CONTR. **suralimenté.**

SOUS-BIBLIOTHÉCAIRE [subiblijɔtekɛR] **n.** ✦ Bibliothécaire en second. *Des sous-bibliothécaires.*

SOUS-BOIS [subwa] **n. m.** ✦ Partie de la forêt où la végétation pousse sous les arbres.

SOUS-CHEF [suʃɛf] **n.** ✦ Personne qui, dans la hiérarchie, vient immédiatement après le chef. *Des sous-chefs. La sous-chef.*

SOUS-COMMISSION [sukɔmisjɔ̃] **n. f.** ✦ Commission secondaire qu'une commission nomme parmi ses membres. *Des sous-commissions.*

SOUS-CONSOMMATION [sukɔ̃sɔmasjɔ̃] **n. f.** ✦ Consommation inférieure à la normale, ou aux possibilités de l'offre. CONTR. **surconsommation.**

SOUS-CONTINENT [sukɔ̃tinɑ̃] **n. m.** ✦ Partie importante et différenciée d'un continent. *Le sous-continent indien :* la péninsule indienne.

SOUSCRIPTEUR, TRICE [suskRiptœR, tRis] **n.** ✦ Personne qui souscrit.
ÉTYM. latin *subscriptor.*

SOUSCRIPTION [suskRipsjɔ̃] **n. f.** ✦ Action de souscrire ; somme versée par un souscripteur. *Ouvrage vendu par, en souscription.*
ÉTYM. latin *subscriptio.*

SOUSCRIRE [suskRiR] **v.** (conjug. 67) 1. **v. tr.** VIEILLI Revêtir (un acte) de sa signature. ♦ S'engager à payer, en signant. *Souscrire un abonnement.* 2. **v. tr. ind.** LITTÉR. *SOUSCRIRE À :* donner son adhésion à. SYN. **acquiescer, consentir.** *Souscrire aux exigences de qqn.* ♦ S'engager à fournir une somme pour. *Souscrire à un emprunt.* – spécialt S'engager à acheter (un ouvrage en cours de publication).
ÉTYM. latin *subscribere,* de *scribere* «écrire».

SOUS-CUTANÉ, ÉE [sukytane] **adj.** ✦ Qui est situé ou se fait sous la peau. SYN. **hypodermique.** *Injection sous-cutanée* (s'oppose à *intramusculaire* et à *intraveineux*).

SOUS-DÉVELOPPÉ, ÉE [sudev(ə)lɔpe] **adj.** ✦ Qui souffre d'une insuffisance de production, d'équipement, d'éducation, d'un excès d'endettement et, par suite, est pauvre en biens de consommation. *Pays sous-développés* (on dit aussi *en voie de développement*). → **tiers-monde.** — *Économie sous-développée.*

SOUS-DÉVELOPPEMENT [sudev(ə)lɔpmɑ̃] **n. m.** ✦ État d'un pays sous-développé, d'une économie sous-développée.

SOUS-DIRECTEUR, TRICE [sudiʀɛktœʀ, tʀis] **n.** ✦ Directeur, directrice en second.

SOUS-EFFECTIF [suzefɛktif] **n. m.** ✦ Effectif insuffisant, inférieur aux besoins. *Entreprise en sous-effectif. Des sous-effectifs.* CONTR. **sureffectif.**

SOUS-EMPLOI [suzɑ̃plwa] **n. m.** ✦ Emploi d'une partie seulement des travailleurs disponibles (opposé à *plein-emploi*). — Utilisation insuffisante (de qqn, qqch.).

SOUS-EMPLOYER [suzɑ̃plwaje] **v. tr.** (conjug. 10) ✦ Utiliser en partie seulement les possibilités, les capacités de (qqn, qqch.). — au p. passé *Équipements sous-employés.*

SOUS-ENSEMBLE [suzɑ̃sɑ̃bl] **n. m.** ✦ MATH. Ensemble inclus dans un autre. *Des sous-ensembles.*

SOUS-ENTENDRE [suzɑ̃tɑ̃dʀ] **v. tr.** (conjug. 44) ✦ Avoir dans l'esprit sans dire expressément, laisser entendre. — impers. *Il est sous-entendu que... :* il va sans dire que...

SOUS-ENTENDU [suzɑ̃tɑ̃dy] **n. m.** ✦ Action de sous-entendre ; ce qui est sous-entendu (souvent dans une intention malveillante). SYN. **allusion, insinuation.** *Des sous-entendus.*

ÉTYM. du participe passé de *sous-entendre.*

SOUS-ESTIMER [suzɛstime] **v. tr.** (conjug. 3a) ✦ Estimer au-dessous de sa valeur, de son importance. SYN. **sous-évaluer.** — pronom. *Tu te sous-estimes !* CONTR. **surestimer.**

► **SOUS-ESTIMATION** [suzɛstimasjɔ̃] **n. f.**

SOUS-ÉVALUER [suzevalɥe] **v. tr.** (conjug. 3a) ✦ Estimer (qqch.) à une valeur inférieure à la valeur réelle. CONTR. **surévaluer.**

SOUS-EXPOSER [suzɛkspoze] **v. tr.** (conjug. 3a) ✦ Exposer insuffisamment (une pellicule, un film) à la lumière. — au p. passé *Cliché sous-exposé.* CONTR. **surexposer.**

► **SOUS-EXPOSITION** [suzɛkspozisjɔ̃] **n. f.**

SOUS-FIFRE [sufifʀ] **n. m.** ✦ FAM. Personne subalterne. *Des sous-fifres.*

ÉTYM. de *sous-* et *fifre* «homme maladroit» en argot, de *fifrelin.*

SOUS-HOMME [suzɔm] **n. m.** ✦ Homme privé de sa dignité d'homme. *Des esclaves, des sous-hommes.* CONTR. **surhomme.**

SOUS-JACENT, ENTE [suʒasɑ̃, ɑ̃t] **adj.** 1. Qui s'étend au-dessous. *La couche sous-jacente.* 2. fig. Caché, implicite. *Raisonnement sous-jacent.*

ÉTYM. de *subjacent,* du participe présent du latin *subjacere* «être placé dessous», d'après *sous-.*

SOUS-LIEUTENANT, ANTE [suljøt(ə)nɑ̃, ɑ̃t] **n.** ✦ Officier du premier grade des officiers, au-dessous du lieutenant. *Des sous-lieutenants.*

SOUS-LOCATAIRE [sulɔkatɛʀ] **n.** ✦ Personne qui prend un local en sous-location.

SOUS-LOCATION [sulɔkasjɔ̃] **n. f.** ✦ Action de sous-louer ; état de ce qui est sous-loué.

SOUS-LOUER [sulwe] **v. tr.** (conjug. 3a) 1. Donner à loyer (ce dont on est locataire principal). 2. Prendre à loyer du locataire principal.

ÉTYM. de *sous-* et ② *louer.*

① **en SOUS-MAIN** [ɑ̃sumɛ̃] **loc. adv.** ✦ LITTÉR. En secret ; clandestinement.

ÉTYM. de *sous-* et *main,* au sens de «autorité».

② **SOUS-MAIN** [sumɛ̃] **n. m.** ✦ Accessoire de bureau sur lequel on place le papier pour écrire. *Des sous-mains.*

ÉTYM. de *sous-* et *main.*

SOUS-MARIN, INE [sumaʀɛ̃, in] **adj.** et **n. m.** 1. **adj.** Qui est dans la mer ; qui s'effectue sous la mer. *Plongée sous-marine.* 2. **n. m.** Navire capable de naviguer sous l'eau, en plongée. SYN. **submersible.** *Des sous-marins nucléaires.*

ÉTYM. de *sous-* et ① *marin.*

SOUS-MARQUE [sumaʀk] **n. f.** ✦ Marque utilisée par un fabricant pour commercialiser des produits moins élaborés ou différents. *Les sous-marques.*

SOUS-MULTIPLE [sumyltipl] **n. m.** 1. Grandeur contenue un nombre entier de fois dans une autre. SYN. **diviseur.** *3 et 5 sont des sous-multiples de 15.* 2. Quotient (d'une unité de mesure) par une puissance de 10. *Le centimètre, sous-multiple du mètre.*

ÉTYM. de *sous-* et *multiple* (3).

SOUS-OFFICIER, IÈRE [suzɔfisje, jɛʀ] **n.** ✦ Militaire d'un grade qui en fait un(e) auxiliaire de l'officier. *Hiérarchie des sous-officiers de l'armée française : sergent, sergent-chef, adjudant, adjudant-chef, aspirant.* — abrév. FAM. SOUS-OFF [suzɔf]. *Des sous-offs.*

SOUS-ORDRE [suzɔʀdʀ] **n. m.** 1. VIEILLI Employé subalterne. 2. BIOL. Division d'un ordre.

SOUS-PAYER [supeje] **v. tr.** (conjug. 12) ✦ Payer insuffisamment (qqn). — au p. passé *Personnel sous-payé.*

SOUS-PRÉFECTURE [supʀefɛktyʀ] **n. f.** ✦ (en France) Ville où réside le sous-préfet et où sont installés ses services ; bâtiment qui abrite ces services.

SOUS-PRÉFET [supʀefɛ] **n. m.** ✦ (en France) Fonctionnaire représentant le pouvoir central dans un arrondissement (→ **préfet**). *Les sous-préfets.* «*Le Sous-préfet aux champs*» (de Daudet).

SOUS-PRÉFÈTE [supʀefɛt] **n. f.** 1. Femme d'un sous-préfet. 2. Femme sous-préfet.

SOUS-PRODUCTION [supʀɔdyksjɔ̃] **n. f.** ✦ Production insuffisante. CONTR. **surproduction.**

SOUS-PRODUIT [supʀɔdɥi] **n. m.** 1. Produit secondaire obtenu au cours de la fabrication, de la production du produit principal. *Les sous-produits du pétrole.* 2. Mauvaise imitation.

SOUS-PROLÉTARIAT [supʀɔletaʀja] **n. m.** ✦ Classe sociale la plus pauvre, vivant dans des conditions misérables.
ÉTYM. de *sous-* et *prolétariat.*

SOUS-PULL [supyl] **n. m.** ✦ Pull très fin, à col montant. *Des sous-pulls.*

SOUSSIGNÉ, ÉE [susiɲe] **adj.** ✦ Qui a signé plus bas, au-dessous. *Je soussigné Untel déclare...* ➛ **n.** *Les soussignés.*
ÉTYM. de l'anc. v. *soussigner* «souscrire», de *signer.*

SOUS-SOL [susɔl] **n. m.** 1. Partie de l'écorce terrestre qui se trouve au-dessous du sol. 2. Partie d'une construction aménagée au-dessous du rez-de-chaussée. *Troisième sous-sol. Les sous-sols.*

SOUS-TASSE [sutɑs] **n. f.** ✦ Soucoupe. *Des sous-tasses.*

SOUS-TENDRE [sutɑ̃dʀ] **v. tr.** (conjug. 44) 1. Constituer ou joindre les extrémités de (un arc ; une voûte). 2. fig. Servir de base à (un raisonnement, une politique, etc.). *Les hypothèses qui sous-tendent sa théorie.*
ÉTYM. de *sous-* et ① *tendre.*

SOUS-TENSION [sutɑ̃sjɔ̃] **n. f.** ✦ Tension électrique inférieure à la normale. CONTR. **surtension.**

SOUS-TITRE [sutitʀ] **n. m.** 1. Titre secondaire (placé sous ou après le titre principal). 2. Traduction du dialogue d'un film, en version originale, qui apparaît en bas de l'image. *Lire les sous-titres.*

SOUS-TITRER [sutitʀe] **v. tr.** (conjug. 3a) ✦ Munir (un film) de sous-titres. ➛ **au p. passé** *Version originale sous-titrée.*
▶ **SOUS-TITRAGE** [sutitʀaʒ] **n. m.**

SOUSTRACTION [sustʀaksjɔ̃] **n. f.** 1. VX Action de soustraire, de retirer. ➛ MOD. DR. Délit consistant à enlever une pièce d'un dossier. 2. Opération inverse de l'addition, par laquelle on retranche un ensemble d'un autre, pour obtenir la différence entre les deux.
ÉTYM. bas latin *subtractio.*

SOUSTRAIRE [sustʀɛʀ] **v. tr.** (conjug. 43) 1. Enlever (qqch.), le plus souvent par la ruse, la fraude. SYN. **dérober,** ② **voler.** 2. Faire échapper (à qqch. à quoi on est exposé). *On a pu le soustraire aux questions des journalistes.* ➛ **pronom.** *Se soustraire à l'influence de qqn.* SYN. **s'affranchir** de. 3. Retrancher par soustraction (un nombre d'un autre). SYN. **déduire, ôter.** CONTR. **additionner, ajouter.**
ÉTYM. latin *subtrahere,* de *trahere* «tirer».

SOUS-TRAITANCE [sutʀɛtɑ̃s] **n. f.** ✦ Travail confié à un sous-traitant ; recours à un sous-traitant.

SOUS-TRAITANT [sutʀɛtɑ̃] **n. m.** ✦ Personne chargée d'un travail pour le compte d'un entrepreneur principal. *Des sous-traitants.*
ÉTYM. du participe présent de *sous-traiter.*

SOUS-TRAITER [sutʀete] **v. tr.** (conjug. 3a) 1. Agir comme sous-traitant pour (un travail). 2. Confier à un sous-traitant.
ÉTYM. de *sous-* et *traiter* (II, 1).

SOUS-VERRE [suvɛʀ] **n. m.** ✦ Image, photo placée entre une plaque de verre et un fond rigide ; cet encadrement. *Des sous-verres.*

SOUS-VÊTEMENT [suvɛtmɑ̃] **n. m.** ✦ Vêtement de dessous (slip, maillot de corps, culotte, bas, soutien-gorge...). *Des sous-vêtements.*

SOUTACHE [sutaʃ] **n. f.** ✦ Galon cousu servant d'ornement ; passementerie d'uniforme (➛ **ganse**).
ÉTYM. hongrois *suitas* «bordure, galon».

SOUTANE [sutan] **n. f.** ✦ Longue robe, pièce principale du costume ecclésiastique traditionnel. *Prêtre en soutane.* ➛ **loc.** *Prendre la soutane,* devenir prêtre.
ÉTYM. italien *sottana,* de *sotto* «dessous», latin *subtus* «sous».

SOUTE [sut] **n. f.** ✦ Magasin, dans la cale d'un navire ou dans un avion. *Soute à bagages.*
ÉTYM. ancien occitan *sota* ; famille du latin *subtus* «sous».

SOUTENABLE [sut(ə)nabl] **adj.** 1. Qui peut être soutenu (I, 6). *Sa position n'est guère soutenable* (SYN. **défendable**). 2. Qui peut être supporté. *Une scène difficilement soutenable.* CONTR. **insoutenable.**
ÉTYM. de *soutenir.*

SOUTENANCE [sut(ə)nɑ̃s] **n. f.** ✦ Action de soutenir (un mémoire, une thèse de doctorat).
ÉTYM. de *soutenir* (6).

SOUTÈNEMENT [sutɛnmɑ̃] **n. m.** ✦ (dans des expressions) Action de soutenir (une pression ; une masse). *Mur de soutènement.*
ÉTYM. de *soutenir.*

SOUTENEUR [sut(ə)nœʀ] **n. m.** ✦ Proxénète.
ÉTYM. de *soutenir.*

SOUTENIR [sut(ə)niʀ] **v. tr.** (conjug. 16) **I** 1. Tenir (qqch.) en place, en servant de support ou d'appui. SYN. ① **porter, supporter.** ➛ **au passif.** *Voûte soutenue par des piliers.* 2. Maintenir debout (qqn). *L'infirmier soutenait le blessé.* 3. Empêcher de défaillir, en rendant des forces. SYN. **fortifier, remonter.** 4. Empêcher de fléchir, en apportant secours, réconfort. SYN. **aider, encourager.** *Soutenir l'effort de qqn.* ➛ *Son amitié m'a soutenu.* ➛ **pronom.** (récipr.) Se prêter assistance. *Se soutenir dans les épreuves.* SYN. **s'entraider, s'épauler.** 5. Appuyer en défendant (qqn, qqch.). *Soutenir un candidat, un parti.* 6. Affirmer, faire valoir en appuyant par des raisons. *Soutenir une opinion.* ➛ **spécialt** Présenter et défendre devant le jury (une thèse de doctorat) (➛ **soutenance**). ◆ *Soutenir que...,* affirmer, prétendre que... SYN. **assurer.** 7. Faire que (qqch.) continue sans faiblir. *Soutenir l'intérêt d'un auditoire. Soutenir la conversation.* SYN. **entretenir.** *Soutenez votre effort !* SYN. **maintenir.** **II** Subir sans fléchir (une force, une action qui s'exerce). *Soutenir l'assaut d'une armée.* ➛ *Soutenir le regard de qqn,* le regarder sans baisser les yeux. CONTR. **abandonner,** ① **lâcher** • **contester.**
ÉTYM. latin populaire *sustenire,* classique *sustinere,* de *tenere* «tenir».

SOUTENU, UE [sut(ə)ny] **adj.** 1. Qui est constant, régulier. *Une attention soutenue.* 2. Accentué, prononcé. *Un bleu soutenu.* SYN. **intense, profond.** 3. (style) Qui se maintient à un certain niveau de recherche, d'élégance (choix des mots, syntaxe), qui évite la familiarité. *Langue soutenue.* CONTR. **irrégulier** • **clair, pâle** • **familier, relâché.**
ÉTYM. du participe passé de *soutenir.*

A B C D E F G H I J K L M N O P Q R S T U V W X Y Z

SOUTERRAIN, AINE [suterɛ̃, ɛn] **adj.** et **n. m.**
I adj. 1. Qui est ou se fait sous terre. *Passage souterrain. Travaux souterrains.* 2. fig. LITTÉR. Caché, obscur. *Une évolution souterraine.*
II n. m. Passage souterrain, naturel ou pratiqué par l'homme. *Les souterrains d'un château.*
ÉTYM. de *sous* et *terre*, d'après le latin *subterraneus*.

SOUTIEN [sutjɛ̃] **n. m.** 1. Action ou moyen de soutenir (dans l'ordre financier, politique, militaire, moral...). SYN. ① **aide, appui.** *Apporter son soutien à qqn, à une cause.* 2. Personne qui soutient (une cause, un parti...). – *SOUTIEN DE FAMILLE* : personne dont l'activité est indispensable pour assurer la subsistance de sa famille.
ÉTYM. de *soutenir*.

SOUTIEN-GORGE [sutjɛ̃gɔʀʒ] **n. m.** ✦ Sous-vêtement féminin destiné à soutenir les seins. *Des soutiens-gorges.*
ÉTYM. de *soutien* et *gorge*.

SOUTIER [sutje] **n. m.** ✦ Matelot qui était chargé du service de la soute à charbon.
ÉTYM. de *soute*.

SOUTIRAGE [sutiʀaʒ] **n. m.** ✦ Action de soutirer (I).

SOUTIRER [sutiʀe] **v. tr.** (conjug. 3a) **I** Transvaser doucement (le vin, le cidre...) d'un récipient à un autre, de façon à éliminer les dépôts. SYN. **tirer.** **II** *Soutirer (qqch.) à qqn*, obtenir de lui (ce qu'il ne céderait pas spontanément). SYN. **extorquer.** *Soutirer de l'argent, des informations à qqn.*
ÉTYM. de *sous* et *tirer*.

SOUVENANCE [suv(ə)nɑ̃s] **n. f.** ✦ LITTÉR. Souvenir. *Avoir, garder souvenance de qqch., de qqn,* s'en souvenir. *Je n'en ai pas souvenance.*
ÉTYM. de ① *souvenir*.

① **SOUVENIR** [suv(ə)niʀ] **v.** (conjug. 16) **I v. pron.** *SE SOUVENIR (DE)* 1. Avoir de nouveau présent à l'esprit (qqch. qui appartient à une expérience passée). SYN. se **rappeler,** se **remémorer,** se **ressouvenir.** *Je m'en souviens. Je me souviens de cette rencontre, de l'avoir rencontré, que je l'ai rencontré.* – (avec ellipse du pron.) *Faites-m'en souvenir.* – (avec une nuance affective) *Se souvenir d'un bienfait. Je m'en souviendrai !* (menace). – *Se souvenir de qqn,* l'avoir présent à l'esprit, penser à lui. 2. à l'impératif Ne pas oublier, penser à. *Souvenez-vous de vos promesses, que vous me l'avez promis.* **II v. intr. impers.** LITTÉR. Revenir à la mémoire, à l'esprit. *Il me souvient d'avoir lu cela, que j'ai lu cela quelque part.*
ÉTYM. latin *subvenire* «venir *(venire)* en aide ; survenir» ; doublet de *subvenir*.

② **SOUVENIR** [suv(ə)niʀ] **n. m.** **I** 1. Mémoire ; fait de se souvenir. *Conserver le souvenir d'un évènement. Je n'en ai pas souvenir.* SYN. LITTÉR. **souvenance.** 2. Ce qui revient ou peut revenir à l'esprit des expériences passées ; image que garde et fournit la mémoire. *Un vague souvenir.* → **réminiscence.** *Souvenir d'enfance. Un bon, un mauvais souvenir.* – *Meilleurs souvenirs* (formule de politesse). – *Gardez cela EN SOUVENIR DE moi.* ◆ au plur. Récit de souvenirs. SYN. **mémoire**(s). *« Souvenirs d'enfance et de jeunesse »* (de Renan). **II** (objets concrets) 1. Ce qui fait souvenir, témoignage (de ce qui appartient au passé). *Grenier rempli de souvenirs.* 2. Objet, cadeau (qui fait qu'on pense à qqn). 3. Bibelot qu'on vend aux touristes. *Magasin de souvenirs.* CONTR. **oubli.**
ÉTYM. de ① *souvenir*.

SOUVENT [suvɑ̃] **adv.** ✦ Plusieurs fois, à plusieurs reprises (dans un espace de temps limité) ; en de nombreux cas. *Assez souvent, très souvent.* → **fréquemment.** *Peu souvent.* ◆ loc. *Plus souvent qu'à mon (ton...) tour,* plus souvent qu'il n'est normal pour moi (toi...). – *Le plus souvent,* dans la plupart des cas. → **généralement.** CONTR. **rarement.**
ÉTYM. latin *subinde*.

① **SOUVERAIN, AINE** [suv(ə)ʀɛ̃, ɛn] **adj.** et **n.**
I adj. 1. Qui est au-dessus des autres, dans son genre. → **suprême.** *Une habileté souveraine.* – *Un remède souverain.* → **sûr.** 2. Dont le pouvoir n'est limité par celui d'aucun autre. *Puissance souveraine. Le peuple souverain.* – loc. *Le souverain pontife* : le pape. ◆ Qui possède la souveraineté (2). *État souverain.* ◆ Qui juge ou décide sans appel. *Assemblée souveraine.* 3. Qui exprime un sentiment de supériorité. *Un coup d'œil souverain. Un souverain mépris.*
II n. Chef d'État monarchique.
ÉTYM. latin populaire *superanus*, de *super* «sur».

② **SOUVERAIN** [suv(ə)ʀɛ̃] **n. m.** ✦ Ancienne monnaie d'or anglaise, de valeur égale à la livre sterling.
ÉTYM. anglais *sovereign*, du français ① *souverain*.

SOUVERAINEMENT [suv(ə)ʀɛnmɑ̃] **adv.** 1. LITTÉR. Supérieurement. ◆ Extrêmement. *Il me déplaît souverainement.* 2. Avec une autorité souveraine. *Décider souverainement.* 3. Avec une expression de supériorité.
ÉTYM. de ① *souverain*.

SOUVERAINETÉ [suv(ə)ʀɛnte] **n. f.** 1. Autorité suprême (d'un souverain, d'une nation...). *La souveraineté du peuple, fondement de la démocratie.* 2. Caractère d'un État qui n'est soumis à aucun autre État. → **indépendance.** CONTR. **dépendance.**
ÉTYM. de ① *souverain*.

SOUVERAINISME [suv(ə)ʀenism] **n. m.** 1. Au Canada, Mouvement qui soutient l'autonomie du Québec. *Le souverainisme québécois.* 2. Mouvement qui défend une totale souveraineté des États, à l'intérieur de l'Europe.
► **SOUVERAINISTE** [suv(ə)ʀenist] **adj.** et **n.**
ÉTYM. de *souverain*.

SOVIET [sɔvjɛt] **n. m.** ✦ HIST. Assemblée de délégués ouvriers et soldats, lors de la révolution russe de 1917. ☛ Révolution russe p. 190. – Chambre des représentants de la nation *(Soviet de l'Union),* chambre des républiques fédérées *(Soviet des nationalités),* qui formait le parlement de l'U. R. S. S. (ou *Soviet suprême*). – péj. VIEILLI *Les soviets,* le communisme soviétique.
ÉTYM. mot russe «conseil».

SOVIÉTIQUE [sɔvjetik] **adj.** et **n.** ✦ HIST. Relatif à l'État fédéral socialiste, né de la révolution de 1917 et dissous en 1991 (*Union des Républiques socialistes soviétiques [U. R. S. S.]* ou *Union soviétique*). – **n.** *Les Soviétiques.*
ÉTYM. de *soviet*.

SOVKHOZE [sɔvkoz] **n. m.** ✦ HIST. Grande ferme d'État en U. R. S. S.
ÉTYM. russe *sovkhoz*, de *sovietskoïé khoziaïstvo* «économie soviétique».

SOYEUX, EUSE [swajø, øz] adj. et n. m. 1. adj. Qui est doux et brillant comme la soie. *Chevelure soyeuse.* 2. n. m. Industriel de la soierie. *Les soyeux de Lyon.*
ÉTYM. de *soie*.

SPACIEUX, EUSE [spasjø, øz] adj. ✦ Où l'on a de l'espace. *Une voiture spacieuse.* CONTR. **étroit, exigu, petit.**
ÉTYM. latin *spatiosus*, de *spatium* «espace».

SPADASSIN [spadasɛ̃] n. m. ✦ anciennt Assassin à gages. SYN. **sbire.**
ÉTYM. italien *spadaccino*, de *spada* «épée», même origine que *épée*.

SPAGHETTI [spageti] n. m. ✦ au plur. Pâtes alimentaires fines et longues. *Des spaghettis à la tomate.*
ÉTYM. mot italien, diminutif de *spago* «ficelle», latin tardif *spacum*.

SPAHI [spai] n. m. ✦ Soldat des corps de cavalerie indigène organisés autrefois par l'armée française en Afrique du Nord.
ÉTYM. persan *sipâhi* «soldat».

SPAM [spam] n. m. ✦ anglicisme Envoi d'un même message à de nombreux internautes, sans leur consentement ; ce type de message. – recomm. offic. *arrosage*.
ÉTYM. mot américain, du n. d'une marque.

SPARADRAP [spaʀadʀa] n. m. ✦ Bande adhésive utilisée pour protéger les plaies.
ÉTYM. latin médiéval *sparadrapum*, peut-être du latin *spargere* «étendre» et français *drap*.

SPARTAKISTE [spaʀtakist] n. et adj. ✦ HIST. Membre d'un mouvement socialiste et communiste allemand (*spartakisme*, n. m.) animé par Karl Liebknecht et Rosa Luxemburg. – adj. *L'insurrection spartakiste.*
ÉTYM. allemand *Spartakist*, de *Spartakusbund* «groupe Spartacus», du nom du chef des esclaves romains révoltés. ☛ SPARTACUS (noms propres).

SPARTERIE [spaʀt(ə)ʀi] n. f. ✦ Fabrication d'objets en fibres végétales (jonc, alfa, crin) vannées ou tissées. – Ouvrage ainsi fabriqué.
ÉTYM. de *sparte*, nom d'une graminée, latin *spartum* «jonc», du grec.

SPARTIATE [spaʀsjat] n. et adj. I 1. n. Habitant de l'ancienne Sparte (Lacédémone). 2. adj. Qui évoque les citoyens de Sparte et leur austérité. *Des mœurs spartiates.* II n. f. Sandale faite de lanières de cuir croisées.
ÉTYM. latin *Spartiatae*, du grec, de *Spartê* «Sparte». ☛ noms propres.

SPASME [spasm] n. m. ✦ Contraction brusque et involontaire d'un ou de plusieurs muscles. SYN. **convulsion, crampe, crispation.**
ÉTYM. latin *spasmus*, du grec «convulsion», de *spân* «tirer».

SPASMODIQUE [spasmɔdik] adj. ✦ Caractérisé par des spasmes ; relatif aux spasmes. SYN. **convulsif.** *Des frissons spasmodiques.*
ÉTYM. anglais *spasmodic*, du grec «convulsif».

SPASMOPHILE [spasmɔfil] adj. et n. ✦ MÉD. (Malade) atteint de spasmophilie.

SPASMOPHILIE [spasmɔfili] n. f. ✦ MÉD. Affection caractérisée par des spasmes musculaires et viscéraux.
ÉTYM. de *spasme* et *-philie*.

SPATH [spat] n. m. ✦ MINÉR. Minéral à faces cristallines nettes. *Spath d'Islande* (calcite).
ÉTYM. mot allemand.

SPATIAL, ALE, AUX [spasjal, o] adj. 1. Qui est du domaine de l'espace (s'oppose à *temporel*). 2. Relatif à l'espace interplanétaire, interstellaire, à son exploration. SYN. **cosmique.** *Navette spatiale.*
ÉTYM. du latin *spatium* «espace».

> **SPATIO-** Élément, tiré de *spatial*, qui signifie «espace».

SPATIOTEMPOREL, ELLE [spasjotɑ̃pɔʀɛl] adj. ✦ DIDACT. Qui appartient à l'espace et au temps. *Repères spatiotemporels.*

SPATULE [spatyl] n. f. ✦ Instrument à lame plate et large. *Spatule de sculpteur.* ◆ Extrémité antérieure (relevée) d'un ski.
ÉTYM. latin *spatula*, diminutif de *spatha* «épée» ; doublet de *épaule*.

SPEAKER [spikœʀ] n. m. ✦ anglicisme VIEILLI Présentateur (de radio...).
ÉTYM. mot anglais «orateur», de *to speak* «parler».

SPEAKERINE [spikʀin] n. f. ✦ VIEILLI Présentatrice (de radio...).
ÉTYM. de *speaker* ; faux anglicisme.

SPÉCIAL, ALE, AUX [spesjal, o] adj. 1. Qui concerne, qui constitue une espèce de choses (opposé à *général*). 2. Qui est particulier ou destiné (à une personne, un groupe ; une chose). SYN. **particulier.** *Un régime spécial. Train spécial.* ◆ Qui constitue une exception, est employé dans des circonstances extraordinaires. *Des mesures spéciales.* – *L'envoyé spécial d'un journal.* 3. Qui présente des caractères particuliers dans son genre ; qui n'est pas commun, ordinaire. SYN. **singulier.** *Une voix au timbre spécial.* – FAM. *C'est un peu spécial*, bizarre. – par euphémisme *Des mœurs spéciales* (par rapport à une norme sexuelle). CONTR. ① **général** • **ordinaire, régulier** • **commun, ordinaire.**
ÉTYM. latin *specialis*, de *species* «espèce».

SPÉCIALEMENT [spesjalmɑ̃] adv. 1. D'une manière spéciale ; en particulier. → **notamment.** – Dans un sens restreint (mot). 2. D'une manière adéquate ; tout exprès. *Salle spécialement équipée.* 3. D'une manière caractéristique. SYN. **particulièrement.** – FAM. *Pas spécialement*, pas tellement.

SPÉCIALISATION [spesjalizasjɔ̃] n. f. ✦ Action, fait de (se) spécialiser (en particulier dans un domaine de la connaissance).

SPÉCIALISER [spesjalize] v. tr. (conjug. 3a) ✦ Employer, cantonner dans une spécialité. – pronom. *Il s'est spécialisé dans la littérature médiévale.* – p. p. adj. *Chercheur spécialisé.* → **spécialiste.**
ÉTYM. de *spécial*.

SPÉCIALISTE [spesjalist] n. 1. Personne qui s'est spécialisée, qui a des connaissances approfondies dans un domaine déterminé et restreint (science, technique...). SYN. **expert.** *Un, une spécialiste de l'art précolombien.* – spécialt Médecin qui se spécialise dans

une branche particulière de la médecine. *Les généralistes et les spécialistes.* 2. FAM. Personne qui est coutumière (de qqch.). *Un spécialiste de la gaffe.*
ÉTYM. de *spécial.*

SPÉCIALITÉ [spesjalite] **n. f.** 1. DIDACT. Caractère de ce qui est spécial, propre à une espèce. 2. Ensemble de connaissances sur un objet d'étude déterminé et limité. SYN. **branche, discipline, domaine, partie.** 3. Production déterminée à laquelle on se consacre. *Spécialités régionales.* 4. FAM. Comportement particulier et personnel. *Les mensonges, c'est sa spécialité.* SYN. **truc.**
ÉTYM. bas latin *specialitas.*

SPÉCIATION [spesjasjɔ̃] **n. f.** ✦ BIOL. Formation d'espèces nouvelles ; différenciation des espèces.
ÉTYM. du latin *species* «espèce».

SPÉCIEUX, EUSE [spesjø, øz] **adj.** ✦ LITTÉR. Qui n'a qu'une belle apparence, qui est sans valeur. *Un raisonnement spécieux et trompeur.* CONTR. **sérieux.**
ÉTYM. latin *speciosus* «de bel aspect *(species)*».

SPÉCIFICATION [spesifikasjɔ̃] **n. f.** ✦ DIDACT. Action de spécifier.
ÉTYM. latin médiéval *specificatio.*

SPÉCIFICITÉ [spesifisite] **n. f.** ✦ DIDACT. Caractère spécifique ; qualité de ce qui est spécifique.
ÉTYM. de *spécifique.*

SPÉCIFIER [spesifje] **v. tr.** (conjug. 9) ✦ Caractériser ou mentionner de façon précise. SYN. **indiquer, préciser.**
ÉTYM. bas latin *specificare* «distinguer», de *species* «espèce».

SPÉCIFIQUE [spesifik] **adj.** 1. DIDACT. Propre à une espèce* et à elle seule (commun à tous les individus de cette espèce). *Caractère spécifique. Terme spécifique* (opposé à *générique*). ➝ *Remède spécifique,* propre à guérir une maladie particulière. 2. Qui a son caractère et ses lois propres. *Un problème spécifique.* SYN. **particulier.**
ÉTYM. bas latin *specificus.*

SPÉCIFIQUEMENT [spesifikmɑ̃] **adv.** ✦ D'une manière spécifique. SYN. **proprement, typiquement.**

SPÉCIMEN [spesimɛn] **n. m.** 1. Individu qui donne une idée de l'espèce ; unité qui donne une idée du tout. SYN. **échantillon, exemple, représentant.** *Des spécimens.* 2. Exemplaire ou feuillet publicitaire (d'une revue, d'un manuel). ➝ Mention caractérisant des exemplaires sans valeur fonctionnelle (billets, etc.).
ÉTYM. latin *specimen* «preuve ; modèle», de *specere* «regarder».

SPECTACLE [spɛktakl] **n. m.** 1. Ensemble de choses ou de faits qui s'offre au regard. SYN. **tableau, vision.** *Le spectacle de la nature.* ➝ *Au spectacle de,* à la vue de. ➝ loc. péj. *Se donner en spectacle,* se faire remarquer. 2. Représentation (théâtre, cinéma...) ; ce qu'on présente au public au cours d'une même séance. *Aller au spectacle. Spectacle de variétés.* ➝ *Salle de spectacle(s).* ♦ *Le spectacle :* l'ensemble des activités concernant le théâtre, le cinéma, le music-hall, etc. *L'industrie du spectacle.* → **show-business** anglic. 3. loc. *Pièce, revue, film À GRAND SPECTACLE :* qui comporte une mise en scène somptueuse.
ÉTYM. latin *spectaculum,* de *spectare* «regarder».

SPECTACULAIRE [spɛktakylɛʀ] **adj.** ✦ Qui frappe le regard, l'imagination. *Un exploit spectaculaire.*
ÉTYM. du latin *spectaculum* «spectacle».

SPECTATEUR, TRICE [spɛktatœʀ, tʀis] **n.** 1. Témoin d'un évènement ; personne qui regarde un spectacle (1). *Les spectateurs du drame.* 2. Personne qui assiste à un spectacle (2). *Les spectateurs.* SYN. **assistance, auditoire, public.**
ÉTYM. latin *spectator,* de *spectare* «regarder».

SPECTRAL, ALE, AUX [spɛktʀal, o] **adj.** I De spectre (I). ➝ *Une pâleur spectrale.* II SC. Relatif aux spectres (II), à leur étude. *Raies spectrales.*

SPECTRE [spɛktʀ] **n. m.** I 1. Apparition effrayante d'un mort. SYN. **fantôme, revenant.** ➝ *Une pâleur de spectre.* 2. LITTÉR. Perspective menaçante. *Le spectre de la guerre.* II 1. SC. Image analytique résultant de la décomposition d'un phénomène vibratoire (rayonnement, son...). *Le spectre solaire* (obtenu à travers un prisme). 2. Champ d'action, d'efficacité (d'un antibiotique).
ÉTYM. latin *spectrum* «simulacre», de *specere* «regarder».

SPECTROMÈTRE [spɛktʀɔmɛtʀ] **n. m.** ✦ PHYS. Appareil servant à mesurer les spectres. *Spectromètre de masse.*
ÉTYM. de *spectre* (II) et *-mètre.*

SPECTROSCOPE [spɛktʀɔskɔp] **n. m.** ✦ SC. Instrument pour produire ou examiner des spectres.
ÉTYM. de *spectre* (II) et *-scope.*

SPECTROSCOPIE [spɛktʀɔskɔpi] **n. f.** ✦ SC. Étude des spectres.
► **SPECTROSCOPIQUE** [spɛktʀɔskɔpik] **adj.**
ÉTYM. de *spectre* (II) et *-scopie.*

SPÉCULAIRE [spekylɛʀ] **adj.** ✦ DIDACT. 1. Qui réfléchit la lumière comme un miroir. 2. Relatif au miroir ; produit par un miroir. *Image spéculaire.*
ÉTYM. latin *specularis,* de *speculum* «miroir».

SPÉCULATEUR, TRICE [spekylatœʀ, tʀis] **n.** ✦ Personne qui fait des spéculations (II).
ÉTYM. de *spéculation,* d'après le latin *speculator* «observateur».

SPÉCULATIF, IVE [spekylatif, iv] **adj.** ✦ De la spéculation (I et II).
ÉTYM. bas latin *speculativus.*

SPÉCULATION [spekylasjɔ̃] **n. f.** I DIDACT. Théorie, recherche abstraite. II Opération financière ou commerciale fondée sur les fluctuations du marché ; pratique de ces opérations. *Spéculation en Bourse.*
ÉTYM. latin *speculatio* «contemplation», de *speculari* «observer».

SPÉCULER [spekyle] **v. intr.** (conjug. 3a) I DIDACT. Méditer, se livrer à la spéculation (I). II Faire des spéculations (II). ♦ fig. *SPÉCULER SUR qqch.,* compter dessus pour réussir.
ÉTYM. latin *speculari* «observer», de *specere* «regarder».

SPÉCULUM [spekylɔm] **n. m.** ✦ MÉD. Instrument utilisé pour faciliter l'examen de certaines cavités de l'organisme. *Spéculum auriculaire, vaginal. Des spéculums.*
ÉTYM. latin *speculum* «miroir» → spéculaire.

SPEECH [spitʃ] **n. m.** ✦ anglicisme FAM. Petite allocution de circonstance. *Des speechs* ou *des speeches* (plur. anglais).
ÉTYM. mot anglais.

SPÉLÉO- Élément savant, du grec *spêlaion* «caverne», qui signifie «grotte ; cavité souterraine».

SPÉLÉOLOGIE [speleɔlɔʒi] **n. f.** ✦ Exploration et étude scientifique des cavités du sous-sol (grottes, etc.). → **abrév.** FAM. SPÉLÉO [speleo].
► **SPÉLÉOLOGIQUE** [speleɔlɔʒik] **adj.**
ÉTYM. de *spéléo-* et *-logie.*

SPÉLÉOLOGUE [speleɔlɔg] **n.** ✦ Spécialiste de la spéléologie. → **abrév.** FAM. SPÉLÉO [speleo].

SPENCER [spɛnsœʀ ; spɛnsɛʀ] **n. m.** ✦ Veste courte ajustée.
ÉTYM. mot anglais, du nom de lord *Spencer.*

SPERMAT(O)-, SPERM(O)-, -SPERME, -SPERMIE Éléments savants, du grec *sperma, spermatos* «sperme ; semence ; graine».

SPERMATOPHYTE [spɛʀmatɔfit] **n. m.** ✦ BOT. Plante à graines (embranchement des *Spermatophytes :* angiospermes et gymnospermes). SYN. **phanérogame(s).** → On dit aussi SPERMAPHYTE [spɛʀmafit].
ÉTYM. de *spermato-* et *-phyte.*

SPERMATOZOÏDE [spɛʀmatɔzɔid] **n. m.** ✦ Cellule reproductrice (gamète) mâle des animaux sexués. *Fécondation de l'ovule par un spermatozoïde.*
ÉTYM. de *spermato-,* du grec *zôon* «animal» et de *-oïde.*

SPERME [spɛʀm] **n. m.** ✦ Liquide constitué par les spermatozoïdes et les sécrétions des glandes génitales mâles. SYN. **semence** ; liquide **séminal.** *L'éjaculation du sperme.*
ÉTYM. latin *sperma,* du grec.

SPERMICIDE [spɛʀmisid] **n. m.** ✦ Contraceptif local qui détruit les spermatozoïdes. → **adj.** *Crème spermicide.*
ÉTYM. de *sperme* et *-cide.*

SPHÈRE [sfɛʀ] **n. f.** 1. Surface fermée dont tous les points sont à égale distance (rayon) du centre ; solide limité par cette surface. → *Sphère céleste,* image sphérique du ciel. *La sphère terrestre.* SYN. **globe.** 2. **fig.** Domaine d'activité ou de connaissance (de qqn). ♦ *Les hautes sphères de la politique,* les milieux dirigeants. ♦ *Sphère d'action* (d'un agent physique). → *Sphère d'influence* (d'une puissance politique).
ÉTYM. latin *sphaera,* du grec.

SPHÉRIQUE [sfeʀik] **adj.** 1. En forme de sphère. SYN. **rond.** *Une bille parfaitement sphérique.* 2. Qui appartient à la sphère. *Calotte sphérique.*
ÉTYM. bas latin *sphaericus.*

SPHÉROÏDE [sfeʀɔid] **n. m.** ✦ Solide à peu près sphérique. *La Terre est un sphéroïde.*
ÉTYM. latin *sphaeroides,* du grec → sphère et -oïde.

SPHINCTER [sfɛ̃ktɛʀ] **n. m.** ✦ Muscle annulaire autour d'un orifice naturel qu'il ferme en se contractant. *Le sphincter de l'anus.*
ÉTYM. mot latin, du grec «lien, bandage».

SPHINX [sfɛ̃ks] **n. m.** **I** 1. (☞ noms propres) Monstre fabuleux, lion ailé à tête et buste de femme, qui tuait les voyageurs incapables de résoudre l'énigme qu'il leur proposait. *Œdipe résolut l'énigme du Sphinx.* ♦ Statue de lion couché, à tête d'homme, de bélier ou d'épervier (divinité égyptienne antique). *Le sphinx de Gizeh.* 2. **fig.** Personne énigmatique, à l'attitude mystérieuse. **II** Grand papillon du crépuscule, au vol puissant. *Des sphinx tête-de-mort.*
ÉTYM. mot latin, du grec.

SPI [spi] **n. m.** → SPINNAKER

SPIN [spin] **n. m.** ✦ SC. Moment cinétique (d'une particule).
ÉTYM. mot anglais «tournoiement».

SPINAL, ALE, AUX [spinal, o] **adj.** ✦ ANAT. De la colonne vertébrale, ou de la moelle épinière.
ÉTYM. bas latin *spinalis,* de *spina* «épine dorsale».

SPINNAKER [spinakɛʀ ; spinɛkœʀ] **n. m.** ✦ anglicisme Grande voile creuse, de forme triangulaire, hissée aux allures portantes. → **abrév.** SPI [spi].
ÉTYM. mot anglais.

SPIRAL, ALE, AUX [spiʀal, o] **adj.** ✦ RARE Qui a la forme d'une spirale. *Ressort spiral.*
ÉTYM. latin *spiralis,* de *spira* «spirale, spire».

SPIRALE [spiʀal] **n. f.** 1. GÉOM. Courbe plane qui décrit des révolutions autour d'un point en s'en écartant. 2. COUR. Courbe qui tourne autour d'un axe, dans l'espace. *Escalier en spirale.* SYN. **hélice** (le terme correct en sc.) *Des spirales de fumée.* SYN. **volute.** → *Cahier à spirale.* ♦ **fig.** Montée rapide et irrésistible (d'un phénomène). *La spirale de l'inflation.*
ÉTYM. de *spiral.*

SPIRE [spiʀ] **n. f.** ✦ DIDACT. Tour complet (d'une spirale ; d'une hélice). → Enroulement (d'une coquille).
ÉTYM. latin *spira* «spirale», du grec.

SPIRÉE [spiʀe] **n. f.** ✦ Plante herbacée à fleurs décoratives, appelée aussi *reine-des-prés.*
ÉTYM. latin *spirala,* du grec.

SPIRITE [spiʀit] **adj.** et **n.** 1. **adj.** Relatif à l'évocation des esprits des morts. *Pratiques spirites.* 2. **n.** Personne qui évoque les esprits, qui s'occupe de spiritisme.
ÉTYM. anglais *spirit,* dans l'expression *spirit-rapper* «esprit frappeur».

SPIRITISME [spiʀitism] **n. m.** ✦ Science occulte fondée sur l'existence, les manifestations et l'enseignement des esprits.
ÉTYM. de *spirite.*

SPIRITUAL [spiʀitɥɔl] **n. m.** → NEGRO-SPIRITUAL

SPIRITUALISER [spiʀitɥalize] **v. tr.** (conjug. 3a) ✦ LITTÉR. Doter de spiritualité.
ÉTYM. de *spirituel.*

SPIRITUALISME [spiʀitɥalism] **n. m.** ✦ Doctrine philosophique selon laquelle l'esprit constitue une réalité indépendante et supérieure (opposé à *matérialisme*).
ÉTYM. de *spirituel.*

SPIRITUALISTE [spiʀitɥalist] **adj.** ✦ Du spiritualisme. ♦ **adj.** et **n.** Partisan du spiritualisme.

SPIRITUALITÉ [spiʀitɥalite] **n. f.** 1. PHILOS. Caractère de ce qui est spirituel, indépendant de la matière. 2. RELIG. Croyances et pratiques qui concernent la vie de l'âme, la vie spirituelle. 3. Vie de l'esprit ; aspiration aux valeurs morales.
ÉTYM. bas latin *spiritualitas.*

SPIRITUEL, ELLE [spiʀitɥɛl] **adj.** **I** 1. PHILOS. Qui est de l'ordre de l'esprit, considéré comme distinct de la matière. SYN. **immatériel.** 2. RELIG. De l'âme, en tant qu'émanation d'un principe supérieur (notamment divin). *La vie spirituelle.* 3. Qui concerne l'esprit, ou qui est d'ordre moral. *Les valeurs spirituelles d'une civilisation.* **II** Qui est plein d'esprit, de drôlerie. SYN. ② **fin, malicieux.** *Une femme très spirituelle.* – *Une plaisanterie spirituelle.* SYN. ① **piquant.** CONTR. **charnel,** ① **matériel · lourd.**

ÉTYM. latin *spiritualis*, de *spiritus* «esprit».

SPIRITUELLEMENT [spiritɥɛlmɑ̃] **adv.** 1. En esprit. *S'élever spirituellement.* 2. Avec esprit, finesse.

SPIRITUEUX, EUSE [spiritɥø, øz] **adj.** et **n. m.** 1. **adj.** Qui contient une forte proportion d'alcool. 2. **n. m.** Boisson forte en alcool. *Vins et spiritueux.*

ÉTYM. du latin *spiritus* «esprit».

SPIROMÈTRE [spirɔmɛtr] **n. m.** ✦ MÉD. Instrument servant à mesurer la capacité respiratoire pulmonaire.

ÉTYM. du latin *spirare* «respirer» et de *-mètre.*

SPLEEN [splin] **n. m.** ✦ LITTÉR. Mélancolie sans cause apparente, caractérisée par le dégoût de toute chose. SYN. **ennui ;** ③ **vague** à l'âme. *Avoir le spleen.*

ÉTYM. mot anglais «rate (siège des humeurs noires)» puis «mélancolie», du grec.

SPLENDEUR [splɑ̃dœr] **n. f.** 1. LITTÉR. Grand éclat de lumière. ♦ fig. Prospérité, gloire. *Athènes au temps de sa splendeur.* 2. Beauté pleine de luxe, de magnificence. SYN. **somptuosité.** 3. Chose splendide. *Ce vitrail est une splendeur.* SYN. **merveille.**

ÉTYM. latin *splendor*, de *splendere* «briller».

SPLENDIDE [splɑ̃did] **adj.** 1. Plein d'éclat. SYN. **clair, rayonnant.** *Il fait un temps splendide.* 2. Riche et beau. SYN. **éblouissant, magnifique.** *Une fête splendide.* 3. D'une beauté éclatante. SYN. ② **superbe.** *Un panorama splendide.* CONTR. **laid.**

ÉTYM. latin *splendidus*, de *splendere* «briller».

SPLENDIDEMENT [splɑ̃didmɑ̃] **adv.** ✦ LITTÉR. D'une manière splendide.

SPOLIATION [spɔljasjɔ̃] **n. f.** ✦ Action de spolier ; son résultat.

ÉTYM. latin *spoliatio.*

SPOLIER [spɔlje] **v. tr.** (conjug. 9) ✦ Dépouiller (qqn) par violence, fraude ou abus de pouvoir. – au p. passé *Des héritiers spoliés.*

ÉTYM. latin *spoliare.*

SPONDÉE [spɔ̃de] **n. m.** ✦ DIDACT. Pied de deux syllabes longues (prosodie grecque et latine). *Dactyles* et spondées.*

ÉTYM. latin *spondeus*, du grec.

SPONGIEUX, EUSE [spɔ̃ʒjø, øz] **adj.** 1. Qui rappelle l'éponge, par sa structure et sa consistance. *Tissu spongieux des os.* 2. Qui s'imbibe, retient les liquides. *Un sol spongieux.*

ÉTYM. latin *spongiosus*, de *spongia* «éponge».

SPONSOR [spɔ̃sɔr ; spɔnsɔr] **n. m.** ✦ anglicisme Personne ou entreprise qui finance une initiative sportive ou culturelle. SYN. **commanditaire, mécène, parrain.**

► **SPONSORISER** [spɔ̃sɔrize ; spɔnsɔrize] **v. tr.** (conjug. 3a)

ÉTYM. mot anglais «caution» ; famille du latin *spondere* «garantir».

SPONTANÉ, ÉE [spɔ̃tane] **adj.** 1. Que l'on fait de soi-même, sans être incité ni contraint par autrui. → **libre.** *Des aveux spontanés.* SYN. **volontaire.** 2. Qui se produit de soi-même, sans avoir été provoqué. SYN. **naturel.** *Émission spontanée d'un rayonnement.* 3. Qui se fait, s'exprime directement, sans réflexion ni calcul. SYN. **instinctif.** *Une réaction spontanée.* ♦ (personnes) Qui obéit au premier mouvement, ne calcule pas. SYN. **primesautier.** CONTR. **imposé · provoqué · apprêté ; calculateur.**

ÉTYM. bas latin *spontaneus*, de *spons, spontis* «volonté libre».

SPONTANÉITÉ [spɔ̃taneite] **n. f.** ✦ Caractère de ce qui est spontané ; qualité d'une personne spontanée. SYN. **franchise, naturel, sincérité.** CONTR. ② **calcul.**

SPONTANÉMENT [spɔ̃tanemɑ̃] **adv.** ✦ D'une manière spontanée.

SPORADIQUE [spɔradik] **adj.** 1. Qui apparaît, se produit çà et là et d'une manière irrégulière. *Des protestations sporadiques.* 2. MÉD. *Maladie sporadique,* qui atteint des individus isolés (s'oppose à *épidémique* et à *endémique*). CONTR. **constant, permanent, régulier.**

ÉTYM. grec *sporadikos* «dispersé».

SPORADIQUEMENT [spɔradikmɑ̃] **adv.** ✦ D'une manière sporadique, irrégulière. CONTR. **constamment, régulièrement.**

SPORANGE [spɔrɑ̃ʒ] **n. m.** ✦ BOT. Organe qui renferme ou produit les spores.

ÉTYM. de *spore* et du grec *angos* «réceptacle».

SPORE [spɔr] **n. f.** ✦ BIOL. Cellule microscopique, corpuscule reproducteur de nombreux végétaux et de certains protistes. *Les spores des algues, des champignons, des plantes à fleurs* (→ **pollen**). HOM. SPORT «activité physique»

ÉTYM. grec *spora* «semence».

SPOROGONE [spɔrɔgɔn] **n. m.** ✦ BOT. Appareil producteur des spores, chez les bryophytes.

ÉTYM. de *spore* et ② *-gone.*

SPORT [spɔr] **n. m.** 1. *(Le sport)* Activité physique exercée dans le sens du jeu et de l'effort, et dont la pratique suppose un entraînement méthodique et le respect de règles. → éducation **physique ; athlétisme, gymnastique.** *Faire du sport.* – *Terrain de sport. Vêtements de sport.* – *Sport-études :* section aménagée pour concilier les études et le sport de haut niveau. ♦ loc. FAM. *C'est du sport !,* c'est un exercice très difficile. – *Il va y avoir du sport !,* de la bagarre. 2. *(Un, des sports)* Chacune des formes particulières et réglementées de cette activité. *Pratiquer un sport. Sports de compétition. Sports de combat* (boxe, judo...) ; *individuels* (athlétisme...), *d'équipe* (football, rugby...). *Sports collectifs. Sports de glisse. Sports d'hiver* (ski, patinage...). HOM. SPORE «partie d'une plante»

ÉTYM. anglais *sport*, de *disport*, ancien français *desport* «divertissement».

SPORTIF, IVE [spɔrtif, iv] **adj.** 1. Propre ou relatif au sport, aux différents sports. *Épreuves sportives.* 2. Qui pratique, qui aime le sport. – **n.** *Sportifs amateurs et professionnels.* ♦ Qui atteste la pratique du sport. *Une allure sportive.* 3. Qui respecte l'esprit du sport. *Le public n'a pas été très sportif.* CONTR. **antisportif.**

SPORTIVEMENT [spɔrtivmɑ̃] **adv.** ✦ Avec un esprit sportif, loyal. *Accepter sportivement sa défaite.*

SPORTIVITÉ [spɔrtivite] **n. f.** ✦ Attitude sportive, loyale (dans un autre domaine que le sport). SYN. **fair-play** anglic.

SPORTWEAR [spɔʀtwɛʀ] ou **SPORTSWEAR** [spɔʀtswɛʀ] n. m. ✦ anglicisme Ensemble des vêtements, des chaussures de sport.
ÉTYM. mot anglais, de *sport* et *wear* «tenue».

SPORULATION [spɔʀylasjɔ̃] n. f. ✦ BIOL., BOT. Formation des spores ; reproduction par spores.

SPOT [spɔt] n. m. ✦ anglicisme 1. Point lumineux (sur un écran...). 2. Petit projecteur. 3. Bref message publicitaire, à la radio, à la télévision. SYN. **flash** anglic.
ÉTYM. mot anglais «tache».

SPRAT [spʀat] n. m. ✦ Petit poisson, voisin du hareng.
ÉTYM. mot anglais.

SPRAY [spʀɛ] n. m. ✦ anglicisme Jet de liquide projeté par un pulvérisateur ; ce pulvérisateur. *Eau de toilette en spray.*
ÉTYM. mot anglais «gouttelettes».

SPRINGBOK [spʀiŋbɔk] n. m. ✦ Antilope commune dans le sud de l'Afrique.
ÉTYM. néerlandais «bouc *(bok)* sauteur *(spring)*».

SPRINT [spʀint] n. m. ✦ Allure, la plus rapide possible, qu'un coureur prend à un moment déterminé d'une course, et notamment à la fin ; fin de la course. *Il a gagné au sprint.* ➝ Course de vitesse sur petite distance (athlétisme, cyclisme).
ÉTYM. mot anglais.

SPRINTER [spʀinte] v. intr. (conjug. 3a) ✦ Effectuer un sprint.
ÉTYM. de *sprint*.

SPRINTEUR, EUSE [spʀintœʀ, øz] n. ✦ Sportif spécialiste des courses de vitesse, des sprints. ➝ Écrire *sprinteur, euse* avec le suffixe français *-eur, -euse* est permis. ➝ Au masculin, on écrit parfois *sprinter*.

SQUALE [skwal] n. m. ✦ Requin ; spécialt requin sans nageoire anale.
ÉTYM. latin *squalus* «requin».

SQUAME [skwam] n. f. 1. DIDACT. Écaille (de poisson, de serpent...). 2. Lamelle qui se détache de l'épiderme (→ **desquamation**).
ÉTYM. latin *squama* «écaille».

SQUAMEUX, EUSE [skwamø, øz] adj. ✦ DIDACT. Écailleux.
ÉTYM. latin *squamosus*, de *squama* «écaille».

SQUARE [skwaʀ] n. m. ✦ Petit jardin public.
ÉTYM. mot anglais «carré», d'une ancienne forme de *équerre*.

SQUASH [skwaʃ] n. m. ✦ anglicisme Sport pratiqué en salle, où deux joueurs se renvoient une balle en la frappant à la raquette contre un mur. *Des squash* ou *des squashes* (plur. anglais).
ÉTYM. mot anglais.

SQUAT [skwat] n. m. ✦ anglicisme 1. Occupation (d'un lieu) par des squatteurs. 2. Local occupé par des squatteurs.
ÉTYM. de *squatter*.

SQUATTER [skwate] v. intr. (conjug. 3a) ✦ anglicisme Occuper (un lieu) en squatteur.
ÉTYM. américain *to squat*.

SQUATTEUR, EUSE [skwatœʀ, øz] n. ✦ anglicisme Personne sans logement qui réside illégalement dans un local vacant. ➝ Écrire *squatteur, euse* avec le suffixe français *-eur, -euse* est permis. ➝ Au masculin, on écrit aussi *squatter*.
ÉTYM. anglais américain *squatter*, de *to squat*, proprement «s'accroupir».

SQUAW [skwo] n. f. ✦ Femme indienne, en Amérique du Nord. *Des squaws.*
ÉTYM. mot algonquin «femme», par l'anglais.

SQUELETTE [skəlɛt] n. m. **I** Charpente osseuse des vertébrés. SYN. **ossature.** ➝ Restes osseux d'un humain ou d'un animal mort. SYN. **carcasse.** ➝ fig. FAM. Personne très maigre. **II** 1. Structure, charpente (d'un immeuble...). 2. Grandes lignes (d'un ensemble, d'une œuvre). SYN. **canevas,** ③ **plan.**
ÉTYM. grec *skeletos* «desséché» et (nom) «momie».

SQUELETTIQUE [skəletik] adj. 1. Qui évoque un squelette (par sa maigreur). ◆ fig. Très réduit ; peu nombreux. *Des effectifs squelettiques.* 2. ANAT. Du squelette (I). *Les éléments squelettiques.*

Sr [ɛsɛʀ] ✦ CHIM. Symbole du strontium.

SRAS [sʀas] n. m. ✦ Pneumopathie fébrile d'origine virale.
ÉTYM. sigle de *syndrome respiratoire aigu sévère*.

S. S. [ɛsɛs] n. m. ✦ Membre de la police militarisée de l'Allemagne nazie. *Les S. S.* (☛ noms propres).
ÉTYM. sigle de l'allemand *Schutzstaffel* «échelon *(Staffel)* de protection *(Schutz)*».

STABILISATEUR, TRICE [stabilizatœʀ, tʀis] adj. et n. m. 1. adj. Propre à stabiliser. 2. n. m. Dispositif destiné à stabiliser (un véhicule), à équilibrer. *Navire muni de stabilisateurs.*

STABILISATION [stabilizasjɔ̃] n. f. ✦ Action, manière de stabiliser.

STABILISER [stabilize] v. tr. (conjug. 3a) 1. Rendre stable (la monnaie, une situation...). ➝ pronom. Devenir stable. *L'épidémie s'est stabilisée.* 2. Amener (un système, une substance) à la stabilité. 3. Assurer la stabilité, l'équilibre de (un véhicule, etc.). SYN. **équilibrer.** CONTR. **déséquilibrer, déstabiliser.**
ÉTYM. du latin *stabilis* «stable».

STABILITÉ [stabilite] n. f. 1. Caractère de ce qui tend à demeurer dans le même état. SYN. **continuité, permanence.** *Stabilité des institutions.* ➝ *La stabilité d'une monnaie.* SYN. **fermeté.** 2. État d'une construction capable de demeurer dans un équilibre permanent. SYN. **aplomb.** ◆ Propriété (d'un véhicule...) de revenir à sa position d'équilibre. 3. Tendance (d'un composé chimique, d'un système physique) à rester dans un état défini. CONTR. **déséquilibre, instabilité ; fluctuation.**
ÉTYM. latin *stabilitas*.

STABLE [stabl] adj. 1. Qui n'est pas sujet à changer ou à disparaître ; qui demeure dans le même état. SYN. **durable, solide.** *Équilibre stable.* 2. Qui est en équilibre stable. *Cette échelle n'est pas stable.* 3. Doué de stabilité (3). SYN. **inerte.** CONTR. **changeant, instable.**
ÉTYM. latin *stabilis*, de *stare* «se tenir ferme».

STABULATION [stabylasjɔ̃] n. f. ✦ AGRIC. Technique d'élevage en étable.
ÉTYM. latin *stabulatio*, de *stabulum* «étable».

A B C D E F G H I J K L M N O P Q R S T U V W X Y Z

STACCATO [stakato] **adv.** ✦ MUS. En jouant les notes détachées. CONTR. **légato.**
ÉTYM. mot italien «détaché».

STADE [stad] **n. m.** **I** 1. Distance (180 m environ) sur laquelle on disputait les courses dans la Grèce antique ; piste de cette longueur ; terrain de sport et enceinte qui la comprenaient. 2. Terrain aménagé pour la pratique des sports, souvent entouré de gradins, de tribunes. *Stade olympique.* **II** Chacune des étapes (d'une évolution) ; chaque forme que prend une réalité en devenir. SYN. **période, phase.** – PSYCH. *Les stades de la libido, selon Freud* (oral, anal, génital).
ÉTYM. latin *stadium* (mesure de longueur), du grec.

① **STAFF** [staf] **n. m.** ✦ Matériau fait de plâtre et de fibres végétales (employé en décoration, etc.). SYN. **stuc.**
ÉTYM. mot allemand, de *staffieren* «garnir».

② **STAFF** [staf] **n. m.** ✦ **anglicisme** Groupe de travail. – Équipe dirigeante (d'une entreprise).
ÉTYM. mot anglais.

STAGE [staʒ] **n. m.** 1. Période d'études pratiques exigée des candidats à certaines professions. *Stage pédagogique.* 2. Période de formation ou de perfectionnement dans une entreprise. *Stage de reconversion.* 3. Courte période de formation ou de perfectionnement à une activité professionnelle ou de loisir. *Stage d'informatique. Stage de voile.*
ÉTYM. latin médiéval *stagium* «séjour», de l'ancien français *estage* «séjour», de ① *ester.*

STAGIAIRE [staʒjɛʀ] **adj. et n.** ✦ Qui fait un stage. *Avocat stagiaire.* – **n.** *Un, une stagiaire.*

STAGNANT, ANTE [stagnɑ̃, ɑ̃t] **adj.** 1. (fluides) Qui ne s'écoule pas, reste immobile. SYN. **dormant.** *Eaux stagnantes.* 2. **fig.** Inerte, peu actif. *Économie stagnante.* CONTR. ① **courant** · ① **actif.**
ÉTYM. du participe présent de *stagner.*

STAGNATION [stagnasjɔ̃] **n. f.** 1. État d'un fluide stagnant. 2. **fig.** État fâcheux d'immobilité, d'inactivité. SYN. **inertie, marasme.** *Stagnation de la production.*
ÉTYM. du latin *stagnatum*, forme de *stagnare* «stagner».

STAGNER [stagne] **v. intr.** (conjug. 3a) 1. (fluides) Rester immobile sans couler, sans se renouveler. 2. **fig.** Être inerte, ne pas évoluer. SYN. **languir, piétiner.** *Les affaires stagnent.*
ÉTYM. latin *stagnare*, de *stagnum* «étang».

STAKHANOVISME [stakanɔvism] **n. m.** ✦ HIST. Méthode d'encouragement au travail qui incitait à battre des records de production, en U. R. S. S.
ÉTYM. de *Stakhanov*, nom d'un mineur soviétique. ☛ noms propres.

STAKHANOVISTE [stakanɔvist] **n. et adj.** 1. **n.** Travailleur soviétique qui adhérait au stakhanovisme. – **adj.** *Un ouvrier stakhanoviste.* 2. **adj.** Du stakhanovisme. *Des méthodes stakhanovistes.*

STALACTITE [stalaktit] **n. f.** ✦ Concrétion calcaire qui descend de la voûte d'une grotte.
ÉTYM. du grec *stalaktos* «qui coule goutte à goutte».

STALAG [stalag] **n. m.** ✦ Camp de prisonniers de guerre non officiers, en Allemagne (1940-1945).
ÉTYM. mot allemand, de *Sta(mm)lag(er)* «camp *(Lager)* d'origine *(Stamm)*».

STALAGMITE [stalagmit] **n. f.** ✦ Concrétion calcaire qui monte du sol vers la voûte d'une grotte.
ÉTYM. du grec *stalagmos* «écoulement goutte à goutte».

STALINIEN, IENNE [stalinjɛ̃, jɛn] **adj.** 1. Relatif à Staline, au stalinisme. 2. **adj. et n.** Partisan du stalinisme.
ÉTYM. de *Staline* «homme d'acier *(stal')*». ☛ noms propres.

STALINISME [stalinism] **n. m.** ✦ Doctrine et politique de Staline (☛ noms propres), de ses continuateurs et de ses partisans (caractérisée notamment par son totalitarisme et la centralisation des partis communistes).

STALLE [stal] **n. f.** 1. Chacun des sièges de bois à dossier élevé réservés au clergé, des deux côtés du chœur d'une église. 2. Compartiment cloisonné réservé à un animal (**étable, écurie**). SYN. ① **box.**
ÉTYM. latin médiéval *stallum*, de l'ancien français *estal* «étal».

STANCE [stɑ̃s] **n. f.** 1. VX Strophe. 2. **au plur.** Poème composé d'une suite de strophes lyriques d'inspiration grave. *Les stances de Malherbe. Les stances de Rodrigue, dans «Le Cid»* (de Corneille).
ÉTYM. italien *stanza* «demeure ; repos» ; famille du latin *stare* «demeurer».

① **STAND** [stɑ̃d] **n. m.** ✦ Emplacement aménagé pour le tir à la cible. *Stand de tir.*
ÉTYM. mot suisse allemand ; même origine que ② *stand.*

② **STAND** [stɑ̃d] **n. m.** 1. Emplacement réservé, dans une exposition, une foire ; ensemble des installations et des produits exposés. 2. Emplacement aménagé en bordure de piste pour le ravitaillement, les réparations (courses automobiles...).
ÉTYM. mot anglais, de *to stand* «se tenir debout», du germanique.

① **STANDARD** [stɑ̃daʀ] **n. m. et adj.** ✦ **anglicisme**
I n. m. 1. Type, norme de fabrication. SYN. **norme.** *Des standards.* 2. **loc.** VIEILLI *Standard de vie :* niveau de vie. 3. MUS. Thème classique du jazz, sur lequel on improvise.
II adj. 1. Conforme à un type, ou à une norme de fabrication. *Des modèles standard* (**invar.**) ou *standards.* – **loc.** COMM. *Échange standard,* d'une pièce usée par une autre du même type. 2. Conforme au type habituel, sans originalité. *Une formule de politesse standard.*
ÉTYM. mot anglais «modèle, étalon», de l'ancien français *standard* «étendard».

② **STANDARD** [stɑ̃daʀ] **n. m.** ✦ Dispositif permettant, dans un réseau téléphonique, de mettre en relation les interlocuteurs.
ÉTYM. mot anglais «support, panneau».

STANDARDISER [stɑ̃daʀdize] **v. tr.** (conjug. 3a) ✦ **anglicisme** Rendre conforme à un standard ; rendre standard. SYN. **normaliser ; uniformiser.** – **au p. passé** *Produits standardisés.*
► **STANDARDISATION** [stɑ̃daʀdizasjɔ̃] **n. f.**
ÉTYM. de ① *standard*, d'après l'anglais *to standardize.*

STANDARDISTE [stɑ̃daʀdist] **n.** ✦ Personne chargée du service d'un standard téléphonique.
ÉTYM. de ② *standard.*

STANDING [stɑ̃diŋ] **n. m.** ✦ **anglicisme** 1. Position économique et sociale (de qqn) aux yeux de l'opinion. SYN. **niveau** de vie, **rang.** *Maintenir son standing.* 2. (choses) Grand confort, luxe. *Immeuble de grand stan-*

ding.
ÉTYM. mot anglais «situation», de *to stand* «être debout».

STANNIFÈRE [stanifɛʀ] **adj.** ✦ MINÉR. Qui contient de l'étain.
ÉTYM. du latin *stannum* «étain» et de *-fère.*

STAPHYLOCOQUE [stafilɔkɔk] **n. m.** ✦ Bactérie sphérique qui se présente en grappes (agent de diverses infections).
ÉTYM. latin scientifique *staphylococcus*, du grec *staphulê* «grappe de raisin» et de *-coque.*

STAR [staʀ] **n. f.** ✦ anglicisme 1. Célèbre acteur ou actrice de cinéma. SYN. **étoile.** 2. Personne célèbre, très en vue. SYN. **vedette.** *Les stars de la politique.*
ÉTYM. mot anglais «étoile».

STARISER [staʀize] **v. tr.** (conjug. 3a) ✦ FAM. Transformer en star, en vedette. ➝ On dit aussi STARIFIER [staʀifje] (conjug. 9).

STARKING [staʀkiŋ] **n. f.** ✦ Pomme rouge, originaire d'Amérique.
ÉTYM. mot anglais, de *Stark*, nom propre.

STARLETTE [staʀlɛt] **n. f.** ✦ Jeune actrice qui rêve d'une carrière de star.
ÉTYM. anglais *starlet*, diminutif de *star* «étoile».

STARTER [staʀtɛʀ] **n. m.** ✦ anglicisme **I** Personne chargée de donner le départ d'une course. **II** Dispositif destiné à faciliter le démarrage à froid d'un moteur à explosion.
ÉTYM. mot anglais, de *to start* «(faire) partir».

STARTING-BLOCK [staʀtiŋblɔk] **n. m.** ✦ anglicisme Dispositif formé de deux cales réglables sur lesquelles les athlètes prennent appui au départ d'une course de vitesse. ➝ au plur. (même sens) *Des starting-blocks.*
ÉTYM. mot anglais «bloc pour partir *(to start)*».

START-UP [staʀtœp] **n. f. invar.** ✦ anglicisme Jeune entreprise de haute technologie.
ÉTYM. mot anglais «démarrage».

> **-STAT** Élément savant, du grec *statos* «stable» (ex. *rhéostat*).

STATÈRE [statɛʀ] **n. m.** ✦ ANTIQ. GRECQUE Monnaie valant de deux à quatre drachmes.
ÉTYM. bas latin *stater*, du grec.

STATION [stasjɔ̃] **n. f.** **I** Fait de s'arrêter au cours d'un déplacement. SYN. **arrêt, halte, pause.** *Une brève station.* ➝ spécialt *Les stations de la croix,* les arrêts de Jésus portant sa croix. **II** (Lieu où l'on s'arrête) 1. Endroit où l'on effectue des observations scientifiques ; installations qui y sont aménagées. *Station météorologique.* ♦ Lieu où se fait un certain travail. *Station d'épuration.* ➝ *Station d'essence.* → **station-service.** ♦ *Station d'émission* (de radio, de télévision). ➝ *Station de radio.* 2. Endroit aménagé pour l'arrêt momentané de véhicules. *Station d'autobus.* SYN. **arrêt.** *Station de taxis.* 3. Lieu de séjour, où l'on pratique certaines activités. *Station thermale. Station de sports d'hiver.* **III** Fait de se tenir (de telle façon) ; spécialt fait de se tenir debout. SYN. **position.** *Station verticale.*
ÉTYM. latin *statio*, de *stare* «demeurer, se tenir debout».

STATIONNAIRE [stasjɔnɛʀ] **adj.** 1. DIDACT. Qui s'arrête, reste un certain temps à la même place. *Planète stationnaire.* 2. Qui demeure un certain temps dans le même état ; qui n'évolue pas. *L'état du malade est stationnaire.*
ÉTYM. latin *stationarius*, de *statio* «station».

STATIONNEMENT [stasjɔnmɑ̃] **n. m.** ✦ Fait de stationner. *Stationnement interdit.*

STATIONNER [stasjɔne] **v. intr.** (conjug. 3a) ✦ Faire une station (I). ➝ (véhicule) Être rangé sur la voie publique ; être garé. CONTR. **circuler.**

STATION-SERVICE [stasjɔ̃sɛʀvis] **n. f.** ✦ Poste de distribution d'essence accompagné d'installations pour l'entretien des véhicules. *Des stations-services.*
ÉTYM. de *station* et *service*, d'après l'anglais.

STATIQUE [statik] **n. f. et adj.**
I n. f. DIDACT. Étude des corps en équilibre (s'oppose à *dynamique*).
II adj. 1. DIDACT. Relatif aux états d'équilibre. ➝ *Électricité* statique.* 2. Qui est fixé, qui n'évolue pas. SYN. **figé.** *Une mentalité statique.* CONTR. **dynamique, évolutif.**
ÉTYM. grec *statikos.*

STATISTICIEN, IENNE [statistisjɛ̃, jɛn] **n.** ✦ Spécialiste de la statistique.

STATISTIQUE [statistik] **n. f. et adj.**
I n. f. Science et techniques d'interprétation mathématique de données complexes et nombreuses. ➝ Ensemble de données utilisables selon ces méthodes. *Statistiques économiques.*
II adj. 1. Relatif à la statistique. *Méthodes, données statistiques.* 2. Qui concerne les grands nombres, les phénomènes quantitatifs complexes. *Prévisions d'ordre statistique.*
ÉTYM. du latin moderne *statisticus* «relatif à l'État *(status)*», de l'italien, de *statista* «homme d'État».

STATISTIQUEMENT [statistikmɑ̃] **adv.** ✦ Par la statistique, selon les statistiques.

STATOR [statɔʀ] **n. m.** ✦ TECHN. Partie fixe d'un générateur, d'un moteur électrique (opposé à *rotor*).
ÉTYM. du latin *status* «fixé», d'après *rotor.*

STATUAIRE [statɥɛʀ] **n.** **I n.** DIDACT. Sculpteur qui fait des statues. **II n. f.** Art de représenter en relief ou dans l'espace la figure humaine ou animale. *La statuaire antique.*
ÉTYM. latin *statuarius*, de *statua* «statue».

STATUE [staty] **n. f.** ✦ Ouvrage de sculpture représentant en entier un être vivant. *Statue équestre.*
HOM. STATUT «situation»
ÉTYM. latin *statua*, de *statuere* «ériger, dresser».

STATUER [statɥe] **v. intr.** (conjug. 3a) ✦ Prendre une décision (sur une affaire...). *Le juge va statuer.*
ÉTYM. latin *statuere* «dresser ; fixer, décider».

STATUETTE [statɥɛt] **n. f.** ✦ Statue de petite taille.

STATUFIER [statyfje] **v. tr.** (conjug. 9) ✦ plais. Représenter (qqn) par une statue.
ÉTYM. de *statue*, suffixe *-fier.*

STATU QUO [statykwo] **n. m. invar.** ✦ État actuel des choses. *Maintenir le statu quo.*
ÉTYM. de la locution latine *in statu quo ante* «dans l'état où (les choses étaient) auparavant».

STATURE [statyʀ] n. f. 1. Corps humain, considéré dans sa taille et sa position debout. *Une stature impressionnante.* 2. fig. Importance, valeur (de qqn). SYN. **carrure, envergure.** *Il a la stature d'un homme d'État.*
ÉTYM. latin *statura* «se tenir debout», de *stare.*

STATUT [staty] n. m. 1. Ensemble de textes qui règlent la situation (d'une personne, d'un groupe) ; cette situation. *Le statut des fonctionnaires.* 2. Situation de fait dans la société, position. *Le statut de la femme dans l'Antiquité.* 3. au plur. Suite d'articles définissant une association, une société, et réglant son fonctionnement. HOM. STATUE «sculpture»
ÉTYM. bas latin *statutum,* de *statuere* «fixer, statuer».

STATUTAIRE [statytɛʀ] adj. ✦ Conforme aux statuts (3).

STATUTAIREMENT [statytɛʀmɑ̃] adv. ✦ Selon les statuts.
ÉTYM. de *statutaire.*

STEAK [stɛk] n. m. ✦ Tranche de bœuf grillée. SYN. **bifteck.** *Des steaks.*
ÉTYM. mot anglais «tranche de viande».

STEAMER [stimœʀ] n. m. ✦ VIEILLI Bateau à vapeur.
ÉTYM. mot anglais, de *steam* «vapeur».

STÉARINE [steaʀin] n. f. ✦ Corps solide, blanc, obtenu à partir des graisses naturelles. *Bougie en stéarine.*
ÉTYM. du grec *stear, steatos* «graisse».

STEEPLE-CHASE [stipœlʃɛz] ou (abrév.) **STEEPLE** [stipl] n. m. ✦ anglicisme 1. Course d'obstacles pour les chevaux. *Des steeple-chases.* 2. *STEEPLE :* course à pied (course de fond) comportant divers obstacles.
ÉTYM. anglais «course *(chase)* au clocher *(steeple)*».

STÈLE [stɛl] n. f. ✦ Monument monolithe qui porte une inscription, des ornements sculptés. *Stèle funéraire.*
ÉTYM. latin *stela,* du grec.

STELLAIRE [stelɛʀ] adj. ✦ Des étoiles ; relatif aux étoiles.
ÉTYM. bas latin *stellaris,* de *stella* «étoile».

STEM [stɛm] n. m. ✦ SKI Virage effectué en ouvrant le ski aval. ➡ On écrit aussi *stemm.*
ÉTYM. mot norvégien.

STENCIL [stɛnsil] n. m. ✦ anglicisme Papier paraffiné servant à la duplication de documents (polycopie, ronéo...).
ÉTYM. mot anglais «pochoir».

> **STÉNO-** Élément, du grec *stenos* «étroit», qui signifie «resserré» (en parlant de l'écriture).

STÉNO [steno] n. 1. n. → **sténographe.** 2. n. f. → **sténographie.**
ÉTYM. abréviation.

STÉNODACTYLO [stenodaktilo] n. 1. n. → **sténographe.** 2. n. f. → **sténographie.**
ÉTYM. abréviation.

STÉNODACTYLOGRAPHE [stenodaktilɔgʀaf] ou (abrév.) **STÉNODACTYLO** [stenodaktilo] n. ✦ Personne qui pratique la sténodactylographie à titre professionnel.
ÉTYM. de *sténographe* et *dactylographe.*

STÉNODACTYLOGRAPHIE [stenodaktilɔgʀafi] ou (abrév.) **STÉNODACTYLO** [stenodaktilo] n. f. ✦ Emploi combiné de la sténographie et de la dactylographie.
ÉTYM. de *sténographie* et *dactylographie.*

STÉNOGRAPHE [stenɔgʀaf] ou (abrév.) **STÉNO** [steno] n. ✦ Personne qui pratique la sténographie à titre professionnel.
ÉTYM. de *sténo-* et *graphe.*

STÉNOGRAPHIE [stenɔgʀafi] ou (abrév.) **STÉNO** [steno] n. f. 1. Écriture abrégée et simplifiée, formée de signes qui permettent de noter la parole à la vitesse de prononciation normale. *Apprendre la sténo. Prendre un texte en sténo.* ➡ appos. invar. *Des blocs sténo.* 2. Métier de sténographe. 3. Compte rendu noté en sténographie.
ÉTYM. de *sténo-* et *-graphie.*

STÉNOGRAPHIER [stenɔgʀafje] v. tr. (conjug. 9) ✦ Noter par la sténographie.

STÉNOGRAPHIQUE [stenɔgʀafik] adj. ✦ Relatif à la sténographie. *Signes sténographiques.* ♦ Noté en sténographie.

STÉNOSE [stenoz] n. f. ✦ MÉD. Rétrécissement d'un canal ou d'un orifice. *Sténose d'une artère.*
ÉTYM. grec *stenôsis,* de *stenos* «étroit» → sténo-.

STÉNOTYPIE [stenɔtipi] n. f. ✦ Sténographie mécanique (au moyen d'une machine appelée *sténotype* n. f. utilisée par un ou une *sténotypiste* n.).
ÉTYM. de *sténotype* → sténo- et -type.

STENTOR [stɑ̃tɔʀ] n. m. ✦ *VOIX DE STENTOR :* voix forte, retentissante.
ÉTYM. du nom d'un personnage de l'*Iliade.* ☞ noms propres.

STEPPE [stɛp] n. f. ✦ Grande plaine inculte des régions sèches, couverte d'herbe rase en plaques. ➡ ARTS *Art des steppes,* des peuples nomades des steppes (Russie méridionale...), à l'âge du bronze.
ÉTYM. russe *step.*

STEPPIQUE [stepik] adj. ✦ De la steppe. *Flore steppique.*

STERCORAIRE [stɛʀkɔʀɛʀ] n. m. et adj.
I n. m. 1. Oiseau palmipède des mers arctiques, qui se nourrit de poisson dérobé à d'autres oiseaux. 2. Insecte qui vit sur les excréments.
II adj. DIDACT. Relatif aux excréments ; qui vit sur les excréments.
ÉTYM. latin *stercorarius,* de *stercus, stercoris* «excrément».

STÈRE [stɛʀ] n. m. ✦ Volume (de bois) mesurant 1 m^3 (symb. st).
ÉTYM. grec *stereon,* de *stereos* «solide».

STÉRÉO [stereo] adj. et n. f. 1. adj. Stéréophonique. *Des chaînes stéréos.* 2. n. f. Stéréophonie.
ÉTYM. abréviation.

> **STÉRÉO-** Élément savant, du grec *stereos* «solide, dur», qui signifie «massif, solide», «volume» et «relief».

STÉRÉOPHONIE [stereɔfɔni] ou (abrév.) **STÉRÉO** [stereo] n. f. ✦ Enregistrement et reproduction du son (par deux sources) donnant l'impression du relief acoustique.
ÉTYM. de *stéréo-* et *-phonie.*

STÉRÉOPHONIQUE [steʀeɔfɔnik] **adj.** ou (abrév.) **STÉRÉO** [steʀeo] **adj.** ✦ Relatif à la stéréophonie. — *Chaîne stéréo,* utilisant le principe de la stéréophonie. *Des chaînes stéréos.*

STÉRÉOSCOPE [steʀeɔskɔp] **n. m.** ✦ DIDACT. Instrument d'optique basé sur le principe de la stéréoscopie.
ÉTYM. anglais *stereoscope* → stéréo- et -scope.

STÉRÉOSCOPIE [steʀeɔskɔpi] **n. f.** ✦ DIDACT. Technique permettant d'obtenir une impression de relief, au moyen de deux images d'un objet.
► **STÉRÉOSCOPIQUE** [steʀeɔskɔpik] **adj.**
ÉTYM. de *stéréoscope.*

STÉRÉOTYPE [steʀeɔtip] **n. m.** ✦ Opinion toute faite réduisant les particularités. SYN. **cliché.** ◆ *Stéréotypes culturels :* préjugés répandus.
ÉTYM. de *stéréo-* et *-type.*

STÉRÉOTYPÉ, ÉE [steʀeɔtipe] **adj.** ✦ Tout fait, figé. *Des formules stéréotypées.*
ÉTYM. du participe passé de *stéréotyper* «figer», de *stéréotype.*

STÉRILE [steʀil] **adj.** **I** **1.** (êtres vivants) Inapte à la génération, à la reproduction. SYN. **infécond.** *Femelle stérile.* — *Couple stérile.* **2.** (terre, sol) Qui ne produit pas de végétaux utiles. SYN. **aride, improductif. 3.** Exempt de tout germe microbien. SYN. **aseptique.** *Compresse stérile.* **II** fig. Qui ne produit rien, ne donne aucun résultat positif. *Pensées stériles.* — *Des discussions stériles.* SYN. **oiseux.** CONTR. **fécond, fertile, prolifique • contaminé, pathogène • fructueux.**
ÉTYM. latin *sterilis.*

STÉRILET [steʀilɛ] **n. m.** ✦ Dispositif contraceptif placé dans l'utérus.
ÉTYM. de *stérile.*

STÉRILISATEUR [steʀilizatœʀ] **n. m.** ✦ Appareil de stérilisation (2).
ÉTYM. de *stériliser.*

STÉRILISATION [steʀilizasjɔ̃] **n. f.** **1.** Suppression de la capacité de procréer. **2.** Opération qui consiste à détruire les germes microbiens.
ÉTYM. de *stériliser.*

STÉRILISER [steʀilize] **v. tr.** (conjug. 3a) **1.** Rendre stérile, infécond. *Se faire stériliser.* **2.** Opérer la stérilisation (2) de (qqch.). SYN. **aseptiser, désinfecter, pasteuriser.** — au p. passé *Lait stérilisé.* **3.** Rendre stérile (II).

STÉRILITÉ [steʀilite] **n. f.** **1.** (êtres vivants) Incapacité de procréer ou de se reproduire. SYN. **infécondité. 2.** État, caractère de ce qui est stérile. CONTR. **fécondité ; fertilité.**
ÉTYM. latin *sterilitas.*

STERLING [stɛʀliŋ] **adj. invar.** ✦ *LIVRE STERLING.* → ② **livre.**
ÉTYM. mot anglais.

STERNE [stɛʀn] **n. f.** ✦ Petit oiseau marin voisin de la mouette, aussi appelé *hirondelle de mer.*
ÉTYM. ancien anglais *stern.*

STERNUM [stɛʀnɔm] **n. m.** ✦ Os de la face antérieure du thorax (qui reçoit les sept paires de côtes supérieures, chez l'homme). *Des sternums.*
ÉTYM. grec *sternon,* par le latin.

STERNUTATION [stɛʀnytasjɔ̃] **n. f.** ✦ DIDACT. Fait d'éternuer ; éternuements répétés.
ÉTYM. latin *sternutatio,* de *sternutare* «éternuer».

STERNUTATOIRE [stɛʀnytatwaʀ] **adj.** ✦ DIDACT. Qui provoque des éternuements.
ÉTYM. de *sternutation.*

STÉROÏDE [steʀɔid] **n. m.** **1.** Substance ayant la structure d'un stérol. *Le cholestérol est un stéroïde.* **2.** Hormone ayant la structure d'un stérol. *Stéroïdes anabolisants.*
► **STÉROÏDIEN, IENNE** [steʀɔidjɛ̃, jɛn] **adj.** *Hormones stéroïdiennes.*
ÉTYM. de *stérol* et *-oïde.*

STÉROL [steʀɔl] **n. m.** ✦ BIOCHIM. Alcool qui contient plusieurs noyaux cycliques dans sa molécule, de masse élevée.
ÉTYM. de *cholestérol.*

STÉTHOSCOPE [stetɔskɔp] **n. m.** ✦ Instrument destiné à l'auscultation, qui transmet les bruits internes du corps.
ÉTYM. du grec *stêthos* «poitrine» et de *-scope.*

STETSON [stɛtsɔn] **n. m.** ✦ Chapeau à larges bords relevés.
ÉTYM. mot américain, d'un nom propre.

STÉVIA [stevja] **n. m.** ou **f.** ✦ Plante d'Amérique du Sud dont les feuilles contiennent un édulcorant. ◆ Cet édulcorant. *Stévia en poudre.*
ÉTYM. latin scientifique *stevia,* de *Esteve,* nom d'un médecin espagnol.

STEWARD [stiwaʀt] **n. m.** ✦ anglicisme **1.** Maître d'hôtel ou garçon de service, à bord d'un paquebot. **2.** Membre (homme) du personnel de cabine d'un avion.
ÉTYM. mot anglais «majordome».

STICK [stik] **n. m.** ✦ anglicisme **1.** Courte baguette souple ; cravache. **2.** Produit présenté sous forme de bâtonnet. *Stick de colle.*
ÉTYM. mot anglais «bâton».

STICKER [stikœʀ] **n. m.** ✦ anglicisme Autocollant.
ÉTYM. mot anglais, de *to stick* «coller».

STIGMATE [stigmat] **n. m.** **I** **1.** au plur. RELIG. Blessures du Christ ; marques miraculeuses disposées sur le corps comme les cinq blessures du Christ. **2.** Marque laissée sur la peau (par une plaie, une maladie). SYN. **cicatrice.** *Les stigmates de la petite vérole.* **3.** anciennt Marque d'infamie appliquée au fer rouge. **4.** fig. Marque, signe laid ou honteux. *Les stigmates de l'alcoolisme.* **II** **1.** ZOOL. Chacun des orifices respiratoires des trachées des insectes. **2.** BOT. Orifice du pistil.
ÉTYM. latin *stigmata,* pluriel de *stigma,* mot grec «piqûre, plaie».

STIGMATISÉ, ÉE [stigmatize] **adj.** et **n.** ✦ (Personne) qui porte des stigmates (I, 1).

STIGMATISER [stigmatize] **v. tr.** (conjug. 3a) **1.** anciennt Marquer d'un stigmate (I, 3). **2.** LITTÉR. Dénoncer comme infâme, condamner avec force. *Stigmatiser la violence.*

STIMULANT, ANTE [stimylɑ̃, ɑ̃t] **adj.** **1.** Qui augmente l'activité physique ou psychique, les fonctions organiques. SYN. **fortifiant,** ① **tonique.** — **n. m.** Substance stimulante. **2.** Qui stimule, qui augmente l'ardeur de qqn. — **n. m.** Ce qui stimule. SYN. **aiguillon.** *La difficulté est un puissant stimulant.* CONTR. **décourageant.**
ÉTYM. du participe présent de *stimuler.*

A B C D E F G H I J K L M N O P Q R S T U V W X Y Z

STIMULATEUR, TRICE [stimylatœʀ, tʀis] adj. et n. m. 1. adj. LITTÉR. Qui stimule. SYN. **stimulant.** 2. n. m. *Stimulateur cardiaque :* appareil implanté dans l'organisme, destiné à stimuler les contractions cardiaques.
ÉTYM. du latin *stimulatum* ou de *stimulator.*

STIMULATION [stimylasjɔ̃] n. f. ✦ Action de stimuler. ➖ Ce qui stimule.
ÉTYM. latin *stimulatio.*

STIMULER [stimyle] v. tr. (conjug. 3a) 1. Augmenter l'énergie, l'activité de (qqn) ; pousser (qqn) à agir. SYN. **encourager, exciter.** 2. Augmenter l'activité de (une fonction organique) ; redonner des forces à (qqn). *Le grand air stimule l'appétit.* SYN. **aiguiser.** CONTR. **décourager • apaiser, calmer.**
ÉTYM. latin *stimulare*, de *stimulus* «aiguillon».

STIMULUS [stimylys] n. m. ✦ DIDACT. Cause externe ou interne capable de provoquer la réaction d'un organisme vivant. *Les stimulus* (ou *les stimuli,* plur. latin) *sensoriels.*
ÉTYM. mot latin «aiguillon».

STIPE [stip] n. m. ✦ BOT. Tige ligneuse (de plantes arborescentes, de fougères...). *Le stipe du palmier.*
ÉTYM. latin *stipes* «tronc».

STIPENDIER [stipɑ̃dje] v. tr. (conjug. 9) ✦ LITTÉR. Corrompre, payer pour une basse besogne. SYN. **soudoyer.** ➖ au p. passé *Témoin stipendié.*
ÉTYM. latin *stipendari*, de *stipendium* «impôt ; solde militaire».

STIPULATION [stipylasjɔ̃] n. f. ✦ Clause, condition (dans un contrat). ➖ Précision donnée expressément.
ÉTYM. latin *stipulatio*, de *stipulare* «promettre».

STIPULER [stipyle] v. tr. (conjug. 3a) 1. DR. Énoncer comme condition (dans un contrat, un acte). SYN. **spécifier.** 2. Faire savoir expressément. SYN. **préciser.** ➖ impers. *Il est stipulé que...*
ÉTYM. latin *stipulare* «promettre», de *stipulari.*

STOCHASTIQUE [stɔkastik] adj. et n. f. ✦ DIDACT. 1. adj. Qui se produit par l'effet du hasard. SYN. **aléatoire.** 2. n. f. Calcul des probabilités appliqué au traitement des données statistiques.
ÉTYM. grec *stokhastikos* «qui vise bien», famille de *stokhos* «but».

STOCK [stɔk] n. m. 1. Quantité (de marchandises en réserve). *Un stock de blé. Constituer un stock* (SYN. **provision, réserve**). *Avoir un article en stock. Être en rupture* de stock.* ➖ Ces marchandises. *Gérer le stock.* 2. FAM. Choses en réserve ; provisions. ➖ Choses possédées en grande quantité. *Gardez-le, j'en ai tout un stock.*
ÉTYM. mot anglais «souche» puis «provision».

STOCKAGE [stɔkaʒ] n. m. ✦ Action de stocker.

STOCK-CAR [stɔkkaʀ] n. m. ✦ anglicisme Course où de vieilles voitures de série se heurtent à des obstacles, font des carambolages. *Des stock-cars.*
ÉTYM. mot américain «voiture *(car)* de série».

STOCKER [stɔke] v. tr. (conjug. 3a) ✦ Mettre, garder (qqch.) en stock, en réserve. CONTR. **écouler.**

STŒCHIOMÉTRIE [stekjɔmetʀi] n. f. ✦ CHIM. Étude des proportions suivant lesquelles les corps réagissent ou se combinent entre eux.

► **STŒCHIOMÉTRIQUE** [stekjɔmetʀik] adj.
ÉTYM. du grec *stoikheion* «élément» et de *-métrie.*

STOÏCISME [stɔisism] n. m. 1. PHILOS. Doctrine des philosophes antiques (appelés *stoïciens*), selon laquelle le bonheur est dans la vertu, la fermeté d'âme. *Zénon, Épictète, Marc Aurèle ont marqué l'histoire du stoïcisme.* 2. Courage pour supporter la douleur, le malheur, etc., avec les apparences de l'indifférence.
ÉTYM. du latin *stoïcus*, du grec, de *stoa* «portique», nom du lieu où enseignait le philosophe Zénon.

STOÏQUE [stɔik] adj. ✦ Qui fait preuve de stoïcisme (2). SYN. **impassible, imperturbable.** *Rester stoïque devant le danger.*

► **STOÏQUEMENT** [stɔikmɑ̃] adv.
ÉTYM. latin *stoicus.*

STOLON [stɔlɔ̃] n. m. ✦ BOT. Tige aérienne rampante qui s'enracine en produisant de nouveaux pieds. *Stolons du fraisier.*
ÉTYM. latin *stolo, stolonis* «rejet».

STOMACAL, ALE, AUX [stɔmakal, o] adj. ✦ MÉD. De l'estomac. SYN. **gastrique.**
ÉTYM. du latin *stomachus* «estomac», du grec.

STOMATE [stɔmat] n. m. ✦ BOT. Minuscule orifice de l'épiderme des végétaux, qui permet les échanges gazeux.
ÉTYM. du grec *stoma, stomatos* «bouche».

STOMAT(O)- Élément savant, du grec *stoma, stomatos* «bouche».

STOMATOLOGIE [stɔmatɔlɔʒi] n. f. ✦ DIDACT. Discipline médicale qui traite des maladies de la bouche et des dents. ➖ abrév. FAM. STOMATO [stɔmato].
ÉTYM. de *stomato-* et *-logie.*

STOMATOLOGUE [stɔmatɔlɔg] n. ✦ DIDACT. Spécialiste de stomatologie. ➖ abrév. FAM. STOMATO [stɔmato].

STOP [stɔp] interj. et n. m.
I interj. Commandement ou cri d'arrêt. *Stop ! Arrêtez !* ◆ Mot employé dans les télégrammes pour séparer les phrases.
II n. m. 1. Feu arrière des véhicules automobiles, qui s'allume quand on freine. *Des stops.* ➖ appos. (invar.) *Des feux stop.* 2. Panneau routier imposant l'arrêt complet du véhicule à une intersection. ◆ Au Québec, on emploie *arrêt.* 3. FAM. Autostop. *Faire du stop.*
ÉTYM. mot anglais «arrêt», de *to stop* «(s')arrêter», du germanique *stoppôn.*

① **STOPPER** [stɔpe] v. (conjug. 3a) **I** v. tr. 1. Commander l'arrêt de (une masse en mouvement). *Stopper le ballon.* 2. Arrêter, empêcher de se continuer. *Stopper une épidémie.* **II** v. intr. (véhicule...) S'arrêter.
ÉTYM. anglais *to stop.*

② **STOPPER** [stɔpe] v. tr. (conjug. 3a) ✦ Réparer (une déchirure ; un vêtement déchiré) en refaisant la trame et la chaîne. *Stopper un accroc ; une veste.*

► **STOPPAGE** [stɔpaʒ] n. m.
ÉTYM. néerlandais *stoppen* «repriser», du germanique *stoppôn* «arrêter».

STORE [stɔʀ] n. m. ✦ Rideau ou assemblage souple d'éléments, qui s'enroule ou se replie à l'extérieur ou à l'intérieur d'une fenêtre. *Store vénitien,* à lames horizontales orientables.
ÉTYM. italien du Nord *stora*, du latin *storea* «natte».

STOUPA ou **STUPA** [stupa] **n. m.** ✦ Monument bouddhique (commémoratif...) de l'Inde et de l'Asie du Sud-Est.
ÉTYM. mot hindi, du sanskrit.

STOUT [staut ; stut] **n. f.** ✦ Bière très brune, amère.
ÉTYM. mot anglais «épais».

STRABISME [strabism] **n. m.** ✦ DIDACT. Défaut de convergence des deux axes visuels, se traduisant par la déviation d'un œil (→ **loucher**). *Strabisme convergent ; divergent.*
ÉTYM. grec *strabismos*, de *strabos* «tordu».

STRADIVARIUS [stradivarjys] **n. m.** ✦ Violon, alto ou violoncelle fabriqué par Antonio Stradivari.
ÉTYM. du nom d'Antonio Stradivari, dit *Stradivarius*, célèbre luthier de Crémone. ☞ STRADIVARIUS (noms propres).

STRANGULATION [strɑ̃gylasjɔ̃] **n. f.** ✦ DIDACT. Fait d'étrangler (qqn). *Asphyxie par strangulation.*
ÉTYM. latin *strangulatio*, de *strangulare* «étrangler».

STRAPONTIN [strapɔ̃tɛ̃] **n. m.** ✦ Siège fixe à abattant (dans un véhicule, une salle de spectacle...). ◆ fig. Place, situation d'importance secondaire.
ÉTYM. italien *strapontino*, diminutif de *strapunto* «matelas».

STRASS [stras] **n. m.** ✦ Verre coloré imitant certaines pierres précieuses. *Collier de strass.*
ÉTYM. de *Stras*, nom de l'inventeur.

STRATAGÈME [strataʒɛm] **n. m.** ✦ Ruse habile, bien combinée. SYN. **subterfuge.**
ÉTYM. latin *strategema* «ruse (de guerre)», du grec.

STRATE [strat] **n. f.** 1. GÉOL. Chacune des couches de matériaux constituant un terrain. 2. Couche constitutive (d'un ensemble), niveau. *Les strates de la mémoire.*
ÉTYM. latin *stratum* «lit ; pavage», de *sternere* «étendre».

STRATÈGE [stratɛʒ] **n. m.** 1. ANTIQ. GRECQUE Magistrat chargé des questions militaires. 2. Chef militaire qui conduit des opérations de grande envergure. → Personne spécialisée en stratégie (opposé à *tacticien*). 3. fig. Personne habile à élaborer des plans, à diriger une action dans un but précis. *Stratège politique. Un fin stratège* (→ **manœuvrier**).
ÉTYM. grec *stratêgos* «chef d'armée *(stratos)*».

STRATÉGIE [strateʒi] **n. f.** 1. Art de faire évoluer une armée en campagne jusqu'au moment du contact avec l'ennemi (opposé à *tactique*). → Partie de la science militaire qui concerne la conduite générale de la guerre. 2. fig. Art d'élaborer un plan d'actions coordonnées ; ensemble d'actions coordonnées. *La stratégie électorale d'un parti.* → *Jeux de stratégie.*
ÉTYM. grec *strategia* «charge de stratège».

STRATÉGIQUE [strateʒik] **adj.** 1. (opposé à *tactique*) Qui concerne la stratégie (1). 2. Relatif à l'art de la guerre ; qui présente un intérêt militaire. *Route stratégique.* 3. fig. D'une importance déterminante ; qui donne un avantage décisif (contre un adversaire). *Poste stratégique.*
ÉTYM. grec *stratêgikos*.

STRATIFICATION [stratifikasjɔ̃] **n. f.** ✦ DIDACT. Disposition (de terrains...) par strates.
ÉTYM. latin des alchimistes *stratificatio*.

STRATIFIÉ, ÉE [stratifje] **adj.** 1. Disposé en strates. *Sédiments stratifiés.* 2. Se dit d'un matériau constitué de couches (lamelles de bois, fibre de verre...) imprégnées de résine. → **n. m.** *Plan de travail en stratifié.*
ÉTYM. du participe passé de *stratifier* «disposer en couches», latin *stratificare*.

STRATIGRAPHIE [stratigrafi] **n. f.** 1. GÉOL. Étude de la stratification des roches sédimentaires, et de l'âge relatif des terrains. 2. MÉD. Tomographie dans laquelle la source de rayons X reste fixe.
► **STRATIGRAPHIQUE** [stratigrafik] **adj.**
ÉTYM. de *stratifier* et *-graphie*.

STRATO- Élément savant, du latin *stratum* «chose étendue».

STRATOCUMULUS [stratokymylys] **n. m.** ✦ DIDACT. Couche régulière ou en bancs de nuages minces.
ÉTYM. de *strato-* et *cumulus* (1).

STRATOSPHÈRE [stratɔsfɛr] **n. f.** ✦ Une des couches supérieures de l'atmosphère (entre 12 et 50 km d'altitude).
► **STRATOSPHÉRIQUE** [stratɔsferik] **adj.**
ÉTYM. de *strato-* et *sphère*.

STRATUS [stratys] **n. m.** ✦ DIDACT. Nuage bas qui présente l'aspect d'un voile continu.
ÉTYM. mot latin «étendu».

STREAMING [strimiŋ] **n. m.** ✦ anglicisme Technique de diffusion en ligne et en continu de fichiers audios ou vidéos. *Émission de télévision disponible en streaming.* → recomm. offic. *en flux.*
ÉTYM. mot anglais «flux».

STREET ART [stritart] **n. m.** ✦ anglicisme Mouvement artistique utilisant l'espace public comme champ d'intervention (→ **hip-hop**).
ÉTYM. mot anglais, de *street* «rue» et *art* «art».

STREPTO- Élément savant, du grec *streptos* «tourné, arrondi», qui signifie «tordu ; en rouleau».

STREPTOCOQUE [strɛptɔkɔk] **n. m.** ✦ Bactérie qui se présente en chaînettes, et dont plusieurs espèces provoquent des infections graves.
ÉTYM. latin scientifique *streptococcus* → strepto- et -coque.

STREPTOMYCINE [strɛptomisin] **n. f.** ✦ Antibiotique utilisé pour combattre diverses maladies, notamment la tuberculose.
ÉTYM. de *streptocoque*, *-myce* et *-ine*.

STRESS [strɛs] **n. m.** ✦ anglicisme DIDACT. Réaction de l'organisme à une agression, un choc physique ou nerveux ; ce choc. → COUR. Situation de tension, traumatisante pour l'individu.
ÉTYM. mot anglais «effort intense, tension».

STRESSANT, ANTE [stresɑ̃, ɑ̃t] **adj.** ✦ anglicisme Qui provoque un stress, une tension.
ÉTYM. du participe présent de *stresser.*

STRESSÉ, ÉE [strese] **adj.** ✦ anglicisme Qui éprouve un stress, une tension.
ÉTYM. du participe passé de *stresser.*

STRESSER [strese] **v. tr.** (conjug. 3a) ✦ anglicisme Causer un stress, une tension à (qqn). *La vie dans les très grandes villes stresse les habitants.*
ÉTYM. de *stress.*

STRETCH [stʀɛtʃ] **n. m.** ✦ anglicisme Procédé de traitement des tissus qui les rend élastiques dans le sens de la largeur ; tissu traité. ➖ appos. *Velours stretch.*
ÉTYM. nom déposé ; mot anglais, de *to stretch* «tendre».

STRICT, STRICTE [stʀikt] **adj. 1.** Qui laisse très peu de liberté d'action ou d'interprétation. SYN. **étroit.** *Des principes stricts.* SYN. **sévère.** ➖ Rigoureusement conforme aux règles, à un modèle. SYN. **exact.** *La stricte application de la loi.* **2.** Qui ne tolère aucun relâchement, aucune négligence. SYN. **rigoureux. 3.** (choses) Qui constitue un minimum. *C'est son droit strict, le plus strict. Le strict nécessaire.* ➖ *Dans la plus stricte intimité.* ♦ *Le sens strict d'un mot,* le sens le moins étendu. *Au sens strict du terme.* SYN. **étroit,** ① **précis ;** → **stricto sensu. 4.** Très correct et sans ornements ; conforme à un type classique. SYN. **austère, sévère.** *Une tenue très stricte.* CONTR. **lâche, large • laxiste, souple • débraillé.**
ÉTYM. latin *strictus,* participe passé de *stringere* «étreindre» ; doublet de *étroit.*

STRICTEMENT [stʀiktəmɑ̃] **adv.** ✦ D'une manière stricte. *Une affaire strictement personnelle.* SYN. **rigoureusement.** ➖ *Elle était vêtue très strictement.*

STRICTO SENSU [stʀiktosɛ̃sy] **adv.** ✦ DIDACT. Au sens strict. SYN. **littéralement.**
ÉTYM. mots latins.

STRIDENCE [stʀidɑ̃s] **n. f.** ✦ LITTÉR. Bruit strident. ➖ Caractère strident (d'un son).

STRIDENT, ENTE [stʀidɑ̃, ɑ̃t] **adj.** ✦ (bruit, son) Qui est à la fois aigu et intense. *Pousser des cris stridents.*
ÉTYM. du latin *stridens,* participe présent de *stridere* «grincer».

STRIDULATION [stʀidylasjɔ̃] **n. f.** ✦ Bruit modulé que produisent certains insectes (cigales, criquets, grillons...).
ÉTYM. du latin *stridulus,* famille de *stridere* «grincer».

STRIE [stʀi] **n. f.** ✦ Petit sillon, rayure ou ligne (quand il y en a plusieurs à peu près parallèles). *Les stries d'une coquille.*
ÉTYM. latin *stria* «sillon».

STRIÉ, STRIÉE [stʀije] **adj.** ✦ Couvert, marqué de stries. ♦ ANAT. *MUSCLES STRIÉS,* qui se contractent volontairement (s'oppose à *muscles lisses*).
ÉTYM. latin *striatus.*

STRIER [stʀije] **v. tr.** (conjug. 9) ✦ Marquer de stries.

STRING [stʀiŋ] **n. m.** ✦ anglicisme Slip ou maillot de bain réduit à un cache-sexe, assemblé par des liens.
ÉTYM. mot anglais «ficelle».

STRIPTEASE ou **STRIP-TEASE** [stʀiptiz] **n. m.** ✦ anglicisme Spectacle de cabaret au cours duquel une femme (parfois un homme) se déshabille de manière suggestive. *Des stripteases, des strip-teases.* ➖ Écrire *striptease* en un seul mot est permis.
ÉTYM. mot américain, de *to strip* «déshabiller» et *to tease* «agacer, taquiner».

STRIPTEASEUR, EUSE ou **STRIP-TEASEUR, EUSE** [stʀiptizœʀ, øz] **n.** ✦ anglicisme Artiste qui exécute un numéro de striptease. *Des stripteaseurs, des strip-teaseurs.* ➖ Écrire *stripteaseur, euse* en un seul mot est permis.

STRIURE [stʀijyʀ] **n. f.** ✦ Disposition par stries ; manière dont une chose est striée. SYN. **rayure.**
ÉTYM. latin *striatura.*

STROBOSCOPE [stʀɔbɔskɔp] **n. m.** ✦ DIDACT. **1.** anciennt Appareil rotatif donnant l'illusion du mouvement par une suite d'images fixes. **2.** Instrument destiné à faire apparaître immobile ou animé d'un mouvement lent ce qui est animé d'un mouvement périodique rapide.
ÉTYM. du grec *strobos* «rotation» et de *-scope.*

STRONTIUM [stʀɔ̃sjɔm] **n. m.** ✦ CHIM. Élément (symb. Sr), métal d'un blanc argenté, mou, dont certains isotopes sont radioactifs.
ÉTYM. mot anglais, de *Strontian,* nom de lieu.

STROPHE [stʀɔf] **n. f.** ✦ Ensemble cohérent formé par plusieurs vers, avec une disposition déterminée de mètres et de rimes. ☛ Littérature p. 123. *Strophe de quatre vers* (quatrain), *de six vers* (sizain).
ÉTYM. latin *stropha,* du grec «tour».

STRUCTURAL, ALE, AUX [stʀyktyʀal, o] **adj.** ✦ DIDACT. **1.** De la structure. *État structural d'un organe* (par opposition à *fonctionnel*). **2.** Qui étudie les structures, en analyse les éléments ; qui relève du structuralisme. *Linguistique structurale.*

STRUCTURALISME [stʀyktyʀalism] **n. m.** ✦ DIDACT. Théorie selon laquelle l'étude d'une catégorie de faits (notamment en sciences humaines) doit envisager principalement les structures.
ÉTYM. de *structural.*

STRUCTURALISTE [stʀyktyʀalist] **adj.** ✦ DIDACT. Relatif au structuralisme. ♦ **adj.** et **n.** Partisan du structuralisme.

STRUCTURE [stʀyktyʀ] **n. f. 1.** Disposition, agencement visible des parties (d'un bâtiment ; d'une œuvre). *La structure d'un poème.* **2.** Agencement des parties (d'un ensemble), tel qu'il apparaît lorsqu'on l'étudie. → **constitution, disposition.** *La structure de l'atome. La composition et la structure d'une roche.* ➖ *La structure d'un État.* SYN. **organisation.** ➖ Ensemble d'éléments essentiels, profonds. *Des réformes de structure.* ♦ Organisation complexe et importante. *Les grandes structures administratives.* **3.** SC. Système complexe formé de phénomènes solidaires, conçu en fonction des relations réciproques entre ses parties. *Structures logiques. « Les Structures élémentaires de la parenté »* (de Lévi-Strauss).
ÉTYM. latin *structura* «construction ; disposition», de *struere* «construire».

STRUCTUREL, ELLE [stʀyktyʀɛl] **adj.** ✦ Des structures (2). *Déséquilibre structurel* (opposé à *conjoncturel*).

STRUCTURER [stʀyktyʀe] **v. tr.** (conjug. 3a) ✦ Donner une structure à. ➖ pronom. Acquérir une structure.

STRYCHNINE [stʀiknin] **n. f.** ✦ Poison violent, alcaloïde toxique extrait de la noix vomique.
ÉTYM. du latin scientifique *strychnos,* du grec, nom d'une plante vénéneuse.

STUC [styk] **n. m.** ✦ Matériau fait de plâtre ou de poussière de marbre et de colle, qui imite le marbre. SYN. ① **staff.** *Les stucs d'un décor baroque.*
ÉTYM. italien *stucco,* du germanique *stukki* «croûte».

STUDIEUX, EUSE [stydjø, øz] **adj. 1.** Qui aime l'étude, le travail intellectuel. *Un élève studieux.* SYN. **appliqué. 2.** Favorable ou consacré à l'étude. *Des vacances studieuses.* CONTR. **dissipé ; oisif, paresseux.**
ÉTYM. latin *studiosus,* de *studium* «étude».

STUDIO [stydjo] n. m. I 1. Atelier d'artiste (peintre, sculpteur...). 2. Locaux aménagés pour les prises de vues de cinéma, les prises de son de radio, etc. 3. Salle de spectacle de petite dimension. *Studio d'art et d'essai.* II Appartement formé d'une seule pièce principale.
ÉTYM. mot italien «atelier d'artiste», du latin *studium* «étude», par l'anglais.

STUPA → STOUPA

STUPÉFACTION [stypefaksjɔ̃] n. f. 1. État d'une personne stupéfaite. 2. État d'une personne stupéfiée (1).
ÉTYM. du latin *stupefactus* «stupéfait».

STUPÉFAIT, AITE [stypefɛ, ɛt] adj. ✦ Frappé de stupeur ; étonné au point d'être sans réactions. SYN. ① **interdit, sidéré,** LITTÉR. **stupide** (1).
ÉTYM. latin *stupefactus,* participe passé passif de *stupefacere* «paralyser».

STUPÉFIANT, ANTE [stypefjɑ̃, ɑ̃t] adj. et n. m.
I adj. 1. LITTÉR. Qui stupéfie (1). 2. Qui stupéfie (2). SYN. **ahurissant, sidérant.** *Une nouvelle stupéfiante.* CONTR. **stimulant.**
II n. m. Substance toxique (narcotique, euphorisant...) entraînant généralement une accoutumance et un état de stupeur. SYN. **drogue.** *Trafic de stupéfiants.*
ÉTYM. du participe présent de *stupéfier.*

STUPÉFIER [stypefje] v. tr. (conjug. 9) 1. LITTÉR. Engourdir en inhibant les centres nerveux. 2. Rendre stupéfait. SYN. **étonner, sidérer.** *Cela me stupéfie.* CONTR. **stimuler.**
ÉTYM. latin *stupefieri* «être étonné», passif de *stupefacere* «paralyser».

STUPEUR [stypœʀ] n. f. 1. LITTÉR. État d'inertie et d'insensibilité profondes. – PSYCH. Incapacité totale d'agir et de penser (due à un choc, des substances chimiques...). 2. Étonnement profond. SYN. **stupéfaction.** *Muet de stupeur.*
ÉTYM. latin *stupor* «engourdissement».

STUPIDE [stypid] adj. 1. LITTÉR. Frappé de stupeur, paralysé par l'étonnement. SYN. **hébété,** ① **interdit.** *J'en suis resté stupide.* 2. Dénué d'intelligence. SYN. **abruti, bête, idiot.** – (choses) *Une remarque stupide.* 3. Absurde, privé de sens. *Une obstination stupide.* CONTR. ② **fin, intelligent, judicieux.**
ÉTYM. latin *stupidus,* de *stupere* «être frappé de stupeur».

STUPIDEMENT [stypidmɑ̃] adv. ✦ D'une manière stupide.

STUPIDITÉ [stypidite] n. f. 1. Caractère d'une personne, d'une chose stupide. SYN. **absurdité, bêtise, idiotie.** 2. Action ou parole stupide. SYN. **ânerie.** CONTR. **intelligence.**
ÉTYM. latin *stupiditas.*

STUPRE [stypʀ] n. m. ✦ LITTÉR. Débauche. SYN. **luxure.**
ÉTYM. latin *stuprum* «déshonneur».

① **STYLE** [stil] n. m. I 1. Part de l'expression (notamment écrite) qui est laissée à la liberté de chacun, n'est pas directement imposée par les normes, les règles de l'usage, de la langue. → **écriture, expression, façon, langage, langue.** *Étudier le style d'un grand écrivain.* → **stylistique.** *Figures*, procédés de style.* → **rhétorique.** – Façon de s'exprimer propre à une personne, à un groupe, à un type de discours. *Il a un style original. Le style administratif.* – Aspect particulier de l'énoncé. *Style parlé, écrit ; familier, soutenu.* SYN. **registre.** – (en grammaire) *Style direct* (ex. où allez-vous ?), *style indirect* (ex. je lui demande où il va). SYN. **discours.** 2. absolt Manière d'écrire présentant des qualités artistiques. *Auteur qui manque de style.* II Manière de traiter la matière et les formes dans une œuvre d'art ; ensemble des caractères d'une œuvre qui permettent de la rapprocher d'autres œuvres. *Le style d'un peintre, d'une école.* SYN. ① **facture, manière.** *Le style Louis XIII.* ◆ (objets) *DE STYLE* : qui appartient à un style ancien défini. – Exécuté selon un style ancien (s'oppose à *authentique, d'époque*). → **copie, imitation.** III Manière personnelle d'agir, de se comporter, etc. *C'est bien là son style. Style de vie.* SYN. ② **mode.**
ÉTYM. latin *stilus* «instrument à tige pointue», puis «écriture».

② **STYLE** [stil] n. m. ✦ DIDACT. 1. ANTIQ. Poinçon avec lequel on écrivait sur des tablettes de cire. ◆ Pointe qui sert à tracer la courbe, dans un appareil enregistreur. 2. Tige verticale (d'un cadran solaire). 3. BOT. Partie allongée du pistil entre l'ovaire et les stigmates.
ÉTYM. latin *stilus* → ① style ; sens 3, grec *stulos* «colonne».

STYLÉ, ÉE [stile] adj. 1. (personnel hôtelier...) Qui accomplit son service dans les formes. 2. Qui a du style, de l'allure. *Une coiffure stylée.*
ÉTYM. de ① *style.*

STYLET [stilɛ] n. m. 1. Poignard à lame effilée. 2. ZOOL. Pointe qui arme la bouche, chez certains insectes (moustique, etc.). 3. Instrument fin et pointu servant à écrire, à pointer une information sur un écran.
ÉTYM. italien *stiletto,* diminutif de *stilo* «poignard», latin *stilus* → ① style.

STYLISER [stilize] v. tr. (conjug. 3a) ✦ Représenter (un objet) en simplifiant les formes en vue d'un effet décoratif. – au p. passé *Fleurs stylisées.*
► **STYLISATION** [stilizasjɔ̃] n. f.
ÉTYM. de *style.*

STYLISTE [stilist] n. 1. Écrivain, artiste remarquable par son style, son goût du style. 2. Spécialiste de la création de modèles dans la mode, l'ameublement, etc. SYN. **modéliste ; designer** (anglic.).

STYLISTIQUE [stilistik] n. f. et adj. ✦ DIDACT.
I n. f. Étude du style (I), de ses procédés, de ses effets (→ **rhétorique**).
II adj. Relatif au style, aux façons de s'exprimer. *Procédés stylistiques.*
ÉTYM. allemand *Stylistik,* même origine que ① *style.*

STYLO [stilo] n. m. ✦ Porteplume à réservoir d'encre. *Des stylos (à) plume.* – *Stylo à bille* (ou *stylo-bille*), où la plume est remplacée par une bille de métal.
ÉTYM. abréviation de *stylographe,* vx, anglais *stylograph* → ② style et -graphe.

STYLOMINE [stilomin] n. m. ✦ Portemine.
ÉTYM. nom déposé ; de *stylo* et ② *mine.*

STYRÈNE [stiʀɛn] n. m. ✦ CHIM. Hydrocarbure benzénique, entrant dans la composition de nombreuses matières plastiques (→ **polystyrène**).
ÉTYM. de *styrax,* nom d'un arbuste dont on tire du baume, du grec *sturax* «baume», par le latin.

SU, SUE [sy] ✦ Participe passé du verbe *savoir.*
HOM. SUS «dessus»

A B C D E F G H I J K L M N O P Q R S T U V W X Y Z

au SU de [osydə] **loc. prép.** ✦ LITTÉR. La chose étant connue de. → au **vu** et au su de. *Au su de tout le monde.*
ÉTYM. de *su.*

SUAIRE [sɥɛʀ] **n. m.** ✦ LITTÉR. Linceul. ➖ RELIG. *Le saint suaire,* le linceul dans lequel le Christ aurait été enseveli.
ÉTYM. du latin *sudarium* «mouchoir», de *sudare* «suer».

SUANT, SUANTE [sɥɑ̃, sɥɑ̃t] **adj.** 1. Qui transpire. 2. FAM. Qui fait suer (I, 3) ; très ennuyeux.
ÉTYM. du participe présent de *suer.*

SUAVE [sɥav] **adj.** ✦ LITTÉR. Qui a une douceur délicieuse. *Un parfum, une musique suave.* CONTR. **désagréable, rude.**
ÉTYM. latin *suavis* «agréable».

SUAVITÉ [sɥavite] **n. f.** ✦ LITTÉR. Caractère suave. *La suavité de l'air printanier.* CONTR. **rudesse.**
ÉTYM. latin *suavitas.*

SUB- Préfixe, du latin *sub* «sous», qui exprime la position en dessous, le faible degré et la proximité.

SUBALTERNE [sybaltɛʀn] **adj. et n.** 1. **adj.** Qui occupe un rang inférieur, qui dépend d'un autre. *Officier subalterne.* ♦ *Un emploi subalterne.* ➖ **par ext.** *Un rôle subalterne,* secondaire. 2. **n.** Personne subalterne. SYN. **subordonné.**
ÉTYM. latin *subalternus,* de *sub* «sous» et *alter* «autre».

SUBCONSCIENT, ENTE [sypkɔ̃sjɑ̃, ɑ̃t] **adj. et n. m.** 1. **adj. (phénomène, état psychique)** Qui n'est pas clairement conscient. 2. **n. m.** Ce qui est subconscient ; conscience vague.
ÉTYM. de *sub-* et *conscient.*

SUBDIVISER [sybdivize] **v. tr.** (conjug. 3a) ✦ Diviser (un tout déjà divisé ; une partie d'un tout divisé). *Roman divisé en livres subdivisés en chapitres.* ➖ **pronom.** *Se subdiviser :* se diviser (en parties).

SUBDIVISION [sybdivizjɔ̃] **n. f.** ✦ Fait d'être subdivisé ; partie obtenue en subdivisant. *Les multiples et les subdivisions du mètre.*

SUBDUCTION [sybdyksjɔ̃] **n. f.** ✦ GÉOL. Glissement d'une plaque lithosphérique océanique sous une autre.
ÉTYM. du latin *subducere* «soulever, tirer de dessous».

SUBIR [sybiʀ] **v. tr.** (conjug. 13) **I (sujet personne)** 1. Être l'objet sur lequel s'exerce (une action, un pouvoir sentis comme négatifs) ; recevoir l'effet pénible de. → **supporter.** *Subir un interrogatoire. Subir des reproches.* SYN. **endurer, essuyer.** ♦ Avoir une attitude passive envers (qqch.). *Subir les évènements.* 2. Se soumettre volontairement à (un traitement, un examen). *Subir une intervention chirurgicale ; un examen scolaire.* 3. Supporter effectivement (qqn qui déplaît, ennuie...). *Il va falloir subir cet imbécile.* **II (sujet chose)** Être l'objet de (une action, une modification). *La poutre a subi une déformation.* CONTR. ① **imposer, infliger, provoquer.**
ÉTYM. latin *subire* «aller *(ire)* sous *(sub)* ; supporter».

SUBIT, ITE [sybi, it] **adj.** ✦ Qui arrive, se produit en très peu de temps, de façon soudaine. SYN. **brusque, brutal, inopiné, soudain.** *Un changement subit. Une mort subite.* SYN. **foudroyant.** CONTR. **graduel, progressif.**
ÉTYM. latin *subitus* «soudain», participe passé de *subire* «s'approcher furtivement».

SUBITEMENT [sybitmɑ̃] **adv.** ✦ Brusquement, soudainement. CONTR. **graduellement, peu** à peu, **progressivement.**

SUBITO [sybito] **adv.** ✦ FAM. Subitement. ➖ *Subito presto :* subitement et rapidement.
ÉTYM. adverbe latin, ablatif de *subitus* «subit».

SUBJECTIF, IVE [sybʒɛktif, iv] **adj.** 1. PHILOS. Qui concerne le sujet (→ ② **sujet,** IV, 3) en tant que personne consciente (opposé à *objectif*). *La pensée, phénomène subjectif.* 2. Propre à une personne en particulier, à son affectivité. SYN. **personnel.** *Une vision subjective du monde.* 3. Exagérément personnel, partial. *Il est trop subjectif.* CONTR. ① **objectif.**
ÉTYM. latin *subjectivus,* de *subjectus* «① sujet».

SUBJECTIVEMENT [sybʒɛktivmɑ̃] **adv.** ✦ D'une façon subjective, personnelle. CONTR. **objectivement.**

SUBJECTIVISME [sybʒɛktivism] **n. m.** 1. PHILOS. Théorie qui ramène l'existence à celle du sujet, de la pensée. 2. Attitude d'une personne qui tient compte de ses sentiments personnels plus que de la réalité objective.
ÉTYM. de *subjectif.*

SUBJECTIVITÉ [sybʒɛktivite] **n. f.** 1. PHILOS. Caractère de ce qui appartient au sujet, à l'individu seul. 2. Attitude de qui juge la réalité d'une manière subjective. CONTR. **objectivité.**
ÉTYM. de *subjectif.*

SUBJONCTIF [sybʒɔ̃ktif] **n. m.** ✦ Mode personnel du verbe, employé pour exprimer le doute, l'incertitude, la volonté, le sentiment, ou dans certaines subordonnées. *Subjonctif présent* (ex. je veux *que tu viennes*) ; *imparfait du subjonctif* (ex. je voulais *qu'il finît*), *passé, plus-que-parfait du subjonctif* (ex. je veux *que tu aies fini* à temps ; je voulais *que tu eusses fini*).
ÉTYM. latin grammatical *subjunctivus,* de *subjungere* «atteler ; subordonner».

SUBJUGUER [sybʒyge] **v. tr.** (conjug. 3b) ✦ Séduire vivement (par son talent, son charme...). SYN. **charmer, envoûter.** *Elle a subjugué son auditoire.*
ÉTYM. latin *subjugare* «faire passer sous *(sub)* le joug *(jugum)*, soumettre».

SUBLIMATION [syblimasjɔ̃] **n. f.** **I** CHIM. Passage (d'un corps) de l'état solide à l'état gazeux sans passage par l'état liquide. **II** PSYCH. Transformation (de pulsions) en valeurs socialement reconnues.
ÉTYM. bas latin *sublimatio* ; sens II, de *sublimer,* d'après l'allemand *Sublimierung.*

SUBLIME [syblim] **adj. et n. m.** ✦ LITTÉR.
I adj. 1. Qui est très haut, dans la hiérarchie des valeurs (morales, esthétiques). SYN. **admirable, divin.** *Une musique sublime. Un dévouement sublime.* 2. **(personnes)** Qui fait preuve de génie ou d'une vertu exceptionnelle. *Un homme sublime de dévouement.* CONTR. ① **bas, vulgaire.**
II n. m. 1. Ce qu'il y a de plus élevé, dans l'ordre moral, esthétique... SYN. **grandeur.** *Cette œuvre atteint au sublime.* 2. HIST. LITTÉR. **dans l'esthétique classique** Style, ton propre aux sujets élevés.
ÉTYM. latin *sublimis* «haut».

SUBLIMÉ [syblime] **n. m.** ✦ CHIM. Produit d'une sublimation (I). ➝ **spécialt** Composé du mercure obtenu par sublimation.
ÉTYM. du participe passé de *sublimer*.

SUBLIMEMENT [syblimmɑ̃] **adv.** ✦ LITTÉR. D'une manière sublime, admirable.

SUBLIMER [syblime] **v. tr.** (conjug. 3a) **I** CHIM. Opérer la sublimation (I) de (une substance). **II** PSYCH. Transposer (des pulsions) sur un plan supérieur de réalisation (art, action...), de façon consciente ou non.
ÉTYM. latin *sublimare* «élever», de *sublimis* «haut».

SUBLIMINAL, ALE, AUX [sybliminal, o] **adj.** ✦ PSYCH. Qui est inférieur au seuil de la conscience (➝ **subconscient**).
ÉTYM. de *sub-* et du latin *limen, liminis* «seuil».

SUBLIMITÉ [syblimite] **n. f.** ✦ LITTÉR. Caractère de ce qui est sublime ; chose, action... sublime.
ÉTYM. latin *sublimitas* «hauteur».

SUBLINGUAL, ALE, AUX [syblɛ̃gwal, o] **adj.** ✦ Situé sous la langue. ➝ Qui s'effectue sous la langue. *Par voie sublinguale.*
ÉTYM. de *sub-* et du latin *lingua* «langue».

SUBMERGER [sybmɛʀʒe] **v. tr.** (conjug. 5) **1.** (liquide...) Recouvrir complètement. SYN. **inonder,** ① **noyer.** *Le fleuve en crue a submergé la plaine.* **2.** fig. Envahir complètement. *La douleur le submergeait.* ➝ **spécialt au passif** *Être submergé de travail.* SYN. **débordé.**
ÉTYM. latin *submergere* «engloutir», de *mergere* «plonger».

SUBMERSIBLE [sybmɛʀsibl] **adj.** et **n. m.** **1. adj.** Qui peut être recouvert d'eau. *Moteur submersible.* **2. n. m.** Sous-marin. ➝ **spécialt** Sous-marin d'exploration scientifique, plus léger que le bathyscaphe. CONTR. **insubmersible.**
ÉTYM. du latin *submersus*, participe passé de *submergere* «submerger».

SUBMERSION [sybmɛʀsjɔ̃] **n. f.** ✦ DIDACT. Fait de submerger, d'être submergé.
ÉTYM. latin *submersio*.

SUBODORER [sybɔdɔʀe] **v. tr.** (conjug. 3a) ✦ FAM. Deviner, pressentir. SYN. **flairer.**
ÉTYM. du latin *sub-* et *odorari* «sentir».

SUBORDINATION [sybɔʀdinasjɔ̃] **n. f.** **1.** Fait d'être soumis (à une autorité). SYN. **dépendance.** **2.** Fait de subordonner une chose à une autre ; état d'une chose subordonnée à une autre. **3.** (opposé à *juxtaposition*, à *coordination*) Relation grammaticale par laquelle une proposition est subordonnée à une autre. *Conjonction* de subordination.* CONTR. **insubordination • autonomie.**
ÉTYM. latin médiéval *subordinatio*.

SUBORDONNANT, ANTE [sybɔʀdɔnɑ̃, ɑ̃t] **adj.** et **n. m.** ✦ GRAMM. Qui établit un lien de subordination (3) entre deux propositions. ➝ **n. m.** *Les pronoms relatifs sont des subordonnants.*
ÉTYM. du participe présent de *subordonner*.

SUBORDONNÉ, ÉE [sybɔʀdɔne] **adj.** **1.** Qui est soumis à une autorité. ♦ **n.** Personne placée sous l'autorité d'une autre (dans une hiérarchie). SYN. **subalterne.** **2.** GRAMM. *Proposition subordonnée* et **n. f.** *subordonnée* : proposition qui est dans une relation de dépendance syntaxique (marquée explicitement) par rapport à une autre (la principale). *Subordonnée relative, complétive, circonstancielle (de temps, de cause, de but...).* CONTR. **autonome, indépendant ; supérieur.**
ÉTYM. du participe passé de *subordonner*.

SUBORDONNER [sybɔʀdɔne] **v. tr.** (conjug. 3a) **1.** Placer (une personne, un groupe) sous l'autorité de qqn, dans une hiérarchie (**surtout passif et p. passé**). **2.** Donner à (une chose) une importance secondaire (par rapport à une autre) ; soumettre à une condition. *Subordonner sa participation à l'accord général.* **3.** GRAMM. Mettre (une proposition) en état de subordination.
ÉTYM. latin médiéval *subordinare*, de *ordinare* «mettre en ordre *(ordo)*».

SUBORNER [sybɔʀne] **v. tr.** (conjug. 3a) **1.** VIEILLI OU LITTÉR. Détourner du droit chemin. ♦ **spécialt** Séduire (une femme). **2.** DR. Corrompre (un témoin).
► **SUBORNATION** [sybɔʀnasjɔ̃] **n. f.**
ÉTYM. latin *subornare*.

SUBORNEUR, EUSE [sybɔʀnœʀ, øz] **n.** ✦ LITTÉR. Personne qui suborne (qqn). ♦ **spécialt, n. m.** Séducteur.

SUBREPTICE [sybʀɛptis] **adj.** ✦ Qui est obtenu, qui se fait par surprise, à l'insu de qqn et contre sa volonté. SYN. **clandestin, furtif.** *Une manœuvre subreptice.* SYN. **souterrain.** CONTR. ① **manifeste, ostensible.**
ÉTYM. latin *subrepticius*.

SUBREPTICEMENT [sybʀɛptismɑ̃] **adv.** ✦ De manière subreptice.

SUBROGATION [sybʀɔgasjɔ̃] **n. f.** ✦ DR. Substitution d'une personne ou d'une chose à une autre, dans une relation juridique.
ÉTYM. latin *subrogatio*.

SUBROGÉ, ÉE [sybʀɔʒe] **adj.** ✦ DR. **loc.** *SUBROGÉ TUTEUR, SUBROGÉE TUTRICE* : personne chargée de défendre les intérêts du pupille en cas de conflit avec le tuteur. ♦ **n.** Personne qui en remplace une autre par subrogation.
ÉTYM. du participe passé de *subroger*.

SUBROGER [sybʀɔʒe] **v. tr.** (conjug. 5) ✦ DR. Substituer (qqn, qqch.) par subrogation.
ÉTYM. latin *subrogare* «élire en remplacement».

SUBSAHARIEN, IENNE [sybsaaʀjɛ̃, jɛn] **adj.** et **n.** ✦ Des régions situées au sud du Sahara. *L'Afrique subsaharienne.* ➝ **n.** *Les Subsahariens.*

SUBSÉQUEMMENT [sypsekamɑ̃] **adv.** ✦ DIDACT. Après cela, en conséquence de quoi.
ÉTYM. du bas latin *subsequenter* «en suivant», de *subsequens* «subséquent».

SUBSÉQUENT, ENTE [sypsekɑ̃, ɑ̃t] **adj.** ✦ DIDACT. Qui vient immédiatement après (dans le temps, dans une série). CONTR. **précédent.**
ÉTYM. latin *subsequens*, de *subsequi* «suivre *(sequi)* immédiatement».

SUBSIDE [sybzid ; sypsid] **n. m.** ✦ Somme versée à titre d'aide, de subvention, etc.
ÉTYM. latin *subsidium* «troupes de réserve ; soutien».

SUBSIDIAIRE [sybzidjɛʀ ; sypsidjɛʀ] **adj.** ✦ Secondaire, accessoire. ♦ *Question subsidiaire,* destinée à départager les gagnants d'un concours. CONTR. **principal.**
ÉTYM. latin *sudsidiarius* «de réserve».

SUBSIDIAIREMENT [sybzidjɛʀmɑ̃ ; sypsidjɛʀmɑ̃] **adv.** ✦ De manière subsidiaire, accessoire.

A B C D E F G H I J K L M N O P Q R S T U V W X Y Z

SUBSISTANCE [sybzistɑ̃s] **n. f.** ✦ Fait de subsister, de pourvoir à ses besoins ; ce qui sert à assurer l'existence matérielle. *Pourvoir à la subsistance de qqn. Moyens de subsistance.* ♦ ÉCON. *Économie de subsistance,* orientée vers la satisfaction des besoins matériels essentiels.

SUBSISTER [sybziste] **v. intr.** (conjug. 3a) **1.** (choses) Continuer d'exister, après élimination des autres éléments, ou malgré le temps. *De cette époque, seules des ruines subsistent.* ➖ impers. *Il subsiste encore quelques doutes.* SYN. **rester. 2.** (personnes) Entretenir son existence, pourvoir à ses besoins essentiels. SYN. **survivre.** *Subsister tant bien que mal.* CONTR. **disparaître, périr.**
ÉTYM. latin *subsistere* « s'arrêter ; résister ».

SUBSONIQUE [sypsɔnik] **adj.** ✦ Dont la vitesse est inférieure à celle du son (opposé à *supersonique*).
ÉTYM. de *sub-* et ② *son.*

SUBSTANCE [sypstɑ̃s] **n. f. I** (Partie essentielle) **1.** PHILOS. Ce qui est permanent (opposé à ce qui change). **2.** Ce qu'il y a d'essentiel (dans une pensée, un écrit...). SYN. **essence, fond.** ➖ *EN SUBSTANCE :* en résumé ; pour le fond. *C'est, en substance, ce qu'il a dit.* **II** (Totalité) **1.** PHILOS. Ce qui existe par soi-même. SYN. ② **être. 2.** Matière (dont un corps est formé). *La substance d'un objet.* **3.** Ce qui constitue (une chose abstraite). *L'angoisse est la substance de son œuvre.* **4.** Matière caractérisée par ses propriétés. SYN. **corps.** *Substances chimiques.*
ÉTYM. latin *substantia,* de *substare* « se tenir *(stare)* dessous ».

SUBSTANTIEL, ELLE [sypstɑ̃sjɛl] **adj. 1.** DIDACT. Qui appartient à la substance, à la chose en soi. **2.** Qui nourrit bien ; abondant. SYN. **nourrissant. 3.** Important ; considérable. *Des avantages substantiels.*
ÉTYM. latin *substantialis.*

SUBSTANTIF, IVE [sypstɑ̃tif, iv] **n. m.** et **adj. 1. n. m.** Mot (ou groupe de mots) qui peut constituer le noyau du syntagme nominal, être le sujet d'un verbe et qui correspond sémantiquement à une substance (être, notion...). SYN. **nom. 2. adj.** GRAMM. Du nom. SYN. **nominal.**
ÉTYM. latin *verbum substantivum,* de *substantia* « substance ».

SUBSTANTIFIQUE [sypstɑ̃tifik] **adj.** ✦ loc. (allus. à Rabelais) *La SUBSTANTIFIQUE MOELLE :* la valeur profonde, les richesses (d'un écrit, d'une œuvre).
ÉTYM. du latin *substantia* « substance ».

SUBSTANTIVEMENT [sypstɑ̃tivmɑ̃] **adv.** ✦ Avec valeur de substantif. *Un adjectif pris substantivement.*

SUBSTANTIVER [sypstɑ̃tive] **v. tr.** (conjug. 3a) ✦ Transformer en substantif (un mot d'une autre nature : adjectif, infinitif, etc.). ➖ au p. passé *Le nom « sortie » est un participe passé substantivé.*
► **SUBSTANTIVATION** [sypstɑ̃tivasjɔ̃] **n. f.**

SUBSTITUER [sypstitɥe] **v. tr.** (conjug. 3a) ✦ Mettre (qqch., qqn) à la place de qqch., qqn d'autre, pour faire jouer le même rôle. *Substituer un mot à un autre.* ➖ pronom. *Se substituer à qqn.*
ÉTYM. latin *substituere* « placer *(statuere)* sous ».

SUBSTITUT, UTE [sypstity, yt] **n. 1.** DR. Magistrat du ministère public, chargé de suppléer un autre magistrat. *Le substitut du procureur. Première substitute.* **2. n. m.** DIDACT. Ce qui tient lieu d'autre chose. *Les substituts du nom* (reprises nominales ou pronominales).
ÉTYM. latin *substitutus,* participe passé de *substituere* « substituer ».

SUBSTITUTION [sypstitysjɔ̃] **n. f.** ✦ Fait de substituer ; son résultat. SYN. **remplacement.**
ÉTYM. latin *substitutio.*

SUBSTRAT [sypstʀa] **n. m.** ✦ DIDACT. **1.** Ce qui sert de support, ce sans quoi une réalité ne saurait exister. SYN. **base, fond. 2.** Langue supplantée par une autre dans laquelle son influence reste perceptible. *Le substrat gaulois en français.*
ÉTYM. latin *substratum,* de *substernere* « étendre *(sternere)* sous ».

SUBTERFUGE [syptɛʀfyʒ] **n. m.** ✦ Moyen habile et détourné pour se tirer d'embarras. SYN. **échappatoire, ruse, stratagème.** *Un habile subterfuge.*
ÉTYM. bas latin *subterfugium,* de *subterfugere* « fuir *(fugere)* en cachette ».

SUBTIL, ILE [syptil] **adj. I 1.** Qui a de la finesse, qui est habile à percevoir des nuances ou à trouver des moyens ingénieux. SYN. **adroit,** ② **fin, perspicace.** *Un négociateur subtil.* **2.** Qui est dit ou fait avec finesse, habileté. SYN. **ingénieux.** *Une argumentation subtile.* **3.** *Odeur subtile,* fine et pénétrante. **II** Qui est difficile à percevoir, à définir. *Une nuance subtile.* SYN. **ténu.** *C'est trop subtil pour moi.* CONTR. **balourd, grossier, lourd** • **évident, facile.**
► **SUBTILEMENT** [syptilmɑ̃] **adv.**
ÉTYM. latin *subtilis* « fin, menu ».

SUBTILISATION [syptilizasjɔ̃] **n. f.** ✦ Action de subtiliser.

SUBTILISER [syptilize] **v.** (conjug. 3a) **I v. tr.** FAM. Dérober avec adresse ; s'emparer avec habileté de (qqch.). *Subtiliser un document.* **II v. intr.** Raffiner à l'extrême (dans le raisonnement, le style...).
ÉTYM. de *subtil.*

SUBTILITÉ [syptilite] **n. f. 1.** Caractère d'une personne subtile, de ce qui est subtil. SYN. **finesse. 2.** Pensée, parole, nuance subtile. *Des subtilités de langage.* CONTR. **balourdise, bêtise, lourdeur.**
ÉTYM. latin *subtilitas.*

SUBTROPICAL, ALE, AUX [sybtʀɔpikal, o] **adj.** ✦ DIDACT. Situé sous le tropique de l'hémisphère Nord. ➖ Situé entre les tropiques. SYN. **intertropical.**

SUBURBAIN, AINE [sybyʀbɛ̃, ɛn] **adj.** ✦ Qui est près d'une grande ville, qui l'entoure. *Zone suburbaine.* → **banlieue, faubourg.**
ÉTYM. latin *suburbanus* « sous la ville *(urbs)* ».

SUBVENIR [sybvəniʀ] **v. tr. ind.** (conjug. 16) auxiliaire *avoir* ✦ *SUBVENIR À :* fournir en nature, en argent, ce qui est nécessaire à. SYN. **pourvoir.** *Subvenir aux besoins de qqn.*
ÉTYM. latin *subvenire* « venir *(venire)* en aide » ; doublet de ① *souvenir.*

SUBVENTION [sybvɑ̃sjɔ̃] **n. f.** ✦ Aide financière accordée par l'État (à un groupement, une association).
ÉTYM. bas latin *subventio,* de *subvenire* « venir en aide ».

SUBVENTIONNER [sybvɑ̃sjɔne] **v. tr.** (conjug. 3a) ✦ Soutenir par une subvention. ➖ au p. passé *Théâtre subventionné* (par l'État).

SUBVERSIF, IVE [sybvɛʀsif, iv] **adj.** ✦ Qui renverse ou menace l'ordre établi, les valeurs reçues. SYN. **séditieux.** *Idées subversives.*
ÉTYM. du latin *subversum,* de *subvertere* « bouleverser ».

SUBVERSION [sybvɛʀsjɔ̃] **n. f.** ✦ Action subversive. ➝ Idéologie subversive.
ÉTYM. latin *subversio*, de *subvertere* «bouleverser».

SUBVERTIR [sybvɛʀtiʀ] **v. tr.** (conjug. 13) ✦ DIDACT. Bouleverser, renverser (un ordre...) (→ **subversion**).
ÉTYM. latin *subvertere* «retourner; bouleverser», de *vertere* «tourner».

SUC [syk] **n. m.** 1. Liquide susceptible d'être extrait des tissus animaux ou végétaux. ➝ Liquide de sécrétion. *Le suc gastrique.* 2. fig. Ce qu'il y a de plus substantiel. SYN. **quintessence.**
ÉTYM. latin *sucus* «jus; sève».

SUCCÉDANÉ [syksedane] **n. m.** ✦ Médicament, produit qui peut en remplacer un autre. *Un succédané de café* (SYN. **ersatz**).
ÉTYM. latin *succedaneus*, de *succedere* «remplacer».

SUCCÉDER [syksede] **v. tr.** (conjug. 8) **I** *SUCCÉDER À* **v. tr. ind.** 1. Venir après (qqn) de manière à prendre sa charge, sa place. *Le fils a succédé à son père* (→ **successeur**). 2. Se produire, venir après, dans l'ordre chronologique. SYN. **remplacer, suivre.** *Le découragement succédait à l'enthousiasme.* ➝ (dans l'espace) *Des champs succédaient aux vignes.* **II** *SE SUCCÉDER* **v. pron.** (le p. passé *succédé* reste invar.) Venir l'un après l'autre. *Les gouvernements qui se sont succédé.* ◆ *Phénomènes qui se succèdent.* SYN. se **suivre.** ➝ (dans l'espace) *Les arbres se succèdent le long de la route.* CONTR. **accompagner; devancer, précéder.**
ÉTYM. latin *succedere* «aller *(cedere)* sous, venir à la place de».

SUCCÈS [syksɛ] **n. m.** **I** VX Manière dont une chose se passe; ce qui arrive de bon ou de mauvais. SYN. **issue.** **II** 1. Heureux résultat; caractère favorable de ce qui arrive. *Assurer le succès d'une entreprise,* la mener à bien. ➝ *Sans succès* : en vain. 2. Fait, pour qqn, de parvenir à un résultat souhaité. SYN. **réussite.** *Elle est sur le chemin du succès.* 3. Évènement particulier qui constitue un résultat très heureux pour qqn. *Obtenir, remporter des succès.* 4. Fait d'obtenir une audience nombreuse et favorable, d'être connu du public. *L'auteur, la pièce a du succès; un succès fou.* ➝ *Un auteur À SUCCÈS,* qui a du succès. ◆ *UN SUCCÈS* : ce qui a du succès. ➝ *Un succès de librairie,* un livre qui se vend beaucoup. 5. Fait de plaire. *Elle a beaucoup de succès auprès des enfants.* ➝ *Les succès féminins d'un don Juan.* CONTR. **insuccès; échec, fiasco, revers.**
ÉTYM. latin *successus*, participe passé de *succedere* → succéder.

SUCCESSEUR [syksesœʀ] **n.** 1. Personne qui succède ou doit succéder (à qqn). *Il a désigné sa fille comme successeur. Elle sera sa successeur.* ➝ Personne qui continue l'œuvre (de qqn). SYN. **continuateur, épigone.** *Les successeurs d'un savant.* 2. DR. Personne appelée à recueillir une succession. → **héritier.** CONTR. **devancier, prédécesseur.**
ÉTYM. latin *successor*, de *succedere* → succéder.

SUCCESSIF, IVE [syksesif, iv] **adj.** ✦ au plur. Qui se succèdent. *Des transformations successives.* CONTR. **simultané.**
ÉTYM. latin *successivus*.

SUCCESSION [syksesjɔ̃] **n. f.** **I** 1. Transmission du patrimoine laissé par une personne décédée à une ou plusieurs personnes vivantes; manière dont se fait cette transmission. *Léguer qqch. par voie de succession.* ➝ *C'est sa part de succession.* → **héritage.** 2. Fait de succéder à qqn, spécialt d'obtenir le pouvoir d'un prédécesseur. *Son fils a pris sa succession. Guerre de succession.* **II** Ensemble de faits, de choses qui se succèdent selon un certain ordre; cet ordre. SYN. **enchaînement, série, suite.** *Une succession ininterrompue de difficultés.* ➝ (dans l'espace) *Une succession de poteaux.*
ÉTYM. latin *successio*.

SUCCESSIVEMENT [syksesivmɑ̃] **adv.** ✦ Selon un ordre de succession, par degrés successifs. *Successivement furieux et ravi.* SYN. ② **tour** à tour. CONTR. à la **fois, simultanément.**
ÉTYM. de *successif*.

SUCCESSORAL, ALE, AUX [syksesɔʀal, o] **adj.** ✦ DR. Relatif aux successions (I). *Droits successoraux.*
ÉTYM. du latin *successor* «successeur».

SUCCINCT, INCTE [syksɛ̃, ɛ̃t] **adj.** 1. Qui est dit, écrit en peu de mots. SYN. ① **bref, concis, sommaire.** *Un compte rendu succinct.* ➝ (personnes) *Soyez succinct.* SYN. ① **bref.** 2. plais. Peu abondant. *Un repas succinct.* SYN. **frugal.** CONTR. **long, prolixe, verbeux** • **abondant, copieux.**
► **SUCCINCTEMENT** [syksɛ̃tmɑ̃] **adv.**
ÉTYM. latin *succinctus* «retroussé; serré», famille de *cingere* «ceindre».

SUCCION [sy(k)sjɔ̃] **n. f.** ✦ DIDACT. Action de sucer, d'aspirer. *Bruit de succion.*
ÉTYM. latin médiéval *suctio*.

SUCCOMBER [sykɔ̃be] **v. intr.** (conjug. 3a) **I** LITTÉR. 1. S'affaisser (sous un poids trop lourd). 2. Être vaincu dans une lutte. 3. Mourir. *Le blessé succomba aussitôt. Succomber à ses blessures.* **II** *SUCCOMBER À* : se laisser aller à, ne pas résister à. SYN. **céder.** *Succomber à la tentation.* CONTR. **résister.**
ÉTYM. latin *succumbere*.

SUCCUBE [sykyb] **n. m.** ✦ RELIG. CHRÉT. Démon femelle qui vient la nuit s'unir à un homme. *Les incubes et les succubes.*
ÉTYM. latin *succuba* «concubine», de *succubare* «être couché *(cubare)* sous».

SUCCULENT, ENTE [sykylɑ̃, ɑ̃t] **adj.** ✦ Qui a une saveur délicieuse. SYN. **excellent, exquis, savoureux.** *Un fruit succulent.* ➝ fig. *Un récit succulent.* CONTR. **infect, mauvais.**
► **SUCCULENCE** [sykylɑ̃s] **n. f.** LITTÉR.
ÉTYM. latin *succulentus*, de *sucus* «suc».

SUCCURSALE [sykyʀsal] **n. f.** ✦ Établissement qui dépend d'un siège central, tout en jouissant d'une certaine autonomie. SYN. **annexe, filiale.** *Les succursales d'une banque. Magasin à succursales multiples.*
ÉTYM. du latin médiéval *succursus* «aide», de *succurrere* «secourir».

SUCCURSALISME [sykyʀsalism] **n. m.** ✦ COMM. Mode d'organisation commerciale par de multiples succursales.

SUCER [syse] **v. tr.** (conjug. 4) 1. Exercer une pression et une aspiration sur (qqch.) avec les lèvres, la langue (pour extraire un liquide, faire fondre). *Sucer des pastilles.* 2. Porter à la bouche et aspirer. *Bébé qui suce son pouce.* ◆ (sens érotique) *Sucer qqn* (→ **cunnilinctus, fel-**

A B C D E F G H I J K L M N O P Q R S T U V W X Y Z

lation). 3. (animaux) Aspirer (un liquide nutritif) au moyen d'un organe qui pompe (→ **suçoir**).
ÉTYM. latin populaire *suctiare*, classique *sugere*.

SUCETTE [sysɛt] **n. f.** 1. Bonbon fixé à un bâtonnet. 2. Petite tétine pour nourrisson.
ÉTYM. de *sucer*.

SUCEUR, EUSE [sysœʀ, øz] **n.** et **adj.** 1. **n.** *Suceur, suceuse de sang* : personne qui exploite les autres. 2. **adj.** (insectes) Qui aspire sa nourriture avec une trompe.

SUÇOIR [syswaʀ] **n. m.** 1. Trompe d'un insecte suceur. 2. Organe d'une plante parasite, lui permettant de prélever la sève. *Les suçoirs du gui.*
ÉTYM. de *sucer*.

SUÇON [sysɔ̃] **n. m.** ✦ Légère ecchymose qu'on fait en tirant la peau par succion. *Faire un suçon à qqn.*
ÉTYM. de *sucer*.

SUÇOTER [sysɔte] **v. tr.** (conjug. 3a) ✦ Sucer longuement et délicatement. *Suçoter un bonbon.*
► **SUÇOTEMENT** [sysɔtmɑ̃] **n. m.**

SUCRAGE [sykʀaʒ] **n. m.** ✦ Action de sucrer. – spécialt Addition de sucre au moût avant la fermentation (fabrication des vins). SYN. **chaptalisation.**

SUCRANT, ANTE [sykʀɑ̃, ɑ̃t] **adj.** ✦ (substance) Qui sucre.

SUCRE [sykʀ] **n. m.** 1. Substance alimentaire (saccharose) de saveur douce, soluble dans l'eau (→ **gluc(o)-**, **sacchar(o)-**). *Sucre de canne, de betterave. Sucre en morceaux, cristallisé, en poudre. Sucre glace,* finement broyé. *Sucre brun, roux.* – loc. *Être TOUT SUCRE TOUT MIEL* : se faire très doux. *Casser du sucre sur le dos de qqn,* en dire du mal. ◆ *Un sucre* : un morceau de sucre. 2. *SUCRE D'ORGE* : sucre cuit et parfumé, présenté en bâtons. 3. CHIM. Corps ayant une constitution voisine de celle du saccharose. SYN. **glucide, hydrate** de carbone.
ÉTYM. italien *zucchero*, arabe *sukkar*.

SUCRÉ, ÉE [sykʀe] **adj.** 1. Qui a le goût du sucre. – Additionné de sucre. *Café trop sucré.* ◆ **n. m.** *Préférer le sucré au salé.* 2. fig. et péj. Doucereux, mielleux. *Un petit air sucré.*
ÉTYM. de *sucre*.

SUCRER [sykʀe] **v. tr.** (conjug. 3a) **I** 1. Additionner de sucre (ou d'une matière sucrante). – loc. FAM. *SUCRER LES FRAISES* : être agité d'un tremblement. 2. absolt Donner une saveur sucrée. *La saccharine sucre plus que le sucre.* 3. FAM. Supprimer, confisquer. *Il s'est fait sucrer son permis.* **II** *SE SUCRER* **v. pron.** FAM. 1. Se servir en sucre (pour le café, le thé...). 2. Faire de gros bénéfices, se servir largement (au détriment des autres).

SUCRERIE [sykʀəʀi] **n. f.** 1. Usine où l'on fabrique le sucre. SYN. **raffinerie.** 2. Friandise à base de sucre. *Offrir des sucreries.* SYN. **confiserie, douceur.**

SUCRETTE [sykʀɛt] **n. f.** ✦ Petite pastille à base d'édulcorant de synthèse, qui remplace le sucre.
ÉTYM. *sucrettes* nom déposé ; de *sucre*.

SUCRIER, IÈRE [sykʀije, ijɛʀ] **adj.** et **n. m.** 1. **adj.** Qui produit le sucre. *Betterave sucrière.* 2. **n. m.** Récipient où l'on met le sucre.

SUD [syd] **n. m. invar.** 1. Celui des quatre points cardinaux (abrév. S.) qui est diamétralement opposé au nord. *Façade exposée au sud.* SYN. **midi.** – *Au sud de la Loire.* ◆ appos. invar. *Le pôle Sud.* SYN. **antarctique.** 2. Ensemble des régions situées dans l'hémisphère Sud. *L'Afrique, l'Amérique du Sud.* – Région sud (d'un pays). *Le sud de la France.* → **Midi.** ◆ *Le Sud* : les pays moins développés (par rapport aux pays industrialisés → **Nord**). – dans des adjectifs et noms composés : *sud-africain, sud-américain.*
ÉTYM. ancien anglais *suth*.

SUDATION [sydasjɔ̃] **n. f.** 1. MÉD. Transpiration abondante. 2. Transpiration. *Sudation insuffisante.*
ÉTYM. latin *sudatio*, de *sudare* «suer».

SUD-EST [sydɛst] **n. m. invar.** 1. Point de l'horizon situé à égale distance entre le sud et l'est. 2. Région située dans cette direction. *Le Sud-Est asiatique.* 3. appos. invar. *La région sud-est.*

SUDISTE [sydist] **n.** et **adj.** ✦ HIST. Partisan de l'indépendance des États du Sud (et de l'esclavagisme), pendant la guerre de Sécession, aux États-Unis (opposé à *nordiste*).

SUDOKU [sudoku] **n. m.** ✦ Jeu consistant à compléter de manière logique une grille de chiffres.
ÉTYM. mot japonais.

SUDORIFIQUE [sydɔʀifik] **adj.** ✦ MÉD. Qui provoque la sudation.
ÉTYM. du latin *sudor* «sueur».

SUDORIPARE [sydɔʀipaʀ] **adj.** ✦ ANAT. Qui sécrète la sueur. *Glandes sudoripares.*
ÉTYM. du latin *sudor* «sueur» et de *-pare*.

SUD-OUEST [sydwɛst] **n. m. invar.** 1. Point de l'horizon situé à égale distance entre le sud et l'ouest. *Vent du sud-ouest.* → **suroît.** 2. Région située dans cette direction. *Le Sud-Ouest* (de la France). 3. appos. invar. *La région sud-ouest.*

SUÈDE [sɥɛd] **n. m.** ✦ Peau utilisée avec le côté chair à l'extérieur. *Gants de suède.*
ÉTYM. de *Suède*, nom de pays.

SUÉDÉ, ÉE [sɥede] **adj.** ✦ Qui imite l'aspect du daim. *Cuir suédé.*
ÉTYM. de *suède*.

SUÉDOIS, OISE [sɥedwa, waz] **adj.** et **n.** ✦ De Suède (→ **scandinave**). – **n.** *Les Suédois.* ◆ **n. m.** *Le suédois* : langue du groupe germanique nordique.

SUÉE [sɥe] **n. f.** ✦ FAM. Transpiration abondante (sous l'effet d'un travail, d'un effort...). *Prendre une suée.*
ÉTYM. du participe passé de *suer*.

SUER [sɥe] **v.** (conjug. 3a) **I** **v. intr.** 1. Produire beaucoup de sueur. SYN. **transpirer.** *Suer à grosses gouttes* (être en nage, en sueur). 2. fig. Se fatiguer, se donner du mal. SYN. **peiner.** *Elle a beaucoup sué pour écrire sa rédaction.* 3. *FAIRE SUER.* FAM. Fatiguer, embêter (qqn). *Tu commences à me faire suer !* (→ **suant**). – *Se faire suer* : s'ennuyer. 4. TECHN. Dégager de l'humidité. *Les plâtres suent.* SYN. **suinter.** **II** **v. tr.** 1. Rendre par les pores de la peau. – loc. *SUER SANG ET EAU* : faire de grands efforts, se donner beaucoup de peine. 2. Exhaler. *Ce type sue l'ennui.* SYN. **respirer.**
ÉTYM. latin *sudare*.

SUEUR [sɥœʀ] **n. f.** **1.** Liquide odorant, salé, composé d'eau, de sels et d'acides gras, qui, dans certaines conditions, suinte des pores de la peau sous forme de gouttes. SYN. **sudation, transpiration.** *Couvert, trempé, ruisselant de sueur.* ➝ *EN SUEUR* (→ *en eau, en nage*). **2.** *Une, des sueurs* : fait de suer. SYN. **suée.** ◆ loc. *SUEUR FROIDE,* accompagnée d'une sensation de froid et de frisson. ➝ fig. *J'en ai des sueurs froides* : cela me fait peur, m'inquiète vivement. **3.** fig. *La sueur,* symbole du travail et de l'effort.
ÉTYM. latin *sudor.*

SUFFIRE [syfiʀ] **v. tr. ind.** (conjug. 65b) **I** (choses) **1.** *SUFFIRE À, POUR* : avoir juste la quantité, la qualité, la force nécessaire à, pour (qqch.). *Cela suffit à mon bonheur. Un rien suffit à, pour la mettre en colère.* ➝ prov. *À chaque jour suffit sa peine.* **2.** Être de nature à contenter (qqn) sans qu'il ait besoin de plus ou d'autre chose. *Votre parole me suffit.* ◆ absolt *Cela ne suffit pas.* ➝ *ÇA SUFFIT (comme ça) !* : je suis, nous sommes excédé(s). **3.** impers. *IL SUFFIT À* (qqn) *DE* (+ inf.). *Il lui suffit de vouloir pour réussir.* ➝ *Il suffisait d'y penser.* ◆ avec *que* (+ subj.) *Il suffit que tu viennes.* ◆ absolt LITTÉR. *Il suffit* : cela suffit, c'est assez. **II** (personnes) *SUFFIRE À* **1.** Être capable de fournir ce qui est nécessaire à, de satisfaire à (qqch.). *Suffire à ses besoins.* ➝ *Je n'y suffis plus* : je suis débordé. **2.** Être pour (qqn) tel qu'il n'ait pas besoin d'un autre. **3.** *SE SUFFIRE* **v. pron.** Avoir, trouver de quoi satisfaire ses besoins ou ses aspirations. *Pays qui se suffit à lui-même* (→ **autarcie**).
ÉTYM. latin *sufficere* «mettre sous ; supporter».

SUFFISAMMENT [syfizamɑ̃] **adv.** ✦ En quantité suffisante, d'une manière suffisante (I). SYN. **assez.** *Votre lettre n'est pas suffisamment affranchie.* ➝ *Suffisamment de* : assez de. CONTR. **insuffisamment.**
ÉTYM. de *suffisant.*

SUFFISANCE [syfizɑ̃s] **n. f.** **I** VX OU RÉGIONAL Quantité suffisante (à qqn). *J'en ai ma suffisance,* mon content. ➝ *Avoir du pain en suffisance.* **II** LITTÉR. Caractère, esprit d'une personne suffisante (II). SYN. **autosatisfaction, fatuité, prétention.** CONTR. **insuffisance · modestie.**
ÉTYM. de *suffisant.*

SUFFISANT, ANTE [syfizɑ̃, ɑ̃t] **adj.** **I** (choses) **1.** Qui suffit. *C'est suffisant pour qu'il se mette en colère.* ➝ *Je n'ai pas la place suffisante* (→ *assez de*). **2.** DIDACT. *Condition suffisante,* qui suffit à elle seule pour entraîner une conséquence. **II** (personnes) LITTÉR. Qui a une trop haute idée de soi. SYN. **fat, prétentieux, vaniteux.** ➝ *Un air suffisant.* SYN. **arrogant, satisfait.** CONTR. **insuffisant · modeste.**
ÉTYM. du participe présent de *suffire.*

SUFFIXATION [syfiksasjɔ̃] **n. f.** ✦ DIDACT. Dérivation par suffixe.

SUFFIXE [syfiks] **n. m.** ✦ DIDACT. Élément de formation (affixe) placé après un radical pour former un dérivé.
☛ Langue française p. 110. *« -able » est un suffixe.*
ÉTYM. latin *suffixus* «fixé dessous».

SUFFIXER [syfikse] **v. tr.** (conjug. 3a) ✦ DIDACT. Pourvoir d'un suffixe. ➝ au p. passé *Mot suffixé.*

SUFFOCANT, ANTE [syfɔkɑ̃, ɑ̃t] **adj.** **1.** Qui suffoque, qui gêne ou empêche la respiration. SYN. **étouffant, oppressant.** *Une chaleur suffocante.* **2.** Qui suffoque d'étonnement, indigne. SYN. **ahurissant, stupéfiant.**
HOM. SUFFOQUANT (p. présent de *suffoquer*)

SUFFOCATION [syfɔkasjɔ̃] **n. f.** ✦ Fait de suffoquer ; impossibilité ou difficulté de respirer. SYN. **asphyxie, étouffement, oppression.**
ÉTYM. latin *suffocatio.*

SUFFOQUER [syfɔke] **v.** (conjug. 3a) **I** **v. tr.** **1.** (choses) Empêcher (qqn) de respirer, rendre la respiration difficile. SYN. **étouffer, oppresser.** ➝ au p. passé *Suffoqué par des sanglots.* **2.** fig. Remplir d'une émotion vive qui coupe le souffle. *La colère le suffoquait.* ➝ Stupéfier, sidérer. *Il m'a suffoqué, avec son aplomb.* **II** **v. intr.** **1.** Respirer avec difficulté, perdre le souffle. SYN. **étouffer.** **2.** fig. *SUFFOQUER DE. Suffoquer d'indignation.* HOM. (du p. présent *suffoquant*) SUFFOCANT «étouffant»
ÉTYM. latin *suffocare* «serrer la gorge *(fauces)*».

SUFFRAGE [syfʀaʒ] **n. m.** **1.** Acte par lequel on déclare sa volonté, dans un choix, une délibération (notamment politique). → **vote.** *Suffrage censitaire*. Suffrage universel,* qui n'est pas restreint par des conditions de fortune, de capacité, d'hérédité. *Suffrage direct,* système dans lequel les électeurs désignent leurs élus ; *suffrage indirect,* dans lequel les électeurs désignent les grands électeurs. ➝ *Le suffrage d'un électeur.* SYN. **voix.** *Suffrages exprimés* (excluant les bulletins blancs et nuls). **2.** LITTÉR. Opinion, avis favorable. SYN. **adhésion, approbation.**
ÉTYM. latin *suffragium* «tesson servant au vote», famille de *frangere* «briser».

SUFFRAGETTE [syfʀaʒɛt] **n. f.** ✦ HIST. Femme qui, en Grande-Bretagne, militait pour le droit de vote féminin (accordé en 1928).
ÉTYM. mot anglais, même origine que *suffrage.*

SUGGÉRER [sygʒeʀe] **v. tr.** (conjug. 8) **1.** (personnes) Faire penser (qqch.) sans exprimer ni formuler. SYN. **insinuer, sous-entendre.** *Suggérer une opinion à qqn.* ➝ Présenter (une idée...) en tant que suggestion, conseil. SYN. ② **conseiller, proposer.** *Je vous suggère d'attendre.* ◆ (choses) Faire naître (une idée...) dans l'esprit. SYN. **évoquer.** *Mot qui en suggère un autre.* **2.** Faire penser ou exécuter (qqch.) par suggestion (2).
ÉTYM. latin *suggerere,* proprt «porter *(gerere)* sous».

SUGGESTIF, IVE [sygʒɛstif, iv] **adj.** **1.** Qui a le pouvoir de suggérer des idées, des sentiments. SYN. **évocateur.** **2.** Qui suggère des idées érotiques. SYN. **aguichant.** *Des photos suggestives.*
ÉTYM. anglais *suggestive,* de *to suggest* «suggérer».

SUGGESTION [sygʒɛstjɔ̃] **n. f.** **1.** Action de suggérer. ◆ Ce qui est suggéré ; idée, projet que l'on propose. SYN. **conseil, proposition.** *C'est une simple suggestion.* **2.** Fait d'inspirer à qqn une idée, une croyance..., sans qu'il en ait conscience. *Suggestion sous hypnose.*
ÉTYM. latin *suggestio.*

SUGGESTIONNER [sygʒɛstjɔne] **v. tr.** (conjug. 3a) ✦ Influencer par la suggestion. ➝ pronom. *Se suggestionner* (→ **autosuggestion**).

SUICIDAIRE [sɥisidɛʀ] **adj.** **1.** Du suicide ; qui mène au suicide. *Tendances suicidaires.* **2.** Qui semble prédisposé au suicide. ➝ **n.** *Un, une suicidaire.* **3.** fig. Qui mène à l'échec. *Un projet suicidaire.*

SUICIDE [sɥisid] **n. m.** **1.** Fait de se tuer, de se donner volontairement la mort (ou de le tenter). SYN. **autolyse.** *Un suicide par noyade. Tentative de suicide.* **2.** Fait de risquer sa vie sans nécessité. *Rouler si vite, c'est un* (FAM.

du) *suicide !* 3. (après un nom, avec ou sans trait d'union) Qui comporte des risques mortels. *Des missions suicides.* ➝ *Avion-suicide,* dont le pilote est sacrifié. ➙ **kamikaze.** *Attentat-suicide.*

ÉTYM. du latin *sui* «soi» et de *-cide,* d'après *homicide.*

SUICIDÉ, ÉE [sɥiside] adj. et n. ✦ (Personne) qui s'est tué(e) par suicide.

ÉTYM. du participe passé de *se suicider.*

se SUICIDER [sɥiside] v. pron. (conjug. 3a) ✦ Se tuer par suicide. SYN. se **supprimer.**

SUIE [sɥi] n. f. ✦ Noir de fumée mêlé d'impuretés que produisent les combustibles qui ne brûlent qu'incomplètement.

ÉTYM. probablement gaulois *sudia.*

SUIF [sɥif] n. m. ✦ Graisse animale fondue. *Chandelle de suif.*

ÉTYM. latin *sebum* «graisse» ; doublet de *sébum.*

SUIFFER [sɥife] v. tr. (conjug. 3a) ✦ Enduire de suif.

SUI GENERIS [sɥiʒeneʀis] loc. adj. invar. ✦ Propre à une espèce, à une chose. SYN. **spécifique.** *Odeur sui generis,* particulière et, spécialt, désagréable.

ÉTYM. loc. latine «de son *(suus)* espèce *(genus)*».

SUINT [sɥɛ̃] n. m. ✦ Graisse que sécrète la peau du mouton, et qui se mêle à la laine.

ÉTYM. de *suer.*

SUINTANT, ANTE [sɥɛ̃tɑ̃, ɑ̃t] adj. ✦ Qui suinte (2). *Roches suintantes.*

SUINTEMENT [sɥɛ̃tmɑ̃] n. m. ✦ Fait de suinter. ➝ Liquide, humidité qui suinte.

SUINTER [sɥɛ̃te] v. intr. (conjug. 3a) 1. S'écouler très lentement, sortir goutte à goutte. SYN. **exsuder ; perler.** 2. Produire un liquide qui s'écoule goutte à goutte. *Murs qui suintent.* ➝ *Plaie qui suinte.*

ÉTYM. de *suint.*

SUISSE [sɥis] adj. et n. **I** De la Suisse. SYN. **helvétique.** *Les Alpes suisses. Dix francs suisses.* ◆ n. *Un Suisse ; une Suisse* ou *une Suissesse.* ➝ loc. *Manger, boire EN SUISSE,* tout seul ou en cachette. **II** n. m. 1. Employé chargé de la garde d'une église, de l'ordonnance des cérémonies, etc. SYN. **bedeau.** 2. ➙ **petit-suisse.**

ÉTYM. allemand *Schweiz.* ☞ SCHWYZ (noms propres).

SUITE [sɥit] n. f. **I** (dans des loc.) 1. Situation de ce qui suit. *Prendre la suite de qqn,* lui succéder. ➝ *FAIRE SUITE À :* venir après, suivre. ◆ *À LA SUITE DE. Entraîner qqch. à sa suite,* derrière soi. ➝ Après ; à cause de. *Ils se sont fâchés à la suite d'un malentendu.* ➝ *À LA SUITE :* successivement. *Il a bu trois verres à la suite,* coup sur coup (➙ **à la file**). 2. Ordre de ce qui se suit en formant un sens. ➝ *Des mots SANS SUITE,* incohérents, incompréhensibles. ➝ *ESPRIT DE SUITE :* aptitude à suivre une idée avec constance. ➝ loc. *Avoir de la suite dans les idées :* être persévérant ; iron. être entêté. 3. *DE SUITE :* à la suite les uns des autres, sans interruption. *J'ai écrit quatre pages de suite.* SYN. **d'affilée.** ➝ *ET AINSI DE SUITE :* en continuant de la même façon. 4. *TOUT DE SUITE :* sans délai, immédiatement. *Venez tout de suite !* ➝ FAM. (même sens ; emploi critiqué) *J'arrive de suite.* ◆ (dans l'espace) *C'est tout de suite après la mairie.* **II** (Ce qui suit ; ce qui vient après) 1. Personnes qui se déplacent avec une autre dont elles sont les subordonnées. SYN. **équipage, escorte, train.** *La suite présidentielle.* 2. Ce qui suit qqch. ; ce qui vient après (ce qui n'était pas terminé). *Écoutez la suite de son discours.* ➝ *La suite au prochain numéro* (du journal). *SUITE ET FIN :* suite qui termine l'histoire. *Apportez-nous la suite* (du repas). ➝ COMM. *Article sans suite,* dont l'approvisionnement n'est plus assuré. 3. Temps qui vient après le fait ou l'action dont il est question. *Attendons la suite.* ➝ *DANS, PAR LA SUITE :* dans la période suivante, après cela. ➙ **depuis, ensuite.** 4. Ce qui résulte (de qqch.). SYN. **conséquence, effet, résultat.** *Un projet sans suite.* ➝ au plur. *Les suites d'une maladie.* SYN. **séquelle.** ◆ *DONNER SUITE À :* poursuivre son action en vue de faire aboutir (un projet, une demande). ➝ ADMIN. *Suite à votre lettre du tant,* en réponse à. ➝ *PAR SUITE (DE) :* à cause de, en conséquence (de). 5. Ensemble de choses, de personnes qui se suivent. SYN. **séquence, série, succession.** *La suite des nombres premiers.* 6. Composition musicale faite de plusieurs pièces de même tonalité. *Les suites de Bach.* 7. Appartement dans un hôtel de luxe.

ÉTYM. latin populaire *sequita* «poursuite», de *sequi* «suivre».

① **SUIVANT, ANTE** [sɥivɑ̃, ɑ̃t] adj. et n.

I adj. 1. Qui suit, qui vient immédiatement après. *La page suivante.* ➝ *La fois suivante.* SYN. **prochain.** ◆ n. *Au suivant ! :* au tour de la personne qui suit. 2. Qui va suivre (dans un énoncé). *L'exemple suivant,* ci-dessous, ci-après. CONTR. **d'avant, précédent.**

II n. 1. VX Personne qui en accompagne une autre pour la servir. 2. *SUIVANTE* n. f. anciennt Dame de compagnie. *Les suivantes de la reine.*

ÉTYM. du participe présent de *suivre.*

② **SUIVANT** [sɥivɑ̃] prép. 1. Conformément à ; en suivant. SYN. **selon.** *Suivant son habitude.* ◆ *Suivant tel auteur.* SYN. **d'après.** 2. Conformément à (des circonstances). *La luminosité varie suivant les saisons.* 3. *Suivant que* loc. conj. (+ indic.) : dans la mesure où, selon que.

ÉTYM. du participe présent de *suivre.*

SUIVEUR, EUSE [sɥivœʀ, øz] n. ✦ (Personne qui suit) 1. n. m. Homme qui suit les femmes, dans la rue. 2. Personne qui suit une course, à titre officiel (observateur, journaliste). *La caravane des suiveurs du Tour de France.* 3. fig. Personne qui, sans esprit critique, ne fait que suivre (un mouvement intellectuel, etc.). SYN. **imitateur.** *Les initiateurs et les suiveurs.*

SUIVI, IE [sɥivi] adj. et n. m.

I adj. 1. Qui se fait d'une manière continue. SYN. **régulier.** *Un travail suivi.* ◆ COMM. *Article suivi,* dont la vente est continue. *Qualité suivie,* égale. 2. Dont les éléments s'enchaînent pour former un tout. *Un raisonnement suivi.* CONTR. **inégal, irrégulier** ; sans **suite** • **décousu.**

II n. m. Surveillance continue en vue de contrôler. *Suivi médical.* ➝ *Le suivi d'un produit.*

ÉTYM. du participe passé de *suivre.*

SUIVISME [sɥivism] n. m. ✦ Attitude de suiveur (3). ▸ **SUIVISTE** [sɥivist] adj. et n.

SUIVRE [sɥivʀ] v. tr. (conjug. 62) **I** (Venir après) 1. Aller derrière (qqn qui marche, qqch. qui avance). *Suivre qqn de près.* ➙ **talonner.** ➝ *Suivez le guide !* ◆ (choses) Être transporté après (qqn). *Bagages qui suivent un voyageur. Faire suivre son courrier.* 2. Aller derrière pour rattraper, surveiller. SYN. **poursuivre.** *Suivre le gibier à la trace.* ➝ *Policier qui suit un suspect.* SYN. **filer.** 3. Aller avec (qqn qui a l'initiative d'un déplacement). SYN. **accompagner.** *Si vous voulez bien me suivre. Suivre qqn comme son ombre.* loc. prov. *Qui m'aime me suive !* ◆ loc. *Suivre le mouvement :* aller avec les autres, faire comme eux. **4.** *Suivre qqn, qqch. des yeux, du regard :* accompagner par le regard (ce qui se déplace). ◆ loc. fig. *Suivez mon regard :* vous voyez à qui je fais allusion. **5.** Être placé ou considéré après, dans un ordre donné. *On verra dans l'exemple qui suit que...* ➝ impers. *COMME SUIT :* comme il est dit dans ce qui suit. **6.** Venir, se produire après, dans le temps. SYN. **succéder** à. *Un silence a suivi ses paroles.* **7.** Venir après, comme effet (surtout impers.). *Il suit de là que...* SYN. **s'ensuivre ;** → **conséquence, résultat.** **II** (Garder une direction) **1.** Aller dans (une direction, une voie). *Suivre un chemin.* SYN. **prendre.** *Suivre la piste de qqn.* ➝ *Suivre le fil de ses idées.* ➝ *SUIVRE SON COURS :* évoluer, se développer normalement. *L'enquête suit son cours.* **2.** Aller le long de. SYN. **longer.** *Suivez le canal jusqu'à l'écluse.* **3.** abstrait Garder (une idée, etc.) avec constance. *Suivre son idée.* ◆ *Suivre un traitement.* ➝ *Suivre des cours de danse.* ➝ *Suivre un feuilleton à la télévision.* ➝ *À SUIVRE :* mention indiquant qu'un récit se poursuivra (dans d'autres numéros d'un périodique...). **III** (Se conformer à) **1.** Aller dans le sens de, obéir à (une force, une impulsion). SYN. **s'abandonner** à. *Suivre son penchant.* **2.** Penser ou agir selon (les idées, la conduite de qqn). SYN. **imiter.** *Un exemple à suivre.* ➝ *Suivre la mode.* **3.** Se conformer à (un ordre, une recommandation). SYN. **obéir.** *Suivre la règle.* **4.** Se conformer à (un modèle abstrait). *Suivre une méthode. La marche* à suivre.* **IV** (Porter son attention sur) **1.** Rester attentif à (un énoncé). *Je suivais leur conversation.* **2.** Observer attentivement et continûment dans son cours. *Suivre un match avec passion.* ➝ *C'est une affaire à suivre.* ◆ *Suivre qqn,* être attentif à son comportement, notamment pour le surveiller, le diriger. *Médecin qui suit un malade.* ◆ Être abonné aux messages publiés par (un autre utilisateur d'un microblog). **3.** Comprendre dans son déroulement (un énoncé). *Je ne suis pas votre raisonnement.* ➝ *Vous me suivez ?* **V** *SE SUIVRE* v. pron. **1.** Aller les uns derrière les autres. **2.** Se présenter dans un ordre, sans qu'il manque un élément. *Nos numéros se suivent.* **3.** Venir les uns après les autres, dans le temps. SYN. **se succéder.** *Les jours se suivent.* CONTR. **devancer, précéder** • **s'écarter, s'éloigner, fuir.**

ÉTYM. bas latin *sequere*, classique *sequi*.

① **SUJET, ETTE** [syʒɛ, ɛt] adj. et n.

I adj. **1.** Exposé à. *Elle est sujette au vertige.* **2.** *Sujet à caution*.*

II n. **1.** Personne soumise à une autorité souveraine (→ **sujétion**). *Le souverain et ses sujets.* **2.** rare au fém. Ressortissant d'un État. *Elle est sujet britannique.*

ÉTYM. latin *subjectus* «soumis,» de *subjicere* «mettre (*jacere*) sous».

② **SUJET** [syʒɛ] n. m. **I** **1.** Ce sur quoi s'exerce (la réflexion). *Des sujets de méditation.* ➝ Ce dont il s'agit, dans la conversation, dans un écrit. SYN. **matière,** ① **point, propos, question, thème.** *Revenons à notre sujet (→ à nos moutons).* ➝ *AU SUJET DE :* à propos de. *C'est à quel sujet ?* **2.** Ce qui constitue le thème qu'a voulu traiter l'auteur (œuvre littéraire). SYN. **idée, thème.** *Un bon sujet de roman.* **3.** Ce sur quoi s'applique la réflexion (dans un travail, un ouvrage didactique). *Bibliographie par sujets.* → **thématique.** *Son devoir est hors (du) sujet.* **4.** Ce qui est représenté, dans une œuvre plastique. SYN. **motif.** **II** *SUJET DE :* ce qui fournit matière, occasion à (un sentiment, une action). SYN. **motif, occasion, raison.** *Un sujet de dispute.* ➝ LITTÉR. *Je n'ai pas sujet de me plaindre.* **III** GRAMM. Terme considéré comme le point de départ de l'énoncé, à propos duquel on exprime quelque chose ou qui régit le verbe. *Sujet, verbe et complément. Inversion du sujet. Sujet logique et sujet grammatical* (il) *d'un verbe impersonnel* (ex. il tombe de la neige). ➝ appos. *Les pronoms sujets.* **IV** (personnes) **1.** loc. *BON SUJET* (VIEILLI), *MAUVAIS SUJET :* personne qui se conduit bien, mal. ➝ *Un sujet brillant :* un(e) excellent(e) élève. **2.** Être vivant soumis à l'observation ; individu présentant tel ou tel caractère. *Sujet d'expérience.* → **cobaye.** ◆ LING. *Le sujet parlant :* le locuteur. **3.** PHILOS. Être pensant, considéré comme le siège de la connaissance (s'oppose à *objet*). SYN. ① **personne ;** → **subjectif.**

ÉTYM. latin *subjectum*, de *subjectus* → ① sujet.

SUJÉTION [syʒesjɔ̃] n. f. **1.** Situation d'une personne soumise à une autorité souveraine. SYN. **assujettissement, dépendance, soumission.** **2.** LITTÉR. Situation d'une personne astreinte à une nécessité ; obligation pénible, contrainte. CONTR. **indépendance.**

ÉTYM. latin *subjectio*, de *subjicere* → ① sujet.

SULFAMIDE [sylfamid] n. m. ✦ PHARM. Composé de synthèse dont les dérivés sont utilisés dans le traitement des maladies infectieuses.

ÉTYM. de *sulf(o)-* et *amide*.

SULFATE [sylfat] n. m. ✦ Sel ou ester de l'acide sulfurique.

ÉTYM. de *sulf(o)* et suffixe chimique *-ate*.

SULFATER [sylfate] v. tr. (conjug. 3a) ✦ Traiter (un végétal) par pulvérisation de sulfate de cuivre ou de fer. *Sulfater la vigne.*

► **SULFATAGE** [sylfataʒ] n. m.

SULFATEUSE [sylfatøz] n. f. ✦ Appareil servant à sulfater.

SULFITE [sylfit] n. m. ✦ CHIM. Sel ou ester de l'acide sulfureux.

ÉTYM. de *sulf(o)-* et suffixe chimique *-ite*.

SULF(O)- Élément savant, du latin *sulfur* «soufre».

SULFURE [sylfyʀ] n. m. ✦ Composé du soufre avec un élément (métal, etc.), constituant de nombreux minerais.

ÉTYM. de *sulf(o)-* et suffixe chimique *-ure*.

SULFURÉ, ÉE [sylfyʀe] adj. ✦ Combiné avec le soufre.

ÉTYM. de *sulfure*.

SULFURER [sylfyʀe] v. tr. (conjug. 3a) ✦ Traiter (un végétal) au sulfure de carbone.

► **SULFURAGE** [sylfyʀaʒ] n. m.

SULFUREUX, EUSE [sylfyʀø, øz] adj. **1.** Qui contient du soufre ; relatif au soufre. *Vapeurs sulfureuses.* ◆ *Anhydride sulfureux* ou *gaz sulfureux :* composé de soufre (SO_2), gaz incolore, suffocant, utilisé dans la fabrication de l'acide sulfurique, les industries de blanchiment, etc. ➝ *Acide sulfureux :* composé du soufre (H_2SO_3), existant en solution. **2.** fig. LITTÉR. Qui évoque le démon, l'enfer → (sentir le soufre*). *Un charme* *sulfureux.*

ÉTYM. latin *sulfurosus*, de *sulfur* «soufre».

SULFURIQUE [sylfyʀik] **adj.** ✦ *ACIDE SULFURIQUE :* acide dérivé du soufre (H_2SO_4), corrosif, attaquant les métaux. SYN. **vitriol.**

ÉTYM. du latin *sulfur* «soufre».

SULFURISÉ, ÉE [sylfyʀize] **adj.** ✦ Traité à l'acide sulfurique. ➖ *Papier sulfurisé,* rendu imperméable par trempage dans l'acide sulfurique dilué.

ÉTYM. de *sulfure.*

SULKY [sylki] **n. m.** ✦ anglicisme Voiture légère à deux roues, sans caisse, utilisée pour les courses au trot attelé. *Des sulkys* ou *des sulkies* (plur. anglais).

ÉTYM. mot anglais «boudeur», cette voiture n'ayant qu'une place.

SULTAN [syltɑ̃] **n. m.** ✦ Souverain de l'Empire ottoman, ou de certains pays musulmans.

ÉTYM. turc *sôltan,* de l'arabe.

SULTANAT [syltana] **n. m.** **1.** Dignité de sultan. **2.** État gouverné par un sultan. *Le sultanat d'Oman.*

SULTANE [syltan] **n. f.** ✦ Épouse, favorite ou fille d'un sultan.

SUMAC [symak] **n. m.** ✦ BOT. Arbre aux nombreuses variétés, riche en tanin.

ÉTYM. arabe *summāq.*

SUMÉRIEN, IENNE [symeʀjɛ̃, jɛn] **adj.** et **n.** ✦ HIST. Relatif à Sumer (☛ noms propres) et à son peuple. *L'art sumérien.* ➖ **n.** *Les Sumériens.* ♦ **n. m.** *Le sumérien :* la plus ancienne langue écrite (caractères cunéiformes).

SUMMUM [sɔ(m)mɔm] **n. m.** ✦ Le plus haut point, le plus haut degré. SYN. ① **comble, nec plus ultra, sommet.** *Des summums.*

ÉTYM. mot latin «sommet».

SUMO [symo] **n. m.** **1.** Lutte japonaise, pratiquée par des professionnels exceptionnellement grands et corpulents. **2.** Lutteur de sumo (appelé aussi *sumotori* [symɔtɔʀi]).

ÉTYM. mot japonais.

SUNLIGHT [sœnlajt] **n. m.** ✦ anglicisme Projecteur puissant utilisé pour les prises de vues cinématographiques. *Sous les sunlights.*

ÉTYM. mot américain, proprement «lumière *(light)* du soleil *(sun)*».

SUNNA [syna] **n. f.** ✦ DIDACT. Tradition orthodoxe de la religion islamique.

ÉTYM. mot arabe «loi, règle traditionnelle».

SUNNISME [synism] **n. m.** ✦ RELIG. Doctrine des sunnites. *Sunnisme et chiisme.*

SUNNITE [synit] **adj.** ✦ Qui se conforme à la sunna. *L'islam sunnite.* ➖ **n.** *Les sunnites et les chiites.*

ÉTYM. de *sunna.*

① **SUPER** [sypɛʀ] **n. m.** ✦ Supercarburant. *Le plein de super.*

ÉTYM. abréviation.

② **SUPER** [sypɛʀ] **adj.** ✦ FAM. Supérieur dans son genre ; formidable. SYN. **épatant,** ② **extra.** *Un type super. Des copains supers* ou *super* (invar.). *Une fête super.*

ÉTYM. de *super-.*

SUPER- **1.** Élément, du latin *super* «sur», qui signifie «au-dessus, sur». → **supra-, sus-.** **2.** Préfixe de renforcement marquant le plus haut degré ou la supériorité. → **hyper-, sur-.**

① **SUPERBE** [sypɛʀb] **n. f.** ✦ LITTÉR. Assurance orgueilleuse, qui se manifeste par l'air, le maintien. CONTR. **humilité.**

ÉTYM. latin *superbia,* de *superbus* → ② superbe.

② **SUPERBE** [sypɛʀb] **adj.** **1.** VX ou LITTÉR. Orgueilleux ; plein de magnificence, de majesté. **2.** Très beau, d'une beauté éclatante. SYN. **magnifique, splendide.** *Un temps superbe. Il a une superbe situation.* SYN. **excellent.** CONTR. **humble • affreux, horrible, laid.**

ÉTYM. latin *superbus* «hautain ; imposant».

SUPERBEMENT [sypɛʀbəmɑ̃] **adv.** **1.** VX Orgueilleusement. **2.** Magnifiquement.

SUPERCARBURANT [sypɛʀkaʀbyʀɑ̃] **n. m.** ✦ Carburant (essence) de qualité supérieure. SYN. ① **super.**

ÉTYM. de *super-* et *carburant.*

SUPERCHERIE [sypɛʀʃəʀi] **n. f.** ✦ Tromperie qui généralement implique la substitution du faux à l'authentique. SYN. **fraude.**

ÉTYM. italien *soperchieria* «affront».

SUPÉRETTE [sypeʀɛt] **n. f.** ✦ COMM. Magasin d'alimentation en libre-service, de taille moyenne.

ÉTYM. américain *superette,* de *super(market)* «supermarché» et suffixe *-ette,* du français.

SUPERFÉTATOIRE [sypɛʀfetatwaʀ] **adj.** ✦ LITTÉR. Qui s'ajoute inutilement (à une chose utile). SYN. **superflu.** *Des accessoires superfétatoires.*

ÉTYM. de *superfétation,* du latin *superfetare* «concevoir de nouveau».

SUPERFICIE [sypɛʀfisi] **n. f.** **1.** Surface ; mesure d'une surface. SYN. ① **aire.** *La superficie d'un terrain.* **2.** fig. LITTÉR. Aspect superficiel (par oppos. à *fond*). SYN. **surface.** *Rester à la superficie des choses.*

ÉTYM. latin *superficies,* de *facies* «forme extérieure».

SUPERFICIEL, ELLE [sypɛʀfisjɛl] **adj.** **1.** Propre à la surface ; qui n'appartient qu'à la surface. *Les couches superficielles de l'écorce terrestre.* ➖ *Plaie superficielle.* **2.** fig. Qui n'est ni profond ni essentiel. SYN. **apparent.** *Une amabilité superficielle.* ♦ Qui ne va pas au fond des choses. *Esprit superficiel.* SYN. **futile, léger.** ➖ *Travail superficiel.* SYN. **sommaire.** CONTR. **profond.**

▶ **SUPERFICIELLEMENT** [sypɛʀfisjɛlmɑ̃] **adv.**

ÉTYM. latin *superficialis,* de *superficies* «surface».

SUPERFLU, UE [sypɛʀfly] **adj.** **1.** Qui n'est pas strictement nécessaire. SYN. **superfétatoire.** ➖ **n. m.** *Le nécessaire et le superflu.* ♦ par euphémisme *Poils superflus,* que l'on cherche à faire disparaître. **2.** Qui est en trop. SYN. **inutile, oiseux.** *Des précautions superflues.* ➖ *Il est superflu d'insister.* CONTR. **indispensable, nécessaire, obligatoire, utile.**

ÉTYM. latin *superfluus* «débordant», famille de *fluere* «couler».

SUPER-HÉROS [sypɛʀeʀo] **n. m. invar.** ✦ Personnage fantastique doué de pouvoirs surhumains. *Les super-héros des comics.*

SUPER-HUIT [sypɛʀɥit] **n. m. invar.** ✦ Format de film d'amateur intermédiaire entre le huit millimètres standard et le seize. *Filmer en super-huit* ou *en super-8.*

→ **adj. invar.** *Caméra super-huit.*
ÉTYM. de *super-* et *huit.*

SUPÉRIEUR, EURE [sypeʀjœʀ] **adj.** et **n.** **I** Qui est plus haut, en haut. *Les étages supérieurs d'un immeuble. La lèvre supérieure.* **II** **1.** *Supérieur à :* qui a une valeur plus grande ; qui occupe un degré au-dessus dans une hiérarchie. *Son devoir est supérieur au vôtre,* il le surpasse, il est meilleur. ◆ **absolt** Qui est au-dessus des autres. SYN. **suprême.** *Des intérêts supérieurs. Qualité supérieure.* SYN. **excellent.** → *Intelligence supérieure* (→ *hors pair*). **2.** *Supérieur à :* plus grand que. *Un nombre supérieur à 10.* → *Ennemi supérieur en nombre.* **3.** Plus avancé dans une évolution. *Les animaux supérieurs :* les vertébrés. **4.** Plus élevé dans une hiérarchie politique, administrative, sociale. *Les classes dites supérieures de la société.* SYN. **dominant.** → *L'enseignement supérieur. Cadres supérieurs* (opposé à *moyen*). *Officiers supérieurs* (opposé à *subalterne*). ◆ **n. m.** Personne hiérarchiquement placée au-dessus d'autres qui sont sous ses ordres. SYN. **chef.** *En référer à son supérieur.* ◆ **n.** Religieux, religieuse qui dirige une communauté, un couvent. → **appos.** *Le père supérieur. Les mères supérieures.* **5.** Qui témoigne d'un sentiment de supériorité. SYN. **arrogant, condescendant, dédaigneux, hautain.** *Un air, un sourire supérieur.* CONTR. ① **bas, inférieur** • **moindre** • **subalterne** • **humble.**
ÉTYM. latin *superior,* comparatif de *superus* «qui est au-dessus *(super)*».

SUPÉRIEUREMENT [sypeʀjœʀmɑ̃] **adv.** ✦ D'une manière supérieure (II). SYN. **excellemment.** → FAM. Très.

SUPÉRIORITÉ [sypeʀjɔʀite] **n. f.** **1.** Fait d'être supérieur (II). *Supériorité numérique.* → *La supériorité que l'on a sur qqn.* SYN. **avantage ;** → **l'emporter** sur. **2.** Qualité d'une personne supérieure. *Avoir conscience de sa supériorité.* → (abusif en psych.) *Complexe de supériorité.* CONTR. **infériorité.**
ÉTYM. latin médiéval *superioritas.*

SUPERLATIF [sypɛʀlatif] **n. m.** **1.** Terme qui exprime le degré supérieur d'une qualité. *« Rarissime » est un superlatif.* → **emploi adj.** *SUPERLATIF, IVE. Préfixes superlatifs* (ex. archi-, extra-, super-, hyper-). ◆ **par ext.** Terme exagéré, hyperbolique. *Abuser des superlatifs.* **2.** GRAMM. *Le superlatif :* l'ensemble des procédés grammaticaux qui expriment la qualité au degré le plus élevé. *Superlatif relatif* (article défini + comparatif ; ex. le plus, le moindre) ; *absolu* (ex. très).
ÉTYM. bas latin *superlativus* «exagéré», famille de *superferre* «porter *(ferre)* au-dessus».

SUPERMARCHÉ [sypɛʀmaʀʃe] **n. m.** ✦ Magasin à grande surface (de 400 à 2 500 m²). → **aussi hypermarché ; supérette.**
ÉTYM. américain *supermarket.*

SUPERNOVA [sypɛʀnɔva], **plur.** **SUPERNOVÆ** [sypɛʀnɔve] **n. f.** ✦ ASTRON. Explosion très lumineuse qui marque la fin de la vie de certaines étoiles ; étoile dans ce stade. → Au pluriel, on peut aussi écrire *des supernovas.*
ÉTYM. de *super-* et *nova.*

SUPERPHOSPHATE [sypɛʀfɔsfat] **n. m.** ✦ Engrais artificiel à base de phosphate et de sulfate de calcium.

SUPERPOSABLE [sypɛʀpozabl] **adj.** ✦ Que l'on peut superposer.

SUPERPOSER [sypɛʀpoze] **v. tr.** (conjug. 3a) **1.** Mettre, poser au-dessus, par-dessus ; disposer l'un au-dessus de l'autre. *Superposer des livres.* SYN. **empiler.** → au p. passé *Lits superposés.* ◆ **fig.** Mettre en plus ; accumuler. **2.** *SE SUPERPOSER* **v. pron.** *Couches de peinture qui se superposent.* → **fig.** *Souvenirs qui se superposent.*
ÉTYM. latin *superponere* «placer *(ponere)* sur», d'après *poser.*

SUPERPOSITION [sypɛʀpozisjɔ̃] **n. f.** **1.** Action, fait de superposer ; état de ce qui est superposé. **2.** Ensemble de choses superposées.
ÉTYM. latin *superpositio.*

SUPERPRODUCTION [sypɛʀpʀɔdyksjɔ̃] **n. f.** ✦ Film ou spectacle réalisé à grands frais. SYN. **blockbuster** (anglicisme).
ÉTYM. mot américain → super- et production (II, 4).

SUPERPUISSANCE [sypɛʀpɥisɑ̃s] **n. f.** ✦ État qui dépasse en importance les autres puissances mondiales.

SUPERSONIQUE [sypɛʀsɔnik] **adj.** ✦ Dont la vitesse est supérieure à celle du son (opposé à *subsonique*). *Avion supersonique,* et **n. m.** *un supersonique.*
ÉTYM. de *super-* et ② *son.*

SUPERSTAR [sypɛʀstaʀ] **n. f.** ✦ anglicisme Vedette, personnalité très célèbre.
ÉTYM. mot américain → super- et star.

SUPERSTITIEUX, EUSE [sypɛʀstisjø, øz] **adj.** ✦ Qui a de la superstition ; qui voit des signes favorables ou néfastes dans certains faits. → *Pratiques superstitieuses.*
► **SUPERSTITIEUSEMENT** [sypɛʀstisjøzmɑ̃] **adv.**
ÉTYM. latin *superstitiosus,* de *superstitio* «superstition».

SUPERSTITION [sypɛʀstisjɔ̃] **n. f.** **1.** (en religion) Comportement irrationnel vis-à-vis du sacré ; attitude religieuse considérée comme vaine. **2.** Fait de croire que certains actes, certains signes entraînent mystérieusement des conséquences bonnes ou mauvaises ; croyance aux présages, aux signes. **3.** Attitude irrationnelle, magique (dans quelque domaine que ce soit) ; respect maniaque (de qqch.). *Il a la superstition de l'ordre.*
ÉTYM. latin *superstitio* «observation scrupuleuse».

SUPERSTRUCTURE [sypɛʀstʀyktyʀ] **n. f.** **1.** Partie (d'une construction, d'une installation) située au-dessus du sol, d'un niveau. **2.** Système d'institutions, d'idéologies, dépendant d'une structure économique (vocabulaire marxiste). CONTR. **fondation** • **infrastructure.**

SUPERVISER [sypɛʀvize] **v. tr.** (conjug. 3a) ✦ Contrôler (un travail effectué par d'autres) sans entrer dans les détails.
► **SUPERVISION** [sypɛʀvizjɔ̃] **n. f.**
ÉTYM. anglais *to supervise,* latin médiéval *supravidere* «inspecter», de *videre* «voir».

SUPIN [sypɛ̃] **n. m.** ✦ GRAMM. Forme du verbe latin (substantif verbal), sur laquelle se forment de nombreux dérivés.
ÉTYM. du bas latin *supinus* «penché en arrière».

SUPINATION [sypinasjɔ̃] **n. f.** ✦ DIDACT. (opposé à *pronation*) Mouvement de rotation externe de la main et de l'avant-bras (sous l'action des muscles *supinateurs*).
ÉTYM. latin *supinatio,* de *supinare* «renverser en arrière».

A B C D E F G H I J K L M N O P Q R S T U V W X Y Z

SUPPLANTER [syplɑ̃te] **v. tr.** (conjug. 3a) **1.** Passer devant, prendre la place de (qqn) en lui faisant perdre son crédit. SYN. **évincer.** *Supplanter un rival.* **2.** (choses) Éliminer (une chose) en la remplaçant. SYN. **détrôner.** *Le disque compact a supplanté le microsillon.*
ÉTYM. latin *supplantare*, proprement «faire un croc-en-jambe».

SUPPLÉANCE [sypleɑ̃s] **n. f.** ✦ Fait de suppléer qqn ; fonction de suppléant.

SUPPLÉANT, ANTE [sypleɑ̃, ɑ̃t] **adj.** ✦ Qui supplée qqn dans ses fonctions. SYN. **adjoint.** *Juge suppléant.* ➛ **n.** *Elle n'est pas titulaire mais suppléante.* SYN. **remplaçant.**
ÉTYM. du participe présent de *suppléer.*

SUPPLÉER [syplee] **v. tr.** (conjug. 3a) **I v. tr. dir.** LITTÉR. **1.** Mettre à la place de (ce qui manque) ; combler en remplaçant, en ajoutant. *Suppléer une lacune.* **2.** *Suppléer qqn,* remplir ses fonctions, occuper sa place (→ **suppléant**). **II v. tr. ind.** *SUPPLÉER À.* Remédier à (un manque ; un défaut, une insuffisance) en remplaçant, en compensant. *Suppléer au manque de soleil par des lampes à bronzer.*
ÉTYM. latin *supplere* «compléter», de *plere* «emplir».

SUPPLÉMENT [syplemɑ̃] **n. m.** **1.** Ce qui est ajouté à une chose déjà complète ; addition extérieure (à la différence du *complément*). → **surplus.** *Un supplément de travail.* → **surcroît.** **2.** Ce qui est ajouté (à un livre, une publication). *Le supplément illustré d'un journal.* **3.** Somme payée en plus, au-dessus du tarif ordinaire. *Payer un supplément.* ➛ *Train à supplément.* **4.** *EN SUPPLÉMENT :* en plus (d'un nombre fixé, d'une quantité indiquée). *Vin en supplément* (au restaurant). CONTR. **réduction • remise.**
ÉTYM. latin *supplementum*, de *supplere* «suppléer ; compléter».

SUPPLÉMENTAIRE [syplemɑ̃tɛʀ] **adj.** **1.** Qui constitue un supplément, est en supplément. *Des dépenses supplémentaires.* ➛ *Heures supplémentaires :* heures de travail faites en plus de l'horaire normal (abrév. FAM. *heures sup* [syp]). ➛ *Personnel supplémentaire* (→ ① **extra**). **2.** MATH. *Angles supplémentaires,* dont la somme est égale à l'angle plat.

SUPPLÉTIF, IVE [sypletif, iv] **adj.** ✦ (troupes...) Recruté temporairement pour renforcer les forces régulières. ➛ **n. m.** *Des supplétifs.*
ÉTYM. bas latin *suppletivus*, de *supplere* «compléter ; suppléer».

SUPPLIANT, ANTE [sypliјɑ̃, ɑ̃t] **adj.** ✦ Qui supplie. ➛ Qui exprime la supplication. *Un regard suppliant.* SYN. **implorant.**
ÉTYM. du participe présent de *supplier.*

SUPPLICATION [syplikasjɔ̃] **n. f.** ✦ Prière instante faite avec soumission ; situation, attitude d'une personne qui supplie.
ÉTYM. latin *supplicatio*, de *supplicare* «supplier».

SUPPLICE [syplis] **n. m.** **1.** Peine corporelle grave, très douloureuse, mortelle ou non, infligée par la justice à un condamné (→ **torture**). *Le supplice de la croix, de la roue.* ➛ *Le dernier supplice :* la peine de mort. ♦ **loc.** *Le supplice de Tantale* (☞ noms propres) : situation où l'on est proche de l'objet de ses désirs, sans pouvoir l'atteindre. **2.** Souffrance très vive (physique ou morale). SYN. **calvaire, martyre, tourment.** ➛ *ÊTRE AU SUPPLICE :* souffrir beaucoup ; être dans une situation très pénible. *L'attente le mettait au supplice.*
ÉTYM. latin *supplicium*, de *supplex, supplicis* «qui se plie (*plicare*), souple ; qui supplie».

SUPPLICIER [syplisje] **v. tr.** (conjug. 9) **1.** Livrer au supplice ; mettre à mort par un supplice. ➛ au p. passé *Condamné supplicié.* **n.** *Un, une supplicié(e).* **2. fig.** LITTÉR. Torturer moralement.

SUPPLIER [syplije] **v. tr.** (conjug. 9) ✦ Prier (qqn) avec insistance et humilité, en demandant qqch. comme une grâce. SYN. **adjurer, implorer.** *Aidez-moi, je vous en supplie.* ♦ (terme de politesse) Prier instamment. *Je vous supplie de vous taire.*
ÉTYM. latin *supplicare*, proprement «plier (*plicare*) sur ses genoux».

SUPPLIQUE [syplik] **n. f.** ✦ Demande par laquelle on sollicite une grâce, une faveur d'un supérieur. SYN. **requête.**
ÉTYM. du latin *supplicare* «supplier».

SUPPORT [sypɔʀ] **n. m.** **1.** Ce sur quoi repose ou s'appuie une chose. *Le support d'une sculpture.* SYN. **socle.** ➛ Assemblage destiné à recevoir un objet, un instrument (chevalet, monture, trépied...). **2.** Élément matériel qui sert de base à une œuvre graphique. *Le support d'un dessin,* le papier sur lequel il est fait. **3.** Ce qui sert de base à une réalité abstraite. *Les supports de l'information* (livres, CD-ROM, vidéo, etc.). ➛ *Support publicitaire :* moyen matériel utilisé pour une publicité (affiche, presse, télévision, etc.).
ÉTYM. de *supporter.*

SUPPORTABLE [sypɔʀtabl] **adj.** **1.** Que l'on peut supporter. SYN. **tolérable.** *Douleur supportable.* ➛ **n. m.** *C'est à la limite du supportable.* **2.** Que l'on peut tolérer, admettre. *Son insolence n'est pas supportable.* ➛ Acceptable. SYN. **passable.** CONTR. **insupportable, intolérable.**

SUPPORTER [sypɔʀte] **v. tr.** (conjug. 3a) **I 1.** Recevoir le poids, la poussée de (qqch.) sur soi. SYN. **soutenir ;** ① **porter.** *Piliers qui supportent une voûte.* **2.** Avoir (qqch.) comme charge ; être assujetti à. *Supporter les conséquences de ses actes.* SYN. **subir.** **II 1.** Subir les effets pénibles de (qqch.) sans faiblir. SYN. **endurer.** *Supporter une épreuve, un malheur.* ➛ *Il supporte mal cette attente.* **2.** Subir de la part d'autrui, sans réagir. *Je ne vais pas supporter cet affront.* SYN. **tolérer.** ➛ (avec *que* et le subj.) *Il ne supporte pas qu'on lui mente.* **3.** Admettre (qqn), tolérer sa présence, son comportement. *Je ne peux pas le supporter* (SYN. **souffrir**). ➛ **pronom.** *Ils se sont supportés pendant dix ans.* **4.** Subir sans dommage (une action physique). SYN. **résister à.** *Supporter le froid.* ➛ *Mon foie ne supporte pas le chocolat.* ♦ Résister à (une épreuve). *Cette thèse ne supporte pas l'examen.* **5.** Admettre, accepter. *Elle ne supporte pas l'hypocrisie.* **III** anglicisme Encourager, soutenir (un sportif, une équipe sportive).
ÉTYM. latin *supportare* «apporter ; soutenir» ; sens III, de *supporteur*, d'après l'anglais *to support.*

SUPPORTEUR, TRICE [sypɔʀtœʀ, tʀis] **n.** ou **SUPPORTER** [sypɔʀtɛʀ ; sypɔʀtœʀ] **n. m.** ✦ anglicisme Partisan (d'un sportif, d'une équipe) qui manifeste son appui. ➛ Écrire *supporteur* avec le suffixe français *-eur* est permis.
ÉTYM. anglais *supporter.*

SUPPOSER [sypoze] **v. tr.** (conjug. 3a) **I 1.** Poser à titre d'hypothèse. *Supposons le problème résolu. La température étant supposée constante.* ➛ (avec *que* et le subj.)

Supposez que ce soit vrai. SYN. **imaginer.** *En supposant que, à supposer que ce soit possible.* **2.** Croire, considérer comme probable ou plausible. SYN. **présumer.** *Je le suppose, mais je n'en suis pas sûr.* ➛ *On vous supposait averti.* ➛ *Je suppose que vous étiez là.* **II** (choses) Comporter comme condition nécessaire. SYN. **impliquer.** *Une telle maîtrise suppose une longue expérience.* **III** DR. Donner pour authentique, en trompant. ➛ au p. passé *Sous un nom supposé.* SYN. ① **faux.**
ÉTYM. latin *supponere* «mettre *(ponere)* dessous», d'après *poser.*

SUPPOSITION [sypozisjɔ̃] **n. f.** **1.** Action de supposer (I) ; ce que l'on suppose. SYN. **hypothèse.** *C'est une simple supposition.* **2.** DR. Action de supposer (III) ; substitution frauduleuse. *Supposition d'enfant.*
ÉTYM. latin *suppositio.*

SUPPOSITOIRE [sypozitwaʀ] **n. m.** ✦ Préparation pharmaceutique, de forme conique, que l'on introduit dans l'anus. ➛ abrév. FAM. SUPPO [sypo]. HOM. (de l'abrév.) SUPPÔT «partisan»
ÉTYM. latin *suppositorium*, famille de *supponere* «mettre au-dessous ; supposer».

SUPPÔT [sypo] **n. m.** ✦ LITTÉR. Partisan (d'une personne, d'une chose nuisible). *Les suppôts d'un tyran.* ➛ loc. *Suppôt de Satan* : démon ; fig. personne méchante. HOM. SUPPO «suppositoire»
ÉTYM. latin *suppositus*, participe passé de *supponere* «mettre au-dessous» ; d'abord «vassal, subordonné» et «support».

SUPPRESSION [sypʀesjɔ̃] **n. f.** **1.** Action de supprimer, de mettre fin à qqch. *La suppression d'un privilège.* **2.** Action de faire disparaître, de détruire. *Suppressions d'emplois.* CONTR. **addition, ajout.**
ÉTYM. latin *suppressio*, de *supprimere* «supprimer».

SUPPRIMER [sypʀime] **v. tr.** (conjug. 3a) **1.** Rendre sans effet légal ; enlever de l'usage. SYN. **abolir, abroger, annuler.** *Supprimer une loi, une taxe.* **2.** Faire disparaître, faire cesser d'être en défaisant (qqch. qui gêne). SYN. **détruire, éliminer.** *Supprimer une cloison.* ➛ *Supprimer la douleur.* SYN. **arrêter, vaincre.** ◆ par exagér. Réduire considérablement. *L'avion supprime les distances.* SYN. **abolir.** **3.** Faire cesser d'être dans un ensemble. SYN. **ôter, retirer, retrancher.** *Un mot, un passage à supprimer.* ➛ *Supprimer le sel de son alimentation.* ➛ *Supprimer un avantage.* SYN. FAM. **sucrer.** **4.** Faire disparaître (qqn) en tuant. SYN. **éliminer,** FAM. **liquider.** ➛ pronom. Se suicider. *Il a tenté de se supprimer.* CONTR. **instituer, maintenir • ajouter, introduire.**
ÉTYM. latin *supprimere* «faire enfoncer», de *premere* «presser».

SUPPURATION [sypyʀasjɔ̃] **n. f.** ✦ Production et écoulement de pus. SYN. **pyorrhée.**
ÉTYM. latin *suppuratio*, de *suppurare* «suppurer».

SUPPURER [sypyʀe] **v. intr.** (conjug. 3a) ✦ Laisser écouler du pus. *La plaie suppure.*
ÉTYM. latin *suppurare*, de *pus, puris* «pus».

SUPPUTER [sypyte] **v. tr.** (conjug. 3a) **1.** Évaluer indirectement (un nombre, une somme ; la valeur de qqch.), par un calcul. *Supputer les revenus de qqn d'après son train de vie.* **2.** Évaluer empiriquement, apprécier (les chances, la probabilité). *Supputer ses chances de réussite.*
► **SUPPUTATION** [sypytasjɔ̃] **n. f.**
ÉTYM. latin *supputare* «évaluer», de *putare* «penser, supposer».

SUPRA [sypʀa] **adv.** ✦ Sert à renvoyer à un passage qui se trouve avant, dans un texte. SYN. **ci-dessus, plus haut.** CONTR. **infra.**
ÉTYM. mot latin «au-dessus».

SUPRA- Élément, du latin *supra* «au-dessus, au-delà» (ex. *supraterrestre* **adj.** «de l'au-delà»).

SUPRANATIONAL, ALE, AUX [sypʀanasjɔnal, o] **adj.** ✦ Placé au-dessus des institutions nationales. *Organisme supranational.*

SUPRÉMATIE [sypʀemasi] **n. f.** **1.** Situation dominante (en matière politique, religieuse). SYN. **hégémonie, prééminence.** **2.** Domination, supériorité (intellectuelle, morale). SYN. ② **ascendant.**
ÉTYM. anglais *supremacy*, de *supreme*, du français.

SUPRÊME [sypʀɛm] **adj.** et **n. m.**
I adj. **1.** Qui est au-dessus de tous, dans son genre, dans son espèce. SYN. **supérieur** ; → **suprématie.** *Autorité suprême.* SYN. ① **souverain.** ➛ RELIG. *L'Être suprême* : Dieu. ◆ Le plus élevé en valeur. *Le bonheur suprême.* ➛ loc. *Au suprême degré* : au plus haut degré. → **extrêmement.** **2.** Qui est le dernier (avec une idée de solennité ou de tragique). *L'instant, l'heure suprême*, de la mort. SYN. **dernier, ultime.** ➛ *Dans un suprême effort.* SYN. **désespéré.** CONTR. **inférieur, infime.**
II n. m. Filets (de poisson, de volaille) servis avec un velouté à la crème *(sauce suprême).*
ÉTYM. latin *supremus*, superlatif de *superus* «qui est au-dessus».

SUPRÊMEMENT [sypʀɛmmɑ̃] **adv.** ✦ Au suprême degré ; extrêmement.

① **SUR** [syʀ] **prép.** **I** (Marque la position «en haut» ou «en dehors») **1.** (surface, chose qui en porte une autre) *Poser un objet sur une table. La clé est sur la porte. Le terrain sur lequel on a bâti.* → **où.** *Sur terre et sur mer.* ➛ (accumulation) *Les uns sur les autres.* ➛ *Sur soi* : avec soi, dans la poche... *Je n'ai pas d'argent sur moi.* ◆ *S'étendre sur* : couvrir (telle distance, telle surface). *La plage s'étend sur huit kilomètres.* **2.** (surface ou chose atteinte) *Appuyer sur un bouton. Tirer sur qqn. Écrire sur un carnet. Chercher sur une carte.* ◆ (en enlevant, en ôtant) *Prélever sur ses économies. Impôt sur le revenu.* ➛ (proportion) *Un jour sur deux.* **3.** (sans contact) *Les ponts sur la Seine.* SYN. **au-dessus** de. **4.** (direction) *Sur votre droite.* ➛ *Foncer sur qqn.* **II** abstrait **1.** (base, fondement) *Juger les gens sur la mine.* SYN. **d'après.** *Jurer sur son honneur. Sur mesure.* ◆ Relativement à. *Apprendre qqch. sur qqn.* SYN. **à propos** de. ➛ *Essai, propos sur...* **2.** (temporel) Immédiatement après, à la suite de. *Sur le coup. Fumer cigarette sur cigarette.* ➛ *Sur ce**. ◆ (approximation) *Sur le soir.* SYN. ① **vers.** ➛ *Être sur le départ*, près de partir. **3.** (supériorité) *Prendre l'avantage sur qqn.* CONTR. **au-dessous de, sous.** HOM. SÛR «certain»
ÉTYM. latin *super* et *supra.*

② **SUR, SURE** [syʀ] **adj.** ✦ Qui a un goût acide. SYN. **aigrelet.** *Pommes sures.* HOM. SÛR «certain»
ÉTYM. francique *sur* «aigre».

SUR- Élément, tiré de ① *sur*, qui signifie «plus haut, au-dessus», au sens spatial ou temporel (ex. *surélever, surlendemain*), ou qui marque l'excès (ex. *surdoué, surenchère*). → **hyper-, super-, sus-.**

SÛR, SÛRE [syʀ] **adj.** **I** (personnes) *SÛR DE* **1.** Qui envisage avec confiance, qui tient pour assuré (un évènement). SYN. **certain, convaincu.** *Il est sûr du résultat ; de réussir.* ➛ *Être sûr de qqn,* avoir confiance en lui. ➛ *SÛR DE SOI :* qui se comporte avec assurance. *Il est sûr de lui, elle est sûre d'elle.* **2.** Qui sait avec certitude, qui est assuré de ne pas se tromper. *Elle est sûre d'avoir entendu crier. J'en suis sûr.* **II 1.** (choses) Où l'on ne risque rien, qui ne présente pas de danger (➙ **sécurité, sûreté**). *Une cachette sûre.* ➛ *En lieu sûr,* à l'abri. ➛ *Ce sera plus sûr,* cela constituera une garantie. ➛ *Le plus sûr est de,* le meilleur parti est de. **2.** En qui l'on peut avoir confiance. *Un ami sûr.* SYN. **dévoué, fidèle, loyal.** ◆ Sur quoi l'on peut compter. SYN. **solide.** *Des valeurs sûres.* ➛ loc. *À COUP SÛR :* sans risque d'échec. **3.** Qui fonctionne avec efficacité et exactitude. *Dessiner d'une main sûre. Un goût très sûr.* **4.** Dont on ne peut douter, qui est considéré comme vrai ou inéluctable. SYN. **assuré, certain, évident, incontestable.** *La chose est sûre. Ce n'est pas si sûr. Ce qui est sûr, c'est que...* **5.** loc. adv. *BIEN SÛR :* c'est évident, cela va de soi. SYN. **sûrement.** ➛ FAM. *POUR SÛR :* certainement. CONTR. **incertain, sceptique · dangereux · aventureux, risqué · douteux,** ① **faux, inexact.** HOM. ① SUR (préposition), ② SUR «aigre»

ÉTYM. latin *securus* «tranquille, confiant», de *cura* «soin».

SURABONDANCE [syʀabɔ̃dɑ̃s] **n. f.** ✦ Abondance extrême ou excessive. SYN. **pléthore, profusion.** CONTR. **insuffisance, pénurie.**

SURABONDANT, ANTE [syʀabɔ̃dɑ̃, ɑ̃t] **adj.** ✦ Qui surabonde ; très ou trop abondant ou nombreux. CONTR. **insuffisant.**

SURABONDER [syʀabɔ̃de] **v. intr.** (conjug. 3a) ✦ LITTÉR. Exister en quantité plus grande qu'il n'est nécessaire. CONTR. **manquer.**

ÉTYM. de *sur-* et *abonder.*

SURAIGU, UË [syʀegy] **adj.** ✦ (son...) Très aigu. *Une voix suraiguë.*

SURAJOUTER [syʀaʒute] **v. tr.** (conjug. 3a) ✦ Ajouter (qqch. à ce qui est déjà complet), ajouter après coup.

SURALIMENTATION [syʀalimɑ̃tasjɔ̃] **n. f.** **1.** Alimentation plus riche que la normale (la ration d'entretien) ; alimentation trop riche. **2.** Action de suralimenter (un moteur). CONTR. **sous-alimentation.**

SURALIMENTER [syʀalimɑ̃te] **v. tr.** (conjug. 3a) **1.** Alimenter au-delà de la normale. ➛ au p. passé *Animal suralimenté.* **2.** Fournir à (un moteur) une quantité de combustible supérieure à la normale.

SURANNÉ, ÉE [syʀane] **adj.** ✦ LITTÉR. Qui a cessé d'être en usage, qui évoque une époque révolue. SYN. **démodé, désuet, obsolète, vieillot.** CONTR. **actuel, nouveau.**

ÉTYM. de *sur-* et *an.*

SURCHARGE [syʀʃaʀʒ] **n. f.** **I 1.** Charge ajoutée à la charge ordinaire, ou qui excède la charge permise. *Une surcharge de deux cents kilos.* ➛ fig. *Surcharge de travail.* SYN. **surcroît, surplus.** **2.** Fait de surcharger, d'être surchargé. *Ascenseur en surcharge.* **3.** fig. Excès, surabondance. *Surcharge décorative.* **II** Mot, inscription qui en recouvre un(e) autre.

SURCHARGÉ, ÉE [syʀʃaʀʒe] **adj.** **1.** Qui est trop chargé. ◆ Qui a trop d'ornements. *Une décoration surchargée.* **2.** Qui a trop d'occupations, de travail. **3.** Qui porte une surcharge (II). *Brouillon surchargé.*

SURCHARGER [syʀʃaʀʒe] **v. tr.** (conjug. 5) **I 1.** Charger d'un poids qui excède la charge ordinaire ou permise ; charger à l'excès. ◆ abstrait *Surcharger sa mémoire de dates.* SYN. **encombrer.** **2.** Imposer une charge excessive à (qqn). *Être surchargé d'impôts ; de travail.* SYN. **accabler, écraser.** **II** Marquer d'une surcharge (manuscrite ou imprimée). CONTR. **alléger, décharger.**

SURCHAUFFE [syʀʃof] **n. f.** **1.** Chauffage exagéré. ➛ (moteur, etc.) Fait de chauffer au-delà de la normale. **2.** ÉCON. État de tension excessive dans l'activité économique.

ÉTYM. de *surchauffer.*

SURCHAUFFÉ, ÉE [syʀʃofe] **adj.** **1.** Chaud ou chauffé au-delà de ce qui convient. *Une pièce surchauffée.* **2.** fig. Surexcité, exalté. *Imagination surchauffée.*

SURCHAUFFER [syʀʃofe] **v. tr.** (conjug. 3a) ✦ Chauffer à l'excès.

SURCLASSER [syʀklase] **v. tr.** (conjug. 3a) ✦ Avoir une incontestable supériorité sur. *Il surclasse tous ses concurrents.* ➛ (choses) *Ce produit surclasse tous les autres.*

ÉTYM. de *sur-* et *classer.*

SURCOMPOSÉ, ÉE [syʀkɔ̃poze] **adj.** ✦ GRAMM. Se dit du temps composé d'un verbe dont l'auxiliaire est lui-même à un temps composé (ex. quand *j'ai eu terminé*).

SURCONSOMMATION [syʀkɔ̃sɔmasjɔ̃] **n. f.** ✦ Consommation excessive. *Surconsommation de médicaments.* CONTR. **sous-consommation.**

SURCOT [syʀko] **n. m.** ✦ HIST. Vêtement porté par-dessus la cotte, au Moyen Âge.

ÉTYM. de *sur-* et *cotte.*

SURCOUPER [syʀkupe] **v. intr.** (conjug. 3a) ✦ (aux cartes) Couper avec un atout supérieur à celui avec lequel un autre joueur vient de couper.

SURCOÛT [syʀku] **n. m.** ✦ Coût supplémentaire.

SURCROÎT [syʀkʀwa] **n. m.** ✦ Ce qui vient s'ajouter à ce qu'on a déjà. SYN. **supplément.** *Un surcroît de précautions. C'est un surcroît de travail.* ➛ LITTÉR. *DE SURCROÎT, PAR SURCROÎT* loc. adv. : en plus, en outre.

ÉTYM. de l'ancien verbe *surcroître* «croître au-dessus de la mesure ordinaire».

SURDIMUTITÉ [syʀdimytite] **n. f.** ✦ État de sourd-muet.

ÉTYM. de *surdité* et *mutité,* d'après *sourd-muet.*

SURDITÉ [syʀdite] **n. f.** ✦ Affaiblissement ou abolition du sens de l'ouïe (➙ **sourd**).

ÉTYM. latin *surditas,* de *surdus* «sourd».

SURDOSE [syʀdoz] **n. f.** ✦ Dose excessive (d'un stupéfiant, d'un médicament), susceptible d'entraîner la mort. SYN. **overdose** (anglic.).

SURDOUÉ, ÉE [syʀdwe] **adj.** ✦ Dont l'intelligence (évaluée par des tests) est de beaucoup supérieure à la moyenne. *Un enfant surdoué.* ➛ n. *Une surdouée.*

ÉTYM. de *sur-* et *doué.*

SUREAU [syʀo] **n. m.** ✦ Arbrisseau à baies rouges ou noires, dont la tige peut facilement s'évider. *Des sureaux.*
ÉTYM. latin *sa(m)bucus.*

SUREFFECTIF [syʀefɛktif] **n. m.** ✦ Effectif trop important. CONTR. **sous-effectif.**

SURÉLÉVATION [syʀelevasjɔ̃] **n. f.** ✦ Action de surélever ; situation de ce qui est surélevé.

SURÉLEVER [syʀel(ə)ve] **v. tr.** (conjug. 7a) ✦ Donner plus de hauteur à. SYN. **hausser.** *Surélever une maison d'un étage.* CONTR. **abaisser.**
ÉTYM. de *sur-* et *élever* (I).

SÛREMENT [syʀmɑ̃] **adv.** **1.** De manière sûre ; en sûreté. PROV. *Qui va lentement va sûrement.* **2.** De manière sûre, qui ne saurait manquer. *Il va sûrement à la catastrophe.* SYN. **immanquablement.** **3.** adv. de phrase, modifiant tout l'énoncé D'une manière certaine, évidente. SYN. **certainement.** *On va sûrement le condamner.* ➝ (en réponse) *Sûrement ! Sûrement pas !* **4.** De façon très probable. SYN. sans **doute.** *Il est sûrement malade.*
ÉTYM. de *sûr.*

SURENCHÈRE [syʀɑ̃ʃɛʀ] **n. f.** **1.** Enchère supérieure à la précédente. **2.** fig. Fait de surenchérir (2). *Surenchère électorale.*

SURENCHÉRIR [syʀɑ̃ʃeʀiʀ] **v. intr.** (conjug. 13) **1.** Faire une surenchère. *Surenchérir dans une adjudication.* **2.** fig. *Surenchérir sur* : proposer, promettre plus que (qqn) ; renchérir sur (qqch.).
ÉTYM. de *surenchère.*

SURENDETTEMENT [syʀɑ̃dɛtmɑ̃] **n. m.** ✦ Endettement excessif.

SURESTIMATION [syʀɛstimasjɔ̃] **n. f.** ✦ Fait de surestimer. CONTR. **sous-estimation.**

SURESTIMER [syʀɛstime] **v. tr.** (conjug. 3a) **1.** Estimer au-delà de son prix. **2.** Apprécier, estimer au-delà de son importance, de sa valeur. *Surestimer ses possibilités.* SYN. **exagérer, surévaluer.** ➝ pronom. *Il se surestime.* CONTR. **sous-estimer.**

SURET, ETTE [syʀɛ, ɛt] **adj.** ✦ Légèrement sur, acide. *Un goût suret.*
ÉTYM. de ② *sur.*

SÛRETÉ [syʀte] **n. f.** **I** **1.** (VIEILLI, sauf en loc.) Absence de risque, de danger. SYN. **sécurité.** PROV. *Prudence est mère de sûreté.* ➝ *Pour plus de sûreté...* ➝ *EN SÛRETÉ* : à l'abri du danger. ➝ *DE SÛRETÉ* : destiné à assurer une protection. *Verrou de sûreté.* **2.** Garantie, assurance d'ordre et de sécurité collective. *La sûreté publique. Atteintes à la sûreté de l'État.* ◆ *Sûreté nationale* et, absolt, *la Sûreté,* ancienne direction du ministère de l'Intérieur français, chargée de la police. **II** Caractère de ce qui est sûr, sans danger ou sans risque d'erreur. *La sûreté de son jugement.* **III** DR. Garantie. *Donner des sûretés à qqn.* CONTR. **danger, péril.**
ÉTYM. de *sûr.*

SURÉVALUER [syʀevalɥe] **v. tr.** (conjug. 3a) ✦ Évaluer au-dessus de sa valeur réelle. CONTR. **sous-évaluer.**
► **SURÉVALUATION** [syʀevalɥasjɔ̃] **n. f.**

SUREXCITATION [syʀɛksitasjɔ̃] **n. f.** ✦ État d'excitation, de nervosité extrême. CONTR. ① **calme.**

SUREXCITÉ, ÉE [syʀɛksite] **adj.** ✦ Qui est dans un état de surexcitation. SYN. **survolté** (2). CONTR. ② **calme, paisible.**

SUREXCITER [syʀɛksite] **v. tr.** (conjug. 3a) ✦ Exciter à l'extrême ; mettre dans un état d'exaltation, de nervosité extrême. CONTR. **apaiser, calmer.**

SUREXPLOITER [syʀɛksplwate] **v. tr.** (conjug. 3a) ✦ Exploiter à l'excès.
► **SUREXPLOITATION** [syʀɛksplwatasjɔ̃] **n. f.** *Surexploitation de la mer.* ☛ Géographie p. 226.

SUREXPOSER [syʀɛkspoze] **v. tr.** (conjug. 3a) ✦ Exposer à la lumière (une pellicule, un film) plus longtemps que la normale. ➝ au p. passé *Cliché surexposé.* CONTR. **sous-exposer.**
► **SUREXPOSITION** [syʀɛkspozisjɔ̃] **n. f.**

SURF [sœʀf] **n. m.** ✦ anglicisme **1.** Sport qui consiste à se maintenir sur une planche mue par une vague déferlante. **2.** Planche permettant de pratiquer ce sport.
ÉTYM. abréviation de l'anglais *surfboard,* de *surf* «déferlantes, ressac» et *board* «planche».

SURFACE [syʀfas] **n. f.** **1.** Partie extérieure (d'un corps), qui le limite en tous sens ; face apparente. *La surface de la Terre. La surface de l'eau. Poissons qui nagent en surface,* près de la surface. ➝ *FAIRE SURFACE* → **émerger** ; fig. *faire, refaire surface* : réapparaître après une absence, revenir à la conscience. ◆ fig. Ce qu'on observe ou comprend d'abord, avec le moins d'effort ; les apparences (opposé à *fond*). *Rester à la surface des choses.* **2.** Aire, superficie. ➝ DR. *Surface corrigée* (servant au calcul des loyers). ➝ *Magasin À GRANDE SURFACE ;* absolt *grande surface.* → **hypermarché, supermarché.** ➝ SPORTS *Surface de réparation**. **3.** Figure géométrique à deux dimensions. ➝ Zone de l'espace parcourue par une ligne qui se déplace. *Surface plane, courbe.* **4.** PHYS. Limite entre deux milieux physiques différents. *Surface de séparation.*
ÉTYM. de *sur-* et *face,* d'après le latin *superficies.*

SURFAIT, AITE [syʀfɛ, ɛt] **adj.** ✦ Apprécié plus que de raison, inférieur à sa réputation. *Un acteur surfait.*
ÉTYM. du p. passé de *surfaire,* rare, de *sur-* et *faire.*

SURFER [sœʀfe] **v. intr.** (conjug. 3a) ✦ Faire du surf. ◆ fig. Se déplacer habilement et rapidement (sur qqch.). *Surfer sur Internet.*

SURFEUR, EUSE [sœʀfœʀ, øz] **n.** ✦ Personne qui pratique le surf.
ÉTYM. anglais *surfer,* de *to surf* «pratiquer le surf».

SURFILER [syʀfile] **v. tr.** (conjug. 3a) ✦ Passer un fil qui chevauche le bord de (un tissu) pour l'empêcher de s'effilocher. ➝ au p. passé *Ourlet surfilé.*
ÉTYM. de *fil.*

SURGELÉ, ÉE [syʀʒəle] **adj.** ✦ (aliment) Traité par surgélation. *Épinards surgelés.* ➝ **n. m.** *Décongélation des surgelés.*

SURGELER [syʀʒəle] **v. tr.** (conjug. 7a) ✦ Congeler rapidement et à très basse température (un produit alimentaire).
► **SURGÉLATION** [syʀʒelasjɔ̃] **n. f.**
ÉTYM. de *sur-* et *geler.*

SURGÉNÉRATEUR, TRICE [syrʒeneratœr, tris] **adj.** ✦ TECHN. Qui produit plus de matière fissile qu'il n'en consomme. *Réacteur surgénérateur* et **n. m.** *un surgénérateur.* SYN. **surrégénérateur.**
ÉTYM. de *sur-* et *générateur.*

SURGEON [syrʒɔ̃] **n. m.** ✦ Rejet qui pousse au pied d'un arbre.
ÉTYM. du participe présent du latin *surgere* «s'élever ; surgir».

SURGIR [syrʒir] **v. intr.** (conjug. 13) **1.** Apparaître brusquement en s'élevant, en sortant (de). *Avion qui surgit des nuages.* **2.** abstrait Se manifester brusquement. SYN. **naître.** *Des difficultés surgissent.* CONTR. **disparaître.**
ÉTYM. latin *surgere* «s'élever» ; doublet de *sourdre.*

SURGISSEMENT [syrʒismɑ̃] **n. m.** ✦ LITTÉR. Fait de surgir ; brusque apparition. *Le surgissement du soleil.* CONTR. **disparition.**

SURHOMME [syrɔm] **n. m.** ✦ Être humain doté de qualités, de capacités exceptionnelles. ➖ PHILOS. (chez Nietzsche) Homme supérieur que doit engendrer l'avènement de la «volonté de puissance». CONTR. **sous-homme.**
ÉTYM. allemand *Übermensch.*

SURHUMAIN, AINE [syrymɛ̃, ɛn] **adj.** ✦ Qui apparaît au-dessus des forces et aptitudes humaines normales. *Un effort surhumain.*

SURIMI [syrimi] **n. m.** ✦ Préparation alimentaire à base de pâte de poisson aromatisée au crabe.
ÉTYM. mot japonais.

SURIMPRESSION [syrɛ̃presjɔ̃] **n. f.** ✦ Impression de deux images ou plus sur une même surface sensible. *Trucage par surimpression.*

SURIN [syrɛ̃] **n. m.** ✦ ARGOT Couteau, poignard.
ÉTYM. tsigane *churi* «couteau».

SURINER [syrine] **v. tr.** (conjug. 3a) ✦ ARGOT Frapper, tuer à coups de couteau.
ÉTYM. de *surin.*

SURINFECTION [syrɛ̃fɛksjɔ̃] **n. f.** ✦ Infection supplémentaire survenant au cours d'une maladie infectieuse.

SURINTENDANT [syrɛ̃tɑ̃dɑ̃] **n. m.** ✦ HIST. Chef suprême d'une administration, sous l'Ancien Régime. *Le surintendant (des Finances) Fouquet.*
ÉTYM. du latin médiéval *superintendens*, participe présent de *superintendere* «surveiller».

SURINTENSITÉ [syrɛ̃tɑ̃site] **n. f.** ✦ Intensité anormalement forte du courant. *Une surintensité échauffe les fils conducteurs.*

SURIR [syrir] **v. intr.** (conjug. 13) ✦ Devenir sur, un peu aigre. ➖ **au p. passé** *Du lait suri.*
ÉTYM. de ② *sur.*

SURJECTION [syrʒɛksjɔ̃] **n. f.** ✦ MATH. Application telle que tout élément de l'ensemble d'arrivée soit l'image d'au moins un élément de l'ensemble de départ.
► **SURJECTIF, IVE** [syrʒɛktif, iv] **adj.** *Application surjective* : surjection.
ÉTYM. de *sur-* et *injection.*

SURJET [syrʒɛ] **n. m.** ✦ Point de couture serré servant à assembler bord à bord. *Coudre en surjet* (*surjeter* [syrʒəte] **v. tr.**, conjug. 6b).
ÉTYM. de *surjeter*, d'abord «jeter par-dessus».

SUR-LE-CHAMP **loc. adv.** → CHAMP (II, 2)

SURLENDEMAIN [syrlɑ̃d(ə)mɛ̃] **n. m.** ✦ Jour qui suit le lendemain (→ **après-demain**).

SURLIGNEUR [syrliɲœr] **n. m.** ✦ Marqueur à encre fluorescente qui sert à mettre en évidence une partie d'un texte.
► **SURLIGNER** [syrliɲe] **v. tr.** (conjug. 3a)
► **SURLIGNAGE** [syrliɲaʒ] **n. m.**
ÉTYM. de *sur-* et *ligne.*

SURLONGE [syrlɔ̃ʒ] **n. f.** ✦ Morceau du bœuf, à la hauteur des trois premières vertèbres dorsales.
ÉTYM. de *sur-* et ① *longe.*

SURMENAGE [syrmənaʒ] **n. m.** ✦ Fait de (se) surmener ; ensemble des troubles résultant d'un excès d'activité.

SURMENER [syrməne] **v. tr.** (conjug. 7a) ✦ Fatiguer à l'excès (jusqu'au surmenage). ➖ **pronom.** *Il se surmène.* ➖ **au p. passé** *Un élève surmené.*
ÉTYM. de *sur-* et *mener.*

SURMOI [syrmwa] **n. m.** ✦ PSYCH. L'une des trois instances de la personnalité (selon Freud), agissant sur le moi comme moyen de défense contre les pulsions, et qui se développe à partir des interdits parentaux.
ÉTYM. allemand *Überich*, de *über* «au-dessus» et *ich* «je, moi».

SURMONTABLE [syrmɔ̃tabl] **adj.** ✦ Qui peut être surmonté (2). CONTR. **insurmontable.**

SURMONTER [syrmɔ̃te] **v. tr.** (conjug. 3a) **1.** Être placé, situé au-dessus de. *La coupole qui surmonte le Panthéon, à Paris.* **2.** abstrait Aller au-delà de (un obstacle...), par un effort victorieux. SYN. **franchir.** *Surmonter toutes les difficultés.* ➖ Vaincre par un effort volontaire (une difficulté psychologique). *Surmonter sa peur.* SYN. **dominer.**
ÉTYM. de *sur-* et *monter.*

SURMULET [syrmylɛ] **n. m.** ✦ Variété de rouget de roche (poisson).
ÉTYM. de l'ancien adjectif *sor* «jaune-brun» (d'origine francique) et de ② *mulet.*

SURMULOT [syrmylo] **n. m.** ✦ Gros rat commun.
ÉTYM. de *sur-* et *mulot.*

SURNAGER [syrnaʒe] **v. intr.** (conjug. 5) **1.** Se soutenir, rester à la surface d'un liquide. → aussi ① **flotter.** *Débris qui surnagent après un naufrage.* **2.** fig. Subsister, se maintenir (parmi ce qui disparaît).
ÉTYM. de *sur-* et *nager.*

SURNATUREL, ELLE [syrnatyrɛl] **adj.** **1.** RELIG. D'origine divine. **2.** Qui dépasse, ne s'explique pas par les lois naturelles connues. SYN. **magique.** *Phénomènes surnaturels.* ➖ **n. m.** *Admettre le surnaturel.* **3.** Extraordinaire, prodigieux. *Une beauté surnaturelle.* SYN. **fantastique.** CONTR. **naturel · ordinaire.**
ÉTYM. de *sur-* et *naturel.*

SURNOM [syrnɔ̃] **n. m.** **1.** Nom ajouté (lorsqu'il ne s'agit pas du nom de famille). **2.** Nom que l'on substitue au véritable nom d'une personne. SYN. **sobriquet.**

SURNOMBRE [syʀnɔ̃bʀ] n. m. ✦ *EN SURNOMBRE :* en trop, par rapport à un nombre normal. *Voyageurs en surnombre.* → **surnuméraire.**

SURNOMMER [syʀnɔme] v. tr. (conjug. 3a) ✦ Désigner par un surnom. – au p. passé *Louis XIV, surnommé le Roi-Soleil.*

SURNUMÉRAIRE [syʀnymeʀɛʀ] adj. ✦ Qui est en surnombre, en trop. *Dent surnuméraire.*
ÉTYM. latin *supernumerarius*, famille de *numerus* « nombre ».

SUROÎT [syʀwa] n. m. I MAR. Vent de sud-ouest. II Chapeau de marin, imperméable.
ÉTYM. altération de *sud-ouest.*

SURPASSER [syʀpɑse] v. tr. (conjug. 3a) 1. VIEILLI Dépasser, excéder. 2. Faire mieux que, être supérieur à (qqn) sous certains rapports. *Surpasser qqn en habileté. Elle surpasse les autres candidats.* SYN. **devancer, surclasser.** – pronom. *Se surpasser :* faire encore mieux qu'à l'ordinaire. *La cuisinière s'est surpassée.*

SURPEUPLÉ, ÉE [syʀpœple] adj. ✦ Où la population est trop nombreuse. *Un pays surpeuplé.* CONTR. **dépeuplé,** ① **désert.**

SURPEUPLEMENT [syʀpœpləmɑ̃] n. m. ✦ État d'un lieu surpeuplé (→ **surpopulation**) ; peuplement excessif (par rapport aux ressources). *Le surpeuplement des prisons.*

SURPIQÛRE [syʀpikyʀ] n. f. ✦ Piqûre apparente, souvent décorative (sur un vêtement, un soulier).

SURPLACE ou **SUR-PLACE** → PLACE (II, 1).

SURPLIS [syʀpli] n. m. ✦ Vêtement liturgique, souvent plissé, porté par-dessus la soutane.
ÉTYM. latin médiéval *surperpellicium*, famille de *pellis* « fourrure, peau ».

SURPLOMB [syʀplɔ̃] n. m. ✦ Partie (d'un bâtiment...) qui est en saillie par rapport à la base. – *EN SURPLOMB :* qui présente un surplomb.
ÉTYM. de *surplomber.*

SURPLOMBANT, ANTE [syʀplɔ̃bɑ̃, ɑ̃t] adj. ✦ Qui surplombe, fait saillie.
ÉTYM. du participe présent de *surplomber.*

SURPLOMBER [syʀplɔ̃be] v. (conjug. 3a) 1. v. intr. Dépasser par le sommet la ligne de l'aplomb. *Mur qui surplombe.* 2. v. tr. Dominer, faire saillie au-dessus de. *La route surplombe la côte.*
ÉTYM. de *sur-* et *plomb*, dans l'expression *à plomb.*

SURPLUS [syʀply] n. m. 1. Ce qui excède la quantité, la somme voulue. SYN. **excédent.** – Stock vendu à bas prix. 2. loc. LITTÉR. *AU SURPLUS :* au reste, d'ailleurs.
ÉTYM. de *sur-* et *plus.*

SURPOIDS [syʀpwa] n. m. ✦ Excès de poids. *Être en surpoids.* ☛ Géographie p. 224.

SURPOPULATION [syʀpɔpylasjɔ̃] n. f. ✦ Population excessive (par rapport aux ressources, à l'espace disponibles). → **surpeuplement.** ☛ Géographie p. 222 et 228. *La surpopulation carcérale.*

SURPRENANT, ANTE [syʀpʀənɑ̃, ɑ̃t] adj. 1. Qui surprend, étonne. SYN. **étonnant ; inattendu.** 2. Remarquable. *Des progrès surprenants.*
ÉTYM. du participe présent de *surprendre.*

SURPRENDRE [syʀpʀɑ̃dʀ] v. tr. (conjug. 45) 1. Prendre sur le fait. *Surprendre un voleur.* SYN. FAM. **pincer.** *On les a surpris en train de s'embrasser.* 2. Découvrir involontairement (ce que qqn cache). *Surprendre un secret.* 3. Se présenter inopinément à (qqn). *Surprendre qqn chez lui.* ◆ Attaquer par surprise. *Surprendre l'ennemi.* ◆ (sujet chose) *L'orage nous a surpris.* 4. Frapper l'esprit de (qqn qui ne s'y attend pas ou s'attend à autre chose). SYN. **déconcerter, étonner, stupéfier.** *Vous me surprenez, cela semble incroyable.* – passif et p. passé *J'en suis surpris, agréablement surpris.* 5. *SE SURPRENDRE* v. pron. *Se surprendre à* (+ inf.) : se découvrir soudain en train de. *Je me suis surprise à la défendre.*
ÉTYM. de *sur-* et *prendre.*

SURPRESSION [syʀpʀesjɔ̃] n. f. ✦ TECHN. Pression supérieure à la normale.

SURPRISE [syʀpʀiz] n. f. 1. Action ou attaque inopinée (surtout dans PAR SURPRISE). *Vous avez obtenu mon accord par surprise.* 2. État d'une personne surprise, émotion provoquée par qqch. d'inattendu. SYN. **étonnement.** *Feindre la surprise. Exclamation de surprise. À ma grande surprise...* 3. Ce qui surprend ; chose inattendue. *Une bonne, une mauvaise surprise. Un voyage sans surprise(s),* qui se passe comme prévu. – appos. *Grève surprise,* inattendue, soudaine. 4. Plaisir ou cadeau fait à qqn de manière à le surprendre agréablement. *Préparer une surprise à qqn.* – appos. *Pochette*-surprise.*
ÉTYM. du participe passé de *surprendre.*

SURPRISE-PARTIE [syʀpʀizpaʀti] n. f. ✦ VIEILLI Soirée ou après-midi dansante de jeunes gens. SYN. **boum.** *Des surprises-parties.*
ÉTYM. américain *surprise-party*, du français.

SURPRODUCTION [syʀpʀɔdyksjɔ̃] n. f. ✦ Production excessive. CONTR. **sous-production.**

SURRÉALISME [syʀʀealism] n. m. ✦ Ensemble de procédés de création et d'expression utilisant des forces psychiques (automatisme, rêve, inconscient) libérées du contrôle de la raison ; mouvement littéraire et artistique se réclamant de ces procédés. ☛ Littérature p. 145 et Surréalisme p. 191. *Les « Manifestes du surréalisme »* (écrits théoriques d'André Breton).
ÉTYM. de *sur-* et *réalisme.*

SURRÉALISTE [syʀʀealist] adj. 1. Du surréalisme. *La poésie surréaliste.* – *Peintre surréaliste.* – n. *Les surréalistes belges.* 2. Qui évoque l'art surréaliste (par l'étrangeté...). *Un paysage surréaliste.* 3. FAM. Extravagant.
ÉTYM. de *surréalisme*, d'après *réaliste.*

SURRÉGÉNÉRATEUR, TRICE [syʀʀeʒeneʀatœʀ, tʀis] adj. ✦ TECHN. *Réacteur surrégénérateur* et n. m. *un surrégénérateur.* SYN. **surgénérateur.**
ÉTYM. de *sur-* et *régénérateur.*

SURRÉGIME [syʀʀeʒim] n. m. ✦ TECHN. Régime (d'un moteur) supérieur au régime normal.
ÉTYM. de *sur-* et *régime* (4).

SURRÉNAL, ALE, AUX [sy(ʀ)ʀenal, o] adj. ✦ Placé au-dessus du rein. – *Glande surrénale* et n. f. *surrénale :* chacune des deux glandes endocrines qui produisent l'adrénaline.
ÉTYM. de *sur-* et *rénal.*

SURSAUT [syRso] **n. m.** 1. Mouvement involontaire qui fait qu'on se dresse brusquement. SYN. **soubresaut.** ♦ *Se réveiller EN SURSAUT,* brusquement. 2. Regain subit (d'un sentiment conduisant à une réaction vive). *Un sursaut d'indignation ; d'énergie.*
ÉTYM. de *sur-* et *saut.*

SURSAUTER [syRsote] **v. intr.** (conjug. 3a) ✦ Avoir un sursaut. SYN. **tressaillir, tressauter.** *Sursauter de peur.*

SURSEOIR [syRswaR] **v. tr. ind.** (conjug. 38 ; forme en *-oi*) ✦ *SURSEOIR À :* attendre l'expiration d'un délai pour procéder à (un acte juridique...). SYN. **différer, remettre.** *Surseoir à l'exécution d'une peine* (→ **sursis**). CONTR. **avancer.**
ÉTYM. de *sur-* et *seoir* «être arrêté», d'après le latin *supersedere* «être posé *(sedere)* sur ; s'abstenir de».

SURSIS [syRsi] **n. m.** 1. Décision de surseoir à qqch. ; remise à une date postérieure. – *Sursis (à l'exécution des peines),* accordé sous condition par le tribunal à un délinquant. – *Sursis (d'incorporation),* report du service national. 2. Période de répit. SYN. **délai.** – *EN SURSIS. Un condamné, un mort en sursis.*
ÉTYM. du participe passé de *surseoir.*

SURSITAIRE [syRsitɛR] **adj. et n.** ✦ (Personne) qui bénéficie d'un sursis, notamment d'un sursis d'incorporation.
ÉTYM. de *sursis.*

SURTAXE [syRtaks] **n. f.** ✦ Majoration d'une taxe ; droit perçu en même temps qu'une autre taxe.

SURTENSION [syRtɑ̃sjɔ̃] **n. f.** ✦ Tension électrique portée à un niveau supérieur à la tension normale. CONTR. **sous-tension.**

① **SURTOUT** [syRtu] **adv.** 1. Avant tout, plus que toute autre chose. – (renforçant un ordre...) *Surtout ne dites rien !* 2. Plus particulièrement. SYN. **principalement.** *Il aime les sucreries, surtout le chocolat.* 3. FAM. (emploi critiqué) *SURTOUT QUE :* d'autant plus que.
ÉTYM. de *sur* et *tout.*

② **SURTOUT** [syRtu] **n. m.** ✦ Pièce de vaisselle ou d'orfèvrerie décorative, qu'on place sur une table.
ÉTYM. de *sur* et *tout.*

SURVEILLANCE [syRvɛjɑ̃s] **n. f.** ✦ Fait de surveiller ; ensemble des actes par lesquels on exerce un contrôle suivi. *Tromper la surveillance de qqn.* SYN. **vigilance.** *Une surveillance attentive.* – *Surveillance militaire, policière.* ♦ *Surveillance médicale,* situation d'un malade, d'un blessé qui est suivi attentivement par des médecins.

SURVEILLANT, ANTE [syRvɛjɑ̃, ɑ̃t] **n.** 1. Personne qui surveille ce dont elle a la responsabilité. SYN. ② **garde, gardien.** 2. Personne chargée de la discipline, dans un établissement d'enseignement, une communauté. *Surveillant d'étude.* → FAM. ② **pion.**
ÉTYM. du participe présent de *surveiller.*

SURVEILLER [syRveje] **v. tr.** (conjug. 3a) 1. Observer avec une attention soutenue, de manière à exercer un contrôle, à éviter un danger. *Surveiller qqn ; son comportement.* – au p. passé *LIBERTÉ SURVEILLÉE :* situation de délinquants laissés libres mais soumis à une surveillance. 2. Suivre avec attention (un processus) de manière à contrôler son déroulement. SYN. **inspecter.** *Surveiller les travaux.* 3. Être attentif à (ce que l'on fait...). *Surveiller son langage ; sa ligne.* – **pronom.** *Il ne se surveille pas assez.*
ÉTYM. de *sur-* et *veiller.*

SURVENIR [syRvəniR] **v. intr.** (conjug. 16) ✦ Arriver, venir à l'improviste, brusquement. *Un orage survint.* – *Une grave crise est survenue.*
ÉTYM. de *sur-* et *venir.*

SURVÊTEMENT [syRvɛtmɑ̃] **n. m.** ✦ Blouson, pantalon molletonné que les sportifs passent sur leur tenue de sport. SYN. **jogging.** – **abrév.** FAM. SURVÊT [syRvɛt].
ÉTYM. de *sur-* et *vêtement.*

SURVIE [syRvi] **n. f.** 1. Vie après la mort (dans les croyances religieuses). 2. Fait de survivre, de se maintenir en vie. *Chances de survie d'un blessé. Équipement de survie.*
ÉTYM. de *sur-* et *vie.*

SURVIVANCE [syRvivɑ̃s] **n. f.** 1. LITTÉR. Fait de survivre, de continuer à vivre. 2. Ce qui survit, ce qui subsiste (d'une chose disparue). SYN. **vestige.** *Une survivance du passé.*

SURVIVANT, ANTE [syRvivɑ̃, ɑ̃t] **adj.** 1. Qui survit à qqn, à d'autres. DR. *L'époux survivant.* 2. Qui survit à une époque, à une société. – **n.** *Les survivants d'une époque révolue.* ♦ (choses) Qui subsiste. *Une tradition survivante.* 3. Qui a échappé à la mort (là où d'autres sont morts). SYN. **rescapé.** – **n.** *Il n'y a aucun survivant.*
ÉTYM. du participe présent de *survivre.*

SURVIVRE [syRvivR] **v. tr. ind.** (conjug. 63) ✦ *SURVIVRE À* 1. Demeurer en vie après la mort de (qqn). *Elle a survécu à tous les siens.* – Vivre encore après (un temps révolu, une chose passée). 2. (choses) Exister encore après, durer plus longtemps que. *L'œuvre survit à l'artiste.* 3. Continuer à vivre après (une chose insupportable). *Survivre à la honte.* 4. Échapper à (une mort violente et collective). *Il a survécu à la catastrophe.* SYN. **réchapper ;** → **survivant.** 5. *SE SURVIVRE* **v. pron.** Vivre encore (dans qqn, qqch.), après sa mort. *Il se survit dans ses enfants.*
ÉTYM. de *sur-* et *vivre.*

SURVOL [syRvɔl] **n. m.** ✦ Action de survoler (1 ou 2).
ÉTYM. de *survoler.*

SURVOLER [syRvɔle] **v. tr.** (conjug. 3a) 1. (oiseau, avion...) Voler au-dessus de. – *Nous avons survolé les Alpes.* 2. Examiner de façon rapide et superficielle. *Survoler le journal.*
ÉTYM. de *sur-* et ① *voler.*

SURVOLTÉ, ÉE [syRvɔlte] **adj.** 1. (courant, appareil) Dont la tension est anormalement élevée. 2. Dont la tension nerveuse est extrême. SYN. **surexcité.** – *Une atmosphère survoltée.*
ÉTYM. du participe passé de *survolter.*

SURVOLTER [syRvɔlte] **v. tr.** (conjug. 3a) 1. Augmenter la tension électrique de (qqch.) au-delà de la valeur normale. 2. Rendre survolté (2).
ÉTYM. de *survoltage,* de *sur-* et *voltage.*

SUS [sy(s)] **adv.** 1. LITTÉR. *Courir sus à l'ennemi,* l'attaquer. 2. *EN SUS DE* **loc. prép.** : en plus de. SYN. ② **outre.**
HOM. SU (p. passé de *savoir*)
ÉTYM. latin *susum,* variante de *sursum* «en haut».

SUS- Élément, tiré de l'adverbe *sus,* qui signifie «en haut, plus haut, sur». → **sur-**.

SUSCEPTIBILITÉ [sysɛptibilite] **n. f.** ✦ Caractère d'une personne susceptible. *Ménager la susceptibilité de qqn.*

SUSCEPTIBLE [sysɛptibl] **adj.** **I** *SUSCEPTIBLE DE* **1.** Qui peut présenter (un caractère), recevoir (une impression), subir (une modification). *Texte susceptible d'interprétations différentes.* **2.** (+ inf.) Capable de (à l'occasion). *Offre susceptible d'intéresser qqn. Il est susceptible d'accepter.* **II** (personnes) Particulièrement sensible dans son amour-propre ; qui se vexe, s'offense facilement. SYN. **chatouilleux, ombrageux.**
ÉTYM. latin *susceptibilis*, de *suscipere* «prendre *(capere)* par-dessous».

SUSCITER [sysite] **v. tr.** (conjug. 3a) **1.** LITTÉR. Faire naître, exister, agir (qqch. ; qqn) pour aider ou pour contrecarrer (qqn). SYN. **créer.** *On lui a suscité des ennuis, des adversaires.* **2.** Faire naître (un sentiment, une idée). SYN. **éveiller, exciter, provoquer, soulever.** *Susciter l'admiration.* ➖ *Susciter des commentaires.*
ÉTYM. latin *suscitare* «lever ; éveiller», de *citare* «appeler».

SUSCRIPTION [syskripsjɔ̃] **n. f.** **1.** ADMIN. Adresse d'une lettre. **2.** DR. *Acte de suscription,* par lequel un notaire constate qu'on lui a présenté un testament.
ÉTYM. bas latin *superscriptio*, famille de *scribere* «écrire».

SUSDIT, DITE [sysdi, dit] **adj.** ✦ DR. Dit, mentionné ci-dessus. ➖ **n.** *Signature de la susdite.*
ÉTYM. de *sus-* et participe passé de *dire*.

SUSHI [suʃi] **n. m.** ✦ Plat japonais fait de riz assaisonné accompagné de lamelles de poisson cru. *Des sushis.*
ÉTYM. mot japonais.

SUSPECT, ECTE [syspɛ(kt), ɛkt] **adj.** **1.** (personnes) Qui est soupçonné ou éveille les soupçons. *Un individu suspect.* SYN. **douteux,** ① **louche.** ➖ **n.** *Trois suspects ont été arrêtés.* ◆ *Suspect de :* que l'on soupçonne ou peut soupçonner de (→ **suspicion**). **2.** (choses) Qui éveille les soupçons ou le doute. *Une voiture suspecte a été repérée.* CONTR. **certain, sûr.**
ÉTYM. latin *suspectus*, participe passé de *suspicere* «regarder de bas en haut».

SUSPECTER [syspɛkte] **v. tr.** (conjug. 3a) ✦ Tenir pour suspect (qqn, qqch.). SYN. **soupçonner.** *On suspecte sa bonne foi. On le suspecte de mensonge, d'avoir menti.*

SUSPENDRE [syspɑ̃dʀ] **v. tr.** (conjug. 44) **I** (sens temporel) **1.** Interrompre (une action) pour quelque temps. SYN. **arrêter.** *On a suspendu la séance ; les combats sont suspendus* (→ **suspension**). **2.** Mettre un terme aux activités de, aux effets de. *Suspendre la publication d'un journal.* ➖ Destituer provisoirement (qqn). **3.** Remettre à plus tard, réserver. *Suspendre son jugement.* **II** (Faire pendre). Tenir ou faire tenir (qqch., qqn), de manière à faire pendre. *Suspendre un lustre au plafond* (→ **suspension**), *un tableau au mur.* SYN. **accrocher.** ➖ **au p. passé** *Torchon suspendu à un crochet.* **III** (passif) **loc.** *Être suspendu aux lèvres de qqn,* l'écouter avec avidité (→ boire ses paroles).
► **SUSPENDU, UE adj.** **1.** *PONT SUSPENDU,* dont le tablier est maintenu par des câbles. ◆ *Véhicule BIEN, MAL SUSPENDU,* dont la suspension est plus ou moins souple. **2.** Qui se tient à une certaine hauteur. *Jardins suspendus,* en terrasses. ➖ GÉOGR. *Vallée suspendue.*
ÉTYM. latin *suspendere*, de *pendere* «pendre».

SUSPENS [syspɑ̃] **n. m.** ✦ *EN SUSPENS* **loc. adv.** : dans l'indécision ; sans solution, sans achèvement. *La question reste en suspens.*
ÉTYM. latin *suspensus*, participe passé de *suspendere* «suspendre».

SUSPENSE [syspɛns] **n. m.** ✦ **anglicisme** Moment ou passage (d'un récit, d'un film...) qui fait naître un sentiment d'attente angoissée ; ce sentiment. ☛ Littérature p. 134.
ÉTYM. mot anglais, du français *suspens*.

SUSPENSION [syspɑ̃sjɔ̃] **n. f.** **I** **1.** Interruption ou remise à plus tard. ➖ **loc.** *Suspension d'armes :* arrêt concerté des opérations de guerre. → **trêve.** *Suspension d'audience* (décidée par le président du tribunal). **2.** Fait de retirer ses fonctions (à un magistrat, etc.). **3.** Figure de style qui consiste à retarder l'annonce d'une information, pour créer l'attente, la surprise. ➖ *POINTS DE SUSPENSION :* signe de ponctuation (...) qui marque l'interruption d'un énoncé, une coupure dans un texte. **II** **1.** Manière dont un objet suspendu est maintenu en équilibre stable. *La suspension du tablier d'un pont.* ◆ Appui élastique (d'un véhicule) sur ses roues. *Une bonne suspension.* ➖ Ensemble des pièces (amortisseurs, ressorts...) assurant la liaison élastique du véhicule et des roues. **2.** CHIM. (surtout dans *en suspension*) État d'un solide en fines particules divisées dans un liquide ou un gaz. **3.** Appareil d'éclairage destiné à être suspendu. SYN. ② **lustre.**
ÉTYM. latin *suspensio*, de *suspendere* «suspendre».

SUSPICIEUX, EUSE [syspisjø, øz] **adj.** ✦ LITTÉR. Plein de suspicion. SYN. **soupçonneux.** *Un regard suspicieux.* CONTR. **confiant.**
ÉTYM. latin *suspiciosus*.

SUSPICION [syspisjɔ̃] **n. f.** ✦ LITTÉR. Fait de considérer comme suspect. SYN. **défiance, méfiance.** *Un regard plein de suspicion.* SYN. **soupçon.** *Tenir qqn en suspicion.* CONTR. **confiance.**
ÉTYM. latin *suspicio*, de *suspicere* «soupçonner».

SUSTENTATION [systɑ̃tasjɔ̃] **n. f.** ✦ DIDACT. **I** Fait de sustenter. *La sustentation d'un malade.* **II** Fait de (se) soutenir en équilibre. ➖ **loc.** *Polygone de sustentation,* formé par les points d'appui qui permettent un équilibre stable.
ÉTYM. latin *sustentatio*.

SUSTENTER [systɑ̃te] **v. tr.** (conjug. 3a) **1.** DIDACT. Soutenir les forces de (qqn) par la nourriture. **2.** *SE SUSTENTER* **v. pron. plais.** Se nourrir. SYN. **se restaurer.**
ÉTYM. latin *sustentare*, de *sustinere* «soutenir, supporter».

SUSURRER [sysyʀe] **v.** (conjug. 3a) **1.** **v. intr.** Murmurer doucement. SYN. **chuchoter.** **2.** **v. tr.** Dire en susurrant. *Susurrer des mots doux à qqn.*
ÉTYM. latin *susurrare*, de *susurrus* «murmure», d'origine onomatopéique.

SUTURE [sytyʀ] **n. f.** ✦ Réunion, à l'aide de fils, de parties de chair coupées (accident, chirurgie). *Des points de suture.*
ÉTYM. latin *sutura* «couture», de *suere* «coudre».

SUZERAIN, AINE [syz(ə)ʀɛ̃, ɛn] **n.** ✦ HIST. Seigneur qui avait concédé un fief à un vassal (système féodal). *Le suzerain devait protection et justice à ses vassaux.*
ÉTYM. de *sus* «au-dessus», d'après *souverain*.

SUZERAINETÉ [syz(ə)ʀɛnte] **n. f.** ✦ HIST. Qualité de suzerain.

SVASTIKA [svastika] **n. m.** ✦ Symbole religieux hindou, croix aux branches coudées. — *La croix gammée* est un svastika aux branches coudées vers la droite.* — On écrit aussi *swastika.*

ÉTYM. sanskrit *svastika* «de bon augure».

SVELTE [svɛlt] **adj.** ✦ Qui produit une impression de légèreté, de souplesse, par sa forme élancée. SYN. ② **fin, mince.** *Un jeune homme svelte.* — *Une taille svelte.* CONTR. **épais, lourd,** ① **massif.**

► **SVELTESSE** [svɛltɛs] **n. f.**

ÉTYM. italien *svelto* ; famille du latin *vellere* «arracher».

S. V. P. [silvuplɛ ; ɛsvepe] ✦ Abréviation de *s'il vous plaît.* → **plaire** (II, 2).

S. V. T. [ɛsvete] ✦ Abréviation de *sciences de la vie et de la Terre.* → **science.** *Cours de S. V. T.*

SWAHILI, IE [swaili] **n. m. et adj. 1. n. m.** Langue bantoue parlée dans l'est de l'Afrique. **2. adj.** Du swahili. *Grammaire swahilie.* — On dit parfois SOUAHÉLI, IE [swaeli].

ÉTYM. arabe *sawâhil*, proprement «bords de la mer», par l'anglais.

SWASTIKA → SVASTIKA

SWEATER [switœʀ ; swɛtœʀ] **n. m.** ✦ anglicisme VIEILLI Gilet en maille, à manches longues.

ÉTYM. mot anglais, de *to sweat* «transpirer».

SWEAT-SHIRT [switʃœʀt ; swɛtʃœʀt] **n. m.** ✦ anglicisme Vêtement de sport, pull-over (en coton, tissu éponge, etc.) serrant la taille et les poignets. *Des sweat-shirts.* — abrév. SWEAT [swit ; swɛt]. *Des sweats.*

ÉTYM. mot anglais «survêtement d'athlète», de *to sweat* «suer» et *shirt* «chemise».

① **SWING** [swiŋ] **n. m.** ✦ anglicisme **1.** BOXE Large coup de poing donné en ramenant le bras vers l'intérieur. **2.** GOLF Mouvement décrit par le club qui frappe la balle.

ÉTYM. mot anglais «balancement».

② **SWING** [swiŋ] **n. m.** ✦ anglicisme **1.** VIEILLI Danse sur une musique très rythmée, inspirée du jazz américain ; cette musique. — appos. invar. *Orchestre swing. Les années swing.* **2.** Qualité rythmique (fluidité, pulsation...) propre à la musique de jazz. *Cet orchestre a du swing.*

ÉTYM. de ① *swing.*

SWINGUER [swiŋge] **v. intr.** (conjug. 3b) ✦ anglicisme Jouer avec swing ; avoir du swing. *Ça swingue.*

ÉTYM. de ② *swing.*

| **SY-** → SYN-

SYBARITE [sibaʀit] **n.** ✦ LITTÉR. Personne qui recherche les plaisirs de la vie dans une atmosphère de luxe et de raffinement. SYN. **jouisseur, voluptueux.**

► **SYBARITISME** [sibaʀitism] **n. m.**

ÉTYM. latin *Sybarita*, du grec, de *Subaris* «Sybaris».

SYCOMORE [sikɔmɔʀ] **n. m. 1.** Figuier originaire d'Égypte, au bois très léger et imputrescible. **2.** Érable aussi appelé *faux platane.*

ÉTYM. latin *sycomorus*, du grec, de *sukon* «figue» et *moron* «mûre».

SYCOPHANTE [sikɔfɑ̃t] **n. m.** ✦ LITTÉR. Délateur ; espion.

ÉTYM. latin *sycophanta*, du grec, proprement «dénonciateur des voleurs de figues *(sukon)*».

| **SYL-** → SYN-

SYLLABAIRE [si(l)labɛʀ] **n. m. 1.** Manuel, livre élémentaire de lecture qui présente les mots décomposés en syllabes. → **alphabet** (2). **2.** DIDACT. Signe d'une écriture syllabique.

SYLLABE [si(l)lab] **n. f.** ✦ Voyelle, consonne ou groupe de consonnes et de voyelles se prononçant d'une seule émission de voix. *«Alimenter» comprend quatre syllabes.* — *Il n'a pas prononcé une syllabe,* un seul mot.

ÉTYM. latin *syllaba*, du grec «groupement».

SYLLABIQUE [si(l)labik] **adj.** ✦ De la syllabe. *Écriture syllabique,* où chaque syllabe est représentée par un signe (→ **syllabaire**).

SYLLEPSE [silɛps] **n. f.** ✦ GRAMM. Tour syntaxique qui consiste à faire l'accord des mots selon le sens, et non selon les règles grammaticales. *Syllepse de nombre* (ex. «minuit sonnèrent»), *de genre.*

ÉTYM. latin *syllepsis*, du grec «compréhension».

SYLLOGISME [silɔʒism] **n. m. 1.** Raisonnement déductif rigoureux qui, ne supposant aucune proposition étrangère sous-entendue, lie des prémisses* à une conclusion (ex. «si tout B est A et si tout C est B, alors tout C est A»). **2.** péj. Raisonnement purement formel, étranger au réel.

► **SYLLOGISTIQUE** [silɔʒistik] **adj.**

ÉTYM. latin *syllogismus*, du grec «calcul ; raisonnement».

SYLPHE [silf] **n. m.** ✦ Génie aérien des mythologies gauloise, celtique et germanique. SYN. **elfe.**

ÉTYM. latin *sylphus* «génie».

SYLPHIDE [silfid] **n. f.** ✦ LITTÉR. Génie aérien féminin plein de grâce. — *Une taille de sylphide,* très mince.

ÉTYM. de *sylphe.*

SYLVAIN [silvɛ̃] **n. m.** ✦ DIDACT. Divinité des forêts, dans la mythologie latine.

ÉTYM. latin *Sylvanus*, n. du dieu des forêts *(sylva).*

SYLVESTRE [silvɛstʀ] **adj.** ✦ LITTÉR. Relatif, propre aux forêts, aux bois. — *Pin sylvestre* (à l'écorce orangée, vers la cime).

ÉTYM. latin *silvestris.*

| **SYLV(I)-** Élément, du latin *sylva* (ou *silva*) «forêt».

SYLVICULTURE [silvikyltyʀ] **n. f.** ✦ Exploitation rationnelle des arbres forestiers (entretien, reboisement, etc.). → **foresterie ; arboriculture.**

ÉTYM. de *sylvi-* et *culture.*

| **SYM-** → SYN-

SYMBIOSE [sɛ̃bjoz] **n. f. 1.** SC. Association biologique, durable et réciproquement profitable, entre deux organismes vivants. *Algue et champignon vivant en symbiose* (lichen). **2.** LITTÉR. Étroite union. SYN. **fusion.** — *Vivre en symbiose avec qqn.*

ÉTYM. grec *sumbiôsis* «vie *(bios)* en commun *(sun-)*», par l'allemand ou l'anglais.

SYMBIOTIQUE [sɛ̃bjɔtik] **adj.** ✦ SC. Relatif à la symbiose.
ÉTYM. grec *sumbiotikos*.

SYMBOLE [sɛ̃bɔl] **n. m.** **I** RELIG. Formule dans laquelle l'Église chrétienne résume sa foi. SYN. **credo.** *Le Symbole des apôtres.* **II** **1.** Être, objet ou fait perceptible, identifiable, qui, par sa forme ou sa nature, évoque spontanément (dans un groupe social donné) quelque chose d'abstrait ou d'absent. SYN. **signe.** *La colombe, symbole de la paix.* – *Mythes et symboles populaires.* ♦ LITTÉR. Image ou énoncé à valeur évocatrice. SYN. **allégorie, image, métaphore.** **2.** Ce qui, en vertu d'une convention arbitraire, correspond à ce qu'il désigne. *Symbole algébrique. Cl, symbole chimique du chlore.* **3.** Personne qui incarne, représente, évoque (qqch.) de façon exemplaire. SYN. **incarnation, personnification.** *Elle est le symbole de la générosité.*
ÉTYM. latin *symbolus* «signe de reconnaissance», du grec.

SYMBOLIQUE [sɛ̃bɔlik] **adj.** et **n. f.**
I adj. **1.** Qui constitue un symbole, repose sur un ou des symboles. SYN. **allégorique, emblématique.** **2.** Qui vaut surtout par ce qu'il représente ; qui est le signe d'autre chose. *Condamner qqn à payer un euro symbolique de dommages et intérêts.*
II n. f. **1.** Système de symboles. *La symbolique maçonnique.* **2.** Étude, théorie des symboles. → **sémiologie, sémiotique.**
ÉTYM. latin *symbolicus* «significatif ; allégorique», du grec.

SYMBOLIQUEMENT [sɛ̃bɔlikmɑ̃] **adv.** ✦ D'une manière symbolique.

SYMBOLISER [sɛ̃bɔlize] **v. tr.** (conjug. 3a) **1.** Représenter par un symbole. **2.** (personnes ou choses) Être le symbole de (une abstraction). *La balance symbolise la justice.*
ÉTYM. latin médiéval *symbolizare* «concorder».

SYMBOLISME [sɛ̃bɔlism] **n. m.** **1.** Figuration par des symboles ; système de symboles. *Le symbolisme religieux. Le symbolisme et les images de la poésie.* **2.** Mouvement littéraire et d'arts plastiques (de la fin du XIXe siècle) qui s'efforça de fonder l'art sur une vision symbolique et spirituelle du monde. ☛ Littérature p. 145 et Symbolisme p. 186.

SYMBOLISTE [sɛ̃bɔlist] **adj.** ✦ Du symbolisme (2). ♦ Partisan du symbolisme. – **n.** *Les symbolistes.*

SYMÉTRIE [simetʀi] **n. f.** **1.** LITTÉR. Régularité et harmonie, dans les parties d'un objet ou dans la disposition d'objets semblables. **2.** Distribution régulière de parties, d'objets semblables de part et d'autre d'un axe, autour d'un centre. *La parfaite symétrie des deux ailes d'un château.* – *Axe de symétrie :* droite par rapport à laquelle il y a symétrie. ♦ **fig.** Similitude (de phénomènes, de situations). **3.** MATH. Transformation géométrique qui ne change ni la forme ni les dimensions d'une figure. CONTR. **désordre • asymétrie, dissymétrie.**
ÉTYM. latin *symmetria*, du grec «juste mesure *(metron)*».

SYMÉTRIQUE [simetʀik] **adj.** **1.** Qui présente une symétrie ; qui est en rapport de symétrie (2). **2.** MATH. *Éléments symétriques,* qui, associés dans une loi de composition interne, forment l'élément neutre. ♦ GÉOM. *Figures symétriques,* en rapport de symétrie. – **n.** *Le symétrique d'un point par rapport à une droite. Une figure et sa symétrique ont la même forme et les mêmes dimensions.* ♦ *Relation symétrique :* relation binaire dans un ensemble qui, si elle est établie pour les éléments x et y, l'est aussi pour y et x (ex. l'égalité). CONTR. **asymétrique, dissymétrique • antisymétrique.**
► **SYMÉTRIQUEMENT** [simetʀikmɑ̃] **adv.**

SYMPA **adj.** → SYMPATHIQUE

SYMPATHIE [sɛ̃pati] **n. f.** **1.** Relations entre personnes qui, ayant des affinités, se conviennent, se plaisent. SYN. **entente.** **2.** Sentiment chaleureux et spontané qu'une personne éprouve (pour une autre). SYN. **amitié, cordialité, inclination.** *Avoir de la sympathie pour qqn.* ♦ Bonne disposition (à l'égard d'une action, d'une production humaine). *Accueillir un projet avec sympathie.* **3.** LITTÉR. Participation à la douleur d'autrui : fait de ressentir ce qui touche autrui. SYN. **compassion ; empathie.** *Témoignages de sympathie.* CONTR. **antipathie, aversion • hostilité, indifférence.**
ÉTYM. latin *sympathia*, du grec «participation à la souffrance *(patheia)* d'autrui» → syn- et -pathie.

SYMPATHIQUE [sɛ̃patik] **adj.** **I** **1.** VX Qui est en relation, en affinité avec (autre chose). – MOD. loc. *Encre* sympathique.* **2.** **n. m.** PHYSIOL. *LE SYMPATHIQUE :* le système nerveux périphérique qui commande les mouvements inconscients, incontrôlés (comme ceux de l'œil, du cœur, des poumons, etc.). **II** (personnes) Qui inspire la sympathie. SYN. **agréable, aimable.** *Je le trouve très sympathique ; il m'est très sympathique.* ♦ (choses) *Un geste sympathique.* – FAM. Très agréable. *Une soirée sympathique.* – **abrév.** FAM. SYMPA [sɛ̃pa]. *Des filles sympas.* CONTR. **antipathique, déplaisant, désagréable.**
ÉTYM. de *sympathie.*

SYMPATHIQUEMENT [sɛ̃patikmɑ̃] **adv.** ✦ Avec sympathie ; d'une façon sympathique.
ÉTYM. de *sympathique.*

SYMPATHISANT, ANTE [sɛ̃patizɑ̃, ɑ̃t] **n.** ✦ Personne qui, sans appartenir à un parti, à un groupe, approuve l'essentiel de sa politique, de son action. *Les militants et les sympathisants.*
ÉTYM. du participe présent de *sympathiser.*

SYMPATHISER [sɛ̃patize] **v. intr.** (conjug. 3a) ✦ Être en affinité (avec qqn). – S'entendre bien dès la première rencontre. *Ils ont tout de suite sympathisé.*
ÉTYM. de *sympathie.*

SYMPHONIE [sɛ̃fɔni] **n. f.** **1.** Composition musicale à plusieurs mouvements, construite sur le plan de la sonate* et exécutée par un nombre important d'instrumentistes. *Les neuf symphonies de Beethoven.* – *Symphonie concertante*.* **2.** **fig.** LITTÉR. Ensemble harmonieux. *Une symphonie de saveurs.*
ÉTYM. latin *symphonia* «concert», du grec «accord» → syn- et -phonie.

SYMPHONIQUE [sɛ̃fɔnik] **adj.** **1.** *POÈME SYMPHONIQUE :* composition musicale assez ample, écrite pour tout l'orchestre et illustrant un thème précis. **2.** De la symphonie ; de la musique classique pour grand orchestre. *Concert, musique symphonique.*

SYMPHYSE [sɛ̃fiz] **n. f.** ✦ ANAT. Articulation peu mobile. *La symphyse pubienne.*
ÉTYM. grec *sumphusis* «union».

SYMPOSIUM [sɛ̃pozjɔm] n. m. ✦ Congrès de spécialistes, sur un thème scientifique. *Des symposiums.*
ÉTYM. mot latin «banquet», du grec, de *sumpotês* «qui boit avec».

SYMPTOMATIQUE [sɛ̃ptɔmatik] adj. 1. MÉD. Qui constitue un symptôme. *Douleur symptomatique de telle maladie.* 2. Qui révèle ou fait prévoir (un état ou un processus caché). SYN. **caractéristique ; révélateur.** *Une réaction symptomatique.*
ÉTYM. latin *symptomaticus*, du grec.

SYMPTOMATOLOGIE [sɛ̃ptɔmatɔlɔʒi] n. f. ✦ MÉD. Étude des symptômes des maladies. SYN. **sémiologie** (1). ➖ Ensemble des symptômes étudiés.
ÉTYM. du grec *sumptôma, sumptomatos* «symptôme» et de *-logie.*

SYMPTÔME [sɛ̃ptom] n. m. 1. Phénomène, caractère perceptible ou observable lié à un état, une maladie qu'il permet de déceler, dont il est le signe*. → aussi **syndrome ; prodrome.** 2. fig. Ce qui manifeste, révèle ou permet de prévoir (un état, une évolution). SYN. **signe.** *Il présente tous les symptômes de la passion.*
ÉTYM. latin *symptoma*, du grec «coïncidence (de signes)».

SYN- Élément de mots savants, du grec *sun* «avec», qui marque l'idée de réunion dans l'espace ou le temps. ➖ variantes SYL-, SYM-, SY-.

SYNAGOGUE [sinagɔg] n. f. ✦ Édifice, temple consacré au culte israélite.
ÉTYM. latin *synagoga*, du grec «réunion» → syn- et -agogue.

SYNAPSE [sinaps] n. f. ✦ DIDACT. Région de contact entre deux neurones.
ÉTYM. grec *sunapsis* «liaison», par l'anglais.

SYNCHRONE [sɛ̃kʀon] adj. ✦ Qui se produit dans le même temps ou à des intervalles de temps égaux. SYN. **simultané.** *La contraction des oreillettes est synchrone.*
ÉTYM. latin *synchronus*, grec *sunkhronos* → syn- et -chrone.

SYNCHRONIE [sɛ̃kʀɔni] n. f. 1. LING. Ensemble des faits linguistiques considérés comme formant un système à un moment donné (opposé à *diachronie*). 2. Ensemble d'évènements considérés comme simultanés.
ÉTYM. de *synchronique.*

SYNCHRONIQUE [sɛ̃kʀɔnik] adj. ✦ Qui concerne ou étudie des phénomènes, des évènements qui ont lieu en même temps. ➖ *Étude synchronique d'une langue* (opposé à *diachronique*).
ÉTYM. de *synchrone.*

SYNCHRONISATION [sɛ̃kʀɔnizasjɔ̃] n. f. ✦ Action de synchroniser ; son résultat.

SYNCHRONISÉ, ÉE [sɛ̃kʀɔnize] adj. 1. Rendu synchrone. *Opérations synchronisées.* 2. (sportif...) Dont les gestes s'enchaînent harmonieusement. *Danseurs synchronisés. Natation synchronisée.*
ÉTYM. du participe passé de *synchroniser.*

SYNCHRONISER [sɛ̃kʀɔnize] v. tr. (conjug. 3a) 1. TECHN. Rendre synchrones (des phénomènes, des mouvements, des mécanismes). ➖ Mettre en concordance la piste sonore et les images de (un film). SYN. **postsynchroniser.** 2. COUR. Faire s'accomplir simultanément (des actions).
ÉTYM. de *synchronique.*

SYNCHRONISME [sɛ̃kʀɔnism] n. m. 1. Caractère de ce qui est synchrone (phénomènes, mouvements) ou synchronisé (mécanismes...). 2. (évènements) Coïncidence de dates, identité d'époques.
ÉTYM. grec *sunkhronismos.*

SYNCHROTRON [sɛ̃kʀɔtʀɔ̃] n. m. ✦ PHYS. Cyclotron dans lequel le champ magnétique varie avec la vitesse des particules.
ÉTYM. de *synchro(ne)* et *(cyclo)tron.*

SYNCLINAL, ALE, AUX [sɛ̃klinal, o] n. m. et adj. ✦ GÉOL. 1. n. m. Pli* concave vers le haut (opposé à *anticlinal*). 2. adj. D'un synclinal. *Vallée synclinale.*
ÉTYM. anglais *synclinal*, du grec *sunklinein* «pencher *(klinein)* ensemble *(sun-)*».

SYNCOPE [sɛ̃kɔp] n. f. I Arrêt ou ralentissement marqué des battements du cœur, accompagné de la suspension de la respiration et d'une perte de conscience. SYN. **évanouissement.** *Avoir une syncope, tomber en syncope.* II MUS. Prolongation sur un temps fort d'un élément accentué d'un temps faible.
ÉTYM. latin *syncopa*, du grec, d'un verbe signifiant «briser».

SYNCOPÉ, ÉE [sɛ̃kɔpe] adj. ✦ MUS. Caractérisé par un emploi systématique de la syncope (II). *Rythme syncopé du rap.*

SYNCRÉTISME [sɛ̃kʀetism] n. m. ✦ DIDACT. Combinaison de doctrines, de systèmes initialement incompatibles. *Le syncrétisme religieux du vaudou.*
▶ **SYNCRÉTIQUE** [sɛ̃kʀetik] adj.
ÉTYM. grec *sunkrêtismos* «union de Crétois *(Krês, Krêtos)*».

SYNDIC [sɛ̃dik] n. m. 1. HIST. Représentant des habitants, dans une ville franche. 2. DR. *Syndic de faillite* : administrateur provisoire d'une entreprise en faillite. 3. Mandataire choisi par les copropriétaires d'un immeuble, et chargé de l'administrer.
ÉTYM. latin tardif *syndicus*, du grec.

SYNDICAL, ALE, AUX [sɛ̃dikal, o] adj. I RARE Relatif à un syndic. II 1. Relatif à un syndicat (II, 2), à une association professionnelle. *Conseil syndical.* 2. Relatif à un syndicat (II, 3) de salariés, au syndicalisme. *Centrale syndicale. Délégué syndical* (→ **syndicaliste**).

SYNDICALISME [sɛ̃dikalism] n. m. ✦ Fait social et politique que représentent l'existence et l'action des syndicats de travailleurs salariés ; doctrine de ces syndicats. *Les lois sociales, conquête du syndicalisme.* ♦ Activité exercée dans un syndicat. *Faire du syndicalisme.*
ÉTYM. de *syndical.*

SYNDICALISTE [sɛ̃dikalist] n. et adj. 1. n. Personne qui fait partie d'un syndicat et y joue un rôle actif. 2. adj. Des syndicats ; du syndicalisme. *Mouvement syndicaliste.*
ÉTYM. de *syndical.*

SYNDICAT [sɛ̃dika] n. m. 1. Association qui a pour objet la défense d'intérêts communs. *Syndicat de copropriétaires. Syndicat de communes.* ➖ *SYNDICAT D'INITIATIVE* : organisme, service destiné à développer le tourisme dans une localité. 2. Association qui a pour objet la défense d'intérêts professionnels. *Syndicat patronal. Syndicats ouvriers.* 3. (employé seul) Syndicat ouvrier, de salariés. *L'action sociale des syndicats.* → **syndicalisme ; syndical** (II, 2).
ÉTYM. de *syndic.*

SYNDIQUÉ, ÉE [sɛ̃dike] **adj.** et **n.** ✦ (Personne) qui fait partie d'un syndicat.

SYNDIQUER [sɛ̃dike] **v. tr.** (conjug. 3a) ✦ Grouper (des personnes), organiser (une profession) en syndicat. ♦ *SE SYNDIQUER* **v. pron.** Se grouper en un syndicat. – Adhérer à un syndicat (surtout 3).
ÉTYM. de *syndic.*

SYNDROME [sɛ̃dʀom] **n. m.** 1. MÉD. Ensemble de symptômes, de signes constituant une entité, et caractérisant un état pathologique. *Syndrome méningé.* 2. fig. COUR. Ensemble de signes, de comportements révélateurs (d'une situation jugée mauvaise).
ÉTYM. grec *sundromê* «réunion» → syn- et -drome.

SYNECDOQUE [sinɛkdɔk] **n. f.** ✦ DIDACT. Figure de rhétorique qui consiste à prendre le plus pour le moins, la partie pour le tout (ex. une voile pour un navire), le singulier pour le pluriel (ex. l'ennemi pour les ennemis)... ou inversement. → aussi **métonymie.**
ÉTYM. latin *synecdoche,* du grec «compréhension simultanée».

SYNÉRÈSE [sineʀɛz] **n. f.** ✦ Prononciation de deux voyelles contiguës du même mot en une seule syllabe (opposé à *diérèse*) (ex. lion [ljɔ̃]).
ÉTYM. latin *synaeresis,* du grec «rapprochement».

SYNERGIE [sinɛʀʒi] **n. f.** 1. Action coordonnée de plusieurs organes qui concourent à une seule action. *Synergie musculaire.* 2. Action coordonnée de plusieurs éléments. *Créer une synergie entre les services d'une entreprise.*
► **SYNERGIQUE** [sinɛʀʒik] **adj.**
ÉTYM. grec *sunerg(e)ia,* de *sunergein* «travailler *(ergein)* ensemble *(sun-)*».

SYNODE [sinɔd] **n. m.** ✦ RELIG. Assemblée d'ecclésiastiques (spécialt catholiques, protestants).
ÉTYM. latin *synodus,* du grec «assemblée (religieuse)».

SYNODIQUE [sinɔdik] **adj.** ✦ DIDACT. **I** ASTRON. Relatif à une conjonction d'astres. **II** Relatif à un synode.
ÉTYM. bas latin *synodicus,* du grec.

SYNONYME [sinɔnim] **adj.** et **n. m.** 1. **adj.** Se dit de mots ou d'expressions qui ont un sens identique ou très proche. *«Marjolaine» et «origan» sont synonymes.* – fig. *Être synonyme de :* évoquer, correspondre à. *Le tango était synonyme de débauche.* 2. **n. m.** Mot, expression synonyme (d'un[e] autre). CONTR. **antonyme, contraire.**
ÉTYM. bas latin *synonymus,* du grec «de même nom *(onoma)* que» → syn- et -onyme.

SYNONYMIE [sinɔnimi] **n. f.** ✦ DIDACT. Relation entre deux mots ou expressions synonymes.
ÉTYM. bas latin *synonymia,* du grec.

SYNONYMIQUE [sinɔnimik] **adj.** ✦ Relatif aux synonymes, à la synonymie.

SYNOPSIS [sinɔpsis] **n. m.** ✦ CIN. Récit très bref qui constitue un schéma de scénario.
ÉTYM. grec *sunopsis* «vue *(opsis)* d'ensemble», par l'anglais.

SYNOPTIQUE [sinɔptik] **adj.** 1. Qui donne une vue générale. *Tableau synoptique.* 2. RELIG. *Les Évangiles synoptiques* ou **n. m. pl.** *les synoptiques :* les trois Évangiles (de saint Matthieu, de saint Marc, de saint Luc) dont les plans sont à peu près semblables.
ÉTYM. grec *sunoptikos* «qui embrasse d'un coup d'œil» → syn- et optique.

SYNOVIAL, ALE, AUX [sinɔvjal, o] **adj.** ✦ Relatif à la synovie. – *Membrane synoviale,* qui sécrète la synovie.

SYNOVIE [sinɔvi] **n. f.** ✦ Liquide d'aspect filant qui lubrifie les articulations mobiles. *Épanchement de synovie* (notamment au genou).
ÉTYM. latin scientifique *synovia.*

SYNTAGME [sɛ̃tagm] **n. m.** ✦ LING. Groupe de morphèmes ou de mots qui se suivent avec un sens déterminé (ex. relire, sans s'arrêter). – spécialt Ce groupe, formant une unité à l'intérieur de la phrase. *Syntagme nominal, syntagme verbal.*
ÉTYM. grec *suntagma* «ensemble de choses rangées».

SYNTAXE [sɛ̃taks] **n. f.** ✦ DIDACT. 1. Étude des règles qui organisent l'ordre des mots et la construction des phrases, dans une langue ; ces règles. → **grammaire.** *Respecter la syntaxe.* ♦ Étude descriptive des relations existant entre les unités linguistiques et de leurs fonctions. *Syntaxe et morphologie.* – Ouvrage consacré à cette étude. 2. Relations qui existent entre les unités linguistiques. *La syntaxe d'une phrase.* → **construction.**
ÉTYM. bas latin *syntaxis,* du grec, de *taxis* «ordre, arrangement».

SYNTAXIQUE [sɛ̃taksik] ou **SYNTACTIQUE** [sɛ̃taktik] **adj.** ✦ DIDACT. De la syntaxe. → **grammatical.** *Analyse syntaxique :* analyse logique.

SYNTHÈSE [sɛ̃tɛz] **n. f.** **I** 1. Suite d'opérations mentales qui permettent d'aller des notions simples aux notions composées (opposé à *analyse*). 2. Opération intellectuelle par laquelle on rassemble des éléments de connaissance en un ensemble cohérent. *Un effort de synthèse.* 3. Formation d'un tout matériel au moyen d'éléments. → **composition, mélange.** – Préparation (d'un composé chimique) à partir des éléments constituants. *Produit de synthèse.* → **synthétique** (2). – *Images de synthèse,* produites par des moyens informatiques, électroniques... **II** 1. Ensemble complexe d'objets de pensée, d'éléments réunis. *Une vaste synthèse.* 2. Notion philosophique qui réalise l'accord de la thèse et de l'antithèse en les faisant passer à un niveau supérieur (→ **dialectique**). CONTR. **analyse, dissociation.**
ÉTYM. grec *sunthesis* «composition ; arrangement».

SYNTHÉTIQUE [sɛ̃tetik] **adj.** 1. Qui constitue une synthèse ou provient d'une synthèse. ♦ Qui envisage les choses dans leur totalité. 2. Produit par synthèse chimique (artificielle). *Textile synthétique* et **n. m.** *du synthétique.* 3. (esprit) Apte à la synthèse. CONTR. **analytique • naturel.**
ÉTYM. grec *sunthetikos.*

SYNTHÉTIQUEMENT [sɛ̃tetikmɑ̃] **adv.** ✦ Par une synthèse.
ÉTYM. de *synthétique.*

SYNTHÉTISER [sɛ̃tetize] **v. tr.** (conjug. 3a) 1. Associer, combiner par une synthèse. 2. CHIM. Produire par synthèse. *Synthétiser une hormone.*
ÉTYM. de *synthèse.*

SYNTHÉTISEUR [sɛ̃tetizœʀ] **n. m.** ✦ Instrument de musique électronique à clavier dont le son est produit par une synthèse acoustique. – **abrév.** FAM. SYNTHÉ [sɛ̃te].
ÉTYM. de *synthétiser.*

SYNTONIE [sɛ̃tɔni] **n. f.** ✦ PHYS. État de circuits électriques qui ont des oscillations de même fréquence.
ÉTYM. du grec *suntonos* «accordé», de *tonos* «② ton».

SYNTONISEUR [sɛ̃tɔnizœʀ] **n. m.** ✦ Recommandation officielle pour *tuner.*

ÉTYM. de *syntoniser,* de *syntonie.*

SYPHILIS [sifilis] **n. f.** ✦ Maladie infectieuse sexuellement transmissible, causée par un tréponème. SYN. FAM. **vérole.**

ÉTYM. mot du latin scientifique, du nom de *Syphilus,* personnage d'un poème italien.

SYPHILITIQUE [sifilitik] **adj.** ✦ De la syphilis. ♦ **adj. et n.** Atteint de syphilis. — **n.** *Un, une syphilitique.*

SYSTÉMATIQUE [sistematik] **adj. et n. f.**

I adj. 1. Qui appartient à un système, est intégré dans un système intellectuel. 2. Qui procède avec méthode. — Organisé méthodiquement. *Une exploitation systématique. Un refus systématique,* entêté. 3. Qui pense ou agit selon un système. *Esprit systématique.* — péj. Qui préfère son système à toute autre raison. SYN. **dogmatique.**

II n. f. DIDACT. 1. Science des classifications des êtres vivants. SYN. **taxinomie.** 2. Ensemble (de données, de méthodes) relevant d'un système de pensée.

ÉTYM. latin *systematicus.*

SYSTÉMATIQUEMENT [sistematikmɑ̃] **adv.** ✦ D'une manière systématique.

SYSTÉMATISER [sistematize] **v. tr.** (conjug. 3a) 1. Réunir (plusieurs éléments) en un système. 2. Rendre systématique. *Systématiser les contrôles.*

► **SYSTÉMATISATION** [sistematizasjɔ̃] **n. f.**

SYSTÈME [sistɛm] **n. m.** **I** 1. Ensemble abstrait dont les éléments sont coordonnés par une loi, une théorie. *Le système astronomique de Copernic. Système philosophique.* 2. Ensemble de pratiques organisées en fonction d'un but. SYN. **méthode.** *Le système de défense d'un accusé.* — FAM. Moyen habile. *Je connais le système. LE SYSTÈME D*.* 3. Ensemble de pratiques et d'institutions. *Système politique, social.* SYN. ① **régime.** *Système monétaire européen. Le système scolaire d'un pays.* — absolt, péj. La société sentie comme contraignante. *Il refuse le système.* 4. *ESPRIT DE SYSTÈME :* tendance à organiser, à relier les connaissances en ensembles cohérents ; péj. tendance à faire prévaloir la conformité à un système sur une juste appréciation du réel. **II** 1. Ensemble complexe d'éléments naturels de même espèce ou de même fonction. SYN. **structure.** *Le système solaire. Le système grammatical d'une langue. Le système nerveux.* — FAM. *Il commence à me porter, à me taper SUR LE SYSTÈME* (nerveux), à m'énerver. 2. Dispositif ou appareil complexe mis en œuvre pour aboutir à un résultat. *Un ingénieux système de poulies. Système d'exploitation* d'un ordinateur. Système d'alarme.* 3. Ensemble structuré (de choses abstraites). *Un système de notions, de relations.* — *Système décimal.* — *Système d'unités :* ensemble d'unités de mesure. *Le système métrique.*

ÉTYM. latin *systema,* du grec «assemblage ; ensemble».

SYSTÉMIQUE [sistemik] **adj.** ✦ Relatif à un système dans son ensemble. — *Analyse systémique* et **n. f.** *la systémique,* qui analyse les faits en tant qu'éléments de systèmes complexes.

ÉTYM. anglais *systemic,* de *system.*

SYSTOLE [sistɔl] **n. f.** ✦ PHYSIOL. Contraction du cœur (alternant avec la diastole*).

ÉTYM. grec *sustolê* «contraction».

SYZYGIE [siziʒi] **n. f.** ✦ ASTRON. Position de la Lune (et par ext. d'une planète) en conjonction ou en opposition avec le Soleil (nouvelle lune et pleine lune).

ÉTYM. latin *syzygia* «assemblage», du grec «paire ; union».

T

T [te] **n. m. invar. 1.** Vingtième lettre, seizième consonne de l'alphabet. *Le t euphonique : t* qui se place entre le verbe et le pronom sujet dans l'inversion lorsque le verbe n'a pas de finale en *t* ou en *d* (ex. *puisse-t-il, arrive-t-on,* mais *prend-elle, vient-il*). **2.** Forme du T majuscule. *Antenne en T.* → **aussi té.** HOM. TÉ «règle», TES (pluriel de *ton,* adj. poss.), THÉ «boisson»

TA → ① TON

Ta [tea] ✦ CHIM. Symbole du tantale.

① **TABAC** [taba] **n. m. 1.** Plante originaire d'Amérique à larges feuilles, qui contient un alcaloïde, la nicotine. *Champs de tabac.* **2.** Feuilles de tabac séchées et préparées (pour priser [→ **tabatière**], chiquer, fumer). *Tabac brun, blond. Bureau de tabac.* ◆ Consommation, habitude du tabac. *Le tabac tue* (mise en garde sur les paquets de cigarettes). ☛ Géographie p. 224. *Campagne contre le tabac (antitabac).* ◆ loc. FAM. *C'est toujours le même tabac,* c'est toujours la même chose. ◆ **adjectivt invar.** D'une couleur brun roux. *Des gants tabac.* **3.** Bureau de tabac. (**élément de mots composés**) *Un café-tabac. Des bars-tabacs.*

ÉTYM. espagnol *tabaco,* d'une langue indienne d'Haïti.

② **TABAC** [taba] **n. m. 1.** loc. *PASSER qqn À TABAC :* battre, rouer de coups (qqn qui ne peut se défendre). SYN. **tabasser.** *Passage à tabac.* **2.** loc. FAM. *Faire un tabac,* avoir un grand succès.

ÉTYM. de *tabasser.*

TABACOLOGIE [tabakɔlɔʒi] **n. f.** ✦ Discipline médicale qui traite du tabagisme.

► **TABACOLOGUE** [tabakɔlɔg] **n.**

ÉTYM. de ① *tabac* et *-logie.*

TABAGIE [tabaʒi] **n. f.** **I** Endroit où l'on a beaucoup fumé. *Quelle tabagie, chez vous !* **II** **au Québec** Débit de tabac.

ÉTYM. algonquin *tabaguia* «festin» ; sens II, de *tabac.*

TABAGISME [tabaʒism] **n. m.** ✦ Intoxication par le tabac.

ÉTYM. de *tabagie.*

TABASSER [tabase] **v. tr.** (conjug. 3a) ✦ FAM. Battre, rouer de coups.

ÉTYM. famille de *tarabuster.*

TABATIÈRE [tabatjɛʀ] **n. f. 1.** Petite boîte pour le tabac à priser. **2.** Lucarne à charnière. *Châssis à tabatière.*

ÉTYM. de ① *tabac.*

TABERNACLE [tabɛʀnakl] **n. m.** ✦ Petite armoire qui occupe le milieu de l'autel d'une église et contient le ciboire.

ÉTYM. latin *tabernaculum* «tente», diminutif de *taberna* «cabane».

TABLA [tabla] **n. m.** ✦ Instrument de musique à percussion de l'Inde, petites timbales frappées avec la main.

ÉTYM. mot hindi.

TABLATURE [tablatyʀ] **n. f.** ✦ Figuration graphique des sons musicaux propres à un instrument. *Tablature d'orgue.*

ÉTYM. latin *tabulatura,* de *tabula* «table», d'après *table.*

TABLE [tabl] **n. f.** **I** Meuble sur pied(s) comportant une surface plane. *Table ronde ; à rallonges. Table basse. Table roulante.* **1.** spécialt Le meuble où l'on prend ses repas. – *Mettre la table,* disposer sur la table tout ce qu'il faut pour manger. – *DE TABLE :* qui sert au repas. *Service de table.* – loc. *SE METTRE À TABLE :* s'attabler pour manger ; fig. et FAM. avouer. – *À table !,* passons, passez à table. – *Se lever, sortir de table. Quitter la table,* interrompre son repas. *Recevoir, inviter qqn à sa table.* ◆ La nourriture. *Les plaisirs de la table.* ◆ Ceux qui prennent leur repas, qui sont à table. SYN. **tablée.** *Présider la table.* **2.** Table servant à d'autres usages que les repas. *Table de travail.* → **bureau.** *Table à dessin.* – *Table d'opération.* → FAM. **billard.** – *Table à repasser,* planche montée sur pieds pliants pour repasser le linge. – *Table de jeu, de bridge.* loc. *Jouer cartes sur table,* ne rien dissimuler. – *Tennis de table,* le ping-pong. **3.** *TABLE RONDE,* autour de laquelle peuvent s'asseoir (sans hiérarchie) les participants à un congrès... – Réunion pour discuter d'un problème. SYN. **colloque.** *Participer à une table ronde.* ◆ *TOUR DE TABLE :* prise de parole successive des participants à une réunion. **4.** Meuble comprenant, outre un support plat, différentes parties (tiroirs, tablettes...). *TABLE DE NUIT, DE CHEVET :* petit meuble placé au chevet du lit. **5.** *TABLE D'ORIENTATION :* surface plane sur laquelle sont figurés les directions des points cardinaux et les principaux accidents topographiques. **6.** Partie supérieure de l'autel. *La sainte table,* l'autel. **II** (Surface plane) **1.**

Partie plane ou légèrement incurvée d'un instrument de musique, sur laquelle les cordes sont tendues. *Table (d'harmonie)*, sur laquelle repose le chevalet. 2. *Table d'écoute**. 3. Surface plane naturelle. *Une table calcaire.* SYN. **plateau.** III 1. (dans quelques emplois) Surface plane sur laquelle on peut écrire, inscrire. SYN. **tablette.** – loc. *FAIRE TABLE RASE du passé* : le considérer comme inexistant, nul. – *Les TABLES DE LA LOI* (remises par Dieu à Moïse) : les commandements de Dieu. 2. Présentation méthodique sous forme de liste ou de tableau. SYN. **index.** *Table alphabétique.* – *TABLE DES MATIÈRES* : dans un livre, énumération des chapitres, des questions traitées. ◆ Recueil d'informations, de données groupées de façon systématique. *Tables de multiplication.* FAM. *La table de 9. Tables de logarithmes. Table de vérité* (en logique).

ÉTYM. latin *tabula.*

TABLEAU [tablo] n. m. I 1. Peinture exécutée sur un support rigide et autonome. SYN. **toile** ; → ① **marine, nature morte, paysage, portrait.** *Mauvais tableau.* → FAM. **croûte.** *Un tableau figuratif, abstrait.* 2. *TABLEAU VIVANT* : groupe de personnages immobiles évoquant un sujet. 3. Image, scène réelle. *Un tableau touchant.* – FAM. *Vous voyez d'ici le tableau !*, la scène. 4. *TABLEAU DE CHASSE* : ensemble des animaux abattus, rangés par espèces ; fig. ensemble de succès. 5. Description ou évocation imagée, par la parole ou par écrit. SYN. **récit.** *Brosser le tableau de la situation. « Le Tableau de Paris »* (œuvre de L. S. Mercier). 6. Subdivision d'un acte qui correspond à un changement de décor, au théâtre. ☛ Littérature p. 127. *Drame en vingt tableaux.* II (Panneau plat) 1. Panneau destiné à recevoir une inscription, une annonce. *Un tableau d'affichage. Tableau des départs, des arrivées.* – *Tableau de service.* 2. loc. *Jouer, miser sur deux tableaux, sur tous les tableaux*, se réserver plusieurs chances de réussir. *Gagner sur tous les tableaux.* 3. *TABLEAU (NOIR)* : panneau sur lequel on écrit à la craie, dans une salle de classe. – *Tableau blanc interactif.* → **TBI.** 4. Support plat réunissant plusieurs objets ou appareils. *Le tableau des clés, dans un hôtel.* 5. *TABLEAU DE BORD* (d'un avion, d'une voiture) : panneau où sont réunis les instruments de bord. III (Ce qui est écrit sur un tableau) 1. Liste par ordre (de personnes). – *TABLEAU D'HONNEUR* : liste des élèves les plus méritants. 2. Série de données, de renseignements, disposés d'une manière claire et ordonnée. *Tableau statistique. Tableau synoptique.* SYN. **table** (III, 2).

ÉTYM. de *table.*

TABLEAUTIN [tablotɛ̃] n. m. ✦ Tableau de petite dimension.

TABLÉE [table] n. f. ✦ Ensemble des personnes assises à une table, qui prennent ensemble leur repas. SYN. **table** (I, 1).

TABLER [table] v. intr. (conjug. 3a) ✦ *TABLER SUR* (qqch.) : baser une estimation, un calcul sur (ce qu'on croit sûr). SYN. **compter.** *Tabler sur le succès d'une entreprise.*

ÉTYM. de *table.*

TABLETIER, IÈRE [tablətje, jɛʀ] n. ✦ Personne qui fabrique ou vend de la tabletterie.

ÉTYM. de *table* « échiquier ».

TABLETTE [tablɛt] n. f. 1. anciennt Planchette, petite surface plane destinée à recevoir une inscription. *Tablettes de cire.* – loc. *Je l'écris, je le marque sur mes tablettes*, j'en prends note, je m'en souviendrai. 2. Petite planche horizontale. SYN. **planchette.** *Les tablettes d'une armoire* (SYN. ① **rayon**). ◆ Plaque d'une matière dure, servant de support, d'ornement. *Tablette de lavabo.* 3. Produit alimentaire présenté en petites plaques rectangulaires. *Tablette de chocolat, de beurre.* SYN. **plaque.** 4. *Tablette (numérique, tactile)* : ordinateur ou terminal d'ordinateur portable dont l'écran tactile recouvre toute la surface.

ÉTYM. diminutif de *table.*

TABLETTERIE [tablɛtʀi] n. f. 1. Fabrication, commerce d'objets en bois précieux, ivoire, os (notamment échiquiers, damiers, tablettes). 2. Ces objets.

ÉTYM. de *tabletier.*

TABLEUR [tablœʀ] n. m. ✦ Logiciel pour la création de tableaux (III, 2).

ÉTYM. de *tableau* (III).

TABLIER [tablije] n. m. I 1. Plateforme horizontale (d'un pont). 2. Dispositif, plaque ou assemblage de plaques servant à protéger. *Le tablier d'une cheminée.* II 1. Vêtement de protection, pièce de matière souple qui protège le devant du corps. *Tablier de boucher. Tablier de cuir.* – loc. *Rendre son tablier*, refuser de servir plus longtemps ; démissionner. 2. Blouse de protection. *Tablier d'écolier.*

ÉTYM. de *table.*

TABOU [tabu] n. m. 1. DIDACT. Système d'interdictions religieuses appliquées à ce qui est considéré comme sacré ou impur. *Tabou alimentaire.* – adj. *TABOU, E.* Qui est soumis au tabou, exclu de l'usage commun. *Des armes taboues.* 2. Ce sur quoi on fait silence, par crainte, pudeur. *Les tabous sexuels.* – adj. Interdit. *Sujets tabous* ou (invar.) *tabou.*

ÉTYM. anglais *taboo*, du polynésien *tapu* « interdit ».

TABOUER [tabwe] v. tr. (conjug. 3a) ✦ DIDACT. Rendre, déclarer tabou.

TABOULÉ [tabule] n. m. ✦ Préparation culinaire d'origine libanaise, à base de semoule de blé, de menthe, de persil, assaisonnée d'huile d'olive et de jus de citron.

ÉTYM. de l'arabe *tabula* « relevé, assaisonné ».

TABOURET [tabuʀɛ] n. m. ✦ Siège sans bras ni dossier, à pied(s). *Tabouret de piano.*

ÉTYM. de *tabour*, ancienne variante de *tambour*, à cause de la forme.

TABULAIRE [tabylɛʀ] adj. ✦ DIDACT. 1. Disposé en tables, en tableaux (III). 2. En forme de table. *Plateau tabulaire.*

ÉTYM. du latin *tabula* « table ».

TABULATEUR [tabylatœʀ] n. m. ✦ Dispositif permettant d'aligner des signes en colonnes, en tableaux.

ÉTYM. du latin *tabula* « table ».

TABULATRICE [tabylatʀis] n. f. ✦ Machine à trier des informations, utilisant les cartes perforées.

ÉTYM. du latin *tabula* « table ».

TAC [tak] n. m. ✦ loc. *Répondre, riposter DU TAC AU TAC*, riposter immédiatement à une attaque verbale.

ÉTYM. onomatopée exprimant un bruit sec.

TACHE [taʃ] n. f. I 1. Petite étendue de couleur, d'aspect différent (d'un fond) (→ **tacheter**). *Taches de rousseur. Les taches du léopard. Taches sombres, lumineuses.* 2. *Taches solaires*, zones relativement sombres

à la surface du Soleil. 3. PEINT. Chacune des touches de couleur uniforme, juxtaposées dans un tableau (→ tachisme). II 1. Surface salie par une substance étrangère ; cette substance. SYN. **éclaboussure, salissure, souillure** ; → **tacher.** *Tache d'encre. Taches d'humidité.* SYN. **marque.** *Enlever les taches d'un vêtement.* → ② **détacher.** 2. loc. *FAIRE TACHE* : rompre une harmonie. *Ce meuble fait tache dans le salon.* 3. Souillure morale. SYN. **déshonneur, tare.** *Réputation sans tache.* ◆ RELIG. *La tache originelle,* le péché originel.
HOM. TÂCHE «travail»
ÉTYM. latin populaire *tacca* «tache, signe», peut-être gotique *taikns.*

TÂCHE [taʃ] n. f. 1. Travail qu'on doit exécuter. SYN. **besogne, ouvrage.** *Accomplir sa tâche. S'acquitter d'une tâche.* ◆ loc. *À LA TÂCHE,* se dit de personnes payées selon l'ouvrage exécuté. 2. Ce qu'il faut faire ; conduite commandée par une nécessité ou dont on se fait une obligation. SYN. ② **devoir, mission, rôle.** *La tâche des parents.* HOM. TACHE «salissure»
ÉTYM. latin médiéval *taxa* «prestation rurale», de *taxare* «évaluer, taxer» ; doublet de *taxe.*

TACHER [taʃe] v. tr. (conjug. 3a) I 1. Salir en faisant une tache, des taches. SYN. **maculer, souiller.** *Tacher une nappe, ses vêtements.* – (sujet chose) absolt *La confiture tache.* 2. *(ÊTRE) TACHÉ, ÉE* passif et p. passé *Table tachée d'encre. Robe tachée.* II *SE TACHER* v. pron. 1. Faire des taches sur soi, sur ses vêtements. 2. (choses) Recevoir des taches, se salir. CONTR. ② **détacher.** HOM. TÂCHER «essayer»
ÉTYM. de *tache.*

TÂCHER [taʃe] v. (conjug. 3a) 1. v. tr. ind. *TÂCHER DE* : faire des efforts, faire ce qu'il faut pour. SYN. **s'efforcer, essayer.** *Ils vont tâcher de nous rendre visite.* ◆ (à l'impér. ; ordre atténué) *Tâchez d'arriver à l'heure !* 2. v. tr. dir. *TÂCHER QUE* (+ subj.) : faire en sorte que. *Tâchez que ça ne se reproduise plus.* HOM. TACHER «salir»
ÉTYM. de *tâche.*

TÂCHERON, ONNE [taʃ(ə)ʀɔ̃, ɔn] n. ✦ Personne qui travaille beaucoup, avec application mais sans initiative, et accomplit des tâches peu importantes.
ÉTYM. de *tâche.*

TACHETER [taʃ(ə)te] v. tr. (conjug. 6b) ✦ Marquer, orner de petites taches.
► **TACHETÉ, ÉE** adj. *Tissu tacheté de brun.* SYN. **moucheté.**
ÉTYM. de l'ancien français *tachete* «petite *tache*».

TACHISME [taʃism] n. m. ✦ Style de peinture par taches de couleur juxtaposées.

TACHISTE [taʃist] adj. 1. Relatif au tachisme. 2. Qui pratique le tachisme. – n. *Les tachistes.*

TACHY- Élément savant, du grec *takhus* «rapide» (ex. *tachymètre* n. m. «compte-tour»).

TACHYCARDIE [takikaʀdi] n. f. ✦ Accélération du rythme des battements du cœur.
ÉTYM. latin scientifique *tachycardia* → tachy- et -cardie.

TACITE [tasit] adj. ✦ Non exprimé, sous-entendu entre plusieurs personnes. SYN. **implicite, inexprimé.** *Un consentement tacite.*
► **TACITEMENT** [tasitmɑ̃] adv.
ÉTYM. latin *tacitus,* p. passé de *tacere* «taire».

TACITURNE [tasityʀn] adj. ✦ Qui parle peu, reste habituellement silencieux. – Qui n'est pas d'humeur à faire la conversation. SYN. ① **morose, sombre.** CONTR. **bavard, disert, loquace, volubile.**
► **TACITURNITÉ** [tasityʀnite] n. f. LITTÉR.
ÉTYM. latin *taciturnus,* de *tacitus* → tacite.

TACOT [tako] n. m. ✦ FAM. Vieille voiture (bruyante) qui n'avance pas vite. SYN. **guimbarde.**
ÉTYM. de *tac.*

TACT [takt] n. m. 1. Sensibilité permettant d'apprécier les contacts avec la peau. 2. Qualité qui permet d'apprécier intuitivement ce qu'il convient de dire, de faire ou d'éviter dans les relations humaines. SYN. **délicatesse, doigté.** *Avoir du tact. Manquer de tact.*
ÉTYM. latin *tactus,* p. passé de *tangere* «toucher».

TACTICIEN, IENNE [taktisjɛ̃, jɛn] n. et adj. ✦ (Personne) habile en tactique.

TACTILE [taktil] adj. ✦ Qui concerne les sensations du tact, du toucher. – *Les moustaches du chat sont des poils tactiles.* ◆ *Écran tactile,* fonctionnant par contact du doigt.
ÉTYM. latin *tactilis.*

TACTIQUE [taktik] n. f. et adj.
I n. f. 1. Art de combiner tous les moyens militaires (troupes, armements) au combat ; exécution des plans de la stratégie*. *Tactique d'encerclement.* 2. Ensemble des moyens coordonnés que l'on emploie pour parvenir à un résultat. SYN. ③ **plan, stratégie.** *Changer de tactique.*
II adj. Relatif à la tactique. *Armes tactiques* (opposé à *stratégique*), à moyenne portée. – *Habileté tactique.*
ÉTYM. grec *taktikê (tekhnê)* «(art) de ranger».

TADORNE [tadɔʀn] n. m. ✦ Grand canard sauvage, migrateur, à bec rouge.
ÉTYM. origine obscure.

TÆNIA [tenja] n. m. → TÉNIA

TAFFETAS [tafta] n. m. ✦ Tissu de soie à armure unie. *Taffetas changeant,* dont la chaîne et la trame sont de nuances différentes.
ÉTYM. italien *taffeta,* du persan *taftâ* «tissé».

TAG [tag] n. m. ✦ anglicisme I Graffiti formant une signature d'intention décorative, tracé généralement à la bombe sur les murs, etc. II En anglais, expression ajoutée à la fin d'une phrase pour en faire une question, pour demander confirmation (ex. isn't it ?).
ÉTYM. mot américain «étiquette ; signature».

TAGINE → TAJINE

TAGLIATELLE [taljatɛl] n. f. ✦ souvent au plur. Pâte alimentaire en forme de mince lanière.
ÉTYM. mot italien, proprt «petites tranches *(tagliati)*».

TAGUER [tage] v. tr. (conjug. 3b) ✦ Tracer des tags sur. – au p. passé *Murs tagués.*
► **TAGUEUR, EUSE** [tagœʀ, øz] n.

TAÏAUT [tajo] interj. ✦ Dans la chasse à courre, Cri du veneur pour signaler la bête. – variante TAYAUT [tajo].
ÉTYM. origine onomatopéique.

TAIE [tɛ] n. f. 1. Enveloppe de tissu (d'un oreiller). 2. ANAT. Tache opaque de la cornée.
ÉTYM. latin *theca,* du grec «étui».

A B C D E F G H I J K L M N O P Q R S T U V W X Y Z

TAÏGA [tajga ; taiga] **n. f.** ✦ Forêt de conifères qui borde la toundra (nord de l'Europe, de l'Asie et de l'Amérique).
ÉTYM. mot russe.

TAILLABLE [tajabl] **adj.** ✦ HIST. Soumis à l'impôt de la taille. *Les serfs étaient taillables et corvéables à merci,* soumis aux impôts arbitraires du seigneur.
ÉTYM. de ② *taille.*

TAILLADER [tajade] **v. tr.** (conjug. 3a) ✦ Couper en plusieurs endroits (les chairs, la peau). *Se taillader le menton en se rasant.* SYN. **entailler.** ◆ *Taillader sa table avec un canif.*
ÉTYM. de l'ancien français *taillade* «épée pour frapper de taille», italien *tagliata,* du p. passé de *tagliare* «tailler (I)».

① **TAILLE** [taj] **n. f.** 1. Opération qui consiste à tailler qqch. ; forme qu'on donne à une chose en la taillant. *La taille des pierres.* ➡ **loc.** *PIERRE DE TAILLE,* taillée (pour servir à la construction). ◆ *La taille des arbres, de la vigne.* 2. Tranchant de l'épée, du sabre. *Frapper d'estoc* et de taille.* HOM. THAÏ «thaïlandais»
ÉTYM. de *tailler.*

② **TAILLE** [taj] **n. f.** ✦ HIST. Redevance payée au seigneur féodal (→ **taillable**). ➡ Impôt direct dû au roi par les roturiers, sous l'Ancien Régime. *La taille et la gabelle.* HOM. THAÏ «thaïlandais»
ÉTYM. de *tailler* «prélever».

③ **TAILLE** [taj] **n. f.** I 1. Hauteur du corps humain, debout et droit. SYN. **stature.** *Mesurer la taille de qqn avec une toise. Un homme de petite taille.* 2. **loc.** *À LA TAILLE DE, DE LA TAILLE DE :* en rapport avec. *Un adversaire à sa taille.* ➡ *ÊTRE DE TAILLE À* (+ inf.) : avoir la force suffisante, les qualités nécessaires pour. → **capable** de. *Il est de taille à se défendre.* 3. Grandeur, grosseur et conformation (du corps) par rapport aux vêtements. *Cette veste n'est pas à ma taille.* ➡ Chacun des types standard dans une série de confection. *Taille 40. La taille au-dessus.* 4. Grosseur ou grandeur. *Une photo de la taille d'une carte de visite.* SYN. **dimension, format.** ➡ FAM. *DE TAILLE :* très grand, très important. → **immense.** fig. *Une erreur de taille.* → **énorme.** II 1. Partie plus ou moins resserrée du tronc entre les côtes et les hanches. *Avoir la taille fine. Tour de taille,* mesuré à la ceinture. *Prendre qqn par la taille.* 2. Partie plus ou moins resserrée (d'un vêtement) à cet endroit du corps. *Veste cintrée à la taille. Un pantalon (à) taille basse* (qui se porte sur les hanches). HOM. THAÏ «thaïlandais»
ÉTYM. de *tailler* (pour dégrossir une forme).

TAILLÉ, ÉE [taje] **adj.** 1. Fait, bâti (corps humain). *Ce garçon est taillé en athlète.* 2. *Être taillé pour :* être fait pour, apte à. 3. Coupé, rendu moins long. *Moustache taillée.* ➡ Élagué. *Arbres taillés.* ➡ *TAILLÉ EN :* qu'on a taillé en donnant la forme de. *Cheveux taillés en brosse. Bâton taillé en pointe.*
ÉTYM. du participe passé de *tailler.*

TAILLE-CRAYON [tajkʀɛjɔ̃] **n. m.** ✦ Petit instrument avec lequel on taille les crayons. *Des taille-crayons.*

TAILLE-DOUCE [tajdus] **n. f.** 1. Gravure en creux. *Image gravée en taille-douce.* 2. Gravure sur cuivre au burin. *Des tailles-douces.*
ÉTYM. de ① *taille* et *doux.*

TAILLER [taje] **v.** (conjug. 3a) I **v. tr.** 1. Couper, travailler (une matière, un objet) avec un instrument tranchant, de manière à lui donner une forme déterminée. *Tailler la pierre. Tailler un crayon,* en pointe pour dégager la mine (→ **taille-crayon**). *Tailler un arbre,* ses branches. SYN. **élaguer, émonder.** 2. Confectionner, obtenir (une chose) en découpant. ➡ *Tailler un vêtement,* découper les morceaux que l'on coud ensuite pour faire le vêtement. SYN. **couper ;** → **tailleur.** ◆ fig. *Se tailler un beau succès,* l'obtenir. II **v. intr.** *Modèle qui taille grand, petit,* qui est grand (petit) pour la taille annoncée. III *SE TAILLER* **v. pron.** FAM. Partir en hâte, s'enfuir. *Ils se sont tous taillés.*
ÉTYM. bas latin *taliare,* de *talia* «bouture».

TAILLEUR [tajœʀ] **n. m.** I 1. Personne, artisan qui fait des vêtements sur mesure pour hommes ; personne qui dirige l'atelier où on les confectionne. ◆ **loc.** *S'asseoir en tailleur,* par terre, les jambes à plat sur le sol et repliées, les genoux écartés. 2. Costume de femme (veste et jupe ou pantalon de même tissu). II Ouvrier qui taille, qui façonne (qqch.) par la taille. *Tailleur de pierre(s).*
ÉTYM. de *tailler.*

TAILLIS [taji] **n. m.** ✦ Partie d'un bois ou d'une forêt où il n'y a que des arbres de faible dimension ; ces arbres. *Des taillis et des futaies.*
ÉTYM. de *tailler.*

TAIN [tɛ̃] **n. m.** ✦ Amalgame métallique (étain ou mercure) qu'on applique derrière une glace pour qu'elle puisse réfléchir la lumière. *Miroir sans tain.* HOM. ② TEINT «couleur du visage», THYM «plante»
ÉTYM. de *étain.*

TAIRE [tɛʀ] **v. tr.** (conjug. 42, sauf 3ᵉ pers. du sing. de l'indic. *il tait* et p. passé fém. *tue*) I Ne pas dire ; s'abstenir ou refuser d'exprimer (qqch.). SYN. **cacher, celer.** *Taire ses raisons. Une personne dont je tairai le nom.* II *SE TAIRE* **v. pron.** 1. Rester sans parler, s'abstenir de s'exprimer. ➡ *Savoir se taire,* être discret. *Je préfère me taire là-dessus,* ne rien dire à ce propos. ➡ **loc.** FAM. *Il a manqué, perdu une belle occasion de se taire,* il a parlé mal à propos. 2. Cesser de parler (ou de crier, de pleurer). *Elles se sont tues. Taisez-vous !* → **chut, silence.** ◆ (avec ellipse de *se*) *FAIRE TAIRE qqn :* empêcher de parler, de crier, de pleurer ; forcer à se taire. ➡ fig. *Faire taire l'opposition.* SYN. **museler.** 3. (sujet chose) Ne plus se faire entendre. *L'orchestre s'était tu.* CONTR. ① **dire, divulguer** • **bavarder,** ① **parler.** HOM. TER «une troisième fois», TERRE «sol»
ÉTYM. latin *tacere.*

TAJINE [taʒin] **n. m.** ✦ Ragoût de viande cuit à l'étouffée (cuisine marocaine). *Tajine d'agneau.* ➡ Plat à couvercle conique, dans lequel cuit ce ragoût. ➡ On écrit aussi *tagine.*
ÉTYM. mot arabe.

TALC [talk] **n. m.** ✦ Silicate naturel de magnésium. *Poudre de talc. Saupoudrer de talc.* → **talquer.**
ÉTYM. arabe *talq.*

TALÉ, ÉE [tale] **adj.** ✦ (fruit) Meurtri. *Pêches talées.* SYN. **tapé.**
ÉTYM. de *taler* «meurtrir», germanique *tâlôn.*

① **TALENT** [talɑ̃] n. m. ✦ ANTIQ. 1. Poids de 20 à 27 kg, dans la Grèce antique. 2. Monnaie de compte équivalant à un talent d'or ou d'argent.
ÉTYM. latin *talentum*, du grec «plateau de balance».

② **TALENT** [talɑ̃] n. m. 1. Aptitude particulière, dans une activité. SYN. **capacité**, ① **don**. *Avoir du talent pour,* être doué pour. ➜ *Avoir le talent de* (+ inf.). SYN. ① **don**. 2. *LE TALENT* : aptitude remarquable dans le domaine intellectuel ou artistique. *Avoir du talent. Le talent et le génie.* ➜ *Un écrivain de talent.* 3. Personne qui a du talent. *Encourager les jeunes talents.*
ÉTYM. même mot que ① *talent* ; de la parabole des *talents*, dans l'Évangile.

TALENTUEUX, EUSE [talɑ̃tɥø, øz] adj. ✦ Qui a du talent. *Un peintre talentueux.*
► **TALENTUEUSEMENT** [talɑ̃tɥøzmɑ̃] adv.
ÉTYM. de ② *talent*.

TALIBAN [talibɑ̃] n. m. ✦ Membre d'un mouvement islamiste militaire afghan. *Des talibans* ou *des taliban* (invar.). ➜ adj. *Milice talibane. Des attaques talibanes.*

TALION [taljɔ̃] n. m. ✦ HIST. Châtiment qui consiste à infliger au coupable le traitement qu'il a fait subir à autrui. ➜ *La loi du talion* (œil pour œil, dent pour dent) ; fig. la vengeance qui consiste à rendre la pareille.
ÉTYM. latin *talio*, de *talis* «tel».

TALISMAN [talismɑ̃] n. m. ✦ Objet (pierre, anneau, etc.) portant des signes, et auquel on attribue des vertus magiques. SYN. **amulette, grigri.**
ÉTYM. arabe *tilsam*, du grec *telesma* «rite religieux».

TALKIE-WALKIE [tokiwoki ; tɔlkiwɔlki] n. m. ✦ anglicisme Petit poste émetteur-récepteur de radio, portatif et de faible portée. *Des talkies-walkies.*
ÉTYM. mot américain, de *to talk* «parler» et *to walk* «marcher».

TALMUD [talmyd] n. m. ✦ Recueil des enseignements des grands rabbins. *Étudier le Talmud.* ☞ noms propres
► **TALMUDIQUE** [talmydik] adj.
ÉTYM. mot hébreu «étude».

TALOCHE [talɔʃ] n. f. ✦ FAM. Gifle.
ÉTYM. de *taler* «meurtrir», germanique *tâlôn*.

TALON [talɔ̃] n. m. **I** 1. Partie postérieure du pied humain, dont la face inférieure touche le sol pendant la marche. *Talon et pointe du pied. Être accroupi sur ses talons.* ➜ *Le talon d'Achille de qqn,* son point vulnérable. ☞ ACHILLE (noms propres). ♦ loc. *Marcher, être SUR LES TALONS de qqn,* le suivre de très près. → **talonner**. ➜ *Tourner les talons,* s'en aller, partir, s'enfuir. ➜ *Avoir l'estomac* dans les talons.* 2. Partie (d'un bas, d'une chaussette, etc.) qui enveloppe le talon. *Talons renforcés.* 3. Pièce qui rehausse l'arrière d'une chaussure. *Talons plats, hauts. Talons aiguilles,* hauts et fins. **II** 1. Reste, dernier morceau (d'un pain, d'un fromage, d'un jambon). 2. Ce qui reste d'un jeu de cartes après la première distribution. *Piocher dans le talon.* 3. Partie non détachable d'un carnet à souches. SYN. **souche**. *Le talon d'un chèque.*
ÉTYM. latin populaire *talo*, de *talus* «osselet du pied».

TALONNAGE [talɔnaʒ] n. m. ✦ RUGBY Action de talonner (3).

TALONNEMENT [talɔnmɑ̃] n. m. ✦ Action de talonner (1 et 2).

TALONNER [talɔne] v. (conjug. 3a) **I** v. tr. 1. Suivre ou poursuivre de très près. ♦ fig. *Ses créanciers le talonnent.* SYN. **harceler**. ➜ (sujet chose) *La peur le talonnait.* 2. Frapper du talon. *Talonner un cheval,* pour le faire avancer. 3. RUGBY *Talonner (la balle),* lors d'une mêlée, repousser le ballon vers son camp d'un coup de talon (↔ **talonnage**). **II** v. intr. MAR. (bateau) Toucher, heurter le fond par l'arrière.
ÉTYM. de *talon*.

TALONNETTE [talɔnɛt] n. f. 1. Lame de liège placée sous le talon à l'intérieur de la chaussure. 2. Ruban cousu au bas des jambes d'un pantalon pour en éviter l'usure.

TALQUER [talke] v. tr. (conjug. 3a) ✦ Enduire, saupoudrer de talc. ➜ au p. passé *Gants de caoutchouc talqués.*
ÉTYM. de *talc*.

TALUS [taly] n. m. 1. Terrain en pente très inclinée, aménagé par des travaux de terrassement. *Les talus qui bordent un fossé.* ♦ Ouvrage de fortifications. SYN. ① **glacis**. 2. GÉOGR. *Talus continental,* forte pente faisant suite au plateau continental.
ÉTYM. latin *talutium*, p.-ê. du gaulois *talo* «front».

TALWEG [talvɛg] n. m. ✦ GÉOGR. Ligne de plus grande pente d'une vallée. ➜ On écrit parfois *thalweg*.
ÉTYM. mot allemand, proprement «chemin *(Weg)* de la vallée *(Tal)*».

TAMANOIR [tamanwaʀ] n. m. ✦ Mammifère édenté, appelé aussi *grand fourmilier,* au pelage noir et blanc, à la langue effilée et visqueuse qui lui sert à capturer les fourmis dont il se nourrit.
ÉTYM. indien caraïbe *tamanoa*.

TAMARIN [tamaʀɛ̃] n. m. ✦ Fruit du tamarinier, utilisé notamment comme laxatif.
ÉTYM. latin médiéval *tamarindus*, de l'arabe *tamr hindī* «datte de l'Inde».

TAMARINIER [tamaʀinje] n. m. ✦ Grand arbre exotique à fleurs en grappe, qui produit le tamarin.

TAMARIS [tamaʀis] n. m. ✦ Arbrisseau décoratif originaire d'Orient, à petites feuilles en écailles, à fleurs roses en épi. ➜ On dit aussi *tamarix* [tamaʀiks].
ÉTYM. bas latin *tamariscus*, d'origine incertaine.

TAMBOUILLE [tɑ̃buj] n. f. ✦ FAM. Cuisine (généralement médiocre). *Faire la tambouille.*
ÉTYM. peut-être de *pot-en-bouille*, de *bouillir*.

TAMBOUR [tɑ̃buʀ] n. m. **I** 1. Instrument à percussion, formé de deux peaux tendues sur un cadre cylindrique (↔ **caisse**). *Baguettes de tambour. Un roulement de tambour.* ➜ Bruit du tambour. *Être réveillé par le tambour.* ♦ loc. *Sans tambour ni trompette,* sans attirer l'attention. 2. Personne qui bat le tambour. *Les tambours du régiment* (↔ **tambour-major**). 3. par ext. Instrument à percussion à membrane tendue (↔ **timbale**). *Tambour de basque,* petit cerceau de bois muni d'une peau tendue et entouré de grelots. → **tambourin**. *Tambours africains.* → **tam-tam**. **II** 1. Petite entrée à double porte, servant à isoler l'intérieur d'un édifice. ♦ Tourniquet formé de quatre portes vitrées, en croix. *Porte à tambour d'un hôtel.* 2. Métier circulaire pour broder à l'aiguille. 3. Cylindre (d'un treuil, d'une machine). *Le tambour d'un lave-linge.* 4. *Tambour de frein,* pièce cylindrique solidaire de la roue, à l'intérieur de laquelle frottent les segments.

A B C D E F G H I J K L M N O P Q R S T U V W X Y Z

ÉTYM. persan *tabir*, influencé par l'arabe *at-tunbur* «instrument à cordes».

TAMBOURIN [tɑ̃buʀɛ̃] **n. m.** 1. Tambour* de basque. 2. Tambour haut et étroit, que l'on bat d'une seule baguette. *Tambourin provençal.*
ÉTYM. de *tambour.*

TAMBOURINAIRE [tɑ̃buʀinɛʀ] **n. m.** ✦ Joueur de tambourin (2).
ÉTYM. de *tambour*, par le provençal.

TAMBOURINER [tɑ̃buʀine] **v.** (conjug. 3a) **I** **v. intr.** Faire un bruit de roulement, de batterie (avec un objet dur, avec ses doigts...). *Tambouriner à la porte.* ➖ (sujet chose) *La grêle tambourine contre les vitres.* **II** **v. tr.** Jouer (un air) sur un tambour, un tambourin. *Tambouriner une marche.* ➖ au p. passé *Langages tambourinés*, signaux transmis par les tambours, les tam-tam, en Afrique.
► **TAMBOURINAGE** [tɑ̃buʀinaʒ] ou **TAMBOURINEMENT** [tɑ̃buʀinmɑ̃] **n. m.**
ÉTYM. de *tambourin.*

TAMBOUR-MAJOR [tɑ̃buʀmaʒɔʀ] **n. m.** ✦ Sous-officier qui commande les tambours et les clairons d'un régiment. *Des tambours-majors.*
ÉTYM. de *tambour* et *major.*

TAMIS [tami] **n. m.** 1. Instrument qui sert à passer et à séparer les éléments d'un mélange. SYN. **crible, sas** ; → **chinois, passoire.** ➖ loc. *Passer au tamis* : trier, ne conserver que certains éléments. 2. Partie cordée d'une raquette de tennis.
ÉTYM. origine incertaine.

TAMISER [tamize] **v. tr.** (conjug. 3a) 1. Trier, passer au tamis. SYN. **cribler, sasser.** *Tamiser du sable.* ➖ au p. passé *Farine tamisée.* 2. Laisser passer (la lumière) en partie. SYN. ① **voiler.** ➖ au p. passé *Lumière tamisée*, douce, voilée.
► **TAMISAGE** [tamizaʒ] **n. m.**

TAMOUL, E [tamul] **adj.** et **n.** ✦ Des Tamouls (→ noms propres), peuple du sud-est de l'Inde. ➖ **n. m.** *Le tamoul* (la plus importante des langues dravidiennes).
ÉTYM. sanskrit *dramila.*

TAMPON [tɑ̃pɔ̃] **n. m.** **I** 1. Petite masse dure ou d'une matière souple pressée, qui sert à boucher un trou, à empêcher l'écoulement d'un liquide. SYN. **bouchon.** 2. Cheville plantée pour y fixer un clou, une vis. 3. Petite masse formée ou garnie d'une matière souple, servant à étendre un liquide. *Tampon encreur.* ➖ *Tampon à récurer*, formé d'une masse de fils. 4. Petite masse de gaze, d'ouate..., servant à étancher le sang, nettoyer la peau, etc. *Tampon imbibé d'éther.* ➖ *Tampon hygiénique, périodique*, introduit dans le vagin pendant les règles (→ **protection**). 5. *EN TAMPON* : froissé en boule (papier, tissu). *Mouchoir en tampon.* **II** Timbre (sur un tampon encreur) qui sert à marquer, à oblitérer. *Apposer un tampon sur un passeport.* ♦ Cachet, oblitération. **III** 1. Plateau métallique vertical destiné à recevoir et à amortir les chocs. *Les tampons d'une locomotive.* 2. Ce qui amortit les chocs, empêche les heurts (au propre et au fig.). *Servir de tampon entre deux personnes.* ➖ appos. *ÉTAT, ZONE TAMPON*, dont la situation intermédiaire empêche les conflits directs (entre États...). 3. appos. INFORM. *Mémoire tampon* (d'un ordinateur), collectant temporairement les données. 4. appos. CHIM. *Solution tampon*, permettant de maintenir constant le pH d'un liquide, d'une substance. *Des solutions tampons.*
ÉTYM. variante de l'ancien français *tapon*, francique *tappo.*

TAMPONNEMENT [tɑ̃pɔnmɑ̃] **n. m.** 1. MÉD. Technique permettant l'arrêt d'une hémorragie, par tassement de compresses, de mèches. 2. Fait de heurter avec les tampons (III, 1). 3. Accident résultant du heurt de deux trains.
ÉTYM. de *tamponner.*

TAMPONNER [tɑ̃pɔne] **v. tr.** (conjug. 3a) **I** 1. Enfoncer des chevilles (→ **tampon**, I, 2) dans (un mur). 2. Enduire d'un liquide ; essuyer, nettoyer avec un tampon (I, 3 et 4). *Tamponner une plaie avec de la gaze.* ➖ loc. FAM. *Il s'en tamponne* : il s'en moque. 3. CHIM. Ajouter une solution tampon à. ➖ au p. passé *Aspirine tamponnée.* **II** Timbrer, apposer un tampon (II) sur. *Faire tamponner une autorisation.* **III** Heurter avec les tampons (III, 1). ➖ (véhicules) Heurter violemment. ♦ pronom. *Les deux voitures se sont tamponnées.*
ÉTYM. de *tampon.*

TAMPONNEUR, EUSE [tɑ̃pɔnœʀ, øz] **adj.** ✦ Qui tamponne. ♦ *AUTOS TAMPONNEUSES* : attraction foraine où de petites voitures électriques circulent et se heurtent sur une piste.

TAM-TAM [tamtam] **n. m. invar.** 1. Tambour de bronze ou gong d'Extrême-Orient. *Des tam-tam.* 2. plus cour. Tambour en usage en Afrique noire comme instrument de musique et pour la transmission de messages. 3. fig. Bruit, publicité tapageuse.
ÉTYM. onomatopée créole de l'océan Indien.

TAN [tɑ̃] **n. m.** ✦ TECHN. Écorce de chêne utilisée pour la préparation du cuir (→ **tanner**). HOM. TANT «tellement», TAON «insecte», TEMPS «durée»
ÉTYM. gaulois *tann-* «chêne».

TANAGRA [tanagʀa] **n. m.** ou **n. f.** ✦ Figurine grecque antique en terre cuite, simple et gracieuse.
ÉTYM. du nom d'un village de Béotie, en Grèce.

TANCER [tɑ̃se] **v. tr.** (conjug. 4) ✦ LITTÉR. Réprimander. *Tancer vertement qqn.*
ÉTYM. latin populaire *tentiare*, de *tendere* «tendre, faire un effort, lutter».

TANCHE [tɑ̃ʃ] **n. f.** ✦ Poisson d'eau douce, à peau sombre et gluante, à chair délicate.
ÉTYM. bas latin *tinca*, d'origine gauloise.

TANDEM [tɑ̃dɛm] **n. m.** 1. Bicyclette à deux sièges et deux pédaliers placés l'un derrière l'autre. 2. fig. FAM. Groupe de deux personnes associées. ➖ loc. *En tandem*, en collaboration.
ÉTYM. mot anglais, du latin «enfin», d'où «à la longue, en longueur».

TANDIS QUE [tɑ̃dik(ə)] **loc. conj.** 1. Pendant le temps que, dans le même moment que. SYN. **alors** que, **comme**, ③ **pendant** que. 2. (marquant l'opposition) *Elle aime la viande, tandis que lui est végétarien.* SYN. **alors** que.
ÉTYM. latin *tamdiu* «aussi longtemps *(diu)*».

TANGAGE [tɑ̃gaʒ] **n. m.** ✦ Mouvement alternatif d'un navire dont l'avant et l'arrière plongent successivement. *Le tangage et le roulis.* ➖ *Le tangage d'un avion.*
ÉTYM. de *tanguer.*

TANGENCE [tɑ̃ʒɑ̃s] n. f. ✦ Position de ce qui est tangent.
ÉTYM. de *tangent*.

TANGENT, ENTE [tɑ̃ʒɑ̃, ɑ̃t] adj. 1. Qui touche en un seul point, sans couper (une ligne, une surface). *Droite tangente à un cercle.* 2. Qui se fait de justesse. *Il a été reçu, mais c'était tangent.*
ÉTYM. du latin *tangens*, participe présent de *tangere* «toucher».

TANGENTE [tɑ̃ʒɑ̃t] n. f. 1. *La tangente à une courbe,* la droite qui touche cette courbe en un seul point. *La tangente à un cercle est perpendiculaire au rayon du cercle en ce point.* ➝ MATH. *Tangente d'un arc, d'un angle :* rapport du sinus au cosinus de cet arc, de cet angle (symb. tg). 2. loc. fig. *PRENDRE LA TANGENTE :* se sauver sans être vu ; se tirer d'affaire adroitement.
ÉTYM. du latin *tangens, tangentis*, participe présent de *tangere* «toucher».

TANGENTIEL, ELLE [tɑ̃ʒɑ̃sjɛl] adj. ✦ Qui a rapport aux tangentes. *Force tangentielle,* exercée dans le sens de la tangente à une courbe.
ÉTYM. de *tangente*.

TANGIBLE [tɑ̃ʒibl] adj. 1. Que l'on peut connaître en touchant. *La réalité tangible.* SYN. ① **matériel, palpable.** 2. Dont la réalité est évidente. *Des preuves tangibles.*
ÉTYM. bas latin *tangibilis*, de *tangere* «toucher».

TANGO [tɑ̃go] n. m. 1. Musique et danse originaires d'Argentine, sur un rythme assez lent à deux temps. *Des tangos langoureux.* 2. Couleur orange vif. SYN. **orangé.** ➝ adjectivt invar. *Des robes tango.*
ÉTYM. mot espagnol d'Argentine, peut-être d'origine africaine.

TANGUER [tɑ̃ge] v. intr. (conjug. 3b) 1. (bateaux) Se balancer par un mouvement de tangage. *Navire qui roule et qui tangue.* 2. Remuer par un mouvement alternatif d'avant en arrière. *Tout tanguait autour de lui.*
ÉTYM. peut-être du norrois *tangi* «pointe».

TANIÈRE [tanjɛʀ] n. f. 1. Retraite (d'une bête sauvage), caverne, lieu abrité ou souterrain. SYN. **antre, gîte, repaire, terrier.** *Renard tapi au fond de sa tanière.* 2. Lieu fermé dans lequel on s'isole, on se cache.
ÉTYM. latin populaire *taxonaria* «gîte du blaireau *(taxo)*».

TANIN [tanɛ̃] n. m. 1. Substance d'origine végétale, rendant les peaux imputrescibles. *Tanin d'écorce de châtaignier, de chêne.* → **tan.** 2. Cette substance provenant du raisin, présente dans le vin rouge. *Ce bordeaux est riche en tanin.* ➝ On écrit aussi *tannin*.
ÉTYM. de *tan*.

TANK [tɑ̃k] n. m. I Citerne d'un navire pétrolier. *Des tanks.* ◆ Réservoir de stockage. *Tank à lait.* II VIEILLI Char d'assaut. → ① **char.** ◆ FAM. et plais. Grosse voiture.
ÉTYM. mot anglais «réservoir».

TANKER [tɑ̃kœʀ] n. m. ✦ anglicisme Bateau-citerne transportant du pétrole. SYN. **pétrolier.**
ÉTYM. mot anglais, de *tank*.

TANKISTE [tɑ̃kist] n. m. ✦ Soldat d'une unité de tanks, de blindés.
ÉTYM. de *tank* (II).

TANNAGE [tanaʒ] n. m. ✦ Action de tanner (les peaux).

TANNANT, ANTE [tanɑ̃, ɑ̃t] adj. ✦ FAM. Qui tanne (II), lasse. *Il est tannant avec ses questions.* SYN. **assommant, fatigant, lassant.**
ÉTYM. du participe présent de *tanner*.

TANNÉ, ÉE [tane] adj. 1. Qui a subi le tannage. *Peaux tannées.* 2. (personnes) Dont la peau a bruni sous l'effet du soleil, des intempéries. *Un marin au visage tanné.* SYN. **basané, hâlé.**
ÉTYM. du participe passé de *tanner* (I).

TANNÉE [tane] n. f. ✦ FAM. Volée de coups. SYN. **raclée.**
ÉTYM. du participe passé de *tanner* (I).

TANNER [tane] v. tr. (conjug. 3a) I 1. Préparer (les peaux) avec du tanin ou d'autres produits pour les rendre imputrescibles et en faire du cuir (→ **mégisserie**). 2. loc. FAM. *Tanner le cuir à qqn,* le rosser. → **tannée.** II FAM. Agacer, importuner. SYN. **harceler.** *Il me tanne pour que j'accepte.*
ÉTYM. de *tan*.

TANNERIE [tanʀi] n. f. 1. Établissement où l'on tanne les peaux. 2. Opérations de tannage. *La tannerie et le corroyage.*

TANNEUR, EUSE [tanœʀ, øz] n. ✦ Personne qui tanne les peaux. ◆ Personne qui possède une tannerie et vend des cuirs.

TANNIN → TANIN

TANSAD [tɑ̃sad] n. m. ✦ anglicisme Selle pour passager, sur une motocyclette.
ÉTYM. mot anglais, de *tan(dem) sad(dle)* «selle *(saddle)* en tandem».

TANT [tɑ̃] adv. et nominal I adv. de quantité, marquant l'intensité 1. *TANT QUE,* exprime qu'une action ou qu'une qualité portée à un très haut degré devient la cause d'un effet. SYN. **tellement.** *Il souffre tant qu'il ne peut plus se lever.* 2. *TANT DE... QUE... :* une si grande quantité, un si grand nombre de... que... *Elle a tant d'argent qu'elle ne sait qu'en faire.* ➝ absolt Tant de choses. *Il a fait tant pour vous ! Faire TANT ET SI BIEN que :* parvenir après beaucoup d'efforts à. 3. (sans *que*) Tellement. *Il vous aimait tant. Je voudrais tant avoir fini.* 4. *TANT DE :* une si grande, une telle quantité de. *Celui-là et tant d'autres. Ne faites pas tant d'histoires.* SYN. **autant** de. *Des gens comme il y en a tant.* loc. FAM. *Vous m'en direz tant !,* je ne suis plus étonné après ce que vous m'avez dit. ➝ *TANT SOIT PEU :* si peu que ce soit. subst. *Un tant soit peu* (et adj.). ➝ *TANT S'EN FAUT :* il s'en faut de beaucoup. *Il n'est pas généreux, tant s'en faut.* 5. LITTÉR. (introduisant la cause) *Il n'ose plus rien entreprendre, tant il a été déçu.* SYN. **tellement.** ➝ loc. *Tant il est vrai que,* introduit une vérité qui découle de ce qui vient d'être dit. II nominal Une quantité qu'on ne précise pas. *Être payé à tant par mois, à tant la page. Tant pour cent.* ➝ *TANT ET PLUS :* la quantité dont on parle et plus encore. *J'ai des amis tant et plus.* III (exprimant une comparaison) 1. *TANT... QUE,* exprime l'égalité dans des propositions négatives ou interrogatives. SYN. **autant.** *Il ne craint pas tant la solitude que le silence.* ➝ *TANT QUE,* en phrase affirmative. Autant. *Tant qu'il vous plaira. Tant que tu voudras.* ➝ *Tant que ça,* tellement. ➝ *SI TANT EST QUE* (+ subj.) : exprime une supposition très improbable. *Il a l'air d'un honnête homme, si tant est qu'il y en ait.* ➝ *TOUS TANT QUE vous êtes,* tous, sans exception. 2. *EN TANT QUE,* dans la mesure où. ➝ Considéré comme. *Le cinéma en tant qu'art ou en tant qu'indus-*

trie. SYN. **comme.** 3. *TANT... QUE... :* aussi bien... que... *Des activités tant sportives qu'artistiques.* ➝ *TANT BIEN QUE MAL* (+ verbe d'action) : péniblement. *Il a réussi tant bien que mal à réparer le moteur.* 4. *TANT QU'À* (+ inf.) : puisqu'il faut. *Tant qu'à déménager, j'aimerais mieux habiter en ville.* ➝ loc. *TANT QU'À FAIRE. Tant qu'à faire, faites-le bien* (LITTÉR. *à tant faire que de...*). 5. *TANT MIEUX, TANT PIS,* exprimant la joie ou le dépit. *Il est guéri, tant mieux ! Il n'est pas là, tant pis !* ➝ *Tant pis pour vous,* c'est dommage, mais c'est votre faute. IV *TANT QUE :* aussi longtemps que. *Elle résistera tant qu'elle pourra.* ◆ Pendant que. *Sortons tant qu'il y a du soleil.* ➝ *Tant que vous y êtes :* en continuant de la même façon.
HOM. TAN «tanin», TAON «insecte», TEMPS «durée»
ÉTYM. latin *tantum.*

TANTALE [tɑ̃tal] **n. m.** ✦ Métal d'une grande densité, très réfractaire, d'aspect proche de celui de l'argent (symb. Ta).
ÉTYM. latin *Tantalus,* fils de Zeus. ☛ TANTALE (noms propres).

TANTE [tɑ̃t] **n. f.** I 1. Sœur du père ou de la mère ; femme de l'oncle. SYN. **tantine, tata, tatie** (langage enfantin). 2. FAM. *MA TANTE :* le Crédit municipal, le mont-de-piété. II VULG. et injurieux Homosexuel efféminé.
HOM. TENTE «abri»
ÉTYM. de l'ancien français *ante* (dans *ta ante* «ta tante»), latin *amita* «sœur du père».

TANTIÈME [tɑ̃tjɛm] **n. m.** ✦ Pourcentage d'un tout. *Le tantième du chiffre de vente.*
ÉTYM. de *tant.*

TANTINE [tɑ̃tin] **n. f.** ✦ appellatif (enfantin) Ma tante. *Bonjour, tantine.*

TANTINET [tɑ̃tinɛ] **n. m.** 1. *Un tantinet de,* un tout petit peu de. *Ajoutez un tantinet de sel.* 2. *UN TANTINET* loc. adv. Un petit peu. *Il est un tantinet farceur.* SYN. **légèrement.**
ÉTYM. de *tant.*

TANT MIEUX ; TANT PIS ➝ TANT (III, 5)

TANTÔT [tɑ̃to] **adv.** 1. Cet après-midi. 2. *TANTÔT..., TANTÔT... :* à un moment, puis à un autre moment (pour exprimer des états différents d'une même chose). SYN. **parfois.** *Tantôt elle pleure, tantôt elle rit.*
ÉTYM. de *tant* et *tôt.*

TANTRISME [tɑ̃tʀism] **n. m.** ✦ RELIG. Forme de l'hindouisme, religion inspirée des *tantras,* livres sacrés ésotériques.
ÉTYM. du sanskrit *tantra* «doctrine, règle».

TAOÏSME [taɔism] **n. m.** ✦ Doctrine religieuse et philosophique chinoise fondée par Lao-tseu, qui enseigne la solidarité totale entre la nature et l'homme.
ÉTYM. du chinois *tao* «voie, raison».

TAON [tɑ̃] **n. m.** ✦ Insecte piqueur et suceur, grosse mouche dont la femelle suce le sang des animaux.
HOM. TAN «tanin», TANT «tellement», TEMPS «durée»
ÉTYM. bas latin *tabonem,* accusatif de *tabo.*

TAPAGE [tapaʒ] **n. m.** 1. Bruit violent produit par un groupe de personnes. SYN. ① **boucan, chahut, potin, raffut, vacarme.** *Un tapage infernal.* ➝ DR. *TAPAGE NOCTURNE* (délit). 2. fig. Esclandre, scandale. *La presse a fait du tapage autour de l'affaire.* ➝ **bruit.**
ÉTYM. de *taper.*

TAPAGEUR, EUSE [tapaʒœʀ, øz] **adj.** 1. VIEILLI Qui fait du tapage. 2. Qui fait du scandale. *Publicité tapageuse.* 3. Qui se fait remarquer par l'outrance, le contraste des couleurs. SYN. **criard,** ② **voyant.** ➝ *Un luxe tapageur.*

TAPANT, ANTE [tapɑ̃, ɑ̃t] **adj.** ✦ À l'instant même où sonne (une heure). SYN. **juste ; pétant, sonnant.** *À midi tapant. À neuf heures tapantes.*
ÉTYM. du participe présent de *taper.*

TAPE [tap] **n. f.** ✦ Coup donné avec le plat de la main. *Une tape amicale dans le dos.*
ÉTYM. de *taper.*

TAPÉ, ÉE [tape] **adj.** ✦ Trop mûr, pourri par endroits (aux endroits des heurts). SYN. **talé.** *Des pommes tapées.* ◆ FAM. Marqué par l'âge.
ÉTYM. du participe passé de *taper.*

TAPE-À-L'ŒIL [tapalœj] **adj. invar.** et **n. m. invar.** 1. adj. invar. Qui attire l'attention par des couleurs voyantes, un luxe tapageur. SYN. **clinquant.** *Des bijoux tape-à-l'œil.* SYN. FAM. **bling-bling.** 2. n. m. invar. *C'est du tape-à-l'œil,* cela fait beaucoup d'effet mais a peu de valeur.
ÉTYM. de *taper* et *œil.*

TAPECUL [tapky] **n. m.** 1. Voiture mal suspendue. *Des tapeculs.* 2. Exercice de trot sans étriers, à cheval. ➝ On écrit aussi *tape-cul, des tape-culs.*
ÉTYM. de *taper* et *cul.*

TAPEMENT [tapmɑ̃] **n. m.** ✦ Action de taper. *Des tapements de pieds.* ➝ Bruit ainsi produit. *Un tapement sourd.*

TAPER [tape] **v.** (conjug. 3a) I v. tr. 1. Frapper du plat de la main. 2. Donner des coups sur (qqch.). SYN. **cogner, frapper.** ◆ (le compl. désigne une partie du corps) *Il lui a tapé la tête contre le mur.* ➝ loc. FAM. *Il y a de quoi se taper le derrière par terre,* c'est risible, grotesque. ➝ *C'est à se taper la tête contre les murs,* c'est une situation révoltante et sans issue. ◆ FAM. (enfants) *Il m'a tapé !* SYN. **battre.** 3. Produire (un bruit) en tapant. *On a tapé trois coups à la porte.* 4. Écrire (un texte) au moyen d'une machine à écrire (SYN. **dactylographier ;** ➝ **frappe**), d'un ordinateur (SYN. **saisir**). 5. FAM. Emprunter de l'argent à (qqn). *Il m'a tapé de cinquante euros* (➝ **tapeur**). II v. intr. 1. Donner des coups. SYN. **cogner.** *Taper des mains, dans ses mains.* ➝ **applaudir.** *Taper du poing sur la table.* 2. loc. fig. *Taper sur qqn,* dire du mal de lui. SYN. **critiquer, médire.** ➝ *Taper sur le ventre à qqn,* le traiter avec une familiarité excessive. ➝ *Taper sur les nerfs à qqn,* l'agacer. ➝ *Taper dans l'œil à qqn,* lui plaire vivement. 3. Écrire au moyen d'un clavier de machine. *Cette dactylo tape vite.* 4. *Le soleil tape, tape dur,* chauffe très fort. 5. FAM. *TAPER DANS :* prendre dans, se servir de. *Taper dans ses économies.* SYN. **puiser.** III *SE TAPER* (+ complément), FAM. 1. Manger, boire (qqch.). *Elle s'est tapé le camembert.* 2. Avoir des relations sexuelles avec (qqn). 3. Faire (une corvée). *Se taper tout le travail.* ◆ Supporter. *Se taper la famille à dîner.* 4. *S'EN TAPER :* s'en moquer. *Je m'en tape.*
ÉTYM. probablement de l'onomatopée *tapp-* exprimant le bruit d'un coup sourd et bref.

TAPETTE [tapɛt] **n. f.** I 1. Instrument (raquette) pour battre les tapis ; pour tuer les mouches. 2. Piège à ressort pour les souris. II FAM. et injurieux Homosexuel.
ÉTYM. de *taper.*

TAPEUR, EUSE [tapœʀ, øz] n. ✦ Personne qui emprunte souvent de l'argent.
ÉTYM. de *taper* (I, 5).

en TAPINOIS [ɑ̃tapinwa] loc. adv. ✦ En se cachant, à la dérobée. SYN. en **catimini.** *S'approcher en tapinois.*
ÉTYM. de l'ancienne locution *en tapin*, de *se tapir*.

TAPIOCA [tapjɔka] n. m. ✦ Fécule extraite de la racine de manioc. *Un potage au tapioca* ou ellipt *un tapioca.*
ÉTYM. mot indien du Brésil, par le portugais.

TAPIR [tapiʀ] n. m. ✦ Mammifère ongulé, herbivore, bas sur pattes, dont le nez se prolonge en trompe.
HOM. SE TAPIR «se cacher»
ÉTYM. mot indien du Brésil.

se TAPIR [tapiʀ] v. pron. (conjug. 13) ✦ Se cacher, se dissimuler en se blottissant. ➝ au p. passé *Une bête tapie dans les buissons.* HOM. TAPIR «animal» ; (du p. passé) TAPIS «revêtement de sol»
ÉTYM. francique *tappjan* «enfermer».

TAPIS [tapi] n. m. 1. Ouvrage fait de fibres textiles, le plus souvent étendu sur le sol. *Tapis persan. Secouer les tapis.* ➝ *Marchand de tapis,* marchand ambulant de tapis ; fig. et péj. personne trop insistante, qui marchande âprement. ➝ loc. *Le tapis rouge,* les honneurs. *Tapis volant* (des légendes orientales). 2. Revêtement souple de sol (tissu, natte, etc.). *Tapis de sol.* ➝ *TAPIS-BROSSE :* paillasson. *Des tapis-brosses.* ➝ (boxe) *Envoyer son adversaire AU TAPIS,* au sol. 3. *TAPIS ROULANT :* surface plane animée d'un mouvement de translation et servant à transporter des personnes, des marchandises. 4. Couche, surface qui évoque un tapis. *Un tapis de neige.* 5. Pièce de tissu recouvrant un meuble. *Tapis de table.* ➝ loc. *Mettre une question sur le tapis,* la faire venir en discussion. HOM. TAPI (p. passé de *se tapir* «se cacher»)
ÉTYM. d'un dérivé du grec *tapês* «couverture».

TAPISSER [tapise] v. tr. (conjug. 3a) 1. Couvrir de tapisseries, tentures, étoffes, papiers, etc., pour orner. *Tapisser un mur, une pièce. Tapisser sa chambre d'affiches.* 2. (sujet chose) Recouvrir (un mur, une paroi) en l'ornant. *Le papier peint qui tapisse un appartement.* ➝ Recouvrir parfaitement. *Le lierre tapissait la façade.*
ÉTYM. de *tapis.*

TAPISSERIE [tapisʀi] n. f. 1. Ouvrage d'art tissé à la main sur un métier, dans lequel le dessin résulte de l'armure même. *Tapisseries des Gobelins* (à Paris). ◆ loc. *FAIRE TAPISSERIE* (comme une tapisserie contre un mur) : n'être pas invité(e) à danser, dans un bal ; rester seul(e). 2. Papier peint ou tissu tendu sur les murs. 3. Ouvrage de dame à l'aiguille, brodé sur un canevas.
ÉTYM. de *tapis.*

TAPISSIER, IÈRE [tapisje, jɛʀ] n. 1. Personne qui fabrique et vend des tissus utilisés en ameublement et en décoration. 2. Personne qui tapisse une pièce, une maison, pose les papiers peints. *Tapissier-décorateur.*
ÉTYM. de *tapis.*

TAPOTEMENT [tapɔtmɑ̃] n. m. ✦ Action de tapoter ; bruit qui en résulte.

TAPOTER [tapɔte] v. tr. (conjug. 3a) ✦ Frapper légèrement à petits coups répétés. *Tapoter la joue d'un enfant.* ➝ intrans. *Tapoter sur la table.* SYN. **pianoter, tambouriner.**
ÉTYM. de *taper.*

TAPUSCRIT [tapyskʀi] n. m. ✦ Texte original tapé à la machine, à l'ordinateur.
ÉTYM. de *taper* (I, 4) et *(man)uscrit.*

TAQUET [takɛ] n. m. 1. Pièce de bois qui soutient l'extrémité d'un tasseau ou sert à caler un meuble. 2. Morceau de bois qui tourne autour d'un axe et sert à maintenir une porte fermée. SYN. **loquet.** 3. MAR. Pièce de bois ou de métal autour des extrémités de laquelle on tourne des cordages.
ÉTYM. de l'ancien normand *estaque*, francique *stakka* «poteau».

TAQUIN, INE [takɛ̃, in] adj. ✦ Qui prend plaisir à irriter, pour plaisanter. *Un enfant taquin.* ➝ n. *Un taquin, une taquine.*
ÉTYM. d'abord *taquehan* «conspiration», p.-ê. de l'anc. néerlandais *taken* «prendre» et *Han* «Jean».

TAQUINER [takine] v. tr. (conjug. 3a) 1. S'amuser à irriter, à contrarier (qqn) dans de petites choses et sans méchanceté. SYN. **asticoter,** faire **enrager.** *Ce n'est pas vrai, c'était pour vous taquiner !* 2. (sujet chose) Être la cause d'une douleur légère. *J'ai une dent qui me taquine.* SYN. **agacer.** 3. loc. FAM. *Taquiner le goujon :* pêcher à la ligne.
ÉTYM. de *taquin.*

TAQUINERIE [takinʀi] n. f. 1. Tendance à taquiner. 2. Action de taquiner ; parole taquine.
ÉTYM. de *taquin.*

TARABISCOTÉ, ÉE [taʀabiskɔte] adj. 1. Surchargé d'ornements. *Des meubles tarabiscotés.* 2. abstrait Inutilement compliqué. *Style tarabiscoté.* SYN. **alambiqué.** CONTR. **simple, sobre.**
ÉTYM. de *tarabiscot* «rainure entre deux moulures», d'origine incertaine.

TARABUSTER [taʀabyste] v. tr. (conjug. 3a) 1. Importuner (qqn) par des paroles, des interventions renouvelées (plus fort que *taquiner*). SYN. **harceler, tourmenter, tracasser.** 2. (sujet chose) Causer de la contrariété, de l'inquiétude, de l'agitation à (qqn). *Cette idée me tarabuste.* SYN. **turlupiner.**
ÉTYM. des radicaux *tarr-* et *tabb-* avec l'idée de «frapper».

TARAMA [taʀama] n. m. ✦ Hors-d'œuvre à base d'œufs de cabillaud fumés, d'huile d'olive et de citron.
ÉTYM. mot grec.

TARASQUE [taʀask] n. f. ✦ Animal fabuleux, dragon des légendes provençales.
ÉTYM. provençal *tarasca*, de *Tarascon.* ☛ noms propres.

TARATATA [taʀatata] interj. ✦ Onomatopée exprimant l'incrédulité, la défiance, le mépris. *Taratata ! tout ça, c'est des histoires !*
ÉTYM. onomatopée.

TARAUDER [taʀode] v. tr. (conjug. 3a) 1. TECHN. Creuser, percer (une matière dure) pour y pratiquer un pas de vis. 2. Percer avec une tarière. *Insectes qui taraudent le bois.* 3. fig. Tourmenter. ➝ passif et p. passé *Être taraudé par le remords.*
ÉTYM. de *taraud*, nom d'un outil, famille de *tarière.*

TARD [taʀ] adv. 1. Après le moment habituel ; après un temps considéré comme long. *Se lever tard.* prov. *Mieux vaut tard que jamais.* ➝ *Rentrer plus tard que d'habitude. Votre lettre est arrivée trop tard,* après le moment convenable. *Trop tard ! le train est parti.* prov. *Il n'est jamais trop tard pour bien faire.* ➝ *TÔT OU TARD :*

inévitablement mais à un moment qu'on ne peut prévoir avec certitude. ➡ *Au plus tard,* en prenant le délai le plus long. *Tout sera prêt dans un mois au plus tard.* ➡ *PLUS TARD :* dans l'avenir. → **ultérieurement.** *Ce sera pour plus tard. Quelques minutes plus tard.* → **après.** *Pas plus tard qu'hier* (tout récemment). 2. À la fin d'une période ; à une heure avancée (du jour ou de la nuit). *Tard dans la matinée, dans la saison.* ➡ **adj.** *Il est, il se fait tard,* l'heure est avancée. 3. **n. m.** *SUR LE TARD :* à un âge considéré comme avancé. *Apprendre à danser sur le tard.* SYN. **tardivement.** CONTR. **tôt.** HOM. TARE «poids» et «défaut»
ÉTYM. latin *tarde,* de *tardus* «lent».

TARDER [taʀde] **v. intr.** (conjug. 3a) 1. Se faire attendre ; être lent à venir. *La réponse ne tardera pas.* 2. Mettre beaucoup de temps ; rester longtemps avant de commencer à agir. *Venez sans tarder,* tout de suite. ➡ *TARDER À* (+ inf.). *Il n'a pas tardé à réagir.* 3. **impers.** *IL ME (TE, LUI...) TARDE DE* (+ inf.) ; *QUE* (+ subj.), exprimant l'impatience de faire, de voir se produire qqch. *Il me tarde d'avoir les résultats ; que ce soit terminé.*
ÉTYM. latin *tardare.*

TARDIF, IVE [taʀdif, iv] **adj.** 1. Qui apparaît, qui a lieu tard, vers la fin d'une période, d'une évolution. *Une passion tardive.* 2. Qui a lieu tard dans la journée, la matinée ou la soirée. *Rentrer à une heure assez tardive.* SYN. **avancé.** ➡ Qui vient, qui se fait trop tard. *Des remords tardifs.* 3. (opposé à *précoce*) Qui se forme, se développe plus lentement ou plus tard que la moyenne. *Lilas tardif.* CONTR. **anticipé, prématuré · hâtif, précoce.**
ÉTYM. latin populaire *tardivus,* de *tardus* «lent, qui tarde».

TARDIVEMENT [taʀdivmɑ̃] **adv.** ✦ Tard. *Elle s'en aperçut tardivement.* CONTR. **précocement.**

TARE [taʀ] **n. f.** I TECHN. 1. Poids de l'emballage, du récipient pesé avec une marchandise. *Le poids brut comprend la tare* (→ **tarer**). 2. Poids placé sur le plateau d'une balance pour faire équilibre à celui d'un objet qu'on ne veut pas compter dans le poids total. II 1. Grave défaut (d'une personne, d'une institution...). *Les tares d'un système.* SYN. **vice.** 2. Défectuosité héréditaire, physique ou psychologique (d'une personne). *Tare morale* (→ **taré**). HOM. TARD «pas tôt»
ÉTYM. arabe *tarha,* par l'ancien occitan.

TARÉ, ÉE [taʀe] **adj.** 1. Affecté d'une tare morale, physique ou psychique. 2. FAM. Inintelligent. SYN. **crétin, idiot.** *Mais tu es complètement taré !* ➡ **n.** *Bande de tarés !*

TARENTELLE [taʀɑ̃tɛl] **n. f.** ✦ Danse du sud de l'Italie, sur un air au rythme très rapide.
ÉTYM. italien *tarantella* «de Tarente» ; même origine que *tarentule.*

TARENTULE [taʀɑ̃tyl] **n. f.** ✦ Grosse araignée venimeuse des pays chauds.
ÉTYM. italien *tarantola* «de Tarente». ☛ noms propres.

TARER [taʀe] **v. tr.** (conjug. 3a) ✦ Peser (un emballage, un récipient) avant de le remplir afin de pouvoir déduire son poids du poids brut.
ÉTYM. de *tare* (I).

TARGETTE [taʀʒɛt] **n. f.** ✦ Petit verrou, généralement à tige plate, que l'on manœuvre en poussant ou en tournant un bouton.
ÉTYM. diminutif de l'ancien français *targe* «bouclier», francique «targa».

se TARGUER [taʀge] **v. pron.** (conjug. 3b) ✦ LITTÉR. Se prévaloir (de qqch.) avec ostentation, se vanter (de). *La générosité dont il se targue.* ➡ (+ inf.) *Il se targue d'y parvenir.*
ÉTYM. de *se targer* «se protéger», de l'ancien français *targe* «bouclier» → targette.

TARGUI, IE [taʀgi] **n.** et **adj.** ✦ DIDACT. Singulier de *touareg. Un Targui, des Touareg.* ➡ **adj.** *Le guide targui.* ➡ On dit aussi *un Touareg, des Touaregs.* → **touareg.**
ÉTYM. mot berbère.

TARI, IE [taʀi] **adj.** ✦ Sans eau. *Une source tarie.* SYN. **à sec.**
ÉTYM. du participe passé de *tarir.*

TARIÈRE [taʀjɛʀ] **n. f.** 1. Grande vrille pour percer le bois. 2. Prolongement de l'abdomen (de certains insectes) capable de creuser des trous.
ÉTYM. latin *taratrum,* du gaulois.

TARIF [taʀif] **n. m.** 1. Tableau ou liste qui indique le montant des droits à acquitter, des prix fixés ; ces prix. *Les tarifs des chemins de fer. Payer plein tarif. Tarif réduit.* → **demi-tarif.** ➡ *Tarif douanier :* taux du droit de douane des produits pouvant être importés. 2. Prix tarifé ou usuel (d'une marchandise, d'un travail). *Le tarif, les tarifs d'un fabricant.*
ÉTYM. italien *tariffa,* arabe *ta'rifa* «notification».

TARIFAIRE [taʀifɛʀ] **adj.** ✦ ÉCON. Concernant un tarif.

TARIFER [taʀife] **v. tr.** (conjug. 3a) ✦ Fixer à un montant, à un prix déterminé ; déterminer le tarif de. ➡ **au p. passé** *Des services tarifés.*

TARIFICATION [taʀifikasjɔ̃] **n. f.** ✦ Fixation des prix selon un tarif précis.

TARIN [taʀɛ̃] **n. m.** ✦ FAM. Nez. SYN. ② **pif.** *Un gros tarin.*
ÉTYM. origine incertaine.

TARIR [taʀiʀ] **v.** (conjug. 13) I **v. intr.** 1. Cesser de couler ; s'épuiser. *La source a tari, vient de tarir* (→ **tari**). *Ses larmes ne tarissent plus.* 2. *La conversation tarit,* s'arrête parce qu'on n'a plus rien à se dire. ➡ (personnes) *NE PAS TARIR :* ne pas cesser de parler. *Il ne tarit pas sur ce sujet* (→ **intarissable**). *Il ne tarit pas d'éloges sur vous.* II **v. tr.** Faire cesser de couler ; mettre à sec. SYN. **assécher.** *La sécheresse a tari les ruisseaux.* ◆ *SE TARIR* **v. pron.** *La source s'est tarie.* ➡ **fig.** *Son inspiration s'est tarie.* SYN. **s'épuiser.**
ÉTYM. francique *tharrjan* «sécher».

TARISSEMENT [taʀismɑ̃] **n. m.** ✦ Fait de tarir, de se tarir. *Le tarissement d'une source.* SYN. **assèchement.**
ÉTYM. de *tarir.*

TARLATANE [taʀlatan] **n. f.** ✦ Étoffe de coton très peu serrée et très apprêtée. *Jupon de tarlatane.*
ÉTYM. portugais *tarlatana.*

TARMAC [taʀmak] **n. m.** ✦ Dans un aérodrome, Emplacement réservé à la circulation et au stationnement des avions.
ÉTYM. mot anglais, abréviation de *tarmacadam,* de *tar* «goudron» et *macadam.*

TAROT [taʀo] **n. m.** ✦ Carte à jouer portant des figures spéciales, plus longue que les cartes ordinaires, utilisée notamment en cartomancie *(tarots de Marseille). Un*

jeu de tarots (ou ellipt *un tarot*) *de soixante-dix-huit cartes.* ➝ Jeu qui se joue avec ces cartes. *Jouer au tarot.*
ÉTYM. italien *tarocco,* d'origine inconnue.

TARSE [taʀs] n. m. ✦ ANAT. Partie postérieure du squelette du pied (double rangée d'os courts).
ÉTYM. grec *tarsos.*

TARSIEN, IENNE [taʀsjɛ̃, jɛn] adj. ✦ Du tarse. *Os tarsiens.*

① **TARTAN** [taʀtɑ̃] n. m. ✦ Étoffe de laine écossaise propre à un clan. ♦ Tissu à décor quadrillé (→ **écossais**).
ÉTYM. mot anglais, d'origine obscure.

② **TARTAN** [taʀtɑ̃] n. m. ✦ Revêtement de pistes d'athlétisme fait d'un aggloméré de caoutchouc, de matières plastiques et d'amiante.
ÉTYM. mot anglais ; marque déposée par une société qui orne ses conditionnements d'un dessin de *tartan* ①.

TARTARE [taʀtaʀ] adj. et n. 1. HIST. Des populations d'Asie centrale (Turcs et Mongols). *Les Tartares* (☞ noms propres). 2. appos. *Sauce tartare,* mayonnaise aux câpres et à la moutarde. ♦ *STEAK TARTARE* et n. m. *un tartare,* préparation de viande de bœuf crue et hachée, assaisonnée. *Des steaks tartares* ou *tartare* (invar.). ➝ par analogie *Tartare de poisson ; de thon.*
ÉTYM. mot turco-mongol.

TARTE [taʀt] n. f.
I n. f. 1. Pâtisserie formée d'un fond de pâte entouré d'un rebord et garni (de fruits, de crème). *Tarte aux fruits, aux pommes. Tarte Tatin,* renversée, caramélisée. ➝ *Tarte aux poireaux.* SYN. **tourte.** ♦ loc. fig. *TARTE À LA CRÈME :* argument, thème banal qui revient à tout propos. ♦ FAM. *C'est pas de la tarte !,* c'est désagréable ou difficile. 2. FAM. Coup, gifle. SYN. **beigne.**
II adj. FAM. Laid ; sot et ridicule, peu dégourdi. SYN. ② **cloche.** (avec ou sans accord) *Ce qu'ils sont tarte(s) !* ➝ (choses) *Son blouson est tarte.* SYN. **tartignolle.**
ÉTYM. famille de *tourte,* influencé peut-être par le latin *tartarum* «tartre».

TARTELETTE [taʀtəlɛt] n. f. ✦ Petite tarte individuelle. SYN. **barquette.**

TARTEMPION [taʀtɑ̃pjɔ̃] n. propre ✦ Nom propre fictif utilisé pour une personne quelconque. SYN. **machin, truc.** ➝ n. *Un vague Tartempion.*
ÉTYM. de *tarte* et *pion.*

TARTIGNOLLE ou **TARTIGNOLE** [taʀtiɲɔl] adj. ✦ Sot ; un peu ridicule ; laid. SYN. **tarte** (II).
ÉTYM. de *tarte.*

TARTINE [taʀtin] n. f. 1. Tranche de pain recouverte de beurre, de confiture..., ou destinée à l'être. *Tartines grillées.* → **rôtie, toast.** 2. FAM. Développement interminable, grand discours. SYN. **laïus, tirade.** *Il a fait là-dessus toute une tartine.*
ÉTYM. de *tarte.*

TARTINER [taʀtine] v. tr. (conjug. 3a) ✦ Étaler (du beurre, etc.) sur une tranche de pain.
ÉTYM. de *tartine.*

TARTRE [taʀtʀ] n. m. 1. Dépôt qui se forme dans les récipients contenant du vin. 2. Dépôt de couleur jaune ou brune (phosphate de calcium), qui s'attache au collet des dents. 3. Croûte calcaire qui se forme sur les parois des chaudières, des bouilloires.
ÉTYM. bas latin *tartarum* «dépôt».

TARTUFE ou **TARTUFFE** [taʀtyf] n. m. ✦ Personne hypocrite. ➝ adj. *Il est un peu tartuffe.*
ÉTYM. de *Tartuffe,* nom d'un personnage de Molière ; italien *tartufo* «truffe». ☞ TARTUFFE (noms propres).

TARTUFERIE ou **TARTUFFERIE** [taʀtyfʀi] n. f. ✦ Conduite de tartufe. → **hypocrisie.**

TAS [tɑ] n. m. 1. Amas (de matériaux, de morceaux, d'objets) s'élevant sur une large base. *Un tas de pierres, de sable ; de détritus.* SYN. **monceau.** *Mettre des bûches en tas.* → **entasser.** 2. fig. FAM. Grande quantité, grand nombre (de choses). *Des tas de :* beaucoup de. ♦ souvent péj. Grand nombre (de gens). SYN. **multitude.** *Un tas de gens.* ➝ *Tirer, taper DANS LE TAS,* dans un groupe, sans viser précisément qqn. ➝ (injure) *Tas de crétins !* SYN. ② **bande.** 3. loc. *SUR LE TAS.* *Grève sur le tas,* sur le lieu du travail. FAM. *Être formé sur le tas,* par le travail même. SYN. sur le **terrain.** HOM. TA (féminin de *ton,* adj. poss.)
ÉTYM. francique *tas.*

TASER [tazɛʀ] n. m. ✦ Pistolet à impulsion électrique à effet paralysant.
ÉTYM. marque déposée ; nom de l'entreprise qui le commercialise.

TASSE [tɑs] n. f. 1. Petit récipient à anse ou à oreilles, servant à boire. *Tasse posée sur sa soucoupe. Des tasses à café.* ♦ Son contenu. *Boire une tasse de thé.* 2. loc. FAM. *Boire une tasse, la tasse,* avaler involontairement de l'eau en se baignant. ➝ *Ce n'est pas ma tasse de thé :* cela ne fait pas partie de mes goûts, de mes intérêts.
ÉTYM. arabe *tasa.*

TASSÉ, ÉE [tase] adj. 1. Affaissé. *Constructions tassées. Une petite vieille toute tassée.* SYN. **recroquevillé.** 2. FAM. *BIEN TASSÉ :* qui remplit bien le verre. *Un demi bien tassé. Un café bien tassé,* très fort. ➝ fig. *Il a cinquante ans bien tassés,* au minimum.
ÉTYM. du participe passé de *tasser.*

TASSEAU [taso] n. m. ✦ Petite pièce de bois ou de métal destinée à soutenir l'extrémité d'une tablette. SYN. **support.**
ÉTYM. latin populaire *tasselus,* croisement de *taxillus* «dé à jouer, tasseau» et de *tessella* «carré, cube».

TASSEMENT [tasmɑ̃] n. m. ✦ Action de tasser ; fait de se tasser. *Le tassement du sol.*

TASSER [tase] v. tr. (conjug. 3a) **I** 1. Comprimer le plus possible, en tapant, poussant, serrant. *Tasser ses affaires dans un sac. Tasser le tabac dans une pipe.* SYN. **bourrer.** *Tasser la neige, de la terre.* SYN. **damer.** 2. (compl. personne) *Tasser des prisonniers dans un wagon.* SYN. **entasser.** ♦ passif et p. passé *On était tassés dans le métro.*
II *SE TASSER* v. pron. 1. S'affaisser sur soi-même. *Terrain qui se tasse.* 2. (sujet chose) FAM. Revenir, après quelque incident, à un état normal. SYN. **s'arranger.** *Il y a des difficultés ; ça se tassera !*
ÉTYM. de *tas.*

TASTE-VIN [tastəvɛ̃] n. m. invar. ✦ Petite tasse plate servant aux dégustateurs de vin. ➝ On écrit aussi *tâte-vin* [tatvɛ̃].
ÉTYM. de *taster, tâter* «goûter» et *vin.*

TATA [tata] n. f. ✦ FAM. Tante.
ÉTYM. de *tante.*

TATAMI [tatami] **n. m.** ✦ Tapis de sol, dans les locaux où se pratiquent les arts martiaux (judo, karaté, etc.).
ÉTYM. mot japonais.

TATANE [tatan] **n. f.** ✦ FAM. Chaussure.
ÉTYM. de *titine*, de *(bot)tine*.

TÂTER [tate] **v. tr.** (conjug. 3a) **1.** Toucher attentivement avec la main, pour explorer, éprouver, reconnaître. SYN. ① **manier, palper.** *Tâter un fruit. Tâter le pouls d'un malade.* ➖ **fig.** *TÂTER LE TERRAIN* : s'assurer, avec précaution, des possibilités d'action, des intentions de qqn, etc. **2.** Chercher à connaître les forces ou les dispositions de (qqn), en questionnant avec prudence. SYN. **sonder.** *Tâter qqn, l'opinion.* ♦ **pronom., fig.** *SE TÂTER* : s'étudier avec attention ; s'interroger longuement, hésiter. *Il n'a rien décidé, il se tâte.* **3.** **intrans., fig.** *TÂTER DE* : faire l'expérience de. SYN. **essayer.** *Il a tâté de tous les métiers.*
ÉTYM. latin populaire *tastare*, de *taxare* «toucher *(tangere)* fortement».

TÂTE-VIN → TASTE-VIN

TATIE [tati] **n. f.** ✦ FAM. **enfantin** Tante. ➖ **On écrit aussi** *tati.*
ÉTYM. de *tante.*

TATILLON, ONNE [tatijɔ̃, ɔn] **adj.** ✦ (personnes) Exagérément minutieux, exigeant. SYN. **pointilleux.** *Un bureaucrate tatillon.*
ÉTYM. de *tâter.*

TÂTONNANT, ANTE [tatɔnɑ̃, ɑ̃t] **adj.** **1.** Qui tâtonne. **2.** **fig.** *Une mémoire tâtonnante.*

TÂTONNEMENT [tatɔnmɑ̃] **n. m.** **1.** Action de tâtonner. **2.** **fig.** *Découvrir la solution après de nombreux tâtonnements.* SYN. **essai, tentative.**

TÂTONNER [tatɔne] **v. intr.** (conjug. 3a) **1.** Tâter plusieurs fois le sol, les objets autour de soi, pour se diriger ou trouver qqch. *Il tâtonnait dans l'obscurité.* **2.** **fig.** Hésiter, faute de compréhension suffisante. ♦ Faire divers essais pour découvrir une solution. SYN. **essayer.** *La science tâtonne avant de progresser.*
ÉTYM. de *tâter.*

à TÂTONS [atatɔ̃] **loc. adv.** **1.** En tâtonnant (1). SYN. **à l'aveuglette.** *Avancer à tâtons dans l'obscurité.* **2.** **fig.** En hésitant, sans méthode. *Procéder à tâtons dans ses recherches.*
ÉTYM. de *tâtonner.*

TATOU [tatu] **n. m.** ✦ Mammifère édenté d'Amérique du Sud, au corps recouvert d'une carapace. *Des tatous.*
ÉTYM. mot indien du Brésil *tatu.*

TATOUAGE [tatwaʒ] **n. m.** **1.** Action de tatouer. *La technique du tatouage.* **2.** Signe, dessin exécuté en tatouant la peau. *Bras couverts de tatouages.*

TATOUER [tatwe] **v. tr.** (conjug. 3a) **1.** Marquer, orner (une partie du corps) d'inscriptions ou de dessins indélébiles en introduisant au moyen de piqûres des matières colorantes sous l'épiderme. *Tatouer qqn, sa poitrine. Se faire tatouer.* ♦ **au p. passé** *Bras tatoués.* ➖ **n.** *Un dur, un tatoué.* **2.** Exécuter (un dessin) par tatouage. ➖ **au p. passé** *Avoir un cœur tatoué sur le bras.*
ÉTYM. anglais *to tattoo*, d'une langue polynésienne.

TATOUEUR, EUSE [tatwœʀ, øz] **n.** ✦ Personne qui pratique la technique du tatouage.
ÉTYM. de *tatouer.*

TAU [to] **n. m. invar.** ✦ Dix-neuvième lettre de l'alphabet grec (Τ, τ). HOM. TAUX «pourcentage», TÔT «de bonne heure»
ÉTYM. mot grec.

TAUDIS [todi] **n. m.** **1.** Logement misérable, sans confort ni hygiène. SYN. **bidonville.** ☛ Géographie p. 228. **2.** Logement mal tenu. *Cette chambre est un vrai taudis.*
ÉTYM. de l'ancien verbe *se tauder* «se mettre à l'abri», norrois *tjald* «tente».

TAULARD, ARDE [tolaʀ, aʀd] **n.** ✦ FAM. Prisonnier. ➖ **On écrit aussi** *tôlard, arde.*
ÉTYM. de *taule.*

TAULE [tol] **n. f.** ✦ FAM. **1.** **péj.** Chambre. SYN. **piaule.** **2.** Prison. *Aller en taule* (→ **taulard**). ➖ **On écrit aussi** *tôle.*
HOM. ① TÔLE «feuille d'acier»
ÉTYM. de ① *tôle.*

TAULIER, IÈRE [tolje, jɛʀ] **n.** ✦ FAM. **et péj.** Propriétaire ou gérant d'un hôtel. ➖ **On écrit aussi** *tôlier, ière.*
ÉTYM. de *taule.*

① **TAUPE** [top] **n. f.** **1.** Petit mammifère insectivore qui vit sous terre en creusant de longues galeries (→ **taupinière**). *La taupe vit dans l'obscurité, mais n'est pas aveugle.* ➖ **loc.** *Myope comme une taupe*, très myope. ♦ FAM. *Vieille taupe* : vieille femme désagréable. **2.** Fourrure à poil court et soyeux de la taupe. **3.** **adjectivt invar.** D'une couleur grise à reflets bruns. *Des robes taupe.* **4.** FAM. Espion infiltré dans le milieu qu'il observe. *Une taupe des services secrets.*
ÉTYM. latin *talpa.*

② **TAUPE** [top] **n. f.** ✦ ARGOT SCOL. Classe de mathématiques* spéciales préparant aux grandes écoles scientifiques.
ÉTYM. de *taupin* «mineur, sapeur», de ① *taupe.*

TAUPÉ [tope] **n. m.** ✦ Chapeau de feutre (rappelant la fourrure de taupe).
ÉTYM. de ① *taupe.*

TAUPINIÈRE [topinjɛʀ] **n. f.** ✦ Monticule de terre formé par la taupe lorsqu'elle creuse des galeries.
ÉTYM. de ① *taupe.*

TAUREAU [tɔʀo] **n. m.** **1.** Mâle de la vache, apte à la reproduction. *Taureau mugissant. Mener une vache au taureau.* ➖ **loc.** *Un cou de taureau*, épais et puissant. ➖ *Prendre le taureau par les cornes* : attaquer de front une difficulté. ♦ *TAUREAU DE COMBAT* : taureau sélectionné pour les courses de taureaux (→ **corrida ; tauromachie**). **2.** Deuxième signe du zodiaque (21 avril-20 mai). ➖ *Être Taureau*, de ce signe.
ÉTYM. latin *taurus*, du grec.

TAURILLON [tɔʀijɔ̃] **n. m.** ✦ Jeune taureau qui ne s'est pas encore accouplé.

TAURIN, INE [tɔʀɛ̃, in] **adj.** ✦ Relatif au taureau, au taureau de combat, aux corridas. *L'école taurine de Nîmes.*
ÉTYM. de *taureau*, d'après *bovin.*

TAUROMACHIE [tɔʀɔmaʃi] **n. f.** ✦ Art de combattre les taureaux dans l'arène. → **corrida.**
► **TAUROMACHIQUE** [tɔʀɔmaʃik] **adj.**
ÉTYM. du grec *tauros* «taureau» et *makhê* «combat».

TAUTO- Élément savant, du grec *tauto* «le même».

TAUTOLOGIE [totɔlɔʒi] **n. f. 1.** LOG. Proposition vraie quelle que soit la valeur de vérité de ses composants. **2.** péj. Répétition inutile de la même idée sous une autre forme. SYN. **pléonasme, redondance, truisme.**
ÉTYM. bas latin *tautologia*, du grec → tauto- et -logie.

TAUTOLOGIQUE [totɔlɔʒik] **adj. 1.** LOG. De la tautologie. **2.** Qui n'apporte aucune information. SYN. **redondant.**

TAUX [to] **n. m. 1.** Montant d'une imposition, d'un prix fixé par l'État. *Taux de change*, prix d'une monnaie étrangère. → **cours.** – Montant de l'intérêt annuel (en pourcentage). *Taux actuariel*.* **2.** Proportion dans laquelle intervient un élément variable. *Le taux d'urée sanguin.* – Pourcentage. *Taux de mortalité.*
HOM. TAU «lettre grecque», TÔT «de bonne heure»
ÉTYM. de l'ancien français *tauxer*, variante de *taxer*.

TAVELÉ, ÉE [tav(ə)le] **adj.** ✦ Marqué de petites taches. *Visage tavelé. Fruit tavelé.*
ÉTYM. famille du latin *tabula* «table».

TAVELURE [tav(ə)lyʀ] **n. f.** ✦ Petite tache (de ce qui est tavelé).

TAVERNE [tavɛʀn] **n. f. 1.** anciennt Lieu public où l'on mangeait et l'on buvait en payant. SYN. **auberge. 2.** Café-restaurant de genre ancien et rustique. SYN. **hostellerie.**
ÉTYM. latin *taberna*.

TAVERNIER, IÈRE [tavɛʀnje, jɛʀ] **n.** ✦ VX ou plais. Cafetier, restaurateur tenant une taverne.

TAXATION [taksasjɔ̃] **n. f.** ✦ Fait de taxer (I). *La taxation des carburants.* CONTR. **détaxation.**
ÉTYM. latin *taxatio*.

TAXE [taks] **n. f. 1.** Prélèvement fiscal, impôt perçu par l'État. *Taxe sur le chiffre d'affaires.* (en France) *Taxe sur la valeur ajoutée.* → **T. V. A.** *Prix HORS TAXES*, sans les taxes. *Produits hors taxes* (→ **détaxer**). **2.** Somme que doit payer le bénéficiaire d'une prestation fournie par des services administratifs, des établissements publics, etc. *Taxe postale. Taxe sur les appareils de télévision.* SYN. **redevance.** ♦ *Taxe d'habitation* (impôts locaux). – *Taxe professionnelle* : impôt direct annuel dû par les commerçants, artisans, etc. CONTR. **détaxe.**
ÉTYM. latin médiéval *taxa*, de *taxare* «évaluer, taxer» ; doublet de *tâche*.

TAXER [takse] **v. tr.** (conjug. 3a) **I 1.** (État, tribunal) Fixer à une somme déterminée. *Taxer le prix des denrées alimentaires.* – au p. passé *Prix taxés.* **2.** Soumettre à une imposition, à une taxe (un service, une transaction...) ; percevoir une taxe sur. SYN. ① **imposer.** *Taxer les objets de luxe.* **II** fig. *TAXER qqn DE*, accuser de. *Taxer qqn de méchanceté.* ♦ Qualifier (qqn, qqch.) de. SYN. **appeler, considérer** comme, **traiter** de. *Il m'a taxé d'incapable.*
ÉTYM. latin *taxare* «évaluer, estimer», du grec.

TAXI [taksi] **n. m.** ✦ Voiture automobile munie d'un compteur qui indique le prix de la course (→ **taximètre**). *Prendre un taxi. Station de taxis.* – *Les taxis de la Marne* (réquisitionnés en 1914). ♦ FAM. *Il, elle fait le taxi*, il, elle est chauffeur de taxi.
ÉTYM. abréviation de *taximètre*.

TAXI- Élément, du grec *taxis* «ordre», qui signifie «arrangement, classification».

TAXIDERMIE [taksidɛʀmi] **n. f.** ✦ DIDACT. Art de préparer, d'empailler les animaux morts. SYN. **empaillage.**
▶ **TAXIDERMISTE** [taksidɛʀmist] **n.**
ÉTYM. de *taxi-* et du grec *derma* «peau».

TAXIMÈTRE [taksimɛtʀ] **n. m.** ✦ Compteur de taxi qui enregistre le temps écoulé et la distance parcourue, et détermine la somme à payer.
ÉTYM. de *taxi-* et *-mètre*.

TAXINOMIE [taksinɔmi] **n. f.** ✦ DIDACT. Science des classifications. SYN. **systématique** (II). – On dit aussi TAXONOMIE [taksɔnɔmi] (anglicisme).
▶ **TAXINOMIQUE** [taksinɔmik] **adj.**
ÉTYM. de *taxi-* et *-nomie*.

TAXIPHONE [taksifɔn] **n. m.** ✦ VIEILLI Téléphone public à pièces, à jetons.
ÉTYM. nom déposé ; de *taxi-* et *-phone*.

TAYAUT [tajo] → **TAÏAUT**

TAYLORISATION [tɛlɔʀizasjɔ̃] **n. f.** ✦ ÉCON. Application du taylorisme. *La taylorisation et la standardisation permettent d'accroître la production.*

TAYLORISME [tɛlɔʀism] **n. m.** ✦ Méthode d'organisation scientifique du travail industriel, par l'utilisation maximale de l'outillage et la suppression des gestes inutiles.
ÉTYM. américain *taylorism*, du nom de *F. W. Taylor*. ☛ noms propres.

TBI [tebei] **n. m.** ✦ Écran blanc de grande taille relié à un ordinateur et à un vidéoprojecteur, qui permet de travailler de manière interactive.
ÉTYM. sigle de *tableau blanc interactif*.

TCHADOR [tʃadɔʀ] **n. m.** ✦ Voile noir porté par les musulmanes chiites, notamment en Iran.
ÉTYM. mot persan.

TCHAO ou **CIAO** [tʃao] **interj.** ✦ FAM. Au revoir, adieu. SYN. **salut.**
ÉTYM. italien *ciao*.

TCHAT ; TCHAT(T)ER ; TCHAT(T)EUR
→ ② **CHAT ; CHATTER ; CHATTEUR**

TCHATCHE [tʃatʃ] **n. f.** ✦ FAM. Disposition à s'exprimer facilement, à parler beaucoup. *Avoir de la tchatche.* SYN. **bagou.**
▶ **TCHATCHER** [tʃatʃe] **v. intr.** (conjug. 3a)
ÉTYM. de l'espagnol *chacharear* «bavarder».

TCHÈQUE [tʃɛk] **adj.** et **n.** ✦ De la République tchèque (Bohême et Moravie). – **n.** *Les Tchèques et les Slovaques.* ♦ **n. m.** *Le tchèque* (langue slave).
ÉTYM. tchèque *cezky*.

TCHERNOZIOM [tʃɛʀnozjɔm] **n. m.** ✦ GÉOGR. Sol très fertile, de couleur noire (Russie méridionale, Ukraine).
ÉTYM. mot russe «terre noire».

TCHIN-TCHIN [tʃintʃin] **interj.** ✦ FAM. Interjection pour trinquer. SYN. **santé.**
ÉTYM. du pidgin de Canton «salut».

TE [tə] **pron. pers.** ✦ (*Te* s'élide en *t'* devant une voyelle ou un *h* muet.) Pronom personnel de la deuxième personne du singulier, employé comme complément (→ **toi,** ① **tu**). **1.** (compl. d'objet direct ou attribut) *Je t'accompagne. Je te quitte. Cela va te rendre malade.* **2.** (compl. indir.) À toi. *Cela te plaît ? Il t'a répondu.* – (rap-

A B C D E F G H I J K L M N O P Q R S T U V W X Y Z

port de possession) *Si cela te vient à l'esprit.* ➖ (compl. de l'attribut) *Cela peut t'être utile.* 3. (dans une forme pronom.) *Tu t'en souviens. Ne te tracasse pas.*
ÉTYM. latin *te.*

Te [tee] ✦ CHIM. Symbole du tellure.

TÉ [te] **n. m.** ✦ Règle plate de dessinateur, faite de deux branches en équerre. *Des tés.* HOM. T (lettre), TES (pluriel de *ton,* adj. poss.), THÉ «boisson»
ÉTYM. du nom de la lettre *t.*

TECHNICIEN, IENNE [tɛknisjɛ̃, jɛn] **n.** et **adj.**
I n. 1. Personne qui possède, connaît une technique particulière. SYN. **professionnel, spécialiste.** *Technicien qualifié.* 2. (opposé à *théoricien*) Personne qui connaît et contrôle professionnellement les applications pratiques, économiques d'une science. *Chercheurs et techniciens.* 3. Agent spécialisé qui travaille sous les ordres directs d'un ingénieur.
II adj. Qui fait prévaloir la technique. *Civilisation technicienne.*

TECHNICITÉ [tɛknisite] **n. f.** ✦ Caractère technique. *Un exposé d'une haute technicité.*

TECHNICO-COMMERCIAL, ALE, AUX [tɛknikokɔmɛʀsjal, o] **adj.** ✦ Qui relève à la fois de la technique et du commerce. ➖ *Cadre, agent technico-commercial.*

TECHNIQUE [tɛknik] **adj.** et **n. f.**
I adj. 1. Qui appartient à un domaine particulier, spécialisé, de l'activité ou de la connaissance. ➜ **spécial.** *Revue technique. Termes techniques.* 2. (en art) Qui concerne les procédés de travail plus que l'inspiration. *Les difficultés techniques d'une sonate.* 3. Qui concerne les applications de la science, de la théorie, dans le domaine de la production et de l'économie. *Progrès techniques et scientifiques. L'enseignement technique* et **n. m.** *le technique.* SYN. **professionnel.** 4. Qui concerne les objets, les mécanismes nécessaires à une action. ➖ *INCIDENT TECHNIQUE,* dû à une défaillance du matériel. SYN. **mécanique.**
II n. f. 1. Ensemble de procédés employés pour produire une œuvre ou obtenir un résultat déterminé. SYN. **art, métier.** *Les techniques audiovisuelles.* ➖ *Musicien qui manque de technique.* 2. FAM. Manière de faire. *N'avoir pas la (bonne) technique* : ne pas savoir s'y prendre. 3. Ensemble de procédés méthodiques, fondés sur des connaissances scientifiques, employés à la production. *Les industries et les techniques. Techniques agroalimentaires. Les techniques de pointe.*
ÉTYM. latin *technicus,* du grec, de *tekhnê* «méthode, art, métier».

TECHNIQUEMENT [tɛknikmɑ̃] **adv.** ✦ Selon, d'après la technique. *Un procédé techniquement au point.*

TECHNO [tɛkno] **adj.** et **n. f.** ✦ *Musique techno* ou **n. f.** *la techno* : musique électronique à rythme répétitif. *Des soirées technos.*
ÉTYM. abrév. de l'anglais *technological* «technologique».

TECHNO- Élément, du grec *tekhnê* «métier, procédé, technique».

TECHNOCRATE [tɛknɔkʀat] **n. m.** ✦ Responsable qui privilégie les aspects techniques, au détriment de l'élément humain. ➖ **appos.** *Un ministre technocrate.*
ÉTYM. de *technocratie.*

TECHNOCRATIE [tɛknɔkʀasi] **n. f.** ✦ Système politique et économique dans lequel les techniciens et les technocrates ont un pouvoir prédominant.
► **TECHNOCRATIQUE** [tɛknɔkʀatik] **adj.**
ÉTYM. américain *technocracy* → techno- et -cratie.

TECHNOLOGIE [tɛknɔlɔʒi] **n. f.** 1. Étude des techniques, des outils, des machines, etc. *Un enseignement de technologie.* (en France) *Institut universitaire de technologie (I. U. T.).* 2. anglicisme Technique (II, 3). *Technologie de pointe. Les nouvelles technologies (de l'information et de la communication)* : réseaux informatiques, CD-ROM, Internet, téléphonie mobile... *Technologies de l'information et de la communication pour l'enseignement (TICE).*
ÉTYM. grec *tekhnologia* → techno- et -logie.

TECHNOLOGIQUE [tɛknɔlɔʒik] **adj.** ✦ Qui appartient à la technologie.

TECHNOPOLE [tɛknɔpɔl] **n. f.** ✦ Centre urbain disposant de structures de recherche et d'enseignement techniques, ainsi que des industries de pointe.
ÉTYM. de *techno-* et *-pole.*

TECK [tɛk] **n. m.** 1. Arbre des zones tropicales. 2. Bois de cet arbre, dur, dense et imputrescible. *Meubles de jardin en teck.* ➖ On écrit aussi *tek.*
ÉTYM. tamoul *tēkku,* par le portugais.

TECKEL [tekɛl] **n. m.** ✦ Basset d'origine allemande, à pattes très courtes.
ÉTYM. mot allemand, variante de *Dackel* «chien pour la chasse au blaireau *(Dachs)*».

TECKTONIK ou **TEKTONIK** [tɛktɔnik] **n. f.** et **adj.** ✦ Danse inspirée du hip-hop, aux mouvements rapides et saccadés des bras et des jambes, qui s'exécute sur de la musique techno. ➖ **adj.** *Les soirées tecktoniks.*
ÉTYM. marque déposée.

TECTONIQUE [tɛktɔnik] **n. f.** et **adj.** ✦ GÉOL. 1. **n. f.** Étude de la structure de l'écorce terrestre, de ses déformations. *Tectonique des plaques* : mouvements lithosphériques (➜ **subduction**). ♦ Processus étudiés par cette science. 2. **adj.** Relatif à la tectonique.
ÉTYM. allemand *Tektonik,* du grec, famille de *tektôn* «charpentier».

TE DEUM [tedeɔm] **n. m. invar.** ✦ Chant catholique de louange et d'action de grâces. *Entonner le Te Deum.*
ÉTYM. mots latins «toi, Dieu (nous te louons)».

TEE [ti] **n. m.** ✦ anglicisme GOLF Petit socle sur lequel on place une balle de golf avant de la frapper.
ÉTYM. mot anglais.

TEESHIRT ou **TEE-SHIRT** [tiʃœʀt] **n. m.** ✦ anglicisme Maillot de coton à manches courtes ou longues, en forme de T. *Des teeshirts, des tee-shirts blancs.* ➖ On écrit aussi *T-shirt, des T-shirts.*
ÉTYM. mot anglais, «chemise *(shirt)* en forme de T».

TÉGUMENT [tegymɑ̃] **n. m.** 1. Tissu vivant qui recouvre le corps, avec ses appendices (poils, plumes, écailles, piquants, etc.). SYN. **peau.** 2. BOT. Enveloppe protectrice. *Le tégument de la graine.*
► **TÉGUMENTAIRE** [tegymɑ̃tɛʀ] **adj.** *Respiration tégumentaire.*
ÉTYM. latin *tegumentum,* de *tegere* «couvrir».

TEIGNE [tɛɲ] n. f. 1. Petit papillon de couleur terne (ex. la mite). *La teigne des jardins.* 2. Maladie parasitaire du cuir chevelu entraînant la chute des cheveux. SYN. **pelade.** – loc. *Il est mauvais comme une teigne,* très méchant, hargneux. SYN. **gale.** ♦ fig. Personne méchante. *Quelle teigne !* SYN. **peste.**
ÉTYM. latin *tinea.*

TEIGNEUX, EUSE [tɛɲø, øz] adj. 1. Qui a la teigne. – n. *Un teigneux.* 2. FAM. Hargneux, agressif.

TEINDRE [tɛ̃dʀ] v. tr. (conjug. 48b) 1. Imprégner (qqch.) d'une substance colorante par teinture. *Teindre un vêtement.* – pronom. *Se teindre :* teindre ses cheveux. 2. LITTÉR. Colorer. SYN. **teinter.** – pronom. (sujet chose) *L'horizon se teignait de pourpre.*
► ① **TEINT, TEINTE** adj. Que l'on a teint. *Cheveux teints.*
ÉTYM. latin *tingere.*

② **TEINT** [tɛ̃] n. m. I VX Action de teindre, teinture. ♦ loc. adj. invar. *Bon teint, grand teint,* se dit d'un tissu dont la teinture résiste au lavage et à la lumière. *Des torchons grand teint.* – fig. et plais. *BON TEINT :* qui ne change pas, solide. *Un républicain bon teint.* II Nuance ou aspect particulier de la couleur du visage. SYN. **carnation.** *Un teint de blonde. Un teint basané.* – *Fond* de teint.* HOM. TAIN «métal réfléchissant», THYM «plante»
ÉTYM. du participe passé de *teindre.*

TEINTE [tɛ̃t] n. f. 1. Couleur, le plus souvent complexe ; nuance. SYN. ② **ton.** *Teintes vives, douces* (→ **demi-teinte**). *Une teinte rougeâtre.* 2. fig. Apparence peu marquée ; petite dose. *Une légère teinte d'ironie.*
ÉTYM. du participe passé de *teindre.*

TEINTÉ, ÉE [tɛ̃te] adj. ✦ Légèrement coloré. *Lunettes à verres teintés.*
ÉTYM. du participe passé de *teinter.*

TEINTER [tɛ̃te] v. tr. (conjug. 3a) 1. Couvrir uniformément d'une teinte légère, colorer légèrement. *Teinter un papier.* – pronom. *Le ciel se teintait de rouge.* 2. fig. Marquer d'un caractère peu tranché (surtout pronom. et p. passé). *Souvenirs teintés de nostalgie.*
HOM. TINTER «sonner»
ÉTYM. de *teinte.*

TEINTURE [tɛ̃tyʀ] n. f. I Action de teindre (qqch.) en fixant une matière colorante. *La teinture du coton.* II 1. Matière colorante pour teindre. *Teinture acajou pour les cheveux.* 2. Solution dans l'alcool d'un ou plusieurs produits actifs. *Teinture d'iode.* 3. fig. Connaissance superficielle. SYN. **vernis.** *Une vague teinture de philosophie.*
ÉTYM. latin *tinctura,* de *tingere* «teindre».

TEINTURERIE [tɛ̃tyʀʀi] n. f. 1. Industrie de la teinture (I). 2. Magasin de teinturier (2). SYN. **pressing** (anglicisme).

TEINTURIER, IÈRE [tɛ̃tyʀje, jɛʀ] n. 1. TECHN. Personne qui effectue la teinture. *Teinturier en cuirs et peaux.* 2. Personne dont le métier est d'entretenir les vêtements (nettoyage, repassage). *Porter une jupe chez le teinturier.*

TEK → TECK

TEKTONIK → TECKTONIK

TEL, TELLE [tɛl] adj. et pron. I (Marquant la ressemblance, la similitude) 1. Semblable, du même genre. SYN. **pareil, semblable.** *Je m'étonne qu'il tienne de tels propos,* ces propos-là. *S'il n'est pas riche, il passe pour tel.* – (en tête de proposition) *Telle est ma décision.* ♦ *COMME TEL :* en cette qualité, à ce titre. – *EN TANT QUE TEL :* par sa seule nature. *Détester la violence en tant que telle.* ♦ (redoublé et représentant deux personnes ou deux choses) loc. prov. *Tel père, tel fils,* le père et le fils sont semblables. 2. *TEL QUE :* comme. *Les arbres tels que les pins, les cèdres, etc.* – *Accepter qqn tel qu'il est.* 3. LITTÉR. Comme. *Il a filé telle une flèche. Tel je l'ai laissé, tel je le retrouve,* je le retrouve sans changement. 4. *TEL QUEL :* sans arrangement, sans modification. *Laisser les choses telles quelles* (incorrect : *telles que*). II 1. (Exprimant l'intensité) Si grand, si important. SYN. **pareil, semblable.** *Je n'ai jamais eu une telle peur.* – *À tel point.* → **tellement.** – *RIEN DE TEL :* rien de si efficace. 2. (Introduisant une conséquence) *J'ai eu une peur telle, une telle peur que je me suis enfui.* – (+ subj., avec négation) *Je n'en ai pas un besoin tel que je ne puisse attendre.* III indéfini Un... particulier. 1. adj. (sans article) *Il me faut tel et tel livre.* ♦ (désignant une chose précise qu'on ne nomme pas) *Telle quantité de.* → **tant.** *Tel jour, à telle heure.* 2. pron. LITTÉR. Certain, quelqu'un. 3. *UN TEL,* tenant lieu d'un nom propre. *Monsieur Un tel, Madame Une telle.* – *La famille Un tel* ou *Untel* (en un seul mot).
ÉTYM. latin *talis.*

TÉLÉ [tele] n. f. ✦ FAM. 1. Télévision. *Regarder la télé.* – appos. invar. *Des séries télé.* 2. Téléviseur. *Une télé couleur.*

TÉLÉ- 1. Élément savant, du grec *têle* «loin», signifiant «au loin, à distance» (ex. *télécommunication*). 2. Élément tiré de *télévision* (ex. *téléfilm*). 3. Élément tiré de *téléférique* (ex. *télésiège, téléski*).

TÉLÉCABINE [telekabin] n. f. ✦ Téléférique à plusieurs petites cabines.
ÉTYM. de *télé-* (3) et *cabine.*

TÉLÉCARTE [telekaʀt] n. f. ✦ Carte de téléphone à mémoire.
ÉTYM. de *télé(phone)* et *carte.*

TÉLÉCHARGER [teleʃaʀʒe] v. tr. (conjug. 5) ✦ INFORM. Transférer (des données) par l'intermédiaire d'un réseau téléinformatique.
► **TÉLÉCHARGEMENT** [teleʃaʀʒəmɑ̃] n. m.

TÉLÉCOMMANDE [telekɔmɑ̃d] n. f. ✦ Commande à distance d'un appareil ; dispositif servant à télécommander. *La télécommande d'un téléviseur.*

TÉLÉCOMMANDER [telekɔmɑ̃de] v. tr. (conjug. 3a) 1. Commander à distance (une opération). *Télécommander la mise à feu d'une fusée.* 2. fig. *La rébellion a été télécommandée de l'étranger.* SYN. **téléguider.**

TÉLÉCOMMUNICATION [telekɔmynikasjɔ̃] n. f. ✦ Ensemble des procédés de transmission d'informations à distance (téléphone, télévision, Internet...). *Satellite de télécommunication.*

TÉLÉCONFÉRENCE [telekɔ̃feʀɑ̃s] n. f. ✦ Discussion entre des interlocuteurs qui se trouvent dans des lieux différents et sont reliés entre eux par des moyens de télécommunication. *Participer à une téléconférence.*
ÉTYM. de *télé-* et *conférence.*

TÉLÉCOPIE [telekɔpi] n. f. ✦ Procédé de télécommunication permettant l'analyse d'un document graphique et la reproduction à distance d'un document géométriquement semblable à l'original ; ce document. SYN. **fax** (anglic.).

TÉLÉCOPIER [telekɔpje] v. tr. (conjug. 9) ✦ Transmettre (un document) par télécopie. SYN. **faxer.**

TÉLÉCOPIEUR [telekɔpjœʀ] n. m. ✦ Appareil de télécopie. SYN. **fax** (anglic.).

TÉLÉDÉCLARATION [teledeklaʀasjɔ̃] n. f. ✦ Action de remplir sa déclaration de revenus sur Internet.
ÉTYM. de *télé-* (1) et *déclaration.*

TÉLÉDÉTECTION [teledetɛksjɔ̃] n. f. ✦ DIDACT. Techniques d'étude de la surface du globe, à partir de renseignements enregistrés par avion ou satellite.

TÉLÉDIFFUSER [teledifyze] v. tr. (conjug. 3a) ✦ Diffuser par télévision. SYN. **téléviser.**
► **TÉLÉDIFFUSION** [teledifyzjɔ̃] n. f.
ÉTYM. de *télé-* (2) et *diffuser.*

TÉLÉDISTRIBUTION [teledistʀibysjɔ̃] n. f. ✦ TECHN. Procédé de diffusion de programmes télévisés par câble ou par relais hertziens.
ÉTYM. de *télé-* (2) et *distribution.*

TÉLÉENSEIGNEMENT [teleɑ̃sɛɲmɑ̃] n. m. ✦ Mode d'enseignement à distance (par correspondance, télévision, Internet, etc.). – On écrit aussi *télé-enseignement.*

TÉLÉFÉRIQUE ou **TÉLÉPHÉRIQUE** [telefeʀik] n. m. ✦ Dispositif de transport par cabine suspendue à un câble, utilisé surtout en montagne (→ **télécabine, télésiège**).
ÉTYM. de *téléphérage*, de l'anglais, du grec *pherein* «porter».

TÉLÉFILM [telefilm] n. m. ✦ Film réalisé pour la télévision. *Des téléfilms.*
ÉTYM. de *télé-* (2) et *film.*

TÉLÉGÉNIQUE [teleʒenik] adj. ✦ (personnes) Dont l'image télévisée est agréable.
ÉTYM. de *télé-* (2) et *(photo)génique.*

TÉLÉGRAMME [telegʀam] n. m. ✦ Communication transmise par télégraphe ou radiotélégraphie ; son support matériel. *Télégramme de presse.* SYN. **dépêche.**
ÉTYM. de *télé-* (1) et *-gramme.*

TÉLÉGRAPHE [telegʀaf] n. m. ✦ Système qui permettait de transmettre des messages écrits par une ligne électrique.
ÉTYM. de *télé-* (1) et *-graphe.*

TÉLÉGRAPHIE [telegʀafi] n. f. 1. Technique de la transmission par télégraphe électrique. *Alphabet morse utilisé en télégraphie.* 2. VX ou ADMIN. *Télégraphie sans fil* : radio. SYN. **T. S. F.**

TÉLÉGRAPHIER [telegʀafje] v. tr. (conjug. 9) ✦ Transmettre par télégraphe. SYN. **câbler.**

TÉLÉGRAPHIQUE [telegʀafik] adj. 1. Du télégraphe. *Fils télégraphiques.* 2. Expédié par télégraphe ou télégramme. *Mandat télégraphique.* 3. *Style télégraphique*, abrégé comme dans les télégrammes.
► **TÉLÉGRAPHIQUEMENT** [telegʀafikmɑ̃] adv.

TÉLÉGRAPHISTE [telegʀafist] n. 1. Spécialiste de la transmission et de la réception des messages télégraphiques. 2. Personne qui portait les télégrammes et les messages urgents.
ÉTYM. de *télégraphe.*

TÉLÉGUIDER [telegide] v. tr. (conjug. 3a) 1. Diriger, guider à distance (un véhicule, un engin). *Téléguider une fusée.* – au p. passé *Une petite voiture téléguidée.* 2. FAM. Inspirer, conduire par une influence lointaine, secrète. SYN. **télécommander.**
► **TÉLÉGUIDAGE** [telegidaʒ] n. m.

TÉLÉINFORMATIQUE [teleɛ̃fɔʀmatik] n. f. et adj. 1. n. f. Informatique faisant appel à des moyens de transmission à distance. 2. adj. *Réseau téléinformatique.*

TÉLÉMATIQUE [telematik] n. f. et adj. 1. n. f. Ensemble des techniques qui combinent les moyens de l'informatique avec ceux des télécommunications. 2. adj. *Systèmes, services télématiques* (ex. cartes de crédit, minitel...).
ÉTYM. de *télé-* (1) et *(infor)matique.*

TÉLÉMESURE [telem(ə)zyʀ] n. f. ✦ Technique de lecture à distance des données d'un appareil de mesure.

TÉLÉMÈTRE [telemɛtʀ] n. m. ✦ Appareil de mesure des distances par un procédé optique.
ÉTYM. de *télé-* (1) et *-mètre.*

TÉLÉMÉTRIE [telemetʀi] n. f. ✦ TECHN. Mesure des distances par procédé optique, acoustique ou radioélectrique. *Télémétrie laser.*
ÉTYM. de *télémètre.*

TÉLÉO-, TÉLO- Éléments savants, du grec *telos* «fin, but» et *tel(e)ios* «complet, achevé».

TÉLÉOBJECTIF [teleɔbʒɛktif] n. m. ✦ Objectif photographique à longue distance focale, servant à photographier des objets éloignés.
ÉTYM. de *télé-* (1) et ② *objectif* (I).

TÉLÉOLOGIE [teleɔlɔʒi] n. f. ✦ DIDACT. Étude de la finalité*. – Doctrine qui considère le monde comme un système de rapports entre moyens et fins.
ÉTYM. de *téléo-* et *-logie.*

TÉLÉPATHIE [telepati] n. f. ✦ Sentiment de communication à distance par la pensée ; communication réelle extrasensorielle. SYN. **transmission** de pensée.
► **TÉLÉPATHIQUE** [telepatik] adj. *Phénomène télépathique.*
ÉTYM. de *télé-* (1) et *-pathie.*

TÉLÉPHÉRIQUE → TÉLÉFÉRIQUE

TÉLÉPHONE [telefɔn] n. m. 1. Instrument qui permet de transmettre à distance des sons, par l'intermédiaire d'un circuit électrique. – Procédés, dispositifs permettant la liaison d'un grand nombre de personnes au moyen de cet appareil. *Liste des abonnés au téléphone.* → **annuaire.** *Numéro de téléphone. Appeler qqn au téléphone* (→ **appel** ; **allô**). *Donner un* COUP DE TÉLÉPHONE (→ *coup de fil**). → **communication.** 2. Appareil constitué d'un combiné* microphone-récepteur. *Téléphone fixe. Téléphone portable, sans fil. Téléphone intelligent.* → **smartphone.**
ÉTYM. de *télé-* (1) et *-phone.*

TÉLÉPHONER [telefɔne] v. (conjug. 3a) 1. v. tr. Communiquer, transmettre par téléphone. *Téléphone-lui la nouvelle.* – au p. passé *Message téléphoné.* 2. v. tr. ind. (avec *à*) Se mettre, être en communication par téléphone (avec). *Téléphoner à qqn.* SYN. **appeler.** 3. v. intr. Se servir du téléphone, communiquer par téléphone.

TÉLÉPHONIE [telefɔni] n. f. ✦ Ensemble des techniques et des opérations qui concernent la transmission des sons à distance. ➜ *Les opérateurs de téléphonie.*

TÉLÉPHONIQUE [telefɔnik] adj. ✦ Relatif au téléphone ; par téléphone. *Communication, appel téléphonique.*

TÉLÉPHONISTE [telefɔnist] n. ✦ Personne chargée d'assurer les liaisons téléphoniques. SYN. **standardiste.**
ÉTYM. de *téléphone.*

TÉLÉPORTATION [telepɔʀtasjɔ̃] n. f. ✦ Transfert instantané d'un corps à travers l'espace, sans déplacement physique.
ÉTYM. anglais *teleportation*, de *tele-* (→ télé-) et *(trans)portation* «transport».

TÉLÉRÉALITÉ [teleʀealite] n. f. ✦ Genre télévisuel qui consiste à filmer la vie quotidienne de candidats placés dans des situations déterminées. *Émission de téléréalité.*

TÉLESCOPAGE [telɛskɔpaʒ] n. m. ✦ Fait de télescoper, de se télescoper.

TÉLESCOPE [telɛskɔp] n. m. ✦ Instrument d'optique à miroir (à la différence de la lunette) destiné à l'observation des objets éloignés, des astres.
ÉTYM. italien *telescopio* ou latin scientifique *telescopium* → télé- et -scope.

TÉLESCOPER [telɛskɔpe] v. tr. (conjug. 3a) ✦ Rentrer dans, enfoncer par un choc violent (un autre véhicule). SYN. **heurter, tamponner.** ♦ *SE TÉLESCOPER* v. pron. *Les deux voitures se sont télescopées.* ➜ fig. Se chevaucher, se mêler. *Souvenirs qui se télescopent dans la mémoire.*
ÉTYM. américain *to telescope*, de l'anglais *telescope* «lunette dont les tubes s'emboîtent».

TÉLESCOPIQUE [telɛskɔpik] adj. **I** Qui se fait à l'aide du télescope. *Observations télescopiques.* **II** Dont les éléments s'emboîtent et coulissent les uns dans les autres. *Antenne télescopique.*
ÉTYM. de *télescope* ; sens II, de *télescoper.*

TÉLÉSCRIPTEUR [teleskʀiptœʀ] n. m. ✦ Appareil télégraphique qui permet d'envoyer directement un texte dactylographié. SYN. **télétype.**
ÉTYM. de *télé-* (1) et du latin *scriptor* «écrivain».

TÉLÉSIÈGE [telesjɛʒ] n. m. ✦ Téléférique constitué par une série de sièges suspendus à un câble unique.
ÉTYM. de *télé-* (3) et *siège.*

TÉLÉSKI [teleski] n. m. ✦ Remonte-pente pour les skieurs.
ÉTYM. de *télé-* (3) et *ski.*

TÉLÉSPECTATEUR, TRICE [telespɛktatœʀ, tʀis] n. ✦ Spectateur et auditeur de la télévision.
ÉTYM. de *télé-* (2) et *spectateur.*

TÉLÉSURVEILLANCE [telesyʀvɛjɑ̃s] n. f. ✦ Surveillance effectuée à distance, le plus souvent par des moyens électroniques.

TÉLÉTEXTE [teletɛkst] n. m. ✦ Système permettant de transmettre des informations graphiques et alphanumériques par l'intermédiaire de la télévision. *Sous-titrage par télétexte.*

TÉLÉTRAITEMENT [teletʀɛtmɑ̃] n. m. ✦ INFORM. Mode de traitement dans lequel les données sont émises ou reçues par des terminaux éloignés de l'ordinateur central.

TÉLÉTRAVAIL [teletʀavaj] n. m. ✦ Activité professionnelle exercée hors de l'entreprise grâce à la télématique.
► **TÉLÉTRAVAILLEUR, EUSE** [teletʀavajœʀ, øz] n.

TÉLÉTYPE [teletip] n. m. ✦ anglicisme Appareil de télégraphie. SYN. **téléscripteur.**
ÉTYM. anglais *teletype*, de *teletype(writer)* «machine à écrire *(typewriter)* à distance» ; nom déposé.

TÉLÉVISER [televize] v. tr. (conjug. 3a) ✦ Transmettre (des images, un spectacle) par télévision. ➜ au p. passé *Journal télévisé. Publicité télévisée.*

TÉLÉVISEUR [televizœʀ] n. m. ✦ Poste récepteur de télévision. SYN. **télévision** (3) ; FAM. **télé.**

TÉLÉVISION [televizjɔ̃] n. f. 1. Ensemble des procédés et techniques employés pour la transmission des images, après analyse (en points et en lignes) et transformation en ondes hertziennes. *Télévision haute définition. Télévision numérique terrestre (T. N. T.). Caméra de télévision.* 2. Ensemble des activités et des services assurant l'élaboration et la diffusion d'informations et de spectacles par le procédé de la télévision (1) ; ces programmes. SYN. FAM. **télé.** *Émissions, programmes, studios, régie, chaînes de télévision. Télévision privée, à péage. Télévision par câble. Film réalisé pour la télévision.* → **téléfilm.** 3. Poste récepteur de télévision. SYN. **téléviseur.** *Éteindre la télévision.*
ÉTYM. de *télé-* (1) et *vision.*

TÉLÉVISUEL, ELLE [televizɥɛl] adj. ✦ De la télévision, en tant que moyen d'expression. *Création télévisuelle.*
ÉTYM. de *télé-* (3) et *visuel.*

TÉLEX [telɛks] n. m. ✦ Service de dactylographie à distance par téléscripteur. ♦ Message ainsi transmis.
► **TÉLEXER** [telɛkse] v. tr. (conjug. 3a)
ÉTYM. américain *telex*, de *tele(graph) ex(change).*

TELLEMENT [tɛlmɑ̃] adv. 1. À un degré si élevé. SYN. ② **si.** *Un spectacle tellement original.* ➜ FAM. *Pas tellement, plus tellement* : assez peu, modérément. ♦ *TELLEMENT... QUE... Il allait tellement vite qu'il ne nous a pas vus.* SYN. ② **si.** ➜ LITTÉR. (+ subj., avec négation) *Il n'est pas tellement vieux qu'il ne puisse travailler.* 2. FAM. *TELLEMENT DE.* SYN. **tant.** *J'ai tellement de soucis (que).* 3. (+ proposition causale) Tant. *Je ne le reconnais plus, tellement il a changé.*
ÉTYM. de *tel.*

TELLURE [telyʀ] n. m. ✦ Élément atomique peu abondant, qui se présente à l'état natif en cristaux blancs (symb. Te).
ÉTYM. latin scientifique *tellurium*, de *tellus, telluris* «terre».

TELLURIQUE [telyʀik] adj. ✦ De la Terre. ➜ *Secousse tellurique* : tremblement* de terre. SYN. **sismique.**
ÉTYM. du latin *tellus, telluris* «terre».

TÉMÉRAIRE [temeʀɛʀ] adj. 1. Hardi à l'excès, avec imprudence. SYN. **audacieux, aventureux.** *Être téméraire dans ses jugements.* ➜ iron. *Courageux, mais pas téméraire* : pas très courageux. 2. plus cour. (choses) Qui dénote une hardiesse imprudente. *Une entreprise téméraire.* SYN. **hasardeux, dangereux.** ➜ *Jugement*

A B C D E F G H I J K L M N O P Q R S T U V W X Y Z

téméraire, porté à la légère, sans réflexion. SYN. **irréfléchi.** CONTR. **lâche, peureux, timoré • réfléchi, sage.**
ÉTYM. latin *temerarius* «qui arrive par hasard *(temere)*», «irréfléchi».

TÉMÉRITÉ [temeʀite] **n. f.** ✦ LITTÉR. Disposition à oser, à entreprendre sans réflexion ou sans prudence. SYN. **audace, hardiesse.** CONTR. **circonspection, prudence.**
ÉTYM. latin *temeritas.*

TÉMOIGNAGE [temwaɲaʒ] **n. m.** 1. Déclaration de ce que l'on a vu, entendu, servant à l'établissement de la vérité. SYN. **attestation, rapport.** *Invoquer le témoignage de qqn* (pour prouver qqch.). *Un témoignage irrécusable.* ♦ loc. *PORTER TÉMOIGNAGE.* → **témoigner.** – *RENDRE TÉMOIGNAGE à qqn,* témoigner en sa faveur. 2. Déclaration d'un témoin en justice. SYN. **déposition.** *Un témoignage accablant. Faux témoignage :* témoignage inexact et de mauvaise foi. 3. Fait de donner des marques extérieures ; marque, preuve. SYN. **démonstration, manifestation.** *Témoignages d'affection.* – *Recevez ce cadeau, en témoignage de mon amitié.* SYN. **gage.** ♦ (choses) Ce qui constitue la marque, la preuve (de qqch.). *Acceptez ce modeste témoignage de ma reconnaissance.*
ÉTYM. de *témoigner.*

TÉMOIGNER [temwaɲe] **v.** (conjug. 3a) **I** **v. tr. dir.** 1. (compl. à l'inf. ou introduit par *que*) Certifier qu'on a vu ou entendu. SYN. **attester ;** → **témoignage.** *Il a témoigné qu'il l'a vu, l'avoir vu.* 2. Exprimer, faire paraître. SYN. **manifester, montrer.** *Témoigner son amitié, son amour à qqn ; témoigner qu'on l'aime.* 3. (choses) LITTÉR. (avec *que, combien*) Être l'indice, la preuve, le signe de. SYN. **attester, montrer, révéler.** *Ce geste témoigne qu'il vous est attaché, combien il vous est attaché.* **II** **intrans.** Faire un témoignage (→ **témoin,** I, 2). *Témoigner en justice. Témoigner pour, en faveur de, contre qqn.* **III** **v. tr. ind.** *TÉMOIGNER DE.* 1. (sujet personne) Confirmer la vérité, la valeur de (qqch.), par des paroles, ou simplement par ses actes, son existence même. → **témoin.** *Il peut témoigner de ma bonne foi ; il en témoignera.* 2. (sujet chose) Être la marque, le signe de. *Il est courageux, sa conduite en témoigne.*
ÉTYM. de *tesmoing,* ancienne forme de *témoin.*

TÉMOIN [temwɛ̃] **n. m.** **I** 1. Personne qui certifie ou peut certifier qqch., qui peut en témoigner. *Témoin oculaire. Un témoin impartial. Elle est le seul témoin* (rare *la seule témoin*). – loc. *PRENDRE À TÉMOIN :* invoquer le témoignage de. 2. DR. Personne en présence de qui s'est accompli un fait et qui est appelé à l'attester en justice. *Comparution, déposition des témoins. Témoin à charge*, à décharge*. Les témoins de l'accusation, de la défense.* – *FAUX TÉMOIN :* personne qui fait un faux témoignage*. 3. Personne qui doit certifier les identités, l'exactitude des déclarations, lorsqu'un acte est dressé. *Les témoins d'un mariage.* 4. Personne qui assiste involontairement à un évènement, un fait. *J'ai été témoin de la scène.* → **assister** à, **voir.** *Des témoins gênants. Parlons sans témoins.* **II** (choses, actions) (Ce qui sert de preuve) 1. LITTÉR. Ce qui, par sa présence, son existence, atteste, permet de constater, de vérifier. *Les derniers témoins d'une civilisation disparue.* 2. appos. Élément de comparaison. *Sujet témoin* (dans une expérience). – Ce qui sert de repère. *Appartement témoin.* SYN. **modèle.** – Ce qui sert de contrôle. *Des lampes témoins.* 3. SPORTS Bâtonnet que doivent se passer les coureurs de relais. *Le passage du témoin.* 4. (en tête de phrase) invar. À preuve. *Il est stupide ; témoin ses décisions ridicules.*
ÉTYM. latin *testimonium* «preuve», de *testis* «témoin».

TEMPE [tɑ̃p] **n. f.** ✦ Côté de la tête, entre le coin de l'œil et le haut de l'oreille. *Un homme aux tempes grisonnantes,* aux cheveux grisonnants sur les tempes.
ÉTYM. latin populaire *tempula,* classique *tempora,* pluriel de *tempus* «tempe».

a TEMPERA [atɑ̃peʀa] **loc. adj.** ✦ *Peindre a tempera,* avec une couleur délayée dans de l'eau et une substance agglutinante (gomme, colle, œuf). → **détrempe.**
ÉTYM. mots italiens «à la détrempe».

TEMPÉRAMENT [tɑ̃peʀamɑ̃] **n. m.** **I** 1. Constitution physiologique de l'individu et traits de caractère résultant de cette constitution. SYN. **nature ; personnalité.** *Tempérament nerveux ; sanguin ; actif.* – absolt *C'est un tempérament,* une forte personnalité. 2. *Avoir du tempérament,* des appétits sexuels. SYN. **sensualité.** **II** (Équilibre) 1. *Vente À TEMPÉRAMENT,* où le règlement du prix par l'acheteur est réparti en plusieurs paiements partiels. SYN. à **crédit.** 2. MUS. Organisation de l'échelle des sons, qui donne une valeur commune au dièse d'une note et au bémol de la note immédiatement supérieure (ex. sol dièse et la bémol). → **tempéré.**
ÉTYM. latin *temperamentum* «juste proportion», de *temperare* «tempérer».

TEMPÉRANCE [tɑ̃peʀɑ̃s] **n. f.** ✦ LITTÉR. Modération dans les plaisirs (SYN. **mesure**), notamment dans la consommation d'alcool et de nourriture (SYN. **frugalité, sobriété**). CONTR. **excès, intempérance.**
ÉTYM. latin *temperantia.*

TEMPÉRANT, ANTE [tɑ̃peʀɑ̃, ɑ̃t] **adj.** ✦ LITTÉR. Qui a de la tempérance. SYN. **frugal, sobre.** CONTR. **intempérant.**
ÉTYM. du participe présent de *tempérer.*

TEMPÉRATURE [tɑ̃peʀatyʀ] **n. f.** 1. Degré de chaleur ou de froid de l'atmosphère en un lieu. → **thermo- ; degré.** *Température en hausse, en baisse. La température ambiante.* ♦ (en physique) Manifestation de l'énergie cinétique d'un système thermodynamique. 2. Chaleur du corps. *Animaux à température fixe* (à «sang chaud»), *variable* (à «sang froid»). *Prendre sa température avec un thermomètre.* – loc. *Prendre la température de* (qqn, un groupe...), prendre connaissance de son état d'esprit. 3. Chaleur excessive de l'organisme. *Avoir de la température.* SYN. **fièvre.**
ÉTYM. latin *temperatura,* de *temperare* «tempérer, modérer».

TEMPÉRÉ, ÉE [tɑ̃peʀe] **adj.** 1. *Climat tempéré,* ni très chaud ni très froid, à plusieurs saisons. SYN. **doux.** – *Zone tempérée,* où règne ce climat. 2. MUS. Qui est réglé par le tempérament (II, 2). «*Le Clavier* (ou *Clavecin*) *bien tempéré*» (œuvre de J.-S. Bach).
ÉTYM. du participe passé de *tempérer.*

TEMPÉRER [tɑ̃peʀe] **v. tr.** (conjug. 8) 1. Adoucir l'intensité (du froid, de la chaleur). 2. LITTÉR. Adoucir et modérer. SYN. **atténuer.** *Tempérer l'ardeur de qqn, son agressivité.* SYN. **assagir, calmer.** CONTR. **exciter, renforcer.**
ÉTYM. latin *temperare* «combiner ; modérer» ; doublet de *tremper.*

TEMPÊTE [tɑ̃pɛt] **n. f.** 1. Violente perturbation atmosphérique ; vent rapide qui souffle en rafales, souvent accompagné d'orage. → **bourrasque, cyclone,**

ouragan, tourmente. ➛ *Tempête de neige,* chutes de neige avec un vent violent. ◆ spécialt Ce temps sur la mer, provoquant l'agitation des eaux. ◆ (élément de mots composés) *Lampe-tempête, briquet-tempête,* dont la flamme protégée ne s'éteint pas par grand vent. *Des lampes-tempêtes.* **2.** par métaphore ou fig. Agitation, trouble. *« Une tempête sous un crâne »* (titre d'un chapitre des *« Misérables »* de Victor Hugo). ➛ loc. *Une tempête dans un verre d'eau,* beaucoup d'agitation pour rien. *Déchaîner la tempête, des tempêtes,* provoquer de vives protestations. ➛ prov. *Qui sème le vent, récolte la tempête.* **3.** *Une tempête de,* une explosion subite de. *Une tempête d'applaudissements.* CONTR. **bonace,** ① **calme.**

ÉTYM. latin populaire *tempesta* « mauvais temps », de *tempus* « temps ».

TEMPÊTER [tɑ̃pete] **v. intr.** (conjug. 3a) ✦ Manifester à grand bruit son mécontentement, sa colère. SYN. **fulminer.**

ÉTYM. de *tempête.*

TEMPÉTUEUX, EUSE [tɑ̃petɥø, øz] **adj.** ✦ LITTÉR. Où les tempêtes sont fréquentes. ➛ fig. Plein d'agitation, de trouble.

ÉTYM. bas latin *tempestuosus.*

TEMPLE [tɑ̃pl] **n. m.** **1.** Édifice public consacré au culte d'une divinité. ➔ **église, mosquée, pagode, synagogue.** *Les temples grecs. Le temple d'Apollon. Un temple bouddhique.* **2.** Édifice où les protestants célèbrent le culte. *Aller au temple.* **3.** HIST. *Le Temple* : ordre de moines-soldats fondé lors des premières croisades près de l'emplacement du temple de Jérusalem. ➔ **templier.**

ÉTYM. latin *templum.*

TEMPLIER [tɑ̃plije] **n. m.** ✦ HIST. (☛ noms propres) Chevalier de l'ordre religieux et militaire du Temple (3).

ÉTYM. de *temple.*

TEMPO [tɛmpo ; tɛ̃po] **n. m.** **1.** Notation d'un mouvement musical. *Indication des tempos* (ou plur. italien *des tempi*). **2.** Vitesse d'exécution, dans le jazz.

ÉTYM. mot italien « temps ».

TEMPORAIRE [tɑ̃pɔʀɛʀ] **adj.** **1.** Qui ne dure ou ne doit durer qu'un temps limité. SYN. **momentané, passager, provisoire.** *Nomination à titre temporaire. Mesures temporaires.* ➛ loc. *Travail temporaire.* ➔ aussi **intérim.** **2.** Qui n'exerce ses activités que pour un temps. *Directeur temporaire.* CONTR. **définitif, durable, permanent.**

ÉTYM. latin *temporarius,* de *temporalis* « temporel ».

TEMPORAIREMENT [tɑ̃pɔʀɛʀmɑ̃] **adv.** ✦ Pour un temps limité. SYN. **provisoirement.** *Vous le remplacerez temporairement.* CONTR. **définitivement.**

TEMPORAL, ALE, AUX [tɑ̃pɔʀal, o] **adj.** ✦ Qui appartient aux tempes. *Os temporal* ou **n. m.** *le temporal. Lobe temporal du cerveau.*

ÉTYM. bas latin *temporalis,* de *tempus* « tempe ».

TEMPORALITÉ [tɑ̃pɔʀalite] **n. f.** ✦ DIDACT. Caractère de ce qui est dans le temps, qui a une valeur temporelle.

ÉTYM. latin *temporalitas,* de *temporalis* « temporel ».

TEMPOREL, ELLE [tɑ̃pɔʀɛl] **adj.** **1.** RELIG. Qui est du domaine du temps, des choses qui passent (opposé à *éternel*). ➛ Qui est du domaine des choses matérielles (opposé à *spirituel*). SYN. **séculier, terrestre.** *La puissance temporelle de l'Église.* **2.** GRAMM. Qui concerne, qui marque le temps, les temps. *Subordonnées temporelles,* propositions circonstancielles de temps. **3.** DIDACT. Relatif au temps ; situé dans le temps (surtout opposé à *spatial*). CONTR. **éternel, intemporel ; spirituel.**

ÉTYM. latin *temporalis,* de *tempus* « temps ».

TEMPORISATEUR, TRICE [tɑ̃pɔʀizatœʀ, tʀis] **adj.** ✦ Qui temporise. ➛ **n.** *Un temporisateur.*

TEMPORISATION [tɑ̃pɔʀizasjɔ̃] **n. f.** ✦ Fait de temporiser. SYN. **attentisme.**

TEMPORISER [tɑ̃pɔʀize] **v. intr.** (conjug. 3a) ✦ Différer d'agir, par calcul, dans l'attente d'un moment plus favorable. SYN. **attendre.**

ÉTYM. latin médiéval *temporizare* « passer le temps *(tempus)* ».

TEMPS [tɑ̃] **n. m.** **I** Continuité indéfinie, milieu où se déroule la succession des évènements et des phénomènes, les changements, mouvements, et leur représentation dans la conscience. ➔ **durée.** *Le temps et l'espace.* **1.** (Durée globale). *Avoir du temps libre,* des loisirs. *Perdre, gagner du temps. Rattraper le temps perdu. Le temps presse* : il faut agir rapidement. *Dans peu de temps.* ➛ (Grandeur mesurable) *La division du temps en années, mois, semaines, jours, heures, minutes, secondes.* ➔ **calendrier, chronologie.** SC. *L'unité de temps est la seconde.* **2.** Portion limitée de durée. SYN. ① **moment, période.** *Emploi du temps. Travailler à plein temps, à temps partiel, à mi-temps.* ➛ loc. *Pendant ce temps. Depuis quelque temps. Quelque temps après. Pour un temps. N'avoir qu'un temps* : être éphémère, provisoire. ➛ *La plupart du temps* : le plus souvent. *Tout le temps* : continuellement. ➛ *LE TEMPS DE* (+ inf.), *QUE* (+ subj.) : le temps nécessaire pour. *Le temps d'y aller, que j'y aille.* ➛ *Vous avez tout le temps. Je n'ai pas le temps.* ◆ *MON, TON, SON TEMPS. Passer son temps à ne rien faire. Vous avez tout votre temps. LE PLUS CLAIR DE SON TEMPS* : la plus grande partie de son temps. *Perdre son temps. Prendre son temps,* ne pas se presser. ➛ *Avoir fait son temps,* avoir terminé sa carrière ; être hors d'usage. **3.** *(Un, des temps)* Chacune des divisions égales de la mesure, en musique. *Une noire, une croche par temps.* ➛ loc. FAM. *En deux temps, trois mouvements,* très rapidement. **4.** Chacune des phases (d'une manœuvre, d'une opération, d'un cycle de fonctionnement). *Moteur à quatre temps.* ➛ loc. *Au temps pour moi* : je reconnais m'être trompé (→ autant* pour moi). **5.** Durée chronométrée d'une course. *Réaliser le meilleur temps.* ◆ *Temps mort* (dans un match) ; fig. période sans activité. **II** (Dans une succession, une chronologie) **1.** Point repérable dans une succession par référence à un « avant » et un « après ». SYN. **date, époque,** ② **instant,** ① **moment.** *En ce temps-là. Depuis ce temps-là* : depuis lors. ➛ loc. *Chaque chose EN SON TEMPS,* quand il convient. ◆ GRAMM. *Adverbes, compléments de temps,* marquant le moment. *Subordonnées de temps.* ➔ **temporel.** **2.** Époque. SYN. **ère, siècle.** *Notre temps,* celui où nous vivons. *Être de son temps,* en avoir les mœurs, les idées. *Le temps passé ; l'ancien temps, le bon vieux temps. « À la recherche du temps perdu »* (œuvre de Proust, qui s'achève par *« Le Temps retrouvé »*). ➛ *Temps de,* occupé, caractérisé par. *Le temps des vendanges, le temps des cerises. En temps de paix, de guerre. En temps normal.* ◆ *LES TEMPS* (avec une nuance d'indétermination). *Les temps sont durs. Les Temps modernes.* ➛ *Je l'ai vu ces derniers temps.* **3.** Époque de la vie humaine. ➛ (avec un adj. poss.) *De mon temps,* quand j'étais jeune. ◆ *BON*

TEMPS : moments agréables, de plaisir. *Se donner, prendre du bon temps,* s'amuser. 4. *Le temps de* (+ inf.) : le moment où il convient de, le bon moment pour. *Le temps est venu de prendre une décision.* ➝ *IL EST TEMPS DE* (+ inf.), *QUE* (+ subj.), le moment est venu. *Il est temps de faire les moissons, que tu les fasses.* 5. **loc. adv.** *À TEMPS* : juste assez tôt. ➝ *EN MÊME TEMPS* : simultanément ; à la fois, aussi bien. ➝ *ENTRE TEMPS.* → **entretemps.** ➝ *DE TEMPS EN TEMPS, DE TEMPS À AUTRE* : à des intervalles de temps plus ou moins longs et irréguliers. → **parfois, quelquefois.** ➝ *DE TOUT TEMPS* : depuis toujours. ➝ *EN TOUT TEMPS* : toujours. ➝ *DANS LE TEMPS* : autrefois, jadis. ◆ **loc. conj.** *DU TEMPS QUE* (+ indic.) : lorsque. *Du temps que j'étais jeune.* ➝ *DANS LE TEMPS, AU TEMPS, DU TEMPS OÙ.* → **quand.** 6. GRAMM. Forme verbale particulière à valeur temporelle. *Temps et modes.* ➝ (en français) *Temps simples* : présent, imparfait, passé simple, futur. *Temps composés,* formés avec un auxiliaire : futur antérieur, passé composé, passé antérieur, plus-que-parfait. **III** *LE TEMPS* : entité (souvent personnifiée) représentative du changement continuel de l'univers. *La fuite du temps. L'action du temps.* ➝ *Tuer le temps* : échapper à l'ennui, en s'occupant ou en se distrayant. **IV** État de l'atmosphère à un moment donné, considéré surtout dans son influence sur la vie et l'activité humaines (→ ① **air, ciel, température, vent ; météorologie**). *Un temps chaud, pluvieux. Il fait beau temps. Le mauvais temps.* → **pluie ; orage.** *Un temps froid, gris. Temps lourd, orageux. Gros temps.* → **tempête.** HOM. TAN « tanin », TANT « tellement », TAON « insecte »

ÉTYM. latin *tempus.*

TENABLE [t(ə)nabl] **adj.** 1. Où l'on peut se tenir, demeurer (emploi négatif ou valeur négative). *C'est à peine tenable.* SYN. **supportable.** 2. fig. *Sa position n'était plus tenable.* CONTR. **intenable.**

ÉTYM. de *tenir.*

TENACE [tənas] **adj.** 1. Dont on se débarrasse difficilement. *Des préjugés tenaces.* SYN. **durable.** ➝ *Odeur tenace.* SYN. **persistant.** 2. (personnes) Qui respecte et fait respecter ses opinions, ses décisions avec fermeté. SYN. **entêté, obstiné, opiniâtre, persévérant.** *Un chercheur tenace.* ➝ (actes) Qui implique la ténacité, l'obstination. CONTR. **fugace, volatil · changeant, versatile.**

► **TENACEMENT** [tənasmɑ̃] **adv.**

ÉTYM. latin *tenax,* de *tenere* « tenir ».

TÉNACITÉ [tenasite] **n. f.** 1. Caractère de ce qui est tenace. 2. Attachement opiniâtre à une décision, un projet. SYN. **obstination, opiniâtreté, persévérance.** *Poursuivre un objectif avec ténacité.* CONTR. **fugacité · versatilité.**

ÉTYM. latin *tenacitas.*

TENAILLE [tənaj] **n. f.** ✦ (surtout au plur.) Outil de métal, formé de deux pièces croisées et articulées, terminées par des mâchoires. *Arracher un clou avec des tenailles.*

ÉTYM. latin *tenaculum,* de *tenere* « tenir ».

TENAILLER [tənaje] **v. tr.** (conjug. 3a) ✦ Faire souffrir moralement ou physiquement. SYN. **torturer, tourmenter.** *La faim ; le remords le tenaille.*

ÉTYM. de *tenaille.*

TENANCIER, IÈRE [tənɑ̃sje, jɛʀ] **n.** ✦ péj. Personne qui dirige, qui gère un établissement soumis à la surveillance des pouvoirs publics. *Le tenancier d'une maison de jeux.*

ÉTYM. de l'ancien français *tenance* « propriété », famille de *tenir.*

TENANT, ANTE [tənɑ̃, ɑ̃t] **adj.** et **n.**

I adj. 1. Qui se poursuit. ◆ **loc.** *SÉANCE* TENANTE.* 2. Qui tient, est attaché.

II n. 1. *Le tenant (la tenante) du titre,* la personne qui le détient. 2. **n. m.** Personne qui soutient. SYN. **adepte, partisan.** *Les tenants du libéralisme.* 3. **n. m.** (choses) *D'UN SEUL TENANT* : d'une seule pièce. *Deux hectares d'un seul tenant.* 4. **n. m. pl.** *LES TENANTS ET LES ABOUTISSANTS d'une affaire.* → **aboutissants.** CONTR. **adversaire.**

ÉTYM. du participe présent de *tenir.*

TENDANCE [tɑ̃dɑ̃s] **n. f.** 1. Ce qui porte à être, à agir, à se comporter d'une certaine façon. SYN. **disposition, inclination, penchant.** *Des tendances égoïstes. Tendances inconscientes.* SYN. **pulsion.** ➝ *AVOIR TENDANCE À* (+ inf.) : être enclin à. *Il a tendance à grossir.* 2. Orientation commune à une catégorie de personnes. *Quelle est sa tendance politique ?* 3. Évolution (de qqch.) dans un même sens. SYN. **direction, orientation.** *Les tendances du cinéma, de la mode.* **adjectivt invar.** *Des couleurs très tendance.* ➝ *AVOIR TENDANCE À* : s'orienter sensiblement vers. *Les prix ont tendance à monter.* → ① **tendre.**

ÉTYM. de ① *tendre.*

TENDANCIEL, ELLE [tɑ̃dɑ̃sjɛl] **adj.** ✦ Qui marque une tendance (3).

TENDANCIEUX, EUSE [tɑ̃dɑ̃sjø, øz] **adj.** ✦ Qui manifeste des préjugés. SYN. **partial.** *Récit tendancieux,* qui n'est ni neutre ni objectif. CONTR. ① **objectif.**

► **TENDANCIEUSEMENT** [tɑ̃dɑ̃sjøzmɑ̃] **adv.**

ÉTYM. de *tendance.*

TENDER [tɑ̃dɛʀ] **n. m.** ✦ anglicisme Wagon qui suivait une locomotive à vapeur et contenait le combustible et l'eau nécessaires à son fonctionnement.

ÉTYM. mot anglais, de *to tend* « servir ».

TENDEUR [tɑ̃dœʀ] **n. m.** 1. Appareil servant à tendre (une chaîne de bicyclette, des fils, etc.). 2. Câble élastique servant à fixer (qqch. sur la galerie d'une voiture, etc.). SYN. **sandow.**

TENDINEUX, EUSE [tɑ̃dinø, øz] **adj.** ✦ Qui contient beaucoup de tendons. *Une viande tendineuse.*

ÉTYM. du latin *tendo, tendinis* « tendon ».

TENDINITE [tɑ̃dinit] **n. f.** ✦ MÉD. Inflammation d'un tendon.

TENDON [tɑ̃dɔ̃] **n. m.** ✦ Organe conjonctif, fibreux, d'un blanc nacré, par lequel un muscle s'insère sur un os. *Tendon d'Achille,* tendon du talon. ➝ spécialt Cet organe, dans une viande.

ÉTYM. de ① *tendre.*

① **TENDRE** [tɑ̃dʀ] **v.** (conjug. 44) **I v. tr. dir.** 1. Tirer sur (une chose souple ou élastique), de manière à la rendre droite (→ **tension ; tendu**). *Tendre une corde. Tendre un arc.* SYN. **bander.** ➝ *Tendre ses muscles,* les raidir. SYN. ② **contracter.** ◆ fig. pronom. *Leurs rapports se tendent, se sont tendus.* → **tendu** (3) 2. Déployer en allongeant en tous sens. *Tendre un filet.* ➝ fig. *Tendre un piège, une embuscade.* 3. Recouvrir d'une chose tendue (→ **tenture**). *Tendre un mur de tissu.* SYN. **tapisser.** ➝ au p. passé *Mur tendu d'un papier bleu.* 4. Allonger ou présenter en avançant (une partie du corps). ➝ *Tendre les bras* (pour accueillir, embrasser). ➝ *Tendre la main,* pour prendre ; pour saluer ; pour demander l'aumône ; pour aider, secourir. *Tendre à qqn une main secourable.* ➝ loc. *TENDRE L'OREILLE :* écouter avec attention. SYN. ② **dresser.** 5. Présenter (qqch.) à qqn. SYN. **donner.** II v. tr. ind. 1. *TENDRE À, VERS :* avoir un but, une fin et s'en rapprocher d'une manière délibérée. SYN. ① **viser** à ; ➝ **tendance.** *Tendre à la perfection. Tous leurs efforts tendent au même résultat.* SYN. **concourir, converger.** 2. (choses) *TENDRE À* (+ inf.) : avoir tendance à, évoluer de façon à. *La situation tend à s'améliorer.* ◆ Conduire, mener à (un résultat), sans réaliser pleinement. *Ceci tend, tendrait à prouver que...* SYN. **sembler.** 3. S'approcher d'une valeur limite sans l'atteindre. *Tendre vers l'infini.* CONTR. **détendre, relâcher.**

ÉTYM. latin *tendere.*

② **TENDRE** [tɑ̃dʀ] adj. 1. (choses) Qui se laisse facilement entamer, qui oppose peu de résistance. SYN. **mou.** *Une viande tendre* (➝ **tendreté**). ➝ *Roche tendre,* moins dure que d'autres. 2. Délicat, fragile. *L'âge tendre,* le jeune âge. *Tendre enfance.* 3. (personnes) Porté à la sensibilité, aux affections. SYN. **sensible ;** ➝ **attendrir, tendresse.** *Ma tendre épouse.* SYN. **affectueux,** ① **aimant, doux.** n. *Un, une tendre.* SYN. **sentimental.** ➝ FAM. *N'être pas tendre pour qqn,* être sévère, impitoyable. ◆ (sentiments) Qui présente un caractère de douceur et de délicatesse. *Une tendre amitié.* ➝ Qui manifeste l'affection. *Un tendre aveu.* SYN. **amoureux.** *Un regard tendre.* SYN. **caressant, langoureux.** 4. (couleurs) Doux, atténué. *Un rose tendre.* SYN. **pâle, pastel.** 5. n. m. VX Les sentiments, les émotions tendres. ➝ LITTÉR. *Le royaume de Tendre* (imaginé par Mlle de Scudéry, dans son roman *Clélie*). CONTR. **coriace, dur · cruel, insensible · criard, vif.**

ÉTYM. latin *tener.*

TENDREMENT [tɑ̃dʀəmɑ̃] adv. ✦ Avec tendresse. *S'embrasser tendrement.*

ÉTYM. de ② *tendre.*

TENDRESSE [tɑ̃dʀɛs] n. f. ✦ Sentiment tendre pour qqn. SYN. **affection, attachement.** *La tendresse maternelle.* CONTR. **cruauté, dureté.**

ÉTYM. de ② *tendre.*

TENDRETÉ [tɑ̃dʀəte] n. f. ✦ Caractère d'une viande tendre. CONTR. **dureté.**

ÉTYM. de ② *tendre.*

① **TENDRON** [tɑ̃dʀɔ̃] n. m. ✦ Morceau de viande (veau, bœuf) constituant la paroi inférieure du thorax.

ÉTYM. latin populaire *tenerumen,* de *tener* «② tendre».

② **TENDRON** [tɑ̃dʀɔ̃] n. m. ✦ VX Très jeune fille (d'âge tendre).

ÉTYM. de ② *tendre.*

TENDU, UE [tɑ̃dy] adj. 1. Rendu droit par traction. *Corde tendue. Les jambes tendues.* 2. *Esprit tendu, volonté tendue,* qui s'applique avec effort à un objet. ➝ (personnes) *Il était très tendu,* soucieux. SYN. **contracté, préoccupé.** 3. Qui menace de se dégrader, de rompre. SYN. **difficile.** *Atmosphère tendue. Des rapports tendus.* 4. Que l'on tend, que l'on avance. *Politique de la main tendue.* CONTR. **ballant,** ① **flasque, lâche · décontracté, détendu.**

ÉTYM. du participe passé de ① *tendre.*

TÉNÈBRES [tenɛbʀ] n. f. pl. ✦ Obscurité profonde. SYN. **noir, obscurité.** *Les ténèbres d'un cachot. Une lueur dans les ténèbres.* ➝ fig. LITTÉR. *Les ténèbres de l'inconscient.*

ÉTYM. latin *tenebrae.*

TÉNÉBREUX, EUSE [tenebʀø, øz] adj. 1. LITTÉR. Où il y a des ténèbres, une obscurité menaçante. SYN. **obscur, sombre.** *Un bois ténébreux.* 2. Secret et dangereux. SYN. **mystérieux.** *Une ténébreuse affaire.* 3. (personnes) Sombre et mélancolique. ➝ n. *Un beau ténébreux,* un bel homme à l'air sombre et profond. CONTR. **clair, lumineux.**

ÉTYM. latin *tenebrosus,* de *tenebrae* «ténèbres».

TENEUR [tənœʀ] n. f. 1. Contenu exact (d'un écrit officiel ou important). *La teneur d'un article. Une lettre dont j'ignore la teneur.* 2. Quantité (d'un élément) contenue (dans un mélange), en pourcentage. *La teneur en or d'un minerai.*

ÉTYM. latin *tenor,* de *tenere* «tenir».

TÉNIA [tenja] n. m. ✦ Ver parasite de l'intestin des mammifères, au corps formé d'un grand nombre d'anneaux plats. SYN. **ver solitaire.** ➝ On écrit aussi *tænia.*

ÉTYM. latin *taenia,* du grec, proprement «bandelette».

TENIR [t(ə)niʀ] v. (conjug. 16) I v. tr. 1. Avoir (un objet) avec soi en le serrant afin qu'il ne tombe pas, ne s'échappe pas. *Tenir son chapeau à la main. Elle tient un bébé dans ses bras.* ➝ *Tenir un enfant par la main,* tenir sa main. 2. (choses) Faire rester (qqch., qqn) en place. SYN. **retenir.** *Les amarres qui tiennent le bateau.* 3. Faire rester (dans une situation, un état) pendant un certain temps. SYN. **maintenir.** *Tenir une porte fermée.* ➝ loc. *Tenir qqn en respect, en échec.* ➝ *Cet enfant ne tient pas en place.* ◆ (sujet chose) *Ces travaux me tiennent occupé.* 4. Saisir (un être qui s'échappe), s'emparer de. *Nous tenons le voleur.* ➝ *Tenir qqn,* être maître de lui, pouvoir le punir, etc. *Si je le tenais !* 5. Résister à (dans des expr.). *Tenir le vin, l'alcool,* être capable de boire beaucoup sans être ivre. ➝ *Tenir tête* à.* 6. Avoir en sa possession (surtout abstrait). SYN. **détenir.** *Ils croient tenir la solution.* ◆ FAM. Avoir attrapé, pris (un mal). *Je tiens un de ces rhumes !* ➝ *Qu'est-ce qu'il tient !* (il est idiot). ◆ prov. *Mieux vaut tenir que courir,* il vaut mieux avoir effectivement quelque chose qu'entretenir de grands espoirs. ➝ (substantivé) *Un tiens vaut mieux que deux tu l'auras,* mieux vaut avoir effectivement un bien que des promesses. 7. *TIENS, TENEZ !,* prends, prenez. *Tenez, voilà votre argent.* ➝ (pour présenter qqch.) *Tenez, je l'ai vu hier.* ➝ *TIENS !* (marque l'étonnement). *Tiens, te voilà ? Tiens donc !* (répété) *Tiens, tiens !* 8. *TENIR EN* (et n. d'attitude psychologique) : avoir en. *Tenir qqn en haute estime.* 9. *TENIR qqch. DE qqn :* l'avoir par lui. *De qui tenez-vous ce renseignement ?* ◆ Avoir par hérédité. *Il tient cela de son père.* II v. tr. (sens affaibli) 1. Occuper (un certain espace). *Cela tient trop de place.* SYN. **prendre.** 2. Occuper (un lieu), sans s'en écarter. *Tenir la route.* ➝ **tenue** de route. *Tenez votre droite !* 3. Remplir (une activité). *Tenir son rôle.* ◆ S'occuper de. *Tenir un hôtel.* SYN. **diriger, gérer.** *Tenir la comptabilité.* ◆ Réunir (une assemblée) ; y prendre part. ◆ *Tenir des propos ; un discours.* SYN. ① **dire.** 4. *TENIR... POUR :* considérer comme, croire. *Tenir un fait pour certain.* ➝ loc. *Tenez-vous-le pour dit,* tenez-en compte (on ne vous le redira pas). 5. Observer fidèlement (ce que l'on a promis). *Tenir parole, sa parole ; ses promesses.* III v. intr. 1. Être attaché, fixé, se maintenir dans la même

A B C D E F G H I J K L M N O P Q R S T U V W X Y Z

position. *Ce bouton ne tient plus. Je ne tiens plus debout* (de fatigue). ➝ loc. *Cette histoire ne tient pas debout,* est invraisemblable. **2.** Être solide, ne pas céder, ne pas se défaire. *Faites un double nœud, cela tiendra mieux.* ➝ *Il n'y a pas de raison qui tienne,* qui puisse s'opposer à... ♦ Résister à l'épreuve du temps. SYN. **durer.** *Leur mariage tient toujours.* ➝ FAM. (en parlant d'un projet) *Ça tient toujours pour jeudi ?* nous sommes toujours d'accord ? **3.** (sujet personne) Résister. *Il faudra tenir.* ➝ loc. *TENIR BON :* ne pas céder. *Ne plus pouvoir tenir :* être au comble de l'impatience. **4.** Être compris, être contenu dans un certain espace. SYN. **entrer.** *Nous ne tiendrons pas tous dans la voiture.* **IV** v. tr. ind. **1.** *TENIR À qqn, À qqch.,* y être attaché par un sentiment durable. ♦ Vouloir absolument. *Si vous y tenez...* ➝ (avec une proposition) *J'ai tenu à les inviter.* **2.** (sujet chose) *TENIR À qqch.,* avoir un rapport de dépendance, d'effet à cause. SYN. **provenir, résulter, venir.** *Leur dynamisme tient à leur jeunesse.* ➝ impers. *NE TENIR QU'À... Il ne tient qu'à vous que l'affaire se termine,* cela ne dépend* que de vous. ➝ *Qu'à cela ne tienne !* peu importe. **3.** *TENIR DE qqn, DE qqch. Il tient de sa mère.* SYN. **ressembler** à. *Il est têtu, il a de qui tenir,* ses parents le sont également. ➝ Participer de la nature de (qqch.). *Cela tient du miracle.* **V** *SE TENIR* v. pron. **A.** (réfl.) **1.** *SE TENIR À qqch. :* tenir qqch. afin de ne pas tomber, de ne pas changer de position. *Tenez-vous à la rampe.* **2.** Être, demeurer (dans une position). *Se tenir debout. Tiens-toi droit !* ♦ (choses) *Une histoire qui se tient,* cohérente, vraisemblable. **3.** Être (quelque part). *Il se tenait sur le seuil.* ♦ Avoir lieu. *La salle où se tient la réunion.* **4.** Être et rester (d'une certaine manière, dans un certain état) ; se conduire. *Se tenir sur la défensive.* ➝ (et adj.) *Se tenir tranquille,* ne pas bouger ; rester sage. ♦ *Se tenir bien, mal,* se conduire en personne bien, mal élevée. ➝ *Il sait se tenir en société,* bien se tenir. **5.** LITTÉR. *NE POUVOIR SE TENIR DE,* ne pouvoir s'empêcher de (faire telle chose). SYN. se **retenir.** *Ils ne pouvaient se tenir de rire.* **6.** *S'EN TENIR À* (qqch.), ne pas aller au-delà, ne vouloir rien de plus. SYN. se **borner.** *Je m'en tiens aux ordres.* ➝ loc. *Savoir à quoi s'en tenir,* être fixé, informé. **B.** (récipr.) Se tenir l'un l'autre. *Se tenir par la main.* ♦ (choses) Être dans une dépendance réciproque. *Dans cette affaire, tout se tient.*

► **TENU, UE** p. passé et adj. **1.** v. passif *ÊTRE TENU À :* être obligé à (une action). *Le médecin est tenu au secret professionnel.* ➝ loc. prov. *À l'impossible nul n'est tenu.* ♦ *ÊTRE TENU DE* (+ inf.) : être obligé de. *Vous êtes tenu de l'avertir.* **2.** adj. *BIEN, MAL TENU,* bien (mal) arrangé, entretenu. *Un hôtel bien tenu.*

ÉTYM. latin populaire *tenire,* classique *tenere.*

TENNIS [tenis] n. m. **1.** Sport dans lequel deux ou quatre joueurs se renvoient alternativement une balle, à l'aide de raquettes, de part et d'autre d'un filet, selon des règles et sur un terrain de dimensions déterminées (➝ ② **court**). *Jouer au tennis en simple, en double.* ♦ *Tennis de table.* ➝ **ping-pong.** **2.** Terrain de tennis. *Les tennis d'un club sportif.* **3.** n. m. ou n. f. Chaussure de sport basse, en toile, à semelle de caoutchouc. *Des tennis blancs.*

ÉTYM. mot anglais, du français *tenez,* impératif de *tenir.*

TENON [tənɔ̃] n. m. ✦ Partie saillante d'un assemblage, qui s'ajuste à une mortaise.

ÉTYM. de *tenir.*

TÉNOR [tenɔʀ] n. m. **1.** Voix d'homme la plus aiguë après la haute-contre ; chanteur qui a ce type de voix. *Un ténor de l'opéra.* ♦ adj. Se dit des instruments dont l'étendue correspond à celle de cette voix. *Flûte, saxo ténor.* **2.** fig. Personnage très en vue dans l'activité qu'il exerce. *Les ténors de la politique.*

ÉTYM. italien *tenore* «voix la plus harmonieuse», latin *tenor,* de *tenere* «tenir».

TENSEUR [tɑ̃sœʀ] n. m. **1.** Muscle qui produit une tension. **2.** MATH. Être mathématique, généralisation de la notion de vecteur.

► **TENSORIEL, ELLE** [tɑ̃sɔʀjɛl] adj. *Calcul tensoriel.*

ÉTYM. du latin *tensum,* de *tendere* «① tendre».

TENSIOMÈTRE [tɑ̃sjɔmɛtʀ] n. m. ✦ Appareil servant à mesurer la tension (notamment la tension artérielle).

ÉTYM. du latin *tensio* «tension» et de *-mètre.*

TENSION [tɑ̃sjɔ̃] n. f. **I** **1.** État d'une substance souple ou élastique tendue. *La tension d'un élastique, d'une corde de violon.* **2.** PHYS. Force qui agit de manière à écarter, à séparer les parties constitutives d'un corps. **3.** *Tension (artérielle, veineuse),* force exercée contre la paroi des artères par la pression du sang. *Prendre la tension de qqn.* ➝ absolt Tension excessive. ➝ **hypertension.** *Avoir de la tension.* **4.** *Tension (électrique),* différence de potentiel électrique entre deux points d'un circuit. *L'unité de tension est le volt. Haute tension,* tension élevée (plusieurs milliers de volts). *Basse tension.* **II** **1.** Effort intellectuel ; application soutenue. SYN. **concentration** ; ➝ **tendu.** *Tension d'esprit, de l'esprit.* SYN. **attention.** **2.** État de ce qui menace de rompre. *La tension des relations entre deux pays.* **3.** *Tension nerveuse,* énervement. CONTR. **relâchement · détente.**

ÉTYM. bas latin *tensio,* de *tendere* «① tendre».

TENTACULAIRE [tɑ̃takylɛʀ] adj. ✦ Qui se développe dans toutes les directions. *«Les Villes tentaculaires»* (poèmes de Verhaeren).

ÉTYM. de *tentacule.*

TENTACULE [tɑ̃takyl] n. m. ✦ Appendice mobile de certains mollusques (poulpes, calmars), organe allongé muni de ventouses. *Les longs tentacules de la pieuvre.*

ÉTYM. latin scientifique *tentaculum,* de *tentare* «tâter».

TENTANT, ANTE [tɑ̃tɑ̃, ɑ̃t] adj. ✦ Qui tente, éveille le désir, l'envie. SYN. **alléchant, séduisant.** *Un menu tentant. Une proposition assez tentante.*

ÉTYM. du participe présent de *tenter* (I).

TENTATEUR, TRICE [tɑ̃tatœʀ, tʀis] n. **1.** n. m. *Le Tentateur :* le démon. **2.** n. Personne qui cherche à tenter, à séduire. ➝ adj. *Une beauté tentatrice.*

ÉTYM. latin *temptator.*

TENTATION [tɑ̃tasjɔ̃] n. f. **1.** RELIG. Impulsion qui pousse au péché, au mal. *Succomber à la tentation.* **2.** Ce qui incite à (une action) en éveillant le désir. SYN. **envie.** *La tentation des voyages ; de partir en voyage.*

ÉTYM. latin *temptatio.*

TENTATIVE [tɑ̃tativ] n. f. ✦ Action par laquelle on s'efforce d'obtenir un résultat. SYN. **essai.** *Réussir à la première tentative. Une tentative d'évasion.* ➝ spécialt (le résultat étant douteux ou nul) *Tentative infructueuse.*

ÉTYM. latin *tentativa* «épreuve universitaire», de *tentare* «tenter».

TENTE [tɑ̃t] **n. f.** ✦ Abri transportable fait d'une matière souple tendue sur des supports (mâts, piquets). *Tente de camping. Vivre sous la tente.* ➛ loc. *Se retirer sous sa tente* (comme Achille, dans *l'Iliade*) : bouder. HOM. TANTE «tata»
ÉTYM. ancien occitan *tenda*, latin médiéval *tenda*, du participe passé de *tendere* «① tendre».

TENTER [tɑ̃te] **v. tr.** (conjug. 3a) **I** 1. RELIG. Essayer d'entraîner au mal, au péché (→ **tentation**). 2. (sujet chose) Éveiller le désir, l'envie de (qqn). SYN. **attirer, séduire.** *Cela ne me tente guère. Se laisser tenter par,* céder à (une envie, un désir). ➛ passif et p. passé *Être tenté, très tenté,* avoir envie (d'une chose) ; avoir envie de, tendance à. *Je suis tenté de le croire.* **II** Éprouver (les chances de réussite) ; commencer, en vue de réussir (→ **tentative**). *Tenter une démarche. Tenter l'impossible. Tenter de* (+ inf.). SYN. **chercher à, essayer de.** ➛ loc. *Tenter sa chance,* essayer de gagner, de réussir.
ÉTYM. latin *temptare, tentare* «toucher» et «essayer».

TENTURE [tɑ̃tyʀ] **n. f.** ✦ Pièce de tissu, de cuir, de papier (tendu) servant d'élément de décoration murale. SYN. **tapisserie.**
ÉTYM. de ① *tendre,* avec influence de *tente.*

TENU, UE → TENIR

TÉNU, UE [teny] **adj.** ✦ Très mince, très fin. *Un fil ténu.* ➛ abstrait *Une différence ténue.* SYN. **subtil.** CONTR. **épais, gros.**
ÉTYM. latin *tenuis.*

TENUE [t(ə)ny] **n. f.** **I** 1. Fait, manière de tenir, de gérer (un établissement, etc.). *La tenue d'une maison,* son entretien. 2. Fait de tenir (une séance, une réunion...). 3. *TENUE DE ROUTE :* aptitude d'un véhicule à se maintenir dans la direction commandée par le conducteur. **II** 1. Fait de bien se tenir ; dignité de la conduite, correction des manières. *Manquer de tenue.* 2. Façon de se tenir (bien ou mal). *Bonne tenue à table.* 3. Façon de se tenir (2). SYN. **attitude, maintien, posture.** 4. Manière dont une personne est habillée ; son aspect, sa présentation. SYN. **mise.** *Une tenue impeccable ; négligée.* ◆ Habillement particulier (à une profession, une circonstance). *Tenue de sport. Tenue de soirée. Tenue militaire.* → **uniforme.** *Policier en tenue.* ➛ FAM. *Être en petite tenue,* peu vêtu. 5. FIN. Fermeté du cours (d'une valeur), en Bourse. *Bonne tenue du dollar.*
ÉTYM. du participe passé de *tenir.*

TÉNUITÉ [tenɥite] **n. f.** ✦ Caractère de ce qui est ténu. SYN. **finesse.**
ÉTYM. latin *tenuitas,* de *tenuis* «ténu».

TÉORBE ou **THÉORBE** [teɔʀb] **n. m.** ✦ Luth à sonorité grave.
ÉTYM. italien *tiorba,* d'origine inconnue.

TÉQUILA ou **TEQUILA** [tekila] **n. f.** ✦ Alcool d'agave. *Des téquilas, des tequilas.* ➛ Écrire *téquila* avec un accent aigu est permis.
ÉTYM. espagnol *tequila,* d'un nom de lieu au Mexique.

TER [tɛʀ] **adv.** 1. MUS. Indication d'avoir à répéter un passage trois fois. 2. Indique la répétition, une troisième fois, du numéro (sur une maison, devant un paragraphe...). *Le 12 bis et le 12 ter de la rue Balzac.*
HOM. TAIRE «ne pas dire», TERRE «sol»
ÉTYM. mot latin «trois fois», de *tres* «trois».

TÉRATO- Élément savant, du grec *teras, teratos* «monstre».

TÉRATOGÈNE [teʀatɔʒɛn] **adj.** ✦ MÉD. *Substance tératogène,* qui perturbe le développement embryonnaire et peut produire des malformations.
ÉTYM. de *térato-* et *-gène.*

TÉRATOLOGIE [teʀatɔlɔʒi] **n. f.** ✦ DIDACT. Étude des anomalies et des malformations des êtres vivants.
ÉTYM. de *térato-* et *-logie.*

TERCET [tɛʀsɛ] **n. m.** ✦ Couplet, strophe de trois vers. ☛ Littérature p. 123. *Les deux tercets d'un sonnet.*
ÉTYM. italien *terzetto,* de *terzo* «troisième, tiers».

TÉRÉBENTHINE [teʀebɑ̃tin] **n. f.** ✦ Résine que l'on recueille par l'incision de certains végétaux (conifères). *Essence de térébenthine.*
ÉTYM. latin *terebinthina (resina)* «résine de térébinthe», nom d'arbre, du grec.

TÉRÉBRANT, ANTE [teʀebʀɑ̃, ɑ̃t] **adj.** ✦ DIDACT. 1. *Insecte térébrant,* qui perce des trous. 2. *Douleur térébrante,* qui donne l'impression qu'une pointe s'enfonce dans la partie douloureuse.
ÉTYM. du participe présent de *térébrer* «percer», latin *terebrare.*

TERGAL [tɛʀgal] **n. m.** ✦ Fibre synthétique de polyester. *Pantalon de tergal.*
ÉTYM. nom déposé.

TERGIVERSATION [tɛʀʒivɛʀsasjɔ̃] **n. f.** ✦ Fait de tergiverser ; attitude d'une personne qui tergiverse.

TERGIVERSER [tɛʀʒivɛʀse] **v. intr.** (conjug. 3a) ✦ LITTÉR. User de détours, de faux-fuyants pour éviter de donner une réponse nette, pour retarder le moment d'une décision. SYN. **atermoyer, temporiser.**
ÉTYM. latin *tergiversari,* proprement «tourner *(vertere)* le dos *(tergum)*».

① **TERME** [tɛʀm] **n. m.** 1. Limite fixée dans le temps. *Passé ce terme, les billets seront périmés.* SYN. **délai, échéance.** ➛ *Mettre un terme à qqch.,* faire cesser. ◆ *À TERME :* dont l'exécution correspond à un terme fixé. *Vente, achat à terme* (opposé à *au comptant*). SYN. à **crédit.** ➛ *À court, à moyen, à long terme,* qui doit se réaliser dans un temps bref, moyen, long. ➛ *Le court terme.* 2. Époque fixée pour le paiement des loyers. ◆ Somme due au terme. 3. LITTÉR. Dernier élément, dernier stade (de ce qui a une durée). SYN. **conclusion,** ① **fin.** *Le terme de la vie,* la mort. *Mener qqch. à (son) terme.* → **terminer.** 4. Accouchement *À TERME,* au moment de la fin de la grossesse (neuf mois, chez la femme). ➛ *Enfant né avant terme.* → **prématuré.** CONTR. **commencement, début.** HOM. THERMES «bains»
ÉTYM. latin *terminus,* proprement «borne».

② **TERME** [tɛʀm] **n. m.** **I** 1. Mot ou expression. *Chercher le terme exact. Terme usuel, rare, savant.* 2. au plur. Discours, expressions employés pour faire savoir qqch. ; manière de s'exprimer. *Aux termes du contrat.* SYN. **formule.** *Parler en termes choisis.* ➛ loc. *EN D'AUTRES TERMES :* pour donner une équivalence à l'aide d'autres mots. → **c'est-à-dire.** 3. Mot appartenant à un vocabulaire spécial. *Les termes techniques.* → **terminologie.** *Terme juridique.* 4. Chacun des éléments simples entre lesquels on établit une relation. *Les termes d'une comparaison. Les termes d'une somme, d'une équation.* ◆ fig. *MOYEN TERME :* solution, situation intermédiaire. **II** loc. *Être EN BONS, EN MAUVAIS TERMES avec qqn :* entretenir

A B C D E F G H I J K L M N O P Q R S T U V W X Y Z

de bonnes ou de mauvaises relations avec qqn.
HOM. THERMES «bains publics»
ÉTYM. latin médiéval *terminus* «ce qui délimite un sens» → ① terme.

TERMINAISON [tɛʀminɛzɔ̃] n. f. 1. Dernier élément d'un mot (sons, lettres, éléments). SYN. ① **finale**; → **désinence, suffixe.** *Le radical et la terminaison d'un verbe. Terminaisons des mots en fin de vers.* → **assonance, consonance, rime.** 2. Extrémité (d'une chose). – ANAT. *Les terminaisons nerveuses.*
ÉTYM. de *terminer,* d'après le latin *terminatio.*

① **TERMINAL, ALE, AUX** [tɛʀminal, o] adj. ✦ Qui forme le dernier élément, la fin. SYN. **final.** *Phase terminale d'une maladie.* – (en France) *Classe terminale* : dernière classe du lycée, qui prépare au baccalauréat. – n. f. *Être en terminale.* CONTR. **initial.**
ÉTYM. latin *terminalis,* de *terminus* «fin».

② **TERMINAL, AUX** [tɛʀminal, o] n. m. ✦ anglicisme 1. Installations pour le déchargement de navires de transport (pétroliers, etc.). 2. Périphérique d'entrée et de sortie d'un ordinateur central. 3. Point de départ et d'arrivée en ville des passagers d'un aéroport.
ÉTYM. anglais *terminal* «terminus».

TERMINER [tɛʀmine] v. tr. (conjug. 3a) **I** 1. Faire cesser (qqch. dans le temps) par une décision. *Terminer une séance.* SYN. **clore, clôturer,** ① **lever.** 2. Faire arriver à son terme, mener à terme (ce qui est fait en grande partie). SYN. **achever, finir.** *Terminer un travail.* – absolt *Ça y est, j'ai terminé ! En avoir terminé avec qqch.,* avoir enfin fini. ♦ Passer la dernière partie de (un temps). *Terminer la soirée devant la télé.* 3. (choses) Constituer, former le dernier élément de (qqch.). *Formule qui termine une lettre.* – au p. passé *Fête terminée par un feu d'artifice.* **II** *SE TERMINER* v. pron. 1. Prendre fin. SYN. **finir.** (dans l'espace) *Le chemin se termine à la ferme.* – (dans le temps) *La soirée s'est mal terminée.* 2. *SE TERMINER PAR* : avoir pour dernier élément, pour conclusion. 3. *SE TERMINER EN.* (dans l'espace) Avoir (telle forme) à son extrémité. *Clocher qui se termine en pointe. Verbes qui se terminent en -ir* (→ **terminaison**). – (dans le temps) Prendre (tel aspect) à sa fin. *L'histoire se termine en queue de poisson.* CONTR. **commencer, ouvrir • débuter.**
ÉTYM. latin *terminare* «borner», de *terminus* «borne, limite».

TERMINOLOGIE [tɛʀminɔlɔʒi] n. f. 1. Ensemble des désignations et des notions appartenant à un domaine spécial (science, technique, etc.). *La terminologie de la médecine.* ♦ Vocabulaire didactique d'un groupe social. 2. Étude des systèmes de termes et de notions.
► **TERMINOLOGIQUE** [tɛʀminɔlɔʒik] adj.
ÉTYM. du latin *terminus* (→ ② terme) et de *-logie.*

TERMINOLOGUE [tɛʀminɔlɔg] n. ✦ Spécialiste de terminologie (2).

TERMINUS [tɛʀminys] n. m. ✦ Dernière station (d'une ligne de transports). *Le terminus des cars.* – interj. *Terminus ! tout le monde descend !*
ÉTYM. mot anglais, du latin «fin».

TERMITE [tɛʀmit] n. m. ✦ Insecte qui vit en société et ronge le bois par l'intérieur. ♦ loc. fig. *Travail de termite,* travail de destruction lent et caché.
ÉTYM. anglais *termite,* bas latin *termes, termitis,* classique *tarmes.*

TERMITIÈRE [tɛʀmitjɛʀ] n. f. ✦ Nid de termites, butte de terre durcie traversée de galeries.

TERNAIRE [tɛʀnɛʀ] adj. ✦ Composé de trois éléments, de trois unités. *Système de numération ternaire* (0, 1, 2). ♦ MUS. *Mesure, rythme ternaire.*
ÉTYM. latin *ternarius,* de *terni* «par trois (*tres*)».

TERNE [tɛʀn] adj. 1. Qui manque d'éclat, qui reflète peu ou mal la lumière. *Des couleurs ternes.* SYN. **fade, neutre.** *Œil, regard terne,* sans éclat ni expression. SYN. **éteint.** 2. Qui n'attire ni ne retient l'intérêt. SYN. **fade,** ① **morne.** *Une conversation terne et insipide.* – (personnes) Falot, insignifiant. *Des gens ternes.* CONTR. **brillant, éclatant, vif ; expressif • intéressant.**
ÉTYM. de *ternir.*

TERNIR [tɛʀniʀ] v. tr. (conjug. 13) 1. Rendre (qqch.) terne. SYN. **décolorer,** ② **faner.** – pronom. *L'argenterie se ternit.* – au p. passé *Couleurs ternies.* SYN. ② **passé.** 2. Porter atteinte à la valeur morale, intellectuelle de. SYN. ① **flétrir.** *Ternir la réputation de qqn.* SYN. **salir.** CONTR. **polir.**
ÉTYM. francique *tarnjan* «obscurcir».

TERRAIN [teʀɛ̃] n. m. **I** 1. Étendue de terre (considérée dans son relief ou sa situation). SYN. ① **sol.** *Le terrain est plat, accidenté. En terrain plat. Un terrain fertile.* – fig. *Un terrain glissant,* une situation dangereuse, hasardeuse. – loc. adj. invar. *Véhicules TOUT-TERRAIN* (voir ce mot). 2. Portion plus ou moins étendue et épaisse de l'écorce terrestre, considérée quant à sa nature, son âge ou son origine (souvent au plur.). *Terrains glaciaires.* 3. *LE TERRAIN,* la zone où se déroulent des opérations militaires. – loc. *Sur le terrain,* en se rendant sur les lieux mêmes du combat ; fig. sur place. *Être sur son terrain,* dans un domaine familier. *Gagner, perdre du terrain,* avancer, reculer (aussi fig.). *Un terrain d'entente* : une base, un sujet sur lequel on peut s'entendre. *Reconnaître, préparer le terrain, tâter le terrain,* la situation, l'état des choses et des esprits, avant d'agir. ♦ spécialt *Le terrain,* le lieu de l'action, de l'observation. *Travail de terrain* (en ethnologie, etc.). *Un homme de terrain,* en contact direct avec les gens, les réalités. 4. État (d'un organisme, d'un organe, d'un tissu), quant à sa résistance à la maladie. *Un terrain allergique.* **II** 1. *(Un, des terrains)* Espace, étendue de terres de forme et de dimensions déterminées. SYN. **parcelle.** *Acheter un terrain. Un terrain cultivé.* SYN. **terre.** *Terrains à bâtir.* – *Terrain vague**. 2. Emplacement aménagé ou disposé pour une activité particulière. *Terrain de camping, de sport.*
ÉTYM. latin *terrenum,* famille de *terra* «terre».

TERRASSE [teʀas] n. f. 1. Levée de terre formant plateforme. *Cultures en terrasses.* 2. Plateforme en plein air d'un étage de maison. *Appartement avec terrasse.* – Toiture plate (d'une maison). 3. Partie d'un café, d'un restaurant qui déborde sur le trottoir (en plein air ou couverte).
ÉTYM. de *terre.*

TERRASSEMENT [teʀasmɑ̃] n. m. 1. Opération par laquelle on creuse et on déplace la terre. *Travaux de terrassement.* 2. Terres, matériaux déplacés. → **déblai(s), remblai.**
ÉTYM. de *terrasser* «soutenir par une masse de terre», de *terrasse* (1).

TERRASSER [teʀase] **v. tr.** (conjug. 3a) 1. Abattre, renverser (qqn), jeter à terre dans une lutte. *Terrasser son adversaire.* 2. (sujet chose) Abattre, rendre incapable de réagir, de résister. SYN. **foudroyer.** *Cette nouvelle l'a terrassé.* – *Être terrassé par l'émotion.* SYN. **accabler, atterrer.**
ÉTYM. de *terre*, dans *jeter à terre*.

TERRASSIER [teʀasje] **n. m.** ✦ Ouvrier employé aux travaux de terrassement.
ÉTYM. de *terrasser* → terrassement.

TERRE [tɛʀ] **n. f.** I L'élément solide qui supporte les êtres vivants et où poussent les végétaux. 1. Surface sur laquelle les humains, les animaux se tiennent et marchent. SYN. ① **sol.** *À TERRE, PAR TERRE* : sur le sol. *Tomber par terre.* ♦ loc. fig. *Vouloir rentrer SOUS TERRE* (de honte). – *Avoir les pieds SUR TERRE* : être réaliste. → **terre à terre.** 2. (concret) Matière qui forme la couche superficielle de la croûte terrestre (lorsqu'elle n'est pas rocheuse). *Un chemin de terre,* non revêtu. *Sol de terre battue. Mottes de terre.* – loc. *Porter un mort en terre.* → **enterrer, inhumer.** ♦ au plur. Quantité de terre. *Des terres rapportées.* 3. L'élément où poussent les végétaux. *Une terre aride, fertile.* SYN. **terrain.** *Terre végétale.* → **humus, terreau.** *Cultiver la terre. Les produits de la terre.* – *De terre* : qui pousse dans la terre. *Pomme de terre* (voir ce mot). – loc. *EN PLEINE TERRE* : (de végétaux) dans la terre, sans contenant (opposé à *en caisse, en pot,* et aussi à *hors-sol*). ♦ *LES TERRES* : étendue de terrain où poussent les végétaux. *Terres à blé,* propres à cette culture. *Terres cultivées.* → **champ.** *Défricher les terres vierges.* – par métonymie Les cultures. ♦ loc. *Politique de la terre brûlée,* de destruction des récoltes, lors d'une retraite militaire. 4. *LA TERRE* : la vie paysanne. SYN. **glèbe.** – loc. *Le retour à la terre,* aux activités agricoles. 5. Étendue de surfaces cultivables, considérée comme objet de possession. SYN. ② **bien, domaine, propriété, terrain.** *Acquérir une terre, des terres.* – *Acheter de la terre. Lopin de terre.* ♦ au plur. *Se retirer sur ses terres.* 6. Vaste étendue de la surface solide du globe. SYN. **territoire, zone.** *Les terres arctiques, australes.* – *La terre promise*.* 7. *LA TERRE, LES TERRES* (opposé à *la mer, à l'air*). → ② **continent, île.** *La répartition des terres et des mers à la surface du globe. La terre ferme.* – *L'armée de terre* (opposé à *la marine, l'aviation*). – *À l'intérieur des terres, dans les terres* : loin de la mer, des côtes (région maritime). 8. La croûte terrestre. loc. *Tremblement* de terre.* → **séisme.** 9. Le sol, considéré comme ayant un potentiel électrique égal à zéro. loc. *Prise de terre.* II Le milieu où vit l'humanité. SYN. **monde** ; → **terrestre.** 1. (avec une majuscule ☞ noms propres) Planète appartenant au système solaire, animée d'un mouvement de rotation sur elle-même et de révolution autour du Soleil. *La Lune, satellite de la Terre. La Terre, Mars et Vénus.* ♦ *Sciences de la Terre* (géologie, géophysique, géomorphologie...). *Sciences de la Vie et de la Terre (S. V. T.).* 2. L'ensemble de tous les lieux de la surface de la planète. *Parcourir la terre entière. Partout sur la terre.* 3. Cette planète, en tant que milieu où vit l'humanité. *Être seul sur la terre,* au monde. *Être sur terre.* → **exister, vivre.** – loc. *Remuer ciel et terre* (pour obtenir qqch.), s'adresser à tous ceux que l'on connaît. III 1. Matière pulvérulente contenant généralement de l'argile, et servant à fabriquer des objets. *Terre glaise.* – *TERRE CUITE* : argile ordinaire ferrugineuse durcie par la chaleur. – *Récipient de terre.* → **terrine.** 2. Couleur minérale brune. *Terre de Sienne,* colorant brun. → **ocre.** HOM. TAIRE «ne pas dire», TER «troisième fois»
ÉTYM. latin *terra*.

TERRE À TERRE [tɛʀatɛʀ] **loc. adj. invar.** ✦ Matériel et peu poétique. *Un esprit terre à terre.* SYN. **prosaïque.** – *Préoccupations terre à terre.*

TERREAU [teʀo] **n. m.** ✦ Engrais naturel, formé d'un mélange de terre végétale et de produits de décomposition. SYN. **humus.**

TERRE-NEUVAS [tɛʀnœva] **n. m. invar.** ✦ Navire ou marin qui pêche à Terre-Neuve. – On dit aussi *terre-neuvier, des terre-neuviers.*
ÉTYM. du nom de l'île de *Terre-Neuve.* ☞ noms propres.

TERRE-NEUVE [tɛʀnœv] **n. m. invar.** ✦ Gros chien à tête large, à longs poils, dont la race est originaire de Terre-Neuve. *Des terre-neuve.*
ÉTYM. de *(chien de) Terre-Neuve.* ☞ noms propres.

TERRE-PLEIN [tɛʀplɛ̃] **n. m.** ✦ Plateforme, levée de terre généralement soutenue par une maçonnerie. *Les terre-pleins. Le terre-plein central d'une autoroute.*
ÉTYM. italien *terrapieno,* de *terra* «terre» et *pieno* «plein».

se TERRER [teʀe] **v. pron.** (conjug. 3a) 1. (animaux) Se cacher dans un terrier ou se blottir contre terre. – au p. passé *Bête terrée dans sa tanière.* 2. Se mettre à l'abri, se cacher dans un lieu couvert ou souterrain.
ÉTYM. de *terre.*

TERRESTRE [teʀɛstʀ] **adj.** 1. De la planète Terre. *Le globe terrestre* : la Terre. 2. Qui vit sur la surface solide de la Terre (opposé à *marin, aquatique*). *Les animaux terrestres.* ♦ Qui est, se déplace sur le sol (opposé à *aérien, maritime*). *Transports terrestres.* 3. (opposé à *céleste*) Du monde où vit l'homme ; d'ici-bas. *Les choses terrestres,* temporelles, matérielles.
ÉTYM. latin *terrestris.*

TERREUR [teʀœʀ] **n. f.** 1. Peur extrême qui bouleverse, paralyse. SYN. **effroi, épouvante, frayeur.** *Être muet, glacé de terreur. Inspirer de la terreur à qqn.* → **terrifier, terroriser.** – *La terreur de,* inspirée par. 2. Peur collective qu'on fait régner dans une population, un groupe pour briser sa résistance ; régime fondé sur l'emploi de l'arbitraire, de la violence. SYN. **terrorisme.** *Gouverner par la terreur.* – HIST. (☞ noms propres) *La Terreur,* période de la Révolution allant de la chute des Girondins à celle de Robespierre, caractérisée par des mesures d'exception. *La Terreur blanche* : terreur des royalistes dirigée contre les révolutionnaires (1795 et 1815-1816). 3. (avec un compl.) Être ou chose qui inspire une grande peur. *Ce chien est la terreur des voisins.* ♦ absolt FAM. *Il joue les terreurs.* SYN. **dur.**
ÉTYM. latin *terror,* de *terrere* «effrayer».

TERREUX, EUSE [teʀø, øz] **adj.** 1. Qui est de la nature, de la couleur de la terre. *Un goût terreux. Un teint terreux,* grisâtre. SYN. **blafard.** 2. Mêlé, sali de terre. *Des bottes terreuses.* SYN. ① **boueux.**
ÉTYM. bas latin *terrosus.*

TERRIBLE [teʀibl] **adj.** 1. (choses) Qui inspire de la terreur (1), qui amène ou peut amener de grands malheurs. SYN. **effrayant, épouvantable, terrifiant.** *Une terrible catastrophe.* SYN. **effroyable.** ♦ (personnes) n. *Ivan le Terrible.* 2. Très pénible, très grave, très fort. *Un froid terrible.* SYN. **excessif, extrême.** – *C'est terrible de ne pouvoir compter sur lui, qu'on ne puisse pas compter sur*

A B C D E F G H I J K L M N O P Q R S T U V W X Y Z

lui. SYN. **désolant.** 3. (personnes) Agressif, turbulent, très désagréable. *Un enfant terrible.* SYN. **intenable, insupportable.** 4. FAM. Extraordinaire, grand. SYN. **formidable.** *Un type terrible.* SYN. **étonnant.** – *C'est pas terrible,* c'est médiocre, mauvais. ♦ **adv.** FAM. *Ça marche terrible.*
ÉTYM. latin *terribilis,* de *terrere* «effrayer».

TERRIBLEMENT [teʀibləmɑ̃] **adv.** 1. D'une manière très intense. SYN. **affreusement, horriblement.** 2. Extrêmement. *C'est terriblement cher.*

TERRIEN, IENNE [teʀjɛ̃, jɛn] **adj.** et **n.**
I adj. 1. Qui possède des terres. *Propriétaire terrien.* SYN. **foncier.** 2. LITTÉR. Qui concerne la terre, la campagne, qui est propre aux paysans (opposé à *citadin*). ♦ **n.** *Un terrien :* un homme de la terre, un paysan.
II n. Habitant de la planète Terre (opposé aux extraterrestres imaginés).

TERRIER [tɛʀje] **n. m.** **I** Trou, galerie que certains animaux creusent dans la terre et qui leur sert d'abri. SYN. **tanière.** *Faire sortir un lapin de son terrier.* **II** Chien que l'on peut utiliser pour la chasse des animaux à terrier.

TERRIFIANT, ANTE [teʀifjɑ̃, ɑ̃t] **adj.** 1. Qui terrifie. SYN. **effrayant, terrible.** *Des cris terrifiants.* 2. *C'est terrifiant comme il a vieilli !* SYN. **étonnant, effarant.** CONTR. **rassurant.**

TERRIFIER [teʀifje] **v. tr.** (conjug. 9) 1. Frapper (qqn) de terreur. SYN. **effrayer, terroriser.** – au p. passé *Une enfant terrifiée.* 2. Étonner en effrayant. *Le travail à faire me terrifie.* CONTR. **rassurer.**
ÉTYM. latin *terrificare,* famille de *terrere* «effrayer».

TERRIL [teʀi(l)] **n. m.** ✦ Grand tas de déblais au voisinage d'une mine. SYN. **crassier.**
ÉTYM. de *terre.*

TERRINE [teʀin] **n. f.** ✦ Récipient de terre assez profond où l'on fait cuire et où l'on conserve certains aliments. ♦ Son contenu. SYN. **pâté.** *Terrine de viande, de poisson.*
ÉTYM. de l'ancien adjectif *terrin* «de terre».

TERRITOIRE [teʀitwaʀ] **n. m.** 1. Étendue de la surface terrestre sur laquelle vit un groupe humain. *Le territoire national français, belge.* SYN. ① **sol.** – *Aménagement du territoire,* politique de répartition des activités économiques, selon un plan régional. 2. Étendue de pays sur laquelle s'exerce une autorité, une juridiction. *Le territoire de la commune.* ♦ Pays qui jouit d'une personnalité, mais ne constitue pas un État souverain. 3. Zone qu'un animal se réserve. – par ext. *Défendre son territoire,* l'espace (physique, moral) que l'on s'est approprié.
ÉTYM. latin *territorium,* de *terra* «terre».

TERRITORIAL, ALE, AUX [teʀitɔʀjal, o] **adj.** 1. Qui consiste en un territoire, le concerne. *Limites territoriales.* – *Les eaux territoriales,* zone de la mer sur laquelle s'exerce la souveraineté d'un État riverain. 2. VIEILLI Qui concerne la défense du territoire national. *Armée territoriale.*
ÉTYM. latin *territorialis.*

TERROIR [teʀwaʀ] **n. m.** 1. Région rurale, provinciale, considérée comme influant sur ses habitants. *Accent du terroir. Poètes du terroir.* 2. Ensemble des terres d'une même région, présentant des caractères particuliers et fournissant un produit agricole caractéristique. *Goût de terroir,* dû au terrain.
ÉTYM. latin populaire *terratorium,* de *territorium* «territoire».

TERRORISER [teʀɔʀize] **v. tr.** (conjug. 3a) ✦ Frapper de terreur, faire vivre dans la terreur. SYN. **effrayer, terrifier.**
ÉTYM. de *terreur,* d'après le latin *terror.*

TERRORISME [teʀɔʀism] **n. m.** 1. HIST. Gouvernement par la terreur*. 2. Emploi systématique de la violence pour atteindre un but idéologique ; les actes de violence (attentats, destructions, prises d'otages). 3. Attitude d'intolérance, d'intimidation. *Terrorisme intellectuel.*
ÉTYM. de *terreur,* d'après le latin *terror.*

TERRORISTE [teʀɔʀist] **n.** et **adj.** 1. **n.** Membre d'une organisation qui use du terrorisme pour imposer ses idées. *Un, une terroriste.* 2. **adj.** Du terrorisme. *Organisation, attentat terroriste.*
ÉTYM. de *terreur,* d'après le latin *terror.*

TERTIAIRE [tɛʀsjɛʀ] **adj.** **I** GÉOL. *Ère tertiaire* ou **n. m.** *le tertiaire :* ère géologique (environ 70 millions d'années) succédant à l'ère secondaire, marquée par les plissements alpins et la diversification des mammifères. – *Terrains tertiaires.* **II** ÉCON. (opposé à *primaire, secondaire*) *Secteur tertiaire* ou **n. m.** *le tertiaire :* secteur comprenant toutes les activités qui ne produisent pas directement des biens de consommation mais des services*.
ÉTYM. latin *tertiarus* «d'un tiers», de *tertius* «troisième».

TERTIO [tɛʀsjo] **adv.** ✦ En troisième lieu (après *primo, secundo*). SYN. **troisièmement.**
ÉTYM. mot latin, de *tertius* «troisième».

TERTRE [tɛʀtʀ] **n. m.** ✦ Petite éminence isolée à sommet aplati. SYN. **butte, monticule.**
ÉTYM. latin populaire *termitem,* accusatif de *termes* «monticule».

TES → ① **TON**

TESLA [tɛsla] **n. m.** ✦ PHYS. Unité de mesure d'induction magnétique (symb. T).
ÉTYM. de *Nikola Tesla,* physicien. ☞ noms propres.

TESSITURE [tesityʀ] **n. f.** ✦ MUS. Étendue des sons qui peuvent être émis normalement par une voix, un instrument. SYN. **registre.**
ÉTYM. italien *tessitura,* proprement «texture», de *tessere* «tisser».

TESSON [tesɔ̃] **n. m.** ✦ Débris (d'un objet de verre, d'une poterie). *Des tessons de bouteille.*
ÉTYM. de l'ancien français *tes,* pluriel de *test* «tesson», latin *testum* «vase de terre».

TEST [tɛst] **n. m.** 1. PSYCH. Épreuve qui permet de déceler les aptitudes d'une personne et fournit des renseignements sur ses connaissances, son caractère, etc. *Faire passer des tests à qqn. Test d'orientation professionnelle.* 2. Contrôle biologique ou chimique. *Test de grossesse.* 3. Épreuve ou expérience décisive, opération témoin permettant de juger. – appos. *Zone test. Élections tests.*
ÉTYM. anglais *(mental) test* «test (psychologique)», de l'ancien français *test* «pot servant à l'essai de l'or» → tesson.

TESTAMENT [tɛstamɑ̃] **n. m.** **I** RELIG. CHRÉT. Nom des deux parties des Écritures. *L'Ancien, le Nouveau* (→ **Évangile**) *Testament.* → **Bible.** **II** 1. Acte par lequel une personne dispose des biens qu'elle laissera en

mourant (→ **héritage**). *Léguer qqch. à qqn par testament. Coucher qqn sur son testament,* l'y inscrire comme légataire. **2.** fig. Dernière œuvre, dernier écrit en tant que suprême expression de la pensée et de l'art de qqn.
ÉTYM. latin *testamentum,* de *testari* «témoigner».

TESTAMENTAIRE [tɛstamɑ̃tɛʀ] **adj.** ✦ Qui se fait par testament, se rapporte à un testament. *Dispositions testamentaires. Exécuteur* testamentaire.*
ÉTYM. latin *testamentarium.*

TESTATEUR, TRICE [tɛstatœʀ, tʀis] **n.** ✦ DR. Auteur d'un testament.
ÉTYM. latin *testator,* de *testari* → ② tester.

① **TESTER** [tɛste] **v. tr.** (conjug. 3a) **1.** Soumettre à des tests. *Tester des élèves.* **2.** Contrôler, éprouver. *Tester une voiture, une méthode.* SYN. **essayer, expérimenter.**
ÉTYM. de *test.*

② **TESTER** [tɛste] **v. intr.** (conjug. 3a) ✦ DR. Disposer de ses biens par testament, faire un testament.
ÉTYM. latin *testari,* de *testis* «témoin».

TESTICULE [tɛstikyl] **n. m.** ✦ Glande génitale mâle, productrice des spermatozoïdes et de la testostérone. ♦ Cette glande et ses enveloppes (→ ① **bourse, scrotum**) chez l'homme. SYN. FAM. **couille.**
ÉTYM. latin *testiculus,* diminutif de *testis* «témoin».

TESTOSTÉRONE [tɛstɔsteʀɔn] **n. f.** ✦ Hormone mâle sécrétée par les testicules, qui agit sur le développement des organes génitaux et l'apparition des caractères sexuels secondaires mâles.
ÉTYM. de *testicule, stérol* (du suffixe de *cholestérol*) et *hormone.*

TÉTANIE [tetani] **n. f.** ✦ MÉD. État pathologique se traduisant par des accès de contractures ou de spasmes musculaires.
ÉTYM. de *tétanos.*

TÉTANIQUE [tetanik] **adj.** **1.** Du tétanos. ♦ **adj.** et **n.** Atteint du tétanos. **2.** Du tétanos musculaire.

TÉTANISER [tetanize] **v. tr.** (conjug. 3a) **1.** MÉD. Mettre en état de tétanos musculaire. **2.** fig. Figer, paralyser. *La peur le tétanise.*

TÉTANOS [tetanos] **n. m.** **1.** Grave maladie infectieuse caractérisée par une contraction douloureuse des muscles du corps, avec des crises convulsives. **2.** *Tétanos musculaire* : contraction prolongée d'un muscle.
ÉTYM. grec *tetanos* «tension».

TÊTARD [tɛtaʀ] **n. m.** ✦ Larve de batracien, à grosse tête prolongée par un corps effilé, qui respire par des branchies. *Un têtard qui devient grenouille.*
ÉTYM. de *tête.*

TÊTE [tɛt] **n. f.** **I** **1.** Extrémité antérieure des animaux, qui porte la bouche et les principaux organes des sens (lorsque cette partie est distincte et reconnaissable). → **céphal(o)-.** *La tête d'un oiseau, d'un poisson, d'un serpent. L'aigle* à deux têtes.* ➖ *Tête de veau* (préparée pour la consommation). **2.** Partie supérieure du corps (d'un être humain) contenant le cerveau, qui est de forme arrondie et tient au tronc par le cou. *Squelette de la tête.* → ① **crâne.** ♦ loc. *Des pieds* à la tête, de la tête aux pieds.* ➖ *Voix de tête,* de registre aigu. ♦ *Avoir mal à la tête.* → **céphalée, migraine.** *La tête lui tourne.* → **étourdissement.** ♦ *La tête haute,* redressée ; fig. avec fierté ou sans avoir rien à se reprocher. *La tête basse ;* fig. → **confus, honteux.** *Tourner, hocher la tête. Signe de tête.* ♦ loc. *Être tombé sur la tête* : être un peu fou, déraisonner. FAM. *Ça va pas, la tête !* tu es fou ! ➖ *Se taper la tête contre les murs* : désespérer. *Se jeter tête baissée dans qqch.* : fig. sans tenir compte du danger. ➖ *Ne savoir où donner de la tête* : avoir trop d'occupations. ➖ *En avoir par-dessus la tête,* assez. ♦ *TENIR TÊTE* : résister (à l'adversaire) ; s'opposer avec fermeté (à la volonté de qqn). ♦ **loc. adv.** *Tête à tête* : ensemble à deux et seuls. *Un dîner en tête à tête* (→ **tête-à-tête**). **3.** Partie de la tête où poussent les cheveux. *Tête chauve.* → FAM. **caillou.** ➖ *Tête nue,* sans chapeau. **4.** *La tête,* considérée comme la partie vitale. SYN. **vie.** *Risquer sa tête.* ➖ loc. *Donner sa tête à couper que* : affirmer avec conviction que. *Je le jure sur la tête de mes enfants.* **5.** Le visage, quant aux traits et à l'expression. SYN. **face, figure,** FAM. **gueule.** *Une bonne tête.* SYN. FAM. **bouille.** ➖ *Faire une drôle de tête.* SYN. FAM. **bobine, tronche.** ➖ *FAIRE LA TÊTE.* → **bouder.** ♦ Visage (qui rend qqn reconnaissable). *J'ai vu cette tête-là quelque part.* **6.** Représentation de cette partie du corps de l'homme, des animaux supérieurs. *Tête sculptée.* ➖ *TÊTE DE PIPE*.* ➖ *TÊTE DE TURC. Être la tête de Turc, servir de tête de Turc* : être sans cesse en butte aux plaisanteries de qqn. → **souffre-douleur.** **7.** *TÊTE DE MORT* : crâne humain ; sa représentation, emblème de la mort. **8.** Hauteur d'une tête d'homme. *Il a une tête de plus que sa sœur.* ♦ Longueur d'une tête de cheval, dans une course. *Cheval qui gagne d'une courte tête.* **9.** Coup de tête dans la balle, au football. *Joueur qui fait une tête.* **10.** Partie (d'une chose) où l'on peut poser la tête. *La tête du lit.* SYN. **chevet.** **II** **1.** Le siège de la pensée, chez l'être humain. SYN. **cerveau, cervelle, esprit.** *Une tête bien faite. N'avoir rien dans la tête.* SYN. ① **crâne.** ➖ loc. *Être tête en l'air* : être étourdi. *Avoir une tête de linotte*. Une grosse tête* : une personne savante, intelligente. péj. *Avoir la grosse tête* : être prétentieux. ➖ absolt *Il n'a pas de tête,* il oublie tout. ➖ *Une femme de tête,* énergique, efficace. ➖ *DE TÊTE* : mentalement. *Calculer de tête.* ➖ *Se creuser* la tête. Il a une idée derrière la tête,* une intention cachée. ♦ *Se mettre dans la tête, en tête de..., que...* : décider ; imaginer, se persuader. FAM. *Prendre la tête à qqn* : obséder. ➖ FAM. *Mettez-vous bien ça dans la tête,* tâchez de vous en persuader. ♦ *EN TÊTE. Avoir des soucis en tête. Je n'ai plus son nom en tête* : je ne m'en souviens plus. ♦ FAM. *Se prendre la tête* : se poser des questions, faire de gros efforts de réflexion. **2.** Le siège des états psychologiques. ➖ (Caractère) *Avoir la tête froide*. Il a une tête de cochon, une mauvaise tête.* → **esprit.** ➖ (États passagers) *Perdre la tête* : perdre son sang-froid. SYN. **boule, boussole.** *Il a perdu la tête et il a tiré. Mettre (à qqn) la tête à l'envers.* → **égarer, griser.** *Avoir la tête à ce qu'on fait,* y appliquer son attention. *Avoir la tête ailleurs* : penser à autre chose (→ être dans la lune). *N'en faire qu'à sa tête* : agir selon sa fantaisie. ➖ *Un COUP DE TÊTE* : une décision, une action irréfléchie. **3.** Symbole de l'état mental. loc. *Perdre la tête* : devenir fou ou gâteux. *Le vieux perd un peu la tête. Avoir toute sa tête.* SYN. **lucidité.** **III** **1.** (Représentant une personne). *Faute qui retombe sur la tête de qqn.* ➖ *Tête couronnée*. Une tête brûlée*. Une forte tête* : une personne qui s'oppose aux autres et fait ce qu'elle veut. *Une mauvaise tête* : une personne obstinée, querelleuse. **2.** *PAR TÊTE* : par personne, par individu. *Trente euros par tête.* FAM. *Par tête*

A B C D E F G H I J K L M N O P Q R S T U V W X Y Z

de pipe (même sens). 3. Personne qui conçoit et dirige. *Il est, c'est la tête de l'entreprise.* 4. Animal d'un troupeau. *Cent têtes de bétail.* IV (choses) 1. Partie supérieure, notamment lorsqu'elle est arrondie. *La tête des arbres.* SYN. **cime.** 2. Extrémité, partie terminale. *La tête d'un clou. Tête d'ail* : bulbe. — *Tête de lecture d'une platine, d'un magnétoscope.* 3. Partie antérieure (d'une chose qui se déplace). *La tête d'un train, d'un cortège.* — *Fusée à TÊTE CHERCHEUSE,* munie d'un dispositif pouvant modifier sa trajectoire vers l'objectif. 4. Partie antérieure (d'une chose orientée). *Tête de ligne* : point de départ d'une ligne de transport. — *Tête de liste* : premier nom d'une liste. *Tête d'affiche.* 5. Place de ce qui est à l'avant ou au début (surtout : *de, en tête*). *Passer en tête.* → ① **devant,** le **premier.** — *Wagon de tête.* — *L'article de tête d'un journal. Mot en tête de phrase.* 6. Place de la personne qui dirige, commande. *Il fut tué à la tête de ses troupes. Prendre la tête du peloton.* — *Se trouver à la tête d'une fortune.* CONTR. **pied, queue** • ② **arrière,** ① **fin.**

ÉTYM. latin *testa* «pot».

TÊTE-À-QUEUE [tɛtakø] **n. m. invar.** ✦ Volte-face d'un cheval, d'un véhicule. *Faire un tête-à-queue.*

TÊTE-À-TÊTE [tɛtatɛt] **n. m. invar.** ✦ Situation de deux personnes qui se trouvent seules ensemble, et spécialt qui s'isolent ensemble. *Elle essaya de nous ménager un tête-à-tête.* SYN. **entrevue.**

TÊTE-BÊCHE [tɛtbɛʃ] **loc. adv.** ✦ Dans la position de deux personnes dont l'une a la tête du côté où l'autre a les pieds ; parallèlement et en sens inverse, opposé. *Il fallut coucher les enfants tête-bêche. Bouteilles rangées tête-bêche.*

ÉTYM. de l'ancienne expression *à tête béchevet,* de *bes* «deux fois» et *chevet* «coussin».

TÊTE-DE-LOUP [tɛtdəlu] **n. f.** ✦ Brosse ronde à long manche, pour nettoyer les plafonds. *Des têtes-de-loup.*

ÉTYM. de *tête* et *loup* (I), à cause de la tête velue du loup.

TÊTE-DE-NÈGRE [tɛtdənɛgʀ] **adj. invar.** et **n. f.** 1. **adj. invar.** De couleur marron foncé. *Des bolets tête-de-nègre.* 2. **n. f.** Pâtisserie faite d'une meringue sphérique enrobée de chocolat. *Des têtes-de-nègre.*

TÉTÉE [tete] **n. f.** ✦ Action de téter. — Repas du nourrisson au sein.

ÉTYM. du participe passé de *téter.*

TÉTER [tete] **v. tr.** (conjug. 8) ✦ Boire (le lait) en suçant le mamelon ou une tétine. *Téter le lait.* — absolt *Donner à téter à son enfant.* → **allaiter, nourrir.** — *Veau qui tète sa mère.*

ÉTYM. de *tette* vx «bout du sein», germanique *titta.*

TÉTINE [tetin] **n. f.** 1. Mamelle de certains mammifères. SYN. ① **pis.** 2. Embouchure percée et ajustée d'un biberon, que tète le nourrisson. ◆ Embout de caoutchouc qu'on donne à sucer à un bébé pour le calmer. SYN. **sucette.**

ÉTYM. famille de *tette* → téter.

TÉTON [tetɔ̃] **n. m.** ✦ FAM. VIEILLI Sein de femme.

ÉTYM. de *tette* → téter.

> **TÉTRA-** Élément savant, du grec *tetra-,* de *tettares* «quatre».

TÉTRADE [tetʀad] **n. f.** ✦ DIDACT. Groupe de quatre éléments.

ÉTYM. grec *tetras, tetrados* «groupe de quatre *(tettares)*».

TÉTRAÈDRE [tetʀaɛdʀ] **n. m.** ✦ Polyèdre à quatre faces triangulaires.

► **TÉTRAÉDRIQUE** [tetʀaedʀik] **adj.**

ÉTYM. de *tétra-* et *-èdre.*

TÉTRALOGIE [tetʀalɔʒi] **n. f.** ✦ Ensemble de quatre œuvres littéraires ou musicales (spécialt quatre opéras de Wagner).

ÉTYM. grec *tetralogia* → tétra- et -logie.

TÉTRAPLÉGIE [tetʀapleʒi] **n. f.** ✦ MÉD. Paralysie des quatre membres.

► **TÉTRAPLÉGIQUE** [tetʀapleʒik] **adj.** et **n.**

ÉTYM. de *tétra-* et *-plégie.*

TÉTRAPODE [tetʀapɔd] **n. m.** et **adj.** ✦ **n. m. pl.** *Les tétrapodes* : groupe de vertébrés à quatre membres, apparents ou non (batraciens, reptiles, oiseaux, mammifères). — **adj.** *Animal tétrapode.*

ÉTYM. de *tétra-* et *-pode.*

TÉTRARQUE [tetʀaʀk] **n. m.** ✦ ANTIQ. Gouverneur de l'une des quatre régions d'une province. ◆ L'un des quatre empereurs romains sous Dioclétien, qui gouvernèrent de 293 à 305.

► **TÉTRARCHIE** [tetʀaʀʃi] **n. f.**

ÉTYM. latin *tetrarches,* du grec → tétra- et -arque.

TÉTRAS [tetʀɑ(s)] **n. m.** ✦ Grand oiseau, gallinacé sauvage des régions montagneuses. SYN. ① **coq** de bruyère.

ÉTYM. bas latin *tetrax,* mot grec.

TÊTU, UE [tety] **adj.** ✦ Entêté, obstiné. SYN. **buté.** *Têtu comme une mule.* — *Un front têtu.*

ÉTYM. de *tête.*

TEUF [tœf] **n. f.** ✦ FAM. Fête. *Organiser des teufs.*

► **TEUFEUR, EUSE** [tœfœʀ, øz] **n.**

ÉTYM. verlan de *fête.*

TEUF-TEUF [tœftœf] **n. m. invar.** 1. VIEILLI Bruit du moteur à explosion. *Faire teuf-teuf.* 2. FAM. (aussi **n. f.**) Automobile vieille et poussive. SYN. **tacot.**

ÉTYM. onomatopée.

TEUTON, ONNE [tøtɔ̃, ɔn] **adj.** et **n.** 1. HIST. (☛ noms propres) Relatif aux anciens Teutons ou aux anciens peuples de la Germanie. SYN. ② **germain.** 2. péj. Allemand, germanique.

ÉTYM. latin *Teutoni,* nom d'un peuple de Germanie.

TEUTONIQUE [tøtɔnik] **adj.** ✦ HIST. (☛ noms propres) Qui appartient au pays des anciens Teutons, à la Germanie. *Ordre des chevaliers teutoniques,* ordre de chevalerie allemand, au Moyen Âge.

ÉTYM. latin *teutonicus,* de *Teutoni* «les Teutons».

TEXTE [tɛkst] **n. m.** 1. Les termes, les phrases qui constituent un écrit ou une œuvre. *Lire, traduire un texte. Lire Platon dans le texte,* dans l'original grec. *Le texte et la musique d'un opéra, d'une chanson.* SYN. **livret, parole.** — *Texte manuscrit, imprimé. Traitement* de texte.* 2. La composition, la page imprimée. *Illustration dans le texte* (opposé à *hors-texte*). 3. Écrit considéré dans sa rédaction originale et authentique. *Le texte d'un testament.* ◆ Œuvre littéraire. *Un texte bien écrit.* 4. Page, fragment d'une œuvre. *Textes choisis.* SYN. **morceau.**

ÉTYM. latin *textus,* littéralt «ce qui est tissé *(texere)*».

TEXTER [tɛkste] **v.** (conjug. 3a) **I v. intr.** Rédiger, envoyer un texto. *Il passe son temps à texter.* **II v. tr. 1.** Envoyer un texto à (qqn). *Texter un copain.* **2.** Envoyer par texto. *Texter une adresse à qqn.*
ÉTYM. anglais *to text.*

TEXTILE [tɛkstil] **adj.** et **n. m. 1.** Susceptible d'être tissé, d'être divisé en fils que l'on peut tisser. *Matières textiles végétales, animales, synthétiques.* ➙ **n. m.** Fibre, matière textile. *Les textiles artificiels.* **2.** Qui concerne les tissus. *Industries textiles.* → **filature, tissage.** ➙ **n. m.** *La crise du textile.*
ÉTYM. latin *textilis,* de *texere* «tisser».

① **TEXTO** [tɛksto] **adv.** ✦ FAM. Textuellement. *C'est ce qu'il m'a dit texto.*
ÉTYM. abréviation de *textuellement.*

② **TEXTO** [tɛksto] **n. m.** ✦ Bref message écrit échangé entre téléphones portables. SYN. **SMS.** *Envoyer des textos.*
ÉTYM. nom déposé ; de *texte* et suffixe diminutif.

TEXTUEL, ELLE [tɛkstɥɛl] **adj. 1.** Conforme au texte. *Traduction textuelle.* SYN. **littéral.** ➙ *Textuel !* ce sont ses propres mots. SYN. FAM. ① **texto** ; → **sic. 2.** DIDACT. Du texte. *Analyse textuelle.*
ÉTYM. latin médiéval *textualis.*

TEXTUELLEMENT [tɛkstɥɛlmɑ̃] **adv.** ✦ Conformément au texte. SYN. FAM. ① **texto.**
ÉTYM. de textuel.

TEXTURE [tɛkstyʀ] **n. f.** ✦ Arrangement, disposition (des éléments d'une matière, d'un tout). SYN. **constitution, structure.** *Une roche à texture granuleuse.*
ÉTYM. latin *textura,* de *texere* «tisser».

T. G. V. [teʒeve] **n. m.** ✦ Train à grande vitesse.
ÉTYM. marque déposée ; sigle.

Th [teaʃ] ✦ CHIM. Symbole du thorium.

THAÏ, THAÏE [taj] **adj.** ✦ Se dit de langues de l'Asie du Sud-Est, parlées notamment par les Thaïlandais, et des populations parlant ces langues. *Les langues thaïes.* ➙ **n.** *Les Thaïs.* ◆ **n. m.** *Le thaï :* les langues du groupe thaï. HOM. ① TAILLE «coupe», ② TAILLE «impôt», ③ TAILLE «grandeur»
ÉTYM. mot de la langue thaïe.

THALAMUS [talamys] **n. m.** ✦ Les deux noyaux de substance grise situés à la base du cerveau, relais des voies sensitives. → aussi **hypothalamus.**
► **THALAMIQUE** [talamik] **adj.**
ÉTYM. mot du latin scientifique, du grec *thalamos* «lit».

THALASSO- Élément savant, du grec *thalassa* «mer».

THALASSOTHÉRAPIE [talasoteʀapi] **n. f.** ✦ Usage thérapeutique de l'eau de mer, du climat marin. ➙ **abrév.** FAM. THALASSO [talaso].
ÉTYM. de *thalasso-* et *-thérapie.*

THALLE [tal] **n. m.** ✦ BOT. Appareil végétatif des plantes inférieures sans feuilles, tiges ni racines (algues, champignons, lichens) appelées *thallophytes* **n. f. pl.**
ÉTYM. grec *thallos* «rameau».

THALWEG [talvɛg] **n. m.** → TALWEG

THANATO- Élément savant, du grec *thanatos* «mort» (ex. *thanatologie* **n. f.** «étude de la mort»). ☞ THANATOS (noms propres).

THAUMATURGE [tomatyʀʒ] **adj.** ✦ DIDACT. OU LITTÉR. Qui fait des miracles. ➙ **n. m.** Faiseur de miracles.
ÉTYM. grec *thaumatourgos,* de *thauma* «merveille».

THÉ [te] **n. m. 1.** Arbre ou arbrisseau d'Extrême-Orient, cultivé pour ses feuilles qui contiennent des alcaloïdes, parmi lesquels la théine. SYN. **théier.** *Culture du thé.* **2.** Feuilles de thé séchées *(thé vert)* ou séchées et fermentées *(thé noir). Thé de Chine, de Ceylan.* **3.** Boisson préparée avec des feuilles de thé infusées. *Une tasse de thé.* ➙ **loc. fig.** *Ce n'est pas ma tasse* de thé.* ➙ *Salon de thé.* **4.** Réunion où l'on sert du thé, des gâteaux. *Un thé dansant.* **5. appos.** *Une rose thé* (de la couleur de la boisson). ➙ *Couleur rose thé.* HOM. T (lettre), TÉ «règle», TES (pluriel de *ton,* adj. poss.)
ÉTYM. malais *teh* ou chinois *t'e,* par le néerlandais.

THÉÂTRAL, ALE, AUX [teatʀal, o] **adj. 1.** Qui appartient au théâtre ; de théâtre (II, 1). SYN. **dramatique.** *Œuvre théâtrale.* ➙ *Saison théâtrale.* **2. fig.** et **péj.** Qui a le côté artificiel, excessif du théâtre. *Attitude théâtrale.*
ÉTYM. latin *theatralis.*

THÉÂTRALEMENT [teatʀalmɑ̃] **adv. 1.** Conformément aux règles du théâtre. **2. fig.** D'une manière théâtrale (2).

THÉÂTRALISER [teatʀalize] **v. tr.** (conjug. 3a) ✦ DIDACT. Adapter pour le théâtre. *Théâtraliser un roman.*
► **THÉÂTRALISATION** [teatʀalizasjɔ̃] **n. f.**

THÉÂTRALITÉ [teatʀalite] **n. f.** ✦ Caractère théâtral.

THÉÂTRE [teatʀ] **n. m. I 1.** dans l'Antiquité Construction en plein air, généralement adossée à une colline creusée en hémicycle, réservée aux spectacles. SYN. **amphithéâtre.** ◆ MOD. Construction ou salle destinée aux spectacles se rattachant à l'art dramatique. ➙ Petite scène où l'on donne un spectacle sans acteurs. *Théâtre de marionnettes.* **2.** Entreprise de spectacles dramatiques (SYN. **compagnie, troupe**). *Le répertoire d'un théâtre.* **3.** *Théâtre de verdure :* aménagement artistique d'un parc. **4. fig.** *Le théâtre de :* le cadre, le lieu où se passe un évènement. SYN. **scène.** *Le théâtre du crime.* ➙ *Le théâtre des opérations* (militaires). **II 1.** Art visant à représenter devant un public une suite d'évènements où des êtres humains agissent et parlent ; genre littéraire, œuvres qui y correspondent. → **scène, spectacle ; dramatique.** ☞ Littérature p. 126. *Personnages, rôles, décors de théâtre. Aimer le théâtre mieux que le cinéma.* ➙ *Aller au théâtre.* ◆ *PIÈCE (DE THÉÂTRE) :* texte littéraire qui expose une action dramatique, généralement sous forme de dialogue entre des personnages. ➙ *COUP DE THÉÂTRE :* retournement brutal d'une situation. → **rebondissement. 2.** Genre littéraire ; ensemble d'œuvres dramatiques. → **comédie, drame, tragédie.** ➙ *Le théâtre de Racine.* ➙ *Théâtre de boulevard*.* **3.** Activités de l'acteur ; profession de comédien de théâtre. *Cours de théâtre. Faire du théâtre.* → **jouer** (→ **monter sur les planches***).
ÉTYM. latin *theatrum,* du grec *theatron.*

THÉIER [teje] **n. m.** ✦ Arbre à thé.

THÉIÈRE [tejɛʀ] **n. f.** ✦ Récipient dans lequel on fait infuser le thé.

THÉINE [tein] **n. f.** ✦ DIDACT. Variété de caféine contenue dans les feuilles de thé (alcaloïde).

THÉISME [teism] n. m. ✦ DIDACT. Doctrine qui admet l'existence d'un dieu unique. SYN. **déisme.** CONTR. **athéisme.**
ÉTYM. anglais *theism*, du grec *theos* «dieu».

-THÉISME, -THÉISTE Éléments savants, du grec *theos* «dieu» (ex. *monothéisme, polythéiste*). → **théo-.**

THÉISTE [teist] adj. et n. ✦ DIDACT. (Personne) qui professe le théisme. SYN. **déiste.** CONTR. **athée.**
ÉTYM. anglais *theist*, du grec *theos* «dieu».

THÉMATIQUE [tematik] adj. et n. f.
I adj. Relatif à un thème. *Catalogue thématique.*
II n. f. DIDACT. Ensemble, système organisé de thèmes (conscients et inconscients). *La thématique d'un auteur.*
ÉTYM. grec *thematikos*, de *thema* «thème».

THÈME [tɛm] n. m. **1.** Sujet, idée, proposition qu'on développe (dans un discours, un ouvrage) ; ce sur quoi s'exerce la réflexion ou l'activité. SYN. **objet,** ② **sujet.** *Les thèmes d'un écrivain, d'un peintre. Proposer un thème de réflexion.* – *Voyage à thème.* **2.** *Thème astral :* représentation symbolique de l'état du ciel au moment de la naissance de qqn, permettant d'établir son horoscope. **3.** Exercice scolaire, traduction d'un texte de sa langue maternelle dans une langue étrangère. *Thème et version. Thème anglais.* – loc. *UN FORT EN THÈME :* un très bon élève ; péj. une personne de culture essentiellement livresque. *Les forts en thème.* **4.** MUS. Dessin mélodique qui constitue le sujet d'une composition musicale et qui est l'objet de variations. SYN. **motif.**
ÉTYM. latin *thema*, mot grec, littéralement «ce qui est posé».

THÉO- Élément savant, du grec *theos* «dieu».

THÉOCRATIE [teɔkʀasi] n. f. ✦ DIDACT. **1.** Gouvernement par un souverain considéré comme le représentant de Dieu. **2.** Régime où l'Église, les prêtres jouent un rôle politique important.
▶ **THÉOCRATIQUE** [teɔkʀatik] adj.
ÉTYM. grec *theokratia* → théo- et -cratie.

THÉODOLITE [teɔdɔlit] n. m. ✦ SC. Instrument de visée muni d'une lunette, servant en géodésie à mesurer les angles, à lever les plans.
ÉTYM. latin scientifique *theodolitus*, d'origine inconnue.

THÉOGONIE [teɔgɔni] n. f. ✦ dans les religions polythéistes Système, récit qui explique la naissance des dieux et présente leur généalogie. SYN. **mythologie.**
ÉTYM. grec *theogonia* → théo- et -gonie.

THÉOLOGAL, ALE, AUX [teɔlɔgal, o] adj. ✦ relig. chrétienne *Vertus théologales,* qui ont Dieu lui-même pour objet (foi, espérance, charité).
ÉTYM. de *théologie*.

THÉOLOGIE [teɔlɔʒi] n. f. ✦ relig. monothéistes Étude des questions religieuses fondée sur les textes sacrés, les dogmes et la tradition. *Enseignement de la théologie.* → aussi **scolastique.** – *La théologie juive.*
ÉTYM. grec *theologia* → théo- et -logie.

THÉOLOGIEN, IENNE [teɔlɔʒjɛ̃, jɛn] n. ✦ Spécialiste de théologie.

THÉOLOGIQUE [teɔlɔʒik] adj. ✦ Relatif à la théologie.

THÉORBE → TÉORBE

THÉORÈME [teɔʀɛm] n. m. ✦ Proposition démontrable qui résulte d'autres propositions déjà posées (opposé à *définition, axiome, postulat, principe*). *Démontrer un théorème de géométrie. Le théorème de Pythagore, de Thalès.*
ÉTYM. grec *theôrêma* «ce qu'on peut contempler *(theôrein)*».

THÉORICIEN, IENNE [teɔʀisjɛ̃, jɛn] n. **1.** Personne qui connaît la théorie d'un art, d'une science. **2.** Personne qui élabore, défend une théorie sur un sujet. *Les théoriciens du socialisme.* **3.** absolt Personne qui, dans un domaine, se préoccupe surtout de connaissance abstraite et non de la pratique, des applications. *Théoriciens et techniciens.*
ÉTYM. de *théorie*.

① **THÉORIE** [teɔʀi] n. f. **1.** Ensemble organisé d'idées, de concepts abstraits appliqué à un domaine particulier. SYN. **conception, doctrine, système, thèse.** *Bâtir une théorie.* ◆ absolt *LA THÉORIE ET LA PRATIQUE.* – *EN THÉORIE :* en envisageant la question d'une manière abstraite ; péj. d'une manière irréalisable. **2.** SC. Système formé d'hypothèses, de connaissances vérifiées et de règles logiques. *La théorie des quanta.*
ÉTYM. bas latin *theoria*, du grec «contemplation», de *theôrein* «contempler».

② **THÉORIE** [teɔʀi] n. f. ✦ LITTÉR. Groupe de personnes qui s'avancent les unes derrière les autres. SYN. **cortège, défilé, procession.** *Une théorie de pèlerins.*
ÉTYM. grec *theôria*, de *theôros* «spectateur» ; même origine que ① *théorie*.

THÉORIQUE [teɔʀik] adj. **1.** Qui consiste en connaissance abstraite ; qui élabore des théories. *La recherche théorique.* SYN. **fondamental, spéculatif.** *Physique théorique et physique appliquée.* **2.** souvent péj. Qui est conçu, étudié d'une manière abstraite et souvent incorrecte (opposé à *expérimental, réel, vécu*). *Une égalité toute théorique.*
ÉTYM. latin *theoricus*, du grec.

THÉORIQUEMENT [teɔʀikmɑ̃] adv. **1.** D'une manière théorique (opposé à *pratiquement*). **2.** En principe, normalement.

THÉOSOPHE [teɔzɔf] n. ✦ DIDACT. Adepte de la théosophie.
ÉTYM. grec *theosophos*, de *theos* «dieu» et *sophos* «qui connaît ; sage».

THÉOSOPHIE [teɔzɔfi] n. f. ✦ DIDACT. Doctrine ésotérique du divin, fondée sur la contemplation de l'univers et l'illumination intérieure.
ÉTYM. de *théosophe*.

-THÈQUE Élément, du grec *thêkê* «coffre, boîte», qui signifie «endroit où l'on conserve (qqch.)» (ex. *bibliothèque, cinémathèque*).

THÉRAPEUTE [teʀapøt] n. ✦ DIDACT. Personne qui soigne des malades. SYN. **médecin.** – spécialt Psychothérapeute.
ÉTYM. grec *therapeutês* «celui qui soigne *(therapeuein)*».

THÉRAPEUTIQUE [teʀapøtik] adj. et n. f. **1.** adj. Qui concerne le traitement des maladies ; apte à guérir. SYN. **curatif, médical, médicinal.** *Substances thérapeutiques.* → **médicament, remède.** – *Acharnement* thérapeutique.* **2.** n. f. DIDACT. *LA THÉRAPEUTIQUE :* partie de la médecine qui s'attache à guérir et à soulager les malades (→ **-thérapie**). ◆ *UNE THÉRAPEUTIQUE.* SYN. **thé-**

rapie. *Une thérapeutique nouvelle.*
ÉTYM. grec *therapeutikos* «qui prend soin de».

THÉRAPIE [teʀapi] **n. f. 1.** DIDACT. Ensemble de procédés concernant un traitement déterminé. SYN. **thérapeutique** (2). **2.** Psychothérapie. *Thérapie familiale.*
ÉTYM. grec *therapeia* «soin», de *therapeuein* «soigner».

-THÉRAPIE Élément, du grec *therapeia* «soin, traitement» (ex. *hydrothérapie, kinésithérapie, psychothérapie, radiothérapie, thalassothérapie*).

THERM- → THERM(O)-

THERMAL, ALE, AUX [tɛʀmal, o] **adj. 1.** Qui a une température élevée à la source et des propriétés thérapeutiques. *Eaux thermales.* → aussi **minéral.** – *Source thermale.* **2.** Où l'on utilise les eaux médicinales (eaux minérales chaudes ou non). *Station thermale. Cure thermale.*
ÉTYM. de *thermes.*

THERMALISME [tɛʀmalism] **n. m. 1.** DIDACT. Science des eaux thermales. **2.** Aménagement, exploitation des stations thermales.

-THERME, -THERMIE, -THERMIQUE Éléments, du grec *thermos* «chaud» (ex. *isotherme*).

THERMES [tɛʀm] **n. m. pl. 1.** Établissement de bains publics de l'Antiquité. **2.** Établissement où l'on soigne par les eaux thermales. HOM. ① TERME «limite», ② TERME «mot»
ÉTYM. latin *thermae*, du grec, de *thermos* «chaud».

THERMIDOR [tɛʀmidɔʀ] **n. m.** ✦ Onzième mois du calendrier républicain (du 19 juillet au 18 août).
ÉTYM. du grec *thermê* «chaleur» et *dôron* «don».

THERMIDORIEN, IENNE [tɛʀmidɔʀjɛ̃, jɛn] **adj.** et **n.** ✦ HIST. Relatif à la coalition qui renversa Robespierre le 9 thermidor an II (27 juillet 1794). – **n.** *Les thermidoriens* : les députés de la Convention membres de cette coalition.

THERMIE [tɛʀmi] **n. f.** ✦ Ancienne unité M. T. S. de mesure de quantité de chaleur (symb. th).
ÉTYM. du grec *thermos* «chaud».

THERMIQUE [tɛʀmik] **adj.** et **n. f. 1. adj.** Relatif à la chaleur, à la température. *Énergie thermique. Effet thermique.* SYN. **calorifique.** – *Centrale thermique,* utilisant des moteurs thermiques pour produire l'énergie électrique. **2. n. f.** Partie de la physique qui étudie les phénomènes thermiques.
ÉTYM. du grec *thermos* «chaud».

THERMIQUEMENT [tɛʀmikmɑ̃] **adv.** ✦ Du point de vue thermique.

THERMISTANCE [tɛʀmistɑ̃s] **n. f.** ✦ PHYS. Dipôle semi-conducteur dont la résistance varie selon la température.
ÉTYM. de *therm(o)-* et *(rés)istance.*

THERM(O)- Élément de mots savants, du grec *thermos* «chaud».

THERMOCAUTÈRE [tɛʀmokotɛʀ] **n. m.** ✦ MÉD. Instrument (tige maintenue incandescente) pour cautériser par la chaleur intense.
ÉTYM. de *thermo-* et *cautère.*

THERMODYNAMIQUE [tɛʀmodinamik] **n. f.** et **adj.** ✦ Branche de la physique qui étudie les relations entre phénomènes thermiques et mécaniques. ◆ **adj.** *Potentiel thermodynamique.*
ÉTYM. anglais *thermodynamics* → thermo- et dynamique.

THERMOÉLECTRICITÉ [tɛʀmoelɛktʀisite] **n. f.** ✦ SC. **1.** Étude des relations entre phénomènes thermiques et électriques. **2.** Électricité produite à partir de l'énergie thermique.
ÉTYM. de *thermo-* et *électricité.*

THERMOÉLECTRIQUE [tɛʀmoelɛktʀik] **adj.** ✦ SC. Relatif à la thermoélectricité. *Pile thermoélectrique.*
ÉTYM. de *thermo-* et *électrique.*

THERMOFORMAGE [tɛʀmofɔʀmaʒ] **n. m.** ✦ TECHN. Technique permettant de mettre en forme un matériau par chauffage.
ÉTYM. de *thermo-* et *formage.*

THERMOGÈNE [tɛʀmɔʒɛn] **adj.** ✦ DIDACT. Qui produit de la chaleur. *Effet thermogène du massage.*
ÉTYM. de *thermo-* et *-gène.*

THERMOGRAPHIE [tɛʀmɔgʀafi] **n. f.** ✦ MÉD. Technique d'enregistrement des températures du corps par détection du rayonnement infrarouge émis.
ÉTYM. de *thermo-* et *-graphie.*

THERMOMÈTRE [tɛʀmɔmɛtʀ] **n. m.** ✦ Instrument destiné à la mesure des températures, généralement grâce à la dilatation d'un liquide ou d'un gaz. *Thermomètre à mercure, à hélium.* – *Thermomètre médical,* destiné à indiquer la température interne du corps. – par ext. La colonne de liquide. *Le thermomètre monte, descend* : la température augmente, diminue.
ÉTYM. de *thermo-* et *-mètre.*

THERMONUCLÉAIRE [tɛʀmonykleɛʀ] **adj.** ✦ PHYS. Relatif à la réaction de fusion de couples de noyaux d'atomes légers portés à très haute température. *Bombe thermonucléaire* : bombe atomique à hydrogène (bombe H).
ÉTYM. de *thermo-* et *nucléaire.*

THERMOS [tɛʀmos] **n. m.** ou **f.** ✦ Récipient isolant qui maintient durant quelques heures la température du liquide qu'il contient. *Un thermos de thé.* – **appos.** *Une bouteille thermos.*
ÉTYM. marque déposée ; mot grec «chaud».

THERMOSTAT [tɛʀmɔsta] **n. m.** ✦ Appareil qui permet d'obtenir une température constante dans une enceinte fermée. *Four à thermostat.*
ÉTYM. de *thermo-* et *-stat.*

THÉSAURISATION [tezɔʀizasjɔ̃] **n. f.** ✦ DIDACT. Action de thésauriser. → aussi **épargne.**

THÉSAURISER [tezɔʀize] **v.** (conjug. 3a) ✦ LITTÉR. **1. v. intr.** Amasser de l'argent pour le garder, sans le faire circuler ni le placer. SYN. **capitaliser, économiser, épargner.** **2. v. tr.** Amasser (de l'argent) de manière à se constituer un trésor.
► **THÉSAURISEUR, EUSE** [tezɔʀizœʀ, øz] **n.**
ÉTYM. bas latin *thesaurizare*, de *thesaurus* «trésor».

THÉSAURUS [tezɔʀys] **n. m.** ✦ DIDACT. Répertoire structuré de termes (mots-clés) pour l'analyse de contenu et le classement de documents. – On écrit aussi *thesaurus.*
ÉTYM. latin *thesaurus* «trésor».

A B C D E F G H I J K L M N O P Q R S T U V W X Y Z

THÈSE [tɛz] **n. f.** **1.** Proposition ou théorie qu'on tient pour vraie et qu'on s'engage à défendre par des arguments. *Avancer, soutenir une thèse.* SYN. **doctrine, opinion.** ➝ LITTÉR. *Pièce, roman À THÈSE,* qui illustre une thèse (philosophique, morale, politique, etc.). ☛ Littérature p. 139. **2.** Ouvrage présenté pour l'obtention du doctorat. *Soutenance de thèse.* **3.** PHILOS. Premier moment de la démarche dialectique auquel s'oppose l'*antithèse,* jusqu'à ce que ces contraires soient conciliés par la *synthèse*.*
ÉTYM. latin *thesis,* mot grec.

THÊTA [tɛta] **n. m. invar.** ✦ Huitième lettre de l'alphabet grec (Θ, θ).
ÉTYM. mot grec.

THIBAUDE [tibod] **n. f.** ✦ Molleton de tissu grossier ou de feutre que l'on met entre le sol et les tapis.
ÉTYM. de *Thibaud,* nom traditionnel de berger.

THIO- Élément savant, du grec *theion* «soufre» (ex. *thioalcool, thiosulfate*).

THON [tɔ̃] **n. m.** ✦ Poisson de grande taille qui vit dans l'Atlantique et la Méditerranée. ➝ *Thon en boîte.*
HOM. ① TON (adj. possessif), ② TON «intonation»
ÉTYM. ancien occitan *ton,* latin *thunnus,* du grec.

THONIER [tɔnje] **n. m.** ✦ Navire pour la pêche au thon.

THORA **n. f.** → **TORAH**

THORACIQUE [tɔʀasik] **adj.** ✦ Du thorax. *Cage thoracique.*

THORACO- Élément de mots de médecine, du grec *thôrax, thôrakos* «thorax».

THORAX [tɔʀaks] **n. m.** **1.** chez l'homme Cavité limitée par le diaphragme, les côtes et le sternum, renfermant le cœur et les poumons. SYN. **poitrine, torse.** **2.** chez les vertébrés Partie antérieure du tronc. **3.** Partie du corps de l'insecte portant les organes locomoteurs.
ÉTYM. mot latin, du grec.

THORIUM [tɔʀjɔm] **n. m.** ✦ CHIM. Métal gris dont un isotope est radioactif (symb. Th).
ÉTYM. mot du latin scientifique, de *Thor,* nom d'un dieu scandinave. ☛ noms propres.

THRILLER [sʀilœʀ] **n. m.** ✦ anglicisme Film (policier, fantastique), roman, récit qui provoque des sensations fortes.
ÉTYM. mot anglais, de *to thrill* «faire frissonner».

THROMB(O)- Élément savant, du grec *thrombos* «caillot».

THROMBOSE [tʀɔ̃boz] **n. f.** ✦ Formation d'un caillot dans un vaisseau sanguin ou dans le cœur.
ÉTYM. grec *thrombosis,* de *thrombos* «caillot».

THUNE ou **TUNE** [tyn] **n. f.** **1.** ANCIEN ARGOT Pièce de cinq francs. **2.** MOD., FAM. Argent. *Prête-moi de la thune, des thunes.*
ÉTYM. origine inconnue.

THURIFÉRAIRE [tyʀifeʀɛʀ] **n. m.** **1.** RELIG. Porteur d'encensoir. **2.** fig. LITTÉR. Encenseur, flatteur, laudateur.
ÉTYM. latin médiéval *thuriferarius,* de *thurifer* «qui porte *(ferre)* l'encens *(thus)*».

THUYA [tyja] **n. m.** ✦ Grand conifère proche du cyprès.
ÉTYM. grec *thuia.*

THYM [tɛ̃] **n. m.** ✦ Plante aromatique des régions tempérées, abondante dans les garrigues et les maquis, utilisée en cuisine. HOM. TAIN «métal réfléchissant», ② TEINT «couleur du visage»
ÉTYM. latin *thymum,* du grec.

THYMUS [timys] **n. m.** ✦ Glande située à la partie inférieure du cou. *Thymus de veau.* SYN. ② **ris** de veau.
► **THYMIQUE** [timik] **adj.**
ÉTYM. grec *thumos* «excroissance».

THYROÏDE [tiʀɔid] **adj.** et **n. f.** ✦ *Corps, glande thyroïde* ou **n. f.** *la thyroïde :* glande endocrine située à la partie antérieure et inférieure du cou et dont le rôle physiologique est essentiel. *Action de la thyroïde sur la croissance. Tumeur de la thyroïde.* → **goitre.**
ÉTYM. grec *thuroeides* «en forme de (→ -oïde) porte *(thura)*».

THYROÏDIEN, IENNE [tiʀɔidjɛ̃, jɛn] **adj.** ✦ De la thyroïde. *Hormones thyroïdiennes. Insuffisance thyroïdienne.*

THYRSE [tiʀs] **n. m.** **1.** MYTHOL. Bâton entouré de feuilles, attribut du dieu Bacchus. **2.** BOT. Inflorescence en grappe fusiforme. *Les thyrses du marronnier.*
ÉTYM. latin *thyrsus,* du grec.

Ti [tei] ✦ CHIM. Symbole du titane.

TIARE [tjaʀ] **n. f.** ✦ anciennt Coiffure papale à trois couronnes. *La tiare pontificale.* ➝ fig. Dignité papale.
ÉTYM. latin *tiara,* du grec d'origine persane.

TIBÉTAIN, AINE [tibetɛ̃, ɛn] **adj.** et **n.** ✦ Du Tibet (☛ noms propres). *Bouddhisme tibétain.* ➝ **n.** *Les Tibétains.* ♦ **n. m.** *Le tibétain* (langue).

TIBIA [tibja] **n. m.** ✦ Os du devant de la jambe, en forme de prisme triangulaire. *Tibia et péroné.* ➝ Partie antérieure de la jambe.
► **TIBIAL, ALE, AUX** [tibjal, o] **adj.**
ÉTYM. mot latin.

TIC [tik] **n. m.** **1.** Mouvement convulsif, geste bref automatique, répété involontairement. *Avoir un tic, des tics.* **2.** Geste, attitude habituels, que la répétition rend plus ou moins ridicules. SYN. **manie.** *C'est devenu un tic.* ➝ *Tic de langage.* HOM. TIQUE «parasite»
ÉTYM. onomatopée.

TICE [tis] **n. f. pl.** ✦ Technologies de l'information et de la communication pour l'enseignement. *L'utilisation des TICE au collège.*

TICKET [tikɛ] **n. m.** **1.** Rectangle de carton, de papier, donnant droit à un service, à l'entrée dans un lieu, etc. SYN. **billet.** *Un ticket de métro.* **2.** *TICKET MODÉRATEUR :* somme que la Sécurité sociale laisse à la charge de l'assuré.
ÉTYM. mot anglais «étiquette» ; même origine que *étiquette.*

TIC-TAC [tiktak] **n. m. invar.** ✦ Bruit sec et uniformément répété d'un mécanisme (surtout d'horlogerie). *Le tic-tac d'un réveil.*
ÉTYM. onomatopée.

TIE-BREAK [tajbʀɛk] **n. m.** ✦ anglicisme (au tennis) Jeu supplémentaire permettant d'accorder la victoire du set, quand les joueurs ont chacun six points. ➝ recomm. offic. *jeu décisif.*
ÉTYM. mots américains, de *tie* «égalité» et *break* «rupture».

TIÉDASSE [tjedas] **adj.** ✦ D'une tiédeur désagréable. *Une bière tiédasse.*
ÉTYM. de *tiède,* suffixe péjoratif *-asse.*

TIÈDE [tjɛd] **adj.** **1.** Légèrement chaud, ni chaud ni froid. *De l'eau tiède. Un vent tiède. Il fait tiède.* SYN. **doux.** ➜ **adv.** *Boire tiède.* **2.** fig. Qui a peu d'ardeur, de zèle ; sans ferveur. SYN. **indifférent.** *Un militant tiède.* ➜ *Un accueil plutôt tiède.* **3.** LITTÉR. Doux et agréable. CONTR. **brûlant ;** ① **frais, froid • ardent, chaleureux, fervent.**
ÉTYM. latin *tepidus.*

TIÉDEUR [tjedœʀ] **n. f.** **1.** État, température de ce qui est tiède. **2.** fig. Défaut d'ardeur, de passion. SYN. **indifférence.** **3.** LITTÉR. Douceur agréable. *La tiédeur du foyer.* CONTR. **fraîcheur, froid • ardeur, chaleur, ferveur, zèle.**

TIÉDIR [tjediʀ] **v.** (conjug. 13) **I** **1.** **v. intr.** Devenir tiède (1). *Faire tiédir l'eau.* SYN. **attiédir.** **2.** fig. Devenir tiède (2). **II** **v. tr.** Rendre tiède (1). *Tiédir l'eau.* CONTR. **refroidir.**
► **TIÉDISSEMENT** [tjedismɑ̃] **n. m.**

TIEN, TIENNE [tjɛ̃, tjɛn] **adj.** et **pron. poss.** de la 2e pers. du singulier
I **adj. poss.** LITTÉR. De toi. → ① **ton.** *Un tien parent.* ➜ (attribut) *Je suis tien* : je t'appartiens.
II **pron. poss.** *Le tien, la tienne, les tiens, les tiennes,* l'objet ou l'être lié par un rapport à la personne à qui l'on s'adresse et que l'on tutoie. *Ce sont mes clés ; où sont les tiennes ?* ➜ (attribut) *C'est le tien !* ➜ FAM. *À la tienne !* à ta santé !
III **n. m.** **1.** *DU TIEN* (partitif). *Il faut y mettre du tien* : il faut que tu fasses un effort. **2.** *LES TIENS* : tes parents, tes amis ; tes partisans.
ÉTYM. latin *tuum,* accusatif de *tuus.*

TIERCE [tjɛʀs] **n. f.** **1.** Intervalle musical de trois degrés (ex. do-mi). *Tierce majeure, mineure.* **2.** Série de trois cartes de même couleur qui se suivent.
ÉTYM. féminin de *tiers.*

TIERCÉ [tjɛʀse] **adj. m.** et **n. m.** ✦ *Pari tiercé* ou **n. m.** *le tiercé* : pari mutuel où l'on parie sur trois chevaux, dans une course en précisant l'ordre d'arrivée. → **P. M. U.** *Les rapports du tiercé.*
ÉTYM. marque déposée ; famille de *tiers.*

TIERS, TIERCE [tjɛʀ, tjɛʀs] **adj.** et **n. m.**
I **adj.** **1.** VX Troisième. *Le « Tiers Livre »,* de Rabelais. ➜ *Le tiers état*.* **2.** MOD. loc. *Une tierce personne* : une troisième personne ; une personne extérieure. ➜ *Le tiers-monde* (voir ce mot).
II **n. m.** **1.** *Un tiers* : une troisième personne. ➜ loc. FAM. *Se moquer, se ficher du tiers comme du quart,* des uns comme des autres. ◆ DR. Personne qui n'est et n'a pas été partie à un contrat, à un jugement. ◆ Personne étrangère (à une affaire, à un groupe). *Apprendre qqch. par un tiers.* **2.** Fraction d'un tout divisé en trois parties égales. *Les deux tiers d'un gâteau.* ◆ *TIERS PROVISIONNEL* : acompte sur l'impôt, égal au tiers de l'imposition de l'année précédente. ◆ *TIERS PAYANT,* modalité selon laquelle l'assuré social n'a à sa charge que le ticket* modérateur.
ÉTYM. latin *tertius* «troisième», famille de *tres* «trois».

TIERS-MONDE [tjɛʀmɔ̃d] **n. m.** ✦ Ensemble des pays pauvres ou en voie de développement. *Des tiers-mondes.*

TIERS-MONDISME [tjɛʀmɔ̃dism] **n. m.** ✦ Attitude de solidarité avec le tiers-monde.
► **TIERS-MONDISTE** [tjɛʀmɔ̃dist] **adj.** et **n.**

TIF [tif] **n. m.** ✦ FAM. Cheveu. *Se faire couper les tifs.*
ÉTYM. de l'ancien verbe *tifer* «coiffer», germanique *tipfon* «orner, parer».

TIGE [tiʒ] **n. f.** **I** Partie allongée des plantes, qui naît au-dessus de la racine et porte les feuilles. *Tige ligneuse.* → **tronc.** *La tige d'une fleur.* SYN. **queue.** *La tige de la rhubarbe est comestible.* **II** fig. **1.** Partie (d'une chaussure, d'une botte) qui couvre le dessus du pied et éventuellement la jambe. **2.** Partie, pièce mince et allongée. *La tige d'un parasol. Tige de fer.* SYN. **barre, tringle.**
ÉTYM. latin *tibia.*

TIGNASSE [tiɲas] **n. f.** ✦ Chevelure touffue, rebelle, mal peignée.
ÉTYM. de *tigne,* variante dialectale de *teigne.*

TIGRE, TIGRESSE [tigʀ, tigʀɛs] **n.** **1.** Le plus grand des félins, au pelage jaune roux rayé de bandes noires transversales, qui vit dans les forêts d'Asie. *Tigre royal* ou *tigre du Bengale.* **2.** Personne cruelle, dangereuse. ➜ **n. f.** *Tigresse* : femme violente, jalouse. ◆ loc. *Jaloux comme un tigre.*
ÉTYM. latin *tigris,* mot grec d'origine orientale.

TIGRÉ, ÉE [tigʀe] **adj.** **1.** Marqué de taches arrondies. SYN. **moucheté, tacheté.** *Bananes tigrées.* **2.** Marqué de bandes foncées. SYN. **rayé, zébré.** *Chat tigré.*
ÉTYM. de *tigre.*

TIGRON [tigʀɔ̃] **n. m.** ✦ Félin, hybride d'une lionne et d'un tigre.
ÉTYM. de *tigre* et *lion.*

TILBURY [tilbyʀi] **n. m.** ✦ anciennt Voiture à cheval, cabriolet léger à deux places. *Des tilburys.*
ÉTYM. mot anglais, du nom de l'inventeur.

TILDE [tild(e)] **n. m.** **1.** Signe en forme de S couché (˜) qui se met au-dessus du *n,* en espagnol, lorsqu'il se prononce [ɲ] (ex. *España*). **2.** Signe utilisé en transcription phonétique pour indiquer une prononciation nasale (ex. [ɛ̃] notant *ain, in, ein*).
ÉTYM. mot espagnol.

TILLAC [tijak] **n. m.** ✦ anciennt Pont supérieur (d'un navire).
ÉTYM. peut-être du norrois *thilja* «plancher».

TILLEUL [tijœl] **n. m.** **1.** Grand arbre à feuilles simples, à fleurs blanches ou jaunâtres très odorantes. **2.** La fleur de cet arbre, séchée pour faire des infusions ; cette infusion. *Une tasse de tilleul.* **3.** Le bois de cet arbre, tendre et léger.
ÉTYM. latin populaire *tiliolus,* de *tilia.*

TILT [tilt] **n. m.** ✦ anglicisme Signal qui interrompt la partie, au billard électrique. ➜ loc. *FAIRE TILT* ; fig. attirer soudain l'attention ; donner une inspiration subite. *Ça a fait tilt* : j'ai soudain compris.
ÉTYM. mot anglais «inclinaison».

TILTER [tilte] **v. intr.** (conjug. 3a) ✦ FAM. Comprendre brusquement, par une inspiration subite. *Il n'a pas tilté.* SYN. **réagir, réaliser**

TIMBALE [tɛ̃bal] **n. f.** **I** Instrument à percussion, grand tambour formé d'un bassin hémisphérique couvert d'une peau tendue, utilisé généralement par paires. **II** **1.** Gobelet de métal de forme cylindrique, sans pied. *Timbale en argent.* ➜ loc. FAM. *Décrocher la timbale* : obtenir une chose disputée, un résultat important. **2.** Moule de cuisine de forme circulaire. ◆ Préparation cuite dans ce moule. SYN. **vol-au-vent.**
ÉTYM. altération, d'après *cymbale,* de l'ancien français *tamballe* «tambourin», de l'arabe *tabl* «tambour», par l'espagnol *atabal.*

A B C D E F G H I J K L M N O P Q R S T U V W X Y Z

TIMBALIER, IÈRE [tɛ̃balje, jɛʀ] **n.** ✦ Musicien qui joue des timbales (I).

TIMBRAGE [tɛ̃bʀaʒ] **n. m.** ✦ Opération qui consiste à timbrer (spécialt une lettre). *Envoi dispensé de (du) timbrage.*

TIMBRE [tɛ̃bʀ] **n. m.** **I 1.** Calotte de métal, qui frappée par un petit marteau, émet une sonnerie. *Timbre de bicyclette.* SYN. **sonnette.** *Timbre électrique.* SYN. **sonnerie.** ➤ loc. fig. *Avoir le timbre un peu fêlé* : être un peu fou. → **timbré** (III). **2.** Qualité spécifique des sons, indépendante de leur hauteur, de leur intensité et de leur durée. SYN. **sonorité.** *Le timbre de la flûte.* ➤ *Le timbre d'une voix. Une voix sans timbre,* blanche. **II 1.** Marque, cachet que doivent porter certains documents officiels, et qui donne lieu à la perception d'un droit au profit de l'État ; ce droit. *Timbre fiscal. Droit de timbre sur les passeports.* **2.** Marque apposée sur un document pour en garantir l'origine. SYN. **cachet. 3.** Instrument qui sert à imprimer cette marque. SYN. **cachet, tampon.** *Timbre dateur.* **4.** TIMBRE (ou *timbre-poste*) : petite vignette qui, collée sur un objet confié à la poste, a une valeur d'affranchissement conventionnelle. *Des timbres, des timbres-poste. Timbre oblitéré. Collection de timbres.* → **philatélie. 5.** MÉD. Pastille adhésive imprégnée d'une substance, d'un médicament, qui pénètre dans l'organisme.

ÉTYM. grec *tumpanon* «tambourin, tympanon».

TIMBRÉ, ÉE [tɛ̃bʀe] **adj.** **I** Qui a du timbre (I, 2), un beau timbre. *Voix bien timbrée.* **II 1.** Marqué d'un timbre (II, 1). *Papier timbré,* émis par le gouvernement, et destiné à la rédaction de certains actes. **2.** Qui porte un timbre-poste. *Enveloppe timbrée.* **III** Un peu fou. SYN. **cinglé, sonné.**

TIMBRER [tɛ̃bʀe] **v. tr.** (conjug. 3a) ✦ Marquer d'un timbre (II). SYN. **affranchir ; estampiller.**

TIMIDE [timid] **adj.** **1.** Qui manque d'audace et de décision. SYN. **timoré.** ➤ *Protestation timide.* **2.** Qui manque d'aisance et d'assurance dans ses rapports avec autrui. *Un amoureux timide.* SYN. **transi.** ➤ **n.** *C'est un grand timide.* ➤ *D'une voix timide.* CONTR. **audacieux, énergique, hardi • assuré, effronté,** ② **sûr** de lui.

ÉTYM. latin *timidus* «celui qui a peur *(timere)*».

TIMIDEMENT [timidmɑ̃] **adv.** ✦ Avec timidité. CONTR. **carrément, hardiment.**

TIMIDITÉ [timidite] **n. f.** **1.** Manque d'audace et de vigueur dans l'action ou la pensée. **2.** Manque d'aisance et d'assurance en société ; comportement, caractère d'une personne timide. SYN. **confusion, embarras, gaucherie, gêne, modestie.** *Surmonter sa timidité.* CONTR. **audace, hardiesse • aplomb, assurance, culot, insolence.**

ÉTYM. latin *timiditas.*

TIMON [timɔ̃] **n. m.** **1.** Longue pièce de bois de chaque côté de laquelle on attelle une bête de trait. **2.** VX Gouvernail.

ÉTYM. bas latin *timo,* de *temo* «flèche d'un char».

TIMONERIE [timɔnʀi] **n. f.** **1.** Service dont sont chargés les timoniers. **2.** Partie du navire qui abrite les appareils de navigation.

TIMONIER, IÈRE [timɔnje, jɛʀ] **n.** ✦ Personne qui tient le timon (2), la barre du gouvernail, qui s'occupe de la direction du navire.

TIMORÉ, ÉE [timɔʀe] **adj.** ✦ Qui est trop méfiant, trop attaché à ses habitudes, qui craint le risque, les responsabilités, l'imprévu. SYN. **craintif, indécis, pusillanime, timide.** CONTR. **audacieux, entreprenant, hardi, téméraire.**

ÉTYM. bas latin *timoratus,* de *timere* «craindre».

TINCTORIAL, ALE, AUX [tɛ̃ktɔʀjal, o] **adj.** ✦ DIDACT. Qui sert à teindre. *Plantes tinctoriales.* ➤ Relatif à la teinture.

ÉTYM. du latin *tinctorius,* de *tingere* «teindre».

TINETTE [tinɛt] **n. f.** ✦ Baquet servant au transport des matières fécales. ➤ VIEILLI Lieux d'aisances sommaires.

ÉTYM. diminutif de l'ancien français *tine* «baquet», latin *tina* «carafe».

TINTAMARRE [tɛ̃tamaʀ] **n. m.** ✦ Grand bruit discordant. SYN. ① **boucan, raffut, vacarme.** *Le tintamarre des klaxons.*

ÉTYM. de *tinter.*

TINTEMENT [tɛ̃tmɑ̃] **n. m.** ✦ Bruit de ce qui tinte. *Le tintement d'une sonnette.* ◆ *Tintement d'oreilles* : bourdonnement interne analogue à celui d'une cloche qui tinte.

TINTER [tɛ̃te] **v.** (conjug. 3a) **I v. intr.** **1.** Produire des sons aigus qui se succèdent lentement (se dit d'une cloche dont le battant ne frappe qu'un côté). SYN. **résonner, sonner.** *La cloche tinte.* **2.** Produire des sons clairs et aigus. *Trousseau de clés qui tinte.* ➤ loc. *Les oreilles* ont dû vous tinter.* **II v. tr.** LITTÉR. Faire tinter. SYN. **sonner.** *Tinter le glas.*

ÉTYM. bas latin *tinnitare,* de *tinnire,* onomatopée.

TINTIN [tɛ̃tɛ̃] **n. m.** ✦ loc. FAM. *Faire tintin* : être privé, frustré de qqch. *Pour les étrennes, ils feront tintin.*

ÉTYM. onomatopée «bruit de cloche».

TINTINNABULER [tɛ̃tinabyle] **v. intr.** (conjug. 3a) ✦ LITTÉR. Se dit d'une clochette, d'un grelot qui sonne, et par ext. de ce qui tinte.

ÉTYM. du latin *tintinnabulum* «clochette», d'origine onomatopéique → tinter.

TINTOUIN [tɛ̃twɛ̃] **n. m.** ✦ FAM. **1.** Bruit fatigant, vacarme. SYN. **tintamarre. 2.** Souci, tracas. *Se donner du tintouin,* du mal.

ÉTYM. de *tinter.*

TIPI [tipi] **n. m.** ✦ Tente des Indiens d'Amérique du Nord.

ÉTYM. d'une langue amérindienne, par l'américain *tepee.*

TIQUE [tik] **n. f.** ✦ Acarien parasite des animaux, se nourrissant de sang, et qui peut aussi piquer l'homme et transmettre des maladies contagieuses. HOM. TIC «manie»

ÉTYM. moyen anglais *tike,* d'origine incertaine.

TIQUER [tike] **v. intr.** (conjug. 3a) ✦ Manifester par la physionomie, ou par un mouvement involontaire, son mécontentement, sa désapprobation, son dépit. *Il a tiqué sur le prix.*

ÉTYM. de *tic.*

TIR [tiʀ] **n. m.** **I 1.** Fait de tirer, de lancer un projectile (à l'aide d'une arme). *Tir à l'arc, au fusil.* ➤ *Arme à tir automatique.* ➤ *Ligne* de tir.* ◆ Lancement (d'une fusée, d'un engin). *Base de tir.* **2.** Direction selon laquelle une arme à feu lance ses projectiles ; leur trajectoire. *Ajuster, régler le tir* (aussi fig.). → ① **viser. 3.**

Série de projectiles envoyés par une ou plusieurs armes. *Un violent tir d'artillerie.* SYN. **coup, salve, rafale.** **4.** Fait de tirer (IV, 4), au jeu de boules. ◆ Coup pour envoyer le ballon au but, au football. SYN. **shoot.** *Un tir puissant. Épreuve des tirs au but :* série de pénaltys pour départager deux équipes à égalité. **II** Emplacement aménagé pour s'exercer au tir à la cible. SYN. ① **stand.** *Tir forain.* ➛ *TIR AU PIGEON :* dispositif pour s'exercer au tir des oiseaux au vol (→ aussi **balltrap**) ; emplacement où l'on s'exerce à ce tir. HOM. ② TIRE «voiture»

TIRADE [tiʀad] n. f. ✦ Long développement récité sans interruption par un personnage de théâtre. SYN. **monologue.** ☛ Littérature p. 126. *La tirade du nez, dans le «Cyrano» de Rostand.* ➛ souvent péj. Longue phrase emphatique. *Interrompre qqn au milieu d'une tirade.* SYN. **discours,** FAM. **laïus.**
ÉTYM. de *tirer.*

TIRAGE [tiʀaʒ] n. m. **I** Fait de tirer (I) ; son résultat. **1.** Allongement, étirage. *Tirage des métaux.* SYN. **tréfilage.** **2.** *Un cordon de tirage,* qui sert à tirer. **3.** loc. FAM. *Il y a du tirage,* des difficultés, des frictions entre personnes en désaccord. **4.** Circulation de l'air facilitant la combustion. *Régler le tirage d'une chaudière.* **II** **1.** Fait d'imprimer, de reproduire par impression. SYN. **impression.** **2.** Ce qui est imprimé. *Tirage sur papier glacé.* ◆ Ensemble des exemplaires tirés en une fois. *Tirage de luxe.* SYN. **édition.** ➛ *Journal à gros tirage.* **3.** Impression définitive (d'une œuvre gravée). *Le tirage d'une estampe.* **4.** Opération par laquelle on obtient une image positive (épreuve) d'un cliché photographique. *Développement et tirage.* ➛ *Le tirage d'un film.* **III** **1.** *TIRAGE AU SORT :* désignation par le sort. ➛ Fait de tirer au hasard un ou plusieurs numéros. *Tirage du loto. Demain le tirage !* **2.** Fait de tirer le vin.

TIRAILLEMENT [tiʀajmɑ̃] n. m. **1.** Fait de tirailler (I, 1). **2.** fig. Fait d'être tiraillé entre divers sentiments, désirs, etc. ; difficultés résultant de volontés ou d'intérêts contradictoires. **3.** Sensation douloureuse, crampe. *Des tiraillements d'estomac.*

TIRAILLER [tiʀaje] v. (conjug. 3a) **I** v. tr. **1.** Tirer (I) à plusieurs reprises, en diverses directions. **2.** fig. Solliciter de façon contradictoire et importune (surtout passif et p. passé). *Être tiraillé par, entre des raisons contraires.* SYN. **écartelé.** **II** v. intr. Tirer (IV) souvent, irrégulièrement, en divers sens ; tirer à volonté (→ **tirailleur**).
ÉTYM. de *tirer.*

TIRAILLEUR [tiʀajœʀ] n. m. **1.** Soldat détaché pour tirer à volonté sur l'ennemi. *En tirailleurs,* en lignes espacées, sans profondeur. ➛ fig. Personne qui agit, se bat isolément, en franc-tireur. **2.** anciennt Soldat de certaines troupes d'infanterie coloniale, encadrées par des Français. *Tirailleurs algériens, sénégalais.*
ÉTYM. de *tirailler* (I, 1).

TIRANT [tiʀɑ̃] n. m. **1.** Ce qui sert à tirer (I). ◆ *Les tirants d'une chaussure,* les parties portant les attaches. **2.** *TIRANT D'EAU* ou *TIRANT :* quantité, volume d'eau que déplace, «tire» un navire ; distance verticale entre la ligne de flottaison et la quille. HOM. TYRAN «despote»
ÉTYM. du participe présent de *tirer.*

① **TIRE** [tiʀ] n. f. ✦ loc. *VOL À LA TIRE,* en tirant qqch. de la poche, du sac de qqn. *Voleur à la tire* (→ **pickpocket**). HOM. TIR «lancement»
ÉTYM. de *tirer* (V).

② **TIRE** [tiʀ] n. f. ✦ ARGOT Voiture. HOM. TIR «lancement»
ÉTYM. de *tirer* (II) «aller».

TIRÉ, ÉE [tiʀe] adj. **1.** Qui a été tiré, tendu. *Cheveux tirés en arrière.* ➛ loc. *Être tiré à quatre épingles*.* ➛ Allongé, amaigri par la fatigue. *Visage tiré, traits tirés.* **2.** Qui a été tiré, imprimé. *Article tiré à part.* ➛ n. m. *TIRÉ À PART :* extrait d'une revue ou d'un ouvrage relié à part en un petit livret. *Des tirés à part.*

TIRE-AU-FLANC [tiʀoflɑ̃] n. invar. ✦ n. m. invar. Soldat qui cherche à échapper aux corvées. ◆ n. invar. Personne paresseuse.
ÉTYM. de *tirer* et *flanc* (4).

TIRE-BOTTE [tiʀbɔt] n. m. **1.** Crochet qui sert à tirer une botte, pour la mettre. *Des tire-bottes.* **2.** Planchette entaillée où l'on emboîte le talon, pour retirer ses bottes.

TIRE-BOUCHON ou **TIREBOUCHON** [tiʀbuʃɔ̃] n. m. **1.** Instrument, formé d'une hélice de métal et d'un manche, qu'on enfonce dans le bouchon d'une bouteille pour le retirer. *Des tire-bouchons.* **2.** loc. *En tire-bouchon :* en hélice. ➛ Écrire *tirebouchon* en un seul mot est permis.

TIRE-BOUCHONNER ou **TIREBOUCHONNER** [tiʀbuʃɔne] v. (conjug. 3a) **1.** v. tr. RARE Mettre en tire-bouchon, en spirale. ➛ au p. passé *Pantalon tire-bouchonné.* **2.** v. intr. Former un tire-bouchon. *Ses chaussettes tire-bouchonnent.* ➛ Écrire *tirebouchonner* en un seul mot est permis.

à **TIRE-D'AILE** [atiʀdɛl] loc. adv. **1.** Avec des coups d'ailes, des battements rapides et ininterrompus. *Oiseaux qui volent à tire-d'aile.* **2.** fig. Très vite, comme un oiseau. *Filer à tire-d'aile.*
ÉTYM. de l'ancienne expression *(voler) à tir* «sans interruption» (de *tirer* «aller») et *aile.*

TIRE-FESSES [tiʀfɛs] n. m. invar. ✦ FAM. Téléski, remonte-pente. *Des tire-fesses.* ➛ On peut aussi écrire *un tire-fesse, des tire-fesses.*

TIRE-FOND [tiʀfɔ̃] n. m. **1.** Longue vis dont la tête est un anneau. *Des tire-fonds.* **2.** Longue vis à tête carrée.
ÉTYM. de *tirer* (I) et *fond.*

TIRE-LAIT [tiʀlɛ] n. m. ✦ Petit appareil permettant d'aspirer le lait du sein. *Des tire-laits.*

à **TIRE-LARIGOT** [atiʀlaʀigo] loc. adv. ✦ Beaucoup, en quantité. *Boire à tire-larigot.* SYN. **à gogo.**
ÉTYM. de *tirer* (I, 4) et *larigot,* vx «flûte».

TIRE-LIGNE [tiʀliɲ] n. m. ✦ Instrument de métal servant à tracer des lignes de largeur constante. *Des tire-lignes.*

TIRELIRE [tiʀliʀ] n. f. **1.** Petit récipient percé d'une fente par où on introduit les pièces de monnaie. SYN. **cagnotte.** *Casser sa tirelire ;* fig. FAM. dépenser toutes ses économies. **2.** FAM. Tête. *Prendre un coup sur la tirelire.*
ÉTYM. du refrain de chanson *tire-lire.*

TIRER [tiʀe] v. (conjug. 3a) **I** v. tr. **1.** Amener vers soi une extrémité, ou éloigner les extrémités de (qqch.), de manière à étendre, à tendre. SYN. **allonger, étirer.** *Tirer une corde, un élastique.* ➛ loc. fig. *Se faire tirer l'oreille :* se faire prier. ➛ *Tirer les ficelles :* faire agir, manœuvrer. **2.** Faire aller dans une direction, en exerçant une force sur la partie qu'on amène vers soi, tout

A B C D E F G H I J K L M N O P Q R S T U V W X Y Z

en restant immobile. *Tirer et pousser (qqch., un tiroir). Tirer l'échelle,* le haut de l'échelle. loc. *Il faut tirer l'échelle :* il est inutile de continuer, d'insister. ➝ fig. *TIRER qqch. À SOI,* l'accaparer, le prendre. *Tirer un auteur, un texte à soi,* lui faire dire ce qu'on veut. ◆ Faire mouvoir latéralement pour ouvrir ou fermer. *Tirer le verrou.* 3. Faire avancer ; déplacer derrière soi. SYN. **traîner ; entraîner.** *Tirer un enfant par la main. Voiture qui tire une remorque.* SYN. **tracter.** ➝ *Tirer la jambe.* SYN. **traîner.** 4. v. tr. ind. *TIRER SUR :* exercer une traction, faire effort sur, pour tendre ou pour amener vers soi. *Chien qui tire sur sa laisse.* ➝ loc. FAM. *Tirer sur la ficelle :* exagérer, aller trop loin. ◆ Exercer une forte aspiration sur. SYN. **aspirer.** *Tirer sur sa pipe.* ➝ intrans. Avoir une bonne circulation d'air. *Cheminée qui tire bien* (→ **tirage**). 5. v. intr. Subir une tension, éprouver une sensation de tension. *La peau lui tire.* ◆ loc. *Cela tire en longueur,* dure trop. **II** (idée d'aller) 1. v. intr. VX Aller dans une direction ou le long de. *Tirer à droite, vers la droite.* ➝ MOD. (loc.) FAM. *Tirer au flanc* (→ **tire-au-flanc**). ➝ (dans le temps) *TIRER À SA FIN :* approcher de la mort, de sa fin. SYN. ① **toucher.** *L'été tire à sa fin.* ➝ fig. *Cela ne tire pas à conséquence,* n'est pas grave. 2. *TIRER SUR :* se rapprocher de, évoquer. SYN. **ressembler** à. *Un bleu tirant sur le vert,* un peu vert. 3. v. tr. VIEILLI (navire) Déplacer une certaine masse d'eau. → **tirant** d'eau. 4. v. tr. FAM. Passer péniblement (une durée). *Il a tiré six mois de prison. Plus qu'une heure à tirer !* **III** v. tr. 1. Allonger sur le papier (une figure). SYN. **tracer.** *Tirer un trait. Tirer un plan ;* fig. l'élaborer. 2. loc. *Se faire TIRER LE PORTRAIT :* se faire dessiner, peindre, photographier. 3. Imprimer (→ **tirage**). *Tirer un tract.* ➝ trans. ind. *Ce journal tire à trente mille (exemplaires).* ➝ loc. *BON À TIRER :* mention portée sur les épreuves corrigées, bonnes pour l'impression. *Les bons à tirer,* ces épreuves. **IV** v. tr. 1. Envoyer au loin (un projectile) au moyen d'une arme. → **tir.** *Tirer une flèche. Tirer un coup de feu, de révolver.* ➝ absolt *Tirez !* → ① **feu.** *Tirer à vue.* ➝ *Tirer sur qqn,* le viser. *On lui a tiré dessus.* ➝ *Tirer dans le dos,* attaquer par derrière. *Tirer dans le tas.* ◆ intrans. *TIRER À,* avec (une arme). *Tirer à l'arc, au fusil.* 2. Faire partir (une arme à feu), faire exploser. SYN. **décharger.** *Tirer le canon. Tirer un feu d'artifice.* 3. Chercher à atteindre (qqn, un animal) par un coup de feu, une flèche, etc. *Tirer un oiseau au vol.* 4. intrans. Lancer sa boule sans la faire rouler. *Je tire ou je pointe ?* ◆ au football *Tirer de loin.* SYN. **shooter** (anglicisme). *Tirer au but.* 5. TRÈS FAM. *Tirer son coup :* avoir un rapport sexuel (homme). **V** v. tr. (Faire sortir) 1. Faire sortir (une chose) d'un contenant. SYN. **extraire, retirer,** ① **sortir.** *Tirer un mouchoir de son sac.* ➝ *Tirer qqn du lit,* le forcer à se lever. ➝ loc. *Tirer la langue,* l'allonger hors de la bouche ; fig. → **langue.** *Tirer la langue à qqn,* pour se moquer. ◆ *Tirer le vin* (du tonneau). ➝ prov. *Quand le vin est tiré, il faut le boire :* il faut supporter les conséquences de ses actes. 2. Choisir parmi d'autres, dans un jeu de hasard. *Tirer une carte, un numéro de loterie.* ➝ *Tirer qqch. au sort*.* ➝ *TIRER LES CARTES :* prédire l'avenir à l'aide des cartes, des tarots (→ **cartomancie**). ➝ *TIRER LES ROIS*.* 3. *(Tirer qqn de...)* Faire cesser d'être dans un lieu, une situation où l'on est retenu. SYN. **délivrer,** ① **sortir.** *Tirer qqn d'une avalanche.* SYN. **dégager.** ➝ loc. *TIRER qqn D'AFFAIRE,* le sauver. ◆ fig. Faire cesser d'être dans un état. *Tirer qqn du sommeil,* le réveiller. ➝ *Tirer qqn du doute, de l'erreur.* → **détromper.** **VI** v. tr. (Obtenir en séparant, en sortant de) 1. Obtenir (un produit) en utilisant une matière première, une source, une origine. SYN. **extraire.** *L'opium est tiré d'un pavot.* SYN. **provenir.** ➝ *Tirer des sons d'un instrument.* 2. dans des loc. (*tirer* + nom + *de*) Obtenir (qqch.) d'une personne ou d'une chose. *Tirer vanité de :* s'enorgueillir, se prévaloir de. ➝ loc. *TIRER PARTI* DE.* ◆ Obtenir (des paroles, des renseignements, une action) de qqn. *On ne peut rien en tirer,* il reste muet. *Il n'y a pas grand-chose à en tirer.* 3. Obtenir (de l'argent, un avantage matériel). SYN. **retirer.** *Tirer de l'argent de qqn.* SYN. **extorquer, soutirer.** *Tirer un revenu d'un capital.* ➝ *Tirer un chèque sur le compte de qqn, sur qqn,* prélever une somme sur le crédit de ce compte (→ **tireur**). 4. Faire venir (une chose) de. SYN. **dégager, déduire.** *Il ne faudrait pas en tirer des conclusions hâtives.* 5. Emprunter (son origine, sa raison d'être) de qqch. *Tirer sa force, son pouvoir de... Tirer son origine de...,* descendre, venir de. SYN. **provenir.** ◆ Dégager (un élément) pour l'utiliser. ➝ au p. passé *Roman tiré d'un fait divers.* ➝ *Tirer la leçon d'une expérience.* **VII** *SE TIRER* v. pron. 1. FAM. Partir, s'en aller ; s'enfuir. *Se tirer en douce.* SYN. se **tailler.** 2. FAM. S'écouler lentement (durée) ; tirer à sa fin (tâche fastidieuse). *Ouf ! Ça se tire !* 3. *SE TIRER DE :* échapper, sortir de (un lieu où l'on est retenu, une situation fâcheuse). *Se tirer d'affaire.* SYN. s'en **sortir.** ➝ Venir à bout de (une chose difficile). SYN. se **dépêtrer,** se **sortir.** *Se tirer d'une mission délicate.* ◆ *S'EN TIRER :* en réchapper, en sortir indemne. *Il est très malade, mais il s'en tirera.* ➝ Réussir une chose délicate, difficile. *À l'oral, il s'en est bien tiré.* SYN. **réussir.** ➝ En être quitte pour. *Il s'en tire avec un mois de prison.*
CONTR. **détendre, relâcher** · **pousser** · **éloigner,** ① **repousser.**

ÉTYM. origine incertaine.

TIRET [tiʀɛ] n. m. 1. Petit trait horizontal que l'on place après un mot interrompu en fin de ligne. 2. Trait un peu plus long qui sépare une information du contexte ou qui indique un changement d'interlocuteur dans un dialogue. 3. abusivt Trait d'union.

ÉTYM. de *tirer* (III).

TIRETTE [tiʀɛt] n. f. 1. Tige ou pièce métallique que l'on tire pour provoquer un fonctionnement. 2. Planchette mobile adaptée à certains meubles. *Une table à tirette.* SYN. **tablette.**

ÉTYM. de *tirer* (I).

TIREUR, EUSE [tiʀœʀ, øz] n. 1. Personne qui se sert d'une arme à feu. *Tireur d'élite.* 2. n. m. Personne qui tire un chèque. SYN. **émetteur.** ◆ n. f. *TIREUSE DE CARTES :* cartomancienne.

ÉTYM. de *tirer.*

TIROIR [tiʀwaʀ] n. m. 1. Compartiment coulissant emboîté dans un emplacement réservé (d'un meuble, etc.). *Ouvrir, tirer ; fermer, pousser un tiroir.* ◆ *FOND DE TIROIR :* ce qu'on oublie au fond des tiroirs ; fig. chose vieille, sans valeur. *Publier les fonds de tiroirs d'un auteur.* ➝ loc. *Racler les fonds de tiroirs :* prendre tout l'argent disponible jusqu'au dernier sou. 2. *À TIROIRS. Pièce à tiroirs,* avec des scènes étrangères à l'action principale, et emboîtées dedans. ➝ *Charade à tiroirs,* basée sur des jeux de mots successifs. ➝ FAM. *Nom à tiroirs.* SYN. à **rallonge.**

ÉTYM. de *tirer* (I).

TIROIR-CAISSE [tiʀwaʀkɛs] n. m. ✦ Caisse où l'argent est renfermé dans un tiroir qu'un mécanisme peut ouvrir lorsqu'un crédit est enregistré. *Des tiroirs-caisses.*

TISANE [tizan] **n. f.** ✦ Boisson contenant une substance végétale (obtenue par macération, infusion, décoction) à effet médicinal ou hygiénique. SYN. **infusion.** *Tisane de queues de cerises.*
ÉTYM. bas latin *tisana,* de *ptisana,* du grec.

TISANIÈRE [tizanjɛʀ] **n. f.** ✦ Grande tasse à couvercle pour la tisane.

TISON [tizɔ̃] **n. m.** ✦ Reste d'un morceau de bois, d'une bûche dont une partie a brûlé. **prov.** *Noël au balcon, Pâques aux tisons.*
ÉTYM. latin *titio.*

TISONNER [tizɔne] **v. tr.** (conjug. 3a) ✦ Remuer les tisons, la braise de (un foyer, un feu).

TISONNIER [tizɔnje] **n. m.** ✦ Longue barre de fer à extrémité un peu relevée pour attiser le feu.
ÉTYM. de *tison.*

TISSAGE [tisaʒ] **n. m. 1.** Action de tisser ; ensemble d'opérations consistant à entrelacer des fils textiles pour produire des tissus. **2.** Établissement, ateliers où s'exécutent ces opérations.

TISSER [tise] **v. tr.** (conjug. 3a) **1.** Fabriquer (un tissu) par tissage. *Tisser une toile.* ◆ Transformer (un textile) en tissu. *Tisser de la laine.* ➛ **absolt** *Métier à tisser.* ◆ *L'araignée tisse sa toile.* **2.** LITTÉR. Former, élaborer, disposer les éléments de (qqch.) comme par tissage. SYN. **ourdir, tramer.** *Tisser une intrigue.* ➛ **au p. passé** (*TISSÉ, ÉE* **ou** LITTÉR. *TISSU, UE*) *Un livre tissu (ou tissé) d'aventures compliquées.*
ÉTYM. de l'ancien verbe *tistre,* latin *texere.*

TISSERAND, ANDE [tisʀɑ̃, ɑ̃d] **n.** ✦ Ouvrier qui fabrique des tissus sur métier à bras.
ÉTYM. de *tisser.*

TISSEUR, EUSE [tisœʀ, øz] **n.** ✦ Ouvrier sur métier à tisser. *Tisseur de tapis.*
ÉTYM. de *tisser.*

TISSU [tisy] **n. m.** **I 1.** Surface souple et résistante constituée par un assemblage régulier de fils entrelacés, tissés ou à mailles. SYN. **étoffe.** *Un tissu de coton. Robe en tissu imprimé. Tissu-éponge*. Tissus d'ameublement.* **2. abstrait** Suite ininterrompue (de choses regrettables ou désagréables). *Un tissu de mensonges, d'absurdités.* **II 1.** Ensemble de cellules de l'organisme possédant la même organisation et assurant la même fonction (➛ **histologie**). *Tissu osseux, musculaire, nerveux. Tissus végétaux.* ➛ *Le tissu vivant.* **2. fig.** *Le tissu urbain, industriel.*
ÉTYM. du p. passé de l'anc. verbe *tistre* → tisser.

TISSULAIRE [tisylɛʀ] **adj.** ✦ DIDACT. Relatif aux tissus (II).

TITAN [titɑ̃] **n. m.** ✦ LITTÉR. Personne d'une force surhumaine. ➛ *Un travail de titan.* ➛ **titanesque.**
ÉTYM. latin *Titan,* nom de géants de la mythologie grecque. ☛ noms propres.

TITANE [titan] **n. m.** ✦ Métal blanc brillant (symb. Ti). *Blanc de titane :* oxyde employé en peinture.
ÉTYM. latin scientifique *titanium,* du grec *titanos* «chaux».

TITANESQUE [titanɛsk] **adj.** ✦ LITTÉR. Grandiose et difficile. *Une œuvre titanesque.*
ÉTYM. de *Titan.* ☛ noms propres.

TITI [titi] **n. m.** ✦ Gamin déluré et malicieux. SYN. **gavroche.** *Des titis parisiens.*
ÉTYM. de *petit.*

TITILLER [titije] **v. tr.** (conjug. 3a) **1.** Chatouiller agréablement. **2.** Exciter légèrement, démanger. *Cette idée le titille.*
► **TITILLATION** [titijasjɔ̃] **n. f.**
ÉTYM. latin *titillare.*

TITRAGE [titʀaʒ] **n. m.** ✦ Action de titrer (① et ②).

① **TITRE** [titʀ] **n. m.** **I 1.** Désignation honorifique exprimant une distinction de rang, une dignité. *Titres de noblesse. Le titre de maréchal.* **2.** Nom de charge, de fonction, de grade. *Titres universitaires.* ➛ *EN TITRE :* qui a effectivement le titre de la fonction qu'il exerce (opposé à *auxiliaire, suppléant*). *Professeur en titre.* ➛ **titulaire.** *Le fournisseur en titre d'une maison.* ➛ **attitré. 3.** Qualité de gagnant, de champion (dans une compétition). *Le tenant* du titre.* **4.** *À TITRE ; À TITRE DE* **loc. prép.,** en tant que, comme. *Être employé à titre de comptable. Argent versé à titre d'indemnité. À titre d'exemple.* ➛ *À CE TITRE :* pour cette raison (le titre donnant un droit). ➛ *AU MÊME TITRE :* de la même manière. **(loc. conj.)** *J'y ai droit au même titre que lui.* ➛ *À TITRE* (+ adj.). *À titre amical. À titre indicatif. À plus d'un titre, à plusieurs titres,* pour plusieurs raisons. *Il est critiquable à plus d'un titre.* **II** (Cause qui établit un droit) **1.** Document qui constate et prouve un droit (de propriété, à un service, etc.). SYN. **certificat, papier, pièce.** *Titres de propriété. Titre de transport :* billet, carte, ticket. ➛ Certificat représentatif d'une valeur de Bourse. SYN. **valeur.** *Vendre des titres.* **2. loc.** *À JUSTE TITRE :* à bon droit, avec fondement, raison. **III** (Proportion) **1.** Proportion d'or ou d'argent contenue dans un alliage. *Le titre d'une monnaie.* **2.** CHIM. Rapport de la masse d'une substance dissoute à la masse ou au volume de solvant ou de solution. SYN. **degré ;** ➛ ① **titrer.** *Titre d'alcool d'un vin.*
ÉTYM. latin *titulus* «inscription ; affiche».

② **TITRE** [titʀ] **n. m. 1.** Nom donné (à une œuvre, un livre) et qui évoque souvent son contenu. *Le titre d'un roman, d'un recueil de poèmes. Donner un titre à.* ➛ **intituler.** *Page de titre,* portant le titre, le sous-titre, le nom de l'auteur, etc. ➛ **par ext.** *Les meilleurs titres de l'année.* ◆ *Le titre d'une chanson, d'un film, d'un tableau.* **2.** Expression, phrase qui présente un article de journal. SYN. **rubrique.** *Titre sur cinq colonnes.* ➛ **manchette.** *La nouvelle fait les gros titres de tous les journaux.* **3.** Subdivision du livre (dans un recueil juridique). *Titres, chapitres, sections d'une Constitution, d'un code.*
ÉTYM. latin *titulus* → ① titre.

① **TITRER** [titʀe] **v. tr.** (conjug. 3a) **I** Donner un titre de noblesse à (qqn). ➛ **au p. passé** *Être titré.* **II 1.** Déterminer le titre de. *Titrer un alliage, un alcool.* **2.** Avoir (tant de degrés) pour titre. *Les liqueurs doivent titrer 15° minimum.*

② **TITRER** [titʀe] **v. tr.** (conjug. 3a) ✦ Donner un titre à. SYN. **intituler.** *Titrer une photographie.*

TITUBANT, ANTE [titybɑ̃, ɑ̃t] **adj.** ✦ Qui titube. SYN. **vacillant.** *Un ivrogne titubant.* ➛ *Une démarche titubante.* SYN. **chancelant.**

TITUBER [titybe] **v. intr.** (conjug. 3a) ✦ Vaciller sur ses jambes, aller de droite et de gauche en marchant. ➛ **chanceler.** *Un malade qui titube.*
ÉTYM. latin *titubare.*

TITULAIRE [titylɛʀ] **adj.** et **n.** **1.** Qui a une fonction, une charge pour laquelle il a été personnellement nommé (→ ① **titre**). *Professeur titulaire.* ➝ **n.** *Le, la titulaire d'un poste.* **2.** Qui possède juridiquement (un droit). *Être titulaire d'un diplôme.* ➝ **n.** *Les titulaires du permis de conduire.* CONTR. **auxiliaire, suppléant.**
ÉTYM. du latin *titulus* «titre».

TITULARISER [titylaʀize] **v. tr.** (conjug. 3a) ✦ Rendre (qqn) titulaire d'une fonction, d'une charge qu'il remplit. *Titulariser un fonctionnaire.*
► **TITULARISATION** [titylaʀizasjɔ̃] **n. f.**
ÉTYM. de *titulaire.*

① **T. N. T.** [teɛnte] **n. m.** ✦ Trinitrotoluène. *Une tonne de T. N. T.*
ÉTYM. abréviation.

② **T. N. T.** [teɛnte] **n. f.** ✦ Télévision numérique terrestre.
ÉTYM. sigle.

TOAST [tost] **n. m.** **I** Action (fait de lever son verre) ou discours par quoi l'on propose de boire en l'honneur de qqn ou de qqch., à la santé de qqn, etc. *Porter un toast à qqn. Prononcer un toast.* **II** Tranche de pain de mie grillée (SYN. **rôtie**). *Des toasts beurrés.*
ÉTYM. mot anglais «pain grillé», de l'ancien français *toster* «griller», du latin *tornere.*

TOBOGGAN [tɔbɔgɑ̃] **n. m.** **1.** Traîneau à longs patins métalliques. *Piste de toboggan.* **2.** Longue rampe inclinée sur laquelle on se laisse glisser par jeu. **3.** Appareil de manutention formé d'une glissière. ♦ Voie de circulation automobile qui enjambe un carrefour.
ÉTYM. de l'amérindien (Canada) *otaban* «traîneau», par l'anglais.

① **TOC** [tɔk] **interj.** ✦ Onomatopée d'un bruit, d'un heurt (souvent répété). *Toc, toc ! Qui est là ?* HOM. TOQUE «chapeau»
ÉTYM. onomatopée.

② **TOC** [tɔk] **n. m.** **1.** Imitation d'une matière précieuse, d'un objet ancien. *C'est du toc.* SYN. **camelote.** *Bijou en toc.* SYN. de **pacotille.** **2. adj. invar.** FAM. Sans valeur, faux et prétentieux. SYN. **tocard.** *Un meuble toc. Ça fait toc.*
HOM. TOQUE «chapeau»
ÉTYM. de ① *toc.*

TOCADE [tɔkad] **n. f.** ✦ FAM. Goût très vif, généralement passager, souvent bizarre et déraisonnable, pour qqch. ou qqn. SYN. **caprice, lubie.** *C'est sa dernière tocade.* SYN. **manie.** ➝ On écrit aussi *toquade.*
ÉTYM. de *se toquer.*

TOCANTE [tɔkɑ̃t] **n. f.** ✦ FAM. Montre. ➝ On écrit aussi *toquante.*
ÉTYM. de ① *toc.*

TOCARD, ARDE [tɔkaʀ, aʀd] **adj.** et **n.** **1. adj.** FAM. Ridicule, laid. *Un chapeau tocard.* SYN. **moche.** **2. n.** FAM. Personne incapable, sans valeur. *Quel tocard !* SYN. **ringard.** ♦ **n. m.** Mauvais cheval. *Miser sur un tocard.* ➝ On écrit aussi *toquard, arde.*
ÉTYM. de ② *toc.*

TOCCATA [tɔkata] **n. f.** ✦ Pièce de musique écrite pour le clavier, à rythme régulier et marqué. *Toccatas et fugues de J. S. Bach.*
ÉTYM. mot italien, du p. passé de *toccare* «toucher».

TOCSIN [tɔksɛ̃] **n. m.** ✦ Sonnerie de cloche répétée et prolongée, pour donner l'alarme. *Faire sonner le tocsin.*
ÉTYM. ancien occitan *tocasenh,* de *toca* «touche» et *senh* «cloche», latin *signum.*

TOFU [tɔfu] **n. m.** ✦ Pâte de soja.
ÉTYM. mot japonais.

TOGE [tɔʒ] **n. f.** **1.** Ample pièce d'étoffe sans coutures dans laquelle les Romains se drapaient. **2.** Robe de cérémonie, dans certaines professions. *Toge et épitoge d'avocat, de professeur.*
ÉTYM. latin *toga.*

TOHU-BOHU [tɔybɔy] **n. m. invar.** **1.** VIEILLI Désordre, confusion de choses mêlées. *Le tohu-bohu des voitures.* **2.** Bruit confus. SYN. **tintamarre.**
ÉTYM. de la locution hébraïque *tohou vabohou* «le chaos».

TOI [twa] **pron. pers.** ✦ Pronom personnel (forme tonique) de la 2e personne du singulier et des deux genres, qui représente la personne à qui l'on s'adresse. → ① **tu.** **1.** avec un impératif (sauf devant *en* et *y* → **te**) *Toi, viens ici !* ➝ (verbes pronominaux) *Dépêche-toi. Mets-toi là.* **2.** (avec un infinitif) *Toi, nous quitter ? Partir, toi ? jamais !* ➝ sujet d'un participe *Toi parti, la maison sera bien triste.* ➝ sujet d'une proposition elliptique *Moi d'abord, toi après.* **3.** coordonné à un nom, un pronom ➝ (sujet) *Paul et toi partirez. Toi ou moi (nous) irons.* ➝ (compl.) *Il convoque tes parents et toi.* **4.** (avec une comparaison) *Il est plus gentil que toi.* **5.** (renforçant le pronom *tu*) *Et toi, tu restes. Toi, tu vas aller te coucher.* **6.** TOI QUI... *Toi qui m'as aimé.* ➝ TOI QUE. *Toi que j'aime.* **7.** TOI, attribut. *C'est toi. Si j'étais toi...,* à ta place. ➝ *C'est toi qui l'as voulu.* **8.** (précédé d'une préposition) *Chez toi. Je suis content de toi. Avant, après toi. Sans toi. Je crois en toi.* **9.** (renforcé) TOI-MÊME. *Connais-toi toi-même.* ➝ *Toi seul. Toi aussi. Toi non plus.* HOM. TOIT «toiture»
ÉTYM. latin *te,* accusatif de *tu* «tu».

TOILE [twal] **n. f.** **I** (sens général) **1.** Tissu d'armure (II) unie, fait de fils de lin, de coton, de chanvre, etc. *Tisser une toile. Toile de jute. Toile à matelas. Une robe de toile.* **2.** *(Une, des toiles)* Pièce de toile. *Toile de tente.* ➝ TOILE CIRÉE : pièce de toile vernie servant de nappe, de revêtement. **3.** FAM. Écran de cinéma ; film. ➝ loc. *Se faire une toile,* aller au cinéma. **II** **1.** Pièce de toile, montée sur un châssis, et servant de support pour une œuvre peinte. *La toile et le châssis d'un tableau.* ♦ Peinture, tableau. *Des toiles de maître.* **2.** loc. TOILE DE FOND : fond de décor (toile verticale). ➝ fig. Ce qui sert d'arrière-plan. **III** **1.** Réseau de fils (d'araignée). *Une toile d'araignée. L'araignée tisse sa toile.* **2.** *La Toile* : le réseau télématique mondial.
ÉTYM. latin *tela,* de *texere* «tisser».

TOILETTAGE [twaletaʒ] **n. m.** ✦ Action de toiletter. *Le toilettage d'un chien.*

TOILETTE [twalɛt] **n. f.** **1.** VX Ustensiles et produits servant à la parure. **2.** Fait de se préparer pour paraître en public ; spécialt, de s'habiller et de se parer. SYN. **habillement.** *Avoir le goût de la toilette* : être coquet. **3.** Manière dont une femme est vêtue et apprêtée. SYN. **mise, parure, vêtement.** *Être en grande toilette.* ➝ UNE TOILETTE : les vêtements que porte une femme. *Une toilette élégante.* **4.** Ensemble des soins de propreté du corps. *Faire sa toilette* : se laver. *Savon, gant de toilette. Produits de toilette. Trousse de toilette. Eau de toilette.*

◆ *CABINET* DE TOILETTE*. 5. plur. Cabinet d'aisances. *Aller aux toilettes.* SYN. **cabinet, lavabo, W.-C.**

ÉTYM. diminutif de *toile*, «petite toile pour présenter des ustensiles de parure sur une table».

TOILETTER [twalete] v. tr. (conjug. 3a) 1. Faire la toilette de (un animal de compagnie). → **toilettage**. 2. fig. Retoucher légèrement. *Toiletter le règlement.*

TOISE [twaz] n. f. 1. anciennt Mesure de longueur valant 6 pieds (presque 2 mètres). 2. Tige verticale graduée qui sert à mesurer la taille. *Passer des soldats à la toise.*

ÉTYM. latin médiéval *teisa*, variante de *tensa*, du participe passé de *tendere* «① tendre».

TOISER [twaze] v. tr. (conjug. 3a) ✦ Regarder avec dédain, mépris. SYN. **dévisager, examiner.** *Toiser qqn des pieds à la tête.*

ÉTYM. de *toise*.

TOISON [twazɔ̃] n. f. 1. Pelage laineux des ovidés. *La toison d'un agneau. La Toison d'or* (☛ noms propres). 2. Chevelure très fournie. – Poils abondants de certains animaux (chat, chien). – Poils (humains) abondants. *Poitrine recouverte d'une toison blonde.*

ÉTYM. latin *tonsio*, de *tondere* «tondre».

TOIT [twa] n. m. 1. Surface supérieure (d'un édifice) ; matériaux recouvrant une construction et la protégeant contre les intempéries. SYN. **couverture, toiture.** *Toit de tuiles, d'ardoises.* – *Habiter sous les toits,* au dernier étage d'un immeuble. – loc. *Crier qqch. sur les toits,* divulguer, répandre. – loc. *Le toit du monde :* l'Himalaya, au Tibet. 2. Maison, abri. SYN. **domicile, logement.** *Posséder un toit. Être sans toit. Recevoir qqn SOUS SON TOIT,* chez soi. 3. Paroi supérieure (d'un véhicule). *Voiture à toit ouvrant.* HOM. TOI (pron. pers.)

ÉTYM. latin *tectum*, de *tegere* «couvrir».

TOITURE [twatyʀ] n. f. ✦ Ensemble constitué par la couverture d'un édifice et son armature. *Réparer la toiture d'une maison.*

ÉTYM. de *toit*.

TOKAY [tɔkɛ] n. m. 1. Vin de liqueur, de Hongrie. 2. Pinot gris d'Alsace ; vin de ce cépage.

ÉTYM. du nom d'une région de Hongrie.

TÔLARD, ARDE → TAULARD

① **TÔLE** [tol] n. f. 1. Feuille de fer ou d'acier obtenue par laminage. *La tôle est utilisée en carrosserie automobile.* – loc. *Froisser de la tôle,* endommager la carrosserie. 2. *TÔLE ONDULÉE :* tôle de fer présentant des plis courbes, alternés, et servant à couvrir des hangars, etc. *Toit en tôle ondulée.* HOM. TAULE «chambre»

ÉTYM. forme dialectale (picard) de *table*.

② **TÔLE** → TAULE

TOLÉRABLE [tɔleʀabl] adj. 1. Qu'on peut tolérer, excuser. *Vos négligences ne sont plus tolérables.* SYN. **admissible, excusable.** 2. Qu'on peut supporter. *Douleur tolérable.* SYN. **supportable.** CONTR. **intolérable.**

TOLÉRANCE [tɔleʀɑ̃s] n. f. I 1. Attitude qui consiste à admettre chez autrui une manière de penser ou d'agir différente de celle qu'on adopte soi-même ; fait de respecter la liberté d'autrui en matière d'opinions. *Faire preuve de tolérance envers qqn.* 2. Fait de tolérer, de ne pas interdire, alors qu'on le pourrait. *Une tolérance :* ce qui est toléré, permis. *Ce n'est pas un droit, c'est une tolérance.* – *Tolérance zéro :* politique de répression systématique des infractions. 3. anciennt *Maison de tolérance,* de prostitution (tolérée par la loi jusqu'en 1946). II 1. Aptitude de l'organisme à supporter qqch. sans signes d'intoxication. *Tester la tolérance à un médicament.* 2. Limite de l'écart admis entre les caractéristiques réelles et les caractéristiques prévues. *Marge de tolérance* (d'un produit). CONTR. **intolérance.**

ÉTYM. de *tolérer*.

TOLÉRANT, ANTE [tɔleʀɑ̃, ɑ̃t] adj. ✦ Qui manifeste de la tolérance (I, 1). *Ses parents sont très tolérants.* SYN. **compréhensif, indulgent.** CONTR. **borné, intolérant.**

ÉTYM. du participe présent de *tolérer*.

TOLÉRER [tɔleʀe] v. tr. (conjug. 8) I 1. Laisser se produire ou subsister (une chose qu'on aurait le droit ou la possibilité d'empêcher). SYN. **permettre.** – au p. passé *Stationnement toléré.* ◆ Considérer avec indulgence (une chose qu'on n'approuve pas). SYN. **excuser, pardonner ;** → **tolérance** (I). *Tolérer qqch., tolérer que... Tolérer qqch. de qqn, chez qqn.* – *Je ne tolérerai pas ce retard plus longtemps.* 2. Supporter avec patience (ce qu'on trouve désagréable, injuste). SYN. **endurer.** 3. *Tolérer qqn,* admettre sa présence, le supporter malgré ses défauts. II (organisme vivant) Supporter sans réaction fâcheuse. *Tolérer un médicament.* → **tolérance** (II).

ÉTYM. latin *tolerare* «porter ; supporter».

TÔLERIE [tolʀi] n. f. 1. Fabrication, commerce de la tôle. 2. Atelier où l'on travaille la tôle. 3. (collectif) Ensemble des tôles (d'un objet). *La tôlerie d'une automobile.*

ÉTYM. de ① *tôle*.

① **TÔLIER** [tolje] n. m. ✦ Celui qui fabrique, travaille ou vend la tôle.

ÉTYM. de ① *tôle*.

② **TÔLIER, IÈRE** → TAULIER

TOLLÉ [tɔle] n. m. ✦ Clameur collective de protestation indignée. SYN. **huée.** *Sa déclaration déclencha un tollé général. Des tollés.*

ÉTYM. de *tolez*, impératif de l'ancien verbe *toldre* «enlever», latin *tollere*.

TOLUÈNE [tɔlɥɛn] n. m. ✦ Hydrocarbure benzénique.

ÉTYM. de *baume de Tolu*, ville de Colombie.

TOMAHAWK [tɔmaok] n. m. ✦ Hache de guerre dont se servaient les Indiens d'Amérique du Nord. *Des tomahawks.* – On dit parfois *tomawak* [tɔmawak].

ÉTYM. mot anglais, de l'algonquin.

TOMAISON [tɔmɛzɔ̃] n. f. ✦ Indication du numéro du tome (d'un ouvrage).

TOMATE [tɔmat] n. f. 1. Plante potagère annuelle cultivée pour ses fruits. *Plant de tomate.* 2. Fruit sphérique rouge de cette plante. *Tomates farcies.* – ellipt *Des sauces* (aux) *tomates* ou *des sauces* (à la) *tomate.* 3. FAM. Boisson, mélange de pastis et de grenadine.

ÉTYM. espagnol *tomata*, de l'aztèque.

TOMBAL, ALE, AUX [tɔ̃bal, o] adj. ✦ Qui appartient à une tombe. *Pierre tombale :* dalle qui recouvre une tombe.

TOMBANT, ANTE [tɔ̃bɑ̃, ɑ̃t] adj. 1. *À la nuit tombante :* au crépuscule. 2. Qui s'incline vers le bas, s'affaisse. *Des épaules tombantes.*

ÉTYM. du participe présent de *tomber*.

TOMBE [tɔ̃b] **n. f.** **1.** Lieu où l'on ensevelit un mort, fosse recouverte d'une dalle. SYN. **sépulture, tombeau.** *Les tombes d'un cimetière. Se recueillir sur la tombe de qqn.* ➝ loc. *Il doit se retourner dans sa tombe,* se dit d'un défunt qu'on imagine indigné par qqch. ♦ loc. *Avoir un pied dans la tombe,* être près de mourir. *Être muet comme une tombe,* observer un mutisme absolu ; garder les secrets. **2.** Pierre tombale, monument funéraire. *Un nom gravé sur une tombe.*
ÉTYM. latin *tumba,* du grec.

TOMBEAU [tɔ̃bo] **n. m.** **1.** Monument funéraire servant de sépulture. SYN. **caveau, mausolée, sépulcre, stèle.** *Un tombeau en marbre.* **2.** LITTÉR. Lieu clos, sombre, d'aspect funèbre. *Cette maison est un vrai tombeau.* **3.** loc. *Rouler À TOMBEAU OUVERT :* à une vitesse telle qu'on risque un accident mortel. **4.** *Le tombeau de... :* composition poétique, œuvre musicale en l'honneur de (un artiste défunt). *« Le Tombeau d'Edgar Poe », par Mallarmé.*
ÉTYM. de *tombe.*

TOMBÉE [tɔ̃be] **n. f.** ✦ LITTÉR. Chute (de la neige, de la pluie...). ♦ loc. *La TOMBÉE DE LA NUIT, DU JOUR,* moment où la nuit tombe, où le jour décline. → **crépuscule.**
ÉTYM. du participe passé de *tomber.*

TOMBER [tɔ̃be] **v. intr.** (conjug. 3a) **auxiliaire** *être* **(sauf V)** **I** **1.** Être entraîné à terre en perdant son équilibre ou son assise. SYN. LITTÉR. **choir** ; → **chute.** *Tomber par terre, à terre. Tomber de tout son long.* ➝ loc. *Tomber de fatigue, de sommeil :* être épuisé. ➝ spécialt *Tomber mort.* ♦ Être tué. *Les soldats qui tombèrent à Verdun.* ♦ (Sans aller à terre) Se laisser aller, choir. *Se laisser tomber dans un fauteuil. Tomber dans les bras de qqn.* ♦ (choses) S'écrouler. *Ce pan de mur menace de tomber.* SYN. **s'effondrer.** ➝ loc. *Tomber en ruine, en poussière, en morceaux.* ➝ fig. *Faire tomber les barrières, les cloisons.* **2.** (personnes) Cesser de régner, être déchu, renversé. *Le gouvernement est tombé.* **3.** (abstrait) Être détruit ou disparaître. *La difficulté tombe.* **4.** Perdre de sa force, ne pas se soutenir. SYN. **diminuer.** *Le jour tombe.* SYN. **décliner ;** → **tombée.** *Sa colère tomba.* **II** **1.** Être entraîné vers le sol, d'un lieu élevé à un lieu bas ou profond. SYN. **dégringoler.** *Il est tombé dans le trou. Tomber dans le vide. L'oiseau est tombé du nid. La pluie tombe.* impers. *Il tombe de la neige.* ➝ *Les feuilles tombent des arbres.* au p. passé *Des fruits tombés.* ➝ *Laisser tomber un paquet. Attention ! ça va tomber. Ce livre me tombe des mains* (d'ennui, de fatigue). ♦ loc. FAM. *LAISSER TOMBER :* ne plus s'occuper de. *Elle laisse tomber la danse.* → **abandonner.** *Laisser tomber qqn,* ne plus s'intéresser à lui. ➝ *Laisse tomber,* abandonne (un projet, une attitude). **2.** (lumière, obscurité, son, paroles, etc.) Arriver, parvenir du haut. *La nuit ; la fraîcheur tombe. Ce n'est pas tombé dans l'oreille* d'un sourd.* **3.** Être en décadence. *Il est tombé bien bas.* **4.** (choses) S'abaisser en certaines parties, tout en restant suspendu ou soutenu. *Ses cheveux tombaient en boucles sur ses épaules. Une robe qui tombe bien,* en s'adaptant aux lignes du corps. ♦ S'affaisser. *Des épaules qui tombent.* → **tombant.** ➝ loc. fig. *Les bras* m'en tombent.* **III** **1.** *TOMBER SUR :* s'élancer de toute sa force et par surprise sur. SYN. **attaquer, charger, foncer.** *Tomber sur qqn, lui tomber dessus,* l'accuser ou le critiquer sans ménagement, l'accabler. ➝ (choses) *« Le sort tomba sur le plus jeune »* (chanson). **2.** *TOMBER DANS :* se trouver entraîné dans (un état critique, une situation fâcheuse). *Tomber dans l'oubli. Tomber dans le désespoir. Il tombe d'un excès dans un autre.* SYN. **passer.** ➝ *TOMBER EN. Tomber en disgrâce. La voiture est tombée en panne.* **3.** en fonction de v. d'état, suivi d'un attribut (avec un adj.) Être, devenir (après une évolution rapide). *Tomber malade. Tomber amoureux.* ➝ *Tomber d'accord,* s'accorder. **IV** **1.** Arriver ou se présenter inopinément. SYN. **survenir.** *Il est tombé en pleine réunion.* ➝ *TOMBER SUR* (qqn, qqch.) : rencontrer ou toucher par hasard. *Tu ne devineras jamais sur qui je suis tombé ! En rangeant, je suis tombé sur une vieille photo.* ➝ *TOMBER SOUS :* se présenter à portée de (la main...). *Il attrape tout ce qui lui tombe sous la main.* loc. *Tomber sous le sens :* être évident. *Tomber sous le coup de la loi :* être passible d'une peine. ♦ *TOMBER BIEN, MAL,* etc. (choses, personnes) : arriver à propos ou non. *Tiens ! tu tombes bien, aide-moi à porter ce sac.* ➝ (même sens) *Ça tombe à pic.* **2.** Arriver, par une coïncidence. *Noël tombe un mardi.* **V** **v. tr.** (auxiliaire *avoir*) (Faire tomber) **1.** Vaincre (en plaquant au sol). **2.** FAM. Séduire (→ **tombeur**). *Elle les tombe tous.* **3.** loc. *Tomber la veste,* l'enlever.
ÉTYM. d'un radical *tumb-,* d'origine onomatopéique.

TOMBEREAU [tɔ̃bʀo] **n. m.** ✦ Grosse voiture à cheval faite d'une caisse montée sur deux roues, susceptible d'être déchargée en basculant à l'arrière. ♦ Son contenu. *Des tombereaux de sable.* ➝ fig. Quantité importante (de qqch.). *Des tombereaux d'injures.*
ÉTYM. de *tomber.*

TOMBEUR, EUSE [tɔ̃bœʀ, øz] **n.** ✦ FAM. Séducteur, séductrice aux nombreuses conquêtes. *Un vrai tombeur.* SYN. **don Juan.**
ÉTYM. de *tomber* (V).

TOMBOLA [tɔ̃bɔla] **n. f.** ✦ Loterie où chaque gagnant reçoit un lot en nature. *Billet de tombola.*
ÉTYM. mot italien « culbute », de *tombolare* « tomber ».

TOME [tɔm] **n. m.** **1.** Division principale (d'un ouvrage). *Un livre divisé en quatre tomes et publié en deux volumes.* **2.** Volume (d'un ouvrage en plusieurs volumes). *Dictionnaire en six tomes.* HOM. TOMME « fromage »
ÉTYM. latin *tomus,* du grec « portion ».

> **-TOME, -TOMIE** Éléments savants, du grec *temnein* « couper » (ex. *dichotomie ; atome*).

TOMETTE [tɔmɛt] **n. f.** ✦ Petite brique de carrelage, de forme hexagonale, de couleur rouge.
ÉTYM. savoyard *tometa* « petit fromage *(toma)* » → tomme.

TOMME [tɔm] **n. f.** ✦ Fromage à pâte pressée, en forme de disque. *Tomme de Savoie.* HOM. TOME « livre »
ÉTYM. ancien occitan *toma,* latin populaire *toma,* d'origine prélatine.

> **TOMO-** Élément savant, du grec *tomê* « coupure ».

TOMODENSITOMÈTRE [tɔmodɑ̃sitɔmɛtʀ] **n. m.** ✦ MÉD. Scanner à rayons X.
ÉTYM. de *tomo-, densité* et *-mètre.*

TOMODENSITOMÉTRIE [tɔmodɑ̃sitɔmetʀi] **n. f.** ✦ MÉD. Procédé radiologique utilisant le tomodensitomètre. SYN. **scanographie.**

TOMOGRAPHIE [tɔmɔgʀafi] **n. f.** ✦ MÉD. Procédé radiologique permettant d'obtenir des images en coupe (SYN. **scanographie ;** → **stratigraphie**).
ÉTYM. de *tomo-* et *(radio)graphie.*

TOM-POUCE [tɔmpus] **n. m. invar. 1.** FAM. Homme de très petite taille, nain. **2.** Petit parapluie à manche court. **3.** Dictionnaire minuscule.
ÉTYM. trad. de l'anglais *Tom Thumb*, nom de nains.

① **TON** [tɔ̃], **TA** [ta], **TES** [te] **adj. poss.** (2ᵉ pers. du sing.) **I** (sens subjectif) **1.** Qui est à toi, t'appartient (→ **toi, tien,** ① **tu**). *C'est ta veste, ton manteau. Ton habitude, ton idée. Occupe-toi de ton avenir.* **2.** (devant un n. de personne) Exprime des rapports de parenté, d'amitié, de vie sociale. *Ton père, ta mère. Ta famille et tes amis.* **II** (sens objectif) *Ton juge,* celui qui te juge. *À ta vue,* en te voyant. HOM. THON «poisson» ; TAS «amas» ; T (lettre), TÉ «règle», THÉ «boisson»
ÉTYM. latin populaire *tun,* de *tuum,* accusatif de *tuus.*

② **TON** [tɔ̃] **n. m. I 1.** Hauteur de la voix. *Le ton aigu, grave d'une voix. Changement de ton,* inflexion. **2.** Qualité de la voix humaine, en hauteur (*ton* proprement dit), en timbre et en intensité, qui dépend du contenu du discours, de ce qui est exprimé. SYN. **accent, expression, intonation.** *Un ton suppliant, moqueur. Dire qqch. sur le ton de la plaisanterie. Hausser, baisser le ton :* se montrer plus, moins arrogant. ➛ *Ne le prenez pas SUR CE TON :* de si haut. *Dire, répéter qqch. SUR TOUS LES TONS :* de toutes les manières. **3.** Manière de s'exprimer. *Le ton amical d'une lettre.* **4.** loc. *DE BON TON :* de bon goût. *Une élégance, une réserve de bon ton.* **II 1.** LING. Hauteur du son de la voix ; accent de hauteur. ◆ Hauteur, ton obligé d'un son (dans les *langues à tons :* chinois, langues africaines, suédois...). **2.** MUS. Intervalle qui sépare deux notes consécutives de la gamme (dans une tonalité*). *Il y a un ton majeur entre do et ré, un demi-ton entre mi et fa.* **3.** MUS. Hauteur absolue d'une échelle de sons musicaux (réglée par le diapason) ; échelle musicale d'une hauteur déterminée (désignée par le nom de sa tonique). *Le ton de si bémol majeur, mineur. La mélodie était dans un autre ton, mais elle est transposée.* **4.** Hauteur des sons émis par la voix dans le chant ou par un instrument, définie par un repère. *Donner le ton. Sortir du ton :* détonner. *Se mettre DANS LE TON :* s'accorder. **III** Couleur, considérée dans sa force, son intensité. SYN. **teinte, nuance.** *Une robe aux tons criards. Ton pastel.* ➛ loc. *TON SUR TON :* dans une même couleur nuancée, claire et foncée. → **camaïeu.** HOM. THON «poisson»
ÉTYM. latin *tonus,* du grec, de *teinein* «tendre».

TONAL, ALE, AUX ou **ALS** [tɔnal, o] **adj. 1.** Qui concerne ou définit un ton (II), une hauteur caractéristique. *Hauteur tonale des sons musicaux.* **2.** Qui concerne la tonalité (I). *Musique tonale et musique modale.*
ÉTYM. de ② *ton.*

TONALITÉ [tɔnalite] **n. f. I 1.** Système musical fondé sur la disposition des tons et demi-tons dans la gamme. **2.** emploi critiqué Ton (II, 3). *La clef donne la tonalité principale du morceau.* **3.** Ensemble des caractères, hauteur, timbre (d'un ensemble de sons, d'une voix). **4.** Son que l'on entend au téléphone quand on décroche le combiné. **II** Ensemble de tons, de nuances de couleur ; impression que ces nuances produisent. *Ce tableau est dans une tonalité verte.*
ÉTYM. de *tonal.*

TONDEUSE [tɔ̃døz] **n. f. 1.** Instrument destiné à tondre le poil des animaux, les cheveux de l'homme. **2.** *Tondeuse à gazon :* petite faucheuse rotative.
ÉTYM. de *tondre.*

TONDRE [tɔ̃dʀ] **v. tr.** (conjug. 44) **1.** Couper à ras (les poils, la laine). *Tondre le poil d'un chien.* **2.** Dépouiller (un animal) de ses poils, (une personne) de ses cheveux en les coupant ras. *Tondre un mouton* (→ **tonte**). ➛ *Se faire tondre.* SYN. **raser.** ◆ fig. *Tondre qqn,* le dépouiller de son argent. **3.** Couper à ras ; égaliser en coupant. *Tondre le gazon. Tondre une haie.*
ÉTYM. latin *tondere.*

TONDU, UE [tɔ̃dy] **adj.** ✦ Coupé à ras. *Des cheveux tondus.* SYN. ① **ras.** ➛ **n.** loc. *Trois pelés* et un tondu.*
ÉTYM. du participe passé de *tondre.*

TONICITÉ [tɔnisite] **n. f.** ✦ DIDACT. Caractère de ce qui est tonique.

TONIFIANT, ANTE [tɔnifjɑ̃, ɑ̃t] **adj.** ✦ Qui tonifie. SYN. **vivifiant.** *Lotion tonifiante. Promenade tonifiante.*

TONIFIER [tɔnifje] **v. tr.** (conjug. 9) ✦ Avoir un effet tonique sur. SYN. **vivifier.** *Bain de mer qui tonifie la peau. Une bonne lecture tonifie l'esprit.*
ÉTYM. de ① *tonique.*

① **TONIQUE** [tɔnik] **adj. I 1.** Qui fortifie, reconstitue les forces. *Médicament tonique,* ou **n. m.** *un tonique.* SYN. **fortifiant, remontant. 2.** Qui raffermit la peau. *Lotion tonique.* SYN. **tonifiant. 3.** fig. Qui stimule, rend plus vif. *Un froid sec et tonique.* ➛ *Une idée tonique, réconfortante.* **II 1.** Qui porte le ton (II). *Voyelle, syllabe tonique.* ➛ *Formes toniques et atones des pronoms.* **2.** Qui marque le ton. *Accent tonique* (intensité et hauteur). CONTR. **débilitant • démoralisant, déprimant • atone.**
ÉTYM. grec *tonikos* «qui concerne la tension».

② **TONIQUE** [tɔnik] **n. f.** ✦ Première note de la gamme (d'un ton donné), celle qui commence un morceau de musique et lui donne son nom (ex. do majeur). → ② **ton** (II, 3) ; **tonalité** (I).
ÉTYM. grec *tonikos* «qui concerne le ton *(tonos)*».

TONITRUANT, ANTE [tɔnitʀyɑ̃, ɑ̃t] **adj.** ✦ FAM. Qui fait un bruit de tonnerre, un bruit énorme. *Une voix tonitruante.* SYN. **tonnant.**
ÉTYM. du latin *tonitruare* «tonner».

TONNAGE [tɔnaʒ] **n. m. 1.** Capacité de transport (d'un navire de commerce), évaluée en tonneaux. SYN. **jauge.** *Un bâtiment d'un fort tonnage.* **2.** Capacité totale des navires marchands (d'un port ou d'un pays).
ÉTYM. mot anglais, du français, de *tonne.*

TONNANT, ANTE [tɔnɑ̃, ɑ̃t] **adj. 1.** DIDACT. Qui tonne. *Jupiter tonnant.* **2.** Qui fait un bruit de tonnerre. *Une voix tonnante.* SYN. **tonitruant.**
ÉTYM. du participe présent de *tonner.*

TONNE [tɔn] **n. f. I 1.** Unité de mesure de masse valant 1 000 kilogrammes (symb. t). **2.** Unité de poids de 1 000 kilogrammes servant à évaluer le déplacement ou le port en lourd d'un navire. *Un paquebot de 16 000 tonnes* (→ ① **tonneau,** II). **3.** Mesure du poids (des véhicules, des poids lourds). *Un camion de 7 tonnes,* et ellipt. *un 7 tonnes.* **4.** Énorme quantité (de choses). *Éplucher des tonnes de légumes.* **II** TECHN. Grand récipient plus large que le tonneau. *Une énorme tonne de vin.* → ② **foudre** (n. m.).
ÉTYM. latin médiéval *tonna* «grand tonneau», du gaulois.

① **TONNEAU** [tɔno] **n. m. I** Grand récipient cylindrique en bois, renflé au milieu. SYN. **barrique.** *Mettre le vin en tonneau.* ➛ loc. *C'est le tonneau des Danaïdes*

(☛ noms propres), une tâche sans fin. **II** Unité internationale de volume employée pour déterminer la capacité des navires (→ **jauge, tonnage**) et valant 2,83 mètres cubes.
ÉTYM. de *tonne.*

② **TONNEAU** [tɔno] **n. m.** 1. Mouvement de voltige, tour complet (d'un avion) autour de son axe longitudinal. *Loopings et tonneaux.* 2. Accident par lequel une automobile fait un tour complet sur le côté. *La voiture a fait plusieurs tonneaux.*
ÉTYM. de la forme du *tonneau* → ① tonneau.

TONNELET [tɔnlɛ] **n. m.** ✦ Petit tonneau, petit fût. SYN. **baril.**
ÉTYM. diminutif de *tonnel,* ancienne forme de *tonneau.*

TONNELIER [tɔnəlje] **n. m.** ✦ Artisan, ouvrier qui fabrique et répare les tonneaux et autres récipients en bois.
ÉTYM. de *tonnel,* ancienne forme de *tonneau.*

TONNELLE [tɔnɛl] **n. f.** ✦ Petit abri circulaire à sommet arrondi, fait de lattes en treillis sur lequel on fait grimper des plantes. SYN. **charmille, pergola.** *Déjeuner sous la tonnelle.*
ÉTYM. de *tonne.*

TONNER [tɔne] **v. intr.** (conjug. 3a) 1. RARE Faire éclater le tonnerre. *Jupiter tonne* (→ **tonnant**). 2. impers. (tonnerre) Éclater. *Il commence à tonner.* 3. Faire un bruit de tonnerre. *Le canon tonne au loin.* SYN. **gronder.** 4. Exprimer violemment sa colère en parlant très fort. SYN. **crier, fulminer, tempêter.** *Tonner contre l'injustice.*
ÉTYM. latin *tonare.*

TONNERRE [tɔnɛʀ] **n. m.** 1. Bruit de la foudre, accompagnant l'éclair (perçu plus ou moins longtemps après lui). 2. fig. *COUP DE TONNERRE :* évènement brutal et imprévu. 3. Bruit très fort. *Un tonnerre, des tonnerres d'applaudissements.* SYN. **tempête.** – *Une voix de tonnerre.* → **tonitruant.** 4. FAM. *DU TONNERRE,* superlatif exprimant l'admiration. SYN. **formidable, terrible.** *Une fille du tonnerre.* 5. interj. (violence, menace) *Tonnerre de Dieu ! Tonnerre !*
ÉTYM. latin *tonitrus.*

TONSURE [tɔ̃syʀ] **n. f.** 1. Petit cercle rasé au sommet de la tête des ecclésiastiques. *Porter la tonsure.* 2. FAM. Calvitie circulaire au sommet de la tête.
ÉTYM. latin *tonsura,* de *tondere* «tondre».

TONSURER [tɔ̃syʀe] **v. tr.** (conjug. 3a) ✦ Raser le sommet de la tête de (qqn). – au p. passé *Clerc tonsuré.*
ÉTYM. de *tonsure.*

TONTE [tɔ̃t] **n. f.** 1. Action de tondre. *La tonte des moutons. L'époque de la tonte.* – *La tonte des gazons.* 2. Laine obtenue en tondant les moutons.
ÉTYM. de l'ancien participe passé de *tondre.*

TONTINE [tɔ̃tin] **n. f.** ✦ Association de personnes qui mettent de l'argent en commun.
ÉTYM. de *Tonti,* nom propre.

TONTON [tɔ̃tɔ̃] **n. m.** ✦ lang. enfantin Oncle. *Tonton Pierre.* – *Oui, tonton !*
ÉTYM. de *oncle (ton oncle),* d'après *tante.*

TONUS [tɔnys] **n. m.** 1. *Tonus musculaire,* légère contraction permanente du muscle vivant. 2. Énergie, dynamisme. SYN. **vitalité.** *Manquer de tonus.*
ÉTYM. anglais *tonus,* mot latin «tension», du grec.

① **TOP** [tɔp] **n. m.** ✦ Signal sonore qu'on donne pour déterminer un moment avec précision.
ÉTYM. onomatopée.

② **TOP** [tɔp] **adj. invar.** et **n. m.** ✦ FAM. 1. Remarquable, extraordinaire. *Des idées vraiment top.* SYN. **excellent,** ② **super.** 2. **n. m.** *Le top :* ce qu'il y a de mieux. *Cette moto, c'est le top ! Le top de la qualité.* SYN. **summum.** ◆ (personnes) *Être au top,* au mieux de ses capacités.
ÉTYM. anglais *top* «sommet».

③ **TOP** [tɔp] ✦ anglicisme Élément de composés, de l'anglais *top* «sommet», qui donne au second élément (anglais ou français) un sens superlatif (ex. *top niveau, top secret*).

TOPAZE [tɔpɑz] **n. f.** ✦ Pierre fine (silicate d'aluminium), incolore ou jaune, transparente.
ÉTYM. latin *topazus,* du grec.

TOPE [tɔp] **interj.** ✦ Exclamation signifiant «j'accepte», «nous acceptons» (→ **toper**).
ÉTYM. espagnol *topo* «je tope».

TOPER [tɔpe] **v. intr.** (conjug. 3a) ✦ surtout à l'impér. Accepter un défi, un enjeu ; taper dans la main (du partenaire) pour signifier qu'on accepte, qu'on conclut le marché. *Topez là, affaire conclue !*
ÉTYM. de l'onomatopée *top-,* exprimant le heurt de deux objets.

TOPINAMBOUR [tɔpinɑ̃buʀ] **n. m.** ✦ Tubercule consommé comme légume ou destiné au bétail.
ÉTYM. du nom d'une tribu indienne du Brésil, les *Tupinambás.*

TOPIQUE [tɔpik] **adj.** ✦ DIDACT. 1. Relatif à un lieu, à un endroit précis. – MÉD. *Médicament topique* et **n. m.** *un topique :* médicament qui agit sur un point précis du corps. 2. Relatif à un lieu du discours, à un sujet précis. ◆ **n. f.** Théorie des catégories générales, en logique.
ÉTYM. latin *topicus,* du grec, de *topos* «lieu».

TOP-MODÈLE ou **TOP MODEL** [tɔpmɔdɛl] **n.** ✦ anglicisme Mannequin vedette. *Des top-modèles, des top models.*
ÉTYM. anglais *top model,* de *top* «du plus haut niveau» et *model* «mannequin».

TOPO [tɔpo] **n. m.** ✦ FAM. Discours, exposé sommaire. SYN. **laïus.** *Faire un petit topo sur une question.* – *C'est toujours le même topo :* la même histoire.
ÉTYM. abréviation de *topographie.*

| **TOPO-** Élément savant, du grec *topos* «lieu».

TOPOGRAPHE [tɔpɔgʀaf] **n.** ✦ Spécialiste de topographie.

TOPOGRAPHIE [tɔpɔgʀafi] **n. f.** 1. Technique du levé des cartes et des plans de terrains. SYN. **cartographie.** 2. Configuration, relief (d'un lieu, terrain ou pays). *Étudier la topographie d'un lieu.*
► **TOPOGRAPHIQUE** [tɔpɔgʀafik] **adj.** *Relevés topographiques.*
ÉTYM. grec *topographia* → topo- et -graphie.

TOPOLOGIE [tɔpɔlɔʒi] **n. f.** ✦ Géométrie qui étudie les positions indépendamment des formes et des grandeurs (géométrie de situation).
► **TOPOLOGIQUE** [tɔpɔlɔʒik] **adj.**

TOPONYME [tɔpɔnim] **n. m.** ✦ LING. Nom de lieu.
ÉTYM. de *toponymie.*

TOPONYMIE [tɔpɔnimi] **n. f.** ✦ LING. Étude des noms de lieux, de leur étymologie.
► **TOPONYMIQUE** [tɔpɔnimik] **adj.**
ÉTYM. de *topo-* et *-onymie.*

TOQUADE → TOCADE

TOQUANTE → TOCANTE

TOQUARD, ARDE → TOCARD

TOQUE [tɔk] **n. f.** 1. Coiffure cylindrique sans bords. *Une toque de fourrure. La toque blanche d'un cuisinier.* 2. Casquette hémisphérique (de jockey). HOM. ① TOC «bruit d'un choc», ② TOC «camelote»
ÉTYM. espagnol *toca* ou ancien italien *tocca* «drap de soie», du germanique *toh* «drap».

TOQUÉ, ÉE [tɔke] **adj.** ✦ FAM. Un peu fou, bizarre. SYN. **cinglé, sonné, timbré.** – **n.** *Un vieux toqué.*
ÉTYM. du participe passé de ① *toquer.*

① **TOQUER** [tɔke] **v. intr.** (conjug. 3a) ✦ FAM. Frapper légèrement, discrètement. → ① **toc.** *On toque à la porte.*
ÉTYM. de l'onomatopée *tokk-* exprimant un choc brusque.

② **se TOQUER** [tɔke] **v. pron.** (conjug. 3a) ✦ FAM. *Se toquer de,* avoir une tocade pour (qqn). SYN. **s'amouracher, s'enticher.** *Elle s'est toquée d'un chanteur.*
ÉTYM. de *toqué.*

TORAH ou **THORA** [tɔʀa] **n. f.** ✦ Les cinq premiers livres de la Bible (ou Pentateuque), notamment la loi de Moïse, dans la tradition juive. ☛ Hébreux p. 152.
ÉTYM. mot hébreu «doctrine, enseignement».

TORCHE [tɔʀʃ] **n. f.** 1. Flambeau grossier (bâton de bois résineux). *Des porteurs de torches.* 2. *Torche électrique :* lampe électrique de poche, de forme cylindrique.
ÉTYM. latin populaire *torca,* classique *torques* «torsade».

TORCHÉ, ÉE [tɔʀʃe] **adj.** ✦ FAM. 1. Réussi, bien fait. *Ça, c'est torché !* 2. Bâclé, fait trop vite. *C'est du travail torché.*
ÉTYM. du participe passé de *torcher* «construire en torchis».

TORCHER [tɔʀʃe] **v. tr.** (conjug. 3a) **I** FAM. Essuyer pour nettoyer. *Torcher un plat.* – spécialt *Torcher le derrière d'un enfant. Torcher un enfant.* **II** Bâcler, faire vite et mal. *Torcher son travail.* SYN. **torchonner.**
ÉTYM. de *torche* «torsade de paille».

TORCHÈRE [tɔʀʃɛʀ] **n. f.** 1. Candélabre monumental ; applique qui porte plusieurs sources lumineuses. 2. Tuyauterie élevée qui permet de dégager et de brûler les gaz excédentaires d'hydrocarbures. *Les torchères d'une raffinerie de pétrole.*
ÉTYM. de *torche.*

TORCHIS [tɔʀʃi] **n. m.** ✦ Terre argileuse malaxée avec de la paille hachée et utilisée pour construire. *Des murs de torchis* (SYN. **pisé**).
ÉTYM. de *torcher.*

TORCHON [tɔʀʃɔ̃] **n. m.** 1. Morceau de toile qui sert à essuyer la vaisselle, les meubles. ♦ loc. FAM. *Ne pas mélanger les torchons et les serviettes,* traiter différemment les gens selon leur condition sociale, les choses selon leur valeur. – *Le torchon brûle,* il y a une querelle entre les personnes dont on parle. – *Coup de torchon :* altercation, bagarre ; action brutale de nettoyage. 2. FAM. Écrit sale, mal présenté ou sans valeur. *Ce journal est un vrai torchon.*
ÉTYM. de *torcher* (I).

TORCHONNER [tɔʀʃɔne] **v. tr.** (conjug. 3a) ✦ FAM. SYN. **bâcler, torcher.** – au p. passé *Du travail torchonné.*
ÉTYM. de *torchon.*

TORDANT, ANTE [tɔʀdɑ̃, ɑ̃t] **adj.** ✦ FAM. Très drôle, très amusant. SYN. **marrant.**
ÉTYM. du participe présent de *se tordre.*

TORD-BOYAU **n. m.** ou **TORD-BOYAUX** [tɔʀbwajo] **n. m. invar.** ✦ FAM. Eau-de-vie très forte, de mauvaise qualité. *Des tord-boyaux.*
ÉTYM. de *tordre* et *boyau.*

TORDRE [tɔʀdʀ] **v. tr.** (conjug. 44) 1. Déformer par torsion, enrouler en hélice, en torsade. *Tordre ses cheveux. Tordre du linge mouillé pour l'essorer.* 2. Soumettre (un membre, une partie du corps) à une torsion. *Il m'a tordu le bras. Tordre le cou à qqn,* l'étrangler. – *L'angoisse lui tord l'estomac.* SYN. **serrer.** 3. Déformer par flexion ; plier. *Tordre une barre de fer. Le vent tordait les branches.* 4. Plier brutalement (une articulation, en la forçant). *Se tordre le pied, la cheville.* 5. Tourner de travers en déformant. *Tordre la bouche de douleur.* 6. *SE TORDRE* **v. pron.** Se plier en deux (sous l'effet de la douleur, d'une émotion vive). *Se tordre de douleur.* – *C'est à se tordre (de rire).* → **tordant.**
ÉTYM. latin populaire *torcere,* classique *torquere.*

TORDU, UE [tɔʀdy] **adj.** 1. Dévié, tourné de travers ; qui n'est pas droit. *Ta règle est tordue. Des jambes tordues.* SYN. ① **cagneux, tors.** 2. fig. *Avoir l'esprit tordu,* bizarre, mal tourné. ♦ FAM. *Il est complètement tordu,* fou. – **n.** *Quel tordu !*
ÉTYM. du participe passé de *tordre.*

TORE [tɔʀ] **n. m.** 1. Moulure en demi-cylindre. 2. GÉOM. Surface de révolution engendrée par un cercle qui tourne autour d'un axe situé dans son plan et ne passant pas par son centre. SYN. **anneau.** 3. Anneau doué de propriétés magnétiques. HOM. TORS «tordu», TORT «attitude blâmable»
► **TORIQUE** [tɔʀik] **adj.**
ÉTYM. latin *torus* «renflement».

TORÉADOR [tɔʀeadɔʀ] **n. m.** ✦ VX Toréro.
ÉTYM. espagnol *toreador.*

TORÉER [tɔʀee] **v. intr.** (conjug. 3a) ✦ Combattre le taureau selon les règles de la tauromachie.
ÉTYM. espagnol *torear,* de *toro* «taureau».

TORÉRO ou **TORERO** [tɔʀeʀo] **n. m.** ✦ Homme qui combat et doit tuer le taureau, dans une corrida. SYN. **matador.** *Des toréros, des toreros.* – Écrire *toréro* avec un accent aigu est permis.
ÉTYM. espagnol *torero,* de *toro* «taureau».

TORGNOLE [tɔʀɲɔl] **n. f.** ✦ Coup, série de coups. *Flanquer une torgnole à qqn.* SYN. **raclée.**
ÉTYM. de *tournier,* variante ancienne de *tournoyer.*

TORIL [tɔʀil] **n. m.** ✦ Enceinte où l'on tient enfermés les taureaux, avant une corrida.
ÉTYM. mot espagnol, de *toro* «taureau».

TORNADE [tɔʀnad] **n. f.** ✦ Mouvement tournant de l'atmosphère, effet violent de certaines perturbations tropicales. SYN. **bourrasque, cyclone, ouragan.** – *Il est entré comme une tornade,* brusquement.
ÉTYM. espagnol *tornado,* de *tornar* «tourner».

A B C D E F G H I J K L M N O P Q R S T U V W X Y Z

TORON [tɔʀɔ̃] **n. m.** ✦ Fils tordus ensemble, pour fabriquer les câbles, etc.
ÉTYM. du latin *torus* «renflement formé par plusieurs cordes tordues ensemble».

TORPEUR [tɔʀpœʀ] **n. f.** ✦ Diminution de la sensibilité, de l'activité, sans perte de conscience. *Une sorte de torpeur l'envahit.* SYN. **somnolence.** *Tirer qqn de sa torpeur.* CONTR. **activité, animation.**
ÉTYM. latin *torpor*, de *torpere* «engourdir».

TORPILLAGE [tɔʀpijaʒ] **n. m.** ✦ Action de torpiller ; son résultat.

TORPILLE [tɔʀpij] **n. f.** 1. Poisson capable de produire une décharge électrique. ➡ appos. *Des poissons torpilles.* 2. Engin de guerre chargé d'explosifs et se dirigeant de lui-même sous l'eau vers les objectifs à atteindre (navires, etc.).
ÉTYM. provençal *torpio*, latin *torpedo* «poisson qui engourdit *(torpere)*» ; sens 2, anglais *torpedo*, du latin.

TORPILLER [tɔʀpije] **v. tr.** (conjug. 3a) 1. Attaquer, faire sauter à l'aide de torpilles. *Sous-marin qui torpille un navire.* 2. fig. Attaquer sournoisement. *Torpiller un projet.*

TORPILLEUR [tɔʀpijœʀ] **n. m.** ✦ Bateau de guerre léger et rapide, destiné à lancer des torpilles (→ aussi **contre-torpilleur ; lance-torpille**).

TORQUE [tɔʀk] **n. f.** et **n. m.** 1. **n. f.** Torsade. 2. **n. m.** Collier métallique rigide.
ÉTYM. latin *torques*, famille de *torquere* «tordre».

TORRÉFACTEUR [tɔʀefaktœʀ] **n. m.** 1. Appareil servant à torréfier. *Un torréfacteur à café.* 2. Commerçant qui vend le café qu'il torréfie lui-même.

TORRÉFACTION [tɔʀefaksjɔ̃] **n. f.** ✦ Début de calcination à feu nu, que l'on fait subir à certaines matières organiques. *La torréfaction du cacao, du café.*
ÉTYM. latin médiéval *torrefactio*, de *torrefacere* «torréfier».

TORRÉFIER [tɔʀefje] **v. tr.** (conjug. 9) ✦ Calciner superficiellement à feu nu. *Torréfier du café.*
ÉTYM. latin *torrefacere* «faire *(facere)* brûler *(torrere)*».

TORRENT [tɔʀɑ̃] **n. m.** 1. Cours d'eau à forte pente, à rives encaissées, à débit rapide et irrégulier. *Les torrents des Pyrénées.* SYN. **gave.** 2. Écoulement rapide et brutal. *Des torrents de boue. Un torrent de lave.* ➡ loc. *Il pleut À TORRENTS* : très abondamment. → **à verse ; torrentiel.** 3. Grande abondance (de ce qui afflue violemment). *Des torrents de larmes.* SYN. **déluge, flot.** ➡ *Un torrent d'injures.*
ÉTYM. latin *torrens* «cours d'eau enclin à se dessécher *(torrere)*».

TORRENTIEL, ELLE [tɔʀɑ̃sjɛl] **adj.** ✦ Qui coule comme un torrent. *Une pluie torrentielle.* SYN. **diluvien.**

TORRIDE [tɔʀid] **adj.** ✦ Où la chaleur est extrême. SYN. **brûlant, chaud.** *Un climat torride. Une chaleur torride,* extrême. CONTR. **froid, glacial.**
ÉTYM. latin *torridus*, de *torrere* «brûler».

TORS, TORSE [tɔʀ, tɔʀs] **adj.** 1. *Colonne torse,* à fût contourné en spirale. 2. *Jambes torses,* tordues, arquées. HOM. TORE «anneau», TORT «attitude blâmable» ; TORSE «buste»
ÉTYM. de l'ancien participe passé de *tordre*.

TORSADE [tɔʀsad] **n. f.** 1. Rouleau de fils, cordons tordus ensemble en hélice pour servir d'ornement. *Torsade retenant un rideau.* ➡ *Des torsades de cheveux.* 2. Motif ornemental en hélice. *Pull à torsades.*
ÉTYM. de *torser* «tordre», de *tors*.

TORSADER [tɔʀsade] **v. tr.** (conjug. 3a) ✦ Mettre en torsade. *Torsader des cheveux.* ➡ au p. passé *Colonnes torsadées.*

TORSE [tɔʀs] **n. m.** ✦ Buste, poitrine. *Se mettre torse nu.* ➡ loc. *Bomber* le torse.* ➡ Sculpture représentant un tronc humain sans tête ni membres. *Un torse d'Aphrodite.* HOM. TORSE (féminin de *tors* «tordu»)
ÉTYM. italien *torso*, d'abord «trognon de chou», latin tardif *tursus*, de *thyrsus* «thyrse».

TORSION [tɔʀsjɔ̃] **n. f.** 1. Action de tordre. *Un mouvement de torsion.* 2. État, position de ce qui est tordu. *La torsion des fils d'une torsade.*
ÉTYM. bas latin *torsio* «colique», de *torquere* «tordre».

TORT [tɔʀ] **n. m.** **I** (employé sans article) 1. *AVOIR TORT* : ne pas avoir le droit, la raison de son côté (opposé à *avoir raison*). → se **tromper.** ➡ *AVOIR TORT DE* (+ inf.). *Tu as tort d'accepter. Avoir grand tort.* ➡ *DONNER TORT À* : accuser, désapprouver. *Les faits vous ont donné tort,* ont montré que vous aviez tort. 2. *À TORT* : pour de mauvaises, de fausses raisons ; injustement. *Accuser qqn à tort* (opposé à *avec raison, à bon droit*). ➡ *À TORT OU À RAISON* : quelle que soit la réalité. ➡ *À TORT ET À TRAVERS* : sans raison ni justesse. → **inconsidérément.** *Parler, agir à tort et à travers.* 3. *DANS SON TORT* : dans la situation d'une personne qui a tort (relativement à la loi, à une autre) ; opposé à *dans son (bon) droit. Il s'est mis dans son tort en agissant ainsi. Se sentir dans son tort.* → **coupable.** ➡ *EN TORT. Automobiliste en tort et passible d'amende.* **II** *(Un, des torts ; le tort de...)* 1. Action, attitude blâmable (envers qqn). *Avoir des torts envers qqn. Reconnaître ses torts.* 2. Action, attitude qui constitue une erreur, une faute. *Il a le tort de trop parler.* SYN. **défaut.** *C'est un tort.* SYN. **erreur.** 3. Fait d'agir injustement contre qqn, de léser qqn. *Causer des torts à qqn.* SYN. **préjudice.** *Demander réparation d'un tort.* ♦ *FAIRE (DU) TORT À qqn.* → **nuire.** *Ça ne fait de tort, ça ne fait tort à personne.* CONTR. ③ **droit, raison · bienfait.**
HOM. TORE «anneau», TORS «tordu»
ÉTYM. latin populaire *tortum*, de *tortus*, proprement «ce qui est tordu *(torquere)*».

TORTICOLIS [tɔʀtikɔli] **n. m.** ✦ Torsion du cou avec inclinaison de la tête accompagnée de sensations douloureuses dans les muscles.
ÉTYM. pseudo-latin *tortum collum* «cou *(collum)* tordu».

TORTILLA [tɔʀtija] **n. f.** ✦ Galette de maïs, plat populaire au Mexique.
ÉTYM. mot espagnol du Mexique, de *torta* «tourte».

TORTILLARD [tɔʀtijaʀ] **n. m.** ✦ Train d'intérêt local sur une voie de chemin de fer qui fait de nombreux détours.
ÉTYM. de *tortiller*.

TORTILLER [tɔʀtije] **v.** (conjug. 3a) **I** **v. tr.** Tordre à plusieurs tours (une chose souple). *Tortiller une mèche de cheveux.* **II** **v. intr.** 1. Remuer en ondulant, se tourner de côté et d'autre. *Danser en tortillant des fesses.* SYN. **balancer.** 2. loc. FAM. *IL N'Y A PAS À TORTILLER* : à hésiter. SYN. **tergiverser.** 3. *SE TORTILLER* **v. pron.** Se tourner de côté et d'autre sur soi-même. *Se tortiller comme un ver.*

► **TORTILLEMENT** [tɔRtijmɑ̃] **n. m.**
ÉTYM. de *entortiller* ou latin populaire *tortiliare*, famille de *torquere* «tordre».

TORTILLON [tɔRtijɔ̃] **n. m.** ✦ Chose tortillée. *Un tortillon de tissu, de papier.*
ÉTYM. de *tortiller*.

TORTIONNAIRE [tɔRsjɔnɛR] **n.** ✦ Personne qui fait subir des tortures. SYN. **bourreau.** ➖ **adj.** *Militaires tortionnaires.*
ÉTYM. du latin *tortio* «torture», de *torquere* «tordre».

TORTU, UE [tɔRty] **adj.** ✦ VX ou LITTÉR. Tordu.
HOM. TORTUE «animal»
ÉTYM. de *tort*, ancien participe passé de *tordre*.

TORTUE [tɔRty] **n. f.** ✦ Reptile à quatre pattes courtes, à corps enfermé dans une carapace, à tête munie d'un bec corné, à marche lente. *Tortue marine. «Le Lièvre et la Tortue»* (fable de La Fontaine). ➖ *Quelle tortue, c'est une vraie tortue !*, se dit d'une personne très lente.
HOM. TORTU «tordu»
ÉTYM. de l'ancien occitan *tartuga*, bas latin *tartaruca* «(bête) du *Tartare*, de l'Enfer». ☞ TARTARE (noms propres).

TORTUEUX, EUSE [tɔRtɥø, øz] **adj.** 1. Qui fait des détours, présente des courbes irrégulières. SYN. **sinueux.** *Des ruelles tortueuses.* 2. fig. Plein de détours, qui ne se manifeste pas franchement. *Des manœuvres tortueuses. Un esprit tortueux.* SYN. **retors.** CONTR. ① **droit** • **direct,** ② **franc.**
► **TORTUEUSEMENT** [tɔRtɥøzmɑ̃] **adv.**
ÉTYM. latin *tortuosus*, de *tortus*, participe passé de *torquere* «tordre».

TORTURANT, ANTE [tɔRtyRɑ̃, ɑ̃t] **adj.** ✦ Qui torture (2). *Des remords, des scrupules torturants.*

TORTURE [tɔRtyR] **n. f.** 1. Souffrances physiques infligées à qqn notamment pour lui faire avouer ce qu'il refuse de révéler. SYN. ancienn^t **question** (3). *Parler sous la torture.* 2. Souffrance infligée. ➖ plais. *Instruments de torture*, se dit d'objets qui font souffrir. ◆ *Mettre qqn À LA TORTURE*, l'embarrasser ou le laisser dans l'incertitude. SYN. **supplice.** 3. Souffrance physique ou morale intolérable. SYN. **martyre, tourment.** *La torture de la soif. Les tortures de la jalousie.* SYN. **affres.**
ÉTYM. latin *tortura*, de *torquere* «tordre».

TORTURER [tɔRtyRe] **v. tr.** (conjug. 3a) 1. Infliger la torture (1), faire subir des tortures à (qqn). *Torturer un prisonnier.* SYN. **supplicier ;** ➜ **tortionnaire.** 2. Faire beaucoup souffrir. SYN. **martyriser.** *Ne le torturez pas avec vos questions. Se torturer l'esprit* : faire des efforts intellectuels pénibles. ➖ (sujet chose) *La faim ; la jalousie le torture.* SYN. **tourmenter.** 3. Transformer par force. *Torturer un texte*, l'altérer en le transformant. ➖ au p. passé *Un visage torturé*, déformé (par l'angoisse, un sentiment violent).

TORVE [tɔRv] **adj.** ✦ *Œil torve, regard torve*, oblique et menaçant.
ÉTYM. latin *torvus*.

TORY [tɔRi] **n. m.** ✦ en Angleterre Membre du parti conservateur. *Les torys* (ou *les tories*, plur. anglais) *s'opposent aux travaillistes.* ➖ **adj.** *Le parti tory.*
ÉTYM. mot anglais.

TOSCAN, ANE [tɔskɑ̃, an] **adj.** ✦ De la Toscane (☞ noms propres). ➖ **n.** *Les Toscans.* ◆ **n. m.** *Le toscan* : ensemble de dialectes parlés à Florence (le florentin) et en Toscane, devenu la base de l'italien.

TÔT [to] **adv.** 1. Au bout de peu de temps et sensiblement avant le moment habituel ou normal. *Les arbres ont fleuri tôt cette année. Vous êtes arrivés trop tôt.* ➖ *Tôt ou tard, il comprendra.* ➖ *PLUS TÔT.* ➜ **auparavant.** *Il est arrivé plus tôt que moi.* ➖ *Nous n'étions pas plus tôt arrivés qu'il fallut repartir*, il fallut repartir immédiatement après. ➖ *LE PLUS TÔT, AU PLUS TÔT. Le plus tôt que vous pourrez*, dès que vous pourrez. *Le plus tôt sera le mieux. Dans quinze jours au plus tôt*, pas avant. 2. Au commencement d'une portion déterminée de temps. *Se lever tôt*, de bonne heure. *Pourquoi partir si tôt ?* 3. loc. *Avoir tôt fait de* : vite fait de. CONTR. **tard.** HOM. TAU «lettre grecque», TAUX «pourcentage» ; (de *aussi tôt*) AUSSITÔT «immédiatement», (de *plus tôt*) PLUTÔT «assez», (de *si tôt*) SITÔT «immédiatement»
ÉTYM. latin populaire *tostum*, d'une forme de *torrere* «brûler».

TOTAL, ALE, AUX [tɔtal, o] **adj.** et **n.** 1. **adj.** Qui affecte toutes les parties, tous les éléments. SYN. **absolu, complet,** ① **général.** *Destruction totale. Confiance totale ; totale confiance.* SYN. **entier, parfait.** ◆ Pris dans son entier, dans la somme de toutes ses parties. *La somme totale* (➜ **global**). 2. **n. m.** Quantité totale. SYN. **montant,** ① **somme.** *Le total de la population. Faire le total* : additionner le tout. ➖ *AU TOTAL* : en comptant tous les éléments ; fig. tout compte fait, tout bien considéré. ➜ en **somme.** *Au total, il vaut mieux attendre.* ➖ **adv.** FAM. En conclusion, finalement. *Total, on s'est encore fait voler.* 3. *TOTALE* **n. f.** POP. Hystérectomie. ◆ fig. FAM. *C'est LA TOTALE !*, le comble, le summum. CONTR. **fragmentaire, partiel.**
ÉTYM. latin *totalis*, de *totus* «tout».

TOTALEMENT [tɔtalmɑ̃] **adv.** ✦ Complètement, entièrement. CONTR. **partiellement.**

TOTALISATEUR, TRICE [tɔtalizatœR, tRis] **adj.** ✦ (appareil) Qui totalise. *Machine totalisatrice.* ➖ **n. m.** *Un totalisateur.*

TOTALISATION [tɔtalizasjɔ̃] **n. f.** ✦ Opération consistant à totaliser.

TOTALISER [tɔtalize] **v. tr.** (conjug. 3a) 1. Additionner. *Totaliser les points avec une calculette.* 2. Compter au total. *L'équipe qui totalise le plus grand nombre de points.*
ÉTYM. de *total*.

TOTALITAIRE [tɔtalitɛR] **adj.** 1. *Régime totalitaire* : régime à parti unique, n'admettant aucune opposition organisée. SYN. **dictatorial.** *États, dictatures totalitaires.* 2. DIDACT. Qui englobe la totalité des éléments (d'un ensemble). *Une conception totalitaire du monde.* CONTR. **libéral.**
ÉTYM. de *totalité*.

TOTALITARISME [tɔtalitaRism] **n. m.** ✦ Système politique des régimes totalitaires. SYN. **dictature.** CONTR. **libéralisme.**
ÉTYM. de *totalitaire*.

TOTALITÉ [tɔtalite] **n. f.** ✦ Réunion totale des parties ou éléments constitutifs (d'un ensemble, d'un tout). SYN. **intégralité, total.** *La totalité de ses biens. La totalité du personnel.* SYN. **ensemble.** *Lire un journal dans sa*

totalité. SYN. **entier.** ➖ *EN TOTALITÉ.* ➙ en **bloc, intégralement, totalement.** *La ville a été détruite en totalité.*
ÉTYM. de *total.*

TOTEM [tɔtɛm] **n. m.** ✦ ETHNOL. Animal (ou végétal) considéré comme l'ancêtre et le protecteur d'un clan, objet de tabous et de devoirs particuliers. ➖ Représentation du totem (mât sculpté, souvent).
ÉTYM. mot anglais, de l'algonquin.

TOTÉMIQUE [tɔtemik] **adj.** ✦ Du totem. *Clan totémique.*

TOTÉMISME [tɔtemism] **n. m.** ✦ Organisation sociale, familiale fondée sur les totems et leur culte.

TOTON [tɔtɔ̃] **n. m.** ✦ LITTÉR. Petite toupie. *Tourner comme un toton.*
ÉTYM. latin *totum* «tout (l'enjeu)».

TOUAGE [twaʒ] **n. m.** ✦ Remorquage.
ÉTYM. de *touer.*

TOUAREG [twaʀɛg] **n. et adj.** ✦ Nomade du Sahara, de langue berbère. *Les Touareg* (☛ noms propres). ➖ REM. Le mot est un pluriel ; le singulier est *targui.* ➙ **targui.** On dit aussi *un Touareg, des Touaregs.*
ÉTYM. mot berbère.

TOUBIB [tubib] **n. m.** ✦ FAM. Médecin.
ÉTYM. arabe d'Algérie *tbib,* de *tabib* «médecin».

TOUCAN [tukɑ̃] **n. m.** ✦ Oiseau grimpeur d'Amérique du Sud, au plumage éclatant et à bec gros et long.
ÉTYM. mot tupi du Brésil.

① **TOUCHANT** [tuʃɑ̃] **prép.** ✦ LITTÉR. Au sujet de. SYN. **concernant,** ① **sur.** *Je ne sais rien touchant cette affaire.*
ÉTYM. du participe présent de ① *toucher.*

② **TOUCHANT, ANTE** [tuʃɑ̃, ɑ̃t] **adj.** 1. LITTÉR. Qui fait naître de la pitié, de la compassion. *Un récit touchant.* SYN. **attendrissant, émouvant.** 2. Qui émeut, attendrit d'une manière douce et agréable. *Des adieux touchants.* ➖ (personnes) Attendrissant (iron.). *Il est touchant avec son bouquet.*
ÉTYM. du participe présent de ① *toucher.*

TOUCHE [tuʃ] **n. f.** **I** Action de toucher ; son résultat. 1. Action, manière de poser la couleur, les tons sur la toile. *Peindre à larges touches.* ➖ Couleur posée d'un coup de pinceau. *Une touche de rouge.* ♦ loc. *Mettre une touche de gaieté, une touche exotique* (dans un décor, une toilette, une description, etc.). 2. (Action de toucher, éprouver l'or) *Pierre de touche.* 3. au rugby, au football *Ligne de touche* ou *la touche :* chacune des limites latérales du champ de jeu, perpendiculaire aux lignes de but. *En touche, sur la touche.* ♦ loc. *Rester, être mis SUR LA TOUCHE,* à l'écart, dans l'impossibilité d'agir, d'intervenir. 4. Action du poisson qui mord à l'hameçon. *Pas la moindre touche aujourd'hui, je n'ai rien pris.* 5. Action, fait de toucher (escrime, billard). ♦ fig. FAM. *Faire une touche :* rencontrer qqn à qui l'on plaît. *Avoir une touche avec qqn,* lui plaire manifestement. **II** Ce qui sert à toucher (bâton, etc.) ; spécialt chacun des petits leviers que l'on frappe des doigts, qui constituent un clavier. *Les touches d'un piano.* ➖ *Les touches d'un clavier d'ordinateur. Téléphone à touches.* **III** FAM. Aspect, allure d'ensemble. SYN. **tournure.** *Il a une drôle de touche.*
ÉTYM. de ① *toucher.*

TOUCHE-À-TOUT [tuʃatu] **n. m. invar.** 1. Personne, enfant qui touche à tout. 2. Personne qui se disperse en activités multiples.

① **TOUCHER** [tuʃe] **v. tr.** (conjug. 3a) **I** (avec mouvement) 1. (êtres vivants) Entrer en contact avec (qqn, qqch.) en éprouvant les sensations du toucher. SYN. **palper.** *Toucher un objet ; qqn, sa main.* absolt *Touche comme c'est doux !* ➖ *Je n'ai jamais touché une carte,* jamais joué. ➖ *Lutteur qui touche le sol des deux épaules. Toucher le fond* (de l'eau), avoir pied ; fig. être au plus bas moralement. 2. Atteindre (l'adversaire), notamment à l'escrime. ➖ (sans contact direct) *Il tira et toucha son adversaire à l'épaule.* SYN. **blesser.** ♦ *Toucher le sol de sa canne.* 3. Joindre, arriver à rencontrer (qqn), par un intermédiaire (lettre, téléphone). SYN. **atteindre, contacter.** *Où peut-on vous toucher ?* 4. (sujet chose) Entrer en contact avec (qqn, qqch.) au terme d'un mouvement. SYN. **atteindre.** *Être touché par une balle,* blessé. ➖ *Le bateau a touché le port, a touché terre.* 5. Entrer en possession de, percevoir. SYN. **recevoir.** *Toucher de l'argent, son salaire. Toucher tant par mois.* SYN. **gagner.** 6. abstrait Procurer une émotion à (qqn), faire réagir en suscitant l'intérêt affectif. SYN. **intéresser.** *Ce reproche l'a touché.* SYN. **blesser.** ➖ plus cour. Émouvoir en excitant la compassion, la sympathie et une certaine tendresse. SYN. **attendrir ;** ➙ ② **touchant.** *Ses larmes m'ont touché.* 7. loc. *TOUCHER UN MOT de qqch. à qqn :* dire un mot à qqn concernant qqch. *Il m'en a touché quelques mots.* **II** (sans mouvement) 1. Se trouver en contact avec ; être tout proche de. *Sa maison touche l'église.* SYN. **avoisiner, jouxter.** 2. Concerner, avoir un rapport avec. SYN. **regarder.** *C'est un problème qui les touche de près. Elle connaît tout ce qui touche à l'informatique.* ➙ ① **touchant.** ➖ pronom. (récipr.) Être en rapport étroit. *Les extrêmes se touchent.* **III** **v. tr. ind.** *TOUCHER À.* 1. Porter la main sur, pour prendre, utiliser. *Ne touche pas à ce vase, n'y touche pas !* FAM. *Pas touche !* ➖ (négatif) *Ne pas toucher à :* ne pas utiliser, consommer. *Il n'a pas touché à son repas. Il n'a jamais touché à un volant,* il n'a jamais conduit. 2. abstrait Se mêler, s'occuper de (qqch.). *Il vaut mieux ne pas toucher à ce sujet.* SYN. **aborder.** ♦ S'en prendre (à qqch.), pour modifier, corriger. *Ils n'osent pas toucher aux traditions.* ➖ *Un air de ne pas y toucher,* faussement innocent (➙ **sainte nitouche**). 3. LITTÉR. Atteindre, arriver à (un point qu'on touche ou dont on approche). *Toucher au port* (navire). ➖ *Nous touchons au but.* ➖ (dans le temps) *L'été touche à sa fin,* se termine. 4. Être en contact avec. *Un immeuble qui touche à la mairie.* 5. Avoir presque le caractère de. SYN. **confiner.** *Sa minutie touche à l'obsession.*
ÉTYM. latin populaire *toccare,* de l'onomatopée *tokk-.*

② **TOUCHER** [tuʃe] **n. m.** 1. Un des cinq sens correspondant aux sensibilités qui interviennent dans l'exploration des objets par palpation. SYN. **tact.** 2. Action ou manière de toucher. SYN. **attouchement, contact.** *Le velours est doux au toucher.* 3. Manière de jouer d'un instrument à touches. *Pianiste qui a un beau toucher.* 4. MÉD. Exploration d'une cavité naturelle du corps avec un ou deux doigts. SYN. **palpation.** *Toucher vaginal, rectal.*
ÉTYM. de ① *toucher.*

TOUER [twe] **v. tr.** (conjug. 3a) ✦ Faire avancer en tirant, en remorquant ; spécialt (navire, barque) en tirant à bord sur une amarre (➙ **touage**).
ÉTYM. francique *togon* «tirer».

TOUFFE [tuf] **n. f.** ✦ Assemblage naturel de plantes, de poils, de brins..., rapprochés par la base. SYN. ① **bouquet.** *Une touffe d'herbe. Une touffe de poils, de cheveux.* SYN. **épi,** ① **mèche.**

ÉTYM. ancien alémanique *topf.*

TOUFFEUR [tufœʀ] **n. f.** ✦ LITTÉR. Atmosphère chaude et étouffante.

ÉTYM. de *étouffeur* «chaleur étouffante», mot dialectal, de *étouffer.*

TOUFFU, UE [tufy] **adj.** 1. Qui est en touffes ; épais et dense. *Un bois touffu. Une barbe touffue.* SYN. **dru, fourni.** 2. Qui présente en trop peu d'espace des éléments abondants et complexes. *Un livre touffu.* CONTR. **clairsemé, maigre · concis, simple.**

ÉTYM. de *touffe.*

TOUILLER [tuje] **v. tr.** (conjug. 3a) ✦ FAM. et RÉGIONAL Remuer, agiter, mêler. *Touiller la peinture.*

ÉTYM. latin *tudiculare* «piler, broyer».

TOUJOURS [tuʒuʀ] **adv. de temps** 1. Dans la totalité du temps considéré (la vie, le souvenir, etc.). SYN. **constamment, continuellement.** *Je l'ai toujours su. Ça ne durera pas toujours.* SYN. **éternellement.** ♦ À chaque instant, sans exception. *Il est toujours à l'heure. Il ne réagit pas toujours ainsi.* ♦ loc. *Toujours plus, toujours moins* (+ adj.), de plus en plus, de moins en moins. ➛ *COMME TOUJOURS* : de même que dans tous les autres cas. ➛ *PRESQUE TOUJOURS* : très souvent. → **généralement, ordinairement.** ➛ *DE TOUJOURS* : qui est toujours le même. *Ce sont des amis de toujours.* ➛ *DEPUIS TOUJOURS* (→ *de tout temps*). ➛ *POUR TOUJOURS. Il est parti pour toujours.* → **définitivement.** 2. Encore maintenant, encore au moment considéré. *Je l'aime toujours. Le voleur court toujours.* ➛ *Il n'est toujours pas parti,* pas encore. 3. Dans toute circonstance. *Il arrive toujours un moment où...* ➛ FAM. *Tu peux toujours courir*. Cause toujours !* ♦ loc. *TOUJOURS EST-IL (QUE),* sert à introduire un fait ou un jugement en opposition avec d'autres qui viennent d'être présentés. *Personne ne voulait y croire, toujours est-il que c'est arrivé.*

ÉTYM. de *tous* et *jours.*

TOUNDRA [tundʀa] **n. f.** ✦ Steppe de la zone arctique, caractérisée par des associations végétales de mousses et de lichens, des bruyères. *La toundra sibérienne.*

ÉTYM. mot russe.

TOUNGOUZE [tunguz] **adj.** ✦ Se dit d'un groupe de langues de l'Eurasie et de l'Asie septentrionale (comprenant le mandchou).

ÉTYM. nom turc d'un peuple d'Asie.

TOUPET [tupɛ] **n. m.** I Touffe de cheveux bouffant au-dessus du front. II fig. FAM. Hardiesse, assurance effrontée. SYN. **aplomb, audace, culot.** *Quel toupet !*

ÉTYM. de l'ancien français *top,* mot francique «sommet».

TOUPIE [tupi] **n. f.** 1. Petit objet conique ou sphérique, muni d'une pointe sur laquelle il peut se maintenir en équilibre en tournant. SYN. **toton.** ➛ *Tourner comme une toupie* (sur soi-même). 2. injure *(Vieille) toupie,* femme désagréable.

ÉTYM. normand *topet,* de l'anglais *top* «sommet».

① **TOUR** [tuʀ] **n. f.** 1. Bâtiment (souvent cylindrique) construit en hauteur, dominant un édifice ou un ensemble architectural. *Tour d'un château.* → **donjon, tourelle.** *Tour de guet.* → **beffroi.** ➛ Clocher à sommet plat. *Les tours de Notre-Dame de Paris.* ➛ Immeuble à nombreux étages. *Les tours de la Défense.* 2. Construction en hauteur. *Tour métallique. La tour Eiffel.* ♦ *TOUR DE CONTRÔLE* : local surélevé d'où s'effectue le contrôle des activités d'un aérodrome. 3. aux échecs Pièce en forme de tour crénelée, qui avance en ligne. 4. loc. *TOUR D'IVOIRE* : retraite d'un penseur, d'un écrivain, etc., qui se tient à l'écart de la vie sociale, refuse de se compromettre. 5. loc. *TOUR DE BABEL* ; fig. lieu où l'on parle toutes les langues. 6. Ordinateur dont l'unité centrale est contenue dans un boîtier vertical.

ÉTYM. latin *turris.*

② **TOUR** [tuʀ] **n. m.** I 1. Limite circulaire. SYN. **circonférence.** *Le tour d'un arbre, d'un tronc. Avoir soixante centimètres de tour de taille.* 2. Chose qui en recouvre une autre en l'entourant (vêtements, garnitures). *Un tour de cou* (fourrure, foulard). 3. *FAIRE LE TOUR de qqch.* : aller autour (d'un lieu, d'un espace). *Faites le tour du quartier.* ➛ fig. Passer en revue. *Faire le tour de la situation.* 4. *FAIRE UN TOUR,* une petite sortie. SYN. **promenade.** *Faire un (petit) tour en ville.* 5. *TOUR DE...* : parcours, voyage où l'on revient au point de départ. SYN. **circuit, périple ; tournée.** *«Le Tour du monde en quatre-vingts jours»* (de Jules Verne). ➛ *Le Tour de France,* course cycliste disputée chaque année sur un long circuit de routes, principalement en France. ☛ noms propres II 1. Mouvement giratoire. SYN. **révolution, rotation.** *Un tour de manivelle.* ➛ loc. *Partir AU QUART DE TOUR,* immédiatement et sans difficulté. *Fermer la porte À DOUBLE TOUR,* en donnant deux tours de clé. 2. loc. *À TOUR DE BRAS* : de toute la force du bras ; fig. avec violence. *Il le frappe à tour de bras.* 3. *EN UN TOUR DE MAIN* : très vite. SYN. en un **tournemain.** ➛ *Tour de main,* mouvement adroit qu'accomplit la main. *Le tour de main d'un artisan.* SYN. ② **adresse, habileté.** 4. *TOUR DE REINS* : torsion, faux mouvement douloureux dans la région des lombes. SYN. **lumbago.** III 1. Mouvement, exercice difficile à exécuter. *Tours de magie, de passe-passe. TOUR DE CARTES* : tour d'adresse effectué avec des cartes. ➛ *TOUR DE FORCE* : action qui exige de la force ou de l'habileté. *Un véritable tour de force.* → **exploit.** 2. Action ou moyen d'action qui suppose de l'adresse, de l'habileté, de la ruse. *Avoir plus d'un tour dans son sac.* ➛ *JOUER (un) TOUR à qqn,* agir à son détriment. *Il m'a joué un mauvais tour. Jouer un bon tour à qqn,* lui faire une plaisanterie. *Méfiez-vous, cela vous jouera des tours,* cela vous nuira. ➛ *Le tour est joué,* c'est accompli, terminé (→ l'affaire est dans le sac). IV 1. Aspect que présente une chose selon la façon dont elle est faite, la manière dont elle évolue. SYN. **tournure.** *Observer le tour des évènements.* 2. *TOUR (DE PHRASE)* : manière d'exprimer qqch. selon l'agencement des mots. *Un tour élégant.* V 1. loc. *À MON (SON...) TOUR.* Moment auquel (ou durant lequel) une personne se présente, accomplit qqch. dans un ordre, une succession d'actions du même genre. *À moi, c'est mon tour. Chacun parlera à son tour.* ➛ *CHACUN SON TOUR,* à son tour. 2. loc. *TOUR À TOUR* : l'un, puis l'autre (l'un après l'autre). ➛ (états, actions) *Il riait et pleurait tour à tour.* SYN. **alternativement, successivement.** ♦ *À TOUR DE RÔLE.* → **rôle.** 3. *Tour de chant* : série de morceaux interprétés par un chanteur, une chanteuse. 4. *Tour de scrutin* : vote (d'une élection qui en compte plusieurs). *Candidat élu au second tour.*

ÉTYM. de *tourner.*

③ **TOUR** [tuʀ] n. m. 1. Dispositif qui sert à façonner des pièces par rotation, à les tourner (II, 1). *Travailler au tour* (→ **tourner** (II) ; **tourneur**). *Tour de potier. Tour à main.* – *Tour automatique* (machine-outil). 2. Armoire cylindrique tournant sur pivot.
ÉTYM. latin *tornus*, du grec.

① **TOURBE** [tuʀb] n. f. ✦ Matière spongieuse et légère, qui résulte de la décomposition de végétaux à l'abri de l'air, utilisée comme combustible. *Un feu de tourbe.*
ÉTYM. francique *turba* «touffe d'herbe».

② **TOURBE** [tuʀb] n. f. ✦ péj. VX Foule ; ramassis de personnes méprisables. SYN. **populace.**
ÉTYM. latin *turba*, d'abord «② trouble».

TOURBIÈRE [tuʀbjɛʀ] n. f. ✦ Gisement de tourbe en quantité exploitable. *Les tourbières d'Irlande.*
ÉTYM. de ① *tourbe.*

TOURBILLON [tuʀbijɔ̃] n. m. 1. Masse d'air qui tournoie rapidement. SYN. **cyclone.** *Un tourbillon de vent.* 2. Mouvement tournant et rapide (en hélice) d'un fluide, ou de particules entraînées par l'air. *Un tourbillon de poussière. Les tourbillons d'une rivière.* ♦ Tournoiement rapide. *Le tourbillon d'une danse.* 3. LITTÉR. Ce qui emporte, entraîne dans un mouvement rapide, irrésistible. *Un tourbillon de plaisirs.*
ÉTYM. latin populaire *turbiculus*, de *turba* «désordre».

TOURBILLONNANT, ANTE [tuʀbijɔnɑ̃, ɑ̃t] adj. ✦ Tournoyant. *Les jupes tourbillonnantes d'une danseuse.*
ÉTYM. du participe présent de *tourbillonner.*

TOURBILLONNEMENT [tuʀbijɔnmɑ̃] n. m. ✦ Mouvement en tourbillon.
ÉTYM. de *tourbillonner.*

TOURBILLONNER [tuʀbijɔne] v. intr. (conjug. 3a) 1. Former un tourbillon ; être emporté en un tournoiement rapide. *La neige tourbillonnait.* 2. Être agité par un mouvement rapide, irrésistible. *Des images qui tourbillonnent dans la tête.*

TOURELLE [tuʀɛl] n. f. 1. Petite tour. *Les tourelles du château.* 2. Abri blindé, fixe ou mobile contenant des pièces d'artillerie. *La tourelle d'un char d'assaut.*
ÉTYM. de ① *tour.*

TOURISME [tuʀism] n. m. 1. Le fait de voyager, de parcourir pour son plaisir un lieu autre que celui où l'on vit habituellement. *Faire du tourisme. Guide de tourisme. Avion, voiture* DE TOURISME, destinés aux déplacements privés et non utilitaires. 2. Ensemble des activités liées aux déplacements des touristes.
ÉTYM. anglais *tourism*, de *tour* «voyage», du français.

TOURISTA [tuʀista] n. f. ✦ FAM. Diarrhée infectieuse qui affecte les voyageurs dans les pays tropicaux.
ÉTYM. de l'espagnol *turista* «touriste».

TOURISTE [tuʀist] n. 1. Personne qui fait du tourisme. 2. appos. *Classe touriste* : classe inférieure à la première classe (bateau, avion). *Des classes touristes.*
ÉTYM. anglais *tourist*, de *tour* «voyage», du français.

TOURISTIQUE [tuʀistik] adj. 1. Relatif au tourisme. *Guide touristique. Activités touristiques* (hôtellerie, agences de voyage, etc.). 2. Qui attire les touristes. *Ville touristique.*
ÉTYM. de *touriste.*

TOURMALINE [tuʀmalin] n. f. ✦ Pierre fine aux tons divers.
ÉTYM. d'un mot cinghalais.

TOURMENT [tuʀmɑ̃] n. m. 1. LITTÉR. Très grande souffrance physique ou morale. SYN. **peine, supplice, torture.** 2. Grave souci. *Cette affaire m'a donné bien du tourment.*
ÉTYM. latin *tormentum* «instrument de torture», de *torquere* «tordre».

TOURMENTE [tuʀmɑ̃t] n. f. 1. LITTÉR. Tempête soudaine et violente. SYN. **bourrasque, orage, ouragan.** *Une tourmente de neige. Pris dans la tourmente.* 2. Troubles (politiques ou sociaux) violents et profonds. *La tourmente révolutionnaire.*
ÉTYM. latin populaire *tormenta*, de *tormentum* → tourment.

TOURMENTÉ, ÉE [tuʀmɑ̃te] adj. 1. En proie aux tourments, aux soucis. SYN. **anxieux, inquiet.** *Un être tourmenté. Un visage tourmenté.* 2. LITTÉR. Qui se déroule dans l'agitation, le tumulte. *Une période, une vie très tourmentée.* SYN. **agité, troublé.** 3. De forme très irrégulière. *Un relief tourmenté.* SYN. **accidenté.** 4. Trop chargé d'ornements. SYN. **tarabiscoté.** *Un style tourmenté.* CONTR. ② **calme,** ① **serein** · **simple.**
ÉTYM. du participe passé de *tourmenter.*

TOURMENTER [tuʀmɑ̃te] v. tr. (conjug. 3a) 1. Affliger de souffrances physiques ou morales ; faire vivre dans l'angoisse. *Il tourmente toute sa famille.* 2. (sujet chose) Faire souffrir ; préoccuper en angoissant. *Les préoccupations qui le tourmentaient.* SYN. **obséder.** *Les remords qui le tourmentent.* SYN. **torturer.** 3. SE TOURMENTER v. pron. réfl. Se faire des soucis, éprouver de l'inquiétude, de l'angoisse. SYN. **s'inquiéter,** se **tracasser.**
ÉTYM. de *tourment.*

TOURNAGE [tuʀnaʒ] n. m. ✦ Action de tourner (I, 8), de faire un film. SYN. **réalisation.** *Pendant le tournage (du film).*

① **TOURNANT, ANTE** [tuʀnɑ̃, ɑ̃t] adj. 1. Qui tourne (III), pivote sur soi-même. *Plaque* tournante. Des ponts tournants. Le feu tournant d'un phare* (→ **gyrophare**). 2. Qui contourne, prend à revers. *Mouvement tournant,* pour cerner l'ennemi. 3. Qui fait des détours, présente des courbes. SYN. **sinueux.** *Un couloir tournant. Un escalier tournant,* en colimaçon. 4. GRÈVE TOURNANTE, qui affecte successivement différents secteurs.
ÉTYM. du participe présent de *tourner.*

② **TOURNANT** [tuʀnɑ̃] n. m. 1. Endroit où une voie tourne ; courbe (d'une rue, d'une route). SYN. **coude.** *Tournant en épingle à cheveux.* SYN. **virage.** 2. loc. FAM. *Avoir qqn* AU TOURNANT : se venger dès que l'occasion s'en présente. *Je t'attends au tournant.* 3. fig. Moment où ce qui évolue change de direction, devient autre. *Il est à un tournant de sa vie. Il a su prendre le tournant,* s'adapter, se reconvertir au bon moment.
ÉTYM. de ① *tournant.*

TOURNEBOULER [tuʀnəbule] v. tr. (conjug. 3a) ✦ FAM. Mettre l'esprit à l'envers. SYN. **bouleverser.** *Cette nouvelle l'a tourneboulé.* – au p. passé *Il était tout tourneboulé.* SYN. **retourner.**
ÉTYM. de l'ancien français *tourneboele* «culbute», de *tourner* et *boele* «boyau».

TOURNEBROCHE [tuʀnəbʀɔʃ] **n. m.** ✦ Mécanisme servant à faire tourner une broche à rôtir. SYN. **rôtissoire.**
ÉTYM. de *tourner* et *broche.*

TOURNE-DISQUE [tuʀnədisk] **n. m.** ✦ Appareil électrique composé d'un plateau tournant, d'une tête de lecture et qui sert à écouter des disques (microsillons). SYN. ① **platine.** *Des tourne-disques.*

TOURNEDOS [tuʀnədo] **n. m.** ✦ Tranche de filet de bœuf à griller. → ② **filet, steak ; chateaubriand.**
ÉTYM. de *tourner* et *dos.*

TOURNÉE [tuʀne] **n. f. 1.** Voyage à itinéraire fixé, comportant des arrêts, des visites déterminés. *La tournée du facteur. Voyageur de commerce en tournée. Tournée de prospection, d'inspection.* ➛ *Tournée théâtrale,* voyage d'une compagnie qui donne des représentations dans plusieurs endroits. **2.** Tour dans lequel on visite des endroits de même sorte. SYN. **virée.** *Faire la tournée des boîtes de nuit.* ➛ loc. *La tournée des grands-ducs*.* **3.** FAM. Ensemble des consommations offertes par qqn, au café. *C'est ma tournée.*
ÉTYM. du participe passé de *tourner.*

en un TOURNEMAIN [ɑ̃nœtuʀnəmɛ̃] **loc. adv.** ✦ En un instant. *Il a sauvé la situation en un tournemain.* SYN. ② **tour** de main.
ÉTYM. de *tourner* et *main.*

TOURNER [tuʀne] **v.** (conjug. 3a) **I** **v. tr. 1.** Faire mouvoir autour d'un axe, d'un centre, selon une courbe fermée (→ **rotation**). *Tourner une manivelle. Tourner la poignée.* ➛ *Tourner et retourner qqch.*, manier en tous sens. fig. *Ce problème qu'il tournait et retournait dans sa tête.* **2.** Remuer circulairement. *Tourner une sauce.* **3.** loc. *TOURNER LA TÊTE à, de qqn,* étourdir. ➛ *Cette fille lui a tourné la tête,* l'a rendu fou d'amour. **4.** *Tourner les pages d'un livre,* les faire passer du recto au verso, en feuilletant. **5.** Mettre, présenter (qqch.) en sens inverse, sur une face opposée. ➛ loc. *Tourner le dos* à qqn, à qqch.* **6.** Diriger par un mouvement courbe. *Tournez la tête de ce côté. Tourner les yeux, son regard vers, sur qqn.* ➛ abstrait *Tourner toutes ses pensées vers...* SYN. **appliquer, orienter.** ➛ loc. (au p. passé) *Avoir l'esprit MAL TOURNÉ,* disposé à tout interpréter de façon scabreuse. **7.** Suivre, longer en changeant de direction. *Tourner le coin de la rue.* **8.** (allusion à la manivelle des premières caméras) *Tourner un film* : faire un film (→ **tournage**). ➛ absolt *Silence, on tourne !* **II** **v. tr. 1.** Façonner, faire (un objet) au tour ③. *Tourner une poterie.* **2.** Arranger (les mots) d'une certaine manière, selon un certain style. *Tourner un compliment.* ➛ au p. passé *Une lettre bien tournée.* **3.** *TOURNER EN, À,* transformer (qqn ou qqch.) en donnant un aspect, un caractère différent. *Tourner qqn en dérision. Tourner les choses à son avantage.* **III** **v. intr. 1.** Se mouvoir circulairement ou décrire une ligne courbe (autour de qqch.). *La Terre tourne autour du Soleil.* ➛ *Voir tout tourner* : avoir le vertige. ➛ (personnes) *Enfants qui tournent sur un manège.* ➛ loc. *Tourner en rond** : être désœuvré. *Tourner comme un ours en cage.* **2.** *TOURNER AUTOUR,* évoluer sans s'éloigner. *Les guêpes tournent autour du gâteau.* ➛ *Tourner autour de qqn,* chercher à attirer son attention, à séduire. ♦ (choses) Avoir pour centre d'intérêt. *La conversation tournait autour de l'éducation des enfants.* **3.** Avoir un mouvement circulaire (sans que l'ensemble de l'objet se déplace). *Tourner sur soi-même comme une toupie.* ♦ Se mouvoir autour d'un axe fixe. → **pivoter.** *La porte tourne sur ses gonds. Les aiguilles* (de montre) *tournent.* ➛ loc. *L'heure tourne* : le temps passe. **4.** Fonctionner (en parlant de mécanismes dont les pièces ont un mouvement de rotation). *Le moteur tourne, tourne rond. Tourner à vide.* ♦ Fonctionner, marcher. *Faire tourner une entreprise.* **5.** loc. *La tête lui tourne,* il est étourdi, a le vertige. *Ça me fait tourner la tête,* ça m'étourdit. **6.** Changer de direction. *Tournez à gauche !* ➛ *La chance a tourné.* **7.** *TOURNER À..., EN... :* changer d'aspect, d'état, pour aboutir à (un résultat). SYN. se **transformer.** *Le temps tourne à l'orage.* ➛ *La discussion tourne à l'aigre*, au vinaigre*.* **8.** *TOURNER BIEN, MAL :* évoluer bien, mal. *Ça va mal tourner.* → se **gâter.** ➛ (personnes) *Elle a mal tourné.* **9.** Devenir aigre. *Le lait a tourné.* ♦ Se décomposer. *Mayonnaise qui tourne.* **IV** *SE TOURNER* **v. pron. réfl. 1.** Aller, se mettre en sens inverse ou dans une certaine direction. SYN. se **retourner.** *Se tourner vers qqn. Se tourner d'un autre côté.* SYN. se **détourner.** *Il se tourne et se retourne dans son lit.* **2.** Se diriger. *Elle s'était tournée vers le théâtre.* SYN. **s'orienter.**
ÉTYM. latin *tornare* «façonner au tour» → ③ tour.

TOURNESOL [tuʀnəsɔl] **n. m.** **I** Plante à grande fleur jaune (SYN. **hélianthe, soleil**), cultivée pour ses graines oléagineuses. *Graines de tournesol. Huile de tournesol.* **II** CHIM. Substance d'un bleu-violet, qui tourne au rouge sous l'action d'un acide, au bleu sous l'action d'une base.
ÉTYM. italien *tornasole* ou espagnol *tornasol* «qui se tourne vers le soleil».

TOURNEUR, EUSE [tuʀnœʀ, øz] **n.** **I** Artisan, ouvrier qui travaille au tour (à main ou automatique). *Il est tourneur sur métaux.* **II** **appos.** *Derviche* tourneur.*
ÉTYM. de *tourner* (III).

TOURNEVIS [tuʀnəvis] **n. m.** ✦ Outil pour tourner les vis, tige d'acier emmanchée, aplatie ou cruciforme à son extrémité.
ÉTYM. de *tourner* et *vis.*

TOURNICOTER [tuʀnikɔte] **v. intr.** (conjug. 3a) ✦ FAM. Tourniquer. *Il ne cesse de tournicoter dans toute la maison.*
ÉTYM. de *tourniquer.*

TOURNIQUER [tuʀnike] **v. intr.** (conjug. 3a) ✦ Tourner, aller et venir sur place, sans but. SYN. FAM. **tournicoter.**
ÉTYM. de *tourner,* d'après *tourniquet.*

TOURNIQUET [tuʀnikɛ] **n. m. 1.** Appareil formé d'une croix horizontale tournant autour d'un pivot vertical, pouvant livrer passage aux personnes, chacune à son tour. ➛ Porte à tambour. **2.** Plateforme horizontale tournant sur un pivot, servant de jeu pour les enfants. ♦ Présentoir tournant. **3.** Arroseur qui tourne sous la force de l'eau.
ÉTYM. de *tourner.*

TOURNIS [tuʀni] **n. m. 1.** Maladie des bêtes à cornes qui se manifeste par le tournoiement de la bête atteinte. **2.** FAM. Vertige. *Vous me donnez le tournis.*
ÉTYM. de *tourner.*

TOURNOI [tuʀnwa] **n. m. 1.** au Moyen Âge Combat courtois entre chevaliers. ☛ Féodalité p. 162. **2.** LITTÉR. Lutte d'émulation. SYN. **concours.** *Un tournoi d'éloquence.* **3.** Compétition, concours à plusieurs séries d'épreuves ou de manches. *Tournoi de tennis. Le*

Tournoi des Six Nations (rugby).
ÉTYM. de *tournoyer* «combattre en champ clos».

TOURNOIEMENT [tuʀnwamɑ̃] **n. m.** ✦ Le fait de tournoyer. *Un tournoiement de feuilles mortes.*
ÉTYM. de *tournoyer.*

TOURNOYANT, ANTE [tuʀnwajɑ̃, ɑ̃t] **adj.** ✦ Qui tournoie. *Danseuses tournoyantes.*
ÉTYM. du participe présent de *tournoyer.*

TOURNOYER [tuʀnwaje] **v. intr.** (conjug. 10) 1. Décrire des courbes, des cercles inégaux sans s'éloigner. *Les oiseaux tournoient, tournoyaient dans le ciel.* 2. Tourner sur soi (SYN. **pivoter**) ou tourner en hélice (SYN. **tourbillonner**). *Le vent fait tournoyer les feuilles.*
ÉTYM. de *tourner.*

TOURNURE [tuʀnyʀ] **n. f.** **I** 1. Forme particulière donnée à l'expression, à la phrase. *Une tournure impersonnelle, négative.* SYN. ② **tour** (IV, 3). *Tournure vieillie, régionale.* 2. Air, apparence (d'une chose). SYN. **allure.** *Avoir (une) meilleure tournure.* ➝ Aspect général (des évènements). *Je n'aime pas la tournure que prend la discussion.* SYN. **cours.** ➝ *Ça commence à* PRENDRE TOURNURE, à s'organiser. 3. TOURNURE D'ESPRIT : manière d'envisager, de juger les choses. **II** ancienn Rembourrage sous la robe, au bas du dos (SYN. faux **cul**).
ÉTYM. latin médiéval *tornatura,* de *tornare* «tourner».

TOURTE [tuʀt] **n. f.** 1. Tarte garnie de produits salés. 2. FAM. Imbécile, idiot. *Quelle tourte !*
ÉTYM. bas latin *torta (panis)* «(pain) rond», du participe passé de *torquere* «tordre».

① **TOURTEAU** [tuʀto] **n. m.** ✦ Résidu de graines, de fruits oléagineux, servant d'aliment pour le bétail ou d'engrais. *Tourteaux de soja.*
ÉTYM. de *tourte.*

② **TOURTEAU** [tuʀto] **n. m.** ✦ Gros crabe de l'Atlantique, de la Manche, à chair estimée (appelé aussi *dormeur*).
ÉTYM. de l'ancien français *tort* «tordu».

TOURTEREAU [tuʀtəʀo] **n. m.** 1. Jeune tourterelle. 2. fig. *Des tourtereaux* : de jeunes amoureux.
ÉTYM. de *tourterelle.*

TOURTERELLE [tuʀtəʀɛl] **n. f.** ✦ Oiseau voisin du pigeon, mais plus petit. *La tourterelle roucoule.* ➝ appos. invar. *Gris tourterelle,* légèrement rosé. *Des murs gris tourterelle.*
ÉTYM. latin populaire *turturella,* de *turtur.*

TOURTIÈRE [tuʀtjɛʀ] **n. f.** ✦ Ustensile de cuisine pour faire des tourtes.

TOUSSAINT [tusɛ̃] **n. f.** (☞ noms propres) ✦ Fête catholique en l'honneur de tous les saints, le 1er novembre (confondue avec la fête des morts célébrée le 2 novembre). ➝ *Un temps de Toussaint,* gris et froid, triste.
ÉTYM. de *fête (de) tous (les) saints.*

TOUSSER [tuse] **v. intr.** (conjug. 3a) 1. Avoir un accès de toux. ◆ par analogie *Moteur qui tousse,* qui a des ratés. 2. Se racler la gorge, volontairement, pour éclaircir sa voix ou faire signe à qqn, l'avertir.
ÉTYM. de *toux.*

TOUSSOTER [tusɔte] **v. intr.** (conjug. 3a) ✦ Tousser d'une petite toux peu bruyante.
▸ **TOUSSOTEMENT** [tusɔtmɑ̃] **n. m.**

① **TOUT** [tu], **TOUTE** [tut], **TOUS** [tu ; tus], **TOUTES** [tut] **adj., pron. et adv.**
I *TOUT, TOUTE* (pas de pluriel) **adj. qualificatif** Complet, entier (➝ **totalité**). 1. (devant un nom précédé d'un article, d'un possessif, d'un démonstratif) *TOUT LE, TOUTE LA* (+ nom). *Tout le jour, toute la nuit, tout le temps.* ➝ *TOUT LE MONDE* : l'ensemble des gens (selon le contexte) ; chacun d'eux. *Tout le reste* : l'ensemble des choses qui restent à mentionner. ➝ *TOUT UN, TOUTE UNE. Pendant tout un hiver. C'est toute une affaire, toute une histoire,* une véritable, une grave affaire. ➝ *Lire toute l'œuvre d'un auteur.* (devant un titre) *J'ai lu tout* (ou *toute*) *«la Peste», tout «les Misérables».* ➝ (devant un possessif) *Toute sa famille.* ➝ (devant un démonstratif) *Toute cette nuit, il a plu.* ➝ *TOUT CE QU'IL Y A DE* (+ nom pluriel). *Tout ce qu'il y avait de professeurs était venu* ou *étaient venus.* ➝ FAM. *Tout ce qu'il y a de plus* (avec un adj. ou un nom employé comme adj.) : très. *Des gens tout ce qu'il y a de plus cultivé* (ou *cultivés*). 2. (dans des loc.) devant un nom sans article *Avoir tout intérêt à,* un intérêt évident et grand à. *À toute vitesse**. ➝ *De toute beauté**. *En toute simplicité**. *Contre toute apparence**. ➝ *POUR TOUT* (+ nom sans article) : en fait de..., sans qu'il y ait rien d'autre. *Il n'eut qu'un sourire pour toute récompense.* SYN. **seul, unique.** ➝ (devant un nom d'auteur) *Lire tout Racine.* ➝ (devant un nom de ville ; invar.) *Tout Marseille était en émoi.* ➝ *LE TOUT-PARIS* (ou nom de grande ville) : les notables, tout ce qui compte socialement (dans une grande ville). 3. *TOUT, TOUTE À* : entièrement à. *Elle était toute à son travail.* ➝ *TOUT, TOUTE EN, DE* : entièrement fait(e) de. *Une robe toute en soie. Elles sont tout de bleu vêtues.*
II adj. indéf. 1. *TOUS, TOUTES* (toujours plur.) : l'ensemble, la totalité de, sans excepter une unité ; le plus grand nombre de. *Tous les hommes. Tous les moyens sont bons. Nous partons tous les deux.* ➝ (devant un nom sans article) *Toutes sortes de choses. Tous deux, tous trois ont tort* (REM. La série ne va pas au-delà de *tous quatre*). ➝ *C'EST TOUT UN,* la même chose. ➝ *Tous, toutes* (+ nom sans article et participe ou adj.). *Tous feux éteints. Toutes proportions gardées.* ➝ (précédé d'une prép.) *En tous lieux. En toutes lettres.* 2. *TOUS, TOUTES* (plur. de *chaque*), marque la périodicité, l'intervalle. *Tous les ans, je voyage. Toutes les cinq minutes,* à chaque instant. 3. *TOUT, TOUTE* (singulier ; + nom sans article) : un quelconque, n'importe lequel ; un individu pris au hasard. *Toute personne.* ➝ **quiconque.** prov. *Toute peine mérite salaire.* ➝ (avec prép.) *À tout âge. À toute heure. De toute façon. En tout cas. Avant toute chose* : avant tout, plus que tout. ➝ loc. *Tout un chacun* : tout le monde. ➝ *TOUT(E) AUTRE... Toute autre qu'elle aurait refusé.* CONTR. **aucun, nul.**
III pron. *TOUT ; TOUS, TOUTES.* 1. *TOUS, TOUTES* (plur.), représentant un ou plusieurs noms, pronoms, exprimés avant. *La première de toutes. Tous ensemble. Tous autant que nous sommes* : nous, sans exception. 2. *TOUS, TOUTES* (en emploi nominal) : tous les hommes, tout le monde ; une collectivité entière. *Tous sont venus. Il les aime toutes. Nous avons tous nos défauts.* ➝ *Eux tous, nous tous.* 3. *TOUT* (masc. sing.) pronom ou nominal : l'ensemble des choses dont il est question. *Le temps efface tout. Il sait tout. Tout va bien.* prov. *Tout est bien** *qui finit bien.* ➝ *Tout est là* : là réside le problème. ➝ *À tout prendre* : tout bien considéré. ➝ *Pour tout dire* : en somme. ➝ (résumant une série de termes) *Ses amis, ses enfants, son travail, tout l'exaspère.* ➝ (attribut) *Elle est tout pour lui,* elle a une extrême importance. ➝ *C'EST TOUT,* marque

la fin d'une énumération ou d'une déclaration. *Un point, c'est tout. Ce sera tout pour aujourd'hui.* ➝ *Ce n'est pas tout* : il reste encore qqch. ➝ *Ce n'est pas tout de..., que de...* : ce n'est pas assez. FAM. *C'est pas tout ça* : il y a autre chose à faire. ➝ *VOILÀ TOUT*, pour marquer que ce qui est fini, borné, n'était pas très important. *Il a trop fait la fête, voilà tout.* ➝ *Avant tout. Par-dessus tout* (→ ① **surtout**). ➝ *COMME TOUT* : extrêmement. *Elle est jolie comme tout.* ◆ *EN TOUT* : complètement. *Un récit conforme en tout à la vérité.* ➝ Au total. *Mille euros en tout. Il y avait en tout et pour tout trois personnes.* ◆ *TOUT DE... Il ignore tout de cette affaire, de vous.* ➝ FAM. *Avoir tout de*, avoir toutes les qualités, les caractéristiques de. *Elle a tout d'une mère.* ◆ nominal L'ensemble des choses. → ② **tout**. CONTR. **rien**. **IV adv.** *TOUT* (parfois TOUTE, TOUTES) : entièrement, complètement ; d'une manière absolue (SYN. **absolument**, ① **bien**, **exactement**, **extrêmement**). **1.** devant quelques adjectifs, des participes présents et passés ➝ Invariable au masc., et devant les adj. fém. commençant par une voyelle ou un *h* muet. *Ils sont tout jeunes. Tout ému, tout émue. Elle est tout habillée. La classe tout entière. Il était tout gosse.* ➝ Variable en genre et en nombre devant les adj. fém. commençant par une consonne ou par un *h* aspiré. *Toute belle. Portes ouvertes toutes grandes. Elle est toute honteuse.* ◆ *TOUT AUTRE* : complètement différent. *C'est une tout autre affaire.* ➝ *Le tout premier, la toute première.* ◆ *TOUT... QUE...*, exprime la concession. *Tout riches qu'ils sont, toutes riches qu'elles sont*, bien que riches. ➝ (+ subj.) *Tout intelligente qu'elle soit, elle s'est trompée.* **2.** *TOUT*, invar., devant une préposition, un adverbe. *Elle est habillée tout en noir. Elle était tout en larmes.* ➝ *Parlez tout bas. J'habite tout près. Tout récemment.* ➝ *Tout à coup*. Tout à l'heure*. Tout au plus* : au plus, au maximum. ➝ *Tout d'abord.* **3.** *TOUT À FAIT*. SYN. **entièrement**, **totalement**. *Ce n'est pas tout à fait pareil.* ◆ en réponse Exactement. ➝ abusif Oui. **4.** *TOUT EN...* (+ p. présent), marque la simultanéité. *Il chante tout en travaillant.* **5.** *TOUT*, invar., pour renforcer un nom épithète ou attribut. *Je suis tout ouïe*. Elle est tout yeux tout oreilles.*

HOM. TOUX «fait de tousser»

ÉTYM. latin *totus*.

② **TOUT**, plur. **TOUTS** [tu] **n. m.** **I 1.** *LE TOUT* : l'ensemble dont les éléments viennent d'être désignés. SYN. **totalité**. *Vendez le tout.* loc. *Risquer le tout pour le tout* : risquer de tout perdre en voulant tout gagner. ➝ *Un tout indivisible. Les touts et leurs parties.* **2.** *UN, LE TOUT* : l'ensemble des choses dont on parle ; l'unité qu'elles forment. *Former un tout.* ◆ Le mot à trouver dans une charade. *Mon premier, mon second... ; mon tout.* **3.** L'ensemble de toutes choses. *Le tout, le grand tout.* SYN. **univers**. **4.** *LE TOUT* : ce qu'il y a de plus important. *Le tout est d'être attentif.* ➝ FAM. *C'est pas le tout de rigoler*, ça ne suffit pas. **II loc. adv.** **1.** *DU TOUT AU TOUT* : complètement, en parlant d'un changement. *Il a changé du tout au tout.* **2.** *PAS DU TOUT* : absolument pas. *Il ne fait pas froid du tout. Plus du tout. Rien du tout* : absolument rien. ➝ ellipt *Du tout* : pas du tout. CONTR. **division**, **élément**, **partie**. HOM. TOUX «fait de tousser»

ÉTYM. même origine que ① *tout*.

TOUT-À-L'ÉGOUT [tutalegu] **n. m. invar.** ✦ Système de vidange qui consiste à envoyer directement à l'égout les eaux usées.

TOUT À TRAC [tutatʀak] **loc. adv.** ✦ En s'exprimant soudainement et sans préparation. *«Partons», lui dit-il tout à trac.*

ÉTYM. de *trac*, vx «piste, trace», de *traquer* ; d'abord *tout d'un trac* «d'une traite».

TOUTEFOIS [tutfwa] **adv.** ✦ En considérant toutes les raisons, toutes les circonstances (qui pourraient s'opposer), et malgré elles. SYN. **cependant, néanmoins, pourtant.** *Si toutefois vous acceptez.*

ÉTYM. de *tout* et *fois*.

TOUTE-PUISSANCE [tutpɥisɑ̃s] **n. f.** ✦ Puissance, autorité absolue. SYN. **omnipotence.** *Les toutes-puissances.*

TOUT-FOU [tufu] **adj. m.** et **n. m.** ✦ FAM. Très excité, un peu fou. *Ils sont tout-fous.*

TOUTOU [tutu] **n. m.** ✦ affectif Chien, spécialt bon chien, chien fidèle. *Des petits toutous.*

ÉTYM. onomatopée, formation enfantine.

TOUT-PETIT [tup(ə)ti] **n. m.** ✦ Très jeune enfant ; bébé. *Les tout-petits.*

TOUT-PUISSANT, TOUTE-PUISSANTE [tupɥisɑ̃, tutpɥisɑ̃t] **adj.** ✦ Qui peut tout, dont la puissance est absolue, illimitée. SYN. **omnipotent.** ➝ **n. m.** RELIG. *Le Tout-Puissant* : Dieu. ◆ Qui a un très grand pouvoir. *Des rois tout-puissants. Assemblées toutes-puissantes.*

TOUT-TERRAIN [tuteʀɛ̃] **adj. invar.** et **n. invar.** ✦ (véhicule) Capable de rouler hors des routes, sur toutes sortes de terrains. *Des véhicules tout-terrain.* ➝ **n. invar.** *Des tout-terrain* (→ **jeep, quatre-quatre**). ➝ *Vélo tout-terrain.* → **BMX, V. T. T.**

à TOUT VA [atuva] **loc. adv.** ✦ Sans limite, sans retenue. *Il distribue des punitions à tout va.*

ÉTYM. de l'expression *tout va*, utilisée au casino, de ① *tout* et ① *aller* → va-tout.

TOUT-VENANT [tuv(ə)nɑ̃] **n. m. invar.** ✦ (choses, personnes) Tout ce qui se présente (sans tri, sans classement préalable). *Le tout-venant.*

ÉTYM. de *tout* et participe présent de *venir*.

TOUX [tu] **n. f.** ✦ Expulsion forcée et bruyante d'air à travers la glotte rétrécie, due en général à une irritation des muqueuses des voies respiratoires (→ **tousser**). *Accès, quinte de toux. Une toux grasse, sèche*, avec, sans expectoration. HOM. ② TOUT «totalité»

ÉTYM. latin *tussis*.

TOXÉMIE [tɔksemi] **n. f.** ✦ MÉD. Présence de toxines dans le sang.

ÉTYM. de *toxique* et *-émie*.

TOXICITÉ [tɔksisite] **n. f.** ✦ Caractère toxique.

TOXICO- Élément savant, du latin *toxicum* «poison».

TOXICOLOGIE [tɔksikɔlɔʒi] **n. f.** ✦ Étude scientifique des poisons.

► **TOXICOLOGIQUE** [tɔksikɔlɔʒik] **adj.**

ÉTYM. de *toxico-* et *-logie*.

TOXICOLOGUE [tɔksikɔlɔg] **n.** ✦ Spécialiste en toxicologie.

TOXICOMANE [tɔksikɔman] **adj.** ✦ Qui souffre de toxicomanie. SYN. **drogué, intoxiqué.** ➝ **n.** *Un, une toxicomane.* ➝ abrév. FAM. TOXICO [tɔksiko]. *Les toxicos.*

ÉTYM. de *toxico-* et ② *-mane*.

A B C D E F G H I J K L M N O P Q R S T U V W X Y Z

TOXICOMANIE [tɔksikɔmani] **n. f.** ✦ État d'intoxication engendré par la prise répétée de substances toxiques (drogues, stupéfiants), créant un état de dépendance psychique et physique (→ **accoutumance, intoxication**).
ÉTYM. de *toxico-* et *-manie*.

TOXI-INFECTION [tɔksiɛ̃fɛksjɔ̃] **n. f.** ✦ MÉD. Infection provoquée par des toxines microbiennes. *Toxi-infection alimentaire.*

TOXINE [tɔksin] **n. f.** ✦ MÉD. Substance toxique élaborée par un organisme vivant auquel elle confère son pouvoir pathogène. *Rôle du foie dans l'élimination des toxines.*
ÉTYM. de *toxique*.

TOXIQUE [tɔksik] **n. m.** et **adj.** **1. n. m.** DIDACT. Poison. **2. adj.** Qui agit comme un poison. *Gaz toxiques.* SYN. **délétère.** ◆ **fig.** Nuisible (sournoisement). CONTR. **inoffensif.**
ÉTYM. latin *toxicum*, du grec «poison de flèche», de *toxon* «arc».

TOXOPLASMOSE [tɔksoplasmoz] **n. f.** ✦ MÉD. Maladie causée par un protozoaire parasite (le *toxoplasme* **n. m.**), dangereuse pour le fœtus humain.
ÉTYM. de *toxoplasme*, du grec *toxon* «arc» et *plasma* «chose façonnée».

T. P. [tepe] **n. m. pl.** ✦ Travaux pratiques. *Cahier de T. P. Les T. P. de chimie ont lieu au labo.*
ÉTYM. abréviation.

TRABOULE [trabul] **n. f.** ✦ (À Lyon) Passage qui traverse un pâté de maisons.
ÉTYM. de *trabouler*, probablement latin populaire *trabulare*, de *trans* «à travers» et *ambulare* «aller».

TRAC [tʀak] **n. m.** **1.** Peur ou angoisse que l'on ressent avant d'affronter le public, de subir une épreuve, d'exécuter une résolution. *Comédien qui a le trac.* **2.** → **tout à trac.** HOM. TRAQUE «poursuite»
ÉTYM. origine incertaine.

TRAÇABILITÉ [trasabilite] **n. f.** ✦ Possibilité de suivre le parcours (d'un produit), de la production à la diffusion.
ÉTYM. anglais *traceability*.

TRAÇABLE [trasabl] **adj.** ✦ Dont on peut identifier l'origine et reconstituer le parcours. *Produits alimentaires traçables.*
ÉTYM. anglais *traceable*.

TRAÇANT, ANTE [tʀasɑ̃, ɑ̃t] **adj.** **1.** BOT. *Racine traçante*, horizontale. **2.** *Balle traçante*, qui laisse derrière elle une trace lumineuse.
ÉTYM. du participe présent de *tracer*.

TRACAS [tʀaka] **n. m.** **1.** VIEILLI Embarras, peine, effort. *Se donner bien du tracas.* **2.** Souci ou dérangement causé par des préoccupations d'ordre matériel. SYN. **difficulté, ennui.** *Tracas domestiques.*
ÉTYM. de *tracasser*.

TRACASSER [tʀakase] **v. tr.** (conjug. 3a) ✦ Tourmenter avec insistance, physiquement ou moralement, de façon agaçante. SYN. **obséder, travailler.** *Ses ennuis d'argent le tracassent.* ◆ *SE TRACASSER* **v. pron.** S'inquiéter. *Ne vous tracassez pas.*
ÉTYM. de *traquer*.

TRACASSERIE [tʀakasʀi] **n. f.** ✦ Difficulté ou ennui qu'on suscite à qqn en le tracassant. *Les tracasseries administratives.*

TRACASSIER, IÈRE [tʀakasje, jɛʀ] **adj.** ✦ Qui se plaît à tracasser les gens. *Un directeur tracassier.*

TRACE [tʀas] **n. f.** **1.** Empreinte ou suite d'empreintes, de marques, que laisse le passage d'un être ou d'un objet. *Des traces de pas sur la neige. Suivre, perdre la trace d'un fugitif.* SYN. **piste.** – *Suivre qqn, un animal À LA TRACE.* ◆ **loc. fig.** *Suivre les traces, marcher sur les traces de qqn*, suivre son exemple. **2.** Marque. *Traces de fatigue sur un visage. Des traces de sang, d'encre.* SYN. **tache.** ◆ Ce qui subsiste d'une chose passée. SYN. **reste, vestige.** *Retrouver les traces d'une civilisation disparue.* **3.** Très petite quantité perceptible. *L'autopsie a révélé des traces de poison.*
ÉTYM. de *tracer*.

TRACÉ [tʀase] **n. m.** **1.** Ensemble des lignes constituant le plan d'un ouvrage à exécuter. SYN. ③ **plan.** *Étudier le tracé d'une route.* **2.** Ligne continue, dans la nature. *Le tracé sinueux d'une rivière.* **3.** Contours d'un dessin au trait, d'une écriture. SYN. **graphisme.** *Un tracé nerveux.*
ÉTYM. du participe passé de *tracer*.

TRACER [tʀase] **v. tr.** (conjug. 4) **1.** Indiquer et ouvrir plus ou moins (un chemin) en faisant une trace. SYN. **frayer.** – **au p. passé** *Sentier à peine tracé.* – **fig.** *Tracer le chemin, la voie* : indiquer la route à suivre, donner l'exemple. **2.** Mener (une ligne) dans une direction. *Tracer un trait.* SYN. **tirer.** ◆ Former, en faisant plusieurs traits. *Tracer un triangle, le plan d'une ville.* – **fig.** *Le portrait qu'en trace l'écrivain.* ◆ Écrire. *Tracer quelques lignes.*
ÉTYM. latin populaire *tractiare*, classique *trahere* «tirer, traîner».

TRACEUR, EUSE [tʀasœʀ, øz] **n.** **1.** Personne qui trace (qqch.), établit un tracé. **2. n. m.** SC. Isotope radioactif dont on peut suivre le cheminement. SYN. **marqueur.**

TRACHÉAL, ALE, AUX [tʀakeal, o] **adj.** ✦ ANAT. Relatif à la trachée (1). *Intubation trachéale.*

TRACHÉE [tʀaʃe] **n. f.** **1.** Portion du conduit respiratoire comprise entre l'extrémité inférieure du larynx et l'origine des bronches. SYN. **trachée-artère.** **2.** ZOOL. Chacun des petits canaux ramifiés qui conduisent l'air aux organes, chez les insectes et les arachnides.
ÉTYM. latin *trachia*, du grec, littéralement «(artère) rugueuse».

TRACHÉE-ARTÈRE [tʀaʃeaʀtɛʀ] **n. f.** ✦ VIEILLI Trachée.
ÉTYM. grec *artêria trakheia* «artère rugueuse».

TRACHÉEN, ENNE [tʀakeɛ̃, ɛn] **adj.** ✦ ZOOL. Relatif aux trachées (2). *Respiration trachéenne des insectes.*

TRACHÉITE [tʀakeit] **n. f.** ✦ Inflammation de la trachée.
ÉTYM. de *trachée* et *-ite*.

TRACHÉOTOMIE [tʀakeɔtɔmi] **n. f.** ✦ Incision chirurgicale de la trachée, destinée à rétablir le passage de l'air et permettant une intubation.
ÉTYM. de *trachée* et *-tomie*.

TRACHOME [tʀakom] **n. m.** ✦ MÉD. Conjonctivite contagieuse pouvant entraîner la cécité.
ÉTYM. grec *trakhôma* «rugosité».

TRACT [tʀakt] **n. m.** ✦ Petite feuille ou brochure gratuite de propagande. *Distribuer des tracts.*
ÉTYM. mot anglais, du latin *tractatus* «traité».

TRACTATION [tʀaktasjɔ̃] n. f. ✦ péj. surtout au plur. Négociation clandestine, où interviennent des manœuvres ou des marchandages. *Tractations entre la police et les preneurs d'otages.*
ÉTYM. latin *tractatio*, de *tractare* «traiter».

TRACTER [tʀakte] v. tr. (conjug. 3a) ✦ Tirer au moyen d'un tracteur, d'un véhicule à moteur. SYN. **remorquer.**
► **TRACTÉ, ÉE** adj. *Engins tractés.*
ÉTYM. de *tracteur.*

TRACTEUR [tʀaktœʀ] n. m. ✦ Véhicule automobile destiné à tirer un ou des véhicules, en particulier des instruments et machines agricoles.
ÉTYM. du latin *tractum*, de *trahere* «tirer».

TRACTION [tʀaksjɔ̃] n. f. **1.** TECHN. Action de tirer en tendant, en étendant ; la force qui en résulte. *Résistance des matériaux à la traction.* **2.** Mouvement de gymnastique consistant à tirer le corps (suspendu), en amenant les épaules à la hauteur des mains, ou à relever le corps (étendu à plat ventre) en tendant et raidissant les bras (→ FAM. ② **pompe**). **3.** Action de traîner, d'entraîner. *Véhicules à traction animale. Traction électrique.* SYN. **locomotion.** – *TRACTION AVANT :* dispositif dans lequel les roues avant sont motrices ; voiture ainsi équipée. *Des tractions avant.*
ÉTYM. latin *tractio*, de *trahere* «tirer».

TRADE-UNION [tʀɛdynjɔ̃ ; tʀɛdjunjɔn] n. f. ✦ anglicisme Syndicat ouvrier corporatiste, en Grande-Bretagne. *Des trade-unions.* HOM. TRAIT D'UNION «signe»
ÉTYM. mot anglais, de *trade* «commerce, métier» et *union* «union».

TRADITION [tʀadisjɔ̃] n. f. **1.** Doctrine religieuse, pratique transmise de siècle en siècle, originellement par la parole ou l'exemple. *La tradition juive, chrétienne, islamique.* **2.** Ensemble de notions relatives au passé, transmises de génération en génération. SYN. **folklore, légende, mythe.** *La tradition orale.* **3.** Manière de penser, de faire ou d'agir, qui est un héritage du passé. SYN. **coutume, habitude.** *Il reste attaché aux traditions de sa famille.* – loc. adv. *Par tradition.* – *De tradition* loc. adj. : traditionnel.
ÉTYM. latin *traditio*, de *tradere* «transmettre».

TRADITIONALISME [tʀadisjɔnalism] n. m. ✦ Attachement aux notions, aux coutumes, aux techniques traditionnelles. SYN. **conformisme, conservatisme.** ♦ spécialt Intégrisme religieux. CONTR. **progressisme.**
ÉTYM. de *traditionnel.*

TRADITIONALISTE [tʀadisjɔnalist] adj. ✦ Propre au traditionalisme. ♦ adj. et n. Partisan du traditionalisme. SYN. **conformiste, conservateur.** – spécialt Intégriste. CONTR. **progressiste.**
ÉTYM. de *traditionnel.*

TRADITIONNEL, ELLE [tʀadisjɔnɛl] adj. **1.** Qui est fondé sur la tradition, correspond à une tradition (religieuse, politique, etc.). SYN. **orthodoxe.** *Grammaire traditionnelle.* SYN. **classique.** *Costume traditionnel.* SYN. **folklorique.** **2.** (avant le n.) D'un usage ancien et familier, consacré par la tradition. SYN. **habituel.** *La traditionnelle fête de famille.*
► **TRADITIONNELLEMENT** [tʀadisjɔnɛlmɑ̃] adv.

TRADUCTEUR, TRICE [tʀadyktœʀ, tʀis] n. ✦ Auteur d'une traduction. *Les traducteurs d'Homère.* – *Traducteur interprète :* professionnel chargé de traduire des textes oralement et par écrit. *Des traducteurs interprètes.* ♦ n. m. et n. f. Appareil électronique fournissant des éléments de traduction. *Traducteur, traductrice de poche.*
ÉTYM. de *traduire*, d'après le latin *traductor* «guide».

TRADUCTION [tʀadyksjɔ̃] n. f. **1.** Action, manière de traduire. *Traduction fidèle ; traduction littérale. Traduction libre.* → **adaptation.** *Traduction orale, simultanée.* → **interprétation.** – *Traduction automatique ; traduction assistée par ordinateur.* **2.** Texte ou ouvrage traduit. **3.** fig. Expression, transposition.
ÉTYM. de *traduire*, d'après le latin *traductio.*

TRADUIRE [tʀadɥiʀ] v. tr. (conjug. 64b ; p. passé *traduit, e*) **I** DR. Citer, déférer. SYN. faire **passer.** *Traduire qqn en justice, devant le tribunal.* **II 1.** Faire passer d'une langue dans une autre, en tendant à l'équivalence de sens et de valeur des deux énoncés. *Traduire un poème russe en français.* – au p. passé *Un roman, un auteur traduit de l'italien.* **2.** Exprimer, de façon plus ou moins directe, en utilisant les moyens du langage ou d'un art. *Traduire ses émotions en paroles.* – *Les mots qui traduisent notre pensée.* **3.** Manifester aux yeux d'un observateur (un enchaînement, un rapport). *La fièvre traduit les réactions de défense de l'organisme.* – pronom. *Sa politique s'est traduite par un échec.* SYN. se **solder.**
ÉTYM. latin *traducere*, de *trans* «à travers» et *ducere* «mener, conduire».

TRADUISIBLE [tʀadɥizibl] adj. ✦ Qui peut être traduit. *Ce jeu de mots n'est guère traduisible.* CONTR. **intraduisible.**

TRAFIC [tʀafik] n. m. **I** péj. Commerce plus ou moins clandestin, immoral ou illicite. *Trafic d'esclaves* (SYN. **traite**). *Faire du trafic d'armes, de drogue.* – *Trafic d'influence :* fait de recevoir des présents pour faire obtenir de l'autorité publique un avantage quelconque. → **corruption ; pot-de-vin.** **II 1.** Mouvement général des trains. – par ext. *Trafic maritime, routier, aérien.* ♦ Circulation routière. *Trafic dense sur l'autoroute.* **2.** Nombre de visiteurs d'un site web. *Le trafic d'un blog.*
ÉTYM. italien *traffico*, de *trafficare* «faire du commerce» ; sens II, de l'anglais *traffic.*

TRAFICOTER [tʀafikɔte] v. intr. (conjug. 3a) ✦ FAM. Pratiquer de petits trafics.
► **TRAFICOTAGE** [tʀafikɔtaʒ] n. m.

TRAFIQUANT, ANTE [tʀafikɑ̃, ɑ̃t] n. ✦ péj. Personne qui trafique. *Un trafiquant de drogue.* → **dealeur** (anglicisme).

TRAFIQUER [tʀafike] v. tr. (conjug. 3a) **1.** Faire trafic de, acheter et vendre en réalisant des profits illicites. *Trafiquer l'ivoire.* **2.** FAM. Modifier (un objet, un produit) en vue de tromper sur la marchandise. SYN. **falsifier.** *Trafiquer un vin.* SYN. **frelater.** *Trafiquer un moteur de voiture.* SYN. **bidouiller.** – au p. passé *Moteur trafiqué.* **3.** FAM. Faire (qqch. de mystérieux). *Qu'est-ce que tu trafiques ici ?* SYN. **fabriquer.**
ÉTYM. italien *trafficare*, d'origine inconnue.

TRAGÉDIE [tʀaʒedi] n. f. **1.** Œuvre dramatique (surtout en vers), représentant des personnages hors du commun aux prises avec des conflits intérieurs et un destin exceptionnel et malheureux ; genre de ce type de pièces. ☞ Littérature p. 128. *Les tragédies grecques. Les tragédies de Corneille, de Racine.* **2.** fig. *Cet accident est*

A B C D E F G H I J K L M N O P Q R S T U V W X Y Z

une tragédie. SYN. **drame.**

ÉTYM. latin *tragoedia*, du grec.

TRAGÉDIEN, IENNE [tʀaʒedjɛ̃, jɛn] **n.** ✦ Acteur, actrice qui joue spécialement les rôles tragiques (tragédie ou drame).

TRAGICOMÉDIE [tʀaʒikɔmedi] **n. f. 1.** DIDACT. Tragédie dont l'action est romanesque et le dénouement heureux (ex. « Le Cid »). **2.** fig. Évènement, situation où le comique se mêle au tragique.

ÉTYM. latin *tragi(co)comoedia.*

TRAGICOMIQUE [tʀaʒikɔmik] **adj. 1.** DIDACT. Qui appartient à la tragicomédie. **2.** fig. Où le tragique et le comique se mêlent. *Une aventure tragicomique.*

TRAGIQUE [tʀaʒik] **adj. 1.** De la tragédie (1) ; qui évoque une situation où l'homme prend douloureusement conscience d'un destin ou d'une fatalité. *Auteur tragique.* **n. m.** *Les tragiques grecs* (Eschyle, Sophocle, Euripide...). ➝ par ext. *Le destin, la fatalité tragique.* ➝ **n. m.** *Le tragique et le comique.* **2.** Qui inspire une émotion intense, par un caractère effrayant ou funeste. SYN. **dramatique, terrible.** *Il a eu une fin tragique. Une tragique méprise.* ➝ FAM. *Ce n'est pas tragique :* ce n'est pas bien grave. ◆ **n. m.** *Prendre qqch. au tragique,* s'en alarmer à l'excès. ➝ *La situation tourne au tragique.* CONTR. **comique.**

ÉTYM. latin *tragicus*, du grec, de *tragôdia* « tragédie ».

TRAGIQUEMENT [tʀaʒikmɑ̃] **adv.** ✦ D'une manière tragique (2). *Il est mort tragiquement.*

TRAHIR [tʀaiʀ] **v. tr.** (conjug. 13) **1.** Livrer ou abandonner (qqn à qui l'on doit fidélité). SYN. **dénoncer, vendre.** *Judas trahit Jésus.* ➝ Abandonner en passant à l'ennemi. *Trahir son pays.* **2.** Cesser d'être fidèle à (qqn). *Trahir un ami.* ➝ *Trahir la confiance de qqn.* ◆ Desservir par son caractère révélateur. *Son lapsus l'a trahi.* **3.** Lâcher, cesser de seconder. *Ses forces le trahissent.* SYN. **abandonner.** ➝ Exprimer infidèlement. *Les mots trahissent parfois la pensée.* **4.** Livrer (un secret). SYN. **divulguer, révéler.** ◆ Être le signe, l'indice de (une chose peu évidente ou dissimulée). SYN. **révéler.** *Voix qui ne trahit aucune émotion.* **5.** *SE TRAHIR* **v. pron.** Laisser apparaître, laisser échapper ce qu'on voulait cacher. *Le menteur finit par se trahir.* SYN. **se couper.** ➝ *Son trouble s'est trahi par une rougeur.* CONTR. **seconder, servir · cacher.**

ÉTYM. latin populaire *tradire*, de *tradere* « livrer, remettre ».

TRAHISON [tʀaizɔ̃] **n. f. 1.** Crime d'une personne qui trahit, qui passe à l'ennemi. SYN. **défection, désertion ;** ➝ **traître.** ➝ *Haute trahison :* intelligence avec une puissance étrangère ou ennemie, dans le contexte d'une guerre. **2.** Action de trahir (2), manquer au devoir de fidélité. SYN. **traîtrise.** CONTR. **fidélité.**

TRAIN [tʀɛ̃] **n. m.** **I** **1.** File de choses traînées ou entraînées. *Un train de péniches.* **2.** TECHN. Suite ou ensemble de choses semblables qui fonctionnent en même temps. *Train de pneus.* ➝ fig. Série, ensemble. *Un train de réformes, de mesures.* **3.** MILIT. *Train des équipages*.* **4.** dans des loc. *Train de maison :* domesticité, dépenses d'une maison. ➝ *Mener GRAND TRAIN :* vivre dans le luxe. **II** La locomotive et l'ensemble des voitures (wagons) qu'elle entraîne. SYN. **convoi,** ③ **rame.** *Le train de Lyon,* qui va à Lyon, ou qui vient de Lyon. *Train à grande vitesse (T. G. V.). Train de marchandises. Prendre le train. Avoir, manquer son train.* ➝ loc. fig. *Prendre le train en marche :* s'associer à une action déjà en cours. ➝ *Un train peut en cacher un autre ;* fig. une chose, une personne très visible peut en cacher une analogue (et plus dangereuse). ◆ Moyen de transport ferroviaire. SYN. **chemin de fer, rail.** *Voyager par le train.* ◆ *Train miniature* (jouet). *Jouer au train électrique.* **III** (Partie qui traîne) **1.** Partie qui porte le corps d'une voiture et à laquelle sont attachées les roues. *Le train avant, arrière d'une automobile.* ➝ *TRAIN D'ATTERRISSAGE :* parties (d'un avion) destinées à être en contact avec le sol. **2.** *TRAIN DE DEVANT, DE DERRIÈRE :* partie de devant (➝ **avant-train**), de derrière (➝ **arrière-train**) des animaux de trait, des quadrupèdes. **3.** POP. Derrière. *Je vais te botter le train !* ➝ *Filer le train à qqn,* le suivre de près. **IV** fig. (Allure, marche) **1.** dans des loc. *Du train où vont les choses :* si les choses continuent comme cela. *Aller son train :* suivre son cours. ◆ *TRAIN DE VIE :* manière de vivre, relativement aux dépenses de la vie courante que permet la situation des gens. **2.** Allure (du cheval, d'une monture, d'un véhicule ou d'un coureur, d'un marcheur). *Accélérer le train.* ➝ loc. *Aller À FOND DE TRAIN,* très vite. **3.** *EN TRAIN* **loc. adv.** : en mouvement, en action, ou en humeur d'agir. *Se mettre en train. Je ne suis pas en train :* je ne me sens pas bien disposé. ➝ *Mettre un travail en train.* SYN. **en chantier.** *MISE EN TRAIN :* début d'exécution, travaux préparatoires. **4.** *EN TRAIN DE* **loc. prép.,** marque l'action en cours. *Il est en train de travailler.* ➝ *Le gâteau est en train de cuire.*

ÉTYM. de *traîner.*

TRAÎNAILLER [tʀɛnaje] **v. intr.** (conjug. 3a) ✦ Traîner, être trop long (à faire qqch.). SYN. **lambiner.** ➝ Errer inoccupé. *Traînailler dans les cafés.* ➝ On dit aussi TRAÎNASSER [tʀɛnase] (conjug. 3a).

TRAÎNANT, ANTE [tʀɛnɑ̃, ɑ̃t] **adj. 1.** Qui traîne par terre ; qui pend. *Une robe traînante.* ➝ *D'un pas traînant.* **2.** (sons) Monotone et lent. *Une voix traînante.*

TRAÎNARD, ARDE [tʀɛnaʀ, aʀd] **n. 1.** Personne qui traîne, reste en arrière d'un groupe en marche. **2.** Personne trop lente dans son travail. SYN. **lambin.**

TRAÎNE [tʀɛn] **n. f. 1.** *À LA TRAÎNE* **loc. adv.** : en arrière d'un groupe de personnes qui avance. *Il est toujours à la traîne.* ◆ *Ciel de traîne* (fin de perturbation). **2.** Bas d'un vêtement conçu pour traîner à terre derrière une personne qui marche. *Robe de mariée à traîne.*

ÉTYM. de *traîner.*

TRAÎNEAU [tʀɛno] **n. m. 1.** Voiture à patins que l'on traîne (ou pousse) sur la neige. ➝ **luge, schlitte, toboggan, troïka.** *Chien de traîneau.* ➝ **husky. 2.** appos. *Aspirateur traîneau,* que l'on traîne. *Des aspirateurs traîneaux.*

TRAÎNÉE [tʀene] **n. f.** **I** **1.** Longue trace laissée sur une surface par une substance répandue. ➝ *Traînée de poudre :* poudre répandue sur une ligne pour communiquer le feu à l'amorce. ➝ fig. *Comme une TRAÎNÉE DE POUDRE :* très rapidement, de proche en proche. **2.** Ce qui suit un corps en mouvement et semble émaner de lui. *La traînée lumineuse d'une comète.* ◆ Bande allongée. *Des traînées rouges dans le ciel.* **II** FAM. Femme de mauvaise vie, prostituée.

ÉTYM. du participe passé de *traîner.*

TRAÎNER [tʀene] **v.** (conjug. 3a) **I v. tr. 1.** Tirer après soi (→ **traction**) ; déplacer en tirant derrière soi sans soulever. *Traîner une remorque. Le corps de la victime a été traîné sur plusieurs mètres.* ♦ *Traîner la jambe, la patte* : avoir de la difficulté à marcher. — *Traîner les pieds* : marcher sans soulever les pieds du sol ; **fig.** obéir sans empressement. **2.** Forcer (qqn) à aller (quelque part). *Traîner qqn chez le médecin.* **3.** Amener, avoir partout avec soi par nécessité (les gens ou les choses dont on voudrait pouvoir se libérer). SYN. FAM. **trimbaler.** *Elle est obligée de traîner partout ses enfants.* — Supporter (une chose pénible qui se prolonge). *Il traîne cette maladie depuis des années.* **II v. intr. 1.** Pendre à terre en balayant le sol (→ **traîne**). *Votre écharpe traîne par terre.* **2.** Être étendu ; s'étendre. *Le ciel où traînent des nuages.* **3.** Être posé ou laissé sans être rangé. *Ramasser, ranger ce qui traîne.* ♦ **fig.** *Ça traîne partout* : c'est usé, rebattu. **4.** Durer trop longtemps, ne pas finir. SYN. **s'éterniser.** *La réunion traîne en longueur. Ça n'a pas traîné !,* cela a été vite fait. SYN. **tarder.** ♦ *Sa voix traîne sur certaines syllabes* (→ **traînant**). **5.** Rester en arrière d'un groupe qui avance. — Aller trop lentement, s'attarder (→ **traînard**). *Ne traîne pas en rentrant de l'école.* ♦ Agir trop lentement. SYN. **lambiner.** *Dépêchez-vous, vous traînez !* **6.** **péj.** Aller sans but ou rester longtemps (en un lieu peu recommandable ou peu intéressant). SYN. **errer, vagabonder.** *Traîner dans les rues.* **III** *SE TRAÎNER* **v. pron. 1.** Avancer, marcher avec peine (par infirmité, maladie, fatigue). *Il ne peut plus se traîner.* **2.** Aller à contrecœur. *Se traîner à une réunion.* **3.** Avancer à plat ventre ou à genoux. — **fig.** *Se traîner aux pieds de qqn,* le supplier, s'abaisser. **4.** Durer trop. *L'enquête se traîne.* SYN. **s'éterniser.** CONTR. **pousser ; soulever** • se **dépêcher.**

ÉTYM. latin populaire *traginare,* d'une forme de *trahere* «tirer».

TRAINING [tʀeniŋ] **n. m.** ✦ **anglicisme 1.** Entraînement (sportif). **2.** PSYCH. Méthode de relaxation par autosuggestion.

ÉTYM. mot anglais, de *to train* «entraîner», du français *traîner.*

TRAINTRAIN ou **TRAIN-TRAIN** [tʀɛ̃tʀɛ̃] **n. m. invar.** ✦ Marche régulière sans imprévu. SYN. **routine.** *Le train-train quotidien.*

ÉTYM. de *tran-tran,* onomatopée, avec influence de *train* (IV).

TRAIRE [tʀɛʀ] **v. tr.** (conjug. 43) ✦ Tirer le lait de (la femelle de certains animaux domestiques) en pressant le pis, ou mécaniquement (→ **traite ; trayeuse**). *Traire une vache.* — *Traire le lait.*

ÉTYM. latin populaire *tragere,* de *trahere* «tirer».

TRAIT [tʀɛ] **n. m. I 1. dans des loc.** Fait de tirer. SYN. **traction.** *Bête, animal DE TRAIT,* destiné à tirer des voitures. ♦ Corde servant à tirer les voitures. *Les traits d'un attelage.* **2.** Projectile lancé à la main (javelot, lance) ou à l'aide d'une arme (flèche). *Décocher un trait.* **3. dans des loc.** Fait de boire en une seule fois (SYN. **gorgée**). *Boire à longs, à grands traits.* ♦ *D'UN TRAIT. Il a bu son verre d'un trait.* — *Dormir d'un trait,* d'une seule traite. **4.** Le fait de dessiner une ou des lignes. *Dessin AU TRAIT,* sans ombres ni modelé, fait seulement de lignes. — *Esquisser à grands traits,* en traçant rapidement les linéaments ; **fig.** sans entrer dans le détail. ♦ Ligne (**spécialt** ligne droite), surtout quand on la forme sans lever l'instrument. *Faire, tirer, tracer un trait* (→ aussi **trait d'union**). *Rayer d'un trait ;* **fig.** supprimer brutalement. **5. au plur.** Les lignes caractéristiques du visage. → **physionomie.** *Traits fins, réguliers.* **II fig. 1.** *TRAIT DE,* acte, fait qui constitue une marque, un signe (d'une qualité, d'une capacité). *Un trait de bravoure. Un trait d'esprit,* une parole, une remarque vive et spirituelle. *Trait de génie* : idée remarquable et soudaine. **2. loc.** *AVOIR TRAIT À* : se rapporter à, concerner. *Ce qui a trait à son métier.* **3.** Élément caractéristique qui permet d'identifier, de reconnaître. SYN. **caractère, caractéristique.** **4.** Parole qui manifeste un esprit médisant ou piquant. SYN. **sarcasme.** *Décocher un trait à qqn.* — Bon mot, mot d'esprit. HOM. TRÈS «extrêmement»

ÉTYM. latin *tractus,* du p. passé de *trahere* «tirer».

TRAITABLE [tʀɛtabl] **adj.** ✦ LITTÉR. Accommodant. *Un créancier peu traitable.* CONTR. **intraitable.**

ÉTYM. latin *tractabilis,* d'après *traiter.*

TRAITANT, ANTE [tʀɛtɑ̃, ɑ̃t] **adj. 1.** (médecin) Qui traite les malades d'une manière suivie. *Médecin traitant et médecin consultant.* **2.** Qui traite. *Shampoing traitant.*

TRAIT D'UNION [tʀɛdynjɔ̃] **n. m. 1.** Signe en forme de petit trait horizontal, reliant les éléments de certains composés (ex. arc-en-ciel) ou le verbe et le pronom postposé (ex. crois-tu ?, prends-le). *Des traits d'union.* **2. fig.** Personne, chose qui sert d'intermédiaire. HOM. TRADE-UNION «syndicat»

TRAITE [tʀɛt] **n. f. I 1. anciennt** *La traite des esclaves, des Noirs* : le trafic des esclaves noirs. — *Traite des Blanches* : entraînement ou détournement de femmes blanches en vue de la prostitution. **2.** VX Action de retirer (de l'argent). — MOD. Lettre de change ; billet, effet de commerce. *Tirer, escompter, payer une traite.* **II** VIEILLI Trajet effectué sans s'arrêter. SYN. **chemin, parcours.** *Une longue traite.* — MOD. *D'UNE (seule) TRAITE* **loc. adv.** : sans interruption. SYN. **d'un trait.** **III** Action de traire (les vaches, les femelles d'animaux domestiques). *L'heure de la traite.*

ÉTYM. du participe passé de *traire* «tirer», avec influence de *traiter.*

TRAITÉ [tʀete] **n. m. 1.** Ouvrage didactique, où un sujet est exposé d'une manière systématique. SYN. **cours,** ② **manuel.** «*Traité de la peinture*» (de Léonard de Vinci). **2.** Acte juridique par lequel des États établissent des règles et des décisions communes. SYN. **pacte.** *Conclure, ratifier un traité de paix. Le traité de Rome* (1957, créant la C. E. E. ☛ Europe p. 198), *de Maastricht* (1992, créant l'Union européenne). *Traité constitutionnel européen.*

ÉTYM. latin *tractatus,* du participe passé de *tractare* «traiter».

TRAITEMENT [tʀɛtmɑ̃] **n. m. 1.** Comportement à l'égard de qqn ; actes traduisant ce comportement. *Un traitement de faveur. Mauvais traitements* : coups, sévices. **2.** Manière de soigner (un malade, une maladie) ; ensemble des moyens employés pour guérir. SYN. **médication, thérapeutique.** *Suivre un traitement ; être en traitement. Prescrire un traitement.* **3.** Rémunération (d'un fonctionnaire) ; gain attaché à un emploi régulier d'une certaine importance sociale. SYN. **émoluments, salaire.** **4.** Manière de traiter (une substance). *Traitement de l'eau.* ♦ *Traitement de l'information,* effectué par un ordinateur. — *TRAITEMENT DE TEXTE,* méthode informatique, progiciel pour composer, corriger, éditer des textes. **5.** Manière de traiter (un sujet, un problème).

ÉTYM. de *traiter.*

TRAITER [tʀete] v. (conjug. 3a) **I** v. tr. (compl. personne) **1.** Agir, se conduire envers (qqn) de telle ou telle manière. *Traiter qqn très mal, comme un chien.* → **maltraiter.** *Il la traite en gamine.* **2.** LITTÉR. Convier ou recevoir (qqn) à sa table. **3.** Soumettre à un traitement médical. SYN. **soigner ;** → **traitant. 4.** *TRAITER DE... :* qualifier, appeler de tel ou tel nom. – péj. loc. *Traiter qqn de tous les noms* (injurieux). – pronom. *Ils se sont traités d'idiots.* ♦ FAM. Insulter (qqn). *Il a traité ma mère !* **II** v. tr. (compl. chose) **1.** Régler (une affaire) en discutant, en négociant. *Traiter une affaire avec qqn.* **2.** Soumettre (une substance) à diverses opérations de manière à la modifier. *Traiter un minerai* (pour obtenir le métal qu'il contient). ♦ Soumettre (des cultures) à l'action de produits chimiques. – au p. passé *Citrons non traités.* **3.** Soumettre (un objet) à la pensée en vue d'étudier, d'exposer. SYN. **aborder, examiner.** *L'élève n'a pas traité le sujet.* ♦ ARTS Mettre en œuvre de telle ou telle manière. *La scène traitée par le peintre.* **4.** INFORM. Soumettre (une information) à un programme. *Traiter les résultats d'un sondage.* **III** v. tr. ind. **1.** *TRAITER DE :* avoir pour objet. *Un livre qui traite d'économie.* SYN. ① **parler. 2.** absolt Entrer en pourparlers, pour régler une affaire, conclure un marché. SYN. **négocier, parlementer.** *Je ne peux pas traiter avec vous sur cette base-là.*
ÉTYM. latin *tractare*, de *trahere* «tirer».

TRAITEUR [tʀɛtœʀ] n. m. ✦ Personne, entreprise qui prépare des repas, des plats à emporter et à consommer chez soi. – appos. *Des charcutiers traiteurs.*
ÉTYM. de *traiter* (I, 2).

TRAÎTRE, TRAÎTRESSE [tʀɛtʀ, tʀɛtʀɛs] n. et adj.
I n. **1.** Personne qui trahit, se rend coupable d'une trahison. → **délateur, parjure, renégat.** ♦ loc. *Prendre qqn EN TRAÎTRE,* agir avec lui de façon perfide, sournoise. **2.** langage classique ou par plais. Perfide, scélérat. *Tu m'as menti, traîtresse !*
II adj. **1.** Qui trahit ou est capable de trahir. SYN. **déloyal, félon, infidèle.** *On l'accusa d'être traître à sa patrie.* **2.** (choses) Qui est nuisible sans le paraître, sans que l'on s'en doute. *Ce soleil voilé est traître.* ♦ loc. FAM. *Ne pas dire UN TRAÎTRE MOT,* pas un seul mot. CONTR. **fidèle, loyal.**
ÉTYM. latin *traditor*.

TRAÎTREUSEMENT [tʀɛtʀøzmɑ̃] adv. ✦ LITTÉR. Par traîtrise. SYN. **perfidement, sournoisement.**
ÉTYM. de l'ancien adjectif *traîtreux*, de *traître*.

TRAÎTRISE [tʀetʀiz] n. f. **1.** Caractère, comportement de traître. SYN. **déloyauté, félonie, fourberie.** ♦ Acte de traître. **2.** Danger que présente ce qui est traître (II, 2).

TRAJECTOIRE [tʀaʒɛktwaʀ] n. f. ✦ Courbe décrite par le centre de gravité (d'un mobile, d'un projectile). *La trajectoire d'une planète.* SYN. **orbite.** *La trajectoire d'un obus.*
ÉTYM. latin scientifique *trajectorium*, de *trajectus* «traversée».

TRAJET [tʀaʒɛ] n. m. ✦ Le fait de parcourir un certain espace, pour aller d'un lieu à un autre ; le chemin ainsi parcouru. SYN. **parcours.** *Il y a une heure de trajet. Nous avons fait le trajet à pied.* – ANAT. *Le trajet d'un nerf.*
ÉTYM. italien *tragetto* «traversée», du latin *trajectus*.

TRALALA [tʀalala] n. m. **1.** FAM. dans des loc. Luxe recherché et voyant. SYN. **flafla.** *Se marier en grand tralala.* – *Et tout le tralala :* et tout ce qui s'ensuit. **2.** interj. *Tralala !,* exprime la joie ou l'ironie. *Youpi tralala !*
ÉTYM. onomatopée.

TRAM [tʀam] n. m. ✦ Tramway. *Des trams.* HOM. TRAME «fils croisés»
ÉTYM. abréviation.

TRAME [tʀam] n. f. **1.** Ensemble des fils qui se croisent avec les fils de chaîne*, dans le sens de la largeur, pour constituer un tissu. *Un tapis usé jusqu'à la trame.* SYN. **corde.** ♦ TECHN. Film finement quadrillé utilisé en photogravure. – Ensemble des lignes horizontales constituant une image de télévision. **2.** fig. Ce qui constitue le fond et la liaison (d'une chose organisée). SYN. **texture.** *La trame d'un récit.* HOM. TRAM «tramway»
ÉTYM. latin *trama*.

TRAMER [tʀame] v. tr. (conjug. 3a) **1.** TECHN. Tisser. ♦ Tirer ou agrandir (un cliché) avec une trame. **2.** fig. Élaborer par des manœuvres cachées. SYN. **combiner, machiner, ourdir.** *Tramer une conspiration.* (passif) *C'est là que s'est tramé le complot.* – pronom. (impers.) *Il se trame quelque chose.*
► **TRAMÉ, ÉE** adj. *Étoffe tramée (de) coton.* – *Cliché tramé.*
ÉTYM. latin populaire *tramare*, de *trama* «trame».

TRAMINOT, OTE [tʀamino, ɔt] n. ✦ Employé(e) de tramway.
ÉTYM. de *tram*, d'après *cheminot*.

TRAMONTANE [tʀamɔ̃tan] n. f. ✦ Vent venant du nord-ouest qui souffle sur la côte méditerranéenne.
ÉTYM. italien *tramontana*, du latin *transmontanus* «au-delà *(trans-)* des monts».

TRAMPOLINE [tʀɑ̃pɔlin] n. m. ✦ Surface souple, tendue à une certaine hauteur, sur laquelle on effectue des sauts.
ÉTYM. italien *trampolino* «tremplin».

TRAMWAY [tʀamwɛ] n. m. ✦ Voiture publique qui circule sur des rails plats dans les rues des villes. SYN. **tram ;** → **traminot.** *Tramways électriques à trolley.*
ÉTYM. mot anglais, de *tram* «brancard, rail plat» et *way* «voie».

TRANCHANT, ANTE [tʀɑ̃ʃɑ̃, ɑ̃t] adj. et n. m.
I adj. **1.** Qui est dur et effilé, peut diviser, couper. SYN. **coupant.** *Instruments tranchants* (ciseaux, couteau, hache...). **2.** (réalités humaines) Qui tranche, décide d'une manière péremptoire. SYN. **cassant, impérieux.** – *D'un ton tranchant.* CONTR. **contondant, émoussé · conciliant.**
II n. m. Côté mince, destiné à couper, d'un instrument tranchant. *Un couteau à deux tranchants, à double tranchant.* – loc. fig. *À DOUBLE TRANCHANT,* se dit d'un argument, d'un procédé qui peut avoir des effets opposés (et se retourner contre la personne qui les emploie). – *Le tranchant de la main :* le côté mince de la main, à l'opposé du pouce.
ÉTYM. du participe présent de *trancher*.

TRANCHE [tʀɑ̃ʃ] n. f. **I** concret **1.** Morceau (d'une chose comestible) coupé assez mince, sur toute la largeur. *Tranche de jambon.* – *Une tranche de gâteau.* SYN. **part, portion.** ♦ *Tranche napolitaine*.* **2.** Partie moyenne de la cuisse de bœuf. *Bifteck dans la tranche.* **3.** Partie des feuillets d'un livre qui est rognée pour présenter une surface unie. *Livre doré sur tranche(s).* **4.** Bord mince. *La tranche d'une pièce de monnaie.* **II** abstrait **1.** Série de chiffres. *Nombre divisé en tranches*

de trois chiffres. 2. Partie séparée arbitrairement (dans le temps) d'une opération de longue haleine. *Paiement en plusieurs tranches.* – *Une tranche de vie* : scène, récit réaliste. ◆ loc. FAM. *S'en payer une tranche* (de bon temps) : s'amuser beaucoup. ◆ *Tranche d'âge* : âge compris entre deux limites. ◆ *Tranches d'imposition sur le revenu.*
ÉTYM. de *trancher.*

TRANCHÉE [tʀɑ̃ʃe] n. f. 1. Excavation pratiquée en longueur dans le sol. SYN. **cavité, fossé.** *Creuser, ouvrir une tranchée.* 2. Fossé allongé, creusé à proximité des lignes ennemies, et où les soldats demeurent à couvert. ☛ Première Guerre mondiale p. 189. *Guerre de tranchées* (opposé à *guerre de mouvement*).
ÉTYM. du participe passé de *trancher.*

TRANCHEFILE [tʀɑ̃ʃfil] n. f. ✦ Bourrelet entouré de fils qui renforce le haut et le bas d'un dos de reliure.
ÉTYM. de *trancher* et *filer.*

TRANCHER [tʀɑ̃ʃe] v. (conjug. 3a) **I** v. tr. 1. Diviser, séparer d'une manière nette, au moyen d'un instrument dur et fin (instrument tranchant*). SYN. **couper.** *Trancher une corde.* – *Trancher la tête de qqn,* le décapiter. *Trancher la gorge* : égorger. ◆ Couper en tranches. *Trancher du jambon.* 2. fig. Couper court à. *Trancher une discussion.* ◆ Terminer par une décision, un choix ; résoudre en terminant (une affaire, une question). *Trancher un différend.* **II** v. intr. 1. loc. fig. *Trancher dans le vif* : employer les grands moyens, agir de façon énergique. 2. Décider d'une manière franche, catégorique. *Il faut trancher sans plus hésiter.* 3. *TRANCHER SUR, AVEC* : se distinguer avec netteté ; former un contraste, une opposition. SYN. **contraster,** se **détacher,** ① **ressortir.**
► **TRANCHÉ, ÉE** adj. 1. Coupé en tranches. *Saumon tranché.* 2. fig. Qui se distingue nettement. *Couleurs tranchées.* SYN. ① **net,** ② **franc.** – *Opinion tranchée,* nette, affirmée catégoriquement. CONTR. **confus, indistinct.**
ÉTYM. probablement latin populaire *trinicare* «couper en trois (*trini*)».

TRANCHET [tʀɑ̃ʃɛ] n. m. ✦ TECHN. Outil tranchant, formé d'une lame plate, sans manche, pour couper le cuir.
ÉTYM. de *trancher.*

TRANCHOIR [tʀɑ̃ʃwaʀ] n. m. **I** Support sur lequel on tranche (la viande, etc.). **II** Grande lame pour trancher, sorte de hachoir.

TRANQUILLE [tʀɑ̃kil] adj. **I** 1. Où se manifestent un ordre et un équilibre qui ne sont affectés par aucun changement soudain ou radical (mouvement, bruit...). SYN. ② **calme, immobile, silencieux.** *Mer tranquille. Un quartier tranquille.* ◆ Calme et régulier. *Un sommeil tranquille. Un pas tranquille.* 2. (êtres vivants) Qui est, par nature, peu remuant, n'éprouve pas le besoin de mouvement, de bruit. SYN. **paisible.** *Des voisins tranquilles.* – loc. FAM. *Un père* tranquille.* 3. Qui est momentanément en repos, qui ne bouge pas. *Les enfants, restez tranquilles !* SYN. **sage. II** 1. Qui éprouve un sentiment de sécurité, de paix. *Soyez tranquille* : ne vous inquiétez pas. – loc. *Tranquille comme Baptiste* : très tranquille. 2. *LAISSER qqn TRANQUILLE,* s'abstenir ou cesser de l'inquiéter, de le tourmenter. *Laisse-moi tranquille.* – *Avoir l'esprit, la conscience tranquille* : n'avoir rien à se reprocher. SYN. ① **serein.** 3. FAM. Qui est certain de la réalité de qqch., qui est sûr de ce qu'il avance. *Il n'ira pas, je suis tranquille.* SYN. **sûr.** *Tu peux être tranquille qu'il ne sait rien.* CONTR. **animé, bruyant ; agité · anxieux, inquiet.**
ÉTYM. latin *tranquillus.*

TRANQUILLEMENT [tʀɑ̃kilmɑ̃] adv. 1. D'une manière tranquille. SYN. **paisiblement.** 2. Sans émotion ni inquiétude. SYN. **calmement.**

TRANQUILLISANT, ANTE [tʀɑ̃kilizɑ̃, ɑ̃t] adj. 1. Qui tranquillise. SYN. **rassurant.** *Une nouvelle tranquillisante.* 2. n. m. Médicament qui agit comme calmant global ou en faisant disparaître l'angoisse. SYN. **anxiolytique, neuroleptique.** CONTR. **angoissant.**

TRANQUILLISER [tʀɑ̃kilize] v. tr. (conjug. 3a) ✦ Rendre tranquille ; délivrer de l'inquiétude. SYN. **calmer, rassurer.** *Cette idée me tranquillise.* – pronom. *Tranquillisez-vous.* CONTR. **affoler, alarmer, angoisser, inquiéter.**

TRANQUILLITÉ [tʀɑ̃kilite] n. f. 1. État stable, constant, ou modifié régulièrement et lentement. *La tranquillité de la nuit.* SYN. ① **calme.** – *En toute tranquillité* loc. adv. : sans être dérangé. SYN. en toute **quiétude.** *Vous pouvez partir en toute tranquillité.* 2. Stabilité morale ; état tranquille. SYN. ① **calme, paix, quiétude, sérénité.** *Il tient à sa tranquillité. Tranquillité d'esprit.* CONTR. **agitation, angoisse, inquiétude ;** ② **trouble.**
ÉTYM. latin *tranquillitas.*

> **TRANS-** Élément, du latin *trans* «par-delà», qui signifie «au-delà de» (ex. *transalpin*), «à travers» (ex. *transpercer*), et qui marque le passage ou le changement (ex. *translittération*).

TRANSACTION [tʀɑ̃zaksjɔ̃] n. f. 1. DR. Contrat où chacun renonce à une partie de ses prétentions. – COUR. Arrangement, compromis. 2. ÉCON. Contrat entre un acheteur et un vendeur. – Opération effectuée sur les marchés commerciaux, financiers.
ÉTYM. latin *transactio,* de *transigere* → transiger.

TRANSACTIONNEL, ELLE [tʀɑ̃zaksjɔnɛl] adj. 1. DR. Qui concerne une transaction, a le caractère d'une transaction. 2. (anglicisme) PSYCH. *Analyse transactionnelle* : thérapie de groupe visant à améliorer les relations entre personnes.

TRANSALPIN, INE [tʀɑ̃zalpɛ̃, in] adj. ✦ Qui est au-delà des Alpes. *Gaule transalpine et Gaule cisalpique* (pour les Romains).
ÉTYM. de *trans-* et *alpin.*

TRANSAT [tʀɑ̃zat] n. m. et n. f. 1. n. m. Chaise longue pliante en toile. *Des transats.* 2. n. f. Course transatlantique de voiliers. *La transat en solitaire.*
ÉTYM. abréviation de *transatlantique.*

TRANSATLANTIQUE [tʀɑ̃zatlɑ̃tik] adj. et n. m. 1. Qui traverse l'Atlantique. *Paquebot transatlantique.* – n. m. *Un transatlantique.* ◆ *Course transatlantique.* → **transat** (2). 2. n. m. Chaise longue. SYN. **transat** (1).
ÉTYM. de *trans-* et *atlantique.*

TRANSBAHUTER [tʀɑ̃sbayte] v. tr. (conjug. 3a) ✦ FAM. Transporter, déménager. *Transbahuter un lit.* – pronom. FAM. *Se transbahuter* : se déplacer.
ÉTYM. de *trans-* et *bahuter* vx «ballotter», de *bahut.*

TRANSBORDER [tʀɑ̃sbɔʀde] v. tr. (conjug. 3a) ✦ Faire passer d'un bord, d'un navire à un autre, d'un train, d'un wagon à un autre.
► **TRANSBORDEMENT** [tʀɑ̃sbɔʀdəmɑ̃] n. m.
ÉTYM. de *trans-* et *bord.*

A B C D E F G H I J K L M N O P Q R S T U V W X Y Z

TRANSBORDEUR [tʀɑ̃sbɔʀdœʀ] **n. m.** ✦ *Transbordeur* ou appos. *pont transbordeur* : pont mobile, plateforme qui glisse le long d'un tablier. ♦ *Transbordeur* ou appos. *navire transbordeur* : recomm. offic. pour *ferry-boat*.

TRANSCENDANCE [tʀɑ̃sɑ̃dɑ̃s] **n. f.** ✦ PHILOS. **1.** Caractère de ce qui est transcendant ; existence de réalités transcendantes (opposé à *immanence*). **2.** Action de transcender ou de se transcender.

TRANSCENDANT, ANTE [tʀɑ̃sɑ̃dɑ̃, ɑ̃t] **adj.** **1.** Qui s'élève au-dessus du niveau moyen. SYN. **sublime, supérieur.** *Un esprit, un génie transcendant.* **2.** PHILOS. Qui suppose un ordre de réalités supérieur, un principe extérieur et supérieur (opposé à *immanent*). ➝ *Transcendant à... Le monde est transcendant à la conscience.* **3.** MATH. Non algébrique. *Nombre transcendant* (ex. π).
ÉTYM. du latin *transcendens*, du participe présent de *transcendere* «surpasser».

TRANSCENDANTAL, ALE, AUX [tʀɑ̃sɑ̃dɑ̃tal, o] **adj.** ✦ PHILOS. **1.** chez Kant Qui constitue une condition a priori de l'expérience. *Idéalisme transcendantal.* ➝ *Sujet transcendantal* : la conscience pure. **2.** anglicisme *Méditation transcendantale* : effort de l'esprit pour s'abstraire des réalités sensorielles.
ÉTYM. latin scolastique *transcendentalis*, de *transcendens* → transcendant.

TRANSCENDER [tʀɑ̃sɑ̃de] **v. tr.** (conjug. 3a) ✦ Dépasser en étant supérieur ou d'un autre ordre, se situer au-delà de. *Peut-être l'art transcende-t-il la réalité.* ➝ pronom. *Se transcender* : se dépasser.
ÉTYM. latin *transcendere* «franchir, dépasser» de *trans* «par-delà» et *scandere* «monter».

TRANSCODAGE [tʀɑ̃skɔdaʒ] **n. m.** ✦ Traduction d'une information dans un code différent. ➝ INFORM. Transcription des instructions d'un programme dans un code interne.
ÉTYM. de *trans-* et *codage*.

TRANSCODER [tʀɑ̃skɔde] **v. tr.** (conjug. 3a) ✦ Traduire dans un code différent.
ÉTYM. de *trans-* et *coder*.

TRANSCONTINENTAL, ALE, AUX [tʀɑ̃skɔ̃tinɑ̃tal, o] **adj.** ✦ Qui traverse un continent d'un bout à l'autre. *Chemin de fer transcontinental.*
ÉTYM. de *trans-* et *continental*.

TRANSCRIPTION [tʀɑ̃skʀipsjɔ̃] **n. f.** **1.** Action de transcrire (1) ; son résultat. SYN. **copie, enregistrement.** **2.** Action de transcrire (2). SYN. **translittération.** ➝ *Transcription phonétique,* permettant de noter la prononciation. **3.** Action de transcrire une œuvre musicale. SYN. **arrangement.** **4.** BIOL. *Transcription génétique* : transfert de l'information génétique des chromosomes de la cellule sur l'A. R. N.
ÉTYM. latin *transcriptio*.

TRANSCRIRE [tʀɑ̃skʀiʀ] **v. tr.** (conjug. 67) **1.** Copier très exactement, en reportant. SYN. **copier, enregistrer.** *Transcrire un texte. Transcrire des noms sur un registre.* **2.** Noter (les mots d'une langue) dans un autre alphabet. *Transcrire un texte grec en caractères latins.* SYN. **translittérer.** **3.** Adapter (une œuvre musicale) pour d'autres instruments que ceux pour lesquels elle a été écrite.
ÉTYM. latin *transcribere*.

TRANSE [tʀɑ̃s] **n. f.** **1.** au plur. Inquiétude ou appréhension extrêmement vive. SYN. **affres.** *Être dans les transes.* **2.** État du médium dépersonnalisé comme si l'esprit étranger s'était substitué à lui. *Médium qui entre en transe.* ➝ par ext. *Être, entrer en transe* : être hors de soi.
ÉTYM. de *transir*, vx «aller au-delà» → transir.

TRANSEPT [tʀɑ̃sɛpt] **n. m.** ✦ Nef transversale qui coupe la nef principale d'une église, formant ainsi une croix. *La croisée du transept.*
ÉTYM. mot anglais, latin scientifique *transeptum*, de *trans-* et *saeptum* «enclos».

TRANSFÈREMENT [tʀɑ̃sfɛʀmɑ̃] **n. m.** ✦ Action de transférer (un prisonnier ou une personne assimilée).

TRANSFÉRER [tʀɑ̃sfeʀe] **v. tr.** (conjug. 8) **1.** Transporter en observant les formalités prescrites. *Transférer un prisonnier. Le siège social est transféré à Lyon.* ♦ *Transférer des titres de propriété* (d'une personne à une autre). **2.** PSYCH. Étendre (un sentiment) à un autre objet, par un transfert (3).
ÉTYM. latin *transferre*, littéralement «porter *(ferre)* par-delà».

TRANSFERT [tʀɑ̃sfɛʀ] **n. m.** **1.** DR. Déplacement d'une personne à une autre. **2.** Déplacement d'un lieu à un autre. SYN. **transport.** *Le transfert des cendres de Napoléon.* ➝ *Transfert de fonds.* ➝ TECHN. appos. *Machine*-transfert.* ➝ SC. *Le transfert de l'information génétique* (→ **transcription**). **3.** PSYCH. Phénomène par lequel un sentiment éprouvé pour un objet est étendu à un objet différent. SYN. **identification, projection.** ➝ Fait, pour le patient en analyse, de revivre une situation affective de son enfance dans sa relation avec l'analyste.
ÉTYM. latin *transfert*, forme de *transferre* «transporter».

TRANSFIGURATION [tʀɑ̃sfigyʀasjɔ̃] **n. f.** **1.** RELIG. CHRÉT. Changement glorieux survenu chez le Christ. *La Transfiguration se fête le 6 août.* **2.** Action de transfigurer, état de ce qui est transfiguré.
ÉTYM. latin *transfiguratio*.

TRANSFIGURER [tʀɑ̃sfigyʀe] **v. tr.** (conjug. 3a) **1.** RELIG. CHRÉT. Transformer en revêtant d'un aspect éclatant et glorieux. *Jésus fut transfiguré sur le mont Thabor.* **2.** Transformer en donnant une beauté et un éclat inhabituels. SYN. **embellir.** *Le bonheur l'a transfiguré.* SYN. **métamorphoser.**
ÉTYM. latin *transfigurare*, famille de *figura* «forme».

TRANSFORMABLE [tʀɑ̃sfɔʀmabl] **adj.** ✦ Qui peut être transformé. *Canapé transformable* (en lit). SYN. **convertible.**

TRANSFORMATEUR, TRICE [tʀɑ̃sfɔʀmatœʀ, tʀis] **adj.** et **n. m.** **1.** **adj.** Qui transforme. **2.** **n. m.** Appareil servant à modifier la tension d'un courant électrique alternatif. ➝ abrév. FAM. TRANSFO [tʀɑ̃sfo].

TRANSFORMATION [tʀɑ̃sfɔʀmasjɔ̃] **n. f.** **1.** Action de transformer, opération par laquelle on transforme. SYN. **conversion.** *Industrie de transformation,* qui transforme les matières brutes en produits finis ou semi-finis (ex. l'industrie automobile). ➝ *Faire des transformations dans une maison.* SYN. **amélioration, rénovation.** ♦ au rugby Action de transformer* un essai. **2.** Le fait de se transformer ; modification qui en résulte. SYN. **changement.** *Transformation lente* (SYN. **évolution**), *brutale* (SYN. **mutation, révolution**). ➝ *Transformation de mouve-*

ment en chaleur. 3. GÉOM. Fonction du plan ou de l'espace dans lui-même (ex. rotation, symétrie, translation, homothétie).
ÉTYM. latin *transformatio*.

TRANSFORMÉ n. m. et **TRANSFORMÉE** n. f. [tʀɑ̃sfɔʀme] ✦ MATH. Image d'un élément par une transformation. *Construction de transformées de figures par composition de deux translations.*

TRANSFORMER [tʀɑ̃sfɔʀme] v. tr. (conjug. 3a) I 1. Faire passer d'une forme à une autre, donner un autre aspect à. SYN. **changer, modifier, renouveler.** *Transformer une maison.* – *Les progrès qui transforment une société.* – *Son séjour à la mer l'a transformé.* ◆ au rugby *Transformer un essai* : envoyer le ballon, qu'on a posé au sol, entre les poteaux du but adverse. 2. *TRANSFORMER EN* : faire prendre la forme, l'aspect, la nature de. SYN. **convertir.** *Transformer un grenier en bureau.* II *SE TRANSFORMER* v. pron. 1. Prendre une autre forme, un autre aspect. SYN. **changer, évoluer.** *Le quartier s'est complètement transformé.* – *Ses goûts se sont transformés.* 2. *SE TRANSFORMER EN* : devenir différent ou autre en prenant la forme, l'aspect, la nature de. *La chenille se transforme en papillon.* SYN. se **métamorphoser.** – *Leur amitié s'est transformée en amour.* SYN. se **muer.** CONTR. **maintenir.**
ÉTYM. latin *transformare*, famille de *forma* «forme».

TRANSFORMISME [tʀɑ̃sfɔʀmism] n. m. ✦ SC. Théorie de l'évolution par transformations successives (SYN. **évolutionnisme**). *Le transformisme de Darwin, de Lamarck* (darwinisme, lamarckisme).
► **TRANSFORMISTE** [tʀɑ̃sfɔʀmist] adj. et n.
ÉTYM. de *transformer*.

TRANSFUGE [tʀɑ̃sfyʒ] n. 1. n. m. MILIT. Déserteur qui passe à l'ennemi. SYN. **traître.** 2. n. Personne qui abandonne son parti pour rallier le parti adverse ; personne qui trahit une cause. SYN. **dissident.** *Une transfuge.* CONTR. **fidèle.**
ÉTYM. latin *transfuga* «déserteur», famille de *fugere* «fuir».

TRANSFUSER [tʀɑ̃sfyze] v. tr. (conjug. 3a) ✦ Faire passer (le sang d'un organisme [humain]) dans un autre.
► **TRANSFUSÉ, ÉE** adj. *Sang transfusé.* ◆ *Malade transfusé*, qui reçoit une transfusion. – n. *Les transfusés* (opposé à donneur).
ÉTYM. du latin *transfusum*, supin de *transfundere* «transvaser».

TRANSFUSION [tʀɑ̃sfyzjɔ̃] n. f. ✦ *Transfusion (sanguine)*, injection de sang humain dans la veine d'un malade, d'un accidenté.
ÉTYM. latin *transfusio*, de *transfundere* «transvaser».

TRANSGÉNIQUE [tʀɑ̃sʒenik] adj. ✦ BIOL. Qui a reçu du matériel génétique supplémentaire pour obtenir des caractères nouveaux. *Maïs transgénique.* ☛ Géographie p. 232.
ÉTYM. de *trans-* et *génique*.

TRANSGENRE [tʀɑ̃sʒɑ̃ʀ] adj. et n. ✦ (Personne) dont l'identité sexuelle psychique et sociale ne correspond pas au sexe biologique.
ÉTYM. de *trans-* et *genre*, d'après l'anglais *transgender*.

TRANSGRESSER [tʀɑ̃sgʀese] v. tr. (conjug. 3a) ✦ Passer par-dessus (un ordre, une obligation, une loi). SYN. **contrevenir à, désobéir à, enfreindre, violer.** *Transgresser des ordres.* CONTR. **observer, respecter.**
► **TRANSGRESSEUR** [tʀɑ̃sgʀesœʀ] n. m.
ÉTYM. de *transgression*.

TRANSGRESSION [tʀɑ̃sgʀesjɔ̃] n. f. 1. Action de transgresser. SYN. **désobéissance, violation.** *La transgression d'une interdiction.* 2. GÉOL. Mouvement de la mer qui avance sur les aires continentales. CONTR. **obéissance, respect • régression.**
ÉTYM. latin *transgressio*, de *transgredi* «passer par-delà».

TRANSHUMANCE [tʀɑ̃zymɑ̃s] n. f. ✦ Migration périodique du bétail de la plaine, qui s'établit en montagne pendant l'été.
ÉTYM. de *transhumer*.

TRANSHUMANT, ANTE [tʀɑ̃zymɑ̃, ɑ̃t] adj. ✦ Qui transhume. *Troupeaux transhumants.*

TRANSHUMER [tʀɑ̃zyme] v. intr. (conjug. 3a) ✦ (troupeaux) Aller paître en montagne l'été.
ÉTYM. espagnol *trashumar*, du latin *humus* «terre».

TRANSI, IE [tʀɑ̃zi] adj. ✦ Pénétré, engourdi (de froid ou d'un sentiment qui paralyse). *Être transi de froid, de peur.* – iron. *Un amoureux transi*, timide.
ÉTYM. du p. passé de *transir*.

TRANSIGER [tʀɑ̃ziʒe] v. intr. (conjug. 5) 1. Faire des concessions réciproques, de manière à régler, à terminer un différend. SYN. **s'arranger, composer** ; → **transaction.** 2. *TRANSIGER SUR, AVEC qqch.* : céder ou faire des concessions, par faiblesse. SYN. **pactiser.** *Transiger avec sa conscience. Je ne transige pas là-dessus* (→ **intransigeant**).
ÉTYM. latin *transigere* «mener *(agere)* à bonne fin».

TRANSIR [tʀɑ̃ziʀ] v. tr. (conjug. 13 ; seulement prés. de l'indic., temps composés et inf.) ✦ LITTÉR. (froid, sentiment) Pénétrer en engourdissant, transpercer. SYN. **glacer, saisir.** *Le vent froid nous transit.*
ÉTYM. latin *transire*, littéralement «aller *(ire)* au-delà *(trans-)*».

TRANSISTOR [tʀɑ̃zistɔʀ] n. m. 1. ÉLECTRON. Dispositif électronique utilisé pour redresser, moduler ou amplifier les courants électriques. *Poste de radio à transistors.* 2. Poste récepteur portatif de radio.
ÉTYM. mot anglais, de *trans(fer) (res)istor* «résistance de transfert».

TRANSISTORISER [tʀɑ̃zistɔʀize] v. tr. (conjug. 3a) ✦ Équiper de transistors. – au p. passé *Téléviseur portatif transistorisé.*

TRANSIT [tʀɑ̃zit] n. m. 1. Situation d'une marchandise qui ne fait que traverser un lieu et ne paye pas de droits de douane ; passage en franchise (surtout dans *en, de transit*). *Marchandises en transit. Port de transit.* 2. *Voyageurs, passagers en transit*, qui restent dans l'enceinte de l'aéroport et n'ont pas à franchir les contrôles de police, de douane lors d'une escale. 3. PHYSIOL. Passage des aliments à travers les voies digestives. *Transit intestinal.*
ÉTYM. italien *transito*, famille du latin *transire* → transir.

TRANSITAIRE [tʀɑ̃zitɛʀ] adj. et n. 1. adj. De transit. – *Pays transitaire*, traversé en transit. 2. n. Mandataire qui s'occupe des transits (1).

TRANSITER [tʀɑ̃zite] v. (conjug. 3a) 1. v. tr. Faire passer (des marchandises, etc.) en transit. 2. v. intr. Passer, voyager en transit. *Marchandises qui transitent par la Belgique.*

TRANSITIF, IVE [tʀɑ̃zitif, iv] adj. 1. (verbe) Qui peut avoir un complément d'objet (opposé à *intransitif*). *Verbes transitifs directs*, qui admettent un C. O. D. (ex. il

manque un cours). *Verbes transitifs indirects,* dont le complément est construit avec une préposition (à, de) (ex. il manque d'humour, il manque à sa parole). *Emploi absolu* (sans complément) *des verbes transitifs* (ex. je mange). **2.** MATH. *Relation transitive* : relation binaire dans un ensemble, qui, si elle est établie pour *x* et *y*, et pour *y* et *z*, l'est aussi pour *x* et *z*. *L'égalité est une relation transitive.*
ÉTYM. latin *transitivus*, de *transire* «passer».

TRANSITION [tʀɑ̃zisjɔ̃] **n. f. 1.** Manière de passer de l'expression d'une idée à une autre en les reliant dans le discours. **2.** Passage d'un état à un autre, en général lent et graduel ; état intermédiaire. SYN. **changement, évolution.** *La transition entre l'enfance et l'adolescence.* ➝ *Il passe SANS TRANSITION du désespoir à l'exaltation,* brusquement. ➝ *DE TRANSITION* : qui constitue un intermédiaire. → **transitoire.** *Période de transition entre deux styles.*
ÉTYM. latin *transitio*, de *transire* «passer».

TRANSITIVEMENT [tʀɑ̃zitivmɑ̃] **adv.** ✦ Avec la construction d'un verbe transitif direct. *Verbe intransitif employé transitivement.* CONTR. **intransitivement.**

TRANSITIVITÉ [tʀɑ̃zitivite] **n. f. 1.** Caractère transitif d'un verbe. **2.** Propriété d'une relation transitive.

TRANSITOIRE [tʀɑ̃zitwaʀ] **adj.** ✦ Qui constitue une transition. *Un régime transitoire.* SYN. **provisoire.** CONTR. **durable, permanent.**
ÉTYM. latin *transitorius*, de *transire* «traverser, passer».

TRANSLATION [tʀɑ̃slasjɔ̃] **n. f. 1.** Transport, déplacement. **2.** SC. Déplacement, mouvement (d'un corps, d'une figure) pendant lequel les positions d'une même droite (de la figure ou liée à elle) restent parallèles. ➝ GÉOM. Transformation ponctuelle faisant correspondre à chaque point de l'espace un autre point par un vecteur fixe.
ÉTYM. latin *translatio*.

TRANSLITTÉRATION [tʀɑ̃sliteʀasjɔ̃] **n. f.** ✦ LING. Transcription lettre par lettre, dans laquelle on fait correspondre à chaque signe d'un système d'écriture un signe dans un autre système. *Translittération du russe en caractères latins.*
▸ **TRANSLITTÉRER** [tʀɑ̃sliteʀe] **v. tr.** (conjug. 8)
ÉTYM. de *trans-* et du latin *littera* «lettre».

TRANSLUCIDE [tʀɑ̃slysid] **adj.** ✦ Qui laisse passer la lumière, mais n'est pas transparent. SYN. **diaphane.** *Une porcelaine translucide.*
▸ **TRANSLUCIDITÉ** [tʀɑ̃slysidite] **n. f.** DIDACT.
ÉTYM. latin *translucidus*, famille de *lux* «lumière».

TRANSMETTEUR [tʀɑ̃smetœʀ] **n. m.** et **adj.** ✦ Appareil qui sert à transmettre les signaux.

TRANSMETTRE [tʀɑ̃smɛtʀ] **v. tr.** (conjug. 46) **1.** Faire passer d'une personne à une autre (un bien, matériel ou moral). *Transmettre un héritage.* SYN. **léguer.** *Transmettre son pouvoir à qqn.* SYN. **déléguer.** ♦ *Transmettre des traditions à ses enfants.* ➝ au p. passé *Secret de fabrication transmis de père en fils.* **2.** Faire passer d'une personne à une autre (un écrit, des paroles, etc.) ; faire changer de lieu, en vue d'une utilisation. *Transmettre un message à qqn.* SYN. faire **parvenir.** *Transmettre une information, un ordre.* SYN. **communiquer** ; → **transmission.** ➝ (formule de politesse) *Transmettez-lui mes amitiés.* **3.** Faire parvenir (un phénomène physique) d'un lieu à un autre. *Transmettre un mouvement, une impulsion. Certains corps transmettent l'électricité.* SYN. **conduire. 4.** Faire passer (un germe, une maladie) d'un organisme à un autre (→ **contaminer**). ♦ Donner par hérédité. ➝ pronom. (passif) *L'hémophilie se transmet par les femmes.*
ÉTYM. latin *transmittere*, d'après *mettre*.

TRANSMIGRATION [tʀɑ̃smigʀasjɔ̃] **n. f.** ✦ RELIG. Passage (d'une âme) d'un corps dans un autre. SYN. **métempsychose.** *Cycle de transmigrations.*
ÉTYM. latin *transmigratio* «émigration» et «mort».

TRANSMISSIBLE [tʀɑ̃smisibl] **adj.** ✦ Qui peut être transmis. *Patrimoine transmissible.* ♦ MÉD. *Maladie transmissible.* SYN. **contagieux, infectieux.** *Infections sexuellement transmissibles.* → **I. S. T., M. S. T.** ➝ *Caractères transmissibles héréditairement.*
ÉTYM. du latin *transmissum*, supin de *transmittere* → transmettre.

TRANSMISSION [tʀɑ̃smisjɔ̃] **n. f. I 1.** Action, fait de transmettre (1). *La transmission d'un bien.* SYN. **cession.** *Transmission des pouvoirs.* SYN. **passation.** ➝ *Transmission héréditaire de la propriété* (→ **héritage**). ➝ BIOL. *Transmission des caractères.* SYN. **hérédité. 2.** Le fait de transmettre (une maladie). → **contagion. 3.** Action de faire connaître. *La transmission d'un message, d'un ordre.* SYN. **communication.** ♦ *TRANSMISSION DE PENSÉE* : coïncidence entre les pensées de deux personnes. → **télépathie. 4.** Déplacement (d'un phénomène physique) lorsque ce déplacement implique un ou plusieurs facteurs intermédiaires. *La transmission de la lumière dans l'espace.* SYN. **propagation.** *Transmission des sons.* SYN. **diffusion, émission.** *La transmission d'informations* (→ **télécommunication**). *Les organes de transmission d'une voiture.* ♦ Système qui transmet le mouvement. *Réparer la transmission.* **II** MILIT. *Les TRANSMISSIONS* : ensemble des moyens destinés à transmettre les informations (renseignements, troupes). SYN. **communication,** ① **radio.** *Service des transmissions.* ♦ Troupes spécialisées qui mettent en œuvre ces moyens.
ÉTYM. latin *transmissio*.

TRANSMUER [tʀɑ̃smɥe] **v. tr.** (conjug. 3a) ✦ LITTÉR. Transformer (qqch.) en altérant profondément sa nature ; changer en une autre chose. SYN. **transmuter.**
ÉTYM. latin *transmutare* «transférer», d'après *muer*.

TRANSMUTATION [tʀɑ̃smytasjɔ̃] **n. f. 1.** Changement d'une substance en une autre. *La transmutation des métaux en or, rêvée par les alchimistes.* ♦ PHYS. Transformation d'un élément chimique en un autre par modification du noyau atomique, souvent accompagnée de phénomènes radioactifs. **2.** LITTÉR. Changement de nature, transformation totale.
ÉTYM. latin *transmutatio* «transposition».

TRANSMUTER [tʀɑ̃smyte] **v. tr.** (conjug. 3a) ✦ Transmuer.
ÉTYM. de *transmutation*, d'après le latin *transmutare*.

TRANSPARAÎTRE [tʀɑ̃spaʀɛtʀ] **v. intr.** (conjug. 52) ✦ Se montrer au travers de qqch. SYN. **apparaître.** ♦ fig. *L'angoisse transparaît sur son visage. Rien ne transparaît de ses intentions.*
ÉTYM. de *trans-* et *paraître*.

TRANSPARENCE [tʀɑ̃spaʀɑ̃s] n. f. **1.** Qualité d'un corps transparent ; phénomène par lequel les rayons lumineux visibles sont perçus à travers certaines substances. *La transparence de l'eau.* SYN. **limpidité.** ➝ loc. *PAR TRANSPARENCE* : à travers un milieu transparent ou translucide. **2.** *La transparence du teint,* sa clarté, sa finesse. **3.** LITTÉR. Qualité de ce qui est transparent (3). SYN. **limpidité.** *La transparence de ses intentions.* ◆ Caractère de ce qui est visible par tous (en matière économique, politique...). *La transparence du financement des partis.* CONTR. **opacité.**
ÉTYM. de *transparent.*

TRANSPARENT, ENTE [tʀɑ̃spaʀɑ̃, ɑ̃t] adj. et n. m. **I adj.** **1.** Qui laisse passer la lumière et paraître avec netteté les objets qui se trouvent derrière. *Le verre est transparent. Une eau transparente.* SYN. **cristallin, limpide.** ➝ *Papier transparent.* **2.** Translucide, diaphane. *Avoir un teint transparent,* clair et délicat. **3.** Qui laisse voir clairement la réalité, le sens. *Une allusion transparente.* SYN. **clair, évident.** CONTR. **opaque • caché, obscur.** **II n. m.** Panneau, tableau éclairé par derrière.
ÉTYM. du latin médiéval *transparens,* de *trans-* et *parere* «paraître».

TRANSPERCER [tʀɑ̃spɛʀse] v. tr. (conjug. 4) **1.** Percer de part en part. *La balle a transpercé le poumon.* SYN. **perforer.** **2.** LITTÉR. Atteindre profondément, en faisant souffrir. SYN. **percer.** *La douleur transperça son cœur.* SYN. **fendre.** **3.** Pénétrer ; passer au travers. SYN. **traverser.** *La pluie transperce la tente.*
ÉTYM. de *trans-* et *percer.*

TRANSPIRATION [tʀɑ̃spiʀasjɔ̃] n. f. **1.** Sécrétion de la sueur par les pores de la peau. SYN. **sudation.** *Transpiration provoquée par la chaleur. Être EN TRANSPIRATION,* couvert de sueur. **2.** Sueur. *Chemise humide de transpiration.* **3.** BOT. Émission de vapeur d'eau par les plantes, au niveau des feuilles notamment.
ÉTYM. latin médiéval *transpiratio.*

TRANSPIRER [tʀɑ̃spiʀe] v. intr. (conjug. 3a) **1.** Sécréter de la sueur par les pores de la peau. SYN. **suer.** *Il transpirait à grosses gouttes* (→ *être en nage, en eau*). **2.** LITTÉR. (d'une information tenue cachée) Finir par être connu. *La nouvelle a transpiré.*
ÉTYM. latin médiéval *transpirare,* de *spirare* «exhaler ; respirer».

TRANSPLANT [tʀɑ̃splɑ̃] n. m. ✦ Organe, tissu transplanté. SYN. **greffon.**
ÉTYM. de *transplanter.*

TRANSPLANTATION [tʀɑ̃splɑ̃tasjɔ̃] n. f. **1.** Action de transplanter (une plante, un arbre). **2.** BIOL. Greffe d'un organe entier dans un autre organisme. *Transplantation cardiaque.* ◆ Implantation d'un embryon dans un utérus pour qu'il s'y développe. **3.** fig. Déplacement (de personnes, d'animaux) de leur lieu d'origine dans un autre lieu.

TRANSPLANTER [tʀɑ̃splɑ̃te] v. tr. (conjug. 3a) **1.** Sortir (un végétal) de la terre pour replanter ailleurs. *Transplanter des pétunias.* SYN. **repiquer.** **2.** BIOL. Opérer la transplantation de (un organe ; un embryon). *Transplanter un rein.* ➝ au p. passé *Cœur transplanté.* **3.** fig. Transporter d'un pays dans un autre, d'un milieu dans un autre. *Transplanter des populations.* ➝ pronom. (réfl.) *Famille qui s'est transplantée en Argentine.* ➝ au p. passé *Coutume transplantée.*
ÉTYM. bas latin *transplantare,* de *plantare* «planter».

TRANSPORT [tʀɑ̃spɔʀ] n. m. **I 1.** Manière de déplacer ou de faire parvenir par un procédé particulier et sur une distance assez longue. *Transport de marchandises par la route* (camionnage, routage), *par chemin de fer* (ferroutage), *par voie fluviale.* ➝ *Avions de transport. Moyen de transport,* utilisé pour transporter les marchandises ou les personnes (véhicules, avions, navires). **2.** au plur. Moyens d'acheminement des personnes et des marchandises. *Transports aériens* (→ **messagerie**). ➝ *Transports en commun :* transport des voyageurs dans des véhicules publics. ☛ Géographie p. 228, 230. **3.** *TRANSPORT AU CERVEAU :* hémorragie cérébrale. **II** LITTÉR. Vive émotion, sentiment passionné qui émeut, entraîne ; état de la personne qui l'éprouve. SYN. **enthousiasme, exaltation, ivresse.** ➝ *Des transports de colère, de joie.* SYN. ① **élan, emportement.**
ÉTYM. de *transporter.*

TRANSPORTABLE [tʀɑ̃spɔʀtabl] adj. ✦ Qui peut être transporté (dans certaines conditions). *Marchandise transportable par avion.* ➝ *Malade transportable,* qui peut supporter sans danger un transport. CONTR. **intransportable.**

TRANSPORTER [tʀɑ̃spɔʀte] v. tr. (conjug. 3a) **I 1.** Déplacer (qqn, qqch.) d'un lieu à un autre en portant. *Transporter un meuble au grenier. Train qui transporte des voyageurs.* ◆ au p. passé *Les marchandises transportées.* ◆ pronom. (personnes) *Nous nous sommes transportés sur les lieux.* SYN. se **rendre.** *Transportez-vous par la pensée au Moyen Âge.* **2.** Faire passer d'un point à un autre. SYN. **transmettre.** *Les ondes transportent l'énergie à distance.* **3.** Faire passer dans un autre contexte. *Transporter un fait divers dans une œuvre.* SYN. **transposer.** **II** (sujet chose) Agiter (qqn) par un sentiment violent, un transport (II) ; mettre hors de soi. SYN. **enivrer, exalter.** *Ce spectacle l'a transporté.* SYN. **enthousiasmer.** ➝ au passif et p. passé *(Être) transporté de joie.*
ÉTYM. latin *transportare,* de *portare* «porter».

TRANSPORTEUR, EUSE [tʀɑ̃spɔʀtœʀ, øz] n. **1.** Personne qui se charge de transporter (des marchandises ou des personnes) ; entrepreneur de transports. *Transporteur routier.* **2.** n. m. Appareil, dispositif (comportant des éléments mobiles) servant à transporter des marchandises.

TRANSPOSER [tʀɑ̃spoze] v. tr. (conjug. 3a) **I 1.** (avec un compl. plur. ou collectif) Placer en intervertissant l'ordre. SYN. **intervertir.** *Transposer les mots d'une phrase.* ➝ MATH. *Transposer une matrice,* en obtenir une nouvelle en intervertissant les lignes et les colonnes de la première. **2.** Faire changer de forme ou de contenu en faisant passer dans un autre domaine. SYN. **adapter.** *Transposer au XXe siècle l'histoire de Tristan et Iseult.* **II** Faire passer (une structure musicale) dans un autre ton sans l'altérer.
► **TRANSPOSABLE** [tʀɑ̃spozabl] adj.
ÉTYM. latin *transponere,* de *ponere* «poser», d'après *poser.*

TRANSPOSITION [tʀɑ̃spozisjɔ̃] n. f. **1.** Déplacement ou interversion dans l'ordre des éléments de la langue. *La transposition des lettres d'un mot.* → **anagramme.** **2.** Le fait de faire passer dans un autre domaine. *La transposition de la réalité dans un livre.* **3.** Le fait de transposer un morceau de musique. ◆ Morceau transposé.
ÉTYM. de *transposer.*

TRANSSAHARIEN, IENNE [tʀɑ̃(s)saaʀjɛ̃, jɛn] **adj.** ✦ Qui traverse le Sahara.

TRANSSEXUEL, ELLE [tʀɑ̃(s)sɛksɥɛl] **adj.** et **n.** 1. **adj.** Qui a le sentiment d'appartenir au sexe opposé (à son sexe biologique) et se conduit en conséquence. 2. **n.** Personne qui a changé de sexe.
ÉTYM. de *trans-* et *sexuel*, d'après l'anglais *transsexual*.

TRANSSIBÉRIEN, IENNE [tʀɑ̃(s)sibeʀjɛ̃, jɛn] **adj.** ✦ Qui traverse la Sibérie. *Chemin de fer transsibérien* et **n. m.** *le transsibérien.*

TRANSSUBSTANTIATION [tʀɑ̃(s)sypstɑ̃sjasjɔ̃] **n. f.** ✦ RELIG. CATHOL. Changement du pain et du vin en la substance du corps de Jésus-Christ.
ÉTYM. latin ecclésiastique *transsubstantiatio*, de *substantia* «substance».

TRANSSUDER [tʀɑ̃(s)syde] **v. intr.** (conjug. 3a) ✦ DIDACT. Passer au travers des pores d'un corps en fines gouttelettes. SYN. **filtrer, suinter.**
► **TRANSSUDATION** [tʀɑ̃(s)sydasjɔ̃] **n. f.**
ÉTYM. du latin *trans-* et *sudare* «suer».

TRANSURANIEN, IENNE [tʀɑ̃zyʀanjɛ̃, jɛn] **adj.** ✦ CHIM. Dont le nombre atomique est supérieur à celui de l'uranium (92). *Éléments radioactifs transuraniens* (ex. plutonium).
ÉTYM. de *trans-* et *uranium*.

TRANSVASER [tʀɑ̃svaze] **v. tr.** (conjug. 3a) ✦ Verser, faire couler d'un récipient dans un autre. *Transvaser du vin dans une carafe.*
► **TRANSVASEMENT** [tʀɑ̃svazmɑ̃] **n. m.**
ÉTYM. de *trans-* et *vase*.

TRANSVERSAL, ALE, AUX [tʀɑ̃svɛʀsal, o] **adj.** et **n. f.**
I adj. 1. Qui traverse une chose en la coupant perpendiculairement à sa plus grande dimension (longueur ou hauteur). *Coupe transversale* (opposé à *longitudinal*). 2. Qui traverse, est en travers. *Barre transversale. L'avenue et les rues transversales.* ◆ fig. *Disciplines, recherches transversales.*
II *TRANSVERSALE* **n. f.** Voie transversale (par rapport à un axe principal).
ÉTYM. latin *transversalis*, de *transversus* «oblique».

TRANSVERSALEMENT [tʀɑ̃svɛʀsalmɑ̃] **adv.** ✦ Dans une position transversale.

TRANSVERSE [tʀɑ̃svɛʀs] **adj.** ✦ ANAT. Se dit d'un organe qui est en travers. *Côlon transverse.*
ÉTYM. latin *transversus* «oblique».

TRAPÈZE [tʀapɛz] **n. m.** **I** 1. Quadrilatère dont deux côtés sont parallèles (surtout lorsqu'ils sont inégaux). *Les bases d'un trapèze,* les côtés parallèles. 2. ANAT. Large muscle triangulaire du dos, qui va de la colonne vertébrale à l'épaule. **II** Appareil de gymnastique, d'acrobatie ; barre horizontale suspendue par les extrémités à deux cordes. *Faire du trapèze.*
ÉTYM. bas latin *trapezium*, du grec, proprement «petite table».

TRAPÉZISTE [tʀapezist] **n.** ✦ Acrobate spécialisé dans les exercices au trapèze.

TRAPÉZOÏDAL, ALE, AUX [tʀapezɔidal, o] **adj.** ✦ DIDACT. En forme de trapèze.
ÉTYM. de *trapèze* et *-oïdal*.

① **TRAPPE** [tʀap] **n. f.** 1. Ouverture pratiquée dans un plancher ou un plafond et munie d'une fermeture qui se rabat. 2. Piège formé d'une fosse recouverte de branchages ou d'une bascule. SYN. **chausse-trape.**
ÉTYM. francique *trappa* «piège».

② **TRAPPE** [tʀap] **n. f.** ✦ *La Trappe* : ordre religieux cistercien institué en 1664. ➡ Couvent de trappistes. *Se retirer dans une trappe.*
ÉTYM. du nom de N.-D. de la *Trappe*, lieu de sa fondation.

TRAPPEUR, EUSE [tʀapœʀ, øz] **n.** ✦ Chasseur professionnel qui fait commerce de fourrures notamment en Amérique du Nord.
ÉTYM. anglais *trapper*, de *trap* «piège, trappe».

TRAPPISTE [tʀapist] **n. m.** ✦ Moine, religieux qui observe la règle réformée de la Trappe.
ÉTYM. de ② *trappe*.

TRAPU, UE [tʀapy] **adj.** 1. (personnes) Qui est court et large (souvent avec l'idée de robustesse, de force). *Un homme petit et trapu.* ◆ (choses) Ramassé, massif. *Une construction trapue.* 2. FAM. Fort. *Il est trapu en maths.* ◆ Difficile. *Un problème trapu.*
ÉTYM. de l'ancien français *trape* «court et grossier», d'origine obscure.

TRAQUE [tʀak] **n. f.** ✦ Action de traquer (un animal ou une personne). HOM. TRAC «peur»

TRAQUENARD [tʀaknaʀ] **n. m.** ✦ Piège. *Être pris dans un traquenard.* SYN. **souricière.** ➡ fig. *Des questions pleines de traquenards.* SYN. **embûche.**
ÉTYM. gascon *tracanart* «allure d'un cheval», de *tracan* «marche» ; famille de *traquer*.

TRAQUER [tʀake] **v. tr.** (conjug. 3a) 1. Poursuivre (le gibier) en resserrant toujours le cercle qu'on fait autour de lui. SYN. **forcer.** ➡ au p. passé *Un air de bête traquée.* 2. Poursuivre (qqn), le forcer dans sa retraite. ➡ au p. passé *Un homme traqué par la police.*
ÉTYM. de l'ancien français *trac* «piste», de l'onomatopée *trakk-*.

TRAUMATIQUE [tʀomatik] **adj.** ✦ DIDACT. Qui a rapport aux plaies, aux blessures. *Choc traumatique,* après une blessure grave, une opération, un accident.
ÉTYM. latin *traumaticus*, du grec, de *trauma* «blessure».

TRAUMATISANT, ANTE [tʀomatizɑ̃, ɑ̃t] **adj.** ✦ Qui traumatise. *Une expérience traumatisante.*

TRAUMATISER [tʀomatize] **v. tr.** (conjug. 3a) ✦ Provoquer un traumatisme psychologique chez (qqn).
ÉTYM. de *traumatique*, d'après le grec *traumatizein*.

TRAUMATISME [tʀomatism] **n. m.** 1. Ensemble des troubles provoqués dans l'organisme par une lésion, une blessure grave. *Traumatisme crânien.* 2. Choc émotionnel très violent.
ÉTYM. de *traumatique*, d'après le grec *traumatismos*.

TRAUMATOLOGIE [tʀomatɔlɔʒi] **n. f.** ✦ DIDACT. Partie de la médecine, de la chirurgie consacrée à soigner les blessures, les suites d'accidents.
► **TRAUMATOLOGIQUE** [tʀomatɔlɔʒik] **adj.**
ÉTYM. du grec *trauma, traumatos* «blessure» et de *-logie*.

TRAVAIL, AUX [tʀavaj, o] **n. m.** **I** Période de l'accouchement pendant laquelle se produisent les contractions. *Femme en travail. Salle de travail.* **II** 1. *(Le travail)* Ensemble des activités humaines organisées, coordonnées en vue de produire ce qui est utile ; activité productive d'une personne. SYN. ① **action, activité, labeur** ; → **travailler.** *Travail manuel, intellectuel. L'organisation du travail. Avoir du travail. Être surchargé de travail.* – *Se mettre, être au travail.* 2. Action ou façon de travailler (I) une matière *(le travail du bois)* ; de manier un instrument. 3. *(Un travail ; le travail de qqn)* Ensemble des activités manuelles ou intellectuelles exercées pour parvenir à un résultat utile déterminé. SYN. **besogne, tâche** ; FAM. ② **boulot.** *Entreprendre, accomplir, faire un travail.* – loc. *Un travail de Romain*, de bénédictin*.* 4. Manière dont un ouvrage, une chose ont été exécutés. *Travail soigné.* – iron. *C'est du beau travail !* III *LES TRAVAUX.* 1. Suite d'entreprises, d'opérations exigeant une activité physique suivie et l'emploi de moyens techniques. *Les travaux des champs,* l'agriculture. *Les travaux ménagers. Gros travaux,* pénibles et n'exigeant pas une habileté particulière. *Travaux de réfection des routes. Ralentir, travaux !* – loc. plais. *Inspecteur des travaux finis :* paresseux qui regarde les autres travailler, ou arrive quand le travail est terminé. 2. *TRAVAUX PUBLICS :* travaux de construction, de réparation, ou d'entretien d'utilité générale faits pour le compte d'une administration (ex. routes, ponts, etc.). *Ingénieur des Travaux publics.* 3. anciennt *TRAVAUX FORCÉS :* peine de droit commun qui s'exécutait dans les bagnes. 4. Recherches dans un domaine intellectuel, scientifique. *Travaux scientifiques. Travaux pratiques*.* → **T. P.** 5. Délibérations (d'une assemblée) devant aboutir à une décision. IV 1. Activité laborieuse, rétribuée, dans une profession. SYN. **emploi, fonction, gagne-pain, métier, profession, spécialité** ; FAM. ② **boulot, job, turbin.** *Travail à mi-temps, à plein temps. Travail temporaire* (→ **intérim**). *Arrêt de travail :* grève momentanée ; interruption de travail (spécialt, pour une maladie). *Être sans travail* (→ **chômeur**). *Travail payé à l'heure, aux pièces.* ◆ *Travail à la chaîne*. Travail à domicile* (exécuté chez soi). → **télétravail.** *Travail à temps partiel.* ◆ *Carte, autorisation de travail* (pour les travailleurs étrangers). – *Contrat de travail.* – *Travail au noir,* exercé dans des conditions illégales. 2. L'ensemble des travailleurs, surtout agricoles et industriels. → **ouvrier, paysan, prolétariat, travailleur**(s) ; **main-d'œuvre.** *Le monde du travail. Le ministère du Travail.* V SC. 1. Action continue, progressive (d'une cause naturelle) ; son effet. *Le travail d'érosion des eaux.* ◆ (abstrait) *Le travail du temps.* SYN. **œuvre.** 2. Le fait de produire un effet utile, par son activité. SYN. **fonctionnement, force.** *Travail musculaire :* quantité d'énergie fournie par l'ensemble des muscles d'un organisme. 3. PHYS. Produit d'une force par le déplacement de son point d'application (estimé suivant la direction de la force). *Quantité de travail que peut fournir une machine par unité de temps.* → **puissance.** CONTR. **inaction, oisiveté, repos ; loisir, vacances ; chômage.**

ÉTYM. de *travailler.*

TRAVAILLER [tʀavaje] v. (conjug. 3a) I v. tr. 1. (sujet chose) VX Faire souffrir. ◆ MOD. Inquiéter, préoccuper. *Cette affaire le travaille.* SYN. **tracasser.** 2. Modifier par le travail. Soumettre à une action suivie, pour donner forme (ou changer de forme), rendre plus utile ou utilisable. *Travailler une matière première.* SYN. **élaborer, façonner.** *Travailler l'ivoire. Travailler la terre.* SYN. **cultiver.** *Travailler une pâte.* ◆ Soumettre à un travail intellectuel, pour améliorer. *Travailler son style.* SYN. **perfectionner.** – au p. passé *Style travaillé.* 3. Chercher à acquérir ou perfectionner (une science, une technique, une activité, un art) par l'exercice, l'étude ou la pratique. *Travailler la philosophie.* SYN. **étudier** ; FAM. ① **bûcher, potasser.** *Travailler un morceau de piano.* 4. Soumettre à des influences volontaires de manière à faire agir de telle ou telle façon. *Travailler l'opinion. Travailler les esprits,* les pousser au mécontentement, à la révolte. SYN. **exciter.** 5. *TRAVAILLER À... :* faire tous ses efforts pour obtenir (un résultat), en vue de... *Travailler à la perte de qqn.* ◆ Consacrer son activité à (un ouvrage). *Il travaille à un exposé.* SYN. **préparer.** II v. intr. 1. Agir d'une manière suivie, avec plus ou moins d'effort, pour obtenir un résultat utile. SYN. **besogner, œuvrer** ; FAM. **bosser, boulonner,** ① **bûcher.** *Travailler dur, d'arrache-pied.* → **trimer.** – FAM. *Faire travailler sa matière grise :* réfléchir. ◆ spécialt Étudier. *Elle travaille bien en classe.* 2. Exercer une activité professionnelle, un métier. *Travailler en usine, dans un bureau.* 3. S'exercer, effectuer un exercice. *Acrobate qui travaille sans filet.* 4. (sujet chose : temps, force...) Agir. *Le temps travaille pour nous.* 5. Fonctionner pour la production. *Industrie qui travaille pour l'exportation.* 6. loc. FAM. *TRAVAILLER DU CHAPEAU :* être fou. III v. intr. (choses) 1. Subir une force, une action. *Le bois a travaillé.* SYN. se **déformer,** se **gondoler, jouer.** 2. Fermenter, subir une action interne. *La pâte travaille,* lève. 3. Être agité. *Son imagination travaille.* CONTR. **chômer** • se **reposer.**

ÉTYM. latin populaire *tripaliare* « torturer avec le *tripalium* », nom d'un instrument de torture, de *tri-* « trois » et *palus* « poteau ».

TRAVAILLEUR, EUSE [tʀavajœʀ, øz] n. et adj.

I n. 1. Personne qui travaille physiquement ou intellectuellement. *C'est un grand travailleur.* 2. Personne qui exerce une profession, un métier. *Travailleurs manuels* (→ **ouvrier, paysan**), *intellectuels.* – *Les travailleurs,* les salariés, surtout les ouvriers de l'industrie. → **prolétaire ; travail** (IV, 2).

II adj. 1. Qui aime le travail. *Un élève travailleur.* 2. Des travailleurs. *Les masses travailleuses,* laborieuses. CONTR. **inactif, oisif, paresseux.**

TRAVAILLISTE [tʀavajist] n. et adj. ✦ Membre du Labour Party (parti du *Travail*), en Grande-Bretagne. SYN. **socialiste.** *Les conservateurs et les travaillistes.* – adj. *Député travailliste.*

ÉTYM. de *travail.*

TRAVÉE [tʀave] n. f. 1. Portion (de voûte, de comble, de pont...) comprise entre deux points d'appui (colonnes, piles, piliers, etc.). *Nef à cinq travées.* 2. Rangée de tables, de sièges placés les uns derrière les autres. *Les travées d'un amphithéâtre.*

ÉTYM. de l'ancien français *tref,* latin *trabs, trabis* « poutre ».

TRAVELLER'S CHÈQUE [tʀavlœʀ(s)ʃɛk] n. m. ✦ anglicisme Chèque* de voyage. *Des traveller's chèques.* – On écrit aussi *traveller's check, des traveller's checks.* – abrév. *traveller, des travellers.*

ÉTYM. anglais *traveller's cheque,* américain *traveler's check,* de *travel(l)er* « voyageur ».

TRAVELLING ou **TRAVELING** [tʀavliŋ] n. m. ✦ anglicisme Mouvement de la caméra portée par le cadreur ou placée sur un chariot qui glisse sur des rails. *Travelling avant, arrière.* – Écrire *traveling* avec un seul *l* est permis.

ÉTYM. de l'anglais *travelling shot* « prise en mouvement », de *to travel* « voyager ».

A B C D E F G H I J K L M N O P Q R S T U V W X Y Z

TRAVELO [tʀavlo] n. m. ✦ FAM. Travesti, homme qui s'habille en femme. *Des travelos.*
ÉTYM. de *trav(esti)* et suffixe populaire.

TRAVERS [tʀavɛʀ] n. m. **I** (en loc.) **1.** *EN TRAVERS :* dans une position transversale par rapport à un axe. → **transversalement.** *Il dort en travers du lit.* – fig. LITTÉR. *Se mettre, se jeter en travers de…,* s'opposer, faire obstacle à. **2.** *À TRAVERS :* par un mouvement transversal d'un bout à l'autre d'une surface ou d'un milieu qui constitue un obstacle. *Passer à travers champs, à travers la foule.* → au **milieu, parmi ; traverser.** *Objets vus à travers une vitre.* – fig. *À travers les âges.* ♦ *AU TRAVERS :* en passant d'un bout à l'autre ; de part en part. – loc. *Passer au travers,* échapper à un danger, à une punition. **3.** *DE TRAVERS :* dans une direction, une position oblique par rapport à la normale ; qui n'est pas droit. SYN. FAM. de **traviole.** *Avoir le nez de travers.* – loc. *Regarder qqn de travers,* avec animosité, suspicion. *Prendre une remarque de travers,* avec irritation. –→ ② **mal.** *Raisonner de travers. Il comprend tout de travers.* – *Tout va de travers.* **4.** *À TORT ET À TRAVERS.* → **tort. II** Léger défaut (d'une personne). SYN. **imperfection.** *Se moquer des travers de qqn.*
ÉTYM. latin *transversus* «oblique, transversal».

TRAVERSE [tʀavɛʀs] n. f. **I 1.** Barre de bois, de métal, etc., disposée en travers, servant à assembler, à consolider des montants, des barreaux. *Les traverses d'une fenêtre.* **2.** Pièce (de bois, de métal, de béton) placée en travers de la voie pour maintenir l'écartement des rails. **II** LITTÉR. Difficulté, obstacle. **III** loc. adj. *Chemin DE TRAVERSE,* qui coupe. → **raccourci.**
ÉTYM. latin populaire *traversa,* de *transversus* «oblique».

TRAVERSÉE [tʀavɛʀse] n. f. **1.** Action de traverser la mer, une grande étendue d'eau (surtout en bateau). **2.** Action de traverser (un espace) d'un bout à l'autre. SYN. **passage.** *La traversée d'une ville en voiture.* ♦ fig. *La traversée du désert,* disparition de la vie publique.
ÉTYM. du participe passé de *traverser.*

TRAVERSER [tʀavɛʀse] v. tr. (conjug. 3a) **I 1.** Passer, pénétrer de part en part, à travers (un corps, un milieu interposé). SYN. **percer, transpercer.** *Traverser un mur à coups de pioche. L'eau traverse la toile.* SYN. **filtrer. 2.** Se frayer un passage à travers (des personnes rassemblées). *Traverser la foule.* SYN. **fendre. II 1.** Parcourir (un espace) d'une extrémité, d'un bord à l'autre. SYN. **franchir, parcourir.** *Traverser une ville. Traverser l'Atlantique à la voile.* – Couper (une voie de communication), aller d'un bord à l'autre. *Traverser la rue, la rivière.* – sans compl. *Piétons qui traversent.* **2.** (choses ; sans mouvement) Être, s'étendre, s'allonger au travers de… *La route traverse la voie ferrée.* SYN. **croiser. 3.** Aller d'un bout à l'autre de (un espace de temps), dépasser (un état durable). *Traverser une période difficile.* **4.** Passer par (l'esprit, l'imagination). *Idée qui traverse l'esprit.* SYN. se **présenter.** – au p. passé *Un sommeil agité, traversé de cauchemars.*
ÉTYM. latin *transversare,* de *transversus* «oblique».

TRAVERSIER, IÈRE [tʀavɛʀsje, jɛʀ] adj. et n. m.
I adj. VX Qui est en travers. *Rue traversière.* loc. *Flûte traversière,* qui se tient horizontalement.
II n. m. Au Québec Bac (pour remplacer l'anglicisme *ferry-boat*).
ÉTYM. latin populaire *traversarius* «transversal» ; sens II, de *traverser.*

TRAVERSIN [tʀavɛʀsɛ̃] n. m. ✦ Long coussin cylindrique, placé en travers, à la tête du lit. SYN. **polochon.**
ÉTYM. de l'ancien français *traversain* «transversal».

TRAVERTIN [tʀavɛʀtɛ̃] n. m. ✦ Roche calcaire présentant de petites cavités, utilisée en construction.
ÉTYM. italien *travertino,* du latin *tiburtinus* «de *Tibur* (Tivoli)».

TRAVESTI, IE [tʀavɛsti] adj. et n. m. **I 1.** adj. Revêtu d'un déguisement. SYN. **costumé, déguisé.** *Un acteur travesti* ou n. m. *un travesti,* un acteur qui se travestit, qui joue un rôle féminin. **2.** n. m. Homme (souvent, homosexuel) habillé et maquillé comme une femme. SYN. FAM. **travelo. II** n. m. VIEILLI Déguisement.
ÉTYM. du participe passé de *travestir.*

TRAVESTIR [tʀavɛstiʀ] v. tr. (conjug. 13) **1.** v. pron. réfl. *SE TRAVESTIR :* se déguiser pour un bal, un rôle de théâtre. **2.** v. tr. Transformer en revêtant un aspect mensonger qui défigure, dénature. SYN. **déformer, fausser, maquiller.** *Travestir la vérité, la pensée de qqn.* SYN. **falsifier.**
ÉTYM. italien *travestire,* de *tra-* «en sens contraire» et *vestire* «vêtir».

TRAVESTISSEMENT [tʀavɛstismɑ̃] n. m. **1.** Action ou manière de travestir, de se travestir. SYN. **déguisement.** **2.** Déformation, parodie. *Le travestissement de la vérité.* SYN. **falsification.**

de **TRAVIOLE** [d(ə)tʀavjɔl] loc. adv. ✦ FAM. De travers.

TRAYEUSE [tʀɛjøz] n. f. ✦ Machine à traire les vaches.
ÉTYM. de *traire.*

TRAYON [tʀɛjɔ̃] n. m. ✦ L'une des tétines du pis (d'une vache).
ÉTYM. de *traire.*

TRÉBUCHANT, ANTE [tʀebyʃɑ̃, ɑ̃t] adj. **1.** Qui trébuche. *Une démarche trébuchante.* **2.** Qui hésite à chaque difficulté. *Une lecture trébuchante.* **3.** VX (pièce de monnaie) Qui pèse le poids requis. ♦ MOD. loc. *Espèces sonnantes* et trébuchantes.*

TRÉBUCHER [tʀebyʃe] v. intr. (conjug. 3a) **1.** Perdre soudain l'équilibre, faire un faux pas. SYN. **chanceler.** *Trébucher contre, sur une pierre.* SYN. ① **buter. 2.** Être arrêté par une difficulté, une erreur. SYN. **achopper.** *Il trébuche sur les mots difficiles.*
ÉTYM. de *tres-* «au-delà» (du latin *trans-*) et ancien français *buc* «tronc», du francique.

TRÉBUCHET [tʀebyʃɛ] n. m. **1.** Piège à oiseaux, muni d'une bascule. **2.** Petite balance pour les pesées délicates.
ÉTYM. de *trébucher.*

TRÉFILAGE [tʀefilaʒ] n. m. ✦ TECHN. Opération par laquelle on tréfile (un métal).

TRÉFILER [tʀefile] v. tr. (conjug. 3a) ✦ TECHN. Étirer (un métal) en le faisant passer au travers des trous d'une filière.
ÉTYM. de *tréfilerie.*

TRÉFILERIE [tʀefilʀi] n. f. ✦ TECHN. Atelier, usine où l'on tréfile des métaux.
ÉTYM. de l'ancien français *trefilier* «ouvrier qui tréfile», de *tres-* «à travers» et *fil, filière.*

TRÈFLE [tʀɛfl] n. m. **1.** Plante, herbe aux feuilles composées de trois folioles, qui pousse dans les prairies des régions tempérées. *Un champ de trèfle.* – *Trèfle à*

quatre feuilles, considéré comme porte-bonheur. ♦ (autres plantes) *Trèfle d'eau.* 2. Motif décoratif évoquant la feuille de trèfle. → aux cartes Ce motif, de couleur noire. *Roi de trèfle.* 3. *Croisement en trèfle* ou n. m. *trèfle* : croisement de routes à niveaux séparés, à raccords courbes. SYN. **échangeur.**
ÉTYM. grec *triphullon* «à trois *(tri-)* feuilles *(phullon)*».

TRÉFONDS [tʀefɔ̃] n. m. ✦ LITTÉR. Ce qu'il y a de plus profond, de plus secret. SYN. **fond.** *Le tréfonds de son cœur.*
ÉTYM. de *tres-* «par-delà» (du latin *trans-*) et *fonds.*

TREILLAGE [tʀɛjaʒ] n. m. ✦ Assemblage de lattes, d'échalas posés parallèlement ou croisés dans un plan vertical. ♦ Clôture à claire-voie. SYN. ① **treillis.**
ÉTYM. de *treille.*

TREILLE [tʀɛj] n. f. ✦ Vigne qui pousse en berceau, en voûte ou contre un support (treillage, mur, espalier...) ; tonnelle où grimpe la vigne. ♦ loc. *Le jus de la treille,* le vin.
ÉTYM. latin *trichila.*

① **TREILLIS** [tʀeji] n. m. ✦ Entrecroisement de lattes, de fils métalliques formant claire-voie.
ÉTYM. de *treille.*

② **TREILLIS** [tʀeji] n. m. 1. Toile de chanvre très résistante. *Pantalon de treillis.* 2. Tenue militaire d'exercice ou de combat. *Des soldats en treillis.*
ÉTYM. de l'ancien français *tresliz* «tissu fait de mailles entrecroisées» ; famille du latin *trilix* «à trois fils».

TREIZE [tʀɛz] adj. numéral invar. et n. m. invar. 1. adj. numéral cardinal invar. (13 ou XIII) Dix plus trois. *Treize ans. Treize cents* ou *mille trois cents* (1 300). *Rugby à treize.* → loc. *Treize à la douzaine,* treize choses pour le prix de douze. 2. adj. numéral ordinal invar. Treizième. *Louis XIII. Treize heures.* 3. n. m. invar. Le nombre, le numéro treize.
ÉTYM. latin *tredecim* «trois *(tres)* plus dix *(decem)*».

TREIZIÈME [tʀɛzjɛm] adj. numéral ordinal 1. Qui suit le douzième (13e ; XIIIe). → n. *Le, la treizième.* 2. *La treizième partie* ou n. m. *le treizième* (1/13), fraction d'un tout également partagé en treize.
► **TREIZIÈMEMENT** [tʀɛzjɛmmɑ̃] adv.

TREKKING [tʀekiŋ] ou **TREK** [tʀɛk] n. m. ✦ anglicisme Randonnée pédestre dans des régions montagneuses difficilement accessibles.
ÉTYM. mot anglais, de *to trek* «avancer».

TRÉMA [tʀema] n. m. ✦ Signe formé de deux points juxtaposés que l'on met sur les voyelles *e, i, u,* pour indiquer que la voyelle qui précède doit être prononcée séparément. *«Astéroïde» s'écrit avec un i tréma.*
ÉTYM. grec *trêma* «trou ; point sur un dé».

TREMBLANT, ANTE [tʀɑ̃blɑ̃, ɑ̃t] adj. 1. Qui tremble. *Tremblant de froid.* SYN. **grelottant.** *Lueur tremblante.* SYN. **vacillant.** *Voix tremblante.* SYN. **chevrotant.** 2. Qui tremble, craint, qui a peur. SYN. **craintif.** *Effrayée et tremblante, elle se taisait.*

TREMBLE [tʀɑ̃bl] n. m. ✦ Peuplier à écorce lisse, à tige droite, dont les feuilles frissonnent au moindre vent.
ÉTYM. bas latin *tremulus* «le tremblant».

TREMBLÉ, ÉE [tʀɑ̃ble] adj. 1. Tracé d'une main tremblante. *Écriture tremblée.* 2. (son, voix) Qui tremble.
ÉTYM. du participe passé de *trembler.*

TREMBLEMENT [tʀɑ̃bləmɑ̃] n. m. 1. Secousses répétées qui agitent une chose. SYN. **ébranlement.** → *TREMBLEMENT DE TERRE* : secousses et vibrations du sol en relation avec une rupture de la croûte terrestre. → **séisme** ; secousse **sismique, tellurique.** ☛ Géographie p. 227. 2. Léger mouvement de ce qui tremble. *Avoir un tremblement dans la voix.* SYN. **chevrotement, trémolo.** *Le tremblement des vitres.* SYN. **trépidation, vibration.** 3. Agitation du corps ou d'une partie du corps par petites oscillations involontaires. SYN. **frémissement, frisson.** *Un, des tremblements de froid, de peur.* 4. loc. FAM. *ET TOUT LE TREMBLEMENT* : et tout le reste. SYN. **tralala.**
ÉTYM. de *trembler.*

TREMBLER [tʀɑ̃ble] v. intr. (conjug. 3a) 1. Être agité de petits mouvements répétés autour d'une position d'équilibre. *L'explosion fit trembler les vitres.* SYN. **trépider, vibrer.** *Le feuillage tremble sous la brise.* SYN. **frémir, osciller.** → Être ébranlé. *La terre tremble.* → **tremblement** de terre. → (lumière) Produire une image vacillante. → (voix, son) Ne pas conserver la même intensité ; varier rapidement (en intensité, hauteur). → **tremblé ; trémolo.** 2. (personnes) Être agité par une suite de petites contractions involontaires des muscles. SYN. **frissonner.** *Trembler de froid* (SYN. **grelotter**) ; *de peur.* loc. *Trembler comme une feuille,* beaucoup. 3. fig. Éprouver une violente émotion, sous l'effet de la peur. *Tout le monde tremble devant lui. Je tremble qu'on ne l'ait vu.* SYN. **craindre.** *Trembler pour qqn,* craindre un danger, un malheur pour lui. *Il tremble de la perdre.* SYN. **appréhender, redouter.**
ÉTYM. latin populaire *tremulare,* de *tremulus* «tremblant».

TREMBLEUR, EUSE [tʀɑ̃blœʀ, øz] adj. et n.
I adj. Tremblant.
II n. 1. Personne qui tremble. 2. n. m. Vibreur.

TREMBLOTE [tʀɑ̃blɔt] n. f. ✦ FAM. Tremblement. *Avoir la tremblote.*
ÉTYM. de *trembloter.*

TREMBLOTER [tʀɑ̃blɔte] v. intr. (conjug. 3a) ✦ Trembler (1, 2) légèrement.
► **TREMBLOTEMENT** [tʀɑ̃blɔtmɑ̃] n. m.

TRÉMIE [tʀemi] n. f. ✦ Entonnoir en forme de pyramide renversée qui permet de déverser une substance à traiter.
ÉTYM. latin *trimodia* «vase contenant trois *(tri-)* muids *(modius)*».

TRÉMIÈRE [tʀemjɛʀ] adj. f. ✦ *Rose trémière,* plante décorative (guimauve) à fleurs semblables à de petites roses ; cette fleur. SYN. **passerose.**
ÉTYM. de *rose de trémière,* pour *rose d'outre-mer.*

TRÉMOLO [tʀemɔlo] n. m. 1. Effet musical obtenu par la répétition très rapide d'un son, d'un accord. 2. Tremblement d'émotion (souvent affecté) dans la voix. *Avec des trémolos dans la voix.*
ÉTYM. italien *tremolo,* du latin *tremulus* «tremblant».

se **TRÉMOUSSER** [tʀemuse] v. pron. (conjug. 3a) ✦ S'agiter avec de petits mouvements vifs et irréguliers. SYN. **frétiller, gigoter,** se **tortiller.** *Se trémousser d'énervement, d'impatience.*
► **TRÉMOUSSEMENT** [tʀemusmɑ̃] n. m.
ÉTYM. de *tré-* «au-delà» (du latin *trans-*) et *mousse* «écume».

TREMPAGE [tʀɑ̃paʒ] n. m. ✦ Action de tremper. *Le trempage du linge.*

TREMPE [tʀɑ̃p] n. f. **I** 1. Immersion dans un bain froid (d'un métal, d'un alliage chauffé à haute température). *La trempe de l'acier.* 2. Qualité qu'un métal acquiert par cette opération. ◆ loc. fig. *DE... TREMPE* : de... caractère, énergie, qualité. *Un homme de sa trempe ne se laisse pas abattre.* **II** FAM. Volée de coups. SYN. **raclée.** *Recevoir une bonne trempe.*
ÉTYM. de *tremper.*

TREMPER [tʀɑ̃pe] v. (conjug. 3a) **I** v. tr. 1. (liquide) Mouiller fortement, imbiber. *La pluie a trempé sa chemise.* → passif et p. passé *Vêtements trempés par l'orage. Être trempé jusqu'aux os.* 2. Plonger (un solide) dans un liquide pour imbiber, enduire. ◆ Immerger, baigner. *Tremper son bras dans le lavabo.* → pronom. (réfl.) *Se tremper* : prendre un bain rapide. 3. Plonger (l'acier) dans un bain froid (→ **trempe**). → au p. passé *Acier trempé,* durci par la trempe. 4. fig. et LITTÉR. Aguerrir, fortifier. → au p. passé *Caractère bien trempé,* énergique. **II** v. intr. 1. Rester plongé dans un liquide. *Faire tremper le linge* (avant le lavage). → *Faire tremper des légumes secs* (dans l'eau). 2. loc. (sujet personne) *TREMPER DANS* (une affaire malhonnête) : y participer, en être complice. *On dit qu'il a trempé dans une escroquerie.*
ÉTYM. latin *temperare* ; doublet de *tempérer.*

TREMPETTE [tʀɑ̃pɛt] n. f. ◆ *FAIRE TREMPETTE* : prendre un bain hâtif sans entrer complètement dans l'eau.
ÉTYM. de *tremper.*

TREMPLIN [tʀɑ̃plɛ̃] n. m. 1. Planche élastique sur laquelle on prend élan pour sauter. *Plonger du haut d'un tremplin.* 2. fig. Ce qui lance qqn, lui permet de parvenir à un but.
ÉTYM. ancien italien *trempellino,* de *trempellare* «remuer», germanique *tramp-.*

TRENCH-COAT [tʀɛnʃkot] n. m. ◆ anglicisme Imperméable à ceinture (abrév. TRENCH [tʀɛnʃ]). *Des trench-coats ; des trenchs.*
ÉTYM. mot anglais, «manteau *(coat)* de tranchée *(trench)*».

TRENTAINE [tʀɑ̃tɛn] n. f. 1. Nombre de trente, d'environ trente. *Une trentaine de personnes.* 2. Âge d'environ trente ans.

TRENTE [tʀɑ̃t] adj. numéral invar. et n. m. invar. 1. adj. numéral cardinal invar. Trois fois dix (30). *«La Femme de trente ans»* (roman de Balzac). *Octobre a trente et un jours.* ◆ *TRENTE-SIX* : FAM. un grand nombre indéterminé. → ① **cent.** *Il n'y a pas trente-six solutions.* → loc. *Tous les trente-six du mois,* quasiment jamais. 2. adj. numéral ordinal invar. Trentième. *Numéro trente, page trente.* → *Les années trente,* de 1930 à 1939. 3. n. m. invar. Nombre, numéro trente. *Il habite au trente.* ◆ loc. *Se mettre SUR SON TRENTE ET UN* : mettre ses plus beaux habits.
ÉTYM. latin populaire *trinta,* classique *triginta.*

TRENTIÈME [tʀɑ̃tjɛm] adj. numéral ordinal 1. Qui vient après le vingt-neuvième. 2. *La trentième partie* ou n. m. *le trentième,* partie d'un tout également divisé en trente.

TRÉPAN [tʀepɑ̃] n. m. 1. Instrument de chirurgie destiné à percer les os du crâne. 2. Vilebrequin pour forer. SYN. **foreuse.** *Trépan de sonde.*
ÉTYM. latin médiéval *trepanum,* du grec, de *trupan* «percer».

TRÉPANATION [tʀepanasjɔ̃] n. f. ◆ CHIR. Opération par laquelle on trépane.

TRÉPANER [tʀepane] v. tr. (conjug. 3a) ◆ CHIR. Pratiquer un trou dans la boîte crânienne à l'aide d'un trépan. → au p. passé *Crâne, malade trépané.* → n. *Les trépanés.*
ÉTYM. de *trépan.*

TRÉPAS [tʀepɑ] n. m. ◆ VX ou LITTÉR. Mort (d'une personne). → loc. *Passer de vie à trépas* : mourir.
ÉTYM. de *trépasser.*

TRÉPASSER [tʀepase] v. intr. (conjug. 3a) ◆ LITTÉR. SYN. **mourir.** ◆ au p. passé (n.) *Les trépassés,* les morts. *La baie des Trépassés* (dans le Finistère).
ÉTYM. de *tres-* «au-delà» (du latin *trans-*) et *passer.*

TRÉPIDANT, ANTE [tʀepidɑ̃, ɑ̃t] adj. 1. Agité de petites secousses. 2. Très rapide et agité. *Un rythme trépidant.*
ÉTYM. du participe présent de *trépider.*

TRÉPIDATION [tʀepidasjɔ̃] n. f. ◆ Agitation de ce qui trépide. *La trépidation du moteur.*
ÉTYM. latin *trepidatio.*

TRÉPIDER [tʀepide] v. intr. (conjug. 3a) ◆ Être agité de petites secousses fréquentes, d'oscillations rapides. SYN. **trembler, vibrer.** *Le plancher du wagon trépidait.*
ÉTYM. latin *trepidare,* de *trepidus* «agité».

TRÉPIED [tʀepje] n. m. ◆ Meuble ou support à trois pieds.
ÉTYM. latin *tripes, tripedis* «à trois *(tri-)* pieds *(pes, pedis)*».

TRÉPIGNER [tʀepiɲe] v. intr. (conjug. 3a) ◆ Piétiner ou frapper des pieds contre terre à plusieurs reprises, sous le coup d'une émotion. *Trépigner d'enthousiasme, d'impatience, de colère.*
► **TRÉPIGNEMENT** [tʀepiɲmɑ̃] n. m.
ÉTYM. de l'anc. v. *treper* «sauter», francique *trippôn.*

TRÉPONÈME [tʀepɔnɛm] n. m. ◆ Bactérie dont une espèce est responsable de la syphilis.
ÉTYM. latin scientifique *treponema,* du grec *trepein* «tourner» et *nêma* «fil».

TRÈS [tʀɛ] adv. ◆ (se prononce [tʀɛ] devant une consonne, [tʀɛz] devant une voyelle ou un *h* muet) Marque le superlatif absolu. SYN. ① **bien,** ② **fort.** 1. (devant un adj.) *Il est très gentil. Très drôle.* SYN. **extrêmement.** *Un hiver très froid. C'est très clair.* SYN. **parfaitement.** *Une question très embarrassante.* SYN. **terriblement.** *Très connu.* → *Pas très,* moyennement, un peu ; (euphémisme) pas du tout, peu. → (+ terme, expr. à valeur d'adj.) *Être très en retard. Elle est déjà très femme.* 2. (devant un adv.) *Il se porte très bien. Aller très vite.* 3. (dans des locutions verbales d'état ; devant un nom) → (adj. substantivé) *Il fait très chaud. Se faire très mal.* → emploi critiqué *J'ai très faim.* SYN. **grand.** *Faites très attention.* HOM. TRAIT «ligne»
ÉTYM. latin *trans,* devenu *tras* «de part en part, complètement».

TRÉSOR [tʀezɔʀ] n. m. **I** 1. Ensemble de choses précieuses amassées et cachées. *Découvrir un trésor. «L'Île au trésor»* (☞ noms propres ; roman de Stevenson). *Trésor de guerre ;* fig. économies. → *Amasser un trésor.* → **thésauriser.** 2. *DES TRÉSORS* : grandes richesses concrètes, objets de grand prix. *Les trésors artistiques des musées.* → *LE TRÉSOR d'une église* : l'ensemble de ses objets précieux, réunis. 3. *LE TRÉSOR (PUBLIC)* : ensemble des moyens financiers dont dispose un État. → en France Service financier chargé d'encaisser les recettes fiscales et de payer les dépenses du budget de l'État. *Direction du Trésor* (au ministère des Finances). *Des bons du Trésor.* **II** fig. 1. *Un, des trésor(s)*

de : une abondance précieuse de (choses utiles, belles). *Des trésors de patience.* 2. Titre d'ouvrages encyclopédiques, de dictionnaires. *Le Trésor de la langue française,* de Jean Nicot. 3. *Mon trésor,* terme d'affection.
ÉTYM. latin *thesaurus,* du grec.

TRÉSORERIE [tʀezɔʀʀi] n. f. 1. Administration du Trésor public. ➝ Services financiers (de l'armée, d'une association...). 2. État et gestion des fonds, des ressources. SYN. **finance.** *Difficultés de trésorerie* : insuffisance de ressources pour faire face aux dépenses.
ÉTYM. de *trésor.*

TRÉSORIER, IÈRE [tʀezɔʀje, jɛʀ] n. ✦ Personne chargée de l'administration des finances (d'une organisation publique ou privée). *Le trésorier d'un parti.* ➝ *Trésorier-payeur général,* chargé de gérer le Trésor public dans un département. *Une trésorière-payeuse générale.*
ÉTYM. de *trésor,* d'après le bas latin *thesaurarius.*

TRESSAGE [tʀesaʒ] n. m. ✦ Action de tresser. *Le tressage de l'osier.* ◆ *Le tressage d'une corbeille.*

TRESSAILLEMENT [tʀesajmɑ̃] n. m. ✦ Ensemble de secousses musculaires qui agitent brusquement le corps, sous l'effet d'une émotion vive ou d'une sensation inattendue. SYN. **frémissement, frisson, sursaut.** *Un léger tressaillement parcourut sa nuque.*
ÉTYM. de *tressaillir.*

TRESSAILLIR [tʀesajiʀ] v. intr. (conjug. 19) ✦ Éprouver un tressaillement. SYN. **sursauter, tressauter.** *Il tressaillait au moindre bruit. Tressaillir de peur, de joie.* SYN. **frémir, trembler.**
ÉTYM. de *tres-* (du latin *trans-*) et *saillir.*

TRESSAUTER [tʀesote] v. intr. (conjug. 3a) 1. Tressaillir. 2. (choses) Être agité de façon désordonnée. *Le vélo tressautait sur les pavés.* SYN. **cahoter.**
► **TRESSAUTEMENT** [tʀesotmɑ̃] n. m.
ÉTYM. de *tres-* (du latin *trans-*) et *sauter.*

TRESSE [tʀɛs] n. f. 1. Assemblage de trois longues mèches de cheveux entrecroisées à plat et retenues par une attache. SYN. **natte.** 2. Cordon plat fait de fils entrelacés ; galon fait de plusieurs cordons.
ÉTYM. origine obscure.

TRESSER [tʀese] v. tr. (conjug. 3a) 1. Entrelacer (des brins de paille, de jonc, etc.). *Tresser de l'osier.* ➝ au p. passé *Cuir tressé.* ◆ Faire une tresse (de cheveux). SYN. **natter.** 2. Faire (un objet) en entrelaçant des fils, des brins. *Tresser des paniers.* ◆ loc. *Tresser des couronnes à qqn,* le louer, le glorifier.
ÉTYM. de *tresse.*

TRÉTEAU [tʀeto] n. m. 1. Longue pièce de bois sur quatre pieds, servant de support (à une estrade, un étalage, etc.). *Table à tréteaux.* 2. LITTÉR. *LES TRÉTEAUX* : scène sommairement installée. SYN. **planche(s).**
ÉTYM. latin populaire *transtellum* «petite traverse *(transtrum)*».

TREUIL [tʀœj] n. m. ✦ Appareil de levage, cylindre tournant sur son axe (le tambour) et autour duquel s'enroule une corde, un câble. SYN. **cabestan, winch.**
ÉTYM. latin *torculum* «pressoir», de *torquere* «tordre».

TREUILLER [tʀœje] v. tr. (conjug. 3a) ✦ Déplacer au moyen d'un treuil.
► **TREUILLAGE** [tʀœjaʒ] n. m.

TRÊVE [tʀɛv] n. f. 1. Cessation provisoire des combats, par convention des belligérants. SYN. **cessez-le-feu.** 2. fig. Interruption dans une lutte. *Une trêve politique. Faisons trêve à nos querelles.* 3. *SANS TRÊVE* : sans arrêt, sans relâche. *Il a plu sans trêve pendant une semaine,* sans cesse, sans répit. ➝ exclam. *TRÊVE DE...* : assez de. *Trêve de plaisanterie !*
ÉTYM. francique *treuwa* «traité», proprt «sécurité».

TRI [tʀi] n. m. ✦ Action de trier. SYN. **triage.** *Le tri des lettres. Tri sélectif des déchets.* ☛ Géographie p. 228 et 233.

TRI- Élément, du latin et du grec *tri-* «trois» (ex. *tricycle, trident, trilogie*).

TRIADE [tʀijad] n. f. ✦ DIDACT. Groupe de trois personnes ou de trois unités. *La triade capitoline* : Jupiter, Junon, Minerve. ➝ *La triade* : ensemble formé par les trois grandes puissances (Europe, États-Unis, Japon).
ÉTYM. bas latin *trias, triadis,* du grec.

TRIAGE [tʀijaʒ] n. m. 1. Fait de trier dans un ensemble ou de répartir ; son résultat. SYN. **tri, choix.** 2. Séparation et regroupement des wagons pour former des convois. *Gare de triage.*

TRIAL [tʀijal] n. m. et n. f. ✦ anglicisme 1. n. m. Course motocycliste d'obstacles sur terrain accidenté. 2. n. m. ou n. f. Moto pour ce type de course. *Des trials.*
ÉTYM. mot anglais «épreuve», de *to try* «essayer».

TRIANGLE [tʀijɑ̃gl] n. m. 1. Figure géométrique, polygone à trois côtés (➝ **trigonométrie**). *Triangle isocèle, équilatéral, rectangle.* 2. Objet de cette forme. *Triangles de signalisation routière.* ◆ Instrument de musique à percussion, fait d'une tige d'acier repliée, sur laquelle on frappe avec une baguette.
ÉTYM. latin *triangulus* → tri- et angle.

TRIANGULAIRE [tʀijɑ̃gylɛʀ] adj. 1. En forme de triangle. *Voile triangulaire.* 2. fig. Qui met en jeu trois éléments. *Élection triangulaire,* à trois candidats. *Commerce triangulaire* : du XVIe au XIXe siècle, échanges entre l'Europe, l'Afrique et l'Amérique, consistant à se procurer des esclaves noirs contre des marchandises européennes, et à les vendre en Amérique contre des produits tropicaux (sucre, coton...).
ÉTYM. bas latin *triangularis.*

TRIANGULATION [tʀijɑ̃gylasjɔ̃] n. f. ✦ Division (d'un terrain) en triangles pour le mesurer.
ÉTYM. bas latin *triangulatio.*

TRIAS [tʀijas] n. m. ✦ GÉOL. Terrain du secondaire ancien dont les dépôts (grès, calcaire à coquilles fossiles, marnes) correspondent à trois phases sédimentaires. ➝ Période la plus ancienne de l'ère secondaire.
► **TRIASIQUE** [tʀijazik] adj.
ÉTYM. allemand *Trias,* du bas latin *trias* «triade».

TRIATHLON [tʀijatlɔ̃] n. m. ✦ SPORT Épreuve d'athlétisme comportant trois disciplines (natation, course cycliste et course à pied).
ÉTYM. de *tri-* et *pentathlon.*

TRIBAL, ALE, AUX [tʀibal, o] adj. ✦ DIDACT. De la tribu. *Guerres tribales,* entre tribus.

TRIBOÉLECTRICITÉ [tʀiboelɛktʀisite] n. f. ✦ PHYS. Électricité statique produite par frottement.
► **TRIBOÉLECTRIQUE** [tʀiboelɛktʀik] adj.
ÉTYM. du grec *tribein* «frotter».

TRIBORD [tribɔr] n. m. ✦ Côté droit d'un navire quand on regarde vers la proue, l'avant (opposé à *bâbord*).
ÉTYM. ancien néerlandais *stierboord* «bord du gouvernail (*stier*)».

TRIBU [triby] n. f. 1. ANTIQ. Division du peuple (juif, grec, romain). *Les douze tribus d'Israël,* issues des douze fils de Jacob. 2. Groupe social et politique fondé sur une parenté ethnique réelle ou supposée, dans les sociétés préindustrielles. SYN. **peuplade.** 3. fig. et iron. Groupe nombreux ; famille nombreuse. *Elle part en vacances avec toute sa tribu.* HOM. TRIBUT «contribution»
ÉTYM. latin *tribus.*

TRIBULATIONS [tribylasjɔ̃] n. f. pl. ✦ Aventures plus ou moins désagréables. SYN. **mésaventure, vicissitudes.**
ÉTYM. latin *tribulatio* «tourment».

TRIBUN [tribœ̃] n. m. 1. ANTIQ. Nom d'officiers *(tribuns militaires)* ou de magistrats *(tribuns de la plèbe)* romains. 2. LITTÉR. Défenseur éloquent (d'une cause, d'une idée), orateur qui remue les foules.
ÉTYM. latin *tribunus,* d'abord «chef d'une des trois tribus *(tribus)* de Rome».

TRIBUNAL, AUX [tribynal, o] n. m. 1. Lieu où l'on rend la justice. SYN. ① **palais** de justice. 2. Magistrats exerçant une juridiction. SYN. **chambre, cour.** *Tribunaux administratifs, judiciaires. Tribunal de commerce. Porter une affaire devant les tribunaux.* 3. Justice de Dieu ; jugement de la postérité. *Le tribunal de l'histoire.*
ÉTYM. mot latin «estrade des tribuns *(tribunus)*».

TRIBUNE [tribyn] n. f. 1. Emplacement élevé où sont réservées des places (dans une église, une salle publique). *Tribune de presse.* ◆ Emplacement en gradins (dans un champ de courses, un stade). 2. Emplacement élevé, estrade d'où l'orateur s'adresse à une assemblée (→ **tribun**). 3. fig. Lieu où l'on s'exprime par le discours ou l'écriture. *La* TRIBUNE LIBRE *d'un journal :* rubrique offerte au public pour s'exprimer.
ÉTYM. latin médiéval *tribuna,* classique *tribunal.*

TRIBUT [triby] n. m. 1. Contribution forcée, imposée par un État à un autre. 2. LITTÉR. Contribution payée à une autorité, un pouvoir. *Lever un tribut sur la population.* 3. fig. et LITTÉR. Ce qu'on est obligé de supporter ou d'accorder. *Payer un lourd tribut à la maladie.*
HOM. TRIBU «peuplade»
ÉTYM. latin *tributum* «impôt», de *tribuere* «répartir (entre tribus)».

TRIBUTAIRE [tribytɛr] adj. 1. Qui paye tribut, est soumis à une autorité. 2. Qui dépend (d'un autre pays). 3. (cours d'eau) Affluent.
ÉTYM. latin *tributarius.*

TRICEPS [trisɛps] adj. et n. m. ✦ Se dit d'un muscle dont l'une des extrémités s'insère à trois points osseux différents. *Le triceps brachial.*
ÉTYM. mot latin «triple ; à trois *(tri-)* têtes *(caput)*».

TRICÉRATOPS [triseratɔps] n. m. ✦ DIDACT. Grand reptile fossile (dinosaurien) à trois cornes.
ÉTYM. de *tri-,* du grec *keras* «corne» et *ôps* «face».

TRICHE [triʃ] n. f. ✦ FAM. Tricherie. *C'est de la triche !*
ÉTYM. de *tricher.*

TRICHER [triʃe] v. intr. (conjug. 3a) 1. Enfreindre les règles d'un jeu en vue de gagner. *Tricher aux cartes. Vous avez triché !* 2. Enfreindre une règle, un usage en affectant de les respecter. *Tricher à un examen. Tricher sur la qualité.* SYN. **frauder.** 3. Dissimuler un défaut par un artifice.
ÉTYM. latin populaire *triccare,* de *tricari* «chicaner».

TRICHERIE [triʃri] n. f. ✦ Action de tricher. SYN. **triche.**

TRICHEUR, EUSE [triʃœr, øz] n. 1. Personne qui triche au jeu. 2. Personne qui enfreint secrètement les règles, est de mauvaise foi. *Ce tricheur voulait resquiller.*

TRICHINE [trikin] n. f. ✦ Petit ver parasite vivant dans l'intestin de certains animaux et de l'homme, et à l'état de larve dans leurs muscles, provoquant une maladie (la *trichinose* [trikinoz]).
ÉTYM. latin scientifique *trichina,* du grec *thrix, thrikhos* «cheveu, poil».

TRICHLORÉTHYLÈNE [triklɔretilɛn] n. m. ✦ CHIM. Dérivé chloré de l'éthylène, utilisé comme solvant des corps gras (pour nettoyer les tissus). ➖ abrév. TRICHLO [triklo].
ÉTYM. de *tri-, chlore* et *éthylène.*

TRICHROMIE [trikrɔmi] n. f. ✦ TECHN. Procédé de reproduction basé sur la séparation des trois couleurs fondamentales (bleu, rouge, jaune).
ÉTYM. de *trichrome* → tri- et -chrome.

TRICOLORE [trikɔlɔr] adj. 1. Qui est de trois couleurs. *Feux tricolores à un carrefour. Le drapeau italien est tricolore.* 2. Des trois couleurs du drapeau français : bleu, blanc et rouge. *Cocarde tricolore.* ◆ *L'équipe tricolore,* française. ➖ n. *Les tricolores.*
ÉTYM. latin *tricolor.*

TRICORNE [trikɔrn] n. m. ✦ Chapeau à trois cornes formées par ses bords relevés.
ÉTYM. latin *tricornis.*

TRICOT [triko] n. m. 1. Tissu formé d'une matière textile disposée en mailles et confectionné avec des aiguilles (→ **bonneterie**). *Un gilet de tricot.* 2. Action de tricoter. *Faire du tricot.* 3. Vêtement tricoté. → **chandail, pull-over.** ➖ *Tricot de corps, de peau.* SYN. **maillot.**
ÉTYM. de *tricoter.*

TRICOTAGE [trikɔtaʒ] n. m. ✦ Action, manière de tricoter.

TRICOTER [trikɔte] v. (conjug. 3a) **I** v. intr. VX Agiter. ◆ loc. *Tricoter (des jambes) :* courir vite, fuir. **II** v. tr. Exécuter au tricot. *Tricoter une écharpe.* ➖ absolt *Aiguilles, machine à tricoter.* ➖ au p. passé *Tissu tricoté.* → **jersey.**
ÉTYM. de *triquot,* VX «gourdin», de *trique.*

TRICOTEUR, EUSE [trikɔtœr, øz] n. 1. Personne qui tricote. ◆ *TRICOTEUSE* n. f. HIST. Femme du peuple révolutionnaire, pendant la Révolution française. 2. n. f. Machine à tricoter.

TRICTRAC [triktrak] n. m. ✦ Jeu de dés, où l'on fait avancer des pions sur une surface à deux compartiments comportant chacun six cases triangulaires. SYN. **jacquet.**
ÉTYM. onomatopée.

TRICYCLE [trisikl] n. m. ✦ Cycle à trois roues dont deux parallèles. *Tricycle de livreur.* SYN. **triporteur.**
ÉTYM. de *tri-* et ② *cycle.*

TRIDACNE [tʀidakn] **n. m.** ✦ ZOOL. Grand mollusque des mers chaudes, à deux valves ondulées, appelé aussi *bénitier.*
ÉTYM. latin *tridacna* «grande huître», du grec.

TRIDENT [tʀidɑ̃] **n. m.** **1.** Fourche à trois pointes. ➙ Emblème de Neptune, dieu des mers. **2.** Engin de pêche, harpon à trois pointes.
ÉTYM. du latin *tridens* «à trois *(tri-)* dents».

TRIDIMENSIONNEL, ELLE [tʀidimɑ̃sjɔnɛl] **adj.** ✦ DIDACT. Qui a trois dimensions ; qui se développe dans un espace à trois dimensions.

TRIÈDRE [tʀijɛdʀ] **n. m.** ✦ GÉOM. Figure (dans l'espace) formée par trois plans qui se coupent deux à deux.
ÉTYM. de *tri-* et *-èdre.*

TRIENNAL, ALE, AUX [tʀijenal, o] **adj.** ✦ Qui a lieu tous les trois ans ou dure trois ans. *Assolement triennal :* alternance de trois cultures sur un même terrain.
ÉTYM. latin *triennalis* «de trois *(tri-)* ans *(annus)*».

TRIER [tʀije] **v. tr.** (conjug. 9) **1.** Choisir parmi d'autres ; extraire d'un plus grand nombre (→ **tri, triage**). *Trier des semences.* ➙ loc. *TRIER SUR LE VOLET :* sélectionner avec le plus grand soin. **2.** Traiter de manière à ôter ce qui est mauvais. *Trier des lentilles.* **3.** Répartir en plusieurs groupes sans rien éliminer. SYN. **classer.** *Il était occupé à trier ses papiers.* ➙ INFORM. *Trier des données en fichiers.* CONTR. **mélanger, mêler.**
ÉTYM. probablement latin *tritare* «broyer», de *terere* «frotter ; user».

TRIÈRE [tʀijɛʀ] **n. f.** ✦ ANTIQ. GRECQUE Bateau à trois rangs de rames. SYN. **trirème.**
ÉTYM. latin *trieris,* du grec.

TRIEUR, TRIEUSE [tʀijœʀ, tʀijøz] **n.** **1.** Personne chargée de trier qqch. *Trieur de minerai.* **2. n. m.** Appareil servant au triage. **3.** *TRIEUSE* **n. f.** Machine à trier, à classer des fiches, etc.

TRIFORIUM [tʀifɔʀjɔm] **n. m.** ✦ ARCHIT. Galerie étroite à ouvertures (églises gothiques).
ÉTYM. mot anglais, du latin médiéval, de l'ancien français *trifoire* «ciselure», du latin *transforare* «percer».

TRIFOUILLER [tʀifuje] **v.** (conjug. 3a) ✦ FAM. **1. v. tr.** Mettre en désordre, en remuant. *On a trifouillé mes papiers.* **2. v. intr.** Fouiller (dans). SYN. **farfouiller.** *Ne viens pas trifouiller dans mes affaires.*
ÉTYM. de *tri(poter)* et *fouiller.*

TRIGLYPHE [tʀiglif] **n. m.** ✦ ARCHIT. Ornement de la frise dorique, à trois ciselures. *Triglyphes et métopes.*
ÉTYM. latin *triglyphus,* du grec, de *gluphê* «ciselure».

TRIGONOMÉTRIE [tʀigɔnɔmetʀi] **n. f.** ✦ MATH. Application du calcul à la détermination des éléments des triangles.
ÉTYM. latin scientifique *trigonometria,* du grec.

TRIGONOMÉTRIQUE [tʀigɔnɔmetʀik] **adj.** ✦ Qui concerne la trigonométrie ; utilisé en trigonométrie. *Calculs, tables trigonométriques. Lignes trigonométriques.* → **cosinus,** ② **sinus, tangente.** ➙ *Sens* trigonométrique.*

TRIJUMEAU [tʀiʒymo] **adj. et n. m.** ✦ *(Nerf) trijumeau,* cinquième nerf crânien, qui se divise en trois : nerf ophtalmique, deux nerfs maxillaires.

TRILINGUE [tʀilɛ̃g] **adj.** ✦ DIDACT. **1.** Qui est en trois langues. *Inscription trilingue.* **2.** Qui connaît trois langues. *Secrétaire trilingue.*
ÉTYM. latin *trilinguis,* de *tri-* et *lingua* «langue».

TRILLE [tʀij] **n. m.** ✦ MUS. Battement rapide et ininterrompu sur deux notes voisines. *Exécuter un trille sur la flûte.*
ÉTYM. italien *trillo,* d'origine onomatopéique.

TRILLION [tʀiljɔ̃] **n. m.** ✦ Un milliard de milliards (soit 10^{18}).
ÉTYM. de *tri-* et *million.*

TRILOBÉ, ÉE [tʀilɔbe] **adj.** ✦ BOT. Qui a trois lobes. *Feuille de trèfle trilobée.* ♦ ARCHIT. *Ogives trilobées.*
ÉTYM. de *tri-* et *lobé.*

TRILOGIE [tʀilɔʒi] **n. f.** **1.** Ensemble de trois tragédies grecques sur un même thème. **2.** Groupe de trois pièces de théâtre, de trois œuvres dont les sujets se font suite. *La trilogie marseillaise de Pagnol* (Marius ; Fanny ; César).
ÉTYM. grec *trilogia* → tri- et -logie.

TRIMARAN [tʀimaʀɑ̃] **n. m.** ✦ Voilier (multicoque) formé d'une coque centrale flanquée de deux petites coques parallèles réunies transversalement par une armature rigide.
ÉTYM. mot anglais, de *tri-* et *(cata)maran.*

TRIMBALAGE ou **TRIMBALLAGE** [tʀɛ̃balaʒ] **n. m.** ✦ FAM. Fait de trimbaler (qqch. ou qqn).

TRIMBALER ou **TRIMBALLER** [tʀɛ̃bale] **v. tr.** (conjug. 3a) ✦ FAM. Mener, porter partout avec soi (souvent avec l'idée de difficulté). SYN. **traîner, transporter.** *Trimbaler une valise dans le métro.*
ÉTYM. de l'ancien verbe *tribaler,* d'origine incertaine, d'après *brimbaler.*

TRIMER [tʀime] **v. intr.** (conjug. 3a) ✦ Travailler avec effort, à une besogne pénible. *Trimer du matin au soir.* SYN. **peiner.**
ÉTYM. origine obscure.

TRIMESTRE [tʀimɛstʀ] **n. m.** **1.** Durée de trois mois. ➙ Division de l'année scolaire (en France). *Le premier trimestre* (de la rentrée à Noël). **2.** Somme payée ou allouée tous les trois mois. *Toucher son trimestre.*
ÉTYM. latin *trimestris,* de *tri-* et *mensis* «mois».

TRIMESTRIEL, ELLE [tʀimɛstʀijɛl] **adj.** **1.** Qui dure trois mois. **2.** Qui a lieu, qui paraît tous les trois mois. *Revue trimestrielle.*
► **TRIMESTRIELLEMENT** [tʀimɛstʀijɛlmɑ̃] **adv.**
ÉTYM. de *trimestre.*

TRIMOTEUR [tʀimɔtœʀ] **n. m.** ✦ Avion qui a trois moteurs. SYN. **triréacteur.**

TRINGLE [tʀɛ̃gl] **n. f.** ✦ Tige métallique ou en bois servant de support. *Tringle à rideaux. Tringle d'une penderie.*
ÉTYM. de l'ancien français *tingle,* de l'ancien néerlandais *tingel* «cale».

TRINITÉ [tʀinite] **n. f.** **1.** RELIG. CHRÉT. *La Trinité :* Dieu unique en trois personnes. ♦ Fête religieuse (après la Pentecôte). loc. *À Pâques ou à la Trinité :* jamais. **2.** Groupe de trois dieux (SYN. **triade**), ou de trois principes, de trois objets considérés comme sacrés.
ÉTYM. latin *trinitas,* de *trini* «trois».

A B C D E F G H I J K L M N O P Q R S T U V W X Y Z

TRINITROTOLUÈNE [tʀinitʀotɔlɥɛn] **n. m.** ✦ CHIM. Explosif puissant, dérivé du toluène. SYN. ① **T. N. T.**
ÉTYM. de *trinitré* (de *tri-* et *nitré*) et *toluène.*

TRINÔME [tʀinom] **n. m.** ✦ Polynôme à trois termes.
ÉTYM. de *tri-* et *binôme.*

TRINQUER [tʀɛ̃ke] **v. intr.** (conjug. 3a) 1. Choquer son verre contre celui d'une autre personne et boire à sa santé. ♦ Boire en même temps que d'autres convives. *Trinquer avec des amis.* 2. FAM. Subir des désagréments, des pertes. SYN. **écoper.** *Ce sont toujours les mêmes qui trinquent !*
ÉTYM. allemand *trinken* «boire».

TRINQUETTE [tʀɛ̃kɛt] **n. f.** ✦ MAR. Voile d'avant triangulaire, en arrière du foc.
ÉTYM. de *trinquet,* nom d'un mât, italien *trinchetto,* peut-être du latin *trini* «trois».

TRIO [tʀijo] **n. m.** 1. MUS. Morceau pour trois instruments ou trois voix. ➙ Groupe de trois musiciens. *Des trios à cordes.* ➙ Seconde partie du menuet*, dans la sonate. 2. Groupe de trois personnes (souvent plaisant ou péjoratif).
ÉTYM. mot italien, de *tri-* et *duo.*

TRIODE [tʀijɔd] **n. f.** ✦ PHYS. Tube électronique à trois électrodes.
ÉTYM. de *tri-* et *diode.*

TRIOLET [tʀijɔlɛ] **n. m.** ✦ MUS. Groupe de trois notes de valeur égale qui se jouent dans le temps de deux.
ÉTYM. variante dialectale de *trèfle.*

TRIOMPHAL, ALE, AUX [tʀijɔ̃fal, o] **adj.** 1. Qui a les caractères d'un triomphe, qui est accompagné d'honneurs. *Un accueil triomphal.* 2. Qui constitue une grande réussite. *Une élection triomphale.*
ÉTYM. latin *triomphalis.*

TRIOMPHALEMENT [tʀijɔ̃falmɑ̃] **adv.** ✦ D'une manière triomphale ; en triomphe. *Être reçu triomphalement.*

TRIOMPHALISME [tʀijɔ̃falism] **n. m.** ✦ Croyance affichée au succès.
► **TRIOMPHALISTE** [tʀijɔ̃falist] **adj. et n.**
ÉTYM. de *triomphe.*

TRIOMPHANT, ANTE [tʀijɔ̃fɑ̃, ɑ̃t] **adj.** 1. Qui triomphe, qui a remporté une éclatante victoire. SYN. **victorieux.** *Sortir triomphant d'une épreuve, d'une compétition.* SYN. **vainqueur.** 2. Qui exprime le triomphe, est plein d'une joie éclatante. SYN. **heureux, radieux.** *Sourire triomphant.*

TRIOMPHATEUR, TRICE [tʀijɔ̃fatœʀ, tʀis] **n.** 1. Personne qui remporte une éclatante victoire. SYN. **vainqueur.** 2. **n. m.** ANTIQ. Général romain à qui l'on faisait les honneurs du triomphe.
ÉTYM. latin *triomphator.*

TRIOMPHE [tʀijɔ̃f] **n. m.** 1. Victoire éclatante à l'issue d'une lutte, d'une rivalité. ➙ (choses) *Le triomphe d'une cause, de la vérité.* 2. ANTIQ. Honneur décerné à un général romain qui avait remporté une grande victoire ; entrée solennelle à Rome. ♦ loc. *ARC DE TRIOMPHE,* élevé pour un triomphe. 3. loc. *PORTER qqn EN TRIOMPHE :* le hisser au-dessus de la foule pour le faire acclamer. 4. Grande satisfaction (après un succès). *Un cri de triomphe.* 5. Approbation enthousiaste du public. *Ce chanteur remporte un triomphe.* ♦ Action, objet, représentation qui déchaîne l'enthousiasme du public. CONTR. **déconfiture, défaite, déroute.**
ÉTYM. latin *triumphus.*

TRIOMPHER [tʀijɔ̃fe] **v.** (conjug. 3a) **I v. tr. ind.** *TRIOMPHER DE... :* vaincre (qqn) avec éclat à l'issue d'une lutte. *Il a triomphé de tous ses adversaires.* ➙ Venir à bout de (qqch.). *Nous triompherons des difficultés.* **II v. intr.** 1. Remporter une victoire absolue. ➙ (choses) S'imposer, s'établir de façon éclatante. *Leurs idées ont triomphé.* 2. Éprouver un sentiment de triomphe. *Il aurait tort de triompher (→ crier victoire*).* 3. Réussir brillamment. SYN. **exceller.** ♦ Être l'objet de l'enthousiasme du public. *La pièce a triomphé.*
ÉTYM. latin *triomphare.*

TRIPARTI, IE [tʀipaʀti] ou **TRIPARTITE** [tʀipaʀtit] **adj.** ✦ POLIT. Qui réunit trois partis ou trois parties qui négocient. *Pacte tripartite.*
ÉTYM. latin *tripartitus.*

TRIPATOUILLAGE [tʀipatujaʒ] **n. m.** ✦ FAM. 1. Action de tripatouiller. 2. Modification malhonnête. *Des tripatouillages électoraux.* SYN. **magouille, tripotage.**

TRIPATOUILLER [tʀipatuje] **v. tr.** (conjug. 3a) ✦ FAM. 1. Modifier en ajoutant, retranchant. *Tripatouiller la comptabilité d'une entreprise.* SYN. **falsifier, maquiller, truquer.** 2. concret Tripoter.
► **TRIPATOUILLEUR, EUSE** [tʀipatujœʀ, øz] **n.**
ÉTYM. de *tripoter.*

TRIPE [tʀip] **n. f.** 1. *Des tripes,* plat fait de boyaux de ruminants préparés. *Tripes à la mode de Caen.* 2. FAM. Intestin de l'homme ; ventre. ♦ loc. *Rendre TRIPES ET BOYAUX :* vomir. 3. fig. et FAM. Entrailles. *Une musique qui prend aux tripes,* qui bouleverse.
ÉTYM. latin médiéval *tripae,* d'origine incertaine.

TRIPERIE [tʀipʀi] **n. f.** 1. Commerce du tripier. 2. Abats. *Il n'aime pas la triperie.*

TRIPETTE [tʀipɛt] **n. f.** ✦ loc. *Ça ne VAUT PAS TRIPETTE :* cela ne vaut rien.
ÉTYM. diminutif de *tripe.*

TRIPHASÉ, ÉE [tʀifɑze] **adj.** ✦ ÉLECTR. *Courant triphasé,* à trois phases.
ÉTYM. de *tri-* et *phase.*

TRIPHTONGUE [tʀiftɔ̃g] **n. f.** ✦ Voyelle dont le timbre varie deux fois en cours d'émission. *Il existait des triphtongues en ancien français.*
ÉTYM. de *tri-,* d'après *diphtongue.*

TRIPIER, IÈRE [tʀipje, jɛʀ] **n.** ✦ Commerçant qui vend des abats (tripes, foie, cervelle, etc.).

TRIPLE [tʀipl] **adj.** 1. Qui équivaut à trois, se présente comme trois. *Un triple rang de perles. Triple menton,* qui fait trois plis. ➙ Qui concerne trois éléments. *La Triple Entente*.* ♦ FAM. (sert de superlatif) *Au triple galop,* très vite. ➙ *Triple idiot !* 2. Trois fois plus grand. *Prendre une triple dose.* ➙ **n. m.** *Le triple :* une quantité trois fois plus grande. *Ça vaut le triple.*
ÉTYM. latin *triplus,* variante de *triplex.*

TRIPLÉ, ÉE [tʀiple] **n.**
I n. m. SPORTS Triple succès d'un athlète, d'une équipe. **II** au plur. *TRIPLÉS, ÉES :* groupe de trois enfants nés d'une même grossesse. → **jumeau.**
ÉTYM. de *triple.*

① **TRIPLEMENT** [tʀipləmɑ̃] adv. ✦ Trois fois, de trois façons. *Il est triplement fautif.*
ÉTYM. de *triple.*

② **TRIPLEMENT** [tʀipləmɑ̃] n. m. ✦ Action de tripler, augmentation du triple. *Le triplement des bénéfices.*
ÉTYM. de *tripler.*

TRIPLER [tʀiple] v. (conjug. 3a) 1. v. tr. Rendre triple, multiplier par trois. 2. v. intr. Devenir triple. *Ce terrain a triplé de valeur.*

TRIPLET [tʀiplɛ] n. m. ✦ SC. Association de trois éléments.
ÉTYM. de *triple.*

TRIPORTEUR [tʀipɔʀtœʀ] n. m. ✦ Tricycle muni d'une caisse pour le transport des marchandises légères.
ÉTYM. de *tricycle* et *porteur.*

TRIPOT [tʀipo] n. m. ✦ péj. Maison de jeu, café où l'on joue.
ÉTYM. p.-ê. de l'ancien français *treper* «sauter».

TRIPOTAGE [tʀipɔtaʒ] n. m. ✦ Action de tripoter (2) ; arrangement, combinaison louche. SYN. **trafic, tripatouillage.**

TRIPOTÉE [tʀipɔte] n. f. ✦ FAM. 1. Raclée, volée. 2. Grand nombre. *Une tripotée d'enfants.*
ÉTYM. du participe passé de *tripoter.*

TRIPOTER [tʀipɔte] v. (conjug. 3a) 1. v. tr. Manier, tâter sans délicatesse. ➜ Toucher de manière répétée, machinalement. SYN. **tripatouiller, triturer.** *Tripoter ses cheveux.* 2. v. intr. Se livrer à des opérations et combinaisons malhonnêtes. SYN. **magouiller ; trafiquer.** *Il a tripoté dans des affaires louches.*
ÉTYM. de *tripot.*

TRIPOUS [tʀipu] n. m. pl. ✦ Tripes et abats (pieds de mouton, etc.) à la mode auvergnate. ➜ On écrit aussi *des tripoux.*
ÉTYM. mot régional, de *tripe.*

TRIPTYQUE [tʀiptik] n. m. 1. Peinture, sculpture composée d'un panneau central et de deux volets mobiles pouvant se rabattre. ♦ Œuvre littéraire en trois tableaux ou récits. 2. Document douanier en trois feuillets.
ÉTYM. grec *triptukhos* «plié en trois».

TRIQUE [tʀik] n. f. ✦ Gros bâton utilisé pour frapper. SYN. **gourdin, matraque.** *Mener les hommes à la trique,* par la brutalité. ➜ loc. *Sec comme un coup de trique :* très maigre.
ÉTYM. mot dialectal du Nord-Est ; famille du francique *strikan* «caresser».

TRIRÉACTEUR [tʀiʀeaktœʀ] n. m. ✦ Avion à trois réacteurs.

TRIRÈME [tʀiʀɛm] n. f. ✦ ANTIQ. Navire de guerre des Romains, des Carthaginois, etc., à trois rangées de rames superposées. SYN. **trière.**
ÉTYM. latin *triremis,* de *remus* «rame».

TRISAÏEUL, EULE [tʀizajœl] n. ✦ Père, mère du bisaïeul ou de la bisaïeule. *Mes trisaïeuls.*
ÉTYM. de *tri-* et *aïeul,* d'après *bisaïeul.*

TRISOMIE [tʀizɔmi] n. f. ✦ MÉD. Présence anormale d'un chromosome supplémentaire dans une paire. *Trisomie 21,* à l'origine du mongolisme.

► **TRISOMIQUE** [tʀizɔmik] adj. et n.
ÉTYM. de *tri-* et du grec *soma* «corps».

TRISTE [tʀist] adj. I 1. Qui éprouve un malaise douloureux, de la tristesse. SYN. **affligé.** *Être triste de partir, de l'absence de qqn.* SYN. **abattu.** ➜ loc. *Triste comme un bonnet de nuit :* ennuyeux. *Triste à mourir,* très triste. ♦ Habituellement sans gaieté. SYN. **mélancolique,** ① **morose.** 2. Qui exprime la tristesse, est empreint de tristesse. SYN. **malheureux, sombre.** *Un visage triste. Le Chevalier à la triste figure :* don Quichotte. *De tristes pensées.* 3. (choses) Qui répand la tristesse. SYN. **maussade,** ① **morne,** ① **sinistre.** *Le ciel est triste.* II (choses) 1. Qui fait souffrir, fait de la peine. SYN. **affligeant, attristant, douloureux, malheureux, pénible.** *Une triste nouvelle.* ➜ Qui raconte ou montre des choses pénibles. 2. Qui suscite des jugements pénibles. SYN. **déplorable.** *Ce malade est dans un triste état. C'est bien triste.* SYN. **malheureux, regrettable.** 3. péj. toujours devant le nom Dont le caractère médiocre ou odieux afflige. SYN. **lamentable, navrant.** *Quelle triste époque ! Un triste sire.* CONTR. **content, gai, joyeux, réjoui · amusant, comique,** ① **drôle · heureux, réconfortant, réjouissant.**
ÉTYM. latin *tristis.*

TRISTEMENT [tʀistəmɑ̃] adv. 1. En étant triste, d'un air triste. 2. D'une manière pénible, affligeante. *Il est tristement célèbre* (à cause de ses méfaits). CONTR. **gaiement, joyeusement.**

TRISTESSE [tʀistɛs] n. f. 1. État affectif pénible et durable ; envahissement de la conscience par une douleur morale qui empêche de se réjouir du reste. SYN. **ennui, mélancolie, peine.** *Sourire avec tristesse.* 2. *(Une, des tristesses)* Moment où l'on est dans cet état ; ce qui le fait naître. *Les tristesses de la vie.* SYN. ② **chagrin.** 3. Caractère de ce qui exprime ou suscite cet état. *La tristesse de ces ruines.* CONTR. **allégresse, euphorie, gaieté, joie · plaisir, satisfaction · drôlerie.**
ÉTYM. de *triste.*

TRITHÉRAPIE [tʀiteʀapi] n. f. ✦ Traitement associant trois médicaments. *Malade du sida traité par trithérapie.*
ÉTYM. de *tri-* et *-thérapie.*

TRITON [tʀitɔ̃] n. m. I MYTHOL. Divinité marine à figure humaine et à queue de poisson. II ZOOL. 1. Grand mollusque marin à coquille en spirale. 2. Batracien aquatique, proche de la salamandre, à queue aplatie.
ÉTYM. latin *Triton* (☛ noms propres), du grec, nom de divinités marines.

TRITURER [tʀityʀe] v. tr. (conjug. 3a) 1. Réduire en poudre ou en pâte en écrasant par pression et frottement. SYN. **broyer.** 2. Manier à fond. SYN. **pétrir.** ➜ FAM. *Se triturer les méninges, la cervelle :* se fatiguer l'esprit. 3. Manier avec insistance, machinalement. SYN. **tripoter.** *Il triturait sa casquette.*

► **TRITURATION** [tʀityʀasjɔ̃] n. f.
ÉTYM. bas latin *triturare* «battre (le blé)».

TRIUMVIR [tʀijɔmviʀ] n. m. ✦ ANTIQ. Magistrat romain chargé, avec deux collègues, d'une mission administrative ou du gouvernement. *Les trois triumvirs.*
ÉTYM. mot latin, de *tres* «trois» et *vir* «homme».

TRIUMVIRAT [tʀijɔmviʀa] n. m. 1. ANTIQ. Fonction de triumvir. 2. LITTÉR. Association de trois personnes qui exercent un pouvoir, une influence.

A B C D E F G H I J K L M N O P Q R S T U V W X Y Z

TRIVALENT, ENTE [tʀivalɑ̃, ɑ̃t] **adj.** ✦ CHIM. Qui possède la triple valence.
ÉTYM. de *tri-* et *valence*.

TRIVIAL, ALE, AUX [tʀivjal, o] **adj.** 1. VIEILLI OU LITTÉR. Ordinaire, commun. *Détails triviaux.* 2. Vulgaire, contraire aux bons usages. *Langage trivial.* SYN. **grossier, obscène.** 3. SC. anglicisme Banal, évident. CONTR. **exceptionnel, rare • distingué, noble.**
▸ **TRIVIALEMENT** [tʀivjalmɑ̃] **adv.**
ÉTYM. latin *trivialis*, de *trivium*, proprement «carrefour à trois *(tri-)* voies *(via)*» et «lieu public».

TRIVIALITÉ [tʀivjalite] **n. f.** ✦ Caractère de ce qui est grossier, vulgaire. *La trivialité de ses propos.*
ÉTYM. de *trivial*.

TROC [tʀɔk] **n. m.** ✦ Échange direct d'un bien contre un autre. *Faire du troc.* → **troquer.** ➝ Système économique primitif, excluant l'emploi de monnaie. *Économie de troc.*
ÉTYM. de *troquer*.

TROÈNE [tʀɔɛn] **n. m.** ✦ Arbuste à feuilles presque persistantes, à petites fleurs blanches très odorantes. *Une haie de troènes.*
ÉTYM. francique *trugil*.

TROGLODYTE [tʀɔglɔdit] **n. m.** ✦ Habitant d'une caverne, d'une grotte, ou d'une demeure aménagée dans le roc.
▸ **TROGLODYTIQUE** [tʀɔglɔditik] **adj.**
ÉTYM. latin *Troglodyta*, du grec, de *troglê* «trou».

TROGNE [tʀɔɲ] **n. f.** ✦ FAM. Visage grotesque ou plaisant. *Une trogne rubiconde.*
ÉTYM. probablt gaulois *trugna* «groin, museau».

TROGNON [tʀɔɲɔ̃] **n. m.** 1. Ce qui reste quand on a enlevé la partie comestible (d'un fruit, d'un légume). *Un trognon de pomme, de chou.* ♦ loc. FAM. *JUSQU'AU TROGNON* : jusqu'au bout, complètement. *Se faire avoir jusqu'au trognon.* 2. FAM. Terme d'affection désignant un enfant. *Quel petit trognon !* ➝ **adj.** Mignon. *Elles sont trognons.*
ÉTYM. de l'ancien français *estronner* «retrancher», famille de *tronquer*.

TROÏKA [tʀɔika] **n. f.** 1. Grand traîneau russe, attelé à trois chevaux de front. 2. Groupe de trois dirigeants politiques, de trois entreprises, etc.
ÉTYM. mot russe.

TROIS [tʀwa] **adj. numéral** et **n. m.** 1. **adj. numéral cardinal** Deux plus un (3 ou III). *Les trois dimensions. J'ai trois rois.* → **brelan.** *Trois cents, trois mille.* loc. *Règle de trois*, par laquelle on cherche le quatrième terme d'une proportion, quand les trois autres sont connus. ➝ *Deux ou trois, trois ou quatre*, un très petit nombre. 2. **adj. numéral ordinal** Troisième. *Page trois.* 3. **n. m.** *Un, deux, trois, partez !* ➝ Le chiffre, le numéro trois. ➝ Ce qui est marqué d'un trois, de trois signes (carte, domino...). *Le trois de carreau.* ➝ Troisième jour du mois.
ÉTYM. latin *tres*.

TROIS-HUIT [tʀwaɥit] **n. m. pl.** ✦ *Les trois-huit* : système de travail continu qui nécessite la succession de trois équipes travaillant chacune huit heures. *Ils font les trois-huit dans cette usine.*

TROISIÈME [tʀwazjɛm] **adj.** et **n.** 1. **adj.** Qui vient après le deuxième. ♦ **n. m.** *Habiter au troisième* (étage). ♦ **n. f.** *Passer en troisième* (vitesse). ➝ Quatrième et dernière classe du premier cycle de l'enseignement secondaire (cycle d'orientation). 2. **adj.** Qui s'obtient en divisant par trois. *La troisième partie d'un tout.* → **tiers.**

TROISIÈMEMENT [tʀwazjɛmmɑ̃] **adv.** ✦ En troisième lieu. SYN. **tertio.**

TROIS-MÂTS [tʀwamɑ] **n. m.** ✦ Navire à voiles à trois mâts.

TROIS-QUARTS [tʀwakaʀ] **n. m.** 1. Vêtement de longueur intermédiaire entre la veste et le manteau. 2. au rugby Joueur de la ligne offensive placée entre les demis et l'arrière.

① **TROLL** [tʀɔl] **n. m.** ✦ Lutin des légendes scandinaves.
ÉTYM. mot suédois.

② **TROLL** [tʀɔl] **n.** ✦ anglicisme Internaute qui cherche à créer la polémique sur un forum de discussion ou sur les réseaux sociaux. ♦ **n. m.** Message publié par un troll. *Poster des trolls.*
ÉTYM. mot anglais d'origine obscure.

TROLLEY [tʀɔlɛ] **n. m.** 1. Dispositif mobile servant à transmettre le courant d'un câble conducteur au moteur d'un véhicule. *Trams à trolley.* 2. FAM. Trolleybus.
ÉTYM. mot anglais «wagon», de *to troll* «rouler».

TROLLEYBUS [tʀɔlɛbys] **n. m.** ✦ Autobus à trolley.

TROMBE [tʀɔ̃b] **n. f.** 1. Cyclone tropical qui provoque la formation d'une colonne tourbillonnante qui soulève la surface des eaux. SYN. **tornade.** 2. *Trombe d'eau* : pluie torrentielle. *Des trombes d'eau.* 3. loc. *EN TROMBE, comme une trombe* : avec un mouvement rapide et violent. *Démarrer en trombe.*
ÉTYM. italien *tromba* «trompe».

TROMBIDION [tʀɔ̃bidjɔ̃] **n. m.** ✦ ZOOL. Aoûtat.
ÉTYM. latin scientifique *trombidium*, de *trompe*.

TROMBINE [tʀɔ̃bin] **n. f.** ✦ FAM. Tête, visage.
ÉTYM. famille de *trombe*, *trompe*.

TROMBLON [tʀɔ̃blɔ̃] **n. m.** ✦ anciennt Arme à feu individuelle au canon évasé en entonnoir.
ÉTYM. italien *trombone*, de *tromba* «trompe».

TROMBONE [tʀɔ̃bɔn] **n. m.** I Instrument à vent, cuivre de grande dimension, à embouchure. *Trombone à pistons.* ➝ spécialt *Trombone à coulisse*, dont le tube s'allonge et se raccourcit pour produire des sons différents. ♦ Joueur de trombone. II Petite agrafe de fil de fer repliée en deux boucles pour réunir des papiers.
ÉTYM. mot italien, de *tromba* «trompe».

TROMPE [tʀɔ̃p] **n. f.** I Instrument à vent à embouchure, formé d'un simple tube évasé en pavillon. *Trompe de chasse* : cor. II 1. Prolongement de l'appendice nasal de l'éléphant, organe tactile, qui lui sert à saisir, à aspirer, pomper les liquides. 2. Organe buccal (de certains insectes). *La trompe des papillons.* 3. ANAT. *TROMPE DE FALLOPE* : chacun des deux conduits reliant l'utérus à l'ovaire. *Ligature des trompes* (stérilisation). ♦ *TROMPE D'EUSTACHE* : canal qui relie la caisse du tympan au rhinopharynx.
ÉTYM. francique *trumba*.

TROMPE-L'ŒIL [tʀɔ̃plœj] **n. m. invar.** 1. Peinture décorative visant à créer l'illusion d'objets réels en relief, par la perspective. *Décor en trompe-l'œil.* 2. **fig.** Apparence trompeuse, qui fait illusion. *Son amabilité n'est que du trompe-l'œil.*
ÉTYM. de *tromper* et *œil.*

TROMPER [tʀɔ̃pe] **v. tr.** (conjug. 3a) **I** 1. Induire (qqn) en erreur par mensonge, dissimulation, ruse. SYN. **berner, duper, leurrer, mystifier, rouler.** 2. (dans la vie amoureuse) Être infidèle à... *Il l'a souvent trompée.* → au p. passé *Mari trompé.* SYN. FAM. **cocu.** 3. Échapper à. SYN. **déjouer.** *Tromper la surveillance de ses gardiens.* 4. (sujet chose) Faire tomber (qqn) dans l'erreur. *La ressemblance vous trompe.* SYN. **abuser** ; → **trompeur.** → absolt *Ça ne trompe pas :* c'est un indice sûr. 5. LITTÉR. Être inférieur à (ce qu'on attend, ce qu'on souhaite). SYN. **décevoir.** *L'évènement a trompé notre attente.* → au p. passé *Un espoir toujours trompé.* 6. Donner une satisfaction illusoire ou momentanée à (un besoin, un désir). *Fruits qui trompent la soif.* **II** *SE TROMPER* **v. pron. réfl.** (sujet personne) Commettre une erreur. SYN. s'**illusionner**, se **méprendre**, avoir **tort.** *Tout le monde peut se tromper. Se tromper sur qqn, à son propos. Se tromper dans une opération. Se tromper de dix euros.* ◆ *Se tromper de...* (+ nom sans article), faire une confusion de... *Se tromper de route.* ◆ loc. *Si je ne me trompe :* sauf erreur. CONTR. **détromper** • avoir **raison.**
ÉTYM. de *se tromper de qqn* «se jouer», de *tromper* «jouer de la trompe».

TROMPERIE [tʀɔ̃pʀi] **n. f.** ✦ Fait de tromper, d'induire volontairement en erreur. SYN. **imposture, mensonge.**

TROMPETTE [tʀɔ̃pɛt] **n. f.** et **n. m.** **I** **n. f.** 1. Instrument à vent à embouchure, qui fait partie des cuivres. *Sonnerie de trompettes. Trompette bouchée,* dont l'embouchure a été munie d'une sourdine. 2. loc. *EN TROMPETTE. Nez en trompette,* retroussé. *Queue en trompette,* relevée. 3. Nom de coquillages ; de champignons. → *TROMPETTE-DE-LA-MORT :* champignon noir comestible (craterelle). **II** **n. m.** Musicien qui joue de la trompette dans une musique militaire. *Un trompette.* SYN. **trompettiste.**
ÉTYM. diminutif de *trompe* (I).

TROMPETTISTE [tʀɔ̃petist] **n.** ✦ Instrumentiste qui joue de la trompette. *Une trompettiste classique, de jazz.*

TROMPEUR, EUSE [tʀɔ̃pœʀ, øz] **adj.** 1. (personnes) Qui trompe, est capable de tromper par mensonge, dissimulation. SYN. **déloyal, fourbe, hypocrite, perfide.** 2. (choses) Qui induit en erreur. *Apparences trompeuses.* CONTR. **loyal, sincère, vrai.**
► **TROMPEUSEMENT** [tʀɔ̃pøzmɑ̃] **adv.**
ÉTYM. de *tromper.*

TRONC [tʀɔ̃] **n. m.** **I** 1. Partie inférieure et dénudée de la tige (d'un arbre), entre les racines et les branches maîtresses. ◆ **fig.** *TRONC COMMUN :* partie commune appelée à se diviser, à se différencier. 2. Boîte percée d'une fente, où l'on dépose des offrandes, dans une église. 3. Partie principale (d'un nerf, d'un vaisseau). 4. Partie comprise entre la base et une section plane parallèle (d'une figure solide). *Tronc de cône.* → **tronconique.** **II** Partie du corps humain où sont fixés la tête et les membres. SYN. **buste, torse.** → appos. *Homme-tronc, femme-tronc,* sans bras ni jambes. *Des hommes-troncs.*
ÉTYM. latin *truncus.*

TRONCATION [tʀɔ̃kasjɔ̃] **n. f.** ✦ LING. Procédé d'abrègement d'un mot par suppression d'une ou plusieurs syllabes. → Langue française p. 111. *Troncation par aphérèse, par apocope. «Vélo» est la troncation de «vélocipède».*
ÉTYM. latin *truncatio* «amputation».

TRONCATURE [tʀɔ̃katyʀ] **n. f.** ✦ MATH. Valeur approchée par défaut (d'un nombre). *Donnez la troncature et l'arrondi au dixième de 59,78* (respectivement 59,7 et 59,8).
ÉTYM. du latin *truncatus,* participe passé de *truncare* → tronquer.

TRONCHE [tʀɔ̃ʃ] **n. f.** ✦ FAM. Tête. *Avoir, faire une drôle de tronche.* → loc. *Faire la tronche, tirer la tronche (à qqn) :* faire la tête, bouder.
ÉTYM. de *tronc.*

TRONÇON [tʀɔ̃sɔ̃] **n. m.** 1. Partie coupée (d'un objet plus long que large). → Morceau coupé (de certains animaux à corps cylindrique). *Tronçons d'anguille.* 2. Partie (d'une voie, d'une distance). *Un tronçon d'autoroute.*
ÉTYM. latin populaire *trunceus,* de *truncus* «coupé, tronqué».

TRONCONIQUE [tʀɔ̃kɔnik] **adj.** ✦ MATH. Qui constitue un tronc (I, 4) de cône. ◆ En forme de tronc de cône. *Abat-jour tronconique.*

TRONÇONNER [tʀɔ̃sɔne] **v. tr.** (conjug. 3a) ✦ Couper, diviser en tronçons. *Tronçonner un arbre.*
► **TRONÇONNAGE** [tʀɔ̃sɔnaʒ] **n. m.**

TRONÇONNEUSE [tʀɔ̃sɔnøz] **n. f.** ✦ Machine-outil, scie à chaîne servant à découper en tronçons, du bois, du métal, etc.
ÉTYM. de *tronçonner.*

TRÔNE [tʀon] **n. m.** 1. Siège élevé sur lequel prend place un souverain dans des circonstances solennelles. *La salle du trône.* → FAM. et iron. Siège des toilettes. 2. **fig.** Puissance d'un souverain. SYN. **souveraineté.** *Les prétendants au trône.* → *Asseoir un prince sur le trône.* → **introniser.**
ÉTYM. latin *thronus,* du grec «siège».

TRÔNER [tʀone] **v. intr.** (conjug. 3a) 1. Siéger sur un trône. 2. Être comme sur un trône, occuper la place d'honneur. → par ext. (choses) Être bien en évidence. *Sa photo trône sur la commode.*

TRONQUER [tʀɔ̃ke] **v. tr.** (conjug. 3a) 1. Couper en retranchant une partie importante. 2. **fig.** et **péj.** Retrancher qqch. de (une chose abstraite). *Tronquer un texte.*
► **TRONQUÉ, ÉE adj.** Dont on a retranché une partie. *Colonne tronquée.* → *Citation tronquée.* → MATH. *Valeur tronquée d'un nombre,* valeur approchée par défaut. → **troncature.**
ÉTYM. latin *truncare.*

TROP [tʀo] **adv.** **I** **adv.** 1. D'une manière excessive, abusive ; plus qu'il ne faudrait. SYN. **excessivement.** (modifiant un adj.) *C'est trop cher.* → (un adv.) *Trop tard. Trop peu :* pas assez. *Ni trop, ni trop peu.* → (un verbe) *Il a trop mangé.* → *TROP... POUR :* s'emploie pour exclure une conséquence. *C'est trop beau pour être vrai :* on n'ose y croire. *Trop poli pour être honnête.* → (modifié par un adv.) *Un peu trop. Beaucoup trop.* → (avec négation)

PAS TROP : un peu, suffisamment. *Pas trop de sel.* **2.** Très suffisamment. SYN. **beaucoup, très.** *Vous êtes trop aimable.* ➖ *Ne... que trop. Cela n'a que trop duré.* ➖ (avec négation) *Je ne sais pas trop*, pas bien. *Sans trop comprendre. Pas trop mal*, plutôt bien. **3.** FAM. adjectivt Excessif, incroyable. *Il, elle est trop !* **II** **1.** nominal Une quantité excessive. *C'est trop !* (en remerciement pour un cadeau). ➖ loc. *Trop c'est trop.* ➖ *DE TROP ; EN TROP* : en plus, au-delà de ce qu'il fallait. *Boire un verre de trop. J'ai de l'argent en trop.* ♦ *DE TROP* (attribut) : superflu. *Huit jours de vacances ne seront pas de trop.* ➖ *Être de trop, en trop* : gêner, être indésirable, importun. ➖ *TROP DE* (+ n.) : une quantité excessive de. *Il y a trop de bruit. Je n'ai montré que trop de patience. C'en est trop* : ce n'est plus supportable. **2.** employé comme nom Excès. *Aveuglé par le trop de lumière.*
HOM. TROT «allure du cheval»
ÉTYM. francique *thorp* «village ; tas».

TROPE [tʀɔp] **n. m.** ✦ DIDACT. Figure de rhétorique par laquelle un mot ou une expression sont détournés de leur sens propre. *La métaphore, la métonymie sont des tropes.*
ÉTYM. latin *tropus*, du grec *tropos* «tour».

> **-TROPE, -TROPIE, -TROPISME** Éléments, du grec *-tropos* «tourné vers, qui se tourne vers» (ex. *héliotrope*).

TROPHÉE [tʀɔfe] **n. m.** **1.** Dans l'Antiquité, Dépouille d'un ennemi vaincu. **2.** Objet attestant une victoire, un succès. ♦ *Trophée de chasse* : tête empaillée de l'animal abattu. ➖ *Trophée sportif* (coupe, médaille).
ÉTYM. latin *trophaeum*, de *tropaeum*, du grec, de *tropê* «déroute».

TROPHIQUE [tʀɔfik] **adj.** ✦ BIOL. Qui concerne la nutrition des tissus. *Troubles trophiques.* → **dystrophie.** ♦ *Réseau trophique* : ensemble des relations alimentaires entre les êtres vivants d'un écosystème.
ÉTYM. du grec *trophê* «nourriture».

> **TROPHO-, -TROPHE** Éléments savants, du grec *trophê* «nourriture».

TROPICAL, ALE, AUX [tʀɔpikal, o] **adj.** **1.** Qui concerne les tropiques, les régions situées autour de chaque tropique. SYN. **équatorial.** *Climat tropical* : climat chaud à forte variation du régime des pluies. ♦ *Médecine tropicale.* **2.** *Chaleur, température tropicale*, très forte, très élevée. SYN. **caniculaire, torride.**

TROPIQUE [tʀɔpik] **n. m.** **1.** Chacun des deux parallèles de la sphère terrestre, distants de l'équateur de 23° 27′, délimitant la zone où le Soleil passe au zénith, à chacun des solstices. *Tropique du Cancer* (hémisphère Nord), *du Capricorne* (Sud). **2.** *Les tropiques*, la région intertropicale. *Sous les tropiques.* «*Tristes tropiques*» (œuvre de Lévi-Strauss).
ÉTYM. bas latin *tropicus*, du grec, de *tropos* «tour».

TROPISME [tʀɔpism] **n. m.** **1.** BIOL. Réaction d'orientation ou de locomotion orientée, causée par des agents physiques ou chimiques. **2.** fig. et LITTÉR. Réaction élémentaire ; acte réflexe très simple. «*Tropismes*» (roman de N. Sarraute).
ÉTYM. lexicalisation de *-tropisme* → -trope.

TROPOSPHÈRE [tʀɔpɔsfɛʀ] **n. f.** ✦ SC. Partie de l'atmosphère située entre le sol et la stratosphère.
ÉTYM. du grec *tropos* «tour» et de *atmosphère*.

TROP-PERÇU [tʀopɛʀsy] **n. m.** ✦ Ce qui a été perçu en sus de ce qui était dû. *Des trop-perçus.*

TROP-PLEIN [tʀoplɛ̃] **n. m.** **1.** abstrait Ce qui est en trop, ce qui excède la capacité. *Un trop-plein de vie, d'énergie.* SYN. **surabondance.** **2.** Ce qui excède la capacité d'un récipient, ce qui déborde. **3.** Réservoir destiné à recevoir un liquide en excès. SYN. **déversoir.** *Des trop-pleins.*

TROQUER [tʀɔke] **v. tr.** (conjug. 3a) **1.** Donner en troc. SYN. **échanger.** **2.** (sans idée de transaction commerciale) Changer, faire succéder à. *Il a troqué son jean contre un costume.*
ÉTYM. latin médiéval *trocare*, d'origine obscure.

TROQUET [tʀɔkɛ] **n. m.** ✦ FAM. Café. SYN. **bistrot.**
ÉTYM. abréviation de *mastroquet*.

TROT [tʀo] **n. m.** **1.** Allure naturelle du cheval et de quelques quadrupèdes, intermédiaire entre le pas et le galop. *Le cheval a pris le trot, est parti au trot, au petit, au grand trot. Courses de trot (trot attelé ; trot monté).* **2.** FAM. *AU TROT* : en marchant rapidement, sans traîner. *En route, et au trot !* HOM. TROP «excessivement»
ÉTYM. de *trotter*.

TROTSKISTE [tʀɔtskist] **n.** ✦ Partisan de Trotski (☛ noms propres) et de ses doctrines (le *trotskisme*), notamment la théorie de la révolution permanente. ➖ **adj.** *Groupe trotskiste.*

TROTTE [tʀɔt] **n. f.** ✦ FAM. Chemin assez long à parcourir à pied. *Ça fait une trotte !*
ÉTYM. de *trotter*.

TROTTE-MENU [tʀɔtmәny] **adj. invar.** ✦ VX Qui trotte à petits pas. «*La gent trotte-menu*» (La Fontaine) : les souris.
ÉTYM. de *trotter* et ① *menu*.

TROTTER [tʀɔte] **v. intr.** (conjug. 3a) **1.** Aller au trot. **2.** (de l'homme et de quelques animaux) Marcher rapidement à petits pas. SYN. **trottiner.** **3.** fig. (choses) Passer rapidement, courir. ➖ loc. *Une idée, un air qui vous trotte dans la tête.* SYN. **poursuivre.**
ÉTYM. francique *trotten* «marcher».

TROTTEUR [tʀɔtœʀ] **n. m.** **1.** Cheval dressé à trotter. *Course de trotteurs.* **2.** Chaussure de ville à talon large et assez bas.

TROTTEUSE [tʀɔtøz] **n. f.** ✦ Aiguille des secondes (d'une montre, d'un chronomètre).
ÉTYM. de *trotter*.

TROTTINER [tʀɔtine] **v. intr.** (conjug. 3a) **1.** Avoir un trot très court. *Ânes qui trottinent.* **2.** Marcher à petits pas courts et pressés.
ÉTYM. de *trotter*.

TROTTINETTE [tʀɔtinɛt] **n. f.** **1.** Jouet d'enfant, moyen de locomotion constitué d'une planchette montée sur deux roues et munie d'une tige de direction. SYN. **patinette.** **2.** FAM. Petite automobile.
ÉTYM. de *trottiner*.

TROTTOIR [tʀɔtwaʀ] **n. m.** **1.** Chemin surélevé réservé à la circulation des piétons, sur les côtés d'une rue. ♦ loc. *Faire le trottoir* : se prostituer, racoler les passants. **2.** *Trottoir roulant* : plateforme roulante qui sert à faire avancer des personnes ou des marchandises.
ÉTYM. de *trotter*.

TROU [tʀu] **n. m.** **I** 1. Abaissement ou enfoncement naturel ou artificiel de la surface extérieure (de qqch.). SYN. **cavité, creux, excavation ; fosse.** *Un trou du mur, dans le mur. Tomber dans un trou. Boucher un trou.* ➙ *Trou d'air* : courant atmosphérique descendant qui fait que l'avion descend brusquement. 2. Abri naturel ou creusé. *Animal qui se réfugie dans son trou.* SYN. **tanière, terrier.** *Trou de souris.* ➙ loc. *Faire son trou* : se faire une place, réussir. ➙ *Trou du souffleur* : loge dissimulée sous le devant de la scène, où se tenait le souffleur. 3. loc. fig. *Boucher un trou* : remplir une place vide, combler un manque. ➙ *Avoir un* TROU DE MÉMOIRE, un oubli momentané. *Il y a un trou dans son emploi du temps.* ➙ *Faire le* TROU NORMAND : boire un verre d'alcool entre deux plats pour activer la digestion. 4. FAM. Petit village perdu, retiré. SYN. FAM. **bled.** 5. FAM. Prison. *Être au trou, aller au trou.* **II** 1. Ouverture pratiquée de part en part dans une surface ou un corps solide. *Trou d'aération. Le trou d'une aiguille.* SYN. **chas.** *Le trou de la serrure* : l'orifice par lequel on introduit la clé. 2. Endroit percé involontairement (par l'usure, etc.). *Trous dans un vêtement.* SYN. **accroc, déchirure.** 3. FAM. Orifice, cavité anatomique. *Trous de nez.* → **narine.** **III** ASTRON. *Trou noir* : région de l'espace tellement dense qu'aucun rayonnement n'en sort.

ÉTYM. latin populaire *traucum*, p.-ê. d'origine gauloise.

TROUBADOUR [tʀubaduʀ] **n. m.** ✦ Poète lyrique courtois de langue d'oc, aux XIIe et XIIIe siècles. → aussi **ménestrel.** *Troubadours et trouvères.*

ÉTYM. ancien occitan *trobador*, de *trobar* « faire des vers ; inventer », de même origine que *trouver.*

TROUBLANT, ANTE [tʀublɑ̃, ɑ̃t] **adj.** 1. Qui rend perplexe en inquiétant. SYN. **déconcertant, déroutant.** *Coïncidence, ressemblance troublante.* 2. Qui éveille le désir. *Un regard troublant.* CONTR. **rassurant • calmant.**

ÉTYM. du participe présent de *troubler.*

① **TROUBLE** [tʀubl] **adj.** 1. (liquide) Qui n'est pas limpide, qui contient des particules en suspension. *Eau trouble.* ➙ Qui n'est pas net. *Image trouble.* SYN. **flou.** ➙ *Avoir la vue trouble, les yeux troubles.* 2. fig. Qui contient des éléments obscurs, équivoques. *Conscience trouble. Une affaire trouble.* SYN. ① **louche, suspect.** CONTR. **clair, limpide, transparent ;** ① **net • évident, pur.**

ÉTYM. latin populaire *turbulus*, famille de *turba* → ② tourbe.

② **TROUBLE** [tʀubl] **n. m.** 1. LITTÉR. État de ce qui cesse d'être en ordre. SYN. **confusion, désordre.** *Jeter, porter, semer le trouble dans une famille.* ➙ COUR., au plur. Ensemble d'évènements caractérisés par l'agitation, le désordre à l'intérieur d'une société. SYN. **désordre, émeute, insurrection, soulèvement.** *Troubles sociaux. Fauteur de troubles.* → **agitateur, trublion.** 2. LITTÉR. Perte de la lucidité ; état anormal et pénible d'agitation, d'angoisse. SYN. **agitation, désarroi, embarras, émotion.** *Cacher son trouble.* ➙ État, attitude de qqn qui manifeste son trouble (rougeur, voix altérée, etc.). 3. souvent au plur. Modification pathologique des activités de l'organisme ou du comportement de l'être vivant. SYN. **dérèglement, perturbation.** *Troubles de la vue.* ➙ *Troubles mentaux.* CONTR. ① **calme, équilibre, ordre, paix ; équilibre, sérénité, tranquillité • aplomb, assurance ; sang-froid.**

ÉTYM. de *troubler.*

TROUBLE-FÊTE [tʀubləfɛt] **n. m.** ✦ Personne qui trouble une situation agréable, des réjouissances. *Jouer les trouble-fêtes.*

ÉTYM. de *troubler* et *fête.*

TROUBLER [tʀuble] **v. tr.** (conjug. 3a) **I** 1. Altérer la clarté, la transparence. *Troubler l'eau.* ➙ Rendre moins net. *La fatigue lui trouble la vue.* SYN. **brouiller.** 2. Modifier en empêchant que se maintienne (un état d'équilibre ou de paix). SYN. **bouleverser, déranger, perturber.** *Troubler l'ordre public. Troubler le silence.* 3. Interrompre ou gêner le cours normal de (qqch.). SYN. **déranger, perturber.** *Troubler les plans de qqn.* SYN. **contrecarrer.** ➙ *Troubler la digestion.* 4. Priver (qqn) de lucidité. SYN. **égarer.** *Passion qui trouble la raison.* 5. *Troubler qqn*, susciter chez lui un état émotif qui compromet le contrôle de soi. SYN. **déconcerter, ébranler, inquiéter.** *Rien ne trouble le sage.* SYN. **atteindre.** ➙ Rendre perplexe. SYN. **embarrasser, gêner.** *Il y a un détail qui me trouble.* SYN. **intriguer, tracasser ;** → **troublant.** ♦ Émouvoir en suscitant le désir. **II** *SE TROUBLER* **v. pron.** 1. Devenir trouble. 2. Perdre sa lucidité. SYN. **divaguer, s'égarer.** 3. Éprouver un trouble ; perdre son sang-froid. SYN. **s'affoler,** FAM. **paniquer.** CONTR. **clarifier, purifier • maintenir, rétablir • aider, favoriser • apaiser, calmer, tranquilliser.**

► **TROUBLÉ, ÉE adj.** 1. Rendu trouble. 2. Bouleversé, rendu confus. *Une période troublée de l'histoire*, agitée de troubles. 3. Qui a perdu sa lucidité. 4. Ému, perturbé. CONTR. **clair, limpide, pur • paisible, tranquille • assuré, sûr.**

ÉTYM. latin populaire *turbulare*, de *turbulus* → ① trouble.

TROUÉE [tʀue] **n. f.** 1. Large ouverture qui permet le passage, ou qui laisse voir. 2. Ouverture faite dans les rangs de l'armée ennemie. SYN. **percée.** 3. Large passage naturel dans une zone de montagnes. *La trouée de Belfort.*

ÉTYM. du participe passé de *trouer.*

TROUER [tʀue] **v. tr.** (conjug. 3a) 1. Faire un trou, des trous dans. SYN. **percer, perforer, transpercer.** ➙ loc. FAM. *Se faire trouer la peau* : se faire tuer par balles. 2. Faire une trouée dans. *Lumière qui troue les ténèbres.* SYN. **déchirer.**

► **TROUÉ, ÉE adj.** *Chaussettes trouées.*

ÉTYM. de *trou.*

TROUFION [tʀufjɔ̃] **n. m.** ✦ FAM. Simple soldat. SYN. **bidasse, pioupiou.**

ÉTYM. de *troupier* et *fion*, pop. « coup », puis « derrière ».

TROUILLARD, ARDE [tʀujaʀ, aʀd] **adj.** et **n.** ✦ FAM. Peureux, poltron. SYN. **froussard.**

ÉTYM. de *trouille.*

TROUILLE [tʀuj] **n. f.** ✦ FAM. Peur. *Avoir la trouille.* SYN. **frousse.**

ÉTYM. de l'ancien v. *troiller* « pressurer », de *treuil.*

TROUILLOMÈTRE [tʀujɔmɛtʀ] **n. m.** ✦ loc. FAM. *Avoir le trouillomètre à zéro* : avoir très peur.

ÉTYM. de *trouille* et *-mètre.*

TROUPE [tʀup] **n. f.** 1. Réunion de gens qui vont ensemble. SYN. ② **bande, groupe.** *Une troupe d'amis.* ➙ *En troupe* : à plusieurs, tous ensemble. ➙ Groupe d'animaux de même espèce vivant naturellement ensemble. *Une troupe de singes.* 2. Groupe régulier et organisé de soldats. *Rejoindre la troupe, le gros de la troupe.* ➙ *LES TROUPES* : la force armée. ♦ *LA TROUPE* : la force armée, la force publique. *La troupe dut intervenir.* ➝ L'ensemble des soldats (opposé à *officiers*). *Homme de troupe.* → **troupier.** *Le moral de la troupe.* **3.** Groupe de comédiens, d'artistes qui jouent ensemble. SYN. **compagnie.** ☛ Littérature p. 128. *Troupe en tournée.*

ÉTYM. de *tropel*, ancienne forme de *troupeau*, ou de l'ancien français *trop* «rassemblement de gens».

TROUPEAU [tʀupo] **n. m. 1.** Réunion d'animaux domestiques qu'on élève ensemble. *Un troupeau de vaches, de moutons, d'oies. Gardeur, gardien de troupeau* (→ **berger, cow-boy, gardian, gaucho, vacher**). ➝ (bêtes sauvages) *Un troupeau d'éléphants.* **2.** péj. Troupe nombreuse et passive (de personnes).

ÉTYM. probablement de l'ancien substantif *trop* «rassemblement», francique *thorp* «village ; tas».

TROUPIER [tʀupje] **n. m.** ✦ VIEILLI Simple soldat. SYN. FAM. **bidasse, troufion.** ♦ **adj. m.** *Comique troupier* : genre comique grossier, à base d'histoires de soldats, à la mode vers 1900.

ÉTYM. de *troupe* (2).

TROUSSE [tʀus] **n. f. I** anciennt Haut-de-chausses court et relevé. ♦ loc. *AUX TROUSSES* (de qqn), à sa poursuite. *Avoir la police aux trousses, à ses trousses.* ➝ *Avoir le feu aux trousses* : être très pressé. **II** Poche, étui à compartiments pour ranger un ensemble d'objets. *Trousse de médecin. Trousse de toilette. Trousse à outils. Trousse à pharmacie.*

ÉTYM. de *trousser.*

TROUSSEAU [tʀuso] **n. m. I** *Trousseau de clés* : ensemble de clés réunies par un anneau, un porte-clé. **II** Vêtements, linge, etc. qu'emporte une jeune fille qui se marie, un enfant qui va en pension, en colonie.

ÉTYM. de *trousse.*

TROUSSER [tʀuse] **v. tr.** (conjug. 3a) **1.** *Trousser une volaille*, replier ses membres et les lier au corps avant de la faire cuire. **2.** VIEILLI Retrousser (un vêtement). *Trousser ses jupes.* **3.** VIEILLI ou LITTÉR. Faire rapidement et habilement. *Trousser un sonnet.* ➝ au p. passé *Un compliment bien troussé.* SYN. **tourné.**

ÉTYM. latin populaire *torsare*, d'une forme de *torquere* «tordre».

TROUSSEUR [tʀusœʀ] **n. m.** ✦ loc. FAM. VIEILLI *Un trousseur de jupons* : un coureur, un débauché.

ÉTYM. de *trousser.*

TROUVABLE [tʀuvabl] **adj.** ✦ Qu'on peut trouver, découvrir. CONTR. **introuvable.**

TROUVAILLE [tʀuvaj] **n. f. 1.** Fait de trouver avec bonheur ; chose ainsi trouvée. *Faire une trouvaille aux puces.* **2.** Fait de découvrir (une idée, une image, etc.) d'une manière heureuse ; idée, expression originale. *Les trouvailles d'un écrivain.*

ÉTYM. de *trouver.*

TROUVER [tʀuve] **v. tr.** (conjug. 3a) **I 1.** Apercevoir, rencontrer (ce que l'on cherchait ou ce que l'on souhaitait avoir). SYN. **découvrir** ; FAM. **dégoter, dénicher.** *Trouver une place pour se garer. Trouver du pétrole.* **2.** Se procurer, parvenir à avoir. *Trouver un logement, un emploi.* **3.** Parvenir à rencontrer, à être avec (qqn). *Où peut-on vous trouver ?* SYN. **atteindre, contacter, joindre.** ➝ *Aller trouver qqn*, aller le voir, lui parler. **II** Découvrir, rencontrer (qqn, qqch.) sans avoir cherché. *J'ai trouvé un parapluie dans le taxi.* ➝ *Trouver la mort dans un accident.* ➝ FAM. *Si tu me cherches, tu vas me trouver, je riposterai.* **III 1.** Découvrir par un effort de l'esprit, de l'imagination. SYN. **concevoir, imaginer, inventer.** *Trouver (le) moyen de. Trouver la solution d'une énigme.* SYN. **deviner.** ➝ FAM. *Où avez-vous trouvé cela ?*, qu'est-ce qui vous fait croire cela ? SYN. **prendre.** ♦ absolt *Eurêka, j'ai trouvé !* **2.** Pouvoir disposer de (temps, occasion, etc.). *Trouver le temps, la force de* (+ inf.). ➝ LITTÉR. *TROUVER À* (+ inf.) : trouver le moyen de. *Nous allons bien trouver à sortir de ces difficultés. TROUVER qqch. À* (+ inf.) : avoir à. *Je n'ai rien trouvé à répondre.* **3.** *TROUVER (tel sentiment, tel état d'âme) DANS, À* : éprouver. *Trouver un malin plaisir à taquiner qqn.* **IV** Voir (qqn, qqch.) se présenter d'une certaine manière. **1.** (avec un compl. et un attribut) *J'ai trouvé porte close.* ➝ *On l'a trouvé évanoui.* **2.** *TROUVER (un caractère, une qualité) À* (qqn, qqch.), lui reconnaître. *Je lui trouve mauvaise mine ; bien du mérite.* **3.** *TROUVER qqn, qqch.* (+ attribut) : estimer, juger que (qqn, qqch.) est... SYN. **regarder** comme, **tenir** pour. *Je le trouve sympathique.* ➝ *Trouver le temps long. Je trouve ça bon.* ➝ loc. FAM. *La trouver mauvaise*.* ➝ *TROUVER BON, MAUVAIS QUE* (+ subj.). → **approuver, désapprouver.** **4.** *TROUVER QUE*, juger, estimer que. *Je trouve que c'est bon. Je ne trouve pas que ça lui aille.* ➝ absolt *Il est plutôt mignon, tu ne trouves pas ?* **V** *SE TROUVER* **v. pron. 1.** Découvrir sa véritable personnalité. **2.** Être (en un endroit, en une circonstance, en présence de). *Le dossier se trouvait dans un tiroir.* **3.** Être (dans un état, une situation). *Se trouver dans une impasse* (fig.). *Je me trouve dans l'impossibilité de vous aider.* **4.** *SE TROUVER* (+ inf.) : être, avoir... par hasard. *Il se trouvait habiter tout près de chez moi. Elle se trouve être la sœur de mon ami.* **5.** impers. *IL SE TROUVE* : il existe, il y a. *Il se trouve toujours des gens qui disent, pour dire...* ➝ *IL SE TROUVE QUE* : il se fait que. *Il se trouve que j'ai raison.* ➝ FAM. *SI ÇA SE TROUVE*, se dit pour présenter une éventualité. *Si ça se trouve, on nous a oubliés.* → **peut-être. 6.** (avec un attribut) Se sentir (dans un état). *Je me trouvais dépaysé.* ➝ loc. *SE TROUVER MAL* : s'évanouir. ➝ *SE TROUVER BIEN, MAL DE qqch.*, en tirer un avantage, en éprouver un désagrément. ➝ Se croire. *Se trouver trop gros.* CONTR. **perdre.**

ÉTYM. latin populaire *tropare*, de *tropus* «trope», d'abord «créer de la poésie».

TROUVÈRE [tʀuvɛʀ] **n. m.** ✦ au Moyen Âge Poète et jongleur de la France du Nord, s'exprimant en langue d'oïl. → aussi **ménestrel.** *Trouvères et troubadours*.*

ÉTYM. famille de *trouver.*

TRUAND, ANDE [tʀyɑ̃, ɑ̃d] **n. 1.** VX Mendiant professionnel. **2. n. m.** MOD. Malfaiteur qui fait partie du milieu.

ÉTYM. gaulois *trugant.*

TRUANDER [tʀyɑ̃de] **v.** (conjug. 3a) ✦ FAM. **1. v. intr.** Tricher. *Il a truandé à l'examen.* **2. v. tr.** Voler, escroquer.

ÉTYM. de *truand.*

TRUBLION [tʀyblijɔ̃] **n. m.** ✦ Fauteur de troubles, agitateur.

ÉTYM. latin *trublium* «écuelle» pour traduire *Gamelle*, surnom du duc d'Orléans, avec influence du sens de ② *trouble.*

TRUC [tʀyk] **n. m. 1.** FAM. Façon d'agir qui requiert de l'habileté, de l'adresse. SYN. **combine,** ② **moyen.** *Un bon truc.* ➝ Procédé habile pour obtenir un effet particulier. *Les trucs d'un prestidigitateur.* **2.** Machine ou dispositif scénique destiné à créer une illusion. → **tru-**

cage. 3. FAM. Chose quelconque. SYN. **bidule, machin.** *C'est quoi ce truc ?* 4. FAM. Domaine, spécialité. → *Ce n'est pas mon truc :* ce n'est pas dans mes goûts.
ÉTYM. ancien occitan *truc*, de *trucar* «heurter», famille du latin *trudere* «pousser».

TRUCAGE [tʀykaʒ] n. m. 1. Fait de truquer, de falsifier. 2. Procédé employé au cinéma, pour produire une illusion, effet spécial. → On écrit aussi *truquage*.

TRUCHEMENT [tʀyʃmɑ̃] n. m. ✦ LITTÉR. 1. Personne qui parle à la place d'une autre, exprime sa pensée. SYN. **porte-parole.** 2. loc. *Par le truchement de qqn,* par son intermédiaire.
ÉTYM. de l'ancien français *drugement*, arabe *targuman* «traducteur».

TRUCIDER [tʀyside] v. tr. (conjug. 3a) ✦ FAM. Tuer.
ÉTYM. latin *trucidare*.

TRUCULENCE [tʀykylɑ̃s] n. f. ✦ Caractère de ce qui est truculent.
ÉTYM. latin *truculentia* «dureté (de caractère)».

TRUCULENT, ENTE [tʀykylɑ̃, ɑ̃t] adj. ✦ Haut en couleur, qui étonne et réjouit par ses excès. *Un personnage truculent.* SYN. **pittoresque.** *Une prose truculente.* SYN. **savoureux.**
ÉTYM. latin *truculentus* «dur ; cruel».

TRUELLE [tʀyɛl] n. f. ✦ Outil de maçon, à manche coudé, servant à étendre le mortier, l'enduit.
ÉTYM. bas latin *truella*, classique *trulla*.

TRUFFE [tʀyf] n. f. 1. Tubercule souterrain de la famille des champignons, comestible très recherché. *Truffe noire, blanche. Foie gras aux truffes.* ♦ *Truffes en chocolat* (friandise). 2. Extrémité du museau du chien, du chat.
ÉTYM. ancien occitan *trufa*, bas latin *tufera*, famille de *tuber* «bosse».

TRUFFER [tʀyfe] v. tr. (conjug. 3a) 1. Garnir de truffes. → au p. passé *Foie gras truffé.* 2. fig. Remplir, de choses disséminées en abondance. *Truffer un discours de citations.* → au p. passé *Un devoir truffé de fautes.*

TRUFFIER, IÈRE [tʀyfje, jɛʀ] adj. ✦ Où poussent les truffes. *Terrain truffier* (ou *truffière* n. f.). → Dressé à la recherche des truffes. *Chien truffier.*

TRUIE [tʀɥi] n. f. ✦ Femelle du porc, du verrat. *Une truie et ses porcelets.*
ÉTYM. bas latin *troia*, peut-être de *(porcus) troianus* «(porc) farci» (comme le cheval de *Troie*).

TRUISME [tʀɥism] n. m. ✦ LITTÉR. Vérité d'évidence. SYN. **banalité, lapalissade,** ① **lieu** commun.
ÉTYM. anglais *truism*, de *true* «vrai».

TRUITE [tʀɥit] n. f. ✦ Poisson à chair estimée qui vit surtout dans les eaux pures et vives. *Truite arc-en-ciel.* → *Truite au bleu.* ♦ *Truite de mer.*
ÉTYM. bas latin *tructa*.

TRUMEAU [tʀymo] n. m. ✦ Panneau, revêtement (de menuiserie, de glace) qui occupe l'espace entre deux fenêtres. ♦ Panneau de glace au-dessus d'une cheminée.
ÉTYM. probablt du francique *thrumb* «morceau».

TRUQUAGE → TRUCAGE

TRUQUER [tʀyke] v. tr. (conjug. 3a) ✦ Changer pour tromper, donner une fausse apparence. SYN. **falsifier, maquiller.** *Truquer des dés.* SYN. **piper.** → *Truquer un combat de boxe,* le fausser pour obtenir le résultat souhaité. → au p. passé *Élections truquées.* SYN. **bidouiller, trafiquer.**
ÉTYM. de *truc*.

TRUQUEUR, EUSE [tʀykœʀ, øz] n. 1. Personne qui truque, triche. 2. Technicien du trucage cinématographique.

TRUST [tʀœst] n. m. ✦ anglicisme 1. ÉCON. Concentration financière réunissant plusieurs entreprises sous une direction unique. *Un trust international.* → **multinationale.** 2. Entreprise assez puissante pour dominer un marché. *Trust du pétrole.*
ÉTYM. mot américain, de *to trust* «confier».

TRUSTER [tʀœste] v. tr. (conjug. 3a) ✦ anglicisme Accaparer, monopoliser, comme le font les trusts.
ÉTYM. de *trust*.

TRYPANOSOMIASE [tʀipanozomjaz] n. f. ✦ MÉD. Maladie causée par des protozoaires parasites (les *trypanosomes* n. m.). *Trypanosomiase africaine :* maladie du sommeil.
ÉTYM. de *trypanosome*, du grec *trupanon* «tarière» et *sôma* «corps».

TRYPSINE [tʀipsin] n. f. ✦ Enzyme du suc pancréatique qui agit sur les protéines.
ÉTYM. du grec *tripsis* «frottement», d'après *pepsine*.

TSAR [dzaʀ ; tsaʀ] n. m. ✦ HIST. Titre porté par les empereurs de Russie, les souverains serbes et bulgares. *Nicolas II, dernier tsar de Russie.*
ÉTYM. mot slave, du latin *Caesar.* ☛ CÉSAR (noms propres).

TSARÉVITCH [dzaʀevitʃ ; tsaʀevitʃ] n. m. ✦ HIST. Titre porté par le fils aîné du tsar de Russie.
ÉTYM. mot russe.

TSARINE [dzaʀin ; tsaʀin] n. f. ✦ HIST. Femme du tsar. Impératrice de Russie.
ÉTYM. russe *tsarina*.

TSARISME [dzaʀism ; tsaʀism] n. m. ✦ HIST. Régime autocratique des tsars ; période de l'histoire russe où ont régné les tsars.
► **TSARISTE** [dzaʀist ; tsaʀist] adj. *Régime tsariste.*

TSÉTSÉ n. f. ou **TSÉ-TSÉ** [tsetse] n. f. invar. ✦ Mouche d'Afrique qui peut transmettre des trypanosomiases*. *Des tsétsés, des tsé-tsé.* → appos. *Des mouches tsétsés, des mouches tsé-tsé.*
ÉTYM. mot d'une langue d'Afrique australe.

T. S. F. [teɛsɛf] n. f. ✦ VX 1. Émission, par procédés radioélectriques, de signaux en morse. SYN. **radiotélégraphie.** 2. Radiodiffusion ; poste récepteur. SYN. ① **radio.** *Écouter la T. S. F.*
ÉTYM. sigle de *télégraphie sans fil*.

T-SHIRT [tiʃœʀt] → TEESHIRT

TSIGANE (didact.) ou **TZIGANE** (cour.) [dzigan ; tsigan] n. et adj. 1. n. (☛ noms propres) *Les Tsiganes :* ensemble de populations venues de l'Inde, qui mènent une vie nomade. SYN. **bohémien, gitan.** → n. m. *Le tsigane* (langue indo-européenne). 2. adj. *Musique tsigane,* musique populaire de Bohême et de Hongrie, adaptée par les musiciens tsiganes.

ÉTYM. du grec *Alsinganos*, proprement « qui ne touche pas », nom d'une secte, par l'allemand *Zigeuner* ou le hongrois *Czigany*.

TSUNAMI [tsunami] n. m. ✦ Raz-de-marée provoqué par un séisme ou une éruption volcanique.
ÉTYM. mot japonais « vague ».

① **TU** [ty] pron. pers. ✦ Pronom personnel sujet de la deuxième personne du singulier et des deux genres. 1. *Tu as tort.* ➛ FAM. (élidé en *t'* devant voyelle ou *h* muet) *T'as tort.* ➛ *As-tu bien dormi ?* ➛ FAM. *Tu viens ?* 2. (nominal) *On se dit tu depuis longtemps.* → **tutoyer** ➛ loc. *Être à tu et à toi avec qqn,* être très lié, intime avec lui.
ÉTYM. latin *tu.*

② **TU, TUE** [ty] ✦ Participe passé du verbe *taire.*

TUANT, TUANTE [tɥɑ̃, tɥɑ̃t] adj. ✦ FAM. 1. Épuisant, éreintant. *Un travail tuant.* SYN. **crevant.** 2. Énervant, assommant. *Ce gosse est tuant !*
ÉTYM. du participe présent de *tuer.*

TUB [tœb] n. m. ✦ Large cuvette qui servait à prendre un bain sommaire ; ce bain. *Prendre un tub.*
ÉTYM. mot anglais.

TUBA [tyba] n. m. I Instrument à vent à trois pistons et embouchure. II Tube respiratoire pour nager la tête sous l'eau.
ÉTYM. mot latin « trompette ».

TUBAGE [tybaʒ] n. m. ✦ MÉD. Introduction d'un tube dans un organe. *Tubage gastrique.*
ÉTYM. de *tuber* « poser des *tubes* ».

TUBARD, ARDE [tybaʀ, aʀd] adj. et n. ✦ FAM., VIEILLI Tuberculeux.
ÉTYM. de *tuberculeux.*

TUBE [tyb] n. m. 1. Conduit à section circulaire, généralement rigide, ouvert à une extrémité ou aux deux. *Un tube de verre.* ➛ *TUBE À ESSAI :* tube de verre cylindrique et fermé à un bout. → **éprouvette.** ♦ Tuyau de métal. *Les tubes d'une chaudière* (→ **tubulure**). ♦ loc. *À PLEIN(S) TUBE(S) :* à pleine puissance. ➛ fig. FAM. *Déconner à pleins tubes.* ♦ *Tube de* (ou *au*) *néon* (pour l'éclairage). 2. ARGOT MUS. Chanson, disque à succès. *Le tube de l'été.* 3. Organe creux et allongé. *TUBE DIGESTIF :* ensemble des conduits de l'appareil digestif, par lesquels passent et sont assimilés les aliments. 4. Conditionnement cylindrique fermé par un bouchon. *Un tube d'aspirine.* ➛ *Tube de dentifrice, de peinture. Mayonnaise en tube.*
ÉTYM. latin *tubus.*

TUBERCULE [tybɛʀkyl] n. m. 1. ANAT. Petite protubérance arrondie à la surface d'un os ou d'un organe. *Les tubercules des molaires.* 2. MÉD. Petite masse solide arrondie (dans certaines maladies) ; spécialt, petite nodosité au centre nécrosé, caractéristique de la tuberculose. 3. Excroissance arrondie d'une racine, qui est une réserve nutritive de la plante. *Tubercules comestibles* (ex. pomme de terre, igname).
ÉTYM. latin médical *tuberculum* « petite bosse *(tuber)* ».

TUBERCULEUX, EUSE [tybɛʀkylø, øz] adj. et n. 1. Qui s'accompagne de tubercules (2) pathologiques. 2. Relatif à la tuberculose. ♦ Atteint de tuberculose. ➛ n. *Un tuberculeux, une tuberculeuse.* SYN. VX **phtisique, poitrinaire,** FAM. **tubard.**

TUBERCULINE [tybɛʀkylin] n. f. ✦ Extrait d'une culture de bacilles de Koch utilisé pour diagnostiquer la tuberculose (→ **cutiréaction**).
► **TUBERCULINIQUE** [tybɛʀkylinik] adj. *Timbre tuberculinique.*
ÉTYM. de *tuberculeux.*

TUBERCULOSE [tybɛʀkyloz] n. f. ✦ Maladie infectieuse et contagieuse, causée par le bacille de Koch, et qui affecte le plus souvent le poumon. *Tuberculose pulmonaire, osseuse, rénale.* ➛ absolt Tuberculose pulmonaire. SYN. VX **phtisie.**
ÉTYM. de *tubercule* et ② *-ose.*

TUBÉREUSE [tybeʀøz] n. f. ✦ Plante à bulbe, à hautes tiges portant des grappes de fleurs blanches très parfumées.
ÉTYM. de l'adjectif *tubéreux,* latin *tuberosus* « garni de bosses *(tuber)* ».

TUBULAIRE [tybylɛʀ] adj. 1. Qui a la forme d'un tube. 2. Qui est fait de tubes métalliques. *Chaise tubulaire.*
ÉTYM. du latin *tubulus* « petit tube *(tubus)* ».

TUBULE [tybyl] n. m. ✦ Structure anatomique en forme de petit tube. *Le tubule rénal fait suite au glomérule et forme avec lui le néphron.*
ÉTYM. latin *tubulus.*

TUBULURE [tybylyʀ] n. f. ✦ Ensemble de tubes, de tuyaux d'une installation. SYN. **tuyauterie.**
ÉTYM. du latin *tubulus* « petit tube *(tubus)* ».

TUE-MOUCHE [tymuʃ] n. m. et adj. 1. n. m. *Tue-mouche* ou appos. *amanite tue-mouche :* fausse oronge, champignon vénéneux. *Des tue-mouches, des amanites tue-mouches.* 2. appos. *Papier tue-mouche,* imprégné d'une substance pour engluer et tuer les mouches.

TUER [tɥe] v. tr. (conjug. 3a) I 1. Faire mourir (qqn) de mort violente. SYN. **assassiner, éliminer,** VX **occire ;** FAM. **descendre, liquider, trucider, zigouiller ;** → **-cide.** *Tuer qqn avec une arme à feu.* SYN. FAM. **flinguer.** ♦ spécialt Faire mourir à la guerre. *Des milliers de soldats ont été tués.* ♦ Donner involontairement la mort à (qqn). 2. Faire mourir volontairement (un animal). *Tuer un lièvre à la chasse.* SYN. **abattre.** 3. (sujet chose) Causer la mort de. *La balle qui l'a tué.* 4. fig. Causer la disparition de, faire cesser. SYN. **détruire, ruiner, supprimer.** *La bureaucratie tue l'initiative.* ♦ loc. *Tuer qqch. dans l'œuf,* l'étouffer avant tout développement. ➛ *Tuer le temps :* essayer de s'occuper pour tromper l'ennui. 5. (sujet chose) Épuiser (qqn) en brisant la résistance. *Ces escaliers me tuent.* SYN. **éreinter, exténuer, user ;** → **tuant.** ➛ Plonger dans un désarroi ou une détresse extrême. SYN. **désespérer.** *Sa paresse me tue.* II *SE TUER* v. pron. 1. Se suicider. ➛ Être cause de sa propre mort par accident. *Elle s'est tuée au volant de sa voiture.* 2. fig. User ses forces, compromettre sa santé. SYN. s'**épuiser,** s'**user.** *Se tuer au travail, à la peine.* ➛ *SE TUER À* (+ inf.) : se donner beaucoup de mal. SYN. s'**escrimer.** *Je me tue à vous le répéter.* SYN. s'**évertuer.** CONTR. **épargner, sauver.**
► **TUÉ, ÉE** adj. *Soldats tués à la guerre.* ➛ n. *Il y a eu des tués.* SYN. ② **mort.**
ÉTYM. latin *tutare* « protéger » puis « éteindre (une chandelle) ».

TUERIE [tyʀi] n. f. 1. Action de tuer en masse, sauvagement. SYN. **boucherie, carnage, massacre.** 2. FAM. *C'est une tuerie :* c'est formidable, sensationnel. *Ce gâteau est une tuerie !*

à TUE-TÊTE [atytɛt] **loc. adv.** ✦ D'une voix si forte qu'on casse la tête, qu'on étourdit. *Chanter à tue-tête.*
ÉTYM. de *tuer* et *tête.*

TUEUR, TUEUSE [tɥœʀ, tɥøz] **n.** 1. Personne qui tue. SYN. **assassin, meurtrier.** *Un tueur à gages*.* 2. TECHN. Professionnel qui tue les bêtes dans un abattoir.

TUF [tyf] **n. m.** ✦ Roche poreuse de faible densité, souvent pulvérulente. *Tuf calcaire. Tuf volcanique.*
ÉTYM. italien *tufo*, latin *tofus.*

TUILE [tɥil] **n. f.** I 1. Plaque de terre cuite servant à couvrir un édifice. *Un toit de tuiles.* 2. Petit gâteau sec moulé sur un rouleau. II fig. et FAM. Désagrément inattendu. *Il m'est arrivé une tuile. Quelle tuile !* SYN. ② **guigne, malchance.**
ÉTYM. latin *tegula*, de *tegere* «couvrir».

TUILERIE [tɥilʀi] **n. f.** ✦ Fabrique de tuiles ; four où elles sont cuites.

TULIPE [tylip] **n. f.** 1. Plante à bulbe dont la fleur renflée à la base est évasée à l'extrémité. → par ext. Fleur de tulipe. 2. Objet (verre, globe, lampe...) dont la forme rappelle celle de la tulipe.
ÉTYM. turc *tülbend* «(plante) turban».

TULIPIER [tylipje] **n. m.** ✦ Arbre de la famille du magnolia, dont la fleur ressemble à une tulipe. *Tulipier de Virginie.*

TULLE [tyl] **n. m.** ✦ Tissu léger et transparent, formé d'un réseau de mailles rondes ou polygonales. *Voile de mariée en tulle.*
ÉTYM. probablement de *Tulle*, ville de Corrèze. ☛ noms propres.

TUMÉFACTION [tymefaksjɔ̃] **n. f.** 1. Fait de se tuméfier, d'être tuméfié. SYN. **enflure.** 2. Partie tuméfiée.
ÉTYM. latin scientifique *tumefactio*, de *tumefacere* → tuméfier.

TUMÉFIER [tymefje] **v. tr.** (conjug. 9) ✦ Causer une augmentation de volume anormale à (une partie du corps). SYN. **enfler, gonfler.** → pronom. *Son nez se tuméfie.*
► **TUMÉFIÉ, ÉE adj.** *Boxeur au visage tuméfié.*
ÉTYM. latin *tumefacere* «gonfler».

TUMESCENCE [tymesɑ̃s] **n. f.** ✦ DIDACT. Gonflement des tissus ; spécialt turgescence d'un organe érectile (pénis, clitoris). SYN. **érection.**
ÉTYM. du latin *tumescens* → tumescent.

TUMESCENT, ENTE [tymesɑ̃, ɑ̃t] **adj.** ✦ DIDACT. (tissus vivants) Qui s'enfle, se gonfle, grossit.
ÉTYM. du latin *tumescens*, participe présent de *tumescere* «s'enfler».

TUMEUR [tymœʀ] **n. f.** 1. Gonflement pathologique formant une saillie anormale. 2. MÉD. Amas de cellules qui se forme par multiplication anarchique. *Tumeur bénigne. Tumeur maligne,* se disséminant à distance et ayant tendance à récidiver. → **cancer, sarcome.**
ÉTYM. latin *tumor*, de *tumere* «gonfler».

TUMORAL, ALE, AUX [tymɔʀal, o] **adj.** ✦ DIDACT. Relatif à une tumeur. *Cellules tumorales.*
ÉTYM. de *tumeur*, d'après le latin *tumor.*

TUMULTE [tymylt] **n. m.** ✦ Désordre bruyant ; bruit confus que produisent des personnes assemblées. SYN. **brouhaha, chahut, vacarme.** *Un tumulte s'éleva.* → Agitation bruyante et incessante. *Le tumulte de la rue.* ◆ fig. LITTÉR. *Le tumulte des passions.* CONTR. ① **calme, paix, silence, tranquillité.**
ÉTYM. latin *tumultus.*

TUMULTUEUX, EUSE [tymyltɥø, øz] **adj.** ✦ LITTÉR. 1. Agité et bruyant. *Réunion tumultueuse.* SYN. **houleux, orageux.** 2. Agité, violent. *Les flots tumultueux.* 3. Plein d'agitation, de trouble. *Vie tumultueuse.* CONTR. ② **calme, tranquille.**
► **TUMULTUEUSEMENT** [tymyltɥøzmɑ̃] **adv.**
ÉTYM. latin *tumultuosus.*

TUMULUS [tymylys] **n. m.** ✦ ARCHÉOL. Tertre artificiel élevé au-dessus d'une tombe. *Des tumulus,* parfois *des tumuli* (plur. latin).
ÉTYM. mot latin.

TUNE → **THUNE**

TUNER [tynɛʀ ; tynœʀ] **n. m.** ✦ anglicisme Récepteur de modulation de fréquence (radio). → recomm. offic. *syntoniseur* n. m.
ÉTYM. mot américain, de *to tune* «accorder».

TUNGSTÈNE [tœ̃gstɛn] **n. m.** ✦ Métal gris, très dense et très réfractaire (symb. W). → **wolfram.** *Filaments de lampe en tungstène. Carbure de tungstène.*
ÉTYM. suédois *tungsten* «pierre *(sten)* lourde *(tung)*».

TUNIQUE [tynik] **n. f.** I 1. Dans l'Antiquité, Vêtement de dessous, chemise longue avec ou sans manches. *La tunique et la toge.* 2. anciennt *Tunique d'armes* : veste d'armure en mailles d'acier. → Veste ou redingote d'uniforme. 3. Chemisier ou veste légère descendant jusqu'à mi-cuisses. II ANAT. Membrane qui enveloppe, protège (un organe). *Tunique de l'œil. Tunique vaginale* : enveloppe séreuse la plus interne du testicule.
ÉTYM. latin *tunica.*

TUNNEL [tynɛl] **n. m.** 1. Galerie souterraine destinée au passage d'une voie de communication. *Le tunnel sous la Manche.* → par ext. *Les tunnels d'une fourmilière.* 2. loc. fig. *Voir le bout du tunnel, sortir du tunnel* : sortir d'une période difficile, pénible.
ÉTYM. mot anglais, du français *tonnel*, ancienne forme de *tonneau.*

TUPI, IE [typi] **adj. et n.** ✦ D'un groupe ethnique (amérindien) du Brésil et du Paraguay. *La langue tupie. Les Indiens tupis.* → n. *Les Tupis* (☛ noms propres). ◆ **n. m.** *Le tupi,* langue apparentée au guarani. → *Le tupi-guarani* (ensemble linguistique).
ÉTYM. mot indigène.

TURBAN [tyʀbɑ̃] **n. m.** 1. Coiffure d'homme faite d'une longue bande d'étoffe enroulée autour de la tête. 2. Coiffure de femme évoquant cette coiffure.
ÉTYM. turc *tülbend*, du persan.

TURBIN [tyʀbɛ̃] **n. m.** ✦ POP., VIEILLI Travail, métier.
ÉTYM. de *turbiner.*

TURBINE [tyʀbin] **n. f.** ✦ Dispositif rotatif, destiné à utiliser la force d'un fluide et à transmettre le mouvement au moyen d'un arbre (→ **turbo-**). *Turbine hydraulique. Turbine à gaz.*
ÉTYM. latin *turbo, turbinis* «tourbillon, toupie».

TURBINER [tyʀbine] **v. intr.** (conjug. 3a) ✦ POP., VIEILLI Travailler dur, trimer.
ÉTYM. p.-ê. de *turbine* ou du latin *turbo* «tourbillon».

TURBO [tyʀbo] n. m. ✦ Turbocompresseur de suralimentation. ➖ appos. *Des moteurs turbos* ou *turbo* (invar.). HOM. TURBOT «poisson»
ÉTYM. abréviation.

TURBO- Élément de mots techniques, du latin *turbo* «tourbillon», signifiant «turbine».

TURBOCOMPRESSEUR [tyʀbokɔ̃pʀesœʀ] n. m. ✦ TECHN. Turbomachine destinée à augmenter la pression ou le débit d'un gaz. *Turbocompresseur de suralimentation.* → **turbo.**
ÉTYM. de *turbo-* et *compresseur.*

TURBOMACHINE [tyʀbomaʃin] n. f. ✦ TECHN. Appareil agissant sur un fluide au moyen d'un système rotatif à pales.

TURBOMOTEUR [tyʀbomɔtœʀ] n. m. ✦ TECHN. Moteur dont l'élément principal est une turbine à gaz.

TURBOPROPULSEUR [tyʀbopʀɔpylsœʀ] n. m. ✦ TECHN. Moteur d'avion dans lequel une turbine à gaz entraîne une ou plusieurs hélices.

TURBORÉACTEUR [tyʀboʀeaktœʀ] n. m. ✦ TECHN. Moteur à réaction dans lequel une turbine à gaz alimente les compresseurs.

TURBOT [tyʀbo] n. m. ✦ Poisson de mer plat à chair très estimée. HOM. TURBO «turbocompresseur»
ÉTYM. norrois *thorn-butr,* littéralement «barbue *(butr)* à épines *(thorn)*».

TURBOTRAIN [tyʀbotʀɛ̃] n. m. ✦ Train mû par des turbines à gaz.

TURBULENCE [tyʀbylɑ̃s] n. f. 1. Agitation désordonnée, bruyante. ➖ Caractère d'une personne turbulente. SYN. **dissipation, pétulance.** 2. PHYS. Formation de tourbillons, dans un fluide. *L'avion entre dans une zone de turbulences.* CONTR. ① **calme, tranquillité.**
ÉTYM. latin *turbulentia* «② trouble» → turbulent.

TURBULENT, ENTE [tyʀbylɑ̃, ɑ̃t] adj. 1. Qui est porté à s'agiter physiquement, qui est souvent dans un état d'excitation bruyante. SYN. **agité, bruyant, remuant.** *Enfant turbulent.* ➖ *Public turbulent.* 2. PHYS. *Régime turbulent :* écoulement irrégulier des fluides, entraînant la formation de tourbillons. CONTR. ② **calme, paisible, tranquille.**
ÉTYM. latin *turbulentus,* de *turba* «désordre, confusion».

TURC, TURQUE [tyʀk] adj. et n. 1. adj. De la Turquie (☛ noms propres), ottomane ou moderne. *Café turc,* noir et fort, servi avec le marc dans une très petite tasse. *Bain turc :* bain de vapeur suivi de massages. → **hammam.** ♦ *Être assis À LA TURQUE,* en tailleur. *Cabinets à la turque,* sans siège. 2. n. *Les Turcs.* ➖ *Les JEUNES TURCS :* les révolutionnaires turcs qui prirent le pouvoir en 1908 ; fig., VIEILLI les éléments jeunes d'un parti qui souhaitent une évolution. ♦ loc. *Fort comme un Turc :* très fort. ➖ *Tête* de Turc.* 3. n. m. *Le turc :* langue parlée entre autres en Asie centrale et en Turquie.
ÉTYM. grec *Tourkos,* mot persan et arabe, du mongol *Türküt.*

TURF [tyʀf ; tœʀf] n. m. ✦ Ce qui concerne les courses de chevaux. → **hippisme.**
ÉTYM. mot anglais «pelouse, gazon» ; même origine que ① *tourbe.*

TURFISTE [tyʀfist ; tœʀfist] n. ✦ Personne qui fréquente les courses de chevaux, qui parie. SYN. **parieur.**
ÉTYM. de *turf.*

TURGESCENCE [tyʀʒesɑ̃s] n. f. ✦ PHYSIOL. Augmentation de volume par rétention de sang veineux. SYN. **tumescence.** *Turgescence du pénis.* SYN. **érection.**
ÉTYM. latin médiéval *turgescentia* → turgescent.

TURGESCENT, ENTE [tyʀʒesɑ̃, ɑ̃t] adj. ✦ PHYSIOL. Qui enfle par turgescence.
ÉTYM. du latin *turgescens,* participe présent de *turgescere* «se gonfler».

TURKMÈNE [tyʀkmɛn] adj. et n. ✦ Du Turkménistan (☛ noms propres). ➖ n. *Les Turkmènes.* ♦ n. m. *Le turkmène,* langue du groupe turc.

TURLUPINER [tyʀlypine] v. tr. (conjug. 3a) ✦ FAM. Tourmenter, tracasser. *Ça me turlupine.*
ÉTYM. de *turlupin* vx «mauvais plaisant», du surnom d'un personnage de théâtre.

TURLUTUTU [tyʀlytyty] interj. ✦ Exclamation moqueuse. *Turlututu chapeau pointu !*
ÉTYM. origine onomatopéique.

TURNE [tyʀn] n. f. ✦ FAM. Chambre ou maison sale et sans confort. SYN. **taudis.** ➖ ARGOT SCOL. Chambre. SYN. **piaule.**
ÉTYM. alsacien *türn* «prison».

TURPITUDE [tyʀpityd] n. f. ✦ LITTÉR. ou iron. Caractère de bassesse, d'indignité. SYN. **ignominie, infamie.** ♦ Action, parole... basse, honteuse. *Il cache ses turpitudes.*
ÉTYM. latin *turpitudo,* de *turpis* «honteux».

TURQUERIE [tyʀkəʀi] n. f. ✦ Objet, composition artistique ou littéraire de goût ou d'inspiration turcs, orientaux.

TURQUOISE [tyʀkwaz] n. 1. n. f. Pierre fine opaque d'un bleu tirant sur le vert. 2. adjectivt invar. De la couleur de la turquoise. *Des jupes turquoise.* ➖ appos. *Bleu turquoise. Des assiettes bleu turquoise.* ➖ n. m. *Le turquoise.*
ÉTYM. de l'ancien adjectif *turquois* «turc».

TUSSILAGE [tysilaʒ] n. m. ✦ Plante herbacée, vivace, dont les fleurs jaunes ont des propriétés pectorales.
ÉTYM. latin *tussilago,* famille de *tussis* «toux».

TUTÉLAIRE [tyteləʀ] adj. 1. LITTÉR. (divinité) Qui assure une protection. *Ange tutélaire* (VIEILLI) : ange gardien. 2. DR. Qui concerne la tutelle.
ÉTYM. latin *tutelaris,* de *tutela* «tutelle».

TUTELLE [tytɛl] n. f. 1. DR. Institution conférant à un tuteur le pouvoir de prendre soin de la personne et des biens d'un mineur ou d'un incapable majeur. *Gestion d'une tutelle* (→ **tutélaire**). ♦ *Régime de tutelle,* prévu par la Charte des Nations unies pour des territoires dits sous tutelle. 2. État de dépendance. *Se libérer de la tutelle de sa famille.* 3. Protection vigilante. *Être sous la tutelle des lois.* SYN. **sauvegarde.** CONTR. **autonomie, indépendance.**
ÉTYM. latin *tutela,* de *tueri* «protéger».

TUTEUR, TRICE [tytœʀ, tʀis] n. ▮ n. 1. Personne chargée de veiller sur un mineur ou un incapable majeur, de gérer ses biens, et de le représenter dans les actes juridiques. *Le tuteur et son pupille.* 2. Enseignant qui suit et conseille un élève. **II** **n. m.** Tige, armature fixée dans le sol pour soutenir ou redresser des plantes. SYN. ② **perche,** ② **rame.**

ÉTYM. latin *tutor, tutrix,* de *tueri* «veiller sur, protéger».

TUTO → TUTORIEL

TUTOIEMENT [tytwamɑ̃] **n. m.** ✦ Action de tutoyer qqn.

TUTORAT [tytɔʀa] **n. m.** ✦ Qualité, fonction de tuteur (dans l'éducation).

TUTORIEL [tytɔʀjɛl] **n. m.** **1.** INFORM. Logiciel conçu pour faciliter la pratique d'une procédure informatique, d'un logiciel. **2.** Texte, vidéo d'apprentissage pour se familiariser avec une activité étape par étape. ➡ abrév. FAM. TUTO. *Des tutos coiffure.*

ÉTYM. anglais *tutorial,* de *tutor* «tuteur».

TUTOYER [tytwaje] **v. tr.** (conjug. 10) **1.** S'adresser à (qqn) en employant la deuxième personne du singulier. ➡ pronom. *Ils se tutoient depuis l'enfance.* **2.** Approcher au plus près. *Tutoyer les sommets.*

ÉTYM. de *tu,* suffixe *-oyer.*

TUTTI QUANTI [tutikwɑ̃ti] **loc. nominale** ✦ souvent péj. (après plusieurs noms de personnes) *... et tutti quanti* : et tous les gens de cette espèce.

ÉTYM. expression italienne «tous tant qu'ils sont».

TUTU [tyty] **n. m.** ✦ Jupe de gaze évasée, portée par les danseuses de ballet classique. *Des tutus.*

ÉTYM. de *cucu,* de *cul.*

TUYAU [tɥijo] **n. m.** **I** **1.** Conduit à section circulaire destiné à faire passer un liquide, un gaz. SYN. **canalisation, conduite, tube ; tuyère.** *Tuyau d'arrosage, d'incendie. Tuyau d'échappement d'une automobile.* SYN. **pot.** *Tuyau de cheminée,* partie du conduit qui évacue la fumée. *Tuyau de poêle,* qui relie un poêle à une cheminée. **2.** Cylindre creux. *Le tuyau d'une plume.* ➡ loc. FAM. *Dire qqch. dans le tuyau de l'oreille* : confier tout bas (→ le creux de l'oreille*). **3.** Pli ornemental en forme de tube. *Tissu plissé à gros tuyaux.* **II** FAM. Information, indication confidentielle pour le succès d'une opération. SYN. **renseignement.** *Avoir un bon tuyau à la Bourse.*

ÉTYM. francique *thûta* «cor, trompe» ; sens II, de *tuyau de l'oreille,* fam. «conduit auditif».

TUYAUTÉ, ÉE [tɥijɔte] **adj.** ✦ Orné de tuyaux (I, 3). *Bonnet tuyauté.* ➡ **n. m.** *Un tuyauté* : un ensemble de plis, de tuyaux juxtaposés.

ÉTYM. du participe passé de *tuyauter.*

TUYAUTER [tɥijɔte] **v. tr.** (conjug. 3a) **I** Orner de tuyaux (I, 3). **II** FAM. Donner un, des tuyaux (II) à (qqn).

TUYAUTERIE [tɥijɔtʀi] **n. f.** ✦ Ensemble des tuyaux d'une installation. SYN. **canalisation, tubulure.**

TUYÈRE [tyjɛʀ ; tɥijɛʀ] **n. f.** ✦ Large tuyau d'admission ou de refoulement des gaz. *Les tuyères d'une fusée.*

ÉTYM. de *tuyau.*

T. V. A. [tevea] **n. f.** ✦ Taxe payée à chaque stade du circuit économique.

ÉTYM. sigle de *taxe à la valeur ajoutée.*

TWEED [twid] **n. m.** ✦ anglicisme Tissu de laine cardée, à l'origine fabriqué en Écosse. *Des tweeds.*

ÉTYM. mot anglais.

TWEET [twit] **n. m.** ✦ anglicisme Court message informatif posté sur une plateforme de microblog. ➡ recomm. offic. *minimessage.*

ÉTYM. marque déposée par la société Twitter Inc. ; mot anglais «gazouillis».

TWEETER [twite] **v.** (conjug. 3a) ✦ anglicisme **1. v. intr.** Poster des tweets. **2. v. tr.** Publier (une information) via un tweet. *Il a tweeté la nouvelle hier.*

TWIST [twist] **n. m.** ✦ Danse des années 60 caractérisée par un mouvement rapide de rotation des jambes et du bassin.

ÉTYM. mot américain, de *to twist* «(se) tortiller».

TYMPAN [tɛ̃pɑ̃] **n. m.** **I** Dans les églises romanes ou gothiques, Espace compris entre le linteau et les voussures d'un portail. *Tympan roman sculpté.* ☛ Art roman p. 159. **II** Membrane fibreuse translucide qui sépare le conduit auditif externe de l'oreille moyenne. *Le tympan transmet les vibrations sonores aux osselets.* ➡ loc. *Crever, déchirer le tympan* : assourdir (d'un bruit).

ÉTYM. latin *tympanum,* du grec «tambourin».

TYMPANON [tɛ̃panɔ̃] **n. m.** ✦ Instrument de musique fait de cordes tendues sur une caisse trapézoïdale et que l'on frappe avec deux petits maillets.

ÉTYM. grec *tumpanon.*

TYPE [tip] **n. m.** **1.** Ensemble des traits caractéristiques d'une catégorie de personnes ou de choses, en tant que modèle. SYN. ② **canon, idéal.** *Un type de beauté éternelle.* ➡ *Le type de l'avare dans la littérature.* **2.** SC. Ensemble des caractères qui permettent de distinguer des catégories d'objets et de faits, d'individus. *Sans type déterminé.* → **atypique.** **3.** Schéma ou modèle de structure. → **typologie.** ➡ *Types humains,* considérés du point de vue ethnique, esthétique, etc. *Elle a le type nordique.* ➡ FAM. *Elle n'est pas son type,* le type de femme qui l'attire. SYN. **genre.** **4.** Ensemble des caractères d'une série d'objets fabriqués. SYN. **modèle, norme,** ① **standard.** **5.** Personne ou chose qui réunit les principaux éléments d'un modèle abstrait et qui peut être donné en exemple. SYN. **personnification, représentant ; archétype, stéréotype.** ➡ appos. *C'est la sportive type. Des lettres types.* **6.** FAM. Homme en général, individu. SYN. **gars, mec.** *Un brave type.*

ÉTYM. latin *typus,* du grec *tupos* «empreinte», de *tuptein* «frapper».

> **-TYPE, -TYPIE** Éléments, du grec *tupos* «empreinte ; modèle» (ex. *prototype ; linotypie*).

TYPÉ, ÉE [tipe] **adj.** ✦ Qui présente nettement les caractères d'un type. ◆ Élaboré d'après un type, un modèle. *Un personnage bien typé.*

TYPER [tipe] **v. tr.** (conjug. 3a) ✦ Donner à (une création) les caractères apparents d'un type.

TYPHIQUE [tifik] **adj.** ✦ Du typhus ou de la typhoïde. ◆ **adj. et n.** Atteint du typhus ou de la typhoïde.

TYPHOÏDE [tifɔid] **adj. et n. f.** ✦ *Fièvre typhoïde,* ou **n. f.** *la typhoïde* : maladie infectieuse, contagieuse, caractérisée par une fièvre élevée, un état de stupeur et des troubles digestifs graves.

ÉTYM. de *typhus.*

TYPHON [tifɔ̃] **n. m.** ✦ Cyclone des mers de Chine et de l'océan Indien.

ÉTYM. mot latin «tourbillon», du grec, avec influence de sens du portugais *tufão,* de l'arabe. ☛ TYPHON (noms propres).

TYPHUS [tifys] **n. m.** ✦ Maladie infectieuse, épidémique, caractérisée par une fièvre intense et brutale, des rougeurs généralisées et un état de stupeur pouvant aller jusqu'au coma.
ÉTYM. mot du latin scientifique, du grec *tuphos* «stupeur».

TYPIQUE [tipik] **adj.** 1. Qui constitue un type, un exemple caractéristique. SYN. **caractéristique, distinctif.** *Un cas typique.* 2. Qui présente suffisamment les caractères d'un type pour servir d'exemple, de repère (dans une classification). *La céphalée, symptôme typique de la migraine.* SYN. **spécifique.** CONTR. **atypique.**
ÉTYM. bas latin *typicus*, du grec «② exemplaire».

TYPIQUEMENT [tipikmɑ̃] **adv.** ✦ D'une manière typique. SYN. **spécifiquement.** *Une attitude, une réaction typiquement française.*

TYPO- Élément, du grec *tupos* «marque, caractère». → **-type.**

TYPOGRAPHE [tipɔgʀaf] **n.** ✦ Professionnel de la typographie ; **spécialt** compositeur à la main. – **abrév.** FAM. TYPO [tipo] (**fém.** *typote* [tipɔt], **en argot de métier**). *Les typos.*
ÉTYM. du grec *tupos* «caractère d'écriture» et de *-graphe*.

TYPOGRAPHIE [tipɔgʀafi] **n. f.** 1. Ensemble des techniques permettant de reproduire des textes par l'impression d'un assemblage de caractères en relief (par opposition aux procédés par report : offset, etc.) ; **spécialt** les opérations de composition. 2. Manière dont un texte est imprimé (quant au type des caractères, à la mise en pages, etc.). – **abrév.** TYPO [tipo] **n. f.** *Une typo élégante.*
ÉTYM. de *typographe*.

TYPOGRAPHIQUE [tipɔgʀafik] **adj.** ✦ Qui concerne la typographie.

TYPOLOGIE [tipɔlɔʒi] **n. f.** ✦ DIDACT. 1. Science de l'élaboration des types, facilitant l'analyse d'une réalité complexe et la classification. 2. Système de types. SYN. **classification.** *Une typologie des langues africaines.*
► **TYPOLOGIQUE** [tipɔlɔʒik] **adj.**
ÉTYM. de *typo-* et *-logie*.

TYRAN [tiʀɑ̃] **n. m.** 1. ANTIQ. Chez les Grecs, celui qui s'emparait du pouvoir par la force. 2. Personne qui, ayant le pouvoir suprême, l'exerce de manière absolue, oppressive. SYN. **autocrate, despote, dictateur.** 3. **fig.** *Son père est un vrai tyran.* HOM. TIRANT «quantité d'eau»
ÉTYM. latin *tyrannus*, du grec «maître».

TYRANNEAU [tiʀano] **n. m.** ✦ LITTÉR. Petit tyran, tyran subalterne.

TYRANNIE [tiʀani] **n. f.** 1. ANTIQ. Usurpation et exercice du pouvoir par un tyran (1). 2. Gouvernement absolu, oppressif et arbitraire. SYN. **absolutisme, autocratie, despotisme, dictature.** 3. LITTÉR. Abus de pouvoir. *Se libérer de la tyrannie d'un chef.* ♦ Contrainte impérieuse. *La tyrannie de la mode.*

TYRANNIQUE [tiʀanik] **adj.** ✦ Qui exerce une tyrannie. *Régime tyrannique.* – *Coutume tyrannique.* CONTR. **libéral.**

TYRANNISER [tiʀanize] **v. tr.** (conjug. 3a) ✦ Traiter (qqn) avec tyrannie, en abusant de son pouvoir ou de son autorité. SYN. **opprimer, persécuter.**
ÉTYM. de *tyran*.

TYRANNOSAURE [tiʀanɔzɔʀ] **n. m.** ✦ Grand reptile fossile du secondaire (dinosaure), carnivore.
ÉTYM. latin scientifique *tyrannosaurus*, du grec *turannos* «maître» et *saura* «lézard».

TYROLIEN, IENNE [tiʀɔljɛ̃, jɛn] **adj. et n. f.** 1. **adj.** Du Tyrol (☛ noms propres). – *Chapeau tyrolien :* feutre à plume passée dans le ruban. 2. *TYROLIENNE* **n. f.** Chant montagnard à trois temps originaire du Tyrol, caractérisé par le passage rapide de la voix de poitrine à la voix de tête (→ **iodler**).

U

U [y] **n. m. invar. 1.** Vingt et unième lettre de l'alphabet, cinquième voyelle. *U tréma* **ou** *ü*. – *En U* : en forme de U. *Tube en U*. **2.** *U* CHIM. Symbole de l'uranium.
HOM. HUE «cri pour faire avancer un cheval»

UBAC [ybak] **n. m.** ✦ Versant d'une montagne exposé à l'ombre (opposé à *adret*).
ÉTYM. mot provençal, latin *opacus* «à l'ombre».

UBIQUITÉ [ybikɥite] **n. f.** ✦ Possibilité d'être présent en plusieurs lieux à la fois. *Je n'ai pas le don d'ubiquité* : je ne peux pas être partout à la fois.
ÉTYM. du latin *ubique* «partout», de *ubi* «où».

UBUESQUE [ybyɛsk] **adj.** ✦ Qui rappelle le personnage d'Ubu, par un caractère comiquement cruel et couard.
ÉTYM. de *Ubu*, nom d'un personnage d'Alfred Jarry.

UCHRONIE [ykʀɔni] **n. f.** ✦ DIDACT. Récit d'évènements fictifs à partir d'un point de départ historique. ☛ Littérature p. 136.
ÉTYM. du grec *ou* «non» et *khronos* «temps» → chrono-, d'après *utopie*.

UHLAN [ylɑ̃] **n. m.** ✦ HIST. Cavalier mercenaire des armées de Pologne, de Prusse et d'Allemagne.
ÉTYM. mot allemand, du tartare *oghlan* «jeune homme», par le polonais.

U. H. T. [yaʃte] **n. f.** ✦ Stérilisation par élévation à haute température pendant un temps très court. – **appos.** *Lait U. H. T.*
ÉTYM. sigle de *ultra-haute température*.

UKASE [ukaz] → **OUKASE**

UKRAINIEN, IENNE [ykʀɛnjɛ̃, jɛn] **adj.** ✦ De l'Ukraine (☛ noms propres). – **n.** *Les Ukrainiens.* ♦ **n. m.** *L'ukrainien* (langue slave).

ULCÉRATION [ylseʀasjɔ̃] **n. f.** ✦ DIDACT. **1.** Formation d'un ulcère. **2.** Ulcère. *Ulcérations cancéreuses.*
ÉTYM. latin *ulceratio*.

ULCÈRE [ylsɛʀ] **n. m.** ✦ Perte de substance de la peau ou d'une muqueuse sous forme de plaie qui ne cicatrise pas. *Ulcère à* (ou *de*) *l'estomac.*
ÉTYM. latin *ulcus, ulceris*.

ULCÉRER [ylseʀe] **v. tr.** (conjug. 6) **I** MÉD. Produire un ulcère sur. **II** fig. Blesser (qqn) profondément, en l'irritant. SYN. **humilier, mortifier.** *Ce manque de confiance l'a ulcéré.*
► **ULCÉRÉ, ÉE adj. 1.** MÉD. *Lésion ulcérée de la peau.* **2.** fig. *Sensibilité ulcérée.* SYN. **blessé.**
ÉTYM. latin *ulcerare*, de *ulcus* «ulcère».

ULCÉREUX, EUSE [ylseʀø, øz] **adj.** ✦ MÉD. **1.** Qui a la nature de l'ulcère ou de l'ulcération. *Plaie ulcéreuse.* **2. adj.** et **n.** Atteint d'un ulcère de l'estomac ou du duodénum.
ÉTYM. latin *ulcerosus*.

ULÉMA [ylema ; ulema] **n. m.** ✦ Théologien musulman. *Des ulémas.* – On écrit aussi *ouléma, des oulémas.*
ÉTYM. arabe *oulamâ*, pluriel de *âlim* «savant».

U. L. M. [yɛlɛm] **n. m. invar.** ✦ Petit avion monoplace ou biplace, de conception simplifiée.
ÉTYM. sigle de *ultra-léger motorisé*.

ULTÉRIEUR, EURE [ylterjœʀ] **adj.** ✦ Qui sera, arrivera plus tard. SYN. **futur, postérieur.** *Réunion reportée à une date ultérieure.* CONTR. **antérieur.**
ÉTYM. latin *ulterior*, famille de *ultra* «au-delà».

ULTÉRIEUREMENT [ylterjœʀmɑ̃] **adv.** ✦ Plus tard. SYN. **après, ensuite.** CONTR. **antérieurement.**

ULTIMATE [yltimɛt] **n. m.** ✦ anglicisme Sport opposant deux équipes qui doivent marquer des points en lançant un frisbee dans le but adverse. – recomm. offic. *ultime-passe* **n. f.**
ÉTYM. mot anglais «ultime».

ULTIMATUM [yltimatɔm] **n. m.** ✦ Les dernières conditions présentées par un État à un autre et comportant une sommation. *Envoyer, lancer un ultimatum. Des ultimatums.* – par ext. *Les grévistes ont adressé un ultimatum à la direction.*
ÉTYM. latin médiéval *ultimatus*, de *ultimus* «dernier, ultime».

ULTIME [yltim] **adj.** ✦ Dernier, final (dans le temps). *Une ultime tentative.*
ÉTYM. latin *ultimus*.

ULTRA [yltʀa] **n.** ✦ Réactionnaire extrémiste. *Des ultras.* – **adj.** *Elles sont ultras.* ♦ HIST. Partisan de l'Ancien Régime sous la Restauration.
ÉTYM. mot latin «au-delà» ou abréviation de *ultraroyaliste*.

ULTRA- Élément, du latin *ultra* «au-delà», qui exprime l'excès, l'exagération (ex. adj. *ultrachic ; ultrasecret, ète*).

ULTRAMARIN, INE [yltʀamaʀɛ̃, in] **adj.** ✦ De la France d'outre-mer. *Le territoire métropolitain et le territoire ultramarin.*

ULTRAMODERNE [yltʀamɔdɛʀn] **adj.** ✦ Très moderne. *Du matériel ultramoderne.*

ULTRAMONTAIN, AINE [yltʀamɔ̃tɛ̃, ɛn] **adj.** et **n.** ✦ Qui soutient la position traditionnelle de l'Église italienne (pouvoir absolu du pape). *Les ultramontains et les gallicans.*
ÉTYM. latin médiéval *ultramontanus* «qui est au-delà *(ultra)* des montagnes».

ULTRASENSIBLE [yltʀasɑ̃sibl] **adj.** ✦ Sensible à l'extrême. *Pellicule ultrasensible.*

ULTRASON [yltʀasɔ̃] **n. m.** ✦ Vibration sonore de fréquence très élevée, non perceptible par l'oreille humaine.
ÉTYM. de *ultra-* et ② *son.*

ULTRAVIOLET, ETTE [yltʀavjɔlɛ, ɛt] **adj.** ✦ (radiations électromagnétiques) Dont la longueur d'onde se situe entre celle de la lumière visible (extrémité violette du spectre) et celle des rayons X. *Rayons ultraviolets ;* **n. m.** *les ultraviolets.* SYN. **U. V.**

ULULEMENT ; ULULER → **HULULEMENT ; HULULER**

UN, UNE [œ̃, yn] **adj., art.** et **pron.**
I numéral Expression de l'unité. → **mon(o)-, uni-. 1. adj. cardinal** invar. en nombre *Une ou deux fois.* – *Deux heures un quart. Six heures une* (minute). – loc. *Il était moins une :* il s'en fallait de très peu (de temps). – (avec *de* + adj.) *Il n'y en a pas une de libre.* – *PAS UN..., PAS UNE... :* aucun(e), nul(le). *Pas un navire à l'horizon.* **2. pron.** *Se battre à deux contre un.* – *UN À UN, UNE À UNE ; UN PAR UN, UNE PAR UNE :* à tour de rôle et un(e) seul(e) à la fois. **3. n. m. invar.** *Un et un (font) deux.* – loc. *NE FAIRE QU'UN AVEC :* se confondre avec. *Lui et son frère ne font qu'un.* – *C'EST TOUT UN :* c'est la même chose. **4.** ordinal Premier. *La page un.* → **une.** *Vers les une heure du matin.* ♦ **n. m.** *Il habite au un de la rue.* – (dans un commandement) *Une !... deux !...* FAM. *À la une, à la deux...* – FAM. *NE FAIRE NI UNE NI DEUX :* agir sans hésitation.
II **adj. qualificatif** (après le nom ou attribut) Qui n'a pas de parties et ne peut être divisé. *La République une et indivisible.*
III **art. indéf.** (pluriel *des*) **1.** Désigne un individu, un élément distinct mais indéterminé. *Un homme est venu. J'ai reçu une lettre.* – (valeur générale) *Un triangle est une figure à trois côtés.* – loc. *Un jour. Une fois. Un peu. Un autre..., un certain...* **2.** (avec le pronom *en*) *Je vais vous en raconter une bien bonne* (histoire). *En voilà un, une qui ne s'en fait pas.* **3.** (en phrase exclamative ; emphatique) *Il fait une chaleur ! Cette rue est d'un sale !* – FAM. *J'ai une de ces faims !* **4.** (devant un n. pr.) Une personne telle que... ; une personne comparable à... *C'est un Machiavel, un don Juan.* – Une personne de telle famille. *C'est une Bonaparte.*
IV **pron. indéf.** **1.** *UN, UNE. Un de mes camarades. Un de ces jours.* – *Un, une des... qui ; un, une des... que* (+ verbe au plur.). *Une des personnes qui se trouvaient là.* – *L'UN, L'UNE ; LES UNS, LES UNES. L'un d'eux est venu. Ni l'un ni l'autre*.* **2.** nominal Un homme, une femme ; quelqu'un. *«Un de Baumugnes»* (roman de Giono).
HOM. (du féminin) HUNE «partie d'un navire»
ÉTYM. latin *unus.*

UNANIME [ynanim] **adj.** **1.** au plur. Qui ont tous la même opinion, le même avis (→ **d'accord**). *Ils sont unanimes à penser, pour penser que...* **2.** Qui exprime un avis commun à plusieurs. SYN. ① **général.** *Accord unanime.* **3.** Qui est fait par tous, en même temps. *Un éclat de rire unanime.* CONTR. **contradictoire, partagé.**
ÉTYM. latin *unanimus,* de *unus* «un» et *animus* «esprit».

UNANIMEMENT [ynanimmɑ̃] **adv.** ✦ Par tous ; d'un commun accord.

UNANIMITÉ [ynanimite] **n. f.** **1.** Conformité d'opinion ou d'intention entre tous les membres d'un groupe. SYN. **accord, consensus.** *Il y a unanimité dans l'assemblée. Il a fait l'unanimité contre lui.* **2.** Expression de la totalité des opinions dans le même sens. *Décision prise à l'unanimité.* CONTR. **contradiction, discorde • minorité.**
ÉTYM. latin *unanimitas,* de *unanimus* «unanime».

UNDERGROUND [œndœʀgʀaund ; œdɛʀgʀ(a)und] **adj.** et **n. m.** ✦ anglicisme Se dit d'un mouvement artistique d'avant-garde indépendant des circuits traditionnels commerciaux. *Des films undergrounds* ou *underground* (invar.).
ÉTYM. mot anglais, proprement «souterrain».

***UNE** [yn] **n. f.** ✦ La première page d'un journal. *Cinq colonnes à la une. Faire la une. Son procès a fait la une pendant trois jours.* HOM. HUNE «partie d'un navire»
ÉTYM. féminin de *un.*

UNGUI- Élément de mots savants, du latin *unguis* «ongle».

UNI, UNIE [yni] **adj.** **I 1.** Qui est avec *(uni à, avec)* ou qui sont ensemble *(unis)* de manière à former un tout ou à être en union. *Cœurs unis* (par le sentiment, l'amour). *Ils sont unis par les liens du mariage.* – *Les États-Unis (d'Amérique). Les Nations unies.* **2.** Joint, réuni. *Rester debout, les talons unis.* – *Deux noms souvent unis.* **3.** Qui est formé d'éléments liés ; qui constitue une unité. *Le Royaume-Uni.* **4.** En bonne entente. *Une famille unie.* SYN. **soudé. II** Dont les éléments sont semblables ; qui ne présente pas d'inégalité, de variation apparente. SYN. **cohérent, homogène. 1.** (surface) Sans aspérités. SYN. **égal,** ① **lisse.** *Mer unie.* ♦ De couleur, d'aspect uniforme. *Couleur unie. Tissu uni,* d'une seule couleur et sans motifs. – *Une robe unie.* **2.** VX ou LITTÉR. Qui s'écoule sans changement notable. SYN. ② **calme, monotone, paisible, tranquille.** *Une vie unie.* CONTR. **séparé • désuni • accidenté, inégal • bigarré.**
ÉTYM. du participe passé de *unir.*

UNI- Élément savant, du latin *unus* «un» (ex. *unidimensionnel, elle* **adj.** ; *unidirectionnel, elle* **adj.**). SYN. **mon(o)-.** CONTR. **multi-, poly-.**

UNIATE [ynjat] **adj.** et **n.** ✦ Se dit des Églises chrétiennes orientales qui acceptent les dogmes du catholicisme tout en conservant leur liturgie et leur organisation.
ÉTYM. russe *ouniyat,* famille du latin *unio* «union».

UNICELLULAIRE [ynisɛlylɛʀ] **adj.** ✦ BIOL. Formé d'une seule cellule. *Organismes unicellulaires.* – **n. m.** *Les unicellulaires.* SYN. **protiste.** CONTR. **pluricellulaire.**

UNICITÉ [ynisite] **n. f.** ✦ LITTÉR. Caractère de ce qui est unique. *L'unicité de chaque être humain.* CONTR. **multiplicité, pluralité.**
ÉTYM. latin *unicitas.*

UNIÈME [ynjɛm] **adj. numéral ordinal** ✦ (après un numéral) Qui vient en premier, immédiatement après une dizaine (sauf soixante-dix, quatre-vingt-dix), une centaine, un millier. *Vingt et unième. Cent unième.*
► **UNIÈMEMENT** [ynjɛmmɑ̃] **adv.**
ÉTYM. de *un.*

UNIFICATEUR, TRICE [ynifikatœʀ, tʀis] **adj.** ✦ Qui unifie, qui contribue à unifier.

UNIFICATION [ynifikasjɔ̃] **n. f.** ✦ Fait d'unifier (plusieurs éléments), de rendre unique ou uniforme ; fait de s'unifier. *L'unification de l'Allemagne a été proclamée le 3 octobre 1990.* CONTR. **séparation.**

UNIFIER [ynifje] **v. tr.** (conjug. 9) **1.** Faire de (plusieurs éléments) une seule et même chose. *Unifier deux régions.* SYN. **unir.** – Rendre unique, faire l'unité de. *Unifier un pays.* **2.** Rendre semblables (divers éléments rassemblés). SYN. **normaliser, uniformiser.** *Unifier des programmes scolaires.* **3.** Rendre homogène. *Unifier un parti.* **4.** *S'UNIFIER* **v. pron.** Se fondre en un tout (en parlant de plusieurs éléments). *Les deux syndicats se sont unifiés.* CONTR. **désunir, séparer • contraster, diversifier.**
ÉTYM. latin médiéval *unificare,* de *unus* «un».

UNIFORME [ynifɔʀm] **adj.** et **n. m.**
I adj. **1.** Qui présente des éléments tous semblables ; dont toutes les parties sont ou paraissent identiques. SYN. **régulier.** *Mouvement uniforme,* de vitesse constante. **2.** Qui ne varie pas ou peu ; dont l'aspect reste le même. *Un ciel uniforme et gris.* **3.** Qui ressemble beaucoup aux autres. SYN. **identique, même, pareil.** *Un lotissement de maisons uniformes.* CONTR. **différent, divers, irrégulier.**
II n. m. **1.** Costume militaire dont la forme, le tissu, la couleur sont définis par un règlement. *En uniforme ou en civil. En grand uniforme :* en uniforme de cérémonie. **2.** Vêtement déterminé, obligatoire pour un groupe. *Uniforme d'hôtesse de l'air.*
ÉTYM. latin *uniformis* → uni- et forme.

UNIFORMÉMENT [ynifɔʀmemɑ̃] **adv.** **1.** D'une manière uniforme, par un mouvement régulier. *Mouvement uniformément accéléré.* **2.** De la même façon dans toute sa durée ou son étendue. *Sa vie s'écoule uniformément.* **3.** Comme tous (toutes) les autres ; tous de la même façon. *Des écoliers vêtus uniformément.* CONTR. **différemment.**

UNIFORMISER [ynifɔʀmize] **v. tr.** (conjug. 3a) **1.** Rendre uniforme. *Uniformiser une teinte.* **2.** Rendre semblables ou moins différents. *Uniformiser les programmes.* SYN. **standardiser, unifier.** CONTR. **différencier, diversifier.**
► **UNIFORMISATION** [ynifɔʀmizasjɔ̃] **n. f.**

UNIFORMITÉ [ynifɔʀmite] **n. f.** **1.** Caractère de ce qui est uniforme. **2.** Absence de changement, de variété. CONTR. **diversité, variété.**
ÉTYM. latin *uniformitas.*

UNIJAMBISTE [yniʒɑ̃bist] **adj.** et **n.** ✦ Qui a été amputé d'une jambe. – **n.** *Un, une unijambiste.*

UNILATÉRAL, ALE, AUX [ynilateʀal, o] **adj.** **1.** Qui ne se fait que d'un côté. – *Stationnement unilatéral,* autorisé d'un seul côté d'une voie. – *Strabisme unilatéral.* **2.** DR. Qui n'engage qu'une seule partie. *Contrat unilatéral.* **3.** Qui provient d'un seul, n'intéresse qu'un seul (lorsque deux personnes, deux éléments sont concernés). *Décision unilatérale.* CONTR. **bilatéral • réciproque.**
► **UNILATÉRALEMENT** [ynilateʀalmɑ̃] **adv.**
ÉTYM. de *uni-* et *latéral.*

UNILINGUE [ynilɛ̃g] **adj.** ✦ DIDACT. Qui est en une seule langue. ♦ Qui parle, écrit une seule langue (opposé à *bilingue, multilingue*). SYN. **monolingue.**
ÉTYM. de *uni-* et du latin *lingua* «langue».

UNIMENT [ynimɑ̃] **adv.** ✦ D'une manière unie. **1.** LITTÉR. Avec régularité. SYN. **également, régulièrement.** *Rouler uniment.* **2.** *TOUT UNIMENT :* avec simplicité, sans détour. SYN. **franchement, simplement.** *Il a répondu tout uniment.*
ÉTYM. de *uni.*

UNINOMINAL, ALE, AUX [yninɔminal, o] **adj.** ✦ ADMIN. Qui porte sur un seul nom. *Scrutin, vote uninominal* (opposé à *de liste*).
ÉTYM. de *uni-* et *nominal.*

UNION [ynjɔ̃] **n. f.** **I** **1.** Relation qui existe entre deux ou plusieurs personnes ou choses considérées comme formant un ensemble. SYN. **assemblage, association, réunion.** *Union étroite, solide. L'union produit l'unité*.* – RELIG. *Union mystique,* de l'âme à Dieu. **2.** Relation réciproque qui existe entre deux ou plusieurs personnes ; vie en commun. SYN. **accord, attachement.** *L'union des cœurs.* – *Union conjugale :* mariage. *UNION LIBRE.* → **concubinage.** **3.** État dans lequel se trouvent des personnes, des groupes liés. – (Entre États) *Union douanière. Union économique et monétaire. L'Union européenne* ☛ noms propres. **4.** Entente (entre plusieurs personnes, plusieurs groupes). SYN. **concorde, entente, harmonie.** – prov. *L'union fait la force.* – HIST. *L'Union sacrée* (de tous les Français contre l'ennemi en 1914). **II** Ensemble de personnes unies. SYN. **association, groupement, entente, ligue.** *Union ouvrière.* – *Union d'États.* SYN. **confédération, fédération.** **III** Réunion. *L'union de deux terres, de deux domaines.* CONTR. **désunion, division, séparation • discorde, opposition.**
ÉTYM. latin *unio, unionis,* d'abord «perle unique», famille de *unus* «un» ; doublet de *oignon.*

UNIQUE [ynik] **adj.** **I** (quantitatif) **1.** Qui est un seul, n'est pas accompagné par d'autres du même genre. *Son unique fils. Il est fils unique.* – *Rue à sens unique. Un cas unique.* SYN. **isolé.** *Salaire unique,* quand une seule personne est salariée dans un couple. – *C'est son unique souci.* SYN. **exclusif.** – *Une seule et unique occasion.* **2.** (généralt après le nom) Qui est un seul, qui répond seul à sa désignation et forme une unité. *Dieu unique en trois personnes* (Trinité des catholiques). ♦ Qui est le même pour plusieurs choses, plusieurs cas. *Prix unique. Taille unique.* – *Marché unique,* sans frontières intérieures. **II** (qualitatif ; le comparatif et le superlatif sont alors possibles) **1.** (généralt après le nom) Qui est le seul de son espèce ; qui n'a pas son semblable. *Trouver le mot juste, le mot unique.* **2.** (après le nom) Qui est ou qui paraît foncièrement différent des autres. SYN. **irremplaçable ; exceptionnel.** *C'est un artiste unique. Unique en son genre.* SYN. **incomparable.** ♦ FAM. Qui étonne beaucoup (en bien ou en mal). SYN. **curieux, extravagant, inouï.** *Il est vraiment unique !* CONTR. **multiple, plusieurs • différent, divers • commun, habituel.**
ÉTYM. latin *unicus,* de *unus* «un».

A B C D E F G H I J K L M N O P Q R S T U V W X Y Z

UNIQUEMENT [ynikmɑ̃] adv. 1. VX À l'exclusion des autres. SYN. **exclusivement.** 2. Seulement. *C'est uniquement pour les faire enrager.* SYN. **rien** que, **simplement.** *Pas uniquement* : pas seulement.

UNIR [yniʀ] v. tr. (conjug. 13) I 1. Mettre ensemble (les éléments d'un tout). SYN. **assembler, confondre, réunir.** *Unir deux provinces, une province à un pays.* 2. Faire exister, faire vivre ensemble (des personnes). *Le prêtre qui les a unis.* SYN. **marier.** ◆ Constituer l'élément commun, la cause de l'union entre (des personnes). SYN. **lier, rapprocher, réunir.** *L'amitié, l'intérêt qui les unit.* 3. Associer par un lien politique, économique. *Unir deux pays.* SYN. **allier** ; → **union.** 4. Avoir, posséder à la fois (des caractères différents et souvent en opposition). SYN. **allier, associer, joindre.** *Unir la force à la douceur.* II *S'UNIR* v. pron. 1. récipr. Ne plus former qu'un tout. SYN. **fusionner,** se **mêler.** *Rivières qui s'unissent en mêlant leurs eaux.* ◆ Former une union ; spécialt, conjugale, sexuelle. ◆ Faire cause commune. SYN. s'**associer,** se **liguer,** se **solidariser.** *S'unir contre le chômage.* SYN. se **coaliser.** ◆ S'associer politiquement, économiquement. 2. passif Se trouver ensemble, de manière à former un tout. SYN. s'**associer,** se **joindre.** *Leurs idées s'unissent sans peine.* 3. réfl. *S'unir à, avec qqn* (spécialt par des liens affectifs, par le mariage). ◆ Se trouver avec, en même temps que. SYN. s'**allier.** CONTR. **désunir, disjoindre, diviser, séparer.**

ÉTYM. latin *unire*, de *unus* « un ».

UNISEXE [ynisɛks] adj. ✦ (habillement, coiffure) Destiné indifféremment aux hommes et aux femmes. *Mode unisexe. Pantalons unisexes.*

ÉTYM. de *uni-* et *sexe.*

UNISEXUÉ, ÉE [ynisɛksɥe] adj. ✦ DIDACT. (fleurs, animaux) Qui n'a qu'un seul sexe (opposé à *bisexué, hermaphrodite*).

ÉTYM. de *uni-* et *sexué.*

UNISSON [ynisɔ̃] n. m. ✦ Son unique produit par plusieurs voix ou instruments. *Un bel unisson.* ◆ loc. adv. *À L'UNISSON. Chanter, jouer à l'unisson.* → fig. *Leurs cœurs sont à l'unisson.* CONTR. **polyphonie** · **désaccord.**

ÉTYM. latin médiéval *unisonus* « à un seul *(unus)* son *(sonus)* ».

UNITAIRE [ynitɛʀ] adj. 1. Qui forme une unité politique. *Manifestation unitaire.* 2. Relatif à l'unité, à un seul objet. *Prix unitaire.* 3. MATH. *Vecteur unitaire,* de norme 1. CONTR. **global.**

UNITÉ [ynite] n. f. I 1. Caractère de ce qui est unique. *Unité et pluralité.* → *UNITÉ DE...* : caractère unique. *Unité de vues, unité d'action.* SYN. **identité.** → *La règle des trois unités* (temps, lieu, action) *du théâtre classique.* ☞ Littérature p. 128. 2. Caractère de ce qui n'a pas de parties, ne peut être divisé. *L'unité d'une espèce.* ◆ État de ce qui forme un tout organique, fonctionnel. *Faire, maintenir ; briser, rompre l'unité. Unité nationale.* 3. Cohérence interne. SYN. **cohésion, homogénéité.** *Ce film manque d'unité.* II Chose qui est une. 1. Élément simple ou structure organisée faisant partie d'un ensemble. *Le département, unité administrative.* → *Les unités de production d'une usine.* 2. Formation militaire ayant une composition, un armement, des fonctions déterminées et spécifiques. *Rejoindre son unité.* 3. Objet fabriqué (identique à d'autres). SYN. **pièce.** *Prix à l'unité.* 4. Élément arithmétique qui forme les nombres. → spécialt Dans les nombres de deux chiffres et plus, le chiffre placé à droite de celui des dizaines. *Dans 1215, le chiffre 5 est celui des unités.* 5. Grandeur finie servant de base à la mesure des autres grandeurs de même espèce. SYN. ② **étalon.** *Unités de mesure. Le système international d'unités physiques* (système S. I.). *Unité de longueur, de volume, de pression.* → *Unité monétaire.* → **monnaie.** CONTR. **diversité, pluralité.**

ÉTYM. latin *unitas*, de *unus* « un ».

UNIVALVE [ynivalv] adj. ✦ DIDACT. Dont la coquille n'est formée que d'une pièce (opposé à *bivalve*). *Mollusque univalve.*

ÉTYM. de *uni-* et *valve.*

UNIVERS [ynivɛʀ] n. m. 1. Ensemble des groupes humains sur la Terre. *Citoyen de l'univers.* SYN. **monde.** 2. L'ensemble de tout ce qui existe. SYN. **monde, nature.** *Les lois de l'univers.* → SC. Ensemble de la matière distribuée dans l'espace et dans le temps. *Étude de la structure de l'univers par l'astronomie. Théories de l'univers en expansion.* 3. fig. Milieu matériel ou moral dans lequel on évolue. *Univers mental. L'univers de l'enfance. Son univers se borne à ses livres.*

ÉTYM. de *(monde) univers* « intégral », d'après le latin *universum.*

UNIVERSALISER [ynivɛʀsalize] v. tr. (conjug. 3a) ✦ Rendre universel ; répandre largement. SYN. **généraliser, mondialiser.** → pronom. *Une pratique qui s'universalise.*

► **UNIVERSALISATION** [ynivɛʀsalizasjɔ̃] n. f.

ÉTYM. du latin *universalis* « universel ».

UNIVERSALITÉ [ynivɛʀsalite] n. f. 1. DIDACT. Caractère de ce qui est universel ou considéré sous son aspect de plus grande généralité. *L'universalité d'une théorie.* 2. Caractère d'un esprit universel. *L'universalité de Voltaire.* 3. Caractère de ce qui concerne la totalité des hommes. *L'universalité de certains mythes.*

ÉTYM. latin *universalitas.*

UNIVERSEL, ELLE [ynivɛʀsɛl] adj. 1. Qui s'étend, s'applique à la totalité des objets (personnes ou choses) qui existent. SYN. ① **général.** *Jugement universel,* qui s'applique à tous les cas, est vrai partout et toujours. → *Un remède universel* (→ **panacée**). → TECHN. *Clé universelle,* qui s'adapte à différents types de boulons, d'écrous. ◆ n. m. DIDACT. Ce qui s'étend à tous les individus d'une classe. *L'universel et le particulier.* SYN. ① **général.** 2. Dont les connaissances, les aptitudes s'appliquent à tous les sujets. SYN. **complet, omniscient.** *Un esprit universel.* 3. DR. À qui échoit la totalité d'un patrimoine. *Légataire universel.* 4. Qui concerne la totalité des humains. *Histoire universelle.* → *Guerre, paix universelle.* SYN. **mondial.** ◆ *Suffrage universel,* étendu à tous les individus (sauf les exceptions prévues par la loi). ◆ Commun à tous ou à un groupe donné ; qui peut s'appliquer à tous. *La science est universelle.* 5. Qui concerne l'univers entier. SYN. **cosmique.** *Gravitation universelle.* CONTR. **individuel, particulier, partiel.**

ÉTYM. latin *universalis*, de *universus* « tout entier ».

UNIVERSELLEMENT [ynivɛʀsɛlmɑ̃] adv. ✦ Par tous les hommes, sur toute la terre. SYN. **mondialement.**

ÉTYM. de *universel.*

UNIVERSITAIRE [ynivɛʀsitɛʀ] adj. 1. Relatif à l'Université (1). *Le corps universitaire.* → n. Membre de l'Université (enseignant ou chercheur). 2. Relatif aux universités, à l'enseignement supérieur. *Diplômes universitaires. Restaurant universitaire* (abrév. fam. RESTO U, RESTAU U, R. U.).

UNIVERSITÉ [yniverssite] **n. f.** **1.** *L'Université* : le corps des maîtres de l'enseignement public des divers degrés. **2.** *Une université* : établissement public d'enseignement supérieur dépendant d'une académie. SYN. **faculté.**
ÉTYM. latin *universitas*, de *universus* «intégral ; universel».

UNIVOCITÉ [ynivɔsite] **n. f.** ✦ DIDACT. Caractère univoque.

UNIVOQUE [ynivɔk] **adj.** ✦ DIDACT. Se dit de ce qui garde toujours le même sens (opposé à *ambigu, équivoque*). *Mot, signe, relation univoque.*
ÉTYM. latin médiéval *univocus* → uni- et voix.

UNTEL [œ̃tɛl] **n. propre** → **TEL** (III, 3)

UPPERCUT [ypɛʀkyt] **n. m.** ✦ anglicisme BOXE Coup porté de bas en haut. SYN. **crochet.** *Des uppercuts.*
ÉTYM. mot anglais, de *up* «en haut» et *cut* «coup».

UPSILON [ypsilɔn] **n. m. invar.** ✦ Vingtième lettre de l'alphabet grec (Υ, υ).
ÉTYM. mot grec, littéralement «u mince».

URANIUM [yʀanjɔm] **n. m.** ✦ Élément radioactif naturel (symb. U), métal gris, dur, présent dans plusieurs minerais (où il est toujours accompagné de radium).
ÉTYM. du nom de la planète *Uranus.* ☛ noms propres.

URBAIN, AINE [yʀbɛ̃, ɛn] **adj.** **I** Qui est de la ville, des villes (opposé à *rural*). *Habitat, paysage urbain. Transports urbains.* ☛ Géographie p. 228. *Éclairage, mobilier urbain. Populations urbaines.* SYN. **citadin.** **II** LITTÉR. Qui témoigne, fait preuve d'urbanité. *Un homme très urbain.* **III** Lié à la culture hip-hop. *Mode urbaine.*
ÉTYM. latin *urbanus*, de *urbs* «ville» ; sens III, de l'anglais.

URBANISATION [yʀbanizasjɔ̃] **n. f.** ✦ Concentration croissante de la population dans les agglomérations urbaines.
ÉTYM. de *urbaniser.*

URBANISER [yʀbanize] **v. tr.** (conjug. 3a) ✦ Donner le caractère urbain, citadin à (un lieu) ; transformer en ville. ➝ (en France) *Zone à urbaniser en priorité (Z. U. P.).*
ÉTYM. du latin *urbanus* «urbain».

URBANISME [yʀbanism] **n. m.** ✦ Étude des méthodes permettant d'adapter l'habitat urbain aux besoins des hommes (habitat, circulation, travail, loisirs) ; techniques de l'aménagement des villes. *Architecture et urbanisme. Plan local d'urbanisme (PLU)*, remplaçant le plan d'occupation des sols (P. O. S.).
ÉTYM. du latin *urbanus* «urbain».

URBANISTE [yʀbanist] **n.** ✦ Spécialiste de l'aménagement des villes. **appos.** *Des architectes urbanistes.*
ÉTYM. de *urbanisme.*

URBANITÉ [yʀbanite] **n. f.** ✦ LITTÉR. Politesse où entrent affabilité naturelle et usage du monde. SYN. **courtoisie.**
ÉTYM. latin *urbanitas*, de *urbanus* «urbain».

URBI ET ORBI [yʀbiɛtɔʀbi] **loc. adv.** ✦ RELIG. Se dit de la bénédiction que le pape donne à Rome et au monde entier. ➝ fig. *Publier, proclamer qqch. urbi et orbi*, partout.
ÉTYM. locution latine «à la ville *(urbs)* et à l'univers *(orbs)*».

URÉE [yʀe] **n. f.** ✦ Substance azotée provenant de la dégradation des protéines alimentaires, que l'on rencontre dans le sang et l'urine des carnivores. *L'urée est éliminée par le rein. Excès d'urée.* → **urémie.**
ÉTYM. famille de *urine.*

URÉMIE [yʀemi] **n. f.** ✦ MÉD. Intoxication due à une accumulation d'urée dans le sang. *Une crise d'urémie.*
ÉTYM. de *urée* et *-émie.*

URETÈRE [yʀ(ə)tɛʀ] **n. m.** ✦ Canal qui conduit l'urine du rein à la vessie.
ÉTYM. latin *ureter*, du grec, de *ourein* «uriner».

URÈTRE [yʀɛtʀ] **n. m.** ✦ Canal excréteur de l'urine qui part de la vessie et aboutit à l'extérieur (→ **méat urinaire**).
ÉTYM. latin médical *urethra*, du grec, de *ourein* «uriner».

URGENCE [yʀʒɑ̃s] **n. f.** **1.** Caractère de ce qui est urgent. *L'urgence d'un travail.* **2.** Nécessité d'agir vite. *Il y a urgence. Dans l'urgence, en urgence. En cas d'urgence.* ➝ *État d'urgence* : régime d'exception qui donne, en cas de troubles graves de l'ordre public, des pouvoirs accrus aux autorités civiles. ➝ *Une urgence* : un malade à opérer, à soigner sans délai. *Le service des urgences d'un hôpital.* **3.** D'URGENCE **loc. adv.** : sans délai, en toute hâte. *Venez d'urgence, de toute urgence.*

URGENT, ENTE [yʀʒɑ̃, ɑ̃t] **adj.** ✦ Dont on doit s'occuper sans retard. *Des affaires urgentes.* SYN. **pressé.** *Un besoin urgent.* SYN. **pressant.**
ÉTYM. latin *urgens*, du participe présent de *urgere* «presser».

URGER [yʀʒe] **v. intr.** (conjug. 5 ; seulement 3e pers. sing.) ✦ FAM. Être urgent. SYN. **presser.** *Vite, ça urge !*
ÉTYM. de *urgent*, d'après *pressant, presser.*

URINAIRE [yʀinɛʀ] **adj.** ✦ Qui a rapport à l'urine. *Voies urinaires. Appareil urinaire* : reins, uretères, urètres, vessie. → **urogénital.**

URINAL, AUX [yʀinal, o] **n. m.** ✦ Récipient à col incliné dans lequel un homme peut uriner allongé.
ÉTYM. mot latin.

URINE [yʀin] **n. f.** ✦ Liquide organique clair et ambré, odorant, qui se forme dans le rein, passe dans les uretères, séjourne dans la vessie et est évacué (→ **miction**) par l'urètre. SYN. FAM. **pipi**, VULG. **pisse.** *Les urines*, l'urine évacuée. *Analyse d'urines.*
ÉTYM. réfection, d'après le latin classique *urina*, du latin populaire *aurina*, d'après *aurum* «or».

URINER [yʀine] **v. intr.** (conjug. 3a) ✦ Évacuer l'urine. SYN. FAM. faire **pipi**, **pisser.** *Qui fait uriner.* → **diurétique.**

URINOIR [yʀinwaʀ] **n. m.** ✦ Petit édifice public où les hommes vont uriner. SYN. **vespasienne** ; FAM. **pissotière.**

URIQUE [yʀik] **adj.** ✦ *Acide urique* : substance azotée à propriétés acides, éliminée par les urines.
ÉTYM. de *urine.*

URL [yɛʀɛl] **n. f.** ✦ anglicisme INFORM. Système standardisé d'attribution des adresses, sur Internet. ➝ Adresse (d'une ressource) sur Internet. *Enregistrer l'URL d'un site.*
ÉTYM. sigle anglais, de *Uniform Resource Locator* «repère uniforme des ressources».

URNE [yʀn] **n. f.** **1.** Vase qui sert à renfermer les cendres d'un mort. *Urne funéraire, cinéraire.* **2.** Vase antique à flancs arrondis. *Urnes et amphores.* **3.** Boîte dont le couvercle est muni d'une fente, où l'on dépose des bulletins de vote. *Aller aux urnes* : aller voter. **4.**

BOT. Sporange des mousses, fermé par un capuchon qui se détache à maturité.
ÉTYM. latin *urna*.

URO- Élément de mots de médecine, du grec *oûron* «urine».

UROGÉNITAL, ALE, AUX [yʀoʒenital, o] adj. ✦ DIDACT. Qui a rapport aux appareils urinaire et génital.

UROGRAPHIE [yʀɔgʀafi] n. f. ✦ MÉD. Radiographie de l'appareil urinaire.
ÉTYM. de *uro-* et *-graphie*.

UROLOGIE [yʀɔlɔʒi] n. f. ✦ MÉD. Partie de la médecine qui s'occupe de l'appareil urinaire.
ÉTYM. de *uro-* et *-logie*.

UROLOGUE [yʀɔlɔg] n. ✦ MÉD. Spécialiste d'urologie.
ÉTYM. de *uro-* et *-logue*.

URTICAIRE [yʀtikɛʀ] n. f. ✦ Éruption passagère semblable à des piqûres d'ortie, accompagnée de démangeaisons et d'une sensation de brûlure.
ÉTYM. du latin *urtica* «ortie».

URTICANT, ANTE [yʀtikɑ̃, ɑ̃t] adj. ✦ DIDACT. Dont la piqûre ou le contact produit une urtication.
ÉTYM. du latin scientifique *urticans*, de *urtica* «ortie».

URTICATION [yʀtikasjɔ̃] n. f. ✦ DIDACT. Sensation de piqûre d'ortie qui accompagne l'urticaire.
ÉTYM. du latin *urtica* «ortie».

URUBU [yʀyby] n. m. ✦ ZOOL. Petit vautour répandu dans l'Amérique tropicale.
ÉTYM. mot tupi.

US [ys] n. m. pl. ✦ loc. *Les US ET COUTUMES* : les habitudes, les mœurs, les usages traditionnels.
ÉTYM. latin *usus*.

USAGE [yzaʒ] n. m. **I** 1. Action d'user, de se servir de qqch. SYN. **emploi, utilisation.** *L'usage d'un outil, d'un instrument. Des chaussures déformées par l'usage.* – *L'usage de la force.* 2. Mise en activité effective (d'une faculté). SYN. **exercice, fonctionnement.** *L'usage des sens* : le fait de sentir, de percevoir. *Il a perdu l'usage de la parole.* 3. loc. *FAIRE USAGE DE* : se servir de. → **utiliser ; employer.** *Faire usage de stratagèmes. Faire bon, mauvais usage de qqch.* (→ **mésuser**). ◆ *À L'USAGE* : lorsqu'on s'en sert. *À l'usage, cette voiture est très économique.* ◆ *HORS D'USAGE* : qui ne peut plus servir et spécialt fonctionner. ◆ FAM. *Faire de l'usage* : pouvoir être utilisé longtemps sans se détériorer. → **durer.** 4. Fait de pouvoir produire un effet particulier et voulu. SYN. **fonction, utilité.** *Un canif à multiples usages.* ◆ *À USAGE* : destiné à être utilisé (de telle ou telle façon). *Médicament à usage externe, interne. Un immeuble à usage d'habitation.* ◆ *À L'USAGE DE* : destiné à être utilisé par. → **pour.** *Manuels à l'usage des écoles. À son usage personnel* : pour soi. – LITTÉR. *Je n'en ai pas l'usage* : cela ne m'est pas utile. 5. Fait d'employer les éléments du langage dans le discours, la parole ; manière dont ils sont employés. *L'usage oral, écrit, courant, populaire. Mot en usage* (→ **usité**). – *Le bon usage* (considéré comme seul correct). **II** 1. Pratique que l'ancienneté ou la fréquence rend normale, dans une société. SYN. **coutume, habitude, mœurs, us.** *Un usage reçu.* – *Les usages*, les comportements considérés comme les meilleurs, ou les seuls normaux. *Se conformer aux usages.* 2. *L'USAGE* : ensemble des pratiques sociales. SYN. **coutume, habitude.** *C'est l'usage* : c'est ce qu'il convient de faire, de dire. – *Consacré par l'usage.* – *D'USAGE* : habituel, normal. *La formule d'usage. Il est d'usage de...* 3. LITTÉR. Les bonnes manières. SYN. **civilité, politesse.** *Manquer d'usage.* **III** DR. Droit réel qui permet à son titulaire (→ **usager**) de se servir d'une chose appartenant à autrui. SYN. **usufruit.** *Avoir l'usage d'un bien.* SYN. **jouissance.**
ÉTYM. latin *usus* «usage, emploi».

USAGÉ, ÉE [yzaʒe] adj. ✦ Qui a beaucoup servi (sans être forcément détérioré, à la différence de *usé*). *Vêtements usagés.*
ÉTYM. de *usage*.

USAGER, ÈRE [yzaʒe, ɛʀ] n. 1. DR. Personne qui a un droit réel d'usage (III). *L'usager et le propriétaire.* 2. Personne qui utilise (qqch.). SYN. **utilisateur.** ◆ Personne qui utilise (un service public, le domaine public). *Les usagers de la route, des transports en commun.*
ÉTYM. de *usage*.

USANT, ANTE [yzɑ̃, ɑ̃t] adj. ✦ Qui use la santé, les forces. SYN. **épuisant, fatigant, tuant.** *Un travail usant.*

USB [yɛsbe] n. m. ✦ INFORM. Prise permettant de connecter des périphériques à un ordinateur. – appos. *Clé USB* : unité de stockage mobile qui se connecte sur le *port USB*.
ÉTYM. sigle anglais, de *Universal Serial Bus* «bus série universel».

USÉ, ÉE [yze] adj. 1. Altéré par un usage prolongé, par des actions physiques. SYN. **vieux.** *Vêtements usés.* SYN. **défraîchi,** ① **râpé.** – loc. *Usé jusqu'à la corde.* – *Eaux usées*, salies. ☛ Géographie p. 229. 2. Diminué, affaibli, par une action progressive. *Théorie usée.* SYN. **démodé.** 3. Dont les forces, la santé sont diminuées. *À quarante ans, c'était déjà un homme usé.* 4. Qui a perdu son pouvoir d'expression, d'évocation par l'usage courant, la répétition. SYN. **rebattu.** *Une plaisanterie usée.* SYN. **éculé.**
ÉTYM. du participe passé de *user*.

USER [yze] v. (conjug. 3a) **I** v. tr. ind. *USER DE.* (compl. chose abstraite) Avoir recours à (qqch.), mettre en œuvre. SYN. **employer,** se **servir, utiliser ;** → **usage.** *User d'un droit, d'un privilège, d'un stratagème. User et abuser de qqch.* **II** v. tr. dir. 1. Détruire par la consommation. *Cette voiture use trop d'essence.* SYN. **consommer, dépenser.** 2. Modifier (qqch.) progressivement en enlevant certaines de ses parties, en altérant son aspect, par un usage prolongé. SYN. **abîmer, élimer ;** → ① **usure.** *User ses vêtements.* – loc. *User ses fonds de culottes sur les bancs de l'école* : aller à l'école. ◆ Altérer ou entamer (qqch.). – au p. passé *Terrains usés par l'érosion.* 3. Diminuer, affaiblir (une sensation, la force de qqn) par une action lente, progressive. *User ses forces, sa santé. S'user les yeux, la vue.* SYN. **abîmer.** 4. (sujet chose) Diminuer ou supprimer les forces de (qqn). SYN. **épuiser.** *Le travail l'a usé.* **III** *S'USER* v. pron. 1. Se détériorer à l'usage. *Le velours s'use vite.* 2. fig. S'affaiblir, être diminué avec le temps. SYN. **s'émousser.** *La patience finit par s'user.* 3. (personnes) Perdre sa force, sa santé. *Elle s'est usée au travail.* SYN. se **fatiguer, s'épuiser,** se **tuer.**
ÉTYM. latin tardif *usare*, de *uti* «se servir de».

USINAGE [yzinaʒ] n. m. ✦ Action d'usiner. *Usinage à chaud.*

USINE [yzin] n. f. 1. Établissement de la grande industrie destiné à la fabrication d'objets ou de produits, à la transformation de matières premières, à la production d'énergie. SYN. **fabrique, manufacture.** *Travailler dans une usine, en usine. Usine de métallurgie. Usine textile.* 2. *L'usine* : la grande industrie. *L'ouvrier d'usine.* 3. FAM. Local qui, par son nombreux personnel et l'importance de son rendement, évoque une usine. *Ce restaurant est une véritable usine.*
ÉTYM. latin *officina* ; doublet de *officine.*

USINER [yzine] v. tr. (conjug. 3a) 1. Façonner (une pièce) avec une machine-outil. 2. Fabriquer dans une usine. *Usiner des produits finis.* ➜ au p. passé *Produits usinés.*
ÉTYM. de *usine.*

USITÉ, ÉE [yzite] adj. ✦ Qui est employé, en usage. *Un mot usité.* SYN. ① **courant, usuel.** *Peu usité* : rare. CONTR. **inusité.**
ÉTYM. latin *usitatus,* du participe passé de *usitari,* de *uti* «se servir de».

USNÉE [ysne] n. f. ✦ BOT. Lichen de couleur grisâtre, à longs cils.
ÉTYM. latin médiéval *usnea,* arabe *ushnah* «mousse».

USTENSILE [ystɑ̃sil] n. m. ✦ Objet ou accessoire d'usage domestique, sans mécanisme ou muni d'un mécanisme simple. *Ustensiles de cuisine, de jardinage, de toilette.*
ÉTYM. latin *utensilia,* famille de *uti* «se servir de».

USUEL, ELLE [yzɥɛl] adj. et n. m. 1. adj. Qui est utilisé habituellement, qui est dans l'usage courant. *Un objet usuel.* SYN. **commun, familier, ordinaire.** *Expression usuelle.* SYN. ① **courant, usité.** 2. n. m. Ouvrage de référence, de consultation (notamment, dans une bibliothèque).
ÉTYM. bas latin *usualis,* de *usus* «usage».

USUELLEMENT [yzɥɛlmɑ̃] adv. ✦ Communément. SYN. **habituellement.**

USUFRUIT [yzyfʀɥi] n. m. ✦ DR. Jouissance légale d'un bien dont on n'a pas la propriété. *Avoir l'usufruit d'une maison ; une maison en usufruit.*
ÉTYM. latin *usufructus.*

USUFRUITIER, IÈRE [yzyfʀɥitje, jɛʀ] n. ✦ DR. Personne qui détient un usufruit.

USURAIRE [yzyʀɛʀ] adj. ✦ Qui a le caractère de l'usure ②. *Intérêt, taux usuraire.*
ÉTYM. latin *usurarius.*

① **USURE** [yzyʀ] n. f. 1. Détérioration par un usage prolongé. *Résister à l'usure.* ➜ *L'usure du temps.* SYN. **érosion.** ♦ Le fait d'user les forces de qqn. *Guerre d'usure.* 2. Diminution ou altération (d'une qualité, de la santé). *L'usure des forces, de l'énergie.* ➜ FAM. *Avoir qqn à l'usure,* prendre l'avantage sur lui en le fatiguant peu à peu. 3. État de ce qui est détérioré par l'usage (→ **usé**). *L'usure des marches les rendait glissantes.*
ÉTYM. de *user.*

② **USURE** [yzyʀ] n. f. ✦ Intérêt de taux excessif ; fait de prendre un tel intérêt. *Pratiquer l'usure. Prêter à usure.*
ÉTYM. latin *usura* «intérêt d'un capital prêté», de *uti* «se servir de».

USURIER, IÈRE [yzyʀje, jɛʀ] n. ✦ Personne qui prête à usure.
ÉTYM. de ② *usure.*

USURPATEUR, TRICE [yzyʀpatœʀ, tʀis] n. ✦ Personne qui usurpe (un pouvoir, un droit ; spécialt la souveraineté). SYN. **imposteur.**

USURPATION [yzyʀpasjɔ̃] n. f. ✦ Action d'usurper ; son résultat. ➜ DR. *Usurpation de pouvoir,* commise par un agent administratif qui empiète sur le domaine réservé aux autorités judiciaires.
ÉTYM. bas latin *usurpatio.*

USURPER [yzyʀpe] v. tr. (conjug. 3a) ✦ S'approprier sans droit, par la violence ou la fraude (un pouvoir, une dignité, un bien). SYN. **s'arroger, s'emparer.** *Usurper un titre, des honneurs.* ♦ Obtenir de façon illégitime. ➜ au p. passé *Une réputation usurpée,* imméritée.
ÉTYM. latin *usurpare,* littéralement «s'accaparer *(rapere)* par l'usage *(usus)*».

UT [yt] n. m. invar. 1. Do (note). *Ut de poitrine.* → **contre-ut.** 2. Ton de do. *La Cinquième Symphonie de Beethoven, en ut mineur. Clé d'ut.* HOM. HUTTE «cabane»
ÉTYM. du premier mot de l'hymne latin à saint Jean-Baptiste, qui commence par *Ut queant laxis.*

UTÉRIN, INE [yteʀɛ̃, in] adj. 1. DR. Se dit des frères et sœurs ayant la même mère, mais un père différent (opposé à *consanguin*). *Frère utérin.* → **demi-frère.** 2. ANAT. Relatif à l'utérus. *Muqueuse utérine.* → **endomètre.** *Grossesse utérine* (normale).
ÉTYM. latin *uterinus,* de *uterus* → utérus.

UTÉRUS [yteʀys] n. m. ✦ (chez la femme) Organe musculaire creux situé entre la vessie et le rectum, destiné à contenir l'œuf, l'embryon jusqu'à son complet développement. SYN. **matrice** (VX). *Col de l'utérus.* ➜ (chez les animaux vivipares) Organe de la gestation chez la femelle.
ÉTYM. latin *uterus* «ventre».

UTILE [ytil] adj. 1. Dont l'usage, l'emploi est ou peut être avantageux, satisfait un besoin. SYN. **profitable, salutaire ; indispensable, nécessaire.** UTILE À... *Achetez ce livre, il vous sera utile. Des conseils utiles.* ➜ *Il est utile de* (+ inf.). ➜ *Il est utile que* (+ subj.). *Il serait utile que tu sois là.* ➜ UTILE À (+ inf.) : qu'il est utile de. *Ouvrages utiles à consulter.* ➜ *Charge utile,* que peut transporter un véhicule. ♦ n. m. L'UTILE. SYN. ① **bien, utilité.** ➜ loc. *Joindre l'utile à l'agréable.* 2. (personnes) Dont l'activité est ou peut être avantageusement mise au service d'autrui. *Chercher à se rendre utile. En quoi puis-je vous être utile ?* ➜ *Le crapaud est un animal utile dans les jardins.* 3. *En temps utile* : au moment opportun. *Nous aviserons en temps utile.* CONTR. **inutile, superflu · nuisible.**
ÉTYM. latin *utilis,* de *uti* «se servir de».

UTILEMENT [ytilmɑ̃] adv. ✦ D'une manière utile. CONTR. **inutilement.**

UTILISABLE [ytilizabl] adj. ✦ Qui peut être utilisé. *Énergie directement utilisable.* CONTR. **inutilisable.**

UTILISATEUR, TRICE [ytilizatœʀ, tʀis] n. ✦ Personne qui utilise (qqch.). SYN. **usager.**

UTILISATION [ytilizasjɔ̃] n. f. ✦ Action, manière d'utiliser. SYN. **emploi.** *Notice d'utilisation d'un appareil.*

UTILISER [ytilize] **v. tr.** (conjug. 3a) **1.** Rendre utile, faire servir à une fin précise. SYN. **employer,** se **servir** de. *Utiliser une ficelle pour lacer sa chaussure. L'art d'utiliser les restes.* SYN. **accommoder. 2.** Employer. SYN. **pratiquer,** se **servir** de, **user** de. *Utiliser un procédé, un instrument.*

UTILITAIRE [ytilitɛʀ] **adj. 1.** Qui vise essentiellement à l'utile. *Véhicules utilitaires :* camions, autocars, etc. (opposé à *véhicules de tourisme*). **2.** péj. Préoccupé des seuls intérêts matériels. SYN. **intéressé.** ➛ *Époque utilitaire.* SYN. **matérialiste.** CONTR. **désintéressé.**
ÉTYM. de *utilité*, d'après l'anglais *utilitarian.*

UTILITÉ [ytilite] **n. f. 1.** Caractère de ce qui est utile. *Avoir son utilité.* SYN. **fonction. 2.** Le bien ou l'intérêt (de qqn). *Pour mon utilité personnelle.* SYN. **convenance.** ➛ *Association reconnue d'utilité publique.* **3.** Emploi subalterne d'acteur. loc. *Jouer les utilités.*
ÉTYM. latin *utilitas.*

UTOPIE [ytɔpi] **n. f. 1.** Idéal, vue politique ou sociale qui ne tient pas compte de la réalité. **2.** Ouvrage qui décrit une société idéale. ☛ Littérature p. 136. **3.** Conception ou projet qui paraît irréalisable. SYN. **chimère, illusion, mirage, rêve.**
ÉTYM. latin moderne *utopia* «en aucun lieu», du grec *ou* «non» et *topos* «lieu».

UTOPIQUE [ytɔpik] **adj.** ✦ Qui constitue une utopie, tient de l'utopie. SYN. **chimérique, imaginaire, irréalisable.** *Projet utopique. Socialisme utopique.*

UTOPISTE [ytɔpist] **n.** ✦ Auteur de systèmes utopiques, esprit attaché à des vues utopiques. SYN. **rêveur.**
ÉTYM. de *utopie.*

U. V. [yve] **n. m. pl.** ✦ Rayons ultraviolets. *Le soleil est la principale source d'exposition aux U. V.* HOM. UVÉE «partie de l'œil»
ÉTYM. sigle de *u(ltra)v(iolet).*

UVAL, ALE, AUX [yval, o] **adj.** ✦ DIDACT. Qui a rapport au raisin.
ÉTYM. du latin *uva* «raisin».

UVÉE [yve] **n. f.** ✦ ANAT. Tunique moyenne de l'œil, comprenant une membrane interne (choroïde) et l'iris. HOM. U. V. «ultraviolets»
ÉTYM. du latin *uva* «raisin».

V

V [ve] **n. m. invar.** **1.** Vingt-deuxième lettre de l'alphabet, dix-septième consonne. ◆ *En V :* en forme de V majuscule. *Décolleté en V,* en pointe. ➛ *Pull en V.* **2.** *V,* cinq (en chiffres romains). **3.** *V* CHIM. Symbole du vanadium.

VA [va] **1.** ➛ ① **aller.** ◆ FAM. *Va pour :* je suis d'accord pour. **2. interj.** *Va !,* s'emploie pour encourager ou menacer. *Va donc !,* s'emploie devant une injure. *Va donc, eh crétin !* **3. loc.** *À la va-vite :* rapidement et sans soin.
ÉTYM. forme du verbe *aller,* du latin *vadere* «aller».

VACANCE [vakɑ̃s] **n. f.** **I** **1.** Période où les tribunaux interrompent leur activité. **2.** État d'une charge, d'un poste vacant ou sans titulaire. *La vacance d'une chaire de faculté.* **II** au plur. *VACANCES.* **1.** Période pendant laquelle les écoles, les universités ne sont pas en activité. *Vacances scolaires. Les grandes vacances :* les deux ou trois mois d'été. ➛ *Colonie de vacances.* **2.** Repos, cessation du travail, des occupations ordinaires. *Avoir besoin de vacances.* ◆ Temps de repos accordé aux employés. SYN. **congé.** ➛ *Maison de vacances. Partir en vacances.* CONTR. **occupation, travail.**
ÉTYM. de *vacant* «oisif».

VACANCIER, IÈRE [vakɑ̃sje, jɛʀ] **n.** ✦ Personne en vacances. ➛ aussi **estivant.**
ÉTYM. de *vacances* (II).

VACANT, ANTE [vakɑ̃, ɑ̃t] **adj.** **1.** Qui n'a pas de titulaire. *Poste vacant.* **2.** Qui n'est pas rempli, qui est libre. SYN. **libre ; inoccupé.** *Siège vacant.* CONTR. **occupé, pris, rempli.**
ÉTYM. du latin *vacans,* participe présent de *vacare* «être vide».

VACARME [vakaʀm] **n. m.** **1.** Grand bruit de gens qui crient, se querellent, s'amusent. SYN. **chahut, tapage, tumulte.** **2.** Bruit assourdissant. *Le vacarme de l'aspirateur.*
ÉTYM. ancien néerlandais *wacharme* «hélas ! pauvre !», c'est-à-dire «au secours».

VACATAIRE [vakatɛʀ] **n.** ✦ Personne affectée à une fonction précise pendant un temps déterminé.
ÉTYM. de *vacation.*

VACATION [vakasjɔ̃] **n. f.** ✦ Temps consacré à l'accomplissement d'une fonction par la personne qui en a été chargée. *Médecin payé à la vacation.* ➛ **vacataire.** ➛ Travail fait pendant ce temps.
ÉTYM. de *vaquer.*

VACCIN [vaksɛ̃] **n. m.** **1.** Substance d'origine microbienne qui, inoculée à un individu, lui confère l'immunité contre une maladie. *Sérum et vaccin. L'injection, l'inoculation d'un vaccin. Vaccin antivariolique.* **2.** Vaccination. *Faire un vaccin à qqn.*
ÉTYM. de *vaccine.*

VACCINATION [vaksinasjɔ̃] **n. f.** ✦ Inoculation d'un vaccin.
ÉTYM. de *vacciner.*

VACCINE [vaksin] **n. f.** ✦ VIEILLI Maladie infectieuse des bovins, inoculée pour immuniser contre la variole.
ÉTYM. latin scientifique *(variola) vaccina* «(variole) des vaches *(vacca)*».

VACCINER [vaksine] **v. tr.** (conjug. 3a) ✦ Immuniser par un vaccin. *Vacciner qqn contre la diphtérie.* ➛ au p. passé *Des enfants vaccinés.* ➛ loc. fig. FAM. *Être vacciné contre qqch. :* être préservé par l'expérience d'une chose désagréable, dangereuse.
ÉTYM. de *vaccine.*

VACCINOTHÉRAPIE [vaksinoteʀapi] **n. f.** ✦ Utilisation d'un vaccin dans un but curatif.
ÉTYM. de *vaccin* et *-thérapie.*

VACHE [vaʃ] **n. f.** **I** **1.** Femelle du taureau (en boucherie, on dit *du bœuf*). *Jeune vache.* ➛ **génisse.** *La vache meugle, beugle. Les vaches paissent, ruminent. Bouse de vache. Vache laitière. La vache vient de vêler*. La vache et son veau.* ➛ *Maladie de la vache folle :* encéphalopathie bovine (épizootie). **2. loc.** *Vache à lait :* personne, chose qu'on exploite. ➛ *Gros comme une vache :* très gros. *Il pleut comme vache qui pisse,* très fort. ➛ *Manger de la vache enragée :* en être réduit à de dures privations. ➛ *Parler français comme une vache espagnole :* parler mal le français. **3.** Peau de la vache apprêtée en fourrure, en cuir. *Sac en vache.* SYN. **vachette.** **II** FAM. **1.** Personne méchante, qui se venge ou punit sans pitié. *C'est une vieille vache, une belle vache.* ➛ *Peau de vache.* ➛ *Un coup en vache,* nuisible et hypocrite. ➛ (en parlant d'une personne dont on a à se plaindre) *Ah ! les vaches, ils m'ont oublié !* ◆ spécialt VX Gendarme, agent de police. *Mort aux vaches !* **2.** *La vache !,* exclamation exprimant l'étonnement, l'admiration (➛ **vachement**) ou l'indignation. **3. adj.** Méchant ou sévère, injuste. *Il a été vache avec moi. Une question assez vache.*
ÉTYM. latin *vacca.*

VACHEMENT [vaʃmɑ̃] **adv.** ✦ FAM. 1. Méchamment. 2. (intensif, admiratif) Beaucoup ; très. SYN. **drôlement, rudement.** *C'est vachement bien.*
ÉTYM. de *vache* (II).

VACHER, ÈRE [vaʃe, ɛʀ] **n.** ✦ Personne qui mène paître les vaches et les soigne.
ÉTYM. de *vache* (I).

VACHERIE [vaʃʀi] **n. f.** ✦ FAM. 1. Parole, action méchante. SYN. **méchanceté.** *Dire, faire des vacheries.* 2. Caractère vache (3), méchant. *Un commentaire d'une grande vacherie.* CONTR. **gentillesse.**
ÉTYM. de *vache* (II).

VACHERIN [vaʃʀɛ̃] **n. m.** **I** Fromage de vache de Franche-Comté. **II** (analogie d'aspect) Meringue garnie de glace.
ÉTYM. de *vache* (I).

VACHETTE [vaʃɛt] **n. f.** 1. Jeune vache. 2. Cuir de génisse.

VACILLANT, ANTE [vasijɑ̃ ; vasilɑ̃, ɑ̃t] **adj.** 1. Qui vacille. *Démarche vacillante.* SYN. **chancelant, tremblant.** – *Flamme, lumière vacillante.* 2. Faible, hésitant. *Une conviction vacillante.* CONTR. **assuré,** ① **ferme** • **décidé.**

VACILLATION [vasijasjɔ̃ ; vasilasjɔ̃] **n. f.** 1. Mouvement, état de ce qui vacille. SYN. **tremblement, vacillement.** *Vacillation d'une flamme.* 2. fig. *Les vacillations de ses opinions politiques.* SYN. **oscillation.**
ÉTYM. latin *vacillatio.*

VACILLEMENT [vasijmɑ̃ ; vasil-] **n. m.** 1. Mouvement de ce qui vacille. SYN. **vacillation.** 2. Variation d'intensité, mouvement d'oscillation. *Le vacillement de la voix.* 3. fig. État d'incertitude, de doute. *Le vacillement de sa volonté.*
ÉTYM. de *vaciller.*

VACILLER [vasije ; vasile] **v. intr.** (conjug. 3a) 1. Être animé de mouvements répétés, alternatifs ; être en équilibre instable. SYN. **chanceler.** *Vaciller sur ses jambes.* 2. Trembler, être sur le point de s'éteindre ; scintiller faiblement. SYN. **trembloter.** *Bougie, flamme qui vacille.* 3. Devenir faible, incertain ; manquer de solidité. *Mémoire, intelligence qui vacille.* SYN. **baisser, décliner, défaillir.**
ÉTYM. latin *vacillare.*

VACUITÉ [vakɥite] **n. f.** 1. DIDACT. État de ce qui est vide. 2. Vide moral, intellectuel. *La vacuité de ses propos.* CONTR. **plénitude.**
ÉTYM. latin *vacuitas,* de *vacuus* «vide».

VACUOLE [vakɥɔl] **n. f.** ✦ DIDACT. Petite cavité.
► **VACUOLAIRE** [vakɥɔlɛʀ] **adj.**
ÉTYM. du latin *vacuus* «vide».

VADE-MECUM [vademekɔm] **n. m. invar.** ✦ LITTÉR. Livre (manuel, guide, aide-mémoire) que l'on garde sur soi pour le consulter.
ÉTYM. mots latins «viens *(vade)* avec *(cum)* moi *(me)*».

VADROUILLE [vadʀuj] **n. f.** ✦ FAM. Action de vadrouiller. SYN. **balade.** *Être en vadrouille.*
ÉTYM. de *vadrouiller.*

VADROUILLER [vadʀuje] **v. intr.** (conjug. 3a) ✦ FAM. Se promener sans but précis. SYN. **traîner.**
ÉTYM. de *vadrouille,* mot lyonnais, de *drouilles* «vieux chiffons».

VA-ET-VIENT [vaevjɛ̃] **n. m. invar.** 1. Dispositif servant à établir une communication en un sens et dans le sens inverse. spécialt Dispositif électrique permettant d'allumer et d'éteindre de plusieurs endroits. 2. Mouvement alternatif. *Les va-et-vient d'une balançoire.* → **balancement.** 3. Allées et venues de personnes. *Le va-et-vient perpétuel d'un café.*
ÉTYM. de ① *aller* et *venir.*

VAGABOND, ONDE [vagabɔ̃, ɔ̃d] **adj.** et **n.**
I adj. 1. LITTÉR. Qui mène une vie errante. SYN. **nomade.** 2. Qui change sans cesse, n'est retenu par rien. *Humeur, imagination vagabonde.*
II n. 1. Personne qui se déplace sans cesse. SYN. **aventurier, voyageur.** 2. Personne sans domicile fixe et sans ressources. SYN. **chemineau, clochard, S. D. F.**
ÉTYM. latin *vagabundus,* de *vagus* «errant».

VAGABONDAGE [vagabɔ̃daʒ] **n. m.** 1. Le fait ou l'habitude d'errer, d'être vagabond. 2. État de l'imagination vagabonde.
ÉTYM. de *vagabonder.*

VAGABONDER [vagabɔ̃de] **v. intr.** (conjug. 3a) 1. Circuler sans but, sans avoir de lieu de repos, de domicile. SYN. **errer.** *Vagabonder sur les chemins.* 2. fig. Passer sans s'arrêter d'un sujet à l'autre. *Son imagination vagabondait.*
ÉTYM. de *vagabond.*

VAGIN [vaʒɛ̃] **n. m.** ✦ Conduit musculaire qui s'étend de l'utérus à la vulve.
ÉTYM. latin *vagina* «gaine, fourreau» ; doublet de *gaine.*

VAGINAL, ALE, AUX [vaʒinal, o] **adj.** ✦ Du vagin. *La muqueuse vaginale.*

VAGIR [vaʒiʀ] **v. intr.** (conjug. 13) ✦ Pousser de faibles cris.
ÉTYM. latin *vagire,* onomatopée.

VAGISSEMENT [vaʒismɑ̃] **n. m.** 1. Cri de l'enfant nouveau-né. 2. Cri plaintif et faible (de quelques animaux). *Le vagissement du crocodile.*
ÉTYM. de *vagir.*

① **VAGUE** [vag] **n. f.** 1. Inégalité de la surface d'une étendue liquide (mer, lac...) due aux courants, au vent ; masse d'eau qui se soulève et s'abaisse. SYN. **flot, houle,** ② **lame.** *Le bruit des vagues. Une grosse vague.* 2. Mouvement (comparé à celui des flots). *Une vague d'enthousiasme. Une vague de protestation.* SYN. **déferlement.** ◆ loc. fig. *Faire des vagues,* des remous, de l'agitation. – *La NOUVELLE VAGUE :* la dernière génération ou tendance. – *Vague de chaleur, de froid :* afflux de masses d'air chaud, froid. 3. Masse (d'hommes, de choses) qui se répand brusquement. *Des vagues d'assaillants.* 4. Surface ondulée. *Les vagues de sa chevelure.*
ÉTYM. peut-être norrois *vâgr* «mer».

② **VAGUE** [vag] **adj.** ✦ *Terrain vague,* vide de cultures et de constructions, dans une ville.
ÉTYM. latin *vacuus* «vide».

③ **VAGUE** [vag] **adj.** et **n. m.**
I adj. 1. Que l'esprit a du mal à saisir, mouvant, mal défini, mal établi. SYN. **confus, imprécis, incertain ; flou, indéfini.** *Il m'a donné des indications vagues.* – *Il est resté vague.* SYN. **évasif.** – (avant le n.) Insuffisant, faible. *Elle n'a qu'une vague idée de ce qui se passe. De vagues connaissances d'anglais.* 2. *Regard vague,* qui exprime des pensées ou des sentiments indécis. SYN. **distrait.** 3.

Perçu d'une manière imparfaite. SYN. **indéfinissable.** *On apercevait une silhouette vague, une vague silhouette.* 4. Qui n'est pas ajusté, serré. *Manteau vague.* 5. (avant le n.) Dont l'identité précise importe peu ; quelconque, insignifiant. *Il travaille dans un vague bureau. Un vague cousin.* CONTR. **défini,** ① **précis • ajusté, collant, moulant.**

II n. m. 1. Ce qui n'est pas défini, fixé (espace, domaine intellectuel, affectif). *Regarder dans le vague. Rester dans le vague :* ne pas préciser sa pensée. 2. loc. *Vague à l'âme :* état mélancolique.

III adj. *Le nerf vague :* le nerf pneumogastrique (à cause de ses ramifications en tous sens).

ÉTYM. latin *vagus* «qui erre».

VAGUELETTE [vaglɛt] n. f. ✦ Petite vague ; ride à la surface de l'eau.

ÉTYM. de ① *vague.*

VAGUEMENT [vagmɑ̃] adv. 1. D'une manière vague, en termes imprécis. *Il m'a vaguement dit de quoi il s'agit.* 2. D'une manière incertaine ou douteuse. *Un geste vaguement désapprobateur.* CONTR. **précisément • formellement.**

ÉTYM. de ③ *vague.*

VAGUEMESTRE [vagmɛstʀ] n. m. ✦ Sous-officier chargé du service de la poste dans l'armée, sur un navire.

ÉTYM. allemand *Wagenmeister,* littéralement «maître *(Meister)* d'équipage *(Wagen)*».

VAHINÉ [vaine] n. f. ✦ Femme de Tahiti.

ÉTYM. mot tahitien.

VAILLAMMENT [vajamɑ̃] adv. ✦ Avec vaillance. SYN. **bravement, courageusement.**

ÉTYM. de *vaillant.*

VAILLANCE [vajɑ̃s] n. f. 1. LITTÉR. Valeur guerrière, bravoure. 2. Courage d'une personne que la souffrance, les difficultés, le travail n'effraient pas. CONTR. **lâcheté • faiblesse.**

ÉTYM. de *vaillant.*

VAILLANT, ANTE [vajɑ̃, ɑ̃t] adj. 1. LITTÉR. Plein de bravoure, de courage, de valeur pour se battre, pour le travail, etc. SYN. **brave, courageux.** 2. RÉGIONAL Vigoureux. *Il est guéri, mais pas encore bien vaillant.* 3. VX Qui vaut qqch. ➖ loc. *N'avoir pas un sou vaillant :* être pauvre, démuni. CONTR. **lâche, paresseux • faible.**

ÉTYM. de l'ancien participe présent de *valoir.*

VAIN, VAINE [vɛ̃, vɛn] adj. I (choses) 1. LITTÉR. Dépourvu de valeur, de sens. SYN. **dérisoire, insignifiant.** *Un vain mot.* SYN. **creux.** ➖ Qui n'a pas de base sérieuse. SYN. **chimérique, illusoire.** *Un vain espoir.* 2. Sans efficacité. SYN. **inefficace, inutile.** *Faire de vains efforts.* ➖ impers. *Il est vain de songer à cela.* II (personnes) LITTÉR. Fier de soi sans avoir de bonnes raisons de l'être. SYN. **vaniteux ;** → **vanité.** *Un homme superficiel et vain.* III *EN VAIN* loc. adv. : sans obtenir de résultat, sans que la chose en vaille la peine. SYN. **inutilement, vainement.** *J'ai protesté en vain,* en pure perte. *C'est en vain qu'elle lui a écrit.* CONTR. **efficace, utile.** HOM. VIN «boisson», VINGT «nombre» ; VEINE «vaisseau sanguin»

ÉTYM. latin *vanus* «vide, dégarni».

VAINCRE [vɛ̃kʀ] v. tr. (conjug. 50) 1. L'emporter par les armes sur (un ennemi). SYN. **battre, écraser.** *Nous vaincrons l'ennemi.* ➖ absolt *Vaincre ou mourir.* ◆ Dominer et réduire à sa merci. 2. L'emporter sur (un adversaire, un concurrent) dans une compétition. SYN. **battre.** *Personne ne peut le vaincre aux échecs* (→ **invincible**). ➖ absolt *La rage de vaincre.* SYN. **gagner.** 3. Être plus fort que (une force naturelle), faire reculer ou disparaître. SYN. **dominer, surmonter.** *Vaincre sa timidité, sa paresse.* ➖ *Vaincre la maladie, les difficultés.*

ÉTYM. latin *vincere.*

VAINCU, UE [vɛ̃ky] adj. ✦ Qui a subi une défaite (de la part d'un ennemi, d'un rival, d'une force). *S'avouer vaincu :* reconnaître sa défaite. *Il était vaincu d'avance :* sa défaite était inévitable. ➖ n. *Malheur aux vaincus !* SYN. **perdant.** CONTR. **vainqueur.**

ÉTYM. du participe passé de *vaincre.*

VAINEMENT [vɛnmɑ̃] adv. ✦ En vain, inutilement.

VAINQUEUR [vɛ̃kœʀ] n. 1. Personne qui a gagné une bataille, une guerre. ➖ adj. Victorieux. *Sortir vainqueur d'un combat. Avoir un air vainqueur.* SYN. **triomphant.** 2. Gagnant(e). SYN. **champion, lauréat.** *La vainqueur du tournoi.* 3. Personne qui a triomphé (d'une force, d'une difficulté naturelle). *Le vainqueur de l'Everest.* CONTR. **vaincu.**

ÉTYM. de *vaincre.*

VAIR [vɛʀ] n. m. ✦ Fourrure de petit-gris. HOM. VER «animal», VERRE «matière» et «récipient», ① VERS «en direction de», ② VERS «partie d'un poème», VERT «couleur»

ÉTYM. latin *varius* «moucheté, différent».

VAIRON [vɛʀɔ̃] n. m. et adj.

I n. m. Petit poisson des eaux courantes, au corps cylindrique.

II adj. Se dit des yeux à l'iris cerclé d'une teinte blanchâtre, ou qui ont des couleurs différentes.

ÉTYM. de *vair.*

VAISSEAU [vɛso] n. m. I VX Récipient. II 1. VIEILLI, sauf dans certaines locutions Bateau d'une certaine importance. SYN. **navire ; bâtiment.** *Capitaine, enseigne de vaisseau.* 2. *Vaisseau spatial, cosmique :* véhicule des astronautes. SYN. **astronef.** III Espace allongé que forme l'intérieur d'un grand bâtiment, d'un bâtiment voûté. SYN. **nef.** *Le vaisseau d'une église.* IV Organe tubulaire permettant la circulation des liquides organiques, et spécialt du sang (→ **artère, veine ; vasculaire**). *Les vaisseaux lymphatiques.* ➖ BOT. *Vaisseaux conducteurs de la sève.*

ÉTYM. bas latin *vascellum,* famille de *vas* «vase ; vaisselle».

VAISSELIER [vɛsəlje] n. m. ✦ Meuble rustique, où la vaisselle est exposée à la vue. SYN. **buffet.**

VAISSELLE [vɛsɛl] n. f. 1. Ensemble des récipients qui servent à manger, à présenter la nourriture. 2. Ensemble des plats, assiettes, ustensiles de cuisine qu'il faut laver. *Faire, laver, essuyer la vaisselle. Machine à laver la vaisselle.* → **lave-vaisselle.** ➖ *Elle n'a pas fini sa vaisselle,* le lavage de sa vaisselle.

ÉTYM. bas latin *vascella,* famille de *vas* «vase ; vaisselle».

VAL, plur. **VAUX** ou **VALS** [val, vo] n. m. 1. (dans des noms de lieux) Vallée. *Le Val de Loire. Les Vaux-de-Cernay.* 2. loc. *À VAL :* en suivant la pente de la vallée. → **en aval ; à vau-l'eau.** ➖ *Par monts et par vaux.* → **mont.** HOM. VEAU «animal», VOS (pluriel de *votre,* adj. possessif)

ÉTYM. latin *vallis.*

VALABLE [valabl] adj. 1. Qui remplit les conditions requises (pour être reçu en justice, accepté par une autorité, etc.). SYN. **valide.** *Acte, contrat valable.* 2. Qui a une valeur, un fondement reconnu. SYN. **acceptable, sérieux.** *Il n'a donné aucun motif valable.* 3. Qui a des

A B C D E F G H I J K L M N O P Q R S T U V W X Y Z

qualités estimables. *Une solution valable.* SYN. ① **bon.** *Interlocuteur valable,* qualifié, autorisé.
ÉTYM. de *valoir,* suffixe *-able.*

VALABLEMENT [valabləmɑ̃] **adv. 1.** De manière à produire ses effets juridiques. *Valablement autorisé.* **2.** À bon droit. **3.** D'une manière efficace, appréciable.
ÉTYM. de *valable.*

VALDINGUER [valdɛ̃ge] **v. intr.** (conjug. 3b) ✦ FAM. Tomber, dégringoler. *Il l'a envoyé valdinguer.* SYN. FAM. **dinguer.**
ÉTYM. de *valser* et *dinguer.*

VALENCE [valɑ̃s] **n. f.** ✦ Nombre de liaisons chimiques qu'un atome peut avoir avec les atomes d'autres substances, dans une combinaison.
ÉTYM. bas latin *valentia* «valeur», de *valere* «valoir».

VALÉRIANE [valeʀjan] **n. f.** ✦ Plante à fleurs roses ou blanches, à la racine très ramifiée. *Valériane officinale* (aussi appelée *herbe-aux-chats*).
ÉTYM. latin médiéval *valeriana* «de *Valéria*», nom d'une province romaine (Hongrie).

VALET [valɛ] **n. m. I 1.** Domestique. SYN. **laquais.** ➝ anciennt VALET DE PIED : domestique de grande maison, en livrée. *Des valets à la française.* ➝ VALET DE CHAMBRE : domestique masculin servant dans une maison ou un hôtel. **2.** Salarié chargé de travaux manuels, à la campagne. *Valet de ferme* : ouvrier agricole. *Valet d'écurie.* **II** Carte à jouer sur laquelle est représenté un jeune écuyer, et qui vient en général après le roi et la dame. *Le valet de pique.*
ÉTYM. latin populaire *vassellitus,* de *vassalus* «vassal».

VALETAILLE [valtaj] **n. f.** ✦ vx péj. Ensemble des valets d'une maison. ♦ fig. Ensemble de personnes serviles.

VALÉTUDINAIRE [valetydinɛʀ] **adj.** et **n.** ✦ LITTÉR. Maladif. *Vieillard valétudinaire.*
ÉTYM. latin *valetudinarius,* de *valetudo, valetudinis* «état de santé», de *valere* «être bien portant ; valoir».

VALEUR [valœʀ] **n. f. I 1.** Ce en quoi une personne est digne d'estime. SYN. **mérite.** *C'est un homme de grande valeur. Estimer qqn à sa juste valeur.* **2.** LITTÉR. Courage, bravoure. SYN. **vaillance. II 1.** Caractère mesurable (d'un objet) en tant que susceptible d'être échangé, d'être désiré. *Un bijou de grande valeur.* SYN. **prix.** *Déterminer la valeur d'un bien.* → **estimer, évaluer.** ➝ loc. *METTRE EN VALEUR* : faire valoir, faire produire (un bien matériel, un capital) ; fig. faire valoir (une personne, une chose) en la montrant à son avantage. *Mot mis en valeur dans la phrase. Cette coiffure te met en valeur.* ➝ ÊTRE EN VALEUR : être à son avantage. **2.** Qualité estimée, en économie. *Valeur d'échange* (→ **prix**), *d'usage.* **3.** *Valeurs (mobilières)* : titres. *Valeurs cotées (en Bourse).* → ② **action, billet, effet, obligation,** ① **titre.** ➝ *Valeur ajoutée* : différence entre la valeur de la production et la valeur des produits nécessaires à cette production. *Taxe à la valeur ajoutée.* → **T. V. A. III 1.** Caractère de ce qui répond aux normes idéales de son type. *Des œuvres de valeur inégale.* **2.** Qualité estimée par un jugement. ➝ loc. JUGEMENT DE VALEUR, par lequel on affirme qu'un objet est plus ou moins digne d'estime. **3.** Qualité de ce qui produit l'effet souhaité. SYN. **efficacité, portée, utilité.** *La valeur d'une méthode.* **4.** UNE VALEUR : ce qui est vrai, beau, bien dans une société, à une époque. *Les valeurs morales, sociales, esthétiques. Nous n'avons pas les mêmes valeurs. Échelle des valeurs.* **IV 1.** Mesure (d'une grandeur ou d'une quantité variable). *Valeur absolue d'un nombre réel,* ce nombre s'il est positif, son opposé s'il est négatif. ➝ Quantité approximative. *Ajoutez la valeur d'une noix de beurre.* SYN. **équivalent. 2.** Mesure conventionnelle attachée à un signe. *La valeur d'une même carte change selon les jeux.* ♦ MUS. Durée relative (d'une note, d'un silence), indiquée par sa figure, et pouvant être modifiée par certains signes. **3.** DIDACT. Sens, dans un système d'oppositions, dans un contexte. CONTR. **médiocrité, nullité · lâcheté.**
ÉTYM. latin *valor, valoris,* de *valere* «valoir».

VALEUREUX, EUSE [valœʀø, øz] **adj.** ✦ LITTÉR. Brave, courageux. SYN. **vaillant.** *De valeureux soldats.*
ÉTYM. de *valeur.*

VALIDATION [validasjɔ̃] **n. f.** ✦ Action de valider ; son résultat. CONTR. **annulation, invalidation.**

VALIDE [valid] **adj. 1.** Qui est en bonne santé, capable de travail, d'exercice. **2.** Qui présente les conditions requises pour produire son effet. SYN. **valable.** *Passeport valide.* CONTR. **impotent, invalide · nul, périmé.**
ÉTYM. latin *validus,* de *valere* «être en bonne santé ; valoir».

VALIDER [valide] **v. tr.** (conjug. 3a) ✦ Rendre ou déclarer valide (2). SYN. **entériner, homologuer, ratifier.** *Faire valider un certificat.* CONTR. **annuler, invalider.**

VALIDITÉ [validite] **n. f.** ✦ Caractère de ce qui est valide (2). *Durée de validité d'un billet.*
ÉTYM. bas latin *validitas.*

VALISE [valiz] **n. f. 1.** Bagage de forme rectangulaire, relativement plat et pouvant être porté à la main. *Petite valise.* → **mallette.** *Faire sa valise, ses valises,* y disposer ce qu'on emporte ; s'apprêter à partir. → **malle. 2.** VALISE DIPLOMATIQUE : correspondance, objets transportés, couverts par l'immunité diplomatique. **3.** fig. FAM. Poche sous les yeux.
ÉTYM. italien *valigia,* d'origine inconnue.

VALLÉE [vale] **n. f. 1.** Espace allongé entre deux zones plus élevées (pli concave) ou espace situé de part et d'autre du lit d'un cours d'eau. SYN. **val, vallon ;** → **gorge, ravin.** *Les pentes, le fond d'une vallée.* ♦ RELIG. *Vallée de larmes, de misère* : la vie terrestre. **2.** Région qu'arrose un cours d'eau. SYN. **bassin.** *La vallée de la Loire, du Nil.* **3.** en montagne Se dit des régions moins hautes (vallées proprement dites et pentes).
ÉTYM. de *val.*

VALLON [valɔ̃] **n. m.** ✦ Petite dépression allongée entre deux collines, deux coteaux. SYN. **vallée.**
ÉTYM. de *val.*

VALLONNÉ, ÉE [valɔne] **adj.** ✦ Parcouru de vallons. *Région vallonnée.*

VALLONNEMENT [valɔnmɑ̃] **n. m.** ✦ Relief d'un terrain où il y a des vallons et des collines.

VALOIR [valwaʀ] **v.** (conjug. 39) **I v. intr. 1.** Correspondre à (une valeur) ; avoir un rapport d'égalité avec (autre chose) selon une estimation. SYN. **coûter.** *Ça doit valoir dans les mille euros.* SYN. FAM. **faire.** *Valoir peu, beaucoup. Cela ne vaut pas cher, pas grand-chose.* ➝ loc. *Cela vaut son pesant d'or !* (d'une chose étonnante, ridicule). *Il ne vaut plus les mille euros qu'il a valu* (p. passé invar.). **2.** Correspondre, dans le jugement des hommes, à (une qualité, une utilité). *Prendre une chose pour ce qu'elle vaut.* ➝ (négatif) *Ne rien valoir* : être sans valeur, médiocre. ➝ *Cela ne lui vaut rien,* ne lui réussit pas. **3.** sans compl. Avoir de la valeur, de l'intérêt, de l'utilité ; agir, s'appliquer. *Cette loi vaut pour tout le monde.* – loc. *Rien qui vaille :* rien de bon, rien d'important. *Cela ne me dit rien qui vaille :* cela m'inquiète. – *Vaille que vaille :* tant bien que mal. – *À valoir :* en constituant une somme dont la valeur est à déduire d'un tout. ◆ *FAIRE VALOIR :* faire apprécier (→ **faire-valoir**) ; rendre plus actif, plus efficace. *Faire valoir ses droits,* les exercer, les défendre. – *Se faire valoir :* se montrer à son avantage. – Rendre productif (un bien). *Faire valoir une terre, un domaine.* → **exploiter.** 4. Être égal en valeur, en utilité à (autre chose). *Cette méthode en vaut bien une autre,* n'est pas inférieure. ◆ (personnes) Avoir les mêmes qualités, le même mérite que (qqn). *Tu le vaux bien.* – v. pron. *SE VALOIR :* avoir même valeur, être équivalent. 5. *VALOIR MIEUX QUE* (+ nom) : avoir plus de valeur, être plus utile. *Un schéma vaut mieux qu'une longue explication.* ◆ impers. *Il vaut mieux, mieux vaut :* il est préférable, meilleur de. – (avec *que* + subj.) *Il vaut mieux qu'il se taise plutôt que de dire des bêtises.* – (+ inf.) *Il vaut mieux perdre de l'argent que la santé.* – FAM. *Ça vaut mieux (que...) :* c'est préférable. 6. Être comparable en intérêt à (autre chose), mériter (un effort, un sacrifice). *Cela vaut le dérangement.* – loc. *VALOIR LA PEINE,* FAM. *LE COUP :* mériter qu'on prenne la peine de... ; fig. être bon, excellent. *Ça ne vaut pas la peine d'en parler, que nous en parlions :* c'est insignifiant. II v. tr. Faire obtenir, avoir pour conséquence. SYN. **procurer.** *Qu'est-ce qui nous vaut cet honneur ?*

ÉTYM. latin *valere* «être fort, bien portant».

VALORISANT, ANTE [valɔʀizɑ̃, ɑ̃t] adj. ✦ Qui valorise. *Un métier valorisant.*

VALORISATION [valɔʀizasjɔ̃] n. f. ✦ Action de valoriser. *La valorisation d'un quartier.* CONTR. **dévalorisation.**

ÉTYM. du latin *valor* «valeur».

VALORISER [valɔʀize] v. tr. (conjug. 3a) 1. Faire prendre de la valeur à (qqch., un bien), augmenter la valeur que l'on attribue à qqch. SYN. **revaloriser.** 2. Augmenter la valeur reconnue de (qqn). – pronom. *Il cherche à se valoriser.* CONTR. **dévaloriser.**

ÉTYM. de *valorisation.*

VALSE [vals] n. f. 1. Danse à trois temps, où chaque couple tourne sur lui-même tout en se déplaçant. *Valse viennoise, valse lente. Valse musette.* – Morceau de musique au rythme de cette danse. *Les valses de Chopin.* 2. FAM. Mouvement fréquent de personnel. *La valse des ministres.* – Changements répétés. *La valse des étiquettes* (de prix). – loc. *Valse-hésitation :* actes, décisions contradictoires.

ÉTYM. allemand *Walzer.*

VALSER [valse] v. intr. (conjug. 3a) 1. Danser la valse, une valse. 2. FAM. Être projeté. *Il est allé valser sur le trottoir.* SYN. FAM. **valdinguer.** – *Faire valser les prix,* les modifier fréquemment. *Envoyer valser qqn,* le rembarrer.

ÉTYM. allemand *walzen.*

VALSEUR, EUSE [valsœʀ, øz] n. ✦ Personne qui valse, qui sait valser.

VALVE [valv] n. f. 1. Chacune des deux parties de la coquille (bivalve*) de certains mollusques et crustacés. *Les valves d'une moule.* 2. Système de régulation d'un courant de fluide (assurant souvent le passage du courant dans un seul sens). – Soupape à clapet. *Valve de chambre à air.* 3. Appareil laissant passer le courant électrique dans un sens.

ÉTYM. latin *valvae* «battants d'une porte».

VALVULE [valvyl] n. f. ✦ ANAT. Repli muqueux ou membraneux qui règle le cours des liquides circulant dans les vaisseaux et les empêche de refluer. *Les valvules du cœur.*

ÉTYM. latin *valvula,* diminutif de *valvae* → valve.

VAMP [vɑ̃p] n. f. ✦ anglicisme Femme fatale et irrésistible. *Des vamps.*

ÉTYM. mot américain, abréviation de *vampire.*

VAMPER [vɑ̃pe] v. tr. (conjug. 3a) ✦ FAM. Séduire par des allures de vamp.

VAMPIRE [vɑ̃piʀ] n. m. I 1. Fantôme sortant la nuit de son tombeau pour aller sucer le sang des vivants. *Un film de vampires.* 2. Homme avide d'argent. – Meurtrier cruel. II Grande chauve-souris insectivore de l'Amérique du Sud, qui suce parfois le sang des animaux pendant leur sommeil.

ÉTYM. allemand *Vampir,* du turc *upir* «sorcière» par le serbe.

①**VAN** [vɑ̃] n. m. ✦ Panier à fond plat, large, muni de deux anses, qui sert à vanner les grains. HOM. VENT «souffle d'air»

ÉTYM. latin *vannus.*

②**VAN** [vɑ̃] n. m. ✦ anglicisme Voiture, fourgon servant au transport des chevaux de course. *Des vans.* HOM. VENT «souffle d'air»

ÉTYM. mot anglais, de *caravan,* du français.

VANADIUM [vanadjɔm] n. m. ✦ CHIM. Métal blanc (symb. V), peu fusible, assez rare. *Aciers au vanadium.*

ÉTYM. de *Vanadis,* nom latin de la déesse scandinave Freyja.

VANDALE [vɑ̃dal] n. ✦ Destructeur brutal, ignorant. *La grotte a été saccagée par des vandales.*

ÉTYM. bas latin *Vandali,* nom d'un peuple germanique ☞ VANDALES (noms propres).

VANDALISME [vɑ̃dalism] n. m. ✦ Destruction ou détérioration des œuvres d'art, des équipements publics. *Des actes de vandalisme.*

ÉTYM. de *vandale.*

VANDOISE [vɑ̃dwaz] n. f. ✦ Poisson d'eau douce, aussi appelé *chevesne, meunier.*

ÉTYM. du gaulois *vindos* «blanc».

VANILLE [vanij] n. f. 1. Gousse allongée du vanillier, qui, séchée, devient noire et aromatique. 2. Substance aromatique contenue dans cette gousse. *Crème, glace à la vanille.*

ÉTYM. espagnol *vainilla,* de *vaina* «gousse» ; même origine que *gaine.*

VANILLÉ, ÉE [vanije] adj. ✦ Aromatisé avec de la vanille. *Sucre vanillé.* HOM. VANILLIER «plante»

VANILLIER [vanije] n. m. ✦ Liane des régions tropicales dont le fruit est la vanille. HOM. VANILLÉ «à la vanille»

VANITÉ [vanite] n. f. I 1. Caractère de ce qui est frivole, insignifiant ; chose futile, illusoire. 2. Caractère de ce qui est vain (I, 2), inefficace. *La vanité de leurs efforts.* 3. Défaut d'une personne vaine, satisfaite d'elle-même et étalant cette satisfaction. SYN. **fatuité, orgueil, prétention, suffisance.** *Flatter, ménager la vanité de qqn.* II DIDACT. Image, tableau évoquant la vanité (I, 1) des choses humaines et la mort. CONTR. **utilité, valeur · modestie, simplicité.**

ÉTYM. latin *vanitas,* de *vanus* «vain».

VANITEUX, EUSE [vanitø, øz] adj. ✦ Plein de vanité (I, 3). SYN. **orgueilleux, prétentieux, suffisant.** *Il est vaniteux comme un paon. Un air vaniteux.* ➖ n. *C'est un vaniteux.* CONTR. **modeste.**

VANNAGE [vanaʒ] n. m. ✦ Action de vanner (les grains).

① **VANNE** [van] n. f. ✦ Panneau vertical mobile disposé dans une canalisation pour en régler le débit. *Les vannes d'une écluse, d'un moulin.*
ÉTYM. latin médiéval *venna*, peut-être gaulois «nasse en osier».

② **VANNE** [van] n. f. ✦ FAM. Remarque ou allusion désobligeante à l'adresse de qqn. *Lancer une vanne, des vannes à qqn.*
ÉTYM. de *vanner* «tourmenter, railler».

VANNÉ, ÉE [vane] adj. ✦ FAM. Très fatigué. SYN. FAM. **crevé, fourbu.**
ÉTYM. du participe passé de *vanner* (II).

VANNEAU [vano] n. m. ✦ Oiseau échassier de la taille du pigeon, à huppe noire. *Des vanneaux.*
ÉTYM. de ① *van*, à cause du bruit et du mouvement des ailes.

VANNER [vane] v. tr. (conjug. 3a) **I** Secouer dans un van (les grains), de façon à les nettoyer en les séparant de la paille, des poussières et des déchets. *Vanner du blé.* **II** FAM. Accabler de fatigue. *Cette promenade m'a vanné.* SYN. FAM. **crever.**
ÉTYM. latin populaire *vannare*, classique *vannere* «nettoyer (les grains) avec le van *(vannus)*».

VANNERIE [vanʀi] n. f. 1. Fabrication des objets tressés avec des fibres végétales, des tiges. 2. Objets ainsi fabriqués.
ÉTYM. de *vannier.*

VANNEUR, EUSE [vanœʀ, øz] n. ✦ Personne qui vanne les grains.

VANNIER [vanje] n. m. ✦ Ouvrier qui travaille, tresse l'osier, le rotin, pour en faire des objets de vannerie.
ÉTYM. de ① *van.*

VANTAIL, AUX [vɑ̃taj, o] n. m. ✦ Panneau mobile. SYN. ① **battant.** *Les vantaux d'une fenêtre.* ➖ On peut aussi écrire *ventail, des ventaux* (ce mot vient de *vent*).
ÉTYM. de *vent.*

VANTARD, ARDE [vɑ̃taʀ, aʀd] adj. ✦ Qui a l'habitude de se vanter. SYN. **bluffeur, fanfaron, hâbleur.** ➖ n. *Quel vantard !*
ÉTYM. de *vanter.*

VANTARDISE [vɑ̃taʀdiz] n. f. ✦ Caractère ou propos de vantard. SYN. **bluff, fanfaronnade, hâblerie.**

VANTER [vɑ̃te] v. tr. (conjug. 3a) **I** LITTÉR. Parler très favorablement de (qqn ou qqch.), en louant publiquement et avec excès. SYN. **célébrer, exalter.** *Vanter ses enfants.* ➖ *Vanter les mérites de qqn.* **II** *SE VANTER* v. pron. 1. Exagérer ses mérites ou déformer la vérité par vanité. ➖ *Sans me vanter :* soit dit sans vanité. 2. *SE VANTER DE :* tirer vanité de, prétendre avoir fait. *Se vanter d'un succès, d'avoir réussi.* FAM. *Elle ne s'en est pas vantée,* elle l'a caché. *Il n'y a pas de quoi se vanter :* il n'y a pas de quoi être fier. ♦ Prétendre être capable de faire qqch. SYN. se **flatter,** se **targuer.** *Il se vante de réussir sans travailler.* CONTR. **dénigrer, déprécier** • **s'excuser.** HOM. VENTER «faire du vent»
ÉTYM. latin populaire *vanitare*, de *vanitas* «vanité».

VA-NU-PIEDS [vanypje] n. invar. ✦ Misérable qui vit en vagabond. SYN. **gueux.**

VAPE [vap] n. f. ✦ loc. FAM. *Être dans les vapes,* dans l'hébétude, la somnolence.
ÉTYM. de *vapeur* (I, 4).

VAPEUR [vapœʀ] n. f. et n. m.
I n. f. 1. Amas visible, en masses ou traînées blanchâtres, de très fines et légères gouttelettes d'eau suspendues dans l'air. ➡ ① **brouillard, brume, nuage.** 2. *Vapeur d'eau,* ou *vapeur :* eau à l'état gazeux, état normal de l'eau au-dessus de son point d'ébullition. *Machine À VAPEUR. Locomotive, bateau à vapeur.* ➖ loc. *Renverser la vapeur,* la faire agir sur l'autre face du piston ; fig. agir en sens contraire. ➖ *À toute vapeur :* en utilisant toute la vapeur possible ; à toute vitesse. ➖ *Bain de vapeur.* ➡ **étuve.** ➖ *Pommes de terre cuites à la vapeur,* ellipt *des pommes vapeur. Repassage à la vapeur.* 3. SC. Substance à l'état gazeux au-dessous de sa température critique. *Vapeur d'essence. Condensation de la vapeur.* 4. Troubles, malaises attribués à des exhalaisons montant au cerveau. *Les vapeurs de l'ivresse.* ➖ iron. *Avoir ses vapeurs.*
II n. m. Bateau à vapeur.
ÉTYM. latin *vapor.*

VAPOREUX, EUSE [vapɔʀø, øz] adj. 1. LITTÉR. Où la présence de la vapeur est sensible ; voilé par des vapeurs. SYN. **nébuleux.** *Horizon vaporeux.* 2. Léger, fin et transparent. *Une robe de tulle vaporeux.*
ÉTYM. latin *vaporosus*, de *vapor* «vapeur».

VAPORISATEUR [vapɔʀizatœʀ] n. m. ✦ Petit pulvérisateur. SYN. **atomiseur.** *Vaporisateur à parfum.*
ÉTYM. de *vaporiser.*

VAPORISATION [vapɔʀizasjɔ̃] n. f. 1. Passage de l'état liquide ou solide à l'état gazeux. SYN. **sublimation, volatilisation.** 2. Action de vaporiser. SYN. **pulvérisation.**

VAPORISER [vapɔʀize] v. tr. (conjug. 3a) 1. Disperser et projeter en fines gouttelettes. SYN. **pulvériser.** *Vaporiser un insecticide.* 2. DIDACT. Transformer en vapeur. ♦ pronom. *SE VAPORISER.*
ÉTYM. du latin *vapor* «vapeur».

VAPOTER [vapɔte] v. intr. (conjug. 3a) ✦ FAM. Utiliser une cigarette électronique.
► **VAPOTAGE** [vapɔtaʒ] n. m.
ÉTYM. de *vapeur.*

VAPOTEUR, EUSE [vapɔtœʀ, øz] n. ✦ FAM. 1. Personne qui utilise une cigarette électronique. 2. n. f. (marque déposée) Cigarette électronique.
ÉTYM. de *vapoter.*

VAQUER [vake] v. tr. ind. (conjug. 3a) ✦ *VAQUER À.* S'occuper de, s'appliquer à. *Vaquer à ses occupations.*
ÉTYM. latin *vacare*, proprement «être vide *(vacuus)* ; être oisif».

VARAN [vaʀɑ̃] n. m. ✦ ZOOL. Reptile saurien, grand lézard carnivore d'Afrique et d'Asie.
ÉTYM. latin scientifique *varanus*, arabe *waral.*

VARANGUE [vaʀɑ̃g] n. f. ✦ MAR. Pièce courbe ou fourchue, placée sur la quille, perpendiculaire à l'axe du navire.
ÉTYM. peut-être norrois *vrong.*

VARAPPE [vaʀap] n. f. ✦ Ascension d'un couloir rocheux, d'une paroi abrupte, en montagne, d'un groupe de rochers. *Faire de la varappe.*
ÉTYM. du nom d'un couloir rocheux, près de Genève.

VARECH [varɛk] n. m. ✦ Ensemble des algues, des goémons rejetés par la mer et qu'on récolte sur le rivage.
ÉTYM. ancien scandinave *vagrek* «épave».

VAREUSE [varøz] n. f. 1. Blouse courte en grosse toile. *Vareuse de marin.* 2. Veste de certains uniformes. ➝ Veste assez ample (d'intérieur, de sport).
ÉTYM. de *varer* «protéger», variante dialectale (normand) de *garer*.

VARIABILITÉ [varjabilite] n. f. ✦ Caractère de ce qui est variable. *La variabilité du temps, des goûts.* CONTR. **constance, invariabilité.**

VARIABLE [varjabl] adj. 1. Qui est susceptible de se modifier, de changer souvent. SYN. **changeant, incertain, instable.** *Temps variable.* ➝ *Vent variable,* qui change souvent de direction ou d'intensité. ◆ SC. Qui prend, peut prendre plusieurs valeurs distinctes. *Grandeur, quantité variable.* ➝ n. f. *UNE VARIABLE :* symbole ou terme auquel on peut attribuer plusieurs valeurs numériques différentes. ◆ GRAMM. *Mot variable,* dont la forme est susceptible de se modifier suivant le contexte. *L'adjectif qualificatif est variable en genre et en nombre.* 2. Qui prend plusieurs valeurs, plusieurs aspects (selon les cas individuels, les circonstances). *Horaires variables.* ◆ Qui peut se réaliser diversement. *Les formes variables de l'art.* 3. Conçu, fabriqué pour subir des variations. *Lentilles à foyer variable.* CONTR. **constant, invariable.**
ÉTYM. latin *variabilis* «sujet à varier *(variare)*».

VARIANTE [varjɑ̃t] n. f. 1. Élément d'un texte qui présente des différences par rapport à la version éditée ; différence selon les versions. *Édition critique accompagnée de variantes.* 2. Forme ou solution légèrement différente. 3. Moyen d'expression qui s'écarte d'une référence, d'un type. *Variantes graphiques.*
ÉTYM. du participe présent de *varier.*

VARIATION [varjasjɔ̃] n. f. 1. Passage d'un état à un autre ; différence entre deux états successifs. SYN. **modification.** 2. Écart entre deux valeurs numériques (d'une quantité variable) ; modification de la valeur (d'une quantité, d'une grandeur). *Variations de la température. Variations d'intensité* (d'un courant, etc.). 3. Changement psychologique ou de comportement. *Supporter les variations d'humeur de qqn.* 4. Modification d'un thème musical. ➝ Composition formée d'un thème et de ses modifications. *Variations pour piano.*
ÉTYM. latin *variatio.*

VARICE [varis] n. f. ✦ Dilatation permanente d'un vaisseau, d'une veine (surtout aux jambes).
ÉTYM. latin *varix, varicis.*

VARICELLE [varisɛl] n. f. ✦ Maladie infectieuse, contagieuse, généralement bénigne, caractérisée par des éruptions.
ÉTYM. de *variole.*

VARIÉ, ÉE [varje] adj. 1. Qui présente des aspects ou des éléments distincts. SYN. **divers.** *Un répertoire, un programme varié.* ➝ *Terrain varié,* accidenté. 2. au plur. Qui sont nettement distincts, donnent une impression de diversité. *Des arguments variés. Hors-d'œuvre variés.* CONTR. **monotone, uniforme.**
ÉTYM. du participe passé de *varier.*

VARIER [varje] v. (conjug. 9) **I** v. tr. 1. Donner à (une seule chose) plusieurs aspects distincts ; rendre divers. *Varier son alimentation.* SYN. **diversifier.** 2. Rendre (plusieurs choses) nettement distinctes, diverses. *Varier ses lectures, ses distractions.* SYN. **changer.** **II** v. intr. 1. Présenter au cours d'une durée plusieurs modifications ; changer souvent. SYN. se **modifier** ; ➝ **variation.** *La température varie au cours de la journée.* ➝ (personnes) Ne pas conserver la même attitude, les mêmes opinions. *Il n'a jamais varié sur ce point.* ◆ GRAMM. *Mot qui varie en genre et en nombre* (➝ **variable**). 2. Se réaliser sous des formes différentes, diverses. *Les coutumes varient selon les lieux.* SYN. **différer.**
ÉTYM. latin *variare,* de *varius* «différent».

VARIÉTÉ [varjete] n. f. 1. VX Changement. SYN. **variation.** 2. Caractère d'un ensemble formé d'éléments variés, donnant une impression de changement ; différences qui existent entre ces éléments. SYN. **diversité.** *La variété des aliments.* 3. Subdivision de l'espèce, délimitée par la variation de caractères individuels. SYN. **type.** *Créer une nouvelle variété de pomme.* 4. au plur. Titre de recueils contenant des morceaux sur des sujets variés. SYN. **mélange**(s). *«Variétés»* (de Valéry). ➝ *Spectacle, émission de variétés,* comprenant des attractions variées.
ÉTYM. latin *varietas.*

VARIOLE [varjɔl] n. f. ✦ Maladie infectieuse, épidémique et contagieuse, caractérisée par une éruption de boutons. SYN. petite **vérole.**
ÉTYM. bas latin *variola,* de *varus* «bouton», influence de *varius* «tacheté».

VARIOLEUX, EUSE [varjɔlø, øz] adj. et n. ✦ (Personne) qui a la variole.

VARIOLIQUE [varjɔlik] adj. ✦ MÉD. De la variole. *Éruption variolique.*

VARIQUEUX, EUSE [varikø, øz] adj. ✦ Accompagné de varices. *Ulcère variqueux.*
ÉTYM. latin *varicosus.*

VARLOPE [varlɔp] n. f. ✦ Grand rabot à poignée, qui se manie à deux mains.
ÉTYM. néerlandais *voorlooper.*

| VAS- ➝ VAS(O)-

VASCULAIRE [vaskylɛr] adj. ✦ DIDACT. Qui appartient aux vaisseaux (IV), contient des vaisseaux. *Le système vasculaire :* ensemble des vaisseaux de l'organisme. ➝ *Accident vasculaire cérébral (AVC).* ◆ BOT. *Plantes vasculaires :* végétaux supérieurs à tige, racine(s) et feuilles.
ÉTYM. du latin *vasculum* «petit récipient *(vas)*».

VASCULARISER [vaskylarize] v. tr. (conjug. 3a) ✦ DIDACT. Pourvoir de vaisseaux (surtout pronom. et p. passé). *Tissus richement vascularisés.*
► **VASCULARISATION** [vaskylarizasjɔ̃] n. f.
ÉTYM. de *vasculaire.*

① **VASE** [vaz] n. m. 1. VX Récipient pour les liquides. 2. MOD. Récipient servant à des usages nobles ou ayant une valeur historique, artistique. *Vases grecs.* ➝ allus. *Le vase de Soissons* (☛ noms propres). 3. Récipient destiné à recevoir des fleurs coupées. *Un grand vase en cristal.* 4. *Vases sacrés,* destinés à la célébration de la messe. ➝ **burette,** ① **calice, ciboire, patène.** ◆ Récipient utilisé en chimie. ➝ loc. *Le principe des VASES COMMUNICANTS.* ◆ loc. *EN VASE CLOS :* sans communication avec l'exté-

A B C D E F G H I J K L M N O P Q R S T U V W X Y Z

rieur.

ÉTYM. latin *vas* «récipient».

② **VASE** [vaz] **n. f.** ✦ Dépôt de terre et de particules organiques en décomposition, qui se forme au fond des eaux stagnantes ou à cours lent. SYN. **boue, limon.**

ÉTYM. anc. néerlandais*wase* ; même origine que *gazon.*

VASECTOMIE [vazɛktɔmi] **n. f.** ✦ MÉD. Opération qui consiste à couper les canaux déférents des testicules (entraînant la stérilité chez l'homme).

ÉTYM. de *vas(o)-* et *-ectomie.*

VASELINE [vazlin] **n. f.** ✦ Substance molle, grasse obtenue à partir des pétroles de la série des paraffines, utilisée en pharmacie.

ÉTYM. mot américain, de l'allemand *Wasser* «eau», du grec *elaion* «huile» et suffixe *-ine.*

VASEUX, EUSE [vazø, øz] **adj.** **I** Qui contient de la vase, est formé de vase. *Fonds vaseux.* **II** FAM. **1.** (personnes) Qui se trouve dans un état de malaise, de faiblesse. SYN. **fatigué.** *Je me sens vaseux ce matin.* **2.** Trouble, embarrassé, obscur. *Un raisonnement vaseux.*

ÉTYM. de ② *vase.*

VASISTAS [vazistɑs] **n. m.** ✦ Petit vantail pouvant s'ouvrir dans une porte ou une fenêtre.

ÉTYM. allemand *was ist das ?* «qu'est-ce que c'est ?», question posée à travers une lucarne.

VAS(O)- Élément savant, du latin *vas* «récipient», qui signifie «vaisseau, canal».

VASOCONSTRICTEUR, TRICE [vazokɔ̃stʀiktœʀ, tʀis] **adj. et n. m.** ✦ (nerfs) Qui commande la diminution du calibre d'un vaisseau par contraction de ses fibres musculaires (*vasoconstriction* **n. f.**).

VASODILATATEUR, TRICE [vazodilatatœʀ, tʀis] **adj. et n. m.** ✦ (nerfs) Qui commande la dilatation des vaisseaux (*vasodilatation* **n. f.**).

VASOMOTEUR, TRICE [vazomɔtœʀ, tʀis] **adj.** ✦ Relatif à la dilatation et à la contraction des vaisseaux.

VASOUILLER [vazuje] **v. intr.** (conjug. 3a) ✦ FAM. Être hésitant, peu sûr de soi, maladroit (dans une réponse, etc.). SYN. FAM. **cafouiller, s'embrouiller, nager, patauger.** *Il a vasouillé à l'oral.*

ÉTYM. de ② *vase,* suffixe péjoratif *-ouiller.*

VASQUE [vask] **n. f.** **1.** Bassin ornemental peu profond qui peut être aménagé en fontaine. *Vasque de marbre.* **2.** Large coupe (pour décorer une table, etc.). **3.** Cuvette de lavabo évasée, posée sur un plan.

ÉTYM. italien *vasca,* latin *vascula,* pluriel de *vasculum* «petit vase».

VASSAL, ALE, AUX [vasal, o] **n.** **1.** HIST. Sous le système féodal, Homme lié personnellement à un seigneur, un suzerain qui lui concédait la possession effective d'un fief. **2.** Personne, groupe dépendant d'un autre et considéré comme un inférieur. ➡ **appos.** *Pays vassaux.* SYN. **satellite.**

ÉTYM. latin médiéval *vassalus,* de *vassus* «serviteur», d'origine gauloise.

VASSALISER [vasalize] **v. tr.** (conjug. 3a) ✦ HIST. OU LITTÉR. Asservir, rendre semblable à un vassal.

► **VASSALISATION** [vasalizasjɔ̃] **n. f.**

VASSALITÉ [vasalite] **n. f.** **1.** HIST. Dépendance de vassal à suzerain. **2.** fig. LITTÉR. Assujettissement, soumission. CONTR. **autonomie.**

VASTE [vast] **adj.** **1.** (surface) Très grand, immense. *Une vaste forêt.* **2.** Très grand ; ample. *C'est une église très vaste.* **3.** Important en quantité, en nombre. **4.** Étendu dans sa portée ou son action. *Il possède une vaste culture.* CONTR. **exigu, petit,** ① **réduit.**

ÉTYM. latin *vastus* «ravagé», «désolé ; immense».

VATICINATION [vatisinasjɔ̃] **n. f.** ✦ LITTÉR. Prédiction de l'avenir. SYN. **oracle, prophétie.**

ÉTYM. latin *vaticinatio,* de *vaticinare* «prophétiser».

VATICINER [vatisine] **v. intr.** (conjug. 3a) ✦ LITTÉR. Prédire l'avenir (en parlant comme un oracle), prophétiser.

ÉTYM. latin *vaticinare,* de *vates* «prophète» et *canere* «chanter».

VA-TOUT [vatu] **n. m. invar.** ✦ aux cartes Coup où l'on risque tout son argent. ➡ **loc. fig.** *JOUER SON VA-TOUT :* risquer le tout pour le tout.

ÉTYM. de ① *aller* et *tout.*

VAUDEVILLE [vod(ə)vil] **n. m.** **1.** Comédie légère, divertissante, fertile en intrigues et rebondissements. ☞ Littérature p. 128. **2.** Situation comique et compliquée. *La situation tourne au vaudeville.*

ÉTYM. de *vau-de-vire,* peut-être du nom de lieu *val de Vire* (Calvados), d'après *ville.*

VAUDEVILLESQUE [vod(ə)vilɛsk] **adj.** ✦ Qui a le caractère léger ou burlesque du vaudeville. *Une situation vaudevillesque.*

VAUDEVILLISTE [vod(ə)vilist] **n.** ✦ Auteur de vaudevilles.

① **VAUDOIS, OISE** [vodwa, waz] **n.** ✦ Membre d'une secte chrétienne intégriste du Moyen Âge, en France. ➡ **adj.** *L'hérésie vaudoise.*

ÉTYM. du nom de *Pierre Valdo.*

② **VAUDOIS, OISE** [vodwa, waz] **adj. et n.** ✦ Du canton de Vaud (☞ noms propres).

ÉTYM. latin médiéval *Valdensis.*

VAUDOU, E [vodu] **n. m. et adj.** ✦ Culte religieux des Antilles, d'Haïti, mélange de pratiques magiques, de sorcellerie et d'éléments chrétiens. ➡ **adj.** *Cérémonie vaudoue.*

ÉTYM. mot d'une langue du Bénin, par le créole d'Haïti.

à VAU-L'EAU [avolo] **loc. adv.** ✦ VIEILLI Au fil de l'eau. ➡ **fig.** *Aller à vau-l'eau :* péricliter par une évolution naturelle, par inaction, passivité.

ÉTYM. de *vau* (ancienne forme de *val*) et *eau.*

VAURIEN, IENNE [voʀjɛ̃, jɛn] **n.** **1.** VX Bandit, brigand. **2.** Jeune voyou. SYN. **chenapan, galopin, garnement.**

ÉTYM. de *valoir* et *rien :* «qui ne vaut rien».

VAUTOUR [votuʀ] **n. m.** **1.** Oiseau rapace de grande taille, au bec crochu, à la tête et au cou dénudés, qui se nourrit de charognes et de détritus. **2.** Personne dure et rapace. SYN. **requin.**

ÉTYM. latin *vultur.*

se VAUTRER [votʀe] **v. pron. réfl.** (conjug. 3a) **1.** Se coucher, s'étendre (sur, dans qqch.) en prenant une position abandonnée (II, 2). *Sanglier qui se vautre dans la boue.* ➡ **au p. passé** *Il reste des heures vautré sur son lit.* **2.** Se complaire. *Ils se vautraient dans la paresse.*

ÉTYM. latin populaire *volutulare,* de *volvere* «tourner».

à la VA-VITE → VA

VEAU [vo] **n. m.** **I** **1.** Petit de la vache, mâle ou femelle, pendant sa première année. ➡ **allus. biblique** *Tuer le VEAU GRAS :* faire un festin à l'occasion de réjouissances

familiales. ➝ *Adorer le veau d'or* : avoir le culte de l'argent. ➝ loc. *Pleurer comme un veau,* bruyamment. **2.** Viande de cet animal (viande blanche). *Escalope, tête de veau. Blanquette de veau.* **3.** Peau de veau ou de génisse, tannée et apprêtée. SYN. ② **box, vélin.** *Reliure en veau.* **II** FAM. Mauvais cheval de course. ➝ Automobile peu nerveuse. *Cette voiture est un vrai veau.*
HOM. VAUX (pluriel de *val* «vallée»), VOS (pluriel de *votre,* adj. possessif)
ÉTYM. latin *vitellus* «petit veau *(vitulus)*».

VECTEUR [vɛktœʀ] **n. m. 1.** MATH. Segment de droite orienté, formant un être mathématique sur lequel on peut effectuer des opérations. *Grandeur, direction, sens d'un vecteur.* **2.** BIOL. Organisme capable de transmettre un agent infectieux d'un sujet à un autre. *Le moustique, vecteur du paludisme.* **3.** Chose ou personne qui sert d'intermédiaire. *La télévision, grand vecteur de l'information.*
ÉTYM. latin *vector* «passager ; celui qui transporte *(vehere)*».

VECTORIEL, ELLE [vɛktɔʀjɛl] **adj.** ✦ MATH. Relatif aux vecteurs. *Calcul vectoriel* : étude des opérations que l'on peut effectuer sur les vecteurs. ♦ INFORM. *Image vectorielle* : image numérique constituée d'entités géométriques (lignes, points, courbes...).
ÉTYM. anglais *vectorial,* de *vector* «vecteur».

VECTORISER [vɛktɔʀize] **v. tr.** (conjug. 3a) ✦ INFORM. Convertir (une image composée de pixels) en image vectorielle.
► **VECTORISATION** [vɛktɔʀizasjɔ̃] **n. f.**
ÉTYM. de *vecteur.*

VÉCU, UE [veky] **adj.** ✦ Qui appartient à l'expérience de la vie. SYN. **réel.** *Histoire vécue.* SYN. **vrai.** *Expérience vécue.* ➝ **n. m.** *Le vécu.*
ÉTYM. du participe passé de *vivre.*

VÉDA [veda] **n. m.** ✦ DIDACT. Texte religieux et poétique de l'Inde ancienne (→ **védique**).
ÉTYM. mot sanskrit «savoir».

VEDETTARIAT [vədetaʀja] **n. m. 1.** Situation de vedette. *Les contraintes du vedettariat.* **2.** Phénomènes liés à l'existence des vedettes.

VEDETTE [vədɛt] **n. f.** **I 1.** VX *Être en vedette* : en sentinelle. **2.** *Mettre* EN VEDETTE : mettre en évidence, en valeur. **3.** Fait d'avoir son nom imprimé en gros caractères. *Avoir, partager la vedette.* ➝ *Avoir, tenir la vedette* : être au premier plan. **4.** Artiste qui a la vedette, personne qui jouit d'une grande renommée. *Les vedettes du cinéma.* SYN. **étoile, star.** *C'est une des vedettes de l'actualité.* ➝ **appos.** *Des présentateurs vedettes.* **II** Petit navire de guerre chargé d'observations. ➝ Canot rapide. *Les vedettes de la douane.*
ÉTYM. italien *vedetta* «position élevée» ; famille du latin *videre* «voir».

VÉDIQUE [vedik] **adj.** ✦ DIDACT. Relatif aux védas. *Hymnes védiques. Langue védique* ou **n. m.** *le védique,* forme archaïque du sanskrit.

VÉGANE [vegan] **adj.** et **n.** ✦ (Personne) qui exclut de son alimentation tout produit d'origine animale (→ **végétalien**) et adopte un mode de vie respectueux des animaux.
ÉTYM. anglais *vegan,* contraction de *vegetarian* «végétarien».

VÉGANISME [veganism] **n. m.** ✦ Mode de vie des véganes.

VÉGÉTAL, ALE, AUX [veʒetal, o] **n. m.** et **adj.**
I n. m. Être vivant caractérisé, par rapport aux animaux, par des mouvements et une sensibilité plus faibles, une composition chimique particulière, une nutrition à partir d'éléments simples. SYN. ① **plante** ; → **végétation.** *Étude des végétaux.* → **botanique.** *Végétaux à fleurs, sans fleurs* (fougères, mousses...).
II adj. 1. Relatif aux plantes. *Règne végétal* (opposé à *animal, minéral*). **2.** Qui provient d'organismes de végétaux. *Huiles végétales. Ivoire végétal* (corozo).
ÉTYM. latin médiéval *vegetalis,* du bas latin *vegetare* → végéter.

VÉGÉTALIEN, IENNE [veʒetaljɛ̃, jɛn] **adj.** et **n.** ✦ (personnes) Qui ne consomme que des aliments d'origine végétale. → **végane.** ➝ **n.** *Les végétaliens et les végétariens.*

VÉGÉTALISER [veʒetalize] **v. tr.** (conjug. 3a) ✦ Garnir d'une couverture végétale. ➝ **Au p. p.** *Mur végétalisé.*

VÉGÉTARIEN, IENNE [veʒetaʀjɛ̃, jɛn] **adj.** et **n.** ✦ *Régime végétarien,* d'où sont exclus la viande, le poisson. ➝ **n.** Personne qui suit ce régime.
ÉTYM. anglais *vegetarian,* de *vegetable* «légume».

VÉGÉTATIF, IVE [veʒetatif, iv] **adj. 1.** Qui concerne les fonctions physiologiques contrôlées par le système neurovégétatif. ➝ Relatif à la partie du système nerveux qui innerve les viscères. SYN. **sympathique** (I, 2). *Système végétatif centrifuge.* **2.** Qui évoque la vie des végétaux, par son inaction. SYN. **inactif** ; → **végéter. 3.** Qui concerne la vie des plantes. *Multiplication végétative* : reproduction des plantes à partir d'un organe végétatif (tige, feuille, racine).
ÉTYM. latin médiéval *vegetativus,* de *vegetare* → végéter.

VÉGÉTATION [veʒetasjɔ̃] **n. f.** **I** Ensemble des végétaux, des plantes qui poussent en un lieu. SYN. **flore.** *Une végétation luxuriante.* **II au plur.** Hypertrophie des replis de la peau ou des muqueuses, notamment des amygdales *(végétations adénoïdes).*
ÉTYM. bas latin *vegetatio.*

VÉGÉTER [veʒete] **v. intr.** (conjug. 8) **I** VX Se développer (surtout des plantes). **II** MOD. **1.** péj. (plantes) Mal pousser, croître avec difficulté. **2.** (personnes) Avoir une activité réduite ; vivre dans une morne inaction ou rester dans une situation médiocre. SYN. **vivoter.** ♦ (choses) *Son entreprise végète.*
ÉTYM. bas latin *vegetare* «croître».

VÉHÉMENCE [veemɑ̃s] **n. f.** ✦ LITTÉR. Force impétueuse (des sentiments ou de leur expression). SYN. **ardeur, emportement, fougue, impétuosité.** *Il protesta avec véhémence.*
ÉTYM. latin *vehementia,* de *vehemens* «véhément».

VÉHÉMENT, ENTE [veemɑ̃, ɑ̃t] **adj.** ✦ LITTÉR. Qui a une grande force expressive, qui entraîne ou émeut. SYN. **entraînant, fougueux.** *Un discours véhément. Un orateur véhément.*
ÉTYM. du latin *vehemens* «emporté, passionné».

VÉHICULAIRE [veikylɛʀ] **adj.** ✦ DIDACT. *Langue véhiculaire,* utilisée entre groupes de langue maternelle différente (opposé à *vernaculaire*).
ÉTYM. de *véhicule.*

VÉHICULE [veikyl] **n. m.** **I** DIDACT. Ce qui sert à transmettre, à faire passer d'un lieu à un autre, à communiquer. *Le langage, véhicule de la pensée.* **II** COUR. Engin de transport muni de roues. *Véhicule automobile.* → **voiture.** *Véhicule prioritaire.*
ÉTYM. latin *vehiculum,* famille de *vehere* «transporter».

VÉHICULER [veikyle] **v. tr.** (conjug. 3a) **1.** Transporter (qqn) avec un véhicule (II). *Il les a véhiculées jusqu'à l'école.* SYN. **conduire. 2.** Constituer un véhicule (I) pour (qqch.).

VEILLE [vɛj] **n. f.** **I 1.** Action de veiller (I, 1) ; moment sans sommeil pendant le temps normalement destiné à dormir. *Les longues veilles passées à travailler.* **2.** Garde de nuit. *Prendre la veille. L'homme de veille sur un bateau.* **3.** État d'une personne qui ne dort pas (opposé à *sommeil*). **4.** *Appareil en (mode) veille,* arrêté mais toujours sous tension et prêt à l'emploi. **5.** Recherche d'informations concernant le secteur auquel appartient une entreprise, une profession. *Veille technologique, stratégique.* **II** Jour qui en précède un autre, qui précède celui dont il est question. *La veille et l'avant-veille. La veille au soir.* ➝ **loc. FAM.** *Ce n'est pas demain la veille :* ce n'est pas pour bientôt. ➝ *À LA VEILLE DE* (un évènement), dans la période qui le précède immédiatement. (+ inf.) *Être à la veille de faire qqch.,* sur le point de.
ÉTYM. latin *vigilia,* de *vigil* «éveillé, attentif» ; doublet de ① *vigile.*

VEILLÉE [veje] **n. f.** **1.** Temps qui s'écoule entre le moment du repas du soir et celui du coucher, qui était consacré à des réunions familiales ou de voisinage. SYN. **soirée.** *À la veillée.* **2. loc.** *VEILLÉE D'ARMES :* préparation morale à une épreuve, une action difficile. **3.** Action de veiller un malade, un mort ; nuit passée à le veiller. *Veillée funèbre.*
ÉTYM. de *veille ;* sens 2 et 3, du p. passé de *veiller.*

VEILLER [veje] **v.** (conjug. 3a) **I v. intr. 1.** Rester volontairement éveillé pendant le temps habituellement consacré au sommeil. → **veille** (I). **2.** Être de garde. *Veiller auprès d'un malade.* ➝ Être en éveil, vigilant. *La police veille.* **II v. tr. 1. v. tr. dir.** Rester la nuit auprès de (un malade pour s'occuper de lui ; un mort). **2. v. tr. ind.** *VEILLER À qqch.,* y faire grande attention, s'en occuper activement. *Il veille au moindre détail.* **loc.** *Veiller au grain.* (+ inf.) *Il faudra veiller à le remercier.* ➝ *VEILLER SUR qqn.*
ÉTYM. latin *vigilare,* de *vigilia* «veille».

VEILLEUR, EUSE [vɛjœr, øz] **n.** **1.** Soldat de garde. **2.** *VEILLEUR, VEILLEUSE DE NUIT :* gardien (d'un magasin, d'une entreprise, d'un hôtel), qui est de service de nuit ; personne qui assure des gardes la nuit.
ÉTYM. de *veiller* (I, 2).

VEILLEUSE [vɛjøz] **n. f.** **1.** Petite lampe qu'on laisse allumée pendant la nuit ou en permanence dans un lieu sombre. ➝ Lanterne d'automobile. *Éteignez vos veilleuses.* ➝ *Mettre une lampe EN VEILLEUSE :* réduire la flamme. *Mettre, se mettre en veilleuse :* réduire l'activité. **2.** Petite flamme (d'un chauffe-eau à gaz, d'un réchaud).
ÉTYM. de *veilleur.*

VEINARD, ARDE [vɛnar, ard] **adj. et n.** ✦ **FAM.** Qui a de la veine (IV). SYN. **chanceux, verni.** ➝ **n.** *Quelle veinarde !*

VEINE [vɛn] **n. f.** **I 1.** Vaisseau sanguin qui ramène le sang vers le cœur. *Les veines et les artères.* **2.** Les vaisseaux sanguins, symboles de la vie (dans des loc.). *Ne pas avoir de sang dans les veines :* être lâche. **II 1.** Filon mince (d'un minéral). *Exploiter une veine dans une mine.* **2.** Dessin coloré, mince et sinueux (dans le bois, les pierres dures). *Les veines du marbre.* **III 1.** Inspiration de l'artiste. *La veine poétique, dramatique.* **2.** *EN VEINE DE... :* disposé à. *Être en veine de confidence.* **IV FAM. VIEILLI** Chance (opposé à *déveine*). SYN. **FAM.** ① **bol, pot.** *Avoir de la veine. C'est un coup de veine.*
ÉTYM. latin *vena* «conduit, filon» et «voie».

VEINÉ, ÉE [vene] **adj.** **I** Qui présente des veines apparentes sous la peau. **II** Qui présente des veines, des filons. *Bois veiné.*
ÉTYM. de *veine.*

VEINEUX, EUSE [vɛnø, øz] **adj.** ✦ Qui a rapport aux veines (I). *Système veineux. Circulation veineuse et artérielle.*
ÉTYM. de *veine* (I).

VEINULE [venyl] **n. f.** **1.** Petit vaisseau qui, convergeant avec d'autres, forme les veines. **2.** Ramification extrême des nervures des feuilles.
ÉTYM. latin scientifique *venula* «petite veine *(vena)*».

VÉL-, VÉLI- Élément, du latin *velum* «voile (de bateau)».

VÊLAGE [vɛlaʒ] **n. m.** **1.** Fait de vêler (vaches). **2. GÉOGR.** Désagrégation (de la banquise).
ÉTYM. de *vêler ;* sens 2, de *vêler,* dial. «s'ébouler».

VÉLAIRE [velɛr] **adj.** ✦ **PHONÉT.** Qui est articulé près du voile du palais. [k] *est une consonne vélaire,* **n. f.** *une vélaire.*
ÉTYM. du latin *velum* «voile (du palais)».

VELCRO [vɛlkro] **n. m. invar.** ✦ Système de fermeture formé de deux rubans qui s'agrippent par contact. ➝ **appos. invar.** *Des fermetures velcro.*
ÉTYM. marque déposée ; de *vel(ours)* et *cro(chet).*

VÊLER [vele] **v. intr.** (conjug. 3a) ✦ (vache) Mettre bas, avoir son veau.
ÉTYM. de *veel,* ancienne forme de *veau.*

VÉLIN [velɛ̃] **n. m.** **1.** Peau de veau mort-né, plus fine que le parchemin ordinaire. *Manuscrit, ornements sur vélin.* ➝ Cuir de veau. *Reliure de vélin.* **2.** Papier très blanc et de pâte très fine. *Exemplaire sur vélin.*
ÉTYM. de *veel,* ancienne forme de *veau.*

VÉLIPLANCHISTE [veliplɑ̃ʃist] **n.** ✦ Personne qui pratique la planche à voile.
ÉTYM. de *véli-* et *planche.*

VÉLITE [velit] **n. m.** ✦ **ANTIQ. ROMAINE** Soldat d'infanterie légèrement armé, chargé de harceler l'ennemi.
ÉTYM. latin *veles, velitis.*

VELLÉITAIRE [veleitɛr ; vɛlleitɛr] **adj. et n.** ✦ Qui n'a que des intentions faibles, ne se décide pas à agir. ➝ **n.** *Un, une velléitaire.*
ÉTYM. de *velléité.*

VELLÉITÉ [veleite ; vɛlleite] **n. f.** ✦ Intention qui n'aboutit pas à une décision. *Il a eu des velléités de résister, de résistance.* CONTR. **décision, résolution.**
ÉTYM. latin médiéval *velleitas,* de *velle* «① vouloir».

VÉLO [velo] **n. m.** **1.** Bicyclette. *Elle est à vélo,* (critiqué) *en vélo. Vélo tout-terrain.* → **BMX, V. T. T. 2.** Fait de monter, de rouler à bicyclette. *Faire du vélo, aimer le vélo.* SYN. **cyclisme.**
ÉTYM. abréviation de *vélocipède.*

VÉLOCE [velɔs] **adj.** ✦ **LITTÉR.** Agile, rapide.
ÉTYM. latin *velox, velocis.*

VÉLOCIPÈDE [velɔsipɛd] **n. m.** ✦ **anciennt** Appareil de locomotion, ancêtre de la bicyclette.
ÉTYM. du latin *velox, velocis* «rapide» et de *-pède.*

VÉLOCISTE [velɔsist] n. ✦ Spécialiste de la réparation et de la vente des cycles (bicyclettes, vélomoteurs...).
ÉTYM. de *vélo*.

VÉLOCITÉ [velɔsite] n. f. 1. RARE Mouvement rapide. SYN. **vitesse**. *La vélocité du cerf.* SYN. **rapidité**. 2. Agilité, vitesse dans le jeu d'un instrument de musique. *Exercice de vélocité au piano.* SYN. **virtuosité**.
ÉTYM. latin *velocitas*, de *velox, velocis* «rapide».

VÉLODROME [velodʀom] n. m. ✦ Piste entourée de gradins, aménagée pour les courses cyclistes. anciennt *Le Vélodrome d'hiver* (abrév. *Vél' d'hiv*), à Paris.
ÉTYM. de *vélo* et *-drome*.

VÉLOMOTEUR [velɔmɔtœʀ] n. m. ✦ Vélo à moteur de petite cylindrée, entre 50 et 125 cm^3. SYN. **cyclomoteur**.

VÉLO-TAXI [velotaksi] n. m. ✦ Bicyclette ou tricycle adapté pour transporter des passagers et faire fonction de taxi. *Des vélos-taxis.* – On écrit aussi *vélotaxi*.

VELOURS [v(ə)luʀ] n. m. 1. Tissu à deux chaînes superposées dont l'endroit est formé de poils très serrés et dressés. *Velours uni, côtelé. Pantalon de velours.* ◆ loc. fig. *Jouer sur le (du) velours* : agir sans risques. – *Faire patte de velours* : dissimuler un dessein de nuire sous une douceur affectée (comme le chat qui rentre les griffes). 2. Ce qui donne une impression de douceur au toucher, à la vue, au goût. → **velouté**. *C'est du velours,* une boisson, une nourriture délectable. – plais. *Faire des yeux de velours,* les yeux doux.
ÉTYM. de l'ancien français *velous*, d'abord «poilu, velu», latin *villosus*, de *villus* «touffe de poils».

VELOUTÉ, ÉE [vəlute] adj. et n. m. 1. Qui a la douceur du velours. *Pêche veloutée.* 2. Doux et onctueux (au goût). *Potage velouté.* – n. m. *Un velouté d'asperges.* 3. n. m. Douceur de ce qui est velouté au toucher ou à l'aspect. *Le velouté de la peau.*
ÉTYM. de *velous*, ancienne forme de *velours*.

VELOUTER [vəlute] v. tr. (conjug. 3a) ✦ Donner l'apparence, la douceur du velours à (qqch.).

VELU, UE [vəly] adj. ✦ Qui a les poils très abondants. SYN. **poilu**. *Mains velues.*
ÉTYM. bas latin *villutus*, de *villus* «touffe de poils».

VÉLUM [velɔm] n. m. ✦ Grande pièce d'étoffe servant à tamiser la lumière ou à couvrir un espace sans toiture. – On écrit aussi *velum*.
ÉTYM. latin *velum* «① voile».

VENAISON [vənɛzɔ̃] n. f. ✦ Chair de grand gibier (cerf, chevreuil, daim, sanglier) destinée à la consommation. *Pièce de venaison.*
ÉTYM. latin *venatio*, de *venari* «chasser le gibier».

VÉNAL, ALE, AUX [venal, o] adj. 1. Qui se laisse acheter au mépris de la morale. SYN. **cupide**. *Un politicien vénal.* SYN. **corruptible**. – (choses) *Amour vénal.* 2. ÉCON. Estimé en argent. *La valeur vénale d'un bien.* 3. Qui s'obtient par de l'argent. *Offices vénaux.*
ÉTYM. latin *venalis*, de *venum* «vente».

VÉNALITÉ [venalite] n. f. 1. Fait d'être cédé pour de l'argent au mépris des valeurs morales. 2. Caractère ou comportement d'une personne vénale. → **bassesse, corruption**. 3. HIST. *La vénalité des charges, des offices,* le fait qu'ils s'achetaient et se vendaient.
ÉTYM. bas latin *venalitas*, de *venalis* «vénal».

à tout VENANT [atuv(ə)nɑ̃] loc. ✦ À chacun, à tout le monde. *Se confier à tout venant.* → **tout-venant**.
ÉTYM. du participe présent de *venir*.

VENDABLE [vɑ̃dabl] adj. ✦ Qui peut être vendu. CONTR. **invendable**.

VENDANGE [vɑ̃dɑ̃ʒ] n. f. 1. Fait de recueillir les raisins mûrs pour la fabrication du vin. *Faire la vendange, les vendanges.* → **vendanger**. 2. au plur. Époque de cette récolte, en automne. 3. Raisin récolté pour faire le vin. *La vendange est abondante.*
ÉTYM. latin *vindemia*, de *vinum* «vin» et *demere* «enlever».

VENDANGER [vɑ̃dɑ̃ʒe] v. (conjug. 5) 1. v. tr. Récolter (les raisins) pour faire le vin. 2. v. intr. Cueillir les raisins et les transporter.
ÉTYM. latin *vindemiare* → vendange.

VENDANGEUR, EUSE [vɑ̃dɑ̃ʒœʀ, øz] n. ✦ Personne qui fait les vendanges.

VENDÉMIAIRE [vɑ̃demjɛʀ] n. m. ✦ HIST. Premier mois du calendrier révolutionnaire (du 22-23 septembre au 21-22 octobre).
ÉTYM. du latin *vindemia* «vendange».

VENDETTA [vɑ̃deta ; vɑ̃dɛtta] n. f. ✦ Coutume (d'abord italienne, corse), par laquelle les membres de deux familles ennemies poursuivent une vengeance réciproque jusqu'au crime.
ÉTYM. mot italien «vengeance», latin *vindicta*.

VENDEUR, EUSE [vɑ̃dœʀ, øz] n. et adj.
I n. 1. Personne qui vend ou a vendu qqch. (s'oppose à *acheteur, acquéreur, client*). 2. Personne dont la profession est de vendre (en général, sans commerce fixe). SYN. **marchand**. *Vendeur ambulant.* → **colporteur**. 3. Employé chargé d'assurer la vente. *Vendeuse de grand magasin.* 4. Personne qui connaît et applique les procédés de vente. *Ce directeur commercial est un excellent vendeur.*
II adj. 1. Disposé à vendre. *Il n'est pas vendeur à ce prix.* 2. Qui fait vendre. *Une publicité très vendeuse.*

VENDRE [vɑ̃dʀ] v. tr. (conjug. 44) **I** 1. Céder (qqch.) à qqn en échange d'une somme d'argent (→ **vente**). *Il a vendu ses livres. Vendre qqch. (à) tel prix, tant. Vendre à perte.* – *À vendre* : offert pour la vente. ◆ Faire commerce de (ce que l'on a fabriqué ou acheté). *Vendre qqch. au détail. Vendre en solde.* → **brader, liquider, solder**. ◆ Organiser, faire la vente de. *Pays qui vend des produits finis.* SYN. **exporter**. 2. souvent péj. Accorder ou céder (un avantage, un service) en faisant payer, ou contre un avantage matériel. *Vendre ses charmes.* 3. Exiger qqch. en échange de. *Vendre chèrement sa vie* : se défendre avec vaillance jusqu'à la mort. 4. Trahir, dénoncer (qqn). *Il a vendu ses complices.* SYN. **donner, livrer**. **II** *SE VENDRE* v. pron. 1. (passif) Être vendu. *Ce modèle se vend bien.* 2. (réfl.) Se mettre au service de qqn par intérêt matériel (→ **vénal, vendu**). *Se vendre à un parti.* CONTR. **acheter, acquérir, conserver, donner, garder**.
ÉTYM. latin *vendere*, littéralement «donner *(dare)* en vente *(venum)*».

VENDREDI [vɑ̃dʀədi] n. m. ✦ Cinquième jour de la semaine*, qui succède au jeudi. *Vendredi prochain. Le vendredi saint* : anniversaire de la Crucifixion, précédant le dimanche de Pâques.
ÉTYM. latin *veneris dies* «jour *(dies)* de Vénus».

VENDU, UE [vɑ̃dy] adj. 1. (choses) Cédé pour de l'argent. *Adjugé, vendu !* (aux enchères). 2. (personnes) Qui a aliéné sa liberté, promis ses services pour de l'argent. *Juge vendu.* SYN. **corrompu, vénal**. 3. n. Personne qui a trahi pour de l'argent. SYN. **traître**. – Cra-

A B C D E F G H I J K L M N O P Q R S T U V W X Y Z

pule, homme sans honneur (injure).
ÉTYM. du participe passé de *vendre.*

VENELLE [vənɛl] **n. f.** ✦ Petite rue étroite. SYN. **ruelle.**
ÉTYM. diminutif de *veine* «conduit».

VÉNÉNEUX, EUSE [venenø, øz] **adj.** ✦ (végétaux) Qui contient un poison, qui peut empoisonner. SYN. **toxique.** *Champignons vénéneux.* CONTR. **comestible.**
ÉTYM. bas latin *venenosus,* de *venenum* «venin».

VÉNÉRABLE [veneʀabl] **adj.** 1. LITTÉR. ou plais. Digne de vénération. *Un personnage vénérable.* ➡ *D'un âge vénérable :* très vieux. SYN. **respectable.** *Cette vénérable institution.* 2. **n. m.** RELIG. Celui qui a obtenu le premier degré de la canonisation (avant *bienheureux* et *saint*). *Bède le Vénérable.* ◆ Président d'une loge maçonnique.
ÉTYM. latin *venerabilis,* de *venerari* «vénérer».

VÉNÉRATION [veneʀasjɔ̃] **n. f.** 1. Respect religieux. 2. Grand respect fait d'admiration et d'affection. SYN. **adoration, culte, dévotion.** *Il a pour son père une véritable vénération.* CONTR. **blasphème • mépris.**
ÉTYM. latin *veneratio,* de *venerari* «vénérer».

VÉNÉRER [veneʀe] **v. tr.** (conjug. 8) 1. Considérer avec le respect dû aux choses sacrées. SYN. **adorer, révérer.** *Vénérer un saint.* 2. LITTÉR. Avoir un grand respect, empreint d'affection pour (qqn, qqch.). SYN. **adorer.** CONTR. **blasphémer • dédaigner, mépriser.**
ÉTYM. latin *venerari.*

VÉNERIE [vɛnʀi] **n. f.** 1. Art de la chasse à courre. *Petite, grande vénerie.* 2. Administration des officiers des chasses (→ **veneur**).
ÉTYM. de l'ancien français *vener* «chasser», latin *venari.*

VÉNÉRIEN, IENNE [veneʀjɛ̃, jɛn] **adj.** ✦ VIEILLI *Maladies vénériennes :* maladies contagieuses qui se communiquent par les rapports sexuels (blennorragie, syphilis...). SYN. **I. S. T., M. S. T.**
ÉTYM. du latin *venerius* «de Vénus *(Venus)*», nom de la déesse de l'Amour. ☛ noms propres.

VÉNÉROLOGIE [veneʀɔlɔʒi] **n. f.** ✦ MÉD. Médecine des maladies et infections sexuellement transmissibles.
► **VÉNÉROLOGUE** [veneʀɔlɔg] **n.**
ÉTYM. de *vénérien* et *-logie.*

VENEUR [vənœʀ] **n. m.** ✦ Celui qui organise les chasses à courre. ➡ *Grand veneur :* chef d'une vénerie.
ÉTYM. latin *venator,* de *venari* «chasser le gibier».

VENGEANCE [vɑ̃ʒɑ̃s] **n. f.** ✦ Action de se venger ; dédommagement moral de l'offensé par punition de l'offenseur. SYN. **vendetta.** *Tirer vengeance d'un affront. Soif, désir de vengeance.* ➡ loc. prov. *La vengeance est un plat qui se mange froid :* il faut savoir attendre pour se venger.
ÉTYM. de *venger.*

VENGER [vɑ̃ʒe] **v. tr.** (conjug. 5) **I** 1. Dédommager moralement (qqn) en punissant son offenseur. *Venger qqn d'un affront. Venger la mémoire d'un ami.* ➡ (sujet chose) Constituer une vengeance ou une compensation pour (qqn). *Son échec me venge.* 2. LITTÉR. Réparer (une offense) en punissant l'offenseur. *Venger une injure, un affront.* **II** *SE VENGER* **v. pron.** 1. Rendre une offense (à qqn) pour se dédommager moralement. *Elle s'est vengée de lui. Je me vengerai.* 2. Se dédommager (d'une offense) en punissant son auteur. *Se venger d'une insulte, d'une injure.*
ÉTYM. latin *vindicare,* proprement «revendiquer (en justice)».

VENGEUR, VENGERESSE [vɑ̃ʒœʀ, vɑ̃ʒ(ə)ʀɛs] **adj.** et **n.** 1. **adj.** Qui venge (une personne, sa mémoire, ses intérêts). ➡ LITTÉR. *Un bras vengeur,* animé par la vengeance. 2. **n.** Personne qui venge, punit (rare au fém.). *Le vengeur de qqn ; d'une offense.*
ÉTYM. latin *vindicator,* de *vindicare* «venger».

VÉNIEL, ELLE [venjɛl] **adj.** ✦ *Péché véniel :* faute digne de pardon (opposé à *péché mortel*).
ÉTYM. latin *veniales,* de *venia* «faveur, grâce».

VENIMEUX, EUSE vənimø, øz **adj.** 1. (animaux) Qui a du venin. *Serpents venimeux.* 2. fig. Haineux, perfide. *Des remarques, des allusions venimeuses.*
ÉTYM. de *venim,* ancienne forme de *venin.*

VENIN [vənɛ̃] **n. m.** 1. Substance toxique sécrétée par certains animaux, et qu'ils injectent par piqûre ou morsure. *Crochets à venin d'un serpent.* ➡ Substance végétale toxique. 2. fig. Haine, méchanceté perfide. *Répandre son venin contre qqn.* loc. *Cracher son venin :* dire des méchancetés dans un accès de colère.
ÉTYM. latin populaire *venimen,* de *venenum* «poison».

VENIR [v(ə)niʀ] **v. intr.** (conjug. 16) **I** (sens spatial) Se déplacer de manière à aboutir dans un lieu. SYN. ① **aller,** se **déplacer,** se **rendre.** 1. (sans compl. de lieu) *Venez avec moi :* accompagnez-moi. *Aller et venir.* ➡ *Faire venir qqn, qqch.* ➡ *VOIR VENIR. Je te vois venir :* je devine tes intentions. *Voir venir* (les évènements) : attendre prudemment. 2. (avec un compl. marquant le terme du mouvement) *VENIR À, CHEZ, DANS... Venez ici. Il vient vers nous, jusqu'à nous.* ➡ *VENIR À qqn,* aller le trouver*. ◆ (choses) *Idée qui vient à l'esprit.* ➡ impers. *Jamais il ne m'est venu à l'esprit de* (+ inf.). 3. Parvenir (à un but, une étape). *Venir à bout de qqch.* ➡ *Il faudra bien qu'il y vienne,* qu'il accepte. ➡ *VENIR À* (un sujet, une question). SYN. **aborder.** *EN VENIR À :* finir par faire, par employer, après une évolution. *En venir aux mains, aux coups. Où veut-il en venir ?* 4. *VENIR DE* (avec un compl. marquant le point de départ, l'origine). *D'où venaient-ils ? Les nuages viennent de l'ouest.* ➡ *Cette maison lui vient de son grand-père* (par héritage). 5. Provenir, sortir de. *La plupart des mots français viennent du latin.* SYN. ① **dériver.** 6. Avoir pour cause ; être l'effet de. SYN. **découler, provenir, résulter.** *Son succès vient de son obstination. Cela vient de ce que* (+ indic.). ➡ impers. *De là vient que..., d'où vient que... :* c'est pourquoi. **II** (semi-auxiliaire ; + inf.) 1. Se déplacer (pour faire). *J'irai la voir et ensuite je viendrai vous chercher.* 2. *VENIR À* (+ inf. ; surtout à la 3e pers.) : se trouver en train de faire, de subir qqch. *S'il venait à mourir.* ➡ impers. *S'il venait à passer quelqu'un.* 3. *VENIR DE* (+ inf.) : avoir (fait) très récemment, avoir juste fini de. *Elle vient de sortir. Elle venait d'être malade.* **III** Arriver, se produire, survenir. 1. (personnes) Arriver (dans la vie). *Ceux qui viendront après nous.* SYN. **succéder.** ➡ (évènements) Se produire. SYN. **survenir.** *Prendre les choses comme elles viennent.* ➡ (temps) *L'heure est venue de réfléchir.* SYN. **arriver.** *Le jour viendra où nos idées triompheront.* ➡ au p. passé *La nuit venue,* tombée. ◆ **loc. adv.** *À VENIR.* → **avenir.** *Les générations à venir.* 2. (végétaux, tissus vivants) Naître et se développer. SYN. **pousser.** *Un sol où le blé vient bien.* 3. (idées, créations) *Les idées ne viennent pas. Alors, ça vient ? :* allez-vous répondre ? *L'idée lui est venue subitement.* **IV** *S'EN VENIR* **v. pron.** RÉGIONAL Venir, arriver. *L'hiver s'en vient.*
ÉTYM. latin *venire.*

VÉNITIEN, IENNE [venisjɛ̃, jɛn] adj. et n. ✦ De Venise (☛ noms propres). ➜ *Blond vénitien* : blond tirant sur le roux. ➜ n. *Les Vénitiens, les Vénitiennes.*
ÉTYM. ancien italien *venetiano*, de *Venetia, Venezia* «Venise».

VENT [vɑ̃] n. m. **I** Déplacement naturel de l'atmosphère. 1. Mouvement de l'atmosphère ressenti au voisinage du sol ; déplacement d'air. *Vent modéré* (→ **brise**), *violent, glacial* (→ ① **bise**). *Le vent du nord,* qui vient du nord. *Le vent souffle, se lève, tombe. Il y a du vent, il fait du vent. Coup, rafale de vent. Énergie du vent* (→ **éolien**). ☛ Géographie p. 230. ➜ loc. *Passer en COUP DE VENT* : rapidement. ➜ loc. MAR. *Au vent* (dans la direction du vent) ; *sous le vent* (dans la direction opposée). *Les îles Sous-le-Vent.* ◆ *À VENT* : mû par l'air. *Moulin à vent.* ◆ *Les quatre vents* : les quatre points cardinaux (directions des vents). *Aux quatre vents ; à tous les vents* : partout, en tous sens. 2. L'atmosphère, l'air (généralement agité par des courants). *Flotter, voler au vent. Exposé au vent* (→ **éventé**). *En plein vent* : en plein air. *Le nez au vent* : le nez en l'air, d'un air dégagé. 3. loc. (Symbole des impulsions, des influences) *Contre vents et marées* : envers et contre tout. *Avoir le vent en poupe*. Être dans le vent,* à la mode. ➜ *Quel bon vent vous amène ?* : quelle est la cause de votre venue ? (formule d'accueil). iron. *Bon vent !* : bon débarras. ➜ *Le vent tourne* : les évènements vont changer. 4. *Du vent* : des choses vaines, vides. 5. *AVOIR VENT DE* : avoir connaissance de. 6. loc. fig. FAM. *(Se) prendre un vent* : subir un échec brutal ; être ignoré. **II** 1. Déplacement d'air, de gaz. *Sentir le vent du boulet,* un danger proche. ➜ *Personne qui fait du vent,* fait l'importante. 2. *Instrument* (de musique) *à vent,* dans lequel on souffle. 3. au plur. Gaz intestinaux. SYN. **pet.** HOM. ① VAN «panier», ② VAN «fourgon»
ÉTYM. latin *ventus* «air» et «vent».

VENTAIL → **VANTAIL**

VENTE [vɑ̃t] n. f. 1. Échange d'un bien contre de l'argent (→ **vendre**). *Procéder à la vente d'un bien.* ➜ loc. *En vente* : pour être vendu, ou disponible dans le commerce. ➜ *Magasin, lieu, point de vente. Mettre en vente un nouveau modèle.* → **commercialiser.** ➜ *Vente au comptant, à crédit. Prix de vente. Vente en gros, au détail. Vente par correspondance (V. P. C.). Vente à distance* (par téléphone, Internet, minitel...). 2. Réunion des vendeurs et des acquéreurs éventuels, au cours de laquelle on vend publiquement. *Vente aux enchères.* → **adjudication.** *Salle des ventes.* ➜ *Vente de charité,* au cours de laquelle on vend au bénéfice d'une œuvre des objets généralement donnés.
ÉTYM. latin *vendita*, du participe passé de *vendere* «vendre».

VENTÉ, ÉE [vɑ̃te] adj. ✦ Soumis au vent. SYN. **éventé, venteux.** *Une plage ventée.* HOM. VANTER «complimenter»

VENTER [vɑ̃te] v. impers. (conjug. 3a) ✦ (vent) Souffler. *Il vente* : il fait du vent. ➜ loc. *Qu'il pleuve ou qu'il vente* : par tous les temps. HOM. VANTER «complimenter»

VENTEUX, EUSE [vɑ̃tø, øz] adj. ✦ Où il y a beaucoup de vent. SYN. **éventé, venté.** *Plaine venteuse.*
ÉTYM. latin *ventosus.*

VENTILATEUR [vɑ̃tilatœʀ] n. m. ✦ Appareil servant à brasser de l'air. spécialt Mécanisme utilisé dans le refroidissement du moteur d'une automobile. *Courroie de ventilateur.* ➜ abrév. FAM. VENTILO [vɑ̃tilo].
ÉTYM. de *ventiler.*

VENTILATION [vɑ̃tilasjɔ̃] n. f. **I** 1. Opération par laquelle l'air est brassé, renouvelé ou soufflé. SYN. **aération.** *La ventilation de cette salle est insuffisante.* 2. *Ventilation pulmonaire,* renouvellement de l'air dans les alvéoles par les mouvements de l'inspiration et de l'expiration. **II** Répartition entre divers comptes. *Ventilation des frais généraux.*
ÉTYM. latin *ventilatio*, de *ventilare* → ventiler.

VENTILER [vɑ̃tile] v. tr. (conjug. 3a) **I** Produire un courant d'air dans, sur. SYN. **aérer.** ➜ au p. passé *Une cave mal ventilée.* **II** Répartir (une somme totale) entre plusieurs comptes. *Ventiler les dépenses.* ➜ Répartir en plusieurs groupes (des choses, des personnes). *Ventiler des élèves entre plusieurs classes.*
ÉTYM. latin *ventilare* «exposer à l'air *(ventus)* libre».

VENTÔSE [vɑ̃toz] n. m. ✦ HIST. Sixième mois du calendrier révolutionnaire (du 19, 20 ou 21 février au 21 ou 22 mars).
ÉTYM. du bas latin *ventosus* «venteux».

VENTOUSE [vɑ̃tuz] n. f. 1. Petite cloche de verre appliquée sur la peau après qu'on y a raréfié l'air, que l'on utilisait pour provoquer une révulsion. 2. Organe où un vide partiel se fait, et qui sert à sucer, aspirer. ➜ *Faire ventouse* : adhérer. 3. Dispositif (rondelle de caoutchouc, etc.) qui se fixe par vide partiel sur une surface plane.
ÉTYM. bas latin *(cucurbita) ventosa* «(courge) pleine d'air».

VENTRAL, ALE, AUX [vɑ̃tʀal, o] adj. 1. Du ventre, de l'abdomen. SYN. **abdominal.** *Nageoires ventrales.* 2. Qui se porte sur le ventre. *Parachute ventral* (opposé à *dorsal*).
ÉTYM. latin *ventralis*, de *venter, ventris* «ventre».

VENTRE [vɑ̃tʀ] n. m. **I** (chez l'être humain) 1. Partie antérieure de la cavité qui contient l'intestin (SYN. **abdomen**) ; paroi antérieure du bassin, au-dessous de la taille. *Le dos et le ventre. Être allongé, couché sur le ventre.* ➜ loc. *À plat ventre.* fig. *Se mettre à plat ventre devant qqn* : s'humilier par intérêt. ➜ *Marcher, passer sur le ventre (de, à qqn),* l'éliminer dans son intérêt. ➜ *BAS-VENTRE.* → **bas-ventre.** ◆ *Danse du ventre* : danse orientale où la danseuse remue les hanches et le bassin. 2. (animaux) Paroi inférieure du corps (opposé à *dos*). *Le ventre argenté d'un poisson.* ➜ loc. *Courir VENTRE À TERRE,* très vite. 3. Proéminence que forme la paroi antérieure de l'abdomen, de la taille au bas-ventre. *Un ventre plat, un gros ventre. Rentrer le ventre. Avoir, prendre du ventre.* SYN. FAM. **bedaine, bedon, bide, brioche, panse.** ◆ loc. *Le ventre mou* (de qqn, qqch.) : la partie faible, peu résistante. 4. L'abdomen en tant que siège de la digestion (estomac et intestins). *Se remplir le ventre. Avoir mal au ventre,* aux intestins. ➜ loc. *Avoir le ventre creux,* l'estomac vide. *Avoir les yeux plus grands que le ventre* : vouloir manger plus qu'on ne peut. 5. L'abdomen féminin en tant que siège de la gestation et des organes génitaux internes. SYN. **sein** (3), **utérus.** 6. Intérieur du corps ; siège de la vie, de l'énergie. loc. *Avoir, mettre du cœur au ventre,* de l'énergie, du courage. *Il n'a rien dans le ventre* : il est lâche. ➜ *Chercher à savoir ce que qqn a dans le ventre,* quels sont ses projets, ses intentions secrètes. **II** Partie creuse, lorsqu'elle présente à l'extérieur un renflement. *Le ventre d'une cruche.* SYN. **panse** ; → **ventru.** ➜ Partie bombée de la coque d'un bateau.
ÉTYM. latin *venter, ventris.*

VENTRÉE [vɑ̃tʀe] n. f. ✦ FAM. Nourriture qui remplit bien le ventre. *Une ventrée de pâtes.*

VENTRICULAIRE [vɑ̃tʀikylɛʀ] **adj.** ✦ ANAT. D'un ventricule, des ventricules.

VENTRICULE [vɑ̃tʀikyl] **n. m.** ✦ ANAT. **1.** Chacun des deux compartiments inférieurs (du cœur), séparés par une cloison. **2.** Cavité importante de l'encéphale. *Ventricules latéraux, ventricule moyen.*
ÉTYM. latin *ventriculus (cordis)* «petit ventre (du cœur)».

VENTRILOQUE [vɑ̃tʀilɔk] **n.** ✦ Personne qui peut articuler sans remuer les lèvres, d'une voix étouffée qui semble venir du ventre. ➛ **adj.** *Il est ventriloque.*
ÉTYM. bas latin *ventriloquus* «qui parle *(loqui)* du ventre *(venter)*».

VENTRIPOTENT, ENTE [vɑ̃tʀipɔtɑ̃, ɑ̃t] **adj.** ✦ Qui a un gros ventre. SYN. **bedonnant, ventru.**
ÉTYM. du latin *venter, ventris* «ventre» et *potens* «puissant».

VENTRU, UE [vɑ̃tʀy] **adj.** **1.** Qui a un gros ventre. SYN. **gros, pansu, ventripotent.** **2.** (choses) Renflé, bombé. *Une commode ventrue.*

VENU, UE [v(ə)ny] **adj.** et **n.** **1.** LITTÉR. *Être* BIEN, MAL VENU : arriver à propos (ou non) ; être bien (ou mal) accueilli. ➛ *Être mal venu de* (+ inf.) : n'être pas fondé à. *Vous seriez mal venu d'insister.* **2.** BIEN, MAL VENU : qui s'est développé (bien, mal). *Un enfant mal venu,* chétif. **3. n.** *Le* PREMIER VENU : n'importe qui. *Ce n'est pas la première venue.* ➛ *Les nouveaux, les derniers venus.*
ÉTYM. du participe passé de *venir.*

VENUE [v(ə)ny] **n. f.** **1.** Action, fait de venir (I). SYN. **arrivée.** *Des allées* et venues.* **2.** LITTÉR. Action, fait de venir (III), de se produire, d'arriver. *La venue du beau temps.* **3.** loc. *D'une seule venue, tout d'une venue :* d'un seul jet (en parlant des plantes, des arbres).
ÉTYM. du participe passé de *venir.*

VÉNUS [venys] **n. f.** **I** Très belle femme. **II** ZOOL. Mollusque bivalve. SYN. **praire.**
ÉTYM. latin *Venus*, nom de la déesse de l'amour. ➡ noms propres.

VÊPRES [vɛpʀ] **n. f. pl.** **I** Cérémonie religieuse (catholique) qui se fait l'après-midi. **II** HIST. *Les vêpres siciliennes :* massacre des Français en Sicile (le lundi de Pâques 1282, à l'heure des vêpres).
ÉTYM. latin médiéval *vesperae*, famille de *vesper* «le soir».

VER [vɛʀ] **n. m.** **I** COUR. **1.** Petit animal au corps mou (insecte, larve) sans pattes. *Il y a des vers dans ce fruit. Se tortiller comme un ver.* ◆ VER DE TERRE : lombric terrestre, annelé et rougeâtre. ➛ *Ver solitaire :* ténia. ➛ *Ver blanc :* larve de hanneton ; asticot. ➛ *Ver luisant :* femelle d'un coléoptère (le lampyre) qui brille la nuit ; luciole. ➛ *Ver à soie :* chenille du bombyx du mûrier, qui s'enferme dans un cocon fait d'un enroulement de fils de soie. **2.** loc. *Être nu comme un ver,* tout nu. ➛ *Tirer les vers du nez à qqn,* le faire parler, avouer. **3.** Vermine qui, selon la croyance populaire, ronge la chair des morts. **II** ZOOL. *Les vers.* **1.** VX Invertébrés, à l'exception des insectes. **2.** MOD. Métazoaires au corps mou segmenté, sans cavité centrale *(vers plats)* ou avec cette cavité (annélides, etc.). HOM. VAIR «fourrure», VERRE «matière» et «récipient», ① VERS «en direction de», ② VERS «fragment de poème», VERT «couleur»
ÉTYM. latin *vermis.*

VÉRACITÉ [veʀasite] **n. f.** **1.** LITTÉR. Qualité d'une personne qui dit la vérité. *Décrire, raconter avec véracité.* SYN. **exactitude, fidélité.** **2.** Qualité de ce qui est rapporté avec véracité (1). *La véracité de son témoignage.* SYN. **authenticité, sincérité.** CONTR. **fausseté, hypocrisie, mensonge.**
ÉTYM. du latin *verax* «véridique», de *verus* «vrai».

VÉRANDA [veʀɑ̃da] **n. f.** ✦ Galerie vitrée contre une maison, servant généralement de petit salon.
ÉTYM. anglais *veranda*, du portugais *baranda* «balustrade» par une langue des Indes.

VERBAL, ALE, AUX [vɛʀbal, o] **adj.** **I** Du verbe (II) ; relatif au verbe. *Désinences verbales. Adjectif verbal :* participe présent du verbe, adjectivé (ex. vexant). *Locution verbale :* groupe de mots formé d'un verbe et d'un complément, qui fonctionne comme un verbe (ex. avoir l'air). *Phrase verbale,* comportant un ou plusieurs verbes. *Groupe verbal :* le verbe accompagné de compléments. **II** **1.** Qui se fait de vive voix (opposé à *écrit*). SYN. **oral.** *Promesse verbale.* **2.** Qui se fait, s'exprime par des mots et non par d'autres signes. *Violence verbale.* **3.** Qui concerne les mots plutôt que la chose ou l'idée. *Une explication purement verbale.* SYN. **formel.**
ÉTYM. bas latin *verbalis*, de *verbum* «mot, parole».

VERBALEMENT [vɛʀbalmɑ̃] **adv.** **1.** De vive voix et non par écrit. SYN. **oralement.** **2.** Par des mots. *S'exprimer verbalement.*
ÉTYM. de *verbal.*

VERBALISER [vɛʀbalize] **v.** (conjug. 3a) **I** **v. intr.** Dresser un procès-verbal (1). **II** **v. tr.** Exprimer, extérioriser (qqch.) par le langage.
► **VERBALISATION** [vɛʀbalizasjɔ̃] **n. f.**
ÉTYM. de *verbal.*

VERBALISME [vɛʀbalism] **n. m.** ✦ péj. Utilisation des mots pour eux-mêmes au détriment de l'idée (et sans intention esthétique). SYN. **verbiage.**
ÉTYM. de *verbal.*

VERBE [vɛʀb] **n. m.** **I** **1.** (avec une majuscule) RELIG. CHRÉT. Parole (de Dieu) adressée aux hommes. *Le Verbe de Dieu.* **2.** LITTÉR. Expression de la pensée (oralement ou par écrit) au moyen du langage. SYN. **langage, langue.** *La magie du verbe.* **3.** Ton de voix. loc. *Avoir le verbe haut :* parler fort ; parler, décider avec assurance. **II** Mot variable qui exprime une action, un état, un devenir, et qui présente un système complexe de formes (➛ **conjugaison**). *Formes, temps, modes, personnes du verbe. Verbe transitif, intransitif, pronominal. Verbes d'état, d'action.*
ÉTYM. latin *verbum* «mot, parole».

VERBEUX, EUSE [vɛʀbø, øz] **adj.** ✦ Qui dit les choses en trop de paroles, trop de mots. *Un orateur verbeux.* SYN. **bavard, prolixe.** *Commentaire verbeux.* CONTR. ① **bref, concis, laconique,** ② **lapidaire.**
► **VERBEUSEMENT** [vɛʀbøzmɑ̃] **adv.**
ÉTYM. latin *verbosus*, de *verbum* «mot, parole».

VERBIAGE [vɛʀbjaʒ] **n. m.** ✦ Abondance de paroles, de mots vides de sens ou qui disent peu de chose. SYN. **bavardage.**
ÉTYM. de l'ancien français *verbier* «gazouiller, chanter», francique *werbilôn* «tourbillonner» ; sens moderne d'après *verbe, verbeux.*

VERBOSITÉ [vɛʀbozite] **n. f.** ✦ LITTÉR. Caractère verbeux.
ÉTYM. bas latin *verbositas.*

VERDÂTRE [vɛʀdɑtʀ] **adj.** ✦ Qui tire sur le vert, est d'un vert un peu sale et trouble. *Teint verdâtre.* SYN. **olivâtre.**
ÉTYM. de *verd*, ancienne forme de *vert*, et *-âtre.*

VERDEUR [vɛʀdœʀ] **n. f.** 1. Vigueur de la jeunesse (chez qqn qui n'est plus jeune). 2. Acidité (d'un fruit vert, d'un vin trop vert). 3. Liberté, spontanéité savoureuse dans le langage.
ÉTYM. de *verd*, ancienne forme de *vert*.

VERDICT [vɛʀdik(t)] **n. m.** 1. Déclaration par laquelle le jury répond, après délibération, aux questions posées par le tribunal. SYN. **sentence.** *Prononcer, rendre un verdict. Verdict d'acquittement.* 2. Jugement rendu par une autorité. SYN. **décision.**
ÉTYM. mot anglais, de l'ancien français *voir dit* «vrai *(voir)* dit».

VERDIER [vɛʀdje] **n. m.** ✦ Oiseau passereau, de la taille du moineau, à plumage verdâtre.
ÉTYM. de *verd*, ancienne forme de *vert*.

VERDIR [vɛʀdiʀ] **v. intr.** (conjug. 13) 1. Devenir vert. ➝ (végétaux) Pousser, se couvrir de feuilles. 2. Devenir vert de peur. SYN. **blêmir.** *Il a verdi en le voyant.*
ÉTYM. de *verd*, ancienne forme de *vert*.

VERDISSANT, ANTE [vɛʀdisɑ̃, ɑ̃t] **adj.** ✦ Qui verdit, est en train de verdir.
ÉTYM. du participe présent de *verdir*.

VERDOIEMENT [vɛʀdwamɑ̃] **n. m.** ✦ LITTÉR. Fait de verdoyer. *Le verdoiement des prés.*

VERDOYANT, ANTE [vɛʀdwajɑ̃, ɑ̃t] **adj.** ✦ Qui verdoie ; où la végétation est vivace. *Une vallée verdoyante.*
ÉTYM. du participe présent de *verdoyer*.

VERDOYER [vɛʀdwaje] **v. intr.** (conjug. 10) ✦ RARE Se dit des végétaux, de la campagne qui donnent une sensation dominante de vert.
ÉTYM. de *verd* (ancienne forme de *vert*), suffixe *-oyer*.

VERDURE [vɛʀdyʀ] **n. f.** 1. Couleur verte de la végétation. 2. Arbres, plantes, herbes, feuilles. SYN. **végétation.** *Un rideau, un tapis de verdure.* ◆ *Tapisserie de verdure ; verdure* : tapisserie médiévale représentant des végétaux et non des personnages. 3. FAM. Plante potagère que l'on mange crue, en salade.
ÉTYM. de *verd*, ancienne forme de *vert*.

VÉREUX, EUSE [veʀø, øz] **adj.** 1. Qui contient un ver, est gâté par des vers. *Fruits véreux.* 2. Foncièrement malhonnête. *Politicien, financier véreux.* ➝ *Affaire véreuse.* SYN. ① **louche, suspect.**
ÉTYM. de *ver*.

VERGE [vɛʀʒ] **n. f.** **I** LITTÉR. Baguette (pour frapper, battre). **II** Organe de la copulation (chez l'homme et les mammifères). SYN. **pénis, phallus.**
ÉTYM. latin *virga*.

VERGENCE [vɛʀʒɑ̃s] **n. f.** ✦ PHYS. Inverse de la distance focale (d'un système optique centré). *Vergence positive* (convergence), *négative* (divergence).
ÉTYM. de *convergence, divergence*.

VERGER [vɛʀʒe] **n. m.** ✦ Terrain planté d'arbres fruitiers.
ÉTYM. latin *viridiarium* «bosquet», famille de *viridis* «vert».

VERGETÉ, ÉE [vɛʀʒəte] **adj.** ✦ Marqué de vergetures, de petites raies.
ÉTYM. du participe passé de *vergeter*, de l'ancien français *vergette*, diminutif de *verge* (I).

VERGETURE [vɛʀʒətyʀ] **n. f.** ✦ surtout au plur. Petites marques qui sillonnent la peau aux endroits qui ont été distendus.

VERGLACÉ, ÉE [vɛʀglase] **adj.** ✦ Couvert de verglas. *Route verglacée.*

VERGLAS [vɛʀglɑ] **n. m.** ✦ Couche de glace naturelle très mince qui se forme sur le sol. *Une plaque de verglas.*
ÉTYM. de *verre* et *glas, glaz*, formes anciennes de *glace*.

VERGOBRET [vɛʀgɔbʀɛ] **n. m.** ✦ HIST. Chef et juge suprême de certaines confédérations gauloises.
ÉTYM. latin *vergobretus*, d'origine gauloise.

VERGOGNE [vɛʀgɔɲ] **n. f.** 1. VX Sentiment de honte. 2. *SANS VERGOGNE* **loc. adv.** Sans honte, sans scrupule. *Il nous a menti sans vergogne.* SYN. **impudemment.**
ÉTYM. latin *verecundia* «retenue ; honte», famille de *vereri* «révérer».

VERGUE [vɛʀg] **n. f.** ✦ Longue pièce de bois disposée sur un mât pour soutenir une voile.
ÉTYM. forme normande de *verge*.

VÉRIDIQUE [veʀidik] **adj.** 1. LITTÉR. Qui dit la vérité, qui rapporte qqch. avec exactitude (→ **véracité**). *Témoin véridique.* 2. COUR. Conforme à la vérité, à ce qui a été éprouvé, constaté. SYN. **authentique, exact, sincère.** *Témoignage, récit véridique.* CONTR. ① **faux, inexact, mensonger.**
ÉTYM. latin *veridicus*, de *verus* «vrai» et *dicere* «dire».

VÉRIDIQUEMENT [veʀidikmɑ̃] **adv.** ✦ D'une manière véridique, exacte.

VÉRIFIABLE [veʀifjabl] **adj.** ✦ Qui peut être vérifié ; dont on peut prouver la vérité. *Un alibi vérifiable.* CONTR. **invérifiable.**

VÉRIFICATEUR, TRICE [veʀifikatœʀ, tʀis] **n.** ✦ Professionnel chargé de vérifier (1) des comptes, des déclarations. SYN. **contrôleur.**

VÉRIFICATION [veʀifikasjɔ̃] **n. f.** 1. Fait de vérifier. SYN. **contrôle.** *Faire des vérifications.* 2. Fait d'être vérifié (3), d'être reconnu exact. SYN. **confirmation.** *Son attitude n'est que la vérification de nos craintes.*

VÉRIFIER [veʀifje] **v. tr.** (conjug. 9) 1. Examiner la valeur de (qqch.), par une confrontation avec les faits ou par un contrôle de la cohérence interne. SYN. **contrôler.** *Vérifier une nouvelle. Vérifier un compte. Vérifier l'exactitude, l'authenticité d'une assertion.* ➝ *Vérifier si, que* (+ indic.) : examiner de manière à constater que. SYN. **s'assurer.** *Vérifie que la porte est bien fermée.* 2. Examiner (une chose) de manière à pouvoir établir si elle est conforme à ce qu'elle doit être, si elle fonctionne correctement. *Vérifier ses freins.* SYN. ① **tester.** 3. Reconnaître ou faire reconnaître (une chose) pour vraie. SYN. **prouver.** *Vérifier une hypothèse.* ➝ (sujet chose) Constituer le signe non récusable de la vérité de (qqch.). *Les faits ont vérifié nos soupçons.* SYN. **confirmer, justifier.** ➝ pronom. *SE VÉRIFIER* : se révéler exact, juste. *Les présomptions se sont vérifiées.* CONTR. **contredire, infirmer.**
ÉTYM. bas latin *verificare*, de *verus* «vrai» et *facere* «faire».

VÉRIN [veʀɛ̃] **n. m.** ✦ TECHN. Appareil de levage à vis. SYN. **cric.**
ÉTYM. latin *veruina*, de *veru* «broche».

VÉRISME [veʀism] **n. m.** ✦ DIDACT. Mouvement littéraire italien de la fin du XIXe siècle, inspiré par le naturalisme.
► **VÉRISTE** [veʀist] **adj. et n.**
ÉTYM. italien *verismo*, de *vero* «vrai».

A B C D E F G H I J K L M N O P Q R S T U V W X Y Z

VÉRITABLE [veritabl] **adj.** 1. (personnes) VX Sincère, qui ne trompe pas. 2. VX Conforme à la vérité. SYN. **réel, vrai.** *Toute cette histoire est véritable.* SYN. **véridique.** 3. Conforme à l'apparence, qui n'est pas imité. *Des perles véritables.* 4. Qui est réel, non pas seulement apparent. *On ignore sa véritable identité, son véritable nom.* 5. Conforme à l'idée qu'on s'en fait, qui mérite son nom. *Le véritable amour. C'est une véritable canaille.* ◆ (pour justifier une métaphore, un emploi figuré) *C'est un véritable paradis !* CONTR. ① **faux, inexact** · **apparent, inventé** · **artificiel, imaginaire.**
ÉTYM. de *vérité.*

VÉRITABLEMENT [veritabləmɑ̃] **adv.** 1. VIEILLI Réellement. 2. Conformément à l'apparence, au mot qui désigne. SYN. **absolument, proprement, vraiment.** *C'est véritablement génial.* CONTR. **faussement.**
ÉTYM. de *véritable.*

VÉRITÉ [verite] **n. f.** 1. Ce à quoi l'esprit peut et doit donner son assentiment (par suite d'un rapport de conformité avec l'objet de pensée, d'une cohérence interne de la pensée) [opposé à *erreur, illusion*]. *Chercher, prétendre posséder la vérité.* ◆ *La vérité,* personnifiée. *La vérité* (ou la Vérité) *sortant d'un puits.* 2. Connaissance conforme au réel ; son expression (opposé à *erreur, ignorance* ou à *mensonge*). *Connaître, dire la vérité sur qqch. C'est l'entière, la pure vérité ;* FAM. *la vérité vraie.* ➖ *Dire la vérité, toute la vérité.* ➖ prov. *La vérité sort de la bouche des enfants. Il n'y a que la vérité qui blesse.* ➖ *EN VÉRITÉ* **loc. adv.**, sert à renforcer une affirmation, une assertion. ➙ **assurément, certainement, vraiment.** ➖ *À LA VÉRITÉ* **loc. adv.** : pour être exact. *Il est intelligent, mais à la vérité plutôt paresseux.* ➖ loc. *Minute, heure... DE VÉRITÉ :* moment décisif où il faut affronter la réalité, montrer sa vraie valeur. 3. Conformité au sentiment de la réalité. *La vérité d'un portrait* (SYN. **ressemblance**), *d'un personnage* (SYN. **vraisemblance**). ➖ (élément invar. de mots composés) *Cinéma-vérité.* 4. Idée ou proposition qui mérite ou emporte un assentiment entier. SYN. **conviction, évidence.** *Vérités éternelles.* ➖ loc. *Vérités premières,* évidentes mais indémontrables. *Des vérités de Lapalisse :* des évidences. ➙ **lapalissade, truisme.** ➖ *Dire ses quatre vérités à qqn,* lui dire sur son compte des choses désobligeantes. prov. *Toute vérité n'est pas bonne à dire.* 5. Le réel. SYN. **réalité.** *Au-dessous de la vérité.* 6. Expression sincère, vraie. *Un accent, un air de vérité.* SYN. **sincérité.** CONTR. **erreur, illusion** · **contrevérité, mensonge** · **absurdité ; invention** · **apparence, fiction.**
ÉTYM. latin *veritas,* de *verus* «vrai».

VERJUS [vɛrʒy] **n. m.** ✦ Suc acide de raisin cueilli vert.
ÉTYM. de *vert* et *jus.*

VERLAN [vɛrlɑ̃] **n. m.** ✦ Procédé argotique consistant à inverser les syllabes de certains mots, parfois en modifiant les voyelles (ex. *pourri/ripou, jobard/barjo*).
ÉTYM. inversion de *(à) l'envers.*

① **VERMEIL, EILLE** [vɛrmɛj] **adj.** ✦ (teint, peau) D'un rouge vif et léger. *Teint vermeil.*
ÉTYM. latin *vermiculus* «petit ver *(vermis)*», spécialement «cochenille».

② **VERMEIL** [vɛrmɛj] **n. m.** ✦ Argent recouvert d'une dorure d'un ton chaud tirant sur le rouge. *Plats en vermeil.*
ÉTYM. de ① *vermeil.*

VERMICELLE [vɛrmisɛl] **n. m.** ✦ Pâtes à potage en forme de fils très minces. *Bouillon au vermicelle.*
ÉTYM. italien *vermicelli,* proprement «petits vers», famille du latin *vermis* «ver».

VERMICULAIRE [vɛrmikylɛr] **adj.** ✦ Qui a la forme, l'aspect d'un petit ver. *Appendice vermiculaire,* ou COUR. *appendice :* prolongement du cæcum.
ÉTYM. du latin *vermiculus* «petit ver *(vermis)*».

VERMICULÉ, ÉE [vɛrmikyle] **adj.** ✦ Orné de petites stries sinueuses.
ÉTYM. latin *vermiculatus,* de *vermiculus* «petit ver *(vermis)*».

VERMIFUGE [vɛrmifyʒ] **adj.** ✦ Propre à provoquer l'expulsion des vers intestinaux. ➖ **n. m.** *Prendre un vermifuge.*
ÉTYM. du latin *vermis* «ver» et de *-fuge.*

VERMILLON [vɛrmijɔ̃] **n. m.** ✦ Substance colorante ou couleur d'un rouge vif tirant sur le jaune. ➖ **adjectivt invar.** *Des robes vermillon.* **appos. invar.** *Des colorants rouge vermillon.*
ÉTYM. de ① *vermeil.*

VERMINE [vɛrmin] **n. f.** 1. (collectif) Insectes parasites. 2. fig. LITTÉR. Ensemble nombreux d'individus méprisables. SYN. **canaille, racaille.** 3. Personne méprisable, vaurien.
ÉTYM. latin *vermina,* pluriel de *vermen* «ver».

VERMISSEAU [vɛrmiso] **n. m.** ✦ Petit ver, petite larve.
ÉTYM. latin populaire *vermicellus,* de *vermiculus* «petit ver *(vermis)*».

VERMOULU, UE [vɛrmuly] **adj.** ✦ (objets en bois) Rongé, mangé par les vers. SYN. **piqué.** *Charpente vermoulue.*
ÉTYM. de *ver* et participe passé de *moudre.*

VERMOUTH ou **VERMOUT** [vɛrmut] **n. m.** ✦ Apéritif à base de vin aromatisé de plantes amères et toniques.
ÉTYM. allemand *Wermut* «absinthe».

VERNACULAIRE [vɛrnakylɛr] **adj.** ✦ DIDACT. Du pays, propre au pays. *Langue vernaculaire :* langue parlée à l'intérieur d'une communauté (opposé à *véhiculaire*).
ÉTYM. du latin *vernaculus* «indigène».

VERNAL, ALE, AUX [vɛrnal, o] **adj.** ✦ DIDACT. Du printemps. ➖ ASTRON. *Point vernal :* intersection de l'équateur et de l'écliptique à l'équinoxe de printemps.
ÉTYM. latin *vernalis,* de *vernus* «du printemps *(ver)*».

VERNI, IE [vɛrni] **adj.** ✦ FAM. (personnes) Qui a de la chance. SYN. **veinard.** *Elle n'est pas vernie.* HOM. VERNIS «laque»

VERNIR [vɛrnir] **v. tr.** (conjug. 13) ✦ Enduire de vernis. *Vernir un tableau.* ➖ **au p. passé** *Souliers vernis.*

VERNIS [vɛrni] **n. m.** 1. Solution résineuse qui laisse une pellicule brillante et qui sert à décorer ou à protéger. SYN. **laque.** *Le vernis d'un tableau. Vernis à ongles.* 2. fig. Apparence séduisante et superficielle. *Il a un vernis de culture.* HOM. VERNI «chanceux»
ÉTYM. latin médiéval *veronice* «résine odorante», du grec, par l'italien *vernice.*

VERNISSAGE [vɛrnisaʒ] **n. m.** 1. Action de vernir (un tableau, etc.), de vernisser (une poterie). 2. Jour d'ouverture d'une exposition de peinture.
ÉTYM. de *vernir.*

VERNISSER [vɛʀnise] **v. tr.** (conjug. 3a) ✦ Enduire de vernis (une poterie, une faïence). ➝ **au p. passé** *Tuiles vernissées.*
ÉTYM. de *vernis.*

VÉROLE [veʀɔl] **n. f.** 1. *PETITE VÉROLE :* variole. 2. FAM. VX Syphilis.
ÉTYM. bas latin *vayrola*, variante de *variola* → variole.

VÉROLÉ, ÉE [veʀɔle] **adj.** 1. Qui a la peau marquée de petits trous comme ceux laissés par la variole. 2. FAM. Qui a la syphilis.
ÉTYM. de *vérole.*

VÉRONIQUE [veʀɔnik] **n. f.** ✦ Plante herbacée à fleurs bleues.
ÉTYM. de *sainte Véronique*, qui essuya le visage du Christ avec un linge qui eut des vertus de guérison.

VERRAT [vɛʀa] **n. m.** ✦ Porc mâle employé comme reproducteur.
ÉTYM. de l'ancien français *ver* «sanglier», latin *verres.*

VERRE [vɛʀ] **n. m.** I Substance fabriquée, dure, cassante et transparente, formée de silicates alcalins. *Souffleur* de verre. Bouteille en verre. Panneau de verre d'une fenêtre.* → **carreau, glace, vitre.** *Verre dépoli.* ➝ **loc.** *Se briser, se casser comme (du) verre,* très facilement. ♦ *Laine de verre,* matériau composé de fils de verre, utilisé pour filtrer ou isoler. ➝ *Papier de verre,* où des débris de verre sont fixés au papier, à la toile (abrasif). ➝ *Verre blanc ; verre au plomb* (→ **cristal**). II *(Un, des verres)* 1. Plaque, lame, morceau ou objet de verre. *Verre de montre,* qui protège le cadran. ➝ *Verres optiques.* → **lunettes.** *Verres grossissants.* ➝ *Verres de contact.* SYN. **lentille.** 2. Récipient à boire (en verre, cristal, matière plastique). *Verre à pied. Verre ballon. Verre à vin, à liqueur. Lever son verre* (pour trinquer). ➝ *Verre à dents.* ➝ *Verre à moutarde* (verre servant de pot à moutarde). 3. Contenu d'un verre. *Boire un verre d'eau.* ➝ **loc.** *Se noyer dans un verre d'eau,* être incapable de surmonter les moindres difficultés. ➝ Boisson alcoolisée (hors des repas, au café). *Payer un verre à qqn.* → FAM. **pot.** *Boire, prendre un verre.* ➝ **loc.** FAM. *Avoir un verre dans le nez,* être ivre. HOM. VAIR «fourrure», VER «animal», ① VERS «en direction de», ② VERS «fragment de poème», VERT «couleur»
ÉTYM. latin *vitrum ;* doublet de *vitre.*

VERRERIE [vɛʀʀi] **n. f.** 1. Fabrique, usine où l'on fait et où l'on travaille le verre ; fabrication du verre. → **cristallerie, miroiterie, optique, vitrerie.** 2. Commerce du verre, des objets en verre ; ces objets. *Le rayon de verrerie d'un grand magasin.*
ÉTYM. de *verre.*

VERRIER [vɛʀje] **n. m.** 1. Personne qui fabrique le verre, des objets en verre. ➝ **appos.** *Ouvriers verriers.* 2. Artiste qui fait des vitraux ; peintre sur verre.

VERRIÈRE [vɛʀjɛʀ] **n. f.** 1. Grande ouverture ornée de vitraux. *Les verrières de la Sainte-Chapelle.* ☛ Art gothique p. 161. 2. Grand vitrage ; toit vitré (d'une véranda, etc.).
ÉTYM. de *verre.*

VERROTERIE [vɛʀɔtʀi] **n. f.** ✦ Verre coloré et travaillé, dont on fait des bijoux et des ornements. *De la verroterie. Bijoux en verroterie.*
ÉTYM. de *verre,* d'après *bimbeloterie.*

VERROU [veʀu] **n. m.** 1. Système de fermeture constitué par une pièce de métal allongée qui coulisse horizontalement. SYN. **targette.** *Pousser, tirer le verrou* (pour fermer et ouvrir). ➝ **loc.** *Mettre qqn SOUS LES VERROUS,* l'enfermer, l'emprisonner. *Être sous les verrous,* en prison. 2. GÉOL. Barre rocheuse fermant une vallée glaciaire.
ÉTYM. latin *veruculum,* de *veru* «broche».

VERROUILLAGE [veʀujaʒ] **n. m.** ✦ Fait de verrouiller ; manière dont une ouverture est verrouillée. *Verrouillage automatique des portes* (d'un véhicule). CONTR. **déverrouillage.**

VERROUILLER [veʀuje] **v. tr.** (conjug. 3a) 1. Fermer à l'aide d'un verrou. *Verrouiller une porte, une fenêtre.* 2. Bloquer, fermer ; immobiliser. 3. INFORM. Empêcher l'accès à certaines informations, à l'écran, au clavier. *Verrouiller son téléphone.* CONTR. **déverrouiller.**
ÉTYM. de *verrouil,* ancienne forme de *verrou.*

VERRUE [veʀy] **n. f.** ✦ Petite excroissance cornée de la peau (mains, pieds, face).
ÉTYM. latin *verruca.*

VERRUQUEUX, EUSE [veʀykø, øz] **adj.** ✦ En forme de verrue ; qui a des verrues.

① **VERS** [vɛʀ] **prép.** 1. En direction de. *Courir vers la sortie. Maison orientée vers le sud.* SYN. **à.** *Marcher vers l'ennemi.* SYN. ① **sur.** ➝ *Tourner la tête vers qqn.* 2. **fig. (pour marquer le terme d'une évolution ou d'une tendance)** *C'est un pas vers la découverte de la vérité.* ➝ **ellipt (dans les titres de journaux)** *Vers la résolution du conflit.* 3. Du côté de (sans mouvement). *Vers le nord, il fait plus froid.* ➝ Aux environs de. *Nous nous sommes arrêtés vers Fontainebleau.* 4. À peu près (à telle époque). *Vers (les) cinq heures.* HOM. voir ② vers
ÉTYM. latin *versus,* de *vertere* «tourner».

② **VERS** [vɛʀ] **n. m.** 1. *Un vers,* fragment d'énoncé formant une unité rythmique définie par des règles concernant la longueur, l'accentuation, ou le nombre des syllabes. ☛ Littérature p. 122. *L'alexandrin,* vers de douze syllabes. *Vers réguliers,* conformes aux règles de la versification traditionnelle. *Vers libres,* non rimés et irréguliers. *Vers blancs,* sans rimes. ➝ *Suite de vers* (tercet, quatrain, sizain, etc.). → **poème.** 2. *Les vers,* l'écriture en vers. *Composer, écrire, faire des vers,* de la poésie versifiée. HOM. VAIR «fourrure», VER «animal», VERRE «matière» et «récipient», VERT «couleur»
ÉTYM. latin *versus,* d'abord «fait de tourner la charrue», d'où «sillon» puis «vers», de *vertere* «tourner».

VERSANT [vɛʀsɑ̃] **n. m.** ✦ Chacune des deux pentes d'une montagne ou d'une vallée. *Le versant italien des Alpes.*
ÉTYM. du participe présent de *verser* «pencher».

VERSATILE [vɛʀsatil] **adj.** ✦ Qui change facilement de parti, d'opinion. SYN. **changeant, inconstant.** *Une opinion publique versatile.* CONTR. **obstiné, persévérant.**
ÉTYM. latin *versatilis,* de *versare* «tourner».

VERSATILITÉ [vɛʀsatilite] **n. f.** ✦ Caractère versatile. CONTR. **obstination, persévérance.**

VERSE [vɛʀs] **n. f.** I *À VERSE* **loc. adv.,** se dit de la pluie qui tombe en abondance. *Il pleuvait à verse* (→ **averse**). II État des végétaux versés sur le sol (par les pluies, la maladie).
ÉTYM. de *verser.*

VERSÉ, ÉE [vɛʀse] **adj.** ✦ LITTÉR. *Versé dans,* expérimenté et savant (en une matière), qui en a une longue expérience. *Il est très versé dans l'astrologie.* HOM. VERSER «faire couler»

ÉTYM. latin *versatus*, du participe passé de *versari* «s'appliquer à».

VERSEAU [vɛʀso] n. m. ✦ Onzième signe du zodiaque (20 janvier-18 février). ➝ *Être Verseau*, de ce signe.
HOM. VERSO «envers»
ÉTYM. de *verser* et *eau*, d'après le grec *hudrokhoeus*.

VERSEMENT [vɛʀsəmɑ̃] n. m. 1. Action de verser de l'argent. SYN. **paiement**. *S'acquitter en plusieurs versements. Versements mensuels.* → **mensualité**. 2. Somme versée.

VERSER [vɛʀse] v. (conjug. 3a) **I** v. tr. 1. Faire tomber, faire couler (un liquide) d'un récipient qu'on incline. *Verser de l'eau dans un verre.* ➝ Servir une boisson. *Verser le café. Verse-nous à boire.* 2. Répandre. *Verser des larmes, des pleurs,* pleurer. ➝ *Verser le sang,* le faire couler en blessant, en tuant. *Verser son sang,* être blessé ; mourir. 3. Donner en répandant. SYN. **prodiguer**. *Verser l'or à pleines mains.* 4. Apporter (de l'argent) à titre de paiement, de dépôt, de mise de fonds. SYN. **payer**. *Les sommes à verser. Verser des intérêts (à qqn).* ♦ Déposer, annexer (des documents). *Verser une pièce au dossier.* 5. Affecter (qqn) à une arme, à un corps. SYN. **incorporer**. *On l'a versé, il a été versé dans les parachutistes.* **II** v. intr. 1. Basculer et tomber sur le côté. SYN. **culbuter**, se **renverser**. *Sa voiture a versé dans le fossé.* ➝ Coucher (des végétaux) sur le côté (→ **verse**). 2. fig. *VERSER DANS... :* tomber. *Son film verse dans le mélo.* HOM. VERSÉ «savant»
ÉTYM. latin *versare*, de *vertere* «tourner».

VERSET [vɛʀsɛ] n. m. 1. Paragraphe (d'un texte sacré). *Versets de la Bible, d'un psaume ; du Coran* (SYN. **sourate**). 2. LITURGIE Brève formule ou maxime, récitée ou chantée à l'office. 3. Phrase ou suite de phrases rythmées d'une seule respiration, dans un texte poétique. ☛ Littérature p. 123. *Les versets de Claudel.*
ÉTYM. diminutif de ② *vers*.

VERSEUR [vɛʀsœʀ] n. m. ✦ Appareil servant à verser (1). ♦ adj. m. *Bec verseur, bouchon verseur.*

VERSEUSE [vɛʀsøz] n. f. ✦ Cafetière en métal à poignée droite.
ÉTYM. de *verseur* (adjectif).

VERSICOLORE [vɛʀsikɔlɔʀ] adj. ✦ DIDACT. Aux couleurs changeantes ou variées.
ÉTYM. latin *versicolor*, famille de *vertere* «tourner» et *color* «couleur».

VERSIFICATEUR, TRICE [vɛʀsifikatœʀ, tʀis] n. ✦ péj. Faiseur, faiseuse de vers.

VERSIFICATION [vɛʀsifikasjɔ̃] n. f. 1. Technique du vers régulier (→ **poésie**). ☛ Littérature p. 122. *Les règles de la versification.* → ① **métrique, prosodie**. 2. Technique du vers propre à un poète. *La versification de Verlaine.*
ÉTYM. latin *versificatio*, de *versificare* «versifier».

VERSIFIER [vɛʀsifje] v. tr. (conjug. 9) ✦ Mettre en vers. ➝ au p. passé *Un récit versifié.*
ÉTYM. latin *versificare*, littéralement «faire *(facere)* des vers *(versus)*».

VERSION [vɛʀsjɔ̃] n. f. 1. Exercice scolaire de traduction (d'un texte en langue étrangère) dans une langue maternelle (opposé au *thème*). *Version latine* (en français). 2. Chacun des états d'un texte qui a subi des modifications. *Les différentes versions de la Chanson de Roland.* SYN. **variante**. ♦ *Film en version originale (en V. O.),* avec la bande sonore originale. 3. Manière de rapporter, de présenter, d'interpréter un fait, une série de faits. SYN. **interprétation**. *Selon la version du témoin.*
ÉTYM. latin médiéval *versio*, de *vertere* «tourner» et «traduire».

VERSO [vɛʀso] n. m. ✦ Envers d'un feuillet (opposé à *recto*). *Au verso.* SYN. **dos**. HOM. VERSEAU «signe astrologique»
ÉTYM. mot latin, de *(folio) verso* «sur le feuillet *(folium)* tourné *(versus)*», du p. passé de *vertere* «tourner».

VERSOIR [vɛʀswaʀ] n. m. ✦ Pièce de la charrue qui rabat sur le côté la terre détachée par le soc.
ÉTYM. de *verser*.

VERSTE [vɛʀst] n. f. ✦ Ancienne unité de distance (1 067 m), en Russie.
ÉTYM. russe *versta* «tournant (de la charrue)».

VERT, VERTE [vɛʀ, vɛʀt] adj. et n. m.
I adj. 1. Intermédiaire entre le bleu et le jaune ; qui a la couleur dominante de la végétation. *Couleur verte des plantes à chlorophylle* (→ **verdure**). *Chêne vert,* à feuilles persistantes. *Lézard vert.* ➝ *Feu vert,* indiquant que la voie est libre. loc. *Donner le FEU VERT à... :* permettre d'entrer en action, d'agir. ➝ par exagér. *Être vert de peur.* SYN. **blême**. ➝ *Bleu-vert, gris-vert,* tirant sur le vert. 2. Qui n'est pas mûr ; qui a encore de la sève. *Blé vert. Bois vert. Légumes verts,* consommés frais (opposé à *sec*). ➝ *En voir, en dire des vertes et des pas mûres,* voir, dire des choses scandaleuses, choquantes. 3. (personnes) Qui a de la vigueur, de la verdeur. *Un vieillard encore vert.* SYN. ① **gaillard, vaillant** ; → **verdeur**. 4. *Langue verte.* → **argot**. 5. Qui concerne la végétation. *Des espaces verts.* ➝ loc. *Avoir la main verte, les doigts verts :* être doué pour s'occuper des plantes, les soigner. ♦ Relatif à la nature, à la campagne, à l'environnement. *Tourisme vert.* SYN. **rural**. *L'Europe verte,* l'Union européenne agricole. ➝ *Un candidat vert.* SYN. **écologiste**. n. m. *Les Verts.*
II n. m. 1. Couleur verte. *Le vert est complémentaire du rouge. Vert foncé ; clair. Vert amande, vert pomme. Vert d'eau.* 2. Feuilles vertes, verdure ; fourrage frais. *Mettre un cheval au vert,* au pré. ➝ fig. *Se mettre au vert :* aller se reposer à la campagne.
HOM. VAIR «fourrure», VER «animal», VERRE «matière» et «récipient», ① VERS «en direction de», ② VERS «fragment de poème»
ÉTYM. latin *viridis*, de *virere* «être vert, vigoureux».

VERT-DE-GRIS [vɛʀdəgʀi] n. m. invar. 1. Dépôt verdâtre qui se forme à l'air humide sur le cuivre, le bronze. 2. adj. invar. D'un vert grisâtre. *Des uniformes vert-de-gris.*
ÉTYM. de *vert de Grèce*, d'après *gris*.

VERT-DE-GRISÉ, ÉE [vɛʀdəgʀize] adj. ✦ Couvert de vert-de-gris. *Une statue vert-de-grisée.*

VERTÉBRAL, ALE, AUX [vɛʀtebʀal, o] adj. ✦ Des vertèbres. *Colonne vertébrale.*

VERTÈBRE [vɛʀtɛbʀ] n. f. ✦ Chacun des os qui forment la colonne vertébrale. *Se déplacer une vertèbre.*
ÉTYM. latin *vertebra*.

VERTÉBRÉ, ÉE [vɛʀtebʀe] adj. et n. m. 1. adj. Qui a des vertèbres, un squelette. 2. n. m. pl. *LES VERTÉBRÉS :* embranchement du règne animal formé des animaux qui possèdent une colonne vertébrale (poissons, batraciens, reptiles, oiseaux, mammifères). CONTR. **invertébré**.

VERTEMENT [vɛʀtəmɑ̃] adv. ✦ Avec vivacité, rudesse. *Répliquer vertement.*
ÉTYM. de *vert*.

VERTICAL, ALE, AUX [vɛʀtikal, o] adj. et n. f. 1. adj. Qui suit la direction de la pesanteur, du fil à plomb en un lieu ; perpendiculaire à l'horizontale. *Ligne verticale. Station verticale de l'homme.* SYN. **debout.** 2. *VERTICALE* n. f. Ligne, position verticale. ➡ *À LA VERTICALE* loc. adv. : dans la direction de la verticale. CONTR. **horizontal, oblique.**
ÉTYM. bas latin *verticalis*, de *vertex, verticis* «sommet».

VERTICALEMENT [vɛʀtikalmɑ̃] adv. ✦ En suivant une ligne verticale. *La pluie tombe verticalement.* CONTR. **horizontalement, obliquement.**

VERTICALITÉ [vɛʀtikalite] n. f. ✦ Caractère, position de ce qui est vertical. *Vérifier la verticalité d'un mur.* SYN. **aplomb.** CONTR. **horizontalité, obliquité.**

VERTIGE [vɛʀtiʒ] n. m. 1. Impression par laquelle une personne croit que les objets environnants et elle-même sont animés d'un mouvement circulaire ou d'oscillations. SYN. **éblouissement, étourdissement.** *Un vertige, des vertiges.* 2. Peur pathologique de tomber dans le vide. *Avoir le vertige sur un balcon.* 3. État, trouble d'une personne égarée. *Le vertige du succès.*
ÉTYM. latin *vertigo, vertiginis* «tournoiement», de *vertere* «tourner».

VERTIGINEUX, EUSE [vɛʀtiʒinø, øz] adj. ✦ Très haut, très grand (au point de donner le vertige). *Des hauteurs, des vitesses vertigineuses.* ◆ fig. Très grand. *Augmentation, hausse vertigineuse des prix.*
► **VERTIGINEUSEMENT** [vɛʀtiʒinøzmɑ̃] adv.
ÉTYM. latin *vertiginosus*.

VERTU [vɛʀty] n. f. I 1. VIEILLI ou LITTÉR. Force morale avec laquelle l'être humain tend au bien, s'applique à suivre la règle, la loi morale (opposé à *vice*). ➡ loc. FAM. *Il a de la vertu,* il a du mérite (à faire cela). ◆ La loi morale. 2. LITTÉR. Conduite, vie vertueuse. 3. VX Chasteté ; fidélité conjugale (d'une femme). loc. *Femme de petite vertu,* de mœurs légères. 4. Disposition à accomplir des actes moraux par un effort de volonté. *Parer qqn de toutes les vertus.* SYN. **qualité.** RELIG. CATHOL. *Les quatre vertus cardinales,* courage, justice, prudence, tempérance. *Les trois vertus théologales,* charité, espérance, foi. II 1. LITTÉR. Principe actif. SYN. ② **pouvoir, propriété.** *Les vertus calmantes du tilleul.* ➡ *La vertu réparatrice du temps.* 2. *EN VERTU DE* loc. prép. : par le pouvoir de, au nom de. *En vertu de la loi, des pouvoirs qui me sont conférés.* CONTR. **lâcheté ; vice • débauche, libertinage • immoralité.**
ÉTYM. latin *virtus, virtutis* «courage, énergie morale», de *vir* «homme».

VERTUEUSEMENT [vɛʀtɥøzmɑ̃] adv. ✦ Avec vertu.
ÉTYM. de *vertueux*.

VERTUEUX, EUSE [vɛʀtɥø, øz] adj. 1. VIEILLI (personnes) Qui a des vertus, des qualités morales. SYN. **honnête,** ① **moral.** 2. VIEILLI (femme) Chaste ou fidèle. SYN. **pur.** 3. LITTÉR. (choses) Qui a le caractère de la vertu. *Action, conduite vertueuse.* SYN. **édifiant, méritoire.** CONTR. **débauché, dépravé • dissolu, immoral.**

VERTUGADIN [vɛʀtygadɛ̃] n. m. ✦ anciennt Armature portée par les femmes pour faire bouffer la jupe autour des hanches. SYN. **panier.**
ÉTYM. de l'espagnol *verdugado*, de *verdugo* «baguette», de *verde* «vert».

VERVE [vɛʀv] n. f. ✦ Imagination et fantaisie dans la parole. SYN. **brio.** *La verve d'un orateur.* ➡ *Être EN VERVE :* être plus brillant en paroles qu'à l'ordinaire.
ÉTYM. latin populaire *verva*, famille de *verbum* «parole».

VERVEINE [vɛʀvɛn] n. f. 1. Plante dont une espèce a des vertus calmantes. *Verveine odorante,* cultivée pour son parfum (citronnelle). 2. Infusion de verveine officinale. *Boire une tasse de verveine.* 3. Liqueur de verveine.
ÉTYM. latin populaire *vervena*, pour *verbena*.

VÉSANIE [vezani] n. f. ✦ VX ou LITTÉR. Folie.
ÉTYM. latin *vesania*, de *vesanus* «fou», négatif de *sanus* «sain».

VESCE [vɛs] n. f. ✦ Plante herbacée à vrilles, ressemblant au pois de senteur. HOM. VESSE «pet»
ÉTYM. latin *vicia*.

VÉSICAL, ALE, AUX [vezikal, o] adj. ✦ ANAT. De la vessie.
ÉTYM. bas latin *vesicalis*, de *vesica* «vessie».

VÉSICANT, ANTE [vezikɑ̃, ɑ̃t] adj. ✦ MÉD. Qui détermine des ampoules sur la peau. *L'ortie est une plante vésicante.*
ÉTYM. du latin *vesicans*, participe présent de *vesicare* «gonfler».

VÉSICATOIRE [vezikatwaʀ] n. m. ✦ MÉD. Remède pour provoquer une révulsion locale et le soulèvement de l'épiderme.
ÉTYM. du bas latin *vesicare* «former des ampoules *(vesica)*».

VÉSICULE [vezikyl] n. f. ✦ Cavité, petit sac membraneux (comparés à de petites vessies). ➡ *Vésicule (biliaire),* réservoir membraneux situé à la face inférieure du foie et qui emmagasine la bile. ◆ Cloque cutanée remplie de liquide. *Vésicules de la varicelle.*
ÉTYM. latin *vesicula* «petite ampoule *(vesica)*».

VESPASIENNE [vɛspazjɛn] n. f. ✦ VIEILLI Urinoir public pour hommes. SYN. FAM. **pissotière.**
ÉTYM. du n. de l'empereur *Vespasien* (☛ noms propres) qui avait établi un impôt sur la collecte de l'urine, source d'ammoniac.

VESPÉRAL, ALE, AUX [vɛspeʀal, o] adj. ✦ LITTÉR. Du soir, du couchant.
ÉTYM. latin *vesperalis*, de *vesper* «soir».

VESPERTILION [vɛspɛʀtiljɔ̃] n. m. ✦ Chauve-souris à oreilles pointues et museau conique, commune en France.
ÉTYM. latin *vespertilio*, de *vesper* «soir».

VESSE [vɛs] n. f. ✦ VIEILLI Gaz intestinal silencieux et malodorant. SYN. **pet.** HOM. VESCE «plante»
ÉTYM. de l'ancien français *vessir* «péter», du latin *vissire*.

VESSE-DE-LOUP [vɛsdəlu] n. f. ✦ Champignon à spores grisâtres. *Des vesses-de-loup.*

VESSIE [vesi] n. f. 1. Organe creux dans lequel s'accumule l'urine. *Inflammation de la vessie,* cystite (➡ **vésical**). 2. Vessie desséchée d'un animal, formant sac. ➡ loc. *Prendre des vessies pour des lanternes,* se tromper grossièrement. 3. (chez certains poissons) *Vessie natatoire,* sac membraneux relié à l'œsophage, qui, en se remplissant plus ou moins de gaz, règle l'équilibre de l'animal.
ÉTYM. latin populaire *vessica*, de *vesica* «vessie ; ampoule».

VESTALE [vɛstal] n. f. ✦ dans l'Antiquité romaine Prêtresse de Vesta, vouée à la chasteté et chargée d'entretenir le feu sacré.
ÉTYM. latin *vestalis*, de *Vesta*, déesse du foyer. ☛ noms propres.

VESTE [vɛst] n. f. 1. Vêtement de dessus court (à la taille ou aux hanches), avec manches, ouvert devant. *Veste droite, croisée.* SYN. **veston.** *Veste et jupe de tailleur* (femmes). *Veste de sport.* SYN. **blazer.** ➡ *Veste de pyjama.*

A B C D E F G H I J K L M N O P Q R S T U V W X Y Z

2. LOC. FAM. *Ramasser, prendre une veste,* subir un échec. — FAM. *Retourner sa veste,* changer brusquement d'opinion, de parti.
ÉTYM. mot italien «vêtement», latin *vestis.*

VESTIAIRE [vɛstjɛʀ] n. m. **1.** Lieu où l'on dépose momentanément les vêtements d'extérieur (manteaux), les parapluies, cannes, etc., dans certains établissements publics. *Le vestiaire d'un théâtre. La dame du vestiaire.* **2.** Lieu où l'on revêt la tenue propre à une activité sportive ou professionnelle. *Le vestiaire d'une piscine, d'un stade, d'un tribunal.*
ÉTYM. latin *vestiarium,* de *vestis* «vêtement».

VESTIBULE [vɛstibyl] n. m. ✦ Pièce d'entrée (d'un édifice, d'une maison, d'un appartement). SYN. **antichambre, entrée, hall.**
ÉTYM. latin *vestibulum,* d'après l'italien *vestibulo.*

VESTIGE [vɛstiʒ] n. m. ✦ surtout plur. **1.** Ce qui demeure (d'une chose détruite, disparue, d'un groupe d'hommes, d'une société). *Les vestiges d'un temple.* **2.** Ce qui reste (d'une chose abstraite : idée, sentiment ; d'un caractère). *Des vestiges de grandeur.* SYN. **marque, reste, trace.**
ÉTYM. latin *vestigium* «plante du pied», d'où «trace de pas».

VESTIMENTAIRE [vɛstimɑ̃tɛʀ] adj. ✦ Qui a rapport aux vêtements.
ÉTYM. latin *vestimentarius,* de *vestimentum* «vêtement».

VESTON [vɛstɔ̃] n. m. ✦ Veste d'un complet d'homme. *Être en veston.* — *Des complets-vestons.* → **complet, costume.**
ÉTYM. de *veste.*

VÊTEMENT [vɛtmɑ̃] n. m. **1.** plur. Habillement (comprenant le linge mais non les chaussures) ; spécialt vêtements de dessus (opposé à *sous-vêtements*). SYN. **affaire, habillement, habit** ; FAM. **fringues, frusques** ; → **vestimentaire.** *Vêtements de travail. Vêtements de ville, de sport. Mettre ses vêtements.* → **s'habiller, se vêtir.** ♦ (sing. collectif) *Industrie, commerce du vêtement.* **2.** *UN VÊTEMENT :* une pièce de l'habillement de dessus (notamment manteau, veste). *Un vêtement chaud.*
ÉTYM. de *vêtir,* d'après le latin *vestimentum.*

VÉTÉRAN [veteʀɑ̃] n. m. **1.** Ancien combattant. **2.** Personne pleine d'expérience (dans un domaine). *Un vétéran de la diplomatie.* SYN. **ancien. 3.** Sportif de la catégorie des plus âgés. — Au féminin, on trouve *une vétérane* et, par confusion morphologique, *une vétérante.*
ÉTYM. latin *veteranus,* de *vetus, veteris* «vieux».

VÉTÉRINAIRE [veteʀinɛʀ] adj. et n. **1.** adj. Qui a rapport au soin des bêtes (animaux domestiques, bétail). *Médecine vétérinaire.* **2.** n. *Un, une vétérinaire,* médecin vétérinaire, qui soigne les animaux. — abrév. FAM. VÉTO [veto]. HOM. (de l'abrév.) VETO «opposition»
ÉTYM. latin *veterinarius,* de *veterina* «bêtes de somme».

VÉTILLE [vetij] n. f. ✦ Chose insignifiante. SYN. **bagatelle, broutille, détail, rien.** *Ergoter sur des vétilles.*
ÉTYM. de l'ancien français *vétiller* «s'occuper à des choses insignifiantes», de *vete* «ruban», latin *vitta.*

VÉTILLEUX, EUSE [vetijø, øz] adj. ✦ LITTÉR. Qui s'attache à des détails, à des vétilles.

VÊTIR [vetiʀ] v. tr. (conjug. 26) ✦ LITTÉR. Couvrir (qqn) de vêtements ; mettre un vêtement à (qqn). *Vêtir un enfant.* SYN. **habiller.** — *SE VÊTIR* v. pron. LITTÉR. S'habiller. CONTR. **déshabiller, dévêtir.**
► **VÊTU, UE** adj. Qui porte un vêtement. SYN. **habillé.** *Être bien, mal vêtu. Chaudement vêtu.* CONTR. **dévêtu,** ① **nu.**
ÉTYM. latin *vestire,* de *vestis* «vêtement».

VÉTIVER [vetivɛʀ] n. m. **1.** Plante tropicale dont l'odeur éloigne les insectes et dont la racine est utilisée en parfumerie. **2.** Parfum de la racine de cette plante.
ÉTYM. du tamoul *vettiveru.*

VETO [veto] n. m. invar. ✦ Opposition à une décision. *Droit de veto. Mettre son veto à une décision. Des veto.* — allus. hist. *Monsieur Veto :* Louis XVI. CONTR. **assentiment.** HOM. VÉTO «vétérinaire»
ÉTYM. mot latin «j'interdis, je fais opposition».

VÊTURE [vetyʀ] n. f. **I** RELIG. Cérémonie de prise d'habit ou de voile. **II** LITTÉR. Vêtement, ensemble des vêtements (de qqn).
ÉTYM. de *vêtir.*

VÉTUSTE [vetyst] adj. ✦ Qui est vieux, n'est plus en bon état (choses, bâtiments et installations). *Maison vétuste.* SYN. **délabré.** CONTR. **moderne,** ② **neuf, récent.**
ÉTYM. latin *vetustus,* de *vetus* «vieux».

VÉTUSTÉ [vetyste] n. f. ✦ LITTÉR. État de ce qui est vétuste, abîmé par le temps. SYN. **délabrement.** *La vétusté d'une installation.*
ÉTYM. latin *vetustas.*

VEUF, VEUVE [vœf, vœv] adj. et n. **1.** adj. Dont le conjoint est mort. **2.** n. Personne veuve. *Épouser un veuf.* «*La Veuve joyeuse*» (opérette de Franz Lehar). — loc. iron. *Défenseur de la veuve et de l'orphelin,* des personnes sans appui ; spécialt avocat. **3.** *VEUVE* n. f. Passereau d'Afrique au plumage noir et blanc. ♦ loc. *VEUVE NOIRE :* grosse araignée venimeuse.
ÉTYM. latin *vidua* «veuve», de *viduus* «privé de».

VEULE [vøl] adj. ✦ Qui n'a aucune énergie, aucune volonté. SYN. **avachi, faible, lâche, mou.** — *Un air veule.* CONTR. **décidé, énergique,** ① **ferme.**
ÉTYM. latin populaire *volus* «frivole», de *volare* «① voler».

VEULERIE [vølʀi] n. f. ✦ Caractère, état d'une personne veule. SYN. **apathie, faiblesse, lâcheté.** CONTR. **énergie, fermeté, volonté.**

VEUVAGE [vœvaʒ] n. m. ✦ Situation, état d'une personne veuve et non remariée. *Elle s'est remariée après une année de veuvage.*
ÉTYM. de *veuve.*

VEUVE → **VEUF**

VEXANT, ANTE [vɛksɑ̃, ɑ̃t] adj. **1.** Qui contrarie, peine. SYN. **contrariant, irritant. 2.** Qui blesse l'amour-propre. *Une remarque vexante ; un refus vexant.* SYN. **blessant.** — (personnes) *Il est vexant.*
ÉTYM. du participe présent de *vexer.*

VEXATION [vɛksasjɔ̃] n. f. **1.** LITTÉR. Action de maltraiter ; son résultat. SYN. **brimade, maltraitance, persécution. 2.** Blessure, froissement d'amour-propre. SYN. **humiliation, mortification.** *Essuyer des vexations.*
ÉTYM. latin *vexatio,* de *vexare* «tourmenter».

VEXATOIRE [vɛksatwaʀ] adj. ✦ Qui a le caractère d'une vexation (1). *Mesure vexatoire.*
ÉTYM. de *vexer.*

VEXER [vɛkse] v. tr. (conjug. 3a) **1.** Blesser (qqn) dans son amour-propre. SYN. **désobliger, froisser, humilier, offenser.** *Vexer qqn par une remarque.* **2.** *SE VEXER* v. pron. Être vexé, se piquer. *Il se vexe d'un rien.* SYN. se

fâcher, se **formaliser**, se **froisser** ; → **susceptible**.
► **VEXÉ, ÉE** adj. *Il est vexé d'avoir raté son examen.* (avec *que* + subj.) *Elle est vexée que tu ne viennes pas.*
ÉTYM. latin *vexare* « tourmenter ».

VIA [vja] **prép.** ✦ Par la voie de, en passant par. SYN. **par.** *Aller de Paris à Alger via Marseille.*
ÉTYM. mot latin « voie ».

VIABILISER [vjabilize] **v. tr.** (conjug. 3a) ✦ Rendre apte à la construction en effectuant des travaux de viabilité. – au p. passé *Terrains viabilisés.*
ÉTYM. de ① *viabilité.*

① **VIABILITÉ** [vjabilite] **n. f.** 1. État d'un chemin, d'une route où l'on peut circuler. 2. ADMIN. Ensemble des travaux d'aménagement (voirie, égouts, adductions) à exécuter avant de construire sur un terrain.
ÉTYM. de l'ancien adjectif *viable*, bas latin *viabilis*, de *via* « voie ».

② **VIABILITÉ** [vjabilite] **n. f.** 1. État d'un organisme (et notamment d'un embryon) viable. 2. État de ce qui peut se développer. *La viabilité d'un projet, d'une entreprise.*
ÉTYM. de *viable.*

VIABLE [vjabl] **adj.** 1. Apte à vivre ; qui peut avoir une certaine durée de vie. *Cet enfant prématuré est viable.* 2. Qui présente les conditions nécessaires pour durer, se développer. SYN. **durable.** *Affaire viable.*
ÉTYM. de *vie.*

VIADUC [vjadyk] **n. m.** ✦ Pont de grande longueur servant au passage d'une voie ferrée, d'une route.
ÉTYM. anglais *viaduct*, du latin *via* « voie » et *ductus* « conduite », du participe passé de *ducere* « conduire », d'après *aqueduc.*

VIAGER, ÈRE [vjaʒe, ɛʀ] **adj.** ✦ Qui doit durer pendant la vie d'une personne et pas au-delà. *Rente viagère.* – **n. m.** *Le viager* : la rente viagère. *Vendre une maison EN VIAGER* : moyennant une rente viagère.
ÉTYM. de l'ancien français *viage* « durée de la vie », de *vie.*

VIANDE [vjɑ̃d] **n. f.** ✦ Chair des mammifères et des oiseaux servant pour la nourriture (surtout animaux de boucherie). *Viande rouge,* le bœuf, le cheval, le mouton. *Viande blanche,* la volaille, le veau, le porc. *Viande bien cuite, à point ; viande saignante, bleue. Viande froide* ; fig. FAM. cadavre.
ÉTYM. bas latin *vivanda*, littéralement « ce qui sert à vivre *(vivere)* ».

VIATIQUE [vjatik] **n. m.** 1. RELIG. CATHOL. Communion portée à un mourant. *Recevoir le viatique.* 2. LITTÉR. Soutien, secours indispensable.
ÉTYM. latin *viaticum* « provisions de voyage » ; doublet de *voyage.*

VIBRANT, ANTE [vibʀɑ̃, ɑ̃t] **adj.** 1. Qui est en vibration. – PHONÉT. *Consonne vibrante* et **n. f.** *une vibrante,* produite par la vibration de la langue ou de la luette. ♦ *Une voix vibrante.* 2. Qui exprime ou trahit une forte émotion. *Un discours vibrant, pathétique.*
ÉTYM. du participe présent de *vibrer.*

VIBRAPHONE [vibʀafɔn] **n. m.** ✦ Instrument de musique formé de plaques métalliques vibrantes, que l'on frappe à l'aide de marteaux.
► **VIBRAPHONISTE** [vibʀafɔnist] **n.**
ÉTYM. de *vibrer* et *-phone.*

VIBRATILE [vibʀatil] **adj.** ✦ BIOL. Animé de mouvements rapides de flexion et d'extension. *Cils vibratiles.*
ÉTYM. de *vibration.*

VIBRATION [vibʀasjɔ̃] **n. f.** 1. Mouvement, état de ce qui vibre ; effet qui en résulte (son et ébranlement). *Vibration de moteur.* 2. PHYS. Oscillation de fréquence élevée. *Vibrations lumineuses, sonores, électromagnétiques.* 3. Tremblement. *La vibration d'une voix.* – *Vibration de l'air, de la lumière,* impression de tremblotement que donne l'air chaud. ♦ fig., anglicisme Ondes supposées agir sur le psychisme.
ÉTYM. bas latin *vibratio.*

VIBRATO [vibʀato] **n. m.** ✦ MUS. Tremblement rapide d'un son, utilisé dans la musique vocale ou par les instruments. SYN. **trémolo.**
ÉTYM. mot italien, famille du latin *vibrare* « vibrer ».

VIBRATOIRE [vibʀatwaʀ] **adj.** 1. DIDACT. Formé par une série de vibrations. *Phénomène vibratoire.* 2. Qui s'effectue en vibrant, en faisant vibrer.
ÉTYM. de *vibration.*

VIBRER [vibʀe] **v. intr.** (conjug. 3a) 1. Se mouvoir périodiquement autour de sa position d'équilibre avec une très faible amplitude et une très grande rapidité ; être en vibration. *Faire vibrer un diapason, une cloche.* 2. (voix) Avoir une sonorité tremblée qui dénote une émotion intense. *Sa voix vibrait de rage.* 3. Être vivement ému, exalté. *Faire vibrer son auditoire.*
ÉTYM. latin *vibrare* « secouer », « balancer ».

VIBREUR [vibʀœʀ] **n. m.** 1. TECHN. Élément qui produit, transmet une vibration. 2. Signal sous forme de vibrations. *Le vibreur d'un téléphone.*
ÉTYM. de *vibrer.*

VIBRION [vibʀijɔ̃] **n. m.** I SC. Bactérie de forme incurvée. II FAM. Personne agitée.
ÉTYM. de *vibrer.*

VIBRIONNER [vibʀijɔne] **v. intr.** (conjug. 3a) ✦ FAM. S'agiter sans cesse. *Arrête de vibrionner autour de nous !*
ÉTYM. de *vibrion.*

VIBRISSE [vibʀis] **n. f.** ✦ SC. Poil tactile. *Les vibrisses du chat,* ses moustaches.
ÉTYM. latin *vibrissae* « poils du nez ».

VIBROMASSEUR [vibʀomasœʀ] **n. m.** ✦ Appareil électrique qui produit des massages par vibration.
ÉTYM. de *vibrer* et *masseur.*

VICAIRE [vikɛʀ] **n. m.** 1. Celui qui exerce en second les fonctions attachées à un office ecclésiastique. – Prêtre qui aide le curé. 2. *Le vicaire de Dieu* : le pape.
ÉTYM. latin *vicarius*, de *vicis* « tour », « succession » ; doublet de *voyer.*

VICARIAT [vikaʀja] **n. m.** ✦ Fonction, dignité de vicaire, durée de cette fonction.

VICE [vis] **n. m.** I 1. VIEILLI *LE VICE* : disposition habituelle au mal ; conduite qui en résulte (opposé à *vertu*). SYN. **immoralité,** ③ **mal, péché.** 2. VIEILLI *UN VICE* : mauvais penchant, défaut grave que réprouve la morale sociale. *Il a tous les vices !* – prov. *L'oisiveté (la paresse) est mère de tous les vices.* ♦ spécialt VIEILLI Perversion sexuelle. 3. Mauvaise habitude. *La gourmandise est notre vice familial.* SYN. **faiblesse, travers.** II Imperfection grave qui rend une chose plus ou moins impropre à sa destination. SYN. **défaut, défectuosité.** *Vice de construction d'un bâtiment.* – DR. *Vice de forme* : absence d'une formalité obligatoire qui rend nul un acte juridique. HOM. VIS « tige de métal »
ÉTYM. latin *vitium.*

A B C D E F G H I J K L M N O P Q R S T U V W X Y Z

VICE- Particule invariable, du latin *vice* «à la place de» (noms de grades, de fonctions immédiatement inférieurs ; ex. *vice-amiral, vice-consul,* etc.).

VICELARD, ARDE [vislaʀ, aʀd] adj. ✦ FAM. 1. Un peu vicieux. *Un air vicelard.* ➝ n. *Un, une vicelarde.* 2. Malin, rusé et pas très honnête.
ÉTYM. de *vice.*

VICE-PRÉSIDENCE [vispʀezidɑ̃s] n. f. ✦ Fonction de vice-président.

VICE-PRÉSIDENT, ENTE [vispʀezidɑ̃, ɑ̃t] n. ✦ Personne qui seconde ou supplée le président, la présidente. *La vice-présidente d'une société. Les vice-présidents. Vice-président des États-Unis.*

VICE-ROI [visʀwa] n. m. ✦ Celui à qui un roi, un empereur a délégué son autorité pour gouverner un royaume, ou une province ayant eu titre de royaume. *Des vice-rois.*

VICE VERSA [viseversa ; visversa] loc. adv. ✦ Réciproquement, inversement.
ÉTYM. loc. latine «à tour *(vice)* renversé *(versa)*».

VICHY [viʃi] n. m. 1. Toile de coton à carreaux ou rayée. *Robe de vichy bleu et blanc.* 2. Eau minérale de Vichy. *Un vichy fraise* (au sirop de fraise).
ÉTYM. du nom de la ville. ☛ noms propres.

VICHYSTE [viʃist] adj. ✦ HIST. Du gouvernement, du régime de Pétain, installé à Vichy (1940-1944). ♦ adj. et n. Partisan de ce régime, pétainiste.
ÉTYM. de *Vichy.* ☛ noms propres.

VICIER [visje] v. tr. (conjug. 9) 1. DR. Rendre défectueux. 2. LITTÉR. Corrompre. SYN. **polluer.** *Des fumées d'usine vicient l'air.*
► **VICIÉ, ÉE** adj. Impur, pollué. *Air vicié.* CONTR. **pur, sain.**
ÉTYM. latin *vitiare* «gâter», de *vitium* «vice».

VICIEUX, EUSE [visjø, øz] adj. **I** 1. LITTÉR. Qui a des vices, de mauvais penchants. SYN. **corrompu, dépravé, immoral.** ♦ Se dit d'une bête ombrageuse et rétive (surtout d'un cheval). 2. Qui a des mœurs ou des tendances sexuelles que la société réprouve. SYN. **pervers,** FAM. **vicelard.** ➝ n. *Un vieux vicieux.* SYN. **satyre.** 3. FAM. Qui a des goûts dépravés, bizarres. *Il faut être vicieux pour aimer ça.* **II** (choses) 1. Défectueux, mauvais, entaché de vices (II). *Expression vicieuse.* SYN. **fautif, incorrect.** 2. *Cercle* vicieux.* CONTR. ① **bon, correct.**
ÉTYM. latin *vitiosus,* de *vitium* «vice».

VICINAL, ALE, AUX [visinal, o] adj. ✦ *Chemin vicinal,* voie qui met en communication des villages.
ÉTYM. latin *vicinalis,* de *vicinus* «voisin».

VICISSITUDES [visisityd] n. f. pl. ✦ LITTÉR. Choses bonnes et mauvaises, évènements heureux et surtout malheureux qui se succèdent dans la vie. *Les vicissitudes de l'existence.* SYN. **mésaventure, tribulations.**
ÉTYM. latin *vicissitudo* «alternative», de *vicis* «tour».

VICOMTE [vikɔ̃t] n. m. ✦ Personne possédant le titre de noblesse au-dessous du comte.
ÉTYM. latin médiéval *vicecomes* → vice- et comte.

VICOMTÉ [vikɔ̃te] n. m. ✦ Titre, terre d'un vicomte, d'une vicomtesse.

VICOMTESSE [vikɔ̃tɛs] n. f. 1. Femme dont le titre est au-dessous de celui de comtesse. 2. Femme du vicomte.

VICTIME [viktim] n. f. 1. Créature vivante offerte en sacrifice aux dieux. *Immoler, égorger une victime. Victime expiatoire.* 2. Personne qui subit les injustices de qqn, ou qui souffre (d'un état de choses). *Se prendre pour une victime. Il est victime de son dévouement.* 3. Personne tuée ou blessée. *La catastrophe a fait plus de cent victimes.* SYN. ② **mort.** *Le corps de la victime* (d'un meurtre). ♦ Personne arbitrairement tuée, condamnée à mort. *Les victimes du nazisme, de la dictature.*
ÉTYM. latin *victima.*

VICTOIRE [viktwaʀ] n. f. 1. Succès obtenu dans un combat, une bataille, une guerre. *Remporter une victoire. La fête nationale* (française) *de la Victoire* (de 1918), le 11 novembre. ➝ loc. *Une victoire à la Pyrrhus* (☛ noms propres), trop chèrement obtenue. 2. Heureuse issue d'une lutte, d'une opposition, d'une compétition, pour la personne qui a eu l'avantage. SYN. **triomphe.** *Une victoire facile. Crier, chanter victoire,* se glorifier d'une réussite. ➝ (sports, jeux) Situation de la personne, du groupe qui gagne contre qqn. *La victoire d'une équipe sportive.* CONTR. **défaite, déroute • échec.**
ÉTYM. latin *victoria,* famille de *vincere* «vaincre».

VICTORIA [viktɔʀja] n. f. ✦ anciennt Voiture à cheval découverte, à quatre roues.
ÉTYM. du nom de la reine *Victoria* d'Angleterre. ☛ noms propres.

VICTORIEUX, EUSE [viktɔʀjø, øz] adj. 1. Qui a remporté une victoire (1). SYN. **vainqueur.** *Armée, troupes victorieuses.* ♦ *Sortir victorieux d'une dispute.* ➝ *L'équipe victorieuse.* SYN. **gagnant.** 2. Qui exprime, évoque une victoire, un succès. SYN. **triomphant.** *Un air victorieux.* CONTR. **battu, perdant, vaincu.**
► **VICTORIEUSEMENT** [viktɔʀjøzmɑ̃] adv.
ÉTYM. bas latin *victoriosus.*

VICTUAILLES [viktɥaj] n. f. pl. ✦ Provisions de bouche. SYN. **vivres.**
ÉTYM. de l'ancien français *vitaille,* bas latin *victualia,* de *vivere* «vivre, être vivant».

VIDAGE [vidaʒ] n. m. ✦ Action de vider (II, 2).

VIDANGE [vidɑ̃ʒ] n. f. 1. Action de vider de matières sales ou usées. *Faire la vidange d'un fossé, du réservoir d'huile d'une voiture.* 2. Ce qui est enlevé, vidé. *Évacuation des vidanges.* 3. Mécanisme qui sert à vider, à évacuer l'eau. *La vidange d'un lavabo.*
ÉTYM. famille de *vider.*

VIDANGER [vidɑ̃ʒe] v. tr. (conjug. 5) 1. Faire la vidange de (une fosse, un réservoir). 2. Évacuer par une vidange. *Vidanger l'huile d'un moteur.*

VIDANGEUR, EUSE [vidɑ̃ʒœʀ, øz] n. ✦ Personne qui fait la vidange des fosses d'aisances.

VIDE [vid] adj. et n. m.
I adj. (opposé à *plein*) 1. Qui ne contient rien de perceptible ; où il n'y a ni solide ni liquide. *Espace vide entre deux choses.* ➝ MATH. *Ensemble vide,* qui n'a aucun élément (noté). 2. Dépourvu de son contenu normal. *Bouteille, verre vide.* ➝ loc. *Avoir l'estomac, le ventre vide.* SYN. **creux.** *Rentrer les mains vides,* sans rapporter ce que l'on escomptait. ♦ (local, lieu) Inoccupé. SYN. ① **désert.** 3. (durée) Qui n'est pas employé, occupé comme il pourrait l'être. *Des journées vides et ennuyeuses.* 4. loc. *Avoir la tête, l'esprit vide,* ne plus avoir momentanément sa présence d'esprit, ses connaissances, ses souvenirs. 5. Qui manque d'intérêt, de substance. SYN. **creux, vain.** *Des propos vides.* SYN. **insignifiant ;** ➝ **vacuité.** ➝ *Des mots vides de sens.* 6. (surface) Qui

n'est pas couvert, recouvert. SYN. ① **nu.** *Murs vides.* CONTR. ① **plein, rempli · occupé.**

II n. m. 1. Espace qui n'est pas occupé par de la matière. – Abaissement important de la pression d'un gaz. *Faire le vide en aspirant l'air. Café emballé sous vide.* 2. Espace non occupé par des choses ou des personnes. *Faire le vide autour de qqn, de soi.* 3. Espace où il n'y a aucun corps solide susceptible de servir d'appui. *Nous étions au-dessus du vide.* – *Regarder dans le vide,* dans le vague. 4. *UN VIDE :* espace vide ou solution de continuité. SYN. ① **espace, fente, ouverture.** *Boucher un vide.* – Ce qui est ressenti comme un manque. *Son départ laisse un grand vide.* 5. Caractère de ce qui manque de réalité, d'intérêt. *Le vide de son existence.* SYN. **néant, vacuité.** 6. *À VIDE* **loc. adv.** Sans rien contenir. ◆ Sans avoir l'effet matériel normalement attendu. *Rouage qui tourne à vide.* – **fig.** *Il raisonne à vide.* ◆ **loc.** *PASSAGE À VIDE :* moment où un mécanisme tourne à vide ; **fig.** où une activité s'exerce sans effet utile ; baisse momentanée de l'efficacité d'une personne. CONTR. **plénitude.**

ÉTYM. latin populaire *vocitus,* de *vocuus, vacuus* «vide ; vacant».

VIDÉASTE [videast] **n.** ✦ Spécialiste de la création et de la technique vidéos.

ÉTYM. de *vidéo,* d'après *cinéaste.*

VIDE-GRENIER [vidgʀənje] **n. m.** ✦ Manifestation organisée par des particuliers qui vendent des objets dont ils veulent se défaire. *Des vide-greniers.*

VIDÉO [video] **adj.** et **n. f.**

I adj. Qui concerne l'enregistrement et la transmission des images et des sons. *Signal vidéo.*

II n. f. 1. Technique audiovisuelle permettant d'enregistrer sur un support magnétique l'image et le son, et de reproduire cet enregistrement sur écran. ◆ **adj.** *Bande, cassette vidéo. Caméra vidéo.* → **caméscope.** *Disque vidéo.* → **vidéodisque** – *Jeu vidéo,* jeu qui utilise un écran de visualisation et dans lequel les mouvements sont commandés électroniquement. *Des jeux vidéos* ou *vidéo* (**invar.**). 2. Enregistrement vidéo. *Regarder des vidéos.*

ÉTYM. américain *video,* mot latin «je vois».

> **VIDÉO-** Élément, du latin *video* «je vois», qui signifie «de la transmission des images, des techniques audiovisuelles».

VIDÉOCASSETTE [videokasɛt] **n. f.** ✦ Cassette contenant une bande vidéo qui permet d'enregistrer et de restituer l'image et le son d'un programme télévisé, d'un film vidéo.

VIDÉOCLIP [videoklip] → ② CLIP

VIDÉODISQUE [videodisk] **n. m.** ✦ Disque optique permettant de restituer images et sons au moyen d'un téléviseur.

VIDÉOGRAMME [videɔgʀam] **n. m.** ✦ Support permettant l'enregistrement, la conservation et la reproduction d'un document audiovisuel. *Les vidéocassettes, les vidéodisques, les CD-ROM sont des vidéogrammes.*

ÉTYM. de *vidéo-* et *-gramme.*

VIDÉOPROJECTEUR [videopʀɔʒɛktœʀ] **n. m.** ✦ Appareil de projection vidéo que l'on peut relier à un ordinateur, à un magnétoscope ou à un lecteur DVD.

VIDÉOPROTECTION [videopʀɔtɛksjɔ̃] **n. f.** ✦ Vidéosurveillance.

VIDE-ORDURES [vidɔʀdyʀ] **n. m. invar.** ✦ Conduit vertical dans lequel on peut jeter les ordures par une trappe ménagée à chaque étage.

ÉTYM. de *vider* et *ordure.*

VIDÉOSURVEILLANCE [videosyʀvɛjɑ̃s] **n. f.** ✦ Surveillance des lieux publics par caméras vidéos. SYN. **vidéoprotection.**

VIDÉOTHÈQUE [videɔtɛk] **n. f.** ✦ Collection de documents vidéos. – Lieu où on les entrepose.

ÉTYM. de *vidéo* et *-thèque.*

VIDE-POCHE [vidpɔʃ] **n. m.** ✦ Petit meuble ou récipient où l'on peut déposer de petits objets (qui étaient dans les poches). *Des vide-poches.*

ÉTYM. de *vider* et *poche.*

VIDER [vide] **v. tr.** (conjug. 3a) **I** 1. Rendre vide (un contenant) en ôtant ce qui était dedans. *Vider un seau, un sac, ses poches, un placard. Vider une bouteille, un verre* (en buvant). – (En emportant, volant, dépensant) *Les cambrioleurs ont vidé le coffre.* – *VIDER... DANS, SUR :* répandre tout le contenu de... quelque part. SYN. **verser.** ◆ **fig.** *Vider son cœur :* s'épancher. 2. Ôter les entrailles de (un poisson, une volaille) pour le faire cuire. – **au p. passé** *Un poulet plumé et vidé.* 3. *VIDER... DE :* débarrasser de. *Vider une maison de ses meubles.* – **pronom.** Perdre. *La ville se vide de ses habitants.* 4. Rendre vide en s'en allant. **loc.** *Vider les lieux,* partir. 5. FAM. Épuiser les forces de (qqn). SYN. **crever, éreinter.** *Ce travail l'a vidé.* 6. Faire en sorte qu'une question soit épuisée, réglée. SYN. **liquider, résoudre, terminer.** *Vider une affaire, une querelle.* **II** Enlever d'un lieu. 1. Ôter (le contenu d'un contenant). SYN. **évacuer, retirer.** *Aller vider les ordures.* SYN. **jeter.** *Vider l'eau d'un vase.* 2. FAM. Faire sortir brutalement (qqn) d'un lieu, d'un emploi, d'une situation. SYN. **chasser, expulser, renvoyer,** FAM. **virer ;** → **videur.** *Elle s'est fait vider.* CONTR. **emplir, remplir.**

► **VIDÉ, ÉE adj.** (personnes) Épuisé, sans forces. ◆ Sans ressources morales. → **fini.**

ÉTYM. latin populaire *vocitare,* de *vocitus* → vide.

VIDEUR, EUSE [vidœʀ, øz] **n.** ✦ Personne chargée de vider (II, 2) les indésirables. *Le videur d'une discothèque.*

VIDUITÉ [vidɥite] **n. f.** ✦ LITTÉR. 1. DR. État de veuf, de veuve. 2. LITTÉR. Abandon, solitude.

ÉTYM. latin *viduitas,* de *viduus* «veuf».

VIE [vi] **n. f.** **I** 1. Fait de vivre*, propriété essentielle des êtres organisés qui évoluent de la naissance à la mort. SYN. **existence.** *Être en vie,* vivant. *Sans vie,* mort ou évanoui. *Revenir à la vie. Être entre la vie et la mort. Donner la vie à un enfant,* enfanter. *Sauver la vie de qqn. Donner, risquer sa vie pour qqn, qqch. C'est une question de vie ou de mort. Assurance sur la vie,* **ellipt** *assurance-vie.* ◆ Vigueur, vivacité. SYN. **dynamisme, énergie.** *Un enfant plein de vie.* 2. Animation que l'artiste donne à son œuvre. *Un portrait plein de vie.* 3. *LA VIE :* ensemble des phénomènes (croissance, métabolisme, reproduction) que présentent tous les organismes, animaux ou végétaux, de la naissance à la mort. *Science de la vie.* → **biologie.** – La matière vivante. *Vie animale, végétale.* 4. Espace de temps compris entre la naissance et la mort d'un individu. *Espérance* de vie. Durée moyenne de vie.* – **loc.** *Jamais* de la vie. De ma vie, je n'ai rien entendu de pareil !,* jamais. – RELIG. *Cette vie, la vie terrestre* (opposée à *l'autre vie, la vie future, éternelle*). ◆ Temps qui reste à vivre à un individu. *Amis pour la vie.* **loc.** *Nous sommes*

A B C D E F G H I J K L M N O P Q R S T U V W X Y Z

amis à la vie à la mort. → *À VIE* : pour tout le temps qui reste à vivre. *Il a été élu président à vie. Prison à vie.* SYN. **perpétuité.** 5. Ensemble des activités et des évènements qui remplissent pour chaque être cet espace de temps. SYN. **destin, destinée.** *Écrire la vie de qqn.* SYN. **biographie.** → Manière de vivre (d'un individu, d'un groupe). *La vie rude des pêcheurs. Mode, train, style de vie. Une vie simple, rangée.* ◆ loc. *Mener, faire la vie dure à qqn,* le tourmenter. *Ce n'est pas une vie !,* c'est insupportable. *Mener joyeuse vie.* → *Vivre sa vie,* la vie pour laquelle on s'estime fait. *Refaire sa vie* (après un divorce, un veuvage). → VIEILLI *Femme de mauvaise vie,* prostituée. 6. (suivi d'une épithète, d'un compl.) Part de l'activité humaine, type d'activité. *La vie privée et la vie professionnelle. La vie politique.* ◆ Le monde, l'univers où s'exerce une activité psychique. *La vie intérieure, spirituelle.* 7. Moyens matériels (nourriture, argent) d'assurer la subsistance d'un être vivant. *Gagner (bien, mal) sa vie. Niveau de vie.* → *Lutte contre la vie chère,* contre les prix élevés. 8. absolt Le monde humain, le cours des choses humaines. *Regarder la vie en face. C'est la vie !* il faut accepter le sort humain. **II** Existence dont le caractère temporel et dynamique évoque la vie. 1. (dans le monde humain) *La vie des sociétés. La vie du pays.* → *La vie des mots.* 2. (dans le monde matériel, inorganique) *La vie des étoiles.* 3. *AVOIR LA VIE DURE* : résister contre toute cause de mort ou de disparition. *Une idée, une croyance qui a la vie dure.*

ÉTYM. latin *vita,* famille de *vivere* «vivre».

VIEIL, VIEILLE → VIEUX

VIEILLARD [vjɛjaʀ] n. m. 1. Homme d'un grand âge. 2. (au plur. ou sing. indéterminé) Personne (homme ou femme) d'un grand âge.

ÉTYM. de *vieil* → vieux.

VIEILLERIE [vjɛjʀi] n. f. 1. Objet vieux, démodé, usé. 2. Idée, conception rebattue, usée ; œuvre démodée. CONTR. **nouveauté.**

ÉTYM. de *vieil.*

VIEILLESSE [vjɛjɛs] n. f. 1. Dernière période de la vie humaine, temps de la vie caractérisé par le ralentissement des activités biologiques (sénescence). → **âge.** *Avoir une vieillesse triste, heureuse, une longue vieillesse. Étude de la vieillesse.* → **gériatrie, gérontologie.** 2. Fait, pour un être humain, d'être vieux. *Mourir de vieillesse.* 3. Les personnes âgées, les vieillards (SYN. troisième **âge**). *Aide à la vieillesse.* CONTR. **jeunesse.**

ÉTYM. de *vieil* → vieux.

VIEILLIR [vjejiʀ] v. (conjug. 13) **I** v. intr. 1. Prendre de l'âge ; continuer à vivre alors qu'on est vieux. *Vieillir bien, vieillir mal,* être peu, beaucoup éprouvé par les effets de l'âge. → Demeurer longuement (dans un état, une situation). 2. Acquérir les caractères de la vieillesse ; changer par l'effet du vieillissement. SYN. **décliner.** *Il a beaucoup vieilli depuis sa maladie.* → au p. passé *Je l'ai trouvé vieilli. Visage vieilli.* 3. (choses) Perdre de sa force, de son intérêt, avec le temps. *Ce film a vieilli.* → Être en voie de disparition. *Mot, expression qui vieillit.* → au p. passé *Mot vieilli :* encore compris mais employé plus rarement ou par des personnes plutôt âgées. 4. (produits) Acquérir certaines qualités par le temps. → **vieux** (II, 1). *Faire vieillir du vin.* **II** v. tr. 1. Faire paraître plus vieux ; donner les caractères (physiques, moraux) de la vieillesse. *Cette coiffure la vieillit.* → pronom. *Jeune homme qui cherche à se vieillir.* 2. Attribuer à (qqn) un âge supérieur à son âge réel. *Vous me vieillissez d'un an !* CONTR. **rajeunir.**

ÉTYM. de *vieil* → vieux.

VIEILLISSANT, ANTE [vjejisɑ̃, ɑ̃t] adj. ✦ Qui vieillit, est en train de vieillir. *Une actrice vieillissante.*

ÉTYM. du participe présent de *vieillir.*

VIEILLISSEMENT [vjejismɑ̃] n. m. 1. Le fait de devenir vieux, ou de s'affaiblir par l'effet de l'âge. *Lutter contre le vieillissement.* → Augmentation de la proportion de vieillards. *Le vieillissement de la population.* ☛ Géographie p. 222. 2. Fait de se démoder. 3. Processus par lequel les vins se modifient, acquièrent leur bouquet. CONTR. **rajeunissement.**

ÉTYM. de *vieillir.*

VIEILLOT, OTTE [vjɛjo, ɔt] adj. ✦ Qui a un caractère vieilli et un peu ridicule. SYN. **désuet, suranné.**

ÉTYM. de *vieil* → vieux.

VIELLE [vjɛl] n. f. ✦ Instrument de musique à touches et à cordes, frottées par une roue à manivelle.

ÉTYM. de *vieller,* d'une onomatopée.

VIENNOIS, OISE [vjenwa, waz] adj. et n. 1. De Vienne (☛ noms propres) en Autriche. → n. *Les Viennois.* 2. *Baguette viennoise. Pâtisserie viennoise.* → **viennoiserie.** *Café, chocolat viennois,* avec de la crème chantilly.

VIENNOISERIE [vjenwazʀi] n. f. ✦ Boulangerie fine (croissants, brioches, etc.).

ÉTYM. de *viennois.*

VIERGE [vjɛʀʒ] n. f. et adj.

I n. f. 1. Fille qui n'a jamais eu de rapports sexuels. SYN. FAM. **pucelle** ; → ① **virginal.** 2. *La Vierge, la Sainte Vierge,* Marie, mère de Jésus. → Représentation de la Sainte Vierge (tableau, statue). SYN. **madone.** *Une vierge romane, gothique.* 3. Sixième signe du zodiaque (23 août-22 septembre). → *Être Vierge,* de ce signe. **II** adj. 1. Qui n'a jamais eu de relations sexuelles. *Il est vierge.* SYN. FAM. **puceau.** 2. Qui n'a jamais été touché, sali ou utilisé. SYN. ② **blanc,** ① **net, pur.** *Cahier, feuille vierge,* sur quoi on n'a pas écrit. *Film, pellicule vierge,* non impressionnés. *Casier judiciaire vierge.* → *VIERGE DE. Être vierge de toute accusation.* 3. Qui n'est mélangé à rien d'autre. *Pure laine vierge.* 4. Inculte, inexploité. *Sol, terre vierge.* → *FORÊT VIERGE* : forêt tropicale, impénétrable. 5. *Vigne* vierge.*

ÉTYM. latin *virgo, virginis.*

VIEUX [vjø] ou **VIEIL** [vjɛj] (plur. **VIEUX** [vjø]), **VIEILLE** [vjɛj] adj. et n. ✦ REM. au masc. sing. on emploie *vieil* devant un nom commençant par une voyelle ou un *h* muet : *un vieil homme, un vieil arbre* (mais *un homme vieux et malade*). **I** adj. A. (êtres vivants) 1. Qui a vécu longtemps ; qui est dans la vieillesse. SYN. **âgé.** *Les vieilles gens. Être, devenir vieux, vieille. Vivre vieux. Se faire vieux,* vieillir. → *Un vieux chien.* → (dans des loc., avec des termes péj. ou des injures) *C'est un vieux chnoque, une vieille bique.* 2. Qui a les caractères physiques ou moraux d'une personne âgée. SYN. **décrépit, sénile.** *Vieux avant l'âge.* 3. loc. *Sur ses vieux jours,* dans sa vieillesse. 4. Qui est depuis longtemps dans l'état indiqué. *Vieux copain. Vieux garçon, vieille fille,* célibataire d'un certain âge. 5. (avec *assez, trop, plus, moins*) Âgé. *Elle est plus vieille que moi.* → **aîné.** B. (choses) 1. Qui existe depuis longtemps, remonte à une date éloignée. *Un vieux mur, les vieilles pierres. Une vieille voiture.* → (en insistant sur l'ancienneté, la valeur, le charme) *Une vieille demeure.* SYN. **ancien.** *De vieux meubles.* ◆ Se dit de couleurs adoucies, rendues moins vives. *Vieil or. Vieux rose.* ◆ (de boissons) Amélioré par le temps. *Vin vieux.* **2.** Hors d'usage, inutilisable. **3.** Dont l'origine, le début est ancien. *Vieille habitude.* SYN. **invétéré.** loc. *Le Vieux Monde,* l'Europe. ➝ *VIEUX DE* (+ numéral) : qui date de. *Une histoire vieille de vingt ans.* ♦ péj. Qui a perdu son intérêt, ses qualités, avec la nouveauté. SYN. **démodé, désuet, vieillot.** ➝ *VIEUX JEU* adj. invar. : démodé. *Des idées vieux jeu.* ♦ *Mot, sens vieux,* sorti de l'usage, qui n'est plus compris des locuteurs de la langue. **4.** Qui a existé autrefois, il y a longtemps. SYN. **éloigné, lointain, révolu.** *Le bon vieux temps.* CONTR. **jeune, juvénile** • ① **frais,** ② **neuf, nouveau, récent.**

II n. **1.** *UN VIEUX, UNE VIEILLE* : un vieil homme, une vieille femme. SYN. **vieillard.** FAM. *Un petit vieux.* ➝ loc. *Un vieux de la vieille* (de la *vieille garde*), un vieux soldat (sous le Premier Empire) ; un vieux travailleur. **2.** Les gens plus âgés ou trop âgés. *Les vieux du village.* **3.** FAM. (le plus souvent avec le possessif) Père, mère ; parents. *Ses vieux sont absents.* **4.** FAM. Terme d'amitié (même entre personnes jeunes). *Mon (petit) vieux, ma vieille* (aussi à un homme). **5.** FAM. *COUP DE VIEUX* : vieillissement subit. *Prendre un coup de vieux.* CONTR. **adolescent, enfant, jeune.**

ÉTYM. bas latin *veclus,* de *vetulus,* diminutif de *vetus, veteris* «vieux».

VIF, VIVE [vif, viv] adj. et n. m. **I** VX Vivant, vivante. *Être enterré (tout) vif. Jeanne d'Arc a été brûlée vive.* ➝ loc. *Être plus mort que vif,* paralysé de peur, d'émotion. **II** **1.** Dont la vitalité se manifeste par la rapidité, la vivacité* des mouvements et des réactions. SYN. **agile,** ① **alerte, éveillé.** *Un enfant vif et intelligent. Œil, regard vif. Mouvements, gestes vifs.* SYN. **preste, rapide.** **2.** Qui est d'une ardeur excessive, qui s'emporte facilement. SYN. **brusque, emporté, violent.** *Il a été un peu vif dans la discussion.* ➝ *Échanger des propos très vifs.* **3.** Prompt dans ses opérations. *Intelligence vive.* **III** (choses) **1.** Mis à nu. *Pierre coupée à vive arête,* en formant une arête bien nette, aiguë. *Angles vifs, arêtes vives.* **2.** *Eau vive,* eau pure qui coule. ➝ *Air vif,* frais et pur. **3.** Très intense. *Lumière vive.* SYN. ② **cru.** *Couleurs vives. Jaune vif. Il faisait un froid très vif.* ➝ (sensations, émotions) *Une vive douleur.* SYN. **aigu.** *À mon vif regret. Éprouver une vive satisfaction.* SYN. ① **fort.** **IV** n. m. **1.** DR. Personne vivante. *Donation entre vifs.* **2.** loc. *SUR LE VIF* : d'après nature. *Peindre, raconter qqch. sur le vif.* **3.** *Tailler, couper DANS LE VIF,* dans la chair vivante. fig. *Entrer dans le vif du sujet, du débat,* toucher à l'essentiel. SYN. **cœur.** ♦ *À VIF* : avec la chair vive à nu. *Plaie à vif.* ➝ *Avoir les nerfs, la sensibilité à vif,* être irrité, sensible à tout. **4.** *Être atteint, touché, blessé, piqué AU VIF* : au point le plus sensible. CONTR. ② **mort** • **apathique, indolent, lent, mou** • ② **calme, mesuré** • **faible, pâle,** ② **passé.**

HOM. ① VIVE «poisson», ② VIVE «exclamation»

ÉTYM. latin *vivus.*

VIF-ARGENT [vifaʀʒɑ̃] n. m. **1.** VX Mercure (métal). **2.** fig. *C'est du vif-argent,* se dit d'une personne très vive.

ÉTYM. de *vif* «vivant» et *argent* (I).

VIGIE [viʒi] n. f. **1.** Matelot placé en observation dans la mâture ou à la proue d'un navire. **2.** Son poste d'observation.

ÉTYM. portugais *vigia,* de *vigiar* «veiller», latin *vigilare.*

VIGILANCE [viʒilɑ̃s] n. f. **1.** Surveillance attentive, sans défaillance. *Tromper la vigilance de qqn. Redoubler de vigilance.* **2.** PHYSIOL. État de l'organisme qui conditionne la capacité de réaction. *L'absorption d'alcool modifie la vigilance.* CONTR. **distraction, étourderie.**

ÉTYM. latin *vigilantia,* de *vigilare* «veiller».

VIGILANT, ANTE [viʒilɑ̃, ɑ̃t] adj. ✦ Qui surveille avec une attention soutenue. SYN. **attentif.** *Un observateur vigilant.* ➝ *Attention vigilante. Soins vigilants.* CONTR. **distrait, étourdi.**

ÉTYM. latin *vigilans,* du participe présent de *vigilare* «veiller».

① **VIGILE** [viʒil] n. f. ✦ RELIG. CATHOL. Veille d'une fête importante. *La vigile de Noël.*

ÉTYM. latin *vigilia* «veille» ; doublet de *veille.*

② **VIGILE** [viʒil] n. m. ✦ Personne exerçant une fonction de surveillance dans une police privée, un organisme de défense.

ÉTYM. latin *vigil* «éveillé ; vigilant» et «veilleur».

VIGNE [viɲ] n. f. **1.** Arbrisseau sarmenteux, grimpant, à fruits en grappes (➝ **raisin**), cultivé pour ce fruit et pour la production du vin. *Pied de vigne.* ➝ **cep.** *Plant de vigne. Feuille de vigne. Culture de la vigne.* ➝ **viticulture.** **2.** Plantation de vignes. SYN. **vignoble.** *Le cépage d'une vigne. Cette vigne produit un bon cru.* **3.** *VIGNE VIERGE* : plante décorative grimpante. SYN. **ampélopsis.** *Façade couverte de vigne vierge.*

ÉTYM. latin *vinea,* de *vineus* «du vin *(vinum)*».

VIGNERON, ONNE [viɲ(ə)ʀɔ̃, ɔn] n. ✦ Personne qui cultive la vigne, fait le vin. *Les vignerons de Bourgogne, du Bordelais.* SYN. **viticulteur.**

VIGNETTE [viɲɛt] n. f. **1.** Motif ornemental d'un livre à la première page ou à la fin des chapitres. ♦ Illustration dans un texte. **2.** Chacun des dessins d'une bande dessinée. **3.** Petit carré de papier, étiquette ou timbre collé sur un objet et attestant le paiement d'un droit. *Vignette d'assurance automobile* (apposée sur le pare-brise).

ÉTYM. diminutif de *vigne,* d'abord «ornement de feuilles de vigne».

VIGNOBLE [viɲɔbl] n. m. ✦ Plantation de vignes. ➝ Ensemble de vignes (d'une région, d'un pays). *Le vignoble français, italien.*

ÉTYM. ancien occitan *vinhobre,* latin populaire *vineoporus,* de *vinea* «vigne» et influence du grec *ampelophoros* «qui porte *(phoros)* de la vigne *(ampelos)*».

VIGOGNE [vigɔɲ] n. f. **1.** Animal ruminant du genre lama, à pelage fin, d'un jaune rougeâtre. **2.** Laine de vigogne. *Un manteau de vigogne.*

ÉTYM. de *vicugne* (vx), de l'espagnol *vicuña,* du quechua (Pérou).

VIGOUREUSEMENT [viguʀøzmɑ̃] adv. **1.** Avec vigueur, force. *Frotter, frapper vigoureusement.* ➝ *Elle nie vigoureusement.* SYN. **énergiquement.** **2.** Avec de la vigueur (2 et 3). *Écrire, dessiner vigoureusement.* CONTR. **faiblement, mollement.**

ÉTYM. de *vigoureux.*

VIGOUREUX, EUSE [viguʀø, øz] adj. **1.** Qui a de la vigueur. *Un homme, un cheval vigoureux.* SYN. **énergique,** ① **fort, robuste, solide.** *Des bras vigoureux.* SYN. **puissant.** ➝ *Plante, végétation vigoureuse.* **2.** Qui s'exprime, agit sans contrainte, avec efficacité. *Style vigoureux.* ♦ *Dessin vigoureux,* tracé avec vigueur. CONTR. **chétif, faible** • **mièvre, mou.**

ÉTYM. de *vigueur.*

VIGUEUR [vigœʀ] n. f. **1.** Force, énergie d'un être en pleine santé et dans la plénitude de son développement. SYN. **énergie, puissance, robustesse.** *Appuyer, serrer avec vigueur.* **2.** Activité intellectuelle libre et efficace. *La vigueur de l'esprit, de la pensée. Vigueur du style, de l'expression.* SYN. **fermeté, véhémence.** **3.** Qua-

lité de ce qui est dessiné, peint avec une netteté pleine de force. SYN. **fermeté.** *Vigueur du coloris, de la touche.* 4. *EN VIGUEUR* : en application actuellement. *Les lois en vigueur. Entrer en vigueur,* en usage. CONTR. **faiblesse, mollesse • délicatesse • légèreté.**
ÉTYM. latin *vigor,* de *vigere* «avoir de la force».

V. I. H. [veiaʃ] **n. m.** ✦ Virus responsable du sida. SYN. **H. I. V.** (anglicisme).
ÉTYM. sigle de *virus de l'immunodéficience humaine.*

VIKING [vikiŋ] **n. m.** et **adj.** ✦ HIST. (☛ noms propres) Nom donné aux Scandinaves qui prirent part à l'expansion maritime du VIIIe au XIe siècle. SYN. **normand.** *Les drakkars des Vikings.* — **adj.** *L'art viking.*
ÉTYM. mot scandinave, p.-ê. du norrois *vik* «baie».

VIL, VILE [vil] **adj.** 1. LITTÉR. Qui inspire le mépris, qui est sans dignité, sans courage ou sans loyauté. SYN. **indigne, lâche, méprisable.** *Vil courtisan, vil flatteur.* — *Action vile.* → **vilenie.** 2. *À VIL PRIX* : à très bas prix. CONTR. **estimable, noble.** HOM. VILLE «cité»
ÉTYM. latin *vilis* «bon marché».

VILAIN, AINE [vilɛ̃, ɛn] **adj.** et **n.** I Au Moyen Âge, Paysan libre. SYN. **manant.** *Les vilains et les serfs.* — prov. *Jeux de main, jeux de vilain,* se dit pour arrêter un jeu qui risque de dégénérer. II 1. VX Méprisable. — spécialt Impudique. *De vilains mots.* ♦ (surtout en parlant aux enfants) Qui ne se conduit pas bien, qui n'est pas «gentil». SYN. **méchant.** *Qu'il est vilain !* — **n.** *Le vilain, la petite vilaine !* 2. Désagréable à voir. SYN. **laid.** *Elle n'est pas vilaine,* elle est assez jolie. — *Il a de vilaines dents.* 3. (temps) Mauvais, laid. SYN. **sale.** 4. Dont l'apparence est inquiétante. *Une vilaine blessure.* — (au moral) *Une vilaine affaire. Il lui a joué un vilain tour.* SYN. **sale.** — **n. m.** *Il va y avoir du vilain,* un éclat, une dispute. SYN. **grabuge.** CONTR. ② **gentil** • ① **beau, joli • sain.**
ÉTYM. bas latin *villanus,* de *villa* «ferme, domaine rural» ; sens II rattaché à *vil.*

VILAINEMENT [vilɛnmɑ̃] **adv.** ✦ D'une manière laide, vilaine.

VILEBREQUIN [vilbʀəkɛ̃] **n. m.** 1. Outil formé d'une mèche que l'on fait tourner à l'aide d'une manivelle coudée, et qui sert à percer des trous. 2. TECHN. Arbre d'un moteur à explosion, articulé avec des bielles, permettant de transformer le mouvement rectiligne des pistons en mouvement de rotation.
ÉTYM. altération du moyen français *wimbelkin* (néerlandais *wimmelhijn* «petite tarière *(wimmel)*»), d'après *vibrer* et *libre.*

VILENIE [vil(ə)ni ; vileni] ou **VILÉNIE** [vileni] **n. f.** ✦ LITTÉR. 1. Action vile et basse. *C'est une vilenie.* SYN. **infamie, saleté.** 2. Caractère vil. — Écrire *vilénie* avec un accent aigu est permis. CONTR. **noblesse.**
ÉTYM. de *vilain.*

VILIPENDER [vilipɑ̃de] **v. tr.** (conjug. 3a) ✦ LITTÉR. Dénoncer comme vil, méprisable. SYN. **bafouer, honnir.** CONTR. ① **louer.**
ÉTYM. bas latin *vilipendere,* littéralement «estimer *(pendere)* comme vil *(vilis)*».

VILLA [villa] **n. f.** 1. Maison de plaisance ou d'habitation avec un jardin. 2. Voie calme, impasse bordée de belles constructions. 3. HIST. Domaine rural de l'Italie antique et de la Gaule.
ÉTYM. mot italien «ferme, maison de campagne», mot latin.

VILLAGE [vilaʒ] **n. m.** 1. Agglomération rurale ; groupe d'habitations assez important pour avoir une vie propre (à la différence du hameau). *Un petit village isolé.* → **trou.** *Gros village.* → **bourg, bourgade.** *L'école, l'église du village.* «*Le Curé de village*» (roman de Balzac). *Village de toile,* agglomération de tentes, munie de services communs organisés. → **camping** anglicisme. *Village de vacances.* 2. *Les habitants d'un village. Tout le village participe à la fête.*
ÉTYM. de *ville* «groupe de maisons rurales».

VILLAGEOIS, OISE [vilaʒwa, waz] **adj.** et **n.** 1. **adj.** D'un village, de ses habitants. SYN. **campagnard, rural.** *Coutumes, danses, fêtes villageoises.* 2. **n.** Habitant d'un village. CONTR. **citadin, urbain.**

VILLANELLE [vilanɛl] **n. f.** ✦ Poème à forme fixe (XVIe s.) à couplets de trois vers et à refrain, terminé par un quatrain.
ÉTYM. italien *villanella* «chanson villageoise».

VILLE [vil] **n. f.** 1. Milieu géographique et social formé par une réunion importante de constructions abritant des habitants qui travaillent, pour la plupart, à l'intérieur de l'agglomération. → **capitale, cité, métropole.** *Les grandes villes et leurs banlieues. Les villes et les bourgs, les villages d'un pays.* SYN. **commune, localité.** *La moitié de l'humanité vit dans les villes.* ☛ Géographie p. 228. — *La ville de New York.* — *Ville-État* (ex. Monaco, Singapour). — loc. *La Ville lumière,* Paris. *La Ville éternelle,* Rome. — *Ville d'eaux,* station thermale. — *Ville industrielle, universitaire.* — *Ville nouvelle,* créée à proximité d'une grande agglomération pour en maîtriser la croissance. — *Au centre de la ville, au centre-ville.* ♦ Partie d'une ville. *La vieille ville et les nouveaux quartiers.* — *EN VILLE, À LA VILLE* : dans la ville. *Aller en ville. En ville,* hors de chez soi, en étant invité. *Dîner en ville.* ♦ HIST. (XVIIe-XVIIIe siècles) *La Ville et la Cour* : Paris et Versailles (en tant que milieux sociaux, forces politiques). 2. L'administration, la personne morale de la ville. SYN. **municipalité.** *Travaux financés par la ville.* 3. La vie, les habitudes sociales dans une grande ville (opposé à *la campagne, la terre*). → **urbain.** *Les lumières, le bruit de la ville.* — *Les gens de la ville.* → **citadin.** 4. Les habitants de la ville. *Toute la ville en parle.* HOM. VIL «méprisable»
ÉTYM. latin *villa* «maison ou domaine rural» puis «village».

VILLÉGIATURE [vi(l)leʒjatyʀ] **n. f.** ✦ Séjour de repos, à la campagne ou dans un lieu de plaisance (ville d'eaux, plage...). *Il est allé en villégiature dans sa maison de campagne.*
ÉTYM. italien *villegiatura,* de *villeggiare* «aller, séjourner à la campagne *(villa)*».

VILLOSITÉ [vilozite] **n. f.** ✦ ANAT. Petit repli de la muqueuse de certaines cavités organiques. *Les villosités intestinales.*
ÉTYM. du latin *villosus* «velu», de *villus* «touffe de poils».

VIN [vɛ̃] **n. m.** 1. Boisson alcoolisée provenant de la fermentation du raisin. *Fabrication, production du vin* (→ **vinicole, vinification**). *Mettre le vin en tonneaux. Tirer le vin.* prov. *Quand le vin est tiré, il faut le boire. Vin nouveau,* consommé dès la fin de la fermentation. *Vin rouge, blanc, rosé. Vin de pays,* provenant d'un terroir non délimité. *Vins vieux. Vins fins. Mauvais vin rouge.* → FAM. **picrate, pinard, vinasse** ; → gros **rouge.** — *Bouteille, verre de vin. Sauce au vin, coq au vin.* — *Vins doux, vins de liqueur,* vins chargés en sucre, auxquels on ajoute de l'alcool de raisin en cours de fermentation

(banyuls, malaga, porto, sherry...). ◆ *Le vin,* symbole de l'ivresse (→ **aviné**). *Cuver son vin.* loc. *Être entre deux vins,* un peu gris. ➡ *Avoir le vin gai, triste,* l'ivresse gaie, triste. 2. loc. *Vin d'honneur,* offert et bu en commun en l'honneur de qqn. 3. RELIG. CATHOL. L'une des deux espèces sous lesquelles se fait la consécration. → **eucharistie.** *Vin de messe.* 4. Liqueur alcoolisée obtenue par fermentation d'un produit végétal. *Vin de palme, de canne.* HOM. VAIN «inutile», VINGT «nombre»
ÉTYM. latin *vinum* «vin ; raisin».

VINAIGRE [vinɛgʀ] **n. m.** ✦ Liquide provenant de la fermentation acétique du vin ou d'une solution alcoolisée, utilisé comme assaisonnement, comme condiment. *Vinaigre de vin, d'alcool.* ➡ loc. *Tourner au vinaigre,* tourner mal, empirer (comme le vin qui s'aigrit). *On ne prend pas les mouches avec du vinaigre,* on ne réussit pas par la dureté. ➡ loc. FAM. *Faire vinaigre,* se dépêcher. *Ils ont fait vinaigre pour venir.*
ÉTYM. de *vin* et *aigre.*

VINAIGRER [vinegʀe] **v. tr.** (conjug. 3a) ✦ Assaisonner avec du vinaigre.

VINAIGRETTE [vinɛgʀɛt] **n. f.** ✦ Sauce faite d'huile et de vinaigre, qui sert à assaisonner la salade, les crudités. *Poireaux en vinaigrette,* ellipt *poireaux vinaigrette.*

VINAIGRIER [vinɛgʀije] **n. m.** 1. Personne qui fait, qui vend du vinaigre. *Les vinaigriers de Dijon.* 2. Flacon pour mettre le vinaigre. *L'huilier et le vinaigrier.*

VINASSE [vinas] **n. f.** ✦ FAM. Mauvais vin rouge. *Clochard qui sent la vinasse.*
ÉTYM. de *vin,* suffixe péjoratif *-asse.*

VINDICATIF, IVE [vɛ̃dikatif, iv] **adj.** ✦ Porté à la vengeance. SYN. **rancunier.** *Un rival vindicatif.*
ÉTYM. du latin *vindicare* «venger».

VINDICTE [vɛ̃dikt] **n. f.** ✦ loc. DR. *Vindicte publique :* poursuite et punition des crimes au nom de la société. LITTÉR. *Désigner qqn à la vindicte publique.*
ÉTYM. latin *vindicta,* du participe passé de *vindicare* «venger».

VINEUX, EUSE [vinø, øz] **adj.** ✦ Qui a la couleur du vin rouge. *Teint vineux.* ➡ Qui a l'odeur du vin. *Haleine vineuse.* SYN. **aviné.**

VINGT [vɛ̃ ; vɛ̃t] **adj. numéral** ✦ REM. *vingt* se prononce [vɛ̃] isolé ou devant consonne (ex. *vingt jours*), et [vɛ̃t] dans les nombres de *vingt-deux* à *vingt-neuf,* en liaison (ex. *vingt ans, vingt et un*) 1. numéral cardinal Deux fois dix (20 ; XX). *Vingt euros. Cinq heures moins vingt* (minutes). *Vingt ans,* âge représentatif de la jeunesse. ➡ *Je vous l'ai répété vingt fois,* de nombreuses fois. 2. ordinal Vingtième. *Les années vingt,* entre 1920 et 1930. 3. **n. m.** Le nombre, le numéro vingt. *Vingt pour cent. Miser sur le vingt.* ➡ *Le vingt du mois.* ➡ *Noter* (un devoir) *sur vingt.* ➡ FAM. *Vingt-deux !,* attention ! *Vingt-deux, (voilà) les flics !* HOM. VAIN «inutile», VIN «boisson»
ÉTYM. bas latin *vinti,* de *viginti.*

VINGTAINE [vɛ̃tɛn] **n. f.** ✦ Nombre approximatif de vingt. *Une vingtaine de spectateurs.*

VINGTIÈME [vɛ̃tjɛm] **adj.** 1. (ordinal de *vingt*) Dont le numéro, le rang est vingt. *Le vingtième siècle.* 2. Contenu vingt fois dans le tout. *La vingtième partie.* ➡ **n. m.** *Le vingtième.*

VINGTIÈMEMENT [vɛ̃tjɛmmɑ̃] **adv.** ✦ En vingtième lieu.

VINICOLE [vinikɔl] **adj.** ✦ Relatif à la production du vin (culture de la vigne et fabrication du vin). *Industrie vinicole.*
ÉTYM. du latin *vinum* «vin» et de *-cole.*

VINIFICATION [vinifikasjɔ̃] **n. f.** 1. Procédé par lequel le jus de raisin (moût) est transformé en vin. 2. Fermentation alcoolique, transformation des glucides (sucres) en alcool par des levures.
ÉTYM. du latin *vinum* «vin», d'après les mots en *-ification.*

VINIFIER [vinifje] **v. tr.** (conjug. 9) ✦ Traiter (les moûts) pour faire le vin.
ÉTYM. de *vinification.*

VINYLE [vinil] **n. m.** ✦ Radical chimique qui entre dans la composition des matières plastiques, etc.
ÉTYM. de *vin,* d'après *éthyle.*

VIOL [vjɔl] **n. m.** 1. Acte par lequel une personne en force une autre à avoir des relations sexuelles avec elle, par violence. *Il a été condamné pour viol.* 2. Fait de violer (2). SYN. **profanation, violation.** *Le viol d'un sanctuaire.* HOM. VIOLE «instrument de musique»
ÉTYM. de *violer.*

VIOLACÉ, ÉE [vjɔlase] **adj.** ✦ Qui tire sur le violet. *Rouge violacé. Nez, teint violacé* (à cause du froid, de la boisson).
ÉTYM. latin *violaceus,* de *viola* «violette».

VIOLATEUR, TRICE [vjɔlatœʀ, tʀis] **n.** ✦ LITTÉR. Personne qui viole, profane ce qui doit être respecté. SYN. **profanateur.**
ÉTYM. latin *violator.*

VIOLATION [vjɔlasjɔ̃] **n. f.** ✦ Action de violer (un engagement, un droit), de profaner une chose sacrée ou protégée par la loi. SYN. **outrage.** *Violation de la loi.* SYN. **infraction.** *Violations des droits de l'homme. Violation du secret professionnel.* ➡ *Violation de domicile ; de sépulture.* SYN. **profanation.**
ÉTYM. latin *violatio.*

VIOLE [vjɔl] **n. f.** ✦ Instrument de musique à cordes et à archet. *Viole d'amour.* ◆ *VIOLE DE GAMBE,* viole à six cordes, placée entre les jambes, jouée du XVIe au XVIIIe siècle (reprise pour la musique baroque), ancêtre du violoncelle. HOM. VIOL «violence sexuelle»
ÉTYM. ancien occitan *viola,* peut-être mot expressif ; *viole de gambe,* de l'italien *gamba* «gambe».

VIOLEMMENT [vjɔlamɑ̃] **adv.** 1. Avec une force brutale. SYN. **brutalement.** *Heurter violemment un obstacle.* 2. Âprement, vivement. *Réagir, s'insurger violemment contre une injustice.* CONTR. **doucement, légèrement.**
ÉTYM. de *violent.*

VIOLENCE [vjɔlɑ̃s] **n. f.** 1. Abus de la force. loc. *FAIRE VIOLENCE à qqn :* contraindre en employant la force ou l'intimidation. → **forcer.** *Se faire violence,* s'imposer une attitude contraire à celle qu'on aurait spontanément. ➡ *LA VIOLENCE :* force brutale pour soumettre qqn. SYN. **brutalité.** *Acte, mouvement de violence.* loc. prov. *La violence engendre la violence* (d'après Eschyle). ➡ Manifestations sociales de cette force brutale. *Escalade de la violence.* 2. Acte violent. *Il a subi des violences.* SYN. **sévices.** ➡ loc. *Se faire une DOUCE VIOLENCE :* accepter avec plaisir après une résistance affectée. 3. Disposition naturelle à l'expression brutale des sentiments. SYN. **brutalité.** *Parler avec violence.* 4. Force brutale (d'une chose, d'un phénomène). *La violence de la tempête, du vent.* SYN. **fureur.** ➡ Caractère de

A B C D E F G H I J K L M N O P Q R S T U V W X Y Z

ce qui produit des effets brutaux. *La violence d'un sentiment, d'une passion.* SYN. **intensité, vivacité.** *La violence des désirs.* SYN. **ardeur.** CONTR. **non-violence** · ① **calme, douceur, mesure.**
ÉTYM. latin *violentia*, de *violentus* «violent».

VIOLENT, ENTE [vjɔlɑ̃, ɑ̃t] **adj.** 1. Qui agit ou s'exprime sans aucune retenue. *Un homme grossier et violent.* SYN. **brutal, coléreux.** – **n.** *C'est un violent.* ◆ *Une violente colère. Des propos violents.* SYN. **virulent.** *Révolution violente* (opposé à *pacifique*). 2. Qui a un intense pouvoir d'action ou d'expression. *Un violent orage a éclaté. Le choc a été violent.* SYN. ① **fort, terrible.** ◆ Qui a un effet intense sur les sens. *Impression violente.* 3. Qui exige de la force, de l'énergie. *Faire de violents efforts.* – *Mort violente*, par accident, meurtre. CONTR. ② **calme, doux, pacifique** · **non-violent.**
ÉTYM. latin *violentus*, de *vis* «force».

VIOLENTER [vjɔlɑ̃te] **v. tr.** (conjug. 3a) 1. *Violenter une femme*, la violer. 2. Dénaturer, altérer. *Violenter un texte.*
ÉTYM. de *violent*.

VIOLER [vjɔle] **v. tr.** (conjug. 3a) **I** (compl. chose) 1. Agir contre, porter atteinte à (ce qu'on doit respecter), faire violence à... *Violer les lois, la Constitution.* SYN. **enfreindre, transgresser.** *Violer un traité.* 2. Ouvrir, pénétrer dans (un lieu sacré ou protégé par la loi). *Violer une sépulture.* SYN. **profaner.** – *Violer les consciences.* **II** *Violer qqn*, posséder sexuellement (une personne) contre sa volonté. SYN. **violenter** ; → **viol.** CONTR. **observer, respecter.**
ÉTYM. latin *violare*, de *vis* «force».

VIOLET, ETTE [vjɔlɛ, ɛt] **adj.** et **n. m.** 1. **adj.** D'une couleur qui s'obtient par le mélange du bleu et du rouge. *Iris violet.* – *Mains violettes de froid.* SYN. **violacé.** 2. **n. m.** Couleur violette. *Violet pâle* (→ **lilas, mauve**), *foncé* (→ **violine**).
ÉTYM. de l'ancien français *viole*, latin *viola* «violette».

VIOLETTE [vjɔlɛt] **n. f.** 1. Petite plante à fleurs solitaires souvent violettes, à cinq pétales ; sa fleur. *Violette odorante, violette de Parme* (inodore). *Un bouquet de violettes.* – **loc.** *L'humble violette* (symbole de modestie). 2. Essence de cette fleur.
ÉTYM. de l'ancien français *viole* → violet.

VIOLEUR, EUSE [vjɔlœʀ, øz] **n.** ✦ Personne qui a commis un viol, des viols.
ÉTYM. de *violer*.

VIOLINE [vjɔlin] **adj.** ✦ Violet pourpre, foncé. SYN. **lie-de-vin.**

VIOLON [vjɔlɔ̃] **n. m.** **I** 1. Instrument de musique à quatre cordes que l'on frotte avec un archet, et qui se tient entre l'épaule et le menton. *Jouer du violon.* – *La famille des violons* (altos, violoncelles, contrebasses). – **loc.** *Accordez vos violons !*, mettez-vous d'accord dans ce que vous dites. – *VIOLON D'INGRES* : activité artistique exercée en dehors d'une profession (le peintre Ingres jouait du violon ☞ noms propres). 2. Violoniste. *Le premier violon d'un orchestre*, celui qui dirige les violons. **II** FAM. Prison d'un poste de police. *Passer la nuit au violon.*
ÉTYM. italien *violone* «grande viole *(viola)*».

VIOLONCELLE [vjɔlɔ̃sɛl] **n. m.** 1. Instrument de musique à quatre cordes et à archet, de la famille des violons, de plus grande taille, dont on joue assis en le tenant entre les jambes. SYN. **viole** de gambe. 2. Violoncelliste.
ÉTYM. italien *violoncello* «petite contrebasse *(violone)*».

VIOLONCELLISTE [vjɔlɔ̃selist] **n.** ✦ Instrumentiste qui joue du violoncelle.

VIOLONEUX [vjɔlɔnø] **n. m.** ✦ anciennt Violoniste de village.
ÉTYM. de *violon*.

VIOLONISTE [vjɔlɔnist] **n.** ✦ Instrumentiste qui joue du violon. *Une grande violoniste.*

VIORNE [vjɔʀn] **n. f.** ✦ Arbrisseau à fleurs blanches. – Clématite.
ÉTYM. bas latin *viburna*, pluriel de *viburnum*.

VIP ou **V. I. P.** [veipe ; viajpi] **n. invar.** ✦ FAM. Personnalité de marque. *Le public et les VIP.*
ÉTYM. sigle anglais, de *Very Important Person* «personne très importante».

VIPÈRE [vipɛʀ] **n. f.** 1. Serpent venimeux à tête triangulaire aplatie, à deux dents ou crochets à venin, qui vit dans les terrains broussailleux et ensoleillés. SYN. ① **aspic.** *Nœud* de vipères.* – **loc.** *Une langue de vipère*, une personne méchante et médisante. 2. Personne méchante, malfaisante en paroles.
ÉTYM. latin *vipera*.

VIRAGE [viʀaʒ] **n. m.** **I** 1. Mouvement d'un véhicule qui tourne, change de direction. *Amorcer, prendre un virage. Virage sur l'aile* (d'un avion). 2. Courbure du tracé d'une route, d'une piste. SYN. **coude, courbe,** ② **tournant.** *Virage dangereux, en épingle à cheveux.* 3. fig. Changement radical d'orientation, d'attitude. **II** Action de virer (II). 1. Transformation chimique que subit l'image photographique. ◆ CHIM. Changement de couleur (d'un indicateur), marquant la fin d'une réaction. *Virage au bleu du papier de tournesol.* 2. Fait de devenir positive, pour une cutiréaction.
ÉTYM. de *virer*.

VIRAGO [viʀago] **n. f.** ✦ Femme d'allure masculine, aux manières rudes et autoritaires. *Des viragos.*
ÉTYM. mot latin «femme courageuse», de *vir* «homme».

VIRAL, ALE, AUX [viʀal, o] **adj.** 1. Qui se rapporte à un virus. 2. Provoqué par un virus. *Infections virales. Hépatite virale.* 3. Qui se propage rapidement par voie électronique (par mails, SMS, sur les réseaux sociaux...). *Diffusion virale de l'information.*
ÉTYM. de *virus*.

VIRALITÉ [viʀalite] **n. f.** ✦ Caractère viral (3).

VIRÉE [viʀe] **n. f.** ✦ FAM. Promenade, voyage rapide. *Faire une petite virée.* SYN. **balade,** ② **tour.**
ÉTYM. du participe passé de *virer* (I).

VIRELAI [viʀlɛ] **n. m.** ✦ DIDACT. Poème du Moyen Âge, petite pièce sur deux rimes avec refrain.
ÉTYM. de *virer* et *li-*, refrain de chanson ; infl. de *lai*.

VIREMENT [viʀmɑ̃] **n. m.** ✦ Transfert de fonds d'un compte à un autre. *Virement bancaire.*
ÉTYM. de *virer* (II).

VIRER [viʀe] **v.** (conjug. 3a) **I** 1. **v. tr.** MAR. Faire tourner. 2. **v. intr.** Tourner sur soi, tourner en rond. *Virer comme une toupie.* 3. **v. intr.** Changer de direction. *Virer de bord.* – Aller en tournant. *Braquer pour virer.* **II** **v. tr.** 1. Transporter (une somme) d'un compte à un autre : effectuer le virement* de. *Virez la somme à mon compte.* SYN. **transférer.** 2. FAM. *Virer qqn*, le renvoyer. SYN.

vider. *Il s'est fait virer, il est viré.* **III** **v. intr.** **1.** Changer d'aspect, de caractère, **spécialt** de couleur. *Épreuves qui virent bien.* **2.** *Cutiréaction qui vire,* qui devient positive. ➡ **trans.** *Virer sa cuti*.* **3.** VIRER À : devenir. *Virer à l'aigre, au rouge.*
ÉTYM. latin populaire *virare*, de *vibrare* «agiter, lancer».

VIREVOLTANT, ANTE [viʀvɔltɑ̃, ɑ̃t] **adj.** ✦ Qui virevolte, tourne sur soi.

VIREVOLTE [viʀvɔlt] **n. f.** **1.** Mouvement de ce qui fait un demi-tour. **2.** Changement complet. SYN. **volte-face.** ➡ Changement d'avis, d'opinion. SYN. **revirement.**
ÉTYM. de *virevolter.*

VIREVOLTER [viʀvɔlte] **v. intr.** (conjug. 3a) ✦ Tourner rapidement sur soi. ➡ Aller en tous sens sans nécessité. SYN. **papillonner.**
ÉTYM. altération de l'ancien français *virevouter* «tournoyer», d'après l'italien *giravolta* «tour en rond».

① **VIRGINAL, ALE, AUX** [viʀʒinal, o] **adj.** ✦ D'une vierge ; propre à une vierge. *Pudeur, fraîcheur virginale.*
ÉTYM. latin *virginalis,* de *virgo* «vierge».

② **VIRGINAL** [viʀʒinal] **n. m.** ✦ MUS. Épinette en usage en Angleterre (XVIe-XVIIe siècles).
ÉTYM. mot anglais de même origine que ① *virginal.*

VIRGINITÉ [viʀʒinite] **n. f.** ✦ État d'une personne vierge. *Perdre sa virginité.* SYN. FAM. **pucelage.** **loc. fig.** *Se refaire une virginité :* retrouver une innocence perdue.
ÉTYM. latin *virginitas,* de *virgo* «vierge».

VIRGULE [viʀgyl] **n. f.** ✦ Signe de ponctuation (,) marquant une pause de peu de durée, qui s'emploie à l'intérieur de la phrase pour isoler des propositions ou des éléments de propositions. → **aussi point-virgule.** ♦ Signe (,) qui précède la décimale dans un nombre décimal. *Nombres à virgule* (**ex.** 3,25 qui se lit *trois virgule vingt-cinq*).
ÉTYM. latin *virgula* «petite branche, petite baguette *(virga)*».

VIRIL, ILE [viʀil] **adj.** **1.** Propre à l'homme adulte. SYN. **mâle, masculin.** *Force virile.* **2.** Qui a l'appétit sexuel d'un homme normal, qui a l'air mâle. *Il n'est pas très viril.* **3.** Qui a les caractères moraux qu'on attribue plus spécialement à l'homme (actif, énergique, courageux). CONTR. **efféminé, féminin.**
ÉTYM. latin *virilis,* de *vir* «homme».

VIRILITÉ [viʀilite] **n. f.** **1.** Ensemble des attributs et caractères physiques, mentaux et sexuels de l'homme. **2.** Puissance sexuelle chez l'homme. **3.** Caractère viril (3).
ÉTYM. latin *virilitas,* de *virilis* «viril».

VIROLE [viʀɔl] **n. f.** ✦ Petite bague de métal dont on garnit l'extrémité d'un manche pour assujettir ce qui y est fixé. *La virole d'un couteau, d'un pinceau.*
ÉTYM. latin *viriola* «bracelet».

VIROLOGIE [viʀɔlɔʒi] **n. f.** ✦ SC. Étude des virus.
ÉTYM. de *virus* et *-logie.*

VIROPHAGE [viʀɔfaʒ] **n. m.** ✦ DIDACT. Virus capable d'infecter un autre virus et d'effectuer un transfert de gènes à son profit.
ÉTYM. de *virus* et *-phage.*

VIRTUALITÉ [viʀtɥalite] **n. f.** ✦ LITTÉR. Caractère de ce qui est virtuel. SYN. **potentialité.**

VIRTUEL, ELLE [viʀtɥɛl] **adj.** **1.** Qui est à l'état de simple possibilité ; qui a en soi toutes les conditions essentielles à sa réalisation. SYN. **possible, potentiel.** *Réussite virtuelle. Le marché virtuel d'un produit.* **2.** PHYS. *Image virtuelle,* qui se forme dans le prolongement des rayons lumineux. **3.** Qui concerne la simulation de la réalité par des images de synthèse tridimensionnelles. *Objet virtuel. Réalité virtuelle.* CONTR. **actuel,** ① **effectif, réel.**
ÉTYM. latin médiéval *virtualis,* de *virtus* «vertu».

VIRTUELLEMENT [viʀtɥɛlmɑ̃] **adv.** **1.** DIDACT. D'une manière virtuelle, en puissance. SYN. **potentiellement.** **2.** Selon toute probabilité. *Candidat virtuellement élu.* SYN. **pratiquement,** en **principe.**

VIRTUOSE [viʀtɥoz] **n.** **1.** Musicien, musicienne, exécutant(e) doué(e) d'une technique brillante. *Une virtuose du piano.* **2.** Personne, artiste extrêmement habile (dans une activité). *Une virtuose du pinceau.*
ÉTYM. italien *virtuoso,* de *virtù* «vertu».

VIRTUOSITÉ [viʀtɥozite] **n. f.** **1.** Talent, technique de virtuose. SYN. **brio, maestria.** **2.** Technique brillante (d'un artiste, d'un écrivain, d'un artisan, etc.). SYN. **maîtrise.**

VIRULENCE [viʀylɑ̃s] **n. f.** **1.** Âpreté, violence. *La virulence d'une critique.* **2.** Aptitude (d'un germe) à se multiplier dans un organisme et à provoquer une maladie. ➡ Caractère nocif, dangereux. *La virulence d'un poison.*
ÉTYM. bas latin *virulentia* «mauvaise odeur, infection» → virulent.

VIRULENT, ENTE [viʀylɑ̃, ɑ̃t] **adj.** **1.** Plein d'âpreté, de violence. SYN. **venimeux.** *Satire, critique virulente.* ➡ (personnes) *Il est très virulent contre le gouvernement.* **2.** (agent pathogène, poison) Dangereux, actif. *Une bactérie virulente.*
ÉTYM. bas latin *virulentus* «venimeux», de *virus* → virus.

VIRUS [viʀys] **n. m.** **1.** Germe pathogène. ➡ Microorganisme capable de former sa propre substance par synthèse (sans échanges). *Bactéries, microbes et virus. Le virus de la poliomyélite, du sida.* **2.** Principe moral de contagion. *Le virus du racisme.* ➡ Goût excessif. *Il a le virus de l'informatique.* **3.** INFORM. Instruction de nature à perturber le fonctionnement d'un système informatique.
ÉTYM. mot latin «suc ; venin».

VIS [vis] **n. f.** **1.** Tige de métal, de bois, présentant une partie saillant en hélice (filet), et que l'on fait pénétrer dans une pièce en la faisant tourner sur elle-même. *Tête d'une vis. Serrer, desserrer une vis avec un tournevis.* ➡ **loc.** *Serrer la vis à qqn,* le traiter avec une grande sévérité. *Tour de vis.* **2.** *Escalier à vis, vis :* escalier en forme d'hélice. **3.** **loc.** SC. *Vis d'Archimède, vis sans fin :* dispositif hélicoïdal transformant un mouvement circulaire en mouvement rectiligne. **4.** *Vis platinée.* → ② **platiné.** HOM. VICE «mauvais penchant»
ÉTYM. latin *vitis* «plante à vrille ; vrille».

VISA [viza] **n. m.** ✦ Formule ou sceau accompagné d'une signature, qu'on appose sur un acte pour le valider. *Visa de censure* (d'un film). *Donner un visa* (→ ② **viser**). *Des visas.* ➡ Formule exigée, en plus du passeport, pour entrer dans certains pays.
ÉTYM. mot latin «choses vues», de *videre* «voir».

A B C D E F G H I J K L M N O P Q R S T U V W X Y Z

VISAGE [vizaʒ] **n. m.** **1.** Partie antérieure de la tête de l'homme. SYN. **face, figure, tête** ; FAM. **bouille, gueule, tronche.** *Visage allongé ; rond, joufflu. Un beau visage aux traits réguliers. Visage expressif, ouvert ; triste, maussade. La peur, la colère se lisait sur son visage.* ➝ **loc.** *À visage découvert,* sans se cacher. ➝ *À VISAGE HUMAIN :* qui tient compte de l'individu, qui respecte les droits de l'homme. **2.** Expression du visage. *Faire bon visage à qqn,* être aimable avec lui (notamment lorsqu'on lui est hostile). **3.** La personne (considérée dans son visage). *Un visage inconnu, connu. Mettre un nom sur un visage.* ➝ **loc.** *Les Visages pâles,* les Blancs (pour les Indiens d'Amérique). **4.** Aspect particulier et reconnaissable (de qqch.). *Le vrai visage des États-Unis.*
ÉTYM. de l'ancien français *vis* «visage», latin *visus* «apparence», de *videre* «voir».

VISAGISTE [vizaʒist] **n.** ✦ Spécialiste qui cherche à mettre en valeur le visage par la coiffure, le maquillage.

VIS-À-VIS [vizavi] **loc. prép.** et **n. m.**
I loc. prép. *VIS-À-VIS DE.* **1.** En face de. *Se placer vis-à-vis l'un de l'autre.* **2. fig.** En face de, en présence de, devant (de manière à confronter). *J'ai honte vis-à-vis de lui.* ➝ En regard, en comparaison de. **3.** Envers (qqn). SYN. **avec.** *Il s'est engagé vis-à-vis d'elle.*
II n. m. **1.** Position de deux personnes, de deux choses qui se font face. *Un long et pénible vis-à-vis.* SYN. **tête-à-tête.** **2.** Personne placée en face d'une autre (à table, en train, etc.). ➝ Ce qui est situé en face. *Nous avons le bois pour vis-à-vis.*
ÉTYM. de l'ancien français *vis* → visage.

VISCÉRAL, ALE, AUX [viseʀal, o] **adj.** **1.** Relatif aux viscères. *Cavités viscérales.* **2.** (sentiment) Profond et irraisonné. *Une haine, une peur viscérale.*
ÉTYM. bas latin *visceralis* «profond, intime», de *viscera* «viscère».

VISCÉRALEMENT [viseʀalmɑ̃] **adv.** ✦ Profondément, du fond de son être. *Elle est viscéralement jalouse.*

VISCÈRE [visɛʀ] **n. m.** ✦ ANAT. Organe contenu dans une cavité du corps (cerveau, cœur, estomac, foie, intestin, poumon, rate, rein, utérus). ♦ COUR. *Les viscères,* ceux de l'abdomen. SYN. **boyau(x), entrailles.**
ÉTYM. latin *viscera,* pluriel de *viscus.*

VISCOSE [viskoz] **n. f.** ✦ TECHN. Solution colloïdale de cellulose et de soude, fournissant des fibres textiles artificielles (rayonne, etc.).
ÉTYM. du latin *viscosus* «visqueux» et de *(cellul)ose.*

VISCOSITÉ [viskozite] **n. f.** **1.** État de ce qui est visqueux (1). ➝ PHYS. *Viscosité d'un fluide,* état d'un fluide dont l'écoulement est freiné par le frottement entre les molécules qui le composent. **2.** État d'un corps dont la surface est visqueuse, gluante. *La viscosité d'un poisson.* CONTR. **fluidité.**
ÉTYM. latin médiéval *viscositas,* de *viscosus* «visqueux».

VISÉE [vize] **n. f.** **1.** Action de diriger la vue, le regard (ou une arme, un instrument d'optique) vers un but, un objectif. *Ligne de visée.* **2.** surtout plur. Direction de l'esprit, vers un but, un objectif qu'il se propose. SYN. **ambition, intention.** *Avoir des visées ambitieuses, des visées sur qqn.* SYN. **vue.**
ÉTYM. de ① *viser.*

① **VISER** [vize] **v.** (conjug. 3a) **I v. intr.** **1.** Diriger attentivement son regard, un objet, une arme vers le but, la cible à atteindre. **2.** *Viser haut,* avoir de grandes ambitions. **II v. tr. ind.** *VISER À.* **1.** Diriger un objet, une arme sur (qqch.). *Il a visé à la tête.* **2.** Avoir en vue (une fin), tendre à. *Il vise à la députation.* ➝ (+ inf.) *Ses manœuvres visent à nous tromper.* **III v. tr. dir.** **1.** Regarder attentivement (un but, une cible) afin de l'atteindre. *Viser l'objectif.* **2.** Avoir en vue, s'efforcer d'atteindre (un résultat). *Il visait ce poste depuis longtemps.* SYN. **briguer, convoiter.** **3.** (sujet chose) S'appliquer à. *Cette remarque vise tout le monde.* SYN. **concerner.** ➝ passif et p. passé *Être, se sentir visé,* être l'objet d'une allusion, d'une critique. **4.** FAM. Regarder. *Vise un peu la tête qu'il fait !*
ÉTYM. latin populaire *visare,* de *visere,* intensif de *videre* «voir».

② **VISER** [vize] **v. tr.** (conjug. 3a) ✦ Voir, examiner (un acte) et le revêtir d'un visa. *Faire viser son passeport.*
ÉTYM. de *visa.*

VISEUR [vizœʀ] **n. m.** ✦ Instrument, dispositif optique servant à effectuer une visée. *Le viseur d'une arme à feu.* ♦ Dispositif permettant de délimiter le champ (photo, cinéma, télévision). *Le viseur de la caméra.*
ÉTYM. de ① *viser.*

VISIBILITÉ [vizibilite] **n. f.** **1.** Caractère de ce qui est perceptible par la vue, sensible à l'œil humain. **2.** Qualité de l'atmosphère, permettant de voir à une plus ou moins grande distance. *Bonne, mauvaise visibilité.* **3.** Possibilité, en un point donné, de voir les abords. *Virage sans visibilité.* CONTR. **invisibilité.**
ÉTYM. bas latin *visibilitas,* de *visibilis* «visible».

VISIBLE [vizibl] **adj.** **1.** Qui peut être vu. *Visible à l'œil nu, visible au microscope.* **2.** Sensible à la vue. SYN. **apparent,** ① **manifeste.** *Le monde, la nature visible.* ➝ **n. m.** *Le visible et l'invisible.* **3.** Qui se manifeste, peut être constaté par les sens. SYN. **évident, flagrant,** ① **manifeste.** *Un embarras, un plaisir visible.* ➝ impers. *Il est visible que* (+ indic.), clair, évident. *Il est visible qu'il ment.* **4.** (personnes) En état de recevoir une visite. *Il n'est pas visible à cette heure-ci.* ➝ FAM. En état d'être vu (habillé, apprêté). SYN. **présentable.** CONTR. **invisible ; caché,** ① **secret ; douteux.**
ÉTYM. latin *visibilis,* de *videre* «voir».

VISIBLEMENT [viziblǝmɑ̃] **adv.** **1.** De manière à être vu ; en se manifestant à la vue. SYN. **ostensiblement.** **2.** D'une manière évidente, claire. SYN. **manifestement.** *Il était visiblement embarrassé.*
ÉTYM. de *visible.*

VISIÈRE [vizjɛʀ] **n. f.** **1.** Partie d'une casquette, d'un képi qui abrite les yeux. **2.** Pièce rigide qui protège les yeux et qui s'attache autour de la tête. ➝ *Mettre sa main en visière devant ses yeux.*
ÉTYM. de l'ancien français *vis* → visage.

VISIOCONFÉRENCE [vizjokɔ̃feʀɑ̃s] **n. f.** ✦ Téléconférence audiovisuelle qui permet d'échanger des sons et des images, en temps réel, entre deux ou plusieurs interlocuteurs.
ÉTYM. de *visio(n)* et *conférence.*

VISION [vizjɔ̃] **n. f.** **I 1.** Perception du monde extérieur par la vue ; mécanisme physiologique par lequel les radiations lumineuses donnent naissance à des sensations visuelles. *Vision nette, indistincte. Champ de vision.* **2. fig.** Action de voir, de se représenter en esprit. SYN. **représentation.** *Avoir une vision confuse de l'avenir. Une vision réaliste, poétique de la réalité.* SYN. **conception.** **II** *(Une, des visions)* **1.** Chose surnaturelle qui apparaît aux yeux ou à l'esprit. SYN. **apparition, révélation.** *Les visions des mystiques ; d'une voyante.* **2.** Représentation imaginaire. SYN. **hallucination, rêve.** ➝ FAM.

Avoir des visions, voir ce qui n'existe pas. *Tu as des visions !* 3. Image mentale. SYN. **idée.** *Une vision obsédante.*
ÉTYM. latin *visio,* de *videre* «voir».

VISIONNAIRE [vizjɔnɛʀ] n. et adj. 1. n. Personne qui a ou croit avoir des visions. SYN. **halluciné, illuminé.** ➡ Personne qui a la vision de l'avenir ou de ce qui est caché. SYN. ① **voyant.** 2. adj. Capable d'anticiper, qui a une vision de l'avenir. *Un art visionnaire.*
ÉTYM. de *vision.*

VISIONNER [vizjɔne] v. tr. (conjug. 3a) 1. Examiner (un film) d'un point de vue technique. *Visionner une séquence.* 2. Faire apparaître sur un écran de visualisation.
ÉTYM. de *vision.*

VISIONNEUSE [vizjɔnøz] n. f. ✦ Appareil formé d'un dispositif optique grossissant, pour examiner un film, des diapositives.
ÉTYM. de *visionner.*

VISIOPHONE [vizjɔfɔn] n. m. ✦ Téléphone où chaque correspondant a une image de l'autre.
ÉTYM. de *vision* et *-phone.*

VISITATION [vizitasjɔ̃] n. f. ✦ RELIG. CATHOL. Visite que fit la Sainte Vierge à sainte Élisabeth, alors enceinte de Jean-Baptiste ; fête commémorant cet évènement (le 31 mai).
ÉTYM. latin *visitatio.*

VISITE [vizit] n. f. **I** 1. Fait d'aller voir (qqn) et de rester avec lui un certain temps ; le fait de recevoir un visiteur. SYN. **entrevue, rencontre.** *L'objet, le but d'une visite. Une petite, une longue visite. L'heure des visites* (dans une pension, un hôpital, une prison, etc.). ➡ *RENDRE VISITE à qqn.* ➡ **visiter** (I, 1). ➡ Rencontre mondaine de personnes qui se reçoivent. 2. La personne qui se rend chez une autre. SYN. **visiteur.** *Tu as une visite.* FAM. *De la visite,* des visiteurs. 3. (contexte professionnel ou institutionnel) Fait de se rendre auprès d'un malade, pour un médecin. *Visites à domicile.* ➡ DR. *Droit de visite,* du parent divorcé qui n'en a pas la garde, à ses enfants. ➡ Action de visiter (un client). *Les visites d'un représentant.* **II** 1. Le fait de se rendre (dans un lieu) pour voir, pour parcourir, visiter. *Visite touristique d'une ville.* 2. Le fait de se rendre dans un lieu, pour procéder à un examen, une inspection. *Visite d'expert.* ➡ *Visite de douane,* examen des marchandises, des bagages. SYN. **fouille.** 3. Examen de patients, de malades par un médecin à l'hôpital, en clinique, etc. *L'heure de la visite. Aller à la visite (médicale).*
ÉTYM. de *visiter.*

VISITER [vizite] v. tr. (conjug. 3a) **I** Aller voir (qqn). 1. RARE Faire une visite à (qqn). 2. Se rendre auprès de (qqn) pour l'assister, le soigner. *Visiter les prisonniers, un malade.* 3. (en parlant de Dieu) Agir sur, se manifester auprès de (l'homme). *Dieu l'a visité.* **II** 1. Aller voir (qqch.), parcourir (un lieu) en examinant. SYN. **voir.** *J'ai visité l'Italie l'été dernier. Visiter un musée.* 2. Examiner, inspecter. SYN. **fouiller.**
ÉTYM. latin *visitare,* fréquentatif de *visere* → ① *viser.*

VISITEUR, EUSE [vizitœʀ, øz] n. **I** 1. Personne qui va voir qqn chez lui, lui fait une visite. *Accompagner, reconduire un visiteur.* 2. Personne qui visite (un pensionnaire, un malade, un prisonnier). **II** 1. Personne qui visite, inspecte, examine. *Visiteur, visiteuse des douanes.* 2. Personne qui visite un lieu. *Les visiteurs sont priés de s'adresser au guide.* SYN. **touriste.** 3. SPORTS Membre d'une équipe qui se déplace et joue sur le terrain de l'adversaire. *Les visiteurs ont gagné par trois buts à deux.*
ÉTYM. de *visiter.*

VISON [vizɔ̃] n. m. 1. Mammifère voisin du putois, dont la variété d'Amérique du Nord est chassée et élevée pour sa fourrure très estimée. 2. Fourrure de cet animal. *Manteau, étole de vison.*
ÉTYM. bas latin *visio,* de *vissio* «puanteur», de *vissire* «péter».

VISQUEUX, EUSE [viskø, øz] adj. 1. (liquide) Qui est épais et s'écoule avec difficulté. *L'écoulement des liquides visqueux.* ➡ **viscosité.** 2. péj. Dont la surface est couverte d'un liquide visqueux, d'une couche gluante. *La peau visqueuse d'un crapaud.* 3. fig. Répugnant par un caractère de bassesse, de traîtrise.
ÉTYM. bas latin *viscosus,* de *viscum* «glu».

VISSAGE [visaʒ] n. m. ✦ Action de visser.

VISSER [vise] v. tr. (conjug. 3a) 1. Fixer, faire tenir avec une vis, des vis. 2. Serrer en tournant sur un pas de vis (opposé à *dévisser*). *Visser un couvercle.* ➡ pronom. *Ce bouchon se visse.* 3. Traiter sévèrement (qqn), contraindre. → **serrer la vis.**
ÉTYM. de *vis.*

VISUALISATION [vizɥalizasjɔ̃] n. f. 1. Action de rendre visible (qqch.). 2. INFORM. Présentation d'informations sur un écran. SYN. **affichage.** *Écran de visualisation.*
ÉTYM. de *visualiser.*

VISUALISER [vizɥalize] v. tr. (conjug. 3a) 1. Rendre visible (un phénomène qui ne l'est pas). 2. INFORM. Faire apparaître sur un écran, sous forme graphique, les résultats d'un traitement d'information. SYN. **afficher.**
ÉTYM. anglais *to visualize,* de *visual* «visuel».

VISUEL, ELLE [vizɥɛl] adj. et n. 1. adj. Relatif à la vue. *Champ visuel. Troubles visuels. Mémoire visuelle,* des choses vues. 2. n. Personne chez qui les sensations visuelles prédominent. *Les visuels et les auditifs.* 3. adj. Qui fait appel au sens de la vue. *Méthodes visuelles,* dans l'enseignement (➡ **audiovisuel**).
ÉTYM. bas latin *visualis,* de *videre* «voir».

VISUELLEMENT [vizɥɛlmɑ̃] adv. ✦ Par le sens de la vue. *Constater visuellement.* SYN. **de visu.**
ÉTYM. de *visuel.*

VITAL, ALE, AUX [vital, o] adj. 1. Qui concerne, constitue la vie. *Propriétés, fonctions vitales.* ➡ *Principe vital, force vitale,* énergie propre à la vie. 2. Essentiel à la vie d'un individu, d'une collectivité. SYN. **indispensable.** ➡ *Espace* vital. C'est un problème vital, une question vitale pour nous,* d'une importance extrême.
ÉTYM. latin *vitalis,* de *vita* «vie».

VITALITÉ [vitalite] n. f. ✦ Caractère de ce qui manifeste une santé, une activité remarquables. SYN. **dynamisme, énergie, vigueur.** *La vitalité d'une personne, d'une plante.* CONTR. **langueur, léthargie.**
ÉTYM. latin *vitalitas,* de *vitalis* «vital».

VITAMINE [vitamin] n. f. ✦ Substance organique, sans valeur énergétique, mais indispensable à l'organisme, apportée en petite quantité par l'alimentation. *Vitamine A* (de croissance), *C* (antiscorbutique), *D* (antirachitique). *Carence en vitamines.* ➡ **avitaminose.**
ÉTYM. mot anglais, du latin *vita* «vie» et *amine.*

A B C D E F G H I J K L M N O P Q R S T U V W X Y Z

VITAMINÉ, ÉE [vitamine] **adj.** ✦ Où l'on incorpore une ou plusieurs vitamines. *Lait vitaminé.*

VITE [vit] **adv.** et **adj.**

I adv. 1. En parcourant un grand espace en peu de temps. *Aller vite.* → **filer, foncer.** *Marcher, courir vite, passer très vite (→ comme un éclair, une flèche).* – À un rythme rapide. *Son cœur bat plus vite.* 2. En peu de temps. SYN. **promptement, rapidement.** *Faire vite,* se dépêcher. *Vous parlez trop vite.* SYN. **précipitamment.** – *Un peu vite,* à la légère. – loc. *Plus vite que le vent,* extrêmement vite. – (avec un impér.) Sans plus attendre, immédiatement. *Partez vite. Allons vite, dépêchez-vous !* 3. Au bout d'une courte durée. *On sera vite arrivé.* SYN. **bientôt.** – *Au plus vite,* dans le plus court délai. – *Il a eu vite fait de, il aura vite fait de* (+ inf.), il n'a pas tardé, il ne tardera pas à. SYN. **tôt.** – FAM. *VITE FAIT* loc. adv. : rapidement. *Vite fait bien fait.* CONTR. **doucement, lentement, tranquillement.**

II adj. VX (langue classique) ou LITTÉR. Rapide. ◆ MOD., SPORTS *Le coureur le plus vite.* CONTR. **lent.**

ÉTYM. origine obscure.

VITELLIN, INE [vitelɛ̃, in] **adj.** ✦ BIOL. Du vitellus.

VITELLUS [vitelys] **n. m.** ✦ BIOL. Substance qui constitue les réserves de l'œuf, de l'embryon.

ÉTYM. mot latin «jaune d'œuf».

VITESSE [vitɛs] **n. f.** **I** (sens absolu) 1. Fait ou pouvoir de parcourir un grand espace en peu de temps. SYN. **célérité, rapidité, vélocité.** *Course de vitesse. L'avion prend de la vitesse. Excès de vitesse* (en voiture). 2. Fait d'accomplir une action en peu de temps. SYN. **hâte, promptitude.** – loc. *Prendre qqn de vitesse,* faire (qqch.) plus vite que lui. → **devancer.** – loc. FAM. *EN VITESSE* : au plus vite. *Tirez-vous en vitesse !* **II** (sens relatif) 1. Le fait d'aller plus ou moins vite. SYN. **allure.** *Vitesse d'une automobile,* appréciée en kilomètres à l'heure. *Compteur, indicateur de vitesse.* – loc. *À TOUTE VITESSE* : le plus vite possible, très vite. *Vitesse de croisière*.* – loc. *PERTE DE VITESSE* : diminution de la vitesse d'un avion, qui devient inférieure à la vitesse minimale nécessaire au vol. fig. *En perte de vitesse,* qui ne se développe plus, perd son dynamisme. – fig. *Une société à deux vitesses,* qui comporte des inégalités. – *Passer à la vitesse supérieure.* 2. Rapport entre la vitesse de rotation de l'arbre moteur et celle des roues, assuré par la transmission. *Changement de vitesse,* dispositif permettant de changer ce rapport. *En troisième vitesse* (ellipt en troisième). – loc. FAM. *En quatrième vitesse,* très vite. – *Boîte de vitesses,* carter du changement de vitesse. 3. SC. Quantité exprimée par le rapport d'une distance au temps mis à la parcourir. *Vitesse de propagation des ondes. L'unité de vitesse est le mètre par seconde* (m/s). – Le fait de s'accomplir en un temps donné. *Vitesse de sédimentation.* CONTR. **lenteur.**

ÉTYM. de *vite.*

VITI- Élément, du latin *vitis* «vigne».

VITICOLE [vitikɔl] **adj.** 1. Relatif à la culture de la vigne et à la production du vin. SYN. **vinicole.** *Industrie, culture viticole.* 2. Qui produit de la vigne. *Région viticole.*

ÉTYM. de *viti-* et *-cole.*

VITICULTEUR, TRICE [vitikyltœʀ, tʀis] **n.** ✦ Personne qui cultive de la vigne, pour la production du vin. SYN. **vigneron.**

ÉTYM. de *viti-* et *-culteur.*

VITICULTURE [vitikyltyʀ] **n. f.** ✦ Culture de la vigne.

VITRAGE [vitʀaʒ] **n. m.** 1. Ensemble de vitres (d'une baie, d'une fenêtre, d'une marquise, d'une serre). *Fenêtre à double vitrage.* 2. Châssis garni de vitres, servant de paroi. *Le vitrage d'une véranda.* SYN. **verrière.** 3. Fait de poser des vitres, de garnir de vitres.

ÉTYM. de *vitre,* suffixe collectif *-age.*

VITRAIL, AUX [vitʀaj, o] **n. m.** ✦ Panneau constitué de morceaux de verre, généralement colorés, assemblés pour former une décoration. → **rosace, verrière.** – *Le vitrail,* la technique de la fabrication des vitraux ; l'art de faire des vitraux.

ÉTYM. de *vitre.*

VITRE [vitʀ] **n. f.** 1. Panneau de verre garnissant une ouverture (fenêtre, porte, etc.). SYN. **carreau** ; → **vitrage.** *Nettoyer, laver, faire les vitres. Casser une vitre.* 2. Panneau de verre permettant de voir à l'extérieur lorsqu'on est dans un véhicule. SYN. **glace.** *Baisser, remonter la vitre.*

ÉTYM. latin *vitrum* «verre» ; doublet de *verre.*

VITRÉ, ÉE [vitʀe] **adj.** ✦ ANAT. *Corps vitré* ou **n. m.** *le vitré* : masse transparente entre la rétine et la face postérieure du cristallin. – *Humeur vitrée de l'œil,* substance gélatineuse qui remplit le corps vitré. SYN. **vitreux.**

ÉTYM. latin *vitreus* «de verre *(vitrum)*».

VITRER [vitʀe] **v. tr.** (conjug. 3a) ✦ Garnir de vitres. *Vitrer une porte, un panneau.*

► **VITRÉ, ÉE adj.** *Porte vitrée. Baie vitrée.*

VITRERIE [vitʀəʀi] **n. f.** ✦ Industrie des vitres (fabrication, pose, façonnage, etc.).

VITREUX, EUSE [vitʀø, øz] **adj.** 1. Qui ressemble au verre fondu, à la pâte de verre. *Humeur vitreuse* (de l'œil). SYN. **vitré.** 2. Dont l'éclat est terni. *Œil, regard vitreux.*

ÉTYM. de *vitre* «verre».

VITRIER, IÈRE [vitʀije, jɛʀ] **n.** ✦ Personne qui vend, coupe et pose les vitres, les pièces de verre.

VITRIFICATION [vitʀifikasjɔ̃] **n. f.** 1. Transformation en verre ; acquisition de la structure vitreuse. *Vitrification de l'émail par fusion.* 2. Action de vitrifier (un parquet).

ÉTYM. de *vitrifier.*

VITRIFIER [vitʀifje] **v. tr.** (conjug. 9) 1. Transformer en verre par fusion ou donner la consistance du verre à (une matière). 2. Recouvrir d'une matière plastique transparente. – au p. passé *Parquet vitrifié.*

ÉTYM. de *vitre,* suffixe *-ifier.*

VITRINE [vitʀin] **n. f.** 1. Devanture vitrée d'un local commercial ; espace ménagé derrière cette vitre, où l'on expose des objets à vendre. SYN. **étalage.** *Article exposé en vitrine. Regarder les vitrines.* → **lèche-vitrine.** – L'aménagement, le contenu d'une vitrine. *Les belles vitrines de Noël.* 2. Petite armoire vitrée où l'on expose des objets de collection.

ÉTYM. de *verrine* (de *verre*), d'après *vitre.*

VITRIOL [vitʀijɔl] **n. m.** 1. Acide sulfurique concentré, très corrosif. 2. fig. *Portrait, article au vitriol,* au ton très corrosif, mordant.

ÉTYM. bas latin *vitriolum,* famille de *vitrum* «verre».

VITRIOLER [vitʀijɔle] **v. tr.** (conjug. 3a) ✦ Lancer du vitriol sur (qqn) pour défigurer.

VITUPÉRATION [vitypeʀasjɔ̃] **n. f.** ✦ LITTÉR. Action de vitupérer. ◆ *(Une, des vitupérations)* Blâme ou reproche violent. CONTR. **approbation.**

VITUPÉRER [vitypeʀe] **v.** (conjug. 8) 1. **v. tr.** LITTÉR. Blâmer vivement. 2. **v. intr.** *Vitupérer contre qqn, qqch.,* élever de violentes protestations contre (qqn, qqch.). SYN. **pester, protester.**
ÉTYM. latin *vituperare,* famille de *vitium* «vice».

VIVABLE [vivabl] **adj.** 1. Où l'on peut vivre. *Cette pièce sans fenêtre n'est pas vivable.* 2. Que l'on peut supporter. *Une attente difficilement vivable.* CONTR. **invivable ; insupportable.**

① **VIVACE** [vivas] **adj.** 1. (plantes, petits animaux) Constitué de façon à résister longtemps à ce qui peut compromettre la santé ou la vie. SYN. **résistant, robuste.** 2. *Plante vivace,* qui vit plusieurs années (ex. l'iris). *Plantes annuelles et plantes vivaces.* 3. Qui se maintient sans défaillance, qu'il est difficile de détruire. SYN. **durable, persistant, tenace.** *Souvenir vivace.*
ÉTYM. latin *vivax, vivacis* «qui vit *(vivere)* longtemps».

② **VIVACE** [vivatʃe] **adv.** ✦ MUS. D'un mouvement rapide (plus que l'allégro). ➝ **n. m. invar.** *Des vivace.*
ÉTYM. mot italien, du latin *vivax* «vif».

VIVACITÉ [vivasite] **n. f.** 1. Caractère de ce qui a de la vie, est vif. SYN. **activité, entrain.** *La vivacité d'un enfant. Vivacité d'esprit,* rapidité à comprendre, à raisonner. 2. Caractère de ce qui est vif, a de l'intensité. *La vivacité du coloris, du teint.* SYN. **éclat, vigueur.** 3. Caractère de l'air frais, vif. 4. Caractère vif (II, 2), emporté ou agressif. *Il a répondu avec vivacité.* CONTR. **apathie, langueur, mollesse, nonchalance.**
ÉTYM. latin *vivacitas,* de *vivax* «vif».

VIVANDIÈRE [vivɑ̃djɛʀ] **n. f.** ✦ Femme qui suivait les troupes pour vendre aux soldats des vivres, des boissons. SYN. **cantinière.**
ÉTYM. de l'ancien français *viandier,* de *viande* «nourriture», d'après le latin médiéval *vivanda.*

VIVANT, ANTE [vivɑ̃, ɑ̃t] **adj.** et **n.**
I adj. 1. Qui vit, est en vie. *Il est encore vivant. Attrapez-le vivant !* ➝ **n.** *Les vivants et les morts.* 2. Plein de vie. SYN. **vif.** *Un enfant très vivant.* ➝ (œuvres) Qui a l'expression, les qualités de ce qui vit. *Des dialogues vivants.* 3. Doué de vie. SYN. **animé, organisé.** *Cellule vivante,* possédant les caractères de la vie. *Les plantes sont des êtres vivants.* 4. Constitué par un ou plusieurs êtres vivants. *Tableaux vivants.* ➝ *C'est le vivant portrait, le portrait vivant de sa mère.* SYN. **ressemblant ;** FAM. **craché.** 5. (lieu) Plein de vie, d'animation. *Un quartier très vivant.* SYN. **animé.** 6. (choses) Animé d'une sorte de vie (II) ; actif, actuel. *Langues vivantes* (opposé à *langues mortes*). *Un mot très vivant,* en usage. ➝ *Son souvenir est toujours vivant.* SYN. **durable.** CONTR. ② **mort • inanimé.**
II n. m. *DU VIVANT DE..., DE SON VIVANT :* pendant la vie de (qqn), sa vie.
ÉTYM. du participe présent de *vivre.*

VIVARIUM [vivaʀjɔm] **n. m.** ✦ DIDACT. Espace aménagé pour conserver et montrer de petits animaux vivants (insectes, reptiles, etc.).
ÉTYM. mot latin «vivier».

VIVAT [viva] **n. m.** ✦ Acclamation. *Il y a eu des vivats en son honneur.*
ÉTYM. mot latin «qu'il vive !».

① **VIVE** [viv] **n. f.** ✦ Poisson aux nageoires épineuses, vivant surtout dans le sable des côtes. HOM. ① VIVE (féminin de *vif* «vivant»)
ÉTYM. du latin *vipera* «vipère».

② **VIVE** [viv] **exclam.** ✦ Acclamation envers qqn, qqch. à qui l'on souhaite de vivre, de durer longtemps. ➝ **vivat.** *Vive la France, la République.* ➝ (avec un nom au plur.) *Vive les vacances !* ◆ VX (accordé) *Vivent les mariés !* ➝ **vivre.** CONTR. **à bas, à mort.** HOM. VIVE (féminin de *vif* «vivant»)
ÉTYM. de *vivre.*

VIVEMENT [vivmɑ̃] **adv.** 1. D'une manière vive ; avec vivacité, ardeur. SYN. **promptement, rapidement.** *Mener vivement une affaire.* 2. **exclam.** Exprime le désir d'accomplissement rapide d'un souhait. *Vivement les vacances !* ➝ (avec *que* + subj.) *Vivement que ce soit fini !* 3. D'un ton vif, avec un peu de colère. *Il répliqua vivement.* 4. Avec force, intensité. SYN. **beaucoup, intensément, profondément.** *J'ai été vivement affecté par sa mort. Nous regrettons vivement que* (+ subj.). CONTR. **doucement, lentement.**
ÉTYM. de *vif.*

VIVEUR [vivœʀ] **n. m.** ✦ VIEILLI Fêtard, jouisseur.
ÉTYM. de *vivre.*

VIVI- Élément, du latin *vivus* «vivant» (ex. *vivipare*).

VIVIER [vivje] **n. m.** ✦ Étang, bassin d'eau aménagé pour la conservation et l'élevage du poisson, des crustacés. *Truites en vivier.* ◆ par métaphore *Cette école est un vivier de talents.*
ÉTYM. latin *vivarium,* de *vivus* «vivant».

VIVIFIANT, ANTE [vivifjɑ̃, ɑ̃t] **adj.** ✦ Qui vivifie. *Air vivifiant.* SYN. **stimulant, tonifiant.**

VIVIFIER [vivifje] **v. tr.** (conjug. 9) ✦ Donner de la vitalité à (qqn). *Ce climat vivifie les enfants.* SYN. **stimuler, tonifier.** CONTR. **affaiblir, débiliter.**
ÉTYM. bas latin *vivificare,* de *vivus* «vif» et *facere* «faire».

VIVIPARE [vivipaʀ] **adj.** ✦ Se dit d'un animal dont l'œuf se développe complètement à l'intérieur de l'utérus maternel, de sorte qu'à la naissance le petit apparaît formé. *Les mammifères sont vivipares.* ➝ **n.** *Les vivipares et les ovovivipares.*
ÉTYM. latin *viviparus* → vivi- et -pare.

VIVIPARITÉ [viviparite] **n. f.** ✦ Mode de développement de l'œuf à l'intérieur de l'organisme maternel.

VIVISECTION [vivisɛksjɔ̃] **n. f.** ✦ Opération pratiquée à titre d'expérience sur les animaux vivants. *Militer contre la vivisection.*
► **VIVISECTEUR, TRICE** [vivisɛktœʀ, tʀis] **n.**
ÉTYM. de *vivi-* et *section* (II).

VIVOTER [vivɔte] **v. intr.** (conjug. 3a) 1. Vivre au ralenti, avec de petits moyens. SYN. **végéter.** 2. (choses) Subsister ; avoir une activité faible, médiocre. *Son affaire vivote tant bien que mal.*
ÉTYM. de *vivre.*

VIVRE [vivʀ] **v.** (conjug. 63) **I v. intr.** (sujet personne, être vivant) 1. Être en vie ; exister. *La joie, le plaisir de vivre. Ne vivre que pour...,* se consacrer entièrement à... *Se laisser vivre,* vivre sans faire d'effort. 2. (avec un compl. de durée) Avoir une vie d'une certaine durée. *Vivre longtemps. Les cent années qu'il a vécu,* pendant lesquelles il a vécu (le participe ne s'accorde pas). ➝ *Qu'il vive longtemps !* ➝ ② **vive.** 3. Passer sa vie, une partie de sa vie en résidant habituellement (dans un lieu). SYN. **demeurer, habiter, résider.** *Vivre à la campagne. Il vit chez ses parents, à l'hôtel.* 4. Mener une certaine vie. *Vivre seul, libre.* ➝ *Vivre dangereusement. Vivre avec qqn*

A B C D E F G H I J K L M N O P Q R S T U V W X Y Z

(dans le mariage, ou maritalement). SYN. **cohabiter.** *Est-ce qu'ils vivent ensemble ?* ♦ absolt *Un homme qui sait vivre.* → **savoir-vivre.** ➤ *Art de vivre,* de se conduire d'une certaine façon. ➤ loc. *Être facile, difficile à vivre,* d'un caractère accommodant ou non (→ **vivable ; invivable**). 5. Disposer des moyens matériels qui permettent de subsister. *Travailler pour vivre.* ➤ *Vivre pauvrement, petitement* (→ **végéter, vivoter**), *largement.* ➤ spécialt *Vivre de lait, de fruits.* SYN. se **nourrir.** *Vivre de son travail. Avoir de quoi vivre,* assez de ressources pour subsister. 6. Réaliser toutes les possibilités de la vie, jouir de la vie (→ **bon vivant**). ➤ *Un homme qui a vécu, beaucoup vécu,* qui a eu une vie riche d'expériences. 7. (choses) Exister parmi les hommes. *Cette croyance vit encore dans les campagnes.* II v. tr. (sujet personne) 1. Avoir, mener (telle ou telle vie). *Ils ont vécu une existence difficile.* ➤ Passer, traverser (un espace de temps). *Vivre des jours heureux.* SYN. **couler.** *Les jours difficiles qu'il a vécus.* 2. Éprouver intimement, réellement par l'expérience de la vie. *Vivre un sentiment, un grand amour.* ♦ Traduire en actes réels. *Vivre sa foi, son art.* CONTR. **mourir.**
ÉTYM. bas latin *vivere.*

VIVRES [vivʀ] n. m. pl. ✦ Ce qui sert à l'alimentation des humains. SYN. **aliment, nourriture, victuailles.** *Les vivres et les munitions d'une armée.* ➤ loc. *Couper les vivres à qqn,* le priver de moyens de subsistance, d'argent.
ÉTYM. de *vivre.*

VIVRIER, IÈRE [vivʀije, ijɛʀ] adj. ✦ *Cultures vivrières,* dont les produits sont destinés à l'alimentation de la population locale.
ÉTYM. de *vivres.*

VIZIR [viziʀ] n. m. ✦ Ministre, sous l'Empire ottoman. *Grand vizir,* Premier ministre.
ÉTYM. mot turc, de l'arabe *wazir* «portier».

VLAN [vlɑ̃] interj. ✦ Onomatopée imitant un bruit fort et sec. *Et vlan, encore une porte qui claque !*

V. O. [veo] n. f. ✦ Version originale. *Film en V. O.*
ÉTYM. sigle.

VOCABLE [vɔkabl] n. m. ✦ Mot d'une langue, considéré dans sa signification, sa valeur expressive.
ÉTYM. latin *vocabulum,* famille de *vox* «voix».

VOCABULAIRE [vɔkabylɛʀ] n. m. 1. Dictionnaire succinct ou spécialisé. *Vocabulaire français-anglais.* 2. Ensemble de mots dont dispose une personne. *Avoir un vocabulaire pauvre, réduit. Enrichir son vocabulaire.* SYN. **lexique.** 3. Termes spécialisés (d'une science, d'un art, ou qui caractérisent une forme d'esprit). SYN. **terminologie.** *Vocabulaire juridique, technique. Le vocabulaire du sport.*
ÉTYM. latin médiéval *vocabularium,* de *vocabulum* «mot».

VOCAL, ALE, AUX [vɔkal, o] adj. 1. Qui produit la voix. *Organes vocaux. Cordes vocales.* 2. De la voix. *Technique vocale,* du chant. ♦ Écrit pour le chant, chanté. *Musique vocale* (opposé à *instrumental*). 3. Qui utilise la voix. *Boîte vocale,* permettant la réception et l'enregistrement de messages sonores. *Message vocal.*
ÉTYM. latin *vocalis,* de *vox* «voix».

VOCALIQUE [vɔkalik] adj. ✦ Qui a rapport aux voyelles (opposé à *consonantique*). *Le système vocalique d'une langue :* ses voyelles.
ÉTYM. du latin *vocalis* → vocal.

VOCALISE [vɔkaliz] n. f. ✦ Suite de sons produite par un chanteur qui vocalise. *Faire des vocalises.*
ÉTYM. de *vocaliser.*

VOCALISER [vɔkalize] v. intr. (conjug. 3a) ✦ Chanter, en parcourant une échelle de sons et sur une seule syllabe.
ÉTYM. du latin *vocalis* ou de *vocal* (2).

VOCALISME [vɔkalism] n. m. ✦ PHONÉT. Système des voyelles (d'une langue).
ÉTYM. du latin *vocalis* «de la voix *(vox)*».

VOCATIF [vɔkatif] n. m. ✦ Dans les langues à déclinaisons, Cas employé pour s'adresser directement à qqn, à qqch. (nom mis en apostrophe). ♦ Construction, phrase exclamative par laquelle on s'adresse directement à qqn, à qqch. *Le «ô» vocatif.*
ÉTYM. latin *vocativus,* de *vocare* «appeler».

VOCATION [vɔkasjɔ̃] n. f. 1. Mouvement intérieur par lequel on se sent appelé par Dieu. *Avoir, ne pas avoir la vocation.* 2. Inclination, penchant (pour une profession, un état). SYN. **attirance, disposition, goût.** *Suivre sa vocation. Vocation artistique, pour la musique.* 3. Destination (d'une personne, d'un peuple, d'un pays). SYN. **mission.** *La vocation industrielle, artistique d'un pays.*
ÉTYM. latin *vocatio* «action d'appeler *(vocare)*».

VOCIFÉRATION [vɔsifeʀasjɔ̃] n. f. ✦ Parole bruyante, prononcée dans la colère. *Pousser des vociférations.* SYN. **cri, hurlement.**
ÉTYM. latin *vociferatio.*

VOCIFÉRER [vɔsifeʀe] v. intr. (conjug. 8) ✦ Parler en criant et avec colère. SYN. **hurler.** *Vociférer contre qqn.* ➤ trans. *Vociférer des injures.*
ÉTYM. latin *vociferari,* de *vox* «voix».

VODKA [vɔdka] n. f. ✦ Eau-de-vie de grain (seigle, orge) en général blanche.
ÉTYM. mot russe, diminutif de *voda* «eau».

VŒU [vø] n. m. 1. Promesse faite à Dieu ; engagement religieux (→ **votif ; vouer**). *Les trois vœux* (pauvreté, chasteté, obéissance), prononcés en entrant en religion. *Faire vœu de pauvreté.* 2. Engagement pris envers soi-même. SYN. **résolution.** *Faire le vœu de ne plus fumer.* 3. Souhait que s'accomplisse qqch. *Mon vœu a été exaucé.* ➤ au plur. Souhaits. *Vœux de bonne année. Envoyer ses vœux.* 4. Demande, requête. *Les assemblées consultatives n'émettent que des vœux.* SYN. **résolution.**
ÉTYM. latin *votum,* du p. passé de *vovere* «vouer».

VOGUE [vɔg] n. f. ✦ État de ce qui est apprécié momentanément du public. *Ce chanteur connaît une vogue extraordinaire.* SYN. **succès.** ➤ EN VOGUE : actuellement très apprécié. SYN. ① **mode.** *Il n'est plus en vogue.* → **démodé.** CONTR. **défaveur, impopularité.**
ÉTYM. de *voguer* «avancer dans la vie».

VOGUER [vɔge] v. intr. (conjug. 3b) ✦ LITTÉR. Avancer avec des rames (SYN. **nager,** ① **ramer**). ➤ Avancer sur l'eau. SYN. **naviguer.** ♦ loc. *Vogue la galère ! :* advienne que pourra !
ÉTYM. origine incertaine.

VOICI vwasi prép. 1. Désigne une chose ou une personne relativement proche (alors opposé à *voilà*). *Voici mon père, le voici qui arrive.* ➤ LITTÉR. *Voici venir... :* voici... qui vient. 2. Désigne ce qui arrive, approche, commence à se produire. *Voici la pluie.* ♦ Désignant ce dont il va être question. *Voici ce dont je veux te*

parler. **3.** (présentant un nom, un pronom caractérisé) *Te voici tranquille.* SYN. **voilà.** *Voici nos amis enfin arrivés.* ➝ LITTÉR. (suivi d'une complétive) *Voici que la nuit tombe. Voici comment il faut faire.*
ÉTYM. de *vois* (forme du verbe *voir*) et *ci*.

VOIE [vwa] n. f. **I** concret **1.** Espace à parcourir pour aller dans un lieu, à une destination. SYN. **chemin, passage.** *Trouver, suivre ; perdre, quitter une voie, la bonne voie.* ♦ loc. fig. *La Voie lactée** (ou *chemin de Saint-Jacques*). **2.** Cet espace, lorsqu'il est tracé et aménagé. → **artère, chemin, route, rue.** *Les grandes voies de communication d'un pays* (y compris les *voies ferrées* et *voies navigables*, ci-dessous, 4 et 5). ➝ (collectif) *La voie publique* (faisant partie du domaine public), destinée à la circulation. ♦ Route ou rue. *Voie étroite, prioritaire, à sens unique. Voie express* : route à circulation rapide. → **autoroute.** ➝ Partie d'une route de la largeur d'un véhicule. *Route à trois, à quatre voies.* **3.** Grande route pavée de l'Antiquité. *Les voies romaines.* ➝ loc. *Voie sacrée,* commémorant un itinéraire (religieux, militaire). ☛ Première Guerre mondiale p. 189. **4.** *VOIE FERRÉE ; VOIE* : ensemble des rails mis bout à bout. SYN. **chemin de fer.** *Ligne à voie unique. Cette porte donne sur la voie.* ➝ *Voie de garage**. **5.** *Voies navigables* : les fleuves et canaux. **6.** (collectif) *La voie maritime, aérienne* : les déplacements, transports par mer, air. **II** par ext. **1.** CHASSE Lieux par lesquels est passée la bête. *Les chiens suivent la voie.* SYN. **piste.** *Sortir de la voie* : se fourvoyer*. ➝ loc. fig. *Mettre qqn sur la voie,* l'aider à trouver. ♦ Trace laissée par une voiture. ➝ TECHN. Écartement des roues. **2.** Passage. ➝ loc. *VOIE D'EAU* : ouverture accidentelle par laquelle l'eau peut pénétrer dans un navire. *Calfater une voie d'eau.* ➝→ **claire-voie.** ♦ Passage, conduit anatomique. *Les voies digestives, respiratoires, génitales.* ➝ *Par voie buccale, intraveineuse.* ♦ ANAT. Ensemble de structures nerveuses (d'une fonction sensorielle ou de la fonction motrice). *La voie olfactive, optique.* **III** abstrait **1.** Conduite, suite d'actes orientés vers une fin et considérée comme un chemin que l'on peut suivre. SYN. **chemin, route.** *Préparer la voie* : faciliter les choses à faire en réduisant les obstacles. *Ouvrir la voie.* SYN. **passage.** *Être dans la bonne voie,* en passe de réussir. *Trouver sa voie,* la situation qui convient. ♦ *Les voies de Dieu, de la Providence,* ses desseins, ses intentions. **2.** Conduite suivie ou à suivre ; façon de procéder. SYN. ② **moyen.** *Opérer par la voie la plus simple, par une voie détournée.* ➝ loc. *VOIE DE FAIT* : violence ou acte matériel insultant. **3.** Intermédiaire qui permet d'obtenir ou de faire qqch. *Réclamer par la voie hiérarchique.* ➝ loc. *Par voie de conséquence* : en conséquence. **4.** *EN VOIE DE,* se dit de ce qui se modifie dans un sens déterminé. *Espèce en voie de disparition. Pays en voie de développement.* HOM. VOIX « expression vocale »
ÉTYM. latin *via*.

VOILÀ [vwala] prép. **1.** Désigne une personne ou une chose, quand elle est relativement éloignée (alors opposé à *voici*) ; par ext. une personne, une chose (en général → **voici**). *Le voilà, c'est lui. Voilà notre ami qui vient.* ♦ *EN VOILÀ* loc. adv. : voilà de ceci. *En veux-tu en voilà* : beaucoup, tant qu'on en veut. ➝ Exclamatif pour mettre en relief. *En voilà des manières !* ♦ *Voilà !,* interjection qui répond à un appel, à une demande. *Voilà, voilà, j'arrive !* : attendez, j'arrive. **2.** Désignant les choses dont il vient d'être question dans le discours (opposé à *voici*). *Voilà tout.* ➝ *En voilà assez* : cela suffit, je n'en supporterai pas davantage. ➝ construit avec *qui,* en valeur neutre *Voilà qui est bien* : c'est bien. ➝ (avec une valeur exclamative) C'est (ce sont) bien…, c'est vraiment. *Voilà bien les hommes. Ah ! voilà !* : c'était donc ça. **3.** présentant un nom, un pronom (caractérisé) *Nous voilà arrivées. Nous voilà bien ! Nous voilà frais… !* ➝ (avec un compl. de lieu) *Nous voilà à la maison.* ➝ loc. fig. *Nous y voilà* : nous abordons enfin le problème, la question. ➝ (suivi d'une complétive) *Soudain, voilà que l'orage éclate. Voilà comment, pourquoi…* ♦ VX *(Ne) voilà pas* : voilà donc, bien qu'on ne s'y attendait pas. ➝ VIEILLI *Ne voilà-t-il pas.* MOD. *Voilà-t-il* [ti] *pas. Voilà-t-il pas qu'il me répond…* **4.** présentant ou soulignant un argument, une objection *C'était simple, seulement voilà, personne n'y avait pensé.* **5.** Il y a (telle durée). *Voilà quinze jours qu'il a disparu.*
ÉTYM. de *vois* (forme du verbe *voir*) et *là*.

VOILAGE [vwalaʒ] n. m. ✦ Grand rideau de voile.
ÉTYM. de ① *voile*.

① **VOILE** [vwal] n. m. **I** Morceau d'étoffe destiné à cacher. **1.** Étoffe qui cache une ouverture ou dont on couvre un monument, une plaque. **2.** Morceau d'étoffe destiné à cacher le visage, ou le front et les cheveux (pour des motifs religieux, esthétiques, hygiéniques). *Voile des musulmanes.* SYN. **tchador.** *Porter le voile. Voile de religieuse.* loc. *Prendre le voile* : se faire religieuse. ➝ *Voile blanc de mariée, de communiante.* **3.** Tissu léger et fin. *Voile de coton. Voile pour faire des rideaux.* SYN. **voilage.** **II** fig. **1.** Ce qui cache qqch. *Étendre, jeter un voile sur qqch.* : cacher ou condamner à l'oubli. *Lever le voile* : révéler qqch. → **dévoiler.** **2.** Ce qui rend moins net, ou obscurcit. *Un léger voile de brume.* ➝ Partie anormalement obscure ou floue d'une épreuve photographique surexposée. ➝ MÉD. *Voile au poumon* : diminution de la transparence d'une partie du poumon, visible à la radiographie. **III** *VOILE DU PALAIS* : cloison musculaire et membraneuse, à bord inférieur libre et flottant, qui sépare la bouche du rhinopharynx, appelée aussi palais mou. *Son qui s'articule près du voile du palais* (→ **vélaire**).
ÉTYM. latin *velum*.

② **VOILE** [vwal] n. f. **1.** Morceau de forte toile ou de textile synthétique, destiné à recevoir l'action du vent pour faire avancer un bateau. *Bateau à voiles.* → **voilier.** *Naviguer à la voile. Hisser, larguer, mettre les voiles,* pour faire avancer le bateau. *Faire voile vers l'Irlande.* → ① **cingler.** ➝ loc. FAM. *Avoir du vent dans les voiles* ; se dit d'une personne ivre qui ne marche pas droit. ➝ *Mettre toutes les voiles dehors* ; fig. déployer tous les moyens. ➝ FAM. *Mettre les voiles* : s'en aller, partir. **2.** *La voile,* navigation à voile. ➝ Sport nautique sur voilier. *Faire de la voile.* **3.** *VOL À VOILE* : pilotage des planeurs. **4.** *Planche* à voile* (→ **véliplanchiste**). *Char à voile.*
ÉTYM. latin *vela,* de *velum* « ① voile ».

① **VOILER** [vwale] v. tr. (conjug. 3a) **I** **1.** Couvrir, cacher d'un voile ; étendre un voile sur. *Voiler une statue. Se voiler le visage* : porter le voile. ➝ loc. *SE VOILER LA FACE* : refuser de voir ce qui indigne. *Elle s'est voilé la face.* **2.** LITTÉR. Dissimuler. SYN. **estomper, masquer.** *Il tente de voiler la vérité.* **3.** Rendre moins visible, moins net. SYN. **obscurcir.** *La tristesse voile son regard.* **II** *SE VOILER* v. pron. **1.** Porter le voile. **2.** Perdre son éclat, se ternir. *Regard qui se voile. Le ciel se voile,* se couvre. **3.** (voix) Perdre sa netteté, sa sonorité. CONTR. **dévoiler.**
► **VOILÉ, ÉE** adj. **1.** Couvert d'un voile. *Femmes voilées.* ➝ fig. *Un ciel voilé.* **2.** Rendu obscur. *En termes voilés.*

A B C D E F G H I J K L M N O P Q R S T U V W X Y Z

Des reproches voilés. **3.** Qui a peu d'éclat, de netteté. *Regard voilé.* SYN. **terne.** ➙ Qui présente un voile. *La photo est voilée.* **4.** Qui émet des sons sans clarté. *Un timbre voilé.* CONTR. **clair · éclatant, ① net, pur · sonore.**
ÉTYM. de ① *voile.*

② **se VOILER** [vwale] **v. pron.** (conjug. 3a) ✦ Se déformer, ne plus être plan. ➙ au p. passé *Sa bicyclette a une roue voilée.*
ÉTYM. de ② *voile*, littéralement «prendre la forme bombée d'une voile».

VOILETTE [vwalɛt] **n. f.** ✦ Petit voile transparent sur un chapeau de femme, et qui peut couvrir le visage.
ÉTYM. diminutif de ① *voile.*

VOILIER [vwalje] **n. m.** **I** Bateau à voiles. *Les grands voiliers d'autrefois.* ◆ Bateau de sport ou de plaisance, qui avance à la voile. *Faire du voilier. Course de voiliers.* → **régate.** **II** Professionnel qui fait ou répare les voiles. appos. *Les maîtres voiliers.* **III** Oiseau à longues ailes, capable d'utiliser les courants aériens. *L'albatros est un bon voilier.*
ÉTYM. de ② *voile.*

VOILURE [vwalyʀ] **n. f.** **1.** Ensemble des voiles d'un bâtiment. **2.** Ensemble des surfaces portantes d'un avion. ➙ Toile d'un parachute.
ÉTYM. de ② *voile.*

VOIR [vwaʀ] **v.** (conjug. 37) **I v. intr.** Percevoir les images des objets par le sens de la vue*. *Les aveugles ne voient pas* (→ **non-voyant**). *Ne voir que d'un œil* (→ **borgne**). *Voir trouble. Je ne vois pas clair.* ➙ loc. *Voir loin* : prévoir. **II v. tr. dir. 1.** Percevoir (qqch.) par les yeux. *Voir qqch. de ses yeux, de ses propres yeux. Je l'ai à peine vu.* SYN. **apercevoir, entrevoir.** *Cela fait plaisir à voir. C'est à voir* : cela mérite d'être vu. *J'ai vu cela dans le journal.* SYN. ① **lire.** ◆ loc. *Voir le jour* : naître ; (choses) paraître. ◆ *FAIRE VOIR* : montrer. *Faites-moi voir ce livre.* ➙ (personnes) *Se faire voir* : se montrer. *Les restaurants à la mode où l'on se fait voir.* ➙ loc. FAM. *Va te faire voir !* : va au diable. ◆ *LAISSER VOIR* : permettre qu'on voie ; ne pas cacher. *Ne pas laisser voir son trouble.* ◆ Avoir l'image de (qqn, qqch.) dans l'esprit. SYN. **imaginer**, **se représenter.** *Ma future maison, je la vois en Bretagne.* ➙ loc. FAM. *Tu vois ça d'ici !* : tu imagines. ◆ *VOIR...* (+ inf.). *Je vois tout tourner.* ➙ loc. *On vous voit venir* : vos intentions sont connues. *Il faut voir venir*, attendre. ➙ (sujet chose) *Le pays qui l'a vue naître*, où elle est née. *Ce journal a vu son tirage augmenter.* ◆ *VOIR...* (+ attribut). *Je voudrais la voir heureuse. Vous m'en voyez ravi, navré.* ➙ loc. FAM. *Je voudrais vous y voir !* (dans cet état, cette situation) : à ma place vous ne feriez pas mieux. **2.** Être spectateur, témoin de (qqch.). *Voir une pièce de théâtre.* SYN. **assister à.** ➙ *Voir une ville, un pays*, y aller, visiter. loc. *Voir Naples et mourir.* ➙ *Voir du pays* : voyager. ➙ loc. FAM. *On aura tout vu* : c'est le comble. *J'en ai vu (bien) d'autres !* : j'ai vu pire. *En faire voir (de toutes les couleurs) à qqn*, le tourmenter. **3.** Être, se trouver en présence de (qqn). *Je l'ai déjà vu.* SYN. **rencontrer.** *Il ne veut voir personne.* SYN. **recevoir ; fréquenter.** *Aller voir qqn*, lui rendre visite. ➙ FAM. *Je l'ai assez vu*, j'en suis las. *Je ne peux pas le voir, pas le voir en peinture* : je le déteste. SYN. **sentir.** **4.** Regarder attentivement, avec intérêt. SYN. **examiner.** *Il faut voir cela de plus près. Voyez ci-dessous.* ➙ *Voir un malade*, l'examiner. **5.** fig. Se faire une opinion sur (qqch.). ➙ absolt *Nous allons voir*, réfléchir (avant un choix). *On verra* : on avisera plus tard. *C'est tout vu* : c'est tout décidé. ➙ prov. *Qui vivra verra* : l'avenir seul permettra de juger. ➙ *On verra bien !* : attendons la suite des évènements. ◆ *POUR VOIR* : pour se faire une opinion. ➙ en menace *Essaie un peu, pour voir !* ◆ *VOIR QUE, COMME, COMBIEN...* SYN. **constater.** *Voyez comme le hasard fait bien les choses !* ◆ *VOIR SI... Voyez si elle accepte*, informez-vous-en. ◆ (en incise) *Vois-tu, voyez-vous*, appuie une opinion en invitant à la réflexion. ◆ *VOIR*, après un v. sans compl. : pour voir. FAM. *Voyons voir ! Écoutez voir !* ◆ *VOYONS !*, s'emploie pour rappeler à la raison, à l'ordre. *Un peu de calme, voyons !* **6.** Se représenter par la pensée. SYN. **concevoir, imaginer.** *Voir la réalité telle qu'elle est. Vous voyez, tu vois ce que je veux dire. Je vois* : je comprends bien. ◆ *Voir grand* : avoir de grands projets. ➙ *Elle voyait en lui un ami*, elle le considérait comme... **7.** *AVOIR qqch. À VOIR (avec, dans)* : avoir une relation, un rapport avec (seulement avec *pas, rien, peu*). *Je n'ai rien à voir dans cette affaire* : je n'y suis pour rien. ➙ absolt *Cela n'a rien à voir !* : c'est tout différent. **III v. tr. ind.** *VOIR À* (+ inf.) : songer, veiller à. *Nous verrons à vous récompenser plus tard.* ➙ FAM. *Il faudrait voir à voir !* (menace, avertissement). **IV** *SE VOIR* **v. pron. 1.** (réfl.) Voir sa propre image. *Se voir dans la glace.* ➙ (avec un attribut d'objet, un compl.) *Elle ne s'est pas vue mourir.* SYN. **sentir.** ➙ (semi-auxiliaire) *Elle s'est vue contrainte de renoncer* : elle fut, elle se trouva contrainte... *Elle s'est vu refuser l'entrée*, on lui a refusé... ➙ S'imaginer. *Ils se voyaient déjà gagnants, au bout de leurs peines.* **2.** (récipr.) Se rencontrer, se trouver ensemble. *Ils ne se voient plus.* SYN. **se fréquenter.** ➙ loc. fig. *Ils ne peuvent pas se voir* : ils se détestent. SYN. **se sentir.** **3.** (passif) Être, pouvoir être vu. ➙ Être remarqué, visible. *La retouche ne se voit pas.* ➙ Se rencontrer, se trouver. *Cela se voit tous les jours* : c'est fréquent. *Cela ne s'est jamais vu* : c'est impossible. HOM. VOIRE «marque de doute»
ÉTYM. latin *videre.*

VOIRE [vwaʀ] **adv. 1.** vx ou plais. *Voire !*, marque le doute. **2.** (employé pour renforcer une assertion, une idée) Et même. *Ça prendra plusieurs mois, voire un an.* HOM. VOIR «percevoir»
ÉTYM. latin populaire *vera*, de *verus* «vrai».

VOIRIE [vwaʀi] **n. f.** ✦ Aménagement et entretien des voies, des chemins ; administration publique qui s'occupe de l'ensemble des voies de communication. ◆ plus cour. Enlèvement quotidien des ordures dans les villes. *Service de voirie.*
ÉTYM. de *voyer.*

VOISIN, INE [vwazɛ̃, in] **adj. et n.**
I adj. 1. Qui est à une distance relativement petite. SYN. **proche, rapproché ;** → **avoisiner.** *La maison voisine.* ➙ Qui touche, est à côté. *La pièce voisine.* SYN. **attenant, contigu.** *Les pays voisins.* SYN. **frontalier, limitrophe.** ➙ Proche dans le temps. *Les années voisines de 1789.* **2.** Qui présente un trait de ressemblance, une analogie. SYN. **approchant.** *Espèces voisines.* ➙ *Voisin de...* : qui se rapproche de. *Un état voisin du coma.* CONTR. **distant, éloigné, lointain · différent, opposé.**
II n. 1. Personne qui vit, habite le plus près. *Mes voisins de palier.* ➙ Personne qui occupe la place la plus proche. *Mon voisin de table. Ma voisine de droite.* **2.** Autrui. *Envier le sort du voisin.* SYN. **prochain.**
ÉTYM. latin *vicinus.*

VOISINAGE [vwazinaʒ] **n. m. 1.** Ensemble des voisins. SYN. **entourage.** *Tout le voisinage est venu.* **2.** Relations entre voisins. *Vivre en bon voisinage avec qqn. Relations de bon voisinage.* **3.** Proximité. *Le voisinage de la mer.* **4.** Espace qui se trouve à proximité, à faible distance.

Les maisons du voisinage, qui sont dans le voisinage. SYN. **environs, parages.** CONTR. **éloignement.**

VOISINER [vwazine] **v. intr.** (conjug. 3a) **1.** VX ou LITTÉR. Visiter, fréquenter ses voisins. **2.** *Voisiner avec* : être placé près de. SYN. **avoisiner.**

VOITURE [vwatyʀ] **n. f. 1.** Véhicule monté sur roues, tiré ou poussé par un animal, un homme. *Voiture attelée.* ➙ VX *Voiture de place,* de location. *Voiture à bras,* poussée ou tirée par des personnes. ➙ *Voiture d'enfant,* dans laquelle on promène les bébés. ➙ **landau, poussette. 2.** Véhicule automobile. SYN. **auto, automobile** ; FAM. **bagnole, caisse,** ② **tire.** *Voiture de course, de sport, de tourisme.* ➙ *Voiture neuve, d'occasion.* ➙ *Accident de voiture.* ➙ *Conduire, garer sa voiture.* ➙ *VOITURE-BALAI,* qui recueille les coureurs cyclistes qui abandonnent. **3.** CHEMINS DE FER Grand véhicule, roulant sur des rails, destiné aux voyageurs (opposé à *wagon,* destiné aux marchandises). *Voiture de tête, de queue ; de première, de seconde. Voiture-lit.* SYN. **wagon-lit.** ➙ loc. *En voiture !* : montez dans le train ; le train va partir.
ÉTYM. latin *vectura* «action de transporter *(vehere)*».

VOITURE-BAR [vwatyʀbaʀ] **n. f.** ✦ Voiture d'un train aménagée en bar. *Des voitures-bars.*

VOITURER [vwatyʀe] **v. tr.** (conjug. 3a) **1.** VX Transporter, apporter. **2.** Transporter en voiture. SYN. **véhiculer.**

VOITURETTE [vwatyʀɛt] **n. f.** ✦ Petite voiture. *Une voiturette électrique.*

VOITURIER [vwatyʀje] **n. m.** ✦ Employé chargé de garer les voitures des clients.

VOÏVODE [vɔjvɔd] **n. m.** ✦ HIST. Gouverneur militaire (Europe orientale). ➙ Titre de prince (Roumanie, Bulgarie).
ÉTYM. mot slave «chef d'armée *(voï)*».

VOIX [vwa] **n. f. I 1.** Ensemble des sons produits par les vibrations des cordes vocales (➙ **vocal ; phon-**). *Rester sans voix* (➙ **muet**). *Perdre la voix* (➙ **aphone**). *Une voix forte, puissante, bien timbrée ; une grosse voix. Voix faible, cassée, chevrotante. Voix aiguë, perçante. Voix de crécelle, de fausset. Voix grave, basse.* ➙ *Éclats de voix.* ➙ *Avoir de la voix* : une voix appropriée au chant. *Forcer sa voix. Une belle voix.* ♦ *LA VOIX,* organe de la parole. loc. *De vive voix* : en parlant ; oralement. ➙ *Parler à voix basse, à mi-voix*, à voix haute. Élever, baisser la voix. Couvrir la voix de qqn,* en parlant plus fort. ➙ *Être, demeurer sans voix,* muet. **2.** Parole. *Obéir à la voix d'un chef.* ➙ loc. *De la voix et du geste.* ➙ *Entendre des voix.* **3.** La personne qui parle (avec *dire, crier, faire...*). *Une voix lui cria d'entrer.* **4.** Cri (d'un animal). *Chien qui donne de la voix.* ♦ Bruit, son (d'instruments de musique, de phénomènes de la nature, de certains objets). *La voix chaude des cuivres.* **II** fig. **1.** Ce que l'être humain ressent en lui-même, qui l'avertit, l'inspire. *La voix de la conscience, de la raison.* **2.** Expression de l'opinion. SYN. **avis, jugement.** *La voix du peuple.* ♦ Droit de donner son opinion dans une assemblée, une élection. SYN. **suffrage, vote.** *Avoir voix consultative.* ➙ *Donner sa voix à un candidat,* voter pour lui. ♦ Suffrage exprimé. *Gagner des voix.* **III** GRAMM. Aspect de l'action verbale, suivant que l'action est considérée comme accomplie par le sujet *(voix active),* ou subie par lui *(voix passive). Voix pronominale.*
HOM. VOIE «chemin»
ÉTYM. latin *vox, vocis.*

①**VOL** [vɔl] **n. m. 1.** Action de voler ① ; ensemble des mouvements coordonnés faits par les animaux capables de se maintenir et de se déplacer en l'air. *Le vol des oiseaux, des insectes. Prendre son vol* : s'envoler. ➙ *AU VOL* : rapidement au passage. *Attraper une balle au vol. Cueillir une impression au vol.* ➙ *Dix kilomètres à vol d'oiseau*.* ➙ *DE HAUT VOL* : de grande envergure. *Un escroc de haut vol.* SYN. **volée. 2.** Fait, pour un engin, de se soutenir et de se déplacer dans l'air. *Altitude, vitesse de vol d'un avion. Vol au-dessus d'un lieu.* ➙ **survol.** *Vol plané. «Vol de nuit»* (œuvre de Saint-Exupéry). ➙ *En vol, en plein vol* : pendant le vol (se dit de l'engin, de son pilote, des passagers). ➙ *Un vol,* déplacement en vol. *Le vol pour Moscou est retardé.* ♦ *VOL À VOILE* : manœuvre des planeurs. ➙ *VOL LIBRE,* au moyen d'un deltaplane. **3.** Distance parcourue en volant (par un oiseau, un insecte) ; fait de voler d'un lieu à un autre. *Les vols migrateurs.* **4.** La quantité (d'oiseaux, d'insectes) qui se déplacent ensemble dans l'air. SYN. **volée.** *Un vol de grues. Un vol de sauterelles.* SYN. **nuage, nuée.**
ÉTYM. de ① *voler.*

②**VOL** [vɔl] **n. m. 1.** Fait de s'emparer du bien d'autrui (➙ ② **voler**), par la force ou à son insu. *Commettre un vol. Vol avec effraction ; à main armée.* ➙ **attaque, hold-up.** ➙ *S'assurer contre le vol.* **2.** Fait de faire payer à autrui plus qu'il ne doit, ou de ne pas donner ce que l'on doit. *C'est du vol, du vol qualifié* : c'est beaucoup trop cher. SYN. **escroquerie, fraude.**
ÉTYM. de ② *voler.*

VOLAGE [vɔlaʒ] **adj.** ✦ Qui change souvent et facilement de sentiments ; qui se détache facilement. ➙ spécialt (dans les relations amoureuses) SYN. **frivole, inconstant, léger.** *Mari volage.* ➙ *Être d'humeur volage.* SYN. **folâtre.** CONTR. **constant, fidèle.**
ÉTYM. latin *volaticus* «qui vole *(volare)*».

VOLAILLE [vɔlaj] **n. f. 1.** Ensemble des oiseaux qu'on élève (➙ **aviculture**) pour leurs œufs ou leur chair. **2.** Viande de ces oiseaux. *Quenelles de volaille.* **3.** *Une volaille* : oiseau de basse-cour. SYN. **volatile.**
ÉTYM. bas latin *volatilia* «oiseaux», de *volatilis «qui vole»* ; doublet de *volatile.*

VOLAILLER, ÈRE [vɔlaje, ɛʀ] **n.** ✦ Marchand(e) de volailles.

① **VOLANT, ANTE** [vɔlɑ̃, ɑ̃t] **adj. 1.** Capable de s'élever, de se déplacer dans les airs (pour un être ou un objet qui n'en est pas capable, en règle générale). *Poisson volant. Soucoupe volante. Objet volant non identifié.* ➙ **ovni.** ➙ *Personnel volant* (opposé à *rampant*). SYN. **navigant. 2.** Qui n'est pas à un poste fixe, intervient en fonction des besoins. *Brigade volante.* **3.** Qui peut être déplacé facilement. *Pont volant.* SYN. **mobile.** ♦ *Feuille* (de papier) *volante,* détachée.
ÉTYM. du participe présent de ① *voler.*

②**VOLANT** [vɔlɑ̃] **n. m. I** Petit morceau de liège, de bois léger, muni de plumes en couronne, destiné à être lancé et renvoyé à l'aide d'une raquette. ➙ *Jouer au volant.* **II** Bande de tissu, souvent froncée, libre à un bord et formant une garniture rapportée. *Une robe à volants.* **III** Dispositif circulaire avec lequel le conducteur oriente les roues directrices d'un véhicule automobile. *Tenir le volant, être, se mettre au volant,* conduire.
ÉTYM. de ① *volant.*

VOLAPUK [vɔlapyk] **n. m.** ✦ Langue artificielle forgée sur l'anglais simplifié.
ÉTYM. allemand *Volapük*, de *vol* (de l'anglais *world* «monde») et *pük* (de l'anglais *to speak* «parler»).

VOLATIL, ILE [vɔlatil] **adj.** ✦ Qui passe facilement à l'état de vapeur. *L'éther est volatil. Alcali volatil.*
HOM. VOLATILE «volaille»
► **VOLATILITÉ** [vɔlatilite] **n. f.**
ÉTYM. latin *volatilis*, de *volare* «① voler».

VOLATILE [vɔlatil] **n. m.** ✦ Oiseau domestique, de basse-cour. SYN. **volaille.** HOM. VOLATIL «qui s'évapore»
ÉTYM. bas latin *volatilia* ; doublet de *volaille*.

VOLATILISER [vɔlatilize] **v. tr.** (conjug. 3a) **I** Faire passer à l'état gazeux. SYN. **vaporiser.** **II** *SE VOLATILISER* **v. pron.** **1.** Passer à l'état de vapeur. SYN. se **vaporiser. 2.** fig. (choses, personnes) Disparaître, s'éclipser.
► **VOLATILISATION** [vɔlatilizasjɔ̃] **n. f.**
ÉTYM. de *volatil*.

VOL-AU-VENT [vɔlovɑ̃] **n. m.** ✦ Entrée faite d'un moule de pâte feuilletée garni d'une préparation de viande ou de poisson en sauce. SYN. **croustade, timbale.** *Petit vol-au-vent.* → **bouchée** à la reine. *Des vols-au-vent* [vɔlovɑ̃] ou *des vol-au-vent* (invar.).
ÉTYM. de ① *voler* et *vent*.

VOLCAN [vɔlkɑ̃] **n. m.** **1.** Montagne qui émet ou a émis des matières en fusion. *L'éruption d'un volcan. Lave émise par un volcan. Cheminée, cratère d'un volcan. Volcan en activité.* **2.** fig. Violence manifeste ou cachée ; danger imminent. *Nous sommes, nous marchons sur un volcan.*
ÉTYM. italien *volcano, vulcano*, du latin *Vulcanus* «Vulcain».
☛ noms propres.

VOLCANIQUE [vɔlkanik] **adj.** **1.** Relatif aux volcans et à leur activité. *Activité, éruption volcanique. Matières volcaniques* (cendres, lave...). — *Région volcanique.* **2.** fig. Ardent, impétueux. SYN. **explosif.** *Tempérament volcanique.*

VOLCANISME [vɔlkanism] **n. m.** ✦ DIDACT. Ensemble des manifestations volcaniques.
ÉTYM. de *volcan*.

VOLCANOLOGIE [vɔlkanɔlɔʒi] **n. f.** ✦ DIDACT. Science qui étudie les phénomènes volcaniques. — On dit parfois VULCANOLOGIE [vylkanɔlɔʒi]
► **VOLCANOLOGUE** [vɔlkanɔlɔg] **n.**
ÉTYM. de *volcan* et *-logie*.

VOLÉE [vɔle] **n. f.** **I** **1.** Envol, essor. *Prendre sa volée* ; fig. s'affranchir, s'émanciper. **2.** Groupe d'oiseaux qui volent ou s'envolent ensemble. SYN. ① **vol.** *Une volée de moineaux.* **3.** *DE HAUTE VOLÉE* : de haut rang ; de grande envergure (→ de haut vol*). **II** **1.** Mouvement rapide ou violent (de ce qui est lancé, jeté ou balancé : projectiles, cloches). *Une volée de flèches.* — *À LA VOLÉE* ; *À TOUTE VOLÉE* : en faisant un mouvement ample, avec force. *Lancer qqch. à toute volée. Refermer une porte à la volée.* **2.** Mouvement de ce qui a été lancé et n'a pas encore touché le sol. *Attraper qqch. à la volée.* — *Une volée* : renvoi d'une balle avant qu'elle n'ait touché le sol. *Volée de revers* (au tennis). **3.** Suite de coups rapprochés. *Une volée de coups de bâton. Recevoir la volée.* **4.** Partie d'un escalier comprise entre deux paliers. *Une volée de marches.*
ÉTYM. du participe passé de ① *voler*.

① **VOLER** [vɔle] **v. intr.** (conjug. 3a) **1.** Se soutenir et se déplacer dans l'air au moyen d'ailes. *La plupart des oiseaux, de nombreux insectes volent.* → aussi **voleter, voltiger.** — loc. *On entendrait voler une mouche*.* — pronom. loc. FAM. *Se voler dans les plumes* : se battre (comme des oiseaux qui s'attaquent). *Il lui a volé dans les plumes.* ♦ (ballons, engins) Se soutenir et se déplacer au-dessus du sol. *Voler au-dessus de...* → **survoler.** — Se trouver dans un appareil en vol ; effectuer des vols. *Apprendre à voler.* SYN. **piloter. 2.** Être projeté dans l'air. *Pierre, flèche qui vole.* — loc. *VOLER EN ÉCLATS* : éclater, se briser de manière que les éclats volent au loin. ♦ Flotter. *Ruban qui vole au vent.* **3.** Aller très vite, s'élancer. *Voler vers qqn, dans ses bras. Voler au secours de qqn.*
ÉTYM. latin *volare*.

② **VOLER** [vɔle] **v. tr.** (conjug. 3a) **I** (compl. chose) **1.** Prendre (ce qui appartient à qqn) contre son gré ou à son insu. SYN. **dérober,** s'**emparer** de ; FAM. **barboter, chaparder, chiper, faucher, piquer, rafler** ; → ② **vol, voleur.** *Voler de l'argent, mille dollars. Il s'est fait voler son portefeuille, sa voiture.* — prov. *Qui vole un œuf vole un bœuf* : la personne qui commet un petit larcin finira par en commettre de grands. — absolt Commettre un vol. *Impulsion à voler.* → **cleptomanie. 2.** S'approprier (ce à quoi on n'a pas droit). SYN. **usurper.** *Voler un titre, une réputation.* — loc. FAM. *Il ne l'a pas volé* : il l'a bien mérité. **3.** Donner comme sien (ce qu'on a emprunté). SYN. s'**attribuer.** **II** (compl. personne) **1.** Dépouiller (qqn) de son bien, de sa propriété, par force ou par ruse. SYN. **cambrioler, détrousser, dévaliser, escroquer.** *On l'a volé ; il s'est fait voler.* **2.** Ne pas donner ce que l'on doit ou prendre plus qu'il n'est dû à (qqn). *Voler le client.* SYN. **rouler.** — loc. *Il nous a volés comme dans un bois,* sans que nous puissions nous défendre.
► **VOLÉ, ÉE adj.** **1.** Pris par un vol. *Voiture volée.* **2.** Dépouillé par un vol. — **n.** *Le voleur et le volé.*
ÉTYM. de ① *voler* en fauconnerie, le faucon *vole* sa proie (l'attaque en vol).

VOLET [vɔlɛ] **n. m.** **1.** Panneau (de menuiserie ou de métal) ou battant qui protège une baie (à l'extérieur ou à l'intérieur). → **contrevent,** ① **jalousie, persienne.** *Ouvrir, fermer les volets.* **2.** Vantail, aile, partie (d'un objet qui se replie). *Le panneau central et les deux volets d'un triptyque.* — *Les volets d'un dépliant.* — fig. *Projet en plusieurs volets.* SYN. **partie. 3.** VX Tablette pour trier de petits objets. — MOD. loc. *TRIER SUR LE VOLET* : choisir avec le plus grand soin. *Invités triés sur le volet.*
HOM. VOLLEY «volleyball»
ÉTYM. de ① *voler* «se déplacer librement, flotter».

VOLETER [vɔlte] **v. intr.** (conjug. 6b) ✦ Voler à petits coups d'aile, en se posant souvent, en changeant fréquemment de direction. SYN. **voltiger.** *Des papillons volettent autour de la lampe.*
ÉTYM. de ① *voler*.

VOLEUR, EUSE [vɔlœʀ, øz] **n.** et **adj.**
I n. **1.** Personne qui vole ② ou a volé le bien d'autrui ; personne qui tire ses ressources de délits de vol. *Voleur de grand chemin,* qui opérait sur les grandes routes. → **brigand, malandrin.** *Voleur par effraction* (→ **cambrioleur**), *à la tire* (→ **pickpocket**). *Voleurs organisés en bande.* → **bandit, gangster.** — *Un voleur d'enfants.* → **kidnappeur, ravisseur.** — *Jouer au gendarme et au voleur* (jeu de poursuite). — *Crier : au voleur !* **2.** Personne qui détourne à son profit l'argent d'autrui (sans prendre d'objet matériel), ou ne donne pas ce qu'elle

doit. SYN. **escroc.** *Ce commerçant est un voleur.* **II adj.** Qui a l'habitude de voler, a tendance à voler. *Un employé voleur.* SYN. **indélicat, malhonnête.**
ÉTYM. de ② *voler.*

VOLIÈRE [vɔljɛʀ] **n. f.** ✦ Enclos grillagé assez vaste pour que les oiseaux enfermés puissent y voler.
ÉTYM. de ① *voler.*

VOLIGE [vɔliʒ] **n. f.** ✦ Latte sur laquelle sont fixées les ardoises, les tuiles d'un toit.
ÉTYM. de *(latte) volice,* latin populaire *volaticius* «qui vole *(volare)*», d'où «léger».

VOLITIF, IVE [vɔlitif, iv] **adj.** ✦ DIDACT. Relatif à la volonté.
ÉTYM. de *volition.*

VOLITION [vɔlisjɔ̃] **n. f.** ✦ DIDACT. Acte de volonté.
ÉTYM. du latin *voluntas* «volonté».

VOLLEYBALL ou **VOLLEY-BALL** [vɔlɛbol] **n. m.** ✦ anglicisme Sport opposant deux équipes de six joueurs, séparées par un filet, au-dessus duquel chaque camp doit renvoyer le ballon à la main. ➡ On dit souvent *volley.* ➡ Écrire *volleyball* en un seul mot sur le modèle de *football* est permis. HOM. (de *volley*) VOLET «contrevent»
ÉTYM. mot anglais, de *volley* «volée» (du français) et *ball* «balle».

VOLLEYER [vɔleje] **v. intr.** (conjug. 3a) ✦ anglicisme Pratiquer le jeu de volée, au tennis.
ÉTYM. anglais *to volley.*

VOLLEYEUR, EUSE [vɔlɛjœʀ, øz] **n.** ✦ anglicisme **I** Joueur, joueuse de volleyball. **II** Joueur, joueuse qui emploie souvent le jeu de volée (au tennis).
ÉTYM. de *volley* ; sens II, de *volleyer.*

VOLONTAIRE [vɔlɔ̃tɛʀ] **adj.** **1.** Qui résulte d'un acte de volonté (et non de l'automatisme, des réflexes ou des impulsions). SYN. **délibéré, intentionnel, voulu.** *Acte volontaire.* ◆ Qui n'est pas forcé, obligatoire. *Contribution volontaire.* **2.** Qui a, ou marque de la volonté, une volonté ferme. SYN. **décidé, opiniâtre, résolu.** *Un enfant têtu et volontaire.* ➡ *Un visage, un menton volontaire.* **3.** Qui agit librement, sans contrainte extérieure. ➡ *ENGAGÉ VOLONTAIRE :* soldat qui s'engage dans une armée sans y être obligé par la loi. ➡ **n. m.** *Les volontaires et les appelés.* ◆ **n.** Personne bénévole qui offre ses services par simple dévouement. *On demande un, une volontaire.* CONTR. **involontaire ; forcé, obligatoire · faible, irrésolu.**
ÉTYM. latin *voluntarius,* de *voluntas* «volonté».

VOLONTAIREMENT [vɔlɔ̃tɛʀmɑ̃] **adv.** ✦ Par un acte volontaire, délibéré. SYN. **délibérément,** ② **exprès, intentionnellement.** *Je l'ai volontairement oublié.* CONTR. **involontairement.**

VOLONTARIAT [vɔlɔ̃taʀja] **n. m.** ✦ État de l'engagé volontaire, de toute personne qui offre ses services par simple dévouement.

VOLONTARISTE [vɔlɔ̃taʀist] **n.** ✦ Personne qui croit pouvoir soumettre le réel à ses volontés. ➡ **adj.** *Attitude volontariste.*
► **VOLONTARISME** [vɔlɔ̃taʀism] **n. m.**
ÉTYM. de *volontaire.*

VOLONTÉ [vɔlɔ̃te] **n. f.** **I** **1.** Ce que veut qqn et qui tend à se manifester par une décision effective conforme à une intention. SYN. **dessein, détermination, intention, résolution,** ② **vouloir.** *Imposer sa volonté à qqn. Respecter les volontés de qqn.* ➡ FAM. *Faire les QUATRE VOLONTÉS de qqn,* tout ce qu'il veut. ➡ **loc.** *À VOLONTÉ :* de la manière qu'on veut et autant qu'on veut. SYN. **à discrétion.** *Vin à volonté.* ➡ **loc.** *Les dernières volontés de qqn,* celles qu'il manifeste avant de mourir pour qu'on les exécute après sa mort. ◆ *Il nous a dit sa volonté de se marier.* ◆ *La volonté du peuple, de la nation.* **2.** *BONNE VOLONTÉ :* disposition à bien faire, à faire volontairement et avec plaisir (➡ **volontiers**). «*Les Hommes de bonne volonté*» (série de romans de Jules Romains). *Avec la meilleure volonté du monde, c'est impossible.* ➡ par métonymie *Les bonnes volontés :* les gens de bonne volonté. ➡ *MAUVAISE VOLONTÉ :* disposition à se dérober (aux ordres, aux devoirs) ou à faire ce qu'on doit de mauvaise grâce. *Y mettre de la mauvaise volonté.* **II** *La volonté,* faculté de vouloir, de se déterminer librement à agir ou à s'abstenir. *Effort de volonté.* ➡ Cette faculté, considérée comme une qualité. SYN. **caractère ; énergie, fermeté, résolution.** *Il a de la volonté, une volonté de fer. C'est un faible, il n'a aucune volonté.*
ÉTYM. latin *voluntas,* de *velle* «vouloir».

VOLONTIERS [vɔlɔ̃tje] **adv.** **1.** Par inclination et avec plaisir, ou du moins sans répugnance. SYN. **de bonne grâce,** de bon **gré.** *J'irai volontiers vous voir.* ➡ (en réponse) Oui. *Voulez-vous du café ? – Volontiers.* **2.** Par une tendance naturelle ou ordinaire. *Il reste volontiers des heures sans parler.* SYN. **habituellement, ordinairement, souvent.** CONTR. **à contrecœur.**
ÉTYM. latin *voluntarie,* de *voluntarius* «volontaire».

VOLT [vɔlt] **n. m.** ✦ Unité de mesure de force électromotrice et de différence de potentiel (symb. V). *Courant de 220 volts.* ➡ *Volt par mètre :* unité de mesure d'intensité de champ électrique (symb. V/m). HOM. VOLTE «figure à cheval»
ÉTYM. du nom du physicien italien *Volta.* ☞ noms propres.

VOLTAGE [vɔltaʒ] **n. m.** ✦ Force électromotrice ou différence de potentiel mesurée en volts. SYN. **tension.** ➡ Nombre de volts pour lequel un appareil électrique fonctionne normalement.
ÉTYM. de *volt.*

VOLTAIRE [vɔltɛʀ] **n. m.** ✦ *Voltaire* ou *fauteuil voltaire :* fauteuil à siège bas, à dossier élevé et légèrement renversé en arrière, créé sous la Restauration. *Des voltaires.*
ÉTYM. de *Voltaire,* nom propre. ☞ noms propres.

VOLTAIRIEN, IENNE [vɔltɛʀjɛ̃, jɛn] **adj.** et **n.** ✦ Qui adopte ou exprime l'incrédulité, le scepticisme railleur de Voltaire (☞ noms propres). *Esprit voltairien.*

VOLTE [vɔlt] **n. f.** ✦ (cheval) Tour complet sur soi-même. HOM. VOLT «unité électrique»
ÉTYM. italien *volta,* famille du latin *volvere* «tourner».

VOLTE-FACE [vɔltəfas] **n. f. invar.** **1.** Action de se retourner pour faire face. *Faire volte-face.* SYN. **demi-tour.** **2.** fig. Changement brusque et total d'opinion, d'attitude (notamment en politique). SYN. **revirement, virevolte.** *Les volte-face de l'opposition.* ➡ Écrire *volteface* en un seul mot est permis, *des voltefaces.*
ÉTYM. italien *voltafaccia,* de *volta* «volte» et *faccia* «face».

VOLTIGE [vɔltiʒ] **n. f.** **1.** Exercice d'acrobatie au trapèze volant. *Haute voltige.* ◆ Art des acrobaties aériennes. **2.** Ensemble des exercices acrobatiques exécutés à cheval (en particulier dans les cirques).
ÉTYM. de *voltiger.*

VOLTIGEMENT [vɔltiʒmɑ̃] **n. m.** ✦ Mouvement de ce qui voltige (2, 3).

A B C D E F G H I J K L M N O P Q R S T U V W X Y Z

VOLTIGER [vɔltiʒe] **v. intr.** (conjug. 5) **1.** Faire de la voltige. **2.** (insectes, petits oiseaux) Voleter. *Une nuée d'oiseaux voltigeait dans le jardin.* **3.** (choses légères) Voler, flotter çà et là.
ÉTYM. italien *volteggiare*, de *volta* «volte».

VOLTIGEUR, EUSE [vɔltiʒœʀ, øz] **n. 1.** Acrobate qui fait de la voltige. **2. n. m.** anciennt Fantassin très mobile. ➛ Élément motorisé d'une unité mobile. appos. *Motards voltigeurs.*
ÉTYM. de *voltiger.*

VOLTMÈTRE [vɔltmɛtʀ] **n. m.** ✦ TECHN. Appareil qui sert à mesurer les différences de potentiel.
ÉTYM. de *volt* et *-mètre.*

VOLUBILE [vɔlybil] **adj.** ✦ Qui parle avec abondance, rapidité. SYN. **bavard, loquace.** ➛ *Une explication volubile.* CONTR. **silencieux, taciturne.**
ÉTYM. latin *volubilis*, de *volvere* «enrouler».

VOLUBILIS [vɔlybilis] **n. m.** ✦ Plante grimpante ornementale, à grandes fleurs en entonnoir. SYN. **liseron.**
ÉTYM. mot latin botanique médiéval → volubile.

VOLUBILITÉ [vɔlybilite] **n. f.** ✦ Abondance, rapidité et facilité de parole. SYN. **loquacité.**
ÉTYM. latin *volubilitas*, de *volubilis* «volubile».

VOLUCOMPTEUR [vɔlykɔ̃tœʀ] **n. m.** ✦ TECHN. Compteur d'un distributeur d'essence.
ÉTYM. marque déposée ; de *volume* et *compteur.*

VOLUME [vɔlym] **n. m. I 1.** Réunion de cahiers (notamment imprimés) brochés ou reliés ensemble. SYN. ① **livre. 2.** Chacune des parties, brochées ou reliées à part, d'un ouvrage. SYN. **tome.** *Dictionnaire en deux volumes.* **II 1.** Partie de l'espace qu'occupe un corps ; quantité qui la mesure. *Le volume d'un solide. Volume d'un récipient*, mesure de ce qu'il peut contenir. SYN. **capacité, contenance.** *Un réservoir d'un volume de dix mètres cubes.* ➛ *Eau oxygénée à vingt volumes*, susceptible de dégager vingt fois son propre volume en oxygène. **2.** GÉOM. Figure à trois dimensions, limitée par des surfaces. SYN. **solide. 3.** Encombrement (d'un corps). ➛ loc. fig. *Faire du volume :* chercher à prendre de la place, de l'importance. ♦ Quantité globale, masse. *Le volume de la production.* **4.** Intensité (de la voix). SYN. **ampleur.** *Sa voix manque de volume.* ♦ *Volume sonore*, intensité des sons. *Hausser, baisser le volume.*
ÉTYM. latin *volumen* «rouleau d'un manuscrit», de *volvere* «rouler».

VOLUMÉTRIQUE [vɔlymetʀik] **adj.** ✦ PHYS. Qui a rapport à la détermination des volumes (ou *volumétrie* **n. f.**).
ÉTYM. de *volume* et *-mètre.*

VOLUMINEUX, EUSE [vɔlyminø, øz] **adj.** ✦ Qui a un grand volume, occupe une grande place. SYN. **gros.** *Paquet volumineux.* SYN. **embarrassant, encombrant.**
ÉTYM. bas latin *voluminosus* «qui se roule *(volvere)*».

VOLUMIQUE [vɔlymik] **adj.** ✦ PHYS. Relatif à l'unité de volume. *Masse volumique.*

VOLUPTÉ [vɔlypte] **n. f.** ✦ LITTÉR. **1.** Vif plaisir des sens (surtout plaisir sexuel) ; jouissance pleinement goûtée. SYN. **sensualité. 2.** Plaisir moral ou esthétique très vif. SYN. **délectation.**
ÉTYM. latin *voluptas*, de *volup* «agréablement».

VOLUPTUEUX, EUSE [vɔlyptɥø, øz] **adj. 1.** Qui aime, recherche la jouissance, les plaisirs raffinés. SYN. **sensuel.** ➛ **n.** *C'est un voluptueux.* SYN. **épicurien, sybarite.** ♦ Qui est porté aux plaisirs de l'amour et à leurs raffinements. SYN. **lascif, sensuel. 2.** Qui exprime ou inspire la volupté, les plaisirs amoureux. *Danse voluptueuse.* SYN. **érotique.**
► **VOLUPTUEUSEMENT** [vɔlyptɥøzmɑ̃] **adv.**
ÉTYM. latin *voluptuosus*, de *voluptas* «volupté».

VOLUTE [vɔlyt] **n. f. 1.** ARCHIT. Ornement sculpté en spirale. ➛ *Les volutes de fer forgé d'un balcon.* **2.** Forme enroulée en spirale, en hélice. *Des volutes de fumée.* SYN. **spirale.**
ÉTYM. italien *voluta*, mot latin, de *volvere* «tourner».

VOLVE [vɔlv] **n. f.** ✦ BOT. Membrane qui enveloppe le pied et le chapeau de certains champignons jeunes.
ÉTYM. latin *volva.*

VOMER [vɔmɛʀ] **n. m.** ✦ ANAT. Os du nez, partie supérieure de la cloison des fosses nasales.
ÉTYM. mot latin «soc de la charrue».

VOMI [vɔmi] **n. m.** ✦ FAM. Vomissure. *Ça sent le vomi.*
ÉTYM. du participe passé de *vomir.*

VOMIQUE [vɔmik] **adj.** ✦ *Noix vomique :* fruit d'un arbre de l'Inde, qui a des propriétés vomitives et contient de la strychnine.
ÉTYM. latin médiéval *vomica (nux).*

VOMIR [vɔmiʀ] **v. tr.** (conjug. 13) **1.** Rejeter par la bouche de manière spasmodique. SYN. **régurgiter, rendre.** *Vomir son repas.* ➛ *Vomir du sang.* ♦ absolt *Je vais vomir.* SYN. FAM. **dégobiller, dégueuler, gerber.** *Avoir envie de vomir :* avoir des nausées. ➛ loc. *C'est à vomir ;* fig. c'est ignoble. **2.** fig. Rejeter, critiquer avec répugnance. *Il vomit l'humanité.* SYN. **exécrer. 3.** LITTÉR. Laisser sortir, projeter au dehors. ➛ au p. passé *Laves vomies par un volcan.* ♦ fig. Proférer avec violence (des injures, des blasphèmes). *Vomir sa haine.* SYN. **déverser.**
ÉTYM. latin populaire *vomire*, de *vomere* «cracher».

VOMISSEMENT [vɔmismɑ̃] **n. m. 1.** Fait de vomir. **2.** Matière vomie. SYN. **vomi, vomissure.**

VOMISSURE [vɔmisyʀ] **n. f.** ✦ Matière vomie. SYN. FAM. **vomi.**
ÉTYM. de *vomir.*

VOMITIF, IVE [vɔmitif, iv] **adj. 1.** Qui provoque le vomissement. SYN. **émétique.** ➛ **n. m.** *Un vomitif puissant.* **2.** fig. FAM. Qui est à faire vomir ; répugnant.
ÉTYM. du latin *vomitum*, supin de *vomere* «vomir».

VORACE [vɔʀas] **adj. 1.** Qui dévore, mange avec avidité. *Un chien vorace.* ➛ *Un appétit vorace.* **2.** fig. Avide, insatiable. *Une curiosité vorace.* CONTR. **frugal.**
ÉTYM. latin *vorax*, de *vorare* «manger».

VORACEMENT [vɔʀasmɑ̃] **adv.** ✦ Avec voracité.
ÉTYM. de *vorace.*

VORACITÉ [vɔʀasite] **n. f. 1.** Avidité à manger, à dévorer. SYN. **gloutonnerie, goinfrerie. 2.** fig. Avidité à satisfaire un désir. ➛ Âpreté au gain. CONTR. **frugalité.**
ÉTYM. latin *voracitas*, de *vorax* «vorace».

> **-VORE** Élément savant, du latin *vorare* «manger», qui signifie «qui mange...» (ex. *carnivore*). SYN. **-phage.**

VORTEX [vɔʀtɛks] **n. m.** ✦ DIDACT. Tourbillon.
ÉTYM. mot latin.

VOS [vo] **adj. poss.** → VOTRE

VOTANT, ANTE [vɔtɑ̃, ɑ̃t] **n.** ✦ Personne qui a le droit de voter, qui participe à un vote.
ÉTYM. du participe présent de *voter.*

VOTATION [vɔtasjɔ̃] **n. f.** ✦ en Suisse Vote ; élections.
ÉTYM. de *voter.*

VOTE [vɔt] **n. m. 1.** Opinion exprimée, dans une assemblée délibérante, un corps politique. SYN. **suffrage, voix.** *Compter les votes favorables.* ◆ Fait d'exprimer ou de pouvoir exprimer une telle opinion. *Le droit de vote a été accordé aux Françaises en 1944.* ➝ Mode de scrutin. *Vote à main levée.* **2.** Opération par laquelle les membres d'un corps politique donnent leur avis. SYN. **consultation, élection.** *Bulletin, bureau, urne de vote.* ➝ Décision positive ainsi obtenue. *Vote d'une loi.* SYN. **adoption.** CONTR. **abstention • refus, rejet.**
ÉTYM. mot anglais, du latin *votum* «vœu».

VOTER [vɔte] **v.** (conjug. 3a) **1. v. intr.** Exprimer son opinion par son vote, son suffrage. *Voter à droite, à gauche. Voter pour un parti.* ➝ ellipt *Voter vert.* **2. v. tr.** Contribuer à faire adopter par son vote ; décider par un vote majoritaire. *Voter une loi.* ➝ *Voter des crédits.* CONTR. **s'abstenir.**
ÉTYM. du latin *votum* «vœu».

VOTIF, IVE [vɔtif, iv] **adj.** ✦ Qui commémore l'accomplissement d'un vœu, est offert comme gage d'un vœu. *Inscription votive.* → **ex-voto.** ◆ *Fête votive* : fête du saint auquel est vouée une paroisse.
ÉTYM. latin *votivus,* de *votum* «vœu».

VOTRE [vɔtʀ], plur. **VOS** [vo] **adj. poss.** ✦ Adjectif possessif de la deuxième personne du pluriel et des deux genres, correspondant au pronom personnel *vous.* **I** Qui vous appartient, a rapport à vous. **1.** (représentant un groupe dont le locuteur est exclu) *Vos conflits ne m'intéressent pas.* **2.** (représentant une seule personne à laquelle on s'adresse au pluriel de politesse ; correspond à *ton, ta, tes*) *Donnez-moi votre adresse, Monsieur.* ➝ *Votre Excellence.* **3.** (emploi stylistique) *Votre Monsieur X est un escroc,* celui dont vous parlez. **II** (sens objectif) De vous, de votre personne. *Je dis cela pour votre bien.* HOM. (du pluriel) VAUX (pluriel de *val* «vallée»), VEAU «animal»
ÉTYM. latin populaire *voster,* pour *vester,* d'après *noster* «notre».

VÔTRE, plur. **VÔTRES** [votʀ] **adj. poss., pron. poss.** et **n.** **I adj. poss.** (attribut) LITTÉR. À vous. *Amicalement vôtre* (formule de politesse).
II pron. poss. (avec l'article) *LE VÔTRE, LA VÔTRE, LES VÔTRES,* désigne ce qui appartient, a rapport à un groupe de personnes auquel le locuteur n'appartient pas ; ou à une personne à laquelle on s'adresse au pluriel de politesse (correspond alors à *tien*). *J'ai mon opinion, vous avez la vôtre.* ◆ *À la (bonne) vôtre* : à votre santé (→ à la tienne).
III n. 1. loc. *Il faut que vous y mettiez du vôtre,* de la bonne volonté. **2.** *LES VÔTRES* : vos parents, vos amis, vos partisans. *Je ne pourrai être des vôtres,* être parmi vous.
ÉTYM. de *votre.*

VOUER [vwe] **v. tr.** (conjug. 3a) **I 1.** RELIG. Consacrer à Dieu, à un saint, par un vœu. **2.** LITTÉR. Promettre, engager d'une manière solennelle. *Vouer à qqn une reconnaissance éternelle.* **3.** Employer avec un zèle soutenu. SYN. **consacrer.** *Vouer son temps à une cause.* **4.** Destiner irrévocablement à un état, une activité. SYN. **condamner.** *Cette erreur le voue à la ruine.* **II** *SE VOUER* **v. pron. 1.** loc. *Ne plus savoir à quel saint se vouer,* à qui recourir. **2.** Se consacrer. *Se vouer au théâtre.*
► **VOUÉ, ÉE adj.** *Voué sans réserve à une idée.* ➝ *Quartier voué à la démolition.*
ÉTYM. latin populaire *votare,* de *votum* «vœu».

VOUIVRE [vwivʀ] **n. f.** ✦ RÉGIONAL Serpent fabuleux. «*La Vouivre*» (roman de Marcel Aymé).
ÉTYM. latin *vipera* «vipère».

① **VOULOIR** [vulwaʀ] **v. tr.** (conjug. 28) **I 1.** Avoir la volonté*, le désir de. SYN. **désirer, souhaiter.** ◆ (+ inf.) *Je veux y aller.* ➝ *Je voudrais le voir. Je voudrais bien la connaître.* ➝ (atténuation polie de *je veux*) *Je voudrais vous parler.* ➝ (impér. de politesse) *Veuillez m'excuser.* ➝ FAM. (choses) *Le feu ne veut pas prendre.* ◆ *Vouloir dire*.* **2.** *VOULOIR QUE* (suivi d'une complétive au subj., dont le sujet ne peut être celui de *vouloir*) *Il veut que je lui fasse la lecture.* ➝ FAM. *Qu'est-ce que vous voulez que j'y fasse ? Que voulez-vous que je dise ?,* je n'y peux rien, c'est comme ça. ➝ ellipt *Que veux-tu ? Que voulez-vous ?* (marque l'embarras ou la résignation). ◆ loc. (avec un pronom compl. neutre) *Que tu le veuilles ou non. Sans le vouloir* : involontairement. ➝ *Si tu veux, si vous voulez, si on veut,* sert à introduire une expression qu'on suppose préférée par l'interlocuteur. **3.** (avec un nom, un pronom compl.) Prétendre obtenir, ou souhaiter que se produise... SYN. **demander, désirer.** *Il veut sa tranquillité. Voulez-vous du pain ? J'en veux encore.* ◆ *Vouloir qqn* : désirer, accepter pour partenaire. ◆ *En vouloir pour son argent.* ➝ absolt *EN VOULOIR* : être ambitieux, volontaire. ◆ *Vouloir qqch. à qqn,* souhaiter que qqch. arrive à qqn. *Je ne lui veux aucun mal.* ➝ *Vouloir qqch. de qqn,* vouloir obtenir de lui. SYN. **attendre.** *Que voulez-vous de moi ?* ◆ absolt POP. *Je veux !* : oui (affirmation énergique). **4.** *EN VOULOIR À* : s'en prendre à. *En vouloir à la vie de qqn.* ➝ Garder du ressentiment, de la rancune contre (qqn). *Il m'en veut. Je lui en veux d'avoir menti. Ne m'en veuillez pas.* ➝ pronom. Se reprocher de. SYN. **se repentir.** *Je m'en veux d'avoir accepté.* **5.** (avec un attribut du compl.) Souhaiter avoir (une chose qui présente un certain caractère). *Comment voulez-vous votre entrecôte ? Je la veux saignante.* **6.** *VOULOIR DE qqch., qqn* : être disposé à s'intéresser ou à se satisfaire de, à accepter. *Personne ne voulait d'elle.* **7.** absolt Faire preuve de volonté. *Vouloir, c'est pouvoir.* **II** (avec un sujet de chose, auquel on prête une sorte de volonté) *Le hasard voulut qu'ils soient réunis.* ◆ Donner pour vrai, affirmer. *La légende veut que* (+ subj.). **III** Consentir, accepter. *Si vous voulez me suivre.* ➝ (pour exprimer une prière polie) *Veuillez avoir l'obligeance de signer ici.* ➝ (pour marquer un ordre) *Veux-tu te taire !* ◆ *VOULOIR BIEN* : accepter ; être d'accord pour. *Elle veut bien venir. Si vous le voulez bien.* CONTR. **refuser.**
ÉTYM. latin populaire *volere,* d'une forme de *velle* «vouloir» en latin classique.

② **VOULOIR** [vulwaʀ] **n. m. 1.** LITTÉR. Faculté de vouloir. SYN. **volonté. 2.** *BON, MAUVAIS VOULOIR* : bonne, mauvaise volonté.
ÉTYM. de ① *vouloir.*

VOULU, UE [vuly] **adj. 1.** Exigé, requis par les circonstances. *La quantité voulue.* **2.** Délibéré, volontaire. ➝ FAM. *C'est voulu.* SYN. **intentionnel.**
ÉTYM. du participe passé de *vouloir.*

VOUS [vu] **pron. I** Pronom personnel de la deuxième personne du pluriel (réel ou de politesse) **1.** pluriel *Vous pouvez venir tous les trois.* **2.** singulier (remplaçant *tu, toi,* dans le vouvoiement) *Que voulez-vous ?* **3.** (renforcé) *Vous devriez lui en parler vous-même.* ➝ *À vous deux, vous y*

A B C D E F G H I J K L M N O P Q R S T U V W X Y Z

arriverez bien. ➙ *Vous autres.* **II** **indéfini** (remplace *on* en fonction de complément) *La pluie vous transperçait jusqu'aux os.* **III** **nominal** *Dire vous à qqn.* → **vouvoyer.** *Un vous cérémonieux.*

ÉTYM. latin *vos.*

VOUSSURE [vusyʀ] **n. f.** ✦ Courbure (d'une voûte, d'un arc).

ÉTYM. d'une forme ancienne de *voûte.*

VOÛTE [vut] **n. f.** **1.** Ouvrage de maçonnerie cintré, fait de pierres spécialement taillées, et s'appuyant sur des murs, des piliers, des colonnes, et servant de couverture. *Clef de voûte. Voûte en berceau. Voûte d'arêtes,* constituée du croisement de deux voûtes. **2.** Paroi, région supérieure présentant une courbure analogue. ➙ *La voûte céleste.* ➙ *Voûte plantaire :* courbure de la partie inférieure du pied. ➙ On peut aussi écrire *voute* sans accent circonflexe.

ÉTYM. latin populaire *volvita,* de *volvere* «rouler».

VOÛTER [vute] **v. tr.** (conjug. 3a) **1.** Fermer (le haut d'une construction) par une voûte. **2.** Rendre voûté (qqn). ➙ **pronom.** *Il commence à se voûter.* ➙ On peut aussi écrire *vouter,* sans accent circonflexe.

► **VOÛTÉ, ÉE adj.** **1.** Couvert d'une voûte ; en forme de voûte. *Cave voûtée.* **2.** Dont le dos est courbé et ne peut plus se redresser. SYN. **cassé.** *Un vieillard voûté.* ➙ *Dos voûté.* ➙ On peut aussi écrire *vouté, ée* sans accent circonflexe.

VOUVOIEMENT [vuvwamɑ̃] **n. m.** ✦ Le fait de (se) vouvoyer.

VOUVOYER [vuvwaje] **v. tr.** (conjug. 10) ✦ S'adresser à (qqn) en employant la deuxième personne du pluriel (opposé à *tutoyer*).

ÉTYM. de *vous* et suffixe *-oyer,* d'après *tutoyer.*

VOX POPULI [vɔkspɔpyli] **n. f. invar.** ✦ LITTÉR. L'opinion du plus grand nombre, des masses.

ÉTYM. mots latins «voix du peuple».

VOYAGE [vwajaʒ] **n. m.** **1.** Déplacement d'une personne qui se rend en un lieu assez éloigné. *Faire un voyage. Voyage d'agrément, d'affaires. Voyage de noces. Voyage organisé* (par une *agence de voyages* → **voyagiste**). ➙ *Souhaiter (un) bon voyage à qqn. Bon voyage ! Pendant le voyage.* SYN. **route, trajet.** ➙ *Chèque de voyage.* → **traveller's chèque** anglicisme. ➙ collectif *Les gens du voyage,* les comédiens ambulants, les forains. ♦ loc. *Le grand, le dernier voyage,* la mort. **2.** Course que fait un chauffeur, un porteur pour transporter qqn ou qqch. *Un voyage suffira.*

ÉTYM. latin *viaticum,* de *via* «voie» ; doublet de *viatique.*

VOYAGER [vwajaʒe] **v. intr.** (conjug. 5) **1.** Faire un voyage. *Voyager en train.* ➙ Faire des voyages, aller en différents lieux pour voir du pays. *Il a beaucoup voyagé.* **2.** (représentants, voyageurs de commerce) Faire des tournées. **3.** Être transporté. *Denrées qui voyagent bien, mal,* qui supportent bien ou mal le transport.

VOYAGEUR, EUSE [vwajaʒœʀ, øz] **n.** **1.** Personne qui est en voyage. ➙ Usager d'un transport public. SYN. **passager.** **2.** Personne qui voyage pour voir de nouveaux pays (dans un but de découverte, d'étude). SYN. **explorateur.** *Les récits des grands voyageurs.* ➙ Touriste. **3.** *Voyageur (de commerce) :* représentant de commerce qui voyage pour visiter la clientèle. SYN. **V. R. P.**

ÉTYM. de *voyager.*

VOYAGISTE [vwajaʒist] **n.** ✦ Personne, organisme qui commercialise des voyages.

VOYANCE [vwajɑ̃s] **n. f.** ✦ Don de double vue.

ÉTYM. de ① *voyant.*

① **VOYANT, ANTE** [vwajɑ̃, ɑ̃t] **n.** **I** **n.** **1.** Personne réputée avoir un don de seconde vue. SYN. **devin, extralucide, spirite.** ➙ Personne qui fait métier de lire le passé et prédire l'avenir. *Une voyante extralucide.* ♦ Visionnaire. *Rimbaud le voyant.* **2.** Personne qui voit. *Les voyants et les aveugles* (ou *non-voyants*). **II** **n. m.** Signal lumineux destiné à attirer l'attention. *Voyant d'essence, d'huile,* avertissant le conducteur que l'essence, l'huile sont presque épuisées.

ÉTYM. du participe présent de *voir.*

② **VOYANT, ANTE** [vwajɑ̃, ɑ̃t] **adj.** ✦ Qui attire la vue, qui se voit de loin. *Des couleurs voyantes.* SYN. **criard, éclatant, vif.** *Une toilette trop voyante.* SYN. **tapageur.** CONTR. ① **discret.**

ÉTYM. du participe présent de *voir.*

VOYELLE [vwajɛl] **n. f.** ✦ Phonème caractérisé par une résonance de la cavité buccale *(voyelle orale),* parfois en communication avec la cavité nasale *(voyelle nasale).* → **vocalique.** *Les seize voyelles du français.* ♦ Lettre qui sert à noter ce son *(a, e, i, o, u, y).*

ÉTYM. latin *vocalis,* de *vox* «voix».

VOYER [vwaje] **n. m.** ✦ ADMIN. *Agent voyer :* personne chargée de surveiller l'état des voies de communication des villes.

ÉTYM. latin *vicarius* «remplaçant» ; doublet de *vicaire.*

VOYEUR, EUSE [vwajœʀ, øz] **n.** ✦ Personne qui assiste pour sa satisfaction et sans être vue à une scène érotique. ➙ **adj.** *Être un peu voyeur.*

ÉTYM. de *voir.*

VOYEURISME [vwajœʀism] **n. m.** ✦ Comportement du voyeur.

VOYOU [vwaju] **n. m.** **1.** Homme du peuple ayant des activités délictueuses. SYN. **chenapan, vaurien.** *Une bande de voyous.* **2.** Mauvais sujet, aux moyens d'existence peu recommandables. SYN. **crapule.** **3.** **adj.** *Un air voyou.*

ÉTYM. de *voie* «grand chemin», p.-ê. d'après *filou.*

en VRAC [ɑ̃vʀak] **loc. adv.** **1.** Pêle-mêle, sans être arrimé et sans emballage. *Marchandises expédiées en vrac.* **2.** En désordre. *Poser ses affaires en vrac sur une chaise.* **3.** Au poids (opposé à *en paquet*). *Acheter du riz en vrac.*

ÉTYM. ancien néerlandais *wrac* «gâté».

VRAI, VRAIE [vʀɛ] **adj.** et **n. m.**

I **adj.** **1.** Qui présente un caractère de vérité* ; à quoi on peut et doit donner son assentiment (opposé à *faux, illusoire,* ou à *mensonger*). SYN. **certain, exact, incontestable, sûr, véritable.** *Une histoire vraie.* SYN. **véridique.** ➙ FAM. *C'est la vérité vraie.* SYN. **strict.** ♦ *Il est vrai que, cela est si vrai que* (+ indic.), sert à introduire une preuve. *Il n'en est pas moins vrai que,* sert à maintenir une affirmation. *C'est pourtant vrai. (N'est-il) pas vrai ?,* n'est-ce pas ? ➙ *Il est vrai que* (+ indic.), s'emploie pour introduire une concession, une restriction. → **sans doute.** ➙ *Il est vrai, c'est vrai* (en incise). **2.** Réel, effectif (opposé à *imaginaire*). *Ce n'était pas un mirage, c'était un vrai lac.* **3.** (avant le nom) Conforme à son apparence ou à sa désignation. SYN. **véritable.** *De vraies perles* (opposé à *faux*). *Un vrai Renoir.* SYN. **authentique.** ➙ (intensif) *C'est*

un vrai salaud. SYN. **véritable.** ◆ loc. FAM. *VRAI DE VRAI :* absolument vrai, authentique, véritable. *C'est un héros, un vrai de vrai.* 4. Qui, dans l'art, s'accorde avec le sentiment de la réalité (en général par la sincérité et le naturel). SYN. **naturel, senti, vécu.** *Des personnages vrais. Plus vrai que nature.* 5. LITTÉR. (personnes) Sincère, véridique. CONTR. ① **faux, inexact, mensonger • artificiel, factice • illusoire, imaginaire.**
II n. m. *LE VRAI* 1. La vérité. *Reconnaître le vrai du faux.* 2. La réalité. *Vous êtes dans le vrai :* vous avez raison. 3. loc. *À dire vrai ; à vrai dire,* s'emploient pour introduire une restriction. *À vrai dire, je le connais peu.* ➛ FAM. (langage enfantin) *Pour de vrai :* vraiment. *Tu serais malade pour de vrai.* CONTR. **erreur.**
III adv. Conformément à la vérité, à notre sentiment de la réalité. *Faire vrai.* ➛ FAM. (détaché en tête ou en incise) Vraiment. *Eh bien vrai, je n'aurais pas cru !*
ÉTYM. latin populaire *veracus,* famille de *verus* «vrai».

VRAIMENT [vʀɛmɑ̃] **adv.** 1. D'une façon indiscutable et que la réalité ne dément pas. SYN. **effectivement, véritablement.** *Il a vraiment changé.* 2. S'emploie pour souligner une affirmation. SYN. **franchement.** *Vraiment, il exagère ! Il songe vraiment à partir.* SYN. **réellement, sérieusement.** ➛ *Vraiment ?* est-ce vrai ? 3. *PAS VRAIMENT :* pas complètement, fort peu. « *Tu as aimé ce film ? – Pas vraiment.* »
ÉTYM. de *vrai.*

VRAISEMBLABLE [vʀɛsɑ̃blabl] **adj.** ✦ Qui peut être considéré comme vrai ; qui semble vrai. *Hypothèse vraisemblable.* SYN. **plausible.** ➛ (évènements futurs) *Il est vraisemblable qu'il réussira. Son succès est vraisemblable.* SYN. **possible, probable.** CONTR. **invraisemblable.**
ÉTYM. de *vrai* et *semblable,* d'après le latin *verisimilis* «qui semble vrai».

VRAISEMBLABLEMENT [vʀɛsɑ̃blabləmɑ̃] **adv.** ✦ Selon la vraisemblance, les probabilités. SYN. **apparemment, probablement.** *Elle arrivera vraisemblablement demain.*
ÉTYM. de *vraisemblable.*

VRAISEMBLANCE [vʀɛsɑ̃blɑ̃s] **n. f.** ✦ Caractère vraisemblable ; apparence de vérité. SYN. **crédibilité.** *Selon toute vraisemblance :* sans doute. CONTR. **invraisemblance.**
ÉTYM. de *vrai* et *semblance* «apparence», d'après le latin *verisimilitudo.*

VRILLE [vʀij] **n. f.** 1. Organe de fixation de certaines plantes grimpantes, qui s'enroule en hélice. *Les vrilles de la vigne.* 2. Outil formé d'une tige que termine une vis. SYN. **foret, tarière.** *Percer avec une vrille.* 3. Hélice. *Escalier en vrille.* ➛ *Avion qui descend en vrille,* en tournant sur lui-même.
ÉTYM. latin *viticula* «petite vrille *(vitis)*».

VRILLER [vʀije] **v.** (conjug. 3a) 1. **v. intr.** S'enrouler sur soi-même. 2. **v. tr.** Percer avec une vrille. SYN. **tarauder.** ➛ fig. *Ces hurlements lui vrillaient les tympans.*
ÉTYM. de *vrille.*

VROMBIR [vʀɔ̃biʀ] **v. intr.** (conjug. 13) ✦ Produire un son vibré par un mouvement périodique rapide. SYN. **bourdonner.** *Le frelon vrombit. Moteur qui vrombit.*
ÉTYM. origine onomatopéique.

VROMBISSANT, ANTE [vʀɔ̃bisɑ̃, ɑ̃t] **adj.** ✦ Qui vrombit. *Un moteur vrombissant.*

VROMBISSEMENT [vʀɔ̃bismɑ̃] **n. m.** ✦ Bruit de ce qui vrombit. SYN. **bourdonnement ; ronflement.**

VROUM [vʀum] **interj.** ✦ Onomatopée imitant un bruit de moteur.

V. R. P. [veɛʀpe] **n. m.** ✦ Voyageur représentant placier.
ÉTYM. sigle.

V. T. T. [vetete] **n. m.** ✦ Vélo tout-terrain. SYN. **bicross, BMX.**
ÉTYM. sigle.

VU, VUE [vy] **adj. et prép.**
I adj. 1. Perçu par le regard. ➛ loc. *Ni vu ni connu :* sans que personne en sache rien. ◆ **n. m.** *Au vu et au su de tout le monde :* au grand jour. → **ouvertement.** ➛ *C'est du déjà vu !,* ce n'est pas une nouveauté. 2. Compris. *C'est bien vu ?* ellipt *Vu ?* ➛ FAM. *C'est tout vu !,* il n'y a pas à revenir là-dessus. 3. *Être bien, mal vu,* bien ou mal considéré. SYN. **apprécié.**
II *VU* **prép.** 1. En considérant, eu égard à. *Vu la qualité, c'est cher.* 2. *VU QUE* **loc. conj.** Étant donné que. SYN. ① **attendu** que.
ÉTYM. du participe passé de *voir.*

VUE [vy] **n. f.** **I** Action, fait de voir. 1. Sens par lequel les stimulations lumineuses donnent naissance à des sensations de lumière, de couleur, de forme organisées en une représentation de l'espace. *Perdre la vue,* devenir aveugle, non-voyant, être frappé de cécité. *L'œil, organe de la vue.* 2. Manière de percevoir les sensations visuelles. SYN. **vision.** *Troubles de la vue.* ➛ *Avoir une bonne vue. Vue basse, courte* (→ **myopie**). *Sa vue baisse. Vue perçante.* 3. (dans des loc.) Fait de regarder. SYN. **regard.** *Jeter, porter la vue sur :* diriger ses regards vers. ➛ *À la vue de tous :* en public. ➛ *À PREMIÈRE VUE :* au premier regard, au premier coup d'œil. ➛ *Connaître qqn DE VUE,* l'avoir déjà vu, sans avoir d'autres relations avec lui. ➛ *À VUE :* en regardant, sans quitter des yeux. *Changement à vue,* au théâtre, changement de décor qui se fait devant le spectateur ; fig. changement soudain et total. ◆ *À VUE D'ŒIL :* d'une manière constatable par les yeux. *Se transformer à vue d'œil,* très vite. ➛ FAM. *À vue de nez*.* 4. Les yeux, les organes qui permettent de voir. *S'abîmer la vue.* ➛ loc. FAM. *En mettre plein la vue à qqn,* l'éblouir. **II** Ce qui est vu. 1. Étendue de ce qu'on peut voir d'un lieu. SYN. **panorama.** *D'ici, on a une très belle vue.* ➛ *Point de vue.* → **point de vue.** 2. Aspect sous lequel se présente (un objet). *Vue de face, de côté.* ➛ *EN VUE :* aisément visible. *Être bien en vue.* SYN. en **évidence.** ➛ fig. *Un personnage en vue,* marquant. 3. *La vue de...* SYN. **image, spectacle, vision.** *La vue du sang le rend malade.* ➛ *À la vue de qqn, de qqch.,* en le voyant. 4. Ce qui représente (un lieu) ; image, photo. *J'ai reçu une vue de Madrid.* 5. Orientation permettant de voir. *Chambre ayant vue sur la mer.* **III** fig. 1. Faculté de former des images mentales, de se représenter ; exercice de cette faculté. ➛ *Seconde vue, double vue :* faculté de voir par l'esprit des objets réels, des faits qui sont hors de portée des yeux. → **voyance.** 2. Image, idée ; façon de se représenter qqch. *Profondeur de vue(s). Vues étroites.* ➛ loc. *ÉCHANGE DE VUES :* entretien où l'on expose ses conceptions respectives. ➛ loc. *C'est une vue de l'esprit,* une vue théorique, qui a peu de rapport avec la réalité. 3. *EN VUE. Avoir qqch. en vue,* y songer, l'envisager. ➛ *Avoir qqn en vue pour un poste.* ◆ *EN VUE DE* **loc. prép. :** de manière à permettre, à préparer (une fin, un but) ; pour. *Il a travaillé en vue de réussir son examen, en vue de sa réussite.* 4. au plur. Dessein, projet. *Selon ses vues.* ➛ *Avoir des vues sur qqn,* penser à lui pour tel ou tel

A B C D E F G H I J K L M N O P Q R S T U V W X Y Z

projet (spécialt séduction, mariage). ➙ *Avoir des vues sur un héritage.*

ÉTYM. du participe passé de *voir.*

VULCAIN [vylkɛ̃] **n. m.** ✦ Papillon rouge et noir, au vol rapide.

ÉTYM. de *Vulcain,* latin *Vulcanus,* dieu du feu. ☞ noms propres.

VULCANISATION [vylkanizasjɔ̃] **n. f.** ✦ Opération par laquelle on incorpore du soufre au caoutchouc pour améliorer sa résistance.

ÉTYM. anglais *vulcanization,* de *to vulcanize* «vulcaniser».

VULCANISER [vylkanize] **v. tr.** (conjug. 3a) ✦ Traiter (le caoutchouc) par vulcanisation.

ÉTYM. anglais *to vulcanize,* de *Vulcan* «Vulcain».

VULCANOLOGIE → **VOLCANOLOGIE**

VULGAIRE [vylgɛʀ] **adj. et n. m.**

I adj. 1. VX Très répandu. ♦ DIDACT. Se dit de la forme de langue connue de tous (opposé à *littéraire*). *Latin vulgaire :* latin populaire qui était parlé dans les pays romans. ➙ (opposé à *savant, scientifique, technique*) *Le nom vulgaire d'une plante.* SYN. ① **courant, usuel.** 2. (avant le nom) Quelconque, qui n'est que cela. *Un vulgaire passant.* ➙ péj. *Un vulgaire menteur.* 3. péj. Qui manque d'élévation ou de distinction. SYN. ① **bas, commun, grossier, trivial.** *Un esprit vulgaire.* ➙ *Avoir des goûts vulgaires.* ♦ spécialt Qui choque la bienséance. *Langage, mot vulgaire.* SYN. **trivial.** CONTR. **distingué,** ② **fin** · ② **original, remarquable.**

II n. m. 1. VX OU LITTÉR. *Le vulgaire :* le commun des hommes, la majorité (souvent péj.). SYN. **foule,** ① **masse.** 2. Ce qui est vulgaire (I, 3). *Tomber dans le vulgaire.* SYN. **vulgarité.** CONTR. **aristocratie, élite.**

ÉTYM. latin *vulgaris,* de *vulgus* «le commun des hommes ; foule».

VULGAIREMENT [vylgɛʀmɑ̃] **adv.** 1. DIDACT. *Appelé vulgairement,* dans le langage courant (opposé à *scientifiquement*). 2. péj. Avec vulgarité.

ÉTYM. de *vulgaire.*

VULGARISATEUR, TRICE [vylgaʀizatœʀ, tʀis] **n.** ✦ Spécialiste de la vulgarisation.

ÉTYM. de *vulgariser.*

VULGARISATION [vylgaʀizasjɔ̃] **n. f.** ✦ Fait d'adapter des connaissances techniques, scientifiques, pour les rendre accessibles à un lecteur non spécialiste. *Ouvrage de vulgarisation scientifique. Une revue de haute vulgarisation.*

ÉTYM. de *vulgariser.*

VULGARISER [vylgaʀize] **v. tr.** (conjug. 3a) 1. Répandre (des connaissances) en mettant à la portée du grand public. 2. péj. Rendre ou faire paraître vulgaire. CONTR. **ennoblir.**

ÉTYM. du latin *vulgaris* «vulgaire».

VULGARITÉ [vylgaʀite] **n. f.** 1. Caractère vulgaire (I, 3), absence totale de distinction et de délicatesse. SYN. **bassesse, trivialité.** 2. *Une, des vulgarités.* Manière vulgaire d'agir, de parler. SYN. **grossièreté.** CONTR. **délicatesse, distinction, raffinement.**

ÉTYM. latin *vulgaritas.*

VULGATE [vylgat] **n. f.** ✦ DIDACT. (☞ noms propres) Traduction latine de la Bible.

ÉTYM. latin chrétien *(versio) vulgata* «(version) répandue», de *vulgus* «la foule».

VULGUM PECUS [vylgɔmpekys] **n. m. sing.** ✦ FAM. Le commun des mortels, les ignorants.

ÉTYM. pseudo-latin, proprt «le vulgaire troupeau».

VULNÉRABILITÉ [vylneʀabilite] **n. f.** ✦ LITTÉR. Caractère vulnérable. SYN. **fragilité.** CONTR. **invulnérabilité.**

VULNÉRABLE [vylneʀabl] **adj.** 1. Qui peut être blessé, frappé par un mal physique. *Organisme plus ou moins vulnérable.* 2. fig. Qui peut être facilement atteint. *Sa sensibilité le rend vulnérable.* CONTR. **invulnérable.**

ÉTYM. bas latin *vulnerabilis,* de *vulnus, vulneris* «blessure».

VULNÉRAIRE [vylneʀɛʀ] **n. m. et n. f.** 1. **n. m.** VX Remède qu'on appliquait sur les plaies. 2. **n. f.** Plante dicotylédone utilisée en médecine populaire.

ÉTYM. latin *vulnerarius,* de *vulnus, vulneris* «blessure».

VULVAIRE [vylvɛʀ] **adj.** ✦ DIDACT. De la vulve.

VULVE [vylv] **n. f.** ✦ Ensemble des organes génitaux externes de la femme (et des femelles de mammifères). ➙ spécialt Orifice extérieur du vagin.

ÉTYM. latin *vulva, volva.*

VULVITE [vylvit] **n. f.** ✦ MÉD. Inflammation de la vulve.

ÉTYM. de *vulve* et *-ite.*

W

W [dublәve] **n. m. invar.** 1. Vingt-troisième lettre, dix-huitième consonne de l'alphabet, servant à noter le son [v] (**ex.** *wagon*) ou le son [w] (**ex.** watt). 2. *W* [wat] Symbole du watt. 3. *W* [dublәve] CHIM. Symbole du tungstène.

WAGON [vagɔ̃] **n. m.** ✦ Véhicule sur rails, tiré par une locomotive. *Wagon de marchandises ; wagon à bestiaux.* → **fourgon.** ◆ COUR. **abusivt** Voiture destinée aux voyageurs.
ÉTYM. mot anglais.

WAGON-CITERNE [vagɔ̃sitɛʀn] **n. m.** ✦ Wagon-réservoir, aménagé pour le transport des liquides. *Des wagons-citernes.*

WAGON-LIT [vagɔ̃li] **n. m.** ✦ Voiture d'un train formée de compartiments équipés de lits et de cabinets de toilette, appelée aussi *voiture-lit. Des wagons-lits.*

WAGONNET [vagɔnɛ] **n. m.** ✦ Petit chariot sur rails, destiné au transport de matériaux en vrac dans les mines.
ÉTYM. diminutif de *wagon.*

WAGON-RESTAURANT [vagɔ̃ʀɛstɔʀɑ̃] **n. m.** ✦ Voiture d'un train aménagée en restaurant. *Des wagons-restaurants.*

WALKMAN [wɔ(l)kman] **n. m.** ✦ **anglicisme** Baladeur. *Des walkmans.*
ÉTYM. nom déposé ; de l'anglais *to walk* «marcher» et *man* «homme».

WALKYRIE [valkiʀi] **n. f.** ✦ Déesse guerrière des mythologies germaniques, décidant du sort des combats et de la mort des guerriers. *Les trois walkyries.* «*La Walkyrie*» (opéra de Wagner).
ÉTYM. norrois *valkyria*, de *val* «tué» et *kyria* «celle qui choisit».

WALLON, ONNE [walɔ̃, ɔn] **adj.** et **n.** ✦ De Wallonie (☛ noms propres), région francophone de la Belgique. ➖ **n.** *Les Wallons.* ◆ **n. m.** *Le wallon* : dialecte français d'oïl, parlé en Belgique.
ÉTYM. latin médiéval *wallo*, du francique *walha* «les Romains».

WAP [wap] **n. m.** ✦ **anglicisme** Technologie permettant d'accéder aux services offerts par Internet à partir d'un téléphone mobile.
ÉTYM. sigle anglais de *Wireless Application Protocol* «protocole pour application sans fil».

WAPITI [wapiti] **n. m.** ✦ Cerf d'Amérique du Nord, de plus grande taille que le cerf commun. *Des wapitis.*
ÉTYM. mot américain, de l'algonquin.

WASP [wasp] **n.** ✦ Protestant blanc d'origine anglo-saxonne aux États-Unis.
ÉTYM. sigle américain de *White Anglo-Saxon Protestant.*

WASSINGUE [wasɛ̃g ; vasɛ̃g] **n. f.** ✦ RÉGIONAL **(Belgique, nord de la France)** Serpillière.
ÉTYM. flamand *wassching* «lavage».

WATER-BALLAST [watɛʀbalast] **n. m.** ✦ **anglicisme** Réservoir d'eau, sur un navire. ➖ Réservoir de plongée d'un sous-marin. *Des water-ballasts.*
ÉTYM. mot anglais, de *water* «eau» et *ballast* «ballast».

WATER-CLOSET → WATERS, **W.-C.**

WATERPOLO ou **WATER-POLO** [watɛʀpɔlo] **n. m.** ✦ **anglicisme** Jeu de ballon qui se pratique dans l'eau, et où s'opposent deux équipes de sept nageurs. *Des waterpolos, des water-polos.* ➖ **Écrire** *waterpolo* **en un seul mot est permis.**
ÉTYM. mot anglais, de *water* «eau» et ① *polo.*

WATERPROOF [watɛʀpʀuf] **adj. invar.** ✦ **anglicisme** À l'épreuve de l'eau. *Des montres waterproof.*
ÉTYM. mot anglais, de *water* «eau» et *proof* «épreuve».

WATERS [watɛʀ] **n. m. pl.** ✦ Lieux d'aisances. SYN. **cabinet, lavabo, toilette, W.-C.** *Aller aux waters.* ➖ Cuvette des lieux d'aisances.
ÉTYM. de *water-closet* (vx), de l'anglais, de *water* «eau» et *closet* «cabinet» ; faux anglicisme.

WATERZOOI ou **WATERZOÏ** [vatɛʀzɔj] **n. m.** ✦ **(Belgique)** Ragoût de viande blanche ou de poisson aux légumes. *Un waterzooi de poulet.*
ÉTYM. flamand *waterzootje*, de *water* «eau» et *zootje* «bouillant».

WATT [wat] **n. m.** ✦ Unité de mesure de puissance (**symb.** W) équivalant à un travail de un joule par seconde. *Radiateur électrique d'une puissance de mille watts.* → **kilowatt.** HOM. OUATE «coton hydrophile»
ÉTYM. de *James Watt*, savant écossais. ☛ noms propres.

W.-C. [dublәvese ; vese] **n. m. pl.** ✦ Abréviation de *water-closet(s).* SYN. **waters.**

WEB [wɛb] **n. m.** ✦ **anglicisme** Système permettant d'accéder aux ressources du réseau Internet. *Consulter le Web, le web.* **appos.** *Sites Web.*
ÉTYM. anglais *World Wide Web* «toile d'araignée mondiale».

WEBCAM [wɛbkam] **n. f.** ✦ **anglicisme** Caméra numérique reliée à un ordinateur, permettant de diffuser des images vidéos sur Internet. *Des webcams.* – **recomm. offic.** *cybercaméra.*
ÉTYM. nom déposé ; mot américain, de *web* et *camera.*

WEBER [vebɛʀ] **n. m.** ✦ Unité de mesure de flux d'induction magnétique (symb. Wb).
ÉTYM. de *W. E. Weber,* physicien allemand.

WEEK-END [wikɛnd] **n. m.** ✦ **anglicisme** Congé de fin de semaine, comprenant le samedi et le dimanche. *Les week-ends.*
ÉTYM. mot anglais «fin *(end)* de semaine *(week)*».

WELTER [wɛltɛʀ ; vɛltɛʀ] **n. m.** ✦ **anglicisme** BOXE Poids mi-moyen.
ÉTYM. de l'anglais *welter-weight* «poids welter».

WESTERN [wɛstɛʀn] **n. m.** ✦ **anglicisme** Film sur la conquête de l'ouest des États-Unis. – Genre cinématographique que constituent ces films.
ÉTYM. mot américain «de l'Ouest».

WHARF [waʀf] **n. m.** ✦ **anglicisme** Appontement formant jetée. *Des wharfs.*
ÉTYM. mot anglais «quai».

WHIG [wig] **n. m.** ✦ HIST. Libéral anglais, qui était opposé aux torys.
ÉTYM. mot anglais.

WHISKY [wiski] **n. m.** ✦ Eau-de-vie de grain (seigle, orge, maïs). *Whisky écossais* (scotch), *irlandais* (whiskey), *canadien* (rye), *des États-Unis* (bourbon). *Des whiskys ou des whiskies* (**plur. anglais**). – **spécialt** Le whisky écossais. *Whisky pur malt.* ♦ Verre de cette eau-de-vie.
ÉTYM. mot anglais, de *whiskybae,* du gaélique, littéralement «eau *(uisge)* de vie *(beatha)*».

WHIST [wist] **n. m.** ✦ **anglicisme** Jeu de cartes répandu en France au XIXe siècle, ancêtre du bridge.
ÉTYM. mot anglais.

WHITE-SPIRIT [wajtspiʀit] **n. m.** ✦ **anglicisme** Produit de la distillation du pétrole utilisé comme solvant. *Des white-spirits.*
ÉTYM. mot anglais, de *white* «blanc» et *spirit* «esprit».

WIDGET [widʒɛt] **n. m.** ✦ **anglicisme** INFORM. Application interactive qui permet l'affichage d'informations variées (horloge, calendrier, météo...). *Télécharger des widgets.* – **recomm. offic.** *vignette active.*
ÉTYM. mot américain «gadget», d'origine incertaine.

WIFI ou **WI-FI** [wifi] **n. m. invar.** ✦ Norme de communication par ondes radioélectriques, pour le transfert de données numériques entre appareils.
ÉTYM. mot anglais.

WIGWAM [wigwam] **n. m.** ✦ Habitation traditionnelle (tente, hutte) des Amérindiens (États-Unis, Canada).
ÉTYM. mot anglais, de l'algonquin *wikwam* «leur maison».

WIKI [wiki] **n. m.** ✦ Site web collaboratif dont le contenu peut être librement rédigé et modifié par les visiteurs. *Des wikis.* – **appos.** *Encyclopédies wikis.*
ÉTYM. mot américain, de l'hawaiien *wiki wiki* «vite».

WILAYA [vilaja] **n. f.** ✦ ADMIN. Division territoriale de l'Algérie.
ÉTYM. mot arabe d'Algérie.

WINCH [win(t)ʃ] **n. m.** ✦ **anglicisme** Petit treuil à main, utilisé sur les navires de plaisance. → **cabestan.** *Des winchs* ou *des winches* (**plur. anglais**).
ÉTYM. mot anglais.

WISIGOTH, OTHE [vizigo, ɔt] **adj.** et **n.** ✦ HIST. De la partie occidentale des territoires occupés par les Goths. *L'art wisigoth d'Espagne.* – **n.** *Les Wisigoths* (☞ noms propres) *et les Ostrogoths.*
ÉTYM. bas latin *Visigothus,* p.-ê. «Goth de l'Ouest».

WOLFRAM [vɔlfʀam] **n. m.** ✦ Tungstène ; son minerai.
ÉTYM. mot allemand, de *Wolf* «loup» et *Rahm* «crème».

WOLOF ou **OUOLOF** [wɔlɔf] **adj.** et **n.** ✦ Relatif à une ethnie d'Afrique de l'Ouest (Sénégal, Gambie). – **n.** *Les Wolofs.* ♦ **n. m.** *Le wolof :* langue nigéro-congolaise, parlée au Sénégal. – **adj.** *La grammaire wolof, ouolof.*
ÉTYM. mot de cette langue, par l'anglais.

WRAP [ʀap] **n. m.** ✦ **anglicisme** Sandwich composé d'une tortilla de blé roulée en forme de cornet et garnie. *Des wraps au poulet.*
ÉTYM. mot américain, de *to wrap* «envelopper».

X

X [iks] **n. m. invar.** **I** 1. Vingt-quatrième lettre, dix-neuvième consonne de l'alphabet. 2. Forme de cette lettre. *Tréteaux en X.* 3. En algèbre, Symbole désignant une inconnue. *Les x et les y.* ➛ Chose, personne inconnue. *X années,* un temps non spécifié. ◆ *Rayons* X.* 4. Classé comme pornographique. *Un film X.* 5. FAM. *L'X* : l'École polytechnique. ➛ *Un, une X* : un, une polytechnicien(ne). **II** *X* : dix (en chiffres romains).

| **XANTH(O)-** Élément, du grec *xanthos* «jaune».

Xe [ikse] ✦ CHIM. Symbole du xénon.

| **XÉN(O)-** Élément savant, du grec *xenos* «étranger».

XÉNON [gzenɔ̃] **n. m.** ✦ Gaz rare le plus lourd de ceux qui composent l'air (symb. Xe). *Lampe au xénon.*
ÉTYM. du grec *xenon* «chose étrangère, étrange».

XÉNOPHOBE [gzenɔfɔb] **adj. et n.** ✦ Hostile par principe aux étrangers, à ce qui vient de l'étranger. ➙ **chauvin.** *Il est xénophobe et raciste.*
ÉTYM. de *xéno-* et *-phobe.*

XÉNOPHOBIE [gzenɔfɔbi] **n. f.** ✦ Hostilité à ce qui est étranger.
ÉTYM. de *xénophobe* → xéno- et -phobie.

XÉRÈS [gzeʀɛs ; keʀɛs ; kseʀɛs] **n. m.** ✦ Vin blanc, apéritif de la région de Jerez. SYN. **sherry** anglic.
ÉTYM. de *Xeres, Jerez,* ville d'Andalousie.

| **XÉR(O)-** Élément savant, du grec *xêros* «sec» (ex. *xérographie* [gzeʀɔgʀafi ; kseʀɔgʀafi] **n. f.** «procédé de reproduction de documents»).

XI ou **KSI** [ksi] **n. m. invar.** ✦ Quatorzième lettre de l'alphabet grec (Ξ, ξ), correspondant à *x.*

XML [iksɛmɛl] **n. m. invar.** ✦ INFORM. Langage utilisé pour la gestion et l'échange d'informations sur Internet. *Le XML et le HTML.*
ÉTYM. sigle anglais, de *Xtensible Markup Language* «langage de balisage extensible».

XYLÈNE [gzilɛn ; ksilɛn] **n. m.** ✦ CHIM. Hydrocarbure liquide extrait du benzol.
ÉTYM. de *xyl(o)-* et *-ène.*

| **XYL(O)-** Élément savant, du grec *xulon* «bois».

XYLOGRAPHIE [gzilɔgʀafi ; ksilɔgʀafi] **n. f.** ✦ DIDACT. Gravure sur bois ; estampe réalisée par cette technique. *Les xylographies de Dürer.*
► **XYLOGRAPHIQUE** [gzilɔgʀafik ; ksilɔgʀafik] **adj.**
ÉTYM. de *xylo-* et *-graphie.*

XYLOPHAGE [gzilɔfaʒ ; ksilɔfaʒ] **adj.** ✦ ZOOL. Qui ronge le bois. *Insectes, larves xylophages.*
ÉTYM. grec *xulophagos* → xylo- et -phage.

XYLOPHONE [gzilɔfɔn ; ksilɔfɔn] **n. m.** ✦ Instrument de musique à percussion, formé de lames de bois de longueur inégale, sur lesquelles on frappe avec deux petits maillets. *Le balafon est un xylophone.* ◆ (abusif) Vibraphone (lames de métal).
ÉTYM. de *xylo-* et *-phone.*

XYLOPHONISTE [gzilɔfɔnist ; ksilɔfɔnist] **n.** ✦ Instrumentiste qui joue du xylophone.

Y

① **Y** [igʀɛk] **n. m. invar.** 1. Vingt-cinquième lettre, sixième voyelle de l'alphabet, servant à noter les sons [i] et [j]. 2. MATH. Lettre désignant une seconde inconnue (après *x*), ou une fonction de la variable *x*. ➝ *L'axe des ordonnées est l'axe des y.* 3. Forme de cette lettre.
HOM. HI «marque du rire», HIE «lourd marteau», I (lettre)

② **Y** [i] **pron.** et **adv.** ✦ Représente une chose ou un énoncé. 1. Dans ce lieu, dans cela. *J'y vais* (dans un endroit, chez quelqu'un, etc.). *Allons-y.* ➝ *Ah ! j'y suis,* je comprends. 2. (représentant un compl. précédé de *à*) À ce..., à cette..., à ces... ; à cela. *J'y renonce.* ➝ (représentant un compl. précédé d'une autre prép.) *N'y comptez pas. Il s'y connaît.* 3. loc. *Il y a* (→ ① **avoir**). ➝ *Vas-y !,* décide-toi (→ ① **aller**). *Ça y est !,* c'est arrivé (enfin).
HOM. (de *n'y*) NI (conjonction) ; (de *s'y*) ① CI (adverbe), ② CI (pronom), ① SI (conjonction), ② SI «tellement», ③ SI «note»
ÉTYM. latin populaire *ibi* «là» et «alors», de *hic*.

③ **Y** [i] **pron.** ✦ S'emploie pour transcrire *il* ou *lui* dans la prononciation négligée. *Y part. J'y ai dit* (je lui ai dit).

***YACHT** [jɔt] **n. m.** ✦ Grand navire de plaisance à voiles ou à moteur. *Des yachts de croisière.*
ÉTYM. probablement néerlandais *jaght, jacht.*

***YACHTING** [jɔtiŋ] **n. m.** ✦ Pratique de la navigation de plaisance de luxe.
ÉTYM. de *yacht.*

***YACK** ou ***YAK** [jak] **n. m.** ✦ Ruminant semblable au bœuf, à longue toison soyeuse, domestiqué au Tibet. *Des yacks.*
ÉTYM. anglais *yack,* tibétain *gyak.*

***YANG** [jɑ̃g ; jɑ̃ŋ] → **YIN**

***YANKEE** [jɑ̃ki] **n.** 1. HIST. Habitant du nord-est des États-Unis. *Les Yankees ont gagné la guerre de Sécession* (opposé à *sudiste*). 2. Américain des États-Unis. ➝ **adj.** *Les capitaux yankees.*
ÉTYM. mot américain, d'origine inconnue.

***YAOURT** [jauʀt] **n. m.** ✦ Lait caillé à l'aide de ferments lactiques. ➝ Préparation industrielle analogue. *Des yaourts aux fruits.* ➝ On dit aussi **yogourt*.
ÉTYM. bulgare *yugurt, yaurt,* du turc *yogurt.*

***YARD** [jaʀd] **n. m.** ✦ Mesure de longueur anglo-saxonne valant 0,914 mètre.
ÉTYM. mot anglais proprement «baguette».

***YATAGAN** [jatagɑ̃] **n. m.** ✦ Sabre turc, à lame recourbée vers la pointe. → **cimeterre.**
ÉTYM. turc *yatagan.*

***YEARLING** [jœʀliŋ] **n. m.** ✦ anglicisme Cheval pur-sang âgé d'un an.
ÉTYM. mot anglais, proprement «d'un an *(year)*».

***YEN** [jɛn] **n. m.** ✦ Unité monétaire du Japon.
HOM. HYÈNE «animal»
ÉTYM. japonais *en,* du chinois *yuan* «rond, cercle ; dollar».

***YÉTI** [jeti] **n. m.** ✦ Monstre de légende, humanoïde de l'Himalaya, appelé aussi *l'abominable homme des neiges.*
ÉTYM. mot tibétain.

YEUSE [jøz] **n. f.** ✦ Chêne vert. *L'yeuse.*
ÉTYM. anc. occitan *euse,* latin populaire *elex,* de *ilex, ilicis.*

YEUX [jø] → **ŒIL**

***YÉYÉ** ou ***YÉ-YÉ** [jeje] **adj. invar.** et **n.** ✦ Qui concerne les jeunes ayant des goûts (musicaux, etc.) à la mode dans les années 1960. *Le twist, danse yéyé. Les chanteurs yéyé.* ➝ **n.** Jeune ayant ces goûts. *Les yéyés, les yé-yé* (invar.).
ÉTYM. onomatopée.

***YIDDISH** [jidiʃ] **adj. invar.** ✦ Qui concerne les parlers allemands des communautés juives d'Europe orientale, autrefois d'Allemagne. *La littérature yiddish.* ➝ **n. m.** *Le yiddish :* ces parlers.
ÉTYM. mot anglais, allemand *jüdisch* «juif».

***YIN** [jin] **n. m.** ✦ Principe de la philosophie chinoise (confucianisme, taoïsme), formant couple avec le *yang,* et correspondant (le *yang*) à l'activité (le chaud, le feu) et (le *yin*) à la neutralité (le froid, la terre).
ÉTYM. mot chinois, comme *yang.*

YLANG-YLANG [ilɑ̃ilɑ̃] → **ILANG-ILANG**

> **-YLE** Élément, du grec *hulê* «matière ; principe», utilisé en chimie dans la formation de noms de composés organiques.

***YOD** [jɔd] **n. m.** ✦ PHONÉT. Semi-consonne, transcrite en français par *-i- (pied), -y- (ayant), -il (soleil), -ille (maille).* HOM. IODE «corps simple»
ÉTYM. mot hébreu désignant le *i* consonne.

***YOGA** [jɔga] **n. m.** ✦ Doctrine et exercices traditionnels hindous, cherchant à réunir l'individu avec le principe de toute existence. ◆ Ces exercices, pratiqués comme une gymnastique. *Faire du yoga.*
ÉTYM. mot sanskrit, proprement «jonction».

***YOGI** [jɔgi] **n. m.** ✦ Ascète hindou qui pratique le yoga.
ÉTYM. sanskrit *yogin-*, proprement «qui est unifié».

***YOGOURT** [jɔguʀt] → YAOURT

***YOLE** [jɔl] **n. f.** ✦ Bateau non ponté, étroit et allongé, propulsé à l'aviron.
ÉTYM. néerlandais *jol.*

***YOUPI** [jupi] **interj.** ✦ Cri d'enthousiasme, souvent accompagné d'un geste exubérant. *On a gagné, youpi !*
ÉTYM. de *youp*, onomatopée, influence de l'américain *whoopee.*

***YOURTE** ou ***IOURTE** [juʀt] **n. f.** ✦ Tente de peau des nomades de l'Asie centrale.
ÉTYM. russe *iorta.*

***YOUYOU** [juju] **n. m.** ✦ Petit canot, utilisé pour les transports d'un navire à la terre. *Des youyous.*
ÉTYM. peut-être altération d'un mot chinois.

***YOYO** [jojo] **n. m.** ✦ Jeu formé de deux disques reliés par un axe, qu'on fait descendre et monter le long d'un fil. ◆ **fig.** Mouvement alternatif de hausse et de baisse. *Des yoyos.* → **On écrit aussi** *yo-yo* **(invar.).**
ÉTYM. *yo-yo* nom déposé ; origine inconnue, p.-ê. chinois.

YPÉRITE [ipeʀit] **n. f.** ✦ Gaz asphyxiant utilisé comme gaz de combat (d'abord employé par l'armée allemande à Ypres, en 1917).
ÉTYM. de *Yper*, nom flamand d'*Ypres.* ☛ noms propres.

YSOPET ou **ISOPET** [izɔpɛ] **n. m.** ✦ HIST. LITTÉR. Recueil de fables du Moyen Âge. *Les ysopets de Marie de France.*
ÉTYM. du nom du fabuliste grec *Ésope.* ☛ noms propres.

***YUAN** [jyan] **n. m.** ✦ Unité monétaire chinoise.
ÉTYM. mot chinois → yen.

***YUCCA** [juka] **n. m.** ✦ Plante arborescente originaire d'Amérique, à feuillage abondant.
ÉTYM. mot amérindien caraïbe (taïno) «manioc», par l'anglais.

Z

Z [zɛd] **n. m. invar.** 1. Vingt-sixième et dernière lettre, vingtième consonne de l'alphabet. – loc. *De A à Z, depuis A jusqu'à Z*, d'un bout à l'autre, entièrement. 2. ℤ L'ensemble des nombres entiers relatifs (entiers positifs, négatifs et zéro).

Z. A. C. [zak] **n. f.** ✦ Sigle de *zone d'aménagement concerté*.

ZAD [zad] **n. f.** ✦ Zone (souvent rurale) que des militants (→ **zadiste**) occupent pour s'opposer à un projet d'aménagement qui porterait préjudice à l'environnement.
ÉTYM. marque déposée ; acronyme de *zone à défendre*.

ZADISTE [zadist] **n.** et **adj.** ✦ Militant(e) qui occupe une ZAD. – **adj.** *Militants zadistes.*
ÉTYM. marque déposée ; de *ZAD*.

ZAKOUSKI [zakuski] **n. m.** ✦ Hors-d'œuvre à la russe (légumes, poissons, etc.). *Des zakouskis* ou *des zakouski* (invar.).
ÉTYM. russe *zakouski*, pluriel de *zakouska* « collation ».

ZAPPER [zape] **v.** (conjug. 3a) 1. **v. intr.** Passer fréquemment d'un programme de télévision à un autre. ♦ **fig.** Papillonner, changer fréquemment. 2. **v. tr.** Se passer de, éviter. *Zapper un cours* (SYN. FAM. **sécher**), *un repas* (SYN. **sauter**).
► **ZAPPEUR, EUSE** [zapœʀ, øz] **n.**
ÉTYM. américain *to zap*.

ZAZOU, E [zazu] **n.** et **adj.** ✦ HIST. (1941-1950 environ) Jeune qui se signalait par sa passion pour le jazz et son élégance tapageuse. – **adj.** *Des tenues zazoues.*
ÉTYM. onomatopée.

ZÈBRE [zɛbʀ] **n. m.** 1. Équidé d'Afrique, voisin de l'âne, à la robe rayée de bandes noires ou brunes, au galop très rapide. – loc. *Courir, filer comme un zèbre*, très vite. 2. FAM. Individu bizarre. *Un drôle de zèbre.*
ÉTYM. espagnol *zebra*, du portugais *cebra*, désignant un équidé de la péninsule Ibérique.

ZÉBRER [zebʀe] **v. tr.** (conjug. 8) ✦ Marquer de raies qui rappellent celles de la robe du zèbre. SYN. **rayer.** – **au p. passé** *Une robe zébrée. Une main zébrée d'égratignures.*

ZÉBRURE [zebʀyʀ] **n. f.** 1. Rayure sur le pelage d'un animal. 2. Marque de coup de forme allongée.
ÉTYM. de *zébrer*.

ZÉBU [zeby] **n. m.** ✦ Grand bœuf domestique, caractérisé par une bosse graisseuse sur le garrot.
ÉTYM. peut-être du tibétain *zeu, zeba* « bosse (du chameau, du zébu) ».

ZÉLATEUR, TRICE [zelatœʀ, tʀis] **n.** ✦ LITTÉR. Partisan ou défenseur zélé (d'une cause, d'une personne). SYN. **adepte.**
ÉTYM. bas latin *zelator*, famille de *zelus* « zèle ».

ZÈLE [zɛl] **n. m.** 1. VX Ferveur religieuse active. 2. Ardeur à servir une personne ou une cause à laquelle on est dévoué. SYN. **dévouement, empressement.** *Travailler avec zèle.* – loc. *FAIRE DU ZÈLE* : montrer un zèle inhabituel ou hypocrite, exagéré. 3. *GRÈVE DU ZÈLE* : application méticuleuse de toutes les consignes de travail, en vue de bloquer l'activité. CONTR. **laisser-aller, négligence.**
ÉTYM. latin *zelus*, du grec « rivalité ; ferveur ».

ZÉLÉ, ÉE [zele] **adj.** ✦ VIEILLI Plein de zèle. *Un secrétaire zélé.* SYN. **dévoué.** CONTR. **négligent.**

ZÉLOTE [zelɔt] **n. m.** ✦ LITTÉR. Personne animée d'un zèle fanatique.
ÉTYM. bas latin *zelotes* « jaloux », du grec, famille de *zêlos* « zèle ».

ZEN [zɛn] **n. m.** 1. Secte bouddhique du Japon où la méditation prend la première place. – Courant esthétique qui en est issu, caractérisé par le dépouillement. – **adj. invar.** *Le bouddhisme zen.* 2. **adj. invar.** FAM. Calme, serein. *Restons zen.*
ÉTYM. mot japonais, adaptation du chinois *ch'an* « qui étudie ».

ZÉNITH [zenit] **n. m.** 1. Point du ciel situé à la verticale de l'observateur (opposé à *nadir*). *Regarder au zénith.* 2. LITTÉR. Point culminant. SYN. **apogée, sommet.** *Être à son zénith. Le zénith de la réussite.*
► **ZÉNITHAL, ALE, AUX** [zenital, o] **adj.**
ÉTYM. altération de *zemt*, arabe *samt* « chemin » dans *samt ra's* « chemin au-dessus de la tête ».

ZÉNITUDE [zenityd] **n. f.** ✦ **plais.** État de sérénité.
ÉTYM. de *zen*.

Z. E. P. [zɛp] **n. f. invar.** ✦ Quartier bénéficiant d'une action éducative soutenue pour lutter contre l'échec scolaire. *Collège classé en Z. E. P.*
ÉTYM. sigle de *zone d'éducation prioritaire*.

ZÉPHYR [zefiʀ] n. m. **I** POÉT. Vent doux et agréable, brise légère. **II** Toile de coton fine et souple.
ÉTYM. latin *zephyrus*, du grec «vent d'ouest».

ZEPPELIN [zɛplɛ̃] n. m. ✦ HIST. Grand dirigeable rigide à carcasse métallique.
ÉTYM. de *Zeppelin*, nom du constructeur (☛ noms propres).

ZÉRO [zeʀo] n. m. **1.** Chiffre arabe (0) notant les ordres d'unités absentes. **2.** Nombre associé à un ensemble vide ; grandeur, valeur nulle. *Tendre vers zéro.* **3.** FAM. Néant, rien. *Réduire qqch. à zéro.* ➝ loc. *Avoir le moral à zéro*, être déprimé. *Repartir de zéro, à zéro*, recommencer après avoir échoué. ◆ Chose ou personne insignifiante, nulle. *Un zéro*, un homme sans valeur. SYN. **nullité**. ➝ adjectivt invar. *Elles sont zéro en mécanique.* **4.** Aucun. *Il a fait zéro faute à sa dictée.* **5.** Point de départ d'une mesure ou d'une évaluation. *Zéro degré. Dix degrés au-dessus, au-dessous de zéro. Le zéro absolu. Zéro heure* : minuit. **6.** Note la plus basse. *Zéro de conduite.* **7.** appos. *Le point zéro. «Le Degré zéro de l'écriture»* (de Barthes). ➝ *Croissance zéro.*
ÉTYM. italien *zero*, contraction de *zefiro*, de l'arabe *sifr* «vide».

ZESTE [zɛst] n. m. **1.** Petit morceau d'écorce fraîche (de citron, d'orange). *Un zeste de citron.* **2.** fig. Petite quantité. *Un zeste d'humour.*
ÉTYM. de l'onomatopée *zek-*.

ZÊTA [(d)zɛta] n. m. invar. ✦ Sixième lettre de l'alphabet grec (Z, ζ).

ZEUGMA [zøgma] n. m. ✦ DIDACT. Figure qui consiste à ne pas répéter un mot ou un groupe de mots déjà exprimé dans une proposition immédiatement voisine (ex. «L'air était plein d'encens et les prés de verdure» [Hugo]). ➝ On dit aussi *zeugme*.
ÉTYM. mot latin, mot grec «lien».

ZÉZAIEMENT [zezɛmɑ̃] n. m. ✦ Défaut de prononciation de qqn qui zézaie.
ÉTYM. de *zézayer*.

ZÉZAYER [zezeje] v. intr. (conjug. 12) ✦ Prononcer *z* à la place de *j* (*ze veux* pour *je veux*) ou *s* à la place de *ch*. SYN. FAM. **zozoter**.
ÉTYM. de *z* redoublé.

ZIBELINE [ziblin] n. f. ✦ Petit mammifère de la Sibérie et du Japon, du genre martre, dont la fourrure est très précieuse. ◆ Fourrure de cet animal.
ÉTYM. italien *zibellino*, du russe *sobol'*.

ZIEUTER [zjøte] v. tr. (conjug. 3a) ✦ FAM. Jeter un coup d'œil pour observer, regarder (qqch., qqn). SYN. **reluquer**. ➝ On écrit aussi *zyeuter*.
ÉTYM. de *les yeux*.

ZIG ou **ZIGUE** [zig] n. m. ✦ FAM. VIEILLI Individu, type. SYN. **zigoto**. *Un drôle de zig.*
ÉTYM. peut-être déformation de *gigue* «personne enjouée».

ZIGGOURAT [ziguʀat] n. f. ✦ DIDACT. Temple babylonien, en forme de pyramide à étages. ☛ Mésopotamie p. 150.
ÉTYM. mot assyrien «montagne».

ZIGOTO [zigoto] n. m. ✦ FAM. VIEILLI Individu. SYN. **zig**. *Un drôle de zigoto.*
ÉTYM. de *zig*.

ZIGOUILLER [ziguje] v. tr. (conjug. 3a) ✦ FAM. Tuer.
ÉTYM. mot du Poitou «couper avec une mauvaise lame», d'un radical onomatopéique.

ZIGUE ➝ **ZIG**

ZIGZAG [zigzag] n. m. ✦ Ligne brisée. *Route en zigzag.* SYN. **lacet**. *Marcher en zigzag. Faire des zigzags.*
ÉTYM. d'une onomatopée exprimant un mouvement rapide.

ZIGZAGUER [zigzage] v. intr. (conjug. 3b) ✦ Faire des zigzags, aller de travers.

ZINC [zɛ̃g] n. m. **1.** Corps simple (symb. Zn), métal dur d'un blanc bleuâtre, utilisé pour sa bonne résistance à la corrosion par l'eau. *Toits en zinc.* **2.** FAM. Comptoir (d'un débit de boissons). *Boire un café sur le zinc.* **3.** FAM. Avion. *Un vieux zinc.*
ÉTYM. allemand *Zink*.

ZINGAGE [zɛ̃gaʒ] n. m. ✦ Dépôt électrolytique de zinc sur un matériau ferreux.
ÉTYM. de *zinguer*.

ZINGUER [ʒɛ̃ge] v. tr. (conjug. 3b) ✦ Recouvrir de zinc. *Zinguer une toiture.* ◆ Traiter par zingage (le fer, l'acier).

ZINGUEUR [zɛ̃gœʀ] n. m. ✦ Ouvrier spécialisé dans les revêtements en zinc. ➝ appos. *Des plombiers zingueurs.*
ÉTYM. de *zinguer*.

ZINNIA [zinja] n. m. ✦ Plante d'origine exotique, ornementale, aux nombreuses variétés.
ÉTYM. du nom du botaniste allemand *Zinn*.

ZINZIN [zɛ̃zɛ̃] adj. ✦ FAM. Un peu fou. SYN. **cinglé, toqué**. *Elles sont complètement zinzins.*
ÉTYM. onomatopée.

ZINZOLIN [zɛ̃zɔlɛ̃] n. m. ✦ Violet rougeâtre.
ÉTYM. arabe *djoudjolân* «graine de sésame», par l'italien *zuzzulino*.

ZIRCON [ziʀkɔ̃] n. m. ✦ Silicate de zirconium, pierre transparente utilisée en bijouterie.
ÉTYM. arabe *zarkūn*, du latin *hyacinthus* «hyacinthe».

ZIRCONIUM [ziʀkɔnjɔm] n. m. ✦ Métal blanc du groupe du titane, très abondant dans la croûte terrestre (symb. Zr).
ÉTYM. de *zircon*.

ZIZANIE [zizani] n. f. ✦ LITTÉR. Discorde. *Semer la zizanie*, faire naître la discorde, les disputes. *Semer la zizanie entre des frères, dans un couple.*
ÉTYM. bas latin *zizania*, mot grec «ivraie».

ZIZI [zizi] n. m. ✦ FAM. Parties sexuelles, en particulier du garçon.
ÉTYM. onomatopée, infl. de *zoizeau*, altér. de *oiseau*.

ZLOTY [zlɔti] n. m. ✦ Unité monétaire de la Pologne. *Des zlotys.*
ÉTYM. mot polonais, de *złoto* «or».

Zn [zɛdɛn] ✦ CHIM. Symbole du zinc.

-ZOAIRE Élément savant, de *zoo-* et suffixe *-aire*, signifiant «animal» (ex. *protozoaire*).

ZODIACAL, ALE, AUX [zɔdjakal, o] adj. ✦ Du zodiaque. *Signes zodiacaux.*

ZODIAQUE [zɔdjak] n. m. **1.** Zone circulaire du ciel à l'horizon, dans laquelle le Soleil et les constellations se lèvent au cours de l'année. **2.** *Signes du zodiaque*, les douze figures (Bélier, Taureau, Gémeaux, Cancer, Lion, Vierge, Balance, Scorpion, Sagittaire, Capricorne, Verseau, Poissons) qu'évoque la configuration

des étoiles dans cette zone, et qui président, en astrologie, à la destinée de chacun.
ÉTYM. latin *zodiacus*, du grec, de *zôdion* «figure d'animal».

ZOMBIE [zɔ̃bi] **n. m.** 1. Esprit d'un mort qu'un sorcier met à son service (croyances vaudoues). 2. Personne qui paraît vidée de sa substance, sans volonté. – On écrit aussi *zombi*.
ÉTYM. créole haïtien *zonbi*.

ZONA [zona] **n. m.** ✦ MÉD. Maladie virale caractérisée par une éruption de vésicules disposées sur le trajet des nerfs sensitifs (souvent autour de la ceinture).
ÉTYM. mot latin «ceinture», du grec.

ZONARD, ARDE [zonaʀ, aʀd] **n.** ✦ FAM. Personne qui vit dans une zone, une banlieue défavorisée.
ÉTYM. de *zone* (3, absolt).

ZONE [zon] **n. f.** 1. GÉOM., SC. Partie d'une surface sphérique comprise entre deux plans parallèles. *La zone équatoriale.* 2. Partie importante (d'une surface). SYN. **région, secteur.** *La zone médiane du cerveau. Zone sismique. Zones climatiques : zones chaudes, froides, tempérées.* 3. Portion (de territoire). *Zone urbaine,* espace urbanisé autour d'une ville. *Zone franche,* soumise à la franchise douanière. *Zone libre, zone occupée* (en France, 1940-1942). – *Zone industrielle. Zone à urbaniser.* → **Z. A. C., Z. U. P.** ♦ absolt Faubourg misérable. – Banlieue défavorisée. *Habiter la zone* (→ **zonard**). 4. loc. *De seconde zone,* de second ordre, en valeur. SYN. **choix.**
ÉTYM. latin *zona*, du grec «ceinture».

ZONER [zone] **v. intr.** (conjug. 3a) ✦ FAM. 1. Mener une existence précaire (→ **zonard**). 2. Flâner, traîner sans but précis.
ÉTYM. de *zone*.

ZOO [z(o)o] **n. m.** ✦ Parc zoologique.
ÉTYM. de *jardin zoologique*, d'après l'anglais *zoo*.

ZOO- Élément savant, du grec *zôon* «être vivant», qui signifie «animal».

ZOOLOGIE [zɔɔlɔʒi] **n. f.** ✦ Partie des sciences naturelles qui étudie les animaux.
ÉTYM. latin scientifique *zoologia* → zoo- et -logie.

ZOOLOGIQUE [zɔɔlɔʒik] **adj.** ✦ Qui concerne la zoologie, les animaux. *Classification zoologique.* – *Jardin zoologique,* parc où des animaux sont présentés dans des conditions rappelant leur vie en liberté. → **zoo.**

ZOOLOGISTE [zɔɔlɔʒist] **n.** ✦ Spécialiste de zoologie.

ZOOM [zum] **n. m.** ✦ anglicisme 1. Objectif d'appareil photo ou de caméra, à focale variable. 2. Effet obtenu grâce à cet objectif. – appos. invar. *Des effets zoom.*
ÉTYM. mot anglais, de *to zoom* «vrombir».

ZOOMER [zume] **v. intr.** (conjug. 3a) ✦ anglicisme Cadrer, spécialt rapprocher grâce au zoom.

ZOOMORPHE [zɔɔmɔʀf] **adj.** ✦ DIDACT., ARTS Qui représente des animaux. *Décoration zoomorphe.*
ÉTYM. de *zoomorphisme* → zoo- et -morphe.

ZOOMORPHISME [zɔɔmɔʀfism] **n. m.** ✦ DIDACT. Métamorphose en animal.
ÉTYM. allemand *Zoomorphismus* → zoo- et -morphisme.

ZOOPHAGE [zɔɔfaʒ] **adj.** ✦ DIDACT. Qui se nourrit de substances animales. *Animaux zoophages et animaux phytophages.*
ÉTYM. grec *zôophagos* «carnivore» → zoo- et -phage.

ZOOPLANCTON [zooplɑ̃ktɔ̃] **n. m.** ✦ Plancton animal.

ZOROASTRISME [zɔʀɔastʀism] **n. m.** ✦ Religion dualiste fondée par Zarathoustra.
ÉTYM. de *Zoroastre,* nom grec de *Zarathoustra* (☛ noms propres).

ZOU [zu] **interj.** ✦ RÉGIONAL (Provence) Allons !, vite ! *Zou ! tout le monde dehors !*
ÉTYM. onomatopée.

ZOUAVE [zwav] **n. m.** 1. HIST. Soldat algérien d'un corps d'infanterie coloniale créé en 1830. – Fantassin français d'un corps distinct des tirailleurs algériens. 2. fig. *Faire le zouave,* faire le malin, faire le pitre.
ÉTYM. berbère *Zwawa*, nom d'une tribu de Kabylie.

ZOULOU, E [zulu] **adj.** et **n.** ✦ Relatif à un peuple noir d'Afrique du Sud. *La musique zouloue.* – **n.** *Les Zoulous* (☛ noms propres). ♦ **n. m.** *Le zoulou* (langue bantoue).
ÉTYM. mot bantou.

ZOZO [zozo] **n. m.** ✦ Naïf, niais.
ÉTYM. onomat. ; infl. de *zoizeau*, altér. de *oiseau*.

ZOZOTER [zɔzɔte] **v. intr.** (conjug. 3a) ✦ FAM. Zézayer.
ÉTYM. onomatopée.

Zr [zɛdɛʀ] ✦ CHIM. Symbole du zirconium.

ZUMBA [zumba] **n. f.** ✦ Méthode de fitness basée sur des mouvements empruntés à différentes danses latino-américaines. *Un cours de zumba.*
ÉTYM. marque déposée ; origine inconnue.

Z. U. P. [zyp] **n. f.** ✦ Sigle de *zone à urbaniser en priorité.*

ZUT [zyt] **interj.** ✦ FAM. Exclamation de dépit. SYN. **flûte** (II).
ÉTYM. peut-être de l'ancienne interjection *zest*, d'origine onomatopéique, et de *flûte*.

ZYEUTER → **ZIEUTER**

ZYGOMA [zigɔma] **n. m.** ✦ ANAT. Apophyse de la pommette.
ÉTYM. mot latin scientifique, famille du grec *zugôn* «joug».

ZYGOMATIQUE [zigɔmatik] **adj.** ✦ ANAT. De la joue. *Les muscles zygomatiques* (rire, sourire).
ÉTYM. de *zygoma*.

ZYGOTE [zigɔt] **n. m.** ✦ BIOL. Œuf fécondé, avant la première division.
ÉTYM. du grec *zugôtos* «attelé».

ZYM(O)- Élément savant, du grec *zumê* «levain», signifiant «ferment, enzyme».

ZYTHUM [zitɔm] **n. m.** ✦ DIDACT. Boisson fermentée, analogue à la bière, dans l'Égypte antique. – On dit aussi *zython* [zitɔ̃].
ÉTYM. mot latin, du grec «bière».

ZZZ... [zzz] **interj.** ✦ Bruit, sifflement léger et continu (évoquant un bourdonnement d'insecte, le bruit d'un coup de fouet, etc.).
ÉTYM. onomatopée.

DOSSIERS LANGUE FRANÇAISE ET CULTURE GÉNÉRALE

CONJUGAISON

Verbes auxiliaires

Conjugaison 1 : *avoir*

Conjugaison 2 : *être*

Verbes réguliers

Conjugaison 3 : verbes réguliers en ***-er*** *(chanter, naviguer)*

Conjugaison 13 : verbes réguliers en ***-ir*** *(finir)*

Verbes irréguliers

Conjugaisons 4 à 12 : verbes irréguliers en ***-er***

Conjugaison 14 : verbe irrégulier en ***-ïr*** *(haïr)*

Conjugaison 15 : verbe irrégulier en ***-er*** *(aller)*

Conjugaisons 16 à 27 : verbes irréguliers en ***-ir***

Conjugaisons 28 à 40 : verbes irréguliers en ***-oir***

Conjugaisons 41 à 38 : verbes irréguliers en ***-re***

Voir la liste alphabétique des verbes modèles page suivante.

Liste alphabétique des verbes modèles

verbe modèle	n° conjugaison
absoudre	61
acheter	7b
acquérir	27
aller	15
appeler	6a
assaillir	19
asseoir	38
avoir	1
battre	47
boire	56
bouger	5
bouillir	20
céder	8a
chanter	3a
clore	58
conclure	57
conduire	64b
connaître	52
coudre	59
courir	17
couvrir	22
craindre	48a
croire	55
croître	54
cueillir	18
devoir	30
dire	65a
écrire	67
envoyer	11
épier	9
être	2
faire	41
falloir	40
finir	13
fuir	24
geler	7a
haïr	14
jeter	6b

verbe modèle	n° conjugaison
joindre	49
léguer	8c
lire	68
mettre	46
moudre	60
mourir	25
mouvoir	35
naître	53
naviguer	3b
noyer	10
nuire	64a
partir	23
payer	12
peindre	48b
placer	4
plaire	42
pleuvoir	36
pourvoir	34
pouvoir	29
prendre	45
prévoir	33
protéger	8b
recevoir	32
rendre	44
rire	66
rompre	51
savoir	31
servir	21
suffire	65b
suivre	62
traire	43
vaincre	50
valoir	39
venir	16
vêtir	26
vivre	63
voir	37
vouloir	28

1 avoir ◆ verbe auxiliaire

INDICATIF

	Présent	Passé composé
j'	ai	ai eu
tu	as	as eu
il/elle	a	a eu
nous	avons	avons eu
vous	avez	avez eu
ils/elles	ont	ont eu

	Imparfait	Plus-que-parfait
j'	avais	avais eu
tu	avais	avais eu
il/elle	avait	avait eu
nous	avions	avions eu
vous	aviez	aviez eu
ils/elles	avaient	avaient eu

	Passé simple	Passé antérieur
j'	eus	eus eu
tu	eus	eus eu
il/elle	eut	eut eu
nous	eûmes	eûmes eu
vous	eûtes	eûtes eu
ils/elles	eurent	eurent eu

	Futur simple	Futur antérieur
j'	aurai	aurai eu
tu	auras	auras eu
il/elle	aura	aura eu
nous	aurons	aurons eu
vous	aurez	aurez eu
ils/elles	auront	auront eu

CONDITIONNEL

	Présent	Passé
j'	aurais	aurais eu
tu	aurais	aurais eu
il/elle	aurait	aurait eu
nous	aurions	aurions eu
vous	auriez	auriez eu
ils/elles	auraient	auraient eu

SUBJONCTIF

	Présent	Passé
que j'	aie	aie eu
que tu	aies	aies eu
qu'il/elle	ait	ait eu
que nous	ayons	ayons eu
que vous	ayez	ayez eu
qu'ils/elles	aient	aient eu

	Imparfait	Plus-que-parfait
que j'	eusse	eusse eu
que tu	eusses	eusses eu
qu'il/elle	eût	eût eu
que nous	eussions	eussions eu
que vous	eussiez	eussiez eu
qu'ils/elles	eussent	eussent eu

IMPÉRATIF

Présent	Passé
aie	aie eu
ayons	ayons eu
ayez	ayez eu

PARTICIPE

Présent	Passé	Passé composé
ayant	eu / eue eus / eues	ayant eu

INFINITIF

Présent	Passé
avoir	avoir eu

Remarques

- Attention, au subjonctif présent *ayons, ayez* ne prennent pas de ***i*** (à la différence de *payions, payiez,* conjugaison 12).
- L'auxiliaire ***avoir*** sert à former les temps composés des verbes *avoir* et *être*.

2 être ◆ verbe auxiliaire

INDICATIF

	Présent	Passé composé
je/j'	suis	ai été
tu	es	as été
il/elle	est	a été
nous	sommes	avons été
vous	êtes	avez été
ils/elles	sont	ont été

	Imparfait	Plus-que-parfait
j'	étais	avais été
tu	étais	avais été
il/elle	était	avait été
nous	étions	avions été
vous	étiez	aviez été
ils/elles	étaient	avaient été

	Passé simple	Passé antérieur
je/j'	fus	eus été
tu	fus	eus été
il/elle	fut	eut été
nous	fûmes	eûmes été
vous	fûtes	eûtes été
ils/elles	furent	eurent été

	Futur simple	Futur antérieur
je/j'	serai	aurai été
tu	seras	auras été
il/elle	sera	aura été
nous	serons	aurons été
vous	serez	aurez été
ils/elles	seront	auront été

CONDITIONNEL

	Présent	Passé
je/j'	serais	aurais été
tu	serais	aurais été
il/elle	serait	aurait été
nous	serions	aurions été
vous	seriez	auriez été
ils/elles	seraient	auraient été

SUBJONCTIF

	Présent	Passé
que je/j'	sois	aie été
que tu	sois	aies été
qu'il/elle	soit	ait été
que nous	soyons	ayons été
que vous	soyez	ayez été
qu'ils/elles	soient	aient été

	Imparfait	Plus-que-parfait
que je/j'	fusse	eusse été
que tu	fusses	eusses été
qu'il/elle	fût	eût été
que nous	fussions	eussions été
que vous	fussiez	eussiez été
qu'ils/elles	fussent	eussent été

IMPÉRATIF

Présent	Passé
sois	aie été
soyons	ayons été
soyez	ayez été

PARTICIPE

Présent	Passé	Passé composé
étant	été	ayant été

INFINITIF

Présent	Passé
être	avoir été

Remarque

Aux temps composés, ***être*** se conjugue avec ***avoir***.

3a chanter ◆ verbes réguliers en *-er*

INDICATIF

	Présent	Passé composé
je/j'	chante	ai chanté
tu	chantes	as chanté
il/elle	chante	a chanté
nous	chantons	avons chanté
vous	chantez	avez chanté
ils/elles	chantent	ont chanté

	Imparfait	Plus-que-parfait
je/j'	chantais	avais chanté
tu	chantais	avais chanté
il/elle	chantait	avait chanté
nous	chantions	avions chanté
vous	chantiez	aviez chanté
ils/elles	chantaient	avaient chanté

	Passé simple	Passé antérieur
je/j'	chantai	eus chanté
tu	chantas	eus chanté
il/elle	chanta	eut chanté
nous	chantâmes	eûmes chanté
vous	chantâtes	eûtes chanté
ils/elles	chantèrent	eurent chanté

	Futur simple	Futur antérieur
je/j'	chanterai	aurai chanté
tu	chanteras	auras chanté
il/elle	chantera	aura chanté
nous	chanterons	aurons chanté
vous	chanterez	aurez chanté
ils/elles	chanteront	auront chanté

CONDITIONNEL

	Présent	Passé
je/j'	chanterais	aurais chanté
tu	chanterais	aurais chanté
il/elle	chanterait	aurait chanté
nous	chanterions	aurions chanté
vous	chanteriez	auriez chanté
ils/elles	chanteraient	auraient chanté

SUBJONCTIF

	Présent	Passé
que je/j'	chante	aie chanté
que tu	chantes	aies chanté
qu'il/elle	chante	ait chanté
que nous	chantions	ayons chanté
que vous	chantiez	ayez chanté
qu'ils/elles	chantent	aient chanté

	Imparfait	Plus-que-parfait
que je/j'	chantasse	eusse chanté
que tu	chantasses	eusses chanté
qu'il/elle	chantât	eût chanté
que nous	chantassions	eussions chanté
que vous	chantassiez	eussiez chanté
qu'ils/elles	chantassent	eussent chanté

IMPÉRATIF

Présent	Passé
chante	aie chanté
chantons	ayons chanté
chantez	ayez chanté

PARTICIPE

Présent	Passé	Passé composé
chantant	chanté / chantée chantés / chantées	ayant chanté

INFINITIF

Présent	Passé
chanter	avoir chanté

Remarque

Il ne faut pas oublier le ***i*** des 1re et 2e personnes de l'imparfait de l'indicatif et du présent du subjonctif des verbes en ***-iller*** (ex. *mouiller : nous mouillions, vous mouilliez*), des verbes en ***-gner*** (ex. *signer : nous signions, vous signiez*) et des verbes en ***-eyer*** (ex. *grasseyer : nous grasseyions, vous grasseyiez*).

3b naviguer ◆ verbes réguliers en *-er* ▸ *verbes en -guer*

sur ce modèle : *blaguer, divulguer, fuguer, narguer, prodiguer, voguer…*

INDICATIF

	Présent	Passé composé
je/j'	navigue	ai navigué
tu	navigues	as navigué
il/elle	navigue	a navigué
nous	naviguons	avons navigué
vous	naviguez	avez navigué
ils/elles	naviguent	ont navigué

	Imparfait	Plus-que-parfait
je/j'	naviguais	avais navigué
tu	naviguais	avais navigué
il/elle	naviguait	avait navigué
nous	naviguions	avions navigué
vous	naviguiez	aviez navigué
ils/elles	naviguaient	avaient navigué

	Passé simple	Passé antérieur
je/j'	naviguai	eus navigué
tu	naviguas	eus navigué
il/elle	navigua	eut navigué
nous	naviguâmes	eûmes navigué
vous	naviguâtes	eûtes navigué
ils/elles	naviguèrent	eurent navigué

	Futur simple	Futur antérieur
je/j'	naviguerai	aurai navigué
tu	navigueras	auras navigué
il/elle	naviguera	aura navigué
nous	naviguerons	aurons navigué
vous	naviguerez	aurez navigué
ils/elles	navigueront	auront navigué

CONDITIONNEL

	Présent	Passé
je/j'	naviguerais	aurais navigué
tu	naviguerais	aurais navigué
il/elle	naviguerait	aurait navigué
nous	naviguerions	aurions navigué
vous	navigueriez	auriez navigué
ils/elles	navigueraient	auraient navigué

SUBJONCTIF

	Présent	Passé
que je/j'	navigue	aie navigué
que tu	navigues	aies navigué
qu'il/elle	navigue	ait navigué
que nous	naviguions	ayons navigué
que vous	naviguiez	ayez navigué
qu'ils/elles	naviguent	aient navigué

	Imparfait	Plus-que-parfait
que je/j'	naviguasse	eusse navigué
que tu	naviguasses	eusses navigué
qu'il/elle	naviguât	eût navigué
que nous	naviguassions	eussions navigué
que vous	naviguassiez	eussiez navigué
qu'ils/elles	naviguassent	eussent navigué

IMPÉRATIF

Présent	Passé
navigue	aie navigué
naviguons	ayons navigué
naviguez	ayez navigué

PARTICIPE

Présent	Passé	Passé composé
naviguant	navigué	ayant navigué

INFINITIF

Présent	Passé
naviguer	avoir navigué

Remarques

- On garde le ***u*** après le ***g*** même devant ***a*** et ***c*** *(naviguant)*.
- Les verbes en ***-éguer*** comme ***léguer*** se conjuguent comme ***céder*** avec la particularité des verbes en ***-guer*** → conjugaison 8c.
- Le verbe *arguer* se conjugue comme *tuer* avec le ***u*** prononcé, et non comme ***naviguer***.

4 placer ◆ verbes irréguliers en *-er* ▸ alternance de c et ç

sur ce modèle : *annoncer, balancer, commencer, effacer, forcer, pincer....*

INDICATIF

	Présent	Passé composé
je/j'	place	ai placé
tu	places	as placé
il/elle	place	a placé
nous	plaçons	avons placé
vous	placez	avez placé
ils/elles	placent	ont placé

	Imparfait	Plus-que-parfait
je/j'	plaçais	avais placé
tu	plaçais	avais placé
il/elle	plaçait	avait placé
nous	placions	avions placé
vous	placiez	aviez placé
ils/elles	plaçaient	avaient placé

	Passé simple	Passé antérieur
je/j'	plaçai	eus placé
tu	plaças	eus placé
il/elle	plaça	eut placé
nous	plaçâmes	eûmes placé
vous	plaçâtes	eûtes placé
ils/elles	placèrent	eurent placé

	Futur simple	Futur antérieur
je/j'	placerai	aurai placé
tu	placeras	auras placé
il/elle	placera	aura placé
nous	placerons	aurons placé
vous	placerez	aurez placé
ils/elles	placeront	auront placé

CONDITIONNEL

	Présent	Passé
je/j'	placerais	aurais placé
tu	placerais	aurais placé
il/elle	placerait	aurait placé
nous	placerions	aurions placé
vous	placeriez	auriez placé
ils/elles	placeraient	auraient placé

SUBJONCTIF

	Présent	Passé
que je/j'	place	aie placé
que tu	places	aies placé
qu'il/elle	place	ait placé
que nous	placions	ayons placé
que vous	placiez	ayez placé
qu' ils/elles	placent	aient placé

	Imparfait	Plus-que-parfait
que je/j'	plaçasse	eusse placé
que tu	plaçasses	eusses placé
qu'il/elle	plaçât	eût placé
que nous	plaçassions	eussions placé
que vous	plaçassiez	eussiez placé
qu'ils/elles	plaçassent	eussent placé

IMPÉRATIF

Présent	Passé
place	aie placé
plaçons	ayons placé
placez	ayez placé

PARTICIPE

Présent	Passé	Passé composé
plaçant	placé / placée placés / placées	ayant placé

INFINITIF

Présent	Passé
placer	avoir placé

Remarques

- Les verbes en ***-ecer*** (ex. *dépecer*) se conjuguent comme ***placer*** et ***geler*** (conjugaison 7a).
- Les verbes en ***-écer*** (ex. *rapiécer*) se conjuguent comme ***placer*** et ***céder*** (conjugaison 8a).

5 bouger ◆ verbes irréguliers en *-er*
▸ alternance de *g* et *ge*

sur ce modèle : *charger, corriger, diriger, juger, mélanger, plonger, voyager...*

INDICATIF

	Présent	Passé composé
je/j'	bouge	ai bougé
tu	bouges	as bougé
il/elle	bouge	a bougé
nous	bou**ge**ons	avons bougé
vous	bougez	avez bougé
ils/elles	bougent	ont bougé

	Imparfait	Plus-que-parfait
je/j'	bou**ge**ais	avais bougé
tu	bou**ge**ais	avais bougé
il/elle	bou**ge**ait	avait bougé
nous	bougions	avions bougé
vous	bougiez	aviez bougé
ils/elles	bou**ge**aient	avaient bougé

	Passé simple	Passé antérieur
je/j'	bou**ge**ai	eus bougé
tu	bou**ge**as	eus bougé
il/elle	bou**ge**a	eut bougé
nous	bou**ge**âmes	eûmes bougé
vous	bou**ge**âtes	eûtes bougé
ils/elles	bougèrent	eurent bougé

	Futur simple	Futur antérieur
je/j'	bougerai	aurai bougé
tu	bougeras	auras bougé
il/elle	bougera	aura bougé
nous	bougerons	aurons bougé
vous	bougerez	aurez bougé
ils/elles	bougeront	auront bougé

CONDITIONNEL

	Présent	Passé
je/j'	bougerais	aurais bougé
tu	bougerais	aurais bougé
il/elle	bougerait	aurait bougé
nous	bougerions	aurions bougé
vous	bougeriez	auriez bougé
ils/elles	bougeraient	auraient bougé

SUBJONCTIF

	Présent	Passé
que je/j'	bouge	aie bougé
que tu	bouges	aies bougé
qu'il/elle	bouge	ait bougé
que nous	bougions	ayons bougé
que vous	bougiez	ayez bougé
qu'ils/elles	bougent	aient bougé

	Imparfait	Plus-que-parfait
que je/j'	bou**ge**asse	eusse bougé
que tu	bou**ge**asses	eusses bougé
qu'il/elle	bou**ge**ât	eût bougé
que nous	bou**ge**assions	eussions bougé
que vous	bou**ge**assiez	eussiez bougé
qu'ils/elles	bou**ge**assent	eussent bougé

IMPÉRATIF

Présent	Passé
bouge	aie bougé
bou**ge**ons	ayons bougé
bougez	ayez bougé

PARTICIPE

Présent	Passé	Passé composé
bou**ge**ant	bougé / bougée bougés / bougées	ayant bougé

INFINITIF

Présent	Passé
bouger	avoir bougé

Remarque

Les verbes en ***-éger*** comme ***protéger*** se conjuguent comme ***bouger*** et ***céder*** → conjugaison 8b.

6a appeler ◆ verbes irréguliers en *-er* ▸ alternance de *l* et *ll*

sur ce modèle : *chanceler, épeler, ficeler, morceler, ruisseler…*

INDICATIF

	Présent	Passé composé
j'	appelle	ai appelé
tu	appelles	as appelé
il/elle	appelle	a appelé
nous	appelons	avons appelé
vous	appelez	avez appelé
ils/elles	appellent	ont appelé

	Imparfait	Plus-que-parfait
j'	appelais	avais appelé
tu	appelais	avais appelé
il/elle	appelait	avait appelé
nous	appelions	avions appelé
vous	appeliez	aviez appelé
ils/elles	appelaient	avaient appelé

	Passé simple	Passé antérieur
j'	appelai	eus appelé
tu	appelas	eus appelé
il/elle	appela	eut appelé
nous	appelâmes	eûmes appelé
vous	appelâtes	eûtes appelé
ils/elles	appelèrent	eurent appelé

	Futur simple	Futur antérieur
j'	appellerai	aurai appelé
tu	appelleras	auras appelé
il/elle	appellera	aura appelé
nous	appellerons	aurons appelé
vous	appellerez	aurez appelé
ils/elles	appelleront	auront appelé

CONDITIONNEL

	Présent	Passé
j'	appellerais	aurais appelé
tu	appellerais	aurais appelé
il/elle	appellerait	aurait appelé
nous	appellerions	aurions appelé
vous	appelleriez	auriez appelé
ils/elles	appelleraient	auraient appelé

SUBJONCTIF

	Présent	Passé
que j'	appelle	aie appelé
que tu	appelles	aies appelé
qu'il/elle	appelle	ait appelé
que nous	appelions	ayons appelé
que vous	appeliez	ayez appelé
qu'ils/elles	appellent	aient appelé

	Imparfait	Plus-que-parfait
que j'	appelasse	eusse appelé
que tu	appelasses	eusses appelé
qu'il/elle	appelât	eût appelé
que nous	appelassions	eussions appelé
que vous	appelassiez	eussiez appelé
qu'ils/elles	appelassent	eussent appelé

IMPÉRATIF

Présent	Passé
appelle	aie appelé
appelons	ayons appelé
appelez	ayez appelé

PARTICIPE

Présent	Passé	Passé composé
appelant	appelé / appelée appelés / appelées	ayant appelé

INFINITIF

Présent	Passé
appeler	avoir appelé

Remarques

- La plupart des verbes en ***-eler*** doublent le ***l*** devant **e** muet (*j'appelle, j'appellerai*).
- Quelques verbes en ***-eler*** comme ***geler*** ne doublent pas le ***l*** mais prennent un accent grave sur le ***e*** qui précède le ***l*** (ex. *je gèle*) → conjugaison 7a.
- Nouvelle orthographe : les verbes en ***-eler*** se conjuguent sur le modèle de ***geler*** (→ conjugaison 7a) : *j'amoncèle, tu épèles*, sauf ***appeler*** et ses composés (y compris *interpeler*).

6b jeter ◆ verbes irréguliers en -*er* ▸ alternance de *t* et *tt*

sur ce modèle : *étiqueter, feuilleter, pailleter, projeter, tacheter…*

INDICATIF

	Présent	Passé composé
je/j'	jette	ai jeté
tu	jettes	as jeté
il/elle	jette	a jeté
nous	jetons	avons jeté
vous	jetez	avez jeté
ils/elles	jettent	ont jeté

	Imparfait	Plus-que-parfait
je/j'	jetais	avais jeté
tu	jetais	avais jeté
il/elle	jetait	avait jeté
nous	jetions	avions jeté
vous	jetiez	aviez jeté
ils/elles	jetaient	avaient jeté

	Passé simple	Passé antérieur
je/j'	jetai	eus jeté
tu	jetas	eus jeté
il/elle	jeta	eut jeté
nous	jetâmes	eûmes jeté
vous	jetâtes	eûtes jeté
ils/elles	jetèrent	eurent jeté

	Futur simple	Futur antérieur
je/j'	jetterai	aurai jeté
tu	jetteras	auras jeté
il/elle	jettera	aura jeté
nous	jetterons	aurons jeté
vous	jetterez	aurez jeté
ils/elles	jetteront	auront jeté

CONDITIONNEL

	Présent	Passé
je/j'	jetterais	aurais jeté
tu	jetterais	aurais jeté
il/elle	jetterait	aurait jeté
nous	jetterions	aurions jeté
vous	jetteriez	auriez jeté
ils/elles	jetteraient	auraient jeté

SUBJONCTIF

	Présent	Passé
que je/j'	jette	aie jeté
que tu	jettes	aies jeté
qu'il/elle	jette	ait jeté
que nous	jetions	ayons jeté
que vous	jetiez	ayez jeté
qu'ils/elles	jettent	aient jeté

	Imparfait	Plus-que-parfait
que je/j'	jetasse	eusse jeté
que tu	jetasses	eusses jeté
qu'il/elle	jetât	eût jeté
que nous	jetassions	eussions jeté
que vous	jetassiez	eussiez jeté
qu'ils/elles	jetassent	eussent jeté

IMPÉRATIF

Présent	Passé
jette	aie jeté
jetons	ayons jeté
jetez	ayez jeté

PARTICIPE

Présent	Passé	Passé composé
jetant	jeté / jetée jetés / jetées	ayant jeté

INFINITIF

Présent	Passé
jeter	avoir jeté

Remarques

- La plupart des verbes en ***-eter*** (ex. *jeter*) doublent le ***t*** devant le ***e*** muet (*je jette, je jetterai*). Quelques verbes en ***-eter*** comme ***acheter*** ne doublent pas le ***t*** mais prennent un accent grave sur le ***e*** qui précède le ***t*** (ex. *j'achète*) → conjugaison 7b.
- Nouvelle orthographe : les verbes en ***-eter*** se conjuguent sur le modèle de ***acheter*** (→ conjugaison 7b) : *j'époussète, tu feuillètes*, sauf ***jeter*** et ses composés.

7a geler ◆ verbes irréguliers en *-er*
▸ alternance de *el* et *èl*

sur ce modèle : verbes en *-eler (geler)*, en *-emer (semer)*, en *-ener (mener)*, en *-eser (peser)*, en *-ever (lever)*, en *-evrer (sevrer)*.

CONJUGAISON

INDICATIF

	Présent	Passé composé
je/j'	gèle	ai gelé
tu	gèles	as gelé
il/elle	gèle	a gelé
nous	gelons	avons gelé
vous	gelez	avez gelé
ils/elles	gèlent	ont gelé

	Imparfait	Plus-que-parfait
je/j'	gelais	avais gelé
tu	gelais	avais gelé
il/elle	gelait	avait gelé
nous	gelions	avions gelé
vous	geliez	aviez gelé
ils/elles	gelaient	avaient gelé

	Passé simple	Passé antérieur
je/j'	gelai	eus gelé
tu	gelas	eus gelé
il/elle	gela	eut gelé
nous	gelâmes	eûmes gelé
vous	gelâtes	eûtes gelé
ils/elles	gelèrent	eurent gelé

	Futur simple	Futur antérieur
je/j'	gèlerai	aurai gelé
tu	gèleras	auras gelé
il/elle	gèlera	aura gelé
nous	gèlerons	aurons gelé
vous	gèlerez	aurez gelé
ils/elles	gèleront	auront gelé

CONDITIONNEL

	Présent	Passé
je/j'	gèlerais	aurais gelé
tu	gèlerais	aurais gelé
il/elle	gèlerait	aurait gelé
nous	gèlerions	aurions gelé
vous	gèleriez	auriez gelé
ils/elles	gèleraient	auraient gelé

SUBJONCTIF

	Présent	Passé
que je/j'	gèle	aie gelé
que tu	gèles	aies gelé
qu'il/elle	gèle	ait gelé
que nous	gelions	ayons gelé
que vous	geliez	ayez gelé
qu'ils/elles	gèlent	aient gelé

	Imparfait	Plus-que-parfait
que je/j'	gelasse	eusse gelé
que tu	gelasses	eusses gelé
qu'il/elle	gelât	eût gelé
que nous	gelassions	eussions gelé
que vous	gelassiez	eussiez gelé
qu'ils/elles	gelassent	eussent gelé

IMPÉRATIF

Présent	Passé
gèle	aie gelé
gelons	ayons gelé
gelez	ayez gelé

PARTICIPE

Présent	Passé	Passé composé
gelant	gelé / gelée gelés / gelées	ayant gelé

INFINITIF

Présent	Passé
geler	avoir gelé

Remarques

- Les verbes en ***-ecer*** (ex. *dépecer*) se conjuguent comme ***geler*** et ***placer*** (conjugaison 4).
- Nouvelle orthographe : les verbes en ***-eler*** se conjuguent sur ce modèle, sauf ***appeler*** et ses composés, y compris *interpeler* → conjugaison 6a.

7b acheter ◆ verbes irréguliers en *-er* ▸ alternance de *et* et *èt*

sur ce modèle : *acheter, caqueter, crocheter, duveter, fileter, fureter, haleter* et *racheter.*

INDICATIF

	Présent	Passé composé
j'	achète	ai acheté
tu	achètes	as acheté
il/elle	achète	a acheté
nous	achetons	avons acheté
vous	achetez	avez acheté
ils/elles	achètent	ont acheté

	Imparfait	Plus-que-parfait
j'	achetais	avais acheté
tu	achetais	avais acheté
il/elle	achetait	avait acheté
nous	achetions	avions acheté
vous	achetiez	aviez acheté
ils/elles	achetaient	avaient acheté

	Passé simple	Passé antérieur
j'	achetai	eus acheté
tu	achetas	eus acheté
il/elle	acheta	eut acheté
nous	achetâmes	eûmes acheté
vous	achetâtes	eûtes acheté
ils/elles	achetèrent	eurent acheté

	Futur simple	Futur antérieur
j'	achèterai	aurai acheté
tu	achèteras	auras acheté
il/elle	achètera	aura acheté
nous	achèterons	aurons acheté
vous	achèterez	aurez acheté
ils/elles	achèteront	auront acheté

CONDITIONNEL

	Présent	Passé
j'	achèterais	aurais acheté
tu	achèterais	aurais acheté
il/elle	achèterait	aurait acheté
nous	achèterions	aurions acheté
vous	achèteriez	auriez acheté
ils/elles	achèteraient	auraient acheté

SUBJONCTIF

	Présent	Passé
que j'	achète	aie acheté
que tu	achètes	aies acheté
qu'il/elle	achète	ait acheté
que nous	achetions	ayons acheté
que vous	achetiez	ayez acheté
qu'ils/elles	achètent	aient acheté

	Imparfait	Plus-que-parfait
que j'	achetasse	eusse acheté
que tu	achetasses	eusses acheté
qu'il/elle	achetât	eût acheté
que nous	achetassions	eussions acheté
que vous	achetassiez	eussiez acheté
qu'ils/elles	achetassent	eussent acheté

IMPÉRATIF

Présent	Passé
achète	aie acheté
achetons	ayons acheté
achetez	ayez acheté

PARTICIPE

Présent	Passé	Passé composé
achetant	acheté / achetée achetés / achetées	ayant acheté

INFINITIF

Présent	Passé
acheter	avoir acheté

Remarque

Nouvelle orthographe : les verbes en ***-eter*** se conjuguent sur ce modèle, sauf ***jeter*** et ses composés (conjugaison 6b).

8a céder ◆ verbes irréguliers en *-er*
▸ alternance de é et è

sur ce modèle : *compléter, digérer, opérer, posséder, tolérer…*

INDICATIF

	Présent	Passé composé
je/j'	cède	ai cédé
tu	cèdes	as cédé
il/elle	cède	a cédé
nous	cédons	avons cédé
vous	cédez	avez cédé
ils/elles	cèdent	ont cédé

	Imparfait	Plus-que-parfait
je/j'	cédais	avais cédé
tu	cédais	avais cédé
il/elle	cédait	avait cédé
nous	cédions	avions cédé
vous	cédiez	aviez cédé
ils/elles	cédaient	avaient cédé

	Passé simple	Passé antérieur
je/j'	cédai	eus cédé
tu	cédas	eus cédé
il/elle	céda	eut cédé
nous	cédâmes	eûmes cédé
vous	cédâtes	eûtes cédé
ils/elles	cédèrent	eurent cédé

	Futur simple	Futur antérieur
je/j'	céderai	aurai cédé
tu	céderas	auras cédé
il/elle	cédera	aura cédé
nous	céderons	aurons cédé
vous	céderez	aurez cédé
ils/elles	céderont	auront cédé

CONDITIONNEL

	Présent	Passé
je/j'	céderais	aurais cédé
tu	céderais	aurais cédé
il/elle	céderait	aurait cédé
nous	céderions	aurions cédé
vous	céderiez	auriez cédé
ils/elles	céderaient	auraient cédé

SUBJONCTIF

	Présent	Passé
que je/j'	cède	aie cédé
que tu	cèdes	aies cédé
qu'il/elle	cède	ait cédé
que nous	cédions	ayons cédé
que vous	cédiez	ayez cédé
qu'ils/elles	cèdent	aient cédé

	Imparfait	Plus-que-parfait
que je/j'	cédasse	eusse cédé
que tu	cédasses	eusses cédé
qu'il/elle	cédât	eût cédé
que nous	cédassions	eussions cédé
que vous	cédassiez	eussiez cédé
qu'ils/elles	cédassent	eussent cédé

IMPÉRATIF

Présent	Passé
cède	aie cédé
cédons	ayons cédé
cédez	ayez cédé

PARTICIPE

Présent	Passé	Passé composé
cédant	cédé / cédée cédés / cédées	ayant cédé

INFINITIF

Présent	Passé
céder	avoir cédé

Remarques

- Les verbes en *-éger* comme ***protéger*** se conjuguent comme ***bouger*** et ***céder*** → conjugaison 8b. Les verbes en ***-écer*** (ex. *rapiécer*) se conjuguent comme ***céder*** et ***placer*** (conjugaison 4).
- Les verbes en ***-éguer*** comme ***léguer*** se conjuguent comme ***céder*** avec la particularité des verbes en ***-guer*** → conjugaison 8c.
- Nouvelle orthographe : on emploie l'accent grave (plutôt que l'accent aigu) au futur et au conditionnel *(je cèderai, je cèderais).*

8b protéger ◆ verbes irréguliers en *-er*

▸ verbes en *-éger* (alternance *é/è* et *g/ge*)

sur ce modèle : *abréger, alléger, piéger, siéger...*

INDICATIF

	Présent	Passé composé
je/j'	protège	ai protégé
tu	protèges	as protégé
il/elle	protège	a protégé
nous	protégeons	avons protégé
vous	protégez	avez protégé
ils/elles	protègent	ont protégé

	Imparfait	Plus-que-parfait
je/j'	protégeais	avais protégé
tu	protégeais	avais protégé
il/elle	protégeait	avait protégé
nous	protégions	avions protégé
vous	protégiez	aviez protégé
ils/elles	protégeaient	avaient protégé

	Passé simple	Passé antérieur
je/j'	protégeai	eus protégé
tu	protégeas	eus protégé
il/elle	protégea	eut protégé
nous	protégeâmes	eûmes protégé
vous	protégeâtes	eûtes protégé
ils/elles	protégèrent	eurent protégé

	Futur simple	Futur antérieur
je/j'	protégerai	aurai protégé
tu	protégeras	auras protégé
il/elle	protégera	aura protégé
nous	protégerons	aurons protégé
vous	protégerez	aurez protégé
ils/elles	protégeront	auront protégé

CONDITIONNEL

	Présent	Passé
je/j'	protégerais	aurais protégé
tu	protégerais	aurais protégé
il/elle	protégerait	aurait protégé
nous	protégerions	aurions protégé
vous	protégeriez	auriez protégé
ils/elles	protégeraient	auraient protégé

SUBJONCTIF

	Présent	Passé
que je/j'	protège	aie protégé
que tu	protèges	aies protégé
qu'il/elle	protège	ait protégé
que nous	protégions	ayons protégé
que vous	protégiez	ayez protégé
qu'ils/elles	protègent	aient protégé

	Imparfait	Plus-que-parfait
que je/j'	protégeasse	eusse protégé
que tu	protégeasses	eusses protégé
qu'il/elle	protégeât	eût protégé
que nous	protégeassions	eussions protégé
que vous	protégeassiez	eussiez protégé
qu'ils/elles	protégeassent	eussent protégé

IMPÉRATIF

Présent	Passé
protège	aie protégé
protégeons	ayons protégé
protégez	ayez protégé

PARTICIPE

Présent	Passé	Passé composé
protégeant	protégé/ protégée protégés/ protégées	ayant protégé

INFINITIF

Présent	Passé
protéger	avoir protégé

Remarques

- Les verbes en ***-éger*** se conjuguent comme ***céder*** (conjugaison 8a) avec la particularité des verbes en ***-ger*** (conjugaison 5).
- Nouvelle orthographe : on emploie l'accent grave (plutôt que l'accent aigu) au futur et au conditionnel *(je protègerai, je protègerais).*

8c léguer ◆ verbes irréguliers en *-er*

‣ verbes en *-éguer* (alternance é/è)

sur ce modèle : *alléguer, déléguer, léguer et reléguer.*

INDICATIF

	Présent	Passé composé
je/j'	lègue	ai légué
tu	lègues	as légué
il/elle	lègue	a légué
nous	léguons	avons légué
vous	léguez	avez légué
ils/elles	lèguent	ont légué

	Imparfait	Plus-que-parfait
je/j'	léguais	avais légué
tu	léguais	avais légué
il/elle	léguait	avait légué
nous	léguions	avions légué
vous	léguiez	aviez légué
ils/elles	léguaient	avaient légué

	Passé simple	Passé antérieur
je/j'	léguai	eus légué
tu	léguas	eus légué
il/elle	légua	eut légué
nous	léguâmes	eûmes légué
vous	léguâtes	eûtes légué
ils/elles	léguèrent	eurent légué

	Futur simple	Futur antérieur
je/j'	léguerai	aurai légué
tu	légueras	auras légué
il/elle	léguera	aura légué
nous	léguerons	aurons légué
vous	léguerez	aurez légué
ils/elles	légueront	auront légué

CONDITIONNEL

	Présent	Passé
je/j'	léguerais	aurais légué
tu	léguerais	aurais légué
il/elle	léguerait	aurait légué
nous	léguerions	aurions légué
vous	légueriez	auriez légué
ils/elles	légueraient	auraient légué

SUBJONCTIF

	Présent	Passé
que je/j'	lègue	aie légué
que tu	lègues	aies légué
qu'il/elle	lègue	ait légué
que nous	léguions	ayons légué
que vous	léguiez	ayez légué
qu'ils/elles	lèguent	aient légué

	Imparfait	Plus-que-parfait
que je/j'	léguasse	eusse légué
que tu	léguasses	eusses légué
qu'il/elle	léguât	eût légué
que nous	léguassions	eussions légué
que vous	léguassiez	eussiez légué
qu'ils/elles	léguassent	eussent légué

IMPÉRATIF

Présent	Passé
lègue	aie légué
léguons	ayons légué
léguez	ayez légué

PARTICIPE

Présent	Passé	Passé composé
léguant	légué/léguée légués/léguées	ayant légué

INFINITIF

Présent	Passé
léguer	avoir légué

Remarques

- Les verbes en ***-éguer*** se conjuguent comme ***céder*** (conjugaison 8a) avec la particularité des verbes en ***-guer*** (conjugaison 3b).
- Nouvelle orthographe : on emploie l'accent grave (plutôt que l'accent aigu) au futur et au conditionnel *(je lèguerai, je lèguerais).*

9 épier ◆ verbes irréguliers en *-er* ▸ verbes en *-ier*

sur ce modèle : *associer, certifier, copier, crier, modifier, oublier…*

INDICATIF

	Présent	Passé composé
j'	épie	ai épié
tu	épies	as épié
il/elle	épie	a épié
nous	épions	avons épié
vous	épiez	avez épié
ils/elles	épient	ont épié

	Imparfait	Plus-que-parfait
j'	épiais	avais épié
tu	épiais	avais épié
il/elle	épiait	avait épié
nous	épi**i**ons	avions épié
vous	épi**i**ez	aviez épié
ils/elles	épiaient	avaient épié

	Passé simple	Passé antérieur
j'	épiai	eus épié
tu	épias	eus épié
il/elle	épia	eut épié
nous	épiâmes	eûmes épié
vous	épiâtes	eûtes épié
ils/elles	épièrent	eurent épié

	Futur simple	Futur antérieur
j'	épi**e**rai	aurai épié
tu	épi**e**ras	auras épié
il/elle	épi**e**ra	aura épié
nous	épi**e**rons	aurons épié
vous	épi**e**rez	aurez épié
ils/elles	épi**e**ront	auront épié

CONDITIONNEL

	Présent	Passé
j'	épi**e**rais	aurais épié
tu	épi**e**rais	aurais épié
il/elle	épi**e**rait	aurait épié
nous	épi**e**rions	aurions épié
vous	épi**e**riez	auriez épié
ils/elles	épi**e**raient	auraient épié

SUBJONCTIF

	Présent	Passé
que j'	épie	aie épié
que tu	épies	aies épié
qu'il/elle	épie	ait épié
que nous	épi**i**ons	ayons épié
que vous	épi**i**ez	ayez épié
qu'ils/elles	épient	aient épié

	Imparfait	Plus-que-parfait
que j'	épiasse	eusse épié
que tu	épiasses	eusses épié
qu'il/elle	épiât	eût épié
que nous	épiassions	eussions épié
que vous	épiassiez	eussiez épié
qu'ils/elles	épiassent	eussent épié

IMPÉRATIF

Présent	Passé
épie	aie épié
épions	ayons épié
épiez	ayez épié

PARTICIPE

Présent	Passé	Passé composé
épiant	épié / épiée	ayant épié
	épiés / épiées	

INFINITIF

Présent	Passé
épier	avoir épié

Remarques

- Attention aux deux ***i*** à la 1re et à la 2e personne du pluriel de l'imparfait de l'indicatif et du présent du subjonctif *(nous épiions, nous criions).*
- Attention au **e** après le ***i*** au futur et au conditionnel présent (ex. *j'épierai*).

10 noyer ◆ verbes irréguliers en *-er*

▸ verbes en *-oyer* (alternance *y/i*)

sur ce modèle : verbes en *-oyer (aboyer, tutoyer...)*, en *-uyer (appuyer, essuyer...)*.

INDICATIF

	Présent	Passé composé
je/j'	noie	ai noyé
tu	noies	as noyé
il/elle	noie	a noyé
nous	noyons	avons noyé
vous	noyez	avez noyé
ils/elles	noient	ont noyé

	Imparfait	Plus-que-parfait
je/j'	noyais	avais noyé
tu	noyais	avais noyé
il/elle	noyait	avait noyé
nous	noyions	avions noyé
vous	noyiez	aviez noyé
ils/elles	noyaient	avaient noyé

	Passé simple	Passé antérieur
je/j'	noyai	eus noyé
tu	noyas	eus noyé
il/elle	noya	eut noyé
nous	noyâmes	eûmes noyé
vous	noyâtes	eûtes noyé
ils/elles	noyèrent	eurent noyé

	Futur simple	Futur antérieur
je/j'	noierai	aurai noyé
tu	noieras	auras noyé
il/elle	noiera	aura noyé
nous	noierons	aurons noyé
vous	noierez	aurez noyé
ils/elles	noieront	auront noyé

CONDITIONNEL

	Présent	Passé
je/j'	noierais	aurais noyé
tu	noierais	aurais noyé
il/elle	noierait	aurait noyé
nous	noierions	aurions noyé
vous	noieriez	auriez noyé
ils/elles	noieraient	auraient noyé

SUBJONCTIF

	Présent	Passé
que je/j'	noie	aie noyé
que tu	noies	aies noyé
qu'il/elle	noie	ait noyé
que nous	noyions	ayons noyé
que vous	noyiez	ayez noyé
qu'ils/elles	noient	aient noyé

	Imparfait	Plus-que-parfait
que je/j'	noyasse	eusse noyé
que tu	noyasses	eusses noyé
qu'il/elle	noyât	eût noyé
que nous	noyassions	eussions noyé
que vous	noyassiez	eussiez noyé
qu'ils/elles	noyassent	eussent noyé

IMPÉRATIF

Présent	Passé
noie	aie noyé
noyons	ayons noyé
noyez	ayez noyé

PARTICIPE

Présent	Passé	Passé composé
noyant	noyé / noyée noyés / noyées	ayant noyé

INFINITIF

Présent	Passé
noyer	avoir noyé

Remarques

- Attention de ne pas oublier le ***i*** à l'imparfait de l'indicatif et au subjonctif présent *(nous noyions)*.
- Les formes *noyons* (indicatif présent) et *noyions* ont une prononciation très proche.
- Attention au ***e*** après le ***i*** au futur et au conditionnel présent *(je noierai, je noierais)*.

11 envoyer ◆ verbes irréguliers en *-er*

▸ verbes en *-oyer* (futur : *j'enverrai)*

sur ce modèle : *envoyer* et *renvoyer*.

INDICATIF

	Présent	Passé composé
j'	envoie	ai envoyé
tu	envoies	as envoyé
il/elle	envoie	a envoyé
nous	envoyons	avons envoyé
vous	envoyez	avez envoyé
ils/elles	envoient	ont envoyé

	Imparfait	Plus-que-parfait
j'	envoyais	avais envoyé
tu	envoyais	avais envoyé
il/elle	envoyait	avait envoyé
nous	envoyions	avions envoyé
vous	envoyiez	aviez envoyé
ils/elles	envoyaient	avaient envoyé

	Passé simple	Passé antérieur
j'	envoyai	eus envoyé
tu	envoyas	eus envoyé
il/elle	envoya	eut envoyé
nous	envoyâmes	eûmes envoyé
vous	envoyâtes	eûtes envoyé
ils/elles	envoyèrent	eurent envoyé

	Futur simple	Futur antérieur
j'	enverrai	aurai envoyé
tu	enverras	auras envoyé
il/elle	enverra	aura envoyé
nous	enverrons	aurons envoyé
vous	enverrez	aurez envoyé
ils/elles	enverront	auront envoyé

CONDITIONNEL

	Présent	Passé
j'	enverrais	aurais envoyé
tu	enverrais	aurais envoyé
il/elle	enverrait	aurait envoyé
nous	enverrions	aurions envoyé
vous	enverriez	auriez envoyé
ils/elles	enverraient	auraient envoyé

SUBJONCTIF

	Présent	Passé
que j'	envoie	aie envoyé
que tu	envoies	aies envoyé
qu'il/elle	envoie	ait envoyé
que nous	envoyions	ayons envoyé
que vous	envoyiez	ayez envoyé
qu'ils/elles	envoient	aient envoyé

	Imparfait	Plus-que-parfait
que j'	envoyasse	eusse envoyé
que tu	envoyasses	eusses envoyé
qu'il/elle	envoyât	eût envoyé
que nous	envoyassions	eussions envoyé
que vous	envoyassiez	eussiez envoyé
qu'ils/elles	envoyassent	eussent envoyé

IMPÉRATIF

Présent	Passé
envoie	aie envoyé
envoyons	ayons envoyé
envoyez	ayez envoyé

PARTICIPE

Présent	Passé	Passé composé
envoyant	envoyé / envoyée envoyés / envoyées	ayant envoyé

INFINITIF

Présent	Passé
envoyer	avoir envoyé

Remarque

Envoyer et *renvoyer* se distinguent des autres verbes en ***-oyer*** par leur futur *(j'enverrai)* et leur conditionnel *(j'enverrais)*. Ils présentent également l'alternance ***y/i*** devant **e** muet *(j'envoie)*.

12 payer ◆ verbes irréguliers en *-er*

▸ verbes en *-ayer* (double conjugaison)

sur ce modèle : *balayer, effrayer, essayer, rayer, relayer...*

INDICATIF

	Présent	Passé composé
je/j'	paie ou paye	ai payé
tu	paies ou payes	as payé
il/elle	paie ou paye	a payé
nous	payons	avons payé
vous	payez	avez payé
ils/elles	paient ou payent	ont payé

	Imparfait	Plus-que-parfait
je/j'	payais	avais payé
tu	payais	avais payé
il/elle	payait	avait payé
nous	payions	avions payé
vous	payiez	aviez payé
ils/elles	payaient	avaient payé

	Passé simple	Passé antérieur
je/j'	payai	eus payé
tu	payas	eus payé
il/elle	paya	eut payé
nous	payâmes	eûmes payé
vous	payâtes	eûtes payé
ils/elles	payèrent	eurent payé

	Futur simple	Futur antérieur
je/j'	paierai ou payerai	aurai payé
tu	paieras ou payeras	auras payé
il/elle	paiera ou payera	aura payé
nous	paierons ou payerons	aurons payé
vous	paierez ou payerez	aurez payé
ils/elles	paieront ou payeront	auront payé

SUBJONCTIF

	Présent	Passé
que je/j'	paie ou paye	aie payé
que tu	paies ou payes	aies payé
qu'il/elle	paie ou paye	ait payé
que nous	payions	ayons payé
que vous	payiez	ayez payé
qu'ils/elles	paient ou payent	aient payé

	Imparfait	Plus-que-parfait
que je/j'	payasse	eusse payé
que tu	payasses	eusses payé
qu'il/elle	payât	eût payé
que nous	payassions	eussions payé
que vous	payassiez	eussiez payé
qu'ils/elles	payassent	eussent payé

IMPÉRATIF

Présent	Passé
paie ou paye	aie payé
payons	ayons payé
payez	ayez payé

PARTICIPE

Présent	Passé	Passé composé
payant	payé / payée payés / payées	ayant payé

CONDITIONNEL

	Présent	Passé
je/j'	paierais ou payerais	aurais payé
tu	paierais ou payerais	aurais payé
il/elle	paierait ou payerait	aurait payé
nous	paierions ou payerions	aurions payé
vous	paieriez ou payeriez	auriez payé
ils/elles	paieraient ou payeraient	auraient payé

INFINITIF

Présent	Passé
payer	avoir payé

Remarques

- Il ne faut pas oublier le ***i*** à la 1re et à la 2e personne du pluriel de l'imparfait de l'indicatif et du subjonctif présent *(nous payions, vous payiez)*. La différence de prononciation entre *payons* (indicatif présent) et *payions* est peu sensible.
- Attention au **e** après le ***i*** au futur et au conditionnel présent *(je paierai, je paierais)*.
- Cette alternance ***y/i*** ne concerne pas les verbes en ***-eyer*** (comme *grasseyer*), qui se conjuguent normalement sur le modèle de ***chanter*** (conjugaison 3a).

13 finir ◆ verbes réguliers en *-ir*

sur ce modèle : *agir, bâtir, guérir, punir, saisir…*

INDICATIF

	Présent	Passé composé
je/j'	finis	ai fini
tu	finis	as fini
il/elle	finit	a fini
nous	finissons	avons fini
vous	finissez	avez fini
ils/elles	finissent	ont fini

	Imparfait	Plus-que-parfait
je/j'	finissais	avais fini
tu	finissais	avais fini
il/elle	finissait	avait fini
nous	finissions	avions fini
vous	finissiez	aviez fini
ils/elles	finissaient	avaient fini

	Passé simple	Passé antérieur
je/j'	finis	eus fini
tu	finis	eus fini
il/elle	finit	eut fini
nous	finîmes	eûmes fini
vous	finîtes	eûtes fini
ils/elles	finirent	eurent fini

	Futur simple	Futur antérieur
je/j'	finirai	aurai fini
tu	finiras	auras fini
il/elle	finira	aura fini
nous	finirons	aurons fini
vous	finirez	aurez fini
ils/elles	finiront	auront fini

CONDITIONNEL

	Présent	Passé
je/j'	finirais	aurais fini
tu	finirais	aurais fini
il/elle	finirait	aurait fini
nous	finirions	aurions fini
vous	finiriez	auriez fini
ils/elles	finiraient	auraient fini

SUBJONCTIF

	Présent	Passé
que je/j'	finisse	aie fini
que tu	finisses	aies fini
qu'il/elle	finisse	ait fini
que nous	finissions	ayons fini
que vous	finissiez	ayez fini
qu'ils/elles	finissent	aient fini

	Imparfait	Plus-que-parfait
que je/j'	finisse	eusse fini
que tu	finisses	eusses fini
qu'il/elle	finît	eût fini
que nous	finissions	eussions fini
que vous	finissiez	eussiez fini
qu'ils/elles	finissent	eussent fini

IMPÉRATIF

Présent	Passé
finis	aie fini
finissons	ayons fini
finissez	ayez fini

PARTICIPE

Présent	Passé	Passé composé
finissant	fini / finie	ayant fini
	finis / finies	

INFINITIF

Présent	Passé
finir	avoir fini

Remarques

- *Bénir* a pour participe passé *béni, ie (une région bénie des dieux)* et *bénit, ite (de l'eau bénite).*
- *Maudire* se conjugue comme ***finir*** sauf à l'infinitif et au participe passé *(maudit, ite).*
- Les verbes *impartir, répartir, réassortir,* ③ *sortir,* ② *ressortir* se conjuguent comme ***finir*** mais les verbes *repartir, départir,* ① *sortir,* ① *ressortir* se conjuguent comme ***partir*** (➔ conjugaison 23).
- Le verbe *asservir* se conjugue comme ***finir*** et non comme ***servir***.

14 haïr ◆ verbes irréguliers en *-ir*
▸ verbe en *-ïr* (alternance *ï/i*)

INDICATIF

	Présent	Passé composé
je/j'	hais	ai haï
tu	hais	as haï
il/elle	hait	a haï
nous	haïssons	avons haï
vous	haïssez	avez haï
ils/elles	haïssent	ont haï

	Imparfait	Plus-que-parfait
je/j'	haïssais	avais haï
tu	haïssais	avais haï
il/elle	haïssait	avait haï
nous	haïssions	avions haï
vous	haïssiez	aviez haï
ils/elles	haïssaient	avaient haï

	Passé simple	Passé antérieur
je/j'	haïs	eus haï
tu	haïs	eus haï
il/elle	haït	eut haï
nous	haïmes	eûmes haï
vous	haïtes	eûtes haï
ils/elles	haïrent	eurent haï

	Futur simple	Futur antérieur
je/j'	haïrai	aurai haï
tu	haïras	auras haï
il/elle	haïra	aura haï
nous	haïrons	aurons haï
vous	haïrez	aurez haï
ils/elles	haïront	auront haï

CONDITIONNEL

	Présent	Passé
je/j'	haïrais	aurais haï
tu	haïrais	aurais haï
il/elle	haïrait	aurait haï
nous	haïrions	aurions haï
vous	haïriez	auriez haï
ils/elles	haïraient	auraient haï

SUBJONCTIF

	Présent	Passé
que je/j'	haïsse	aie haï
que tu	haïsses	aies haï
qu'il/elle	haïsse	ait haï
que nous	haïssions	ayons haï
que vous	haïssiez	ayez haï
qu'ils/elles	haïssent	aient haï

	Imparfait	Plus-que-parfait
que je/j'	haïsse	eusse haï
que tu	haïsses	eusses haï
qu'il/elle	haït	eût haï
que nous	haïssions	eussions haï
que vous	haïssiez	eussiez haï
qu'ils/elles	haïssent	eussent haï

IMPÉRATIF

Présent	Passé
hais	aie haï
haïssons	ayons haï
haïssez	ayez haï

PARTICIPE

Présent	Passé	Passé composé
haïssant	haï / haïe haïs / haïes	ayant haï

INFINITIF

Présent	Passé
haïr	avoir haï

Remarques

- Le verbe ***haïr*** se conjugue comme ***finir*** (conjugaison 13) sauf aux trois personnes du singulier du présent de l'indicatif.
- À cause du tréma, il n'y a pas d'accent circonflexe au passé simple *(nous haïmes, vous haïtes)* et à l'imparfait du subjonctif *(qu'il, qu'elle haït)*.
- Le verbe *ouïr* ne se conjugue pas comme ***haïr*** (voir *ouïr* à la nomenclature).

15 aller ◆ verbes irréguliers en *-er*

INDICATIF

	Présent	Passé composé
je	vais	suis allé/ée
tu	vas	es allé/ée
il/elle	va	est allé/ée
nous	allons	sommes allés/ées
vous	allez	êtes allés/ées
ils/elles	vont	sont allés/ées

	Imparfait	Plus-que-parfait
j'	allais	étais allé/ée
tu	allais	étais allé/ée
il/elle	allait	était allé/ée
nous	allions	étions allés/ées
vous	alliez	étiez allés/ées
ils/elles	allaient	étaient allés/ées

	Passé simple	Passé antérieur
j'/je	allai	fus allé/ée
tu	allas	fus allé/ée
il/elle	alla	fut allé/ée
nous	allâmes	fûmes allés/ées
vous	allâtes	fûtes allés/ées
ils/elles	allèrent	furent allés/ées

	Futur simple	Futur antérieur
j'/je	irai	serai allé/ée
tu	iras	seras allé/ée
il/elle	ira	sera allé/ée
nous	irons	serons allés/ées
vous	irez	serez allés/ées
ils/elles	iront	seront allés/ées

CONDITIONNEL

	Présent	Passé
j'/je	irais	serais allé/ée
tu	irais	serais allé/ée
il/elle	irait	serait allé/ée
nous	irions	serions allés/ées
vous	iriez	seriez allés/ées
ils/elles	iraient	seraient allés/ées

SUBJONCTIF

	Présent	Passé
que j'/je	aille	sois allé/ée
que tu	ailles	sois allé/ée
qu'il/elle	aille	soit allé/ée
que nous	allions	soyons allés/ées
que vous	alliez	soyez allés/ées
qu'ils/elles	aillent	soient allés/ées

	Imparfait	Plus-que-parfait
que j'/je	allasse	fusse allé/ée
que tu	allasses	fusses allé/ée
qu'il/elle	allât	fût allé/ée
que nous	allassions	fussions allés/ées
que vous	allassiez	fussiez allés/ées
qu'ils/elles	allassent	fussent allés/ées

IMPÉRATIF

Présent	Passé
va	sois allé/ée
allons	soyons allés/ées
allez	soyez allés/ées

PARTICIPE

Présent	Passé	Passé composé
allant	allé / allée	étant allé/allée
	allés / allées	étant allés/allées

INFINITIF

Présent	Passé
aller	être allé/allée
	être allés/allées

Remarques

- Aux temps composés, *être allé* est en concurrence avec *avoir été* dans la langue familière.
- *S'en aller* se conjugue comme ***aller***. Aux temps composés, l'auxiliaire se place entre *en* et *allé* (*je m'en suis allé).*

16 venir ◆ verbes irréguliers en *-ir*

▸ verbes en *-venir, -tenir*

sur ce modèle : *contenir, devenir, maintenir, obtenir, provenir, soutenir, tenir...*

INDICATIF

	Présent	Passé composé
je	viens	suis venu/ue
tu	viens	es venu/ue
il/elle	vient	est venu/ue
nous	venons	sommes venus/ues
vous	venez	êtes venus/ues
ils/elles	viennent	sont venus/ues

	Imparfait	Plus-que-parfait
je/j'	venais	étais venu/ue
tu	venais	étais venu/ue
il/elle	venait	était venu/ue
nous	venions	étions venus/ues
vous	veniez	étiez venus/ues
ils/elles	venaient	étaient venus/ues

	Passé simple	Passé antérieur
je	vins	fus venu/ue
tu	vins	fus venu/ue
il/elle	vint	fut venu/ue
nous	vînmes	fûmes venus/ues
vous	vîntes	fûtes venus/ues
ils/elles	vinrent	furent venus/ues

	Futur simple	Futur antérieur
je	viendrai	serai venu/ue
tu	viendras	seras venu/ue
il/elle	viendra	sera venu/ue
nous	viendrons	serons venus/ues
vous	viendrez	serez venus/ues
ils/elles	viendront	seront venus/ues

CONDITIONNEL

	Présent	Passé
je	viendrais	serais venu/ue
tu	viendrais	serais venu/ue
il/elle	viendrait	serait venu/ue
nous	viendrions	serions venus/ues
vous	viendriez	seriez venus/ues
ils/elles	viendraient	seraient venus/ues

SUBJONCTIF

	Présent	Passé
que je	vienne	sois venu/ue
que tu	viennes	sois venu/ue
qu'il/elle	vienne	soit venu/ue
que nous	venions	soyons venus/ues
que vous	veniez	soyez venus/ues
qu'ils/elles	viennent	soient venus/ues

	Imparfait	Plus-que-parfait
que je	vinsse	fusse venu/ue
que tu	vinsses	fusses venu/ue
qu'il/elle	vînt	fût venu/ue
que nous	vinssions	fussions venus/ues
que vous	vinssiez	fussiez venus/ues
qu'ils/elles	vinssent	fussent venus/ues

IMPÉRATIF

Présent	Passé
viens	sois venu/ue
venons	soyons venus/ues
venez	soyez venus/ues

PARTICIPE

Présent	Passé	Passé composé
venant	venu / venue	étant venu/ue
	venus / venues	étant venus/ues

INFINITIF

Présent	Passé
venir	être venu/venue
	être venus/venues

Remarque

Attention au passé simple *(nous vînmes)* où la première syllabe reste nasale, et au subjonctif imparfait *(que je vinsse)* où deux **s** suivent une consonne.

17 courir ◆ verbes irréguliers en *-ir*
▸ verbes en *-courir*

sur ce modèle : *accourir, concourir, courir, discourir, encourir, parcourir, recourir, secourir.*

INDICATIF

	Présent	Passé composé
je/j'	cours	ai couru
tu	cours	as couru
il/elle	court	a couru
nous	courons	avons couru
vous	courez	avez couru
ils/elles	courent	ont couru

	Imparfait	Plus-que-parfait
je/j'	courais	avais couru
tu	courais	avais couru
il/elle	courait	avait couru
nous	courions	avions couru
vous	couriez	aviez couru
ils/elles	couraient	avaient couru

	Passé simple	Passé antérieur
je/j'	courus	eus couru
tu	courus	eus couru
il/elle	courut	eut couru
nous	courûmes	eûmes couru
vous	courûtes	eûtes couru
ils/elles	coururent	eurent couru

	Futur simple	Futur antérieur
je/j'	courrai	aurai couru
tu	courras	auras couru
il/elle	courra	aura couru
nous	courrons	aurons couru
vous	courrez	aurez couru
ils/elles	courront	auront couru

CONDITIONNEL

	Présent	Passé
je/j'	courrais	aurais couru
tu	courrais	aurais couru
il/elle	courrait	aurait couru
nous	courrions	aurions couru
vous	courriez	auriez couru
ils/elles	courraient	auraient couru

SUBJONCTIF

	Présent	Passé
que je/j'	coure	aie couru
que tu	coures	aies couru
qu'il/elle	coure	ait couru
que nous	courions	ayons couru
que vous	couriez	ayez couru
qu'ils/elles	courent	aient couru

	Imparfait	Plus-que-parfait
que je/j'	courusse	eusse couru
que tu	courusses	eusses couru
qu'il/elle	courût	eût couru
que nous	courussions	eussions couru
que vous	courussiez	eussiez couru
qu'ils/elles	courussent	eussent couru

IMPÉRATIF

Présent	Passé
cours	aie couru
courons	ayons couru
courez	ayez couru

PARTICIPE

Présent	Passé	Passé composé
courant	couru / courue courus / courues	ayant couru

INFINITIF

Présent	Passé
courir	avoir couru

Remarque

On prononce les deux *r* au futur et au conditionnel.

18 cueillir ◆ verbes irréguliers en *-ir*

sur ce modèle : *accueillir, cueillir* et *recueillir.*

CONJUGAISON

INDICATIF

	Présent	Passé composé
je/j'	cueille	ai cueilli
tu	cueilles	as cueilli
il/elle	cueille	a cueilli
nous	cueillons	avons cueilli
vous	cueillez	avez cueilli
ils/elles	cueillent	ont cueilli

	Imparfait	Plus-que-parfait
je/j'	cueillais	avais cueilli
tu	cueillais	avais cueilli
il/elle	cueillait	avait cueilli
nous	cueillions	avions cueilli
vous	cueilliez	aviez cueilli
ils/elles	cueillaient	avaient cueilli

	Passé simple	Passé antérieur
je/j'	cueillis	eus cueilli
tu	cueillis	eus cueilli
il/elle	cueillit	eut cueilli
nous	cueillîmes	eûmes cueilli
vous	cueillîtes	eûtes cueilli
ils/elles	cueillirent	eurent cueilli

	Futur simple	Futur antérieur
je/j'	cueillerai	aurai cueilli
tu	cueilleras	auras cueilli
il/elle	cueillera	aura cueilli
nous	cueillerons	aurons cueilli
vous	cueillerez	aurez cueilli
ils/elles	cueilleront	auront cueilli

CONDITIONNEL

	Présent	Passé
je/j'	cueillerais	aurais cueilli
tu	cueillerais	aurais cueilli
il/elle	cueillerait	aurait cueilli
nous	cueillerions	aurions cueilli
vous	cueilleriez	auriez cueilli
ils/elles	cueilleraient	auraient cueilli

SUBJONCTIF

	Présent	Passé
que je/j'	cueille	aie cueilli
que tu	cueilles	aies cueilli
qu'il/elle	cueille	ait cueilli
que nous	cueillions	ayons cueilli
que vous	cueilliez	ayez cueilli
qu'ils/elles	cueillent	aient cueilli

	Imparfait	Plus-que-parfait
que je/j'	cueillisse	eusse cueilli
que tu	cueillisses	eusses cueilli
qu'il/elle	cueillît	eût cueilli
que nous	cueillissions	eussions cueilli
que vous	cueillissiez	eussiez cueilli
qu'ils/elles	cueillissent	eussent cueilli

IMPÉRATIF

Présent	Passé
cueille	aie cueilli
cueillons	ayons cueilli
cueillez	ayez cueilli

PARTICIPE

Présent	Passé	Passé composé
cueillant	cueilli / cueillie cueillis / cueillies	ayant cueilli

INFINITIF

Présent	Passé
cueillir	avoir cueilli

Remarque

Les formes *cueillons* et *cueillions* ont une prononciation très proche. Il ne faut pas oublier le ***i*** à l'imparfait de l'indicatif et au subjonctif présent.

19 assaillir ◆ verbes irréguliers en *-ir*

sur ce modèle : *assaillir, défaillir, saillir* et *tressaillir.*

INDICATIF

	Présent	Passé composé
j'	assaille	ai assailli
tu	assailles	as assailli
il/elle	assaille	a assailli
nous	assaillons	avons assailli
vous	assaillez	avez assailli
ils/elles	assaillent	ont assailli

	Imparfait	Plus-que-parfait
j'	assaillais	avais assailli
tu	assaillais	avais assailli
il/elle	assaillait	avait assailli
nous	assaillions	avions assailli
vous	assailliez	aviez assailli
ils/elles	assaillaient	avaient assailli

	Passé simple	Passé antérieur
j'	assaillis	eus assailli
tu	assaillis	eus assailli
il/elle	assaillit	eut assailli
nous	assaillîmes	eûmes assailli
vous	assaillîtes	eûtes assailli
ils/elles	assaillirent	eurent assailli

	Futur simple	Futur antérieur
j'	assaillirai	aurai assailli
tu	assailliras	auras assailli
il/elle	assaillira	aura assailli
nous	assaillirons	aurons assailli
vous	assaillirez	aurez assailli
ils/elles	assailliront	auront assailli

CONDITIONNEL

	Présent	Passé
j'	assaillirais	aurais assailli
tu	assaillirais	aurais assailli
il/elle	assaillirait	aurait assailli
nous	assaillirions	aurions assailli
vous	assailliriez	auriez assailli
ils/elles	assailliraient	auraient assailli

SUBJONCTIF

	Présent	Passé
que j'	assaille	aie assailli
que tu	assailles	aies assailli
qu'il/elle	assaille	ait assailli
que nous	assaillions	ayons assailli
que vous	assailliez	ayez assailli
qu'ils/elles	assaillent	aient assailli

	Imparfait	Plus-que-parfait
que j'	assaillisse	eusse assailli
que tu	assaillisses	eusses assailli
qu'il/elle	assaillît	eût assailli
que nous	assaillissions	eussions assailli
que vous	assaillissiez	eussiez assailli
qu'ils/elles	assaillissent	eussent assailli

IMPÉRATIF

Présent	Passé
assaille	aie assailli
assaillons	ayons assailli
assaillez	ayez assailli

PARTICIPE

Présent	Passé	Passé composé
assaillant	assailli / assaillie assaillis / assaillies	ayant assailli

INFINITIF

Présent	Passé
assaillir	avoir assailli

Remarques

- Les formes *assaillons* et *assaillions* ont une prononciation très proche. Attention de ne pas oublier le ***i*** à l'imparfait de l'indicatif et au subjonctif présent.
- *Défaillir, saillir, tressaillir* se conjuguent comme ***assaillir***. Mais le verbe *faillir* se conjugue comme ***finir*** (→ conjugaison 13) ; il a des formes archaïques (voir ce verbe).

20 bouillir ◆ verbes irréguliers en *-ir*

INDICATIF

	Présent	Passé composé
je/j'	bous	ai bouilli
tu	bous	as bouilli
il/elle	bout	a bouilli
nous	bouillons	avons bouilli
vous	bouillez	avez bouilli
ils/elles	bouillent	ont bouilli

	Imparfait	Plus-que-parfait
je/j'	bouillais	avais bouilli
tu	bouillais	avais bouilli
il/elle	bouillait	avait bouilli
nous	bouillions	avions bouilli
vous	bouilliez	aviez bouilli
ils/elles	bouillaient	avaient bouilli

	Passé simple	Passé antérieur
je/j'	bouillis	eus bouilli
tu	bouillis	eus bouilli
il/elle	bouillit	eut bouilli
nous	bouillîmes	eûmes bouilli
vous	bouillîtes	eûtes bouilli
ils/elles	bouillirent	eurent bouilli

	Futur simple	Futur antérieur
je/j'	bouillirai	aurai bouilli
tu	bouilliras	auras bouilli
il/elle	bouillira	aura bouilli
nous	bouillirons	aurons bouilli
vous	bouillirez	aurez bouilli
ils/elles	bouilliront	auront bouilli

CONDITIONNEL

	Présent	Passé
je/j'	bouillirais	aurais bouilli
tu	bouillirais	aurais bouilli
il/elle	bouillirait	aurait bouilli
nous	bouillirions	aurions bouilli
vous	bouilliriez	auriez bouilli
ils/elles	bouilliraient	auraient bouilli

SUBJONCTIF

	Présent	Passé
que je/j'	bouille	aie bouilli
que tu	bouilles	aies bouilli
qu'il/elle	bouille	ait bouilli
que nous	bouillions	ayons bouilli
que vous	bouilliez	ayez bouilli
qu'ils/elles	bouillent	aient bouilli

	Imparfait	Plus-que-parfait
que je/j'	bouillisse	eusse bouilli
que tu	bouillisses	eusses bouilli
qu'il/elle	bouillît	eût bouilli
que nous	bouillissions	eussions bouilli
que vous	bouillissiez	eussiez bouilli
qu'ils/elles	bouillissent	eussent bouilli

IMPÉRATIF

Présent	Passé
bous	aie bouilli
bouillons	ayons bouilli
bouillez	ayez bouilli

PARTICIPE

Présent	Passé	Passé composé
bouillant	bouilli / bouillie bouillis / bouillies	ayant bouilli

INFINITIF

Présent	Passé
bouillir	avoir bouilli

Remarque

Les formes *bouillons* et *bouillions* ont une prononciation très proche. Attention de ne pas oublier le ***i*** à l'imparfait de l'indicatif et au subjonctif présent.

21 servir ◆ verbes irréguliers en *-ir*

sur ce modèle : *desservir, resservir* et *servir.*

INDICATIF

	Présent	Passé composé
je/j'	sers	ai servi
tu	sers	as servi
il/elle	sert	a servi
nous	servons	avons servi
vous	servez	avez servi
ils/elles	servent	ont servi

	Imparfait	Plus-que-parfait
je/j'	servais	avais servi
tu	servais	avais servi
il/elle	servait	avait servi
nous	servions	avions servi
vous	serviez	aviez servi
ils/elles	servaient	avaient servi

	Passé simple	Passé antérieur
je/j'	servis	eus servi
tu	servis	eus servi
il/elle	servit	eut servi
nous	servîmes	eûmes servi
vous	servîtes	eûtes servi
ils/elles	servirent	eurent servi

	Futur simple	Futur antérieur
je/j'	servirai	aurai servi
tu	serviras	auras servi
il/elle	servira	aura servi
nous	servirons	aurons servi
vous	servirez	aurez servi
ils/elles	serviront	auront servi

CONDITIONNEL

	Présent	Passé
je/j'	servirais	aurais servi
tu	servirais	aurais servi
il/elle	servirait	aurait servi
nous	servirions	aurions servi
vous	serviriez	auriez servi
ils/elles	serviraient	auraient servi

SUBJONCTIF

	Présent	Passé
que je/j'	serve	aie servi
que tu	serves	aies servi
qu'il/elle	serve	ait servi
que nous	servions	ayons servi
que vous	serviez	ayez servi
qu'ils/elles	servent	aient servi

	Imparfait	Plus-que-parfait
que je/j'	servisse	eusse servi
que tu	servisses	eusses servi
qu'il/elle	servît	eût servi
que nous	servissions	eussions servi
que vous	servissiez	eussiez servi
qu'ils/elles	servissent	eussent servi

IMPÉRATIF

Présent	Passé
sers	aie servi
servons	ayons servi
servez	ayez servi

PARTICIPE

Présent	Passé	Passé composé
servant	servi / servie servis / servies	ayant servi

INFINITIF

Présent	Passé
servir	avoir servi

Remarque

Attention, *asservir* se conjugue comme ***finir*** (→ conjugaison 13).

22 couvrir ◆ verbes irréguliers en *-ir*

sur ce modèle : *couvrir, découvrir, entrouvrir, offrir, ouvrir, recouvrir, rouvrir* et *souffrir.*

INDICATIF

	Présent	Passé composé
je/j'	couvre	ai couvert
tu	couvres	as couvert
il/elle	couvre	a couvert
nous	couvrons	avons couvert
vous	couvrez	avez couvert
ils/elles	couvrent	ont couvert

	Imparfait	Plus-que-parfait
je/j'	couvrais	avais couvert
tu	couvrais	avais couvert
il/elle	couvrait	avait couvert
nous	couvrions	avions couvert
vous	couvriez	aviez couvert
ils/elles	couvraient	avaient couvert

	Passé simple	Passé antérieur
je/j'	couvris	eus couvert
tu	couvris	eus couvert
il/elle	couvrit	eut couvert
nous	couvrîmes	eûmes couvert
vous	couvrîtes	eûtes couvert
ils/elles	couvrirent	eurent couvert

	Futur simple	Futur antérieur
je/j'	couvrirai	aurai couvert
tu	couvriras	auras couvert
il/elle	couvrira	aura couvert
nous	couvrirons	aurons couvert
vous	couvrirez	aurez couvert
ils/elles	couvriront	auront couvert

CONDITIONNEL

	Présent	Passé
je/j'	couvrirais	aurais couvert
tu	couvrirais	aurais couvert
il/elle	couvrirait	aurait couvert
nous	couvririons	aurions couvert
vous	couvririez	auriez couvert
ils/elles	couvriraient	auraient couvert

SUBJONCTIF

	Présent	Passé
que je/j'	couvre	aie couvert
que tu	couvres	aies couvert
qu'il/elle	couvre	ait couvert
que nous	couvrions	ayons couvert
que vous	couvriez	ayez couvert
qu'ils/elles	couvrent	aient couvert

	Imparfait	Plus-que-parfait
que je/j'	couvrisse	eusse couvert
que tu	couvrisses	eusses couvert
qu'il/elle	couvrît	eût couvert
que nous	couvrissions	eussions couvert
que vous	couvrissiez	eussiez couvert
qu'ils/elles	couvrissent	eussent couvert

IMPÉRATIF

Présent	Passé
couvre	aie couvert
couvrons	ayons couvert
couvrez	ayez couvert

PARTICIPE

Présent	Passé	Passé composé
couvrant	couvert / couverte couverts / couvertes	ayant couvert

INFINITIF

Présent	Passé
couvrir	avoir couvert

23 partir ◆ verbes irréguliers en *-ir*

sur ce modèle : verbes en *-mir (dormir, endormir...)*, en *-tir (mentir, sentir, sortir...)*.

INDICATIF

	Présent	Passé composé
je	pars	suis parti/ie
tu	pars	es parti/ie
il/elle	part	est parti/ie
nous	partons	sommes partis/ies
vous	partez	êtes partis/ies
ils/elles	partent	sont partis/ies

	Imparfait	Plus-que-parfait
je/j'	partais	étais parti/ie
tu	partais	étais parti/ie
il/elle	partait	était parti/ie
nous	partions	étions partis/ies
vous	partiez	étiez partis/ies
ils/elles	partaient	étaient partis/ies

	Passé simple	Passé antérieur
je	partis	fus parti/ie
tu	partis	fus parti/ie
il/elle	partit	fut parti/ie
nous	partîmes	fûmes partis/ies
vous	partîtes	fûtes partis/ies
ils/elles	partirent	furent partis/ies

	Futur simple	Futur antérieur
je	partirai	serai parti/ie
tu	partiras	seras parti/ie
il/elle	partira	sera parti/ie
nous	partirons	serons partis/ies
vous	partirez	serez partis/ies
ils/elles	partiront	seront partis/ies

CONDITIONNEL

	Présent	Passé
je	partirais	serais parti/ie
tu	partirais	serais parti/ie
il/elle	partirait	serait parti/ie
nous	partirions	serions partis/ies
vous	partiriez	seriez partis/ies
ils/elles	partiraient	seraient partis/ies

SUBJONCTIF

	Présent	Passé
que je	parte	sois parti/ie
que tu	partes	sois parti/ie
qu'il/elle	parte	soit parti/ie
que nous	partions	soyons partis/ies
que vous	partiez	soyez partis/ies
qu'ils/elles	partent	soient partis/ies

	Imparfait	Plus-que-parfait
que je	partisse	fusse parti/ie
que tu	partisses	fusses parti/ie
qu'il/elle	partît	fût parti/ie
que nous	partissions	fussions partis/ies
que vous	partissiez	fussiez partis/ies
qu'ils/elles	partissent	fussent partis/ies

IMPÉRATIF

Présent	Passé
pars	sois parti/ie
partons	soyons partis/ies
partez	soyez partis/ies

PARTICIPE

Présent	Passé	Passé composé
partant	parti / partie	étant parti/ie
	partis / parties	étant partis/ies

INFINITIF

Présent	Passé
partir	être parti/ie
	être partis/ies

Remarques

- Les verbes *repartir* (① et ②), *départir*, ① *sortir*, ① *ressortir* se conjuguent comme ***partir*** mais les verbes *impartir, répartir, réassortir*, ② *ressortir* se conjuguent comme ***finir***.
- L'ancien verbe ② *partir* avait les formes de ***finir*** (→ conjugaison 13).

24 fuir ◆ verbes irréguliers en *-ir*

sur ce modèle : *s'enfuir* et *fuir.*

INDICATIF

	Présent	Passé composé
je/j'	fuis	ai fui
tu	fuis	as fui
il/elle	fuit	a fui
nous	fuyons	avons fui
vous	fuyez	avez fui
ils/elles	fuient	ont fui

	Imparfait	Plus-que-parfait
je/j'	fuyais	avais fui
tu	fuyais	avais fui
il/elle	fuyait	avait fui
nous	fu**yi**ons	avions fui
vous	fu**yi**ez	aviez fui
ils/elles	fuyaient	avaient fui

	Passé simple	Passé antérieur
je/j'	fuis	eus fui
tu	fuis	eus fui
il/elle	fuit	eut fui
nous	fuîmes	eûmes fui
vous	fuîtes	eûtes fui
ils/elles	fuirent	eurent fui

	Futur simple	Futur antérieur
je/j'	fuirai	aurai fui
tu	fuiras	auras fui
il/elle	fuira	aura fui
nous	fuirons	aurons fui
vous	fuirez	aurez fui
ils/elles	fuiront	auront fui

CONDITIONNEL

	Présent	Passé
je/j'	fuirais	aurais fui
tu	fuirais	aurais fui
il/elle	fuirait	aurait fui
nous	fuirions	aurions fui
vous	fuiriez	auriez fui
ils/elles	fuiraient	auraient fui

SUBJONCTIF

	Présent	Passé
que je/j'	fuie	aie fui
que tu	fuies	aies fui
qu'il/elle	fuie	ait fui
que nous	fu**yi**ons	ayons fui
que vous	fu**yi**ez	ayez fui
qu'ils/elles	fuient	aient fui

	Imparfait	Plus-que-parfait
que je/j'	fuisse	eusse fui
que tu	fuisses	eusses fui
qu'il/elle	fuît	eût fui
que nous	fuissions	eussions fui
que vous	fuissiez	eussiez fui
qu'ils/elles	fuissent	eussent fui

IMPÉRATIF

Présent	Passé
fuis	aie fui
fuyons	ayons fui
fuyez	ayez fui

PARTICIPE

Présent	Passé	Passé composé
fuyant	fui / fuie fuis / fuies	ayant fui

INFINITIF

Présent	Passé
fuir	avoir fui

Remarque

Les formes *fuyons* et *fuyions* ont une prononciation très proche. Attention de ne pas oublier le ***i*** de l'imparfait de l'indicatif et du subjonctif présent.

25 mourir ◆ verbes irréguliers en *-ir*

INDICATIF

	Présent	Passé composé
je	meurs	suis mort/te
tu	meurs	es mort/te
il/elle	meurt	est mort/te
nous	mourons	sommes morts/tes
vous	mourez	êtes morts/tes
ils/elles	meurent	sont morts/tes

	Imparfait	Plus-que-parfait
je/j'	mourais	étais mort/te
tu	mourais	étais mort/te
il/elle	mourait	était mort/te
nous	mourions	étions morts/tes
vous	mouriez	étiez morts/tes
ils/elles	mouraient	étaient morts/tes

	Passé simple	Passé antérieur
je	mourus	fus mort/te
tu	mourus	fus mort/te
il/elle	mourut	fut mort/te
nous	mourûmes	fûmes morts/tes
vous	mourûtes	fûtes morts/tes
ils/elles	moururent	furent morts/tes

	Futur simple	Futur antérieur
je	mourrai	serai mort/te
tu	mourras	seras mort/te
il/elle	mourra	sera mort/te
nous	mourrons	serons morts/tes
vous	mourrez	serez morts/tes
ils/elles	mourront	seront morts/tes

CONDITIONNEL

	Présent	Passé
je	mourrais	serais mort/te
tu	mourrais	serais mort/te
il/elle	mourrait	serait mort/te
nous	mourrions	serions morts/tes
vous	mourriez	seriez morts/tes
ils/elles	mourraient	seraient morts/tes

SUBJONCTIF

	Présent	Passé
que je	meure	sois mort/te
que tu	meures	sois mort/te
qu'il/elle	meure	soit mort/te
que nous	mourions	soyons morts/tes
que vous	mouriez	soyez morts/tes
qu'ils/elles	meurent	soient morts/tes

	Imparfait	Plus-que-parfait
que je	mourusse	fusse mort/te
que tu	mourusses	fusses mort/te
qu'il/elle	mourût	fût mort/te
que nous	mourussions	fussions morts/tes
que vous	mourussiez	fussiez morts/tes
qu'ils/elles	mourussent	fussent morts/tes

IMPÉRATIF

Présent	Passé
meurs	sois mort/te
mourons	soyons morts/tes
mourez	soyez morts/tes

PARTICIPE

Présent	Passé	Passé composé
mourant	mort / morte	étant mort/te
	morts / mortes	étant morts/tes

INFINITIF

Présent	Passé
mourir	être mort/te
	être morts/tes

Remarque

On prononce les deux ***r*** au futur et au conditionnel.

26 vêtir ◆ verbes irréguliers en *-ir*

sur ce modèle : *dévêtir*, *revêtir* et *vêtir*.

INDICATIF

	Présent	Passé composé
je/j'	vêts	ai vêtu
tu	vêts	as vêtu
il/elle	vêt	a vêtu
nous	vêtons	avons vêtu
vous	vêtez	avez vêtu
ils/elles	vêtent	ont vêtu

	Imparfait	Plus-que-parfait
je/j'	vêtais	avais vêtu
tu	vêtais	avais vêtu
il/elle	vêtait	avait vêtu
nous	vêtions	avions vêtu
vous	vêtiez	aviez vêtu
ils/elles	vêtaient	avaient vêtu

	Passé simple	Passé antérieur
je/j'	vêtis	eus vêtu
tu	vêtis	eus vêtu
il/elle	vêtit	eut vêtu
nous	vêtîmes	eûmes vêtu
vous	vêtîtes	eûtes vêtu
ils/elles	vêtirent	eurent vêtu

	Futur simple	Futur antérieur
je/j'	vêtirai	aurai vêtu
tu	vêtiras	auras vêtu
il/elle	vêtira	aura vêtu
nous	vêtirons	aurons vêtu
vous	vêtirez	aurez vêtu
ils/elles	vêtiront	auront vêtu

CONDITIONNEL

	Présent	Passé
je/j'	vêtirais	aurais vêtu
tu	vêtirais	aurais vêtu
il/elle	vêtirait	aurait vêtu
nous	vêtirions	aurions vêtu
vous	vêtiriez	auriez vêtu
ils/elles	vêtiraient	auraient vêtu

SUBJONCTIF

	Présent	Passé
que je/j'	vête	aie vêtu
que tu	vêtes	aies vêtu
qu'il/elle	vête	ait vêtu
que nous	vêtions	ayons vêtu
que vous	vêtiez	ayez vêtu
qu'ils/elles	vêtent	aient vêtu

	Imparfait	Plus-que-parfait
que je/j'	vêtisse	eusse vêtu
que tu	vêtisses	eusses vêtu
qu'il/elle	vêtît	eût vêtu
que nous	vêtissions	eussions vêtu
que vous	vêtissiez	eussiez vêtu
qu'ils/elles	vêtissent	eussent vêtu

IMPÉRATIF

Présent	Passé
vêts	aie vêtu
vêtons	ayons vêtu
vêtez	ayez vêtu

PARTICIPE

Présent	Passé	Passé composé
vêtant	vêtu / vêtue vêtus / vêtues	ayant vêtu

INFINITIF

Présent	Passé
vêtir	avoir vêtu

27 acquérir ◆ verbes irréguliers en *-ir*

sur ce modèle : acquérir, *conquérir, s'enquérir, reconquérir* et *requérir.*

INDICATIF

	Présent	Passé composé
j'	acquiers	ai acquis
tu	acquiers	as acquis
il/elle	acquiert	a acquis
nous	acquérons	avons acquis
vous	acquérez	avez acquis
ils/elles	acquièrent	ont acquis

	Imparfait	Plus-que-parfait
j'	acquérais	avais acquis
tu	acquérais	avais acquis
il/elle	acquérait	avait acquis
nous	acquérions	avions acquis
vous	acquériez	aviez acquis
ils/elles	acquéraient	avaient acquis

	Passé simple	Passé antérieur
j'	acquis	eus acquis
tu	acquis	eus acquis
il/elle	acquit	eut acquis
nous	acquîmes	eûmes acquis
vous	acquîtes	eûtes acquis
ils/elles	acquirent	eurent acquis

	Futur simple	Futur antérieur
j'	acque**rr**ai	aurai acquis
tu	acque**rr**as	auras acquis
il/elle	acque**rr**a	aura acquis
nous	acque**rr**ons	aurons acquis
vous	acque**rr**ez	aurez acquis
ils/elles	acque**rr**ont	auront acquis

CONDITIONNEL

	Présent	Passé
j'	acque**rr**ais	aurais acquis
tu	acque**rr**ais	aurais acquis
il/elle	acque**rr**ait	aurait acquis
nous	acque**rr**ions	aurions acquis
vous	acque**rr**iez	auriez acquis
ils/elles	acque**rr**aient	auraient acquis

SUBJONCTIF

	Présent	Passé
que j'	acquière	aie acquis
que tu	acquières	aies acquis
qu'il/elle	acquière	ait acquis
que nous	acquérions	ayons acquis
que vous	acquériez	ayez acquis
qu'ils/elles	acquièrent	aient acquis

	Imparfait	Plus-que-parfait
que j'	acquisse	eusse acquis
que tu	acquisses	eusses acquis
qu'il/elle	acquît	eût acquis
que nous	acquissions	eussions acquis
que vous	acquissiez	eussiez acquis
qu'ils/elles	acquissent	eussent acquis

IMPÉRATIF

Présent	Passé
acquiers	aie acquis
acquérons	ayons acquis
acquérez	ayez acquis

PARTICIPE

Présent	Passé	Passé composé
acquérant	acquis / acquise acquis / acquises	ayant acquis

INFINITIF

Présent	Passé
acquérir	avoir acquis

Remarques

- Il ne faut pas confondre *acquis*, participe passé de ***acquérir,*** et *acquit*, participe passé substantivé de *acquitter*.
- On prononce les deux ***r*** au futur et au conditionnel.

28 vouloir ◆ verbes irréguliers en *-oir*

INDICATIF

	Présent	Passé composé
je/j'	veux	ai voulu
tu	veux	as voulu
il/elle	veut	a voulu
nous	voulons	avons voulu
vous	voulez	avez voulu
ils/elles	veulent	ont voulu

	Imparfait	Plus-que-parfait
je/j'	voulais	avais voulu
tu	voulais	avais voulu
il/elle	voulait	avait voulu
nous	voulions	avions voulu
vous	vouliez	aviez voulu
ils/elles	voulaient	avaient voulu

	Passé simple	Passé antérieur
je/j'	voulus	eus voulu
tu	voulus	eus voulu
il/elle	voulut	eut voulu
nous	voulûmes	eûmes voulu
vous	voulûtes	eûtes voulu
ils/elles	voulurent	eurent voulu

	Futur simple	Futur antérieur
je/j'	voudrai	aurai voulu
tu	voudras	auras voulu
il/elle	voudra	aura voulu
nous	voudrons	aurons voulu
vous	voudrez	aurez voulu
ils/elles	voudront	auront voulu

CONDITIONNEL

	Présent	Passé
je/j'	voudrais	aurais voulu
tu	voudrais	aurais voulu
il/elle	voudrait	aurait voulu
nous	voudrions	aurions voulu
vous	voudriez	auriez voulu
ils/elles	voudraient	auraient voulu

SUBJONCTIF

	Présent	Passé
que je/j'	veuille	aie voulu
que tu	veuilles	aies voulu
qu'il/elle	veuille	ait voulu
que nous	voulions	ayons voulu
que vous	vouliez	ayez voulu
qu'ils/elles	veuillent	aient voulu

	Imparfait	Plus-que-parfait
que je/j'	voulusse	eusse voulu
que tu	voulusses	eusses voulu
qu'il/elle	voulût	eût voulu
que nous	voulussions	eussions voulu
que vous	voulussiez	eussiez voulu
qu'ils/elles	voulussent	eussent voulu

IMPÉRATIF

Présent	Passé
veux ou veuille	aie voulu
voulons	ayons voulu
voulez ou veuillez	ayez voulu

PARTICIPE

Présent	Passé	Passé composé
voulant	voulu / voulue voulus / voulues	ayant voulu

INFINITIF

Présent	Passé
vouloir	avoir voulu

Remarque

L'impératif *veux, voulons, voulez* est rare sauf dans les expressions : *ne m'en veux pas, ne m'en voulez pas.* L'impératif *veuillez* est utilisé par politesse (*veuillez agréer…*).

29 pouvoir ◆ verbes irréguliers en *-oir*

INDICATIF

	Présent	Passé composé
je/j'	peux ou **puis**	ai pu
tu	peux	as pu
il/elle	peut	a pu
nous	pouvons	avons pu
vous	pouvez	avez pu
ils/elles	peuvent	ont pu

	Imparfait	Plus-que-parfait
je/j'	pouvais	avais pu
tu	pouvais	avais pu
il/elle	pouvait	avait pu
nous	pouvions	avions pu
vous	pouviez	aviez pu
ils/elles	pouvaient	avaient pu

	Passé simple	Passé antérieur
je/j'	pus	eus pu
tu	pus	eus pu
il/elle	put	eut pu
nous	pûmes	eûmes pu
vous	pûtes	eûtes pu
ils/elles	purent	eurent pu

	Futur simple	Futur antérieur
je/j'	pourrai	aurai pu
tu	pourras	auras pu
il/elle	pourra	aura pu
nous	pourrons	aurons pu
vous	pourrez	aurez pu
ils/elles	pourront	auront pu

CONDITIONNEL

	Présent	Passé
je/j'	pourrais	aurais pu
tu	pourrais	aurais pu
il/elle	pourrait	aurait pu
nous	pourrions	aurions pu
vous	pourriez	auriez pu
ils/elles	pourraient	auraient pu

SUBJONCTIF

	Présent	Passé
que je/j'	puisse	aie pu
que tu	puisses	aies pu
qu'il/elle	puisse	ait pu
que nous	puissions	ayons pu
que vous	puissiez	ayez pu
qu'ils/elles	puissent	aient pu

	Imparfait	Plus-que-parfait
que je/j'	pusse	eusse pu
que tu	pusses	eusses pu
qu'il/elle	pût	eût pu
que nous	pussions	eussions pu
que vous	pussiez	eussiez pu
qu'ils/elles	pussent	eussent pu

IMPÉRATIF

Présent	Passé
inusité	inusité

PARTICIPE

Présent	Passé	Passé composé
pouvant	pu	ayant pu

INFINITIF

Présent	Passé
pouvoir	avoir pu

Remarques

- À la forme interrogative, seule la forme *puis* est en usage *(puis-je venir ?)*. *Puis* est plus recherché que *peux* à la forme négative, et encore plus à l'affirmative.
- Nouvelle orthographe : dans l'inversion interrogative, la première personne du singulier du subjonctif présent suivie du pronom personnel *je* porte un accent grave *(puissè-je, pussè-je)*.

30 devoir ◆ verbes irréguliers en *-oir*

sur ce modèle : *devoir* et *redevoir.*

INDICATIF

	Présent	Passé composé
je/j'	dois	ai dû
tu	dois	as dû
il/elle	doit	a dû
nous	devons	avons dû
vous	devez	avez dû
ils/elles	doivent	ont dû

	Imparfait	Plus-que-parfait
je/j'	devais	avais dû
tu	devais	avais dû
il/elle	devait	avait dû
nous	devions	avions dû
vous	deviez	aviez dû
ils/elles	devaient	avaient dû

	Passé simple	Passé antérieur
je/j'	dus	eus dû
tu	dus	eus dû
il/elle	dut	eut dû
nous	dûmes	eûmes dû
vous	dûtes	eûtes dû
ils/elles	durent	eurent dû

	Futur simple	Futur antérieur
je/j'	devrai	aurai dû
tu	devras	auras dû
il/elle	devra	aura dû
nous	devrons	aurons dû
vous	devrez	aurez dû
ils/elles	devront	auront dû

CONDITIONNEL

	Présent	Passé
je/j'	devrais	aurais dû
tu	devrais	aurais dû
il/elle	devrait	aurait dû
nous	devrions	aurions dû
vous	devriez	auriez dû
ils/elles	devraient	auraient dû

SUBJONCTIF

	Présent	Passé
que je/j'	doive	aie dû
que tu	doives	aies dû
qu'il/elle	doive	ait dû
que nous	devions	ayons dû
que vous	deviez	ayez dû
qu'ils/elles	doivent	aient dû

	Imparfait	Plus-que-parfait
que je/j'	dusse	eusse dû
que tu	dusses	eusses dû
qu'il/elle	dût	eût dû
que nous	dussions	eussions dû
que vous	dussiez	eussiez dû
qu'ils/elles	dussent	eussent dû

IMPÉRATIF

Présent	Passé
dois	aie dû
devons	ayons dû
devez	ayez dû

PARTICIPE

Présent	Passé	Passé composé
devant	dû /due dus/dues	ayant dû

INFINITIF

Présent	Passé
devoir	avoir dû

Remarques

- *Devoir, redevoir* se conjuguent comme ***recevoir*** (conjugaison 32) mais font au participe passé *dû, due, dus, dues ; redû, redue, redus, redues.*
- Nouvelle orthographe : il n'y a pas d'accent circonflexe sur la lettre ***u*** *(redu)* sauf dans *dû*, pour distinguer cette forme de l'article *du*.
- Nouvelle orthographe : dans l'inversion interrogative, la première personne du singulier en ***e*** suivie du pronom personnel *je* porte un accent grave *(dussè-je).*

31 savoir ◆ verbes irréguliers en *-oir*

INDICATIF

	Présent	Passé composé
je/j'	sais	ai su
tu	sais	as su
il/elle	sait	a su
nous	savons	avons su
vous	savez	avez su
ils/elles	savent	ont su

	Imparfait	Plus-que-parfait
je/j'	savais	avais su
tu	savais	avais su
il/elle	savait	avait su
nous	savions	avions su
vous	saviez	aviez su
ils/elles	savaient	avaient su

	Passé simple	Passé antérieur
je/j'	sus	eus su
tu	sus	eus su
il/elle	sut	eut su
nous	sûmes	eûmes su
vous	sûtes	eûtes su
ils/elles	surent	eurent su

	Futur simple	Futur antérieur
je/j'	saurai	aurai su
tu	sauras	auras su
il/elle	saura	aura su
nous	saurons	aurons su
vous	saurez	aurez su
ils/elles	sauront	auront su

CONDITIONNEL

	Présent	Passé
je/j'	saurais	aurais su
tu	saurais	aurais su
il/elle	saurait	aurait su
nous	saurions	aurions su
vous	sauriez	auriez su
ils/elles	sauraient	auraient su

SUBJONCTIF

	Présent	Passé
que je/j'	sache	aie su
que tu	saches	aies su
qu'il/elle	sache	ait su
que nous	sachions	ayons su
que vous	sachiez	ayez su
qu'ils/elles	sachent	aient su

	Imparfait	Plus-que-parfait
que je/j'	susse	eusse su
que tu	susses	eusses su
qu'il/elle	sût	eût su
que nous	sussions	eussions su
que vous	sussiez	eussiez su
qu'ils/elles	sussent	eussent su

IMPÉRATIF

Présent	Passé
sache	aie su
sachons	ayons su
sachez	ayez su

PARTICIPE

Présent	Passé	Passé composé
sachant	su / sue sus / sues	ayant su

INFINITIF

Présent	Passé
savoir	avoir su

Remarque

L'impératif s'emploie surtout suivi d'un infinitif ou de *que (sachons être patients, sachez que tout est faux).*

32 recevoir ◆ verbes irréguliers en *-oir*

sur ce modèle : *apercevoir, concevoir, décevoir, percevoir* et *recevoir.*

INDICATIF

	Présent	Passé composé
je/j'	reçois	ai reçu
tu	reçois	as reçu
il/elle	reçoit	a reçu
nous	recevons	avons reçu
vous	recevez	avez reçu
ils/elles	reçoivent	ont reçu

	Imparfait	Plus-que-parfait
je/j'	recevais	avais reçu
tu	recevais	avais reçu
il/elle	recevait	avait reçu
nous	recevions	avions reçu
vous	receviez	aviez reçu
ils/elles	recevaient	avaient reçu

	Passé simple	Passé antérieur
je/j'	reçus	eus reçu
tu	reçus	eus reçu
il/elle	reçut	eut reçu
nous	reçûmes	eûmes reçu
vous	reçûtes	eûtes reçu
ils/elles	reçurent	eurent reçu

	Futur simple	Futur antérieur
je/j'	recevrai	aurai reçu
tu	recevras	auras reçu
il/elle	recevra	aura reçu
nous	recevrons	aurons reçu
vous	recevrez	aurez reçu
ils/elles	recevront	auront reçu

CONDITIONNEL

	Présent	Passé
je/j'	recevrais	aurais reçu
tu	recevrais	aurais reçu
il/elle	recevrait	aurait reçu
nous	recevrions	aurions reçu
vous	recevriez	auriez reçu
ils/elles	recevraient	auraient reçu

SUBJONCTIF

	Présent	Passé
que je/j'	reçoive	aie reçu
que tu	reçoives	aies reçu
qu'il/elle	reçoive	ait reçu
que nous	recevions	ayons reçu
que vous	receviez	ayez reçu
qu'ils/elles	reçoivent	aient reçu

	Imparfait	Plus-que-parfait
que je/j'	reçusse	eusse reçu
que tu	reçusses	eusses reçu
qu'il/elle	reçût	eût reçu
que nous	reçussions	eussions reçu
que vous	reçussiez	eussiez reçu
qu'ils/elles	reçussent	eussent reçu

IMPÉRATIF

Présent	Passé
reçois	aie reçu
recevons	ayons reçu
recevez	ayez reçu

PARTICIPE

Présent	Passé	Passé composé
recevant	reçu / reçue reçus / reçues	ayant reçu

INFINITIF

Présent	Passé
recevoir	avoir reçu

Remarque

Dans les verbes en ***-cevoir***, ***c*** devient ***ç*** devant ***o*** et ***u*** pour garder le son [s].

33 prévoir ◆ verbes irréguliers en *-oir*

INDICATIF

	Présent	Passé composé
je/j'	prévois	ai prévu
tu	prévois	as prévu
il/elle	prévoit	a prévu
nous	prévoyons	avons prévu
vous	prévoyez	avez prévu
ils/elles	prévoient	ont prévu

	Imparfait	Plus-que-parfait
je/j'	prévoyais	avais prévu
tu	prévoyais	avais prévu
il/elle	prévoyait	avait prévu
nous	prévo**yi**ons	avions prévu
vous	prévo**yi**ez	aviez prévu
ils/elles	prévoyaient	avaient prévu

	Passé simple	Passé antérieur
je/j'	prévis	eus prévu
tu	prévis	eus prévu
il/elle	prévit	eut prévu
nous	prévîmes	eûmes prévu
vous	prévîtes	eûtes prévu
ils/elles	prévirent	eurent prévu

	Futur simple	Futur antérieur
je/j'	prév**oi**rai	aurai prévu
tu	prév**oi**ras	auras prévu
il/elle	prév**oi**ra	aura prévu
nous	prév**oi**rons	aurons prévu
vous	prév**oi**rez	aurez prévu
ils/elles	prév**oi**ront	auront prévu

CONDITIONNEL

	Présent	Passé
je/j'	prév**oi**rais	aurais prévu
tu	prév**oi**rais	aurais prévu
il/elle	prév**oi**rait	aurait prévu
nous	prév**oi**rions	aurions prévu
vous	prév**oi**riez	auriez prévu
ils/elles	prév**oi**raient	auraient prévu

SUBJONCTIF

	Présent	Passé
que je/j'	prévoie	aie prévu
que tu	prévoies	aies prévu
qu'il/elle	prévoie	ait prévu
que nous	prévo**yi**ons	ayons prévu
que vous	prévo**yi**ez	ayez prévu
qu'ils/elles	prévoient	aient prévu

	Imparfait	Plus-que-parfait
que je/j'	prévisse	eusse prévu
que tu	prévisses	eusses prévu
qu'il/elle	prévît	eût prévu
que nous	prévissions	eussions prévu
que vous	prévissiez	eussiez prévu
qu'ils/elles	prévissent	eussent prévu

IMPÉRATIF

Présent	Passé
prévois	aie prévu
prévoyons	ayons prévu
prévoyez	ayez prévu

PARTICIPE

Présent	Passé	Passé composé
prévoyant	prévu / prévue prévus / prévues	ayant prévu

INFINITIF

Présent	Passé
prévoir	avoir prévu

Remarque

Les formes *prévoyons* et *prévoyions* ont une prononciation très proche.
Il ne faut pas oublier le ***i*** à l'imparfait de l'indicatif et au subjonctif présent.

34 pourvoir ◆ verbes irréguliers en *-oir*

sur ce modèle : *échoir* et *pourvoir.*

INDICATIF

	Présent	Passé composé
je/j'	pourvois	ai pourvu
tu	pourvois	as pourvu
il/elle	pourvoit	a pourvu
nous	pourvoyons	avons pourvu
vous	pourvoyez	avez pourvu
ils/elles	pourvoient	ont pourvu

	Imparfait	Plus-que-parfait
je/j'	pourvoyais	avais pourvu
tu	pourvoyais	avais pourvu
il/elle	pourvoyait	avait pourvu
nous	pourvo**yi**ons	avions pourvu
vous	pourvo**yi**ez	aviez pourvu
ils/elles	pourvoyaient	avaient pourvu

	Passé simple	Passé antérieur
je/j'	pourvus	eus pourvu
tu	pourvus	eus pourvu
il/elle	pourvut	eut pourvu
nous	pourvûmes	eûmes pourvu
vous	pourvûtes	eûtes pourvu
ils/elles	pourvurent	eurent pourvu

	Futur simple	Futur antérieur
je/j'	pourvoirai	aurai pourvu
tu	pourvoiras	auras pourvu
il/elle	pourvoira	aura pourvu
nous	pourvoirons	aurons pourvu
vous	pourvoirez	aurez pourvu
ils/elles	pourvoiront	auront pourvu

CONDITIONNEL

	Présent	Passé
je/j'	pourvoirais	aurais pourvu
tu	pourvoirais	aurais pourvu
il/elle	pourvoirait	aurait pourvu
nous	pourvoirions	aurions pourvu
vous	pourvoiriez	auriez pourvu
ils/elles	pourvoiraient	auraient pourvu

SUBJONCTIF

	Présent	Passé
que je/j'	pourvoie	aie pourvu
que tu	pourvoies	aies pourvu
qu'il/elle	pourvoie	ait pourvu
que nous	pourvo**yi**ons	ayons pourvu
que vous	pourvo**yi**ez	ayez pourvu
qu'ils/elles	pourvoient	aient pourvu

	Imparfait	Plus-que-parfait
que je/j'	pourvusse	eusse pourvu
que tu	pourvusses	eusses pourvu
qu'il/elle	pourvût	eût pourvu
que nous	pourvussions	eussions pourvu
que vous	pourvussiez	eussiez pourvu
qu'ils/elles	pourvussent	eussent pourvu

IMPÉRATIF

Présent	Passé
pourvois	aie pourvu
pourvoyons	ayons pourvu
pourvoyez	ayez pourvu

PARTICIPE

Présent	Passé	Passé composé
pourvoyant	pourvu / pourvue pourvus / pourvues	ayant pourvu

INFINITIF

Présent	Passé
pourvoir	avoir pourvu

Remarques

- Les formes *pourvoyons* et *pourvoyions* ont une prononciation très proche. Il ne faut pas oublier le ***i*** à l'imparfait de l'indicatif et au subjonctif présent.
- *Déchoir* ne comporte ni impératif ni participe présent.

35 mouvoir ◆ verbes irréguliers en *-oir*

sur ce modèle : *émouvoir, mouvoir* et *promouvoir.*

INDICATIF

	Présent	Passé composé
je/j'	meus	ai mû
tu	meus	as mû
il/elle	meut	a mû
nous	mouvons	avons mû
vous	mouvez	avez mû
ils/elles	meuvent	ont mû

	Imparfait	Plus-que-parfait
je/j'	mouvais	avais mû
tu	mouvais	avais mû
il/elle	mouvait	avait mû
nous	mouvions	avions mû
vous	mouviez	aviez mû
ils/elles	mouvaient	avaient mû

	Passé simple	Passé antérieur
je/j'	mus	eus mû
tu	mus	eus mû
il/elle	mut	eut mû
nous	mûmes	eûmes mû
vous	mûtes	eûtes mû
ils/elles	murent	eurent mû

	Futur simple	Futur antérieur
je/j'	mouvrai	aurai mû
tu	mouvras	auras mû
il/elle	mouvra	aura mû
nous	mouvrons	aurons mû
vous	mouvrez	aurez mû
ils/elles	mouvront	auront mû

CONDITIONNEL

	Présent	Passé
je/j'	mouvrais	aurais mû
tu	mouvrais	aurais mû
il/elle	mouvrait	aurait mû
nous	mouvrions	aurions mû
vous	mouvriez	auriez mû
ils/elles	mouvraient	auraient mû

SUBJONCTIF

	Présent	Passé
que je/j'	meuve	aie mû
que tu	meuves	aies mû
qu'il/elle	meuve	ait mû
que nous	mouvions	ayons mû
que vous	mouviez	ayez mû
qu'ils/elles	meuvent	aient mû

	Imparfait	Plus-que-parfait
que je/j'	musse	eusse mû
que tu	musses	eusses mû
qu'il/elle	mût	eût mû
que nous	mussions	eussions mû
que vous	mussiez	eussiez mû
qu'ils/elles	mussent	eussent mû

IMPÉRATIF

Présent	Passé
meus	aie mû
mouvons	ayons mû
mouvez	ayez mû

PARTICIPE

Présent	Passé	Passé composé
mouvant	mû / mue mus / mues	ayant mû

INFINITIF

Présent	Passé
mouvoir	avoir mû

Remarques

- La conjugaison complète est plus courante pour ***se mouvoir*** que pour ***mouvoir***.
- *Émouvoir* et *promouvoir* se conjuguent comme ***mouvoir*** sauf au participe passé *(ému, promu* mais *mû).*
- Nouvelle orthographe : le participe passé masculin singulier ne prend pas d'accent circonflexe : *mu*.

36 pleuvoir ◆ verbes irréguliers en *-oir*

INDICATIF

	Présent	Passé composé
	—	—
	—	—
il/elle	pleut	a plu
	—	—
	—	—
ils/elles	pleuvent	ont plu

	Imparfait	Plus-que-parfait
	—	—
	—	—
il/elle	pleuvait	avait plu
	—	—
	—	—
ils/elles	pleuvaient	avaient plu

	Passé simple	Passé antérieur
	—	—
	—	—
il/elle	plut	eut plu
	—	—
	—	—
ils/elles	plurent	eurent plu

	Futur simple	Futur antérieur
	—	—
	—	—
il/elle	pleuvra	aura plu
	—	—
	—	—
ils/elles	pleuvront	auront plu

CONDITIONNEL

	Présent	Passé
	—	—
	—	—
il/elle	pleuvrait	aurait plu
	—	—
	—	—
ils/elles	pleuvraient	auraient plu

SUBJONCTIF

	Présent	Passé
	—	—
	—	—
qu'il/ elle	pleuve	ait plu
	—	—
	—	—
qu'ils/elles	pleuvent	aient plu

	Imparfait	Plus-que-parfait
	—	—
	—	—
qu'il/ elle	plût	eût plu
	—	—
	—	—
qu'ils/elles	plussent	eussent plu

IMPÉRATIF

Présent	Passé
inusité	inusité

PARTICIPE

Présent	Passé	Passé composé
pleuvant	plu	ayant plu

INFINITIF

Présent	Passé
pleuvoir	avoir plu

Remarque

Ce verbe est impersonnel mais comporte également des emplois figurés au pluriel *(les coups, les flèches pleuvaient)*.

37 voir ◆ verbes irréguliers en *-oir*

sur ce modèle : *entrevoir, revoir* et *voir.*

INDICATIF

	Présent	Passé composé
je/j'	vois	ai vu
tu	vois	as vu
il/elle	voit	a vu
nous	voyons	avons vu
vous	voyez	avez vu
ils/elles	voient	ont vu

	Imparfait	Plus-que-parfait
je/j'	voyais	avais vu
tu	voyais	avais vu
il/elle	voyait	avait vu
nous	vo**yi**ons	avions vu
vous	vo**yi**ez	aviez vu
ils/elles	voyaient	avaient vu

	Passé simple	Passé antérieur
je/j'	vis	eus vu
tu	vis	eus vu
il/elle	vit	eut vu
nous	vîmes	eûmes vu
vous	vîtes	eûtes vu
ils/elles	virent	eurent vu

	Futur simple	Futur antérieur
je/j'	verrai	aurai vu
tu	verras	auras vu
il/elle	verra	aura vu
nous	verrons	aurons vu
vous	verrez	aurez vu
ils/elles	verront	auront vu

CONDITIONNEL

	Présent	Passé
je/j'	verrais	aurais vu
tu	verrais	aurais vu
il/elle	verrait	aurait vu
nous	verrions	aurions vu
vous	verriez	auriez vu
ils/elles	verraient	auraient vu

SUBJONCTIF

	Présent	Passé
que je/j'	voie	aie vu
que tu	voies	aies vu
qu'il/elle	voie	ait vu
que nous	vo**yi**ons	ayons vu
que vous	vo**yi**ez	ayez vu
qu'ils/elles	voient	aient vu

	Imparfait	Plus-que-parfait
que je/j'	visse	eusse vu
que tu	visses	eusses vu
qu'il/elle	vît	eût vu
que nous	vissions	eussions vu
que vous	vissiez	eussiez vu
qu'ils/elles	vissent	eussent vu

IMPÉRATIF

Présent	Passé
vois	aie vu
voyons	ayons vu
voyez	ayez vu

PARTICIPE

Présent	Passé	Passé composé
voyant	vu / vue vus / vues	ayant vu

INFINITIF

Présent	Passé
voir	avoir vu

Remarques

- Attention de ne pas oublier le ***i*** à l'imparfait de l'indicatif et au subjonctif présent dans les formes *voyions, voyiez.*
- Ainsi se conjuguent *voir, entrevoir* et *revoir.* ***Prévoir*** fait *je prévoirai* au futur → conjugaison 33.

38 asseoir ◆ verbes irréguliers en *-oir*

sur ce modèle : *asseoir, rasseoir, seoir* et *surseoir.*

INDICATIF

	Présent	Passé composé
j'	assieds ou assois	ai assis
tu	assieds ou assois	as assis
il/elle	assied ou assoit	a assis
nous	asseyons ou assoyons	avons assis
vous	asseyez ou assoyez	avez assis
ils/elles	asseyent ou assoient	ont assis

	Imparfait	Plus-que-parfait
j'	asseyais ou assoyais	avais assis
tu	asseyais ou assoyais	avais assis
il/elle	asseyait ou assoyait	avait assis
nous	asseyions ou assoyions	avions assis
vous	asseyiez ou assoyiez	aviez assis
ils/elles	asseyaient ou assoyaient	avaient assis

	Passé simple	Passé antérieur
j'	assis	eus assis
tu	assis	eus assis
il/elle	assit	eut assis
nous	assîmes	eûmes assis
vous	assîtes	eûtes assis
ils/elles	assirent	eurent assis

	Futur simple	Futur antérieur
j'	assiérai ou assoirai	aurai assis
tu	assiéras ou assoiras	auras assis
il/elle	assiéra ou assoira	aura assis
nous	assiérons ou assoirons	aurons assis
vous	assiérez ou assoirez	aurez assis
ils/elles	assiéront ou assoiront	auront assis

CONDITIONNEL

	Présent	Passé
j'	assiérais ou assoirais	aurais assis
tu	assiérais ou assoirais	aurais assis
il/elle	assiérait ou assoirait	aurait assis
nous	assiérions ou assoirions	aurions assis
vous	assiériez ou assoiriez	auriez assis
ils/elles	assiéraient ou assoiraient	auraient assis

SUBJONCTIF

	Présent	Passé
que j'	asseye ou assoie	aie assis
que tu	asseyes ou assoies	aies assis
qu'il/elle	asseye ou assoie	ait assis
que nous	asseyions ou assoyions	ayons assis
que vous	asseyiez ou assoyiez	ayez assis
qu'ils/elles	asseyent ou assoient	aient assis

	Imparfait	Plus-que-parfait
que j'	assisse	eusse assis
que tu	assisses	eusses assis
qu'il/elle	assît	eût assis
que nous	assissions	eussions assis
que vous	assissiez	eussiez assis
qu'ils/elles	assissent	eussent assis

IMPÉRATIF

Présent	Passé
assieds ou assois	aie assis
asseyons ou assoyons	ayons assis
asseyez ou assoyez	ayez assis

PARTICIPE

Présent	Passé	Passé composé
asseyant ou assoyant	assis / assise assis / assises	ayant assis

INFINITIF

Présent	Passé
asseoir	avoir assis

Remarques

- Le choix entre les deux formes est lié au niveau de langue. La forme *j'asseyerai* (futur) est vieillie.
- Attention au ***i*** de l'imparfait de l'indicatif et du subjonctif présent dans les formes *asseyions, asseyiez, assoyions, assoyiez.*
- *Surseoir* ne se conjugue qu'avec les formes en ***oi*** ; ce verbe conserve le ***e*** de l'infinitif au futur et au conditionnel : *je surseoirai, je surseoirais.*
- *Seoir* a pour participe présent *séant* et pour participe passé *sis.*

39 valoir ◆ verbes irréguliers en *-oir*

sur ce modèle : *équivaloir, prévaloir, revaloir* et *valoir.*

INDICATIF

	Présent	Passé composé
je/j'	vaux	ai valu
tu	vaux	as valu
il/elle	vaut	a valu
nous	valons	avons valu
vous	valez	avez valu
ils/elles	valent	ont valu

	Imparfait	Plus-que-parfait
je/j'	valais	avais valu
tu	valais	avais valu
il/elle	valait	avait valu
nous	valions	avions valu
vous	valiez	aviez valu
ils/elles	valaient	avaient valu

	Passé simple	Passé antérieur
je/j'	valus	eus valu
tu	valus	eus valu
il/elle	valut	eut valu
nous	valûmes	eûmes valu
vous	valûtes	eûtes valu
ils/elles	valurent	eurent valu

	Futur simple	Futur antérieur
je/j'	vaudrai	aurai valu
tu	vaudras	auras valu
il/elle	vaudra	aura valu
nous	vaudrons	aurons valu
vous	vaudrez	aurez valu
ils/elles	vaudront	auront valu

CONDITIONNEL

	Présent	Passé
je/j'	vaudrais	aurais valu
tu	vaudrais	aurais valu
il/elle	vaudrait	aurait valu
nous	vaudrions	aurions valu
vous	vaudriez	auriez valu
ils/elles	vaudraient	auraient valu

SUBJONCTIF

	Présent	Passé
que je/j'	vaille	aie valu
que tu	vailles	aies valu
qu'il/elle	vaille	ait valu
que nous	valions	ayons valu
que vous	valiez	ayez valu
qu'ils/elles	vaillent	aient valu

	Imparfait	Plus-que-parfait
que je/j'	valusse	eusse valu
que tu	valusses	eusses valu
qu'il/elle	valût	eût valu
que nous	valussions	eussions valu
que vous	valussiez	eussiez valu
qu'ils/elles	valussent	eussent valu

IMPÉRATIF

Présent	Passé
vaux	aie valu
valons	ayons valu
valez	ayez valu

PARTICIPE

Présent	Passé	Passé composé
valant	valu / value valus / values	ayant valu

INFINITIF

Présent	Passé
valoir	avoir valu

Remarques

- *Équivaloir* fait au participe passé *équivalu* (invariable), forme rare.
- *Prévaloir* fait au subjonctif présent *que je prévale*.

40 falloir ◆ verbes irréguliers en *-oir*

INDICATIF

	Présent	Passé composé
	—	—
	—	—
il	faut	a fallu
	—	—
	—	—
	—	—

	Imparfait	Plus-que-parfait
	—	—
	—	—
il	fallait	avait fallu
	—	—
	—	—
	—	—

	Passé simple	Passé antérieur
	—	—
	—	—
il	fallut	eut fallu
	—	—
	—	—
	—	—

	Futur simple	Futur antérieur
	—	—
	—	—
il	faudra	aura fallu
	—	—
	—	—
	—	—

CONDITIONNEL

	Présent	Passé
	—	—
	—	—
il	faudrait	aurait fallu
	—	—
	—	—
	—	—

SUBJONCTIF

	Présent	Passé
	—	—
	—	—
qu'il	faille	ait fallu
	—	—
	—	—
	—	—

	Imparfait	Plus-que-parfait
	—	—
	—	—
qu'il	fallût	eût fallu
	—	—
	—	—
	—	—

IMPÉRATIF

Présent	Passé
inusité	inusité

PARTICIPE

Présent	Passé	Passé composé
inusité	fallu	inusité

INFINITIF

Présent	Passé
falloir	inusité

41 faire ◆ verbes irréguliers en *-re*

sur ce modèle : *contrefaire, défaire, faire, parfaire, refaire* et *satisfaire.*

INDICATIF

	Présent	Passé composé
je/j'	fais	ai fait
tu	fais	as fait
il/elle	fait	a fait
nous	faisons	avons fait
vous	**faites**	avez fait
ils/elles	font	ont fait

	Imparfait	Plus-que-parfait
je/j'	faisais	avais fait
tu	faisais	avais fait
il/elle	faisait	avait fait
nous	faisions	avions fait
vous	faisiez	aviez fait
ils/elles	faisaient	avaient fait

	Passé simple	Passé antérieur
je/j'	fis	eus fait
tu	fis	eus fait
il/elle	fit	eut fait
nous	fîmes	eûmes fait
vous	fîtes	eûtes fait
ils/elles	firent	eurent fait

	Futur simple	Futur antérieur
je/j'	ferai	aurai fait
tu	feras	auras fait
il/elle	fera	aura fait
nous	ferons	aurons fait
vous	ferez	aurez fait
ils/elles	feront	auront fait

CONDITIONNEL

	Présent	Passé
je/j'	ferais	aurais fait
tu	ferais	aurais fait
il/elle	ferait	aurait fait
nous	ferions	aurions fait
vous	feriez	auriez fait
ils/elles	feraient	auraient fait

SUBJONCTIF

	Présent	Passé
que je/j'	fasse	aie fait
que tu	fasses	aies fait
qu'il/elle	fasse	ait fait
que nous	fassions	ayons fait
que vous	fassiez	ayez fait
qu'ils/elles	fassent	aient fait

	Imparfait	Plus-que-parfait
que je/j'	fisse	eusse fait
que tu	fisses	eusses fait
qu'il/elle	fît	eût fait
que nous	fissions	eussions fait
que vous	fissiez	eussiez fait
qu'ils/elles	fissent	eussent fait

IMPÉRATIF

Présent	Passé
fais	aie fait
faisons	ayons fait
faites	ayez fait

PARTICIPE

Présent	Passé	Passé composé
faisant	fait / faite faits / faites	ayant fait

INFINITIF

Présent	Passé
faire	avoir fait

Remarque

Parfaire s'emploie seulement à l'infinitif et aux temps composés.

44 rendre ◆ verbes irréguliers en *-re*

sur ce modèle : verbes en *-andre (répandre), -endre (vendre), -erdre (perdre), -ondre (fondre), -ordre (tordre).*

CONJUGAISON

INDICATIF

	Présent	Passé composé
je/j'	rends	ai rendu
tu	rends	as rendu
il/elle	rend	a rendu
nous	rendons	avons rendu
vous	rendez	avez rendu
ils/elles	rendent	ont rendu

	Imparfait	Plus-que-parfait
je/j'	rendais	avais rendu
tu	rendais	avais rendu
il/elle	rendait	avait rendu
nous	rendions	avions rendu
vous	rendiez	aviez rendu
ils/elles	rendaient	avaient rendu

	Passé simple	Passé antérieur
je/j'	rendis	eus rendu
tu	rendis	eus rendu
il/elle	rendit	eut rendu
nous	rendîmes	eûmes rendu
vous	rendîtes	eûtes rendu
ils/elles	rendirent	eurent rendu

	Futur simple	Futur antérieur
je/j'	rendrai	aurai rendu
tu	rendras	auras rendu
il/elle	rendra	aura rendu
nous	rendrons	aurons rendu
vous	rendrez	aurez rendu
ils/elles	rendront	auront rendu

CONDITIONNEL

	Présent	Passé
je/j'	rendrais	aurais rendu
tu	rendrais	aurais rendu
il/elle	rendrait	aurait rendu
nous	rendrions	aurions rendu
vous	rendriez	auriez rendu
ils/elles	rendraient	auraient rendu

SUBJONCTIF

	Présent	Passé
que je/j'	rende	aie rendu
que tu	rendes	aies rendu
qu'il/elle	rende	ait rendu
que nous	rendions	ayons rendu
que vous	rendiez	ayez rendu
qu'ils/elles	rendent	aient rendu

	Imparfait	Plus-que-parfait
que je/j'	rendisse	eusse rendu
que tu	rendisses	eusses rendu
qu'il/elle	rendît	eût rendu
que nous	rendissions	eussions rendu
que vous	rendissiez	eussiez rendu
qu'ils/elles	rendissent	eussent rendu

IMPÉRATIF

Présent	Passé
rends	aie rendu
rendons	ayons rendu
rendez	ayez rendu

PARTICIPE

Présent	Passé	Passé composé
rendant	rendu / rendue rendus / rendues	ayant rendu

INFINITIF

Présent	Passé
rendre	avoir rendu

Remarque

Cette série comprend les verbes en ***-endre***, sauf ***prendre*** et ses dérivés (→ conjugaison 45).

45 prendre ◆ verbes irréguliers en *-re*

sur ce modèle : *apprendre, comprendre, surprendre...*

INDICATIF

	Présent	Passé composé
je/j'	prends	ai pris
tu	prends	as pris
il/elle	prend	a pris
nous	prenons	avons pris
vous	prenez	avez pris
ils/elles	prennent	ont pris

	Imparfait	Plus-que-parfait
je/j'	prenais	avais pris
tu	prenais	avais pris
il/elle	prenait	avait pris
nous	prenions	avions pris
vous	preniez	aviez pris
ils/elles	prenaient	avaient pris

	Passé simple	Passé antérieur
je/j'	pris	eus pris
tu	pris	eus pris
il/elle	prit	eut pris
nous	prîmes	eûmes pris
vous	prîtes	eûtes pris
ils/elles	prirent	eurent pris

	Futur simple	Futur antérieur
je/j'	prendrai	aurai pris
tu	prendras	auras pris
il/elle	prendra	aura pris
nous	prendrons	aurons pris
vous	prendrez	aurez pris
ils/elles	prendront	auront pris

CONDITIONNEL

	Présent	Passé
je/j'	prendrais	aurais pris
tu	prendrais	aurais pris
il/elle	prendrait	aurait pris
nous	prendrions	aurions pris
vous	prendriez	auriez pris
ils/elles	prendraient	auraient pris

SUBJONCTIF

	Présent	Passé
que je/j'	prenne	aie pris
que tu	prennes	aies pris
qu'il/elle	prenne	ait pris
que nous	prenions	ayons pris
que vous	preniez	ayez pris
qu'ils/elles	prennent	aient pris

	Imparfait	Plus-que-parfait
que je/j'	prisse	eusse pris
que tu	prisses	eusses pris
qu'il/elle	prît	eût pris
que nous	prissions	eussions pris
que vous	prissiez	eussiez pris
qu'ils/elles	prissent	eussent pris

IMPÉRATIF

Présent	Passé
prends	aie pris
prenons	ayons pris
prenez	ayez pris

PARTICIPE

Présent	Passé	Passé composé
prenant	pris / prise pris / prises	ayant pris

INFINITIF

Présent	Passé
prendre	avoir pris

Remarque

Cette série regroupe les composés du verbe ***prendre***.

46 mettre ◆ verbes irréguliers en *-re*

sur ce modèle : *admettre, commettre, omettre, permettre, transmettre…*

INDICATIF

	Présent	Passé composé
je/j'	mets	ai mis
tu	mets	as mis
il/elle	met	a mis
nous	mettons	avons mis
vous	mettez	avez mis
ils/elles	mettent	ont mis

	Imparfait	Plus-que-parfait
je/j'	mettais	avais mis
tu	mettais	avais mis
il/elle	mettait	avait mis
nous	mettions	avions mis
vous	mettiez	aviez mis
ils/elles	mettaient	avaient mis

	Passé simple	Passé antérieur
je/j'	mis	eus mis
tu	mis	eus mis
il/elle	mit	eut mis
nous	mîmes	eûmes mis
vous	mîtes	eûtes mis
ils/elles	mirent	eurent mis

	Futur simple	Futur antérieur
je/j'	mettrai	aurai mis
tu	mettras	auras mis
il/elle	mettra	aura mis
nous	mettrons	aurons mis
vous	mettrez	aurez mis
ils/elles	mettront	auront mis

CONDITIONNEL

	Présent	Passé
je/j'	mettrais	aurais mis
tu	mettrais	aurais mis
il/elle	mettrait	aurait mis
nous	mettrions	aurions mis
vous	mettriez	auriez mis
ils/elles	mettraient	auraient mis

SUBJONCTIF

	Présent	Passé
que je/j'	mette	aie mis
que tu	mettes	aies mis
qu'il/elle	mette	ait mis
que nous	mettions	ayons mis
que vous	mettiez	ayez mis
qu'ils/elles	mettent	aient mis

	Imparfait	Plus-que-parfait
que je/j'	misse	eusse mis
que tu	misses	eusses mis
qu'il/elle	mît	eût mis
que nous	missions	eussions mis
que vous	missiez	eussiez mis
qu'ils/elles	missent	eussent mis

IMPÉRATIF

Présent	Passé
mets	aie mis
mettons	ayons mis
mettez	ayez mis

PARTICIPE

Présent	Passé	Passé composé
mettant	mis / mise mis / mises	ayant mis

INFINITIF

Présent	Passé
mettre	avoir mis

Remarque

Cette série regroupe les composés du verbe ***mettre***.

47 battre ◆ verbes irréguliers en *-re*

sur ce modèle : *abattre, battre, combattre, débattre, s'ébattre, rabattre* et *rebattre.*

INDICATIF

	Présent	Passé composé
je/j'	bats	ai battu
tu	bats	as battu
il/elle	bat	a battu
nous	battons	avons battu
vous	battez	avez battu
ils/elles	battent	ont battu

	Imparfait	Plus-que-parfait
je/j'	battais	avais battu
tu	battais	avais battu
il/elle	battait	avait battu
nous	battions	avions battu
vous	battiez	aviez battu
ils/elles	battaient	avaient battu

	Passé simple	Passé antérieur
je/j'	battis	eus battu
tu	battis	eus battu
il/elle	battit	eut battu
nous	battîmes	eûmes battu
vous	battîtes	eûtes battu
ils/elles	battirent	eurent battu

	Futur simple	Futur antérieur
je/j'	battrai	aurai battu
tu	battras	auras battu
il/elle	battra	aura battu
nous	battrons	aurons battu
vous	battrez	aurez battu
ils/elles	battront	auront battu

CONDITIONNEL

	Présent	Passé
je/j'	battrais	aurais battu
tu	battrais	aurais battu
il/elle	battrait	aurait battu
nous	battrions	aurions battu
vous	battriez	auriez battu
ils/elles	battraient	auraient battu

SUBJONCTIF

	Présent	Passé
que je/j'	batte	aie battu
que tu	battes	aies battu
qu'il/elle	batte	ait battu
que nous	battions	ayons battu
que vous	battiez	ayez battu
qu'ils/elles	battent	aient battu

	Imparfait	Plus-que-parfait
que je/j'	battisse	eusse battu
que tu	battisses	eusses battu
qu'il/elle	battît	eût battu
que nous	battissions	eussions battu
que vous	battissiez	eussiez battu
qu'ils/elles	battissent	eussent battu

IMPÉRATIF

Présent	Passé
bats	aie battu
battons	ayons battu
battez	ayez battu

PARTICIPE

Présent	Passé	Passé composé
battant	battu / battue battus / battues	ayant battu

INFINITIF

Présent	Passé
battre	avoir battu

Remarque

Cette série comprend les composés du verbe ***battre***.

48a craindre ◆ verbes irréguliers en *-re*

sur ce modèle : *contraindre, craindre* et *plaindre.*

INDICATIF

	Présent	Passé composé
je/j'	crains	ai craint
tu	crains	as craint
il/elle	craint	a craint
nous	craignons	avons craint
vous	craignez	avez craint
ils/elles	craignent	ont craint

	Imparfait	Plus-que-parfait
je/j'	craignais	avais craint
tu	craignais	avais craint
il/elle	craignait	avait craint
nous	craignions	avions craint
vous	craigniez	aviez craint
ils/elles	craignaient	avaient craint

	Passé simple	Passé antérieur
je/j'	craignis	eus craint
tu	craignis	eus craint
il/elle	craignit	eut craint
nous	craignîmes	eûmes craint
vous	craignîtes	eûtes craint
ils/elles	craignirent	eurent craint

	Futur simple	Futur antérieur
je/j'	craindrai	aurai craint
tu	craindras	auras craint
il/elle	craindra	aura craint
nous	craindrons	aurons craint
vous	craindrez	aurez craint
ils/elles	craindront	auront craint

CONDITIONNEL

	Présent	Passé
je/j'	craindrais	aurais craint
tu	craindrais	aurais craint
il/elle	craindrait	aurait craint
nous	craindrions	aurions craint
vous	craindriez	auriez craint
ils/elles	craindraient	auraient craint

SUBJONCTIF

	Présent	Passé
que je/j'	craigne	aie craint
que tu	craignes	aies craint
qu'il/elle	craigne	ait craint
que nous	craignions	ayons craint
que vous	craigniez	ayez craint
qu'ils/elles	craignent	aient craint

	Imparfait	Plus-que-parfait
que je/j'	craignisse	eusse craint
que tu	craignisses	eusses craint
qu'il/elle	craignît	eût craint
que nous	craignissions	eussions craint
que vous	craignissiez	eussiez craint
qu'ils/elles	craignissent	eussent craint

IMPÉRATIF

Présent	Passé
crains	aie craint
craignons	ayons craint
craignez	ayez craint

PARTICIPE

Présent	Passé	Passé composé
craignant	craint / crainte craints / craintes	ayant craint

INFINITIF

Présent	Passé
craindre	avoir craint

Remarque

Les formes *craignons* et *craignions* ont une prononciation très proche. Attention de ne pas oublier le ***i*** à l'imparfait de l'indicatif et au subjonctif présent.

48b peindre ◆ verbes irréguliers en *-re*

sur ce modèle : *atteindre, éteindre, geindre, teindre...*

INDICATIF

	Présent	Passé composé
je/j'	peins	ai peint
tu	peins	as peint
il/elle	peint	a peint
nous	peignons	avons peint
vous	peignez	avez peint
ils/elles	peignent	ont peint

	Imparfait	Plus-que-parfait
je/j'	peignais	avais peint
tu	peignais	avais peint
il/elle	peignait	avait peint
nous	pei**gni**ons	avions peint
vous	pei**gni**ez	aviez peint
ils/elles	peignaient	avaient peint

	Passé simple	Passé antérieur
je/j'	peignis	eus peint
tu	peignis	eus peint
il/elle	peignit	eut peint
nous	peignîmes	eûmes peint
vous	peignîtes	eûtes peint
ils/elles	peignirent	eurent peint

	Futur simple	Futur antérieur
je/j'	peindrai	aurai peint
tu	peindras	auras peint
il/elle	peindra	aura peint
nous	peindrons	aurons peint
vous	peindrez	aurez peint
ils/elles	peindront	auront peint

CONDITIONNEL

	Présent	Passé
je/j'	peindrais	aurais peint
tu	peindrais	aurais peint
il/elle	peindrait	aurait peint
nous	peindrions	aurions peint
vous	peindriez	auriez peint
ils/elles	peindraient	auraient peint

SUBJONCTIF

	Présent	Passé
que je/j'	peigne	aie peint
que tu	peignes	aies peint
qu'il/elle	peigne	ait peint
que nous	pei**gni**ons	ayons peint
que vous	pei**gni**ez	ayez peint
qu'ils/elles	peignent	aient peint

	Imparfait	Plus-que-parfait
que je/j'	peignisse	eusse peint
que tu	peignisses	eusses peint
qu'il/elle	peignît	eût peint
que nous	peignissions	eussions peint
que vous	peignissiez	eussiez peint
qu'ils/elles	peignissent	eussent peint

IMPÉRATIF

Présent	Passé
peins	aie peint
peignons	ayons peint
peignez	ayez peint

PARTICIPE

Présent	Passé	Passé composé
peignant	peint / peinte peints / peintes	ayant peint

INFINITIF

Présent	Passé
peindre	avoir peint

Remarques

- Les formes *peignons* et *peignions* ont une prononciation très proche. Attention de ne pas oublier le ***i*** à l'imparfait de l'indicatif et au subjonctif présent.
- De nombreuses formes du verbe ***peindre*** sont communes avec le verbe *peigner.*

49 joindre ◆ verbes irréguliers en *-re*

sur ce modèle : *adjoindre, disjoindre, poindre, rejoindre…*

INDICATIF

	Présent	Passé composé
je/j'	joins	ai joint
tu	joins	as joint
il/elle	joint	a joint
nous	joignons	avons joint
vous	joignez	avez joint
ils/elles	joignent	ont joint

	Imparfait	Plus-que-parfait
je/j'	joignais	avais joint
tu	joignais	avais joint
il/elle	joignait	avait joint
nous	joi**gni**ons	avions joint
vous	joi**gni**ez	aviez joint
ils/elles	joignaient	avaient joint

	Passé simple	Passé antérieur
je/j'	joignis	eus joint
tu	joignis	eus joint
il/elle	joignit	eut joint
nous	joignîmes	eûmes joint
vous	joignîtes	eûtes joint
ils/elles	joignirent	eurent joint

	Futur simple	Futur antérieur
je/j'	joindrai	aurai joint
tu	joindras	auras joint
il/elle	joindra	aura joint
nous	joindrons	aurons joint
vous	joindrez	aurez joint
ils/elles	joindront	auront joint

CONDITIONNEL

	Présent	Passé
je/j'	joindrais	aurais joint
tu	joindrais	aurais joint
il/elle	joindrait	aurait joint
nous	joindrions	aurions joint
vous	joindriez	auriez joint
ils/elles	joindraient	auraient joint

SUBJONCTIF

	Présent	Passé
que je/j'	joigne	aie joint
que tu	joignes	aies joint
qu'il/elle	joigne	ait joint
que nous	joi**gni**ons	ayons joint
que vous	joi**gni**ez	ayez joint
qu'ils/elles	joignent	aient joint

	Imparfait	Plus-que-parfait
que je/j'	joignisse	eusse joint
que tu	joignisses	eusses joint
qu'il/elle	joignît	eût joint
que nous	joignissions	eussions joint
que vous	joignissiez	eussiez joint
qu'ils/elles	joignissent	eussent joint

IMPÉRATIF

Présent	Passé
joins	aie joint
joignons	ayons joint
joignez	ayez joint

PARTICIPE

Présent	Passé	Passé composé
joignant	joint / jointe joints / jointes	ayant joint

INFINITIF

Présent	Passé
joindre	avoir joint

Remarques

- Les formes *joignons* et *joignions* ont une prononciation très proche. Attention de ne pas oublier le ***i*** à l'imparfait de l'indicatif et au subjonctif présent.
- *Poindre* s'emploie surtout à l'infinitif et aux formes suivantes : *il point, il poindra, il poindrait, il a point.*
- *Oindre* s'emploie aujourd'hui surtout à l'infinitif et au participe passé.

50 vaincre ◆ verbes irréguliers en *-re*

sur ce modèle : *convaincre* et *vaincre*.

INDICATIF

	Présent	Passé composé
je/j'	vaincs	ai vaincu
tu	vaincs	as vaincu
il/elle	vainc	a vaincu
nous	vainquons	avons vaincu
vous	vainquez	avez vaincu
ils/elles	vainquent	ont vaincu

	Imparfait	Plus-que-parfait
je/j'	vainquais	avais vaincu
tu	vainquais	avais vaincu
il/elle	vainquait	avait vaincu
nous	vainquions	avions vaincu
vous	vainquiez	aviez vaincu
ils/elles	vainquaient	avaient vaincu

	Passé simple	Passé antérieur
je/j'	vainquis	eus vaincu
tu	vainquis	eus vaincu
il/elle	vainquit	eut vaincu
nous	vainquîmes	eûmes vaincu
vous	vainquîtes	eûtes vaincu
ils/elles	vainquirent	eurent vaincu

	Futur simple	Futur antérieur
je/j'	vaincrai	aurai vaincu
tu	vaincras	auras vaincu
il/elle	vaincra	aura vaincu
nous	vaincrons	aurons vaincu
vous	vaincrez	aurez vaincu
ils/elles	vaincront	auront vaincu

CONDITIONNEL

	Présent	Passé
je/j'	vaincrais	aurais vaincu
tu	vaincrais	aurais vaincu
il/elle	vaincrait	aurait vaincu
nous	vaincrions	aurions vaincu
vous	vaincriez	auriez vaincu
ils/elles	vaincraient	auraient vaincu

SUBJONCTIF

	Présent	Passé
que je/j'	vainque	aie vaincu
que tu	vainques	aies vaincu
qu'il/elle	vainque	ait vaincu
que nous	vainquions	ayons vaincu
que vous	vainquiez	ayez vaincu
qu'ils/elles	vainquent	aient vaincu

	Imparfait	Plus-que-parfait
que je/j'	vainquisse	eusse vaincu
que tu	vainquisses	eusses vaincu
qu'il/elle	vainquît	eût vaincu
que nous	vainquissions	eussions vaincu
que vous	vainquissiez	eussiez vaincu
qu'ils/elles	vainquissent	eussent vaincu

IMPÉRATIF

Présent	Passé
vaincs	aie vaincu
vainquons	ayons vaincu
vainquez	ayez vaincu

PARTICIPE

Présent	Passé	Passé composé
vainquant	vaincu / vaincue vaincus / vaincues	ayant vaincu

INFINITIF

Présent	Passé
vaincre	avoir vaincu

Remarques

- Devant une voyelle autre que ***u*** prononcé, le son [k] se note ***qu*** (*ex. nous vainquons, je vainquis*).
- À la 3ᵉ personne du singulier du présent de l'indicatif, ***vaincre*** ne prend pas de ***t*** (*il vainc*).

51 rompre ◆ verbes irréguliers en *-re*

sur ce modèle : *corrompre, interrompre* et *rompre.*

INDICATIF

	Présent	Passé composé
je/j'	romps	ai rompu
tu	romps	as rompu
il/elle	rompt	a rompu
nous	rompons	avons rompu
vous	rompez	avez rompu
ils/elles	rompent	ont rompu

	Imparfait	Plus-que-parfait
je/j'	rompais	avais rompu
tu	rompais	avais rompu
il/elle	rompait	avait rompu
nous	rompions	avions rompu
vous	rompiez	aviez rompu
ils/elles	rompaient	avaient rompu

	Passé simple	Passé antérieur
je/j'	rompis	eus rompu
tu	rompis	eus rompu
il/elle	rompit	eut rompu
nous	rompîmes	eûmes rompu
vous	rompîtes	eûtes rompu
ils/elles	rompirent	eurent rompu

	Futur simple	Futur antérieur
je/j'	romprai	aurai rompu
tu	rompras	auras rompu
il/elle	rompra	aura rompu
nous	romprons	aurons rompu
vous	romprez	aurez rompu
ils/elles	rompront	auront rompu

CONDITIONNEL

	Présent	Passé
je/j'	romprais	aurais rompu
tu	romprais	aurais rompu
il/elle	romprait	aurait rompu
nous	romprions	aurions rompu
vous	rompriez	auriez rompu
ils/elles	rompraient	auraient rompu

SUBJONCTIF

	Présent	Passé
que je/j'	rompe	aie rompu
que tu	rompes	aies rompu
qu'il/elle	rompe	ait rompu
que nous	rompions	ayons rompu
que vous	rompiez	ayez rompu
qu'ils/elles	rompent	aient rompu

	Imparfait	Plus-que-parfait
que je/j'	rompisse	eusse rompu
que tu	rompisses	eusses rompu
qu'il/elle	rompît	eût rompu
que nous	rompissions	eussions rompu
que vous	rompissiez	eussiez rompu
qu'ils/elles	rompissent	eussent rompu

IMPÉRATIF

Présent	Passé
romps	aie rompu
rompons	ayons rompu
rompez	ayez rompu

PARTICIPE

Présent	Passé	Passé composé
rompant	rompu / rompue rompus / rompues	ayant rompu

INFINITIF

Présent	Passé
rompre	avoir rompu

52 connaître ◆ verbes irréguliers en *-re*

sur ce modèle : *disparaître, paître, reconnaître, transparaître...*

INDICATIF

	Présent	Passé composé
je/j'	connais	ai connu
tu	connais	as connu
il/elle	connaît	a connu
nous	connaissons	avons connu
vous	connaissez	avez connu
ils/elles	connaissent	ont connu

	Imparfait	Plus-que-parfait
je/j'	connaissais	avais connu
tu	connaissais	avais connu
il/elle	connaissait	avait connu
nous	connaissions	avions connu
vous	connaissiez	aviez connu
ils/elles	connaissaient	avaient connu

	Passé simple	Passé antérieur
je/j'	connus	eus connu
tu	connus	eus connu
il/elle	connut	eut connu
nous	connûmes	eûmes connu
vous	connûtes	eûtes connu
ils/elles	connurent	eurent connu

	Futur simple	Futur antérieur
je/j'	connaîtrai	aurai connu
tu	connaîtras	auras connu
il/elle	connaîtra	aura connu
nous	connaîtrons	aurons connu
vous	connaîtrez	aurez connu
ils/elles	connaîtront	auront connu

CONDITIONNEL

	Présent	Passé
je/j'	connaîtrais	aurais connu
tu	connaîtrais	aurais connu
il/elle	connaîtrait	aurait connu
nous	connaîtrions	aurions connu
vous	connaîtriez	auriez connu
ils/elles	connaîtraient	auraient connu

SUBJONCTIF

	Présent	Passé
que je/j'	connaisse	aie connu
que tu	connaisses	aies connu
qu'il/elle	connaisse	ait connu
que nous	connaissions	ayons connu
que vous	connaissiez	ayez connu
qu'ils/elles	connaissent	aient connu

	Imparfait	Plus-que-parfait
que je/j'	connusse	eusse connu
que tu	connusses	eusses connu
qu'il/elle	connût	eût connu
que nous	connussions	eussions connu
que vous	connussiez	eussiez connu
qu'ils/elles	connussent	eussent connu

IMPÉRATIF

Présent	Passé
connais	aie connu
connaissons	ayons connu
connaissez	ayez connu

PARTICIPE

Présent	Passé	Passé composé
connaissant	connu / connue connus / connues	ayant connu

INFINITIF

Présent	Passé
connaître	avoir connu

Remarques

- Le ***i*** prend un accent circonflexe devant ***t*** *(il connaît, je connaîtrai).*
- Nouvelle orthographe : la lettre ***i*** ne prend pas d'accent circonflexe : *il connait, je disparaitrai, il apparait.*
- *Paître* n'a pas de temps composés ni de participe passé, ni de passé simple, ni de subjonctif imparfait. Mais ces formes existent pour *repaître (repu, ue ; je repus).*

53 naître ◆ verbes irréguliers en *-re*

sur ce modèle : *naître* et *renaître.*

INDICATIF

	Présent	Passé composé
je	nais	suis né/née
tu	nais	es né/née
il/elle	naît	est né/née
nous	naissons	sommes nés/nées
vous	naissez	êtes nés/nées
ils/elles	naissent	sont nés/nées

	Imparfait	Plus-que-parfait
je/j'	naissais	étais né/née
tu	naissais	étais né/née
il/elle	naissait	était né/née
nous	naissions	étions nés/nées
vous	naissiez	étiez nés/nées
ils/elles	naissaient	étaient nés/nées

	Passé simple	Passé antérieur
je	naquis	fus né/née
tu	naquis	fus né/née
il/elle	naquit	fut né/née
nous	naquîmes	fûmes nés/nées
vous	naquîtes	fûtes nés/nées
ils/elles	naquirent	furent nés/nées

	Futur simple	Futur antérieur
je	naîtrai	serai né/née
tu	naîtras	seras né/née
il/elle	naîtra	sera né/née
nous	naîtrons	serons nés/nées
vous	naîtrez	serez nés/nées
ils/elles	naîtront	seront nés/nées

CONDITIONNEL

	Présent	Passé
je	naîtrais	serais né/née
tu	naîtrais	serais né/née
il/elle	naîtrait	serait né/née
nous	naîtrions	serions nés/nées
vous	naîtriez	seriez nés/nées
ils/elles	naîtraient	seraient nés/nées

SUBJONCTIF

	Présent	Passé
que je	naisse	sois né/née
que tu	naisses	sois né/née
qu'il/elle	naisse	soit né/née
que nous	naissions	soyons nés/nées
que vous	naissiez	soyez nés/nées
qu'ils/elles	naissent	soient nés/nées

	Imparfait	Plus-que-parfait
que je	naquisse	fusse né/née
que tu	naquisses	fusses né/née
qu'il/elle	naquît	fût né/née
que nous	naquissions	fussions nés/nées
que vous	naquissiez	fussiez nés/nées
qu'ils/elles	naquissent	fussent nés/nées

IMPÉRATIF

Présent	Passé
nais	sois né/née
naissons	soyons nés/nées
naissez	soyez nés/nées

PARTICIPE

Présent	Passé	Passé composé
naissant	né / née	étant né/née
	nés / nées	étant nés/nées

INFINITIF

Présent	Passé
naître	être né/née
	être nés/nées

Remarques

- Le ***i*** prend un accent circonflexe devant ***t*** *(il naît, il naîtra).*
- Nouvelle orthographe : la lettre ***i*** ne prend pas d'accent circonflexe : *naitre, il nait, elle naitra, il naitrait.*
- *Renaître* se conjugue comme ***naître***. Le participe passé est rare (cf. le prénom *René*).

54 croître ◆ verbes irréguliers en *-re*

sur ce modèle : *accroître, croître* et *décroître.*

INDICATIF

	Présent	Passé composé
je/j'	croîs	ai crû
tu	croîs	as crû
il/elle	croît	a crû
nous	croissons	avons crû
vous	croissez	avez crû
ils/elles	croissent	ont crû

	Imparfait	Plus-que-parfait
je/j'	croissais	avais crû
tu	croissais	avais crû
il/elle	croissait	avait crû
nous	croissions	avions crû
vous	croissiez	aviez crû
ils/elles	croissaient	avaient crû

	Passé simple	Passé antérieur
je/j'	crûs	eus crû
tu	crûs	eus crû
il/elle	crût	eut crû
nous	crûmes	eûmes crû
vous	crûtes	eûtes crû
ils/elles	crûrent	eurent crû

	Futur simple	Futur antérieur
je/j'	croîtrai	aurai crû
tu	croîtras	auras crû
il/elle	croîtra	aura crû
nous	croîtrons	aurons crû
vous	croîtrez	aurez crû
ils/elles	croîtront	auront crû

CONDITIONNEL

	Présent	Passé
je/j'	croîtrais	aurais crû
tu	croîtrais	aurais crû
il/elle	croîtrait	aurait crû
nous	croîtrions	aurions crû
vous	croîtriez	auriez crû
ils/elles	croîtraient	auraient crû

SUBJONCTIF

	Présent	Passé
que je/j'	croisse	aie crû
que tu	croisses	aies crû
qu'il/elle	croisse	ait crû
que nous	croissions	ayons crû
que vous	croissiez	ayez crû
qu'ils/elles	croissent	aient crû

	Imparfait	Plus-que-parfait
que je/j'	crûsse	eusse crû
que tu	crûsses	eusses crû
qu'il/elle	crût	eût crû
que nous	crûssions	eussions crû
que vous	crûssiez	eussiez crû
qu'ils/elles	crûssent	eussent crû

IMPÉRATIF

Présent	Passé
croîs	aie crû
croissons	ayons crû
croissez	ayez crû

PARTICIPE

Présent	Passé	Passé composé
croissant	crû	ayant crû

INFINITIF

Présent	Passé
croître	avoir crû

Remarques

- Le verbe ***croître*** prend un accent circonflexe aux trois personnes du singulier de l'indicatif présent, au passé simple et au participe passé, ce qui distingue ces formes des formes correspondantes du verbe ***croire*** (→ conjugaison 55).
- Le ***i*** des verbes *accroître* et *décroître* prend un accent circonflexe devant ***t*** *(il accroît, nous décroîtrons).*
- Nouvelle orthographe : la lettre ***i*** ne prend pas d'accent circonflexe : *croitre, il décroit, elle accroitra, il accroitrait* ; l'accent se maintient dans les formes de ***croître*** qui, sans accent, se confondraient avec celles de ***croire*** : *je croîs, je crûs, que je crûsse, crû...*

55 croire ◆ verbes irréguliers en *-re*

INDICATIF

	Présent	Passé composé
je/j'	crois	ai cru
tu	crois	as cru
il/elle	croit	a cru
nous	croyons	avons cru
vous	croyez	avez cru
ils/elles	croient	ont cru

	Imparfait	Plus-que-parfait
je/j'	croyais	avais cru
tu	croyais	avais cru
il/elle	croyait	avait cru
nous	cro**yi**ons	avions cru
vous	cro**yi**ez	aviez cru
ils/elles	croyaient	avaient cru

	Passé simple	Passé antérieur
je/j'	crus	eus cru
tu	crus	eus cru
il/elle	crut	eut cru
nous	crûmes	eûmes cru
vous	crûtes	eûtes cru
ils/elles	crurent	eurent cru

	Futur simple	Futur antérieur
je/j'	croirai	aurai cru
tu	croiras	auras cru
il/elle	croira	aura cru
nous	croirons	aurons cru
vous	croirez	aurez cru
ils/elles	croiront	auront cru

CONDITIONNEL

	Présent	Passé
je/j'	croirais	aurais cru
tu	croirais	aurais cru
il/elle	croirait	aurait cru
nous	croirions	aurions cru
vous	croiriez	auriez cru
ils/elles	croiraient	auraient cru

SUBJONCTIF

	Présent	Passé
que je/j'	croie	aie cru
que tu	croies	aies cru
qu'il/elle	croie	ait cru
que nous	cro**yi**ons	ayons cru
que vous	cro**yi**ez	ayez cru
qu'ils/elles	croient	aient cru

	Imparfait	Plus-que-parfait
que je/j'	crusse	eusse cru
que tu	crusses	eusses cru
qu'il/elle	crût	eût cru
que nous	crussions	eussions cru
que vous	crussiez	eussiez cru
qu'ils/elles	crussent	eussent cru

IMPÉRATIF

Présent	Passé
crois	aie cru
croyons	ayons cru
croyez	ayez cru

PARTICIPE

Présent	Passé	Passé composé
croyant	cru / crue crus / crues	ayant cru

INFINITIF

Présent	Passé
croire	avoir cru

Remarque

Les formes *croyons* et *croyions* ont une prononciation très proche. Attention de ne pas oublier le ***i*** à l'imparfait de l'indicatif et au subjonctif présent.

56 boire ◆ verbes irréguliers en *-re*

INDICATIF

	Présent	Passé composé
je/j'	bois	ai bu
tu	bois	as bu
il/elle	boit	a bu
nous	buvons	avons bu
vous	buvez	avez bu
ils/elles	boivent	ont bu

	Imparfait	Plus-que-parfait
je/j'	buvais	avais bu
tu	buvais	avais bu
il/elle	buvait	avait bu
nous	buvions	avions bu
vous	buviez	aviez bu
ils/elles	buvaient	avaient bu

	Passé simple	Passé antérieur
je/j'	bus	eus bu
tu	bus	eus bu
il/elle	but	eut bu
nous	bûmes	eûmes bu
vous	bûtes	eûtes bu
ils/elles	burent	eurent bu

	Futur simple	Futur antérieur
je/j'	boirai	aurai bu
tu	boiras	auras bu
il/elle	boira	aura bu
nous	boirons	aurons bu
vous	boirez	aurez bu
ils/elles	boiront	auront bu

CONDITIONNEL

	Présent	Passé
je/j'	boirais	aurais bu
tu	boirais	aurais bu
il/elle	boirait	aurait bu
nous	boirions	aurions bu
vous	boiriez	auriez bu
ils/elles	boiraient	auraient bu

SUBJONCTIF

	Présent	Passé
que je/j'	boive	aie bu
que tu	boives	aies bu
qu'il/elle	boive	ait bu
que nous	buvions	ayons bu
que vous	buviez	ayez bu
qu'ils/elles	boivent	aient bu

	Imparfait	Plus-que-parfait
que je/j'	busse	eusse bu
que tu	busses	eusses bu
qu'il/elle	bût	eût bu
que nous	bussions	eussions bu
que vous	bussiez	eussiez bu
qu'ils/elles	bussent	eussent bu

IMPÉRATIF

Présent	Passé
bois	aie bu
buvons	ayons bu
buvez	ayez bu

PARTICIPE

Présent	Passé	Passé composé
buvant	bu / bue bus / bues	ayant bu

INFINITIF

Présent	Passé
boire	avoir bu

57 conclure ◆ verbes irréguliers en *-re*

sur ce modèle : *conclure, exclure, inclure* et *occlure.*

INDICATIF

	Présent	Passé composé
je/j'	conclus	ai conclu
tu	conclus	as conclu
il/elle	conclut	a conclu
nous	concluons	avons conclu
vous	concluez	avez conclu
ils/elles	concluent	ont conclu

	Imparfait	Plus-que-parfait
je/j'	concluais	avais conclu
tu	concluais	avais conclu
il/elle	concluait	avait conclu
nous	concluions	avions conclu
vous	concluiez	aviez conclu
ils/elles	concluaient	avaient conclu

	Passé simple	Passé antérieur
je/j'	conclus	eus conclu
tu	conclus	eus conclu
il/elle	conclut	eut conclu
nous	conclûmes	eûmes conclu
vous	conclûtes	eûtes conclu
ils/elles	conclurent	eurent conclu

	Futur simple	Futur antérieur
je/j'	conclurai	aurai conclu
tu	concluras	auras conclu
il/elle	conclura	aura conclu
nous	conclurons	aurons conclu
vous	conclurez	aurez conclu
ils/elles	concluront	auront conclu

CONDITIONNEL

	Présent	Passé
je/j'	conclurais	aurais conclu
tu	conclurais	aurais conclu
il/elle	conclurait	aurait conclu
nous	conclurions	aurions conclu
vous	concluriez	auriez conclu
ils/elles	concluraient	auraient conclu

SUBJONCTIF

	Présent	Passé
que je/j'	conclue	aie conclu
que tu	conclues	aies conclu
qu'il/elle	conclue	ait conclu
que nous	concluions	ayons conclu
que vous	concluiez	ayez conclu
qu'ils/elles	concluent	aient conclu

	Imparfait	Plus-que-parfait
que je/j'	conclusse	eusse conclu
que tu	conclusses	eusses conclu
qu'il/elle	conclût	eût conclu
que nous	conclussions	eussions conclu
que vous	conclussiez	eussiez conclu
qu'ils/elles	conclussent	eussent conclu

IMPÉRATIF

Présent	Passé
conclus	aie conclu
concluons	ayons conclu
concluez	ayez conclu

PARTICIPE

Présent	Passé	Passé composé
concluant	conclu / conclue conclus / conclues	ayant conclu

INFINITIF

Présent	Passé
conclure	avoir conclu

Remarques

- *Exclure* et *conclure* font au participe passé : *exclu, ue ; conclu, ue.*
- *Inclure* et *occlure* font au participe passé : *inclus, use ; occlus, use.*

58 clore ◆ verbes irréguliers en *-re*

sur ce modèle : *clore, éclore* et *enclore.*

INDICATIF

	Présent	Passé composé
je/j'	clos	ai clos
tu	clos	as clos
il/elle	clôt	a clos
nous	—	avons clos
vous	—	avez clos
ils/elles	closent	ont clos

	Imparfait	Plus-que-parfait
j'		avais clos
tu		avais clos
il/elle	inusité	avait clos
nous		avions clos
vous		aviez clos
ils/elles		avaient clos

	Passé simple	Passé antérieur
j'		eus clos
tu		eus clos
il/elle	inusité	eut clos
nous		eûmes clos
vous		eûtes clos
ils/elles		eurent clos

	Futur simple	Futur antérieur
je/j'	clorai	aurai clos
tu	cloras	auras clos
il/elle	clora	aura clos
nous	clorons	aurons clos
vous	clorez	aurez clos
ils/elles	cloront	auront clos

CONDITIONNEL

	Présent	Passé
je/j'	clorais	aurais clos
tu	clorais	aurais clos
il/elle	clorait	aurait clos
nous	clorions	aurions clos
vous	cloriez	auriez clos
ils/elles	cloraient	auraient clos

SUBJONCTIF

	Présent	Passé
que je/j'	close	aie clos
que tu	closes	aies clos
qu'il/elle	close	ait clos
que nous	closions	ayons clos
que vous	closiez	ayez clos
qu'ils/elles	closent	aient clos

	Imparfait	Plus-que-parfait
que j'		eusse clos
que tu		eusses clos
qu'il/elle	inusité	eût clos
que nous		eussions clos
que vous		eussiez clos
qu'ils/elles		eussent clos

IMPÉRATIF

Présent	Passé
clos	aie clos
—	ayons clos
—	ayez clos

PARTICIPE

Présent	Passé	Passé composé
closant	clos / close	ayant clos
	clos / closes	

INFINITIF

Présent	Passé
clore	avoir clos

Remarques

- *Éclore* s'emploie surtout à l'infinitif, au présent et au participe passé.
- Au présent de l'indicatif on écrit *il éclot, il enclot* sans accent circonflexe, mais *il clôt* en prend un.

59 coudre ◆ verbes irréguliers en *-re*

sur ce modèle : *coudre, découdre* et *recoudre.*

INDICATIF

	Présent	Passé composé
je/j'	couds	ai cousu
tu	couds	as cousu
il/elle	coud	a cousu
nous	cousons	avons cousu
vous	cousez	avez cousu
ils/elles	cousent	ont cousu

	Imparfait	Plus-que-parfait
je/j'	cousais	avais cousu
tu	cousais	avais cousu
il/elle	cousait	avait cousu
nous	cousions	avions cousu
vous	cousiez	aviez cousu
ils/elles	cousaient	avaient cousu

	Passé simple	Passé antérieur
je/j'	cousis	eus cousu
tu	cousis	eus cousu
il/elle	cousit	eut cousu
nous	cousîmes	eûmes cousu
vous	cousîtes	eûtes cousu
ils/elles	cousirent	eurent cousu

	Futur simple	Futur antérieur
je/j'	coudrai	aurai cousu
tu	coudras	auras cousu
il/elle	coudra	aura cousu
nous	coudrons	aurons cousu
vous	coudrez	aurez cousu
ils/elles	coudront	auront cousu

CONDITIONNEL

	Présent	Passé
je/j'	coudrais	aurais cousu
tu	coudrais	aurais cousu
il/elle	coudrait	aurait cousu
nous	coudrions	aurions cousu
vous	coudriez	auriez cousu
ils/elles	coudraient	auraient cousu

SUBJONCTIF

	Présent	Passé
que je/j'	couse	aie cousu
que tu	couses	aies cousu
qu'il/elle	couse	ait cousu
que nous	cousions	ayons cousu
que vous	cousiez	ayez cousu
qu'ils/elles	cousent	aient cousu

	Imparfait	Plus-que-parfait
que je/j'	cousisse	eusse cousu
que tu	cousisses	eusses cousu
qu'il/elle	cousît	eût cousu
que nous	cousissions	eussions cousu
que vous	cousissiez	eussiez cousu
qu'ils/elles	cousissent	eussent cousu

IMPÉRATIF

Présent	Passé
couds	aie cousu
cousons	ayons cousu
cousez	ayez cousu

PARTICIPE

Présent	Passé	Passé composé
cousant	cousu / cousue cousus / cousues	ayant cousu

INFINITIF

Présent	Passé
coudre	avoir cousu

Remarque

Le passé simple et l'imparfait du subjonctif sont rares.

60 moudre ◆ verbes irréguliers en *-re*

INDICATIF

	Présent	Passé composé
je/j'	mouds	ai moulu
tu	mouds	as moulu
il/elle	moud	a moulu
nous	moulons	avons moulu
vous	moulez	avez moulu
ils/elles	moulent	ont moulu

	Imparfait	Plus-que-parfait
je/j'	moulais	avais moulu
tu	moulais	avais moulu
il/elle	moulait	avait moulu
nous	moulions	avions moulu
vous	mouliez	aviez moulu
ils/elles	moulaient	avaient moulu

	Passé simple	Passé antérieur
je/j'	moulus	eus moulu
tu	moulus	eus moulu
il/elle	moulut	eut moulu
nous	moulûmes	eûmes moulu
vous	moulûtes	eûtes moulu
ils/elles	moulurent	eurent moulu

	Futur simple	Futur antérieur
je/j'	moudrai	aurai moulu
tu	moudras	auras moulu
il/elle	moudra	aura moulu
nous	moudrons	aurons moulu
vous	moudrez	aurez moulu
ils/elles	moudront	auront moulu

CONDITIONNEL

	Présent	Passé
je/j'	moudrais	aurais moulu
tu	moudrais	aurais moulu
il/elle	moudrait	aurait moulu
nous	moudrions	aurions moulu
vous	moudriez	auriez moulu
ils/elles	moudraient	auraient moulu

SUBJONCTIF

	Présent	Passé
que je/j'	moule	aie moulu
que tu	moules	aies moulu
qu'il/elle	moule	ait moulu
que nous	moulions	ayons moulu
que vous	mouliez	ayez moulu
qu'ils/elles	moulent	aient moulu

	Imparfait	Plus-que-parfait
que je/j'	moulusse	eusse moulu
que tu	moulusses	eusses moulu
qu'il/elle	moulût	eût moulu
que nous	moulussions	eussions moulu
que vous	moulussiez	eussiez moulu
qu'ils/elles	moulussent	eussent moulu

IMPÉRATIF

Présent	Passé
mouds	aie moulu
moulons	ayons moulu
moulez	ayez moulu

PARTICIPE

Présent	Passé	Passé composé
moulant	moulu / moulue moulus / moulues	ayant moulu

INFINITIF

Présent	Passé
moudre	avoir moulu

Remarque

Les formes conjuguées de ce verbe sont rares (sauf *moudrai(s), moulu, ue*) par risque de confusion avec certaines formes du verbe *mouler*.

61 absoudre ◆ verbes irréguliers en *-re*

sur ce modèle : *absoudre, dissoudre* et *résoudre.*

INDICATIF

	Présent	Passé composé
j'	absous	ai absous
tu	absous	as absous
il/elle	absout	a absous
nous	absolvons	avons absous
vous	absolvez	avez absous
ils/elles	absolvent	ont absous

	Imparfait	Plus-que-parfait
j'	absolvais	avais absous
tu	absolvais	avais absous
il/elle	absolvait	avait absous
nous	absolvions	avions absous
vous	absolviez	aviez absous
ils/elles	absolvaient	avaient absous

	Passé simple	Passé antérieur
j'		eus absous
tu		eus absous
il/elle	inusité	eut absous
nous		eûmes absous
vous		eûtes absous
ils/elles		eurent absous

	Futur simple	Futur antérieur
j'	absoudrai	aurai absous
tu	absoudras	auras absous
il/elle	absoudra	aura absous
nous	absoudrons	aurons absous
vous	absoudrez	aurez absous
ils/elles	absoudront	auront absous

CONDITIONNEL

	Présent	Passé
j'	absoudrais	aurais absous
tu	absoudrais	aurais absous
il/elle	absoudrait	aurait absous
nous	absoudrions	aurions absous
vous	absoudriez	auriez absous
ils/elles	absoudraient	auraient absous

SUBJONCTIF

	Présent	Passé
que j'	absolve	aie absous
que tu	absolves	aies absous
qu'il/elle	absolve	ait absous
que nous	absolvions	ayons absous
que vous	absolviez	ayez absous
qu'ils/elles	absolvent	aient absous

	Imparfait	Plus-que-parfait
que j'		eusse absous
que tu		eusses absous
qu'il/elle	inusité	eût absous
que nous		eussions absous
que vous		eussiez absous
qu'ils/elles		eussent absous

IMPÉRATIF

Présent	Passé
absous	aie absous
absolvons	ayons absous
absolvez	ayez absous

PARTICIPE

Présent	Passé	Passé composé
absolvant	absous / absoute absous / absoutes	ayant absous

INFINITIF

Présent	Passé
absoudre	avoir absous

Remarques

- Le passé simple de *résoudre (je résolus)* est courant.
- *Résoudre* a deux participes passés : *résolu, ue (problème résolu)* et *résous, oute (brouillard résous en pluie).*
- Nouvelle orthographe : au participe passé on peut écrire *absout, dissout* avec un ***t*** final, sur le modèle des féminins *absoute, dissoute.*

62 suivre ◆ verbes irréguliers en *-re*

sur ce modèle : *s'ensuivre, poursuivre* et *suivre.*

INDICATIF

	Présent	Passé composé
je/j'	suis	ai suivi
tu	suis	as suivi
il/elle	suit	a suivi
nous	suivons	avons suivi
vous	suivez	avez suivi
ils/elles	suivent	ont suivi

	Imparfait	Plus-que-parfait
je/j'	suivais	avais suivi
tu	suivais	avais suivi
il/elle	suivait	avait suivi
nous	suivions	avions suivi
vous	suiviez	aviez suivi
ils/elles	suivaient	avaient suivi

	Passé simple	Passé antérieur
je/j'	suivis	eus suivi
tu	suivis	eus suivi
il/elle	suivit	eut suivi
nous	suivîmes	eûmes suivi
vous	suivîtes	eûtes suivi
ils/elles	suivirent	eurent suivi

	Futur simple	Futur antérieur
je/j'	suivrai	aurai suivi
tu	suivras	auras suivi
il/elle	suivra	aura suivi
nous	suivrons	aurons suivi
vous	suivrez	aurez suivi
ils/elles	suivront	auront suivi

CONDITIONNEL

	Présent	Passé
je/j'	suivrais	aurais suivi
tu	suivrais	aurais suivi
il/elle	suivrait	aurait suivi
nous	suivrions	aurions suivi
vous	suivriez	auriez suivi
ils/elles	suivraient	auraient suivi

SUBJONCTIF

	Présent	Passé
que je/j'	suive	aie suivi
que tu	suives	aies suivi
qu'il/elle	suive	ait suivi
que nous	suivions	ayons suivi
que vous	suiviez	ayez suivi
qu'ils/elles	suivent	aient suivi

	Imparfait	Plus-que-parfait
que je/j'	suivisse	eusse suivi
que tu	suivisses	eusses suivi
qu'il/elle	suivît	eût suivi
que nous	suivissions	eussions suivi
que vous	suivissiez	eussiez suivi
qu'ils/elles	suivissent	eussent suivi

IMPÉRATIF

Présent	Passé
suis	aie suivi
suivons	ayons suivi
suivez	ayez suivi

PARTICIPE

Présent	Passé	Passé composé
suivant	suivi / suivie suivis / suivies	ayant suivi

INFINITIF

Présent	Passé
suivre	avoir suivi

63 vivre ◆ verbes irréguliers en *-re*

sur ce modèle : *revivre, survivre* et *vivre.*

INDICATIF

	Présent	Passé composé
je/j'	vis	ai vécu
tu	vis	as vécu
il/elle	vit	a vécu
nous	vivons	avons vécu
vous	vivez	avez vécu
ils/elles	vivent	ont vécu

	Imparfait	Plus-que-parfait
je/j'	vivais	avais vécu
tu	vivais	avais vécu
il/elle	vivait	avait vécu
nous	vivions	avions vécu
vous	viviez	aviez vécu
ils/elles	vivaient	avaient vécu

	Passé simple	Passé antérieur
je/j'	vécus	eus vécu
tu	vécus	eus vécu
il/elle	vécut	eut vécu
nous	vécûmes	eûmes vécu
vous	vécûtes	eûtes vécu
ils/elles	vécurent	eurent vécu

	Futur simple	Futur antérieur
je/j'	vivrai	aurai vécu
tu	vivras	auras vécu
il/elle	vivra	aura vécu
nous	vivrons	aurons vécu
vous	vivrez	aurez vécu
ils/elles	vivront	auront vécu

CONDITIONNEL

	Présent	Passé
je/j'	vivrais	aurais vécu
tu	vivrais	aurais vécu
il/elle	vivrait	aurait vécu
nous	vivrions	aurions vécu
vous	vivriez	auriez vécu
ils/elles	vivraient	auraient vécu

SUBJONCTIF

	Présent	Passé
que je/j'	vive	aie vécu
que tu	vives	aies vécu
qu'il/elle	vive	ait vécu
que nous	vivions	ayons vécu
que vous	viviez	ayez vécu
qu'ils/elles	vivent	aient vécu

	Imparfait	Plus-que-parfait
que je/j'	vécusse	eusse vécu
que tu	vécusses	eusses vécu
qu'il/elle	vécût	eût vécu
que nous	vécussions	eussions vécu
que vous	vécussiez	eussiez vécu
qu'ils/elles	vécussent	eussent vécu

IMPÉRATIF

Présent	Passé
vis	aie vécu
vivons	ayons vécu
vivez	ayez vécu

PARTICIPE

Présent	Passé	Passé composé
vivant	vécu / vécue	ayant vécu
	vécus / vécues	

INFINITIF

Présent	Passé
vivre	avoir vécu

Remarque

Survivre a un participe passé invariable : *survécu.*

64a nuire ◆ verbes irréguliers en *-re*

sur ce modèle : *luire, nuire* et *reluire*.

INDICATIF

	Présent	Passé composé
je/j'	nuis	ai nui
tu	nuis	as nui
il/elle	nuit	a nui
nous	nuisons	avons nui
vous	nuisez	avez nui
ils/elles	nuisent	ont nui

	Imparfait	Plus-que-parfait
je/j'	nuisais	avais nui
tu	nuisais	avais nui
il/elle	nuisait	avait nui
nous	nuisions	avions nui
vous	nuisiez	aviez nui
ils/elles	nuisaient	avaient nui

	Passé simple	Passé antérieur
je/j'	nuisis	eus nui
tu	nuisis	eus nui
il/elle	nuisit	eut nui
nous	nuisîmes	eûmes nui
vous	nuisîtes	eûtes nui
ils/elles	nuisirent	eurent nui

	Futur simple	Futur antérieur
je/j'	nuirai	aurai nui
tu	nuiras	auras nui
il/elle	nuira	aura nui
nous	nuirons	aurons nui
vous	nuirez	aurez nui
ils/elles	nuiront	auront nui

CONDITIONNEL

	Présent	Passé
je/j'	nuirais	aurais nui
tu	nuirais	aurais nui
il/elle	nuirait	aurait nui
nous	nuirions	aurions nui
vous	nuiriez	auriez nui
ils/elles	nuiraient	auraient nui

SUBJONCTIF

	Présent	Passé
que je/j'	nuise	aie nui
que tu	nuises	aies nui
qu'il/elle	nuise	ait nui
que nous	nuisions	ayons nui
que vous	nuisiez	ayez nui
qu'ils/elles	nuisent	aient nui

	Imparfait	Plus-que-parfait
que je/j'	nuisisse	eusse nui
que tu	nuisisses	eusses nui
qu'il/elle	nuisît	eût nui
que nous	nuisissions	eussions nui
que vous	nuisissiez	eussiez nui
qu'ils/elles	nuisissent	eussent nui

IMPÉRATIF

Présent	Passé
nuis	aie nui
nuisons	ayons nui
nuisez	ayez nui

PARTICIPE

Présent	Passé	Passé composé
nuisant	nui	ayant nui

INFINITIF

Présent	Passé
nuire	avoir nui

Remarques

- Ces verbes ont un participe passé invariable.
- *Bruire*, défectif, se conjugue comme ***finir*** (→ conjugaison 13) et fait *bruissant*. *Bruyant*, devenu adjectif, était l'ancien participe présent de *bruire*.

64b conduire ◆ verbes irréguliers en *-re*

sur ce modèle : verbes en *-duire (produire, séduire, traduire...)*, en *-truire (construire, détruire...)*, en *-cuire (cuire).*

INDICATIF

	Présent	Passé composé
je/j'	conduis	ai conduit
tu	conduis	as conduit
il/elle	conduit	a conduit
nous	conduisons	avons conduit
vous	conduisez	avez conduit
ils/elles	conduisent	ont conduit

	Imparfait	Plus-que-parfait
je/j'	conduisais	avais conduit
tu	conduisais	avais conduit
il/elle	conduisait	avait conduit
nous	conduisions	avions conduit
vous	conduisiez	aviez conduit
ils/elles	conduisaient	avaient conduit

	Passé simple	Passé antérieur
je/j'	conduisis	eus conduit
tu	conduisis	eus conduit
il/elle	conduisit	eut conduit
nous	conduisîmes	eûmes conduit
vous	conduisîtes	eûtes conduit
ils/elles	conduisirent	eurent conduit

	Futur simple	Futur antérieur
je/j'	conduirai	aurai conduit
tu	conduiras	auras conduit
il/elle	conduira	aura conduit
nous	conduirons	aurons conduit
vous	conduirez	aurez conduit
ils/elles	conduiront	auront conduit

CONDITIONNEL

	Présent	Passé
je/j'	conduirais	aurais conduit
tu	conduirais	aurais conduit
il/elle	conduirait	aurait conduit
nous	conduirions	aurions conduit
vous	conduiriez	auriez conduit
ils/elles	conduiraient	auraient conduit

SUBJONCTIF

	Présent	Passé
que je/j'	conduise	aie conduit
que tu	conduises	aies conduit
qu'il/elle	conduise	ait conduit
que nous	conduisions	ayons conduit
que vous	conduisiez	ayez conduit
qu'ils/elles	conduisent	aient conduit

	Imparfait	Plus-que-parfait
que je/j'	conduisisse	eusse conduit
que tu	conduisisses	eusses conduit
qu'il/elle	conduisît	eût conduit
que nous	conduisissions	eussions conduit
que vous	conduisissiez	eussiez conduit
qu'ils/elles	conduisissent	eussent conduit

IMPÉRATIF

Présent	Passé
conduis	aie conduit
conduisons	ayons conduit
conduisez	ayez conduit

PARTICIPE

Présent	Passé	Passé composé
conduisant	conduit / conduite conduits / conduites	ayant conduit

INFINITIF

Présent	Passé
conduire	avoir conduit

65a dire ◆ verbes irréguliers en *-re*

sur ce modèle : *contredire, se dédire, dire, interdire, médire, prédire* et *redire.*

INDICATIF

	Présent	Passé composé
je/j'	dis	ai dit
tu	dis	as dit
il/elle	dit	a dit
nous	disons	avons dit
vous	**dites**	avez dit
ils/elles	disent	ont dit

	Imparfait	Plus-que-parfait
je/j'	disais	avais dit
tu	disais	avais dit
il/elle	disait	avait dit
nous	disions	avions dit
vous	disiez	aviez dit
ils/elles	disaient	avaient dit

	Passé simple	Passé antérieur
je/j'	dis	eus dit
tu	dis	eus dit
il/elle	dit	eut dit
nous	dîmes	eûmes dit
vous	dîtes	eûtes dit
ils/elles	dirent	eurent dit

	Futur simple	Futur antérieur
je/j'	dirai	aurai dit
tu	diras	auras dit
il/elle	dira	aura dit
nous	dirons	aurons dit
vous	direz	aurez dit
ils/elles	diront	auront dit

CONDITIONNEL

	Présent	Passé
je/j'	dirais	aurais dit
tu	dirais	aurais dit
il/elle	dirait	aurait dit
nous	dirions	aurions dit
vous	diriez	auriez dit
ils/elles	diraient	auraient dit

SUBJONCTIF

	Présent	Passé
que je/j'	dise	aie dit
que tu	dises	aies dit
qu'il/elle	dise	ait dit
que nous	disions	ayons dit
que vous	disiez	ayez dit
qu'ils/elles	disent	aient dit

	Imparfait	Plus-que-parfait
que je/j'	disse	eusse dit
que tu	disses	eusses dit
qu'il/elle	dît	eût dit
que nous	dissions	eussions dit
que vous	dissiez	eussiez dit
qu'ils/elles	dissent	eussent dit

IMPÉRATIF

Présent	Passé
dis	aie dit
disons	ayons dit
dites	ayez dit

PARTICIPE

Présent	Passé	Passé composé
disant	dit / dite dits / dites	ayant dit

INFINITIF

Présent	Passé
dire	avoir dit

Remarques

- *Contredire, dédire, interdire, médire, prédire* se conjuguent comme ***dire*** sauf au présent de l'indicatif et de l'impératif à la deuxième personne du pluriel : *contredisez, dédisez, interdisez, médisez, prédisez*. Mais *redire* fait *vous redites*.
- *Maudire* se conjugue comme ***finir*** (→ conjugaison 13) sauf au participe passé *(maudit, ite)* et à l'infinitif.

65b suffire ◆ verbes irréguliers en *-re*

sur ce modèle : *circoncire, confire* et *suffire.*

INDICATIF

	Présent	Passé composé
je/j'	suffis	ai suffi
tu	suffis	as suffi
il/elle	suffit	a suffi
nous	suffisons	avons suffi
vous	suffisez	avez suffi
ils/elles	suffisent	ont suffi

	Imparfait	Plus-que-parfait
je/j'	suffisais	avais suffi
tu	suffisais	avais suffi
il/elle	suffisait	avait suffi
nous	suffisions	avions suffi
vous	suffisiez	aviez suffi
ils/elles	suffisaient	avaient suffi

	Passé simple	Passé antérieur
je/j'	suffis	eus suffi
tu	suffis	eus suffi
il/elle	suffit	eut suffi
nous	suffîmes	eûmes suffi
vous	suffîtes	eûtes suffi
ils/elles	suffirent	eurent suffi

	Futur simple	Futur antérieur
je/j'	suffirai	aurai suffi
tu	suffiras	auras suffi
il/elle	suffira	aura suffi
nous	suffirons	aurons suffi
vous	suffirez	aurez suffi
ils/elles	suffiront	auront suffi

CONDITIONNEL

	Présent	Passé
je/j'	suffirais	aurais suffi
tu	suffirais	aurais suffi
il/elle	suffirait	aurait suffi
nous	suffirions	aurions suffi
vous	suffiriez	auriez suffi
ils/elles	suffiraient	auraient suffi

SUBJONCTIF

	Présent	Passé
que je/j'	suffise	aie suffi
que tu	suffises	aies suffi
qu'il/elle	suffise	ait suffi
que nous	suffisions	ayons suffi
que vous	suffisiez	ayez suffi
qu'ils/elles	suffisent	aient suffi

	Imparfait	Plus-que-parfait
que je/j'	suffisse	eusse suffi
que tu	suffisses	eusses suffi
qu'il/elle	suffît	eût suffi
que nous	suffissions	eussions suffi
que vous	suffissiez	eussiez suffi
qu'ils/elles	suffissent	eussent suffi

IMPÉRATIF

Présent	Passé
suffis	aie suffi
suffisons	ayons suffi
suffisez	ayez suffi

PARTICIPE

Présent	Passé	Passé composé
suffisant	suffi	ayant suffi

INFINITIF

Présent	Passé
suffire	avoir suffi

Remarque

Ces verbes diffèrent par leur participe passé : *suffi* (invariable) ; *circoncis, ise ; confit, ite.*

66 rire ◆ verbes irréguliers en *-re*

sur ce modèle : *rire* et *sourire.*

INDICATIF

	Présent	Passé composé
je/j'	ris	ai ri
tu	ris	as ri
il/elle	rit	a ri
nous	rions	avons ri
vous	riez	avez ri
ils/elles	rient	ont ri

	Imparfait	Plus-que-parfait
je/j'	riais	avais ri
tu	riais	avais ri
il/elle	riait	avait ri
nous	riions	avions ri
vous	riiez	aviez ri
ils/elles	riaient	avaient ri

	Passé simple	Passé antérieur
je/j'	ris	eus ri
tu	ris	eus ri
il/elle	rit	eut ri
nous	rîmes	eûmes ri
vous	rîtes	eûtes ri
ils/elles	rirent	eurent ri

	Futur simple	Futur antérieur
je/j'	rirai	aurai ri
tu	riras	auras ri
il/elle	rira	aura ri
nous	rirons	aurons ri
vous	rirez	aurez ri
ils/elles	riront	auront ri

CONDITIONNEL

	Présent	Passé
je/j'	rirais	aurais ri
tu	rirais	aurais ri
il/elle	rirait	aurait ri
nous	ririons	aurions ri
vous	ririez	auriez ri
ils/elles	riraient	auraient ri

SUBJONCTIF

	Présent	Passé
que je/j'	rie	aie ri
que tu	ries	aies ri
qu'il/elle	rie	ait ri
que nous	riions	ayons ri
que vous	riiez	ayez ri
qu'ils/elles	rient	aient ri

	Imparfait	Plus-que-parfait
que je/j'	risse	eusse ri
que tu	risses	eusses ri
qu'il/elle	rît	eût ri
que nous	rissions	eussions ri
que vous	rissiez	eussiez ri
qu'ils/elles	rissent	eussent ri

IMPÉRATIF

Présent	Passé
ris	aie ri
rions	ayons ri
riez	ayez ri

PARTICIPE

Présent	Passé	Passé composé
riant	ri	ayant ri

INFINITIF

Présent	Passé
rire	avoir ri

Remarque

Attention de ne pas oublier les deux ***i*** à la 1re et à la 2e personne du pluriel de l'imparfait de l'indicatif et du subjonctif présent *(nous riions, vous riiez).*

67 écrire ◆ verbes irréguliers en *-re*

sur ce modèle : *décrire, inscrire, prescrire, transcrire...*

INDICATIF

	Présent	Passé composé
j'	écris	ai écrit
tu	écris	as écrit
il/elle	écrit	a écrit
nous	écrivons	avons écrit
vous	écrivez	avez écrit
ils/elles	écrivent	ont écrit

	Imparfait	Plus-que-parfait
j'	écrivais	avais écrit
tu	écrivais	avais écrit
il/elle	écrivait	avait écrit
nous	écrivions	avions écrit
vous	écriviez	aviez écrit
ils/elles	écrivaient	avaient écrit

	Passé simple	Passé antérieur
j'	écrivis	eus écrit
tu	écrivis	eus écrit
il/elle	écrivit	eut écrit
nous	écrivîmes	eûmes écrit
vous	écrivîtes	eûtes écrit
ils/elles	écrivirent	eurent écrit

	Futur simple	Futur antérieur
j'	écrirai	aurai écrit
tu	écriras	auras écrit
il/elle	écrira	aura écrit
nous	écrirons	aurons écrit
vous	écrirez	aurez écrit
ils/elles	écriront	auront écrit

CONDITIONNEL

	Présent	Passé
j'	écrirais	aurais écrit
tu	écrirais	aurais écrit
il/elle	écrirait	aurait écrit
nous	écririons	aurions écrit
vous	écririez	auriez écrit
ils/elles	écriraient	auraient écrit

SUBJONCTIF

	Présent	Passé
que j'	écrive	aie écrit
que tu	écrives	aies écrit
qu'il/elle	écrive	ait écrit
que nous	écrivions	ayons écrit
que vous	écriviez	ayez écrit
qu'ils/elles	écrivent	aient écrit

	Imparfait	Plus-que-parfait
que j'	écrivisse	eusse écrit
que tu	écrivisses	eusses écrit
qu'il/elle	écrivît	eût écrit
que nous	écrivissions	eussions écrit
que vous	écrivissiez	eussiez écrit
qu'ils/elles	écrivissent	eussent écrit

IMPÉRATIF

Présent	Passé
écris	aie écrit
écrivons	ayons écrit
écrivez	ayez écrit

PARTICIPE

Présent	Passé	Passé composé
écrivant	écrit / écrite écrits / écrites	ayant écrit

INFINITIF

Présent	Passé
écrire	avoir écrit

Remarque

Ainsi se conjuguent *décrire, écrire, ré(é)crire* et les verbes en *-scrire* (comme *inscrire*).

68 lire ◆ verbes irréguliers en *-re*

sur ce modèle : *élire, lire, réélire* et *relire.*

INDICATIF

	Présent	Passé composé
je/j'	lis	ai lu
tu	lis	as lu
il/elle	lit	a lu
nous	lisons	avons lu
vous	lisez	avez lu
ils/elles	lisent	ont lu

	Imparfait	Plus-que-parfait
je/j'	lisais	avais lu
tu	lisais	avais lu
il/elle	lisait	avait lu
nous	lisions	avions lu
vous	lisiez	aviez lu
ils/elles	lisaient	avaient lu

	Passé simple	Passé antérieur
je/j'	lus	eus lu
tu	lus	eus lu
il/elle	lut	eut lu
nous	lûmes	eûmes lu
vous	lûtes	eûtes lu
ils/elles	lurent	eurent lu

	Futur simple	Futur antérieur
je/j'	lirai	aurai lu
tu	liras	auras lu
il/elle	lira	aura lu
nous	lirons	aurons lu
vous	lirez	aurez lu
ils/elles	liront	auront lu

CONDITIONNEL

	Présent	Passé
je/j'	lirais	aurais lu
tu	lirais	aurais lu
il/elle	lirait	aurait lu
nous	lirions	aurions lu
vous	liriez	auriez lu
ils/elles	liraient	auraient lu

SUBJONCTIF

	Présent	Passé
que je/j'	lise	aie lu
que tu	lises	aies lu
qu'il/elle	lise	ait lu
que nous	lisions	ayons lu
que vous	lisiez	ayez lu
qu'ils/elles	lisent	aient lu

	Imparfait	Plus-que-parfait
que je/j'	lusse	eusse lu
que tu	lusses	eusses lu
qu'il/elle	lût	eût lu
que nous	lussions	eussions lu
que vous	lussiez	eussiez lu
qu'ils/elles	lussent	eussent lu

IMPÉRATIF

Présent	Passé
lis	aie lu
lisons	ayons lu
lisez	ayez lu

PARTICIPE

Présent	Passé	Passé composé
lisant	lu / lue	ayant lu
	lus / lues	

INFINITIF

Présent	Passé
lire	avoir lu

DOSSIERS THÉMATIQUES ILLUSTRÉS

LANGUE FRANÇAISE

L'HISTOIRE DU FRANÇAIS

Aux origines du français

L'émergence du français

Vers le français moderne

LA FORMATION DES MOTS

L'HISTOIRE DU FRANÇAIS

Un enseignant et ses élèves (art gallo-romain, 180 après J.-C.).

Le français appartient à la famille des langues **romanes** (ou **latines**), c'est-à-dire issues directement du latin. Elle n'est pas la seule, car le latin a eu une descendance nombreuse : langues nationales comme l'italien, l'espagnol, le portugais, le roumain ; langues régionales telles que l'occitan, le catalan, le romanche (Suisse), le corse...
Plus de **80 % du lexique français vient du latin** mais différents apports étrangers ont contribué à créer, au cours des siècles, ce qui est devenu le français d'aujourd'hui.

AUX ORIGINES DU FRANÇAIS

L'indo-européen

Au début, qu'y avait-il ? En remontant très loin, les linguistes ont pu reconstituer à la fin du XVIIIe siècle, par comparaisons, quelques racines d'une langue très ancienne, dont on ne possède pas de traces écrites : l'**indo-européen**, ainsi nommé car il serait l'ancêtre de (presque) toutes les langues européennes et de nombreuses langues d'Asie, y compris indiennes. Cet ancêtre commun remonterait à 2000 avant J.-C. et aurait donné naissance à environ mille langues.

TOUS FRÈRES !

Racine indo-européenne °*bhrater* « frère »

°bhrater

frère (français)
frater (latin)
bratr (tchèque)
phrathêr (grec)
brat (russe)
birader (turc)
Bruder (allemand)
bróðir (islandais)
brother (anglais)
bhratar- (sanskrit)
broder (danois, suédois)
broeder (néerlandais)
brawd (gallois)
breur (breton)
brati (prussien)
bror (norvégien)
brathair (gaélique)

Le grec ancien

Langue indo-européenne, le **grec ancien** innove par son alphabet qui comporte des voyelles. Ainsi, six sons vocaliques sont venus s'ajouter à dix-huit consonnes (voir 1).

Comme les Phéniciens, les Grecs de l'époque archaïque écrivent d'abord de droite à gauche, puis alternent, en écrivant une ligne de droite à gauche et la suivante de gauche à droite ; c'est ce que l'on appelle le boustrophédon, littéralement « sillon tracé par le bœuf », par comparaison avec le trajet de la bête qui laboure. L'écriture de gauche à droite ne s'impose définitivement qu'à la fin du ve s. av. J.-C.

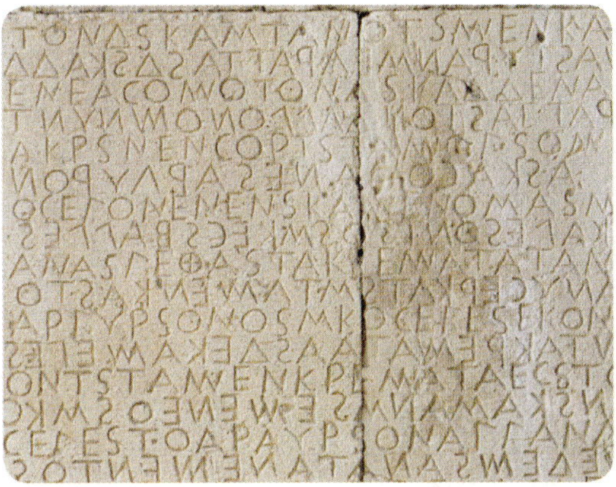

Écrit en boustrophédon (Crète, ve siècle av. J.-C.).

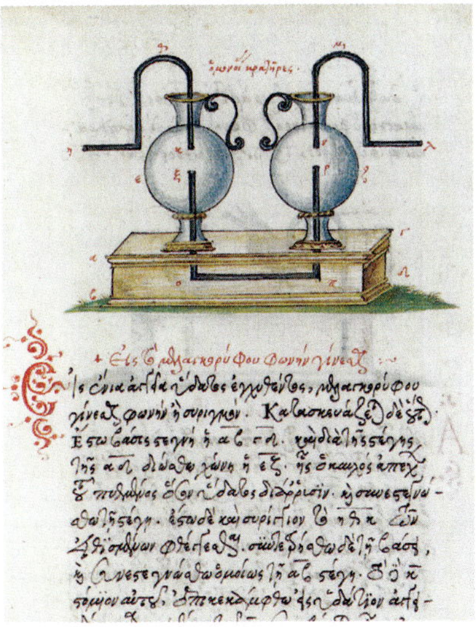

Héron d'Alexandrie : le principe des vases communicants (manuscrit en grec).

L'apport de la civilisation grecque est très important dans les arts, le théâtre, la philosophie, les sciences mais aussi dans le lexique (voir 2) : dès l'Empire romain d'Orient, de nombreux mots de la religion chrétienne sont empruntés au grec par le latin. Au Moyen Âge, et surtout à la Renaissance et depuis le xixe siècle, des mots nouveaux sont créés à partir d'éléments grecs. Notre orthographe actuelle garde, quant à elle, le souvenir de certaines lettres grecques : dans *théâtre, athée, th* vient de *thêta* (Θ, θ) ; dans *hypoténuse, symphonie,* le *i* grec, comme son nom l'indique, vient de *upsilon* (Υ, υ) ; *philosophie, amphibien* gardent la trace de *phi* (Φ, φ) qui s'écrit *ph* en français ; le *ch* dans *technologie, chronologie* vient de *khi* (Χ, χ).

1 L'alphabet grec

majuscule	minuscule	nom grec	translittération
Α	α	alpha	a
Β	β, ϐ	bêta	b
Γ	γ	gamma	g
Δ	δ	delta	d
Ε	ε	epsilon	e
Ζ	ζ	zêta	z
Η	η	êta	ē, ê
Θ	θ	thêta	th
Ι	ι	iota	i
Κ	κ	kappa	k
Λ	λ	lambda	l
Μ	μ	mu	m
Ν	ν	nu	n
Ξ	ξ	xi ou ksi	x
Ο	ο	omicron	o
Π	π	pi	p
Ρ	ρ	rhô	r, rh
Σ	σ, ς	sigma	s
Τ	τ	tau	t
Υ	υ	upsilon	u
Φ	φ	phi	ph
Χ	χ	khi	ch, kh
Ψ	ψ	psi	ps
Ω	ω	oméga	ō, ô

Le nom de certaines lettres grecques se retrouve en français. À commencer par les deux premières, ***alpha*** et ***bêta***, qui ont servi à former le mot *alphabet !*

Alpha se trouve aussi dans l'expression *l'alpha et l'oméga*, « le commencement et la fin », comportant le nom de la première et de la dernière lettre de cet alphabet.

Gamma a été utilisé pour qualifier la tristement célèbre *croix gammée,* aux branches coudées en forme de gamma majuscule (à l'origine, un symbole religieux hindou).

Delta, en raison de sa forme triangulaire, a servi à désigner les ramifications d'un fleuve à son embouchure. Le deltaplane se pratique, quant à lui, à l'aide d'une voile triangulaire.

Iota, la lettre la plus courte à écrire, évoque logiquement une toute petite chose et signifie « rien » dans des expressions telles que *sans changer d'un iota, ne pas bouger d'un iota*.

2 VOYAGE EN GRÈCE ANTIQUE

La Grèce est aussi présente dans certains mots français qui ont pour origine des noms de lieux.

Le ***béotien***, « personne peu ouverte, aux goûts grossiers », désigne à l'origine l'habitant de **Béotie**, région de Grèce : les Béotiens passaient, aux yeux des Athéniens, pour des gens peu cultivés et frustes.

Le ***cuivre*** est à l'origine le « bronze de **Chypre** », en latin *aes cyprium*.

Une personne ***laconique*** s'exprime en peu de mots, comme le faisaient, selon leur réputation, les habitants de **Laconie** (région du Péloponnèse) où se trouve **Sparte**. Cette sévérité se retrouve encore aujourd'hui dans l'adjectif ***spartiate***, qui signifie « austère ».

Amphore décorée de scènes de marathon (550 av. J.-C.).

Sur l'île de **Lesbos** vivait la poétesse Sapho, entourée de femmes. Le mot ***lesbienne***, « homosexuelle », en tire son origine.

La **Macédoine**, patrie d'Alexandre le Grand, était habitée par des peuples très divers ; par comparaison imagée, la ***macédoine*** désigne un mélange de légumes ou de fruits.

La bataille de **Marathon** opposa les Grecs aux Perses. Les Grecs victorieux chargèrent un soldat d'annoncer à Athènes la bonne nouvelle ; ce dernier serait mort d'épuisement à son arrivée, après avoir parcouru les 40 km séparant les deux villes. L'épreuve du ***marathon***, créée en 1896 lors des premiers Jeux olympiques modernes à Athènes, comprend 42,195 km.

Ces fameux Jeux ***olympiques*** remontent, quant à eux, aux épreuves gymnastiques organisées tous les quatre ans près de la ville d'**Olympie**, en l'honneur de Zeus.

L'île de **Pharos**, voisine d'Alexandrie, comportait une tour qui servait à guider les bateaux par son feu, perpétuellement entretenu. C'était l'une des Sept Merveilles du monde. C'est l'origine du mot ***phare***.

Delphes : théâtre antique.

Nîmes : La Maison carrée.

Le latin, mère de famille nombreuse

Le latin a régné sans partage sur la région de Rome, le Latium. S'imposant peu à peu à l'Italie puis à l'Europe, au gré des conquêtes et des victoires romaines, il est devenu progressivement la langue de l'Empire romain.

Ainsi, lorsqu'après six années de combats meurtriers, Jules César achève la conquête de la Gaule à Alésia en - 52, les peuples gaulois, qui parlent une langue celtique (comme l'irlandais ou le breton), vont s'approprier la langue **gallo-romane** (*gallo-* parce qu'elle est issue du latin populaire parlé en **Gaule** et *romane* parce qu'elle est héritée de la langue parlée par les **Romains**).

Les Gaulois sont en contact quotidien avec des soldats, des commerçants, des artisans romains. Ils utilisent un latin oral, souvent familier, assez éloigné du latin des patriciens et hommes politiques romains : le latin parlé en Gaule sera ainsi appelé ***latin populaire***, c'est-à-dire un latin oral, du peuple, au lexique familier, souvent imagé et métaphorique, par opposition au **latin classique** utilisé par la "bonne société" et l'administration romaines.

C'est de ce latin populaire qu'est issue la langue française. Si les Romains disaient *caput* pour désigner la tête, le latin populaire utilisa le terme *testa*, signifiant "vase, pot", qui, par métaphore, est à l'origine de notre *tête*. De même, plutôt que *equus*, "cheval", les Gallo-Romains préféraient employer un terme militaire, *caballus,* "mauvais cheval, bidet", qui a donné notre *cheval*. On trouve aussi en français de nombreux mots latins sous leur forme originale, de même que des locutions et formules célèbres (voir 3 4).

3 Vous parlez latin !

Les latinismes

Au cours de l'histoire du français, certains mots ont été empruntés directement au latin, sans modification : on parle alors de *latinismes* ; ils sont nombreux et souvent d'un usage courant.

- Il peut s'agir, par exemple, de formes verbales :

Constat est en latin une forme conjuguée du verbe *constare* ; c'est une tournure impersonnelle signifiant « il est sûr, il est évident que ».

Lapsus désigne un faux pas de notre langue. Ce nom vient du participe passé du verbe latin *labi*, « glisser ». Il s'agit bien d'un dérapage !

Lavabo est en latin le futur du verbe *lavo* et signifie donc « je laverai », formule tirée d'un psaume de la liturgie catholique.
Placebo, « préparation pharmaceutique sans principe actif mais agissant comme un médicament en rassurant le patient », est à l'origine le futur du verbe *placere*, « plaire ».
Veto, « opposition, refus », vient de *veto*, forme conjuguée latine signifiant « j'interdis, je m'oppose », formule des tribuns de la plèbe.
Vidéo vient de la forme verbale *video*, signifiant « je vois ».
Visa signifie en latin « choses vues », c'est une forme du participe passé de *video* « voir ».

- L'anatomie est un domaine qui a beaucoup emprunté au latin.

De nombreux noms d'os (à commencer par le mot **os** lui-même qui vient du latin *os, ossis*) sont des latinismes : **tibia**, « flûte », **fémur**, « cuisse », **radius**, « rayon », **humérus**, « épaule », **cubitus**, « coude »...

L'**index** est le doigt qui sert à montrer, à *indiquer*. Dans un ouvrage, l'index des auteurs sert à rassembler tous les auteurs cités.
Le **placenta**, organe en forme de disque qui se développe dans l'utérus lors de la grossesse, doit son nom à sa forme ; en effet, ce mot signifie « galette, gâteau » en latin.
Le **cortex** désigne la partie externe de certains organes, notamment le cerveau, qu'il protège à la manière d'une écorce, qui se dit en latin *cortex*.
Le mot latin *caput, capitis* signifie « tête » ; dans sa forme réduite, il devient *-ceps*, que l'on retrouve dans **biceps**, signifiant en latin « qui a deux têtes, deux extrémités » car ce muscle se divise en deux tendons, et **triceps**.

- De nombreuses locutions, pour certaines courantes et quotidiennes, nous ont été transmises par le latin.

Peut-être l'une des plus célèbres, **ex æquo**, qui signifie « à égalité ».
Autre expression courante, **in extremis**, « dans les toutes dernières choses », et qui s'emploie pour dire « au tout dernier moment » : *il est arrivé en cours in extremis !*
En latin, le nom **via** signifiait « route, rue ». En français, c'est une préposition qui s'emploie avec le sens de « en passant par » : *il est allé de Paris à Montpellier via Lyon.*
La locution **vice versa**, « à tour (*vice*) renversé (*versa*) », s'utilise aujourd'hui avec le sens de « réciproquement, inversement ».

- Plusieurs sigles et abréviations représentent des mots latins :

C. V. est l'abréviation de *curriculum vitæ*, littéralement « la course de la vie ».
Etc. provient du latin *et cætera*, « quant au reste ».
N. B., destiné à apporter une précision importante dans un écrit, est l'abréviation du latin *nota bene* « notez bien ».
Quant au **P.-S.** de nos lettres et courriels, il est l'abréviation de *post-scriptum*, « après ce qui a été écrit ».

4 Petit florilège de citations

Nous employons encore des formules ou des phrases entières sous leur forme latine d'origine, sans toujours saisir l'allusion.

Alea jacta est

En 50 av. J.-C., au moment de franchir le Rubicon (fleuve au-delà duquel les soldats en armes ne devaient pas marcher) pour prendre Rome par la force, Jules César se trouva confronté à un dilemme : devait-il marcher sur Rome avec ses troupes, provoquant ainsi une guerre civile, ou obéir aux sénateurs qui lui ordonnaient de revenir à Rome ? Après avoir hésité, il décida d'entrer dans Rome avec ses troupes victorieuses et lança « *Alea jacta est* », « Les dés sont jetés ». Cette phrase est demeurée célèbre comme un modèle de résolution prise quoi qu'il advienne, quelques conséquences qui puissent en découler. Cet épisode est aussi à l'origine de l'expression *franchir le Rubicon* qui s'emploie lorsqu'on prend une décision risquée ou qu'on fait un choix irréversible.

Bis repetita (placent)

« *Bis repetita placent* », « Les choses répétées plaisent », est une sentence adaptée de l'*Art poétique* d'Horace, dans lequel il explique que certaines œuvres ont peu de succès, alors que d'autres, même répétées, plaisent toujours. Employée sous la forme simple *bis repetita*, cette formule s'utilise aussi pour souligner qu'un évènement se reproduit.

Carpe diem

L'expression « *Carpe diem* », « Cueille le jour », est tirée de l'œuvre du poète latin Horace (les *Odes*). Cette phrase est souvent interprétée comme une invitation à jouir du moment présent. C'est en fait une règle de conduite inspirée d'Épicure, philosophe qui encourageait à profiter des joies de la vie, trop courte, mais de façon raisonnée et en s'imposant une certaine discipline de vie.

Errare humanum est

Le proverbe *Errare humanum est*, traduit par « L'erreur est humaine », sert de nos jours pour justifier ou excuser une faute. Il est parfois complété par *perseverare diabolicum*, « persévérer (dans son erreur) est diabolique ». C'est l'occasion de faire son *mea culpa*, littéralement « ma faute ».

Fluctuat nec mergitur

Devise de la ville de Paris, la formule « *Fluctuat nec mergitur* », « Elle est battue par les flots mais ne sombre pas », symbolise la résistance face à l'adversité et aux coups du sort.

Paris, place de la République (décembre 2015).

RIP

Le sigle *RIP* remonte au latin chrétien « *Requiescat in pace* », « Qu'il/elle repose en paix », formule qui se trouvait sur de nombreuses sépultures chrétiennes. Les Anglais ont réinterprété la formule en *Rest in peace*, de même sens.

Vade retro

« *Vade retro, Satana(s) !* », « Recule, Satan ! », est une expression qu'on trouve dans les Évangiles. De nos jours, on l'emploie encore plaisamment pour rejeter une proposition.

Vae victis !

L'exclamation « *Vae victis !* », « Malheur aux vaincus ! », renvoie à un sombre épisode de l'histoire romaine : vers 390 av. J.-C., le chef gaulois Brennus, après avoir pris Rome, signifia par cette phrase aux Romains que les vaincus sont toujours à la merci des vainqueurs.

Mythes, croyances et héros

Les apports des Grecs et des Romains sont bien vivants, non seulement parce que nos langues en sont directement issues, mais aussi parce que leurs cultures irriguent toujours le monde contemporain : politique, philosophie, art, littérature, sciences, médecine… On en trouve également des traces importantes dans des mots et des expressions qui font référence à des réalités antiques (voir 5 6 7). Ces allusions à l'**Antiquité gréco-romaine** sont nombreuses.

5 Drôles d'expressions !

Sous les meilleurs auspices

Les auspices étaient des présages que les Romains tiraient du vol, du chant ou encore de l'appétit des oiseaux. Aujourd'hui, un évènement se présente bien lorsqu'il s'annonce *sous les meilleurs auspices*.

Renvoyer aux calendes grecques

Le mois romain comportait trois jours importants : les *ides* (le milieu du mois), les *nones* (neuvième jour avant les ides) et les *calendes* (le premier jour), dont dérive notre *calendrier*. Ces fameuses calendes étaient totalement inconnues des Grecs. Donc *renvoyer quelque chose aux calendes grecques*, c'est le reporter à une date qui ne viendra jamais !

En son for intérieur

Cette expression qui signifie « dans sa conscience, au fond de soi-même », est formée du mot *for*, issu du latin *forum*, « place publique, tribunal », qui désigne le tribunal de la conscience. Penser, savoir quelque chose *en son for intérieur,* c'est donc l'éprouver au plus profond de soi.

S'endormir sur ses lauriers

Depuis la Grèce antique, les lauriers symbolisent les vainqueurs. Les lauriers tressés couronnèrent d'abord la tête des poètes et des héros. Par la suite, le laurier récompensa les athlètes champions et plus généralement tous les *lauréats*, littéralement « couronnés de laurier ». *S'endormir sur ses lauriers*, c'est donc se reposer sur ses victoires passées sans fournir aucun nouvel effort.

Apollon couronné de lauriers.

Noter quelque chose sur ses tablettes

Dans l'Antiquité, point de papier. Les civilisations sumériennes et akkadiennes (3e millénaire av. J.-C.) inventent l'écriture et son support matériel, des tablettes d'argile ; les scribes se servaient de roseaux taillés en pointe pour y graver des signes cunéiformes (en forme de coins). Ces tablettes nous sont parvenues par-delà les millénaires, et aujourd'hui on *note sur ses tablettes* un évènement ou un fait dont on souhaite se souvenir.

6 L'héritage des dieux de l'Olympe

Des personnages de l'Antiquité survivent dans des mots parfois très courants.

Août provient du nom du premier empereur romain, **Auguste**, en l'honneur duquel fut renommé le mois jusqu'alors appelé *sextilis* (le « sixième », car l'année romaine commençait en mars, d'où *septembre* « le septième »).

On trouve le nom d'**Aphrodite**, la déesse grecque de l'Amour et de la Beauté, dans l'adjectif ***aphrodisiaque***, « qui est censé exciter le désir sexuel ».

Cérès (la Déméter grecque) est la déesse romaine de l'Agriculture et des Moissons. Souvent représentée avec une gerbe de blé, elle se cache dans le mot ***céréale***.

Le législateur athénien **Dracon** (VIIe siècle av. J.-C.) était connu pour l'extrême dureté de ses lois : le moindre vol, par exemple, entraînait la condamnation à mort. De là vient l'adjectif ***draconien***, « d'une excessive sévérité », souvent utilisé dans l'expression *prendre des mesures draconiennes*.

Éole était chez les Grecs le dieu des Vents. L'énergie ***éolienne*** est fournie par la force du vent. Une *éolienne* est donc une machine qui l'utilise comme le faisaient autrefois les ailes du moulin.

Éros est le dieu grec de l'Amour, fils de la déesse Aphrodite. L'adjectif qui en dérive, ***érotique***, signifie donc d'abord « qui traite de l'amour » *(la poésie érotique)*, puis s'applique plus spécialement au plaisir physique et à l'acte sexuel *(un film érotique)*.

Morphée est le dieu des Songes dans la mythologie grecque. C'est le fils d'Hypnos, le dieu du Sommeil, et de Nyx, la déesse de la Nuit. Au XIXe siècle, les scientifiques découvrent que l'opium contient une puissante substance soporifique qui calme la douleur : ils la baptisent ***morphine***.

Narcisse était un jeune homme d'une grande beauté. Un jour qu'il se penchait pour boire à une source, il vit son reflet dans l'eau et en tomba éperdument amoureux. Ne pouvant en détacher son regard, il dépérit et mourut : à la place de son corps, apparurent des fleurs blanches baptisées ***narcisses***. L'adjectif ***narcissique*** qualifie une personne qui s'admire excessivement.

Le dieu Pan.

Dans la mythologie grecque, **Pan** était la divinité protectrice des bergers et des troupeaux. Il jouait de la *flûte de Pan* pour accompagner les nymphes. Avec son corps mi-homme mi-bouc, il déclenchait l'épouvante par son apparence et faisait souffler un vent de ***panique***…

Jules **César** a marqué l'histoire comme un grand conquérant et homme politique. Son nom, attaché à l'idée de pouvoir, est à l'origine de deux titres d'empereur : ***kaiser***, de l'allemand, qui désigne l'empereur d'Allemagne, notamment Guillaume II, et ***tsar*** (apparu d'abord sous la forme *czar*), qui désigne l'empereur de Russie.

Vulcain, dieu romain du Feu et des Métaux, forgeait les foudres de son père Jupiter dans son atelier sous l'Etna. Lorsqu'il travaillait le fer, le volcan crachait le feu. *Vulcanus*, son nom latin associé au feu, aux flammes, à l'incendie, est à l'origine du français ***volcan***.

Éruption de l'Etna.

7 Le fabuleux destin des dieux et des héros de l'Antiquité

Des expressions courantes font allusion aux défauts et aux mésaventures des personnages mythologiques.

Se croire sorti de la cuisse de Jupiter

Zeus (Jupiter chez les Romains) était amoureux de la mortelle Sémélé à laquelle il se montra dans toute sa splendeur. À cette vue, elle s'embrasa et fut consumée alors qu'elle était enceinte. Zeus recueillit alors l'embryon et le porta à terme, cousu dans sa cuisse, élevant ainsi ce fils au rang de dieu. L'expression *se croire sorti de la cuisse de Jupiter* rappelle cet épisode et signifie « se croire supérieur aux autres ».

La boîte de Pandore

Pandore, la première femme de l'humanité pour les Grecs, se vit confier une mystérieuse jarre avec l'interdiction de l'ouvrir. Dévorée par la curiosité, elle ne résista pas et ouvrit la jarre, d'où s'échappèrent tous les maux, qui se répandirent sur la Terre. Elle la referma vite, laissant au fond l'espoir, unique consolation des hommes. Quand on ouvre *la boîte de Pandore*, il faut s'attendre à une succession de catastrophes.

Jouer les Cassandre

Cassandre était une princesse de Troie, fille du roi Priam. Par amour, Apollon lui attribua le don de prophétie. Elle repoussa ses avances et, pour se venger, il la condamna à prédire l'avenir sans jamais être crue : c'est ainsi qu'elle annonça en vain aux Troyens la chute de leur ville… *Jouer les Cassandre*, c'est faire des annonces dramatiques et avoir une vision pessimiste d'une situation.

Le talon d'Achille

Le talon d'Achille fait référence au principal héros de la guerre de Troie. Sa mère, Thétis, l'avait plongé dans les eaux du Styx, fleuve des Enfers dont les eaux, magiques, rendaient invulnérable ; pour ce faire, elle tint l'enfant par le talon, qui resta donc son seul point faible. Lors de la guerre de Troie, Pâris décocha une flèche dans la cheville d'Achille (le *tendon d'Achille*), qui en mourut. Le *talon d'Achille* désigne le point faible qui rend quelqu'un vulnérable.

Achille mourant (Ernst Herter, Achilleion, Corfou).

Et nos ancêtres les Gaulois ?

Autun : temple de Janus.

Nos ancêtres les Gaulois ne nous ont pas légué grand-chose ! Dominées par la puissante civilisation romaine, leur culture comme leur langue ont disparu en moins de cinq siècles : dès le ve siècle après J.-C., on estime que le gaulois est une langue morte. De nos jours, très peu de mots viennent de cette **langue celtique** disparue. Les rares survivants témoignent d'un mode de vie proche de la nature, essentiellement agricole et artisanal : *alouette, bouc, boue, caillou, chemin, chêne, crème, mouton, ruche...* En revanche, de nombreux noms de lieux sont d'origine gauloise ; ainsi, *Lugdunum*, littéralement « forteresse *(dunum)* de *Lugos* (dieu gaulois qui correspond à *Lug*, dieu suprême de la mythologie celtique) », est à l'origine des toponymes *Laon* et *Lyon*, tandis que *Autun* est la « forteresse d'Auguste » (*Augustodunum*). On retrouve ce même élément gaulois évoquant une fortification dans *Loudun* et *Verdun*.

Des cousins germains envahissants

Nous sommes au ve siècle : l'Empire romain d'Occident, à bout de souffle, doit faire face à des incursions barbares de plus en plus nombreuses, et le centre de gravité de l'Empire s'est déplacé en Orient, à Byzance. Après la chute de Rome en -476, on assiste à l'apparition de plusieurs dialectes régionaux issus du latin. Sur le territoire gallo-romain, l'influence de la langue germanique des Francs, le **francique**, se fait sentir (voir 8). Mais celle-ci ne parvient pas à s'imposer définitivement : la langue gallo-romane et le francique vont ainsi cohabiter pendant cinq siècles, des Mérovingiens (notamment Clovis) aux Carolingiens (Pépin le Bref, Charlemagne), qui sont tous bilingues. Hugues Capet (941-996), fondateur de la dynastie des Capétiens, parlera quant à lui une langue romane et aura besoin d'un interprète pour comprendre le francique.

8 UN RENARD BLEU DANS MON JARDIN

L'APPORT FRANCIQUE

Le français est, de toutes les langues romanes, la plus germanisée. Grands guerriers, les Francs lui ont légué *guerre* et *blesser*. Chasseurs et agriculteurs, ils lui ont aussi donné des noms liés aux animaux, *bison, chouette, épervier, renard* (qui évince *goupil*), *troupeau*, et aux végétaux : *blé, framboise, jardin, haie*...

Le vocabulaire de l'habillement est représenté avec *gant, froc, robe.*

Le domaine d'emprunts le plus frappant est celui des sentiments et des traits de caractère, pour lesquels les Francs avaient un vocabulaire riche et nuancé. Viennent ainsi du francique des mots comme *orgueil, honnir, hardi, laid*. Des noms de couleur ont également été empruntés, comme *bleu* ou *gris*.

Preuve de l'influence déterminante de ce peuple franc, la *France* lui doit son nom !

Le roman, toute une histoire

Le premier témoignage écrit d'une langue différente du latin en usage sur notre territoire date du IXe siècle : il s'agit des ***Serments de Strasbourg***, rédigés en 842 par deux petits-fils de Charlemagne, Louis II le Germanique et Charles II le Chauve, qui jurent de se prêter mutuellement assistance face à leur frère Lothaire. Chacun prononce le serment dans la langue de l'autre : Louis en ***lingua romana*** (la langue romane, l'ancêtre du français) et Charles en francique, langue germanique. Cette langue romane n'est plus du latin... mais pas encore du français.

LES SERMENTS DE STRASBOURG (842)

Plusieurs changements importants ont lieu, qui différencient la langue romane du latin.

- La première évolution est grammaticale. En latin, langue dite *à déclinaison*, chaque nom, pronom et adjectif possède des terminaisons différentes (qu'on appelle des *cas*) selon sa fonction dans la phrase. La langue romane réduit les six cas latins (le nominatif, le vocatif, l'accusatif, le génitif, le datif et l'ablatif) à deux cas. Ici, par exemple, à la déclinaison latine *deus, deus, deum, dei, deo, deo* correspondent deux cas, ***deus*** (forme du sujet) et ***deo*** (forme du complément), qui donneront ***dieu*** en français.
- Les voyelles finales autres que *a* disparaissent systématiquement. Dans ce texte, le latin *amor* devient ***amur*** qui fera ***amour*** en français.
- Le pronom ***om*** (qui deviendra ***on*** en français) apparaît pour la première fois.

Texte en langue romane	Texte en français
*« Pro **Deo** **amur** et pro christian poblo et nostro commun salvament, d'ist di in avant, in quant **Deus** savir et podir me dunat, si salvarai eo cist meon fradre Karlo et in aiudha et in cadhuna cosa, si cum **om** per dreit son fradra salvar dist. In o quid il mi altresi fazet. Et ab Ludher nul plaid nunquam prindrai, qui meon vol cist meon fradre Karle in damno sit. (…) »*	*« Pour l'**amour** de **Dieu** et pour le salut commun du peuple chrétien et le nôtre, à partir d'aujourd'hui, pour autant que **Dieu** m'en donne savoir et pouvoir, je secourrai mon frère Charles ici présent et par aide et en toute chose, comme **on** doit justement soutenir son frère. À la condition qu'il m'en fasse autant. Et je ne prendrai jamais aucun arrangement avec Lothaire, qui, de ma volonté, soit préjudiciable à mon frère Charles ici présent. (…) »*

Le deuxième texte, la ***Séquence*** (ou ***Cantilène de sainte Eulalie***), date d'environ 880 ; il est capital, car c'est le premier texte littéraire écrit en langue romane dont nous avons trace. Il s'agit d'un poème de 29 vers relatant dans une langue simple le martyre de sainte Eulalie, une jeune fille de 13 ans qui refusa de renier sa foi. Là encore, il est bien difficile pour le lecteur d'aujourd'hui de comprendre ce texte. Néanmoins, il introduit quelques nouveautés qui l'éloignent toujours plus du latin (voir 9).
Ces deux textes primordiaux font du français la première langue romane historiquement attestée.

9 La Séquence de sainte Eulalie (880)

Là encore, la langue romane introduit des changements notables par rapport au latin. Par exemple, l'article défini (***li***, ***les***) qui n'existait pas en latin, fait son apparition. C'est la première attestation du mot ***ciel*** (latin *caelum*).

Texte en langue romane	Texte en français
Buona pulcella fut Eulalia.	*Eulalie était une bonne jeune fille.*
Bel avret corps, bellezour anima.	*Beau était son corps, plus belle encore son âme.*
*Voldrent la veintre **li** Deo inimi,*	***Les** ennemis de Dieu voulurent la vaincre,*
Voldrent la faire diaule servir.	*Ils voulurent lui faire servir le diable.*
*Elle nont eskoltet **les** mals conselliers*	*Elle n'écoute pas **les** mauvais conseillers*
Qu'elle Deo raneiet,	*Qui lui demandent de renier Dieu,*
*chi maent sus en **ciel**. (…)*	*qui demeure là-haut au **ciel**. (…)*

L'ancien français (Xe-XIVe siècles)

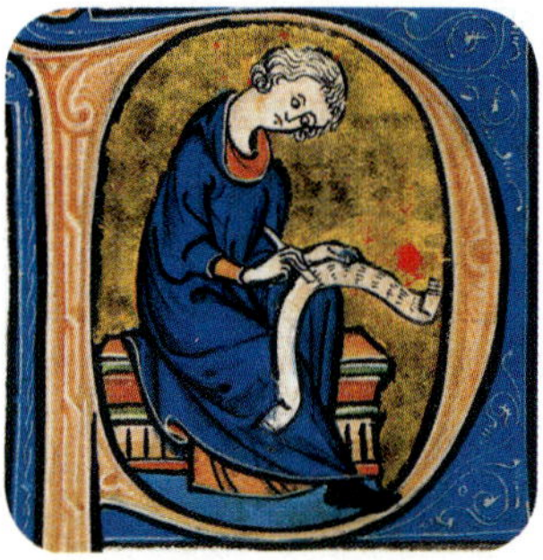

On appelle *ancien français* le premier stade de notre langue. Il est marqué par la disparition de la déclinaison à deux cas de la langue romane et l'apparition de nombreux dialectes régionaux, répartis en deux grandes aires linguistiques : le **domaine d'oïl** au nord, présentant de nombreux régionalismes picards et normands, et le **domaine d'oc**, au sud.

Dès le XIe siècle, le lexique s'enrichit de nombreux emprunts au latin. Devenu la langue du savoir, de l'enseignement et de la culture, le latin lègue au français des mots de plus en plus abstraits : *essence, comparaison, nature, obstacle, perception, qualité, transférer…*

Certains mots, de même origine latine, se retrouvent avec des radicaux différents, comme *frère* et *fraternel* qui remontent tous deux au latin *frater*. Le premier, *frère*, est hérité du latin, c'est-à-dire qu'il a été lentement transmis au français en se modifiant phonétiquement, tandis que *fraternel* est directement emprunté au latin. Ce double cheminement est à l'œuvre dans les **doublets étymologiques**.

Drôles de couples
Les doublets étymologiques

Le Mariage de Tristan et d'Iseut (manuscrit, XIVe s.).

À partir du Moyen Âge et jusqu'au XVIe siècle, les emprunts au latin se multiplient et à un même étymon latin, correspondent deux termes, dont les formes (et parfois le sens) sont assez éloignées : l'un est hérité du latin par la langue populaire, l'autre est emprunté par la langue savante.

étymon latin	doublet populaire	doublet savant
articulus	*orteil*	*article*
auscultare	*écouter*	*ausculter*
causa	*chose*	*cause*
clavicula (« petite clé »)	*cheville*	*clavicule*
coagulare	*cailler*	*coaguler*
disjejunare	*dîner* (verbe)	*déjeuner* (verbe)
fabrica	*forge*	*fabrique*
fragilis	*frêle*	*fragile*
implicare	*employer*	*impliquer*
integer	*entier*	*intègre*
legalis	*loyal*	*légal*
masticare	*mâcher*	*mastiquer*
ministerium	*métier*	*ministère*
navigare	*nager*	*naviguer*
nativus	*naïf*	*natif*
potionem	*poison*	*potion*
rationem	*raison*	*ration*
recuperare	*recouvrer*	*récupérer*
rigidus	*raide*	*rigide*
separare	*sevrer*	*séparer*
vitrum	*verre*	*vitre*

(La rubrique étymologique du *Robert Collège* indique les doublets.)

L'anglo-normand

La flotte de Guillaume le Conquérant fait voile vers l'Angleterre (tapisserie de Bayeux).

À cette période, Guillaume le Conquérant, duc de Normandie, conquiert l'Angleterre (1066), où il importe les dialectes des régions de l'ouest de la France, dont le normand qui va servir de base à l'**anglo-normand**. L'anglais a donc très tôt emprunté un nombre considérable de mots au français (et au latin) : notre langue, qui était en usage à la cour d'Angleterre sous Guillaume le Conquérant, faillit même devenir la langue officielle de l'Angleterre.

Plus tard (1154), Aliénor d'Aquitaine apporte à l'Angleterre ses possessions du sud-ouest de la France. L'anglo-normand s'enrichit alors d'apports picards et gascons, et à cette époque on estime que 60 % du lexique anglais était d'origine française.

De l'anglais bien français

Les mots anglais d'origine française

La différence de prononciation peut masquer la parenté, plus sensible à l'écrit. Certains mots, empruntés au français au Moyen Âge, nous sont revenus plus tard.

Bar nous vient de loin : déjà au XVIe siècle, les boissons étaient servies dans les tavernes anglaises derrière une *barre* de comptoir, mot qui désigna ensuite le comptoir, puis le débit de boissons.

S'ils payent en ***cash*** depuis longtemps, les Anglais tirent ce mot de *casse*, forme ancienne de notre *caisse*, contenant où nous accumulions autrefois nos précieux écus.

Caterpillar, « chenille », vient de *c(h)atepelose*, littéralement « chat poilu » en ancien français, par allusion au corps velu de la bestiole !

La pièce de monnaie se dit ***coin*** en anglais. Il s'agit bien de notre *coin*, instrument métallique gravé en creux pour frapper les monnaies. Une origine frappée au coin du bon sens !

L'anglais ***court***, « court, tribunal », vient du français *cort, curt*, forme ancienne de *cour*. Ce même mot anglais nous est revenu au XIXe siècle, au masculin, pour désigner le ***court*** de tennis.

La médecine antique reposait sur la "théorie des *humeurs*", le bon équilibre des sécrétions étant gage de santé. Les Anglais en firent *humor*, et nous le retournèrent en ***humour***.

Quoi de plus britannique que le ***porridge*** ? Il s'agit pourtant de notre *potage*, servi dans une assiette anglaise.

L'adjectif anglais ***quiet***, « calme, silencieux », vient de l'adjectif français de même forme et de même sens, *quiet*, moins courant que *inquiet*, son contraire.

L'anglais *distress* est emprunté à *destresce*, ancienne forme du français *détresse*, que nous accueillerons sous une forme abrégée et avec un autre sens dans ***stress***.

Du pré à l'assiette
Les couples de noms d'animaux

En anglais, plusieurs animaux portent deux noms : l'un pour la bête sur pied dans les prés, l'autre pour la viande cuisinée et servie à table. Cette étrangeté vient du fait que ceux qui les élevaient ne parlaient pas la même langue que ceux qui les mangeaient. C'est pourquoi l'animal dans l'assiette porte un nom d'origine française, tandis que celui de la ferme porte un nom saxon (germanique).

en français	en anglais	
	(dans l'assiette)	(dans le pré)
bœuf	*beef*	*cow* et *ox*
veau	*veal*	*calf*
mouton	*mutton*	*sheep*
porc	*pork*	*swine* et *pig*
poulet	*pullet*	*hen* et *chicken*

L'arabe

L'ancien français est également marqué par des emprunts à l'arabe. Les XIIe et XIIIe siècles représentent une période florissante pour la **civilisation arabe**. Les intellectuels occidentaux sont allés chercher dans les zones d'échange entre Orient et Occident (la Sicile et l'Espagne), ce qui ne leur avait pas été transmis par les Latins : la philosophie mais surtout les sciences et les techniques des Grecs et des Arabes.

Aux XIIe et XIIIe siècles surtout, le français emprunte à l'arabe soit directement, soit par l'intermédiaire du latin médiéval, de l'espagnol ou de l'italien.

Traité d'arithmétique arabe (XIVe s.).

Au hasard du nénufar
Les emprunts à l'arabe médiéval

Abricot vient du latin *praecoquum*, « précoce ». Passé en grec sous la forme *praekokhion,* il est devenu en arabe *'al barquq*, « fruit précoce » ; celui-ci a donné l'espagnol *albaricoque*, qui a terminé son voyage en France sous la forme *abricot*.

Le nom ***amiral*** vient de *'amir,* signifiant « chef », qui a donné aussi ***émir*** ; *amir al-'ali* désignait « le prince de la mer, le commandant ».

Le ***carat*** (unité de mesure valant 0,2 gramme) a pour origine l'arabe *qîrât*, « petit poids, graine de caroubier ». L'arabe venait lui-même du grec *keration*, « petite corne, caroube », car les petites graines de caroubier servaient pour peser l'or et les pierres.

Hasard vient de l'arabe *az-zahr* qui signifie « le dé ». En tant que symbole de l'aléatoire et de la chance, le jeu de dés, très populaire depuis l'Antiquité, revient souvent dans ce lexique (*alea*, en latin, désignait aussi le jeu de dés, et *chance* signifiait à l'origine « manière dont tombent les dés »).

Le nom ***nénuphar*** provient de l'arabe *nînûfar,* d'origine persane, par le latin médiéval *nenuphar*. La graphie *nénufar*, plus conforme à l'étymologie, est admise (réforme de l'orthographe de 1990).

Le moyen français

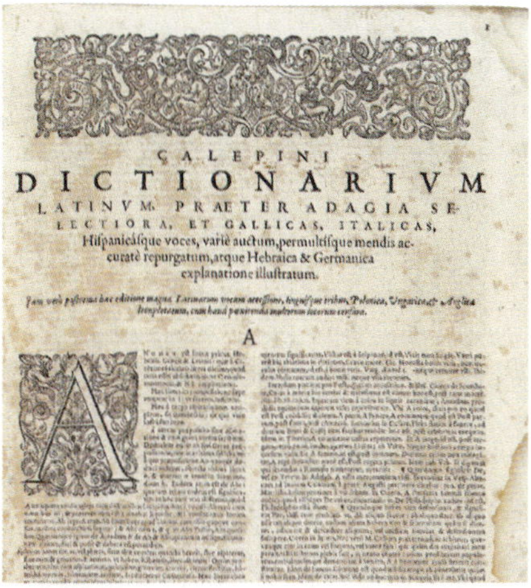
CALEPINI
DICTIONARIVM
LATINVM, PRAETER ADAGIA SELECTIORA, ET GALLICAS, ITALICAS, Hispanicásque voces, variè auctum, permultísque mendis accuratè repurgatum, atque Hebraica & Germanica explanatione illustratum.

Dictionarium d'Ambrogio Calepino (XVIe s.).

Dès le XIIe siècle, une langue d'oïl avait commencé à se distinguer parmi les autres : le parler d'Île-de-France, encore appelé ***francien***. Au cours des siècles suivants, Paris s'impose peu à peu politiquement et la langue parlée sur son territoire va s'étendre et devenir la langue du pouvoir royal et de l'administration. En 1539, François Ier édicte l'**ordonnance de Villers-Cotterêts**, qui réorganise la justice et impose dans les tribunaux l'usage de la "langue vulgaire" – le français – au lieu du latin.

Un autre évènement majeur va favoriser l'expansion du français : l'**invention de l'imprimerie** à la fin du XVe siècle. Dès lors, de nombreux ouvrages vont voir le jour, et plus spécialement les premiers dictionnaires et grammaires, ainsi que des traités de versification et de rhétorique. Autre conséquence : les imprimeurs tentent de créer un système graphique plus uniforme (certains mots pouvaient avoir plusieurs orthographes selon les auteurs, les régions...), ce qui va entraîner les premières querelles autour de l'orthographe et des tentatives de réformes pour la simplifier.

Cet essor littéraire dans tous les domaines – juridique, philosophique, médical, poétique, romanesque –, et notamment les traductions, requiert un vocabulaire approprié : les lettrés et les écrivains comme Rabelais innovent sans cesse en créant de nouveaux mots.

La mode de l'italien

La Renaissance (XVe–fin XVIe siècle) est une période de création lexicale intense. La redécouverte des **textes gréco-latins de l'Antiquité** va enrichir le vocabulaire français de mots issus de ces langues anciennes.

D'autre part, les guerres d'Italie menées par les souverains français entre le XIVe et le XVIe siècle, l'installation de la papauté en Avignon au XIVe siècle, puis l'arrivée d'une reine de France italienne, Catherine de Médicis, accompagnée de sa cour (musiciens, architectes, artistes, courtisans) au XVIe siècle, et, plus généralement, l'expansion économique de l'Italie grâce à ses banques et à sa flotte, vont entraîner une véritable mode de l'italien (voir 10).

10 ALERTE AUX CAPRICES !
LES EMPRUNTS À L'ITALIEN

Un déferlement d'italianismes envahit le lexique français à partir du XIVe siècle et se poursuit en s'amplifiant sous la Renaissance.

Alarme est issu de la locution italienne *all'arme !*, « aux armes ! », ordre donné aux soldats de saisir leurs armes, en cas de danger. De même, ***alerte*** vient de *all'erte*, « sur la hauteur ! », cri militaire du guet.

Banqueroute provient de l'italien *banca rotta*, signifiant littéralement « banc rompu », car la coutume voulait que l'on brise le comptoir du banquier à la suite d'une faillite.

Bilan est issu de *bilancio* « balance » : en effet, un bilan doit être équilibré, entre ce que l'on possède et ce que l'on doit.

Caprice fut emprunté à *capriccio*, « frisson » puis « désir soudain », lui-même issu du radical de *capra* « chèvre », cet animal étant réputé pour son humeur changeante.

Carnaval a pour origine l'italien *carnevale*, « mardi gras », formé sur *carne*, « viande » et *levare*, « ôter » : le mardi gras est le dernier jour du carnaval et veille de carême, période où l'on devait « enlever la viande » de son menu pendant quarante jours.

Lavanda signifie en italien « qui sert à laver » : d'où notre ***lavande***, qui était utilisée pour parfumer l'eau de toilette.

Miniature n'a étymologiquement rien à voir avec *mini*, en dépit de sa forme et de son sens. Il est emprunté à l'italien *miniatura*, ornement de petite taille, peint de couleurs vives (notamment rouge), qui décorait manuscrits et parchemins. Ce mot vient du latin *miniare* « peindre en rouge, enduire de *minium* », une poudre rouge d'oxyde de plomb.

Pantalon est tiré d'un nom propre, *Pantalone*, qui était un personnage de la commedia dell'arte, un bouffon dont les chausses descendaient jusqu'aux pieds.

Sérénade, qui désigne le concert exécuté le soir sous les fenêtres d'une personne, est emprunté à l'italien *serenata* signifiant « nuit sereine ».

Nouveau Monde, nouveaux mots

Christophe Colomb débarque à Hispaniola (Théodore de Bry, XVIe s.).

Les XVe et XVIe siècles sont aussi les périodes des grandes découvertes et de la conquête du Nouveau Monde (où Christophe Colomb aborde en 1492) ; les grands explorateurs, en important des réalités inconnues, rapportent aussi les mots qui servent à les nommer, notamment ceux issus des **langues amérindiennes**, d'Amérique du Nord (algonquin, huron, iroquois, montagnais…), ou d'Amérique latine et des Antilles (arawak, aymara, caraïbe, nahuatl, quechua, taïno, tupi-guarani…).

Un monde inconnu

Les mots d'origine amérindienne

- Arbres : *acajou, coca, hévéa, palétuvier, palissandre…*
- Fruits et légumes : *ananas, avocat, cacahouète, cacao* pour faire le *chocolat, goyave, maïs, manioc, papaye, patate, tabac, tapioca, tomate…*
- Animaux : sur terre, *alpaga, carcajou, caribou, chinchilla, couguar, coyote, iguane, jaguar, lama, ocelot, opossum, pécari, puma, sapajou, tapir, tatou, vigogne…* ; dans l'eau : *caïman, lamantin, piranha…* ; dans les airs : *colibri, condor, toucan…*
- Paysages : *bayou, marigot, pampa, savane…*
- Objets : *barbecue, canot, hamac, mocassin, pirogue, toboggan…*

L'Académie française offre le dictionnaire au roi Louis XIV.

Le français moderne (XVIIe - XVIIIe siècles)

Les siècles suivants sont marqués par la volonté du pouvoir royal d'unifier et de codifier le lexique, la grammaire et l'orthographe. L'**Académie française**, créée par le cardinal de Richelieu en 1635, a pour vocation, au travers de son dictionnaire (le premier paraît en 1694), de dire le "bon usage", c'est-à-dire celui du français de Paris, où siège le roi. L'Académie aura notamment pour tâche d'unifier et de normaliser l'orthographe ; le dictionnaire de 1740 propose une orthographe considérablement modifiée, proche de celle que nous connaissons : *aisné* ▸ *aîné ; autheur* ▸ *auteur ; respondre* ▸ *répondre ; roy* ▸ *roi*.

Le français classique du XVIIe siècle recherche la noblesse du langage et du style : après la vogue des italianismes et le pédantisme des savants férus de latin et de grec, la tendance dans la société élégante des années 1650 est à la **préciosité**, qui crée de nombreux mots encore en usage : adverbes en *-ment* souvent hyperboliques *(diablement, furieusement, terriblement)*, néologismes *(féliciter, enthousiasmer, incontestable)*, périphrases et locutions *(avoir de l'esprit, briller dans la conversation, perdre son sérieux)*. Loin de la caricature qu'a pu en faire Molière dans *Les Précieuses ridicules*, la préciosité se donne pour idéal la pureté verbale.

En Europe, le français est à la mode : en usage dans de nombreuses cours et dans la diplomatie, il influence les autres langues européennes. Au-delà, il suit les colons qui s'implantent au Canada, dans les Antilles ou l'océan Indien, les protestants qui fuient en Europe et vers le Nouveau Monde après la révocation de l'édit de Nantes par Louis XIV en 1685.

La **Révolution française** souhaite éradiquer les patois, perçus comme une survivance de l'Ancien Régime, et impose le français comme « langue nationale »... même si moins d'un Français sur deux la parle ! L'effervescence de cette époque et les grands bouleversements qu'elle entraîne vont générer des néologismes.

Révolution dans le vocabulaire
Les mots apparus entre 1789 et 1793

Les convulsions de la société française s'accompagnent de l'émergence d'un vocabulaire nouveau, en ces circonstances ***révolutionnaires*** (1790).

C'est par le costume, entre autre, que le noble se distingue de l'homme du peuple. Le premier porte une culotte de soie serrée aux genoux, tandis que le second porte un pantalon, tenue qui lui vaudra le nom de ***sans-culotte*** (1791).

Le docteur Guillotin préconisa l'emploi d'un instrument de supplice pour décapiter les condamnés, afin d'abréger leurs souffrances. Son nom restera associé, bien malgré lui, à la ***guillotine*** (1789) et à la Terreur.

Le Retour de l'émigré (1792).

Les paysans ***insurgés*** (1790) de l'Ouest avaient pour chef *Jean Chouan*, surnom qui lui avait été donné car il imitait le cri du *chat-huant* en signe de ralliement. Les ***chouans*** (1793) combattirent la Révolution jusqu'au début de l'Empire.

Ce climat ***insurrectionnel*** (1792), les nouvelles ***alarmistes*** (1793), les mesures ***liberticides*** (1791) pousseront des nobles à fuir la France, fort peu ***patriotiquement*** (1790). Ces ***émigrés*** (1791) ***inciviques*** (1792) voulaient sauver leur tête.

L'anglomanie

La mode des **emprunts à l'anglais** bat son plein, dans les domaines de la politique *(constitutionnel, législature, minorité, vote)*, des mœurs *(sentimental, romantique, spleen)*, de l'économie *(colonisation, exportation, importation, partenaire)*. Les emprunts les plus anciens ont été intégrés au système français.
Cette anglomanie va aller s'amplifiant au cours du XIXe siècle, et surtout dans la seconde moitié du XXe, où les emprunts à l'anglo-américain vont constituer l'une des principales sources de néologismes du vocabulaire français.

Copions en anglais !
Adaptations et calques

De nombreux mots ou locutions ont été empruntés à l'anglais à partir du XVIIe siècle.

- Les emprunts les plus anciens ont été francisés et cette adaptation les rend difficilement perceptibles : *packet-boat* « malle-poste maritime » ▸ *paquebot* ; *riding-coat* « vêtement pour aller à cheval » ▸ *redingote* ; *bulldog* « chien taureau » ▸ *bouledogue*.

- D'autres emprunts sont des calques, c'est-à-dire des termes anglais traduits littéralement en français : *honeymoon* ▸ *lune de miel* ; *skyscraper* ▸ *gratte-ciel* ; *black sheep* ▸ *mouton noir*.

Le français d'aujourd'hui

L'Écolier (Jules Mignon, 1875).

À partir du XIXe siècle, le français est enseigné officiellement dans toute la France : en 1833, l'enseignement devient obligatoire, puis, sous Jules Ferry, il devient laïque, gratuit et obligatoire dès 1882. Dès lors, les langues régionales et les patois n'ont plus droit de cité dans l'école de la République. La **Première Guerre mondiale** achèvera le travail d'unification, faisant du français la langue de communication entre soldats venus de divers horizons. Un vocabulaire nouveau émergera du brassage humain et de ces tragiques évènements.

Le français est la langue officielle de la France depuis 1992 (article 2 de la Constitution) : « La langue de la République est le français. »

Dans la tourmente de la Grande Guerre

Mots apparus entre 1914 et 1918

Les ***poilus*** (vers 1915) furent envoyés au ***casse-pipe*** (1918). Avant la ***contre-offensive*** (1916), un ***patrouilleur*** (1914) est envoyé en reconnaissance dans le ***no man's land*** (1916). Les attaques chimiques à l'***ypérite*** (1917), le redoutable gaz moutarde intoxiquant les ***gazés*** (1918), sont plus redoutées que les *gaz* ***lacrymogènes*** (1915). Les officiers incapables sont ***limogés*** (1916) par le général Joffre, qui les envoie… à Limoges ! Dans les ***tranchées*** (1915), il s'agit d'être ***démerdard*** (1916). Avec les innovations techniques, les ***chars*** *d'assaut* (1917) sur terre, les ***zincs*** (1916) et les ***saucisses*** (1917) dans le ciel, ça ***gaze*** (1915), on *a le* ***moral*** (1917). Pas question de sombrer dans le ***défaitisme*** (1915) ni d'avoir la ***pétoche*** (1918) ou le ***bourdon*** (1915).

Un zinc (avion de chasse, 1916).

Parallèlement, de nombreux dictionnaires (Littré, Larousse…), des manuels de grammaire décrivent la langue (la linguistique en tant que science date de cette époque), faisant du XIXe siècle le « siècle des dictionnaires ».

La révolution industrielle et les progrès techniques et scientifiques (notamment la médecine) entraînent la création de mots nouveaux, souvent formés sur des racines gréco-latines : *cinéma* (de *cinématographe*), *dinosaure, locomotive, métro* (de *métropolitain*), *pasteuriser* (du nom de Louis *Pasteur*), *photographie, psychanalyse…*

Quant aux emprunts, l'anglais domine dans de nombreux domaines : les techniques *(rail, tunnel, wagon)*, le sport *(badminton, dribbler, football, golf, rugby, sport)*, la mode *(confortable, festival, tweed)*, les voyages *(tourisme)…*

Tout au long du XXe siècle et au début du XXIe, ce succès des emprunts à l'anglais ne s'est pas démenti et s'est étendu à d'autres domaines, comme la langue familière *(clean, cool, fun, hard, loser…)*, l'informatique et les nouvelles technologies *(blog, bug, e-book, e-mail, geek, pop-up, selfie, smartphone, spam…)*, les médias et le spectacle *(scoop, show-business…), la musique (jazz, rock, slam…)*, l'économie et les affaires *(low cost, start-up)*, la gastronomie *(burger, cupcake, donut, milk-shake, smoothie…)*. Certains de ces anglicismes font l'objet de **recommandations officielles**.

Vous pouvez le dire en français !

Anglicismes et recommandations officielles

Afin d'éviter l'utilisation massive de termes étrangers en français, des commissions de terminologie ont été mises en place, en France et au Canada. Leur tâche est de proposer des équivalents français pour combler les lacunes du vocabulaire et l'enrichir en désignant les réalités nouvelles, notamment dans les domaines économique, scientifique et technique. Une langue vivante doit être en mesure d'exprimer le monde dans toute sa modernité.
Les recommandations suivantes concernent les nouvelles technologies.

À la place de…	vous pouvez dire…
buzz	*bouche à oreille*
chat	*dialogue en ligne ; clavardage* (Québec)
e-book	*liseuse ; livre numérique*
hashtag	*mot-dièse*
podcast	*diffusion pour baladeur ; baladodiffusion* (Québec)
pop-up	*fenêtre intruse*
spam	*arrosage ; pourriel* (Québec)

Dans le même temps, la **mondialisation** favorise chaque jour la participation de nombreuses langues, notamment dans les domaines de :

- la gastronomie : japonais *(bento, sashimi, sushi)*, espagnol *(burrito, chorizo, tortilla)*, catalan *(churro)*, yiddish *(bagel)*, arabe *(brick, harissa)*, italien *(barista, risotto)*, turc *(kébab)*, chinois *(ketchup)*, vietnamien *(bo bun, nem, phô)* ;
- la culture : arabe *(raï)*, espagnol *(ola)*, japonais *(karaoké, manga, sudoku)* ;
- la religion : arabe *(aïd, burqa, niqab)*, hébreu *(bar-mitsvah)*, japonais *(zen)*.

Fort de toutes ces influences, **le français est une langue bien vivante**. Grâce à la francophonie, elle est parlée par des millions de locuteurs sur cinq continents, ce qui la place au cinquième rang des langues les plus parlées au monde.

LA FORMATION DES MOTS

Délires. Alchimie du verbe
(Robert Delaunay, 1914).

Une langue enrichit son lexique en prenant des mots à une autre langue (emprunts) ou en en créant (néologismes). Il existe plusieurs façons de créer de nouveaux mots : la **dérivation**, la **composition** et l'**abréviation**.

La dérivation

La dérivation consiste à ajouter à une **base** (un radical ou un mot simple) un ou plusieurs éléments qui ne peuvent exister seuls. Ce sont les **affixes** :

- des **préfixes**, devant la base : ***re****faire*, ***im****mortel*, ***anti****tabac*, ***més****aventure* ;
- des **suffixes**, derrière la base : *fourch****ette***, *hardi****ment***, *tigr****esse***, *intens****ifier***.

Pour trouver la base d'un mot, il suffit d'enlever les affixes : dans impensable, *in-* est le préfixe et *–able* le suffixe ; le radical est donc *–pens–*.

Les préfixes

Le préfixe ne change pas la nature du dérivé, mais il modifie son sens : *limité* est un adjectif, comme *illimité* ; *faire* comme *défaire* est un verbe ; *locataire* et *colocataire* sont des noms.
Quelques préfixes fréquents :

- ***co-, col-, con-, com-, cor-*** : exprime la réunion, la simultanéité, « avec » : ***co****détenu* ; ***col****laborer* ; ***com****battre* ; ***con****tenir* ; ***con****citoyen* ; ***cor****respondre* ;
- ***post-*** exprime la postériorité, « qui vient après, dans le temps ou dans l'espace » : ***post****dater*, ***post****natal*, ***post****position* ;
- ***pré-*** exprime l'antériorité, « qui vient avant, dans le temps ou dans l'espace » : ***pré****histoire*, ***pré****fabriqué*, ***pré****fixe*, ***pré****position*.

Les suffixes

L'ajout d'un suffixe modifie la nature du mot dérivé : *nature* (nom) + suffixe *–el* ▸ *naturel* (adjectif).

Quelques suffixes courants à connaître :

- ***-able*** (pour former des adjectifs) : *critiqu****able***, *imbatt****able*** ;
- ***-amment*** (pour former des adverbes à partir d'un adjectif en *–ant*) : *cour****amment***, *méch****amment*** ;
- ***-emment*** (pour former des adverbes à partir d'un adjectif en *–ent*) : *intellig****emment***, *prud****emment*** ;
- ***-ment*** (pour former des adverbes à partir d'un adjectif) : *absolu****ment***, *joli****ment***.

La composition

La composition consiste à unir des éléments qui peuvent être employés seuls pour former une nouvelle unité lexicale.

Les nouveaux termes, formés à partir de mots déjà existants, peuvent être :

- soudés : *vinaigre (vin + aigre)*, *plupart (plus + part)*, *gendarme (gens d'armes)* ;
- unis par un trait d'union : *rond-point, pare-choc, je-ne-sais-quoi, porte-fenêtre, porte-bonheur* ;
- unis par une préposition : *arc-en-ciel, pomme de terre, chemin de fer, pied de nez, face-à-main*.

Les mots techniques ou scientifiques sont souvent créés en associant deux ou plusieurs éléments d'origine grecque ou latine :

- grec + grec : *bios* « vie » + *logos* « discours, science » ▸ *biologie* ; *thalassa* « mer » + *therapeia* « soin, traitement » ▸ *thalassothérapie* ; *têle* « loin » + *phônê* « voix » ▸ *téléphone* ;
- grec + latin : *hudôr* « eau » + *fugere* « fuir » ▸ *hydrofuge* ; *genos* « race, peuple » + *caedere* « tuer » ▸ *génocide* ;
- latin + grec : *bis* « deux » + *kephalê* « tête » ▸ *bicéphale* ; *radius* « rayon » + *graphein* « écrire » ▸ *radiographie* ;
- latin + latin : *omnis* « tout » + *vorare* « manger » ▸ *omnivore* ; *bis* « deux » + *pes, pedis* « pied » ▸ *bipède*.

Il ne s'agit pas seulement de mots savants, et nous n'avons pas toujours conscience en employant des mots comme *misanthrope* ou *mégalomane* qu'ils sont composés d'éléments distincts.

L'abréviation

La langue contemporaine use de systèmes abréviatifs, qui consistent à supprimer une partie du mot par **apocope**, **aphérèse**, **siglaison**, ou en formant un **mot-valise**. Les mots les plus longs sont réduits à une ou deux syllabes, qui suffisent à transmettre l'information. Le mot ainsi créé est souvent familier.

L'apocope

Si la suppression ou troncation porte sur la fin du mot, c'est une abréviation par **apocope** : *baccalauréat* ▸ *bac ; cinématographe* ▸ *cinéma* (et même ▸ *ciné) ; métropolitain* ▸ *métro ; professeur* ▸ *prof ; stylographe* ▸ *stylo ; télévision* ▸ *télé ; vélocipède* ▸ *vélo.*

L'aphérèse

Si la troncation intervient en début de mot, on parle d'abréviation par **aphérèse** : *autocar* ▸ *car ; hamburger* ▸ *burger ; Internet* ▸ *Net ; omnibus* ▸ *bus.*

Les sigles et les acronymes

La siglaison est un procédé très productif depuis les années 1950 ; il consiste à ne retenir que les initiales de plusieurs mots pour former un **sigle**, qui est un mot unique : *OGM* pour *organisme génétiquement modifié*, *RTT* pour *réduction du temps de travail.* Chaque lettre se prononce séparément.

L'**acronyme** est un sigle qui se prononce comme un mot ordinaire : *ovni* pour *objet volant non identifié*, *sida* pour *syndrome d'immunodéficience acquise*, *ZEP* pour *zone d'éducation prioritaire.*
De rares mots, tels que *ONU*, peuvent se lire comme un sigle ([ɔɛny]) ou comme un acronyme ([ɔny]), ou encore le récent *FAQ*.

Les mots-valises

Ce mode de formation consiste à unir deux mots dont une partie a été tronquée (et qui comportent souvent une syllabe commune) : *aliment + médicament* ▸ *alicament ; français + anglais* ▸ *franglais ; restaurant + autoroute* ▸ *restauroute.*

Ces procédés sont abondamment utilisés et participent à la formation des mots les plus récents, dans tous les registres : *acrosport, bistronomie* (mots-valises), *arachnophobie, entomophage, phylogénie, uchronie* (éléments savants), *ENT, FAQ, GPA* (sigles), *covoiturage* (préfixation), *panthéoniser, pipeauter, traçable* (suffixation). De nouveaux éléments comme *cyber, e-, éco* sont à l'œuvre : *cyberdépendance, e-commerce, écogeste…*

En marge de ces procédés, des auteurs peuvent imposer des mots, qu'ils créent parfois.

Les mots en liberté
Créations d'auteurs

Dans *Les Travailleurs de la mer*, Victor Hugo emploie le mot ***pieuvre***, mot normand emprunté aux pêcheurs de Guernesey, île anglo-normande sur laquelle il séjourna pendant son exil. L'immense succès de ce roman paru en 1866 imposera le mot dans la langue française, aux côtés de *poulpe.*

Calligrammes est un recueil de poèmes qu'Apollinaire publia en 1918. Les vers sont disposés de telle façon qu'ils forment des dessins et représentent les objets ou idées évoqués. Apollinaire pensa d'abord appeler cet agencement novateur *idéogrammes lyriques* ; il préféra inventer un mot, ***calligramme***, créé par croisement des mots *calligraphie* et *idéogramme*.

La Pieuvre, dessin de Victor Hugo.

LITTÉRATURE

Littérature et langage

Les genres littéraires

Les mouvements littéraires

La Lecture, Auguste Renoir (1890).

Qu'est-ce qu'un texte littéraire aujourd'hui ?

Normes et révolutions

Étymologiquement, le mot *littérature* désigne tout ce qui est écrit. Il vient du latin *littera*, c'est-à-dire « le signe graphique ». Progressivement, la notion se complexifie et se restreint. La littérature devient un art : ne sont littéraires que les textes dont on peut dire qu'ils sont beaux (pièces de théâtre, romans, poésie bien sûr, mais aussi les textes de moralistes et de philosophes).

En matière de littérature comme en politique, le XIXe siècle a ouvert le champ des possibles. Les genres se contaminent – poèmes en prose, théâtre qui se lit comme un roman. Au tournant du XXe siècle, la modernité rend les frontières de plus en plus floues entre ce qui est littéraire et ce qui ne l'est pas. Toutefois, restent exclus de la littérature les textes informatifs : articles de journaux, documents techniques et scientifiques.

Aujourd'hui, le champ de la littérature est constitué d'une littérature patrimoniale, qui fait référence à des genres anciens, reconnus et définis, et d'une littérature moins conventionnelle qui se diversifie et acquiert, elle aussi, ses lettres de noblesse.

La tradition littéraire

La tradition littéraire compte un certain nombre de genres canoniques :

- **la poésie** (voir p. 122) qui accorde autant d'importance à la musique et au rythme des mots qu'à leur sens.
- **les textes de théâtre** (voir p. 126) dont l'étude passe autant par la lecture que par l'étude de la représentation.
- **le récit** (voir p. 130) qui revêt une multitude de formes : le roman d'aventures (voir p. 134), le roman d'apprentissage, le roman épistolaire (voir p. 138), le roman biographique et autobiographique (voir p. 140), le conte, la nouvelle…
- **l'essai**, qu'on peut définir comme un ouvrage argumentatif dans lequel un auteur défend son point de vue.

Naissance de nouveaux genres littéraires

À ces différents genres traditionnels, s'ajoutent de nouveaux genres.

- **La science-fiction** est un genre jeune qui prend sa source au XIXe siècle avec le développement des sciences et la révolution industrielle. Ce genre, qui projette dans des mondes sans frontières, intéresse rapidement autant les adultes que la jeunesse et connaît un développement et une diversification considérables (voir p. 136). On compte parmi ses nombreux sous-genres la fantasy (voir p. 135) ou le cyberpunk.
- **Le roman policier** raconte l'élucidation d'un crime ou l'explication d'un fait divers. Né au XIXe siècle avec *Sherlock Holmes, Hercule Poirot, Rouletabille*, le détective devient un personnage majeur de la littérature (voir p. 134). Certains **polars** s'attachent moins à résoudre une énigme qu'à développer l'action souvent spectaculaire et violente. En cela, on peut les rapprocher du roman d'aventures.
- **La BD et le roman graphique** doivent être inclus dans le champ de la littérature. À la rencontre du récit et des arts visuels, la bande dessinée contient parfois un volume de texte important et implique un mode de lecture qui lui est propre. Il est à noter que de nombreux auteurs adaptent aujourd'hui les œuvres patrimoniales en bande dessinée.

Le Domaine des dieux, Goscinny et Uderzo (1971).

La littérature jeunesse

La littérature de jeunesse regroupe les textes écrits spécifiquement pour de jeunes lecteurs par des auteurs comme la Comtesse de Ségur, Rudyard Kipling, Lewis Carroll, Jules Verne ou Le Clézio. Aujourd'hui, l'édition jeunesse occupe une place importante dans la production littéraire. Ces textes ont des codes. Les héros sont généralement jeunes, les récits moins complexes. Les auteurs qui écrivent pour la jeunesse sont nombreux à affirmer que ces contraintes en font une littérature d'une grande exigence. Michel Tournier se plaisait à dire qu'à *Vendredi ou les limbes du Pacifique*, il préférait *Vendredi ou la vie sauvage*, la version qu'il a écrite pour la jeunesse.

Images et figures de style

On appelle figure de style (ou de rhétorique) un procédé qui vise à créer un effet particulier, à rendre le message plus fort, plus émouvant, plus surprenant, plus beau. Certaines figures portent sur le sens du message, d'autres sur sa forme.

COMPARAISON, MÉTAPHORE, PERSONNIFICATION ET ALLÉGORIE

Appelées **figures d'analogie**, elles rapprochent deux réalités différentes liées par un point commun. Ainsi surgit l'image.

Cyrano de Bergerac,
(Auguste Gorguet, 1910).

- **La comparaison et la métaphore** mettent en évidence des ressemblances entre des éléments.
  La comparaison se caractérise par l'emploi d'un **outil** (un terme comparatif : *comme, tel que, pareil à, ressembler...*), tandis que la métaphore n'en utilise pas.
  → *Cet homme vivait comme un ours.*
  Dans cette comparaison, le **comparé** (l'homme) est rapproché du **comparant** (l'ours) sur la base d'un **élément commun**, exprimé ou non (ici, la manière de vivre).
  → *Cet homme est un ours.*
  Dans cette métaphore, le **comparé** (homme) et le **comparant** (ours) sont identifiés l'un à l'autre.
  Quand elles se prolongent sur plusieurs expressions, les comparaisons et les métaphores sont dites **filées** (c'est-à-dire développées).
  → (Ce nez proéminent ?) « *C'est un roc !... C'est un pic !... C'est un cap !... Que dis-je, c'est un cap ?... C'est une péninsule !* » Edmond Rostand *(Cyrano de Bergerac).*

- **La personnification** est une métaphore qui assimile un être inanimé ou un animal à une personne, en lui attribuant des caractéristiques ou des actions humaines.
  → *Le vent hurlait dans les branches.*
  → « *Le vieux château s'agitait sur ses fondements* » Théophile Gautier.

Marianne.

- **L'allégorie** est la personnification d'une idée abstraite.
  → *Marianne, coiffée de son bonnet phrygien*, est l'allégorie de la République française.
  → *"Nature, berce-le chaudement, il a froid."* Arthur Rimbaud.

PÉRIPHRASE ET MÉTONYMIE

Dans ces **figures de substitution**, on remplace le mot propre par un autre qui lui est associé.

- **La périphrase** remplace un mot par un groupe de mots de sens équivalent.
  → *La planète bleue* (= la Terre) ; *le billet vert* (= le dollar).
  → Dans *L'Albatros,* Baudelaire désigne l'oiseau par plusieurs périphrases : « vastes oiseaux des mers », « indolents compagnons de voyage », « rois de l'azur », « voyageur ailé », « prince des nuées ».

- **La métonymie** désigne un élément complexe par un seul de ses composants.
  → *On étudie Molière au collège* (= les œuvres de Molière). *Toute la classe riait* (= les élèves de la classe).
  → « *L'épouvante glaça la gare lorsqu'elle vit passer ce train fou* » (= les témoins présents dans la gare) Zola.

ANTITHÈSE, OXYMORE ET ANTIPHRASE

Les figures d'opposition soulignent les contrastes entre les éléments.

- **L'antithèse** rapproche dans un énoncé deux termes exprimant des idées qui s'opposent fortement.
  → *Il est plus à plaindre qu'à blâmer.*
  → « *Innocents dans un bagne, anges dans un enfer* » Victor Hugo.
  → « *À vaincre sans péril, on triomphe sans gloire* » Corneille.

- **L'oxymore** (ou alliance de mots) unit dans une même expression des mots qui devraient s'exclure.
  → *Se faire une douce violence ; un silence éloquent.*
  → « *Cette obscure clarté* » Corneille.
  → *Une* « *sublime horreur* » Balzac.
  → « *Hâtez-vous lentement* » Boileau.

Ruy Blas, Acte III, scène 2 (gravure, XIXe s.).

- **L'antiphrase** dit le contraire de ce qu'elle veut faire comprendre ; c'est un des procédés de l'ironie.
  → « *Bravo ! c'est réussi !* » (face à une bêtise).
  → Ruy Blas, qui vient de surprendre une conversation qui révèle la corruption des ministres, s'écrie :

  « *Bon appétit, messieurs !*
  – Ô ministres intègres !
  Conseillers vertueux ! Voilà votre façon
  De servir, serviteurs qui pillez la maison ! »
  Victor Hugo.

Images et figures de style

LITOTE ET EUPHÉMISME

Ces deux figures d'atténuation servent à modérer l'expression de la réalité.

- **La litote** suggère plus que ce qu'elle dit, elle utilise souvent la négation.
  → *Ce n'est pas mauvais* (= c'est bon) ; *tu n'as pas tort* (= tu as raison).
  → « *Va, je ne te hais point* » (= je t'aime) Corneille.

- **L'euphémisme** évoque une réalité crue ou bouleversante par des termes qui l'atténuent.
  → *Il nous a quittés* (= il est mort).
  → « *Il dort dans le soleil, la main sur la poitrine, tranquille. Il a deux trous rouges au côté droit* » (= il est mort, tué de deux balles) Arthur Rimbaud, *Le Dormeur du val.*

Le Dormeur du val (illustration de Lucien Boucher, 1953).

HYPERBOLE, ÉNUMÉRATION ET GRADATION

Ces figures d'insistance permettent d'appuyer et de renforcer le propos.

- **L'hyperbole** est une exagération volontaire.
  → *Je meurs de faim ; tu me sauves la vie ; je te l'ai répété mille fois.*
  → « *Tuez plutôt votre fille que de l'emprisonner dans un cloître malgré elle* » Diderot.
- **L'énumération** juxtapose ou coordonne un ensemble de mots afin de détailler toutes les circonstances d'un fait, tous les éléments d'un ensemble.
  → « *Hommes, femmes, enfants, vieillards, tout était descendu* » Jean de La Fontaine.
- **La gradation** est une énumération par ordre d'intensité croissante (gradation ascendante) ou décroissante (gradation descendante)
  → « *Je vous le demande ; je vous en prie ; s'il le faut, je l'exige* » Comtesse de Boigne.

ANAPHORE ET ALLITÉRATION

Ces figures d'insistance jouent sur les sonorités

- **L'anaphore** répète des mots en tête des groupes syntaxiques, et l'**épiphore** en fin de groupe.
  → « *Toujours aimer, toujours souffrir, toujours mourir* » Corneille.
  → « *Il n'enseignait rien, celui-là, ne savait rien, ne souhaitait rien* » Flaubert.
- **L'allitération** répète des consonnes, l'**assonance** répète des voyelles afin d'obtenir des effets sonores.
  → « *petits paillassons piteux en sparterie* » Balzac.
  allitérations en *p* et *t*, assonance en *i*.
  → « *De blancs sanglots glissant sur l'azur des corolles* » Mallarmé.
  allitérations en *l, g, r* ; assonances en *an, o, u*.

Jouer avec les mots, jouer avec la langue

Les propriétés du langage permettent toutes sortes de jeux, à la portée des amateurs comme des écrivains confirmés. En voici une courte sélection.

Il pleut, Raymond Queneau (1978).

ACROSTICHE

Poème dont les premières lettres de chaque vers forment un mot.

« *La nuit descend*
On y pressent
Un long destin de sang. » Guillaume Apollinaire

Lou est le diminutif de *Louise*, la femme dont le poète est amoureux.

ANAGRAMME

Mot composé à partir des lettres d'un autre mot, placées dans un ordre différent.

« *Marie, qui voudrait vostre beau nom tourner,*
Il trouveroit Aimer : aimez-moi donq Marie. » Ronsard

CADAVRE EXQUIS

Jeu surréaliste consistant à composer collectivement une phrase : chaque participant en écrit un élément en ignorant les propositions des autres joueurs.

« *Le cadavre - exquis - boira - le vin – nouveau.* »

première phrase obtenue selon ce procédé.

CALEMBOUR

Jeu de mots fondé sur des ressemblances de sons et des doubles sens.

« *Odile rêve au bord de l'île,*
Lorsqu'un crocodile surgit ;
Odile a peur du crocodile
Et lui évitant un 'ci-gît',
Le crocodile croque Odile. » Jean Cocteau

CALLIGRAMME

Texte disposé de façon à dessiner une forme en rapport avec le sens.

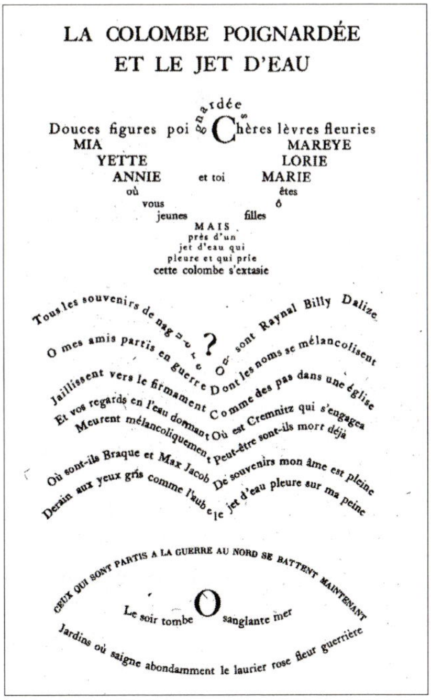

La Colombe poignardée et le jet d'eau, calligramme de Guillaume Apollinaire (1918).

COMPTINE

Formule rythmée qui sert souvent à désigner un participant dans les jeux d'enfants.

« *Am stram gram,*
Pic et pic et colegram
Bourre et bourre et ratatam
Am stram gram. »

ÉPIGRAMME

Poème très court sur un sujet amoureux ou satirique.

« *L'autre jour au fond d'un vallon*
Un serpent piqua Jean Fréron.
Que croyez-vous qu'il arriva ?
Ce fut le serpent qui creva. » Voltaire

Affiche pour l'exposition Voltaire (Savignac, 1979).

FATRAS, FATRASIE

Genre poétique du Moyen Âge, qui repose sur des inventions verbales et des contraintes de versification.

« *Fourbissez votre ferraille*
Aiguisez vos grands couteaux
Fourbissez votre ferraille
Quotinaille, quetinailles,
Quoquardaille, friandeaux,
Garsonaille, ribaudaille,
Laronnaille, brigandaille,
Crapaudaille, leisardeaux,
Cavestraille, goulardeaux,
Villenaille, bonhommaille,
Fallourdaille, paillardeaux,
Truandaille et lopinaille
Aiguisez vos grands couteaux. » Jean Molinet (1435-1507), *Fatras*

INVENTIONS VERBALES

Très variées, elles bousculent les codes de la langue : orthographe, conjugaison, syntaxe, lexique.

« *Il l'emparouille et l'endosque contre terre ;*
Il le rague et le roupète jusqu'à son drâle ;
Il le pratèle et le libuque et lui baruffle les ouillais » Henri Michaux

« *L'étoile qui tombit*
– Pardieu la belle fête !
L'étoile qui tombit
Le cheval qui sautit
Le fleuve qui coulit
Ils m'ont donné à rire. » Jean Tardieu

LIPOGRAMME

Jeu de l'OuLiPo. qui consiste à écrire un texte en s'interdisant d'employer certaines lettres.

« *Ondoyons un poupon, dit Orgon, fils d'Ubu. Choux, bijoux, poux, puis du mou, du confit, buvons non point un grog : un punch. Il but du vin itou, du rhum, du whisky, du coco, puis il dormit sur un roc.* » Raymond Queneau (lipogramme en *a* et *e*)

MÉTHODE S+7

Jeu de l'OuLiPo qui consiste à remplacer des mots d'un texte célèbre par le 7e mot qui le suit dans un dictionnaire.

La Cigale et la Fourmi → *La Cimaise et la Fraction.*

MOT-VALISE

Invention verbale accompagnée d'une définition.

« *Bahuri : lycéen appliqué*
Bidingue : qui délire en deux langues
Brigoler : éclater de rire en plantant un clou
Cafardeux : couple qui s'ennuie
Caveaubulaire : dictionnaire des mots hors d'usage
Drolmadaire : chameau facétieux. » Alain Finkielkraut, *Petit Fictionnaire illustré*

PALINDROME

Énoncé qui se lit de la même façon de droite à gauche et de gauche à droite

À Miami Lili m'aima
Zeus a été à Suez (http://www.fatrazie.com/phrases.htm)

PARODIE

Transformation d'un texte célèbre, dans le but de faire rire.

La Cigale ayant chanté
Tout l'été
Se trouva fort dépourvue
Quand la bise fut venue [...]
« *– Vous chantiez ? J'en suis fort aise :*
– Eh bien dansez maintenant. »

La Fontaine, I, 1, *La Cigale et la Fourni.*

La Fourmi ayant stocké
Tout l'hiver
Se trouva fort encombrée
Quand le soleil fut venu [...]
« *– Vous stockiez ? J'en suis fort aise :*
Eh bien ! soldez maintenant. »

Françoise Sagan, *La Fourmi et la Cigale*

PASTICHE

Imitation du style d'un auteur connu (« à la manière de »).

« *Que vous êtes peureux ! dit le lion au lièvre. Une ombre, un souffle, un rien (Comme dit le bon fabuliste), Et vous voilà déjà loin !* »

Jean Anouilh

Trois Nuages sur l'Empire (Equipo Cronica, 1973), pastiche du portrait de Felipe II (Coello, 1580).

La poésie

François Villon (gravure, XVe s.).

La versification française

La versification est l'art de faire des **vers** en respectant des règles fixées par la tradition. Un vers se reconnaît par sa **typographie** – il commence par une majuscule et se termine par un blanc.

- **Les types de vers** (ou **mètres**) se définissent par le nombre de syllabes qu'ils comportent. Les plus fréquents en ont huit (**octosyllabe**), dix (**décasyllabe**) ou douze (**alexandrin**). Il existe aussi des vers impairs. Pour le **décompte des syllabes** : le *e* muet en fin de vers ou devant une voyelle, ne se compte pas ; le *e* devant une consonne se prononce et se compte ; les sons *i, ou, u* précédant une voyelle comptent pour deux syllabes quand le poète fait une diérèse.

e compté — -e muet — diérèse — -e muet

C'é/tait/l'heu/**re**/**tran**/qui/ll(e) où/les/**li**/**ons**/vont/boir(e).

1 2 3 4 5 6 7 8 9 10 11 12 — Victor Hugo

- **Le rythme** du vers est fondé sur :

– les **accents** ('), placés sur la syllabe finale de chaque groupe de mots (sauf les –*e* muets) : cette syllabe accentuée se prononce avec plus d'intensité.

– des **pauses** ou **coupes** (/), brefs silences qui suivent les accents. La **césure** (//) sépare le vers en deux **hémistiches** (après la 6e syllabe dans l'**alexandrin**). On appelle **mesures** les groupes de syllabes compris entre deux coupes.

Tout conspír(e)/ et me núit, //et conspír(e)/ à me núir(e).

Racine, *Phèdre*

→ Cet alexandrin comporte quatre accents et quatre mesures.

– la **concordance** entre la syntaxe et le mètre : **l'enjambement** oblige à prononcer deux vers de façon liée, il allonge le vers et met en relief le mot placé en **rejet** ou en **contre-rejet**.

Un jour deux pèlerins sur le sable rencontrent
enjambement [**Une huître**, que le flot y venait d'apporter.
rejet

La Fontaine, IX, 9

contre-rejet
Ils sont en prison **Lequel**
enjambement [A le plus triste grabat

Aragon, *La Rose et le Réséda*

- **La rime** est le retour de sons identiques à la fin de deux ou plusieurs vers. Deux vers riment quand ils se terminent par les mêmes sons.

  On distingue les rimes selon leur qualité, leur genre ou leur disposition. Elles sont **pauvres** (un seul son répété), **suffisantes** (deux sons) ou **riches** (trois sons ou plus). Elles sont **féminines** si la dernière lettre du vers est un -e muet, **masculines** dans les autres cas (l'alternance entre les deux est en principe obligatoire). Elles sont **plates** ou **suivies** (*aabb*), **embrassées** (*abba*), ou **croisées** (*abab*).

> Les hirondelles sont **parties**.
> Le brin d'herbe a froid sur les **toits** ;
> Il pleut sur les touffes d'**orties**.
> Bon bûcheron, coupe du **bois**.
> Victor Hugo
>
> → **parties** / **orties** est une rime riche (3 sons *-r,-t,-i*) et féminine ;
> → **toits** / **bois** est une rime pauvre (1 son *-oi*) et masculine ;
> → ces deux rimes sont croisées *(abab)*

- **La strophe** est un **groupe de vers** unis par des rimes ; elle est isolée de la suivante par un blanc typographique. Les strophes tirent leur nom du nombre de vers qui les composent : **distique** (2 vers), **tercet** (3 vers), **quatrain** (4 vers), **quintil** (5 vers), **sizain**, **septain**, **huitain**, **neuvain**, **dizain**, etc. La strophe est faite soit de mètres identiques soit de combinaisons de mètres différents.

- **La versification moderne** remet en cause les contraintes traditionnelles de la poésie. Depuis le milieu du XIXe siècle, les poètes ont pris des libertés et introduit le **poème en prose**, texte court, sans mètre, librement rythmé ; le **vers libre** : de longueur variable, il ne respecte pas le décompte des syllabes et n'est pas forcément rimé ni ponctué ; le **verset** : à mi-chemin du vers et du paragraphe de prose, il remplace la strophe et utilise un rythme fondé sur le souffle.

LITTÉRATURE

LES FORMES FIXES

On appelle **formes fixes** les poèmes qui suivent des **règles de construction** transmises par la tradition.

- **Le sonnet** a une structure régulière et il comprend **deux quatrains** et **deux tercets**, en alexandrins ou décasyllabes ; les mêmes rimes embrassées (***abba***) dans les quatrains ; des rimes ***ccd ede*** ou ***ccd eed*** dans les tercets qui forment un sizain. Cette structure favorise les **parallélismes** ou les **oppositions** de sens entre les quatrains et les tercets. Le sonnet se clôt souvent par une **chute** : les derniers vers suscitent la surprise, l'émotion ou la réflexion.

  Les sonnets sont très fréquents au XVIe siècle (Du Bellay, Ronsard) et dans la deuxième moitié du XIXe siècle (Baudelaire, Nerval, Verlaine, Rimbaud).

- **La ballade** comporte **trois strophes** et une demi-strophe ou **envoi** : soit trois huitains d'octosyllabes suivis d'un quatrain, sur trois rimes ; soit trois dizains de décasyllabes suivis d'un quintil, sur quatre rimes. Le dernier vers de la première strophe sert de **refrain** à toutes les autres.

Paul Verlaine rêvant d'évasion (dessin de Verlaine, 1874).

La ballade est un **genre médiéval**, parfois repris au XIXe siècle.

François Villon (vers 1431 - après 1463) en a composé deux très célèbres qui ont pour refrain :
« *Mais où sont les neiges d'antan ?* » (Ballade des dames du temps jadis)
« *Mais priez Dieu que tous nous veuille absoudre !* » (Épitaphe de Villon ou Ballade des pendus)

- **Autres formes fixes :** le **rondeau** comporte quinze vers sur deux rimes, avec une reprise de vers en refrain ; le **pantoum** est composé de strophes de quatre vers : les vers 1 et 3 de la première strophe deviennent les vers 2 et 4 de la strophe suivante et le dernier vers du poème reprend le premier.

Les genres poétiques

- **L'épopée** est un genre d'origine gréco-latine, à la fois poétique et narratif. **Très long** (plusieurs milliers de vers), il raconte les **exploits guerriers** de **héros** exceptionnels, combattus ou aidés par des dieux, et qui font triompher les **valeurs** de leur peuple. Le poète épique recourt à de nombreux **procédés d'amplification** (hyperboles, superlatifs) pour frapper son public.

  Les principales épopées antiques sont l'*Iliade* d'**Homère** (VIIIe siècle av. J.-C.) et l'*Énéide* de **Virgile** (vers 70-19 av. J.-C.)

  La Chanson de Roland (XIe siècle) est la première épopée française. Dans *La Légende des siècles* (1859) **Victor Hugo** raconte l'histoire de l'humanité sur le mode épique.

Chanson de Roland : la mort de Roland (miniature, XVIe s.).

- **L'hymne** et **l'ode** sont des poèmes de célébration. L'**hymne** est à l'origine un chant en l'honneur d'un dieu ou d'un héros. Ronsard écrit des *Hymnes* en 1555 pour faire l'**éloge** des rois mais aussi de la justice, de la philosophie, de la mort, etc.

  L'**ode** est originaire de Grèce. Elle n'a pas de règles fixes. Le poète y exprime son **enthousiasme** par des apostrophes et un ton lyrique. Les odes sont fréquentes chez les poètes de la **Pléiade**, puis au XIXe siècle (**Victor Hugo**, *Odes et Ballades*, 1826).

- **La poésie lyrique** est l'ensemble des poèmes dans lesquels le poète tente de communiquer ses **états d'âme** au lecteur. Les principaux **thèmes** en sont la beauté de la nature, l'amour, la souffrance, la mort. L'**élégie** exprime la plainte.
  La poésie lyrique implique l'usage des **première et deuxième personnes**, et multiplie les moyens d'**expression des sentiments** : exclamations, interrogations, invocations (ô ...), figures de style. Elle est particulièrement attentive à la **musicalité** des vers.

  Le lyrisme est particulièrement présent au XVIe siècle (poètes de la **Pléiade**), au XIXe siècle (poètes romantiques, symbolistes) et au XXe siècle (**Guillaume Apollinaire**, les poètes surréalistes, les « nouveaux lyriques »).

- **La poésie engagée** mène un **combat au service d'une cause** : la paix, la liberté, la fraternité, etc. Elle recourt pour cela à des thèmes et à des moyens d'expression à la fois lyriques (pour émouvoir ou consoler le lecteur) et **épiques** (pour l'entraîner au combat).

Les poètes de la Résistance (Éluard, Aragon, Desnos, etc.) ont pratiqué cette forme de poésie, souvent clandestinement, pendant la Deuxième Guerre mondiale.

Le poème de Paul Éluard « Liberté » fut largué sous forme de tracts au-dessus de la France occupée, en 1942. Il comprend 21 strophes construites sur la même structure :

Sur mes cahiers d'écolier
Sur mon pupitre et les arbres
Sur le sable sur la neige
J'écris ton nom ...
Liberté

Liberté, j'écris ton nom, poème de Paul Éluard (gouache de Fernand Léger, 1953).

- **Le slam**, que l'on appelle également ***poésie urbaine***, né aux États-Unis dans les années 1980, est arrivé en France une dizaine d'années plus tard pour y rencontrer un vif succès populaire.

  Cette **poésie orale, déclamée sur un rythme scandé** et généralement **sans musique**, se pratique sous forme de scènes ouvertes ou de tournois organisés dans des lieux publics. Ces spectacles s'appuient sur la volonté de rendre la création et l'expression orale accessibles au plus grand nombre. La déclamation publique vise à surprendre ou émouvoir l'auditeur.

  Le slameur exprime une émotion, une prise de position pour une cause qu'il défend et qui lui tient à cœur.

- **La chanson** unit des **paroles** et une **musique**. Le texte comporte plusieurs **couplets** séparés par un **refrain**. Elle accompagne la vie quotidienne (chansons à boire, chansons de métiers) et la vie publique (chansons satiriques, chansons engagées).

Léo Ferré.

  Au XXe siècle, des poètes se font **paroliers** (Boris Vian, Jacques Prévert) ; des compositeurs-interprètes créent des « chansons à texte » (Barbara, Georges Brassens, Jacques Brel, Léo Ferré), dont les paroles ont une force poétique même sans la musique ; on met aussi des **poèmes en musique** : Jean Ferrat chante Aragon, Léo Ferré Baudelaire ou Rimbaud.

  Des recueils de poèmes portent des titres évoquant la chanson (Victor Hugo, *Chansons des rues et des bois* ; Jules Laforgue, *Les Complaintes* ; Verlaine, *Romances sans paroles*), qui annoncent des sujets simples, des poèmes brefs, des reprises en refrain.

Le théâtre

Le texte de théâtre

SCÈNE I

IPHICRATE s'avance tristement sur le théâtre avec ARLEQUIN

IPHICRATE, *après avoir soupiré.* – Arlequin ?
ARLEQUIN, *avec une bouteille de vin qu'il a à sa ceinture.* – Mon patron.
IPHICRATE. – Que deviendrons-nous dans cette île ?
ARLEQUIN. – Nous deviendrons maigres, étiques, et puis morts de faim : voilà mon sentiment et notre histoire.

Marivaux, *L'Île des esclaves* (1725)

Le texte de théâtre se compose de deux éléments : les **répliques** et les **didascalies**.

- **Les répliques**, en vers ou en prose, sont les paroles des personnages que les acteurs en scène prononcent tour à tour. Il peut s'agir d'un monologue (un personnage seul sur la scène se parle à lui-même), d'un dialogue entre plusieurs personnages qui conversent ensemble, d'un aparté (un des personnages se fait une remarque à lui-même, ou s'adresse au public, sans que les autres personnages soient censés l'entendre).
  Une réplique peut prendre la forme d'une tirade (un personnage s'adresse longuement aux autres sans être interrompu) ou d'une stichomythie (les personnages échangent des répliques très courtes, dans un duel verbal).

Les personnages semblent tenir une conversation comme dans la réalité. Grâce à leurs paroles imaginées par l'auteur, le spectateur comprend leur caractère, les liens qui les unissent mais aussi l'action (il n'y a pas de narrateur au théâtre). Le théâtre fonctionne dans une situation de double énonciation (deux niveaux d'échanges de messages entre émetteur et récepteur).

Émetteurs	Destinataires	Messages
Iphicrate	Arlequin	*« Que deviendrons-nous dans cette île ? »*
l'auteur	le public	Deux personnages sont dans une île sans l'avoir souhaité. L'un est le maître de l'autre. Il est inquiet pour l'avenir et questionne son valet sur le sort commun qui les attend.

- **Les didascalies** ne sont pas prononcées sur la scène. Elles se reconnaissent à leur typographie différente de celle des répliques, souvent en italique.
La **didascalie initiale** donne la liste des personnages, les liens qui les unissent, parfois le lieu et l'époque de l'action. Au début de chaque scène, une didascalie précise quels personnages sont présents, et parfois dans quel décor. Dans le cours du texte, les didascalies donnent des informations utiles pour jouer la scène ou la comprendre à la lecture.

→ Dans l'exemple, les didascalies donnent une indication psychologique (la tristesse) pour jouer le rôle du maître et une indication d'accessoire (la bouteille de vin) pour caractériser le valet.

- **Le découpage du texte de théâtre** se fait traditionnellement en plusieurs actes, eux-mêmes divisés en scènes, en fonction des entrées ou sorties des personnages. Le théâtre moderne peut être organisé en tableaux.
Les premières scènes sont les scènes d'exposition. Elles informent le spectateur sur l'identité des personnages et la situation initiale de la pièce. L'action fait alterner moments de blocage (ou nœuds), événements ou péripéties, retournements de situation, coups de théâtre. Les dernières scènes constituent le dénouement : elles règlent le sort de chaque personnage dans la situation finale.

La représentation théâtrale

Le texte de théâtre est fait pour être joué devant un public. La représentation théâtrale est le **spectacle** conçu par le **metteur en scène** à partir du texte écrit par l'auteur.

- **L'espace théâtral** est le lieu physique où jouent les acteurs.
Les **salles** de théâtre traditionnelles dites « **à l'italienne** » comportent plusieurs parties :
  – **la scène**, où les acteurs jouent après le **lever du rideau** et **les trois coups**, qui marquent le début de la représentation. Les sorties de scène se font **côté jardin** (à gauche, vu de la salle) ou **côté cour** (à droite).
  – **les coulisses**, réservées aux techniciens et aux loges des comédiens ; au-dessus de la scène, les **cintres** permettent l'accrochage des décors.
  – **la salle**, où les spectateurs s'installent à l'**orchestre** (ou **parterre**), au **balcon**, parfois dans des **loges**.
Les salles de théâtre modernes prennent souvent la forme d'un **amphithéâtre** : les spectateurs sont installés sur des gradins étagés descendant vers la scène.

Théâtre à l'italienne.

Le théâtre se joue aussi dans des lieux publics très variés (rues ou places publiques, parvis d'églises, usines ou granges, cafés, etc.), et parfois même chez des particuliers.

- **La scénographie** concerne **l'aspect visuel** de la représentation.
Les **décors** peuvent être **réalistes** (ils imitent un lieu connu), **fantaisistes**, **symboliques** (par exemple un arbre mort, puis fleuri), **abstraits** ou même **absents** si on préfère laisser jouer l'imagination du public. Les **costumes**, les **éclairages**, les bruitages et la **musique de scène** renforcent les impressions produites par les décors. Les **accessoires** ont une fonction **utilitaire** dans l'action (une épée pour se battre en duel), ou **symbolique** (un sceptre pour signifier le pouvoir).

- **Le jeu des acteurs** est réglé par le metteur en scène qui a auparavant déterminé la **distribution**, c'est-à-dire la répartition des **rôles**. Un même personnage peut être joué par

Franca Trippa et Fritellino, scène de la commedia dell'arte.

des comédiens très différents selon les choix de mise en scène. Les **acteurs** participent à la représentation, à visage nu ou avec des masques. Ils disent les répliques de leur personnage, et suivent les indications du metteur en scène pour les déplacements sur la scène, les **mimiques**, les attitudes, la **gestuelle**.

Les **comédiens** professionnels sont des artistes qui peuvent faire partie d'une **troupe** permanente ou être des **intermittents**.

Les genres dramatiques

On appelle **œuvres dramatiques** les œuvres écrites pour être jouées au théâtre, et **auteurs dramatiques** ceux qui les écrivent. Ces œuvres sont classées en différents **genres dramatiques**.

Knock ou le Triomphe de la médecine, (affiche de Bernard Becan, 1936).

- **Les genres comiques** visent à faire rire en utilisant les procédés du comique : **le comique de situation** (circonstances inattendues, cocasses), **le comique de mots** par les jeux sur les mots (calembours, déformation du langage), **le comique de caractère** par l'accentuation des défauts (caricature), **la répétition mécanique** des paroles ou des situations, **le décalage** entre différents éléments (quiproquo, ironie).

  Les genres comiques ont évolué au fil des siècles. **La farce** est une pièce du Moyen Âge : action et personnages sont très simples, plaisanteries et langage sont souvent grossiers. La ***commedia dell'arte***, genre italien du XVIe siècle, repose sur l'improvisation ; les personnages sont reconnaissables à leur masque et à leur costume (Arlequin et son habit multicolore). Les auteurs français (Molière, Marivaux) s'en sont inspirés.

  La comédie classique (celle de **Molière**), parfois imitée du théâtre latin (**Plaute**), caricature les comportements ridicules concentrés sur un personnage (*L'Avare*) ou sur un groupe (*Les Précieuses ridicules*) : c'est une comédie satirique. Au XVIIIe siècle, **Marivaux** (*L'Île des esclaves*) et **Beaumarchais** (*Le Mariage de Figaro*), puis, au XIXe, **Musset** (*Les Caprices de Marianne*) proposent des comédies raffinées où se mêlent psychologie amoureuse et critique sociale.

  Au XIXe siècle, avec **Feydeau**, **Labiche**, **Courteline** et au XXe siècle, les **vaudevilles**, les **pièces de boulevard** sont des variations cocasses sur des situations stéréotypées (l'adultère en particulier).

- **La tragédie** est née en Grèce au Ve siècle av. J.-C. Elle constituait un élément des célébrations religieuses en l'honneur de Dionysos.

  La tragédie classique française s'inspire du théâtre antique. Elle comporte cinq actes écrits en **alexandrins**, dans un langage très soutenu. Elle respecte la **vraisemblance** de l'action, **la règle des trois unités** (une seule action se déroule en un même lieu et

en une seule journée) et les **bienséances** (la violence est racontée sans jamais être montrée).
Les personnages sont des êtres exceptionnels (rois, princes, héros) confrontés à un destin malheureux (le *fatum*) qui les empêche de satisfaire leurs désirs ; la seule issue pour eux est souvent la mort. La tragédie vise à susciter la **terreur** et la **pitié** du spectateur, pour le détourner et le délivrer des passions. Cette libération psychologique est appelée *catharsis* (« purification »).

Les tragédies les plus célèbres sont celles de Corneille (*Horace, Cinna, Polyeucte*) et de Racine (*Iphigénie, Andromaque, Phèdre*).

L'acteur antique porte un masque qui identifie le personnage (Ménandre, auteur comique grec, IVe s. av. J.-C.).

- **Le drame** est un genre intermédiaire entre tragédie et comédie.
Aux XVIIIe et XIXe siècles, le **drame sérieux** puis le **drame bourgeois** mettent en scène les problèmes familiaux et sociaux de gens ordinaires. Il se transforme ensuite en **mélodrame**, qui abuse des situations pathétiques et des dialogues larmoyants.

Le drame romantique, de 1830 à 1835, laisse des chefs-d'œuvre : *Hernani* et *Ruy Blas*, de Victor Hugo, *Lorenzaccio*, de Musset. Il se caractérise par le refus des règles classiques, **le mélange du comique et du tragique** et des niveaux de langue, le choix de héros marginaux et idéalistes en révolte contre la société. Alexandre Dumas remporte un grand succès avec *La Dame aux camélias* (1852), qui unit le réalisme du drame bourgeois et le lyrisme du drame romantique.
Au XXe siècle, le drame est illustré par l'écrivain catholique Paul Claudel, qui cherche la beauté de la langue par le verset, au service de la grandeur des personnages et de l'action (*Le Soulier de satin*, 1943).

- **Le théâtre moderne** propose encore au XXe siècle des pièces qui gardent **des formes traditionnelles**, avec des personnages plutôt réalistes et des actions vraisemblables. Parmi les auteurs les plus importants, on peut citer : **Jean Cocteau** (*La Machine infernale*, 1933), **Jean Giraudoux** (*La guerre de Troie n'aura pas lieu*, 1935), **Jean Anouilh** (*Antigone*, 1942), **Albert Camus** (*Caligula*, 1945), **Jean-Paul Sartre** (*Les Mouches*, 1943).

Dans le même temps, un **nouveau théâtre** bouscule toutes les conventions théâtrales. **Alfred Jarry**, avec *Ubu roi* (1896), parodie de façon burlesque et cruelle le *Macbeth* de **Shakespeare**. **Eugène Ionesco** vide le langage de sa logique habituelle et crée un univers absurde (*La Cantatrice chauve*). **Samuel Beckett**, avec *En attendant Godot* (1952) ou *Fin de partie* (1957), met en évidence le tragique de la condition humaine vouée à la solitude et au ressassement.

L'Échange, de Paul Claudel ;
Théâtre de la Ville, mise en scène d'Anne Delbée (1976).

Le récit de fiction

Robinson Crusoé (gravure, 1881).

On appelle fiction une histoire imaginée que l'auteur raconte dans son récit.

Les composantes du récit

- **La narration** (ou **discours narratif**) présente les **actions** des personnages en les situant dans le temps, au présent ou au passé. Elle repose sur un **schéma narratif** : situation initiale, élément perturbateur, péripéties, élément de résolution, situation finale. Elle peut suivre un **ordre chronologique** ou procéder à des **retours en arrière** et à des **anticipations**.
  Le **rythme** s'accélère si des épisodes sont résumés (**sommaires**) ou sautés (**ellipses**). Les autres composantes le ralentissent.

- **La description** (ou **discours descriptif**) donne au lecteur des informations sur **l'espace, les objets, les personnages (portraits).** Elle suit un **ordre** correspondant au déplacement d'un regard. Elle **valorise** ou **dévalorise** le cadre et les personnages.

- **Les paroles des personnages**, leurs pensées, sont rapportées de différentes manières. Au **discours direct**, le narrateur rapporte les paroles des personnages telles qu'ils les ont dites.
  Au **discours indirect** et dans les **résumés de paroles**, le narrateur se contente d'indiquer le sens des propos prêtés aux personnages.

- **Le narrateur** raconte l'histoire pour le lecteur. L'auteur a le choix entre un **narrateur anonyme**, qui raconte l'histoire à la 3e personne sans y participer, mais peut intervenir pour la commenter, ou un **narrateur-personnage**, qui raconte l'histoire à la 1re personne et y participe, ou en est le témoin.

- **Le point de vue** (ou **focalisation**) représente la position du narrateur par rapport aux personnages et aux événements. Il est **omniscient** si le narrateur **voit tout, sait tout, dit tout** au lecteur (focalisation zéro) ; il est **interne** si le narrateur dit seulement ce qu'**un personnage** voit, sait et pense ; il **est externe** si le narrateur se borne à dire ce qu'un témoin extérieur pourrait voir ou entendre, sans explication.

L'Odyssée, d'Homère

L'histoire d'Ulysse

Schéma narratif : Ulysse, vainqueur des Troyens, part pour son royaume d'Ithaque. (situation initiale). La colère de Poséidon (élément perturbateur) est à l'origine de multiples obstacles (péripéties) au retour d'Ulysse. Grâce au roi Alkinoos qui fournit un bateau (élément de résolution), Ulysse regagne son royaume, retrouve son fils Télémaque et sa femme Pénélope (situation finale).

La narration

	Chant I-VIII	Chant IX-XII	Chant XIII-XXIV
Chronologie	Récit chronologique et annonce par anticipation du retour à Ithaque.	Retour en arrière : Ulysse raconte ses aventures passées.	Retour à l'ordre chronologique.
Narrateur	Narrateur anonyme, récit à la troisième personne.	Récit assuré par Ulysse, personnage narrateur.	Narrateur anonyme.

Ulysse et les Sirènes (mosaïque de Thugga, Tunisie, IIIe s.).

Les genres narratifs

- **L'épopée** est un long récit en vers (voir p. 124).
- **Le conte** est un court récit.

Le conte populaire est un récit très ancien transmis par la tradition orale. L'action suit un **schéma narratif** clair (voir ci-dessus). Elle se situe dans un **cadre** et une **époque indéterminés**, et dans un **univers merveilleux** où les phénomènes surnaturels (fées, métamorphoses, etc.) ne surprennent personne. Les personnages sont organisés selon un **schéma actanciel** : le *sujet* (ou **héros**) tente d'atteindre un *objet* malgré les interventions d'*opposants* hostiles, et avec l'aide d'*adjuvants* bienveillants. Le héros subit des **épreuves** mais il triomphe à la fin, ce qui donne au conte une **portée morale** : il invite au courage, à l'initiative, à la loyauté.

L'Oiseau de feu, conte russe (illustration de Bilibine, 1899).

Les contes littéraires sont de plusieurs natures. **Les contes merveilleux ou contes de fées** donnent une forme littéraire aux traditions populaires. Les plus célèbres (*Le Petit Chaperon rouge, Cendrillon, Le Petit Poucet, Blanche-Neige, La Petite Sirène*, etc.) ont été écrits par **Charles Perrault**, les frères **Grimm** et **Andersen**.

Les contes (ou nouvelles) fantastiques commencent dans un **univers cohérent** puis des **situations illogiques** surviennent, angoissantes pour le héros (dédoublements, résurrections). Aucune explication n'est donnée au lecteur à la fin de l'histoire : il reste dans le **doute** sur la nature des événements racontés (voir p. 135).
Les **principaux auteurs** français de contes fantastiques sont **Théophile Gautier** (*La Cafetière*, 1831), **Guy de Maupassant** (*Le Horla*, 1887), **Villiers de l'Isle-Adam** (*Contes cruels*, 1883).

Les contes philosophiques, comme les contes populaires, recourent à des héros simples, à des éléments de merveilleux ; ils visent à **distraire** le lecteur. Mais les personnages et les actions sont **symboliques**. L'auteur par leur intermédiaire veut **argumenter** et défendre des thèses et des valeurs. Les contes philosophiques les plus célèbres sont ceux de **Voltaire** (*Candide, Zadig, Micromégas*) qui défendent les valeurs des Lumières.

Micromégas (gravure, XVIIIe s.).

- **La nouvelle** est un **récit** en prose **plus long que le conte**, mais plus court que le roman.
Elle se caractérise par une **action simple**, un petit nombre de personnages et un dénouement surprenant (ou **chute**). Elle est le plus souvent **réaliste** ou **fantastique**.
Les principaux **auteurs de nouvelles** sont : Prosper Mérimée (*La Vénus d'Ille, Colomba, Carmen*), Alphonse Daudet (*Les Lettres de mon moulin*), Guy de Maupassant (*Boule de suif, La Parure*) et, à l'étranger, Edgar Poe (*Histoires extraordinaires*), Dino Buzzati (*Le K*).

Histoires extraordinaires, d'Edgar Poe (Robert Beltz, 1958).

Barbe bleue, conte de Charles Perrault.

● **Le roman** est un récit long qui n'obéit à **aucune règle**. L'histoire est fictive, mais plus proche de la réalité que celle du conte.
Les romans littéraires ont été très tôt présents. Au Moyen Âge et au XVIe siècle : **romans de chevalerie** (Chrétien de Troyes, *Le Chevalier au lion*, *Perceval*), **romans satiriques** (*Le Roman de Renart* ; Rabelais, *Gargantua, Pantagruel*). Au XVIIe siècle : **roman d'analyse psychologique** (Madame de Lafayette, *La Princesse de Clèves*). Au XVIIIe siècle : **romans épistolaires** (voir p. 137) ; romans en forme de **récits de vie** racontés par un personnage (l'abbé Prévost, *Manon Lescaut* ; Marivaux, *La Vie de Marianne*) ; romans « **philosophiques** » (Diderot, *Jacques le Fataliste et son maître*, *La Religieuse* ; Rousseau, *Julie ou la Nouvelle Héloïse*). Au XIXe siècle : **roman réaliste** (Balzac, *La Comédie humaine* ; Stendhal, *Le Rouge et le Noir* ; Flaubert, *Madame Bovary* ; Maupassant, *Bel-Ami, Une vie*). Victor Hugo publie *Les Misérables* en 1862. Zola invente le roman **naturaliste** avec le cycle des *Rougon-Macquart* (voir p. 144).

Le Roman de Renart : Renart et Ysengrin (miniature, XIIIe s.).

Au XXe siècle, parmi les grands romanciers, on peut citer Marcel Proust (*À la recherche du temps perdu*), André Gide (*Les Faux-Monnayeurs*), Louis-Ferdinand Céline (*Voyage au bout de la nuit*), André Malraux (*L'Espoir*), Albert Camus (*La Peste, L'Étranger*), Louis Aragon (*Aurélien*), Marguerite Duras (*Un barrage contre le Pacifique*), Albert Cohen (*Belle du Seigneur*). Dans les années 1950, le **nouveau roman** tente d'inventer un roman sans intrigue ni personnages traditionnels (Nathalie Sarraute, *Le Planétarium* ; Alain Robbe-Grillet, *La Jalousie*) (voir p. 146).

La **littérature populaire** et la **littérature pour la jeunesse** sont essentiellement composées de romans, qu'on classe en fonction de leurs thèmes : romans policiers, historiques (**Alexandre Dumas**), romans d'aventures, de science-fiction, d'espionnage, etc.

Le roman est le **genre littéraire dominant** depuis le XIXe siècle, non seulement en France mais aussi **en Europe et aux États-Unis**. Parmi les auteurs les plus célèbres, on peut mentionner :

- en Angleterre : Daniel De Foe (*Robinson Crusoé*), Jane Austen (*Orgueil et Préjugés*), les sœurs Brontë (*Jane Eyre, Les Hauts de Hurlevent*), Charles Dickens (*Oliver Twist*) ;
- aux États-Unis : John Steinbeck (*Des souris et des hommes*), Ernest Hemingway (*Le Vieil Homme et la Mer*), Mark Twain (*Les Aventures de Tom Sawyer*), Richard Wright (*Black Boy*) ;
- en Espagne : Cervantès (*Don Quichotte*) ;
- en Italie : Italo Calvino (*Le Baron perché*) ;
- en Russie : Dostoïevski (*Le Joueur ; Crime et Châtiment*), Tolstoï (*Guerre et Paix*) ;
- en Allemagne : Goethe (*Les Souffrances du jeune Werther*), Thomas Mann (*La Mort à Venise*).

Le récit de fiction

Vingt Mille Lieues sous les mers, Jules Verne (1870).

● **Le récit d'aventures** est un **genre populaire** mettant en avant un personnage qui vit des évènements imprévus et doit surmonter des obstacles qui mettent sa vie en danger.

Dans un cadre souvent dépaysant, indissociable d'un appel de l'ailleurs (Grand Nord, île déserte, forêt sauvage, terres inexplorées, etc.), l'**action** tient une place centrale et les **péripéties** y sont nombreuses et mouvementées. L'auteur tient son lecteur en haleine grâce au **suspense**, et multiplie les **intrigues** où le hasard joue un rôle important. Le dénouement est généralement heureux et voit le triomphe du héros.

On retrouve la trace de ce genre très ancien dès les récits de l'Antiquité comme *L'Odyssée* d'**Homère**, puis, au Moyen Âge, dans l**es romans de chevalerie**.

Au fil du temps, le récit d'aventures sera influencé par les biographies des découvreurs, des grands voyageurs, leurs explorations et la conquête du Nouveau Monde.

Le roman d'aventures connaît son âge d'or entre 1850 et 1950, avec F. Cooper, *Le Dernier des Mohicans*, R. L. Stevenson, *L'Île au trésor*, J. Verne, *Le Tour du monde en 80 jours* ou J. London, *L'Appel de la forêt*.

● **Le récit policier**, roman ou nouvelle, est généralement consacré à **l'élucidation d'un crime** par un policier ou un détective qui mène une **enquête**. L'intrigue s'appuie sur la recherche méthodique d'indices et de preuves où fausses pistes et suspects se multiplient jusqu'à la **résolution finale**.

Le récit policier comporte six éléments invariables : le **crime** ou **délit**, le **mobile**, le **coupable**, la **victime**, le **mode opératoire** et l'**enquête** : selon l'orientation qu'il veut donner à son roman, l'auteur privilégie l'un ou l'autre de ces éléments.

Hercule Poirot, héros des romans d'Agatha Christie.

Le « polar » présente en effet de **multiples formes** : le policier "classique" (où l'accent est mis sur l'enquête), le roman noir (qui insiste sur les motivations du coupable, la personnalité de la victime et le contexte social), le roman à suspense ou thriller, le roman d'espionnage, le policier historique, etc.

On situe généralement sa naissance en 1841, avec la publication par Edgar Poe de nouvelles inspirées de faits divers. Agatha Christie et Conan Doyle, en Grande-Bretagne, Georges Simenon en Belgique, et Léo Malet en France sont considérés comme les maîtres d'un genre particulièrement prospère.

Les Voyages de Gulliver, de Jonathan Swift.

Les genres de l'imaginaire

Certains genres littéraires visent à explorer d'autres réalités, à rendre compte de l'**étrangeté du réel** lorsque s'y mêlent des **éléments surnaturels**, à imaginer des mondes fictifs : ils appartiennent aux littératures de l'imaginaire.

Le **merveilleux** fait intervenir des faits et des êtres d'origine **magique** ou **divine**.

Tirant ses origines de l'Antiquité avec l'*Odyssée* d'**Homère** et *Les Métamorphoses* d'**Ovide**, ce genre est très présent dans les romans courtois du Moyen Âge, centrés autour de la légende de la **Table Ronde**. Il a connu son apogée au XVIIe siècle avec les **contes de fées** (notamment *Les Contes de ma Mère l'Oye* de **Charles Perrault**), issus de la tradition populaire orale.

- **Le genre fantastique** part le plus souvent d'un univers réaliste et familier qui se voit envahi par des **faits surnaturels** qui déroutent le personnage comme le lecteur, suscitant tour à tour étonnement, inquiétude, peur, angoisse et épouvante. Aux frontières du réel et de l'imaginaire, du rationnel et de l'irrationnel, l'ordre du monde, bouleversé, fait douter le lecteur de la réalité des faits observés (rêve ? trucage ? hallucination ?).

  Apparu après le déclin du merveilleux au XVIIIe siècle, le genre fantastique a d'abord été l'apanage des **romans gothiques** nés en Angleterre à la même époque. En France, il fut surtout prisé au XIXe siècle par des auteurs comme **Théophile Gauthier**, **Guy de Maupassant** (*Le Horla*) ou encore **Gérard de Nerval** (*Aurélia*).

- **La fantasy** (terme issu de l'anglais qui veut dire “imagination”) est née au XXe siècle dans le monde anglo-saxon. Elle met en scène un univers où règne le surnaturel qui mêle, dans une atmosphère d'**épopée**, les **mythes**, les **légendes** et les thèmes du fantastique et du merveilleux. Elle privilégie l'univers médiéval et épique. L'écrivain anglais **J. R. Tolkien** est son plus éminent représentant avec *Bilbo le Hobbit* et *Le Seigneur des anneaux* qui possèdent une dimension à la fois poétique et linguistique.

Fahrenheit 451
(film de François Truffaut, 1966).

- **La science-fiction** décrit l'**état du monde futur** en s'appuyant sur des découvertes scientifiques ou techniques. Elle vise ainsi à fournir une **explication logique** aux faits qui paraissent incompatibles avec le réel.

Le genre est né au XIXe siècle avec deux romans, *Frankenstein ou le Prométhée moderne* de **Mary Shelley** et *L'Étrange Cas du Docteur Jekyll et de M. Hyde* de **Robert Louis Stevenson**. En France, il a été marqué par **Jules Verne**, en particulier *De la Terre à la Lune* et *Voyage au centre de la Terre*, fondés sur l'anticipation de nos progrès techniques. Au XXe siècle, la science-fiction se teinte de critique sociale avec *Le Meilleur des mondes* d'**Aldous Huxley** et *Farenheit 451* de **Ray Bradbury** qui décrit un univers dégradé dans lequel les livres et toute forme de culture sont rigoureusement proscrits.

Docteur Jekyll et Mister Hyde
(film de Rouben Mamoulian, 1931).

- **L'uchronie** réécrit une **histoire probable** à partir d'un point où les faits auraient pu diverger. Il s'agit de réinventer l'histoire, logiquement, à partir de ce qu'elle aurait pu être : et si le Sud avait gagné la guerre de Sécession se demande *Autant en emporte le temps* de **Ward Moore** ? Et si Hitler avait gagné la Deuxième Guerre mondiale interroge encore *Le Maître du haut château* de **Philip K. Dick** ?

- **L'utopie et la dystopie**
  L'**utopie**, récit de fiction qui décrit une société idéale, s'oppose à la **dystopie** (également appelée *contre-utopie*), qui dépeint une société imaginaire vouée au malheur et à la privation de toute liberté. Elle vise à mettre en garde le lecteur en montrant les conséquences néfastes d'une idéologie ou d'une pratique.

D'abord le titre de l'œuvre du philosophe anglais Thomas More (*Utopia,* 1516), l'utopie comme genre s'est développée à travers l'œuvre de **Rabelais**, **Montesquieu** et **Voltaire**. Au XXe siècle, des auteurs comme **George Orwell**, avec *1984* qui met en scène un régime policier et totalitaire, l'ont fait basculer dans la dystopie.

Homme écrivant une lettre (G. Metsu, 1657).

Le genre épistolaire

On appelle **genre épistolaire** l'ensemble des **œuvres constituées de lettres**, qui peuvent être authentiques ou fictives.

La lettre authentique

- **La structure de la lettre** suit certains usages. La lettre assure la **communication** entre un émetteur, l'**épistolier**, qui l'écrit, et le **destinataire**, qui la lit. Elle respecte des **codes de composition** (en-tête, formules d'appel et de conclusion, signature).

- **Les enjeux de la lettre** sont variés. **La lettre privée**, tantôt officielle, administrative, tantôt familière, affective, est une nécessité de la vie sociale, qui n'est pas destinée à la publication. Elle prend souvent aujourd'hui la forme de l'**e-mail**. Dans la vie publique, certaines personnes recourent à la **lettre ouverte** pour exprimer leurs idées dans un journal ou un livre. Souvent **polémique**, elle participe à un combat (par exemple le combat pour Dreyfus dans « *J'accuse ...* », d'Émile Zola, 1898).

Un messager remet une lettre à Louis V (miniature, XIVe s.).

- **Les correspondances célèbres** présentent un intérêt littéraire et historique. Certaines **correspondances privées** sont publiées et lues comme des œuvres littéraires, du fait de la qualité de leur écriture : c'est le cas des **lettres de Madame de Sévigné** à ses amis et à sa fille, Madame de Grignan. On y découvre sa passion maternelle, les détails de sa vie quotidienne et de sa vie sociale.

- **Les correspondances d'écrivains** permettent de mieux comprendre la personnalité des auteurs et la gestation de leurs œuvres. Les épistoliers les plus importants sont **Voltaire**, **Diderot, Flaubert, George Sand**.

Marie de Rabutin-Chantal, marquise de Sévigné (Claude Lefebre, vers 1665).

Les lettres fictives

Des lettres peuvent intervenir **dans l'action des pièces de théâtre** (Molière, *L'École des femmes*) ou **des romans** (Madame de Lafayette, *La Princesse de Clèves*) : elles créent des péripéties ou révèlent un aspect caché des personnages.

- **Le roman épistolaire** est une fiction constituée uniquement de lettres. Ces romans peuvent prendre la forme d'une ou de plusieurs **lettres d'un même personnage** (Danièle Sallenave, « Une lettre », dans *Un printemps froid*, 1983). Ils peuvent aussi être constitués de **correspondances croisées entre plusieurs personnages** qui se répondent (Montesquieu, *Lettres persanes*, 1721 ; Choderlos de Laclos, *Les Liaisons dangereuses*, 1782 ; Kressmann Taylor, *Inconnu à cette adresse*, 1938). Les romans épistolaires donnent au lecteur une forte **impression de vérité** ; le romancier prétend souvent dans la préface avoir trouvé les lettres, et non les avoir écrites. Les récits épistolaires, comme les pièces de théâtre, ne comportent **pas de narrateur** : c'est le lecteur qui reconstitue les événements évoqués dans les lettres et construit le caractère des personnages.

Lettre de Victor Hugo à sa femme (août 1837).

Jaurès à la tribune, croquis pour illustrer *L'Histoire de l'éloquence* (Éloy-Vincent, 1910).

Les genres argumentatifs

Les genres argumentatifs correspondent à des œuvres dont le but est de convaincre ou de persuader le lecteur.

Dans l'**argumentation directe**, l'auteur présente les thèses qu'il défend, les idées qu'il veut faire partager ; les principaux genres sont :

- l'**essai**, par lequel l'auteur clarifie ses idées sur des sujets complexes (Montaigne, *Les Essais*, 1592),
- la **préface**, qui prépare à la lecture d'une œuvre (Maupassant, *Préface de Pierre et Jean*, 1888),
- le **manifeste**, qui précise les idées d'un mouvement artistique (André Breton, *Manifeste du surréalisme*, 1924),
- la **lettre ouverte** (Zola, « *J'accuse* », 1898),
- le **sermon**, discours d'Église (Bossuet, 1627-1704),
- le **pamphlet**, qui attaque l'adversaire par la satire et la violence,
- la **poésie engagée** (Hugo, *Les Châtiments*, 1853 ; Aragon, *La Diane française*, 1945).

L'AURORE
Littéraire, Artistique, Sociale
J'Accuse...!
LETTRE AU PRÉSIDENT DE LA RÉPUBLIQUE
Par ÉMILE ZOLA

« *J'accuse...!* » de Zola, en une de *L'Aurore*, 13 janvier 1898.

Dans ces textes, les stratégies argumentatives utilisent la **raison** ou l'**émotion**. L'auteur peut en effet choisir de convaincre son lecteur en faisant appel à son **raisonnement logique**. Il peut vouloir aussi le persuader, en agissant sur sa **sensibilité** (attirance, dégoût, compassion, fierté, etc.). Pour réfuter la thèse adverse, il utilise la **polémique**, l'**ironie** et recourt à des figures de style (hyperboles, comparaisons), à des procédés oratoires (fausses questions, apostrophes). Les deux stratégies peuvent être utilisées dans un même texte.

Dans l'**argumentation indirecte**, l'auteur provoque la réflexion en utilisant la fiction ; les genres sont :

- la **fable** (La Fontaine, *Fables*, 1668-1694),
- le **conte philosophique** (Voltaire, *Candide*, 1758), (voir p. 132),
- le **roman** et le **théâtre à thèse** (Camus, *La Peste*, 1945 ; Sartre, *Les Mains sales*, 1948).

Ces œuvres présentent des **personnages** confrontés à des situations dans lesquelles ils doivent faire des choix. Leurs hésitations, leurs erreurs ou leurs réussites font apparaître les enjeux du **débat**, et les **valeurs** qui s'y confrontent. Ils peuvent être qualifiés de **textes satiriques** lorsqu'ils visent à dénoncer les travers de la société.

Le Journal d'Anne Frank (film de George Stevens, 1959).

(Auto)biographie et écriture de soi

Les récits authentiques rapportent des **histoires réellement vécues**.

L'écriture de la vie d'autrui

- **Les biographies** sont écrites par des historiens ou des spécialistes, pour raconter la vie de **personnes célèbres** par leur destinée hors du commun : rois, artistes, inventeurs, etc. Les biographies d'écrivains aident à mieux comprendre les œuvres littéraires (Armand Lanoux, *Maupassant le Bel-Ami*).

  Certains auteurs rédigent les confidences de **personnes ordinaires** dont la vie mérite d'être racontée : ce sont des **récits de vie** (Adélaïde Blasquez, *Gaston Lucas, serrurier*).

L'écriture de soi

- **L'autobiographie** est un texte organisé, un **récit rétrospectif** écrit à la 1re personne : l'auteur raconte au passé la vie qu'il a vécue, et la commente au présent. **L'auteur, le narrateur et le personnage** principal ne font qu'un. Par le **pacte autobiographique**, il s'engage à ne pas mentir au lecteur, qui en retour lui fait confiance. L'auteur écrit son récit pour se remémorer le passé, comprendre qui il est, s'expliquer sur ce qu'il a fait, et pour écrire une œuvre littéraire agréable à lire.

  La première autobiographie en France est celle de **Jean-Jacques Rousseau**, *Les Confessions*. Elle sert de modèle à celles qui suivent (Stendhal, *Vie de Henry Brulard* ; George Sand, *Histoire de ma vie* ; André Gide, *Si le grain ne meurt* ; Jean-Paul Sartre, *Les Mots*). Dans la deuxième moitié du XXe siècle, des écrivains contestent ce modèle et inventent d'autres façons d'évoquer leur vie (Nathalie Sarraute, *Enfance* ; Georges Perec, *Je me souviens*, *W ou le Souvenir d'enfance*).

  D'autres formes de récits autobiographiques se limitent à certains épisodes marquants de la vie de l'auteur. C'est le cas des **récits de voyage** (Marco Polo, *Le Livre des merveilles du monde*), et des **Mémoires** (général de Gaulle, *Mémoires de guerre*).

Le Livre des merveilles : navigateurs dans l'océan Indien.

- **Le journal intime** est un **texte discontinu** où l'auteur (le *diariste*) note **au jour le jour** ses expériences et ses réflexions. Il n'est en principe pas destiné à être publié.
  Les journaux de **personnes privées** intéressent les lecteurs comme **documents historiques** (*Le Journal d'Anne Frank* montre la vie clandestine des Juifs sous l'occupation nazie).

  Les journaux d'écrivains aident à comprendre la personnalité des auteurs et la construction des œuvres (*Le Journal* de Jules Renard, celui d'André Gide).

L'humanisme

Le XVIe siècle

Montaigne
(école française du XVIIe s.).

« Chaque homme porte la forme entière de l'humaine condition » Montaigne

- **Contexte**
La Renaissance, La Réforme, les guerres de Religion. La redécouverte de l'Antiquité gréco-latine.

- **Principes**
Apprendre et raisonner sans cesse ; placer l'homme au centre de la réflexion et de l'art.

- **Thèmes privilégiés**
L'éducation, les mondes nouveaux, les sciences, le rôle du Prince, la religion.

- **Auteurs et œuvres majeurs**
– Rabelais, *Pantagruel* (1532), *Gargantua* (1534).
– Montaigne, *Les Essais* (1580-1595).

Voir aussi Renaissance p. 164, Humanisme p. 167, Réforme p. 168

La Pléiade

« Cueillez dès aujourd'hui les roses de la vie » Ronsard

Ronsard (gravure de Louis Jou, 1927).

- **Contexte**
La Renaissance, les guerres de Religion, la redécouverte de l'Antiquité gréco-latine.

- **Principes**
Rénover la poésie, en imitant les modèles anciens et en enrichissant la langue française.

- **Thèmes privilégiés**
Les thèmes lyriques : l'amour, la nature, la fuite du temps.
L'inspiration, le travail, la gloire du poète.

- **Auteurs et œuvres majeurs**
– Ronsard, *Odes* (1550), *Hymnes* (1555), *Les Amours* (1552-1556),

Le XVIIe siècle

Le baroque (1580-1750)

« Et n'y a chose aucune en ce monde constante » Philippe Desportes

- **Contexte**
  Les guerres de Religion, la Contre-Réforme, le règne de Louis XIII, la révolte de la Fronde.

- **Principes**
  Montrer que le monde est instable et source d'illusions, que l'homme est changeant et voué à la mort.

- **Thèmes privilégiés**
  L'illusion, le théâtre, les masques ; les métamorphoses ; l'inconstance amoureuse ; la fragilité (bulles, nuages, reflets) ; les scènes macabres.

- **Auteurs et œuvres majeurs**
  – D'Aubigné, *Les Tragiques* (1616).
  – D'Urfé, *L'Astrée* (1607-1628).
  – Corneille, *L'Illusion comique* (1635).

Costume de Matamore dans *L'Illusion comique*.

Voir aussi Baroque p. 169

Le classicisme (1640-1700)

« Ce qui se conçoit bien s'énonce clairement » Boileau

Costume de Don Juan.

Voir aussi Classicisme p. 170, Louis XIV p. 172

- **Contexte**
  Le règne de Louis XIV.

- **Principes**
  Représenter l'être humain de façon vraisemblable et le corriger de ses défauts ; imiter l'Antiquité gréco-latine et respecter des règles strictes.
  Rechercher la simplicité, l'équilibre et l'harmonie dans l'art.

- **Thèmes privilégiés**
  L'homme face au destin ou à la société ; la psychologie des passions (l'amour, la gloire) ; l'idéal de « l'honnête homme ».

- **Auteurs et œuvres majeurs**
  – Corneille, *Le Cid* (1636), *Horace* (1640), *Cinna* (1642).
  – Racine, *Andromaque* (1667), *Iphigénie* (1674), *Phèdre* (1677).
  – Molière, *Le Misanthrope* (1666), *Le Bourgeois gentilhomme* 1670).
  – La Fontaine, *Fables* (1668-1694).
  – Boileau, *Art poétique* (1674).
  – Pascal, *Pensées* (1670).
  – La Bruyère, *Les Caractères* (1696).
  – Madame de Sévigné, *Lettres* (1648-1696).
  – Madame de Lafayette, *La Princesse de Clèves* (1678).

Les Lumières

Le XVIIIe siècle

« Il faut cultiver notre jardin » Voltaire

Contexte

La Régence, les règnes de Louis XV et Louis XVI, l'affaiblissement du pouvoir royal.

Principes

« Éclairer » la pensée par les « lumières » de la raison ; lutter contre la superstition et le fanatisme, en développant la connaissance, l'esprit critique et la tolérance.

Voltaire dans son cabinet de travail (anonyme, XVIIIe s.).

Thèmes privilégiés

L'interrogation sur le pouvoir, sur la religion ; le bonheur sur terre.

Auteurs et œuvres majeurs

- Montesquieu, *Lettres persanes* (1721), *De l'esprit des lois* (1748).
- Voltaire, *Candide* (1759), *Dictionnaire philosophique* (1764).
- Diderot, *La Religieuse* (1783) ; *Supplément au voyage de Bougainville* (1773).
- *L'Encyclopédie* de Diderot et d'Alembert.
- Rousseau, *Discours* (1750, 1755) ; *Les Confessions* (1765-1770).
- Beaumarchais, *Le Mariage de Figaro* (1784).

Voir aussi Lumières p. 173

Le romantisme (1800-1850)

Le XIXe siècle

« Ah ! frappe-toi le cœur
C'est là qu'est le génie » Musset

Contexte

Napoléon Ier et le Premier Empire ; la Restauration ; la IIe République.

Principes

Lutter contre les conceptions classiques de la morale et de l'art ; renoncer aux règles, privilégier les sentiments plutôt que la raison, cultiver l'originalité du moi.

Les Nuits. La nuit d'octobre (aquarelle d'Eugène Lami, XIXe s.).

Thèmes privilégiés

Les thèmes lyriques et élégiaques : l'amour malheureux, la solitude, la fuite du temps, la mélancolie (le spleen) ; l'engagement politique et social pour un monde plus juste.

Auteurs et œuvres majeurs

- Chateaubriand, *René* (1802).
- Lamartine, *Les Méditations poétiques* (1820).
- Musset, *Les Nuits* (1835-1837) ; *Lorenzaccio* (1834).
- Hugo, *Hernani* (1830) ; *Notre-Dame de Paris* (1831) ; *Les Contemplations* (1856) ; *Les Misérables* (1862).
- Nerval, *Les Filles du feu* (1854).

Voir aussi Romantisme p. 180

Le réalisme et le naturalisme

« Écrire l'histoire oubliée par tant d'historiens, celle des mœurs » Balzac

• Contexte

La Restauration, la IIe République, le Second Empire, la IIIe République ; la naissance du capitalisme, la révolution industrielle.

• Principes

Pour le réalisme : représenter la société contemporaine sous tous ses aspects et en expliquer le fonctionnement.
Pour le naturalisme : compléter l'observation réaliste par l'analyse scientifique de toutes les réalités, même sordides.

• Thèmes privilégiés

Le rôle de l'ambition et de l'argent, les interactions entre l'homme et son milieu social, l'importance des instincts et des pulsions, la dénonciation de l'exploitation et de la misère.

Honoré de Balzac (daguerréotype, 1842).

Germinal (affiche, 1885).

• Auteurs et œuvres majeurs

- Stendhal, *Le Rouge et le Noir* (1830).
- Balzac, *La Comédie humaine* (1842-1848) : *Le Colonel Chabert* (1832), *Eugénie Grandet* (1833), *Le Père Goriot* (1833).
- Flaubert, *Madame Bovary* (1857).
- Maupassant, *Une vie* (1883) ; *Bel-Ami* (1885).
- Zola, *Les Rougon-Macquart, Histoire naturelle et sociale d'une famille sous le Second Empire* (1871-1893) : *Le Ventre de Paris* (1873), *L'Assommoir* (1877), *Au Bonheur des dames* (1883), *Germinal* (1885).

Voir aussi Révolution industrielle p.178, Réalisme p.182

Le symbolisme (1850-1900)

« La nature est un temple où de vivants piliers
Laissent parfois sortir de confuses paroles » Baudelaire

Les Fleurs du mal (frontispice de Rassenfosse, 1899).

Contexte

Le Second Empire, la IIIe République.

Principes

Contester le réalisme et le naturalisme pour exprimer le mystère du monde, à l'aide du symbole.

Thèmes privilégiés

La rêverie ; les réalités cachées ; les pouvoirs d'évocation du langage.

Auteurs et œuvres majeurs

- Charles Baudelaire, *Les Fleurs du mal* (1857).
- Paul Verlaine, *Poèmes saturniens* (1866).
- Arthur Rimbaud, *Illuminations* (1886).
- Stéphane Mallarmé, *Poésies* (1899).

Voir aussi Symbolisme p.186

Le surréalisme

« La terre est bleue comme une orange » Paul Éluard

Contexte

La Première Guerre mondiale, la Révolution russe de 1917 ; la montée du fascisme et du nazisme, la découverte de la psychanalyse, le mouvement Dada.

Principes

Dépasser les provocations dadaïstes pour « transformer le monde » ; contester l'ordre établi en libérant les forces de l'inconscient et en les laissant pleinement s'exprimer ; aller au-delà de la réalité immédiate, explorer la « sur-réalité ».

Paul Éluard, André Breton, Max Ernst (sur la bicyclette) à la foire de Montmartre (1923).

Thèmes privilégiés

Le rêve, les manifestations de l'inconscient ; l'érotisme et l'amour fou ; la liberté créatrice ; l'engagement politique, les attaques contre l'art bourgeois.

Auteurs et œuvres majeurs

- André Breton, *Clair de terre* (1923), *Nadja* (1928).
- Paul Éluard, *Capitale de la douleur* (1926).
- Louis Aragon, *Le Paysan de Paris* (1926).

Voir aussi Surréalisme p.191

L'absurde

« – À propos, et la Cantatrice chauve ?
– Elle se coiffe toujours de la même façon » Eugène Ionesco

● **Contexte**
La Deuxième Guerre mondiale, la Guerre froide.

● **Principes**
Montrer que le monde est absurde, que la vie humaine n'a pas de sens.

● **Thèmes privilégiés**
Le non-sens, l'angoisse, la perte d'identité, l'impossibilité de communiquer, l'aspect dérisoire des prétentions humaines.

● **Auteurs et œuvres majeurs**
- Jean-Paul Sartre, *La Nausée* (1938).
- Albert Camus, *L'Étranger* (1942).
- Eugène Ionesco, *La Cantatrice chauve* (1950), *Rhinocéros* (1959), *Le roi se meurt* (1962).
- Samuel Beckett, *En attendant Godot* (1953).

L'Étranger, de Camus
(lithographie de Sadequain, 1966).

Le nouveau roman

« Nous en a-t-on assez parlé, du personnage ?... » Alain Robbe-Grillet

● **Contexte**
La guerre d'Algérie, la Ve République.

● **Principes**
Refuser dans le roman les notions traditionnelles d'histoire et de personnage ; empêcher le lecteur de se laisser prendre à l'illusion réaliste.

Nathalie Sarraute.

● **Thèmes privilégiés**
Le souvenir, les images du passé ; les lieux labyrinthiques ; la description des objets ; la recherche de formes nouvelles d'écriture.

● **Auteurs et œuvres majeurs**
- Alain Robbe-Grillet, *La Jalousie* (1957).
- Michel Butor, *La Modification* (1957).
- Nathalie Sarraute, *Le Planétarium* (1959).
- Claude Simon, *La Route des Flandres* (1960).

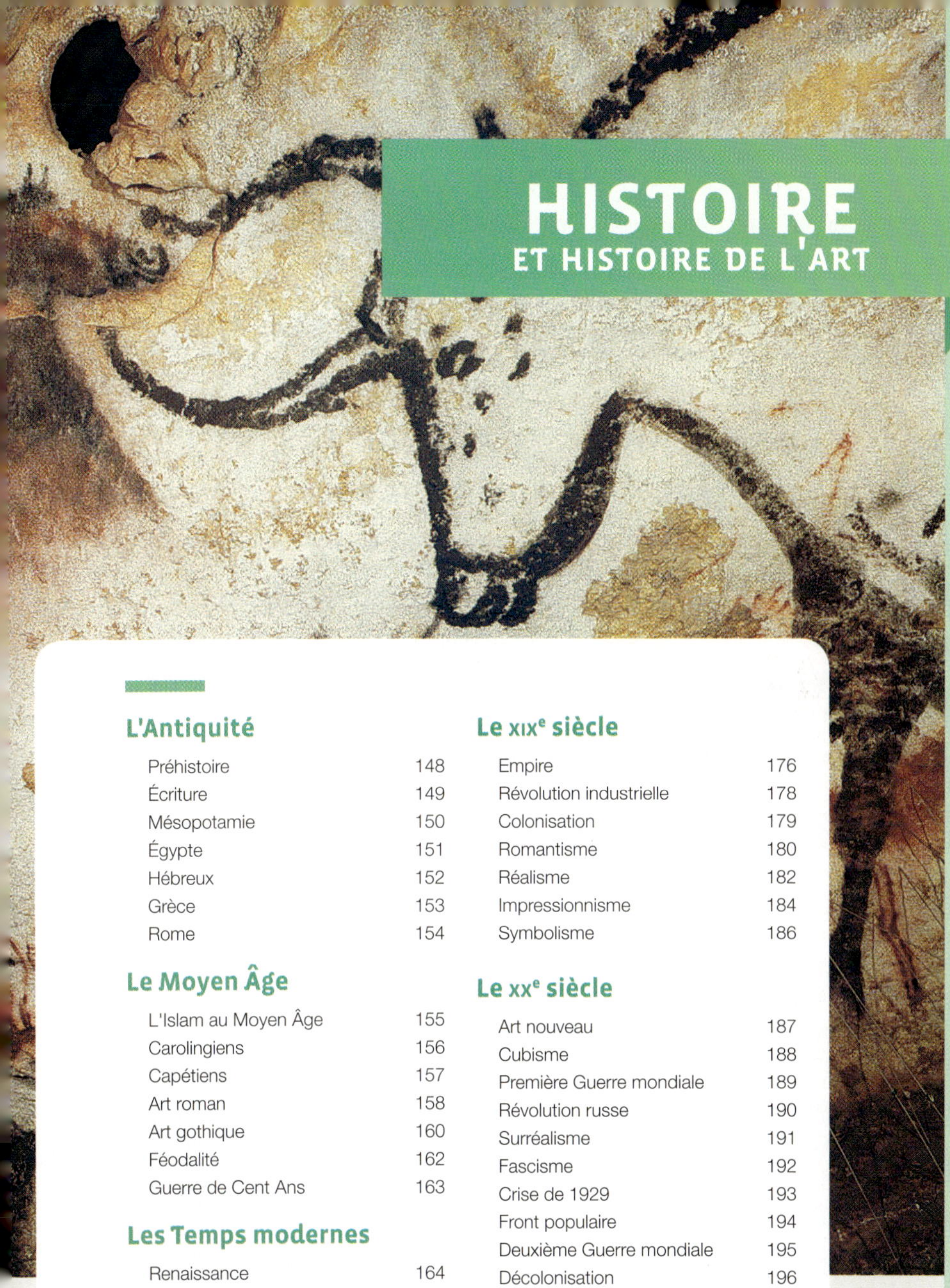

HISTOIRE
ET HISTOIRE DE L'ART

Préhistoire

Bison se léchant, bois de renne (abri de La Madeleine, vers 12 000 av. J.-C.).

La préhistoire – pour l'humanité – s'étend de l'apparition de l'homme à l'invention de l'écriture. On la divise en trois grandes périodes : le paléolithique (âge de la pierre taillée, –2 millions d'années à –12 000 ans) ; le mésolithique (–12 000 à –9 000) ; le néolithique (âge de la pierre polie, –9 000 à –3 000 ans).

Racloirs moustériens en silex (100 000 – 35 000 av. J.-C.).

Des premiers types d'humains…

Les australopithèques, hominidés partiellement bipèdes, se répandent en Afrique entre –6 et –1,7 million d'années. Peut-être l'australopithèque et l'*homo habilis*, apparu en Afrique vers –3 millions d'années, se rattachent-ils à un ancêtre commun. Nomade, l'*homo habilis* pratique la chasse à l'aide d'outils rudimentaires.

… à l'homme moderne

L'*homo erectus*, apparu vers –1,7 million d'années, est plus grand, dispose d'un cerveau plus gros et maîtrise le feu vers –500 000 ans.

De l'*homo erectus* est issu, entre –150 000 et –100 000 au plus tard, l'*homo sapiens*, au cerveau plus développé. Il dispose du langage et enterre ses morts. Il se répand à la surface de la Terre. Arrivé en Europe vers –40 000 (Cro Magnon), il y supplante le massif homme de Neandertal, établi en Europe et en Asie depuis –100 000 ans. Les premières sculptures apparaissent vers –38 000, les peintures (grotte Chauvet, Lascaux) vers –31 000, en lien avec les croyances magiques et religieuses.

La Dame de Brassempouy, ou *Dame à la capuche,* ivoire de mammouth (vers 21 000 av. J.-C.).

Reconstitution de l'australopithèque.

La frise des aurochs (vers 15 000 av. J.-C.), grotte de Lascaux.

Écriture

Taïwan : enseignes en mandarin (chinois).

Les premières écritures

Après les *pictogrammes* (« signes-dessins »), les *idéogrammes* (« signes-idées ») notent les mots (beaucoup n'ont qu'une syllabe) de la langue sumérienne ou de la langue chinoise. Dans l'Égypte ancienne, les *hiéroglyphes* mélangent idéogrammes et *phonogrammes* (« signes-sons »). En Mésopotamie, le support d'écriture (tablettes d'argile) transforme les dessins en combinaisons de triangles (« en forme de clous », *cunéiformes*) grâce auxquels les Akkadiens notent les syllabes (consonnes et voyelles). Les Japonais ont repris les signes chinois *(kanjis)* et en ont simplifié d'autres pour noter les syllabes *(kanas)*. L'écriture devient souvent un art, la calligraphie.

La révolution de l'alphabet

Les Phéniciens inventent l'alphabet, une vingtaine de symboles représentent chacun une consonne, ce sont les Grecs qui ajoutent des signes pour les voyelles. Le système alphabétique se répand jusqu'en Inde *(nagari)*. Les écritures se transmettent d'une langue à l'autre et se transforment suivant les besoins : l'alphabet grec a servi pour le cyrillique, l'alphabet latin pour les langues européennes, l'alphabet arabe pour le persan et le turc.

Calligraphie arabe (coufique, XIIIe s.).

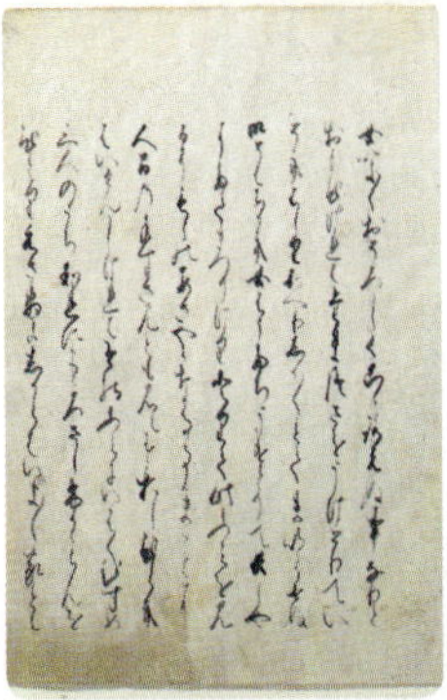
Japon : écriture kana (hiragana).

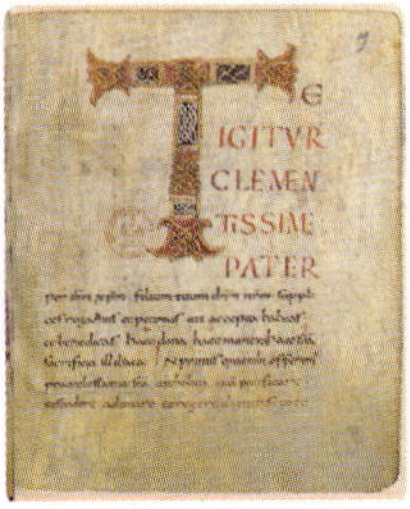

Écriture caroline (Europe, Xe s.).

Inde : écriture devanagari.

Statue assise de Gudéa, prince de Lagash (vers 2125-2110 av. J.-C.).

Mésopotamie

Plusieurs peuples sur un même territoire

Sur un territoire correspondant à l'actuel Irak et disputée par plusieurs cités-États (Assur, Babylone, Sumer, Akkad, Ébla, Mari), la Mésopotamie voit se développer une civilisation originale, marquée par la double influence des Sumériens et des Akkadiens : ces derniers, renforcés par d'autres populations sémites (Amorrites), absorbent les premiers en une synthèse symbolisée par le règne unificateur de Sargon. En contact, souvent en guerre, avec d'autres populations (Élamites, Hittites, puis Mèdes et Perses), les Mésopotamiens contestent l'hégémonie de l'Égypte sur la Palestine.

Assurbanipal sur son char de combat (expédition militaire dans le royaume d'Élam).

Texte mathématique (tablette trouvée à Uruk, IIIe-Ier s. av. J.-C.).

Un riche héritage

« Le pays entre les fleuves », où la Bible place le paradis terrestre puis la tour de Babel, nous a laissé une littérature (épopée de Gilgamesh), un droit (code d'Hammourabi) et une science (mathématique, astronomie) que les textes cunéiformes ont fait connaître tardivement, mais dont les civilisations classiques (Grèce, Rome, Judée) avaient recueilli l'héritage.

Voir carte 1

Ziggourat d'Ur, dédiée au dieu Nanna, bâtie par le roi Ur-Nammu (vers 2100 av. J.-C.).

Égypte

Le dieu Horus.

CROYANCES ET RITES FUNÉRAIRES

Contrairement à d'autres peuples de l'Antiquité (Grecs, Hébreux), les Égyptiens pensaient pouvoir mener dans l'au-delà une vie assez semblable à leur existence terrestre. Pour ce faire, le corps est embaumé et déposé dans des tombeaux (mastabas, sarcophages) : on y place de quoi manger et de quoi boire, les objets de la vie quotidienne et même des serviteurs (de petites statuettes, les *shaouabtis*).

Les pyramides de Gizeh.

Voir carte 2

Objets de toilette (Nouvel Empire, XVIIIe dynastie).

Momie du monastère de San Lazzaro degli Armeni, Venise.

UNE GRANDE RICHESSE ARCHÉOLOGIQUE

Les riches sont bien sûr mieux servis que les pauvres, et le pharaon, représentant de Rê sur la terre, est enterré sous une pyramide qui symbolise les rayons du soleil. Mais les animaux, humbles compagnons de la vie quotidienne autant que figures de la divinité, ont droit aux mêmes traitements que les hommes. La sécheresse du climat assurant une exceptionnelle conservation, les sépultures d'Égypte ont permis aux archéologues de découvrir la plupart des objets et des textes qui nous en font connaître l'antique civilisation.

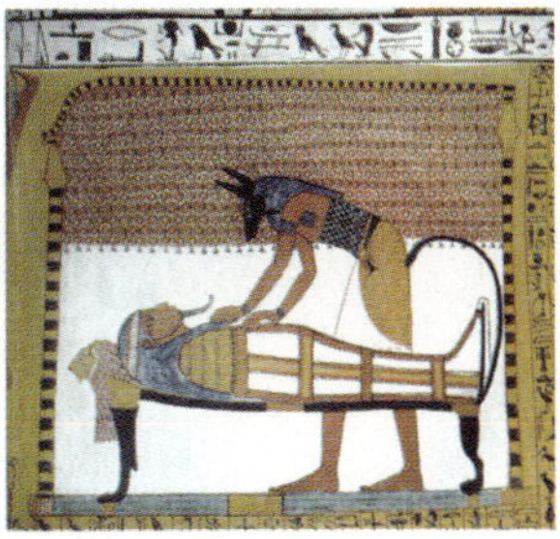

La momie de Sennedjem embaumée par le dieu Anubis.

Hébreux

Rouleau de la Thora.

Une histoire très ancienne

La Bible appelle *Israélites* (« fils d'Israël », surnom de Jacob) les descendants des patriarches. Après leur séjour en Égypte, où on les appelle *Hébreux*, ils conquièrent le territoire de Canaan. Après le règne de Salomon, la monarchie se divise et on distingue le royaume d'Israël et celui de Juda (nom d'un des douze fils de Jacob), dont la capitale était Jérusalem. Après l'Exil, la Bible raconte l'histoire des Judéens : le mot est devenu *Juif* en français. Les Juifs, dont la religion porte le nom *(judaïsme),* vivent sur la terre d'Israël et parlent l'hébreu.

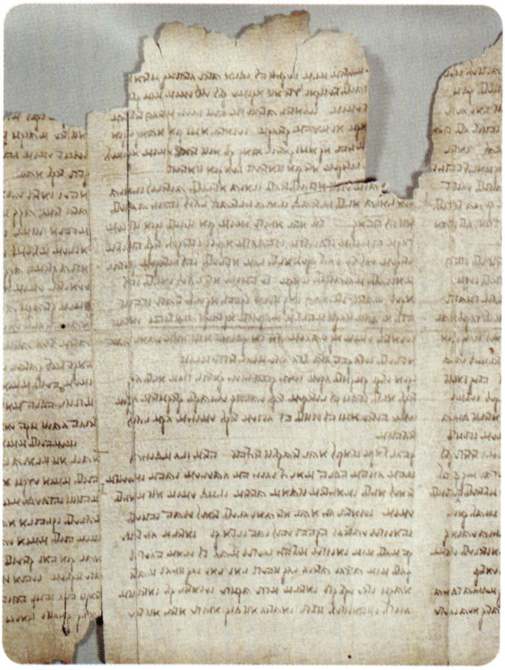

Manuscrits de la mer Morte : Livre d'Isaïe.

La fête de Pessah (la Pâque) célèbre la délivrance d'Égypte (manuscrit du XVe s.).

Dispersion et persécutions

Après les guerres contre l'occupation romaine, beaucoup de Juifs vivent en dehors d'Israël : c'est la *diaspora* (« dispersion » en grec). Le Temple de Jérusalem est détruit et les chrétiens prétendent s'approprier le judaïsme : la Bible juive devient une partie de la Bible chrétienne, et plusieurs fêtes chrétiennes réinterprètent les fêtes juives. Souvent persécutés, parfois massacrés, des Juifs ont recréé au XXe siècle l'État d'Israël : ses citoyens (les *Israéliens*) ne sont pas tous de religion juive, mais la langue nationale est toujours l'hébreu.

Reconstruction du Temple de Jérusalem vers 520 av. J.-C. (manuscrit du XIIIe s.).

Voir carte 3

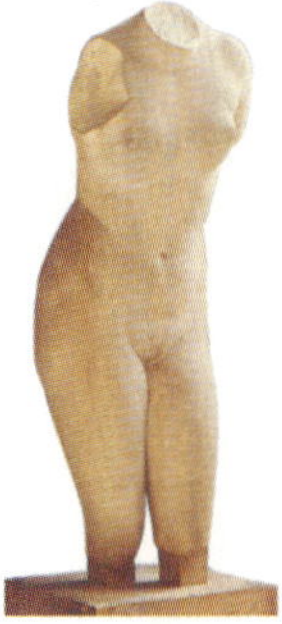

Praxitèle : *Aphrodite* (IVe s. av. J.-C.).

Grèce

Une civilisation commune à tous les Grecs

Pour les Grecs, l'homme est la mesure de toute chose (Protagoras). Son corps est un reflet de la beauté des dieux, en prendre soin et le développer est leur rendre hommage : autour du sanctuaire de Zeus à Olympie, les athlètes rivalisent lors des Jeux. Pendant plus de mille ans, leurs compétitions, parfois violentes, constituent une trêve sacrée qui réunit les cités tous les quatre ans. C'est également dans un contexte religieux (pendant les fêtes de Dionysos et dans son temple) que le théâtre met en scène les passions humaines, le destin de ceux qui sont frappés par les dieux (tragédie) ou le rire qui permet d'exorciser les angoisses (comédie).

Masques tragiques, mosaïque de Sosos.

Théâtre de Dionysos, Athènes.

Jetons de vote (Ve s. av. J.-C.).

Discobole sur un tétradrachme d'argent.

L'invention de la démocratie

Les demeures des dieux ont l'équilibre de la raison des hommes, et la vie des hommes est réglée par les hommes eux-mêmes : même si les droits civiques ne sont pas reconnus aux femmes, aux esclaves ou aux étrangers (« métèques »), la démocratie garantit, au moins en théorie, l'accès de tous les citoyens à la vie de la cité (culte, impôt, assemblée, vote, propriété…). Cet idéal sera une source d'inspiration pour l'humanisme et les Lumières.

Temple d'Apollon, Corinthe.

Voir aussi Renaissance p. 164, Humanisme p. 167, Lumières p. 173, cartes 4 et 5

Rome

Le dieu Mars (art étrusque, IVe s. av. J.-C.).

Domination politique, syncrétisme culturel

Rome a imposé son hégémonie à la péninsule italique, puis à l'ensemble du monde méditerranéen, tout en sachant intégrer la culture de ses adversaires. Les Étrusques, par exemple, ont légué aux Romains leurs plus anciennes institutions et une partie de leur art. Fondée d'abord sur le culte privé (lares, pénates), la religion romaine est durablement influencée par la religion étrusque (divination) avant de l'être par les croyances grecques (dont elle adapte la mythologie) puis par les cultes orientaux (religions de salut). Les combats de gladiateurs sont préférés aux joutes d'athlètes et aux courses de chars. La littérature et le théâtre doivent beaucoup aux Grecs.

Riche demeure du Bas Empire (IIe s.).

Patricien portant les effigies de ses ancêtres (Ier s. av. J.-C.).

Le Triomphe de Tibère (camée en onyx, Ier s. av. J.-C.).

Un héritage durable

Les invasions barbares mettent fin à l'Empire (Ve siècle) mais le droit romain va influencer le droit européen à partir de la Renaissance. Lorsque l'Empire devient chrétien, la culture romaine est devenue celle des Gaulois et s'est imposée sur d'autres continents (l'Afrique du Nord avec Carthage).

Voir cartes 8 et 9

Les Jeux du cirque, mosaïque trouvée à Lyon (IIe s.).

L'Islam au Moyen Âge

Astrolabe en cuivre (Irak, IXe s.).

Un creuset culturel

Après la mort du prophète Mahomet, l'islam, qui s'est imposé à l'Arabie entière, conquiert tout le Proche-Orient (VIIe siècle) avant de s'étendre jusqu'en Inde aussi bien qu'en Afrique du Nord et de gagner une partie de l'Europe (VIIIe siècle). Intégrant des populations juives et chrétiennes, en relation avec les Empires perse (à l'est) et byzantin, le monde musulman devient un formidable creuset de cultures : science grecque, littérature persane ou indienne, technique chinoise (papier). À son tour, l'Europe apprend beaucoup de la science (médecine, chimie) et de la technique (verre) arabes.

Marchands et caravanes (XIIIe s.).

Échanges et conflits avec l'Europe

Les relations entre islam et chrétienté sont souvent conflictuelles (croisades), mais le commerce est actif : caravanes et vaisseaux parcourent un monde que les géographes décrivent. Au XVe siècle, la prise de Constantinople accélère la Renaissance ; au XVIe siècle, l'armée de Soliman le Magnifique est aux portes de Vienne. Il faudra plus d'un siècle pour que l'Empire ottoman soit menacé par les Européens.

Traité sur les étoiles (Xe s.).

L'astrologue (manuscrit arabe, XIIIe s.).

Navire voguant dans le golfe Persique (XIIIe s.).

Carolingiens

Charlemagne contre les Sarrasins (miniature du XIVe s.)

Guerriers carolingiens (IXe s.)

Pépin, roi d'Italie, et son père Charlemagne (Xe s.).

Une dynastie franque

Maire du palais, Charles Martel arrête à Poitiers une armée arabo-berbère (732), impose son autorité en Aquitaine et en Provence. Chef du royaume franc, il consolide son pouvoir en distribuant les terres de l'Église à ses vassaux. La dynastie que fonde son fils prendra son nom (*Carolus* en latin). Sacré par les évêques (751), puis par le pape (754), Pépin le Bref réorganise l'Église et l'administration. Son fils Charlemagne poursuit son œuvre : roi des Lombards en 774, il échoue en Espagne (778), soumet les Saxons (785), annexe la Bavière, contient les Slaves (796). Couronné empereur (800), il dirige la chrétienté occidentale.

Division et disparition

À la mort de son fils Louis le Pieux, le royaume est divisé (traité de Verdun, 843). Par la suite, les grands seigneurs, aussi puissants que leur suzerain, contestent de plus en plus un pouvoir dont l'Église est le garant spirituel. Chef d'État indépendant grâce à Charlemagne, le pape tient à contrôler les puissants personnages que sont les évêques. En 987, c'est l'archevêque de Reims qui écarte le dernier Carolingien au profit d'Hugues Capet.

Voir aussi Capétiens p. 157, Art roman p. 158, Féodalité p. 162, cartes 10 et 11

Livre des péricopes d'Henri II : plat supérieur en ivoire (IXe s.).

Sceau de Philippe Auguste (XIIe s.).

Capétiens

UNE DYNASTIE QUI CONSTRUIT SA LÉGITIMITÉ

Sacré en 987, Hugues Capet descend d'une famille qui domine le royaume depuis un siècle et dispute le trône aux Carolingiens. Son domaine personnel est peu étendu (entre Paris et Orléans), mais il a l'appui de l'Église et utilise le sacre pour fonder sa dynastie : pendant deux siècles, le roi capétien va associer son fils aîné au pouvoir en le faisant sacrer de son vivant. Jadis élu par ses pairs (les grands du royaume), le souverain se trouve ainsi légitimé et la succession devient naturellement héréditaire.

Hugues Capet sur son trône (miniature du XIVe s.).

Jean Fouquet : *Hugues Ier Capet se fait remettre les clés de Laon* (vers 991) (manuscrit du XVe s.).

Philippe IV avec ses enfants et son frère Charles de Valois (manuscrit du XIVe s.).

UNE DYNASTIE, TROIS BRANCHES

Au début du XIVe siècle, les juristes établissent que les femmes en sont exclues (Loi salique). Bien que son autorité demeure fragile, la monarchie évolue pour devenir absolue sous l'Ancien Régime. En dépit des crises, le système est suffisamment solide, pour que, de Capétiens directs en Valois (1328) puis en Bourbons (1589), les Capétiens règnent en France jusqu'à la Révolution, puis pendant la Restauration et la monarchie de Juillet.

Voir aussi Carolingiens p. 156, Art roman p. 158, Guerre de Cent Ans p. 163

Art roman

Christ de Wissembourg (vitrail, XIe s.).

La Dispute, chapiteau historié (Poitiers, XIe s.).

Pilier du cloître de l'abbaye de Saint-Guilhem-le-Désert (XIIe s.).

Des images de pierre

Dans l'Occident chrétien du XIe siècle, la religion se transforme : plus intérieure et plus disciplinée chez les moines, elle entraîne les laïcs dans des pèlerinages. Les ordres religieux (Cluny, Cîteaux) influencent l'évolution de l'art monumental. Des églises se construisent et se disputent les reliques qui attirent les fidèles. Abandonnant les charpentes de bois au profit des voûtes de pierre, leurs architectes conservent le plan en forme de croix qui aboutit à une abside, et y intègrent des chapelles qui, disposées le long d'un ambulatoire, abritent les dévotions particulières sans troubler les offices du chœur. Sculptures et fresques en font des « livres de pierre » qui instruisent dès l'entrée (portail) ceux qui ne sont pas lettrés. Mais l'art roman n'est pas réaliste : il décrit le monde de la foi, pas celui où l'on vit.

Majesté de sainte Foy, statue-reliquaire en or (IXe s.), Conques.

Fresque (XIIe s.) du panthéon royal de l'église San Isidoro, León, Espagne.

Chevet de l'église Saint-Hilaire, Melle.

Nef de la basilique Sainte-Marie-Madeleine, Vézelay.

Tympan de l'abbatiale Saint-Pierre, Moissac (vers 1130).

OMBRE ET LUMIÈRE

La masse des édifices accorde autant de place à l'ombre, propice à la méditation, qu'à la lumière. Ce sont des traits que l'on retrouve, en dépit des différences stylistiques régionales, dans les églises qui apparaissent, jusqu'à la fin du XIIe siècle, en France (abbaye Saint-Martial de Limoges, basilique Saint-Sernin de Toulouse, abbatiale Sainte-Foy de Conques, cathédrale d'Autun) et dans le reste de l'Europe (Saint-Jacques de Compostelle, cathédrales de Spire et de Durham).

Crypte de l'église Saint-Eutrope, Saintes.

Voir aussi Capétiens p. 157

Art gothique

Claus Sluter : tombeau de Philippe le Hardi, détail des pleurants (1381-1410).

L'INVENTION D'UN STYLE

Au milieu du XIIe siècle, l'art gothique se substitue à l'art roman, en Île-de-France. L'abbaye de Saint-Denis, dont le chœur est consacré en 1144, surprend par ses dimensions et sa lumière. Encouragée par un pouvoir plus fort et plus riche, l'architecture se modifie : tout en étant plus minces, les murs prennent de la hauteur, sont percés de fenêtres, les cathédrales deviennent plus claires et plus spacieuses. Le verre et le métal se joignent à la pierre, les façades s'ornent de rosaces, les vitraux créent des jeux de lumière, des statues s'adossent aux piliers ou aux colonnes. L'art devient plus réaliste, la nature est représentée, comme les riches donateurs (portraits, gisants).

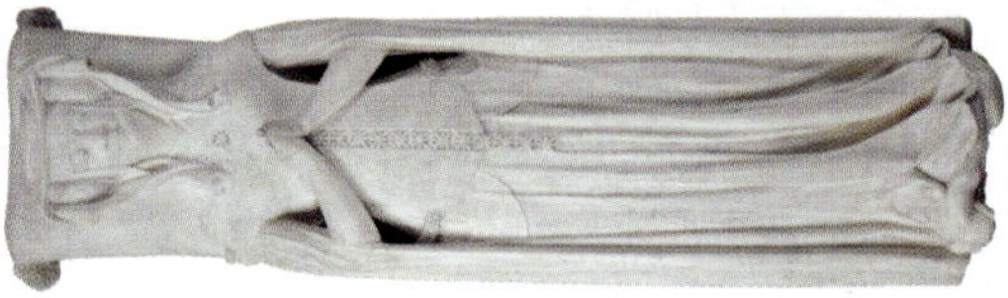

Gisant de Catherine d'Alençon (entre 1412 et 1415).

Salle capitulaire de la cathédrale de Salisbury (XIIIe s.) : style gothique primitif anglais (tableau de Turner, 1799).

Cathédrale de Beauvais : voûte et vitraux du chœur.

La diffusion du gothique

Le siècle des cathédrales contribue à l'essor technique et esthétique du style, en France (Paris, Bourges, Chartres, Reims, Amiens, Beauvais) comme ailleurs en Europe (Namur, Cologne, León). Le XIVe siècle ne favorise pas les grandes constructions (peste, guerre de Cent Ans) et le XVe siècle connaît l'ultime évolution, ornementale plus que technique, avec le gothique flamboyant. L'art gothique inspire aussi des édifices civils ou militaires (palais de justice de Rouen, hôtel Jacques-Cœur à Bourges, Carcassonne, Saint-Malo, Venise...).

Voutes d'ogives de la nef et verrières de la Sainte-Chapelle du Palais, Paris.

Les frères Limbourg : *Les Très Riches Heures du duc de Berry*, le mois de juin (vers 1415).

Cathédrale Notre-Dame, Reims (XIIIe s.).

Rosace de la façade.

Statues du portail.

Féodalité

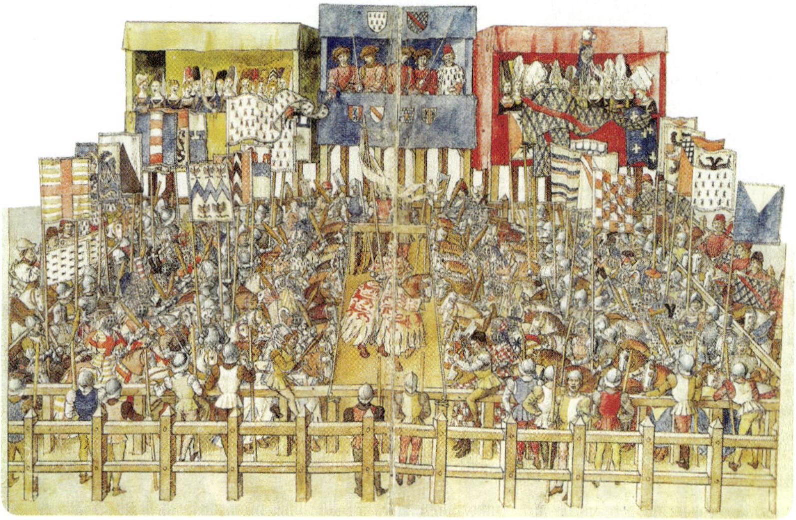

Tournoi opposant les chevaliers du duc de Bretagne à ceux du duc de Bourbon (XVe s.).

UN ORDRE SOCIAL

À la fin du IXe siècle et au Xe siècle, le pouvoir royal s'affaiblit. Les châteaux se multiplient et les nobles, souvent en guerre les uns contre les autres, imposent aux paysans leur protection. Dans le fief qu'il tient de son suzerain, le seigneur applique les pouvoirs jadis réservés au roi (droits « régaliens ») : droit de lever une armée, de rendre la justice, d'imposer des corvées et des amendes, de prélever des taxes (fours, pressoirs, moulins, ponts, rivières, forêts), et droit de battre monnaie. Pour réguler une violence endémique, les intellectuels (l'Église) définissent les droits et devoirs des clercs, des guerriers et des paysans : les trois « ordres » de la société féodale et d'Ancien Régime.

Saint Louis s'embarque pour la croisade.

Voir carte 12

Scène d'hommage et d'investiture (manuscrit du XIVe s.).

Repas avant la chasse en forêt (XVe s.).

LE RECUL FÉODAL

Cette société rurale se transforme au XIIIe siècle : les villes se développent et conquièrent des libertés (« franchises »), les bourgeois s'enrichissent. Le roi reconquiert lentement son pouvoir, en établissant l'impôt qui permet de financer l'armée et en instaurant des relations contractuelles autres que la vassalité. Le recul de la féodalité marque la fin du Moyen Âge.

Guerre de Cent Ans

Bataille de Poitiers (19 septembre 1356).

UNE GUERRE INTERMINABLE EN FRANCE

Petit-fils de Philippe IV le Bel, Édouard III d'Angleterre revendique la couronne de France qui échoit au petit-fils de Philippe III le Hardi, un Capétien de la branche des Valois (1328). La querelle dynastique dégénère en guerre. Les Français perdent la ville de Calais (1347), les batailles de Crécy (1346) et de Poitiers (1356), où le Prince Noir fait prisonnier le roi Jean II. Après lui, Charles V raffermit le pouvoir ébranlé par la révolte des bourgeois parisiens (Étienne Marcel) et, grâce à Du Guesclin, reprend les villes perdues. Au début du XVe siècle, le conflit s'étend aux armagnacs (qui soutiennent le roi de France) et aux bourguignons (partisans du roi d'Angleterre). Les premiers sont vaincus à Azincourt (1415). La folie de Charles VI accentue le chaos : les bourguignons prennent Paris, Henri V d'Angleterre est reconnu roi de France (1420).

Les bourgeois de Calais remettent les clés de la ville à Édouard III (4 août 1347).

Siège d'Orléans (mai 1429).

Jeanne d'Arc assiège Paris (septembre 1429).

LE SURSAUT FRANÇAIS

Jeanne d'Arc parvient à faire couronner le dauphin déshérité, sous le nom de Charles VII (1429). Celui-ci ne fait rien pour sauver la Pucelle, livrée aux Anglais par les bourguignons, mais parvient à étendre son autorité sur tout le royaume, sauf Calais (1453). Conséquence du féodalisme (duc de Guyenne depuis deux siècles, le roi d'Angleterre est vassal du roi de France), l'évolution de cette longue guerre favorise l'émergence des États modernes.

Voir aussi Capétiens p. 157, Féodalité p. 162

Renaissance

Anne, duc de Montmorency (émail de Léonard Limosin, 1556).

Raphaël : *La Vierge à l'enfant avec le petit saint Jean-Baptiste* dite *La Belle Jardinière* (vers 1507).

Le retour à l'antique

En Europe occidentale, au début du XVe siècle, la Renaissance est marquée par un retour aux valeurs antiques. L'humanisme étudie directement les textes grecs et latins avant de mettre en valeur l'homme qui en est l'auteur et le sujet. Mais mille ans de christianisme séparent de cette source, et la Réforme refuse l'idée que l'homme puisse coopérer avec Dieu. Dans une société nouvelle, l'art (peinture, sculpture) exalte un corps que la médecine découvre ou impose les règles que l'esprit invente (architecture). La nature magnifiée et la lumière retrouvée illustrent un enthousiasme où l'amour de la vie et de la beauté, les plaisirs des sens voisinent avec les hardiesses de la raison.

Raphaël : *Ange*.

Michel-Ange : tombeau de Julien de Médicis, Florence (1533).

Albrecht Dürer : *Portrait de l'artiste tenant un chardon* (1493).

Château de Chambord.

Jean Clouet : *Portrait de François 1er* (vers 1530).

DES TEMPS NOUVEAUX

L'univers connu s'agrandit et l'homme pourrait bien s'asseoir à la table des dieux (c'est ce qu'imagine Rabelais). Le difficile accord entre deux héritages (paganisme et christianisme) comme les inventions nouvelles (imprimerie, artillerie) accroissent les ruptures qui interviennent dans la religion, la politique et l'économie, et marquent l'entrée dans les temps modernes.

Voir aussi Grèce p. 153, Grandes Découvertes p. 166, Humanisme p. 167, Réforme p. 168, dossier Littérature p. 141

Benvenuto Cellini : *Ganymède* (1545-1547).

Tapisserie (XVIe s.).

Androuet du Cerceau : détail de l'aile occidentale du Louvre (1576).

Grandes Découvertes

Martin Behaïm, globe terrestre.

À LA RECHERCHE DE ROUTES COMMERCIALES

Débarquement de Cortés sur la côte du Mexique en 1519.

Le XVe siècle voit la fin de la Reconquista et de la guerre de Cent Ans, et la prise de Constantinople par les Turcs. Avide de terres et de richesses, l'Europe cherche de nouveaux marchés. Les progrès techniques (boussole et quadrant, ancêtre du sextant) permettent de déterminer les latitudes, donc de naviguer plus sûrement sur des navires mieux adaptés à la haute mer (caravelles, puis galions), et la puissance turque oblige à chercher de nouvelles routes vers les Indes. Les Portugais le font par l'Afrique (Vasco de Gama, 1497), les Espagnols par l'ouest (1492). C'est un nouveau continent que Christophe Colomb découvre sans le savoir, croyant aborder en Asie. L'expédition de Magellan réalise le premier tour du monde (1519-1522).

LE PARTAGE DU MONDE

Partagée, au sud, entre Portugal (Brésil) et Espagne, l'Amérique est, au nord, explorée par les Français (Jacques Cartier, 1534-1536), colonisée surtout par les Anglais. Au XVIIe siècle, les Hollandais découvrent un cinquième continent (Australie, 1605). Au siècle suivant, enfin, les grandes expéditions maritimes en Océanie (Bougainville, 1764-1769, Cook, 1769-1779, La Pérouse, 1785) puis en Antarctique (Dumont d'Urville, 1839-1840) permettent de fixer les dimensions d'un monde qui reste encore à explorer.

Bougainville débarque à Tahiti et en prend possession au nom de Louis XV (1768).

L'arrivée des Portugais en Iran (tapis du XVIIe s.).

La *Santa María*, caravelle de Christophe Colomb.

Voir aussi Renaissance p.164, Colonisation p.179, cartes 13 et 14

L'Homme de Vitruve, Léonard de Vinci (v. 1490).

Humanisme

UN MOUVEMENT INTELLECTUEL EUROPÉEN...

Accompagnant la Renaissance, l'humanisme est un courant de pensée qui naît au XVIe siècle sous l'impulsion d'érudits tels que l'Italien Pic de la Mirandole, le Hollandais Érasme, l'Anglais Thomas More ou les Français Guillaume Budé et Rabelais. Confiants en l'intelligence et en la capacité créatrice de l'homme, ils appellent à respecter son intégrité physique et morale et à favoriser son épanouissement. Les penseurs humanistes s'appliquent eux-mêmes à enrichir leurs connaissances, à les diffuser dans leurs ouvrages ou dans les écoles. Ils s'attachent à redécouvrir les auteurs anciens, grecs (comme Aristote) et latins, les traduisent et les commentent.

Reproduction d'une presse à imprimer du XVe s.

François Rabelais (école française).

... QUI RENOUVELLE TOUS LES DOMAINES DE LA PENSÉE

De nombreux domaines s'enrichissent de leurs recherches : la philosophie, l'astronomie (révolutionnée par Copernic), les sciences et les techniques (Gutenberg invente l'imprimerie) ou encore la théologie. Les humanistes dénoncent les abus de l'Église et prônent un retour aux sources de la Bible. Bien qu'ils ne souhaitent en général qu'une rénovation de l'Église, ils sont toutefois à l'origine de l'émergence des réformes protestantes.
La pensée humaniste, au sens large, affirme la dignité et la valeur de l'homme, qui est capable de déterminer une éthique (en dehors de la religion).

Voir aussi Grèce p. 153, Renaissance p. 154, Réforme p. 168, dossier Littérature p. 141

Érasme (par Hans Holbein le Jeune).

Réforme

Melanchthon, réformateur et humaniste allemand (1497-1560).

La Réforme, principes et effets

Au XVIe siècle, Luther professe que le chrétien ne peut être sauvé que par la foi ; après lui, Calvin estime que la Bible seule doit guider le croyant. Le rejet de ce que l'homme peut faire pour son salut (les « œuvres ») et de ce que les hommes ont ajouté à la Parole de Dieu (sacrements, cérémonies, hiérarchies) fait de la Réforme autre chose que la correction des abus du catholicisme : une refondation du christianisme. Ses adversaires y voient une nouvelle religion, et la chrétienté se divise : en France, en particulier, les guerres de Religion sont longues et cruelles. Ces guerres civiles prennent fin avec l'édit de Nantes, promulgué par Henri IV, prince protestant devenu roi catholique.

Martin Luther prie (1521).

Procession de la Ligue (1593).

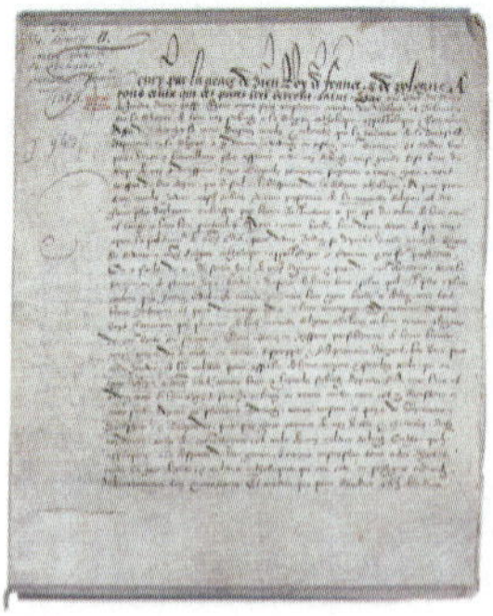

Édit d'Henri III contre ceux de la « religion prétendue réformée » (6 octobre 1585).

La Contre-Réforme catholique

Mais l'équilibre entre les deux religions demeure fragile, et l'absolutisme de Louis XIV le conduira à révoquer l'édit de Nantes et à chasser les protestants de France. La réaction catholique, qui, sur des principes redéfinis (concile de Trente), insiste sur la formation des prêtres (création de séminaires) et sur l'édification des fidèles, apparaît comme une Contre-Réforme (fin du XVIe et XVIIe s.).

Voir aussi Renaissance p. 164, Lumières p. 173

Baroque

F. M. Brokof : *Ange avec un cartouche.*

LE TRIOMPHE DU BAROQUE...

À partir des années 1550, et pendant deux siècles, l'esthétique baroque domine l'Europe catholique (mais assez peu la France) et se répand en Amérique espagnole et au Brésil. Caractérisée par le goût du mouvement, de la couleur, elle recourt volontiers à l'illusion et vise à impressionner ou à bouleverser, sans éviter les passions violentes, la douleur, le sang ou la mort. Née en Italie, l'architecture monumentale, qui multiplie ses effets par des jeux de miroir (plans d'eau), use pour ses décors de scènes sculptées (le Bernin, fontaine des Quatre-Fleuves ou *L'Extase de sainte Thérèse*, à Rome). En peinture, les grandes compositions côtoient le pathétique ou le misérable (Tiepolo ou le Caravage en Italie, Vélasquez, Ribera, Murillo ou Zurbarán en Espagne, Rubens ou Hals en Flandre).

B. Longhena : église Santa Maria della Salute, Venise (1631-1654).

... DANS TOUS LES ARTS

En littérature, les images, les mots rares, les contrastes (« le bruit des ailes du silence » chez Saint-Amant) de Marino (Italien vivant en France), Gracián et Góngora (Espagne), d'Aubigné (France) suscitent une réaction : aux XVIIe et XVIIIe s., classicisme et néoclassicisme s'opposent au baroque et au rocaille-rococo qui le prolonge. Mais la musique « classique » est en fait baroque : la présence des voix extrêmes, la création de formes musicales nouvelles (fugue, concerto) et le spectacle total qu'est l'opéra, combinant musique, chant et théâtre, caractérisent l'apport de Monteverdi, puis Vivaldi (Italie), Lully (Italien vivant en France), Charpentier (France), Purcell (Angleterre), Haendel (Allemand vivant en Angleterre), Bach (Allemagne).

Rubens : *L'Arrivée de la reine à Marseille* (1622-1625).

La grande galerie, château de Schönbrunn, Vienne.

J. B. Churriguera : maître-autel de l'église San Sebastián, Salamanque (1692).

Voir aussi Classicisme p. 170, dossier Littérature p. 142

Classicisme

François Girardon : buste de Louis XIV.

L'ART FRANÇAIS DE L'ORDRE

Essentiellement français à l'origine, réaction à l'exubérance exaltée du baroque, le classicisme apparaît comme une volonté de remise en ordre et d'harmonie. La réaction de Malherbe contre le foisonnement du XVIe siècle semble annoncer l'intention de Louis XIV de ne plus tolérer les troubles politiques de la Fronde. Au siècle de Descartes, l'idéal de l'honnête homme classique est une « bienséance » qui ne choque ni la raison ni le bon goût. L'art est soumis à des règles (au théâtre, les trois unités : temps, action et lieu), la langue est épurée, la grammaire vise à la clarté et à la simplicité, la création est encadrée par des Académies. Sous un pouvoir fort et toujours juste (Molière, Bossuet), l'héroïsme (Corneille) n'est plus de mise. Les passions qui mènent à la folie (Racine) ou au ridicule (La Bruyère, Molière) sont contrôlées.

Voir aussi Baroque p. 169, Louis XIV p. 172, dossier Littérature p. 142

Charles Le Brun : *Le Chancelier Séguier avec sa suite* (1655).

François Mansart : église du Val-de-Grâce, Paris.

Parterre de l'Orangerie, château de Versailles.

Claude Lorrain : *Ulysse remet Chryséis à son père* (vers 1644).

Le modèle antique

Profondément chrétien, le XVIIe siècle place son idéal de mesure dans une Antiquité païenne qu'il s'agit d'imiter, sinon d'égaler ou de dépasser (querelle des Anciens et des Modernes, le triomphe de ces derniers annonçant l'esprit des Lumières). C'est le même idéal que l'on retrouve chez les peintres (Poussin, le Lorrain, Le Brun, Le Nain, La Tour, Champaigne) et chez les architectes (Le Vau, Mansart, Le Nôtre), fortement influencés par leurs prédécesseurs italiens.

Nicolas de Largillière : *Portrait de Marie-Anne de Chasteauneuf, dite Mlle Duclos* (1712).

Georges de La Tour : *La Diseuse de bonne aventure* (vers 1630).

Louis XIV

Louis d'or.

La reprise en main de la noblesse

À la mort de Mazarin (1661), Louis XIV règne directement. Se méfiant d'une capitale turbulente, il entraîne d'abord aux environs de Paris une Cour itinérante dont la vie est rigoureusement codifiée (« étiquette »). Par des jeux et par des fêtes, il y attire des nobles indociles qu'il s'attache à contrôler en les transformant en figurants aux responsabilités dérisoires. En même temps, sous sa surveillance, ses ministres (Colbert) s'attachent à remplacer par des commissaires (nommés par le roi) les officiers (propriétaires de leur charge) qui exercent le pouvoir dans la France d'Ancien Régime.

Château et jardins de Marly-le-Roi (J. Hardouin-Mansart).

Versailles : le château vu du parc.

La France face à l'Europe

Le roi devient un monarque absolu. Il se fixe à Versailles, dont le château est rénové après vingt ans de travaux (1682), et le classicisme français triomphe au milieu d'une Europe baroque. Roi catholique, il chasse les protestants de France (révocation de l'édit de Nantes, 1685) et mène (à partir de 1664) une longue lutte contre les jansénistes. La politique extérieure agressive agrandit et consolide les frontières mais laisse à la Régence un royaume affaibli. Épuisé, le royaume accueille avec soulagement la mort de Louis XIV.

André-Charles Boulle : bibliothèque du duc de Bourbon, petit-fils de Louis XIV.

Voir aussi Baroque p. 169, Classicisme p. 170

Denis Diderot (portrait par Fragonard).

Lumières

Raison contre superstition

Entre 1685 et 1815, en France, en Suisse et en Hollande (où se réfugient les protestants), les « lumières » s'opposent à l'obscurantisme d'une religion intolérante. Superstitieux parce qu'ignorants, les hommes doivent être dirigés par des souverains « éclairés », conseillés par des philosophes qui les aideront à éduquer cette masse, prisonnière des préjugés. Délaissant les causes premières (la métaphysique), ces philosophes sont matérialistes : l'homme est un animal, dont les comportements sont déterminés par une société qui varie selon le temps et le lieu ; certaines sociétés sont plus anciennes et plus civilisées que la nôtre (Chine, Inde), d'autres sont primitives mais les hommes y sont plus vertueux (« bon sauvage ») dans une nature généreuse.

L'Encyclopédie (planche gravée).

Jean-Jacques Rousseau à Ermenonville.

Un mouvement européen

Le monde a peut-être été créé, mais il obéit à des règles précises que l'on peut connaître. À force d'expériences, la science progresse et on peut la rendre accessible *(Encyclopédie)*. Montesquieu, Diderot, Voltaire, Rousseau, Buffon partagent cette foi en la raison et cet optimisme humaniste. Influencée par l'Angleterre (« enlightenment », avec Newton, Locke), cette pensée se répand en Allemagne (« Aufklärung », avec Kant), plus difficilement dans les autres pays d'Europe, mais atteint cependant la Russie et l'Amérique.

François Boucher : *Le Déjeuner* (1739).

Watteau : *Le Pèlerinage à l'île de Cythère* (1717).

Voir aussi Révolution française p. 174, dossier Littérature p. 143

Révolution française

L'année 1789

La réunion des états généraux

Réunis par Louis XVI le 5 mai 1789, les états généraux présentent les revendications (« doléances ») des trois ordres qui composent la population du royaume. Le 17 juin, les représentants du tiers état se proclament Assemblée nationale ; rejoints le 19 par ceux du clergé, ils s'engagent le 20 à établir une nouvelle constitution (serment du Jeu de Paume). Le 27 juin, le roi semble accepter l'idée d'une assemblée unique : ce sera l'Assemblée nationale constituante (9 juillet).

Le Serment du Jeu de Paume (d'après David).

La reine Marie-Antoinette.

Exécution de Louis XVI (21 janvier 1793).

Prise de la Bastille (14 juillet 1789).

Le sans-culotte et sa femme.

L'INTERVENTION DU PEUPLE DE PARIS

Face aux rumeurs de coup de force militaire royal, le 14 juillet, la Bastille, symbole de l'arbitraire royal, est prise par les Parisiens. Dans la nuit du 4 août, l'Assemblée proclame l'abolition des privilèges et des droits féodaux (corvée, dîme…). Le 26 août, les hommes sont proclamés libres et égaux en droit (Déclaration des droits de l'homme). Le roi de France n'est plus le symbole de la nation et la reine Marie-Antoinette apparaît comme une étrangère (« l'Autrichienne »). En trois mois, l'ancien ordre des choses a disparu, la monarchie absolue est renversée avec l'Ancien Régime, notion qui naît de la prise de conscience de l'avènement d'un « nouveau régime » politique et social. La République sera proclamée en 1792 et le roi guillotiné en 1793.

Déclaration des droits de l'homme et du citoyen.

Empire

Code civil des Français (1804).

Sortir de la Révolution

Préparé par le coup d'État du 18 Brumaire qui porte Bonaparte au pouvoir et par le consulat à vie (4 août 1802), l'établissement de l'Empire (18 mai 1804) met fin à la Révolution et récompense le Premier Consul pour avoir ramené le calme et la prospérité. La même année, le Code civil proclame une législation laïque (mariage civil), confirme les Droits de l'homme et garantit la propriété individuelle. Le Code est conservateur (le père est le chef de famille, la femme est soumise à son père comme à son mari, le patron est tout-puissant). Le Concordat (1801) avait rétabli les relations avec l'Église, le catéchisme impérial fixe les devoirs des chrétiens (1806). Pour former les élites de la nation, après avoir pris en charge l'instruction secondaire (création des lycées, 1802), l'État confie à l'université le monopole de l'enseignement public (1806).

Meuble de style Empire.

Jacques-Louis David : *Sacre de l'empereur Napoléon 1er et couronnement de l'impératrice Joséphine dans la cathédrale Notre-Dame de Paris, le 2 décembre 1804* (1806-1807).

LA TENTATION DE L'AUTORITÉ

Après avoir créé la Légion d'honneur (1802), Napoléon rétablit une noblesse héréditaire (1806-1808). Progressivement, les libertés sont modifiées (les électeurs sont choisis parmi les plus imposés, 1802) ou réduites (presse, 1810). Vidé de sa substance, le suffrage universel devient un prétexte (plébiscite) qui n'empêche pas l'Empereur de gouverner directement par décrets. La Révolution s'exporte difficilement dans les autres pays d'Europe, qui se coalisent rapidement contre l'Empire.

J.-B. Debret : *Première Distribution des décorations de la Légion d'honneur le 15 juillet 1804* (1812).

Théodore Géricault : *Groupe de soldats blessés, épisode de la retraite de Russie* (1818).

Bataille de Waterloo (18 juin 1815).

Révolution industrielle

L'usine du Creusot en 1901.

Machine à vapeur de James Watt.

Des innovations techniques

La révolution industrielle naît dans la seconde moitié du XVIIIe s. en Angleterre puis gagne l'Europe au début du XIXe s., avant de s'étendre au milieu du XIXe s. aux États-Unis, ainsi qu'au Japon. Rompant avec une économie essentiellement agricole et artisanale, les bouleversements techniques vont créer un monde dominé par l'industrie et la machine. Des inventions majeures (métier à tisser mécanique, machine à vapeur, fonte au coke) profitent à trois secteurs d'activité : le textile, les mines et la métallurgie. Grâce au machinisme, la production augmente considérablement. Sa commercialisation est favorisée par la révolution des transports (chemin de fer, bateau à vapeur au XIXe s. ; ouverture du canal de Suez, réseau de canaux européens). Le nouveau capitalisme industriel bouleverse les structures de l'économie (essor du système bancaire et des grandes manufactures).

Chemin de fer à Vienne.

Des transformations sociales

La révolution industrielle modifie aussi les équilibres sociaux et géographiques : afflux des ouvriers dans les villes, impact de l'usine sur le paysage, apparition d'un prolétariat urbain aux conditions de vie difficiles (temps de travail, logement, travail des enfants), malgré une amélioration du niveau de vie moyen et une croissance de la consommation.

Travail des enfants dans une mine de charbon.

Colonisation

L'expansion coloniale

Souvent justifiée par des considérations religieuses, puis humanitaires (lutter contre l'esclavage), la colonisation est l'exploitation économique de territoires supposés mal mis en valeur. Directe, dans le cas de colonies de peuplement (Amérique du Nord), ou indirecte (par le biais de compagnies), elle s'accompagne d'exactions envers des populations jugées inférieures, souvent contraintes au travail forcé, parfois exterminées. Après celle qui accompagne les Grandes Découvertes (Amérique), une seconde vague accompagne la révolution industrielle en Europe : elle concerne surtout l'Afrique et l'Asie et voit s'opposer des puissances traditionnellement colonisatrices (Angleterre, France) et des nouvelles venues (Allemagne, Japon).

« La France va pouvoir porter librement au Maroc la civilisation, la richesse et la paix » (allégorie, 1911).

Soumission d'Abd el-Kader (1847).

Sénégal : construction du chemin de fer de Médine à Bafoulabé (1893).

La lutte pour l'indépendance

Mais le brutal contact entre civilisations favorise l'apparition de nationalismes (en Algérie, dès le XIXe s., en Inde au début du XXe s.) qui structurent les révoltes (parfois de véritables guerres) et aboutissent à la décolonisation (milieu du XXe s.). Toutefois, l'indépendance politique n'empêche pas toujours le maintien d'une dépendance économique parfois qualifiée de « néocolonialisme ».

L'Armée coloniale (1891) (tirailleur sénégalais, cipaye des Indes, tirailleur algérien, légionnaire, tirailleur annamite, tirailleur de Madagascar, spahi sénégalais, spahi algérien).

A. de Andreis : *Y'a bon Banania* (affiche publicitaire, 1915).

Voir aussi Grandes Découvertes p. 166, Décolonisation p. 196, cartes 14 et 17

Romantisme

Passion et sentiments

À la fin du XVIIIe et au début du XIXe siècle, un mouvement d'ampleur européenne (d'abord en Angleterre et en Allemagne, puis en France) se dessine en réaction contre le classicisme et contre le rationalisme des Lumières. L'intérêt se tourne vers les cultures nationales, un passé idéalisé (Moyen Âge chevaleresque), le sentiment (remis à l'honneur par Rousseau), l'individu. L'inspiration est préférée aux règles, la passion à la mesure, le rêve voire l'irrationnel à la raison, souvent même le malheur (inévitable) au bonheur (factice ou éphémère). La nature, en proie à des forces sauvages, est la confidente et le refuge du solitaire.

Gavroche rêveur, dessin de Victor Hugo.

Eugène Delacroix : *La Mort de Sardanapale* (1827).

Eugène Devéria : *Le Bouquet* (lithographie).

Château de Pierrefonds, restauré par Viollet-Leduc.

George Sand (portrait par Auguste Charpentier).

Des œuvres majeures

En France, Lamartine (*Méditations poétiques,* 1820), Hugo (*Odes et Ballades*, 1828, *Hernani*, 1830, *Notre-Dame de Paris*, 1831), Alexandre Dumas (*Les Trois Mousquetaires*, 1844), Musset, Vigny, Michelet, Nerval, George Sand témoignent du renouvellement de la poésie, du théâtre, du roman, de l'histoire. En peinture, Delacroix ou Géricault en France, Turner en Angleterre, Goya en Espagne privilégient également le mouvement, la couleur, la lumière dans des compositions qui évoquent souvent des évènements contemporains. L'artiste a une mission sociale, il s'engage dans les combats politiques. L'imaginaire sera également un thème d'inspiration pour le symbolisme, rejeté par le réalisme.

Voir aussi Réalisme p. 182, Symbolisme p. 186, dossier Littérature p. 143

François Rude : *Le Départ des volontaires* (esquisse pour l'Arc de Triomphe de l'Étoile, 1833).

Chateaubriand (portrait par A.-L. Girodet, 1809).

Caspar-David Friedrich : *Le Voyageur au-dessus de la mer de nuages* (1818).

Réalisme

Jules Dalou : *Le Forgeron* (1886).

Représenter par les arts...

À la suite de Courbet (*Un enterrement à Ornans*, 1849-1850), les peintres réalistes prétendent représenter le réel, sans idéalisation et sans exclusive, par opposition à la vision lyrique et tourmentée des romantiques. Ils peignent les petites gens endimanchés comme les paysans (Millet, *L'Angélus* ou *Les Glaneuses,* 1857), les simples paysages (école de Barbizon, avec Théodore Rousseau) aussi bien que le petit peuple (Daumier, *La Blanchisseuse*, 1863) ou les ouvriers (sculptures de Dalou). Ces thèmes sont traités avec autant de grandeur et de dignité que l'étaient auparavant les sujets mythologiques, historiques ou religieux.

Honoré Daumier : *La Blanchisseuse* (1863).

Jean-François Millet : *L'Angélus* (1857-1859).

Gustave Courbet : *Un enterrement à Ornans* (1849-1850).

Léon Lhermitte : *La Paye des moissonneurs* (1882).

... ET DANS LA LITTÉRATURE

Le même scrupule se retrouve chez des écrivains qui font aussi scandale en évoquant crûment la réalité de la société : Dumas fils met en scène une mondaine (*La Dame aux camélias*, 1848 et 1852), les frères Goncourt décrivent sans complaisance la déchéance d'une servante (*Germinie Lacerteux*, 1865), Daudet sa triste existence de jeune homme pauvre (*Le Petit Chose*, 1868). Certains des peintres réalistes annoncent l'impressionnisme, le réalisme littéraire est prolongé par le naturalisme.

Camille Roqueplan : *Marie Duplessis dans sa loge* (elle inspira le personnage de la Dame aux Camélias).

Stendhal (portrait par Södermark, 1840).

Charles François Daubigny : *Les Bords de l'Oise* (1859).

Voir aussi Romantisme p. 180, Impressionnisme p. 184, dossier Littérature p. 144

Impressionnisme

J. M. W. Turner : *L'Incendie du Parlement* (1835).

Une rupture par la technique

Dans les années 1860, en France, de jeunes peintres refusés dans les salons officiels et qui exposent ensemble de 1874 à 1886 sont qualifiés d'*impressionnistes*. Influencés par l'œuvre de Turner, de Corot et de Manet, fidèles au réalisme de l'école de Barbizon, Monet (dont le tableau *Impression, soleil levant*, 1872, donne son nom au mouvement), Pissarro, Sisley, Renoir, Degas, Cézanne, Berthe Morisot tentent de reproduire des scènes éphémères.

L'évolution technique (peintures, en tube, et toiles ne sont plus à préparer) autorise une peinture spontanée, souvent en plein air, qui permet de capter la variation du motif selon les effets de la lumière ou les reflets du soleil.

Claude Monet : *Impression, soleil levant* (1872).

Claude Monet : série *Les Nymphéas.*

Pierre Auguste Renoir : *La Grenouillère* (1869).

Édouard Manet : *Argenteuil* (1874).

La perception de l'artiste

Les décors du monde moderne (gares, chemins de fer) aussi bien que la nature (eau, fleurs ou nuages), la vie de tous les jours (cafés, spectacles, sorties champêtres, mais aussi portraits) sont rendus sans académisme, à travers la perception de l'artiste : les masses ne sont pas toujours équilibrées, les ombres sont colorées. Passé le scandale éprouvé par le public et les critiques qui n'y voient que maladresse, l'impressionnisme influence les premiers travaux de Gauguin, Van Gogh, Toulouse-Lautrec, et, par là, l'art moderne.

Camille Pissarro : *La Moisson à Montfoucault* (1876).

Berthe Morisot : *Le Berceau* (1872).

Gustave Caillebotte : *Sur le pont de l'Europe* (1876-1877).

Symbolisme

Gustave Moreau : *Hélène sous les remparts de Troie*.

La poésie symboliste

À la fin du XIXe siècle, dans la lignée de Baudelaire, et sous l'influence de Mallarmé pour qui le poète peut créer un monde plus réel que le monde réel, et de Rimbaud à qui la poésie permet d'accéder à une réalité supérieure, le symbolisme récuse le monde que prétendent décrire réalisme, naturalisme ou impressionnisme. S'affranchissant des contraintes formelles (vers libre) comme des limites matérielles (par l'équivalence entre lettres et couleurs, les voyelles de Rimbaud deviennent des êtres vivants), les symbolistes privilégient les mouvements de l'âme (Verlaine). Ils explorent parfois, en l'invoquant, un monde caché, peut-être occulte, que découvrent aussi bien l'obscurité de Mallarmé (hermétisme) que les fulgurances de Rimbaud (alchimie du verbe).

Pierre Puvis de Chavannes : *Le Rêve* (1883).

Couverture de *La Revue blanche*, revue symboliste (estampe de Toulouse-Lautrec, 1895).

Odilon Redon : *L'Homme ailé* (1890-1895).

L'influence sur les autres arts

Plus figuratifs, les autres arts ne décrivent pas davantage le monde habituel : le théâtre de Maeterlinck met en scène des personnages qui sont les marionnettes de forces qui les dépassent, les peintres Moreau ou Redon représentent, un peu théâtralement, des scènes oniriques ou mythiques.

Paul Verlaine (portrait par Eugène Carrière, 1893).

Voir aussi Romantisme p. 180, Surréalisme p. 191, dossier Littérature p. 145

Art nouveau

Alfons Mucha (vers 1898).

Un art décoratif

De 1890 à 1914, le mouvement artistique européen nommé en France et en Belgique *Art nouveau* (*Modern style* en Grande-Bretagne, *Jugendstil* en Allemagne et en Autriche) tente d'insuffler un peu de vie dans les productions de l'ère industrielle. S'inspirant, contre un style géométrique et froid, des productions de la nature qu'il stylise (souplesse et entrelacement des tiges, épanouissement des fleurs), il se développe dans les arts décoratifs : ameublement (Louis Majorelle), travail du verre (Gallé et les frères Daum, de l'école de Nancy, Lalique) et vitrail, bijoux, dessin (Aubrey Beardsley), peinture (Gustav Klimt) et affiches (Alfons Mucha), ainsi que dans l'architecture (Guimard à Paris, Horta à Bruxelles, Gaudí à Barcelone).

L'art dans la vie quotidienne

Cet art, accessible à tous (métro, publicité, immeubles), met à profit les matériaux et les techniques modernes (verre, fer, céramique) et use de couleurs plutôt discrètes. Le « style nouille » ne survit pas à la Première Guerre mondiale et demeure associé à l'image de la Belle Époque.

Hector Guimard : entrée du métro parisien (vers 1900).

Louis Majorelle : lampe « Nénuphar » (vers 1902-1904).

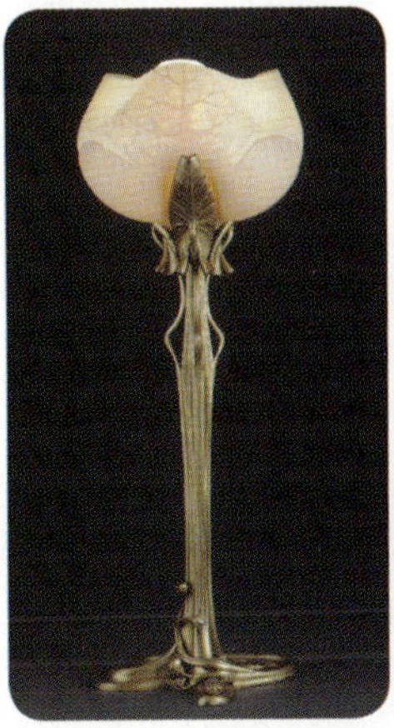

Émile Gallé : *La Main aux algues et aux coquillages* (1904).

H. Dubret : peigne en corne, or et émail (vers 1902).

Cubisme

Une redéfinition de l'art créatif

L'apparition de la photographie à la fin du XIXe siècle amène peintres et sculpteurs à s'interroger sur la finalité de leur œuvre, à remettre en question les règles classiques et à interpréter différemment la réalité, en en donnant une vision subjective. Accentuant la réduction de l'image en formes géométriques déjà expérimentée par Cézanne, Picasso et Braque aboutissent séparément, en 1907-1908, à une forme d'art qualifiée de *cubiste* par référence au tableau de Braque, *Maisons de l'Estaque* (1908), que la critique décrit comme « un amoncellement de petits cubes ». Après *Les Demoiselles d'Avignon* (Picasso, 1907), d'autres artistes (Delaunay, Juan Gris, Marie Laurencin, Léger) reproduisent des corps vus sous plusieurs angles à la fois ou introduisent différents matériaux dans leurs œuvres (collages) pour cerner la réalité de plus près.

Jean Metzinger : *Femme à la dentelle* (1916).

Juan Gris : *Guitare* (1916).

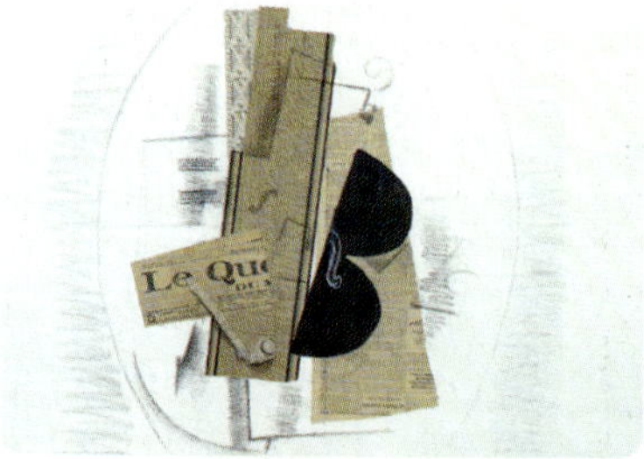

Georges Braque : *Le Quotidien* (collage, 1912-1913).

Picasso : *Les Demoiselles d'Avignon* (1907).

La rencontre avec les arts primitifs

Les formes massives des arts « primitifs » (africains, océaniens), la tonalité monochrome des couleurs (camaïeu de gris, bleu, beige ou marron) contribuent à une vision plus abstraite. À la suite de Picasso, des sculpteurs (Archipenko, Lipchitz, Zadkine) participent au cubisme auquel la guerre de 1914 met un coup d'arrêt.

Jacques Lipchitz : *Homme assis* (1922).

Première Guerre mondiale

Une violence industrielle

Déclenchée par des conflits locaux (Balkans), la guerre de 1914-1918 est mondiale parce qu'elle oppose, avec des empires (Russie, Allemagne, Autriche-Hongrie, puis Empire ottoman), des puissances coloniales ou désireuses de l'être (Royaume-Uni et France, Allemagne, Italie) avant d'impliquer les États-Unis et, indirectement, la Chine et le Japon. Interminable et coûteuse en vies humaines (près de 9 millions de morts), elle utilise des armes de destruction massive (gaz) et n'épargne pas les civils. L'effort économique qu'elle demande a des conséquences sociales directes (révolution russe) ou indirectes (les femmes remplacent aux champs et à l'usine les hommes partis au front). Elle demeure comme la « Grande Guerre ».

Combat aérien entre aéroplanes (1916).

La Voie sacrée (Verdun, 1916).

Ouvrière de l'atelier de réparation du métro (1917).

Un monde bouleversé

Lorsqu'elle se termine, certains pays sont épuisés (France, Royaume-Uni), d'autres aspirent à prendre leur revanche (Allemagne). Les empires ont disparu, la carte de l'Europe est bouleversée (Tchécoslovaquie, Yougoslavie, Pologne, Finlande, pays baltes), la Société des Nations est créée pour maintenir la paix (« plus jamais ça »). De nouveaux conflits se profilent (expansion du communisme) et le principe du « droit des peuples à disposer d'eux-mêmes », affirmé par les vainqueurs, commence à être revendiqué par les peuples colonisés (qui ont participé aux combats).

Voir aussi Révolution russe p.190, Fascisme p.192, Décolonisation p.196 et carte 16

Ypres, Belgique (1915) : fantassins se protégeant de l'attaque aux gaz.

F. Flameng : *Les Tranchées à Souchez* (Artois, 1915).

HISTOIRE

Révolution russe

Un soulèvement contre la guerre

Après trois ans d'une guerre meurtrière, la famine s'installe en Russie. En février 1917, grèves et mutineries entraînent la démission du gouvernement, puis l'abdication du tsar Nicolas II (15 mars). Le pouvoir est exercé par un Comité provisoire de la Douma (Parlement) auquel participent des représentants du soviet (conseil d'ouvriers, de paysans et de soldats) de Petrograd (Saint-Pétersbourg) : c'est la « révolution bourgeoise », qui ne met pas fin à la guerre et que combattent les bolcheviks (communistes).

Les gardes impériaux arborent le drapeau rouge (27 avril 1917).

La troupe tire sur les manifestants à Petrograd (4 juillet 1917).

50e anniversaire de la révolution d'Octobre (Moscou, 1967).

Les bolcheviks prennent le pouvoir

Rentré d'exil en avril, leur leader Lénine organise la prise de contrôle des comités. Le 25 octobre (calendrier russe, soit le 7 novembre du calendrier universel), Trotski déclenche l'insurrection qui donne le pouvoir aux soviets. Dix jours plus tard, ces derniers prennent le pouvoir à Moscou qui devient la capitale du pays : c'est la « révolution d'Octobre » qui instaure le socialisme (janvier 1918), met fin à la guerre avec l'Allemagne (mars 1918) et aboutit à la création de l'URSS (décembre 1922).

Voir aussi Première Guerre mondiale p. 189

Commémoration de la révolution (affiche, 1920).

Surréalisme

L'intervention de l'inconscient

Prolongeant le symbolisme (c'est Apollinaire qui crée le mot *surréaliste*) et rompant avec le nihilisme esthétique des dadaïstes, le surréalisme, codifié par Breton (*Manifeste du surréalisme*, 1924), explore un au-delà révélé par la psychanalyse. L'artiste se contente d'exposer les trouvailles de l'inconscient individuel (écriture automatique, rêve) ou collectif (mythes) ou de reconnaître le génie d'un hasard qui fait bien les choses (le jeu du cadavre exquis, les « ready made » de Duchamp). Son intervention personnelle est réduite au minimum (les collages de Max Ernst), mais c'est en le provoquant pour le sortir de sa routine qu'il s'adresse au public (peinture de Dalí, théâtre d'Artaud).

René Magritte : *La Clé des champs* (1936).

Salvador Dalí : *Impressions d'Afrique* (1938).

Le réel mis à distance

Les nouvelles formes artistiques sont mobilisées (cinéma de Buñuel, dialogues de Prévert), et si le surréalisme refuse de représenter le réel (photographies de Man Ray), il ne désespère pas de pouvoir le changer (intérêt pour le communisme). Le mouvement attire beaucoup de personnalités, mais le durcissement de la doctrine entraîne beaucoup de défections ou d'exclusions (Aragon, Éluard, Queneau, Desnos, Soupault).

Hans Bellmer : *La Poupée* (1934).

Voir aussi Symbolisme p. 186, dossier Littérature p. 145

Fascisme

L'« HOMME NOUVEAU »

Combinant le populisme et le nationalisme, fondé sur le culte de la force (jusqu'à la violence) et sur l'exaltation du chef (*il Duce* « le guide ») comme homme providentiel, le fascisme italien, apparu au lendemain de la Première Guerre mondiale, est le modèle des totalitarismes de droite du xxe siècle. Sa prétention à refonder la civilisation passe par l'encadrement des masses et la prise en main de la jeunesse, embrigadée pour produire un « homme nouveau ». Le message, véhiculé par des médias modernes, s'adresse aux sentiments plutôt qu'à la raison, le spectacle grandiose tient lieu de démonstration et entretient la ferveur populaire.

UN MODÈLE FÉCOND

L'autoritarisme réduit les oppositions, mais le volontarisme n'est pas toujours efficace, et l'impérialisme peut contrarier l'idéal autarcique de la nation qui se suffit à elle-même. L'aventurisme politique de Mussolini cause finalement la perte d'un pays épuisé, mais l'apparente réussite du fascisme à ses débuts inspire des expériences autoritaires en Europe et encourage la naissance du nazisme.

Voir aussi Crise de 1929 p. 193, Front populaire p. 194, Deuxième Guerre mondiale p. 195

Mussolini et les Chemises noires : la Marche sur Rome (octobre 1922).

Manifestation des Jeunesses fascistes (1933).

Mussolini et Hitler se rencontrent à Munich (juin 1940).

Autodafé de journaux socialistes (1920).

Crise de 1929

Octobre 1929, jours de panique à la Bourse de New York.

Une crise américaine...

La crise de 1929 naît aux États-Unis avec le krach boursier d'octobre 1929 dû aux graves déséquilibres de l'économie américaine.

Le jeudi 24 octobre, qualifié de « jeudi noir », les cours s'effondrent de près de 30 % à la Bourse de New York. La panique s'empare du marché : des spéculateurs et des épargnants surendettés se suicident... Des banques, des entreprises sont acculées à la faillite. Le taux de chômage dépasse 20 % en 1932.

... qui gagne le monde

En raison de l'importance des échanges financiers et commerciaux internationaux et du poids de l'économie américaine, la crise économique se propage à l'ensemble des économies capitalistes : les banques américaines rapatrient massivement leurs capitaux déposés à l'étranger. Les pays débiteurs (en particulier l'Allemagne, l'Australie, l'Argentine, la Pologne...), dépendant étroitement des capitaux américains, subissent de graves contrecoups. Tous les pays renforcent leur arsenal protectionniste et se replient sur eux-mêmes. Ce phénomène accentue encore la crise économique et sociale, favorisant la montée des extrémismes (nazisme, fascisme). Le président Hoover ne parvient pas à remédier à la crise ; son successeur F. D. Roosevelt la surmontera grâce au New Deal.

Couverture du magazine *Lecture pour tous*, 1931.

Famille américaine pendant la Grande Dépression, par Walker Evans (1935-1936).

Des chômeurs à la soupe populaire dans le IIIe arrondissement de Paris, vers 1930.

Voir aussi Fascisme p. 192, Front populaire p. 194

Front populaire

Une réponse de gauche à la crise

La crise économique (qui touche la France en 1931) et la peur de l'extrême droite (Hitler prend le pouvoir en 1933) entraînent une réaction de la gauche française. Au pacte socialocommuniste (1934) succède un Rassemblement populaire (1935) rejoint par les radicaux-socialistes, les syndicats et des associations, qui remporte les élections législatives (mai 1936). Léon Blum forme un gouvernement de Front populaire, auquel les communistes refusent de participer (4 juin 1936). Premier gouvernement à intégrer des femmes, il organise un accord entre patronat et syndicats (7 juin) : le 11 juin, le Parlement adopte les conventions collectives et les congés payés (15 jours par an) ; le lendemain, la semaine de travail passe de 48 à 40 heures.

(de gauche à droite) Léon Blum, Maurice Thorez et Roger Salengro (juillet 1936).

Des contraintes trop fortes

Ces mesures pèsent sur une économie qui doit absorber un programme de réarmement jugé prioritaire, et la coalition se divise à propos de la guerre d'Espagne (communistes et socialistes n'acceptent pas la décision de ne pas intervenir pour aider les républicains). Les difficultés persistantes rendent nécessaire la « pause » (février 1937) et causent la chute du gouvernement Blum (juin 1937). La signature par Daladier des accords de Munich (30 septembre 1938) marque la fin de l'expérience (novembre 1938), qui n'aura pu empêcher la guerre, mais restera dans les consciences comme un « âge d'or » social.

Le défilé du 14 juillet 1935 rassemble la gauche.

Premiers congés payés : l'arrivée au Tréport (1936).

Grève aux usines Renault de Billancourt (juin 1936).

Voir aussi Fascisme p. 192, Crise de 1929 p. 193, Deuxième Guerre mondiale p. 195

Deuxième Guerre mondiale

Une guerre qui s'étend au monde

En 1939, la guerre naît du conflit entre les idéologies totalitaires (nazisme et fascisme, l'Espagne franquiste restant neutre) et les démocraties européennes. Attaquée en 1940, la France s'effondre rapidement, seul le Royaume-Uni résiste. En 1941, l'Allemagne se retourne contre l'URSS ; le Japon, qui occupe la Chine, attaque les États-Unis auxquels les puissances de l'Axe, ses alliés européens, déclarent la guerre. Le conflit devient mondial, les populations en sont largement victimes.

Appel du général de Gaulle (18 juin 1940).

Le rationnement (affiche, 1943).

Entrevue de Montoire entre Pétain et Hitler (24 octobre 1940).

Entrée du camp de concentration d'Auschwitz-Birkenau.

Des crimes sans précédent

La barbarie nazie, qui organise, avec la collaboration de certains gouvernements comme celui de la France, l'extermination de populations (Juifs, Tsiganes), suscite une résistance qui se structure difficilement. La puissance industrielle et militaire de l'Allemagne et le fanatisme des militaires au pouvoir au Japon semblent imposer des tactiques extrêmes : bombardement systématique des grandes villes (Dresde), puis emploi de l'arme atomique sur le Japon (Hiroshima et Nagasaki). Le résultat est désastreux : plus de 40 millions de morts en Europe, dont beaucoup de civils (6 millions de Juifs), plus de 10 millions en Asie. Aux crimes de guerre se sont ajoutés les crimes contre l'humanité. L'équilibre du monde est bouleversé, et la fin de la guerre n'empêche pas le déclenchement d'une guerre « froide ».

Libération de Paris (26 août 1944).

Voir aussi Fascisme p. 192, Front populaire p. 194

Décolonisation

Décolonisation et conflits

L'implication des populations puis des territoires colonisés dans les deux guerres mondiales favorise les mouvements indépendantistes, mais la fin des empires ne signifie pas toujours la paix. En Inde, le charisme de Gandhi accélère l'indépendance, mais ne permet pas d'éviter l'éclatement du pays (1947). Au Proche-Orient, la fin des protectorats français et britannique s'accompagne de la création d'un État d'Israël (1948), refusée par les pays arabes, et pose la question palestinienne. En Indochine (1946-1954) et en Algérie (1954-1962) la France mène deux guerres coloniales qui seront suivies de conflits « régionaux » (guerre du Viêtnam) ou de troubles « civils » (rapatriement de plus d'un million de personnes).

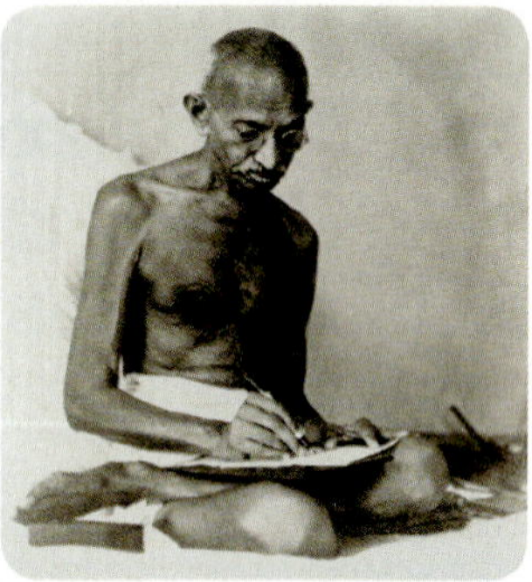

Gandhi en 1946.

K. M. Tshibumba : *Patrice Lumumba signant le livre d'or consacrant l'unité du Congo* (1961).

Le général de Gaulle à Alger.

Manifestation à Alger pour l'Algérie indépendante (décembre 1960).

De jeunes nations

L'indépendance du Maroc et de la Tunisie est plus pacifique (1956), mais ce ne sont pas des colonies de peuplement. Les pays africains deviennent indépendants entre 1955 et 1975 (à partir de 1957 : colonies anglaises, 1960 : colonies françaises, 1960-1962 : colonies belges, 1975 : colonies portugaises), mais le continent est la proie de nombreuses guerres. Si les grandes puissances ne s'affrontent plus directement pour ces possessions, le « tiers-monde » demeure un enjeu stratégique pour elles.

Voir aussi Colonisation p. 179, cartes 14 et 17

Conférence de presse du général de Gaulle (1958).

Ve République

La répartition du pouvoir

Appliquant les idées constitutionnelles du général de Gaulle, la Ve République répartit le pouvoir entre un président, qui nomme le Premier ministre, et une Assemblée nationale, devant laquelle le gouvernement est responsable. Tous deux étant (depuis la réforme de 1962) élus par l'ensemble des citoyens (suffrage universel direct), ils sont aussi légitimes l'un que l'autre et peuvent se retrouver en opposition : c'est le cas en 1986 et 1993, où une assemblée de droite impose un Premier ministre de droite au président de gauche (on parle alors de *cohabitation*).

Mitterrand rend hommage à Jaurès au Panthéon (21 mai 1981).

Intégration et décentralisation

La politique demeure cependant cohérente : à l'extérieur, la décolonisation et l'indépendance affichée à l'égard des États-Unis s'accompagnent d'une intégration européenne de plus en plus assumée ; à l'intérieur, les revendications sociales tempèrent les tentations libérales en même temps que les exigences d'une économie mondialisée contrarient le dirigisme d'un État traditionnellement jacobin mais qui s'ouvre aux régions.

La Sorbonne en Mai 68.

Le Centre national d'art et de culture Georges-Pompidou (architectes : Richard Rogers et Renzo Piano).

Voir aussi Décolonisation p. 196, Europe p. 198

Europe

Les six membres fondateurs de la Ceca (affiche, 1964).

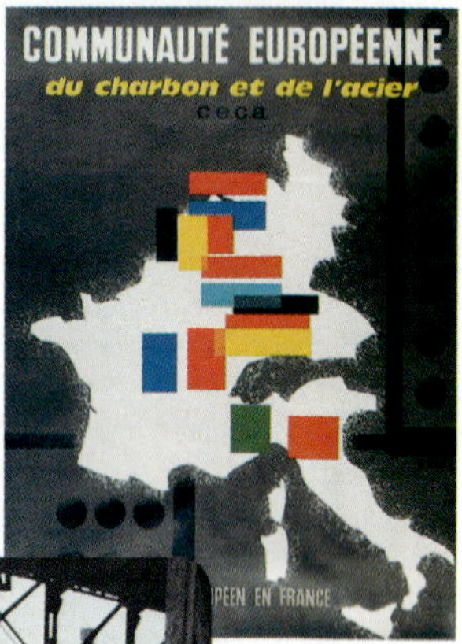

La construction européenne

Après trois guerres particulièrement meurtrières, dont deux mondiales, en moins d'un siècle, l'union des États apparaît à ses promoteurs comme le seul moyen de garantir une paix durable. D'abord industrielle (1951), cette union devient rapidement économique et commerciale, le « Marché commun » (traité de Rome, 1957). Elle devient politique en regroupant, en 1967, les trois communautés (charbon et acier, énergie atomique et CEE) en une Commission européenne (à Bruxelles), assistée d'un Conseil des ministres (devenu Conseil de l'Union européenne, au Luxembourg) et d'un Parlement (à Strasbourg) ; dès 1979, les membres de ce dernier sont élus au suffrage universel direct.

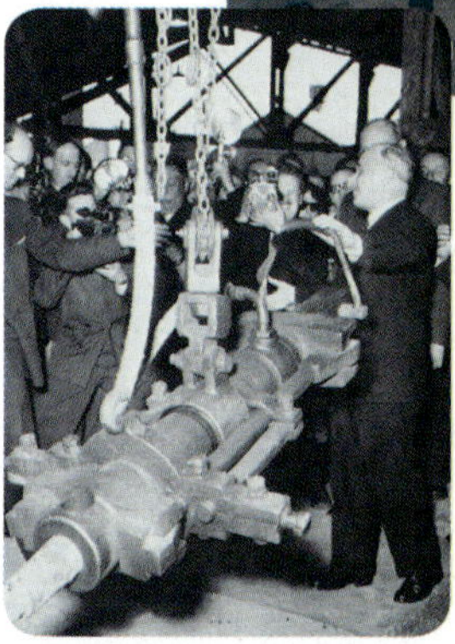

La Ceca, première communauté européenne. Cérémonie présidée par Jean Monnet (1953) : le premier lingot d'acier européen.

Signature du traité de Rome, 25 mars 1957 : création de la Communauté économique européenne (CEE).

Une Union en devenir

La coopération des gouvernements nationaux se resserre après le traité de Maastricht (1992), qui crée l'Union européenne. Décidée la même année, la monnaie unique (euro) s'impose en 2002 dans 12 des 15 pays de l'Union. Le passage progressif de 6 (1957) à 28 pays (2013) nécessite la redéfinition de règles de fonctionnement (traité de Nice, 2003). Au-delà d'une intégration économique de plus en plus étroite, la nécessité d'une action commune propre à garantir le poids de l'Europe face aux autres puissances mondiales (États-Unis, Chine) amène à définir, puis à proposer aux États membres, un traité constitutionnel (« Constitution européenne »).

Voir cartes 15, 16, 20 et 25

Premières élections au suffrage universel du Parlement européen (1979) : la présidente, Simone Veil, prononce le discours d'ouverture de la séance solennelle.

Parlement européen, bâtiment Louise Weiss, Strasbourg.

Séance du Parlement européen à Strasbourg.

CHRONOLOGIE

Cette chronologie est divisée en cinq parties* correspondant au découpage historique qui distingue traditionnellement les périodes suivantes :

- **l'Antiquité**, de la naissance de l'écriture (v. 4000 av. J.-C.) à la chute de l'Empire romain (476) ;
- **le Moyen Âge**, du baptême de Clovis, roi des Francs (496), au début des Grandes Découvertes (1492) ;
- **les Temps modernes**, de la découverte de l'Amérique (1492) à la fin du Premier Empire (1815) ;
- **le XIXe siècle**, du congrès de Vienne (1815) à la Première Guerre mondiale (1914) ;
- **le XXe et le XXIe siècles**, de la Première Guerre mondiale (1914) à nos jours.

Pour chaque période, on trouvera les **principaux évènements politiques**, et **les faits culturels** remarquables (civilisation, art et littérature, religion et philosophie, sciences et techniques…).

Des carrés de couleurs ◆ ◆ ◆ ◆ ◆ situent les évènements ou les faits (et leurs illustrations) dans une « aire » culturelle – par exemple ◆ **Monde chrétien** ◆ **Monde musulman, pour le Moyen Âge –** ou, pour les périodes plus récentes, zone géographique – ◆ **France** ◆ **Europe** ◆ **Monde.**

Sont également indiqués les liens nécessaires entre cette chronologie et les planches Histoire (p. 148 à 199) ou les cartes historiques de l'atlas (p. 238 à 249). Par exemple dans la partie Antiquité : v. 800 av. J.-C. : naissance des cités grecques [➔ Grèce p. 153 et carte 4].

La dernière page est consacrée à un rappel des repères historiques à connaître à la fin de la scolarité obligatoire. Ces repères essentiels participent de la culture humaniste et de la construction des compétences du socle commun.

---

* Cette chronologie ne traite pas de la préhistoire pour laquelle on se reportera à la planche correspondante p. 148.

De la naissance de l'écriture à la chute de l'Empire romain

◆ Orient ◆ Grèce ◆ Rome ◇ Autre

IVe AU Ier MILLÉNAIRE AV. J.-C. (V. 4000 À 1000 AV. J.-C.)

Évènements politiques

v. 4000 av. J.-C.	◆ Mésopotamie : fondation des premières cités-États (Uruk, Ur) [→ Mésopotamie p. 150 et carte 1]
v. 2720-2300 av. J.-C.	◆ Égypte : l'Ancien Empire [→ Égypte p. 151 et carte 2]
v. 2065-1785 av. J.-C.	◆ Égypte : le Moyen Empire
v. 1800 av. J.-C.	◆ Mésopotamie : règne d'Hammourabi, roi de Babylone
v. 1580-1085 av. J.-C.	◆ Égypte : le Nouvel Empire
v. 1250 av. J.-C.	◆ Exode des Hébreux d'Égypte en Palestine, conduits par Moïse [→ carte 3]

Mésopotamie : bas-relief dédié à une divinité sumérienne

Faits culturels

4000-2000 av. J.-C.	◇ Europe : constructions mégalithiques
v. 3300 av. J.-C.	◆ Mésopotamie : naissance de l'écriture [→ Écriture p. 149]
2700-2600 av. J.-C.	◆ Égypte : construction des pyramides et du Sphinx à Gizeh
v. 2000 av. J.-C.	◆ Inde : début de la rédaction des védas
v. 1800-1700 av. J.-C.	◆ Mésopotamie : Code des lois d'Hammourabi ; épopée de Gilgamesh
v. 1700 av. J.-C.	◆ Proche-Orient : installation des Hébreux à Canaan [→ Hébreux p. 152 et carte 3]
v. 1400 av. J.-C.	◆ Égypte : début de la construction des temples de Louksor et de Karnak
v. 1300 av. J.-C.	◆ Proche-Orient : naissance de l'écriture alphabétique en Phénicie (22 consonnes)
v. 1250 av. J.-C.	◆ Égypte : début de la construction des temples d'Abou Simbel par Ramsès II

Mésopotamie : tablette d'écriture

Le temple de Louksor

X^e AU Ve SIÈCLE AV. J.-C. (1000 À 500 AV. J.-C.)

Évènements politiques

v. 972-932 av. J.-C.	◆ Règne de Salomon, fils de David, roi d'Israël
v. 814 av. J.-C.	◇ Afrique du Nord : fondation de Carthage par les Phéniciens
v. 800 av. J.-C.	◆ Grèce : naissance des cités grecques [→ Grèce p. 153 et carte 4]
800-550 av. J.-C.	◆ Grèce : fondation des colonies, dont Massalia (Marseille) [→ carte 5]
v. 750 av. J.-C.	◆ Rome : fondation légendaire de Rome (753 av. J.-C. ?) [→ Rome p. 154]
587 av. J.-C.	◆ Jérusalem : destruction du temple par Nabuchodonosor, roi de Babylone
509 av. J.-C.	◆ Rome : début de la République

Faits culturels

v. 970 av. J.-C.	◆ Jérusalem : début de la construction du Temple de Jérusalem
VIIIe s. av. J.-C.	◆ Début de l'écriture de la Bible
v. 800-700 av. J.-C.	◆ Grèce : l'*Iliade* et l'*Odyssée*, attribuées à Homère
776 av. J.-C.	◆ Grèce : premiers jeux Olympiques
v. 605 av. J.-C.	◆ Mésopotamie : construction des jardins suspendus de Babylone

v. 600-500 av. J.-C.	◆ Asie : vie du Bouddha ; vie de Confucius
600-500 av. J.-C.	◆ Grèce : tragédies d'Eschyle (*Les Perses, L'Orestie*) ; vie de Pythagore
594 av. J.-C.	◆ Grèce : réforme de Solon, début de la démocratie à Athènes

Ve AU Ier SIÈCLE AV. J.-C. (500 À 1 AV. J.-C.)

Évènements politiques

v. 500-50 av. J.-C.	◆ Rome : conquête et domination du bassin méditerranéen puis de la Gaule
490-480 av. J.-C.	◆ Grèce : guerres médiques contre les Perses
490 av. J.-C.	◆ Grèce : bataille de Marathon (victoire d'Athènes sur les Perses)
480 av. J.-C.	◆ Grèce : victoire navale sur les Perses à Salamine
431-404 av. J.-C.	◆ Grèce : guerre du Péloponnèse entre Athènes et Sparte (victoire de Sparte)
333-323 av. J.-C.	◆ Conquêtes d'Alexandre le Grand, roi de Macédoine [→ carte 6]
264-146 av. J.-C.	◆ Rome : guerres puniques contre Carthage (victoire de Rome)
206 av. J.-C.- 220 apr. J.-C.	◆ Chine : dynastie des Han
58-51 av. J.-C.	◆ Rome : guerre des Gaules
52 av. J.-C.	◆ Alésia : victoire de Jules César sur Vercingétorix
51-30 av. J.-C.	◆ Égypte : règne de Cléopâtre
27 av. J.-C.-14 apr. J.-C.	◆ Rome : règne d'Auguste ; fondation de l'Empire romain

Alexandre le Grand

Cléopâtre

Faits culturels

v. 500-400 av. J.-C.	◆ Grèce : siècle de Périclès ; construction du Parthénon ; vie d'Hippocrate ◆ Grèce : œuvres de Socrate, Platon, Aristote, tragédies d'Euripide et de Sophocle
IIIe s. av. J.-C.	◆ Chine : achèvement de la Grande Muraille
v. 300-200 av. J.-C.	◆ Grèce : vies d'Archimède et d'Euclide
v. 140 av. J.-C.	◆ Chine : ouverture de la route de la soie
Ier s. av. J.-C.	◆ Rome : *De re publica* de Cicéron, l'*Énéide* de Virgile

Le Parthénon, Athènes

Ier AU VIe SIÈCLE (1 À 600)

Évènements politiques

70	◆ Jérusalem : destruction du deuxième Temple par les Romains
212	◆ Rome : Caracalla accorde la citoyenneté romaine à tous les hommes libres de l'Empire
313	◆ Rome : l'empereur Constantin autorise le christianisme (édit de Milan) [→ carte 7]

L'Antiquité

De la naissance de l'écriture à la chute de l'Empire romain

◆ Orient ◆ Grèce ◆ Rome ◇ Autre

392	◆ Rome : l'empereur Théodose fait du christianisme la religion officielle
395	◆ Rome : partage de l'Empire en empire d'Occident et empire d'Orient (Empire byzantin)
406-450	◆ Grandes Invasions barbares des Suèves, des Wisigoths et des Vandales [→ carte 9]
476	◆ Prise de Rome par le Germain Odoacre ; fin de l'Empire romain d'Occident

Mosaïque romaine d'El Djem (Tunisie, IIe s.)

Faits culturels	
v. 5 av. J.-C.-30 apr. J.-C.	◆ Proche-Orient : vie de Jésus
Ier s.	◆ Début du christianisme
2-8	◆ Rome : *Les Métamorphoses* d'Ovide
90-168	◆ Grèce : vie de Ptolémée
320-480	◆ Inde : dynastie des Gupta ; développement de l'hindouisme

Le Moyen Âge

Du baptême de Clovis aux Grandes Découvertes

◆ Monde chrétien ◆ France ◆ Monde musulman ◇ Autre

Évènements politiques	
496	◆ Baptême de Clovis, roi des Francs
527-565	◆ Empire byzantin : règne de Justinien

Faits culturels	
529	◆ Benoît de Nursie (saint Benoît) fonde l'ordre bénédictin et commence la rédaction de la *Règle* qui servira de base à la plupart des ordres monastiques
532-537	◆ Constantinople : construction de la basilique Sainte-Sophie
v. 570-632	◆ Arabie : vie de Mahomet

La basilique Sainte-Sophie

VIIe / VIIIe siècle (601 à 800)

Évènements politiques	
VIIe-Xe s.	◇ Amérique centrale : apogée de la civilisation maya
622	◆ L'Hégire : Mahomet quitte La Mecque pour Médine ; début de l'ère musulmane
634-750	◆ Conquêtes arabes : à l'ouest, de l'Afrique du Nord à l'Espagne, à l'est, jusqu'à l'Indus
661	◆ Arabie : mort d'Ali, gendre de Mahomet, et naissance de l'islam chiite
661-750	◆ Dynastie des califes omeyades (à Damas)
732	◆ Arrêt de l'expansion arabe à l'ouest ; victoire de Charles Martel à Poitiers
750-1258	◆ Dynastie des califes abbassides (fondation de Bagdad, 762)

Charles Martel bat les Arabes à Poitiers (732)

◆ Monde chrétien ◆ France ◆ Monde musulman ◇ Autre

768-814	◆ Charlemagne, roi des Francs [➔ Carolingiens p. 156]
800	◆ Couronnement de Charlemagne empereur d'Occident à Rome

Charlemagne

Faits culturels

VIIe-IXe s.	◇ Chine : apogée du bouddhisme
VIIe s.	◆ Arabie : rédaction du Coran et diffusion de l'islam [➔ Islam p. 155]
v. 600	◇ Inde : numérotation décimale et apparition du zéro
IXe-XIIIe s.	◆ Âge d'or de la culture arabe qui diffuse la pensée et les connaissances scientifiques grecques en Occident (Avicenne, Averroès...)
IXe s.	◆ Europe : essor de la féodalité [➔ Féodalité p. 162]
v. 800	◆ Renaissance carolingienne (copies de manuscrits, emploi de la minuscule caroline [➔ Écriture p. 149])

IXe / Xe SIÈCLE (801 À 1000)

Évènements politiques

843	◆ Traité de Verdun : partage de l'Empire carolingien [➔ carte 11]
X^e-XIe s.	◆ Raids des Vikings (« Normands ») en Europe de l'Ouest et jusqu'à Constantinople
960-1279	◇ Chine : dynastie des Song
962	◆ Fondation du Saint Empire romain germanique
963-1071	◆ Apogée de l'Empire byzantin
987	◆ Avènement d'Hugues Capet, roi de France [➔ Capétiens p. 157]

Faits culturels

842	◆ *Serments de Strasbourg*, premier texte en roman, ancêtre du français, et en allemand
863	◆ Début de l'évangélisation des Slaves par Cyrille et Méthode
v. 900	◆ Occident : début de l'art roman [➔ Art roman p. 158]
Xe s.	◆ *Les Mille et Une Nuits*, recueil de contes arabo-persans
910	◆ France : fondation de l'abbaye de Cluny
v. 980	◆ Occident : introduction des chiffres arabes

L'abbaye de Saint-Martin-des-Champs, fille de l'abbaye de Cluny

XIe / XIIe SIÈCLE (1001 À 1200)

Évènements politiques

XIe-XVe s.	◇ Amérique : apogée des civilisations inca (Pérou) et aztèque (Mexique)
XIe s.	◇ Afrique : apogée de l'empire du Ghana
1031	◆ Espagne : début de la reconquête (Reconquista) des régions musulmanes du Sud
1054	◆ Schisme d'Orient : séparation entre l'Église d'Occident (Rome) et l'Église d'Orient (Constantinople)

CHRONOLOGIE

◆ Monde chrétien ◆ France ◆ Monde musulman ◇ Autre

1066	◆ Guillaume le Conquérant, duc de Normandie, conquiert l'Angleterre (bataille d'Hastings)

Guillaume de Normandie fait voile vers l'Angleterre (tapisserie de Bayeux)

1096-1291	◆ L'Europe chrétienne s'engage dans les croisades en Orient [→ carte 12]
1096-1099	◆ Première croisade ; prise de Jérusalem par les croisés

Sarrasins contre croisés

XIIe s.	◆ Europe : déclin de la féodalité
1146	◆ Bernard de Clairvaux prêche la deuxième croisade
1187	◆ Prise de Jérusalem par Saladin déclenchant la troisième croisade

Faits culturels

XIe-XIIIe s.	◆ Europe de l'Ouest : grands défrichements ◆ France : troubadours, à la cour d'Aliénor d'Aquitaine, et trouvères (Adam de la Halle, Chrétien de Troyes...) chantent l'amour courtois
XIe s.	◇ Chine : invention de l'imprimerie et de la porcelaine
1075	◆ Réforme grégorienne (indépendance du clergé chrétien)
1088	◆ L'abbaye de Cluny, agrandie, devient la plus grande église du monde chrétien ◆ Italie : création de la première université occidentale à Bologne
fin XIe s.	◆ France : *Chanson de Roland*, première épopée en langue vulgaire
1098	◆ France : fondation de l'abbaye de Cîteaux et de l'ordre cistercien
XIIe s.	◇ Asie du Sud-Est : les rois khmers bâtissent le temple d'Angkor Vat
1115-1128	◆ France : fondation de l'abbaye cistercienne de Clairvaux par Bernard de Clairvaux ; fondation de l'ordre des Templiers et rédaction de ses statuts
milieu XIIe s.	◆ Espagne : poème du *Cid*, plus ancien texte connu en espagnol ◆ Occident : essor de l'art gothique [→ Art gothique p. 160]. Début de la construction des cathédrales (Notre-Dame de Paris, Reims, Chartres…)
fin XIIe s.	◆ France : romans de chevalerie de Chrétien de Troyes *(Lancelot, Perceval ou le Conte du Graal)* et premiers drames liturgiques (Jean Bodel) ◆ Montpellier, premier centre d'enseignement de la médecine en Occident

XIIIe / XIVe siècle (1201 à 1400)

Évènements politiques

XIIIe-XVe s.	◇ Afrique : essor de l'Empire mandingue du Mali
1204	◆ Prise de Constantinople par les croisés
1214	◆ France : bataille de Bouvines ; victoire des Français (Philippe Auguste) sur Jean sans Terre et Othon IV
1215	◆ Angleterre : la Grande Charte imposée à Jean sans Terre garantit les droits féodaux et les libertés de l'Église et des villes contre l'arbitraire du roi
1226-1270	◆ France : règne de Saint Louis (Louis IX)

1280-1368	◇ Chine : dynastie mongole des Yuan
1309-1377	◆ France : résidence des papes à Avignon
1337-1453	◆ Guerre de Cent Ans entre les Français et les Anglais [→ Guerre de Cent Ans p. 163]
1368-1644	◇ Chine : dynastie des Ming
1378-1418	◆ Grand Schisme d'Occident : lutte des deux papes rivaux (Avignon et Rome)

Faits culturels

XIIIe-XIVe s.	◆ Espagne : construction du palais de l'Alhambra à Grenade
XIIIe s.	◆ France : le *Roman de la Rose*, poème allégorique de Guillaume de Lorris continué par Jean de Meung
1210	◆ François d'Assise fonde l'ordre des moines franciscains
début XIIIe s.	◆ France : *Le Roman de Renart*

Miniature du Roman de Renart

1229	◆ Création de l'Inquisition
1257	◆ Fondation de la Sorbonne, à Paris
1264	◆ Pologne : droits accordés aux juifs et développement de la culture yiddish
1304-1374	◆ Vie de Pétrarque, « prince des poètes »
v. 1305	◇ *Le Livre des Merveilles du monde*, récit des voyages de Marco Polo en Chine
1306-1321	◆ Italie : *La Divine Comédie* de Dante
1347-1350	◆ Europe : grande épidémie de peste noire

XVe SIÈCLE (1401 À 1500)

Évènements politiques

1407-1435	◆ France : guerre civile entre armagnacs et bourguignons
1429-1431	◆ France : Jeanne d'Arc lutte contre les Anglais
1453	◆ Prise de Constantinople par les Turcs ; fin de l'Empire byzantin et début de l'Empire ottoman
1461-1483	◆ France : règne de Louis XI
1492	◆ Espagne : prise de Grenade par les Rois Catholiques et fin de la Reconquista

Jeanne d'Arc est faite prisonnière devant Compiègne (1430)

Faits culturels

XVe s.	◇ Amérique : les Incas bâtissent la citadelle du Machu Picchu
v. 1430	◆ Hollande : naissance, en peinture, de l'école flamande (Van Eyck)
v. 1450	◆ Europe : l'Allemand Gutenberg imprime le premier livre, la Bible
1456-v. 1470	◆ France : œuvres de François Villon *(La Ballade des pendus, Le Testament)*

Ruines incas du Machu Picchu (Pérou)

Les Temps Modernes

De la découverte de l'Amérique à la fin de l'Empire

◆ France ◆ Europe ◆ Monde

1492 à 1550

Évènements politiques

1492	◆ Découverte de l'Amérique par Christophe Colomb [→ Grandes Découvertes p. 166]
1494	◆ Traité de Tordesillas entre les Espagnols et les Portugais pour le partage du Nouveau Monde
1494-1559	◆ Guerres d'Italie entre la France et l'Autriche (Habsbourg)
1515-1547	◆ France : règne de François Ier
1515	◆ Bataille de Marignan, victoire de François Ier sur les Suisses, alliés de Milan
1517	◆ Europe : début des réformes protestantes [→ Réforme p. 168] Luther affiche ses 95 thèses
1519	◆ Mexique : l'Espagnol Cortés soumet l'Empire aztèque ◆ Europe : le roi d'Espagne Charles Quint est élu empereur germanique
1520	◆ Proche-Orient : avènement de Soliman le Magnifique Apogée de l'Empire ottoman
1531	◆ Amérique du Sud : l'Espagnol Pizarro soumet l'Empire inca
1534	◆ Angleterre : fondation de l'Église anglicane par Henri VIII
1541	◆ Europe : Calvin organise l'Église réformée de Genève
1545-1563	◆ Le concile de Trente condamne les doctrines protestantes (Contre-Réforme)

Soliman Ier à la chasse

Faits culturels

1495-1550	◆ Diffusion de la Renaissance italienne en France puis en Europe [→ Renaissance p. 164]
1497	◆ Découverte de la route des Indes par le cap de Bonne-Espérance par Vasco de Gama
1503-1505	◆ Italie : Léonard de Vinci peint *La Joconde*
1508-1512	◆ Italie : fresques de la chapelle Sixtine peintes par Michel-Ange
v. 1510	◆ Europe : les humanistes (Érasme, Rabelais, Machiavel, Montaigne...) diffusent leur savoir en langue vulgaire [→ Humanisme p. 167 et dossier Littérature p. 141]
1519-1522	◆ Magellan accomplit le premier tour du monde
1534	◆ Jacques Cartier découvre le Canada ◆ Allemagne : traduction en allemand de la Bible par Luther
1539	◆ France : l'ordonnance de Villers-Cotterêts impose le français comme langue administrative et judiciaire
1540	◆ Rome : le pape entérine la fondation de la Compagnie de Jésus (jésuites)
1543	◆ Copernic expose sa théorie astronomique : la Terre tourne autour du Soleil et n'est donc plus le centre de l'Univers
1549	◆ France : création du groupe de poètes de la Pléiade [→ dossier Littérature p. 141] autour de Du Bellay et Ronsard

Plafond de la chapelle Sixtine

1550 À 1650

Évènements politiques

1562-1598	◆ France : guerres de Religion opposant catholiques et protestants
1571	◆ Bataille de Lépante : la flotte de l'Empire ottoman est battue par une coalition chrétienne
1572	◆ France : massacre des protestants (nuit de la Saint-Barthélemy, 23 au 24 août)
1588	◆ Europe : la flotte anglaise détruit « l'Invincible Armada » espagnole
1589-1610	◆ France : règne d'Henri IV
1598	◆ France : Henri IV signe l'édit de Nantes accordant la liberté religieuse aux protestants
v. 1600	◆ Les pays européens (Portugal, Espagne, Angleterre, France, Provinces-Unies) étendent leurs empires coloniaux et établissent des comptoirs commerciaux [→ carte 14] ◆ Afrique : début de la traite des Noirs ; des esclaves sont déportés vers l'Amérique
1610	◆ France : assassinat d'Henri IV par le catholique fanatique Ravaillac
1618-1648	◆ Guerre de Trente Ans, conflit au sein du Saint Empire romain germanique entre les princes allemands protestants et l'autorité impériale catholique
1644	◆ Chine : la dynastie mandchoue des Qing remplace la dynastie Ming
1648-1653	◆ France : la Fronde combat le pouvoir royal (Catherine de Médicis, Mazarin) qui sort renforcé de ce conflit

Henri IV

Faits culturels

v. 1580-v. 1750	◆ Europe : essor du baroque, « art de la Contre-Réforme », dans les arts (Vélasquez, Rubens, Monteverdi, Lully) et en littérature (d'Aubigné) [→ Baroque p. 169 et dossier Littérature p. 142]
1580	◆ France : première édition des *Essais* de Montaigne
1582	◆ Instauration du calendrier grégorien par Grégoire XIII
1602	◆ Angleterre : Shakespeare, *Hamlet*
1605	◆ Espagne : parution de *Don Quichotte* de Cervantès
1608	◆ Canada : Champlain fonde la ville de Québec
1630-1652	◆ Inde : construction du Taj Mahal
1632	◆ Hollande : Rembrandt peint *La Leçon d'anatomie*
1633	◆ Rome : le tribunal de l'Inquisition condamne Galilée pour avoir soutenu les thèses de Copernic
1635	◆ France : fondation de l'Académie française par Richelieu

Les Essais de Montaigne

De la découverte de l'Amérique à la fin de l'Empire

◆ France ◆ Europe ◆ Monde

1637	◆ France : Descartes expose sa pensée philosophique dans le *Discours de la méthode*

Descartes (par Sébastien Bourdon)

1650 À 1789

Évènements politiques

1661-1715	◆ France : règne personnel de Louis XIV [➔ Louis XIV p. 172]
1682-1725	◆ Russie : Pierre le Grand, tsar de toutes les Russies

Pierre le Grand devant la forteresse Pierre-et-Paul à Saint-Pétersbourg

1685	◆ France : Louis XIV révoque l'édit de Nantes
1707	◆ Angleterre : fondation du Royaume-Uni de Grande-Bretagne (acte d'Union avec l'Écosse)
1715-1774	◆ France : règne de Louis XV
1763	◆ La France perd ses possessions en Amérique (Canada, Louisiane) et en Inde. Le Royaume-Uni établit son empire colonial (Amérique du Nord, Inde et Afrique)
1774-1792	◆ France : règne de Louis XVI
1775-1782	◆ États-Unis d'Amérique : guerre de l'Indépendance américaine opposant le Royaume-Uni et treize colonies d'Amérique du Nord soutenues par la France (La Fayette)
1776	◆ États-Unis d'Amérique : proclamation de l'indépendance

Faits culturels

1656	◆ France : Pascal défend le jansénisme dans *Les Provinciales*
1661-1685	◆ France : apogée du classicisme dans les arts (château de Versailles avec Le Vau, Le Brun, Le Nôtre…) et en littérature (Boileau, Racine, Molière…) [➔ Classicisme p. 170 et dossier Littérature p. 142]
1677	◆ Première utilisation du microscope en biologie et en anatomie
1679	◆ Angleterre : l'*Habeas Corpus Act* garantit la liberté individuelle des citoyens
1687	◆ Europe : Newton expose la théorie de la gravitation *(Principes mathématiques de philosophie naturelle)*
v. 1700	◆ Développement considérable du commerce triangulaire (traite négrière)
1703	◆ Fondation de Saint-Pétersbourg ; Pierre le Grand ouvre la Russie à l'influence occidentale
1746	◆ France : premier métier à tisser automatique, inventé par Vaucanson
1749	◆ Allemagne : Bach compose *L'Art de la fugue*
v. 1750	◆ L'Europe entre dans l'ère industrielle [➔ Révolution industrielle p. 178]
1751-1772	◆ France : rédaction de l'*Encyclopédie* par les philosophes des Lumières (Diderot, d'Alembert, Voltaire, Montesquieu, Rousseau…) [➔ Lumières p. 173 et dossier Littérature p. 143]
1769	◆ Angleterre : J. Watt dépose le brevet de sa machine à vapeur

fin XVIIIe s.	Europe : naissance du romantisme en Allemagne (Goethe, Schiller…) [➔ Romantisme p. 180]
1783	France : premier vol en ballon des frères de Montgolfier
1786	Europe : première représentation à Vienne des *Noces de Figaro* de Mozart

L'envol du premier ballon à air chaud (1783)

1789 À 1815

Évènements politiques

1789	France : prise de la Bastille à Paris le 14 juillet Abolition des privilèges (4 août) Déclaration des droits de l'homme et du citoyen (26 août) États-Unis : élection du premier président, George Washington
1792	France : victoire de Valmy ; chute de la monarchie et proclamation de la République (septembre)
1793	France : exécution de Louis XVI (21 janvier)
1794	France : chute de Robespierre le 9 thermidor an II
1795-1799	France : le Directoire. Campagnes d'Italie contre l'Autriche et campagne d'Égypte contre l'Angleterre
1799-1804	France : le Consulat ; coup d'État du 18 brumaire ; Bonaparte détient tous les pouvoirs
1800	Royaume-Uni : acte d'Union avec l'Irlande
1804-1815	France : Premier Empire (Napoléon Ier) [➔ Empire p. 176]
1805	Victoire de Napoléon à Austerlitz contre les armées autrichienne et russe
1808	Soulèvement des Espagnols contre l'occupation française (2 et 3 mai)
1810-1822	Amérique latine : luttes pour l'indépendance des colonies espagnoles et du Brésil
1815	France : défaite de Napoléon à Waterloo ; l'Empereur abdique

Déclaration des droits de l'homme et du citoyen

La chute de Robespierre (9 thermidor an II - 1794)

Faits culturels

1789	France : Lavoisier jette les bases de la chimie moderne (*Traité élémentaire de chimie*)
1790	France : découpage administratif de la France en 83 départements
1792	France : Chappe met au point le télégraphe optique
1795	France : création et adoption du système métrique
1796	Royaume-Uni : première inoculation du vaccin de la variole par Jenner
fin XVIIIe s.	Afrique de l'Ouest : les Peuls diffusent l'islam (Sénégal, Mali, Cameroun, Guinée)
1800	Italie : invention de la pile électrique par Volta
1804	France : Code civil, dit Code Napoléon
1811	Royaume-Uni : premières émeutes contre le machinisme
1814	Royaume-Uni : locomotive à vapeur de Stephenson

Edward Jenner

Du congrès de Vienne à la Première Guerre mondiale

◆ France ◆ Europe ◆ Monde

1815 À 1850

Évènements politiques

1815	◆ Europe : congrès de Vienne ; les souverains européens « redessinent » les frontières de l'Europe [→ carte 15]
1815-1830	◆ France : restauration monarchique (règnes de Louis XVIII puis de Charles X)
1820-1890	◆ États-Unis : la « conquête de l'Ouest »
1830	◆ Révolutions en France, en Belgique et en Pologne
1830-1848	◆ France : monarchie de Juillet, règne de Louis-Philippe Ier
1830-1848	◆ Afrique du Nord : prise d'Alger par la France puis conquête de l'Algérie [→ Colonisation p. 179]
1830-1910	◆ Europe : constitution des empires coloniaux (France, Angleterre, Portugal, Allemagne, Belgique)
1839-1860	◆ Chine : guerres de l'opium. Les Chinois luttent contre les colonisateurs européens
1848	◆ Europe : révolutions libérales et nationales
1848-1852	◆ France : IIe République
1848	◆ France : institution du suffrage universel masculin ◆ France : décret d'abolition de l'esclavage dans les colonies (V. Schoelcher)

Les pionniers à la conquête de l'Ouest américain (tableau d'Eugen Camere)

Faits culturels

1816	◆ France : naissance de la photographie (Niépce)
1820-1848	◆ France : essor du romantisme, en littérature (Hugo, Lamartine…) et en arts (Delacroix, Géricault…) [→ Romantisme p. 180 et dossier Littérature p. 143]
1825	◆ Royaume-Uni : syndicalisme et droit de grève reconnus
1830	◆ France : *Hernani* de Victor Hugo
1848	◆ Marx et Engels : *Manifeste du parti communiste*

1850 À 1870

Évènements politiques

1852-1870	◆ France : le Second Empire (Napoléon III)
1859-1870	◆ Italie : unité italienne (Cavour, Garibaldi)
1861-1865	◆ États-Unis : guerre de Sécession entre les États du Nord (antiesclavagistes) et les États du Sud (esclavagistes)
1866-1871	◆ Allemagne : unité allemande (Bismarck), qui aboutit à la proclamation de l'Empire

Napoléon III

1868	◆ Japon : début de l'ère Meiji
1870	◆ Défaite française contre les Prussiens à Sedan

Faits culturels

1850-1900	◆ France : essor du réalisme, en littérature (Balzac, Flaubert…) et dans les arts (Courbet, Millet…) [➔ Réalisme p. 182 et dossier Littérature p. 144]
1859	◆ Darwin : *De l'origine des espèces*

Caricature de Charles Darwin et de sa théorie de l'évolution (1874)

1860-1890	◆ France : essor de l'impressionnisme, en peinture (Monet, Renoir…) [➔ Impressionnisme p. 184]
1863	◆ Europe : fondation de la Croix-Rouge par le Suisse H. Dunant
1867-1869	◆ Marx : *Le Capital*
1869	◆ Moyen-Orient : inauguration du canal de Suez construit par F. de Lesseps

1870 À 1913

Évènements politiques

1870-1940	◆ France : IIIe République
1870	◆ Italie : Rome devient capitale de l'Italie
1871	◆ France : l'insurrection de la Commune s'achève, à Paris, dans une sanglante répression
1882	◆ Europe : Triple-Alliance (Triplice) entre l'Allemagne, l'Autriche-Hongrie et l'Italie [➔ carte 16] ◆ France : lois Ferry sur l'enseignement primaire laïque, gratuit et obligatoire
1885	◆ Conférence de Berlin : les pays colonisateurs se « partagent » l'Afrique [➔ carte 17]
1893-1907	◆ Europe : Triple-Entente entre la France, la Grande-Bretagne et la Russie [➔ carte 16]
1894-1906	◆ France : affaire Dreyfus

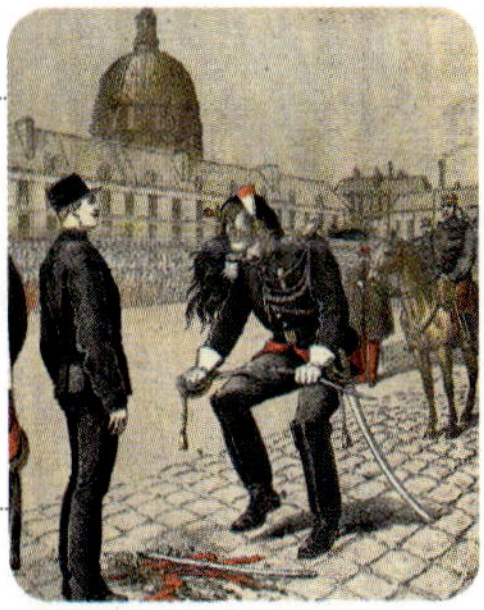

Dégradation du capitaine Dreyfus (1895)

1899	◆ Première conférence internationale de la paix à La Haye
1904	◆ Constitution de l'Afrique-Occidentale française (AOF)
1905	◆ France : loi de séparation des Églises et de l'État
1908-1913	◆ Conflits dans les Balkans

Faits culturels

1870-1900	◆ France : essor du symbolisme, en littérature (Baudelaire, Verlaine, Rimbaud, Mallarmé…) et en peinture (Moreau, Redon, Gauguin…) [➔ Symbolisme p. 186 et dossier Littérature p. 145]
1871	◆ Composition de l'hymne révolutionnaire *L'Internationale*

Du congrès de Vienne à la Première Guerre mondiale

◆ France ◆ Europe ◆ Monde

1876	◆ États-Unis : invention de l'ancêtre du téléphone par Bell
1879	◆ États-Unis : invention de l'ampoule électrique à incandescence par Edison
1882	◆ Allemagne : découverte du bacille de la tuberculose par Koch
1883-1885	◆ Nietzsche : *Ainsi parlait Zarathoustra*
1885	◆ France : mise au point du vaccin contre la rage par Pasteur
1886	◆ Allemagne : invention des premiers véhicules automobiles par Daimler et par Benz
1889	◆ France : fin de la construction de la tour Eiffel
1890	◆ France : début de l'aviation avec Clément Ader
1890-1914	◆ Mouvement Art nouveau (Klimt, Mucha, Gallé, Guimard, Gaudí…) [→ Art nouveau p. 187]

Antonio Gaudí : Casa Batllo, Barcelone

1895	◆ France : première séance publique de cinématographe des frères Lumière ◆ Allemagne : découverte des rayons X par Röntgen
1896	◆ France : découverte de la radioactivité par Becquerel ◆ Premiers Jeux olympiques modernes organisés par Coubertin à Athènes
1898	◆ France : *J'accuse* de Zola publié dans *L'Aurore* en accord avec G. Clemenceau ◆ France : découverte du polonium et du radium par Pierre et Marie Curie

Pierre et Marie Curie dans leur laboratoire

1899-1900	◆ Freud : *L'Interprétation des rêves*
1900	◆ France : Exposition universelle de Paris
1905	◆ Einstein : publication de la théorie de la relativité restreinte
1906-1914	◆ Cubisme (Picasso, Cézanne, Braque…) [→ Cubisme p. 188]
1909	◆ France : Blériot traverse la Manche en avion
1912	◆ Découverte des vitamines
1913	◆ États-Unis : les usines Ford mettent en place les premières productions à la chaîne

◆ France ◆ Europe ◆ Monde

1914 À 1939

Évènements politiques

1914	◆ Europe centrale : l'assassinat de l'archiduc François-Ferdinand d'Autriche à Sarajevo déclenche la Première Guerre mondiale
1914-1918	◆ Première Guerre mondiale [→ Première Guerre mondiale p. 189]
1915-1916	◆ Massacre des Arméniens par les Turcs
1916	◆ Bataille de Verdun
1917	◆ Mondialisation du conflit ; entrée en guerre des États-Unis aux côtés des Alliés ◆ Russie : révolution russe [→ Révolution russe p. 190] ; instauration d'un régime communiste
1918	◆ L'armistice est signé le 11 novembre. L'Empire ottoman, engagé aux côtés de l'Allemagne, s'effondre ◆ Chute de l'empire d'Autriche-Hongrie. Indépendance de la Tchécoslovaquie et de la Yougoslavie
1919	◆ Europe : traité de Versailles ; l'Allemagne rend l'Alsace-Lorraine à la France et verse des réparations financières. Création de la SDN (Société des Nations)
1921	◆ Chine : fondation du Parti communiste
1922	◆ Russie : création de l'URSS par Lénine ◆ Italie : Mussolini établit un régime fasciste [→ Fascisme p. 192]
1923	◆ Turquie : Mustafa Kemal proclame la république
1924	◆ URSS : mort de Lénine
1924-1953	◆ URSS : Staline au pouvoir
1929	◆ URSS : collectivisation forcée des terres
1931	◆ Espagne : proclamation de la République
1933	◆ Allemagne : Hitler devient chancelier (janvier) ◆ États-Unis : le New Deal de F. D. Roosevelt
1934	◆ Chine : Mao Zedong entreprend la Longue Marche avec les troupes communistes
1935	◆ Allemagne : lois de Nuremberg, contre les Juifs
1936-1938	◆ Grands procès de Moscou, purges staliniennes
1936-1939	◆ Espagne : guerre civile ; Franco établit la dictature
1936	◆ France : victoire du Front populaire [→ Front populaire p. 194]
1937-1945	◆ Guerre entre la Chine et le Japon, allié de l'Allemagne
1938	◆ Europe : annexion de l'Autriche par l'Allemagne ; accords de Munich

Affiche de propagande stalinienne

Faits culturels

1919	◆ Allemagne : fondation du Bauhaus ; naissance du « style international »
1920-1930	◆ Les Années folles : introduction du jazz ; début de la libération de la femme (Coco Chanel)
1921	◆ France : mise au point du vaccin contre la tuberculose (BCG) par Calmette et Guérin

Affiche du spectacle Paris qui jazz (1920)

◆ France ◆ Europe ◆ Monde

1924	◆ Allemagne : Hitler rédige *Mein Kampf*, source idéologique du nazisme ◆ France : A. Breton publie le *Manifeste du surréalisme* [→ Surréalisme p. 191 et dossier Littérature p. 145]
1927	◆ Lindbergh traverse l'Atlantique en avion
1929	◆ États-Unis : effondrement des cours de la Bourse de Wall Street ; la crise économique s'étend à l'Europe [→ Crise de 1929 p. 193]
1934	◆ France : mort de Marie Curie, prix Nobel de physique (avec son mari Pierre Curie et Becquerel) pour la découverte de la radioactivité naturelle et prix Nobel de chimie
1936	◆ France : durée légale de la semaine de travail limitée à 40 h ; instauration des congés payés (15 jours) ◆ États-Unis : *Les Temps modernes*, de Charlie Chaplin

Les Temps modernes, film de Charlie Chaplin (1936)

1939 À 1945

Évènements politiques

1939	◆ Hitler envahit la Pologne ; début de la Deuxième Guerre mondiale
1939-1945	◆ Deuxième Guerre mondiale [→ Deuxième Guerre mondiale p. 195]
1940	◆ Le général de Gaulle appelle, de Londres, à la résistance (18 juin) ◆ Bataille d'Angleterre

L'appel du général de Gaulle (1940)

1940-1944	◆ France : gouvernement de Vichy ; les pleins pouvoirs sont confiés au maréchal Pétain
1941	◆ Europe : l'Allemagne envahit l'URSS ◆ États-Unis : attaque de Pearl Harbor par le Japon ; les États-Unis entrent en guerre
1942-1943	◆ Bataille de Stalingrad : recul allemand
1944	◆ France : débarquement des Alliés en Normandie le 6 juin ; début de la Libération
1944-1945	◆ Libération par les Alliés des camps d'extermination nazis et découverte de la Shoah
1945	◆ Conférence de Yalta : Roosevelt, Churchill et Staline s'entendent sur un nouvel ordre international dominé par les États-Unis et l'URSS ◆ L'Allemagne capitule le 8 mai ; fin de la Deuxième Guerre mondiale en Europe ◆ Création de l'ONU ◆ Les États-Unis larguent la bombe atomique sur Hiroshima et Nagasaki (août) ; le Japon capitule

Conférence de Yalta (1945)

Faits culturels

1941	◆ Industrialisation de la pénicilline et essor des antibiotiques
1944	◆ France : droit de vote des femmes
1945	◆ France : création de la Sécurité sociale

Alexander Fleming

1945 À 1958

Évènements politiques

1945-1946	◆ Les criminels nazis sont jugés au procès de Nuremberg
1946-1989	◆ Guerre froide : conflit idéologique entre les États-Unis et l'URSS et leurs alliés [➔ carte 18]
1946-1954	◆ Guerre d'Indochine opposant les indépendantistes communistes à la France
1946-1958	◆ France : IVe République
1947	◆ Europe : mise en place du plan Marshall pour la reconstruction de l'Europe ◆ Indépendance de l'Inde négociée avec Gandhi et création du Pakistan ◆ URSS : le pays étend son influence en Europe centrale
1947-1962	◆ Principale phase de la décolonisation [➔ Décolonisation p. 196]
1948	◆ Proclamation de l'État d'Israël, non reconnu par les États arabes ; début des conflits
1948-1991	◆ Afrique du Sud : politique d'apartheid
1949	◆ Chine : fondation de la République populaire de Chine par Mao Zedong
1952	◆ Les grandes puissances se dotent de l'arme nucléaire ◆ Royaume-Uni : accession au trône d'Élisabeth II
1954-1962	◆ Guerre d'Algérie opposant les indépendantistes à la France
1955	◆ Asie-Afrique : conférence de Bandung réunissant 29 pays non-alignés du tiers-monde
1956	◆ Égypte : nationalisation du canal de Suez par Nasser
1957	◆ Europe : traité de Rome ; création de l'Europe des Six [➔ Europe p. 198 et carte 20]

Le procès de Nuremberg (octobre 1945)

Nasser nationalise le canal de Suez (1956)

Faits culturels

1945-1975	◆ Les Trente Glorieuses, années de forte croissance économique

CHRONOLOGIE

◆ France ◆ Europe ◆ Monde

1946	◆ Création de l'Unesco, organisation des Nations unies pour l'enseignement, la science et la culture ◆ États-Unis : premier ordinateur ◆ France : Sartre publie *L'existentialisme est un humanisme*
1948	◆ États-Unis : développement de l'industrie du disque
1949	◆ France : *Le Deuxième Sexe*, de Simone de Beauvoir
v. 1950	◆ La télévision conquiert l'Europe
1953	◆ Découverte de la structure de l'ADN
1954	◆ Début des vols transatlantiques réguliers
v. 1955	◆ Royaume-Uni : début du pop art qui gagne les États-Unis
1956	◆ Mise au point de la pilule contraceptive

1958 À 1980

Évènements politiques

1958-1969	◆ France : de Gaulle, premier président de la Ve République [→ Ve République p. 197]
1959	◆ Cuba : Fidel Castro prend le pouvoir
1960	◆ Moyen-Orient : création de l'OPEP
1961	◆ Allemagne : construction du mur de Berlin
1962	◆ Crise de Cuba entre l'URSS et les États-Unis après l'installation de fusées soviétiques sur l'île ◆ Accords d'Évian, mettant fin à la guerre d'Algérie et reconnaissant l'indépendance du pays
1963	◆ États-Unis : assassinat du président J. F. Kennedy
1965-1973	◆ Guerre du Viêtnam opposant les États-Unis et le Viêtnam du Nord
1965-1976	◆ Chine : révolution culturelle menée par Mao Zedong
1967	◆ Moyen-Orient : guerre des Six Jours entre Israël et l'Égypte
1968	◆ Tchécoslovaquie : le Printemps de Prague ◆ France : évènements de Mai 68
1969-2005	◆ Irlande du Nord : guerre civile entre catholiques et protestants
1973	◆ Chili : mort de Allende et établissement d'une dictature militaire
1975-1979	◆ Cambodge : dictature des Khmers rouges
1975-1990	◆ Moyen-Orient : guerre du Liban
1976	◆ Viêtnam : proclamation de la République socialiste. Réunion du Viêtnam du Nord et du Viêtnam du Sud
1979	◆ Iran : constitution d'une république islamique dirigée par l'imam Khomeiny ◆ Europe : première élection au suffrage universel du Parlement européen

Mai 68 (affiche)

Faits culturels

1959	◆ *La Dolce Vita* de F. Fellini
1960	◆ Invention du laser
1961	◆ URSS : Iouri Gagarine, premier homme dans l'espace
1967	◆ Première transplantation cardiaque
1968	◆ États-Unis : assassinat de Martin Luther King, prix Nobel de la paix ◆ Début de la libéralisation de la pilule contraceptive

Affiche à l'effigie de Martin Luther King

Apollo XI

1969	◆ Premiers pas sur la Lune (Apollo XI)
1973	◆ Premier choc pétrolier ◆ A. Soljenitsyne dénonce les camps soviétiques dans *L'Archipel du Goulag*
1975	◆ France : Simone Veil fait adopter la loi légalisant l'IVG ◆ France : invention de la carte à puce par R. Moreno
1979	◆ Deuxième choc pétrolier ◆ France : lancement de la fusée Ariane 1

1980 À 2014

Évènements politiques

Berlin : la chute du mur (1989)

1980-1988	◆ Moyen-Orient : guerre entre l'Iran et l'Irak
1981-1995	◆ France : François Mitterrand, président
1984	◆ Inde : assassinat d'Indira Gandhi
1985	◆ URSS : Gorbatchev met en place une nouvelle politique, la « perestroïka » (reconstruction)
1989	◆ Allemagne : chute du mur de Berlin ◆ Chine : massacre des étudiants sur la place Tianan men
1991	◆ URSS : éclatement de l'URSS [→ carte 19]
1992	◆ Europe : traité de Maastricht [→ Europe p. 198 et carte 20]
1993	◆ Europe : la CEE devient l'Union européenne
1995-2007	◆ France : Jacques Chirac, président
2001	◆ États-Unis : attentats du 11 septembre Début de la guerre en Afghanistan
2002	◆ Europe : mise en circulation d'une monnaie unique, l'euro
2003	◆ États-Unis : guerre contre l'Irak
2007	◆ Europe : l'Union européenne compte 27 pays membres ◆ France : Nicolas Sarkozy, président
2008	◆ États-Unis : élection de Barack Obama
2011	◆ Monde arabe : "Printemps arabe" (chute de plusieurs régimes : Tunisie, Égypte, Libye)
2012	◆ France : François Hollande président
2014	◆ Début de la coalition internationale contre Daech
2015	◆ France : attentats terroristes

Barack Obama, président des États-Unis (2008)

Faits culturels

1980	◆ Début de l'épidémie de sida en Afrique
1981	◆ France : abolition de la peine de mort ◆ Première navette spatiale américaine
1983	◆ Identification du virus du sida par l'équipe du Français Luc Montagnier
1985	◆ Premiers CD-ROM
1986	◆ URSS : explosion à la centrale nucléaire de Tchernobyl
1991	◆ Création du réseau Internet (World Wide Web)
1993	◆ Afrique du Sud : Nelson Mandela, prix Nobel de la paix
1998	◆ Protocole de Kyoto sur les émissions de gaz à effet de serre
2000	◆ France : durée légale de la semaine de travail fixée à 35h
2008	◆ Crise financière mondiale
2011	◆ Japon : séisme et accident nucléaire à Fukushima

REPÈRES ESSENTIELS

IIIe millénaire av. J.-C.	Les premières civilisations
VIIIe s. av. J.-C.	Homère, fondation de Rome, début de l'écriture de la Bible
Ve s. av. J.-C.	Périclès
52 av. J.-C.	Jules César et Vercingétorix, Alésia
Ier s.	Début du christianisme
Ier et IIe s.	« Paix romaine »
622	L'Hégire
800	Le couronnement de Charlemagne
Xe-XIIe s.	L'âge des églises romanes
1096-1099	Première croisade
XIIe-XVe s.	L'âge des églises gothiques
1492	Premier voyage de Christophe Colomb
XVe-XVIe s.	La Renaissance
1598	L'édit de Nantes
1661-1715	Louis XIV, Versailles
milieu du XVIIIe s.	L'Encyclopédie
1789-1799	La Révolution française
14 juillet 1789	Prise de la Bastille
août 1789	Déclaration des droits de l'Homme et du citoyen
septembre 1792	Proclamation de la République
1799-1815	Le Consulat et l'Empire
1804	Napoléon Ier empereur des Français
1815	Le congrès de Vienne
1815-1848	Monarchie constitutionnelle en France
1848-1852	La Seconde République
1848	Établissement du suffrage universel masculin Abolition de l'esclavage
1852-1870	Le Second Empire (Napoléon III)
1870-1940	La Troisième République
1882	Jules Ferry et l'école gratuite, laïque et obligatoire
1894-1906	Affaire Dreyfus
1905	Loi de séparation des Églises et de l'État
1914-1918	La Première Guerre mondiale
1916	Verdun
1917	La révolution russe
11 novembre 1918	Armistice de la Grande Guerre
1924-1953	Staline au pouvoir
1933-1945	Hitler au pouvoir
1936	Victoire électorale et lois sociales du Front Populaire
1939-1945	La Seconde Guerre mondiale
1940-1944	Le régime de Vichy
18 juin 1940	Appel du général de Gaulle
1944-1945	Libération de la France ; rétablissement de la République (la IVe) ; droit de vote des femmes
8 mai 1945	Fin de la Seconde Guerre mondiale en Europe
août 1945	Hiroshima et Nagasaki
1945	Sécurité sociale
1947-1962	Principale phase de la décolonisation
1957	Les traités de Rome
1958-1969	Les années de Gaulle
1958	Fondation de la Ve République
1961-1989	Le Mur de Berlin
1981-1995	Les années Mitterrand
1992	Le traité de Maastricht
1995-2007	Les années Chirac
2002	L'euro monnaie européenne

(source : BO spécial n° 6 du 28 août 2008)

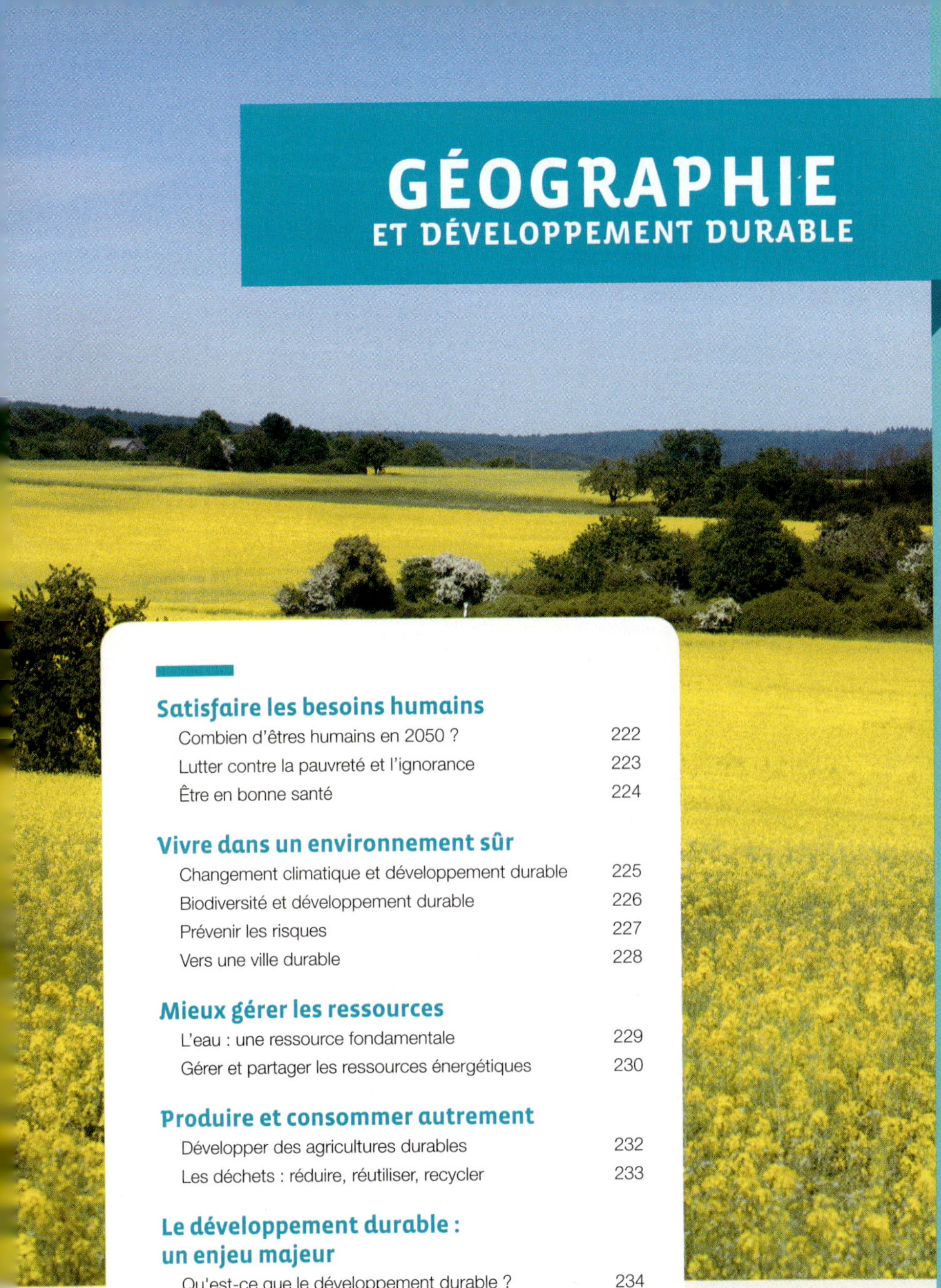

GÉOGRAPHIE
ET DÉVELOPPEMENT DURABLE

Satisfaire les besoins humains

Vivre dans un environnement sûr

Mieux gérer les ressources

Produire et consommer autrement

Le développement durable : un enjeu majeur

Combien d'êtres humains en 2050 ?

« Une petite famille est une famille heureuse. » Les politiques d'information menées par les États ne suffisent pas à arrêter la croissance des populations.

Un tiers de l'humanité vivra en Inde ou en Chine en 2050 (INED).

Pendant des millénaires, la population mondiale a connu une croissance très faible du fait d'une forte mortalité, notamment infantile, qui venait annuler les effets d'une forte natalité. Tout a changé au XXe siècle avec les progrès médicaux, une meilleure hygiène et la généralisation des vaccinations. La Terre, qui comptait seulement 2 milliards d'habitants en 1927, voit sa population doubler en moins de 50 ans pour atteindre 4 milliards en 1974, puis 7 milliards en 2011.

Croissance démographique et développement durable

Un développement durable suppose-t-il une stabilisation voire une diminution de la population mondiale ? Combien d'êtres humains notre planète peut-elle nourrir ? La question fait l'objet d'une vive polémique entre ceux qu'on appelle les néomalthusiens, plutôt pessimistes, et ceux qui pensent que la Terre peut supporter un accroissement maîtrisé de la population. Les premiers pensent que les ressources s'épuiseront plus vite et que la Nature sera encore davantage dégradée. Les seconds espèrent que des progrès techniques et un autre mode de vie, plus économe, permettront de concilier croissance démographique et préservation des ressources et de l'environnement.

L'explosion démographique peut-elle se poursuivre au XXIe siècle ?

Selon les estimations de l'ONU, la population mondiale devrait dépasser 9 milliards d'habitants vers 2050 pour ensuite stagner voire même diminuer légèrement. Cela signifierait un ralentissement du rythme actuel de croissance, qui a d'ailleurs déjà faibli depuis vingt ans. Ce ralentissement serait dû principalement à la baisse de la fécondité, qui est en 2010 de 2,6 enfants par femme en âge de procréer (moyenne mondiale). Mais à l'inverse l'augmentation de l'espérance de vie contribue à l'augmentation de la population, à son vieillissement et à ses conséquences (retraites, soins...). En 2050, la population africaine aura doublé, dépassant deux milliards d'habitants, car c'est la seule partie du monde dont la transition démographique est loin d'être achevée.

Lutter contre la pauvreté et l'ignorance

Dans les bidonvilles, la précarité conduit à des solutions de fortune (Afrique du Sud).

En 2050, la population africaine aura doublé, dépassant deux milliards d'habitants, car c'est la seule partie du monde dont la transition démographique est loin d'être achevée.

La réduction de la pauvreté dans le monde est au cœur du volet social du développement durable. La pauvreté est définie comme la non-satisfaction des besoins essentiels d'une personne ou d'un groupe social. La Banque mondiale estime que 25 % des habitants des pays en développement vivent avec un revenu inférieur à 2,5 dollars par jour et par personne. En France, cela concerne 7 % de la population, soit 4 millions de personnes.

COMMENT RÉDUIRE LA PAUVRETÉ ?

0,5 % de la population mondiale détient 36 % des richesses, 50 % en détient 1 % (rapport 2010 du Crédit suisse).

Dans les pays pauvres, la réduction de la pauvreté dépend d'abord d'un meilleur développement économique. On le voit bien dans les pays dits émergents (Chine, Inde, Brésil…) alors que les pays les moins avancés (PMA) d'Afrique continuent d'afficher les taux de pauvreté les plus élevés du monde. Ce qu'on appelle « l'aide publique au développement », les aides accordées aux pays pauvres par les pays riches, ne peut suffire : seulement quelques pays d'Europe du Nord respectent l'engagement proposé par l'ONU de verser 0,7 % du revenu national brut à l'aide publique. Dans les pays riches, les États parviennent de moins en moins à atténuer les inégalités sociales par une politique de redistribution de la richesse. La pauvreté tend à augmenter, en lien avec la montée du chômage et de toutes les formes de précarité.

L'ÉDUCATION, UN LEVIER PUISSANT

Pour comparer le niveau de développement des pays, on construit des indices comme l'indice de développement humain (IDH) qui prend en compte le revenu mais aussi le taux d'alphabétisation et la durée moyenne de la scolarisation. 100 % des enfants scolarisés dans le primaire en 2015, tel est l'objectif de l'ONU. Malgré les progrès réalisés, en 2009, 67 millions d'enfants dans le monde (soit 23 %) ne sont pas scolarisés, principalement en Afrique. On compte également encore 765 millions d'analphabètes parmi la population adulte. Pourtant il est admis que l'éducation de base est une condition indispensable au développement durable, et que l'éducation des jeunes filles a un impact sur la santé des enfants.

Où est le bien-être quand on crée ses problèmes de santé ?

Être en bonne santé

« ÊTRE EN BONNE SANTÉ » AU SENS DU DÉVELOPPEMENT DURABLE

Être « en bonne santé » ne se limite pas à « ne pas être malade ». La qualité de la vie repose sur un bon état physique et physiologique. Une alimentation de qualité, en quantité adaptée aux dépenses, un apport en nutriments complet et équilibré sont nécessaires. Mais plus que cela, c'est tout l'environnement de vie qui est concerné : activité physique, faible exposition au stress. Cette approche de la santé exige un traitement global. L'organisation de la ville durable doit fournir des conditions environnementales et sociales facilitant la vie au quotidien et diminuant les facteurs de stress. De même, l'aménagement des conditions de travail, depuis l'organisation du poste de travail jusqu'aux relations au sein de l'entreprise, peut contribuer de façon fondamentale au bien-être des personnes.

SANTÉ ET SOLIDARITÉ : UNE RESPONSABILITÉ COLLECTIVE

À l'échelle d'un pays, la santé publique constitue un enjeu social et économique considérable. Chaque citoyen, responsable vis-à-vis de lui-même de sa santé, engage le reste de la société et les comportements irresponsables ont un coût pris en charge de façon solidaire par l'ensemble de la société à travers les systèmes d'assurances sociales et de mutuelles. Les facteurs culturels ont un rôle déterminant.

Le tabac tuera plus de 8 millions de personnes par an d'ici 2030 (OMS).

PANDÉMIE ET INÉGALITÉ DEVANT LA SANTÉ

À l'échelle mondiale, de grandes pandémies se développent, favorisées par les déplacements de population, les échanges de produits. L'Afrique paye un tribut considérable au sida dont les conséquences sociales et économiques freinent le développement du continent. Les possibilités d'action des sociétés face aux questions de santé constituent un des grands facteurs d'inégalité et la pauvreté augmente considérablement la vulnérabilité des populations. Les sociétés plus riches ne sont pas à l'abri de ces risques et si les craintes qu'a pu éveiller l'extension de diverses grippes n'ont pas été justifiées, rien ne prouve que cela sera toujours le cas.

L'éradication des moustiques vecteurs du paludisme recourt à des produits toxiques auxquels les insectes s'adaptent (Thaïlande).

Il est probable à plus de 90 % que le réchauffement climatique est lié aux activités humaines (GIEC, bilan 2007).

Les centrales à charbon produisent de l'électricité au prix d'une importante pollution atmosphérique par les poussières et les émissions de CO_2.

Changement climatique et développement durable

CHANGEMENT CLIMATIQUE ET ACTIVITÉS HUMAINES

Des analyses fiables, validées par des instances scientifiques, montrent un **réchauffement global de la planète**. Cette évolution n'est pas homogène ; si le recul de la plupart des glaciers en atteste, les conditions locales peuvent parfois être inverses et alimenter des controverses marginales. Cette modification globale du climat coïncide dans le temps avec **l'augmentation dans l'atmosphère des « gaz à effet de serre »**, dont en particulier le dioxyde de carbone émis en grande quantité par les activités humaines (combustion de carburants fossiles, fabrication du béton, etc.). Ceci amène à attribuer à l'homme la responsabilité de ce changement climatique. D'autres facteurs, comme la variation de l'activité solaire, peuvent intervenir, ce qui entretient une controverse.

DES CONSÉQUENCES PRÉVISIBLES : ENJEUX DE DÉVELOPPEMENT

Menacées par l'élévation du niveau de la mer, certaines îles (ici les Maldives) pourraient disparaître.

Il est probable qu'il accentuera les différences climatiques entre zones, rendant ainsi plus chaudes et plus arides les régions déjà sèches, augmentant les déficits en eau. On voit dès à présent une évolution des faunes et des flores, les plus méridionales remontant progressivement vers le nord. Une répartition différente de certaines maladies parasitaires pourrait accompagner cette évolution. Le niveau de la mer pourrait à terme monter et rendre inhabitables certaines zones littorales. Il n'est pas impossible aussi qu'en augmentant les déséquilibres atmosphériques, il augmente le risque de cyclones.

AGIR CONTRE LE RÉCHAUFFEMENT CLIMATIQUE : UNE SAGE PRÉCAUTION

Les enjeux sur le développement humain apparaissent donc potentiellement considérables, sur la santé, sur la survie de certaines populations, entraînant de grandes migrations. Les prévisions portent sur des temps relativement courts, une cinquantaine d'années, donc à l'échelle des générations humaines.
Malgré les doutes qui subsistent, l'application d'un principe de précaution justifie une lutte active pour limiter ce phénomène en réduisant les émissions de dioxyde de carbone, objectif d'ailleurs convergent avec celui d'une économie des ressources non renouvelables de combustibles fossiles. D'autres solutions sont également recherchées, par exemple la séquestration du dioxyde de carbone, pour limiter voire inverser cette tendance.

801 espèces sont éteintes, près de 20 000 sont menacées d'extinction (UICN, Liste rouge 2011).

Biodiversité et développement durable

LES ENJEUX DE LA BIODIVERSITÉ

La biodiversité présente une **valeur d'usage direct**, en offrant des sources d'aliments variés, des molécules pour l'industrie pharmaceutique, sans compter la valeur récréative que l'on accorde à un paysage aux espèces diversifiées.

Elle possède aussi une **valeur d'usage indirect**, en déterminant l'efficacité de certaines fonctions écologiques (absorption des déchets, assainissement des eaux, décomposition et vie des sols, protection contre l'érosion, pollinisation). Les conséquences sanitaires sont également importantes : la biodiversité peut limiter l'extension des parasites, favorisée à l'inverse par les monocultures intensives.

Garder la biodiversité permet de conserver des ressources qui, avec l'évolution des connaissances, permettront peut-être de trouver de nouveaux médicaments. Cela constitue la « **valeur d'usage potentiel** » de la biodiversité.

L'attachement affectif ou culturel à préserver des espèces en voie de disparition amène à attribuer une **valeur de legs** à la biodiversité, naissant de la satisfaction que procure le fait de savoir qu'une espèce existe et qu'elle sera conservée pour les générations futures.

L'IMPACT DES PRATIQUES HUMAINES SUR LA BIODIVERSITÉ

Les pratiques actuelles entraînent une érosion de la biodiversité, d'une façon inégale selon les lieux. Les causes principales en sont la surexploitation ou l'extinction d'espèces (par la pêche par exemple), la disparition et la fragmentation des habitats (liées entre autres à la déforestation) ou l'introduction accidentelle d'espèces invasives. Or, la reconstitution d'une biodiversité repose sur des mécanismes beaucoup plus lents que sa destruction.

Une fois la forêt tropicale détruite, le sol se transforme en latérite, interdisant toute reconstitution rapide de la biodiversité.

En collectant sa nourriture, l'abeille permet la pollinisation et la reproduction de la plante. La disparition de l'une peut compromettre la survie de l'autre.

DES MESURES POUR PRENDRE EN COMPTE LA BIODIVERSITÉ

La prise de conscience des enjeux considérables de la biodiversité amène à réfléchir à des solutions techniques de conservation mais surtout à la prendre en compte dans les décisions, que ce soit à l'échelon local ou à travers de grands projets internationaux, comme le réseau européen Natura 2000 ou le programme MAB *(Man and Biosphere)* de l'Unesco et la préservation de sites exceptionnellement riches (réserves de biosphère).

Prévenir les risques

Les habitations d'Haïti n'étaient pas construites pour résister à un séisme, bien que le risque soit connu.

MIEUX CONNAÎTRE LES PHÉNOMÈNES

On parle de **risque** lorsqu'un évènement aléatoire (**l'aléa**) est susceptible de mettre en péril des vies ou des activités humaines (**les enjeux**). Pour un développement durable, il est obligatoire d'adopter des mesures de prévention en s'appuyant sur la connaissance de l'aléa. Les géosciences en particulier aident à comprendre les causes des risques naturels et à définir des zones dans lesquelles la probabilité de les voir survenir est forte. Ces risques peuvent venir des profondeurs de la Terre (séisme, éruption), affecter sa surface (inondation, avalanche, cyclone, sécheresse, mouvement de terrain…) ou être liés à l'activité humaine (sites industriels, transport de matières dangereuses).

85 % de la population exposée aux séismes, cyclones, inondations, à la sécheresse, vit dans des pays à IDH faible ou moyen (PNUD).

Le transport de matières dangereuses (combustibles, toxiques…) exige d'importantes mesures de sécurité.

LES MOYENS D'ACTION

On peut intervenir sur **la gestion de l'aléa** lui-même : la régulation des cours d'eau, la mise en place de bassins de rétention peuvent réduire le risque d'inondation, comme les mesures de sûreté prises dans les transports ou les usines chimiques visent à réduire au maximum les risques d'accident technologique. Une surveillance régulière permet de déclencher des alertes précoces.

Que faire des déchets dangereux sur des temps longs pour limiter les risques d'accident ?

Mais si l'aléa n'est pas contrôlable, il est possible de **jouer sur les enjeux** en évitant d'occuper les zones à risques délimitées dans le cadre de plans de prévention des risques.

Pourtant certains territoires comme les littoraux exercent une forte attraction et des populations entières de zones tropicales qui s'y sont installées sont soumises au risque cyclonique. Reste alors à **diminuer leur vulnérabilité** en appliquant des préconisations visant à limiter les effets de ces aléas, par exemple en construisant selon des normes antisismiques pour mieux résister aux tremblements de terre.

Vers une ville durable

Les enjeux des déplacements en ville sont multiples, de la limitation des pollutions à la qualité de vie des usagers (ici à Brême, en Allemagne).

1 milliard de personnes vivent dans des bidonvilles (ONU-Habitat, rapport 2010).

Plus de la moitié de l'humanité vit désormais dans les villes. Il faut donc rendre compatible le développement urbain avec les exigences d'un développement durable. Or, les villes, en particulier les grandes métropoles, sont marquées de nombreux problèmes : par exemple, un étalement excessif qui réduit d'autant les surfaces agricoles, des rejets massifs de CO_2 liés à la circulation automobile, des nuisances sonores. Les solutions diffèrent selon les pays.

QUELS AMÉNAGEMENTS DURABLES DANS LES PAYS DU NORD ?

En suivant les recommandations du Sommet de la Terre (Rio,1992), de nombreuses villes ont pris des engagements (Agenda 21). On accorde souvent une certaine priorité au volet environnemental du développement durable : aménagement d'espaces verts, tri sélectif des déchets, construction de bâtiments à basse consommation énergétique, développement des transports en commun. On voit aussi se multiplier les écoquartiers, qui cherchent à associer une excellente qualité environnementale, la mixité sociale et plus globalement une nouvelle façon de vivre ensemble. Les pays d'Europe du Nord (Suède, Pays-Bas, Allemagne) jouent un rôle pionnier.

Écoquartier Vauban à Fribourg (Allemagne).

ET LES PAYS DU SUD ?

Un grand nombre de villes du Sud rencontrent d'énormes problèmes de gestion urbaine : insuffisance des équipements collectifs (transports en commun, accès à l'eau potable, assainissement, gestion des déchets, etc.), pollutions en tout genre. Ces villes grandissent trop vite sans plan d'urbanisme, et les habitants des quartiers pauvres sont exposés au manque d'hygiène, de services, à l'insécurité. Un aménagement durable nécessite d'abord une meilleure administration et des moyens financiers pour les collectivités locales, souvent très démunies. Des progrès sont réalisés, avec la collaboration des habitants, lorsque l'habitat précaire (bidonvilles, taudis) diminue et que les quartiers périphériques sont dotés des services de base : eau courante, électricité, rues goudronnées, etc.

Comment concilier l'évolution des modes de vie avec la structure traditionnelle des villes qui se surpeuplent ? (Freetown, capitale de la Sierra Leone)

L'eau : une ressource fondamentale

15 à 25 % de l'eau potable consommée par immeuble en France est perdue à cause de fuites (CNRS).

DISPOSER D'EAU POTABLE

Boire une eau de qualité, sans polluants ni microbes, est une nécessité absolue. Il faut donc éviter qu'elle soit contaminée par les activités humaines (industrie, agriculture, rejet de déchets). Il faut le plus souvent la traiter pour la rendre propre à la consommation. C'est un processus coûteux en énergie qui justifie que l'on économise l'eau potable. Les économies d'eau passent par une réduction de la consommation, la limitation des pertes (fuites, évaporation) ou le recyclage des eaux usées.

Combien de temps les réserves d'eau permettront-elles d'arroser le désert ? (Nouveau-Mexique, États-Unis)

UNE RESSOURCE INDISPENSABLE AUX ACTIVITÉS HUMAINES

La croissance des êtres vivants réclame de l'eau, ce qui explique que les pratiques agricoles (irrigation, élevage) représentent une fraction importante de l'eau utilisée par l'homme (70 %). On essaye de diminuer cette consommation par l'amélioration des pratiques agricoles, la recherche et le choix de variétés mieux adaptées aux conditions hydriques.

L'industrie utilise également de l'eau, présente tout au long de la chaîne de production (pour dissoudre, extraire, transformer...). On désigne par eau grise cette consommation d'eau insoupçonnable dans le produit fini et dont le coût devrait entrer dans la détermination du prix des objets manufacturés.

Convertir l'énergie potentielle de l'eau : une énergie « propre » obtenue au prix de modifications importantes du paysage, de la circulation des eaux et de la sédimentation (barrage Hoover sur le Colorado, États-Unis).

L'utilisation de l'eau comme source d'énergie mécanique dans la production hydroélectrique implique un aménagement des cours d'eau (digues, canaux, barrages, dragage...) qui modifie les écosystèmes aquatiques et le cycle naturel de l'eau.

UNE RESSOURCE INÉGALEMENT RÉPARTIE SUR LA PLANÈTE

Un puits au Sénégal.

La gestion de l'eau se pose de façon différente selon les lieux, car cette ressource est très inégalement répartie. Dans les zones arides, la disponibilité en eau est une question première de survie pour les populations. Disposer de l'eau devient un enjeu géopolitique considérable, source de conflits.

Gérer et partager les ressources énergétiques

Un milliard et demi d'humains n'ont pas accès à l'électricité (PNUD, 2009).

Un mode de distribution du carburant adapté à une demande modérée ! (Cotonou, Bénin)

ÉNERGIE RENOUVELABLE ET ÉNERGIE NON RENOUVELABLE

Les activités humaines, domestiques ou industrielles, les transports, consomment de l'énergie. Les besoins varient selon les personnes, les pays, les modes de vie et les technologies employées. L'empreinte écologique en fournit une mesure relative qui autorise des comparaisons.

Les **énergies non renouvelables** consomment rapidement des réserves qui diminuent ou restent inaccessibles aux moyens actuels. Les transports reposent pour l'essentiel sur le pétrole qui pourrait être épuisé dans cinquante ans.

Ce véhicule « propre » n'émet pas de CO_2 et ne pollue pas localement. En est-il de même sur le lieu de production de l'électricité qui lui permet de rouler ?

Les **énergies renouvelables** dépendent d'une source non épuisable à l'échelle des générations humaines : énergie solaire, mouvements atmosphériques (énergie éolienne) ou énergie de l'eau (énergie hydraulique des cours d'eau ou des marées). L'énergie de la biomasse peut aussi être utilisée par combustion directe (bois) ou pour fabriquer des biocarburants (par exemple à partir d'algues).

L'**électricité** ne constitue pas en soi une source d'énergie, mais un **vecteur d'énergie** difficile à stocker pouvant être produit à partir de sources différentes et utilisé à diverses fins.

LES DIFFICILES CHOIX ÉNERGÉTIQUES

Aucune source d'énergie n'est parfaite. Les énergies fossiles rejettent du dioxyde de carbone dans l'atmosphère et des poussières polluantes pour le charbon. Le risque associé au fonctionnement des centrales nucléaires et la difficulté à trouver des solutions durables pour en traiter les déchets amènent à discuter de cette solution.

L'irrégularité des vents diminue l'intérêt des centrales éoliennes. L'utilisation de terres cultivables pour fabriquer des biocarburants entre en compétition avec la production d'aliments nécessaires pour nourrir plus de 7 milliards d'humains.

Quelle que soit la source d'énergie, le choix soulève des questions politiques, économiques, environnementales. La disponibilité de la ressource dans l'espace et dans le temps, aujourd'hui et pour les générations futures, le traitement des déchets et des résidus, le devenir des structures ayant permis leur transformation sont autant de facteurs à considérer. Les choix énergétiques apparaissent donc complexes et sont source de controverses et de débats. En l'absence de solution idéale, la diversification, variable selon les endroits, peut apporter des éléments de réponse.

Choisir entre le risque technologique et la moindre émission de CO_2 ? Mais aussi, qui choisit ? (manifestation antinucléaire à Francfort, Allemagne)

GÉRER LES RESSOURCES AUJOURD'HUI POUR DEMAIN

Les ressources en matières premières issues de minerais (fer, cuivre, éléments rares comme le silicium) posent les mêmes types de questions (épuisement, répartition…). Outre la recherche de nouveaux gisements à laquelle participent les géosciences, le traitement de ce problème passe par un nombre limité de voies : réduction de la consommation, recyclage et réutilisation, recherche de solutions technologiques visant par exemple à améliorer les conversions d'énergie. Tout cela implique une volonté politique forte, une gouvernance globale accompagnée d'un important travail d'éducation et d'une évolution des comportements.

Développer des agricultures durables

On dénonce aujourd'hui les excès d'une agriculture productiviste, marquée par l'utilisation intensive de produits chimiques (engrais, pesticides...). Elle dégrade l'environnement, pollue les nappes phréatiques, et ne garantit pas toujours des revenus suffisants aux agriculteurs. Elle a cependant permis une forte augmentation des rendements (« révolution verte » en Asie) et donc une capacité à nourrir une population mondiale multipliée par deux entre 1965 et 2010.

La moitié de la nourriture produite dans le monde est jetée (étude FAO, SIWI, IWMI, 2008).

La culture d'OGM : une nouvelle possibilité source de débats (à gauche, coton transgénique en Afrique du Sud ; à droite, réticences en France).

QU'EST-CE QU'UNE AGRICULTURE DURABLE ?

Elle doit d'abord **mieux respecter l'environnement** et surtout **préserver la qualité des sols** dont disposeront les générations futures, puisqu'il s'agit de leur premier outil de travail. Il faut aussi qu'elle **garantisse le maintien**, voire la restauration, **de la biodiversité**, les élevages ou les cultures productivistes ayant eu tendance à se satisfaire d'un petit nombre d'espèces ou de variétés rigoureusement sélectionnées. À côté de ces objectifs qualitatifs, un objectif quantitatif doit être maintenu : **fournir une production suffisante** pour nourrir une population mondiale en augmentation alors que les changements climatiques en cours obligent à faire évoluer les choix des cultures pratiquées.

Une agriculture durable doit enfin **assurer de meilleurs revenus aux producteurs**, en particulier dans les pays pauvres, ce qui implique de repenser les circuits de commercialisation de manière plus équitable.

LES DIFFÉRENTES VOIES POUR PROMOUVOIR UNE AGRICULTURE DURABLE

L'agriculture *biologique* exclut l'usage d'engrais chimiques, de pesticides ou de graines OGM. Elle est pratiquée traditionnellement par les paysans des pays du Sud alors qu'au Nord elle donne lieu à l'attribution d'un label. Toutefois sa capacité à prendre complètement le relais de l'agriculture *productiviste*, appelée aussi *conventionnelle*, fait l'objet d'un débat.

L'agriculture *raisonnée* cherche à limiter les apports d'éléments industriels sans y renoncer, en s'appuyant sur les progrès techniques (comme la gestion des cultures par satellite). Il s'agit aussi de cette manière de protéger la santé des agriculteurs.

Ce label garantit certaines conditions de production.

Les déchets : réduire, réutiliser, recycler

360 kilos de déchets ménagers par Français chaque année : un poids qui a doublé en 20 ans (ADEME).

500 à 1 000 milliards de sacs en plastique sont utilisés par an dans le monde. Ce déchet d'origine pétrolière mettra 400 ans à se décomposer.

Les déchets : des problèmes à résoudre

Nos sociétés produisent une quantité considérable de déchets qui posent essentiellement des problèmes économiques et environnementaux. Perdre ces déchets cause un gaspillage de matière première (ressources) et d'énergie. Ils peuvent être source de pollutions (par exemple les objets riches en mercure toxique comme certaines piles ou ampoules) ou poser des problèmes de santé publique (comme l'amiante) ou simplement d'hygiène. Trier facilite l'orientation des déchets vers un traitement adapté.

Objets « à usage unique » pour une société du « jetable ». Quelle alternative « durable » ?

Une gestion coûteuse et techniquement complexe

La gestion des déchets se pose à toutes les échelles, depuis l'élimination des ordures ménagères d'une ville jusqu'au devenir des déchets industriels, des destructions de bâtiments, d'usines en fin de production. Le coût en est considérable. Progressivement, ce coût devrait être intégré dans celui de chaque produit : on paierait ainsi dès l'achat le prix du traitement des déchets associés, en s'appuyant sur le « **cycle de vie** » de celui-ci.

Une règle simple au quotidien : la règle des « 3 R »

La règle des « 3 R » préconise :

– une **réduction** des déchets, à prendre en compte dans la conception des produits, leur emballage et les habitudes d'utilisation

– une **réutilisation** des objets, ce qui invite entre autres à réfléchir sur les limites de tous les produits à usage unique

– un **recyclage** des matières, ce qui importe en particulier pour les matières coûteuses et rares comme les métaux.

Le compostage des déchets organiques constitue aussi une forme de recyclage et permet de réinjecter comme engrais les éléments minéraux.

Recycler nécessite de penser la fabrication des objets, leur récupération, leur traitement… et la participation de citoyens éduqués.

Qu'est-ce que le développement durable ?

UNE EXPRESSION « DURABLE »

En 1987, dans un rapport à l'ONU, la ministre norvégienne Gro Harlem Brundtland définit le développement durable comme un « **développement qui permet aux générations actuelles de satisfaire leurs besoins tout en permettant aux générations futures de satisfaire les leurs** ». L'anglais *sustainable development* préfère le terme *soutenable* qui implique que les nécessaires évolutions, parfois difficiles, restent supportables **économiquement**, **socialement** et **écologiquement** par les sociétés actuelles tout en permettant un développement « soutenu dans le temps ». Cependant, c'est l'expression *développement durable* qui est désormais passée dans le vocabulaire courant, même si son sens a évolué.

En 2000, aucune de ces fillettes afghanes ne serait allée à l'école ; aujourd'hui elles le peuvent.

UNE VISION DE LA COMPLEXITÉ DU MONDE : LES PILIERS DU DÉVELOPPEMENT DURABLE

On considère communément qu'un développement ne saurait être durable s'il ne prend pas en compte trois grands piliers :
– le **pilier environnemental**, qui considère la qualité du milieu (de l'eau, des sols cultivables) ainsi que de la totalité des êtres vivants et des écosystèmes de la planète ;
– le **pilier social**, qui recouvre la qualité des sociétés, des interrelations entre les personnes et impose une exigence de justice et la lutte contre les inégalités (répartition des richesses, inégalité hommes/femmes, inégalité face à la santé…) ;
– le **pilier économique**, qui règle les transactions entre les hommes et les sociétés, la production des richesses, leurs échanges par le commerce et les systèmes financiers qui y participent. Les interactions entre ces éléments sont complexes. Les prendre en compte ne signifie pas leur accorder une égale importance. Il s'agit toutefois de tous les considérer, pour pouvoir choisir et leur donner dans les décisions un poids qui peut dépendre des lieux, des personnes, des actions.

DES DIFFÉRENCES DE PERCEPTION

On y ajoute fréquemment le **pilier culturel**, car la perception des trois piliers précédents peut considérablement varier selon les sociétés et au cours du temps. Ainsi dans les pays occidentaux, la « défense de l'environnement » a longtemps constitué une entrée dominante mettant la nature au centre des enjeux. Le poids accordé à la prise en compte des contraintes environnementales dépend aujourd'hui beaucoup de la culture des différents acteurs.
Les théories économiques peuvent s'affronter. La notion de *développement* implique un ensemble d'évolutions qualitatives des sociétés humaines, alors que le terme de *croissance* désigne plutôt une évolution quantitative. Les tenants de la **décroissance durable** mettent l'accent sur une approche économique différente, ceux de la **croissance verte** sur la nécessité d'une prise en compte plus importante des aspects économiques.

Contrepartie de la densité de l'occupation, de grandes villes modernes (ici Los Angeles) se couvrent d'un dôme de pollution insalubre.

Agir pour un développement durable

LES LEVIERS DU DÉVELOPPEMENT DURABLE

Pour espérer arriver à un résultat, on peut s'appuyer sur trois leviers essentiels :
– la **technologie** : elle apporte des solutions concrètes à des questions matérielles, par exemple pour le traitement des matériaux et des déchets, la production agricole, la mise en place d'autres formes d'énergie, les transports…
– la **gouvernance** : sans véritable schéma politique directeur, sans orientation des choix avec une vision d'avenir, aucune évolution n'est vraiment envisageable. On sait que les solutions les plus durables sont celles qui sont le mieux acceptées. Penser un développement durable nécessite également, à toutes les échelles, locales ou globales, une prise de décision qui implique que l'on écoute les différentes personnes ou les différents groupes, que l'on comprenne leurs besoins, leurs réticences et que les politiques adoptées soient réellement soutenables ;
– l'**éducation** : si chacun doit écouter et être écouté, devenir acteur du développement, il faut aussi que chacun ait les moyens de comprendre les enjeux du monde actuel, d'argumenter, de réfléchir, de décider et d'apprendre à agir.

UNE APPROCHE POLITIQUE ET CITOYENNE

La complexité des situations, la multiplicité des interactions interdisent toute certitude dans la prévision des conséquences des décisions. Il faut donc faire des choix, en assumer les conséquences : **agir en citoyen responsable**.

L'inégal partage d'une ressource en eau déjà rare entre tourisme et besoins locaux immédiats est-il durable ? (golf de Taba en Égypte, désert du Sinaï)

La prise en compte des valeurs dans les décisions, en particulier la **solidarité** entre les hommes d'aujourd'hui et les générations futures, la recherche d'**équité** et de **justice** font des démarches de développement durable des démarches éthiques dans lesquelles les seules contraintes économiques, sociales voire environnementales ne sauraient suffire.
Dans les modalités de décision, la nécessité d'entendre les intérêts des différents acteurs impose une gestion des situations fondée sur l'écoute et la participation, ainsi que la recherche de solutions qualifiées de « gagnant-gagnant ». Une décision inacceptable pour certains ne résiste jamais longtemps (n'est pas durable).

Le « développement durable » apparaît donc comme une question politique, au sens le plus large du terme. C'est une façon de penser le monde, mais aussi la façon dont chacun d'entre nous a envie de vivre ce monde et d'adopter un comportement qui permette d'avancer dans ce sens, dans le respect des autres. Pour cette raison, on évoque plutôt des « démarches de développement durable », comme des manières d'agir, orientées vers un but encore lointain.

Faciliter le covoiturage est une décision politique. Elle ne portera ses fruits que si les citoyens participent.

GÉOGRAPHIE

Entre responsabilité individuelle et grandes décisions internationales : comment construire ensemble une humanité durable ? (journée de la Terre à Ottawa, Canada)

L'affaire de tous

UNE RÉFLEXION ET DES ACTIONS INTERNATIONALES

De grandes conférences internationales permettent de confronter les approches et de proposer un certain nombre de plans d'action. S'il n'existe pas encore de « gouvernance mondiale » du développement durable, des conventions adoptées par de nombreux pays fixent de grandes stratégies en ce qui concerne par exemple l'émission de gaz à effet de serre, la consommation d'énergie ou la préservation de la biodiversité. Des organisations non gouvernementales, qui ne connaissent pas les frontières, forment des blocs de pression qui influencent ces prises de décision.

LA RÉSPONSABILITÉ DES ÉTATS

De nombreux États intègrent dans leurs politiques des axes de développement durable, ce qu'exprime le nom de certains ministères. Des stratégies du développement durable sont conçues et négociées, comme en France lors des différents « Grenelle de l'environnement » et du « Grenelle de la mer »

L'ENGAGEMENT DES ENTREPRISES ET DES TERRITOIRES

Les grandes entreprises affichent résolument leur volonté de s'inscrire dans des démarches de développement durable et créent des directions spécifiques. Il s'agit d'intégrer cette dimension dans la gestion des personnes comme dans leur fonctionnement, en introduisant des règles de commerce équitable ou en veillant à l'éthique des modes d'échange et de production.

Les communes ou communautés de communes, qu'elles soient urbaines ou rurales, se trouvent confrontées à des enjeux économiques, des défis sociologiques et environnementaux, qu'elles prennent en compte de façon plus explicite en adoptant pour certaines des démarches codifiées (Agenda 21).

Une fois les technologies au point, la décision de les mettre en œuvre relève d'une politique qui engage le long terme.

LA RESPONSABILITÉ DE CHACUN

Mais le développement durable n'est pas que l'affaire des décideurs. Chacun peut, dans sa vie quotidienne, agir et apporter sa contribution. Cela conduit concrètement à adopter ce qu'on appelle parfois des « bonnes pratiques », favorables au développement durable, comme trier ses déchets, limiter sa consommation d'énergie chez soi et dans ses déplacements, économiser l'eau, manger des produits de saison, etc. « Think globally, act locally » : penser à l'échelle mondiale, et agir localement. Voici une des idées qui porte les démarches de développement durable.

Les subventions accordées pour les sources d'énergie nouvelles peuvent influencer les choix individuels.

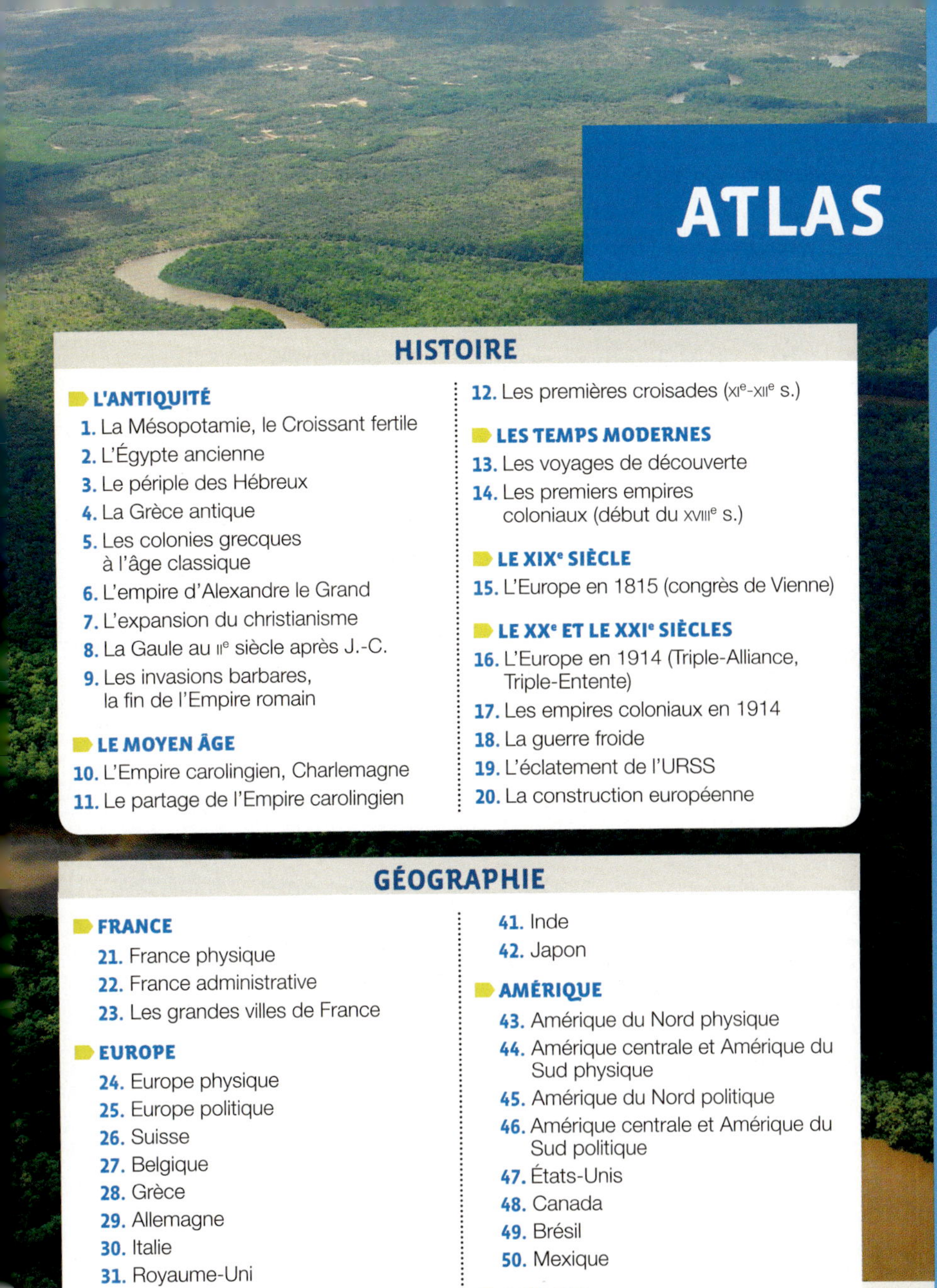

ATLAS

HISTOIRE

GÉOGRAPHIE

1. La Mésopotamie, le Croissant fertile

2. L'Égypte ancienne

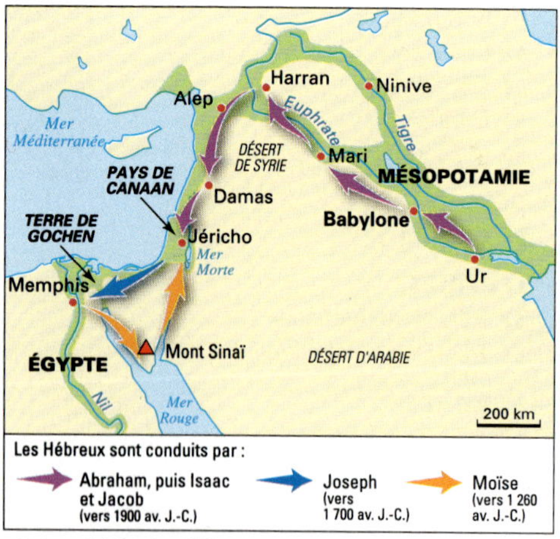

3. Le périple des Hébreux

4. La Grèce antique

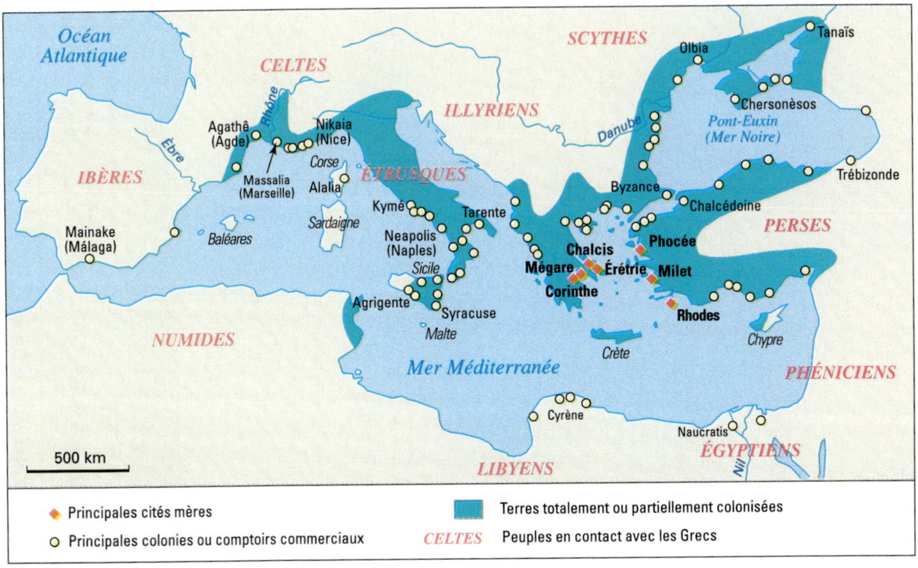

5. Les colonies grecques à l'âge classique

ATLAS

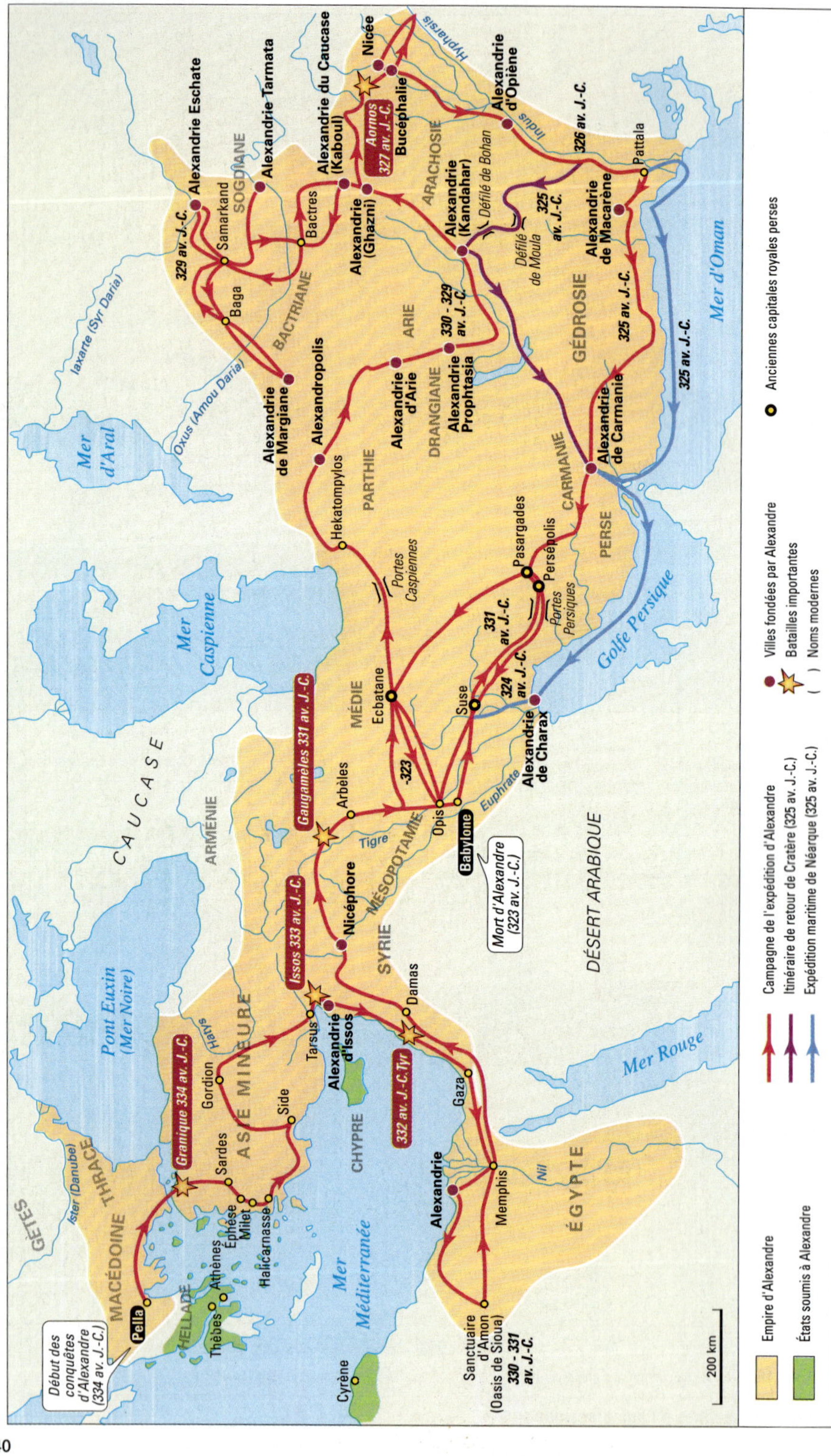

6. L'empire d'Alexandre le Grand

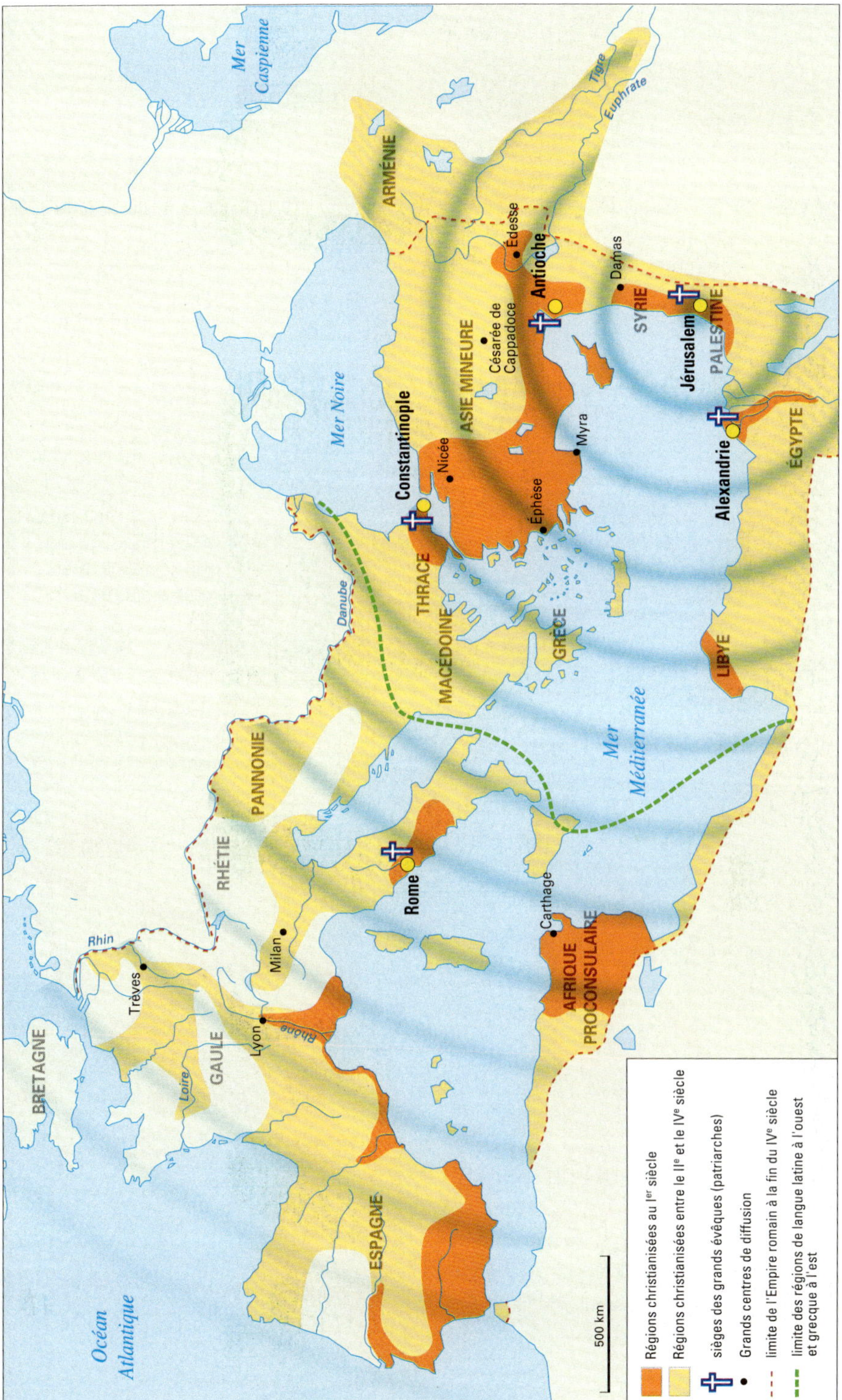

7. L'expansion du christianisme

ATLAS

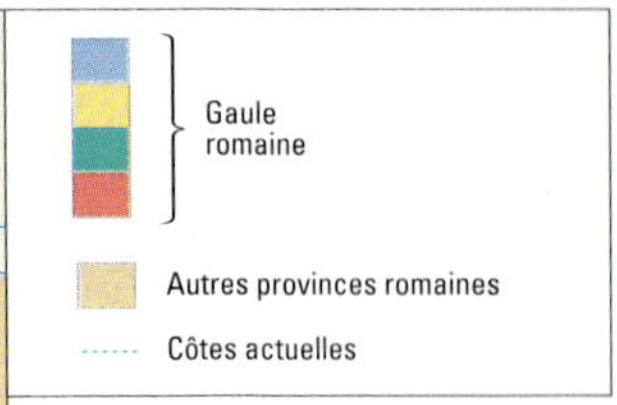

8. La Gaule au IIe siècle après J.-C.

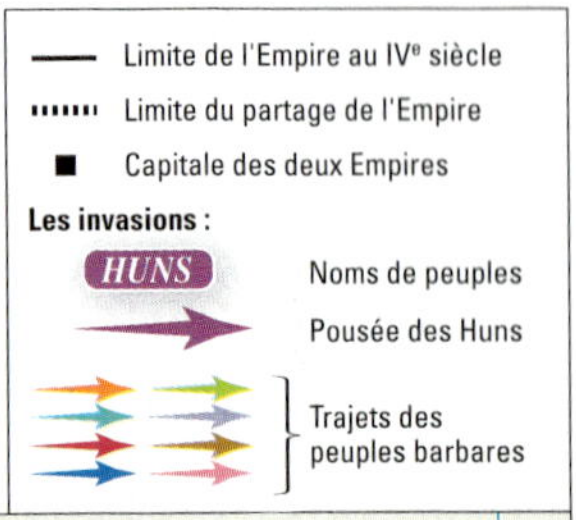

9. Les invasions barbares, la fin de l'Empire romain

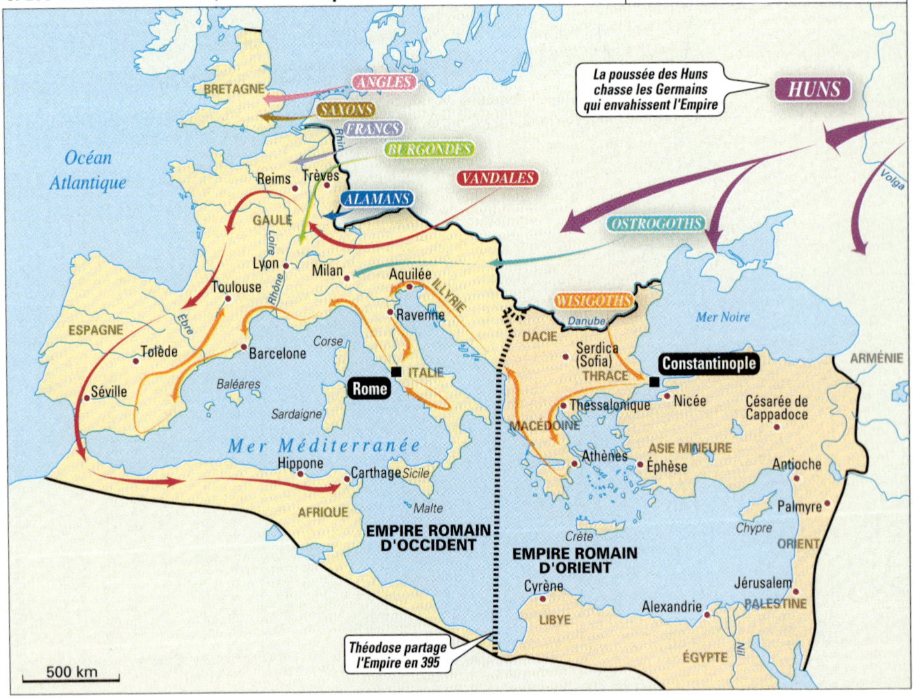

10. L'Empire carolingien, Charlemagne

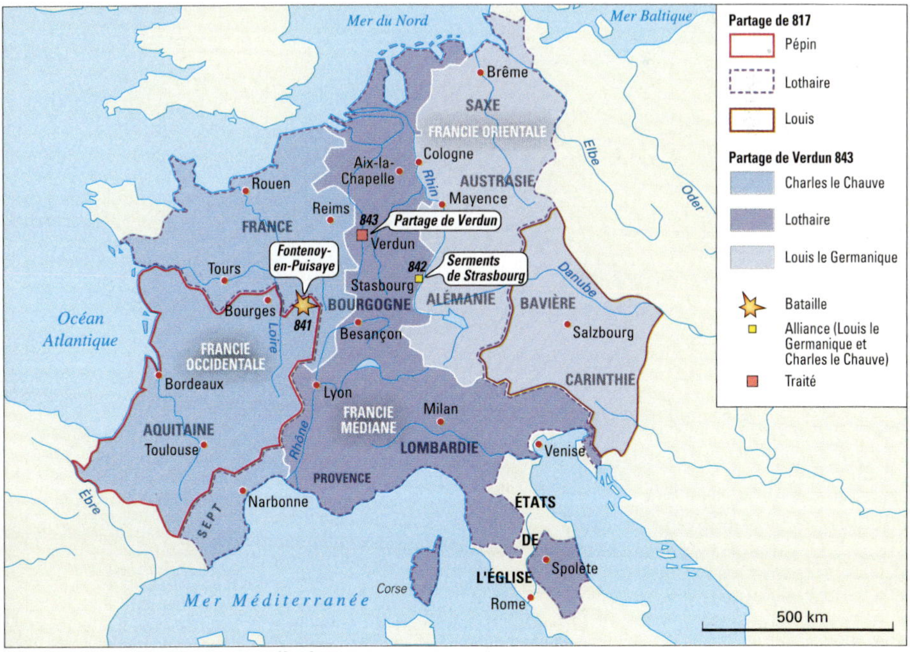

11. Le partage de l'Empire carolingien

ATLAS

Le Moyen Âge

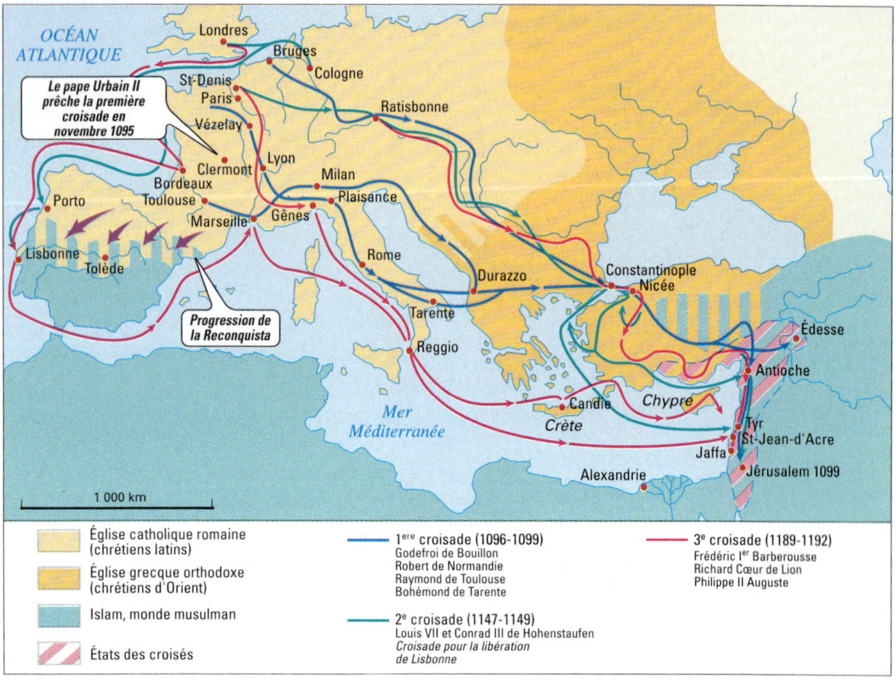

12. Les premières croisades (XIe-XIIe siècles)

Les Temps modernes

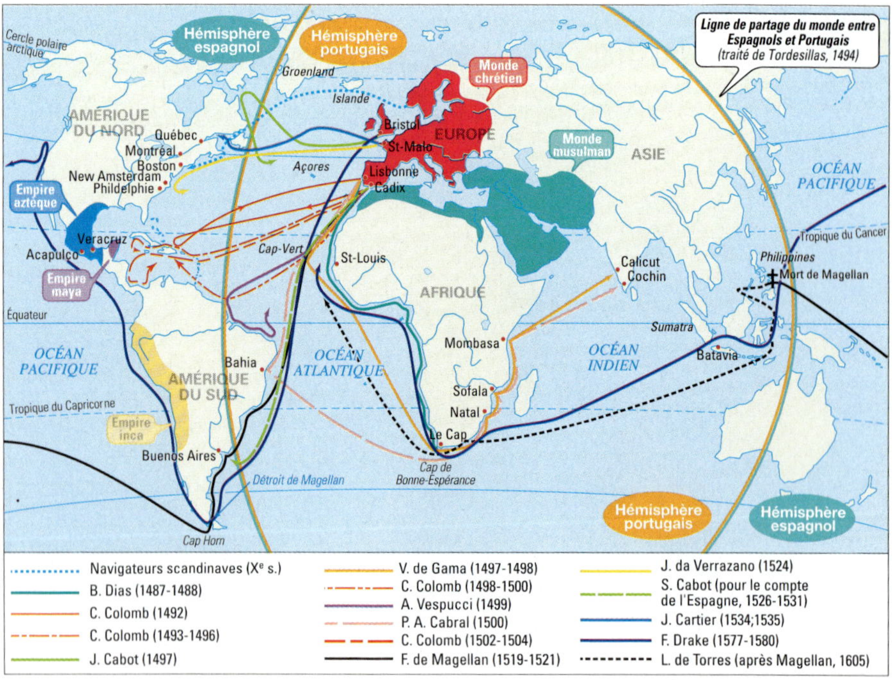

13. Les voyages de découverte

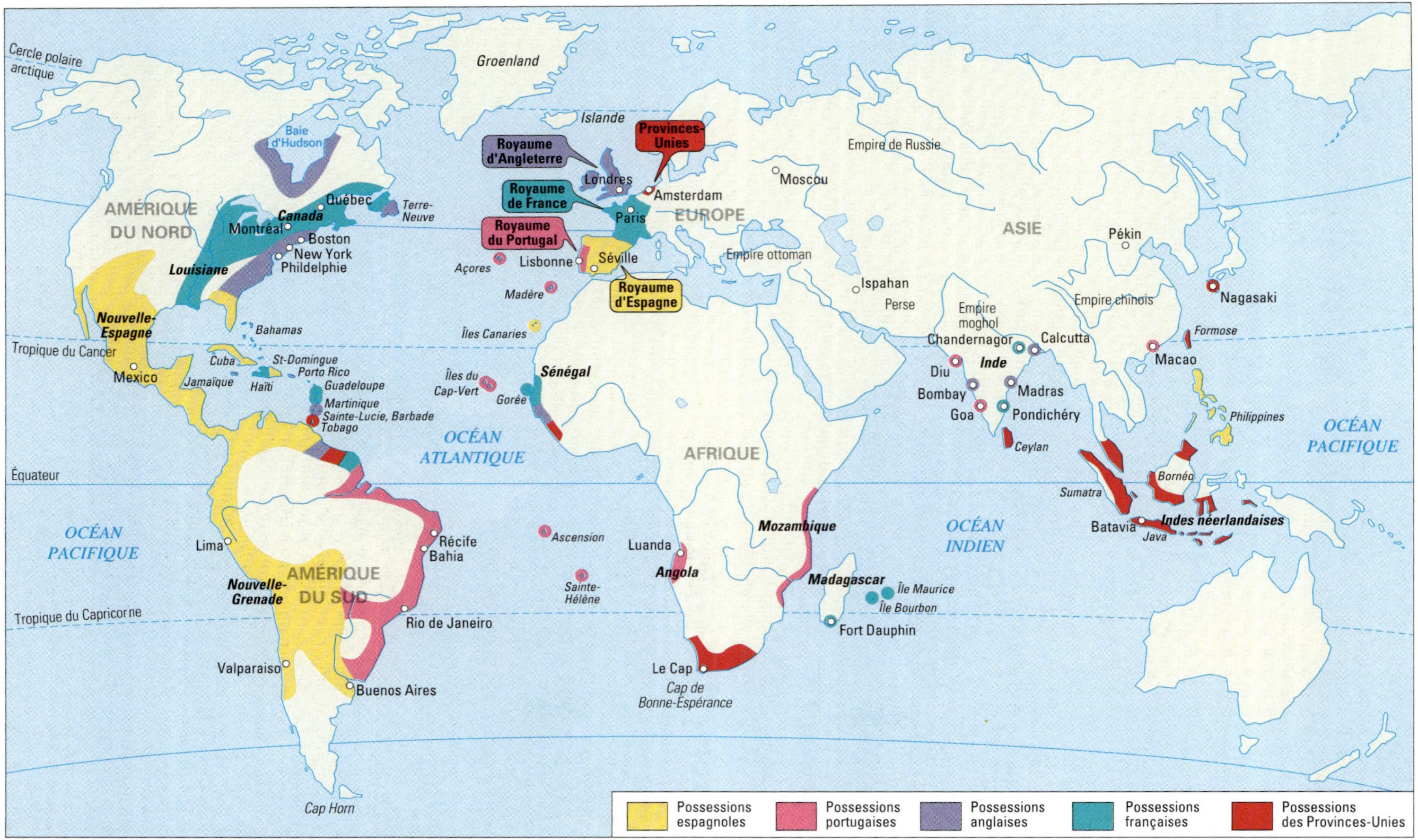

14. Les premiers empires coloniaux (début du XVIIIe siècle)

Le XIXe siècle

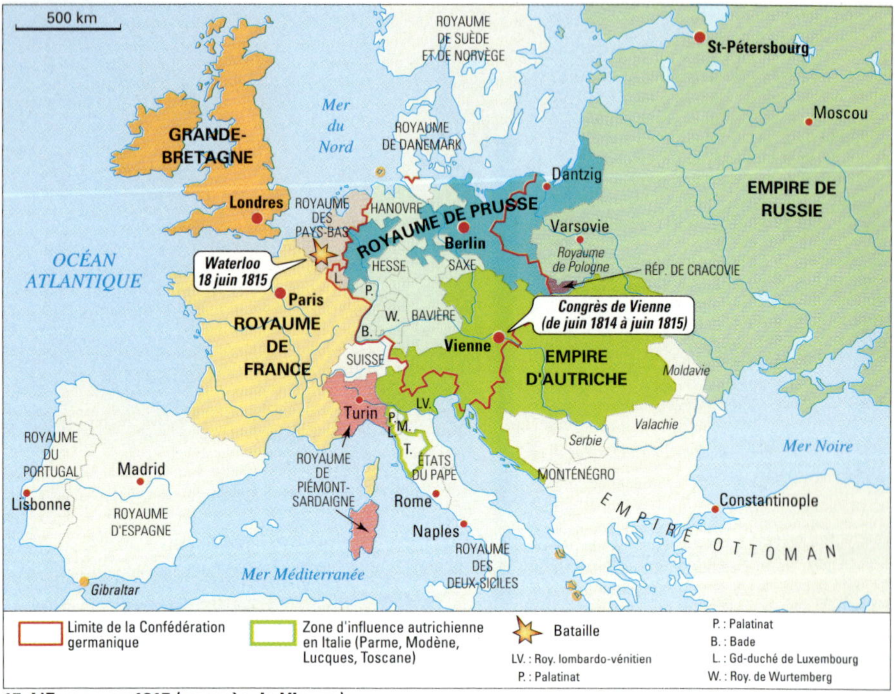

15. L'Europe en 1815 (congrès de Vienne)

Le XXe et le XXIe siècles

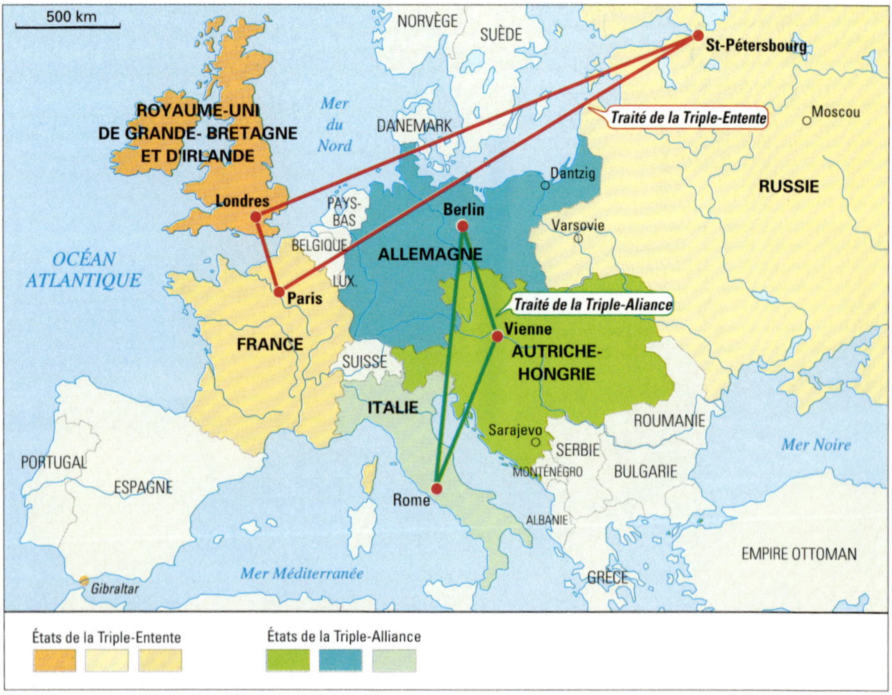

16. L'Europe en 1914 (Triple-Alliance , Triple-Entente)

17. Les empires coloniaux en 1914

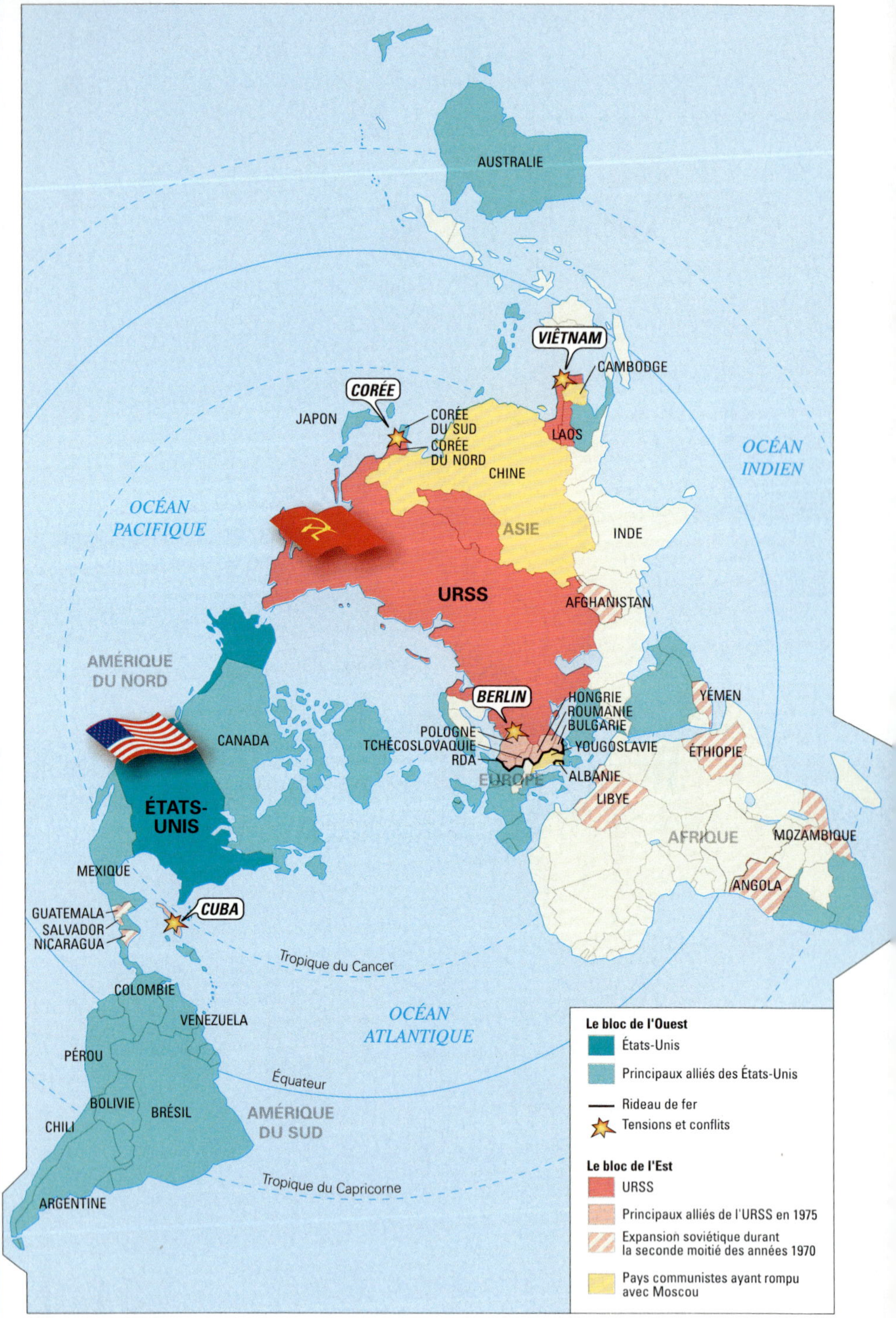

18. La guerre froide

19. L'éclatement de l'URSS

20. La construction européenne

ATLAS

21. France physique

Départements et régions d'outre-mer

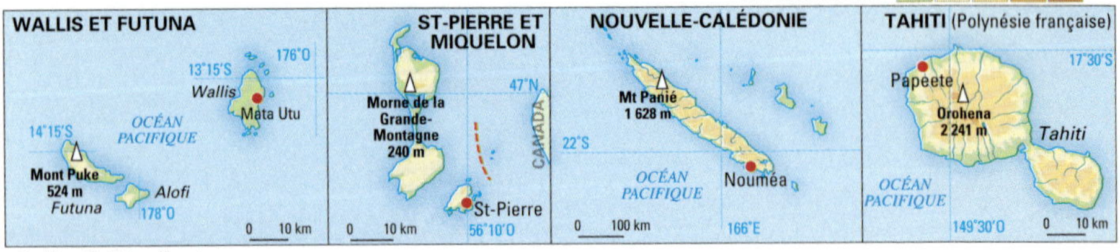

Collectivités d'outre-mer

22. France administrative

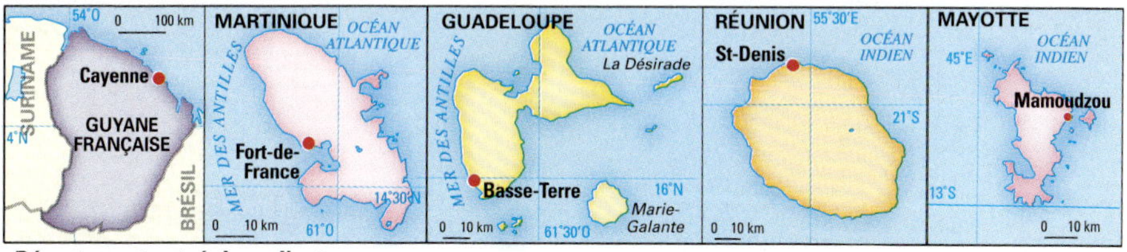

Départements et régions d'outre-mer

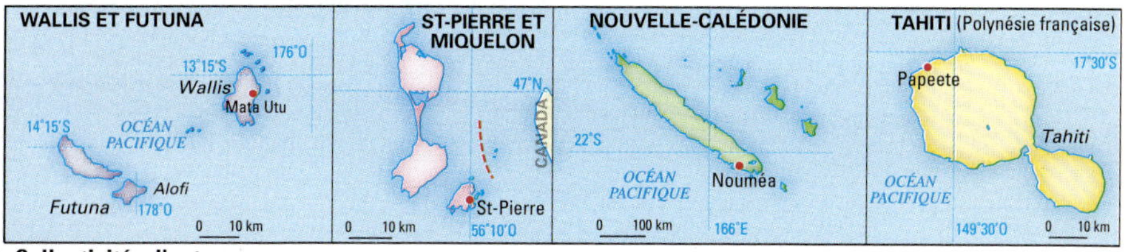

Collectivités d'outre-mer

ATLAS

ROYAUME-UNI
MANCHE
Îles Anglo-Normandes (Royaume-Uni)
Île d'Ouessant
Île de Groix
Belle-Île
Île de Noirmoutier
Île d'Yeu
Île de Ré
Île d'Oléron
OCÉAN ATLANTIQUE
ESPAGNE
ANDORRE
100 km
4°
0°
Dunkerque
Calais
St-Omer
Hazebrouck
Lille
Boulogne-sur-Mer
Le Touquet-Paris-Plage
Berck-sur-Mer
Béthune
Douai-Lens
Arras
Cambrai
Doullens
Le Cateau-Cambrésis
Péronne
Le Tréport
Dieppe
Somme
Amiens
Saint-Quentin
Fécamp
Étretat
Neufchâtel-en-Bray
Yvetot
Poix
Montdidier
Laon
Cherbourg
Valognes
Carteret
Le Havre
Rouen
Beauvais
Oise
Compiègne
Arromanches
Deauville
Carentan
Bayeux
St-Lô
Caen
Cabourg
Lisieux
Bernay
Clermont
Les Andelys
Seine
Vernon
Pontoise
Creil
Senlis
Villers-Cotterêts
Coutances
Granville
Villedieu-les-Poêles
Vire
Falaise
Argentan
Évreux
Mantes
St-Germain
Paris
Meaux
Château-Thierry
Perros-Guirec
Roscoff
Lannion
Tréguier
Paimpol
St-Quay-Portrieux
Saint-Malo
Avranches
Mortain
Flers
L'Aigle
Dreux
Versailles
Coulommiers
Sézanne
St-Pol-de-Léon
Morlaix
Brest
Conquet
Landerneau
Guingamp
Saint-Brieuc
Dinan
Dol-de-Bretagne
Le Mont-St-Michel
Sées
Verneuil
Rambouillet
Corbeil-Essonne
Évry
Melun
Provins
Morgat
Châteaulin
Carhaix-Plouguer
Rennes
Fougères
Bagnoles-de-l'Orne
Alençon
Mortagne-au-Perche
Nogent-le-Rotrou
Étampes
Chartres
Fontainebleau
Nogent-sur-Seine
Audierne
Quimper
Pontivy
Loudéac
Mayenne
Pithiviers
Nemours
Yonne
Sens
Pont-l'Abbé
Concarneau
Josselin
Ploërmel
Vitré
Laval
La Ferté-Bernard
Le Mans
Châteaudun
Orléans
Montargis
Joigny
Quimperlé
Lorient
Vannes
Auray
Redon
Vilaine
Châteaubriant
Mayenne
Château-Gontier
Sarthe
La Flèche
Loir
Vendôme
Auxerre
Quiberon
Nozay
Château-du-Loir
Chambord
Gien
Briare
Saint-Nazaire
Ancenis
Angers
Tours
Amboise
Blois
Cosne-Cours-sur-Loire
Clamecy
La Baule
Loire
Nantes
Saumur
Chenonceaux
Pornic
Noirmoutier
Cholet
Chinon
Loches
Vierzon
Bourges
La Charité-sur-Loire
Challans
Thouars
Loudun
Indre
Issoudun
Cher
Nevers
St-Jean-de-Monts
Bressuire
Châtellerault
Allier
La-Roche-sur-Yon
Parthenay
Le Blanc
Châteauroux
La Châtre
Les-Sables-d'Olonne
Fontenay-le-Comte
Poitiers
Argenton-sur-Creuse
Moulins
Luçon
Niort
St-Maixent-l'École
Creuse
Montluçon
St-Pourçain-sur-Sioule
La Souterraine
Guéret
Vichy
La Rochelle
Bellac
Gannat
Rochefort
St-Jean-d'Angély
Confolens
Bourganeuf
Riom-ès-Montagnes
Saintes
Aubusson
Marennes
Cognac
St-Junien
Limoges
Vienne
Clermont-Ferrand
Thiers
Royan
Charente
Angoulême
Gironde
La Bourboule
Mont-Dore
Barbezieux-St-Hilaire
Uzerche
Issoire
Lesparre-Médoc
Chalais
Tulle
Bort-Les-Orgues
Blaye
Brioude
Périgueux
Brive-la-Gaillarde
Murat
Lacanau-Océan
Libourne
St-Émilion
St-Flour
Dordogne
Aurillac
Bordeaux
Bergerac
Sarlat-la-Canéda
Rocamadour
Cap-Ferret
Garonne
Figeac
Conques
Arcachon
Marmande
Lot
Mende
Langon
Villeneuve-sur-Lot
Decazeville
Espalion
Casteljaloux
Cahors
Villefranche-de-Rouergue
Florac
Rodez
Agen
Nérac
Moissac
Aveyron
Roquefort
Millau
Condom
Montauban
Tarn
Mont-de-Marsan
Gaillac
Albi
St-Affrique
Adour
Lodève
Hossegor
Aire-sur-l'Adour
Auch
Toulouse
Lacaune
Biarritz
Bayonne
Castres
St-Pons
Pézenas
St-Jean-de-Luz
Orthez
Mirande
Mazamet
Hérault
Lacq
Castelnaudary
Béziers
Cambo-les-Bains
St-Jean-Pied-de-Port
Pau
Tarbes
Ariège
Carcassonne
Oloron-Ste-Marie
Lourdes
Lannemezan
Aude
Narbonne
Argelès-Gazost
Bagnères-de-Bigorre
St-Gaudens
Pamiers
Limoux
St-Girons
Foix
Leucate
Quillan
Ax-les-Thermes
Perpignan
Prades
Font-Romeu
Céret
Argelès-sur-Mer
Mont-Louis
Banyuls-sur-Mer

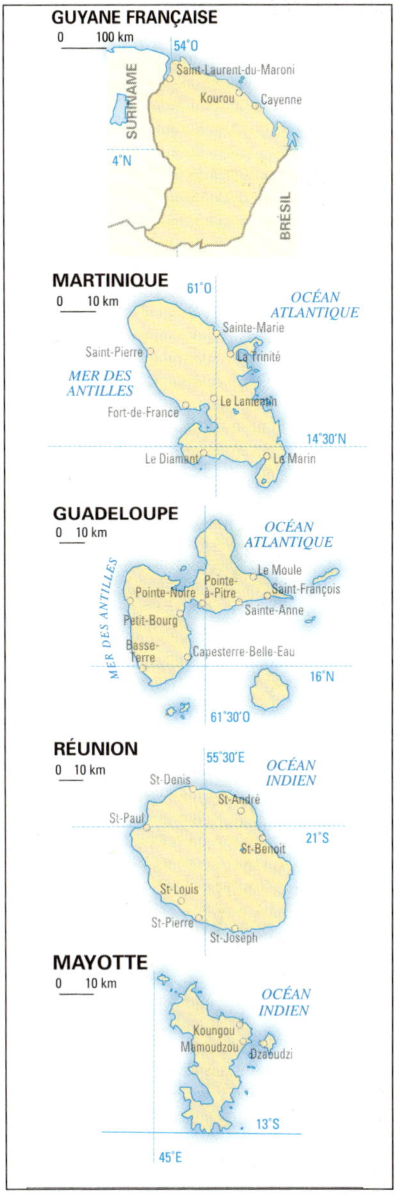

Grandes agglomérations

- Plus de 10 millions d'habitants
- De 1 à 10 millions d'habitants
- De 500 000 à 1 million d'habitants
- De 100 000 à 500 000 habitants
- Ville importante de moins de 100 000 habitants

23. Les grandes villes de France

ATLAS

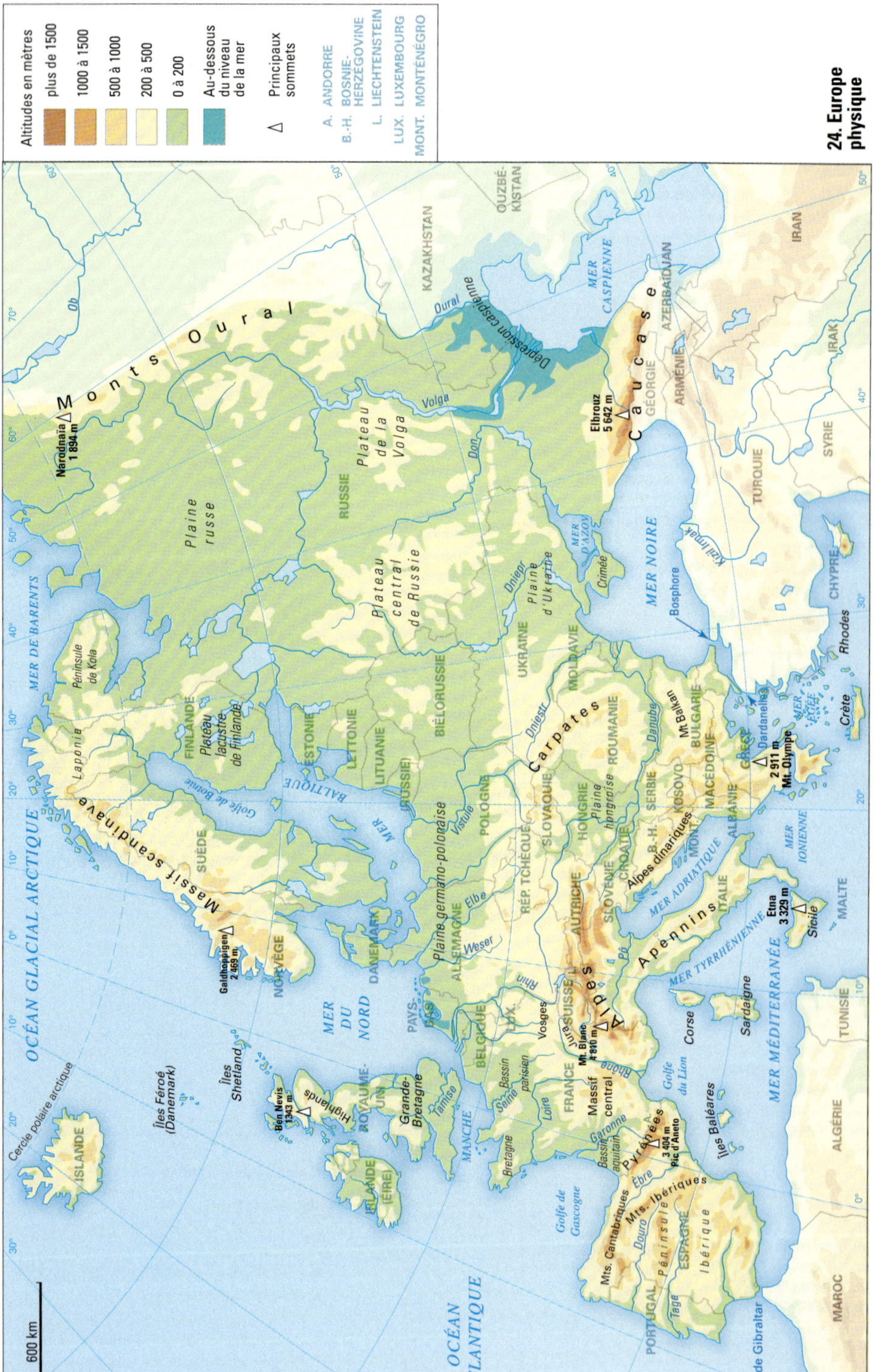

24. Europe physique

25. Europe politique

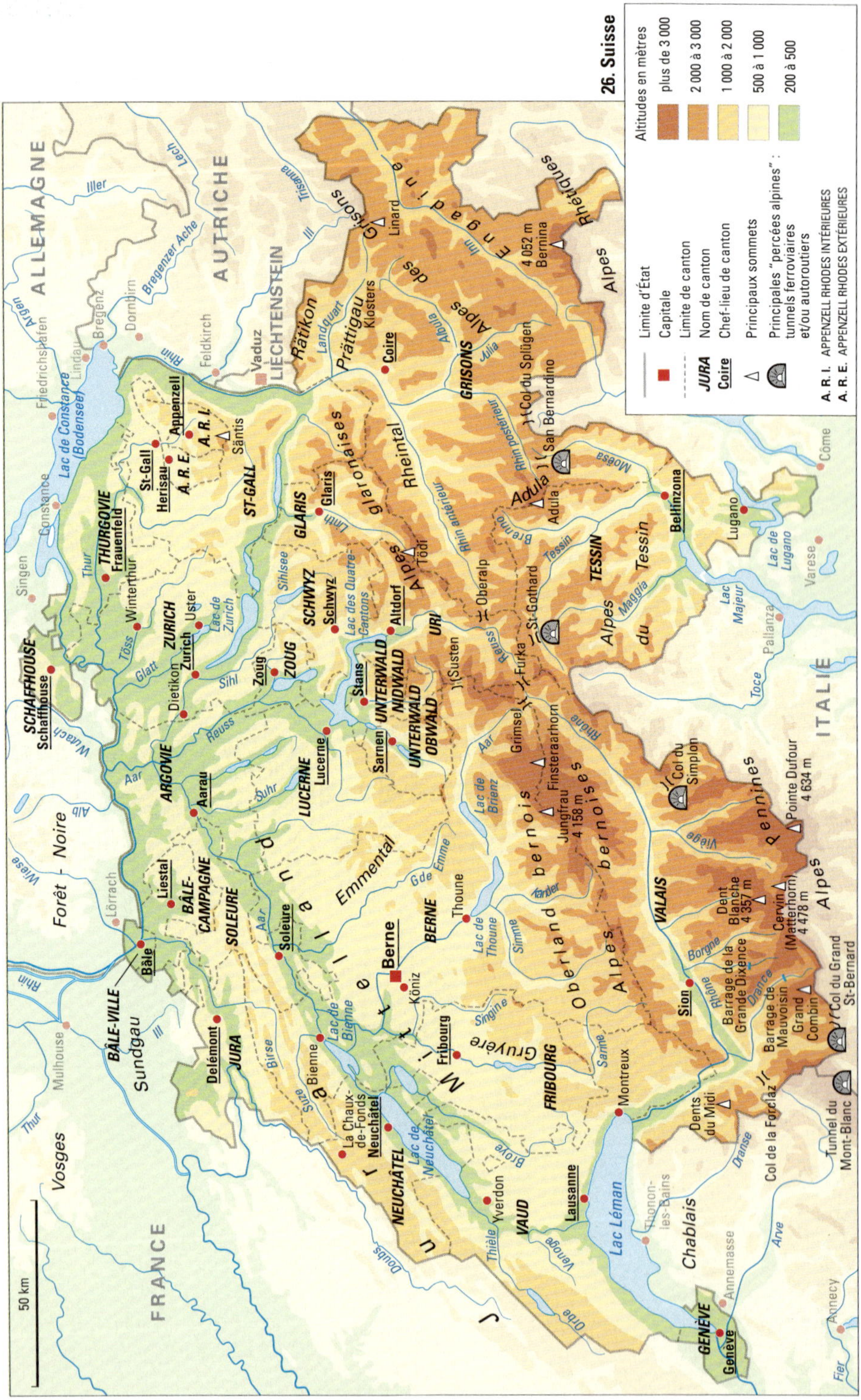
26. Suisse
Altitudes en mètres
plus de 3 000
2 000 à 3 000
1 000 à 2 000
500 à 1 000
200 à 500
Limite d'État
Capitale
Limite de canton
JURA Nom de canton
Coire Chef-lieu de canton
Principaux sommets
Principales "percées alpines" : tunnels ferroviaires et/ou autoroutiers
A. R. I. APPENZELL RHODES INTÉRIEURES
A. R. E. APPENZELL RHODES EXTÉRIEURES
50 km
ALLEMAGNE
AUTRICHE
LIECHTENSTEIN
FRANCE
ITALIE
Forêt - Noire
Vosges
Jura
Mittelland
Alpes bernoises
Alpes pennines
Alpes glaronaises
Alpes des Grisons
Alpes du Tessin
Alpes Rhétiques
BÂLE-VILLE Bâle
BÂLE-CAMPAGNE Liestal
JURA Delémont
SOLEURE Soleure
ARGOVIE Aarau
SCHAFFHOUSE Schaffhouse
ZURICH Zurich
THURGOVIE Frauenfeld
ST-GALL St-Gall
A. R. E. Herisau
A. R. I. Appenzell
GLARIS Glaris
SCHWYZ Schwyz
ZOUG Zoug
LUCERNE Lucerne
UNTERWALD NIDWALD Stans
UNTERWALD OBWALD Sarnen
URI Altdorf
GRISONS Coire
TESSIN Bellinzona
VALAIS Sion
BERNE Berne
FRIBOURG Fribourg
NEUCHÂTEL Neuchâtel
VAUD Lausanne
GENÈVE Genève

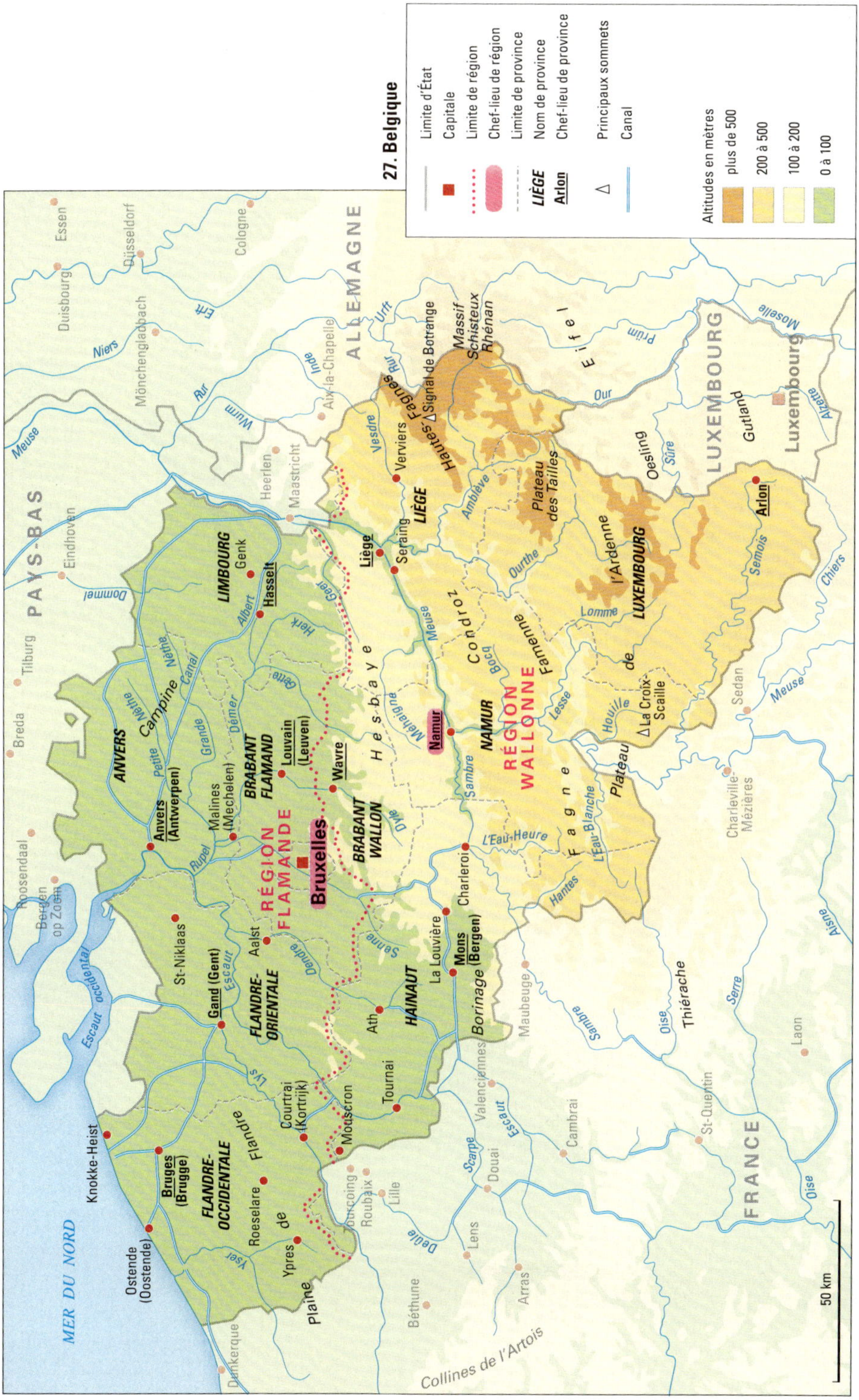
27. Belgique
Limite d'État
Capitale
Limite de région
Chef-lieu de région
Limite de province
LIÈGE Nom de province
Arlon Chef-lieu de province
Principaux sommets
Canal
Altitudes en mètres
plus de 500
200 à 500
100 à 200
0 à 100
50 km
MER DU NORD
PAYS-BAS
ALLEMAGNE
LUXEMBOURG
FRANCE
RÉGION FLAMANDE
RÉGION WALLONNE
FLANDRE-OCCIDENTALE
FLANDRE-ORIENTALE
ANVERS
LIMBOURG
BRABANT FLAMAND
BRABANT WALLON
HAINAUT
NAMUR
LIÈGE
LUXEMBOURG
Bruxelles
Ostende (Oostende)
Bruges (Brugge)
Knokke-Heist
Roeselare
Ypres
Courtrai (Kortrijk)
Mouscron
Gand (Gent)
St-Niklaas
Aalst
Anvers (Antwerpen)
Malines (Mechelen)
Louvain (Leuven)
Wavre
Hasselt
Genk
Liège
Seraing
Verviers
Namur
Charleroi
Mons (Bergen)
La Louvière
Tournai
Ath
Arlon
Luxembourg
Campine
Hesbaye
Condroz
Famenne
Fagne
Borinage
Plaine de Flandre
Hautes Fagnes
Signal de Botrange
Plateau des Tailles
l'Ardenne
La Croix-Scaille
Plateau
Oesling
Gutland
Massif Schisteux Rhénan
Eifel
Collines de l'Artois
Thiérache
Meuse
Escaut
Escaut occidental
Lys
Yser
Dendre
Senne
Rupel
Dyle
Démer
Sambre
Ourthe
Amblève
Vesdre
Lesse
Semois
Canal Albert
Moselle
Dunkerque
Lille
Roubaix
Tourcoing
Valenciennes
Maubeuge
Charleville-Mézières
Sedan
Maastricht
Aix-la-Chapelle
Eindhoven
Breda
Tilburg
Roosendaal
Bergen op Zoom
Heerlen
Mönchengladbach
Düsseldorf
Cologne
Duisburg
Essen

SERBIE
Niš
Danube
Isker
Pleven
Varna
MONTÉ-NÉGRO
Balkan
Gabrovo
Sofia
Pernik
Priština
Sliven
Burgas
MER NOIRE
KOSOVO
Prizren
BULGARIE
Jambol
Stara Zagora
Tundža
Kumanovo
Plovdiv
Marica
Pazardžik
Shkodër
Tetovo
Skopje
Haskovo
Mati
Vardar
Monts Rhodope
Edirne
Tirana
MACÉDOINE
Évros
ALBANIE
Nestos
Elbasan
Bitola
Serrès
Drama
Xanthi
THRACE
Komotini
Ergene
Tekirdağ
Axios
Kilkis
MACÉDOINE
Kavalla
Alexandroupolis
MER DE MARMARA
Korçë
Florina
Edessa
Salonique
Thasos
Samothrace
Gallipoli
Kastoria
Kozani
Katerini
MER DE THRACE
Imbros
Dardanelles
Gjirokastër
Monts du Pinde
Grevena
Aliakmon
Mt Athos 2033 m
Limnos
Çanakkale
Mt Olympe 2 911 m
ÉPIRE
TURQUIE
Ténédos
Corfou
Ioannina
Trikala
Larissa
Igoumenitsa
THESSALIE
Edremit
Corfou
Karditsa
Volos
Ayios Efstratios
Lesbos
Paxi
Arta
Pharsale
Skiathos
Sporades du Nord
Préveza
GRÈCE CENTRALE ET EUBÉE
Skopelos
Bergama
Lamia
Skyros
Leucade
Leucade
MER ÉGÉE
Eubée
Gediz
MER IONIENNE
Îles Ioniennes
Achéloos
Agrinion
Mt Parnasse 2 457 m
Psara
Manisa
Amphissa
Livadia
Chalcis
Chios
Chios
Missolonghi
İzmir
Argostoli
Ithaque
Patras
Eyion
Thèbes
Céphalonie
Marathon
Mégare
Îles de la mer Égée
Athènes
Karystos
Mt Kyllini 2 374 m
Corinthe
Zante
Amalias
Andros
Samos
Zante
Salamine
Le Pirée
Laurion
Tinos
Ikaria
Samos
Pyrgos
Argos
Égine
Alphée
Tripolis
Kéa
Mykonos
Nauplie
Syros
Patmos
Kythnos
Ermoupolis
Délos
Kyparissia
PÉLOPONNÈSE
Hydra
Cyclades
Naxos
Léros
Seriphos
Sporades du Sud (Dodécanèse)
Sparte
Paros
Kalymnos
Kalamata
Mt Taygète
Parnon
Siphnos
Kos
Pylos
Gythion
Ios
Amorgos
Milo
Symi
Astipalaia
Rho
Santorin (Thíra)
Anaphi
Tilos
Cythère
Rhodes
Lindos
MER DE CRÈTE
Anticythère
Karpathos
La Canée
Dia
Lefka Ori 2 454 m
Rethymnon
Kassos
Héraklion
Sfakion
Mt Ida 2 454 m
CRÈTE
MER MÉDITERRANÉE
Gavdos
100 km
Limite d'État
Capitale
ÉPIRE Région
Principaux sommets
Altitudes en mètres
0
200
500
1 000
2 000

28. Grèce

(trait)	Limite d'État
■	Capitale
- - - -	Limite de land
SARRE	Land
Kiel	Capitale de land
△	Principaux sommets

Altitudes en mètres
- plus de 1 500
- 1 000 à 1 500
- 500 à 1 000
- 100 à 500
- 0 à 100

29. Allemagne

(ligne)	Limite d'État
■	Capitale
(tirets)	Limite de région
Latium	Région
△	Principaux sommets
(tunnel)	Principales "percées alpines" : tunnels ferroviaires et /ou autoroutiers
V. A.	Vallée d'Aoste

Altitudes en mètres

- Plus de 2 000
- 1 000 à 2 000
- 500 à 1 000
- 200 à 500
- 100 à 200
- 0 à 100

30. Italie

31. Royaume-Uni

ATLAS

- Limite d'État
- ■ Capitale
- Limite de communauté autonome
- **GALICE** Communauté autonome
- Murcie Capitale de communauté autonome
- △ Principaux sommets

Altitudes en mètres
- plus de 2 000
- 1 500 à 2 000
- 1000 à 1500
- 500 à 1000
- 200 à 500
- 0 à 200

32. Espagne

Limite d'État
Limite de république autonome
Capitale

SAKHA ou ① République autonome

1. Adygués
2. Bachkirie
3. Daguestan
4. Ingouchie
5. Kalmoukie
6. Karatchaïevo-Tcherkessie
7. Maris
8. Mordovie
9. Kabardino-Balkarie
10. Ossétie-du-Nord
11. Oudmourtie
12. Tatarstan
13. Tchétchénie
14. Tchouvachie

Altitudes en mètres
0 200 400 1 000 2 000

AR. ARMÉNIE
LET. LETTONIE
L. LITUANIE
M. MOLDAVIE

33. Russie

34. Afrique physique

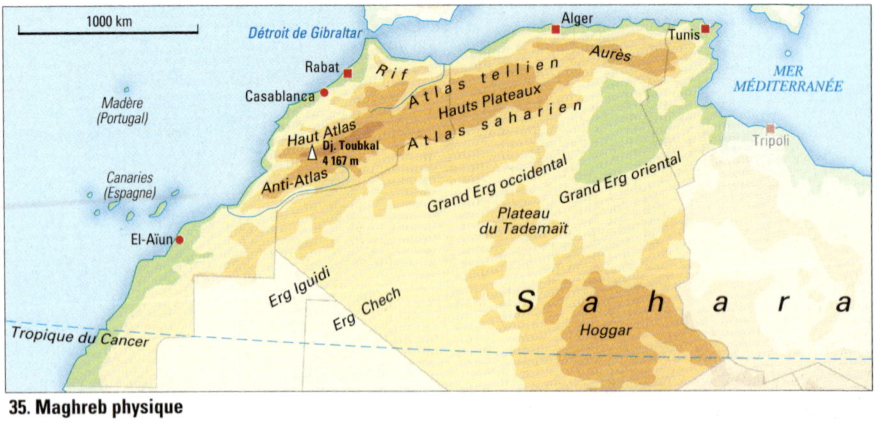

35. Maghreb physique

36. Afrique politique

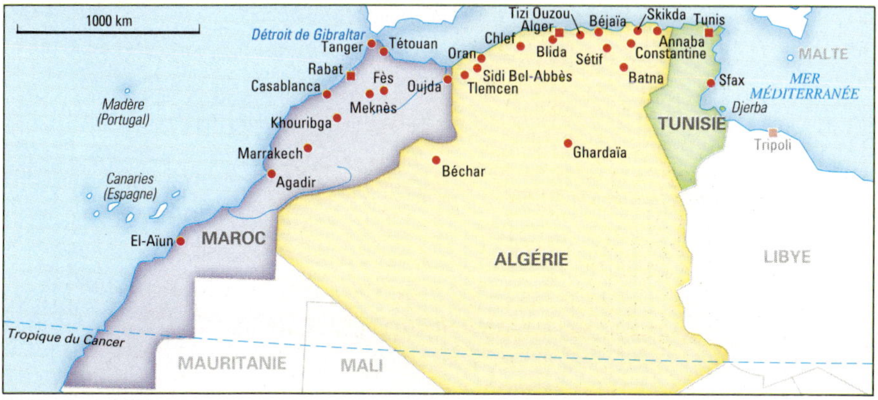

37. Maghreb politique

ATLAS

38. Asie physique

Archipel François-Joseph
Terre du Nord
Détroit de Béring
Golfe d'Anadyr
MER DE SIBÉRIE ORIENTALE
Îles de Nouvelle Sibérie
MER DES LAPTEV
MER DE KARA
MER DE BÉRING
Presqu'île de Taïmyr
Mts Ghydan
Kolyma
Indighirka
Mt Tcherski
Mts de Verkhoïansk
Olenek
Kotouï
Iénisseï
Lena
Presqu'île du Kamtchatka
Iakoutsk
Plateau de Sibérie centrale
MER D'OKHOTSK
Sakhaline
Îles Kouriles
Mts Stanovoï
Plaine de Sibérie occidentale
Angara
Ob
Mts Iablonovyï
Mts Sikhote-Aline
Détroit de La Pérouse
Khabarovsk
Amour
Hokkaido
Lac Baïkal
Krasnoïarsk
Irkoutsk
Chilka
Hinggan ling
Songhua
Lac Khanka
Sapporo
Omsk
Novossibirsk
Mts Saïan
Harbin
Vladivostok
Irtych
Keroulen
Changchun
MER DU JAPON
Selenga
Qaraghandy
Mts Khangaï
Oulan-Bator
Liao he
Honshu
Tokyo
Altaï
Shenyang
Nagoya
Lac Balkhach
Pyongyang
Séoul
Ōsaka
Kyōto
Kōbe
Ili
Urumqi
Lüda
Inch'ŏn
Taegu
Désert de Gobi
Hiroshima
Almaty
Bassin de Turfan
Pékin (Beijing)
Tianjin
Pusan
Shikoku
Bichkek
shan
Lob nor
Huang he
MER JAUNE
Détroit de Corée
Kitākyūshū
Fukuoka
Tian
Taiyuan
Cheju
Kyushu
Tarim
Altyn tagh
Qilian shan
Zhengzhou
Pamir
Taklamakan
Lanzhou
Nankin
Kunlun shan
Xian
Shanghai
MER DE CHINE ORIENTALE
Îles Ryukyu
Dapsang 8 611 m
Wuhan
Plateau du Tibet
Chengdu
Chang jiang
Tropique du Cancer
Lahore
Yalu Zangbo
Chongqing
Taipei
Everest 8 850 m
Détroit de Taïwan
Taïwan
Himalaya
Katmandou
Thimphu
Canton (Guangzhou)
Kaohsiung
New Delhi
Irrawaddy
Salouen
OCÉAN PACIFIQUE
Jaipur
Lucknow
Xi jiang
Hong Kong
Kanpur
Gange
Macao
Luçon
Dacca
Hanoï
Haiphong
Hainan
Calcutta
Chittagong
Nay Pyi Taw
Quezon City
Nagpur
MER DE CHINE MÉRIDIONALE
Manille
Vientiane
Ghâts occidentaux
Plateau du Dekkan
Godavari
Mékong
Mindoro
Samar
Panay
Rangoon (Yangon)
Hyderabad
Golfe du Bengale
Bangkok
Palawan
MER DE SULU
Mindanao
Phnom Penh
Madras
Îles Andaman (Inde)
Isthme de Kra
Golfe du Siam
Hô Chí Minh-Ville (Saigon)
Bangalore
Ghâts orientaux
Îles Sulu
MER D'ANDAMAN
MER DE CÉLÈBES
Bandar Seri Begawan
Équateur
Kanniya Kumari
Sri Jayewardenepura Kotte
Presqu'île de Malacca
Colombo
Îles Nicobar (Inde)
Îles Natuna
Moluques
Détroit de Malacca
Kuala Lumpur
Bornéo
Buru
Medan
Détroit de Macassar
Singapour
Célèbes (Sulawesi)
INDIEN
Îles de la Sonde
Sumatra
Bangka
Dili
MER DE JAVA
Flores
Timor
Java
Surabaya
Bali
Sumbawa
Jakarta
Semarang
Sumba
Bandung
1 000 km
60°
80°
100°
120°
140°
160°

■ Capitale
• Ville importante
—— Limite d'État
É.A.U. Émirats arabes unis

39. Asie politique

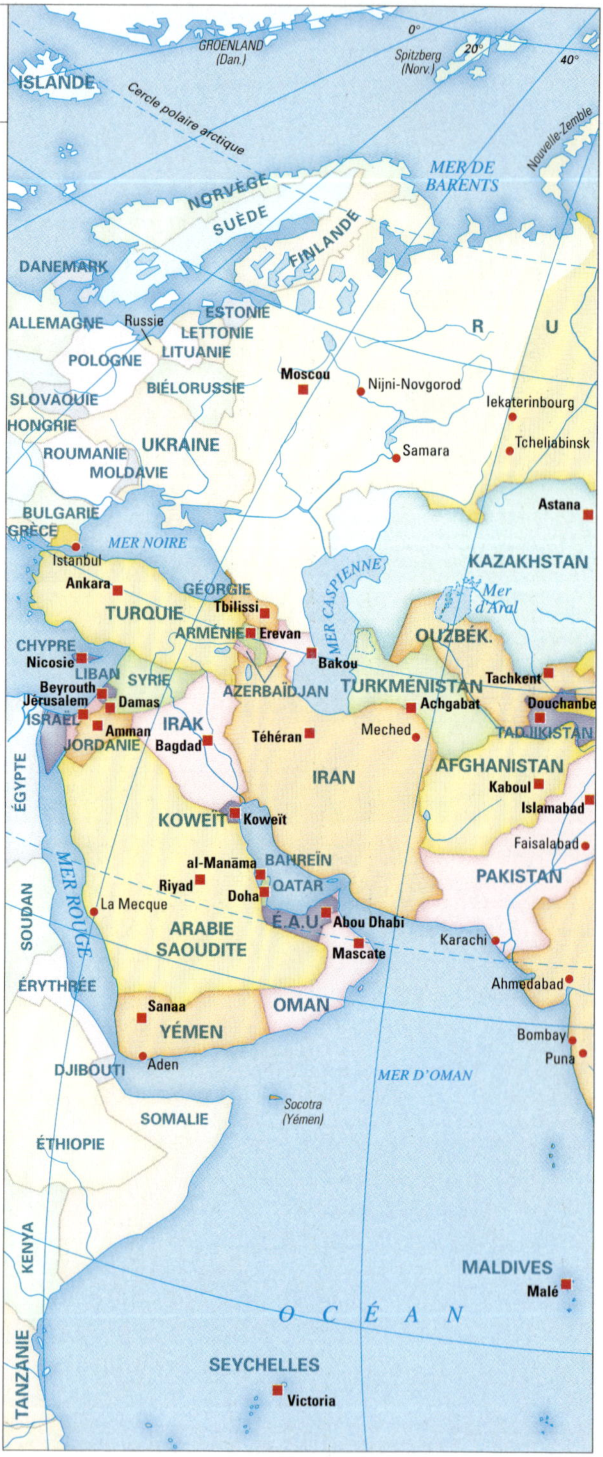

Archipel François-Joseph
Terre du Nord
MER DES LAPTEV
Îles de Nouvelle Sibérie
MER DE SIBÉRIE ORIENTALE
Anadyr
Ambartchik
MER DE BÉRING
Nordvik
Verkhoïansk
Norilsk
Magadan
Petropavlovsk-Kamtchatski
Iakoutsk
Okhotsk
MER D'OKHOTSK
S S I E
Sakhaline
Îles Kouriles
Khabarovsk
Krasnoïarsk
Lac Baïkal
Omsk
Novossibirsk
Irkoutsk
Sapporo
Hokkaido
Harbin
Vladivostok
JAPON
Honshu
Qaraghandy
Oulan-Bator
MER DU JAPON
Changchun
Lac Balkhach
MONGOLIE
Shenyang
CORÉE DU NORD
Yokohama
Tokyo
Kawasaki
Nagoya
Pyongyang
Séoul
Lüda
Inch'ŏn
Taegu
Ōsaka
Kyōto
Kōbe
Urumqi
Pékin (Beijing)
CORÉE DU SUD
Hiroshima
Shikoku
Pusan
Kitakyūshū
Tianjin
Bichkek
MER JAUNE
Cheju
Fukuoka
Kyushu
Taiyuan
Zhengzhou
Lanzhou
Nankin
MER DE CHINE ORIENTALE
Îles Ryukyu
Xian
Shanghai
CHINE
Wuhan
Tropique du Cancer
Chengdu
Taipei
Lahore
Chongqing
TAIWAN
Formose
Kaohsiung
NÉPAL
Katmandou
BHOUTAN
Thimphu
Canton (Guangzhou)
OCÉAN
New Delhi
Lucknow
Hong Kong
Jaipur
Kanpur
BIRMANIE (MYANMAR)
Macao
PACIFIQUE
Dacca
Hanoi
Haiphong
Luçon
PHILIPPINES
INDE
Calcutta
Chittagong
Nay Pyi Taw
Hainan
Quezon City
Nagpur
LAOS
Vientiane
MER DE CHINE MÉRIDIONALE
Manille
BANGLADESH
Mindoro
Samar
Panay
Hyderabad
Rangoon (Yangon)
THAÏLANDE
VIÊTNAM
Palawan
MER DE SULU
Mindanao
Bangkok
CAMBODGE
Phnom Penh
Madras
Îles Andaman (Inde)
Hô Chi Minh-Ville (Saigon)
Îles Sulu
Bangalore
Halmahera
MER D'ANDAMAN
BRUNEI
MER DE CÉLÈBES
SRI LANKA
Bandar Seri Begawan
Moluques
Sri Jayewardenepura Kotte
Équateur
Îles Natuna
Colombo
Îles Nicobar (Inde)
MALAYSIA
Kuala Lumpur
Buru
Seram
Medan
SINGAPOUR
Singapour
Bornéo
Célèbes (Sulawesi)
INDIEN
Sumatra
Bangka
TIMOR ORIENTAL
Îles de la Sonde
INDONÉSIE
Dili
MER DE JAVA
Flores
Java
Surabaya
Bali
Sumbawa
Timor
Jakarta
Semarang
Sumba
1 000 km
Bandung
AUSTRALIE
60°
80°
100°
120°
140°
160°
40°
20°

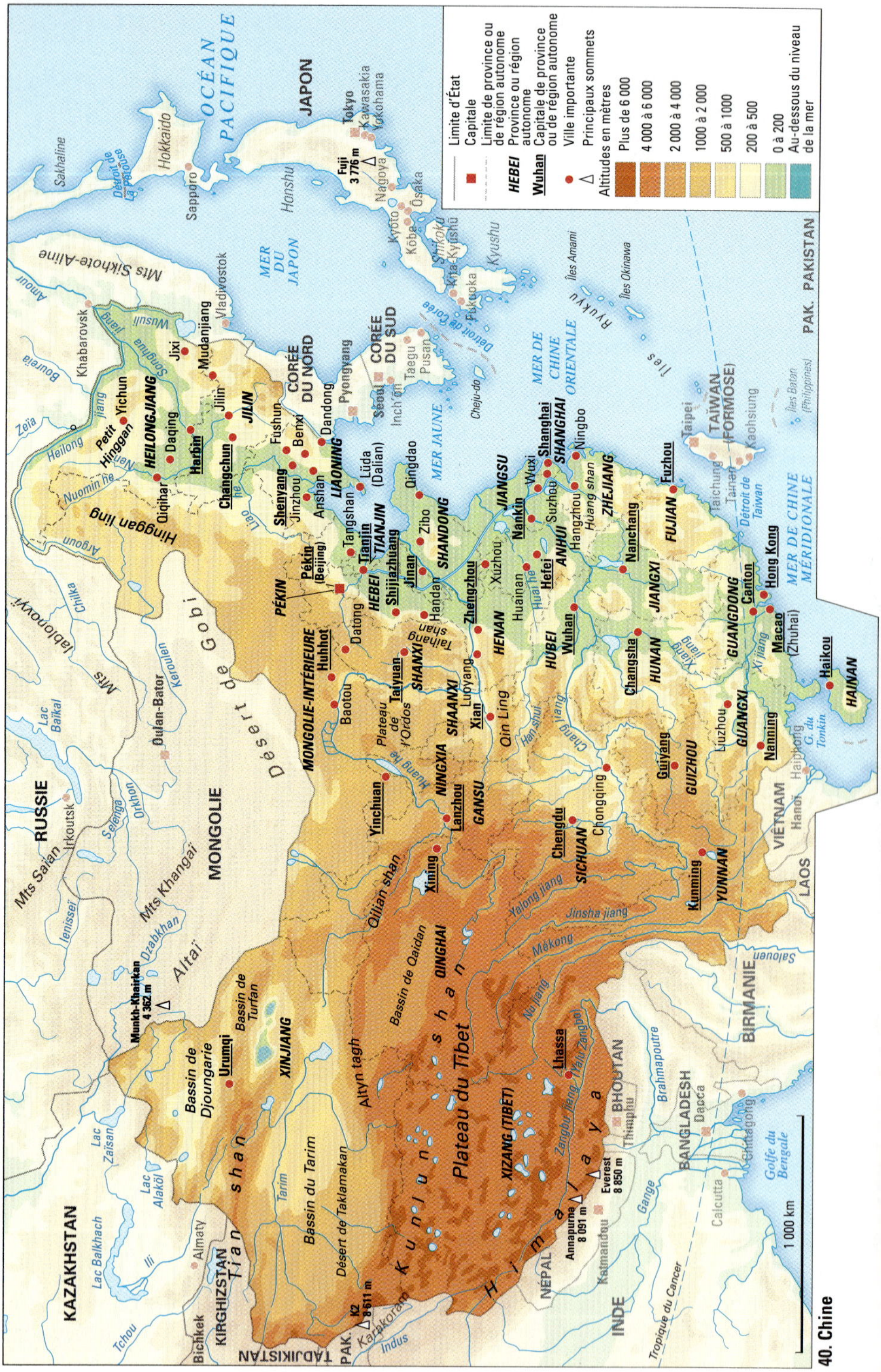
Limite d'État
Capitale
Limite de province ou de région autonome
HEBEI Province ou région autonome
Wuhan Capitale de province ou de région autonome
Ville importante
Principaux sommets
Altitudes en mètres
Plus de 6 000
4 000 à 6 000
2 000 à 4 000
1000 à 2 000
500 à 1000
200 à 500
0 à 200
Au-dessous du niveau de la mer
1 000 km
RUSSIE
MONGOLIE
KAZAKHSTAN
KIRGHIZSTAN
TADJIKISTAN
PAK.
INDE
NÉPAL
BHOUTAN
BANGLADESH
BIRMANIE
LAOS
VIÊTNAM
CORÉE DU NORD
CORÉE DU SUD
JAPON
TAIWAN (FORMOSE)
OCÉAN PACIFIQUE
MER DU JAPON
MER JAUNE
MER DE CHINE ORIENTALE
MER DE CHINE MÉRIDIONALE
Golfe du Bengale
Désert de Gobi
Plateau du Tibet
Bassin du Tarim
Désert de Taklamakan
Bassin de Djoungarie
Bassin de Turfan
Bassin de Qaidam
Plateau de l'Ordos
Tian shan
Kunlun shan
Himalaya
Altyn tagh
Qilian shan
Qin Ling
Hinggan ling
Altaï
Mts Khangaï
Mts Saïan
Mts Iablonovyï
Mts Sikhote-Aline
Everest 8 850 m
K2 8 611 m
Annapurna 8 091 m
Munkh-Khairkan 4 362 m
Fuji 3 776 m
PÉKIN
Pékin (Beijing)
Shanghai
Hong Kong
Macao (Zhuhai)
Lhassa
Urumqi
Xining
Lanzhou
Yinchuan
Chengdu
Chongqing
Kunming
Guiyang
Nanning
Haikou
Canton
Changsha
Wuhan
Nanchang
Fuzhou
Hangzhou
Nankin
Hefei
Zhengzhou
Xian
Taiyuan
Shijiazhuang
Jinan
Tianjin
Huhhot
Shenyang
Changchun
Harbin
Oulan-Bator
Séoul
Pyongyang
Tokyo
Taipei
Dacca
Katmandou
Thimphu
Calcutta
Almaty
Bichkek
XINJIANG
XIZANG (TIBET)
QINGHAI
GANSU
SICHUAN
YUNNAN
GUIZHOU
GUANGXI
GUANGDONG
HAINAN
HUNAN
JIANGXI
FUJIAN
ZHEJIANG
ANHUI
JIANGSU
SHANDONG
HENAN
HUBEI
SHAANXI
SHANXI
HEBEI
TIANJIN
LIAONING
JILIN
HEILONGJIANG
MONGOLIE-INTÉRIEURE
NINGXIA
SHANGHAI
Tropique du Cancer

40. Chine

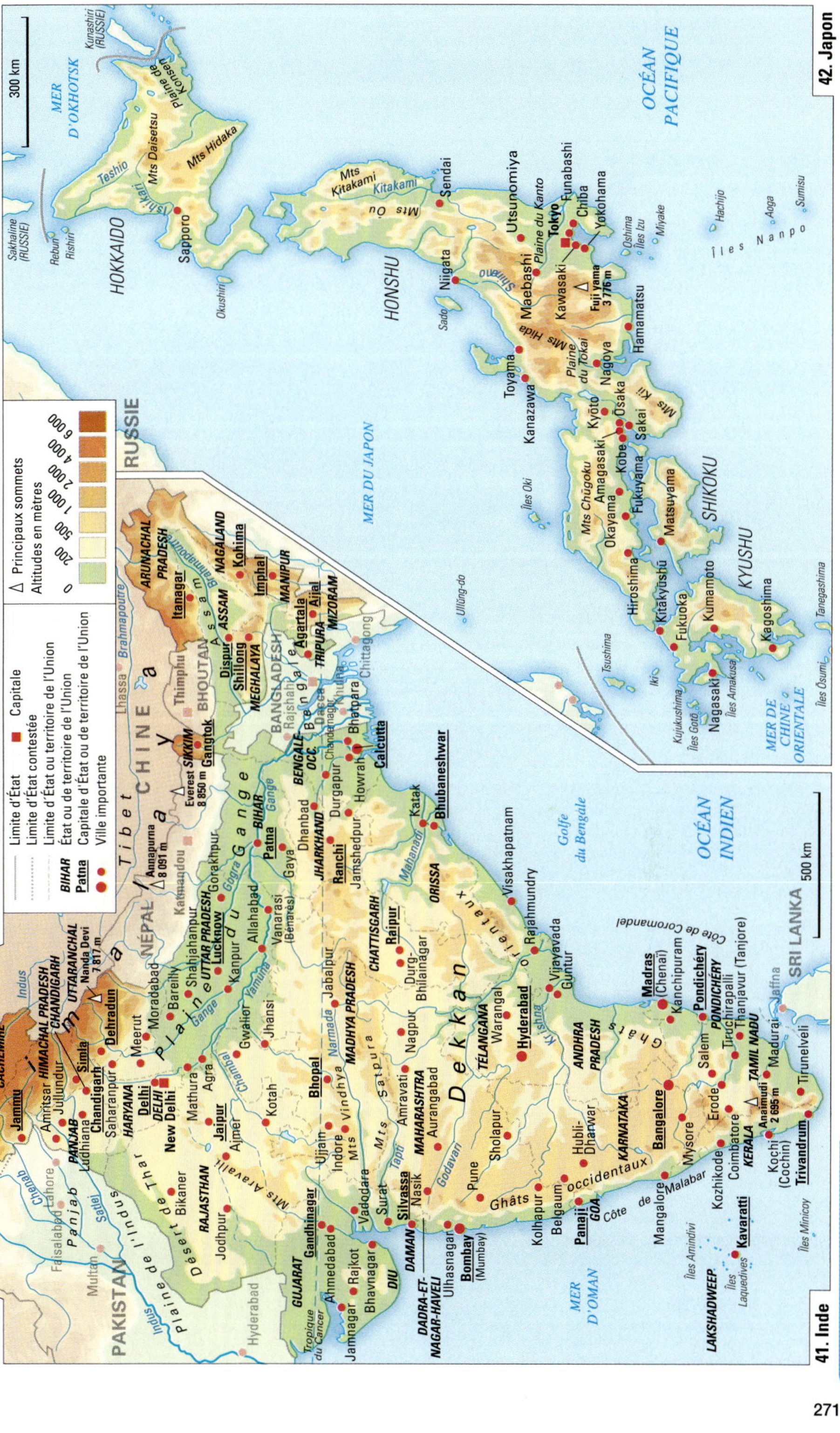
41. Inde
42. Japon
Limite d'État
Limite d'État contestée
Limite d'État ou territoire de l'Union
BIHAR État ou de territoire de l'Union
Patna Capitale d'État ou de territoire de l'Union
Capitale
Ville importante
Principaux sommets
Altitudes en mètres
0 200 500 1 000 2 000 4 000 6 000
500 km
300 km
PAKISTAN
NÉPAL
CHINE
BHOUTAN
BANGLADESH
SRI LANKA
RUSSIE
Tibet
Himalaya
Plaine du Gange
Dekkan
Désert de Thar
Plaine de l'Indus
Ghâts occidentaux
Ghâts orientaux
Golfe du Bengale
MER D'OMAN
OCÉAN INDIEN
New Delhi
Bombay (Mumbai)
Calcutta
Madras (Chennai)
Bangalore
Hyderabad
Everest 8 850 m
MER D'OKHOTSK
MER DU JAPON
OCÉAN PACIFIQUE
MER DE CHINE ORIENTALE
HOKKAIDO
HONSHU
SHIKOKU
KYUSHU
Tokyo
Sapporo
Sendai
Yokohama
Nagoya
Ōsaka
Kyōto
Kobe
Hiroshima
Fukuoka
Kagoshima
Fuji yama 3 776 m

43. Amérique du Nord physique

44. Amérique centrale et Amérique du Sud physique

ATLAS

45. Amérique du Nord politique

46. Amérique centrale et Amérique du Sud politique

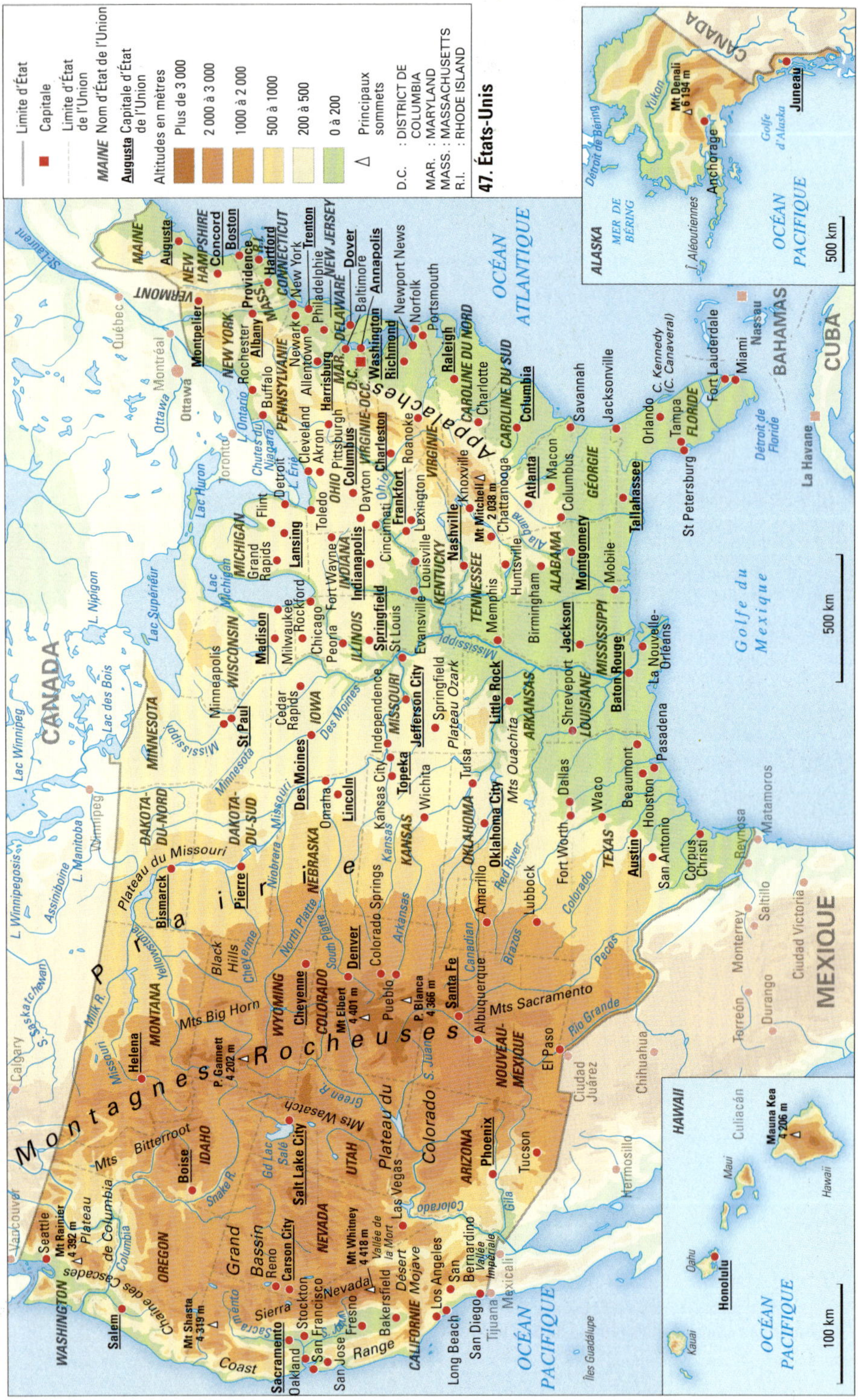

47. États-Unis

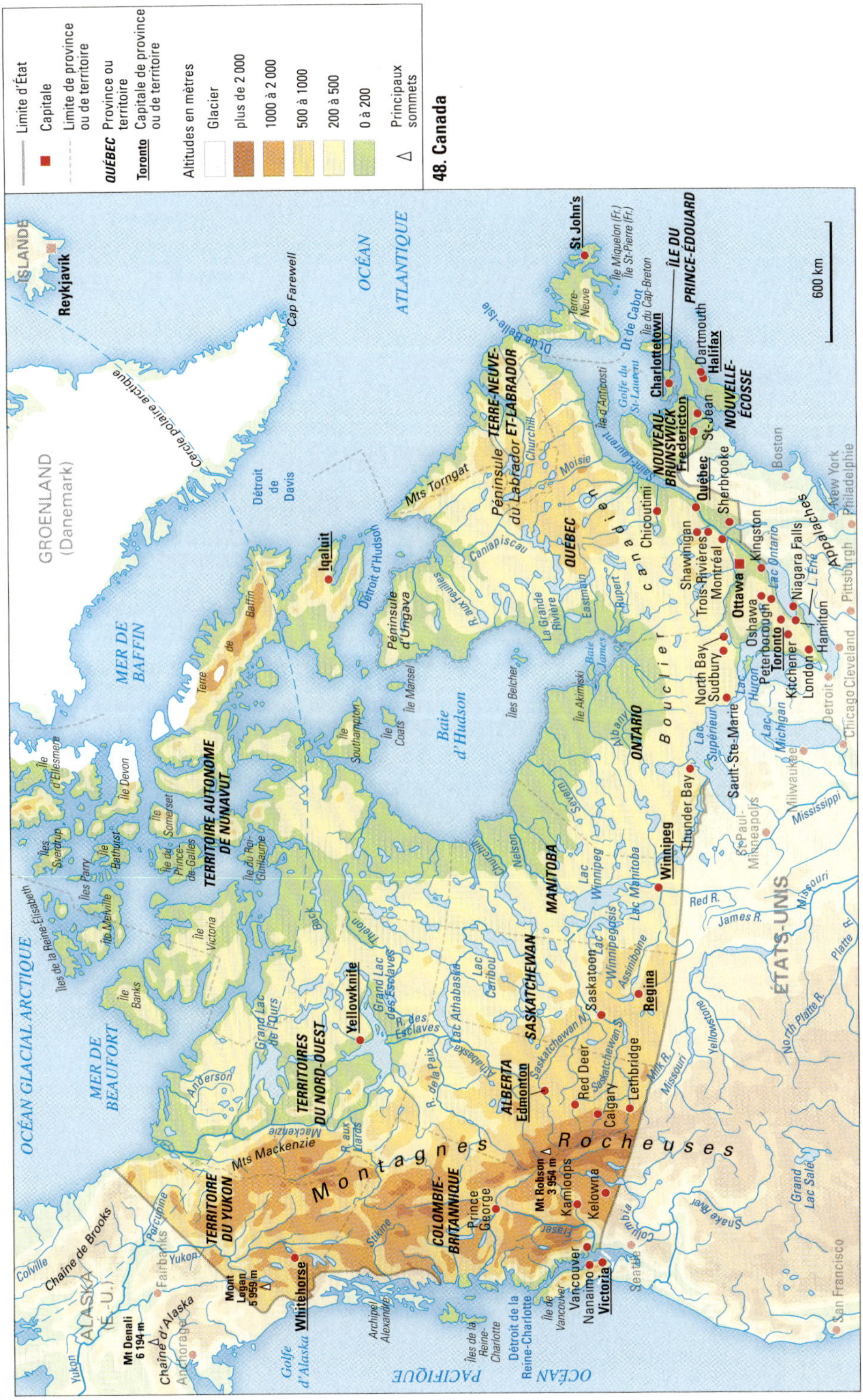
Limite d'État
Capitale
Limite de province ou de territoire
QUÉBEC Province ou territoire
Toronto Capitale de province ou de territoire
Altitudes en mètres
Glacier
plus de 2 000
1000 à 2 000
500 à 1000
200 à 500
0 à 200
Principaux sommets
OCÉAN GLACIAL ARCTIQUE
MER DE BEAUFORT
MER DE BAFFIN
GROENLAND (Danemark)
ISLANDE
Reykjavik
Cercle polaire arctique
Cap Farewell
Détroit de Davis
OCÉAN ATLANTIQUE
OCÉAN PACIFIQUE
Golfe d'Alaska
Baie d'Hudson
Baie James
ALASKA (É.-U.)
Mt Denali 6 194 m
Mont Logan 5 959 m
Mt Robson 3 954 m
TERRITOIRE DU YUKON
TERRITOIRES DU NORD-OUEST
TERRITOIRE AUTONOME DE NUNAVUT
COLOMBIE-BRITANNIQUE
ALBERTA
SASKATCHEWAN
MANITOBA
ONTARIO
QUÉBEC
TERRE-NEUVE-ET-LABRADOR
NOUVEAU-BRUNSWICK
ÎLE DU PRINCE-ÉDOUARD
NOUVELLE-ÉCOSSE
ÉTATS-UNIS
Montagnes Rocheuses
Bouclier canadien
Appalaches
Whitehorse
Yellowknife
Iqaluit
Victoria
Edmonton
Regina
Winnipeg
Toronto
Ottawa
Québec
Fredericton
Charlottetown
Halifax
St John's
Vancouver
Calgary
Saskatoon
Montréal
600 km

48. Canada

Georgetown
Paramaribo
VENEZUELA
GUYANA
Plateau des Guyanes
SURINAME
Guyane (Fr.)
OCÉAN ATLANTIQUE
R. Meta
COLOMBIE
Orénoque
Boa Vista
3 014 m
Pic de la Neblina
RORAIMA
Rio Branco
R. Trombetas
Jari
AMAPÁ
Macapá
Équateur
R. Caquetá
R. Japurá
Rio Negro
Amazone
Île de Marajó
Belém
São Luís
R. Putumayo
R. Solimões
Manaus
Santarém
Iquitos
R. Juruá
AMAZONAS
R. Purus
R. Madeira
R. Tapajós
R. Xingu
PARÁ
MARANHÃO
Imperatriz
Teresina
Sobral
Fortaleza
CEARÁ
R. Tocantins
R. Araguaia
R. Parnaíba
PIAUÍ
Campina Grande
Paraíba
Pernambouc
Caruaru
Palmas
Pôrto Velho
ACRE
Rio Branco
RONDÔNIA
TOCANTINS
Serra do Roncador
Serra Geral do Goiás
R. São Francisco
Chapada Diamantina
BAHIA
Feira de Santana
Aracaju
SERGIPE
Salvador
PÉROU
R. Madre de Dios
R. Apurímac
Cuzco
R. Guaporé
Serra dos Parecis
MATO GROSSO
Plateau du Mato Grosso
Cuiabá
DISTRICT FÉDÉRAL
Brasília
BOLIVIE
Cordillère des Andes
Lac Titicaca
La Paz
R. Mamoré
Goiânia
MINAS GERAIS
Serra do Espinhaço
Arequipa
Cochabamba
Santa Cruz
Lac Poopó
GOIÁS
Uberlândia
R. Paranaíba
Sucre
MATO GROSSO DO SUL
Belo Horizonte
ESPÍRITO SANTO
Vitória
Rio Grande
Campo Grande
Ribeirão Prêto
Juiz de Fora
PARAGUAY
R. Paraguay
SÃO PAULO
São Paulo
RIO DE JANEIRO
OCÉAN PACIFIQUE
CHILI
R. Pilcomayo
Campinas
Niterói
Londrina
Maringá
Sorocaba
São José dos Campos
Rio de Janeiro
Antofagasta
R. Bermejo
Santos
Tropique du Capricorne
PARANÁ
Asunción
Salta
Curitiba
ARGENTINE
Joinville
Tucumán
R. Paraná
SANTA CATARINA
Resistencia
R. Salado
R. Uruguay
Serra do Mar
Florianópolis
R. Paraguay
Caxias do Sul
RIO GRANDE DO SUL
OCÉAN ATLANTIQUE
Pôrto Alegre
Córdoba
Pelotas
Aconcagua 6 960 m
Santa Fe
Mendoza
500 km
Valparaíso
Rosario
URUGUAY
Limite d'État
Capitale
Limite d'État ou de district ou de territoire fédérés
CEARÁ État, district ou territoire fédérés
Fortaleza Capitale d'État, district ou territoire fédérés
Principaux sommets
Altitudes en mètres
0
200
500
1 000
2 000

49. Brésil

50. Mexique

ATLAS

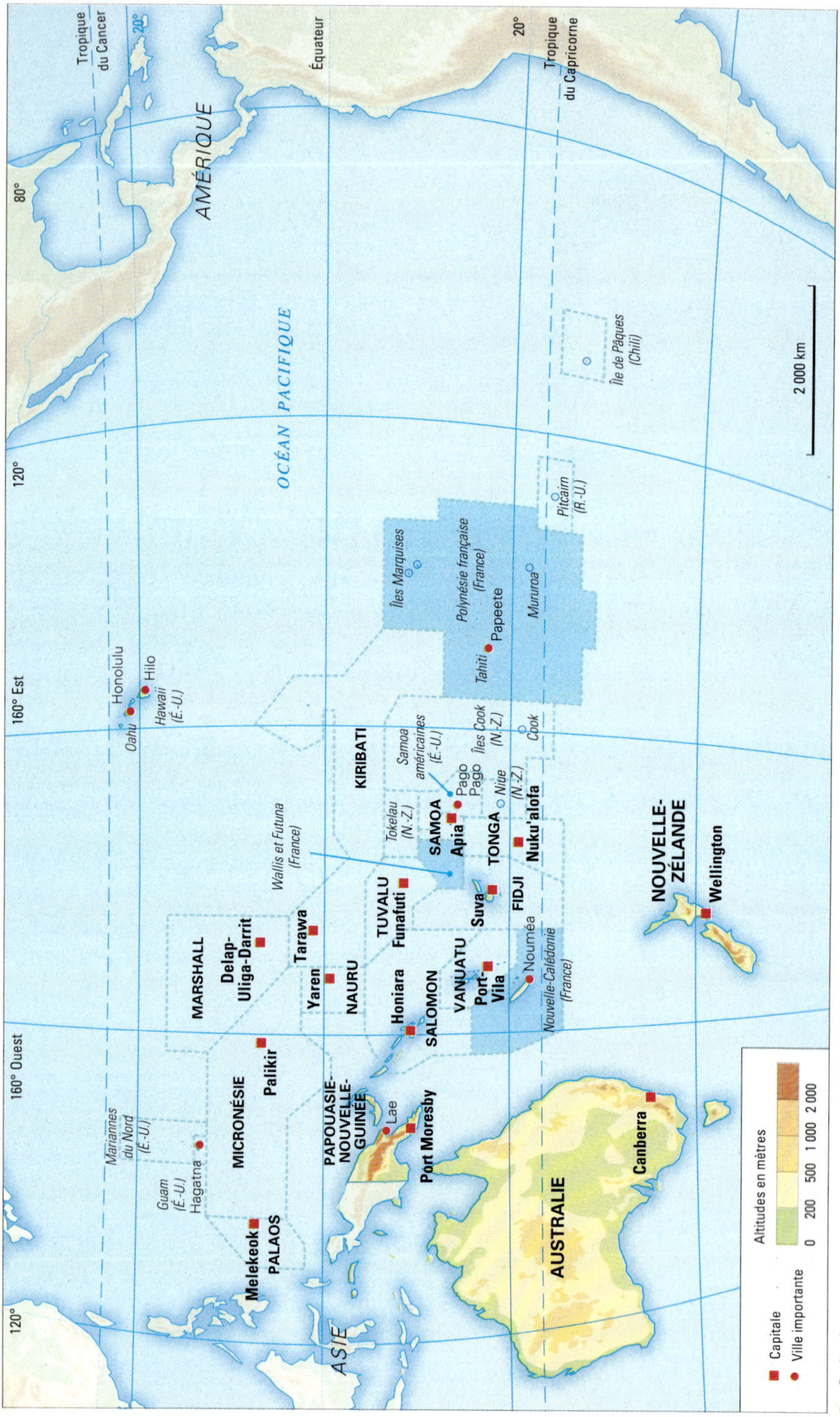

Tropique du Cancer
Équateur
Tropique du Capricorne
120°
160° Ouest
160° Est
120°
80°
20°
20°
AMÉRIQUE
ASIE
OCÉAN PACIFIQUE
Honolulu
Hilo
Oahu
Hawaii (É.-U.)
Îles Marquises
Polynésie française (France)
Tahiti
Papeete
Mururoa
Pitcairn (R.-U.)
Île de Pâques (Chili)
2 000 km
MARSHALL
Delap-Uliga-Darrit
MICRONÉSIE
Palikir
Mariannes du Nord (É.-U.)
Guam (É.-U.)
Hagatna
Melekeok
PALAOS
PAPOUASIE-NOUVELLE-GUINÉE
Lae
Port Moresby
Tarawa
Yaren
NAURU
KIRIBATI
Wallis et Futuna (France)
TUVALU
Funafuti
Tokelau (N.-Z.)
Samoa américaines (É.-U.)
Pago Pago
SAMOA
Apia
Îles Cook (N.-Z.)
Cook
Niue (N.-Z.)
TONGA
Nuku'alofa
FIDJI
Suva
SALOMON
Honiara
VANUATU
Port-Vila
Nouméa
Nouvelle-Calédonie (France)
AUSTRALIE
Canberra
NOUVELLE-ZÉLANDE
Wellington
Capitale
Ville importante
Altitudes en mètres
0
200
500
1 000
2 000

51. Océanie

52. Pôle Nord (Arctique)

Glacier
Limite estivale de la banquise
Limite hivernale de la banquise
Pôle magnétique
Station scientifique
Altitudes en mètres
0 200 1 000 2 000
Principaux sommets

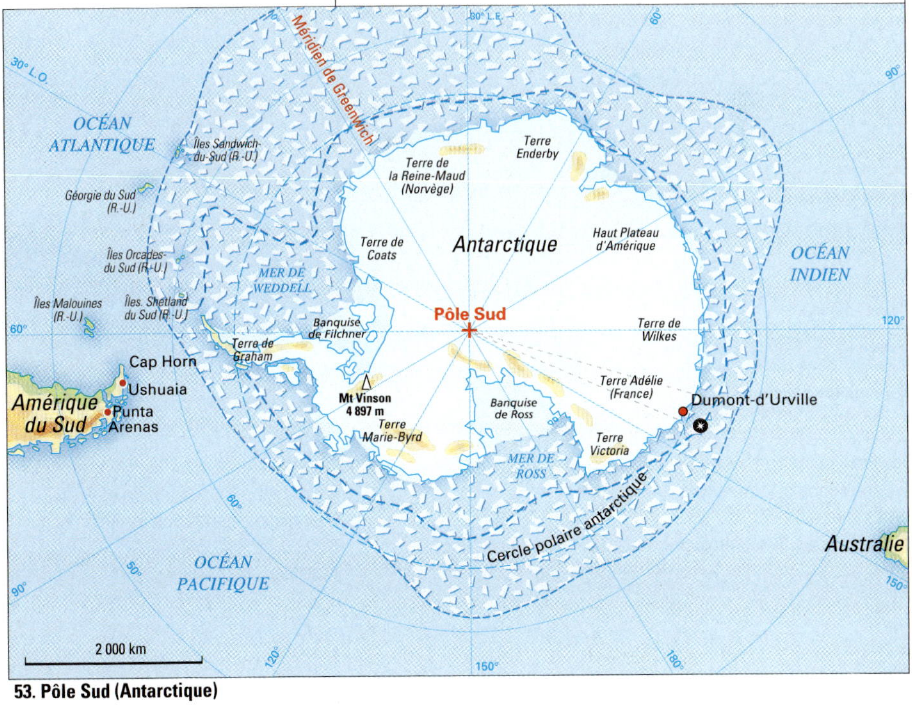

53. Pôle Sud (Antarctique)

ATLAS

54. Le monde physique

DONNÉES GÉOGRAPHIQUES (chiffres arrondis)

Circonférence à l'Équateur : 40067 km

Superficie des océans : 362 millions de km² (71 %)

Superficie des terres émergées : 149 millions de km² (29 %)

OCÉANS

Pacifique : 179 millions de km²

Atlantique : 92 millions de km²

Indien : 76 millions de km²

Arctique : 15 millions de km²

CONTINENTS

Asie : 44 millions de km^2
Amérique : 42 millions de km^2
Amérique du Nord : 24 millions de km^2
Amérique du Sud : 18 millions de km^2
Afrique : 30 millions de km^2
Antarctique : 14 millions de km^2
Europe : 10 millions de km^2
Océanie : 9 millions de km^2

55. Le monde politique

AFRIQUE
B.F. : BURKINA FASO
B. : BURUNDI
G. É. : GUINÉE ÉQUATORIALE
MALA. : MALAWI
R. : RWANDA

EUROPE
LI. : LIECHTENSTEIN
LUX. : LUXEMBOURG

ASIE
A. : ARMÉNIE
AZERB. : AZERBAÏDJAN
BANGL. : BANGLADESH
G. : GÉORGIE
JORD. : JORDANIE
KIRG. : KIRGHIZSTAN
OUZB. : OUZBÉKISTAN
TURKM. : TURKMÉNISTAN

Cercle polaire arctique
Tropique du Cancer
Équateur
Tropique du Capricorne
OCÉAN GLACIAL ARCTIQUE
OCÉAN PACIFIQUE
OCÉAN ATLANTIQUE
OCÉAN INDIEN
OCÉAN GLACIAL ANTARCTIQUE
Alaska
Montagnes Rocheuses
Grandes Plaines
Labrador
Groenland
Islande
Galápagos
Amazonie
Cordillère des Andes
Plateau du Brésil
Pampa
Terre de Feu
Îles Malouines
Géorgie-du-Sud
Spitzberg
Nouvelle-Zemble
Péninsule Ibérique
Alpes
Plaine de Russie
Asie Mineure
Caucase
Plaine de Sibérie occidentale
Plateau de Sibérie centrale
Plateau Iranien
Désert de Gobi
Plateau du Tibet
Himalaya
Plateau du Deccan
Kamtchatka
Sakhaline
Hokkaido
Honshu
Philippines
Bornéo
Célèbes
Nouvelle-Guinée
Mélanésie
Sumatra
Java
Sri Lanka
Maldives
Sahara
Sahel
Arabie
Bassin du Congo
Plateau de Luanda
Désert du Kalahari
Seychelles
Madagascar
Réunion
Kerguelen
Australie
Tasmanie
Nouvelle-Calédonie
Nouvelle-Zélande
2 000 km
Échelle à l'équateur
Climat froid
polaire
haute montagne
Climat tempéré
océanique
continental
continental aride
méditerranéen
Climat chaud
équatorial
tropical
subtropical
aride
Limite d'État

56. Climats

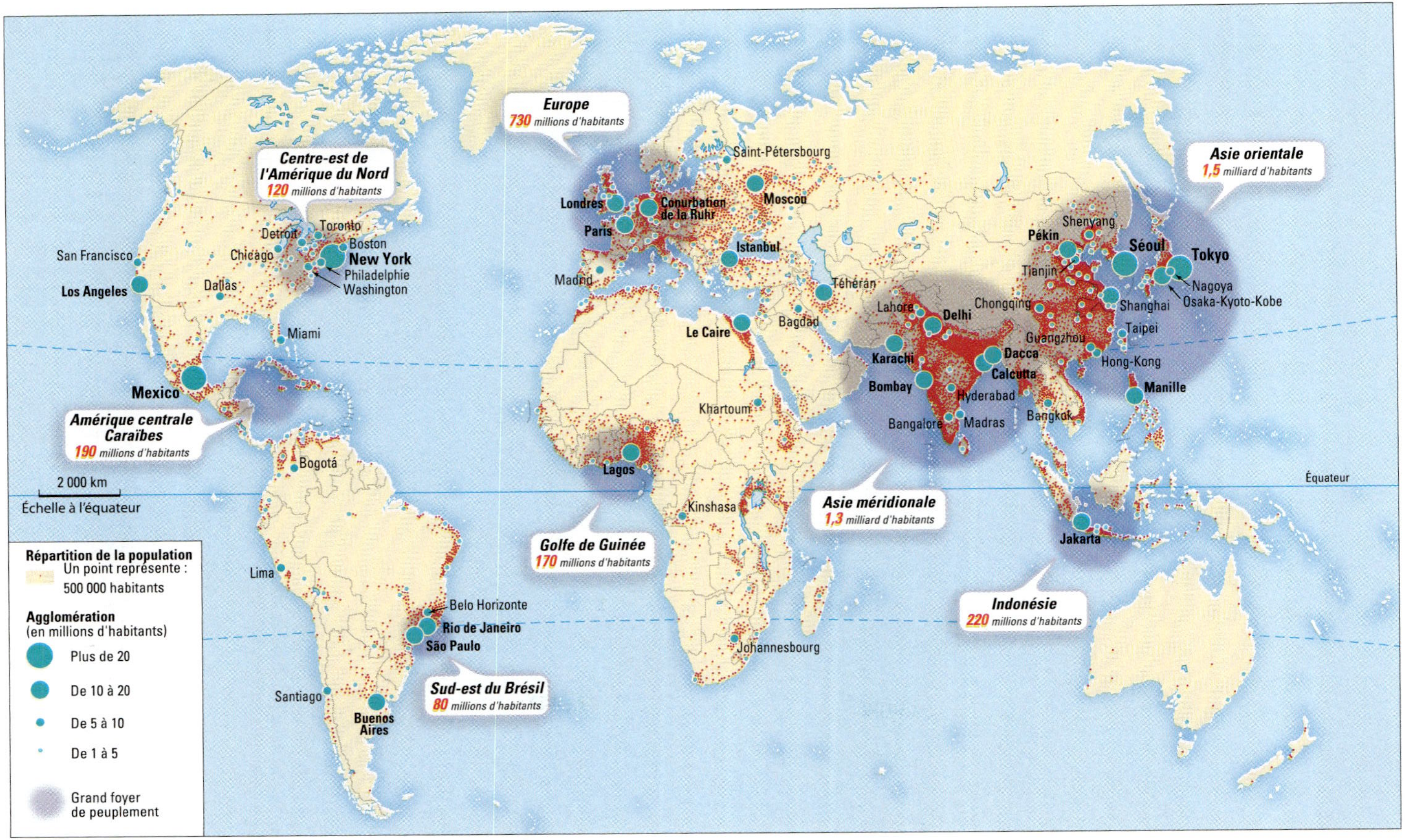

57. Population et grandes agglomérations

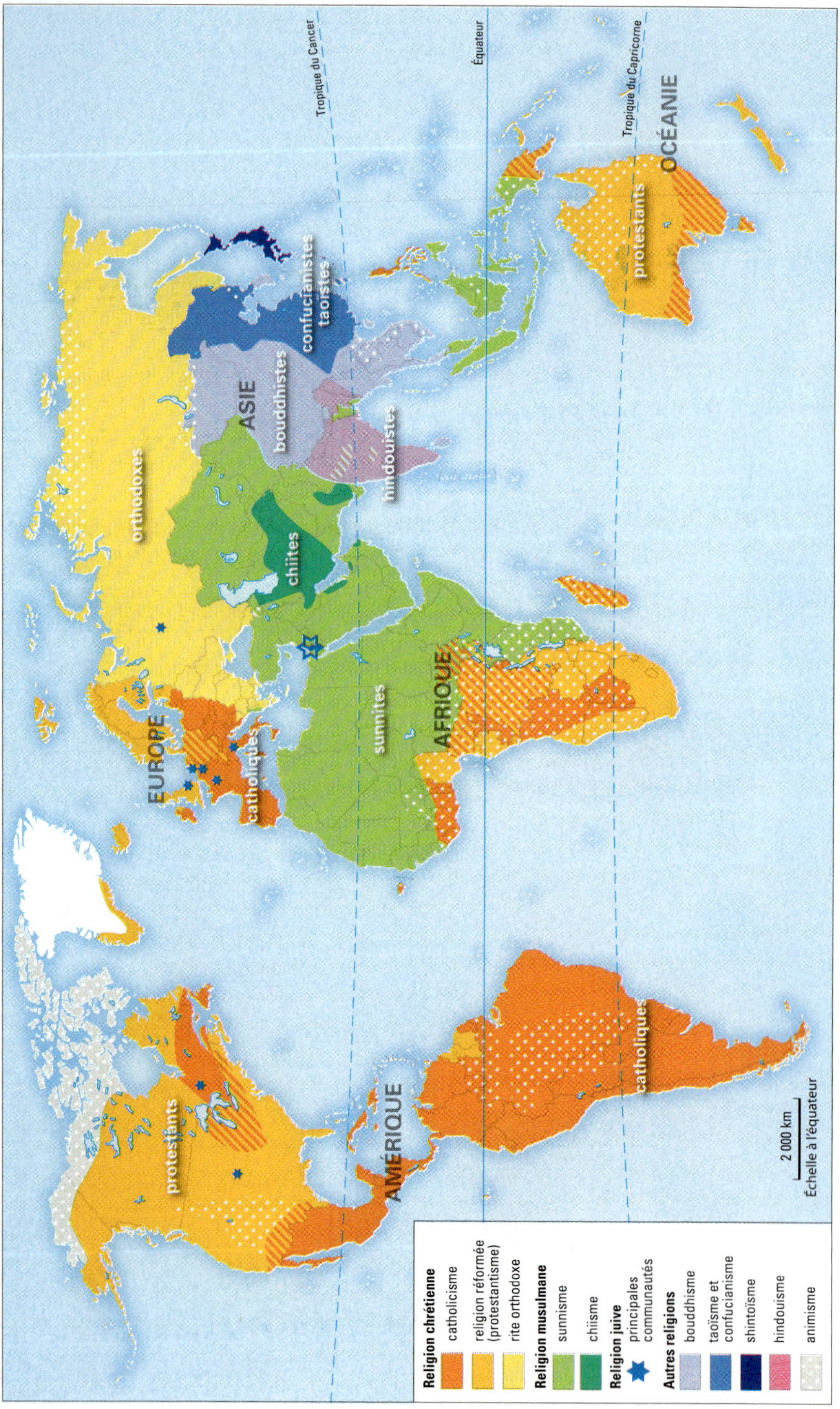

58. Principales religions

DICTIONNAIRE
DE
NOMS PROPRES

A

AALTO Alvar (1898-1976) ✦ Architecte et urbaniste finlandais. Il a réalisé des bâtiments industriels et privés (maison de la culture à Helsinki, 1955-1958), conçu des plans d'aménagement de villes finlandaises après la Deuxième Guerre mondiale, et s'est aussi intéressé au design (objets usuels, mobilier). Son style se caractérise par l'utilisation de lignes courbes et son souci d'adapter ses constructions à leur environnement.

AAR n. m. ✦ Rivière de Suisse, longue de 295 km (☛ carte 26). Elle prend sa source dans les Alpes, arrose Berne, Soleure et Aarau, puis se jette dans le Rhin.

AARAU ✦ Ville de Suisse, chef-lieu du canton d'Argovie, sur l'Aar. 15 478 habitants.

AARON ✦ Personnage de la Bible. C'est le frère de **Moïse**, et le premier grand prêtre des **Hébreux**.

ABBAS Ferhat (1899-1985) ✦ Homme politique algérien. Chef d'un mouvement indépendantiste, il devient président du gouvernement provisoire de la République algérienne, créé par le **FLN** au Caire (1958-1961). En désaccord avec son parti, il est exclu du gouvernement et quitte la vie politique (1963). Il y revient pour prendre position contre le régime en place (1976).

ABBASSIDES n. m. pl. ✦ Dynastie de califes arabes. Abu al-Abbas, descendant d'un oncle de **Mahomet**, triomphe des **Omeyades** (750) et fonde la dynastie qui crée **Bagdad** (762) et en fait la capitale de l'empire. **Haroun al-Rachid** porte l'empire à son apogée. Les multiples révoltes religieuses ou sociales ébranlent l'unité de l'empire (**Fatimides, Seldjoukides**) auquel l'invasion des **Mongols** met fin (1258).

ABBEVILLE ✦ Ville de la Somme. 23 559 habitants (les *Abbevillois*). Église gothique Saint-Vulfran (XVe-XVIIe siècles), château de Bagatelle (XVIIIe siècle). Des outils de silex, trouvés lors de fouilles archéologiques, ont permis de définir une culture du paléolithique, appelée *abbevillien* (n. m.).

ABD AL-RAHMAN III (vers 889-961) ✦ Calife omeyade d'Espagne. Il s'affranchit du pouvoir de Bagdad et fonde le califat de **Cordoue** (912-961). Il embellit la ville et en fait un centre culturel et artistique.

ABD EL-KADER (1807-1883) ✦ Émir arabe d'Algérie. Il organise la résistance contre la colonisation française (1832). Le duc d'Aumale s'empare de son campement, la « smala » (1843). Traqué, il continue la guerre mais doit se rendre aux Français (1847). ☛ Colonisation p. 179. Libéré par Napoléon III (1852), il s'installe à Damas, où il écrit alors des œuvres religieuses.

ABD EL-KRIM (1882-1963) ✦ Nationaliste marocain. Il dirige la guerre du **Rif** contre le Maroc français, en proie aux rivalités entre la Grande-Bretagne et l'Espagne. La France et l'Espagne s'allient pour l'obliger à capituler (1926). Réfugié en Égypte, il continue de lutter pour l'indépendance de l'Afrique du Nord.

ABEL ✦ Personnage de la Bible. C'est le fils d'**Adam** et d'**Ève**. Pour plaire à Dieu, il lui offre un agneau, mais son frère aîné **Caïn**, qui n'a offert que des fruits, le tue par jalousie.

ABÉLARD Pierre (1079-1142) ✦ Philosophe et théologien français. Professeur de théologie scolastique et de logique à Paris, il épouse en secret **Héloïse**, sa jeune élève. En punition, il est émasculé. Il se retire alors dans une abbaye puis fonde le monastère de Paraclet. Il a écrit des ouvrages sur la logique du langage ainsi qu'une autobiographie *(Historia calamitatum)*. Sa doctrine, jugée hérétique, est condamnée, notamment par **Bernard de Clairvaux**.

ABERDEEN ✦ Ville d'Écosse, dans l'est du pays, sur la mer du Nord. 195 000 habitants. Surnommée « la ville de granit », elle abrite la cathédrale Saint-Machar (XVe siècle). Base de l'exploitation britannique du pétrole en mer du Nord, ce qui assure le développement de son industrie.

ABIDJAN ✦ Ville de Côte d'Ivoire, située dans le sud du pays, au bord du golfe de Guinée. Plus de 2 millions d'habitants (les *Abidjanais*). Port commercial et industriel (raffinage, construction, métallurgie, alimentaire). Capitale du pays de 1934 à 1983 (remplacée par **Yamoussoukro**).

ABITIBI ✦ Région du Canada, dans le sud-ouest du Québec. Exploitation des vastes forêts (pâte à papier) et des richesses minières (cuivre, or), qui provoquent une ruée vers l'or (début du XXe siècle).

ABKHAZIE n. f. ✦ République autonome de Géorgie, en bordure de la mer Noire. Superficie : 8 600 km^2. 538 000 habitants (les *Abkhazes*). Capitale : Soukhoumi.

ABOMEY ✦ Ville du Bénin, dans le sud du pays. 55 000 habitants. Capitale du royaume d'Abomey (XVIIe-XIXe siècles) ; les vestiges de ses nombreux palais royaux sont inscrits sur la liste du patrimoine mondial de l'Unesco.

① **ABOU DHABI** ✦ Capitale de la fédération des Émirats arabes unis. Environ 600 000 habitants. Siège du gouvernement fédéral des Émirats.

② **ABOU DHABI** ✦ Émirat de la fédération des Émirats arabes unis (☛ cartes 38, 39). Il est situé à l'est de l'Arabie, sur le golfe Arabo-Persique. Superficie : 67 600 km^2 (environ un huitième de la France). 1,4 million d'habitants. Le plus grand et le plus peuplé des émirats. Capitale : Abou Dhabi. Sa richesse provient de ses réserves de pétrole et de gaz.

ABOUKIR ✦ Rade du delta du Nil où se sont déroulées plusieurs batailles de la campagne d'**Égypte**. L'amiral **Nelson** y bat une escadre française qui se préparait secrètement à l'expédition d'Égypte (1798). L'année suivante, Bonaparte y repousse le débarquement des Turcs, mais les Britanniques reprennent la place aux Français (1801).

ABOU SIMBEL ✦ Site archéologique du sud de l'Égypte, dans la région d'**Assouan** (☛ carte 2). Dans l'Antiquité, le pharaon **Ramsès II** fait creuser deux grands temples dans les falaises (vers 1250 av. J.-C.). Grâce à une campagne de l'Unesco (1963-1968), ils sont démontés bloc par bloc, puis remontés 64 m plus haut, pour ne pas être submergés par les eaux du barrage d'Assouan. Les monuments de **Nubie**, d'Abou Simbel à Philae, sont inscrits sur la liste du patrimoine mondial de l'Unesco.

ABRAHAM ✦ Personnage de la Bible, traditionnellement considéré comme l'ancêtre des Arabes et des Juifs. Sur ordre de **Iahvé**, il quitte la Mésopotamie pour se rendre au pays de **Canaan**, où il s'installe avec sa famille (**Hébreux**). Pour obéir à Dieu, il accepte de sacrifier son fils **Isaac**, mais, au moment du sacrifice, Dieu remplace celui-ci par un bélier. La fête musulmane de l'**Aïd el-Kebir** commémore cet évènement. Le *sacrifice d'Abraham* inspire de nombreux peintres.

① **ABRUZZES (les)** n. f. pl. ✦ Massif montagneux du centre de l'Italie, dont le point culminant est le Gran Sasso (2 914 m). Le parc national (40 000 ha) est créé en 1923.

② **ABRUZZES (les)** n. f. pl. ✦ Région administrative du centre de l'Italie (☛ carte 30). Superficie : 10 794 km^2. 1,26 million d'habitants (les *Abruzzais*). Chef-lieu : L'Aquila. ♦ Elle est formée de montagnes boisées et cultivées (céréales, légumes, fruits) et d'une plaine côtière touristique où se concentrent les industries (chimie, électronique, métallurgie, alimentaire). ♦ La région est successivement dominée par Rome (304 av. J.-C.), les Lombards (Moyen Âge) et les Normands (XIIe siècle). Elle passe sous le contrôle du royaume de **Naples** (XIIIe siècle) puis est gérée par l'Anjou et les Bourbons. Intégrée au royaume d'Italie (1860), elle est séparée du **Molise** (1965).

ABUJA ✦ Capitale du Nigeria, au centre du pays. Superficie du territoire fédéral : 7 315 km^2. 664 287 habitants. La ville remplace Lagos comme capitale depuis 1982.

ABYSSINIE n. f. ✦ Nom donné aux plateaux de l'Éthiopie jusqu'au XIXe siècle.

ACADÉMIE FRANÇAISE n. f. ✦ Société fondée par **Richelieu** (1634). Elle compte quarante membres élus à vie, qu'on appelle les *académiciens*, ou «immortels», chargés de rédiger un *Dictionnaire de la langue française*. ☛ Langue française p. 106. C'est la plus ancienne et la plus célèbre des cinq académies qui forment l'**Institut de France**.

ACADIE n. f. ✦ Région historique du sud-est du Canada, qui correspond aux provinces de la Nouvelle-Écosse et du Nouveau-Brunswick. ♦ Après l'installation des premiers colons français en Amérique (1605), cette région est le terrain des conflits incessants avec les Anglais. Louis XIV leur cède la Nouvelle-Écosse (traité d'**Utrecht**, 1713). Les *Acadiens*, habitants francophones, refusent de jurer fidélité et obéissance à la Grande-Bretagne. Ils sont déportés vers la Louisiane, lors du «Grand Dérangement» (1755). En 1763, toute l'Acadie est attribuée aux Britanniques (traité de Paris).

ACAPULCO ✦ Ville du sud-ouest du Mexique, sur la côte Pacifique. 673 500 habitants. Centre touristique et balnéaire de renommée mondiale.

ACCRA ✦ Capitale du Ghana, sur le golfe de Guinée. Environ un million d'habitants (les *Accréens*). Port commercial et industriel (raffinage). Les forts et les châteaux d'Accra et de ses environs sont inscrits sur la liste du patrimoine mondial de l'Unesco.

ACHÉENS n. m. pl. ✦ Peuple établi en Grèce, après les Ioniens, dans l'est du Péloponnèse (XVIIIe siècle av. J.-C.). Ils fondent la civilisation mycénienne (**Mycènes**), commercent avec la Crète, l'Égypte et Chypre, puis ravagent Cnossos et l'État minoen (**Crète**). Ils provoquent la guerre de **Troie** (vers 1230 av. J.-C.) mais les Doriens les repoussent vers le nord (XIIe siècle av. J.-C.). La *Ligue achéenne*, formée de douze villes, s'oppose aux Macédoniens. Elle soumet **Sparte** (188 av. J.-C.) avant d'être écrasée par Rome (146 av. J.-C.). Dans ses livres, Homère appelle *Achéens* tous les Grecs qui participent à la guerre de Troie.

ACHÉMÉNIDES n. m. pl. ✦ Dynastie de souverains perses. Fondée par Achéménès (VIIe siècle av. J.-C.), représentée par **Cyrus II le Grand**, fondateur de l'Empire perse, par **Darios** et **Xerxès Ier**, elle règne jusqu'à la conquête d'**Alexandre le Grand** (331 av. J.-C.).

ACHÉRON n. m. ✦ Fleuve des Enfers, dans la mythologie grecque. Il marque la frontière entre le monde des morts et le monde des vivants. Les âmes des morts doivent traverser ce fleuve souterrain, dans la barque de **Charon**, pour entrer au royaume d'**Hadès**, les **Enfers**.

ACHGABAT ✦ Capitale du Turkménistan, dans le sud du pays, près de la frontière avec l'Iran. 604 700 habitants. Centre politique, culturel et industriel (alimentaire, mécanique, textile).

ACHILLE ✦ Demi-dieu de la mythologie grecque et l'un des principaux personnages de l'*Iliade*. Pour le rendre immortel, sa mère le plonge lorsqu'il est enfant dans le **Styx** en le tenant par le talon, qui reste son seul point vulnérable. Roi légendaire des Myrmidons pendant la guerre de **Troie,** il se montre invincible. Quand Agamemnon lui prend l'esclave dont il est amoureux, il cesse le combat. Il ne reprend les armes que pour venger la mort de son ami Patrocle, et tue le Troyen **Hector.** Pâris, le frère d'Hector, lui transperce le talon d'une flèche qui le blesse mortellement. Le *talon d'Achille* désigne le point vulnérable, le point faible de quelqu'un.

ACONCAGUA n. m. ✦ Volcan éteint des Andes (☛ carte 44). Situé en Argentine, à la frontière avec le Chili, c'est le plus haut sommet de toute l'Amérique (6 960 m).

AÇORES (les) n. f. pl. ✦ Archipel portugais, dans l'océan Atlantique, à 1 500 km des côtes. Il forme une région administrative du Portugal. Superficie : 2 247 km². 243 000 habitants (les *Açoréens*). Capitale : Ponta Delgada, dans l'île de São Miguel. ♦ Ces neuf îles montagneuses, d'origine volcanique, sont découvertes puis prises par les Portugais (1427-1452). Le centre de la ville d'Angra do Heroïsmo, sur l'île de Terceira, est inscrit sur la liste du patrimoine mondial de l'Unesco. Le climat océanique tempéré favorise les cultures et l'élevage laitier. ♦ L'*anticyclone des Açores* est un anticyclone chaud centré sur les Açores, qui influence le climat de l'Europe occidentale en été.

ACRE ✦ Ville d'Israël (Galilée), sur la Méditerranée. 46 000 habitants. Centre industriel (textile, plus grande usine sidérurgique de l'État, chimie). Elle est inscrite sur la liste du patrimoine mondial de l'Unesco. ♦ Fondée par les Phéniciens, fortifiée et sans cesse disputée par les Latins et les musulmans, elle devient la capitale du royaume latin de Jérusalem pendant les **croisades** sous le nom de *Saint-Jean d'Acre* (1104-1291) (☛ carte 12). Elle est conquise par **Saladin,** les **mamelouks** et l'Empire ottoman (1517), résiste à Napoléon lors de la campagne d'**Égypte** (1799), passe à l'Égypte puis reste turque jusqu'en 1918.

ACROPOLE n. f. ✦ Citadelle de Grèce, élevée sur une colline dominant Athènes (ce mot signifie en grec «ville haute»). Construite vers 2 000 ans av. J.-C., elle perd son rôle de forteresse pour devenir un centre religieux consacré à **Athéna,** protectrice de la cité (Ve siècle av. J.-C.). Un ensemble de monuments classiques est élevé à l'époque de **Périclès,** sous la direction de **Phidias** : le **Parthénon,** les **Propylées** et l'Érechthéion. Leurs ruines attirent aujourd'hui un grand nombre de touristes. L'Acropole est inscrite sur la liste du patrimoine mondial de l'Unesco.

ACTION FRANÇAISE ✦ Mouvement politique d'extrême droite, nationaliste et royaliste, fondé en 1899 lors de l'affaire **Dreyfus.** Son journal, *l'Action française* (quotidien dès 1908), dirigé par **Maurras,** soutient le gouvernement de **Vichy** et veut rétablir la monarchie française.

ACTIUM ✦ Promontoire situé sur la côte ouest de la Grèce, près du golfe d'Arta. Octave y remporte une victoire décisive sur la flotte d'**Antoine** et de Cléopâtre (31 av. J.-C.).

ADAM ✦ Personnage de la Bible. C'est le premier homme, créé par Dieu avec de la glaise. Malgré l'interdiction divine, il mange la pomme que lui tend **Ève.** Dieu les chasse tous deux du Paradis terrestre. Ses trois fils sont **Abel, Caïn** et Seth.

ADANA ✦ Ville du sud de la Turquie. 1,58 million d'habitants. Métropole régionale du Sud méditerranéen, centre industriel très actif (textile, alimentaire, machines agricoles, cimenterie, plastiques).

ADDIS-ABEBA ou **ADDIS ABEBA** ✦ Capitale de l'Éthiopie, au centre du pays, à 2 500 m d'altitude. 3,2 millions d'habitants. Centre industriel du pays, siège de l'Organisation de l'unité africaine (OUA) depuis 1963.

ADÉLAÏDE ✦ Ville d'Australie, sur la côte est. 1,14 million d'habitants. Centre culturel, commercial et industriel (pétrochimie, métallurgie, textile, alimentaire). Le port (Port-Adélaïde) est situé à quelques kilomètres de la ville.

ADÉLIE (terre) ✦ Secteur de l'Antarctique, au sud de l'Australie, rattaché aux Terres Australes et Antarctiques françaises (☛ carte 53). Superficie : 432 000 km² (plus des trois quarts de la France). La température ne dépasse jamais zéro degré. La terre Adélie est découverte en 1840 par le navigateur français Jules **Dumont d'Urville** qui lui donne le prénom de sa femme. Paul-Émile **Victor** y dirige plusieurs expéditions à partir de 1950. Aujourd'hui, elle est consacrée aux recherches scientifiques, et des équipes se relaient dans la base côtière Dumont-d'Urville et dans la station continentale Commandant-Charcot.

ADEN ✦ Ville du sud du Yémen, près du détroit de **Bab el-Mandeb.** 589 000 habitants. Capitale du Yémen-du-Sud de 1968 à 1990.

ADEN (golfe d') ✦ Golfe de l'océan Indien. Situé entre le sud de l'Arabie et la côte nord de la Somalie, il permet la communication entre la mer Rouge et la mer d'Oman.

ADENAUER Konrad (1876-1967) ✦ Homme politique allemand. Un des fondateurs de l'Union chrétienne démocrate (CDU), il devient le premier chancelier de la République fédérale d'Allemagne (1949-1963). Il participe à la création de la Communauté économique européenne (**CEE**) et à la réconciliation entre la France et l'Allemagne.

ADER Clément (1841-1925) ✦ Ingénieur français. Il réalise le premier appareil volant plus lourd que l'air, l'*Éole,* dont les ailes évoquent la chauve-souris. À bord de cet engin, il parcourt une distance de 50 m à quelques centimètres au-dessus du sol (9 octobre 1890). Pour nommer ses autres modèles, il invente le nom *Avion,* qui sert ensuite à désigner ce type d'appareil.

ADIGE n. m. ✦ Fleuve du nord de l'Italie, long de 410 km (☛ carte 30). Il prend sa source dans les Alpes, arrose Trente et Vérone, puis se jette dans la mer Adriatique.

ADJANI Isabelle (née en 1955) ✦ Actrice française. Elle débute très jeune à la Comédie-Française et connaît rapidement le succès au cinéma avec *La Gifle* (1974). Autres films : *Camille Claudel* (1988), *La Reine Margot* (1994), *La Journée de la jupe* (2009).

ADONIS ✦ Dieu de la Nature, dans la mythologie grecque. Ce très beau jeune homme est tué par un sanglier. À la demande d'Aphrodite, amoureuse de lui, Zeus le ressuscite. On dit encore d'un homme d'une beauté remarquable qu'il est un *adonis.*

ADOUR n. m. ✦ Fleuve du sud-ouest de la France, long de 335 km (☛ carte 21). Il prend sa source dans les Pyrénées, près du pic du Midi de Bigorre, arrose Tarbes, Dax et Bayonne, puis se jette dans l'océan Atlantique.

ADRIATIQUE n. f. ✦ Partie de la mer Méditerranée. Elle est comprise entre la côte est de l'Italie, et les côtes de Slovénie, de Croatie, de Bosnie-Herzégovine, du Monténégro et d'Albanie (☛ carte 24). Elle communique avec la mer Ionienne par le canal d'Otrante, au niveau du talon de la «botte» de l'Italie. Elle baigne les ports de Dubrovnik, Trieste et Venise. Superficie : 131 500 km^2. 800 km de long sur 220 km de large ; profondeur maximale : 1 400 m.

ADRIEN → **HADRIEN**

ADYGUÉS (République des) ✦ République de la fédération de Russie, située au nord du Caucase (☛ carte 33). Superficie : 7 600 km^2. 447 000 habitants (les *Adygués*), en majorité musulmans. Capitale : Maïkop (173 000 habitants). C'est une région agricole.

AEF ou **A-ÉF** ✦ Sigle de **Afrique-Équatoriale française**

AFGHANISTAN n. m. ✦ Pays d'Asie centrale. (☛ cartes 38, 39). Superficie : 652 088 km^2 (un peu plus que la France). 24 millions d'habitants (les *Afghans*), partagés entre groupes iraniens (Pashtouns, Tadjiks), turcs (Ouzbeks, Turkmènes, Kirghiz) et populations montagnardes (Nouristanis). République dont la capitale est Kaboul. Langues officielles : le pachto et le persan. Religion officielle : l'islam. Monnaie : l'afghani. ♦ GÉOGRAPHIE. Le massif montagneux et aride de l'Hindu Kush occupe presque tout le pays. Le climat est continental, avec des hivers froids et des étés torrides. La population, qui comprend environ un million de nomades, se concentre dans les vallées. ♦ ÉCONOMIE. C'est un pays agricole (blé, coton, fruits) où l'élevage (moutons) et l'artisanat (tapis) sont importants. L'exploitation du sous-sol (houille, gaz, pierres précieuses, cuivre, fer), l'industrie (textile, alimentaire) et les transports ont beaucoup souffert de la guerre civile. ♦ HISTOIRE. Région de passage, successivement envahie par les Perses (VIe siècle av. J.-C.), les Huns (Ve siècle), les Arabes (VIIe siècle) et les Mongols (XIIIe siècle), l'Afghanistan est l'enjeu de rivalités entre les Russes et les Anglais (XIXe siècle). Après l'indépendance (1919), le royaume devient une république (1973). Le coup d'État communiste (1978) provoque la résistance des islamistes. L'occupation soviétique (1979-1989) s'achève sous la pression internationale, mais la guerre civile persiste. Les troubles provoqués par les rivalités entre islamistes (1992) aboutissent à la mise en place par les «talibans» (étudiants en théologie) d'un régime religieux sévère (1996). Les **États-Unis** interviennent militairement (2001) et soutiennent, après la chute des talibans, une «Administration islamique de transition» (2002), chargée de rédiger une nouvelle Constitution. L'élection d'un parlement par le peuple (2005) marque un premier pas vers la démocratie. La diminution de la présence internationale entraîne depuis 2015 une recrudescence de la guérilla menée par les talibans.

AFRIQUE n. f. ✦ Un des six continents du monde. (☛ cartes 34, 36). Elle est séparée de l'Europe par le détroit de **Gibraltar** au nord-ouest, et reliée à l'Asie par l'isthme de **Suez** au nord-est. Superficie : 30,3 millions de km^2 (près de 56 fois la France). Plus d'un milliard d'habitants (les *Africains*). ♦ GÉOGRAPHIE. L'Afrique est formée de plateaux, de plaines, de massifs montagneux (Atlas, Hoggar, Drakensberg) et est parcourue par de grands fleuves (Niger, Nil, Congo, Zambèze). La vallée du Rift, où se trouvent les grands lacs (Victoria, Tanganyika, Malawi), traverse un massif volcanique (Kilimandjaro) de la mer Rouge aux côtes du Mozambique. Dans ce continent chaud, en grande partie situé entre les deux tropiques, les climats (équatorial, tropical, désertique, tempéré, méditerranéen) et la végétation (forêt tropicale, savane, brousse) se répartissent symétriquement de part et d'autre de l'équateur. Les déserts occupent le niveau des tropiques (**Sahel** et **Sahara** au nord, **Kalahari** au sud). La population est en forte croissance malgré la mortalité infantile, la malnutrition et les ravages provoqués par le sida. On distingue deux zones : une zone de population blanche (Berbères, Arabes) de la Méditerranée au sud du Sahara ; une zone de population noire et métissée au sud du Sahel. Outre les religions traditionnelles, on pratique l'islam au nord et le christianisme au sud. ♦ ÉCONOMIE. Les zones cultivables, réduites par l'avancée du désert et l'érosion des sols, produisent pour l'exportation (coton, café, cacao, fruits tropicaux). Les peuples nomades pratiquent l'élevage (vaches, zébus). Le sous-sol est exploité (pétrole, gaz, fer, cuivre, or, diamant). L'industrialisation est faible dans la plupart des pays, qui sont en voie de développement ; le tourisme progresse. ♦ HISTOIRE. Les plus anciens restes d'êtres humains (**Toumaï, Lucy**) ont été trouvés dans la région du **Rift**. Dans l'Antiquité, de grandes civilisations occupent les rives méditerranéennes (Égyptiens, Phéniciens, Romains). Les Arabes envahissent le continent jusqu'au sud du Sahara (VIIe siècle) et commercent avec les empires du Ghana et du Mali. Les navigateurs portugais longent les côtes africaines et y installent des comptoirs (XVe siècle), imités par les autres Européens, qui s'y procurent des esclaves pour les envoyer en Amérique et aux Antilles (traite des Noirs). ☛ carte 14. Au XIXe siècle, colons et missionnaires pénètrent l'intérieur du continent, et les puissances européennes se partagent le territoire à la conférence de Berlin (1884-1885). ☛ Colonisation p. 179 et carte 17. Après la Deuxième Guerre mondiale, les pays obtiennent progressivement leur indépendance (☛ Décolonisation p. 196) et mettent en place des régimes le plus souvent à parti unique. Ils créent l'Organisation de l'unité africaine (OUA, 1963) et se démocratisent petit à petit.

AFRIQUE DU NORD n. f. ✦ Ensemble des pays situés dans le nord du continent africain : Algérie, Maroc, Tunisie, auxquels on inclut parfois la Libye et la Mauritanie. Cet ensemble forme le **Maghreb**. On appelle ses habitants les *Nord-Africains*.

AFRIQUE DU SUD n. f. ✦ Pays du sud de l'Afrique. (☛ cartes 34, 36). Superficie : 1,2 million de km^2 (plus de deux fois la France). 50,5 millions d'habitants (les *Sud-Africains*), en majorité chrétiens. République dont Pretoria est la capitale administrative et le siège du gouvernement ; Le Cap est le siège du Parlement. Autres villes importantes : Johannesburg, Durban. On y parle 11 langues officielles, dont l'afrikaans et l'anglais, ainsi que des langues bantoues (zoulou) et khoisannes (bochiman). Monnaie : le rand. ♦ GÉOGRAPHIE. C'est un vaste plateau, couvert d'une steppe désertique, relevé à l'est et bordé de plaines côtières. Le fleuve principal, l'Orange, est long de 1 860 km. Le climat tropical devient méditerranéen dans le sud-ouest. À l'est, la région du **Natal** est soumise à la mousson. ♦ ÉCONOMIE. C'est le pays le plus développé du continent. L'agriculture est productive (élevage de bovins et de moutons, maïs, blé, canne à sucre, agrumes). Le sous-sol est riche (or, diamant, charbon, platine, chrome, manganèse). L'industrie est diversifiée (mécanique, alimentaire, chimie, métallurgie, textile). ♦ HISTOIRE. Habité depuis plus de 3 millions d'années, le pays conserve des traces des ancêtres des **Bochimans** (1 500 ans av. J.-C.). Les Arabes (IXe siècle) et les Portugais (Vasco de Gama, 1498) fréquentent les côtes. Les colons hollandais (**Boers**) s'installent (1652), pratiquent l'esclavage et s'opposent aux **Bantous** et aux **Zoulous** (1779-1838). La «guerre des Boers» (1899-1902) contre les Britanniques se termine par la victoire de ces derniers. Plusieurs conférences aboutissent à la création de l'Union sud-africaine (1910), qui règle les relations entre les Blancs *(Afrikaners)* et les Britanniques et impose une ségrégation à l'égard des Noirs, des métis et des Indiens, l'«apartheid», combattue par le Congrès national africain (ANC, 1923). Condamnée par l'ONU et le Commonwealth, dont elle est membre fondatrice (1931), l'Union sud-africaine proclame son indépendance et la république (1961). En 1971 sont créés des territoires autonomes bantous, appelés *homelands* ou *bantoustans,* dans lesquels éclatent de terribles émeutes. Face à la pression internationale, l'apartheid est aboli (1991) et le président de l'ANC, Nelson **Mandela**, devient président de la République (1994-1999). Les tensions persistent malgré la commission «Vérité et Réconciliation» (1995) chargée d'enquêter sur les crimes commis pendant l'apartheid.

AFRIQUE-ÉQUATORIALE FRANÇAISE ✦ Fédération de territoires français qui regroupe, de 1910 à 1958, quatre États d'Afrique centrale, devenus indépendants en 1960 : le **Congo**, le **Gabon**, la République **centrafricaine** et le **Tchad** (☛ carte 17).

AFRIQUE NOIRE n. f. ✦ Ensemble des pays d'Afrique situés au sud du Sahara, et dont la population noire est majoritaire.

AFRIQUE-OCCIDENTALE FRANÇAISE ✦ Fédération de territoires français qui regroupe, de 1895 à 1958, huit territoires de l'Afrique de l'Ouest, devenus indépendants : le **Bénin**, le **Burkina Faso**, la **Côte d'Ivoire**, la **Guinée**, le **Mali**, la **Mauritanie**, le **Niger** et le **Sénégal** (☛ carte 17).

AGADIR ✦ Ville du Maroc, sur l'océan Atlantique. 421 844 habitants. Reconstruite en partie après le tremblement de terre de 1960, c'est le premier port de pêche du Maroc et un centre touristique important (station balnéaire).

AGAMEMNON ✦ Roi légendaire de Mycènes et d'Argos, personnage de l'*Iliade.* C'est le frère de **Ménélas**, le mari de **Clytemnestre** et le père d'Électre, d'Iphigénie et d'Oreste. Lorsque Pâris enlève Hélène, la femme de Ménélas, Agamemnon décide de venger son frère et prend la direction de l'expédition contre **Troie**. Pour apaiser la colère de la déesse Artémis, qui le retient en Grèce par des vents contraires et l'empêche de se rendre sur le lieu de la bataille, il sacrifie sa fille **Iphigénie**. À son retour de Troie, il est assassiné par Clytemnestre et l'amant de celle-ci, Égisthe. Son fils **Oreste** le venge.

AGDE ✦ Ville de l'Hérault, au confluent de l'Hérault et du canal du Midi. 26 111 habitants (les *Agathois*). Cathédrale fortifiée Saint-Étienne (XIIe siècle), construite en basalte. Station balnéaire du *Cap-d'Agde.* ♦ Ancienne colonie grecque fondée par les Phocéens.

AGEN ✦ Chef-lieu du Lot-et-Garonne. 34 126 habitants (les *Agenais*). Important marché agricole (*pruneaux d'Agen*), centre industriel. Ville natale de Bernard **Palissy**, dont les faïences sont exposées au musée des Beaux-Arts, et de Michel Serres.

AGRA ✦ Ville du nord de l'Inde (Uttar Pradesh). 1,76 million d'habitants. Important centre de commerce, d'industrie (caoutchouc) et de tourisme (**Taj Mahal** et Fort rouge inscrits sur la liste du patrimoine mondial de l'Unesco). Capitale, avec Delhi, de l'Empire des **Moghols** (1501-1658).

AGRIGENTE ✦ Ville d'Italie, sur la côte ouest de la Sicile. 58 323 habitants. La ville antique (ruines des temples doriques, quartier gréco-romain) est inscrite sur la liste du patrimoine mondial de l'Unesco. Ville natale d'Empédocle, Luigi Pirandello. ♦ Fondée par des Crétois (582 av. J.-C.), elle connaît son apogée au début du Ve siècle av. J.-C. Elle passe aux mains des Carthaginois (406 av. J.-C.), des Romains (261 av. J.-C.), des Arabes (828) et des Normands (XIe siècle).

AGRIPPA (63 av. J.-C.-12 av. J.-C.) ✦ Général et homme politique romain. Père d'Agrippine l'Aînée, ami et conseiller d'Auguste, il entreprend de grands travaux à Rome (Panthéon, thermes, théâtres, portiques, aqueducs) et en Gaule (réseau routier, pont du **Gard**).

AGRIPPINE L'AÎNÉE (vers 14 av. J.-C.-33) ✦ Fille d'Agrippa, petite-fille d'Auguste par sa mère, mère d'Agrippine la Jeune et de Caligula. **Tibère**, son beau-père, l'envoie en exil où elle meurt.

AGRIPPINE LA JEUNE (16-59) ✦ Fille d'Agrippine l'Aînée, sœur de Caligula et mère de Néron. Femme de pouvoir, elle exerce une emprise totale sur son mari et oncle, l'empereur **Claude Ier**, qu'elle fait empoisonner. Elle est assassinée sur l'ordre de **Néron**.

AHMEDABAD ✦ Ville de l'ouest de l'Inde (Gujarat). Principale ville de l'État : 6,36 millions d'habitants. Mosquées (XVe-XVIe siècles) et musée du textile.

AÏD EL-KEBIR n. m. ✦ Fête musulmane, célébrée le douzième et dernier mois du calendrier musulman. C'est «la grande fête» au cours de laquelle on égorge un mouton, en commémoration du sacrifice d'**Abraham**.

AIGLE (L') ✦ Commune de l'Orne. 8 018 habitants (les *Aiglons*) (☛ carte 23). Château (XVIIe siècle, sur les plans d'Hardouin-Mansart). Musée Juin 1944 sur la bataille de Normandie. Métallurgie. Industrie chimique, plastique, biotechnologies.

AIGLON (L') (1811-1832) ✦ Surnom du duc de Reichstadt, fils de l'impératrice Marie-Louise et de Napoléon Ier (dont l'emblème est un aigle). Sa vie romantique a inspiré un drame à Edmond Rostand, *L'Aiglon,* avec Sarah **Bernhardt** dans le rôle principal.

AIGOUAL (mont) n. m. ✦ Massif montagneux des Cévennes. L'Hérault y prend sa source et un observatoire de la Météorologie nationale est installé au sommet (1 565 m).

AIGUES-MORTES ✦ Ville du Gard, à l'ouest de la **Camargue.** 8 417 habitants (les *Aigues-Mortais*). Exploitation du sel et de la vigne. Ville historique (remparts, tour de Constance). Son port, créé par Louis IX qui s'y embarqua pour les croisades, s'est enlisé au XIVe siècle.

AILEY Alvin (1931-1989) ✦ Danseur et chorégraphe américain. Il créa avec sa compagnie des ballets qui combinent la danse moderne américaine, le jazz et les formes d'expression africaine (danses tribales, gospel). Il rencontra un vif succès avec *Revelations* (1960), inspiré des negro-spirituals.

① **AIN** n. m. ✦ Rivière de l'est de la France, longue de 200 km. Elle prend sa source dans le Jura et se jette dans le Rhône avant Lyon.

② **AIN** n. m. ✦ Département du sud-est de la France [01], de la Région Auvergne-Rhône-Alpes. Superficie : 5 762 km². 626 127 habitants. Chef-lieu : Bourg-en-Bresse ; chefs-lieux d'arrondissement : Belley, Gex et Nantua.

AÏR ✦ Massif montagneux du nord du Niger, dans le Sahara méridional (1 944 m au mont Greboun), habité par des Touareg. Gisements de minerai d'uranium. La réserve naturelle de l'Aïr et du **Ténéré** est inscrite sur la liste du patrimoine mondial de l'Unesco.

AIRBUS n. m. ✦ Avion à deux réacteurs. Il est produit grâce à l'association de plusieurs pays européens, le siège du groupe se trouvant à Toulouse. Le premier Airbus vole à Toulouse le 28 octobre 1972. La gamme Airbus comprend six modèles de base. Ils peuvent transporter entre 250 et 555 passagers selon les aménagements, et parcourir jusqu'à 15 000 km sans escale. Les derniers modèles, à deux ponts, peuvent transporter plus de 800 personnes (Airbus A380).

① **AISNE** n. f. ✦ Rivière du Bassin parisien, longue de 300 km (☛ carte 21). Elle prend sa source dans l'Argonne, arrose Sainte-Menehould, Rethel et Soissons, puis se jette dans l'Oise.

② **AISNE** n. f. ✦ Département du nord de la France [02], de la Région Hauts-de-France. Superficie : 7 369 km². 539 783 habitants (les *Axonais*). Chef-lieu : Laon ; chefs-lieux d'arrondissement : Château-Thierry, Saint-Quentin, Soissons et Vervins.

AIX-EN-PROVENCE ✦ Ville des Bouches-du-Rhône. 142 149 habitants (les *Aixois*). Ville universitaire, cité thermale et touristique (festival d'art lyrique) ; calissons (spécialité de confiserie). Ville natale de Darius Milhaud et de Paul Cézanne, dont l'atelier est transformé en musée. ♦ Fondée par un consul romain (122 av. J.-C.), elle devient une colonie sous César puis la capitale du comté de **Provence** au Moyen Âge. Elle est rattachée à la France (1487) et Louis XII y installe le parlement de la région (1501).

AIX-LA-CHAPELLE ✦ Ville d'Allemagne (Rhénanie-du-Nord-Westphalie), près des frontières belge et néerlandaise. 259 334 habitants. Sa cathédrale gothique (XIIIe-XVe siècles) est inscrite sur la liste du patrimoine mondial de l'Unesco. Centre industriel (mécanique, textile, chimie). Ville natale de Ludwig Mies van der Rohe. ♦ La ville thermale romaine devient la résidence préférée de **Charlemagne** jusqu'à sa mort (814). Il y fait construire la chapelle Palatine (796-805), où seront couronnés les empereurs germaniques (813-1531). Plusieurs traités de paix y sont conclus. Le *Congrès d'Aix-la-Chapelle* (1818) marque la fin de l'occupation de la France par les armées de Russie, d'Autriche et de Prusse. Très endommagée pendant la Deuxième Guerre mondiale, la ville est en grande partie reconstruite.

AIX-LES-BAINS ✦ Ville de Savoie, sur la rive est du lac du Bourget. 30 291 habitants (les *Aixois*). Cette station thermale, où Lamartine a séjourné, était connue des Romains (vestiges de thermes, temple de Diane).

AJACCIO ✦ Chef-lieu de Corse-du-Sud et de la Région Corse, sur la côte ouest de l'île. 68 587 habitants (les *Ajacciens* ou les *Ajacéens*). Maison Bonaparte (XVIIe siècle), transformée en musée. Centre administratif, principal port commercial de l'île. L'Assemblée nationale corse, créée en 1982, y a son siège. Ville natale de Napoléon Bonaparte, Michel Zévaco. ♦ L'ancienne ville romaine, rebâtie par les Génois (1492), reste en possession de ces derniers jusqu'en 1553. Ajaccio est attribuée aux Français par le traité de Versailles (1768) et devient le chef-lieu de la Corse (1811).

AJAR Émile ✦ Pseudonyme de l'écrivain connu sous le nom de *Romain* ***Gary***.

AJAX ✦ Roi légendaire de Salamine, personnage de l'*Iliade*. Pendant la guerre de Troie, les Grecs lui ayant préféré Ulysse en remplacement d'Achille, il est pris de folie et se suicide.

AKABA ou **AQABA** (golfe d') ✦ Golfe de la mer Rouge qui sépare l'Arabie saoudite de la presqu'île du Sinaï. À l'extrémité nord du golfe, se situe la ville portuaire jordanienne d'Akaba (80 059 habitants ; raffineries de sucre et de pétrole), face au port israélien d'Eilat.

AKHENATON (vers 1375 av. J.-C.-1354 av. J.-C.) ✦ Pharaon égyptien. Nom, qui signifie « serviteur d'Aton », pris par le pharaon Aménophis IV au début de son règne. C'est le fils d'Aménophis III et l'époux de **Néfertiti.** Il rejette le culte d'**Amon** et impose celui d'**Aton**, le dieu solaire, instituant ainsi la première religion monothéiste. Il abandonne Thèbes et prend pour capitale Akhetaton (aujourd'hui **Tell el-Amarna**). Occupé par la religion et les arts, il néglige la politique et affaiblit l'empire. À sa mort, **Toutankhamon** lui succède et rétablit les anciens cultes.

AKIHITO (né en 1933) ✦ Empereur du Japon depuis 1989. Il succéda à son père, **Hirohito**, et annonça sa volonté d'abdiquer en faveur de son fils (2016).

AKKAD ✦ Ville de Mésopotamie. Située au nord-ouest de Sumer, elle donne son nom à la région qui l'entoure, érigée en empire vers 2450 av. J.-C., qui règne sur **Sumer** et **Babylone** jusqu'au XXe siècle av. J.-C. Pendant cette période, l'économie est florissante (travail du bronze, irrigation, développement du commerce). La langue, l'*akkadien*, écrite en caractères cunéiformes, supplante le sumérien et reste la langue diplomatique de tout le Proche-Orient jusqu'au VIIIe siècle av. J.-C.

ALABAMA n. m. ✦ État du sud-est des États-Unis, depuis 1819 (☛ carte 47). Son nom vient du fleuve qui le traverse. Superficie : 135 765 km² (moins d'un cinquième de la France). 4,4 millions d'habitants. Capitale : Montgomery (201 568 habitants). ♦ Le nord, montagneux (**Appalaches**), possède de nombreux lacs. La plaine descend au sud jusqu'au golfe du Mexique. Le climat est tempéré, chaud et humide.

L'agriculture traditionnelle (coton) est supplantée par l'élevage. Le sous-sol est riche (charbon, fer, gaz, pétrole et énorme gisement de marbre blanc). L'industrie se développe (sidérurgie, textile, chimie, alimentaire). ♦ Explorée par les Espagnols (1540), la région est occupée par la Grande-Bretagne (1763-1783) puis par l'Espagne (1783-1813).

ALADIN ✦ Personnage des *Mille et Une Nuits*. Fils d'un modeste tailleur, il trouve une lampe magique au centre de la Terre, grâce à un sorcier. Quand il frotte la lampe, un génie, caché à l'intérieur, lui apparaît et exauce ses vœux. Aladin obtient ainsi la fortune et épouse la fille du sultan.

ALAIN (1868-1951) ✦ Philosophe français. Professeur de philosophie, il publie des *Propos* (1908-1919). Il devient un maître à penser pour toute sa génération, aussi bien dans le domaine de la morale que dans celui de la politique ou de l'art. Œuvres : *Système des beaux-arts* (1920), *Les Idées et les Âges* (1927), *Propos sur le bonheur* (1928), *Idées* (1932), *Les Dieux* (1947). ■ Son véritable nom est *Émile-Auguste Chartier*.

ALAIN-FOURNIER (1886-1914) ✦ Romancier français. Il devient célèbre dès la publication de son unique roman, *Le* ***Grand Meaulnes*** (1913), dans lequel il parle de l'enfance, vécue dans l'amitié et le rêve, et du bonheur. Il meurt au combat pendant la Première Guerre mondiale. ■ Son véritable nom est *Henri Alban Fournier*.

ALAMANS n. m. pl. ✦ Ensemble de tribus germaniques de la région de l'Elbe (☛ carte 9). Repoussés aux frontières de l'Empire **romain** (IIIe siècle), ils s'installent entre le Main et le lac de Constance. Poussés par les **Huns**, ils franchissent le Rhin (406) mais **Clovis** les bat à Tolbiac (496). Ils forment le duché d'Alémanie sous domination franque (vers 536) et se convertissent au christianisme (VIIe siècle). Ils passent sous l'autorité de Louis II le Germanique (traité de Verdun, 843).

ALARIC Ier (vers 370-410) ✦ Roi des Wisigoths de 395 à sa mort. Après le décès de **Théodose Ier le Grand** (395), il dévaste la **Thrace** et la **Macédoine**. Nommé gouverneur d'**Illyrie**, il envahit à deux reprises l'Italie du Nord (402, 410), prend Rome et pille l'Italie du Sud peu avant sa mort.

ALASKA n. m. ✦ État des États-Unis depuis 1959, au nord-ouest du Canada (☛ carte 47). Le plus grand des cinquante États ; superficie : 1,5 million de km² (un peu moins de trois fois la France). 710 231 habitants. Capitale : Juneau (31 275 habitants). ♦ Le nord des **Rocheuses** (point culminant de l'Amérique du Nord : mont **Denali**, 6 194 m) est couvert de toundra et de marécages dans la zone arctique. Traversé par la vallée du **Yukon**, l'Alaska est séparé de la Russie par le détroit de **Béring**. Le climat, océanique au sud, est continental à l'intérieur, avec des hivers très froids. Ressources naturelles (pétrole, gaz, or, fer) ; industries (pêche, bois, fourrure). ♦ Le navigateur danois Vitus Behring explore la région, habitée par les Inuits et les Indiens (1741). En 1867, elle est cédée aux Américains par les Russes.

ALBANIE n. f. ✦ Pays d'Europe du Sud, dans les **Balkans** (☛ cartes 24, 25). Superficie : 28 748 km². 2,8 millions d'habitants (les *Albanais*), en majorité musulmans. République dont la capitale est Tirana. Langue officielle : l'albanais. Monnaie : le lek. ♦ GÉOGRAPHIE. Les trois quarts de l'Albanie sont occupés par des montagnes, qui dépassent 2 500 m d'altitude, couvertes de forêts et de maquis. La côte est bordée de plaines. Le climat est méditerranéen. La population augmente rapidement. ♦ ÉCONOMIE. Agriculture (blé, maïs, vigne, tabac, coton) ; richesses du sous-sol (chrome, pétrole, lignite, nickel), encore peu exploitées. Une crise politique (années 1990) freine le développement de l'industrie et provoque une importante émigration vers l'Italie et la Grèce. ♦ HISTOIRE. La région est colonisée par les Grecs (VIIe siècle av. J.-C.), les Romains (IIe siècle av. J.-C.) et les Byzantins (IVe siècle). Le pays est intégré à l'Empire serbe (XIVe siècle) puis à l'Empire ottoman (XVe siècle) et islamisé. Après plusieurs révoltes (1822, 1912), il est occupé par les Autrichiens et les Italiens pendant la Première Guerre mondiale puis son indépendance est reconnue (1919). L'armée fasciste italienne l'envahit (1939) et Victor-Emmanuel III se proclame roi. Aidée par **Tito**, la résistance communiste ayant pour chef Enver **Hoxha** proclame la république populaire (1946). Depuis la chute du régime communiste (1992), plusieurs partis politiques coexistent. En 2009, le pays adhère à l'OTAN.

ALBÉNIZ Isaac (1860-1909) ✦ Compositeur et pianiste espagnol. Il crée un style nationaliste en composant des œuvres à la gloire de l'Espagne : *Pepita Jiménez* (opéra-comique, 1896), *Catalonia* (suite symphonique, 1899), *Iberia* (pièces pour piano, 1905-1908).

ALBERT ✦ Nom de deux rois de Belgique. **ALBERT Ier** (1875-1934), roi des Belges de 1909 à sa mort. Lorsque les Allemands envahissent le pays pour atteindre le nord de la France (1914), il prend la tête de sa petite armée dans l'intention de résister. Son surnom de *roi-chevalier* vient de l'important rôle militaire et diplomatique qu'il a joué pendant la Première Guerre mondiale. **ALBERT II** (né en 1934), roi des Belges (1993-2013). Il succède à son frère **Baudouin Ier** et abdique en faveur de son fils Philippe.

ALBERT II (né en 1958) ✦ Prince de Monaco depuis 2005. Il succède à son père le prince **Rainier**.

ALBERTA n. f. ✦ Province du Canada, depuis 1905, dans l'ouest du pays (☛ carte 48). Superficie : 661 848 km² (un peu plus que la France). 3,29 millions d'habitants (les *Albertains*). Capitale : Edmonton ; ville principale : Calgary. ♦ Formée par la Prairie et les Rocheuses, la région, très boisée, est irriguée par le fleuve Mackenzie (4 600 km de long). Agriculture (céréales, élevage) ; exploitation du sous-sol (25 % de la production de charbon du Canada, 40 % de sa production de pétrole). Dans les Rocheuses, plusieurs parcs nationaux sont inscrits sur la liste du patrimoine mondial de l'Unesco : le parc de Banff, créé en 1887 (6 641 km²) ; le parc Jasper, créé en 1907 (10 878 km²) ; le parc Wood Buffalo, créé en 1922 (44 807 km²).

ALBERTVILLE ✦ Ville de Savoie. 18 950 habitants (les *Albertvillois*). Elle a accueilli les Jeux olympiques d'hiver en 1992.

ALBI ✦ Chef-lieu du Tarn. 49 531 habitants (les *Albigeois*). Cathédrale en brique rouge (XIIIe siècle). Cité épiscopale de style gothique méridional inscrite sur la liste du patrimoine mondial de l'Unesco. Centre d'une agglomération industrielle. Ville natale du comte de Lapérouse, de **Toulouse-Lautrec** à qui un musée est consacré, et de Pierre Benoit. ♦ La cité gallo-romaine, devenue un des centres de l'« hérésie » cathare, est rattachée à la couronne de France en 1284.

ALBIGEOIS n. m. pl. ✦ Hérétiques cathares de la région d'Albi, puis de tout le midi de la France (XIIe-XIIIe siècles). Ils adoptent les principes des premiers chrétiens et reprochent à l'Église sa richesse. Ils sont soutenus par la population et les comtes de **Toulouse.** Les prédicateurs envoyés par l'Église pour lutter contre le développement de leur doctrine ayant échoué dans leur mission, le pape Innocent III lance contre eux une croisade (1208). Elle est menée par Simon de Montfort qui multiplie les massacres et confisque les terres, rattachées au royaume de Louis VIII (traité de Paris, 1229). La résistance continue jusqu'à la prise de la forteresse de Montségur (1244).

ALBINONI Tomaso (1671-1750) ✦ Compositeur italien. Il est l'auteur d'une cinquantaine d'opéras et de sonates. Le célèbre *Adagio* n'a été composé qu'au XXe siècle, à partir d'une simple ébauche du compositeur.

ALBION n. f. ✦ Nom de la Grande-Bretagne, dans l'Antiquité. L'expression *perfide Albion* désigne l'Angleterre de manière péjorative ou ironique.

ÅLBORG ✦ Ville du Danemark. Principale ville du Jutland (121 540 habitants). Église gothique (XIVe siècle), bâtiments commerciaux (XVIIe siècle). Important port de commerce, centre industriel (chimie, agroalimentaire, tabac).

ALBUQUERQUE Afonso de (1453-1515) ✦ Navigateur portugais. Grand explorateur (Inde, Madagascar), il est nommé vice-roi des Indes (1508). Il prend Goa (1510) et Malacca (1511), contribuant ainsi à l'extension de l'empire colonial portugais.

ALCIBIADE (v. 450 av. J.-C.-404 av. J.-C.) ✦ Général et homme politique grec. Pupille de Périclès et élève favori de Socrate, il est élu stratège (420 av. J.-C.) et entraîne les Athéniens dans la désastreuse expédition de Sicile (415 av. J.-C.). Compromis dans un scandale, il s'enfuit à Sparte avant d'être rappelé par Athènes et de remporter plusieurs victoires militaires.

ALEMBERT (d') (1717-1783) ✦ Philosophe et mathématicien français. Partisan de la raison et de la tolérance, il veut apporter la connaissance scientifique à tous. C'est l'un des maîtres d'œuvre de l'***Encyclopédie*** avec **Diderot**. Il écrit des livres sur les mathématiques, la physique ou l'astronomie, comme le *Traité de dynamique* (1743). ■ Son nom complet est *Jean Le Rond d'Alembert.*

ALENA (sigle de *Accord de libre-échange nord-américain*) ✦ Accord conclu en 1992 et ratifié en 1993 par les États-Unis, le Canada et le Mexique. Ce traité commercial marque l'ouverture d'un marché libre de taxes douanières entre les trois partenaires d'Amérique du Nord.

ALENÇON ✦ Chef-lieu de l'Orne. 26 028 habitants (les *Alençonnais*). Ville natale de Jacques Hébert. Artisanat local : dentelle à l'aiguille dite *point d'Alençon.*

ALENTEJO n. m. ✦ Région administrative du Portugal, à l'est et au sud de Lisbonne. Superficie : 26 997 km^2. 764 300 habitants. Capitale : Evora. C'est une région de plateaux cultivés (blé, riz), très peu industrialisée.

ALÉOUTIENNES (les) n. f. pl. ✦ Archipel des États-Unis, dans le sud de l'État d'Alaska dont il dépend. Il sépare la mer de Béring de l'océan Pacifique. Il compte environ 150 îles et 12 000 habitants (les *Aléoutes*). Le climat est océanique, assez tempéré et surtout pluvieux. On y a découvert des traces d'occupation humaine datées de 8 000 ans av. J.-C.

ALEP ✦ Ville du nord-ouest de la Syrie. Environ 2 millions d'habitants (les *Aleppins*). Ancienne cité inscrite sur la liste du patrimoine mondial de l'Unesco : Grande Mosquée (XIIe siècle) et citadelle (XIIIe siècle). Centre industriel, commercial et culturel. ♦ La ville des **Hittites** (2 000 ans av. J.-C.), rattachée à l'Assyrie (738 av. J.-C.), est successivement prise par Cyrus II le Grand (540 av. J.-C.), Alexandre le Grand (333 av. J.-C.) et Rome (65 av. J.-C.). Détruite par les Perses, elle est conquise par les Arabes (637) qui la rendent prospère. Elle passe ensuite aux Turcs (1086), à Saladin (1183), aux Mongols (1260), puis aux Ottomans (1516). Les Français en font la capitale d'un État indépendant (1920-1924) avant de la rattacher à la Syrie. Lors de la guerre civile syrienne, la *bataille d'Alep* (2012-2016) voit s'affronter opposants et partisans du régime pour le contrôle de la deuxième ville du pays. Le pouvoir l'emporte avec le soutien militaire de la Russie.

ALÈS ✦ Ville du Gard, en bordure des Cévennes. 39 993 habitants (les *Alésiens*). Musée des Beaux-Arts. Ville industrielle (métallurgie, mécanique, textile), centre de l'ancien bassin houiller le plus important du sud-est de la France.

ALÉSIA ✦ Site gallo-romain, en Côte-d'Or, probablement près de la ville d'Alise-Sainte-Reine (☛ carte 8). Jules **César** y remporte une victoire décisive sur l'armée de **Vercingétorix**, qui capitule après un siège de deux mois. Cette victoire met fin à la résistance de la **Gaule** (52 av. J.-C.).

ALETSCH (glacier d') ✦ Glacier de Suisse, dans le canton du Valais, au pied de l'Aletschorn (4 195 m). Plus grand glacier d'Europe : 24 km de long, superficie : 87 km^2. La région, comprenant le glacier et le sommet de la Jungfrau (4 158 m), est inscrite sur la liste du patrimoine mondial de l'Unesco.

ALEXANDRE LE GRAND (356 av. J.-C.-323 av. J.-C.) ✦ Roi de Macédoine de 336 av. J.-C. à sa mort. Son père, **Philippe II de Macédoine,** confie son éducation à **Aristote.** C'est le plus grand conquérant de l'Antiquité et ses exploits figurent dans la Bible et le Coran. À vingt ans, il se rend maître de la Grèce, rase Thèbes (336 av. J.-C.) et décide de conquérir l'Asie. Il envahit l'Empire perse, occupe la Syrie et la Phénicie. Il se rend en Égypte où il fonde **Alexandrie.** En Mésopotamie, il décime l'armée perse de **Darios III** (331 av. J.-C.), prend **Babylone,** dont il fait sa capitale, et **Persépolis.** Il poursuit ses conquêtes jusqu'au fleuve **Indus**, qu'il franchit (326 av. J.-C.) (☛ carte 6). De retour à Babylone, il mène une politique de fusion entre les peuples vaincus et leurs vainqueurs. Lui-même épouse Roxane, une princesse perse, puis la fille de Darios III. À sa mort, son immense empire est partagé entre ses généraux en quatre royaumes : la Macédoine, la Syrie, la Thrace et l'Égypte (**Lagides**).

ALEXANDRE Ier PAVLOVITCH (1777-1825) ✦ Empereur de Russie de 1801 à sa mort. Petit-fils de **Catherine II,** fidèle aux enseignements de son précepteur français, il mène des réformes libérales (abolition de la torture, de la censure, droit pour les roturiers d'acquérir des terres, réorganisation de l'enseignement). Il s'allie à la Grande-Bretagne contre **Napoléon Ier** (1805) mais, après ses défaites (**Austerlitz,**

Eylau, Friedland), il doit signer la paix avec la France (1807), qui l'oblige à s'associer au Blocus continental. Gêné par les répercussions de ce traité, le tsar se désengage et Napoléon envahit la Russie (1812). Après **Waterloo**, il conclut la Sainte-Alliance (1815) avec les souverains d'Autriche et de Prusse.

ALEXANDRE II NIKOLAÏEVITCH (1818-1881) ✦ Empereur de Russie de 1855 à sa mort. Successeur de son père **Nicolas Ier Pavlovitch**, il entreprend de profondes réformes sociales (abolition du servage, 1861), administratives et judiciaires et développe l'économie en étendant le réseau ferroviaire. Il conquiert le Caucase (1859), pénètre en Asie centrale (Tachkent, Boukhara, Samarkand) mais doit restreindre ses ambitions dans les Balkans. Il meurt, victime d'un attentat perpétré par les opposants à la politique absolutiste qu'il a menée dans les dernières années de son règne.

ALEXANDRE III ALEKSANDROVITCH (1845-1894) ✦ Empereur de Russie de 1881 à sa mort. Il succède à son père **Alexandre II Nikolaïevitch**, impose la domination russe dans les pays **baltes** et signe une convention militaire avec la France (1892).

ALEXANDRIE ✦ Ville d'Égypte, au nord-ouest du delta du Nil. Plus de 4 millions d'habitants (les *Alexandrins*). Il ne reste presque rien de la ville antique. La ville moderne s'étend le long de la côte. Nouvelle bibliothèque (la *Bibliotheca Alexandrina*). Premier port d'Égypte (le troisième de la Méditerranée) et grand centre économique (chimie, construction navale, marché du coton, raffineries). Ville natale de Cléopâtre. ♦ La ville, fondée par **Alexandre le Grand** (332 av. J.-C.), devient la capitale des **Ptolémées** (IIIe-IIe siècles av. J.-C.), qui y construisent un phare de marbre blanc (**Pharos**), classé parmi les Sept **Merveilles du monde**, et le Sérapéion, temple dédié au dieu Sérapis (☛ carte 6). Grand centre culturel du monde hellénistique, Alexandrie possède alors la plus célèbre bibliothèque de l'Antiquité (700 000 livres), qui attire les plus grands savants (**Archimède, Ératosthène, Euclide**). Cette bibliothèque est chargée de traduire en grec les écrits importants. Elle est incendiée lors d'une insurrection (47 av. J.-C.). Prise par Octave, le futur **Auguste** (30 av. J.-C.), la ville garde un grand rôle intellectuel et religieux jusqu'au IIIe siècle. Elle est occupée successivement par les Perses (616), les Arabes (642) et les Turcs (1517). En 1798, elle est conquise par Bonaparte. Les Britanniques l'occupent malgré la révolte d'Arabi Pacha (1882). Pendant la Deuxième Guerre mondiale, ils repoussent l'offensive allemande du maréchal Rommel (1942) à 100 km de la ville (El-Alamein).

ALGARVE n. m. ✦ Région administrative du Portugal, dans l'extrême sud du pays. Superficie : 4 960 km^2 (à peu près comme le département de l'Ariège). 421 500 habitants. Capitale : Faro. Agriculture (amandiers), pêche ; côte très touristique.

ALGER ✦ Capitale de l'Algérie, au centre de la côte algérienne. Environ 1,5 million d'habitants (les *Algérois*). Premier port du pays. La vieille ville, la «Casbah», est inscrite sur la liste du patrimoine mondial de l'Unesco. ♦ L'ancienne cité romaine devient la capitale de corsaires au service du sultan turc, les frères **Barberousse** (XVIe siècle). Elle résiste à Charles Quint (1541) et retient des prisonniers chrétiens, comme **Cervantès**. En 1830, les Français y installent le gouvernement général de l'Algérie. Pendant la Deuxième Guerre mondiale, les Alliés y débarquent (1942) et elle abrite le Comité français de libération nationale (1943), présidé par le général de **Gaulle**. De nombreux évènements de la guerre d'Algérie s'y déroulent.

ALGÉRIE n. f. ✦ Pays d'Afrique du Nord (**Maghreb**) (☛ cartes 35, 37). Superficie : 2,4 millions de km^2 (quatre fois et demie la France). 29,1 millions d'habitants (les *Algériens*). République dont la capitale est Alger. Autres villes importantes : Oran, Constantine. Langue officielle : l'arabe ; on y parle aussi le berbère et le français. Religion officielle : l'islam. Monnaie : le dinar. ♦ GÉOGRAPHIE. En dehors du massif de l'**Atlas**, au nord, le pays est occupé par le **Sahara**, formé de plateaux pierreux, de grandes dunes de sable (Grand Erg occidental, Grand Erg oriental) et du massif du **Hoggar**. Le climat est méditerranéen sur la côte, continental dans les montagnes, et désertique dans le reste du pays. La population s'accroît à un rythme très rapide (70 % des habitants ont moins de 30 ans). ♦ ÉCONOMIE. L'agriculture, délaissée au profit de l'industrie après le départ des colons (1962), connaît un nouvel essor (céréales, agrumes ; bovins, volailles). Les gisements de pétrole et de gaz du désert assurent l'essentiel des revenus. Industries (sidérurgie, pétrochimie, raffinage). Le tourisme reste peu développé. ♦ HISTOIRE. Habitée depuis 500 000 ans, la région est occupée par les **Berbères**. Les Phéniciens s'y installent (IIe millénaire av. J.-C.) puis **Rome** et **Carthage** s'y affrontent dans les guerres puniques. Saint Augustin diffuse le christianisme. Après l'invasion des **Vandales** (Ve siècle) et des Byzantins (VIe siècle), les **Arabes** répandent l'islam (VIIIe siècle). Des Berbères résistent à la domination arabe et le pays est morcelé jusqu'à l'unification du Maghreb (XIe siècle). L'Algérie devient une régence (1587) dépendant de l'Empire ottoman. Elle est gouvernée par des deys (XVIIe siècle). En 1830, les Français prennent Alger puis tout le pays, malgré la résistance d'**Abd el-Kader**, qui se rend (1847). ☛ Colonisation p. 179 et carte 17. Devenue territoire français, l'Algérie est divisée en trois départements (Oran, Alger, Constantine). Les privilèges des colons donnent naissance à des mouvements nationalistes. Une insurrection (1er novembre 1954 appelé *la Toussaint rouge*) déclenche la guerre d'**Algérie**, qui conduit à l'indépendance (1962). ☛ Décolonisation p. 196. Un coup d'État renverse le président **Ben Bella** (1965). Le régime, d'abord dur, se libéralise (années 1980) et la contestation se développe (Front islamique du salut ou FIS). Après une période de guerre civile, le pays engage une politique d'apaisement et d'ouverture économique, dans un climat de violence.

ALGÉRIE (guerre d') ✦ Guerre opposant les partisans de l'indépendance de l'Algérie et le gouvernement français (1954-1962). ☛ Décolonisation p. 196. Après l'insurrection du Front de libération nationale (**FLN**, 1954), le gouvernement français adopte une politique de répression plutôt que de réformes et envoie l'armée. Le siège du gouvernement, à Alger, est envahi par les Européens (13 mai 1958) qui obtiennent la création d'un Comité de salut public. La crise politique entraîne la fin de la IVe République et le retour au pouvoir du général de **Gaulle**. Il négocie avec le Gouvernement provisoire de la République algérienne (GPRA), créé par le FLN, malgré la résistance des partisans de l'Algérie française. Les accords d'**Évian** mettent fin aux combats et reconnaissent l'indépendance de l'Algérie (1962). Près d'un million de Français quittent précipitamment l'Algérie pour la France.

ALGONQUINS n. m. pl. ✦ Peuple d'Indiens du sud-est du Canada. Les Algonquins partagent la même langue que les **Mohicans** et les **Cheyennes.** Ils sont les premiers à faire du commerce avec les Français (XVIIe siècle), et vivent de pêche, de chasse et de cueillette. Aujourd'hui, ils sont installés dans des réserves du Québec et de l'Ontario.

ALHAMBRA n. m. ✦ Résidence des princes arabes de Grenade (XIIIe-XIVe siècles). Il ne reste aujourd'hui que deux palais et le jardin du Generalife. Charles Quint fait construire un palais de style italien, juste à côté (1526). Le site est inscrit sur la liste du patrimoine mondial de l'Unesco.

ALI (vers 600-661) ✦ Quatrième calife musulman. Il épouse **Fatima**, la fille de **Mahomet** (622). Il devient calife (656), mais son titre lui est retiré (658) ; il est assassiné. Ses partisans, les «chiites», lui accordent un pouvoir divin.

ALI BABA ✦ Personnage des *Mille et Une Nuits.* En Perse, une troupe de quarante voleurs entasse ses trésors dans une caverne. Ali Baba, un modeste artisan, découvre par hasard la formule magique («Sésame, ouvre-toi») qui ouvre la caverne. Tous les voleurs meurent et Ali Baba devient très riche.

ALICANTE ✦ Ville d'Espagne (Valence), sur la Méditerranée. 322 673 habitants. Musée d'art du XXe siècle. Tourisme (stations balnéaires à proximité). Palmeraies.

Alice au pays des merveilles ✦ Conte de Lewis Carroll (1865). Une petite fille nommée Alice rêve qu'un lapin blanc l'entraîne dans un monde magique. Elle y change souvent de taille et elle vit des aventures extraordinaires avec des personnages étranges comme la Reine de cœur, le Chapelier fou, le chat de Cheshire ou le lièvre de Mars.

ALIÉNOR D'AQUITAINE (vers 1122-1204) ✦ Reine de France, puis d'Angleterre. Elle se marie avec le roi de France Louis VII (1137) mais il la renvoie (1152). Elle épouse alors **Henri II**, futur roi d'Angleterre, et elle lui apporte en dot l'**Aquitaine**, ce qui provoque une rivalité entre les rois d'Angleterre et de France. Elle a plusieurs enfants, dont **Richard Cœur de Lion** et **Jean sans Terre**. Elle s'installe à Poitiers, entourée d'artistes et de troubadours, et finit sa vie à l'abbaye de Fontevraud.

ALIX ✦ Personnage principal de la bande dessinée *Alix,* créé en 1948 par le dessinateur français Jacques Martin (1921-2010). Alix, jeune esclave gaulois devenu citoyen romain, vit en compagnie de l'ancien esclave Enak des aventures au cours desquelles il rencontre des personnages historiques (Jules César, Vercingétorix, Cléopâtre).

ALLAH ✦ Dieu unique des musulmans. Ses paroles, transmises au prophète **Mahomet** par l'ange **Gabriel**, sont réunies dans le **Coran**.

ALLAIS Alphonse (1854-1905) ✦ Écrivain français. Il travaille sur la photographie en couleur avec Charles **Cros** avant de se consacrer à une carrière d'auteur humoriste. Il rassemble ses textes en recueils (*Vive la vie,* 1892 ; *Deux et deux font cinq,* 1895) et écrit des monologues et des comédies (*Congé amiable* avec Tristan **Bernard**, 1903). Maître du calembour et du canular, il pousse son humour, étonnamment moderne, jusqu'à l'absurde.

ALLAIS Maurice (1911-2010) ✦ Économiste français. Il est l'auteur d'un *Traité d'économie pure* (1943) qui prône l'organisation de la concurrence. Prix Nobel d'économie (1988).

ALLEMAGNE n. f. ✦ Pays d'Europe centrale (☛ carte 29). Superficie : 356 959 km² (environ les deux tiers de la France). 82,3 millions d'habitants (les *Allemands*), en majorité chrétiens. République fédérée de seize États (les «Länder»), dont la capitale est Berlin. Autres villes importantes : Hambourg, Munich, Cologne, Francfort, Essen, Dortmund, Stuttgart, Düsseldorf, Leipzig. Langue officielle : l'allemand. Monnaie : l'euro, qui remplace le Deutsche Mark. ♦ GÉOGRAPHIE. Au nord de l'Allemagne, la plaine est en partie couverte de landes, de pinèdes et de lacs. Le Main et les affluents de l'Elbe et du Danube naissent dans des plateaux boisés, situés entre les monts Métallifères et la Forêt-de-Bohême à l'est, et le Massif schisteux rhénan à l'ouest, traversé par le **Rhin.** Au sud, le **Danube** prend sa source dans la **Forêt-Noire.** Le plateau Souabe s'étend jusqu'aux Alpes, qui forment la frontière avec la Suisse. Le climat est continental, avec une influence océanique au nord et alpine au sud. La population, dense, est surtout urbaine. L'immigration, venue du sud-est de l'Europe, est importante. ♦ ÉCONOMIE. L'agriculture est productive (céréales, pomme de terre, produits laitiers et viande, fruits et légumes). L'exploitation des ressources naturelles (charbon, lignite) est en difficulté. Malgré le déclin de la sidérurgie (**Ruhr**) et du textile, l'industrie (mécanique, électricité, chimie, électronique, brasserie, meubles, jouets, édition) et les services (commerce, banque) sont très développés. Le nucléaire est freiné par les écologistes. L'Allemagne connaît des problèmes économiques depuis la réunification (1990) ; elle compte 4 millions de chômeurs. ♦ HISTOIRE. Les **Germains** envahissent l'Empire **romain** d'Occident (Ve siècle). Des royaumes sont fondés (VIe-VIIe siècles), parmi lesquels l'**Austrasie**, qui devient royaume de **Germanie** (IXe siècle). En 962, Othon Ier, roi de Germanie, fonde le **Saint Empire** romain germanique. Les rivalités internes sont accentuées par les conflits entre papes et empereurs (XIe-XIIIe siècles) et par l'essor des villes de la **Hanse.** Les dynasties de Luxembourg (1308) et des **Habsbourg** (1438) cherchent l'unification. Le règne de **Charles Quint** est troublé par la **Réforme** de **Luther** (1517) aux conséquences religieuses (Contre-Réforme) et politiques (guerre de **Trente Ans**, 1618-1648). Le traité de Westphalie morcelle l'Allemagne en 350 États, dont certains sont convoités par Louis XIV. La **Prusse** tient une place prépondérante avec **Frédéric II** (XVIIIe siècle), malgré les conflits avec l'**Autriche** et les guerres révolutionnaires. Disloqué par Napoléon Ier (1807), le Saint Empire est remplacé par la Confédération germanique (congrès de **Vienne,** 1815), marquée par la révolution de 1848. **Guillaume Ier** bat l'empereur d'Autriche **François-Joseph Ier** à Sadowa (1866) et fonde la Confédération de l'Allemagne du Nord. Après sa victoire sur la France à **Sedan** (1870), il est proclamé empereur d'Allemagne à Versailles (1871) et réunifie le nord et le sud dans le IIe **Reich.** Les États voisins se groupent alors dans la **Triple-Entente** et l'Allemagne sort vaincue de la Première **Guerre mondiale.** La république est proclamée à **Weimar** (1919) et la révolution, lancée par le groupe communiste de

Rosa **Luxemburg,** est écrasée (1919). La crise économique de 1929 favorise l'essor du Parti national-socialiste, ou parti nazi. **Hitler** prend le pouvoir (1933) et sa dictature nationaliste persécute les Juifs et les opposants (**Gestapo**). Il agresse les pays voisins : rattachement de l'Autriche (1938), morcellement de la Tchécoslovaquie (1938) et invasion de la Pologne (1939), ce qui déclenche la Deuxième **Guerre mondiale.** Vaincue par les Alliés, l'Allemagne capitule (8 mai 1945). Elle est divisée en quatre zones occupées par les vainqueurs (Américains, Britanniques, Français, Soviétiques). Des dirigeants nazis sont jugés à **Nuremberg** (1945-1946). La **guerre froide** entre les Soviétiques et les autres Alliés aboutit à la constitution de deux États distincts (1949) : *l'Allemagne de l'Est* (RDA) et *l'Allemagne de l'Ouest* (RFA). Helmut **Kohl** devient le chancelier de l'Allemagne réunifiée (1990) et le gouvernement fédéral est transféré de Bonn à Berlin (1999).

ALLEMAGNE DE L'EST n. f. ✦ État né de la **guerre froide** (1949) et appelé *République démocratique allemande* (RDA). Son territoire, dont la capitale est Berlin-Est, correspond à la zone d'occupation soviétique (nord-est de l'Allemagne et partie est de Berlin). Le régime socialiste planifie et nationalise l'économie. L'exode de la population vers l'Ouest entraîne la construction du mur de **Berlin** (1961). Les bouleversements en Europe de l'Est (1989) provoquent un nouvel exode vers l'Ouest et la chute du régime (1990). Le mur de Berlin est détruit et les deux Allemagnes sont réunifiées.

ALLEMAGNE DE L'OUEST n. f. ✦ État né de la **guerre froide** (1949) et appelé *République fédérale d'Allemagne* (RFA). Son territoire, dont la capitale est Bonn, correspond aux zones d'occupation américaine, britannique et française (nord-ouest et sud de l'Allemagne, et partie ouest de Berlin). **Adenauer** reconstruit le pays avec le plan **Marshall.** L'essor économique est tel qu'on parle de «miracle allemand». La RFA entre au Conseil de l'Europe (1950) et se réconcilie avec la France (1963). Willy **Brandt,** chancelier en 1969, se rapproche des pays de l'Est et en particulier de la RDA (1972). Malgré une économie prospère, le chancelier **Kohl** doit faire face à l'opposition des pacifistes et des écologistes (années 1980).

ALLEN Woody (né en 1935) ✦ Cinéaste américain. Il joue souvent dans les films qu'il réalise, critiquant avec beaucoup d'humour la société américaine. Films : *Annie Hall* (1977), *Manhattan* (1979), *La Rose pourpre du Caire* (1985), *Harry dans tous ses états* (1997), *Match Point* (2005), *Vicky Cristina Barcelona* (2008). ▪ Son véritable nom est *Allen Stewart Konigsberg.*

ALLENDE Salvador (1908-1973) ✦ Homme d'État chilien. Ce médecin, secrétaire général du parti socialiste (1943), devient président de la République en 1970. Des difficultés intérieures et l'hostilité des États-Unis l'empêchent de mener à bien ses réformes (nationalisations, réforme agraire). Il se suicide lors du coup d'État dirigé par le général **Pinochet.**

ALLIANCE (TRIPLE-) → TRIPLE-ALLIANCE

① **ALLIER** n. m. ✦ Rivière du centre de la France (Massif **central**), longue de 410 km (☛ carte 21). Elle prend sa source en Lozère, arrose Vichy, Moulins, et se jette dans la Loire, près de Nevers.

② **ALLIER** n. m. ✦ Département du centre de la France [03], de la Région Auvergne-Rhône-Alpes. Superficie : 7 340 km². 343 062 habitants. Chef-lieu : Moulins ; chefs-lieux d'arrondissement : Montluçon et Vichy.

ALLOBROGES n. m. pl. ✦ Peuple celte de la Gaule transalpine. Leur territoire, qui correspond à la Savoie et au Dauphiné actuels, fut conquis par les Romain au IIe siècle av. J.-C.

ALMATY ✦ Ville du sud-est du Kazakhstan, 1,13 million d'habitants. Appelée *Vernyï* (1854-1921) puis *Alma-Ata* (jusqu'en 1993). C'est la capitale du pays jusqu'en 1997. Centre culturel et scientifique ; industries (alimentaire, textile, chimie, métallurgie).

ALMERIA ✦ Ville du sud-est de l'Espagne (Andalousie) sur la Méditerranée. 186 651 habitants. Cathédrale gothique (XVe siècle). Port d'exportation (primeurs, fer).

ALMOHADES n. m. pl. ✦ Dynastie de souverains berbères. Fondée en 1121 par un réformateur religieux qui prêche la guerre sainte contre les **Almoravides,** elle s'empare de Tlemcen, Fès et **Marrakech** (1147) puis règne sur le sud de l'Espagne (Andalousie) et sur le Maghreb jusqu'à la **Reconquista** (1269).

ALMORAVIDES n. m. pl. ✦ Dynastie de souverains berbères. Elle diffuse un islam orthodoxe en Afrique (Sénégal, Ghana) et unifie le **Maroc** et l'Ouest algérien (1063-1082). Appelée par les princes arabes d'Espagne, elle bat le roi de Castille (1086) et règne alors sur le Maghreb et l'Espagne musulmane. La révolte des **Almohades** en 1147 marque son déclin.

ALONG (baie d') ✦ Baie du nord du Viêtnam, sur la mer de Chine méridionale. Inscrite sur la liste du patrimoine mondial de l'Unesco, elle est parsemée de quelque 1 600 îles et îlots de rochers calcaires tombant à pic dans une eau peu profonde et composant un paysage grandiose.

ALPE-D'HUEZ (L') ✦ Station de sports d'hiver de la commune d'Huez, dans l'Isère, au-dessus du massif de l'**Oisans** (altitude 1 860-3 350 mètres).

ALPES n. f. pl. ✦ Massif montagneux d'Europe. C'est le plus grand (1 000 km de long, 250 km de large), et le plus haut du continent (4 810 m au mont **Blanc**) (☛ carte 24). Il s'étend du Danube au nord à la Méditerranée au sud, sur la France, l'Italie, la Suisse, l'Allemagne, l'Autriche et la Slovénie. Sa formation est contemporaine de celle de l'Himalaya et des Andes. De grands fleuves y prennent leur source (Pô, Adige, Rhône, Rhin, Inn, Drave, Save). Les lacs sont les restes d'anciens glaciers (Bourget, Annecy, Neuchâtel, Quatre-Cantons, Constance, Côme, Garde, Léman, Majeur). Pour franchir les Alpes, il faut emprunter des tunnels (Arlberg, Fréjus, Grand-Saint-Bernard, Mont-Blanc, Saint-Gothard, Simplon) ou des cols (Brenner, Galibier, Iseran, Mont-Cenis, Montgenèvre, Grand- et Petit-Saint-Bernard, Simplon). L'économie, fondée traditionnellement sur l'élevage et la forêt, se tourne vers l'hydroélectricité et le tourisme. Le nom de ce massif est à l'origine des mots *alpage, alpin* et *alpinisme.*

ALPES-DE-HAUTE-PROVENCE n. f. pl. ✦ Département du sud-est de la France [04], de la Région Provence-Alpes-Côte d'Azur. Superficie : 6 925 km². 161 588 habitants (les *Bas-Alpins*). Chef-lieu : Digne ;

chefs-lieux d'arrondissement : Barcelonnette, Castellane et Forcalquier.

ALPES-MARITIMES n. f. pl. ✦ Département du sud-est de la France [06], de la Région Provence-Alpes-Côte d'Azur. Superficie : 4 299 km². 1,08 million d'habitants. Chef-lieu : Nice ; chef-lieu d'arrondissement : Grasse.

ALPHONSE XIII (1886-1941) ✦ Roi d'Espagne de sa naissance à 1931. Placé sous la régence de sa mère, il monte sur le trône en 1902. Il doit accepter la dictature du général Primo de Rivera (1923-1930) et, après la victoire des républicains (1931), il s'exile et abdique en faveur de son fils don Juan, comte de Barcelone.

ALPILLES n. f. pl. ✦ Massif montagneux de Provence (480 m), entre la Durance et le Rhône. Le parc naturel régional des Alpilles (51 000 ha), créé en 2007, s'étend sur le département des Bouches-du-Rhône.

AL-QAIDA → QAIDA (al-)

ALSACE n. f. ✦ Région de l'est de la France, intégrée à la Région Grand Est. L'ancienne région administrative comprenait deux départements : le Bas-Rhin et le Haut-Rhin. Le chef-lieu était Strasbourg. ♦ GÉOGRAPHIE. L'ouest est occupé par les **Vosges**, l'est par la vallée du **Rhin.** Le climat est semi-continental, les ressources en eau sont abondantes. La région est très urbanisée (Strasbourg, Mulhouse, Colmar) et la population augmente. ♦ ÉCONOMIE. L'agriculture est traditionnelle (maïs, houblon, fleurs, fruits, élevage bovin) et produit des *vins d'Alsace* très réputés. L'industrie se reconvertit (alimentaire, automobile, exploitation de la forêt et des mines, raffinage pétrolier, électricité hydraulique et thermique) après la crise du textile. La région est un carrefour routier et fluvial (ports de Strasbourg et de Mulhouse) important en Europe. ♦ HISTOIRE. Occupée par les Celtes, la région est conquise par Jules César (58 av. J.-C.) puis par les **Alamans** (VIe siècle) et accepte la suzeraineté des Carolingiens (744-746). Elle est unie à la **Lotharingie** par le traité de **Verdun** (843) et attribuée à la **Germanie** (870). Elle devient un des centres de la Renaissance et de la **Réforme** (XVe-XVIe siècles). À la fin de la guerre de **Trente Ans,** la région passe sous la domination française (1648). Les départements du Bas-Rhin et du Haut-Rhin sont créés pendant la Révolution. Après la défaite française (1870), l'Alsace est annexée à l'Allemagne par le traité de Francfort et devient l'objet de conflits incessants entre les deux pays jusqu'en 1945 (**Alsace-Lorraine**).

ALSACE (ballon d') ✦ Sommet du sud de la chaîne des Vosges, à 1 247 m d'altitude, dans le département du Haut-Rhin.

ALSACE-LORRAINE n. f. ✦ Territoires annexés à l'Allemagne par le traité de Francfort (1870). Ils comprennent le Bas-Rhin, le Haut-Rhin (sauf le territoire de Belfort), la Moselle et une partie de l'ancien département de la Meurthe. Un dixième de la population rejoint alors la France ou se réfugie en Algérie. La région est reprise par la France après la Première Guerre mondiale (traité de **Versailles,** 1919), de nouveau occupée par l'Allemagne (1940-1945) et rendue à la France.

① **ALTAÏ** n. m. ✦ Massif montagneux d'Asie centrale (☛ carte 38), qui s'étend dans le sud de la Sibérie, à l'est du Kazakhstan et en Mongolie. Il atteint une altitude de 4 506 m, et les grands fleuves russes de l'Irtych et de l'Ob y prennent leur source. En Russie, les *montagnes dorées de l'Altaï* sont inscrites sur la liste du patrimoine mondial de l'Unesco.

② **ALTAÏ** n. m. ✦ République du sud de la fédération de Russie (☛ carte 33). Superficie : 92 600 km² (environ un sixième de la France). 202 900 habitants (les *Altaïens* ou les *Oïrats*). Capitale : Gorno-Altaïsk (54 200 habitants). Région couverte de forêts.

ALTAMIRA (grotte d') ✦ Grotte préhistorique ornée, dans le nord de l'Espagne (Cantabrie). On y trouve des peintures rupestres (15 000 à 13 000 ans av. J.-C.), qui représentent surtout des bisons, des biches et des sangliers. Elle est inscrite sur la liste du patrimoine mondial de l'Unesco.

ALTDORF ✦ Ville de Suisse, chef-lieu du canton d'Uri, au sud du lac des Quatre-Cantons. 8 517 habitants. D'après la légende, c'est dans cette ville que Guillaume **Tell** tire une flèche dans une pomme posée sur la tête de son fils.

ALTHUSSER Louis (1918-1990) ✦ Philosophe français. Il propose une lecture scientifique de **Marx** (*Lire le Capital,* 1965-1968), distinguant la théorie du discours idéologique (*Lénine et la philosophie,* 1969).

ALTIPLANO n. m. ✦ Haut plateau des Andes, en Bolivie. Il s'étend sur 2 000 km de long et 350 km de large, à une altitude comprise entre 3 400 et 4 400 m. Le climat est froid et venteux. Il est occupé, au nord, par le lac **Titicaca,** et couvert de steppes où vivent des animaux de la même famille que le chameau (lamas, alpagas, vigognes).

ALTKIRCH ✦ Chef-lieu d'arrondissement du Haut-Rhin, sur l'Ill. 5 738 habitants (les *Altkirchois*) (☛ carte 23). Textile, cimenterie.

AMADO Jorge (1912-2001) ✦ Romancier brésilien. Son œuvre est inspirée de scènes de la vie populaire, de la condition des ouvriers agricoles sans terre. Principaux romans : *Bahia de tous les saints* (1935), *Les Chemins de la faim* (1946), *Dona Flor et ses deux maris* (1966), *Tereza Batista* (1972).

AMAZONE n. f. ✦ Fleuve d'Amérique du Sud (☛ carte 44). C'est le premier fleuve du monde par sa longueur (6 762 km), par la superficie de son bassin (6 millions de km²) et par son débit. Il prend sa source dans les Andes, au Pérou, traverse tout le nord du Brésil et se jette dans l'océan Atlantique.

AMAZONES n. f. pl. ✦ Peuple de femmes guerrières, dans la mythologie grecque. Vivant dans le Caucase ou dans le nord de l'Asie Mineure, elles se brûlent un sein pour ne pas être gênées lorsqu'elles tirent à l'arc. Ne tolérant pas la présence des hommes, elles tuent leurs enfants mâles ou en font des esclaves. On représente souvent les Amazones à cheval. Une femme qui monte *en amazone* place les deux jambes du même côté de la selle.

AMAZONIE n. f. ✦ Région d'Amérique du Sud (☛ carte 44). Elle correspond au bassin de l'**Amazone** et de ses affluents. Superficie : 7 millions de km² (environ 13 fois la France). Elle s'étend sur le Brésil, la Bolivie, le Pérou, l'Équateur, la Colombie, le Venezuela, la Guyana et le Suriname. Climat chaud et humide. La région est couverte par la forêt amazonienne, qui représente le tiers des forêts tropicales du monde. La forêt est menacée par l'agriculture et l'exploitation du bois. Les ressources minières sont immenses (or, fer, manganèse, pétrole, étain). La construction de routes comme la *Transamazonienne* qui va de l'Atlantique au Pérou, contribue à détruire le territoire des dernières tribus indiennes (Yanomamis).

AMBOISE ✦ Ville d'Indre-et-Loire. 13 371 habitants (les *Amboisiens*). Le château est construit par Charles VIII (XVe siècle), dont c'est la ville natale. Il est agrandi par Louis XII et François Ier puis il devient une résidence royale pendant la Renaissance. **Léonard de Vinci** est mort au manoir du Clos-Lucé, où sont présentées les maquettes des machines de son invention.

AMÉNOPHIS IV ✦ Pharaon égyptien. Fils d'Aménophis III, il est connu sous le nom d'**Akhenaton**.

AMERICA (coupe de l') ✦ Course de voiliers dont la première édition eut lieu en 1851. Le premier bateau qui remporta la course s'appelait l'*America*. Elle se déroule tous les quatre ans depuis 1958. Le tenant du titre *(defender)* détermine le lieu de la compétition suivante.

AMÉRINDIENS n. m. pl. ✦ **Indiens** d'Amérique.

AMÉRIQUE n. f. ✦ Un des six continents du monde. L'Amérique s'étend sur 18 000 km, de l'Alaska (près de l'Arctique) à la Terre de Feu (près de l'Antarctique). Elle est bordée à l'est par l'océan Atlantique et à l'ouest par l'océan Pacifique. Deuxième continent après l'Asie par sa superficie : 42 millions de km². Plus de 900 millions d'habitants. ♦ GÉOGRAPHIE. Elle est formée de deux blocs, l'**Amérique du Nord** et l'**Amérique du Sud**, reliés par un isthme, l'**Amérique centrale**. Le climat change en fonction de la latitude. La population se caractérise par la diversité et le métissage entre les peuples d'origine amérindienne, les conquérants européens, les esclaves noirs africains et les nombreux immigrés. ♦ ÉCONOMIE. L'Amérique du Nord est très développée. L'agriculture y est productive et les ressources naturelles alimentent une industrie puissante. Les États-Unis dominent l'économie de l'Amérique latine, principalement agricole. On trouve des industries de transformation en Argentine, au Brésil, au Mexique et au Chili. ♦ HISTOIRE. Des hommes venus d'Asie par le détroit de Béring, il y a environ 40 000 ans, peuplent le continent. Les **Vikings** parviennent au Groenland (982) et à Terre-Neuve (vers l'an mille). Christophe **Colomb** atteint l'Amérique (1492) en abordant aux Antilles, peuplées d'Indiens **Caraïbes** établis depuis le IXe siècle. Un géographe nomme ce « **Nouveau Monde** » *Amérique*, d'après le prénom de l'explorateur Amerigo **Vespucci** (1507). L'Amérique latine est colonisée par les Espagnols (**Cortés**, **Pizarro**), qui éliminent les **Mayas**, les **Aztèques** et les **Incas**, et par les Portugais, qui s'établissent au Brésil (XVIe siècle). Les Anglais et les Français, installés en Amérique du Nord, se disputent notamment la possession du Canada (XVIIe siècle). Les Européens massacrent les **Amérindiens**, réduisent en esclavage et christianisent les survivants, puis font venir d'Afrique des esclaves noirs pour travailler dans les plantations. Les colons britanniques, en révolte contre leur métropole, déclenchent la guerre d'**Indépendance américaine** (1776-1783). L'Amérique latine est divisée en une vingtaine d'États dans lesquels les États-Unis influent souvent sur l'économie et sur la politique (XXe siècle).

AMÉRIQUE CENTRALE n. f. ✦ Isthme reliant l'Amérique du Nord à l'Amérique du Sud (☛ cartes 44, 46). L'Amérique centrale est bordée à l'ouest par l'océan Pacifique et à l'est par la mer des Caraïbes, qui communiquent par le canal de **Panama**. Elle comprend sept pays : le Belize, le Guatemala, le Salvador, le Honduras, le Nicaragua, le Costa Rica et le Panama. Elle compte plus de 40 millions d'habitants (☛ carte 57), et fait partie de l'**Amérique latine**. ♦ Elle est occupée par des montagnes (volcans en activité), dans le prolongement des Rocheuses et des Andes, sauf sur le plateau du **Yucatan** au nord-est. Le climat est tropical et la forêt souvent dense. La population, métissée, connaît une croissance élevée.

AMÉRIQUE DU NORD n. f. ✦ Partie située au nord du continent américain (☛ cartes 43, 45). Elle comprend le Groenland, le Canada, les États-Unis et le Mexique. Plus de 440 millions d'habitants (les *Nord-Américains*). ♦ L'ouest est occupé par les **Rocheuses**, l'est par les **Appalaches** et le plateau du **Labrador**. Au centre se situent les grandes plaines de la Prairie, et les vallées du **Mississippi** et du **Missouri**. Le climat est froid au nord et tempéré au sud ; la végétation passe de la toundra à la pinède et à la steppe. Le régime libéral et le niveau de vie élevé attirent de nombreux immigrants aux États-Unis et au Canada.

AMÉRIQUE DU SUD n. f. ✦ Partie située au sud du continent américain (☛ cartes 44, 46). Elle comprend le Brésil, la Guyane, le Suriname, la Guyana, le Venezuela, la Colombie, l'Équateur, le Pérou, la Bolivie, le Chili, l'Argentine, le Paraguay et l'Uruguay. Elle compte environ 383 millions d'habitants (les *Sud-Américains*) et fait partie de l'**Amérique latine**. ♦ L'ouest est occupé par les **Andes**, l'est par le plateau brésilien. Au centre s'étendent les vallées des grands fleuves (**Orénoque**, **Amazone**, Paraguay, Parana). Le climat est équatorial au nord, puis tropical, désertique, et enfin polaire au sud. La végétation passe de la forêt tropicale à la savane, puis à la prairie (la **Pampa**), à la brousse et à la steppe (**Patagonie**).

AMÉRIQUE LATINE n. f. ✦ Partie du continent américain où l'on parle des langues latines (espagnol, portugais). Elle comprend tous les pays de l'Amérique du Sud et de l'Amérique centrale, ainsi que le Mexique. Environ 530 millions d'habitants (les *Latino-Américains*) et 570 millions si l'on inclut les Antilles.

AMIENS ✦ Chef-lieu de la Somme. 132 479 habitants (les *Amiénois*). Cathédrale gothique Notre-Dame (XIIIe siècle), la plus vaste de France, inscrite sur la liste du patrimoine mondial de l'Unesco. Ville universitaire et industrielle (automobile, chimie). Ville natale de Choderlos de Laclos, É. Branly, et Roland Dorgelès. ♦ L'ancienne région de l'*Amiénois*, correspondant à l'Oise et à la Somme, est réunie à la couronne de France en 1185. Pendant les guerres de **Religion**, la ville est prise par les Espagnols (1597) et libérée par Henri IV six mois plus tard.

AMIENS (traité ou **paix d')** ✦ Traité conclu le 25 mars 1802 entre la France et la Grande-Bretagne. Il marque une trêve dans les guerres entre Napoléon Ier et la Grande-Bretagne.

AMMAN ✦ Capitale de la Jordanie, dans le nord-ouest du pays. 1,8 million d'habitants. Centre culturel, principal centre industriel (alimentaire, textile) et commercial du pays.

AMNESTY INTERNATIONAL ✦ Organisation internationale créée à Londres en 1961. Elle lutte contre la torture et la peine de mort, et défend les droits de l'homme. Prix Nobel de la paix (1977).

AMOCO CADIZ n. m. ✦ Pétrolier libérien qui fit naufrage en mars 1978 au large de la Bretagne. Les 220 000 t de pétrole brut qui s'en échappèrent provoquèrent une marée noire sur les côtes. Cette catastrophe écologique toucha notamment les oiseaux.

AMON ✦ Dieu de l'Égypte antique. On le représente souvent avec une tête de bélier. Au début du Moyen Empire (plus de 2 000 ans av. J.-C.), son culte arrive à Thèbes et se mêle à celui du dieu **Rê** *(Amon-Rê).* Il devient le principal dieu du Nouvel Empire (vers 1500 av. J.-C.), jusqu'au règne d'**Akhenaton,** qui le remplace par le dieu Aton (vers 1370 av. J.-C.). **Toutankhamon** rétablit son rôle de dieu suprême. Il est remplacé par **Osiris** au VIIe siècle av. J.-C. Les Grecs de l'Antiquité l'identifient à **Zeus.** Le grand temple de **Karnak** lui est consacré.

AMOU-DARIA n. m. ✦ Fleuve d'Asie centrale, long de 2 620 km (☛ carte 38). Il prend sa source en Afghanistan, traverse le Turkménistan et l'Ouzbékistan avant de se perdre dans une zone marécageuse au bord de la mer d'**Aral.**

AMOUR n. m. ✦ Fleuve d'Asie, long de 4 354 km (☛ carte 38). Il est formé par la réunion de deux fleuves venus de Mongolie. Il sert de frontière entre la Russie, au sud-est de la Sibérie, et la Chine, au nord de la Mandchourie. Il se jette dans la mer d'Okhotsk, face à l'île de Sakhaline.

AMPÈRE André-Marie (1775-1836) ✦ Physicien français. Il consacre ses recherches aux mathématiques, à la chimie, et surtout à l'électricité. Il est l'auteur de plusieurs théories et invente des appareils de mesure. L'unité de mesure de l'intensité du courant électrique s'appelle l'*ampère* (n. m.), en hommage à ce savant.

AMPHITRITE ✦ Déesse de la Mer, dans la mythologie grecque. C'est l'épouse de **Poséidon** et la mère de **Triton.**

AMPHITRYON ✦ Roi légendaire de Tirynthe, dans la mythologie grecque. Zeus se déguise en Amphitryon pour faire à Alcmène, la femme de ce dernier, un enfant, **Héraclès.** Son histoire inspire des pièces de théâtre (Plaute, Molière, Giraudoux).

AMRITSAR ✦ Ville de l'Inde, dans le Panjab. 1,18 million d'habitants. Cité sainte des **sikhs,** elle abrite le Temple d'or (XVIe-XVIIIe siècle). Depuis les années 1970, la ville est le siège de nombreux incidents sanglants liés à l'agitation des nationalistes sikhs.

AMSTERDAM ✦ Capitale politique des Pays-Bas, au centre-ouest du pays. (La capitale administrative est La Haye.) 821 000 habitants (les *Amstellodamiens*). Elle est bâtie sur des canaux (canal de la mer du Nord). Sa ligne continue de fortifications (1883-1920), longue de 135 km, est inscrite sur la liste du patrimoine mondial de l'Unesco, de même que le quartier des canaux. Deuxième port du pays, relié au réseau navigable international par le canal d'Amsterdam au Rhin depuis 1952. Centre financier, culturel (universités), artistique (monuments, **Rijksmuseum,** musée Van Gogh) et industriel (mécanique, chimie, brasserie). Ville natale de Spinoza. ♦ Le village de pêcheurs (XIIe siècle) adhère à la **Hanse** et prospère (XIVe siècle). Amsterdam, devenue un centre commercial important, crée la Compagnie des Indes occidentales (1602) et la Banque d'Amsterdam (1609). Elle se développe grâce à l'afflux de réfugiés protestants venus d'Espagne et de France (fin XVIIe siècle). Elle devient un centre culturel et artistique avec **Rembrandt, Descartes** et Spinoza.

AMUNDSEN Roald (1872-1928) ✦ Explorateur norvégien. Après un voyage en Antarctique (1897-1898), il part de Norvège (1903), longe le Groenland, franchit le premier le passage du Nord-Ouest, qui traverse l'Arctique canadien d'est en ouest, et atteint le détroit de Béring (1906). Lors d'une deuxième expédition en Antarctique, il est le premier à atteindre le pôle Sud (1911-1926). Il participe également à des raids aériens au pôle Nord (1925-1926).

ANATOLIE n. f. ✦ Turquie d'Asie, comprenant l'Arménie et le Kurdistan. Le détroit des Dardanelles sépare l'Anatolie de l'Europe.

ANCENIS ✦ Chef-lieu d'arrondissement de la Loire-Atlantique, sur la Loire. 7 461 habitants (les *Anceniens*) (☛ carte 23). Agroalimentaire, viticulture. ♦ Le *traité d'Ancenis,* signé en 1468 par Louis XI et François II, duc de Bretagne, préparait le rattachement de la Bretagne à la France.

ANCHORAGE ✦ Ville des États-Unis (Alaska), au nord-ouest du Canada. 291 826 habitants. Port de pêche et de commerce, activités tertiaires (sociétés pétrolières, environnement, tourisme).

ANCIEN RÉGIME n. m. ✦ Période de l'histoire de France, qui s'étend de la fin du Moyen Âge (XIVe siècle) jusqu'à la Révolution de 1789. Elle se caractérise par le régime politique de la monarchie absolue.

ANDALOUSIE n. f. ✦ Région administrative du sud de l'Espagne (☛ carte 32). Superficie : 87 268 km². 8,4 millions d'habitants (les *Andalous*). Capitale : Séville. ♦ C'est une région montagneuse (sierra Morena au nord, cordillère Bétique au sud) traversée par le fleuve **Guadalquivir.** Le rocher de **Gibraltar** se trouve à la pointe sud. La région est surtout agricole (olivier, blé, coton, betterave, vins de xérès et de malaga, pêche). Elle exploite le sous-sol (cuivre, plomb) et vit de ses chantiers navals et du tourisme littoral. ♦ Colonisée par les Phéniciens puis par les Carthaginois (VIe siècle av. J.-C.), elle devient la province romaine de Bétique. Elle est envahie par les **Vandales,** qui la nomment *Vandalusia* (Ve siècle). Les **Maures** chassent les Wisigoths (711), installés depuis le Ve siècle, et fondent le califat de **Cordoue.** Celui-ci est divisé en plusieurs royaumes (XIe siècle), dont celui de **Grenade,** qui résiste à la **Reconquista** (XIIIe siècle). **Isabelle de Castille** et Ferdinand d'Aragon s'en emparent (1492) et rattachent la région au royaume d'Espagne.

ANDELYS (Les) ✦ Chef-lieu d'arrondissement de l'Eure, sur la Seine. 8 186 habitants (les *Andelysiens*) (☛ carte 23). Vestiges du **Château-Gaillard** construit par **Richard Cœur de Lion.**

ANDERSEN Hans Christian (1805-1875) ✦ Écrivain danois. Il est l'auteur de pièces de théâtre et de romans, et connaît la célébrité grâce à ses *Contes* (publiés de 1835 à sa mort), pleins d'imagination et de sensibilité : *La Petite Sirène, Le Vilain Petit Canard, La Petite Marchande d'allumettes, Les Habits neufs de l'empereur, La Reine des neiges...*

ANDES n. f. pl. ✦ Chaîne montagneuse de l'ouest de l'Amérique du Sud (☛ carte 44). Elle s'étire, du nord au sud, sur 8 000 km. On y trouve le point culminant du continent américain (**Aconcagua,** 6 960 m), des volcans parfois actifs (**Chimborazo**), un grand plateau, l'**Altiplano**, et trois capitales, Bogota (Colombie), Quito (Équateur) et La Paz (Bolivie). De nombreux fleuves y prennent leur source. Le climat est humide du nord à l'Équateur, aride au sud et un froid humide domine à l'extrême sud de la **Patagonie**. La chaîne est peuplée jusqu'à très haute altitude (4 100 m) depuis l'époque précolombienne. Les activités principales sont l'agriculture (maïs, blé, orge, pomme de terre), l'élevage et l'exploitation des mines.

ANDHRA PRADESH n. m. ✦ État du sud-est de l'Inde, créé en 1956 (☛ carte 41). Superficie : 160 205 km^2. 49,4 millions d'habitants. Capitale : Hyderabad. Irrigué par les fleuves Krishna et Godavari, l'État vit surtout de l'agriculture (céréales, tabac, arachide, coton).

ANDORRE n. f. ✦ Pays d'Europe, situé dans les Pyrénées, entre la France et l'Espagne. Superficie : 465 km^2. 81 222 habitants (les *Andorrans*). Principauté indépendante, dotée d'une Constitution (1993), dirigée par deux coprinces, l'évêque d'Urgel (en Catalogne) et le chef de l'État français. Capitale : Andorre-la-Vieille (24 211 habitants). Langue officielle : le catalan ; on y parle aussi l'espagnol et le français. Monnaie : l'euro. L'économie est basée sur l'élevage et sur le tourisme. Le pays est membre de l'ONU.

ANDRINOPLE ✦ Nom de la ville d'**Edirne**, en Turquie, de l'Antiquité à 1930.

ANDROMAQUE ✦ Princesse légendaire de Troie, dans la mythologie grecque, et personnage de l'*Iliade*. C'est la fille du roi de Thèbes et la femme d'**Hector**, tué par Achille. À la chute de Troie, le fils d'Achille, Pyrrhos, la prend pour esclave puis pour femme. Sa première femme, jalouse, le fait tuer. L'histoire a inspiré des tragédies à Euripide (426 av. J.-C.) et à Racine (1667).

① **ANDROMÈDE** ✦ Princesse légendaire d'Éthiopie, dans la mythologie grecque. Sa mère, **Cassiopée**, a irrité Poséidon qui envoie un monstre marin pour dévaster le pays. Pour calmer les dieux, Andromède est attachée à un rocher et livrée au monstre. **Persée**, monté sur Pégase, la délivre et l'épouse.

② **ANDROMÈDE** n. f. ✦ Constellation de l'hémisphère Nord. On y trouve la seule galaxie que l'on peut observer à l'œil nu, appelée la *nébuleuse d'Andromède*, qui comporte environ 200 millions d'étoiles.

ANDROUET DU CERCEAU ✦ Famille d'architectes français. **Jacques Ier Androuet du Cerceau** (vers 1510-vers 1585), théoricien et graveur, dont le style a influencé l'ordonnance des bâtiments jusqu'au XVIIe siècle. Son fils **Baptiste Androuet du Cerceau** (vers 1545-1590) continue les travaux de Pierre Lescot au **Louvre** (1578), devient architecte d'Henri III (1586) et dessine les plans du **Pont-Neuf** à Paris. Son autre fils **Jacques II Androuet du Cerceau** (vers 1550-1614), architecte d'Henri IV, termine la grande galerie du Louvre et le pavillon de Flore, aux Tuileries. **Jean Ier Androuet du Cerceau** (1585-1649), le fils de Baptiste, construit l'hôtel de Sully (1624), à Paris, et l'escalier en fer à cheval du château de **Fontainebleau** (1632-1634). ☛ Renaissance p. 165.

ANET ✦ Ville d'Eure-et-Loir. 2 676 habitants (les *Anetais*). Château Renaissance de **Diane de Poitiers** par Philibert **Delorme**. Seuls subsistent le portail d'entrée, l'aile gauche, la chapelle et l'avant-corps du bâtiment principal, déplacé à l'École des Beaux-Arts de Paris.

ANETO (pic d') ✦ Point culminant des Pyrénées espagnoles (3 404 m), dans le massif de la Maladetta (☛ carte 32).

ANGELICO (Fra) (vers 1400-1455) ✦ Peintre italien, béatifié en 1983. Ce frère dominicain consacre sa vie à peindre des sujets religieux. Le couvent San Marco de Florence, qu'il décore pour les **Médicis** (1436-1440), est devenu un musée consacré à son œuvre. Œuvres : *Couronnement de la Vierge* (vers 1432), conservé au musée du Louvre, *Annonciation* (1436), *Christ aux outrages* (vers 1440). ■ Son véritable nom est *Guido di Pietro*.

ANGERS ✦ Chef-lieu du Maine-et-Loire. 151 056 habitants (les *Angevins*) et l'agglomération 222 579. Cathédrale Saint-Maurice (XIIe-XIIIe siècles) ; château du roi René, que fait construire Saint Louis (1228-1240), renfermant le musée des Tapisseries, où l'on trouve la tenture de *L'Apocalypse*. Ville universitaire, commerciale et industrielle (informatique, électronique, automobile). Ville natale de René Ier le Bon, Eugène Chevreul, Frédéric Falloux, Hervé Bazin, Henri Dutilleux. ♦ Fondée par les Celtes, elle devient une grande ville de la province romaine de Lyonnaise, puis la capitale du comté d'**Anjou** (IXe-XVe siècles). Pendant la Révolution, elle choisit le camp des républicains et repousse l'armée royaliste (3 et 4 décembre 1793).

ANGKOR ✦ Site archéologique du nord-ouest du Cambodge. Il s'étend sur 300 km^2. On y trouve les vestiges de plusieurs capitales des **Khmers** (IXe-XVe siècles). Il ne reste que des temples dont les principaux sont : *Angkor Vat*, «la ville-temple» (XIIe siècle, mais inachevé), et le Bayon (XIIe siècle), temple central d'*Angkor Thom*, «la grande ville». Découvert (1860) et rénové par l'École française d'Extrême-Orient, ce site est inscrit sur la liste du patrimoine mondial de l'Unesco.

ANGLES n. m. pl. ✦ Peuple germanique, originaire du nord de l'Allemagne (☛ carte 9). Ils envahissent la province romaine de *Britannia* (Ve siècle), qui prend le nom de *Engle-land (England)* «pays, terre des Angles» (**Angleterre**). Ils fondent les royaumes de Northumbria, au nord, d'East Anglia à l'est, et de Mercie au centre.

ANGLET ✦ Commune des Pyrénées-Atlantiques, sur l'océan. 38 633 habitants (les *Angloys*). Aéronautique, agroalimentaire. Station balnéaire (surf).

ANGLETERRE n. f. ✦ Partie de la Grande-Bretagne comprenant le centre et le sud de l'île (☛ carte 31). Superficie : 131 760 km^2. 49 millions d'habitants (les *Anglais*). ♦ Cette vaste plaine bien irriguée (**Tamise**) est bordée au nord par la chaîne Pennine et au sud-ouest par le plateau de **Cornouailles**. Le climat océanique est tempéré. La majorité de la population se concentre autour de **Londres**. L'agriculture (céréales, légumes) est florissante à l'est ; ailleurs, l'élevage bovin domine. Les mines de charbon s'épuisent mais les ports raffinent le pétrole de la mer du Nord. La plupart des industries déclinent (sidérurgie, automobile, textile). Seule la région de Londres se développe. Le tourisme est actif en Cornouailles. ♦ Peuplée de Celtes, elle devient la province romaine de *Britannia* (Ier siècle). Les Bretons sont refoulés par les Germains (**Angles**, Jutes et **Saxons**) dans l'ouest ou se réfugient en **Armorique** (Ve siècle). Les envahisseurs organisent alors l'Angleterre en sept royaumes, bientôt évangélisés (VIIe siècle). Secoué par les invasions scandinaves

(IXe-XIe siècles), le pays est en proie aux conflits entre Danois et Saxons. Le roi d'Angleterre, Édouard le Confesseur, restaure la dynastie saxonne et se rapproche de la Normandie. Le duc de Normandie, **Guillaume le Conquérant**, devient roi d'Angleterre (**Hastings,** 1066) ; il introduit la langue et les coutumes normandes et met en place un pouvoir féodal. **Henri II** Plantagenêt, époux d'Aliénor d'Aquitaine, devient roi (1154) et s'oppose à l'Église. Ses fils **Richard Cœur de Lion** et **Jean sans Terre** sont vaincus par **Philippe Auguste** (**Bouvines,** 1214). Les barons limitent le pouvoir royal. **Édouard III,** héritier de **Philippe le Bel,** mais à qui on refuse la couronne de France, déclenche la guerre de **Cent Ans** (1337-1453). Les dynasties de **Lancastre** et d'**York** se battent pour la couronne (guerre des **Deux-Roses,** 1455-1485) ; celle des **Tudors** rétablit un pouvoir monarchique fort (1485-1603). **Henri VIII** impose la religion anglicane (1534), ensuite réprimée par **Marie Tudor** (1553-1558). **Élisabeth Ire** fait exécuter la catholique **Marie Stuart,** combat l'Espagne (Invincible **Armada,** 1588), développe son empire maritime et soutient les arts (**Shakespeare**). Un conflit entre le roi et le Parlement conduit à la brève république de **Cromwell** (1649-1658). Appelé au pouvoir par le Parlement (1688), Guillaume III d'Orange réprime la révolte irlandaise et s'oppose à Louis XIV (1697). En 1707, l'acte d'Union réunit les royaumes d'Angleterre et d'Écosse en un seul, le Royaume-Uni de **Grande-Bretagne.**

ANGLO-NORMANDES (îles) ✦ Archipel britannique, situé dans la Manche, au large du Cotentin. Il comprend notamment les îles de **Jersey,** de **Guernesey,** d'Aurigny et de Sercq. Superficie : 194 km^2. 150 000 habitants. Langue officielle : l'anglais, co-officiel avec le français à Jersey. Ces îles, au climat doux et humide, attirent de nombreux touristes.

ANGLO-SAXONS n. m. pl. ✦ Ensemble de peuples germaniques, comme les **Angles** et les **Saxons,** qui envahissent la Grande-Bretagne au milieu du Ve siècle.

ANGOLA n. m. ✦ Pays du sud de l'Afrique (☛ cartes 34, 36). Superficie : 1,2 million de km^2 (deux fois et demie la France). 25,8 millions d'habitants (les *Angolais*), en majorité chrétiens ou animistes. République dont la capitale est Luanda. Langue officielle : le portugais ; on y parle aussi des langues bantoues. Monnaie : le kwanza reajustado. ♦ GÉOGRAPHIE. L'Angola est formé d'un grand plateau couvert de savane, où des rivières prennent leur source. L'étroite bande côtière est fertile. Le climat est tropical et chaud. ♦ ÉCONOMIE. Agriculture (maïs, patate douce, café, canne à sucre) ; exploitation des ressources naturelles (diamant, pétrole, fer). ♦ HISTOIRE. L'occupation humaine date de plus d'un million d'années. Des **Bantous** s'installent au début de l'ère chrétienne et fondent un royaume prospère. Les Portugais découvrent la région (1482), établissent des comptoirs, s'emparent des richesses minières (or), des esclaves, éliminent le royaume existant (XVIIe siècle) puis s'installent à l'intérieur du plateau (XIXe siècle) dont les peuples résistent jusqu'aux années 1930. Après l'indépendance (1975), la guerre civile éclate et, malgré des périodes de paix (1991-1992, 1994-1999), reprend pour la possession des mines de diamant.

ANGOULÊME ✦ Chef-lieu de la Charente. 41 955 habitants (les *Angoumoisins*). Cathédrale romane Saint-Pierre (XIIe siècle), qui comporte trois coupoles. Centre industriel (papeterie, constructions électriques) et culturel (Festival international de la bande dessinée). Ville natale de Marguerite de Navarre, Guez de Balzac, Coulomb et Montalembert. ♦ L'ancienne région de l'*Angoumois* correspond à la Charente et à une partie de la Dordogne (☛ carte 21). Elle est réunie à la couronne de France (1308), cédée à l'Angleterre (1360) et finalement intégrée au royaume de France par François Ier (1531). Après le passage de **Calvin** (1527), la ville est le théâtre de violents combats entre catholiques et protestants (guerres de Religion).

ANGSTRÖM Anders Jonas (1814-1874) ✦ Physicien suédois. Il est l'auteur de recherches sur le spectre de la lumière solaire. L'unité de longueur de 1/10 000 de micromètre s'appelle l'*angström* en son honneur.

ANHUI n. m. ✦ Province de l'est de la Chine (☛ carte 40). Superficie : 139 700 km^2 (environ un quart de la France). 59,5 millions d'habitants. Capitale : Hefei (3,1 millions d'habitants). Dans la région, traversée par le Huang he, se trouve le mont Huangshan, célébré par les poètes et les peintres, inscrit sur la liste du patrimoine mondial de l'Unesco. Agriculture (céréales, soja, thé, coton), sériciculture, ressources minières (charbon, cuivre, fer), industries (métallurgie, chimie).

ANJOU n. m. ✦ Région historique de l'ouest de la France, qui correspond aux départements du Maine-et-Loire, de la Mayenne, de la Sarthe et de l'Indre-et-Loire (☛ carte 21). Ville principale : Angers. ♦ La région est formée de plateaux où domine le bocage, et de vallées boisées où l'on pratique l'élevage. Le cours de la Loire est bordé par le *val d'Anjou,* célèbre pour son vignoble. Ses paysages harmonieux et sa fertilité sont à l'origine de l'expression «douceur angevine». ♦ Peuplé de Celtes, conquis par les Romains et les Francs, l'Anjou forme un comté (870). Il devient une possession anglaise (1128), puis échoit au futur roi de Naples et de Sicile, Charles Ier d'Anjou (1266), avant de revenir à la couronne de France (1328). Érigé en duché (1360), l'Anjou connaît son apogée, notamment sous René Ier le Bon. Il est rattaché à la couronne de France en 1482. Plusieurs princes de la famille du roi de France portent ensuite le titre de *duc d'Anjou.*

ANKARA ✦ Capitale de la Turquie, dans le nord-ouest du pays. 4,2 millions d'habitants (les *Ankariotes*). Deuxième ville après Istanbul, centre administratif, intellectuel (universités, musée hittite) et commercial. ♦ Cité importante des **Hittites** (XVIe-XIIe siècles av. J.-C.), *Ancyre* passe à Alexandre le Grand (334 av. J.-C.) et à une tribu gauloise (230 av. J.-C.). Auguste en fait la capitale d'une province romaine (25 av. J.-C.). Saint Paul y fonde une communauté chrétienne. La ville est prise successivement par les Perses (619), les Arabes (871), les Turcs (XIe siècle), Tamerlan (1402), puis revient à l'Empire ottoman. Appelée *Angora* (XIXe siècle), elle est le siège du gouvernement de Mustafa **Kemal** (1919). En 1923, elle devient la capitale de la Turquie et prend le nom d'*Ankara* (1930).

ANNABA ✦ Ville de l'est de l'Algérie, sur la Méditerranée. 376 197 habitants. Port industriel (sidérurgie). Ville natale du maréchal Juin.

ANNAPURNA n. m. ✦ Sommet de l'Himalaya, au centre du Népal (8 091 m). C'est le premier sommet de plus de 8 000 m conquis par des alpinistes. L'alpiniste Maurice Herzog dirige l'équipe française qui accomplit cet exploit (3 juin 1950).

ANNE (sainte) ✦ Mère de la Vierge Marie, selon la tradition chrétienne.

ANNE D'AUTRICHE (1601-1666) ✦ Reine de France, fille du roi d'Espagne Philippe III. Elle épouse **Louis XIII** (1615) et lui donne deux fils : **Louis XIV** et Philippe d'Orléans. Elle essaie d'évincer **Richelieu,** qu'elle trouve trop indulgent avec les protestants. À la mort de Louis XIII et pendant la minorité de Louis XIV, elle est régente du royaume de France (1643-1661). Elle gouverne avec **Mazarin,** qu'elle soutient pendant la **Fronde.**

ANNE DE BRETAGNE (1477-1514) ✦ Duchesse de Bretagne de 1488 à sa mort, et reine de France. Son projet de mariage avec **Maximilien Ier** d'Autriche provoque la guerre entre le duché de Bretagne et la France. Elle épouse alors le roi de France **Charles VIII** (1491). Devenue veuve, elle se marie avec son successeur, Louis XII (1499), à qui elle donne deux filles, dont **Claude de France.**

ANNE DE FRANCE ou **ANNE DE BEAUJEU** (1461-1522) ✦ Princesse française, fille de Louis XI. Elle gouverne avec compétence en assurant la régence pendant la minorité de son frère, **Charles VIII,** qu'elle incite à épouser Anne de Bretagne. Femme de Pierre II de Beaujeu, elle est aussi appelée *la dame de Beaujeu.*

ANNECY ✦ Chef-lieu de Haute-Savoie. 53 285 habitants (les *Annéciens*). Château (XIIe, XVe-XVIe siècles), cathédrale Saint-Pierre (XVIe siècle). Centre industriel (mécanique, électricité, textile, agroalimentaire) et touristique où se tient le festival annuel du film d'animation. Ville natale de la cycliste J. Longo. ♦ La ville passe au comté de Savoie (1401), et devient le siège de l'évêché de Genève (1535). Elle est rattachée à la France en même temps que la Savoie (1860).

ANNECY (lac d') ✦ Lac de Haute-Savoie, long de 14 km et large de 3 km. C'est un lieu touristique.

ANNÉES FOLLES n. f. pl. ✦ Période de l'histoire de France qui correspond aux années 1920 à 1930. Les Français veulent s'amuser après les horreurs de la Première Guerre mondiale. Les femmes se libèrent (la «garçonne», Coco **Chanel**). Des artistes internationaux lancent de nouveaux mouvements (**Dada,** surréalisme, Arts décoratifs), et font de Paris un lieu de fêtes (charleston, jazz, music-hall). Les grandes inventions du début du siècle changent la vie quotidienne (électricité, radio). Les sciences (**Einstein, Fleming**) et les techniques (chaînes de montage dans l'industrie, cinéma parlant) progressent. L'aventure et l'imagination se manifestent dans l'aviation (**Lindbergh,** l'Aéropostale), l'automobile (24 Heures du Mans, raids en Afrique) et l'architecture (**Le Corbusier**).

ANNEMASSE ✦ Ville de Haute-Savoie, à la frontière suisse. 34 953 habitants (les *Annemassiens*). Métallurgie et mécanique de précision (horlogerie, électronique).

ANNONAY ✦ Ville d'Ardèche. 16 302 habitants (les *Annonéens*). Musée des papeteries Canson. Industries (papeterie, cuir, textile, mécanique). Ville natale des frères Montgolfier.

ANOUILH Jean (1910-1987) ✦ Auteur dramatique français. Ses œuvres critiquent la société et la famille avec ironie : *Le Bal des voleurs* (1938), *La Répétition ou l'Amour puni* (1950), *Pauvre Bitos* (1956), et parfois pessimisme : *La Sauvage* (1938), *Antigone* (1944).

ANSCHLUSS n. m. ✦ Rattachement de l'Autriche à l'Allemagne, proclamé en mars 1938. Malgré l'opposition de la France et de la Grande-Bretagne, la mobilisation des Italiens à la frontière autrichienne et le désaccord du gouvernement autrichien, Hitler occupe l'**Autriche** jusqu'en 1945.

ANTANANARIVO ✦ Capitale de Madagascar, au centre-est du pays. Le nom français de la ville est *Tananarive.* Environ 1,27 million d'habitants (les *Tananariviens*). Centre administratif et commercial du pays. Industries agricoles et mécaniques. Ville natale de Claude Simon.

ANTARCTIQUE n. m. ✦ Un des six continents du monde. Centré sur le pôle Sud et entouré par l'océan glacial Antarctique, il se situe à 3 600 km du cap de Bonne-Espérance et à 1 000 km du cap Horn (☛ carte 53). Superficie : environ 14 millions de km^2 (près de 26 fois la France). ♦ Il est recouvert d'une épaisse couche de glace, la banquise, dont le volume augmente en hiver. Son altitude moyenne est de 2 000 m (point culminant : mont Vinson, 5 140 m). L'**Erebus** (3 794 m) est un volcan encore en activité. Le climat polaire est très rigoureux, avec une température moyenne de –55 °C, et des records de froid (–88 °C) et de vitesse des vents (plus de 300 km à l'heure). La vie y est presque inexistante, sauf près des côtes où l'on trouve des manchots, des phoques, des lichens et des champignons qui survivent difficilement. ♦ L'Antarctique est exploré depuis le XVIIIe siècle (**Kerguelen, Cook, Dumont d'Urville, Charcot**) et, en 1911, Roald **Amundsen** atteint le pôle Sud. Le continent est partagé en secteurs (1934), attribués aux pays qui ont participé à sa découverte (terre **Adélie** pour la France). Edmund Hillary effectue la première traversée à pied en passant par le pôle Sud (1957-1958). Le *traité de l'Antarctique* (1959), signé par trente-neuf États, supprime les revendications territoriales et organise l'exploration scientifique du continent pendant trente ans (bases de recherche). Il est renforcé en 1991 par l'interdiction d'exploiter le sous-sol pendant cinquante ans et par la création d'un comité pour la protection de l'environnement.

ANTARCTIQUE (océan glacial) ✦ Océan entourant l'Antarctique. Couvert de glaces flottantes et d'icebergs aux alentours du continent, il réunit les océans Atlantique, Indien et Pacifique. La navigation y est très dangereuse à cause des conditions climatiques. On l'appelle aussi *océan Austral.*

ANTIBES ✦ Ville des Alpes-Maritimes, sur la Côte d'Azur. 75 731 habitants (les *Antibois*). Port, station balnéaire. Activités culturelles : musée Picasso dans le château Grimaldi (XIIe-XVIe siècles), festival de jazz. ♦ Les colons grecs fondent le port de commerce d'*Antipolis* (vers le VIIe siècle av. J.-C.). Les Romains l'entourent d'une enceinte, dont il reste des vestiges. Henri IV l'achète à la famille génoise des Grimaldi et construit une citadelle, le fort Carré, remanié par Vauban au XVIIIe siècle.

ANTIGONE ✦ Héroïne de la mythologie grecque. Fille d'**Œdipe** et de **Jocaste,** elle accompagne son père dans son exil. Ayant enterré son frère Polynice avec les honneurs, malgré l'interdiction du roi de Thèbes, Créon, elle est condamnée à être enterrée vivante. Elle choisit de se pendre. Antigone représente la dignité humaine face au pouvoir. Sa rébellion a inspiré des écrivains comme Sophocle, Cocteau et Anouilh.

ANTIGUA-ET-BARBUDA n. f. ✦ Pays d'Amérique centrale. Il est situé dans les Petites Antilles, au nord de la Guadeloupe. 72 800 habitants (les *Antiguais et Barbudiens*). Démocratie parlementaire dont la capitale est Saint John's, sur l'île d'Antigua (36 000 habitants). Langue officielle : l'anglais ; on y parle aussi un créole. Monnaie : le dollar des Caraïbes de l'Est. ♦ Le pays est formé de trois îles : Antigua (280 km^2), Barbuda (161 km^2) et Redonda (1 km^2) qui est inhabitée. L'économie est basée sur le tourisme. ♦ Colonisé par l'Angleterre depuis 1632, le pays devient un État associé à la Couronne britannique (1967). Il obtient son indépendance dans le cadre du Commonwealth en 1981.

ANTILLES n. f. pl. ✦ Archipel situé entre l'Amérique du Nord et l'Amérique du Sud. Il limite la mer des Caraïbes à l'est et la sépare de l'océan Atlantique. Il s'étend en arc de cercle sur 2 000 km, depuis le golfe du Mexique jusqu'à la côte du Venezuela. Superficie totale : 236 500 km^2 (plus de la moitié de la France). Environ 34,5 millions d'habitants (les *Antillais*). Langues principales : l'anglais, l'espagnol, le français, ainsi que différents créoles. ♦ Il est formé au nord des *Grandes Antilles* (Cuba, Jamaïque, Haïti, Porto Rico) et à l'est d'un chapelet d'îles appelées *Petites Antilles.* Parmi elles, on distingue les *Antilles françaises* (Guadeloupe, Martinique, Désirade, Marie-Galante, Saint-Barthélemy, Saintes, nord de Saint-Martin), les *Antilles néerlandaises* (Aruba, Bonaire, Curaçao, Saba, Saint-Eustache, sud de Saint-Martin), les îles dépendant du Royaume-Uni (Anguilla, Caïmans, Montserrat, Turks, Caïcos et certaines îles Vierges) et ses anciennes dépendances (Antigua-et-Barbuda, Barbade, Dominique, Grenade, Saint-Kitts-et-Nevis, Sainte-Lucie, Saint-Vincent-et-les-Grenadines, Trinité-et-Tobago). Le climat tropical et humide est marqué par de fréquents cyclones. Les cultures tropicales (canne à sucre, tabac, cacao, café, banane) déclinent. Les industries sont peu développées, sauf à Porto Rico, mais le tourisme est important. ♦ Peuplé d'Indiens, notamment **Caraïbes**, depuis environ 4 000 ans, l'archipel est découvert par Christophe **Colomb**. Il est colonisé par les Espagnols, les Anglais, les Français et les Hollandais (fin du XVe siècle), qui font venir un grand nombre d'esclaves d'Afrique.

ANTILLES (mer des) ✦ Mer d'Amérique centrale qu'on appelle plus souvent *mer des* ***Caraïbes***.

ANTIOCHE ✦ Ville de Turquie, en turc *Antakya,* dans le sud du pays, entre la Méditerranée et la frontière avec la Syrie. 213 581 habitants (les *Antiochéens*). Centre administratif. ♦ Le roi de Syrie, Séleucos Ier, fonde la ville, à laquelle il donne le nom de son père *Antiochos* (vers 300 av. J.-C.). Prise par les Romains (64 av. J.-C.), elle devient la troisième ville de l'Empire, après Rome et Alexandrie. Évangélisée par les chrétiens venus de Jérusalem, Antioche devient une métropole religieuse de l'Orient chrétien. La ville est conquise successivement par les Perses, les Arabes, les Byzantins et les Turcs (1084). Pendant la première croisade (1098), les Francs en font le siège de leur principauté (☛ carte 12). Elle appartient aux mamelouks (1268) puis à l'Empire ottoman (1516). Placée sous l'autorité des Français (traité de **Sèvres**, 1920), elle est rendue à la Turquie en 1939.

ANTIPODES n. f. pl. ✦ Îles inhabitées, appartenant à la Nouvelle-Zélande. Elles sont considérées comme le point opposé à la France sur le globe terrestre. On emploie l'expression *aux antipodes (de)* pour parler d'une chose qui est à l'opposé d'une autre, ou très différente.

ANTIQUITÉ n. f. ✦ Période de l'histoire du monde. Elle s'étend de l'apparition de l'écriture (vers 3500 av. J.-C.) jusqu'à la disparition de l'Empire **romain** d'Occident (476). Elle comprend les anciennes civilisations d'Égypte, de Mésopotamie, de Crète, de l'Indus et de la Chine, celles des Phéniciens, des Hébreux et des Babyloniens, enfin le Monde grec et l'Empire romain. Cette période succède à la préhistoire et précède le Moyen Âge.

ANTOINE ou **MARC ANTOINE** (vers 83 av. J.-C.-30 av. J.-C.) ✦ Homme politique romain. Il est l'un des lieutenants de Jules **César** en Gaule. Après la mort de César (44 av. J.-C.), il devient le rival d'**Octave**, puis il prend le pouvoir avec lui et Lépide, formant un *triumvirat.* Ensemble, ils éliminent les républicains, font assassiner **Cicéron** et battent **Brutus** et Cassius. En 40 av. J.-C., ils se partagent le monde romain. Antoine reçoit l'Orient et épouse Octavie, la sœur d'Octave. Par amour pour **Cléopâtre**, il veut fonder un empire et livre à l'Égypte les territoires conquis par les Romains en Asie (Judée, Phénicie, Syrie, Chypre). Octave le bat à **Actium** (31 av. J.-C.), puis l'assiège à Alexandrie l'année suivante. Antoine se tue quand il apprend la fausse nouvelle du suicide de Cléopâtre.

ANTOINE DE PADOUE (saint) (1195-1231) ✦ Religieux portugais de l'ordre de saint François d'Assise, canonisé en 1232. Il prêche en Afrique, en Italie et dans le sud de la France, en particulier contre les **albigeois** (1224-1227). Il meurt à Padoue. On lui adresse des prières pour retrouver un objet perdu.

ANTONINS n. m. pl. ✦ Dynastie d'empereurs romains qui succède aux **Flaviens** et règne de 96 à 192. **Trajan, Hadrien, Marc-Aurèle, Commode** sont des représentants de cette dynastie.

ANTONIONI Michelangelo (1912-2007) ✦ Cinéaste italien. Il est d'abord scénariste de **Rossellini** et de **Fellini** avant de s'orienter dans une voie plus personnelle. Son œuvre, au style rigoureux et raffiné, dresse le constat de la solitude et de l'incommunicabilité entre les êtres dans le monde contemporain. Films principaux : *Le Cri* (1957), *L'Avventura* (1960), *La Nuit* (1961), *Le Désert rouge* (1964), *Blow up* (1967), *Profession : reporter* (1975), *Identification d'une femme* (1982), *Par-delà les nuages* (1995, avec Wim Wenders).

ANUBIS ✦ Dieu de l'Égypte antique. On le représente sous la forme d'un homme à tête de chacal. Il est vénéré, au début de l'Ancien Empire (vers 2700 av. J.-C.), comme le dieu qui juge les âmes des morts. Il avait permis à **Osiris** de ressusciter en l'embaumant ; il devient ainsi le dieu de l'Embaumement (☛ Égypte p. 151), et Osiris celui des Morts. Les Grecs de l'Antiquité l'identifient à **Hermès**, le conducteur des âmes.

ANVERS ✦ Ville du nord de la Belgique, chef-lieu de la province d'Anvers, au fond de l'estuaire de l'Escaut. 466 203 habitants (les *Anversois*). Premier centre industriel du pays (chimie, automobile), deuxième port d'Europe (quatre cinquièmes du commerce belge), relié au reste de l'Europe par des réseaux ferroviaire, routier et fluvial (avec le Rhin). Anvers est réputée pour son activité traditionnelle de taille des diamants. Ville natale de Frans Hals, Antony Van Dyck. ♦ Des moines irlandais assèchent les polders (VIIe siècle). La ville est envahie par les Normands (837) puis gagne son indépendance (1312). La décadence de Bruges (XVe siècle) en fait un grand pôle commercial et artistique d'Europe (XVIe-XVIIe siècles) avec **Bruegel**, **Rubens** et **Van Dyck**. Au XIXe siècle, elle est disputée entre la France, la Hollande et les Pays-Bas. Elle est gravement endommagée pendant les deux guerres mondiales.

ANVERS (province d') ✦ Province du nord de la Belgique (Région flamande) (☛ carte 27). Superficie : 2 867 km^2. 1,7 million d'habitants. Chef-lieu : Anvers. On y parle le néerlandais. ♦ Les polders de l'Escaut sont fertiles. Les industries (agroalimentaire, pétrochimie) se développent et bénéficient de la forte position du port d'Anvers.

AOF ou **A-OF** ✦ Sigle de **Afrique-Occidentale française**

AOSTE n. m. ✦ Ville d'Italie, chef-lieu de la Vallée d'Aoste. 34 062 habitants. Vestiges romains, cathédrale (XIIe siècle). Station touristique et carrefour routier (tunnels du Mont-Blanc et du Grand-Saint-Bernard).

AOSTE (Vallée d') → **VALLÉE D'AOSTE**

APACHES n. m. pl. ✦ Peuple d'Indiens d'Amérique. Venus du Canada (IXe siècle), ils se mêlent aux autres Indiens des Plaines puis descendent vers le sud-ouest des États-Unis. Nomades, ils pratiquent la chasse et la cueillette. Ils résistent avec bravoure aux envahisseurs espagnols, puis aux colons américains. Leur chef **Geronimo** mène la révolte en Arizona (1861-1866). Ils vivent aujourd'hui dans les réserves du Nouveau-Mexique et de l'Arizona.

APENNIN n. m. ✦ Chaîne montagneuse d'Italie, qu'on appelle aussi parfois *les Apennins* (☛ carte 24). Elle s'étend sur 1 300 km environ, des Alpes au nord jusqu'à la Calabre au sud. Le nord, peu élevé, s'abaisse vers la plaine du Pô, et donne naissance au Tibre, puis vers l'Arno. La région centrale possède des forêts de conifères. Le point culminant (Gran Sasso, 2 912 m) se trouve dans les **Abruzzes.** Le climat est de type méditerranéen. L'élevage constitue la principale activité.

APHRODITE ✦ Déesse de la Beauté et de l'Amour, dans la mythologie grecque. Elle est considérée comme la fille de Zeus et serait née de l'écume de la mer. Mariée à **Héphaïstos**, on lui attribue de nombreux amants, dont Adonis, auxquels elle donne plusieurs enfants : Harmonie et Éros à Arès, Priape à Dionysos, Hermaphrodite à Hermès, et **Énée** à un mortel, le berger troyen Anchise. Elle serait responsable de la guerre de **Troie** pour avoir aidé **Pâris** à enlever Hélène. Elle symbolise la passion et le pouvoir féminin. Les Romains de l'Antiquité l'identifient à **Vénus.** On emploie le mot *aphrodisiaque* (adj. et n. m.) pour parler de ce qui éveille le désir sexuel.

APIS ✦ Dieu de l'Égypte antique. On le représente sous la forme d'un taureau, portant le disque solaire entre ses cornes. À Memphis, son culte est associé à celui de **Ptah**, puis il se mêle à celui d'**Osiris.** Il est honoré comme le dieu des Morts et du Monde souterrain.

Apocalypse n. f. ✦ Dernier livre du Nouveau Testament (**Bible**). Attribué à l'évangéliste **Jean**, qui l'aurait composé à Patmos, il se présente comme une série de visions exposées sous forme de lettres aux Églises d'Asie Mineure. La fin du monde et sa rénovation sont exprimées par des images fortes (les sept anges sonnant de la trompette, les quatre cavaliers, la femme et le dragon, la Jérusalem céleste) qui ont inspiré de nombreux artistes : l'*Apocalypse d'Angers,* ensemble de tapisseries réalisées au XIVe siècle par Nicolas Bataille ; l'*Apocalypse,* ensemble de gravures sur bois réalisées par Albrecht **Dürer** en 1498.

APOLLINAIRE Guillaume (1880-1918) ✦ Poète français. Ami d'Alfred Jarry, de Picasso, de Vlaminck et du Douanier Rousseau, il est influencé par les cubistes. Il renouvelle la forme et les images dans sa poésie résolument moderne, et utilise le procédé littéraire du collage. Œuvres : *Alcools* (1913), *Le Poète assassiné* (contes, 1916), *Les Mamelles de Tirésias* (pièce surréaliste, 1917), *Calligrammes* (1918). Il est blessé à la tête par un éclat d'obus en 1916 puis meurt, victime de l'épidémie de grippe espagnole. ▪ Son véritable nom est *Wilhelm Apollinaris de Kostrowitzky.*

APOLLO ✦ Programme américain d'exploration de la Lune. Il comprend dix-sept missions, dont onze comportent des passagers (1961-1972). Le 21 juillet 1969, la fusée *Apollo 11* est la première à se poser sur le sol lunaire. Neil **Armstrong** et Edwin Aldrin passent deux heures et demie sur la Lune pour installer une station scientifique et récolter des échantillons du sol.

APOLLON ✦ Dieu de la Lumière, de la Musique et de la Poésie, dans la mythologie gréco-romaine. Fils de Zeus et de Léto, frère jumeau d'Artémis, père d'Asclépios, on l'appelle aussi *Phébus.* À **Delphes,** il tue le serpent Python pour venger sa mère. Il le remplace par la **Pythie** qui transmet ses oracles. Colérique, il est capable de vengeances terribles. Il tue les **Cyclopes,** qui avaient permis à Zeus de foudroyer son fils Asclépios. Joueur de lyre, il donne des oreilles d'âne à **Midas,** qui lui avait préféré un autre musicien. Pendant la guerre de **Troie,** il frappe le camp grec de la peste car Agamemnon a enlevé la fille de son prêtre. Il est aussi le conducteur des Muses, qui accompagne de sa lyre les festins des dieux sur l'Olympe. Sa très grande beauté a inspiré les sculpteurs de l'Antiquité : l'*Apollon du Belvédère,* de Léocharès (IIIe siècle av. J.-C.) ; le *colosse de* **Rhodes,** de Charès (IIe siècle av. J.-C.). Un homme d'une beauté idéale est un *apollon.*

APÔTRES n. m. pl. ✦ Dans la religion chrétienne, les plus proches disciples de **Jésus.** Ils ont partagé sa vie publique et sont «envoyés» (c'est le sens du mot *apôtre,* en grec) diffuser son message après sa mort et sa résurrection. Les douze apôtres sont : André, Barthélemy, Jacques dit le Majeur et un autre Jacques (plus tard confondu avec Jacques le Mineur), **Jean,** Judas, Jude, **Matthieu**, Philippe, Simon-Pierre, Simon dit le Zélote et Thomas ; après sa trahison, **Judas** est remplacé par Matthias. Plus tard, **Paul** est qualifié d'apôtre, bien qu'il n'ait pas connu Jésus. Deux des **Évangiles** sont écrits par des apôtres. Les Actes des Apôtres, écrits par Luc, l'un des quatre évangélistes, relatent l'histoire des premières communautés chrétiennes que les apôtres dirigent.

APPALACHES n. m. pl. ✦ Massif montagneux de l'est des États-Unis (☛ carte 47). Il s'étend sur environ 2 000 km depuis l'État du Maine au nord-est jusqu'à l'Alabama au sud-ouest. Couvert de forêts, grâce au climat tempéré, il donne naissance à de grands fleuves (Ohio, Tennessee). Il contient le plus grand bassin houiller des États-Unis et d'importants gisements de gaz et de pétrole.

APPENZELL ✦ Ville du nord-est de la Suisse, chef-lieu du canton d'Appenzell Rhodes-Intérieures. 5 535 habitants. Maisons aux façades peintes. Manufacture de dentelle et de broderie.

APPENZELL RHODES-EXTÉRIEURES (canton d') ✦ Canton du nord-est de la Suisse, au sud du lac de Constance, enclavé dans le canton de Saint-Gall (☛ carte 26). Superficie : 243 km². 52 509 habitants, en majorité protestants (les *Appenzellois*). Langue officielle : l'allemand. Chef-lieu : Herisau. L'économie est basée sur l'industrie textile.

APPENZELL RHODES-INTÉRIEURES (canton d') ✦ Canton du nord-est de la Suisse, au sud du lac de Constance, enclavé dans le canton de Saint-Gall (☛ carte 26). Superficie : 172 km². 15 300 habitants (les *Appenzellois*), en majorité catholiques. Langue officielle : l'allemand. Chef-lieu : Appenzell. L'économie est basée sur l'agriculture (fromage d'Appenzell).

APPERT Nicolas (1749-1841) ✦ Industriel français. Il est à l'origine de l'industrie des conserves alimentaires, grâce à l'invention d'un procédé de conservation des aliments par la chaleur, dans des récipients hermétiques. Ce procédé s'appelle l'*appertisation* (n. f.).

APPIENNE (voie) (*via Appia* en latin) ✦ Voie romaine pavée qui allait de Rome à Brindisi, dans la province des Pouilles, en passant par Capoue, au nord de Naples. Commencée vers 312 av. J.-C., elle est achevée sous le règne d'Auguste (Iᵉʳ siècle av. J.-C.). Elle est bordée, autour de Rome, de quelques vestiges de tombeaux et de catacombes.

APT ✦ Chef-lieu d'arrondissement du Vaucluse. 11 885 habitants (les *Aptésiens*) (☛ carte 23). Viticulture, fruits confits. Extraction de l'ocre.

APULÉE (vers 125-après 170) ✦ Écrivain latin. Il est l'auteur d'un remarquable roman satirique et mystique, *Les Métamorphoses ou l'Âne d'or,* dans lequel le héros Lucius, changé en âne, part en quête de la rose qui doit lui rendre forme humaine. C'est dans ce roman que l'on peut lire le conte de **Psyché.**

AQABA → **AKABA**

AQMI (sigle de *al-Qaida au Maghreb islamique*) ✦ Organisation islamiste terroriste créée en Algérie, branche d'al-**Qaida** active dans le Maghreb et le Sahel.

AQUITAIN (Bassin) ✦ Région du sud-ouest de la France. Limité au nord par le Poitou, à l'est par le Massif central et au sud par les Pyrénées, il s'ouvre sur l'Atlantique et correspond à la région autour de Bordeaux.

AQUITAINE n. f. ✦ Région du sud-ouest de la France, intégrée à la Région Nouvelle-Aquitaine. L'ancienne région administrative comprenait cinq départements : la Dordogne, la Gironde, les Landes, le Lot-et-Garonne et les Pyrénées-Atlantiques. Le chef-lieu était Bordeaux. ♦ GÉOGRAPHIE. La Côte d'Argent, parsemée d'étangs (Lacanau, Cazaux, Biscarosse), s'étend de l'Espagne jusqu'à l'estuaire de la Gironde. Elle borde l'immense plaine des **Landes**, limitée au sud par le Pays basque, le Béarn, les Pyrénées, et au nord par la Garonne. Le **Périgord**, traversé par la Dordogne, s'étend au nord jusqu'au Limousin. Le climat est doux et humide. ♦ ÉCONOMIE. L'agriculture domine (maïs, élevage, exploitation de la forêt). Le vignoble bordelais est le troisième producteur de France. L'industrie en déclin (raffineries de pétrole, épuisement du gisement de gaz naturel de **Lacq**, concurrence de **Toulouse**) se reconvertit (aérospatiale, informatique). Le tourisme est très développé dans les stations balnéaires (sports maritimes, villes thermales), dans les parcs naturels (Pyrénées, Landes) et les sites préhistoriques de la **Dordogne.** ♦ HISTOIRE. Auguste fait de l'Aquitaine l'une des quatre provinces de la Gaule romaine (Iᵉʳ siècle av. J.-C.). Elle s'étend de la Loire aux Pyrénées et comprend le Massif central (☛ carte 8). Les **Wisigoths** en font leur royaume (418), qui est conquis par Clovis (507). Amputé de la Gascogne (768) et du comté de Toulouse, ce royaume devient un duché (877). Il passe aux comtes de Poitiers, qui reprennent la Gascogne (1058), puis à l'Angleterre par le mariage d'**Aliénor d'Aquitaine** avec Henri II Plantagenêt (1152). **Philippe Auguste** le reconquiert peu à peu et la partie anglaise devient le duché de **Guyenne** (traité de Paris, 1259), qui revient à la France à la fin de la guerre de **Cent Ans** (1453).

ARABE (Ligue) n. f. ✦ Organisation créée en 1945 pour fédérer tous les États arabes. Elle siège au Caire et compte 22 membres en 2009, les États arabes du **Proche-Orient** (sauf l'Iran et la Turquie), le Maroc, la Tunisie, l'Algérie, la Mauritanie, la Somalie, l'OLP, Djibouti et les Comores. Elle joue surtout le rôle de coordinateur pour une politique commune : reconnaissance de l'**OLP** comme unique représentant de la Palestine (1973-1974), condamnation de l'intervention américaine en **Irak** (2003). Elle est affaiblie par le retrait de l'Égypte, après son accord de paix avec Israël (1979-1989), et par la guerre du **Golfe** (1991).

ARABES n. m. pl. ✦ Peuple originaire de la péninsule Arabique. Dans l'Antiquité, le sud de l'Arabie est formé de royaumes (**Saba**) peuplés d'agriculteurs sédentaires et de commerçants. Le nord, vers la Syrie et la Mésopotamie, est occupé par des nomades divisés en tribus (**Bédouins**) qui commercent avec les peuples du **Croissant fertile** et dont le dieu supérieur s'appelle **Allah.** L'empereur romain Trajan annexe le royaume de Nabatène, dont la capitale est **Pétra**, et en fait la *Provincia Arabia* (Iᵉʳ siècle). Au contact de Rome et de Byzance, certaines dynasties adoptent le christianisme ou le judaïsme. Au VIIᵉ siècle, l'islam, prêché par **Mahomet**, rassemble les populations qui conquièrent le Moyen-Orient. L'empire atteint son apogée (VIIIᵉ-IXᵉ siècles), occupant des territoires allant du sud de l'Espagne à l'Inde. Sa progression est arrêtée à Poitiers par **Charles Martel** (732). Avec **Bagdad** pour capitale (762), une civilisation brillante se développe avec de nombreux savants (mathématiciens, médecins, astronomes), des artistes et d'habiles commerçants. ☛ Langue française p. 102 et Islam p. 155. Le pouvoir est disputé (Xᵉ siècle) jusqu'à la prise de Bagdad par les Mongols en 1258. Cette date marque la fin de l'empire. La civilisation se perpétue sous la domination des Turcs et de l'Empire **ottoman.** Les Britanniques colonisent le sud de l'Arabie (XIXᵉ siècle) et soutiennent les nationalistes pour détruire l'Empire ottoman, qu'ils se partagent avec les Français (1916). Le sultan Ibn Séoud s'empare de la péninsule, impose un islam très strict et fonde l'Arabie saoudite (1932). La Ligue **arabe**, créée en 1945, coordonne les actions des pays arabes, en particulier celles qui concernent la Palestine et les relations avec Israël. ♦ On appelle également *Arabes* les populations musulmanes parlant l'arabe et vivant en Asie occidentale et en Afrique du Nord.

ARABIE n. f. ✦ Péninsule d'Asie, située dans l'extrême sud-ouest du continent, qu'on appelle aussi *péninsule Arabique* (☛ carte 38). Elle est partagée entre sept pays : l'Arabie saoudite, Bahreïn, les Émirats arabes unis, le Koweït, Oman, le Qatar et le Yémen. Superficie : environ 3 millions de km^2. Environ 35 millions d'habitants. ♦ Après une étroite bande côtière, la barrière montagneuse de l'ouest s'élève progressivement du nord au sud (point culminant : 3 700 m). Le nord est un désert de sable, le centre un plateau semi-désertique parsemé d'oasis. À l'est se trouve un grand désert (300 000 km^2). Le climat est continental au nord et tropical sur le reste de la péninsule, chaude et aride. Les pentes du sud du Yémen, plus arrosées, sont cultivées en terrasses (café, encens, vigne, figuier). Les populations nomades pratiquent surtout l'élevage. La richesse de la péninsule réside dans les réserves de pétrole du golfe Arabo-Persique.

ARABIE SAOUDITE n. f. ✦ Pays d'Asie de l'Ouest, au Proche-Orient (☛ cartes 38, 39). Superficie : 2,2 millions de km^2 (environ quatre fois la France). 22,7 millions d'habitants (les *Saoudiens*). Monarchie dont la capitale est Riyad. Autres villes importantes : La Mecque, Médine. Langue officielle : l'arabe. Religion officielle : l'islam. Monnaie : le riyal saoudien. ♦ GÉOGRAPHIE. L'ouest est formé de montagnes et d'une mince plaine côtière bordant la mer Rouge. Le plateau central, semi-désertique, est bordé de déserts du nord-ouest au sud-est. La longue plaine du nord-est rejoint le golfe Arabo-Persique. Le climat est continental et aride à l'intérieur, chaud et humide au bord de la mer Rouge. Les rares cours d'eau se perdent dans les sables. ♦ ÉCONOMIE. L'irrigation du désert a rendu sédentaires les nomades, qui vivaient de l'élevage et de la culture des dattes. Agriculture (blé, fruits, légumes). Troisième producteur et premier exportateur de pétrole au monde ; réserves de gaz. Industries (pétrochimie, sidérurgie). Les Lieux saints de l'islam (La **Mecque, Médine**) attirent de nombreux pèlerins venus du monde entier. ♦ HISTOIRE. Ibn Séoud fonde, en 1932, un royaume basé sur la loi coranique. Il prospère avec la découverte des gisements de pétrole. La crise du canal de **Suez** (1956) rompt les relations diplomatiques avec la France et la Grande-Bretagne. Membre fondateur de l'Organisation des pays exportateurs de pétrole (Opep, 1960), le pays provoque le premier «choc pétrolier» en 1973, après la guerre israélo-arabe. Pendant la guerre du **Golfe**, les troupes alliées lancent leurs attaques depuis l'Arabie saoudite (1990). Le pays est confronté à l'intégrisme musulman.

ARABO-PERSIQUE (golfe) n. m. ✦ Golfe du Moyen-Orient (☛ carte 38). Il sépare la côte sud de l'Iran de la côte est de l'Arabie. Il communique avec le golfe, puis la mer d'Oman par le détroit d'**Ormuz.** Il est bordé par l'Iran, l'Irak, le Koweït, l'Arabie saoudite, le Qatar et les Émirats arabes unis. Il reçoit les eaux du Tigre et de l'Euphrate. Les fonds sous-marins contiennent d'énormes gisements de pétrole.

ARAFAT Yasser (1929-2004) ✦ Homme politique palestinien. Il fonde le mouvement palestinien du Fatah (1959), déclare la lutte armée contre Israël (1965) et devient président de l'Organisation de libération de la Palestine (**OLP**) en 1969. Il est l'un des artisans de l'accord signé entre l'OLP et Israël (1993), par lequel les deux parties se reconnaissent mutuellement et qui prévoit l'autonomie des territoires occupés par Israël. En 1994, il devient président de l'Autorité palestinienne qui dirige ces territoires. La même année, il reçoit le prix Nobel de la paix avec Shimon Peres et Yitzhak Rabin, le ministre des Affaires étrangères et le Premier ministre d'Israël.

ARAGO François (1786-1853) ✦ Astronome, physicien et homme politique français. Il travaille avec **Ampère** sur l'électromagnétisme, mesure le champ magnétique de la Terre, détermine le diamètre des planètes et promeut l'invention de la photographie par **Daguerre.** Directeur de l'Observatoire de Paris, député de gauche, ministre de la Guerre et de la Marine après la révolution de 1848, il contribue à l'abolition de l'esclavage dans les colonies et quitte la vie politique après le coup d'État de 1851. Académie des sciences (1809).

ARAGON Louis (1897-1982) ✦ Écrivain et poète français. Il fonde le mouvement surréaliste avec André **Breton** et Paul **Éluard** (1923). ☛ Littérature p. 145. Il adhère au Parti communiste (1927) et reste un fervent militant toute sa vie. Avec sa compagne Elsa **Triolet**, il participe à la **Résistance**, dont il devient le poète le plus populaire. Ses œuvres principales sont *Le Paysan de Paris* (1926, recueil surréaliste), des romans comme *Les Beaux Quartiers* (1936), *Aurélien* (1945) ou *La Semaine sainte* (1958), et des recueils de poèmes comme *Le Crève-Cœur* (1941), *La Diane française* (1945) ou *Le Fou d'Elsa* (1963).

ARAGON n. m. ✦ Région administrative d'Espagne, dans le nord-est du pays (☛ carte 32). Superficie : 47 669 km^2. 1,3 million d'habitants. Capitale : Saragosse. ♦ Il est constitué au nord par les Pyrénées, au centre par la vallée de l'Èbre, et au sud par les monts Ibériques (1 000 m d'altitude). Le climat est continental. Les monuments de la région, mélange d'architectures mauresque et européenne (XIIe-XVIIe siècles), sont inscrits sur la liste du patrimoine mondial de l'Unesco. Peu peuplé, il vit surtout d'agriculture (élevage, céréales au nord ; vigne, olivier, betterave dans la vallée de l'Èbre). L'industrie se concentre à Saragosse. ♦ Englobé dans la province romaine de Tarraconaise, l'Aragon est envahi par les **Wisigoths** puis par les **Maures** (714). Comté chrétien (IXe siècle), il devient, en 1035, un royaume auquel la Navarre est rattachée (1076-1137). Il participe à la **Reconquista** en prenant la Catalogne et le Roussillon (XIIe siècle), les Baléares, Valence et la Sicile (XIIIe siècle), puis la Sardaigne (XIVe siècle). Le mariage de **Ferdinand d'Aragon** et d'Isabelle de Castille (1469) prépare l'unité de l'Espagne.

ARAL (mer d') ✦ Mer intérieure d'Asie centrale. Elle est située à l'est de la mer Caspienne, et bordée au nord par le Kazakhstan et au sud par l'Ouzbékistan. Elle est peu profonde (55 m). Elle reçoit les fleuves Syr-Daria et Amou-Daria. L'exploitation de l'eau de ces fleuves provoque son assèchement : sa superficie a diminué dangereusement (66 000 km^2 en 1957, 15 000 km^2 en 2007). Un programme international de sauvetage est en cours.

ARAMÉENS n. m. pl. ✦ Peuple sémite du nord de la Mésopotamie (XIIIe siècle av. J.-C.). Ils s'installent en Syrie puis au Liban et fondent le royaume de **Damas** (Xe siècle av. J.-C.). Soumis à l'Assyrie au VIIIe siècle av. J.-C., ils sont déportés et diffusent leur langue, l'*araméen,* qui devient la langue parlée dans tout le Moyen-Orient.

ARAMIS ✦ Personnage des romans d'Alexandre Dumas. Ce gentilhomme intelligent et rusé est mousquetaire de Louis XIII, compagnon d'Athos, de Porthos et de d'Artagnan. Il apparaît dans *Les Trois Mousquetaires*.

ARARAT (mont) ✦ Massif volcanique de Turquie, dans l'est du pays, près des frontières avec l'Arménie et l'Iran (☛ carte 38). C'est le point culminant de la Turquie (5 165 m). Dans la Bible, l'arche de **Noé** échoue sur le mont Ararat à la fin du **Déluge**.

ARCACHON ✦ Ville de la Gironde. 10 370 habitants (les *Arcachonnais*). Station balnéaire, port de plaisance.

ARCACHON (bassin d') ✦ Baie du département de la Gironde qui communique avec l'océan Atlantique. À marée haute, sa superficie est de 15 500 hectares. Parcs à huîtres. Le bassin est bordé de ports ostréicoles et de stations balnéaires. Parc ornithologique du Teich (réserve d'oiseaux migrateurs).

ARCADIE n. f. ✦ Région historique de Grèce, au centre du **Péloponnèse**. ♦ Ses montagnes, qui ont servi de refuge aux **Achéens**, ses forêts, ses fleuves, ses lacs et ses bergers nourrissent la mythologie grecque : **Pan** hante ses montagnes, les Nymphes se baignent dans ses fleuves, **Héraclès** y accomplit certains de ses travaux. Le thème de l'Arcadie, pays du bonheur calme et serein dans la poésie bucolique grecque et latine, est repris à partir de la Renaissance et pendant la période classique.

ARC DE TRIOMPHE n. m. ✦ Monument de Paris, construit sur l'ordre de **Napoléon Ier** après la victoire d'**Austerlitz** (1806) et inauguré en 1836. Haut de 50 m et large de 45 m, il est situé au centre de la place du Général-de-Gaulle (autrefois appelée *place de l'**Étoile***), d'où rayonnent douze avenues, dont les Champs-Élysées. Il est décoré d'immenses sculptures, en particulier *La Marseillaise,* créée par François **Rude** (1835-1836). Le tombeau du **Soldat inconnu** se trouve sous l'arche depuis 1920.

ARC-ET-SENANS ✦ Commune du Doubs. 1 580 habitants (les *Arc-Sénantais*). La saline royale de Chaux, construite par **Ledoux** (1775-1779) et prévue comme un complexe industriel abritant les ouvriers, est inscrite sur la liste du patrimoine mondial de l'Unesco.

ARCHIMÈDE (vers 287 av. J.-C.-vers 212 av. J.-C.) ✦ Savant grec. Élève d'**Euclide**, il est à la fois mathématicien, géomètre, physicien et ingénieur. Il découvre le principe qui fait que tout corps plongé dans un liquide subit une poussée verticale, de bas en haut, égale au poids du liquide déplacé : c'est le *principe d'Archimède.* Il invente des machines qui permettent à **Syracuse**, sa cité natale, de résister aux attaques romaines.

ARCHIPENKO Alexander (1887-1964) ✦ Sculpteur américain d'origine russe. Dans ses œuvres, les surfaces en relief alternent avec les surfaces creuses afin de produire des effets d'optique (*Boxing,* bronze).

ARCIMBOLDO Giuseppe (vers 1527-1593) ✦ Peintre italien. Il est connu pour ses tableaux appelés « têtes composées » où végétaux, animaux et objets s'assemblent pour figurer un personnage : *Le Printemps, L'Été, L'Automne, L'Hiver, Le Bibliothécaire, L'Homme-Potager.*

ARCOLE ✦ Ville d'Italie (Vénétie), près de Vérone. Pendant la campagne d'Italie, le général **Bonaparte** s'empare du *pont d'Arcole* et bat les Autrichiens (1796).

ARCS (Les) ✦ Station de sports d'hiver de Savoie (altitude 1 600-3 000 m), dans la commune de Bourg-Saint-Maurice.

ARCTIQUE n. m. ✦ Région centrée sur le pôle Nord (☛ carte 52). Elle comprend les terres qui s'étendent jusqu'au cercle polaire arctique : nord de l'Amérique, de l'Europe et de la Sibérie, le Groenland, l'archipel Arctique canadien et les archipels dépendant de la Norvège et de la Russie. Le climat polaire est adouci par la présence de l'océan (zéro degré au Pôle en été), et les pluies sont faibles. En hiver, la banquise s'approche des côtes et les icebergs, qui peuvent descendre jusqu'à Terre-Neuve, rendent la navigation difficile. Depuis une trentaine d'années, la superficie et l'épaisseur de la banquise diminuent. ♦ Les **Inuits** occupent le nord du Canada et le Groenland dès le Ier millénaire av. J.-C. Au Xe siècle, les **Vikings** atteignent le Groenland, mais il n'est exploré qu'à partir du XVIe siècle, lors de la recherche de passages vers le Pacifique (**Amundsen, Baffin, Barents, Charcot, Hudson, Victor**). Depuis la Deuxième Guerre mondiale, la région est un enjeu stratégique : bases aériennes et navales américaines et russes, centre d'essais nucléaires russe, exploitation du minerai de fer par la Russie et la Norvège. Les peuples de l'Arctique (Inuits, Lapons et Sibériens) cherchent à faire reconnaître leurs droits économiques et politiques depuis la fin des années 1970 (**Nunavut**).

ARCTIQUE (océan glacial) ✦ Ensemble des mers situées entre le pôle Nord et le cercle polaire arctique, dont les mers de Baffin, du Groenland, de Barents et la mer Blanche. Superficie totale : environ 14 millions de km^2. Il est en grande partie recouvert par la banquise, surtout en hiver.

① **ARDÈCHE** n. f. ✦ Rivière du sud-est de la France, longue de 120 km. Elle prend sa source dans les Cévennes, à 1 467 m d'altitude, arrose Aubenas, puis se jette dans le Rhône près de Pont-Saint-Esprit. Le parc naturel régional des Monts d'Ardèche (180 000 ha), créé en 2001, englobe le mont **Gerbier-de-Jonc**.

② **ARDÈCHE** n. f. ✦ Département du sud-est de la France [07], de la Région Auvergne-Rhône-Alpes. Superficie : 5 529 km^2. 322 381 habitants. Chef-lieu : Privas ; chefs-lieux d'arrondissement : Largentière et Tournon.

ARDENNE n. f. ✦ Région partagée entre la Belgique, la France (département des **Ardennes**) et le Luxembourg. Superficie : 10 000 km^2. Elle est couverte de tourbières, de landes et de forêts et est traversée par les vallées de la Meuse et par certains affluents de la Moselle. Industries (alimentaire, textile, exploitation du bois).

ARDENNES (les) n. f. pl. ✦ Département du nord-est de la France [08], de la Région Grand Est. Superficie : 5 229 km^2. 279 715 habitants. Chef-lieu : Charleville-Mézières ; chefs-lieux d'arrondissement : Rethel, Sedan et Vouziers.

ARDENNES (batailles des) ✦ Combats qui opposent les armées française et allemande pendant les deux guerres mondiales. En 1914, les Français battent en retraite sur la Meuse. En 1940, pendant la campagne de France, les blindés allemands percent le front en direction de la Meuse (trouée de Sedan). La dernière offensive allemande, en 1944, sur la ligne Siegfried, est repoussée par l'aviation américaine.

ARENDT Hannah (1906-1975) ✦ Philosophe américaine d'origine allemande. Élève de Husserl, Heidegger et Jaspers, elle consacre son premier travail à saint Augustin. Juive, elle fuit l'Allemagne nazie et s'installe aux États-Unis (1941) où elle mène une réflexion politique visant à mettre en perspective le phénomène totalitaire, le racisme d'État, la crise de la culture et la banalité du mal. Ses principaux ouvrages sont *Les Origines du totalitarisme* (1951) et *Condition de l'homme moderne* (1958).

ARÈS ✦ Dieu de la Guerre, dans la mythologie grecque. Fils de Zeus et d'Héra, il est aimé par Aphrodite. Les Romains de l'Antiquité l'identifient à **Mars.**

AREZZO ✦ Ville d'Italie, en Toscane, sur l'Arno. 91 589 habitants (les *Arétins*). Nombreux monuments médiévaux : basilique San Francesco (fresques de Piero della Francesca), palais de la Fraternité des laïques, église Sainte-Marie-des-Grâces. Festivals de musique classique. Ville natale de Pétrarque.

ARGELÈS-GAZOST ✦ Chef-lieu d'arrondissement des Hautes-Pyrénées, sur le gave de Pau. 3 020 habitants (les *Argelésiens*) (☛ carte 23). Station thermale.

ARGELÈS-SUR-MER ✦ Commune des Pyrénées-Orientales. 10 279 habitants (les *Argelésiens*) (☛ carte 23). Station balnéaire à *Argelès-Plage.*

ARGENTAN ✦ Chef-lieu d'arrondissement de l'Orne, sur l'Orne. 13 968 habitants (les *Argentanais*) (☛ carte 23). Industrie agroalimentaire. Musée (*dentelle d'Argentan*). Ville natale du peintre Fernand Léger.

ARGENTEUIL ✦ Ville du Val-d'Oise, sur la Seine. 108 865 habitants (les *Argenteuillais*). Cité industrielle ; ville natale de Georges Braque. Les impressionnistes, comme Claude Monet, Édouard Manet et Edgar Degas, viennent souvent y peindre (XIXe siècle).

ARGENTINE n. f. ✦ Pays d'Amérique du Sud (☛ cartes 44, 46). Il s'étire sur 3 700 km du nord au sud. Superficie : 2,8 millions de km^2 (environ cinq fois la France). 36,2 millions d'habitants (les *Argentins*) en majorité catholiques. République dont la capitale est Buenos Aires. Langue officielle : l'espagnol. Monnaie : le peso. ♦ GÉOGRAPHIE. Les **Andes** (point culminant : **Aconcagua,** 6 960 m) s'étendent à l'ouest, les vallées du Chaco et de la **Pampa** à l'est, et le vaste plateau de la **Patagonie** au sud. Les rivières des Andes rejoignent le fleuve Parana au nord ou se jettent dans l'Atlantique. Le climat est chaud et humide au nord, tropical au centre et pluvieux sur la Pampa, froid au sud et très humide en **Terre de Feu.** ♦ ÉCONOMIE. C'est un pays agricole (céréales, oléagineux, canne à sucre, coton, tabac, vigne) dont l'élevage (bovins dans la Pampa, moutons en Patagonie) est essentiel. Le sous-sol contient du pétrole, du gaz et de l'uranium (centrales nucléaires). Les industries (alimentaire, textile, sidérurgie, électronique) se concentrent autour de Buenos Aires et de la vallée du Parana. ♦ HISTOIRE. Le pays, peuplé d'Indiens, est colonisé par les Espagnols au XVIe siècle. Il prend son indépendance, en 1816, sous le nom de *Provinces unies du Rio de la Plata.* Il est soumis à un régime dictatorial (1835-1852) puis devient une fédération (1853). L'arrivée d'immigrants italiens, à la fin du XIXe siècle, permet un essor économique, troublé par la guerre du **Paraguay** (1865-1870). Le gouvernement du président Juan **Peron,** proche des ouvriers et partisan de l'indépendance vis-à-vis des États-Unis et de la Grande-Bretagne, ne résiste pas à la crise économique (1946-1955). Les militaires établissent une dictature (1976), condamnée par la communauté internationale. Depuis la défaite du pays face à la Grande-Bretagne dans la guerre des **Malouines** (1982), les civils reprennent le pouvoir, affaibli par une situation économique précaire.

ARGOLIDE n. f. ✦ Région historique de Grèce, au nord-est du **Péloponnèse.** Ville principale : Argos. Cette péninsule vit de l'agriculture (agrumes, olives, primeurs) et du tourisme (sanctuaire d'**Épidaure**). ♦ Foyer de la civilisation mycénienne fondée par les **Achéens** (**Argos, Mycènes** et Tirynthe), conquise par les Doriens (XIIe siècle av. J.-C.), elle choisit le parti d'Athènes dans la guerre du **Péloponnèse,** rejoint la Ligue achéenne (223 av. J.-C.) et devient romaine avec elle (146 av. J.-C.).

ARGONAUTES n. m. pl. ✦ Compagnons de **Jason,** dans la mythologie grecque. Jason s'embarque sur le navire *Argo,* à la recherche de la **Toison d'or,** en compagnie d'Augias, de Castor, de Pollux, d'Héraclès, d'Orphée, de Thésée, et d'autres encore. Leur mission réussit grâce à **Médée.**

ARGONNE n. f. ✦ Massif boisé, à l'est de la vallée de l'Aisne, sur les départements des Ardennes, de la Marne et de la Meuse. Le général **Dumouriez** y remporte la bataille de **Valmy** (1792). Les troupes franco-américaines repoussent les Allemands vers le nord en 1918.

ARGOS ✦ Ville de Grèce, dans le nord-est du Péloponnèse, près de Nauplie. 25 500 habitants (les *Argiens*). Nombreux vestiges antiques, citadelle médiévale. ♦ C'est la plus ancienne cité grecque de la mythologie et la capitale de l'**Argolide,** gouvernée par des rois légendaires : Danaos, Persée, Agamemnon, Oreste (☛ carte 4). Rivale de la Mycènes des **Achéens** (XVIIe siècle av. J.-C.), elle atteint son apogée au VIIe siècle av. J.-C., puis est éclipsée par **Sparte.** Elle participe aux guerres du **Péloponnèse** et de Corinthe, se soumet à **Alexandre le Grand** et entre dans la Ligue achéenne (229 av. J.-C.). La prise d'Argos par les Goths marque son déclin. La première Assemblée nationale grecque s'y réunit en 1821.

ARGOVIE (canton d') ✦ Canton de Suisse, dans le nord du pays, bordé au nord par le Rhin qui forme la frontière avec l'Allemagne (☛ carte 26). Superficie : 1 404 km^2. 574 813 habitants. Langue officielle : l'allemand. Chef-lieu : Aarau. Traversé par l'Aar, le canton occupe le nord-est du Jura et du plateau suisse. Il vit de l'agriculture (élevage, légumes, fruits) et de l'industrie (mécanique, métallurgie, textile).

ÅRHUS ✦ Ville du Danemark, capitale du Jutland, sur la côte est du pays. 228 674 habitants. Cathédrale (XIIe siècle). Port de commerce, de transit et d'industrie.

① **ARIANE** ✦ Princesse légendaire de Crète dans la mythologie grecque. C'est la fille de Minos et de Pasiphaé, et la sœur de Phèdre. Elle aide **Thésée** à sortir du Labyrinthe en lui donnant un fil à dérouler pour qu'il retrouve son chemin. Ils s'enfuient ensemble, mais Thésée l'abandonne sur l'île de Naxos. Elle est recueillie par **Dionysos,** qui l'épouse. Cette légende a inspiré des écrivains comme Thomas Corneille, et des musiciens comme Joseph Haydn ou Richard Strauss. L'expression *le fil d'Ariane* évoque la voie à suivre pour arriver à un résultat, pour sortir des difficultés.

② **ARIANE** n. f. ✦ Fusée spatiale européenne qui place des satellites en orbite. Le premier tir a lieu en 1979, et tous les lancements s'effectuent au Centre national d'études spatiales, à **Kourou** en Guyane.

① **ARIÈGE** n. f. ✦ Rivière des Pyrénées-Orientales, longue de 170 km (☛ carte 21). Elle prend sa source en Andorre, arrose Foix et Pamiers, puis se jette dans la Garonne, au sud de Toulouse.

② **ARIÈGE** n. f. ✦ Département du sud de la France [09], de la Région Occitanie. Superficie : 4 890 km². 152 574 habitants. Chef-lieu : Foix ; chefs-lieux d'arrondissement : Pamiers et Saint-Girons.

ARIOSTE (l') (1474-1533) ✦ Poète italien. Il est l'auteur de poèmes, de comédies de mœurs en prose puis en vers, et de satires. Son œuvre majeure est le *Roland furieux (Orlando furioso),* un des textes les plus célèbres de la Renaissance, commencé en 1503 et remanié pendant trente ans. Ce poème d'environ 39 000 vers, subtile parodie du poème chevaleresque, raconte la passion déçue de Roland pour Angélique, et sa folie. ▪ Son nom italien est *Ludovico Ariosto.*

ARISTOPHANE (vers 450 av. J.-C.-386 av. J.-C.) ✦ Écrivain grec. Onze des quarante-quatre comédies qu'on lui attribue nous sont parvenues, parmi lesquelles : *Les Nuées* (423 av. J.-C.), *Les Guêpes* (422 av. J.-C.), *Les Oiseaux* (414 av. J.-C.), *Lysistrata* (411 av. J.-C.), *Les Grenouilles* (405 av. J.-C.), *L'Assemblée des femmes* (392 av. J.-C.). Cet auteur non-conformiste sait allier la grossièreté à la poésie.

ARISTOTE (384 av. J.-C.-322 av. J.-C.) ✦ Savant et philosophe grec. Disciple de **Platon** et précepteur d'**Alexandre le Grand,** il considère la philosophie comme la totalité organisée du savoir humain. Il ordonne la science de l'Antiquité et écrit de nombreux traités dont *Éthique à Nicomaque.* Son influence, transmise au Moyen Âge par les Arabes (**Averroès**), se retrouve chez Marx.

ARIZONA n. m. ✦ État des États-Unis depuis 1912, dans le sud-ouest du pays, à la frontière avec le Mexique (☛ carte 47). Superficie : 295 014 km² (environ la moitié de la France). 5,1 millions d'habitants. Capitale : Phoenix. ♦ L'Arizona est occupé au nord par le plateau du **Colorado,** coupé notamment par le **Grand Canyon.** Le centre est une région de volcans éteints, le sud-ouest une plaine désertique. Le climat est très aride. Les grands barrages permettent l'agriculture (coton, agrumes, céréales). Le sous-sol est riche (cuivre, zinc, plomb). L'industrie informatique est en expansion. ♦ Explorée par les Espagnols (1539), la région est peuplée d'Indiens, comme les **Apaches,** qui résistent à la colonisation jusqu'en 1886, et les **Navajos.** Le Mexique cède la région aux États-Unis (1848).

① **ARKANSAS** n. m. ✦ Fleuve du centre des États-Unis, long de 2 334 km. Il prend sa source au Colorado, dans les montagnes Rocheuses, traverse les États du Kansas, de l'Oklahoma et de l'Arkansas puis se jette dans le Mississippi.

② **ARKANSAS** n. m. ✦ État des États-Unis depuis 1836, dans le sud du pays (☛ carte 47). Superficie : 137 539 km² (environ le quart de la France). 2,7 millions d'habitants. Capitale : Little Rock (183 133 habitants). ♦ L'Arkansas est occupé par les vallées du Mississippi et de l'Arkansas, et par les monts Ozark au nord-ouest. L'agriculture est productive (soja, coton ; volailles). Le sous-sol est riche (pétrole, gaz, bauxite). Industries (bois, agroalimentaire, électricité). ♦ Découvert par les Espagnols (XVIe siècle) puis exploré par les Français (XVIIe siècle), l'Arkansas est réuni à la **Louisiane** française qui le cède aux États-Unis en 1803.

ARKHANGELSK ✦ Ville de Russie, dans le nord du pays, sur la mer Blanche. 355 500 habitants. Port industriel (constructions navales, bois), centrale thermique. Point de départ des expéditions polaires.

ARLEQUIN ✦ Personnage de la commedia dell'arte, créée au XVIe siècle. C'est un bouffon mal élevé, qui porte un masque noir et un habit fait d'un assemblage de triangles multicolores. Connu dans toute l'Europe au XVIIe siècle, le personnage se modifie et devient un valet sensible, naïf et turbulent, fiancé à **Colombine** (**Marivaux**).

ARLES ✦ Ville des Bouches-du-Rhône, sur le Rhône. 52 697 habitants (les *Arlésiens*). C'est la ville la plus étendue de France car elle englobe une grande partie de la **Camargue.** Vestiges gallo-romains (arènes, théâtre et nécropole des Aliscamps) et église romane Saint-Trophime (XIe-XVe siècles), inscrits sur la liste du patrimoine mondial de l'Unesco. Centre administratif, commercial et culturel (Rencontres internationales de la photographie). Corridas. Vincent Van Gogh y a vécu (1888-1889). ♦ D'abord comptoir grec dépendant de Marseille, elle devient, sous Jules César, un des centres de la Gaule romaine. Elle est la capitale (879) du *royaume d'Arles,* formé de la **Bourgogne** et de la Provence. Elle passe sous la domination de la Catalogne (XIIe-XIIIe siècles) puis de l'**Anjou** (1251).

ARLETTY (1898-1992) ✦ Actrice française. Elle débute au music-hall puis crée un personnage populaire et gouailleur, au charme parisien, et devient très célèbre au cinéma. Elle joue notamment dans les films de Marcel Carné : *Hôtel du Nord* (1938), *Les Visiteurs du soir* (1942), *Les Enfants du paradis* (1943-1945). ▪ Son véritable nom est *Arlette-Léonie Bathiat.*

ARLON ✦ Ville de Belgique, chef-lieu de la province de Luxembourg. 26 548 habitants. Centre de services et de tourisme (vestiges romains, musée archéologique).

ARMADA (l'Invincible) n. f. ✦ Flotte envoyée par le roi Philippe II d'Espagne pour rétablir le catholicisme en Angleterre (1588). L'expédition conduite par un chef inexpérimenté échoue, à cause des tempêtes et des attaques ininterrompues des marins anglais. Cet épisode marque la fin de la supériorité navale espagnole.

ARMAGNAC n. m. ✦ Région historique du sud-ouest de la France, en Gascogne, qui correspond au département du Gers. Ville principale : Auch. ♦ C'est une région de collines, arrosée par les affluents de la Garonne. L'eau-de-vie de raisin (l'*armagnac*), produite dans cette région fait sa renommée. ♦ L'Armagnac fait partie de l'**Aquitaine** puis devient un comté (960). Il s'agrandit autour de la Garonne et rivalise avec le comté de Foix. Pendant la guerre de **Cent Ans,** Bernard VII d'Armagnac déclenche un conflit entre les **armagnacs** et les **bourguignons.** En 1607, le comté est annexé à la couronne de France par Henri IV.

ARMAGNACS n. m. pl. ✦ Parti qui s'oppose aux **bourguignons** pendant la guerre de Cent Ans. Il défend la famille princière d'Orléans après l'assassinat du frère de Charles VI par **Jean sans Peur** (1407). Le conflit déclenche une guerre civile, marquée par la victoire des Anglais sur les armagnacs à **Azincourt** (1415) et qui s'achève par le traité d'Arras entre **Charles VII** et le fils de Jean sans Peur, Philippe III le Bon (1435).

ARMÉE DU SALUT → SALUT (Armée du)

ARMÉNIE n. f. ✦ Pays d'Asie de l'Ouest (☛ carte 33). Superficie : 29 800 km². Plus de 3 millions d'habitants (les *Arméniens*), en majorité chrétiens. République dont la capitale est Erevan. Langue officielle : l'arménien ; on y parle aussi le russe. Monnaie : le dram. ♦ GÉOGRAPHIE. L'Arménie est constituée par les hauts plateaux du **Caucase**, par des massifs volcaniques et par le lac Sevan (1 240 km²). Le climat est continental. ♦ ÉCONOMIE. Agriculture (vigne, arbres fruitiers, élevage de moutons en montagne), industries (métallurgie, hydroélectricité, alimentaire, textile). Centrale nucléaire. ♦ HISTOIRE. L'Arménie, centrée au XIIIe siècle av. J.-C. sur le lac de Van, est envahie par les Assyriens puis par un peuple indo-européen (VIIe siècle av. J.-C.). Érigée en État, elle agrandit son territoire et passe successivement sous la domination des Mèdes, des Perses et des Séleucides, puis **Trajan** en fait une province romaine (IIe siècle). Elle est christianisée (IVe siècle) avant sa conquête par les Arabes (636). Sans cesse convoitée, elle est partagée entre les Turcs et les Perses (XVIe siècle). L'est est pris par les Russes (1828), l'ouest par les Turcs (1890-1924), qui multiplient les massacres (1894-1895, 1915-1916). L'État prévu par le traité de **Sèvres** (1920) n'est pas créé, et le pays est intégré à la Transcaucasie avec l'**Azerbaïdjan** et la Géorgie (1922). Il devient la République socialiste soviétique d'Arménie (1936) et prend son indépendance (1991). Un conflit l'oppose à l'Azerbaïdjan au sujet du Haut-**Karabagh.**

ARMENTIÈRES ✦ Ville du Nord, sur la Lys. 25 362 habitants (les *Armentiérois*). Centre textile (lin).

ARMOR n. m. ✦ Nom celte qui désigne la partie côtière de la Bretagne, par opposition à la partie intérieure, appelée *Arcoat* (n. m.).

ARMORICAIN (Massif) ✦ Région de l'ouest de la France, limitée par l'océan Atlantique à l'ouest, la Manche au nord, le Bassin parisien à l'est et le Bassin aquitain au sud, qui englobe la Bretagne, l'ouest de la Normandie, le Maine, l'Anjou et la Vendée (☛ carte 21). L'Orne, la Vilaine, la Mayenne, la Sarthe, la Loire, et la Sèvre Nantaise arrosent cette région de bocage (normand, angevin, vendéen) et de landes (monts d'**Arrée**).

ARMORIQUE n. f. ✦ Nom de la Bretagne jusqu'à son invasion par les Celtes venus d'**Angleterre,** les Britons (VIe siècle). Le parc naturel régional d'Armorique (112 000 ha), créé à l'ouest de la Bretagne en 1969, englobe les monts d'Arrée et les îles d'Ouessant et de Sein.

ARMSTRONG Louis (1901-1971) ✦ Trompettiste et chanteur de jazz américain surnommé *Satchmo.* Formé à La **Nouvelle-Orléans,** il enregistre ses premiers disques à Chicago (1925) puis crée sa propre formation à New York (1928). Son talent exceptionnel lui vaut une renommée mondiale dans les années 1930. Ses morceaux les plus célèbres, créés ou popularisés par lui, sont : *West End Blues* (1928), *Shine* (1931), comme trompettiste ; *Go down Moses* (1958), *Hello Dolly* (1963), *What a Wonderful World* (1968), comme chanteur.

ARMSTRONG Neil (1930-2012) ✦ Astronaute américain. Il participe à la mission **Apollo** 11 en compagnie de Michael Collins et Edwin Aldrin. Il est le premier homme qui marche sur la Lune (21 juillet 1969). Avec Aldrin, ils plantent le drapeau américain, installent des appareils, ramassent des roches. Ils restent deux heures et demie sur le sol lunaire avant de regagner leur vaisseau spatial.

ARNAULD ✦ Famille française du XVIIe siècle liée au jansénisme. **Jacqueline Marie Angélique ARNAULD,** en religion **mère Angélique** (1591-1661). Religieuse française. Abbesse de **Port-Royal** (1602), elle réforme son monastère et y introduit le jansénisme (1609). **Jeanne Catherine Agnès ARNAULD,** en religion **mère Agnès** (1593-1671). Religieuse française, sœur de la précédente. Abbesse de Port-Royal, elle refuse de signer le formulaire de 1661 par lequel Louis XIV veut s'assurer la soumission des jansénistes et est enfermée au couvent de la Visitation (1663-1665). **Antoine ARNAULD,** dit le **Grand Arnauld** (1612-1694). Théologien français, leur frère. Influencé par l'abbé Saint-Cyran, à qui mère Angélique avait confié la direction de Port-Royal, nourri des lectures de saint Augustin, de saint Thomas d'Aquin et de Descartes, il est l'un des plus grands défenseurs du jansénisme. Il publie notamment, avec le grammairien Claude Lancelot, une *Grammaire générale et raisonnée* (1660) dite *Grammaire de Port-Royal* et, avec le moraliste Pierre Nicole, une *Logique ou Art de penser* (1662).

ARNO n. m. ✦ Fleuve d'Italie, long de 241 km (☛ carte 30). Il prend sa source dans l'Apennin, traverse Florence puis Pise avant de se jeter dans la Méditerranée, au nord de Livourne.

ARON Raymond (1905-1983) ✦ Philosophe et sociologue français. Il est l'un des fondateurs de la revue *Les Temps modernes* avec J.-P. Sartre, éditorialiste au Figaro de 1947 à 1967, puis professeur à la Sorbonne et au Collège de France. Il expose une philosophie critique de l'histoire (*Introduction à la philosophie de l'histoire,* 1938 ; *La Philosophie critique de l'histoire,* 1938 et 1950). Il est considéré comme l'un des principaux critiques du marxisme par ses analyses économiques, sociales et politiques du monde contemporain (*L'Opium des intellectuels,* 1955 ; *Dix-Huit Leçons sur la société industrielle,* 1963).

ARP Jean (1887-1966) ✦ Sculpteur, peintre et poète français. Rompant avec les conventions artistiques, il a participé à la fondation du mouvement **Dada,** à Zurich, et s'est ensuite engagé dans la voie du surréalisme. Figure importante de l'art moderne, il a composé des œuvres variées : encres, sculptures, rondes-bosses (*Torses,* 1930-1931), tableaux faits de papiers collés déchirés (*Fatagaga,* avec Ernst), privilégiant les courbes et les ovales. Il a écrit des poèmes en allemand (il est né à Strasbourg) et en français (*Jours effeuillés*).

ARRAS ✦ Chef-lieu du Pas-de-Calais. 40 970 habitants (les *Arrageois*). Grand-Place et place des Héros (XIe siècle), hôtel de ville de styles gothique et Renaissance, beffroi (XVIe siècle), palais Saint-Vaast (XVIIIe siècle) devenu un musée (sculptures, peintures et porcelaines). Centre administratif et commercial. Ville natale de Maximilien Robespierre, François Vidocq. ♦ Capitale de l'**Artois**, c'est un centre de tapisserie célèbre au Moyen Âge. Convoitée pour sa situation stratégique, la ville passe à la Bourgogne (1384-1477) puis à l'Autriche (1493-1640). Plusieurs traités y sont signés : en 1414, Charles VI et Jean sans Peur tentent d'arrêter la guerre entre les armagnacs et les bourguignons ; en 1435, Charles VII contraint Philippe le Bon à abandonner son alliance avec les Anglais dans la guerre de **Cent Ans** ; en 1482 par le *traité d'Arras*, Louis XI délimite la frontière nord de la France et marie son fils à la fille de **Maximilien Ier** d'Autriche ; en 1579, les provinces catholiques des Pays-Bas se soumettent à l'Espagne, provoquant l'Union d'**Utrecht**. Le traité des **Pyrénées** (1659) donne la ville à Louis XIV, qui la fait fortifier par **Vauban**. Elle résiste aux Allemands pendant la Première Guerre mondiale, mais ils l'occupent de 1940 à 1944.

ARRÉE (monts d') ✦ Chaîne de monts, en Bretagne (Finistère et Côtes-d'Armor) (☞ carte 21). Elle est couverte de landes et fait partie du parc naturel régional d'**Armorique.** On y trouve le point culminant de la Bretagne : le Roc'h Trédudon (387 m).

ARROMANCHES-LES-BAINS ✦ Commune du Calvados. 546 habitants (les *Arromanchais*). Station balnéaire. Le port artificiel qui y fut construit en 1944 lors du débarquement allié permit l'acheminement de militaires et de matériel.

ARTAGNAN (d') ✦ Personnage inspiré à Alexandre Dumas par Charles de Batz, comte de Montesquiou et seigneur d'Artagnan (1611-1673). Ce gentilhomme gascon, capitaine des mousquetaires de Louis XIII, est chargé par Louis XIV d'arrêter le trop puissant Nicolas **Fouquet** (1661). Dumas l'immortalise dans ***Les Trois Mousquetaires,*** aux côtés d'Athos, de Porthos et d'Aramis.

ARTAUD Antoine Marie-Joseph dit **Antonin** (1896-1948) ✦ Écrivain français. Poète écarté du groupe surréaliste, il se tourne vers le théâtre et publie un recueil d'essais (*Le Théâtre et son double,* 1938), base de la réflexion moderne sur la mise en scène. Sa *Correspondance avec Jacques Rivière* (1927) ou les *Lettres de Rodez* (1946), écrites de l'hôpital psychiatrique de Rodez, sont les témoins d'une intense douleur psychique reflétée par un langage tourmenté. Il est aussi acteur dans *Napoléon* (Abel Gance, 1927) et *La Passion de Jeanne d'Arc* (Dreyer, 1928).

ARTÉMIS ✦ Déesse de la Lune et de la Chasse, dans la mythologie grecque. C'est la fille de Zeus et de Léto et la sœur jumelle d'**Apollon.** Elle est réputée pour sa chasteté et sa cruauté. Elle oblige par exemple Agamemnon à sacrifier sa fille **Iphigénie.** Elle inspire de nombreux artistes qui la représentent souvent munie d'arcs et de flèches. Plusieurs temples lui sont consacrés, comme celui d'Épidaure. Celui d'**Éphèse**, construit sur ordre de Crésus, fait partie des Sept **Merveilles du monde.** Les Romains de l'Antiquité l'identifient à **Diane.**

ARTHAUD Florence (1957-2015) ✦ Navigatrice française. Elle est la première femme à gagner la **Route du Rhum** (1990).

ARTHUR ou **ARTUS** ✦ Chef militaire des Celtes britons. Il lutte contre l'invasion de l'Angleterre par les Saxons (vers l'an 500). Ce roi légendaire devient le héros de nombreux romans de chevalerie, comme ceux de **Chrétien de Troyes** (XIIe siècle), qui racontent la quête du **Graal** par les chevaliers de la **Table ronde.**

ARTOIS n. m. ✦ Région historique du nord de la France, qui correspond à peu près au département du Pas-de-Calais. Ses habitants s'appellent les *Artésiens.* Ville principale : Arras. ♦ Il est formé de collines cultivées à l'ouest (céréales, betterave à sucre) et du bassin houiller du Nord, à l'est. ♦ Peuplé de Celtes et conquis par les Francs (Ve siècle), il appartient à la Flandre (863) et à Philippe Auguste (1180). Saint Louis en fait un comté (1237) qui passe à la **Bourgogne** (1369) puis à l'**Autriche** (1477). François Ier le cède à Charles Quint (1544). Louis XIII le reprend (1640) et il est attribué à la France (traité des **Pyrénées,**1659). Pendant la Première Guerre mondiale, de nombreux combats s'y déroulent.

ARTUS ✦ Nom celte du roi **Arthur.**

ARUNACHAL PRADESH n. m. ✦ État du nord-est de l'Inde créé en 1987 (☞ carte 41). Superficie : 83 743 km^2 (environ un sixième de la France). 1,38 million d'habitants. Capitale : Itanagar (35 000 habitants). Bordé par la Chine, la Birmanie et irrigué par le Brahmapoutre, il vit surtout de l'agriculture (céréales, légumes, fruits, élevage transhumant).

ARVERNES n. m. pl. ✦ Peuple gaulois, vivant en Auvergne. Ils dominent presque la Gaule et installent leur capitale à **Gergovie** (IIe siècle av. J.-C.). Leur chef **Vercingétorix** soulève la Gaule contre Jules César (52 av. J.-C.).

ARYENS n. m. pl. ✦ Peuples de la famille des **Indo-Européens.** Installés en Iran, ils migrent vers l'Inde du Nord entre 3000 et 1000 av. J.-C.

ASCENSION n. f. ✦ Fête religieuse chrétienne. Elle célèbre la montée au ciel de Jésus-Christ, quarante jours après **Pâques.** De nombreux artistes s'en sont inspirés, comme les peintres italiens Fra Angelico, le Corrège, Giotto et le Tintoret.

ASCLÉPIOS ✦ Dieu de la Médecine, dans la mythologie grecque. Fils d'Apollon, il guérit les malades, mais lorsqu'il ressuscite aussi les morts, Zeus le foudroie. Son plus célèbre sanctuaire se situe à **Épidaure.** Les Romains de l'Antiquité l'identifient à **Esculape.**

ASIE n. f. ✦ Un des six continents du monde, le plus grand (☞ cartes 38, 39). Superficie : 44 millions de km^2 (environ 81 fois la France). Elle regroupe 60 % de la population mondiale et compte plus de 4 milliards d'habitants (les *Asiatiques*). ♦ GÉOGRAPHIE. La plaine de Sibérie s'étend au nord jusqu'au détroit de Béring. Le centre est occupé par une chaîne de montagnes et des plateaux désertiques (Caucase, plateaux d'Iran et d'Asie centrale, Himalaya, plateau du Tibet, Altaï, désert de Gobi, Mandchourie). Les grands fleuves y prennent leur source (Tigre, Euphrate, Ob, Iénisseï, Indus, Gange, Brahmapoutre, Mékong, fleuve Bleu, fleuve Jaune, Amour). Au sud se situent d'immenses péninsules (Arabie, Inde, Indochine). L'arc montagneux d'Asie du Sud-Est, en partie volcanique, forme les archipels d'Indonésie et des Philippines, ainsi que le Japon. Très étendu, le continent connaît divers climats : continental au nord, tropical au sud, équatorial en Insulinde et méditerranéen entre le Tigre et l'Euphrate. Le contraste est fort entre les zones désertiques et les régions de mousson, qui sont les plus peuplées de la planète (Inde, est de la Chine, Japon).

♦ ÉCONOMIE. La majeure partie de l'Asie est rurale, avec une économie en développement. Le Japon, grande puissance depuis la Deuxième Guerre mondiale, a permis d'industrialiser les « quatre dragons » (Corée du Sud, Taïwan, Hong Kong et Singapour), en relation avec les États-Unis. Cette évolution atteint la Thaïlande, la Malaisie, l'Indonésie, le Sri Lanka et la côte de la Chine. La Russie bénéficie des matières premières et de l'énergie de la Sibérie, et le Proche-Orient du pétrole du golfe Arabo-Persique. L'Inde a réalisé une « révolution verte » et s'industrialise lentement. Certains pays figurent sur la liste de l'ONU des pays les plus démunis : le Bangladesh, le Bhoutan, la Birmanie et le Népal.

ASIE CENTRALE n. f. ✦ Partie centrale du continent asiatique, limitée à l'ouest par la mer Caspienne, au nord par l'Oural, à l'est par le désert de Gobi et au sud par l'Iran et l'Afghanistan. ♦ Elle est occupée par les **Indo-Européens** (IIIe millénaire av. J.-C.). Ils conquièrent l'Europe et l'Asie du Sud en plusieurs vagues (dès le IIe millénaire av. J.-C.). Le sud-ouest est envahi par les Perses (VIe siècle av. J.-C.) et **Alexandre le Grand** (IVe siècle av. J.-C.). L'ensemble, appelé ***Turkestan,*** est occupé successivement par les **Huns** (IIe siècle av. J.-C.), les Turcs (VIe siècle), les Arabes (VIIIe siècle) et les Perses jusqu'à l'arrivée de **Gengis Khan** (XIIIe siècle). Il fonde un empire qui va de l'Europe jusqu'à la Chine. **Tamerlan** s'en empare, l'islamise et prend pour capitale Samarkand (XIVe siècle). La région est ensuite partagée en royaumes. La Chine annexe l'est (XVIIIe siècle) et les Russes conquièrent le Turkestan, qu'ils colonisent (XIXe siècle). La République socialiste soviétique (RSS) du Turkestan est créée (1918) puis partagée (1924) entre les RSS du **Kazakhstan**, du **Kirghizstan**, d'**Ouzbékistan**, du **Tadjikistan** et du **Turkménistan.** Elles prennent leur indépendance (1991) et se tournent vers l'Occident.

ASIE DU SUD-EST n. f. ✦ Partie sud-est du continent asiatique. Elle comprend la péninsule d'Indochine et les archipels d'Indonésie et des Philippines. ♦ La faiblesse des institutions et des économies locales porte la trace des régimes autoritaires et archaïques qui ont succédé à la colonisation. Depuis la chute du régime soviétique (1991), le poids de la Chine s'accentue. La crise financière de 1997 déstabilise les économies et fragilise les États, malgré le soutien du Japon.

ASIE MINEURE n. f. ✦ Partie ouest du continent asiatique. Elle correspond à la péninsule bordée au nord par la mer Noire, à l'ouest par la mer Égée et au sud par la mer Méditerranée. Elle occupe la majeure partie de la Turquie d'Asie. ♦ La région, appelée *Anatolie,* est occupée par des agriculteurs (7 000 ans av. J.-C.). Elle est envahie par les **Hittites** (XXe siècle av. J.-C.), la **Phrygie** (XIIe siècle av. J.-C.) puis entraînée dans la guerre de **Troie.** Les Grecs (Éoliens, Ioniens, **Doriens**) colonisent petit à petit les côtes (**Éphèse, Halicarnasse**, Milet, **Phocée, Smyrne**). Envahie par les Cimmériens (VIIIe siècle av. J.-C.), les Mèdes et les Perses (VIe siècle av. J.-C.) et par **Alexandre le Grand** (IVe siècle av. J.-C.), l'Asie Mineure est partagée en royaumes, comme celui de **Pergame** (IIIe siècle av. J.-C.) légué à Rome (133 av. J.-C.). La province romaine d'Asie est évangélisée par saint Paul puis fait partie de l'Empire **byzantin** (IVe siècle). Du XIe au XIIIe siècle, elle est partagée entre les Turcs d'Asie centrale (Seldjoukides, Mongols), les croisés (Empire latin) et les Byzantins (Nicée, Trébizonde), avant d'être englobée dans l'Empire **ottoman** (XVe siècle).

ASIMOV Isaac (1920-1992) ✦ Écrivain américain. Cet enseignant de biochimie écrit plusieurs ouvrages de vulgarisation scientifique mais il est surtout célèbre pour ses ouvrages de science-fiction comme *Les Robots* (1950) ou la trilogie *Fondation* (1951-1982).

ASMARA ✦ Capitale de l'Érythrée, dans l'est du pays. 320 000 habitants. Elle a accueilli, entre 1962 et 1992, de nombreux réfugiés qui fuyaient la guerre civile et la sécheresse.

ASSAM n. m. ✦ État du nord-est de l'Inde. Superficie : 78 438 km² (environ un septième de la France). 31,2 millions d'habitants. Capitale : Dispur. Bordé par le Bhoutan et irrigué par le Brahmapoutre, il vit de l'agriculture (riz, thé, jute, fruits) et de ses ressources minières (charbon, pétrole, gaz).

ASSEMBLÉE LÉGISLATIVE n. f. ✦ Assemblée formée de 745 députés, qui succède à l'**Assemblée nationale constituante** (1er octobre 1791). Elle est dominée par les Clubs des **cordeliers**, des **feuillants**, des **girondins** et des **jacobins**. Elle doit faire face aux difficultés économiques, aux opposants à la Révolution ainsi qu'à la division entre les partisans de la monarchie constitutionnelle et les républicains. Elle vote la déclaration de guerre à l'Autriche, proposée par Louis XVI (20 avril 1792). Une insurrection l'oblige à suspendre le roi (10 août 1792), puis à convoquer une nouvelle assemblée, la **Convention.**

① **ASSEMBLÉE NATIONALE** n. f. ✦ Assemblée formée de 651 députés, élue après la signature de l'armistice avec l'Allemagne (8 février 1871). Elle siège à Bordeaux et charge Adolphe **Thiers** de négocier la paix. Elle s'installe à Versailles et réprime l'insurrection de la **Commune. Mac-Mahon** remplace Thiers à la tête de l'État (24 mai 1873). L'Assemblée adopte une nouvelle Constitution (février-juillet 1875) qui instaure la IIIe République, puis se sépare (31 décembre 1875).

② **ASSEMBLÉE NATIONALE** n. f. ✦ Assemblée fondée par la Constitution de la IVe République (1946). Elle remplace la Chambre des députés et, avec le Sénat, forme le Parlement. La Constitution de la Ve République (1958) réduit les pouvoirs de l'Assemblée au profit du président de la République. Surnommée *le Palais-Bourbon,* car elle siège dans le palais **Bourbon**, elle comprend aujourd'hui 577 députés, élus pour cinq ans. Elle vote les lois et peut renverser le gouvernement.

ASSEMBLÉE NATIONALE CONSTITUANTE n. f. ✦ Assemblée formée le 9 juillet 1789 par près de 1 200 députés réunis en états généraux. Elle remplace la royauté absolue par une monarchie constitutionnelle. Elle siège d'abord à Versailles puis aux Tuileries. Elle vote l'abolition des privilèges (nuit du 4 août 1789) et la **Déclaration des droits de l'homme et du citoyen** (26 août 1789), crée les départements (26 février 1790), décrète la Constitution civile du clergé (12 juillet 1790) et rédige la Constitution (3 septembre 1791). Affaiblie par la fuite de Louis XVI à Varennes, la Constituante est remplacée par l'**Assemblée législative** (30 septembre 1791).

ASSIOUT ✦ Ville de Haute-Égypte, sur le Nil. Environ 386 000 habitants. Centre administratif, commercial, industriel (pétrole). Barrage. Centre religieux des chrétiens coptes.

ASSISE ✦ Ville d'Italie (Ombrie), près de Pérouse. 25 304 habitants. Cité médiévale inscrite sur la liste du patrimoine mondial de l'Unesco. Ville natale de saint François d'Assise. La basilique San Francesco, édifiée sur son tombeau (1228-1253) et décorée de fresques attribuées à **Giotto**, est un lieu de pèlerinage.

ASSOMPTION n. f. ✦ Fête religieuse catholique et orthodoxe. Elle célèbre, le 15 août, la montée au ciel de la Vierge Marie. De nombreux artistes s'en inspirent, comme les peintres Fra Angelico, le Corrège, Poussin, Rubens et Titien.

ASSOUAN ✦ Ville d'Égypte, dans le sud du pays, sur le Nil. 265 000 habitants. Centre industriel et surtout touristique. Le premier *barrage d'Assouan,* construit par les Britanniques (1902), forme un lac de 5,3 km². Le second barrage, construit avec l'aide soviétique (1957-1970), est haut de 111 m et long de 3,6 km. Il retient un lac artificiel de 60 000 km², le lac **Nasser.** Lors de sa création, il a fallu déplacer les sites archéologiques d'**Abou Simbel** et de **Philae** pour les sauver des eaux.

ASSUR ou **ASSOUR** ✦ Ancienne ville d'Assyrie, sur la rive droite du Tigre. Construite au IIIe millénaire av. J.-C., elle connaît son apogée du XIXe au IXe siècle avant J.-C. et devient la capitale de l'Assyrie (XIVe-IXe siècle av. J.-C.), puis elle est dévastée par les Mèdes et les Babyloniens (614 av. J.-C.). Berceau de la civilisation assyrienne, cette ville-État est également la capitale religieuse des Assyriens où le culte du dieu Assur est célébré. Le site (Qal'at Sherqat, en Irak) est inscrit sur la liste du patrimoine mondial de l'Unesco (temple d'**Ishtar,** ziggourats, palais).

ASSURBANIPAL (VIIe siècle av. J.-C.) ✦ Roi d'Assyrie de 669 av. J.-C. à probablement 631 av. J.-C. Son règne marque l'apogée de l'Empire assyrien. Il conquiert l'**Égypte** (prise de **Thèbes,** 664 av. J.-C.), lutte contre les Mèdes et contre Babylone, qu'il incendie (648 av. J.-C.), et célèbre son triomphe à **Ninive.** (☛ Mésopotamie p. 150).

ASSYRIE n. f. ✦ Empire de la Mésopotamie antique, centré sur **Assur,** la capitale (☛ carte 1). Les Assyriens se libèrent de la domination de **Sumer** (XXe siècle av. J.-C.) et s'emparent du nord de la Mésopotamie (XVIIIe siècle av. J.-C.). Ils doivent lutter contre les Babyloniens, les **Araméens** et les **Hittites.** À son apogée (721-705 av. J.-C.), l'empire comporte 70 provinces et s'étend de la Turquie au golfe Arabo-Persique, et de l'Iran à la Méditerranée. Il se bat contre l'Égypte (destruction de **Thèbes,** 664 av. J.-C.) et doit réprimer les révoltes de **Babylone** (prise en 648 av. J.-C.). Il s'effondre sous les attaques des **Mèdes,** alliés aux Babyloniens, qui prennent sa nouvelle capitale, **Ninive** (612 av. J.-C.).

ASTAIRE Fred (1899-1987) ✦ Acteur et danseur américain. Il débute au music-hall à sept ans et devient un spécialiste des claquettes. Il se tourne vers le cinéma et joue dans des comédies musicales avec Ginger Rogers (*La Joyeuse Divorcée,* 1934), Rita Hayworth (*L'amour vient en dansant,* 1941), Gene Kelly (*Ziegfeld Follies,* 1946) et Cyd Charisse (*Tous en scène,* 1953). ▪ Son véritable nom est *Frederick Austerlitz.*

ASTANA ✦ Capitale du Kazakhstan, dans le nord du pays. 311 158 habitants. Centre industriel et commercial. Elle s'appelle *Akmolinsk* jusqu'en 1961, puis *Tselinograd* (1961-1993) et *Aqmola* (1993-1997).

ASTÉRIX ✦ Personnage de bande dessinée créé en 1959 par le dessinateur Albert **Uderzo** et le scénariste René **Goscinny.** Le Gaulois Astérix, petit, malin et intelligent, vit en Bretagne avec son ami, l'invincible et fidèle géant Obélix accompagné de son chien Idéfix. Ensemble, ils défendent leur village, assiégé par les armées de Jules **César** (50 av. J.-C.), et triomphent grâce à la potion magique préparée par le druide Panoramix. Leurs voyages les mènent dans tout l'Empire **romain.** Leurs aventures inspirent des dessins animés (*Astérix et Cléopâtre,* 1970 ; *Les Douze Travaux d'Astérix,* 1976 ; *Astérix et la surprise de César,* 1985 ; *Astérix chez les Bretons,* 1986), des films (*Astérix et Obélix contre César,* 1999 ; *Astérix et Obélix : Mission Cléopâtre,* 2002) et la création d'un parc de loisirs, le *Parc Astérix* (1989).

ASTRAKHAN ✦ Ville de Russie, dans le sud-ouest du pays, dans le delta de la Volga. 520 400 habitants. Centre fortifié (XVIe-XVIIe siècles). Port industriel : constructions navales, raffinerie de pétrole, pêche (esturgeon), textile (tanneries d'*astrakan*) et alimentaire (caviar). ♦ La ville, un des centres de la Horde d'Or (**Mongols,** XIIIe siècle), est conquise par **Ivan IV le Terrible** en 1556.

ASTURIAS Miguel Angel (1899-1974) ✦ Écrivain guatémaltèque. Indien par sa mère, il puise son inspiration dans le passé et les traditions mayas (*Légendes du Guatemala,* 1930 ; *Hommes de maïs,* 1949). Il dénonce l'injustice, la misère et la dictature dans des œuvres au style lyrique et puissant (*Monsieur le Président,* 1946 ; *Le Pape vert,* 1959). Prix Nobel de littérature (1967).

ASTURIES (les) n. f. pl. ✦ Région administrative d'Espagne, dans le nord-ouest du pays (☛ carte 32). Superficie : 10 565 km². Plus d'un million d'habitants. Capitale : Oviedo. ♦ Les monts Cantabriques sont bordés au nord par une plaine côtière. Le climat est océanique. Agriculture (maïs, pommier à cidre ; élevage bovin) Pêche. Les ressources minières (charbon, fer) alimentent les industries (sidérurgie, verrerie, céramique). ♦ Habitée dès la préhistoire (**Altamira**), puis peuplée de Celtes, c'est la dernière région à se soumettre à Rome (vers 20 av. J.-C.). Les Wisigoths y combattent les Arabes et fondent un royaume chrétien (718), qui s'agrandit de la Galice et du **Leon,** puis s'unit à la **Castille** dans la **Reconquista** (XIIIe-XVe siècles). Les monuments d'Oviedo et du *royaume des Asturies* sont inscrits sur la liste du patrimoine mondial de l'Unesco.

ASUNCION ✦ Capitale du Paraguay, sur le fleuve Paraguay, près de la frontière avec l'Argentine. 800 000 habitants (agglomération). ♦ La ville a été fondée par les Espagnols en 1537.

ATACAMA (désert d') ✦ Région désertique du nord du Chili, entre la cordillère côtière et les Andes, couvrant environ 200 000 km². Désert le plus aride du globe, il est constitué, dans sa partie nord, de volcans de près de 6 000 m. Riches gisements miniers (cuivre, nitrates...).

ATAHUALPA (vers 1500-1533) ✦ Dernier empereur des **Incas** de 1532 à 1533. Refusant de se convertir et de se soumettre à l'Espagne, il est exécuté sur l'ordre de **Pizarro.**

ATATÜRK ✦ Surnom pris par l'homme d'État turc, Mustafa **Kemal** (1934). Il signifie «père des Turcs».

ATGET Eugène (1857-1927) ✦ Photographe français. Précurseur de la photographie documentaire moderne, il a photographié les rues du vieux Paris, les monuments, les boutiques et les petits métiers condamnés à disparaître.

ATHALIE (IXe siècle av. J.-C.) ✦ Reine de Juda de 842 ou 841 av. J.-C. à 834 av. J.-C. Elle fait tuer tous les descendants royaux pour garder le pouvoir. Son petit-fils, sauvé du massacre, devient roi après la mise à mort d'Athalie. Ce récit biblique a inspiré la dernière tragédie de Racine (1691) dans laquelle Athalie voit en songe son petit-fils lui plonger un poignard dans le cœur.

ATHÉNA ✦ Déesse de la Guerre et de la Raison, dans la mythologie grecque. Fille de Zeus, elle sort tout armée de la tête de son père, qu'elle aide à vaincre les Géants. Elle obtient la souveraineté de l'**Attique**, contre Poséidon. Elle y fait pousser l'olivier, symbole de paix et de prospérité. Elle vient en aide aux héros (Héraclès, Persée, Ulysse, Oreste), et protège les arts et les sciences. Elle donne son nom à **Athènes** dont elle est la divinité protectrice. La ville célébrait, en son honneur, la fête des **Panathénées** et lui a consacré des temples sur l'Acropole (**Parthénon**, Érechthéion) ainsi qu'une statue monumentale. Les Romains de l'Antiquité l'identifient à **Minerve**.

ATHÈNES ✦ Capitale de la Grèce, dans le sud-est du pays, dans la péninsule d'Attique. 664 000 habitants (les *Athéniens*). Superficie de l'agglomération totale, appelée *Grand Athènes* : 433 km^2 ; plus de 3 millions d'habitants (le tiers de la population grecque). Églises byzantines et surtout vestiges antiques : **Acropole**, Agora grecque (temple d'Héphaïstos, Ve siècle), Agora romaine (bibliothèque d'Hadrien, IIe siècle ; tour des Vents, Ier siècle), Aréopage (siège du tribunal), sanctuaire de Zeus olympien (IIe siècle), théâtre de Dionysos (IVe siècle av. J.-C. ☛ Grèce p. 153). Centre industriel, commercial (port du **Pirée**) et culturel (riches musées) du pays. La ville a accueilli les Jeux olympiques en 2004. ♦ Elle compose une des douze cités de l'**Attique** (IIe millénaire av. J.-C.), et en devient le centre (Xe siècle av. J.-C.). **Solon** démocratise ses institutions (VIe siècle av. J.-C.). Les cités grecques s'unissent contre les Perses dans les guerres **médiques** (victoires de **Marathon**, 490 av. J.-C., et de **Salamine**, 480 av. J.-C.). Athènes édifie un empire maritime dont le siège est **Délos**. Le siècle de **Périclès** (Ve siècle av. J.-C.) est celui de la démocratie et de l'apogée culturel (Eschyle, Euripide, Hérodote, Phidias, Socrate, Sophocle). La supériorité athénienne attire la jalousie de sa rivale, **Sparte**, qui déclenche la guerre du **Péloponnèse** (431-404 av. J.-C.), perdue par Athènes. Son alliance avec Thèbes (IVe siècle av. J.-C.) lui permet de connaître un bref renouveau culturel (Aristote, Démosthène, Épicure, Platon, Xénophon). En 338 av. J.-C., **Philippe II de Macédoine** la soumet, et le centre du monde grec se déplace vers **Alexandrie** et **Pergame**. Athènes passe sous domination romaine, en restant un pôle culturel (Cicéron). Elle accueille saint Paul, qui propage le christianisme (Ier siècle). Saccagée par les Goths (396), elle décline pendant l'occupation turque (1456-1832). La Grèce indépendante en fait sa capitale (1834).

ATHOS ✦ Personnage des romans d'Alexandre Dumas. Mousquetaire de Louis XIII, compagnon d'Aramis, de Porthos et de d'Artagnan, c'est un gentilhomme ruiné par un mariage malheureux. Il apparaît dans *Les **Trois Mousquetaires***.

ATHOS (mont) n. m. ✦ Péninsule montagneuse de Grèce, dans le nord-est du pays (☛ carte 28). Superficie : 336 km^2. Son point culminant atteint 2 033 m. De nombreux monastères y sont construits depuis le Xe siècle. Ils constituent un centre spirituel de la religion orthodoxe, interdit aux femmes ; il obtient son autonomie administrative en 1926. La communauté possède des trésors de l'art byzantin et le site est inscrit sur la liste du patrimoine mondial de l'Unesco.

ATLANTA ✦ Ville des États-Unis, capitale de l'État de Géorgie. 416 474 habitants, dont 67 % de Noirs (4 millions d'habitants pour la zone urbaine). Centre universitaire, financier et commercial, tourné vers la communication (1er aéroport mondial, siège de la chaîne de télévision CNN). La ville a accueilli les Jeux olympiques en 1996. Ville natale de Margaret Mitchell et de Martin Luther King. ♦ Centre des Confédérés pendant la guerre de **Sécession**, elle est incendiée par le général nordiste **Sherman** en 1864. Cette scène est reconstituée dans le film ***Autant en emporte le vent***.

ATLANTIDE n. f. ✦ Île légendaire, que Platon situe dans l'océan Atlantique, 9 000 ans avant l'ère chrétienne. Il la décrit peuplée par les Atlantes, avant d'être engloutie par un cataclysme. Cette légende a inspiré de nombreux écrivains, comme Pierre Benoit.

ATLANTIQUE (océan) n. m. ✦ Océan compris entre l'Amérique à l'ouest, l'océan glacial Arctique au nord, l'Europe et l'Afrique à l'est, et l'océan glacial Antarctique au sud. Il s'étend sur 14 000 km du nord au sud. C'est le deuxième océan du monde par sa superficie : environ 100 millions de km^2. ♦ Sa profondeur moyenne est d'environ 3 000 m ; elle atteint plus de 9 000 m (fosse de Porto Rico). L'océan est sujet à des vents permanents, les alizés, et est traversé par des courants (froids et chauds) dont le plus connu est le **Gulf Stream**. Le trafic maritime et aérien y est le plus dense du monde. ♦ Connu des **Vikings**, il est exploré par les Portugais et les Espagnols (Christophe **Colomb**, Amerigo **Vespucci**) à partir du XVIe siècle. Charles **Lindbergh** effectue la première traversée aérienne d'ouest en est (1927), et Jean **Mermoz** d'est en ouest (1930). De nombreuses batailles navales s'y déroulent pendant les deux guerres mondiales. Les pays qui bordent la partie nord de l'océan se regroupent dans l'Organisation du traité de l'Atlantique Nord (**Otan**, 1949).

① **ATLAS** ✦ Géant de la mythologie grecque. Frère de Prométhée et père des **Pléiades**, il attaque les dieux de l'**Olympe** avec les Géants. Il est vaincu par Zeus qui le condamne à porter la voûte du ciel sur ses épaules. Il aide Héraclès à voler les pommes d'or du jardin des **Hespérides**.

② **ATLAS** n. m. ✦ Massif montagneux d'Afrique du Nord. Il s'étend, entre la Méditerranée et le Sahara, de la côte sud-ouest du Maroc jusqu'à la côte nord-est de la Tunisie. Le *Haut-Atlas*, la partie la plus élevée (4 167 m au djebel Toubkal), occupe tout le centre du Maroc. Il est prolongé au sud-ouest par l'*Anti-Atlas*, et au nord-est par le *Moyen-Atlas*. L'*Atlas saharien* en est le prolongement en Algérie. L'*Atlas tellien* se situe le long des côtes nord de l'Algérie, il comprend les **Aurès** et se prolonge jusqu'en Tunisie.

ATON ✦ Dieu solaire de l'Égypte antique. Il n'a ni mythe, ni statue. Le pharaon **Akhenaton** impose son culte (XIVe siècle av. J.-C.) pour remplacer celui d'**Amon**. Dans l'Antiquité, c'est le premier exemple de religion monothéiste.

ATRIDES n. m. pl. ✦ Famille de la mythologie grecque descendante de **Tantale** et marquée par sa malédiction. Son premier représentant est Atrée, roi légendaire de Mycènes, père d'**Agamemnon** et de **Ménélas**. Il tue les enfants de son frère Thyeste et les lui fait manger, sauf Égisthe qui se venge en le tuant. Agamemnon, assassiné par sa femme **Clytemnestre** et son amant Égisthe, est vengé par ses enfants **Oreste** et Électre. La malédiction s'éteint avec l'acquittement d'Oreste. Leur histoire a inspiré de nombreux auteurs (Eschyle, Sophocle, Euripide, Sénèque, Racine).

ATTILA (vers 395-453) ✦ Roi des **Huns** de 434 environ à sa mort. Il règne dans l'ouest de la Hongrie actuelle et unifie les tribus d'Europe centrale. Avec ses hordes de guerriers sauvages, il va ravager une partie de l'Europe. Il attaque l'Empire romain d'Orient, les Balkans et l'Empire romain d'Occident. Il soumet les Germains et les Slaves puis envahit la Gaule. Il épargne **Lutèce**, où sainte Geneviève organise la résistance, et échoue devant Orléans. Les Francs, les Burgondes et les Wisigoths s'unissent pour le vaincre près de Troyes, aux champs Catalauniques (451). Il dévaste alors le nord de l'Italie, épargne Rome ; le pape le persuade de retourner en Hongrie. Son empire s'écroule après sa mort.

ATTIQUE n. f. ✦ Région historique du sud-est de la Grèce centrale (☛ carte 4). 3,5 millions d'habitants. Ville principale : Athènes. ♦ Cette péninsule montagneuse et agricole (vigne, olivier) est le centre le plus urbanisé et le plus industrialisé du pays (raffinage, constructions navales), qui souffre beaucoup de la pollution. ♦ L'Attique est envahie par les Ioniens (IIe millénaire av. J.-C.). Selon la légende, elle se composait de douze bourgades qui s'unifièrent autour d'Athènes. L'histoire de l'Attique se confond alors avec celle d'**Athènes**.

AUBAGNE ✦ Ville des Bouches-du-Rhône. 45 128 habitants (les *Aubagnais*). Centre artisanal (céramique), capitale des santons de Provence ; ville natale de Marcel Pagnol.

① **AUBE** n. f. ✦ Rivière du Bassin parisien, longue de 248 km. Elle prend sa source sur le plateau de Langres, arrose Bar-sur-Aube et se jette dans la Seine avant Nogent-sur-Seine. Le parc naturel régional de la Forêt d'Orient, créé en 1970 à l'est de Troyes, s'étend sur 71 489 hectares, autour de la vallée de l'Aube.

② **AUBE** n. f. ✦ Département de l'est de la France [10], de la Région Grand Est. Superficie : 6 004 km². 308 094 habitants. Chef-lieu : Troyes ; chefs-lieux d'arrondissement : Bar-sur-Aube et Nogent-sur-Seine.

AUBENAS ✦ Commune de l'Ardèche. 11 917 habitants (agglomération 41 069) (les *Albenassiens*) (☛ carte 23).

AUBIGNÉ Agrippa d' (1552-1630) ✦ Écrivain français. Humaniste érudit et vaillant guerrier, ardent défenseur de la **Réforme**, sa vie et son œuvre sont marquées par ses convictions religieuses. Il publie de la poésie lyrique (*Printemps du sieur d'Aubigné,* 1568-1575), une épopée satirique (*Les Tragiques,* 1616), une *Histoire universelle depuis 1550 jusqu'en 1601* (1616-1620), consacrée au parti réformé, ce qui lui vaut d'être exilé à Genève, et des pamphlets (*Les Aventures du baron de Faeneste,* 1617-1620). C'est un grand représentant du baroque littéraire en France. ☛ Littérature p. 142. Il est le grand-père de Madame de **Maintenon**.

AUBRAC Raymond (1914-2012) ✦ Résistant français. Cet ingénieur s'engagea dans la Résistance dès 1940 et fut capturé par la Gestapo de Lyon à Caluire en juin 1943, avec Jean **Moulin**. Sa femme, **Lucie AUBRAC** (1912-2007), organisa son évasion en octobre et ils entrèrent dans la clandestinité jusqu'à la fin de la guerre. ■ Son véritable nom est *Raymond Samuel.*

AUBRAC n. m. ✦ Plateau du Massif central, au sud de l'**Auvergne**, entre les vallées du Lot et de la Truyère. Il surplombe le Gévaudan au nord de l'Aveyron et de la Lozère, et culmine au signal de Mailhebiau (1 469 m). Élevage bovin.

AUBUSSON ✦ Ville de la Creuse. 3 591 habitants (les *Aubussonnais*). ♦ La ville, réputée pour ses tapisseries depuis le XIVe siècle, accueille une manufacture royale fondée par Colbert (1665). En 1939, Jean Lurçat relance des ateliers (création, copies et restauration) qui fonctionnent toujours. La ville abrite l'École nationale des Arts et Techniques de la tapisserie, et le centre culturel et artistique Jean-Lurçat.

AUCH ✦ Chef-lieu du Gers. 21 807 habitants (les *Auscitains*). Cathédrale Sainte-Marie, de style gothique flamboyant (XVIe-XVIIe siècles), musée des Jacobins (art gallo-romain et médiéval). Marché agricole et ville commerciale (eau-de-vie d'Armagnac, foie gras). ♦ La ville est fondée par les Espagnols et devient un centre important de la Gaule romaine. C'est la capitale de l'**Armagnac** (VIIe siècle) puis celle de la **Gascogne** sous l'Ancien Régime.

AUCKLAND ✦ Ville de Nouvelle-Zélande, dans le nord-ouest de l'île du Nord. 427 100 habitants. Premier port et centre économique du pays, doté de nombreuses industries. ♦ Fondée en 1840, elle est la capitale du pays jusqu'en 1865.

① **AUDE** n. m. ✦ Fleuve du sud de la France, long de 220 km (☛ carte 21). Il prend sa source à 2 377 m d'altitude, dans les Pyrénées-Orientales. Il franchit les *gorges de l'Aude,* arrose Limoux et Carcassonne, et se jette dans la Méditerranée au nord-est de Narbonne.

② **AUDE** n. m. ✦ Département du sud de la France [11], de la Région Occitanie. Superficie : 6 139 km². 365 478 habitants. Chef-lieu : Carcassonne ; chefs-lieux d'arrondissement : Limoux et Narbonne. Le parc naturel régional de la Narbonnaise en Méditerranée, créé en 2003, s'étend sur 80 000 hectares au pied des Corbières.

AUGE (pays d') ✦ Région de Normandie située sous l'estuaire de la Seine. Ses habitants s'appellent les *Augerons.* Elle est réputée pour ses pommiers (cidre, calvados), ses élevages de pur-sang et de bovins, et ses fromages (camembert, livarot, pont-l'évêque). La côte est très touristique (Cabourg, Deauville, Honfleur...).

AUGIAS ✦ Roi légendaire d'Élide, dans la mythologie grecque. C'est l'un des **Argonautes**. Héraclès (**Hercule**) nettoie ses écuries en détournant le fleuve Alphée, mais Augias refuse de lui donner une partie de son troupeau, comme il l'a promis. Héraclès le tue.

AUGSBOURG ✦ Ville d'Allemagne (Bavière). 267 901 habitants. Cathédrale romane remaniée en gothique (923-1430). Grand centre industriel (textile depuis le Moyen Âge, mécanique, chimie). Ville natale de Holbein l'Ancien, Holbein le Jeune, et de Bertolt Brecht. ♦ Fondée par les Romains vers 15 av. J.-C., elle devient ville libre impériale (1276) puis un grand centre bancaire et commercial (XVe siècle). Elle joue un rôle important pendant la **Réforme** (*Confession d'Augsbourg,* 1530, profession de foi des luthériens présentée à **Charles Quint**). Dévastée pendant la guerre de **Trente Ans** (1618-1648), elle est annexée par la Bavière en 1806.

AUGUSTE (63 av. J.-C.-14) ✦ Empereur romain de 27 av. J.-C. jusqu'à sa mort. Appelé **Octave**, c'est le petit-neveu, puis le fils adoptif de Jules **César**. À la mort de ce dernier, il devient le rival d'**Antoine**, avant de partager le pouvoir avec lui (40 av. J.-C.). Il hérite de l'Occident puis confisque l'Afrique pendant qu'Antoine reçoit l'Orient, qu'il donne à Cléopâtre. Il bat Antoine et Cléopâtre à la bataille d'**Actium** (31 av. J.-C.), et devient maître de tout l'Empire **romain**, agrandi de l'Égypte. Il reçoit le titre d'*augustus,* qui signifie «saint, majestueux» en latin et désigne son rôle religieux. Il prend alors le nom d'*Auguste.* Il organise l'Empire en provinces et fixe ses frontières (Euphrate à l'est, Danube puis Rhin au nord). Il protège les arts et la littérature ; son règne marque l'apogée de la culture romaine (Horace, Mécène, Ovide, Virgile).

AUGUSTIN (saint) (354-430) ✦ Évêque africain. Professeur de rhétorique à Carthage, Rome et Milan, il se convertit au christianisme (386), rentre en Afrique où il est ordonné prêtre (391) puis élu évêque (395). C'est un maître de logique philosophique et un théoricien du sens. Ses œuvres alimentent les débats pendant tout le Moyen Âge : *Les Confessions* (397-401), son autobiographie, et *La Cité de Dieu* (413-427), dans laquelle la pensée chrétienne et la pensée païenne s'opposent, alors que le monde antique s'écroule. Il est une des principales figures de l'Occident chrétien.

AULNOY (Mme d') (vers 1650-1705) ✦ Écrivain français. Elle ouvre un salon littéraire mondain à Paris (1685). Elle écrit des récits destinés aux enfants : *Les Contes de fées* ou *Les Fées à la mode* (1697), parmi lesquels on trouve *L'Oiseau bleu, Gracieuse et Percinet, La Chatte blanche ;* puis *Les Illustres Fées* (1698). ▪ Son nom complet est *Marie Catherine Le Jumel de Barneville, comtesse d'Aulnoy.*

AUNG SAN Suu Kyi (née en 1945) ✦ Femme politique birmane. Fille de l'ancien Premier ministre Aung San, assassiné, elle fonde en 1988 la Ligue nationale pour la démocratie qui remporte les élections (1990). Elle ne peut exercer ses fonctions car elle est assignée à résidence jusqu'en 2010. Libérée, elle est élue députée (2012) puis nommée ministre des Affaires étrangères (2016). Prix Nobel de la paix (1991, remis en 2012).

AUNIS n. m. ✦ Ancienne province française du littoral atlantique, entre le Poitou au nord et la Saintonge au sud. Intégrée à l'Aquitaine (IIe-IIIe siècles), elle passe sous le joug de l'Angleterre en 1360, avant d'être réintégrée à la Couronne par Charles V (1373). À l'époque de la Réforme, elle devient un foyer calviniste très actif jusqu'à la prise de La Rochelle (1628).

AURAY ✦ Commune du Morbihan. 13 397 habitants (agglomération 28 060) (les *Alréens*) (☛ carte 23). Port Saint-Goustan sur la *rivière d'Auray* qui débouche dans le golfe du Morbihan.

AURÉLIEN (vers 212-275) ✦ Empereur romain de 270 à sa mort. Proclamé par l'armée, il réunifie l'Empire romain disloqué depuis la mort de **Sévère** Alexandre, repousse les envahisseurs **germains**, triomphe de la reine de **Palmyre** (272), reprend le contrôle sur l'empire des Gaules (274), mais perd la **Dacie** (275).

AURÈS (les) n. m. pl. ✦ Massif montagneux d'Algérie, dans le nord-est du pays, dans l'**Atlas** (☛ carte 35). Son point culminant est le djebel Chelia (2 326 m). Il est peuplé de **Berbères** qui élèvent des moutons et cultivent des céréales. L'insurrection qui a eu lieu dans les Aurès fut le point de départ de la guerre d'**Algérie** (1954).

AURIC Georges (1899-1983) ✦ Compositeur français. Ami de **Satie** et membre du groupe des **Six**, il a élaboré une œuvre pleine de fantaisie et de sensibilité. On lui doit des ballets (*Les Fâcheux,* 1923, d'après Molière, pour les **Ballets russes** de Diaghilev) et surtout de nombreuses musiques de films célèbres. Il a été directeur de l'Opéra et de l'Opéra-Comique de Paris (1962-1968). Académie des Beaux-Arts (1962).

AURILLAC ✦ Chef-lieu du Cantal. 26 135 habitants (les *Aurillacois*). Le château Saint-Étienne (XIIIe et XIXe siècles) abrite un musée des Volcans. Centre administratif, commercial, touristique. Haras national. Ville natale de Paul Doumer. ♦ La ville est construite autour d'une abbaye fondée par saint Géraud (IXe siècle) et devient l'une des métropoles de l'Auvergne (XVIe siècle).

AURIOL Vincent (1884-1966) ✦ Homme d'État français. Avocat et socialiste militant, il est ministre des Finances du **Front populaire** (1936), puis ministre de la Justice (1937). Opposant du général **Pétain**, il part en Angleterre (1943) et, de retour en France, il est le premier président de la IVe République (1947-1954).

AUSCHWITZ ✦ Camp de concentration de Pologne, près de Cracovie. Les nazis le créent au début de la Deuxième **Guerre mondiale** (1940). Plus d'un million de personnes (90 % de juifs) y sont déportées et exterminées dans les chambres à gaz. Libéré par les Russes en 1945, il est inscrit sur la liste du patrimoine mondial de l'Unesco.

AUSTEN Jane (1775-1817) ✦ Romancière britannique. Ses romans, pleins d'humour pour les premiers (*Orgueil et Préjugés,* 1813), plus pessimistes et plus graves pour les suivants (*Mansfield Park,* 1814 ; *Emma,* 1818), dépeignent avec ironie et finesse la vie intérieure de ses héroïnes. Hostile au romantisme exacerbé, elle est l'une des créatrices du roman moderne.

AUSTER Paul (né en 1947) ✦ Écrivain américain. Son œuvre, inventive et variée, explore la forme policière (*Trilogie new-yorkaise,* 1985-1986), le thème de la filiation (*L'Invention de la solitude,* 1982) ou celui de la science-fiction apocalyptique (*Le Voyage d'Anna Blume,* 1987). Ses thèmes de prédilection sont le rapport entre fiction et réalité, la solitude et la quête d'identité. Il entame un cycle autobiographique avec *Chronique d'hiver* (2013). Il est également traducteur (Mallarmé, Sartre) et réalisateur de films.

AUSTERLITZ ✦ Village de la République tchèque, près de Brno, en Moravie. **Napoléon Ier** y remporte la bataille des Trois Empereurs, brillante victoire sur les armées d'Autriche et de Russie (2 décembre 1805). L'**Arc de triomphe** de Paris célèbre cette victoire.

AUSTIN ✦ Ville des États-Unis, capitale du Texas, sur le Colorado. 790 390 habitants (1,8 million pour la zone urbaine). Centre administratif, industriel (électronique, imprimerie, meuble), financier et culturel.

AUSTRALIE n. f. ✦ Pays d'Océanie (☛ carte 51). Superficie : 7,7 millions de km² (environ 14 fois la France). 21,5 millions d'habitants (les *Australiens*). Démocratie parlementaire dont la capitale est Canberra. Autres villes importantes : Sydney, Melbourne, Adélaïde. Langue officielle : l'anglais ; on y parle aussi des langues aborigènes, et celles des immigrés d'Asie et d'Europe. Monnaie : le dollar australien. ♦ GÉOGRAPHIE. Le pays comprend deux îles principales, l'Australie proprement dite, la plus grande île du monde, et la **Tasmanie.** La vaste plaine du centre-est est bordée par un grand plateau, couvert de déserts arides et de steppes, à l'ouest, et par un autre plus élevé à l'est. Le climat est désertique au centre, tropical au nord et méditerranéen au sud. Le pays est très peu peuplé en dehors des grandes villes. ♦ ÉCONOMIE. L'Australie est un pays traditionnellement agricole (céréales, vigne, canne à sucre), spécialisé dans l'élevage (premier troupeau de moutons du monde, bovins). Le sous-sol est riche (fer, charbon, bauxite, uranium). L'industrie est en plein essor (métallurgie, automobile). Le commerce s'oriente de plus en plus vers l'Asie. ♦ HISTOIRE. Les Aborigènes sont installés depuis environ 40 000 ans. Les Hollandais découvrent le pays au début du XVIIe siècle. L'Anglais James **Cook** fonde la ville de Botany Bay (1770), qui devient un pénitencier (1788-1840). L'introduction par les Britanniques du mouton provoque des conflits entre éleveurs et cultivateurs. Plusieurs colonies obtiennent leur autonomie (1850). À la fin du XIXe siècle, la découverte de l'or attire une population nombreuse. Les colonies se fédèrent en un *Commonwealth d'Australie* (1901), qui sera un des membres fondateurs du **Commonwealth** (1931). L'Australie participe aux deux guerres mondiales aux côtés du Royaume-Uni et, pendant la Deuxième Guerre mondiale, elle sert de base aux Alliés dans la reconquête du Pacifique et de l'Asie du Sud-Est (1943).

AUSTRASIE n. f. ✦ Royaume constitué par le partage de la Gaule à la mort de **Clovis** (511) (☛ carte 11). Avec Metz pour capitale, l'Austrasie inclut l'Alémanie, la Bavière et la région comprise entre le Rhin, la Meuse et l'Escaut, puis plus tard l'Auvergne, le Limousin, le Quercy et la Thuringe. Unie à la **Neustrie**, puis séparée d'elle plusieurs fois par les **Mérovingiens** (Clotaire, Dagobert), elle passe au pouvoir des maires du palais (Charles Martel) et **Pépin le Bref** réunit l'Austrasie et la Neustrie en devenant roi (751).

Autant en emporte le vent ✦ Roman de la romancière américaine Margaret Mitchell (1936). Il évoque la guerre de **Sécession**, qui bouleverse la vie d'une riche famille sudiste de Géorgie. Scarlett O'Hara, le personnage principal, est déchirée entre l'amour de sa terre et ses amours. Ce roman rencontre un immense succès populaire et il inspire un film, réalisé par l'Américain Victor Fleming en 1939 avec Vivien Leigh et Clark Gable dans les rôles principaux ; il remporte dix Oscars (1940).

AUTISSIER Isabelle (née en 1956) ✦ Navigatrice française. Elle est, en 1991, la première femme à effectuer un tour du monde en solitaire (139 jours et 4 h) et écrit des ouvrages consacrés à la mer (*Seule la mer s'en souviendra*, 2009).

AUTRICHE n. f. ✦ Pays d'Europe centrale (☛ cartes 24, 25). Superficie : 83 872 km² (environ un sixième de la France). 8 millions d'habitants (les *Autrichiens*). République formée de neuf États confédérés, dont la capitale est Vienne. Autres villes importantes : Linz, Salzbourg. Langue officielle : l'allemand. Monnaie : l'euro, qui remplace le schilling. ♦ GÉOGRAPHIE. Les **Alpes**, très boisées, occupent les deux tiers de l'Autriche et s'abaissent vers les plaines à l'est et la vallée du **Danube** au nord. Le climat est continental. ♦ ÉCONOMIE. L'agriculture est productive (blé, maïs, vigne, élevage laitier et viande). Le sous-sol contient du fer et du graphite. Les industries sont variées (hydroélectricité, sidérurgie, métallurgie, électrochimie, textile, exploitation de la forêt). Le tourisme est développé en montagne, mais l'économie reste dépendante de l'Allemagne. ♦ HISTOIRE. Peuplée depuis la préhistoire, souvent envahie (Celtes, Romains, Barbares, Hongrois), cette région de Germanie prend le nom de *Österreich* (« royaume de l'Est ») et devient un duché convoité, avec Vienne pour capitale (1156). Il passe aux **Habsbourg** (1278), qui en font le centre catholique du **Saint Empire** (XVIe-XVIIe siècles). L'Autriche doit lutter contre les partisans de la **Réforme** (guerre de **Trente Ans**, 1618-1648) et contre les Turcs, qui assiègent Vienne. En 1745, **Marie-Thérèse** hérite d'un brillant empire (art baroque, **Haydn**, **Mozart**, **Beethoven**), qui s'oppose à plusieurs pays européens (XVIIIe siècle). L'Autriche est vaincue par la France révolutionnaire (**Jemmapes**, **Marengo**, **Wagram**), et **Napoléon Ier** épouse **Marie-Louise**, fille de l'empereur d'Autriche François Ier (1810). Le congrès de **Vienne** (1815) lui rend sa suzeraineté après la chute de Napoléon, mais les Hongrois, les Tchèques et les Slaves se révoltent (1848). En 1867, **François-Joseph Ier** crée l'empire d'**Autriche-Hongrie.** L'annexion de la **Bosnie-Herzégovine** (1908) entraîne la Première **Guerre mondiale** et marque la fin de l'Empire (1918), remplacé par une république fédérale (1920). **Hitler** l'envahit (1938) et en fait une province allemande, partagée en quatre zones d'occupation à sa libération (1945). Admis à l'ONU (1955), le pays rejoint la CEE (1972) et l'Union européenne (1995).

AUTRICHE-HONGRIE ✦ Ancien État d'Europe centrale de 1867 à 1918 (☛ carte 16). C'est l'union, en 1867, sous un même souverain, **François-Joseph Ier**, du royaume de **Hongrie**, qui garde une certaine indépendance, et de l'empire d'Autriche. Son histoire est marquée par les conflits incessants des nations qui le composent : révolte des Serbo-Croates soutenus par la **Serbie** ; mécontentement des Slaves du Sud attirés par la Serbie lors de l'annexion de la Bosnie-Herzégovine (1908). La déclaration de guerre à la Serbie (1914), après l'assassinat de l'archiduc François-Ferdinand à **Sarajevo**, annonce la disparition de l'Autriche-Hongrie (1918).

AUTUN ✦ Ville de Saône-et-Loire. 13 955 habitants (les *Autunois*). Nombreux vestiges gallo-romains (les portes d'Arroux et de Saint-André, le plus vaste théâtre de la Gaule), dont certains sont conservés au musée Rolin ; cathédrale Saint-Lazare (1120-1132), un des plus beaux exemples d'art roman. Centre industriel. ♦ Appelée *Augustodunum* par les Romains, la ville remplace Bibracte comme capitale d'un peuple gaulois. Elle est saccagée par les Barbares puis fait partie du duché de **Bourgogne** (Xe siècle). Au XVIIIe siècle, Talleyrand est son évêque et Bonaparte fait ses études, avec son frère Joseph, au collège d'Autun.

AUVERGNE n. f. ✦ Région du centre de la France, intégrée à la Région Auvergne-Rhône-Alpes. L'ancienne région administrative comprenait quatre départements : l'Allier, le Cantal, la Haute-Loire et le Puy-de-Dôme. Le chef-lieu était Clermont-Ferrand. ♦ GÉOGRAPHIE. L'Auvergne est formée par le Massif **central**, volcanique, et elle est traversée par la vallée de l'Allier. Le parc naturel régional des Volcans d'Auvergne (395 070 ha), créé en 1977, englobe le puy de Dôme, le Mont-Dore et les monts du Cantal. La région est peu peuplée, sauf autour de Clermont-Ferrand. ♦ ÉCONOMIE. L'élevage, surtout bovin, fournit des fromages réputés (cantal, saint-nectaire, *bleu d'Auvergne*, fourme d'Ambert). Les industries traditionnelles (coutellerie, imprimerie des billets de la Banque de France, et surtout pneus) se modernisent (aéronautique, mécanique). Le tourisme est diversifié (thermal à Vichy, sportif au Mont-Dore, historique à Gergovie, «vert» au parc naturel des Volcans d'Auvergne, scientifique à **Vulcania**). ♦ HISTOIRE. Elle est occupée par les **Arvernes**, dont le chef **Vercingétorix** organise la lutte contre Jules César. Elle fait partie de la province romaine d'**Aquitaine** (IVe siècle). Devenue comté (979), elle passe sous domination anglaise en 1152. Plusieurs fois morcelée, elle est réunie peu à peu à la couronne de France (XVIe-XVIIe siècles). Richelieu fait raser les forteresses d'Auvergne et Louis XIV organise à Clermont des tribunaux exceptionnels, les *Grands Jours d'Auvergne*, pour affirmer son autorité et mettre fin aux abus de la noblesse locale (1665-1666).

AUVERGNE-RHÔNE-ALPES n. f. ✦ Région administrative du centre-est de la France, créée par la loi du 16 juillet 2015, regroupant les anciennes Régions **Auvergne** et **Rhône-Alpes** (☛ carte 22). Elle comprend douze départements : l'Ain, l'Allier, l'Ardèche, le Cantal, la Drôme, la Haute-Loire, la Haute-Savoie, l'Isère, la Loire, le Puy-de-Dôme, le Rhône et la Savoie. Superficie : 69 700 km², c'est la 3e Région par la taille. 7,82 millions d'habitants, c'est la 2e Région la plus peuplée. Chef-lieu : Lyon.

AUXERRE ✦ Chef-lieu de l'Yonne. 34 843 habitants (les *Auxerrois*). Cathédrale gothique Saint-Étienne (XIIIe-XIVe siècles) et sa crypte romane ; abbaye Saint-Germain et son église gothique (XIIIe-XVe siècles), sa crypte carolingienne et son musée archéologique. Centre de services et d'industries (mécanique, électricité, imprimerie). Ville natale du mathématicien Fourier. ♦ La ville, fondée par les Romains, est protégée des Barbares par son évêque, saint Germain (Ve siècle). L'abbaye devient importante au Moyen Âge et la ville est rattachée à la couronne de France (1477).

AVALLON ✦ Chef-lieu d'arrondissement de l'Yonne. 7 025 habitants (les *Avallonnais*) (☛ carte 23). Tour de l'Horloge (1460). Vestiges de fortifications.

Avare (L') ✦ Comédie de Molière (1668), inspirée par Plaute. Harpagon, un bourgeois riche et avare, organise pour ses enfants Cléante et Élise des mariages d'intérêt tandis qu'il décide d'épouser la jeune Mariane. Il découvre un rival en son fils Cléante. Il est détourné de sa fureur par une ruse de son valet, La Flèche, qui lui dérobe son argent. Après un accès de folie et de nombreuses aventures, il retrouve son or et l'amour triomphe. La pièce est adaptée au cinéma, notamment par Jean Girault (1980), avec Louis de Funès dans le rôle d'Harpagon.

AVARS n. m. pl. ✦ Tribus mongoles. Venus d'Asie centrale, ils atteignent la Russie du Sud (milieu du VIe siècle), puis la Roumanie, envahissent la Hongrie (567), contrôlent l'Autriche actuelle et attaquent Constantinople. Contenus par les Bulgares, soumis par Charlemagne (796), ils voient leur puissance politique s'éteindre au IXe siècle.

AVENTIN n. m. ✦ Une des sept collines de Rome, dans le sud de la ville. Le peuple (la «plèbe») en lutte contre les aristocrates (les «patriciens») y trouve refuge (Ve siècle av. J.-C.).

AVERROÈS (1126-1198) ✦ Philosophe arabe. Il étudie les disciplines islamiques, les sciences (médecine, mathématiques) et la philosophie. Ses commentaires des écrits d'**Aristote** révèlent la philosophie grecque à l'Occident. Critiqué par saint **Thomas d'Aquin**, il est rejeté par l'Église (1240, 1513).

AVERY Tex (1908-1980) ✦ Réalisateur américain de dessins animés. Il crée les personnages de **Bugs Bunny**, Daffy Duck, Droopy et Spike, qu'il met dans des situations folles, les gags se succédant à un rythme très rapide. La violence et l'érotisme sont présents dans son univers, bien différent de celui de **Disney**, bon enfant et moralisateur. ■ Son véritable nom est *Frederick Bean Avery*.

① **AVEYRON** n. m. ✦ Rivière du sud de la France, longue de 250 km (☛ carte 21). Elle prend sa source à l'ouest des gorges du Tarn, arrose Rodez et Villefranche-de-Rouergue, et se jette dans le Tarn au nord-ouest de Montauban.

② **AVEYRON** n. m. ✦ Département du sud de la France [12], de la Région Occitanie. Superficie : 8 735 km². 278 644 habitants (les *Aveyronnais*). Chef-lieu : Rodez ; chefs-lieux d'arrondissement : Millau et Villefranche-de-Rouergue.

AVICENNE (980-1037) ✦ Médecin et philosophe arabe. Commentateur d'**Aristote**, il mêle sa philosophie à celle de Platon et à la pensée islamique dans ses traités (*Kitab al-shifa*, le *Livre de la guérison* [de l'âme]). Son *Canon de la médecine*, somme du savoir médical de son temps, est la base de l'enseignement et de la pratique de la médecine jusqu'au XVIIe siècle.

AVIGNON ✦ Chef-lieu du Vaucluse. 92 209 habitants (les *Avignonnais*) et l'agglomération 453 296. Centre historique inscrit sur la liste du patrimoine mondial de l'Unesco : remparts (XIVe siècle), cathédrale romane Notre-Dame-des-Doms, palais des Papes de style gothique (XIVe siècle), pont Saint-Bénezet, dit *pont d'Avignon* (XIIe siècle). Cité universitaire, commerciale, industrielle mais aussi touristique et culturelle (festival de théâtre fondé en 1947 par Jean **Vilar**). Ville natale de Joseph Vernet, Henri Bosco, Olivier Messiaen, Pierre Boulle. ♦ Comptoir fondé par Massalia, la ville est envahie par les Romains puis les Francs, et saccagée par Charles Martel (736-737). Elle prend le parti des **albigeois** mais capitule (1226). Résidence des papes (1309-1377) et des antipapes (1377-1409), elle est gouvernée par la papauté jusqu'à la Révolution puis annexée à la France (1797).

AVILA ✦ Ville d'Espagne (Castille). 53 794 habitants. Elle est surnommée la «ville des saints et des pierres», à cause de ses nombreuses églises anciennes construites autour de l'enceinte du XIIe et inscrites sur la liste du patrimoine mondial de l'Unesco. Industrie mécanique. Ville natale de sainte Thérèse de Jésus, réformatrice du carmel.

AVOGADRO Amedeo (1776-1856) ✦ Chimiste italien. Il est l'un des premiers à établir la distinction entre atome et molécule. Il formule la *loi d'Avogadro* selon laquelle des volumes égaux de gaz, à la même température et à la même pression, contiennent le même nombre de molécules et détermine le *nombre d'Avogadro* qui est le nombre de molécules contenues dans une mole. ■ Son nom complet est *Amedeo Di Quaregna e Ceretto, comte Avogadro.*

AVORIAZ ✦ Station de sports d'hiver de Haute-Savoie, sur le territoire de Morzine (altitude 1 800-2 400 m). Festival international du film fantastique (1973-1993) ; festival du film de demain, consacré à des premières œuvres.

AVRANCHES ✦ Chef-lieu d'arrondissement de la Manche. 7 813 habitants (agglomération 15 327) (les *Avranchinais*) (☛ carte 23). Ancien palais des Évêques, dont le musée abrite les manuscrits du Mont-Saint-Michel (VIIIe-XVIe siècles). ♦ Lors de la bataille de **Normandie,** la *percée d'Avranches* est réalisée fin juillet 1944 sur la gauche du front allemand par les blindés de l'armée américaine. Elle est le point de départ de la grande offensive alliée vers Paris.

AXE n. m. ✦ Alliance conclue en 1936 entre l'Italie et l'Allemagne, appelée aussi *Axe Rome-Berlin.*

AYMARAS n. m. pl. ✦ Indiens du Pérou et de Bolivie. Envahisseurs, vers le XIIe siècle, d'une très ancienne civilisation installée dans la région du lac Titicaca, ils sont vaincus par les Incas puis par les Espagnols. Ils ont conservé leur langue, l'*aymara,* et leurs traditions, et forment des communautés agraires.

AYMÉ Marcel (1902-1967) ✦ Écrivain français. Journaliste, il se consacre entièrement à l'écriture après le succès de *La Jument verte* (1933). Il mêle sans cesse la réalité et l'imaginaire dans ses romans (*Les Contes du chat perché,* 1934 ; *Le Passe-Muraille* et *La Vouivre,* 1943) et ses pièces de théâtre (*Clérambard,* 1950).

AZAY-LE-RIDEAU ✦ Ville d'Indre-et-Loire. 3 435 habitants (les *Ridellois*). Église Saint-Symphorien (XIIe-XVe siècles). Château Renaissance (1518-1529), construit sur un îlot de l'Indre.

① **AZERBAÏDJAN** n. m. ✦ Région historique de l'ouest de l'Asie. Elle s'étend sur la république d'Azerbaïdjan et le nord-ouest de l'Iran, où elle forme une région administrative (103 441 km², 6 millions d'habitants). ♦ Avec l'**Arménie,** l'Azerbaïdjan fait partie d'un royaume occupé par les Mèdes et les Perses. Il résiste aux Grecs, mais est conquis par les Sassanides (IIIe siècle) puis par les Arabes (VIIe siècle), qui introduisent l'islam. Il passe aux mains des Turcs (XIe siècle) et des Mongols (**Tamerlan,** XVe siècle). À la suite de plusieurs guerres, l'Iran cède à la Russie la zone située au nord du fleuve Araxe (1828).

② **AZERBAÏDJAN** n. m. ✦ Pays d'Asie de l'Ouest (☛ cartes 38, 39). Superficie : 86 600 km² (moins d'un sixième de la France). 8,2 millions d'habitants (les *Azéris*), en majorité musulmans. République dont la capitale est Bakou. Langue officielle : l'azéri ; on y parle aussi le russe et l'arménien. Monnaie : le manat. ♦ GÉOGRAPHIE. Le nord et l'ouest de l'Azerbaïdjan sont occupés par les monts du **Caucase,** le centre et l'est par la vallée de la Koura, couverte de steppes. Le climat est continental. ♦ ÉCONOMIE. L'élevage (moutons) et l'agriculture (coton, vigne, vergers) sont peu importants. L'exploitation du pétrole (**Bakou**) assure la richesse et plusieurs projets d'oléoducs sont en cours. Autres industries : métallurgie, chimie. ♦ HISTOIRE. Le territoire, cédé par l'Iran (1828), est intégré dans la République socialiste soviétique (RSS) de Transcaucasie (1922) puis devient la RSS d'Azerbaïdjan (1936). Peuplé d'Arméniens, le territoire du Haut-Karabagh réclame son rattachement à l'**Arménie** (1988), ce qui provoque un conflit ininterrompu avec ce pays. L'Azerbaïdjan est indépendant depuis la chute de l'URSS (1991).

AZINCOURT ✦ Commune du Pas-de-Calais. 302 habitants (les *Azincourtois*).Pendant la guerre de **Cent Ans,** les Anglais menés par **Henri V** y battent, en 1415, le parti français des armagnacs dirigé par **Charles d'Orléans,** neveu de Charles VI, puis conquièrent la Normandie.

AZOV (mer d') ✦ Mer de l'ouest de l'Asie. Elle est bordée à l'ouest et au nord par l'Ukraine (Crimée au sud-ouest), à l'est par la Russie, et reliée au sud à la mer Noire par le détroit de Kertch. Superficie : 37 555 km². Profondeur moyenne : 8 m, peut atteindre 14 m. Elle reçoit le fleuve Don au nord-est. Elle est exploitée pour la pêche.

AZTÈQUES n. m. pl. ✦ Peuple indien du Mexique. D'abord installés au Nord (Xe siècle), ils s'établissent près de Mexico, après la disparition des Toltèques (XIIe siècle). Ils fondent leur capitale **Tenochtitlan** (1325), et conquièrent la région située entre la vallée de Mexico et l'isthme de Panama (XVe siècle). Ils créent une brillante civilisation, dont il ne reste que des vestiges (pyramides, sculptures, orfèvrerie). L'empereur aztèque Moctezuma II est soumis par Hernan **Cortés** qui débarque au Mexique en 1519.

B

BÂ Amadou Hampaté (vers 1901-1991) ✦ Écrivain malien, de langue française. Fonctionnaire dans l'administration coloniale, puis diplomate après l'indépendance du Mali (1960), il recueille et transmet la tradition orale des **Peuls** dans ses écrits : *L'Empire peul du Macina* (1955), *Koumen, textes initiatiques des pasteurs peuls* (1961), *L'Étrange Destin de Wangrin* (1973), *Amkoullel l'enfant peul* (1991).

BAALBEK ✦ Ville du Liban, dans l'est du pays, dans la plaine de la Bekaa. 14 000 habitants. Oasis (élevage ; production de fruits). ♦ La cité, fondée par les Phéniciens, est occupée par les Grecs, qui la dédient au Soleil et la nomment *Héliopolis* («ville du soleil»). Auguste en fait une colonie romaine où s'épanouit le culte de dieux solaires (temples de Jupiter, de Mercure et de Bacchus). Ce site, avec ses imposants vestiges de l'architecture romaine impériale, est inscrit sur la liste du patrimoine mondial de l'Unesco.

BABEL ✦ Nom hébreu de la ville de **Babylone.** ♦ Dans la Bible, la *tour de Babel* est une tour que les hommes construisent le plus haut possible pour se rapprocher du ciel. Pour les punir de leur orgueil, Dieu leur impose des langues différentes et ils échouent dans leur entreprise car ils ne se comprennent plus.

BAB EL-MANDEB ✦ Détroit situé entre la pointe sud-ouest du Yémen et le nord de Djibouti. Large de 30 km, il fait communiquer la mer Rouge avec le golfe d'Aden.

BABEUF François Noël dit Gracchus (1760-1797) ✦ Révolutionnaire français. «Communiste» de la première heure, il lutte pour la répartition des terres et la suppression des biens privés. Il fonde un journal, *Le Tribun du peuple,* qui jette les bases d'une société égalitaire. Il tente de renverser le Directoire (conjuration des Égaux, 1796), échoue et est exécuté. Sa doctrine, le *babouvisme,* a eu de nombreux adeptes ; **Marx** souligne l'importance des idéaux révolutionnaires de Babeuf.

BABYLONE ✦ Site archéologique d'Irak, dans le sud du pays, à 160 km de Bagdad, sur l'Euphrate. La ville de Babylone est fondée au IIIe millénaire av. J.-C. Au XXIIIe siècle av. J.-C., elle devient le centre de l'empire mésopotamien d'**Hammourabi** (XVIIIe siècle av. J.-C.), qui domine **Sumer** et l'**Assyrie.** C'est alors la ville la plus riche et la plus peuplée du monde antique. Plusieurs fois envahie (**Hittites,** XVIe siècle av. J.-C.), elle retrouve son indépendance (XIIe siècle av. J.-C.), avant d'être soumise par l'Assyrie (VIIIe-VIIe siècles av. J.-C.). Un second empire, appelé *néobabylonien* ou *chaldéen,* est fondé (625 av. J.-C.) et s'allie aux **Mèdes** pour vaincre l'Assyrie. **Nabuchodonosor II** étend l'empire jusqu'à Jérusalem et l'embellit de constructions dont il ne reste plus que des ruines aujourd'hui : le canal entre l'Euphrate et le Tigre, la tour à étages («ziggourat»), qui a inspiré le mythe de **Babel,** et les jardins suspendus de **Sémiramis,** classés parmi les Sept **Merveilles du monde.** L'empire est envahi par les Perses (539 av. J.-C.) — Cyrus fait de Babylone sa capitale —, puis par **Alexandre le Grand** (331 av. J.-C.). La ville perd ensuite de son importance au profit d'**Antioche** et de **Bagdad.**

BACCARAT ✦ Ville de Meurthe-et-Moselle. 4 460 habitants (les *Bachamois*). Elle est réputée pour sa fabrication d'objets en cristal (le *baccarat*) depuis le XVIIIe siècle.

BACCHANTES n. f. pl. ✦ Prêtresses romaines célébrant le culte de **Bacchus.** Ce culte est interdit par le sénat romain au IIe siècle av. J.-C. à cause de ses excès. Les Bacchantes sont souvent représentées peu vêtues, agitées et échevelées par les artistes antiques et modernes (Poussin, Titien). Euripide, dans sa pièce *Les Bacchantes,* les décrit portant des peaux de panthère.

BACCHUS ✦ Dieu de la Vigne et du Vin dans la mythologie romaine. Il correspond au dieu grec **Dionysos.** Les fêtes organisées en son honneur sont appelées les *Bacchanales* (n. f. pl.).

BACH Johann Sebastian, en français Jean-Sébastien (1685-1750) ✦ Compositeur allemand. Né dans une famille protestante où la musique est une tradition, il s'impose rapidement comme un organiste virtuose. Il finit sa vie aveugle. Mêlant rigueur mathématique et imagination mélodique, austérité et élégance, il explore les limites de la musique tonale. Croyant fervent, il compose essentiellement des pièces religieuses. Œuvres les plus célèbres : *Six Concertos brandebourgeois* (1721) ; *Le Clavier bien tempéré* (1722 et 1744) ; *Passion selon saint Jean* (1724) et *Passion selon saint Matthieu* (1727) ; *L'Offrande musicale* (1747) ; *L'Art de la fugue* (1749) et de nombreuses *Cantates.* Plusieurs de ses fils sont aussi musiciens et compositeurs : **Wilhelm Friedemann** (1710-1784), **Carl Philipp Emanuel** (1714-1788), **Johann Christoph Friedrich** (1732-1795) et **Johann Christian** (1735-1782).

BACHELARD Gaston (1884-1962) ✦ Philosophe français. Analysant les conditions de la connaissance scientifique, il cherche «à fonder les rudiments d'une psychanalyse de la raison», la philosophie des sciences se définissant pour lui comme un rationalisme appliqué (*Le Nouvel Esprit scientifique,* 1934). On lui doit aussi une analyse des fondements psychanalytiques de la raison et de l'imagination poétique (*La Psychanalyse du feu,* 1938 ; *L'Eau et les Rêves,* 1942).

BACHKIRIE n. f. ✦ République de la fédération de Russie, au sud-ouest de l'Oural (☛ carte 33). Superficie : 143 600 km² (plus du quart de la France). 4,1 millions d'habitants (les *Bachkirs*). Capitale : Oufa. Région industrielle riche en pétrole (Second-**Bakou**).

BACON Roger (v. 1214-1294) ✦ Théologien et philosophe anglais. Il fait des études de philosophie à Paris et de sciences mathématiques et naturelles à Oxford. Entré dans l'ordre des Franciscains (v. 1250), il revient à Paris et publie ses principaux traités. Le rejet de la scolastique et l'utilisation de la méthode expérimentale lui valent d'être interdit (1277) et emprisonné jusqu'en 1292. S'intéressant à l'optique et à l'astronomie, il est le premier à s'apercevoir que le calendrier julien est erroné. Surnommé «le Docteur admirable», il est l'un des savants les plus influents du XIIIe siècle, précurseur, pour une part, de la pensée moderne. *Opus majus, Opus minus, Opus tertium* (1265-1271).

BACON Francis (1909-1992) ✦ Peintre britannique. Il débute comme décorateur (1929) puis se consacre à la peinture, influencé par Picasso, Van Gogh et Soutine. Il peint, d'après des tableaux ou des photos, des personnages aux traits déformés qui provoquent un sentiment de solitude et d'angoisse. Œuvres : *Trois Études pour une crucifixion* (1944), *Étude d'après le portrait du pape Innocent X* (1953), *Autoportrait de Van Gogh* (1957), *Personnage allongé* (1966).

BADALONA ✦ Ville du nord-est de l'Espagne (Catalogne) ; banlieue de Barcelone. 216 200 habitants. Industries (métallurgie, chimie, textile).

BADEN-POWELL Robert (1857-1941) ✦ Général britannique. Il poursuit sa carrière militaire en Inde, en Afghanistan et en Afrique du Sud, où il se distingue pendant la guerre des **Boers.** Il avait réuni des jeunes garçons *(boys)* en un corps d'éclaireurs *(scouts),* ce qui lui inspira la création d'un mouvement de jeunesse, le *scoutisme* (1908). ■ Son nom complet est *Robert Stephenson Smyth Baden-Powell of Gillwell.*

BADE-WURTEMBERG n. m. ✦ État (Land) du sud-ouest de l'Allemagne (☛ carte 29). Superficie : 35 751 km². 10,72 millions d'habitants. Capitale : Stuttgart. ♦ Le sud est occupé par le massif boisé de la **Forêt-Noire** et le plateau Souabe, arrosé par le **Danube.** Le **Rhin** forme la frontière avec la Suisse et la France, sa vallée produit des vins réputés. C'est un des États les plus riches d'Allemagne, un carrefour routier et fluvial d'Europe. L'industrie (électricité, électronique, raffinage pétrolier, automobile) y est florissante. Il possède des universités prestigieuses et développe le tourisme. ♦ La région est occupée successivement par les Romains, les Alamans et les Francs (IIe siècle). L'histoire du grand-duché de Bade est indépendante de celle du duché de Wurtemberg jusqu'à ce que les deux États adhèrent à la Confédération germanique (1815). En 1870, le Bade et le Wurtemberg entrent dans l'Empire allemand, puis deviennent des États libres. En 1952, peu après la constitution de la **RFA,** le peuple vote la réunion des deux États.

BAEZ Joan (née en 1941) ✦ Chanteuse américaine. Ses chansons folks vont de la ballade traditionnelle (*Farewell, Angelina,* 1965) aux textes contestataires (*Here's to you,* ballade extraite du film *Sacco et Vanzetti,* 1971). Artiste engagée comme son ami Bob **Dylan,** elle participe à la lutte contre la guerre au Viêtnam, contre la peine de mort et la ségrégation.

BAFFIN (mer ou baie de) ✦ Mer polaire comprise entre le Groenland et l'île de Baffin. Elle communique au sud avec l'océan Atlantique et au nord avec l'océan Arctique. Elle porte le nom du navigateur anglais William Baffin (1584-1622) qui a été le premier à explorer la région (1615-1616), à la recherche d'une nouvelle route vers les Indes.

BAFFIN (île de) ✦ Archipel arctique canadien (☛ carte 48). Superficie : 476 066 km² (environ sept huitièmes de la France). 15 765 habitants, en majorité **inuits.** Ville principale : Iqaluit, capitale du **Nunavut.**

BAGDAD ✦ Capitale de l'Irak, au centre-est du pays, sur le Tigre. 5,8 millions d'habitants (les *Bagdadiens* ou les *Bagdadis*) (☛ carte 57). Centre administratif, industrialisé récemment. ♦ La ville est fondée par les **Abbassides** (762) qui en font une capitale prospère sous **Haroun al-Rachid.** Elle attire de nombreux savants qui contribuent à son essor : on leur doit l'introduction du zéro et des chiffres arabes ou encore la mesure de la circonférence de la Terre. Bagdad est dévastée par les Mongols (1258 et 1401). Elle dépend ensuite des Ottomans, des Iraniens, des mamelouks et retrouve son importance au début du XXe siècle. Occupée par les Britanniques (1917), elle devient la capitale de l'Irak (1921). La ville a subi d'importants dommages pendant la guerre du Golfe (1991), au cours de l'intervention américaine (2003) et à la suite des attentats terroristes de Daech.

BAGNÈRES-DE-BIGORRE ✦ Chef-lieu d'arrondissement des Hautes-Pyrénées, sur l'Adour. 7 602 habitants (les *Bagnérais*) (☛ carte 23). Station thermale. Matériel électrique, ferroviaire. Textile.

BAGNOLES-DE-L'ORNE ✦ Commune de l'Orne. 2 704 habitants (les *Bagnolais*) (☛ carte 23). Station thermale.

BAHAMAS (les) n. f. pl. ✦ Pays d'Amérique du Nord dans l'océan Atlantique, qui s'étend de l'est de la Floride jusqu'à Cuba (☛ carte 46). Superficie totale : 13 935 km². 351 500 habitants (les *Bahamiens*). Démocratie parlementaire dont la capitale est Nassau, sur l'île de New Providence. Langue officielle : l'anglais ; on y parle aussi un créole. Monnaie : le dollar des Bahamas. ♦ Cet archipel est composé d'environ 700 îles plates, situées autour du tropique du Cancer. Leur climat est tropical. Elles vivent de la pêche, de l'exploitation du sel et surtout du tourisme. ♦ Découvertes par les Espagnols (XVIe siècle), les îles sont occupées par les Anglais (1629), à qui elles sont finalement attribuées (1783). Elles deviennent le refuge des Britanniques pendant la guerre d'Indépendance américaine (1775-1782). Elles obtiennent leur autonomie (1964) et leur indépendance dans le cadre du Commonwealth (1973).

BAHIA ✦ Ancien nom de la ville de **Salvador** au Brésil.

BAHREÏN n. m. ✦ Pays d'Asie de l'Ouest. Cet archipel est situé au Proche-Orient, au centre du golfe Arabo-Persique (☛ cartes 38, 39). Superficie : 691 km². 650 604 habitants (les *Bahreïniens* ou les *Bahreïnis*). Monarchie constitutionnelle dont la capitale est Manama. Langue officielle : l'arabe ; on y parle aussi l'anglais. Religion officielle : l'islam. Monnaie : le dinar bahreïni. ♦ GÉOGRAPHIE. Bahreïn est composé de 33 îles dont les principales sont Bahreïn, Muharrak et Sitra, reliées entre elles par des ponts. Le climat est chaud et humide. ♦ ÉCONOMIE. Le sol est trop salé pour permettre l'agriculture. La pêche subit les conséquences de la pollution causée par la guerre du **Golfe**. Les premiers gisements de pétrole du Moyen-Orient y sont découverts en 1932 ; ils assurent aujourd'hui 60 % des revenus du pays. Bahreïn est aussi une place financière importante dans la région. ♦ HISTOIRE. Le pays, successivement sous contrôle des Portugais (XVIe siècle), des Perses (XVIIe-XVIIIe siècles), des Arabes (1799) et des Britanniques (1814), est modernisé à partir de 1923. Il obtient son indépendance (1971) et est dirigé par un émir depuis 1975. Il est revendiqué par l'Iran et connaît un conflit frontalier avec le Qatar, réglé en 2001. Pendant la guerre du Golfe (1991), il sert de base aérienne aux Américains.

BAÏKAL (lac) ✦ Lac de Russie, situé dans le sud de la Sibérie, long de 636 km et large de 48 km (☛ carte 33). Superficie : 30 500 km^2. C'est le lac le plus profond du monde (1 741 m). Il reçoit plus de 300 rivières et ses eaux très pures abritent de nombreuses espèces animales et végétales. Ce lac est inscrit sur la liste du patrimoine mondial de l'Unesco.

BAÏKONOUR ✦ Ville du Kazakhstan, au nord-est de la mer d'Aral. 54 200 habitants. Près de cette ville se trouve la base d'où sont lancés tous les engins spatiaux soviétiques puis russes (Soyouz, Mir).

BAIRD John (1888-1946) ✦ Ingénieur écossais. Il réussit à transmettre des images télévisuelles en noir (1926), puis en couleurs (1928), créant ainsi une première version de la télévision.

BAKER Joséphine (1906-1975) ✦ Chanteuse et danseuse française d'origine américaine. Vedette de la Revue nègre en 1925, à Paris, elle acquiert une célébrité internationale comme meneuse de revues de music-hall et chanteuse *(La Petite Tonkinoise, J'ai deux amours)*.

BAKOU ✦ Capitale de l'Azerbaïdjan depuis 1991, dans l'est du pays, sur la mer Caspienne. 1,8 million d'habitants. Nombreux monuments (mosquées du XIe au XIIIe siècle, palais du XVe siècle) et musées. La cité fortifiée est inscrite sur la liste du patrimoine mondial de l'Unesco. Ancien centre pétrolier, la ville, en plein essor, est le point de départ d'oléoducs importants.

BAKOU (Second-) n. m. ✦ Bassin pétrolifère de Russie. Situé entre la Volga et l'Oural, il s'étend sur 1 000 km du nord au sud. Exploité depuis 1935, il fournit environ le quart de la production russe de pétrole, acheminé par de nombreux oléoducs.

BAKOUNINE Mikhaïl Aleksandrovitch (1814-1876) ✦ Révolutionnaire anarchiste russe. Il prend part à différents mouvements révolutionnaires en Europe (**révolution de 1848** à Paris, où il rencontre Marx et **Proudhon** ; insurrection de Dresde, 1849). Livré à la Russie et déporté en Sibérie (1857), il s'évade (1861) puis fonde l'Alliance internationale de la démocratie socialiste (1868), section de Genève de la Ire **Internationale**, d'où Marx l'exclut (1872). Grand théoricien de l'anarchisme (*L'État et l'Anarchie*, 1873), il réclame la suppression immédiate et radicale de l'État par la révolution socialiste et participe au développement du mouvement révolutionnaire russe.

BALANCHINE George (1904-1983) ✦ Danseur et chorégraphe américain, d'origine géorgienne. Il est engagé par **Diaghilev** (1925) dans la troupe des **Ballets russes** pour laquelle il crée de nombreuses chorégraphies (*Le Triomphe de Neptune*, 1926 ; *Le Fils prodigue*, musique de **Prokofiev**, 1929). Il fonde à Paris « Les Ballets 1933 » (*Les Sept Péchés capitaux*, musique de Kurt Weill), puis dirige à New York des écoles de danse, obtient la nationalité américaine (1939) et crée de nombreux ballets sur les musiques de son ami **Stravinski** *(Apollon musagète, Thèmes et Variations, Jeux de cartes, Le Baiser de la fée)*. ▪ Son véritable nom est *Gueorgui Melitonovitch Balanchivadze*.

BALATON (lac) ✦ Lac de Hongrie, situé dans l'ouest du pays, long de 80 km et large de 1 à 15 km. Superficie : 596 km^2 ; le plus grand lac d'Europe centrale. Région vinicole et touristique.

BALBOA Vasco Nuñez de (1475-1517) ✦ Navigateur espagnol. Chef des Espagnols dans les Caraïbes, il découvre, avec **Pizarro**, l'océan Pacifique (1513).

BÂLE ✦ Ville de Suisse, chef-lieu du canton de Bâle-Ville, située sur le Rhin, à la frontière avec la France et l'Allemagne. 163 081 habitants (les *Bâlois*). Cathédrale gothique (XIVe siècle), hôtel de ville (XVIe siècle), musée des Beaux-Arts. Centre industriel (chimie, métallurgie), commercial, grand port fluvial du pays. Ville natale du mathématicien Euler, du joueur de tennis R. Federer. ♦ La ville, fondée par les Romains (IVe siècle), fait partie du royaume de Bourgogne (Xe siècle), puis du **Saint Empire** (1032). Elle est intégrée à la Confédération helvétique en 1501. L'université, fondée en 1460, accueille **Érasme**, qui fait de Bâle un centre du protestantisme. Elle s'enrichit avec l'industrie de la soie (XVIIIe siècle). Une guerre civile aboutit à la création des deux demi-cantons de Bâle-Ville et Bâle-Campagne (1833).

BÂLE-CAMPAGNE (canton de) ✦ Canton de Suisse, dans le nord-ouest du pays (☛ carte 26). Superficie : 428 km^2. 267 166 habitants (les *Bâlois*). Langue officielle : l'allemand. Chef-lieu : Liestal. Au sud, le versant du Jura est agricole.

BÂLE-VILLE (canton de) ✦ Canton de Suisse, dans le nord-ouest du pays (☛ carte 26). Superficie : 37 km^2. 184 822 habitants (les *Bâlois*), en majorité protestants. Langue officielle : l'allemand. Son chef-lieu est Bâle, son économie est basée sur l'industrie chimique et pharmaceutique.

BALÉARES (les) n. f. pl. ✦ Archipel espagnol, en Méditerranée, formant une région administrative d'Espagne (☛ carte 32). Superficie : 5 014 km^2. Plus d'un million d'habitants (les *Baléares*). Capitale : Palma de Majorque. On y parle le catalan. ♦ L'archipel est constitué de Majorque, Minorque, Ibiza, Formentera et de nombreux îlots. Le climat méditerranéen favorise l'agriculture (fruits, légumes) et le tourisme. ♦ Les îles, peuplées dès la préhistoire, connaissent une succession d'invasions jusqu'au Moyen Âge. Elles font partie de l'Aragon (XIIIe siècle) puis de l'Espagne (XVIe siècle) et sont menacées par les Barbaresques jusqu'au XIXe siècle.

BALFOUR Arthur James, comte de (1848-1930) ✦ Homme politique britannique. Chef des conservateurs, il devient Premier ministre sous **Édouard VII** (1902-1905). Après deux défaites électorales, il occupe le poste de ministre des Affaires étrangères (1917-1919), propose la création d'un foyer national juif en

Palestine (*déclaration Balfour,* 2 novembre 1917) et signe le traité de **Versailles** (28 juin 1919).

BALI ✦ Île du sud de l'Indonésie, dont elle est la plus petite province, située à l'est de Java (☞ cartes 38, 39). Superficie : 5 561 km². 3,1 millions d'habitants (les *Balinais*), en majorité hindouistes. Capitale : Denpasar. De nature volcanique, elle a un climat tropical qui favorise l'agriculture (riz, café). Son économie est basée sur le tourisme (monuments et plages).

BALKANS (les) n. m. pl. ✦ Région du sud-est de l'Europe (☞ cartes 24, 25). Superficie : 550 000 km² (à peu près comme la France). Environ 53 millions d'habitants. ♦ À l'exception de la partie turque, les Balkans forment une péninsule limitée par le Danube et bordée par la mer Adriatique, la mer Ionienne, la mer Égée et la mer Noire. La région est parcourue de montagnes qui sont le prolongement des Alpes. Le climat est tempéré dans le nord et le centre et méditerranéen le long des côtes. ♦ L'histoire des Balkans se confond avec celles de la **Grèce** ancienne, de **Rome** (IIe siècle av. J.-C.) et de **Byzance** (395) jusqu'aux invasions barbares (VIIe siècle). À la fin du XIXe siècle, la décadence de l'Empire **ottoman**, auquel ils sont intégrés depuis la fin du XIVe siècle, provoque de nombreux conflits territoriaux dans cette région disputée par les différentes puissances, notamment la Russie et l'Autriche qui provoquèrent des *guerres balkaniques* (1912-1913) et entraînèrent la Première **Guerre mondiale.** Les Balkans sont le théâtre d'offensives militaires pendant la Deuxième Guerre mondiale, et de luttes d'influence pendant la guerre froide. Depuis l'effondrement du communisme (1991), certains pays ont obtenu leur indépendance, mais les conflits nationalistes restent d'actualité. En politique, on parle de la *balkanisation* d'un pays, d'un empire, quand il est morcelé.

BALKHACH n. m. ✦ Lac du Kazakhstan, dans l'est du pays. Superficie : de 17 000 à 22 000 km². Gisements de cuivre sur la rive nord.

BALLETS RUSSES (les) ✦ Compagnie de ballets créée par **Diaghilev** à Saint-Pétersbourg en 1907. Après de prestigieuses tournées en Europe, la compagnie quitta la Russie en 1917 pour Paris et Monte-Carlo. Les chorégraphies (**Nijinski**, **Balanchine**), les costumes, les décors révélèrent le talent de grands artistes à l'esprit très créatif. Des compositeurs réputés (Debussy, Ravel, Satie, Poulenc, Prokofiev et surtout **Stravinski**) écrivirent des ballets pour la troupe.

BALTARD Victor (1805-1874) ✦ Architecte français. Architecte novateur, il a construit les dix pavillons des **Halles** de Paris, utilisant le fer, la fonte et le verre. L'un d'entre eux, le *pavillon Baltard,* a été conservé à Nogent-sur-Marne. Il conçoit également les abattoirs de la **Villette** (1865), dont il subsiste la halle aux bœufs (la Grande Halle).

BALTES (pays) ✦ Ensemble des trois pays d'Europe du Nord qui bordent la mer **Baltique** entre le golfe de Finlande et le fleuve Niémen : l'Estonie, la Lettonie et la Lituanie (☞ carte 25). ♦ Les chevaliers **Teutoniques** introduisent la culture germanique et la religion chrétienne dans la région (XIIIe siècle). Les pays baltes se trouvent ensuite sous la domination de la **Hanse**, puis successivement sous celle de la Pologne, de la Suède et de la Russie, qui l'annexe lors du partage de la **Pologne** (1795). Occupés par les Allemands et les Soviétiques au cours des deux guerres mondiales, les pays baltes sont intégrés à l'**URSS** en 1944, malgré l'opposition de la population. Ils acquièrent leur indépendance officielle en 1991.

BALTHAZAR ✦ Un des trois Rois **mages** de la tradition chrétienne, représentant de l'Afrique.

BALTHUS (1908-2001) ✦ Peintre français. Influencé par l'art italien, il peint de façon réaliste des scènes d'intérieur avec des jeunes filles *(Alice : la leçon de guitare),* des paysages et des décors d'architecture. Son style classique, mêlant la provocation et des sujets monumentaux, crée une atmosphère étrange : *La Rue* (1933), *Le Passage du Commerce-Saint-André* (1952-1953). ▪ Son véritable nom est *Balthasar Klossowski de Rola.*

BALTIMORE ✦ Ville des États-Unis (Maryland). 651 154 habitants (2,5 millions d'habitants pour la zone urbaine). Port commercial, centre industriel (sidérurgie, chimie). Détruite en grande partie par un incendie (1904) puis reconstruite, la ville est célèbre pour son centre de recherche médicale et ses musées d'art riches d'œuvres occidentales (Cézanne, Matisse, Picasso, Van Gogh).

BALTIQUE (mer) ✦ Partie de l'océan Atlantique, comprise entre les côtes de la Suède, de la Finlande, de la Russie, des pays Baltes, de la Pologne, de l'Allemagne et les îles du Danemark. Superficie : 372 730 km² (plus des deux tiers de la France) ; profondeur moyenne : 65 m. Elle forme le golfe de Botnie au nord, le golfe de Finlande à l'est, et baigne Copenhague, Stockholm, Helsinki, Saint-Pétersbourg et Riga. Le trafic maritime élevé et les activités industrielles polluent ses eaux.

BALZAC Jean-Louis Guez de (1597-1654) ✦ Écrivain français. Admiré pour sa maîtrise de la rhétorique et de l'éloquence, surnommé « le grand épistolier », il est l'auteur de *Lettres* (1624-1654) qui connaissent un immense succès dans toute l'Europe. Protégé de Richelieu, il est l'un des premiers membres de l'Académie française (1634).

BALZAC Honoré de (1799-1850) ✦ Écrivain français. À vingt ans, il abandonne le droit pour la littérature. Il observe les relations entre les hommes et la société et se met à écrire des romans. Son œuvre est composée de contes (*Contes drolatiques,* 1832-1837), de pièces de théâtre *(Le Faiseur),* et surtout d'un ensemble de 95 romans, regroupés en 1841 sous le titre *La Comédie humaine :* ils décrivent la société française de 1789 à 1848, dominée par l'argent et l'ambition. Certains personnages reviennent d'un roman à l'autre. Principaux romans : *La Peau de chagrin* (1831), *Le Colonel Chabert* (1832), ***Eugénie Grandet*** (1833), *Le Père Goriot* (1834-1835), *Le Lys dans la vallée* (1835), *Illusions perdues* (1837-1843), *Splendeurs et misères des courtisanes* (1838-1847) et *La Cousine Bette* (1846).

BAMAKO ✦ Capitale du Mali, dans le sud-ouest du pays, sur le fleuve Niger. 1,35 million d'habitants (les *Bamakois*). Industries alimentaires.

BAMBARAS n. m. pl. ✦ Peuple d'Afrique de l'Ouest originaire du Mali. Installés dans la vallée du Niger, au nord de Bamako, ils ont formé un puissant royaume (1766-1861). Ce peuple de paysans a conservé ses traditions (masques stylisés représentant des animaux, rites initiatiques).

BANDOL ✦ Commune du Var, sur la Méditerranée. 7 878 habitants (les *Bandolais*). Viticulture. Station balnéaire.

BANDUNG ✦ Ville d'Indonésie, dans l'ouest de l'île de Java. 2,4 millions d'habitants. Centre industriel et scientifique (recherche nucléaire, astronomie). ♦ La *conférence de Bandung* réunit en avril 1955 à Bandung 29 pays du tiers-monde, d'Asie et d'Afrique (les pays non-alignés), désireux de se grouper face aux pays riches.

BANGALORE ✦ Ville de l'Inde, capitale du Karnataka, dans le sud-ouest du pays. 8,5 millions d'habitants (☛ carte 57). Industries (aviation, machines-outils). Centre des nouvelles technologies de l'information.

BANGKOK ✦ Capitale de la Thaïlande, dans le sud du pays, sur le golfe du Siam. 8,5 millions d'habitants (les *Bangkokiens*) (☛ carte 57). Ancien palais royal (XVIIIe siècle), nombreux temples bouddhiques (XIXe siècle). Seul grand port du pays, centre industriel (riz, bois), culturel (universités), siège d'organismes internationaux d'Asie du Sud-Est.

BANGLADESH n. m. ✦ Pays d'Asie du Sud. Il forme une enclave au nord-est de l'Inde (☛ cartes 38, 39). Superficie : 144 000 km² (plus du quart de la France). Plus de 144 millions d'habitants (les *Bangladais*). République dont la capitale est Dacca. Autre ville importante : Chittagong. Langue officielle : le bengali ; on y parle aussi l'ourdou et l'anglais. Religion officielle : l'islam. Monnaie : le taka. ♦ GÉOGRAPHIE. Le Bangladesh est constitué par les deltas du **Gange** et du **Brahmapoutre** qui se rejoignent. Le climat tropical, soumis à la mousson, connaît des cyclones qui provoquent de très graves inondations. ♦ ÉCONOMIE. L'agriculture est productive (riz, jute), et l'industrie peu développée. C'est l'un des pays les plus pauvres du monde. ♦ HISTOIRE. Au moment de l'indépendance de l'Inde (1947), l'est du **Bengale**, peuplé en majorité de musulmans, est rattaché au **Pakistan**. La population se révolte contre la domination de ce dernier et obtient son indépendance (1971) dans le cadre du Commonwealth (1972). Depuis, des phases de dictatures militaires alternent avec de brèves périodes démocratiques.

BANGUI ✦ Capitale de la République centrafricaine, dans le sud-ouest du pays, sur le fleuve Oubangui. 725 000 habitants (les *Banguissois*). Centre de commerce (cigarettes, bois, coton).

BANJUL ✦ Capitale de la Gambie, dans l'ouest du pays, sur une île de l'océan Atlantique, à l'entrée de l'estuaire du fleuve Gambie. 743 723 habitants. Port d'exportation (arachide, huile de palme) fondé par les Anglais (XVIIe siècle), sous le nom de *Bathurst*.

BANTOUS n. m. pl. ✦ Ensemble de peuples africains, originaires du Nigeria et du Cameroun et parlant des langues de la même famille (les *langues bantoues*). Ils se sont dispersés au cours des siècles et ont défriché la forêt équatoriale. Ils ont fondé des royaumes, dominant les Pygmées et les Bochimans grâce à leur connaissance de la métallurgie basée sur l'extraction et le commerce du métal (or, cuivre, fer). Ils sont environ 60 millions, vivant au sud d'une ligne allant de Douala (au Cameroun) à Mogadiscio (en Somalie).

BANVILLE Théodore de (1823-1891) ✦ Poète français. Opposé au matérialisme de son époque et au lyrisme romantique, il prône le culte de la beauté qu'il associe à la perfection formelle. «Acrobate» du vers, il laisse des recueils de poèmes (*Odes funambulesques*, 1857) ainsi qu'un *Petit Traité de poésie française* (1872).

BANYULS-SUR-MER ✦ Commune des Pyrénées-Orientales, sur la Méditerranée, proche de la frontière espagnole. 4 767 habitants (les *Banyulencs*) (☛ carte 23). Ville natale du sculpteur Maillol (qui réalisa le monument aux morts ; musée). Station balnéaire, port de plaisance. Observatoire océanologique. Réserve naturelle marine. Viticulture (vin doux, le *banyuls*).

BARBADE (La) n. f. ✦ Pays d'Amérique centrale, au sud-est des Petites Antilles. Superficie : 431 km². 274 000 habitants (les *Barbadiens*). Démocratie parlementaire dont la capitale est Bridgetown (102 000 habitants). Langue officielle : l'anglais. Monnaie : le dollar de la Barbade. ♦ La Barbade est une île plutôt plate, au climat tropical. Industrie de la canne à sucre (sucre, rhum) ; pêche ; tourisme important. ♦ Découverte inhabitée par les Espagnols (1519), l'île est colonisée par l'Angleterre (1627). Elle obtient son indépendance dans le cadre du Commonwealth (1966). Le centre historique de Bridgetown est inscrit sur la liste du patrimoine mondial de l'Unesco.

BARBARA (1930-1997) ✦ Chanteuse française. Elle écrit et compose tout son répertoire et l'interprète avec une émotion qui la rend très proche de son public. Ses chansons les plus connues sont : *L'Aigle noir, Nantes, Göttingen, Dis, quand reviendras-tu ?* ■ Son véritable nom est *Monique Serf*.

BARBARES n. m. pl. ✦ Nom donné par les Grecs de l'Antiquité à tous les peuples qui ne parlent pas leur langue, qui n'appartiennent pas à leur communauté. L'étranger qui parle grec n'est pas un Barbare. ♦ Plus tard, les Barbares sont les populations qui se pressent aux frontières des empires romain, perse, indien et chinois, et qui sont à l'origine des **Grandes Invasions** : tribus des steppes d'Asie centrale (**Huns**), du Proche-Orient et d'Afrique du Nord, et surtout les **Germains** qui envahissent l'Europe (IVe-VIe siècles) (☛ carte 9).

BARBARIE n. f. ou **BARBARESQUES (États)** ✦ Région historique d'Afrique du Nord comprenant l'Algérie, la Tunisie et la Tripolitaine. Ce nom lui est donné au Moyen Âge par les Européens. Soumis à l'Empire ottoman (XVIe siècle), les corsaires barbaresques (**Barberousse**) disputent aux Européens le contrôle de la Méditerranée. Ils vont jusqu'en mer du Nord et ramènent des prisonniers chrétiens qu'ils vendent comme esclaves à Alger (XVIIe siècle). Le territoire est morcelé par la colonisation (XIXe siècle).

BARBEROUSSE ✦ Nom donné à deux frères, Arudj (vers 1474-1518) et Khayr al-Dîn (vers 1476-1546), corsaires turcs. Ils donnent Alger aux Ottomans qui fondent la régence d'Alger en 1587.

BARBEY D'AUREVILLY Jules (1808-1889) ✦ Écrivain français. Cet aristocrate normand, dandy antibourgeois converti à un catholicisme intransigeant, est un critique littéraire féroce (*Les Œuvres et les Hommes*, 1860-1909). Son œuvre romanesque mêle réalisme et surnaturel : *L'Ensorcelée* (1854) et *Le Chevalier Des Touches* (1864), où apparaissent les superstitions normandes du Cotentin ; *Une vieille maîtresse* (1851), *Les Diaboliques* (1874), recueil de six nouvelles insolites. Admiré par ses jeunes contemporains qui l'appellent le «Connétable des Lettres», il a influencé **Bernanos**.

BARBIZON ✦ Commune de Seine-et-Marne. 1 225 habitants (les *Barbizonnais*). Au XIXe siècle, elle accueille des peintres paysagistes (**Millet**), fondateurs de *l'école de Barbizon* qui précède l'impressionnisme.
☛ Réalisme p. 182.

BARBUSSE Henri (1873-1935) ✦ Écrivain français. Jeune journaliste puis poète symboliste (*Les Pleureuses*, 1895), ce pacifiste relate son expérience de la vie effroyable des tranchées dans *Le Feu, journal d'une escouade* (1916, prix Goncourt) et se tourne ensuite vers le militantisme communiste.

BARCARÈS (Le) ✦ Commune des Pyrénées-Orientales, sur la Méditerranée. 4 717 habitants (les *Barcarésiens*). Station balnéaire de *Port-Barcarès.*

BARCELONE ✦ Ville du nord-est de l'Espagne, capitale de la Catalogne, sur la Méditerranée. 1,6 million d'habitants (les *Barcelonais*). Cathédrale Santa Eulalia (XIVe siècle) ; église de la Sagrada Familia, construite par **Gaudi** (XIXe siècle) dans un style très imaginatif hérité du baroque, tout comme la Casa Mila, le palais et le parc Güell, qui sont inscrits sur la liste du patrimoine mondial de l'Unesco. Premier centre industriel du pays (textile, métallurgie, électronique), centre financier et culturel, qui accueille les Jeux olympiques en 1992. Ville natale de Joan Miro et Ricardo Bofill. ♦ La ville est fondée par les Carthaginois (vers 237 av. J.-C.), puis passe sous la domination de Rome, des Wisigoths et des Maures avant d'être libérée par Charlemagne (801). L'union de l'Aragon et de la Catalogne lui fait perdre son rôle de capitale au profit de Madrid (1474). Les Catalans choisissent le roi de France Louis XIII comme comte de Barcelone (1640) puis la ville retourne à l'Espagne par le traité des **Pyrénées** (1659). Prise par les Anglais (1705), elle est occupée par les Français (1714, 1808-1814). Pendant la guerre d'**Espagne,** elle résiste aux nationalistes jusqu'en 1939.

BARCELONNETTE ✦ Chef-lieu d'arrondissement des Alpes-de-Haute-Provence. 2 698 habitants (les *Barcelonnettes*) (☛ carte 23).

BARDOT Brigitte (née en 1934) ✦ Actrice française. Sa beauté sensuelle et ses rôles de femme libre la rendent célèbre dans le monde entier. Films de « B.B ». : *Et Dieu créa la femme* (1956), *En cas de malheur* (1958), *La Vérité* (1960), *Le Mépris* (1963), *Viva Maria* (1965). Elle se consacre aujourd'hui à la défense des animaux.

BARENTS (mer de) ✦ Partie de l'océan glacial Arctique qui baigne les côtes de Norvège et de Russie. Superficie : environ 1,4 million de km² (deux fois et demie la France). Elle sert de lieu de pêche aux flottilles russes, norvégiennes et britanniques. Elle doit son nom au marin néerlandais Willem Barents (vers 1551-1597), qui explore la région (1594, 1596), à la recherche d'un passage vers l'Asie.

BARI ✦ Ville d'Italie, chef-lieu des Pouilles. 316 532 habitants. Basilique Saint-Nicolas et église romane (XIe-XIIe siècles), château (XIIIe-XVIe siècle). La ville moderne, en damier, a été inspirée par **Murat** (XIXe siècle). Port (pêche et commerce). Centre industriel (mécanique, agroalimentaire, aluminium, sidérurgie, pétrochimie). Ville natale de N. Piccinni. ♦ Occupée successivement par les Arabes (841), les Byzantins (875), puis les **Normands** (1071), la ville est un port d'où embarquaient les croisés. Elle a été rattachée au royaume de Naples en 1558.

BAR-LE-DUC ✦ Chef-lieu de la Meuse. 15 668 habitants (les *Barisiens*). Église Saint-Étienne (XVe siècle). Centre administratif et commercial. Ville natale de François de Guise, Raymond Poincaré. ♦ C'est la capitale du comté (Xe siècle) puis du duché (1354) de Bar (ou *Barrois*) qui passe à la couronne de France en 1766. Pendant la bataille de **Verdun** (1916), elle est le point de départ de la Voie sacrée qui relie Bar-le-Duc à Verdun.

BARNARD Christian (1922-2001) ✦ Chirurgien sud-africain. Il étudie aux États-Unis puis réalise les premières opérations « à cœur ouvert » en Afrique du Sud. Il est le premier au monde à pratiquer la greffe d'un cœur humain (1967).

BARRAS Paul, vicomte de (1755-1829) ✦ Révolutionnaire français. Il siège avec la **Montagne** et organise la Terreur dans le sud-est de la France. Coresponsable de la chute de **Robespierre** (1794), il est nommé commandant en chef de l'armée de l'Intérieur et réprime l'insurrection royaliste contre la Convention (13 Vendémiaire an IV, 5 octobre 1795). Directeur, sous le **Directoire**, il est l'instigateur du coup d'État du 18 Fructidor an V (4 septembre 1797). Napoléon Ier l'oblige à démissionner après le coup d'État du 18 **Brumaire an VIII**, alors qu'il est devenu premier personnage de l'État. Exilé (1810) puis interné, il écrit des *Mémoires* sur la vie pendant le Directoire.

BARRAULT Jean-Louis (1910-1994) ✦ Acteur, metteur en scène et directeur de théâtre français. Élève de **Dullin**, il est influencé à ses débuts par **Artaud**. À la Comédie-Française, puis avec sa propre troupe, la *compagnie Renaud-Barrault,* fondée avec sa femme Madeleine **Renaud**, il met en scène Claudel, Ionesco et Beckett aussi bien que des classiques comme Shakespeare, Molière ou Tchekhov. Il s'illustre également comme acteur de cinéma, notamment dans *Drôle de drame* (1937) et *Les Enfants du paradis* (1945) de Carné.

BARRÈS Maurice (1862-1923) ✦ Écrivain et homme politique français. Il a mené de front sa carrière littéraire et sa vie politique. Il a célébré l'individualisme social et moral dans sa première trilogie, *Le Culte du moi* (1888-1891), et exposé les principes de son nationalisme exalté, dans la seconde, *Le Roman de l'énergie nationale* (1897-1902). Sa pensée a exercé une grande influence sur la vie intellectuelle de son temps (*Mes cahiers,* mémoires posthumes, 1930-1956). Académie française (1906).

BARRY (comtesse du) (1743-1793) ✦ Favorite du roi **Louis XV**. Elle est souvent mêlée contre son gré aux affaires de la Cour. À la Révolution, elle est accusée de complot contre la République et guillotinée. ▪ Son véritable nom est *Jeanne Bécu.*

BAR-SUR-AUBE ✦ Ville de l'Aube, sur le fleuve du même nom. 5 014 habitants (les *Baralbins* ou *Barsuraubois*). Église Saint-Pierre (XIIe siècle) avec une galerie couverte d'une charpente (XIVe siècle), appelée le *halloy.* Ville natale de Bachelard. ♦ La plus importante foire de la **Champagne** au Moyen Âge.

BART Jean (1650-1702) ✦ Marin français. D'origine flamande, il devient corsaire au service de la Hollande, puis sert Louis XIV (1674). Il se bat contre les Hollandais, les Barbaresques et les Anglais, dont il force le blocus devant Dunkerque (1694). Cette victoire lui vaut d'être anobli.

BARTHES Roland (1915-1980) ✦ Écrivain français, spécialiste de sémiologie. Il travailla sur le langage et tous les signes ou codes au sein de la vie sociale. Ses ouvrages les plus connus sont *Le Degré zéro de l'écriture* (essai sur le langage employé dans la littérature), *Mythologies* (réflexion sur les mythes de la vie quotidienne) et *Fragments d'un discours amoureux.* Professeur au Collège de France à partir de 1976, il enseigna la sémiologie littéraire.

BARTHOLDI Frédéric Auguste (1834-1904) ✦ Sculpteur français. Les commandes officielles qu'il reçoit lui permettent d'exprimer son sentiment patriotique. Il est l'auteur de *La Liberté éclairant le monde* (appelée la *statue de la* ***Liberté***, 1886) et du *Lion de* ***Belfort*** (1880).

BARTOK Béla (1881-1945) ✦ Compositeur hongrois. Professeur de piano, il voyage en Europe centrale avec son ami **Kodaly** et en Afrique pour étudier les chants folkloriques qui sont la base de son œuvre, mélodique et lyrique. Il quitte la Hongrie au moment où elle pactise avec Hitler et part pour les États-Unis. Œuvres : *Le Château de Barbe-Bleue* (1911), *Mikrokosmos* (1938), *Concerto pour orchestre* (1943).

BARYCHNIKOV Mikhaïl (né en 1948) ✦ Danseur et chorégraphe américain d'origine russe. Il mena une brillante carrière en Union soviétique et profita d'une tournée au Canada pour demander l'asile politique (1974). Il travailla avec George **Balanchine** et Jerome **Robbins** avant de devenir directeur artistique de l'American Ballet Theatre (1980-1992).

BARYE Antoine-Louis (1796-1875) ✦ Sculpteur et aquarelliste français. Élève de Gros, il se spécialise dans le bronze animalier, avec une prédilection pour le thème romantique du combat de fauves (*Tigre dévorant un gavial,* 1831 ; *Lion écrasant un serpent,* 1833 ; *Thésée combattant le Minotaure,* 1843). Il a aussi peint des aquarelles d'une grande puissance expressive.

BASIE Count (1904-1984) ✦ Pianiste, compositeur et chef d'orchestre de jazz américain. Pianiste au style incisif et percutant, chef d'orchestre exigeant du Count Basie Orchestra qu'il dirige pendant cinquante ans, il est aussi un compositeur populaire qui s'impose comme l'un des meilleurs représentants du style swing. Principaux enregistrements : *One O'Clock Jump* (1937), *Tickle Toe* (avec Lester Young, 1940), *The Kid from Red Bank* (1957). ■ Son véritable prénom est *William.*

BASILICATE n. f. ✦ Région administrative d'Italie, dans le sud du pays (☛ carte 30). Superficie : 9 992 km². 597 768 habitants. Chef-lieu : Potenza. ♦ Région montagneuse. Élevage et agriculture (céréales, fruits). Industrie (chimie). Essor du tourisme sur la côte.

① **BASQUE** (Pays) ✦ Région historique des Pyrénées occidentales (environ 20 000 km²) (☛ carte 21). Elle s'étend sur les Provinces **basques** et la **Navarre** en Espagne et sur le Pays **basque** français. Les habitants, les *Basques,* sont unis par leur origine commune et par leur langue, le basque. ♦ Les *Vascons,* installés en Espagne (Navarre), sont vaincus par Pompée puis par Auguste. Soumis par les Wisigoths, ils se révoltent (VIe siècle) et franchissent les Pyrénées. Ils battent l'arrière-garde de Charlemagne à **Roncevaux** (778), fondent le duché de Vasconie (Gascogne) et prennent le trône de **Navarre** (Xe siècle). Une série d'annexions brise l'unité du peuple basque, et le pays est partagé entre l'Espagne et la France (XVIIe siècle).

② **BASQUE** (Pays) ✦ Région du sud-ouest de la France, couvrant une grande partie du département des Pyrénées-Atlantiques. Ville principale : Bayonne. La partie montagneuse est peu élevée (pic d'Orhy, 2 017 m). C'est une région de bocages et de collines au climat doux et humide qui favorise l'agriculture (maïs) et l'élevage, dont profite l'industrie alimentaire (fromage, jambon). Tourisme sur la côte (Biarritz).

BASQUES (Provinces) ✦ Région administrative d'Espagne, dans le nord du pays (☛ carte 32). Superficie : 7 261 km². Plus de 2 millions d'habitants (les *Basques*). Capitale : Vitoria. ♦ C'est une bande côtière surplombée au sud par la réunion des monts Cantabriques et des Pyrénées (1 500 m d'altitude). Le climat tempéré favorise l'agriculture (maïs) et l'élevage (bovins). L'industrie, ancienne et active (bois, sidérurgie, textile), se concentre autour de **Bilbao**, le deuxième port d'Espagne. Le tourisme est moins actif qu'au début du XXe siècle. ♦ Issues de principautés basques, les Asturies et la Navarre sont annexées par la Castille (XIIIe-XVe siècles). Elles bénéficient de privilèges particuliers, remis en cause par Madrid, ce qui entraîne des conflits et l'émigration des Basques vers l'Amérique du Sud (XIXe siècle). Le nationalisme, reconnu par la République espagnole (1931) et combattu par le général Franco (1937), s'exprime alors dans la violence. Les Provinces basques obtiennent un statut autonome (1979). La cause nationaliste est défendue par l'ETA (*Euzkadi Ta Azkatasuna,* qui signifie « le Pays basque et sa liberté »), mouvement indépendantiste fondé en 1959 qui renonce à la lutte armée en 2011.

BAS-RHIN n. m. ✦ Département de l'est de la France [67], de la Région Grand Est. Superficie : 4 755 km². 1,11 million d'habitants. Chef-lieu : Strasbourg ; chefs-lieux d'arrondissement : Haguenau, Molsheim, Saverne, Sélestat-Erstein et Wissembourg.

BASSE-CALIFORNIE n. f. ✦ Presqu'île du nord-ouest du Mexique, longue de 1 000 km (☛ carte 50). Elle délimite le golfe de **Californie**, qui s'ouvre sur l'océan Pacifique. Montagneuse et aride, elle contient de l'argent, de l'or et du cuivre. Tourisme côtier (surf, observation des baleines).

BASSE-NORMANDIE n. f. ✦ Ancienne région administrative de l'ouest de la France, intégrée à la Région Normandie. Elle était formée de trois départements : le Calvados, la Manche et l'Orne. Le chef-lieu était Caen. ♦ GÉOGRAPHIE. La Basse-Normandie est formée de champs et de bocages. Son climat océanique est humide. La population est en baisse constante. Le parc naturel régional Normandie-Maine (235 000 ha), créé en 1975, englobe les collines boisées du sud de la Basse-Normandie et du nord du Maine. ♦ ÉCONOMIE. Cette région agricole (élevage bovin, produits laitiers, pomme) fournit des produits renommés (cidre, calvados, fromage, crème). L'industrie est très présente (agroalimentaire, automobile). Les secteurs du nucléaire (usines de La Hague, de Flamanville) et de la construction navale militaire (arsenal de Cherbourg) sont actifs. Le tourisme est diversifié : balnéaire et sportif dans le Calvados, historique sur les plages du débarquement, culturel au Mont-Saint-Michel.

BASSE-SAXE n. f. ✦ État (Land) du nord-ouest de l'Allemagne (☛ carte 29). Superficie : 47 348 km². 7,99 millions d'habitants. Capitale : Hanovre. ♦ La Basse-Saxe est constituée d'une grande plaine parsemée de marais et de landes. Les Länder de Brême et de Hambourg y forment des enclaves. L'agriculture est peu importante (céréales, betterave, pomme de terre). La richesse du sous-sol (fer, lignite, pétrole) favorise l'industrie (sidérurgie, mécanique, chimie, textile). ♦ Son histoire correspond à celle de la **Saxe**.

① **BASSE-TERRE** ✦ Une des deux principales îles de l'archipel de la **Guadeloupe**. C'est une île volcanique dont le point culminant est la **Soufrière** (1 467 m).

② **BASSE-TERRE** ✦ Chef-lieu du département de la Guadeloupe. 12 834 habitants (les *Basse-Terriens*). Centre administratif et commercial, port bananier.

BASSIN AQUITAIN → AQUITAIN (Bassin)

BASSIN PARISIEN → PARISIEN (Bassin)

BASSORA ✦ Ville d'Irak, sur la rive droite du Chatt al-Arab, près du golfe Arabo-Persique. 825 000 habitants. C'est la deuxième ville du pays, un port important et, avant la guerre contre l'Iran, le troisième centre industriel d'Irak. ♦ Plaque tournante du commerce entre l'Inde, l'Extrême-Orient, l'Afrique et la Méditerranée, important centre intellectuel (VIIIe-IXe siècles), elle est détruite par les Mongols (1258), reconstruite, puis se développe à nouveau comme débouché du commerce fluvial vers Bagdad (XIXe siècle).

BASTIA ✦ Chef-lieu de Haute-Corse. 43 331 habitants (les *Bastiais*). Citadelle (XVe-XVIIe siècles), ancien palais des gouverneurs génois (XIVe-XVIe siècles), devenu musée d'Ethnographie corse. Principal port de Corse, centre économique et touristique. ♦ Fondée par les Génois (1383), elle est capitale de la Corse jusqu'en 1768. Elle perd sa prépondérance au profit d'**Ajaccio** lorsque l'île est réunie en un seul département (1811).

BASTIÉ Maryse (1898-1952) ✦ Aviatrice française. Elle traversa seule l'Atlantique sud, de Dakar à Natal au Brésil, en 1936. Elle milita avec Hélène **Boucher** pour le vote des femmes.

BASTILLE n. f. ✦ Ancienne forteresse de Paris, construite sous le règne de Charles V (1370). Elle devient une prison d'État sous Richelieu, où séjournent notamment Fouquet, le Masque de fer, Bernard Palissy, le marquis de Sade et Voltaire. Symbole du pouvoir arbitraire de l'Ancien Régime, elle est prise par le peuple de Paris (14 juillet 1789) qui veut s'emparer des armes qui s'y trouvent. La *prise de la Bastille* marque le début de la **Révolution française** (☛ Révolution française p. 175). Elle est ensuite rasée (1790). La colonne de Juillet (érigée de 1833 à 1840), surmontée du génie de la Liberté, est dressée sur l'actuelle place de la Bastille, en l'honneur des révolutionnaires de juillet 1830. En 1880, la date du 14 Juillet est choisie pour célébrer la fête nationale française.

BASTOGNE ✦ Ville de Belgique (Région wallonne), sur un plateau de l'Ardenne. 14 386 habitants. Église Saint-Pierre de style gothique mosellan (1535). Monument du Mardasson (mémorial américain de la bataille des Ardennes) décoré de mosaïques par Fernand Léger.

BATAILLE Georges (1897-1962) ✦ Écrivain français. Converti au catholicisme puis au marxisme, il s'intéresse à la sociologie, à la psychanalyse et à l'ascétisme d'Extrême-Orient. Il fonde son interprétation de la société et de l'histoire et sa conception de la littérature sur la transgression des interdits. Pour lui, l'érotisme et la mort, libérés des tabous de la morale et de la religion, se confondent. Il explore ces idées dans *Le Bleu du ciel* (1935, publié 1957), la trilogie *Somme athéologique* (1943-1945), *La Littérature et le Mal* et *L'Érotisme* (1957) ou encore *L'Impossible* (1962).

BATMAN ✦ Personnage de bandes dessinées américaines, créé en 1939 par Bill Finger et Bob Kane. Ce justicier masqué combat le crime dans la ville de Gotham City. Les aventures de l'homme-chauve-souris ont été souvent adaptées à l'écran.

BATNA ✦ Ville du nord-est de l'Algérie. 184 069 habitants. Aux environs, on peut voir les ruines romaines des sites de Tazoult et **Timgad**.

BATZ (île de) ✦ Île du Finistère, dans la Manche, en face de Roscoff. Superficie : 4 km^2. 606 habitants (les *Batziens*). Tourisme, cultures maraîchères.

BAUCIS → PHILÉMON ET BAUCIS

BAUDELAIRE Charles (1821-1867) ✦ Écrivain français. Critique d'art (*L'Art romantique,* publication posthume en 1868) et traducteur, notamment d'Edgar **Poe** (1852-1865), il est avant tout un poète. Il connaît le mal de vivre, l'angoisse de la création et le déchirement entre l'esprit et la sensualité. Ses œuvres montrent son désir d'évasion à la recherche d'un monde idéal où règnent la beauté et la perfection : *Les Fleurs du mal* (1857), condamnées par la justice, et *Petits Poëmes en prose* (publication posthume, 1869), appelés aussi *Le Spleen de Paris* et inspirés par A. **Bertrand.**

BAUDOUIN Ier (1930-1993) ✦ Roi des Belges de 1951 à sa mort. Il monte sur le trône à l'abdication de son père, épouse la reine Fabiola (1960) et consacre son règne à l'unité de la Belgique. Son frère, Albert II, lui succède.

BAUHAUS n. m. ✦ École allemande d'architecture et d'art appliqué fondée par l'architecte et urbaniste Walter **Gropius** en 1919 à **Weimar.** Installée à Dessau (1925) puis à Berlin (1932), elle a pour but d'associer l'artisan et l'artiste et d'intégrer l'art à la civilisation industrielle en créant des objets usuels esthétiques et fonctionnels. Avec des professeurs comme **Mies van der Rohe,** Paul **Klee** ou Wassily **Kandinsky,** elle a eu une influence majeure sur l'art contemporain.

BAULE-ESCOUBLAC (La) ✦ Ville de Loire-Atlantique. 15 542 habitants (les *Baulois*). Port de plaisance et station balnéaire réputée pour sa plage, La Baule, longue de 8 km.

BAUSCH Pina (1940-2009) ✦ Danseuse et chorégraphe allemande. Directrice du Ballet de Wuppertal à partir de 1974, elle exprime dans ses chorégraphies expressionnistes une vision de la danse très proche du théâtre. Principaux ballets : *Barbe-Bleue* (1977), *Café Müller* (1978), *Nelken* (1982), *Tanzabend II* (1991), *Ten Chi* (2004), *Sweet Mambo* (2008). ■ Son véritable prénom est *Philippine.*

BAUX-DE-PROVENCE (Les) ✦ Village des Bouches-du-Rhône, construit sur un escarpement des Alpilles. 420 habitants (les *Baussencs*). Église Saint-Vincent (XIIe siècle), hôtels particuliers et maisons Renaissance. Extraction de *bauxite* (découverte en 1821). ♦ Les seigneurs des Baux-de-Provence, dont le château et les remparts sont taillés dans la roche, ont joué un grand rôle dans l'histoire de la Provence (X^{e}-XVe siècles).

BAVIÈRE n. f. ✦ État (Land) du sud-est de l'Allemagne (☛ carte 29). Superficie : 70 554 km^2. 12,44 millions d'habitants (les *Bavarois*), en majorité catholiques. Capitale : Munich. ♦ Au nord, entre le Main et le Danube, le bassin de Souabe-Franconie est séparé de la République tchèque par le massif de la Forêt-de-Bohême. Au sud s'étendent le plateau Souabe-Bavarois puis les Préalpes, où se situe le point culminant de l'Allemagne (Zugspitze, 2 962 m). L'agriculture est active (blé, houblon, betterave, vigne, élevage laitier). L'industrie se diversifie (mécanique, textile, électronique, bois, alimentaire) et les services sont développés. Le tourisme culturel (**Munich, Bayreuth**) et sportif (sports d'hiver) est florissant. ♦ Peuplée de Celtes, la région est dominée par les Romains, les Francs, puis appartient aux Carolingiens (**Louis Ier le Pieux**, 814). Érigée en duché (911) et disputée, elle est unie au **Palatinat** rhénan (1214). Sous les Habsbourg, qui soutiennent les catholiques, elle joue un rôle important pendant la guerre de **Trente Ans** (1618-1648). Alliée à la France au cours des guerres de succession qui secouent le XVIIIe siècle, elle l'abandonne (1813) pour la **Confédération germanique**, s'allie à l'Autriche contre la Prusse (1866) puis à la Prusse contre la France (1870). Elle fait partie de l'Empire allemand jusqu'à la proclamation de la république (1918). Occupée par les Américains à la fin de la Deuxième Guerre mondiale (1945), elle devient un Land (1949).

BAYARD (vers 1475-1524) ✦ Chevalier français. Il se distingue par sa bravoure pendant les guerres d'Italie sous Charles VIII et Louis XII (1495-1512), ce qui lui vaut le surnom de «Chevalier sans peur et sans reproche». Fait prisonnier par les Anglais en Picardie (1513), il retourne en Italie avec François Ier après sa libération et participe à la victoire de **Marignan** (1515). Il est tué en Italie, alors qu'il protégeait la retraite de l'armée. ■ Son nom complet est *Pierre Terrail, seigneur de Bayard.*

BAYEUX ✦ Ville du Calvados. 13 917 habitants (les *Bayeusains* ou les *Bajocasses*). Cathédrale romane et gothique Notre-Dame (XIIIe siècle). Dans la bibliothèque, la *tapisserie de Bayeux* (vers 1077), longue de 70 m et haute de 50 cm, appelée aussi *broderie de la reine* ***Mathilde,*** raconte la conquête de l'Angleterre par les Normands. Ville industrielle. ♦ Capitale du peuple gaulois des Bajocasses, puis ville romaine, Bayeux est la première ville française libérée au moment du débarquement des Alliés (7 juin 1944). Charles de **Gaulle** y prononce un discours (1946) qui contient les bases de la Constitution de la Ve République (1958).

BAYONNE ✦ Ville des Pyrénées-Atlantiques. 48 178 habitants (les *Bayonnais*). Cathédrale gothique Sainte-Marie (XIIIe-XVe siècle) ; remparts construits par Vauban ; Musée basque. Port fluvial, développé pour l'exploitation du gaz de Lacq ; centre industriel (aéronautique, électronique, informatique). ♦ Ville gallo-romaine, elle passe avec l'**Aquitaine** sous la domination anglaise (1152) jusqu'à sa prise par Dunois (1451), un compagnon de Jeanne d'Arc. Napoléon Ier y rencontre les rois d'Espagne qui abdiquent en faveur de son frère Joseph Bonaparte (1808).

BAYREUTH ✦ Ville d'Allemagne (Bavière). 72 000 habitants. Monuments baroques : l'Opéra (1744-1748), inscrit sur la liste du patrimoine mondial de l'Unesco, le Nouveau Château (musée) et l'Ermitage (château et parcs). Franz Liszt y est enterré. ♦ Capitale d'une principauté (XIIe siècle), elle passe aux mains des margraves de Brandebourg (1603). Ils en font un centre culturel, puis la vendent à la Prusse (1791). Elle est réunie à la Bavière en 1810. Richard **Wagner** s'y installe (1872) et fait construire un théâtre pour la représentation de ses opéras, inauguré en 1876. Depuis 1882, un festival wagnérien de renommée mondiale s'y tient tous les ans.

BAZIN Hervé (1911-1996) ✦ Écrivain français. Ses romans dénoncent, parfois avec ironie, la société bourgeoise et les contraintes qu'elle impose. Œuvres : *Vipère au poing* (1948), *La Tête contre les murs* (1949), *La Mort du petit cheval* (1950), *Qui j'ose aimer* (1956), *Au nom du fils* (1961), *Cri de la chouette* (1972). Académie Goncourt (1958) dont il devient président (1973). ■ Son véritable nom est *Jean-Pierre Hervé-Bazin.*

BBC n. f. (anglais *British Broadcasting Corporation* «Société de radio et de télédiffusion britannique») ✦ Office national britannique de radiodiffusion et de télévision, créé en 1922. Ses membres sont choisis par le Premier ministre mais l'office, responsable devant le Parlement, a toutefois une très grande indépendance vis-à-vis des pouvoirs publics. Organe officiel de propagande radiophonique des Alliés pendant la Deuxième Guerre mondiale, la BBC perd son monopole en 1954.

BÉARN n. m. ✦ Région historique du sud-ouest de la France, qui fait partie, avec le Pays basque, du département des Pyrénées-Atlantiques (☛ carte 21). Ses habitants s'appellent les *Béarnais.* Ville principale : Pau. ♦ Le Béarn est une région de collines. Agriculture (vins du Jurançon). Industrie (gaz de **Lacq**). ♦ Envahi par les Wisigoths, les Francs et les Vascons (Basques), le Béarn devient un comté (820). Inclus dans la **Gascogne** puis la **Guyenne**, il maintient son indépendance face au roi d'Angleterre et fait partie du comté de **Foix** (1290), en lutte contre l'Armagnac. Au XVe siècle, des liens familiaux se créent avec la **Navarre**, dont le roi, Henri le Béarnais, devient roi de France sous le nom de ***Henri IV*** (1589). Le rattachement du Béarn à la Couronne (1594) n'est officiel qu'en 1620.

BEATLES (les) ✦ Groupe britannique de musique pop, fondé à Liverpool en 1962 et dissous en 1970. Il comprend George Harrison (1943-2001), John Lennon (1940-1980), Paul McCartney (né en 1942) et Ringo Starr (né en 1940). Leurs chansons, mélodieuses et rythmées, connaissent un succès mondial phénoménal et symbolisent les aspirations de la jeunesse et la joie de vivre des années 1960. Parmi les plus célèbres : *Love Me Do* (1962), *Yesterday* (1965), *Help* (1965), *Sgt. Pepper's Lonely Hearts Club Band* (1967), *Let It Be* (1970).

BEATRIX Ire (née en 1938) ✦ Reine des Pays-Bas de 1980 à 2013. Sa mère, la reine Juliana, a abdiqué en sa faveur. Elle abdique en faveur de son fils Willem-Alexander.

BEAUBOURG ✦ Quartier du centre de Paris, près des anciennes **Halles.** C'est un quartier très ancien, totalement rénové au début des années 1970. On y trouve le **Centre national d'art et de culture Georges-Pompidou** et la vieille rue Quincampoix, centre boursier au XVIIIe siècle.

BEAUCE n. f. ✦ Région du Bassin parisien, au sud de Paris, entre les vallées de l'Eure, du Loir, de la Loire et du Loing (☛ carte 21). Ses habitants s'appellent les *Beaucerons.* Ville principale : Chartres. C'est un grand plateau agricole (blé, maïs, betterave), connu depuis longtemps comme le «grenier à blé» de la France.

BEAUHARNAIS Joséphine de (1763-1814) ✦ Impératrice des Français. Veuve du vicomte de Beauharnais, elle épouse Bonaparte (1796), sur qui elle a une grande influence. Il la couronne impératrice (1804), puis la répudie (1809) parce qu'elle ne lui donne pas d'héritier. Elle se retire alors au château de **Malmaison.** ■ Son nom de jeune fille est *Marie-Josèphe Rose Tascher de La Pagerie.*

BEAUJOLAIS n. m. ✦ Région historique du centre de la France, située dans le nord-est du Massif central, entre les vallées de la Loire et de la Saône. Ville principale : Villefranche-sur-Saône. ♦ Les collines s'étendent sur les départements de la Loire et du Rhône et descendent sur la vallée de la Saône, couverte de vignobles réputés. Le vin produit dans la région s'appelle le *beaujolais.* ♦ La seigneurie, fondée au Xe siècle autour de Beaujeu, passe à la famille des Bourbons (1400) puis des Orléans (1626). Louis XIV en fait un comté dépendant du Lyonnais.

BEAUMARCHAIS (1732-1799) ✦ Écrivain français. Il fonde la Société des auteurs dramatiques en 1777. Ses pièces de théâtre, *Le Barbier de Séville* (1775), *Le Mariage de Figaro* (1784), ont des problèmes avec la censure. Elles critiquent la société et la morale au travers du personnage de **Figaro,** qui s'exprime avec une grande franchise. Des musiciens célèbres (Rossini, Mozart) s'en sont inspirés pour écrire des opéras. ■ Son nom complet est *Pierre Augustin Caron de Beaumarchais.*

BEAUNE ✦ Ville de la Côte-d'Or. 21 579 habitants (les *Beaunois*). Hôtel-Dieu de style gothique bourguignon (1443-1451), aux toits colorés et dont le musée abrite des œuvres flamandes ; église romane Notre-Dame (XIIe-XVe siècles) ; hôtel de ville (XVIIe siècle) ; musée du Vin dans l'hôtel des ducs de Bourgogne. Capitale vinicole de la Bourgogne. Ville natale du mathématicien Monge. ♦ Chef-lieu d'une région romaine, elle est rattachée à la Bourgogne (1227), à la couronne de France (1478), puis devient une place forte de la **Ligue** (XVIe siècle).

BEAUVAIS ✦ Chef-lieu de l'Oise. 54 738 habitants (les *Beauvaisiens* ou les *Beauvaisins*). Cathédrale gothique Saint-Pierre (XIIIe-XIVe siècles ☛ Art gothique p. 160) ; Manufacture nationale de la Tapisserie, fondée par Colbert (1664), transférée aux Gobelins à Paris (1940), puis réaménagée (1989) ; musée départemental de l'Oise. Centre administratif, commercial et industriel (chimie, mécanique, alimentation). ♦ La ville est habitée par le peuple gaulois des Bellovaques. Elle devient une cité romaine de la Gaule belgique puis un comté (1015). Elle résiste aux Anglais (1443) et à **Charles le Téméraire** (1472). Beauvais et sa région, le *Beauvaisis,* sont réunies à la Couronne par Louis XI.

BEAUVOIR Simone de (1908-1986) ✦ Écrivain français. Professeur de philosophie, elle partage la vie de Jean-Paul **Sartre** et se consacre à l'écriture (1943). Ses œuvres proposent une réflexion sur les relations entre les hommes et les femmes et sur la conscience, pour chacun, de la responsabilité de ses actes. Elle écrit des essais (*Le Deuxième Sexe,* 1949), des romans (*Les Mandarins,* 1954) et des récits autobiographiques (*Mémoires d'une jeune fille rangée,* 1958 ; *La Force de l'âge,* 1960 ; *La Cérémonie des adieux,* 1981).

BECHET Sidney (1891 ou 1897-1959) ✦ Musicien de jazz américain. D'abord clarinettiste, il se fait connaître surtout au saxophone soprano, dont il tire un vibrato caractéristique. Il entame une carrière internationale dès 1919 et se fixe en France en 1950. C'est l'un des principaux représentants du style «New-Orleans». Des morceaux comme *Les Oignons* et *Petite Fleur* sont devenus des succès mondiaux.

BECKET Thomas → **THOMAS BECKET** (saint)

BECKETT Samuel (1906-1989) ✦ Écrivain irlandais. Installé en France (1937), il choisit d'écrire uniquement en français. Ses œuvres décrivent avec ironie un monde désespérant où l'homme se débat de façon dérisoire : *Molloy* (roman, 1951), *En attendant Godot* (théâtre, 1953), *Oh les beaux jours* (théâtre, 1963). ☛ Littérature p. 146. Prix Nobel de littérature (1969).

BECQUEREL ✦ Famille de physiciens français du XIXe siècle. Le père, **Antoine BECQUEREL** (1788-1878), entré à l'Académie des sciences en 1829, est connu pour ses travaux en électrochimie. Le fils, **Edmond BECQUEREL** (1820-1891), entré à l'Académie des sciences en 1863, étudie les propriétés magnétiques des minéraux et les phénomènes de phosphorescence. Le petit-fils, **Henri BECQUEREL** (1852-1908), découvre le phénomène de la radioactivité (1896) et ses propriétés. Académie des sciences (1889). Prix Nobel de physique avec Pierre et Marie **Curie** (1903). Son nom est donné à l'unité de mesure de l'activité radioactive, le *becquerel.*

BÉDOUINS n. m. pl. ✦ Ensemble des **Arabes** qui vivent de façon nomade dans le **Sahara,** du Maroc jusqu'en Égypte, ainsi qu'en Syrie et en Arabie.

BEETHOVEN Ludwig van (1770-1827) ✦ Compositeur allemand. Admirateur de Mozart, il s'installe à Vienne (1792), où il devient l'élève de Joseph **Haydn.** C'est un pianiste virtuose qui fait des tournées triomphales dans le Saint Empire et s'enthousiasme pour les idéaux de la Révolution française. Il ne cesse jamais de composer malgré la surdité qui le frappe à 26 ans. Ce génie indomptable et fougueux laisse une œuvre immense. Ni classiques ni romantiques, ses compositions — surtout des symphonies et des sonates — expriment le triomphe de la volonté, de l'héroïsme et de la joie sur le chaos et les forces obscures. Œuvres : la *Symphonie héroïque* (la troisième, 1802), la sonate *Appassionata* (1804), l'opéra *Fidelio* (1805-1814), la *Symphonie pastorale* (la sixième, 1808), l'*Immortelle Bien-Aimée* (appelée *Lettre à Élise,* 1812), la *Messe solennelle* (1822) et la *Neuvième Symphonie* (1824), dans laquelle se trouve l'*Hymne à la joie,* adopté comme hymne par la **CEE** (1972).

BEGAG Azouz (né en 1957) ✦ Sociologue, homme politique et écrivain français d'origine algérienne. Son œuvre s'inspire de son enfance (*Le Gone du Chaâba,* 1986 ; *Béni ou le Paradis privé,* 1989) et comporte également des ouvrages pour la jeunesse. Il est ministre délégué à la promotion de l'égalité des chances de 2005 à 2007.

BEGIN Menahem (1913-1992) ✦ Homme politique israélien. Chef du parti de droite, le Likoud (1973), il devient Premier ministre (1977-1983). Il négocie la paix avec l'Égypte et reçoit le prix Nobel de la paix en 1978 avec le président égyptien Anouar al-**Sadate.**

BEIJING ✦ Nom officiel de la capitale de la Chine, appelée ***Pékin*** en français.

BÉJART ✦ Famille de comédiens du XVIIe siècle, qui a fondé l'Illustre-Théâtre en 1643, avec Molière. **Madeleine BÉJART** (1618-1672) dirige le théâtre et joue les rôles de soubrette. **Armande BÉJART** (peut-être 1642-1700), fille de Madeleine et femme de **Molière** (1662), crée le rôle de Célimène dans *Le Misanthrope* et dirige le théâtre jusqu'en 1680.

BÉJART Maurice (1927-2007) ✦ Danseur et chorégraphe français. Il fonde et dirige, dès 1957, plusieurs ballets à Paris, Bruxelles puis Lausanne (1987). Il renouvelle la danse en puisant dans les grands mythes d'Occident et dans les sources orientales. Pour lui, un ballet doit être un spectacle total où parole, chant et danse forment un tout. On lui doit : *Symphonie pour un homme seul* (1955), *Messe pour le temps présent* (1967), *Le Marteau sans maître* (1973), *Éros Thanatos* (1980). ■ Son véritable nom est *Maurice Berger.*

BEKAA n. f. ✦ Plaine de l'est du Liban. Longue de 120 km et large de 12 km, à une altitude de 900 m, elle sépare le massif du Liban du vaste plateau désertique de l'Anti-Liban. Le climat méditerranéen permet la culture (céréales, légumes, fruits, coton).

BELARUS n. m. ✦ Autre nom de la **Biélorussie.** *Belarus* signifie « Russie blanche » en biélorusse.

BELAU n. m. ✦ Nom local des îles **Palaos.**

BELÉM ✦ Ville du nord-est du Brésil, au bord du rio Para. 1,38 million d'habitants (2,04 millions avec l'agglomération). Port d'exportation forestière, à l'entrée de l'Amazonie. Industrie (transformation de la bauxite en aluminium).

BELFAST ✦ Capitale de l'Irlande du Nord, sur la côte est. 280 500 habitants (500 000 pour l'agglomération), dont 70 % de protestants et 30 % de catholiques. Principal port d'Irlande du Nord, cité industrielle (textile, constructions navales et mécaniques), victime du chômage et de la guerre civile. Ville natale de lord Kelvin.

BELFORT ✦ Chef-lieu du Territoire de Belfort. 49 764 habitants (les *Belfortains*). Château, au pied duquel Bartholdi a taillé dans le roc le *Lion de Belfort* (1875-1880), symbole de la résistance de la ville en 1870 ; cathédrale Saint-Christophe (XVIIIe siècle). Centre de services et d'industries (électricité, électronique, textile). ♦ La ville appartient à l'Autriche (1350-1636), devient française (1648), et Vauban la fortifie. Elle est le centre d'une conspiration contre la Restauration (1822). Denfert-Rochereau la défend contre les Allemands et permet ainsi au Territoire de rester français (1870).

BELFORT (trouée de) ✦ Couloir large de 30 km qui sépare les Vosges, au nord, du Jura, au sud, et qui est traversé par le canal du Rhône au Rhin.

BELFORT (Territoire de) n. m. → TERRITOIRE DE BELFORT

BELGIQUE n. f. ✦ Pays d'Europe de l'Ouest (☛ carte 27). Superficie : 30 527 km^2. Environ 10,5 millions d'habitants (les *Belges*). Monarchie dont la capitale est Bruxelles. Autres villes importantes : Anvers, Gand, Charleroi, Liège, Bruges, Namur. Trois régions, divisées en provinces : la Région de **Bruxelles-Capitale,** bilingue (néerlandais et français), la Région flamande qui parle néerlandais (**Flandre**) et la Région wallonne à majorité francophone (**Wallonie**). Langues officielles : le néerlandais (parlé par 59,2 % de la population), le français (40,2 %) et l'allemand (0,6 %). Monnaie : l'euro, qui remplace le franc belge. ♦ GÉOGRAPHIE. Au nord, la Région flamande est une plaine arrosée par l'Escaut ; la côte est formée de dunes. Au sud de Bruxelles, la Région wallonne est traversée, au nord, par la Meuse et occupée, au sud et à l'est, par un plateau couvert de forêts, l'**Ardenne,** où se trouve le point culminant du pays, le Signal de Botrange (694 m). Le climat est maritime sur la côte et tempéré dans le reste du pays. ♦ ÉCONOMIE. L'agriculture, très productive (céréales, betterave, lin, chicorée, houblon, légumes), est surtout tournée vers l'élevage (bovins, porcs, volailles). Les anciens gisements de charbon sont abandonnés, Anvers et Gand raffinent du pétrole importé. La sidérurgie décline ; la métallurgie et la chimie se concentrent autour d'Anvers et de Liège ; le textile domine la vallée de l'Escaut. Le secteur des services est en pleine expansion. La Belgique est un carrefour commercial (ports d'Anvers, Zeebrugge, Gand, Liège et Bruxelles) et politique (siège d'institutions européennes) important en Europe. ♦ HISTOIRE. Peuplée de Celtes, la région est envahie par les Germains puis par les Romains, qui la divisent en trois provinces. Attribuée à **Clotaire** et à **Chilpéric,** elle est partagée entre la France (Flandre) et la **Lotharingie** (843), qui rejoint la **Germanie** (925). Les villes commerciales prennent leur autonomie, puis passent au duché de **Bourgogne** avec les Pays-Bas, la Flandre et l'Artois (XIVe-XVe siècles). **Charles Quint** hérite de la région que la **Réforme** divise en deux : le nord (Union d'Utrecht) calviniste prend son indépendance (1648), le sud (Union d'Arras) catholique reste sous domination espagnole. Convoités par Louis XIV, qui prend l'Artois et le sud du Hainaut, les Pays-Bas espagnols sont attribués à l'Autriche (traité d'**Utrecht,** 1713). La Belgique, annexée par la France pendant la Révolution (**Jemmapes,** 1792 ; **Fleurus,** 1794) et divisée en neuf départements, est réunie aux Pays-Bas à la chute de l'Empire napoléonien (**Waterloo,** 1815). Elle se révolte (1830) puis gagne son indépendance (1831). Elle connaît un grand essor industriel, colonial (**Congo**) et culturel. Elle est envahie par les troupes allemandes (1914 et 1940), puis libérée (1944). Elle participe activement aux institutions européennes : **Benelux** (1947), **CEE** (1957), **Union européenne** (1992). Les communautés flamande et wallonne obtiennent leur autonomie (1977) et leur propre gouvernement au sein d'un État fédéral (1993). Les querelles communautaires, qui s'intensifient, mènent à une crise politique sans précédent, le pays se retrouvant provisoirement sans gouvernement à plusieurs reprises.

BELGRADE ✦ Capitale de la Serbie, dans le nord du pays, sur le Danube. 1,5 million d'habitants (les *Belgradois*). Ancienne forteresse ottomane. Principal port fluvial du pays, centre industriel et commercial. Ville natale d'Enki Bilal. ♦ Fondée par les Celtes, la ville est occupée successivement par les Romains, les Serbes, les Hongrois et les Turcs (1521). Disputée par les Autrichiens (XVIIIe-XIXe siècles), elle devient capitale de la Serbie (1878) et du royaume de Yougoslavie (1918-1941). Envahie par l'Allemagne, elle est libérée par **Tito** (1944), qui en fait la capitale de la République socialiste de **Yougoslavie** (1945-1991).

BELIZE n. m. ✦ Pays d'Amérique centrale (☛ carte 46). Superficie : 22 960 km^2. 312 700 habitants (les *Béliziens* ou les *Bélizais*). Démocratie parlementaire dont la capitale est Belmopan ; ville principale : Belize City (65 000 habitants). Langue officielle : l'anglais ; on y parle aussi l'espagnol et un créole. Monnaie utilisée : le dollar de Belize. ♦ GÉOGRAPHIE. Le Belize est formé d'une plaine irriguée et couverte de forêts, avec au centre et au sud-ouest les monts Mayas (1 000 m). Le climat est tropical avec passage fréquent de cyclones, dont l'un a détruit Belize City (1970). Le récif côtier est inscrit sur la liste du patrimoine mondial de l'Unesco. ♦ ÉCONOMIE. Les revenus proviennent de la forêt et de la canne à sucre. Le pays commerce surtout avec les États-Unis et la Grande-Bretagne. ♦ HISTOIRE. Occupé par les **Mayas** (1500 av. J.-C.), le pays, négligé par les Espagnols lors de la conquête, est exploité par les Britanniques (XVIIe siècle) qui en font une colonie appelée *Honduras-Britannique* (1862). Autonome en 1963, il prend le nom de *Belize* (1973) et devient indépendant dans le cadre du Commonwealth (1981).

BELL Alexander Graham (1847-1922) ✦ Inventeur américain, d'origine britannique. Il enseigne le langage aux enfants sourds et s'intéresse à la transmission de la parole. Il met au point un appareil composé d'un émetteur et d'un récepteur, qui permet de communiquer à distance, ancêtre du téléphone (1876). Il fait breveter son invention et crée sa propre compagnie téléphonique (1877). L'unité qui sert à mesurer la puissance sonore s'appelle le *décibel;* c'est le dixième du *bel,* unité nommée ainsi en hommage à ce savant.

BELLAC ✦ Chef-lieu d'arrondissement de la Haute-Vienne. 4 117 habitants (les *Bellachons*) (☛ carte 23). Importante église à deux nefs, l'une romane, l'autre gothique. Ville natale de l'écrivain Jean Giraudoux.

BELLAY Joachim du (1522-1560) ✦ Poète français. Ami de **Ronsard**, il écrit *Défense et illustration de la langue française* (1549) qui marque la naissance du groupe de poètes appelé la *Pléiade.* Il adopte l'alexandrin, écrit des sonnets lyriques et passe quatre années à Rome qui lui inspirent ses recueils les plus célèbres : *Les Regrets* (1558) et *Les Antiquités de Rome* (1558).

BELLE ÉPOQUE n. f. ✦ Période de l'histoire de France, qui correspond aux années 1890-1914. Ce terme évoque avec nostalgie les années qui précèdent la Première Guerre mondiale. Elles sont marquées par les découvertes scientifiques (**Pasteur, Curie**), l'invention du cinéma (**Lumière, Méliès**), de l'aviation (**Ader, Blériot**), du métro et l'essor des arts (impressionnisme) et de l'architecture (Art nouveau, tour **Eiffel**). La bourgeoisie en plein développement recherche l'amusement (cafés-concerts, sports) et la nouveauté, l'empire colonial est à son apogée, l'enseignement est gratuit et obligatoire. Mais l'aggravation des inégalités provoque aussi des troubles politiques (mouvements sociaux, anarchisme).

Belle et la Bête (La) ✦ Conte de Jeanne-Marie Leprince de Beaumont (1757). Le père de Belle a volé pour elle une rose dans le jardin de la Bête, un monstre humain à tête de lion. La Bête veut le garder prisonnier dans son château, plein de maléfices, mais Belle décide de prendre sa place. Malgré sa laideur, la Bête conquiert le cœur de Belle par sa bonté, brisant ainsi le sortilège, et il se transforme en prince charmant. L'histoire a inspiré un film réalisé par Jean **Cocteau**, avec Jean **Marais** dans le rôle de la Bête (1946).

BELLE-ÎLE ✦ La plus grande des îles bretonnes (Morbihan), au large de Quiberon. Superficie : 8 461 hectares. 5 249 habitants (les *Bellilois*). Chef-lieu : Le Palais. Appelée aussi *Belle-Île-en-Mer,* elle vit de la pêche et du tourisme.

BELLÉROPHON ✦ Demi-dieu de la mythologie grecque, fils de Poséidon et petit-fils de Sisyphe. Il réussit à dompter le cheval **Pégase** qui l'aide à tuer la **Chimère**, puis il vainc les **Amazones.** Monté sur Pégase, il tente d'atteindre l'Olympe et de devenir immortel comme les dieux, mais Zeus le foudroie.

BELLINI Giovanni (vers 1433-1516) ✦ Peintre italien. Ce maître de l'école vénitienne du XVe siècle travaille particulièrement les effets de lumière. Une lumière diffuse humanise ses personnages et ses paysages. Il a influencé la peinture de la Renaissance et a eu comme élève **Giorgione.** Œuvres : *Christ bénissant, Transfiguration, Pala di San Giobbe, Allégorie sacrée, Saint Jérôme avec saint Christophe et saint Augustin, Ivresse de Noé.*

BELLINI Vincenzo (1801-1835) ✦ Compositeur italien. Inspiré par la musique d'église, il compose également des mélodies, des concertos et surtout deux opéras, *La Somnambule* et *Norma* (1831), d'une grande pureté mélodique.

BELLINZONA ✦ Ville de Suisse, chef-lieu du canton du Tessin. 16 983 habitants (45 196 pour l'agglomération). L'ensemble fortifié du Moyen Âge est inscrit sur la liste du patrimoine mondial de l'Unesco.

BELMONDO Jean-Paul (né en 1933) ✦ Acteur français. Né dans une famille d'artistes, il préfère la boxe aux études et entre au Conservatoire d'art dramatique. «Bébel» gagne sa popularité avec des rôles de mauvais garçon ou d'aventurier, désinvolte et sportif, réalisant lui-même de nombreuses cascades : *À bout de souffle* (1960), *Un singe en hiver* (1962), *L'Homme de Rio* (1963), *Pierrot le Fou* (1965), *Borsalino* (1970), *Le Guignolo* (1979), *Itinéraire d'un enfant gâté* (1988), *Les Misérables* (1995). Il se consacre également au théâtre (*Kean,* 1987 ; *Cyrano de Bergerac,* 1989).

BELMOPAN ✦ Capitale du Belize. 16 400 habitants.

BELO HORIZONTE ✦ Ville du Brésil, dans le sud-est du pays. 2,37 millions d'habitants (5,4 millions pour la zone urbaine) (☛ carte 57). Troisième ville du Brésil, édifiée en 1894 sur un plan géométrique. Ensemble créé par **Niemeyer** inscrit sur la liste du patrimoine mondial de l'Unesco. Centre d'une riche région minière et agricole. Industries (sidérurgie, métallurgie, automobile).

BELZÉBUTH ✦ Un des noms du prince des démons pour les juifs et les chrétiens. Il vient d'un des titres de Baal, le plus important parmi les dieux des **Cananéens.**

BÉNARÈS ✦ Ville de l'Inde (Uttar Pradesh), dans le nord-est du pays, sur le Gange. 1,2 million d'habitants. Ville sacrée de la religion hindoue, centre de pèlerinage, où la dispersion des cendres dans le Gange garantit au défunt une autre vie meilleure. Appelée *Varanasi* en Inde, c'est aussi une ville commerciale et industrielle (soie).

BEN BELLA Ahmed (1916-2012) ✦ Homme d'État algérien. Un des chefs de l'insurrection algérienne (1954), il est interné en France (1956-1962) et libéré après les accords d'**Évian.** Devenu le premier président de la République algérienne (1963-1965), il est renversé par **Boumédiène** et emprisonné puis exilé en France (1981). Il rentre en Algérie en 1990.

BENELUX n. m. (Belgique, Nederland [Pays-Bas], Luxembourg) ✦ Union douanière (1944) puis économique (1948) formée entre la Belgique, les Pays-Bas et le Luxembourg. L'organisation, qui siège à Bruxelles, a également pour but de coordonner les politiques sociale, financière et agricole de ses membres, qui font aussi partie de l'Union européenne.

BENGALE n. m. ✦ Région du sud de l'Asie. Elle est formée par le delta commun du Gange et du Brahmapoutre (☛ carte 41). Superficie : environ 140 000 km^2 (un peu plus du quart de la France). Ses habitants s'appellent les *Bengalis.* Villes principales : Calcutta et Dacca. ♦ Soumis à la mousson, le terrain est favorable aux rizières, mais il subit souvent des inondations et des raz-de-marée. ♦ Le bouddhisme (VIIIe siècle) puis l'islam (XIIe siècle) en font une région culturelle développée. Elle est colonisée par les Anglais (XVIIe siècle). En 1947, le partage du Bengale, inégalement islamisé, entre l'Inde hindoue et le Pakistan oriental musulman (devenu **Bangladesh**) provoque des troubles religieux.

BENGALE (golfe du) ✦ Partie de l'océan Indien bordée par l'Inde, le Bangladesh, la Birmanie et les îles Andaman. Superficie : environ 2,2 millions de km^2 (quatre fois la France) ; profondeur moyenne : 2 000 m. La pêche y reste très artisanale. La région est victime d'un séisme suivi d'un raz-de-marée (2004).

BENGALE-OCCIDENTAL n. m. ✦ État du nord-est de l'Inde (☛ carte 41). Superficie : 88 752 km^2 (environ un sixième de la France). 91,3 millions d'habitants. Capitale : Calcutta. Étendu de l'Himalaya au golfe du Bengale et irrigué par le Gange, il vit de l'agriculture (céréales, jute, thé, légumes), de l'exploitation du charbon et de l'industrie (sidérurgie, chimie, textile, alimentaire).

BENGHAZI ✦ Ville de Libye, sur la côte méditerranéenne. 800 000 habitants. Port. Industries alimentaires. ♦ Pendant la Deuxième Guerre mondiale, la ville, aux mains des Italiens alliés aux Allemands, est prise par l'armée britannique (1942).

BEN GOURION David (1886-1973) ✦ Homme politique israélien. Né en Pologne, il s'établit en Palestine (1906), devient le porte-parole du sionisme et fonde la Histadrout, une puissante union syndicale des travailleurs (1920). Il y encourage l'immigration juive, proclame l'État d'**Israël** (mai 1948) dont il est le Premier ministre (1948-1953 ; 1955-1963). ■ Son véritable nom est *David Gryn.*

Ben Hur ✦ Roman du général américain Lew Wallace (1880). Judas Ben Hur, un juif noble, est arrêté avec sa mère et sa sœur par son ami d'enfance Messala, commandant des troupes romaines. Envoyé aux galères, il sauve la vie d'un consul, qui l'adopte. Il gagne ensuite une course de chars au cours de laquelle Messala, avant de mourir accidenté, l'informe du sort de sa famille. Ben Hur se rend à Jérusalem et assiste au calvaire de Jésus, qui l'a aidé lorsqu'il était galérien. L'histoire a inspiré des cinéastes américains comme William Wyler (1959), avec Charlton Heston dans le rôle de Ben Hur ; le film reçoit onze Oscars.

BÉNIN n. m. ✦ Pays d'Afrique de l'Ouest (☛ cartes 34, 36). Superficie : 112 622 km^2 (environ un cinquième de la France). 9,2 millions d'habitants (les *Béninois*). République dont la capitale constitutionnelle est Porto-Novo ; le siège du gouvernement et des ambassades se trouve à Cotonou. Langue officielle : le français ; on y parle aussi le haoussa, le yoruba et le fon. Monnaie : le franc CFA. ♦ GÉOGRAPHIE. Le Bénin est formé d'un grand plateau couvert de savanes et de forêts, montagneux au nord-ouest et qui descend vers une côte fertile. Le climat est tropical. ♦ ÉCONOMIE. L'agriculture domine (palmier à huile, maïs, manioc, coton, arachide, céréales). Les **Peuls** pratiquent l'élevage nomade dans le nord. L'industrie est peu développée (textile, alimentaire). Le pétrole est exploité au large de Cotonou. ♦ HISTOIRE. Dès la préhistoire, des populations pratiquent la métallurgie. Les premiers royaumes (XIVe siècle) entrent en contact avec les navigateurs européens (XVIIe siècle). À cette époque, le royaume guerrier d'**Abomey**, qui pratique la traite des esclaves et développe l'agriculture, est créé au sud. Les Français installés à Cotonou (1851) fondent la colonie du *Dahomey* (1894), l'intègrent à l'**Afrique-Occidentale française** (1904). Le Dahomey obtient son indépendance en 1960. Après un coup d'État (1972), les militaires accèdent au pouvoir. Le pays prend le nom de *Bénin* en 1975.

BENJAMIN ✦ Personnage de la Bible. C'est le dernier fils de **Jacob** et de Rachel et l'ancêtre d'une tribu d'Israël, fidèle au roi de **Juda** après la mort de **Salomon.** Le *benjamin* est le plus jeune d'une famille, d'un groupe.

BEN JELLOUN Tahar (né en 1944) ✦ Écrivain marocain d'expression française. Vivant à Paris, il traite, dans ses romans, les thèmes du déracinement, de la double culture et de l'oppression des minorités (*Harrouda,* 1973 ; *Moha le fou, Moha le sage,* 1978 ; *L'Enfant de sable,* 1985 ; *La Nuit sacrée,* 1987 ; *Cette aveuglante absence de lumière,* 2000). Il est également l'auteur de poèmes (*À l'insu du souvenir,* 1987). Académie Goncourt (2008).

BENOIT Pierre (1886-1962) ✦ Romancier français. Il connaît un immense succès dès son premier roman, *Kœnigsmark* (1918). Ses héros sont idéalistes et sentimentaux et l'intrigue, pleine de péripéties, se déroule dans des lieux mystérieux. Il est l'auteur d'une quarantaine d'œuvres — dont les héroïnes ont toutes un prénom qui commence par la lettre A — parmi lesquelles *L'Atlantide* (1919), *Mademoiselle de La Ferté* (1923), *La Châtelaine du Liban* (1924). Académie française (1931).

BENOÎT XVI (né en 1927) ✦ Pape élu en 2005. Il renonce au pontificat en 2013. ■ Son nom est *Joseph Ratzinger.*

BENOÎT DE NURSIE (saint) (vers 480-vers 547) ✦ Religieux italien, fondateur de l'ordre des bénédictins. Il entre au monastère, fonde l'abbaye du Mont-Cassin (vers 529) et y rédige la *Règle* fondamentale des *bénédictins* (vers 540). Son histoire est transmise par **Grégoire Ier le Grand.**

BÉNOUÉ n. f. ✦ Rivière d'Afrique de l'Ouest, longue de 1 400 km (☛ carte 34). Elle prend sa source au Cameroun, traverse le Nigeria et se jette dans le **Niger** au sud d'Abuja.

BENZ Carl (1844-1929) ✦ Ingénieur allemand. Après avoir créé des moteurs à gaz à deux temps, il met au point un véhicule à trois roues équipé en 1886 d'un moteur à essence à quatre temps et à une seule vitesse. L'entreprise qu'il a créée fusionne avec celle de **Daimler**, pour devenir la firme Mercedes-Benz (1926).

BÉOTIE n. f. ✦ Région historique de Grèce, au centre du pays, au nord-est du golfe de Corinthe (☛ carte 4). Chef-lieu : Livadia ; ville principale : Thèbes. ♦ Elle est formée de deux plaines agricoles (coton, maïs, céréales) séparées par le massif de l'Hélikon (1 748 m). Elle s'industrialise grâce à la proximité d'Athènes. ♦ Peuplée de Pélasges, la région est rattachée à de nombreux mythes (le Déluge, naissance d'**Héraclès** et de **Dionysos**). Elle est, avec l'**Argolide**, le berceau de la civilisation mycénienne. Elle est envahie par les Béotiens, venus de Thessalie (XIIIe-XIIe siècles av. J.-C.). La *Ligue béotienne,* formée autour de la capitale de la Béotie, **Thèbes** (VIe siècle av. J.-C.), s'allie successivement aux Perses, à **Sparte**, à **Athènes**, puis elle domine Sparte (371 av. J.-C.) jusqu'à l'invasion de la Grèce par la **Macédoine** (338 av. J.-C.).

BÉRANGER Pierre Jean de (1780-1857) ✦ Chansonnier français. Pendant la Restauration, il écrit des chansons patriotiques célébrant le temps passé, notamment l'épopée napoléonienne. Pamphlétaires et anticléricales, elles lui valent la prison à deux reprises. Très populaire, il est élu député (1848), sans s'être présenté.

BERBÈRES n. m. pl. ✦ Peuples d'Afrique du Nord, parlant des langues de la même famille et répartis au Maroc (environ 4 millions), en Algérie (environ 2 millions), dans le Sahara (environ 500 000 **Touareg** nomades), en Tunisie, en Libye et en Égypte. ♦ Présents dès la préhistoire, ils entrent en contact avec les Grecs, les Phéniciens, les Romains, puis avec les **Arabes** qui imposent l'islam (VIIe siècle). Les Berbères fondent plusieurs grandes dynasties : **Almoravides** au Maroc (XIIe siècle), **Almohades** au Maghreb et en Espagne (XIIe-XIIIe siècles), Mérinides surtout au Maroc (XIIIe-XVe siècles) et Abdelwadides en Algérie (XIIIe-XVIe siècles). Leur culture originale subsiste dans le folklore et l'artisanat.

BERCK-SUR-MER ✦ Commune du Pas-de-Calais. 14 543 habitants (les *Berckois*) (☛ carte 23). Station balnéaire. Le quartier de *Berck-Plage* possède de nombreux hôpitaux spécialisés dans la rééducation. Rencontres internationales de cerf-volant.

BERCY ✦ Quartier de l'est de Paris. Ancienne commune indépendante jusqu'en 1860. Le port de Bercy, où sont déchargés les fûts de vin acheminés par la Seine, devient le plus grand marché de vin du monde. Depuis les années 1980, le quartier est totalement reconstruit et se développe autour d'un parc de 13 hectares. On peut y voir la salle polyvalente Bercy Arena (sports, concerts) (ancien Palais omnisports de Paris-Bercy, POPB, 1984) et le ministère des Finances (1989), dont l'arche monumentale plonge dans la Seine. D'anciens chais sont aménagés pour accueillir des boutiques et des restaurants *(Bercy Village)*.

BÉRÉNICE (vers 28-79) ✦ Princesse juive, arrière-petite-fille du roi Hérode Ier le Grand. L'empereur romain Titus, de vingt ans plus jeune qu'elle, en tombe amoureux, l'amène à Rome, mais renonce à l'épouser devant l'opposition du peuple. Cette histoire a inspiré Racine (*Bérénice*, 1670) et Corneille (*Tite et Bérénice*, 1670).

BÉRÉZINA n. f. ✦ Rivière de Biélorussie, longue de 613 km, qui se jette dans le Dniepr. Le *passage de la Bérézina* est, sous l'Empire, l'un des épisodes les plus dramatiques de la retraite de **Russie** (1812), après l'incendie de **Moscou**. Napoléon Ier et la **Grande Armée** doivent traverser la rivière en plein dégel, sur des ponts de fortune, et de nombreux soldats périssent dans les eaux glacées. Depuis cet épisode, le mot *bérézina* (n. f.) s'emploie pour évoquer un échec catastrophique, une entreprise qui finit mal.

BERG Alban (1885-1935) ✦ Compositeur autrichien. Élève de **Schönberg** à Vienne (1904-1910), il explore la voie ouverte par son maître sur le «dodécaphonisme». Son premier opéra, *Wozzeck* (1919, représenté à Berlin en 1925), succès public malgré la critique, marque l'histoire de la musique dramatique au XXe siècle. Il a aussi écrit le *Kammerkonzert* (1923-1925), la *Suite lyrique pour quatuor à cordes* (1926), l'opéra *Lulu* (représenté en 1937, dans sa version complète en 1979) et le concerto *À la mémoire d'un ange* (1935) qui marque un retour au romantisme.

BERGEN ✦ Ville de Norvège, dans le sud-ouest du pays, sur le Vågenfjord. 260 392 habitants, deuxième ville du pays. Musée des Arts décoratifs. Le quartier historique avec ses maisons en bois, témoignage du temps de la **Hanse**, est inscrit sur la liste du patrimoine mondial de l'Unesco. Port (pêche, commerce et transit), centre touristique et industriel (chantier naval, électrochimie, électrométallurgie, mécanique, alimentaire). Ville natale de Grieg. ♦ Fondée au XIe siècle, résidence royale (XIIIe siècle), importante cité hanséatique (1350-1556), elle est restée longtemps la première ville de Norvège.

BERGEN-BELSEN ✦ Camp de concentration du nord de l'Allemagne (Hanovre). Établi par les nazis (1943), il est libéré par les Britanniques (1945).

BERGERAC ✦ Ville de Dordogne. 27 764 habitants (les *Bergeracois*). Centre administratif et commercial (vin, tabac). ♦ Longtemps anglaise, elle devient une cité française (1450) et une citadelle protestante où un traité est signé avec les catholiques (1577). L'édit de **Nantes** (1598) en fait une place de sûreté protestante, prise par Louis XIII qui rase les fortifications (1620).

BERGMAN Ingmar (1918-2007) ✦ Cinéaste suédois. Il s'inspire de légendes scandinaves pour réaliser de nombreux films. Il cherche le sens de la vie, mêlant l'espoir en un autre monde à la tristesse face au monde présent. Œuvres : *Le Septième Sceau* (1956), *Cris et Chuchotements* (1972), *Fanny et Alexandre* (1982). C'est aussi un metteur en scène de théâtre, qui a dirigé le Théâtre royal de Stockholm.

BERGSON Henri (1859-1941) ✦ Philosophe français. Professeur au Collège de France (1900-1914), il écrit de nombreux ouvrages : *Matière et Mémoire* (1896), *Le Rire* (1900), *L'Évolution créatrice* (1907), *Les Deux Sources de la morale et de la religion* (1932). Sa doctrine, le *bergsonisme*, influence des écrivains comme Proust ou Péguy. Académie française (1914). Prix Nobel de littérature (1927).

BÉRING (mer de) ✦ Partie de l'océan Pacifique. Limitée à l'ouest par la Russie, à l'est par l'Alaska et au sud par les îles Aléoutiennes, elle communique avec l'océan glacial Arctique par le détroit de **Béring**. Superficie : environ 2,3 millions de km² (un peu plus de quatre fois la France) ; profondeur moyenne : 3 000 m. La chasse et la pêche y sont très actives. La partie nord est prise par les glaces en hiver.

BÉRING (détroit de) ✦ Bras de mer situé entre la Russie et l'Alaska, qui fait communiquer l'océan glacial Arctique avec l'océan Pacifique (mer de **Béring**). Il est découvert (1728) par le navigateur danois Vitus Behring (1681-1741), chargé par Pierre le Grand d'aller voir si la Russie et l'Amérique sont réunies. Son exploration permet de développer le commerce des fourrures.

BERIO Luciano (1925-2003) ✦ Compositeur italien. Il se dégage assez vite de la musique sérielle (*Nones*, 1954) pour s'intéresser à la musique électroacoustique (*Différences*, 1958-1959 ; *Momenti*, 1960), cherchant à rompre les frontières entre électroacoustique et musique instrumentale. Il consacre une grande partie de son œuvre aux recherches sur la voix (*Omaggio a Joyce*, 1958 ; *Circles*, 1960 ; *Sequenze*, 1962-1995 ; *Folk Songs*, 1963 ; *Laborintus II*, 1963-1965). On lui doit également deux opéras (*La Vera Storia*, 1982 ; *Un re in ascolto*, 1984). Il a dirigé la section électroacoustique de l'Ircam, à Paris (1974-1980).

BERKELEY ✦ Ville des États-Unis (Californie). 102 743 habitants. Université fondée en 1868.

BERLIN ✦ Capitale de l'Allemagne, située dans l'est du pays, formant un État (Land) depuis 1990 (☛ carte 29). Superficie : 889 km². 3,39 millions d'habitants (les *Berlinois*). On peut y voir, dans la partie ouest, le Kurfürstendamm (Champs-Élysées berlinois), le château de Charlottenberg (XVIIe-XVIIIe siècles), le palais du Reichstag (1884-1894) et, dans la partie est, la porte de **Brandebourg** (1788). Trois sites sont inscrits sur la liste du patrimoine mondial de l'Unesco : l'île des Musées sur la rivière Spree ; l'ensemble des châteaux et parcs de Potsdam et Berlin (1730-1916) ; les cités du modernisme, témoignage de la république de **Weimar.** Important carrefour européen, cité industrielle (électrotechnique, alimentaire) et culturelle. Ville natale de Frédéric II le Grand et de Guillaume Ier, de G. Stresemann, des scientifiques A. von Humboldt, A. Wegener et H. Marcuse, de G. Meyerbeer, W. Gropius, et de l'actrice Marlène Dietrich. ♦ Fondée au XIIIe siècle, elle est la capitale du Brandebourg (XVe siècle). Elle se développe avec la **Hanse** (XVIe siècle) et accueille les réfugiés protestants français (XVIIe siècle). Elle devient la capitale de la **Prusse** (1701), embellie par **Frédéric II**, puis celle de l'Empire allemand (1871). Au cours de la Deuxième Guerre mondiale, Berlin subit de violents bombardements. Elle est conquise par les Soviétiques (1945). Après la capitulation allemande (8 mai 1945), elle est divisée en quatre secteurs d'occupation (le secteur soviétique et les secteurs américain, britannique et français). Des tensions entre Américains et Soviétiques aboutissent au blocus par l'URSS (1948-1949) des secteurs administrés par les Alliés (partie ouest de la ville). En 1949, Berlin-Est devient la capitale de l'Allemagne de l'Est (RDA), Berlin-Ouest un Land de l'Allemagne de l'Ouest (RFA). Le *mur de Berlin,* élevé en 1961 entre les deux secteurs, est détruit en 1989. Berlin, capitale de l'Allemagne réunifiée (1991), accueille le siège du gouvernement fédéral (1999), transféré de Bonn.

BERLIOZ Hector (1803-1869) ✦ Compositeur français. Il fait de grandes tournées comme chef d'orchestre en Europe (Berlin, Weimar, Vienne, Prague, Saint-Pétersbourg) et devient l'ami de Mendelssohn, Wagner et Liszt. Créateur du poème symphonique, il possède un style inventif plein de fougue et un sens de la mélodie qui font de lui un modèle du génie romantique. Œuvres : la *Symphonie fantastique* (1830), le *Requiem* (1837), *La Damnation de Faust* (1846).

BERMUDES (les) **n. f. pl.** ✦ Archipel britannique, dans l'océan Atlantique, au large des États-Unis et au nord des Antilles. Superficie totale : 53 km². 64 300 habitants (les *Bermudiens*). Capitale : Hamilton, sur l'île principale, la *Grande Bermude.* Langue officielle : l'anglais. Monnaie : le dollar des Bermudes. ♦ L'archipel, baigné par le **Gulf Stream**, est formé d'environ 150 îles d'origine volcanique. Le climat y est tempéré. Il vit de l'agriculture (fruits, légumes) et surtout du tourisme et des services financiers. ♦ Les îles sont découvertes inhabitées par l'Espagnol Juan Bermudez (XVIe siècle) puis colonisées par les Anglais (1612). Ils importent des esclaves pour cultiver le tabac et fortifient des villes comme Saint George, inscrite sur la liste du patrimoine mondial de l'Unesco. L'archipel obtient son autonomie pour les affaires internes (1968). ♦ Le *triangle des Bermudes* est une zone de l'océan Atlantique comprise entre les Bermudes, la Floride et Porto Rico. Parfois des avions et des bateaux y disparaissent mystérieusement. Aucune des explications proposées, des extraterrestres aux phénomènes climatiques et magnétiques, n'est admise scientifiquement.

BERNADOTTE Charles Jean-Baptiste (1763-1844) ✦ Maréchal de France, roi de Suède de 1818 à sa mort, sous le nom de Charles XIV ou Charles-Jean. Il sert Bonaparte en Italie et entre par mariage dans sa famille. Il est fait maréchal (1804) et s'illustre contre la Prusse et la Russie. Nommé gouverneur des villes hanséatiques, il arrête la guerre contre la **Suède** (1808). Les Suédois l'élisent prince royal (1810). Il s'allie avec le tsar **Alexandre Ier** et joue un rôle décisif dans la défaite de Napoléon à **Leipzig** (1813). Il prend la Norvège au Danemark (1814), devient roi de Suède (1818) et fonde la dynastie actuelle.

BERNANOS Georges (1888-1948) ✦ Écrivain français. Journaliste militant à l'**Action française**, il se consacre à la littérature tardivement (1926). Ses romans dépeignent la lutte pathétique des âmes contre les démons, symbolisée souvent par la personne d'un prêtre : *Sous le soleil de Satan* (1926 ; film de **Pialat**, 1987), *Le Journal d'un curé de campagne* (1936 ; film de **Bresson**, 1951), *Les Grands Cimetières sous la lune* (1938), *La Nouvelle Histoire de Mouchette* (1937 ; film de Bresson *Mouchette,* 1967), *Dialogues des carmélites* (posthume, 1949 ; opéra de Poulenc, 1957 ; film, 1960).

BERNARD Claude (1813-1878) ✦ Scientifique français. Il étudie le corps humain, en particulier le système nerveux, et réussit à expliquer le diabète. Son livre *Introduction à l'étude de la médecine expérimentale* (1865) expose les principes de la physiologie, qui traite des fonctions et des propriétés des êtres vivants.

BERNARD Paul dit Tristan (1866-1947) ✦ Écrivain français. Il est l'auteur de romans et de pièces de théâtre où se mêlent humour, bons mots et tendre indulgence : *L'Anglais tel qu'on le parle* (1899), *Triple-Patte* (1905), *Le Petit Café* (1911).

BERNARD DE CLAIRVAUX (saint) (1090-1153) ✦ Religieux français, canonisé en 1173. Moine à l'abbaye de **Cîteaux** (1112), il fonde l'abbaye de **Clairvaux** (1115) et rédige les statuts de l'ordre des **Templiers** (1128), ordre qu'il fait reconnaître. Devenu l'une des grandes personnalités de l'Occident chrétien, il influence plusieurs souverains et papes, fait condamner la doctrine d'**Abélard** et prêche la deuxième croisade (1146).

BERNARDIN DE SAINT-PIERRE Henri (1737-1814) ✦ Écrivain français. Ingénieur des Ponts et Chaussées, il fait de nombreux voyages (Malte, Russie, Pologne, Allemagne) et séjourne à l'île Maurice (1768-1770), poussé par le désir de fonder une république idéale (*L'Arcadie,* 1781). Adoptant les idées de J.-J. **Rousseau,** il prône le retour à la nature et la primauté des sentiments sur la raison. Ses *Études de la nature* (1784-1788), dont le dernier volume contient *Paul et Virginie,* le rendent célèbre et annoncent le romantisme de Chateaubriand. Nommé intendant du Jardin des Plantes (1792), il est reçu à l'Institut de France (1795) puis à l'Académie française (1803).

BERNAY ✦ Chef-lieu d'arrondissement de l'Eure. 10 435 habitants (les *Bernayens*) (☛ carte 23). Musée des Beaux-Arts (faïences.) Marché agricole. Industrie (chimie, bois, appareils électriques).

BERNE ✦ Capitale de la Suisse, dans l'ouest du pays, sur l'Aar. 122 422 habitants (les *Bernois*) et l'agglomération 349 096. Dans la vieille ville, inscrite sur la liste du patrimoine mondial de l'Unesco, nombreux monuments médiévaux : tour de l'Horloge (XIIe siècle), cathédrale gothique (XVe-XVIe siècles), hôtel de ville (XVe siècle), arcades et fontaines (XVIe siècle), Musée historique bernois, musée des Beaux-Arts, centre Paul-Klee. Centre industriel (alimentation, mécanique, textile, chimie), siège du gouvernement fédéral et d'organismes internationaux. ♦ Fondée en 1191, elle devient ville libre (1218) et entre dans la Confédération helvétique (1353). Elle adopte la **Réforme** (1528) et conquiert le pays de **Vaud** (1536). Les Français l'annexent (1798), l'amputent d'une grande partie de ses territoires et utilisent son trésor pour financer la campagne d'**Égypte** de Bonaparte. Elle devient la capitale fédérale de la Suisse (1848).

BERNE (canton de) ✦ Canton de l'ouest de la Suisse (☛ carte 26). Superficie : 6 051 km². 958 897 habitants, en majorité protestants. C'est le deuxième canton par la taille et par la population. Langues officielles : le français et l'allemand. Chef-lieu : Berne. Au sud, la région alpine appelée *Oberland bernois* vit du tourisme (sports d'hiver) et de la production électrique. Au centre, la région de vallées appelée *Mittelland* vit de l'élevage (fromage d'Emmental), de l'agriculture et de l'industrie.

BERNHARDT Sarah (1844-1923) ✦ Comédienne française. Elle débute à la Comédie-Française où elle triomphe dans *Ruy Blas* et *Hernani* de Victor Hugo, qui la surnomme «la voix d'or», et dans *Phèdre* (Racine). Elle fonde sa compagnie (1880) et fait des tournées dans le monde entier jusqu'à la fin de sa vie, malgré l'amputation de sa jambe droite (1915). À Paris, elle interprète aussi *La Dame aux camélias* (Alexandre Dumas fils), les rôles masculins d'*Hamlet* (Shakespeare) et de *L'Aiglon* (Edmond Rostand) et participe même à des films (*La Tosca*, 1906 ; *Adrienne Lecouvreur*, 1913). Son interprétation marque le théâtre français. ■ Son véritable nom est *Rosine Bernard*.

BERNIN (le) (1598-1680) ✦ Sculpteur, décorateur et architecte italien. Sculpteur précoce, il s'impose dès 1624 dans le milieu romain par ses œuvres qui conjuguent le dynamisme des mouvements et l'art de la mise en scène théâtrale. Également architecte et urbaniste, il crée le décor baroque dans lequel la sculpture s'intègre à l'architecture. Œuvres : *L'Enlèvement de Proserpine* (1621), *Apollon et Daphné* (1622-1624), baldaquin de Saint-Pierre de Rome (1624-1633), *Scipion Borghèse* (1632), fontaine au Triton place Barberini (1640), tombeau d'Urbain VIII (1642-1648), fontaine des Quatre-Fleuves place Navona (1647-1652), *Extase de sainte Thérèse* (1652), colonnade de la place Saint-Pierre (1656-1667), église Saint-André du Quirinal (1658-1670), *Buste de Louis XIV* (1665). ■ Son nom italien est *Gian Lorenzo Bernini* appelé parfois en français *le Cavalier Bernin*.

BERNINA (col de la) ✦ Col des Alpes suisses (2 328 m), dans le canton des Grisons. Il permet le passage entre la Suisse et l'Italie.

BERNOULLI ✦ Famille de mathématiciens et de physiciens suisses des XVIIe et XVIIIe siècles. **Jacques BERNOULLI** (1654-1705) fait des études de théologie et de philosophie à Bâle puis s'oriente vers les mathématiques et l'astronomie. Après avoir rencontré de nombreux savants au cours de séjours en France, en Angleterre et aux Pays-Bas (1672-1683), il se consacre exclusivement aux mathématiques, matière qu'il enseigne à l'université (1687) jusqu'à sa mort. Par ses recherches, il a contribué au développement du calcul infinitésimal en suggérant à **Leibniz** la notion de calcul intégral et proposé également un modèle d'équation différentielle. **Jean BERNOULLI** (1667-1748) est formé par son frère Jacques, avec qui il cesse de travailler en raison de leur rivalité. Professeur à Groningue (1695), il n'accède à la chaire de Bâle qu'à la mort de son frère. Fervent défenseur du calcul infinitésimal, il jette les bases du calcul des variations. **Daniel BERNOULLI** (1700-1782). Poussé par son père, Jean, à faire des études de médecine, il obtient son doctorat en 1821. Il conjugue alors son intérêt pour le calcul infinitésimal à ses connaissances médicales et devient un spécialiste de physique mathématique. Après avoir enseigné les mathématiques à l'université de Saint-Pétersbourg (1725), il revient à Bâle (1734). Il est l'auteur de la première théorie cinétique des gaz ainsi que l'un des créateurs de l'hydrodynamique (*Hydrodynamica,* 1738).

BERNSTEIN Leonard (1918-1990) ✦ Musicien américain. Il débute comme chef d'orchestre à New York (1943), dont il dirige l'Orchestre philharmonique (1958-1969), tout en menant une brillante carrière internationale. Il compose également de nombreuses œuvres et connaît la célébrité avec la comédie musicale ***West Side Story*** (1957).

BERRE (étang de) ✦ Étang des Bouches-du-Rhône. Il a une surface de 15 530 hectares, une profondeur moyenne de 6 m et ses berges font 80 km. Il est alimenté par de petits cours d'eau et par les eaux de la Durance détournées vers une centrale hydroélectrique. Il est relié à la Méditerranée par le canal du Rove, qui aboutit à la rade de Marseille, et par celui de Caronte, qui traverse Martigues vers le golfe de **Fos-sur-Mer.** Ses rives sont bordées par un important complexe industriel (chimie, pétrochimie, raffineries). L'apport massif d'eau douce et les rejets industriels déséquilibrent le milieu et causent une pollution préoccupante.

BERRY n. m. ✦ Région historique du centre de la France, qui correspond aux départements du Cher, de l'Indre et à une partie de la Creuse et du Loiret (☛ carte 21). Ses habitants s'appellent les *Berrichons.* Ville principale : Bourges. ♦ C'est une plaine céréalière (Champagne berrichonne), située entre la Loire et la Creuse, bordée de collines vinicoles (Sancerre), de bocages et par les étangs et les forêts du parc naturel régional de Brenne, créé en 1989 (167 200 ha). ♦ Peuplé par les Celtes Bituriges, le Berry fait partie de la province romaine d'Aquitaine (52 av. J.-C.). Comté indépendant sous les Carolingiens, il est vendu au roi de France (vers 1100). Il devient un duché (1360), où Charles VII se réfugie (1418) et prend le titre de «roi de Bourges». Il est réuni à la Couronne (1601), mais le futur Louis XVI et le fils de Charles X continuent à porter le titre de *duc de Berry.* George **Sand** y situe l'action de plusieurs de ses romans.

BERRY Jean de France, duc de (1340-1416) ✦ Prince de la dynastie des **Capétiens.** Fils de **Jean II le Bon** et frère de **Charles V,** il exerce le pouvoir lorsque **Charles VI,** son neveu, devient fou. Grand mécène, il commande les *Très Riches Heures du duc de Berry,* l'un des plus beaux manuscrits enluminés de son époque.

BERTHE AU GRAND PIED (morte en 783) ✦ Reine de France. Berthe, ou Bertrade, épouse **Pépin le Bref** et lui donne deux fils, **Charlemagne** et Carloman. Dans un poème du XIIIe siècle, un trouvère raconte qu'une rivale prend la place de Berthe au mariage, mais Pépin s'aperçoit de la supercherie car il reconnaît sa femme à l'un de ses pieds plus grand que l'autre.

BERTHELOT Marcelin (1827-1907) ✦ Chimiste et homme politique français. S'intéressant à la chimie organique, il démontre qu'il est possible de créer artificiellement des molécules entrant dans la composition des êtres vivants lorsqu'il réalise la synthèse de l'acétylène (1860). Il devient plus tard ministre de l'Instruction publique (1886-1887) et des Affaires étrangères (1895-1896). Il repose au Panthéon. Académie des sciences (1873) ; Académie française (1901).

BERTHOLLET Claude Louis, comte (1748-1822) ✦ Chimiste français. Il découvre les propriétés décolorantes du chlore qui va être utilisé sous le nom d'eau de Javel, réalise des explosifs à base de chlorates et collabore à l'établissement d'une nomenclature chimique avec **Lavoisier.** Il énonce, dans son *Essai de statique chimique* (1803), les *lois* dites *de Berthollet* sur la double décomposition des sels, acides et bases. Académie des sciences (1780).

BERTRAND Louis dit **Aloysius** (1807-1841) ✦ Écrivain français. Fervent disciple de Victor Hugo, il est l'auteur de *Gaspard de la nuit. Fantaisies à la manière de Rembrandt et de Callot* (1835, publié en 1842). Ces poèmes en prose, d'un romantisme noir empreint de merveilleux du Moyen Âge, écrits dans un style précieux, inspirent **Baudelaire** et **Ravel** et annoncent le surréalisme.

BERZELIUS Jöns Jacob, baron (1779-1848) ✦ Chimiste suédois. Il se base sur la théorie atomique de **Dalton** et sur les lois physiques des gaz comme celles définies par Gay-Lussac pour établir un tableau des masses atomiques (1818). Il introduit la notation symbolique moderne en chimie avec une ou deux lettres du nom latin des éléments. Il isole plusieurs corps simples (calcium, silicium, zirconium) et découvre le thorium, le cérium, le sélénium.

BESANÇON ✦ Chef-lieu du Doubs. 116 690 habitants (les *Bisontins*). Vestiges romains (Porte-Noire), cathédrale Saint-Jean (XIe-XIIIe siècles), où se trouve l'horloge astronomique (1857-1860), musée d'Histoire et d'Ethnographie de la Franche-Comté. Ancienne capitale mondiale de l'horlogerie (École nationale). Ville natale de Fourier, Nodier, Victor Hugo, Proudhon, des frères Lumière et de Tristan Bernard. ♦ C'est la capitale d'une tribu celte puis de la province romaine de Séquanaise. Conquise par les Burgondes (456), elle appartient à la **Bourgogne** jusqu'en 1032. Cédée à l'Espagne (1649) et prise par Louis XIV (1668, 1674), elle est rattachée à la Couronne (1678) et devient la capitale de la **Franche-Comté**, fortifiée par Vauban. Des horlogers suisses s'y sont réfugiés et en ont fait la capitale de l'horlogerie (XVIIIe siècle).

BESSARABIE n. f. ✦ Région historique d'Europe orientale. Bordée par le Dniestr au nord et à l'est et par le Prout à l'ouest, elle est partagée aujourd'hui entre les républiques de Moldavie et d'Ukraine. ♦ Partie de la **Dacie** romaine, elle est envahie par les Barbares puis réunie à la Moldavie (vers 1367) avant de passer sous domination ottomane (XVe siècle) puis russe (1878). Annexée par la Roumanie (1920) et finalement cédée à la Russie (1947), elle est l'enjeu de combats entre Moldaves et Russes depuis 1990.

BESSEMER sir Henry (1813-1898) ✦ Ingénieur britannique. Il met au point un four (*convertisseur Bessemer,* 1855) utilisé dans ses usines de Sheffield, qui permet de produire, par insufflation d'air, de l'acier en plus grande quantité et de meilleure qualité. Ce procédé a été diffusé sur le continent par les usines **Krupp.**

BESSON Luc (né en 1959) ✦ Cinéaste et producteur français. Il est remarqué dès ses premiers films (*Le Dernier Combat,* 1983 ; *Subway,* 1985) et connaît un immense succès avec *Le Grand Bleu* (1988). Il crée un monde foisonnant aussi poétique que violent : *Nikita* (1990), *Atlantis* (1991), *Léon* (1994), *Le Cinquième Élément* (1997), *Jeanne d'Arc* (1999), *Lucy* (2014). Il est l'auteur d'une série pour la jeunesse dont le héros, Arthur, évolue dans un monde féerique recréé au cinéma (*Arthur et les Minimoys,* 2006).

BETHLÉEM ✦ Ville de Cisjordanie. 25 266 habitants, en majorité chrétiens. Centre de pèlerinage inscrit sur la liste du patrimoine mondial de l'Unesco : basilique de la Nativité construite par Constantin (IVe siècle) et restaurée par Justinien (VIe siècle) puis par les croisés (XIIe siècle), monastères fondés par saint Jérôme (IVe siècle). ♦ Dans la Bible, c'est la ville natale de Jessé (père du roi **David**) et de **Jésus.** Elle est occupée par **Israël** depuis la guerre des Six Jours (1967) et placée sous contrôle palestinien depuis 1995.

BÉTHUNE ✦ Ville du Pas-de-Calais. 25 413 habitants (les *Béthunois*) et l'agglomération 355 764. Beffroi (XIVe siècle). Ancien centre houiller. Port fluvial relié à la **Lys.** Industries (métallurgie, mécanique, ingénierie). Dans *Les **Trois Mousquetaires,*** A. Dumas évoque le tristement célèbre bourreau de Béthune (en fait, celui d'Arras) qui exécute Milady.

BETI Mongo (1932-1991) ✦ Écrivain camerounais naturalisé français. Installé en France entre 1951 et 1991, il publie des romans (*Le Pauvre Christ de Bomba,* 1956 ; *Mission terminée* ; 1957, *Le Roi miraculé* ; 1958) qui dénoncent le colonialisme. Dans *Main basse sur le Cameroun* (1972), *Les Deux Mères de Guillaume Ismaël Dzewatama, futur camionneur* (1983) ou *Branle-bas en noir et blanc* (2000), il s'en prend aux nouveaux maîtres de son pays. ■ Son vrai nom est *Alexandre Biyidi Awala.*

BÉTIQUE (chaîne) ✦ Chaîne montagneuse du sud-est de l'Espagne. Longue de 500 km, de Gibraltar au cap de la Nao (face à Ibiza), elle s'étend sur les régions d'Andalousie, de Murcie et de Valence. Le **Guadalquivir** y prend sa source. Son point culminant, le Mulhacén (3 482 m), est situé dans la sierra Nevada. C'est une région agricole (agrumes).

BEYROUTH ✦ Capitale du Liban, sur la côte méditerranéenne. 1,5 million d'habitants (les *Beyrouthins*). Grand centre culturel, commercial et financier de la région avant la guerre civile. ♦ Port phénicien, puis colonie romaine, la ville est occupée par les Arabes (635, 1187), les croisés (1110, 1197-1291), des émirs de religion druze (XVIIe siècle), les Ottomans, puis elle sert de refuge aux chrétiens après 1860. Elle prend son essor et devient la capitale du Grand **Liban** (1920), géré par les Français, puis celle du pays indépendant (1943). La guerre civile, qui éclate en 1975, partage la ville entre l'Ouest (musulman) et l'Est (chrétien). Totalement dévastée, puis en cours de reconstruction après 1990, elle subit de nouveaux bombardements lors du conflit avec **Israël** (2006).

BÉZIERS ✦ Ville de l'Hérault. 75 701 habitants (les *Biterrois*). Ancienne cathédrale Saint-Nazaire (XIIe-XIVe siècles), église romane Saint-Jacques (XIIe siècle), Pont-Vieux sur l'Orb (XIIIe siècle), musées du Vieux Biterrois et du Vin, écluses du canal du **Midi** à proximité. Cité industrielle. Ville natale de Jean Moulin. La région est un important marché viticole. ♦ La cité celte est englobée dans la province romaine de **Narbonnaise**

(IIe siècle av. J.-C.). Dévastée par Charles Martel (736) et par Simon de Montfort pendant la croisade contre les **albigeois**, elle est rattachée à la Couronne (1229) puis rasée par Richelieu (XVIIe siècle).

BHOPAL ✦ Ville de l'Inde, capitale du Madhya Pradesh. 1,9 million d'habitants. Une grave catastrophe industrielle s'y produisit en 1984. Une explosion dans une usine de pesticides provoqua une fuite de gaz toxique, faisant des milliers de victimes.

BHOUTAN n. m. ✦ Pays d'Asie du Sud (☞ cartes 38, 39). Superficie : 46 500 km². 700 000 habitants (les *Bhoutanais*). Monarchie dont la capitale est Thimphou (30 000 habitants). Langue officielle : le dzonkha (dialecte tibétain). Religion officielle : le bouddhisme. Monnaie : le ngultrum. ♦ GÉOGRAPHIE. Le Bhoutan est formé des sommets de l'**Himalaya** (point culminant, 7 553 m) et de profondes vallées boisées au climat tempéré. ♦ ÉCONOMIE. Le nord pratique l'élevage du yack, le sud produit du riz, des fruits et exploite le bois et l'hydroélectricité. ♦ HISTOIRE. Converti au bouddhisme (VIIe siècle), le pays est conquis par les Tibétains (XVIe siècle) et annexé par les Mandchous (1720) puis par l'Inde britannique (1865). Il devient un royaume (1907), dont les relations extérieures sont contrôlées par la Grande-Bretagne (1910) puis par l'Inde (depuis 1949). Le pays, membre de l'ONU depuis 1971, tente de maîtriser son ouverture au monde extérieur.

BIAFRA n. m. ✦ Région de l'est du Nigeria, à majorité chrétienne, où se trouvent les gisements miniers et pétrolifères du pays. Elle fait sécession et proclame son indépendance (1967-1970). La guerre civile qui suit provoque la mort d'un million d'habitants.

BIARRITZ ✦ Ville des Pyrénées-Atlantiques. 24 713 habitants (les *Biarrots*). Station balnéaire renommée du Pays basque, mise à la mode par l'impératrice **Eugénie** (fin du XIXe siècle) ; centre international du surf.

BIBLE n. f. ✦ Livre sacré des juifs et des chrétiens. La Bible juive, écrite en hébreu, est composée de trente-neuf textes regroupés en vingt-quatre livres. Elle est divisée en trois parties : **Pentateuque** (Torah), Prophètes et Écrits. Traduite en grec et augmentée de sept autres livres (Septante), elle est devenue l'« Ancien Testament » des chrétiens. Ceux-ci y ajoutent un « Nouveau Testament », écrit en grec et composé de vingt-sept livres (**Évangiles, Actes des Apôtres**, Épîtres, **Apocalypse**). Tous ces textes ont été traduits en latin (**Vulgate**, premier livre imprimé par Gutenberg). Les protestants n'acceptent pas dans leur Bible les sept livres supplémentaires de l'Ancien Testament.

BIBLIOTHÈQUE NATIONALE DE FRANCE ✦ Bibliothèque issue des collections royales, à partir de Charles V (1368), réunies et augmentées à partir de Louis XI (XVe siècle). Installée à Fontainebleau par François Ier, qui crée le dépôt légal (1537), et dirigée par **Budé**, elle est transférée à Paris (1570) et passe sous la direction de Colbert (1666). Constamment enrichie, c'est la plus grande bibliothèque du pays (13 millions de livres). Ouverte un jour par semaine au public dès 1720, elle devient un établissement public, la *Bibliothèque nationale* (1926), qui dépend du ministère de la Culture depuis 1981. Appelée *Bibliothèque nationale de France* (BNF) depuis 1994, elle est répartie sur cinq sites, dont : Richelieu-Louvois et Tolbiac appelé bibliothèque François-Mitterrand.

BICHAT François Marie Xavier (1771-1802) ✦ Médecin français. Fondateur de l'anatomie générale, il étudie les tissus (branche que l'on appelle aujourd'hui l'*histologie*), établit que des organes différents peuvent avoir les mêmes tissus et contribue également aux progrès de l'embryologie. Les *Entretiens de Bichat*, rencontres médicales annuelles, se tiennent à Paris depuis 1947.

BICHKEK ✦ Capitale du Kirghizstan, dans le nord du pays. 793 100 habitants. Centre culturel et industriel, appelé *Pichpek* avant 1926, *Frounze* de 1926 à 1989 et *Bichpek* de 1990 à 1994.

BIDART ✦ Commune des Pyrénées-Atlantiques, sur la côte basque. 6 575 habitants (les *Bidartars*). Station balnéaire (surf).

BIÉLORUSSIE n. f. ✦ Pays d'Europe de l'Est, appelé aussi le *Belarus* (☞ cartes 24, 25). Superficie : 207 600 km² (plus du tiers de la France). 10 millions d'habitants (les *Biélorusses* ou les *Bélarussiens*), en majorité chrétiens. République dont la capitale est Minsk. Langues officielles : le biélorusse et le russe ; on y parle aussi l'ukrainien et le polonais. Monnaie : le rouble biélorusse. ♦ GÉOGRAPHIE. La Biélorussie est formée d'une vaste plaine, arrosée par le **Dniepr** et la **Bérézina**, et couverte de marécages au sud et de forêts. Son climat est continental. ♦ ÉCONOMIE. La production agricole (céréales, pomme de terre, lin) et l'élevage bovin ont beaucoup souffert de la contamination du sol après la catastrophe nucléaire de **Tchernobyl** (1986). L'industrie se développe (chimie, raffinage pétrolier, mécanique, électronique). ♦ HISTOIRE. Lieu de rencontre entre peuples slaves et baltes, le pays est dominé successivement par la Russie (IXe siècle), la Lituanie (XIVe siècle) et la Pologne (1569). La Russie le reprend progressivement jusqu'en 1795 et proclame la République socialiste soviétique (RSS) de Biélorussie (1919), qui adhère à l'URSS (1922). Elle subit l'occupation allemande (1918, 1941-1944) et plusieurs partages avec la Pologne (1921, 1945), puis rejoint l'ONU (1945). Elle obtient son indépendance et fait partie des membres fondateurs de la **CEI** (1991).

BIG BEN ✦ Célèbre horloge de Londres, située en haut de la tour Saint-Étienne, au coin du palais de **Westminster**. Son cadran fait 7 m de diamètre. *Big Ben* est en fait le nom de la cloche de 13 tonnes installée par sir Benjamin Hall (1858). Au sommet de la tour, un drapeau le jour ou une lumière la nuit signale que le Parlement est en séance.

BIHAR n. m. ✦ État du nord de l'Inde (☞ carte 41). Superficie : 94 163 km² (environ un sixième de la France). 104,1 millions d'habitants. Capitale : Patna (2 millions d'habitants). Formé par la plaine du Gange bordée au nord par le Népal, il vit de l'agriculture (céréales, légumes, canne à sucre), des ressources minières (mica, amiante, fer, charbon), de l'industrie (sidérurgie, chimie). Il abrite les vestiges des lieux où **Bouddha** a vécu.

BIKINI ✦ Atoll du nord-ouest de l'archipel Marshall, en Micronésie. Expériences nucléaires américaines entre 1946 et 1956 (le site des essais est inscrit sur la liste du patrimoine mondial de l'Unesco).

BILAL Enki (né en 1951) ✦ Dessinateur de bandes dessinées et scénariste français. Il collabore à la série de bandes dessinées *Légendes d'aujourd'hui* (1975-1983) avant de publier ses propres albums (*La Trilogie Nikopol*, 1980-1992 ; *Partie de chasse*, 1983 ; *La Tétralogie du monstre*, 1998-2007). Il a également réalisé des films (*Bunker Palace Hotel,* 1989 ; *Immortel,* 2004). Son œuvre décrit un futur déshumanisé, reflet de la violence du monde contemporain.

BILBAO ✦ Ville d'Espagne (Biscaye), sur la côte atlantique. 351 356 habitants. Immense musée Guggenheim (1998). Deuxième port du pays, centre industriel de la région (métallurgie, chimie), qui se tourne vers les activités de services. ♦ La ville, fondée au XIVe siècle, prospère grâce au commerce (XVIe siècle) et à la banque (XIXe siècle). Centre de la résistance républicaine basque pendant la guerre civile, elle est prise par les franquistes (1937).

BINCHE ✦ Ville de Belgique (Hainaut). 32 508 habitants (les *Binchois*). Remparts (XIIe-XIVe siècles), collégiale Saint-Ursmer (XIIe siècle), hôtel de ville gothique. Industries textiles (dentelle, confection). Le *carnaval de Binche,* célèbre pour ses bouffons appelés *Gilles,* est une tradition qui remonte au XIVe siècle.

BIRKENAU ✦ Camp de concentration de Pologne établi par les nazis, situé à l'ouest d'**Auschwitz.**

BIRMANIE n. f. ✦ Pays d'Asie du Sud-Est, officiellement appelé *Myanmar* (n. m.) depuis 1989 (☞ cartes 38, 39). Superficie : 676 579 km² (un peu plus que la France). 51,5 millions d'habitants (les *Birmans*), en majorité bouddhistes. République dont la capitale est Nay Pyi Taw (qui succède à Rangoun en 2006). Langue officielle : le birman. Monnaie : le kyat. ♦ GÉOGRAPHIE. La Birmanie est constituée de chaînes montagneuses boisées (point culminant : Hkakabo Razi, 5 881 m) à l'extrême nord, qui encerclent des vallées fluviales, dont celle de l'Irrawaddy (environ 1 400 km de long). Le climat tropical est soumis à la mousson. ♦ ÉCONOMIE. L'agriculture (riz, céréales, fruits et légumes), l'exploitation du bois (teck, hévéa) et la pêche côtière sont florissantes. Le sous-sol est riche (pétrole, plomb, zinc, argent, pierres précieuses comme le saphir, le rubis et le jade). Le tourisme se développe depuis les années 1990. ♦ HISTOIRE. La région, habitée dès le VIIe siècle, est occupée par des peuples himalayens, les Birmans, qui fondent un royaume (XIe siècle), envahi par les Mongols (XIIIe siècle) puis par une population thaïe (XIVe-XVIe siècles). Annexé par les Britanniques (XIXe siècle), il se révolte (1941) puis il est occupé par le Japon avant d'obtenir son indépendance (1948). Un coup d'État, qui impose le socialisme, provoque de graves émeutes (1962). L'armée prend le pouvoir (1988), libéralise l'économie, mais réprime les tentatives démocratiques.

BIRMINGHAM ✦ Ville de Grande-Bretagne, à l'est du pays de Galles. 1 million d'habitants (2,4 pour l'agglomération) (3e ville du pays), nombreux immigrés indiens et pakistanais. Centre industriel, en déclin depuis la disparition de la métallurgie qui a fait sa richesse au XIXe siècle ; université. Ville natale de Chamberlain.

BISCAYE n. f. ✦ Une des trois provinces basques espagnoles, bordée au nord par le golfe de Gascogne. Superficie : 2 217 km². 1,16 million d'habitants (les *Biscaïens*). Capitale : Bilbao. La ville de **Guernica** est située dans cette province. Mines de fer. La province, rattachée à la Castille depuis 1379, jouit de nombreux privilèges.

BISMARCK Otto von (1815-1898) ✦ Homme d'État allemand. Nommé Premier ministre par Guillaume Ier (1862), il impose la suprématie de la **Prusse** en battant les Autrichiens (Sadowa, 1866) puis les Français (**Sedan,** 1870). Il devient chancelier de l'Empire allemand, fondé en 1871. Il tente de freiner le socialisme et, pour isoler la France qui réclame l'**Alsace-Lorraine,** il organise l'Entente des trois empereurs (**Allemagne, Autriche-Hongrie** et **Russie,** 1872) et la **Triple-Alliance** (1882). Hostile à la colonisation, il quitte le pouvoir en 1890.

BISSAU ou **BISSAO** ✦ Capitale de la Guinée-Bissau, dans l'ouest du pays, sur la côte atlantique. 387 909 habitants (les *Bissaliens*). Principal port d'exportation du pays (arachide, bois tropicaux).

BIZERTE ✦ Ville de Tunisie, dans le nord-est du pays, sur le détroit de Sicile, en Méditerranée. 114 371 habitants. Port industriel (raffinerie de pétrole, sidérurgie). Base navale.

BIZET Georges (1838-1875) ✦ Compositeur français. Il compose surtout des opéras et des opéras-comiques qui ne connaîtront le succès qu'après sa mort : *L'Arlésienne* (1872), *Carmen* (1875).

BJØRNSON Bjørnstjerne (1832-1910) ✦ Écrivain norvégien. Enfant précoce, il écrit dès l'âge de onze ans. Il fait des études de journalisme à Oslo (1849) et se spécialise dans la critique d'art dramatique. Il poursuit sa carrière d'écrivain tout en dirigeant le théâtre de Bergen (1857-1859), prenant la succession d'**Ibsen.** Il publie des récits inspirés de l'histoire de la Norvège (*Entre les batailles,* 1857) ou décrivant le monde paysan (*Arne,* 1859) qui le conduisent à son chef-d'œuvre, la trilogie *Sigurd Slembe* (1862). Son sentiment patriotique s'exalte dans *Arnljot Gelline* (1870), contenant une poésie qui devient l'hymne national norvégien. Prix Nobel de littérature (1903).

BLAKE William (1757-1827) ✦ Poète, peintre et graveur britannique. Son œuvre poétique, au lyrisme intense et au symbolisme complexe, révèle un caractère visionnaire. Grâce à un procédé original de gravure en relief rehaussée à l'aquarelle, il illustre lui-même ses textes. Il a publié *Chants d'innocence* (1789), *La Révolution française* (1791), *Le Mariage du ciel et de l'enfer* (1793) et *Chants d'expérience* (1794). Détourné de son amour de la Révolution française par la Terreur, il s'éloigne du réalisme, se forgeant une cosmogonie personnelle à base de symboles bibliques détournés. Méconnue de son vivant, son œuvre ne fut pleinement reconnue qu'au XXe siècle.

BLAKE sir Peter (1948-2001) ✦ Navigateur néo-zélandais. Il remporta deux fois la Coupe de l'*America* (1995 et 2000), ce qui lui valut d'être anobli. Ayant abandonné la course, il mena des études scientifiques et fut assassiné par des pirates lors d'une mission en Amazonie.

BLANC Louis (1811-1882) ✦ Homme politique français. Il est l'auteur d'ouvrages sur *L'Organisation du travail* (1839) et sur le *Droit au travail* (1848). Il propose la création d'ateliers sociaux qui, détournés par le gouvernement après la **révolution de 1848,** deviennent les Ateliers nationaux. Rendu responsable de l'insurrection provoquée par leur fermeture, il doit émigrer. De retour en France (1870), il siège à l'Assemblée nationale comme député d'extrême gauche (1871-1876).

BLANC (mont) ✦ Point culminant des Alpes, de la France, de l'Italie et de l'Europe (4 810 m d'altitude), situé en Haute-Savoie, au-dessus de Chamonix, dans le massif du Mont-Blanc. Le guide Jacques Balmat et le docteur Paccard, en gravissant le mont Blanc pour la première fois (1786), donnent naissance à l'alpinisme, qui assure aujourd'hui la prospérité de la région avec le tourisme.

BLANC (Le) ✦ Chef-lieu d'arrondissement de l'Indre, sur la Creuse. 6 602 habitants (les *Blancois*) (☞ carte 23).

BLANCHE (mer) ✦ Partie de l'océan Glacial Arctique qui baigne les côtes nord-ouest de Russie et communique avec la mer de Barents. Superficie : environ 90 000 km^2 (un sixième de la France) ; profondeur maximale : 330 m. Elle est prise par les glaces en hiver et sert de lieu de pêche de mai à septembre. L'ensemble des îles Solovetsky, situées à l'ouest, est inscrit sur la liste du patrimoine mondial de l'Unesco.

BLANCHE DE CASTILLE (1188-1252) ✦ Reine de France. Elle épouse Louis VIII (1200) et exerce la régence lorsqu'il meurt (1226). Elle réprime la révolte des barons puis met fin à la croisade contre les **albigeois** avec le traité de Paris (1229). Elle transmet le royaume à son fils **Louis IX** (1242), puis assume de nouveau la régence pendant qu'il participe à la septième croisade (1248-1252).

BLANQUI Louis Auguste (1805-1881) ✦ Homme politique et révolutionnaire français. Lecteur de **Fourier** et de **Babeuf**, cet agitateur antimonarchique, républicain puis socialiste, est plusieurs fois emprisonné pour son activisme (conspirations, insurrections, publication de journaux de l'opposition). Amnistié en 1879, il continue à organiser le mouvement socialiste, critique le communisme de Marx et fait prévaloir l'action révolutionnaire. Sa doctrine, le *blanquisme,* influence Édouard **Vaillant**.

BLAYE ✦ Commune de la Gironde, sur la rive droite de la Gironde. 4 769 habitants (les *Blayais*) (☞ carte 23). La citadelle, achevée par Vauban en 1689, fait partie du réseau des sites majeurs de Vauban, inscrit sur la liste du patrimoine mondial de l'Unesco. Zone portuaire (site du port maritime de Bordeaux). Vignobles (*côtes de Blaye*).

BLÉRIOT Louis (1872-1936) ✦ Aviateur et industriel français. Il réussit la première traversée de la Manche à bord d'un avion, de Calais à Douvres (25 juillet 1909). Il construit ensuite des avions utilisés par l'armée pendant la Première Guerre mondiale.

BLIXEN Karen (1885-1962) ✦ Écrivain danois. Son long séjour au Kenya inspire ses romans : *La Ferme africaine* (1937 ; film *Out of Africa,* 1985), *Ombres sur la prairie* (1957), *Lettres africaines* (1978). Elle écrit aussi des contes fantastiques (*Sept Contes gothiques,* 1934, *Contes d'hiver,* 1942, *Nouveaux Contes d'hiver,* 1957), renouant avec la tradition narrative des anciennes sagas, et des nouvelles (*Le Dîner de Babette,* 1957 ; film *Le Festin de Babette,* 1987).

BLOIS ✦ Chef-lieu de Loir-et-Cher. 46 351 habitants (les *Blésois*). Nombreux monuments dont le château (XIIIe-XIVe siècles), qui fait partie des châteaux de la **Loire**. Il est remanié en style gothique pour Louis XII (XVe siècle), en style Renaissance pour **François Ier** (XVIe siècle) et en style classique par François Mansart (XVIIe siècle). Cité touristique, industrielle. Ville natale de Louis XII. ♦ Blois est la capitale d'un comté (XIe-XIIe siècles), acheté par le duc d'Orléans (1391) et réuni à la couronne de France (1498). Résidence des rois (XVe-XVIe siècles), elle accueille les états généraux en 1576 et en 1588. **Henri III** y fait assassiner le duc de **Guise**. La régente **Marie-Louise** y installe son gouvernement (1814).

BLOY Léon (1846-1917) ✦ Écrivain français. Catholique fervent, écrivain de combat, il attaque avec virulence le matérialisme, la démocratie et le positivisme. Son œuvre mystique exprime ses angoisses, ses illuminations spirituelles dans un style vigoureux : *Le Désespéré,* 1886 ; *La Femme pauvre,* 1897.

BLÜCHER Gebhard Leberecht (1742-1819) ✦ Maréchal prussien. Acteur décisif de la défaite de Napoléon Ier à **Leipzig** (1813), il assure aux Alliés la victoire de **Waterloo** (1815).

BLUM Léon (1872-1950) ✦ Homme politique français. Collaborateur de Jean **Jaurès** au journal *L'Humanité,* il est chef du parti socialiste (SFIO, 1921) et Premier ministre du gouvernement du **Front populaire** (1936-1937, 1938). ☞ Front populaire p. 194. Hostile au gouvernement de **Vichy**, il est arrêté (1940) et déporté à **Buchenwald** (1943). Libéré, il dirige à nouveau le gouvernement pendant une brève période (1946-1947).

BOBIGNY ✦ Chef-lieu de Seine-Saint-Denis. 50 479 habitants (les *Balbyniens*). Ville administrative et industrielle.

BOCCACE (1313-1375) ✦ Écrivain italien. Il apprend le métier de banquier à Naples (1328), fréquente la Cour puis s'installe à Florence où il se consacre à la littérature (1340). Il rencontre **Pétrarque** (1350), avec lequel il diffuse la pensée de la Renaissance, qui prône la dignité de l'esprit humain. Vers la fin de sa vie, il abandonne l'italien pour le latin, langue dans laquelle il commente les œuvres de **Dante**. Son œuvre la plus connue, parue après l'épidémie de peste à Florence (1348), est *Le Décaméron* (1349-1353), un recueil de nouvelles qui célèbrent le bonheur de vivre. ▪ Son nom italien est *Giovanni Boccaccio*.

BOCCHERINI Luigi (1743-1805) ✦ Compositeur italien. Violoncelliste virtuose, il a fait toute sa carrière en Espagne. Son œuvre, abondante et variée, comprend des opéras, des symphonies, un *Stabat Mater* et de nombreuses pièces pour musique de chambre (quatuors et quintettes à cordes surtout) d'une grande clarté mélodique.

BOCHIMANS n. m. pl. ✦ Peuple nomade du sud de l'Afrique. Ils vivent, en petits groupes, dans le désert du **Kalahari**, surtout en Namibie. Ils pratiquent la chasse et la cueillette, sous l'autorité du meilleur chasseur ou du magicien du clan. Ils se mêlent peu à peu aux **Bantous**.

BOCHUM ✦ Ville d'Allemagne (Rhénanie-du-Nord-Westphalie), dans la Ruhr. 376 586 habitants. Institut de recherche spatiale ; important centre industriel (extraction de houille, sidérurgie, automobile, alimentaire).

BOERS n. m. pl. ✦ Nom donné aux descendants des colons néerlandais, installés en Afrique du Sud (1652), puis aux immigrés allemands, scandinaves et français. Repoussés par l'invasion des Britanniques (1820), qui abolissent l'esclavage (1833), ils migrent pour garder leur indépendance (le Grand Trek, 1834-1840). La découverte de diamants et d'or relance les hostilités (*guerre des Boers,* 1899-1902). Leurs descendants, les Afrikaners, forment la population blanche de l'Afrique du Sud, dont l'une des langues officielles est l'afrikaans.

BOFILL Ricardo (né en 1939) ✦ Architecte espagnol. Il fonde à Barcelone le « Taller de arquitectura », atelier chargé de réfléchir à de nouvelles structures urbaines, au service du peuple. Ses premières réalisations (*Walden 7*, près d'Alicante, 1970-1975) allient modernisme et tradition méditerranéenne. Œuvrant en France puis à l'étranger, il s'oriente alors vers une architecture monumentale post-moderniste, inspirée à la fois de l'Antiquité et du baroque (*Antigone*, à Montpellier, depuis 1979). Toujours fidèle à cette tendance néoclassique, il utilise par la suite des matériaux modernes comme de grands pans de verre (*Théâtre national de Catalogne*, à Barcelone, 1997).

BOGART Humphrey (1899-1957) ✦ Acteur américain. Il a incarné, dans des films noirs, des héros durs mais romantiques, au charme ténébreux et à l'humour désabusé. *Le Faucon maltais*, 1941 ; *Casablanca*, 1942 ; *Key Largo*, 1948 ; *The African Queen*, 1951 ; *Le Trésor de la Sierra Madre*, 1958.

BOGOTA ✦ Capitale de la Colombie, dans le centre du pays, à une altitude de 2 600 m, dans la cordillère des Andes. 6,8 millions d'habitants. Centre administratif, commercial, industriel et culturel du pays. ♦ Les Espagnols fondent la ville de Santa Fe de Bogota (1538) sur l'ancienne capitale des Indiens Chibchas. Elle devient la capitale de la vice-royauté de Nouvelle-Grenade (1598) puis celle de la Colombie (1819).

BOHÊME n. f. ✦ Région de la République tchèque. Superficie : 52 770 km² (à peu près un dixième de la France). 6,3 millions d'habitants. Ville principale : Prague. ♦ La Bohême est formée de bassins, arrosés par l'Elbe et ses affluents et entourés de massifs qui la séparent de la Moravie, de la Pologne, de l'Allemagne et de l'Autriche. Son climat est continental. Agriculture dans la plaine. Ressources minières (lignite). Industries (textile, électricité, métallurgie). Tourisme. ♦ La région, peuplée de Celtes (Vᵉ siècle av. J.-C.) et vassale de Charlemagne (VIIIᵉ siècle), devient un royaume (XIᵉ siècle) dont les souverains sont les empereurs germaniques (XIVᵉ siècle). Unie à la Hongrie (1490), elle est dominée par les **Habsbourg** (1526-1918), malgré ses révoltes (1618, guerre de Trente Ans ; 1848). Elle est intégrée à la **Tchécoslovaquie**, créée en 1918. Elle occupe aujourd'hui la majeure partie de la République tchèque.

BOHR Niels (1885-1962) ✦ Physicien danois. C'est l'un des pères de la physique quantique : il propose un nouveau modèle de la structure de l'atome (1913) et de son noyau, celui-ci permettant d'expliquer le phénomène de la fission nucléaire. Son interprétation de la mécanique quantique, rejetée par **Einstein**, facilite la compréhension de cette théorie. Prix Nobel de physique (1922).

BOILEAU Nicolas (1636-1711) ✦ Écrivain français. Ami de Molière, La Fontaine et Racine, il prend parti pour les Anciens dans la querelle des Anciens et des Modernes et s'oppose à Charles Perrault. Chargé de rédiger l'histoire de **Louis XIV** (1677), il est nommé à l'Académie (1684), mais il perd la faveur du roi en soutenant les jansénistes contre les jésuites. Il livre ses conceptions morales et sa théorie littéraire dans ses œuvres poétiques : *Satires* (1660-1667), *Épîtres* (1669-1695), *Le Lutrin* (1672-1674 et 1683), *L'Art poétique* (1674).

BOILEAU-NARCEJAC ✦ Nom de plume des écrivains français **Pierre BOILEAU** (1906-1989) et **Thomas NARCEJAC** (1908-1998). Ils s'associent (1948) pour écrire des romans policiers à suspense souvent portés à l'écran : *Celle qui n'était plus* (1952 ; film de G. Clouzot, *Les Diaboliques*, 1954), *D'entre les morts* (1956 ; film d'**Hitchcock**, *Sueurs froides*, 1958), *Les Magiciennes* (1957), *Dans la gueule du loup* (1984). Ils écrivent également la série policière *Sans Atout*, pour la jeunesse.

BOKO HARAM ✦ Secte islamiste fondée en 2002 au Nigeria. Elle réclame l'application de la charia et revendique de nombreux attentats, enlèvements et massacres.

BOLCHEVIKS n. m. pl. ✦ Partisans de Lénine. Opposés aux mencheviks à l'intérieur du Parti ouvrier social-démocrate russe (1903), ils fondent leur propre parti, le Parti bolchevik (1912), prennent le pouvoir après la **révolution russe** de 1917 et remportent la victoire totale en 1920. Le parti communiste russe s'est appelé *Parti communiste bolchevik* (PCB) jusqu'en 1952.

BOLIVAR Simon (1783-1830) ✦ Général vénézuélien et héros de l'indépendance sud-américaine. Il découvre les principes de la Révolution française en voyageant en Europe. La révolution d'indépendance éclate à Caracas (1810), sa ville natale, mais la république échoue (1812). Exilé, il recommande l'union des pays d'Amérique du Sud pour gagner l'indépendance et la liberté et dirige le mouvement contre les Espagnols. Il libère la Nouvelle-Grenade (**Colombie**, 1819) et fonde la république de Grande-Colombie (1819-1830), comprenant l'actuelle Colombie, le **Venezuela** et le **Panama** (1821) puis l'**Équateur** (1822). Le **Pérou** appelle « el Libertador » pour sauver le pays (1823). Le Haut-Pérou devient un État indépendant appelé ***Bolivie*** en son honneur (1825). L'indépendance obtenue, il entreprend d'organiser les nouveaux États, de mener des réformes sociales et politiques pour renforcer l'unité.

BOLIVIE n. f. ✦ Pays d'Amérique du Sud (☛ cartes 44, 46). Superficie : 1,1 million de km² (environ deux fois la France). 9,5 millions d'habitants (les *Boliviens*), en majorité catholiques. République dont la capitale constitutionnelle est Sucre ; le siège du gouvernement et des ambassades est à La Paz. Langue officielle : l'espagnol ; on y parle aussi des langues amérindiennes, comme le quechua et l'aymara. Monnaie : le boliviano. ♦ GÉOGRAPHIE. La cordillère des Andes (**Altiplano**, lac **Titicaca**) occupe l'ouest de la Bolivie, dont le point culminant est le volcan Sajama (6 542 m). Les affluents de l'Amazone arrosent l'immense plaine couverte de forêts et de savanes qui s'étend au nord et à l'est. Le climat tropical est froid sur les montagnes. ♦ ÉCONOMIE. L'agriculture, pratiquée sur l'Altiplano (céréales, pomme de terre, coca, élevage de moutons et de lamas), s'étend peu à peu à la plaine (cultures tropicales, exploitation de la forêt, élevage bovin). L'économie est basée sur les richesses du sous-sol (étain, argent, cuivre, plomb, gaz). ♦ HISTOIRE. La région est peuplée d'Indiens aymaras et quechuas lorsqu'elle est conquise par les **Incas**, puis par les Espagnols (1538). Elle gagne son indépendance (1825), prend le nom de *Bolivie* en l'honneur de **Bolivar**, puis connaît une série de conflits qui réduisent son territoire. Un gouvernement révolutionnaire (1952-1964) est renversé par l'armée (mort de Che **Guevara**) et suivi par de nombreux coups d'État. Les civils reprennent le pouvoir en 1982.

BÖLL Heinrich (1917-1985) ✦ Romancier allemand. Catholique et socialiste, il a dénoncé l'horreur et la brutalité du nazisme, défendant des valeurs humanistes (*Où étais-tu, Adam ?*, 1951), et a fustigé la société moderne (*L'Honneur perdu de Katharina Blum*, 1974). Prix Nobel de littérature (1972).

BOLOGNE ✦ Ville d'Italie, chef-lieu de l'Émilie-Romagne. 371 217 habitants (les *Bolonais*). Plusieurs palais (Moyen Âge et Renaissance), deux tours penchées, églises Saint-Étienne (VIIIe-XIIIe siècles), Saint-Dominique (XIIIe siècle), où se trouve le tombeau du saint, basilique San Petronio (XIVe-XVIIe siècles), fontaine de Neptune (1563-1567). Centre administratif, commercial, industriel (mécanique, chimie), culturel (université fondée en 1088, Foire internationale du Livre de jeunesse) et touristique. Ville natale de Grégoire XIII, le Primatice, Galvani, Marconi et Pasolini. ♦ Fondée par les Étrusques, elle devient une ville universitaire libre (XIIe siècle), annexée par la papauté (1513), où s'épanouit une académie de peinture (XVIe siècle). Prise par Napoléon Ier (1800-1815), puis par les Autrichiens, elle passe au royaume d'Italie (1860).

BOLT Usain (né en 1986) ✦ Athlète jamaïcain. Il détient le record du monde du 100 mètres, du 200 mètres et du 4 fois 100 mètres et remporte trois médailles d'or au Jeux olympiques de Pékin (2008) et trois autres aux Jeux olympiques de Londres (2012) dans ces disciplines.

BOLTANSKI Christian (né en 1944) ✦ Artiste français. Artiste de la mémoire, il expose, comme des reliques, des objets, des vêtements, des photos (*Les Suisses morts,* 1989 ; *Personnes,* 2010) et enregistre, pour les conserver, des battements de cœur de milliers de personnes (*Cœur* et *Les Archives du cœur*).

BOMBARD Alain (1924-2005) ✦ Scientifique et navigateur français. En 1952, Il traversa l'Atlantique sur un canot pneumatique, sans eau et sans vivres, démontrant qu'un naufragé peut survivre avec ce dont il dispose (eau de pluie et de mer, plancton, poissons). Il raconta cette expérience dans *Naufragé volontaire* (1953).

BOMBAY ✦ Ville de l'Inde, capitale du Maharashtra, dans l'ouest du pays, sur la mer d'Oman. Son nom officiel est *Mumbai* depuis 1995. 18,4 millions d'habitants (16 368 084 pour l'agglomération) (☞ carte 57). Centre résidentiel, d'affaires et industriel (textile, alimentaire, mécanique, cinéma), entouré de bidonvilles. Premier port du pays, formé d'îlots reliés entre eux et au continent par des remblaiements. Ville natale de Kipling. L'ensemble de grottes sculptées de l'île d'Elephanta (VIIIe siècle) et la gare de style victorien sont inscrits sur la liste du patrimoine mondial de l'Unesco. ♦ Les Portugais font de la cité musulmane du XIIIe siècle un comptoir (1534-1661) et lui donnent son nom. Conquise par les Britanniques (1661), elle passe sous le contrôle direct de la Couronne (1783). En 1956, elle devient la capitale d'un des États indiens.

BONAPARTE ✦ Famille française, d'origine italienne, établie en Corse au XVIe siècle. **Napoléon** est le deuxième enfant de **Charles Marie** (1746-1785) et de **Marie Letizia,** née Ramolino (1750-1836). Leurs autres enfants sont : **Joseph** (1768-1844), roi de Naples (1806-1808) puis roi d'Espagne (1808-1813) ; **Lucien** (1775-1840), président du Conseil des Cinq-Cents puis opposant à Napoléon ; Maria-Anna, dite **Élisa** (1777-1820), grande-duchesse de Toscane ; **Louis** (1778-1846), roi de Hollande (1806-1810), marié à la fille de Joséphine de **Beauharnais,** Hortense (1783-1837), et père de **Napoléon III** ; Marie Paulette, dite **Pauline** (1780-1825), princesse Borghèse, célèbre pour sa beauté ; Marie-Annonciade, dite **Caroline** (1782-1839), épouse de Murat et reine de Naples (1808-1815) ; **Jérôme** (1784-1860), roi de Westphalie (1807-1814) et père de la princesse Mathilde (1820-1904), célèbre pour son salon littéraire, et du prince Jérôme (1822-1891), marié à la fille de Victor-Emmanuel II.

BONAPARTE ✦ Nom sous lequel on désigne **Napoléon Ier**, avant son sacre.

BONAPARTE Charles Louis Napoléon ✦ Fils de Louis Bonaparte et neveu de Napoléon Ier, il devient empereur sous le nom de ***Napoléon III.***

BOND James ✦ Personnage de romans créé en 1953 par le Britannique Ian Fleming. James Bond est un agent secret britannique, surnommé *007,* qui voyage dans le monde entier pour sauver l'Occident de la menace soviétique. Il inspire des bandes dessinées et des films à succès avec, entre autres, Sean Connery, Roger Moore et Daniel Craig dans le rôle principal : *James Bond contre Docteur No* (1962), *Goldfinger* (1964), *Vivre et laisser mourir* (1973), *Casino Royale* (2006).

BONIFACIO ✦ Ville de Corse-du-Sud, à la pointe sud de l'île, face à la Sardaigne dont elle est séparée par le *détroit* (ou les *bouches) de Bonifacio,* large de 12 km. 2 973 habitants (les *Bonifaciens*). Enceinte fortifiée de la ville haute (XVIe siècle), églises Sainte-Marie-Majeure, de style roman, et Saint-Dominique (XIIIe-XIVe siècles). Port de pêche et de voyageurs. ♦ Fondée par des Italiens de Pise (828), elle est colonisée par les Génois (1187) qui résistent au siège du roi d'Aragon (1420).

BONN ✦ Ville d'Allemagne (Rhénanie-du-Nord-Westphalie), dans l'ouest du pays, sur le Rhin. 314 301 habitants (les *Bonnois*). Collégiale romane (XIe-XIIIe siècles), hôtel de ville (XVIIIe siècle), université fondée en 1788. Maison de l'histoire de la République fédérale d'Allemagne (1994). Centre administratif, diplomatique, culturel et scientifique. Ville natale de Beethoven. ♦ La cité romaine devient la résidence des princes électeurs de Cologne (XIIIe siècle). Elle est annexée par la France (1801) puis par la Prusse (1815). Elle est bombardée en 1944. Adenauer en fait la capitale de la République fédérale d'**Allemagne** (1949-1990) et elle reste le siège du gouvernement de l'Allemagne réunifiée jusqu'en 1999.

BONNARD Pierre (1867-1947) ✦ Peintre français. Membre du groupe des nabis, il crée des affiches (*La Revue blanche,* 1894), des lithographies et des tableaux aux couleurs chaudes et harmonieuses (paysages, scènes d'intérieur et nombreux nus) parmi lesquels on peut citer : *Le Fiacre de Paris* (1898), *La Place de Clichy* (1906), *Paysage de Saint-Tropez* (1911), *Nu devant la cheminée* (1919), *Nu à la baignoire* (1931).

BONNE-ESPÉRANCE (cap de) ✦ Cap situé dans le sud de l'Afrique du Sud, sur l'océan Atlantique. Le navigateur portugais Bartolomeu Dias (vers 1450-1500) le découvre et le nomme *cap des Tempêtes* (1488). Il est franchi par Vasco de Gama en route vers les Indes (1497). On a appelé *Le Cap* la ville construite à proximité.

BONNEFOY Yves (1923-2016) ✦ Poète français. Son œuvre poétique développe une méditation autour des rapports entre la matière, le monde et le langage. Poète du lieu et de la présence (*Du mouvement et de l'immobilité de Douve,* 1953 ; *Dans le leurre du seuil,* 1975 ; *Début et fin de la neige,* 1991 ; *Les Planches courbes,* 2001), il a publié également des essais sur la poésie (*Entretiens sur la poésie,* 1990) et l'art (*Alberto*

Giacometti, 1991). Il est traducteur de Shakespeare, Yeats, et professeur au Collège de France.

BONNEVILLE ✦ Chef-lieu d'arrondissement de Haute-Savoie. 12 575 habitants (les *Bonnevillois*). Industrie électronique et informatique.

BORA BORA ✦ Île volcanique de la Polynésie française, appartenant à l'archipel de la Société. Superficie : 38 km^2. 6 596 habitants. Tourisme.

BORDEAUX ✦ Chef-lieu de la Gironde et de la Région Nouvelle-Aquitaine, au fond de l'estuaire de la Gironde. 246 586 habitants (les *Bordelais*) ; son agglomération est la 7e du pays avec 889 543 habitants. Ruines du palais Gallien (IIIe siècle), cathédrale Saint-André (XIIe-XIVe siècles), porte de la Grosse Cloche (XIIIe-XVe siècles), nombreuses églises dont Saint-Michel (XIVe-XVIe siècles), avec sa pointe (la flèche), la plus élevée (109 m) du sud de la France. Le quartier du port de la Lune est inscrit sur la liste du patrimoine mondial de l'Unesco. Capitale économique du Sud-Ouest, centre industriel (chimie, aéronautique, électronique), commercial (6e port du pays) et universitaire. Exploitation de la forêt landaise et du vignoble bordelais (le vin produit dans la région s'appelle le *bordeaux*). Ville natale des peintres Odilon Redon et Albert Marquet, des écrivains François Mauriac et Jean Anouilh, et de Sempé. ♦ Capitale de la province romaine d'**Aquitaine** IIe (370-508), la ville passe à l'Angleterre (1152), redevient française (1453) et participe à la **Fronde.** Elle se développe grâce au commerce avec les Antilles, et notamment grâce à la traite des Noirs (XVIIIe siècle). Pendant la Révolution, elle est le centre des **girondins** et souffre de la **Terreur.** Elle se rallie aux **Bourbons** (1814), puis accueille plusieurs fois le siège du gouvernement français (1870, 1914, 1940).

BORDELAIS n. m. ✦ Région du sud-ouest de la France, qui s'étend autour de Bordeaux. Le Bordelais possède le plus grand vignoble du monde (120 000 ha, environ un huitième du département de la Gironde). On distingue : le **Médoc**, au nord-ouest de Bordeaux ; les Graves, le long de la Garonne, au sud de Bordeaux ; l'Entre-Deux-Mers, entre Garonne et Dordogne ; les Côtes, le long de la Dordogne, où se trouve la région de Saint-Émilion, inscrite sur la liste du patrimoine mondial de l'Unesco ; et le Blayais, sur la rive droite de l'estuaire de la Gironde.

BORG Björn (né en 1956) ✦ Joueur de tennis suédois. Il remporta six fois le tournoi de Roland-Garros (de 1974 à 1981) et cinq fois de suite le tournoi anglais de Wimbledon (1976-1980). Il détient toujours de nombreux records.

BORGES Jorge Luis (1899-1986) ✦ Écrivain argentin. Cet auteur de culture universelle se distingue par la place particulière qu'il accorde à l'imagination et au fantastique, notamment dans *Fictions* (1941-1944), recueil de nouvelles fantastiques qui le rend célèbre, suivi de *L'Aleph* (1949). Son style recherché et baroque se dépouille peu à peu (*Le Rapport de Brodie,* 1970 ; *Histoire de la nuit,* 1977). Également poète, critique et essayiste, il décide de publier l'intégralité de son œuvre en français (1984).

BORGHÈSE ✦ Famille noble italienne, originaire de Sienne. Établie à **Rome** lorsque **Camille BORGHÈSE** (1552-1621) devient pape sous le nom de Paul V (1605), elle fait construire le palais qui porte son nom. Le neveu du pape, **Scipion BORGHÈSE** (1576-1633), fait bâtir dans le parc de la résidence d'été (la *villa Borghèse*) le casino (1612), devenu un musée qui abrite des peintures (Titien, Caravage) et des sculptures (le Bernin, Canova).

BORGIA ✦ Famille italienne de la Renaissance. Les plus célèbres représentants sont : **César BORGIA** (1476-1507), d'abord cardinal puis homme d'État, mène les États de l'Église à leur apogée. Il se débarrasse de ses ennemis en les faisant assassiner. Nicolas **Machiavel** s'en inspire pour écrire *Le Prince.* **Lucrèce BORGIA** (1480-1519), protectrice des lettres et des arts, est utilisée par son père et son frère dans leur quête du pouvoir. Elle inspire à Victor **Hugo** sa pièce *Lucrèce Borgia.*

BORINAGE n. m. ✦ Région de Belgique, dans le Hainaut, à l'ouest de Mons. Ses habitants s'appellent les *Borains.* Le paysage accidenté, qui reflète l'ancienne activité minière (houille) avec ses terrils et ses corons, a inspiré des peintres tel **Van Gogh.** La région connaît des difficultés économiques.

BORMES-LES-MIMOSAS ✦ Commune du Var. 7 839 habitants (les *Borméens*). Centre touristique dans le massif des **Maures.** Cultures de fleurs.

BORNÉO ✦ Île d'Insulinde, au nord de Java. Elle est partagée entre l'Indonésie (Kalimantan), la Malaisie (Sabah et Sarawak) et le Brunei. Superficie : 736 561 km^2 (environ 1,3 fois la France). 15,7 millions d'habitants (en majorité Dayaks et Penans). C'est une île montagneuse au climat équatorial (point culminant : mont Kinabalu, 4 175 m). Elle est couverte de forêts tropicales dont la faune et la flore sont si riches que deux parcs (Kinabalu et Gunung Mulu) sont inscrits sur la liste du patrimoine mondial de l'Unesco. Agriculture (riz, café, hévéa, bois), ressources minières (or, diamant, uranium, charbon) et pétrolifères.

BOROBUDUR ✦ Monument bouddhique de forme pyramidale, au centre de l'île de Java. Il est construit sur une surface d'environ 2 500 m^2 (VIIIe-IXe siècles). Pour la richesse de ses statues et de ses bas-reliefs, il est inscrit sur la liste du patrimoine mondial de l'Unesco, qui a participé à sa restauration (1968-1983).

BORODINE Alexandre (1833-1887) ✦ Compositeur russe. Médecin militaire, il apprend la musique en autodidacte et entre (1862) dans le « groupe des Cinq » (**Moussorgski**). Il travaille pendant vingt ans à son œuvre principale, qu'il laisse inachevée, l'opéra *Le Prince Igor* (**Rimski-Korsakov**). Cherchant à se détacher de l'opéra italien, il utilise les thèmes du folklore russe, notamment dans le poème symphonique *Dans les steppes d'Asie centrale* (1880).

BORROMÉES (îles) ✦ Groupe de quatre îles d'Italie (Piémont), sur le lac Majeur. La plus connue est isola Bella sur laquelle est construit le palais du comte Borromeo (XVIIIe siècle).

BORROMINI (1599-1667) ✦ Architecte italien. Apprenti sculpteur ornemaniste dès neuf ans, il quitte le Tessin et se rend à Rome (v. 1619) pour y parfaire sa formation et s'initier au dessin et à l'architecture, travaillant notamment avec son futur rival, le **Bernin.** Sa virtuosité technique apporte au baroque romain une plus grande liberté de style et un grand dynamisme : emploi de courbes concaves et convexes, d'ellipses et d'effets en trompe-l'œil, utilisation pour les décors du blanc et de l'or. Parmi ses réalisations, on peut citer les églises Saint-Charles-aux-Quatre-Fontaines (1637-1642 ; façade terminée en 1667) et Saint-Yves-de-la-Sapience (1642-1661), construction en étoile surmontée d'une coupole se terminant par une étonnante flèche hélicoïdale. ■ Son vrai nom est *Francesco Castelli* ou *Castello.*

BOSCH Jérôme (vers 1450-1516) ✦ Peintre flamand. Il crée un univers fantastique qui fourmille d'êtres fabuleux, démons et créatures représentant les passions humaines, mêlant la faune, la flore, les formes humaines et les objets. Œuvres : *La Nef des fous, Le Jardin des délices terrestres, La Tentation de saint Antoine* et *Le Jugement dernier.* ■ Son véritable nom est *Hieronymus Van Aken* (ou *Aeken*).

BOSCO Henri (1888-1976) ✦ Écrivain français. Il passe sa jeunesse à Avignon, puis vit en Italie (1920-1930), d'où sa famille est originaire, et au Maroc (1931-1955), avant de revenir dans sa Provence natale. Il décrit le monde paysan et les paysages de la Méditerranée dans des romans qui mêlent la poésie et les mystères surnaturels : *L'Âne Culotte* (1937), *Le Mas Théotime* et *L'Enfant et la rivière* (1945), *Malicroix* (1948).

BOSNIE-HERZÉGOVINE n. f. ✦ Pays d'Europe du Sud, situé dans les **Balkans** (☛ cartes 24, 25). Superficie : 51 129 km^2 (un peu moins du dixième de la France). 3,9 millions d'habitants en 1991 (les *Bosniens*), partagés entre musulmans (Bosniaques, 44 %), chrétiens orthodoxes (Serbes, 31 %) et catholiques (Croates, 17 %). République dont la capitale est Sarajevo. Langues officielles : le bosniaque, le croate et le serbe. Monnaie : le mark convertible ou marka. ♦ GÉOGRAPHIE. Le nord correspond à la vallée de la Save, le reste du pays est couvert de moyennes montagnes boisées. Le climat est méditerranéen. ♦ ÉCONOMIE. Le pays vit surtout d'élevage (moutons) et un peu d'agriculture (blé, maïs, betterave). Le sous-sol est riche (fer, charbon, lignite). L'industrie se développe (sidérurgie, chimie, métallurgie). ♦ HISTOIRE. La région fait partie de l'Empire romain, de l'Empire ottoman (XVe siècle), puis de l'Empire austro-hongrois (1878). L'assassinat à **Sarajevo** de l'archiduc d'Autriche par un nationaliste serbe provoque la Première **Guerre mondiale** (1914). En 1945, la Bosnie-Herzégovine devient une des six républiques fédérées de la Yougoslavie. À la suite de la proclamation de l'indépendance (1991), une terrible guerre civile éclate entre Serbes, Croates et Bosniaques (1992-1995). Un accord est signé à Dayton (États-Unis), qui établit une République de Bosnie-Herzégovine composée de la Fédération de Bosnie-Herzégovine et de la République serbe.

BOSPHORE n. m. ✦ Détroit de Turquie qui sépare la partie européenne de la partie asiatique du pays. Long de 30 km et large de 550 m à 3 km, il fait communiquer la mer Noire avec la mer de Marmara. La ville d'**Istanbul** est située au sud de la rive européenne.

BOSSUET Jacques Bénigne (1627-1704) ✦ Écrivain et théologien français. Prêtre puis archidiacre de Metz (jusqu'en 1658), il acquiert son autorité par ses *Sermons* (1655-1662), qu'il prononce notamment à Paris, et par ses *Oraisons funèbres* (1656-1687), d'une grande intensité dramatique et poétique. Précepteur du petit-fils de Louis XIV (1670-1680), il écrit pour lui le *Discours sur l'histoire universelle* (1681). Évêque de Meaux (il est appelé *l'Aigle de Meaux*), il lutte contre les protestants, tente de réunifier les Églises (correspondance avec **Leibniz**, 1690-1693) et s'oppose à **Fénelon**. Académie française (1671).

BOSTON ✦ Ville des États-Unis, capitale du Massachusetts, dans le nord-est du pays. 589 141 habitants (les *Bostoniens*) (3,4 millions d'habitants pour la zone urbaine) (☛ carte 57). Port commercial, centre industriel et universitaire spécialisé dans la recherche scientifique et technologique (université **Harvard**, Massachusetts Institute of Technology ou MIT, fondé en 1861). Ville natale de Benjamin Franklin et d'Edgar A. Poe. ♦ Les insurrections qui aboutissent à la guerre de l'**Indépendance américaine** (1775-1782) sont nées à Boston (1770, 1773).

BOTERO Fernando (né en 1932) ✦ Peintre et sculpteur colombien. Influencé par l'art précolombien, il crée des personnages, animaux ou natures mortes aux formes rondes et généreuses (*Figure allongée*, 1984 ; *Homme debout*, 1992), dans un esprit parodique. Il a peint également des pastiches d'œuvres classiques (*Mona Lisa à l'âge de douze ans*, 1959).

BOTNIE n. f. ✦ Région du nord de l'Europe, partagée entre le nord-est de la Suède et le nord-ouest de la Finlande et bordée par le *golfe de Botnie,* au nord de la mer **Baltique.**

BOTRANGE (signal de) ✦ Point culminant de la Belgique (694 m), dans l'est du pays, en Haute-**Ardenne.**

BOTSWANA n. m. ✦ Pays du sud de l'Afrique (☛ cartes 34, 36). Superficie : 600 372 km^2 (un peu plus que la France). 1,9 million d'habitants (les *Botswanéens* ou les *Botswanais*). République dont la capitale est Gaborone. Langue officielle : l'anglais ; on y parle aussi le tswana et le khoïsan. Monnaie : le pula. ♦ GÉOGRAPHIE. Traversé par le tropique du Capricorne, le Botswana est occupé par le désert du **Kalahari** et au nord par des marais. Le climat est désertique. ♦ ÉCONOMIE. Agriculture (élevage bovin, céréales, agrumes) ; importantes ressources minières (diamant, cuivre, nickel, charbon). ♦ HISTOIRE. Déjà occupé 40 000 ans avant notre ère, le pays est habité par les **Bochimans** (Ier siècle), puis par les **Bantous** qui s'installent à l'est (Ier millénaire). Il passe sous la protection des Britanniques (1885), qui l'administrent depuis l'Afrique du Sud. Il devient indépendant dans le cadre du Commonwealth (1966), mais reste économiquement très dépendant de l'Afrique du Sud.

BOTTICELLI (1445-1510) ✦ Peintre italien. Il participe à la décoration de la chapelle **Sixtine** (1481) et illustre *La Divine Comédie* de Dante (après 1480). Il travaille essentiellement à Florence pour les **Médicis**, mêlant des couleurs harmonieuses et des formes gracieuses en mouvement. Il peint des sujets religieux (*Adoration des Mages*, vers 1475 ; *Couronnement de la Vierge*, vers 1488 ; *Crucifixion*, vers 1500 ; nombreuses *Madones*) et des tableaux mythologiques, qui sont des chefs-d'œuvre de la Renaissance : *Le Printemps* (vers 1482), *La Naissance de Vénus* (vers 1484). ■ Son véritable nom est *Sandro di Mariano Filipepi.*

BOUCHER François (1703-1770) ✦ Peintre français. Il étudie la gravure, séjourne en Italie (1727-1731) et devient décorateur (Versailles, dessins pour les tapisseries des Gobelins et les porcelaines de Sèvres). Protégé par Madame de **Pompadour**, il est nommé premier peintre de Louis XV (1765). Il multiplie les scènes mythologiques, champêtres ou galantes et les portraits, dans un style sensuel et raffiné dont il est le maître. Œuvres : *Le Triomphe de Vénus* (1740), *Diane sortant du bain* (1742), *Odalisque brune* (1745), *La Marquise de Pompadour* (1756). ☛ Lumières p. 173.

BOUCHER Hélène (1908-1934) ✦ Aviatrice française. Elle accomplit seule la liaison Paris-Saïgon (1933) et conquit plusieurs records mondiaux (altitude et vitesse). Elle milita avec Maryse **Bastié** pour le vote des femmes.

BOUCHES-DU-RHÔNE n. f. pl. ✦ Département du sud-est de la France [13], de la Région Provence-Alpes-Côte d'Azur. Superficie : 5 087 km². 2,01 million d'habitants. Chef-lieu : Marseille ; chefs-lieux d'arrondissement : Aix-en-Provence, Arles et Istres.

BOUDDHA (vers 536 av. J.-C.-vers 480 av. J.-C.) ✦ Nom, qui signifie «l'Éveillé», donné au prince indien Siddharta Gautama. Ce prince décide de quitter le palais royal pour vivre une vie austère. En méditant, il parvient à surmonter la douleur et à atteindre la sérénité. Il enseigne ce moyen à ses disciples. Son lieu de naissance au Népal, Lumbini, est un centre de pèlerinage inscrit sur la liste du patrimoine mondial de l'Unesco. Le *bouddhisme* est l'ensemble des enseignements du Bouddha, devenu une religion.

BOUDIN Eugène (1824-1898) ✦ Peintre français. Il réalise des marines et des scènes de plage surtout en Normandie où il fonde à Honfleur l'école de Saint-Siméon avec **Courbet** (vers 1856). Ses personnages, représentés par touches rapides, et ses effets de lumière annoncent les impressionnistes avec qui il expose en 1874. Il fut le maître de **Monet**. Œuvres : *La Plage de Trouville* (1863), *Le Port de Honfleur* (1865), *La Jetée à Deauville* (1869), *Le Port d'Anvers* (1876).

BOUGAINVILLE Louis Antoine de (1729-1811) ✦ Navigateur français. Il dirige une expédition scientifique autour du monde (1766-1769). Il passe par le détroit de Magellan, Tahiti (☛ Grandes Découvertes p. 166), les îles Salomon, dont l'une porte son nom, la Nouvelle-Guinée, le cap de Bonne-Espérance et le Cap-Vert. Il raconte cette aventure dans son livre, *Voyage autour du monde* (1771). Il repose au **Panthéon**.

BOUILLON Godefroi de → GODEFROI DE BOUILLON

BOUKHARA ✦ Ville du sud-est de l'Ouzbékistan. 237 900 habitants. Centre historique inscrit sur la liste du patrimoine mondial de l'Unesco pour ses chefs-d'œuvre de l'art islamique : mausolée des Samanides (vers 907), grand minaret (1127), grande mosquée (XVIe siècle). Industries (coton, soie, cuir) et artisanat (tapis). ♦ C'est l'ancienne capitale de la dynastie iranienne des Samanides (IXe-Xe siècles) prise par Gengis Khan (1220), puis celle de l'un des royaumes ouzbeks (XVIe siècle) qui, vassalisé par l'Empire russe (1868), devient une république soviétique (1920), démantelée avec le Turkestan (1924).

BOULANGER Georges (1837-1891) ✦ Général et homme politique français. Après une carrière militaire (Kabylie, Italie, Cochinchine, guerre franco-allemande de 1870-1871), il est nommé ministre de la Guerre (1886). Très populaire pour ses réformes (suppression du tirage au sort), devenu le symbole d'une opposition désireuse d'une revanche sur l'Allemagne, il est muté à Clermont-Ferrand puis mis à la retraite (1888). Élu à Paris (1889), il refuse de s'emparer de l'Élysée. Il est accusé de complot contre l'État et se réfugie en Belgique, où il se suicide après avoir été condamné à la réclusion à perpétuité.

BOULE ET BILL ✦ Personnages de bandes dessinées, créés dans *Spirou* en 1959 par le dessinateur belge Jean Roba (1930-2006). Boule, un petit garçon roux ébouriffé, et Bill, un cocker malicieux et un peu fou, passent leur temps à jouer et à faire des bêtises. L'auteur s'est inspiré de son fils et de son chien pour créer ces personnages. Depuis 1962, trente albums (dont vingt-huit de Roba) racontent leurs aventures.

BOULEZ Pierre (1925-2016) ✦ Musicien français. Après des études de mathématiques, il s'oriente vers la musique, inspiré par **Debussy** et **Schönberg**. Il dirige les concerts du Domaine musical (1954-1967) pour diffuser la musique contemporaine. Il devient le chef de l'école dodécaphonique française. Il mène une carrière internationale de chef d'orchestre (orchestre de la BBC, 1969-1975 ; New York Philharmonic, 1971-1977) et dirige l'Ircam (Institut de recherche et de coordination acoustique-musique) au centre Pompidou (1974-1991). Œuvres : *Le Marteau sans maître* (1955), *Pli selon pli* (1960), *Répons* (1981-1984).

BOULLE André Charles (1642-1732) ✦ Ébéniste français. Élève de **Le Brun** protégé par Colbert, il devient fournisseur attitré du roi (1672). Il laisse son nom à des meubles luxueux (commodes, bureaux, cabinets) en ébène et bois précieux incrustés d'ivoire, de nacre, d'écaille, de cuivre et d'étain (☛ Louis XIV p. 172). L'*école Boulle*, à Paris, forme des cadres techniques et artistiques (ameublement, décoration).

BOULLE Pierre (1912-1994) ✦ Écrivain français. Cet ingénieur mène une vie aventureuse en Asie du Sud-Est qui lui inspire *Le Pont de la rivière Kwaï* (1952 ; film, 1956). Il est aussi auteur de nouvelles (*E = mc²*, 1957) et de romans de science-fiction (*La Planète des singes*, 1963).

BOULOGNE-BILLANCOURT ✦ Ville des Hauts-de-Seine. 116 927 habitants (les *Boulonnais*). Centre résidentiel, près du bois de Boulogne, et industriel (chimie, aéronautique) qui abrita le siège des usines **Renault**, sur l'île Séguin, jusqu'en 1992. Ville natale d'Ariane Mnouchkine, Daniel Buren, Patrick Modiano et Florence Arthaud. ♦ Entre Neuilly-sur-Seine et Boulogne-Billancourt, s'étend le *bois de Boulogne*, parc public de 850 ha. Ce terrain de chasse de Louis XVI est aménagé par **Haussmann** (1852). Il comprend deux lacs, les hippodromes de Longchamp (1857) et d'Auteuil (1873), le Jardin d'acclimatation (1860) et le parc de Bagatelle (1905).

BOULOGNE-SUR-MER ✦ Ville du Pas-de-Calais, sur la Manche. 42 476 habitants (les *Boulonnais*). Ville haute fortifiée (remparts et château du XIIIe siècle). Premier port de pêche français, centre industriel (alimentation, sidérurgie), commercial et touristique (Nausicaa, centre national de la mer). Ville natale de Sainte-Beuve, de l'égyptologue A. Mariette et du peintre G. Mathieu. ♦ La cité fortifiée devient le chef-lieu du **Boulonnais** au Moyen Âge. Napoléon Ier y forme une flotte pour débarquer en Angleterre (1803). Le futur Napoléon III y est arrêté après avoir tenté de renverser Louis-Philippe (1840).

BOULONNAIS n. m. ✦ Région historique du nord de la France (Pas-de-Calais). Ville principale : Boulogne-sur-Mer. ♦ Le Boulonnais est formé d'un plateau agricole (céréales) où l'on pratique l'élevage (chevaux, bovins). Le parc naturel régional des Caps et Marais d'Opale (130 000 ha), créé en 1986, englobe le nord des collines de l'Artois. ♦ Peuplée de Celtes, la région fait partie de la province romaine de Belgique (52 av. J.-C.). Devenue un comté (IXe siècle), elle passe sous la domination du duc de Bourgogne, Philippe le Bon, puis est rattaché à la couronne de France (1478).

BOUMÉDIÈNE Houari (1932-1978) ✦ Homme d'État algérien. Il prend part à l'insurrection qui déclenche la guerre d'**Algérie** (1954), soutient **Ben Bella** (1962) puis l'évince (1965), éliminant ainsi l'aile gauche du **FLN**, et le remplace à la présidence de la

République (1965-1978). Nationaliste intransigeant, il accélère l'industrialisation du pays et les nationalisations. ■ Son véritable nom est *Mohamed Boukharrouba*.

BOURBON (maison de) ou **BOURBONS (les)** ✦ Dynastie de seigneurs français de la région du **Bourbonnais** (XIe siècle). Liée aux Capétiens (XIIIe siècle), elle se sépare en différentes branches. La branche aînée s'éteint avec Charles III dit le *Connétable de Bourbon* (1490-1527), qui participe à la victoire de **Marignan** (1515) puis gagne la bataille de **Pavie** (1525) au service de Charles Quint. La branche cadette donne naissance, avec Louis de Bourbon, à la maison de **Condé** et l'autre branche règne, avec Antoine de Bourbon, sur la Navarre (1548), puis sur la France, de l'avènement d'Henri IV (1589) à la chute de Charles X ; elle s'éteint avec le petit-fils de ce dernier (1883). Le second fils de Louis XIII crée la lignée des Bourbons-Orléans, dont font partie **Louis-Philippe** et l'actuel comte de Paris. Le petit-fils de Louis XIV crée celle des Bourbons-Anjou qui règne en **Espagne** de 1700 à 1931 et depuis 1975 avec **Juan Carlos Ier**.

BOURBON (île) ✦ Nom donné par les Français à l'île de la **Réunion** de 1638 à 1793.

BOURBON (palais) n. m. ✦ Monument de Paris, sur la rive gauche de la Seine, face à la place de la Concorde. Il est construit pour la duchesse de Bourbon, fille de Louis XIV et de Mme de Montespan (1722-1728). Napoléon Ier fait élever sa façade (1804-1807). Il sert de siège au Conseil des Cinq-Cents (**Directoire**, 1795-1799), au Corps législatif (1830-1870), à la Chambre des députés (1879-1940) et, depuis 1946, à l'**Assemblée nationale**.

BOURBONNAIS n. m. ✦ Région historique du centre de la France, qui correspond au département de l'Allier et à une petite partie du Cher (☛ carte 21). Ville principale : Moulins. C'est une plaine où sont pratiqués l'élevage et l'agriculture. ♦ La maison de **Bourbon** (XIe siècle) règne sur l'Auvergne, le Berry, le Nivernais et l'Autunois. Ses terres deviennent un duché (1327), avec Moulins pour capitale. Il est réuni à la couronne de France par François Ier à la mort du Connétable de Bourbon (1527).

BOURBONS (les) → **BOURBON** (maison de)

BOURBOULE (La) ✦ Commune du Puy-de-Dôme, sur la Dordogne. 1 819 habitants (les *Bourbouliens*) (☛ carte 23). Station thermale.

BOURDELLE Antoine (1861-1929) ✦ Sculpteur français. Devenu l'aide de **Rodin** à Paris, il subit fortement son influence (monument aux morts de Montauban, 1893-1902) avant de trouver son style personnel. Il privilégie la pureté et la rigueur des formes afin de leur donner un caractère monumental et dynamique : portraits de Beethoven (1888-1929), *Tête d'Apollon* (1900), *Héraclès archer* (1900), monument à Alvear à Buenos Aires (1914-1919). **Giacometti** fut un temps son élève.

BOURDIEU Pierre (1930-2002) ✦ Sociologue français. Il observa les rapports entre les individus et montra les mécanismes de reproduction de la hiérarchie sociale (*La Distinction, critique sociale du jugement ; La Misère du monde*) et le rôle du système scolaire dans cette reproduction (*Les Héritiers*). Il étudia également la domination masculine.

BOURG-EN-BRESSE ✦ Chef-lieu de l'Ain. 40 967 habitants (les *Burgiens*). Monastère (1506-1512), église de Brou, de style gothique flamboyant (1513-1532). Marché agricole (volailles). Industries (mécanique, meubles).

BOURGEOIS Louise (1911-2010) ✦ Sculptrice américaine d'origine française. Elle quitte Paris pour suivre son mari à New York dès 1938. Elle est l'auteur d'une œuvre très personnelle dans laquelle elle laisse s'exprimer son inconscient. Ses installations, faites de matériaux divers, parfois d'objets personnels, reflètent la solitude, la sexualité (*Fillette*, 1968), la féminité, la maternité et la famille (*Maman*, 1999).

Bourgeois gentilhomme (Le) ✦ Comédie-ballet de Molière (1670), avec une musique de Lully. M. Jourdain est un petit bourgeois naïf qui veut ressembler à un gentilhomme. C'est une victime idéale pour le peu scrupuleux Dorante et l'avide Dorimène. M. Jourdain refuse de marier sa fille Lucile à Cléonte, qu'il juge indigne d'elle. Covielle, le valet de Cléonte, imagine alors une mascarade pour que M. Jourdain accepte le mariage des deux jeunes gens qui s'aiment : il organise une cérémonie « à la turque », au cours de laquelle M. Jourdain, élevé à la dignité de « grand mamamouchi », accepte de donner sa fille en mariage à Cléonte, déguisé en Turc.

BOURGES ✦ Chef-lieu du Cher. 66 528 habitants (les *Berruyers*). Cathédrale gothique Saint-Étienne (XIIe-XIVe siècles), inscrite sur la liste du patrimoine mondial de l'Unesco ; palais Jacques-Cœur (XVe siècle). Centre administratif, commercial et industriel (armement, aéronautique, électroménager) ; festival annuel de musique (le *Printemps de Bourges*). Ville natale de Jacques Cœur, Louis XI et Berthe Morisot. ♦ C'est la capitale d'un peuple gaulois, de la province romaine d'**Aquitaine** Ire (IVe siècle) puis du **Berry**. Elle devient florissante grâce à Jacques **Cœur** et **Charles VII** qui y installe sa cour. Louis XI y fonde une célèbre université (1463).

BOURGET (Le) ✦ Ville de Seine-Saint-Denis. 16 028 habitants (les *Bourgetins*). Elle abrite le plus ancien aéroport de Paris (créé en 1914), où se tient, tous les deux ans, le Salon international de l'aéronautique et de l'espace.

BOURGET (lac du) ✦ Lac de Savoie, long de 18 km et large de 1,5 à 3 km. Superficie : 45 km^2 ; profondeur maximale : 145 m. Ses berges abritent la ville d'**Aix-les-Bains**. Il a inspiré un célèbre poème à Alphonse de Lamartine, *Le Lac*.

BOURGOGNE n. f. ✦ Région du centre-est de la France, intégrée à la Région Bourgogne-Franche-Comté. L'ancienne région administrative comprenait quatre départements : la Côte-d'Or, la Nièvre, la Saône-et-Loire et l'Yonne. Le chef-lieu était Dijon. ♦ GÉOGRAPHIE. Au centre, le massif forestier du **Morvan** domine des plateaux de bocage et des collines boisées. Les vallées de la Loire, de l'Yonne, de la Nièvre, à l'ouest, et de la Saône, à l'est, sont reliées par le canal du Nivernais (Yonne-Loire), celui du Centre (Saône-Loire), et celui de Bourgogne (Yonne-Saône), long de 242 km et construit de 1775 à 1834. ♦ ÉCONOMIE. L'agriculture mêle l'élevage (bovins du **Charolais**) à la production de céréales (orge, colza, blé) et surtout de vins renommés (coteaux d'Auxerre, et de Dijon à **Mâcon**). Le vin produit dans la région s'appelle le *bourgogne*. L'industrie se concentre autour des villes (agroalimentaire, mécanique, électricité, sidérurgie en déclin). Le tourisme bénéficie d'un riche patrimoine historique : arts roman (**Autun**, **Cluny**, **Vézelay**) et gothique bourguignon (Beaune, Dijon). ♦ HISTOIRE. Peuplée d'Éduens et conquise par les Romains, la région est envahie par les **Burgondes** (Ve siècle), qui en font le royaume de *Burgundia*. Elle est annexée par les Francs (534), s'agrandit jusqu'en Provence et subit de nombreux partages. Le duché, créé au IXe siècle, passe aux **Capétiens** puis à Philippe II le Hardi (1363), qui fonde l'État bourguignon, agrandi des comtés de Bourgogne (actuelle Franche-Comté), de Flandre, d'Artois et de Nevers (1384). Son fils **Jean sans Peur**, au cours de la guerre de **Cent Ans**, prend la tête du parti des **bourguignons**, alliés aux Anglais, contre le parti des **armagnacs**, partisans du roi de France Charles VII. Philippe III le Bon (1396-1467) agrandit le domaine, mène une cour brillante, fonde l'ordre de la Toison d'or (1429) et se réconcilie avec Charles VII (traité d'Arras, 1435). À la mort de **Charles le Téméraire**, sa fille Marie de Bourgogne, épouse de **Maximilien** d'Autriche, hérite de l'État, mais Louis XI rattache l'ancien duché de Bourgogne au domaine royal (traité d'Arras, 1482).

BOURGOGNE-FRANCHE-COMTÉ n. f. ✦ Région administrative du centre-est de la France, créée par la loi du 16 juillet 2015, regroupant les anciennes Régions **Bourgogne** et **Franche-Comté** (☛ carte 22). Elle comprend huit départements : la Côte-d'Or, le Doubs, la Haute-Saône, le Jura, la Nièvre, la Saône-et-Loire, le Territoire de Belfort et l'Yonne. Superficie : 47 800 km^2, c'est la 5e Région par la taille. 2,82 millions d'habitants. Chef-lieu : Dijon.

BOURGOIN-JALLIEU ✦ Commune de l'Isère. 27 366 habitants (agglomération 57 409) (les *Berjalliens*) (☛ carte 23). Musée consacré au textile, spécialité historique de la région. Centre industriel (chimie, textile).

BOURG-SAINT-MAURICE ✦ Commune de la Savoie, sur l'Isère. 7 204 habitants (les *Borains*) (☛ carte 23). Station d'été et de sports d'hiver (Les **Arcs**).

BOURGUIBA Habib (1903-2000) ✦ Homme d'État tunisien. Il négocie l'indépendance de la **Tunisie** (1955), devient président de la République (1957) puis président à vie (1975). Il réforme le droit, la justice, l'enseignement, veut moderniser le pays et garde de bonnes relations avec les pays occidentaux. Il est destitué par son Premier ministre (1987), qui lui succède.

BOURGUIGNONS n. m. pl. ✦ Parti qui s'oppose aux armagnacs, partisans du roi de France, pendant la guerre de Cent Ans. Soutenant le duc de Bourgogne, Jean sans Peur, les bourguignons s'allient aux Anglais. Après l'assassinat de Jean sans Peur, son fils, Philippe III le Bon, négocie avec **Henri V** d'Angleterre le traité de Troyes, déshéritant le futur roi de France, **Charles VII**. Après la capture de Jeanne d'Arc par les bourguignons (1431), la réconciliation entre Philippe III le Bon et Charles VII (traité d'Arras, 1435) met fin à la guerre civile.

BOURIATIE n. f. ✦ République de la fédération de Russie (☛ carte 33). Superficie : 351 300 km^2 (environ les deux tiers de la France). 959 900 habitants (les *Bouriates*). Capitale : Oulan-Oude (359 400 habitants). On y trouve le lac **Baïkal**.

BOURVIL (1917-1970) ✦ Acteur et chanteur français. Il débute dans des opérettes humoristiques où il joue un personnage niais et ridicule. Il devient célèbre au cinéma dans des rôles comiques puis dramatiques, auxquels il apporte une grande sensibilité : *La Traversée de Paris* (1956), *Le Corniaud* (1964), *Les Grandes Gueules* (1965), *La Grande Vadrouille* avec Louis de **Funès** (1967), *Le Cercle rouge* avec Yves **Montand** (1970). ■ Son véritable nom est *André Raimbourg*.

BOUVINES ✦ Ville du Nord, près de Lille. 698 habitants (les *Bouvinois*). ♦ **Philippe Auguste** y remporte une victoire décisive sur le roi d'Angleterre (**Jean sans Terre**), l'empereur germanique et le comte de Flandre (1214).

BOXERS n. m. pl. ✦ Nom anglais d'une société secrète chinoise. La *révolte des Boxers* (1899) contre l'influence occidentale, qui aboutit au massacre des missions étrangères à Pékin, est réprimée par une force internationale (1900). La Chine doit payer une très forte indemnité.

Brabançonne (La) ✦ Hymne national belge. Il est composé par Frans Van Campenhout et écrit par Charles Rogier lors de l'insurrection contre le gouvernement hollandais (1830).

BRABANT n. m. ✦ Région historique située entre la Meuse et l'Escaut. Elle est partagée entre la Belgique et les Pays-Bas. Ses habitants sont les *Brabançons*. ♦ Divisé en comtés (870), le Brabant devient un duché intégré dans la Basse-Lorraine (1106) et s'agrandit du Limbourg (1288). Il passe à la **Bourgogne** (1430), à l'Autriche (1477) et à l'Espagne (1553). Le nord est cédé aux Provinces-Unies (1609), le sud aux **Habsbourg** d'Autriche (traité d'**Utrecht**, 1713). Français pendant la Révolution et l'Empire, le Brabant est annexé aux Pays-Bas (1815), et une partie revient à la Belgique lors de son indépendance (1831).

BRABANT FLAMAND n. m. ✦ Province du centre de la Belgique (Région flamande) (☛ carte 27). Superficie : 2 106 km^2. 1 million d'habitants. Chef-lieu : Louvain. Langue officielle : le néerlandais ; on y parle aussi le français. Cette région de bocages et de bois est propice à l'horticulture et l'élevage. L'industrie est diversifiée (constructions métalliques et électriques, chimie, alimentation). Tourisme culturel (Louvain).

BRABANT-SEPTENTRIONAL n. m. ✦ Province du sud des Pays-Bas. Superficie : 4 957 km^2. 2,4 millions d'habitants. Chef-lieu : Bois-le-Duc ; ville principale : Eindhoven. C'est une région de prairies cultivées (horticulture, élevage). Le secteur des services (commerce, tourisme) et l'industrie (électronique, agroalimentaire, métallurgie, mécanique) sont en plein essor.

BRABANT WALLON n. m. ✦ Province du centre de la Belgique (Région wallonne) (☛ carte 27). Superficie : 1 090 km^2. 370 460 habitants. Chef-lieu : Wavre. Langue officielle : le français. Cette province, qui forme la grande banlieue de Bruxelles, est une région agricole (céréales, betterave) et industrielle (recherche scientifique). On y trouve aussi le site de **Waterloo** et le parc d'attractions de Walibi.

BRADBURY Ray (1920-2012) ✦ Écrivain américain. Il écrit des nouvelles et des romans d'anticipation (☛ Littérature p. 136), pleins d'imagination et de poésie, qui dénoncent les dangers de l'injustice et de la tyrannie : *Chroniques martiennes* (1950) et *Fahrenheit 451* (1953 ; film de François **Truffaut**, 1966).

BRAHMA ✦ Un des trois principaux dieux de la religion hindoue, avec **Shiva** et **Vishnou**. Brahma est le dieu créateur, mais, aujourd'hui, peu de temples lui sont consacrés. On le représente généralement avec quatre faces et quatre bras.

BRAHMAPOUTRE n. m. ✦ Fleuve d'Asie, long de 2 900 km (☛ carte 38). Il prend sa source au Tibet, traverse l'Himalaya d'ouest en est, le nord-est de l'Inde et le Bangladesh où il forme un delta commun avec le **Gange**, avant de se jeter dans le golfe du **Bengale**. C'est le cinquième fleuve du monde par son débit.

BRAHMS Johannes (1833-1897) ✦ Compositeur allemand. Pianiste virtuose dès sa jeunesse, il rencontre Liszt et Schumann, entreprend de nombreuses tournées puis s'installe à Vienne (1862). Il compose des œuvres, techniquement difficiles à exécuter mais très mélodieuses, dans le style romantique de **Beethoven** qu'il admire. Il donne trois sonates, des variations, des danses hongroises, environ trois cents lieder et quatre symphonies (1876-1885).

BRAILLE Louis (1809-1852) ✦ Professeur français. Aveugle à l'âge de trois ans, il devient professeur à l'Institution des aveugles (1828). Il invente un système d'écriture, formé de points en relief, le *braille*, que ses élèves peuvent déchiffrer du bout des doigts. Il repose au **Panthéon**.

BRAMANTE (1444-1514) ✦ Architecte et peintre italien. Il s'installe d'abord à Milan (vers 1475) où il abandonne la peinture (*Les Hommes d'armes*, 1480-1485) pour se consacrer à l'architecture (Santa Maria presso San Satiro), puis à Rome (1499). Délaissant la tradition lombarde, il renoue avec l'architecture antique et adopte une forme rigoureuse et dépouillée (*tempietto* de San Pietro in Montorio, 1502). On lui doit le plan de la basilique **Saint-Pierre de Rome** sur croix grecque, surmontée d'une coupole rappelant le Panthéon (projet abandonné par ses successeurs). ▪ Son véritable nom est *Donato di Angelo*.

BRANCUSI Constantin (1876-1957) ✦ Sculpteur français, d'origine roumaine. Élève de l'école des beaux-arts de Bucarest, il s'installe à Paris (1904), s'intéresse au cubisme (**Picasso**, **Léger**) et à la sculpture africaine et océanienne. Il revient à des formes primordiales (œuf, vol d'oiseau) et à des matériaux épurés. Il fut l'un des grands initiateurs de la sculpture moderne. Œuvres : *La Muse endormie* (1910), *Le Premier Cri* (1917), *Mademoiselle Pogany* (1920), *Le Commencement du monde* (1924) ainsi que *La Table du silence*, *La Porte du baiser* et *La Colonne sans fin* réalisés pour la ville roumaine de Târgu Jiu (1937-1938).

BRANDEBOURG n. m. ✦ État (Land) d'Allemagne, dans l'est du pays (☛ carte 29). Superficie : 29 476 km². 2,56 millions d'habitants. Capitale : Potsdam. ♦ Le Brandebourg est formé d'une grande plaine (landes, bois et marais), séparée de la Pologne par l'**Oder**. Le Land de Berlin y forme une enclave. La densité de population est faible, l'agriculture peu productive (produits maraîchers) et l'industrie peu développée (raffinage pétrolier, sidérurgie). ♦ Occupé par les Germains et les Slaves (IIe siècle), le Brandebourg est dirigé par un «margrave» (1157) puis par un «électeur» (1361). Il passe à la famille allemande des **Hohenzollern** (1415-1918), qui lui ajoutent le duché de Prusse (1618) puis en font le royaume de **Prusse** (1701). L'ancienne province est partagée en deux parties (1815). En 1945, la partie située à l'est de l'Oder passe à la Pologne, la partie située à l'ouest devient un Land d'Allemagne de l'Est (RDA), puis de l'Allemagne réunifiée (1990).

BRANDEBOURG (porte de) ✦ Arc de triomphe construit à **Berlin** par Carl Gotthard Langhans (1788). Il marque la limite entre Berlin-Est et Berlin-Ouest de 1945 à 1989.

BRANDO Marlon (1924-2004) ✦ Acteur américain. Venu de l'Actors Studio, il joue au théâtre *Un tramway nommé Désir* (1947) avant de tourner pour le cinéma. Acteur mythique doué d'un grand charisme, il trouve ses plus beaux rôles dans *Sur les quais* (1954), *Reflets dans un œil d'or* (1967), *Le Parrain* (1972), *Le Dernier Tango à Paris* (1972) et *Apocalypse now* (1979).

BRANDT Willy (1913-1992) ✦ Homme d'État allemand. Après son exil en Norvège, il revient en Allemagne (1945) et devient maire social-démocrate de Berlin-Ouest (1957-1966) puis ministre des Affaires étrangères. Élu chancelier de la **RFA** (1969), il démissionne à la suite d'une affaire d'espionnage (1974) et siège au Parlement européen (1979-1983). Son mandat est marqué par une politique d'ouverture vers les pays de l'Est (**RDA**, URSS et Pologne), pour laquelle il obtient le prix Nobel de la paix (1971). ▪ Son véritable nom est *Karl Herbert Frahm*.

BRANLY Édouard (1844-1940) ✦ Physicien français. Il est surtout connu pour l'invention d'un détecteur d'ondes électromagnétiques (le *cohéreur*) formé d'un tube contenant de la limaille, pièce essentielle des récepteurs de la TSF. Académie des sciences (1911).

BRANTÔME (v. 1538-1614) ✦ Écrivain français. Chambellan du duc d'Alençon, il mène à la cour une vie de plaisirs entrecoupée de voyages et de campagnes militaires. À la mort du duc, il se retire en province et écrit ses *Mémoires* (posthume, 1665), contenant les *Vies des dames illustres*, complétées par les *Vies des hommes illustres* et les *Vies des dames galantes*, truffés de portraits alertes et d'anecdotes souvent grivoises. ▪ Son vrai nom est *Pierre de Bourdeille, abbé et seigneur de Brantôme*.

BRAQUE Georges (1882-1963) ✦ Peintre français. Influencé par l'impressionnisme et le fauvisme, il découvre Cézanne puis **Picasso**, avec lequel il invente le cubisme (*Nu debout*, 1907-1908). Il représente des éléments en trompe l'œil, mélange les matières, notamment avec la technique des papiers collés (1911-1914 ☛ Cubisme p. 188), puis adopte des formes plus souples et des couleurs atténuées : *Violon et Cruche* (1910), *Le Portugais* (1911), séries des *Guéridons*, *Canéphores* et *Natures mortes* (1922-1930), des *Baigneuses* (1928-1931), des *Ateliers* (1950-1956), des *Oiseaux* (1955-1963). Il peint le plafond de la salle Henri II du Louvre (1952), réalise aussi des sculptures, des reliefs gravés sur plâtre et dessine des bijoux.

BRASILIA ✦ Capitale du Brésil, dans le centre-sud du pays, qui forme un district fédéral. Superficie : 5 822 km². 2,56 millions d'habitants pour le district (3,7 millions pour l'aire métropolitaine). «Ville nouvelle», construite selon un plan en forme d'oiseau (1956) par l'urbaniste Lucio Costa (1902-1998) et l'architecte Oscar **Niemeyer**. Elle est inscrite sur la liste du patrimoine mondial de l'Unesco.

BRASSAÏ (1899-1984) ✦ Photographe français d'origine hongroise. Installé à Paris en 1924, il se lie aux surréalistes. Ses photographies d'un Paris nocturne et sombre exaltent les aspects insolites de la ville. Principaux albums : *Paris de nuit* (1933), *Camera in Paris* (1949), *Graffiti* (1961). ▪ Son vrai nom est *Gyula Halász*.

BRASSEMPOUY ✦ Commune des Landes. 272 habitants. Site préhistorique de la grotte du Pape où ont été découvertes, en 1894, plusieurs statuettes. La plus célèbre est une tête de femme sculptée dans l'ivoire de mammouth : la *Dame de Brassempouy* ou Dame à la capuche (vers 21000 av. J.-C.) est l'une des plus anciennes représentations de visage humain (☛ Préhistoire p. 148).

BRASSENS Georges (1921-1981) ✦ Chanteur français. Il écrit et compose des chansons poétiques et anticonformistes dans un style populaire, qu'il accompagne à la guitare. Elles parlent d'amitié, d'amour et de mort : *Le Gorille* (1952), *Chanson pour l'Auvergnat* (1954), *Je me suis fait tout petit* (1956), *Les Copains d'abord* (1964). Il met aussi en musique des poèmes de Paul Fort (*Le Petit Cheval,* 1952), François Villon (*Ballade des dames du temps jadis,* 1953) et Victor Hugo (*Gastibelza,* 1954).

BRATISLAVA ✦ Capitale de la Slovaquie, dans l'ouest du pays, sur le Danube, près des frontières avec l'Autriche et la Hongrie. 428 672 habitants. Port fluvial, centre industriel et commercial. ♦ Fondée au Xe siècle, elle était la capitale de la Hongrie sous le nom de *Presbourg* (1541-1848).

BRAUDEL Fernand (1902-1985) ✦ Historien français. Professeur au Collège de France (1949), il rejette l'histoire évènementielle, privilégie la longue durée et intègre les apports d'autres sciences humaines (géographie, économie). Il est l'auteur de : *La Méditerranée et le monde méditerranéen à l'époque de Philippe II* (1949), *Civilisation matérielle, économie et capitalisme, XVe-XVIIIe siècles* (1967-1979), *L'Identité de la France* (1986). Académie française (1984).

BRAUN Wernher von (1912-1977) ✦ Ingénieur américain d'origine allemande. Spécialiste de la propulsion des fusées, il travaille pour l'armée allemande et met au point la fusée A4 (1944) connue sous le nom de missile V2. S'étant rendu aux Américains (1945), il occupe un poste important à la NASA et conçoit notamment la fusée Saturne V pour les programmes **Apollo**.

BRAZZA Pierre Savorgnan de (1852-1905) ✦ Explorateur français, d'origine italienne. À partir de 1875, il explore le fleuve Ogooué, du Gabon au Congo, pays qu'il place sous la protection de la France (1879-1882). Il fonde **Brazzaville** et devient commissaire général du gouvernement au Congo français.

BRAZZAVILLE ✦ Capitale du Congo, dans le sud-est du pays, sur le fleuve Congo. 1,37 million d'habitants (les *Brazzavillois*). Centre industriel. ♦ La ville est fondée par Savorgnan de **Brazza** (1880) et devient la capitale de L'Afrique-Équatoriale française (1910). Le général de **Gaulle** y organise une conférence sur l'empire colonial français (1944) ; il prononce deux discours qui annoncent l'indépendance de l'Afrique (1946, 1958).

BRECHT Bertolt (1898-1956) ✦ Auteur dramatique allemand. Né en Bavière, il fait des études de philosophie à Munich. Quand Hitler arrive au pouvoir (1933), il s'enfuit en Suisse, s'installe au Danemark et s'exile aux États-Unis jusqu'en 1948. À son retour en Allemagne, il fonde la troupe du Berliner Ensemble, à Berlin-Est. Il tient à ce que son public ne s'identifie pas à ses personnages et le fait réfléchir sur la condition humaine. Il utilise souvent des métaphores et des chansons dans ses pièces : *L'Opéra de quat'sous* (1928, musique de Kurt **Weill**), *Maître Puntila et son valet Matti* (1940), *Mère Courage et ses enfants* (1941), *Le Cercle de craie caucasien* (1943-1945).

BRÉHAT (île de) ✦ Île des Côtes-d'Armor, dans la Manche, au large de Paimpol. Longue de 3,5 km et large de 1,5 km, elle est en fait formée de deux îles reliées par un pont construit par Vauban (XVIIIe siècle). 438 habitants (les *Bréhatins*). Tourisme.

BREJNEV Leonid Ilitch (1906-1982) ✦ Homme d'État soviétique. Il entre au Parti communiste (1931) et y occupe des postes importants puis accède à la tête de l'État (1960) avant de remplacer Nikita Khrouchtchev comme premier secrétaire du Parti (1964). Il symbolise la **guerre froide** marquée par la «stagnation» à l'intérieur du pays, la répression sanglante en **Tchécoslovaquie** (1968) et l'occupation de l'**Afghanistan** (1979).

BREL Jacques (1929-1978) ✦ Chanteur belge. Il écrit et compose des chansons qui traduisent son univers plein de tendresse et de révolte, et qu'il interprète avec une fougue et une générosité inégalées : *Quand on n'a que l'amour* (1957), *Ne me quitte pas* et *Les Flamandes* (1959), *Les Bourgeois* (1961), *Le Plat Pays* (1962), *Amsterdam* (1964). Il quitte la scène en 1966, monte une comédie musicale (*L'Homme de la Mancha,* 1968) puis joue dans des films (*Les Risques du métier,* 1967 ; *Mon oncle Benjamin,* 1969 ; *L'aventure c'est l'aventure,* 1972) et en réalise (*Franz,* 1971 ; *Far West,* 1972). Malade, il se retire aux îles Marquises.

BRÊME ✦ Ville d'Allemagne, dans le nord-ouest du pays, sur la Weser. Elle forme, avec son avant-port de Bremerhaven, le plus petit État (Land) d'Allemagne (☛ carte 29). Superficie : 404 km². 662 734 habitants. Deuxième port d'Allemagne, centre industriel (sidérurgie, constructions, raffinage pétrolier, textile, alimentation), commercial et financier. ♦ Évêché fondé pour évangéliser la Scandinavie (787), la ville adhère à la **Hanse** (1358), prend parti pour la **Réforme** (1522) et devient une ville libre impériale (1656). Occupée par les Français (1810) et de nouveau libre (1815), elle construit l'avant-port de Bremerhaven (1827) et entre dans l'Empire allemand (1871). Brême, endommagée pendant la Deuxième Guerre mondiale, et Bremerhaven deviennent des enclaves américaines (1945) puis un Land (1947).

BRENNER n. m. ✦ Col des Alpes orientales qui relie l'Autriche à l'Italie et marque leur frontière depuis 1919. C'est le passage le plus bas des Alpes (1 374 m), ouvert toute l'année. Depuis le Moyen Âge, il est un axe important de communication à l'intérieur de l'Europe (route, 1772 ; voie ferrée, 1867 ; autoroute, 1974, avec l'Europabrücke, pont de 785 m de long).

BRENNUS (IVe siècle av. J.-C.) ✦ Chef gaulois. Il s'empare, selon la légende, de Rome (390 av. J.-C.) et réclame un tribut. Au moment de peser l'or de la rançon, il jette sa lourde épée dans la balance en criant : *Vae victis !* («Malheur aux vaincus» !). Indignés, les Romains parviennent à chasser les Gaulois.

BRESCIA ✦ Ville d'Italie (Lombardie), dans le nord du pays. 187 567 habitants. Cathédrale (Duomo Nuovo, XVIIe siècle) accolée à l'église romane (Rotonda, XIIe siècle) ; piazza della Loggia (palais communal, XVe-XVIe siècles) et palais Renaissance. Musée romain dans les ruines du temple Capitolin et musée des Beaux-Arts. Industries (métallurgie, mécanique, chimie, textile, papeterie). Tourisme.

BRÉSIL n. m. ✦ Pays d'Amérique du Sud (☛ carte 49). Superficie : 8,5 millions de km² (plus de quinze fois la France). Près de 191 millions d'habitants (les *Brésiliens*), en majorité catholiques. République dont la capitale est Brasilia. Autres villes importantes : São Paulo, Rio de Janeiro. Langue officielle : le portugais. Monnaie : le real. ♦ GÉOGRAPHIE. Le bassin de l'**Amazone** et la forêt tropicale occupent tout le nord du pays. Le reste est un immense plateau, couvert de savanes, où les affluents de l'Amazone et les fleuves Paraguay et Parana prennent leur source. Le climat tropical rend les littoraux fertiles, mais la région du Sertão est désertique. Le taux de natalité est très élevé. ♦ ÉCONOMIE. L'agriculture procure de nombreux produits d'exportation (canne à sucre, soja, café, orange), l'élevage (bovins, volailles) est florissant. Les richesses du sous-sol (manganèse, or, fer, bauxite, étain, pétrole) alimentent l'industrie (sidérurgie, constructions mécaniques). ♦ HISTOIRE. Le navigateur portugais Pedro Alvarez **Cabral** découvre le pays (1500). Les colons portugais exploitent la canne à sucre, en s'appuyant sur l'esclavage des Noirs et des Indiens (XVIIe siècle), puis les mines d'or et de diamants (XVIIIe siècle). Vice-royauté portugaise, le Brésil accueille le roi Jean VI, fuyant devant **Napoléon Ier**, et Rio devient la capitale de l'empire portugais (1807). Le pays obtient son indépendance (1822), se développe et accueille de nombreux immigrants. L'esclavage est aboli (1888) et la république proclamée (1891). Les problèmes économiques provoquent l'installation d'un régime autoritaire (1930-1945 et 1951-1954). Après une période de réformes, l'armée exerce un pouvoir impitoyable (1964) jusqu'au retour de la démocratie (1985).

BRESLAU ✦ Nom allemand de la ville polonaise de **Wroclaw**.

BRESSE n. f. ✦ Région historique de l'est de la France, qui correspond à une partie des départements de l'Ain et de Saône-et-Loire (☛ carte 21). Ville principale : Bourg-en-Bresse. ♦ La Bresse est formée d'un bassin situé entre le Jura, les vallées de la Saône et du Doubs, et le plateau de la Dombes. On y pratique l'élevage bovin et la culture du maïs, mais surtout l'élevage de volailles (*poulet de Bresse*). ♦ Détenue par la **Savoie** (1272), la Bresse est cédée à la France (1601) et intégrée à la **Bourgogne** jusqu'à la Révolution.

BRESSON Robert (1901-1999) ✦ Cinéaste français. Ses films sans artifice, souvent tournés en noir et blanc, sont réalisés dans un style sobre et dépouillé qui cache une quête passionnée de la vérité humaine. *Les Dames du bois de Boulogne,* 1945 ; *Journal d'un curé de campagne,* 1951, d'après le roman de Bernanos ; *Au hasard Balthazar,* 1966 ; *Mouchette,* 1967, d'après *La Nouvelle Histoire de Mouchette,* de Bernanos ; *L'Argent,* 1983 (en couleur).

BRESSUIRE ✦ Chef-lieu d'arrondissement des Deux-Sèvres. 19 300 habitants (les *Bressuirais*) (☛ carte 23). Château du XIe siècle. Important marché agricole. Agroalimentaire, ameublement, confection.

① **BREST** ✦ Ville de Biélorussie, dans le sud-ouest du pays, près de la frontière polonaise. 304 200 habitants. Industries (alimentaire, textile, traitement du bois). Elle est appelée *Brest-Litovsk* jusqu'en 1921. Ville natale de Menahem Begin. La Russie soviétique y signe avec l'Allemagne un traité de paix (1918) qui lui enlève de nombreux territoires (Pologne, pays Baltes, Finlande, Ukraine, une partie de la Biélorussie) et qu'elle annule peu après.

② **BREST** ✦ Ville du Finistère. 144 548 habitants (les *Brestois*) et l'agglomération 206 394. Remparts de Vauban ; château (XIIe-XVIe siècles) qui abrite le musée de la Marine ; pont de Recouvrance, le plus grand pont levant d'Europe ; Océanopolis, le plus grand aquarium d'Europe. Premier port militaire français de l'Atlantique (sous-marins nucléaires, acoustique sous-marine), centre d'enseignement et de recherche (Institut français de recherche pour l'exploitation de la mer, Ifremer ; École navale). Ville natale de L. Hémon et de Robbe-Grillet. ♦ Richelieu en fait un port militaire (1631) fortifié par Vauban (1683). Il atteint son apogée sous Louis XVI, avant d'être supplanté par Toulon. La ville, qui abrite une base de sous-marins allemands pendant la Deuxième Guerre mondiale, est détruite par les Alliés après un siège de plus d'un mois (1944), puis reconstruite selon un plan en damier.

① **BRETAGNE** n. f. ✦ Nom de l'Angleterre, du Ier au VIe siècle. La province romaine de *Britannia* est christianisée au IVe siècle. Envahie par les **Anglo-Saxons** (Ve siècle), elle est abandonnée par les Bretons qui fuient en **Armorique** et donnent leur nom à cette région.

② **BRETAGNE** n. f. ✦ Région de l'ouest de la France. La région administrative est formée de quatre départements : les Côtes-d'Armor, le Finistère, l'Ille-et-Vilaine et le Morbihan (☛ carte 22). Superficie : 27 208 km² (5 % du territoire), c'est la onzième Région par la taille. 3,28 millions d'habitants, qui représentent 4,9 % de la population française. Chef-lieu : Rennes. ♦ GÉOGRAPHIE. Cette péninsule, bordée par la Manche et l'Atlantique, est occupée par le Massif **armoricain**, par des plateaux à l'ouest (Léon, Cornouaille) et par le bassin de Rennes à l'est, arrosé par la Vilaine et la Rance. Ce pays de bocage réparti entre **Armor** et Arcoat bénéficie d'un climat doux et humide, et garde l'usage de la langue celtique, surtout à l'ouest (pays «bretonnant»), dont la ville principale est **Brest**. ♦ ÉCONOMIE. L'agriculture prédomine, avec l'élevage (vaches, porcs, volailles), les primeurs (artichaut, chou-fleur) et les céréales (orge). La pêche, importante, connaît cependant des difficultés. L'industrie se développe depuis les années 1960 (arsenaux, agroalimentaire, électronique). C'est la deuxième région touristique de France (stations balnéaires, sites archéologiques, monuments typiques et fêtes folkloriques). ♦ HISTOIRE. Riche en témoignages préhistoriques (dolmens, menhirs), l'**Armorique** résiste à l'invasion romaine jusqu'en 51 av. J.-C. Elle accueille les Bretons, réfugiés d'**Angleterre** (Ve-VIe siècles), qui contribuent à son évangélisation. Vassale des Francs (636), elle devient un duché indépendant sous les Carolingiens (846). Liée successivement à l'Angleterre (1170) puis aux Capétiens (1213-1341), elle traverse une guerre de succession (1341-1364) et atteint son apogée au XVe siècle. **Anne de Bretagne** épouse les rois de France Charles VIII (1491) puis Louis XII (1499), et sa fille, **Claude de France**, lègue le duché à son mari François Ier (1524). L'esprit d'indépendance se manifeste encore pendant la Révolution (**chouans**) et de nos jours par des mouvements autonomistes.

BRETON André (1896-1966) ✦ Écrivain français. Ami d'Apollinaire, d'Éluard et d'Aragon, il écrit le premier texte surréaliste avec **Soupault**, *Les Champs magnétiques* (1920), puis le *Manifeste du surréalisme* (1924). ☛ Littérature p. 145. Il célèbre la Femme dans des récits et des poèmes inventifs (*Nadja,* 1928 ; *L'Amour fou,* 1937). Membre du Parti communiste français (1927-1935) puis farouche opposant à Staline, il rompt avec ses amis, s'exile aux États-Unis (1941) puis revient en France et organise des expositions consacrées au surréalisme (1947, 1965).

BRETTON WOODS (accords de) ✦ Accords signés en juillet 1944 lors de la *conférence de Bretton Woods* (États-Unis) par 44 pays, et portant sur la réforme du système monétaire mondial. Ils instituaient le dollar comme la seule monnaie convertible en or et servirent de cadre aux Trente **Glorieuses.** Ils créèrent deux organismes internationaux, la Banque mondiale et le **FMI.**

BREUIL Henri (1877-1961) ✦ Préhistorien français. Spécialiste de l'art paléolithique, l'abbé Breuil participa à la découverte ou à l'étude des grottes peintes les plus importantes (Font-de-Gaume, Altamira, Lascaux...) et dressa un panorama de cet art (*Quatre Cents Siècles d'art pariétal,* 1952).

BRIANÇON ✦ Ville des Hautes-Alpes. 12 392 habitants (les *Briançonnais*). Place forte et église Notre-Dame construites par **Vauban** (XVIIe siècle). Centre de commerce, station climatique et touristique (stations de Montgenèvre et de Serre-Chevalier). ♦ La position du *Briançonnais* est stratégique car la région communique avec l'**Oisans** par le col du Lautaret, avec la **Maurienne** par le col du Galibier, avec l'Italie par le col de Montgenèvre et avec la Provence par les cols de l'Izoard et de Vars. Cette situation fait de Briançon une ville militaire, rattachée à la France avec le **Dauphiné** (1349), attribuée à la **Savoie** (1697), puis rendue à la France (1713).

BRIAND Aristide (1862-1932) ✦ Homme politique français. Avocat et journaliste à *L'Humanité,* membre du Parti socialiste français (jusqu'en 1905), il est élu député (1902) et contribue à faire adopter la loi de séparation des Églises et de l'État. Nommé ministre plus de vingt fois, notamment des Affaires étrangères, élu onze fois président du Conseil, il met son talent au service de la paix et de la collaboration internationale, proposant un régime d'union fédérale européenne. Prix Nobel de la paix (1926).

BRICS n. m. ✦ Acronyme anglais désignant un ensemble de cinq pays émergents : le Brésil, la Russie, l'Inde, la Chine, l'Afrique du Sud. Ils représentent 40 % de la population mondiale et une part croissante de l'économie.

BRIE n. f. ✦ Région historique de l'est du Bassin parisien, qui correspond au département de la Seine-et-Marne et à une partie du Val-de-Marne, de l'Essonne, de l'Aisne, de la Marne et de l'Aube (☛ carte 21). Ses principales villes sont Brie-Comte-Robert et Meaux. ♦ La Brie est formée d'un plateau très fertile (blé, betterave à sucre, maïs), situé entre la Seine et la Marne et réputé pour sa production de fromages (*brie* de Melun, brie de Meaux, coulommiers). ♦ Sous les derniers Carolingiens et les premiers Capétiens, la région est divisée entre la *Brie française,* avec Brie-Comte-Robert pour capitale, et la *Brie champenoise,* avec Meaux pour capitale. Cette dernière est rattachée à la couronne de France en même temps que la **Champagne** (1361).

BRIÈRE n. f. ✦ Région marécageuse de Loire-Atlantique, au nord de l'estuaire de la Loire et de Saint-Nazaire. Le parc naturel régional de Brière ou Grande-Brière (49 000 ha), créé en 1970, englobe ce marais, long d'environ 20 km et large d'environ 15 km.

BRIGNOLES ✦ Chef-lieu d'arrondissement du Var. 16 690 habitants (agglomération 22 340) (les *Brignolais*) (☛ carte 23). Musée renfermant le sarcophage de La Gayole, qui serait le plus ancien monument chrétien de la Gaule (fin IIe ou début IIIe siècle). Important marché agricole (vins de Provence).

BRILLAT-SAVARIN Anthelme (1755-1826) ✦ Écrivain français. Député modéré de l'**Assemblée constituante** et maire de Belley (Ain), il émigre à Lausanne puis à New York (1794-1796) et revient en France. Il est surtout connu pour sa *Physiologie du goût ou Méditations de gastronomie transcendante* (1825), recueil d'anecdotes, de maximes et de recettes de cuisine.

BRINK André (1935-2015) ✦ Écrivain sud-africain d'expression afrikaans. Ses premières œuvres critiquent l'apartheid et le racisme dont il prend conscience en faisant des études en France. Son roman *Au plus noir de la nuit* (1973), interdit en Afrique du Sud, qu'il traduit en anglais, a un retentissement considérable. Il est l'auteur d'une quarantaine de romans, dont *Un instant dans le vent* (1976), *Une saison blanche et sèche* (1979).

BRIOUDE ✦ Chef-lieu d'arrondissement de la Haute-Loire, sur l'Allier. 6 700 habitants (les *Brivadois*) (☛ carte 23). Basilique Saint-Julien, de style roman (XIe-XIIe siècles), la plus vaste d'Auvergne. Élevage, agroalimentaire, bois.

BRISBANE ✦ Ville d'Australie, capitale du Queensland, dans l'est du pays, sur l'océan Pacifique. 1,8 million d'habitants. Port d'exportation actif, centre industriel (raffinage pétrolier, sidérurgie, constructions navales et mécaniques, alimentaire) et commercial, débouché d'une riche région agricole et pastorale.

BRISSOT Jacques Pierre (1754-1793) ✦ Révolutionnaire français. Journaliste politique, il voyage en Angleterre, en Hollande et aux États-Unis et s'intéresse aux problèmes des Noirs. De retour en France, il est membre du Club des **jacobins**, député de gauche à l'Assemblée législative et devient un des chefs des **girondins** (appelés parfois *brissotins*). À la Convention, il s'oppose aux **montagnards** et à Robespierre. Proscrit avec les girondins (1793), il est guillotiné. Surnommé *Brissot de Warville,* il est l'auteur, avec É. Clavière, d'une étude politique intitulée *De la France et des États-Unis* (1787) et de *Mémoires* (posthumes, 1830).

BRISTOL ✦ Ville d'Angleterre, dans le sud-ouest du pays, à proximité de l'estuaire de la Severn. 535 700 habitants. Cathédrale (ancienne église abbatiale remaniée au XIIIe siècle), église gothique Saint Mary Redcliffe (XIVe-XVe siècles). Port de commerce, grand centre indutriel britannique pour l'alimentaire, la construction aéronautique et spatiale, et capitale régionale. Ville natale de Paul Dirac. ♦ Entre le pays de Galles et l'Angleterre, le golfe de l'océan Atlantique dans lequel se jette la **Severn** porte le nom de *canal de Bristol.*

BRITANNIQUES (îles) ✦ Archipel du nord-ouest de l'Europe (☛ carte 31). Il est situé entre l'Atlantique et la mer du Nord et séparé du continent par la Manche et le pas de Calais. Il est constitué de deux îles principales (Grande-Bretagne, Irlande), de plusieurs archipels (Orcades, Shetland, Hébrides) et d'îles isolées (Man, Anglesey, Wight). Ces îles appartiennent à deux États : le Royaume-Uni de Grande-Bretagne et d'Irlande du Nord et l'Irlande.

BRITISH MUSEUM n. m. ✦ Musée de Londres fondé en 1753. C'est l'un des plus vastes (8 ha) et des plus riches musées du monde. Il comporte une bibliothèque remarquable (deux millions d'ouvrages) et des collections inestimables d'art moyen-oriental, extrême-oriental et africain et d'antiquités égyptiennes (pierre de **Rosette**), grecques (fragments du **Parthénon**, du mausolée d'**Halicarnasse**, du temple d'Artémis d'**Éphèse**) et romaines.

BRITTEN Benjamin (1913-1976) ✦ Compositeur britannique. Il a abordé tous les genres, avec une prédilection pour la musique vocale. On lui doit de nombreuses mélodies, souvent d'inspiration folklorique, des pièces pour chœurs d'enfants et surtout des opéras (*Peter Grimes,* 1945 ; *Billy Budd,* 1951 ; *The Turn of the Screw,* 1954). Il a également abordé la musique religieuse (*War Requiem,* 1962), la musique de chambre et la musique symphonique avec une vraie originalité et un grand lyrisme.

BRIVE-LA-GAILLARDE ✦ Ville de Corrèze. 46 961 habitants (les *Brivistes*). Église Saint-Martin (XIIe-XIVe siècles), hôtel de Labenche (XVIe siècle). Centre industriel (constructions électriques, métallurgie, agroalimentaire).

BRNO ✦ Ville de la République tchèque, dans le sud-est du pays. 366 680 habitants. Nombreux édifices baroques : colonne Sainte-Marie sur la place centrale, églises des Minorites et des Jésuites. La villa Tugendhat, construite dans les années 1920 par **Mies van der Rohe**, est inscrite sur la liste du patrimoine mondial de l'Unesco. Ville principale de **Moravie**, dominée par la forteresse du Spielberg ; important centre industriel (mécanique, textile, chimie, agroalimentaire) et culturel, à proximité du champ de bataille d'Austerlitz. Ville natale de Milan Kundera.

BROADWAY ✦ Célèbre avenue de New York, située dans le quartier de **Manhattan**, où se concentre l'activité théâtrale de la ville depuis les années 1920.

BROCÉLIANDE ✦ Forêt légendaire de Bretagne. Dans les romans de la **Table ronde**, c'est là que vivent **Merlin l'Enchanteur** et la fée **Viviane**. On la situe généralement dans la forêt de Paimpont, en Ille-et-Vilaine.

BROGLIE Louis, prince puis **duc de** (1892-1987) ✦ Physicien français. Il obtient une licence de lettres avant de s'orienter vers les mathématiques et la physique. Il soutient, en 1924, une thèse sur la théorie des quanta. Ses recherches sur la lumière le conduisent à jeter les bases d'une nouvelle branche de la physique, la mécanique ondulatoire, et ses travaux sont à l'origine de l'optique électronique et de la théorie quantique. *La Physique nouvelle et les quanta* (1937). Prix Nobel de physique (1929). Académie française (1944).

BRONGNIART (palais) n. m. ✦ Palais construit à Paris dans le style des temples grecs (1808-1826) sur les plans de l'architecte français Alexandre Théodore Brongniart (1739-1813). Il est aujourd'hui occupé par la Bourse.

BRONTË ✦ Famille d'écrivains britanniques. Les trois sœurs sont célèbres pour leurs œuvres d'inspiration romantique : **Charlotte** (1816-1855) avec *Jane Eyre* (1847) ; **Emily Jane** (1818-1848) avec *Les **Hauts de Hurlevent*** (1847) ; **Anne** (1820-1849), moins connue, avec *Agnes Grey* (1847). Le frère, **Branwell Patrick** (1817-1848), a inspiré le personnage violent et tragique de Heathcliff, dans *Les Hauts de Hurlevent.*

BRONX n. m. ✦ Quartier de New York, au nord-est de Manhattan. 1,3 million d'habitants. Ce quartier résidentiel, habité jusqu'aux années 1960 par les immigrés juifs, italiens et irlandais, a été rénové dans les années 1980.

BROOK Peter (né en 1925) ✦ Metteur en scène britannique. Génial metteur en scène de Shakespeare (*Le Songe d'une nuit d'été,* 1960 ; *Le Roi Lear,* 1962), il participe à la fondation de la Royal Shakespeare Company tout en s'intéressant au répertoire contemporain. Il s'installe à Paris (1970) où il fonde le Centre international de recherche théâtrale, travaillant avec des acteurs de toutes nationalités. Il met en scène des textes de la tradition orientale, persane comme *La Conférence des oiseaux* (1979) ou indienne comme l'épopée du *Mahabharata* (1985). Il pratique un théâtre dépouillé, aux accessoires réduits à quelques signes et où compte surtout le travail de l'acteur. Il a également réalisé des films (*Moderato cantabile,* d'après M. Duras, 1960 ; *Sa Majesté des mouches,* d'après W. Golding, 1963).

BROOKLYN ✦ Quartier de New York, au sud-ouest de **Long Island.** 2,4 millions d'habitants. C'est le quartier le plus peuplé de la ville. Activités portuaires et industrielles. Les immigrés juifs, russes, italiens et scandinaves ont laissé la place à une population noire et portoricaine. George Gershwin est né dans ce quartier.

BROSSOLETTE Pierre (1903-1944) ✦ Journaliste et résistant français. Militant socialiste, normalien, il rejoignit le général de Gaulle à Londres en 1942. Arrêté et torturé par la Gestapo, il se suicida. Ses cendres ont été transférées au Panthéon (2015).

BROUSSE → **BURSA**

BROWN Charlie ✦ Personnage des bandes dessinées *Peanuts,* créé en 1950 par le dessinateur et scénariste Charles **Schulz.** Charlie Brown est un petit garçon en culotte courte, dont la tête ronde ne possède qu'une mèche de cheveux, et qui est très malchanceux. Il est accompagné de son chien **Snoopy**, de l'oiseau jaune Woodstock, du jeune Linus, qui traîne toujours sa petite couverture bleue, et de Lucy, qui sait tout et dont il est amoureux.

BRUANT Aristide (1851-1925) ✦ Chansonnier français. Il devient célèbre à **Montmartre** avec ses chansons qui évoquent avec réalisme ou sentimentalisme la vie des petites gens des faubourgs parisiens, dans une langue populaire ou argotique *(À la Villette, À Ménilmontant, Nini Peau d'chien, À la Roquette, Rose blanche).* Sur les affiches de ses spectacles, **Toulouse-Lautrec** le représente avec sa cape noire, son écharpe rouge et son chapeau noir à large bord. Auteur de romans populistes, il laisse également un *Dictionnaire de l'argot au XXe siècle* (1901).

BRUCKNER Anton (1824-1896) ✦ Musicien autrichien. Professeur au conservatoire de Vienne et organiste de la chapelle impériale (1868), il est l'auteur de musique religieuse, d'œuvres chorales et de symphonies, qui dénotent l'influence de **Wagner** et révèlent sa maîtrise d'organiste. Œuvres : la *Symphonie romantique* n° 4 (1878-1880), la *Symphonie* n° 9 (inachevée), trois messes, un quintette à cordes, un *Te Deum* (1881-1884) et le *Psaume 150* (1892).

BRUEGEL Pieter dit **BRUEGEL L'ANCIEN** (vers 1525-1569) ✦ Peintre flamand. Établi à Anvers, il voyage en Italie et dessine des scènes paysannes et morales (*Sept Péchés capitaux,* 1556-1557 ; *Sept Vertus,* 1559-1560). Il s'installe à Bruxelles et se consacre à la peinture de sujets religieux, de tableaux qui grouillent de monstres, influencés par Jérôme **Bosch**, puis d'immenses panoramas et des scènes populaires satiriques, dans une gamme de teintes adoucies : *La Chute des anges rebelles, La Tour de Babel, Les Proverbes, Le Pays de cocagne, Les Aveugles.*

BRUEGEL Jan dit **BRUEGEL DE VELOURS** (1568-1625) ✦ Peintre flamand. Fils de **Bruegel** l'Ancien et ami de **Rubens**, il peint des paysages, des natures mortes et des scènes bibliques avec une minutie et une délicatesse qui lui valent son surnom : série des *Cinq Sens* (1617-1618), *Coupe avec bijoux* (1618), *Le Paradis terrestre.*

BRUGES ✦ Ville de Belgique, chef-lieu de la province de Flandre-Occidentale, située près de la mer du Nord. 116 982 habitants (les *Brugeois*). Dans le centre historique, inscrit sur la liste du patrimoine mondial de l'Unesco, nombreux édifices du Moyen Âge (beffroi, halles, hôtel de ville) ; église Notre-Dame (XIIIe siècle) qui abrite les mausolées de Charles le Téméraire et de Marie de Bourgogne, ainsi que la *Vierge à l'Enfant* de Michel-Ange ; béguinage (XIIIe siècle) ; canaux qui relient la ville à Gand et aux Pays-Bas, et lui valent son surnom de « Venise du Nord ». Activités industrielles (constructions métalliques et électroniques, agroalimentaire) et industrie traditionnelle (dentelle dite « guipure des Flandres »), centre commercial et touristique. ♦ Résidence des comtes de **Flandre** (XIe-XVe siècles), Bruges devient un riche comptoir de la **Hanse**, grâce à l'industrie du drap (XIIIe siècle), et connaît une activité artistique intense. Elle prospère avec les ducs de **Bourgogne** (XVe siècle) puis décline depuis les guerres de Religion (XVIe siècle). L'invasion française (1794) achève sa ruine. Son activité économique ne reprend qu'au XXe siècle.

BRUMAIRE AN VIII (18) ✦ Journée du calendrier révolutionnaire, correspondant au 9 novembre 1799, au cours de laquelle **Bonaparte** renverse le **Directoire**, qui est remplacé dès le lendemain par le **Consulat**.

BRUMMEL George Bryan (1778-1840) ✦ Noble anglais. Ami du prince de Galles (le futur roi George IV), il est célèbre pour son élégance et son goût de la mode. Surnommé *le Beau Brummel,* il lance la vogue des « dandys ». Exilé en France, il y meurt ruiné.

BRUNEI n. m. ✦ Pays d'Asie du Sud-Est (☞ cartes 38, 39). Il est constitué de deux parties, qui forment des enclaves en Malaisie, au nord de l'île de Bornéo. Superficie : 5 785 km². 342 000 habitants (les *Brunéiens*). Sultanat (monarchie dirigée par un sultan) dont la capitale est Bandar Seri Begawan (63 868 habitants). Langues officielles : l'anglais et le malais ; on y parle aussi le chinois. Religion officielle : l'islam. Monnaie : le dollar de Brunei. ♦ GÉOGRAPHIE. Le Brunei est formé de plaines côtières, au climat tropical, chaud et humide. ♦ ÉCONOMIE. Les activités traditionnelles (culture du riz, élevage de buffles, pêche) sont largement supplantées par l'exploitation du pétrole et du gaz naturel. C'est un petit pays très riche. ♦ HISTOIRE. Le royaume (IXe siècle) est islamisé et devient un sultanat (vers 1520). Il s'affaiblit et passe sous protection britannique (1888), puis refuse de rejoindre la **Malaisie** (1963). Il adopte une constitution (1959) et devient indépendant dans le cadre du Commonwealth (1984).

BRUNELLESCHI Filippo (1377-1446) ✦ Architecte italien. D'abord orfèvre à Florence, il étudie, à Rome, les monuments antiques. De retour à Florence, il fait œuvre de précurseur de la Renaissance : coupole de Santa Maria del Fiore, chapelle des Pazzi à Santa Croce, 1450-1478 ; église San Lorenzo, 1430-1470. ▪ Son vrai nom est *Filippo di ser Brunellesco.*

BRUTUS (vers 85 av. J.-C.-42 av. J.-C.) ✦ Homme politique romain. Il est nommé à de hautes fonctions par son père adoptif, Jules **César**, mais complote son assassinat. Il s'enfuit en Macédoine, où il est battu par **Antoine** et Octave (**Auguste**), puis il se suicide.

BRUXELLES ✦ Capitale de la Belgique et chef-lieu de la Région Bruxelles-Capitale, située dans le centre-ouest du pays. 145 917 habitants (les *Bruxellois*), dont 85 % sont de langue française et 15 % de langue néerlandaise. Cathédrale gothique Saint-Michel (XIIe-XVIIe siècles) ; palais de la Nation (1779) et du Roi (de style Louis XVI) ; nombreux musées dont le musée royal d'Armes et d'Armures, le plus ancien d'Europe (1406) et le musée Magritte (2009) ; Manneken-Pis, statuette figurant un enfant nu qui urine dans une fontaine (1619) ; Atomium, construit pour l'Exposition universelle de 1958, qui représente un cristal agrandi 150 milliards de fois. Deux ensembles sont inscrits sur la liste du patrimoine mondial de l'Unesco : la Grand-Place avec ses immeubles baroques, et les hôtels de style Art nouveau (fin XIXe siècle), construits par l'architecte belge Victor Horta (1861-1947), ainsi que le palais Stoclet (1905-1911). Centre politique où siègent le gouvernement, la Commission de l'Union européenne et le Conseil de l'Atlantique Nord ; centre économique du pays (cinquième port, industries de confection, chimie, constructions mécaniques, imprimeries). Centre artistique : symbolisme et Art nouveau au XIXe siècle ; surréalisme avec **Magritte** au XXe siècle. Ville natale de Bruegel de Velours, Philippe de Champaigne, Léopold II, Albert Ier, G. Norge, Léopold III, Marguerite Yourcenar, Julio Cortazar, Peyo, Jacques Brel et Baudouin Ier. ♦ Camp construit par le duc de Basse-**Lotharingie** (977) et fortifié (XIIe siècle), la ville devient une étape commerciale (draperies) entre Cologne et Bruges. Elle passe aux ducs de **Bourgogne** (1430) et aux **Habsbourg** (1482). Ils en font la capitale des **Pays-Bas**, où Charles Quint est couronné (1516). En révolte contre les Espagnols (1568), elle est bombardée (1695) et prise par les Français (1746). Elle devient le chef-lieu du département français de la Dyle (1794-1814) puis une résidence du roi des Pays-Bas. La révolution de 1830 proclame l'indépendance de la Belgique. La ville est occupée par les Allemands (1914-1918, 1940-1944). Bruxelles est choisie comme capitale de la **CEE** (1957).

BRUXELLES-CAPITALE ✦ Région de Belgique, formant une enclave au centre de la Région flamande (☞ carte 27). Superficie : 161 km². 1 031 215 habitants. Elle comprend la ville de Bruxelles et les dix-huit communes alentour. Elle est bilingue (français et néerlandais).

BUBKA Sergueï (né en 1963) ✦ Athlète ukrainien. Six fois champion du monde de saut à la perche, il remporta la médaille d'or aux Jeux olympiques de Séoul (1988). Il est le premier à avoir franchi la barre des 6 m (1985).

BUCARAMANGA ✦ Ville de Colombie, dans le nord du pays, à 959 m d'altitude, dans la cordillère orientale des Andes. 509 518 habitants. Centre d'une région agricole. Industries (textile, métallurgie).

BUCAREST ✦ Capitale de la Roumanie, dans le sud du pays. 1 931 838 habitants (les *Bucarestois*). Nombreuses églises (XVe-XVIIIe siècles), monastères et musées. Une politique de grands travaux y est menée de 1977 à 1989. Centre industriel (métallurgie, mécanique, textile, chimie) et culturel du pays. ♦ Fondée au XIVe siècle, Bucarest devient la capitale de la région de Valachie (XVIIe siècle). Souvent prise par les Russes et les Autrichiens (XVIIIe-XIXe siècles), elle revient chaque fois à l'Empire ottoman. Elle devient la capitale des principautés unies de Valachie et de Moldavie (1859) puis de la Roumanie (1862). Un traité y est signé (10 août 1913), qui met fin à la seconde guerre des **Balkans** et ampute la **Bulgarie** de territoires importants. Elle est occupée par les Allemands (1916-1918, 1940-1944) mais est libérée à chaque fois par les Russes.

BUCHENWALD ✦ Camp de concentration situé près de Weimar, en Allemagne. Il est créé par les nazis pour les opposants au régime (1937). Il s'agrandit des usines souterraines de fabrication des fusées V1 et V2. Plus de 50 000 prisonniers y trouvent la mort avant la libération du camp par les Américains (1945).

BUCKINGHAM PALACE ✦ Palais de Londres. Il est construit dans le parc Saint James pour le duc de Buckingham (1705). Acheté par le roi George III (1761), il est transformé en un vaste palais par son fils (1825). Il devient la résidence des souverains britanniques lorsque la reine Victoria s'y installe (1837). Presque chaque jour, on peut assister à la cérémonie de la relève de la garde.

BUDAPEST ✦ Capitale de la Hongrie, située au centre nord du pays et formée par la réunion des villes de Buda et de Pest, séparées par le Danube. 1,7 million d'habitants (les *Budapestois*). Centre historique inscrit sur la liste du patrimoine mondial de l'Unesco : forteresse (XIIIe siècle), devenue château royal (reconstruit au XVIIIe siècle) ; église de Mathias (XVe siècle) ; Parlement néogothique (1904) ; sources thermales, le long du Danube. Centre politique, économique (sièges sociaux, port), universitaire, culturel et touristique du pays. Plus grand centre industriel d'Europe orientale (métallurgie, mécanique, chimie, textile, bois, papier). Ville natale de l'écrivain Th. Herzl et des photographes Kertész et Capa, de V. Kosma. ♦ Habité 3 000 ans av. J.-C., le site possède des sources thermales, utilisées par les Celtes puis les Romains, qui en font une capitale régionale, envahie par les Barbares (376). Le château, construit pour défendre Buda contre les **Mongols** (1247), devient la résidence d'une cour fastueuse (XIVe siècle) où s'épanouissent l'humanisme et la **Renaissance**, tandis que Pest devient une ville commerciale. Les deux cités, occupées par les Turcs de 1541 à 1686 (Empire **ottoman**), reprennent leur essor économique et culturel au sein de l'empire d'**Autriche** (XVIIIe siècle). La révolution éclate à Pest (1848), Buda est nommée capitale (1867), et les deux villes sont réunies (1873). Lieu de combats acharnés pendant la Deuxième Guerre mondiale, occupée par les Russes jusqu'en 1947, elle connaît une insurrection écrasée par les chars russes en 1956.

BUDÉ Guillaume (1467-1540) ✦ Humaniste français. Ce brillant érudit, philologue et helléniste, diplomate et prévôt des marchands, crée la bibliothèque de Fontainebleau, à l'origine de la **Bibliothèque nationale,** et obtient de François Ier la fondation du futur **Collège de France** (1530). En correspondance avec les plus grands savants de son temps (Rabelais, Érasme), il est l'auteur des *Commentaires sur la langue grecque* (en latin, 1529), qui ont favorisé la diffusion des études grecques en France.

BUENOS AIRES ✦ Capitale de l'Argentine, dans l'est du pays, sur le rio de La Plata. 2,8 millions d'habitants (les *Buenos-Airiens*). Superficie de l'agglomération totale : 3 627 km^2 ; 8,7 millions d'habitants (☛ carte 57). Centre administratif, commercial (port), industriel (automobile, électronique) et culturel du pays. Ville natale de Borges. ♦ Créée par les Espagnols (1536) et fortifiée pour contrôler l'accès aux fleuves Parana et Uruguay (1580), elle devient la capitale de l'Argentine (1816). Avec l'exploitation de la **Pampa** et l'arrivée des immigrants (XIXe siècle), le port concentre les échanges économiques et culturels du pays, faisant de la ville la deuxième d'Amérique du Sud.

BUFFALO ✦ Ville des États-Unis (État de New York), au nord du lac Érié, près des chutes du Niagara. 292 648 habitants (1,2 million d'habitants pour la zone urbaine). Premier port intérieur des États-Unis. Industries (sidérurgie, alimentaire, mécanique de précision, électronique).

BUFFALO BILL (1846-1917) ✦ Aventurier américain. Il participe du côté nordiste à la guerre de **Sécession,** combat les Indiens (1868-1876), massacre les bisons des Grandes Plaines. Il crée un cirque qui montre la vie des cow-boys et se produit aux États-Unis et en Europe. ▪ Son véritable nom est *William Frederick Cody. Buffalo* signifie «bison» en anglais et *Bill* est le diminutif de *William.*

BUFFET Bernard (1928-1999) ✦ Peintre français. Il devient rapidement célèbre avec son style très dépouillé, fait de coloris ternes (gris, brun) et de lignes noires et étirées, puis il évolue vers des tons plus riches et des formes pleines. Il illustre des auteurs (Lautréamont, Giono, Cocteau, Baudelaire) et réalise des décors de théâtre et de ballet. Chaque année, il expose ses œuvres par thèmes : *La Passion du Christ* (1952), *Cirque* (1956), *Jeanne d'Arc* (1958), *Corrida* (1967), *L'Enfer de Dante* (1977), *Le Japon* (1981), *Vues de New York* (1991).

BUFFON (1707-1788) ✦ Naturaliste français. Il s'occupe du Jardin du roi, devenu le Museum national d'histoire naturelle, et rédige l'*Histoire naturelle,* un ouvrage de vulgarisation scientifique (de 1744 à sa mort). Critiquant l'œuvre de **Linné**, il explique la création du monde minéral et animal à partir de molécules et l'action de l'environnement sur leur développement. ▪ Son nom complet est *Georges Louis Leclerc, comte de Buffon.*

BUGATTI Ettore (1881-1947) ✦ Industriel italien, naturalisé français. Il fonde à Molsheim, près de Strasbourg, une usine de construction automobile (1909) où il réalise des modèles de voitures de course, de sport et de luxe célèbres pour leurs performances techniques et leur design.

BUGEAUD Thomas Robert (1784-1849) ✦ Maréchal de France. Il s'illustre dans les guerres du Premier Empire, soutient Napoléon Ier pendant les **Cent-Jours,** puis, élu député (1831), il réprime une révolte à Lyon (1836), ce qui le rend très impopulaire. Envoyé en Algérie, il signe un traité de paix avec **Abd el-Kader** (1837), devient gouverneur général (1840) et organise la conquête du pays. Il est fait maréchal (1843). La France n'appuyant pas le mode de gouvernement qu'il veut instaurer dans ce pays, il démissionne (1847).

BUGS BUNNY ✦ Personnage de dessin animé, créé en 1939 par Tex **Avery.** Bugs Bunny est un lapin farceur et plein de flegme, qui met sans cesse les autres personnages dans des situations embarrassantes, tout en mangeant des carottes et en répétant : « Quoi de neuf, docteur » ?

BUJUMBURA ✦ Capitale du Burundi, dans l'ouest du pays, sur le lac Tanganyika. 500 000 habitants (les *Bujumburiens*). Port de pêche et de commerce (café, thé). Industries (alimentaire, textile, mécanique).

BULGARIE n. f. ✦ Pays d'Europe du Sud, dans les **Balkans** (☛ cartes 24, 25). Superficie : 110 912 km^2 (environ un cinquième de la France). 7,36 millions d'habitants (les *Bulgares*), en majorité orthodoxes. République dont la capitale est Sofia. Langue officielle : le bulgare ; on y parle aussi le turc. Monnaie : le lev. ♦ GÉOGRAPHIE. La montagne, à l'ouest, couverte de forêts, occupe le tiers de la Bulgarie avec les monts Rhodope, au sud, et Balkan, au centre, séparés par la vallée de la **Marica.** Le **Danube** forme une frontière naturelle avec la Roumanie, au nord. Le climat est tempéré, plutôt méditerranéen sur la côte. ♦ ÉCONOMIE. L'agriculture prédomine (céréales, coton, tabac, fruits, vigne, roses), l'élevage (moutons, chèvres) fournit des produits laitiers. Le sous-sol contient du lignite et du fer. L'industrie (production d'énergie, métallurgie, textile, alimentaire) se diversifie (chimie, mécanique), mais le passage à l'économie de marché est difficile. Le tourisme progresse sur le littoral. ♦ HISTOIRE. Les provinces romaines de **Thrace** et de Mésie sont occupées par des Slaves (VIe siècle) puis par les Bulgares (VIIe siècle), peuple d'origine turco-mongole. Elles forment un premier royaume christianisé (IXe siècle) et soumis par **Byzance** (972). Un second royaume bulgare domine les Balkans (XIIe-XIIIe siècles) avant d'être annexé par l'Empire **ottoman** (1396-1878). Une révolte nationale aboutit à une indépendance partielle (1878), puis totale (1908). Le tsar de Bulgarie s'engage dans les guerres balkaniques (1912-1913) puis dans les deux guerres mondiales aux côtés de l'Allemagne, perdant de nombreux territoires. Après l'occupation soviétique (1944), une république populaire est proclamée (1946), qui participe au pacte de **Varsovie** (1955). La chute du communisme permet d'établir un régime parlementaire (1991), qui adhère à l'Otan (2004) et à l'Union européenne (2007).

BUNDESTAG n. m. ✦ Assemblée législative de l'Allemagne. Ses membres, élus pour quatre ans au suffrage universel, élisent à leur tour le chancelier. Les lois qu'ils votent sont soumises à l'approbation de l'autre assemblée, le Bundesrat. Depuis la réunification de l'Allemagne, le Bundestag siège à Berlin, à l'emplacement du **Reichstag.**

BUÑUEL Luis (1900-1983) ✦ Cinéaste espagnol. Amoureux fou de la liberté, il réalise des films dans un esprit surréaliste et anarchiste, qui provoquent souvent le scandale : *Un chien andalou* (1929), *L'Âge d'or* (1930), *Los Olvidados* (1950), *Viridiana* (1961), *Le Charme discret de la bourgeoisie* (1972), *Cet obscur objet du désir* (1977). ☛ Surréalisme p. 191.

BUREN Daniel (né en 1938) ✦ Peintre français. Il crée ses premières œuvres avec du tissu où des bandes blanches verticales alternent avec des bandes de couleurs. Il désire établir une sorte de dialogue entre ses installations et le lieu pour lequel elles sont conçues. Ses colonnes rayées noir et blanc (*Les Deux Plateaux*, 1985) sont installées dans la cour d'Honneur du Palais-Royal à Paris.

BURGONDES n. m. pl. ✦ Peuple germanique originaire de Scandinavie. Établis sur les rives de la Baltique, les Burgondes migrent vers la Vistule, puis le Main (IIIe siècle), où ils fondent un royaume qui s'étend jusqu'au Rhin. Chassés par les **Huns** (437), ils s'installent dans l'est de la Gaule (443) (☛ carte 9). Leur royaume, appelé ***Bourgogne***, s'agrandit vers le Rhône, la Saône, et jusqu'à la Méditerranée avant d'être annexé par les **Francs** (534).

BURGOS ✦ Ville du nord de l'Espagne (Castille), à 850 m d'altitude. 174 075 habitants. Cathédrale gothique Sainte-Marie (XIIIe-XVIIIe siècles) inscrite sur la liste du patrimoine mondial de l'Unesco ; églises San Gadea (XIIe siècle), San Esteban (XIIIe siècle), San Gil (XIIIe-XIVe siècles) ; anciennes fortifications ; maison du **Cid.** Centre de commerce et d'industrie. ♦ Capitale de la Castille jusqu'à la fin du XIe siècle, siège du gouvernement nationaliste pendant la guerre d'Espagne (1936-1939).

BURKINA FASO n. m. ✦ Pays d'Afrique de l'Ouest (☛ cartes 34, 36). Superficie : 274 000 km^2 (environ la moitié de la France). 15,2 millions d'habitants (les *Burkinais* ou les *Burkinabés*). République dont la capitale est Ouagadougou. Langue officielle : le français ; on y parle aussi le mossi, le malinké, le dioula et le peul. Monnaie : le franc CFA. ♦ GÉOGRAPHIE. Le Burkina Faso est formé d'un vaste plateau peu élevé, couvert de savanes, avec des arbres au centre et des arbustes au nord. Le climat tropical est désertique au nord. ♦ ÉCONOMIE. Agriculture peu développée (céréales, coton, riz) ; élevage bovin. Le sous-sol contient du manganèse. La pauvreté et la surpopulation provoquent une émigration vers la Côte d'Ivoire. ♦ HISTOIRE. Le nord est occupé dès la préhistoire, la métallurgie existe au début de notre ère, l'or est exploité au Moyen Âge. Les premiers royaumes apparaissent au XVe siècle. Les Français s'emparent de Ouagadougou (1897) et intègrent le territoire à l'**Afrique-Occidentale française.** D'abord incluse dans le Soudan français jusqu'en 1904, puis dans le Sénégal-Niger jusqu'en 1919, la colonie prend alors le nom de *Haute-Volta.* Elle accède à l'indépendance en 1960. Les coups d'État militaires se succèdent (1970-1983). Le pays, rebaptisé *Burkina Faso,* s'engage dans une « révolution démocratique et populaire », renversée en 1987. La Constitution autorise plusieurs partis politiques (1991).

BURSA ✦ Ville de Turquie, dans le nord-ouest du pays, près de la mer de Marmara. 1,66 million d'habitants, quatrième ville du pays. Station thermale et touristique (nombreuses mosquées et écoles religieuses, inscrites sur la liste du patrimoine mondial de l'Unesco). Centre industriel (tissage de la soie et de la laine, agroalimentaire, automobile) et métropole régionale. ♦ Fondée sous le nom de Brousse (IIIe siècle avant J.-C.), elle passe à Rome, à Byzance et devient la résidence des sultans ottomans (XIVe-début XVe s.).

BURTON Tim (né en 1958) ✦ Cinéaste américain. Il travailla d'abord sur des films d'animation dans les studios Disney. Il exprime avec humour un goût pour les films fantastiques (*Mars Attacks !*). Avec son acteur fétiche, Johnny Depp, il tourna *Edward aux mains d'argent* (1991), *Charlie et la chocolaterie* (2005), *Alice au pays des merveilles* (en 3D, 2010), *Frankenweenie* (2012). L'œuvre de **Poe** a influencé son univers sombre et poétique.

BURUNDI n. m. ✦ Pays d'Afrique centrale (☛ cartes 34, 36). Superficie : 27 834 km². 8,5 millions d'habitants (les *Burundais*). République dont la capitale est Bujumbura. Langues officielles : le rundi et le français ; on y parle aussi le swahili. Monnaie utilisée : le franc du Burundi. ♦ GÉOGRAPHIE. Le Burundi est formé de hauts plateaux, couverts de savanes et relevés à l'ouest, où le **Nil** prend sa source. Le climat tropical est plus tempéré en altitude (au-dessus de 2 000 m). La densité de population est l'une des plus fortes d'Afrique (200 habitants au km²). ♦ ÉCONOMIE. Agriculture (café, thé, coton, céréales, arbres fruitiers), élevage peu productif. Pêche. Les ressources du sous-sol (nickel, uranium, étain) sont peu exploitées. ♦ HISTOIRE. Les bords du lac Tanganyika, habités dès 10 000 ans av. J.-C., attirent des paysans **bantous** au début de l'ère chrétienne. La société se divise petit à petit en castes, séparant les agriculteurs hutus et les pasteurs tutsis, qui exercent le pouvoir royal (XVIe siècle). Sujet aux querelles entre dynasties, le pays est colonisé par les Allemands (XIXe siècle), puis forme le Ruanda-Urundi (1923), dépendant du **Congo** belge. L'indépendance (1962) est marquée par des conflits sanglants entre les **Tutsis** royalistes et les **Hutus**, qui proclament la république (1966). La guerre civile qui éclate en 1994 déclenche des massacres dans tout le pays et la fuite de milliers de réfugiés.

BUSH George W. (né en 1946) ✦ Homme d'État américain. Gouverneur républicain du Texas (1995), il devient le 43e président des États-Unis (2001-2009). Pour préserver l'économie américaine, il refuse de ratifier le protocole de **Kyoto** (2001). Après les attentats du 11 septembre 2001, il lance une opération militaire en **Afghanistan**, puis une autre en **Irak** (2003). Son père **George Herbert Walker BUSH** (né en 1924), le 41e président des États-Unis (1989-1992), met fin à la guerre froide avec l'**URSS** et implique le pays dans la guerre du **Golfe** (1991).

BUTOR Michel (1926-2016) ✦ Écrivain français. Professeur de philosophie, il se consacre à l'écriture après le succès de son roman *La Modification* (1957), qui appartient au courant du nouveau roman (☛ Littérature p. 146) : le récit écrit à la deuxième personne du pluriel fait perdre au lecteur et au personnage la notion du temps et de l'espace au cours du voyage qu'ils entreprennent ensemble. Il est aussi critique d'art et critique littéraire.

BUXTEHUDE Dietrich (v. 1637-1707) ✦ Compositeur allemand. Organiste à Lübeck, il compose pour les concerts du soir *(Abendmusiken)* des œuvres vocales et instrumentales (cantates, psaumes et chorals). Outre des pièces de musique de chambre, ses nombreuses pièces pour orgue font de lui le compositeur le plus important d'Allemagne du Nord. Il a influencé **Haendel** et **Bach**.

BUZZATI Dino (1906-1972) ✦ Écrivain italien. Il est l'auteur de récits où une atmosphère surréelle se dégage de la banalité la plus quotidienne comme dans *Le Désert des Tartares* (1940). Il a également publié des contes (*Panique à la Scala*, 1949 ; *La Fameuse Invasion de la Sicile par les ours*, 1965) et des nouvelles (*Le K*, 1966).

BYBLOS ✦ Site archéologique du Liban, au nord de Beyrouth. Il est déjà occupé au IVe millénaire av. J.-C. Dans l'Antiquité, les **Cananéens**, vassaux de l'Égypte (IIIe-IIe millénaires av. J.-C.), en font, sous le nom de *Gebal*, un port florissant (cèdre, métaux, papyrus). Il atteint son apogée avec les **Phéniciens** (XIIe-Xe siècles av. J.-C.). Il est ensuite dominé successivement par l'Assyrie, Babylone, la Perse et enfin la Grèce, qui le nomme *Byblos* et adopte le culte d'**Adonis**. Les fouilles entreprises par les Français (1860) ont mis au jour un temple d'art égyptien, consacré à la Dame de Gebal, et le sarcophage du roi Ahiram (XIIIe siècle av. J.-C.) sur lequel figure la plus ancienne écriture alphabétique, transmise aux Grecs par les Phéniciens. Le site est inscrit sur la liste du patrimoine mondial de l'Unesco.

BYRON (lord) (1788-1824) ✦ Poète britannique. Il siège à la Chambre des lords (1809), voyage en Europe (Espagne, Grèce, Albanie, Turquie), et doit s'exiler en Suisse puis en Italie, où il se lie aux révolutionnaires. Il participe au mouvement de libération contre la domination turque en Grèce, où il meurt. Sa vie mouvementée et sa révolte contre la société et la morale britanniques font de lui un personnage romantique qui a influencé Berlioz, Delacroix, Goethe, Lamartine, Musset et Shelley. Ses œuvres principales sont : *Le Pèlerinage de Childe Harold* (1812), *Le Giaour* (1813), *Le Corsaire* (1814), *Don Juan, satire épique* (1819-1824) et *Caïn* (1821). ■ Son nom complet est *George Gordon Noel, baron Byron.*

BYZANCE ✦ Ancienne ville de Thrace. Cette colonie fondée sur le Bosphore par les Grecs (667 av. J.-C.) devient indépendante (358 av. J.-C.) et impose sa puissance maritime. Elle est rasée par les Romains (196). Reconstruite par **Constantin Ier** (324-330), qui en fait la capitale de l'Empire **romain**, sous le nom de ***Constantinople***, elle devient capitale de l'Empire romain d'Orient appelé aussi *Empire byzantin* (395). ♦ Le nom de *Byzance* désigne également l'Empire romain d'Orient, ou Empire **byzantin**. L'expression *c'est Byzance !* évoque le luxe, l'abondance, par allusion à la richesse de cet empire.

BYZANTIN (Empire) ✦ Empire romain d'Orient, créé à la mort de Théodose Ier (395). Il s'étend sur les Balkans, au sud du Danube, sur l'Asie Mineure, le nord de la Mésopotamie, Chypre, la Crète, la Syrie, la Palestine, l'Égypte et la Cyrénaïque. Sa capitale est **Constantinople.** Menacé par les invasions barbares qui provoquent la chute de l'Empire **romain** d'Occident (476), il s'épanouit sous **Justinien Ier** (527-565). Cet empereur reconquiert l'Italie, le sud de l'Espagne et les côtes d'Afrique du Nord, mais des conflits avec les Slaves, les Perses, les Arabes et la papauté réduisent l'Empire aux territoires d'Asie Mineure, des Balkans et du sud de l'Italie. Entre le IXe et le XIIe siècle, l'art byzantin est à son apogée. Les Églises orthodoxes se séparent de **Rome** (1054). Les croisés envahissent l'Empire (**croisades**) et fondent l'Empire latin de Constantinople (1204-1261). Reconquis par les Byzantins, l'Empire byzantin disparaît au profit de l'Empire **ottoman** (1453).

C

CABOT Jean (vers 1450-1499) ✦ Navigateur italien. Il s'établit en Angleterre (vers 1484) et, au service d'Henri VII, il cherche par le nord une route maritime vers la Chine. Avec son fils **Sébastien** (vers 1476-1557), il découvre Terre-Neuve (1497) et explore les côtes du Groenland, du Labrador et de la Nouvelle-Angleterre (☛ carte 13).

CABOURG ✦ Commune du Calvados, sur la Manche. 3 673 habitants (les *Cabourgeais*) (☛ carte 23). Station balnéaire. L'écrivain Marcel **Proust** y séjourna souvent et l'évoqua dans son œuvre sous le nom de *Balbec*.

CABRAL Pedro Alvarez (vers 1460-1526) ✦ Navigateur portugais. Il découvre le Brésil, qu'il appelle *Terra de Santa Cruz*, et en prend possession au nom du Portugal (1500). Il passe ensuite le cap de Bonne-Espérance, longe les côtes orientales de l'Afrique et arrive en Inde où il signe un traité de commerce avec le prince de Cochin avant de revenir à Lisbonne (1502) (☛ carte 13).

CACHEMIRE n. m. ✦ Région située à l'ouest de l'Himalaya, partagée entre le Pakistan (où elle est dotée d'un statut autonome) et l'Inde (État de Jammu-et-Cachemire) (☛ carte 41). Superficie : plus de 300 000 km² (plus de la moitié de la France). 12 millions d'habitants (les *Cachemiris*), en majorité musulmans. ♦ Le Cachemire est une région montagneuse avec des sommets de plus de 8 000 m d'altitude (**K2**), entaillée de profondes vallées, comme celle de l'**Indus**. On y exploite la forêt et on y élève des chèvres, dont le poil fin et soyeux sert à la fabrication du *cachemire*, un lainage très chaud. ♦ Ce royaume dépendant de princes indiens (1381) est conquis par les **Moghols** (1586), les **sikhs** (1819) et les Britanniques (1846-1947). À majorité musulmane, il est dirigé par un maharadja. La séparation entre l'**Inde** et le **Pakistan** (1947) amène les deux États à revendiquer le Cachemire, qui est envahi par les troupes pakistanaises. La guerre, arrêtée par l'ONU (1949), impose une frontière toujours contestée aujourd'hui. À l'est, la région du Ladakh, de langue tibétaine, est en partie occupée par la Chine depuis 1959.

CADIX ✦ Ville d'Espagne (Andalousie), sur l'océan Atlantique. 128 554 habitants. Fortifications (XVIIe siècle), cathédrale (XVIIIe-XIXe siècles). Port, tourisme. Ville natale de Manuel de Falla. ♦ Elle est fondée par les Phéniciens (vers 1100 av. J.-C.), prospère avec la découverte de l'Amérique et prend à **Séville** le monopole du commerce (XVIIIe siècle). Attaquée à plusieurs reprises par les Britanniques (Drake, Nelson), elle résiste à Napoléon Ier (1810-1812) puis au rétablissement de la monarchie jusqu'à la prise de Trocadero (1823).

CADOUDAL Georges (1771-1804) ✦ Conspirateur français. Il participe à la guerre de **Vendée**, devient l'un des chefs des **chouans** puis se réfugie à Londres (1800). Il organise deux complots contre Bonaparte : le premier fait 22 morts rue Saint-Nicaise (24 décembre 1800). Il est exécuté après l'échec du second (1803).

CAELIUS (mont) ✦ Une des sept collines de Rome, située au sud de la ville et finissant près du Colisée. On y trouve le palais du Latran (Ier siècle), devenu résidence des papes (313-1304), reconstruit au XVIe siècle, et la basilique Saint-Jean-de-Latran, fondée par **Constantin Ier** (IVe siècle, puis reconstruite aux XVIIe-XVIIIe siècles), cathédrale de Rome.

CAEN ✦ Chef-lieu du Calvados. 106 538 habitants (les *Caennais*). Monuments construits par Guillaume le Conquérant et la reine **Mathilde** : château (1060), église de la Trinité de l'Abbaye-aux-Dames (1060-1080), église romane Saint-Étienne de l'Abbaye-aux-Hommes (1064). Mémorial pour la paix (1988), musée qui retrace le débarquement de Normandie. Port relié à la Manche, industrie (métallurgie, automobile, électricité), université. Ville natale de Malherbe. ♦ Résidence de **Guillaume le Conquérant** (XIe siècle), la ville est conquise par **Philippe Auguste** (1204). Elle est assiégée par les Anglais (1346, 1417), qui y restent jusqu'en 1450, puis devient un centre de commerce (XVIe siècle). Détruite en grande partie (1944), elle est reconstruite après la guerre.

CAGE John (1912-1992) ✦ Compositeur américain. Élève de **Schönberg**, il entreprend des recherches sur les sonorités et devient l'un des pionniers de la musique concrète. Il compose pour le «piano préparé» (des objets placés dans ses cordes altèrent le son) de manière à obtenir un timbre nouveau. Ce grand innovateur introduit en musique les notions de hasard et d'indétermination. Il a collaboré avec le chorégraphe Merce **Cunningham.** Œuvres principales : *Music of Changes* (1951), *Imaginary Landscapes* (1939-

1952). Il réalise le premier happening musical avec *4'33"* (1952).

CAGLIARI ✦ Ville d'Italie, chef-lieu de la Sardaigne, au sud de l'île. 164 249 habitants. Amphithéâtre romain ; cathédrale et fortifications de style pisan (XIIIe-XIVe siècles). Port pétrolier, industries (sidérurgie, mécanique, agroalimentaire).

CAGNES-SUR-MER ✦ Commune des Alpes-Maritimes, à l'ouest de l'embouchure du Var. 47 811 habitants (les *Cagnois*). Auguste Renoir y vécut de 1903 à sa mort (musée). Station balnéaire du *Cros-de-Cagnes.*

CAHORS ✦ Chef-lieu du Lot. 19 630 habitants (les *Cadurciens,* les *Cahorsiens* ou les *Cahorsains*). Cathédrale romane Saint-Étienne (XIIe-XIVe siècles), pont Valentré et remparts (XIVe siècle). Centre administratif, commercial, touristique, entouré de vignobles. Le vin rouge produit dans la région s'appelle le *cahors.* Ville natale du pape Jean XXII, de Marot, et de Gambetta. ♦ Cette capitale d'un peuple gaulois devient une place forte et une ville commerciale au Moyen Âge. Cédée aux Anglais (traité de Brétigny, 1360), elle se révolte et revient à la France (1428).

CAILLEBOTTE Gustave (1848-1894) ✦ Peintre français. Influencé par Courbet, Manet, Degas, et lié à Monet et Renoir, il réalise des paysages et des scènes de la vie populaire. Grâce à sa fortune, il soutient ses amis impressionnistes. Il lègue sa collection à l'État, qui n'en accepte qu'une partie, aujourd'hui au musée d'**Orsay.** Œuvres : *Les Raboteurs de parquet* (1875), *Le Pont de l'Europe* (1876 ☛ Impressionnisme p. 185), *Rue de Paris, temps de pluie* (1877), *Le Bassin à Argenteuil* (1882).

CAILLOIS Roger (1913-1978) ✦ Essayiste français. Cofondateur en 1937 du Collège de sociologie (avec M. Leiris et G. Bataille), il s'intéresse d'abord aux manifestations du sacré dans la société (*Le Mythe et l'Homme,* 1938). Grand connaisseur de la littérature hispano-américaine qu'il fait découvrir en France, il s'attache également à l'étude des mécanismes de l'imagination (*L'Incertitude qui vient des rêves,* 1956). Ses centres d'intérêt divers (*L'Écriture des pierres,* 1970 ; *Les Jeux et les Hommes,* 1958 ; *Esthétique généralisée,* 1962) lui font ressentir la nécessité de croiser les différentes disciplines. Académie française (1971).

CAÏMANS (les) ✦ Archipel britannique des Grandes Antilles, situé au sud de Cuba et constitué de trois îles. Superficie : 264 km^2. 55 450 habitants. Capitale : George Town, sur l'île principale, Grand Cayman. Langue officielle : l'anglais. Monnaie : le dollar des îles Caïmans. Colonie britannique, l'archipel est un centre touristique et financier.

CAÏN ✦ Personnage de la Bible. C'est le fils aîné d'**Adam** et d'**Ève.** Par jalousie, il tue son frère **Abel** et il est condamné à fuir toute sa vie. Son histoire a inspiré des poètes comme Victor Hugo (*La Conscience,* 1859) et lord Byron.

CAIRE (Le) ✦ Capitale de l'Égypte, dans le nord du pays, au sud du delta du Nil. 7,8 millions d'habitants (les *Cairotes*) et près de quinze millions avec les faubourgs, dont **Gizeh,** ce qui en fait la plus grande ville d'Afrique (☛ carte 57). Centre politique, intellectuel (universités, musées), commercial et industriel (sidérurgie, automobile, chimie, textile, cinéma) du pays, desservi par un métro. Le Vieux Caire, centre historique inscrit sur la liste du patrimoine mondial de l'Unesco, bénéficie d'un plan de rénovation. Ville natale de N. Mahfouz, A. Chedid, R. Moreno. ♦ La ville, fondée par les Arabes (639), s'agrandit sans cesse. La dynastie des **Fatimides** construit la mosquée-université d'al-Azhar (970-978) et une ville nouvelle *al-Qahira,* qui devient la capitale (973). Entourée par **Saladin** d'une enceinte (1176), elle connaît son apogée avec les **mamelouks** (XIVe siècle). Depuis 1865, elle fait l'objet de travaux d'urbanisation et continue à s'étendre, empiétant sur le désert.

CALABRE n. f. ✦ Région administrative de la pointe sud de l'Italie (☛ carte 30). Superficie : 15 080 km^2. 2 millions d'habitants (les *Calabrais*). Chef-lieu : Catanzaro. ♦ Cette région montagneuse, peu propice à l'agriculture (olivier, fruits, agrumes), pratique l'élevage et possède peu d'industries. Elle s'ouvre au tourisme.

CALAIS ✦ Ville du Pas-de-Calais. 76 402 habitants (les *Calaisiens*). Port de commerce, d'industrie (textile, *dentelle de Calais*) et de voyageurs entre la France et l'Angleterre. ♦ Prise par les Anglais pendant la guerre de **Cent Ans** (1347), la ville est sauvée de la destruction grâce à six bourgeois qui se livrent en otages aux vainqueurs (épisode immortalisé par l'œuvre de **Rodin,** *Les Bourgeois de Calais,* 1895). Reprise par François de **Guise** (1558), elle est restituée à la France (1598). Gravement endommagée pendant la Deuxième Guerre mondiale, elle est libérée par les Canadiens (1944).

CALAIS (pas de) ✦ Détroit situé entre la France et la Grande-Bretagne, qui relie la Manche à la mer du Nord. Long de 180 km et large de 31 km, il accueille un trafic maritime commercial et touristique important. Le tunnel ferroviaire, creusé sous le détroit, relie Calais à Douvres depuis 1994.

CALAS Jean (1698-1762) ✦ Marchand de Toulouse. Ce protestant, accusé à tort d'avoir tué son fils pour l'empêcher de se convertir au catholicisme, fut exécuté. L'*affaire Calas* mobilisa **Voltaire,** qui prouva l'erreur judiciaire et obtint sa réhabilitation (1765).

CALCUTTA ✦ Ville de l'Inde, capitale du Bengale-Occidental, dans le nord-est du pays, dans le delta du Gange. 4,6 millions d'habitants ; 14 millions pour l'agglomération étendue sur 50 km (☛ carte 57). Quartier d'affaires de style victorien. Port commercial, centre industriel (textile, métallurgie), financier et universitaire, qui s'agrandit sur des zones marécageuses et comporte d'immenses bidonvilles. Ville natale de Tagore et Satyajit Ray. ♦ La ville, fondée par la Compagnie anglaise des Indes orientales (1690), devient la capitale des Indes britanniques (1773), remplacée ensuite par **New Delhi** (1912). Elle voit la naissance du mouvement nationaliste indien et reste le centre culturel du **Bengale.**

CALDER Alexander (1898-1976) ✦ Sculpteur américain. Arrivé à Paris en 1926, il réalise un *Cirque* miniature avec des figurines en fil de fer (1927) puis des sculptures abstraites en métal, d'abord des « mobiles », mis en mouvement par des moteurs ou par le vent (à partir de 1932) et enfin des « stabiles », sculptures monumentales fixes (à partir de 1942). Il peint aussi des gouaches pleines d'humour et de vivacité.

CALDERON DE LA BARCA Pedro (1600-1681) ✦ Écrivain espagnol. Tout à la fois soldat et écrivain, il est nommé dramaturge officiel de la cour puis, devenu prêtre, chapelain d'honneur du roi (1663). Il sert la Contre-Réforme avec ses *autos sacramentales,* pièces allégoriques en un acte (*Le Grand Théâtre du monde,* vers 1645), célèbre les valeurs du siècle d'or (fidélité, honneur, foi) dans ses pièces *(comedias)* religieuses (*La Dévotion à la Croix* et *La vie est un songe,* 1636 ; *Le Magicien prodigieux,* 1637), morales (*Le Médecin de son honneur,* 1637), historiques (*L'Alcade de Zalamea,* vers 1645), puis il écrit des comédies mythologiques (*Écho et Narcisse,* 1660 ; *La Statue de Prométhée,* 1670).

CALDWELL Erskine (1903-1987) ✦ Écrivain américain. Ses romans mettent en scène, d'une manière tragicomique, la misère des Blancs du sud des États-Unis (*La Route du tabac,* 1932 ; *Le Petit Arpent du Bon Dieu,* 1933).

CALGARY ✦ Ville du Canada (Alberta), au pied des Rocheuses. 988 193 habitants. Centre industriel (alimentaire, raffinage pétrolier, chimie) et commercial (blé, élevage) en plein développement. Jeux olympiques d'hiver en 1988.

CALI ✦ Ville de Colombie, dans l'ouest du pays, à 950 m d'altitude. Plus de 2 millions d'habitants. Centre économique d'une région agricole (café, canne à sucre, élevage laitier), reliée au Pacifique par le port de Buenaventura et liée au trafic de la drogue (cannabis). Grand centre industriel (agroalimentaire, textile, électroménager, chimie).

CALIFORNIE n. f. ✦ État du sud-ouest des États-Unis depuis 1850 (☛ carte 47). Superficie : 411 012 km^2 (environ les trois quarts de la France). 33,9 millions d'habitants (les *Californiens*). Capitale : Sacramento. Autres grandes villes : Los Angeles, San Diego, San Francisco. ♦ Les deux chaînes montagneuses, la chaîne côtière et la sierra **Nevada,** sont séparées par une grande vallée (Sacramento). Au sud-est, on trouve des déserts (Vallée de la **Mort**) et au sud, la faille de San Andreas où se produisent des tremblements de terre. Le climat est méditerranéen. L'agriculture est très productive (agrumes, vin, légumes, coton, élevage, pêche). Le sous-sol contient du pétrole et du gaz. L'industrie est florissante (métallurgie, chimie, aéronautique, alimentaire, cinéma à **Hollywood**). La recherche scientifique est très developpée (observatoire du mont Palomar ; universités prestigieuses de Berkeley et UCLA [University of California, Los Angeles] ; entreprises de haute technologie de la **Silicon Valley** depuis 1950). ♦ Découverte (1542) et colonisée par les Espagnols (XVIIIe siècle), la région est annexée par le **Mexique** (1822) qui la cède aux États-Unis (1848). La découverte de l'or (1848) provoque un afflux d'immigrés. La région se développe grâce au chemin de fer (1869) puis avec l'exploitation du pétrole. C'est l'État le plus peuplé et le plus riche du pays.

CALIFORNIE (golfe de) ✦ Golfe délimité par la presqu'île de **Basse-Californie** et la côte ouest du Mexique (☛ carte 56).

CALIGULA (12-41) ✦ Empereur romain de 37 à sa mort. Fils d'**Agrippine l'Aînée,** il gouverne de façon libérale puis sombre dans la folie. Il règne en tyran, se prend pour un dieu, et meurt assassiné. Son histoire inspire une pièce à Albert **Camus** (*Caligula,* 1944), interprétée par Gérard **Philipe** (1945). ▪ Son véritable nom latin est *Caius Julius Caesar Germanicus.*

CALLAS Maria (1923-1977) ✦ Cantatrice grecque (soprano). Elle débute à Athènes (1938) et devient célèbre, d'abord en Italie (1947), puis dans le monde entier, en interprétant avec beaucoup de sensibilité les grands opéras *(Norma, La Traviata, Tosca).* Sa voix exceptionnelle et son jeu de tragédienne marquent l'histoire de l'opéra. ▪ Son véritable nom est *Maria Kalogeropoulos.*

CALLIOPE ✦ La plus importante des **Muses,** dans la mythologie grecque. Elle protège la poésie épique et l'éloquence. Elle est la mère d'**Orphée.**

CALLOT Jacques (1592-1635) ✦ Graveur et dessinateur français. Il étudie la technique du burin à Rome (1609), entre au service des Médicis à Florence (1614) où il s'initie à l'eau-forte, technique qu'il perfectionne. Il revient à Nancy (1621), puis séjourne aux Pays-Bas (1625-1628) et à Paris, où il travaille pour Louis XIII (1628-1631). Très affecté par l'invasion de la Lorraine (1633), il dénonce la guerre dans des scènes dramatiques d'une grande maîtrise technique. Principales œuvres : *Les Caprices* (1619), *Foire de l'Impruneta* (1620), *Les Gueux* (1622), *La Noblesse lorraine* (1623), *Siège de Breda* (1628), *Siège de La Rochelle* et *Siège de Saint-Martin-de-Ré* (vers 1630), *Les Misères et Malheurs de la guerre* (1633).

CALMETTE Albert (1863-1933) ✦ Médecin français. Il fonde l'Institut bactériologique de Saigon (1891) et l'Institut Pasteur de Lille (1896-1919). Il découvre des sérums contre les venins, contre la peste, et met au point, avec Camille Guérin (1872-1961), le vaccin préventif contre la tuberculose appelé *BCG (bacille **bilié** de **C**almette et **G**uérin).*

CALUIRE-ET-CUIRE ✦ Ville du Rhône, banlieue nord de Lyon. 42 494 habitants (les *Caluirards*). Jean **Moulin** y est arrêté par les Allemands en 1943.

CALVADOS n. m. ✦ Département du nord-ouest de la France [14], de la Région Normandie. Superficie : 5 548 km^2. 691 670 habitants. Chef-lieu : Caen ; chefs-lieux d'arrondissement : Bayeux, Lisieux et Vire.

CALVI ✦ Ville de Haute-Corse, sur la côte nord-ouest de l'île, au fond du golfe de Calvi. 5 330 habitants (les *Calvais*). Citadelle génoise (Ville-Haute) entourée de remparts (XVe siècle). Centre touristique desservi par un port (la Marine) et un aéroport.

CALVIN (1509-1564) ✦ Théologien français. Juriste, il passe à la **Réforme** en 1534 et, pour fuir la persécution, s'exile à Bâle, où il rédige l'*Institution de la religion chrétienne.* Comme **Luther,** Calvin pense que l'homme ne peut être sauvé que par la grâce de Dieu (ce qu'il peut faire lui-même ne sert à rien). Comme **Zwingli,** il exalte la souveraineté de Dieu. Pasteur à Genève en 1536, il y impose à partir de 1541 la discipline qui lui semble découler de la Bible, seule autorité en ce qui concerne la foi et les mœurs. Exposée dans ses sermons comme dans ses commentaires de la Bible, sa doctrine, le calvinisme, pose les limites de la liberté de l'homme. Elle devient un des courants du protestantisme, qui se répand en France, aux Pays-Bas, en Angleterre et en Écosse (XVIe siècle), puis en Amérique du Nord et en Afrique du Sud (XVIIe siècle). ▪ Son véritable nom est *Jean Cauvin.*

CALVINO Italo (1923-1985) ✦ Écrivain italien. Inspiré par la Résistance dans son premier roman, *Le Sentier des nids d'araignée* (1947), il se tourne ensuite vers la satire sociale et politique (*Le Vicomte pourfendu,* 1952 ; *Le Baron perché,* 1957 ; *Le Chevalier inexistant,* 1959 ; *Marcovaldo,* 1963), puis la bande dessinée et le roman fantastique, jouant sur les symboles (*Les Villes invisibles,* 1972 ; *Si par une nuit d'hiver un voyageur,* 1979). Il est l'auteur de contes et de fables (*Romarine,* 1956 ; *Contes italiens,* 1956).

CAMARGUE n. f. ✦ Région de Provence, formée par le delta du Rhône. Ses habitants s'appellent les *Camarguais.* Constituée de prairies et d'étangs (**Vaccarès**), elle vit de l'élevage des taureaux de combat et des chevaux, de la culture du riz et de l'exploitation du sel. Le parc naturel régional de Camargue (119 100 ha dont 34 300 en mer), créé en 1970, attire les touristes, notamment à **Arles** et aux **Saintes-Maries-de-la-Mer.**

CAMBACÉRÈS Jean-Jacques Régis de (1753-1824) ✦ Homme politique français. Juriste élu député à la Convention nationale (1792), il vote la mort du roi et l'arrestation des girondins après la trahison de **Dumouriez.** Il est membre du Conseil des Cinq-Cents sous le Directoire et Bonaparte le fait nommer deuxième consul (**Consulat**). Il préside le Sénat, le Conseil d'État et participe à l'élaboration du **Code civil.** Devenu archichancelier de l'Empire (1804) et duc de Parme, il se rallie aux Bourbons (1814) puis reprend ses fonctions pendant les **Cent-Jours.** Il est proscrit comme régicide (1815-1818). Académie française (1803, radié en 1816).

CAMBODGE n. m. ✦ Pays d'Asie du Sud-Est (☛ cartes 38, 39). Superficie : 181 000 km^2 (environ le tiers de la France). 13,4 millions d'habitants (les *Cambodgiens*). Monarchie parlementaire dont la capitale est Phnom Penh. Langue officielle : le khmer ; on y parle aussi le français. Religion officielle : le bouddhisme. Monnaie : le riel. ♦ GÉOGRAPHIE. Le Cambodge est formé d'une vaste plaine forestière, traversée par le **Mékong,** où se trouve un lac immense (entre 3 000 et 10 000 km^2 selon les saisons) et très poissonneux, le Tonle Sap. Le climat tropical est soumis à la mousson. ♦ ÉCONOMIE. Le pays vit de l'agriculture (riz, canne à sucre, manioc), de la pêche et de l'exploitation des forêts et des pierres précieuses. L'industrie (textile, papier, artisanat, alimentaire) a été dévastée par la guerre. Le site d'**Angkor** attire les touristes. ♦ HISTOIRE. Plusieurs royaumes (Ier-VIe siècles) sont réunis dans l'empire khmer d'Angkor (IXe-XVe siècles), puis la capitale est transférée à Phnom Penh (1432). Objet de luttes entre Thaïs et Vietnamiens (XVIIe-XIXe siècles), le pays se place sous la protection de la France (1863) jusqu'à son indépendance (1953). Le roi **Norodom Sihanouk** est chassé par un coup d'État (1970). Le pays sombre dans la guerre du **Viêtnam** et la dictature des **Khmers rouges** (1975). Ces derniers massacrent la population et créent l'État du Kampuchea démocratique (1976), envahi par le Viêtnam (1979). Après le retrait des Vietnamiens (1989), le pays reprend le nom de *Cambodge* et redevient une monarchie (1993), encore menacée de l'intérieur jusqu'à la chute de Pol Pot, le chef des Khmers rouges (1997).

CAMBRAI ✦ Ville du Nord, sur l'Escaut. 32 897 habitants (les *Cambrésiens*). Beffroi haut de 70 m (XVe-XVIIIe siècles), porte Notre-Dame (1623), église Saint-Géry (XVIIIe siècle), cathédrale Notre-Dame (XVIIIe-XIXe siècles). Centre industriel (textile, en difficulté, alimentaire) ; confiseries, les *bêtises de Cambrai.* Ville natale de Dumouriez, de Blériot, de René Dumont. ♦ Capitale d'un royaume franc détruit par Clovis (Ve siècle), la ville est englobée dans la Lotharingie (843). Louis XII, Maximilien Ier de Habsbourg, Ferdinand II d'Aragon et **Jules II** y forment la *ligue de Cambrai* pour arrêter l'expansion de Venise (1508). La mère de **François Ier**, qui abandonne ses droits sur l'Italie, et la tante de **Charles Quint**, qui renonce à ses prétentions sur la Bourgogne, y signent la paix des Dames (1529). Pendant la Première Guerre mondiale, la ville est endommagée par la première grande attaque de chars alliés contre les Allemands (1917).

① **CAMBRIDGE** ✦ Ville des États-Unis (Massachusetts). 101 355 habitants. Banlieue industrielle de Boston (instruments scientifiques, alimentaire, électricité), où sont situés **Harvard,** la plus ancienne université des États-Unis (1636), et l'Institut de Technologie du Massachusetts (MIT, 1861), spécialisé dans l'enseignement et la recherche des sciences physiques, humaines et sociales.

② **CAMBRIDGE** ✦ Ville de Grande-Bretagne, au nord de Londres. 109 000 habitants. Un des plus prestigieux centres universitaires anglais, comportant vingt et un collèges privés, construits du XIIIe au XVIe siècle et spécialisés dans la recherche (mathématiques, économie, histoire). Ville natale de John Maynard Keynes.

CAMBRONNE (1770-1842) ✦ Général français. Il participe aux campagnes de la Révolution et de l'Empire, et suit Napoléon Ier en exil à l'île d'Elbe (1814). Il se rend célèbre à la bataille de **Waterloo** (1815) en répondant aux Anglais qui demandent à la Vieille Garde de se rendre : « La garde meurt et ne se rend pas », ou, selon Victor Hugo dans *Les Misérables,* un juron (« Merde » !) devenu le *mot de Cambronne.* ■ Son nom complet est *Pierre Jacques Étienne, vicomte Cambronne.*

CAMEMBERT ✦ Commune de l'Orne. 190 habitants (les *Camembertains*). Cette ville a donné son nom à un fromage, le *camembert,* que Marie Harel y aurait créé en 1791.

CAMEROUN n. m. ✦ Pays d'Afrique centrale (☛ cartes 34, 36). Il est limité à l'ouest par le Nigeria, au nord par le Tchad, à l'est par la République centrafricaine, au sud par la Guinée-Équatoriale, le Gabon et le Congo, et bordé à l'ouest par le golfe de Guinée. Superficie : 475 442 km^2 (plus des trois quarts de la France). 19,4 millions d'habitants (les *Camerounais*). République dont la capitale est Yaoundé. Langues officielles : l'anglais et le français ; on y parle aussi le bantou (au sud) et le soudanais (au nord). Monnaie : le franc CFA. ♦ GÉOGRAPHIE. Au centre du Cameroun, le massif volcanique de l'Adamaoua, prolongé par le mont Cameroun (4 070 m, point culminant de l'Afrique de l'Ouest), donne naissance à des affluents du Niger (la **Bénoué**) et du Congo. La pointe nord atteint le lac Tchad, et le vaste plateau du sud, couvert de forêts tropicales se termine à l'ouest par une plaine côtière très découpée. Le climat tropical devient désertique au nord. ♦ ÉCONOMIE. L'agriculture est très diversifiée selon les régions (café, cacao, coton, céréales, élevage bovin, hévéa, bois précieux). Les ressources du sous-sol (bauxite, fer, pétrole au large des côtes) alimentent l'industrie (raffineries, bois, aluminium, chimie, électricité, alimentaire). Le tourisme se développe. ♦ HISTOIRE. Le nord, occupé dès le Ier millénaire av. J.-C., est islamisé (XIe siècle), tandis que des **Bantous** arrivent à l'ouest. Les Portugais reconnaissent les côtes (1471). Le commerce (ivoire, bois précieux, trafic d'esclaves) se développe avec les Anglais (XVIIe siècle) puis avec les Allemands (XIXe siècle), qui exploitent le pays jusqu'à son partage entre la France et la Grande-Bretagne (1919). Le nord de la partie britannique est rattaché au **Nigeria** (1959), le sud au Cameroun français, qui accède à l'indépendance (1960). À la suite de troubles, le pouvoir doit accepter plusieurs partis politiques (1991). Il rejoint le Commonwealth (1995).

CAMISARDS n. m. pl. ✦ Nom donné dans les **Cévennes** aux protestants qui se révoltent contre l'autorité royale (1702-1710) à la suite de la révocation de l'édit de **Nantes** (1685).

CAMOENS Luis de (vers 1524-1580) ✦ Poète portugais. Il connaît de nombreuses aventures malheureuses, parcourt la mer Rouge et l'océan Indien, séjourne en Inde, à Macao, au Mozambique et rédige son chef-d'œuvre, *Les Lusiades* (1572). Cette épopée en vers, devenue le poème national du Portugal, glorifie l'histoire du pays et la découverte de la route des Indes par Vasco de **Gama.** Il écrit aussi des sonnets amoureux et des pièces de théâtre *(Amphitryon, Le Roi Seleucus, Philodème).* ■ Son nom complet est *Luís Vaz de Camões*

CAMPANIE n. f. ✦ Région administrative d'Italie, dans le sud-ouest du pays (☛ carte 30). Superficie : 13 595 km². 5,7 millions d'habitants. Chef-lieu : Naples. ♦ La Campanie est une région montagneuse, avec une plaine côtière fertile grâce au sol volcanique. Elle pratique l'agriculture (arbres fruitiers, oliviers, vigne) et s'industrialise (sidérurgie, chimie, construction). Le tourisme est développé sur les côtes (baie de **Naples, Vésuve, Capri, Pompéi, Herculanum**).

CAMUS Albert (1913-1960) ✦ Écrivain français. Né en Algérie, il étudie la philosophie et entre dans la **Résistance.** Il publie le roman *L'Étranger* et l'essai *Le Mythe de Sisyphe* (1942), puis la pièce *Caligula* (1945). Il collabore à plusieurs journaux (*Combat,* 1944-1947 ; *L'Express,* 1955-1956). L'essai *L'Homme révolté* (1951), inspiré par la révolte en **Algérie** et qui remet en cause l'existentialisme, provoque une brouille avec Jean-Paul **Sartre,** accentuée par les romans *La Peste* (1947) et *La Chute* (1956). Pensant d'abord que la vie est inutile, Camus cherche ensuite une morale collective qui permettrait à la solidarité humaine de combattre le mal. ☛ Littérature p. 146. Il meurt dans un accident de voiture. Prix Nobel de littérature (1957).

CANAAN (pays de) ✦ Dans la Bible, nom de la Terre promise aux **Hébreux,** située entre l'Égypte et la Mésopotamie et disputée entre plusieurs populations (Cananéens, Israélites, Hourrites, Philistins) (☛ carte 3).

CANADA n. m. ✦ Pays d'Amérique du Nord (☛ carte 48). Superficie : 9,9 millions de km² (environ 18 fois la France). 33,47 millions d'habitants (les *Canadiens*). Démocratie parlementaire dont la capitale est Ottawa ; fédération de dix provinces et trois territoires. Langues officielles : l'anglais et le français. Monnaie : le dollar canadien. ♦ GÉOGRAPHIE. L'ouest du Canada est occupé par les montagnes **Rocheuses,** dont le point culminant est le mont Logan (6 050 m) et où les grands fleuves prennent leur source. Au centre s'étend le Bouclier canadien, une immense plaine couverte de forêts et de lacs, qui encercle la baie d'**Hudson** et atteint la région des **Grands Lacs.** À l'est se trouvent le golfe du **Saint-Laurent** et le plateau du **Labrador,** prolongement des **Appalaches.** Le climat continental est polaire dans toute la partie nord, située en zone arctique (77 % du territoire), qui est un ensemble d'archipels au sol gelé et couvert par la toundra. ♦ ÉCONOMIE. L'agriculture (céréales, fruits, légumes, betterave à sucre, tabac) est très productive, comme l'élevage (bovins, animaux à fourrure) et la pêche (mer et Grands Lacs). L'exploitation de la forêt fournit 45 % de la production mondiale de bois. Le sous-sol contient d'immenses réserves (gaz, pétrole, uranium, zinc, nickel, amiante, potasse, cuivre, plomb, or, magnésium, cobalt, argent, fer). Le développement de l'hydroélectricité fournit l'énergie nécessaire aux nombreuses industries (métallurgie, alimentaire, bois, chimie, textile, construction, haute technologie). Malgré les conditions géographiques difficiles, les systèmes de communication sont perfectionnés. ♦ HISTOIRE. La côte atlantique est abordée par les **Vikings** (IXe-Xe siècles) et le navigateur vénitien Jean Cabot (1497). Explorée par Jacques **Cartier** (1534-1536) et colonisée par Samuel de **Champlain** (XVIIe siècle), elle est appelée *Nouvelle-France.* Par le traité de Paris (1763) la France cède le territoire aux Britanniques qui affluent, surtout après la guerre d'Indépendance des **États-Unis** (1775-1783). Partagé (1791) entre le *Haut-Canada* britannique (Ontario) et le *Bas-Canada* francophone (Québec), le pays retrouve son unité par un Acte d'union (1840). Il devient une confédération (1867), qui s'étend vers l'ouest et obtient son indépendance comme fondateur du **Commonwealth** (1931). La Loi sur les langues officielles (1969) donne au français un statut égal à celui de l'anglais au niveau fédéral mais, après l'échec de deux référendums sur la souveraineté du **Québec** (1980, 1995), la Chambre des communes reconnaît que les Québécois forment une nation au sein d'un Canada uni.

CANALETTO (1697-1768) ✦ Peintre et graveur italien. Il réalise des décors de théâtre à Rome (1719). De retour à Venise (1720), il peint des vues de la ville. À partir de la fin des années 1730, il s'emploie à peindre des vues très lumineuses, avec une grande précision dans le détail. Ses séjours à Londres (1746-1753) lui inspirent des vues de la Tamise et de la campagne anglaise. Parmi ses œuvres, on peut citer : *Vue de la Salute depuis l'entrée du Grand Canal, La Cour du tailleur de pierre, Le Quai de la Piazzetta* et *Le Pont du Rialto, Vue de la Tamise à Londres.* ■ Son véritable nom est *Giovanni Antonio Canal.*

CANANÉENS ✦ Nom générique des populations sémitiques établies sur le territoire correspondant aux États actuels d'Israël et du Liban. Organisés en cités indépendantes (Jérusalem, Jéricho, Sichem, Byblos, Tyr, Sidon, Ugarit), dès le IIIe millénaire av. J.-C., ils sont dominés tantôt par l'**Égypte**, tantôt par la **Mésopotamie**, tantôt encore par les **Hittites.** Vers 1200 av. J.-C., la civilisation cananéenne se concentre au nord et devient phénicienne (**Phénicie**). La **Bible** présente les Cananéens comme les principaux adversaires, avec les **Philistins,** des Israélites.

CANAQUES n. m. pl. ✦ Nom français des **Kanaks.**

CANARIES (îles) ✦ Archipel espagnol, dans l'océan Atlantique, au large de l'Afrique (sud du Maroc). Constitué de sept îles et de quelques îlots, il forme une région administrative de l'Espagne (☛ carte 35). Superficie : 7 273 km². Plus de 2 millions d'habitants (les *Canariens*). Capitale : en alternance, Las Palmas ou Santa Cruz de Tenerife. Ces îles vivent de l'agriculture (légumes, agrumes, vigne) et surtout du tourisme. Dans l'Antiquité, on les identifie aux **Hespérides.**

CANAVERAL (cap) ✦ Cap situé sur la côte est de la Floride, appelé *cap Kennedy* de 1963 à 1972. La base de lancement de fusées la plus importante de la **Nasa** y est installée. Le programme **Apollo** y a été développé.

CANBERRA ✦ Capitale de l'Australie, dans le sud-est du pays. 334 225 habitants. Centre politique, administratif, commercial et universitaire (recherche scientifique et industrielle). ♦ Construite à partir de 1913, elle est inaugurée par le futur roi d'Angleterre, George VI (1927).

CANCALE ✦ Commune d'Ille-et-Vilaine, sur la baie du Mont-Saint-Michel. 5 200 habitants (les *Cancalais*). Station balnéaire. Ostréiculture.

CANCER (tropique du) ✦ Cercle imaginaire de la sphère terrestre, parallèle à l'équateur, situé à 23° 26′ de latitude nord, qui délimite la frontière nord de la zone tropicale. Le Soleil est à son zénith au solstice d'été.

Candide ✦ Conte philosophique, dont le titre complet est *Candide ou l'Optimisme*, publié en 1759 par Voltaire. Candide est un jeune homme à l'esprit droit et simple. Au cours de multiples aventures burlesques avec sa fiancée Cunégonde, il est sans cesse confronté à l'existence du Mal, que son maître, Pangloss, s'obstine à nier. En conclusion, Voltaire, avec la formule «Cultivons notre jardin», affirme qu'il faut construire soi-même le monde dans lequel on vit.

CANDIE ✦ Nom donné par les Arabes à la **Crète** et à la ville **d'Héraklion** lorsqu'ils occupent l'île (IXe-Xe siècles). Les habitants s'appellent les *Candiotes*.

CANET-EN-ROUSSILLON ✦ Commune des Pyrénées-Orientales, sur la Méditerranée. 12 224 habitants (les *Canétois*). Station balnéaire de *Canet-Plage.*

CANIGOU n. m. ✦ Massif des Pyrénées-Orientales. Il domine le Roussillon (2 784 m d'altitude), à environ 50 km de la mer. On y trouve des mines de fer, un observatoire astronomique et l'abbaye romane de *Saint-Martin-du-Canigou*, fondée en 1007.

CANNES ✦ Ville des Alpes-Maritimes, sur la Côte d'Azur. 73 744 habitants (les *Cannois*). Station balnéaire et touristique, port de plaisance et promenade en front de mer, la Croisette. Rendue célèbre sous le Second Empire par les Britanniques et les Russes, elle regroupe les casinos, les grands hôtels et le palais des Festivals où se tient le Festival international du film (*festival de Cannes*) depuis 1946. Ville natale de Gérard Philipe.

CANOVA Antonio (1757-1822) ✦ Sculpteur italien. Il se forme à Venise et s'installe à Rome (1781), où il devient le maître du néoclassicisme. Il est invité à Paris par Napoléon (1802). Il se rend ensuite à Londres (1815) pour admirer les marbres rapportés du Parthénon. Œuvres : tombeaux de Clément XIV (1784-1787) et Clément XIII (1787-1792), *Psyché ranimée par le baiser de l'Amour* (1792), *Buste de Napoléon* (1803), *Pauline Bonaparte* (1804-1808), monument funéraire de Marie Christine d'Autriche (1805), *Napoléon tenant la Victoire* (1811), mausolée des Stuart (1817-1819).

CANTABRIE n. f. ✦ Région administrative d'Espagne, dans le nord du pays (☛ carte 32). Superficie : 5 289 km². 572 824 habitants. Capitale : Santander. ♦ La Cantabrie est formée d'une plaine côtière au nord et des monts **Cantabriques,** étendus le long du golfe de Gascogne, du Pays basque au Portugal, et dont le point culminant est le pic d'Europe (2 665 m). L'**Èbre** y prend sa source. Le climat est océanique. La région pratique l'élevage bovin et la pêche. Le sous-sol contient du zinc, du plomb, de l'argent et du manganèse. L'industrie (alimentaire, métallurgie, chimie) et le tourisme (**Altamira**) sont développés. ♦ La région est intégrée dans le royaume wisigoth qui résiste à l'invasion des **Maures** (VIIIe siècle). Elle fait partie du royaume de **Leon** et de **Castille** (XIe siècle) qui participe à la **Reconquista** (XIIIe-XVe siècles).

CANTABRIQUES (monts) ✦ Chaîne montagneuse du nord-ouest de l'Espagne (☛ carte 32). Dans le prolongement des Pyrénées et le long du golfe de Gascogne, elle s'étend sur le Pays basque, la Cantabrie, les Asturies, le nord du Leon, culmine aux pics d'Europe (2 648 m au Torrecerredo) et donne naissance à l'Èbre.

① **CANTAL** n. m. ✦ Massif volcanique d'Auvergne, formant l'ouest du Massif **central.** Ses points culminants sont le *Plomb du Cantal* (1 855 m) et le puy Mary (1 787 m). On y pratique l'élevage des vaches laitières. Le fromage produit dans la région s'appelle le *cantal.*

② **CANTAL** n. m. ✦ Département du centre de la France [15], de la Région Auvergne-Rhône-Alpes. Superficie : 5 726 km². 146 618 habitants. Chef-lieu : Aurillac ; chefs-lieux d'arrondissement : Mauriac et Saint-Flour.

Cantique des cantiques (Le) ✦ Livre de la **Bible.** Attribué à **Salomon,** le poème se présente comme une histoire d'amour entre un Bien-Aimé et une Bien-Aimée, où Dieu n'apparaît pas. Les juifs comme les chrétiens ont voulu y voir une image de l'amour de Dieu et de son peuple (ou son Église).

CANTON ✦ Ville de Chine, capitale de la province du Guangdong, dans le sud-est du pays. 9,7 millions d'habitants (les *Cantonais*). Ville commerciale et industrielle (textile, artisanat). Ville natale de Sun Yatsen. ♦ Ce port de commerce est ouvert aux étrangers dès le IIIe siècle av. J.-C. C'est par là que les Portugais pénètrent dans le pays (XVIe siècle). Les Britanniques et les Français s'y installent (1861). La révolution y prend naissance (1911).

CAP (Le) ✦ Capitale législative de l'Afrique du Sud, dans le sud-ouest du pays et du continent, près du cap de **Bonne-Espérance.** 1,9 million d'habitants. Port commercial, centre industriel (raffinerie, alimentaire, textile). ♦ Le site est exploré par Vasco de **Gama** (1497). Les Hollandais construisent un fort et implantent une colonie (1652). Rejoints par des Français et des Allemands, ils sont les ancêtres des **Boers**, qui résistent contre l'invasion de la colonie par les Britanniques (1806).

CAPA Robert (1913-1954) ✦ Photographe américain, d'origine hongroise. Il s'installe à Paris pour fuir le régime nazi (1933) et devient célèbre avec sa photo *Bataille des sierras* (1936) pendant la guerre d'Espagne.

Envoyé par le magazine américain *Life*, il participe aux débarquements alliés en Sicile puis en Normandie, à Omaha Beach (*The Battle of Waterloo Road*, 1941 ; *Slightly Out of Focus*, 1947). Il crée l'agence photographique Magnum, avec des amis comme **Cartier-Bresson** (1947), voyage en Russie avec John Steinbeck (*A Russian Journal*, 1948), en Israël avec Irwin Shaw (*Report on Israel*, 1950). Correspondant de guerre en Indochine, il trouve la mort en sautant sur une mine. ■ Son véritable nom est *André Friedmann*.

CAPESTERRE-BELLE-EAU ✦ Commune de Guadeloupe, au sud-est de Basse-Terre. 19 107 habitants (les *Capesterriens*) (☛ carte 23). Bananeraies.

CAPET ✦ Surnom donné à Hugues Ier (vers 941-996), roi de France de 987 à sa mort. Hugues Capet fonde la dynastie des **Capétiens** en se faisant élire roi par les grands seigneurs du royaume (☛ Capétiens p. 157). Il assure l'avenir de sa dynastie en faisant sacrer son fils. ♦ Les révolutionnaires français donnent le nom de **Louis CAPET** à **Louis XVI**, après la chute de la royauté (10 août 1792).

CAPÉTIENS n. m. pl. ✦ Dynastie de rois de France, fondée par Hugues **Capet** (987). (☛ Capétiens p. 157). Elle succède aux **Carolingiens** et règne de façon héréditaire à partir de 1179 jusqu'en 1328. Les Capétiens (comme **Philippe Auguste**, **Louis IX** et **Philippe le Bel**) ne cessent d'agrandir le domaine royal, limité au départ à Paris et Orléans. Ils se distinguent dans les **croisades** et sont à l'origine de la dynastie des **Bourbons**. La branche directe s'éteint avec le dernier Capétien, Charles IV le Bel, qui meurt sans héritier mâle (1328). La branche des **Valois** monte sur le trône au détriment d'Édouard III d'Angleterre, petit-fils de Philippe le Bel, ce qui provoque la guerre de **Cent Ans**.

CAP-FERRET ✦ Station balnéaire de la Gironde, située à l'entrée du bassin d'**Arcachon** (☛ carte 23). Ostréiculture.

Capitaine Fracasse (Le) ✦ Roman de Théophile Gautier (1863). Le baron de Sigognac, ruiné, quitte son château. Surnommé *le Capitaine Fracasse*, il parcourt la France de Louis XIII avec une troupe de comédiens ambulants. Il vit de nombreuses aventures avant d'épouser Isabelle, qui, dans la troupe, joue les rôles de jeune fille naïve.

CAPITOLE n. m. ✦ Une des sept collines de Rome, au centre de la ville. Le temple étrusque dédié à Jupiter, Junon et Minerve (VIe siècle av. J.-C.), qui fait de la Rome antique un centre religieux, a disparu. Dans la légende, c'est le lieu où la louve allaite Remus et Romulus et où sont élevées les oies, consacrées à Junon, qui sauvent par leurs cris la ville de l'invasion gauloise (390 av. J.-C.). Sur la place dessinée par **Michel-Ange** (vers 1546), on trouve le palais des Conservateurs (1564-1576), l'hôtel de ville, ou palais des Sénateurs (1592), et le Palais nouveau (1644-1645), qui abrite le Musée capitolin.

CAPOTE Truman (1924-1984) ✦ Écrivain américain. Il connaît le succès dès son premier roman, *Les Domaines hantés* (1948). Il délaisse le surnaturel et le fantastique pour se tourner, avec *Petit Déjeuner chez Tiffany* (1958), vers une description de la nature humaine, celle de la femme de l'après-guerre. Son chef-d'œuvre, *De sang froid* (1966), enquête sur le meurtre d'une famille du Kansas, ouvre la voie au roman journalistique. ■ Son vrai nom est *Truman Streckfus Persons*.

CAPPADOCE n. f. ✦ Région de Turquie, au centre du pays. Elle est limitée par le Pont au nord et les monts Taurus à l'est et au sud. Ses habitants s'appellent les *Cappadociens*. Ville principale : Kayseri (l'antique **Césarée**). ♦ La Cappadoce est formée de plateaux volcaniques érodés en paysages étonnants. Elle est inscrite sur la liste du patrimoine mondial de l'Unesco pour ses sanctuaires rupestres, témoins de l'art byzantin (VIIIe-XIIIe siècles) et ses villages de troglodytes. C'est une région touristique. ♦ La région est le centre de l'empire des **Hittites** (vers 1200 av. J.-C.). Elle passe à l'Empire perse et à celui d'**Alexandre le Grand**. Elle obtient son indépendance (vers 301 av. J.-C.) puis devient une province romaine (17) et un centre de diffusion du christianisme. Elle fait ensuite partie des Empires byzantin, puis ottoman.

CAPRA Frank (1897-1991) ✦ Cinéaste américain, d'origine italienne. Dans ses comédies optimistes, réalisées notamment avant l'entrée en guerre des États-Unis, la bonne volonté humaine vient à bout des injustices sociales. Pendant la Deuxième Guerre mondiale, il réunit des bandes d'actualités pour l'armée sous le titre *Pourquoi nous combattons* (1943-1945). Œuvres : *New York-Miami* (1934), *L'Extravagant M. Deeds* (1936), *Vous ne l'emporterez pas avec vous* (1938), *Monsieur Smith au Sénat* (1939), *Arsenic et vieilles dentelles* (1944), *La vie est belle* (1946).

CAPRI ✦ Île italienne de la mer Tyrrhénienne, au sud de la baie de **Naples** (☛ carte 30). Superficie : 10 km^2. 12 500 habitants. Chef-lieu : Capri (6 831 habitants). Pourvue de baies et de grottes, l'île est très touristique.

CAPRICORNE (tropique du) ✦ Cercle imaginaire de la sphère terrestre, parallèle à l'équateur, situé à 23° 26′ de latitude sud, qui délimite la frontière sud de la zone tropicale. Le Soleil est à son zénith au solstice d'hiver.

CAP-VERT n. m. ✦ Pays d'Afrique (☛ cartes 34, 36). Cet archipel est situé dans l'océan Atlantique, à plus de 600 km au large du **Sénégal**. Superficie : 4 033 km^2. 513 000 habitants (les *Cap-Verdiens*). République dont la capitale est Praia. Langue officielle : le portugais ; on y parle aussi un créole. Monnaie : l'escudo du Cap-Vert. ♦ GÉOGRAPHIE. Le Cap-Vert est un archipel volcanique d'une quinzaine d'îles, au climat désertique. ♦ ÉCONOMIE. L'agriculture (canne à sucre, maïs, banane), l'élevage (porcs, chèvres) et l'industrie (exportation de pouzzolane, roche volcanique) sont peu productifs, et l'émigration est importante. ♦ HISTOIRE. Les Portugais découvrent l'archipel inhabité (1456). Ils le colonisent (1494) et en font une escale des navires négriers en route vers l'Amérique. Proche de la Guinée-Bissau, le pays obtient son indépendance (1975) et choisit le multipartisme (1990).

CARACALLA (188-217) ✦ Empereur romain de 211 à sa mort. Il se débarrasse de ses adversaires, dont son frère, et unifie l'Empire par un édit qui accorde la citoyenneté romaine à tous ses sujets libres (212). Il fait construire de nombreux monuments à Rome, dont les thermes qui portent son nom. Il cherche à conquérir la Gaule, le Danube, l'Égypte puis la Syrie, où il est assassiné. ■ Son véritable nom latin est *Marcus Aurelius Antonius Bassianus*.

CARACAS ✦ Capitale du Venezuela, au nord du pays, à 1 050 m d'altitude, près de la côte atlantique. 2 millions d'habitants (agglomération 4,8) (les *Caracassiens*). Centre administratif, économique et industriel (pétrole) du pays. Sa cité universitaire est inscrite sur la liste du patrimoine mondial de l'Unesco. ♦ Les Espagnols fondent la ville (1567). **Bolivar,** dont c'est la ville natale, en fait un centre du mouvement indépendantiste (1810-1821) puis la capitale du pays (1829).

CARAÏBES ou **CARIBES** n. m. pl. ✦ Peuple indien établi dans les Petites Antilles et en Guyane (IXe siècle). Marins, et guerriers anthropophages, ils sont massacrés par les Espagnols (1555-1596). Les survivants sont déportés par les Français et les Anglais à la Dominique et à Saint-Vincent (1660), puis au Honduras (1795-1796).

CARAÏBES n. f. pl. ✦ Région centrale du continent américain qui comprend les Antilles, le Venezuela, la Colombie et l'Amérique centrale, auxquels on ajoute le plus souvent le Yucatan mexicain, la Floride, les Bahamas et les Guyanes, pour leurs caractéristiques semblables. Les habitants s'appellent les *Caraïbes* ou les *Caribéens.*

CARAÏBES (mer des) ✦ Partie de l'océan Atlantique appelée aussi *mer des Antilles.* Limitée à l'ouest par l'Amérique centrale, au nord et à l'est par les Antilles, et au sud par l'Amérique du Sud, elle communique avec le golfe du Mexique par le détroit du Yucatan. Superficie : environ 2,5 millions de km^2 (quatre fois et demie la France).

CARAVAGE (le) (1573-1610) ✦ Peintre italien. Influencé par le **Tintoret,** il se rend à Rome (vers 1589), où son tempérament violent fait scandale. Il se réfugie à Naples (1606), voyage à Malte, à Syracuse et à Messine. Il meurt de la malaria. Ses natures mortes et ses scènes mythologiques ou religieuses se caractérisent par des effets d'ombre et de lumière, une mise en scène dramatique. Son style influence l'art européen de la première moitié du XVIIe siècle (Rubens, Georges de La Tour, Vélasquez). Parmi ses œuvres les plus connues, on peut citer : *Bacchus adolescent* (vers 1593), *Le Repos pendant la fuite en Égypte* (1588-1590), *Vocation de saint Matthieu* (1599-1600), *La Crucifixion de saint Pierre* (1600-1601), *La Mort de la Vierge* (1605-1606), les sept *Œuvres de miséricorde* (1605-1606). ▪ Son véritable nom est *Michelangelo Merisi* ou *Amerighi.* Il est né à Caravaggio, près de Milan, ce qui lui vaut son nom d'artiste.

CARCASSONNE ✦ Chef-lieu de l'Aude. 45 941 habitants (les *Carcassonnais*). «Ville basse» (XIIIe siècle), avec l'église gothique Saint-Vincent (XIVe siècle), et la «Cité», forteresse restaurée par **Viollet-le-Duc** et inscrite sur la liste du patrimoine mondial de l'Unesco, qui comprend deux enceintes flanquées de tours, une intérieure (VIe et XIIIe siècles), une extérieure due à Saint Louis et son fils (XIIIe siècle). La ville possède aussi le Château comtal (vers 1125) et l'église Saint-Nazaire, de styles roman (1096) et gothique (1270-1320), dotée de superbes vitraux (XIVe-XVIe siècles). Centre administratif et touristique. Ville natale de Fabre d'Églantine. ♦ Colonie latine (Ier siècle), elle devient un comté indépendant (IXe siècle). Elle est prise par Simon de Montfort pendant la croisade contre les **albigeois** (1209) et réunie à la Couronne (1247).

CARCO Francis (1886-1958) ✦ Écrivain français. Ami des «poètes fantaisistes», il écrit des poèmes tendres et nostalgiques (*La Bohème et mon cœur,* 1912 ; *Chansons aigres-douces,* 1913 ; *À Morte-Fontaine,* 1946), des romans décrivant la vie des «mauvais garçons» (*Jésus-la-Caille,* 1914 ; *L'Équipe,* 1918), des chroniques (*De Montmartre au Quartier latin,* 1927 ; *Mémoires d'une autre vie,* 1934) et des biographies (*Le Roman de François Villon,* 1926 ; *La Légende et la Vie d'Utrillo,* 1927 ; *Verlaine,* 1939 ; *Gérard de Nerval,* 1953). ▪ Son véritable nom est *François Carcopino-Tusoli.*

CARDIFF ✦ Capitale du pays de Galles. 335 100 habitants. Son port, développé grâce à l'exportation du charbon et à la sidérurgie (XIXe siècle), s'est reconverti dans l'industrie (mécanique, alimentaire) et les services. Principal centre du rugby gallois (Millenium Stadium).

CARÉLIE n. f. ✦ République de la fédération de Russie, située dans le nord-ouest, à la frontière avec la Finlande (☛ carte 33). Superficie : 172 400 km^2 (environ le tiers de la France). 643 500 habitants (les *Caréliens*). Capitale : Petrozavodsk (280 000 habitants). Région industrielle (bois, métallurgie).

CARÊME Maurice (1899-1978) ✦ Écrivain belge de langue française. D'abord instituteur, il devient poète (*63 Illustrations pour un jeu de l'oie,* 1925). Il se consacre à la poésie pour enfants, simple, naïve et inventive, qui est souvent mise en musique (Poulenc) et lui vaut de nombreux prix littéraires : *Poèmes de gosses* (1933), *Mère* (1935), *La Lanterne magique* (1947), *La Maison blanche* (1949), *Le Voleur d'étincelles* (1956), *Pigeon vole* (1958), *Au clair de la lune* (1977). Il écrit aussi des contes pour enfants (*Orladour,* 1948) et des romans fantastiques (*Un trou dans la tête,* 1964 ; *Médua,* 1976).

CARHAIX-PLOUGUER ✦ Commune du Finistère. 7 391 habitants (les *Carhaisiens*) (☛ carte 23). Produits laitiers. Festival de musique des Vieilles Charrues.

CARIBES n. m. pl. ✦ Autre nom des Indiens **Caraïbes.**

CARLOMAN ✦ Nom de plusieurs rois carolingiens. **CARLOMAN** (mort en 754), fils de **Charles Martel,** dirige l'Austrasie, la Souabe et la Thuringe (741) et s'unit à son frère **Pépin le Bref** pour combattre les Alamans, les Bavarois et les Saxons, avant de devenir moine (747). **CARLOMAN** (751-771), fils de Pépin le Bref, est roi d'Austrasie de 768 à sa mort. Son frère **Charlemagne** lui succède en déshéritant ses enfants. **CARLOMAN** (mort en 884), fils de Louis II le Bègue, est roi de France avec son frère Louis III de 879 à 882, puis seul de 882 à sa mort. **CARLOMAN** (828-880), fils de Louis II le Germanique, est roi d'Italie de 877 à 879 puis cède son trône à son frère Charles III le Gros.

CARLSON Carolyn (née en 1943) ✦ Danseuse et chorégraphe américaine. Vedette de la troupe d'A. Nikolais, elle s'installe en France et dirige le Groupe de recherche théâtrale de l'Opéra de Paris où elle crée plus de 25 chorégraphies entre 1974 et 1980, comme *Wind, Water, Sand,* opéra de Bob Wilson (1976) ou *The Architects* (1980). Elle travaille à Venise, en Suède et en Finlande avant de créer à Paris l'Atelier de Paris-Carolyn Carlson en 1999. Depuis 2005, elle dirige le Centre national de Roubaix-Nord-Pas-de-Calais.

CARMEL (mont) ✦ Promontoire rocheux d'Israël (env. 500 m). Près du littoral, il domine le port d'Haïfa, à l'intérieur il sépare la Samarie de la vallée de Jezréel. Le site archéologique des grottes situées sur le versant occidental est inscrit sur la liste du patrimoine mondial de l'Unesco. Dans la Bible, **Élie** y combat les prophètes cananéens de Baal.

CARMEN ✦ Nouvelle de Prosper **Mérimée** écrite en 1845. À Séville, la bohémienne Carmen travaille dans une manufacture de tabac. Comme elle blesse une ouvrière au visage, le brigadier don José doit la conduire en prison mais la belle Carmen séduit le jeune homme qui la laisse s'échapper. Il la rejoint dans les montagnes où il mène une vie de voleur mais, trompé, il assassine son rival par jalousie. Comme Carmen le rejette, il la poignarde. Il est emprisonné et condamné à mort. Georges **Bizet** a composé un opéra inspiré de cette nouvelle.

CARNAC ✦ Commune du Morbihan. 4 212 habitants (les *Carnacois*). Ville natale d'Eugène Guillevic. Site préhistorique des *alignements de Carnac,* ensemble de dolmens, de menhirs (environ 2 900) et de tombes («tumuli») préhistoriques (entre 2000 et 1 400 ans av. J.-C.). Le tumulus Saint-Michel, le plus important (125 m de long, 60 m de large et 12 m de haut), a été fouillé en 1862.

CARNAVALET (musée) ✦ Musée de Paris fondé en 1880 et consacré à l'histoire de Paris. Il est installé dans deux hôtels particuliers du **Marais** : l'hôtel Le Peletier de Saint-Fargeau (révolutionnaire promu «martyr de la Révolution»), conçu par Pierre Bullet (1688), et l'hôtel Carnavalet. Celui-ci, conçu par Pierre **Lescot** (1544), décoré par Jean Goujon et remanié par François Mansart (1655-1661), devient la résidence de Madame de **Sévigné** (1677-1696).

CARNÉ Marcel (1906-1996) ✦ Cinéaste français. Avec Jacques **Prévert**, qui écrit la majorité de ses scénarios pleins de poésie, il crée des films populaires dans lesquels des gens simples connaissent un destin tragique : *Le Quai des brumes* (1938), *Hôtel du Nord* (1938), *Le jour se lève* (1939), *Les Portes de la nuit* (1946). Ses films fantastiques sont ses chefs-d'œuvre : *Drôle de drame* (1937), *Les Visiteurs du soir* (1942), *Les Enfants du paradis* (1945).

CARNOT Lazare (1753-1823) ✦ Homme politique français. Général, élu à l'Assemblée législative, il siège à la Convention avec la **Plaine**. Il rejoint la **Montagne**, crée les armées républicaines au **Comité de salut public** (1793). Il s'associe à la **Terreur**, puis contribue à la chute de Robespierre et de Saint-Just (1794). Membre du **Directoire** (1795), il est éliminé après un coup d'État (1797). Bonaparte le nomme ministre de la Guerre après le 18 **Brumaire an VIII** (1799). Il démissionne et se consacre à la recherche scientifique par hostilité à l'Empire (1800-1814). Ministre de l'Intérieur pendant les Cent-Jours, il est banni pour avoir voté la mort de Louis XVI (1816). Surnommé *l'Organisateur de la victoire* ou *le Grand Carnot,* il repose au Panthéon.

CARNOT Nicolas Sadi (1796-1832) ✦ Physicien français. Il poursuit les études de son père, Lazare Carnot. Il expose le *principe de Carnot,* qui établit le rapport entre les unités physiques de chaleur et de travail. Il crée ainsi la thermodynamique, la science qui étudie les échanges thermiques (*Réflexions sur la puissance motrice du feu et les machines propres à développer cette puissance,* 1824).

CARNOT Sadi (1837-1894) ✦ Homme politique français. Petit-fils de Lazare Carnot, il est nommé préfet à la chute du Second Empire et élu à l'Assemblée nationale (1871). Il est ministre à deux reprises (1879-1880, 1885-1886) et devient président de la République (1887). Il est confronté à l'agitation nationaliste et au scandale de **Panama** (1892). Il est assassiné par un anarchiste après le vote de lois qui répriment les syndicats. Il repose au **Panthéon**.

CAROLINE n. f. ✦ Région du sud-est des États-Unis. Bordée par l'océan Atlantique, elle est partagée en deux États (☛ carte 47). La *Caroline-du-Nord,* d'une superficie de 135 000 km^2 (environ le quart de la France), compte 6 millions d'habitants. Sa capitale est Raleigh (276 093 habitants). La *Caroline-du-Sud,* d'une superficie de 79 176 km^2 (environ un septième de la France), compte 4 millions d'habitants. Sa capitale est Columbia (536 691 habitants). ♦ Située à l'est des **Appalaches,** la Caroline est une région boisée qui se termine en zone marécageuse sur la côte. Son climat continental devient plus tropical sur la côte. L'économie est diversifiée entre l'agriculture (tabac, élevage, coton, fruits, légumes) et l'industrie (textile, chimie, électricité, alimentaire, bois, recherche de pointe). ♦ Explorée par les Espagnols, elle est colonisée (1584-1587) puis exploitée par les Anglais (XVIIe siècle). Elle est séparée en deux parties (1730), qui deviennent des États de l'Union (1788 pour le sud, 1789 pour le nord). La Caroline-du-Sud, le premier État qui fait sécession (1860), est dévastée par les troupes nordistes (1865).

CAROLINES n. f. pl. ✦ Archipel de Micronésie, le plus grand. Situé dans l'océan Pacifique, au nord de l'équateur et de la Nouvelle-Guinée, il comprend aussi les **Palaos**. Superficie totale : 862 km^2. 78 000 habitants. Il est formé d'environ 500 îles, qui vivent de la culture du coprah et de l'artisanat. ♦ Annexées par l'Espagne (1686) et vendues à l'Allemagne (1899), les îles sont gérées par le Japon (1919-1945). Elles sont attaquées pendant la Deuxième **Guerre mondiale** par les États-Unis, à qui l'ONU les confie (1947). À part les Palaos, elles rejoignent la fédération de **Micronésie** (1980).

CAROLINGIENS n. m. pl. ✦ Deuxième dynastie des rois francs, fondée par **Pépin le Bref** (751) (☛ Carolingiens p. 156 et cartes 10, 11). Elle doit son nom à son plus illustre représentant, Charlemagne (*Carolus Magnus,* en latin). Elle succède aux **Mérovingiens** et règne jusqu'en 911 en Germanie et jusqu'en 987 en France. Pour rétablir l'empire d'Occident, les Carolingiens (en particulier **Charlemagne** et **Louis Ier le Pieux**) organisent l'administration, développent la féodalité et se rapprochent de l'Église. L'Empire est partagé par le traité de **Verdun** (843) entre **Lothaire** (**Lotharingie**), **Louis II le Germanique** (**Germanie**) et **Charles II le Chauve** (France). Il est réunifié sous Charles III le Gros (881-887), puis les **Capétiens** prennent le pouvoir en France (987).

CARPACCIO Vittore (vers 1460-1525) ✦ Peintre italien. Influencé par les maîtres vénitiens de son époque (**Bellini**) et les flamands, il peint souvent pour des confréries religieuses. Ses cycles de tableaux narratifs s'inscrivent dans des paysages urbains, souvent italiens ou orientaux. Œuvres : *Légende de sainte Ursule, Miracle de la relique de la Croix, Christ, Histoire de saint Jérôme, de saint Tryphon et de saint Georges, Sainte*

Conversation, Méditation sur la Passion du Christ, Mise au tombeau et *Deux Dames vénitiennes, Scènes de la vie de saint Étienne.*

CARPATES n. f. pl. ✦ Massif montagneux d'Europe centrale et orientale (☛ carte 24). Il s'étend sur 1 500 km en arc de cercle, dans le prolongement des Alpes, en Slovaquie, en Pologne, en Ukraine et en Roumanie. Son point culminant est le mont Gerlachovka (2 655 m). Les Carpates donnent naissance à de nombreux fleuves (**Vistule, Dniestr**) et affluents du Danube, elles sont couvertes de forêts (forêts primaires de hêtres inscrites sur la liste du patrimoine mondial de l'Unesco) et l'élevage y domine. On trouve des gisements de pétrole, de gaz, de lignite, de sel et de potasse aux alentours.

CARPEAUX Jean-Baptiste (1827-1875) ✦ Sculpteur français. Il entre dans l'atelier de **Rude** puis séjourne en Italie. Il crée des œuvres romantiques, caractérisées par le naturel et le mouvement, comme le groupe de *La Danse* (1869) pour la façade de l'**Opéra** Garnier, dont la nudité fait scandale, ou *Les Quatre Parties du monde* (1874) pour la fontaine de l'Observatoire. Napoléon III lui commande de nombreux bustes.

CARPENTIER Alejo (1904-1980) ✦ Romancier cubain. Son œuvre romanesque, inspirée par la culture afro-cubaine, mêle les éléments historiques et le réalisme poétique (*Le Royaume de ce monde,* 1948 ; *Le Siècle des lumières,* 1962). Il a également fait œuvre de musicologue (*La Musique à Cuba,* 1946).

CARPENTRAS ✦ Ville du Vaucluse. 28 447 habitants (les *Carpentrassiens*). Porte d'Orange, seul vestige de l'enceinte (XIVe siècle), ancienne cathédrale Saint-Siffrein (XVe-XVIe siècles), synagogue (XVe et XVIIIe siècles). Marché agricole. Confiserie (berlingots). Ville natale de Raspail et Daladier. ♦ La cité gallo-romaine devient en 1320 la capitale du Comtat Venaissin, territoire pontifical de 1229 à 1791, où les juifs étaient tolérés et relativement protégés.

CARRARE ✦ Ville d'Italie (Toscane), près de la côte ligurienne. 65 034 habitants. Carrières de marbre, exploitées depuis l'Antiquité.

CARROLL Lewis (1832-1898) ✦ Écrivain britannique. Ce fils de pasteur enseigne à Oxford. Mathématicien et auteur d'ouvrages scientifiques, il écrit pour une jeune amie ***Alice au pays des merveilles*** (1865). Son succès est tel qu'il se consacre aux livres pour enfants, mêlant la logique, le rêve et l'humour : *De l'autre côté du miroir* (1872), suite d'*Alice, La Chasse au snark* (1876). ▪ Son véritable nom est *Charles Lutwidge Dodgson.*

CARROUSEL (arc de triomphe du) ✦ Monument de Paris, situé entre le jardin des **Tuileries** et le **Louvre.** Les architectes Charles Percier et Pierre Fontaine (1806-1808) s'inspirèrent de l'arc de Constantin à Rome pour célébrer les victoires de **Napoléon Ier**.

CARTAGENA ✦ Ville de Colombie, dans le nord-ouest du pays, sur la mer des Caraïbes. 895 400 habitants. Terminal pétrolier, centre industriel (chimie). Le port militaire fortifié et le centre historique sont inscrits sur la liste du patrimoine mondial de l'Unesco.

CARTHAGE ✦ Site archéologique de Tunisie, à 16 km au nord de Tunis. Fondée par des colons phéniciens, en 814 av. J.-C., sous la conduite de **Didon**, selon la légende. Les Romains appellent «Phéniciens» les *Carthaginois.* Carthage devient un puissant empire maritime qui commerce avec l'Égypte, l'Étrurie et la Grèce (Ve siècle av. J.-C.). Voulant dominer le bassin méditerranéen, elle dispute la **Sicile** à la Grèce, puis affronte Rome, qui poursuit le même but, au cours des longues guerres **puniques** (IIIe-IIe siècles av. J.-C.). Carthage est détruite à la fin de la troisième guerre (146 av. J.-C.) et ses possessions africaines forment la province romaine d'Afrique. Reconstruite (122 av. J.-C.), elle devient le centre intellectuel et religieux de l'Afrique romaine puis chrétienne. Elle est prise par les Vandales (439), les Byzantins (534) et les Arabes (698). Ville natale d'Hannibal, de Tertullien et du poète Térence, Saint Louis y meurt, Gustave Flaubert y situe l'action de son roman *Salammbô* (1862). Le site est inscrit sur la liste du patrimoine mondial de l'Unesco.

① **CARTHAGÈNE** ✦ Nom français de la ville de **Cartagena.**

② **CARTHAGÈNE** ✦ Ville d'Espagne (Communauté de Murcie), sur la Méditerranée. 207 286 habitants. Important port militaire, centre de commerce et d'industrie (chantiers navals, métallurgie, chimie, raffinage pétrolier). Fondée par les Carthaginois (vers 225 av. J.-C.), elle reste une des plus importantes cités de la péninsule jusqu'aux invasions barbares (Ve siècle).

CARTIER Jacques (1491-vers 1557) ✦ Navigateur français. Il est chargé par François Ier de chercher une route vers l'Asie par le nord de l'Amérique. Il atteint Terre-Neuve et le Labrador, puis découvre l'estuaire du **Saint-Laurent** et, en **Gaspésie,** prend possession du Canada au nom du roi (1534). Lors de deux autres voyages (1535, 1541), il remonte le Saint-Laurent et aborde les sites des futures villes de **Québec** et de **Montréal**, ce qui lui vaut d'être surnommé «le découvreur du Canada» (☛ Grandes Découvertes p. 166 et carte 13).

CARTIER-BRESSON Henri (1908-2004) ✦ Photographe français. Il se consacre à la photographie (1931), séjourne au Mexique, aux États-Unis, devient l'assistant de Jean **Renoir** (1936, 1939), réalise des documentaires sur la guerre d'Espagne et sur les déportés de la Deuxième Guerre mondiale (*Le Retour,* 1944-1945). Il fonde l'agence photographique Magnum avec Robert **Capa** (1947). Il publie des recueils de photographies rapportées de ses nombreux voyages, notamment en Asie, en URSS et au Proche-Orient (*Images à la sauvette,* 1952 ; *D'une Chine à l'autre,* 1954 ; *Moscou* et *Les Européens,* 1955). Il est considéré comme un témoin du siècle pour ses portraits de célébrités et ses images sobres au riche contenu humain et affectif.

CARUSO Enrico (1873-1921) ✦ Ténor italien. Il débute à Naples (1894), connaît le succès dans toute l'Europe (Milan, Saint-Pétersbourg, Londres, Rome, Lisbonne), puis devient premier ténor au Metropolitan Opera de New York (1903-1920). Considéré comme le plus grand ténor du monde pour ses interprétations du répertoire lyrique italien, il est aussi le premier à enregistrer sa voix sur phonographe.

CASABLANCA ✦ Principale ville du Maroc, sur la côte atlantique. Son nom arabe est *Dar el-Beïda.* 3,36 millions d'habitants (les *Casablancais*). Grande Mosquée, édifiée par le roi **Hassan II** (1993). Port artificiel, aménagé par **Lyautey** ; centre économique, commercial et industriel du pays (chimie, mécanique, alimentaire). Ville natale de Daniel Pennac. ♦ Fondée au Moyen Âge, la ville est développée par les colons français (1907). Pendant la Deuxième **Guerre mondiale**, les partisans de **Pétain** tentent de résister au débarquement américain (1942), puis **Churchill** et **Roosevelt** y préparent le débarquement en Sicile et l'invasion de l'Italie (1943).

CASALS Pablo (1876-1973) ✦ Violoncelliste et chef d'orchestre espagnol. Il fonde en 1905 un célèbre trio avec le pianiste A. Cortot et le violoniste J. Thibaud et, après la victoire du général Franco, se fixe en France, à Prades (Pyrénées-Orientales) où il organise un festival de musique (depuis 1950).

CASAMANCE n. f. ✦ Région du sud-ouest du Sénégal, comprise entre la Gambie et la Guinée-Bissau. Elle tient son nom du fleuve qui la traverse (300 km). Elle vit de l'agriculture (arachide, riz, mil, maïs) et de l'élevage. L'arrivée d'éleveurs peuls et de cultivateurs wolofs, poussés par la sécheresse du **Sahel**, déclenche un mouvement indépendantiste chez les Diolas depuis les années 1990.

CASANOVA Giacomo Girolamo (1725-1798) ✦ Aventurier italien. D'abord séminariste, il visite l'Europe, dont la France (1750). Mis en prison à Venise pour magie (1755-1756), il est le seul à avoir pu s'en évader. Il voyage de nouveau et crée la Loterie nationale en France. De retour à Venise, il devient agent secret (1774-1782), puis finit sa vie comme bibliothécaire en Bohême, où il écrit *Histoire de ma fuite des prisons de Venise qu'on appelle les Plombs* (1788) et l'*Histoire de ma vie* (1791-1798), ouvrage qui ne sera publié intégralement qu'en 1960-1963. Il y décrit les grandes cours européennes du XVIIIe siècle et surtout les multiples aventures amoureuses qui font sa célébrité.

Case de l'oncle Tom (La) ✦ Roman publié en 1852 par la romancière américaine Harriet Beecher-Stowe (1811-1896). Le roman décrit la condition dramatique des esclaves noirs. Au XIXe siècle, un fermier du Kentucky est obligé de vendre son fidèle esclave, le vieil oncle Tom, et un jeune enfant, Henri. C'est le premier roman américain dont la vente dépasse le million d'exemplaires, et ce succès phénoménal contribue à l'abolition de l'esclavage aux États-Unis (1865).

CASIMIR-PERIER Jean (1847-1907) ✦ Homme d'État français. Élu député (1876) et nommé au ministère de la Guerre (1883-1886), il est président du Conseil (1893) et réprime l'agitation ouvrière et anarchiste par des lois qualifiées de «scélérates» par les socialistes. Il devient président de la République après l'assassinat de Sadi **Carnot** (1894), puis démissionne face aux violentes attaques de **Jaurès** (1895).

CASPIENNE (mer) ✦ La plus vaste mer fermée du monde. Entre l'Europe et l'Asie, elle est bordée par la Russie, le Kazakhstan, le Turkménistan, l'Iran et l'Azerbaïdjan. Située à environ 25 m au-dessous du niveau de la mer, sa superficie est de 376 000 km^2 (environ les deux tiers de la France), sa profondeur moyenne de 200 m et sa profondeur maximale de 1025 m. Elle reçoit les eaux de la **Volga** et elle est très poissonneuse, surtout en esturgeons (première région productrice de caviar). On y trouve aussi de grands gisements pétrolifères (**Bakou**), et les pays riverains construisent de nombreux oléoducs.

CASSANDRE ✦ Princesse légendaire de Troie dans la mythologie grecque. C'est la fille de **Priam** et d'**Hécube**. **Apollon** tombe amoureux d'elle et lui accorde le don de prophétie, mais elle repousse son amour et il se venge en la condamnant à ne jamais être crue. Lorsqu'elle annonce la ruine de Troie et dénonce le piège du cheval de Troie, on ne la croit pas. Après la chute de la cité, elle est donnée à **Agamemnon** qui en est amoureux, et à qui elle donne deux enfants. Ils sont tous deux assassinés par Clytemnestre, femme d'Agamemnon et son amant Égisthe. Son histoire a inspiré Eschyle, Euripide et Jean Giraudoux. L'expression *jouer les Cassandre* signifie «annoncer de mauvaises nouvelles, être un oiseau de mauvais augure».

CASSANDRE (1901-1968) ✦ Peintre et affichiste français. Il réalisa d'abord des affiches publicitaires pour les voyages en train ou en bateau (Étoile du Nord, paquebot Normandie). Il est connu pour la clarté du message à transmettre et son style géométrique et épuré. Typographe, il créa des polices de caractères. ♦ Son véritable nom est *Adolphe Mouron.*

Casse-Noisette ✦ Ballet créé en 1892 sur une musique de **Tchaïkovski** et inspiré par le conte d'**Hoffmann** intitulé *Le Casse-Noisette et le Roi des souris* (1819-1821). Pour Noël, la petite Clara reçoit un casse-noisette, qui se change la nuit en prince charmant. Elle le sauve de son ennemi, le roi des souris. Pour la remercier, le prince l'enlève alors au pays des friandises où elle rencontre la fée Dragée. Mondialement connu, le ballet est souvent repris, notamment par George Balanchine (1954), Rudolf Noureïev (1967) et Mikhaïl Barychnikov (1976).

CASSIN René (1887-1976) ✦ Homme politique français. Résistant à Londres avec le général de **Gaulle**, il est vice-président du Conseil d'État (1944-1960) et membre du Conseil constitutionnel (1960-1971). Il fait adopter la Déclaration universelle des droits de l'homme (1948) et préside la Cour européenne des droits de l'homme (1965-1968). Il repose au **Panthéon.** Prix Nobel de la paix (1968).

CASSINI Jean-Dominique (1625-1712) ✦ Astronome français d'origine italienne. Il énonça les lois de rotation de la Lune, découvrit l'existence de quatre satellites de Saturne et observa une division dans l'anneau de Saturne. Il devint le premier directeur de l'Observatoire de Paris. Académie des sciences (1667). Son fils **Jacques** (1712-1756), son petit-fils **César-François** (1714-1784) et son arrière-petit-fils **Jean-Dominique** (1748-1845), également astronomes, ont dirigé l'Observatoire. Ces deux derniers ont établi la *carte de Cassini,* première carte du royaume de France, établie par triangulation du territoire.

① **CASSIOPÉE** ✦ Reine légendaire d'Éthiopie, dans la mythologie grecque. En se prétendant aussi belle que les déesses marines (Néréides), elle irrite **Poséidon** qui l'oblige à livrer sa fille **Andromède** à un monstre marin. Cassiopée est placée parmi les constellations après sa mort.

② **CASSIOPÉE** ✦ Constellation proche du pôle Nord. Elle est formée d'une trentaine d'étoiles, visibles à l'œil nu.

CASSIS ✦ Commune des Bouches-du-Rhône. 7 333 habitants (les *Cassidains*). Petit port et station balnéaire. Viticulture. À l'ouest, côte des Calanques jusqu'à Marseille.

CASTELLANE ✦ Chef-lieu d'arrondissement des Alpes-de-Haute-Provence, sur le Verdon, au pied d'un rocher de 180 mètres de haut. 1 541 habitants (les *Castellanais*) (☛ carte 23). Vestiges d'une enceinte médiévale. Centre touristique, à proximité des gorges du **Verdon** et du barrage du lac de Castillon.

CASTELNAUDARY ✦ Commune de l'Aude, sur le canal du **Midi.** 11 096 habitants (les *Chauriens* ou les *Castelnaudariens*) (☛ carte 23). Agroalimentaire (spécialité de cassoulet).

CASTELSARRASIN ✦ Chef-lieu d'arrondissement du Tarn-et-Garonne, sur le Tarn et la Garonne. 13 765 habitants (les *Castelsarrasinois*). Marché agricole (volailles grasses).

CASTILLE n. f. ✦ Région d'Espagne, au centre du pays (☛ carte 32). Elle est partagée en trois régions administratives : *Castilla-La Mancha,* d'une superficie de 79 226 km² (environ un septième de la France), compte 1,9 million d'habitants et sa capitale est Tolède ; *Castilla-León,* d'une superficie de 94 147 km² (environ un sixième de la France), compte 2,5 millions d'habitants et sa capitale est Valladolid ; et Madrid. ♦ La Castille est formée d'un grand plateau aride au climat continental, bordé par les monts Cantabriques au nord, les monts Ibériques à l'est et la sierra Morena au sud. Il est traversé par la Cordillère centrale et arrosé par le **Douro** et le **Tage.** L'agriculture (blé, olivier, vigne, céréales) et l'élevage (moutons) dominent. Le sous-sol contient de la houille, de l'anthracite et du fer. L'industrie (carbochimie, métallurgie, mécanique, textile traditionnel, hydroélectricité) reste peu développée. ♦ Tirant son nom de ses nombreux châteaux (*castillos* en espagnol), la Vieille-Castille se défend contre les **Maures.** Indépendante (935), elle devient le *royaume de Leon et de Castille* (1037-1157), uni à la Navarre (1037-1076). Définitivement rattachée au **Leon** (1230), elle entreprend la **Reconquista,** annexant Tolède, Séville et Cadix, qui forment *la Nouvelle-Castille.* Après de nombreux troubles, le mariage d'**Isabelle de Castille** avec Ferdinand d'Aragon (1469) permet d'unifier le pays.

CASTOR ET POLLUX ✦ Frères jumeaux et demi-dieux dans la mythologie grecque. Appelés *les Dioscures,* ils sont les fils de Zeus et de Léda, et les frères d'Hélène et de Clytemnestre. Ils participent ensemble à la lutte de **Sparte** contre Athènes et à l'expédition des **Argonautes.** Castor est tué dans un combat, et Pollux est inconsolable. Pour ne pas les séparer, Zeus accorde l'immortalité aux deux frères et les place parmi les constellations sous le nom de *Gémeaux.*

CASTRES ✦ Ville du Tarn. 41 382 habitants (les *Castrais*). Églises Saint-Benoît (XVIIe siècle) et Notre-Dame-de-la-Platé (XVIIIe siècle). Musées Goya et Jean-Jaurès dans l'hôtel de ville (XVIIe siècle), construit sur des plans de Hardouin-Mansart avec un jardin dessiné par Le Nôtre. Centre industriel (textile, chimie, mécanique) et artisanal (cuir, ébénisterie). Ville natale de Jean Jaurès.

CASTRO Fidel (1926-2016) ✦ Homme d'État cubain. Il s'oppose au coup d'État de Batista (1952) et doit s'exiler à Mexico. Il y prépare le débarquement à Cuba qui renverse la dictature et l'amène au poste de Premier ministre (1959). Il applique le programme communiste (1962) et participe aux luttes du tiers-monde. Depuis 1976, il est premier secrétaire du Parti communiste cubain et chef de l'État. Son régime se transforme en dictature. Il renonce au pouvoir (2008) et son frère Raul lui succède. La politique menée par Fidel Castro s'appelle le *castrisme.* ■ Son nom complet est *Fidel Castro Ruz.*

CATALOGNE n. f. ✦ Région administrative d'Espagne, dans le nord-est du pays (☛ carte 32). Superficie : 31 930 km². 7,2 millions d'habitants (les *Catalans*). Capitale : **Barcelone.** ♦ Le nord est occupé par les **Pyrénées,** le sud par une partie du bassin de l'**Èbre.** Le littoral méditerranéen est étroit. L'élevage (bovins) domine dans le nord, le sud est le domaine des cultures méditerranéennes (fruits, olives, vigne). Le commerce et l'industrie (textile, métallurgie, chimie) sont implantés depuis longtemps (XVIIIe siècle). Le tourisme est très développé sur la côte (**Costa Brava**). ♦ La région est conquise par les Carthaginois, les Romains, les Wisigoths (Ve siècle), les Maures et Charlemagne. Elle devient indépendante (Xe siècle), repousse les Maures, puis elle est intégrée au royaume d'**Aragon** (XIIe siècle), qui conquiert les Baléares, Valence, la Sicile et la Sardaigne (XIIIe-XIVe siècles). Depuis l'unification du pays (XVe siècle), elle défend sa particularité, servant de refuge aux républicains (1939). Elle obtient le statut de « grande autonomie » (1979), qui lui permet de garder sa langue, le catalan.

CATANE ✦ Ville d'Italie, sur la côte est de la **Sicile.** 313 110 habitants. Château Ursino (XIIIe siècle), monuments baroques (cathédrale, hôtel de ville, fontaine de l'Éléphant), nombreux palais (XVIIIe siècle). Deuxième port de Sicile, centre d'industrie (sidérurgie, mécanique, chimie), de commerce et de tourisme d'affaires. Ville natale de Bellini et Paul Fratellini.

CATEAU-CAMBRÉSIS (Le) ✦ Commune du Nord, sur la Selle, affluent de l'Escaut. 7 146 habitants (les *Catésiens*) (☛ carte 23). Palais Fénelon, ancienne résidence des évêques de Cambrai. Ville natale d'Henri Matisse (musée créé par le peintre en 1952). ♦ Les *traités du Cateau-Cambrésis* y furent signés en 1559 par Henri II, roi de France, avec Élisabeth Ire, reine d'Angleterre, et Philippe II, roi d'Espagne, et mirent fin aux guerres d'**Italie.**

CATHARES n. m. pl. ✦ Chrétiens considérés comme hérétiques, et présents en Italie, en Rhénanie, en Catalogne et en France, surtout dans le Midi (**Albi,** Toulouse, Carcassonne) du XIe au XIIIe siècle. Leur rejet de l'Ancien Testament et de l'Église en place, leur désir de pureté et de simplicité leur valent d'être persécutés (croisade contre les **albigeois, Inquisition**).

CATHERINE II (1729-1796) ✦ Impératrice de Russie de 1762 à sa mort. Princesse allemande, elle épouse le futur empereur Pierre III (1745). Elle écarte rapidement ce dernier du pouvoir (1762) pour régner en « despote éclairé », selon les principes de ses amis Diderot, Voltaire, Melchior de Grimm et d'Alembert. Elle renforce le pouvoir féodal, réforme l'administration de l'Empire qu'elle agrandit aux dépens de la **Pologne** et de l'Empire **ottoman** (Crimée) et développe l'économie. Surnommée *la Grande Catherine,* elle entretient une cour brillante à Saint-Pétersbourg, entourée d'artistes.

CATHERINE DE MÉDICIS (1519-1589) ✦ Reine de France. Elle épouse le futur roi Henri II (1533), qui lui préfère **Diane de Poitiers.** Elle devient régente à l'avènement de son fils Charles IX (1560) et protège la monarchie en adoptant une politique de conciliation entre les catholiques (**Guise**) et les protestants (**Bourbon**). Elle marie sa fille **Marguerite de Valois** au futur **Henri IV** et ne fait rien pour empêcher le massacre de la **Saint-Barthélemy** (1572). Par amour des arts, elle participe à la construction du **Louvre**, des **Tuileries** et de **Chenonceaux.**

CATILINA (vers 108 av. J.-C.-62 av. J.-C.) ✦ Homme politique romain. Il dirige un complot pour renverser la République, mais il est dénoncé au sénat par **Cicéron** (*Catilinaires,* 63 av. J.-C.). Les conjurés sont exécutés, tandis que lui-même est tué en exil. Une *catilinaire* est un discours violemment hostile. ■ Son nom latin complet est *Lucius Sergius Catilina.*

CATON L'ANCIEN ou **LE CENSEUR** (234 av. J.-C.-149 av. J.-C.) ✦ Homme politique romain. Consul en Espagne et en Grèce (195 av. J.-C.), il soumet les populations des hauts plateaux espagnols. Censeur (184 av. J.-C.) très sévère, il combat l'influence grecque sur la culture et les mœurs, et encourage la lutte contre la puissance carthaginoise (la tradition veut qu'il termine tous ses discours au sénat par la formule *delenda [est] Carthago* «il faut détruire Carthage»). Orateur remarquable, il est considéré comme l'un des premiers grands auteurs de langue latine *(De agri cultura ; Origines).*

CAUCASE n. m. ✦ Massif montagneux formant la limite entre le sud de l'Europe et l'Asie. Il s'étend de la mer Noire à la mer Caspienne (1 300 km de longueur, 200 km de largeur), sur la Russie européenne, la Géorgie, l'Arménie et l'Azerbaïdjan. Son point culminant est l'**Elbrouz** (5 642 m), en Russie. Il comporte de nombreux glaciers et des massifs volcaniques. Les habitants y vivent de l'agriculture (vigne, thé, céréales) et de l'élevage (bovins, moutons). La région du nord-ouest est inscrite sur la liste du patrimoine mondial de l'Unesco.

CAUSSES (les) n. m. pl. ✦ Plateaux situés au sud du Massif central, qu'on appelle aussi *les Grands Causses* (**Méjean, Larzac**). La région est bordée par le Gévaudan au nord, les Cévennes à l'est, le Languedoc au sud, le Rouergue à l'ouest, et traversée par les vallées du Lot, de l'Aveyron et du Tarn. On y pratique l'élevage (surtout ovin) pour le lait (roquefort et *bleu des Causses*), la laine et les peaux (à Millau). Ce paysage aride, façonné par la tradition pastorale, est inscrit sur la liste du patrimoine mondial de l'Unesco. Les gorges du **Tarn** attirent de nombreux touristes. Le parc naturel régional des Grands Causses, créé en 1995, s'étend sur 315 640 hectares autour de Millau.

CAUX (pays de) ✦ Plateau crayeux du nord-est de la Normandie. Ses habitants s'appellent les *Cauchois.* Cette région, couverte de limon, est très fertile (céréales, betterave, élevage de bovins et de porcs). Sa côte comporte des falaises surplombant la Manche (**Étretat**).

CAVANNA François (1923-2014) ✦ Écrivain français. Devenu journaliste (1945) et dessinateur humoristique (1949), il participe à la création du journal satirique *Hara-Kiri* (1960, devenu *Charlie Hebdo,* 1970). Il met son humour ravageur et son langage vivant et coloré au service de romans autobiographiques (*Les Ritals,* 1978 ; *Les Russkoffs,* 1979 ; *Bête et méchant,* 1983), d'essais et de chroniques (*Et le singe devint con,* 1972 ; *Je l'ai pas lu, je l'ai pas vu, mais...,* 1975 ; *Lettre ouverte aux culs-bénits,* 1994).

CAVELIER DE LA SALLE René Robert (1643-1687) ✦ Explorateur français. Il s'installe près de Montréal (1667) et remonte le lac Ontario puis la vallée de l'**Ohio** jusqu'à Louisville (1669-1670). Rappelé en France, il est anobli (1675) et obtient l'autorisation de construire des forts au Canada. Il explore la région des Grands Lacs, descend le **Mississippi** jusqu'à son embouchure (1679-1682) et, au nom de Louis XIV, il prend possession du territoire découvert qu'il baptise *Louisiane* en l'honneur du roi. Il conduit une nouvelle expédition chargée d'établir une colonie (1684) mais elle se perd dans le golfe du Mexique, subit de nombreuses pertes (maladies, faim, soif, désertions) et Cavelier de La Salle est tué par un des survivants.

CAVENDISH Henry (1731-1810) ✦ Physicien et chimiste britannique. Il identifie l'hydrogène (1766), définit les notions de potentiel et de charge électriques (1771) et fait la première analyse précise de l'air (1783) et la synthèse de l'eau. Il mesure la constante de la gravitation et en déduit la densité moyenne de la Terre (1798). Dans d'autres travaux, retrouvés en 1879, il apparaît comme le fondateur de l'électrostatique.

CAVOUR (1810-1861) ✦ Homme d'État italien. Après plusieurs voyages en Europe, il fonde un journal modéré, le *Risorgimento.* Il obtient l'adoption d'une Constitution par le roi de Piémont-Sardaigne (1848), devient ministre de l'Agriculture, ministre des Finances (1850) et président du Conseil (1852). Il mène une politique libérale, anticléricale, modernise le pays et réforme le Code pénal. Il participe à la guerre de **Crimée**, obtient l'aide de Napoléon III contre l'Autriche (**Magenta**, **Solferino**), en échange de Nice et de la **Savoie** (1860). Il rattache l'Émilie et la Toscane au Piémont et soutient l'expédition des Mille menée par **Garibaldi.** Il meurt peu après la proclamation du royaume d'Italie (1861). ■ **Son nom complet est** *Camillo Benso, comte de Cavour.*

CAWNPORE ✦ Nom anglais de la ville indienne de **Kanpur.**

CAYENNE ✦ Chef-lieu de la Guyane française. 55 817 habitants (les *Cayennais*). Centre administratif et port de commerce (rhum). Ville natale de Félix Éboué. ♦ Les Français s'y installent (1664) et y fondent un bagne (1852-1945) pour les condamnés aux travaux forcés.

CECA n. f. (sigle de *Communauté européenne du charbon et de l'acier*) ✦ Institution créée en 1951 et élaborée par Jean **Monnet** pour établir un marché commun européen du charbon et de l'acier (☛ Europe p. 198). Elle réunit l'Allemagne de l'Ouest, la Belgique, la France, l'Italie, le Luxembourg, les Pays-Bas et fusionne avec la **CEE** en 1967.

CÉCILE (sainte) (morte vers 232) ✦ Jeune vierge romaine. Elle se marie à un païen, qu'elle convertit. Ils sont tous les deux martyrisés. Elle est la patronne des musiciens.

CEE n. f. *(Communauté économique européenne)* ✦ Institution, aussi appelée *Marché commun,* créée par le traité de **Rome** (1957) et comprenant l'Allemagne

(RFA), la Belgique, la France, l'Italie, le Luxembourg et les Pays-Bas. ☛ Europe p. 198. Elle établit une union douanière et une politique économique et financière commune. À cette «Europe des Six» se joignent ensuite le Danemark, le Royaume-Uni et l'Irlande (1973), la Grèce (1981), puis l'Espagne et le Portugal (1986). Le traité de **Maastricht** (1992) prévoit une union économique et monétaire, et la CEE devient l'**Union européenne** (1993).

CEI n. f. *(Communauté des États indépendants)* ✦ Communauté créée au moment de la dissolution de l'**URSS** (1991). Elle comprend la Biélorussie, la Russie et l'Ukraine, bientôt rejoints par l'Arménie, l'Azerbaïdjan, le Kazakhstan, le Kirghizstan, la Moldavie, l'Ouzbékistan, le Tadjikistan et le Turkménistan, puis par la Géorgie (1993-2008). Elle permet de faciliter les échanges économiques.

CÉLÈBES (les) n. f. pl. ✦ Île d'Indonésie, appelée aussi *Sulawesi,* située à l'est de l'île de Bornéo. Superficie : 189 216 km^2 (environ le tiers de la France). 14,4 millions d'habitants, en majorité musulmans, parlant des langues proches du malais. Massif volcanique au climat équatorial (important déboisement). Agriculture (café, coprah, épices, riz, bois), pêche (thon), ressources du sous-sol (nickel, fer), quelques industries (ciment, papier, alimentaire). Dans le centre de l'île, le peuple Toraja, qui a gardé ses traditions, attire de nombreux touristes.

CÉLINE Louis-Ferdinand (1894-1961) ✦ Écrivain français. Blessé pendant la Première Guerre mondiale, il est médecin en Afrique, en Amérique puis en France (1928). Il se fait connaître comme écrivain, par des romans lyriques au style proche de la langue parlée (*Voyage au bout de la nuit,* 1932 ; *Mort à crédit,* 1936), puis par des écrits violemment anticommunistes et d'un antisémitisme délirant. Pendant la Deuxième Guerre, ses pamphlets pro-allemands l'obligeront à quitter la France pour l'Allemagne (1944), puis le Danemark, où il est emprisonné. Rentré en France en 1951, il continue son œuvre littéraire, qui fait de lui un des plus grands écrivains du XXe siècle (*D'un château l'autre,* 1957 ; *Nord,* 1960 ; *Rigodon,* posthume 1969). ▪ Son véritable nom est *Louis-Ferdinand Destouches.*

CELLINI Benvenuto (1500-1571) ✦ Orfèvre et sculpteur italien. Il s'installe à Rome (1519-1527), à Mantoue et Florence puis revient à Rome sous la protection du pape Clément VII (1529). Il réside en France à l'appel de François Ier (1540-1545) avant de rentrer à Florence où il dicte ses *Mémoires* (1558-1566). L'influence de ses prédécesseurs apparaît dans ses pièces de monnaie et ses médailles (dessins de Léonard de Vinci, de Michel-Ange, de Raphaël) et dans ses statues (Donatello, Michel-Ange), mêlant la puissance et la délicatesse. Œuvres : *Salière* de François Ier figurant les divinités de la Terre et de la Mer (or et émail, 1543), *Nymphe de Fontainebleau* (1543), *Buste de Cosme Ier* (1545), *Ganymède sur l'aigle* (1545-1547 ☛ Renaissance p. 165), *Persée avec la tête de Méduse* (1545-1553).

CELSIUS Anders (1701-1744) ✦ Astronome et physicien suédois. Il participe à l'expédition chargée de mesurer un degré de méridien au pôle (1737), étudie l'éclat lumineux des étoiles et les aurores polaires. Il crée une échelle de températures (1742), divisée en cent degrés, entre l'état de solidification (gel) et l'ébullition de l'eau, les *degrés Celsius* (°C).

CELTES n. m. pl. ✦ Ensemble de peuples installés en Allemagne, qui se répandent dans toute l'Europe à partir de 1800 av. J.-C. (âge du bronze). Unis par leur langue et leur religion (druides), ils ne forment pas un empire mais se divisent en royaumes indépendants et rivaux (**Gaule**). Au cours de plusieurs grandes périodes, ils subissent l'influence des Grecs et des Étrusques (725-480 av. J.-C.) et connaissent leur apogée (250-120 av. J.-C.). Repoussés par la conquête romaine, ils ne se maintiennent qu'en Bretagne, en Cornouailles, au pays de Galles, en Écosse et en Irlande. Les Celtes parlent des langues *celtiques :* le breton, le gaélique, le gallois et le gaulois. L'art celte, caractérisé par des motifs animaux, végétaux ou géométriques (spirales), s'exprime dans le travail du métal puis dans la sculpture.

CENDRARS Blaise (1887-1961) ✦ Écrivain français. Né en Suisse, il voyage dans le monde entier et fait de nombreuses rencontres. Blessé pendant la Première Guerre mondiale, il perd un bras. Il exprime son amour de l'aventure et de la vie dans des poèmes rythmés (*La Prose du Transsibérien et de la Petite Jehanne de France,* 1913 ; *Sonnets dénaturés,* 1916) et des récits exaltés (*L'Or,* 1925 ; *Moravagine,* 1926 ; *Rhum,* 1930 ; *L'Homme foudroyé,* 1945 ; *La Main coupée,* 1946 ; *Bourlinguer,* 1948). Il écrit aussi pour la jeunesse : les *Petits Contes nègres pour les enfants des Blancs* (1928) et *L'Oiseau bleu* (1947). ▪ Son véritable nom est *Frédéric Sauser.*

CÈNE n. f. ✦ Dans la Bible (Nouveau Testament), dernier repas que **Jésus** partage avec ses douze disciples, la veille de sa crucifixion. Il annonce sa mort, la trahison de **Judas**, puis partage le pain et le vin. Cet épisode inspire de nombreux artistes, comme Léonard de Vinci dont l'œuvre (1495-1498), peinte sur le mur du réfectoire d'un couvent de Milan, est inscrite sur la liste du patrimoine mondial de l'Unesco.

CENIS (Mont-) → **MONT-CENIS**

CENT ANS (guerre de) ✦ Guerre qui oppose la France et l'Angleterre de 1337 à 1453 (☛ Guerre de Cent Ans p. 163). L'Angleterre est vassale de la France depuis le mariage d'**Aliénor d'Aquitaine** (1152). **Édouard III** d'Angleterre, pourtant petit-fils de Philippe le Bel par sa mère, est écarté du trône de France au profit de Philippe VI de Valois (1328), ce qui provoque le conflit. Au début, les Anglais sont vainqueurs : **Crécy, Calais,** capture de **Jean II le Bon** (1356). **Du Guesclin** reprend ensuite les territoires perdus au traité de Brétigny (1360), sauf la Guyenne, Calais et Cherbourg, et une trêve s'établit jusqu'en 1404. **Henri V** d'Angleterre, profitant de la folie de **Charles VI**, s'allie au duc de Bourgogne Jean sans Peur et s'impose comme roi de France (traité de Troyes, 1420). Mais **Charles VII**, sacré roi grâce à **Jeanne d'Arc** (1429) et réconcilié avec le duc de **Bourgogne** Philippe III le Bon, reprend Paris (1436), la Normandie (1449-1450) et la Guyenne (1450-1453). L'Angleterre, qui ne garde que Calais, connaît alors une guerre civile et signe un traité de paix définitif (1475).

CENTAURES n. m. pl. ✦ Peuple de monstres, dans la mythologie grecque. Ce sont des chevaux à torse et tête d'homme qui vivent en Thessalie et en **Arcadie**. Ils enlèvent les femmes du peuple des Lapithes, mais sont vaincus par ces derniers, grâce à l'aide de Thésée. Ce combat symbolise le triomphe de la civilisation sur la brutalité et la barbarie.

CENT-JOURS (les) ✦ Dernière période du règne de **Napoléon Ier**, au cours de laquelle il tente de rétablir l'Empire. Évadé de l'île d'**Elbe**, il débarque à Golfe-Juan (1er mars 1815) et traverse la France, suscitant l'enthousiasme de la population. Il arrive au palais des Tuileries, déserté par Louis XVIII (20 mars), et fait rédiger une Constitution, approuvée par un plébiscite. Mais après la défaite de **Waterloo**, il est obligé d'abdiquer pour la seconde fois (22 juin 1815).

CENTRAFRICAINE (République) ou **CENTRAFRIQUE** n. f. ✦ Pays d'Afrique centrale (☛ cartes 34, 36). Superficie : 622 436 km^2 (un peu plus que la France). 4,5 millions d'habitants (les *Centrafricains*). République dont la capitale est Bangui. Langue officielle : le français ; on y parle aussi le sangho, le sara et le peul. Monnaie : le franc CFA. ♦ GÉOGRAPHIE. La République centrafricaine est formée d'un vaste plateau couvert de savanes et de forêts, où de nombreux fleuves prennent leur source. Le climat est tropical. ♦ ÉCONOMIE. L'agriculture (café, coton, tabac, arachide, manioc, maïs, bois) et l'élevage (bovins) dominent. Le sous-sol contient des diamants, de l'or et de l'uranium. Il y a peu d'industries (bois, alimentaire, textile). ♦ HISTOIRE. Le pays est peuplé de **Pygmées**, rejoints par des peuples soudanais fuyant les chasseurs d'esclaves (XVIIIe-XIXe siècles). Il devient une colonie française (1905) intégrée à l'**Afrique-Équatoriale française** (1910), puis prend son nom actuel (1956) et obtient son indépendance (1960). La France continue à intervenir dans une vie politique agitée (dictature, 1966-1979 ; réforme et multipartisme puis rébellions militaires, années 1990). Le pays est impliqué dans la guerre qui déchire le pays voisin, la République démocratique du **Congo**.

CENTRAL (Massif) ✦ Région montagneuse du centre de la France (☛ carte 21). Elle est bordée au nord par le Bassin parisien, à l'ouest par le Bassin aquitain et à l'est par la vallée du Rhône. Elle est formée de volcans éteints boisés. Son point culminant est le puy de **Sancy** (1 885 m). Au centre, l'**Auvergne** est entourée par les plateaux du **Limousin**, à l'ouest, et par les **Causses** et les **Cévennes**, au sud. Le massif s'étend au nord jusqu'au **Morvan**. La Loire et de nombreuses rivières (Allier, Cher, Creuse, Vienne, Vézère, Corrèze, Dordogne, Lot, Aveyron, Tarn, Hérault, Gard, Ardèche) y prennent leur source. Le climat océanique devient méditerranéen au sud. La population, peu nombreuse, se concentre dans les vallées (Clermont-Ferrand, Saint-Étienne). Agriculture et élevage bovin, industrie (métallurgie, mécanique, textile).

CENTRE NATIONAL D'ART ET DE CULTURE GEORGES-POMPIDOU n. m. ✦ Centre culturel fondé en 1977 dans le quartier Beaubourg, à Paris, à l'initiative de Georges Pompidou. Il réunit le Musée national d'art moderne, le Centre de création industrielle, la Bibliothèque publique d'information, une salle de la Cinémathèque française, l'Institut de recherche et de coordination acoustique/musique, et des espaces d'exposition et de spectacle. Ce bâtiment moderne à l'architecture controversée, conçu par R. **Rogers** et R. **Piano** (☛ Ve République p. 197), est l'un des plus fréquentés de Paris (huit millions de visiteurs par an).

CENTRE-VAL DE LOIRE n. m. ✦ Région administrative du centre de la France, formée de six départements : le Cher, l'Eure-et-Loir, l'Indre, l'Indre-et-Loire, le Loir-et-Cher et le **Loiret** (☛ carte 22). Superficie : 39 151 km^2 (7,2 % du territoire), c'est la 6e Région par la taille. 2,58 millions d'habitants, qui représentent 4,1 % de la population française. Chef-lieu : Orléans. Autres villes importantes : Tours et Bourges. ♦ GÉOGRAPHIE. La vallée de la Loire traverse cet ensemble de plaines (**Berry, Sologne**) et de plateaux (**Beauce, Touraine**) situé entre l'Eure et le Massif central. ♦ ÉCONOMIE. L'agriculture produit des céréales (blé, maïs, colza), des fruits, des fleurs et du vin (Touraine, Sancerre). L'industrie, récente, est très diversifiée (agroalimentaire, chimie, mécanique, armement). Le tourisme, lié à l'histoire, est très développé : châteaux de la **Loire**, cathédrales et monuments de **Chartres**, Orléans et Bourges. ♦ HISTOIRE. Son histoire correspond à celle de l'Orléanais, de la Touraine, du Berry et du Bourbonnais.

CERBÈRE ✦ Chien gardien des Enfers dans la mythologie grecque. Il est le fils de **Typhon**. Il a trois têtes et le cou hérissé de serpents. Pour entrer aux **Enfers**, les morts doivent apaiser ce monstre terrifiant. **Orphée**, en allant chercher Eurydice, le charme par la musique de sa lyre, et **Héraclès**, pour ramener Thésée, le dompte et le ramène sur terre puis le renvoie aux Enfers. On dit d'un gardien, sévère et intraitable, qu'il est un *cerbère*.

CERDAGNE n. f. ✦ Région historique, à l'est des Pyrénées. Les villes principales sont Puigcerda en Espagne et Mont-Louis en France. ♦ Étendue sur la vallée du Sègre en Espagne (Catalogne), et les vallées de la Têt et de l'Aude en France, la région vit de l'élevage et du tourisme. ♦ Peuplée par les *Ceretani*, elle est réunie au comté de Barcelone (1177) puis au royaume d'**Aragon** avant d'être partagée entre l'Espagne et la France (traité des **Pyrénées**, 1659).

CÉRÈS ✦ Déesse de la Fertilité, dans la mythologie romaine. Elle est souvent représentée avec une gerbe de blé, symbole de fertilité et d'abondance. Le mot *céréale* est formé sur le nom de cette déesse des moissons. Elle correspond à la déesse grecque **Déméter**.

CÉRET ✦ Chef-lieu d'arrondissement des Pyrénées-Orientales. 7 663 habitants (les *Cérétans*) (☛ carte 23). Musée d'Art moderne (œuvres de Picasso, Braque, Chagall, Matisse, Miró...).

CERGY ✦ Chef-lieu du Val-d'Oise. 62 979 habitants (les *Cergynois*). Base de loisirs nautiques sur l'Oise. Centre de commerce et de services. ♦ Dans les années 1970, elle devient une des cinq «villes nouvelles» de la Région **Île-de-France**, sous le nom de *Cergy-Pontoise*.

CERVANTÈS (1547-1616) ✦ Écrivain espagnol. Il perd un bras à la bataille de Lépante, en Grèce (1571), est fait prisonnier par les Turcs et passe cinq ans au bagne d'Alger. La vie aventureuse de ce marin poète est à l'origine du réalisme et de l'humour qui caractérisent ses romans (*La Galatée*, 1585), ses *Nouvelles exemplaires* (1613) et ses pièces de théâtre (*Numance*, vers 1582). Il est mondialement connu grâce à ***Don Quichotte*** (1605-1615). ■ Son nom complet est *Miguel de Cervantes Saavedra*.

CERVIN (mont) ✦ Sommet des Alpes, à la frontière de la Suisse (Valais) et de l'Italie (Vallée d'Aoste), à 4 478 m d'altitude. En Suisse, il est appelé *Matterhorn* car il ressemble à une corne (*Horn*, en allemand).

L'alpiniste britannique Edward Whymper est le premier à réussir son ascension (1865).

CÉSAIRE Aimé (1913-2008) ✦ Poète et homme politique français. Député de la Martinique (1945), il est inscrit au Parti communiste jusqu'en 1956. Descendant des anciens esclaves, il milite avec son ami **Senghor** pour la libération des peuples noirs et pour la reconnaissance de leurs caractéristiques propres, la «négritude», qu'il exprime, avec un style surréaliste, dans ses poèmes : *Cahier d'un retour au pays natal* (1938-1939), *Soleil cou coupé* (1948), *Cadastre* (1961), et ses pièces de théâtre : *La Tragédie du roi Christophe* (1963), *Une saison au Congo* (1966).

CÉSAR Jules (100 av. J.-C.-44 av. J.-C.) ✦ Homme d'État romain. Il est magistrat (62 av. J.-C.) et partage le pouvoir avec **Crassus** et **Pompée**, formant le premier «triumvirat» (60 av. J.-C.). Nommé gouverneur de la **Gaule** cisalpine et de la **Narbonnaise**, il bat **Vercingétorix**, conquiert toute la Gaule (**Alésia**, 52 av. J.-C.) et en fait une province romaine. Il revient en Italie, franchit le **Rubicon** et provoque une guerre civile en marchant sur Rome (50 av. J.-C.) pour empêcher le coup d'État de Pompée, qui s'était attribué les pleins pouvoirs, et le poursuit jusqu'en Égypte, où il remet **Cléopâtre** sur le trône (46 av. J.-C.). Le fils qu'il a avec la reine régnera sous le nom de ***Ptolémée XV*** avant d'être assassiné par Octave. Nommé dictateur pour dix ans (46 av. J.-C.) puis à vie (44 av. J.-C.), il réforme la République et en fait un véritable empire. Il est assassiné par **Brutus** en pleine séance du sénat, qui doit le nommer roi. Ses écrits sont très précieux pour les historiens : *Commentaires de la guerre des Gaules* (51 av. J.-C.), *De la guerre civile* (49-47 av. J.-C.).

CÉSAR (1921-1998) ✦ Sculpteur français. Son œuvre connaît plusieurs périodes : sculptures en métal soudé, dans un style expressionniste (1952) ; «compressions» de voitures et d'autres objets (1960) ; «empreintes» humaines géantes en plastique (1964) ; «expansions» en mousse solidifiée (1967). Le trophée qu'il crée est remis comme récompense aux professionnels du cinéma français depuis 1976 : ils reçoivent un *César.* ■ Son véritable nom est *César Baldaccini.*

CÉSARÉE ✦ Nom de plusieurs villes fondées dans l'Empire romain en l'honneur d'**Auguste**. **CÉSARÉE DE CAPPADOCE :** ville fondée sous le règne de Trajan (Ier siècle). Elle devient la capitale de la **Cappadoce**. Elle est conquise par les Byzantins, les Arabes, les Turcs (1082), les croisés, les Mongols et les Ottomans (1397, 1515). C'est aujourd'hui la ville turque de Kayseri. **CÉSARÉE DE PALESTINE :** ville maritime rebâtie par **Hérode** (30-18 av. J.-C.) sur une ville phénicienne. Résidence des gouverneurs romains (an 6), elle prospère après la destruction de Jérusalem (70). Elle est prise par les Arabes (633) et détruite par les musulmans (1265). C'est aujourd'hui un centre touristique d'Israël.

CEUTA ✦ Ville espagnole constituant une enclave sur la côte méditerranéenne du Maroc, face à **Gibraltar** (☛ carte 32). Cette presqu'île rocheuse, au nord du Rif, est l'une des deux colonnes d'**Hercule**. Superficie : 18 km². 76 603 habitants. Port franc, annexé par l'Espagne en 1580. Ville natale du géographe al-Idrisi.

CÉVENNES n. f. pl. ✦ Région montagneuse de France, dans le sud-est du Massif central, entre les Causses et le Rhône (☛ carte 21). Ses habitants s'appellent les *Cévenols*. Le Tarn, le Gard, l'Hérault y prennent leur source. Elle vit de l'élevage et des vergers, qui remplacent le mûrier et la vigne. Le paysage façonné par la tradition pastorale est inscrit sur la liste du patrimoine mondial de l'Unesco. Au XVIIIe siècle, elle sert de refuge aux **camisards.** Le parc national des Cévennes (91 270 ha), créé en 1970 et nommé réserve mondiale de biosphère par l'Unesco en 1985, englobe les monts **Aigoual** et **Lozère.**

CEYLAN ✦ Ancien nom du **Sri Lanka.**

CÉZANNE Paul (1839-1906) ✦ Peintre français. Après s'être intéressé au romantisme de Delacroix et au réalisme de Courbet, il cherche à intégrer les méthodes de l'impressionnisme, étudiées à Auvers-sur-Oise auprès de Camille **Pissarro** (1872-1873) : *Les Joueurs de cartes* (vers 1890-1895), série de *La Montagne Sainte-Victoire* (1902-1906). Dans ses natures mortes et ses portraits, il ouvre la voie au cubisme, tout en reconnaissant sa dette vis-à-vis de **Poussin** (série des *Grandes Baigneuses,* 1899-1906).

CHABRIER Emmanuel (1841-1894) ✦ Compositeur français. Il a composé des mélodies d'une grande fantaisie inventive, des œuvres pour piano (*Pièces pittoresques,* 1881 ; *Bourrée fantasque,* 1891), des pièces pour orchestre (*España,* 1882) et des ouvrages lyriques (*L'Étoile,* 1877 ; *Gwendoline,* 1885 ; *Le Roi malgré lui,* 1887).

CHAGALL Marc (1887-1985) ✦ Peintre français, d'origine russe. Il fréquente à Paris (1910-1913) des écrivains et des artistes d'avant-garde (Apollinaire, Modigliani, Soutine). Son style proche du cubisme s'inspire de ses origines (*Moi et le village,* 1911 ; *À la Russie, aux ânes et aux autres,* 1912), qui le conduisent à fonder une académie à Vitebsk (1917) et à travailler pour le théâtre juif de Moscou (1919). Installé définitivement en France (1923), il se consacre à des thèmes joyeux parfois tirés de la Bible, illustre des livres (*Les Âmes mortes* de Gogol, 1923-1927), réalise des décors de ballet (*L'Oiseau de feu* de Stravinski, 1945), s'intéresse à la sculpture, à la céramique, au vitrail, et peint le plafond de l'**Opéra** de Paris (1964).

CHALDÉE n. f. ✦ Nom donné dans la Bible à la région de basse Mésopotamie (**Sumer**), où se trouve **Ur** d'où viendrait Abraham. C'est le territoire des *Chaldéens* qui donnent des rois à **Babylone** (VIIIe siècle av. J.-C.), dont Nabopolassar, fondateur de l'Empire néo-babylonien (625 av. J.-C.), et son fils **Nabuchodonosor II.**

CHALLANS ✦ Commune de Vendée. 19 668 habitants (les *Challandais*) (☛ carte 23). Marché agricole (volailles, notamment *canard de Challans*).

CHÂLONS-EN-CHAMPAGNE ✦ Chef-lieu de la Marne, sur la Marne. 45 002 habitants (les *Châlonnais*). Cathédrale gothique Saint-Étienne (XIIe-XIIIe siècles), ancienne collégiale romane et gothique Notre-Dame-en-Vaux (XIIe siècle), hôtels particuliers (XVIIe-XVIIIe siècles), nombreux musées. Centre administratif, agricole (vins de Champagne), industriel (alimentaire, électronique, chimie). Ville natale de Nicolas Appert. ♦ La cité gallo-romaine voit la défaite d'**Attila** aux champs Catalauniques (451). Ville commerciale au Moyen Âge, elle devient la principale ville de **Champagne** (1542-1789) et un grand centre militaire (XXe siècle). Jusqu'en 1995, elle s'appelle *Châlons-sur-Marne.*

CHALON-SUR-SAÔNE ✦ Ville de Saône-et-Loire, sur la Saône. 44 985 habitants (les *Chalonnais*). Ancienne cathédrale Saint-Vincent, de styles roman bourguignon et gothique (XIe-XVe siècles), hôpital (XVIe siècle), musée Nicéphore Niépce dont c'est la ville natale. Port fluvial, centre agricole (vins) et industriel (photographie, verrerie, électronucléaire). ♦ Ce port a un important rôle commercial pour le peuple gaulois des **Éduens.** Il est rattaché au duché de Bourgogne (1237) puis à la couronne de France (1477).

CHAM ✦ Personnage de la Bible, le plus jeune des trois fils de **Noé.** Il est traditionnellement considéré comme l'ancêtre de plusieurs peuples : les **Cananéens,** et en Afrique, les Égyptiens, les Éthiopiens et les Somalis. En se moquant de son père ivre, Cham attire la malédiction sur son fils, Canaan.

CHAMBERLAIN Joseph (1836-1914) ✦ Homme politique britannique. Maire de Birmingham (1873) et député libéral (1876), il est nommé ministre du Commerce par **Gladstone** (1880-1885) puis prend la tête des opposants à l'autonomie complète de l'Irlande (Home Rule). Il devient ministre des Colonies dans le cabinet conservateur (1895-1903) et suscite des réformes sociales. Il défend l'impérialisme britannique en menant à bien la guerre des **Boers** et en faisant de l'Australie un dominion du Commonwealth (1901).

CHAMBERLAIN Arthur Neville (1869-1940) ✦ Homme politique britannique, fils de Joseph **Chamberlain.** Député conservateur (1918) et ministre de la Santé (1924-1929), il prend des mesures sociales importantes. Il est confronté à la crise économique comme ministre des Finances (1931-1937) et, comme Premier Ministre (1937-1940), aux ambitions de **Hitler.** Il signe les accords de **Munich** (1938), puis prépare la Grande-Bretagne à la guerre après l'invasion de la **Tchécoslovaquie** (1939). L'échec de l'expédition britannique en Norvège entraîne sa démission.

CHAMBÉRY ✦ Chef-lieu de la Savoie. 59 490 habitants (les *Chambériens*). Cathédrale Saint-François-de-Sales (XVe siècle), fontaine des éléphants (XVIIIe-XIXe siècles), hommage au général de Boigne (1838), château des ducs de Savoie (XIVe-XVe puis XIXe siècles), nombreux musées. Ville administrative, commerciale et industrielle (alimentaire, aluminium, chimie). ♦ Capitale des comtes puis des ducs de **Savoie** (1232-1562), elle est annexée par la France (1792-1815). Elle revient à la Savoie avant de devenir définitivement française (1860).

CHAMBORD ✦ Commune du Loir-et-Cher. 113 habitants (les *Chambourdins*). Château construit pour François Ier (1519-1537), célèbre pour son escalier «à double révolution». Ce chef-d'œuvre de la Renaissance est le plus grand des châteaux de la **Loire,** inscrits sur la liste du patrimoine mondial de l'Unesco. ☛ Renaissance p. 165.

CHAMBRE DES DÉPUTÉS ✦ Assemblée des députés appelée depuis la Constitution de la IVe République (1946) ***Assemblée nationale.***

CHAMFORT Nicolas de (1741-1794) ✦ Moraliste français. La Cour apprécie ses œuvres littéraires spirituelles (comédies, tragédie, fables, poésies). Il s'enthousiasme pour la Révolution mais, hostile à la Terreur, il se suicide pour échapper à la prison. Dans son œuvre majeure, *Maximes et Pensées, Caractères et Anecdotes* (posthume, 1795), il critique la société de son temps avec un esprit caustique et percutant. Académie française (1781). ▪ Son véritable nom est *Sébastien Roch Nicolas.*

CHAMONIX ✦ Ville de Haute-Savoie, dont le nom officiel est *Chamonix-Mont-Blanc.* 9 195 habitants (les *Chamoniards*). Située à 1 037 m d'altitude, au pied du mont **Blanc,** c'est la capitale française de l'alpinisme, par où l'on accède à l'aiguille du **Midi** (par téléférique) et à la mer de **Glace** (par train). Ville natale de Jacques Balmat (1762-1834), auteur de la première ascension du mont Blanc (1786).

CHAMPAGNE n. f. ✦ Région historique du nord-est de la France, qui correspond aux départements actuels des Ardennes, de l'Aube, de la Haute-Marne, de la Marne et de l'Yonne (☛ carte 21). Ville principale : Reims. ♦ Elle est partagée entre la *Champagne pouilleuse* ou *crayeuse,* à l'ouest, renommée pour ses vignes (Reims, Épernay), et la *Champagne humide,* à l'est, couverte d'étangs et de prairies, où l'on pratique l'élevage. Le vin blanc mousseux produit dans la région s'appelle le *champagne.* Les coteaux, les maisons et les caves de Champagne sont inscrits sur la liste du patrimoine mondial de l'Unesco. ♦ Le comté de Champagne (Meaux, Troyes), dépendant de l'Aisne (Xe siècle), est uni au comté de Blois (1023), puis divisé (XIIe siècle). Il s'enrichit grâce à de nombreuses foires (XIIe-XIIIe siècles) comme celle de **Bar-sur-Aube.** Ses comtes deviennent rois de Navarre (1234), et il passe alors, par mariage, à Philippe le Bel (1284). Pendant la Première Guerre mondiale, de très nombreux combats s'y déroulent (**Chemin des Dames, Argonne**).

CHAMPAGNE-ARDENNE n. f. ✦ Ancienne région administrative du nord-est de la France, intégrée à la Région Grand Est. Elle était formée de quatre départements : les Ardennes, l'Aube, la Haute-Marne et la Marne. Le chef-lieu était Châlons-en-Champagne. ♦ GÉOGRAPHIE. Traversée par l'Aisne, la Marne, l'Aube et la Seine, la région se partage entre les Ardennes et l'Argonne, au nord, la Champagne pouilleuse, au centre, la Champagne humide, au sud-est, bordée à l'est par le plateau du Barrois (**Bar-le-Duc**), et le plateau de Langres au sud-est. Le climat, doux au centre, est plus rude sur les plateaux forestiers. ♦ ÉCONOMIE. L'agriculture est prospère (céréales, élevage laitier), surtout avec la production du vin de Champagne, exporté dans le monde entier. L'industrie, en difficulté (métallurgie, textile), se reconvertit (mécanique, agroalimentaire). Le tourisme est peu important en dehors de Reims et de son vignoble. ♦ HISTOIRE. Son histoire correspond à celle de la **Champagne.**

CHAMPAGNOLE ✦ Commune du Jura, sur l'Ain. 7 908 habitants (les *Champagnolais*) (☛ carte 23). Métallurgie (aciers spéciaux). Industrie du bois.

CHAMPAIGNE Philippe de (1602-1674) ✦ Peintre français né à Bruxelles. À Paris, il travaille à la décoration du palais du **Luxembourg,** se lie avec Poussin et se consacre aux portraits et aux paysages. Nommé peintre ordinaire de Marie de Médicis (1628), il réalise des décorations religieuses, des portraits de cour, puis des commandes officielles pour Richelieu (décoration de la Sorbonne, du Val-de-Grâce et du Palais-Cardinal, devenu le Palais-Royal). Sous l'influence du jansénisme, son style coloré devient plus austère, faisant de lui l'un des grands représentants du classicisme français. Œuvres : *Nativité* (1628), *Présentation au temple* (1629), *Richelieu* et *Portrait de Louis XIII cou-*

ronné par une victoire (1635), *La Cène* (1648), *Mère Angélique Arnauld* (1648), *Ex-Voto* (1662).

CHAMP-DE-MARS n. m. ✦ Quartier de l'ouest de Paris. C'est une esplanade située entre l'École militaire et la tour Eiffel, aménagée en jardins (1908-1928). Il sert de champ de manœuvres militaires (1765), de champ de courses (1780-1857) et de terrain d'envol de ballons (1783, 1784). Il est le théâtre des fêtes et manifestations de la **Révolution** et de l'**Empire** : fête de la Fédération (1790), fête de l'Être suprême (1794), distribution des aigles à la Grande Armée (1814), fête du champ de Mai (1815), mais aussi du massacre ordonné par **La Fayette** (1791). Plus tard, il est le cadre de plusieurs Expositions universelles : 1867, 1878, 1889 (dont la tour **Eiffel** est un souvenir), 1900 et 1937.

CHAMPLAIN Samuel de (vers 1567-1635) ✦ Explorateur français. Ce géographe d'Henri IV est envoyé au Canada, alors connu par les récits de Jacques **Cartier**. Au cours de plusieurs voyages, il explore le **Saint-Laurent** (1603), visite la côte d'**Acadie** (1604), établit une colonie française et fonde **Québec** (1608). Allié aux **Algonquins** et aux **Hurons** contre les **Iroquois** (1608), il parcourt les lacs **Huron, Ontario** et Champlain (1615-1616). Il organise la colonie dont il devient le lieutenant-gouverneur (1619).

CHAMPLAIN (lac) ✦ Lac du nord-est des États-Unis, à la frontière du Canada, entre le Vermont et l'État de New York. Superficie : 1 550 km². Découvert par Samuel de Champlain, il communique avec le Saint-Laurent et, par l'intermédiaire de canaux, avec l'Hudson et le lac Érié.

CHAMPOLLION Jean-François (1790-1832) ✦ Spécialiste français de l'Égypte ancienne. Il étudie l'écriture égyptienne (1806) et réussit à déchiffrer les hiéroglyphes (1822) grâce à la pierre de **Rosette**. Nommé conservateur du département d'égyptologie au Louvre (1826), il dirige une expédition scientifique (1828-1830) puis publie *Monuments de l'Égypte et de la Nubie*. Le Collège de France crée pour lui la chaire d'égyptologie (1831). Après sa mort, son frère publie sa *Grammaire égyptienne* et son *Dictionnaire égyptien* (1836-1841).

CHAMPS ÉLYSÉES n. m. pl. ✦ Partie des **Enfers**, dans les mythologies grecque et romaine. Les âmes des héros et des personnes vertueuses y mènent une existence heureuse et paisible.

CHAMPS-ÉLYSÉES n. m. pl. ✦ Avenue de Paris, dans l'axe du jardin des **Tuileries** et de la **Défense**. Elle relie la place de la **Concorde** à la place de l'**Étoile**. Elle est bordée de promenades jusqu'au *rond-point des Champs-Élysées*, autour duquel se trouvent le Grand et le Petit **Palais**, ainsi que le palais de l'**Élysée**. Au-delà se succèdent des banques, des magasins de luxe et des cinémas, qui attirent de nombreux touristes.

CHAN Jackie (né en 1954) ✦ Acteur et réalisateur chinois. Il étudia très jeune de nombreux arts martiaux. Il règle lui-même les combats et les acrobaties de ses films, qu'il exécute avec une rapidité surprenante et beaucoup d'humour (*Rush Hour, Karaté Kid*).

CHANDERNAGOR ✦ Ville de l'Inde (Bengale-Occidental), dans le nord-est du pays, près de Calcutta. 166 900 habitants. Comptoir fondé par les Français (1686), vendu à la Compagnie française des Indes (1763), administré par **Dupleix** (1731) puis rattaché à l'Inde (1951).

CHANDIGARH ✦ Ville du nord de l'Inde, capitale de deux États (Panjab et Haryana). Un million d'habitants. Après la partition de l'Inde, une partie du Panjab est cédée au Pakistan et Chandigarh est choisie comme capitale du Panjab indien. La construction de cette ville nouvelle (1951-1962) se fit à partir des plans de **Le Corbusier**.

CHANDLER Raymond Thornton (1888-1959) ✦ Romancier américain. Inspiré par **Hammett**, il crée le personnage de Philip Marlowe, un détective honnête et désabusé, et le confronte à un monde complexe, corrompu et violent, dans des romans policiers souvent adaptés au cinéma : *Le Grand Sommeil* (1939 ; films 1946, 1978), *Adieu, ma jolie* (1940 ; films 1944, 1975), *La Dame du lac* (1943 ; film 1947), *Sur un air de navaja* (1953 ; film 1973).

CHANEL Coco (1883-1971) ✦ Couturière française. D'abord modiste, elle fonde sa maison de couture (1916) et lance le premier parfum lié à une marque de haute couture (*N° 5*, 1921). Elle impose la mode simple et élégante des années 1920-1930, puis crée un tailleur qui a fait sa renommée mondiale (1954). ■ Son véritable nom est *Gabrielle Chasnel*.

CHANGCHUN ✦ Ville de Chine, capitale de la province de Jilin, dans le nord-est du pays. 3,4 millions d'habitants. Centre de commerce (céréales), d'industrie (mécanique, cinéma), proche de gisements naturels (charbon, pétrole, gaz).

CHANG-HAI → SHANGHAI

CHANG JIANG n. m. ✦ Fleuve d'Asie, long de 6 300 km (☛ cartes 38, 40). C'est le plus long fleuve de Chine, connu sous le nom de *Yang-tseu-kiang* ou en français de *fleuve Bleu*. Il prend sa source dans le nord du Tibet, arrose Wuhan, Nankin, et se jette dans la mer de Chine orientale, près de Shanghai. Navigable sur 3 000 km et doté de barrages hydroélectriques comme le gigantesque barrage des Trois-Gorges (2006), il joue un rôle économique important.

CHANNEL (The) ✦ Nom anglais de la **Manche**.

Chanson de Roland (La) → ROLAND

CHANTILLY ✦ Ville de l'Oise. 10 861 habitants (les *Cantiliens*). Château d'origine gallo-romaine souvent remanié : d'abord palais fortifié (1528-1531), le petit château Renaissance (1550) est agrandi et aménagé par **Mansart** et **Le Nôtre** (XVIIe siècle) pour la famille des **Condé**, à qui il appartient (1643-1830) ; on y construit les Grandes Écuries (1735) et on y installe une manufacture de porcelaine (1725-1789). Reconstruit dans le style Renaissance après les dommages de la Révolution (1875-1882), il est donné à l'Institut de France (1886) qui en fait le riche musée Condé. Centre touristique (forêt de 6 300 hectares) et hippique (hippodrome ouvert en 1834, musée du Cheval dans les Grandes Écuries). Ville natale du duc d'Enghien. ♦ Elle abrite le quartier général français pendant la Première Guerre mondiale (1914-1917).

CHAPLIN Charlie (1889-1977) ✦ Acteur et cinéaste américain, d'origine britannique. Il naît dans une famille d'artistes et débute au music-hall avec son frère (1897), puis à Hollywood (1912). Il joue dans les films comiques de Mack Sennett, et impose le personnage de **Charlot**. À partir de 1917, il réalise des films tragi-comiques, satires de la société, qui connaissent un succès mondial. Il se retire en Suisse (1953). Films :

Charlot vagabond (1916), *Charlot soldat* (1919), *Le Gosse* (*The Kid,* 1921), *La Ruée vers l'or* (1925), *Les Lumières de la ville* (1931), *Les Temps modernes* (1936), *Le Dictateur* (premier film parlant, 1940), *Monsieur Verdoux* (1947), *Les Feux de la rampe* (*Limelight,* 1952). ▪ Son véritable nom est *sir Charles Spencer.*

CHAPPE Claude (1763-1805) ✦ Ingénieur français. Il est, avec ses frères, l'inventeur (1792) du premier système de communication à distance au moyen de signaux obtenus à l'aide de bras articulés installés sur des tours et qu'il nomma *télégraphe.* La première ligne de télégraphie aérienne reliant Paris à Lille est inaugurée en 1794.

CHAPTAL Jean-Antoine (1756-1832) ✦ Chimiste français. Pionnier de l'industrie chimique, il est l'inventeur de la *chaptalisation* des vins. On lui doit encore le rétablissement des chambres de commerce et la première école des arts et métiers. Il a été ministre de l'Intérieur sous l'Empire (1801-1804). Académie des sciences (1796).

CHAR René (1907-1988) ✦ Poète français. Il collabore avec ses amis surréalistes **Éluard** et **Breton** (*Ralentir travaux,* 1930). Influencé par la guerre d'Espagne, il dirige un maquis pendant la Résistance. Par la suite, il travaille avec des artistes (Matisse, Picasso, Miro), publie son œuvre théâtrale (*Trois Coups sous les arbres,* 1967) et traduit de nombreux poètes (Pétrarque, Shakespeare). Ses poèmes, d'accès difficile, exaltent les forces de vie contre l'intelligence analytique et la fatalité : *Le Marteau sans maître* (1934), *Placard pour un chemin des écoliers* (1937), *Feuillets d'Hypnos* (1946), *Fureur et Mystère* (1948), *La Parole en archipel* (1962), *Le Nu perdu* (1971), *La Nuit talismanique* (1972), *Éloge d'une soupçonnée* (1988).

CHARCOT Jean Martin (1825-1893) ✦ Médecin français. Neurologue et professeur de Sigmund **Freud,** il étudie l'hystérie, l'hypnose et des troubles neurologiques comme la sclérose en plaques, la poliomyélite, et celle qui porte son nom (*maladie de Charcot*).

CHARCOT Jean (1867-1936) ✦ Explorateur français, fils de Jean Martin Charcot. Au cours de deux expéditions en Antarctique (1903-1905 à bord du *Français* et 1908-1910 à bord du *Pourquoi-Pas ?*), il établit la carte de la région située au sud du cap **Horn.** Il entreprend d'autres expéditions dans l'Atlantique, la Manche et la mer du Nord (1912-1936) et publie des récits : *Le « Pourquoi-Pas ? » dans l'Antarctique* (1910), *Autour du pôle Sud* (1912), *La Mer du Groenland, croisières du « Pourquoi-Pas ? »* (1929).

CHARDIN Jean-Baptiste Siméon (1699-1779) ✦ Peintre français. En exposant *La Raie* (1728), il est reçu à l'Académie comme spécialiste des natures mortes. Il fait ensuite des portraits et des scènes d'intérieur (1733), puis revient à la nature morte (1755) et ne réalise plus à la fin de sa vie que des pastels (1770). Œuvres : *Le Château de cartes* (1734-1735), *La Pourvoyeuse* (1739), *La Mère laborieuse* et *Le Bénédicité* (1740), et des autoportraits.

① **CHARENTE** n. f. ✦ Fleuve de l'ouest de la France, long de 360 km (☛ carte 21). Il prend sa source dans le Limousin, arrose Angoulême, Cognac, Saintes, et se jette dans l'Atlantique près de Rochefort.

② **CHARENTE** n. f. ✦ Département de l'ouest de la France [16], de la Région Nouvelle-Aquitaine. Superficie : 5 956 km². 353 853 habitants (les *Charentais*). Chef-lieu : Angoulême ; chefs-lieux d'arrondissement : Cognac et Confolens.

CHARENTE-MARITIME n. f. ✦ Département de l'ouest de la France [17], de la Région Nouvelle-Aquitaine. Superficie : 6 864 km². 637 089 habitants (les *Charentais maritimes*). Chef-lieu : La Rochelle ; chefs-lieux d'arrondissement : Jonzac, Rochefort, Saintes et Saint-Jean-d'Angély.

CHARETTE (1763-1796) ✦ Militaire français. Officier de marine, il défend les Tuileries le 10 août 1792 puis il participe à la guerre de **Vendée** à la tête des insurgés. Il résiste dans le Marais poitevin, signe un traité de pacification avec la Convention thermidorienne (1795) avant de reprendre les armes pour soutenir le débarquement des émigrés à Quiberon. Arrêté par **Hoche,** il est condamné à mort et exécuté à Nantes. ▪ Son nom complet est *François Athanase de Charette de La Contrie.*

CHARLEMAGNE (742-814) ✦ Empereur d'Occident de 800 à sa mort, appelé aussi *Charles le Grand* (en latin *Carolus Magnus* ☛ Carolingiens p. 156). Fils de **Pépin le Bref,** qui lui lègue la Neustrie, l'Austrasie et une partie de l'Aquitaine, il devient roi des **Francs** (768). À la mort de son frère Carloman (771), il s'empare des terres de celui-ci : le reste de l'Aquitaine, l'Alémanie (**Alamans**), l'Alsace, la Bourgogne et la Septimanie (**Wisigoths**). Il se fait enfin couronner roi des Lombards (774), en accord avec le pape. Il lutte contre les Arabes en Espagne, où il perd son neveu **Roland** à **Roncevaux,** puis contre les Saxons (772-785), les Bavarois (787-788), les **Avars** (791-796), de nouveau les Saxons (793-797) et les Sarrasins (793-801), s'emparant alors de la Catalogne. Couronné empereur d'Occident par le pape à Rome (800), il tente de restaurer l'Empire **romain.** Il gouverne à **Aix-la-Chapelle,** où il met en place les principes de la féodalité et favorise la culture et le christianisme. Il partage son Empire entre ses fils (806), et couronne empereur son fils **Louis Ier le Pieux** (813) (☛ cartes 10, 11).

CHARLEROI ✦ Ville de Belgique (Hainaut). 201 550 habitants (les *Carolorégiens*). Centre économique et industriel (métallurgie, construction électrique, verrerie, chimie, aérospatial). ♦ La forteresse créée par les Espagnols (1666) est prise par Louis XIV (1667-1678). Elle passe à l'**Autriche** (1748) puis sert de base aux armées de la Révolution (1794) et de Napoléon. En 1914, l'armée française ne peut y arrêter l'avancée allemande.

CHARLES III LE GROS (839-888) ✦ Empereur d'Occident de 881 à 887 et régent de la France de 884 à 888, fils de Louis II le Germanique.

CHARLES V → CHARLES QUINT

CHARLES Ier LE GRAND → CHARLEMAGNE

CHARLES II LE CHAUVE (823-877) ✦ Roi de France de 843 à sa mort, fils de Louis Ier le Pieux, père de Louis II le Bègue. Il signe les serments de **Strasbourg** (842) puis le traité de **Verdun** (843), lutte contre les **Normands** et devient empereur d'Occident (875).

CHARLES III LE SIMPLE (879-929) ✦ Roi de France de 893 à 922, fils de Louis II le Bègue. Il est détrôné au profit de l'ancêtre des **Capétiens,** Robert Ier, et meurt en captivité.

CHARLES IV LE BEL (vers 1294-1328) ✦ Roi de France de 1322 à sa mort, fils de Philippe le Bel. Succédant à son frère **Philippe V**, il meurt sans héritier et la couronne passe à **Philippe VI de Valois.**

CHARLES V LE SAGE (1338-1380) ✦ Roi de France de 1364 à sa mort. Pendant la guerre de **Cent Ans**, il assure la régence de son père **Jean II le Bon** (1356), réprime la révolte d'Étienne **Marcel** puis reprend (1360), grâce à **Du Guesclin**, les territoires cédés à l'Angleterre par le traité de Calais. Il reconstruit le Louvre et édifie la Bastille.

CHARLES VI LE BIEN-AIMÉ ou **LE FOU** (1368-1422) ✦ Roi de France de 1380 à sa mort, fils de Charles V. Il devient fou (1392) et le pays sombre dans la guerre civile entre **armagnacs** et **bourguignons** (guerre de **Cent Ans**). La régence est confiée à **Henri V** d'Angleterre (1420).

CHARLES VII (1403-1461) ✦ Roi de France de 1422 à sa mort, fils de Charles VI, père de Louis XI. Surnommé le «roi de Bourges» parce qu'il se réfugie dans cette ville pendant la régence d'**Henri V** d'Angleterre, il est sacré roi à Reims (1429) grâce à **Jeanne d'Arc**, puis il reconquiert la France (guerre de **Cent Ans**).

CHARLES VIII (1470-1498) ✦ Roi de France de 1483 à sa mort, fils de Louis XI. Marié à **Anne de Bretagne** (1491), il conquiert le royaume de Naples (1495), mais il est repoussé par l'alliance du pape, des rois d'Italie, d'Espagne et de l'empereur d'Autriche.

CHARLES IX (1550-1574) ✦ Roi de France de 1560 à sa mort, fils d'Henri II. Influencé par sa mère **Catherine de Médicis**, régente jusqu'en 1570, il cherche un accord avec les protestants, mais ordonne cependant le massacre de la **Saint-Barthélemy** (1572).

CHARLES X (1757-1836) ✦ Roi de France de 1824 à 1830, petit-fils de Louis XV, frère de **Louis XVI** et de Louis XVIII. Émigré en 1789, il lutte en Angleterre contre la Révolution et l'Empire, monte sur le trône à la mort de **Louis XVIII** (1824) et se fait sacrer à Reims (1825). Sa politique autoritaire provoque la **révolution de 1830.** Il abdique en faveur de son petit-fils, le comte de Chambord, puis accepte la régence de **Louis-Philippe** et s'exile. C'est la fin du règne des **Bourbons** en France.

CHARLES D'ORLÉANS (1394-1465) ✦ Poète français. Neveu de Charles VI, fils de Louis d'Orléans assassiné par **Jean sans Peur**, et père de Louis XII. Il prend la tête du parti des **armagnacs** puis il est fait prisonnier à Azincourt (1415) et reste vingt-cinq ans captif en Angleterre. Après son retour dans sa cour de Blois, il rassemble les poèmes qui chantent l'amour, l'exil et la mélancolie. Ballades et rondeaux font de lui le principal poète français du XVe siècle avec François **Villon.**

CHARLES LE TÉMÉRAIRE (1433-1477) ✦ Duc de Bourgogne de 1467 à sa mort. Afin de réunir les deux parties de l'État bourguignon (**Bourgogne** et **Flandre**), il se bat sans cesse contre **Louis XI**. Ce dernier encourage la révolte des Liégeois, mais se voit imposer le traité de Péronne (1468). Le duc envahit ensuite la Picardie, échoue devant Beauvais puis Rouen (1472) et conquiert la Lorraine (1475). Il est finalement battu par les alliés du roi, les Suisses et les Alsaciens (1476) puis les Lorrains, et meurt au siège de **Nancy**.

CHARLES MARTEL (vers 688-741) ✦ Maire du palais (équivalent du Premier ministre) du royaume franc des derniers Mérovingiens. Surnommé *Martel* («marteau») pour son énergie, il prend le pouvoir (714) et unifie l'État **mérovingien.** Il repousse les attaques extérieures (Frisons, Saxons, Alamans, Thuringiens, Bavarois). Sa victoire contre les Arabes à Poitiers (732) fait de lui le suzerain de l'Aquitaine et de la Provence. Son fils **Pépin le Bref** fonde la dynastie des **Carolingiens.**

CHARLES QUINT (1500-1558) ✦ Empereur germanique de 1519 à 1556 sous le nom de *Charles V*. Élevé à la cour de Bourgogne, il hérite des Pays-Bas et de la Franche-Comté par son père (1506) puis de l'Espagne (plus Naples, la Sicile, la Sardaigne et l'Amérique latine) par sa mère (1516), et de l'Autriche par son grand-père. Son élection comme empereur du **Saint-Empire** (1519) provoque cinq guerres avec la France de 1521 à 1556 (**François Ier, Henri II**). Dans son Empire, «sur lequel le soleil ne se couche jamais» et où il est considéré comme un étranger, il doit affronter des révoltes (Espagne, 1520 ; Gand, 1539) et surtout ses grands ennemis, alliés aux Français : les princes allemands protestants (**Réforme**) et l'Empire **ottoman** (siège de Vienne, 1529 ; victoire de Tunis, 1535 ; échec devant Alger, 1541). Il abdique en faveur de son frère Ferdinand Ier et de son fils **Philippe II** (1556).

CHARLEVILLE-MÉZIÈRES ✦ Chef-lieu des Ardennes. 48 615 habitants (les *Carolomacériens*). Place ducale (XVIIe siècle), maison natale de Rimbaud. Ville industrielle (métallurgie, automobile), formée par la réunion de Charleville et de Mézières en 1966. Festival international de la marionnette.

CHARLIE BROWN → BROWN Charlie

CHARLOT ✦ Personnage de cinéma créé en 1912 par Charlie **Chaplin.** On reconnaît Charlot à sa silhouette : il porte une petite moustache, marche en canard avec une canne, est affublé d'un chapeau melon, de chaussures trop grandes, d'une veste étriquée et d'un pantalon trop large, en accordéon. C'est un vagabond misérable, rusé et têtu, mais sentimental et poète, qui ne cesse de se battre contre l'injustice, l'hypocrisie et la violence. Il symbolise la lutte pour la dignité et la liberté individuelle, et connaît un immense succès.

CHARLOTTETOWN ✦ Ville du Canada, capitale de la province de l'île du Prince-Édouard. 32 174 habitants. Port de commerce actif (exportation de pommes de terre, importation de pétrole) et centre industriel (textile, alimentaire, bois).

CHAROLAIS **n. m.** ✦ Région de Bourgogne, au sud du Morvan. C'est un plateau, limité à l'ouest par la Loire, qui prolonge le nord du Massif **central.** Il est couvert de forêts et de prairies, où l'on élève pour leur viande fameuse des bœufs blancs (race charolaise).

CHARON ✦ Personnage des **Enfers**, dans les mythologies grecque et romaine. Il fait traverser l'**Achéron** aux âmes des morts dans sa barque, mais refuse ceux qui n'ont pas de pièce entre les dents ou pas de sépulture.

CHARPAK Georges (1924-2010) ✦ Physicien français, d'origine polonaise. Son nouveau type de détecteur de particules, la chambre proportionnelle multifils (1968), permet de reconstituer en temps réel la trajectoire d'une particule élémentaire, et fait progresser la physique des particules. Depuis les années 1980, il étudie son utilisation en recherche biologique et en imagerie médicale. Académie des sciences (1985), prix Nobel de physique (1992).

CHARPENTIER Marc Antoine (1643-1704) ✦ Compositeur français. De retour à Paris après trois ans d'étude à Rome, il compose de la musique de scène pour Molière et le Théâtre-Français, des tragédies en musique (*Médée,* 1693) et introduit la cantate en France (*Orphée descendant aux enfers,* 1683-1684). Il est considéré comme l'un des grands maîtres du XVIIe siècle baroque pour sa musique religieuse : messes, hymnes, *Leçons et Répons de ténèbres* (1670-1696, pour Port-Royal), *Te Deum* (celui de 1692 annonce **Haendel**), psaumes, motets. Il fixe les formes de l'oratorio baroque avec ses «histoires sacrées» (*Judith,* 1674-1676 ; *Josué,* 1681-1682 ; *Le Jugement de Salomon,* 1702) et instaure le genre de l'opéra chrétien (*David et Jonathas,* 1688). Il devient maître de chapelle à la **Sainte-Chapelle** (1698).

CHARTRES ✦ Chef-lieu d'Eure-et-Loir. 38 728 habitants (les *Chartrains*). Cathédrale Notre-Dame (XIIe-XIIIe siècles), chef-d'œuvre du style gothique, inscrite sur la liste du patrimoine mondial de l'Unesco et célèbre pour la taille de sa nef (130 m de long, 16,4 m de large, 32 m de haut), pour son triple portail, où figurent les statues-colonnes des rois et des reines de l'Ancien Testament, et pour ses splendides vitraux. Important lieu de pèlerinage et centre international du vitrail. Ville commerciale et industrielle (automobile, pharmacie) située au cœur de la **Beauce.** Ville natale de Jacques Pierre Brissot. ♦ Capitale d'un peuple gaulois et centre de culte pour leurs druides, la ville est prise par les Normands (858). Elle devient le siège d'un comté (Xe siècle), intégré au domaine royal (1286) puis transformé en duché par François Ier (1528). Assiégée par les protestants du prince de **Condé** (1568), elle est prise par **Henri IV** (1591) qui se fait sacrer dans la cathédrale (1594). Louis XIV donne le duché à la famille d'Orléans. Les Allemands occupent la ville en 1870-1871 et de 1940 à 1944.

CHARTREUSE (Grande) n. f. ✦ Massif montagneux des Alpes françaises qui domine la vallée de l'Isère, entre Chambéry et Grenoble. Son point culminant est le pic de Chamechaude (2 082 m). Près de Saint-Pierre-de-Chartreuse se trouve le monastère de la Grande-Chartreuse, établi par saint Bruno (1084), fondateur de l'ordre bénédictin des *chartreux.* Ces religieux fabriquent une liqueur, la *chartreuse.*

CHARYBDE ET SCYLLA ✦ Monstres fabuleux de la mythologie grecque, gardiens du détroit de **Messine.** Trois fois par jour, Charybde avale beaucoup d'eau, attirant les navires dans les tourbillons. Pour l'éviter, les marins se détournent et tombent alors sur la grotte de Scylla, monstre à six têtes, qui les dévore. Dans l'*Odyssée,* **Ulysse** parvient à leur échapper mais perd six de ses compagnons. On emploie l'expression *tomber de Charybde en Scylla* lorsque l'on tombe dans un piège en cherchant à en éviter un autre.

CHASLES Michel (1793-1880) ✦ Mathématicien français. Professeur à l'École polytechnique puis à la Sorbonne, il est l'un des principaux représentants de la géométrie projective. Ses travaux portent sur l'histoire et le développement des méthodes en géométrie (*Traité de géométrie supérieure,* 1852). Son nom reste attaché à la *relation de Chasles* pour les mesures algébriques sur un axe orienté. Académie des sciences (1851).

CHATEAUBRIAND François-René de (1768-1848) ✦ Écrivain français. Aristocrate, il assiste aux débuts de la **Révolution**, puis part en Amérique (1791) et émigre en Angleterre après un bref retour en France (1793). Il se consacre à la littérature (1797) et revient en France (1800), où il participe à la restauration religieuse entreprise par Bonaparte (*Le Génie du christianisme,* 1802). Il rompt avec l'empereur et part pour l'Orient (Grèce, Turquie, Terre sainte). Monarchiste modéré, il joue un rôle politique à la **Restauration** (ambassadeur à Londres, ministre des Affaires étrangères, 1822-1824 ; ambassadeur à Rome, 1828-1829), mais, hostile à **Louis-Philippe** (1830), il se consacre à la rédaction de ses mémoires (*Mémoires d'outre-tombe,* posthume, 1848-1850). À sa mort, il est enterré en rade de Saint-Malo après des funérailles nationales. Ses œuvres lyriques traduisent la réalité de son siècle et annoncent le romantisme (☛ Romantisme p. 181) : *Atala* (1801), *René* (1802), *Les Martyrs* (1809), *Les Natchez* (1826), *Voyage en Amérique* (1827). Académie française (1811).

CHÂTEAUBRIANT ✦ Chef-lieu d'arrondissement de la Loire-Atlantique. 11 895 habitants (les *Castelbriantais*) (☛ carte 23). Château (XIe siècle, remanié à la Renaissance). Église romane. Agroalimentaire, métallurgie, plasturgie. ♦ Au cours de la Deuxième Guerre mondiale, les Allemands fusillèrent (22 octobre 1941) 27 otages, dont Guy **Môquet**, en représailles du meurtre du commandant de la place de Nantes.

CHÂTEAU-CHINON ✦ Chef-lieu d'arrondissement de la Nièvre. 2 086 habitants (les *Château-Chinonais*) (☛ carte 23). Forteresse royale du Moyen Âge. Musée du Septennat rassemblant les cadeaux offerts au président de la République par les chefs d'État étrangers. François **Mitterrand** fut maire de la ville de 1959 à 1981, date de son élection à la présidence de la République.

CHÂTEAUDUN ✦ Chef-lieu d'arrondissement d'Eure-et-Loir, sur le Loir. 13 264 habitants (agglomération 16 878) (les *Dunois*) (☛ carte 23). Base aérienne militaire. Manufactures. ♦ De durs combats s'y déroulèrent pendant la guerre de 1870 contre la **Prusse.**

CHÂTEAU-GAILLARD ✦ Forteresse de l'Eure, près de la ville des Andelys. Construite par **Richard Cœur de Lion** (1196), elle domine la vallée de la Seine. Le château, en forme de triangle, est pourvu d'une double enceinte et d'un donjon. Pris d'assaut par **Philippe Auguste** après un siège de huit mois (1204), il est démantelé par Henri IV (1603).

CHÂTEAU-GONTIER ✦ Chef-lieu d'arrondissement de la Mayenne, sur la Mayenne. 11 528 habitants (agglomération 16 491) (les *Castrogontériens*) (☛ carte 23). Marché agricole (veaux).

CHÂTEAULIN ✦ Chef-lieu d'arrondissement du Finistère. 5 173 habitants (les *Châteaulinois*) (☛ carte 23). Agroalimentaire (volailles).

CHÂTEAUROUX ✦ Chef-lieu de l'Indre. 44 479 habitants (les *Castelroussins*). Église des Cordeliers (XIIIe siècle), église Saint-Martial (XIIe et XVe siècles), château Raoul (Xe, et XIVe-XVe siècles). Centre administratif et industriel (confection, mécanique, chimie, céramique). Ville natale de Gérard Depardieu. ♦ Le seigneur Raoul construit une forteresse (Xe siècle) qui donne son nom à la ville. Elle est prise par Henri II d'Angleterre (1177), par Philippe Auguste (1187), puis transformée en comté (1612) et vendue à Louis XV (1737).

CHÂTEAU-THIERRY ✦ Chef-lieu d'arrondissement de l'Aisne, sur la Marne. 14 546 habitants (agglomération 21 421) (les *Castelthéodoriciens*) (☛ carte 23). Ville natale de La Fontaine (musée). Hôtel-Dieu fondé par Jeanne de Navarre (1304). Ville industrielle (pâte à papier, verres optiques). Viticulture (champagne). ♦ Napoléon y remporta une victoire sur les armées russe et prussienne en février 1814. Lors de la deuxième bataille de la **Marne**, les alliés repoussèrent l'offensive allemande qui tentait de franchir la Marne.

CHÂTELET n. m. ✦ Quartier du centre de Paris. Le Châtelet doit son nom à deux forteresses, reconstruites pour protéger l'île de la **Cité** (XIIe siècle). Le *Petit Châtelet,* situé près du Petit-Pont, sert de prison avant d'être démoli (1782). Le *Grand Châtelet,* siège de l'échevin de Paris («magistrat municipal»), est détruit (1802). Sur son emplacement, l'actuelle place du Châtelet est bordée par deux théâtres construits en 1862 (Théâtre Musical de Paris et Théâtre de la Ville).

CHÂTELLERAULT ✦ Ville de la Vienne, dans le Poitou, sur la Vienne. 31 722 habitants (les *Châtelleraudais*). Église Saint-Jacques (XIIe-XIIIe siècles), pont Henri-IV (1575-1611), musée Descartes dans la maison familiale du philosophe, musée de l'Automobile et de la Technique. Ville natale de Clément Janequin. Centre industriel (l'automobile et l'aéronautique remplacent la coutellerie et l'armurerie traditionnelles).

CHÂTRE (La) ✦ Chef-lieu d'arrondissement de l'Indre, sur l'Indre. 4 278 habitants (les *Castrais*) (☛ carte 23). Agroalimentaire (abattoir).

CHATT AL-ARAB n. m. ✦ Fleuve du sud de l'Irak, long de 180 km. Formé par la réunion du Tigre et de l'Euphrate, il arrose Bassora, forme la frontière avec l'Iran et se jette dans le golfe **Arabo-Persique.** Seul débouché maritime du pays, il a été l'objet de nombreux conflits territoriaux et sa région fertile, où s'étendent les plus grandes palmeraies du monde, est dévastée pendant la guerre irano-irakienne (1980-1988).

CHAUCER Geoffrey (v. 1340-1400) ✦ Poète anglais. Son œuvre, qui se présente comme une synthèse des influences française et italienne, notamment de **Boccace,** a contribué à fixer la forme du vers «héroïque» en décasyllabes, typique de la grande poésie anglaise. On lui doit également l'introduction du rondeau, du virelai, de la ballade et de la stance de sept vers, à laquelle son nom reste attaché. Ses *Contes de Cantorbéry* (publiés en 1526), véritable chronique sociale qui tend à «représenter les hommes au naturel», font de lui le premier écrivain réaliste. On lui doit une traduction très fidèle du *Roman de la Rose,* qui a contribué à former l'identité de la littérature et de la langue anglaises.

CHAUMONT ✦ Chef-lieu de la Haute-Marne. 22 674 habitants (les *Chaumontais*). Église Saint-Jean-Baptiste (XIIIe et XVIe siècles). Centre administratif et commercial. ♦ Place forte puis siège d'un comté, la ville est réunie à la Champagne (1228). La Russie, l'Autriche, la Prusse et la Grande-Bretagne y signent une alliance contre Napoléon Ier (1814).

CHAUMONT-SUR-LOIRE ✦ Commune du Loir-et-Cher, sur la Loire, au sud de Blois. 1 092 habitants (les *Chaumontais*). Château construit par la famille d'Amboise sur une ancienne forteresse (1445-1510 ; corps de logis et chapelle de style Renaissance). À la mort d'Henri II, Catherine de Médicis le donne à Diane de Poitiers en échange de **Chenonceaux.**

CHAUSEY (îles) ✦ Archipel de la Manche, au large de Granville, composé de 365 îlots, d'une superficie totale de 75 ha, et dont seule la «Grande Île» est habitée. Ses activités principales sont la pêche et le tourisme.

CHAUVET (grotte) ✦ Grotte préhistorique de l'Ardèche, près de Vallon-Pont-d'Arc, inscrite sur la liste du patrimoine mondial de l'Unesco. Elle est découverte par le spéléologue Jean-Marie Chauvet (1994). On y trouve des peintures rupestres, les plus anciennes connues (plus de 30 000 ans av. J.-C.), qui représentent des animaux jamais observés ailleurs (hibou, hyène, panthère).

CHE (le) ou **CHE GUEVARA** ✦ Surnoms donnés à Ernesto **Guevara.**

CHEDID Andrée (1920-2011) ✦ Femme de lettres française d'origine libanaise. Son œuvre (romans, poésies, théâtre), nourrie de sa double culture, souvent teintée de ferveur mystique, est un questionnement ardent sur la condition humaine (*Le Sixième Jour,* 1960 ; *La Cité fertile,* 1972). Son ton, sensuel lorsqu'elle évoque les parfums de l'Orient, devient plus dur et plus âpre pour dénoncer la guerre civile (*Cérémonial de la violence,* 1976 ; *L'Enfant multiple,* 1989).

CHEMIN DES DAMES ✦ Route du département de l'Aisne, longeant les crêtes qui surplombent les rivières Aisne et Ailette, sur 30 km. Elle est aménagée pour permettre aux filles de Louis XV, les «Dames de France», d'aller chez leur gouvernante. Cette route est le lieu de terribles combats pendant la Première **Guerre mondiale** : échec de l'offensive française suivi de mutineries (avril 1917), victoire de la Malmaison (octobre 1917), puis invasion allemande qui atteint la Marne (mai 1918).

CHEMNITZ ✦ Ville de l'est de l'Allemagne (Saxe). 243 085 habitants. Centre traditionnel d'industrie depuis le XIXe siècle (textile, mécanique, informatique), appelé *Karl-Marx-Stadt* pendant son appartenance à l'Allemagne de l'Est (1949-1990).

CHENGDU ✦ Ville du centre de la Chine, capitale du Sichuan. 6,3 millions d'habitants. Centre culturel (théâtre, université) ; industries (métallurgie, mécanique, électronique, aéronautique) ; artisanat (soie, broderie, laque) ; voie d'accès vers le Yunnan et le Tibet.

CHÉNIER André (1762-1794) ✦ Poète français. Inspiré par la Grèce antique et les philosophes du XVIIIe siècle, il s'enthousiasme pour la Révolution française, mais s'élève contre la Terreur et meurt guillotiné. Ses poésies lyriques et mélancoliques, publiées après sa mort (1819), provoquent l'admiration des romantiques : *Idylles* ou *Bucoliques* (poème *La Jeune Tarentine*), *Élégies, Iambes* (poème *La Jeune Captive*).

CHENNAI ✦ Nom officiel de la ville de **Madras** depuis 2000.

CHENONCEAUX ✦ Commune d'Indre-et-Loire. 355 habitants (les *Chenoncellois* ou les *Chenoncelliens*). Château de style Renaissance, construit pour le receveur général des Finances (1515-1522). Henri II le donne à **Diane de Poitiers**, qui fait bâtir un pont sur le Cher (1555), sur lequel Catherine de Médicis ajoute deux étages de galeries (1577).

CHÉOPS → KHÉOPS

CHÉPHRÈN → KHÉPHREN

① **CHER** n. m. ✦ Rivière du centre-ouest de la France, longue de 320 km (☛ carte 21). Elle prend sa source au nord du Massif central, traverse le Berry, arrose Chenonceaux puis se jette dans la Loire, à l'ouest de Tours.

② **CHER** n. m. ✦ Département du centre-ouest de la France [18], de la Région Centre-Val de Loire. Superficie : 7 235 km^2. 310 270 habitants. Chef-lieu : Bourges ; chefs-lieux d'arrondissement : Saint-Amand-Montrond et Vierzon.

CHERBOURG ✦ Ville de la Manche, à la pointe du **Cotentin**, devenue depuis 2000 Cherbourg-Octeville. 80 959 habitants (les *Cherbourgeois*). Musée de la Guerre et de la Libération. Port militaire (arsenal, construction de sous-marins nucléaires, École d'application militaire de l'énergie atomique), port de pêche et port de liaison avec l'Angleterre. Ville natale de Jean Marais et Roland Barthes. ♦ La ville, très disputée pendant la guerre de Cent Ans, devient française (1450). Louvois fait raser les fortifications entreprises par Vauban (1689). En 1783, Louis XVI décide de créer un port militaire et une digue de 3,7 km est construite. Utilisée par les Allemands comme base de sous-marins (1940), la ville est au cœur du débarquement allié et libérée (27 juin 1944), mais son port est totalement détruit.

CHÉREAU Patrice (1944-2013) ✦ Metteur en scène et cinéaste français. Il est directeur avec **Planchon** du TNP de Villeurbanne (1972-1981), puis du théâtre des Amandiers de Nanterre (1982-1990). Ses mises en scène du théâtre classique se veulent politiques et critiques (*La Dispute*, de Marivaux, 1972 ; *Hamlet*, 1988 ; *Phèdre*, 2003). Il met en scène des opéras (Tétralogie de Wagner à Bayreuth, 1976 ; *Lulu* et *Wozzeck* de Berg, 1979 et 1992) et réalise également des films (*L'Homme blessé*, 1983 ; *La Reine Margot*, 1994 ; *Ceux qui m'aiment prendront le train*, 1998).

CHEROKEES n. m. pl. ✦ Peuple d'Indiens d'Amérique. Ils vivent de l'agriculture, de la chasse et de la pêche dans le sud-est des États-Unis. Dépossédés d'une partie de leur territoire pour avoir aidé les Britanniques lors de la guerre d'Indépendance (1775-1782), ils s'organisent, créent un alphabet (1821), fondent la *Nation cherokee* (1827), avec une Constitution et un Parlement. Après la découverte d'or sur leur territoire, ils doivent le céder (1835) et sont déportés en Oklahoma (1838-1839). Les descendants de ceux qui ont échappé à la déportation vivent aujourd'hui du tourisme dans une réserve de Caroline-du-Nord.

CHERUBINI Luigi (1760-1842) ✦ Compositeur italien. Il s'installe à Paris (1786), enseigne au Conservatoire dès sa fondation en 1795 et en devient le directeur (1822). Il acquiert une brillante réputation dans toute l'Europe. Très variée, son œuvre comprend des opéras (*Lodoïska*, 1791 ; *Médée*, 1797), de la musique religieuse (*Messe en la majeur* pour le couronnement de Charles X, 1825 ; deux requiems, dont un à la mémoire de Louis XVI), de la musique de chambre (quatuors à cordes et sonates pour piano), des hymnes révolutionnaires et des mélodies.

CHEVAL (Ferdinand dit le Facteur) (1836-1924) ✦ Architecte amateur français. Ce facteur rural construit à Hauterives (Drôme) son «palais idéal» (1879-1912), mêlant sculptures d'animaux et figures symboliques, en pierres et coquillages, dans un style à la fois naïf et baroque, que les surréalistes admirent.

CHEVALIER Maurice (1888-1972) ✦ Chanteur français. Débutant à treize ans, il devient le partenaire de Mistinguett au music-hall (1909), interprète des opérettes et impose son personnage gouailleur, toujours en costume et coiffé d'un canotier. Il fait du cinéma en France puis à Hollywood (1928), où il connaît la célébrité (*La Veuve joyeuse*, 1931 ; *Folies-Bergère*, 1935 ; *Gigi*, 1957). Revenu en France, il fait ses adieux au music-hall (1968). Chansons : *Valentine, Prosper, Ma pomme, Dans la vie, faut pas s'en faire*.

CHEVERNY ✦ Commune du Loir-et-Cher. 1 006 habitants (les *Chevernois*). Château de style Louis XIII, construit en pierre blanche (1604-1634), qui possède de riches collections de peintures, de meubles et de tapisseries.

Chèvre de Monsieur Seguin (La) ✦ Conte publié en 1866 par Alphonse Daudet dans *Les* ***Lettres de mon moulin***. Monsieur Seguin, dont le loup mange toutes les chèvres, en achète une jeune et très jolie qu'il attache dans son pré. Mais comme les autres, Blanquette veut aller gambader dans la montagne et son maître l'enferme dans une étable. Elle réussit à s'échapper et passe une merveilleuse journée de liberté. Le soir venu, elle est surprise par le loup et se bat courageusement contre lui toute la nuit. Au lever du jour, épuisée, elle est dévorée.

CHEVREUL Eugène (1786-1889) ✦ Chimiste français. Il étudie les corps gras (*Recherches sur les corps gras d'origine animale*, 1823), développant ainsi la chimie organique, et met au point la théorie de la saponification et la fabrication des bougies de stéarine, qui remplacent les chandelles de suif. Nommé directeur des teintures à la manufacture des **Gobelins** (1824), il crée une théorie des couleurs (*De la loi du contraste simultané des couleurs*, 1839) et définit un cercle chromatique qui inspire les impressionnistes puis les néo-impressionnistes (**Seurat**). Académie des sciences (1826), directeur du Muséum national d'histoire naturelle (1864).

CHEVREUSE (vallée de) ✦ Partie de la vallée de l'Yvette, située dans les Yvelines, à l'ouest de Saint-Rémy-lès-Chevreuse. Elle est vallonnée et couverte de bois. On y trouve les ruines de l'abbaye de **Port-Royal**-des-Champs et le château de Dampierre. Le parc naturel régional de la haute vallée de Chevreuse, créé en 1985, s'étend sur 24 500 hectares et englobe, au sud, les forêts des Vaux de Cernay et des Yvelines (partie est de la forêt de Rambouillet).

CHEYENNES n. m. pl. ✦ Peuple d'Indiens d'Amérique originaires de la région des **Grands Lacs**, de langue algonquine. Ils vivent d'agriculture, de chasse et de cueillette. Poussés par les **Sioux**, ils émigrent vers le Dakota (XVIIIe siècle) et deviennent chasseurs nomades, puis vers le Colorado (XIXe siècle). Ils sont connus pour leur résistance acharnée à l'avance des

Blancs (1857-1877). Les descendants des survivants vivent dans le Montana (Cheyennes du Nord) et dans l'Oklahoma (Cheyennes du Sud).

CHHATTISGARH n. m. ✦ État du centre de l'Inde créé en 2000 dans l'est du Madhya Pradesh (☛ carte 41). Superficie : 135 191 km² (environ un quart de la France). 25,5 millions d'habitants. Capitale : Raipur (1,12 million d'habitants). Couvert de forêts et irrigué par la Godavari, l'État vit de l'agriculture (céréales, tabac, élevage bovin, pêche), des ressources minières (fer, charbon, bauxite, étain) et de l'industrie (métallurgie, alimentaire, chimie).

CHIAPAS n. m. ✦ État du sud-est du Mexique, situé à la frontière du Guatemala et bordé au sud par l'océan Pacifique. 74 211 km² (environ un septième de la France). 4,8 millions d'habitants. Capitale : Tuxtla Gutiérrez. Région montagneuse agricole (café) et touristique (sites archéologiques comme **Palenque**), où la forêt vierge est menacée par l'exploitation du pétrole et l'élevage. La population indienne a mené une violente rébellion (1994) et, inspirée par **Zapata**, revendiqué une réforme agraire.

CHICAGO ✦ Ville des États-Unis (Illinois), au bord du lac **Michigan**. 2,7 millions d'habitants (9,1 millions pour l'agglomération, la 3ᵉ du pays) (☛ carte 57). Centre industriel (métallurgie, construction navale, alimentaire, chimie, imprimerie), commercial (céréales, bétail), culturel (architecture contemporaine, musées, activités musicales). Ville natale de Raymond Chandler, John Dos Passos, Walt Disney, James Watson.

CHICHÉN ITZA ✦ Site archéologique du Mexique, dans le **Yucatan**. Fondée au Vᵉ siècle, cette importante ville maya atteint son apogée avec l'installation des Indiens Itzas (VIIIᵉ siècle), qui l'abandonnent puis la repeuplent sous la domination culturelle des **Toltèques** (Xᵉ-XIIᵉ siècles). Le site est ensuite progressivement abandonné. Les monuments les plus remarquables sont la pyramide de Kukulkan, dite *El Castillo*, le temple des Guerriers, le temple des Jaguars, le grand jeu de balle et la place des Mille Colonnes, au nord de laquelle on trouve le *cenote*, puits sacré recevant les offrandes (sacrifices humains et objets précieux). Ce site est inscrit sur la liste du patrimoine mondial de l'Unesco.

CHICHESTER sir Francis (1901-1972) ✦ Navigateur britannique. Vainqueur de la première **Transat anglaise** (1960), il réalisa le tour du monde d'ouest en est en solitaire (1966-1967) et fut anobli pour cet exploit.

CHILDEBERT ✦ Nom de plusieurs rois **mérovingiens** dont le plus connu est **CHILDEBERT Iᵉʳ** (vers 495-558), roi de Paris de 511 à sa mort, fils de **Clovis**, qui bat les **Wisigoths** près de Narbonne (531).

CHILDÉRIC ✦ Nom de plusieurs rois **mérovingiens**, dont les plus célèbres sont : **CHILDÉRIC Iᵉʳ** (vers 436-481), roi des **Francs** Saliens de 457 à sa mort, père de **Clovis** ; **CHILDÉRIC III** (mort en 755), dernier roi mérovingien de 743 à 751, fils de Chilpéric II, renversé par **Pépin le Bref**.

CHILI n. m. ✦ Pays d'Amérique du Sud, qui s'étire sur 4 300 km du nord au sud (☛ cartes 44, 46). Superficie : 756 945 km² (presque une fois et demie la France). 15,1 millions d'habitants (les *Chiliens*), en majorité catholiques. République dont la capitale est Santiago. Langue officielle : l'espagnol ; on y parle aussi le quechua. Monnaie : le peso. ♦ GÉOGRAPHIE. L'est du Chili, couvert par les **Andes**, possède des volcans actifs et subit des tremblements de terre. Au nord se trouve le désert d'**Atacama** au climat aride, la vallée centrale est de climat méditerranéen, le sud est une côte très découpée, couverte de forêts, au climat froid et pluvieux. ♦ ÉCONOMIE. L'agriculture (céréales, fruits, vigne) et l'élevage (bovins) dominent au centre, la pêche au sud. Le sous-sol, très riche en cuivre (premier producteur mondial), contient aussi du fer, du charbon, du pétrole (**Terre de Feu**) et du gaz. L'industrie est bien développée (métallurgie, pétrochimie, bois, agroalimentaire). ♦ HISTOIRE. La région est conquise par les **Incas** (fin du XVᵉ siècle) puis par les Espagnols (1536-1560), qui la placent sous l'autorité du **Pérou** (jusqu'en 1778). Le pays obtient son indépendance (1818), marquée de troubles politiques. Il gagne la guerre du Pacifique contre le Pérou et la Bolivie (1883) et établit un régime démocratique (1891). L'essor industriel se heurte à la crise économique de 1929 et le pouvoir oscille entre réformes populaires et investissements étrangers, en particulier sous la présidence du socialiste Salvador **Allende** (1970-1973). Le coup d'État militaire du général Pinochet établit la dictature (1974), qui est dénoncée par la communauté internationale. Son échec permet le retour à la démocratie (1990).

CHILPÉRIC ✦ Nom de deux rois **mérovingiens** : **CHILPÉRIC Iᵉʳ** (539-584), roi de Neustrie de 561 à sa mort, fils de Clotaire Iᵉʳ et père de Clotaire II ; **CHILPÉRIC II** (vers 670-721), roi de Neustrie de 715 à sa mort, fils de Childéric II et père de Childéric III. **Charles Martel** exerce le pouvoir à sa place.

CHIMBORAZO n. m. ✦ Volcan éteint des Andes, point culminant de l'Équateur (6 310 m). Gravi pour la première fois en 1880, son sommet est couvert de glace.

CHIMÈNE ✦ Personnage féminin de la pièce de théâtre *Le Cid*, publiée en 1636 par Pierre Corneille. Elle est désespérée car Rodrigue, l'homme qu'elle aime, a tué son père, et l'honneur exige qu'elle réclame vengeance.

CHIMÈRE ✦ Monstre fabuleux de la mythologie grecque. Elle possède un corps de chèvre et une tête de lion (ou deux têtes, une de chèvre et une de lion) et une queue de serpent, crache des flammes et terrorise une région d'Asie Mineure. **Bellérophon** réussit à la tuer avec l'aide de **Pégase**. Cette créature est souvent représentée par les artistes de la Renaissance.

CHINE (mer de) ✦ Partie de l'océan Pacifique bordant les côtes de la Chine. La *mer de Chine orientale* s'étend depuis le Japon et la Corée jusqu'à Taïwan (770 000 km² ; 1,4 fois la France) ; la *mer de Chine méridionale* entre l'Indochine à l'ouest, la Malaisie au sud, Taïwan et les Philippines à l'est (3,5 millions de km² ; 6,4 fois la France).

CHINE n. f. ✦ Pays d'Asie de l'Est (☛ carte 40). Troisième pays du monde par sa superficie : 9,5 millions de km² (plus de 17 fois la France). 1,339 milliard d'habitants (les *Chinois*), c'est le pays le plus peuplé du monde. République populaire dont la capitale est Pékin (Beijing). Autres villes importantes : Shanghai, Tianjin, Canton, Nankin, Macao. Langue officielle : le chinois mandarin ; on y parle aussi le chinois cantonais et de nombreuses langues minoritaires. Monnaie : le yuan. ♦ GÉOGRAPHIE. L'ouest de la Chine est formé de montagnes et de plateaux (désert de **Gobi**, monts Kunlun, **Tibet**, **Himalaya**) au climat désertique. À l'est, les plateaux et les grandes vallées (**Mandchourie**) ont un climat continental soumis à la mousson qui provoque de graves inondations. ♦ ÉCONOMIE. L'agriculture (céréales, soja, coton, thé, bois) est fondamentale, les côtes du sud pratiquent la pêche. Le sous-sol est très riche (charbon, pétrole, fer, cuivre, or, aluminium). De grandes zones industrielles (métallurgie, chimie, mécanique, agroalimentaire, textile) sont présentes à l'est. L'électricité provient du charbon et de l'aménagement des fleuves. La côte compte plusieurs ports ouverts au commerce international. ♦ HISTOIRE. Occupée 1,5 million d'années av. J.-C., la région connaît l'écriture avec la première dynastie historique (1765-1066 av. J.-C.) ; la philosophie (**Lao-Tseu**, **Confucius**) avec la seconde (1050-221 av. J.-C.), qui commence à construire la Grande **Muraille** ; le bouddhisme et la route de la Soie avec les **Han** (206 av. J.-C.-220). Unifiée après de nombreux troubles (581), elle atteint son apogée avec les Tang (618-907) et les Song (960-1279). **Gengis Khan** conquiert le nord (1206). Le sud est conquis par son petit-fils Kubilaï qui fonde la dynastie Yuan (1280-1368) ; c'est à sa cour qu'il reçoit Marco **Polo**. Les Mongols sont repoussés par les **Ming** (1368-1644). Les Mandchous fondent la dynastie Qing (1644-1911), qui étend l'empire. Les relations amicales avec les Occidentaux s'enveniment. Les deux guerres de l'**Opium** (1840-1842 et 1856-1860) obligent la Chine à rétablir le commerce international et donnent **Hong Kong** à la Grande-Bretagne. La guerre du **Tonkin** (1884-1885) donne le Viêtnam à la France. Le **Japon** obtient **Taïwan** et la Corée après un conflit (1894-1895). Après ce démantèlement, la révolution éclate (1911). Les nationalistes et les communistes s'allient pour reconquérir le pays (1926), se battent pour le pouvoir (**Longue Marche** de **Mao Zedong**, 1934-1936) et s'allient de nouveau contre le Japon (1945). Vainqueurs d'une nouvelle guerre civile, les communistes proclament la *République populaire de Chine* (1949). Les nationalistes se replient sur Taïwan (**Jiang Jieshi**). Repoussé par les intellectuels, Mao lance la révolution industrielle («Grand Bond en avant», 1958-1959), rompt avec l'**URSS** (1960) puis décide la **Révolution culturelle** (1965). Il réussit à entrer à l'ONU (1971) en se rapprochant des États-Unis. À sa mort (1976), ses proches tentent un coup d'État, qui échoue. Les modérés prennent le pouvoir, mais la violente répression des manifestations étudiantes pour la démocratie (place Tianan men, 1989) marque le retour à un pouvoir autoritaire qui s'ouvre aujourd'hui à l'économie de marché qui subit les effets de la crise (2008-2009).

CHINON ✦ Ville d'Indre-et-Loire. 8 073 habitants (les *Chinonais*). Églises Saint-Mexme (Xᵉ-XIᵉ siècles), Saint-Maurice (XIIᵉ-XVIᵉ siècles) et Saint-Étienne (XVᵉ siècle) ; un des châteaux de la **Loire**, inscrit sur la liste du patrimoine mondial de l'Unesco et constitué de trois forteresses (XIᵉ-XIIIᵉ siècles), où Charles VII reçoit Jeanne d'Arc (1429). Près de Chinon se trouve le lieu de naissance de François Rabelais. ♦ La ville est prise par **Clovis** aux Wisigoths (vers 500), puis elle passe aux Anglais (1044-1205). **Philippe Auguste** la conquiert (1205) et impose un traité par lequel **Jean sans Terre** renonce à ses fiefs en France (1214).

CHIOS ou **CHIO** ✦ Île grecque de la mer Égée, au large de la Turquie. Superficie : 840 km^2. Chef-lieu : Chios (30 000 habitants). Vestiges d'un temple d'Apollon, ruines archaïques et romaines, monastère byzantin de Néa Moni (XIᵉ siècle), citadelle génoise (XIVᵉ siècle). ♦ Une des douze cités d'**Ionie**, centre culturel et marché d'esclaves, qui se soumet aux Perses (494 av. J.-C.), entre dans la Ligue de **Délos** (477-412 av. J.-C.) puis passe aux Romains, aux Byzantins, aux Génois, aux Turcs (1566). Ces derniers massacrent la population grecque insurgée (1822, célèbre tableau de Delacroix) puis les Grecs occupent l'île (1912) qui leur est finalement attribuée (traité de Lausanne, 1923).

CHIRAC Jacques (né en 1932) ✦ Homme d'État français. Partisan du général de **Gaulle**, il est ministre sous **Pompidou** et Premier ministre sous **Giscard d'Estaing** (1974-1976). Il fonde son parti, le Rassemblement pour la République (RPR, 1976), devient maire de Paris (1977-1995), Premier ministre sous **Mitterrand** (1986-1988), puis président de la République (1995-2007).

CHIRAZ ✦ Ville d'Iran, au sud du pays, à 1 600 m d'altitude. Plus d'un million d'habitants. Vieille mosquée (IXᵉ-XIIᵉ siècles, anciens manuscrits du Coran), mosquée du Régent (XVIIIᵉ siècle), mausolées de grands poètes persans (**Hafiz**, Saadi), citadelle, palais, bazars, jardins, roseraies, vignobles. Centre administratif, universitaire, artisanal (argent ciselé, marqueterie, tapis), industriel (chimie, textile, raffinage pétrolier). Ville natale du poète Hafiz. ♦ Fondée par une dynastie perse (684), la ville devient la capitale du pays à deux reprises (IXᵉ siècle, 1749-1779), et surtout le centre de son rayonnement culturel (XIIIᵉ-XIVᵉ siècles).

CHIRICO Giorgio De → DE CHIRICO Giorgio

CHISINAU ✦ Capitale de la Moldavie, au centre du pays, appelée *Kichinev* de 1944 à 1991. 664 700 habitants. Centre industriel (alimentaire, métallurgie, mécanique, électricité).

CHITTAGONG ✦ Ville du Bangladesh, au sud-est du pays, sur le golfe du Bengale. 2 millions d'habitants. Principal port et seconde ville du pays, centre industriel (métallurgie, textile, alimentaire).

CHOISEUL Étienne François (duc de) (1719-1785) ✦ Homme politique français. Ce militaire, protégé par Madame de **Pompadour**, devient ambassadeur (1754-1758) puis secrétaire d'État aux Affaires étrangères (1758), à la Guerre (1761-1770) et à la Marine (1761-1766). Pour prendre sa revanche sur la Grande-Bretagne, il s'allie à l'Autriche et à l'Espagne, réforme l'armée et la marine qui s'illustrent dans la guerre de l'**Indépendance américaine**, réunit la Lorraine à la France (1766) et achète la **Corse** aux Génois (1768) mais ne peut empêcher le partage de la Pologne (1772). Partisan des **Lumières**, il supprime la Compagnie de **Jésus** (1764), encourage l'*Encyclopédie* et l'opposition parlementaire. Cette opposition, tout autant que des dépenses militaires jugées excessives et l'hostilité de Madame du **Barry** à son égard, provoquent le renvoi du ministre (1770).

CHOLET ✦ Ville du Maine-et-Loire. 53 853 habitants (les *Choletais*). Musée des Guerres de Vendée. Centre industriel (textile, constructions mécaniques et électriques, pneus) et commercial (bétail), renommé pour sa fabrication de mouchoirs. ♦ Très disputée entre royalistes et révolutionnaires pendant la guerre de **Vendée** (1793-1794), la ville est détruite, puis reconstruite après la Révolution.

CHONGQING ✦ Ville de Chine, au centre du pays, sur le Chang Jiang. 6,2 millions d'habitants. Elle forme une municipalité autonome de la Chine (82 400 km^2 ; 29 millions d'habitants) (☛ carte 57). Grand port fluvial, centre de commerce (céréales, thé) et d'industrie (textile, chimie, sidérurgie, mécanique). Centrale hydroélectrique. Capitale du gouvernement nationaliste de **Jiang Jieshi** de 1938 à 1949. Les sculptures rupestres de Dazu, situées à 160 km au nord-ouest de la ville, sont inscrites sur la liste du patrimoine mondial de l'Unesco.

CHOPIN Frédéric (1810-1849) ✦ Compositeur polonais. Pianiste virtuose dès son enfance, il quitte la Pologne (1830) pour devenir professeur à Paris. Il s'y lie d'amitié avec Liszt, Berlioz, Musset et Delacroix. Il rencontre George **Sand** avec qui il vit une passion tumultueuse (1837-1847) et meurt au retour de son voyage en Angleterre (1848). Il compose surtout pour le piano, dont il explore de nouvelles possibilités. Sa musique, de style romantique, exprime la profondeur et la diversité des émotions. Œuvres : *Valses*, les *Polonaises*, les *Mazurkas*, les *Nocturnes* (1827-1846), les *Études* (vers 1830-1840) et les *Préludes* (1839-1841).

CHOSTAKOVITCH Dmitri (1906-1975) ✦ Compositeur russe. Critiqué pour son modernisme, il adopte un style plus conforme au «réalisme socialiste» (vers 1937), tout en réclamant la liberté de l'artiste, et devient musicien officiel du régime soviétique. Ses œuvres sont puissantes et lyriques : *L'Âge d'or* (ballet, 1930) ; *Lady Macbeth de Mzensk* (opéra, 1930-1932) ; quinze symphonies (1926-1972) dont la 7e, dite «de Léningrad» (1941) ou la *10e* (1953) ; *Le Chant des forêts* (oratorio, 1949) ; il a également composé des musiques de films (*La Chute de Berlin,* 1949).

CHOUANS n. m. pl. ✦ Nom donné aux paysans de Bretagne, de Normandie, du Maine et de l'Anjou, qui se révoltent contre la **Révolution française** à partir de 1793. Ce mouvement s'appelle la *chouannerie.* Ils sont mécontents des difficultés économiques, de la politique antireligieuse et de l'enrôlement de soldats décidé par la **Convention** pour la guerre. Ils provoquent une guerre civile, qui s'ajoute à l'insurrection de **Vendée,** pour éliminer les partisans et les représentants des autorités républicaines. La région est pacifiée (1795) mais le mouvement continue jusqu'au début du Premier Empire (**Cadoudal**).

CHRÉTIEN DE TROYES (vers 1135-vers 1183) ✦ Poète français. Inspiré par les légendes celtes de la **Table ronde**, il écrit des romans en vers, dans lesquels les chevaliers, partagés entre l'amour et l'aventure, luttent héroïquement contre les maléfices : *Érec et Énide* (vers 1170), ***Lancelot*** *ou le Chevalier de la charrette* et *Yvain ou le Chevalier au lion* (vers 1180), ***Perceval*** *ou le Conte du Graal* (vers 1181).

CHRIST n. m. ✦ Nom grec donné à **Jésus** qui signifie «oint par Dieu». Pour ses disciples, les chrétiens, le Christ est le Messie annoncé par les prophètes bibliques. Fils et envoyé de Dieu sur terre, il meurt sur la croix pour racheter les péchés des hommes et ressuscite au troisième jour. La religion du Christ, le *christianisme,* a été propagée par les **Apôtres**.

CHRISTIE Agatha (1890-1976) ✦ Romancière britannique. Elle écrit environ 70 romans policiers, dans lesquels elle propose au lecteur des énigmes surprenantes qui sont résolues par des personnages originaux, comme Hercule **Poirot** ou miss Marple. Romans célèbres : *Le Meurtre de Roger Ackroyd* (1926), *Le Crime de l'Orient-Express* (1934), *Dix Petits Nègres* (1939). ■ Son véritable nom est *Mary Clarissa Miller.*

CHRISTINE (1626-1689) ✦ Reine de Suède de 1632 à 1654. Montée sur le trône à cinq ans, elle prend le pouvoir, signe le traité de Westphalie (1648) et se fait couronner en 1650. Amie des savants et des intellectuels, elle invite **Descartes** à sa cour (1649). Elle abdique (1654), se convertit au catholicisme, vit d'intrigues politiques et suscite des scandales avant de se fixer à Rome pour les vingt dernières années de sa vie, protégeant les artistes. Son personnage inspire un film, *La Reine Christine* (1933), avec Greta **Garbo.**

CHRISTINE DE PISAN (vers 1363-vers 1430) ✦ Écrivain français. Elle se consacre à la poésie (poème *Seulette suis et seulette veux être,* vers 1389) puis écrit des ouvrages moraux et historiques et prend la défense des femmes contre les satires de l'époque : *Le Livre des faits et bonnes mœurs du sage roi Charles V* et le *Livre de la Cité des Dames* (1405), le *Dictié en l'honneur de Jeanne d'Arc* (1429).

CHRISTO (né en 1935) ✦ Artiste américain d'origine bulgare. Il travaille, avec sa femme, à modifier les paysages ou les monuments grâce à des œuvres éphémères en tissu : *La Barrière en fuite,* en Californie, 1976 ; *Le Pont-Neuf empaqueté,* à Paris, 1985. ■ Son véritable nom est *Christo Vladimiroff Javacheff.*

CHRISTOPHE (saint) ✦ Martyr chrétien du IIIe siècle. La légende, inspirée par son nom («qui porte le Christ», en grec), en a fait un géant qui permet aux voyageurs de traverser la rivière en les portant sur ses épaules. Un jour, un enfant pèse soudain un poids extraordinaire et Christophe, découvrant qu'il s'agit du **Christ,** se met à son service. On en a fait le saint protecteur des voyageurs et des automobilistes.

CHURCHILL Winston (1874-1965) ✦ Homme politique britannique. Député et plusieurs fois ministre, il prépare la marine à la guerre (1911), soutient la résistance contre la révolution russe (1917) puis il se retire de la politique jusqu'à la Deuxième **Guerre mondiale,** tout en dénonçant la montée du nazisme. Nommé Premier ministre (1940-1945), il symbolise la résistance britannique contre Hitler dont il est un adversaire acharné. Il s'allie aux États-Unis, négocie avec **Staline** et prépare les conférences internationales (**Yalta,** 1945). Ensuite il milite pour maintenir la grandeur de l'Empire britannique et s'engage du côté américain dans la guerre froide contre le communisme, inventant l'expression *rideau de fer.* Il publie ses *Mémoires de guerre* (1948-1954) et reçoit le prix Nobel de littérature en 1953. De nouveau Premier ministre (1951-1955), il quitte le pouvoir pour se consacrer à la peinture et à l'écriture. ■ Son véritable nom est *sir Winston Leonard Spencer Churchill.*

CHYPRE n. f. ✦ Pays d'Europe du Sud, en Méditerranée, au sud de la Turquie et à l'ouest de la Syrie (☛ cartes 24, 25). Superficie : 9 251 km^2 (ensemble de l'île). 856 857 habitants (les *Chypriotes* ou les *Cypriotes*), en majorité orthodoxes. République dont la capitale est Nicosie. Langues officielles : le grec et le turc ; on y parle aussi l'anglais. Monnaie : l'euro, qui remplace la livre chypriote. ♦ GÉOGRAPHIE. Chypre est une île montagneuse au climat méditerranéen. La riche plaine de la Mésorée s'étend au nord de l'île. Plusieurs sites, notamment préhistoriques et byzantins, sont inscrits sur la liste du patrimoine mondial de l'Unesco. ♦ ÉCONOMIE. Toutes les ressources, agricoles (agrumes, pomme de terre, vigne, légumes), minérales (cuivre, chrome, amiante) et touristiques sont bien exploitées, sauf dans le nord, en grande difficulté. Les activités maritimes sont importantes (marine marchande). ♦ HISTOIRE. La région, habitée dès la préhistoire, est occupée par les Mycéniens et les Phéniciens, puis passe sous la domination des Perses et des Lagides, avant d'être annexée par Rome (58 av. J.-C.) et rattachée à la province de Cilicie. Évangélisée par saint **Paul**, elle devient byzantine puis elle est ravagée par les Arabes (632-964). Conquise par **Richard Cœur de Lion** en route pour la croisade (1191), elle devient un royaume (1192-1489), allié à celui de Jérusalem. L'île est cédée à la République de Venise (1489), puis elle est soumise par la Turquie (1571). Après trois siècles de domination ottomane, elle passe sous tutelle britannique (1878). Elle obtient difficilement son indépendance (1960) dans le cadre du Commonwealth (1961). Le président est renversé par un coup d'État mené par la Grèce (1974). Les Turcs interviennent et proclament la République turque de Chypre du Nord (1983), sur un territoire de 3 355 km^2 et comptant 165 000 habitants, mais non reconnu par la communauté internationale. La partie grecque de l'île rejoint l'Union européenne en 2004.

CIA n. f. (sigle anglais, de *Central Intelligence Agency* «Agence centrale de renseignements») ✦ Service d'espionnage et de contre-espionnage américain, créé par Truman au moment de la **guerre froide** (1947). Sous l'autorité du président des États-Unis, elle se consacre surtout à la lutte contre le communisme jusqu'en 1991. La CIA dispose de moyens technologiques et humains considérables.

CICÉRON (106 av. J.-C.-43 av. J.-C.) ✦ Homme politique romain. Avocat puis consul (63 av. J.-C.), il déjoue le complot de **Catilina**, puis doit s'exiler en Grèce (58-57 av. J.-C.). À la mort de César (44 av. J.-C.), il attaque **Antoine**, qui le proscrit et le fait assassiner. Orateur exceptionnel, il cherche à fonder une morale dans ses plaidoiries, ses discours politiques *(Catilinaires),* ses traités sur l'éloquence (*De oratore,* 55 av. J.-C.) et la philosophie (*De legibus,* 52 av. J.-C. ; *De republica,* 51 av. J.-C.). ■ Son nom latin est *Marcus Tullius Cicero.*

Cid (Le) ✦ Pièce de théâtre de Pierre Corneille (1636). Cette tragicomédie est inspirée par un héros espagnol de la **Reconquista**, un combattant vaillant et loyal surnommé le *Cid Campeador* («seigneur et illustre guerrier» en espagnol). Rodrigue et **Chimène** vont se marier, mais Rodrigue tue en duel le père de sa fiancée, pour venger son propre père (Don Diègue) insulté et trop âgé pour se défendre. Malgré son amour, Chimène réclame en châtiment un combat singulier dont Rodrigue sort victorieux. Entre-temps, le héros avait sauvé le royaume d'une attaque des Maures, et Chimène accepte d'épouser l'homme qu'elle n'est plus obligée de haïr.

CIMAROSA Domenico (1749-1801) ✦ Compositeur italien. Il connut la célébrité dans toute l'Europe avec ses opéras. Il est nommé par Catherine II de Russie maître de chapelle et compositeur de la cour de Saint-Pétersbourg en 1787. C'est à Vienne, à son retour de Russie, qu'il compose son chef-d'œuvre, *Le Mariage secret* (1792). On lui doit plus de 70 opéras, des oratorios, des messes, des cantates, des sonates pour clavecin et des concertos.

CIMBRES n. m. pl. ✦ Peuple germanique installé au Jutland. Avec les **Teutons**, ils émigrent vers le sud (120 av. J.-C.), battent les Romains en Autriche (113 av. J.-C.) puis envahissent l'Espagne et la Gaule. Le général romain Marius les arrête aux portes de l'Italie (101 av. J.-C.).

CINCINNATI ✦ Ville des États-Unis (Ohio), sur la rivière Ohio. 331 285 habitants (1,6 million pour la zone urbaine). Centre de commerce et d'industrie (mécanique, chimie). Ville natale de Steven Spielberg.

CINTO (monte) ✦ Point culminant de la Corse (2 706 m), dans le nord-ouest de l'île.

CIOTAT (La) ✦ Commune des Bouches-du-Rhône, sur la côte méditerranéenne. 35 631 habitants (les *Ciotadens*). Station balnéaire. Réparation de bateaux sur le site des anciens chantiers navals.

CIRCÉ ✦ Magicienne de la mythologie grecque, fille du Soleil, sœur de Pasiphaé, et tante de Médée. Dans l'*Odyssée,* elle transforme en animaux les compagnons d'**Ulysse**, échoués sur son île située près de la Sardaigne. Ce dernier neutralise ses philtres et oblige Circé à rendre à ses compagnons leur forme humaine. Il reste un an auprès d'elle et ils ont un fils, Télégone.

CISJORDANIE n. f. ✦ Région du Proche-Orient, à l'ouest de la mer Morte et du Jourdain. Elle est formée de la **Samarie** et de la **Judée.** Superficie : environ 5 600 km^2. 2,35 millions d'habitants (les *Cisjordaniens*). Villes principales : Bethléem, Jéricho, Naplouse, Hébron et Ramallah. ♦ Cette riche région est conquise et annexée par la **Jordanie** (1950). Depuis la guerre des Six-Jours (1967), elle est occupée par **Israël** qui y établit des colonies de peuplement. Les Palestiniens déclenchent la «guerre des pierres» (Intifada, 1987). Elle aboutit à l'autonomie de **Jéricho** (1994), puis à une autonomie totale de sept villes et partielle des villages, le reste du territoire (70 %) demeurant sous contrôle israélien (1995). Israël entreprend la construction d'une gigantesque barrière pour contrôler le passage des Palestiniens (2002), barrière déclarée illégale par la Cour internationale de justice (2004).

CITÉ (île de la) ✦ Île du centre de Paris, sur la Seine. Elle est reliée par huit ponts (dont le **Pont-Neuf**) au reste de la ville et à l'île **Saint-Louis.** L'île, qui correspond à la cité de **Lutèce**, prend son nom alors que Paris est la capitale de **Clovis** (508). **Notre-Dame de Paris**, la **Sainte-Chapelle** et la **Conciergerie** sont construites au Moyen Âge, l'Hôtel-Dieu actuel et la préfecture de police datent du Second Empire. Entre le square du Vert-Galant (pointe ouest) et celui de l'île de France (pointe est), on trouve aussi la place Dauphine (1607), le Palais de Justice et le Marché aux fleurs et aux oiseaux.

CÎTEAUX-L'ABBAYE ✦ Commune de la Côte-d'Or, au nord-est de Beaune. Robert de Molesme y fonde une abbaye et réforme l'ordre bénédictin (1098). Sous l'impulsion de saint **Bernard de Clairvaux**, les moines *cisterciens* fondent les quatre abbayes de La Ferté, Pontigny, **Clairvaux** et Morimond (1113-1115). Ne dépendant que du pape, Cîteaux devient un ordre qui s'enrichit rapidement et auquel s'affilient plusieurs monastères dans toute l'Europe (XIIe-XIIIe siècles). Fondée sur la rigueur et l'austérité, sa spiritualité influence la vie intellectuelle et artistique et fait de Cîteaux, avec **Cluny**, un des centres de la culture médiévale.

CITÉ INTERDITE ✦ Palais du centre de Pékin, formé d'un ensemble de bâtiments réservés à la cour impériale et entourés d'une muraille. Commencée en 1406 puis restaurée (XVIIe-XIXe siècles), elle est inscrite sur la liste du patrimoine mondial de l'Unesco et forme aujourd'hui un vaste musée.

CITROËN André (1878-1935) ✦ Industriel français. Il fonde une usine produisant des obus (1915) puis des voitures en série (1919) et inaugure le travail à la chaîne en France. Il s'occupe de transports (taxis parisiens, autocars), utilise la publicité (illumination de la tour Eiffel, 1925), organise des expéditions automobiles (Croisière noire en Afrique, 1924-1925 ; Croisière jaune en Asie, 1931-1932) et invente la traction avant (1934).

CITY (la) ✦ Quartier de l'est de Londres, entre la cathédrale Saint-Paul et la Tour de Londres. C'est le plus ancien quartier de la ville, toujours administré comme au Moyen Âge (élection du lord-maire). Il abrite le quartier des affaires, qui regroupe la Bourse, les banques, les compagnies d'assurances, les sièges d'entreprises et les journaux.

CIUDAD DE GUATEMALA ✦ Capitale du Guatemala, dans le sud du pays, en altitude (1 500 m). 2,5 millions d'habitants (les *Guatémaliens*). Appelée aussi *Guatemala de la Asuncion*. Centre administratif, commercial et industriel du pays. Ville natale de M. A. Asturias. ♦ Fondée sur les ruines de l'ancienne capitale (1775), elle subit parfois de violents tremblements de terre (1917, 1976).

CIUDAD JUAREZ ✦ Ville du nord du Mexique, à la frontière des États-Unis, sur le Rio Grande. 1,32 million d'habitants ; 2 millions avec El Paso (Texas) de l'autre côté du fleuve. Ateliers d'assemblage («maquiladoras») en sous-traitance pour les États-Unis.

CLAIR René (1898-1981) ✦ Cinéaste français. Ses premiers films, muets, se caractérisent par une certaine poésie et de la fantaisie. Il connut un succès international à l'arrivée du cinéma parlant : *Sous les toits de Paris* (1930), *Le Million* (1931), *À nous la liberté* (1931). Il fit débuter Gérard **Philipe** dans *La Beauté du diable* (1949) et le fit à nouveau jouer dans *Les Grandes Manœuvres* (1955). Académie française (1960). ■ Son véritable nom est *René Chomette*.

CLAIRE (sainte) (1193-1253) ✦ Religieuse italienne. Disciple de saint **François d'Assise**, elle créa à sa demande l'ordre des Pauvres Dames (les *clarisses*) à Assise en 1212, sur le modèle de l'ordre des Frères mineurs (franciscains).

CLAIRVAUX ✦ Commune de l'Aube, près de Bar-sur-Aube. Des moines cisterciens (**Cîteaux-l'Abbaye**) y fondent une abbaye (1115) dont saint **Bernard de Clairvaux** est le premier abbé et qui devient la maison mère de nombreux monastères. Les restes de l'abbaye sont transformés en prison centrale (1808).

CLAMECY ✦ Chef-lieu d'arrondissement de la Nièvre, sur l'Yonne. 3 889 habitants (les *Clamecycois*) (☛ carte 23). Centre industriel (agroalimentaire, chimie). Ville natale de l'écrivain Romain Rolland et du navigateur Alain Colas.

CLAUDE Ier (10 av. J.-C.-54) ✦ Empereur romain de 41 à sa mort. Succédant à son neveu **Caligula**, il fait de la **Thrace** une province romaine (46) et soumet la Bretagne (sud de l'Angleterre, 43-47). Il laisse assassiner sa femme infidèle (Messaline), puis épouse **Agrippine la Jeune**, dont il adopte le fils (**Néron**), et déshérite son propre fils (Britannicus). Il meurt assassiné, probablement par Agrippine.

CLAUDE DE FRANCE (1499-1524) ✦ Duchesse de **Bretagne** de 1514 à sa mort, et reine de France. Fille de Louis XII et d'Anne de Bretagne, elle est mariée à **François Ier** (1514) et donne naissance à **Henri II.** À sa mort, la Bretagne est réunie à la Couronne.

CLAUDEL Paul (1868-1955) ✦ Poète et auteur dramatique français. Diplomate en poste aux États-Unis (1893), en Extrême-Orient (1895-1909), dont la pensée et l'esthétique le marquent, en Europe, il devient ambassadeur de France à Tokyo, Washington puis Bruxelles (1921-1936). Converti au catholicisme (1886), il donne un sens spirituel et universel à la poésie, et trouve l'amour divin dans la souffrance humaine. Ses œuvres les plus célèbres sont des drames : *Tête d'or* (1890), *Partage de midi* (1906), *L'Otage* (1909), *L'Annonce faite à Marie* (1912), *Le Soulier de satin* (1929). Académie française (1946). Sa sœur, **Camille CLAUDEL** (1864-1943), se consacre à la sculpture et travaille avec Rodin.

CLAUDINE ✦ Personnage créé en 1900 par **Colette.** Elle est l'héroïne d'une série de cinq romans : *Claudine à l'école* (1900), *Claudine à Paris* (1901), *Claudine en ménage* (1902), *Claudine s'en va* (1903), *La Maison de Claudine* (1922). Les quatre premiers paraissent sous le nom de Willy, pseudonyme du premier mari de Colette, Henri Gauthier-Villars. Ces récits mélangent des éléments de la vie de Colette et des parties imaginaires. La vie de Claudine, marquée par la découverte de l'amour sous toutes ses formes, provoque un scandale à l'époque.

CLAVEL Bernard (1923-2010) ✦ Écrivain français. Couronné par le prix Goncourt en 1968 pour *Les Fruits de l'hiver,* il a publié de très nombreux romans, souvent organisés en sagas comme *La Grande Patience* (1969), *Les Colonnes du ciel* (1985) ou *Le Royaume du Nord* (1989). Il écrit également pour la jeunesse *(Légendes du Léman, Légendes de la mer).* Son réalisme et son sens de l'humain font de lui un écrivain très populaire.

CLEMENCEAU Georges (1841-1929) ✦ Homme politique français. Élu député pendant la Commune (1871), il s'oppose au gouvernement (**Gambetta**, Jules **Ferry**) mais se retire à cause du scandale de **Panama.** Revenu à la politique en publiant «J'accuse» de **Zola** dans le journal *L'Aurore* (1898), il devient président du Conseil (1906-1909) puis rompt avec la gauche. Il est rappelé au gouvernement par **Poincaré** pour lutter contre l'Allemagne (1917-1919). Il confie, en accord avec **Lloyd George,** le commandement des armées à **Foch** et est surnommé «le Tigre» ou «le Père la Victoire», puis négocie le traité de **Versailles** (1919). Il perd l'élection présidentielle (1920) et quitte la politique pour voyager et écrire. Académie française (1918).

CLÉMENT V (mort en 1314) ✦ Pape de 1305 à sa mort. Archevêque de Bordeaux (1299), il est le premier à s'installer en Avignon et doit faire face à la volonté de **Philippe le Bel** de faire condamner Boniface VIII, son prédécesseur, et de supprimer les **Templiers.** Le pape profite du concile de Vienne (1312) pour abolir l'ordre.

CLEMENTI Muzio (1752-1832) ✦ Compositeur, chef d'orchestre et pianiste italien. Chef d'orchestre de l'Opéra italien de Londres, il entreprend de 1780 à 1785 une grande tournée de concerts à travers l'Europe et rencontre Haydn et Mozart à Vienne. De retour à Londres, il se consacre à l'édition musicale et à la facture de pianos. On lui doit six symphonies, de la musique de chambre, une centaine de sonates pour piano extrêmement novatrices. Il est l'un des inventeurs du piano moderne et le créateur d'un style d'écriture qui remplaça celui du clavecin. Pédagogue réputé, il a laissé plusieurs ouvrages didactiques.

CLÉOPÂTRE (69 av. J.-C.-30 av. J.-C.) ✦ Reine d'Égypte de 51 av. J.-C. à sa mort, sous le nom de *Cléopâtre VII*. Mariée à son frère **Ptolémée XIII,** elle est chassée du trône puis rétablie par Jules **César** (46 av. J.-C.), à qui elle donne un fils (Ptolémée XV, surnommé *Césarion*). Par la suite, elle séduit **Antoine** qui l'aide à fonder un empire (Chypre, Crète, Phénicie, Cyrénaïque, Syrie). Pour protéger le pouvoir de Rome, Octave (**Auguste**) leur déclare la guerre et remporte la bataille (**Actium,** 31 av. J.-C.). Antoine se donne la mort et Cléopâtre se suicide également. Son personnage inspire de nombreux écrivains, comme Shakespeare (*Antoine et Cléopâtre,* vers 1606) ainsi que des cinéastes, comme Joseph Mankiewicz (*Cléopâtre,* 1963), qui donne le rôle à Elizabeth Taylor.

CLERMONT ✦ Chef-lieu d'arrondissement de l'Oise. 10 502 habitants (agglomération 21 473) (les *Clermontois*) (☛ carte 23). Laiterie. ♦ Dès le début de la dynastie capétienne, la ville est le siège d'un comté puissant qui est réuni à la Couronne par Philippe Auguste (1218).

CLERMONT-FERRAND ✦ Chef-lieu du Puy-de-Dôme. 141 365 habitants (les *Clermontois* ou les *Montferrandais*) et l'agglomération 264 704. Cathédrale gothique Notre-Dame de l'Assomption (XIIIe-XIVe puis XIXe siècles), basilique romane Notre-Dame-du-Port (XIIe siècle). Centre industriel (pneus, fromages, eaux minérales) et universitaire. Ville natale de Grégoire de Tours, Pascal, Édouard Michelin. ♦ Capitale des **Arvernes** après Gergovie, Clermont est plusieurs fois détruite puis devient la capitale de l'**Auvergne** au Moyen Âge. Philippe Auguste la réunit à la Couronne et le pape y prêche la première croisade (1095). Elle est ensuite unie à Montferrand (1633) et Louis XIV y tient les Grands Jours d'Auvergne (1665).

CLEVELAND ✦ Ville des États-Unis (Ohio), sur le lac Érié. 478 403 habitants (2,9 millions d'habitants pour la zone urbaine). Riche musée d'art. Port de commerce, centre industriel (métallurgie, mécanique, électricité, électronique). J. D. **Rockefeller** y fonde la Standard Oil Company (1870).

CLINTON William Jefferson dit **Bill** (né en 1946) ✦ Homme d'État américain. Ce gouverneur démocrate de l'Arkansas (1978-1980 et 1982-1992) devient le 42e président des États-Unis (1992-2000). Il libéralise le commerce international et obtient la signature d'un accord de paix entre Israël et la Jordanie (1994). Sa femme, **Hillary CLINTON** (née en 1947), sénatrice démocrate de l'État de New York (2000-2009), est nommée secrétaire d'État (2009-2013). Candidate à l'élection présidentielle, elle échoue face à Donald Trump (2016).

CLIO ✦ Une des **Muses,** dans la mythologie grecque, protectrice de l'histoire. On la représente avec une couronne de laurier, tenant un rouleau de papyrus à la main.

CLIPPERTON (îlot) ✦ Atoll corallien de la Polynésie française, dans l'océan Pacifique, à 1 300 km des côtes mexicaines. Superficie : 6 km^2. Inhabité. Il est annexé par la France (1858), occupé par les Mexicains qui exploitent ses gisements de phosphates (1906-1917) puis attribué à la France par un arbitrage du roi d'Italie (1931).

CLOTAIRE ✦ Nom de plusieurs rois **mérovingiens,** dont les plus connus sont : **CLOTAIRE Ier** (497-561), roi de Neustrie de 511 à sa mort, fils de **Clovis** et père de Chilpéric Ier et Sigebert Ier. Il conquiert la Thuringe et le royaume des Burgondes avec ses frères (531-534) puis devient roi des Francs après leur mort (558) ; **CLOTAIRE II** (584-628), roi de Neustrie de sa naissance à sa mort, fils de Chilpéric Ier et père de **Dagobert Ier**. Il conquiert l'Austrasie et devient roi des Francs (613).

CLOTILDE (sainte) (v. 475-545) ✦ Reine des Francs. Elle est la fille de Chilpéric, roi des Burgondes, et la femme de **Clovis Ier** qu'elle convertit au christianisme.

CLOUET Jean (vers 1475-vers 1540) ✦ Peintre français, d'origine flamande. Installé à Tours (1515), il devient le peintre officiel de François Ier. Il réalise surtout des miniatures et des portraits au crayon, d'une grande précision et très appréciés à la cour des Valois. Ses œuvres les plus connues sont : *Preux de Marignan* (miniatures), *François Ier en costume d'apparat* (☛ Renaissance p. 165), *Le Dauphin François, Guillaume Budé, Inconnu avec un livre de Pétrarque.* Son fils, **François CLOUET** (vers 1515-1572), formé dans l'atelier de son père, devient peintre du roi (1541).

CLOVIS ✦ Nom de plusieurs rois **mérovingiens,** dont le plus connu est **CLOVIS Ier** (vers 466-511), roi des Francs de 481 à sa mort, fils de Childéric Ier et père de Childebert Ier, de Clotaire Ier et de Thierry Ier. Clovis bat le Romain Syagrius à **Soissons** (486). Marié à une princesse burgonde, Clotilde, il soumet les **Alamans** à Tolbiac (496), les **Wisigoths** à Vouillé (507), et règne alors sur presque toute la Gaule, faisant de Paris sa capitale. Converti au catholicisme, il est baptisé à Reims par saint Remi (vers 496-500).

CLUNY ✦ Ville de Saône-et-Loire. 4 775 habitants (les *Clunisois*). ♦ Réputé pour son abbaye fondée par le duc d'Aquitaine (910), l'ordre des moines de Cluny réforme l'Église et dépend directement de la papauté. À son apogée (XIIe siècle), il dirige plus d'un millier de monastères, organise des pèlerinages, prépare les croisades et influence l'art roman. L'église, commencée en 1088, devient la plus grande de tout le monde chrétien (180 m de long) jusqu'à la construction de Saint-Pierre de Rome (XVe siècle). Elle est presque entièrement détruite à la Révolution.

CLUNY (musée de) ✦ Musée de Paris consacré au Moyen Âge, fondé en 1844. Il est installé dans l'hôtel des abbés de Cluny, de styles gothique et Renaissance (1485-1500), lui-même construit sur le site de thermes gallo-romains du IIIe siècle. On peut en voir les vestiges (*caldarium* et *frigidarium,* bain chaud et bain froid), et le pilier des nautes (marins marchands de Lutèce), trouvé en 1711 dans le chœur de la cathédrale de Paris : daté du Ier siècle, il représente des dieux gaulois et romains et constitue la plus ancienne sculpture de Paris. Aux collections du musée, où figure notamment la célèbre tapisserie de *La **Dame à la licorne**,* ont été ajoutées les 21 têtes de la Galerie des Rois (XIIIe siècle), arrachées aux statues de la façade de Notre-Dame à la **Révolution** et retrouvées en 1977.

CLUSES ✦ Commune de Haute-Savoie. 17 510 habitants (agglomération 88 260) (les *Clusiens*) (☛ carte 23). Centre industriel (horlogerie, mécanique de précision).

CLYTEMNESTRE ✦ Personnage de la mythologie grecque. C'est la fille du roi de Sparte et de Léda, la sœur d'Hélène, de Castor et de Pollux. Elle épouse Agamemnon, le roi de Mycènes, et lui donne trois enfants, Électre, Iphigénie et Oreste. Après le sacrifice de sa fille **Iphigénie,** elle prend un amant, Égisthe, et tous deux assassinent **Agamemnon** et **Cassandre** à leur retour de Troie. Ils sont tués à leur tour par **Oreste** et **Électre** qui vengent ainsi leur père. Le personnage de Clytemnestre inspire les tragédiens antiques comme Eschyle *(Agamemnon, Les Choéphores),* Sophocle et Euripide *(Électre).*

CNAM n. m. *(Conservatoire national des Arts et Métiers)* ✦ Établissement public français d'enseignement supérieur technique. Créé par la Convention nationale sur proposition de l'abbé **Grégoire** (1794), il s'installe en 1799 dans l'ancien prieuré Saint-Martin-des-Champs (XIIe-XIIIe siècles). Le Conservatoire se consacre aujourd'hui à la formation professionnelle des adultes, à la recherche technologique et à la diffusion de la culture scientifique et technique grâce au Musée des Arts et Métiers (collection de machines depuis le XVe siècle, réseau documentaire scientifique).

CNOSSOS ✦ Site archéologique de **Crète,** au sud d'Héraklion. Dans l'Antiquité, Cnossos est la capitale de la civilisation crétoise (IIIe-IIe millénaires av. J.-C.). Construit peu après 2000 av. J.-C., détruit vers 1750 et reconstruit vers 1700 av. J.-C., son palais-cité, le plus important de l'île, a peut-être influencé la légende du Labyrinthe, construit par **Dédale** pour le roi **Minos.** Depuis 1900, les fouilles britanniques ont permis de retrouver de nombreux vestiges de la civilisation dite *minoenne,* dont une écriture (le «linéaire A») dont on n'a pas encore percé le mystère.

CNRS n. m. *(Centre national de la recherche scientifique)* ✦ Organisme public, créé à Paris (1939). Il regroupe plus de 20 000 chercheurs et ingénieurs. Il a pour principales missions d'évaluer, de développer et de promouvoir la recherche scientifique.

COBLENCE ✦ Ville d'Allemagne (Rhénanie-Palatinat), au confluent de la Moselle et du Rhin. 106 531 habitants. Église Saint-Castor (IXe-XIIe siècles), forteresse d'Ehrenbreitstein (XIe siècle). Centre administratif et de commerce (vins). Les émigrés français s'y réfugient et fondent l'armée de Condé pour contrer les armées révolutionnaires (1792). Ville natale de Metternich et de Valéry Giscard d'Estaing.

COCHIN ✦ Ancien nom de la ville indienne de **Kochi.**

COCHINCHINE n. f. ✦ Région historique du sud du Viêtnam. Elle est formée par le delta du **Mékong** et sa ville principale est **Saigon.** Elle est habitée par les *Cochinchinois.* Appartenant aux **Khmers,** elle est occupée petit à petit par les Vietnamiens (XVIIIe-XIXe siècles). Les Français prennent Saigon (1859) et font de la région une colonie, intégrée à l'Union indochinoise (1887), puis au **Viêtnam** après la guerre d'**Indochine** (1949).

COCTEAU Jean (1889-1963) ✦ Artiste français. Possédant des dons multiples, il est toujours à l'avant-garde des arts, mêlant la poésie et l'imagination pour donner un sens universel à ses œuvres. Il écrit des romans (*Thomas l'Imposteur,* 1922 ; *Les Enfants terribles,* 1929), des poésies (*Plain-Chant,* 1923 ; *Le Requiem,* 1962), des pièces de théâtre (*La Machine infernale,* 1934 ; *Les Parents terribles,* 1938, *L'Aigle à deux têtes,* 1946), des essais autobiographiques (*La Difficulté d'être,* 1947). Il réalise des films (*Le Sang d'un poète,* 1930 ; *L'Éternel Retour,* 1943, *La **Belle et la Bête**,* 1946 ; *Orphée,* 1951 ; *Le Testament d'Orphée,* 1959), crée des décors de ballet, décore des chapelles (Saint-Pierre à Villefranche-sur-Mer, 1957 ; Saint-Blaise-des-Simples à Milly-la-Forêt, où il est enterré, 1959) et illustre de nombreux ouvrages. Académie française (1955).

CODE CIVIL n. m. ✦ Recueil de lois promulgué en 1804 et souvent appelé *Code Napoléon* (☛ Empire p. 176). Le Code civil est le travail d'une commission chargée par Bonaparte d'unifier les lois dans tout le pays et de remplacer les règles de l'Ancien Régime (1800). Il est modifié au XXe siècle, et de nombreux États s'en inspirent pour créer leur législation.

CŒUR Jacques (vers 1395-1456) ✦ Homme d'affaires français. Il commerce en Méditerranée, établit des comptoirs (Avignon, Lyon, Limoges, Rouen, Paris, Bruges), devient le banquier, le maître des monnaies (1436), l'argentier (1440) et le conseiller de Charles VII (1442), remplit des missions diplomatiques et subventionne la reconquête de la **Normandie** (1449-1450). Jalousé pour son immense fortune (palais à **Bourges**), il est emprisonné pour malversations (1451), s'échappe, se réfugie à Rome (1454) et meurt dans une expédition à Chios.

COGNAC ✦ Ville de Charente. 18 717 habitants (les *Cognaçais*). Église Saint-Léger (XIIe siècle), château des Valois (XVe-XVIe siècles), où est né **François Ier**. Réputée pour la distillation et le vieillissement de son eau-de-vie de raisin (le *cognac*), elle produit aussi des tonneaux et de la verrerie. Ville natale de l'économiste Jean Monnet. ♦ Cognac est l'une des quatre «places de sûreté» accordées aux protestants pendant la **Réforme.**

COHEN Albert (1895-1981) ✦ Écrivain suisse de langue française. Ce diplomate devient conseiller juridique du Comité intergouvernemental pour les réfugiés (1944), fonctionnaire à l'ONU (1947-1951), puis il se consacre à la littérature. Ses romans et ses écrits autobiographiques dépeignent avec un humour caustique et lyrique son attachement au peuple juif et son amour des femmes : *Solal* (1930), *Mangeclous* (1938), *Le Livre de ma mère* (1954), *Belle du Seigneur* (1968), *Les Valeureux* (1969).

COIMBRA ✦ Ville du Portugal, au centre-ouest du pays. 139 083 habitants. Cathédrale romane fortifiée (XIe siècle), université (1290), la seule du pays jusqu'en 1911, inscrite sur la liste du patrimoine mondial de l'Unesco, monastère de la Sainte-Croix (Renaissance). Ville industrielle (alimentaire, textile, céramique). ♦ Cette forteresse arabe, prise par le roi de Leon (1064), est la première capitale du pays, remplacée par Lisbonne en 1255.

COIRE ✦ Ville de Suisse, chef-lieu du canton des Grisons, dans la vallée du Rhin. 32 441 habitants (66 235 pour l'agglomération). Sa cathédrale (XIIe-XIIIe siècles) en fait un centre touristique important.

COLAS Alain (1943-1978) ✦ Navigateur français. Il remporta la **Transat anglaise** (1972) puis battit le record du tour du monde en multicoque en 169 jours (1974). Il disparut en mer sur la **Route du Rhum**.

COLBERT Jean-Baptiste (1619-1683) ✦ Homme politique français. Il travaille pour **Mazarin** puis pour Louis XIV, qui lui confie de nombreuses charges. Il devient ainsi le rival de **Louvois.** Il réorganise les finances et l'administration, créant les fermiers généraux et les intendants. Il encourage l'industrie (manufacture des **Gobelins**) et le commerce, taxe les importations et développe les ports et les voies de communication. Il fonde les Compagnies des Indes orientales et occidentales (1664), l'Académie des inscriptions (1663, **Institut de France**), l'Académie des Sciences (1666), l'Observatoire (1667), et protège les arts (**Le Brun**). Académie française (1667).

COLCHIDE n. f. ✦ Ancienne contrée de l'Asie, à l'est du Pont-Euxin et au sud du Caucase, sur l'emplacement de l'actuelle Géorgie. Ses mines d'or sont probablement à l'origine du mythe de la **Toison d'or**.

COLEMAN Ornette (1930-2015) ✦ Musicien de jazz américain. Saxophoniste, trompettiste, violoniste et compositeur, il est l'un des musiciens les plus emblématiques du «free jazz» des années 1960. Œuvres principales : *Something else* (1958), *The Shape of Jazz to Come* (1959), *Free Jazz* (1960).

COLERIDGE Samuel Taylor (1772-1834) ✦ Poète britannique. Il est, avec W. **Wordsworth**, un des fondateurs du mouvement romantique au Royaume-Uni. Les *Ballades lyriques,* qu'ils publient ensemble (1798), contiennent son plus célèbre poème, *Le Dit du vieux marin.* Philosophe, il est l'inspirateur et le théoricien de l'*Encyclopaedia Metropolitana* (1817-1845).

COLETTE (1873-1954) ✦ Romancière française. Née en Bourgogne, qu'elle décrit souvent, elle épouse Henri Gauthier-Villars, dit *Willy* (1893), qui signe de son nom les premiers romans qu'elle écrit, la série des **Claudine** (1900-1903). Après son divorce (1906), elle devient mime, puis journaliste pendant la Première Guerre mondiale. Dans ses œuvres, elle traduit son amour de la vie et de la liberté, de la nature et des animaux, avec beaucoup de sensualité et de passion : *Dialogues de bêtes* (1904), *L'Ingénue libertine* (1909), *La Vagabonde* (1910), *Chéri* (1920), *Le Blé en herbe* (1923), *La Naissance du jour* (1928), *Sido,* qui est le surnom de sa mère (1930), *La Chatte* (1933), *Gigi* (1943). ■ Son véritable nom est *Sidonie Gabrielle Colette.*

COLIGNY Gaspard de Châtillon, sire de (1519-1572) ✦ Amiral de France. Catholique passé à la Réforme, il devient l'un des chefs protestants pendant les guerres de **Religion.** Malgré ses défaites et ses ravages en Guyenne et en Languedoc, il obtient de **Charles IX** une paix honorable (Saint-Germain, 1570) qui mécontente les catholiques. Il meurt lors du massacre de la **Saint-Barthélemy.**

COLISÉE n. m. ✦ Amphithéâtre de Rome, appelé aussi *amphithéâtre Flavien.* La construction est commencée sous **Vespasien** (72) et il est inauguré par **Titus** (80). Son nom *(Colosseum)* lui a été donné parce qu'il était proche de la grande statue de Néron. Comportant quatre étages avec une hauteur de 57 m et un périmètre long de 524 m, il peut contenir 50 000 personnes, qui assistent aux combats de gladiateurs, de fauves et au martyre des premiers chrétiens. Endommagé, il sert de carrière de pierres au Moyen Âge, puis il est rénové par les papes à partir du XVIIIe siècle.

COLLABORATION (la) ✦ Politique d'entente avec l'Allemagne nazie menée par le gouvernement français de **Vichy** après la défaite de 1940. Le maréchal **Pétain** propose à Adolf **Hitler** de participer à une «Europe nouvelle» dominée par l'Allemagne. Soutenue par les mouvements d'extrême droite, elle cherche à éliminer l'«ennemi intérieur», communiste, résistant ou juif. Elle prend plusieurs formes. Politique, elle provoque l'adoption de lois raciales puis la déportation des Juifs. Économique, elle fournit à l'occupant des produits, du matériel et de la main-d'œuvre, grâce au Service du travail obligatoire qui remplace le service militaire (STO, 1943). Militaire, elle crée la Légion des volontaires français (LVF, 1941), les unités françaises de combattants SS (1943) et la Milice française (1943), qui combat la **Résistance** en liaison avec la **Gestapo.** Des collaborateurs, réfugiés en Allemagne (1944), tentent de prolonger le gouvernement de **Vichy** mais, à la **Libération**, plusieurs sont condamnés à mort par la Haute Cour de justice, et parfois exécutés.

COLLÈGE DE FRANCE n. m. ✦ Établissement d'enseignement fondé en 1530 par **François Ier** sur les conseils de **Budé**. Indépendants de la Sorbonne dès l'origine, les professeurs furent installés en 1610 dans un collège construit près de la vieille faculté. Il dépend du ministère de l'Éducation depuis 1852. Les professeurs, titulaires de 52 chaires, ont été cooptés par les autres professeurs. Leurs cours sont ouverts à tous. Le Collège, qui dispose également de laboratoires de recherche, ne délivre aucun diplôme.

COLLIOURE ✦ Commune des Pyrénées-Orientales, sur la Méditerranée. 3 046 habitants (les *Colliourencs*). Château royal fortifié par Vauban. Église Notre-Dame-des-Anges (XVIIe siècle). Station balnéaire. Port de pêche qui inspira de nombreux peintres. Conserverie d'anchois. Vins de Collioure et Banyuls.

COLMAR ✦ Chef-lieu du Haut-Rhin. 68 784 habitants (les *Colmariens*). Collégiale Saint-Martin (XIIe-XIVe siècles), église des Dominicains (XIVe-XVe siècles), temple protestant Saint-Matthieu (XIVe siècle), musées Bartholdi et Unterlinden. Centre touristique, administratif, commercial (vins d'Alsace), industriel (métallurgie, textile, alimentaire). Ville natale du sculpteur Bartholdi et de l'écrivain-dessinateur Hansi. ♦ Résidence des Carolingiens, puis ville impériale du **Saint Empire** (1226), la ville adopte une charte communale (XIVe siècle). Prise par les Suédois pendant la guerre de **Trente Ans** (1632), elle est annexée par Louis XIV (1673), qui en fait la capitale judiciaire de l'Alsace (1698), et devient le chef-lieu du Haut-Rhin (1790).

COLOGNE ✦ Ville d'Allemagne (Rhénanie-du-Nord-Westphalie), à l'ouest du pays, sur le Rhin. 1 million d'habitants. Sa cathédrale, un chef-d'œuvre de l'art gothique (1248-1880), est inscrite sur la liste du patrimoine mondial de l'Unesco. Vestiges romains, nombreuses églises médiévales (Saint-Géréon, IXe siècle ; Saints-Apôtres et Saint-Séverin, XIe-XIIIe siècles). Important port fluvial, centre industriel (construction mécanique, chimie, alimentaire), commercial (banques, assurances) et culturel (3e université du pays, nombreux musées dont le célèbre Wallraf-Richartz). Ville natale du chancelier Adenauer, d'Offenbach et H. Böll. ♦ La ville, fondée en 38 av. J.-C. et fortifiée par **Néron**, devient la capitale de la **Germanie** inférieure, prise par les **Francs** (462). Elle devient ville impériale (XIIIe siècle), son rôle commercial (adhésion à la **Hanse**) et culturel (université ; école de peinture dite *école de Cologne,* XIVe-XVIe siècles) décline pendant les guerres de **Religion.** Prise par les Français (1794) et attribuée à la **Prusse** (1815), elle est occupée par les Alliés (1918-1926), détruite par les bombardements puis reconstruite après la Deuxième **Guerre mondiale.**

COLOMB Christophe (vers 1451-1506) ✦ Navigateur italien. Il s'installe au Portugal et étudie la cartographie, puis propose à plusieurs souverains d'Europe son projet de trouver une route vers les Indes en passant par l'ouest. Il se met au service de l'Espagne et **Isabelle de Castille** le nomme amiral et vice-roi des territoires à découvrir. Parti d'Espagne avec trois caravelles, la *Santa Maria* (☛ Grandes Découvertes p. 166), la *Pinta* et la *Niña* le 3 août 1492, il atteint les **Bahamas, Cuba** et **Haïti.** Il en prend possession au nom du roi d'Espagne qui, à son retour, le confirme dans ses titres (1493). Au cours des voyages suivants, il découvre d'autres terres : **Dominique, Guadeloupe, Porto-Rico** et **Jamaïque** (2e voyage 1493-1496), Trinité, Tobago, **Grenade,** delta de l'Orénoque (3e voyage 1498-1500), **Sainte-Lucie, Martinique** et côtes de l'Amérique centrale (4e et dernier voyage 1502-1504) (☛ carte 13). Entretemps, les plaintes des premiers colons et les traitements infligés aux Indiens (soumis à des corvées et vendus comme esclaves) lui avaient fait perdre son titre et, surtout, le monopole qu'il avait sur les nouveaux territoires. L'adjectif *précolombien* qualifie ce qui concerne l'Amérique avant l'arrivée des Européens. ■ Son nom italien est *Cristoforo Colombo,* les Espagnols l'appellent *Cristóbal Colón.*

Colomba ✦ Roman de Prosper Mérimée (1840). Héroïne indomptable et symbole de l'âme corse, Colomba veut venger son père assassiné par une famille rivale. Son frère Orso, officier sur le continent qui réprouve la vendetta, se laisse entraîner dans la tragédie par l'énergie morale et l'absence de scrupules de la jeune femme.

COLOMBES ✦ Ville des Hauts-de-Seine, au nord-ouest de Paris, sur la Seine. 84 392 habitants (les *Colombiens*). Centre résidentiel et industriel. Le stade Yves-du-Manoir est construit en 1924 pour les Jeux olympiques.

COLOMBIE n. f. ✦ Pays d'Amérique du Sud (☛ cartes 44, 46). Superficie : 1,1 million de km² (plus de deux fois la France). 41,4 millions d'habitants (les *Colombiens*), en majorité catholiques. République dont la capitale est Bogota. Langue officielle : l'espagnol ; on y parle aussi des langues indiennes. Monnaie : le peso. ♦ GÉOGRAPHIE. La cordillère des **Andes,** volcanique, occupe tout l'ouest avec les plaines côtières. Les affluents de l'Orénoque et de l'Amazone y prennent leur source. Le pic Cristobal Colon (point culminant, 5 775 m) surplombe la mer des Caraïbes. L'est, presque inhabité, est couvert par la savane au nord et la forêt amazonienne au sud. Le climat tropical est très humide. ♦ ÉCONOMIE. L'agriculture domine (2e producteur mondial de café dont la zone de culture est inscrite sur la liste du patrimoine mondial de l'Unesco, canne à sucre, coton, banane, céréales). L'élevage bovin est pratiqué en montagne et dans la savane. Le sous-sol est riche (pétrole, charbon, nickel, or, émeraude). D'importants revenus sont générés par la production et le trafic de drogue (coca, pavot, cannabis). ♦ HISTOIRE. La région est conquise par les Espagnols sur les Indiens Chibchas (XVIe siècle), avant d'être unie au Venezuela et à l'Équateur sous le nom de *Nouvelle-Grenade* (1739). Elle obtient son indépendance avec Simon **Bolivar** (1819) et fait partie de la **Grande-Colombie** (1819-1830), avec le Venezuela, le Panama et l'Équateur. Elle devient une république (1886-1930), séparée du Panama en 1903. Depuis la guerre civile (1948-1953) achevée par un coup d'État militaire, le régime est démocratique ; mais le pays reste victime d'une grande insécurité.

COLOMBIE-BRITANNIQUE n. f. ✦ Province du Canada, depuis 1871, située dans l'ouest du pays (☛ carte 48). Superficie : 944 735 km² (environ 1,7 fois la France). 4,1 millions d'habitants. Capitale : Victoria ; ville principale : Vancouver. ♦ Occupée par les montagnes **Rocheuses,** boisées et au climat continental, elle comprend les îles de la Reine-Charlotte et de Vancouver. Le climat est plus doux sur les côtes, très découpées. La population se concentre dans le sud. L'agriculture (fruits, légumes) et l'élevage (bovin, ovin) sont peu importants, mais la pêche est active. L'industrie (bois, raffinerie, alimentaire) est liée aux richesses naturelles (forêts, pétrole, gaz, zinc, plomb, fer). On y trouve le parc national Kootenay, créé en 1920, étendu sur 1 406 km² et inscrit sur la liste du patrimoine mondial de l'Unesco.

COLOMBINE ✦ Personnage du théâtre italien, créé au XVIe siècle. Fiancée d'**Arlequin,** c'est une servante malicieuse qui joue souvent les ingénues et porte un costume coloré et une coiffe blanche.

COLOMBO ✦ Capitale commerciale du Sri Lanka, dans le sud-ouest du pays. 561 300 habitants. Port de commerce (thé, pierres précieuses), fondé par les Portugais (1507), qui devient la capitale à l'indépendance du pays (1948).

① **COLORADO** n. m. ✦ Fleuve de l'ouest des États-Unis, long de 2 250 km. Il prend sa source dans les montagnes **Rocheuses,** traverse les États du **Colorado,** de l'**Utah,** de l'**Arizona,** où il creuse le **Grand Canyon** et qu'il sépare du **Nevada** et de la **Californie,** puis il se jette dans le golfe de **Californie,** au Mexique.

② **COLORADO** n. m. ✦ État des États-Unis depuis 1876, situé au centre du pays (☛ carte 47). Superficie : 270 000 km² (environ la moitié de la France). Plus de 5 millions d'habitants. Capitale : **Denver.** ♦ Le Colorado comprend la partie la plus élevée des montagnes **Rocheuses** (environ 4 000 m d'altitude), où les fleuves **Arkansas, Colorado** et **Rio Grande** prennent leur source. Le climat est continental. L'agriculture (légumes, céréales, fruits), l'élevage (bovin, ovin), les ressources naturelles (charbon, pétrole, gaz, uranium, or, argent), l'industrie (hydroélectricité, alimentaire, métallurgie) et le tourisme sont bien exploités. ♦ Peuplé d'Indiens anasazis (Ve-VIIIe siècles), ancêtres des **Pueblos,** il devient une colonie espagnole (1706), agrandie de territoires mexicains (1848-1850).

COLTRANE John (1926-1967) ✦ Saxophoniste et compositeur de jazz américain. Il joue avec Gillespie, Miles Davis, puis Monk avant de fonder son propre quartette (1960). Sa musique évolue du be-bop vers le free jazz dans un style virtuose proche de l'incantation. Œuvres principales : *Giant Steps* (1959), *My Favorite Things* (1960), *A Love Supreme* (1964).

COLUCHE (1944-1986) ✦ Comédien français. Il critique la bêtise *(C'est l'histoire d'un mec)* et le racisme *(Le CRS arabe)* dans des sketches moqueurs au langage populaire. Il joue ensuite dans des films comiques et dans un drame (*Tchao Pantin,* 1983), pour lequel il reçoit un César. En 1985, il fonde les Restaurants du Cœur, association qui apporte une aide alimentaire aux plus défavorisés. ■ Son véritable nom est *Michel Colucci.*

COLUMBIA n. f. ✦ Fleuve d'Amérique du Nord, long de 1 953 km (☛ carte 43). Il prend sa source au Canada, dans les montagnes **Rocheuses,** traverse, aux États-Unis, l'État de **Washington,** qu'il sépare de l'**Oregon,** et se jette dans l'océan Pacifique.

COLUMBIA (district fédéral de) ✦ District de l'est des États-Unis, où se trouve la capitale fédérale, **Washington** (☛ carte 47).

COLUMBIA ✦ Université privée américaine, située à New York. Fondée en 1754 sous le nom de King's College, elle fait partie de la prestigieuse **Ivy League.**

COLUMBUS ✦ Ville des États-Unis, capitale de l'Ohio. 711 470 habitants, (1,5 million d'habitants pour la zone urbaine). Centre culturel et industriel (aéronautique, mécanique, électricité), plus grand dépôt militaire du monde.

COMANCHES n. m. pl. ✦ Peuple d'Indiens d'Amérique du Nord. Ces éleveurs de chevaux et chasseurs de bisons sont repoussés du Wyoming vers les plaines du sud (XVIIe siècle). Ils résistent aux Blancs, mais doivent se soumettre (1875). Les descendants des survivants vivent aujourd'hui en Oklahoma, dans une réserve.

CÔME ✦ Ville d'Italie (Lombardie), au sud du *lac de Côme.* 78 680 habitants. Basilique romane Saint-Abbondio (XIe siècle), palais Broletto (XIIIe siècle), cathédrale (XIVe siècle). Industrie de la soie de renommée mondiale. Station touristique. Ville natale de Pline l'Ancien, ainsi que de Pline le Jeune, et du physicien Volta.

COMECON n. m. (sigle anglais, de *Council for Mutual Economic Assistance* «conseil d'assistance économique mutuelle») ✦ Organisme créé en 1949 à Moscou pour favoriser les échanges économiques et la coopération technique et scientifique entre les pays communistes. Il comprend l'URSS, la Bulgarie, la Hongrie, la Mongolie, la RDA, la Pologne, la Roumanie, la Tchécoslovaquie, Cuba, le Viêtnam et l'Albanie (jusqu'en 1961). Il est dissous à Budapest en 1991.

COMÉDIE-FRANÇAISE n. f. ✦ Troupe de théâtre française créée en 1680 par Louis XIV, qui regroupe la troupe de l'Hôtel de Bourgogne et celle de **Molière.** Installée à l'Odéon (1782), puis dissoute par le **Comité de salut public** (1792), elle est reconstituée par Napoléon Ier (1812) et s'établit au Théâtre-Français, appelé aussi la «Maison de Molière». Les comédiens-français sont organisés en une coopérative qui est gérée par un administrateur depuis 1847 et subventionnée par l'État. Ils sont permanents (les «sociétaires») ou engagés à l'année (les «pensionnaires»). Leur répertoire classique s'ouvre au théâtre contemporain, en particulier dans les deux autres salles de la société, le Théâtre du Vieux-Colombier et le Studio-Théâtre.

COMITÉ DE SALUT PUBLIC n. m. ✦ Organisme créé par la **Convention** le 6 avril 1793 pour prendre les décisions urgentes en matière de défense intérieure et extérieure. Il fut d'abord présidé par Danton, éliminé en juillet. Avec l'arrivée de Robespierre, le Comité devint tout puissant et organisa la **Terreur.** Il fut supprimé en 1795.

COMMERCY ✦ Chef-lieu d'arrondissement de la Meuse, sur la Meuse. 5 914 habitants (les *Commerciens*) (☛ carte 23). Château (XVIIIe siècle), résidence de Stanislas **Leszczynski.** Industrie (sidérurgie, métallurgie). Spécialité de pâtisserie (madeleines).

COMMODE (161-192) ✦ Empereur romain de 180 à sa mort. Son père **Marc Aurèle** l'associe tôt à l'Empire, mais très vite il gouverne en dictateur, multipliant les excentricités au point de vouloir débaptiser Rome et limitant les prérogatives du sénat. L'Empire se désorganise (peste, incendie de Rome) et sa maîtresse le fait étrangler.

COMMONWEALTH n. m. ✦ Association morale, plus que juridique, de 52 États (en 2016), liés par leur ancienne appartenance à l'Empire britannique. Parmi eux, on trouve la **Grande-Bretagne,** l'**Australie,** le **Canada,** l'**Inde,** ainsi que de nombreux États d'Afrique, des Antilles, d'Asie et du Pacifique. Créé en 1931 et réservé aux «dominions» (anciennes colonies à peuplement britannique), le Commonwealth s'est ouvert aux autres populations en 1949.

COMMUNE (la) ✦ Insurrection de Paris (mars 1871). Elle commence après la capitulation face à la **Prusse,** le transfert du gouvernement à Versailles et la décision, prise par **Thiers,** d'occuper et de désarmer la capitale. Un Conseil de la Commune est élu (**Courbet, Vallès**), qui prend des mesures révolutionnaires et organise la résistance armée. Mais, au cours de la «Semaine sanglante» (21-28 mai), les insurgés ou *communards* exécutent des otages et incendient des monuments (Tuileries, Hôtel de Ville) tandis que les troupes «versaillaises» investissent la ville, massacrant environ 20 000 personnes, dont plus de cent au **Père-Lachaise.** Les survivants sont condamnés à mort, aux travaux forcés ou à la déportation.

COMMYNES Philippe de (1447-1511) ✦ Chroniqueur français. Il sert **Charles le Téméraire** (1464) puis se met au service de **Louis XI** (1472). À la mort de ce dernier, il tombe en disgrâce et est même emprisonné, même s'il est encore envoyé en ambassade en Italie par Charles VIII (1494-1495). Ses *Mémoires* (1489-1498) sont un précieux témoignage de l'époque.

① **COMORES** n. f. pl. ✦ Archipel d'Afrique, dans l'océan Indien, au nord du canal de **Mozambique.** Il comprend l'île française de **Mayotte** et la République des **Comores.**

② **COMORES** n. f. pl. ✦ Pays d'Afrique (☞ carte 36). Il est situé dans l'océan Indien, au nord du canal de **Mozambique.** Il est formé des îles d'Anjouan, de Mohéli et de la *Grande Comore.* Superficie totale : 1 862 km^2 (à peu près comme le département de l'Essonne). 691 000 habitants (les *Comoriens*). République dont la capitale est Moroni. Langues officielles : l'arabe et le français ; on y parle aussi le swahili. Religion officielle : l'islam. Monnaie : le franc comorien. ♦ GÉOGRAPHIE. Les îles sont volcaniques avec le Kartala (2 361 m), qui est encore actif sur la Grande Comore. Le climat tropical est soumis à la mousson. ♦ ÉCONOMIE. Culture de canne à sucre. Production de vanille, clou de girofle et ylang-ylang exportés sous forme d'huiles parfumées. L'industrie est inexistante. ♦ HISTOIRE. Peuplées d'Africains, islamisées et formées en sultanats (IXe-XIIe siècles), les Comores sont occupées par la France (1841-1886). Rattachées à **Madagascar** (1914), elles deviennent un territoire d'outre-mer (1946). Après un référendum, l'archipel choisit l'indépendance (1975) mais les deux îles de **Mayotte** obtiennent leur rattachement à la France (1976). La vie politique est marquée par de nombreux coups d'État, Anjouan et Mohéli réclamant leur autonomie, puis l'armée prend le pouvoir (1999). Un accord de réconciliation entre les trois îles est signé, suivi par l'adoption de la constitution de l'*Union des Comores* (2001). Un État fédéral est créé, dont la présidence est assurée à tour de rôle par chacune des îles autonomes.

COMPIÈGNE ✦ Ville de l'Oise. 40 732 habitants (les *Compiégnois*). Église Saint-Jacques (XIIIe-XVe siècles) ; hôtel de ville (XVe siècle, restauré au XIXe siècle) ; appartements royaux et impériaux du château (reconstruit au XVIIIe siècle), devenu un musée du Second Empire. Centre résidentiel, universitaire et industriel (chimie, alimentaire). ♦ Dans cette résidence royale des **Mérovingiens, Charles le Chauve** construit un palais (IXe siècle). Les **bourguignons** y capturent Jeanne d'Arc (1430). **Louis XV** et **Louis XVI** y bâtissent le château, lieu de séjour favori de **Napoléon III.** Les armistices de la Première et de la Deuxième **Guerre mondiale** (1918 et 1940) sont signés à **Rethondes**, dans la *forêt de Compiègne* (14 450 ha). Non loin, les Allemands créent un centre chargé de trier les déportés qui partent vers les camps de concentration.

COMPOSTELLE → **SAINT-JACQUES-DE-COMPOSTELLE**

COMPTON Arthur (1892-1962) ✦ Physicien américain. Ses travaux sur l'interaction entre la matière et les rayonnements électromagnétiques confirmèrent l'aspect corpusculaire de la lumière (*effet Compton*). Prix Nobel de physique (1927).

COMTE Auguste (1798-1857) ✦ Philosophe français. Élève de Polytechnique (1814-1816) puis secrétaire de **Saint-Simon** (1817-1824), il ouvre des *Cours de philosophie positive* (1826, publiés 1830-1842). Sa pensée, le positivisme, a eu une influence considérable en France comme à l'étranger. Œuvres : *Discours sur l'esprit positif* (1844) *Système de politique positive* (1851-1854), *Catéchisme positiviste* (1852), *Synthèse subjective ou Système universel des conceptions propres à l'état normal de l'humanité* (1856).

Comte de Monte-Cristo (Le) ✦ Roman d'Alexandre Dumas père (1844). Edmond Dantès, victime d'une machination, est emprisonné au château d'If pendant quatorze ans. Il s'évade et s'empare du trésor de l'île de Monte-Cristo pour se venger impitoyablement de ses trois ennemis. Cette histoire est souvent adaptée au cinéma (Claude Autant-Lara, 1961) et à la télévision (1999, avec Gérard **Depardieu**).

CONAKRY ✦ Capitale de la Guinée, au sud-ouest du pays, sur une île de l'océan Atlantique. 1,5 million d'habitants. Port d'exportation (fer, bauxite, banane), centre industriel.

CONCARNEAU ✦ Ville du Finistère. 19 199 habitants (les *Concarnois*). Sur un îlot au milieu du port, la «ville close», entourée de remparts de granit (XVe siècle) remaniés par **Vauban** (XVIIe siècle). Quatrième port de pêche français et station balnéaire. Ville natale du navigateur M. Desjoyeaux. ♦ **Du Guesclin** chasse les occupants anglais de la ville en 1373.

CONCEPCION ✦ Ville du Chili, au centre du pays, sur l'océan Pacifique. 212 000 habitants. Grande agglomération portuaire avec Talcahuano et San Vincente (600 000 habitants). Centre de commerce d'une région agricole (céréales, vignes, fruits) et minière (houille), deuxième centre industriel du pays (sidérurgie, raffinage pétrolier, chimie, hydroélectricité, textile, alimentaire).

CONCIERGERIE n. f. ✦ Monument de Paris, situé sur l'île de la **Cité**. Le palais, construit par **Philippe le Bel,** sert de résidence aux rois de France depuis les **Mérovingiens. Charles V** n'y habite pas mais il y maintient son administration. Le concierge du Palais est alors un personnage important, l'intendant du roi. La Conciergerie, qui est son logement, est transformée en prison qui peut accueillir plus de mille prisonniers (1392). Elle comporte trois salles de style gothique (XIVe siècle) et quatre tours donnant sur la Seine. La tour Carrée, ou tour de l'Horloge, reçoit la première horloge publique de Paris (1370). La tour d'Argent, qui abrite le trésor de la Couronne, et la tour de César forment la porte d'entrée du palais royal. La tour Bombée, ou Bon-Bec, sert de salle de torture. À la Révolution, elle reçoit les prisonniers condamnés à la guillotine par le Palais de justice (Charlotte **Corday,** André **Chénier, Marie-Antoinette,** les girondins, Madame du **Barry, Danton, Robespierre**). Ce n'est plus une prison depuis 1914.

CONCORDAT n. m. ✦ Traité conclu entre **Bonaparte** et le pape **Pie VII,** réorganisant le catholicisme en France (1801). Les articles d'application, qui limitent fortement le pouvoir du pape, ne sont pas acceptés par ce dernier, mais le concordat demeure effectif jusqu'en 1905.

CONCORDE (place de la) ✦ Place de Paris, située entre le jardin des **Tuileries** et le bas de l'avenue des **Champs-Élysées.** C'est un octogone d'une superficie de 84 000 mètres carrés, aménagé par Jacques Ange **Gabriel**, architecte de Louis XV (1755-1775), et délimité au nord par deux palais symétriques situés de part et d'autre de la rue Royale. La statue équestre de Louis XV qui ornait le centre a été détruite et la place s'appelle un temps *place de la Révolution* (1792). La guillotine y fut installée et c'est là que Louis XVI a été décapité (1793). Le Directoire la nomme *place de la Concorde* pour symboliser la réconciliation des Français après la **Terreur** (1795). À l'entrée des **Tuileries,** se trouvent les *Chevaux ailés* de **Coysevox** (1700-1702), et à l'entrée des Champs-Élysées, les *Chevaux de Marly* de Guillaume **Coustou** (1740-1745). Louis-Philippe achève la décoration (1833-1846) avec huit statues, représentant les grandes villes de France, deux fontaines et, au centre, l'obélisque de **Louksor** offert à Charles X par le vice-roi d'Égypte et dressé en 1836.

CONCORDE n. m. ✦ Avion supersonique de transport, construit par la France et la Grande-Bretagne. Il se caractérise par son «nez» qui bascule vers l'avant pour donner une meilleure visibilité. Le premier vol a lieu à Toulouse le 2 mars 1969, et une quinzaine d'exemplaires du Concorde est construite depuis 1976. Il peut transporter une centaine de passagers, à environ deux fois la vitesse du son, et parcourir 6 500 km sans escale. Sa principale liaison consiste à relier Paris à New York (en trois heures et quarante minutes). Après un dramatique accident survenu au décollage à Roissy-en-France (25 juillet 2000), les vols sont interrompus jusqu'en septembre 2001 et définitivement arrêtés (2003). La compagnie aérienne Air France offre quatre avions à des musées situés en France et à l'étranger.

CONDÉ ✦ Dynastie de princes français, membres de la famille royale de 1530 à 1709 et issue de la maison de **Bourbon.** Louis Ier (1530-1569), chef des protestants et ennemi des **Guise**, est probablement assassiné sur ordre du futur **Henri III** pendant les guerres de **Religion.** Louis II (1621-1686), appelé *le Grand Condé,* général victorieux contre l'Espagne (1643-1648). Il s'engage dans la **Fronde**, rejoint le camp espagnol jusqu'au traité des **Pyrénées** (1659) puis retrouve le commandement français dans la guerre de **Hollande** (1672-1679).

CONDORCET (1743-1794) ✦ Mathématicien, philosophe et homme politique français. Pour ses travaux mathématiques (*Essai sur le calcul intégral,* 1765 ; *Problème des trois corps,* 1767), il entre à l'Académie des sciences (1769) et en devient le secrétaire perpétuel. Ami de Turgot, de Voltaire et de d'Alembert, il rédige des articles pour l'*Encyclopédie,* combat la peine de mort et lutte pour l'égalité des droits. Pendant la Révolution, il est élu à l'Assemblée législative, à la Convention et, convaincu du développement infini des sciences et du rôle de l'éducation, il projette de réformer l'instruction publique (1792). Pendant la Terreur, il est emprisonné comme girondin et rédige son *Esquisse d'un tableau des progrès de l'esprit humain,* qui aura une très grande influence sur Auguste Comte. Il s'empoisonne pour échapper à l'échafaud. Il repose au **Panthéon.** Académie française (1782). ■ Son nom complet est *Marie Jean Antoine Nicolas de Caritat, marquis de Condorcet.*

CONFÉDÉRATION DU RHIN ✦ Confédération constituée en 1806 par seize princes allemands (dont les rois de Bavière, de Wurtemberg et l'archevêque de Mayence) et placée sous le protectorat de **Napoléon Ier**, qui prend la tête des armées. Elle met fin au **Saint Empire** romain germanique, et François II renonce à son titre d'empereur d'Allemagne pour celui d'empereur d'Autriche sous le nom de François Ier. Elle regroupe 36 États en 1811, avant sa dissolution en 1813.

CONFÉDÉRATION GERMANIQUE ✦ Confédération constituée en 1815 par le congrès de **Vienne** à l'instigation de **Metternich**, inspiré par la **confédération du Rhin.** Présidée par l'empereur d'Autriche, elle déçoit les libéraux comme les partisans de l'unité qui finissent par s'affronter (1848-1850). Elle est dissoute quand la **Prusse** bat définitivement l'Autriche à Sadowa (1866).

CONFOLENS ✦ Chef-lieu d'arrondissement de la Charente, sur la Vienne. 2 728 habitants (les *Confolentais*) (☞ carte 23). Construction électrique. Festival de folklore. Ville natale d'Émile Roux.

CONFUCIUS (vers 555 av. J.-C.-vers 479 av. J.-C.) ✦ Philosophe chinois. Sa vie est mal connue. Sa doctrine, basée sur la compassion, la justice et le respect des usages, devient la religion d'État en Chine (IIe siècle av. J.-C.). L'ensemble des enseignements de Confucius est appelé le *confucianisme.* Dans sa ville natale de Qufu, le temple construit à sa mémoire (478 av. J.-C.), le cimetière qui abrite sa tombe et sa maison familiale sont inscrits sur la liste du patrimoine mondial de l'Unesco.

① **CONGO** n. m. ✦ Fleuve d'Afrique équatoriale, long de 4 350 km (c'est le deuxième du continent après le **Nil**) (☞ carte 34). Il est aussi appelé *Zaïre* (de 1971 à 1997). Il prend sa source à la frontière entre la **Zambie** et la République démocratique du **Congo**, qu'il traverse en formant un bassin d'une superficie de 3,4 millions de km^2. Comptant des rapides, des chutes et de nombreux affluents, il forme la frontière entre les deux Congos, arrose **Brazzaville** et **Kinshasa** et se jette dans l'océan Atlantique.

② **CONGO** n. m. ✦ Pays d'Afrique équatoriale (☞ cartes 34, 36). Son nom officiel est *république du Congo,* à ne pas confondre avec la *République démocratique du Congo.* Superficie : 341 821 km^2 (environ les deux tiers de la France). 3,7 millions d'habitants (les *Congolais*), en majorité chrétiens. République dont la capitale est Brazzaville. Langue officielle : le français ; on y parle aussi le kikongo, le lingala, le sangho et le toba. Monnaie : le franc CFA. ♦ GÉOGRAPHIE. Le pays est occupé par la vallée du fleuve Congo et couvert de forêts denses. Son climat est équatorial. ♦ ÉCONOMIE. L'exploitation du bois et l'agriculture (manioc, canne à sucre, palmier à huile, cacao, café) perdent aujourd'hui de l'importance au profit de l'exploitation des ressources du sous-sol (pétrole en mer, or, phosphates, cuivre, zinc, plomb). ♦ HISTOIRE. La région, peuplée de **Pygmées** et de **Bantous** (1er millénaire av. J.-C.), est découverte par les Portugais (1482) et explorée par Savorgnan de **Brazza** (1875). Elle devient une colonie française (1891) et fait partie de l'**Afrique-Équatoriale française** (AEF, 1910), dont la capitale est Brazzaville. Indépendant sous le nom de *Congo-Brazzaville* (1960), le pays subit des coups d'État militaires, passe du marxisme (1970) au libéralisme (1991), puis connaît des guerres civiles (1993-1994, 1997, 1999).

③ **CONGO** n. m. ✦ Pays d'Afrique centrale. Son nom officiel est *République démocratique du Congo,* à ne pas confondre avec la *république du Congo* (☞ cartes 34, 36). Superficie : 2,3 millions de km^2 (plus de quatre fois la France). 67,8 millions d'habitants (les *Congolais*), en majorité chrétiens. République dont la capitale est Kinshasa. Langue officielle : le français ; on y parle aussi le swahili, le tchilouba, le kikongo et le lingala. Monnaie : le franc congolais. ♦ GÉOGRAPHIE. Le bassin du fleuve Congo, couvert par la forêt tropicale, occupe l'ouest. Des plateaux, couverts de savanes, se relèvent vers le sud, et vers l'est jusqu'au massif volcanique Ruwenzori (5 119 m d'altitude) et au lac **Tanganyika.** Le climat est équatorial. ♦ ÉCONOMIE. L'agriculture (manioc, palmier à huile, canne à sucre, café, caoutchouc, coton) et l'élevage bovin sont pratiqués au nord et à l'est. Le sous-sol est riche (cuivre, cobalt, diamant, uranium au Katanga, or et tantale à l'est). L'industrie (alimentaire) se concentre autour de la capitale. Le pétrole est exploité à l'embouchure du Congo. ♦ HISTOIRE. La région, peuplée depuis plus de 2 millions d'années, voit naître un empire fondé sur le commerce (XVIIe siècle), puis elle subit l'esclavagisme. Explorée par **Stanley** (1874-1884), elle est attribuée à la **Belgique** (1885) dont elle devient une colonie (1908) sous le nom de *Congo belge.* La sécession réclamée par la région minière du **Katanga** au moment de l'indépendance (1960) provoque une guerre civile. Le général Mobutu prend le pouvoir (1965) et donne le nom de *Zaïre* au pays (1971) qui subit depuis des troubles incessants. Des militaires franco-belges interviennent contre les séparatistes katangais (1978). Près d'un million de Hutus affluent pendant la guerre au **Rwanda** (1994). Laurent-Désiré Kabila s'empare du pays, aidé par l'Ouganda et le Rwanda (1996-1997), et le renomme *Congo.* Le conflit s'étend lorsque la Namibie, le Zimbabwe et surtout l'Angola aident Kabila à chasser ses deux anciens alliés (depuis 1998).

① **CONNECTICUT** n. m. ✦ Fleuve du nord-est des États-Unis, long de 553 km. Il prend sa source à la frontière canadienne, sépare le Vermont du New Hampshire, traverse le Massachusetts, le Connecticut, et se jette dans l'océan Atlantique.

② **CONNECTICUT** n. m. ✦ État des États-Unis depuis 1788, situé au nord-est du pays (☞ carte 47). Superficie : 12 850 km². 3,4 millions d'habitants. Capitale : Hartford (121 578 habitants). ♦ Le Connecticut est formé d'une plaine boisée au climat continental. L'économie mêle l'élevage, la pêche et les cultures maraîchères aux industries traditionnelles (horlogerie, armurerie) et de pointe (électronique, construction aéronautique). L'État abrite des compagnies d'assurances et l'université **Yale.** ♦ Peuplé de **Mohicans** et colonisé par les Anglais (XVIIe siècle), c'est l'un des treize premiers États de l'Union.

CONNEMARA n. m. ✦ Région du nord-ouest de la République d'Irlande. Formée de tourbières, de lacs et de collines désertes, elle est souvent célébrée dans la littérature et est très touristique.

CONRAD Joseph (1857-1924) ✦ Romancier britannique d'origine polonaise. Entré dans la marine marchande britannique, il devient capitaine au long cours et navigue jusqu'en 1894 alors qu'il avait déjà commencé à écrire (en anglais). Sa finesse psychologique, l'intensité de ses évocations font de lui un écrivain majeur de la littérature moderne. *Le Nègre du «Narcisse»,* 1897 ; *Au cœur des ténèbres,* 1899 ; *Lord Jim,* 1900 ; *Typhon,* 1903 (traduit par A. Gide). ■ Son véritable nom est *Jozef Teodor Konrad Nalecz Korzeniowski.*

CONSEIL CONSTITUTIONNEL n. m. ✦ Organisme français créé en 1958 pour veiller au respect de la Constitution et à la régularité des élections. Composé des anciens présidents de la République et de neuf membres nommés pour neuf ans, il examine toutes les lois.

CONSEIL D'ÉTAT n. m. ✦ Organisme français créé en 1799 par le **Consulat.** Il siège au Palais-Royal depuis 1874. Il joue le rôle de conseiller du pouvoir exécutif et de tribunal administratif suprême.

CONSEIL EUROPÉEN n. m. ✦ Institution qui a pour but de définir les grandes orientations de la politique européenne et de désigner tous les cinq ans le président de la Commission européenne. Créé en 1974, il est composé des chefs d'État ou de gouvernement des pays membres de l'Union européenne et du président de la Commission européenne, assistés des ministres des Affaires étrangères. Il se réunit au minimum deux fois par an. Le président du Conseil européen est élu pour deux ans et demi.

CONSTABLE John (1776-1837) ✦ Peintre britannique. Admirateur des paysagistes hollandais du XVIIe siècle, de **Rubens,** du **Lorrain** et influencé par son compatriote **Gainsborough,** il peint les paysages de la campagne anglaise (*Le Moulin de Flatford,* 1817) en apportant beaucoup de soin aux variations de la lumière et aux effets d'atmosphère (*La Baie de Weymouth à l'approche de l'orage,* 1819-1827). Il se fait connaître à Paris avec *La Charrette de foin* (1821) et influence les peintres romantiques français et ceux de l'école de **Barbizon.**

CONSTANCE (lac de) ✦ Lac d'Europe, situé entre l'Allemagne, la Suisse et l'Autriche. Superficie : 540 km², l'un des plus grands lacs d'Europe. Il est traversé par le Rhin et ses berges abritent des vergers, des vignobles et des stations touristiques.

CONSTANT Benjamin (1767-1830) ✦ Homme politique et écrivain français. Éduqué en Allemagne et en Écosse, il mène une vie désordonnée, s'exile avec Mme de **Staël** par hostilité à **Napoléon,** mais rédige la Constitution des **Cent-Jours** avant de devenir, après un nouvel exil, le chef du parti libéral sous la seconde **Restauration.** Il est célèbre pour ses romans *Cécile* et *Adolphe* (1816), *Le Cahier rouge,* récit autobiographique (posthume, 1907), et ses *Journaux intimes* qui manifestent son art de l'écriture et son sens de l'analyse psychologique. ■ Son nom complet est *Benjamin Constant de Rebecque.*

CONSTANTIN Ier LE GRAND (vers 285-337) ✦ Empereur romain de 306 à sa mort. Il remporte une victoire militaire qu'il attribue au Dieu des chrétiens. Il accorde alors la liberté de culte (313), fait du christianisme la religion de l'Empire, dont il devient le seul maître (324) et qu'il transforme en monarchie de droit divin. Il fonde **Constantinople** («la ville de Constantin» en grec), sa seconde capitale (330), et construit les premiers monuments chrétiens officiels : les basiliques du Latran (vers 324) et du **Vatican** (324-349) à Rome, l'église du Saint-Sépulcre à **Jérusalem** (326-335) et la basilique **Sainte-Sophie** à Constantinople. D'autres villes portent un nom en rapport avec cet empereur : *Constantine* en Algérie ou *Constantza* en Roumanie.

CONSTANTINE ✦ Ville d'Algérie, dans le nord-est du pays. 520 000 habitants (les *Constantinois*). Centre de commerce. Ville natale de Kateb Yacine. ♦ Capitale de la **Numidie** (IIe siècle av. J.-C.), elle devient colonie romaine. Après une insurrection (311), elle est reconstruite par l'empereur **Constantin,** dont elle prend le nom. Elle passe aux mains des Arabes, des Turcs, puis des Français (1837) après une longue résistance.

CONSTANTINOPLE ✦ Capitale de l'Empire **byzantin** (395-1453). Elle est établie par **Constantin Ier** (324-330) sur le site de **Byzance.** Capitale de l'Empire romain d'Orient de 395 à 1204, c'est au Moyen Âge un centre intellectuel, commercial et industriel et la capitale religieuse des chrétiens d'Orient. **Justinien** y construit sur d'anciennes fondations l'église **Sainte-Sophie,** un modèle de l'art byzantin. La ville surpasse **Rome** par sa richesse, ses monuments splendides et sa population, plus nombreuse. Assiégée par les Perses, les Arabes et les Slaves (VIe-Xe siècles), elle est prise lors des **croisades** par les Français et les Vénitiens et devient la capitale de l'*Empire latin de Constantinople* avant de redevenir grecque (1204-1261). Les Turcs s'en emparent (1453) et l'appellent ***Istanbul,*** mais ce nouveau nom n'est reconnu internationalement qu'en 1923. Ville natale d'André Chénier.

CONSTANTZA ✦ Ville de Roumanie, dans le sud-est du pays, sur la mer Noire. 283 900 habitants. Port (commerce, pêche), terminus de la voie fluviale Danube-Rhin. Centre industriel (chantiers navals, mécanique, conserveries) et touristique (thermes romains, station balnéaire). C'est l'ancienne métropole du **Pont-Euxin,** fondée au VIe siècle av. J.-C. par les Grecs.

CONSTITUANTE n. f. → ASSEMBLÉE NATIONALE CONSTITUANTE

CONSTITUTION CIVILE DU CLERGÉ ✦ Décret voté par l'Assemblée nationale constituante le 12 juillet 1790 et ratifié par le roi le 24 août. Il visait à créer une église nationale et prévoyait que les curés et les évêques seraient élus par le peuple et devraient prêter serment de fidélité au royaume. Ils seraient assermentés (ou constitutionnels). Les prêtres qui refusaient devenaient insermentés (ou réfractaires). Le schisme au sein du clergé fut consacré par la condamnation de la Constitution par le pape Pie VI l'année suivante.

CONSULAT n. m. ✦ Période de l'histoire de France, qui s'étend du 18 **Brumaire** (10 novembre 1799) jusqu'au Premier **Empire** (18 mai 1804). La Constitution de l'an VIII (15 décembre 1799) désigne trois consuls, dont le Premier, **Bonaparte,** détient tous les pouvoirs. Il redresse le pays, crée la Banque de France (1800) et la **Légion d'honneur** (1802). Il fait la paix avec l'Église (**concordat**) et l'Autriche (1801), puis avec l'Angleterre (traité d'**Amiens,** 1802) et rétablit l'esclavage dans les colonies (1802). Nommé consul à vie par la Constitution de l'an X (4 août 1802), Bonaparte promulgue le **Code civil** (1804) puis il est nommé empereur par la Constitution de l'an XII (14 mai 1804).

Contes de ma mère l'Oye (Les) ✦ Recueil de contes de Charles Perrault (1697). Inspiré par la tradition populaire, il rend le quotidien fabuleux dans ses contes écrits en prose : *La Belle au bois dormant, Le Petit Chaperon rouge, La Barbe bleue, Le Chat botté, Cendrillon, Le Petit Poucet, Les Fées, Riquet à la houppe.* Depuis 1781, cet ouvrage est augmenté des trois contes en vers publiés en 1694 : *Grisélidis, Les Souhaits ridicules* et *Peau d'Âne.*

CONTRE-RÉFORME n. f. ✦ Mouvement catholique qui succède à la **Réforme** pour s'y opposer, aux XVIe et XVIIe siècles. ☛ Réforme p. 168. Le pape **Paul III** réunit le concile de Trente (1545-1563) qui fixe le dogme, confirme les sept sacrements et le célibat des prêtres, crée des séminaires pour former le clergé, publie un missel, un bréviaire et un catéchisme. Ce mouvement réussit à empêcher la propagation du protestantisme en Italie et en Espagne (qui encourage l'**Inquisition**) et à la limiter en France où les tensions mènent aux guerres de **Religion.**

CONTREXÉVILLE ✦ Commune des Vosges. 3 285 habitants (les *Contrexévillois*). Station thermale, eau minérale.

CONVENTION INTERNATIONALE DES DROITS DE L'ENFANT ✦ Traité international adopté par l'Assemblée générale des Nations unies en 1989. Composé de 54 articles, il garantit et protège les droits de l'enfant, avec pour grands principes la non-discrimination, le droit de vivre, de recevoir des soins et une éducation, le droit au respect de ses opinions.

CONVENTION NATIONALE n. f. ✦ Assemblée formée de 749 députés, qui succède à l'**Assemblée législative** le 21 septembre 1792. Partagée entre la droite (la **Gironde**), le centre (la **Plaine**) et la gauche (la **Montagne**), elle connaît trois grandes périodes. La *Convention girondine* (jusqu'au 2 juin 1793) proclame la République (21 septembre 1792), fait le procès de **Louis XVI,** étend la guerre à toute l'Europe et combat la **Vendée** et les **chouans.** Après l'insurrection menée par **Hébert** et les sans-culottes (juin 1793), les girondins sont arrêtés. La *Convention montagnarde* (jusqu'au 27 juillet 1794) écrit la **Déclaration des droits de l'homme et du citoyen** (1793), décrète la guerre totale et organise la **Terreur,** mais les conflits internes la détruisent. Les **jacobins** éliminent les hébertistes et les anciens cordeliers (mars-avril 1794), puis sont eux-mêmes éliminés (**Robespierre,** juillet 1794). La *Convention thermidorienne* (jusqu'au 26 octobre 1795) met fin à la Révolution et adopte la Constitution de l'an III qui instaure le **Directoire.**

COOK James (1728-1779) ✦ Navigateur britannique. Il s'engage comme mousse et devient officier. Il participe à la prise de Québec (1759), puis fait trois expéditions dans l'océan Pacifique et découvre les îles de la Société, la Nouvelle-Zélande et la côte est de l'Australie (1768-1771). Il visite ensuite les Marquises, les Nouvelles-Hébrides et la Nouvelle-Calédonie (1772-1773), et il parvient enfin à l'océan Arctique par le détroit de Béring (1776-1779), mais il est tué par les indigènes aux îles **Sandwich** (**Hawaii**). Le récit de ses *Voyages* a rencontré beaucoup de succès, notamment en France. ☛ Grandes Découvertes p. 166.

COOK Thomas (1808-1892) ✦ Homme d'affaires britannique. Ce pasteur a l'idée d'organiser des voyages pour ses fidèles et fonde en 1841 ce qui allait devenir la première agence de voyages internationale.

COOK (îles) ✦ Archipel de Polynésie, éparpillé sur deux millions de km² au centre de l'océan Pacifique (☛ carte 51). Superficie : 236 km². 14 900 habitants, en majorité protestants. On y parle l'anglais. Formé d'une quinzaine d'îles volcaniques ou coralliennes, au climat tropical, il vit de l'agriculture (fruits). ♦ Découvert par James **Cook** (1773), l'archipel est annexé par la Nouvelle-Zélande (1901), à qui il est librement associé depuis 1965.

COOPER James Fenimore (1789-1851) ✦ Romancier américain. Fils d'un colon de l'État de New York, il raconte la vie des Indiens d'Amérique et les luttes entre Français et Anglais à la fin du XVIIIe siècle. On retrouve son personnage Bas-de-Cuir dans ses cinq romans (1823-1841), dont les plus connus sont ***Le Dernier des Mohicans*** (1826) et *La Prairie* (1827).

COPENHAGUE ✦ Capitale du Danemark, dans l'est du pays, sur l'île de Sjaelland. 503 699 habitants (les *Copenhaguois*) et son agglomération plus d'un million. Châteaux et fortifications (XVIIe siècle) ; nombreux musées ; en bord de mer, célèbre statue de la Petite Sirène, inspirée par le conte d'**Andersen.** Premier port du pays, centre industriel (construction navale et mécanique, brasseries, porcelaine), commercial. Ville natale du philosophe Kierkegaard, du physicien Niels Bohr et du cinéaste Carl Dreyer. ♦ Ce village de pêcheurs (XIe siècle) est doté d'un château fort (1167), puis devient une résidence royale (1417) et la capitale du pays (1443). Cette dernière résiste aux attaques de la Suède (1658-1659), puis est ravagée par la peste (1711-1712), les incendies (1728, 1795) et un bombardement britannique (1807). Elle se développe au XIXe siècle et résiste à l'occupation allemande jusqu'en 1943.

COPERNIC Nicolas (1473-1543) ✦ Astronome polonais. Il étudie le droit et la médecine en Italie, puis revient en Pologne et se consacre à l'astronomie. Il fonde un nouveau système, selon lequel le Soleil est immobile au centre de l'Univers, tandis que la Terre, comme les autres planètes, tourne à la fois sur elle-même et autour du Soleil. Publiée peu avant sa mort, sa théorie est combattue par les chrétiens, pour qui la Bible enseigne que la Terre est au centre de l'Univers. Ce n'est qu'en 1616 qu'elle est condamnée par le pape avant d'être confirmée par Kepler et Galilée. Ce bouleversement des théories astronomiques s'appelle la *révolution copernicienne.*

COPPENS Yves (né en 1934) ✦ Paléontologue français. Il commence sa carrière en menant des fouilles en Afrique et fait partie de l'équipe qui, en 1974, découvre **Lucy.** Titulaire de la chaire de paléontologie du Collège de France (1983-2005), il a développé une théorie de l'évolution et fait partager sa passion avec un grand talent de vulgarisateur.

COPPOLA Francis Ford (né en 1939) ✦ Cinéaste et producteur américain. Il réunit les plus grands comédiens, dont Marlon Brando, Al Pacino et Robert De Niro, dans une trilogie sur la mafia : *Le Parrain* (1972, 1974, 1990 ; 10 oscars). Il remporte son plus gros succès avec *Apocalypse Now,* film majeur sur la guerre du Viêtnam (1979). Sa fille **Sofia** (née en 1971) est également cinéaste (*Lost in translation,* 2003 ; *Marie-Antoinette,* 2006).

COPTES n. m. pl. ✦ Chrétiens d'Égypte, dont la langue liturgique est issue de l'égyptien ancien, écrite en caractères grecs. Depuis 451, l'Église copte orthodoxe est autonome ; elle a durablement influencé l'Église éthiopienne orthodoxe, indépendante depuis 1959. En Égypte, pays devenu musulman au VIIe siècle, les coptes constituent aujourd'hui une forte minorité (au moins 10 % de la population).

CORAIL (mer de) ✦ Partie de l'océan Pacifique comprise entre l'**Australie** et la **Mélanésie.** Elle communique avec l'océan **Indien** au sud de la **Papouasie-Nouvelle-Guinée.** Elle atteint une profondeur maximale de 7 000 m et contient une chaîne de récifs coralliens inscrite sur la liste du patrimoine mondial de l'Unesco, la Grande Barrière, qui longe la côte australienne sur 2 400 km. La flotte anglo-américaine y arrête l'avance japonaise en mai 1942.

Coran n. m. ✦ Livre sacré des musulmans, en arabe, qui contient le message d'**Allah**, transmis par l'ange Gabriel à **Mahomet** (VIIe siècle). Le Coran est composé de plus de six mille versets, répartis en cent quatorze sourates (« chapitres »). Mis par écrit en arabe après la mort du Prophète, il constitue le fondement de l'islam, qui impose la foi en un dieu unique, annonce la fin du monde et fixe les règles sociales de la communauté des croyants.

CORBEIL-ESSONNES ✦ Ville de l'Essonne, au confluent de l'Essonne et de la Seine. 49 373 habitants (les *Corbeil-Essonnois*). Cathédrale Saint-Spire (XIIe-XVe siècles). Port et centre industriel (minoterie des « Grands Moulins de Corbeil », papeterie, imprimerie, électronique, aéronautique, chimie).

CORBIÈRES n. f. pl. ✦ Massif montagneux de l'Aude. Les Corbières s'étendent entre le **Minervois** et le **Roussillon**, de Narbonne à Carcassonne au nord, jusqu'au pied des **Pyrénées** au sud. Dans cette région aride, l'élevage des moutons est pratiqué sur les plateaux et la vigne est cultivée dans les vallées. Les vignobles et les châteaux (**cathares**) attirent les touristes dans cette région peu peuplée.

CORDAY Charlotte (1768-1793) ✦ Personnage de la Révolution française. Elle tient **Marat** pour responsable de l'élimination des **girondins** et de l'instauration de la **Terreur.** Elle le poignarde dans sa baignoire (Marat souffrait d'une maladie de peau, qu'il soulageait par des bains). Elle est condamnée par le Tribunal révolutionnaire et guillotinée. ▪ Son véritable nom est *Charlotte de Corday d'Armont.*

CORDELIERS (Club des) ✦ Club révolutionnaire fondé à Paris en 1790 par **Danton.** Comptant parmi ses membres **Desmoulins, Fabre d'Églantine** et **Marat,** ce club tire son nom du couvent des Cordeliers où il se réunit. Il organise la manifestation du **Champ-de-Mars** (réprimée par **La Fayette** en 1791) pour réclamer la déchéance du roi. Dirigé pendant la **Convention** par **Hébert,** le porte-parole des sans-culottes, il est supprimé après l'élimination des hébertistes (1794) et ses derniers membres se joignent aux **jacobins.**

CORDOUE ✦ Ville d'Espagne (Andalousie), sur le Guadalquivir. 323 600 habitants (les *Cordouans*). Dans le centre historique inscrit sur la liste du patrimoine mondial de l'Unesco, Grande Mosquée (VIIIe-Xe siècles), à l'époque deuxième par la taille après celle de La Mecque, devenue par la suite un lieu de culte catholique (XIIIe siècle). Centre industriel, commercial et touristique, réputé autrefois pour le travail du cuir (l'adjectif *cordouan* est à l'origine du mot *cordonnier*). Ville natale de Sénèque, Averroès et Maïmonide. ♦ Fondée par les Carthaginois, grande ville de l'Espagne romaine, elle décline sous les **Wisigoths** puis est prise par les **Maures** (711). Ils y fondent un brillant émirat (756), étendu sur toute l'Espagne musulmane puis dirigé par le calife **Abd al-Rahman III** (Xe siècle). Il devient un centre culturel et artistique avant de se morceler (XIe siècle). La ville est ensuite reconquise par le roi de Castille et de Leon (1236).

CORÉE n. f. ✦ Péninsule d'Asie, à l'est du continent. Elle est partagée entre la *Corée du Nord* et la *Corée du Sud* (☛ cartes 38, 39). Superficie : 220 000 km^2 (moins de la moitié de la France). ♦ Le nord et l'est de la Corée sont montagneux et couverts de forêts. L'ouest et le sud, régions de plaines, ont des côtes très découpées. Le climat continental est soumis à la mousson. ♦ Le «Pays du Matin calme», fondé selon la légende vers 2300 av. J.-C., est annexé par la Chine, divisé en royaumes (Ier siècle av. J.-C.) et réunifié (676). Envahie par les **Mongols** (1231), la Corée fonde la dynastie des Yi (1392). Elle devient une colonie japonaise (1910) qui obtient son indépendance (1943) et se sépare en deux (1948). Le Nord, soutenu par l'URSS, envahit le Sud, soutenu par les États-Unis (1950), ce qui provoque la *guerre de Corée* qui dévaste la région jusqu'à l'armistice (1953).

CORÉE DU NORD n. f. ✦ Pays d'Asie de l'Est (☛ cartes 38, 39). Superficie : 120 538 km² (environ le quart de la France). 24 millions d'habitants (les *Nord-Coréens*). République populaire dont la capitale est Pyongyang. Langue officielle : le coréen. Monnaie : le won nord-coréen. ♦ ÉCONOMIE. L'agriculture (riz, céréales), l'élevage et la pêche restent minoritaires. Le sous-sol contient du charbon, du lignite et du fer. L'industrie (chimie, électricité, métallurgie) est récente et bien développée. ♦ HISTOIRE. Le régime socialiste autoritaire, au pouvoir depuis 1949, s'effondre économiquement (années 1980). Le pays demeure très isolé depuis la chute de l'empire soviétique (1991).

CORÉE DU SUD n. f. ✦ Pays d'Asie de l'Est (☛ cartes 38, 39). Superficie : 99 274 km² (environ un cinquième de la France). 47,3 millions d'habitants (les *Sud-Coréens*). République dont la capitale est Séoul. Langue officielle : le coréen. Monnaie : le won. ♦ ÉCONOMIE. L'agriculture (riz, fruits, légumes), l'élevage et la pêche sont aujourdhui dépassés par l'industrie (pétrochimie, textile, métallurgie, automobile, électronique) qui fait du pays un des «quatre dragons» d'Asie. ♦ HISTOIRE. Le régime militaire intransigeant, au pouvoir depuis 1948, se démocratise (années 1990), résiste à la crise financière asiatique (1997) et cherche à rétablir des relations avec la Corée du Nord.

CORELLI Arcangelo (1653-1713) ✦ Compositeur italien. D'abord violoniste, puis maître de chapelle à Saint-Louis-des-Français, à Rome, il est considéré comme le fondateur de l'école classique du violon. Il a composé une œuvre dédiée à cet instrument, caractérisée par l'expressivité de la mélodie et la fermeté du style. On lui doit des sonates d'église et de chambre ainsi que des concertos pour violon. Oublié après sa mort, il a été redécouvert au XXe siècle.

CORFOU ✦ Une des îles Ioniennes, au nord-ouest de la Grèce (☛ carte 28). Superficie : 585 km². 105 043 habitants (les *Corfiotes*). Chef-lieu : Corfou. La vieille ville est inscrite sur la liste du patrimoine mondial de l'Unesco. Ville natale d'Albert Cohen. L'ancienne Corcyre, peut-être l'*île des Phéaciens* dans l'*Odyssée*, vit de l'agriculture (vigne, agrumes, olivier) et du tourisme.

CORINTHE ✦ Ville de Grèce, située au point de rattachement entre la presqu'île du Péloponnèse et la Grèce centrale. 30 000 habitants. Dans le site de la ville antique toute proche, ruines d'une citadelle fortifiée (VIIe siècle av. J.-C.), et temples d'Apollon (☛ Grèce p. 153), d'Aphrodite et de Déméter (VIe siècle av. J.-C.). Port commercial, centre administratif. ♦ Fondée par **Sisyphe**, selon la mythologie, la ville est conquise par les **Doriens** (XIe siècle av. J.-C.), selon la tradition. Devenue une ville commerciale et industrielle (VIIIe-VIIe siècles av. J.-C.), elle fonde des colonies (Syracuse, Corfou). Elle décline au profit d'Athènes, puis s'allie à Sparte pendant la guerre du **Péloponnèse** (Ve siècle av. J.-C.) et à Athènes contre Sparte (IVe siècle av. J.-C.). Occupée par Philippe de Macédoine (338 av. J.-C.), elle prend la tête de la Ligue achéenne (**Achéens**) avant d'être détruite par **Rome** (146 av. J.-C.). Reconstruite par **César**, évangélisée par saint **Paul** (Ier siècle), elle est souvent ravagée par les Barbares au Moyen Âge. Elle est prise par les Français (1205), disputée entre Vénitiens et Turcs (XVe-XVIIIe siècles) puis détruite par un tremblement de terre (1858).

CORINTHE (golfe de) ✦ Bras de mer séparant le **Péloponnèse** de la Grèce centrale. Il est relié à la mer Égée par le *canal de Corinthe* (1883-1893), long de 6,3 km, qui traverse l'*isthme de Corinthe.*

CORIOLIS Gaspard (1792-1843) ✦ Mathématicien français. Il travailla sur le mouvement, la vitesse et l'accélération et démontra l'existence d'une force due à la rotation de la Terre (*force de Coriolis*) qui a une influence sur le sens du vent, des masses d'air et de l'enroulement des nuages, ou le changement de plan du mouvement d'un pendule tel que le montra **Foucault**. Académie des sciences (1836).

CORK ✦ Ville de la République d'Irlande, au sud-ouest du pays. 119 418 habitants (190 384 pour l'agglomération). Principal centre économique et universitaire du sud de l'île. Industries agroalimentaires. Un des principaux centres de la résistance nationaliste en **Irlande** (XIXe-début XXe siècle).

CORNEILLE Pierre (1606-1684) ✦ Poète dramatique français. Avocat, il se consacre à l'écriture de comédies et de tragédies, avec un style classique puissant, un langage riche. Ses héros, au cœur généreux et à l'âme noble, sont confrontés à des situations qui nécessitent des choix difficiles (qualifiés depuis de *cornéliens*). Son œuvre célèbre l'héroïsme, la gloire et le sens du devoir. À partir de 1666, le public lui préfère son rival, **Racine**, et il renonce au théâtre (1674). Ses œuvres principales sont : *Médée* (1635), *L'Illusion comique* et *Le **Cid*** (1636), *Horace* et *Cinna* (1640), *Polyeucte* (1642), *Rodogune* (1644), *Tite et Bérénice* (1670) et *Psyché* (1671, écrite avec Molière). Académie française (1647).

CORNOUAILLE n. f. ✦ Région du sud-ouest de la Bretagne, qui s'étend sur la moitié sud du département du Finistère. Ville principale : Quimper. La côte vit de la pêche, de l'industrie alimentaire et du tourisme, l'intérieur de l'élevage.

CORNOUAILLES n. f. pl. ✦ Péninsule de l'extrémité sud-ouest de la Grande-Bretagne (☛ carte 31). Elle est bordée par l'océan Atlantique, et la Manche au sud. Son littoral est fait de falaises et de baies. Son climat est océanique. Agriculture, tourisme.

COROGNE (La) ✦ Ville du nord-ouest de l'Espagne (Galice), sur une petite presqu'île. 244 388 habitants. Tour d'Hercule, phare romain inscrit sur la liste du patrimoine mondial de l'Unesco. Port de pêche. Industries en déclin (alimentaire, construction navale, raffinage pétrolier). Station balnéaire.

COROT Camille (1796-1875) ✦ Peintre français. Il voyage en Italie (1825-1828, 1834, 1843) et en France, peint souvent en plein air et emploie des coloris clairs et une lumière délicate qui annoncent l'impressionnisme. C'est le plus prolifique paysagiste du XIXe siècle : *Le Pont de Narni* (vers 1825), *La Cathédrale de Chartres* (1830), *Tivoli, les jardins de la villa d'Este* (1843), *Mantes, la collégiale et la ville vues derrière les arbres* (vers 1865), *Le Beffroi de Douai* (1871). Il peint aussi des portraits et des nus féminins (*Odalisque romaine* ou *Marietta*, 1843).

CORRÈGE (le) (vers 1489-1534) ✦ Peintre italien. Influencé par Vinci, Raphaël et Michel-Ange, il réalise de grandes fresques à **Parme** et peint des scènes religieuses ou mythologiques. La sensibilité de ses personnages voluptueux et ses teintes nuancées font de lui un des grands maîtres de la Renaissance. Œuvres : *Vision de saint Jean à Patmos* (église Saint-Jean-l'Évangéliste, 1520-1524), *Assomption de la Vierge* (coupole de la cathédrale, 1524-1530), *Madone de saint Jérôme*, appelée aussi *Le Jour* (1527-1528), *Adoration des bergers*, appelée aussi *La Nuit* (vers 1530), *Jupiter et Io* (vers 1530). ■ Son véritable nom est *Antonio Allegri*. Il est né à Corregio, près de Parme, ce qui lui vaut son nom d'artiste.

① **CORRÈZE** n. f. ✦ Rivière du centre de la France, longue de 85 km. Elle prend sa source au plateau de Millevaches, arrose Tulle, Brive-la-Gaillarde, et se jette dans la Vézère.

② **CORRÈZE** n. f. ✦ Département du centre de la France [19], de la Région Nouvelle-Aquitaine. Superficie : 5 857 km². 241 340 habitants (les *Corréziens*). Chef-lieu : Tulle ; chefs-lieux d'arrondissement : Brive-la-Gaillarde et Ussel.

CORSE n. f. ✦ Île française de la Méditerranée, surnommée l'*île de Beauté*. Elle forme une région administrative qui est constituée de deux départements : la *Corse-du-Sud* et la *Haute-Corse* (☛ carte 22). Superficie : 8 680 km² (1,6 % du territoire), c'est la plus petite Région par la taille. 324 212 habitants (les *Corses*), qui représentent 0,4 % de la population française. Chef-lieu : Ajaccio. ♦ GÉOGRAPHIE. Longue de 185 km et large de 85 km, elle est située à 170 km au sud de Nice. Cette île montagneuse (monte **Cinto**), au climat méditerranéen, est pourvue de côtes très découpées. Elle est occupée par la forêt et le maquis, souvent victimes d'incendies. Le parc naturel régional de Corse (375 000 ha, un tiers de l'île), créé en 1972, englobe la réserve naturelle de la Scandola (au nord-ouest de Porto), inscrite sur la liste du patrimoine mondial de l'Unesco. ♦ ÉCONOMIE. L'agriculture (vigne, agrumes) est dominée par l'élevage des moutons. Les débouchés de l'industrie, encore artisanale, se limitent à l'île elle-même. Le tourisme reste l'activité principale, malgré les problèmes politiques. ♦ HISTOIRE. Déjà habitée 6 000 ans av. J.-C., elle est colonisée par les Phéniciens, les Phocéens, les Étrusques, les Carthaginois, qui demeurent sur le littoral, puis plus tard par Rome (238-162 av. J.-C.) et Byzance. Envahie par les Lombards (725), attribuée au pape (755), puis administrée par Pise (1077) et ensuite par **Gênes** (1284). À partir du XVIe siècle, l'île est disputée entre les Gênois et les Français, auxquels elle est finalement cédée en 1768. Les problèmes économiques entraînent l'émigration vers le continent et renforcent le mouvement séparatiste. Elle obtient un statut particulier de collectivité territoriale (1982), un Conseil exécutif et une assemblée régionale (1992), mais l'insécurité (assassinat d'un préfet en 1998, attentats) et les tensions politiques persistent.

CORSE-DU-SUD n. f. ✦ Département du sud de la France [2A], de la Région Corse. Superficie : 4 014 km². 151 652 habitants. Chef-lieu : Ajaccio ; chef-lieu d'arrondissement : Sartène.

CORTAZAR Julio (1914-1984) ✦ Écrivain argentin naturalisé français. Romancier, conteur et traducteur dans le sillage de Borges, il s'impose comme l'un des maîtres contemporains de la littérature fantastique. Son grand roman, *Marelle* (1963), est représentatif du « réalisme magique ». Ses nombreuses nouvelles sont réunies dans des recueils comme *Bestiaire* (1951), *Les Armes secrètes* (1959), *Cronopes et Fameux* (1962), *Tous les feux, le feu* (1966). Il a défendu avec énergie le socialisme latino-américain (*Le Livre de Manuel*, 1973).

CORTE ✦ Ville de Haute-Corse, au centre de l'île. 7 355 habitants (les *Cortenais*). La ville récente est surplombée par la ville ancienne et la citadelle (XVe siècle), perchées sur un éperon rocheux. Capitale de la Corse indépendante (1755-1769) gouvernée par Pascal Paoli, qui fonde la première université corse (1765). Ville natale de Joseph Bonaparte, frère aîné de Napoléon.

CORTÉS Hernan (1485-1547) ✦ Conquistador espagnol. Il participe à la conquête de Cuba (1511-1514) et dirige ensuite une expédition au **Mexique** (1519). Il y capture l'empereur aztèque **Moctezuma II**, tué dans la rébellion qui repousse les Espagnols, puis il prend la capitale Tenochtitlan (1521). Charles Quint le nomme gouverneur général du Mexique, appelé alors la *Nouvelle-Espagne*. Il réduit ses sujets en esclavage, dirige autoritairement jusqu'en 1540. Il revient en Espagne et participe au siège d'Alger (1541).

CORTO MALTESE → MALTESE Corto

COSAQUES n. m. pl. ✦ Populations nomades, originaires d'Asie centrale, progressivement slavisées, établies aux frontières méridionales de la Russie, notamment en **Ukraine**. Ces communautés militaires, autonomes et turbulentes, guerroient contre les Tatars et se mettent successivement au service des Polonais et des Russes mais ces derniers finissent par les combattre. Auxiliaires d'**Ivan le Terrible** dans la conquête de la Sibérie, ils sont intégrés par Catherine II dans des régiments nationaux (XVIIIe siècle), devenant une classe privilégiée, mais ils suscitent parfois des révoltes durement réprimées. Le mythe de leur indépendance devient un motif littéraire au XIXe siècle.

COSETTE ✦ Personnage du roman de Victor Hugo, *Les **Misérables*** (1862). Cosette est une enfant martyre, symbole de la faiblesse et de l'innocence. Sa mère, Fantine, la confie au couple Thénardier qui la maltraite. Jean **Valjean** la prend sous sa protection et l'élève comme sa fille. Elle rencontre Marius qu'elle épouse après bien des péripéties.

COSNE-COURS-SUR-LOIRE ✦ Chef-lieu d'arrondissement de la Nièvre, sur la Loire. 10 553 habitants (les *Cosnois*) (☛ carte 23). Petit centre industriel (textile, fabrication de machines).

COSQUER (grotte) ✦ Grotte préhistorique des Bouches-du-Rhône, située au cap Morgiou, près de Marseille. Découverte par H. Cosquer (1991), elle est ornée de peintures et de gravures datant de 25 000 à 16 000 av. J.-C. et est actuellement sous-marine (37 mètres sous le niveau de la mer).

COSTA BRAVA n. f. ✦ Côte de l'est de l'Espagne (☛ carte 32). Elle s'étend en Catalogne, du nord de Barcelone jusqu'à la frontière française. C'est une région touristique très fréquentée.

COSTA DEL SOL n. f. ✦ Côte du sud de l'Espagne (☛ carte 32). Elle s'étend sur toute l'Andalousie, et plus particulièrement de Marbella à Malaga. C'est une région où le tourisme est très développé.

COSTA RICA n. m. ✦ Pays d'Amérique centrale (☛ cartes 44, 46). Superficie : 51 000 km^2 (moins d'un dixième de la France). 3,8 millions d'habitants (les *Costaricains* ou les *Costariciens*). République dont la capitale est San José. Langue officielle : l'espagnol. Religion officielle : le catholicisme. Monnaie : le colon. ♦ GÉOGRAPHIE. Le Costa Rica est occupé par des massifs volcaniques encore actifs, dont le point culminant est le Chirripo Grande (3 900 m). À ses pieds on trouve la réserve de la Cordillère de Talamanca-La Amistad, inscrite sur la liste du patrimoine mondial de l'Unesco. Le climat est tropical. ♦ ÉCONOMIE. C'est un pays agricole (café, banane) qui développe sa production minière (bauxite) et industrielle (agroalimentaire). ♦ HISTOIRE. Découvert par Christophe **Colomb** (1502) et dépendant du **Guatemala** (1544), le pays obtient son indépendance (1838). Il développe son économie et, depuis l'établissement des frontières avec les pays voisins (Nicaragua, 1889 ; Panama, 1944), il connaît une grande stabilité politique et s'emploie à maintenir la paix en Amérique centrale.

CÔTE D'AZUR n. f. ✦ Côte méditerranéenne de la Région Provence-Alpes-Côte d'Azur, qui s'étend de Cassis à Menton. Mise à la mode par les Anglais au XIXe siècle, c'est l'une des régions françaises les plus touristiques, avec **Nice** pour ville principale.

CÔTE D'IVOIRE n. f. ✦ Pays d'Afrique de l'Ouest. (☛ cartes 34, 36). Superficie : 322 463 km^2 (environ les deux tiers de la France). 21,5 millions d'habitants (les *Ivoiriens*). République dont la capitale politique est **Yamoussoukro** ; l'ancienne capitale, **Abidjan**, est le siège des ambassades. Langue officielle : le français ; on y parle aussi l'akan, le dioula, l'haoussa et le malinké. Monnaie : le franc CFA. ♦ GÉOGRAPHIE. Le nord de la Côte d'Ivoire est formé d'un plateau, occupé par la savane, où de nombreuses rivières prennent leur source. Le sud est une plaine forestière bordée d'une côte parsemée de lagunes. Le climat est tropical. ♦ ÉCONOMIE. L'agriculture domine (1er producteur mondial de cacao ; café et forêt — surexploitée — au sud, coton et céréales au nord). Le sous-sol est riche (diamant, cobalt, uranium et pétrole — exploité au large d'Abidjan). L'industrie (textile, agroalimentaire, bois, pétrochimie) se développe rapidement. ♦ HISTOIRE. La côte est visitée par les Portugais (XVe siècle), qui développent le commerce avec des royaumes intérieurs (XVIe-XVIIe siècles). Elle accueille les Français (1842), qui colonisent le pays (1893), l'intègrent à l'**Afrique-Occidentale française** (1904) et l'exploitent jusqu'à l'indépendance (1960). Prospère et relativement stable sous son premier président, Félix **Houphouët-Boigny**, le pays connaît, depuis la mort de ce dernier, de graves troubles politiques, amplifiés par l'effondrement économique des années 1990, et un état de guerre civile qui dure jusqu'en 2011.

CÔTE-D'OR n. f. ✦ Département du centre-est de la France [21], de la Région Bourgogne-Franche-Comté. Superficie : 8 763 km^2. 531 380 habitants. Chef-lieu : Dijon ; chefs-lieux d'arrondissement : Beaune et Montbard.

COTENTIN n. m. ✦ Presqu'île de l'ouest de la Normandie. Elle est bordée par la Manche et forme la plus grande partie du département de la Manche. Élevage. Le parc naturel régional des Marais du Cotentin et du Bessin (140 000 ha), créé en 1991, s'étend sur les départements du Calvados et de la Manche.

CÔTES-D'ARMOR n. f. pl. ✦ Département de l'ouest de la France [22], de la Région Bretagne. Superficie : 6 878 km^2. 597 397 habitants. Chef-lieu : Saint-Brieuc ; chefs-lieux d'arrondissement : Dinan, Guingamp et Lannion. Ce département s'est appelé *les Côtes-du-Nord* jusqu'en 1990.

COTONOU ✦ Ville du Bénin, sur le golfe de Guinée. 665 000 habitants (les *Cotonois*). Port, centre économique et administratif du pays, doté d'industries (alimentaire, textile).

COTY René (1882-1962) ✦ Homme d'État français. Avocat, député républicain de gauche (1923-1935) puis sénateur (1935-1940), il est élu au Conseil de la République (1948-1954). Il succède à Vincent **Auriol** à la présidence de la IVe République (1954), soutient le retour du général de **Gaulle** après la crise d'Alger lors de la guerre d'**Algérie** (13 mai 1958) et en fait le chef du gouvernement, qui prépare une nouvelle Constitution, et à qui il abandonne ses fonctions lorsque cette dernière est adoptée (1958).

COUBERTIN Pierre de (1863-1937) ✦ Éducateur français. Il milite pour l'éducation physique dans les établissements scolaires. Il fait revivre la tradition des jeux **Olympiques**, organisés symboliquement à Athènes (1896), et crée le Comité olympique international qu'il dirige jusqu'en 1925. Son cœur repose à Olympie. ■ Son nom complet est *Pierre Frédy, baron de Coubertin*.

COUESNON n. m. ✦ Fleuve du nord-ouest de la France, long de 90 km. Il prend sa source en Mayenne et se jette dans la baie du **Mont-Saint-Michel**. Le nouveau barrage a pour objectif de désenclaver la baie. Son cours, très changeant, est souvent considéré comme la limite entre la Bretagne et la Normandie.

COULOMB Charles Augustin de (1736-1806) ✦ Physicien français. Après avoir découvert les lois de la torsion (1784), il définit les bases expérimentales et théoriques du magnétisme et de l'électrostatique. En 1785, il vérifie la loi qui porte son nom (*loi de Coulomb*) qui gouverne l'interaction entre deux charges électriques. Il étudie la déperdition de l'électricité, puis sa distribution sur des conducteurs. En magnétisme, il a défini, sans le nommer, le concept d'aimantation. L'unité de charge électrique s'appelle le *coulomb* en hommage à ce savant.

COULOMMIERS ✦ Commune de Seine-et-Marne. 14 889 habitants (agglomération 26 895) (les *Columériens*) (☛ carte 23). Ville commerçante, réputée pour ses fromages (brie et *coulommiers*).

COUPERIN François (1668-1733) ✦ Compositeur français. Né dans une famille de musiciens, on le surnomme *Couperin le Grand*. Il est nommé organiste de la Chapelle royale (1693), maître de clavecin de plusieurs membres des familles princières, puis claveciniste du roi (1717), et devient célèbre dans toute l'Europe. Il compose de la musique de chambre

(*Concerts royaux,* 1714-1715 ; *Goûts réunis,* 1724), de la musique religieuse (*Trois Leçons de ténèbres,* 1714) et surtout de la musique de clavecin (240 pièces).

COURBET Gustave (1819-1877) ✦ Peintre français. Inspiré par les romantiques, il voyage en Hollande et en Angleterre (1846-1847). Il fréquente les révolutionnaires de 1848 et décide de peindre la réalité sociale. Exclu de l'Exposition universelle de 1855, mais célèbre dans toute l'Europe, il travaille en Normandie avec **Boudin**. Après l'échec de la Commune à laquelle il avait participé activement, il s'exile en Suisse (1874), où il se consacre aux paysages. Œuvres : *Un enterrement à Ornans* (1850 ☛ Réalisme p. 182), *Les Baigneuses* (1853), *La Rencontre ou Bonjour Monsieur Courbet* (1854), *L'Atelier du peintre* (1855), *Les Demoiselles des bords de la Seine* (1856).

COURCHEVEL ✦ Station de sports d'hiver de Savoie (altitude 1 300 à 1 850 m), dans la **Tarentaise**.

COURTELINE Georges (1858-1929) ✦ Écrivain français. Il devient célèbre pour des récits qu'il adapte ensuite à la scène et qui décrivent avec bouffonnerie la bêtise humaine dans la vie militaire (*Les Gaietés de l'escadron,* 1886), dans l'administration (*Messieurs les ronds-de cuir,* 1893), la justice (*Le commissaire est bon enfant* et *Le gendarme est sans pitié,* 1899). Ses pièces sur le thème plus traditionnel de la femme volage et du mari trompé ont également connu un grand succès (*Boubouroche,* 1903). ■ Son véritable nom est *Georges Moineaux.*

COURTRAI ✦ Ville de Belgique (Flandre-Occidentale), sur la Lys. 73 777 habitants (les *Courtraisiens*). Église Notre-Dame (XIIIe-XIVe siècles), béguinage Sainte-Élizabeth (XIIIe siècle), beffroi (XIVe siècle avec des jaquemarts). Industries (textiles : lin, cotonnades ; meubles).

COUSTEAU Jacques-Yves (1910-1997) ✦ Océanographe français. Il consacre sa vie à l'étude du milieu marin. Inventeur d'un scaphandre autonome, d'une caméra et d'un système d'observation sous-marins, il fait des recherches océanographiques à bord du vaisseau qu'il aménage, la *Calypso.* Il fait connaître cet univers par ses films (*Le Monde du silence,* 1956) et ses documentaires pour la télévision ainsi que de nombreux livres illustrés. Il dirige le Musée océanographique de Monaco (1957-1988) et milite pour la protection de l'environnement. Académie française (1988).

COUSTOU Nicolas (1658-1733) ✦ Sculpteur français. Il étudia avec son oncle Antoine **Coysevox** et réalisa des sculptures pour les châteaux de Versailles et de Marly. Plusieurs de ses œuvres ornent le jardin des Tuileries à Paris. Son frère, *Guillaume* (1677-1746), sculpta les groupes des Chevaux de Marly, aujourd'hui place de la **Concorde** (les originaux sont conservés au Louvre).

COUTANCES ✦ Chef-lieu d'arrondissement de la Manche. 8 789 habitants (les *Coutançais*) (☛ carte 23). Cathédrale de style gothique normand (XIIIe siècle). Agroalimentaire (fromage, abattoir). ♦ La ville est la capitale du **Cotentin** du Moyen Âge à la Révolution.

COYPEL Antoine (1661-1722) ✦ Peintre et décorateur français. Il est le fils d'un artiste réputé qui le forma. Brillant représentant de la grande peinture d'ornement et de décoration, Premier peintre du roi Louis XIV (1716), il décora la voûte de la chapelle du château de Versailles. Ses œuvres aux couleurs éclatantes sont influencées par la peinture baroque.

COYSEVOX Antoine (1640-1720) ✦ Sculpteur français. Sculpteur de Louis XIV, dont il fait plusieurs bustes et statues. Sous la direction de **Le Brun**, il décore le château de Versailles (cour de Marbre, Grande Galerie, salon de la Guerre) et ses jardins *(La Garonne, La Dordogne, Le Vase de la guerre).* Ses tombeaux de Colbert, de Mazarin, de Le Brun révèlent sa tendance baroque. Sa maîtrise de la technique, l'ampleur et la majesté de ses œuvres (*La Renommée* et *Mercure,* 1702, aux Tuileries), l'expression fugitive du modèle fixée dans les bustes *(Marie-Adélaïde de Savoie en Diane)* annoncent la sculpture française du XVIIIe siècle.

CRACOVIE ✦ Ville de Pologne, au sud du pays. 756 267 habitants (les *Cracoviens*). Dans le centre historique inscrit sur la liste du patrimoine mondial de l'Unesco : plus grande place de marché d'Europe ; église gothique Notre-Dame (XIVe siècle) ; beffroi de l'hôtel de ville (XVIe siècle) ; première université polonaise (1364) ; citadelle du Wawel, avec son château royal de style Renaissance (1507-1536) et sa cathédrale (XIVe siècle) qui abrite la chapelle funéraire royale. Centre culturel, administratif et industriel (sidérurgie). ♦ La ville est le premier centre chrétien du pays (XIe siècle). Ravagée par les Mongols (XIIIe siècle), elle est la capitale de la **Pologne** (1320-1595), où les rois sont couronnés et inhumés jusqu'au XVIIIe siècle. Elle fait partie de l'Autriche (1795) et du grand-duché de **Varsovie** (1809) puis devient une république semi-autonome (1815). Rattachée à l'Autriche (1846) et enfin à la Pologne (1918), elle est occupée par les Allemands (1939) et libérée par les Soviétiques (1945).

CRANACH Lucas dit **l'Aîné** (1472-1553) ✦ Peintre allemand. Il travaille à Wittenberg pour les grands Électeurs de Saxe, y rencontre **Luther** et devient, avec ses bois gravés, l'un des créateurs de l'iconographie protestante. Son style mêle les traits germaniques (graphisme, accessoires, couleurs) à la Renaissance italienne. Il est célèbre pour ses scènes mythologiques où des personnages nus, aux formes allongées et aux attitudes maniérées, prennent des poses presque lascives *(Vénus et l'Amour, Lucrèce, Diane)* ou les scènes religieuses (*Crucifixion,* 1502) et les retables (*Retable de sainte Catherine,* 1506).

CRASSUS (114 av. J.-C.-53 av. J.-C.) ✦ Homme politique romain. Ce riche général triomphe de **Spartacus** (71 av. J.-C.), est élu consul avec Pompée (70 av. J.-C.) puis forme avec lui et César le premier triumvirat (60 av. J.-C.). Gouverneur de Syrie (55 av. J.-C.), il est vaincu par les **Parthes** et meurt assassiné. ■ Son nom latin est *Marcus Lucinius Crassus.*

CRAU n. f. ✦ Plaine caillouteuse de Provence, à l'est du Rhône, entre la Camargue et les Alpilles. Le nord est cultivé grâce à l'irrigation, le sud pratique l'élevage des moutons et s'industrialise.

CRÉCY-EN-PONTHIEU ✦ Commune de la Somme. 1 473 habitants (les *Crécéens*). **Édouard III** d'Angleterre y remporte sur Philippe VI de France la *bataille de Crécy,* première grande bataille de la guerre de **Cent Ans** (1346).

CREIL ✦ Ville de l'Oise, sur le fleuve du même nom. 34 922 habitants (les *Creillois*). Musée (mobilier, faïences). Important centre industriel (métallurgie, chimie). Gare fluviale. Centrale thermique.

CREST ✦ Commune de la Drôme, sur la Drôme. 8 211 habitants (les *Crestois*) (☛ carte 23). Donjon médiéval, le plus haut d'Europe. Plasturgie.

CRÉSUS ✦ Dernier roi de **Lydie**, en Asie Mineure, de 561 à 546 av. J.-C. Fabuleusement riche grâce à l'or contenu dans la rivière Pactole, c'est un conquérant qui soumet les cités grecques d'Asie Mineure, mais est plutôt favorable aux Grecs eux-mêmes. Il tente une expédition contre la Perse et est vaincu par **Cyrus** qui, selon la légende, l'aurait épargner en l'entendant répéter de sages paroles de **Solon**. On dit d'une personne très riche qu'elle est *riche comme Crésus,* que c'est un *crésus.*

CRÈTE n. f. ✦ Île de Grèce, au sud du pays (☛ carte 28). Elle sépare la mer **Égée** et la mer **Méditerranée** et forme une région administrative. Superficie : 8 331 km², c'est la quatrième île de la Méditerranée par la taille. 570 000 habitants (les *Crétois*). Chef-lieu : Héraklion. ♦ C'est une île montagneuse qui pratique l'agriculture (olivier, agrumes) et l'élevage des moutons. Le tourisme se développe sur la côte. ♦ Habitée dès la préhistoire, elle est colonisée vers 2700 av. J.-C. par un peuple venu d'Asie occidentale que l'on n'a pu identifier, notamment parce que son écriture (le « linéaire A ») n'est pas déchiffrée. Par référence au légendaire roi **Minos**, on qualifie de *minoenne* cette civilisation qui connaît le travail du bronze et construit des palais comme celui de **Cnossos**. Plutôt qu'à des invasions, les bouleversements que révèle l'archéologie semblent dus à des séismes (fin du XVIIIe siècle av. J.-C.) ou à des éruptions volcaniques (vers 1500 av. J.-C.). Au XVe siècle, l'île est sans doute dominée par les Mycéniens, puis elle subit d'autres catastrophes (vers 1375) et devient au Ier millénaire un territoire dorien. Au IIe siècle av. J.-C., elle est connue comme un repaire de pirates, qui sont finalement écrasés par les Romains. Province romaine, puis byzantine, l'île passe aux mains des Arabes (823) qui l'appellent *Candie,* de **Venise** (1204), puis des Ottomans (1669). Elle se révolte, obtient son autonomie (1898) puis se rattache finalement à la Grèce (1913). Conquise par les Allemands (1941), elle résiste jusqu'à sa libération (1944).

CRÉTEIL ✦ Chef-lieu du Val-de-Marne. 91 042 habitants (les *Cristoliens*). Centre administratif, résidentiel, industriel (construction mécanique et électrique) et culturel (université), doté d'une base de loisirs (lac artificiel).

① **CREUSE** n. f. ✦ Rivière du centre de la France, longue de 255 km (☛ carte 21). Elle prend sa source au plateau de Millevaches, arrose Aubusson, traverse la Brenne et se jette dans la Vienne.

② **CREUSE** n. f. ✦ Département du centre de la France [23], de la Région Nouvelle-Aquitaine. Superficie : 5 565 km². 120 581 habitants (les *Creusois*). Chef-lieu : Guéret ; chef-lieu d'arrondissement : Aubusson.

CREUSOT (Le) ✦ Ville de Saône-et-Loire. 21 991 habitants (les *Creusotins*). Centre industriel, créé sur un gisement de charbon (XVIIIe siècle), spécialisé dans la métallurgie depuis 1836 (☛ Révolution industrielle p. 178) et en reconversion (moteurs d'avions, textile, électronique). Centre de recherche sur la civilisation industrielle. Ville natale d'Henri et Eugène Schneider.

CRICK Francis (1916-2004) ✦ Médecin et biologiste britannique. Avec J. **Watson**, il découvrit la structure en double hélice de l'ADN (1953). Prix Nobel de médecine (1962).

CRIMÉE n. f. ✦ Région d'Ukraine, au sud du pays. Elle est baignée à l'ouest et au sud par la mer Noire, et au nord-est par la mer d'Azov. Superficie : 27 000 km². 2 millions d'habitants. Ville principale : Sébastopol. ♦ C'est une presqu'île agricole (blé et élevage de moutons au nord, cultures méditerranéennes sur la côte), dominée au sud par les *monts de Crimée.* L'industrie (extraction du fer, métallurgie, alimentaire) et le tourisme (stations balnéaires) se développent. ♦ La région, habitée par les **Scythes**, est colonisée par les Grecs (VIe siècle av. J.-C.) et les Romains (47 av. J.-C.). Elle est occupée par les Goths, les Huns, les Khazars, les Russes et les **Tatars** qui fondent un État. Elle passe sous la domination des Ottomans (1475) puis des Russes (1783) qui s'opposent dans la guerre de **Crimée.** Après la révolution russe (1917), elle accueille les armées impériales puis devient une république autonome (1921). Elle est occupée par les Allemands (1941), reprise par les Russes qui déportent en Sibérie la population tatar, puis intégrée à l'Ukraine (1954), dans laquelle elle devient une république autonome. À la suite d'un référendum contesté, la Crimée est rattachée à la Russie (2014).

CRIMÉE (guerre de) ✦ Conflit opposant la Russie, qui revendique la protection des chrétiens orthodoxes de l'Empire **ottoman,** aux Turcs, soutenus par la Grande-Bretagne, la France et la Sardaigne (1854-1856). Les Russes envahissent la Moldavie et la Valachie (1853), mais les Alliés débarquent en Crimée, gagnent la bataille de l'Alma (1854) et assiègent Sébastopol, dont la chute met fin aux combats (1855). Par le traité de Paris (1856), les Russes renoncent à la Turquie, la mer Noire et le Danube sont libérés, et la France étend son influence sur les Balkans et le Proche-Orient.

CROATIE n. f. ✦ Pays d'Europe du Sud (☛ cartes 24, 25). Superficie : 56 538 km² (environ un dixième de la France). 4,8 millions d'habitants (les *Croates*), en majorité catholiques. République dont la capitale est Zagreb. Autre ville importante : Dubrovnik. Langue officielle : le croate. Monnaie : le kuna. ♦ GÉOGRAPHIE. Le pays est situé dans les **Balkans**. Dans le nord-est s'étend la plaine de Slavonie, au climat continental. Dans le sud-ouest, le prolongement des Alpes (Alpes dinariques) et la côte, bordée par les nombreuses îles de la **Dalmatie**, ont un climat méditerranéen. ♦ ÉCONOMIE. L'agriculture domine (céréales, betterave, élevage de bovins et d'ovins dans les plaines, vigne et olivier sur le littoral). Le sous-sol contient un peu de pétrole, de charbon et de bauxite. L'industrie est diversifiée (sidérurgie, textile, construction navale) et le tourisme bien développé sur les côtes. ♦ HISTOIRE. Incluse dans une province romaine (Ier siècle), la région est peuplée par les Croates, venus des Carpates (VIIe siècle). Ils fondent un royaume (Xe siècle) dépendant de la **Hongrie** (1102-1918) et occupé par les Turcs (1526-1599) et les Français (1809-1813). Unie à la **Yougoslavie** (1918) puis indépendante, mais proche du IIIe **Reich** (1941), la Croatie est intégrée par **Tito** dans la Fédération yougoslave (1945). Elle proclame son indépendance (1991), ce qui provoque l'invasion de la province de Krajina par la **Serbie** et l'intervention de l'ONU (1992). Son territoire libéré (1998), elle rejoint l'Otan (2009) et l'Union européenne (2013).

Croc-Blanc ✦ Roman de Jack London (1907). À moitié chien, à moitié loup, Croc-Blanc est un animal sauvage né dans le Grand Nord. Il est capturé par un Indien qui le dresse pour en faire un chien de traîneau. Puis la cruauté de ses différents maîtres le rend féroce jusqu'à sa rencontre avec l'ingénieur Scott qui l'apprivoise et lui réapprend à aimer. L'histoire inspire un film produit par Walt Disney (1991).

CROCKETT Davy (1786-1836) ✦ Aventurier américain. Ce trappeur, membre du Congrès américain (1827-1831 et 1833-1835), devient célèbre en publiant son *Autobiographie* (1834). Il rejoint des colons américains qui refusent de reconnaître l'autorité du Mexique sur le Texas et il est massacré avec tous ses compagnons à Fort Alamo (Texas).

CROISADES n. f. pl. ✦ Expéditions militaires organisées au Moyen Âge par l'Église pour délivrer la **Terre sainte** de l'occupation musulmane (☛ carte 12). La PREMIÈRE CROISADE (1096-1099) se divise entre la croisade populaire, menée par Pierre l'Ermite, écrasée par les Turcs en Anatolie, et celle des chevaliers (**Godefroi de Bouillon**). Celle-ci prend **Antioche, Jérusalem** (1099) et aboutit à la fondation des États latins d'Orient (Jérusalem, Chypre, Antioche, Édesse, Tripoli) et à la création des moines-soldats (**Templiers**, chevaliers **Teutoniques**). La DEUXIÈME CROISADE (1147-1149), prêchée par **Bernard de Clairvaux** et menée par **Louis VII** de France et l'empereur germanique, échoue devant Damas. La TROISIÈME CROISADE (1189-1192) est décidée après la prise de Jérusalem par **Saladin** (1187). Elle conduit à la mort de l'empereur germanique, la prise de la forteresse de Saint-Jean-d'Acre par **Philippe Auguste** et **Richard Cœur de Lion** (1191) et l'autorisation de pèlerinage à Jérusalem pour les chrétiens. La QUATRIÈME CROISADE (1202-1204) se termine par la prise de **Constantinople** et la création de l'Empire latin (1204). La CINQUIÈME CROISADE (1217-1221) parvient jusqu'en Égypte (1219). La SIXIÈME CROISADE (1228-1229) permet à l'empereur germanique **Frédéric II** d'obtenir les villes de Jérusalem, de Bethléem et de Nazareth. La SEPTIÈME CROISADE (1248-1254) est organisée, après la chute de Jérusalem (1244), par saint Louis (**Louis IX**) d'abord victorieux puis pris en otage en Égypte. La HUITIÈME CROISADE (1270) s'achève par la mort de Saint Louis devant Tunis. La NEUVIÈME CROISADE (1291) ne peut empêcher la conquête de Saint-Jean-d'Acre par les **mamelouks**.

CROISIC (Le) ✦ Commune de la Loire-Atlantique. 4 024 habitants (les *Croisicais*). Port de pêche et de plaisance. Station balnéaire. Conchyliculture. Marais salants.

CROISSANT FERTILE n. m. ✦ Région du Proche-Orient. Elle s'étend, en arc de cercle, d'Israël en Syrie puis jusqu'au golfe Arabo-Persique. C'est là que naissent les grandes civilisations de l'Antiquité : **Mésopotamie, Sumer, Babylone, Assyrie, Phénicie**, royaumes d'**Israël** et de **Juda, Perse** (☛ carte 1).

CROISSANT-ROUGE n. m. ✦ Organisation humanitaire internationale intervenant dans les pays musulmans. Son emblème est un croissant rouge sur fond blanc. Elle fait partie du Mouvement international de la **Croix-Rouge** et du Croissant-Rouge.

CROIX DU SUD n. f. ✦ La plus petite des constellations, située dans l'hémisphère sud. Ses quatre étoiles les plus brillantes forment une croix qui, lorsqu'on prolonge le grand bras vers sa base, indique la direction du pôle Sud. Avant l'invention des instruments de navigation, elle sert de point de repère aux marins.

CROIX-ROUGE n. f. ✦ Organisation humanitaire d'assistance médicale fondée en 1863 par Henri **Dunant.** Les représentants de quatorze pays, réunis à Genève (1863-1864), établissent une convention internationale sur les blessés de guerre, et plus tard sur les prisonniers de guerre (1929), puis sur la protection des civils en temps de guerre (1949). La Croix-Rouge internationale reçoit le prix Nobel de la paix en 1917 et en 1944. D'autres emblèmes ont été adoptés : le croissant rouge (1876) dans les pays musulmans et le cristal rouge (2005), sans aucune référence nationale, politique ou religieuse. Les différentes sociétés nationales, regroupées au sein de la Fédération internationale des sociétés de la Croix-Rouge et du Croissant-Rouge, ont pour mission de «prévenir et d'alléger en toutes circonstances les souffrances des hommes».

CRO-MAGNON ✦ Site préhistorique de Dordogne, sur la commune des **Eyzies-de-Tayac-Sireuil.** En 1868, on y trouve les ossements, datés de 30 000 ans av. J.-C., du premier représentant d'*Homo sapiens sapiens* en Europe, qu'on appelle l'*homme de Cro-Magnon.* Son aspect est proche du nôtre, il fabrique des outils de pierre et d'os et enterre ses morts. Il commence aussi à peindre et à graver des signes et des images (animaux) dans les grottes où il vit, et réalise des sculptures et des bijoux.

CROMWELL Oliver (1599-1658) ✦ Homme politique anglais. Élu au Parlement (1640), il devient le chef militaire du parti puritain pendant la guerre civile. Il écrase les troupes royales (1645), se rend maître du Parlement et fait condamner à mort le roi Charles Ier (1649). Il instaure la république, appelée *Commonwealth,* soumet l'**Irlande** et l'**Écosse** (1649-1651) et impose sa domination maritime aux **Pays-Bas** (1652-1654). Exerçant le pouvoir en dictateur (1653), il réorganise le pays, protège le commerce et s'allie avec la France et les Pays-Bas contre l'Espagne. Il meurt très impopulaire. Sa vie inspire un drame à Victor Hugo (1827).

CRONOS ✦ Un des **Titans,** dans la mythologie grecque. Fils d'**Ouranos** et de **Gaïa,** il mutile son père et règne à sa place. Il s'unit ensuite à sa sœur Rhéa et dévore ses enfants à leur naissance, sauf **Zeus** qui est sauvé grâce à une ruse de sa mère. Devenu adulte, celui-ci l'oblige à rendre la vie à ses frères et sœurs (Déméter, Hadès, Héra, Hestia, Poséidon), puis le précipite dans le **Tartare.** Les Romains de l'Antiquité l'identifient à **Saturne.**

CROS Charles (1842-1888) ✦ Poète et inventeur français. Autodidacte, il s'intéresse à la mécanique et à la physique, fréquente les peintres impressionnistes (Manet) et les poètes symbolistes (Verlaine, Rimbaud). Il décrit un procédé de photographie des couleurs (1869) et propose un appareil pour enregistrer les sons l'année où Édison invente le phonographe (1877). Il est l'auteur de recueils de poèmes fantaisistes ou absurdes : *Le Coffret de Santal* (1873, dont *Le Hareng saur*) ; *Le Fleuve,* poème en alexandrins illustré par Manet (1874) ; *Le Collier de griffes* (posthume, 1908). L'*Académie Charles Cros,* fondée à sa mémoire en 1947, décerne chaque année un prix aux meilleurs disques notamment de la chanson.

CROTOY (Le) ✦ Commune de la Somme. 2 114 habitants (les *Crotellois*). Station balnéaire, port de pêche et de plaisance, dans la baie de **Somme**.

CROZET (les) ✦ Archipel volcanique de l'Antarctique, au sud de l'océan Indien. Il fait partie des Terres Australes et Antarctiques françaises (1955). Superficie : environ 500 km^2. Découvert par les marins français Crozet et Marion-Dufresne (1772), il est formé d'une vingtaine d'îles au climat océanique presque polaire. Réserve naturelle remarquable pour sa faune sauvage (oiseaux de mer, phoques). La base scientifique Alfred-Faure abrite en permanence 15 à 60 chercheurs.

CROZON ✦ Commune du Finistère, dans la *presqu'île de Crozon* qui sépare la rade de Brest de la baie de Douarnenez. 7 619 habitants (les *Crozonnais*). Festival du Bout du Monde.

CRUSOÉ Robinson → *ROBINSON CRUSOÉ*

CUBA n. f. ✦ Pays d'Amérique centrale dans les Grandes Antilles (☞ cartes 44, 46). Superficie : 110 860 km^2 (environ un cinquième de la France). 11,2 millions d'habitants (les *Cubains*). République dont la capitale est La Havane. Langue officielle : l'espagnol. Monnaie : le peso. ♦ GÉOGRAPHIE. Cet archipel est formé d'un grand nombre d'îles et d'îlots. L'île principale, Cuba, est plate en dehors de petits reliefs au centre et au sud-est, et longue de plus de 1 000 km. Le climat tropical connaît des cyclones. ♦ ÉCONOMIE. L'agriculture (canne à sucre, tabac, agrumes), l'élevage bovin et la pêche (langouste) dominent. Le sous-sol contient du nickel. L'industrie (alimentaire, métallurgie, chimie) et le tourisme se développent. ♦ HISTOIRE. Les peuples amérindiens sont décimés après l'arrivée de Christophe **Colomb** (1492). Les Espagnols colonisent l'île (1511), d'où ils partent conquérir le Mexique et le Panama, puis ils l'exploitent en important des esclaves africains. Après plusieurs révoltes et l'occupation américaine (1898), Cuba obtient son indépendance sous le contrôle des États-Unis (1902), et connaît la dictature (1925). La révolution, menée par Fidel **Castro** et Che **Guevara** (1959-1962), nationalise les entreprises et les terres. La *crise de Cuba* (1962) conduit à un affrontement diplomatique entre les États-Unis et l'URSS. Le régime communiste, qui intervient dans les conflits africains, doit faire face à une crise économique due à l'embargo américain et aggravée par l'effondrement de l'URSS. Il propose des réformes économiques pour attirer les investisseurs et les devises. Les tentatives de contestation sont réprimées et de nombreux Cubains cherchent à émigrer. Castro renonce au pouvoir (2008) et son frère Raul lui succède. Les relations diplomatiques avec les États-Unis reprennent en 2014, à l'initiative de Barack Obama.

CUNNINGHAM Merce (1919-2009) ✦ Danseur et chorégraphe américain. Il fait partie de la troupe de Martha **Graham**, puis travaille avec le compositeur John **Cage**. Il fonde sa propre compagnie en 1953, puis une école en 1959. Son travail porte principalement sur l'essence du geste, indépendamment de tout support narratif ou musical. Il introduit dans la danse la notion de hasard. Principales œuvres : *Suite for Five in Space and Time* (1956), *Summerspace* (1958), *Events* (1976), *Enter* (1992), *Biped* (1999), *Split Sides* (2003). ■ Son vrai nom est *Mercier Philip Cunningham*.

CUPIDON ✦ Dieu de l'Amour, dans la mythologie romaine. Il correspond au dieu grec **Éros**.

CURAÇAO ✦ Île d'Amérique du Sud. C'est l'île principale des Antilles néerlandaises, située dans la mer des **Caraïbes** au large du Venezuela. Superficie : 444 km^2. 150 500 habitants, en majorité catholiques. Capitale : Willemstad, dont le centre historique est inscrit sur la liste du patrimoine mondial de l'Unesco. Langue officielle : le néerlandais ; on y parle aussi un créole, le papiamento. Monnaie : le gulden des Antilles néerlandaises. De climat tropical, l'île vit du raffinage du pétrole, en provenance du Venezuela, et du tourisme. On prépare une liqueur avec l'écorce des oranges amères produites dans cette île, le *curaçao.*

CURIE Pierre (1859-1906) ✦ Physicien français. Il étudie particulièrement les cristaux et le magnétisme. Après la découverte de la radioactivité par Henri **Becquerel** (1896), il travaille sur les propriétés du polonium et du radium, en compagnie de sa femme Marie Curie et reçoit, avec elle et Becquerel, le prix Nobel de physique en 1903. Une unité de mesure de la radioactivité est appelée le *curie,* en hommage à ces deux scientifiques. Il repose au **Panthéon**.

CURIE Marie (1867-1934) ✦ Physicienne française, d'origine polonaise, femme de Pierre Curie. Passionnée par le phénomène de la radioactivité, dont elle invente le nom, elle découvre le polonium et le radium avec son mari (1898). Elle partage avec lui et **Becquerel** le prix Nobel de physique (1903), puis reçoit seule celui de chimie (1911). Pendant la Première Guerre mondiale, elle organise sur le front un service de radiographie. Elle repose au **Panthéon**, aux côtés de son mari (1995).

CURTIS Edward Sheriff (1868-1952) ✦ Photographe et anthropologue américain. Pendant trente ans, il photographie les Indiens d'Amérique du Nord, de l'Alaska au Nouveau-Mexique, afin de fixer sur la pellicule des traditions sur le point de disparaître.

CUVIER Georges, baron (1769-1832) ✦ Zoologiste français. Il compare l'anatomie des êtres vivants, ce qui lui permet de les classer en tableaux. En étudiant des fossiles, il prouve l'existence d'espèces disparues et invente la paléontologie. Comblé d'honneurs, il publie ses travaux (*Leçons d'anatomie comparée*, 1800-1805 ; *Le Règne animal distribué selon son organisation*, 1816-1817). Académie française (1818).

CUZCO ✦ Ville du Pérou, au sud du pays, dans la cordillère des Andes (3 600 m d'altitude). 101 197 habitants (348 935 pour l'agglomération). La vieille ville, inscrite sur la liste du patrimoine mondial de l'Unesco, est le plus grand centre touristique du pays, relié par voie ferrée au site de **Machu Picchu**. ♦ *Cuzco* signifie «nombril de la terre» dans la langue quechua. Capitale de l'Empire des **Incas**, elle est pillée par **Pizarro** (1533). Il en fait un des grands centres de l'Amérique espagnole, malgré la révolte des **Quechuas** (1535), et construit des monuments coloniaux de style baroque (cathédrale, 1560-1654) sur les fondations des monuments incas.

CYBÈLE ✦ Déesse de la force reproductrice de la nature, dans les mythologies grecque et romaine, souvent appelée *Grande Mère* ou *Mère des dieux.* Originaire de **Phrygie**, elle est identifiée par les Grecs à Rhéa, la sœur de **Cronos** et à **Déméter**. Les Romains adoptent le culte de Cybèle qui devient une religion à mystères (204 av. J.-C.).

CYCLADES (les) n. f. pl. ✦ Archipel grec de la mer **Égée** (☛ carte 28). Superficie totale : 2 572 km^2. 95 000 habitants. Chef-lieu : Hermoupolis, sur l'île de Syros. Il est formé d'une quarantaine d'îles (Délos, Milo, Mykonos, Naxos, Paros, Santorin, Syros), au climat méditerranéen, qui vivent du tourisme et exploitent la vigne, les minerais (cuivre, étain) et le marbre. ♦ Une brillante civilisation y fabrique des statuettes, des outils de pierre et de métal, et domine le commerce méditerranéen, répandant l'usage du métal (vers 2500 av. J.-C.). L'*art cycladique* est la plus ancienne forme d'art grec et remonte à l'âge du bronze. Il produit des *idoles cycladiques* qui sont des statuettes de marbre, représentations humaines très stylisées. Surpassée par la **Crète** et **Mycènes**, elle passe sous la domination d'**Athènes** (479 av. J.-C.). L'archipel devient un duché vénitien (1204) puis est occupé par les Turcs (1566).

CYCLOPES n. m. pl. ✦ Géants de la mythologie grecque, fils d'**Ouranos** et de **Gaïa**. Ils possèdent un œil unique au milieu du front. Leur père les jette dans le **Tartare** et ils sont libérés par **Zeus**. Pour le remercier, ils donnent aux dieux de l'Olympe les armes pour combattre les **Titans** : la foudre à Zeus, le trident à Poséidon et le casque qui rend Hadès invisible. La tradition multiplie les variantes de leurs aventures : Apollon les tue car ils ont fabriqué la foudre qui a anéanti son fils **Asclépios** ; dans l'*Odyssée*, ce sont des bergers anthropophages (**Polyphème**) ; à l'époque alexandrine, on les confond avec les **Géants**, prisonniers de l'Etna où ils aident le forgeron **Héphaïstos** ; c'est enfin un peuple légendaire de bâtisseurs à qui l'on attribue les monuments préhistoriques, tels ceux de **Mycènes**. Par extension, on qualifie de *cyclopéen* un travail gigantesque.

CYRANO DE BERGERAC Savinien de (1619-1655) ✦ Écrivain français. Blessé pendant sa carrière militaire, il se consacre à la littérature et fréquente les cercles libertins. Avec des lettres, tantôt précieuses tantôt burlesques, il publie en 1654 une comédie *(Le Pédant joué)* et une tragédie *(La Mort d'Agrippine)*. Il meurt des suites d'un accident, et c'est de façon posthume que paraît son roman philosophique, *L'Autre Monde*, artificiellement découpé en *États et Empires de la Lune* (1657) et *États et Empires du Soleil* (1662). Contrairement à la légende, entretenue notamment par Edmond **Rostand**, Cyrano n'avait rien à voir avec la ville de **Bergerac** et n'était pas gascon.

Cyrano de Bergerac ✦ Pièce de théâtre d'Edmond Rostand (1897), inspirée par l'écrivain du XVIIe siècle. Cyrano, soldat et poète au grand cœur, est défiguré par un nez trop long. Il sacrifie l'amour qu'il porte à sa cousine Roxane en aidant Christian de Neuvillette à la séduire. Après le décès de Christian, il cache ses propres sentiments jusqu'à sa mort. Cette histoire a souvent été adaptée au théâtre et au cinéma (Jean-Paul Rappeneau, 1990, avec Gérard **Depardieu**).

CYRÉNAÏQUE n. f. ✦ Région historique du nord-est de la Libye, qui s'étend de Benghazi à la frontière égyptienne. Elle doit son nom à la ville de Cyrène, inscrite sur la liste du patrimoine mondial de l'Unesco. Elle est colonisée par les Grecs (VIIe siècle av. J.-C.), réunie à l'Égypte par **Ptolémée Ier** et léguée aux Romains (96 av. J.-C.) qui en font une province (74 av. J.-C.). Dépendante de **Byzance**, elle est conquise par les Arabes (641), placée sous l'autorité turque (1551) et annexée à l'Empire ottoman (1835). Elle est cédée à l'Italie (1912) et des combats acharnés s'y déroulent pendant la Deuxième Guerre mondiale (1941-1942). Administrée par les Britanniques, elle prend son autonomie (1949) et devient une province de la **Libye** (1951).

CYRILLE ET MÉTHODE (saints) (826/827-869 et v. 820-885) ✦ Religieux byzantins. Les deux frères évangélisent les Slaves en Dalmatie, Hongrie, Pologne et Crimée. Saint Cyrille crée un alphabet (antérieur au *cyrillique*) et, avec son frère, traduit en slavon une partie de la Bible et de la liturgie. Après la mort de Cyrille, Méthode poursuit l'œuvre de son frère, rédigeant notamment les premières règles civiles et religieuses.

CYRUS II LE GRAND (vers 580-530 av. J.-C.) ✦ Fondateur de l'Empire perse. Roi du Fars (région de **Persépolis**), il se révolte contre le roi des **Mèdes** (556 av. J.-C.). Il met fin à sa domination en le renversant et fonde l'Empire **perse** (550 av. J.-C.). Il défait **Crésus**, conquiert l'Asie Mineure (546 av. J.-C.), l'Iran jusqu'à l'Indus. Il prend **Babylone** (539 av. J.-C.), en fait sa capitale, et libère les Juifs déportés par **Nabuchodonosor II**. Il règne avec clémence et meurt au combat en Asie centrale.

CYTHÈRE ✦ Île grecque, située entre le Péloponnèse et la Crète (☛ carte 28). Superficie : 285 km^2. 3 000 habitants. Chef-lieu : Cythère. Elle possède des sources thermales et cultive la vigne et l'olivier. Dans la mythologie grecque, **Aphrodite** naît de l'écume de la mer et atteint le rivage de Cythère. Cet endroit symbolise pour les peintres et les poètes le pays enchanteur de l'amour et des plaisirs.

D

DAC Pierre (1893-1975) ✦ Humoriste français. Il anime des émissions radiophoniques et crée l'hebdomadaire *L'Os à moelle* (1938-1940). En 1943, il participe sur Radio-Londres à l'émission «Les Français parlent aux Français». Après la guerre, il réalise avec Francis Blanche le feuilleton radiophonique «Signé Furax» (1956). Humoriste du cocasse et de l'absurde, doué d'un sens aigu de l'aphorisme et du paradoxe, il est notamment l'auteur de *Du côté d'ailleurs* (1953), *Le Jour le plus c...* (1954). ■ Son vrai nom est *André Isaac*.

DACCA ou **DHAKA** ✦ Capitale du Bangladesh, au centre-est du pays, dans le delta commun au Gange et au Brahmapoutre. 6,5 millions d'habitants (☛ carte 57). Nombreux monuments **moghols**. Centre industriel et artisanal (textile). ♦ La ville, fondée au IXe siècle, est la capitale du **Bengale** à l'époque moghole (1608-1704). Elle devient un comptoir commercial pour les Français, les Anglais et les Hollandais. C'est la capitale du Bangladesh depuis sa création (1947).

DACHAU ✦ Camp de concentration d'Allemagne, au nord-ouest de Munich. C'est le premier camp construit par les nazis (1933). À partir de 1939, y sont internés 206 000 déportés dont 32 000 sont exterminés. Il est libéré par les Américains (1945).

DACIE n. f. ✦ Région historique du sud-est de l'Europe. Elle est située au nord du Danube et correspond à la Roumanie actuelle. ♦ La région, peuplée d'Indo-Européens, les Gètes et les Daces, est soumise par l'empereur **Trajan** (IIe siècle). Il en fait une province romaine, abandonnée aux **Goths** par l'empereur **Aurélien** (275).

DADA ✦ Mouvement intellectuel et artistique créé à Zurich (1916) par Tristan **Tzara** et appelé aussi *dadaïsme*. Anticonformiste, il rejette les valeurs esthétiques et morales de la culture occidentale. Il se développe surtout à Paris (1920-1923). Ses adeptes les plus connus, appelés *dadaïstes*, sont **Picabia**, Duchamp, Éluard, Aragon et Breton, qui se détache du mouvement pour fonder le surréalisme (1922). Ils s'expriment au travers de revues, d'ouvrages, de créations et de manifestations qui conjuguent l'art de la dérision et le goût de la provocation.

DAECH ✦ Organisation djihadiste salafiste fondée en 2006 en Irak. Elle annonce l'établissement d'un califat (2014) sur les territoires qu'elle contrôle (Syrie, Irak) et prend le nom d'État islamique (EI). Une politique de terreur est menée auprès des populations civiles et de nombreuses attaques terroristes sont commises en Occident. Le Conseil de sécurité de l'ONU appelle tous les États à lutter contre Daech et une coalition internationale procède depuis 2014 à des frappes aériennes en Syrie et en Irak.

DAENINCKX Didier (né en 1949) ✦ Écrivain français. Cet ancien ouvrier imprimeur se consacre à la littérature policière et obtient de nombreux prix. Ses romans et ses nouvelles, souvent inspirés d'évènements historiques, décrivent avec humour noir la réalité sociale et politique. Œuvres : *Meurtres pour mémoire* (1984), *Le Der des ders* (1985), *Play-Back* (1986), *La mort n'oublie personne* (1989), *Cannibale* (1998), *Éthique en toc* (2000), *Corvée de bois* (2002), *Camarades de classe* (2008). Il écrit aussi pour la jeunesse : *Le Chat de Tigali* (1988), *Il faut désobéir* (2002).

DAGOBERT ✦ Nom de plusieurs rois mérovingiens, dont le plus connu est **DAGOBERT Ier** (début du VIIe siècle-639). Fils de Clotaire II, il est roi d'**Austrasie** (623) puis roi des Francs (629). Il choisit Paris pour capitale et unifie le royaume (632), aidé par saint **Éloi** et saint Ouen. Ses fils sont roi d'Austrasie (**Sigebert** III, 634) et roi de **Neustrie** (Clovis II). Il est enseveli dans la basilique de **Saint-Denis**.

DAGUERRE Jacques (1787-1851) ✦ Inventeur français. Décorateur de théâtre, il collabore avec l'inventeur de la photographie, **Niépce** (1829), puis il découvre des procédés pour développer (1835) et fixer (1837) des images sur métal. Le *daguerréotype* est à la fois le procédé inventé par Daguerre, et l'image obtenue par ce procédé.

DAGUESTAN n. m. ✦ République du sud-ouest de la fédération de Russie, dans le Caucase, à la frontière de l'Azerbaïdjan (☛ carte 33). Superficie : 50 300 km^2 (moins d'un dixième de la France). 2,9 millions d'habitants, en majorité musulmans. Capitale : Makhatchkala (572 000 habitants). Région agricole (blé, maïs, légumes, vigne) et industrielle (pétrole, mécanique, chimie, alimentaire, bois).

DAHL Roald (1916-1990) ✦ Écrivain britannique. À partir de 1943, il écrit des nouvelles pour adultes mêlant l'humour noir et le suspense (*Bizarre ! Bizarre !,* 1953 ; *Kiss, Kiss,* 1960). Il se consacre ensuite à la littérature pour enfants, avec des textes insolites et poétiques. Ses œuvres sont souvent adaptées au cinéma : *Les Gremlins* (1943, film 1984) ; *James et la grosse pêche* (1961, film *James et la pêche géante,* 1996) ; *Charlie et la chocolaterie* (1964, films 1971 et 2005) ; *Danny, le champion du monde* (1975, film 1988) ; *Les Deux Gredins* (1980) ; *Sacrées Sorcières* (1983, film *Les Sorcières,* 1990) ; *Matilda* (1988, film 1996). Ses autobiographies évoquent son enfance (*Moi, Boy,* 1984) et son expérience de pilote (*Escadrille 80,* 1986).

DAHOMEY n. m. ✦ Ancien nom du **Bénin.**

DAIMLER Gottlieb (1834-1900) ✦ Ingénieur allemand, pionnier de l'automobile. Il expérimente d'abord des moteurs à gaz, puis à pétrole (1876). Ayant fondé son entreprise (1882), il construit le premier véhicule automobile (1886) et met au point le premier moteur à quatre cylindres (1890). Son association avec Panhard et Levassor permet aux Français de développer l'industrie automobile. Un riche homme d'affaires, passionné de courses automobiles, commande des voitures à Daimler qu'il revend à Nice en leur donnant le prénom de sa fille, Mercedes. **Paul DAIMLER,** son fils, se rapproche de Carl **Benz,** ce qui donne naissance à la firme Mercedes-Benz (1926).

DAKAR ✦ Capitale du Sénégal, dans l'ouest du pays, sur la côte atlantique, face à l'île de **Gorée.** 3,1 millions d'habitants (les *Dakarois*). Grande Mosquée (1964), quartier colonial autour du port. Centre administratif, industriel (pétrole, alimentaire) et culturel du pays. Ville natale de Birago Diop. ♦ Ce port naturel, aménagé par les Français (1862), devient le siège du gouvernement général de l'**Afrique-Occidentale française** (1903). La première liaison aérienne depuis la France, effectuée par **Mermoz** (1927), fait de Dakar le point de départ des vols de l'Aéropostale vers l'Amérique du Sud. La ville devient la capitale du Sénégal indépendant (1960).

DAKOTA n. m. ✦ Région du nord des États-Unis (☛ carte 47). Située à la frontière avec le Canada, elle est partagée en deux États. Le *Dakota du Nord,* d'une superficie de 183 022 km^2 (environ un tiers de la France), compte 642 200 habitants. Sa capitale est Bismarck (55 532 habitants). Le *Dakota du Sud,* d'une superficie de 199 552 km^2 (environ un tiers de la France), compte 754 844 habitants. Sa capitale est Pierre (13 000 habitants). ♦ La grande plaine de l'est, au climat continental, s'élève vers un plateau où naît le Missouri. Au sud-ouest, on trouve les terres arides des Bad Lands puis les Black Hills Mountains, montagnes sacrées des Sioux. La région vit de l'agriculture (céréales) et de l'élevage (ovins, bovins). Son sous-sol est riche (pétrole, lignite, or) et son industrie se développe (agroalimentaire, mécanique). Le tourisme est florissant, avec, en particulier, le site du mont **Rushmore.** ♦ La région est peuplée d'Indiens Dakotas (**Sioux**) et de Cheyennes lorsqu'elle est explorée par les Français (1738). Elle passe aux États-Unis avec la **Louisiane** (1803) et s'agrandit du Minnesota, du Montana et du Wyoming. Les Indiens sont chassés à l'ouest du Missouri et le territoire est partagé en deux États (1889).

DALADIER Édouard (1884-1970) ✦ Homme politique français. Député et plusieurs fois ministre, il devient chef du Parti radical (1927) puis président du Conseil (1933, 1934). Le **Front populaire** le nomme ministre de la Défense nationale (1936-1937). ☛ Front populaire p. 194. Il signe les accords de **Munich** (1938), et prend des mesures contre les communistes après le pacte germano-soviétique. Son gouvernement déclare la guerre à l'Allemagne quand elle envahit la Pologne (1939). Il est arrêté par le gouvernement de **Vichy** (1940) et déporté en Allemagne (1943-1945). Après la guerre, il se réengage en politique au sein de son parti jusqu'à la Ve République.

DALI Salvador (1904-1989) ✦ Peintre espagnol. Il se lie aux surréalistes à Paris (1927) et collabore aux films de **Buñuel** (*Un chien andalou,* 1929 ; *L'Âge d'or,* 1930). Il peint des êtres et des objets fantastiques, disloqués et amollis, à connotation souvent morbide ou sexuelle (*L'Accommodation des désirs,* 1929 ; *Le Grand Masturbateur,* 1931 ; *Persistance de la mémoire,* 1931) et crée des objets de mode (bijoux). À partir de 1937, il traite des thèmes religieux, dans un style plus classique (*Le Christ de saint Jean de la Croix,* 1951). Son comportement et ses écrits, excentriques et provocants, font de lui l'un des peintres les plus célèbres du XXe siècle. ☛ Surréalisme p. 191.

DALILA ✦ Personnage de la Bible. Sachant que **Samson** tire sa force de sa chevelure, elle le séduit et le trahit en le rasant pendant son sommeil pour le livrer aux **Philistins.**

DALLAS ✦ Ville des États-Unis (Texas). 1,2 million d'habitants (5,2 millions pour la zone urbaine avec Fort Worth) (☛ carte 57). Centre financier, commercial et industriel (pétrole, confection, construction automobile, électrique et électronique). Ville natale de Tex Avery. Le président des États-Unis, John Fitzgerald Kennedy, y est assassiné en novembre 1963.

DALMATIE n. f. ✦ Région du sud de la Croatie, le long de la mer Adriatique. Superficie : 12 103 km^2. 900 000 habitants. Ville principale : Dubrovnik. ♦ Traversée par les Alpes dinariques, elle comprend un archipel d'environ 600 îles. La région privilégie l'industrie (construction navale, aluminium) et le tourisme littoral plutôt que l'agriculture et la pêche traditionnelles. ♦ Les Serbes de l'arrière-pays refusent que la **Croatie** se sépare de la Yougoslavie (1991). Ils prennent les armes et créent la république de Krajina, dont la reconquête par l'armée croate (1995) provoque leur exode massif vers la Serbie.

DALTON John (1766-1844) ✦ Physicien et chimiste britannique. Il énonce deux lois qui portent son nom : en physique, celle des mélanges gazeux et, en chimie, celle des proportions multiples. Il est considéré comme le fondateur de la théorie atomique moderne, sur laquelle **Berzelius** se base pour dresser le tableau des masses atomiques. Il étudie sur lui-même une anomalie de la perception des couleurs, appelée *daltonisme,* qui provoque, notamment, la confusion entre le rouge et le vert. Académie des sciences (1830).

DALTON (les frères) ✦ Personnages de la bande dessinée *Lucky Luke,* créés en 1955 par le dessinateur Morris (1923-2001) et le scénariste **Goscinny.** Ils s'inspirent des vrais Dalton, hors-la-loi morts en 1892. Ennemis de **Lucky Luke,** les quatre frères Dalton, Joe,

Jack, William et Averel, sont les rois du banditisme et de l'évasion.

DAMAS ✦ Capitale de la Syrie, dans le sud du pays, près de la frontière libanaise. 1,5 million d'habitants (les *Damascènes*). Dans la ville ancienne, inscrite sur la liste du patrimoine mondial de l'Unesco : mosquée des Omeyades (706-715), une des plus grandes mosquées du monde islamique. Centre industriel (alimentaire, textile, mécanique), commercial, artisanal (broderies, travail du cuir, du bois et du métal) construit dans une oasis (vergers, céréales). Ville sainte de l'islam. ♦ Damas est l'une des plus anciennes villes du monde, mentionnée dans la **Genèse**. Elle fait partie de l'Empire égyptien (XVIe siècle av. J.-C.), acquiert une grande importance sous le royaume des **Araméens** (Xe siècle av. J.-C.), dont elle devient la capitale. Elle est soumise aux empires d'Assyrie, de Perse, d'Alexandre (332 av. J.-C.) puis conquise par les Romains (65 av. J.-C.). La conversion et les prédications de saint **Paul** la rendent célèbre aux débuts du christianisme (☞ carte 7). Elle appartient un temps à l'Empire byzantin, puis elle est prise par les Arabes (636) et devient capitale de la dynastie des Omeyades (661), qui en font un centre artisanal (armes et textiles ; cf. *damas* et *damasquiner*). Elle passe aux mains des Égyptiens, des Turcs, de **Saladin** puis des **mamelouks.** Elle est dévastée par les **Mongols** (1260) et par **Tamerlan** (1401). En 1516, elle est annexée à l'Empire ottoman. Elle est prise par les Britanniques (1918) puis passe sous mandat français (1920-1946). En 1946, elle devient la capitale de la Syrie indépendante.

Dame à la licorne (La) ✦ Ensemble de six tapisseries réalisées dans un atelier du Nord au Moyen Âge (1484-1500). Elles sont conservées au musée de **Cluny,** à Paris, depuis 1882. Sur un fond rouge orné d'une multitude de fleurs et d'animaux, se tient une jeune femme, accompagnée d'un lion et d'une licorne. Chacune des tapisseries symbolise un des cinq sens, la sixième signifiant le renoncement aux plaisirs.

DAMOCLÈS (4e siècle av. J.-C.) ✦ Courtisan de Denys l'Ancien, tyran de Syracuse. Celui-ci, fatigué d'entendre Damoclès vanter son bonheur, l'invite à un banquet. Il fait suspendre une épée, retenue seulement par un crin de cheval, au-dessus de la tête de Damoclès pour lui faire comprendre que le bonheur est fragile. L'expression *épée de Damoclès* évoque un danger qui menace en permanence, une situation précaire et dangereuse.

DANAÉ ✦ Princesse légendaire d'Argos, dans la mythologie grecque. Son père, le roi Acrisios, craignant la prédiction selon laquelle il sera tué par son petit-fils, enferme Danaé dans une tour. Zeus, amoureux d'elle, se transforme en pluie d'or pour la rejoindre et elle donne naissance à **Persée.** Acrisios jette mère et fils à la mer mais ils survivent et abordent l'île de Sériphos.

DANAÏDES n. f. pl. ✦ Les cinquante filles de Danaos, roi légendaire de Libye puis d'Argos, dans la mythologie grecque. Obligées d'épouser leurs cinquante cousins, elles égorgent toutes leur mari pendant la nuit de noces, sauf une qui épargne son époux. Le survivant tue Danaos et ses filles, qui sont précipitées dans le **Tartare** où elles sont condamnées à verser éternellement de l'eau dans un tonneau sans fond. On emploie l'expression *le tonneau des Danaïdes* pour parler d'une source de dépenses sans fin, d'une tâche interminable qu'il faut toujours recommencer.

DANEMARK n. m. ✦ Pays d'Europe du Nord. (☞ cartes 24, 25). Il comprend le **Groenland** et les îles **Féroé.** Superficie : 43 098 km² (environ un douzième de la France). 5,4 millions d'habitants (les *Danois*), en majorité protestants. Monarchie parlementaire. La capitale est Copenhague. Langue officielle : le danois. Monnaie : la couronne danoise. ♦ GÉOGRAPHIE. Le Danemark est formé par la péninsule du Jutland et de nombreuses îles dont les plus importantes sont le Sjaelland et la Fionie. Son climat est océanique. ♦ ÉCONOMIE. L'agriculture (céréales, élevage bovin) et la pêche sont essentielles, une bonne part de l'industrie en dépendant (agroalimentaire, mécanique, chimie). Le pays exploite le pétrole et le gaz de la mer du Nord. Il possède l'un des niveaux de vie les plus élevés du monde. ♦ HISTOIRE. Peuplée 5 000 ans av. J.-C., la région connaît dès l'âge de bronze une civilisation élaborée, influencée plus tard par les Celtes. Les Cimbres envahissent la Gaule (vers 104 av. J.-C.) où les Romains les repoussent, puis la Grande-Bretagne (Ve siècle). Les **Vikings,** appelés ***Normands*** en France, pillent les côtes de France et d'Espagne (VIIIe-IXe siècles). Canut le Grand unifie en un seul royaume l'**Angleterre,** la **Norvège** et le Danemark (1017-1036). Le Danemark prend son indépendance (1047), se christianise et tombe sous la tutelle allemande (1227). Il s'unit à la Norvège et à la **Suède** (Union de Kalmar, 1397-1523), et adopte comme religion officielle la doctrine de **Luther** (1536). Il entre en guerre contre la Suède qui le bat et qui annexe ses provinces de Scanie et de Halland (1658). Il connaît un grand essor économique et culturel au XVIIIe siècle. Son alliance avec Napoléon lui vaut la perte de la Norvège (1814). Il doit céder le **Schleswig** et le Holstein à la Prusse et à l'Autriche (1864). Déjà amorcées à la fin du XIXe siècle, de profondes réformes politiques et sociales font du Danemark, dès 1915, une démocratie parlementaire très évoluée. Neutre pendant la Première Guerre mondiale, il est envahi par l'Allemagne (1940) mais résiste activement et obtient sa libération. Il fait partie de l'**ONU** (1945) et de la **CEE** (1973). Il a refusé d'adopter l'euro (2000).

DANIEL ✦ Personnage de la Bible, quatrième grand prophète de la tradition chrétienne. Le *Livre de Daniel,* qui figure parmi les Écrits, raconte les prodiges accomplis par le jeune Judéen, exilé à Babylone, pour convaincre **Nabuchodonosor** de la supériorité du dieu **Iahvé.** Il représente un message d'espoir pour les Juifs persécutés.

D'ANNUNZIO Gabriele (1863-1938) ✦ Écrivain italien. Jeune poète virtuose, il publie ses premières nouvelles dès 1886 et ses premiers romans lui assurent la notoriété (*L'Enfant de volupté,* 1889). Esthète, il mène une vie mondaine et agitée tout en continuant à écrire. Son activité politique se double d'un fervent nationalisme qui le pousse à s'engager avec bravoure dans la Première Guerre mondiale. Auteur d'une œuvre romanesque organisée en cycles, il écrit également *Le Martyre de saint Sébastien,* en français, mis en musique par Debussy (1911).

DANTE (1265-1321) ✦ Poète italien. Il célèbre son amour pour Béatrice dans des poésies (*La Vita nuova,* 1292-1294). Il prend part activement à la vie politique de Florence (1295), mais ses engagements lui valent d'être banni de la ville. Il s'exile alors au nord de l'Italie. Il y rédige des traités et son chef-d'œuvre, sous la forme d'une allégorie, *La Divine Comédie* (1306-1321), qui raconte un voyage à travers l'Enfer, le Purgatoire et le Paradis. On qualifie de *dantesque* une vision qui évoque l'enfer, effraie et fascine à la fois par son caractère dramatique, grandiose et sublime. ■ Son véritable nom est *Durante Alighieri*.

DANTON Georges Jacques (1759-1794) ✦ Révolutionnaire français. Cet avocat fonde le Club des **cordeliers** (1790) puis est élu ministre de la Justice et député à la **Convention** (1792). Il participe à la création du Tribunal révolutionnaire et du **Comité de salut public** (1793). Il s'oppose aux ultrarévolutionnaires, les enragés et les hébertistes, en réclamant la fin de la **Terreur**, qu'il a contribué à mettre en place, ce qui vaut à ses partisans le surnom d'*indulgents*. Compromis dans un scandale financier, il est accusé de trahison, condamné et guillotiné.

DANTZIG ✦ Ancien nom français de **Gdansk**.

DANUBE n. m. ✦ Fleuve d'Europe, qui coule au centre et à l'est du continent (☛ carte 24). Le deuxième d'Europe par sa longueur (2 850 km), son débit et l'étendue de son bassin (805 000 km²). Il prend sa source dans la Forêt-Noire, traverse l'Allemagne (Ulm), l'Autriche (Vienne), la Slovaquie (Bratislava), la Hongrie (Budapest), la Croatie, la Serbie (Belgrade), la Roumanie qu'il sépare de la Bulgarie et de l'Ukraine. Il se jette dans la mer Noire, formant le plus grand delta d'Europe, inscrit sur la liste du patrimoine mondial de l'Unesco. Il joue un rôle économique important (pêche, commerce, hydroélectricité). Il a été, pendant plusieurs siècles, la limite de l'Empire **romain**. Les artistes l'ont souvent célébré, comme le musicien Johann Strauss (*Le Beau Danube bleu*).

DAPHNIS ✦ Berger légendaire de Sicile, dans la mythologie grecque. Fils du dieu Hermès, il est élevé par les nymphes. Apollon lui enseigne l'art de la flûte et il invente un style de poésie propre aux bergers.

DAPSANG n. m. ✦ Nom tibétain du mont **K2** (☛ carte 38).

DARDANELLES (les) n. f. pl. ✦ Détroit situé entre les Balkans et l'Asie Mineure. Il fait communiquer la mer Égée avec la mer de Marmara et sépare l'Europe de l'Asie. Il est long de 70 km et large de 1,3 à 7,4 km. Appelé *Hellespont* par les Grecs de l'Antiquité, ce détroit est l'objet de violents combats pendant la Première **Guerre mondiale**.

DAR EL-BEÏDA ✦ Nom arabe de **Casablanca**.

DAR ES-SALAAM ou **DAR ES SALAM** ✦ Ville de Tanzanie, dans l'est du pays, sur l'océan Indien. 4,36 millions d'habitants. Port commercial (coton, café, maïs) et industriel (alimentaire, textile, raffinerie). Ancienne capitale du pays.

DARFOUR n. m. ✦ Région du Soudan, à l'ouest du pays. Culture du millet, élevage. Un conflit pour un meilleur partage des richesses oppose des rebelles au pouvoir central, entraînant une violente répression (2004) et une grave crise humanitaire. Après l'échec de plusieurs tentatives d'accord, une force mixte Union africaine-ONU est mise en place (2008).

DARIOS ou **DARIUS** ✦ Nom de plusieurs rois de Perse. **DARIOS Iᵉʳ** roi de 522 à 486 av. J.-C., père de **Xerxès Iᵉʳ**. Il étend l'Empire perse en Asie centrale, soumet la Thrace et la Macédoine. Il organise les territoires conquis par Cyrus II, les divise en *satrapies* («provinces»), réforme la justice, frappe la première monnaie perse et fonde **Persépolis**. Il réprime la révolte des cités grecques d'Asie (499-493 av. J.-C.) mais son expédition contre la Grèce échoue à **Marathon** (490 av. J.-C.). **DARIOS III CODOMAN**, roi de 336 à 330 av. J.-C., ne peut empêcher **Alexandre le Grand** d'envahir l'Empire (334-331 av. J.-C.).

DARLAN François (1881-1942) ✦ Homme politique français. Il modernise la marine et obtient le titre d'amiral de la Flotte (1939). Vice-président du Conseil dans le gouvernement de **Vichy**, il est considéré comme le successeur naturel de Pétain après le renvoi de **Laval**. Il signe les accords de **collaboration** militaire avec l'occupant (1941) puis démissionne quand les Allemands rappellent Laval (1942). Il assiste au débarquement allié à Alger, ordonne la reprise des combats contre l'Allemagne et signe un accord avec les Américains. Il est assassiné.

D'ARTAGNAN → **ARTAGNAN** (d')

DARWIN Charles (1809-1882) ✦ Naturaliste britannique. D'une expédition en Amérique du Sud, en Australie et aux Galapagos, il rapporte des collections de plantes et d'animaux. Il publie ses observations sur la variabilité des espèces dans son récit, *Voyage d'un naturaliste autour du monde* (1839). Il élabore ensuite la théorie de l'évolution biologique, basée sur l'adaptation des espèces à leur milieu et sur le mécanisme de la sélection naturelle, dérivé des idées de **Malthus**, dans son ouvrage *De l'origine des espèces au moyen de la sélection naturelle* (1859). Cette théorie de l'évolution, violemment combattue, à l'époque, reste admise, aujourd'hui, dans les milieux scientifiques. Elle a pris le nom de *darwinisme*.

DAUDET Alphonse (1840-1897) ✦ Écrivain français. Dans toutes ses œuvres, il dépeint son époque et sa Provence natale avec beaucoup de tendresse, d'humour et de sensibilité : ***Les Lettres de mon moulin*** (contes, 1866), ***Le Petit Chose*** (roman, 1868), les aventures de ***Tartarin de Tarascon*** (trois romans, 1872-1890), *Contes du lundi* (1873).

DAUMIER Honoré (1808-1879) ✦ Graveur, peintre, sculpteur et dessinateur français. Républicain, il fait des caricatures pour des journaux satiriques et politiques. Celle de Louis-Philippe (*Gargantua*, 1831) lui vaut six mois de prison. Il exprime, dans son œuvre, une vision critique de la société. Il utilise plusieurs techniques : la gravure (*La Rue Transnonain*, 1834), la sculpture (bustes d'hommes politiques ; personnage de *Ratapoil*, 1850), puis la peinture à laquelle il se consacre finalement (*La République*, 1848 ; *Don Quichotte*, 1850-1860), avec un style qui annonce l'expressionnisme. ☛ Réalisme p. 182.

DAUPHINÉ n. m. ✦ Région historique du sud-est de la France, qui correspond aux départements de l'Isère, des Hautes-Alpes et de la Drôme (☛ carte 21). Ses habitants s'appellent les *Dauphinois*. Ville principale : Grenoble. ♦ Depuis le Rhône, la région s'élève sur des plateaux boisés jusqu'aux massifs forestiers des **Préalpes** (Chartreuse, Vercors), traversés par l'Isère, puis aux massifs alpins (Oisans, Écrins, Queyras). ♦ Peuplé de Celtes, il est conquis par les Romains, les Burgondes (Ve siècle) et les Francs (VIe siècle). Intégré au royaume de Provence puis au royaume de **Bourgogne,** il devient vassal du **Saint Empire** romain germanique (royaume d'**Arles,** 1034). Il revient aux seigneurs de la Tour du Pin (1281), appelés les *Dauphins,* qui lui donnent son nom. Il s'agrandit et atteint son apogée économique et culturel, notamment grâce aux ordres religieux (chartreux, cisterciens). Il est vendu au roi de France (1349) puis donné désormais à l'héritier de la Couronne (le *Dauphin*) et définitivement annexé (1560). Proche de la Savoie, il souffre des guerres d'**Italie,** de **Religion** et des guerres menées par Louis XIII et Louis XIV. Il prospère et accueille favorablement les révolutions de 1789 et de 1830.

DAVID (vers 1000 av. J.-C.-972 av. J.-C.) ✦ Roi d'Israël, connu surtout par la Bible. Berger, musicien et poète, il abat le géant **Goliath,** champion des **Philistins,** d'un coup de fronde. Il épouse la fille du roi **Saül,** mais tombe en disgrâce et mène une vie errante. À la mort de Saül, il est élu roi et conquiert Jérusalem, où il place l'Arche d'alliance. Sa passion pour Bethsabée le pousse à faire tuer le mari de celle-ci. Ce crime marque pour lui le début d'une période de grands malheurs. Son fils **Salomon** lui succède. David, considéré comme l'auteur des Psaumes dans la Bible, est vénéré par les juifs et les chrétiens, qui appellent le Messie *le fils de David ;* c'est aussi le prophète Daoud du Coran. Il inspire de nombreuses œuvres, comme la statue monumentale en marbre sculptée par Michel-Ange (1501-1504).

DAVID Jacques Louis (1748-1825) ✦ Peintre français. Il obtient le prix de Rome (1774), part étudier en Italie et revient à Paris (1780), où il peint des sujets antiques dans un style appelé *néoclassique.* Membre de la Convention et du Club des jacobins pendant la Révolution, il organise les fêtes républicaines, supprime l'Académie puis il est emprisonné après la chute de Robespierre. Libéré (1795), il devient peintre officiel de l'**Empire** (1804) et doit s'exiler à Bruxelles pendant la Restauration (1816). Œuvres : *Le Serment des Horaces* (1784), *Le Serment du Jeu de paume* (inachevé), *Marat assassiné* (1793), *Les Sabines* (1799), *Madame Récamier* (1800), *Le Sacre de Napoléon Ier* (1805-1807 ☛ Empire p. 176), *La Distribution des aigles* (1810).

David Copperfield ✦ Roman publié en 1849-1850 par Charles Dickens. La vie du héros, David Copperfield, s'inspire de celle de l'auteur. À la mort de son mari, la mère de David épouse un homme très sévère. Lorsqu'elle meurt à son tour, David est maltraité par son beau-père et son maître d'école. Il quitte Londres et se réfugie chez sa tante à Douvres. Il commence à écrire et se marie avec Dora, qui meurt elle aussi. Il épouse ensuite la fille de son patron, un avocat victime d'un escroc. Ce roman, qui dépeint avec réalisme et humour la société anglaise du XIXe siècle, a souvent été adapté au cinéma et à la télévision.

DAVIS Miles (1926-1991) ✦ Trompettiste de jazz américain. Il joue dans le quintette de Charlie **Parker,** participe à l'épanouissement du be-bop et aux débuts du jazz cool, avant de s'orienter vers un free jazz abrupt, puis vers le jazz-rock. Improvisateur de grand talent à la sonorité exceptionnelle, artiste en perpétuelle évolution, il acquiert une notoriété qui dépasse largement le cercle des amateurs de jazz. Principaux enregistrements : *Birth of the Cool* (1949-1950), *Kind of Blue* (1959), *Miles at Fillmore* (1970).

DAVIS (coupe) ✦ Épreuve de tennis internationale, créée par l'Américain Dwight F. Davis en 1900. Plus de cent pays participent chaque année à cette compétition masculine par équipes.

DAVOS ✦ Ville de Suisse, dans le canton des Grisons. 10 744 habitants. Station de sports d'hiver. Observatoire mondial des radiations. Elle accueille tous les ans le Forum économique mondial.

DAX ✦ Ville des Landes sur l'Adour. 20 485 habitants (les *Dacquois*). Cathédrale Notre-Dame (XIIIe-XVIIe siècles). Station thermale. Centre de commerce et d'industrie (électronique).

DAYAN Moshe (1915-1981) ✦ Homme politique israélien. Engagé dans le premier conflit israélo-arabe (1948), il devient général, dirige la campagne du **Sinaï** contre l'Égypte (1956), puis est nommé plusieurs fois ministre. Il contribue, avec le général Rabin, à la victoire israélienne de la guerre des **Six Jours** (1967). Ministre des Affaires étrangères (1977-1979), il entame les négociations de paix entre l'Égypte et Israël.

DEAN James (1931-1955) ✦ Acteur américain. Il joue dans trois films : *À l'est d'Éden* (1954), *La Fureur de vivre* (1955) et *Géant* (1956). Il meurt très jeune dans un accident de voiture. Il devient alors le symbole de la jeunesse rebelle. ▪ Son véritable nom est *James Byron.*

DEAUVILLE ✦ Commune du Calvados. 3 725 habitants (les *Deauvillais*). Port de plaisance et station balnéaire, créée en 1860. Marché de chevaux de course. Festival du cinéma américain.

DEBRÉ Michel (1912-1996) ✦ Homme politique français. Ce résistant est l'un des fondateurs de l'**ENA.** Membre du Conseil de la République (1948-1958), il s'oppose à la politique des gouvernements de la IVe République, soutient l'Algérie française et le retour du général de **Gaulle** au pouvoir. Nommé garde des Sceaux, il contribue à l'élaboration de la Constitution de la Ve République (1958). Il est Premier ministre (1959-1962), et plusieurs fois ministre de 1966 à 1973. Défenseur du gaullisme, il s'oppose à Valéry Giscard d'Estaing et se présente contre Jacques Chirac à l'élection présidentielle de 1981. Il écrit des essais et ses mémoires (*Trois Républiques pour une France,* 1984-1988). Académie française (1988).

DEBUSSY Claude (1862-1918) ✦ Compositeur français. Premier prix de Rome de piano (1884), il voyage en Europe (1879-1880), rencontre Brahms et Wagner puis se lie d'amitié avec **Mallarmé.** Qualifiée d'impressionniste, son œuvre doit son originalité à ses harmonies recherchées et à ses mélodies fluides. Œuvres principales : pour orchestre (*Prélude à l'après-midi d'un faune,* 1894, sur un poème de Mallarmé ; *La Mer,* 1905), pour piano (*Préludes,* 1910-1913), un opéra (*Pelléas et Mélisande,* 1902, sur un poème de Maurice **Maeterlinck**) et un ballet (*Jeux,* 1913).

DECCAN → **DEKKAN**

DE CHIRICO Giorgio (1888-1978) ✦ Peintre italien. Il se forme à Athènes et à Munich (1906-1908) et séjourne à Milan, Turin puis Paris (1911) où il rencontre Picasso et Apollinaire. Son style, inspiré des décors italiens de la Renaissance dont il détourne la réalité (perspectives et ombres illogiques, objets hétéroclites), influence les surréalistes. Après la Première Guerre mondiale, il adopte un style plus académique. Œuvres : *Énigme d'un après-midi d'automne* (1910), *Mélancolie d'une rue* (1912), *Portrait de Guillaume Apollinaire* (1914) *Les Muses inquiétantes* (1916), *Grand Intérieur métaphysique* (1917).

Déclaration des droits de l'homme et du citoyen ✦ Texte voté par l'Assemblée nationale constituante le 26 août 1789. Il sert de base à la Constitution de 1791 et affirme les droits fondamentaux de liberté, de propriété et d'égalité, selon la doctrine philosophique des **Lumières.** ☛ Révolution française p. 175. Les Constitutions de 1793 et de 1795 comportent en préface des textes similaires. En 1948, l'ONU vote la *Déclaration universelle des droits de l'homme,* qui proclame la liberté et l'égalité de tous les hommes.

DÉDALE ✦ Architecte légendaire dans la mythologie grecque. Accueilli en Crète par le roi **Minos,** il construit à sa demande le Labyrinthe où est enfermé le **Minotaure.** Soupçonné d'avoir aidé **Thésée** à s'enfuir en donnant à **Ariane** une pelote de fil, il y est retenu à son tour. Il réussit à s'évader avec son fils **Icare** en fabriquant des ailes en cire et en plumes. Après la chute mortelle d'Icare, il se réfugie en Italie. Un circuit compliqué où l'on risque de se perdre forme un *dédale.*

DÉFENSE (la) ✦ Quartier du nord-ouest de Paris, dans l'axe de l'avenue des **Champs-Élysées.** Commencée en 1958, l'urbanisation associe, le long d'une immense dalle piétonnière, un centre résidentiel et un centre d'affaires, comprenant de nombreuses tours et deux bâtiments de prestige : le Centre des nouvelles industries et technologies (Cnit, 1958, rénové en 1988) et la Grande Arche (1983-1989), haute de 110 m, qui abrite le siège de la Fondation internationale des Droits de l'homme.

DE FOE Daniel (1660-1731) ✦ Écrivain anglais. Voyageur, commerçant, il participe à des intrigues politiques qui le mènent en prison. Journaliste, féministe avant l'heure, il publie des poèmes et des pamphlets et se consacre à la fin de sa vie aux romans, qui lui apportent la célébrité : *Heurs et Malheurs de la fameuse Moll Flanders* (1722) et surtout ***Robinson Crusoé*** (1719). ▪ Son véritable nom est *Daniel Foe.*

DEGAS Edgar (1834-1917) ✦ Peintre français. Influencé par des séjours en Italie (1856-1857, 1859), par **Ingres** et **Delacroix,** il s'intéresse à la photographie et aux estampes japonaises. Il voyage aux États-Unis (1872-1873) et participe aux expositions impressionnistes (1874-1881) avec ses amis Manet, Renoir et Monet. Il peint surtout des scènes de rues, l'univers des courses de chevaux et le monde de la danse, accordant une importance particulière aux effets de lumière, aux tons pastel et aux angles de vue originaux : *Avant le départ* (1862), *Portrait de Manet* (1864), *La Classe de danse* (1874) *L'Absinthe* (1875-1876), *L'Étoile* (1876-1877), *Les Repasseuses* (1884). Il réalise également de nombreuses statuettes en cire. ▪ Son véritable nom est *Hilaire Germain Edgar De Gas.*

DEKKAN ou **DECCAN** **n. m.** ✦ Péninsule qui forme la moitié sud de l'Inde (☛ carte 41). C'est un vaste plateau relevé à l'ouest, le long de la mer d'Oman, par les montagnes des Ghâts de l'Ouest qui s'élèvent jusqu'à 2 500 m. De grands fleuves (Godavari, Krishna) y prennent leur source avant de se jeter dans le golfe du Bengale, dominé par des massifs appelés les Ghâts de l'Est. Le climat tropical, plus aride au centre, est favorable à l'agriculture (millet, arachide, coton, riz, canne à sucre). Les anciennes capitales des États hindous ou des royaumes musulmans qui s'y sont créées sont devenues des grands centres industriels, notamment de haute technologie (**Bangalore, Hyderabad**).

DE KLERK Frederik Willem (né en 1936) ✦ Homme d'État sud-africain. Élu président de la République (1989), il négocie avec Nelson **Mandela** l'abandon par l'ANC de la lutte armée contre l'abolition de l'apartheid et la démocratisation du pays (1990). Quand Mandela lui succède, il devient vice-président (1994-1996), démissionne et se retire de la vie politique. Prix Nobel de la paix avec Nelson Mandela (1993).

DE KOONING Willem (1904-1997) ✦ Peintre américain d'origine néerlandaise. Fixé aux États-Unis en 1926, il est d'abord influencé par le surréalisme et l'*action painting* de **Pollock.** Il peint des nus féminins dans un style violemment expressionniste (série des *Femmes,* 1947-1952), thème récurrent dans son œuvre, puis des paysages dans un style plus apaisé. À partir de 1969, il se consacre surtout à la sculpture. Il est l'un des représentants majeurs de l'expressionnisme abstrait et figuratif.

DELACROIX Eugène (1798-1863) ✦ Peintre français. Ami de **Géricault**, il voyage en Angleterre (1825), en Afrique du Nord et en Espagne (1832). Considéré comme le peintre principal du romantisme, il peint des sujets historiques et littéraires avec des coloris éclatants et une imagination sensuelle, met l'Orient à la mode et réalise de grandes fresques au palais Bourbon (1832-1838), au Sénat (1838-1847), au Louvre (1849-1851) et à l'église Saint-Sulpice (1849-1861). Œuvres : *Dante et Virgile aux Enfers* (1822), *Les Massacres de Scio* (1824), *La Grèce expirant à Missolonghi* (1827), *La Mort de Sardanapale* (1827 ☛ Romantisme p. 180), *La Liberté guidant le peuple* (1831), *Femmes d'Alger dans leur appartement* (1834).

DELALANDE Michel Richard (1657-1726) ✦ Compositeur et organiste français. Musicien préféré de Louis XIV après la mort de Lully, il accéda aux plus hautes charges. Son œuvre comprend des compositions religieuses *(De profundis, Te Deum),* des divertissements et des ballets (*Les Fontaines de Versailles,* 1683 ; *Symphonies pour les soupers du Roy,* 1703) ainsi que des motets qui annoncent les cantates de Bach et de Haendel.

DELAUNAY Robert (1885-1941) ✦ Peintre français. Influencé par Gauguin, Seurat puis les cubistes, il introduit l'art abstrait en France, donnant une grande importance à la lumière et aux couleurs, souvent étalées en bandes circulaires : séries de *La Tour Eiffel* (1910) et de *La Ville de Paris* (1910-1912), *Hélices* (1923), *Rythmes sans fin* (1933-1934).

DELAUNAY Sonia (1885-1979) ✦ Peintre française, d'origine ukrainienne. Après Saint-Pétersbourg et l'Allemagne, elle se fixe à Paris (1906), partageant les recherches de Robert **Delaunay,** qu'elle épouse (1910), puis voyage au Portugal et en Espagne. Elle réalise de grandes compositions géométriques, se consacre aux arts décoratifs (objets, tissus) en 1911 et de nouveau à la peinture en 1933.

① **DELAWARE** n. f. ✦ Fleuve de l'est des États-Unis, long de 400 km. Il prend sa source au nord des Appalaches, sépare la Pennsylvanie de l'État de New York puis du New Jersey, arrose Philadelphie et se jette dans l'océan Atlantique.

② **DELAWARE** n. m. ✦ État du nord-est des États-Unis depuis 1787 (☛ carte 47). Superficie : 6 138 km². 783 600 habitants. Capitale : Dover (32 135 habitants). ♦ Le Delaware est formé de collines et il possède un climat continental. Il vit surtout de l'agriculture (légumes) et de l'élevage (volailles). L'industrie se concentre au nord (chimie, mécanique, agroalimentaire). ♦ Découverte par Henry Hudson (1609), la région est occupée par les Hollandais (1631) et les Suédois (1638). Elle est prise par les Anglais (1664) et devient un État (1776), le premier à ratifier la Constitution fédérale (1787).

DELÉMONT ✦ Ville de Suisse, chef-lieu du canton du Jura. 11 318 habitants. Centre d'horlogerie.

DELFT ✦ Ville des Pays-Bas (Hollande-Méridionale), entre Rotterdam et La Haye. 95 379 habitants. Nombreux canaux, Nouvelle Église (XVe siècle), qui abrite le mausolée de **Guillaume d'Orange,** hôtel de ville (XVIIe siècle). Tourisme. Industries (alimentaire, chimie, constructions mécaniques et électriques). Ville renommée pour son art de la poterie (faïences au décor bleu) à son apogée au XVIIIe siècle. Ville natale de Vermeer. ♦ Fondée en 1074, elle prospère grâce au travail de la laine et aux brasseries (XIIIe-XIVe siècles).

DELHI ✦ District fédéral du nord-ouest de l'Inde, englobant la capitale **New Delhi.** Superficie : 1 484 km². 16,8 millions d'habitants (☛ carte 57). Nombreux monuments : site de Qutb Minar (XIIIe siècle) et tombe du sultan Humayun (1570), inscrits sur la liste du patrimoine mondial de l'Unesco ; Grande Mosquée et Fort Rouge. Les quartiers denses de la Vieille Delhi sont bordés au sud par New Delhi, construite à partir de 1912. Le district compte de nombreuses cités résidentielles et des quartiers industriels (mécanique, électricité). ♦ Fondée par les musulmans (1193) et plusieurs fois détruite, la ville est la capitale d'un grand sultanat (1206-1526), de l'Empire des **Moghols** (1526-1858) puis de l'Inde britannique à la place de Calcutta (1912).

DELIBES Léo (1836-1891) ✦ Compositeur français. Il est célèbre pour ses nombreuses compositions, rigoureuses et mélodiques, parmi lesquelles des opéras bouffes, des opéras-comiques (*Lakmé,* 1883) et des ballets romantiques qui préparent le renouveau de l'art chorégraphique français du début du XXe siècle : *Coppélia* (1870), *Sylvia* (1876).

DELLA ROBBIA Luca (v. 1400-1482) ✦ Sculpteur italien. Fondateur de l'atelier familial, il est l'un des premiers sculpteurs sur marbre de la première Renaissance. Il est l'auteur de la « tribune des chantres », cortège d'anges musiciens réalisé pour le dôme de Florence (1431-1438). Il est également l'inventeur de la terre cuite vernissée, que son atelier produisit en très grande quantité. Son œuvre de céramiste a été poursuivie par son neveu **Andrea** (1435-1525) et ses fils **Giovanni** (1469-1529) et **Girolamo** (1488-1566).

DELLUC Louis (1890-1924) ✦ Cinéaste et théoricien français du cinéma. Il est considéré comme l'inventeur de la critique cinématographique indépendante et des cinéclubs. Il a réalisé notamment *Fièvre* (1922) et *La Femme de nulle part* (1922). Le *prix Louis Delluc* récompense chaque année, depuis 1937, un film d'auteur français.

DELON Alain (né en 1935) ✦ Acteur français. Il devient célèbre en 1960, dans *Plein Soleil* de R. Clément. Il tourne également sous la direction de **Visconti** (*Rocco et ses frères,* 1960 ; *Le Guépard,* 1962), Antonioni (*L'Éclipse,* 1962), J.-P. Melville (*Le Samouraï,* 1967) ou J. Losey (*Monsieur Klein,* 1976).

DELORME Philibert (vers 1510-vers 1570) ✦ Architecte français. Il se forme en Italie et Henri II le nomme inspecteur des bâtiments royaux et des travaux de fortifications (1547). Il réalise le tombeau de François Ier à **Saint-Denis,** travaille aux châteaux de Fontainebleau, Chenonceaux, Villers-Cotterêts, construit le château d'**Anet** pour Diane de Poitiers (1548-1555) puis Catherine de Médicis lui confie la construction du palais des **Tuileries** (1564-1570). Dans ses écrits théoriques (*Nouvelles Inventions pour bien bâtir à petits frais,* 1561), sa volonté de lier les traditions française et italienne annonce le classicisme.

DÉLOS ✦ Île grecque, de l'archipel des Cyclades (☛ carte 28). C'est la plus petite de l'archipel : superficie, 3 km². Elle est quasiment déserte. Les fouilles, commencées en 1873, ont révélé un site archéologique exceptionnel (sanctuaire d'Apollon, allée des Lions), inscrit sur la liste du patrimoine mondial de l'Unesco. ♦ Dans l'Antiquité, Délos est un centre religieux (XIVe siècle av. J.-C.), surtout après sa colonisation par les Ioniens (Xe siècle av. J.-C.) qui introduisent les cultes d'**Apollon** et d'**Artémis.** Elle passe sous le contrôle d'**Athènes** (VIe siècle av. J.-C.) qui en fait le siège d'une confédération maritime, la *Ligue de Délos* (477 av. J.-C.), destinée à lutter contre les Perses refoulés de Grèce. L'île prend son indépendance (315 av. J.-C.), est cédée à Athènes par les Romains (166 av. J.-C.) et devient un grand centre de commerce. Son exceptionnelle prospérité est favorisée par la ruine des cités rivales (Rhodes, Carthage et Corinthe en 146 av. J.-C.). Conquise par **Mithridate** (88 av. J.-C.), elle est ravagée par les Byzantins, les Slaves et les Arabes (VIIe-VIIIe siècles).

DELPHES ✦ Site archéologique de Grèce, dans le centre du pays, près du mont **Parnasse.** Les fouilles, commencées en 1892, ont révélé l'un des sites archéologiques les plus importants de Grèce, inscrit sur la liste du patrimoine mondial de l'Unesco. ♦ Dans l'Antiquité, cette ville de Phocide est un important centre religieux (☛ carte 4). Dans un sanctuaire et un temple consacrés à **Apollon** (VIIe siècle), la **Pythie** rend les oracles du dieu. Plusieurs cités, parfois rivales, y édifient des monuments votifs et commémoratifs (Athènes, Sparte, Marseille). Son prestige est à l'origine de quatre « guerres sacrées » entre la région de Phocide et Athènes (VIe siècle-IVe siècle av. J.-C.). La ville appelle **Philippe II de Macédoine** à son secours (346 av. J.-C.). Elle repousse les Celtes (279 av. J.-C.) et les Gaulois (109 av. J.-C.), mais le sanctuaire est dévasté par les Romains.

DÉLUGE n. m. ✦ Récit rapporté de la Bible, dans la **Genèse.** Dieu provoque une inondation qui recouvre la Terre pour punir les hommes de leur méchanceté. Il confie à **Noé**, un homme juste, le soin de construire une arche et de sauver un couple de chaque espèce animale. Le cataclysme dure 40 jours et 40 nuits, et lors de la décrue, annoncée par une colombe tenant un rameau d'olivier, l'arche échoue sur le mont **Ararat.** Extrêmement ancien, le thème du Déluge est présent dans les traditions de Mésopotamie et de Sumer (IVe et IIIe millénaires av. J.-C.).

DELVAUX Paul (1897-1994) ✦ Peintre belge. D'abord influencé par les impressionnistes puis les expressionnistes, il découvre **De Chirico, Magritte**, et participe au surréalisme à partir de 1935. Ses sujets de prédilection, souvent oniriques, sont des gares (à partir de 1922), des femmes nues dans des décors quotidiens ou d'architecture classique, et des thèmes religieux et fantastiques (squelettes, 1939-1944). Il peint aussi de vastes décorations murales et réalise des lithographies. Œuvres : *Pygmalion* (1939), *La Ville inquiète* (1941), *La Vénus endormie* (1944), *Train de nuit* (1947), *Trains du soir* (1957), *Hommage à Jules Verne* (1971).

DÉMÉTER ✦ Déesse du Blé, symbole de la civilisation, dans la mythologie grecque. C'est la fille de Cronos et de Rhéa. Elle recherche sa fille unique, **Perséphone**, qui a été enlevée et épousée par **Hadès.** Pendant qu'elle entre au service du roi d'**Éleusis**, la terre devient stérile. Elle refuse de s'occuper des récoltes tant que sa fille ne lui est pas rendue. Zeus, le père de Perséphone, trouve une solution : Perséphone vivra la moitié de l'année avec sa mère, l'autre moitié avec son époux aux Enfers, comme le blé qui sort de terre au printemps, tandis que sa graine reste enfouie sous terre pendant l'hiver. Le culte de la déesse est célébré par les mystères d'Éleusis. Les Romains de l'Antiquité l'identifient à **Cérès.**

DÉMOCRITE (vers 460 av. J.-C.-vers 370 av. J.-C.) ✦ Philosophe grec. Il écrit sur des sujets variés comme les sciences naturelles, la mécanique, les mathématiques, la grammaire, la musique. Il développe une théorie matérialiste qui affirme que les choses reposent sur le vide et sur les atomes qui sont des particules éternelles que l'on ne peut pas diviser. Les dieux n'interviennent pas dans cette conception de l'univers.

DÉMOSTHÈNE (384 av. J.-C.-322 av. J.-C.) ✦ Orateur et homme politique athénien. Après avoir, selon la légende, surmonté son défaut d'élocution en s'entraînant à parler avec des cailloux dans la bouche, il devient orateur. Il alarme ses concitoyens contre la menace des Barbares et de Sparte et s'oppose avec véhémence aux ambitions de **Philippe II de Macédoine.** Il rêve d'une Grèce unie et forte, peuplée d'hommes libres et combatifs. Après la répression de la révolte des villes grecques par **Alexandre le Grand**, il est condamné à mort, s'exile et s'empoisonne dans un temple de Poséidon. Admirés par **Cicéron**, ses discours marquent l'apogée de l'éloquence grecque : les *Philippiques* (351-341 av. J.-C.), les *Olynthiennes* (349 av. J.-C.).

DEMY Jacques (1931-1990) ✦ Cinéaste français. Inventeur du film chanté, seul représentant de la comédie musicale à la française, il crée un univers original, entre onirisme et réalisme. Principaux films : *Lola* (1961), *Les Parapluies de Cherbourg* (1964), *Les Demoiselles de Rochefort* (1967), *Peau-d'Âne* (1970), *Une chambre en ville* (1982).

DENALI (mont) ✦ Point culminant de l'Amérique du Nord (6 194 m), autrefois appelé mont McKinley (☛ carte 47). Appartenant à la chaîne de l'**Alaska**, il est situé dans le parc national du Denali.

DENEUVE Catherine (née en 1943) ✦ Actrice française. Sa beauté et son attitude un peu distante inspirent les grands cinéastes : *Les Parapluies de Cherbourg* (1964) et *Les Demoiselles de Rochefort* (1967) de J. Demy ; *Belle de jour* (1967) et *Tristana* (1970) de L. Buñuel ; *La Sirène du Mississippi* (1969) et *Le Dernier Métro* (1980) de F. Truffaut ; *Indochine* (1992) ; *Dancer in the dark* (2000) ; *Un conte de Noël* (2008). ■ Son véritable nom est *Catherine Dorléac.*

DENG XIAOPING (1904-1997) ✦ Homme politique chinois. Il adhère au communisme pendant son séjour en France (1920), participe à la «Longue Marche» aux côtés de **Mao Zedong** (1934-1936) et devient vice-Premier ministre (1952) et secrétaire général du parti communiste. Il tente des réformes après l'échec du «Grand Bond en avant», mais il est exclu du parti pendant la Révolution culturelle (1967). Écarté plusieurs fois, il reprend le pouvoir en 1978. Il est l'un des artisans de la libéralisation de l'économie chinoise. Demeuré influent après son retrait officiel de la politique, il joue un rôle déterminant dans la répression des manifestations étudiantes (1989).

DE NIRO Robert (né en 1943) ✦ Acteur américain. Comédien exigeant et perfectionniste, il s'impose dans de grands rôles de composition. Il joue notamment dans plusieurs films de M. **Scorsese** (*Taxi Driver*, 1976 ; *Raging Bull*, 1980 ; *Les Affranchis*, 1989). Il tourne également avec Coppola (*Le Parrain II*, 1974), Cimino (*Voyage au bout de l'enfer*, 1978) ou Tarantino (*Jackie Brown*, 1997).

DENIS Maurice (1870-1943) ✦ Peintre français. Théoricien du groupe des nabis, ses premières œuvres, familières et intimistes, reflètent l'esthétique de l'Art nouveau et du japonisme alors à la mode. Plus tard, il s'oriente vers la peinture d'inspiration religieuse qu'il tente de renouveler par des techniques modernes et le retour aux «primitifs». Il exécute de grandes peintures décoratives (coupole du théâtre des Champs-Élysées, celle du Petit Palais, nombreux édifices religieux).

DENVER ✦ Ville des États-Unis, capitale du Colorado. 554 636 habitants (2,6 millions d'habitants pour la zone urbaine). Ville la plus importante des **Rocheuses.** Centre administratif, financier, commercial, industriel (chimie, alimentaire, électronique) et touristique.

DENYS L'ANCIEN (430 av. J.-C.-367 av. J.-C.) ✦ Tyran de Syracuse, de 405 av. J.-C. à sa mort. Il prend le pouvoir, porté par le peuple à qui il distribue les terres des riches puis rétablit la tyrannie. Il repousse les Carthaginois à l'ouest de la Sicile (392 av. J.-C.), fait de **Syracuse** une puissance maritime en unissant les villes grecques de l'île, s'allie à Sparte dans la guerre du **Péloponnèse** et conquiert le sud de l'Italie. On rapporte qu'au cours d'un banquet il aurait fait suspendre une épée au-dessus de **Damoclès** pour symboliser la fragilité du bonheur.

DEPARDIEU Gérard (né en 1948) ✦ Acteur français. Il devient célèbre en jouant des personnages fougueux et tonitruants mais son talent le porte aussi vers des rôles plus complexes : *Les Valseuses* (1974), *Le Dernier Métro* (1980), *Danton* (1983), *Sous le soleil de Satan* (1987), *Cyrano de Bergerac* (1990), *Christophe Colomb* (1992), *Astérix et Obélix : Mission Cléopâtre* (2002), *Quand j'étais chanteur* (2005).

DERAIN André (1880-1954) ✦ Peintre français. Avec ses amis **Matisse** et **Vlaminck**, il fait partie du groupe des «fauves» qui privilégie les couleurs éclatantes. Il s'intéresse aux arts byzantin, roman, primitif, puis sous l'influence de Cézanne et du cubisme, ses tons se font plus sourds. Entre les deux guerres, il fréquente **Montparnasse** et choisit un style plus traditionnel. Il réalise des portraits, des natures mortes, des décors de théâtre et, surtout après 1939, des sculptures. Œuvres : *Le Port de Collioure* (1905), *London Bridge* et *Hyde Park* (1906), *La Table de cuisine* (1923), *Arlequin et Pierrot* (1924), *La Chasse* (1928), *La Clairière* (1938).

Dernier des Mohicans (Le) ✦ Roman publié en 1826 par James Fenimore **Cooper**. Deuxième tome de la série des *Contes du Bas-de-Cuir*, qui comprend aussi *Les Pionniers* (1823) et *La Prairie* (1827). En 1757, Bas-de-Cuir et ses deux amis mohicans secourent les filles du colonel Munro, qui gouverne le fort William-Henry, assiégé par les Français et les Hurons. Après bien des poursuites et des trahisons, Uncas, le dernier des Mohicans, prouve son courage mais perd la vie en compagnie de Cora Munro dont il est amoureux.

DESARTHE Agnès (née en 1966) ✦ Écrivaine française. Elle a écrit dans un style enlevé une trentaine de romans pour la jeunesse (*La Plus Belle Fille du monde*) et pour adultes (*Un secret sans importance*).

DESCARTES René (1596-1650) ✦ Philosophe et mathématicien français. Après une carrière militaire, des voyages en Europe et une vie mondaine à Paris (1625-1628), il s'installe en Hollande et se consacre aux sciences et à la philosophie. Partant du principe qu'il faut douter de tout, il se fie au raisonnement logique pour prouver la réalité de l'existence («je pense donc je suis»), puis il applique l'algèbre à la géométrie, découvre la réfraction optique, étudie la circulation du sang et décrit le monde selon les lois du mouvement (mécanisme). Il rencontre **Pascal** (1647) et, appelé par la reine **Christine**, il se rend en Suède (1649) où il meurt. Œuvres : *Discours de la méthode* (1637), *Méditations métaphysiques* (1641), *Principes de la philosophie* (1644), *Les Passions de l'âme* (1649). La philosophie de Descartes est appelée le *cartésianisme*, et on dit d'un raisonnement logique qu'il est *cartésien*.

DESCHANEL Paul (1855-1922) ✦ Homme d'État français. Il préside la Chambre des députés (1898-1902 ; 1912-1920) puis est élu président de la République contre Clemenceau. Il doit démissionner pour des raisons de santé (1920) et il est remplacé par **Millerand**. Académie française (1899).

DE SICA Vittorio (1902-1974) ✦ Acteur et cinéaste italien. Acteur de charme, il est surtout connu comme réalisateur. L'un des créateurs du cinéma néoréaliste italien, il dépeint la société italienne d'avant et d'après la Deuxième Guerre mondiale (*Sciuscia*, 1946 ; *Le Voleur de bicyclette*, 1949 ; *Le Jardin des Finzi-Contini*, 1971), poussant la critique sociale vers la fable poétique et comique (*Miracle à Milan*, 1951).

DÉSIRADE (La) ✦ Île rocheuse de la Guadeloupe, dans l'est de l'archipel (☛ cartes 21, 22). Superficie : 20 km^2. 1 496 habitants. Chef-lieu : Grande-Anse.

DESJOYEAUX Michel (né en 1965) ✦ Navigateur français. Il remporte ses premières victoires dès l'âge de 25 ans et reste l'un des navigateurs français en solitaire les plus titrés. Il gagne deux fois le **Vendée Globe** (2001 et 2009) ainsi que deux traversées de l'Atlantique en solitaire, la **Route du Rhum** (2002) et la **Transat anglaise** (2004).

DESMOULINS Camille (1760-1794) ✦ Homme politique français. Avocat (1785), il participe aux premières journées révolutionnaires (12-14 juillet 1789), publie des pamphlets contre l'Ancien Régime et fonde le journal *Les Révolutions de France et de Brabant* (1789-1791). Il se lie avec **Danton** au Club des **cordeliers**, est élu à la Convention parmi la **Montagne**, et prend position contre les **girondins** puis contre la **Terreur**, dans son journal *Le Vieux Cordelier* (1793-1794). Condamné à mort, il est guillotiné avec Danton et ses partisans, les indulgents.

DESNOS Robert (1900-1945) ✦ Poète français. Participant au surréalisme avec André Breton, il se tourne vers la poésie onirique, avec humour et fantaisie. Il entre dans la Résistance, est envoyé en camp de concentration et meurt du typhus à sa libération. Œuvres : *La Liberté ou l'Amour* (1927), *Corps et Biens* (1930), *Fortunes* (1942), *Le Veilleur du Pont-au-Change* (poème paru dans la clandestinité, 1944) et pour les enfants, *Chantefables et Chantefleurs* (1952).

DETROIT ✦ Ville des États-Unis (Michigan). 713 777 habitants (5,4 millions pour la zone urbaine) (☛ carte 57). Centre industriel (sidérurgie, chimie). Capitale de l'automobile au début du XXe siècle (usine **Ford** fondée en 1903). Ville natale de Charles Lindbergh.

Deutéronome n. m. ✦ Cinquième livre du **Pentateuque**, dans la Bible, divisé en trente-quatre chapitres. Son titre signifie en grec «deuxième loi», car il présente des évènements et préceptes qui figurent dans les livres précédents (**Exode**, **Lévitique**, **Nombres**). On y trouve aussi le récit de la mort de Moïse avant l'entrée en Terre promise.

DEUXIÈME GUERRE MONDIALE → GUERRE MONDIALE (Deuxième)

DEUX-ROSES (guerre des) ✦ Guerre civile qui oppose en Angleterre la famille d'**York** (dont l'emblème est une rose blanche) à la famille de **Lancastre** (ayant une rose rouge pour emblème) de 1455 à 1485. Au sortir de la guerre de Cent Ans, Richard d'York se révolte contre le roi Henri VI de Lancastre et le détrône au profit de son fils Édouard IV (1461). Après une brève restauration d'Henri VI (1470-1471), Édouard reprend le pouvoir puis le transmet à son fils Édouard V mais celui-ci est assassiné par son oncle Richard III (1483). **Henri VII** monte alors sur le trône et met fin à la guerre en épousant la fille d'Édouard IV (1485).

DEUX-SÈVRES n. f. pl. ✦ Département de l'ouest de la France [79], de la Région Nouvelle-Aquitaine. Superficie : 5 999 km^2. 373 553 habitants (les *Deux-Sévriens*). Chef-lieu : Niort ; chefs-lieux d'arrondissement : Bressuire et Parthenay.

DEUX-SICILES (royaume des) ✦ Nom donné au rattachement des royaumes de **Naples** et de **Sicile** par le roi d'Aragon Alphonse V (1442-1458). Après la chute de Napoléon, les Bourbons d'Espagne créent un deuxième royaume des Deux-Siciles (1816) qui est pris par **Garibaldi** (1860) avant d'être intégré à l'Italie réunifiée (1861).

DE VALERA Eamon (1882-1975) ✦ Homme d'État irlandais. À la tête du parti nationaliste (**Sinn Féin**, 1918), il négocie avec **Lloyd George** mais refuse le traité qui rattache l'**Ulster** au Royaume-Uni (1921), poursuit la lutte armée et fonde le Parti républicain (Fianna Fáil, 1926). Nommé Premier ministre (1932-1948), il profite de l'abdication d'Édouard VIII pour proclamer la Constitution de la république d'**Irlande** (1937) et choisit la neutralité quand éclate la Deuxième Guerre mondiale. Il est à nouveau Premier ministre (1951-1959) puis président de la République (1959-1973).

DEVON n. m. ✦ Comté du sud-ouest de l'Angleterre, entre la Manche et le canal de Bristol, appelé aussi *Devonshire.* Superficie : 6 715 km². 758 000 habitants. Chef-lieu : Exeter (111 078 habitants). Le climat littoral favorise l'agriculture (élevage bovin, cultures maraî-chères). Son seul centre industriel est Plymouth. Ses falaises et ses baies côtières, inscrites sur la liste du patrimoine mondial de l'Unesco, en font une destination touristique.

DEVOS Raymond (1922-2006) ✦ Comédien français. Au music-hall et au théâtre, il interprète ses monologues, jouant avec les mots et les expressions courantes pour créer des situations d'une absurdité comique.

DHAKA → **DACCA**

DHÔTEL Henri (1900-1991) ✦ Écrivain français. Il est l'auteur d'une trentaine de romans qui s'inscrivent dans la tradition du mystère et du fantastique onirique (*Le Pays où l'on n'arrive jamais,* 1955).

DIAGHILEV Serge de (1872-1929) ✦ Critique d'art et imprésario russe. Il fonde une revue artistique et fait connaître au public russe les impressionnistes et les compositeurs français (Debussy, Ravel). Après le succès de son exposition à Paris «Deux siècles d'art russe» (1906), il revient y présenter *Boris Godounov* de Moussorgski (1908) puis la troupe des **Ballets russes** (1909). Cette compagnie, qu'il a fondée à Saint-Pétersbourg et qui travaille avec **Stravinski**, Prokofiev, Satie, Picasso, Matisse et Braque, connaît un vrai triomphe européen et s'installe en France (1917).

DIANE ✦ Déesse de la Chasse, dans la mythologie romaine. Elle correspond à la déesse grecque **Artémis**.

DIANE DE POITIERS (1499-1566) ✦ Favorite du roi **Henri II.** Réputée pour sa beauté, elle encourage le roi à réprimer le protestantisme et favorise les arts. Henri II lui donne le château de **Chenonceaux** et fait construire pour elle celui d'**Anet** (1548), décoré par Jean Goujon.

DIAS Bartolomeu (vers 1450-1500) ✦ Navigateur portugais. Il explore les côtes africaines à la recherche d'une route vers les Indes (1487-1488) et découvre le cap des Tempêtes que le roi portugais renomme cap de **Bonne-Espérance.** Il meurt dans un naufrage entre le Brésil et l'Afrique pendant l'expédition de **Cabral** (☛ carte 13).

DIB Mohammed (1920-2003) ✦ Écrivain algérien d'expression française. Installé en France en 1959, il est l'auteur de poèmes, de pièces de théâtre, d'essais et de romans qui s'inspirent de la colonisation (*La Grande Maison,* 1952 ; *L'Incendie,* 1954 ; *Le Maître de chasse,* 1973). D'autres s'inspirent de ses séjours en Scandinavie (*Le Sommeil d'Ève,* 1989) ou aux États-Unis (*L. A. Trip,* 2002, roman en vers).

DICKENS Charles (1812-1870) ✦ Romancier britannique. Il travaille à l'usine dès l'âge de douze ans et vit une jeunesse malheureuse. Ses œuvres sont inspirées par sa propre histoire et par les souffrances de son époque (esclavagisme en Amérique, misère sociale de l'ère industrielle, hypocrisie de la société anglo-saxonne...). Les romans où il raconte les malheurs de l'enfance en font un des romanciers anglais les plus populaires : *Les Aventures de M. Pickwick* (1837), *Les Aventures d'Oliver **Twist*** (1837-1838), *Contes de Noël* (1843-1845), ***David Copperfield*** (1849-1850), *Les Grandes Espérances* (1861).

DICKINSON Emily (1830-1886) ✦ Poète américaine. Recluse volontaire, elle consacre sa vie à la poésie. Elle écrit de courts poèmes lyriques sur l'amour, le moi, la mort, l'éternité, publiés pour la plupart après sa mort. Elle est considérée comme une figure majeure de la poésie américaine du XIXe siècle.

DIDEROT Denis (1713-1784) ✦ Philosophe et écrivain français. Après avoir mené, durant sa jeunesse, une vie de bohème, il dirige la rédaction de l'***Encyclopédie*** (1747-1766), puis voyage dans la Russie de Catherine II (1773). Philosophe matérialiste des **Lumières** (☛ Littérature p. 145 et Lumières p. 173), il expose ses principes dans de nombreux ouvrages : *Lettre sur les aveugles à l'usage de ceux qui voient* (1749) qui lui vaut plusieurs mois de prison, *La Religieuse* (1760, publié en 1796), *Le Neveu de Rameau* (1760-1777, publié en 1805), *Le Rêve de d'Alembert* (1769), *Jacques le Fataliste et son maître* (1773, publié en 1796), *Paradoxe sur le comédien* (1773-1778).

DIDON ✦ Princesse de Tyr et fondatrice légendaire de **Carthage** (IXe siècle av. J.-C.). Les Carthaginois l'honorent comme une déesse. Dans l'***Énéide,*** Virgile la fait vivre au moment de la guerre de Troie. Elle tombe amoureuse d'Énée qui débarque à Carthage puis l'abandonne. Elle se poignarde alors sur un bûcher. Cette tragique histoire d'amour inspire un opéra à Purcell (*Didon et Énée,* 1699).

DIE ✦ Chef-lieu d'arrondissement de la Drôme, sur la Drôme. 4 516 habitants (les *Diois*) (☛ carte 23). Enceinte gallo-romaine (IIIe-IVe siècles) et nombreux vestiges exposés dans le musée. Spécialité de vins blancs mousseux (*clairette de Die*).

DIÊN BIÊN PHU ✦ Site du nord du Viêtnam, près de la frontière avec le Laos. Pendant la guerre d'**Indochine**, les Français y installent un camp militaire (1953). Ils résistent cinquante-sept jours aux assauts du Viêt-minh (1954) mais leur défaite marque la fin de la guerre.

DIEPPE ✦ Ville de Seine-Maritime. 30 086 habitants (les *Dieppois*). Église Saint-Jacques (XIIIe-XVIe siècles), château (XVe siècle) devenu un musée. Port de voyageurs (vers l'Angleterre), de pêche et de commerce. Centre industriel (automobile, bureautique, plasturgie). Station balnéaire. Ville natale de Louis de Broglie. ♦ Ville commerciale (XIIe siècle) et port militaire (XVIe siècle). Lourdement affectée par les guerres de Religion, la peste et un bombardement anglo-hollandais (1694), Dieppe décline au profit du Havre. La ville est gravement endommagée pendant la Deuxième Guerre mondiale.

DIESEL Rudolf (1858-1913) ✦ Ingénieur allemand. Il imagine un nouveau modèle de moteur (1893), fonctionnant avec les dérivés du pétrole (gazole), construit à partir de 1897 : le *moteur Diesel* (ou un *diesel*).

DIETRICH Marlène (1901-1992) ✦ Actrice américaine, d'origine allemande. Après une dizaine de films muets, elle joue son premier rôle parlant dans *L'Ange bleu* (1930), film de Josef Von Sternberg qui consacre son talent et sa beauté. Elle part alors aux États-Unis où elle incarne des femmes fatales : *Shanghai Express* (1932), *L'Impératrice rouge* (1934), *La Femme et le Pantin* (1935), *L'Ange des maudits* (1952), *La Soif du mal* (1958). Elle se retire en France où elle meurt.

DIGNE-LES-BAINS ✦ Chef-lieu des Alpes-de-Haute-Provence. 16 304 habitants (les *Dignois*). Ancienne cathédrale romane Notre-Dame-du-Bourg (XIIIe-XIVe siècles). Centre administratif, commercial (fruits, lavande) et touristique. Station thermale.

DIGOIN ✦ Commune de la Saône-et-Loire, sur la Loire. 8 005 habitants (les *Digoinais*) (☛ carte 23). Céramique (faïence, grès et poteries).

DIJON ✦ Chef-lieu de la Côte-d'Or et de la Région Bourgogne-Franche-Comté. 153 668 habitants (les *Dijonnais*), et l'agglomération 241 591. Cathédrale Sainte-Bénigne (XIVe siècle), églises Notre-Dame (XIIIe siècle), Saint-Philibert (XIIIe-XVIIIe siècles) et Saint-Michel (XVIe siècle), ancien palais des ducs de Bourgogne, rebâti par Hardouin-Mansart (vers 1682), musée des Beaux-Arts qui contient les tombeaux de Philippe le Hardi, de Jean sans Peur et de Marguerite de Bavière, maisons de style Renaissance et hôtels particuliers (XVIIe-XVIIIe siècles). Centre administratif, universitaire et industriel, spécialisé dans l'agroalimentaire (vins de Bourgogne, escargots, cassis, chocolat, moutarde et vinaigre). Ville natale de Jean sans Peur, Charles le Téméraire, Edme Mariotte, Jacques Bossuet, Jean-Philippe Rameau, François Rude, Gustave Eiffel. ♦ La ville, fondée par les Romains, fait partie du duché de **Bourgogne** (XIe siècle) et devient la résidence de Philippe le Hardi, Jean sans Peur, Philippe le Bon et Charles le Téméraire. Elle est réunie à la Couronne (1477), tout en restant le siège du parlement de Bourgogne. Elle est assiégée par les Suisses (1513), connaît une grande prospérité (XVIIIe siècle). Elle subit les dommages des occupations allemandes (1870, 1940).

DINAN ✦ Chef-lieu d'arrondissement des Côtes-d'Armor, dominant la Rance. 10 919 habitants (agglomération 27 232) (les *Dinannais*) (☛ carte 23). Remparts et château (XIIIe-XVe siècles) dont le donjon abrite un musée d'histoire locale. Basilique Saint-Sauveur (XIIe siècle), qui conserve le cœur de **Du Guesclin**. Port de plaisance.

DINARD ✦ Ville d'Ille-et-Vilaine, à l'embouchure de la Rance, face à Saint-Malo. 9 846 habitants (les *Dinardais*). Station balnéaire très touristique.

DIOCLÉTIEN (245-vers 313) ✦ Empereur romain de 284 à 305. Il est proclamé empereur par ses soldats. Il décide de partager le pouvoir avec Maximien (285), à qui il confie l'Occident (avec Trèves pour résidence), lui-même régnant sur l'Orient et s'installant à Nicomédie (aujourd'hui Izmir, en Turquie). Avec Maximien, il parvient à contenir les nombreuses menaces qui assaillent l'Empire. Il établit la tétrarchie (pouvoir partagé entre quatre personnes), réforme l'administration et l'économie. il fait subir une dure persécution aux chrétiens. Il abdique en même temps que Maximien.

DIOGÈNE (vers 413-vers 327 av. J.-C.) ✦ Philosophe grec. Il méprise les richesses et les conventions sociales, et conseille une vie naturelle. Le jour où Alexandre le Grand lui demande ce qu'il désire, il répond : «Que tu t'ôtes de mon soleil». Une autre fois, il se promène à midi dans les rues d'Athènes, tenant à la main une lanterne et disant : «Je cherche un homme». Surnommé *le Cynique,* il est considéré comme un modèle de sagesse.

DIONYSOS ✦ Dieu de la Vigne et de l'Ivresse dans la mythologie grecque. Sa mère Sémélé meurt au sixième mois de sa grossesse, et son père, Zeus, le porte dans sa cuisse jusqu'à sa naissance. Héra, jalouse, le rend fou et il erre en Thrace et en Béotie, répandant la culture de la vigne et l'art de faire le vin, accompagné par les **Bacchantes**, les **Satyres**, **Pan** et les fils que lui donne Aphrodite (Priape et Hyménée). Selon d'autres variantes du mythe, il fait aussi une expédition en Inde, attribue un don à **Midas** et se marie avec **Ariane**. Des processions et des banquets sont organisés en son honneur, dans des fêtes religieuses appelées *dionysies* (n. f. pl.), qui donnent naissance à la tragédie et à la comédie. Symbole de la nature et de sa force, il est souvent représenté avec des feuilles de lierre et des grappes de raisin. Les Romains de l'Antiquité l'identifient à **Bacchus**.

DIOP Birago (1906-1989) ✦ Écrivain sénégalais de langue française. Vétérinaire exerçant au Sénégal et au Mali, il recueille des contes africains qu'il publie en français : *Les Contes d'Amadou Koumba* (1947), *Les Contes et Lavanes* (1963). Militant de la «négritude», notion lancée par Aimé **Césaire** et approfondie par Léopold Sedar **Senghor**, il écrit des poèmes (*Leurres et Lueurs,* 1960) et ses mémoires (*La Plume raboutée,* 1978 ; *À rebrousse-temps,* 1982).

DIOR Christian (1905-1957) ✦ Couturier français. Il fonda sa maison de couture en 1946 et ses créations marquèrent l'histoire de la mode française de l'après-guerre.

DIRAC Paul (1902-1984) ✦ Physicien britannique. Spécialiste de la théorie quantique, il est l'auteur de l'équation qui porte son nom, qui décrit l'électron et qui a permis de prévoir l'existence du positon et donc de l'antimatière (1927). On lui doit également la mise au point de la théorie du comportement statistique des particules (*statistique de Fermi-Dirac*). Prix Nobel de physique (1933, avec E. Schrödinger).

DIRECTOIRE n. m. ✦ Période de l'histoire de France. Elle s'étend de la fin de la Convention nationale (28 octobre 1795) jusqu'au coup d'État du 18 Brumaire an VIII (9 novembre 1799) qui instaure le **Consulat.** La Constitution de l'an III (août 1795) confie le pouvoir exécutif à cinq directeurs (d'où le nom de *Directoire*), qui nomment les ministres et promulguent les lois. Le coup d'État du 4 septembre 1797, tramé notamment par **Barras**, renforce la dictature du pouvoir exécutif. Toute la période se caractérise par une grave crise économique et financière, l'agitation royaliste et par des guerres de conquête (campagnes d'**Italie** et d'**Égypte**, création des «Républiques sœurs» en Hollande, en Suisse et en Italie).

DISNEY Walter Elias dit Walt (1901-1966) ✦ Réalisateur et producteur américain de dessins animés. Il s'installe à Hollywood et dirige le travail de son équipe des Studios Disney. Il rend célèbres les personnages de **Mickey Mouse**, **Donald** et Pluto dans des courts métrages (1929-1937), avec le son et la couleur (1932). Le succès des *Trois Petits Cochons* (1933) le pousse à réaliser un long métrage capable de rivaliser avec les films d'acteurs. Le monde entier tombe sous le charme de *Blanche-Neige et les Sept Nains* (1937). Les succès s'enchaînent : *Pinocchio* et *Fantasia* (1940), *Dumbo* (1941), *Bambi* (1942), *Cendrillon* (1950), *Peter Pan* (1953), *La Belle et le Clochard* (1955), *La Belle au bois dormant* (1959), *Les 101 Dalmatiens* (1961), *Merlin l'Enchanteur* (1963), *Le Livre de la Jungle* (1967). Il crée le premier parc d'attractions, Disneyland, en Californie (1955). Après sa mort, son équipe poursuit son œuvre.

DISRAELI Benjamin (1804-1881) ✦ Homme politique britannique. Après une carrière littéraire, il choisit la politique et il est élu à la Chambre des communes (1837) pour le parti conservateur (tory), partisan d'une alliance entre la monarchie et les classes populaires contre la bourgeoisie libérale, menée par **Gladstone.** Il fait voter une réforme électorale qui double le nombre des électeurs (1867), devient chef de son parti et Premier ministre (1868 ; 1874-1880). Il réalise des réformes sociales, étend l'Empire aux îles Fidji (1874), en Égypte (canal de **Suez**, 1875), à Chypre (1878), fait proclamer **Victoria** impératrice des Indes (1876) et bloque l'avancée russe dans les Balkans (1878), mais chute à cause des difficultés en Afrique du Sud (**Transvaal**) et aux Indes.

DIX Otto (1891-1969) ✦ Peintre allemand. Influencé par les courants du début du siècle comme l'expressionnisme, il est bouleversé par la Première Guerre mondiale, puis participe au mouvement **Dada.** Après 1920, il traite la guerre et la figure humaine avec un réalisme caricatural et critique, s'inscrivant dans le mouvement de la «Nouvelle objectivité». Il est emprisonné à Dresde par les nazis qui le qualifient de «dégénéré», puis se réfugie près du lac de Constance (1936) où il peint des paysages et des thèmes religieux. Œuvres : *Autoportrait en soldat* (1914), *Invalides jouant aux cartes* (1920), *Portrait de mes parents* (1921), *Sylvia von Harden* (1926), *Metropolis* (1927-1928), *La Guerre* (1929-1932), *Crucifixion* et *Job* (1946).

DJEDDAH ou **DJEDDA** ✦ Ville d'Arabie saoudite, dans l'ouest du pays, sur la mer Rouge, près de La Mecque. 2,8 millions d'habitants. Premier port du pays, centre diplomatique, commercial et industriel (raffinerie, sidérurgie), lieu de transit pour les pèlerins qui vont à La **Mecque.** La ville historique est inscrite sur la liste du patrimoine mondial de l'Unesco.

DJERBA ✦ Île de Tunisie, située au large de Gabès et reliée par la route au continent (☛ cartes 35, 37). Superficie : 514 km² (environ cinq fois Paris). 100 000 habitants, d'origine berbère. On y cultive des arbres fruitiers, des palmiers-dattiers et des oliviers. Important centre touristique et artisanal.

① **DJIBOUTI** n. m. ✦ Pays d'Afrique de l'Est. Il est situé à l'entrée de la mer Rouge (☛ cartes 34, 36). Superficie : 23 200 km². 818 100 habitants (les *Djiboutiens*). République dont la capitale est Djibouti. Langues officielles : le français et l'arabe ; on parle aussi l'afar et le somali. Monnaie : le franc djiboutien. ♦ GÉOGRAPHIE. Djibouti est séparé de l'Arabie par le détroit de Bab el-Mandeb et traversé par la vallée du **Rift.** Ce pays d'origine volcanique a un climat désertique. ♦ ÉCONOMIE. Pratiquant l'élevage des moutons, Djibouti est le débouché commercial de l'Éthiopie. Il contrôle le trafic pétrolier maritime de la région. ♦ HISTOIRE. La région est une voie d'échanges entre l'Arabie et l'Afrique (2 000 ans av. J.-C.). Elle est colonisée par les Français qui créent le port (1888) et en font la capitale de la Côte française des Somalis (1896). La colonie devient un territoire d'outre-mer (1946), prend le nom de *Territoire français des Afars et des Issas* (1967) et gagne son indépendance (1977) en gardant des liens avec la France. Des tensions persistent entre les populations Afars et Issas.

② **DJIBOUTI** ✦ Capitale de la république de Djibouti, à l'est du pays, près du golfe d'Aden. 475 300 habitants. Port commercial (café, céréales, oléagineux) et industriel (construction navale).

DJOSER (IIIᵉ millénaire av. J.-C.) ✦ Roi d'Égypte vers 2800 av. J.-C. Ce pharaon de l'Ancien Empire, installé à Memphis, fait construire par son architecte **Imhotep** la pyramide à degrés de **Saqqara.**

DNIEPR n. m. ✦ Fleuve d'Europe de l'Est, troisième d'Europe par la longueur (2 200 km) (☛ carte 24). Il prend sa source en Russie, à l'ouest de Moscou, arrose Smolensk, traverse la Biélorussie, l'Ukraine (Kiev, Dnipropetrovsk) et se jette dans la mer Noire à l'est d'Odessa. Navigable sur presque tout son cours, c'est une source considérable d'énergie hydroélectrique et d'irrigation.

DNIESTR n. m. ✦ Fleuve d'Europe orientale, long de 1 352 km (☛ carte 24). Il prend sa source dans les Carpates, près de la frontière polonaise, traverse l'ouest de l'Ukraine, l'est de la Moldavie, puis se jette dans la mer Noire par un estuaire à l'ouest d'Odessa. Il sert à la navigation, alimente des centrales hydroélectriques et un réseau d'irrigation.

DNIPROPETROVSK ✦ Ville d'Ukraine, dans l'est du pays, sur le Dniepr. Plus d'un million d'habitants. Port fluvial, grand centre industriel (centrale thermique, sidérurgie, constructions mécaniques).

DODÉCANÈSE n. m. ✦ Archipel grec de la mer Égée, au sud-ouest de l'Asie Mineure (☛ carte 28). Superficie totale : 2 714 km². 163 476 habitants. Quatorze îles, dont la principale est **Rhodes.** On le nomme aussi les *Sporades du Sud.* ♦ Occupé par les Turcs (1522), puis les Italiens (1912), l'archipel est attribué à la Grèce (traités de Paris, 1947).

DODOMA ✦ Capitale de la Tanzanie, au centre du pays. 213 600 habitants (les *Dodomais*). Centre administratif qui remplace Dar es-Salaam comme capitale.

DOGES (palais des) ✦ Monument de Venise (XIIe siècle). Il comporte des façades ajourées en marbre blanc et rose, de styles gothique et Renaissance (XVe-XVIe siècles). Résidence des doges, chefs élus de la République de **Venise**, il a été décoré par Titien, Véronèse et le Tintoret. Il est relié aux prisons par le pont des Soupirs (XVIIe siècle).

DOGONS n. m. pl. ✦ Peuple du Mali, vivant au centre du pays, près du fleuve Niger. Leurs villages sont répartis au flanc des falaises de Bandiagara, inscrites sur la liste du patrimoine mondial de l'Unesco. Ils cultivent le mil, élèvent du bétail. Ils sont célèbres par leur riche mythologie et leur production artistique (masques et statuettes de bois).

DOHA ✦ Capitale du Qatar, dans l'est du pays, sur le golfe Arabo-Persique. 521 823 habitants. Port de commerce et de pêche.

DOISNEAU Robert (1912-1994) ✦ Photographe français. Il traite ses thèmes favoris, la vie quotidienne et les habitants de Paris et de sa banlieue, avec beaucoup d'humour et de tendresse. Parmi ses ouvrages, on peut citer : *La Banlieue de Paris* (1949, texte de Blaise Cendrars), *Instantanés de Paris* (1955), *Trois Secondes d'éternité* (1979), *Un certain Robert Doisneau* (1986), *Les Doigts pleins d'encre* (texte de Cavanna) et *À l'imparfait de l'objectif* (1989), *La Vie de famille* et *Les Grandes Vacances* (1991, texte de Daniel Pennac).

DOLE ✦ Ville du Jura, sur le Doubs. 23 312 habitants (les *Dolois*). Collégiale Notre-Dame (XVIe siècle), hôpital Pasteur (XVIIe siècle). Centre administratif, industriel (mécanique, électricité) ; ville natale de Louis Pasteur.

DOLOMIEU Dieudonné (1750-1801) ✦ Géologue et minéralogiste français. Il étudie les volcans, classifie les laves, découvre les propriétés des basaltes et surtout des calcaires, qu'on appelle les *dolomies*, et qui ont donné leur nom aux **Dolomites**. Il entre à l'Académie des sciences (1795) et participe à l'expédition scientifique de la campagne d'**Égypte** (1798-1800).

DOLOMITES (les) n. f. pl. ✦ Massif montagneux des Alpes italiennes, compris entre les fleuves Adige et Piave. Son point culminant est La Marmolada (3 343 m). Son relief, découpé par l'érosion, attire de nombreux touristes (ski, alpinisme). Ce massif, inscrit sur la liste du patrimoine mondial de l'Unesco, doit son nom à ses roches calcaires identifiées par le minéralogiste **Dolomieu**.

DOLTO Françoise (1908-1988) ✦ Pédiatre et psychanalyste et française. Pionnière de la psychanalyse des enfants en France, elle s'occupa d'enfants souffrant de psychoses (*Psychanalyse et Pédiatrie*, 1939). Elle communiqua son expérience aux éducateurs et aux parents (*La Cause des enfants*).

DÔME (monts) n. m. pl. ✦ Autre nom de la chaîne des **Puys**, qui a pour point culminant le *puy de Dôme* (1 465 m).

DOMINICAINE (République) n. f. ✦ Pays d'Amérique centrale (☛ cartes 44, 46). Il est situé dans les Grandes Antilles, dans la partie est de l'île d'Haïti. Superficie : 48 730 km² (moins d'un dixième de la France). 9,45 millions d'habitants (les *Dominicains*), en majorité catholiques. République dont la capitale est Saint-Domingue. Langue officielle : l'espagnol. Monnaie : le peso. ♦ GÉOGRAPHIE. Le pays est formé de montagnes à l'ouest, dont le point culminant est le Pico Duarte (3 175 m), de plateaux et de plaines à l'est. Le climat tropical connaît des cyclones. ♦ ÉCONOMIE. L'agriculture (café, cacao, tabac) et l'élevage bovin dominent. Le sous-sol contient une mine d'or et une autre de nickel. L'industrie (alimentaire, confection, électronique) se développe. La principale ressource vient du tourisme. ♦ HISTOIRE. Après la première colonisation espagnole (XVIe siècle), l'île d'**Haïti** est partagée entre la France et l'Espagne (1697). La partie espagnole — qui correspond à l'actuelle République dominicaine — est cédée à la France puis annexée par le nouvel État haïtien (1822). Proclamée en 1844, la République dominicaine reste fragile : nouvelle annexion par l'Espagne (1861-1865), occupation par les États-Unis (1916-1924), coup d'État suivi d'une dictature (1930-1961). Depuis l'intervention militaire des États-Unis (1965), le pays, toujours instable politiquement, connaît une lente démocratisation.

DOMINIQUE n. f. ✦ Pays d'Amérique centrale (☛ cartes 44, 46). Cette île est située dans les Petites Antilles, entre la Guadeloupe et la Martinique. Superficie : 751 km² (plus de sept fois Paris). 71 300 habitants (les *Dominicais* ou les *Dominiquais*). République dont la capitale est Roseau. Langue officielle : l'anglais ; on y parle aussi le français et un créole. Monnaie : le dollar des Caraïbes de l'Est. ♦ GÉOGRAPHIE. La Dominique est une île montagneuse et volcanique, son point culminant est le Morne Diablotin (1 447 m). Le parc national de Morne Trois Pitons (volcan de 1 342 m d'altitude) est inscrit sur la liste du patrimoine mondial de l'Unesco. Son climat tropical est sujet aux ouragans. ♦ ÉCONOMIE. Le pays vit de l'agriculture (banane, légumes tropicaux, cacao) et du tourisme. ♦ HISTOIRE. L'île est peuplée d'Indiens **Caraïbes** lorsqu'elle est découverte par Christophe Colomb (1493). Le pays est colonisé par la France (1625), cédé à l'Angleterre (1763), et devient indépendant dans le cadre du Commonwealth (1978).

DOMITIEN (51-96) ✦ Empereur romain de 81 à sa mort. Fils de **Vespasien**, il succède à son frère Titus et reconstruit Rome dévastée par les incendies de 64 et 80. Il installe un pouvoir centralisé très autoritaire, se rend maître du sénat, se montre implacable vis-à-vis de l'aristocratie et des intellectuels, persécute les chrétiens. Il réprime plusieurs conspirations mais meurt assassiné lors d'un dernier complot auquel participe son épouse Domitia.

DOM JUAN → DON JUAN

DOMRÉMY-LA-PUCELLE ✦ Commune des Vosges. 126 habitants. Ville natale de **Jeanne d'Arc**, où se trouvent sa maison et le musée qui lui est consacré.

DON n. m. ✦ Fleuve de l'ouest de la Russie, long de 1 870 km (☛ carte 33). Il prend sa source au sud de Moscou, arrose Rostov-sur-le-Don et se jette par un grand delta dans la mer d'Azov. Son cours, en grande partie navigable, est relié à la Volga par un canal et alimente une retenue d'eau longue de 260 km et une centrale hydroélectrique.

DONALD ✦ Personnage de dessins animés, créé en 1934 par Al Taliaferro des studios **Disney.** Il l'adapte en bandes dessinées et lui donne une famille (ses neveux Riri, Fifi et Loulou, sa fiancée Daisy). Donald est un canard, vêtu d'un costume marin, qui élève ses neveux. Il se dispute avec tout le monde et se plaint sans cesse de sa malchance. Il apparaît dans de nombreux dessins animés produits par Walt Disney, aux côtés de Picsou, son oncle, de Mickey et de Dingo.

DONATELLO (vers 1386-1466) ✦ Sculpteur italien. Il consacre une grande partie de sa vie à la décoration du *Duomo* de **Florence,** et travaille aussi à Sienne (1423-1434), à Rome (1431-1433) et à Padoue (1443-1453). Inspiré par l'art antique, il y ajoute une expression dramatique et l'emploi des lois de la perspective qui influencent les peintres de son époque et font de lui le plus grand sculpteur de son temps. Œuvres : *Saint Marc, Saint Georges* (marbre), *«Zuccone»,* la *Cantoria* (tribune de chanteurs) du *Duomo* (marbre), *David* (bronze), statue équestre du *Gattamelata* (bronze), *Marie-Madeleine* (bois), *Judith et Holopherne.* ▪ Son véritable nom est *Donato di Niccolò di Betto Bardi.*

DONBASS n. m. ✦ Bassin houiller situé au nord de la mer d'Azov, dans une boucle du Don. Il s'étend sur 60 000 km² en Ukraine et en Russie. Il constitue l'un des plus grands districts miniers et métallurgiques d'Europe.

DONETSK ✦ Ville d'Ukraine, dans l'est du pays. Près d'un million d'habitants. Centre administratif, une des plus grandes villes industrielles du **Donbass** (charbon, métallurgie, mécanique, textile, alimentaire).

DÖNITZ Karl (1891-1980) ✦ Amiral allemand. Pendant la Deuxième Guerre mondiale, il organise la guerre sous-marine contre la Grande-Bretagne puis dirige la flotte de guerre (1943). Désigné par **Hitler** comme son successeur, il signe la capitulation de l'Allemagne (1945). Il est condamné à dix ans de prison au procès de **Nuremberg** (1946).

DONIZETTI Gaetano (1797-1848) ✦ Compositeur italien. Il a enrichi le répertoire lyrique d'opéras comme *L'Élixir d'amour* (1832), *Lucia di Lammermoor* (1835, le plus connu), *La Fille du régiment* (1840) ou *Don Pasquale* (1843). Il fut, avec Rossini, son aîné et son maître, et Bellini, son rival, le compositeur le plus fêté du XIXe siècle.

DON JUAN ou **DOM JUAN** ✦ Personnage légendaire espagnol, devenu le symbole du séducteur libertin. Don Juan tue un chevalier, possédant le titre de commandeur, après avoir séduit sa fille. Des moines franciscains l'attirent sur la tombe de sa victime pour le tuer. Ils racontent ensuite que la statue du commandeur s'est animée et a entraîné en enfer Don Juan qui l'insultait. Il apparaît dans une pièce de **Tirso de Molina** et son histoire a inspiré de nombreux artistes, en particulier Molière dans sa pièce *Dom Juan ou le Festin de pierre* (1665), Mozart dans son opéra *Don Giovanni* (1787) et Richard Strauss dans sa symphonie *Dom Juan* (1888). Un *don Juan* est un homme qui aime séduire les femmes.

Don Quichotte ✦ Roman publié entre 1605 et 1615 par Cervantès. Don Quichotte de la Manche est un vieux noble espagnol idéaliste qui est amoureux de Dulcinée. Il parcourt les plaines de Castille, sur son cheval, Rossinante, accompagné de son écuyer, Sancho Pança. Épris de justice, il se lance dans des aventures désastreuses et souvent ridicules comme celle de charger des moulins à vent. Il s'en tire grâce au bon sens et à l'esprit pratique de Sancho Pança. Son histoire inspire à de nombreux artistes des œuvres musicales (Richard Strauss), des ballets et des dessins (Daumier, Gustave Doré, Picasso, Cocteau, Dali). Un *don Quichotte* est un homme généreux et plein d'illusions, défenseur des opprimés et redresseur de torts.

① **DORDOGNE** n. f. ✦ Rivière du Massif central et du Bassin aquitain, longue de 490 km (☞ carte 21). Elle prend sa source au puy de Sancy, arrose Bergerac et rejoint la Garonne dans l'estuaire de la Gironde. Son cours alimente plusieurs barrages hydroélectriques. Dans la vallée de son affluent, la **Vézère,** se trouve le site préhistorique des **Eyzies-de-Tayac-Sireuil,** inscrit sur la liste du patrimoine mondial de l'Unesco.

② **DORDOGNE** n. f. ✦ Département du sud-ouest de la France [24], de la région Nouvelle-Aquitaine. Superficie : 9 060 km². 416 350 habitants. Chef-lieu : Périgueux ; chefs-lieux d'arrondissement : Bergerac, Nontron et Sarlat-la-Canéda.

DORÉ Gustave (1832-1883) ✦ Graveur et dessinateur français. Très jeune, il collabore à des journaux satiriques et il devient célèbre en illustrant, avec beaucoup de fantaisie, de très nombreux livres : *Pantagruel* de Rabelais (1854), les *Contes drolatiques* de Balzac (1856), *L'Enfer* de Dante (1861), les *Contes* de Perrault (1862), *Don Quichotte* de Cervantès (1863), la Bible (1866), les *Fables* de La Fontaine (1867). Il pratique aussi la peinture et la sculpture.

DORGELÈS Roland (1885-1973) ✦ Romancier français. Après des études aux Beaux-Arts, il s'engage dans l'armée durant la Première Guerre mondiale et raconte la vie des tranchées dans un roman qui le rend célèbre, *Les Croix de bois* (1919). Ses romans évoquent la bohème artistique de **Montmartre** (*Les Veillées du Lapin agile,* 1920 ; *Le Château des brouillards,* 1932), ses voyages (*Sur la route mandarine,* 1925 ; *La Caravane sans chameaux,* 1928) et les deux guerres mondiales (*Le Cabaret de la Belle Femme,* 1919 ; *Le Réveil des morts,* 1923 ; *Retour au front,* 1940 ; *Carte d'identité,* 1945). ▪ Son véritable nom est *Roland Lécavelé.*

DORIENS n. m. pl. ✦ Peuple originaire d'Asie centrale, établi au nord de la Grèce. Ils se répandent dans tout le pays, investissant surtout le **Péloponnèse** (XIIe siècle av. J.-C.) et détruisent **Mycènes.** Ils repoussent les Éoliens et les Ioniens vers l'Attique et l'Asie Mineure, et les Achéens vers l'**Arcadie.** Ils essaiment en Crète, à Rhodes et le long de la côte sud-ouest de l'Asie Mineure et poursuivent leur expansion jusqu'à la mer Noire. Leurs principaux centres étaient **Corinthe** et **Sparte.** Leur principal apport artistique à la civilisation grecque est connu sous le nom de *style dorique.*

DORIOT Jacques (1898-1945) ✦ Homme politique français. Après son exclusion du Parti communiste (1934), il évolue vers le fascisme et devient un partisan actif de la **collaboration** en fondant le Parti populaire français (PPF, 1936), puis la Légion des volontaires français contre le bolchévisme (LVF, 1941) avec qui il se bat sur le front russe aux côtés des Allemands.

DORTMUND ✦ Ville d'Allemagne (Rhénanie-du-Nord-Westphalie). 584 420 habitants. Port fluvial, grand centre industriel de la Ruhr (charbon, acier, brasseries). ♦ Ville libre impériale, elle participe à la **Hanse** (XIIIe siècle) et devient un important pôle commercial du Rhin. Elle se développe avec le bassin houiller de la **Ruhr** (XIXe siècle) et est presque entièrement détruite pendant la Deuxième Guerre mondiale.

DOS PASSOS John Roderigo (1896-1970) ✦ Romancier américain. Il fait ses études à Harvard (1912-1916), devient correspondant de guerre en Espagne, au Mexique, au Proche-Orient. Ses romans appliquent à la narration des procédés cinématographiques. Refusant la psychologie, il veut décrire le comportement humain dans la société. Œuvres : *Initiation d'un homme* (1920) et *Trois Soldats* (1921) qui dénoncent la guerre ; *Manhattan Transfer* (1925) avec New York pour personnage principal ; la trilogie *USA* (*Le 42e Parallèle,* 1930 ; *1919,* 1932 ; *La Grosse Galette,* 1936) ; la trilogie *Le District de Columbia* (*Les Aventures d'un jeune homme,* 1939 ; *Numéro Un,* 1943 ; *Le Grand Plan,* 1949) qui traduit ses désillusions politiques.

DOSTOÏEVSKI Fedor Mikhaïlovitch (1821-1881) ✦ Romancier russe. Orphelin de bonne heure, il entame une carrière militaire qu'il abandonne et se consacre à l'écriture. Il fréquente un groupe politique libéral dont tous les membres sont arrêtés et condamnés à mort. Gracié, il échappe de justesse à l'exécution (1849) puis est déporté en Sibérie. Ce séjour, qu'il racontera dans *Souvenirs de la maison des morts* (1861-1862), est le lieu d'une crise morale et religieuse décisive. De retour à Saint-Pétersbourg (1853), il dirige des journaux et publie plusieurs romans. Malade et accablé de dettes, il voyage en Allemagne et en Italie (1867) et se prend de passion pour le jeu. Ses œuvres les plus importantes paraissent entre 1866 et 1880 : *Crime et Châtiment, Le Joueur, L'Idiot, Les Démons* ou *Les Possédés, Les Frères Karamazov.* Elles expriment une interrogation profonde sur le bien et le mal, le désarroi de l'homme face à l'absence de Dieu, à sa liberté et sa responsabilité.

DOUAI ✦ Ville du Nord. 40 736 habitants (les *Douaisiens*). Église Notre-Dame (XIIe-XIVe siècles), collégiale Saint-Pierre (XVIe-XVIIIe siècles), beffroi (1380-1475) immortalisé par Victor Hugo et Camille Corot. Centre administratif, industriel (anciennes houillères, métallurgie, automobile, chimie, alimentaire) et touristique, célèbre pour ses processions de géants depuis le XVIe siècle.

DOUALA ✦ Ville du Cameroun, dans le sud-ouest du pays, près du golfe de Guinée. 1,9 million d'habitants. Principal port du pays, centre économique et industriel (alimentaire, chimie, textile).

DOUARNENEZ ✦ Ville du Finistère. 14 483 habitants (les *Douarnenistes*). Station balnéaire qui possède un port de pêche, un port de plaisance, un port-musée créé en 1993, et qui organise des Fêtes internationales de la Voile traditionnelle. La *baie de Douarnenez* abrite la légendaire cité d'**Ys**, engloutie par les flots.

DOUAUMONT ✦ Commune de la Meuse. Pendant la bataille de **Verdun** (1916), le fort est le lieu de combats meurtriers. Un ossuaire contenant les restes de 300 000 soldats a été construit sur le site (1932).

① **DOUBS** n. m. ✦ Rivière de l'est de la France, longue de 430 km (☛ carte 21). Elle prend sa source dans le Jura, franchit le lac de Chaillexon d'où elle sort par une chute de 27 m, le *saut du Doubs,* passe brièvement en Suisse, puis arrose Besançon et se jette dans la Saône au nord de Chalon-sur-Saône.

② **DOUBS** n. m. ✦ Département de l'est de la France [25], de la Région Bourgogne-Franche-Comté. Superficie : 5 234 km². 534 710 habitants (les *Doubistes* ou les *Doubiens*). Chef-lieu : Besançon ; chefs-lieux d'arrondissement : Montbéliard et Pontarlier.

DOUCHANBE ou **DOUCHANBÉ** ✦ Capitale du Tadjikistan, à l'ouest du pays. 562 000 habitants. Centre culturel et industriel (textile, construction mécanique). Elle prend le nom de *Stalinabad* de 1929 à 1961.

DOUMER Paul (1857-1932) ✦ Homme d'État français. Il est élu député (1888) puis nommé ministre des Finances (1895-1896, 1921-1922, 1925-1926) et gouverneur général de l'Indochine (1897-1902). Il devient président du Sénat (1927-1931), puis de la IIIe République (1931) avant d'être assassiné.

DOUMERGUE Gaston (1863-1937) ✦ Homme d'État français. Cet avocat, juge en Indochine et en Algérie, est élu député radical-socialiste (1893) et nommé plusieurs fois ministre entre 1902 et 1917. Il devient président du Conseil (1913-1914), du Sénat (1923) puis de la République (1924-1931), après la démission de **Millerand.** Après l'émeute du 6 février 1934, Albert **Lebrun** le rappelle au Conseil pour former un gouvernement d'union nationale mais sa réforme constitutionnelle est rejetée et il se retire de la vie politique.

DOURO n. m. ✦ Fleuve du nord-ouest de la péninsule Ibérique, long de 850 km (☛ carte 32). Il prend sa source en Espagne au nord de la Castille qu'il arrose, forme la frontière avec le Portugal, qu'il traverse d'est en ouest, et se jette dans l'océan Atlantique à Porto. Son cours alimente d'importantes centrales hydroélectriques. La région viticole du Haut-Douro est inscrite sur la liste du patrimoine mondial de l'Unesco.

DOUVRES (*Dover* en anglais) ✦ Ville de Grande-Bretagne, dans le sud-est de l'Angleterre, sur le pas de Calais. 105 000 habitants. Dominée par de hautes falaises crayeuses, Douvres est un port de commerce et surtout de passagers, assurant la liaison avec Boulogne et Calais. ♦ Carrefour routier à l'époque romaine, c'est l'un des ports commandant l'entrée en Angleterre sous les **Normands.** Charles II d'Angleterre y signe un traité qui l'engage à se convertir au catholicisme et à soutenir **Louis XIV** dans la guerre contre les Provinces-Unies (1670).

DOYLE sir Arthur Conan (1859-1930) ✦ Écrivain britannique. Il participe comme médecin à la guerre en Afrique et à la Première Guerre mondiale. Ensuite, il se consacre à l'écriture de romans policiers, créant le personnage de Sherlock **Holmes** qui lui apporte la célébrité (1887). Il publie aussi des récits historiques qui lui valent d'être anobli (*La Guerre des Boers,* 1900) et s'intéresse à la science-fiction (*Le Monde perdu,* 1912) et aux sciences occultes (*Histoire du spiritisme,* 1926).

DRACON (VIIe siècle av. J.-C.) ✦ Homme de loi grec. Il rédige le premier code de lois d'Athènes qui retire le pouvoir judiciaire aux familles aristocratiques pour le confier à l'État. On qualifie de *draconien* ce qui est excessivement sévère comme l'est son code pénal.

Dracula ✦ Roman publié en 1897 par l'écrivain irlandais Bram Stoker (1847-1912). Dracula est un vampire qui se nourrit du sang de ses victimes et qui est finalement vaincu par le docteur Van Helsing et ses amis, après de terrifiantes aventures. L'auteur s'inspire d'un cruel prince roumain du XVe siècle, Vlad Tepes, dont le père est surnommé *Dracul* («dragon» en roumain). Ce personnage, célèbre dans la tradition romantique, inspire de nombreux cinéastes : *Nosferatu le vampire* (F. W. Murnau, 1922), *Dracula* (T. Browning, 1931), *Dracula, prince des ténèbres* (T. Fisher, 1965), *Le Bal des vampires* (R. Polanski, 1967), *Nosferatu, fantôme de la nuit* (W. Herzog, 1979), *Dracula* (F. F. Coppola, 1992).

DRAGUIGNAN ✦ Ville du Var. 40 054 habitants (les *Dracénois*). Pierre de la Fée, dolmen daté du néolithique (2500-2000 av. J.-C.), Tour de l'horloge (XVIIe siècle), ancien palais des évêques de Fréjus (XVIIIe siècle) devenu un musée. Ancienne ville de garnison, centre de commerce.

DRAKE sir Francis (vers 1540-1596) ✦ Navigateur anglais. Il lance trois expéditions contre les colonies espagnoles (1570-1572), puis voyage dans les mers du Sud (1577-1580), explore les côtes du Chili, du Pérou et les îles de la Sonde. Quand la guerre reprend avec l'Espagne, il commande une des escadres qui disperse l'Invincible **Armada** (1588).

DRANCY ✦ Commune de Seine-Saint-Denis. 68 955 habitants (les *Drancéens*). Pendant la Deuxième Guerre mondiale, un camp de transit y est établi pour interner les Juifs français et étrangers avant leur déportation vers les camps nazis (1941-1944).

DRAVIDIENS n. m. pl. ✦ Groupe de peuples installés au sud de l'Inde (Andhra Pradesh, Karnataka, Kerala, Tamil Nadu). Leur origine est inconnue ; on suppose qu'ils sont repoussés vers le **Dekkan** par les **Indo-Européens** venus du Nord (vers 1500 av. J.-C.). Plusieurs royaumes résistent aux invasions musulmanes et certains groupes s'installent en Asie du Sud-Est, au Sri Lanka (**Tamouls**) et dans les îles de l'océan Indien.

DRENTHE n. f. ✦ Province du nord-est des Pays-Bas. Superficie : 2 654 km^2. 486 197 habitants. Chef-lieu : Assen. ♦ C'est un plateau argileux, mis en valeur pour l'agriculture (horticulture, élevage, céréales, pomme de terre). L'industrialisation (gaz naturel, pétrochimie, agroalimentaire, textile) et le tourisme rural sont récents. ♦ Le comté, dépendant de l'évêque d'**Utrecht** (1046), est cédé à Charles Quint (1536) et devient département français pendant la Révolution française et l'Empire (1795-1813).

DRESDE ✦ Ville de l'est de l'Allemagne, capitale de la Saxe, sur l'Elbe. 483 632 habitants. Centre économique et industriel (mécanique, électricité, chimie, porcelaine). Ville d'art, surnommée *la Florence de l'Elbe,* totalement dévastée en 1945. L'église de la *Frauenkirche* a été reconstruite à l'identique (2005). ♦ Née de la réunion d'un groupe de villages slaves (XIIIe siècle), la ville devient la résidence des ducs de **Saxe** (1485) qui lui donnent un grand éclat artistique (XVIIe-XVIIIe siècles). La Prusse et la Saxe y signent un traité avec l'Autriche (1745).

DREUX ✦ Ville d'Eure-et-Loir, sur l'Eure. 31 191 habitants (les *Drouais*). Beffroi (XVIe siècle), Chapelle royale Saint-Louis (XIXe siècle) où reposent les princes de la famille d'Orléans depuis Louis-Philippe. Industries (électronique, automobile, chimie).

DREYER Carl Theodor (1889-1968) ✦ Cinéaste danois. Dans ses films en noir et blanc, au style très dépouillé, il s'arrête sur les visages, filmés en gros plan, pour faire surgir les mystères de l'âme. Œuvres : *Pages arrachées au livre de Satan* (1920), *Le Maître du logis* (1925), *La Passion de Jeanne d'Arc* (1928), *Vampyr* (1932, son premier film parlant), *Dies irae* (*Jour de colère,* 1943), *Ordet* (1955), *Gertrud* (1964).

DREYFUS Alfred (1859-1935) ✦ Officier français. Ce juif alsacien travaille au ministère de la Guerre et il est accusé de livrer des informations militaires à un major allemand. Après un premier procès, il est condamné à la dégradation militaire et déporté à vie sur l'île du Diable, à **Cayenne** (1894). Le commandant Picquart, soupçonnant l'officier français Esterhazy d'être le vrai coupable, demande la révision du procès. Jugé par l'armée, Esterhazy est acquitté (1898). L'*affaire Dreyfus* divise alors la France entre les partisans de Dreyfus (les *dreyfusards*) et ses opposants (les *antidreyfusards*), qui mènent une campagne antisémite. Après la publication, dans le journal *l'Aurore,* d'une lettre en faveur de Dreyfus, intitulée «J'accuse», Émile **Zola** est condamné à la prison. Malgré la découverte de la falsification des preuves qui entraîne la révision du procès à Rennes, Dreyfus est à nouveau jugé coupable et condamné à dix ans d'emprisonnement (1899), puis gracié par le président de la République. En 1906, le jugement de Rennes est cassé et Dreyfus, réhabilité, regagne l'armée. Son innocence est définitivement prouvée par la publication des carnets du major allemand (1930).

DROITS DE L'ENFANT (Convention internationale des) → CONVENTION INTERNATIONALE DES DROITS DE L'ENFANT

DROITS DE L'HOMME ET DU CITOYEN (déclaration des) → DÉCLARATION DES DROITS DE L'HOMME ET DU CITOYEN

① **DRÔME** n. f. ✦ Rivière du sud-est de la France, longue de 110 km (☞ carte 21). Elle prend sa source dans les Préalpes, arrose Die et se jette dans le Rhône au sud de Valence.

② **DRÔME** n. f. ✦ Département du sud-est de la France [26], de la Région Auvergne-Rhône-Alpes. Superficie : 6 530 km^2. 499 159 habitants (les *Drômois*). Chef-lieu : Valence ; chefs-lieux d'arrondissement : Die et Nyons.

DROUOT (hôtel) ✦ Hôtel des Ventes de Paris, situé dans le quartier de l'Opéra, rue Drouot. La Compagnie des commissaires-priseurs, créée en 1801, construit ce bâtiment pour la vente aux enchères de meubles et d'objets d'arts (1852).

DRUON Maurice (1918-2009) ✦ Écrivain français. Il rejoint les Forces françaises libres à Londres, devient correspondant de guerre, comme son oncle Joseph **Kessel**, avec qui il a écrit les paroles du *Chant des partisans* (1943). Il est l'auteur d'un vaste tableau de la bourgeoisie d'affaires d'avant-guerre (*La Fin des hommes,* 1948-1951) et de la série historique à succès des *Rois maudits* (1955-1977). Il écrit *Tistou les pouces verts* (1957) pour la jeunesse. Ministre des Affaires culturelles (1973-1974), élu à l'Académie française (1966), il en devient le secrétaire perpétuel (1986-1999).

DRUZES n. m. pl. ✦ Un des mouvements chiites du Proche-Orient (Syrie, Liban, Israël). En Égypte (début du XIe siècle), les partisans des **Fatimides** fondent cette secte qui croit à la réincarnation et choisit ses chefs parmi une élite d'initiés, appelés *Sages.* Persécutés par les musulmans orthodoxes, les druzes se réfugient en Syrie et au Liban. Ils s'opposent aux croisés, aux Ottomans, aux chrétiens maronites (massacres de 1860) et à la présence française (1925-1926). Au Liban, leur communauté joue un grand rôle dans la vie politique.

DUBAÏ ✦ Émirat de la fédération des Émirats arabes unis. Il est situé à l'est de l'Arabie, sur le golfe Arabo-Persique. Superficie : 3 840 km^2, le deuxième émirat de la fédération par la taille. 1,3 million d'habitants. Capitale : Dubaï (350 000 habitants). Plus haut gratte-ciel du monde (818 m). Dubaï tire ses ressources du pétrole et du commerce.

DU BARRY (comtesse) → BARRY comtesse du

DU BELLAY Joachim → BELLAY Joachim du

DUBLIN ✦ Capitale de l'Irlande, dans l'est du pays, sur la mer d'Irlande. 506 211 habitants (les *Dublinois*), plus d'un million dans l'agglomération. Cathédrales Christ Church (XIIe-XIVe siècles) et Saint Patrick (XIIIe-XIVe siècles), université Trinity College (1591), ancien parlement (XVIIIe siècle). Premier port du pays, centre politique, économique et industriel (agroalimentaire, mécanique, informatique). Ville natale du général Wellington et des écrivains J. Swift, O. Wilde, B. Shaw, S. Beckett. ♦ La ville est fondée par des pirates norvégiens (IXe siècle), puis occupée par les Danois (Xe siècle) et les Anglo-Normands (1170). Son essor économique en fait la deuxième ville du Royaume-Uni (XVIIIe siècle). Foyer de la révolte irlandaise (XIXe-XXe siècles), elle devient la capitale de la république d'Irlande (1922).

DUBROVNIK ✦ Ville de Croatie, située en Dalmatie, dans le sud du pays, sur la mer Adriatique. 42 615 habitants. Vieille ville inscrite sur la liste du patrimoine mondial de l'Unesco : remparts (XIIe-XIIIe siècles), monuments de styles gothique (palais des Recteurs, XVe siècle), Renaissance (palais Sponza, XVIe siècle) et baroque (cathédrale, église et collège des Jésuites, XVIIe-XVIIIe siècles). Port commercial, centre touristique surnommé *la Perle de l'Adriatique.* ♦ Fondée par des réfugiés d'**Épidaure** (VIIe siècle), la ville, alors appelée *Raguse,* devient une importante république marchande de la Méditerranée. Elle passe sous l'autorité de Byzance (IXe siècle), Venise (1205), la Hongrie (1358), la Serbie et les Ottomans (1526). Victime d'un tremblement de terre (1667), elle est occupée par les Français (1806-1813), cédée à l'Autriche (traité de **Vienne**, 1815) et annexée à la Yougoslavie (1918).

DUBUFFET Jean (1901-1985) ✦ Peintre français. Il se consacre tardivement à la peinture (1942) et défend l'«art brut», produit par des personnes sans culture artistique comme les enfants ou les malades mentaux. Il utilise des matériaux et des techniques simples, et organise ses œuvres en séries : *Mirolobus, Macadam et Cie* (1945), *Portraits, Plus beaux qu'ils croient* (1947), *Corps de dames* (1951), *Empreintes et Assemblages* (1953-1957), *L'Hourloupe* (1962-1974). Il réalise aussi des sculptures et des «environnements» (*Closerie Falbala* à Périgny-sur-Yerres, 1970-1973). Il expose ses théories dans des livres (*L'Art brut préféré aux arts culturels,* 1949 ; *Asphyxiante Culture,* 1968).

DUBY Georges (1919-1996) ✦ Historien français. Ce spécialiste du Moyen Âge enseigne l'histoire des sociétés médiévales au Collège de France à partir de 1970. Il étudie en particulier les structures économiques et sociales, puis s'intéresse aux aspects culturels et artistiques. Œuvres : *Guerriers et Paysans,* VIIe-XIIe siècles et *Le Dimanche de Bouvines* (1973) ; *Histoire de la France rurale* (1975-1977) ; *Le Temps des cathédrales,* 980-1420 (1976) ; *Les Trois Ordres ou l'Imaginaire du féodalisme* (1978) ; *Histoire de la France urbaine* (1980-1981) ; *Guillaume le Maréchal ou le Meilleur Chevalier du monde* (1984). Académie française (1987).

DU CERCEAU → ANDROUET DU CERCEAU

DUCHAMP Marcel (1887-1968) ✦ Artiste français. Frère de Jacques **Villon.** Influencé par les impressionnistes et Cézanne, il se tourne vers le cubisme et fait scandale avec des œuvres qui décomposent le mouvement et assimilent l'homme à une machine. Il s'installe à New York (1915) et réalise des «ready-made», assemblages d'objets qualifiés d'œuvres d'art, qui banalisent l'art avec ironie et inspirent le mouvement **Dada** et le surréalisme. ☛ Surréalisme p. 191. Il abandonne la peinture (1923) et s'intéresse à l'écriture, au cinéma et au jeu d'échecs. Œuvres : *Nu descendant un escalier* (1912), *La Mariée mise à nu par ses célibataires, même* (1915-1923), *Fontaine* (1917, urinoir posé à l'envers), *L. H. O. O. Q.* (1919, caricature de la Joconde), *Étant donnés : 1° la chute d'eau, 2° le gaz d'éclairage* (1946-1966).

DUFY Raoul (1877-1953) ✦ Peintre français. Influencé par Toulouse-Lautrec, Monet et Matisse, il peint, au Havre et à Trouville, des scènes nautiques et des rues animées (*14 Juillet,* 1906). Il s'éloigne ensuite du fauvisme, créant un style personnel avec des couleurs plus douces, fait de la gravure sur bois et dessine des tissus. Il voyage dans le Midi (1919), en Italie (1922-1923) et au Maroc (1925) et traite de nombreux thèmes, en mêlant des traits fermes et des couleurs vives largement étalées. Il se consacre aussi aux arts décoratifs (céramique, tapisserie, décors de ballets et de théâtre) réalisant l'immense panneau *La Fée Électricité* (60 m sur 10) pour l'Exposition universelle de 1937.

DUGUAY-TROUIN René (1673-1736) ✦ Marin français. Ce corsaire de Saint-Malo entre dans la marine royale (1697) et participe aux guerres de Louis XIV contre les Hollandais et les Anglais. Il est anobli (1709), réalise l'exploit de s'emparer de Rio de Janeiro (1711) puis, à la demande de Louis XV, il protège le commerce français contre les pirates venus d'Afrique du Nord.

DU GUESCLIN Bertrand (vers 1320-1380) ✦ Noble breton. Entré au service du roi **Charles V** (1350), il bat le roi de Navarre, Charles II le Mauvais (1364), puis il est fait prisonnier par les Anglais. Sa rançon payée par le roi, il conduit des troupes de mercenaires en Castille (1366) pour soutenir le futur Henri II, mais il est battu par le prince de Galles (1367). De retour en France, il est nommé connétable (1370) et chasse les Anglais du Poitou, de la Normandie, de la Guyenne et de la Saintonge, devenant un héros de la guerre de **Cent Ans**.

DUHAMEL Georges (1884-1966) ✦ Écrivain français. Il participe à la Première Guerre mondiale comme médecin et en dénonce les souffrances (*Vie des martyrs,* 1917 ; *Civilisation,* 1918 ; *Récits des temps de guerre,* 1949). Il proteste contre la mécanisation et l'inhumanité de la civilisation moderne (*Scènes de la vie future,* 1930 ; *L'Humanisme et l'Automate,* 1933). Sa recherche d'une sagesse fraternelle apparaît dans ses cycles romanesques (*Vie et Aventures de Salavin,* 1920-1932 ; *Chronique des Pasquier,* 1933-1945) et dans ses ouvrages de souvenirs (*Lumières sur ma vie,* 1944-1953). Académie française (1935).

DUISBOURG ✦ Ville d'Allemagne (Rhénanie-du-Nord-Westphalie), au confluent du Rhin et de la Ruhr. 498 466 habitants. Tombeau de Mercator dans la Salvatorkirche, église gothique du XIIIe siècle. Le plus grand port fluvial du monde (exportation d'hydrocarbures, importation de fer, nickel, chrome, cobalt) ; un des plus grands centres industriels de la **Ruhr** (sidérurgie, chimie). ♦ Fondée par les Romains, elle devient ville libre impériale (XIIe siècle), puis un centre de commerce qui passe sous l'autorité de la Prusse (1666), et enfin un centre industriel (XIXe siècle).

DUKAS Paul (1865-1935) ✦ Compositeur français. Professeur au Conservatoire (1910-1927) et à l'École normale de musique (1926), il laisse une œuvre peu abondante. Elle se distingue par la rigueur de l'écriture et est influencée par l'ampleur de Beethoven, le lyrisme de Wagner, l'harmonie de Debussy et l'orchestration de Berlioz et de l'école russe. Œuvres : *Symphonie* en ut majeur (1896), *L'Apprenti sorcier* (poème symphonique, 1897), *Sonate* pour piano (1902), *Variations sur un thème de Rameau* (1903), *Ariane et Barbe-Bleue* (opéra, 1907), *La Péri* (poème chorégraphique, 1912).

DULLIN Charles (1885-1949) ✦ Acteur et metteur en scène français. Il fonde son propre théâtre, l'Atelier, en 1922. Avec Louis **Jouvet**, il est l'un des artisans du renouvellement du théâtre français. Ses mises en scène d'œuvres anciennes (Aristophane, Shakespeare, Molière) ou modernes (Achard, Salacrou) comptent parmi les plus remarquables de cette époque. Pédagogue incomparable, il a eu une influence durable sur plusieurs générations de comédiens et de metteurs en scène (J. **Vilar**, J.-L. **Barrault**). Il a également interprété de nombreux rôles au cinéma.

DUMAS Alexandre ou **DUMAS PÈRE** (1802-1870) ✦ Écrivain français. Clerc de notaire de province, il s'installe à Paris (1822) et rêve de succès littéraire. Il devient célèbre avec un drame, *Henri III et sa cour* (1829), qui annonce le théâtre romantique. Il écrit d'abord des pièces de théâtre (*Kean,* 1836), puis des romans historiques aux aventures mouvementées, qui connaissent un grand succès populaire : ***Le Comte de Monte-Cristo*** (1844), la trilogie consacrée à l'époque de Louis XIII, *Les **Trois Mousquetaires*** (1844), *Vingt Ans après* (1845) et *Le Vicomte de Bragelonne* (1848-1850), celle consacrée aux guerres de Religion, *La Reine Margot* (1845), *La Dame de Monsoreau* (1846) et *Les Quarante-Cinq* (1847-1848), et la série appelée *Les Mémoires d'un médecin,* qui se déroule du règne de Louis XV à la Révolution et compte quatre titres, *Joseph Balsamo* (1846-1848), *Le Collier de la Reine* (1849-1850), *Ange Pitou* (1851) et *La Comtesse de Charny* (1852-1855). Il écrit ses *Mémoires* (1852-1854), ses *Impressions de voyage* (1835-1859). Il participe à l'expédition de **Garibaldi** qui conquiert la Sicile et Naples (1860). Il repose au **Panthéon** (2002). ▪ Son nom complet est *Alexandre Dumas Davy de La Pailleterie.*

DUMAS Alexandre ou **DUMAS FILS** (1824-1895) ✦ Écrivain français, fils d'Alexandre Dumas père. Il défend les droits de la femme et de l'enfant dans des pièces de théâtre romantiques : *La Dame aux camélias* (1852) (☛ Réalisme p. 183), dont **Verdi** fait un opéra (*La Traviata,* 1853), *Le Demi-Monde* (1855), *La Question d'argent* (1857), *Le Fils naturel* (1858), *Monsieur Alphonse* (1874), *Denise* (1885), *Francillon* (1887). Académie française (1874).

DUMÉZIL Georges (1898-1986) ✦ Historien et philologue français. Spécialiste des religions et des mythologies indo-européennes, il effectua des études comparatives et montra que les sociétés étaient organisées selon trois fonctions (souveraineté et religion, guerre, production). Académie française (1978).

DUMONT René (1904-2001) ✦ Agronome français. Ce spécialiste des problèmes économiques des pays en voie de développement est professeur à l'Institut national agronomique et expert à l'ONU. Candidat du courant écologiste aux élections présidentielles de 1974, il dénonce l'attitude égoïste des pays riches face au tiers-monde dans de nombreux ouvrages parmi lesquels : *L'Afrique noire est mal partie* (1962), *L'Utopie ou la Mort* (1973), *Agronomie de la faim* (1974), *Seule une écologie socialiste* (1977), *Pour l'Afrique j'accuse* (1986).

DUMONT D'URVILLE Jules Sébastien César (1790-1842) ✦ Navigateur français. Il participe à des expéditions hydrographiques en mer Égée et en mer Noire (1819-1920) puis en Océanie (1822-1825, 1826-1829) où il retrouve l'épave du navire de **Lapérouse.** Il explore les régions antarctiques et découvre la terre **Adélie** (1837-1840). Il raconte ses voyages dans : *Voyages et découvertes autour du monde et à la recherche de La Pérouse* (1822-1834), *Voyage au pôle Sud et en Océanie* (1842-1846).

DUMOURIEZ (1739-1823) ✦ Militaire français. Général et agent secret (1763), ami de Mirabeau, de La Fayette et du duc d'Orléans, il devient chef de la garde nationale, membre du Club des jacobins (1790), et ministre des Affaires étrangères du gouvernement des **girondins** (1792). Il est un des instigateurs de la déclaration de guerre à l'**Autriche** puis démissionne du ministère. Nommé commandant de l'armée du Nord, il gagne la bataille de **Valmy** avec **Kellermann** contre les Prussiens, puis celle de **Jemmapes** contre les Autrichiens et occupe la Belgique. Il prend la ville de Breda, en Hollande (1793) mais perd les deux batailles suivantes. Suspecté de trahison, il passe à l'ennemi autrichien, entraînant la perte de la Belgique, de la Hollande, et la chute des girondins. ▪ Son véritable nom est *Charles François du Périer.*

DUNANT Henri (1828-1910) ✦ Philanthrope suisse. Il est bouleversé par la souffrance des blessés de la bataille de **Solferino**, qui agonisent dans les deux camps (1859) et alerte l'opinion par son témoignage, *Un souvenir de Solferino* (1862). De retour en Suisse, il crée la **Croix-Rouge** (1863) et réunit une conférence internationale à Genève (1863), qui adopte une convention sur les blessés de guerre : les ambulances et les hôpitaux militaires sont neutres pendant les conflits et les blessés sont soignés quelle que soit leur nationalité (1864). Il est tombé dans l'oubli et la misère lorsqu'il reçoit le premier prix Nobel de la paix en 1901.

DUNCAN Isadora (1877-1927) ✦ Danseuse et chorégraphe américaine. Adepte d'une danse «naturelle», en réaction à l'académisme, elle apparaît sur scène en tunique grecque, les pieds nus. Son succès est considérable en Europe et elle fonde plusieurs écoles. Elle a ouvert la voie à la danse moderne.

DUNKERQUE ✦ Ville du Nord. 89 160 habitants (les *Dunkerquois*). Troisième port de commerce français (importation de fer et de charbon), centre industriel (sidérurgie, raffinage pétrolier, pétrochimie, centrale nucléaire de Gravelines) ; ville natale de Jean Bart. ♦ La ville, fondée, selon la légende, par saint Éloi (VIIe siècle), passe sous l'autorité de la Bourgogne (1384-1477), de l'Autriche (1477-1555) et de l'Espagne (1556-1658). Prise par **Turenne** au duc de **Condé** (1658), elle est donnée aux Anglais qui exigent cette cité de corsaires qui les harcèlent, en échange de leur alliance avec la France contre l'Espagne. Louis XIV l'achète (1662) et les fortifications de Vauban empêchent les Anglais de la reprendre. Lors de la Deuxième Guerre mondiale, après la capitulation belge, l'opération Dynamo (27 mai-4 juin 1940) permet d'y embarquer vers l'Angleterre 230 000 Britanniques et 130 000 Français encerclés par les Allemands. Ceux-ci font 400 000 prisonniers dans la ville totalement détruite et s'y maintiennent jusqu'en 1945.

DUNLOP John Boyd (1840-1921) ✦ Inventeur britannique. Il a l'idée d'entourer les roues de bicyclette en bois d'un tube de caoutchouc rempli d'air (1887). Il fonde l'année suivante la firme de production de pneumatiques qui porte son nom.

DUPLEIX Joseph François (1697-1763) ✦ Administrateur colonial français. Directeur de la Compagnie française des **Indes** (1720), puis gouverneur des Établissements français en Inde (1742), il conjugue deux ambitions : conquête territoriale et développement commercial. Il prend **Madras** (1746-1748), capitale britannique de l'Inde du Sud, défend **Pondichéry** et étend l'influence française au sud du Dekkan. Mais, après la victoire de la Compagnie anglaise, il est rappelé en France (1754) où il meurt ruiné tandis que la France ne garde en Inde que cinq comptoirs (traité de Paris, 1763).

DURANCE n. f. ✦ Rivière des Alpes françaises, longue de 305 km (☛ carte 21). Elle prend sa source dans les Hautes-Alpes au mont Genèvre (1 850 m d'altitude), arrose Briançon, Sisteron, et se jette dans le Rhône. Son bassin couvre 15 000 km^2, son cours alimente des barrages hydroélectriques (Serre-Ponçon) et ses eaux sont déviées vers l'étang de **Berre** et la Méditerranée.

DURAS Marguerite (1914-1996) ✦ Écrivain français. De retour en France après une jeunesse passée en Indochine, elle se consacre à l'écriture. Son œuvre est marquée par la solitude, le silence, la mort et l'amour absolu. Parmi ses romans, on peut citer : *Un barrage contre le Pacifique* (1950), *Moderato cantabile* (1958), *Le Ravissement de Lol V. Stein* (1964), *Le Vice-Consul* (1966), *L'Amant* (Prix Goncourt, 1984, adapté au cinéma par Jean-Jacques Annaud en 1991), *L'Amant de la Chine du Nord* (1991). Elle écrit des scénarios de films : *Hiroshima mon amour* (Alain Resnais, 1959), *Une aussi longue absence* (Henri Colpi, 1961). Elle réalise des films : *India Song* (1974), *Le Camion* (1977) et écrit aussi pour le théâtre : *Le Square* (1965), *Savannah Bay* (1982). ■ Son véritable nom est *Marguerite Donnadieu*.

DURBAN ✦ Ville d'Afrique du Sud, dans l'est du pays, sur l'océan Indien. Plus d'un million d'habitants. Port, centre industriel (raffineries de pétrole, chantiers navals, alimentaire, textile), balnéaire et touristique. ♦ La ville, fondée sous le nom de *Port-Natal* (1824), est proclamée république par les **Boers** (1842) puis devient territoire anglais (1843).

DURENDAL ✦ Nom de l'épée de **Roland**, le neveu de Charlemagne. C'est une arme sacrée dont le pommeau contient des reliques. Avant de mourir, Roland tente en vain de la briser pour qu'elle ne tombe pas entre les mains des **Sarrasins.** La légende dit que la brèche de Roland, une trouée dans la montagne au-dessus du cirque de **Gavarnie**, est la trace visible de ses efforts.

DÜRER Albrecht (1471-1528) ✦ Peintre et graveur allemand. Il séjourne en Flandre (1490), à Colmar (1492), Strasbourg et Bâle, puis voyage en Italie. Il installe son atelier à Nuremberg (1495) et fait de nouveaux voyages d'étude, à Venise (1505-1507) et aux Pays-Bas (1520-1521). La précision de ses traits, ses recherches sur l'anatomie et la perspective, son sens de la lumière en font l'un des plus grands artistes de la **Renaissance.** Il réalise notamment des gravures sur bois (*Grande Crucifixion,* 1495 ; *Apocalypse,* 1498 ; *Grande Passion,* 1498-1512), sur cuivre (*Adam et Ève,* 1504 ; *Le Chevalier, la Mort et le Diable,* 1513 ; *Melencolia I,* 1514), et de nombreux tableaux : plusieurs autoportraits (1493, 1500) ☛ Renaissance p. 164, des retables, *Adoration des Mages* (1504), *Adam et Ève* (1507), *Adoration de la Sainte-Trinité* (1511), *Les Quatre Apôtres* (1526). Il rédige également des études théoriques (*Traité des proportions du corps humain,* 1528). Son œuvre inspire de très nombreux artistes, en particulier les romantiques allemands.

DURGA ✦ Déesse hindoue. C'est l'épouse de **Shiva,** créée par les dieux pour terrasser le démon-buffle qui les menace. Elle symbolise la victoire du Bien sur le Mal et on la représente vêtue de rouge, chevauchant un lion et portant dans chacune de ses mains (8 ou 10) une arme confiée par un dieu différent.

DURKHEIM Émile (1858-1917) ✦ Sociologue français. Il fonde la revue *L'Année sociologique* (1896) et enseigne les sciences sociales à la Sorbonne (1902) qui crée pour lui la chaire de sociologie (1913). Son étude scientifique du fait social (la solidarité, le suicide, le droit, la morale, la religion) montre que l'action des individus est déterminée par le groupe social, selon des mécanismes spécifiques. Principales œuvres : *De la division du travail social* (1893), *Règles de la méthode* *sociologique* (1895), *Le Suicide* (1897), *Les Formes élémentaires de la vie religieuse : le système totémique en Australie* (1912).

DURRELL Lawrence (1912-1990) ✦ Écrivain britannique. Diplomate dans de nombreux pays, il écrivit plusieurs récits de voyage. À son retour d'Égypte, il fit d'Alexandrie le sujet central d'une histoire étourdissante dans laquelle les mêmes évènements sont racontés selon différents points de vue (*Le Quatuor d'Alexandrie,* 1957-1960).

DÜSSELDORF ✦ Ville d'Allemagne, capitale de la Rhénanie-du-Nord-Westphalie, dans l'ouest du pays, sur le Rhin. 581 858 habitants. Dans la vieille ville : églises (Saint-Lambert, XIVe siècle), châteaux (tour médiévale du Schlossturm ; Jägerhof, XVIIIe siècle, devenu un musée). Centre administratif et financier de la Ruhr, centre culturel (université, musées d'art moderne) et industriel (métallurgie, chimie, confection) ; ville natale du poète Heine et de Wim Wenders. ♦ La ville, fondée au XIIe siècle, est occupée par les Français (1795-1801) puis cédée à la Bavière. Elle devient capitale d'un duché, créé par Napoléon Ier (1806-1815) avant d'être réunie à la Prusse. De nouveau occupée par la France avec toute la **Ruhr** (1921-1925), elle subit de graves bombardements pendant la Deuxième Guerre mondiale.

DUTILLEUX Henri (1916-2013) ✦ Compositeur français. Il est l'auteur d'une œuvre au langage très personnel, caractérisée par une grande souplesse rythmique et mélodique, à l'orchestration subtile, à l'écriture dense et complexe. Il est l'un des compositeurs français les plus marquants de la deuxième moitié du XXe siècle et l'un des plus joués en France et à l'étranger. Œuvres principales : *Le Loup* (1953), ballet ; *Métaboles* (1964), pièces pour orchestre ; *Tout un monde lointain* (1970), concerto pour violoncelle ; *Timbres, espace, mouvement* (1978), composition symphonique d'après *La Nuit étoilée* de Van Gogh ; *Ainsi la nuit* (1977), quatuor à cordes ; *The Shadows of Time* (1997), pour orchestre et *Le Temps l'horloge* (2007) pour soprano et orchestre.

DVOŘÁK Antonin (1841-1904) ✦ Compositeur tchèque. Il fait des études d'orgue à Prague puis devient un compositeur célèbre. Il dirige les conservatoires de New York (1892-1895) et de Prague (1901). Influencé par le folklore tchèque et le romantisme de Liszt et de Brahms, il compose de la musique de chambre (*Danses slaves,* 1878, 1886), de la musique religieuse (*Stabat Mater,* 1877 ; *Requiem,* 1890 ; *Te Deum,* 1893), des symphonies (9e *Symphonie* dite *« Du Nouveau Monde »,* 1893) et des opéras (*Rusalka,* 1901).

DYLAN Bob (né en 1941) ✦ Chanteur américain. S'accompagnant à la guitare et à l'harmonica, il devient le porte-parole de la jeunesse américaine, révoltée contre la société et contre la guerre, aux côtés de Joan **Baez,** avec ses chansons contestataires (*Blowin' in the Wind,* 1962 ; *The Times They Are a Changin',* 1964 ; *Mr Tambourine Man* et *Like a Rolling Stone,* 1965). Il se tourne ensuite vers le rock and roll avec des textes poétiques (*Blonde on Blonde,* 1966). Depuis la fin des années 80, il a entrepris une « tournée sans fin ». Prix Nobel de littérature (2016). ■ Son véritable nom est *Robert Zimmerman.*

DZAOUDZI ✦ Commune de Mayotte, ancien chef-lieu du département. 14 311 habitants (les *Dzaoudziens*).

E

EASTMAN George (1854-1932) ✦ Industriel américain. Il réalise des plaques photographiques (1878) et crée le film photographique (1889), ce qui contribue à l'invention du cinéma. Il fonde la maison Kodak (1892).

EASTWOOD Clint (né en 1930) ✦ Acteur et cinéaste américain. Il joue les héros inflexibles dans les westerns de Sergio **Leone** et les films policiers comme *L'Inspecteur Harry* (1977). Il réalise des films d'aventures (*Pale Rider,* 1985 ; *Impitoyable,* 1992) ainsi que des films chargés d'émotion (*Bird,* 1988 ; *Sur la route de Madison,* 1995 ; *Million Dollar Baby,* 2005 ; *Gran Torino,* 2009).

ÉBOUÉ Félix (1884-1944) ✦ Administrateur colonial français. C'est le premier gouverneur noir de la Guadeloupe (1936), puis du Tchad (1938). Pendant la Deuxième Guerre mondiale, il rallie la France libre, devient gouverneur général de l'**Afrique-Équatoriale française** (1940) et joue un rôle important à la conférence de **Brazzaville** (1944). Il repose au **Panthéon.**

ÈBRE n. m. ✦ Fleuve du nord-est de l'Espagne, long de 950 km. Il prend sa source dans les monts Cantabriques, arrose la Navarre, l'Aragon (Saragosse), le sud de la Catalogne et se jette dans la Méditerranée en formant un vaste delta. Son cours alimente des barrages hydroélectriques.

ÉCHO ✦ Nymphe des bois et des sources dans la mythologie grecque. Elle parle longuement à Héra pour l'empêcher de découvrir l'infidélité de Zeus ; la déesse la condamne alors à ne jamais parler la première. Amoureuse de **Narcisse**, qui la repousse, elle meurt de chagrin. Sa voix seule survit, répétant les dernières syllabes que l'on prononce. Le phénomène de répétition d'un son, renvoyé par un obstacle, porte le nom d'*écho.*

ECO Umberto (1932-2016) ✦ Écrivain et universitaire italien. Il étudie la théorie littéraire, la communication et la culture de la société de consommation (*L'Œuvre ouverte,* 1962 ; *La Structure absente,* 1968 ; *Traité général de sémiotique,* 1975 ; *La Guerre du faux,* 1985). Il connaît un succès mondial avec des romans riches de références culturelles : *Le Nom de la rose* (1980, adapté au cinéma par Jean-Jacques Annaud en 1986), *Le Pendule de Foucault* (1988), *L'Île du jour d'avant* (1994), *Baudolino* (2001), *Histoire de la laideur* (2007).

ÉCOSSE n. f. ✦ Partie de la Grande-Bretagne comprenant le nord de l'île, les archipels des Hébrides, des Orcades et des Shetland, et limitée au sud par l'Angleterre (☛ carte 31). Superficie : 78 772 km^2 (environ un septième de la France). 5,33 millions d'habitants (les *Écossais*). Capitale : Édimbourg ; autre ville importante : Glasgow. ♦ L'Écosse est formée des Basses-Terres, au sud, et des Hautes-Terres ou **Highlands,** au nord, dont le point culminant est le Ben Nevis (1 343 m). Elle est couverte de landes désertiques, parsemées de lacs appelés *lochs* et ses côtes sont très découpées. Son climat océanique est rigoureux au nord. Principales activités agricoles : l'exploitation de la forêt et l'élevage des moutons. La houille, qui fait sa fortune au XVIIIe siècle, est abandonnée au profit du pétrole de la mer du Nord. Les industries textile (laines de la Tweed et des Shetland), alimentaire (whisky), chimique et mécanique (construction navale et automobile) se concentrent dans le Sud. La beauté de ses paysages attire de très nombreux touristes. ♦ Peuplée dès la préhistoire et envahie par les **Celtes** (VIe-IIIe siècles av. J.-C.), elle est occupée par les Romains (Ier siècle av. J.-C.-410). César la visite, **Hadrien** fait construire un mur de défense (mur d'Hadrien, 121), qui la sépare de la **Bretagne.** Appelée *Calédonie,* elle est peuplée de Scots, de Pictes, de Britons, d'**Angles,** et christianisée (VIe siècle). D'abord soumis aux Scots (IXe siècle), les envahisseurs anglo-normands s'imposent après le règne de **Macbeth** (XIe siècle). Ils provoquent une guerre de trois siècles (1286-1603), marquée par le triomphe de la **Réforme** (XVIe siècle) et le règne des **Stuarts. Marie Stuart,** catholique, doit abdiquer en faveur de son fils Jacques VI (1567). Il devient roi d'Angleterre sous le nom de Jacques Ier à la mort d'Élisabeth Ire (1603). Les troubles persistent pendant le règne de **Cromwell.** La création du Royaume-Uni de **Grande-Bretagne** (1707) fait de l'Écosse une province en difficulté, souvent en révolte. Elle obtient la création de son propre Parlement (1999).

ÉCRINS (barre ou **massif des)** ✦ Point culminant du massif du Pelvoux (ou des Écrins) dans les Alpes du Dauphiné (4 102 m). La première ascension est réalisée par des Britanniques (25 juin 1864). Le parc national des Écrins (91 800 ha), créé en 1973, s'étend entre l'Oisans et le Queyras, sur les départements de l'Isère et des Hautes-Alpes.

ÉDEN ✦ Dans la Bible (Genèse), lieu où Dieu crée un jardin, le paradis terrestre, pour qu'Adam et Ève y vivent.

ÉDIMBOURG ✦ Capitale de l'Écosse, dans le sud-est du pays. 459 400 habitants (les *Édimbourgeois*). La vieille ville, dominée par une forteresse (XIVe siècle) et par le palais royal de Holyrood (XVIIe siècle), ainsi que la cité du XVIIIe siècle sont inscrites sur la liste du patrimoine mondial de l'Unesco. Centre administratif et culturel (université, musées) du pays, industries (électronique, alimentaire). Festival annuel de musique et de danse fondé en 1947. Ville natale des romanciers Conan Doyle, Walter Scott et Robert Louis Stevenson. ♦ Fondée au VIIe siècle, la ville se développe autour de l'abbaye de Holyrood (XIIe-XIIIe siècles). Elle devient la capitale du royaume d'Écosse (XVe siècle). C'est dans ce lieu de violents troubles politiques et religieux (XVIIe-XVIIIe siècles) qu'est signé l'Acte d'union qui crée le Royaume-Uni de **Grande-Bretagne** (1707).

EDIRNE ✦ Ville de Turquie d'Europe, en Thrace, près de la frontière grecque. 138 793 habitants. Ruines de l'enceinte romaine, Vieille Mosquée (1404-1414), mosquée de Beyazit II (1484-1488), mosquée de Sélim II (1569-1575, inscrite sur la liste du patrimoine mondial de l'Unesco). Centre industriel (soie, coton) et commercial. ♦ La ville est fondée par **Hadrien** sous le nom d'*Andrinople* (125). Les Barbares (**Goths**) y remportent leur première victoire sur les Romains (378). Saccagée par les Bulgares (IXe-Xe siècles) et les croisés (XIIe siècle), elle est prise par le sultan Murat Ier qui en fait la capitale de l'Empire **ottoman** (1361-1458). L'autonomie de la Grèce y est déclarée (1829). Convoitée par la Bulgarie pendant la guerre des Balkans (1912-1913), elle est attribuée à la Grèce (1920) puis revient à la Turquie (traité de **Lausanne**, 1923) et prend le nom d'*Edirne* (1930).

EDISON Thomas Alva (1847-1931) ✦ Inventeur américain. Après avoir inventé le télégraphe duplex (1864), capable de transmettre simultanément deux dépêches en sens inverse, il fonde sa propre usine (1876). Il dépose les brevets de ses nombreuses inventions, comme le phonographe et le microphone (1877) ou la lampe électrique à incandescence. Il découvre qu'un filament métallique chauffé produit des électrons (*effet Edison*, 1883). Cette découverte est à l'origine de l'invention de la diode et du développement des tubes électroniques.

ÉDIT DE NANTES → **NANTES**

EDMONTON ✦ Ville du Canada, capitale de la province d'Alberta, située à l'est des Rocheuses. 730 372 habitants. Riche région agricole et minière (pétrole, zinc). Centre industriel (alimentaire, raffinage, chimie, métallurgie) et commercial. Ville natale de McLuhan.

ÉDOUARD III (1312-1377) ✦ Roi d'Angleterre de 1327 à sa mort. Petit-fils de **Philippe le Bel**, il met fin à la régence de sa mère, Isabelle de France, et de son favori par un coup d'État (1330). Il réclame la couronne de France, donnée à **Philippe VI de Valois**, déclenchant ainsi la guerre de **Cent Ans** (1337).

ÉDOUARD, le Prince Noir (1330-1376) ✦ Prince de Galles, fils d'Édouard III. Il se distingue pendant la guerre de Cent Ans en capturant le roi de France **Jean II le Bon** à Poitiers (1356). Il devient gouverneur de l'Aquitaine (1363) puis bat **Du Guesclin** en Castille (1367).

ÉDOUARD VII (1841-1910) ✦ Roi de Grande-Bretagne et d'Irlande de 1901 à sa mort. Écarté du pouvoir par sa mère **Victoria**, il effectue de nombreux voyages et devient un habile diplomate. Passionné de politique étrangère, il contribue à la conclusion d'accords avec la France (Entente cordiale, 1904) et la Russie (1907) qui forment la **Triple-Entente.**

ÉDUENS n. m. pl. ✦ Peuple gaulois qui vivait dans le Nivernais et la Bourgogne, entre la Loire et la Saône. Leurs villes principales sont la capitale Bibracte, *Cabillonum* (Chalons-sur-Saône), *Matisco* (Mâcon) et *Noviodunum* (Nevers). Alliés des Romains, ils soutiennent néanmoins **Vercingétorix** (52 av. J.-C.). Soumis par César, leur territoire forme la Lyonnaise avec *Augustodunum* (Autun) pour capitale.

ÉGÉE ✦ Roi légendaire d'Athènes dans la mythologie grecque. Il chasse sa troisième femme, **Médée**, qui lui demande de tuer son fils, **Thésée.** Meurtrier d'Androgée, le fils de Minos, ce dernier exige des Athéniens quatorze jeunes de la cité pour les donner au **Minotaure.** Thésée se porte volontaire et réussit à tuer le Minotaure. Égée lui avait demandé de hisser des voiles blanches à la place des noires s'il rentrait vivant de cette mission. Thésée oublie de changer les voiles et son père, croyant que le monstre a dévoré son fils, se jette dans la mer, qui prend alors son nom.

ÉGÉE (mer) ✦ Partie de la Méditerranée, située entre les Balkans, la Crète et l'Asie Mineure. Elle communique avec la mer Noire par le détroit des Dardanelles, la mer de Marmara et le Bosphore. Superficie : 180 000 km^2 ; profondeur maximale : 2 529 m. Elle comprend environ quatre cents îles, presque toutes grecques (Crète, Cyclades, Dodécanèse, Eubée, Rhodes, Sporades), qui comptent 980 000 habitants. La civilisation qui se développe dans la région au IIe millénaire av. J.-C., avant celle de **Mycènes,** est appelée *civilisation égéenne.* Dominée par **Athènes** (Ve-IVe siècles av. J.-C.), Byzance, Venise et Gênes (Moyen Âge), elle résiste aux Turcs jusqu'au XVIe siècle.

ÉGÉRIE ✦ Nymphe de la mythologie romaine, associée au culte de Diane. D'abord déesse des sources, elle passe pour avoir été la conseillère du roi légendaire de Rome, Numa Pompilius, (d'où le mot *égérie* qui désigne l'inspiratrice d'un artiste). Elle devient la déesse des femmes et des esclaves.

ÉGINE ✦ Île grecque de la mer Égée, entre Athènes et le Péloponnèse. Superficie : 85 km^2 (moins que Paris). 11 127 habitants (les *Éginètes*). Ses statues de marbre (VIe-Ve siècles av. J.-C.) sont présentes dans les plus grands musées (Athènes, Munich). ♦ Égine est une puissance maritime rivale d'**Athènes** (VIe siècle av. J.-C.). Elle participe aux victoires grecques sur les Perses, puis elle est soumise par les Athéniens (455-404 av. J.-C.) et décline rapidement.

EGMONT Lamoral, comte d' (1522-1568) ✦ Officier des Pays-Bas espagnols. Il combat brillamment l'armée française d'Henri II (**Saint-Quentin**, 1557 ; Gravelines, 1558). Bien que catholique, il s'oppose à la politique antiprotestante de **Philippe II** d'Espagne. Son soutien à **Guillaume d'Orange** lui vaut d'être exécuté. Sa mort est suivie d'une insurrection générale des Pays-Bas. Son histoire inspire à Goethe une tragédie (*Le Comte d'Egmont*, 1787), mise en musique par Beethoven (1810).

ÉGYPTE n. f. ✦ Pays d'Afrique du Nord-Est (☛ cartes 34, 36 et Égypte p. 151). Superficie : 1 001 449 km^2 (un peu moins de deux fois la France). 72,6 millions d'habitants (les *Égyptiens*), en majorité musulmans. République dont la capitale est Le Caire. Autre ville importante : Alexandrie. Langue officielle : l'arabe. Monnaie : la livre égyptienne. ♦ GÉOGRAPHIE. Le pays est traversé par la vallée du **Nil**, longue de 1 280 km du sud au nord, et large de 1 à 20 km. Il est bordé à l'ouest par le désert Libyque (deux tiers du pays) et à l'est par le désert Arabique. Celui-ci se prolonge sur la péninsule du **Sinaï**, où se trouve le point culminant, le Jabal Katharina (2 637 m). Méditerranéen sur la côte, le climat est chaud et aride dans les déserts. ♦ ÉCONOMIE. L'agriculture est concentrée dans la vallée fertile du Nil (coton, canne à sucre, céréales, légumes, fruits). Le sous-sol est riche (pétrole, gaz, phosphates, fer). Limitée aux grandes villes du nord, l'industrie (textile, chimie, alimentaire, sidérurgie) bénéficie des ressources hydrauliques du Nil. Revenus des travailleurs émigrés, du canal de Suez et du tourisme constituent les principales ressources en devises du pays. L'Égypte souffre toutefois d'un lourd endettement lié à son très fort taux de natalité. ♦ HISTOIRE. Les premières civilisations (10 000 ans av. J.-C.) donnent naissance à deux royaumes (6 000 ans av. J.-C.). Le roi Ménès les unifie (3300 av. J.-C.) et fonde **Memphis**, la capitale de l'«Ancien Empire» (2720-2300 av. J.-C.), marqué par les règnes de **Khéops**, **Khéphren**, **Mykérinos**, et la construction des pyramides de **Saqqara** et de **Gizeh**. Après une série d'affrontements, les rois de **Thèbes** battent ceux du Nord et fondent le «Moyen Empire» (2065-1785 av. J.-C.), caractérisé par l'expansion en Nubie, vers la Phénicie et la Palestine. Les **Hyksos**, peuple venu d'Asie, envahissent le pays (1785-1580 av. J.-C.) puis sont chassés par Amôsis, qui fonde le «Nouvel Empire» (1580-1085 av. J.-C.), apogée de l'Égypte pharaonique, avec la conquête de la Nubie et de la Syrie jusqu'à l'Euphrate. **Akhenaton**, menacé par les Hittites, impose le culte du dieu Aton, auquel sa femme **Néfertiti** resta fidèle. **Ramsès II** restaure celui du dieu Amon et construit les temples de **Louksor** et de **Karnak**. L'Empire tombe aux mains des prêtres de Thèbes (1085 av. J.-C.), de l'Assyrie (664 av. J.-C.), de la Perse (525 av. J.-C.) puis d'**Alexandre le Grand** (332 av. J.-C.) et des **Ptolémées** jusqu'à la défaite de **Cléopâtre** contre Rome (31 av. J.-C.). Centre important du christianisme, l'Égypte devient une province de l'Empire **byzantin** (395), conquise par les Arabes (639) qui imposent l'islam et soumise aux **Omeyades** et aux **Abbassides**. Les **Fatimides** font du Caire la capitale du pays, dirigé ensuite par **Saladin** (1170) puis par les **mamelouks** (1250-1517). Ils assurent son essor jusqu'à sa conquête par l'Empire **ottoman** (1517), après la découverte du cap de Bonne-Espérance (1498) qui crée un autre lien entre l'Europe et l'Asie. Luttant contre les Anglais en Méditerranée, **Bonaparte** mène la campagne d'**Égypte**. Méhémet Ali, nommé vice-roi (1805), élimine les mamelouks, conquiert le Soudan (1820-1822), la Syrie et la Palestine (1831-1832), et modernise le pays. Les Occidentaux l'empêchent de conquérir l'Empire ottoman et participent à la création du canal de **Suez**. Les Britanniques occupent l'Égypte (1882), provoquant un regain de l'islam et du nationalisme, qui aboutit à l'indépendance (1922). **Nasser** proclame la République (1953), prend le pouvoir (1954), se rapproche de l'URSS avec l'affaire du canal de Suez (1956), unifie l'Égypte et la Syrie dans la République arabe unie (1958-1961) et participe aux conflits contre **Israël** (1967, guerre des Six Jours ; 1973, guerre du Kippour). Le président Sadate proclame la République arabe d'Égypte (1971), ouvre le canal de Suez (1975) fermé depuis 1967, rompt avec l'URSS (1976) et signe le traité de paix avec Israël et les États-Unis (Washington, 1979), mais il est assassiné (1981). L'Égypte, présidée par son successeur Moubarak, soutient l'**Irak** contre l'Iran (1980-1988), se réconcilie avec les pays arabes, participe à la guerre du **Golfe** (1991) mais doit faire face à l'opposition des islamistes extrémistes. Le président Moubarak, au pouvoir depuis 30 ans, démissionne sous la pression du peuple (2011) et les élections portent au pouvoir les islamistes. Un référendum sur la Constitution (2014) consacre leur défaite.

ÉGYPTE (campagne d') ✦ Expédition française menée par Bonaparte pour combattre la Grande-Bretagne en Méditerranée et lui barrer la route vers les Indes (1798-1801). L'expédition militaire alterne les succès (prise d'Alexandrie, entrée au Caire, bataille des pyramides contre les **mamelouks**) et les revers (défaite navale en rade d'**Aboukir**). Bonaparte va combattre les Turcs en Syrie et passe le commandement à **Kléber**. L'armée est accompagnée d'une équipe de savants et de jeunes ingénieurs formés dans les grandes écoles. Ils étudient l'Égypte antique et moderne, rapportent observations et objets dont la pierre de **Rosette**, qui doit être cédée à l'Angleterre lors de la capitulation, signée à Alexandrie (1801).

EICHMANN Karl Adolf (1906-1962) ✦ Fonctionnaire de police allemand. Entré au parti nazi et chargé de régler la question juive (1939), il propose à **Hitler** la «solution finale» et organise la déportation de millions de Juifs vers les camps d'extermination. Après la guerre, il se réfugie en Argentine (1945) où il est enlevé par les services secrets israéliens (1960). Il est jugé lors d'un procès (1961) qui fait date et condamné pour crimes contre l'humanité ; il est exécuté à Jérusalem.

EIFFEL Gustave (1832-1923) ✦ Ingénieur français. Spécialiste des constructions métalliques, il réalise des ponts (Bordeaux, Porto), des viaducs (**Garabit**, 1882), l'armature de la statue de la **Liberté** (New York, 1886) et la *tour Eiffel*. Il crée un laboratoire de science aérodynamique (1912) qui contribue à l'essor de l'aviation. ♦ La *tour Eiffel*, son monument le plus célèbre, est construite à Paris entre la Seine et le Champ-de-Mars (1887-1889), pour l'Exposition universelle de 1889. Cette pyramide métallique, haute de 320 m et large de 125 m à la base, pèse 7 341 tonnes et comporte quatre piliers, 1 652 marches et trois étages. Le sommet sert de station météorologique. On y fait les premiers essais de la radio (1898) et de la télévision (1925), qui y installe une antenne en 1957. Ce monument, très critiqué lors de sa construction, est l'un des plus visités de Paris.

EIGER n. m. ✦ Sommet des Alpes suisses (3 970 m), dans le canton de Berne, entre l'Aar et le Rhône. C'est l'une des montagnes les plus dangereuses de la chaîne, escaladée pour la première fois en 1858.

EINDHOVEN ✦ Ville du sud-est des Pays-Bas (Brabant-Septentrional). 209 699 habitants. Une des plus grandes villes du pays, centre culturel (musée d'Art moderne), commercial et industriel (électricité, électronique, automobile) où naît la société Philips (1891).

EINSTEIN Albert (1879-1955) ✦ Physicien d'origine allemande, naturalisé suisse puis américain. Il étudie à Zurich (1896), devient ingénieur à Berne (1902), publie cinq mémoires de physique (1905) dont l'un énonce la théorie de la relativité restreinte. Il travaille ensuite pendant dix ans à celle de la relativité générale (1916), bouleversant les principes fondamentaux de la science. Étant juif, il fuit l'Allemagne nazie (1933) et s'établit aux États-Unis. Informé du programme nucléaire allemand, il prévient le président Roosevelt de ses dangers pour le monde. Les États-Unis lancent alors le projet Manhattan, qui aboutit à la mise au point de la bombe nucléaire. Pacifiste, il en condamne l'usage après la guerre. Il s'engage aussi contre le racisme et pour la création de l'État d'Israël. Il est célèbre pour sa formule $E = mc^2$. Parmi ses ouvrages, on peut citer : *Fondements de la théorie de la relativité restreinte et généralisée* (1916) et, avec **Freud**, *Pourquoi la guerre* (1933). Prix Nobel de physique (1921).

ÉIRE n. f. ✦ Nom officiel de l'État libre d'**Irlande** (1937-1949) en gaélique.

EISENHOWER Dwight David (1890-1969) ✦ Général et homme d'État américain. Pendant la Deuxième Guerre mondiale, il commande les opérations alliées en Afrique du Nord, en Tunisie et en Sicile (1942), coordonne le débarquement en **Normandie** et reçoit la capitulation de l'Allemagne à Berlin (1945). Il dirige l'**Otan** (1950), puis devient le 34ᵉ président des États-Unis (1952-1960). Il libéralise l'économie, tente de se rapprocher des pays étrangers, notamment l'URSS, et combat la ségrégation raciale.

EISENSTEIN Serge (1898-1948) ✦ Cinéaste soviétique. Il débute comme metteur en scène de théâtre puis met son génie créateur et sa rigueur technique au service de l'idéal révolutionnaire soviétique en réalisant des fresques puissantes qui marquent l'histoire du cinéma : *La Grève* (1924), *Le Cuirassé Potemkine* (1925), *Octobre* (1927), *La Ligne générale ou l'Ancien et le Nouveau* (1929), *Alexandre Nevski* (1939, son premier film sonore), *Ivan le Terrible* (1945-1946, musique de Prokofiev). Il écrit aussi des essais théoriques (*Le Film : sa forme, son sens, La Non-Indifférente Nature,* publiés en France en 1976-1978).

ELBE n. f. ✦ Fleuve d'Europe centrale, long de 1 165 km. Il prend sa source en République tchèque, traverse la Bohême et l'Allemagne, arrose Dresde et Hambourg puis se jette dans la mer du Nord. C'est l'une des grandes voies navigables d'Europe, reliée par des canaux avec la mer Baltique, l'Oder et le Rhin. La vallée de l'Elbe à Dresde est inscrite sur la liste du patrimoine mondial de l'Unesco.

ELBE (île d') ✦ Île italienne de la mer Tyrrhénienne, entre la Corse et la Toscane. Superficie : 224 km² (environ deux fois Paris). 32 000 habitants (les *Elbois*). Ville principale : Portoferraio (11 698 habitants). Exploitation des mines de fer. L'île vit principalement des cultures méditerranéennes (vigne, olivier) et du tourisme. ♦ Elle est dominée tour à tour par l'Étrurie, Carthage, Phocée, Rome, Pise (XIᵉ siècle) et Gênes (1290). Elle est donnée aux **Médicis** par Charles Quint (1541), puis attribuée à la France (traité d'**Amiens**, 1802). De mai 1814 à février 1815, **Napoléon Iᵉʳ** y séjourne en exil après son abdication. L'île revient ensuite à la Toscane (1815).

ELBEUF ✦ Ville de Seine-Maritime. 16 680 habitants (les *Elbeuviens*). Églises Saint-Étienne (XVIᵉ-XVIIᵉ siècles) et Saint-Jean (XVIIᵉ siècle). Centre industriel (mécanique, électricité, chimie, métallurgie) développé autour d'une manufacture drapière fondée par Colbert (1667). Ville natale d'André Maurois.

ELBOURZ n. m. ✦ Chaîne montagneuse du nord de l'Iran, culminant au Demavend (5 604 m) (☛ carte 38). Elle s'étend sur 980 km. Son versant maritime, abrupt et boisé, domine la mer Caspienne. Son versant continental est aride.

ELBROUZ n. m. ✦ Point culminant du **Caucase** à la frontière entre la Russie et la Géorgie (5 642 m) (☛ carte 38). La première ascension de ce volcan éteint est effectuée par une expédition britannique (1868).

ELDORADO n. m. ✦ Contrée fabuleuse d'Amérique du Sud. Les conquérants espagnols du XVIᵉ siècle la situent entre l'Amazone et l'Orénoque et l'imaginent regorgeant d'or.

ÉLECTRE ✦ Personnage de la mythologie grecque. C'est la fille d'**Agamemnon** et de **Clytemnestre**, et la sœur d'**Oreste** et d'**Iphigénie**. Après l'assassinat de son père, elle met son frère à l'abri, et devient l'esclave d'Égisthe, amant de sa mère et complice du meurtre. Lorsque Oreste revient, elle l'aide à tuer Égisthe et Clytemnestre. Condamnée à mort, elle est sauvée par Apollon. Cette figure légendaire a inspiré les grands tragédiens grecs *(Eschyle, Sophocle, Euripide)* et l'écrivain français Giraudoux.

ÉLEUSIS ✦ Ville de Grèce, en Attique, au nord-ouest d'Athènes. 24 900 habitants. Port industriel (raffinerie, construction métallique). Ville natale d'Eschyle. ♦ Dès le XIVᵉ siècle av. J.-C., Éleusis est le centre du culte de **Déméter**. Annexée à Athènes (VIIᵉ siècle av. J.-C.), elle organise des rites secrets d'initiation, les *mystères d'Éleusis,* et des fêtes sacrées, les *Éleusinies,* qui ont une grande importance dans la religion grecque. Ruines du sanctuaire, dévasté par les Wisigoths (395).

ÉLIE (vers 873 av. J.-C.-vers 853 av. J.-C.) ✦ Prophète juif de la Bible. À la cour du roi d'**Israël**, il lutte contre les cultes des **Cananéens** mais la haine de la reine Jézabel l'oblige à s'enfuir. Dans la Bible, il monte au ciel sur un char de feu et les prophètes annoncent son retour.

ELIOT T. S. (1888-1965) ✦ Poète britannique d'origine américaine. L'une des grandes figures de la poésie anglaise du XXᵉ siècle (*La Terre vaine,* 1922 ; *Mercredi des Cendres,* 1930), il aborde, dans son œuvre, les thèmes de la pénitence et de la rédemption, de la durée et de l'intemporel (*Le Roc,* 1934). Cette préoccupation spirituelle se retrouve dans ses pièces de théâtre comme *Meurtre dans la cathédrale* (1935), récit mystique de la mort de **Thomas Becket**. Ses essais de critique littéraire ont eu une grande influence dans le monde anglo-saxon. Prix Nobel de littérature (1948). ■ Son nom complet est *Thomas Stearns Eliot.*

ÉLISABETH Iʳᵉ (1533-1603) ✦ Reine d'Angleterre de 1558 à sa mort. Fille du roi **Henri VIII** et d'Anne Boleyn, elle succède à sa demi-sœur **Marie Tudor**. Elle rétablit l'anglicanisme (1559), persécute les catholiques après son excommunication (1570) et fait exécuter **Marie Stuart**, la catholique (1587). Son soutien aux Pays-Bas protestants provoque une guerre de dix ans avec Philippe II d'Espagne, au cours de laquelle l'Invincible

Armada est détruite (1558). Cette victoire consacre la suprématie maritime de l'Angleterre et s'accompagne du développement du commerce (création de la Compagnie des Indes) et de l'industrie. Son règne est aussi marqué par un grand essor culturel et artistique : musique de cour, littérature (Francis Bacon, Edmund Spencer) et surtout théâtre (**Shakespeare,** Christopher Marlowe). Élisabeth, surnommée la «reine vierge» parce qu'elle est célibataire et sans enfant, étend son pouvoir au détriment du Parlement. À sa mort, Jacques Ier, le fils de Marie Stuart, lui succède.

ÉLISABETH II (née en 1926) ✦ Reine du Royaume-Uni de Grande-Bretagne et d'Irlande depuis 1952. Fille du roi George VI, elle épouse Philippe de Grèce, duc d'Édimbourg (1947) et accède au trône à la mort de son père. Malgré son faible pouvoir politique, elle est un symbole de l'unité monarchique, respecté de ses sujets. Elle a quatre enfants : Charles, Anne, Andrew et Edward.

ÉLISABETH DE WITTELSBACH (1837-1898) ✦ Impératrice d'Autriche. Fille du roi de Bavière, elle épouse l'empereur d'Autriche, **François-Joseph Ier** (1854), et lui donne quatre enfants. Elle apporte un éclat particulier à la cour de Vienne, mais des épreuves, comme l'exécution de son beau-frère Maximilien, empereur du Mexique (1867) et la mort de son fils Rodolphe (1889), affectent sa santé mentale. Retirée de la cour, elle voyage dans le sud de l'Europe. Elle est assassinée à Genève par un anarchiste italien. Elle apparaît dans la littérature et au cinéma sous le surnom de *Sissi.*

ELLINGTON Duke (1899-1974) ✦ Musicien américain de jazz. Ce pianiste compose de très nombreuses chansons, et fonde son propre orchestre (1925) avec lequel il connaît un succès mondial : *The Mooche* (1928), *Solitude* (1934), *Caravan* (1937), *Take the A train* (1941). ■ Son véritable nom est *Edward Kennedy.*

ELLIS ISLAND ✦ Île du New Jersey, à l'entrée du port de New York, près de la statue de la Liberté. Des millions d'immigrants ont été accueillis entre 1892 et 1954 dans un centre qui a été transformé en musée de l'Immigration (1990).

ÉLOI (saint) (vers 588-660) ✦ Évêque de Noyon-Tournai (641-660). Orfèvre, il réalise le mausolée de saint Denis et le coffre contenant les reliques de saint **Martin.** Clotaire II le nomme maître de la Monnaie et **Dagobert** Ier en fait son trésorier. Fondateur de monastères (dont Solignac, 632), il devient évêque et diffuse le christianisme dans le Nord de la France. Il est aujourd'hui le saint protecteur des orfèvres et des forgerons.

ELTSINE Boris Nikolaïevitch (1931-2007) ✦ Homme d'État russe. Membre du parti communiste (PCUS) depuis 1960, il le quitte en 1990 en émettant de vives critiques contre **Gorbatchev.** Premier président de Russie élu au suffrage universel (juin 1991), il fait échec au putsch contre Gorbatchev (août), et se consacre à la dissolution de l'**URSS** (décembre). Il met en place des réformes libérales, mais se heurte à de graves difficultés économiques et à une forte opposition politique, qu'il brise en prenant d'assaut le Parlement. Il fait adopter une nouvelle constitution (1993). Il est réélu en 1996 mais démissionne en 1999. Son Premier ministre Vladimir Poutine lui succède.

ÉLUARD Paul (1895-1952) ✦ Poète français. Devenu pacifiste pendant la Première Guerre mondiale, il participe au surréalisme avec André **Breton** et Louis **Aragon.** ☛ Littérature p. 145. Il voyage autour du monde, adhère au parti communiste (1926). Il rencontre celle qui devient sa muse, surnommée *Nusch* (1929). Il est exclu du parti (1933), mais soutient l'Espagne républicaine, s'engage dans la Résistance et dirige le Comité national des écrivains pour la zone Nord, puis il rejoint le parti communiste clandestin (1943). Après la guerre, il reprend ses voyages à travers le monde. Il célèbre, dans ses poésies imagées et harmonieuses, la liberté, l'amour et la justice : *Capitale de la douleur* (1926), *Les Yeux fertiles* (1936), *Poésie et Vérité* (1942), *Au rendez-vous allemand* (1944), *Poésie ininterrompue* (1946). ■ Son véritable nom est *Eugène Grindel.*

ÉLYSÉE (l') ✦ Palais de Paris, construit en bas des **Champs-Élysées** pour le comte d'Évreux (1718). Résidence de la marquise de Pompadour et de Louis XVI, c'est un bal public pendant la Révolution (1793). Napoléon Ier y habite avec Joséphine et y signe sa deuxième abdication (1815). Louis-Napoléon Bonaparte, futur **Napoléon III,** y prépare son coup d'État (1851). Depuis 1873, c'est la résidence officielle du président de la République française.

ÉLYSÉES (Champs-) → CHAMPS-ÉLYSÉES

ÉMILIE-ROMAGNE n. f. ✦ Région administrative d'Italie, au nord du pays (☛ carte 30). Superficie : 22 123 km². 3,9 millions d'habitants. Chef-lieu : Bologne. Autres grandes villes : Parme, Ravenne. ♦ Agriculture en plaines (blé, légumes, fruits). Gaz naturel et industries diversifiées (alimentaire, raffinage pétrolier). Nombreuses stations balnéaires sur la côte.

ÉMIRATS ARABES UNIS n. m. pl. ✦ Pays d'Asie de l'Ouest (☛ cartes 38, 39). Superficie : 83 657 km² (moins d'un sixième de la France). 4,1 millions d'habitants (les *Émiriens*). Fédération de sept émirats, dont les plus importants sont Abou Dhabi et Dubaï. Capitale : Abou Dhabi. Langue officielle : l'arabe. Religion officielle : l'islam. Monnaie : le dirham. ♦ GÉOGRAPHIE. Vaste désert aride au climat chaud et sec. ♦ ÉCONOMIE. L'économie du pays repose sur l'exploitation du pétrole, dont c'est le plus grand producteur, et qui en fait un des plus riches pays du monde. ♦ HISTOIRE. Voie commerciale dès l'Antiquité, la région est islamisée (VIIe siècle). La région côtière, contrôlée par les Portugais (XVIe-XVIIe siècles), est appellée *côte des Pirates* par les Britanniques. Ils la conquièrent (1919), en exploitent le pétrole (1922) et la rebaptisent *côte de la Trêve.* Leur départ permet la création d'une fédération (1968) qui s'agrandit d'un septième émirat (1972). Le pays participe à la guerre du **Golfe** contre l'Irak (1991) et rejoint la coalition arabe formée contre **Daech.**

EMMAÜS ✦ Commune de Palestine, au nord de Jérusalem. Dans les Évangiles, saint Luc y situe l'apparition de **Jésus** à deux de ses disciples après sa résurrection.

EMPÉDOCLE (vers 490 av. J.-C.-vers 435 av. J.-C.) ✦ Philosophe grec. Ce chef démocrate lutte contre la tyrannie dans sa cité, puis il est exilé. Selon la légende, il se suicide en se jetant dans l'Etna. Il considère l'univers comme la combinaison des quatre éléments (eau, air, feu, terre) qui s'attirent (Amour) ou se divisent (Haine) alternativement. Il influence la pensée antique mais aussi moderne (Nietzche) par ses théories, exprimées sous forme de poèmes. Ses deux œuvres principales sont : *De la nature de l'univers, Purifications.*

EMPIRE (Premier) n. m. ✦ Période historique qui s'étend du Consulat (18 mai 1804) jusqu'à la Restauration (4 avril 1814), puis pendant les **Cent-Jours** (20 mars-22 juin 1815) (☛ Empire p. 176). Bonaparte est nommé empereur et sacré sous le nom de ***Napoléon Ier*** (2 décembre 1804). Il entreprend la conquête de l'Europe avec la **Grande Armée,** marquée par les victoires d'**Austerlitz,** d'**Iéna,** d'**Eylau,** de **Friedland,** de **Wagram** et les défaites de **Trafalgar** et de la **Bérézina.** À son apogée (1810-1812), l'Empire s'étend sur la Belgique, la Hollande, l'Allemagne, la Pologne, la Suisse, l'Italie, la Dalmatie et l'Espagne. La résistance de l'Angleterre, puis la révolte des pays vassaux et des alliés, notamment la Russie, la Prusse et l'Autriche, contraignent Napoléon à abdiquer et à s'exiler sur l'île d'**Elbe** (1814). Revenu au pouvoir pendant les Cent-Jours, il abdique une seconde fois en faveur de **Louis XVIII.**

EMPIRE (Second) n. m. ✦ Période historique qui s'étend du rétablissement de l'Empire par **Napoléon III** (2 décembre 1852) jusqu'à la proclamation de la IIIe République (4 septembre 1870). Le régime, d'abord autoritaire, évolue vers le libéralisme. L'économie se développe, notamment l'industrie (Le **Creusot, Saint-Étienne**), la banque (**Rothschild**), le commerce (création des grands magasins : Bon Marché, Samaritaine), le chemin de fer, l'urbanisme (**Haussmann**). Victorieuse en **Crimée** (1854-1856) et en **Italie** (1859), la France étend ses colonies en Afrique (**Algérie, Sénégal, Suez**) et en Asie (**Cambodge, Cochinchine**), mais échoue au **Mexique** (1860-1867). La capitulation de **Sedan** devant les Prussiens entraîne la chute de l'Empire.

EMPIRE BYZANTIN n. m. → BYZANTIN (Empire)

EMPIRE ROMAIN n. m. → ROMAIN (Empire)

ENA n. f. *(École nationale d'administration)* ✦ Établissement public fondé en 1945 et dépendant du Premier ministre. L'ENA est chargée de former les hauts fonctionnaires de l'administration française : les *énarques.* Elle a été partiellement transférée à Strasbourg (1991).

Encyclopédie n. f. ✦ Œuvre en dix-sept volumes publiée de 1751 à 1772, dont le second titre est *Dictionnaire raisonné des sciences, des arts et des métiers.* Sous la direction de **Diderot** et d'**Alembert,** près de 150 rédacteurs — savants, philosphes et spécialistes dans tous les domaines — y collaborent, dont Montesquieu, Rousseau et Voltaire. L'encyclopédie présente, de façon claire et avec beaucoup d'illustrations, l'état des connaissances culturelles, scientifiques et techniques, dans l'esprit philosophique du siècle des **Lumières.** ☛ Littérature p. 143 et Lumières p. 173.

ÉNÉE ✦ Prince de Troie dans la mythologie grecque et héros principal de l'***Énéide.*** Fils d'Anchise et d'Aphrodite, il épouse la fille de **Priam.** Pendant la guerre de **Troie,** il fuit la ville incendiée et sauve son père et son fils en les portant sur ses épaules. Poussé par les dieux, il erre en Méditerranée. À Carthage il cause la mort de **Didon,** en Campanie il descend aux Enfers, puis il s'installe au **Latium,** où il contribue à la victoire des Latins. Parmi ses descendants, on trouve **Romulus,** le fondateur de Rome.

Énéide ✦ Épopée écrite de 29 à 19 av. J.-C. par Virgile. Composé sur le modèle de l'*Iliade* et de l'*Odyssée,* ce poème est formé de douze chants. Il raconte les aventures d'**Énée** après la chute de Troie, ses amours avec Didon et la fondation de la nation romaine. Il attribue des origines troyennes et divines à Rome et fait de son héros fondateur le modèle des vertus romaines.

ENFERS n. m. pl. ✦ Lieu souterrain qui accueille les âmes des morts, dans la mythologie grecque. C'est le royaume du dieu **Hadès** et de sa femme **Perséphone.** Il est entouré de fleuves infranchissables, le **Styx** et l'**Achéron.** Lorsqu'un homme meurt, il descend aux Enfers et arrive à l'estuaire de l'Achéron qui est gardé par le chien **Cerbère.** Il doit payer **Charon** pour franchir le fleuve et il est amené aux juges des Enfers, qui décident de son sort : soit il va vers le **Tartare,** lieu de supplices éternels, soit il est dirigé vers les **champs Élysées** où séjournent les justes.

ENGELS Friedrich (1820-1895) ✦ Homme politique allemand. Employé à Manchester (1842-1844), il étudie la condition ouvrière et adhère aux idées socialistes. Il part à Bruxelles rejoindre **Marx** (1845), avec qui il écrit *L'Idéologie allemande* (1846) et le *Manifeste du parti communiste* (1848). En Allemagne, il participe à la révolution qui échoue (1848) puis, de retour en Angleterre, il analyse l'histoire et l'économie, permettant à Marx d'écrire *Le Capital.* Installé à Londres (1870), il se consacre à la lutte politique et à la critique philosophique. Après la mort de Marx, il publie les tomes 2 et 3 du *Capital* (1885-1894).

ENGHIEN Louis Antoine Henri de Bourbon, duc d' (1772-1804) ✦ Prince français de la famille des Condé. Lors de la Révolution, il rejoint l'armée des émigrés (1789) et s'installe dans le duché de Bade. Bonaparte, qui le soupçonne d'être un complice de **Cadoudal,** le fait enlever, juger puis fusiller et enterrer dans les fossés du château de Vincennes. Son exécution soulève l'indignation en Europe.

ENSCHEDE ✦ Ville des Pays-Bas (Overijssel). 154 476 habitants (310 327 pour l'agglomération). Centre industriel important de l'est du pays (textile, métallurgie, alimentaire).

ENSOR James (1860-1949) ✦ Peintre et graveur belge. Au naturalisme teinté de fantastique et de grotesque de ses débuts (*Portrait de l'artiste au chapeau fleuri,* 1883) fait suite un expressionnisme poussé jusqu'à la caricature mêlé d'éléments satiriques et mystiques. Il traite souvent les thèmes de l'autoportrait, du carnaval, du masque, du squelette (*L'Entrée du Christ à Bruxelles,* 1888 ; *Squelettes se chauffant autour d'un poêle,* 1889). Son œuvre annonce le surréalisme.

ENTENTE (TRIPLE-) → TRIPLE-ENTENTE

ENVALIRA (port d') ✦ Col des Pyrénées, dans la principauté d'Andorre (2 407 m). Le *tunnel d'Envalira* relie les deux versants du col, entre la France et l'Andorre.

ÉOLE ✦ Dieu des Vents dans la mythologie grecque. C'est le fils de Poséidon. Dans l'*Odyssée,* il donne à Ulysse une outre dans laquelle sont enfermés les vents. Curieux, les compagnons d'Ulysse profitent de son sommeil pour ouvrir l'outre avant l'arrivée à Ithaque. Les vents s'échappent alors et provoquent une tempête qui éloigne le bateau de son but. L'énergie *éolienne* est fournie par le vent.

ÉOLIENNES (îles) ✦ Archipel italien de la mer Tyrrhénienne, au nord-est de la Sicile (☛ carte 30). Superficie totale : 115 km². 10 725 habitants. Ces sept îles volcaniques sont inscrites sur la liste du patrimoine mondial de l'Unesco. Elles vivent de l'agriculture (vigne, olivier), de la pêche et surtout du tourisme. Le volcan **Stromboli** est encore en activité. Dans l'Antiquité, les îles passent pour être le domaine d'**Éole** ; aujourd'hui on les appelle aussi *îles Lipari.*

ÉPAMINONDAS (vers 418 av. J.-C.-362 av. J.-C.) ✦ Général et homme d'État béotien. Il repousse les Spartiates de la **Béotie** (Leuctres, 371 av. J.-C.) puis il impose le système démocratique de **Thèbes** au Péloponnèse et en Thessalie. Il bat les forces alliées de **Sparte** et d'Athènes (Mantinée, 362 av. J.-C.) mais il est tué. Sa mort marque le déclin de Thèbes.

ÉPÉE Charles, abbé de l' (1712-1789) ✦ Pédagogue français. Il crée un système de signes pour communiquer avec les sourds-muets puis fonde une école pour les éduquer (vers 1760).

ÉPERNAY ✦ Ville de la Marne. 23 176 habitants (les *Sparnaciens*). L'ancien château Perrier (1814) abrite le musée municipal (histoire de la vigne et du vin de Champagne ; préhistoire et archéologie ; faïences). Principal centre, avec Reims et Châlons-en-Champagne, de commerce de vins de Champagne.

ÉPHÈSE ✦ Site archéologique d'Asie Mineure, situé en Turquie (☛ carte 4). Ville natale d'Héraclite. Cette colonie ionienne devient un grand centre financier et commercial (VIIIe siècle av. J.-C.). Elle est célèbre pour son temple d'**Artémis** (VIe siècle av. J.-C.) qui est l'une des Sept Merveilles du monde. Elle passe aux Perses (545-466 av. J.-C.), à Alexandre le Grand (334 av. J.-C.), qui reconstruit le temple incendié en 356 av. J.-C., puis aux rois de **Pergame** (190 av. J.-C.). Auguste en fait la capitale de la province romaine d'Asie. Saint **Paul** y fonde une église (54), saint Jean y séjourne (66) et la Vierge Marie y serait morte. Pillée par les Goths (260), elle redevient une ville commerciale, occupée par les Turcs (1090-1097) puis les Ottomans (1426). Des fouilles archéologiques (XIXe siècle) mettent au jour l'emplacement du temple d'Artémis et des vestiges grecs et romains (temple d'Hadrien, basilique Saint-Jean, église et maison de la Vierge). Ce site est inscrit sur la liste du patrimoine mondial de l'Unesco.

ÉPICTÈTE (50-v. 130) ✦ Philosophe stoïcien. Esclave phrygien emmené à Rome, il étudie la philosophie et enseigne avant d'être banni par l'empereur Domitien. Comme Socrate, il n'a rien écrit, mais son enseignement a été consigné par son disciple Arrien dans les *Entretiens,* dont la moitié nous est parvenue, et le *Manuel.* Sa philosophie est avant tout une morale, fondée sur la distinction stoïcienne entre ce qui dépend de nous et ce qui n'en dépend pas.

ÉPICURE (341-270 av. J.-C.) ✦ Philosophe grec. Il fonde l'école du Jardin à Athènes (306 av. J.-C.). Il y enseigne des principes de la physique et les bienfaits de la nature et du plaisir sur la paix de l'âme, en affirmant qu'il faut «se suffire à soi-même et se contenter de peu». Il conseille de rejeter les plaisirs qui ne sont ni naturels ni nécessaires, et de maîtriser ses passions. Sa doctrine se répand dans tout le bassin méditerranéen jusqu'au début de l'ère chrétienne.

ÉPIDAURE ✦ Site archéologique de Grèce, à l'est du Péloponnèse, sur la mer Égée (☛ carte 4). Dans l'Antiquité, cette colonie implantée par les Ioniens devient le centre du culte d'**Asclépios** (VIe siècle av. J.-C.) et reçoit des malades venus de toute la Grèce. De nombreux monuments sont construits à son apogée (IVe siècle av. J.-C.) : temples d'Asclépios et d'Artémis, et surtout le mieux conservé des théâtres grecs, où se tient aujourd'hui un festival annuel de tragédie et de comédie. Découvert lors de fouilles (XIXe siècle), ce site est inscrit sur la liste du patrimoine mondial de l'Unesco.

ÉPINAL ✦ Chef-lieu des Vosges, sur la Moselle. 32 006 habitants (les *Spinaliens*). Basilique Saint-Maurice (XIe-XIVe siècles), musée départemental qui abrite, depuis 1951, le musée international de l'Imagerie populaire. Centre de services, d'industries (textile en déclin, caoutchouc, mécanique). Foire internationale forestière. Ville natale du sociologue Émile Durkheim. ♦ Fondée au Xe siècle, la ville est disputée par la Lorraine et la France, à qui elle est rattachée (1766). Elle devient un centre de céramique (XVIIIe siècle). À la Révolution, Jean-Charles Pellerin y fonde une fabrique d'images en couleurs, appelées *images d'Épinal,* d'où elle tire sa renommée. Elle accueille ensuite l'industrie textile alsacienne (1870) qui fait sa fortune.

ÉPIPHANIE n. f. ✦ Fête religieuse chrétienne qui célèbre la manifestation de l'enfant Jésus aux Rois **mages** venus l'adorer. Adoptée au IVe siècle en Occident et appelée aussi *Jour des Rois,* elle s'accompagne de nombreux rituels, dont la traditionnelle galette des rois, dans laquelle est cachée une fève qui désigne le roi de la fête.

ÉPIRE n. f. ✦ Région administrative grecque, dans les Balkans, comprenant le sud de l'Albanie et le nord-ouest de la Grèce. Superficie : 9 302 km². 336 856 habitants. Chef-lieu : Ioannina. C'est une région montagneuse où se développent l'agriculture et le tourisme. ♦ Royaume du peuple des Molosses (IVe siècle av. J.-C.), l'Épire atteint son apogée avec **Pyrrhus** (IIIe siècle av. J.-C.). Elle est conquise par Rome (148 av. J.-C.), par Byzance (1205-1318) et par les Ottomans (1430). La Grèce en annexe une partie (1881) et le Nord est attribué à l'Albanie, indépendante en 1912. Graves tensions entre les deux pays à propos de la minorité grecque de la partie albanaise (1993-1998).

ÉQUATEUR n. m. ✦ Pays d'Amérique du Sud (☛ cartes 44, 46). Superficie : 283 561 km² avec les îles **Galapagos** (environ la moitié de la France). 15 millions d'habitants (les *Équatoriens*), en majorité catholiques. République dont la capitale est Quito. Langue officielle : l'espagnol ; on y parle aussi le quechua. Monnaie : le dollar, qui a remplacé le sucre (2000). ♦ GÉOGRAPHIE. Du nord au sud, la partie centrale de l'Équateur est occupée par les **Andes,** dont le point culminant est le **Chimborazo** (6 310 m). La moitié de la population y vit, en majorité des Indiens parlant quechua. L'autre moitié se regroupe sur la partie côtière. À l'est, l'Amazonie est couverte par la forêt et quasiment inhabitée. Le climat est rude en montagne, tempéré dans les bassins et tropical sur la côte. ♦ ÉCONOMIE. En montagne, agriculture (céréales, pomme de terre, fruits, légumes) et élevage (bovins et ovins). Sur les côtes, culture de produits tropicaux (cacao, banane, café), pêche et élevage de crevettes. Le pétrole est exploité au nord-est et exporté. L'industrie se développe (agroalimentaire, textile, plastiques). ♦ HISTOIRE. Les différents peuples qui occupent le pays sont intégrés dans l'empire des **Incas** (XVe siècle). Conquis par **Pizarro** (XVIe siècle), ils sont libérés des Espagnols par le général vénézuélien Sucre (1822) et englobés dans la Grande-**Colombie** jusqu'à l'indépendance (1830). Conservateurs et libéraux se disputent le pouvoir (XIXe siècle). Le pays perd deux tiers de son territoire dans des conflits frontaliers (1904, 1916, 1942). Les militaires organisent plusieurs coups d'État successifs et prennent le pouvoir (1972-1978) puis le régime et l'économie se libéralisent. La crise frontalière avec le **Pérou** (1995) s'achève par un accord de paix (1998).

ÉRASME Didier (vers 1469-1536) ✦ Humaniste hollandais. Il consacre sa vie aux voyages et à l'écriture. Après des séjours d'études à Paris (1495-1511), il se rend en Angleterre. Il revient enseigner à plusieurs reprises (1499-1514), et se lie d'amitié avec Thomas More. Il fait un long séjour en Italie (1505-1509). En Flandre, il devient conseiller du jeune Charles Quint (1515-1521). Il se fixe ensuite à Bâle, qu'il quitte pour Fribourg-en-Brisgau pendant les conflits religieux de la **Réforme** (1529-1535). Catholique, tolérant et pacifique, il cherche à concilier la sagesse antique, le respect de l'Évangile et le savoir moderne (☛ Humanisme p. 167). Ses œuvres les plus connues sont : *Adages* (1500), *Éloge de la folie* (1511), *Institution du prince chrétien* (1515), *Colloques* (1518), *Essai sur le libre arbitre* (1524).

ÉRATO ✦ Une des neuf **Muses** de la mythologie grecque. Elle protège la poésie et les noces. On la représente avec une couronne de roses, tenant une lyre ou une cithare à la main.

ÉRATOSTHÈNE (vers 276-vers 194 av. J.-C.) ✦ Savant grec. Informé de ses connaissances des sciences exactes (astronomie, mathématiques) et humaines (philosophie, géographie, histoire), Ptolémée III le fait venir à **Alexandrie** pour éduquer son fils et diriger la bibliothèque de la ville. Il est surtout connu pour sa méthode de recherche des nombres premiers et pour avoir réussi à calculer la circonférence de la Terre.

ERCKMANN-CHATRIAN ✦ Nom d'auteur choisi par deux écrivains, **Émile ERCKMANN** (1822-1899) et **Alexandre CHATRIAN** (1826-1890). Leur collaboration dure de 1847 à 1889. Ils publient des contes alsaciens, des romans patriotiques mais hostiles à l'armée qui se déroulent pendant la Révolution et l'Empire, et des pièces de théâtre. Leurs œuvres les plus connues sont : *L'Illustre Docteur Mathéus* (1859), *Le Fou Yégof* (1862), *Madame Thérèse* (1863), *L'Ami Fritz* et *Histoire d'un conscrit de 1813* (1864).

EREBUS (mont) ✦ Volcan en activité de l'Antarctique (3 794 m d'altitude), sur l'île de Ross. Il est découvert en même temps que le mont Terror par l'explorateur britannique James Clarke Ross, qui donne aux deux volcans le nom de ses navires (1839-1843). Il est escaladé pour la première fois en 1908.

EREVAN ✦ Capitale de l'Arménie, dans le centre-ouest du pays, à 1000 m d'altitude. Un million d'habitants. Cathédrale d'Avan (VIe-VIIe siècles), riche bibliothèque Matenadaran, musées archéologiques. Centre administratif, commercial (vin, fruits et légumes) et industriel (électrométallurgie, mécanique, chimie, textile, alimentaire). ♦ Bâtie autour d'une forteresse (VIIIe siècle av. J.-C.), elle est la principale ville d'**Arménie** (XVe siècle). Prise par les Turcs (1582) et reconquise par les Perses (1604), elle est cédée à la Russie (1828). Elle devient capitale de l'Arménie soviétique (1920) puis de l'Arménie indépendante (1991).

ERFURT ✦ Ville d'Allemagne, capitale de la Thuringe, au centre du pays. 199 114 habitants. Centre administratif, industriel (métallurgie, mécanique, électricité, chimie) et commercial. ♦ Fondée en 741, cette grande cité commerciale, où réside **Luther**, participe à la **Hanse** (XVe siècle). Possession de la Saxe (XIVe-XVIe siècles) et de Mayence (1648-1802), elle est occupée par les Français (1806-1813) puis attribuée à la Prusse (traité de Vienne, 1815).

ERFURT (entrevue d') ✦ Rencontres diplomatiques (27 septembre-14 octobre 1808) entre Napoléon Ier et le tsar Alexandre Ier pour renforcer leur alliance contre l'Autriche.

ÉRIÉ (lac) ✦ Un des **Grands Lacs**, à la frontière entre le Canada (Ontario) et les États-Unis (Michigan, Ohio, Pennsylvanie, New York). Superficie : 25 800 km^2 ; profondeur maximale : 64 m. Il communique avec le lac **Ontario**, par les chutes du **Niagara**, et avec le lac **Huron**. Les centres industriels de **Detroit** et Cleveland se trouvent sur les rives américaines de ce lac, qui est l'un des plus pollués d'Amérique.

ERIKA n. m. ✦ Pétrolier affrété par la compagnie française Total. Il fit naufrage au large de la Bretagne en décembre 1999, polluant 400 km de côtes, du Finistère à la Vendée. Le bilan de cette catastrophe écologique est encore plus lourd pour la vie aquatique que celui du naufrage de l'**Amoco Cadiz**.

ERIK LE ROUGE (vers 940-vers 1010) ✦ Explorateur norvégien. Banni à la suite d'un meurtre, il se rend en Islande. Il découvre le **Groenland** (982) et y organise l'installation de colons (988). Son fils, Leif Eriksson, aurait découvert l'**Amérique** (vers l'an mille).

ÉRIN n. f. ✦ Nom poétique de l'Irlande.

ÉRINYES n. f. pl. ✦ Déesses de la vengeance dans la mythologie grecque. Filles d'**Ouranos** et de Gaïa, elles châtient les criminels qui agissent contre leur famille, comme **Oreste**. On les représente avec un corps ailé, une chevelure de serpents, munies de torches et de fouets. La plus célèbre est **Mégère**.

ERMITAGE (l') n. m. ✦ Palais construit à Saint-Pétersbourg pour **Catherine II** (1764). C'est l'un des plus grands (75 000 m^2, 1 050 salles) et des plus riches musées du monde.

ERNAUX Annie (née en 1940) ✦ Écrivain français. Elle est l'auteur d'une œuvre autobiographique faite de récits très personnels associant l'intime et les évènements extérieurs. Œuvres principales : *La Place* (1983), *Une femme* (1987), *Passion simple* (1991), *La Honte* (1997), *Les Années* (2008).

ERNST Max (1891-1976) ✦ Peintre français, d'origine allemande. Après des études de sciences humaines, il se consacre à la peinture (1910), d'abord dans un style expressionniste puis il développe le mouvement **Dada** à Cologne (1919). Il rejoint les surréalistes à Paris (1921), émigre à New York (1941) et revient en France (1954). Avec imagination et humour, il explore de multiples techniques (collage, grattage, frottage) pour créer un univers poétique plein de chimères. ☛ Surréalisme p. 191. Il réalise aussi de nombreuses sculptures et des lithographies. Parmi ses œuvres, on peut citer : *L'Éléphant Célèbes* (1921), *La Femme 100 têtes* (1929), *Le Jardin gobe-avions* (1935), *Euclide* (1945), *Le Capricorne* (sculpture, 1948), *Après moi le sommeil* (1958).

ÉROS ✦ Dieu de l'Amour dans la mythologie grecque. Fils d'**Aphrodite** et d'Arès, il est représenté comme un enfant ailé qui blesse les cœurs de ses flèches. Son amour pour **Psyché** inspire écrivains et artistes. Les Romains de l'Antiquité l'identifient à **Cupidon.** L'adjectif *érotique* qualifie ce qui a trait à l'amour.

ÉRYTHRÉE n. f. ✦ Pays d'Afrique de l'Est (☛ cartes 34, 36). Superficie : 117 600 km² (moins d'un cinquième de la France). 5,2 millions d'habitants (les *Érythréens*). République dont la capitale est Asmara. Langues officielles : le tigrina, l'arabe et l'anglais. Monnaie : le nakfa. ♦ GÉOGRAPHIE. Au nord, plateau au climat méditerranéen, couvert de steppes et de forêts ; au sud le désert Danakil, au climat aride. L'étroite plaine côtière est bordée par des îles. ♦ ÉCONOMIE. L'agriculture (olivier, vigne, blé) et l'élevage dominent. L'industrie (textile, alimentaire) se concentre à Asmara et dans le port de Massaoua. L'Érythrée est l'un des pays les plus pauvres de la planète. ♦ HISTOIRE. Dès l'origine (IIe-Ier millénaires av. J.-C.), la région est une escale importante sur la route des épices. Des populations arabes s'y installent et créent le royaume d'Aksoum (Ier-Xe siècles). La région passe sous domination musulmane (VIIe siècle). La création du canal de Suez (1856) en fait une région stratégique. Occupée par les Italiens (1885) et conquise par les Britanniques et les Français (1941), elle est incorporée à l'Éthiopie comme État fédéral (1952) puis comme province (1962). Marqué par de violents mouvements de libération et de terribles famines, le pays accède à l'indépendance (1993) mais le conflit frontalier avec l'Éthiopie dégénère en guerre ouverte (1998-2000).

ÉSAÜ ✦ Personnage de la Bible. Fils d'**Isaac** et de Rébecca, et frère aîné de **Jacob,** à qui il vend son droit d'aînesse pour un plat de lentilles.

ESCAUT n. m. ✦ Fleuve du nord de l'Europe, long de 430 km. Il prend sa source en France traverse la Flandre en France (Cambrai, Valenciennes) et en Belgique (Tournai, Gand, Anvers) puis se jette dans la mer du Nord aux Pays-Bas (**Zélande**) en formant un estuaire. Grande voie commerciale de la Belgique dès le Moyen Âge, il est équipé de nombreux canaux qui permettent de relier le Bassin parisien et le nord des Pays-Bas. Le parc naturel régional Scarpe-Escaut (53 000 ha), créé en 1968, s'étend au nord de Valenciennes.

ESCHYLE (vers 525-456 av. J.-C.) ✦ Poète tragique grec. Né dans une famille noble, il participe aux batailles de **Marathon** et de **Salamine,** et se consacre très jeune à l'écriture de pièces de théâtre. Il est le fondateur de la tragédie grecque. Il introduit le dialogue et relègue le chœur au second plan. Œuvres : *Les Suppliantes* (vers 490 av. J.-C.), *Les Perses* (472 av. J.-C.), *Sept contre Thèbes* (467 av. J.-C.), *Prométhée enchaîné* (vers 460 av. J.-C.), et la trilogie de *L'Orestie* (458 av. J.-C.), qui comprend *Agamemnon, Les Choéphores* et *Les Euménides.*

ESCLAVES (Grand Lac des) ✦ Un des plus grands lacs du Canada, dans les Territoires du Nord-Ouest. Superficie : 28 570 km². Il reçoit la rivière des Esclaves (424 km) venue du lac Athabaska, et donne naissance au fleuve **Mackenzie.** Sur ses rives se trouve Yellowknife.

ESCULAPE ✦ Dieu de la Médecine dans la mythologie romaine. Il correspond au dieu grec **Asclépios.**

ESCURIAL n. m. ✦ Palais et monastère de Madrid, situé au nord-est de la ville. Il est construit par Philippe II en l'honneur de saint Laurent (son plan a la forme du gril sur lequel le saint est supplicié). Vaste quadrilatère de bâtiments sévères séparés par des cours intérieures. Église (peintures du Titien, de Vélasquez et du Greco), nécropole des rois et reines, riches bibliothèque et collection de tapisseries. Le site est inscrit sur la liste du patrimoine mondial de l'Unesco.

ÉSOPE (VIe siècle av. J.-C.) ✦ Fabuliste grec. Personnage à demi légendaire. Ce serait un esclave difforme et bègue. Affranchi, il aurait voyagé au Proche-Orient et en Grèce, avant d'être tué par les prêtres de Delphes. Les fables qu'on lui attribue sont populaires dès le Ve siècle. Ayant pour personnages des animaux au caractère humain, elles se terminent par une morale. Elles seront reprises dans la littérature arabe et européenne et inspirent notamment **La Fontaine.** Au Moyen Âge, un *ysopet,* du nom de ce fabuliste, est un recueil de fables.

ESPAGNE n. f. ✦ Pays d'Europe du Sud (☛ cartes 14, 17 ; 32). Il inclut les **Baléares** et les **Canaries.** Superficie : 504 748 km² (un peu moins que la France). 46,8 millions (estimation 2007) d'habitants (les *Espagnols*). Monarchie parlementaire. 17 régions. La capitale est Madrid. Langue officielle : l'espagnol, appelé aussi *castillan ;* on y parle aussi le catalan, le galicien et le basque. Le catholicisme n'est plus la religion officielle depuis 1978. Monnaie : l'euro, qui a remplacé la peseta. ♦ GÉOGRAPHIE. L'Espagne est formée par un plateau, la Meseta, qui est partagé au milieu par la Cordillère centrale et les monts Ibériques, et entouré de montagnes, monts Cantabriques au nord-ouest, **Pyrénées** au nord-est, sierra Morena et cordillère Bétique au sud, où se trouve le point culminant, le Mulhacén (3 482 m). Les vallées de l'Èbre, du Douro, du Tage et du Guadalquivir traversent le pays. Climat océanique sur la côte atlantique, très découpée, et climat méditerranéen au sud. ♦ ÉCONOMIE. Agriculture (vigne, olivier, fruits et légumes, blé, maïs, riz, lin, tabac, canne à sucre), élevage en déclin (ovins, bovins) et pêche. Principal exportateur d'Europe d'agrumes et de légumes, 2e producteur mondial d'huile d'olive, 3e de vin. Le sous-sol est riche (charbon, fer, zinc, cuivre, plomb, étain, mercure). Industrie diversifiée (sidérurgie, automobile, chimie, textile, alimentaire). Tourisme très développé depuis les années 1960 (Baléares, **Costa Brava, Costa del Sol**). ♦ HISTOIRE. L'Espagne est habitée dès le néolithique. Phéniciens et Grecs peuplent la côte méditerranéenne, Celtes et Ibères l'intérieur (Ier millénaire av. J.-C). Les Carthaginois s'y établissent (Ve siècle av. J.-C.), remplacés par les Romains (Ier-Ve siècle). Le pays est envahi par les Vandales puis les Wisigoths, qui fondent un royaume catholique puissant (587). La conquête arabe commence en 711 et atteint son apogée avec le califat de **Cordoue** (Xe siècle). Les royaumes chrétiens du Nord (Leon et Castille,

Navarre, Aragon) entreprennent la **Reconquista** («reconquête») du pays (XIe siècle). Le mariage de **Ferdinand II d'Aragon** avec **Isabelle de Castille** (1469) contribue à son unification. Ces souverains, les «Rois catholiques», favorisent l'Inquisition. Ils encouragent l'expédition de Christophe **Colomb. Charles Quint,** roi d'Espagne (1516) et empereur germanique (1519), règne aussi sur la Sardaigne, la Sicile, Naples et les Pays-Bas jusqu'en 1556. Son fils, Philippe II, domine la Méditerranée, les Amériques, le Portugal (1580) et le pays connaît son «Siècle d'or» culturel (le Greco, Cervantès). Commence une période de déclin qui se poursuit avec la défaite de l'Invincible **Armada** (1588), l'indépendance du Portugal (1640), des Pays-Bas (1648), et le mariage de Louis XIV avec **Marie-Thérèse d'Autriche** (1659). Le règne des **Bourbons,** commencé en 1700, est interrompu par l'invasion de **Napoléon Ier**, qui provoque une insurrection en installant son frère Joseph **Bonaparte** sur le trône (1808-1813), puis marqué par les luttes entre conservateurs et libéraux. Après un coup d'État (1923), la République est proclamée (1931) et le pays connaît un grand essor culturel (Picasso, Miro, Dali, Buñuel, Falla). L'élection d'un Front populaire de gauche (1936) entraîne une guerre civile gagnée, avec l'aide de l'Italie fasciste et de l'Allemagne nazie, par **Franco** (1939) qui établit la dictature. Le miracle économique des années 1960 permet le développement de l'industrie et du tourisme. À la mort de Franco (1975), le roi **Juan Carlos Ier** crée une monarchie parlementaire et démocratique, confrontée au mouvement nationaliste basque (ETA). L'Espagne est membre de l'Otan depuis 1982, de la CEE depuis 1986.

ESQUILIN n. m. ✦ Une des sept collines de Rome, à l'est de la ville. Habité à partir du Ier siècle av. J.-C., l'Esquilin devient le quartier aristocratique de la ville, pourvu de nombreux jardins, comme celui de **Mécène.** On y trouve les vestiges du palais de Néron, la Maison dorée, et les thermes de Trajan (Ier-IIe siècles).

ESQUIMAUX n. m. pl. ✦ Nom péjoratif donné aux **Inuits** par les Algonquins du Labrador et repris par les premiers marchands européens (XVIe siècle). Il signifie «mangeurs de viande crue».

ESSEN ✦ Ville d'Allemagne (Rhénanie-du-Nord-Westphalie). 589 499 habitants. La cathédrale romane (852), remaniée (XIe-XIIe siècles) possède un riche trésor d'orfèvrerie. Grand centre minier (houille), industriel (métallurgie, chimie, électricité, électronique) et commercial de la **Ruhr.** L'ensemble industriel de la mine de charbon de Zollverein est inscrit sur la liste du patrimoine mondial de l'Unesco. Ville natale de la famille Krupp. ♦ La ville est occupée par les troupes françaises après la Première Guerre mondiale (1923-1925). Elle est en grande partie détruite par l'aviation alliée pendant la Deuxième Guerre mondiale (1943).

ESSÉNIENS n. m. pl. ✦ Membres d'une secte juive installés en Palestine (IIe siècle av. J.-C.-Ier siècle). Ils pratiquent un ascétisme rigoureux et vivent en communautés. C'est dans le monastère de **Qumran** qu'ont été découverts les manuscrits de la mer **Morte** (1947).

① **ESSONNE** n. f. ✦ Rivière du sud du Bassin parisien, longue de 90 km. Elle prend sa source dans l'Orléanais et se jette dans la Seine à Corbeil-Essonnes.

② **ESSONNE** n. f. ✦ Département du centre-nord de la France [91], de la Région Île-de-France. Superficie : 1 804 km². 1,27 million d'habitants (les *Essonniens*). Chef-lieu : Évry ; chefs-lieux d'arrondissement : Palaiseau et Étampes.

ESTEREL n. m. ✦ Massif de Provence, dominant la Méditerranée entre Saint-Raphaël et Cannes. De faible altitude (culminant au mont Vinaigre 614 m), il se caractérise par la coloration rougeâtre de ses roches. Jalonné de stations balnéaires sur son littoral, le massif est couvert de forêts de pins et de chênes-lièges, souvent ravagées par les incendies.

ESTHER ✦ Personnage de la Bible, jeune juive vivant à la cour du roi de Perse Assuérus. Le *Livre d'Esther,* qui figure parmi les Écrits, raconte comment elle épouse le roi, obtient la grâce des juifs menacés par le vizir et fait nommer son cousin Mardochée à la place de ce dernier. Les juifs sauvés massacrent leurs ennemis. Son histoire inspire une tragédie à Racine (1689).

ESTIENNE ✦ Famille d'imprimeurs français, philologues et humanistes. **Robert ESTIENNE** (1498-1559) est l'auteur d'un *Trésor de la langue latine* et d'un dictionnaire latin et français, à l'origine des dictionnaires du XVIIe s. Son fils, **Henri** (1531-1598), est l'auteur d'un *Trésor de la langue grecque* et d'ouvrages sur la langue française.

ESTONIE n. f. ✦ Pays d'Europe du Nord-Est. C'est l'un des trois pays baltes (☛ cartes 24, 25). Superficie : 45 100 km². 1,3 million d'habitants (les *Estoniens*), en majorité protestants. République dont la capitale est Tallinn. Langue officielle : l'estonien ; on y parle aussi le russe. Monnaie : l'euro, qui remplace la couronne estonienne. ♦ GÉOGRAPHIE. L'Estonie est formée de plaines et de collines, aux sols pauvres couverts de forêts et aux côtes découpées. Le pays possède un climat continental. ♦ ÉCONOMIE. L'élevage (bovins, porcs) et la pêche dominent. Les ressources du sous-sol (schiste, charbon, phosphates) alimentent l'industrie (chimie, mécanique, électronique). ♦ HISTOIRE. La population, originaire de Finlande, est soumise et convertie au christianisme par les Allemands puis les Danois (XIIIe siècle). Ils vendent le pays aux chevaliers **Teutoniques** (1346). La **Hanse** contrôle les ports. Plusieurs fois partagé, le pays est occupé par la Suède (XVIIe siècle) puis conquis par Pierre le Grand (1710). Il est disputé par l'Allemagne, qui l'occupe à deux reprises (1918, 1941-1944), et après une courte période d'indépendance (1918-1940), par l'**URSS** qui en fait une de ses républiques (1940 puis 1944). L'Estonie devient une république indépendante (1991) qui entre dans l'Otan et dans l'Union européenne (2004) et rejoint la zone euro (2011).

ESTRELLA Miguel Angel (né en 1940) ✦ Pianiste argentin. Pianiste éclectique, il joue à la fois des œuvres classiques, contemporaines ou le répertoire latino-américain. En 1976, il fuit le régime de la junte argentine. Détenu en Uruguay, torturé, il est libéré en 1980 à la faveur de pressions internationales. Réfugié en France, il fonde Musique Espérance, ONG dont la vocation est de défendre la dignité humaine, les droits des musiciens et d'œuvrer pour la paix, tout en poursuivant une carrière internationale. Depuis 2007, il est ambassadeur d'Argentine à l'Unesco.

ESTRÉMADURE n. f. ✦ Région administrative de l'ouest de l'Espagne (☛ carte 32). Superficie : 41 602 km^2. Plus d'un million d'habitants. Capitale : Mérida. ♦ L'Estrémadure est formée d'un plateau aride, planté de chênes au nord, traversé par les vallées du **Tage** et du **Guadiana**, plus fertiles. Elle vit de l'agriculture (élevage de moutons et céréales au nord, vigne et olivier au sud). ♦ La région fait partie de la province romaine de Lusitanie, puis du royaume des **Wisigoths** (VIe siècle). Envahie par les Maures (711) et soumise au califat de **Cordoue**, elle devient un royaume arabe indépendant (960), repris par le roi catholique de **Leon** lors de la **Reconquista** (1229). Des grands conquistadors, comme Cortès et Pizarro, y sont nés.

ESTRÉMADURE PORTUGAISE n. f. ✦ Région côtière du Portugal, au nord de Lisbonne. Elle vit de l'agriculture (fruits, vigne), de la pêche et du tourisme (stations balnéaires ; pèlerinage au village de Fatima, où la Vierge est apparue à trois jeunes bergers en 1917).

E. T. ✦ Film réalisé par Steven **Spielberg** (1982). E. T. est un gentil extraterrestre, oublié par erreur sur la Terre et qui veut rentrer chez lui. Elliott, un jeune garçon, le recueille mais, malgré le soutien de sa famille et de ses amis, il ne peut empêcher une équipe de scientifiques de le retrouver. Grâce à ses pouvoirs, E. T. parvient à leur échapper et repart en soucoupe volante, laissant à Elliott le souvenir d'une grande amitié.

ETA (sigle de *Euzkadi Ta Azkatasuna* « Pays basque et liberté ») ✦ Mouvement indépendantiste basque fondé en 1959. Cette organisation terroriste commet de nombreux attentats et enlèvements. L'ETA met définitivement fin à son action armée en 2011.

ÉTAMPES ✦ Chef-lieu d'arrondissement de l'Essonne. 24 503 habitants (agglomération 30 069) (les *Étampois*) (☛ carte 23). Cité royale depuis le Xe siècle, qui conserve des vestiges du Moyen Âge et de la Renaissance : église Saint-Basile, collégiale Notre-Dame, église Saint-Martin, ancien donjon royal. Carrefour ferroviaire et routier.

ÉTAT FRANÇAIS ✦ Nom donné au régime politique de la France après la défaite de 1940. L'Assemblée nationale, réunie à **Vichy**, donne les pleins pouvoirs à **Pétain** qui proclame l'État français à la place de la république. Le Gouvernement provisoire de la République française (GPRF), présidé par de **Gaulle**, rétablit la république en août 1944.

ÉTAT ISLAMIQUE ✦ Autre nom de l'organisation **Daech**.

ÉTATS GÉNÉRAUX n. m. pl. ✦ Assemblée politique de l'Ancien Régime, composée de membres des trois ordres ou *états* : noblesse, clergé, **tiers état**, et réunie par la monarchie dans les situations de crise. Ils sont convoqués la première fois par Philippe IV le Bel (1302) et la dernière fois par Louis XVI qui tente ainsi de résoudre la crise économique et sociale qui ébranle le royaume. Les états généraux de 1789 marquent le début de la **Révolution française**.

ÉTATS-UNIS ou **ÉTATS-UNIS D'AMÉRIQUE** n. m. pl. ✦ Pays d'Amérique du Nord ☛ Crise de 1929 p. 193 Il inclut l'**Alaska** et **Hawaii**. Superficie : 9,4 millions de km^2 (environ 17 fois la France). 281 millions d'habitants (les *Américains* ou les *États-Uniens*). République, formée de 50 États et du district fédéral de Washington, dont la capitale est Washington. Autres villes importantes : New York, Philadelphie, Los Angeles, Chicago, Houston, Dallas, Detroit. Langue officielle : l'anglais ; on y parle aussi l'espagnol, des langues indiennes et le français (en Louisiane). Monnaie : le dollar. ♦ GÉOGRAPHIE. D'ouest en est, le pays est formé d'une chaîne côtière, des montagnes **Rocheuses**, des grandes plaines et plateaux du centre, traversés par les vallées du **Mississippi** et de ses affluents, ensuite des **Grands Lacs**, des **Appalaches**, et enfin des plaines côtières de l'est, prolongées par la presqu'île de **Floride**. Le climat est généralement continental, avec des variations : océanique au nord-ouest, méditerranéen ou désertique au sud-ouest et presque tropical au sud-est. La population, qui comprend la minorité indienne d'origine, s'est constituée principalement par nombreuses vagues d'immigration : Européens, Africains descendants d'esclaves, Hispaniques d'Amérique centrale, Asiatiques. ♦ ÉCONOMIE. L'agriculture est parmi les plus productives du monde (céréales, maïs, soja, coton, légumes, fruits, élevage). Le sous-sol est particulièrement riche (pétrole, gaz et charbon dans tout le centre, et au sud des Grands Lacs ; phosphates, cuivre, uranium, or, fer). Les industries, surtout concentrées au nord-est, sont très diversifiées (agroalimentaire, bois et papier, textile, métallurgie, pétrochimie, construction mécanique, électronique, aérospatiale) et résistent à la concurrence de l'Asie et de l'Europe. C'est la première puissance économique du monde. ♦ HISTOIRE. Peuplée d'**Indiens**, la région est explorée à l'est par des Européens (XVIe siècle). Elle est partagée (XVIIe-XVIIIe siècles) entre les Espagnols (Floride, Texas et côte pacifique), les Français (des Grands Lacs à la Louisiane) et les Britanniques (côte atlantique) qui chassent les Français et fondent treize colonies (traité de Paris, 1763). La déclaration d'Indépendance est proclamée par Thomas Jefferson et Benjamin Franklin (4 juillet 1776). Aidés par des Français comme **La Fayette**, les États-Unis gagnent la guerre de l'**Indépendance américaine** (1775-1782) contre la Grande-Bretagne. Ils élisent leur premier président, George **Washington**, puis se lancent à la conquête de l'Ouest, riche en mines d'or, en exterminant les Indiens. L'élection du président **Lincoln** (1860) provoque la guerre de **Sécession** (1861-1865), gagnée par les nordistes qui abolissent l'esclavage. L'arrivée de nombreux immigrés favorise le développement de l'agriculture, de l'industrie et du capitalisme (**Rockefeller**). Les présidents T. **Roosevelt** et T. W. **Wilson** créent des zones d'influence en Amérique latine et dans le Pacifique. Le pays s'engage dans la Première **Guerre mondiale** (1917). Il prospère puis s'effondre avec la crise économique (1929 ☛ planche Crise de 1929) et se redresse avec la politique de F. D. **Roosevelt**, appelée le *New Deal*. L'attaque de **Pearl Harbor** (1941) entraîne le pays dans la Deuxième **Guerre mondiale**. Vient ensuite la période de la **guerre froide** contre le communisme : mise en place du plan **Marshall** (1948), de l'**Otan** avec **Eisenhower** (1949), intervention dans de nombreux conflits (Corée, Cuba, Viêtnam, Israël-pays arabes, Afrique, Afghanistan, Amérique latine). Les années 1950-1960 sont marquées par la lutte contre la ségrégation raciale (Martin Luther **King**, **Kennedy**), les années 1970 par les difficultés économiques et politiques, les années 1980 par la détente des relations avec l'**URSS** et les années 1990 par la victoire dans la guerre du **Golfe** et la libéralisation économique (**Clinton**). Le 11 septembre 2001, des attentats terroristes sur les tours du World Trade Center à **New York** et sur le **Pentagone** à Washington, font des milliers de morts, ce qui entraîne l'intervention militaire des États-Unis en **Afghanistan** puis, malgré le désaccord de l'ONU, en **Irak** (2003). Le président démocrate Barack **Obama**, élu en 2008 (réélu en 2012), doit affronter une grave crise économique. Il décide le retrait d'Irak (2011) et d'Afghanistan (2012) et prend la tête d'une coalition internationale contre **Daech** (2015).

ÉTHIOPIE n. f. ✦ Pays d'Afrique de l'Est (☛ cartes 34, 36). Superficie : 1,1 million de km² (environ deux fois la France). Près de 85 millions d'habitants (les *Éthiopiens*). République dont la capitale est Addis-Abeba. Langue officielle : l'amharique ; on y parle aussi l'italien, le tigréen et le somali. Monnaie : le nouveau birr. ♦ GÉOGRAPHIE. La vallée du **Rift** traverse le massif éthiopien, qui donne naissance au **Nil** bleu, descend au sud-est vers les plateaux couverts de savane de l'Ogaden, et dont le point culminant est le Ras Dachan (4 620 m). Le climat est tropical. ♦ ÉCONOMIE. L'agriculture domine (céréales, café, coton, élevage). L'industrie (textile, cuir, alimentaire) se concentre à Addis-Abeba. Le commerce extérieur dépend des ports de Djibouti et de l'Érythrée. C'est l'un des pays les plus pauvres de la planète. ♦ HISTOIRE. La découverte d'un squelette datant de 3 millions d'années (**Lucy**) atteste du peuplement très ancien de cette région. Elle est un carrefour commercial pour les Égyptiens (IIe-Ier millénaires av. J.-C.). Des Arabes, venus du royaume de **Saba**, y fondent le royaume d'Aksoum (Ve siècle av. J.-C.). Selon la tradition, le fils du roi **Salomon** et de la reine de Saba y cache l'arche d'Alliance volée à Jérusalem (Ier siècle). Convertis au christianisme (IVe siècle), les rois luttent contre les musulmans (VIIe-XVIe siècles) et connaissent une période brillante (XVIIe-XVIIIe siècles). Convoité par les Européens, le pays s'agrandit et signe un traité avec l'Italie (1889). Hailé Sélassié Ier est couronné empereur (1930) puis chassé par l'Italie fasciste (1935) qui réunit l'Érythrée et la Somalie à l'Éthiopie, sous le pouvoir du roi d'Italie Victor-Emmanuel III qui prend le titre d'empereur d'Éthiopie (1936). Rétabli sur son trône par les Britanniques (1941), Hailé Sélassié modernise le pays mais la rébellion de l'**Érythrée** (après 1962) et une terrible famine (1973) entraînent sa chute (1974). Le pouvoir passe aux militaires, soutenus par l'URSS, puis à un Front démocratique (1991). L'Érythrée obtient son indépendance (1993), ce qui provoque un conflit frontalier (1998-2000) réglé par la Cour internationale de justice (2002). L'Éthiopie intervient en Somalie (2006-2009) pour chasser les islamistes soutenus par l'Érythrée.

ETNA n. m. ✦ Volcan d'Italie, dans le nord-est de la Sicile. C'est le plus haut volcan actif d'Europe (3 329 m), dont les pentes fertiles sont cultivées (vigne, olivier, fruits, légumes). Considéré, dans la mythologie romaine, comme l'endroit où se trouvent les forges de **Vulcain**, l'Etna connaît de nombreuses et violentes éruptions depuis l'Antiquité. Le mont Etna est inscrit sur la liste du patrimoine mondial de l'Unesco.

ÉTOILE (l') n. f. ✦ Place de Paris, entre la Défense et la place de la Concorde. Son nom vient de sa forme. L'Étoile est un rond-point d'où partent douze avenues, aménagées par **Haussmann** (XIXe siècle), dont les **Champs-Élysées.** Au centre de la place se trouve l'**Arc de triomphe.** Elle est appelée *place Charles-de-Gaulle* depuis 1970.

ÉTRETAT ✦ Commune de Seine-Maritime. 1 398 habitants (les *Étretatais*). Station balnéaire célèbre pour ses falaises de craie, formant des arches, et son aiguille haute de 70 m.

ÉTRURIE n. f. ✦ Région historique d'Italie qui correspond à la **Toscane** actuelle. C'est le berceau de la civilisation des **Étrusques.** Elle est soumise par Rome (IIIe siècle av. J.-C.) qui l'unit à l'Ombrie pour former une province (IVe siècle). Bonaparte confie le duché de Toscane au duc de Parme sous le nom de *royaume d'Étrurie* (1801). Il le réunit à l'Empire (1808) puis reforme le duché qu'il donne à sa sœur Élisa (1809) avant de le restituer à l'archiduc d'Autriche (1814).

ÉTRUSQUES n. m. pl. ✦ Peuple de marins établi en Toscane (VIIIe siècle av. J.-C.). Ils dominent le **Latium** (VIIe siècle av. J.-C.), développent Rome et s'étendent dans la plaine du Pô et en Campanie. Ils atteignent leur apogée (VIe siècle av. J.-C.) avant d'être vaincus par les Grecs à Cumes (474 av. J.-C.). Ils sont chassés du Latium par les Romains (350 av. J.-C.) et de la plaine du Pô par les Celtes. Leur brillante civilisation influence l'art, l'architecture et l'urbanisme des Romains.

EUBÉE ✦ Île grecque de la mer Égée, au nord-est de l'Attique (☛ carte 28). Superficie : 4 167 km². 209 132 habitants (les *Eubéens*). Chef-lieu : Chalcis. Longue de 180 km, cette île montagneuse vit de l'agriculture (fruits, légumes) et de l'élevage de moutons. ♦ Ses minerais profitent à la civilisation des **Cyclades** (IIIe millénaire av. J.-C.) et des Ioniens (VIIIe-VIe siècles av. J.-C.). Colonisée par les Athéniens (506 av. J.-C.), les Macédoniens (338 av. J.-C.) et les Romains (194 av. J.-C.), elle est dominée par les Francs (1205) puis les Vénitiens jusqu'à la conquête turque (1470).

EUCLIDE (IIIe siècle av. J.-C.) ✦ Mathématicien grec. Il fonde l'école de mathématiques d'Alexandrie et rassemble toutes les connaissances de son époque sur la géométrie et l'arithmétique dans un traité formé de treize livres, *Éléments de géométrie.* Cet ouvrage sert de base aux mathématiciens pendant deux mille ans, grâce à la clarté de sa méthode logique. La géométrie classique ainsi définie est appelée la *géométrie euclidienne.* Il écrit aussi des traités sur la musique et l'optique.

EUGÈNE (le Prince) (1663-1736) ✦ Officier autrichien, d'origine française. Déçu dans ses ambitions par Louis XIV, il se met au service de l'Autriche, repousse plusieurs fois les Turcs (1697, 1718) et permet de reprendre la Hongrie. Pendant la guerre de **Succession d'Espagne** (1701-1714), il envahit la Belgique et le nord de la France avec les Anglais (1704-1709), prend le Milanais et la Lombardie (1714) et négocie le traité de Rastadt qui met fin au conflit. Il participe ensuite à la guerre de **Succession de Pologne** quand **Stanislas Ier Leszczynski** monte sur le trône (1733). ▪ Son véritable nom est *Eugène de Savoie-Carignan.*

EUGÉNIE (impératrice) (1826-1920) ✦ Impératrice des Français. Comtesse espagnole et fervente catholique, elle épouse **Napoléon III** (1853) et lui donne un fils (1856). Elle le pousse à intervenir au **Mexique** (1861-1867) et à déclarer la guerre à la **Prusse** (1870). Après la capitulation de **Sedan,** elle s'enfuit en Angleterre où son mari la rejoint après sa libération. ▪ Son nom complet est *Eugénie de Montijo de Guzmán.*

Eugénie Grandet ✦ Roman publié en 1833 par Balzac et inclus dans *La Comédie humaine*. À Saumur, Eugénie est une riche héritière soumise à la tyrannie de son père avare et convoitée par deux familles. Amoureuse de son cousin Charles, elle s'acharne à le sortir de la ruine mais il l'abandonne et elle finit sa vie riche mais solitaire.

EULER Leonhard (1707-1783) ✦ Mathématicien suisse. Il enseigne la physique et les mathématiques à Saint-Pétersbourg (1730), à Berlin (1741), puis **Catherine II** le rappelle à Saint-Pétersbourg (1766). Il développe la méthode de l'analyse dans l'étude de la théorie des nombres, des courbes planes et des surfaces, des fonctions trigonométriques et exponentielles, des intégrales, du calcul des probabilités et donne son nom à de nombreuses formules mathématiques. Il expose ses théories, concernant aussi l'astronomie, la mécanique, la physique, l'optique et l'acoustique, dans des ouvrages fondamentaux : *Traité de mécanique générale* (1736), *Introduction à l'analyse des infiniment petits* (1748), *Institutions de calcul différentiel* (1755), *Institutions de calcul intégral* (1768), *Lettres à une princesse d'Allemagne* (1768-1772).

EUPHRATE n. m. ✦ Fleuve du Proche-Orient, long de 2 330 km. Il prend sa source à l'est de la Turquie et traverse la Syrie et l'Irak. Il y rejoint le Tigre et forme avec lui le Chatt al-Arab, qui se jette dans le golfe Arabo-Persique. Les barrages installés sur l'Euphrate favorisent l'agriculture (palmier-dattier, riz, agrumes). Dans l'Antiquité, ses rives abritent **Ur** et **Babylone**, et son cours, associé à celui du **Tigre**, délimite la **Mésopotamie**.

EURASIE n. f. ✦ Masse continentale formée par la réunion de l'Europe et de l'Asie.

① **EURE** n. f. ✦ Rivière du Bassin parisien, longue de 225 km. Elle prend sa source dans le Perche, traverse Chartres et se jette dans la Seine au sud de Rouen.

② **EURE** n. f. ✦ Département du nord-ouest de la France [27], de la région Normandie. Superficie : 6 040 km^2. 598 347 habitants. Chef-lieu : Évreux ; chefs-lieux d'arrondissement : Les Andelys et Bernay.

EURE-ET-LOIR n. m. ✦ Département du centre-ouest de la France [28], de la région Centre-Val de Loire. Superficie : 5 880 km^2. 433 762 habitants. Chef-lieu : Chartres ; chefs-lieux d'arrondissement : Châteaudun, Dreux et Nogent-le-Rotrou.

EURIPIDE (480-406 av. J.-C.) ✦ Poète tragique grec. Ami de **Socrate**, il étudie la philosophie puis se consacre à la poésie et au théâtre. Sensible à la vérité des passions humaines, il est accusé de mépris envers les dieux et les traditions. Il quitte Athènes et s'exile en Macédoine. Il ne devient célèbre qu'après sa mort. Ses œuvres s'inspirent des légendes héroïques ou mythologiques. Les plus connues sont : *Alceste* (438 av. J.-C.), *Médée* (431), *Hippolyte porte-couronne* (428), *Andromaque* (426), *Hécube* (424), *Les Troyennes* (415), *Iphigénie en Tauride* (414), *Électre* (413), *Oreste* (408), *Les Bacchantes* (posthume, 405).

① **EUROPE** ✦ Princesse légendaire de Phénicie dans la mythologie grecque. Amoureux d'elle, Zeus se transforme en taureau blanc, l'enlève et l'amène en Crète. **Minos** est l'un de leurs enfants. Partis à sa recherche, les frères d'Europe fondent plusieurs villes, comme **Thèbes**.

② **EUROPE** n. f. ✦ Un des six continents du monde (☛ cartes 15, 16, 20 ; 24, 25). Superficie : 10 millions de km^2, c'est le plus petit continent. 742,6 millions d'habitants (les *Européens*). ♦ GÉOGRAPHIE. L'Europe est un continent aux contours très découpés, formé au nord-est par d'immenses plaines et plateaux au climat continental, à l'ouest par des plaines au climat océanique, et au sud par les massifs montagneux des **Alpes**, des **Pyrénées** et par le plateau espagnol, au climat plutôt méditerranéen. ♦ ÉCONOMIE. Son peuplement, ancien et dense, ses richesses minérales, agricoles et industrielles en font un continent très développé qui possède, aujourd'hui, 40 % du revenu mondial. ♦ HISTOIRE. Habitée depuis plus d'un million d'années, l'Europe est dominée dans l'Antiquité par la **Grèce** puis **Rome** au sud, et par les Celtes au nord. L'Empire **romain**, unifié par le christianisme, se partage entre l'Orient (**Byzance**, 476) et l'Occident (**Rome**). Ce dernier, envahi par les **Barbares** (Ve siècle) et les **Arabes** (VIIe siècle), voit naître l'empire de **Charlemagne** (800) puis le **Saint Empire** romain germanique (962). Dominé par les **Mongols**, l'Orient est conquis par les Turcs qui fondent l'Empire **ottoman** (1543). Après la **Renaissance**, l'Occident est divisé par la **Réforme** (XVIe siècle) et par les conflits liés à la création de grands empires coloniaux (Espagne, Portugal, France, Angleterre, Hollande). La **Révolution française** et l'**Empire** relancent l'idée d'une grande Europe, qui s'effondre avec la défaite de Napoléon Ier puis avec le mouvement d'émancipation des nationalités qui émerge un peu partout à travers le continent. La révolution industrielle (XIXe siècle) assure à l'Europe une place économique et politique importante. Mais les conflits entre puissances (déclin de l'Autriche, essor de la Prusse puis de l'Allemagne, unification de l'Italie) provoquent la Première **Guerre mondiale**. La Deuxième **Guerre mondiale** scelle la victoire des démocraties aidées par les **États-Unis**. La **guerre froide** sépare alors l'Europe en deux blocs : à l'est, les démocraties populaires proches de l'**URSS** et à l'ouest, les démocraties occidentales. Celles-ci construisent une unité économique (☛ Europe p. 198) qui aboutit à la création de la Communauté économique européenne (**CEE**, 1957). Elle devient l'**Union européenne** (1993), dans laquelle circule une monnaie unique, l'euro (2002). Après la chute des régimes communistes (1991), les pays de l'Est demandent leur intégration dans l'Union européenne et l'obtiennent (2004). Le traité de Lisbonne, remplaçant le projet de Constitution, est adopté par l'Union (2007). Elle forme une zone de libre-échange composée de 28 membres, dont 19 utilisent l'euro.

EURYDICE ✦ Nymphe de la mythologie grecque. Épouse d'**Orphée**, elle meurt piquée par un serpent en voulant échapper à Aristée, amoureux d'elle. Orphée va la chercher aux Enfers mais, malgré sa promesse, il se retourne pour la voir. Elle disparaît alors dans les ténèbres.

EUTERPE ✦ Une des neuf **Muses** de la mythologie grecque. Elle protège la musique et préside les fêtes. Son emblème est la flûte.

Évangiles n. m. pl. ✦ Les quatre premiers livres du Nouveau Testament, dans la **Bible** chrétienne. Écrits en grec au Ier siècle par les *évangélistes* saint **Matthieu**, saint **Marc**, saint **Luc** et saint **Jean**, ils racontent la vie et l'enseignement de **Jésus**.

EVANS Walker (1903-1975) ✦ Photographe américain. Pionnier de la photographie documentaire, il réalise de 1935 à 1938 des reportages sur le Sud profond au temps de la Grande Dépression, notamment des portraits de fermiers (☞ Crise de 1929 p. 193). Il est l'auteur d'un reportage sur les métayers d'Alabama (*Louons maintenant les grands hommes*, 1941).

ÈVE ✦ Personnage de la Bible. C'est la première femme, créée par Dieu pour être la compagne d'**Adam**. Tentée par le serpent, elle mange et fait manger à Adam une pomme, fruit de l'arbre de la connaissance. À cause de ce péché originel, Dieu les chasse du Paradis terrestre. Ses trois fils sont **Abel**, **Caïn** et Seth.

EVEREST n. m. ✦ Sommet d'Asie, situé dans l'**Himalaya**, à la frontière entre le Népal et le Tibet. C'est la montagne la plus élevée du monde (8 850 m). Le Néo-Zélandais Edmund Hillary et le Népalais Tenzing Norgay l'escaladent pour la première fois le 29 mai 1953. Il est appelé *Chomolungma* par les Tibétains et *Sagarmatha* par les Népalais, qui lui ont donné le statut de parc national, inscrit sur la liste du patrimoine mondial de l'Unesco.

EVERGLADES n. m. pl. ✦ Région marécageuse du sud de la Floride. C'est une plaine inondée et cultivée (légumes, canne à sucre) qui abrite une végétation tropicale et une faune très variée (oiseaux, alligators). Le parc national, créé en 1915, est inscrit sur la liste du patrimoine mondial de l'Unesco.

ÉVIAN (accords d') ✦ Accords signés à Évian le 18 mars 1962 entre la France et les représentants de l'Algérie. Ils mettent fin à la guerre d'**Algérie** et reconnaissent l'indépendance du pays.

ÉVIAN-LES-BAINS ✦ Ville de Haute-Savoie, au bord du lac Léman. 8 822 habitants (les *Évianais*). Station thermale réputée pour ses eaux minérales.

ÉVREUX ✦ Chef-lieu de l'Eure. 49 461 habitants (les *Ébroïciens*). Remparts gallo-romains, cathédrale Notre-Dame (XIIe-XVIIe siècles), église Saint-Taurin (XIVe-XVe siècles), beffroi (XVe siècle). Centre administratif, industries (constructions électriques et automobiles). ♦ Capitale d'un peuple celte, la ville s'appelle *Ebroïcum* au Moyen Âge. Elle devient un comté (Xe siècle), longtemps disputé puis cédé à la Couronne (1404). Fortement endommagée en 1940, elle est reconstruite après la guerre.

ÉVRY ✦ Chef-lieu de l'Essonne. 53 699 habitants (les *Évryens*). On peut y voir la récente cathédrale (1995). Une des cinq villes nouvelles de la région parisienne, créée en 1965. Centre administratif, industriel (constructions mécaniques et électriques) et technologique (recherche spatiale et informatique).

EXCALIBUR ✦ Nom de l'épée du roi **Arthur**, offerte par les fées de l'île d'Avalon. Au cours d'un tournoi, on découvre une épée plantée dans une pierre et une inscription selon laquelle celui qui pourra tirer l'épée sera roi d'Angleterre. Parmi tous les chevaliers, seul Arthur y parvient. Les pouvoirs magiques d'Excalibur lui permettent d'unifier le royaume et de combattre les envahisseurs.

Exode ✦ Deuxième livre du **Pentateuque**, dans la Bible, divisé en quatorze chapitres. Son titre signifie « sortie » en grec. Il raconte la captivité des Hébreux en Égypte, leur sortie du pays et la révélation, faite à **Moïse** sur le mont Sinaï, des Tables de la loi divine.

EXTRÊME-ORIENT n. m. ✦ Partie est du continent asiatique. Elle comprend l'extrémité est de la Russie, la Chine, le Japon, la Corée, l'Indochine et l'Insulinde.

EXXON VALDÈS n. m. ✦ Pétrolier américain échoué au large de l'Alaska en mars 1989. Malgré les importants moyens déployés, il fallut plusieurs années pour nettoyer les 800 km de côtes polluées par la marée noire. Cette catastrophe écologique tua des milliers d'oiseaux et de mammifères marins.

EYLAU ✦ Ville de Russie, à l'est de l'ancienne Prusse. **Napoléon Ier** y remporte une bataille sanglante contre les Russes et les Prussiens (7 et 8 février 1807).

EYZIES-DE-TAYAC-SIREUIL (Les) ✦ Commune de Dordogne. 806 habitants (les *Eyzicois-Tayaciens*). Célèbre pour ses nombreux sites préhistoriques répartis le long de la vallée de la **Vézère**, non loin de **Lascaux**, et inscrits sur la liste du patrimoine mondial de l'Unesco (**Cro-Magnon**, **Font-de-Gaume** et La **Madeleine**). Les traces d'occupation humaine (sépultures, objets, gravures, peintures), découvertes à partir de 1862 et datées entre 300 000 et 8 000 ans av. J.-C., permettent la création d'un musée (1918), devenu musée national de la Préhistoire.

ÉZÉCHIEL (VIe siècle av. J.-C.) ✦ Troisième grand prophète de la Bible, actif entre 592 et 570 av. J.-C. Le *Livre d'Ézéchiel*, qui figure parmi les Prophètes, raconte comment il annonce, aux Juifs captifs à Babylone, la ruine de Jérusalem et la restauration future d'Israël.

F

Fables ✦ Trois recueils de fables en vers publiés en 1668, 1678 et 1694 par Jean de **La Fontaine.** S'inspirant d'**Ésope,** l'auteur se moque des défauts humains en mettant en scène des animaux avec beaucoup de poésie et d'humour. Écrites pour des adultes, ces fables se terminent par une morale. Parmi les plus connues, on peut citer : *La Cigale et la Fourmi ; Le Corbeau et le Renard ; La Grenouille qui veut se faire aussi grosse que le bœuf ; Le Rat des villes et le Rat des champs ; Le Loup et l'Agneau ; Le Meunier, son Fils et l'Âne ; Le Pot de terre et le Pot de fer ; Le Lièvre et la Tortue ; Les Animaux malades de la peste ; La Laitière et le Pot au lait ; Le Chat, la Belette et le Petit Lapin.*

FABRE Jean Henri (1823-1915) ✦ Entomologiste français. Le résultat de ses observations et de ses expériences sur le monde des insectes, publié dans *Souvenirs entomologiques* (1879-1907), a servi de base à la science du comportement animal.

FABRE D'ÉGLANTINE (1750-1794) ✦ Écrivain et homme politique français. Il est l'auteur de pièces de théâtre et de la chanson *Il pleut, il pleut, bergère.* Il entre au Club des **cordeliers** et se lie avec **Danton** et Desmoulins. Élu député montagnard à la **Convention** (1792), il établit le Calendrier républicain. Compromis dans le scandale de la Compagnie des Indes, il est condamné et guillotiné avec Danton et les « indulgents ». ■ Son véritable nom est *Philippe Fabre.*

FACHODA ✦ Ville du Soudan, appelée aujourd'hui *Kodok,* sur le Nil. Une mission française, commandée par le capitaine **Marchand,** est envoyée de Brazzaville pour devancer les Anglais de **Kitchener** dans cette région du fleuve convoitée par les puissances coloniales (1898). Elle occupe la ville puis doit se retirer. L'incident se termine par le renoncement de la France à son influence dans la région (accord franco-anglais, 1899).

FAEROE n. f. pl. ✦ Nom anglais des îles **Féroé.**

FAGNE-FAMENNE n. f. ✦ Région du sud-est de la Belgique (☛ carte 27). C'est une dépression, étendue principalement sur la province de **Namur,** bordée au sud par le plateau de l'**Ardenne.** La vallée de la Meuse sépare la Fagne, à l'ouest, de la Famenne, à l'est.

FAHRENHEIT Daniel Gabriel (1686-1736) ✦ Physicien allemand. Il met au point un système de mesure des températures divisé en 96 degrés (*degrés Fahrenheit*), utilisé dans les pays anglo-saxons. Il connaît un grand succès en créant des thermomètres de petite taille, à base de mercure (1715).

FAIDHERBE Louis (1818-1889) ✦ Général et colonisateur français. Il est envoyé en Algérie (1842-1847, 1849-1852), en Guadeloupe (1848-1849) puis est nommé gouverneur du **Sénégal** (1854-1865). Il soumet les **Maures,** étend la domination française le long du fleuve Sénégal, crée le premier régiment de tirailleurs sénégalais et crée le port de **Dakar** (1857). Nommé commandant de l'armée du Nord par Gambetta après Sedan (1870), il résiste à l'invasion prussienne. Il participe à une mission scientifique en Égypte (1879). Parmi ses ouvrages, on peut citer : *L'Avenir du Sahara et du Soudan* (1863), *Épigraphie phénicienne* (1873), *Le Sénégal* (1889).

FAISALABAD ✦ Ville du nord du Pakistan, dans la région du Panjab. 2 millions d'habitants. Grand centre industriel (alimentaire, textile) créé pendant la période coloniale sous le nom de *Lyallpur.*

FALAISE ✦ Commune du Calvados. 8 294 habitants (les *Falaisiens*) (☛ carte 23). Enceinte du XIIIe siècle à 16 tours, château des premiers ducs de Normandie. Ville natale de Guillaume le Conquérant. Agroalimentaire.

FALKLAND (les) n. f. pl. ✦ Nom anglais des îles **Malouines.**

FALLA Manuel de (1876-1946) ✦ Compositeur espagnol. Sa première œuvre importante est un opéra (*La Vie brève,* 1905). Il séjourne à Paris (1907-1914) où il rencontre Debussy et Ravel. De retour dans son pays, il compose des ballets et des œuvres populaires de style espagnol ; il s'établit en Argentine après la guerre civile. Ses œuvres les plus connues sont : *Chansons populaires* (1914), *L'Amour sorcier* (ballet, 1915), *Nuits dans les jardins d'Espagne* (1916), *Le Tricorne* (ballet, 1919), *Le Retable de maître Pierre,* inspiré de *Don Quichotte* (1923).

FALLIÈRES Armand (1841-1931) ✦ Homme d'État français. Député de gauche et brièvement président du Conseil (1883), il est nommé plusieurs fois ministre de 1882 à 1892. Il préside le Sénat (1899) puis il est élu président de la République (1906-1913) et se retire de la vie politique quand **Poincaré** lui succède.

FALLOUX Frédéric Albert, comte de (1811-1886) ✦ Homme politique français. Député, rallié à la République après la **révolution de 1848,** il soutient

Napoléon III qui le nomme ministre de l'Instruction publique (1848-1849), il fait voter la loi sur la liberté de l'enseignement (*loi Falloux,* 1850) qui favorise l'école privée confessionnelle. Il est arrêté pendant le coup d'État du 2 décembre 1851. Il collabore ensuite à un journal de tendance libérale catholique. Après l'abdication de Napoléon III, il tente de restaurer la monarchie en réconciliant les familles de Bourbon et d'Orléans. Il écrit *Mémoires d'un royaliste* (1888). Académie française (1856).

FANTIN-LATOUR Henri (1836-1904) ✦ Peintre français. Il travaille d'abord dans l'atelier de **Courbet**, peignant surtout des natures mortes, puis se lie d'amitié avec Manet et Degas. Il fait des portraits de groupes, en hommage aux artistes de son époque (*Hommage à Delacroix,* 1864 ; *Un atelier aux Batignolles,* 1870 ; *Un coin de table,* 1872), et des dessins inspirés d'œuvres musicales (*Tannhäuser,* 1886 ; *L'Or du Rhin,* 1888).

FANTÔMAS ✦ Personnage de roman créé en 1911 par les écrivains français Pierre Souvestre (1874-1914) et Marcel Allain (1885-1969). Vêtu d'une queue-de-pie et toujours masqué, il terrorise Paris par ses crimes horribles. Il est poursuivi par le journaliste Fandor et l'inspecteur Juve. Après trente-deux aventures écrites en commun, Allain signe seul douze romans, à partir de 1913. Ces aventures sont adaptées au cinéma, notamment dans plusieurs films avec Jean Marais et Louis de Funès (1964-1966).

FARADAY Michael (1791-1867) ✦ Physicien et chimiste britannique. Poursuivant les travaux d'**Ampère**, il découvre les principes du moteur électrique, de la génératrice de courant (1831) et de l'électrolyse (1833), créant ce mot lui-même ainsi que *ion* et *électrode.* Il se consacre ensuite à l'électricité statique (1843), démontrant qu'une enceinte métallique isole son contenu de l'action électrique extérieure, et au magnétisme électrique (1846). Le *farad* est une unité de capacité électrique ; la *cage de Faraday* est une enceinte isolante.

FARC n. f. pl. *(Forces armées révolutionnaires de Colombie)* ✦ Mouvement de guérilla colombien créé en 1964. Il mène une lutte armée contre le pouvoir, recourant à des actions terroristes (attentats, prises d'otages...).

FAR WEST n. m. (signifie «Ouest lointain» en anglais) ✦ Territoires conquis par les pionniers américains sur les **Indiens**, situés à l'ouest des Appalaches (XVIIIe siècle) puis du Mississippi (XIXe siècle). Il inspire de nombreux westerns à des cinéastes comme John **Ford**.

FATIMA (vers 606-633) ✦ Fille de **Mahomet** et de Khadija. Elle épouse son cousin **Ali** et lui donne deux fils, Hassan et Hussein. Son tombeau se trouve à **Médine.** Elle est vénérée par les musulmans, et certains l'appellent «la Vierge». Son emblème, la *main de Fatima* ou *main de Fatma,* représente les cinq principes fondamentaux de l'islam. C'est un symbole protecteur pour les musulmans.

FATIMIDES n. m. pl. ✦ Dynastie arabe affirmant descendre de **Fatima.** Au moment où le pouvoir des **Abbassides** est disputé dans l'Empire musulman, un imam chiite (partisan d'Ali) prend le pouvoir en Tunisie et dans l'Est algérien, se proclame calife et fonde la dynastie (909). Elle impose le chiisme, malgré les révoltes berbères, puis s'étend au Maroc et en Sicile, conquiert l'**Égypte** (969) et fait du Caire sa capitale (973). **Saladin** la renverse (1171) et restaure les Abbassides.

FAULKNER William (1897-1962) ✦ Romancier américain. Après un recueil de vers (*Le Faune de marbre,* 1924), il écrit des romans et des nouvelles, marqués par le temps, la fatalité et la déchéance humaine. La plupart de ses œuvres ont pour cadre son Sud natal. Parmi elles, on peut citer : *Monnaie de singe* (1926), *Le Bruit et la Fureur* (1929), *Sanctuaire* (1931), *Lumière d'août* (1932), *Absalon ! Absalon !* (1936), *L'Invaincu* (1938), *Requiem pour une nonne* (1951), *La Ville* (1957). Il écrit également un livre pour enfants (*L'Arbre aux souhaits,* 1927). Il influence les romanciers européens (Sartre, Malraux). Prix Nobel de littérature (1949). ▪ Son véritable nom est *William Falkner.*

FAUNUS ✦ Dieu des Troupeaux et des Bergers dans la mythologie romaine. Son culte est localisé sur le mont Palatin. Il correspond au dieu grec **Pan.** Un *faune* est une divinité champêtre.

FAURE Félix (1841-1899) ✦ Homme d'État français. Sous-secrétaire d'État au Commerce et aux Colonies (1881-1882), à la Marine (1883-1885, 1888) puis ministre de la Marine (1894), il est élu président de la IIIe République (1895). Il fait de **Madagascar** une colonie française (1896), reçoit le tsar **Nicolas II** (1896) et lui rend visite en Russie (1897). Il renonce à la colonisation du Soudan après l'échec de **Fachoda** (1898). Son mandat est marqué par l'affaire **Dreyfus** et sa mort scandaleuse est suivie d'une tentative de coup d'État.

FAURE Élie (1873-1937) ✦ Critique et historien français de l'art. Sa monumentale *Histoire de l'art* (1909-1921) complétée par *L'Esprit des formes* (1927) a renouvelé le livre d'art. Il donne à l'illustration une place de choix et opère des rapprochements audacieux entre les œuvres appartenant à des civilisations différentes. Recourant aux analogies et aux vastes synthèses, il voit dans chaque œuvre d'art, replacée dans son contexte historique et culturel, un lieu de rencontre entre l'homme et le monde.

FAURÉ Gabriel (1845-1924) ✦ Compositeur français. Élève de **Saint-Saëns**, influencé par Chopin, Schumann et Wagner, il dirige le Conservatoire national supérieur de musique (1905-1920) malgré son infirmité (il est sourd depuis 1903). Composées avec équilibre et sensibilité, ses œuvres comprennent des pièces vocales (*Mélodies,* 1868-1900 ; *Requiem,* 1887), de la musique de chambre (*Nocturnes,* 1883-1922 ; *Barcarolles,* 1883-1921), des musiques de scène (*Pelléas et Mélisande,* 1898) et des tragédies lyriques (*Prométhée,* 1900 ; *Pénélope,* 1913).

FAUST ✦ Personnage de la littérature allemande du XVIe siècle, devenu un héros de légende. Faust vend son âme au diable pour obtenir la connaissance et le plaisir. Le *mythe de Faust* inspire de nombreux artistes : des écrivains comme **Goethe** (1806, 1832) et Paul Valéry (1940), des peintres comme Delacroix (1828), des musiciens comme **Berlioz** (1846), Schumann (1853), Liszt (1854) et **Gounod** (1859), et des cinéastes comme René Clair (*La Beauté du diable* avec Gérard Philipe et Michel Simon, 1949).

FAYOUM n. m. ✦ Région de Haute-Égypte, à l'ouest du Nil. Superficie : 1 827 km^2. 1,5 million d'habitants. Chef-lieu : Médinet el-Fayoum. C'est une riche région agricole (blé, coton, arbres fruitiers, élevage de moutons et de volailles). À la fin du XIXe siècle, on y découvre des momies coptes (Ier-Ve siècles), aux visages recouverts de portraits funéraires peints sur lin ou sur bois, très expressifs.

FBI n. m. (sigle anglais de *Federal Bureau of Investigation,* «bureau fédéral d'enquêtes») ✦ Organisme créé en 1908 par Theodore **Roosevelt.** Son siège est à Washington. Dépendant du ministère de la Justice, il lutte contre la criminalité au niveau fédéral, se charge de la sécurité intérieure des États-Unis et, depuis 1939, du contre-espionnage. Avec Edgar Hoover, son plus célèbre directeur (1924-1972), il enquête sur la prohibition, le crime organisé, les ovnis et s'illustre surtout dans la traque de la subversion (communistes, activistes noirs, artistes, journalistes...). Aujourd'hui, il s'occupe aussi de la délinquance informatique et du terrorisme.

FÉCAMP ✦ Commune de Seine-Maritime. 19 344 habitants (les *Fécampois*) (☛ carte 23). Le palais Bénédictine (fin XIXe siècle) comporte un musée et une distillerie (bénédictine). Activités maritimes : station balnéaire, port de commerce et de pêche (sardine, hareng), conserveries de poissons, réparations navales.

FEDERER Roger (né en 1981) ✦ Joueur de tennis suisse. Son jeu complet, à la fois offensif et spectaculaire, lui permit de remporter 17 grands tournois mondiaux, ce qui en fait l'un des plus grands joueurs de tous les temps. Il remporta une médaille d'or en double aux Jeux olympiques de Pékin (2008) et une d'argent en simple à Londres (2012).

FELIPE VI (né en 1968) ✦ Roi d'Espagne depuis 2014. Il succède à son père Juan Carlos qui abdique en sa faveur.

FELLINI Federico (1920-1993) ✦ Cinéaste italien. Il est influencé par le néo-réalisme, mais il affirme dès ses premiers films un style très personnel. Il porte un regard sans complaisance sur la société et dénonce la décadence morale des privilégiés. Son œuvre devient ensuite plus visionnaire et onirique. Il réalise de grandes fresques baroques aux images insolites, où s'exprime tout un univers de fantasmes. *La Strada* (1954), *La Dolce Vita* (1959), *Huit et demi* (1963), *Amarcord* (1973), *La Cité des femmes* (1980), *Et vogue le navire* (1983), *La Voce della Luna* (1989).

FÉNELON (1651-1715) ✦ Prélat et écrivain français. Protégé par **Bossuet**, il devient le précepteur du petit-fils de Louis XIV, le duc de Bourgogne (1689-1694), mais ses positions politiques irritent Louis XIV et l'Église. Il se retire à Cambrai où il se consacre à son archevêché et à l'Académie française, dont il est membre depuis 1693 (*Lettre sur les occupations de l'Académie française,* publiée en 1716). Son œuvre annonce les philosophes du XVIIIe siècle (*Trois Dialogues sur l'éloquence,* 1681-1686 ; *Traité de l'éducation des filles,* 1687), surtout les ouvrages écrits pour son élève : *Fables* (1690), *Les Aventures de Télémaque* (1699), *Dialogues des morts* (publiés en 1712). ■ Son nom complet est *François de Salignac de La Mothe Fénelon.*

FERDAWSI → **FIRDOUSSI**

FERDINAND II D'ARAGON (1452-1516) ✦ Roi de Castille de 1474 à 1504, roi d'Aragon et de Sicile de 1479 à sa mort, roi de Naples de 1504 à sa mort. Marié à **Isabelle de Castille** (1469), il introduit l'**Inquisition** (1478), expulse les juifs d'Aragon et achève la **Reconquista** en prenant **Grenade** (1492). Le pape donne alors au couple le titre de *Rois Catholiques.* À la mort d'Isabelle, il conquiert la Navarre, Milan, Oran, Tripoli (1511) et offre la couronne à son petit-fils, **Charles Quint.**

FERDINAND II DE HABSBOURG (1578-1637) ✦ Empereur germanique de 1619 à sa mort. Son hostilité à la Réforme provoque la guerre de **Trente Ans** (1618-1648). Il reprend le trône de Bohême (1620), offert par les Tchèques révoltés au souverain du Palatinat, puis défait le roi de Danemark et de Norvège (1626). Il impose une répression sévère qui entraîne l'entrée en guerre de la Suède (1631) puis de la France et de l'Espagne (1635). Il meurt avant la fin du conflit.

FERMAT Pierre de (1601-1665) ✦ Mathématicien français. Précurseur de la géométrie analytique et du calcul des probabilités, il est aussi l'un des créateurs du calcul différentiel et intégral. Le *théorème de Fermat,* portant sur les nombres complexes, et dont la démonstration par Fermat a été perdue, a constitué pendant plus de trois siècles un défi pour les mathématiciens et n'a été démontré qu'en 1993. Le *principe de Fermat,* selon lequel la lumière prend le chemin de durée minimale ou maximale pour aller d'un point à un autre, est une des bases de l'optique géométrique.

FERMI Enrico (1901-1954) ✦ Physicien italien. Il est l'auteur de travaux décisifs sur la physique des particules (*statistique de Fermi-Dirac*), sur la radioactivité et les réactions nucléaires. Il a été l'un des maîtres d'œuvre de la première bombe atomique américaine et a dirigé la construction de la première pile atomique. Prix Nobel de physique (1938).

FERNANDEL (1903-1971) ✦ Acteur français. Il débute au music-hall dans des rôles de soldat, interprète des opérettes et des chansons populaires *(Ignace, Barnabé, Félicie).* Il connaît un immense succès au cinéma avec des rôles souvent naïfs et émouvants, notamment dans les films de Marcel **Pagnol** (*Angèle,* 1934 ; *Regain,* 1937 ; *Le Schpountz,* 1938 ; *La Fille du puisatier,* 1941), dans la série des *Don Camillo* (1951-1955) ou dans *La Vache et le Prisonnier* (1959). ■ Son véritable nom est *Fernand Contandin.*

FÉROÉ ou **FAEROE (les)** n. f. pl. ✦ Archipel du Danemark, dans l'Atlantique Nord, entre l'Islande et l'Écosse. Il forme un département d'une superficie de 1 400 km^2. 47 449 habitants (les *Féringiens* ou les *Féroïens*). Chef-lieu : Torshavn. On y parle le féroïen. Ces îles et îlots volcaniques au climat océanique, dont dix-sept sont habités, vivent surtout de la pêche. ♦ L'archipel est colonisé par la Norvège (IXe siècle), attribué au Danemark (1397) et converti au protestantisme (XVIe siècle). Il est occupé par la Grande-Bretagne (1807-1814) puis obtient son autonomie locale (1948).

FERRARE ✦ Ville d'Italie (Émilie-Romagne), dans le nord du pays, sur le Pô. 130 992 habitants. Grand foyer artistique de la Renaissance, inscrit sur la liste du patrimoine mondial de l'Unesco pour ses nombreux monuments : cathédrale de style lombard (XIIe-XIIIe siècles) avec son campanile, château d'Este (XIVe-XVIe siècles), palais Renaissance souvent construits pour la famille d'Este (Schifanoia, des Diamants, de Ludovic le More). Centre de commerce et d'industrie (mécanique, alimentaire, chimie). Ville natale du prédicateur Jérôme Savonarole, de Frescobaldi et d'Antonioni.

FERRÉ Léo (1916-1993) ✦ Chanteur français. Il débute dans les cabarets de **Saint-Germain-des-Prés** avec des chansons réalistes et populaires, d'inspiration souvent anarchiste. Il met en musique des poèmes de Baudelaire (1957), Villon, Apollinaire et Aragon (1961), Rimbaud et Verlaine (1964). Il compose des symphonies et des concertos, écrit un recueil de poèmes (*Poète, vos papiers*, 1956), un roman autobiographique (*Benoît Misère*, 1970) puis interprète des textes poétiques en prose. Ses titres les plus connus sont : *Paris canaille* (1952), *L'Homme* et *Graine d'ananar* (1953), *Paname* (1956), *Jolie Môme* (1960), *Les Anarchistes* (1966), *C'est extra* (1968), *Avec le temps* (1969).

FERRY Jules (1832-1893) ✦ Homme politique français. Ce journaliste républicain critique le régime de Napoléon III. Sous la IIIe République, il est nommé maire de Paris (1870), plusieurs fois ministre (1879-1885) et président du Conseil (1880-1885). Il est à l'origine d'une grande réforme scolaire, qui rend l'enseignement primaire laïque, gratuit et obligatoire, et ouvre l'enseignement secondaire aux jeunes filles. Il fait aussi voter des lois relatives à la liberté de réunion, de la presse et des syndicats. Sa politique d'expansion coloniale (Tunisie, Madagascar, Congo, Tonkin) provoque l'hostilité de l'opposition, puis sa démission (1885). Il devient président du Sénat (1893). De nombreux groupes scolaires portent son nom.

FÈS ou **FEZ** ✦ Ville du nord du Maroc, au pied du Moyen-**Atlas**. Plus d'un million d'habitants (les *Fassis*). Centre religieux et touristique, inscrit sur la liste du patrimoine mondial de l'Unesco pour ses mosquées (IXe siècle), ses remparts et son palais royal (XIIIe siècle), ainsi que ses écoles islamiques. Ville natale de Ben Jelloun. ♦ Fondée par une dynastie arabe (809) et peuplée d'émigrés venus d'Espagne, elle devient une grande cité des **Berbères** (XIe siècle) puis la capitale du pays (XIIIe-XVe siècles). Assiégé par des révoltés, le sultan réclame l'aide des Français (1911), qui colonisent le pays (1912).

FEUILLANTS (Club des) ✦ Club révolutionnaire fondé à Paris (1791) par des membres modérés du Club des **jacobins**, comme **La Fayette**. Partisans d'une monarchie constitutionnelle, ils sont actifs à la **Constituante** et à l'**Assemblée législative**, puis perdent leur influence à la chute de Louis XVI (10 août 1792).

FEURS ✦ Commune de la Loire, sur la Loire. 7 997 habitants (les *Foréziens*) (☛ carte 23).

FÉVAL Paul (1817-1887) ✦ Écrivain français. Il publie des contes et de très nombreux romans-feuilletons dont *Le Club des Phoques* (1841), *Les Mystères de Londres* (1843-1844), *Les Amours de Paris* (1845), *Le Fils du Diable* (1846-1847). Il connaît un immense succès avec *Le Bossu* (1857). Il écrit aussi son autobiographie, *Les Étapes d'une conversion* (1877-1881).

FEYDEAU Georges (1862-1921) ✦ Écrivain français. Il s'inspire de **Labiche** et multiplie les vaudevilles, aux péripéties absurdes et cocasses, qui remportent toujours le même succès : *Tailleur pour dames* (1887), *Un fil à la patte* (1894), *Le Dindon* (1896), *La Dame de chez Maxim* (1899), *La Puce à l'oreille* (1907), *Occupe-toi d'Amélie* (1908), *On purge bébé* (1910), *Mais n'te promène donc pas toute nue* (1912).

FEZ → **Fès**

FFI n. f. pl. (*Forces françaises de l'intérieur*) ✦ Nom donné en 1944 à la réunion des organisations militaires clandestines de la **Résistance**. Commandées depuis Londres, elles préparent les débarquements de Normandie et de Provence, puis elles participent à la libération du territoire français. Une partie de ses membres est intégrée à l'armée régulière.

FFL n. f. pl. (*Forces françaises libres*) ✦ Unités militaires formées de volontaires qui, après l'armistice de 1940, continuent la guerre sous les ordres du général de **Gaulle**. Elles combattent en Érythrée, en Libye, en Égypte, en Syrie, en Tunisie et représentent l'armée française dans les débarquements de Normandie et de Provence. La 2e division blindée de **Leclerc** participe à la libération de Paris (août 1944).

FICHTE Johann Gottlieb (1762-1814) ✦ Philosophe allemand. Il fait carrière à l'université d'Iéna (1794-1799) puis devient recteur de l'université de Berlin (1810). Ce disciple de **Kant** a eu une grande influence sur les romantiques allemands ainsi que sur Hegel. Œuvres : *Principes de la théorie de la science* (1794), *Fondements du droit naturel* (1796), *Doctrine des mœurs* (1798), *L'État commercial fermé* et *Destination de l'homme* (1800), *Initiation à la vie bienheureuse* (1806). Ses *Discours à la nation allemande* (1807-1808) jouent un grand rôle dans la formation du nationalisme allemand.

FIDJI (les) n. f. pl. ✦ Pays d'Océanie. Cet archipel est situé en Mélanésie, à l'est de l'Australie et au nord de la Nouvelle-Zélande (☛ carte 51). Superficie totale : 18 333 km². 827 900 habitants (les *Fidjiens*). République dont la capitale est Suva (86 178 habitants). Langues officielles : l'anglais et le fidjien. Monnaie : le dollar fidjien. ♦ GÉOGRAPHIE. L'archipel est formé de 844 îles, en partie volcaniques et inhabitées, couvertes de savanes et de forêts. Les deux principales sont Viti Levu et Vanua Levu. Climat tropical et humide ; passage de fréquents cyclones. ♦ ÉCONOMIE. L'agriculture domine (canne à sucre, noix de coco, céréales), l'industrie en dépend (sucre, coprah). Le tourisme connaît un fort développement. ♦ HISTOIRE. Les îles sont découvertes par plusieurs explorateurs, Tasman (1643), Cook (1773), Dumont d'Urville (1827). Elles sont annexées par les Britanniques (1874) qui imposent la canne à sucre et une main d'œuvre indienne pour l'exploiter. Elles gagnent leur indépendance (1970), marquée par la rivalité entre les Mélanésiens et les Indiens. Elles font partie du Commonwealth (1997).

FIGARO ✦ Personnage de théâtre, créé en 1773 par **Beaumarchais**. C'est un valet rusé et imaginatif qui apparaît dans trois pièces pleines de rebondissements. Dans *Le Barbier de Séville* (1775), il aide son maître, le comte Almaviva, à conquérir la jeune Rosine. Dans *Le Mariage de Figaro* (1784), il s'élève contre les privilèges de la noblesse en défendant sa fiancée Suzanne, que le comte veut séduire. Dans *La Mère coupable* (1791), Beaumarchais défend la morale révolutionnaire. Ce personnage inspire des musiciens comme Mozart (*Les Noces de Figaro*, 1786) et Rossini (*Le Barbier de Séville*, 1816).

FIGEAC ✦ Chef-lieu d'arrondissement du Lot. 9 820 habitants (les *Figeacois*) (☛ carte 23). Ville natale de Champollion (musée sur les écritures du monde). Mécanique de précision (aéronautique).

FINISTÈRE n. m. ✦ Département de l'ouest de la France [29], de la Région Bretagne. Superficie : 6 733 km². 905 855 habitants. Chef-lieu : Quimper ; chefs-lieux d'arrondissement : Brest, Châteaulin et Morlaix.

FINLANDE n. f. ✦ Pays d'Europe du Nord (☛ cartes 24, 25). Superficie : 337 032 km² (un peu moins des deux tiers de la France). 5,3 millions d'habitants (les *Finlandais*), en majorité protestants. République dont la capitale est Helsinki. Langues officielles : le finnois (langue principale) et le suédois ; on y parle aussi le lapon. Monnaie : l'euro, qui a remplacé le mark finlandais. ♦ GÉOGRAPHIE. La Finlande est le pays le plus boisé d'Europe. Le nord est constitué des plaines peu habitées de la **Laponie**. Le sud est parsemé de nombreux lacs et les côtes sont très découpées. Le climat continental est rigoureux. ♦ ÉCONOMIE. L'agriculture (céréales, betterave) et la pêche se limitent aux côtes du sud. Les Lapons élèvent des rennes. Le sous-sol est riche (cuivre, nickel, cobalt, fer). L'industrie (métallurgie, mécanique, agroalimentaire, chimie) est dominée par l'exploitation de la forêt. ♦ HISTOIRE. Les Lapons s'installent au nord dès la préhistoire, et les Finnois d'Estonie au sud (Ier siècle). Occupée par les **Vikings** (XIe siècle), la région est soumise (1150) et christianisée par la **Suède** qui en fait un duché (1284). Mis en valeur, il adopte la **Réforme** (XVIe siècle) puis est conquis par les Russes (1809), déjà maîtres de la **Carélie** (1721). La Finlande proclame son indépendance (1917) puis la république (1919), aidée par l'**Allemagne** avec qui elle s'engage contre l'invasion soviétique (1939). Ruinée après la Deuxième Guerre mondiale, elle signe un traité avec l'URSS (1948), préserve sa neutralité et son développement. La Finlande devient membre de l'**ONU** (1955) et de l'**Union européenne** (1995).

FIONIE n. f. ✦ Île du Danemark, entre la péninsule du Jutland et l'île de Sjaelland. Superficie : 2 984 km². 449 566 habitants. Chef-lieu : Odense. Formée de plaines fertiles et de collines boisées, elle vit de l'agriculture (céréales, fruits), de l'élevage (volailles, bovins, porcs), de la pêche, de l'industrie (métallurgie) et du tourisme.

FIRDOUSSI ou **FERDAWSI** (v. 940-1020) ✦ Poète persan. Il est l'auteur du *Livre des rois (Chahname)*. Cette grande épopée, entreprise vers 980, célèbre l'histoire de l'ancien Iran des temps mythiques jusqu'à l'invasion arabe. L'auteur y glorifie la nation tout en célébrant la sagesse des rois. Ce poème épique a été un modèle souvent imité dans la littérature persane. ▪ Son nom complet est *Abu al-Qasim Mansur Hasan ibn Ali Ferdawsi.*

FIRENZE ✦ Nom italien de la ville de **Florence**.

FITZGERALD Francis Scott (1896-1940) ✦ Écrivain américain. Célèbre dès son premier roman, *L'Envers du paradis* (1920), il vit avec sa femme Zelda pendant les **Années folles** en Europe. Leur couple devient l'emblème des artistes américains rebelles, la « génération perdue ». Ses romans et ses nouvelles nostalgiques racontent les désillusions de l'après-guerre : *Les Heureux et les Damnés* (1922), *Gatsby le Magnifique* (1925), *Tendre est la nuit* (1934), *Le Dernier Nabab* (posthume, 1941).

FITZGERALD Ella (1918-1996) ✦ Chanteuse de jazz américaine. Son registre vocal étendu comme son excellent phrasé mélodique et rythmique lui valent une renommée internationale. Elle a enregistré notamment *Lady Be Good* (1946) et *Porgy and Bess* (1948) avec Louis **Armstrong**.

FLAHERTY Robert (1884-1951) ✦ Cinéaste américain d'origine irlandaise. Explorateur du Grand Nord canadien, minéralogiste et cartographe, il devient, au hasard d'une commande, le créateur du film documentaire. Observateur minutieux, il a filmé avec humanisme la vie de gens humbles, proches de la nature primitive : ***Nanouk l'Esquimau*** 1922 ; *Tabou*, 1931, avec **Murnau** ; *Louisiana Story*, 1948.

FLAMANDE (Région) ✦ Région administrative de Belgique, dans le nord du pays (☛ carte 27). Superficie : 13 522 km². 6,6 millions d'habitants (les *Flamands*). Capitale : Bruxelles. On y parle le néerlandais et des dialectes flamands. Elle occupe la moitié nord du pays et comprend les provinces d'Anvers, du Brabant flamand, de Flandre-Occidentale, de Flandre-Orientale et de Limbourg.

FLAMMARION Camille (1842-1925) ✦ Astronome français. Fondateur de l'observatoire de Juvisy (1883) et de la Société astronomique de France (1887), il a fait œuvre de vulgarisateur avec sa célèbre *Astronomie populaire* (1880).

FLANDRE n. f. ✦ Région historique qui s'étend de l'Artois (en France) aux bouches de l'Escaut (en Belgique) (☛ carte 21). On l'appelle aussi *les Flandres*. Les habitants s'appellent les *Flamands* ou les *Flandriens*. Ses beffrois, comme ceux de Wallonie, ainsi que ses béguinages (maisons de religieuses), datés du Moyen Âge, sont inscrits sur la liste du patrimoine mondial de l'Unesco. ♦ La région est intégrée à la province romaine de Belgique (Ier siècle av. J.-C.) et occupée par les Francs (Ve siècle). Elle se développe au Moyen Âge avec l'industrie du drap (tissu de laine) et s'oppose à l'annexion française. Elle fait partie du duché de **Bourgogne** (XIVe siècle), passant aux mains de ses héritiers dont **Charles Quint**. Après la sécession des **Pays-Bas** protestants (XVIe siècle), elle reste catholique et espagnole jusqu'à la domination de l'Autriche (1714), puis de la France (1794) qui la rattache aux Pays-Bas (1814). Elle fait ensuite partie de la Belgique lors de son indépendance (1830).

FLANDRE-OCCIDENTALE n. f. ✦ Province du nord-ouest de la Belgique (Région flamande) (☛ carte 27). Superficie : 3 144 km². Plus de 1 million d'habitants. Chef-lieu : Bruges. On y parle le néerlandais. L'agriculture est productive dans les polders du littoral (céréales, fourrage pour l'élevage bovin) et les vallées intérieures (légumes, fleurs). L'industrie est diversifiée (textile, métallurgie, alimentaire) et le tourisme actif sur les côtes.

FLANDRE-ORIENTALE n. f. ✦ Province du nord de la Belgique (Région flamande), (☛ carte 27). Superficie : 2 982 km². 1,4 million d'habitants. Chef-lieu : Gand. On y parle le néerlandais. L'agriculture occupe une grande place (fourrage, légumes, fleurs, élevage de volailles). L'industrie est très développée à l'ouest (textile) et le long de l'Escaut (métallurgie, chimie). De nombreux canaux sillonnent la province.

FLAUBERT Gustave (1821-1880) ✦ Écrivain français. Il se passionne très tôt pour la littérature et le romantisme. Atteint d'une maladie nerveuse, il doit se retirer dans sa propriété près de Rouen (1838). Il se consacre alors à l'écriture, ne s'interrompant que pour de grands voyages (Orient, 1849-1851 ; Algérie, 1858). Tout au long de son œuvre romanesque, il recherche la perfection stylistique, avec une obsession dont témoigne son abondante *Correspondance*. Ce souci formel s'allie à un réalisme sensible et à un regard souvent très critique sur les mœurs de son époque et les travers de la bourgeoisie : *Madame Bovary* (1857), *Salammbô* (1862), *L'Éducation sentimentale* (1868), *Trois Contes* (1877), *Bouvard et Pécuchet* (inachevé, 1881).

FLAVIENS n. m. pl. ✦ Dynastie d'empereurs romains fondée par **Vespasien** (69-79) et formée par ses fils **Titus** (79-81) et **Domitien** (81-96).

FLAVIUS JOSÈPHE (37-vers 100) ✦ Historien juif. Il prend le parti des **pharisiens**, participe à la révolte juive contre Rome (66) et échappe au massacre après la prise d'une forteresse en Galilée (67). Il prédit l'empire à **Vespasien**, qui le prend sous sa protection, et devient l'interprète de **Titus** pendant le siège de Jérusalem (70). Dans ses œuvres, il raconte l'histoire du peuple juif et témoigne de l'existence de Jésus : *La Guerre juive, Contra Apionem, Antiquités judaïques.*

FLÈCHE (La) ✦ Chef-lieu d'arrondissement de la Sarthe, sur le Loir. 15 025 habitants (les *Fléchois*) (☛ carte 23). Château des Carmes (ancienne forteresse). Lycée militaire (ancien collège royal fondé par Henri IV en 1604, dont Napoléon fit un prytanée en 1808). Élevage. Imprimerie.

FLEMING sir Alexander (1881-1955) ✦ Médecin britannique. Il découvre qu'une moisissure, le *penicillium,* détruit les bactéries au moyen d'une substance qu'il nomme *pénicilline* (1928) et que ses successeurs parviennent à extraire (1939) : c'est le premier antibiotique. Prix Nobel de physiologie ou médecine (1945).

FLEMING Ian (1908-1964) ✦ Romancier britannique. Journaliste à Moscou (1929-1933) puis banquier, il devient un agent des services secrets britanniques pendant la guerre, ce qui lui inspire le personnage de James **Bond** (1953), auquel il consacre treize romans.

FLERS ✦ Commune de l'Orne. 14 736 habitants (agglomération 21 747) (les *Flériens*) (☛ carte 23). Le château (XVIe et XVIIIe siècles) abrite le musée du Bocage normand. Zone industrielle (agroalimentaire : viande et fromage ; équipement automobile). Ville natale de Guy Mollet.

FLEURUS ✦ Commune de Belgique (Hainaut), près de Charleroi. Jourdan y bat les Autrichiens (1794). Cette victoire permet à la France révolutionnaire d'annexer la Belgique jusqu'en 1815.

FLEURY André Hercule de (1653-1743) ✦ Prélat et homme politique français. Il est le précepteur de Louis XV puis devient ministre d'État et cardinal (1726). Il rétablit l'économie et, inspiré par **Colbert**, il favorise le commerce et l'industrie. Il combat l'opposition parlementaire en faisant de la bulle *Unigenitus,* qui condamne le jansénisme (**Port-Royal**), une loi d'État (1730). Partisan de la paix, il s'allie à l'Espagne et, entraîné dans la guerre de **Succession de Pologne** (1733-1738), il négocie le traité de Vienne qui confie provisoirement la Lorraine à **Stanislas Ier Leszczynski**.

FLEUVE BLEU ✦ Nom français du **Chang jiang**.

FLEUVE JAUNE ✦ Nom français du **Huang he**.

FLEVOLAND n. m. ✦ Province du centre des Pays-Bas. Superficie : 1 597 km². 374 424 habitants. Chef-lieu : Lelystad. Créée en 1986, la province regroupe les anciens polders du **Zuiderzee** : polder du Nord-Est, *Flevoland-Oriental* et *Flevoland-Méridional.* L'agriculture est productive (pomme de terre, blé, betterave à sucre). L'industrie (bâtiment, chimie, sidérurgie) et les services (recherche scientifique, tourisme) sont en plein développement.

FLN n. m. *(Front de libération nationale)* ✦ Parti nationaliste algérien formé pendant l'insurrection de 1954. Avec son gouvernement provisoire et son armée, il obtient l'indépendance (1962) et devient le parti unique du pays. Son aile gauche, dirigée par **Ben Bella**, est éliminée par un coup d'État dirigé par **Boumédiène** (1965). Après le départ des militaires (1989) et du président (1991), il est supplanté par le Front islamique du salut (FIS), entre dans l'opposition puis revient au pouvoir (2002).

FLORAC ✦ Chef-lieu d'arrondissement de la Lozère, au pied du causse Méjean. 2 107 habitants (les *Floracois*) (☛ carte 23). Centre d'excursions vers les gorges du **Tarn**, au cœur du parc national des **Cévennes**.

FLORE ✦ Déesse de la Végétation, dans la mythologie romaine. Elle correspond à la nymphe grecque Chloris, épouse du dieu Zéphyr.

FLORENCE (*Firenze* en italien) ✦ Ville d'Italie, chef-lieu de la Toscane, sur l'Arno. 356 118 habitants (les *Florentins*). Ville industrielle (textile, automobile, chimie, artisanat) mais surtout touristique, inscrite sur la liste du patrimoine mondial de l'Unesco pour ses très nombreux monuments du Moyen Âge et de la Renaissance : cathédrale Santa Maria del Fiore (1296-1346), appelée *Duomo* pour sa coupole (1420-1436) ; campanile de **Giotto** (1334-1337) ; baptistère roman (XIe siècle) ; palais Vecchio (1298-1314), Médicis et Strozzi (XVe siècle) ; églises San Miniato al Monte (XIe siècle), Santa Croce (XIIIe-XIVe siècles) avec les tombeaux de Dante, Michel-Ange, Galilée et Rossini, Santa Maria Novella (XIIIe-XVe siècles), San Lorenzo avec les tombeaux des Médicis (XVe siècle) ; couvent San Marco (XVe siècle) ; Ponte Vecchio (XIVe siècle) ; musées Bargello (XIIIe-XIVe siècles), Pitti (XVe siècle) et des Offices (1560-1580). Ville natale des écrivains Dante, Boccace, des peintres et sculpteurs Brunelleschi, Donatello, Uccello, Della Robbia, Lippi, il Verrocchio, Botticelli, Cellini, du navigateur Vespucci, des musiciens Lully et Cherubini, de Richard Rogers et des Médicis. ♦ Village étrusque puis cité romaine, elle est prise par les Goths, les Byzantins (539) et les Lombards (580). Elle passe à la Toscane (IXe siècle), devient ville libre (1115) et se révolte contre le Saint Empire (1197). Grande cité artistique (**Dante, Pétrarque**) et commerciale (textile, banque), elle se déchire entre les «guelfes», partisans du pape, et les «gibelins», partisans de l'empereur germanique (XIIIe-XIVe siècles). La conquête de Pise (1406) en fait une puissance maritime qui passe aux **Médicis** (1434). Elle devient la première place financière d'Europe et la capitale de la **Renaissance** italienne aux XVe (Fra **Angelico, Botticelli**) et XVIe siècles (**Léonard de Vinci, Michel-Ange, Machiavel**). Chassés pendant les guerres d'**Italie** par Charles VIII (1494), les Médicis reprennent le pouvoir (1512-1737) ; Florence devient la capitale du royaume d'Italie (1865-1870).

FLORIDE n. f. ✦ État du sud-est des États-Unis (☛ carte 47). Superficie : 151 940 km² (plus du quart de la France). 16 millions d'habitants. Capitale : Tallahassee (150 624 habitants). Autre ville importante : **Miami.** ♦ La Floride est formée d'une péninsule, aux nombreux lacs et marais (**Everglades**), prolongée par la côte du golfe du **Mexique** jusqu'au fleuve Alabama. Climat doux et humide ; passage de nombreux cyclones. L'agriculture est productive (agrumes, canne à sucre). L'industrie (alimentaire, chimie) est dominée par la recherche spatiale (cap **Canaveral**) et le tourisme (stations balnéaires, parc d'attractions Disneyworld). ♦ Elle est découverte le jour de *Pascua florida* («Pâques fleuries», ou **Rameaux**) par les Espagnols qui lui donnent son nom (1513). Colonisée par les Français, la Floride est cédée à la Grande-Bretagne (1763), reprise par l'Espagne (1783) puis vendue aux États-Unis (1819). Elle devient le 27e État de l'Union (1847) et rejoint le camp sudiste (1861) pendant la guerre de **Sécession**.

FLUSHING MEADOWS ✦ Parc new-yorkais où se déroule chaque année depuis 1978 l'US Open, tournoi international de tennis professionnel. C'est l'un des quatre plus importants tournois qui composent le Grand Chelem avec Roland-Garros, Wimbledon et l'Open d'Australie.

FMI n. m. *(Fonds monétaire international)* ✦ Organisme international fondé par les accords de **Bretton Woods** (États-Unis, 1944) pour assurer le bon fonctionnement de l'économie mondiale. Son siège est à Washington et il compte 189 pays membres en 2017. Il se consacre à la croissance, à la stabilité du système monétaire et financier, à la réduction de la pauvreté et accorde aux membres surendettés une assistance financière (prêts) et technique (mise en place de politiques d'austérité).

FOCH Ferdinand (1851-1929) ✦ Maréchal de France. Pendant la Première **Guerre mondiale**, il arrête l'avancée allemande en Lorraine et contribue à la victoire de la **Marne** (1914). Il coordonne les troupes françaises, belges et britanniques dans la «course à la mer» et dirige les batailles de l'Artois (1915) et de la **Somme** (1916). Nommé chef d'état-major général (1917), puis généralissime des armées alliées (1918), il arrête l'offensive de la Somme, remporte la seconde victoire de la Marne et obtient la capitulation de l'Allemagne. Promu maréchal de France, de Grande-Bretagne et de Pologne, il signe l'armistice (11 novembre 1918) et participe aux négociations de paix. Ses *Mémoires de guerre* sont publiés en 1931. Il repose aux **Invalides**.

FOIX ✦ Chef-lieu de l'Ariège. 9 721 habitants (les *Fuxéens*). Vestiges (tours, donjon) du château (XIVe-XVe siècles) qui abritent le musée départemental. Centre administratif. ♦ La ville s'étend autour d'une chapelle, fondée par Charlemagne, puis du château du comte de Carcassonne (XIe siècle), qui crée le *comté de Foix* (vers 1050). Devenu la patrie des troubadours et un asile pour les **albigeois**, le comté s'étend par mariage au **Béarn** (1290), atteint son apogée avec Gaston Phœbus (XIVe siècle) et passe à la **Navarre** (fin XVe siècle), réunie à la Couronne par Henri IV (1607).

FOMBEURE Maurice (1906-1981) ✦ Poète français. Ses poésies pleines de fantaisie et de fraîcheur puisent dans les mythes populaires. Certaines ont inspiré des musiciens, comme Francis Poulenc. Ses principaux recueils poétiques sont : *La Rivière aux oies* (1932), *À dos d'oiseau* (1942), *Pendant que vous dormez* (1953), *Une forêt de charme* (1955).

FONTAINE Pierre François Léonard (1762-1853) ✦ Architecte français. Collaborataeur de **Percier**, il a travaillé successivement pour Napoléon Ier, pour les Bourbons et Louis-Philippe. On lui doit notamment l'arc de triomphe du Carrousel (1806-1808), la chapelle expiatoire (1820-1826) et la restauration des Tuileries. Il est l'un des principaux représentants du style Empire.

FONTAINEBLEAU ✦ Ville de Seine-et-Marne. 14 637 habitants (les *Bellifontains*). Centre résidentiel et de recherches. Ville natale de Philippe le Bel, François II, Henri III, Louis XIII. Elle est située au milieu de la forêt domaniale de Fontainebleau (17 000 ha), très fréquentée par les randonneurs et les alpinistes qui escaladent ses rochers. ♦ Le *château de Fontainebleau :* château Renaissance construit pour **François Ier** et décoré par des artistes italiens dirigés par le **Primatice.** Henri IV l'agrandit, Louis XIII ajoute l'escalier en fer à cheval, Louis XIV confie les jardins à **Le Nôtre** et y signe la révocation de l'édit de **Nantes** (1685). Napoléon Ier y signe sa première abdication (1814). L'état-major européen de l'**Otan** en fait son siège (1945-1966). Il est transformé en musée (1986). Le palais et le parc sont inscrits sur la liste du patrimoine mondial de l'Unesco.

FONT-DE-GAUME ✦ Grotte préhistorique (Dordogne), près des Eyzies-de-Tayac-Sireuil. Elle est découverte par les préhistoriens Denis Peyrony et l'abbé **Breuil** (1901). Ses peintures et ses gravures représentent des bisons et des rennes, chefs-d'œuvre de la fin du Paléolithique (15 000 à 8 000 ans av. J.-C.).

FONTENAY-LE-COMTE ✦ Chef-lieu d'arrondissement de la Vendée, sur la Vendée. 13 609 habitants (les *Fontenaisiens*) (☛ carte 23). Château de Terre-Neuve (XVIe siècle). Agroalimentaire (pâtisserie).

FONTENELLE Bernard Le Bovier de (1657-1757) ✦ Philosophe français. Il est connu pour sa finesse d'esprit qui brille dans les salons. Il prend parti pour les Modernes dans sa *Digression sur les Anciens et les Modernes* (1687). Il s'attache à rendre compréhensibles les progrès scientifiques (Copernic, Descartes) et à lutter contre l'obscurantisme et la superstition avec un art qui lui apporte le succès et annonce les philosophes des **Lumières**. Parmi ses œuvres, on peut citer : *Dialogues des morts* (1683), *Entretiens sur la pluralité des mondes* (1686), *Histoire des oracles* (1687), de nombreux *Éloges* des académiciens et des *Préfaces.* Académie française (1691) ; Académie des sciences (1697).

FONTENOY Maud (née en 1977) ✦ Navigatrice française. Elle est la première femme à réaliser la traversée de l'Atlantique Nord à la rame (2003), puis celle du Pacifique (2005). Elle effectua un tour du monde en solitaire à la voile et à contre-courant en 151 jours (2006-2007).

FONTENOY ✦ Village de Belgique, près de Tournai. Commandée par le maréchal de Saxe, l'armée française y bat les Anglais et les Hollandais pendant la guerre de **Succession d'Autriche** (11 mai 1745). La *bataille de Fontenoy* permet à Louis XV de conquérir les Pays-Bas.

FONTEVRAUD-L'ABBAYE ✦ Commune du Maine-et-Loire. 1 539 habitants (les *Fontevristes*). Vestiges de l'abbaye romane Notre-Dame de Fontevrault. Fondée en 1101, elle abrite des communautés d'hommes et de femmes, sous l'autorité d'une abbesse de sang noble, jusqu'à la suppression de cet ordre qui suit la règle de saint **Benoît de Nursie** (1792). Les bâtiments, qui renferment les tombeaux des premiers **Plantagenêts**, sont occupés par une prison d'État de 1804 à 1963 et, depuis 1975, par le centre culturel de l'Ouest.

FONT-ROMEU-ODEILLO-VIA ✦ Commune des Pyrénées-Orientales, à 1 800 m d'altitude. 1 916 habitants (les *Romeufontains*) (☛ carte 23). Station de sports d'hiver, centre d'entraînement sportif en altitude. Centre de recherche sur l'énergie solaire, four solaire d'Odeillo (1970), l'un des deux plus grands du monde.

FORBACH ✦ Ville de Moselle, près de la frontière allemande. 21 740 habitants (les *Forbachois*). Centre industriel (carbochimie, mécanique, électricité, alimentaire, imprimerie).

FORD Henry (1863-1947) ✦ Industriel américain. Ce simple mécanicien construit sa première automobile (1892-1893) et fonde la *Ford Motor Company* (1903), qui devient l'entreprise la plus puissante d'Amérique. Pour produire ses véhicules en série, il introduit le travail à la chaîne et la standardisation des pièces détachées, puis il crée une flotte marchande pour les exporter (1925). Pendant la Deuxième Guerre mondiale, il construit du matériel militaire.

FORD John (1894-1973) ✦ Cinéaste américain, d'origine irlandaise. Spécialiste du western, il porte le genre à son apogée en célébrant l'héroïsme, la fraternité et la justice. Principaux films, dans lesquels apparaît souvent John **Wayne** : *La Chevauchée fantastique* (1939), *Les Raisins de la colère* (1940), *La Poursuite infernale* (1946), *L'Homme tranquille* (1952), *La Prisonnière du désert* (1956), *L'Homme qui tua Liberty Valance* (1962), *Les Cheyennes* (1964). ■ Son véritable nom est *Sean Aloysius O'Fearna.*

FORÊT-NOIRE n. f. ✦ Massif montagneux d'Allemagne (Bade-Wurtemberg), en bordure du Rhin (☛ carte 29). Il s'étend sur 170 km de long et 60 de large, de Karlsruhe à Bâle. Le Danube y prend sa source et son point culminant est le Feldberg (1 493 m). Élevage et cultures fruitières dans les vallées. Travail du bois, industrie textile et horlogerie dans les villes. La Forêt-Noire est l'une des grandes régions touristiques d'Allemagne.

FOREZ n. m. ✦ Région du Massif central, à l'est de Clermont-Ferrand et au nord de Saint-Étienne. Elle se partage entre les *monts du Forez* à l'ouest et la *plaine du Forez,* traversée par la Loire, à l'est. Le parc naturel régional du Livradois-Forez (321 992 ha), créé en 1986, s'étend entre les vallées de la Loire et de l'Allier.

FORMOSE ✦ Nom donné par les Portugais à l'île de **Taïwan.**

FORT Paul (1872-1960) ✦ Poète français. Il fonde le théâtre d'Art (1890-1893) puis, élu « prince des poètes » (1912), il anime la revue *Vers et Prose* avec Paul Valéry (1905-1914). Il renouvelle la tradition de la ballade, avec légèreté et fantaisie, dans une suite monumentale, *Ballades françaises* (publiées de 1897 à 1958), souvent mises en musique, notamment par **Brassens** *(Le Petit Cheval, La Marine, L'Enterrement de Verlaine, Si le Bon Dieu l'avait voulu).*

FORTALEZA ✦ Ville du nord-est du Brésil, sur l'océan Atlantique. 2,4 millions d'habitants (3,5 millions pour l'aire métropolitaine). Capitale de l'État de Ceara en forte croissance démographique, entourée de favelas. Port de pêche et de commerce, centre universitaire, industriel (textile) et touristique.

FORT-DE-FRANCE ✦ Chef-lieu de la Martinique, dans l'ouest de l'île, sur une grande baie. 83 651 habitants (les *Foyalais*). Fort Saint-Louis (XVIIe siècle), cathédrale (XIXe siècle). Port commercial et militaire, centre administratif et touristique. ♦ Fondée sous le nom de *Fort-Royal* (1683), la ville devient capitale de l'île (1692).

FORUM DES HALLES n. m. ✦ Galerie marchande de Paris, près de **Beaubourg.** Construit à l'emplacement des anciennes **Halles** de Paris, ce centre de commerces, de culture et de loisirs s'étend sur sept hectares et plusieurs niveaux. Il comporte de nombreuses boutiques, une piscine, des musées, et un complexe cinématographique. Un grand projet de réaménagement est en cours.

FORUM ROMAIN n. m. ✦ Quartier de la Rome antique. Marché fondé par les Étrusques entre le Capitole, l'Esquilin et le Palatin (VIe siècle av. J.-C.). Il devient le centre politique et religieux de la ville. De nombreux monuments sont construits autour de la Voie sacrée : sous la République, les temples de Vesta, de Saturne, de Castor et Pollux, la maison des Vestales, la tribune des Rostres, les basiliques Aemilia et Julia, la Curie (salle du Sénat) ; sous l'Empire, les temples de Vespasien et de Titus, de Vénus et de Rome, les arcs de Titus, de Septime Sévère et la basilique de Maxence. Les empereurs César, Auguste, Trajan, Nerva et Vespasien édifient ensuite chacun leur forum. Les vestiges attirent de nombreux touristes dans le centre de Rome, qui est inscrit sur la liste du patrimoine mondial de l'Unesco.

FOS-SUR-MER ✦ Commune des Bouches-du-Rhône. 15 857 habitants (les *Fosséens*). Vestiges d'une enceinte fortifiée et d'un château (XIVe siècle). Port pétrolier et minéralier, qui alimente un gigantesque complexe industriel (métallurgie, pétrochimie), d'où part l'oléoduc sud-européen vers l'Alsace et l'Allemagne. ♦ Un canal, creusé par le consul romain Marius (106 av. J.-C.) pour relier Arles à la mer et appelé *fossae Marianae,* lui donne son nom.

FOSTER sir Norman (né en 1935) ✦ Architecte britannique. Il affirme un style « high tech » fondé sur l'emploi d'éléments métalliques empruntés à l'industrie aéronautique ou navale. Ses principales réalisations sont la Banque de Shanghai et Hong Kong (1986), le Carré d'Art de Nîmes (1993), la reconstruction du Reichstag à Berlin (1998), le Millenium Bridge (2001) et l'hôtel de ville (2002) de Londres, le viaduc de Millau (2004).

FOUCAULD Charles de (dit **le père de Foucauld**) (1858-1916) ✦ Religieux français. Après une carrière militaire, il explora le Maroc (1883-1884). Converti au catholicisme, il devint ermite et s'installa dans le Sahara algérien. Il est l'auteur de travaux sur les Touareg et leur langue.

FOUCAULT Léon (1819-1868) ✦ Physicien français. Il mit en évidence la rotation de la Terre au moyen d'un pendule (*pendule de Foucault*) en 1851 et inventa le gyroscope (1852). Académie des sciences (1865).

FOUCAULT Michel (1926-1984) ✦ Philosophe français. Enseignant à l'université (Tunis, Vincennes, Berkeley) et au Collège de France (1970), il allie l'action engagée (défense des individus face au pouvoir) à la réflexion théorique (remise en cause systématique des savoirs). Œuvres : *Histoire de la folie à l'âge classique* (1961), *Naissance de la clinique, une archéologie du regard médical* (1963), *Les Mots et les Choses* (1966), *L'Archéologie du savoir* (1969), *Surveiller et punir* (1975), *Histoire de la sexualité* (*La Volonté de savoir,* 1976 ; *L'Usage des plaisirs* et *Le Souci de soi,* 1984).

FOUCHÉ Joseph (1759-1820) ✦ Homme politique français. Député de la **Montagne** à la Convention pendant la Révolution, il vote la mort du roi ; il réprime l'insurrection de Lyon et y organise la **Terreur.** Malgré sa participation à la chute de Robespierre (1794), il est exclu de la Convention thermidorienne ; il est amnistié et nommé ministre de la Police (1799). Ses espions aident Bonaparte à préparer le coup d'État du 18 **Brumaire an VIII.** Il devient duc d'Otrante (1809) puis gouverneur des Provinces-Illyriennes (1813). Rallié aux Bourbons après les **Cent-Jours,** il est de nouveau ministre de la Police puis ambassadeur à Dresde (1815).

FOUESNANT ✦ Commune du Finistère. 9 437 habitants (agglomération 23 753) (les *Fouesnantais*). Vergers, cidre. Station balnéaire.

FOUGÈRES ✦ Ville du département d'Ille-et-Vilaine. 20 189 habitants (les *Fougerais*). Château féodal avec son enceinte flanquée de treize tours (XIIe-XVe siècles), église gothique Saint-Sulpice (XVe-XVIIIe siècles). Centre industriel en déclin (cuir, textile). Ville natale de G. Franju.

FOUJITA Léonard (1886-1968) ✦ Peintre français, d'origine japonaise. Dès son arrivée à **Montparnasse** (1913), il devient célèbre en associant des éléments traditionnels japonais à ses tableaux, représentant surtout des femmes et des chats. Après de nombreux voyages (1931-1950), il revient en France, dont il adopte la nationalité (1955). Il se convertit au christianisme et se consacre à la peinture de scènes religieuses. Œuvres : *Nu allongé* (1922), *Youki, déesse de la neige* (1924), *Au café* (1949), les fresques de la chapelle Notre-Dame de la Paix à Reims (1964-1966). ▪ Son véritable nom est *Fujita Tsuguharu.*

FOULBÉS n. m. pl. ✦ Autre nom des **Peuls.**

FOUQUET Jean (vers 1420-vers 1480) ✦ Peintre français. Il séjourne en Italie (1445-1448) puis revient à Tours. Il travaille pour Charles VII et devient le peintre officiel (1474) et l'organisateur des fêtes de Louis XI. Son sens de la perspective, ses paysages détaillés et ses portraits expressifs font de lui l'un des peintres français les plus importants du XVe siècle. Œuvres : *Portrait de Charles VII* (vers 1450) ; le «diptyque de Melun» (vers 1455), composé de *Étienne Chevalier présenté par saint Étienne* et de *La Vierge et l'Enfant entourés d'anges* (ressemblant à Agnès Sorel, maîtresse de Charles VII) ; *Guillaume Jouvenel des Ursins* (vers 1460) ; les miniatures des *Heures d'Étienne Chevalier* (vers 1455), des *Grandes Chroniques de France* (vers 1458) et des *Antiquités judaïques* (vers 1470).

FOUQUET Nicolas (1615-vers 1680) ✦ Homme d'État français. Surintendant des Finances de Louis XIV (1653), il acquiert une énorme fortune personnelle et construit le château de **Vaux-le-Vicomte.** Il y accueille des artistes comme La Fontaine, Molière, Le Vau, Poussin ou Le Brun. **Colbert,** qui convoite sa succession, le dénonce auprès de Louis XIV pour malversations. À la suite d'une fête offerte au roi jugée trop somptueuse, il est arrêté par d'Artagnan (1661). Son procès dure trois ans et il finit sa vie en prison.

FOUQUIER-TINVILLE Antoine Quentin (1746-1795) ✦ Révolutionnaire français. Ce magistrat est nommé accusateur public au Tribunal révolutionnaire (1793) et devient le symbole de l'intransigeance de la **Terreur.** Il est condamné à mort pendant la Convention thermidorienne et exécuté.

Fourberies de Scapin (Les) ✦ Comédie publiée en 1671 par Molière. Scapin est un valet rusé qui aide son maître Léandre et l'ami de celui-ci, Octave, à convaincre leurs pères d'accepter leurs amours. Molière utilise tous les procédés de la comédie italienne avec beaucoup d'imagination et de drôlerie.

FOURIER Joseph (1768-1830) ✦ Mathématicien français. Élève de Lagrange, Laplace, Monge, il participa à l'expédition d'Égypte. Il étudia la conduction de la chaleur et, en cherchant le moyen de représenter ses observations, découvrit les séries trigonométriques utilisées depuis en physique (*séries de Fourier*). Académie des sciences (1817), Académie française (1826).

FOURIER Charles (1772-1837) ✦ Philosophe et économiste français. Ruiné pendant la Révolution française, il élabore un projet de réformes économiques, sociales et humaines (*Traité de l'association domestique et agricole,* 1822 ; *Le Nouveau Monde industriel et sociétaire,* 1829). Pour atteindre l'harmonie universelle, il veut organiser la société en «phalanges» (ou «phalanstères»). Ces groupes de travailleurs, associés en coopératives par actions, sont constitués de membres choisis en fonction de leur caractère de façon à représenter toutes les combinaisons possibles entre les différentes passions humaines. Toutes les tentatives de mise en pratique de cette utopie ont échoué.

FOURNAISE (piton de la) n. m. ✦ Volcan actif, dans le sud de l'île de la Réunion (2 631 m). L'observatoire installé en 1979 a étudié vingt éruptions depuis 1998.

FOURVIÈRE ✦ Quartier de Lyon, situé sur la *colline de Fourvière,* qui domine la Saône. Sur l'emplacement du forum romain, on édifie une chapelle (1586) qui attire les pèlerins après la grande peste de 1628, puis l'actuelle basilique Notre-Dame de Fourvière (1872-1894).

FRA ANGELICO → ANGELICO (Fra)

FRAGONARD Jean-Honoré (1732-1806) ✦ Peintre français. Élève de **Chardin,** il voyage en Italie (1756, 1773), peint des scènes historiques et des monuments, puis des scènes galantes, des portraits et des paysages pleins de grâce et de sensualité. Ruiné pendant la Révolution, il entre au Conservatoire du Louvre. Œuvres : *Les Hasards heureux de l'escarpolette* (1766), série des *Progrès de l'amour dans le cœur des jeunes filles* (1770-1773) pour Mme du Barry, *Les Blanchisseuses* (1774), *La Fête à Saint-Cloud* (1775), *Le Verrou* (1776).

FRANCE Anatole (1844-1924) ✦ Écrivain français. Ami de Leconte de Lisle et poète, il connaît rapidement le succès avec ses récits raffinés, pleins d'érudition et d'ironie. Il critique l'ordre social et le clergé, mais il garde un regard tendre sur le genre humain. Il soutient Zola dans l'affaire **Dreyfus,** défend le socialisme et les débuts du communisme, sans s'attacher à un parti. Œuvres : *Le Crime de Sylvestre Bonnard* (1881), *La Rôtisserie de la reine Pédauque* (1893), *Le Lys rouge* (1894), *L'Histoire contemporaine* (quatre tomes, 1897-1901), *L'Île des pingouins* (1908), *Les dieux ont soif* (1912). Prix Nobel de littérature (1921). ▪ Son véritable nom est *Anatole François Thibault.*

FRANCE n. f. ✦ Pays d'Europe de l'Ouest. (☛ cartes 21, 22). Superficie : 543 965 km². 65 millions d'habitants (les *Français*). République dont la capitale est Paris. Langue officielle : le français ; on y parle aussi l'alsacien, le basque, le breton, le catalan, le corse et d'autres langues régionales. Monnaie : l'euro, qui a remplacé le franc. 96 départements métropolitains groupés en 13 Régions, 5 départements et régions d'outre-mer (ou DOM-ROM : Guadeloupe, Guyane, Martinique, Mayotte, Réunion), 5 collectivités d'outre-mer (ou COM : Saint-Barthélemy, Saint-Martin, Saint-Pierre et Miquelon, Wallis et Futuna, Terres Australes et Antarctiques françaises), une collectivité territoriale (Nouvelle-Calédonie), un pays d'outre-mer (ou POM : Polynésie française). ♦ GÉOGRAPHIE. La France métropolitaine est formée par les plaines et les collines du Bassin **parisien** au nord, du Bassin **aquitain** au sud-ouest, par les plateaux et les montagnes du Massif **armoricain** au nord-ouest, du Massif **central** au centre, de l'Ardenne, des Vosges, du Jura et des Alpes à l'est, des Pyrénées au sud-ouest, et par de nombreuses îles, dont les deux plus grandes sont la Corse et Oléron. Elle est arrosée par plusieurs fleuves (Seine, Rhin, Loire, Garonne, Rhône) et leurs affluents. Le climat tempéré est océanique. ♦ ÉCONOMIE. C'est un pays traditionnellement agricole (élevage, céréales, cultures maraîchères et fruitières, vigne), le 1er producteur de l'Union européenne et le 2e exportateur du monde. Ses ressources naturelles sont faibles : le charbon n'est plus exploité, le gaz de Lacq s'épuise, le pétrole est rare, l'énergie est à 80 % d'origine nucléaire. En dehors de l'alimentaire, l'industrie traditionnelle est en crise (sidérurgie, textile, mécanique) et se tourne vers les industries de pointe (armement, aéronautique, espace). Le secteur des services a pris la première place (70 % de la population active) avec le commerce, l'enseignement, la recherche, la banque, les transports et le tourisme qui fait du pays la première destination touristique du monde. ♦ HISTOIRE. **Clovis** conquiert la **Gaule** et devient roi des Francs (481-511). À sa mort le royaume est partagé entre l'**Aquitaine**, l'**Austrasie**, la **Bourgogne** et la **Neustrie** (511), puis réuni par **Dagobert** (632). **Charlemagne** l'intègre dans l'empire féodal des **Carolingiens** (800). Elle est séparée de la **Lotharingie** et de la **Germanie** (traité de **Verdun**, 843) puis passe sous l'autorité des **Capétiens** (987) qui en font un État influent (croisades, arts roman et gothique, universités). L'accession au trône des **Valois** (1328) provoque la guerre de **Cent Ans**, perdue par l'Angleterre. Ils agrandissent le royaume (Bourgogne, Anjou, Provence, Bretagne), luttent contre les **Habsbourg** dans les guerres d'**Italie** (1494-1559) et propagent les idées de la **Renaissance**. La **Réforme** déclenche les guerres de **Religion**, qui cessent avec l'édit de **Nantes** (1598). La dynastie des **Bourbons** fait de la monarchie un pouvoir absolu, et la France domine l'Europe (Louis XIII, Louis XIV). Louis XVI est confronté à un pays en profonde mutation (économique, sociale et idéologique). Il convoque les états généraux (1789), prélude à la **Révolution française**. La Ire République (1792) s'achève avec le **Consulat** (1799) suivi du Premier **Empire** (1804). **Napoléon Ier** tente de conquérir l'Europe, mais il doit abdiquer et laisser place à la **Restauration** (1814-1830) malgré sa tentative de reprendre le pouvoir pendant les **Cent-Jours** (1815). Après la **révolution de 1830** s'établit la **monarchie de Juillet** (1830-1848). La **révolution de 1848** fonde la IIe République, et **Napoléon III** établit le Second **Empire** (1852-1870). Il capitule à **Sedan** et la IIIe République est proclamée (1870-1940). Elle est marquée par la **Commune** (1871), les conquêtes coloniales (☛ carte 17), les scandales (canal de **Panama**, affaire **Dreyfus**) et la **Belle Époque**. Après la Première **Guerre mondiale** (1914-1918) viennent les **Années folles**. L'espoir soulevé par le **Front populaire** (1936) s'effondre avec la Deuxième **Guerre mondiale** (1939-1945). **Pétain** signe l'armistice et installe le gouvernement à **Vichy** (1940-1944). À la **Libération**, il est remplacé par le Gouvernement provisoire de la République française, présidé par Charles de **Gaulle**, qui instaure la IVe République (1947-1958). La France est alors confrontée à la reconstruction, à l'élaboration de la **CEE** et à la décolonisation (guerres d'**Indochine** et d'**Algérie**). De Gaulle, rappelé au pouvoir après l'insurrection d'Alger, fait adopter la Constitution de la Ve République (1958). Il démissionne après la crise de **Mai 68**. Ses successeurs sont Georges **Pompidou** (1969-1974), Valéry **Giscard d'Estaing** (1974-1981), François **Mitterrand** (1981-1995), Jacques **Chirac** (1995-2007), Nicolas **Sarkozy** (2007-2012) et François **Hollande** (2012-2017).

FRANCFORT-SUR-LE-MAIN ✦ Ville d'Allemagne (Hesse), à l'est de Mayence, sur le Main. 651 583 habitants (les *Francfortois*). Le Römerberg, cathédrale et hôtel de ville (XVe siècle), églises gothiques Sainte-Catherine (XIVe-XVIIe siècles) et Saint-Léonard (XVe-XVIe siècles). Centre financier, commercial, industriel (chimie, métallurgie, électricité, cuir), culturel (Foire internationale du livre). Ville natale de Charles II le Chauve, du poète Goethe et du banquier Amschel Rothschild. ♦ Bâtie sur un ancien camp romain (VIIIe siècle), la ville est choisie par Charlemagne comme capitale du royaume des Francs. À partir de 1356, les empereurs germaniques y sont couronnés. Capitale d'un duché créé par Napoléon Ier (1806-1815), puis de la Confédération germanique, elle est annexée par la Prusse (1866). Le traité qui y est signé met fin à la guerre franco-allemande (10 mai 1871) et accorde l'**Alsace-Lorraine** à l'Allemagne. Occupée par la France après la Première Guerre mondiale (1920), elle est à moitié détruite pendant la Deuxième, et reconstruite dans les années qui suivent le conflit.

FRANCHE-COMTÉ n. f. ✦ Région de l'est de la France intégrée à la Région Bourgogne-Franche-Comté. L'ancienne région administrative comprenait quatre départements : le Doubs, la Haute-Saône, le Jura et le Territoire de Belfort. Le chef-lieu était Besançon. ♦ GÉOGRAPHIE. Les plateaux et les monts du **Jura**, couverts de forêts, s'étendent du sud jusqu'au nord-est, où la trouée de **Belfort** les sépare du pied des Vosges. L'Ain arrose le sud, les vallées de la Saône et du Doubs occupent le centre et le nord. Le climat est continental, avec de longs hivers. La région n'est pas très urbanisée, en dehors de Besançon, de Montbéliard et de Belfort. ♦ ÉCONOMIE. L'agriculture est basée sur l'élevage bovin (le fromage produit dans la région s'appelle le *comté*) et la vigne. L'industrie, très ancienne (horlogerie), s'est bien modernisée (haute technologie, construction automobile et ferroviaire, informatique, lunetterie). Le tourisme est actif en montagne et valorise l'artisanat (bois, pierres précieuses). ♦ HISTOIRE. C'est une très ancienne province, avec Dole puis Besançon pour capitale, peuplée par les Gaulois Séquanes et dont les Romains font la province de Séquanaise. Dominée par les Burgondes (Ve siècle) et les Carolingiens, elle est intégrée à la **Lotharingie** (843), aux royaumes de Provence (879), de **Bourgogne** (934) et au **Saint Empire** (1034). Elle devient le brillant comté palatin de Bourgogne (1169), puis la Franche-Comté (XIVe siècle). Elle passe alors sous différentes autorités, jusqu'aux **Habsbourg** d'Espagne (1548). Elle prospère en servant de passage entre l'Espagne et les Pays-Bas, puis est envahie par Henri IV, Louis XIII et Louis XIV, qui la réunit définitivement à la Couronne (traité de **Nimègue**, 1678).

FRANCK César (1822-1890) ✦ Musicien français, d'origine belge. Pianiste et organiste, il devient professeur au Conservatoire (1872), où il forme une génération d'artistes. Il connaît tardivement la célébrité avec un poème symphonique (*Rédemption,* 1871-1872) et un oratorio (*Les Béatitudes,* 1869-1879) marqués par un romantisme lyrique. Parmi ses œuvres, on peut citer : des poèmes symphoniques (*Le Chasseur maudit,* 1882 ; *Les Djinns,* 1884 ; *Psyché,* 1887), *Quintette avec piano* (1880), *Prélude, choral et fugue* (1884), *Variations symphoniques* (1885), *Sonate pour violon et piano* (1886), *Symphonie en ré* (1888), *Quatuor à cordes* (1890).

FRANCO (1892-1975) ✦ Homme d'État espagnol. Nommé général à 33 ans après la guerre au Maroc, il réprime la révolte des mineurs des Asturies (1934) et s'exile après la victoire du Front populaire (1936). Il dirige un soulèvement nationaliste puis mène la guerre contre les républicains, guerre civile qu'il gagne avec l'aide de l'Allemagne hitlérienne et de l'Italie fasciste (1939). Devenu chef de l'État (1938) sous le nom de *caudillo* (qui signifie « guide » en espagnol), il établit une dictature. Resté neutre pendant la Deuxième Guerre mondiale, il rétablit la monarchie (1947), se nomme régent à vie et désigne le roi **Juan Carlos Ier** comme son successeur (1969). Son régime est le *franquisme,* ses partisans sont les *franquistes.* ■ Son nom complet est *Francisco Franco Bahamonde.*

FRANCO-ALLEMANDE DE 1870 (guerre) ✦ Guerre qui opposa de 1870 à 1871 la totalité des États allemands à la France. **Bismarck**, alors Premier ministre prussien, veut réaliser l'unité de l'Allemagne sous la direction de la **Prusse.** Il provoque un incident diplomatique avec la France qui déclare la guerre le 19 juillet 1870. Après plusieurs défaites, Napoléon III capitule à **Sedan** le 2 septembre ce qui entraîne la chute du Second **Empire** et la naissance de la IIIe **République.** Cette guerre enlève à la France l'Alsace et une grande partie de la Lorraine et aboutit à la fondation de l'Empire allemand, le 18 janvier 1871, sous la direction de **Guillaume Ier**.

FRANÇOIS (né en 1936) ✦ Pape élu en 2013, après la renonciation de Benoît XVI. ■ Son nom est *Jorge Mario Bergoglio.*

FRANÇOIS Ier (1494-1547) ✦ Roi de France de 1515 à sa mort. Il épouse **Claude de France** (1514), fille de Louis XII auquel il succède. Rival de **Charles Quint**, il poursuit les guerres d'**Italie**. Il alterne les victoires (**Marignan**, 1515) et les défaites (**Pavie**, 1525, où il est fait prisonnier). Sa tentative d'alliance avec **Henri VIII** d'Angleterre au Camp du Drap d'or échoue (1520). Sans cesser le combat, il signe plusieurs paix dont celle de Cambrai (1529), se rapprochant des protestants allemands et des Turcs. À l'intérieur, il renforce son pouvoir, tolère puis persécute les protestants (Calvin, 1534), développe et centralise le pays. Il impose l'utilisation du français dans la rédaction des actes juridiques (ordonnance de **Villers-Cotterêts**, 1539). Protecteur des arts, il introduit la culture de la **Renaissance** en France. Il fait venir des artistes italiens comme **Léonard de Vinci**, construit des châteaux (Chambord, Villers-Cotterêts, Saint-Germain-en-Laye) et fonde le **Collège de France** (1530).

FRANÇOIS II (1544-1560) ✦ Roi de France de 1559 à sa mort. Fils aîné de Catherine de Médicis et d'Henri II, il épouse **Marie Stuart**, nièce des ducs de Guise, qu'il laisse gouverner. C'est pour le soustraire à leur influence que les chefs du parti protestant organisent la conjuration d'Amboise (1560).

FRANÇOIS D'ASSISE (saint) (vers 1182-1226) ✦ Religieux italien, canonisé en 1228. Fils d'un riche marchand drapier, il quitte sa famille pour se consacrer aux pauvres (1206). Il fonde l'ordre des Frères mineurs (1210), part évangéliser le Maroc (1213) puis l'Égypte (1219) auprès des croisés et tente de convertir le sultan. Affaibli par la maladie et l'apparition miraculeuse de « stigmates », des blessures semblables à celles du Christ, il se retire dans son ermitage à Assise et compose le *Cantique de frère Soleil* (1224). Sa vie inspire de nombreux artistes comme **Giotto** (fresques d'Assise et de Florence). Les *franciscains* et les *franciscaines* sont les membres de l'ordre fondé par saint François. ■ Son véritable nom est *Giovanni Bernardone.*

FRANÇOIS-FERDINAND DE HABSBOURG (1863-1914) ✦ Archiduc d'Autriche. Neveu de l'empereur François-Joseph, auquel il doit succéder. Défenseur des traditions autoritaires, mais partisan du fédéralisme à l'intérieur de l'Empire : il souhaite donner une place plus importante aux Slaves du Sud pour mettre fin au dualisme austro-hongrois. Il est assassiné par un Serbe à **Sarajevo** le 28 juin 1914, attentat qui déclenche la Première **Guerre mondiale**.

FRANÇOIS-JOSEPH Ier (1830-1916) ✦ Empereur d'Autriche de 1848 à sa mort. Accédant au trône après la révolution de 1848, il rétablit, contre l'Allemagne, le pouvoir des Habsbourg en Europe (**Lombardie** et **Hongrie**, 1849), gouverne en monarque absolu et se marie avec **Élisabeth de Wittelsbach** (1854). Après ses échecs politiques (défaite contre la **Prusse**, 1866), il associe la Hongrie à l'Autriche (1867), ce qui mécontente les Slaves et les Tchèques. À la suite de drames familiaux, il libéralise le régime. L'annexion de la **Bosnie-Herzégovine** (1908) et l'exigence de réparations pour la mort de l'archiduc **François-Ferdinand** déclenchent la Première Guerre mondiale. Il meurt avant la chute de l'Empire austro-hongrois (1918).

FRANÇOIS XAVIER (saint) (1506-1552) ✦ Religieux espagnol canonisé en 1622. Venu étudier à Paris, il rencontre **Ignace de Loyola** et participe à la fondation de la Compagnie de **Jésus** (1540). Il est envoyé à Goa (1542) puis il évangélise Malacca (1549), les Moluques, le Japon, avant de mourir en Chine. ■ Son véritable nom est *Francisco de Jassu.*

FRANCS **n. m. pl.** ✦ Peuple germanique qui donne son nom à la France. Établis à l'embouchure du Rhin (IIIe siècle av. J.-C.), les Francs migrent dans la région de Cologne et entre la Meuse et l'Escaut (IVe siècle), puis pénètrent en **Gaule** au moment des **Grandes Invasions** (430-450) (☛ carte 9). Unifiés par Clovis, ils conquièrent le pays et le gouvernent (dynasties des **Mérovingiens** et des **Carolingiens**). La *France* est le pays des Francs.

FRANJU Georges (1912-1987) ✦ Cinéaste français. Cofondateur en 1934, avec Henri **Langlois**, de la Cinémathèque française, il a réalisé des documentaires d'un réalisme brutal (*Le Sang des bêtes,* 1949) qui font de lui l'un des maîtres du genre. Ses longs métrages révèlent un goût marqué pour l'insolite : *La Tête contre les murs* (1958), *Les Yeux sans visage* (1960), *Judex* (1964).

FRANK Anne (1929-1945) ✦ Jeune fille allemande. Quand Hitler arrive au pouvoir (1933), sa famille, de religion juive, fuit aux Pays-Bas. Cachée dans un réduit, Anne écrit son *Journal* (1942-1944) qui témoigne des persécutions infligées aux Juifs par les nazis. Dénoncée, elle est arrêtée et meurt dans un camp de concentration. Son *Journal,* publié en 1947, est traduit dans le monde entier.

Frankenstein ✦ Roman, dont le titre exact est *Frankenstein ou le Prométhée moderne,* publié en 1817 par Mary **Shelley.** ☛ Littérature p. 136. Le docteur Victor Frankenstein crée un homme en assemblant des morceaux de cadavres. Le monstre ainsi obtenu souffre tant de son aspect effrayant et de sa solitude qu'il détruit les proches de son créateur avant de s'enfuir en Arctique où il disparaît, après avoir tué le savant lui-même. Devenue un mythe romantique, la créature apparaît souvent au cinéma : *Frankenstein,* avec Boris Karloff (1931), *Frankenstein s'est échappé* (1957), *Frankenstein Junior* (parodie, 1974).

FRANKLIN Benjamin (1706-1790) ✦ Physicien et homme politique américain. Autodidacte, il écrit dans des journaux à New York et à Philadelphie, où il fonde la Société philosophique américaine (1743) qui deviendra l'université de Pennsylvanie. Il s'intéresse aux phénomènes électriques, invente le calorifère et le paratonnerre (1752). Envoyé en mission à Londres pour défendre les intérêts de la Pennsylvanie (1747-1752), il devient ambassadeur des colonies en Grande-Bretagne. Il participe à la rédaction de la déclaration d'Indépendance américaine avec Jefferson (1776). En France il est reçu à l'Académie des sciences grâce à Buffon, et il obtient, avec La Fayette, le soutien de la France aux États-Unis. Il retourne dans son pays (1785) et rédige la Constitution fédérale (1787).

FRANQUIN André (1924-1997) ✦ Créateur belge de bandes dessinées. De 1946 à 1968, il collabore au journal *Spirou* (il y dessine les aventures de **Spirou** et Fantasio). Il invente les personnages du Marsupilami (1952), de Modeste et Pompon (1955) et surtout de Gaston **Lagaffe** (1957).

FRATELLINI ✦ Famille de clowns originaire d'Italie. Le trio formé par **Paul** (1877-1940), **François** (1879-1951) et **Albert** (1885-1961) connaît un succès mondial avec ses numéros fantaisistes, empreints de poésie. **Annie** (1932-1997), la petite-fille de Paul, adopte un personnage de femme-auguste et fonde l'École nationale du cirque avec son mari Pierre Étaix (1972).

FRAUENFELD ✦ Ville de Suisse, chef-lieu du canton de Thurgovie. 22 253 habitants. Château (XIIIe siècle), église Saint-Laurent (XIVe siècle). Ville industrielle (métallurgie, textile).

FRÉDÉRIC Ier BARBEROUSSE (vers 1122-1190) ✦ Empereur germanique de 1155 à sa mort. En voulant imposer sa domination en Italie du Nord, il détruit **Milan** (1162) et s'oppose à la Ligue lombarde, soutenue par le pape (1167). Battu à Legnano (1176), il confisque les duchés de son allié, le duc de Saxe et de Bavière, qui lui a refusé son aide (1181), mais il doit reconnaître l'indépendance des villes de **Lombardie** (paix de Constance, 1183). Après le mariage de son fils avec l'héritière du royaume de Naples (1186), il devient l'un des chefs de la troisième croisade (1189). Il meurt de noyade en Asie Mineure.

FRÉDÉRIC II (1194-1250) ✦ Empereur germanique de 1212 à sa mort. D'abord roi de Sicile (1197), il s'oppose constamment à la papauté, qui l'excommunie (1227). Pendant la sixième croisade (1228-1229), le sultan d'Égypte lui accorde les villes de Jérusalem, dont il se fait couronner roi, de Bethléem et de Nazareth. À son retour, il réprime un soulèvement en Italie (1230), puis celui de son fils aîné en Allemagne (1235). Après sa victoire sur les villes lombardes (1237), il est de nouveau excommunié et le concile de Lyon tente de le déposer (1245). En Allemagne, son soutien à la féodalité affaiblit l'autorité impériale, mais, en Italie, il impose une monarchie absolue bien organisée. Très cultivé, il entretient une cour raffinée, protège les sciences, les arts et tolère les religions tout en défendant l'orthodoxie.

FRÉDÉRIC II LE GRAND (1712-1786) ✦ Roi de Prusse de 1740 à sa mort. Passionné par les arts et la philosophie, il correspond avec **Voltaire.** Ses théories sur le pouvoir (*Anti-Machiavel,* 1740) lui donnent une réputation de despote éclairé. Son règne est marqué par de violents conflits avec l'**Autriche** qui ravagent le pays : guerres de **Succession d'Autriche** (1740-1748) et de Bavière (1778-1779), guerre de Sept Ans (1756-1763). Frédéric II rétablit l'économie de façon autoritaire et agrandit la **Prusse,** qu'il porte à son apogée grâce au partage de la **Pologne** (1772).

FREDERICTON ✦ Ville du Canada, capitale du Nouveau-Brunswick. 50 535 habitants. Centre administratif et universitaire, à l'architecture coloniale. Industries (bois, plastique, chaussure).

FREETOWN ✦ Capitale de la Sierra Leone, dans l'ouest du pays, sur l'océan Atlantique. 690 000 habitants. Base navale, port commercial et industriel (alimentaire). Cette ville est fondée pour accueillir les esclaves noirs affranchis revenus d'Amérique (1788). Son nom signifie «ville libre» en anglais.

FREINET Célestin (1896-1966) ✦ Éducateur français. Cet instituteur prône une pédagogie nouvelle, privilégiant le développement de la personnalité et le travail par groupes. Il crée ensuite sa propre école qui devient expérimentale (1935). Ses positions exposées dans divers ouvrages (*L'Éducation du travail,* 1947 ; *Essai de psychologie sensible appliquée à l'éducation,* 1950) inspirent plusieurs réformes de l'enseignement en France et à l'étranger.

FRÉJUS (col du) ✦ Col des Alpes reliant la Maurienne (France) au Piémont (Italie) (altitude 2 540 m). Le *tunnel du Fréjus* est un passage ferroviaire (1871) et routier (1980) qui relie les deux versants du col.

FRÉJUS ✦ Ville du Var, près du massif de l'Esterel. 53 511 habitants (les *Fréjusiens*). Ruines romaines (aqueduc, théâtre, amphithéâtre) ; cathédrale gothique avec son cloître roman (XIIe siècle), bâtie sur une ancienne église (baptistère du Ve siècle) ; palais épiscopal en grès rose (XIVe siècle). Station balnéaire, centre de services. Ville natale de l'abbé Sieyès. ♦ Colonisée par Jules César (49 av. J.-C.), la ville devient un port important plusieurs fois détruit par les Sarrasins. Napoléon y embarque pour son exil à l'île d'Elbe (1814). La rupture du barrage de Malpasset provoque une catastrophe qui fait 400 victimes (1959).

FRENAY Henri (1905-1988) ✦ Officier et homme politique français. Résistant de la première heure, chef du mouvement *Combat,* il participa à la création des Mouvements unis de la Résistance (réunissant les trois grands mouvements de la Résistance intérieure). De 1943 à 1945, il fut ministre dans le Gouvernement provisoire. Après la guerre, il publia ses Mémoires sans cacher ses désaccords avec Jean **Moulin**.

FRESCOBALDI Girolamo (1583-1643) ✦ Compositeur italien. Organiste de Saint-Pierre de Rome, il a profondément transformé les procédés d'expression et de style de l'orgue et du clavecin. Il a introduit dans les formes héritées de la Renaissance des structures plus riches et plus développées. On lui doit plusieurs recueils de musique vocale (*Madrigaux et airs,* à une, deux, trois ou cinq voix) et des pièces instrumentales pour orgue et clavecin (*Fiori musicali,* 1635). Il a influencé J. S. Bach.

FRESNEL Augustin (1788-1827) ✦ Physicien français. Il travaille avec **Arago** et crée l'optique moderne en prouvant la nature ondulatoire de la lumière (1819). Il étudie la diffraction, la polarisation, fonde l'optique cristalline et invente la lentille à échelons pour les phares.

FREUD Sigmund (1856-1939) ✦ Neurologue et psychiatre autrichien. Installé comme médecin à Vienne (1886), il découvre que les maladies nerveuses ont pour origine des conflits internes qui remontent à l'enfance et dont les sujets n'ont pas conscience. Il élabore le concept de sexualité infantile, qui fait scandale à l'époque, et fonde la théorie de l'inconscient. Il invente une technique de soin, la psychanalyse, reposant sur l'écoute et l'interprétation de la parole du patient. D'origine juive, il doit fuir le nazisme et s'exile à Londres. Œuvres : *L'Interprétation des rêves* (1899-1900), *Totem et Tabou* (1913), *Au-delà du principe de plaisir* (1920), *Malaise dans la civilisation* (1930).

FRIBOURG ✦ Ville de Suisse, chef-lieu du canton de Fribourg. 33 418 habitants (les *Fribourgeois*) et 92 103 pour l'agglomération, dont environ 25 000 de langue allemande. Cathédrale Saint-Nicolas (XIIIe-XVe siècles), église des Cordeliers (XIIIe siècle), remparts médiévaux. Centre industriel (alimentaire, chimie, électricité) et touristique. Ville natale de J. Tinguely. ♦ Fondée par une famille princière allemande (1157), la ville appartient aux Habsbourg (1277-1452) puis aux ducs de Savoie. François Ier y signe une «Paix perpétuelle» entre la France et la Suisse (1516) et elle devient le centre de la Réforme catholique (XVIe siècle).

FRIBOURG (canton de) ✦ Canton de Suisse, dans l'ouest du pays (☛ carte 26). Superficie : 1 671 km². 258 252 habitants (les *Fribourgeois*). Langues officielles : le français et l'allemand. Chef-lieu : Fribourg. Le nord, formé de collines, est une très riche région agricole (céréales, tabac, fruits, vigne). Dans le sud, plus montagneux, on pratique l'élevage, essentiellement pour la fabrication du gruyère. Le canton se tourne aujourd'hui vers les industries de pointe.

FRIEDLAND ✦ Ville de l'ancienne Prusse-Orientale, près de Kaliningrad. **Napoléon Ier** y remporte une éclatante victoire sur la Russie (14 juin 1807). Elle est suivie par une entrevue avec le tsar **Alexandre Ier** et la signature du traité de Tilsit (7 juillet).

FRIEDRICH Caspar David (1774-1840) ✦ Peintre allemand. Il étudie à Copenhague (1794-1798) puis s'installe à Dresde et fréquente les artistes romantiques. Dans ses paysages froids, irréels et symboliques, il exprime la mélancolie de l'homme, souvent représenté de dos, seul face à la nature. Parmi ses œuvres, on peut citer : *La Croix dans la montagne* (1808), *L'Abbaye dans la forêt de chênes* (1809-1810), *Voyageur au-dessus de la mer de nuages* (1818 ☛ Romantisme p. 181), *Sur l'île de Rügen* (1818-1819), *L'Arbre aux corbeaux* (1822), *Riesengebirge* (1835).

FRIOUL-VÉNÉTIE-JULIENNE n. m. ✦ Région administrative autonome d'Italie dans le nord-est du pays (☛ carte 30). Superficie : 7 846 km². 1,2 million d'habitants. Chef-lieu : Trieste. ♦ Dans le nord, montagneux, on pratique l'élevage et l'exploitation de la forêt. La plaine fertile du sud est consacrée à l'agriculture (pâturages à l'ouest, céréales et cultures maraîchères à l'est). L'industrie est limitée (métallurgie, textile). ♦ Le duché lombard (VIe siècle) est annexé par Charlemagne (775). Il est partagé entre un *Frioul-Vénitien* (1420) et un *Frioul-Autrichien* (1500), réunis sous la domination autrichienne (traité de Campoformio, 1797) puis joints au royaume d'Italie (1866). L'Italie cède le *Frioul-Oriental,* sauf Trieste, à la Yougoslavie (1947).

FRISE n. f. ✦ Province des Pays-Bas, dans le nord du pays. Superficie : 3 357 km². 642 209 habitants. Chef-lieu : Leeuwarden. ♦ La Frise est formée d'une plaine de polders, favorable à l'élevage bovin. Les industries (agroalimentaire, métallurgie, mécanique, électronique) et les services (finances, tourisme) se développent. ♦ Le peuple germanique des Frisons, installé de la Meuse à la Weser, résiste aux Romains. Il est soumis et christianisé par les Francs (VIIIe siècle), dont c'est la terre d'origine. Intégrée à la Lotharingie et au **Saint Empire,** la région est morcelée au Moyen Âge (Frise, Hollande, Zélande, Utrecht, Groningue). La *Frise-Occidentale,* convoitée par la Hollande, passe aux ducs de Saxe (1498), à Charles Quint (1523) puis rejoint les Provinces-Unies (1579). La *Frise-Orientale,* transformée en comté (XVe siècle), passe à la Prusse (1744), puis elle est rattachée par Napoléon Ier à la Hollande, à la France, et rendue à la Prusse (1814) qui la cède au Hanovre.

FRISON-ROCHE Roger (1906-1999) ✦ Écrivain français. Son expérience de guide de haute montagne et ses expéditions au Sahara et en Laponie inspirent ses romans d'aventures : *Premier de cordée* (1941), *La Grande Crevasse* (1948), *L'Appel du Hoggar* (1936), *Bivouacs sous la lune* (1950-1954), *Peuples et chasseurs de l'Arctique* (1966).

FROISSART Jean (vers 1337-vers 1400) ✦ Écrivain français. Au cours de ses voyages, il fréquente les cours d'Angleterre, d'Écosse, d'Aquitaine et d'Italie. Ses *Chroniques* (1371-1400), relatant des évènements survenus de 1323 à 1400, sont un témoignage précieux sur les débuts de la guerre de **Cent Ans.** Il écrit aussi un grand roman en vers sur la légende d'**Arthur,** *Méliador* (1365-1380).

FROMENTIN Eugène (1820-1876) ✦ Écrivain et peintre français. Il est l'auteur d'un chef-d'œuvre du roman psychologique, *Dominique* (1863). Il voyage en Algérie où il peint des tableaux dans le goût romantique. Il a laissé le récit d'un voyage en Belgique et en Hollande (*Les Maîtres d'autrefois,* 1876).

FRONDE n. f. ✦ Période troublée de l'histoire de France, pendant la régence d'Anne d'Autriche et le gouvernement de **Mazarin** (1648-1653). La *Fronde parlementaire* est déclenchée par des magistrats du Parlement qui veulent limiter le pouvoir royal et réformer ses abus. L'arrestation de trois parlementaires entraîne le soulèvement de Paris (journée des Barricades,

26 août 1648), la cour s'enfuit à Saint-Germain, pendant que le Grand **Condé** assiège Paris et impose la paix de Rueil (1649). Le mouvement se poursuit avec la *Fronde des princes*, mécontents du maintien au pouvoir de Mazarin. Condé, qui intrigue, est arrêté (1650) et Mazarin doit quitter Paris. Condé est libéré (1651), il prend la tête des frondeurs et affronte **Turenne** pour entrer dans Paris (1652). Impopulaire, il perd ses partisans, gagne les Pays-Bas et se met au service de l'Espagne. Le retour à Paris de Louis XIV et d'Anne d'Autriche (1652) puis de Mazarin (1653) met fin à la Fronde ; le pouvoir royal sort renforcé de ces épreuves.

FRONTIGNAN ✦ Commune de l'Hérault, sur la Méditerranée. 22 896 habitants (les *Frontignanais*). Port sur le canal du Rhône à Sète. Viticulture (*muscat de Frontignan*). Station balnéaire.

FRONT POPULAIRE n. m. ✦ Période de l'histoire de France (1936-1938), pendant laquelle le pays est gouverné par une coalition des partis de gauche : le Parti communiste de Maurice Thorez, le Parti radical d'Édouard Daladier et la Section française de l'Internationale ouvrière (SFIO ou Parti socialiste français) de Léon Blum (☛ Front populaire p. 194). Cette union (1935) est motivée par une inquiétude croissante face à la crise économique d'après-guerre et à la montée de l'extrême droite en Italie, en Allemagne et en France. Elle gagne les élections législatives (1936) et forme un gouvernement présidé par Léon Blum. Après d'importants mouvements de grève, les accords **Matignon** sont signés (juin 1936), qui modifient en profondeur la condition des salariés (semaine des 40 heures, congés payés). L'hostilité des milieux d'affaires et l'opposition de l'extrême gauche, qui lui reproche l'arrêt des réformes et l'absence d'intervention dans la guerre civile espagnole, marquent la fin du Front populaire.

FUENTES Carlos (1928-2012) ✦ Écrivain mexicain. Dans ses romans et ses nouvelles, il évoque la société mexicaine dans son présent comme dans son passé avec un regard critique. C'est l'un des représentants du «réalisme magique» et l'un des maîtres de la littérature latino-américaine. Parmi ses très nombreuses œuvres, on peut citer *La Mort d'Artemio Cruz* (1962), *Terra nostra* (1975), vaste fresque historique, et *Les Années avec Laura Diaz* (2001). Parallèlement, il poursuit une recherche sur la littérature et l'écriture (*Le Nouveau Roman hispano-américain,* 1969).

FÜHRER n. m. ✦ Nom donné en 1934 à Adolf **Hitler**. Il signifie en allemand «chef» ou «guide».

FUJIAN n. m. ✦ Province du sud-est de la Chine. Superficie : 120 000 km² (à peu près un quart de la France). 36,9 millions d'habitants. Capitale : Fuzhou (2 millions d'habitants). Cette région boisée, située face à l'île de Taïwan, vit de l'agriculture (céréales, oléagineux, canne à sucre, thé, tabac, pêche), des ressources minières (charbon, graphite, fer, cuivre, or, argent) et de l'industrie (bois).

FUJI YAMA n. m. ✦ Point culminant du Japon (3 776 m), au centre de l'île de Honshu. Ce volcan éteint (la dernière éruption date de 1707) est un lieu de pèlerinage. Vénéré par les Japonais, il a inspiré de nombreux artistes et est inscrit sur la liste du patrimoine mondial de l'Unesco.

FUKUOKA ✦ Ville du Japon, dans le nord de l'île de Kyushu. 1,4 million d'habitants. Port, centre politique, culturel et industriel (sidérurgie, construction navale, textile).

FUKUSHIMA ✦ Ville du Japon, sur l'île de Honshu. 292 590 habitants. Le 11 mars 2011, un violent séisme déclencha un tsunami sur la côte orientale du Japon. Cette catastrophe entraîna un accident majeur (aussi grave que celui de **Tchernobyl**) à la centrale nucléaire de Fukushima Daiichi. Ce désastre amena plusieurs pays à revoir leur politique énergétique, notamment la part du nucléaire, et à tester la résistance des équipements.

FULTON Robert (1765-1815) ✦ Mécanicien américain. Il construit en 1798 le premier sous-marin à hélice, le *Nautulus* (devenu plus tard le *Nautilus*). En 1807, il réalise le premier bateau à vapeur assurant la liaison New York-Albany sur l'Hudson.

FUNCHAL ✦ Ville du Portugal, capitale de la région autonome de **Madère**, sur la côte sud de l'île principale. 111 892 habitants. Port, station touristique.

FUNÈS Louis de (1914-1983) ✦ Acteur français. Après une carrière au music-hall, il débute au cinéma (1945) et connaît tardivement un énorme succès. Sa gestuelle comique et ses mimiques inimitables l'ont rendu célèbre. Ses principaux films sont : *La Traversée de Paris* (1956), la série des *Fantômas* (1964-1966), la série des *Gendarmes* (1964-1982), *Le Corniaud* (1965), *La Grande Vadrouille* (avec **Bourvil**, 1966), *La Folie des grandeurs* (avec Yves **Montand**, 1971), *Les Aventures de Rabbi Jacob* (1973). ■ Son véritable nom est *Carlos Luis de Funès de Galarza.*

FURIES n. f. pl. ✦ Déesses des Enfers dans la mythologie romaine. Elles correspondent aux **Érinyes** chez les Grecs.

FUSHUN ✦ Ville de Chine, dans le nord-est du pays, dans le Liaoning. 1,3 million d'habitants. Centre industriel (raffinage pétrolier, gisements de charbon).

FUTUNA ✦ Île de la Polynésie française, dans la collectivité d'outre-mer française de Wallis et Futuna (☛ carte 51). 4 300 habitants. Copra, canne à sucre.

FUTUROSCOPE n. m. ✦ Parc d'attractions scientifiques et techniques, près de Poitiers. Inauguré en 1986, il est rebaptisé *Planète Futuroscope* (2002). Dans la vingtaine de pavillons à l'architecture futuriste, le visiteur est convié à un voyage dans le temps et l'espace.

G

GABÈS ✦ Ville de Tunisie, dans le sud du pays, sur le *golfe de Gabès*. 116 323 habitants. Port de pêche, entouré d'une oasis (palmiers, arbres fruitiers), centre industriel (alimentaire, chimie).

GABIN Jean (1904-1976) ✦ Acteur français. Après des débuts au music-hall, il commence une longue carrière au cinéma (1930). Il joue les révoltés généreux dans sa jeunesse, puis interprète, pour de grands cinéastes, des rôles d'hommes d'honneur, non conformistes et autoritaires, qui le rendent très populaire : *Pépé le Moko* et *La Grande Illusion* (1937), *Le Quai des brumes* et *La Bête humaine* (1938), *Touchez pas au grisbi* (1954), *La Traversée de Paris* (1956) avec Bourvil, *Un singe en hiver* avec Belmondo, *Mélodie en sous-sol* (1962) et *Le Clan des Siciliens* (1969) avec Alain Delon. ■ Son véritable nom est *Jean Alexis Moncorgé*.

GABON n. m. ✦ Pays d'Afrique équatoriale (☛ cartes 34, 36). Superficie : 267 667 km² (environ la moitié de la France). 1,5 million d'habitants (les *Gabonais*). République dont la capitale est Libreville. Langue officielle : le français ; on y parle aussi des langues bantoues. Monnaie : le franc CFA. ♦ GÉOGRAPHIE. Le Gabon, couvert de forêts, est formé d'une bande côtière et de grands plateaux. Il bénéficie d'un climat tropical humide. ♦ ÉCONOMIE. C'est l'un des plus riches pays d'Afrique grâce à l'exploitation de la forêt et des ressources minières (uranium, manganèse, pétrole, fer). ♦ HISTOIRE. Le Gabon recèle des vestiges néolithiques. Les **Pygmées** sont les premiers habitants de la forêt, les Fangs s'implantent plus tard. Les Portugais débarquent sur ses côtes (XVe siècle), les Français y installent un comptoir (1843) et des missions pour lutter contre l'esclavage (Libreville). Savorgnan de Brazza explore le pays (1875-1878), qui devient une colonie française (1886) ; elle fusionne avec le Congo (1889-1894) puis est intégrée à l'**Afrique-Équatoriale française** (1910), avant d'obtenir l'indépendance (1960). Dirigé par un parti unique, le régime s'ouvre à la démocratie depuis les manifestations populaires de 1991.

GABORONE ✦ Capitale du Botswana, dans le sud-est du pays. 282 150 habitants (les *Gaboronais*). Centre administratif.

GABRIEL ✦ Ange des traditions juive, chrétienne et musulmane. Dans le **Livre de Daniel**, il explique au prophète le sens de ses visions ; dans l'Évangile de **Luc**, il annonce à Zacharie la naissance de Jean-Baptiste et à Marie celle de Jésus ; pour les musulmans, il révèle à **Mahomet** sa vocation de prophète et lui transmet les paroles de Dieu qui composent le texte du **Coran.** Il apparaît souvent dans les représentations de l'Annonciation (Giotto, Fra Angelico, Léonard de Vinci).

GABRIEL Jacques Ange (1698-1782) ✦ Architecte français. Premier architecte du roi (1742), il remanie plusieurs résidences royales (Fontainebleau, Blois, Compiègne) et construit l'Opéra et le Petit **Trianon** (1762-1768) à Versailles. Il conçoit également les plans de la place Louis XV à Paris (aujourd'hui, place de la **Concorde**) et entreprend la construction de l'École militaire. Son style classique se caractérise par l'élégance et le raffinement des proportions et du décor.

GAGAOUZIE n. f. ✦ Région autonome d'Europe orientale située dans le sud de la Moldavie, à la frontière avec l'Ukraine. Superficie : 1 800 km². 155 000 habitants. Capitale : Comrat. Elle proclame son indépendance en 1991, et est reconnue par la Moldavie en 1994.

GAGARINE Iouri (1934-1968) ✦ Cosmonaute soviétique. Il fait des études d'ingénieur en mécanique et devient pilote dans l'armée de l'air. Le 12 avril 1961, il est le premier homme à effectuer un voyage dans l'espace, à bord du *Vostok*, en orbite autour de la Terre pendant plus d'une heure.

GAÏA ✦ Déesse de la Terre dans la mythologie grecque. Seule, elle engendre le Ciel (Ouranos), les Montagnes et la Mer (Pontos). Unie à **Ouranos**, elle engendre les **Titans** et les **Cyclopes**, mais il jette leurs enfants aux **Enfers. Cronos** mutile alors son père dont le sang féconde Gaïa, qui donne ainsi naissance aux **Érinyes** et aux **Géants.** Elle engendre ensuite les divinités marines avec son fils Pontos et **Typhon** avec Tartare. Elle est associée, plus tard, à Cybèle ou Déméter.

GAILLAC ✦ Commune du Tarn, sur le Tarn. 15 077 habitants (les *Gaillacois*) (☛ carte 23). Viticulture (*vins de Gaillac*). Industrie (ameublement, cosmétiques).

GAINSBOROUGH Thomas (1727-1788) ✦ Peintre britannique. Ce portraitiste et paysagiste réputé se fixe à Londres (1774). Influencé par Rubens et Van Dyck, il peint avec des tons délicats d'élégantes figures étirées, souvent intégrées dans des paysages, qui révèlent une sensibilité romantique. Parmi ses œuvres, on peut citer : *Conversation dans un parc* (vers 1746),

Portrait de M. et Mme Andrews (vers 1748), *Les Filles de l'artiste avec un chat* (vers 1759), *La Charrette de la moisson* (vers 1767), *Blue Boy* (1770), *Mrs Sheridan* et *La Promenade du matin* (1785).

GAINSBOURG Serge (1928-1991) ✦ Chanteur français. Cet auteur-compositeur créatif explore de nombreux styles et cache sa sensibilité derrière le personnage provocateur et cynique de «Gainsbarre». Il a beaucoup écrit pour celle qui fut longtemps sa compagne, Jane Birkin, ainsi que pour de nombreux interprètes (J. Gréco, B. Bardot, F. Gall, I. Adjani, V. Paradis). Parmi ses plus grands succès, on peut citer : *Le Poinçonneur des Lilas* (1958), *La Chanson de Prévert* (1961), *La Javanaise* (1962), *Poupée de cire, poupée de son* (prix Eurovision, 1965), *Harley Davidson* (1967), *Melody Nelson* (1971), *Aux armes et caetera* (version reggae de *La Marseillaise,* 1979), *Love on the Beat* (1984). Il réalise aussi des films : *Je t'aime, moi non plus* (1976), *Charlotte for Ever* (1986), *Stan the Flasher* (1990). ■ Son véritable nom est *Lucien Ginsburg.*

GALAPAGOS (les) n. f. pl. ✦ Archipel de l'Équateur, dans l'océan Pacifique, à 1 000 km des côtes (☛ carte 44). Superficie : 7 000 km². 25 124 habitants. Capitale : Puerto Baquerizo, sur l'île San Cristobal. L'archipel, composé de treize îles et d'une quarantaine d'îlots volcaniques au climat équatorial, bénéficie de courants marins qui attirent une faune très diversifiée (tortues, iguanes, oiseaux, otaries). Elle est protégée par la création d'un parc national (1959), inscrit sur la liste du patrimoine mondial de l'Unesco. Appartenant à l'Équateur depuis 1832, les Galapagos inspirent à **Darwin**, venu en 1835, sa théorie sur l'évolution. Le tourisme sur ces îles est aujourd'hui très contrôlé.

GALIBIER (col du) ✦ Col des Hautes-Alpes (2 642 m). Il est traversé par un tunnel creusé à 2 556 m qui relie Briançon à la Maurienne.

GALICE n. f. ✦ Région administrative d'Espagne, dans le nord-ouest du pays (☛ carte 32). Superficie : 29 434 km². 2,7 millions d'habitants (les *Galiciens*). Capitale : Saint-Jacques-de-Compostelle. ♦ La Galice est formée de plateaux, de monts couverts de landes et de plaines, ses côtes rocheuses sont très découpées. Le climat océanique est doux et humide. La faible qualité des sols n'empêche pas l'agriculture (maïs, légumes, fruits) et la pêche est très active. L'industrie se développe (alimentaire, aluminium). ♦ Peuplée de Celtes et occupée par les Wisigoths (VIe siècle), la Galice est réunie aux Asturies avec le **Leon** (vers 910) puis à la **Castille** (1071). Elle obtient un statut de «grande autonomie», comme le Pays basque et la Catalogne (1978).

GALICIE n. f. ✦ Région historique d'Europe orientale, au nord des Carpates. La Russie conquiert l'Est puis en fait une principauté indépendante (1199) qu'elle rend à la Pologne (1349). L'Ouest, attribué à l'Autriche lors du premier partage de la **Pologne** (1772), est rattaché au grand-duché de **Varsovie** (1809-1815) puis revient à l'Autriche. La région est occupée par les Russes (1914-1915 ; 1916-1917). Son rattachement à la Pologne (1918) provoque de nouveaux conflits jusqu'à son partage entre l'Ukraine (l'Est avec Lvov) et la Pologne (l'Ouest) à la conférence de **Potsdam** (1945).

GALIEN Claude (vers 131-vers 201) ✦ Médecin grec. Il étudie la philosophie puis la médecine, qu'il exerce à Pergame et à Rome où il soigne Marc Aurèle. En disséquant des animaux, il fait des découvertes sur le système nerveux et le cœur. Ses nombreux traités influencent la médecine jusqu'au XVIIe siècle.

① **GALILÉE** (1564-1642) ✦ Astronome italien. Professeur de mathématiques, il utilise cette discipline pour expliquer les lois physiques et fonde la mécanique à partir de ses expériences sur le mouvement du pendule et sur la pesanteur. Il construit une lunette (1609) et se consacre à l'astronomie, observant les satellites de Jupiter, l'anneau de Saturne, la rotation du Soleil et les phases de la Lune. Il défend alors la théorie de **Copernic** sur le mouvement de la Terre dans son *Dialogue sur les deux principaux systèmes du monde* (1632). Condamné par l'**Inquisition** à renoncer à cette théorie, il s'écrie : «Et pourtant, elle tourne» ! Il passe les dernières années de sa vie en résidence surveillée près de Florence. ■ Son nom italien est *Galileo Galilei.*

② **GALILÉE** n. f. ✦ Région d'Israël, dans le nord du pays. Ses habitants s'appellent les *Galiléens.* Dans les *monts de Galilée,* au nord, des marécages aujourd'hui asséchés ont remplacé les forêts, le sous-sol abrite des gisements de fer. Toute la région, bien arrosée, est favorable à l'agriculture (céréales, vigne, fruits, olive, tabac), surtout dans la plaine côtière qui vit aussi de la pêche. Dans la Bible, c'est la région où Jésus prêche.

GALLÉ Émile (1846-1904) ✦ Verrier et ébéniste français. Il reprend l'atelier de son père (1877) puis crée son atelier d'ébénisterie (1885) et sa propre cristallerie (1894). Après son triomphe à l'Exposition universelle de 1889, il fonde l'école de Nancy (1901) qui marque le style Art nouveau. Il renouvelle les arts décoratifs par ses motifs (floraux ou animaux) et sa virtuosité technique. En verrerie, il réalise des effets de transparence et d'opacité en superposant des couches d'épaisseurs et de couleurs variées (☛ Art nouveau p. 187). Il crée aussi des meubles, aux formes ondulantes et aux décors raffinés.

GALLES (pays de) ✦ Partie de la Grande-Bretagne, dans le sud-ouest du pays (☛ carte 31). Superficie : 20 768 km². 2,9 millions d'habitants (les *Gallois*), dont un quart parle le gallois, une langue celtique. Capitale : Cardiff. ♦ Le pays de Galles est formé de moyennes montagnes, percées de vallées glaciaires et couvertes de landes. Le climat est doux et humide. La population se concentre dans le Sud. L'intérieur du pays pratique l'élevage des moutons. Depuis la crise du charbon, le Sud développe l'industrie (raffineries, aciéries) et le tourisme (stations balnéaires). ♦ Région occupée par les Romains puis les Celtes et évangélisée (Ve siècle). Les Gallois s'allient aux Irlandais contre les Anglo-Saxons (VIe siècle) et fortifient la région (VIIIe siècle). Ils résistent à l'invasion normande mais ils sont annexés par Edouard Ier d'Angleterre (1282). Après l'échec de nombreuses révoltes, le pays de Galles est rattaché à l'Angleterre (1536). Le titre de *prince de Galles,* créé en 1267 et reconnu par Henri III, est porté par le fils aîné des souverains d'Angleterre depuis 1301.

GALLIENI Joseph Simon (1849-1916) ✦ Maréchal de France. Après la guerre franco-allemande (1870), il remplit des missions administratives au Niger, au Soudan (1886) et au Tonkin (1893-1895). Gouverneur général de **Madagascar** (1896-1905), il dépose la reine Ranavalona III et organise la colonisation. Nommé gouverneur de Paris (1914), il participe à la victoire de la **Marne** (1914) en réquisitionnant les taxis parisiens pour le transport des troupes. Ministre de la Guerre (1915-1916), il est fait maréchal après sa mort (1921).

GALVANI Luigi (1737-1798) ✦ Médecin et physicien italien. Professeur d'anatomie à l'université de Bologne, il découvre par hasard lors d'une expérience (1786) la présence d'électricité dans les muscles d'une grenouille (phénomènes électriques appelés *galvanisme*). Il en déduit l'existence d'une électricité animale, combattue par **Volta.** Son nom est donné au procédé consistant à *galvaniser* un métal pour empêcher son oxydation.

GAMA Vasco de (vers 1469-1524) ✦ Navigateur portugais. Il découvre la route des Indes, en contournant l'Afrique par le cap de **Bonne-Espérance** (1497), et atteint la ville de Calicut (1498). Nommé amiral des Indes, il fonde des comptoirs sur les côtes d'Afrique au cours d'une seconde expédition (1502), puis il devient vice-roi des Indes portugaises (1524) (☛ Grandes Découvertes p. 166 et carte 13).

GAMBETTA Léon (1838-1882) ✦ Homme politique français. Élu dans le camp républicain (1869), il s'oppose à la guerre de 1870. Après la défaite de **Sedan**, il participe à la déchéance de l'empereur et à la proclamation de la IIIe République. Ministre de l'Intérieur, il quitte Paris assiégé en ballon pour organiser la défense, puis démissionne après la capitulation et l'annexion de l'**Alsace-Lorraine** par l'Allemagne (1871). Réélu député, il soutient **Thiers** avec l'extrême gauche, puis s'oppose à **Mac-Mahon** avec le centre, impose la Constitution républicaine (1875) et devient brièvement président du Conseil (1881-1882). Son cœur repose au **Panthéon.**

GAMBIE n. f. ✦ Pays d'Afrique de l'Ouest. Il forme une enclave dans le territoire du Sénégal (☛ cartes 34, 36). Superficie : 11 300 km². 1,8 million d'habitants (les *Gambiens*), en majorité musulmans. République dont la capitale est Banjul. Langue officielle : l'arabe ; on y parle aussi l'anglais, le mandingue, le wolof et le peul. Monnaie : le dalasi. ♦ GÉOGRAPHIE. La Gambie est formée par la vallée du fleuve Gambie qui prend sa source en Guinée. Le pays possède un climat tropical humide. ♦ ÉCONOMIE. La Gambie vit de l'agriculture (arachide, riz), de la pêche et du tourisme. ♦ HISTOIRE. Habitée dès la préhistoire et intégrée dans les empires du **Ghana** et du **Mali**, la région est explorée par les Portugais (XVe siècle). Les comptoirs européens servent à la traite d'esclaves (XVIIe siècle). Le pays devient une colonie britannique (1888). La Gambie accède petit à petit à l'indépendance, dans le cadre du Commonwealth (1915-1965), et s'unit provisoirement au Sénégal pour former la *Sénégambie* (1981-1989). Le pays est déclaré État islamique (2015), après son retrait du Commonwealth (2013).

GAMBIER (îles) n. f. pl. ✦ Archipel de Polynésie française. Superficie : 36 km². 582 habitants. Chef-lieu : Rikitea. Situées au sud-est des **Tuamotu**, les quatre îles principales sont volcaniques et produisent du coprah. ♦ Découvertes par les Anglais (1797) qui leur donnent le nom d'un amiral, les Gambier sont annexées par la France (1881).

GAND ✦ Ville de Belgique, chef-lieu de la province de Flandre-Orientale, dans le nord-ouest du pays. 235 143 habitants (les *Gantois*). Cathédrale gothique Saint-Bavon (XIIIe siècle), beffroi (1313-1321), halle aux draps (1426-1441), hôtel de ville de style gothique et Renaissance (1600-1622). Au confluent de la Lys et de l'Escaut, port industriel (métallurgie, textile, mécanique, chimie), relié à la mer du Nord par un canal ; centre d'horticulture où des floralies sont organisées depuis 1908. Ville natale de Charles Quint, Maeterlinck et Horta. ♦ La ville est fondée par une mission évangélique (VIIe siècle) puis elle devient le chef-lieu de la Flandre (Xe siècle) et s'enrichit par l'industrie du drap (tissu de laine). Elle dépend du roi de France (XIVe siècle) puis de la Bourgogne (XVe siècle) et connaît un grand élan artistique (**Van Eyck**). Après sa révolte contre Charles Quint (1540), elle retrouve sa prospérité avec le travail du coton (vers 1750). Son université, créée en 1816 par le roi des Pays-Bas, Guillaume Ier, en fait le centre scientifique de la Flandre.

GANDHI (1869-1948) ✦ Homme politique indien. Né dans une famille aisée, il fait des études d'avocat à Londres, exerce à Bombay puis protège les Indiens de la ségrégation en **Afrique du Sud** (1893). Revenu en Inde, il décide de lutter par la non-violence contre la Grande-Bretagne qui gouverne le pays, faisant la grève de la faim, recommandant la désobéissance civile, demandant l'égalité des droits, notamment pour les « intouchables ». Il est suivi par une foule de plus en plus nombreuse et ces actions le conduisent en prison (1942-1944). Son influence est si considérable qu'il participe aux négociations pour l'indépendance de l'**Inde** (1947) avant d'être assassiné par un fanatique hindou. On le surnomme souvent le *Mahatma*, ce qui signifie la « Grande Âme ». ■ Son nom complet est *Mohandas Karamchand Gandhi.*

GANDHI Indira (1917-1984) ✦ Femme politique indienne. Fille de **Nehru**, elle a été Premier ministre de 1966 à 1977 puis de 1980 à 1984. Elle a doté son pays de la puissance nucléaire (1974) et a poursuivi la modernisation du secteur agricole (« révolution verte »). Elle a été assassinée par des sikhs de sa garde personnelle.

GANESH ✦ Dieu hindou, fils de Shiva et de Parvati. Il provoque la fureur de Shiva, qui lui coupe la tête. Parvati supplie son mari de ressusciter son enfant. Shiva ordonne alors qu'on remplace sa tête par celle du premier animal qui passe : c'est un éléphant. Très populaire parce qu'il écarte les obstacles, Ganesh protège les voyageurs, les commerçants et les voleurs. Selon la légende, c'est lui qui a rédigé le ***Mahabharata.***

GANGE n. m. ✦ Fleuve du nord de l'Inde, long de 3 090 km (☛ carte 38). Il prend sa source en Himalaya près de la frontière tibétaine (4 500 m d'altitude), traverse le nord de l'Inde d'ouest en est, arrose **Bénarès** puis rejoint le **Brahmapoutre,** avec lequel il forme un immense delta, puis se jette dans le golfe du **Bengale,** au Bangladesh. C'est un fleuve sacré très vénéré par les hindous.

GANSU n. m. ✦ Province du nord de la Chine (☛ carte 40). Superficie : 454 300 km² (un peu moins que la France). 25,57 millions d'habitants. Capitale : Lanzhou (2,4 millions d'habitants). Cette ancienne voie commerciale avec l'Occident (route de la Soie), riche en monuments historiques, vit de l'agriculture (céréales, coton, tabac, élevage), des ressources minières (nickel, platine, fer, plomb, zinc, or, argent, pétrole, charbon) et de l'industrie (pétrochimie, hydroélectricité).

GAP ✦ Chef-lieu des Hautes-Alpes. 40 225 habitants (les *Gapençais*). Centre de services et de tourisme, où se trouve le musée départemental. ♦ Le camp militaire romain, fondé par Auguste, devient une cité (382), annexée à la Couronne (1512) et ravagée par les guerres de Religion.

GARABIT (viaduc de) ✦ Viaduc franchissant la gorge de la Truyère, dans le Cantal. Construit par Gustave **Eiffel** (1882-1884), il est long de 564 m, haut de 122 m et comporte une arche de 165 m de portée. Il sert au passage du chemin de fer qui relie Béziers à Clermont-Ferrand.

GARBO Greta (1905-1990) ✦ Actrice américaine, d'origine suédoise. Elle tourne d'abord en Allemagne (*La Rue sans joie,* 1925) puis s'installe aux États-Unis. Sa beauté et la noblesse de ses attitudes lui valent le surnom de «la Divine» et une célébrité mondiale. Elle est devenue un mythe lorsqu'elle met fin à sa carrière (1941). Ses films les plus connus sont : *Grand Hôtel* (1932), *La Reine Christine* (1933), *Anna Karénine* (1935), *Le Roman de Marguerite Gautier* (1937), *Marie Walewska* (1937), *Ninotchka* (1939).

GARCIA LORCA Federico (1899-1936) ✦ Écrivain espagnol. Il mêle dans ses poésies le folklore andalou à une écriture moderne, qu'il met au service des opprimés. Il écrit des pièces de théâtre et fonde La Barraca (1935), une troupe de théâtre qui joue les auteurs classiques dans toute l'Espagne. Il est fusillé au début de la guerre civile. Ses œuvres les plus célèbres sont : *Chansons* (1921), *Romancero gitan* (1928), *Poète à New York* (publié en 1940) pour la poésie ; la trilogie composée de *Noces de sang* (1933), de *Yerma* (1935) et de *La Maison de Bernarda* (1936) pour le théâtre.

GARCIA MARQUEZ Gabriel (1927-2014) ✦ Écrivain colombien. D'abord journaliste et cinéaste, il se consacre à l'écriture de récits fantastiques, foisonnant d'imagination et d'humour. Principales œuvres : *Les Funérailles de la grande mémé* (1962), *Cent Ans de solitude* (1967), *L'Incroyable et Triste Histoire de la candide Erendira et de sa grand-mère diabolique* (1972), *L'Automne du patriarche* (1975), *Chronique d'une mort annoncée* (1981), *L'Amour au temps du choléra* (1985), *Le Général dans son labyrinthe* (1989), *Vivre pour la raconter* (premier volume de ses mémoires, 2003). Prix Nobel de littérature (1982).

① **GARD** n. m. ✦ Rivière du Languedoc, longue de 130 km. Formée de deux rivières venues des **Cévennes**, elle coule dans un canyon et se jette dans le Rhône juste avant Beaucaire. Elle connaît des crues parfois violentes. **Agrippa** fait construire un aqueduc, *le pont du Gard,* pour alimenter la ville de **Nîmes** en eau (vers 19 av. J.-C.). Long de 273 m, haut de 49 m et comportant trois rangs d'arcades, il est inscrit sur la liste du patrimoine mondial de l'Unesco et attire de nombreux touristes.

② **GARD** n. m. ✦ Département du sud de la France [30], de la Région Occitanie. Superficie : 5 853 km². 736 029 habitants (les *Gardois*). Chef-lieu : Nîmes ; chefs-lieux d'arrondissement : Alès, Le Vigan.

GARDE (lac de) ✦ Lac d'Italie, dans le nord du pays, entre la Lombardie et la Vénétie. Superficie : 370 km². Formé par un ancien glacier, entouré de montagnes au nord et de collines au sud, ce lac est un lieu de villégiature.

GARGANTUA ✦ Personnage principal du roman intitulé *La Vie inestimable du grand Gargantua,* publié en 1534 par Rabelais sous le pseudonyme d'*Alcofribas Nasier.* Rabelais s'inspire d'un héros populaire et multiplie les scènes satiriques pour critiquer l'éducation médiévale et les guerres de conquête. Fils de Grandgousier et de Gargamelle, Gargantua est le père de **Pantagruel.** Ce géant à l'appétit vorace repousse l'envahisseur Picrochole et fonde l'abbaye de Thélème, idéal de sagesse pour l'auteur, où les hommes et les femmes vivent en harmonie et développent à la fois leur corps et leur esprit. ☛ Littérature p. 141. Un repas *gargantuesque* pourrait satisfaire son appétit.

GARIBALDI Giuseppe (1807-1882) ✦ Homme politique italien. Ce marin partisan de l'unité italienne doit s'exiler en Amérique du Sud (1834). Il participe à des insurrections au Brésil (1836) et en Uruguay (1841), rentre en Italie pendant la révolution de 1848, puis il doit de nouveau s'exiler en Amérique (1849). Revenu en **Italie** (1854), il combat les Autrichiens (1859). Déçu par la cession de Nice et de la Savoie à la France (1860), il organise l'expédition des Mille (ou des Chemises rouges), s'empare de la **Sicile** et rejoint Naples, mais son combat pour faire de Rome la capitale échoue à deux reprises (1862, 1867). Il prend part à la guerre de 1870, aux côtés de la France, et est élu député par 4 départements français (1871).

GARNIER Charles (1825-1898) ✦ Architecte français. Sa principale réalisation est l'**Opéra** de Paris, le *palais Garnier,* édifié de 1862 à 1875 dans un style éclectique à l'ornementation exubérante, symbole de l'architecture Napoléon III. On lui doit aussi le casino et l'Opéra de Monte-Carlo (1878) et le théâtre Marigny, à Paris.

GARONNE n. f. ✦ Fleuve du nord de l'Espagne et du sud-ouest de la France, long de 575 km (650 avec la Gironde) (☛ carte 21). Il prend sa source dans les Pyrénées espagnoles, au pic de la **Maladetta** (1 800 m d'altitude). Il traverse tout le Bassin aquitain, arrose Toulouse, reçoit de nombreux affluents des Pyrénées (Ariège, Gers) et du Massif central (Tarn, Lot) puis se jette, près de Bordeaux, dans l'estuaire de la **Gironde** où arrive également la Dordogne. Sa vallée, fertilisée par les crues, est propice à l'agriculture.

GARROS Roland (1888-1918) ✦ Aviateur français. Le 23 septembre 1913, il est le premier à traverser la Méditerranée en avion, de Saint-Raphaël à Bizerte (en Tunisie). Un stade de tennis parisien porte son nom.

GARY Romain (1914-1980) ✦ Romancier français. Né en Russie, il choisit la nationalité française et s'engage dans les Forces françaises libres (FFL, 1940). Après la guerre, il devient diplomate et se consacre à la littérature. Ses œuvres profondément humanistes sont marquées par le temps qui passe : *Éducation européenne* (1945), *Les Couleurs du jour* (1952), *Les Racines du ciel* (1956), *La Promesse de l'aube* (1960), *Au-delà de cette limite votre ticket n'est plus valable* (1976), *Clair de femme* (1977), *Les Cerfs-Volants* (1980). Après sa mort (par suicide) on découvre qu'il a écrit trois romans tendres et burlesques sous le pseudonyme d'Émile Ajar : *Gros-Câlin* (1974), *La Vie devant soi* (1975), *L'Angoisse du roi Salomon* (1979). Il est ainsi le seul écrivain à avoir reçu deux fois le prix Goncourt (1956, 1975). ■ Son véritable nom est *Romain Kacew.*

GASCOGNE n. f. ✦ Région historique du sud-ouest de la France, entre la Garonne et les Pyrénées (☛ carte 21). Les habitants s'appellent les *Gascons.* Le parc naturel régional des Landes de Gascogne (315 300 ha), créé en 1970, s'étend au sud-est du bassin d'**Arcachon** et englobe les forêts de pins des **Landes.** ♦ Cette partie de la région romaine d'**Aquitaine** est envahie par les Vascones (Basques), qui lui donnent son nom (VIe siècle). Elle se révolte contre le duché d'Aquitaine, forme un duché (768) et rejoint l'Aquitaine (1058) qui est réunie à la Couronne à la fin de la guerre de Cent Ans (1453).

GASCOGNE (golfe de) ✦ Partie de l'océan Atlantique qui s'étend du sud de la Bretagne jusqu'à la Galice, bordant le Bassin aquitain et le nord de l'Espagne. Le golfe est formé de plateaux et de canyons d'origine volcanique, dont la profondeur maximale atteint 4 500 m. La pêche y est intensive.

GASPARD ✦ Un des trois Rois **mages** de la tradition chrétienne, originaire d'Asie.

GASPÉSIE n. f. ✦ Péninsule du Canada (région du Québec), bordée par le Saint-Laurent et limitée au sud par la région du Nouveau-Brunswick. Les habitants s'appellent les *Gaspésiens.* Appelée aussi *péninsule de Gaspé,* c'est une région de collines boisées dans le prolongement des **Appalaches.** Principales activités : mines (cuivre, zinc, plomb), pêche, industrie du bois et tourisme. Le parc national de Miguasha, qui abrite des poissons fossiles datés de 370 millions d'années, est inscrit sur la liste du patrimoine mondial de l'Unesco. Jacques **Cartier** s'empare de la région au nom du roi de France en 1534.

GASTON LAGAFFE → LAGAFFE Gaston

GATES William dit **Bill** (né en 1955) ✦ Informaticien américain. Il participe à la création du langage basic pour micro-ordinateurs (1975) puis fonde la société Microsoft (1977), qui devient le plus grand producteur mondial de logiciels et fait de lui l'homme le plus riche du monde.

GÂTINAIS n. m. ✦ Région du Bassin parisien située entre les vallées de l'Essonne à l'ouest, de l'Yonne à l'est, et les forêts de Fontainebleau au nord et d'Orléans au sud. Dans l'est, élevage (moutons, volailles). Dans l'ouest, agriculture. La région est connue pour son miel. Le parc naturel régional du Gâtinais français, créé en 1999, s'étend sur 63 500 hectares autour de la vallée de l'Essonne, entre les forêts de Fontainebleau et de Rambouillet.

GATT n. m. (anglais *General Agreement on Tariffs and Trade,* «accord général sur les tarifs douaniers et le commerce») ✦ Accord de commerce mondial, signé à Genève en 1947, qui harmonise les politiques douanières pour instaurer des règles commerciales équitables pour tous. Il est suivi par plusieurs cycles de négociations. Le dernier, finalement adopté à Marrakech par 120 pays (1994), a permis la création de l'Organisation mondiale du commerce (OMC, 1995).

GAUDI Antonio (1852-1926) ✦ Architecte espagnol. Trouvant son inspiration aussi bien chez Viollet-le-Duc et dans l'architecture gothique que dans la tradition architecturale catalane, son style se caractérise par une grande invention formelle et par l'emploi, en particulier, de motifs minéraux et végétaux. ☛ Art nouveau p. 187. À Barcelone, il réalise le palais Güell (1885-1899), le parc Güell (1900-1914) et la casa Mila (1905-1910), ainsi que l'église de la Sagrada Familia dont la construction, commencée en 1883, est poursuivie par des architectes contemporains. Son œuvre est inscrite sur la liste du patrimoine mondial de l'Unesco.

GAUGUIN Paul (1848-1903) ✦ Peintre français. Il passe son enfance au Pérou (1850-1855). Il s'engage dans la marine marchande (1865-1871). Il travaille avec Pissarro et Cézanne, expose avec les impressionnistes et finit par se consacrer entièrement à la peinture (1883). Lors de séjours en Bretagne, à **Pont-Aven** (1886 et 1888), il élabore le synthétisme, aux formes simplifiées proches du symbolisme, caractéristique du style de l'école de Pont-Aven. Il rejoint **Van Gogh** à Arles (1888) et part à **Tahiti** (1891-1893, 1895-1897), dont l'exotisme influence sa peinture. Accablé de soucis, il se réfugie aux îles Marquises (1901) où il lutte contre le colonialisme ; il pratique aussi l'écriture et la sculpture. Il inspire les peintres et les sculpteurs du XXe siècle (notamment Matisse, Vlaminck, Van Dongen, Kandinsky). Œuvres : *La Vision après le sermon, Le Christ jaune, La Belle Angèle* et *Bonjour Monsieur Gauguin* (1889), *Les Seins aux fleurs rouges* et *D'où venons-nous ? Que sommes-nous ? Où allons-nous ?* (1897), *Cavaliers sur la plage* (1902).

GAULE n. f. ✦ Région historique d'Europe partagée selon les Romains entre la *Gaule cisalpine,* au nord de l'Italie, et la *Gaule transalpine,* ou Gaule proprement dite, comprise entre les Pyrénées et le Rhin (☛ carte 8). Ses habitants s'appellent les *Gaulois.* ♦ Occupée dès un million d'années av. J.-C., la région est envahie par les **Celtes** (2 000 ans av. J.-C.), qui se fixent entre la Seine et la Garonne, et par les Belges au nord (IIIe siècle av. J.-C.). Les Romains conquièrent le sud-est (région méditerranéenne et vallée du Rhône jusqu'à Lyon) qu'ils appellent la *Provincia* (120 av. J.-C.). Jules **César** soumet les Gaulois (58-54 av. J.-C.) et, après son échec à **Gergovie**, il écrase la révolte de **Vercingétorix** à **Alésia** (52 av. J.-C.), mettant fin à la guerre des Gaules. L'empereur **Auguste** administre le pays en quatre provinces (27 av. J.-C.) : la **Narbonnaise** (ancienne *Provincia*) ; l'Aquitaine, du sud-ouest à la Loire ; la Lyonnaise, ou Celtique, au centre ; et la Belgique au nord. La civilisation gallo-romaine développe l'urbanisation (villes, routes, aqueducs, monuments), l'agriculture (blé, vigne) et adopte la langue et les dieux romains, puis le christianisme (Ier siècle). Les **Germains** s'installent en Gaule (406) et, après la chute de l'empire romain d'Occident (476), des royaumes barbares y sont fondés, par les **Wisigoths** au sud, les **Burgondes** le long de la Saône et du Rhône et les **Francs** au nord. Le chef des Francs, **Clovis**, conquiert toute la Gaule, qui prend alors le nom de royaume des Francs (507).

GAULLE Charles de (1890-1970) ✦ Homme d'État français. Il est formé à Saint-Cyr et participe à la Première **Guerre mondiale.** Il se fait connaître par ses écrits d'histoire politique et de stratégie militaire (1924-1934). Partisan de la poursuite de la guerre, il refuse l'armistice de 1940 et le gouvernement de Vichy. Il part à Londres, d'où il lance à la radio l'«appel du 18 juin» pour convaincre les Français de continuer le combat (☛ Deuxième Guerre mondiale p. 195). Il organise les Forces françaises libres, rallie le Tchad, l'Afrique-Équatoriale française, Madagascar et la Réunion à la France libre et permet à Jean **Moulin** de créer le Conseil national de la **Résistance** (1943). Il est écarté du débarquement allié en Afrique du Nord par **Roosevelt**, mais il participe au Comité français de libération nationale à Alger et à la conférence de **Brazzaville.** Reconnu comme chef politique à la **Libération** de Paris (1944), il devient président du Gouvernement provisoire de la République française (1945-1946). Il crée son parti, le Rassemblement du peuple français (RPF, 1947) et rédige ses *Mémoires de guerre* (1954-1959). Ce courant politique s'appelle le *gaullisme.* Rappelé au pouvoir pendant la guerre d'**Algérie** (insurrection d'Alger, 1958), il propose une nouvelle Constitution et devient le premier président de la Ve République (1959)

(☛ Vᵉ République p. 197). Il crée le nouveau franc, accorde l'indépendance aux pays d'Afrique noire (1960) puis à l'Algérie (1962), se rapproche des pays de l'Est et de l'Allemagne, se retire de l'**Otan** (1963) et équipe la France de l'arme atomique. Il est réélu en 1965, mais les évènements de **Mai 68** vont ternir son autorité et, après l'échec du référendum, il démissionne (1969). Il se consacre alors à la rédaction de ses *Mémoires d'espoir,* publiés de 1970 à 1971.

GAULTIER Jean-Paul (né en 1952) ✦ Couturier français. Il est connu pour ses vêtements unisexes, comme la marinière à rayures ou le pantalon de marin, et pour ses créations haute couture comme les robes et corsets aux seins coniques (portés sur scène par **Madonna**).

GAUSS Carl Friedrich (1777-1855) ✦ Astronome, mathématicien et physicien allemand. Il conçoit la possibilité d'une géométrie non euclidienne et travaille sur la théorie des nombres (*Disquisitiones arithmeticae,* 1801). En astronomie, il est nommé directeur de l'observatoire de Göttingen après ses études sur la mécanique céleste (1807). En physique, il imagine le magnétomètre (1832) et donne une *Théorie générale du magnétisme terrestre* (1839). Il énonce aussi plusieurs théories d'électricité et d'optique.

GAUTIER Théophile (1811-1872) ✦ Écrivain français. Ami de Gérard de Nerval, il défend Victor Hugo dans la «bataille d'Hernani» (1830). En quête permanente de pureté et de perfection dans l'art, il se détourne de la médiocrité de la réalité par le choix de ses sujets. Ses romans évoquent ainsi d'autres lieux (récits de voyages en Orient et en Espagne), d'autres époques (l'Antiquité romaine ou égyptienne). Ses poésies, au vocabulaire et aux rythmes recherchés, inspirent les poètes parnassiens et **Baudelaire**, qui lui dédie *Les Fleurs du mal.* Œuvres : *Mademoiselle de Maupin* (roman, 1835-1836), *Émaux et Camées* (poèmes, 1852), *Le Roman de la momie* (roman, 1858), *Le **Capitaine Fracasse*** (roman, 1863).

GAVARNIE (cirque de) ✦ Cirque des Hautes-Pyrénées, près du village de Gavarnie, dans la vallée du gave de **Pau**. Les cascades qui tombent des montagnes en gradins, à 1 500 m d'altitude, en font un site très touristique. Au-dessus du cirque, on peut voir la brèche de **Roland**, ouverte selon la légende par son épée **Durendal**.

GAVROCHE ✦ Personnage du roman *Les **Misérables***, publié en 1862 par Victor Hugo. Ce jeune garçon, de la famille Thénardier, vit seul, misérable mais libre. En ramassant des balles pour les insurgés, il meurt sur les barricades parisiennes en chantant : «Je suis tombé par terre, c'est la faute à Voltaire, le nez dans le ruisseau, c'est la faute à Rousseau», devenant le symbole de l'irréductible besoin de liberté du peuple. ☛ Romantisme p. 181. Un *gavroche* est un gamin effronté et malicieux.

GAY-LUSSAC Louis Joseph (1778-1850) ✦ Physicien et chimiste français. En physique, il découvre la loi sur la dilatation des gaz et des vapeurs (1802), étudie le magnétisme terrestre en effectuant des ascensions en ballon (1804) et formule les lois volumétriques des combinaisons gazeuses (1808). En chimie, il étudie le phosphore, le soufre, découvre le bore, isole le silicium, démontre que le chlore est un corps simple (1809) puis il étudie l'iode, découvre le cyanogène et l'acide cyanhydrique (1815) et améliore l'affinage des métaux précieux.

GAZA ✦ Ville du sud de la Palestine, près de la Méditerranée. 580 000 habitants. Capitale d'un territoire appelé *bande de Gaza,* d'une superficie de 363 km² et qui compte 1,7 million d'habitants. ♦ Habitée par les Cananéens (XVᵉ siècle av. J.-C.), puis les Philistins (XIIᵉ siècle av. J.-C.), la ville est convoitée par de nombreux peuples : Assyriens, Babyloniens, Alexandre le Grand (332 av. J.-C.), Romains (63 av. J.-C.), Arabes (632), Templiers (1150), Turcs et mamelouks (XVIᵉ siècle), Bonaparte pendant la campagne d'Égypte (1799) et Britanniques (1917). La *bande de Gaza,* destinée par l'ONU à un futur État arabe indépendant (1948), passe sous le contrôle de l'Égypte puis est administrée par **Israël** après la guerre des **Six Jours** (1967). Après la révolte palestinienne de la première Intifada (1987), l'OLP et Israël signent un accord d'autonomie (1993) qui fait de Gaza le siège de l'Autorité palestinienne, présidée par Yasser **Arafat** (1969-2004), puis Mahmoud Abbas depuis 2005. Celle-ci se réfugie en Cisjordanie à la suite de la prise de contrôle de Gaza par le mouvement islamiste du Hamas (2007). Les tensions s'exacerbent avec Israël qui impose un blocus. Les affrontements dégénèrent en guerre (2008, 2012, 2014).

GAZIANTEP ✦ Ville du sud de la Turquie, près de la frontière syrienne. 1,32 million d'habitants. Ruines d'une forteresse médiévale. Centre de commerce et d'industrie (textile, mécanique, alimentaire).

GDANSK ✦ Ville du nord de la Pologne, près de la mer Baltique, appelée *Dantzig* en français jusqu'en 1946. 456 658 habitants. Hôtel de ville, église Notre-Dame (XIVᵉ-XVᵉ siècles), grand arsenal (XVIIᵉ siècle). Principal port du pays, centre culturel et industriel (mécanique, chimie, textile, alimentaire). Ville natale de Daniel Fahrenheit et de Günter Grass. ♦ Passée à la Pologne (1295), elle fait partie de la **Hanse** (1350) et devient un État libre (1466) qui adopte la **Réforme** (1523). Elle est rattachée à la Prusse (1793-1807, 1814), puis liée à la Pologne (traité de **Versailles,** 1919). L'occupation par Hitler du «corridor de Dantzig», qui relie la Pologne à la Baltique, est l'une des causes de la Deuxième **Guerre mondiale.** Libérée par les Soviétiques (1945), elle réintègre la Pologne. Les grèves des chantiers navals aboutissent à la création, par le futur président Lech Walesa, du syndicat indépendant Solidarnosc (1980).

GÉANTS n. m. pl. ✦ Monstres de la mythologie grecque. Ce sont les fils de **Gaïa**, fécondée par le sang d'**Ouranos**, que **Cronos** a mutilé. Leur corps énorme et effrayant se termine en forme de serpent. D'une force invincible et d'un courage indomptable, ils attaquent les dieux de l'**Olympe**, enfants de Cronos, et sont vaincus par **Zeus** aidé notamment par Athéna et Héraclès. Ce combat est souvent représenté dans l'art classique.

GÊNES ✦ Ville du nord-ouest de l'Italie, chef-lieu de la Ligurie, sur la **Riviera**, au fond du *golfe de Gênes* (partie nord de la mer Ligurienne). 586 180 habitants (les *Génois*). Cathédrale gothique Saint-Laurent (XIIᵉ-XIVᵉ siècles) ; palais des XVIᵉ-XVIIᵉ siècles inscrits sur la liste du patrimoine mondial de l'Unesco. Premier port d'Italie, le second de la Méditerranée après Marseille, centre industriel (chantiers navals, pétrochimie, métallurgie) et touristique. Ville natale de Niccolo Paganini, Giuseppe Mazzini et Renzo Piano. ♦ Alliée de Rome, la ville est conquise par les Goths, les Byzantins et Charlemagne. Elle acquiert son indépendance (XIIᵉ siècle) et participe aux croisades. Elle fonde un empire commercial en Méditerranée, rivalisant avec Venise et Pise (XIIIe siècle), puis élit un doge parmi ses grandes familles (1339). Après la victoire de **Venise** (1381), sa Banque travaille avec la France et Milan, mais son commerce avec l'Orient décline, et elle cherche l'appui de Charles Quint (1528). Elle est attaquée par Louis XIV (1684) et vend la **Corse** à la France (1768). Bonaparte en fait la République ligurienne (1797) et l'annexe (1805) puis la donne au Piémont-Sardaigne (congrès de **Vienne,** 1815).

GENÈSE n. f. ✦ Premier livre du **Pentateuque,** dans la Bible, divisé en cinquante chapitres. Il décrit la Création, la faute d'Adam, le Déluge, la tour de Babel, la vie des patriarches et l'installation de la tribu d'Israël en Égypte.

GENET Jean (1910-1986) ✦ Écrivain français. Après avoir connu l'Assistance publique et la maison de redressement, il s'engage dans la Légion étrangère (1930) puis erre parmi la pègre européenne. Il rencontre Cocteau (1943) et se consacre à l'écriture, dans un style violent et lyrique qui fait scandale par ses sujets (criminalité, prostitution, homosexualité, critique des préjugés raciaux et sociaux). Œuvres : *Poèmes* (1948), romans (*Notre-Dame des Fleurs,* 1944 ; *Miracle de la rose,* 1946 ; *Querelle de Brest,* 1947 ; *Journal du voleur,* 1949), pièces de théâtre (*Les Bonnes,* 1947 ; *Le Balcon,* 1956 ; *Les Nègres,* 1959 ; *Les Paravents,* 1961).

GENÈVE ✦ Ville de Suisse, chef-lieu du canton de Genève, située au sud du lac Léman, près de la frontière française. 178 603 habitants (les *Genevois*) et 471 314 dans la zone urbaine. Cathédrale Saint-Pierre (XIIe siècle), hôtel de ville (XVIe siècle), musées, célèbre jet d'eau sur le lac. Centre bancaire, industriel (horlogerie, mécanique, chimie, textile), qui abrite de nombreuses organisations internationales (siège de l'**ONU** pour l'Europe, Organisation mondiale de la santé, **Croix-Rouge**). Ville natale du philosophe Jean-Jacques Rousseau, de l'explorateur Paul-Émile Victor, de l'acteur Michel Simon. ♦ Le site, occupé dès le IVe millénaire av. J.-C., devient une cité romaine (IIe siècle av. J.-C.) qui fait partie de la **Narbonnaise** (IVe siècle). Elle passe aux mains des Burgondes (443), des Francs (534) et du **Saint Empire** (1032). Elle acquiert son indépendance (1530) et adopte la **Réforme** (1536) que **Calvin** fait respecter par la force. Après une période troublée (XVIIIe siècle), elle est annexée par la France (1798), reprend son autonomie (1814) et entre dans la Confédération helvétique (1815). La Croix-Rouge y fait adopter les *conventions de Genève* (1864, 1949) sur la protection des victimes de guerre. Une conférence internationale y décide le partage du **Viêtnam** en deux États distincts (1954).

GENÈVE (lac de) ✦ Autre nom du lac **Léman.**

GENÈVE (canton de) ✦ Canton de Suisse, dans le sud-ouest du pays (☛ carte 26). Superficie : 282 km². 433 235 habitants, en majorité protestants, nombreux étrangers (organisations internationales). Langue officielle : le français. Chef-lieu : Genève, qui l'occupe presque totalement. Vigne, produits maraîchers.

GENEVIÈVE (sainte) (vers 422-502) ✦ Vierge chrétienne. Par ses prières, elle détourne de **Lutèce** les armées d'**Attila** (451). Elle est enterrée à Paris sur la montagne Sainte-Geneviève, et les pèlerins, pensant que ses reliques éloignent les désastres, font d'elle la sainte patronne de Paris.

GENEVOIX Maurice (1890-1980) ✦ Écrivain français. Blessé pendant la Première Guerre mondiale, il se fait connaître par ses souvenirs de guerre. Puis il s'attache à célébrer son pays de Loire, où hommes et bêtes vivent en harmonie, avec poésie et tendresse. Œuvres : *Ceux de 14* (1916 à 1923), *Raboliot* (1925), *La Dernière Harde* (1938), *La Loire, Agnès et les garçons* (1962), *Tendre Bestiaire* et *Bestiaire enchanté* (1969), *Bestiaire sans oubli* (1971), *Trente Mille Jours* (1979). Académie française (1946).

GENGIS KHÀN (vers 1160-1227) ✦ Conquérant mongol. Temüjin soumet les tribus nomades mongoles et se proclame *Gengis Khàn,* c'est-à-dire «chef suprême» (1206). Il part à la conquête de l'Asie avec ses hordes de guerriers. Il s'empare de la Chine du Nord (Pékin, 1215) et de l'Asie centrale (1218-1224) jusqu'en Afghanistan et en Perse, massacrant tout sur son passage. Ses lieutenants dévastent le Caucase, la Crimée et reviennent par la Volga (1221-1223). Il meurt en allant mater une révolte en Chine et laisse un empire immense, de Pékin à la Volga, unifié et bien administré.

GENNES Pierre-Gilles de (1932-2007) ✦ Physicien français. Il travailla sur les polymères, les cristaux liquides et expliqua les propriétés de la «matière molle». Attaché aux applications industrielles de la science, à la formation des jeunes scientifiques, il sut transmettre son enthousiasme et son esprit d'innovation. Académie des sciences (1979), prix Nobel de physique (1991).

GEORGE III (1738-1820) ✦ Roi de Grande-Bretagne et d'Irlande de 1760 à 1820. Très autoritaire, il agrandit l'empire colonial à la fin de la guerre de Sept Ans (traité de Paris, 1763), mais doit reconnaître l'indépendance des **États-Unis** (1783). Souffrant de troubles mentaux, il sombre dans la folie (1810).

GEORGE VI (1895-1952) ✦ Roi de Grande-Bretagne et d'Irlande de 1936 à sa mort, et père d'**Élisabeth II.** Il prend le pouvoir à l'abdication de son frère Édouard VIII et devient très populaire pendant la Deuxième Guerre mondiale.

GEORGETOWN ✦ Capitale de la Guyana, dans le nord du pays, au bord de l'océan Atlantique. 134 497 habitants. Principal port du pays qui exporte de la bauxite, du sucre et des fruits. La ville est fondée en 1722 sous le nom de *Stabrok.*

① **GÉORGIE** n. f. ✦ Un des États du sud-est des États-Unis (☛ carte 47). Superficie : 152 589 km² (plus du tiers de la France). 8,2 millions d'habitants. Capitale : Atlanta. ♦ Depuis les **Appalaches** au nord-ouest, il s'étend sur des collines boisées jusqu'à une grande plaine côtière à l'est. Son climat est tempéré. La production de tabac et d'arachide, l'élevage de volailles et l'industrie du bois remplacent aujourd'hui la culture du coton. ♦ La région, peuplée d'Indiens **Cherokees,** est disputée par les Espagnols (XVIIe siècle) et colonisée par les Anglais (1732). C'est le premier État du Sud qui ratifie la Constitution des États-Unis (1788). Il fait sécession à cause de son économie basée sur l'esclavage (1861) et subit des ravages pendant la guerre civile (incendie d'**Atlanta**).

② **GÉORGIE** n. f. ✦ Pays d'Asie de l'Ouest, situé dans le Caucase (☛ cartes 38, 39). Superficie : 69 700 km² (environ un huitième de la France). 4,4 millions d'habitants (les *Géorgiens*), en majorité orthodoxes. République parlementaire dont la capitale est Tbilissi.

Langue officielle : le géorgien ; on y parle aussi l'arménien et le russe. Monnaie : le lari. ♦ GÉOGRAPHIE. La Géorgie est occupée par les montagnes du **Caucase** au climat continental. Elles sont traversées par le fleuve Koura qui se jette dans la mer Caspienne en une vaste plaine au climat chaud et à la végétation tropicale. ♦ ÉCONOMIE. L'agriculture (thé, agrumes, vigne, vergers) et l'élevage (bovins, moutons) sont productifs. Le sous-sol contient du charbon et du manganèse. L'industrie tient une grande place (textile, alimentaire avec des vins réputés, métallurgie, pétrochimie, construction mécanique). Le tourisme se développe sur les côtes de la mer Noire et en montagne. ♦ HISTOIRE. Habitée plus de 500 000 ans av. J.-C., la riche région de Colchide voit naître le mythe de la **Toison d'or**, puis elle est colonisée par les Grecs (VIe siècle av. J.-C.), les Perses, Alexandre le Grand et Rome (65 av. J.-C.). Christianisée (IVe siècle), objet de luttes entre les Perses et les Byzantins, elle forme un puissant royaume (XIe-XIIIe siècles). Celui-ci est dévasté par **Tamerlan** (1386-1405), de nouveau disputé par les Perses et les Turcs pendant trois siècles, et se place sous la protection de la **Russie** (1783), qui l'annexe (1801). Après la révolution russe, la Géorgie acquiert son indépendance (1918-1921), mais Staline l'intègre à la Transcaucasie (1922) avec l'Azerbaïdjan et l'Arménie, puis en fait une République socialiste soviétique. Indépendante en 1991, la Géorgie connaît de graves conflits (1990-1992) liés au désir de sécession des Ossètes, puis une guerre civile (1992-1993) liée à celui des Abkhazes. Elle rejoint la CEI (1993) et comprend trois territoires autonomes (Abkhazie, Adjarie, Ossétie du Sud). Moscou reconnaît l'Abkhazie et l'Ossétie du Sud et entérine le démantèlement de la Géorgie (2008).

GÉRARD François, baron (1770-1837) ✦ Peintre français. Élève de **David**, il choisit des sujets antiques puis se consacre à la peinture d'histoire et aux portraits, notamment à la cour de Napoléon Ier. Il devient le peintre officiel de Louis XVIII, qui l'anoblit, et travaille aussi dans d'autres cours européennes. Ses œuvres les plus connues sont : *Psyché reçoit le premier baiser de l'Amour* (1798), *Madame Récamier* (1802), *Bataille d'Austerlitz* (1810), *Daphnis et Chloé* (1824).

GÉRARDMER ✦ Ville des Vosges. 8 276 habitants (les *Géromois*). Station climatique et de sports d'hiver, centre d'industries (bois, textile) où l'on fabrique les fromages appelés *géromés ;* Festival du film fantastique.

GERBAULT Alain (1893-1941) ✦ Navigateur français. Il réalisa la première traversée de l'Atlantique d'est en ouest à la voile et en solitaire (1923) et raconta cette aventure dans *Seul à travers l'Atlantique* (1925). À bord du même voilier, le *Firecrest,* il fut le premier Français à effectuer le tour du monde en solitaire (1924-1929). C'est au cours de ce voyage qu'il découvrit la Polynésie, où il choisit de vivre.

GERBIER-DE-JONC (mont) ✦ Volcan éteint d'Ardèche, au sud-est du Massif central. D'une altitude de 1 551 m, il domine le plateau où la **Loire** prend sa source.

GERGOVIE ✦ Capitale des gaulois **Arvernes**, près de Clermont-Ferrand. **Vercingétorix** y soutient victorieusement un siège contre Jules **César** (52 av. J.-C.).

GÉRICAULT Théodore (1791-1824) ✦ Peintre français. Il étudie avec **Vernet**, **Gros** et voyage en Italie et en Angleterre. Son chef-d'œuvre, *Le Radeau de la Méduse* (1819), inspiré par un fait divers, provoque un scandale et fait de lui l'un des chefs de l'école romantique, admiré par **Delacroix** pour son sens du mouvement et de la tragédie. Ses portraits de fous inspirent les réalistes. Ses autres œuvres célèbres sont : *Officier de chasseurs à cheval de la garde impériale chargeant* (1812), *Cuirassier blessé quittant le feu* (1814), *La Course des chevaux barbes* (1817), *Course de chevaux à Epsom* (1821). ☛ Empire p. 177.

GERMAINS n. m. pl. ✦ Peuples barbares du nord de l'Europe. Venus de Scandinavie (vers 1000 av. J.-C.), ils émigrent vers le sud, poussant les Celtes (IIIe siècle av. J.-C.). Les Romains les contiennent en **Germanie**, bientôt séparée de l'Empire romain par **Hadrien** (Ier siècle). Au IIIe siècle, ils attaquent la Gaule, l'Espagne, l'Italie, la Grèce et la Bretagne. L'avancée des **Huns** (IVe siècle) les refoule dans l'Empire **romain** d'Occident (**Grandes Invasions**) qu'ils détruisent (476) ☛ carte 9. Unis par une même civilisation (divinités Thor, Odin, Walkyries), ces peuples sont très divers : **Goths, Vandales, Burgondes** à l'est ; **Alamans** et **Francs** à l'ouest ; **Angles, Saxons, Lombards** au nord.

GERMANIE n. f. ✦ Province romaine créée par **Auguste** (vers 7 av. J.-C.) entre la Belgique à l'ouest et le Rhin à l'est. Elle est partagée entre la *Germanie inférieure* au nord, avec Cologne pour capitale, et la *Germanie supérieure* au sud, avec Mayence pour capitale. Les Romains appellent aussi *Germanie* les territoires au-delà du Rhin et du Danube, où vivent les *Germains.*

GERMANIE (royaume de) ✦ Pays né du partage de l'Empire carolingien (traité de **Verdun**, 843) et attribué à **Louis II le Germanique.** Il comprend, à l'est du Rhin, les duchés de Saxe, de Thuringe, de Franconie (autour de Mayence), d'Alémanie et de Bavière et, plus tard, une partie de la Lotharingie (870). Son roi Othon Ier, en l'unissant aux royaumes d'Italie et de Bourgogne, fonde le **Saint Empire** romain germanique (962).

Germinal ✦ Roman de la série des Rougon-Macquart, publié en 1885 par Émile Zola. L'ouvrier parisien Étienne Lantier part travailler dans les mines du Nord et s'installe chez les Maheu. Révolté par la misère et l'injustice, il anime un syndicat et déclenche une grève que l'armée réprime avec violence. Lorsque les ouvriers, vaincus, reprennent le travail, l'anarchiste Souvarine fait sauter la mine, provoquant des morts. Lantier quitte la région avec l'espoir de voir germer la révolution qui balaiera le vieux monde. Ce roman est adapté au cinéma (Yves Allégret, 1963 ; Claude Berri, 1993).

GERONIMO (1829-1908) ✦ Chef indien des **Apaches** chiricahuas. Des soldats mexicains massacrent sa famille et il s'engage très jeune dans la lutte contre les Blancs (1846). Il prend la tête d'une révolte dans la réserve de San Carlos en Arizona (1874). Après une première reddition (1883), il s'évade au Mexique (1885). Il capitule définitivement (1886) puis il est exilé en Floride et finalement en Oklahoma (1894) où il dicte ses *Mémoires,* publiés en 1905.

① **GERS** n. m. ✦ Rivière du Bassin aquitain, longue de 178 km. Elle prend sa source au plateau de Lannemezan, au pied des Pyrénées, arrose Auch et se jette dans la Garonne avant Agen.

② **GERS** n. m. ✦ Département du sud-ouest de la France [32], de la Région Occitanie. Superficie : 6 309 km². 190 625 habitants (les *Gersois*). Chef-lieu : Auch ; chefs-lieux d'arrondissement : Condom et Mirande.

GERSHWIN George (1898-1937) ✦ Compositeur américain. Influencé par le jazz et le ragtime, il compose des morceaux pour piano et orchestre (*Rhapsody in Blue,* 1924 ; *Concerto en fa,* 1925). Sa rencontre avec Ravel enrichit ses recherches harmoniques. Il compose également des comédies musicales (*Un Américain à Paris,* 1928) et un opéra (*Porgy and Bess,* inspiré du folklore noir, 1935).

GESTAPO n. f. (allemand *Geheime Staatspolizei,* «police secrète d'État») ✦ Police politique créée par le Parti national-socialiste allemand (1933). La Gestapo devient toute-puissante sous le régime nazi. Elle pourchasse par la terreur les Juifs et tous les opposants au régime, en Allemagne et dans les pays occupés. Cette organisation est condamnée comme criminelle de guerre au procès de **Nuremberg** (1946).

GETTYSBURG ✦ Ville des États-Unis (Pennsylvanie). 7 490 habitants. Les nordistes y remportèrent une victoire décisive sur les sudistes commandés par **Lee** (1863), pendant la guerre de **Sécession**.

GÉVAUDAN n. m. ✦ Région historique du sud de la France, au nord de la Lozère. Elle est habitée par les *Gabalitains.* ♦ C'est un plateau, couvert de landes, où l'on élève des moutons. ♦ Peuplé de Gaulois, le Gévaudan est rattaché à la Gaule celtique par les Romains et occupé par les Wisigoths (Ve siècle). Il fait partie de l'**Austrasie** puis il est gouverné par les comtes-évêques de **Mende** (IXe siècle) et réuni à la Couronne par Louis IX (1258). Entre 1765 et 1768, une centaine de personnes sont trouvées à moitié dévorées par une mystérieuse créature, souvent identifiée à un loup et baptisée la *bête du Gévaudan.*

GEVREY-CHAMBERTIN ✦ Ville de la Côte-d'Or. 3 082 habitants (les *Gibriaçois*). Vestiges d'un château (XIIIe siècle). Vignobles qui produisent un vin de Bourgogne réputé, le *gevrey-chambertin.*

GHANA n. m. ✦ Pays d'Afrique de l'Ouest (☛ cartes 34, 36). Superficie : 239 460 km² (moins de la moitié de la France). 24,3 millions d'habitants (les *Ghanéens*). République dont la capitale est Accra. Langue officielle : l'anglais ; on y parle aussi l'akan, l'éwé, le haoussa et le mossi. Monnaie : le cedi. ♦ GÉOGRAPHIE. Une grande zone forestière, au centre et à l'est, est irriguée par le lac et les fleuves **Volta**. Elle est bordée au nord et à l'ouest de plateaux couverts de savanes, et au sud d'une côte verdoyante. Le climat tropical est plus sec au nord. ♦ ÉCONOMIE. L'agriculture domine largement (manioc, céréales, cacao, coton) avec l'exploitation des forêts et la pêche. Le sous-sol est riche (or, diamant, manganèse, bauxite). Le pays produit de l'électricité, grâce au barrage sur la Volta, et de l'aluminium. ♦ HISTOIRE. Au nord, les Mossis commercent avec le riche *empire du Ghana* (Ve-XIe siècles) situé au Mali et en Mauritanie, qui devient l'empire du **Mali** (XIIIe siècle). Les Portugais, établis sur ce qu'ils nomment la *Côte-de-l'Or* (XVe siècle), pratiquent l'esclavage, mais sont chassés par les Hollandais (XVIIe siècle). À leur tour les Achantis pratiquent l'esclavage (XVIIIe siècle). Les Britanniques colonisent le pays (XIXe siècle) et y annexent une partie du Togo (1956). Indépendante dans le cadre du Commonwealth (1957), la Côte-de-l'Or prend le nom de *Ghana,* qui connaît des coups d'État militaires et des crises économiques jusqu'en 1992.

GIACOMETTI Alberto (1901-1966) ✦ Sculpteur suisse. Après un séjour en Italie, il s'installe à Paris (1922), donnant à ses sculptures humaines des formes simplifiées. Il participe au surréalisme (1930), crée des espaces imaginaires et des objets symboliques, avant de revenir aux figures humaines (1935), frêles et étirées, qui expriment, comme ses peintures, la fragilité de l'être humain. Ses œuvres les plus célèbres sont : *Femme cuiller* (1928), *Le Palais à quatre heures* (1932-1933), *L'Objet invisible* (1934-1935), *Femme debout* (1948), *La Forêt* (1950), *L'Homme qui marche* (1959).

GIBRALTAR ✦ Colonie britannique, à l'extrême sud de la péninsule Ibérique. Superficie : 6 km². 30 000 habitants. Port de transit, dominé par le *rocher de Gibraltar* (haut de 425 m), base aéronavale. ♦ Dans l'Antiquité, le rocher de Gibraltar est l'une des deux Colonnes d'**Hercule**. Les Maures s'en emparent (vers 700), puis les Espagnols (1462) et les Anglais (1704), dont les droits sont reconnus (traité d'**Utrecht**, 1713). Gibraltar sert de base militaire pendant les deux guerres mondiales. L'Espagne ferme sa frontière quand la population refuse de lui être rattachée (1967-1980).

GIBRALTAR (détroit de) ✦ Bras de mer, large de 15 km et profond de 350 m, qui sépare l'Europe de l'Afrique et relie la mer Méditerranée à l'océan Atlantique. Un tunnel ferroviaire est en construction, à 400 m de profondeur, entre Tarifa (en Espagne) et Tanger (au Maroc).

GIBRAN Gibran Khalil (1883-1931) ✦ Poète et peintre libanais. Installé aux États-Unis en 1910, il continue de s'intéresser au sort de son pays natal. Son œuvre poétique visionnaire, écrite en arabe et en anglais, délivre un message humaniste universel (*Le Prophète,* 1923). Son œuvre picturale évoque William **Blake.**

GIDE André (1869-1951) ✦ Écrivain français. Élevé de façon très austère, il se consacre à la littérature et fonde la *Nouvelle Revue française* (NRF, 1909). Il fait de nombreux voyages, notamment en Afrique du Nord (1893-1894) puis en Afrique noire (1925-1926), qui le conduisent à dénoncer le colonialisme et à se rapprocher du communisme, qu'il abandonne après une visite en URSS (1936). Il séjourne également en Afrique pendant la Deuxième Guerre mondiale. Déchiré par les contradictions, partagé entre la liberté et les contraintes morales, il marque profondément les intellectuels du XXe siècle. Ses œuvres principales sont : *Les Nourritures terrestres* (1897), *L'Immoraliste* (1902), *La Porte étroite* (1909), *Les Caves du Vatican* (1914), *La Symphonie pastorale* (1919), *Si le grain ne meurt* (Mémoires, 1924), *Les Faux-Monnayeurs* (1925), *Voyage au Congo* (1927), *Retour de l'URSS* (1936). Prix Nobel de littérature (1947).

GIEN ✦ Commune du Loiret, sur la Loire. 14 617 habitants (agglomération 15 791) (les *Giennois*) (☛ carte 23). Le château (fin XVe siècle) abrite le musée international de la Chasse. Fabrication de faïence depuis le début du XIXe siècle.

GIJON ✦ Ville d'Espagne (Asturies), sur le golfe de Gascogne. 274 037 habitants. Port industriel (sidérurgie, chimie), exportation de houille et de minerai de fer.

GILGAMESH ✦ Héros mythologique de **Sumer.** Avec son ami Enkidu, il bat un «taureau céleste» envoyé par la déesse Inanna (**Ishtar**) dont il a refusé les faveurs. Pour se venger, elle tue Enkidu. Gilgamesh recherche alors la plante marine qui donne l'immortalité avant d'accepter sa condition mortelle. Son épopée est connue grâce aux tablettes trouvées dans la bibliothèque d'**Assurbanipal** à Ninive.

GILLESPIE Dizzy (1917-1993) ✦ Trompettiste et chef d'orchestre de jazz américain. Il est, avec Charlie **Parker** avec qui il s'associe en 1945, l'un des créateurs du be-bop. Il fonde un grand orchestre qui diffuse ce style dans le monde entier. Il a contribué à introduire les rythmes latino-américains dans le jazz. Avec Louis **Armstrong** et Miles **Davis**, il est l'un des plus grands trompettistes de jazz. Principaux enregistrements : *Groovin' High* (1945, avec C. Parker), *Night in Tunisia* (1946). ▪ Son vrai nom est *John Birks.*

GIONO Jean (1895-1970) ✦ Écrivain français. Influencé par les auteurs grecs et latins, il célèbre avec enthousiasme la nature et la vie paysanne de sa Provence natale, puis il adopte un style plus classique pour dénoncer la guerre et les méfaits de la ville. Ses œuvres les plus célèbres, dont certaines adaptées au cinéma, sont : *Colline* (1928), *Regain* (1930 ; film de Pagnol, 1937), *Le Chant du monde* (1934), *Que ma joie demeure* (1935), *La Femme du boulanger* (théâtre 1938 ; film de Pagnol 1939), *Un roi sans divertissement* (1947, film 1963), *Le Hussard sur le toit* (1951, film 1995), *L'Homme qui plantait des arbres* (1953). Il met lui-même en scène le film *Crésus* (1960).

GIORGIONE (vers 1477-1510) ✦ Peintre italien. Sa vie est mal connue mais il semble qu'il ait été l'élève de **Bellini.** En adoucissant les contours, il intègre ses personnages dans des paysages, traités par petites taches, qui donnent une atmosphère poétique et influencent l'école vénitienne. Œuvres : *La Vieille* (vers 1502) ; *Judith* (vers 1504) ; *Pala (ou Madonne) de Castelfranco* et *Laura* (vers 1506) ; *La Tempête, Les Trois Philosophes* et *La Vénus endormie* (vers 1508-1510). ▪ Son véritable nom est *Giorgio da Castelfranco.*

GIOTTO (vers 1266-1337) ✦ Peintre italien. Il réalise de nombreuses fresques : *Vie de saint* ***François*** dans la basilique d'**Assise** (1296-1299) ; *Vie de la Vierge, Vie du Christ, Allégories des vices et des vertus* à **Padoue** (1305-1310). Il travaille à Rome, à Naples, à Milan, et surtout à **Florence**, où il restaure les fresques de l'église Santa Croce (1318-1325), puis il dirige les travaux de la cathédrale et du campanile de Santa Maria del Fiore (1334-1337). Son influence sur les artistes italiens de son époque est considérable. ▪ Son nom complet est *Giotto di Bondone.*

GIRARDIN Émile de (1806-1881) ✦ Publiciste et homme politique français. Il fonde *La Presse* (1836), premier quotidien à prix modique ayant recours à la publicité. Cette innovation fait de lui le fondateur de la presse moderne.

GIRARDON François (1628-1715) ✦ Sculpteur français. Formé à Rome, il devient l'un des principaux collaborateurs de **Le Brun.** Il réalise d'importantes œuvres de style classique (*Apollon servi par les nymphes,* 1666-1675, dans les jardins de Versailles), certaines ayant des accents baroques (*Tombeau de Richelieu,* 1675-1694, dans la chapelle de la Sorbonne, à Paris). ☛ Classicisme p. 170.

GIRAUDOUX Jean (1882-1944) ✦ Écrivain français. Il mène une carrière diplomatique, puis écrit des romans pleins de poésie. Après sa rencontre avec l'acteur Louis Jouvet (1928), il se consacre au théâtre où s'expriment, avec la même richesse de style, l'inquiétude et le désespoir face à la réalité. Ses œuvres les plus célèbres sont : *Suzanne et le Pacifique* (1921), *Amphitryon 38* (1929), *Intermezzo* (1933), *La guerre de Troie n'aura pas lieu* (1935), *Ondine* (1939), *La Folle de Chaillot* (représentée après sa mort, 1945).

① **GIRONDE** n. f. ✦ Estuaire ouvert sur l'océan Atlantique et formé par la réunion de la **Garonne** et de la **Dordogne**, après Bordeaux (☛ carte 21). Longue de 75 km, la Gironde est bordée de vignobles (**Médoc**) et jalonnée de ports (pêche, trafic pétrolier) et de stations balnéaires (**Royan**).

② **GIRONDE** n. f. ✦ Département du sud-ouest de la France [33], de la Région Nouvelle-Aquitaine. Superficie : 10 000 km^2. 1,53 million d'habitants (les *Girondins*). Chef-lieu : Bordeaux ; chefs-lieux d'arrondissement : Arcachon, Blaye, Langon, Lesparre-Médoc et Libourne.

③ **GIRONDE** n. f. ✦ Nom donné au groupe révolutionnaire des **girondins.**

GIRONDINS n. m. pl. ✦ Groupe de révolutionnaires français, composé surtout de députés originaires de la Gironde, bourgeois républicains modérés et partisans d'un État fédéral. Adversaires des **feuillants** à l'**Assemblée législative** (1792), ils siègent à la **Convention nationale**, où des conflits les opposent au groupe de la **Montagne** à propos du procès du roi, de la guerre avec l'Europe et des difficultés économiques. Sous la pression des sans-culottes, une vingtaine d'entre eux sont guillotinés (juin 1793). Les autres organisent une insurrection qui menace la Révolution par sa diffusion en province et accentue la **Terreur.**

GISCARD D'ESTAING Valéry (né en 1926) ✦ Homme d'État français. Député proche du gaullisme (1956), il devient ministre des Finances (1962-1966, 1969-1974), puis président de la République (1974-1981) et mène une politique «libérale avancée». Battu à la présidentielle par François Mitterrand (1981), il préside le conseil régional d'Auvergne (1986) et l'UDF (Union pour la démocratie française, 1988-1996), ainsi que la Convention sur l'avenir de l'Europe. Il est à l'origine du Parc européen du volcanisme (**Vulcania**), ouvert près de Clermont-Ferrand (2002). Il a publié des ouvrages politiques (*Démocratie française,* 1976 ; *Le Pouvoir et la Vie,* 1988-1991). Académie française (2003).

GIZEH ou **GUIZEH** ✦ Ville d'Égypte, dans le nord du pays, dans la banlieue du Caire. 2,7 millions d'habitants. Sur un site tout proche, inscrit sur la liste du patrimoine mondial de l'Unesco, se dressent les trois pyramides de **Khéops** (la plus ancienne et la seule des Sept **Merveilles du monde** qui subsiste aujourd'hui), de **Khéphren**, de **Mykérinos**, ainsi que le **Sphinx**, tous élevés entre 2700 et 2600 av. J.-C. (☛ carte 2 et Égypte p. 151).

GLACE (mer de) ✦ Glacier du massif du **Mont-Blanc**, dans les Alpes françaises (Haute-Savoie). Il est long de 14 km, mais sa superficie diminue lentement. On accède à ce site très touristique, depuis Chamonix, par le chemin de fer à crémaillère du Montenvers.

GLADSTONE William Ewart (1809-1898) ✦ Homme politique britannique. Ce fervent anglican, déçu par le libre-échange, prend la tête du parti libéral (1865) et s'oppose au conservateur **Disraeli** pendant toute sa carrière. Nommé plusieurs fois Premier ministre entre 1868 et 1894, il réforme l'Église (séparée de l'État irlandais), l'éducation, l'armée, la justice, et sa loi électorale rend le suffrage presque universel (1884). Sa politique extérieure, pacifiste et anticolonialiste (abandon de la France face à la Prusse, 1870 ; reconstitution de la flotte russe ; dénonciation du massacre des Bulgares par l'Empire ottoman, 1876 ; défaite anglaise de **Khartoum**, 1885), heurte la reine **Victoria** et l'opinion publique. Ses échecs à imposer l'autonomie de l'Irlande (Home Rule) provoquent sa démission.

GLANUM ✦ Site archéologique près de Saint-Rémy-de-Provence. L'arc de triomphe marquait l'entrée de cette cité antique qui connut son apogée sous Auguste. Le mausolée, très bien conservé, est richement décoré.

GLARIS ✦ Ville de Suisse, chef-lieu du canton de Glaris, située dans les Alpes. 5 764 habitants. ♦ La région est christianisée (VIe siècle), passe aux mains des Habsbourg et entre dans la Confédération helvétique (1352). Une partie de la population adopte le protestantisme (XVIe siècle), créant des rivalités religieuses qui seront réglées par la Constitution (1836). Détruite par un incendie (1861), la ville est rebâtie selon un plan régulier.

GLARIS (canton de) ✦ Canton de Suisse, dans l'est du pays (☛ carte 26). Superficie : 685 km². 38 084 habitants, en majorité protestants. Langue officielle : l'allemand. Chef-lieu : Glaris. Occupée par les vallées alpines, la région vit de l'élevage et surtout de l'industrie (textile, mécanique, hydroélectricité). Mines de soufre et de fer.

GLASGOW ✦ Ville de Grande-Bretagne, dans l'ouest de l'Écosse, au fond de l'estuaire de la Clyde. 590 500 habitants. Cathédrale (XIIe-XVe siècles), collections de peinture de l'Art Gallery and Museum. Port commercial et industriel (aciéries, chantiers navals, pétrochimie). ♦ La ville, fondée au VIe siècle, s'étend autour de l'évêché (1175) et de l'université (1450). Elle fait fortune en commerçant avec les Indes, après l'union de l'Écosse à l'Angleterre. Elle se développe autour du bassin houiller pendant la révolution industrielle et connaît une grave crise économique dans les années 1980.

GLÉNAN (îles de) ✦ Archipel du Finistère, dans l'océan Atlantique, au large de Concarneau. Composé de neuf îlots, souvent appelés à tort *les Glénans,* il abrite un centre nautique célèbre pour son école de voile et de plongée. Les îlots inhabités constituent une réserve pour les oiseaux de mer.

GLIÈRES (plateau des) ✦ Plateau situé en Haute-Savoie. De janvier à mars 1944, il servit de refuge aux maquisards qui résistèrent à la Milice et à l'armée allemande.

GLINKA Mikhaïl Ivanovitch (1804-1857) ✦ Compositeur russe. Il est considéré comme le père de l'école musicale et de l'opéra russes modernes. Ses opéras *La Vie pour le tsar* (1836) et *Rousslan et Ludmilla* (1842, d'après Pouchkine) ont eu un profond retentissement. Sa musique allie les influences occidentales et la tradition populaire de son pays. On lui doit aussi de la musique de chambre et des mélodies.

GLISSANT Édouard (1928-2011) ✦ Écrivain français. Martiniquais, il est l'auteur d'une œuvre poétique (*La Terre inquiète,* 1954 ; *Les Indes,* 1956) et romanesque (*La Lézarde,* 1958 ; *Malemort,* 1975) qui célèbre le riche passé tragique des Antilles. Il chante la « créolitude » dans un langage hybride, populaire ou châtié, reflet de l'identité culturelle antillaise.

Gloire de mon père (La) ✦ Roman publié en 1957 par Marcel Pagnol. C'est le premier livre de la série intitulée « Souvenirs d'enfance », qui compte aussi *Le Château de ma mère* (1958), *Le Temps des secrets* (1960) et *Le Temps des amours* (1977, publié après sa mort). Avec beaucoup de tendresse et d'humour, l'auteur raconte son enfance à Aubagne, avec son père instituteur, Joseph, sa mère couturière, Augustine, son frère Paul, son oncle Jules et sa tante Rose. La famille passe l'été dans les collines de Provence où Marcel découvre la nature et les joies de l'amitié. Ce roman est adapté au cinéma par Yves Robert (1990), ainsi que *Le Château de ma mère.*

GLORIEUSES (les Trois) ✦ Nom donné aux trois journées de la **révolution de 1830** (27, 28 et 29 juillet) qui mettent fin à la **Restauration.**

GLORIEUSES (les Trente) ✦ Période qui va de 1946 au début des années 1970. Elle se caractérise par une forte expansion économique en France et dans la plupart des pays industrialisés.

GLUCK Christoph Willibald von (1714-1787) ✦ Compositeur allemand. Il étudie à Prague, à Vienne et à Milan. Il compose des opéras (1741-1752), devient maître de chapelle de la cour de Vienne (1754) puis adapte des opéras-comiques français. Il renouvelle le style lyrique en privilégiant l'action et l'émotion et en recherchant la simplicité et le naturel, ce qui provoque une querelle avec les partisans de l'opéra italien menés par **Piccinni.** Après une période de succès, il connaît l'échec et quitte définitivement Paris (1779). Œuvres : *Orphée et Eurydice* (1762), *Alceste* (1767), *Iphigénie en Aulide* (1774), *Armide* (1777), *Iphigénie en Tauride* et *Écho et Narcisse* (1779).

GOA ✦ État de l'ouest de l'Inde, sur la mer d'Oman (☛ carte 41). Superficie : 3 702 km². 1,46 million d'habitants. Capitale : Panaji (59 000 habitants). Agriculture (riz, cocotier), exploitation du fer et du manganèse, tourisme important. Les églises et les couvents de la vieille ville de Goa, dont la cathédrale du Bon-Jésus (XVIe siècle) où se trouve le tombeau de saint François-Xavier, sont inscrits sur la liste du patrimoine mondial de l'Unesco. ♦ Goa est colonisé par les Portugais (1520) qui en font la capitale de leurs territoires en Inde, puis la région est évangélisée par saint François Xavier (1542) (☛ carte 14). L'armée indienne l'envahit (1962) puis elle est transformée en État (1987).

GOBELINS (Manufacture nationale des) ✦ Manufacture de tapisseries, située dans le 13e arrondissement de Paris. Fondée par une famille de teinturiers champenois, les Gobelin (XVe siècle), elle est reprise par des tapissiers flamands (1601). **Colbert** en fait la Manufacture royale de meubles et de tapisseries de la Couronne (1662), qu'il confie à **Le Brun** (1663-1690). Incendiée pendant la Commune (1871), elle est reconstruite (1914). La manufacture produit et restaure des tapisseries destinées à la décoration des édifices publics. Elle comprend les ateliers des Gobelins, de Beauvais et de la Savonnerie (tapis).

GOBI (désert de) ✦ Désert de l'est de l'Asie (☛ carte 38). Il occupe le sud de la Mongolie et le nord de la Chine. Long de 1 500 km et large de 500 à 900 km, c'est l'un des plus grands déserts du monde, sur un plateau situé entre 800 et 1 200 m d'altitude, formé de rocs, de sable et de quelques steppes. Balayé par des vents violents, il est brûlant en été et glacial en hiver.

GOBINEAU Joseph Arthur, comte de (1816-1882) ✦ Écrivain français. Diplomate de carrière, il écrit des ouvrages d'érudition ainsi que des récits de voyage (*Trois Ans en Asie,* 1859), des nouvelles (*Nouvelles asiatiques,* 1876) et des romans (*Les Pléiades,* 1874). Son *Essai sur l'inégalité des races humaines* (1853-1855) inspirera les théoriciens du racisme et du national-socialisme.

GODARD Jean-Luc (né en 1930) ✦ Cinéaste français. Il collabore à la revue *Les Cahiers du cinéma* et devient un représentant de la Nouvelle Vague. Ses films innovent par un jeu de caméra très libre, une part laissée à l'improvisation et une remise en cause des structures narratives traditionnelles du cinéma. Films : *À bout de souffle* (1960), *Le Mépris* (1963), *Pierrot le Fou* (1965), *La Chinoise* (1967), *Sauve qui peut (la vie)* (1980), *Prénom Carmen* (1983), *Nouvelle Vague* (1990).

GODEFROI DE BOUILLON (1061-1100) ✦ Chevalier français. Il dirige la première croisade (1096-1099), depuis la Meuse et le Rhin jusqu'à **Jérusalem,** qu'il prend (1099) et dont il devient le souverain (☛ carte 12).
■ Son véritable nom est *Godefroi IV de Boulogne.*

God Save the King ✦ Hymne national britannique. Son titre signifie « Dieu sauve le roi », en anglais. Il est attribué à plusieurs auteurs car son origine précise est inconnue. Officiellement, on dit qu'il est joué en public pour la première fois après la prise d'Édimbourg par Charles Édouard Stuart, le prétendant catholique au trône d'Angleterre contre George II (1745). Si le souverain est une reine, le titre est *God Save the Queen.*

GOEBBELS Joseph Paul (1897-1945) ✦ Homme politique allemand. Journaliste rallié au national-socialisme (1922), il se rapproche d'**Hitler** qui en fait son ministre de l'Information et de la Propagande (1933). Habile manipulateur de la haine contre les Juifs, ce théoricien du nazisme est chargé de la direction de la guerre totale (1944). À la mort d'Hitler, il se suicide avec sa famille.

GOETHE Johann Wolfgang von (1749-1832) ✦ Élevé dans une famille protestante, il fait des études de droit à Leipzig et se consacre à la littérature. Il occupe de hautes fonctions auprès de l'archiduc de Weimar et fait de la ville de **Weimar** une capitale culturelle européenne. Son œuvre très abondante et variée (poésie, roman, théâtre) occupe une place exceptionnelle dans la littérature allemande, et la langue allemande est souvent appelée *la langue de Goethe.* Goethe a contribué à donner à l'Allemagne son identité culturelle et est considéré comme le précurseur du romantisme. Œuvres : *Les Souffrances du jeune Werther* (1774), *Les Années d'apprentissage de Wilhelm Meister* (1796), ***Faust*** (1806, traduit en français par Gérard de **Nerval**), *Les Affinités électives* (1808-1809), *Le Divan occidental-oriental* (1819), *Les Années de voyage de Wilhelm Meister* (1821-1829), *Le Second Faust* (1832).

GOGOL Nicolas (1809-1852) ✦ Écrivain russe. Né en Ukraine, il devient fonctionnaire à Saint-Pétersbourg (1828). Encouragé par **Pouchkine,** il écrit des nouvelles folkloriques et des pièces satiriques qui reçoivent un accueil contrasté. Il voyage dans toute l'Europe (1836-1848) avant de rentrer à Moscou (1849). Son œuvre est habitée par l'angoisse du mal, donnant dans la caricature grinçante, parfois inquiétante, mêlant le rêve et la réalité. *Les Âmes mortes* (1842) est son chef-d'œuvre, qu'il reniera. Il meurt désespéré. Autres œuvres : *Tarass Boulba* (conte, 1835), *Le Revizor* (comédie, 1836), *Le Journal d'un fou, Le Manteau* (1842).

GOIÂNIA ✦ Ville du Brésil, dans le centre du pays. 1,3 million d'habitants (2 millions pour l'aire métropolitaine). Centre administratif et industriel (alimentaire), créé en 1936, qui se développe rapidement.

GOLAN n. m. ✦ Plateau de Syrie, dans le sud-ouest du pays. Il domine le lac de Tibériade, à une altitude moyenne de 1 000 m. On y cultive des céréales, des légumes et des fruits. ♦ Il fait partie des territoires occupés depuis la guerre des **Six Jours** (1967) pour sa position stratégique et ses réserves d'eau, puis sert de base à une offensive syrienne (1973) avant d'être annexé par **Israël** (1981).

GOLDING William (1911-1993) ✦ Écrivain britannique. Dès ses premiers romans (*Sa Majesté des mouches,* 1954), apparaît le thème récurrent de son œuvre : l'omniprésence du mal chez l'homme, proche de la violence et de la barbarie originelles. *Parade sauvage,* 1979 ; *Cible mouvante,* 1982. Prix Nobel de littérature (1983).

GOLDONI Carlo (1707-1793) ✦ Auteur comique italien. Avocat, il se consacre au théâtre et abandonne les « types » de la commedia dell'arte pour créer des comédies satiriques, en italien ou en dialecte vénitien, organisées autour de « caractères ». Souvent critiqué par les traditionalistes, il s'installe à Paris (1762), où il devient maître d'italien de la famille royale et écrit ses *Mémoires* en français (1784-1787). Œuvres : *Arlequin serviteur de deux maîtres* (1745), *Le Théâtre comique* (1750), *La Locandiera* (1753), *Les Rustres* (1760), *La Villégiature* (trilogie, 1761), *Le Bourru bienfaisant* (1771, en français).

GOLFE (guerre du) ✦ Conflit qui oppose l'Irak à une coalition internationale soutenue par de nombreux pays arabes (janvier-février 1991). La guerre, déclenchée par l'invasion et l'annexion du Koweït par l'Irak (1990), est conduite par les États-Unis, sous l'égide de l'ONU. L'Irak, dévasté, doit évacuer le Koweït et subit un embargo économique.

GOLGOTHA n. m. ✦ Dans les **Évangiles,** colline où **Jésus** est crucifié. On la situe à l'endroit où est bâtie la basilique du Saint-Sépulcre (IVe siècle), près de Jérusalem.

GOLIATH ✦ Personnage de la Bible. Ce guerrier philistin est un géant que le roi **David** abat en lui lançant une pierre d'un coup de fronde. Le combat de David et Goliath symbolise la supériorité de l'intelligence sur la force.

GOMORRHE ✦ Cité biblique située au sud de la mer Morte. Elle est détruite en même temps que **Sodome.**

GONCOURT (les) ✦ Écrivains français. **Edmond** (1822-1896) et **Jules** (1830-1870) **HUOT DE GONCOURT** sont collectionneurs d'art. Ils écrivent ensemble un

Journal sur la vie artistique de l'époque (commencé en 1851, terminé par Edmond et publié en 1956-1958) et des romans très réalistes, dont les plus connus sont : *Sœur Philomène* (1861), *René Mauperin* (1864), *Germinie Lacerteux* (1865).

GONCOURT (Académie) ✦ Société littéraire créée par Edmond **Goncourt** dans son testament, en mémoire de son frère. Formée en 1902, elle décerne tous les ans, depuis 1903, le prix littéraire le plus célèbre de France, le *prix Goncourt,* qui récompense un roman français.

GORBATCHEV Mikhaïl (né en 1931) ✦ Homme d'État soviétique. Secrétaire général du parti communiste (1985), il lance un vaste programme de réformes, appelé *perestroïka* («restructuration» en russe). Il accède à la tête de l'État (1988), retire les troupes soviétiques d'**Afghanistan** (1989) et renoue le dialogue entre l'Est et l'Ouest. Après la chute du mur de **Berlin** (1989), il devient président de l'**URSS,** démocratise le pays et reçoit le prix Nobel de la paix (1990). Après un coup d'État militaire et l'éclatement de l'URSS, remplacée par la **CEI**, il doit démissionner (1991). Boris **Eltsine** lui succède.

GORÉE ✦ Île du Sénégal, dans l'océan Atlantique, au large de Dakar. Rattachée à la ville de Dakar (1929), elle est inscrite sur la liste du patrimoine mondial de l'Unesco. ♦ Découverte par les Portugais (1444), elle est prise par les Hollandais (1619) puis par les Français (1677), qui en font leur principal comptoir en Afrique de l'Ouest jusqu'au XIXe siècle. C'est de là qu'ils expédient les esclaves vers l'Amérique.

GORGONES n. f. pl. ✦ Monstres de la mythologie grecque. Elles ont une chevelure faite de serpents, des dents de sangliers et des ailes d'or. Ce sont trois sœurs, Sthéno, Euryalé et **Méduse,** qui changent en pierre tous ceux qui les regardent.

GÖRING Hermann (1893-1946) ✦ Maréchal et homme politique allemand. Brillant aviateur durant la Première Guerre mondiale, rallié au national-socialisme (1922), il devient chef des sections d'assaut (**SA**) et participe au putsch manqué de Munich (1923). Nommé président du **Reichstag** (1932), il soutient l'accession au pouvoir d'Hitler qui le charge de hautes fonctions : ministre de l'Air et commandant de la **Luftwaffe** (1935), maréchal du Reich et chef suprême de l'économie de guerre (1940). Il fait fortune et collectionne les œuvres d'art volées dans les territoires occupés. Après les échecs de la Luftwaffe, il est exclu du parti (1945). Condamné à mort au procès de **Nuremberg,** il s'empoisonne la veille de son exécution.

GORKI Maxime (1868-1936) ✦ Écrivain russe. D'origine très modeste, il se consacre à la littérature (1892), écrivant des nouvelles et des contes. Il défend la cause du peuple et la révolution dans des romans et des pièces de théâtre. Ces œuvres au style romantique réaliste le rendent célèbre mais l'envoient en prison (1905-1906). Exilé aux États-Unis et en Italie, il revient en URSS après la révolution et participe aux activités culturelles soviétiques (1917-1921). Il s'installe en Allemagne et en Italie (1921-1929) puis rentre dans son pays couvert de gloire. Ses œuvres les plus célèbres sont : *Les Bas-Fonds* (théâtre, 1902), *Les Ennemis* (théâtre, 1906), *La Mère* (roman, 1907). ■ Son véritable nom est *Alekseï Maksimovitch Pechkov. Gorki* veut dire «amer» en russe.

GORKI ✦ Nom de la ville de **Nijni-Novgorod** de 1932 à 1990 ; ville natale de Maxime Gorki.

GOSCINNY René (1926-1977) ✦ Scénariste français de bandes dessinées. Il vit en Argentine, à New York puis revient en Europe (1951). À la demande du dessinateur Morris, il reprend les scénarios de **Lucky Luke** (1955), puis crée *Le **Petit Nicolas**,* illustré par **Sempé** (1956). Dans le journal *Pilote,* qu'il fonde avec **Uderzo** (1959) et dirige jusqu'en 1974, il crée ***Astérix*** avec Uderzo (1959), *Iznogoud* avec Tabary (1962), et les *Dingodossiers* avec **Gotlib** (1965). Grâce au succès mondial d'Astérix, il lance dans *Pilote* de nombreux jeunes auteurs. Il écrit aussi des scénarios de dessins animés (Tintin, Astérix et Lucky Luke) et de films.

GÖTEBORG ✦ Ville de Suède, sur la côte sud-ouest du pays, face à la pointe nord du Danemark. 489 757 habitants. Deuxième ville et premier port du pays, centre industriel (mécanique, électronique, industrie du bois). ♦ La ville, fondée en 1619, est construite par les Hollandais sur le modèle d'Amsterdam (canaux). Elle se développe grâce au commerce (XVIIIe siècle), et permettra aux Britanniques de contourner le blocus imposé par Napoléon Ier (1806).

GOTHARD n. m. → SAINT-GOTHARD

GOTHS n. m. pl. ✦ Peuple barbare de **Germains,** originaire de Scandinavie. Établis à l'embouchure de la **Vistule**, les Goths migrent vers la mer Noire (vers 150-200). Ils attaquent l'Empire romain (vers 230), pillent l'Asie Mineure et les Balkans, et se convertissent au christianisme (IVe siècle). L'invasion des **Huns** (vers 375) les sépare définitivement en deux groupes : les **Ostrogoths** à l'est du Dniepr, et les **Wisigoths** à l'ouest.

GOTLIB (1934-2016) ✦ Créateur français de bandes dessinées. Il illustre des livres pour enfants, puis il invente le personnage de Gai-Luron (1963). Il entre au journal *Pilote* et crée les *Dingodossiers* avec **Goscinny** (1965), la *Rubrique-à-Brac* (1968) et *Superdupont* (1972). Il fonde ensuite des journaux de bandes dessinées pour adultes (*L'Écho des savanes,* 1972 ; *Fluide glacial,* 1975) et publie son autobiographie (*J'existe, je me suis rencontré,* 1993). ■ Son véritable nom est *Marcel Gotlieb.*

GOUDE Jean-Paul (né en 1940) ✦ Artiste français. Il met son univers facétieux au service de la mode, de la photographie, de la publicité, de la danse et de la musique (défilé du Bicentenaire, 1989).

GOUGES Olympe de (1748-1793) ✦ Féministe française. Femme de lettres, elle dénonça le sort des Noirs et défendit la cause des femmes, rédigeant une *Déclaration des droits de la femme et de la citoyenne* (1791), refusée par la Convention. Elle fut guillotinée. ■ Son véritable nom est *Marie Gouze.*

GOUJON Jean (1510-vers 1566) ✦ Sculpteur français. Grand connaisseur des arts antique et italien, il travaille à Paris avec l'architecte Pierre **Lescot.** Il réalise des bas-reliefs pour l'église Saint-Germain-l'Auxerrois (1544), les six *Nymphes* de la fontaine des Innocents (1549) et des sculptures pour la cour Carrée du **Louvre** (vers 1550). Son style pur et délicat lui vaut d'être nommé sculpteur du roi (1547) et considéré comme l'un des plus grands artistes de la Renaissance.

GOUNOD Charles (1818-1893) ✦ Compositeur français. Il reçoit le prix de Rome de piano (1839) et découvre Bach, Mozart, Beethoven et Schubert.

D'abord attiré par la musique religieuse, il songe à entrer dans les ordres. Puis il compose des opéras et connaît la gloire avec *Faust* (1859). L'échec de son dernier opéra l'amène à se consacrer à la musique religieuse. Ses mélodies lyriques et harmonieuses influencent Bizet, Fauré et Debussy. Parmi ses œuvres les plus célèbres on peut citer des messes (*Messe solennelle de sainte Cécile,* 1855), des opéras (*Mireille,* 1864 ; *Roméo et Juliette,* 1867), des oratorios (*Rédemption,* 1882 ; *Mors et Vitae,* 1885) et un *Requiem* (1893).

GOYA (1746-1828) ✦ Peintre espagnol. Il voyage en Italie (1766-1771), exécute des commandes religieuses à Saragosse, avant de s'installer à Madrid (1773). Il réalise des cartons de tapisserie pour la manufacture royale et grave les tableaux de Vélasquez. Il fait des portraits réalistes de la haute société et Charles IV le nomme peintre de la chambre du roi (1788). Son style devient plus critique et violent, dans ses gravures et ses portraits officiels de la Cour, surtout après l'invasion de Napoléon Ier (1808). Au retour de la monarchie (1824), il s'exile à Bordeaux, où il peut créer en toute liberté. Ses œuvres les plus célèbres sont : *Les Caprices* (publié en 1799) et *Les Désastres de la guerre* (1810-1814, publié en 1863) pour la gravure ; *Famille de Charles IV* (1800), *Maja desnuda* (avant 1800) et *Maja vestida* (avant 1808), *Dos de Mayo* et *Tres de Mayo* (1814), *La Laitière* (1826), pour la peinture. ■ Son nom complet est *Francisco de Goya y Lucientes.*

GRAAL n. m. ✦ Vase sacré, appelé aussi *le Saint-Graal,* dans les romans de chevalerie (XIIe-XIIIe siècles), notamment ceux de **Chrétien de Troyes.** Jésus-Christ s'en serait servi pendant la **Cène** et on y aurait recueilli le sang de ses plaies lors de sa crucifixion. Les chevaliers de la **Table ronde**, comme Perceval et Lancelot, partent à sa recherche car il a le pouvoir de rendre la santé et la vie et symbolise la connaissance et la sagesse. Perceval échoue dans sa quête. Mais Galaad, le fils de Lancelot, parviendra à en percer les secrets.

GRÂCES n. f. pl. ✦ Divinités romaines de la Beauté, correspondant aux Charites de la mythologie grecque. Ces trois filles de Zeus appartiennent, avec les **Muses**, à la suite d'Apollon et embellissent la vie des hommes et des dieux.

GRACQ Julien (1910-2007) ✦ Écrivain français. Il a exprimé, dans ses essais (*André Breton,* 1948 ; *La Littérature à l'estomac,* 1950), sa conception exigeante de la littérature, prônant l'importance de la subjectivité en matière artistique. Influencé par le surréalisme et le romantisme, il utilise, dans ses récits, les légendes du Moyen Âge et les contes des romantiques allemands. Il a développé un style incomparable, où la musicalité de la phrase est mise au service d'un univers étrange, insolite et onirique : *Au château d'Argol,* 1938 ; *Le Rivage des Syrtes,* 1951 ; *Un balcon en forêt,* 1958. ■ Son vrai nom est *Louis Poirier.*

GRAF Steffi (née en 1969) ✦ Joueuse de tennis allemande. Elle s'imposa en remportant la même année (1988) le Grand Chelem (quatre grands tournois mondiaux) et une médaille d'or aux Jeux olympiques de Séoul.

GRAHAM Martha (1894-1991) ✦ Danseuse et chorégraphe américaine. Pionnière de la «modern dance», elle puise son inspiration dans les sources les plus diverses (les mythes antiques, les Indiens d'Amérique du Nord) pour créer un langage gestuel qui exploite la totalité des ressources corporelles. Elle ouvre son école et fonde la Martha Graham Dance Company pour laquelle elle réalise ses principales créations : *Primitive Mysteries* (1931), *Letter to the World* (1940), *Appalachian Spring* (1944), *Clytemnestra* (1958), *A Time of Snow* (1968), *The Rite of Spring* (1984). Son influence sur la danse contemporaine est immense.

GRAMSCI Antonio (1891-1937) ✦ Philosophe et homme politique italien. Il est l'un des fondateurs du Parti communiste italien, en 1921. Arrêté par la police fasciste en 1926, c'est en prison qu'il poursuit son œuvre (*Cahiers de prison* et *Lettres de prison*). Pour lui, le marxisme est une «science de la politique» destinée à construire les éléments de l'hégémonie culturelle et intellectuelle du prolétariat face à l'idéologie bourgeoise.

GRANADOS Y CAMPIÑA Enrique (1867-1916) ✦ Compositeur et pianiste espagnol. Comme Goya dont il était un fervent admirateur, il s'est attaché dans ses œuvres à puiser dans le génie populaire espagnol. Il a composé des opéras, des pièces de musique symphonique ou de chambre, des œuvres pour piano (*Danses espagnoles,* 1892 ; *Goyescas,* 1911) et des pièces pour chant et piano (*Tonadillas,* 1913). Sa musique, tout en empruntant aux sources populaires (zarzuelas), est d'un grand raffinement harmonique.

GRAND CANYON n. m. ✦ Gorge creusée par le fleuve Colorado, dans le nord-ouest de l'Arizona. Longue de 450 km et large de 1,5 à 30 km, sa profondeur maximale atteint 1 600 m. Ses paysages grandioses, aux roches rouge et ocre déchiquetées, en font un célèbre site touristique, inscrit sur la liste du patrimoine mondial de l'Unesco.

GRANDE (Rio) → RIO GRANDE

GRANDE ARMÉE n. f. ✦ Nom que **Napoléon Ier** donne aux troupes qu'il commande lui-même de 1805 à 1814. C'est la plus grande armée d'Europe, elle compte environ 200 000 hommes. Elle participe aux campagnes victorieuses en Autriche (**Austerlitz, Wagram**) et en Prusse (**Iéna, Eylau, Friedland**), avant d'être décimée en Russie, au passage de la **Bérézina** (1812). Napoléon fait construire l'église de la **Madeleine** à la gloire de ses soldats.

① **GRANDE-BRETAGNE** n. f. ✦ La plus grande des îles qui forment l'archipel britannique. Superficie : 225 000 km². 55 600 habitants. Elle comprend l'Angleterre, le pays de Galles et l'Écosse. Avec l'Irlande du Nord, elle forme le Royaume-Uni de **Grande-Bretagne** et d'Irlande du Nord.

② **GRANDE-BRETAGNE** n. f. ✦ Pays d'Europe de l'Ouest. Il est officiellement appelé *Royaume-Uni de Grande-Bretagne et d'Irlande du Nord* (☛ carte 31). Superficie : 244 046 km² (moins de la moitié de la France). 63,2 millions d'habitants (les *Britanniques*), en majorité protestants (anglicans). Monarchie parlementaire dont la capitale est Londres. Autres villes importantes : Birmingham, Glasgow, Leeds, Sheffield, Liverpool, Manchester, Édimbourg, Belfast. Langue officielle : l'anglais ; on y parle aussi le gallois. Monnaie : la livre sterling. ♦ GÉOGRAPHIE. La Grande-Bretagne est constituée de plusieurs îles aux côtes découpées : la Grande-Bretagne, le nord-est de l'Irlande, les îles Anglo-Normandes, Hébrides, Orcades, Shetland, de Man et de Wight. La Grande-Bretagne proprement dite est formée de monts peu élevés (Écosse, pays de Galles, nord de l'Angleterre) et de vallées (sud de l'Angleterre). Le climat, océanique et humide à l'ouest, est plus tempéré à l'est. ♦ ÉCONOMIE. L'agriculture est dominée par l'élevage (bovins, moutons). L'exploitation du charbon est en grand déclin, celle du pétrole de la mer du Nord se développe. En dehors de la chimie et de l'agroalimentaire, l'industrie (sidérurgie, textile, mécanique, chantiers navals) est en crise. Le secteur des services (banque, finance, assurance) est important. ♦ HISTOIRE. Après le rattachement du pays de **Galles** (1536), l'Angleterre forme le royaume de Grande-Bretagne avec l'**Écosse** (acte d'Union, 1707). Le XVIIIe siècle est marqué par la révolution industrielle, la guerre contre la France et la formation d'un immense empire colonial. Le Royaume-Uni de Grande-Bretagne et d'Irlande du Nord est ensuite créé (1801). Le pays se réforme et se démocratise sous le long règne de **Victoria** (1837-1901). Face à la menace allemande, il se rapproche de la France (Entente cordiale, 1904) et de la Russie (**Triple-Entente**, 1907) et participe à la Première Guerre mondiale. Après la crise économique de 1929, l'Empire fait place au **Commonwealth** (1931). Pendant la Deuxième Guerre mondiale, **Churchill** conduit la résistance contre l'Allemagne nazie (bataille d'Angleterre) et fait du pays le centre européen des Alliés. Après guerre, le pays s'engage dans les nationalisations et la décolonisation. **Élisabeth II** succède à son père (1953). La lutte contre la crise économique entraîne le pays dans la construction européenne (adhésion à la **CEE**, 1973 ; percement du tunnel sous la Manche, 1988-1994) et le libéralisme (1979). La Grande-Bretagne réussit à garder les **Malouines** (1982), mais ne peut faire cesser la guerre civile en **Irlande**. Elle participe à la guerre du **Golfe** (1991) et ratifie le traité de **Maastricht** (1993). Elle s'engage auprès des États-Unis dans la lutte contre le terrorisme après le 11 septembre 2001 et leur apporte son soutien militaire en Afghanistan et en Irak. Le non l'ayant emporté lors du référendum organisé sur le maintien du Royaume-Uni dans l'Union européenne (2016), les discussions pour mettre en œuvre le « Brexit » sont en cours.

GRANDE-MOTTE (La) ✦ Commune de l'Hérault. 8 629 habitants (les *Grand-Mottois*). Station balnéaire aux immeubles en forme de pyramide. Port de plaisance.

GRANDE MURAILLE → MURAILLE (Grande)

GRANDE OURSE n. f. → OURSE (Grande)

GRANDES INVASIONS ✦ Migrations des **Barbares**, en particulier des **Germains**, qui pénètrent dans l'Empire romain (fin du IVe siècle) (☛ carte 9). Fuyant les **Huns**, ils franchissent le Rhin (406), prennent Rome (410) et détruisent l'Empire **romain** d'Occident (476). Ils s'y installent jusqu'aux victoires de l'empereur **Justinien** qui reconstitue l'unité de l'empire en battant les **Vandales**, les **Ostrogoths** et les **Wisigoths** (533-554).

GRAND EST n. m. ✦ Région administrative de l'est de la France, créée par la loi du 16 juillet 2015, regroupant les anciennes Régions **Alsace**, **Champagne-Ardenne** et **Lorraine** (☛ carte 22). Elle comprend dix départements : les Ardennes, l'Aube, le Bas-Rhin, la Haute-Marne, le Haut-Rhin, la Marne, la Meurthe-et-Moselle, la Meuse, la Moselle et les Vosges. Superficie : 57 430 km^2, c'est la 4e Région par la taille. 5,55 millions d'habitants. Chef-lieu : Strasbourg.

GRANDE-TERRE ✦ Une des deux principales îles formant le département de la **Guadeloupe**. Elle est constituée de plaines et de plateaux. Ville principale : Pointe-à-Pitre.

Grand Meaulnes (Le) ✦ Roman d'Alain-Fournier (1913). L'arrivée d'Augustin Meaulnes dit « le grand Meaulnes » à Sainte-Agathe, petit village du Berry, bouleverse la vie paisible de l'école. François Seurel, fils de l'instituteur, est le narrateur de l'histoire d'Augustin et d'Yvonne de Galais. Le roman est une évocation, entre réel et merveilleux, du paradis perdu de l'enfance et une méditation sur le bonheur.

GRAND PARADIS n. m. → PARADIS (Grand)

GRANDS LACS n. m. pl. ✦ Région d'Amérique du Nord, partagée entre le Canada et les États-Unis (☛ carte 43). Couvrant une superficie de 246 500 km^2 (moins de la moitié de la France), elle est formée de cinq immenses lacs qui communiquent entre eux : lac **Supérieur**, lac **Michigan**, lac **Huron**, lac **Érié** et lac **Ontario**. C'est une région d'élevage et d'industrie. Chutes du **Niagara**. Grandes villes (Chicago, Detroit et Toronto).

GRANT Ulysses Simpson (1822-1885) ✦ Général et homme d'État américain. Il participe à la guerre du Mexique (1845-1848) et prend le commandement en chef des armées nordistes pendant la guerre de **Sécession**. Il remporte de nombreuses victoires et devient le 18e président des États-Unis (1868-1877). Ses mesures de répression contre le Sud et de renforcement du capitalisme industriel provoquent des scandales et sont critiquées même au sein du parti républicain.

GRANVILLE ✦ Commune de la Manche, sur la Manche. 13 350 habitants (agglomération 26 564) (les *Granvillais*) (☛ carte 23). Fortifications (XVIIIe siècle) entourant la ville haute. Port et station balnéaire, embarcadère pour les îles Chausey et les îles Anglo-Normandes. Ville natale de Christian Dior (musée). Carnaval inscrit sur la liste du patrimoine mondial de l'Unesco.

GRAPPELLI Stéphane (1908-1997) ✦ Violoniste français de jazz. En 1934, il fonde avec Django **Reinhardt**, le quintette à cordes du Hot Club de France. Excellent improvisateur au style fluide, il est l'un des plus grands jazzmans français. *Minor Swing* (1937), *Tea for Two* (1970).

GRASS Günter (1927-2015) ✦ Écrivain allemand. Ses pièces de théâtre (*À dix minutes de Buffalo*, 1958) et ses romans (*Le Tambour*, 1959 ; *Le Chat et la Souris*, 1961, *Le Turbot*, 1977 ; *En crabe*, 2002) expriment le mal-être de la jeunesse allemande de l'après-guerre, au moyen d'une écriture où le réalisme se mêle à un fantastique parfois drôle, souvent absurde. Il publie son autobiographie, *Pelures d'oignon* (2006). Prix Nobel de littérature (1999).

GRASSE ✦ Ville des Alpes-Maritimes. 50 409 habitants (les *Grassois*). Ancienne cathédrale (X^e-XIe et XVIIe siècles), nombreux musées. Centre important de la parfumerie, lié aux cultures de fleurs de la région, station touristique ; ville natale du peintre Fragonard.

GRAU-DU-ROI (Le) ✦ Commune du Gard, sur la Méditerranée. 8 372 habitants (les *Graulens*). Port de pêche relié à Aigues-Mortes par un chenal maritime *(grau)*. Station balnéaire.

GRAZ ✦ Ville d'Autriche, dans le sud-est du pays, au pied des Alpes. 265 318 habitants. Centre historique inscrit sur la liste du patrimoine mondial de l'Unesco : place principale *(Hauptplatz)*, cathédrale (XVe siècle), ancien siège de la diète de Styrie *(Landhaus)*, tour de l'Horloge, seul vestige de la forteresse située sur la falaise du Schlossberg (XVIe siècle). Centre universitaire, artistique et industriel (mécanique, alimentaire). Ville natale de Ferdinand II de Habsbourg et de François-Ferdinand de Habsbourg.

GRÈCE n. f. ✦ Pays d'Europe du Sud (☛ Grèce p. 153). Il comprend les îles **Ioniennes** et les îles de la mer **Égée**. Superficie : 131 957 km² (moins du quart de la France). 10,9 millions d'habitants (les *Grecs*), en majorité chrétiens (orthodoxes). République dont la capitale est Athènes. Langue officielle : le grec. Monnaie : l'euro, qui a remplacé la drachme. ♦ GÉOGRAPHIE. Cette péninsule montagneuse et boisée, aux côtes très découpées, prolonge les Alpes et son point culminant est l'**Olympe** (2 918 m). Elle est entrecoupée de nombreuses vallées et de grandes plaines agricoles. Le climat méditerranéen subit une influence continentale au nord-est. ♦ ÉCONOMIE. L'agriculture domine largement (tabac, coton, céréales, olivier, vigne, fruits, légumes, élevage de moutons). Le sous-sol contient du lignite, de la bauxite et un peu de pétrole. La faiblesse de l'industrie (raffinage pétrolier, métallurgie, cimenteries) est compensée par le commerce maritime et le tourisme. ♦ HISTOIRE. Habitée dès 4 000 ans av. J.-C., la région accueille un peuple d'Asie Mineure (vers 2600 av. J.-C.) qui apporte la vigne, l'olivier, le bronze, la charrue et développe la civilisation égéenne (**Cyclades, Crète**). Des peuples indo-européens, les Hellènes, s'installent (2 000 ans av. J.-C.) : les Ioniens en Béotie et en Attique ; les **Achéens** (1 800 ans av. J.-C.) fondent **Mycènes** et détruisent l'état minoen de **Crète** (1 500 ans av. J.-C.) ; les **Doriens** (époque archaïque, 1 200 ans av. J.-C.) détruisent Mycènes et fondent **Sparte** et **Corinthe.** Autour de la mer Égée, les Grecs diffusent une écriture alphabétique imitée des **Phéniciens**, les épopées d'**Homère** et s'organisent en cités (IXe siècle av. J.-C.). Ils créent les jeux **Olympiques**, des colonies (Agrigente et Syracuse en Sicile, Massalia, Éphèse, Byzance), inventent la monnaie et développent les arts sous le pouvoir des «tyrans» (VIIIe-VIe siècles av. J.-C.). La période classique est marquée par **Athènes.** Elle crée la démocratie, gagne les guerres **médiques** contre l'Empire **perse** (490-479 av. J.-C.), fonde la ligue de **Délos** et connaît son apogée sous **Périclès** (☛ planche Grèce). Elle perd la guerre du **Péloponnèse** contre Sparte (431-404 av. J.-C.), mais reprend le pouvoir avec l'aide de **Thèbes** (377-357 av. J.-C.). Battue par Philippe de Macédoine (338 av. J.-C.), la Grèce entre dans l'empire d'**Alexandre le Grand.** Elle réorganise la Ligue achéenne (280 av. J.-C.) qui soumet Sparte (188 av. J.-C.). Vaincue par **Rome** (146 av. J.-C.), elle devient une province définitivement soumise après la victoire d'Octave sur Antoine et Cléopâtre à **Actium** (31 av. J.-C.). Incorporée dans l'Empire **byzantin** (395), elle subit les invasions des Wisigoths, des Bulgares (Xe siècle) et des Vénitiens qui colonisent les îles et le Péloponnèse (XIe siècle). Les croisés fondent l'Empire latin de **Constantinople** (1204), repris par Byzance (1261) puis conquis par l'Empire **ottoman** (1354-1460). La révolution démocratique du Péloponnèse (1822), réprimée par la Turquie et l'Égypte, est soutenue par la Triple-Alliance (Grande-Bretagne, France, Russie), qui obtient l'indépendance du pays (1830). Le royaume s'agrandit des îles Ioniennes (1864), de la Thessalie (1897), de la Crète (1908) puis, après les guerres balkaniques (1912-1913), de l'Épire, de la Macédoine et des îles de la mer Égée. La Grèce passe de la république (1924) à la monarchie (1935). Elle résiste aux Italiens (1940), mais elle est ravagée par l'occupation allemande (1941-1944) et par une guerre civile (1946-1949) puis elle rejoint l'Otan (1951). Un coup d'État porte au pouvoir une junte militaire, appelée «régime des colonels» (1967). Dirigée par le général Papadopoulos, qui réunit tous les pouvoirs entre ses mains (1972), elle s'effondre après la défaite contre les Turcs à **Chypre** (1974). La démocratie revenue, le pays rejoint la **CEE** (1981) et la zone euro (2001). Touché depuis 2007 par une grave crise économique et sociale, le pays doit prendre des mesures d'austérité et entreprendre des réformes sous la pression du FMI et des institutions européennes.

GRECO (le) (1541-1614) ✦ Peintre espagnol, d'origine grecque. Probablement élève de Titien à Venise (1566-1568), influencé en particulier par le Tintoret et Michel-Ange, il part en Espagne (1577) et s'installe à Tolède où il peint pour de nombreux couvents. Ses tons sombres et ses personnages, aux traits étirés et disproportionnés, révèlent un profond mysticisme. Parmi ses œuvres les plus célèbres, on peut citer : *L'Adoration du nom de Jésus* (vers 1580), *L'Enterrement du comte d'Orgaz* (1586), *Retable de la charité* (1603), *Vue de Tolède* (1608), *Baptême du Christ* (1614). ■ Son véritable nom est *Domenikos Theotokopoulos* et son origine grecque explique son nom d'artiste.

GRÉCO Juliette (née en 1927) ✦ Chanteuse française. Elle débute dans les cabarets de **Saint-Germain-des-Prés** (1946), où elle fréquente Sartre et Boris Vian. Avec sobriété et sensualité, elle interprète Brel, Brassens, Ferré et Gainsbourg : *Si tu t'imagines* (1949), *Jolie Môme* (1961), *La Javanaise* (1963), *Déshabillez-moi* (1967). Elle mène aussi une carrière de comédienne au théâtre, à la télévision (*Belphégor*, 1965) et au cinéma : *Éléna et les hommes* (Jean Renoir, 1955), *Les Racines du ciel* (John Huston, 1958).

GREEN Julien (1900-1998) ✦ Écrivain français, d'origine américaine. Né dans une famille puritaine, il se convertit au catholicisme puis découvre son homosexualité. Dans un style très classique, il dépeint un univers sombre et violent dont les héros sont déchirés entre la chair et la spiritualité, entre la réalité et le fantastique. Œuvres : *Mont-Cinère* (1926), *Adrienne Mesurat* (1927), *Léviathan* (1929), *L'Autre Sommeil* (1931), *Le Visionnaire* (1934), *Minuit* (1936), *Moïra* (1950), *Chaque homme dans sa nuit* (1960), un triptyque autobiographique (*Partir avant le jour*, 1963 ; *Mille Chemins ouverts*, 1964 ; *Terre lointaine*, 1966) et son *Journal* (1938-2001). Académie française (1971).

GREENPEACE ✦ Mouvement écologiste international, fondé à Vancouver en 1971 pour lutter contre le nucléaire et l'extermination des espèces animales. Il regroupe 41 pays en 2009 et mène des actions non violentes pour la sauvegarde du climat, la biodiversité et le désarmement nucléaire.

GREENWICH ✦ Faubourg de Londres, au sud-est de la ville. Il compte 264 400 habitants. On calcule les longitudes terrestres à partir du *méridien de Greenwich.* Ce méridien passe par l'ancien observatoire, fondé par Charles II d'Angleterre (1675) et inscrit sur la liste du patrimoine mondial de l'Unesco. Ville natale de Henri VIII, Marie Ire Tudor, Élisabeth Ire.

GRÉGOIRE Ier LE GRAND (saint) (vers 540-604) ✦ Pape de 590 à sa mort. Préfet de Rome (573), il fonde un monastère sur le mont Caelius (575). Il est élu pape et fait de Rome le centre de la chrétienté, lutte contre les hérésies et réforme l'administration et le rite chrétiens. Un style de chant d'église, appelé *chant grégorien* en son honneur et créé vers la fin du VIIe siècle, lui est attribué à tort.

GRÉGOIRE XIII (1502-1585) ✦ Pape de 1572 à sa mort. Pour lutter contre la **Réforme**, il fonde ou réorganise des collèges, qu'il confie aux jésuites, développe des missions et réforme le calendrier (1582). Ce calendrier, toujours en vigueur, est appelé *calendrier grégorien*.

GRÉGOIRE Henri, dit L'ABBÉ (1750-1831) ✦ Homme politique français. Député aux **états généraux** (1789), il siège à l'**Assemblée nationale constituante**, vote l'abolition des privilèges et prête, le premier, le serment de fidélité à la Constitution civile du clergé (1790). À la Convention, il fait voter les droits civils et politiques aux juifs et le décret d'abolition de l'esclavage. Il participe à la fondation de l'**Institut**, du Conservatoire des arts et métiers et cherche à promouvoir l'usage du français (1790-1791). Élu aux assemblées du Directoire, il s'oppose au Premier consul (**Consulat**) et au **Concordat**, puis propose la déchéance de Napoléon Ier et siège dans l'opposition libérale sous la Restauration. Il repose au **Panthéon**.

GRÉGOIRE DE TOURS (saint) (vers 538-vers 594) ✦ Évêque de Tours de 573 à sa mort. Il défend les droits de l'Église pendant les querelles entre les rois francs. Il est surtout connu pour son *Histoire des Francs* (10 volumes), un précieux témoignage sur la vie au temps des Mérovingiens qui lui vaut le surnom de «père de l'histoire de France».

① **GRENADE** n. f. ✦ Pays d'Amérique centrale. Cette île est située dans la mer des Caraïbes, au sud des Petites Antilles. Superficie : 344 km^2. 102 632 habitants (les *Grenadiens* ou les *Grenadins*), en majorité chrétiens. Démocratie parlementaire dont la capitale est Saint-Georges (4 439 habitants). Langue officielle : l'anglais ; on y parle aussi un créole. Monnaie : le dollar des Caraïbes de l'Est. ♦ GÉOGRAPHIE. La Grenade est formée d'une île volcanique à la végétation luxuriante, la Grenade proprement dite, et des **Grenadines** du Sud (Carriacou et Petite Martinique). Climat tropical, fréquents cyclones. ♦ ÉCONOMIE. Elle vit de l'agriculture (banane, noix de muscade) et du tourisme. ♦ HISTOIRE. L'île est découverte par Christophe Colomb (1498), puis colonisée par la France (XVIIe siècle) et la Grande-Bretagne (1783). Elle obtient son indépendance dans le cadre du Commonwealth (1974). Une période révolutionnaire (1979-1983) prend fin avec l'intervention militaire des États-Unis.

② **GRENADE** ✦ Ville d'Espagne (Andalousie), au pied de la sierra Nevada. 236 207 habitants (les *Grenadins*). Cathédrale gothique et Renaissance (XVIe-XVIIIe siècles) abritant les tombeaux de Ferdinand II d'Aragon et d'Isabelle la Catholique, églises baroques (XVIe siècle), palais de Charles Quint (XVIe-XVIIe siècles), palais de l'**Alhambra** (XIIIe-XIVe siècles) inscrit sur la liste du patrimoine mondial de l'Unesco. Centre agricole, commercial et touristique. ♦ Fondée par les **Maures** (756), la ville fait partie du califat de **Cordoue**. Elle devient la brillante capitale d'un royaume musulman (XIIIe siècle). Sa prise par **Ferdinand II d'Aragon** et **Isabelle Ire la Catholique** marque la fin de la **Reconquista** (1492).

GRENADINES (les) n. f. pl. ✦ Archipel des Petites Antilles, partagé entre l'État de **Saint-Vincent-et-les-Grenadines** au nord, et la **Grenade** au sud. Ces îles vivent du tourisme et de la navigation de plaisance.

GRENOBLE ✦ Chef-lieu de l'Isère. 160 779 habitants (les *Grenoblois*) et l'agglomération 510 368 (☛ carte 23). Cathédrale Notre-Dame (XIIe-XIIIe siècles), palais de justice (XVe-XVIe siècles), nombreuses églises, musées. Important centre universitaire, alliant la recherche (nucléaire, hydraulique) et l'industrie (électricité, informatique). Ville natale de Vaucanson, de l'écrivain Stendhal et du peintre Fantin-Latour. ♦ La cité gauloise puis romaine (IVe siècle) fait partie du royaume de **Bourgogne** (IXe-XIe siècles). Elle est réunie à la France avec le Dauphiné (XIVe siècle) puis disputée pendant les guerres de Religion (XVIe siècle). La ville organise les Jeux olympiques d'hiver en 1968.

GREUZE Jean-Baptiste (1725-1805) ✦ Peintre français. S'inspirant de la peinture hollandaise du XVIIe siècle, il devient célèbre avec des scènes bourgeoises et morales et des portraits délicats. Parmi ses œuvres les plus célèbres, on peut citer : *L'Accordée de village* (1761), *La Malédiction paternelle* (1777), *Le Fils puni* (1778), *Sophie Arnould, La Cruche cassée* (1789).

GRÈVE (place de) ✦ Ancienne place du centre de Paris, appelée *place de l'Hôtel-de-Ville* depuis 1806. C'est l'endroit où ont lieu les fêtes populaires et les exécutions capitales (1310-1830). Les ouvriers s'y tiennent en attendant d'être embauchés, au Moyen Âge (ce rassemblement de chômeurs sur la place est à l'origine du mot *grève*). Étienne **Marcel** y installe l'administration parisienne (1357). François Ier fait construire l'Hôtel de Ville (1533-1551). Terminé en 1628, il est agrandi par Bonaparte et Louis-Philippe, incendié pendant la **Commune** (1871) et reconstruit dans le style Renaissance d'origine (1872-1882).

GRÉVIN (musée) ✦ Musée de Paris fondé en 1882 par le caricaturiste Alfred Grévin (1827-1892). Situé près de l'Opéra, il expose les statues de personnages célèbres de l'histoire, de la politique, des arts ou des sports. Ces statues, au visage de cire et au corps de résine, sont maquillées et vêtues avec beaucoup de réalisme. Elles sont placées dans des tableaux historiques ou des scènes d'actualité.

GRÉVY Jules (1807-1891) ✦ Homme politique français. Ce républicain modéré, député à l'Assemblée constituante (1848) et à l'Assemblée législative (1849), reprend son métier d'avocat après le coup d'État de **Napoléon III** (1851). Élu député d'opposition (1868), hostile à la guerre contre l'Allemagne (1870), il entre à l'Assemblée nationale de Bordeaux (1871), à la Chambre des députés (1876) et succède à **Mac-Mahon** comme président de la IIIe République (1879-1887). Il combat le nationalisme et le colonialisme, écarte Léon **Gambetta** et Jules **Ferry**, et démissionne à la suite d'un scandale familial.

GRIEG Edvard (1843-1907) ✦ Compositeur norvégien. Inspiré par la nature et le folkore norvégien, il est aussi influencé par Liszt et Wagner. Son style imaginatif et sensible fait de lui le créateur d'une musique norvégienne originale. Il a composé notamment des *Danses norvégiennes,* de la musique de chambre (sonates pour piano, pour violoncelle, quatuor à cordes), des pièces pour piano (*Pièces lyriques,* 1867-1901), des lieder et de la musique de scène, notamment pour *Peer Gynt,* d'Ibsen (1875), son œuvre la plus célèbre.

GRIFFITH David Wark (1875-1948) ✦ Cinéaste américain. Réalisateur prolifique, il tourne plus de 400 films. Autodidacte inspiré, il a su affranchir le cinéma débutant des contraintes du théâtre, perfectionnant les principaux procédés d'expression cinématographique (échelle des plans, découpage, montage alterné ou parallèle, travellings). Il est l'auteur de deux chefs-d'œuvre : *Naissance d'une nation* (1915), premier long métrage du cinéma américain, et *Intolérance* (1916). Il a influencé des cinéastes comme Eisenstein, Murnau ou Gance. On lui doit aussi la création, avec C. Chaplin, D. Fairbanks et M. Pickford, du premier studio de cinéma indépendant, *United Artists* (1919).

GRIMM (les frères) ✦ Écrivains et linguistes allemands. **Jacob** (1785-1863) fonde la philologie allemande. Avec son frère **Wilhelm** (1786-1859), il publie des contes germaniques, notamment les *Contes d'enfants et du foyer* (1812), dont les plus célèbres sont *Blanche-Neige et les Sept Nains* et *Hansel et Gretel*, ainsi qu'un *Dictionnaire allemand* (1852-1858).

GRIPARI Pierre (1925-1990) ✦ Écrivain français. Il est l'auteur de contes pour enfants : *Contes de la rue Broca* (1967), dont *La Sorcière de la rue Mouffetard*.

GRIS Juan (1887-1927) ✦ Peintre espagnol. Il étudie à Madrid, s'installe à Paris (1906) et se lie à Apollinaire et à Pierre Reverdy puis, sous l'influence de Braque et de Picasso, il se consacre à la peinture (vers 1910) et devient un grand représentant du cubisme (☛ Cubisme p. 188). Il intègre à ses toiles des fragments de papier et restructure de façon originale les objets qu'il représente en les unifiant par la couleur et en les simplifiant. Œuvres : *Hommage à Picasso* (1912), *La Bouteille de Banyuls* (1914), *Le Petit Déjeuner, Nature morte en face de la fenêtre ouverte* (ou *Place Ravignan*) et *L'Échiquier* (1915), série des *Pierrots et Arlequins* (1919), *Le Canigou* (1921), *Guitare et feuillet de musique* (1926-1927). ■ Son véritable nom est *José Victoriano González*.

GRISONS (les) n. m. pl. ✦ Canton de Suisse, dans le sud-est du pays (☛ carte 26). Superficie : 7 105 km² ; c'est le plus grand canton du pays. 187 920 habitants (les *Grisons*), en majorité protestants. Langues officielles : l'allemand, l'italien et le romanche. Chef-lieu : Coire. C'est une région montagneuse, traversée par le Rhin et l'Inn, qui vit de l'agriculture (maïs, noisetier, vigne, élevage, bois), de quelques industries (hydroélectricité) et surtout du tourisme (stations d'été et de sports d'hiver).

GROENLAND n. m. ✦ Île située au nord-est du Canada et bordée par l'océan Glacial Arctique au nord et l'océan Atlantique au sud (☛ carte 52). Elle appartient au Danemark. Superficie : 2,17 millions de km² (environ quatre fois la France). 56 648 habitants (les *Groenlandais*), en majorité protestants. Chef-lieu : Nuuk (14 719 habitants). Langue officielle : le danois ; on y parle aussi l'inuit et l'anglais. Couverte de glaces, l'île possède des pics atteignant 4 000 m d'altitude et un climat polaire. La population d'Inuits, concentrée au sud-ouest, près des mines (charbon, plomb, zinc), vit de la pêche, de la chasse et de l'élevage (rennes). ♦ Découverte et colonisée à l'est par les **Vikings** (**Erik le Rouge**) et à l'ouest par les **Inuits** (Xᵉ siècle), l'île est rattachée à la Norvège (1261). Isolée puis redécouverte par les Européens (1585) qui organisent la pêche à la baleine, elle est colonisée par le Danemark (1721) qui lui accorde son autonomie interne (1979). Depuis 1985, elle est considérée comme pays et territoire d'outre-mer de l'Union européenne. De nombreuses expéditions scientifiques étudient sa géologie, son climat ou sa population (Paul-Émile **Victor**, 1948-1951).

GROIX (île de) ✦ Île du Morbihan, dans l'océan Atlantique, au large de Lorient. Longue de 8 km et large de 2 à 3 km, elle compte 2 266 habitants (les *Groisillons* ou les *Grésillons*). Pêche et tourisme.

① **GRONINGUE** n. f. ✦ Province des Pays-Bas, dans le nord-est du pays. Superficie : 2 335 km². 573 614 habitants. Chef-lieu : Groningue. ♦ Élevage bovin et agriculture (blé, betterave, pomme de terre) sur ses terres fertiles, en partie conquises sur la mer. Elle possède d'importants gisements de gaz naturel. L'administration et l'industrie sont bien développées (agroalimentaire, chimie, chantiers navals). ♦ Formée de cités rivales indépendantes au Moyen Âge, elle est cédée à Charles Quint (1536). Elle est rattachée aux Provinces-Unies (1594) et annexée à l'Empire français comme département (1810-1814).

② **GRONINGUE** ✦ Ville des Pays-Bas, chef-lieu de la province de Groningue. 181 613 habitants (343 163 pour l'agglomération). Église Saint-Martin (XVᵉ-XVIᵉ siècles), Grand-Place (XVIIIᵉ siècle). Centre industriel (métallurgie, mécanique, électricité, chimie, textile), commercial (céréales, bétail), universitaire, principale ville du nord du pays. ♦ Cette ville prospère (IXᵉ siècle) est ravagée par les Normands et cédée à l'évêque d'Utrecht (1040). Fortifiée (XIIᵉ siècle), elle participe à la **Hanse** qui fait sa richesse (1284).

GROPIUS Walter (1883-1969) ✦ Architecte américain d'origine allemande. Il fonde en 1919 le **Bauhaus** qu'il dirige jusqu'en 1928. Il utilise le verre et l'acier (mur-rideau transparent) pour construire des usines (l'usine Fagus à Alfeld est inscrite sur la liste du patrimoine mondial de l'Unesco), puis s'intéresse à l'urbanisme. La montée du nazisme le pousse à s'établir en Angleterre (1934) puis aux États-Unis (1937) où il crée l'agence The Architects Collaborative (TAC). Faisant une large place à la standardisation et aux éléments préfabriqués, il réalise des bâtiments remarquables par leur sobriété (ambassade américaine d'Athènes, université de Bagdad).

GROS Antoine, baron (1771-1835) ✦ Peintre français. Élève de **David** (1785), il suit les campagnes d'**Italie** et devient un peintre officiel de **Napoléon Iᵉʳ**. Il participe à la création du mythe impérial avec ses scènes grandioses, qui inspirent les romantiques, et ses portraits des membres de la Cour. Il décore la coupole du Panthéon (1811-1824), certains plafonds du Louvre. **Barye**, **Géricault** et **Delacroix** sont ses élèves. Ses œuvres les plus connues sont : *Bonaparte au pont d'Arcole* (1798), *Bonaparte visitant les pestiférés de Jaffa* (1804), *La Bataille d'Aboukir* (1806), *Champ de bataille d'Eylau* (1808), *Départ de Louis XVIII* (1817).

GROSSGLOCKNER n. m. ✦ Point culminant des Alpes autrichiennes (3 798 m). Il donne naissance au glacier de Pasterze, accessible aux touristes par une route, ouverte en 1935, qui atteint 2 571 m d'altitude. Sa première ascension est effectuée en 1800.

GROSSMAN Vassili (1905-1964) ✦ Écrivain soviétique. D'abord partisan de Staline, il se détourne du régime communiste dont il montre les points communs avec le nazisme dans son roman *Vie et Destin* (publié en France en 1983). Ayant suivi l'Armée rouge pendant la Deuxième Guerre mondiale, il est le premier à décrire les camps d'extermination (*L'Enfer de Treblinka*, 1945).

GROZNYÏ ✦ Capitale de la Tchétchénie, située dans le Caucase. 271 600 habitants. Au centre d'une région pétrolifère. La ville, bombardée par les forces russes depuis 1994, a été en grande partie détruite.

GRUISSAN ✦ Commune de l'Aude, au bord de l'*étang de Gruissan,* relié à la Méditerranée par un chenal. 4 873 habitants (les *Gruissanais*). Viticulture. Station balnéaire de *Gruissan-Plage,* sur le lido.

GSTAAD ✦ Ville de Suisse, dans le canton de Berne. 9 200 habitants. Station d'été et de sports d'hiver (altitude 1 100 m-3 000 m).

GUADALAJARA ✦ Ville du Mexique, dans l'ouest du pays, à 1 500 m d'altitude. 1,5 million d'habitants. Cathédrale de style colonial (XVIe-XVIIe siècles), palais du gouvernement (XVIIIe siècle), place d'armes, hospice Cabañas (XIXe-XXe siècles) inscrit sur la liste du patrimoine mondial de l'Unesco. Fondée en 1529, c'est la deuxième ville du pays pour la population, c'est aussi un centre industriel (alimentaire, textile, verre, chimie) et commercial.

GUADALCANAL ✦ Une des îles Salomon, dans l'est de l'archipel. Superficie : 5 336 km². 50 400 habitants. Elle abrite la capitale et le point culminant de l'archipel, le mont Popomanasiu (2 331 m), vit de l'agriculture (cocotiers) et du tourisme. ♦ Pendant la Deuxième **Guerre mondiale**, l'île est occupée par les Japonais puis conquise après d'intenses combats par les Américains (1942) qui en font une base pour la conquête du Pacifique.

GUADALQUIVIR n. m. ✦ Fleuve d'Espagne, long de 680 km, dans le sud du pays (☛ carte 32). Il prend sa source dans la sierra Segura, traverse l'Andalousie, arrose Cordoue et Séville, puis se jette dans l'océan Atlantique au nord de Cadix. Ses eaux sont utilisées pour l'irrigation et la production d'énergie électrique.

GUADELOUPE n. f. ✦ Département et Région français d'outre-mer [971], situé dans les Petites Antilles (☛ cartes 21, 22). Superficie : 1 703 km². 400 186 habitants (les *Guadeloupéens*), dont beaucoup émigrent en métropole. Chef-lieu : Basse-Terre ; chef-lieu d'arrondissement : Pointe-à-Pitre. ♦ C'est un archipel formé de deux grandes îles, **Basse-Terre** à l'ouest et **Grande-Terre** à l'est, séparées par un étroit bras de mer, et d'îles plus petites : Marie-Galante, la Désirade, les Saintes, ainsi que Saint-Barthélemy et Saint-Martin, situées au nord d'Antigua et Barbuda. Le volcan de la **Soufrière** est le point culminant de la Guadeloupe (1 467 m). Le climat est tropical, avec des risques de cyclones dévastateurs. L'économie est basée sur la production agricole (canne à sucre, rhum, banane) et surtout sur le tourisme. La Réserve mondiale de Biosphère, désignée par l'Unesco (1992), regroupe le parc national de la Guadeloupe (17 380 hectares), créé en 1989, ainsi que la réserve naturelle du Grand Cul-de-sac-marin (3 737 ha dont 2 115 en mer), créée en 1987. ♦ Les Indiens caraïbes l'appellent *Karukera* («l'île aux belles eaux»). Elle est découverte par Christophe Colomb (1493), colonisée par les Français (1635) qui éliminent la population et font venir des esclaves africains. Les Britanniques l'occupent à plusieurs reprises (XVIIe-XIXe siècles). Aboli en 1794, l'esclavage est rétabli, provoquant une révolte durement écrasée (1802), avant d'être définitivement aboli grâce à Victor **Schœlcher** (1848). La Guadeloupe devient un département d'outre-mer (1946) et une Région (1982). En 2007, les îles de Saint-Barthélemy et Saint-Martin (partie française) cessent d'y être rattachées pour devenir des collectivités d'outre-mer.

GUADIANA n. m. ✦ Fleuve de la péninsule Ibérique, long de 820 km. Il prend sa source au sud de la Castille (Castilla-la-Mancha), traverse l'Estrémadure, forme la frontière entre l'Espagne et le Portugal, arrose l'Alentejo et reprend son rôle de frontière avant de se jeter dans l'océan Atlantique. Il sert à l'irrigation et alimente des barrages (hydroélectricité).

GUAM ✦ Territoire non incorporé des États-Unis depuis 1950. C'est la plus grande des îles **Mariannes**, en Micronésie (☛ carte 51). Superficie : 549 km². 132 000 habitants, en majorité catholiques. Capitale : Agana (2 500 habitants). ♦ Guam est une île volcanique fertile, au climat tropical, couverte de forêts, sujette aux tremblements de terre et aux typhons. Elle vit de l'agriculture (fruits, légumes, riz), de l'élevage (volailles, porcs, bovins) et du tourisme. ♦ Découverte par **Magellan** (1521), l'île est colonisée par l'Espagne (XVIIe siècle) qui y fait venir des Philippins. Elle est cédée aux États-Unis (1898) et occupée par les Japonais (1941). Elle sert de base aérienne américaine pendant la Deuxième Guerre mondiale (1944) et la guerre du Viêtnam (1960-1970).

GUANGDONG n. m. ✦ Province du sud de la Chine (☛ carte 40). Superficie : 178 000 km² (un tiers de la France). 104,3 millions d'habitants. Capitale : Canton. Cette région bien arrosée vit de l'agriculture (céréales, canne à sucre, arachide, fruits, thé, tabac, soie), de l'élevage (porcs, volailles), de la pêche, des ressources minières (schiste pétrolifère, houille, fer, manganèse, cuivre, tungstène, bismuth, molybdène) et de l'industrie (bois, alimentaire, textile). L'île de **Hainan** est détachée de la province en 1988.

GUANGXI n. m. ✦ Région autonome du sud-est de la Chine (☛ carte 40). Superficie : 236 000 km² (environ la moitié de la France). 46 millions d'habitants. Capitale : Nanning (2,6 millions d'habitants). Cette région boisée vit de l'agriculture (céréales, canne à sucre, thé, tabac, fruits) et des ressources minières (étain, antimoine, zinc, tungstène).

GUANTANAMO ✦ Ville de Cuba, à l'est de l'île. 511 224 habitants. Elle abrite depuis 1903 une base aéronavale des États-Unis qui sert, depuis 2001, de camp de détention pour les prisonniers soupçonnés de terrorisme. Sa fermeture, qui était prévue en 2010, rencontre des difficultés.

GUARANIS n. m. pl. ✦ Peuple d'Indiens d'Amérique du Sud. Ces semi-nomades sont installés au Paraguay, en Argentine et dans le sud du Brésil. Ils sont convertis et placés par les jésuites dans des missions, appelées *réductions* (XVIIe-XVIIIe siècles), qui fonctionnent comme des républiques indépendantes. Elles sont attaquées par les colons espagnols et portugais (1767) et leurs vestiges sont inscrits sur la liste du patrimoine mondial de l'Unesco. Dispersés dans toute l'Amazonie, les Guaranis tentent de conserver leur riche culture artistique. Ils vivent dans des réserves où ils pratiquent l'élevage, l'agriculture (maïs), la chasse et la cueillette. Ils constituent 65 % de la population du Paraguay, et leur langue prédomine aujourd'hui dans le pays.

GUARDI Francesco (1712-1793) ✦ Peintre italien. Il travaille d'abord avec son frère Gianantonio dans l'atelier familial fondé par leur père (*Histoire de Tobie,* 1750) avant d'adopter un style plus personnel, dans la lignée de **Canaletto.** Il est célèbre pour ses vues de Venise, pour le rendu des jeux de lumière et pour la peinture des fêtes vénitiennes, d'une sensibilité et d'une vivacité d'exécution exceptionnelles *(Le Départ du Bucentaure pour le Lido)*. C'est l'un des derniers représentants de la peinture vénitienne.

GUATEMALA n. m. ✦ Pays d'Amérique centrale (☞ cartes 44, 46). Superficie : 108 889 km² (environ un cinquième de la France). 11,2 millions d'habitants (les *Guatémaltèques*), dont 50 % d'Indiens, en majorité catholiques. République dont la capitale est Guatemala (ou Ciudad de Guatemala). Langue officielle : l'espagnol ; on y parle aussi des langues indiennes. Monnaie : le quetzal. ♦ GÉOGRAPHIE. Traversé par la route Panaméricaine, le Guatemala est formé du sud au nord par une plaine côtière, un massif montagneux dont le point culminant est le volcan Tajumulco (4 211 m) et une vaste plaine boisée. Le climat est tempéré. ♦ ÉCONOMIE. L'agriculture domine (canne à sucre, maïs, banane, café, coton). Le sous-sol contient du pétrole. L'industrie (textile, alimentaire, raffinage) et le tourisme se développent. ♦ HISTOIRE. Intégrée dans l'empire des **Mayas** (1600 av. J.-C.-1500), la région est colonisée par les Espagnols (1523). Ils fondent Santiago de Guatemala (1527), aujourd'hui inscrite sur la liste du patrimoine mondial de l'Unesco. Elle devient capitale de toute la région à l'exception du Panama (1544), appelée les *Provinces-Unies d'Amérique centrale* (1823) et bientôt divisée en cinq États : Guatemala, Salvador, Honduras, Nicaragua, Costa Rica (1839). Le Guatemala connaît alors des dictatures et une guérilla permanentes, qui déciment les paysans mayas ; leur lutte est couronnée par le prix Nobel de la paix attribué à Rigoberta Menchu (1992). La signature d'un accord de paix (1996) a mis fin à la guérilla, et la population d'origine indienne subit moins de ségrégation.

GUAYAQUIL ✦ Ville de l'Équateur, dans l'ouest du pays, au fond du *golfe de Guayaquil* (Pacifique). 2,28 millions d'habitants, ville la plus peuplée du pays. Grand centre économique, fondé en 1538 et étendu en partie sur la mangrove : principal port d'exportation (bananes, crevettes, cacao), finance, commerce, industries (chimie, ciment, plastique, électroménager).

GUEBWILLER ✦ Ville du Haut-Rhin. 11 297 habitants (les *Guebwillerois*). Églises Saint-Léger (1182-1240), des Dominicains (XIVe-XVe siècles), Notre-Dame (XVIIIe siècle), hôtel de ville de style gothique flamboyant (1514). Ville industrielle (textile).

GUEBWILLER (ballon de) ✦ Point culminant des Vosges (1 424 m). Situé au nord-ouest de Mulhouse, il domine le sud de la plaine d'Alsace.

GUELDRE n. f. ✦ Province du centre des Pays-Bas. Superficie : 5 016 km². 1,9 million d'habitants. Chef-lieu : Arnhem (132 928 habitants). ♦ Sur cette plaine, arrosée au sud par le Rhin et la Meuse, on pratique l'élevage (bovins, volailles) et l'agriculture (fruits, légumes). L'industrie (textile, métallurgie, chimie, technologie) et les services (commerce, transports, recherche) sont prépondérants. ♦ Devenue un duché (1339), elle est cédée à **Charles le Téméraire** (1472-1492), puis prise par Charles Quint (1543). Le Nord rejoint les Provinces-Unies (1579). Le Sud est divisé entre l'Autriche et la Prusse (traité d'**Utrecht**, 1713) puis, après l'occupation française, entre les Pays-Bas et la Prusse (traité de Vienne, 1815).

GUÉPÉOU ou **GPU** (russe *Gossoudarstvennoïe Polititcheskoïe Oupravlenie*, «Administration politique d'État») ✦ Police politique soviétique, créée en 1922, qui dispose de pouvoirs quasi illimités pour protéger l'ordre révolutionnaire. En 1930, elle dirige le Goulag (administration des camps de travail disciplinaires), où **Staline** fait interner les opposants. Elle obtient le droit d'ordonner des exécutions (1933) puis elle est absorbée par le Commissariat du peuple aux Affaires intérieures (1934).

GUÉRANDE ✦ Ville de Loire-Atlantique. 16 127 habitants (les *Guérandais*). Collégiale Saint-Aubin (XIIe-XVIe siècles), remparts (XVe siècle) avec six tours et quatre portes fortifiées dont la porte Saint-Michel (hôtel de ville). Marais salants.

GUÉRET ✦ Chef-lieu de la Creuse. 13 342 habitants (les *Guérétois*). Hôtel des Moneyroux de style gothique (XVe-XVIe siècles), musée d'archéologie, de tapisserie, d'émaux limousins (XIIe-XVe siècles) et de céramique. Ville administrative.

GUERNESEY n. f. ✦ Une des îles **Anglo-Normandes,** située au large du Cotentin. Superficie : 63 km² 59 000 habitants (les *Guernesiais*). Chef-lieu : Saint Peter Port. L'île, au climat doux, vit de l'élevage laitier, de cultures, mais surtout du tourisme et des placements financiers favorisés par les avantages fiscaux. Pendant son exil (1856-1870), Victor **Hugo** y écrit *Les Contemplations, La Légende des siècles, Les Misérables, Les Travailleurs de la mer* qu'il dédie à «ce coin de vieille terre normande où vit le petit peuple de la mer», et *L'Homme qui rit*.

GUERNICA ✦ Ville d'Espagne (Biscaye), appelée officiellement *Guernica y Luno*. 16 171 habitants. Le bombardement de la ville par les Allemands alliés de Franco pendant la guerre d'Espagne fait 2 000 victimes (26 avril 1937). Cette tragédie inspire à Pablo **Picasso** son immense tableau *Guernica* (3,49 m sur 7,77 m) qui montre, dans un style cubiste aux tons gris, noirs et blancs, des figures humaines et animales (taureau, cheval, colombe) broyées par la guerre et la mort. Commandé par le gouvernement républicain espagnol pour l'Exposition universelle de 1937, le tableau est conservé à New York au Museum of Modern Art puis il regagne l'Espagne (1981) après le rétablissement de la démocratie, selon le vœu de Picasso.

GUERRE DE CENT ANS → CENT ANS (guerre de)

GUERRE DE 1870 → FRANCO-ALLEMANDE (guerre)

Guerre des boutons (La) ✦ Roman publié en 1912 par Louis Pergaud. Les écoliers de deux villages rivaux, Longeverne et Velrans, se livrent une guerre sans merci. Les prisonniers des deux camps se voient arracher leurs boutons qui vont grossir leur butin de guerre. Cette histoire, qui évoque le monde de l'enfance avec toute sa truculence, sa naïveté et sa drôlerie, a été adaptée au cinéma par Yves Robert (1961).

GUERRE DE SÉCESSION → SÉCESSION (guerre de)

Guerre des étoiles (La) ✦ Film américain de science-fiction réalisé en 1977 par George Lucas, dont le titre original est *Star Wars*. L'empereur et son mystérieux bras droit, Darth Vader, dominent la galaxie grâce à une puissante station spatiale, l'Étoile Noire. Pour la détruire, l'Alliance rebelle s'organise autour de la princesse Leia, aidée par le contrebandier Han Solo, les robots C3PO et R2D2, et le jeune Luke Skywalker, initié au pouvoir de la «Force» par Obi-Wan Kenobi, un chevalier Jedi. Mondialement célèbre pour ses effets spéciaux, le film connaît deux suites : *L'empire contre-attaque* (1980) et *Le Retour du Jedi* (1983). Dans la deuxième trilogie, les évènements se situent chronologiquement avant ceux de la première : *Épisode 1 – La Menace fantôme* (1999) ; *Épisode 2 – L'Attaque des clones* (2000).

GUERRE DE TROIE → **TROIE (GUERRE DE)**

Guerre du feu (La) ✦ Roman publié en 1911 par l'écrivain français Joseph Henri Rosny, dit *Rosny aîné.* Pendant la préhistoire, la tribu des Oulamrs vit dans le froid et l'obscurité car elle a perdu le feu. Le chef Faouhm promet sa fille Gammla à celui qui le rapportera. Le guerrier Naoh part à sa recherche avec ses amis Nam et Gaw et doit vaincre bien des obstacles : son rival Aghoo-le-Velu, l'ours, le lion géant et la tribu des mangeurs d'hommes. Il revient avec le feu tant convoité et devient chef à son tour. Cette histoire a été adaptée au cinéma par Jean-Jacques Annaud (1981).

GUERRE FROIDE ✦ Période de l'histoire du monde qui va de la fin de la Deuxième Guerre mondiale (1945) jusqu'à la chute du mur de Berlin (1989) (☛ carte 18). Elle oppose les États-Unis, l'URSS, et leurs alliés respectifs, qui forment deux blocs aux systèmes idéologiques et économiques opposés (capitalisme, communisme) et dotés de moyens militaires considérables. Truman fonde la **CIA,** tandis que **Staline** dénonce l'impérialisme du plan **Marshall** (1947). Après le blocus de **Berlin,** l'**Allemagne** est divisée, et à la création de l'**Otan** (1949) répond celle du pacte de **Varsovie** (1955). L'affrontement des deux blocs est-ouest se manifeste dans des guerres (Corée, Viêtnam, Israël-pays arabes) ou des interventions parfois dramatiques (Budapest, mur de Berlin, Cuba, Prague, Chili, Afghanistan, Nicaragua, Salvador), malgré des tentatives de rapprochement (Kennedy-Khrouchtchev, Nixon-Brejnev, Bush-Gorbatchev). La guerre froide s'éteint avec l'effondrement des régimes communistes européens et soviétique.

GUERRE MONDIALE (Première) **n. f.** ✦ Guerre qui oppose les Empires centraux (Allemagne, Autriche-Hongrie, puis Empire ottoman et Bulgarie) à la **Triple-Entente** (France, Royaume-Uni, Russie) et à ses alliés (Serbie, Belgique, Japon, Italie ; 1915 ; Roumanie et Portugal, 1916 ; Grèce et États-Unis, 1917), du 28 juillet 1914 au 11 novembre 1918 (☛ Première Guerre mondiale p. 189). Après l'assassinat de l'archiduc **François-Ferdinand** de Habsbourg (28 juin 1914), l'Autriche déclare la guerre à la Serbie. Les traités d'alliance et les intérêts territoriaux entraînent presque toute l'Europe dans le conflit, à l'exception de la Suisse, centre des mouvements pacifistes. L'attaque allemande, bloquée à l'ouest par **Joffre** sur la **Marne** (1914), est suivie par une guerre des tranchées meurtrière (**Verdun, Somme**). Les Empires envahissent la Pologne, la Lituanie, la Roumanie et la Serbie, tandis que les Britanniques interviennent en Afrique et au Proche-Orient (**Dardanelles**). En 1917, la guerre sous-marine menée par les Allemands provoque l'entrée en guerre des États-Unis et, après la révolution d'Octobre, la Russie signe l'armistice de Brest-Litovsk (1918). Les offensives de 1917-1918 (**Chemin des Dames**) sont finalement repoussées par les Alliés, commandés par **Foch**, dont les victoires obligent l'Allemagne à signer l'armistice à **Rethondes** (11 novembre 1918). La «Grande Guerre» fait environ dix millions de victimes et les soldats français tombés pour la patrie sont honorés sur la tombe du **Soldat inconnu.** La conférence de Paris (1919-1920), présidée par **Clemenceau,** impose plusieurs traités aux vaincus (**Versailles,** 1919 ; **Lausanne,** 1923). Ils mettent fin aux Empires et aboutissent à la restitution de l'**Alsace-Lorraine** à la France et à la création de nouveaux pays (Tchécoslovaquie, Yougoslavie, Turquie).

GUERRE MONDIALE (Deuxième) ✦ Guerre qui oppose les pays de l'Axe (Allemagne, Italie, Japon) aux Alliés (France, Grande-Bretagne, URSS, États-Unis, Chine), du 1er septembre 1939 au 2 septembre 1945 (☛ Deuxième Guerre mondiale p. 195). Pour venger l'humiliation de la Première Guerre mondiale et face à l'échec des démocraties dans la guerre d'**Espagne, Hitler** veut recréer un empire, le IIIe **Reich.** Il annexe l'Autriche (**Anschluss,** 1938) puis la Tchécoslovaquie et envahit la Pologne après un pacte avec l'URSS (1939). La Grande-Bretagne et la France lui déclarent la guerre. L'Allemagne envahit le Danemark, la Norvège, les Pays-Bas, la Belgique et plus de la moitié de la France, abritée derrière la ligne **Maginot** («drôle de guerre»). La France capitule (juin 1940). Tandis que **Pétain** et le gouvernement de **Vichy** pratiquent une politique de **collaboration,** d'autres organisent la **Résistance** (Charles de **Gaulle,** Jean **Moulin**). Isolés et victimes de bombardements (bataille d'Angleterre) et d'un embargo maritime (bataille de l'Atlantique), les Britanniques combattent en Méditerranée (Libye) et en Afrique (Somalie, Éthiopie) contre l'Italie de **Mussolini,** bientôt aidée par Hitler qui s'empare de la Yougoslavie, de la Grèce puis attaque l'URSS (1941). Pour contrer l'embargo américain, destiné à ralentir son expansion en Chine et en Indochine, le Japon attaque **Pearl Harbor,** provoquant l'entrée en guerre des États-Unis (décembre 1941), qui conquièrent progressivement le Pacifique (1942-1945). Stoppés à **Stalingrad** par l'Armée rouge (1942), les Allemands ne connaissent plus que des revers : perte de l'Afrique du Nord (1942) et de l'Italie (1943), capitulation à Stalingrad (1943), débarquement allié en **Normandie** (6 juin 1944), **libération** de Paris (25 août 1944) et de la France. Après la jonction des Américains et des Soviétiques sur l'Elbe (26 avril 1945), Hitler se suicide dans Berlin (30 avril) et l'Allemagne capitule (8 mai). Le lancement des bombes atomiques sur **Hiroshima** et **Nagasaki** (6 et 9 août) par les États-Unis provoque la reddition du Japon (2 septembre). Réunis à **Yalta** dès février 1945, **F. D. Roosevelt, Churchill** et **Staline** décident d'occuper l'Allemagne et de la diviser en quatre zones, puis ils organisent la création de l'**ONU** (26 juin 1945). Le bilan de la guerre est terrible : plus de 50 millions de morts, l'Europe est dévastée, ruinée, et la découverte des camps de concentration nazis horrifie le monde (procès de **Nuremberg**).

GUERRES DE RELIGION → **RELIGION** (guerres de)

GUERRES MÉDIQUES → **MÉDIQUES (GUERRES)**

GUERRES PUNIQUES → **PUNIQUES (GUERRES)**

GUESCLIN Bertrand Du → **DU GUESCLIN** Bertrand

GUEVARA Ernesto (1928-1967) ✦ Révolutionnaire cubain, d'origine argentine, surnommé *le Che* ou *Che Guevara.* Après des études de médecine, il dirige la révolution à **Cuba** avec Fidel **Castro** (1956-1959) et devient ministre de l'Industrie (1961-1965). Partisan d'une révolution humaine et internationale, il organise les mouvements de guérilla en Amérique latine et il est tué en Bolivie. Depuis les années 1960, il est un mythe révolutionnaire.

GUGGENHEIM (musée) ✦ Musée d'art contemporain, créé à New York par la fondation Solomon R. Guggenheim. Inauguré en 1959, il est installé dans un bâtiment conçu par l'architecte F. L. **Wright** et abrite de grandes œuvres du XXe siècle. Une succursale est ouverte à Bilbao (1997).

GUIDEL ✦ Commune du Morbihan, sur l'Atlantique. 11 069 habitants (les *Guidélois*). Station balnéaire.

GUIGNOL ✦ Personnage du théâtre de marionnettes, créé à Lyon en 1808 par Laurent Mourguet (1769-1844). Comme les tisseurs de soie lyonnais (les «canuts»), il est naïf, étourdi, rusé, râleur et impertinent. Avec son ami Gnafron, il symbolise l'esprit de révolte populaire, en multipliant les disputes et les coups de bâton avec le gendarme.

GUILLAUME LE CONQUÉRANT (1027-1087) ✦ Duc de Normandie de 1035 à sa mort, et roi d'Angleterre de 1066 à sa mort. Fils illégitime du duc de Normandie, Guillaume le Bâtard hérite du duché et succède à son père. Il réussit à soumettre ses barons (1047) et il épouse la reine **Mathilde** (1054). À la mort du roi d'Angleterre qui désigne Guillaume pour héritier, Harold II s'empare du pouvoir. Guillaume débarque en Angleterre avec ses hommes, tue Harold à la bataille d'Hastings, puis accède au trône (1066). Cet épisode est raconté par la «tapisserie de **Bayeux**». Il est sacré roi d'Angleterre à Westminster et établit une monarchie féodale puissante, bien administrée et soutenue par l'Église. En héritant de la Normandie, ses successeurs deviennent vassaux du roi de France contre lequel ils vont lutter pour agrandir leurs possessions.

GUILLAUME D'ORANGE (1533-1584) ✦ Chef de l'État de Hollande de 1559 à 1567 puis de 1576 à sa mort, sous le nom de *Guillaume Ier d'Orange-Nassau*, surnommé *le Taciturne*. Prince allemand, il hérite de territoires en France (principauté d'**Orange**) et en Hollande, fondant la dynastie d'Orange-Nassau. Charles Quint lui confie les États de Hollande, de Zélande et d'Utrecht. Il tente de leur donner un statut égal à celui des pays de l'Empire mais la répression espagnole le contraint à l'exil (1567). Converti au calvinisme, il soutient les révoltes contre les Espagnols (1572) et obtient la direction de dix-sept provinces (1576). Tandis que le Sud, catholique, rejoint l'Espagne, le Nord prend le nom de *Provinces-Unies* (Union d'**Utrecht**, 1579). Il meurt assassiné.

GUILLAUME Ier (1797-1888) ✦ Roi de Prusse de 1861 à sa mort, et empereur d'Allemagne de 1871 à sa mort. Fils du roi de Prusse, il participe à la guerre de 1814-1815, réprime la révolution de 1848 et devient régent quand son frère sombre dans la folie (1858). Il nomme **Bismarck** Premier ministre (1862), tout en désapprouvant les conflits avec l'Autriche et la France. Il est proclamé empereur dans la galerie des Glaces de Versailles (18 janvier 1871).

GUILLAUME II (1859-1941) ✦ Roi de Prusse et empereur d'Allemagne de 1888 à 1918. Petit-fils de Guillaume Ier, il succède à son père Frédéric III. Il renvoie Bismarck et fait de l'Allemagne une grande puissance industrielle, mais sa politique extérieure heurte la France et la Grande-Bretagne. Il rompt avec la Russie, se rapproche de l'Autriche et de l'Italie, puis il engage son pays dans la Première **Guerre mondiale**, abdique avant l'armistice et se retire aux Pays-Bas.

GUILLAUME DE MACHAUT (v. 1300-v. 1377) ✦ Musicien et poète français. Chanoine de Reims, il est le principal représentant de l'école polyphonique française. Il fixe les règles littéraires et musicales pour le lai, le virelai, le rondeau. Il écrit la première messe polyphonique due à un seul auteur *(Messe de Notre-Dame)*. Il est l'auteur de plus de 400 poèmes et de pièces narratives, les *Dits*.

GUILLAUME TELL → TELL Guillaume

GUILLEVIC Eugène (1907-1997) ✦ Poète français. Poète au lyrisme concentré, il s'applique, dès ses premiers poèmes (*Terraqué*, 1942), à rendre la matière palpable, faisant appel à des éléments simples. Face au doute et au trouble devant le réel (*Carnac*, 1961 ; *Ville*, 1971), il aboutit à la découverte de la force du silence, marque même du poème (*Art poétique*, 1990).

GUILLOTIN Joseph Ignace (1738-1814) ✦ Médecin français. Professeur d'anatomie, député de Paris aux états généraux de 1789. Pour éviter des souffrances aux condamnés à mort, il demande la création d'une machine, appelée *guillotine* malgré ses protestations.

GUIMARD Hector (1867-1942) ✦ Architecte français. Principal représentant français du style Art nouveau, il mélange les matériaux (pierre de taille, brique et fer) et crée des décors végétaux stylisés aux formes nerveuses, comme ceux des entrées du métro parisien (1900-1903) (☛ Art nouveau p. 187).

GUINÉE n. f. ✦ Pays d'Afrique de l'Ouest (☛ cartes 34, 36). Superficie : 245 857 km² (moins de la moitié de la France). 10,3 millions d'habitants (les *Guinéens*), en majorité musulmans. République dont la capitale est Conakry. Langue officielle : le français ; on y parle aussi le mandingue, le peul, le soussou et le bassari. Monnaie : le franc guinéen. ♦ GÉOGRAPHIE. En dehors de la plaine côtière, la Guinée est formée de montagnes et de plateaux couverts de forêts et de savanes, où les fleuves Gambie, Sénégal et Niger prennent leur source. Le climat tropical devient équatorial sur la côte. ♦ ÉCONOMIE. L'agriculture (banane, café, palmier à huile) domine. Les ressources minières sont importantes (bauxite, fer, diamant). ♦ HISTOIRE. Le Nord fait partie de l'empire du **Ghana** puis de celui du **Mali** (XIIe siècle). Les Européens établissent des comptoirs pour le commerce des épices et des esclaves (XVIe siècle). La région côtière qui s'étend du Sénégal à l'Angola est divisée en colonies, entre le Portugal (**Guinée-Bissau**), l'Espagne (**Guinée équatoriale**) et la France qui fonde Conakry (1890). Malgré la résistance de nombreux peuples, elle colonise la Guinée, l'intègre à l'**Afrique-Occidentale française** (1895) et développe l'agriculture et les ressources minières. Ahmed Sékou Touré organise la résistance (1952), obtient l'indépendance (1958) et établit un régime autoritaire. Après sa mort (1984), les militaires au pouvoir se rapprochent de la France. La nouvelle Constitution, qui autorise le multipartisme (1990), est suspendue par un coup d'État militaire (2008).

GUINÉE (golfe de) ✦ Golfe de l'océan Atlantique. Il baigne la côte ouest de l'Afrique, de la Côte d'Ivoire au Gabon.

GUINÉE (Nouvelle-) → NOUVELLE-GUINÉE

GUINÉE-BISSAU ou **GUINÉE-BISSAO** n. f. ✦ Pays d'Afrique de l'Ouest (☛ cartes 34, 36). Il comprend l'archipel des Bissagos. Superficie : 36 125 km². 1,5 million d'habitants (les *Bissau-Guinéens*). République dont la capitale est Bissau. Langue officielle : le portugais ; on y parle aussi un créole, le malinké, le balante et le peul. Monnaie : le franc CFA. ♦ GÉOGRAPHIE. La côte déchiquetée, formée d'îles et de lagunes couvertes de forêts, et les collines intérieures bénéficient d'un climat tropical. ♦ ÉCONOMIE. L'agriculture (palmier à huile, arachide, riz, maïs) et l'élevage dominent. Les gisements de bauxite et de phosphates, découverts récemment, ne sont pas exploités. ♦ HISTOIRE. Les Portugais explorent les côtes (1446) mais tardent à fonder des comptoirs (Bissau, 1692), à cause de l'hostilité des habitants. Colonie portugaise, le pays obtient son indépendance dans une lutte commune avec le Cap-Vert (1974). Le régime militaire (1980-1991) tend à se libéraliser. Le multipartisme est instauré (1991) mais le pays connaît une grande instabilité politique.

GUINÉE ÉQUATORIALE n. f. ✦ Pays d'Afrique équatoriale (☛ cartes 34, 36). Il comprend l'île de Bioko, au large du Cameroun, et l'île d'Annobon, au large du Gabon. Superficie : 28 051 km². 693 000 habitants (les *Équato-Guinéens*), en majorité catholiques. République dont la capitale est Malabo, sur l'île de Bioko. Langues officielles : l'espagnol et le français ; on y parle aussi un créole et le fang. Monnaie : le franc CFA. ♦ GÉOGRAPHIE. La partie continentale est un plateau couvert de forêts, les îles sont volcaniques. Le climat est équatorial. ♦ ÉCONOMIE. Le pays exploite sa forêt, seule Bioko pratique l'agriculture (cacao, café, palmier à huile). L'exploitation du pétrole, récente, est en plein développement. ♦ HISTOIRE. La région partage l'histoire du **Gabon** jusqu'à l'arrivée des navigateurs portugais à Bioko et à Pagalu, qu'ils appellent *Fernando Poo* et *Annobon* (XVe siècle). Ils cèdent ces îles à l'Espagne, avec la partie continentale, pour le commerce des esclaves, de l'ivoire et des palmiers (1778). Après l'indépendance (1968), le pays tombe dans la dictature. Le multipartisme est autorisé depuis 1992, mais limité.

GUINGAMP ✦ Chef-lieu d'arrondissement des Côtes-d'Armor. 7 003 habitants (agglomération 21 774) (les *Guingampais*) (☛ carte 23). Industrie des produits de la mer (conserves, surgelés). Constructions électriques et électroniques.

GUISE ✦ Branche cadette des ducs de Lorraine, qui acquiert le comté de Guise (1504), érigé en duché (1528). Claude de Lorraine (1496-1550), **1er DUC DE GUISE**, sert François Ier contre Charles Quint. François Ier de Lorraine (1519-1563), **2e DUC DE GUISE**, fils du précédent, résiste à Charles Quint et reprend Calais aux Anglais (1558). Devenu le chef du parti catholique, il organise la répression contre les protestants et déclenche la première guerre de **Religion** (1562), en refusant l'accord avec les **Condé** proposé par **Catherine de Médicis**. Il meurt assassiné au siège d'Orléans. Henri Ier de Lorraine (1550-1588), **3e DUC DE GUISE**, fils du précédent, prépare la **Saint-Barthélemy** (1572). Refusant Henri de Navarre comme héritier du trône, il prend la tête de la **Ligue** et soulève Paris (1588). Le roi, contraint de s'enfuir, l'attire à Blois et le fait assassiner. **LOUIS II DE GUISE** (1555-1588), frère du précédent, cardinal de Lorraine, dirige également la Ligue et est assassiné peu après son frère. Le duché de Guise passe ensuite aux Condé (1704), puis aux Orléans (1832).

GUITRY Sacha (1885-1957) ✦ Écrivain français. Fils d'un célèbre comédien, il écrit de nombreuses pièces de théâtre, pleines de plaisanteries spirituelles, souvent misogynes, dans le style de la Belle Époque. Œuvres : *Faisons un rêve* (1918), *Mon père avait raison* (1919), *Quadrille* (1937), *N'écoutez pas, mesdames* (1942). Il réalise aussi des films élégants et drôles, dont les sujets sont souvent historiques : *Le Roman d'un tricheur* (1936), *Les Perles de la couronne* (1937), *Le Destin fabuleux de Désirée Clary* (1941), *Le Diable boiteux* (1948), *Si Versailles m'était conté* (1953).

GUIZEH → GIZEH

GUIZHOU n. m. ✦ Province du sud de la Chine. Superficie : 176 000 km² (moins d'un tiers de la France). 35 millions d'habitants. Capitale : Guiyang (2,5 millions d'habitants). La région, riche en animaux et espèces végétales rares, vit de l'agriculture (céréales, tabac, colza, thé, coton, canne à sucre), des ressources minières (mercure, phosphate, aluminium, plomb, charbon) et de l'industrie (bois, alimentaire, textile, chimie).

GUIZOT François (1787-1874) ✦ Homme politique et historien français. Nommé professeur d'histoire moderne à la Sorbonne (1812), il participe à deux ministères (Intérieur, 1814 ; Justice, 1816-1820) pendant la **Restauration**. Opposant à la politique réactionnaire de Charles X, il contribue à l'établissement de la **monarchie de Juillet** (1830) et dirige le parti de la Résistance. Ministre de l'Intérieur (1830), puis de l'Instruction publique (1832-1837), il fait voter une loi sur la liberté et l'organisation de l'enseignement primaire (*loi Guizot*, 1833) et devient président du Conseil (1847-1848). Il se rapproche de l'Angleterre (Entente cordiale), de l'Autriche et mène une politique favorable à la grande bourgeoisie, mais son refus des réformes déclenche la **révolution de 1848**. Après un an d'exil, il revient en France mais sans se mêler à la vie politique. Il écrit de nombreux ouvrages historiques, parmi lesquels *Mémoires pour servir à l'histoire de mon temps* (1858-1867). Académie française (1836).

GUJARAT n. m. ✦ État de l'ouest de l'Inde créé en 1956. Superficie : 196 022 km² (plus d'un tiers de la France). 60,4 millions d'habitants. Capitale : Gandhinagar (196 000 habitants). Bordé par le Pakistan et l'océan Indien, il vit de l'agriculture (arachide, coton, tabac, canne à sucre, pêche), des ressources minières (pétrole, gaz naturel) et de l'industrie (textile, chimie, électronique, mécanique, alimentaire).

GULF STREAM n. m. ✦ Courant marin chaud (25 °C) de l'Atlantique Nord. Depuis le golfe du Mexique, il remonte le long de la côte est des États-Unis jusqu'à Terre-Neuve, où sa rencontre avec les eaux froides du Labrador favorise la formation de bancs de poissons. Il se divise ensuite en plusieurs branches. La «dérive nord-atlantique» longe l'ouest de l'Europe, adoucissant son climat, et se dirige vers l'Europe du Nord.

GULLIVER ✦ Personnage principal du roman *Les Voyages de Lemuel Gulliver*, publié en 1726 par Jonathan Swift. Après un naufrage, ce chirurgien aborde à **Lilliput**, où il est un géant au milieu des habitants, minuscules et prétentieux. À Brobdingnag au contraire, il devient un jouet aux mains de géants idiots. Sur l'île volante de Laputa, les savants sont des maniaques et les immortels s'ennuient à mourir. Seuls les Houyhnhnms, des chevaux qui ont domestiqué les Yahous, des hommes répugnants et bestiaux, sont bons et vertueux. Ce roman utopiste, satirique et rempli d'idées critiques, très célèbre dans la littérature enfantine, est souvent adapté au cinéma.

GUOMINDANG n. m. ✦ Parti nationaliste chinois fondé en 1911 par **Sun Yat-sen.** Après sa mort (1925), son successeur **Jiang Jieshi** s'oriente vers l'unification du pays et le nationalisme contre les Japonais puis contre les communistes. Le parti domine à **Taïwan** jusqu'en 2000.

GUPTA n. m. pl. ✦ Dynastie du nord de l'Inde (IVe-VIe siècle). Leur règne marque l'apogée de la civilisation indienne. Ils construisent les premiers temples en pierre de l'Inde et, grands mécènes, encouragent la littérature ainsi qu'un style de sculpture raffiné. Cette esthétique classique aura une grande influence en Asie.

GUSTAVE Ier VASA (vers 1495-1560) ✦ Roi de Suède de 1523 à sa mort. Il réussit à chasser les Danois puis il est élu roi et impose la **Réforme.** Il réprime les révoltes paysannes et réorganise le royaume qui devient une grande puissance.

GUSTAVE III (1746-1792) ✦ Roi de Suède de 1771 à sa mort. Proche des philosophes grâce à son oncle, **Frédéric II le Grand,** il prend le pouvoir par un coup d'État financé par la France. Il lutte contre la Russie, le Danemark, favorise la vie intellectuelle (Linné, Celsius), mais ses réformes libérales mécontentent la noblesse. Il est assassiné avant d'intervenir contre la **Révolution française.**

GUTENBERG (vers 1400-1468) ✦ Imprimeur allemand. Il invente une presse à imprimer (1438), une encre permettant d'imprimer les deux faces d'un feuillet (1441) et fabrique des caractères métalliques mobiles. Il met au point la technique typographique (1450), faisant de la Bible le premier ouvrage imprimé, ce qui lui vaut d'être anobli par l'évêque de Mayence (1465). En favorisant la diffusion du savoir, il contribue au renouveau culturel des Temps modernes (Réforme, Renaissance ☛ Humanisme p. 167). ■ Son véritable nom est *Johannes Gensfleisch.*

GUYANA n. f. ✦ Pays d'Amérique du Sud. (☛ carte 46). Superficie : 214 970 km² (plus d'un tiers de la France). 751 223 habitants (les *Guyaniens* ou les *Guyanais*). République dont la capitale est Georgetown. Langue officielle : l'anglais ; on y parle aussi un créole. Monnaie : le dollar de Guyana. ♦ GÉOGRAPHIE. Au sud de la bande côtière s'étendent des vallées couvertes de forêts et à l'ouest la sierra de Pacaraima, dont le point culminant est le mont Roraima (2 810 m). Le climat est tropical. ♦ ÉCONOMIE. L'agriculture (canne à sucre, café, banane, agrumes, riz), l'élevage bovin et la pêche, en essor, dominent. Le sous-sol est riche (bauxite, manganèse, or, diamant). L'industrie (raffineries de sucre, distilleries de rhum, alumine) est peu développée. ♦ HISTOIRE. La région, qui appartient à la Hollande, est occupée (1796) puis prise par la Grande-Bretagne (1814), qui cède le Suriname à la Hollande. La colonie de Guyane-Britannique (1831) obtient son indépendance dans le cadre du Commonwealth (1966) et proclame la république (1970). Ses problèmes économiques rendent le pays dépendant du Brésil.

GUYANE n. f. ✦ Département et région français d'outre-mer [973], situé en Amérique du Sud, entre le Suriname et le Brésil (☛ cartes 21, 22, 46). Superficie : 83 534 km². 252 338 habitants (les *Guyanais*). Chef-lieu : Cayenne ; chef-lieu d'arrondissement : Saint-Laurent-du-Maroni. En plus du français, on y parle aussi des langues indiennes. ♦ Le département est limité par le massif de Tumucumaque au sud et par les fleuves **Maroni** à l'ouest et Oyapock à l'est. Il est peuplé d'Indiens semi-nomades. Couvert de forêts, il bénéficie d'un climat équatorial. Le parc naturel régional de Guyane (224 700 ha), créé en 2001, s'étend au nord du département, et le parc national amazonien de Guyane (20 277 km²), créé en 2007, s'étend sur la moitié sud. Il vit des ressources de la forêt, de la pêche et exploite un gisement de bauxite. Le centre spatial de **Kourou**, qui gère le programme **Ariane**, a permis le développement de Cayenne. ♦ Découverte (1604) et colonisée par la France, la région passe à l'Angleterre et la Hollande (1667). Les Français la reprennent (1677), tentent de l'assécher, puis ils y exilent les déportés politiques de la Révolution française (1794-1805) et rétablissent l'esclavage (1804). Administrée par le Portugal (1809-1814) et recolonisée par la France, elle est ruinée par l'abolition définitive de l'esclavage (1848-1849). Elle abrite le célèbre bagne de **Cayenne** (1852-1945). Elle devient un département d'outre-mer (1946) et une région d'outre-mer (1982).

GUYANES n. f. pl. ✦ Région géographique d'Amérique du Sud, située entre l'Orénoque à l'ouest, l'Amazone au sud et l'océan Atlantique du nord à l'est (☛ carte 44). Elle comprend l'est du Venezuela, le nord du Brésil, la Guyana, le Suriname, la Guyane et s'étend sur un million de km² (environ le double de la France). Formée par le massif des Guyanes, couvert de forêts et de savanes, elle possède un climat et des cultures de type équatorial. Elle exploite des gisements de bauxite. ♦ Christophe Colomb aperçoit les côtes de la région (1498), qui est alors peuplée d'Indiens **Caraïbes.** Les Français, les Anglais et les Hollandais se la partagent en 1814.

GUYENNE n. f. ✦ Région historique du sud-ouest de la France (☛ carte 21). ♦ D'abord synonyme d'**Aquitaine,** le nom désigne le duché que **Louis IX** cède à l'Angleterre (traité de Paris, 1259) et qui comprend le Limousin, le Périgord, le Quercy, l'Agenois et une partie de la Saintonge et de la Gascogne. Revenue à la France à la fin de la guerre de Cent Ans (1453), elle est donnée par Louis XI à son frère Charles (1469). Elle retourne à la Couronne (1472) et subit les désastres des guerres de **Religion.** Elle forme ensuite, avec la Gascogne, la Saintonge, le Limousin et le Béarn, une grande province dont le chef-lieu est Bordeaux.

GUYNEMER Georges Marie (1894-1917) ✦ Aviateur français. Il s'engage dans l'aviation (1914), remporte 54 victoires comme pilote de chasse et commande la célèbre escadrille des Cigognes. Abattu au-dessus de la Flandre, il devient un héros légendaire, et l'École de l'air adopte sa devise : « Faire face ».

H

HAARLEM ✦ Ville des Pays-Bas, chef-lieu de la Hollande-Septentrionale, située dans l'ouest du pays. 146 960 habitants (216 762 pour l'agglomération). Autour de la place du Grand-Marché : cathédrale Saint-Bavon (XVe-XVIe siècles), Stadhuis (hôtel de ville, XVIe siècle), Vleeshal (halle aux viandes, XVIIe siècle), musée Frans-Hals. Port fluvial développé à l'origine grâce au commerce du drap puis des tulipes (XVIIe siècle). Ville résidentielle. Industries (métallurgie, mécanique, chimie, textile, alimentaire, construction navale) et cultures florales exportées dans le monde entier. Ville natale de Van Ruysdael.

Habeas Corpus Act ✦ Loi votée en 1679 par le Parlement anglais pour garantir la liberté individuelle des citoyens et empêcher les arrestations et les détentions arbitraires. Elle est inscrite dans la Constitution des États-Unis.

HABSBOURG ✦ Dynastie originaire de Suisse, souvent appelée *maison de Habsbourg* ou *maison d'Autriche*, qui règne sur l'Autriche dès le XIIIe siècle. Elle étend, jusqu'à 1918, sa domination sur une partie de l'Europe, et joue, pour l'Occident, un rôle de bouclier face à l'Empire ottoman. La famille Habsbourg accède au trône du **Saint Empire** romain germanique (Rodolphe Ier, 1273). Elle acquiert le duché d'Autriche en 1278 puis des territoires voisins de l'Est et du Sud (XIVe siècle). De 1440 à 1806, les Habsbourg se succèdent à la tête de l'Empire, qu'ils agrandissent par mariage et héritage. La dynastie atteint son apogée sous l'empereur **Charles Quint**. Lorsque celui-ci donne les États autrichiens à son frère Ferdinand Ier, la maison de Habsbourg se divise en une branche aînée, la lignée espagnole, et une branche cadette, la lignée autrichienne. Cette dernière se partage par la suite en trois branches (1564). Par leur victoire sur les Turcs, les Habsbourg de Vienne acquièrent la Hongrie (1699). À l'extinction de la lignée espagnole (1700), ils héritent des Pays-Bas espagnols, du Milanais, de la Sicile et de Naples. La nouvelle dynastie des Habsbourg-Lorraine est fondée par le mariage de Marie-Thérèse avec le duc de Lorraine (1736). Les Habsbourg prennent le titre d'empereur d'Autriche (1804) puis celui de roi de Hongrie (1867). Ils se retirent, à la fin du XIXe siècle, de l'Allemagne et de l'Italie. Le dernier empereur, Charles 1er, abdique en 1918.

HADÈS ✦ Dieu des morts dans la mythologie grecque. Fils de Cronos et de Rhéa, il règne aux **Enfers** et c'est l'un des maîtres de l'univers avec ses frères **Zeus** et **Poséidon**. Il est représenté muni d'une corne d'abondance et coiffé d'un casque, offert par les **Cyclopes**, qui le rend invisible. Il enlève **Perséphone** qui devient reine des Enfers lorsqu'il l'épouse. Les Romains de l'Antiquité l'identifient à **Pluton**.

HADRIEN ou **ADRIEN** (76-138) ✦ Empereur romain de 117 à sa mort. Fils adoptif de **Trajan**, il lui succède. Il renforce les défenses de l'Empire romain en pratiquant une politique de paix. Pour repousser les invasions, il fait construire entre l'Angleterre et l'Écosse un mur de protection, le *mur d'Hadrien* (122), long de 118 km, qui est aujourd'hui inscrit sur la liste du patrimoine mondial de l'Unesco. Il organise l'administration de l'Empire, inspecte toutes ses provinces (121-125 ; 128-134) et favorise le développement des arts. On peut admirer les vestiges de sa villa à **Tivoli** et son mausolée (le château Saint-Ange) à Rome.

HAENDEL ou **HÄNDEL Georg Friedrich** (1685-1759) ✦ Compositeur anglais, d'origine allemande. Il étudie l'orgue, l'écriture polyphonique, et compose ses premiers opéras (1705). Protégé par Jean Gaston de Médicis, il se rend en Italie où il connaît la gloire. Il part en Angleterre (1710) où il est considéré comme le nouveau **Purcell**. Il dirige la Royal Academy of Music (1719) et prend la nationalité anglaise (1726). Il est inhumé à Londres, dans l'abbaye de Westminster. Son style très expressif est influencé par les musiciens italiens, français et allemands. Ses œuvres les plus célèbres sont : l'opéra *Rinaldo* (1711), *Water Music*, suite qu'il dédie au roi George Ier (1717), le *Te Deum* qu'il compose pour célébrer la paix d'**Utrecht** (1713) et l'oratorio *Le Messie* (1742).

HAFIZ (v. 1320-v. 1389) ✦ Poète persan. Tour à tour lyrique, mystique, parfois proche du registre bachique, il est considéré comme le plus grand créateur de la poésie persane, dont il a renouvelé tous les genres. Il a porté le poème d'amour *(ghazal)* à un très haut degré de perfection. Ses œuvres sont réunies dans le *Divan* (1368). Hafiz demeure encore très populaire en Iran et son tombeau, aux portes de Chiraz, est un lieu de pèlerinage. ■ Son nom complet est *Hafiz Chams al-Din Muhammad.*

HAGONDANGE ✦ Commune de Moselle. 9 343 habitants (les *Hagondangeois*). Ville industrielle (métallurgie, centrale thermique).

HAGUE (La) ✦ Cap situé au nord-ouest du Cotentin. Sur la lande de Jobourg, une usine de traitement des déchets radioactifs fonctionne depuis 1967.

HAGUENAU ✦ Ville du Bas-Rhin. 34 761 habitants (les *Haguenoviens*). Églises Saint-Georges (XIIe-XIIIe siècles) et Saint-Nicolas (XIVe-XVe siècles), Musée historique, Musée alsacien. Ancienne ville impériale (1257), foyer de la Réforme (XVIe siècle). Centre de commerce et d'industrie.

HAHNEMANN Christian Friedrich Samuel (1755-1843) ✦ Médecin allemand. Il fait des expériences sur les effets des remèdes de son époque (quinquina, belladone, digitale) et, malgré l'hostilité des autorités médicales, il fonde l'homéopathie puis s'installe à Paris où il connaît un grand succès. Il publie plusieurs ouvrages dont *Doctrine et traitement homéopathiques des maladies chroniques* (1822).

HAÏFA ✦ Ville du nord d'Israël (Galilée), sur la mer Méditerranée. 266 300 habitants. Port le plus important du pays, construit en 1929. Centre culturel (universités, musées, centre de recherche informatique), commercial et industriel (textile, métallurgie, mécanique, raffineries de pétrole).

HAILÉ SÉLASSIÉ Ier (1892-1975) ✦ Empereur d'Éthiopie de 1930 à 1974. Considéré comme le descendant du roi **Salomon**, il est désigné comme régent (1917), fait entrer son pays à la SDN, abolit l'esclavage (1924) et devient empereur. Il est chassé par les Italiens (1935), se réfugie en Angleterre puis il reprend son trône après l'offensive des troupes britanniques (1941), modernise le pays et participe à la création de l'Organisation de l'unité africaine (1963). Après la rébellion de l'Érythrée et une terrible famine (1973), l'armée l'oblige à quitter le pouvoir. Il meurt l'année suivante, probablement assassiné.

HAINAN n. m. ✦ Province du sud de la Chine (☛ carte 40). Superficie : 34 000 km². 8,67 millions d'habitants. Capitale : Haikou (1 million d'habitants). Constituée principalement par l'île de Hainan. Agriculture (riz, thé, café, oléagineux, fruits), ressources minières (fer, uranium, pétrole en mer), tourisme en développement.

① **HAINAUT** n. m. ✦ Région historique qui s'étend de part et d'autre de la frontière franco-belge, entre la Sambre et l'Escaut. Elle est formée de plateaux et de vallées. Les villes principales sont Maubeuge et Valenciennes en France, Mons en Belgique. ♦ Le comté est réuni à la Flandre par mariage (1055-1256) et s'agrandit des comtés de Frise, de Hollande et de Zélande (1300). Il est cédé à la Bourgogne (1433) puis passe aux Habsbourg (1482). Le sud revient à la France (traités de 1659 et 1678). Le nord, conquis pendant la Révolution française, devient une province des Pays-Bas (1814) puis de la Belgique (1830).

② **HAINAUT** n. m. ✦ Province du sud de la Belgique (Région wallonne) (☛ carte 27). Superficie : 3 785 km². 1,3 million d'habitants (les *Hainuyers*). Chef-lieu : Mons. On y parle le français, des dialectes picards à l'ouest, le wallon à l'est. L'agriculture (culture fourragère, céréales, betterave, pomme de terre) et l'élevage (bovins) sont productifs. L'industrie est diversifiée (métallurgie, verrerie, céramique, construction électrique, textile) et le tourisme se développe (carnaval de **Binche**, ducasse d'Ath).

HAIPHONG ✦ Ville du nord-est du Viêtnam, sur le delta du Song Hong (fleuve Rouge). 770 000 habitants (1,8 million pour la municipalité). Principal port du nord du pays, centre industriel (métallurgie, textile, chantiers navals, verre, céramique, centrale thermique, charbon) et touristique (station balnéaire).

① **HAÏTI** n. m. ✦ Île des Grandes Antilles, partagée entre la République **dominicaine** et la république d'**Haïti**. Superficie : 76 480 km². ♦ Quand Christophe Colomb la découvre et la baptise *Hispaniola* (1492), l'île est habitée par des Amérindiens (les Arawaks ou Taïnos), très vite anéantis par la colonisation espagnole. Cédée à la France par l'Espagne, la partie ouest devient la colonie française de **Saint-Domingue** (1697). Les anciens esclaves noirs, révoltés par le rétablissement de l'esclavage en 1802, proclament l'indépendance de l'île (1804) qui reprend le nom de *Haïti*.

② **HAÏTI** n. m. ✦ Pays d'Amérique centrale. Il occupe l'ouest de l'île d'Haïti, dans les Grandes Antilles (☛ cartes 44, 46). Superficie : 27 750 km². 10,41 millions d'habitants (les *Haïtiens*), en majorité catholiques ; on y pratique aussi le vaudou. République dont la capitale est Port-au-Prince. Langues officielles : le français et le créole. Monnaie : la gourde et le dollar. ♦ GÉOGRAPHIE. Haïti est formé de deux péninsules séparées par le golfe de la Gonâve et de quelques îles. Les massifs montagneux déboisés sont entrecoupés de vallées. Le climat tropical est marqué par des cyclones. ♦ ÉCONOMIE. L'agriculture domine (maïs, sorgo, riz) malgré la baisse des exportations (café, cacao, canne à sucre). L'élevage (bovins, chèvres, porcs) et l'industrie (ciment, tabac, rhum) occupent une faible place. C'est le pays le plus pauvre du continent américain. ♦ HISTOIRE. Cette ancienne colonie française devient le premier État noir indépendant (1804). Il proclame la république (1859) mais reste fragile et instable. Il est occupé par les États-Unis (1915-1934), puis subit une dictature militaire (Duvalier, 1957-1986), dotée d'une milice (les « tontons macoutes ») qui réprime toute opposition. Après un coup d'État militaire (1991), l'intervention de l'ONU permet de rétablir la démocratie (1994). Le pays reste marqué toutefois par la violence et la corruption.

HALICARNASSE ✦ Site archéologique d'Asie Mineure, sur la côte sud-ouest de la Turquie. Ville natale d'Hérodote, aujourd'hui appelée *Bodrum*. Des fouilles anglaises (1857) révèlent l'emplacement du *mausolée d'Halicarnasse*. Ce tombeau monumental est bâti pour le roi Mausole par sa sœur et épouse Artémise II. Il fait partie des Sept **Merveilles du monde** et disparaît dans un tremblement de terre (XIVe siècle).

HALIFAX ✦ Ville du Canada, capitale de la Nouvelle-Écosse, sur la côte sud de la péninsule. 372 679 habitants. Port d'importance mondiale, centre de commerce (pêche, produits agricoles, bois), d'industrie (pétrochimie, chantiers navals, mécanique, électronique, alimentaire) et de tourisme.

HALLES (les) n. f. pl. ✦ Quartier du centre de Paris. Un marché de plein air y est créé (1135). Philippe Auguste l'équipe de charpentes (1183), Saint Louis y construit de nouvelles halles pour le poisson (1265) et Henri II continue de l'agrandir. Le baron **Haussmann** commande à l'architecte Victor **Baltard** des pavillons métalliques (1853-1870) inaugurés par Napoléon III.

Pendant un siècle, ce marché nocturne approvisionne la capitale. Émile **Zola** en évoque l'intense activité dans son roman *Le Ventre de Paris.* Devenu vétuste et inadapté, le marché est transféré à **Rungis** (1969) et les pavillons sont détruits (1973-1974), à l'exception de deux exemplaires, remontés l'un à Nogent-sur-Marne, l'autre à Yokohama (Japon). Le quartier est rénové dans les années 1970, et du «trou des Halles» surgit un immense centre commercial et de loisirs, le *Forum des Halles* (1979). Un nouveau projet de réaménagement du site est lancé en 2005.

HALLEY Edmund (1656-1742) ✦ Astronome anglais. Il observe la comète qui porte son nom (1681-1682), établit son orbite et calcule la périodicité de son retour. Il met en évidence le mouvement des étoiles (1718) et démontre que certaines se sont déplacées depuis les observations de **Ptolémée.** Il entre à l'Académie des sciences en 1729. ♦ La *comète de Halley* passe près du Soleil tous les 76 ans. Observée peut-être en 1057 av. J.-C. et avec certitude en 204 av. J.-C., elle est étudiée par Edmund Halley qui prédit son retour pour 1758. Depuis 1986, elle est étudiée par des sondes spatiales, comme la sonde européenne *Giotto* qui s'approche à 600 km de son noyau. Son prochain passage est prévu pour 2061-2062.

HALLOWEEN ✦ Fête d'origine celte célébrée le 31 octobre, la veille de la **Toussaint.** Les Gaulois fêtent le dernier jour de leur année par des cérémonies pour éloigner les esprits des morts et s'assurer une bonne année à venir. Les Irlandais, exilés après une grande famine (1845), répandent la coutume aux États-Unis qui en font une fête nationale (fin XIXe siècle). Les enfants, portant des costumes effrayants et des lanternes creusées dans des citrouilles, passent de maison en maison et menacent de jeter un sort à celui qui ne leur donne pas de friandises.

HALLSTATT ✦ Village d'Autriche, situé dans les Alpes, au sud-est de Salzbourg. Les mines de sel y sont exploitées depuis le néolithique (vers 7000 av. J.-C.). Le site est inscrit sur la liste du patrimoine mondial de l'Unesco pour son ensemble de plus de 2 000 sépultures, découvert en 1846, et contenant des chars, des armes, des parures et des poteries. Le nom de ce village est donné au premier âge du fer (de 1000 av. J.-C. à 500 av. J.-C.) en Europe centrale.

HALLYDAY Johnny (né en 1943) ✦ Chanteur français. Dans les années 1960, il devient la première «idole des jeunes» française de la musique rock. Son style évolue au cours de sa carrière et il compte encore parmi les chanteurs français les plus populaires. Il effectue sa dernière tournée en 2009. ■ Son véritable nom est *Jean-Philippe Smet.*

HALS Frans (1581 ou 1585-1666) ✦ Peintre hollandais. Il passe la plus grande partie de sa vie à Haarlem. Il peint surtout des portraits pleins de vie. Ses œuvres, influencées par le **Caravage** et **Rembrandt**, deviennent plus austères vers la fin de sa vie. Le *Portrait de Jacobius Zaffius* (1611) est sa première œuvre connue. Il est également célèbre pour ses scènes de groupes : *Banquet des officiers de Saint-Georges* (1616), *Banquet des officiers de Saint-Adrien* (1632).

HAMAS n. m. ✦ Mouvement politique palestinien fondé à Gaza en 1987. Il revendique un État islamique en Palestine. Vainqueur des législatives (2006), il prend le contrôle de la bande de Gaza.

HAMBOURG ✦ Ville d'Allemagne, dans le nord du pays, au fond de l'estuaire de l'Elbe. Elle forme un Land d'une superficie de 755 km^2 (☛ carte 29). 1,73 million d'habitants (les *Hambourgeois*). C'est l'un des premiers ports d'Europe, tourné vers la mer Baltique et relié à plus de mille autres ports. Centre industriel (construction navale, mécanique, métallurgie, raffinage, chimie, industrie alimentaire) et commercial. Université, opéra, musée. Ville natale des musiciens Mendelssohn-Bartholdy et Brahms et des physiciens H. et G. Hertz. ♦ Fondée au IXe siècle, la ville se développe et crée la **Hanse** avec Lübeck (1241). Devenue le premier port d'Europe (XVIIe siècle), elle établit les premières liaisons maritimes avec l'Amérique (fin XVIIIe siècle). Rattachée à la France sous Napoléon Ier puis à l'Empire allemand (1871). Très endommagée pendant la Deuxième Guerre mondiale, elle est presque entièrement reconstruite.

Hamlet ✦ Pièce de théâtre de W. Shakespeare (vers 1600), inspirée par un prince danois du IIe siècle. Claudius a épousé la reine Gertrude après avoir assassiné le roi, son frère. Son neveu, le prince Hamlet, veut se venger et se fait passer pour fou. Par mégarde, il tue le père de sa fiancée Ophélie, qu'il abandonne ensuite. La jeune fille perd la raison et se noie. Laërte, le frère d'Ophélie, blesse Hamlet avec une épée empoisonnée. Avant de mourir, Hamlet tue Claudius tandis que Gertrude meurt empoisonnée.

HAMMAMET ✦ Ville de Tunisie, dans le nord du pays, sur le *golfe d'Hammamet.* 63 116 habitants. Station balnéaire et touristique (remparts, casbah). Culture d'agrumes.

HAMMETT Samuel Dashiell (1894-1961) ✦ Écrivain américain. Après six ans passés dans une agence de détectives privés, il se consacre à l'écriture d'histoires policières (1923-1934). Il met en scène un détective intègre et désabusé, Sam Spade, et crée le genre policier *hard-boiled* («dur à cuire»), dénonçant la corruption du monde de la politique et des affaires. Il écrit ensuite des scénarios pour le cinéma et une bande dessinée *(Agent secret X9).* Romans les plus célèbres : *La Moisson rouge* et *Sang maudit* (1929), *Le Faucon maltais* (1930, adapté au cinéma par J. Huston en 1941), *La Clé de verre* (1931), *L'Introuvable* (1933).

HAMMOURABI ✦ Roi et fondateur du premier empire de **Babylone** (XVIIIe siècle av. J.-C.). Il règne 43 ans, probablement à partir de 1792 av. J.-C. Il étend son empire sur toute la **Mésopotamie.** Il organise et centralise l'administration et marque le début de la grande civilisation babylonienne.

HAMMOURABI (Code d') ✦ Stèle découverte à Suse, dans le sud-est de la Mésopotamie (1901-1902) et conservée au musée du Louvre. Elle porte des inscriptions en écriture cunéiforme et en langue akkadienne. Il s'agit d'un recueil de 282 lois qui décrit une société divisée en trois classes (hommes libres, subordonnés, esclaves), organise le droit familial, commercial et criminel. Ce code a exercé une influence considérable sur la législation de l'Orient ancien.

HAMPSHIRE n. m. ✦ Comté du sud de l'Angleterre. Superficie : 3 772 km^2. 1,33 million d'habitants. Chef-lieu : Winchester (118 270 habitants). Attrayante par sa position entre Londres et le littoral, cette riche région d'élevage est en pleine croissance (Portsmouth, Southampton).

HAMSUN Knut (1859-1952) ✦ Romancier norvégien. Fils de paysans, il exalta la vie saine, le romantisme de la nature et remit en cause le progrès. Il connut le vagabondage et les tourments de la création (*La Faim*, 1890 ; *Pan*, 1894). Il fut condamné (1948) pour collaboration avec le régime nazi. Prix Nobel de littérature (1920). ■ Son véritable nom est *Knut Pedersen*.

HAN n. m. pl. ✦ Nom de plusieurs dynasties chinoises, celle des *Han occidentaux* ou *Han antérieurs* (206 av. J.-C.-23) et celle des *Han orientaux* ou *Han postérieurs* (25-220). Leur règne marque l'apogée de la civilisation chinoise avec l'apparition du bouddhisme et le rayonnement du commerce (route de la Soie). Ce nom désigne aujourd'hui la population majoritaire du pays (92 %).

HÄNDEL ✦ Nom allemand du musicien **Haendel**.

HANNIBAL (vers 247 av. J.-C.-183 av. J.-C.) ✦ Général carthaginois. Il grandit dans la haine de Rome et, devenu commandant en chef (221 av. J.-C.), il déclenche la deuxième des guerres **puniques**. Il réussit à traverser les Alpes avec son armée, en utilisant pour la première fois des éléphants, gagne l'Italie et remporte plusieurs victoires sur les Romains sans parvenir à prendre Rome. Vaincu par **Scipion** (202 av. J.-C.), il est contraint à l'exil. Réfugié en Bithynie (région de l'actuelle Turquie), il préfère s'empoisonner plutôt que d'être livré aux Romains.

HANOÏ ✦ Capitale du Viêtnam, dans le nord du pays, dans le delta du fleuve **Rouge**. 2,3 millions d'habitants (les *Hanoïens*), 6,45 millions pour la municipalité. Nombreux monuments historiques. Cité impériale de Thang Long (XIe s.) inscrite sur la liste du patrimoine mondial de l'Unesco. Port fluvial, centre administratif, industriel (mécanique, textile, agroalimentaire, chimie, céramique), commercial et touristique. Ville natale de Võ Nguyên Giáp. ♦ Bâtie sur le site des capitales historiques du Viêtnam, la ville est prise par les Français (1873). Elle devient la capitale de l'Indochine française (1887) puis du Viêtnam-du-Nord (1954). Fortement bombardée par les Américains (1972), elle est choisie comme capitale du Viêtnam réunifié (1976).

HANOVRE ✦ Ville d'Allemagne, capitale de la Basse-Saxe, dans le nord du pays. 515 000 habitants (les *Hanovriens*). Centre commercial très actif (foire). Industries (chimie, textile, mécanique, alimentaire). Carrefour ferroviaire. Musées. Ville natale d'Hannah Arendt. ♦ Fondée au XIIe siècle, la ville fait partie de la **Hanse** (XIVe siècle) et devient le lieu de résidence des *princes de Hanovre* (1495). Leur État est gouverné par la Grande-Bretagne (1714-1837), avant de devenir une province prussienne (1866).

HANSE n. f. ✦ Association de marchands allemands puis de villes d'Europe du Nord (XIIe-XVIIe siècles). Fondée par **Hambourg** et **Lübeck** (1241), la Hanse souhaite acquérir les privilèges des souverains étrangers et assurer la sécurité de son commerce. À son apogée (XIVe-XVe siècles), elle règne sur le commerce de la mer Baltique et de l'Europe du Nord. Elle compte jusqu'à 70 villes (Brême, **Cracovie, Cologne, Hanovre, Bruges, Bergen**), appelées *villes hanséatiques.* Elle décline à partir du XVIe siècle lorsque les villes hollandaises la quittent et que le commerce se déplace vers le sud de l'Europe. La guerre de **Trente Ans** qui déchire l'Allemagne (1618-1648) ruine la Hanse qui se réunit une dernière fois en 1669.

HANSI (1872-1951) ✦ Dessinateur et écrivain français. Il étudie les beaux-arts à Lyon, à Mulhouse, et connaît des démêlés avec les autorités allemandes en caricaturant l'occupation de l'Alsace. Il s'engage dans l'armée française (1914), devient conservateur du musée Unterlinden à Colmar (1923) et doit s'exiler en Suisse pendant la Deuxième Guerre mondiale. Son œuvre fait partie du folklore alsacien : *Le Professeur Knatschke* et *L'Alsace racontée aux petits enfants par l'oncle Hansi* (1912), *Mon village* (1913), *Le Paradis tricolore* et *L'Alsace heureuse* (1918), *Les Clochers dans les vignes* (1929). ■ Son véritable nom est *Jean-Jacques Waltz.*

HARARE ✦ Capitale du Zimbabwe, dans le nord du pays, à 1 470 m d'altitude. 1,48 million d'habitants (les *Hararais*). Centre industriel (agroalimentaire, chimie, cimenterie, métallurgie) et commercial, relié par voie ferrée au Mozambique. ♦ La ville est fondée par des colons sous le nom de *Salisbury,* Premier ministre britannique de l'époque (fin du XIXe siècle). Elle devient capitale de la **Rhodésie**, du Zimbabwe (1980), et prend son nom actuel (1982).

HARBIN ✦ Ville de Chine, capitale de la province de Heilongjiang. 4,6 millions d'habitants. Un des plus grands centres industriels du pays (métallurgie, mécanique), situé dans une région riche en minerais (houille, fer, cuivre, plomb, tungstène).

HARDOUIN-MANSART Jules (1646-1708) ✦ Architecte français. Il construit le château de Marly-le-Roi pour Louis XIV (1678-1684 ☛ Louis XIV p. 172). Il édifie le dôme des **Invalides** en s'inspirant de Mansart (1679-1706), devient premier architecte du roi (1681), puis surintendant des Bâtiments royaux (1689). Il donne son aspect définitif au château de **Versailles** avec la galerie des Glaces (1679-1684), les Petites et les Grandes Écuries, la nouvelle Orangerie (1684-1686), le Grand **Trianon** (1687) et la chapelle (1698-1710). Il conçoit la place des Victoires (1685) et la place Vendôme (1698) à Paris, et le château de Meudon pour le Grand Dauphin (1698-1704). ■ Son véritable nom est *Jules Hardouin* et il y ajoute, en 1668, celui de son grand-oncle, François **Mansart**.

HARDY Thomas (1840-1928) ✦ Écrivain britannique. Il délaisse l'architecture pour se consacrer à l'écriture de romans imprégnés de thèmes stoïciens et romantiques comme la mort, l'éphémère, la cruelle beauté de la nature. Il est surtout connu pour ses romans naturalistes (*Tess d'Urberville,* 1891 ; *Jude l'Obscur,* 1895) qui révèlent son profond pessimisme. Après le scandale provoqué par ces deux ouvrages, il se tourne vers la poésie (*Poèmes du Wessex,* 1898 ; *Dynastes,* 1904).

HARDY Oliver Norvell → LAUREL ET HARDY

HARLEM ✦ Quartier de New York, dans le nord de l'île de **Manhattan.** Habité par la bourgeoisie blanche au début du XXe siècle, il devient un ghetto noir jusqu'à l'arrivée de la population hispanique à partir de 1970.

HAROLD II (vers 1022-1066) ✦ Dernier roi des Anglo-Saxons. Il monte sur le trône d'Angleterre en 1066 mais il est vaincu et tué la même année à la bataille d'Hastings par le duc de Normandie, **Guillaume le Conquérant.** Son personnage est représenté sur la «tapisserie de **Bayeux**».

HAROUN AL-RACHID (766-809) ✦ Calife perse de la dynastie des Abbassides. Il est populaire pour ses victoires contre les Byzantins. Sous son règne, **Bagdad** est la ville la plus riche et la plus cultivée du monde méditerranéen. Il mène une vie fastueuse, entouré d'artistes et de savants et compte parmi les héros des ***Mille et Une Nuits.***

HARPIES n. f. pl. ✦ Divinités de la mythologie grecque. Filles de Poséidon et de la Terre, ce sont des monstres au corps d'oiseau et à tête de femme qui enlèvent les enfants et les âmes.

HARRY POTTER → POTTER (Harry)

HARTUNG Hans (1904-1989) ✦ Peintre français d'origine allemande. Fuyant le nazisme, il s'installe à Paris en 1935. Ses recherches formelles non figuratives manifestent au début l'influence de Kandinsky. Sa peinture privilégie le geste spontané. C'est l'un des chefs de file de l'abstraction lyrique de l'après-guerre.

HARVARD ✦ Université des États-Unis située à **Cambridge**, au nord de Boston. Fondée grâce au don du pasteur John Harvard (1636), c'est la plus ancienne et la plus réputée des universités américaines.

HARYANA n. m. ✦ État du nord-ouest de l'Inde créé en 1966 par la division du Panjab (☛ carte 41). Superficie : 44 212 km^2. 25,35 millions d'habitants. Capitale : Chandigarh. Il vit de l'agriculture (céréales, arachide, canne à sucre) et de l'industrie (métallurgie, chimie, électricité, mécanique, textile, alimentaire).

HASSAN II (1929-1999) ✦ Roi du Maroc de 1961 à sa mort. Il annexe le Sahara occidental (1975), négocie la paix au Proche-Orient et il se range aux côtés du Koweït contre l'Irak pendant la guerre du Golfe (1990-1991). C'est l'un des dirigeants modérés du monde arabe. À sa mort, son fils Mohammed VI lui succède.

HASSELT ✦ Ville de Belgique, chef-lieu de la province de Limbourg, dans le nord-est du pays. 70 584 habitants. Églises Saint-Quentin (XIIe-XVIe siècles) et Notre-Dame (1728), abbaye d'Herkenrode et *Grote Markt* (XVIe siècle), béguinage (XVIIIe siècle). Ville industrielle (électronique) et commerciale renommée pour son musée national du Genièvre.

HASSI MESSAOUD ✦ Ville d'Algérie, dans le nord-est du Sahara. 11 428 habitants. Important gisement de pétrole relié par oléoducs à plusieurs ports de la Méditerranée.

HASTINGS ✦ Ville d'Angleterre, sur le détroit (pas) de Calais. 91 000 habitants. Station balnéaire, port de plaisance. Le 14 octobre 1066, **Guillaume le Conquérant** y bat Harold II, le dernier roi anglo-saxon, et devient le roi d'Angleterre.

HATHOR ✦ Déesse de la mythologie égyptienne. On la représente sous la forme d'une vache ou d'une femme à tête de vache portant le disque solaire entre ses cornes en forme de lyre. Elle est honorée comme la déesse de la joie, de la musique et de l'amour. Son temple, situé à Dendérah au nord de **Louksor**, est l'un des mieux conservés d'Égypte. Les Grecs de l'Antiquité l'identifient à **Aphrodite**.

HAUSSMANN Georges Eugène, baron (1809-1891) ✦ Homme politique français. Préfet de la Seine sous le Second Empire (1853-1869), il fait réaliser de grands travaux qui rénovent et transforment considérablement Paris : percée des grands boulevards, création des égouts et des réservoirs d'eau, construction des gares, de nouveaux ponts, édification de monuments (**Opéra**), création d'espaces verts (bois de **Boulogne**, de **Vincennes**). Ces travaux entraînent la destruction des vieux quartiers considérés comme des foyers révolutionnaires et obligent sa population (en grande majorité ouvrière) à se déplacer vers les banlieues.

HAUTE-CORSE n. f. ✦ Département du sud de la France [2B], de la Région Corse. Superficie : 4 666 km^2. 172 560 habitants. Chef-lieu : Bastia ; chefs-lieux d'arrondissement : Calvi et Corte.

HAUTE-GARONNE n. f. ✦ Département du sud-ouest de la France [31], de la Région Occitanie. Superficie : 6 257 km^2. 1,32 million d'habitants. Chef-lieu : Toulouse ; chefs-lieux d'arrondissement : Muret et Saint-Gaudens.

HAUTE-LOIRE n. f. ✦ Département du centre de la France [43], de la Région Auvergne-Rhône-Alpes. Superficie : 4 977 km^2. 226 565 habitants. Chef-lieu : Le Puy-en-Velay ; chefs-lieux d'arrondissement : Brioude et Yssingeaux.

HAUTE-MARNE n. f. ✦ Département du nord-est de la France [52], de la Région Grand Est. Superficie : 6 211 km^2. 180 673 habitants. Chef-lieu : Chaumont ; chefs-lieux d'arrondissement : Langres et Saint-Dizier.

HAUTE-NORMANDIE n. f. ✦ Ancienne région administrative de l'ouest de la France, intégrée à la Région Normandie. Elle était formée de deux départements : l'Eure et la Seine-Maritime. Le chef-lieu était Rouen. ♦ GÉOGRAPHIE. La région est formée de plateaux creusés par des vallées. Des falaises abruptes dominent la Manche (**Étretat**). La population est en hausse, la région profitant de sa proximité avec la région parisienne. ♦ ÉCONOMIE. L'activité agricole se concentre sur la culture (betterave, blé) et l'élevage (bovins). Les ports (Le Havre, Rouen, Dieppe) structurent l'activité économique (raffineries, chimie, pétrochimie). L'industrie traditionnelle (travail du bois, papier, verrerie) est encore active et l'industrie automobile développée.

HAUTES-ALPES n. f. pl. ✦ Département du sud-est de la France [05], de la Région Provence-Alpes-Côte d'Azur. Superficie : 5 549 km^2. 139 883 habitants. Chef-lieu : Gap ; chef-lieu d'arrondissement : Briançon.

HAUTE-SAÔNE n. f. ✦ Département de l'est de la France [70], de la Région Bourgogne-Franche-Comté. Superficie : 5 360 km^2. 238 347 habitants. Chef-lieu : Vesoul ; chef-lieu d'arrondissement : Lure.

HAUTE-SAVOIE n. f. ✦ Département du sud-est de la France [74], de la Région Auvergne-Rhône-Alpes. Superficie : 4 388 km^2. 783 127 habitants. Chef-lieu : Annecy ; chefs-lieux d'arrondissement : Bonneville, Saint-Julien-en-Genevois et Thonon-les-Bains.

HAUTES-PYRÉNÉES n. f. pl. ✦ Département du sud-ouest de la France [65], de la Région Occitanie. Superficie : 4 564 km^2. 228 950 habitants. Chef-lieu : Tarbes ; chefs-lieux d'arrondissement : Argelès-Gazost et Bagnères-de-Bigorre.

HAUTE-VIENNE n. f. ✦ Département du centre de la France [87], de la Région Nouvelle-Aquitaine. Superficie : 5 520 km^2. 376 199 habitants. Chef-lieu : Limoges ; chefs-lieux d'arrondissement : Bellac et Rochechouart.

HAUTE-VOLTA n. f. ✦ Nom du **Burkina Faso** jusqu'en 1960.

HAUT-RHIN **n. m.** ✦ Département de l'est de la France [68], de la Région Grand Est. Superficie : 3 525 km². 760 134 habitants. Chef-lieu : Colmar ; chefs-lieux d'arrondissement : Altkirch, Guebwiller, Mulhouse, Ribeauvillé et Thann.

HAUTS-DE-FRANCE **n. m. pl.** ✦ Région administrative du nord de la France, créée par la loi du 16 juillet 2015, regroupant les anciennes Régions **Nord-Pas-de-Calais** et **Picardie** (☛ carte 22). Elle comprend cinq départements : l'Aisne, le Nord, l'Oise, le Pas-de-Calais et la Somme. Superficie : 31 800 km², c'est la 8ᵉ Région par la taille. 6,01 millions d'habitants, c'est la 3ᵉ Région la plus peuplée. Chef-lieu : Lille.

Hauts de Hurlevent (Les) ✦ Roman de l'écrivain anglaise Emily Brontë, publié en 1847 sous le pseudonyme d'*Ellis Bell*. Heathcliff, fils de bohémiens, est élevé dans une famille dont les deux enfants l'humilient après la mort de leur père. Il se venge du frère qui l'a rejeté et de la sœur dont il est amoureux. Le roman baigne dans une atmosphère romantique de tempêtes sur un paysage de landes.

HAUTS-DE-SEINE **n. m. pl.** ✦ Département du centre-nord de la France [92], de la Région Île-de-France. Superficie : 175 km². 1,60 million d'habitants. Chef-lieu : Nanterre ; chefs-lieux d'arrondissement : Antony et Boulogne-Billancourt. Il est créé par décret le 10 juillet 1964.

HAVANE (La) ✦ Capitale de Cuba, dans le nord-ouest du pays, sur le détroit de Floride. 2,1 millions d'habitants (les *Havanais*). Vieux centre colonial inscrit sur la liste du patrimoine mondial de l'Unesco : cathédrale baroque (XVIIIᵉ siècle), fortifications, hôtels particuliers. Plus grand port du pays, centre administratif, commercial, industriel (rhum, cigare appelé *havane*) et touristique. Ville natale d'Alejo Carpentier. ♦ Fondée en 1519, la ville devient la principale place forte des Espagnols aux Antilles. Au XVIIIᵉ siècle, c'est la troisième ville d'Amérique latine, toujours en expansion, notamment après la crise économique de 1930. Depuis la révolution de 1958, le régime cubain tente de limiter la croissance de la capitale.

HAVEL Vaclav (1936-2011) ✦ Écrivain et homme politique tchèque. Auteur de pièces d'un humour souvent désespéré (*Audience*, 1975), il est interdit de publication et emprisonné à trois reprises entre 1977 et 1989 pour dissidence (*Lettres à Olga*). Il a été l'un des principaux protagonistes de la «révolution de Velours» qui a mis fin au régime communiste (1989). Élu président de la République tchécoslovaque (1990), il ne peut empêcher la partition de son pays. Il a été président de la République tchèque de 1993 à 2003.

HAVRE (Le) ✦ Ville de Seine-Maritime, sur l'estuaire de la Seine. 172 807 habitants (les *Havrais*), 237 409 pour l'agglomération. Important musée des Beaux-Arts (donation Dufy ; peintures des XVIᵉ-XXᵉ siècles). 2ᵉ port français (après Marseille), spécialisé dans les hydrocarbures (raffinage, pétrochimie). Industries (métallurgie, automobile). Université de sciences et techniques. Ville natale de Mᵐᵉ de Scudéry, Henri Bernardin de Saint-Pierre, Raoul Dufy, René Coty, Arthur Honegger, Jean Dubuffet, Raymond Queneau. Le Havre est desservi par le pont de **Tancarville** et relié à la Basse-Normandie par le pont de **Normandie.** ♦ La ville, fondée en 1517 par François Iᵉʳ, est transformée en port de guerre par **Richelieu** et **Vauban**. Elle est détruite pendant la Deuxième Guerre mondiale. Les quartiers reconstruits par Auguste **Perret** (1945-1964) sont inscrits sur la liste du patrimoine mondial de l'Unesco.

HAWAII ou **HAWAÏ** ✦ État des États-Unis, depuis 1959, au centre de l'océan Pacifique nord (☛ carte 51). Superficie : 16 600 km². 1,2 million d'habitants (les *Hawaiiens*). Capitale : Honolulu. ♦ C'est un archipel formé d'une centaine d'îles coralliennes et volcaniques (Hawaii, Oahu, Maui, Kauai, Molokai). Le parc national des volcans d'Hawaii est inscrit sur la liste du patrimoine mondial de l'Unesco. Le climat est tropical et l'ensoleillement élevé. L'économie est fondée sur l'agriculture (ananas, café, canne à sucre, élevage, fleurs), la pêche et le tourisme (surf). ♦ Peuplé par des Polynésiens (vers le Vᵉ siècle), l'archipel est découvert par James **Cook** qui le nomme *îles Sandwich* (1778). Les missionnaires américains introduisent l'imprimerie, l'écriture et diffusent le christianisme (1820). Devenu un royaume indépendant (1843) puis une république (1893). Il est annexé par les États-Unis (1898) qui y fondent la base navale de **Pearl Harbor** en 1907.

HAYDN Joseph (1732-1809) ✦ Compositeur autrichien. Enfant de chœur à Vienne (1740), il se met au service de grandes familles pour lesquelles il compose ses premiers quatuors (1757) et devient maître de chapelle (1766). Célèbre dans toute l'Europe, il séjourne à Londres puis rentre en Autriche. Musicien prolifique (quatuors à cordes, symphonies, concertos, sonates, opéras), il fait de la musique instrumentale l'égale de la musique vocale. Il influence Mozart et Beethoven et ses dernières compositions annoncent le romantisme. Œuvres : *Stabat Mater* (1767), *Le Monde de la lune* (1777), *La Création* (1798), *Les Saisons* (1801).

HAYE (La) ✦ Ville de l'ouest des Pays-Bas, chef-lieu de la Hollande-Méridionale, près de la mer du Nord. 514 800 habitants (les *Haguenois*), près d'un million dans l'agglomération. Palais comtal (1250), Grande Église (XIVᵉ-XVᵉ siècles), musées dont le Mauritshuis (chefs-d'œuvre de l'école hollandaise). Ville administrative, diplomatique (Cour internationale de justice, Cour permanente d'arbitrage et Académie de droit international). Résidence de la famille royale, elle abrite le siège du gouvernement néerlandais. Ville natale de Christiaan Huyghens.

HAZEBROUCK ✦ Commune du Nord. 21 708 habitants (les *Hazebrouckois*) (☛ carte 23).

HEBEI **n. m.** ✦ Province du nord de la Chine (☛ carte 40). Superficie : 187 700 km² (environ un tiers de la France). 71,85 millions d'habitants. Capitale : Shijiazhuang (2,7 millions d'habitants). Région riche en monuments historiques comme le site de Chengde (dynastie Qing, XVIIIᵉ siècle), inscrit sur la liste du patrimoine mondial de l'Unesco. Agriculture (céréales, coton, soja, fruits, élevage), ressources minières (houille, fer, cuivre, plomb, zinc), marais salants.

HÉBERT Jacques René (1757-1794) ✦ Homme politique français. Ce journaliste prend la direction du Club des **cordeliers.** Sous la Convention, il s'oppose avec force au groupe de la **Gironde** qui le fait arrêter (mai 1793). Cette arrestation provoque la révolte des sans-culottes suivie de la chute des girondins (juin 1793). Libéré, Hébert adopte le programme des enragés (groupe de révolutionnaires extrémistes). Il critique **Danton** et **Desmoulins** qui réclament la fin de la **Terreur** dont il est un féroce partisan, puis il s'attaque à **Robespierre** qu'il accuse d'être modéré. Arrêté, il est condamné à mort et exécuté ainsi que ses partisans, les *hébertistes.*

HÉBREUX **n. m. pl.** ✦ Peuple sémitique de l'Orient ancien, formé de tribus nomades originaires du désert mésopotamien (☛ carte 3 et Hébreux p. 152). Selon la Bible, les Hébreux s'installent au pays de **Canaan,** vers 1700 av. J.-C. ; leurs premiers patriarches sont **Abraham, Isaac** et **Jacob.** Ils émigrent en Égypte (vers 1500 av. J.-C.). Vers 1250 av. J.-C., sous la conduite de **Moïse,** ils quittent l'Égypte pour la Terre promise (Exode). Ils s'installent en Palestine avec **Josué** (1220-1200 av. J.-C.). Ils connaissent la prospérité (1030-931 av. J.-C.) avec **Saül,** puis **David,** qui prend **Jérusalem** aux **Cananéens** et en fait sa capitale et un centre religieux (1000 av. J.-C.). **Salomon** conduit le royaume à son apogée. À sa mort, les terres sont divisées en deux royaumes : **Israël** et **Juda.** Chassés par **Nabuchodonosor II,** les Hébreux sont déportés à Babylone, puis libérés par **Cyrus.** De retour à Jérusalem, ils subissent l'occupation romaine (63 av. J.-C.). En 70, Jérusalem est détruite par **Titus.**

HÉBRIDES (les) **n. f. pl.** ✦ Archipel de la Grande-Bretagne, à l'ouest de l'Écosse (☛ carte 31). Il forme le district écossais des Western Islands. Superficie : 3 071 km². 26 502 habitants. Capitale : Stornoway. L'archipel compte plus de 500 îles et îlots montagneux, dont seule une centaine est habitée. Le climat océanique est rude et marqué par de fréquentes tempêtes. L'élevage et la pêche dominent. L'artisanat (tissage du tweed), la fabrique de whisky et le tourisme apportent des revenus complémentaires.

HÉBRIDES (les Nouvelles-) **n. f. pl.** ✦ Nom de la république de **Vanuatu** jusqu'en 1980.

HÉCATE ✦ Déesse de la mythologie grecque. Considérée à l'origine comme bienveillante, elle devient une déesse maléfique liée à **Perséphone,** la reine des Enfers. Elle est souvent représentée aux carrefours des routes par une statue à trois corps ou à trois têtes.

HECTOR ✦ Défenseur de Troie dans la mythologie grecque et personnage de l'*Iliade.* C'est le fils de Priam et d'Hécube, et le mari d'**Andromaque.** Protégé par le dieu de la guerre Arès, ce noble et courageux guerrier se bat contre les Grecs, tue **Patrocle** avant d'être tué à son tour par **Achille.**

HÉCUBE ✦ Reine légendaire de Troie dans la mythologie grecque et personnage de l'*Iliade.* Épouse de Priam, elle lui donne dix-neuf enfants dont **Hector, Pâris** et **Cassandre.** Presque tous meurent pendant la guerre de **Troie.** Dans la tragédie grecque, en particulier chez **Euripide,** elle symbolise la douleur maternelle.

HEDJAZ **n. m.** ✦ Chaîne montagneuse du nord-ouest de l'Arabie saoudite (☛ carte 38). Le long de la mer Rouge, elle s'étend sur 1 000 km depuis Akaba jusqu'à La Mecque, et culmine à 3 000 m. La population (environ 2,9 millions d'habitants, en majorité des Bédouins) pratique l'élevage (dromadaires) et cultive des dattes dans les oasis.

HEGEL Georg Wilhelm Friedrich (1770-1831) ✦ Philosophe allemand. Passionné par la Grèce antique, la Révolution française puis le christianisme, il est d'abord précepteur (1793-1800) puis il enseigne la philosophie à Iéna (1801), Nuremberg (1808), Heidelberg (1816) et Berlin (1818). Il critique **Kant, Fichte,** et conçoit un système qui englobe la totalité des sciences. Sa philosophie, l'*hégélianisme,* atteint un immense prestige et influence considérablement ses successeurs (**Marx**). Œuvres : *La Phénoménologie de l'esprit* (1807), *La Science de la logique* (1812-1816), *Précis de l'Encyclopédie des sciences philosophiques* (1817), *Principes de la philosophie du droit* (1820-1821). Ses disciples publient ses cours après sa mort *(Philosophie de l'histoire, Esthétique, Philosophie de la religion, Histoire de la philosophie).*

HEIDEGGER Martin (1889-1976) ✦ Philosophe allemand. Il étudie les philosophes grecs, la phénoménologie, Kant, Nietzsche, devient recteur de l'université de Fribourg et adhère au parti nazi (1933) avant d'être interdit d'enseignement (1946-1949). Il influence les penseurs contemporains, notamment français (Sartre, Lacan, Levinas). Parmi ses principales œuvres : *L'Être et le Temps* (1927), *Lettre sur l'humanisme* (1947), *Introduction à la métaphysique* (1953), *Qu'appelle-t-on penser ?* (1954), *Qu'est-ce que la philosophie ?* (1956).

HEIDELBERG ✦ Ville d'Allemagne (Bade-Wurtemberg), sur le Neckar. 142 889 habitants. Château, ancienne résidence des électeurs palatins (XVe-XVIIe siècles). L'université, fondée en 1386, devient l'un des foyers du calvinisme (XVIe siècle), puis un centre du romantisme allemand (XIXe siècle). Ville universitaire et résidentielle, reliée à Mannheim et Ludwigshafen ; quelques industries (électricité, cimenteries). Ville natale de Jünger.

HEILONGJIANG **n. m.** ✦ Province du nord-est de la Chine (☛ carte 40). Superficie : 454 000 km² (un peu moins que la France). 38,3 millions d'habitants. Capitale : Harbin. Bordée par le fleuve Amour, la région vit de l'agriculture (céréales, betterave, lin, tournesol, tabac), des ressources minières (fer, houille, pétrole, or, cuivre, plomb) et surtout de l'industrie (bois, sidérurgie, automobile).

HEINE Heinrich (1797-1856) ✦ Écrivain allemand. D'origine juive, il se convertit au protestantisme (1825). Il étudie le droit à Göttingen, à Berlin où il rencontre **Hegel.** Souvent censuré pour ses idées libérales, il s'installe à Paris (1831), se lie à **Marx,** et s'emploie à concilier les cultures française et allemande. Son style, romantique et lyrique, adopte parfois le ton de la satire politique et sociale. Poésies : *Rêve et Chant* (1820), *Le Livre des chants* (1827, dans lequel figure son poème la *Lorelei*), *Atta Troll* (1843), *Nouvelles Poésies* et *Allemagne, conte d'hiver* (1844), *Romanzero* (1851). Essais : *Lettres de Berlin* (1821), *Tableaux de voyage* (1826-1831), *De l'école romantique* (1833-1835), *La Religion et la philosophie en Allemagne* (1835), *De la France* (1835).

HÉLÈNE ✦ Princesse légendaire de Sparte dans la mythologie grecque, et héroïne de l'*Iliade.* Elle est née de l'union de **Léda** avec Tyndare ou avec Zeus transformé en cygne. C'est la sœur de Clytemnestre, de Castor et de Pollux. Elle est célèbre pour sa beauté. Elle épouse **Ménélas,** roi de Sparte, qu'elle choisit parmi de nombreux prétendants. Son enlèvement par **Pâris** provoque la guerre de **Troie.** Son histoire est le thème d'une tragédie d'Euripide (412 av. J.-C.). Offenbach s'en est inspiré dans l'opérette *La Belle Hélène* (1864).

HÉLIOS ✦ Dieu du Soleil dans la mythologie grecque. C'est le père de **Phaéton,** de **Circé** et de **Pasiphaé.** Il traverse le ciel chaque matin sur un char de feu tiré par quatre chevaux. Il est précédé d'Éos (l'Aurore) et suivi de Séléné (la Lune). L'*hélium* est un gaz qui a été découvert dans l'atmosphère solaire.

HÉLOÏSE (1101-1164) ✦ Religieuse française. Élève de Pierre **Abélard**, le chanoine de Notre-Dame de Paris, elle l'épouse en secret mais son oncle fait châtrer son amant. Elle entre au couvent d'Argenteuil puis devient abbesse au monastère du Paraclet, fondé par Abélard, et entretient avec lui une correspondance d'une grande élévation spirituelle.

HELSINKI ✦ Capitale de la Finlande, dans le sud du pays, sur une presqu'île. 568 531 habitants (les *Helsinkiens*) et 888 871 pour l'agglomération. Monuments de style classique comme l'église Saint-Nicolas (1830-1852). Ses larges artères et ses bâtiments modernes lui valent le surnom de « ville blanche du Nord ». Musées, librairie académique. Premier port du pays, centre industriel (construction navale et mécanique, métallurgie, chimie, alimentaire, textile, imprimerie, porcelaine) et commercial. ♦ Fondée par le roi de Suède (1550) et fortifiée (1750), la ville devient la capitale du grand-duché de Finlande, une possession russe (1812), puis la capitale de la Finlande indépendante (1917).

HELVÉTIE n. f. ✦ Région historique située à l'est de la **Gaule.** Elle correspond à peu près au territoire de la **Suisse** actuelle (qui s'appelle également la *Confédération helvétique*). Ses habitants, les *Helvètes,* étaient un peuple celte qui migra vers la Gaule où il fut repoussé par César (58 av. J.-C.). La région fut rattachée à la province romaine de Belgique. Elle fut envahie par les Alamans et les Burgondes (Ve siècle) et la population se réfugia dans les montagnes.

HEMINGWAY Ernest Miller (1899-1961) ✦ Écrivain américain. Ce reporteur devient ambulancier sur le front italien pendant la Première Guerre mondiale. Il s'installe à Paris dans les années 1920 comme journaliste et commence sa carrière littéraire. Il voyage (Key West, Cuba), se consacre à l'écriture et s'engage contre le franquisme lors de la guerre d'Espagne. Son style direct et dépourvu de sentimentalisme porte l'empreinte de sa formation de journaliste. Ses récits et nouvelles exercent une grande influence sur le roman moderne. On peut citer : *Le soleil se lève aussi* (1926), *Les Neiges du Kilimandjaro* (1927), *L'Adieu aux armes* (1929), roman sur la Première Guerre mondiale, *Mort dans l'après-midi* (1932), qui reflète son amour de la corrida, *Pour qui sonne le glas* (1940), sur la guerre d'Espagne, *Le Vieil Homme et la Mer* (1952), *Paris est une fête* (publié après sa mort, 1964), chronique de sa vie à Montparnasse. Prix Nobel de littérature (1954).

HÉMON Louis (1880-1913) ✦ Écrivain français. Il étudie le droit à Paris, passe huit ans en Grande-Bretagne comme journaliste sportif. Il s'installe au Canada (1911) où il meurt tragiquement, écrasé par un train. Ses récits, presque tous publiés après sa mort, témoignent de sa sensibilité : *Maria Chapdelaine, récit du Canada français* (Canada, 1916 ; Paris 1921) remporte un succès international, *Monsieur Ripois et la Némésis* (1950) est adapté au cinéma avec Gérard Philipe dans le rôle principal (1954).

HENAN n. m. ✦ Province de l'est de la Chine (☛ carte 40). Superficie : 167 000 km^2 (environ un tiers de la France). 94 millions d'habitants. Capitale : Zhengzhou. Arrosée par de nombreux fleuves (**Huang he**) et fortement reboisée, la région possède de nombreux monuments historiques dont les grottes de Longmen (IVe-Xe siècles), inscrites sur la liste du patrimoine mondial de l'Unesco, et le célèbre monastère de Shaolin. Elle vit de l'agriculture (céréales, soja, tabac, coton, oléagineux), des ressources minières (bauxite, molybdène, fer, charbon) et de l'industrie (mécanique, sidérurgie, textile, hydroélectricité).

HENDAYE ✦ Commune des Pyrénées-Atlantiques, à la frontière espagnole. 16 783 habitants (les *Hendayais*). Port de pêche. Station balnéaire.

HENDRIX Jimi (1942-1970) ✦ Guitariste, chanteur et compositeur américain. Guitariste virtuose et doué d'un sens du spectacle étonnant, il imposa pendant sa courte carrière un style qui influença les courants musicaux (*Hey Joe*).

HENRI II (1133-1189) ✦ Roi d'Angleterre de 1154 à sa mort. Duc de Normandie (1150) et comte d'Anjou (1151), il se marie avec **Aliénor d'Aquitaine** qui apporte son duché en dot (1152). Il rétablit son autorité contre l'opposition féodale, réorganise l'administration et restreint les droits de l'Église (1164), ce qui provoque un conflit avec l'archevêque **Thomas Becket.** Ses fils, **Richard Cœur de Lion** et **Jean sans Terre,** se révoltent contre lui, soutenus à partir de 1183 par **Philippe Auguste.**

HENRI V (1387-1422) ✦ Roi d'Angleterre de 1413 à sa mort. Pendant la guerre de **Cent Ans**, il s'allie au duc de Bourgogne, Jean sans Peur, et bat les Français à **Azincourt** (1415). Il conquiert la Normandie, s'impose comme héritier du royaume de France (traité de Troyes, 1420) et épouse Catherine de Valois, la fille de **Charles VI.** Il inspire à Shakespeare une pièce de théâtre (*Henri V*, 1600).

HENRI VII (1457-1509) ✦ Roi d'Angleterre de 1485 à sa mort. Dernier descendant de la famille des **Lancastre,** il est contraint à l'exil pendant la guerre des **Deux-Roses** puis il y met fin en battant Richard III (1484). Il épouse l'héritière de la maison d'**York,** fondant la dynastie des **Tudors** (1485). Il restaure l'ordre, la prospérité et impose l'autorité anglaise en Irlande. Le mariage de sa fille avec le roi d'Écosse (1502) donne aux **Stuarts** des droits sur la couronne d'Angleterre.

HENRI VIII (1491-1547) ✦ Roi d'Angleterre de 1509 à sa mort, père d'**Élisabeth Ire** et de **Marie Tudor.** Son règne est marqué par le développement économique de son pays et les débuts de son expansion maritime. Il cherche à maintenir l'équilibre entre **François Ier** et **Charles Quint** avec lesquels il s'allie tour à tour. Marié à Catherine d'Aragon, il se prend de passion pour Anne Boleyn. Le pape refusant d'annuler son mariage, il rompt avec l'autorité pontificale et s'institue chef suprême de l'Église d'Angleterre (1534). Cette séparation donne naissance à l'Église anglicane qui est encore aujourd'hui l'Église officielle en Grande-Bretagne. Il annexe le pays de Galles (1536) sans parvenir à soumettre l'Écosse.

HENRI Ier (vers 1008-1060) ✦ Roi de France de 1031 à sa mort, fils de Robert II le Pieux. Il donne le duché de Bourgogne à son frère. Il soutient Guillaume le Conquérant en Normandie puis se retourne contre lui et il est vaincu (1054).

HENRI II (1519-1559) ✦ Roi de France de 1547 à sa mort. Fils de François Ier, il est le mari de **Catherine de Médicis** et le père de François II, Charles IX et Henri III. Influencé par sa maîtresse **Diane de Poitiers**, il soutient les **Guise** et combat les protestants. Il prend Boulogne aux Anglais (1554) et s'oppose à Charles Quint en s'alliant avec les Turcs et les protestants allemands. Il est obligé de signer une paix désavantageuse (1559) qui lui enlève la Savoie et les principales villes du Piémont. Il est mortellement blessé au cours d'un tournoi.

HENRI III (1551-1589) ✦ Roi de France de 1574 à sa mort, fils d'Henri II et de Catherine de Médicis. Élu roi de Pologne (1573), il succède à son frère Charles IX. Il essaie de trouver un accord entre les catholiques et les protestants mais son attitude modérée provoque la formation de la **Ligue**, dirigée par le duc de **Guise** qu'il fait assassiner (1588). Il est tué à son tour par un moine ligueur.

HENRI IV (1553-1610) ✦ Roi de Navarre de 1572 à sa mort et roi de France de 1589 à sa mort, fils d'Antoine de Bourbon et de Jeanne d'Albret, reine de Navarre. Il devient très tôt le chef des protestants calvinistes, épouse **Marguerite de Valois** (1572) et échappe au massacre de la **Saint-Barthélemy** en abjurant le protestantisme. La mort du frère d'Henri III fait de lui l'héritier de la couronne de France. Il met fin aux guerres de Religion avec l'édit de **Nantes** (1598). Secondé par des ministres comme **Sully**, il redresse l'économie et les finances du pays. Il se remarie avec **Marie de Médicis** (1600) qui lui donne quatre enfants, dont le futur Louis XIII. Il meurt assassiné par **Ravaillac.**

HENRI LE NAVIGATEUR (1394-1460) ✦ Prince portugais. Il organise et dirige l'exploration des côtes de l'Afrique occidentale dans l'espoir de découvrir la route maritime qui relierait le Portugal aux Indes en contournant le sud du continent africain. Grâce à lui, les marins portugais découvrent Madère (1418), les Açores (1432), le Rio de Oro (1436), la Guinée (1444), la côte du Sénégal, les îles du Cap-Vert (1460), la Sierra Leone. Leurs voyages font progresser les méthodes scientifiques de navigation. Trente ans après sa mort, Vasco de **Gama** réalise son projet.

HÉPHAÏSTOS ✦ Dieu du Feu et des Métaux, dans la mythologie grecque. Ce dieu boiteux est un habile forgeron. Il est le fils de Zeus et d'Héra, et le mari d'**Aphrodite.** Dans son atelier situé sous les volcans, il fabrique, aidé par les **Cyclopes**, les foudres de son père, le trident de Poséidon, la cuirasse d'Héraclès, les flèches d'Artémis et les armes du héros Achille.C'est lui qui enchaîne **Prométhée** sur le Caucase et façonne le corps de Pandore. Les Romains de l'Antiquité l'identifient à **Vulcain.**

HÉRA ✦ Déesse du Mariage, dans la mythologie grecque. Fille de Cronos et de Rhéa, elle épouse Zeus et lui donne Arès et Héphaïstos. Représentée comme une épouse jalouse, elle se venge des infidélités de Zeus en persécutant ses complices (**Écho, Io**) et leurs enfants (**Dionysos, Héraclès**). Vexée par **Pâris** qui lui préfère Aphrodite, elle aide les Grecs dans leur guerre contre Troie et contribue au pillage de la ville. Les Romains de l'Antiquité l'identifient à **Junon.**

HÉRACLÈS ✦ Demi-dieu de la mythologie grecque. Fils de Zeus et d'Alcmène, fort et courageux, il est l'un des plus populaires personnages mythologiques. Son nom signifiant « la gloire d'**Héra** » est dû à la haine que la déesse, épouse légitime de Zeus, éprouve pour lui et aux épreuves qu'elle lui inflige tout au long de sa vie. Marié à la fille du roi de Thèbes, Héraclès a plusieurs fils qu'il tue dans une crise de folie provoquée par Héra. Pour expier ses meurtres, il exécute douze travaux qu'on dit irréalisables, comme tuer l'**Hydre de Lerne**, nettoyer les écuries d'**Augias**, rapporter la ceinture des **Amazones**, s'emparer des pommes d'or du jardin des **Hespérides**, délivrer **Thésée** des Enfers en contrôlant **Cerbère.** À cause de l'acharnement d'Héra contre lui, il revêt une tunique empoisonnée et se tue en se faisant brûler sur un bûcher. Monté au ciel, il se réconcilie avec la femme de Zeus. Héraclès est l'ancêtre mythique de tous les Grecs par ses descendants, les *Héraclides,* qui conquièrent le Péloponnèse. Les Romains de l'Antiquité l'identifient à **Hercule.**

HÉRACLITE (vers 576 av. J.-C.-vers 480 av. J.-C.) ✦ Philosophe grec. Né à Éphèse, il est surnommé *l'Obscur.* Sa pensée est fondée sur l'idée d'éternel changement où les contraires s'opposent et s'unissent, et dont le feu est le principe premier.

HÉRAKLION ✦ Ville de Grèce, chef-lieu de la Crète, sur la côte nord de l'île. 290 000 habitants. Enceinte vénitienne (XVIe siècle). Port industriel et commercial (exportation de fruits et légumes). Université, musée archéologique. Ville natale du Greco. ♦ Fondée par les Arabes sous le nom de *Candie* (IXe siècle), c'est l'un des premiers ports de la mer Méditerranée au Moyen Âge. Elle est acquise par les Vénitiens (1204) puis elle est prise par les Turcs (1669) et rattachée à la Grèce, comme l'ensemble de la Crète dont elle est la capitale (1913).

HERAT ✦ Ville de l'ouest de l'Afghanistan. 349 000 habitants. Grande Mosquée (1201). Riche oasis, centre artisanal (soie, verre, bijoux) qui contrôle le commerce entre l'Afghanistan et l'Iran depuis le Moyen Âge (route de la Soie). Capitale des descendants de **Tamerlan** (XVe siècle), disputée par les Persans et les Ouzbeks, elle est incorporée au pays en 1863.

① **HÉRAULT** n. m. ✦ Fleuve du Languedoc, long de 160 km (☛ carte 21). Il prend sa source au mont Aigoual dans les **Cévennes**, traverse des plateaux arides et se jette dans la Méditerranée à Agde.

② **HÉRAULT** n. m. ✦ Département du sud de la France [34], de la Région Occitanie. Superficie : 6 101 km². 1,11 million d'habitants (les *Héraultais*). Chef-lieu : Montpellier ; chefs-lieux d'arrondissement : Béziers et Lodève.

HERCULANUM ✦ Site archéologique d'Italie, au pied du Vésuve, en Campanie. Conquise par Rome (89 av. J.-C.), cette ville de 5 000 habitants est ensevelie en même temps que **Pompéi** lors de l'éruption du **Vésuve** (79). Des fouilles (XVIIIe-XXe siècles) révèlent des habitations, des monuments et des objets de la vie quotidienne parfaitement conservés. Ce site est inscrit sur la liste du patrimoine mondial de l'Unesco.

HERCULE ✦ Demi-dieu de la mythologie romaine, célèbre pour ses douze travaux. Il correspond au dieu grec **Héraclès.** Une force *herculéenne* rappelle celle de ce personnage.

HERCULE (colonnes d') ✦ Nom donné dans l'Antiquité au rocher de **Gibraltar** et au cap **Ceuta** qui marquent l'entrée du détroit de Gibraltar. Au cours de ses douze travaux, Hercule y plante deux colonnes et grave dessus l'inscription *nec plus ultra* (qui signifie en latin «rien au-delà»). Ces lieux symbolisent pendant plusieurs siècles les limites du monde connu.

HEREDIA José Maria de (1842-1905) ✦ Poète français. De père cubain et de mère française, il est élevé en France. Grâce à son maître **Leconte de Lisle,** il collabore au recueil *Le Parnasse contemporain* (1866). Il devient l'un des principaux membres de l'école poétique appelée le *Parnasse* dont il illustre l'esthétique avec la publication de *Trophées* (1893), un recueil de 118 sonnets. Académie française (1894).

HERGÉ (1907-1983) ✦ Dessinateur belge, auteur de bandes dessinées. Il crée le personnage de **Tintin** en 1929 et en décrit les aventures dans une série d'albums qui connaissent un immense succès et sont traduits dans 30 langues. Il est aussi le créateur de *Quick et Flupke* (1930), deux enfants de Bruxelles qui vivent des aventures souvent amusantes. ■ Son véritable nom est *Georges Remi* dont les initiales (R.G.) forment son nom d'artiste.

HERISAU ✦ Ville de Suisse, chef-lieu du canton d'Appenzell Rhodes-Extérieures. 15 205 habitants. Ville industrielle (mécanique, textile).

HERMAPHRODITE ✦ Personnage de la mythologie grecque. C'est le fils d'Hermès et d'Aphrodite auxquels il doit son nom. Très beau, il repousse l'amour d'une nymphe. Elle l'enlace et s'unit à lui pour toujours, leurs corps formant ainsi un être à la fois mâle et femelle. Un *hermaphrodite* est un être qui a les caractéristiques des deux sexes.

HERMÈS ✦ Dieu et messager des dieux, dans la mythologie grecque. Fils de Zeus et de Maia, père de **Pan,** il est représenté avec un casque ailé et un caducée. C'est le dieu des voyageurs, des marchands, des voleurs, de la santé, et le conducteur des âmes. Il passe pour l'inventeur des poids et mesures et des premiers instruments musicaux. Les Égyptiens de l'Antiquité l'identifient à **Thot** et les Romains à **Mercure.**

HÉRODE Ier LE GRAND (73 av. J.-C.-4 av. J.-C.) ✦ Roi de Judée de 40 av. J.-C. à sa mort. Ce gouverneur de Galilée rêve de prendre le pouvoir avec l'aide des Romains. Installé sur le trône par Marc **Antoine,** il se rallie finalement à **Octave** après la bataille d'**Actium** (31 av. J.-C.). Il bâtit la ville de **Césarée** en Palestine, la forteresse de Massada, et fait reconstruire le Temple à Jérusalem. Selon l'Évangile, il ordonne le massacre des Innocents, faisant tuer tous les enfants juifs de moins de deux ans de peur de perdre son trône à l'arrivée du Messie, annoncé par les prophètes comme le nouveau roi des Juifs.

HÉRODOTE (vers 484 av. J.-C.-vers 425 av. J.-C.) ✦ Historien grec. Né dans une famille aristocratique qu'il suit en exil à **Samos,** il rentre à Athènes où il est l'ami de **Sophocle,** puis s'installe en Italie du Sud dans une ville fondée par les Athéniens (vers 440 av. J.-C.). Il visite de nombreuses régions, se rend sur les champs de bataille, et rencontre des civilisations diverses et cultivées, là où les Grecs ne voient que des **Barbares.** Il prend des notes qui lui servent à écrire ses *Histoires.* Les guerres qui opposent les Grecs aux Perses (guerres **médiques**) sont le principal sujet de ses écrits. L'importance et la diversité de ses recherches, la place donnée au cadre géographique font de lui le «père de l'histoire».

HERRIOT Édouard (1872-1957) ✦ Homme politique et écrivain français. Il fut maire de Lyon à partir de 1905 et membre du parti radical (centre-gauche) qu'il présida presque sans interruption de 1919 à 1957. Après la victoire de la gauche aux élections de 1924, il devint président du Conseil sous la présidence de **Doumergue** mais sa politique échoua face aux difficultés financières du pays. Académie française (1946).

HERTZ Heinrich (1857-1894) ✦ Physicien allemand. Il découvre les ondes électromagnétiques, qu'on appelle *ondes hertziennes,* et montre qu'elles suivent les mêmes lois que la lumière (1888). Il étudie aussi l'effet photoélectrique et le pouvoir pénétrant des électrons (1892). L'unité de fréquence s'appelle le *hertz* en hommage à ce savant.

HERTZ Gustav (1887-1975) ✦ Physicien allemand, neveu de Heinrich Hertz. Ses recherches avec le physicien américain James Franck (1882-1964) permettent d'élaborer le concept de niveau d'énergie des électrons dans l'atome (1913) et de confirmer la théorie atomique de Niels **Bohr.** Prix Nobel de physique avec Franck (1925).

HERZÉGOVINE n. f. ✦ Région du sud de la Bosnie-Herzégovine. Elle est formée de plateaux calcaires où l'on élève des moutons. Sa ville principale, Mostar, ravagée par la guerre civile (1992-1993), est en cours de reconstruction. ♦ Conquise par les Turcs, elle est rattachée à l'Empire ottoman (1482) et son histoire se mêle à celle de la **Bosnie.**

HERZL Theodor (1860-1904) ✦ Écrivain hongrois. Journaliste en poste à Paris, il assiste à l'affaire **Dreyfus** et constate la force de l'antisémitisme en Europe. Dans *L'État des Juifs* (1896), il réaffirme l'existence d'une nation juive et la nécessité pour celle-ci de retrouver une patrie en **Palestine.** Il fonde à Bâle l'Organisation sioniste mondiale (1897), qui favorise l'implantation des immigrants (kibboutz), et tente de négocier avec le sultan ottoman, Guillaume II puis les Britanniques. Il peut être considéré comme le promoteur de l'État d'**Israël.**

HÉSIODE (VIIIe s. av. J.-C.-VIIe s. av. J.-C.) ✦ Poète grec. Ancien berger devenu poète, il n'a que mépris pour les exploits guerriers célébrés par Homère et oppose la «race de fer» à celle des héros. Dans son poème mythologique *La Théogonie,* il retrace la généalogie des dieux et élabore une cosmogonie, les dieux originels personnifiant les forces naturelles. Dans son poème didactique *Les Travaux et les Jours,* il présente une généalogie des hommes et retrace l'histoire de leur déchéance. Il y célèbre les vertus des travaux quotidiens et s'efforce d'ordonner les mythes pour en dégager une morale : la supériorité de la justice sur la démesure. Son œuvre est un document sur les modes de production et les croyances archaïques, mais aussi sur la pensée grecque des origines. Animée par un vif sentiment de la nature, sa poésie a inspiré celle du poète latin Virgile.

HESPÉRIDES n. f. pl. ✦ Nymphes de la mythologie grecque. Elles sont au nombre de trois et gardent, à l'aide d'un dragon, le jardin des dieux où poussent les arbres aux pommes d'or qui rendent immortel. L'un des douze travaux d'Hercule (**Héraclès**) consiste à dérober ces fruits.

HESS Rudolf (1894-1987) ✦ Homme politique allemand. Secrétaire puis adjoint d'Hitler, il participa à la rédaction des lois **de Nuremberg.** Il est fait prisonnier par les Britaniques (1941), alors qu'il tentait de conclure une alliance contre la Russie. Jugé au procès de Nuremberg, il fut condamné à la prison à perpétuité.

HESSE Hermann (1877-1962) ✦ Écrivain suisse d'origine allemande. Ses premiers romans traitent de la solitude et de la révolte contre la civilisation occidentale (*Peter Camenzind,* 1904). Profondément marqué par un voyage en Inde en 1911, il évoque l'Orient dans *Siddharta* (1922) et le *Voyage en Orient* (1932). Il tente de réfléchir aux conflits intérieurs qui déchirent l'âme humaine (*Le Loup des steppes,* 1927) et aspire à une civilisation idéale où règne l'aristocratie de l'esprit (*Le Jeu des perles de verre,* 1943). Cette quête spirituelle marque toute son œuvre. Prix Nobel de littérature (1946).

HESSE n. f. ✦ État (Land) du centre-ouest de l'Allemagne, entre le Rhin et la Weser (☛ carte 29). Superficie : 21 114 km^2. 6,08 millions d'habitants. Capitale : Wiesbaden. ♦ Autour d'un massif volcanique s'étendent des plateaux boisés et des plaines fertiles. L'agriculture (fruits, légumes) est limitée par l'importance des zones forestières. Le trafic fluvial sur le Rhin et le Main génère des activités industrielles (chimie, pneumatique, automobile). Technologies de pointe (informatique, recherche spatiale). Francfort-sur-le-Main est le centre financier et le carrefour commercial du pays. ♦ Peuplée de Germains et envahie par les Francs (VIIIe siècle), la Hesse devient indépendante (1264). Elle connaît son apogée puis est divisée en plusieurs États (XVIe siècle) qui subissent la guerre de Sept Ans, les invasions napoléoniennes et se battent avec l'Autriche contre la Prusse. La réunion de la province prussienne de **Hesse-Nassau** et de la **Hesse-Darmstadt** forme le land de Hesse (1945).

HESTIA ✦ Déesse du Foyer dans la mythologie grecque. Fille de Cronos et de Rhéa, sœur de Zeus, elle symbolise la stabilité religieuse et sociale, et la continuité de la civilisation. Dans chaque cité, un foyer public lui est consacré. Il ne doit jamais s'éteindre et les émigrants emportent des braises pour allumer le feu dans leur nouvelle colonie. Les Romains de l'Antiquité l'identifient à **Vesta**.

HEZBOLLAH n. m. ✦ Mouvement chiite libanais fondé en 1982. Sa branche militaire a mené une guérilla contre Israël dans le sud du Liban. Constitué en parti politique, il apporte son soutien à la Syrie contre les rebelles et contre **Daech**.

HIGGINS CLARK Mary (née en 1931) ✦ Romancière américaine. Elle est l'auteur de nombreux romans policiers qui sont des succès internationaux comme *La Nuit du renard* (1976), *Un cri dans la nuit* (1982) ou *Souviens-toi* (1994).

HIGHLANDS (les) n. f. pl. ✦ Région montagneuse d'Écosse, dans le nord du pays (☛ carte 31). Ses paysages de landes et de tourbières, au climat rude, possèdent de profondes vallées creusées de lacs et prolongées en mer par des fjords. Très peu peuplée, la région vit de la pêche et de l'élevage. Le tourisme est développé, grâce aux lacs et aux légendes comme celle du monstre du loch **Ness**. Son nom signifie en anglais «les Hautes Terres».

HIGHSMITH Patricia (1921-1995) ✦ Romancière britannique. Elle doit sa célébrité à la publication de nombreux romans policiers dont l'intrigue est basée non sur la découverte de l'assassin mais sur la raison de son crime (*L'Inconnu du Nord-Express,* 1950 ; *Eaux profondes,* 1957 ; *Le Cri du hibou,* 1962). Elle crée le personnage criminel de Ripley, héros récurrent de cinq romans (*Monsieur Ripley,* 1955 ; *Ripley entre deux eaux,* 1992).

HIMACHAL PRADESH n. m. ✦ État du nord de l'Inde créé en 1966 par la division du Panjab (☛ carte 41). Superficie : 55 673 km^2 (environ un dixième de la France). 6,86 millions d'habitants. Capitale : Simla (171 600 habitants). Il vit de l'agriculture pratiquée dans les vallées himalayennes (céréales, fruits), de l'industrie (hydroélectricité, textile, alimentaire) et s'ouvre au tourisme.

HIMALAYA n. m. ✦ Massif montagneux d'Asie (☛ carte 38). C'est le plus haut massif du monde. Partagé entre l'Inde, la Chine, le Pakistan, le Népal et le Bhoutan, il s'étend sur près de 3 000 km de long et 250 km de large. Au nord, le *Haut Himalaya* compte plus de cent sommets supérieurs à 7 000 m, dont 14 dépassent 8 000 m, notamment au Népal (**Everest**, 8 850 m). Au centre, de profondes vallées et des bassins sont séparés par des sommets de 3 000 à 4 000 m. Au sud, une région dont l'altitude dépasse 6 000 m domine une série de chaînons en bordure de la plaine du **Gange**. Ses populations, en majorité bouddhistes, sont proches de celles du **Tibet**. L'agriculture domine dans les vallées et sur les pentes aménagées en terrasses (riz, maïs, orge, arbres fruitiers), l'élevage (yacks, chèvres, moutons) et le commerce caravanier entre l'Inde et la Chine se concentrent dans les régions les plus hautes. Le tourisme (trekking, monastères bouddhistes) est développé et les hauts sommets sont régulièrement gravis par des expéditions venues du monde entier. Le parc national du Grand Himalaya, dans l'Himachal Pradesh, est inscrit sur la liste du patrimoine mondial de l'Unesco.

HIMMLER Heinrich (1900-1945) ✦ Homme politique allemand. Il participe au coup d'État de Munich (1923), puis Hitler le place à la tête de la **SS** (1929) et de la **Gestapo** (1934) et il se débarrasse des **SA** au cours de la **Nuit des longs couteaux** (1934). Il fait régner la terreur en Allemagne et organise méthodiquement les camps d'extermination. Devenu ministre de l'Intérieur (1943), il est destitué pour avoir pris contact avec les Alliés (1945). Arrêté par les Britanniques, il se suicide.

HINDENBURG Paul von Beneckendorff und von (1847-1934) ✦ Maréchal et homme d'État allemand. Pendant la Première **Guerre mondiale**, il arrête les Russes (1914), bat la Pologne et la Lituanie (1915), obtient le commandement des forces allemandes et autrichiennes (1916) puis demande l'armistice après les victoires de **Foch** (1918). Élu président de la République (1925, réélu en 1932), il nomme **Hitler** chancelier (1933).

HINDU KUSH n. m. ✦ Chaîne montagneuse d'Asie, à l'ouest de l'Himalaya. Au nord-est de l'Afghanistan et au nord-ouest du Pakistan, elle s'étire sur 800 km de long et 350 de large entre les bassins de l'Amou-Daria et de l'Indus. Son point culminant est le Tirich Mir (7 706 m) au Pakistan. Elle est couverte de glaciers et de steppes, sauf ses versants sud, très boisés grâce à la mousson.

HIPPARQUE (IIe siècle av. J.-C.) ✦ Astronome et mathématicien grec. Il exprime ses observations astronomiques avec la rigueur et la précision des données mathématiques. Il introduit en Grèce la division babylonienne du cercle en 360 degrés, réalise le premier catalogue d'étoiles, découvre la précession des équinoxes et répand l'usage des coordonnées (parallèles et méridiens). Ses travaux seront repris par **Ptolémée.**

HIPPOCRATE (vers 460 av. J.-C.-vers 377 av. J.-C.) ✦ Médecin grec. Sa théorie identifie quatre humeurs (sang, lymphe, bile jaune et bile noire). Chaque humeur, liée à un organe et en correspondance avec l'un des quatre éléments, détermine un tempérament (jovial, lymphatique, anxieux ou mélancolique). L'excès ou le défaut de l'une de ces humeurs provoque la maladie tandis que leur équilibre est signe de bonne santé. Il conseille l'observation du malade et prescrit des remèdes simples, destinés à rétablir l'équilibre. Il forme de nombreux disciples et son enseignement est consigné dans une soixantaine de traités. ♦ Le *serment d'Hippocrate* est un texte qui résume le devoir du médecin. Il recommande le respect des maîtres et le secret médical. Il est encore prononcé aujourd'hui par les futurs médecins.

HIROHITO (1901-1989) ✦ Empereur du Japon de 1926 à sa mort. Il signe la déclaration de guerre contre la Grande-Bretagne et les Pays-Bas, et attaque la flotte américaine à **Pearl Harbor** (1941). Son pouvoir est limité par les militaires pendant la Deuxième Guerre mondiale. Après les bombardements atomiques de Hiroshima et de Nagasaki (1945), il signe l'armistice et conserve des fonctions honorifiques. À sa mort, son fils **Akihito** lui succède.

HIROSHIGE (1797-1858) ✦ Peintre et graveur japonais. Ses estampes représentant des paysages, parmi lesquelles *Les 53 Étapes du Tokaido,* lui ont valu une réputation internationale. Il est considéré, avec **Hokusai,** comme l'un des meilleurs graveurs japonais. ▪ Son nom complet est *Ando Hiroshige.*

HIROSHIMA ✦ Ville du Japon, dans le sud de l'île de Honshu, sur la mer Intérieure. 1,1 million d'habitants. C'est l'un des ports les plus vastes et les plus modernes du pays et un centre universitaire et industriel (mécanique, chantiers navals). ♦ Le 6 août 1945, un bombardier américain largue une bombe atomique sur la ville. Sur les 250 000 habitants, on compte 130 000 victimes dont 80 000 tués. Beaucoup de blessés, irradiés, ne survivent pas et d'autres sont atteints de graves maladies plusieurs années après. La ville, détruite à 90 %, est reconstruite après la guerre. L'ancien hall de l'Exposition industrielle, appelé le *Dôme atomique,* n'a pas été reconstruit. Il est devenu un Mémorial pour la paix, inscrit sur la liste du patrimoine mondial de l'Unesco (1996).

HIRSON ✦ Commune de l'Aisne, sur l'Oise. 9 336 habitants (les *Hirsonnais*) (☛ carte 23). Forteresse des ducs de Guise (XIe siècle).

HITCHCOCK sir Alfred (1899-1980) ✦ Cinéaste américain, d'origine britannique. Il est considéré comme le maître du suspense policier. Il réalise des films où l'angoisse voisine avec l'humour, l'émotion et l'effroi. Parmi ses chefs-d'œuvre, on peut citer : *Les 39 Marches* (1935), *L'Inconnu du Nord-Express* (1951), *Fenêtre sur cour* (1954), *Sueurs froides* (1958, d'après **Boileau-Narcejac**), *La Mort aux trousses* (1959), *Psychose* (1960), *Les Oiseaux* (1963).

HITLER Adolf (1889-1945) ✦ Homme d'État allemand, d'origine autrichienne. Il naît dans une famille modeste et quitte l'école à 16 ans sans diplôme. Il se rend à Vienne pour faire des études de peinture. Engagé dans l'armée bavaroise (1914), il refuse la défaite allemande et condamne l'armistice (1918). Il prend la direction d'un groupe extrémiste qui devient le parti national-socialiste des ouvriers allemands (1920). C'est un bon orateur qui sait captiver les foules. Il tente un coup d'État (Munich, 1923) qui lui vaut la prison (1924). Il y rédige *Mein Kampf* (qui signifie «mon combat» en allemand) où il expose son projet politique, le nazisme (appelé aussi *hitlérisme*), un «ordre nouveau» qu'il veut imposer à l'Allemagne. La crise économique (1929) le ramène sur la scène politique. Il devient chancelier (1933), établit une dictature personnelle et totalitaire, crée la **Gestapo** appuyée par les SS (une organisation paramilitaire) et proclame le parti nazi unique. Nommé président et chancelier du Reich (1934), il se fait appeler *Führer* («guide» en allemand) et met en œuvre son programme : réarmement, camps d'internement (dès 1933) pour les Juifs et les populations qu'il considère comme inférieures (homosexuels, Tsiganes), annexion de pays voisins (Autriche, Tchécoslovaquie). Il envahit la Pologne, ce qui déclenche la Deuxième **Guerre mondiale** (1er septembre 1939). Il occupe ou annexe plusieurs pays (Danemark, Norvège, France) dont certains, comme la France, pratiquent une politique de **collaboration.** À partir de 1941, il applique la solution finale : l'extermination systématique des Juifs et de tous ceux qui sont jugés indésirables (résistants, communistes). À l'arrivée des Alliés dans Berlin, il se donne la mort. ☛ Deuxième Guerre mondiale p. 195.

HITTITES n. m. pl. ✦ Peuple indo-européen établi en Anatolie centrale (2000 av. J.-C.). Les Hittites forment un empire puissant qui attaque Babylone (1530 av. J.-C.) et atteint son apogée aux XIVe et XIIIe siècles av. J.-C. La technique de la métallurgie du fer, alliée à l'usage du cheval et du char de combat, leur assure la domination militaire. Les luttes menées contre les Égyptiens et les Assyriens affaiblissent leur empire qui disparaît vers 1200 av. J.-C.

HOCHE Lazare Louis (1768-1797) ✦ Général français. Engagé à seize ans, il est nommé général de division et commandant en chef de l'armée de Moselle (1793). Il est emprisonné à la Conciergerie et retrouve la liberté à la chute de Robespierre. Il est alors chargé par la **Convention** thermidorienne de ramener le calme en **Vendée** (1794-1796). Il est nommé ministre de la Guerre et meurt peu après.

HO CHI MINH (1890-1969) ✦ Homme d'État vietnamien. Il étudie en France (1911) et milite au sein du Parti communiste français (1920). Il voyage en URSS, en Chine, lutte contre le colonialisme et crée le Parti communiste vietnamien (1931) qui devient le Front du Viêtminh (1941). Il proclame l'indépendance de son pays (1945) puis s'engage dans une guerre contre la France, la guerre d'**Indochine,** qui se termine par la bataille de **Diên Biên Phu** (1954) et la retraite des Français. Élu président de la République démocratique du **Viêtnam** (1954), il essaie de réunifier le pays en s'opposant aux Américains qui soutiennent le Viêtnam-du-Sud.

HO CHI MINH-VILLE ✦ Ville du Viêtnam, dans le sud du pays. 5,9 millions d'habitants (7,16 millions pour la municipalité). Centre économique du pays (artisanat, industrie, services). Port fluvial très actif. Son ancien nom est *Saigon.* ♦ La ville de Saigon, fondée au XVIe siècle, est prise par les Français (1859) qui la reconstruisent selon un modèle européen. Capitale de la république du Viêtnam-du-Sud (1954), elle prend son nom actuel en 1976.

HOCKNEY David (né en 1937) ✦ Peintre britannique. Il délaisse l'abstrait de ses débuts pour se diriger vers un style de peinture figuratif, proche du pop art et d'inspiration autobiographique. Installé à Los Angeles depuis 1963, il représente les éléments de décor de la société californienne, villas ou piscines (*A Bigger Splash,* 1967), peignant en couleurs très vives un monde plat et figé, ainsi que des portraits de proches (*Mr and Mrs Clark and Percy,* 1971). Il réalise aussi des montages photographiques.

HODJA Enver → **HOXHA** Enver

HOËDIC ✦ Île du Morbihan, dans l'océan Atlantique, au large de Quiberon, au nord de l'île d'Houat. Longue de 2,5 km et large de 1 km, elle compte 113 habitants (les *Hoëdicais*). Tourisme estival.

HOFFMANN Ernst Theodor Amadeus (1776-1822) ✦ Écrivain et compositeur allemand. Son imagination fertile mêle des figures fantastiques à la vie réelle. Il compose de la musique de chambre, un opéra (*Ondine,* 1816). Ses œuvres littéraires les plus connues sont : *Les Élixirs du diable* (1816), *Les Contes des frères Sérapion* (1819-1821), *La Princesse Brambilla* (1821), *Le Chat Murr* (1821-1822). Il inspire des musiciens comme Tchaïkovski (***Casse-Noisette,*** 1892) et Offenbach (*Les Contes d'Hoffmann,* 1881). ■ Son véritable prénom est *Ernst Theodor Wilhelm.*

HOGGAR n. m. ✦ Massif volcanique d'Algérie, situé sur le tropique du Cancer au centre du Sahara, bordé de plateaux appelés *tassilis* et peuplé de **Touareg** (☛ carte 34). Son point culminant, le Tahat (2 918 m), domine l'oasis de **Tamanrasset** et le Tassili des Ajjers, dans lequel des fouilles ont révélé un très important site de grottes (1956), ornées de plus de 15 000 peintures rupestres remontant pour certaines au VIIe siècle av. J.-C., qui est inscrit sur la liste du patrimoine mondial de l'Unesco.

HOHENSTAUFEN ✦ Famille impériale allemande qui tire son nom du château construit vers 1080 par Frédéric l'Ancien, duc de Souabe et de Franconie (mort en 1105). Son fils Conrad, après des luttes dynastiques contre les ducs de Saxe et de Bavière, est le premier à monter sur le trône du **Saint Empire** (1138), suivi notamment par **Frédéric Ier Barberousse.** La dynastie s'éteint avec Conradin, battu par le roi de Naples et de Sicile (1268). L'Empire connaît une période d'instabilité avant de passer aux **Habsbourg.**

HOHENZOLLERN ✦ Famille allemande qui tire son nom du château construit en Souabe près du Danube. Elle se partage en deux lignées (1227). La lignée de **Souabe** cède ses principautés à la Prusse (1849) et un de ses membres devient roi de Roumanie (1881). La lignée de Franconie, basée à **Nuremberg,** s'étend vers le nord (XIIIe-XIVe siècles) puis règne sur le **Brandebourg** (1415) et sur la **Prusse** (1618), avec notamment **Frédéric II le Grand, Guillaume Ier** et **Guillaume II.**

HOKKAIDO ✦ La plus au nord des îles du Japon, reliée à **Honshu** par un tunnel sous-marin (☛ carte 42). Superficie : 78 521 km². 5,6 millions d'habitants. Chef-lieu : Sapporo. Elle est formée de montagnes peu élevées et de volcans. Son climat, influencé par un courant froid venu de l'océan Arctique, est rude. L'agriculture (maïs, blé, riz) et l'élevage (chevaux) dominent. La pêche est active (hareng, saumon) et le tourisme en plein développement. ♦ Elle est peuplée par les Aïnous (probablement venus d'Asie centrale au cours de la préhistoire) et n'est colonisée par les Japonais qu'à la fin du XIXe siècle. Les Aïnous possèdent un riche folklore oral. Ils sont environ 10 000, de plus en plus métissés.

HOKUSAI (1760-1849) ✦ Peintre japonais. Il change souvent de pseudonyme et de style pour réaliser d'innombrables illustrations d'ouvrages, comme l'*Encyclopédie du dessin,* la *Manga* en 15 volumes (1814-1848), et des estampes dont les *Trente-Six Vues du mont Fuji* (1831-1833). Sa grande virtuosité technique et son refus de s'attacher à une école lui valent l'hostilité de ses confrères. Il finit dans la pauvreté. Il inspire **Degas,** Gauguin, **Van Gogh** et Toulouse-Lautrec. ■ Son véritable nom est *Nakajima Tetsujiro.*

HOLBACH Paul Henri, baron d' (1723-1789) ✦ Philosophe français. Collaborateur de l'***Encyclopédie,*** il expose dans son *Système de la nature* (1770) un matérialisme athée et radical. Son salon, où il recevait Rousseau et Diderot, fut l'un des plus célèbres de son époque.

HOLBEIN Hans dit **HOLBEIN L'ANCIEN** (vers 1465-1524) ✦ Peintre allemand. Après un séjour aux Pays-Bas, il dirige un atelier à Augsbourg et produit des retables et des portraits qui s'inscrivent dans la tradition stylistique allemande, qu'il adoucit en adoptant des éléments italiens. Œuvres : *La Passion grise, Scènes de la vie de la Vierge, Retable de saint Sébatien, La Fontaine de Jouvence.*

HOLBEIN Hans dit **HOLBEIN LE JEUNE** (1497-1543) ✦ Peintre allemand, fils d'**Holbein** l'Ancien. Il s'installe à Bâle, où il fréquente les humanistes, voyage en Italie et en France. Sur les conseils d'**Érasme,** il se rend en Angleterre (vers 1526) où il devient le protégé de Thomas **More** puis le peintre officiel d'**Henri VIII.** Ses décorations, avec des perspectives en trompe-l'œil, ses compositions religieuses amples et sereines, et surtout ses portraits minutieux démontrent une grande maîtrise stylistique et un rare sens de l'observation psychologique. Œuvres : *Portrait de Jacob Meyer* (1516), *Christ mort* (1521), *Madone du bourgmestre Meyer* (1526-1530), *L'Archevêque de Canterbury* et *L'Astronome Nicolaus Kratzer* (1528), *Les Ambassadeurs* (1533), *Thomas Cromwell* (1534), *Christine de Danemark* (1538), *Anne de Clèves* et *Henri VIII* (vers 1540).

HÖLDERLIN Friedrich (1770-1843) ✦ Poète allemand. Condisciple de **Hegel** au séminaire de Tübingen, il s'enthousiasme pour la Révolution française et pour la Grèce antique, exaltant dans ses poèmes de jeunesse les grands idéaux humains et son amour pour la Grèce. Il est l'auteur d'un roman épistolaire, *Hyperion* (1799), et d'une tragédie inachevée, *La Mort d'Empédocle* (1798-1799). Mais c'est surtout par son œuvre poétique (odes, hymnes et élégies) qu'il prend place parmi les plus grands poètes romantiques allemands.

HOLIDAY Billie (1915-1959) ✦ Chanteuse de jazz américaine. Sa voix mélancolique semble faire écho à son passé douloureux d'enfant noire, arrière-petite-fille d'esclave, en proie au racisme et à la pauvreté (*Strange Fruit, Fine and Mellow*). Comme les musiciens de jazz, elle pratiquait l'improvisation. ■ Son véritable nom est *Eleanora Harris.*

HOLLANDE François (né en 1954) ✦ Homme d'État français. Premier secrétaire du Parti socialiste (1997-2008), il est président de la République de 2012 à 2017.

HOLLANDE n. f. ✦ Région historique des Pays-Bas, dans l'ouest du pays. Cette région de l'embouchure du Rhin, où vit le peuple germanique des Bataves, résiste à Rome puis fait partie de la **Frise.** Devenue un comté au Moyen Âge, elle s'étend, passe aux mains de la Bourgogne (1428), de l'Autriche (1477) puis de l'Espagne (1493). Les protestants se soulèvent avec **Guillaume d'Orange** et fondent les Provinces-Unies (1579). La Hollande y est si prépondérante que son nom devient synonyme des **Pays-Bas.** Elle est divisée en deux provinces depuis 1840.

HOLLANDE-MÉRIDIONALE n. f. ✦ Province des Pays-Bas, dans le sud-ouest du pays. Superficie : 2 905 km². 3,4 millions d'habitants. Chef-lieu : La Haye. Autre ville importante : Rotterdam. ♦ Formée de plaines et d'un archipel, au nord de la Zélande, elle est abritée par un cordon de dunes. Pratiquant l'agriculture (fleurs, fruits, légumes) et l'élevage bovin, elle est célèbre pour ses fromages (gouda). L'industrie, concentrée autour de Rotterdam (raffineries, chimie, métallurgie, chantiers navals), et les services (finance, transports, commerce, recherche) sont très développés.

HOLLANDE-SEPTENTRIONALE n. f. ✦ Province des Pays-Bas, dans l'ouest du pays. Superficie : 2 668 km². 2,6 millions d'habitants. Chef-lieu : Haarlem. Autre grande ville et capitale politique du pays : Amsterdam. ♦ Située en majorité au-dessous du niveau de la mer, elle est protégée par des dunes, des digues et traversée de canaux. L'agriculture est prépondérante (fleurs, légumes, fruits, élevage de bovins et de moutons). La région est célèbre pour ses fromages (édam). L'industrie est concentrée le long du canal du Nord, reliant Amsterdam à la mer (métallurgie, agroalimentaire, chimie, aéronautique, électronique). Les services sont très développés (commerce, finance, transports).

HOLLYWOOD ✦ Quartier de Los Angeles, dans le nord-ouest de la ville. Cette zone résidentielle est le principal centre de l'industrie du cinéma et de la télévision des États-Unis.

HOLMES Sherlock ✦ Personnage principal des romans policiers publiés entre 1887 et 1927 par Conan **Doyle.** C'est un détective amateur, brillant et intelligent. Accompagné de son assistant, le docteur Watson, il étudie les indices, observe, déduit et résout les énigmes qui se présentent à lui. *Le Chien des Baskerville* (1902) est un des récits les plus célèbres de ses aventures.

HOMÈRE (vers le 9e siècle av. J.-C.) ✦ Poète grec. Considéré comme l'auteur de l'*Iliade* et de l'*Odyssée,* il est représenté par la tradition comme un vieil homme aveugle récitant ses poèmes devant un public venu de toute la Grèce. Son œuvre a exercé une profonde influence sur les écrivains et les philosophes de l'Antiquité, et reste une référence majeure pour la littérature occidentale.

HONDURAS n. m. ✦ Pays d'Amérique centrale (☛ cartes 44, 46). Superficie : 112 088 km² (environ un cinquième de la France). 8,3 millions d'habitants (les *Honduriens*), en majorité catholiques. République dont la capitale est Tegucigalpa. Langue officielle : l'espagnol ; on y parle aussi des langues indiennes et l'anglais. Monnaie : le lempira. ♦ GÉOGRAPHIE. L'est et la côte de la mer des Caraïbes sont constitués de plaines et de marécages. Le reste du Honduras est une zone montagneuse dominée par des volcans. Le climat tropical est marqué par des cyclones. ♦ ÉCONOMIE. L'agriculture, principale activité du pays, est destinée à l'alimentation de la population (maïs, sorgo, haricot), ou tournée vers l'exportation (banane, café, élevage bovin) sous le contrôle de grandes compagnies. L'industrie (agroalimentaire) est peu développée. C'est l'un des pays les plus pauvres d'Amérique centrale. ♦ HISTOIRE. La région fait partie de l'empire des **Mayas.** Après le débarquement de Christophe Colomb (1502), elle est colonisée par les Espagnols. Elle devient une province (1821) unie au Guatemala, puis un État indépendant (1839). Le Honduras traverse des guerres civiles et des conflits frontaliers avec ses voisins. Une guerre éclate avec le Salvador (1969-1980) et le Honduras accueille des opposants au régime socialiste du Nicaragua (1984).

HONDURAS-BRITANNIQUE n. m. ✦ Nom du **Belize** jusqu'en 1973.

HONEGGER Arthur (1892-1955) ✦ Compositeur suisse. Membre du groupe des **Six** (1920), il compose de la musique de chambre, pour orchestre, puis il reprend la tradition de l'oratorio biblique, associant la musique, la parole et l'action, et donne des symphonies d'une grande richesse musicale. Mêlant le modernisme et le romantisme aux cadres classiques, il exprime dans ses dernières œuvres son désespoir devant la barbarie du monde moderne. Ses œuvres les plus connues sont : *Le Roi David* (oratorio, 1921), *Pacific 231* (poème symphonique, 1923), *Jeanne au bûcher* (oratorio sur un poème de Claudel, 1935), *Symphonie liturgique* (1946) et des musiques de films (*Napoléon,* 1926-1927 ; *Les Misérables,* 1933-1934 ; *Regain,* 1937). Il écrit son autobiographie (*Je suis compositeur,* 1951).

HONFLEUR ✦ Commune du Calvados, sur l'estuaire de la Seine. 7 440 habitants (les *Honfleurais*). Ville natale d'Eugène Boudin, Erik Satie (musées), Alphonse Allais. Port de pêche et de plaisance. La ville est reliée au Havre par le pont de **Normandie.**

HONG KONG ✦ Région administrative spéciale de la Chine, dans le sud du pays, près de Canton. Superficie : 1 068 km². 7 millions d'habitants (une des plus fortes densités du monde). Capitale : Victoria. Monnaie : le dollar de Hong Kong. ♦ La région est formée de l'île de Hong Kong, des Nouveaux Territoires et d'îlots. C'est un port franc, un centre bancaire, commercial, et industriel (textile, électronique, jouets, matériel électrique, audiovisuel). Ville natale de René de Obaldia. ♦ La Chine cède l'île au Royaume-Uni (traité de Nankin, 1842), puis lui loue la région pour 99 ans (1898). Hong Kong est rendue à la Chine le 1er juillet 1997, avec la possibilité de conserver son régime capitaliste pendant cinquante ans.

HONGRIE n. f. ✦ Pays d'Europe centrale (☛ cartes 24, 25). Superficie : 93 030 km² (environ un sixième de la France). 10,2 millions d'habitants (les *Hongrois*), en majorité chrétiens. République dont la capitale est Budapest. Langue officielle : le hongrois. Monnaie : le forint. ♦ GÉOGRAPHIE. La Hongrie est formée d'une grande plaine traversée par le **Danube** ; elle est bordée sur 400 km de l'ouest au nord-est par les pentes des **Alpes.** On y trouve de nombreuses sources thermales. Le climat est tempéré, avec quelques caractéristiques continentales. ♦ ÉCONOMIE. L'agriculture (céréales, vigne) et l'élevage (bovins, porcs, volailles) occupent une place importante. Au cours de la période communiste, les industries lourdes sont privilégiées (sidérurgie, chimie, mécanique) ainsi que les industries textiles et agroalimentaires. Aujourd'hui, la Hongrie se tourne davantage vers l'industrie légère. L'automobile et l'électronique sont en pleine expansion. Le commerce et le tourisme se développent. ♦ HISTOIRE. La région, peuplée de Thraces et de Celtes, est conquise par les Romains (Ier siècle av. J.-C.), puis les **Huns**, les Ostrogoths et des **Avars** d'Asie centrale (Ve-IXe siècles). Les Hongrois, venus de l'Oural et de la moyenne Volga, s'installent (896), organisent et christianisent le royaume (XIe siècle). Ils subissent l'invasion des Tartares (1241-1242) puis le pays passe sous le pouvoir de la monarchie des Anjou de Naples (XIVe-XVe siècles). Les XVIe et XVIIe siècles sont marqués par les guerres contre les Turcs, par la conversion d'une partie de la noblesse au protestantisme et par des conflits internes. Les Hongrois se soumettent à l'autorité des Habsbourg qui les délivrent de l'occupation turque (1711). Dominée par l'**Autriche**, la Hongrie participe à la **révolution de 1848.** Tout en gardant un Parlement et un gouvernement séparés, elle est intégrée à l'Empire d'**Autriche-Hongrie** (1867) qui disparaît à la fin de la Première Guerre mondiale. La Hongrie est indépendante mais perd les deux tiers de son territoire (traité de Trianon, 1920). Elle entre en guerre aux côtés de l'Allemagne (1941) jusqu'à son invasion par Hitler (1944). Libérée par les Russes (1945), elle devient une démocratie populaire liée à l'URSS (1949). L'insurrection de Budapest est sévèrement réprimée par les Soviétiques qui entrent dans la ville (1956), puis le régime se démocratise (1989). Le pays est admis à l'Otan (1999) et entre dans l'Union européenne (2004) (☛ carte 20).

HONOLULU ✦ Ville des États-Unis, capitale de l'État de Hawaii, sur la côte sud de l'île d'Oahu. 371 657 habitants. Ce port est une escale très fréquentée et un centre universitaire et touristique important. Ville natale de Barack Obama. La base navale de **Pearl Harbor** est située à l'ouest de la ville.

HONSHU ✦ La plus grande des îles du Japon (☛ carte 42). Elle est bordée à l'est par l'océan Pacifique et à l'ouest par la mer du Japon. Elle est prolongée au nord par l'île d'Hokkaido et au sud par celle de Kyushu, auxquelles elle est reliée par des tunnels sous-marins. Superficie : 230 822 km² (un peu moins que la moitié de la France). 100 millions d'habitants. Abrite la capitale du pays, Tokyo. Autres villes importantes : Yokohama, Osaka, Kobé, Kyoto, Hiroshima. ♦ L'île forme un arc de cercle montagneux, long de 1 400 km. Son point culminant est le **Fuji Yama** (3 776 m). Son climat est continental. L'agriculture est bien développée (riz, agrumes, blé, thé, élevage de chevaux, de bovins et de vers à soie, pêche). L'industrie (automobile, électronique, informatique, chimie) se concentre dans les grands ports des plaines côtières.

HOOVER Herbert Clark (1874-1964) ✦ Homme d'État américain. Pendant la Première Guerre mondiale, ce républicain modéré est chargé de répartir l'aide alimentaire américaine en Europe, puis il devient ministre du Commerce (1921-1924) et le 31e président des États-Unis (1928-1932). Après l'échec de son programme de développement économique et social, face à la crise de 1929 (☛ Crise de 1929 p. 193), il soutient l'isolationnisme américain contre la politique de son successeur, Franklin Delano **Roosevelt.**

HOPIS n. m. pl. ✦ Indiens **Pueblos** vivant dans l'ouest de l'Arizona.

HOPPER Edward (1882-1967) ✦ Peintre américain. Il représente avec une précision glacée, dans une lumière crue caractéristique, donnant parfois une impression de malaise ou d'étrangeté, des scènes banales de la vie urbaine (*Maison près du chemin de fer*, 1925 ; *Nighthawks*, 1942 ; *Second Étage au soleil*, 1960).

HORACE (65 av. J.-C.-8 av. J.-C.) ✦ Poète latin. Il étudie à Rome, à Athènes, combat en Grèce auprès de Brutus et revient à Rome où Virgile le présente à **Mécène**, qui l'installe près de Tivoli. Il s'interroge sur les mœurs, la morale, la poésie et cherche le bonheur dans l'amour et la vie rustique, en conseillant une règle de conduite inspirée d'**Épicure** : «cueille le jour» (*carpe diem* en latin). Ses œuvres les plus connues sont les *Satires*, les *Épîtres*, les *Odes* et l'*Art poétique*.

HORN (cap) ✦ Cap du Chili, sur un îlot de la Terre de Feu, à l'extrémité sud du continent américain, dont il est séparé par le détroit de **Magellan.** La rencontre de l'océan Atlantique et de l'océan Pacifique provoque des courants et des vents très violents. Au large du cap passe une route de navigation très dangereuse. Au temps de la marine à voile, les grands bateaux capables d'affronter ces tempêtes s'appelaient les *cap-horniers* (n. m.), comme les marins embarqués sur ces navires. Les navires de la marine marchande préfèrent aujourd'hui passer par le canal de **Panama.**

HORTA Victor (1861-1947) ✦ Architecte belge. Réagissant contre l'architecture et la décoration académiques, il est l'un des créateurs du style Art nouveau. ☛ Art nouveau p. 187. Sa manière est caractérisée par l'emploi du fer, du verre et des matériaux colorés, les formes incurvées dites «en coup de fouet» et un décor végétal exubérant. Ses réalisations à Bruxelles (hôtels Tassel, Solvay et van Eetvelde, sa maison et son atelier) sont inscrites sur la liste du patrimoine mondial de l'Unesco. Avec la Maison du peuple (1896-1900), il se révèle l'un des pionniers de l'architecture moderne.

HORUS ✦ Dieu du Ciel dans la mythologie égyptienne. Ses yeux figurent le Soleil et la Lune, et on le représente sous la forme d'un faucon (☛ Égypte p. 151) ou d'un homme à tête de faucon. Fils d'Osiris et d'Isis, il combat le Mal, personnifié par son oncle Seth, et devient le dieu du pharaon. Les Grecs de l'Antiquité l'identifient à **Apollon.**

HOSSEGOR ✦ Station balnéaire des Landes, sur la côte atlantique (☛ carte 23). Surf.

HOTTENTOTS n. m. pl. ✦ Peuple nomade de l'ouest de l'Afrique du Sud et de la Namibie. Originaires d'Afrique australe, ils se mélangent avec les **Bochimans** (début du IIe millénaire) et vivent surtout de l'élevage (bœufs, moutons, chèvres). Ils sont repoussés par les Bantous et deviennent les serviteurs des **Boers.** Leur cohabitation et leur métissage sont à l'origine de l'afrikaans. Inquiets par ce phénomène, les Blancs prennent les premières mesures d'apartheid en **Afrique du Sud** (début du XXe siècle).

HOUAT ✦ Île du Morbihan, dans l'Atlantique, au large de Quiberon, à l'est de Belle-Île et au sud d'Hoëdic. Longue de 5 km et large de 1,5 km, elle compte 311 habitants (les *Houatais*). Monuments de pierre préhistoriques. Pêche, navigation de plaisance.

HOUDON Jean Antoine (1741-1828) ✦ Sculpteur français. Après avoir obtenu le prix de Rome (1761), il séjourne à la villa **Médicis** (1764-1768) où il étudie la sculpture de l'Antiquité et de la Renaissance et l'anatomie. À son retour, il réalise de gracieuses statues mythologiques et des bustes de personnages contemporains d'une grande vérité psychologique (Diderot, Franklin, Rousseau, Voltaire, Washington). Œuvres : *Écorché* (1767), *Diane* (1780), *L'Hiver* (ou *La Frileuse*, 1783), *L'Été* (1785).

HOUPHOUËT-BOIGNY Félix (1905-1993) ✦ Homme politique ivoirien. Député de la Côte d'Ivoire (1945-1959) et fondateur du Rassemblement démocratique africain (1946), il est cinq fois ministre sous la IVe République (1956-1959) puis Premier ministre de la Côte d'Ivoire (1959), dont il a contribué à obtenir l'indépendance. Il devient le premier président (1960), réélu jusqu'à sa mort. En son hommage, l'Unesco a créé un prix pour la recherche de la paix (1989).

HOUSTON ✦ Ville des États-Unis (Texas). 1,9 million d'habitants et 4,6 millions d'habitants pour la zone urbaine. Centre spatial (**Nasa**), industriel (pétrochimie, métallurgie, électronique), commercial (pétrole, coton, riz), quatrième port du pays relié par un canal au golfe du Mexique.

HOXHA ou **HODJA Enver** (1908-1985) ✦ Homme d'État albanais. Étudiant en France et en Belgique, il adhère au parti communiste. Il organise la résistance de son pays à l'occupant italien et nazi, fonde le Parti communiste d'Albanie (1941) et prend la tête de l'armée (1944), puis de la République populaire albanaise (1946). Après avoir quitté le gouvernement (1954), il continue à diriger le pays comme secrétaire général du parti. Par fidélité à Staline, il rompt avec la Yougoslavie de Tito (1948), l'URSS de Khrouchtchev (1961) puis avec la Chine d'après Mao (1978).

HUANG HE n. m. ✦ Fleuve de Chine, long de 5 464 km, dans le nord-est du pays (☛ carte 38). Il est connu en français sous le nom de *fleuve Jaune.* C'est le deuxième fleuve du pays par sa longueur. Il prend sa source dans les monts Kunlun shan à 4 500 m d'altitude, arrose un bassin de 752 443 km^2 et se jette dans le golfe du Bohai, au nord-ouest de la mer Jaune. Son régime, très irrégulier, est canalisé par de grands barrages. D'importants prélèvements provoquent l'assèchement du fleuve, qui draine un bassin céréalier alimentant une très nombreuse population.

HUBBLE Edwin (1889-1953) ✦ Astronome américain. En 1924, il affirma que la **Voie lactée** n'est pas la seule galaxie de l'univers. ♦ Le *télescope spatial Hubble* est un télescope américain mis en orbite en 1990, qui fournit de nombreuses images aux astronomes.

HUBEI n. m. ✦ Province du centre de la Chine (☛ carte 40). Superficie : 185 900 km^2 (environ un tiers de la France). 57,8 millions d'habitants. Capitale : Wuhan. Surnommée la *province aux mille lacs,* la région vit de l'agriculture (céréales, coton, pisciculture), des ressources minières (fer, cuivre, phosphate, manganèse, gypse, sel gemme, graphite, marbre), de l'industrie (sidérurgie, mécanique, chimie, textile) et du tourisme (site taoïste des montagnes de Wudang inscrit sur la liste du patrimoine mondial de l'Unesco, VIIe et XIIIe-XXe siècles).

HUBERT (saint) (mort en 727) ✦ Évêque de Tongres, de Maastricht et de Liège. Au cours d'une chasse en Austrasie (partie est de la Gaule mérovingienne), il voit apparaître un crucifix entre les bois d'un cerf. C'est le saint protecteur des chasseurs.

HUDSON n. m. ✦ Fleuve du nord-est des États-Unis, long de 500 km (☛ carte 43). Il prend sa source dans les monts Adirondacks, au sud de Montréal, et se jette dans l'Atlantique à New York. Il joue un grand rôle économique en permettant la navigation jusqu'aux lacs Ontario et Érié, auxquels il est relié par des canaux.

HUDSON (baie d') ✦ Vaste golfe du nord-est du Canada. Superficie : 822 324 km^2 (environ une fois et demie la France). La baie communique avec l'océan Atlantique par le détroit d'Hudson et sépare l'île de **Baffin** du Canada continental (Nunavut, Manitoba, Ontario, Québec). Parsemée d'îles, elle est prise par les glaces de janvier à mai.

HUÉ ✦ Ville du Viêtnam, dans le centre du pays, près du littoral de la mer de Chine. 302 983 habitants. Port de pêche sur la rivière des Parfums, centre industriel (alimentaire, textile) et touristique. La ville historique, capitale politique, culturelle et religieuse du **Viêtnam** unifié au temps de la dynastie Nguyen (1802-1945), est inscrite sur la liste du patrimoine mondial de l'Unesco.

HUGO Victor (1802-1885) ✦ Écrivain français. Jusqu'à son adolescence, il suit son père, général de Napoléon, en Italie et en Espagne puis revient à Paris et se consacre à la littérature. Après des poésies classiques, il devient le chef de l'école romantique avec sa préface de *Cromwell* et sa pièce, *Hernani,* qui provoque une querelle littéraire avec les partisans du classicisme (1830). ☛ Littérature p. 143. Après la mort tragique de sa fille Léopoldine (1843), il se consacre à la politique et devient pair de France (1845). Député républicain à la **révolution de 1848**, il doit s'exiler, après le coup d'État de **Napoléon III** (2 décembre 1851), à Jersey puis à **Guernesey.** Il rentre en France au moment de la déchéance de l'empereur, qu'il surnomme «Napoléon le Petit» (1870). À sa mort, la République lui fait des obsèques nationales et il repose au **Panthéon.** Son œuvre immense, pleine de lyrisme, d'humanité et d'imagination visionnaire, fait de lui le témoin de son époque qu'il marque par ses convictions, ses combats et son talent. Parmi ses œuvres les plus célèbres, on peut citer pour la poésie : *Odes et Ballades* (1822-1828), *Les Feuilles d'automne* (1831), *Les Chants du crépuscule* (1835), *Les Voix intérieures* (1837), *Les Rayons et les Ombres* (1840), *Les Châtiments* (1853), *Les Contemplations* (1856), *La Légende des siècles* (1859-1883) ; pour le théâtre : *Cromwell* (1827), *Hernani* (1830), *Marion Delorme* (1831), *Lucrèce Borgia* (1833), *Ruy Blas* (1838), *Les Burgraves* (1843) ; pour les romans : *Le Dernier Jour d'un condamné* (1829), ***Notre-Dame de Paris*** (1831), *Claude Gueux* (1834), *Les **Misérables*** (1862), *Les Travailleurs de la mer* (1866), *Quatrevingt-Treize* (1874). V. Hugo a également excellé dans le dessin. Académie française (membre en 1841 ; directeur en 1845).

HUGUES CAPET → CAPET

HUMBOLDT Alexander, baron von (1769-1859) ✦ Naturaliste et voyageur allemand. Il explore l'Amérique du Sud et s'installe à Paris où il travaille avec **Gay-Lussac** et rédige le *Voyage aux régions équinoxiales* *du Nouveau Continent fait de 1799 à 1804* (30 volumes, 1807-1834). Il effectue un voyage d'étude en Asie, financé par le tsar Nicolas Ier (1829) et des missions diplomatiques pour le roi de Prusse, surtout en France. Ses nombreux ouvrages font progresser la géologie, la climatologie, l'océanographie, notamment son *Cosmos, Essai d'une description physique du monde* (5 volumes, 1845-1862). Il donne son nom au courant froid du Pacifique qui tempère le climat tropical des côtes du Chili et du Pérou, le *courant de Humboldt.*

HUNAN n. m. ✦ Province du sud de la Chine (☛ carte 40). Superficie : 210 000 km^2 (environ la moitié de la France). 65,7 millions d'habitants. Capitale : Changsha (3,2 millions d'habitants). La région vit de l'agriculture (céréales, canne à sucre, coton, thé, tabac, élevage porcin, pisciculture), des ressources minières (fer, uranium, pétrole en mer) et développe le tourisme (site de Wulingyuan inscrit sur la liste du patrimoine mondial de l'Unesco).

HUNS n. m. pl. ✦ Peuples nomades d'Asie, originaires de Turquie et de Mongolie (☛ carte 9). Établis entre la mer d'Aral et le lac Balkhach (Ier siècle), ils terrorisent les populations en franchissant la Volga puis le Don (vers 370). Ils provoquent ainsi les **Grandes Invasions,** notamment des **Germains,** et s'installent dans l'actuelle **Hongrie** où **Attila** les unifie (vers 434). Ils partent à la conquête de l'Empire **romain,** chassent les **Burgondes** (vers 437), envahissent les Balkans et menacent Constantinople (448). Ils s'avancent jusqu'en Gaule où ils sont vaincus aux champs Catalauniques (451). Ils se retirent en pillant l'Italie du Nord puis se séparent à la mort d'Attila (453). Des tribus d'Asie centrale attaquent l'Empire perse (vers 420) et sont vaincues (vers 560), d'autres la vallée de l'Indus (vers 430) et sont arrêtées au nord de l'Inde (vers 530).

HURON (lac) ✦ Un des **Grands Lacs,** à la frontière entre le Canada (Ontario) et les États-Unis (Michigan) (☛ carte 43). Superficie : 59 500 km^2 (plus d'un neuvième de la France) ; profondeur maximale : 229 m. Il communique au nord-ouest avec les lacs Supérieur et Michigan, et au sud avec le lac Érié, par le biais du lac Saint-Clair. Il comprend la baie Géorgienne et la baie de Saginaw, et connaît une navigation importante, sauf de janvier à mars où il est en partie pris par les glaces.

HURONS n. m. pl. ✦ Peuple d'Indiens du Canada, qui partagent la même culture et la même langue que les **Iroquois.** Installés entre les lacs Huron et Ontario, les Hurons s'allient aux Français (1616-1648) et détiennent le monopole du commerce des fourrures. Affaiblis par les maladies et les attaques des Iroquois jaloux de ce monopole, ils quittent leur région (1649). Ils se réfugient chez les **Algonquins,** près de Québec, où leurs descendants tentent de faire renaître leur culture.

HUS Jan (vers 1371-1415) ✦ Réformateur religieux tchèque. Recteur de l'université de Prague, il s'oppose à la hiérarchie catholique, notamment à cause des indulgences, et est excommunié (1411, 1412). Abandonné par l'empereur germanique, il est condamné comme hérétique par le concile de Constance et brûlé vif. Son martyre provoque une guerre civile en Bohême jusqu'en 1434. Ses travaux littéraires permettent de réformer l'orthographe tchèque.

HUSSEIN Saddam (1937-2006) ✦ Homme d'État irakien. Ce général devint président de la république (1979), mit en place une dictature et entraîna son pays dans plusieurs guerres (guerre contre l'Iran, invasion du Koweït qui déclencha la guerre du **Golfe**). Dans un contexte de lutte contre le terrorisme, les États-Unis et leurs alliés attaquèrent l'Irak (2003) et renversèrent Saddam Hussein qui fut jugé par un tribunal d'exception, condamné à mort et exécuté.

HUSSERL Edmund (1859-1938) ✦ Philosophe allemand. Il est l'initiateur d'une nouvelle manière de philosopher, la phénoménologie, qui a eu une influence considérable sur la philosophie du XXe siècle. Cette méthode d'analyse met l'accent sur la manière dont les objets, qu'ils soient perçus, imaginés ou pensés, se donnent à la conscience. En partant du principe que «toute conscience est conscience de quelque chose», Husserl fait de l'«intentionnalité» la caractéristique de la vie psychique. Œuvres : *Recherches logiques* (1900), *Idées directrices pour une phénoménologie pure et une philosophie phénoménologique* (1913), *Logique formelle et logique transcendantale* (1929) et *La Crise des sciences européennes et la phénoménologie transcendantale* (1936).

HUSTON John (1906-1987) ✦ Cinéaste américain. D'abord journaliste et scénariste, il réalise des films qui célèbrent la grandeur de l'homme dans sa lutte contre des forces qui le dépassent. Œuvres : *Le Faucon maltais* (1941, d'après Hammett), *Le Trésor de la Sierra Madre* et *Key Largo* (1948), *Quand la ville dort* (1950), *La Charge victorieuse* (1951), *The African Queen* (1952), ***Moby Dick*** (1956), *Les Désaxés* (1961), *Au-dessous du volcan* (1984), *Gens de Dublin* (1987).

HUTUS n. m. pl. ✦ Peuple d'Afrique centrale. Majoritaires au Burundi et au Rwanda, ils vivent de l'agriculture sous la dépendance de **Tutsis.** Soutenus par les missionnaires belges, ils obtiennent l'indépendance des deux pays (1962), mais les conflits entre les deux communautés entraînent une guerre civile qui aboutit au massacre des Tutsis au **Rwanda** (1994).

HUXLEY Aldous (1894-1963) ✦ Écrivain britannique. Après ses études à Eton et à Oxford, il publie des poèmes et voyage à travers le monde. Il s'installe aux États-Unis (1937) où ses réflexions philosophiques, notamment sur les drogues, inspirent les hippies et les mouvements écologiques et pacifistes. Ses romans et ses essais expriment avec ironie une vision critique et pessimiste du monde moderne. Œuvres : *Contrepoint* (1928), *Le Meilleur des mondes* (1932), *La Paix des profondeurs* (1936), *Île* (1962).

HUYGENS Christiaan (1629-1695) ✦ Physicien, mathématicien et astronome néerlandais. Il étudie en Hollande et séjourne à Paris où il réalise ses principaux travaux (1665-1680). Il donne les premiers grands traités sur le calcul des probabilités (1656) et sur la dynamique (1673), avec la notion de force centrifuge. Il découvre l'anneau de Saturne, la rotation de Mars, la nébuleuse d'Orion, et met au point une théorie ondulatoire de la lumière qui explique la réflexion et la réfraction (1678). Académie des sciences (1666).

HUYSMANS Georges Charles, dit **Joris-Karl** (1848-1907) ✦ Écrivain français. Après un recueil de poèmes en prose (*Le Drageoir aux épices,* 1874), il se rapproche de Zola et de l'école naturaliste (*Les Sœurs Vatard,* 1879) et peint avec des termes rares et des détails crus des existences dérisoires (*En ménage,*

1881 ; *À vau-l'eau,* 1882). Il part ensuite en quête de la perfection esthétique et spirituelle. Il défend les impressionnistes (*L'Art moderne,* 1883), modernise son écriture (*À rebours,* 1884) et, d'abord attiré par les sciences occultes, il se convertit au catholicisme (*En route,* 1895 ; *La Cathédrale,* 1898 ; *L'Oblat,* 1903).

HYDERABAD ✦ Ville de l'Inde, capitale de l'Andhra Pradesh et du Télangana, dans le centre du pays. 7,67 millions d'habitants (☛ cartes 41, 57). Centre industriel (mécanique, électricité, aéronautique). Ancienne capitale d'un puissant État de l'empire des **Moghols** (1725) qui résiste à l'Union indienne jusqu'en 1948 avant d'être démembré (1956).

HYDRE DE LERNE n. f. ✦ Monstre fabuleux de la mythologie grecque, fille de Typhon et d'Échidna. Ce serpent géant à plusieurs têtes terrorise les marais de Lerne, près d'Argos. Parmi ses douze travaux, **Héraclès** est chargé de le tuer. Constatant que chaque tête coupée repousse immédiatement, il utilise des flèches enflammées pour venir à bout du monstre puis il enterre la tête principale, immortelle, sous un énorme rocher.

HYÈRES ✦ Ville du Var. 56 502 habitants (les *Hyérois*). Églises Saint-Paul (XIIe-XVe siècles) et Saint-Louis (XIIIe siècle), ruines d'un château (XIIIe siècle) et d'une enceinte fortifiée, jardins tropicaux. Centre agricole (primeurs, fruits, vigne), station balnéaire. Sa rade s'étend de la presqu'île de Giens au cap Bénat.

HYÈRES (îles d') ✦ Petit archipel qui ferme au sud la rade d'Hyères. Prolongeant la chaîne des **Maures,** il comprend Porquerolles, Port-Cros, l'île du Levant. Il vit du tourisme.

HYKSOS n. m. pl. ✦ Peuple d'Asie poussé par les invasions des Indo-Européens. Les Hyksos conquièrent le nord de l'Égypte et font de Tanis leur capitale (vers 1785 av. J.-C.). Ils apportent leurs traditions (usage du char de guerre attelé de chevaux, représentations de scarabées) et introduisent en Égypte certaines divinités asiatiques. Les pharaons, réfugiés à Thèbes, reprennent Memphis (vers 1600 av. J.-C.) puis les repoussent en Palestine (vers 1580 av. J.-C.).

HYPNOS ✦ Dieu du Sommeil, dans la mythologie grecque. Fils de la Nuit et frère jumeau de la Mort (**Thanatos**), il est représenté comme un homme jeune et doux, parfois ailé. Il est le père de nombreux enfants, dont **Morphée.**

I

IAHVÉ ou **YAHVÉ** ✦ Nom du Dieu des Juifs dans la Bible. Selon la tradition, il est révélé à **Moïse** lors de l'Exode.

IAKOUTIE n. f. ✦ Ancien nom de la république de **Sakha** (Fédération de Russie).

IBADAN ✦ Ville du Nigeria, dans le sud-ouest du pays. 1,3 million d'habitants. Centre administratif, commercial, agricole (cacao) et industriel (alimentaire, tabac).

IBÈRES n. m. pl. ✦ Peuple établi en Espagne au néolithique. Le centre de leur civilisation est situé à Almeria, en Andalousie. De là, ils gagnent la vallée de l'**Èbre** et l'**Aquitaine**. Ils se mêlent aux Celtes (Ve siècle av. J.-C.) qui se sont répandus jusqu'en Espagne et forment les Celtibères. Ceux-ci sont conquis par les Romains (Ier siècle av. J.-C.). Les nombreux sites d'art rupestre, datant du néolithique et situés sur le littoral méditerranéen, sont inscrits sur la liste du patrimoine mondial de l'Unesco.

IBÉRIQUE (péninsule) ✦ Partie sud-ouest de l'Europe, formée de l'**Espagne** et du **Portugal**.

① **IBIZA** ✦ Île de l'archipel espagnol des Baléares, au sud-ouest de Majorque (☛ carte 32). Superficie : 572 km². 117 698 habitants. Tourisme et agriculture. Les sites archéologiques et les fonds marins sont inscrits sur la liste du patrimoine mondial de l'Unesco.

② **IBIZA** ✦ Ville d'Espagne, dans le sud-est de l'île d'Ibiza. 44 114 habitants. Citadelle du XVIe siècle. Ville touristique dotée d'une station balnéaire.

IBN BATTUTA (1304-1377) ✦ Géographe et historien arabe. Parti du Maroc pour effectuer le pèlerinage de La Mecque (1325), il visite l'Égypte, le Soudan, la Syrie, la Perse, l'Arabie (1327-1330), les côtes d'Afrique orientale, l'Asie Mineure (1332), la Crimée, l'Asie centrale, l'Inde (1333-1342), les Maldives, Ceylan, Sumatra, la Chine (jusqu'en 1347), le Maghreb et l'Espagne puis finalement le Sahara jusqu'au Niger (1352). De retour au Maroc, il dicte son *Rihla* (1356), journal qui décrit les contrées traversées, les mœurs de leurs habitants et reste un document historique précieux.

IBN KHALDOUN (1332-1406) ✦ Historien et philosophe arabe. Il vit en Andalousie et en Afrique du Nord, où ses missions diplomatiques lui valent de nombreuses aventures, puis il prend des fonctions religieuses au Caire, voyage en Palestine et rencontre Tamerlan à Damas (1401). Son œuvre principale, *Livre des considérations sur l'histoire des Arabes, des Persans et des Berbères (Kitab al-ʾibar)*, est précédée d'une introduction, les *Prolégomènes (Muqaddima)* où il définit les méthodes de la science historique. Son approche fait de lui un philosophe de l'histoire et un précurseur de la sociologie.

IBSEN Henrik (1828-1906) ✦ Écrivain norvégien. Révolté et amoureux de la liberté, il dédie des poèmes aux peuples asservis (1848) puis se consacre au théâtre avec des drames historiques. Quand la Prusse écrase le Danemark (1864), il s'exile à Rome jusqu'en 1891. Il écrit alors ses plus grands drames et des pièces animées par une violente critique sociale qui lui apportent une renommée mondiale. Œuvres : *Les Prétendants à la couronne* (1863), *Brand* (1866), *Peer Gynt* (1867, mis en musique par Grieg, 1875), *Maison de poupée* (1879), *Un ennemi du peuple* (1882), *Le Canard sauvage* (1884), *Hedda Gabler* (1890).

ICARE ✦ Personnage de la mythologie grecque. Fils de **Dédale**, il est enfermé avec lui dans le Labyrinthe par **Minos**. Il s'enfuit grâce aux ailes fabriquées par son père. Mais il s'approche trop près du Soleil et la cire qui maintient les plumes de ses ailes fond. Il tombe dans la mer et se noie.

IDAHO n. m. ✦ État des États-Unis, dans le nord-ouest du pays (☛ carte 47). Superficie : 216 413 km² (près de la moitié de la France). 1,3 million d'habitants. Capitale : Boise (126 000 habitants). ♦ L'Idaho est formé par les montagnes **Rocheuses** et traversé au sud par la large vallée de la Snake River, parcourue de profonds canyons. Agriculture (céréales, pomme de terre, betterave). Industrie (bois, alimentaire, chimie). Forêt et ressources minières (premier producteur d'argent du pays). ♦ Peuplé d'Indiens, l'Idaho est exploré par les Anglais (1805). La découverte de mines d'or (1860) provoque une vague d'immigration. Les tribus indiennes sont soumises ou décimées (1877-1879). L'Idaho entre dans l'Union en 1890.

IDRISI (al-) (vers 1100-vers 1166) ✦ Géographe arabe. Il étudie à Cordoue, puis voyage en Afrique du Nord, en Asie Mineure, en Espagne et en France. Appelé à la cour du roi de Sicile, Roger II, il réalise un planisphère en argent, dans la tradition de **Ptolémée.** Son *Divertissement de celui qui désire parcourir le monde* (vers 1157), un atlas agrémenté de commentaires, est imprimé et diffusé en Europe à la Renaissance.

IEKATERINBOURG ✦ Ville de Russie, à l'est de l'Oural, appelée *Sverdlovsk* de 1924 à 1991. 1,3 million d'habitants. Centre industriel (sidérurgie, mécanique, chimie, alimentaire). Universités. Ville natale de Boris Eltsine. ♦ Les bolcheviks y massacrent **Nicolas II** et sa famille en 1918.

IÉNA ✦ Ville d'Allemagne (Thuringe), à l'est d'Erfurt. **Napoléon Ier** y remporte une victoire sur les Prussiens (14 octobre 1806) qui lui ouvre la voie vers Berlin.

IENISSEÏ n. m. ✦ Fleuve de Russie, long de 3 487 km (☛ carte 33). Il prend sa source en Mongolie, traverse la Sibérie, reçoit plusieurs affluents (Toungouska) et se jette dans l'océan Arctique. Il est équipé d'une importante centrale hydroélectrique, près de Krasnoïarsk.

IF ✦ Îlot de la Méditerranée, au large de Marseille. Il abrite un château construit sous François Ier (1524-1531). Devenu prison d'État, il est fortifié par **Vauban** au siècle suivant. Le *château d'If* est célèbre grâce à Alexandre **Dumas** : dans son roman ***Le Comte de Monte-Cristo***, Edmond Dantès y est enfermé.

IGNACE DE LOYOLA (saint) (vers 1491-1556) ✦ Religieux espagnol. Il se convertit au catholicisme et part en pèlerinage à Jérusalem (1523). Il étudie à Paris (1528-1534). Avec ses premiers disciples (**François Xavier**), il fonde la Compagnie de **Jésus** ou ordre des Jésuites (1540). Ses *Exercices spirituels*, un manuel d'ascèse traduit en latin (1548), sont la base de la spiritualité de l'ordre. Il est canonisé en 1622. ■ **Son véritable nom est** *Iñigo Lopez de Loyola.*

IGUAÇU n. m. ✦ Rivière du Brésil, longue de 1 045 km. Elle prend sa source dans le sud du Brésil et se jette dans le fleuve Parana, à la frontière avec l'Argentine. Ses chutes, hautes de 80 m par endroits, ainsi que le Parc national auquel la rivière a donné son nom sont inscrits sur la liste du patrimoine mondial de l'Unesco.

Île au trésor (L') ✦ Roman de Robert Louis Stevenson publié en 1883. Au XVIIIe siècle en Angleterre, un jeune garçon nommé Jim Hawkins découvre la carte d'une île où le capitaine Flint a enterré son trésor. Il part à sa recherche avec deux compagnons et, après de nombreuses péripéties qui l'opposent à John Silver qui dirige la bande de Flint, il regagne l'Angleterre avec le trésor.

ÎLE-DE-FRANCE n. f. ✦ Région du centre-nord de la France. La région administrative comprend huit départements : Paris, la Seine-et-Marne, les Yvelines, l'Essonne, les Hauts-de-Seine, la Seine-Saint-Denis, le Val-de-Marne et le Val-d'Oise (☛ carte 22). Superficie : 12 010 km² (2,2 % du territoire), c'est la 12e Région par la taille. 12,03 millions d'habitants (les *Franciliens*), qui représentent 18,8 % de la population française. Chef-lieu : Paris. ♦ GÉOGRAPHIE. Au centre du Bassin **parisien**, l'Île-de-France est une région de plaines et de plateaux, traversée par la **Seine** et ses affluents (Oise, Marne, Essonne). ♦ ÉCONOMIE. L'Île-de-France est fortement peuplée et urbanisée, avec **Paris**, la proche banlieue et la grande banlieue ou grande couronne. 5 villes nouvelles ont été créées au milieu des années 1960 (Melun-Sénart, Évry, Saint-Quentin-en-Yvelines, Cergy-Pontoise et Marne-la-Vallée). Agriculture intensive (céréales, betterave, légumes) dans les quelques zones rurales. Marché d'intérêt national, le plus grand du monde (**Rungis**). Industries variées (construction électrique, électronique, automobile, chimie, imprimerie, haute technologie). Aéroports de Paris-Charles-de-Gaulle et Orly. Activités de service qui emploient 84,4 % de la population active. Pôle d'enseignement (universités, grandes écoles, bibliothèques) et de recherche, l'agglomération parisienne est aussi le premier centre touristique mondial par son nombre de visiteurs (32 millions de touristes par an). ♦ HISTOIRE. Paris s'est développée à partir du Moyen Âge, quand elle devient la capitale du royaume. L'Île-de-France est le berceau des **Capétiens**. Son dialecte a été adopté par l'ensemble du royaume de France.

ÎLE D'YEU → **YEU** (île d')

ÎLE-ROUSSE (L') ✦ Commune de Haute-Corse, sur la côte nord-ouest de l'île. 3 347 habitants (les *Île-Roussiens*). Station balnéaire et port.

Iliade ✦ Épopée grecque écrite vers le VIIIe siècle av. J.-C. et attribuée à **Homère.** Elle est composée de 24 chants et raconte le siège de la ville de **Troie.** Humilié par Agamemnon, **Achille** se retire du combat, mais il reprend les armes pour venger son ami **Patrocle** tué par **Hector.** Il refoule les Troyens dans leur ville, tue Hector et rend son corps à son père **Priam.** De nombreuses histoires s'intercalent dans le cours de ce récit principal, racontant les combats des héros **Ajax, Ménélas, Pâris, Ulysse,** la douleur des Troyennes **Hécube** et Andromaque, ou encore l'intervention divine avec **Aphrodite** ou **Apollon.**

ILL n. m. ✦ Rivière d'Alsace, longue de 208 km. Elle prend sa source dans le Jura alsacien, près de la frontière suisse, arrose Mulhouse, Colmar, Strasbourg et se jette dans le Rhin, en Allemagne.

ILLE-ET-VILAINE n. f. ✦ Département de l'ouest de la France [35], de la Région Bretagne. Superficie : 6 775 km². 1,03 habitants. Chef-lieu : Rennes ; chefs-lieux d'arrondissement : Fougères, Redon et Saint-Malo.

ILLINOIS n. m. ✦ État des États-Unis, dans le centre du pays (☛ carte 47). Superficie : 152 082 km² (un peu moins du tiers de la France). 12,8 millions d'habitants. Capitale : Springfield (116 250 habitants) ; ville principale : Chicago. ♦ L'Illinois s'étend sur les grandes plaines du **Middle West.** L'agriculture est prospère (céréales). L'industrie (métallurgie, alimentaire) se concentre autour de **Chicago.** ♦ Explorée par les Français (1672), la région est cédée à la Grande-Bretagne (1763) puis incluse dans l'Indiana (1800). L'Illinois entre dans l'Union en 1818.

ILLYRIE n. f. ✦ Région historique du nord des Balkans qui correspond aux régions côtières de la Croatie, de la Bosnie-Herzégovine et du Monténégro actuels. Les Grecs y fondent des colonies (VIIe siècle av. J.-C.). Elle devient une province de l'Empire romain (27 av. J.-C.), à qui elle donne plusieurs empereurs (Aurélien, Dioclétien, Constantin Ier). Avec l'arrivée des Croates, elle passe sous domination slave (VIIe siècle). Napoléon Ier crée les *Provinces illyriennes* (1809-1813) en unissant les régions côtières de l'ancienne Illyrie aux provinces du sud-ouest de l'Autriche.

IMHOTEP (vers 2800 av. J.-C.) ✦ Architecte égyptien. Ministre du pharaon **Djoser**, il construit pour lui la première pyramide à degrés à **Saqqara**. Grand prêtre de la ville d'Héliopolis et médecin, il est divinisé après sa mort comme le fils de **Ptah**. Les Grecs de l'Antiquité l'identifient à **Asclépios**.

INCAS n. m. pl. ✦ Nom des souverains d'un peuple du Pérou, qui désigne également les habitants de cet empire. Les Incas s'installent dans la vallée de Cuzco (vers le XIIe siècle) : la ville devient la capitale d'un empire qui atteint son apogée au XVe siècle. Grands bâtisseurs et conquérants, ils imposent leur langue, le quechua, et le culte du Dieu-Soleil. Ils établissent une brillante civilisation, dont il reste des vestiges (**Cuzco, Machu Picchu**), développent l'artisanat, l'agriculture et l'orfèvrerie. Fragilisé par une guerre civile et convoité pour son or, leur empire tombe aux mains des Espagnols de **Pizarro** (1531-1532) qui fait tuer **Atahualpa**, le dernier empereur (1533).

INCH'ON ✦ Ville de Corée du Sud, formant une province dans le nord-ouest du pays, sur la mer Jaune. 2,9 millions d'habitants. Port proche de Séoul ouvert au commerce international depuis 1876, centre industriel (sidérurgie, raffinage pétrolier).

INDE n. f. ✦ Pays d'Asie du Sud (☛ carte 41). Superficie : 3,3 millions de km² (un peu plus de six fois la France). 1,2 milliard d'habitants (les *Indiens*), en majorité hindous (85 %) mais aussi musulmans (11 %), sikhs, jaïns et chrétiens. République parlementaire dont la capitale est New Delhi. Autres villes importantes : Bombay, Calcutta, Madras. Langues officielles : l'hindi et l'anglais ; chacun des 29 États a une ou plusieurs langues régionales officielles. Monnaie : la roupie indienne. ♦ GÉOGRAPHIE. L'Inde est bordée au nord par la chaîne de l'**Himalaya** qui domine la plaine du **Gange**. Les plateaux de la péninsule du Dekkan sont bordés de montagnes à l'est et à l'ouest. Le climat tropical est marqué par la mousson qui donne de fortes pluies de juin à octobre. Le pays est sujet aux séismes dans le nord et aux tempêtes tropicales sur les côtes orientales. ♦ ÉCONOMIE. L'agriculture (céréales, canne à sucre, coton, riz, blé, café, thé, hévéa) occupe 70 % de la population et l'élevage produit du lait. L'industrie est développée (mécanique, textile, taille du diamant, métallurgie, chimie) et se diversifie dans la technologie de pointe, l'informatique et les services. Le niveau de vie moyen est très bas et la croissance de la population reste très forte, malgré la politique de limitation des naissances. C'est le pays le plus peuplé du monde après la Chine (☛ carte 57). L'exode rural provoque la multiplication des bidonvilles et la surpopulation des villes. ♦ HISTOIRE. La civilisation dite de l'**Indus** se forme au nord-ouest (2 500-1 200 ans av. J.-C.). Elle subit l'invasion des **Indo-Européens** qui introduisent la langue védique et rédigent les Véda (quatre textes sacrés des Hindous), puis des Perses et d'Alexandre le Grand (326 av. J.-C.). Elle se développe après l'introduction du bouddhisme (IIIe siècle av. J.-C.) et se divise en dizaines de royaumes rivaux. Les musulmans conquièrent le pays (XIIe-XVIe siècles), puis un prince turc, Babur, fonde l'Empire **moghol** (1526). Attirés par ses richesses (épices, coton) dès le XVIe siècle, les Européens (Portugais, Hollandais, Danois, Britanniques et Français) fondent des comptoirs (**Goa, Pondichéry, Bombay, Madras, Calcutta**). Après l'écrasement de révoltes indiennes et l'effondrement de l'Empire moghol, l'Inde devient une colonie britannique (1858) et la reine Victoria est proclamée impératrice des Indes (1876). ☛ carte 17. Grâce à l'action de **Gandhi**, le pays obtient son indépendance dans le cadre du Commonwealth (1947). ☛ Décolonisation p. 196. Le **Pakistan** est créé sur les deux régions les plus musulmanes du pays. Après l'assassinat de Gandhi, **Nehru** devient Premier ministre (1948). Depuis son indépendance, le pays connaît des affrontements entre les diverses communautés religieuses alors que les conflits frontaliers se multiplient avec le Pakistan, dans la région très convoitée du **Cachemire**, et avec la Chine. Un violent séisme suivi d'un raz-de-marée (tsunami) fait des milliers de victimes sur la côte est (2004).

INDÉPENDANCE AMÉRICAINE (guerre de l') ✦ Conflit qui oppose la Grande-Bretagne à ses treize colonies insurgées d'Amérique du Nord (1775-1782). Après la répression des troubles de Boston (1770, 1773), Franklin réunit un premier congrès à Philadelphie (1774). **Washington** prend la tête de l'armée des insurgés (1775) et l'indépendance des **États-Unis** est proclamée (4 juillet 1776). Franklin trouve des volontaires (**La Fayette**) en France, qui déclare la guerre à la Grande-Bretagne (1778), bientôt suivie par l'Espagne. Les Anglais capitulent à Yorktown (1781), connaissent des défaites maritimes aux Indes et aux Antilles, et l'indépendance des États-Unis est ratifiée (traité de Versailles, 1783).

INDES (Compagnie française des) ✦ Nom donné à la Compagnie d'Occident (fondée par **Law** pour le commerce avec la Louisiane et le Canada), quand elle fusionne en 1719 avec la Compagnie des Indes orientales (fondée par **Colbert** pour le commerce avec les océans Indien et Pacifique) et celles du Sénégal et de la Chine. Dissoute après la banqueroute de Law, elle est reconstituée en excluant les terres du Nouveau Monde (1722), puis prospère avec **Dupleix** avant de perdre son monopole (1769). Louis XV la recrée sous le nom de *Nouvelle Compagnie des Indes* (1785) et sa liquidation par la Convention (1793-1794) provoque un scandale auquel sont mêlés des révolutionnaires (**Danton, Fabre d'Églantine**).

INDIANA n. m. ✦ État du centre des États-Unis depuis 1816 (☛ carte 47). Superficie : 94 153 km² (un sixième de la France). 6 millions d'habitants. Capitale : Indianapolis. ♦ Vallonné au nord et plat au centre, l'Indiana est boisé au sud. L'agriculture (céréales, élevage de porcs et de bovins) est prospère au nord. L'industrie (métallurgie, raffineries, chimie) se concentre dans les grandes villes et au bord du lac Michigan (près de Chicago). ♦ Peuplé d'Indiens, l'Indiana est occupé par les Français (XVIIe siècle) avant d'être cédé à la Grande-Bretagne (traité de Paris, 1763).

INDIANAPOLIS ✦ Ville des États-Unis, capitale de l'Indiana. 791 926 habitants (1,6 million pour la zone urbaine). Centre culturel, universitaire, commercial (grains, bétail) et industriel (automobile, produits pharmaceutiques), célèbre pour ses courses d'automobiles.

INDIEN (océan) ✦ Océan compris entre l'Afrique à l'ouest, l'Asie au nord et nord-est, l'Australie à l'est, et l'Antarctique au sud. Il communique avec la mer

Rouge par le détroit de **Bab el-Mandeb** et avec le golfe Arabo-Persique par le détroit d'**Ormuz**. Il comprend la mer d'**Oman** et le golfe du **Bengale**. Troisième océan du monde : environ 75 millions de km². Profondeur moyenne : 3 900 m ; profondes fosses (7 000 m). Les îles sont nombreuses : Sri Lanka et Maldives au nord, Madagascar, Seychelles, Maurice et la Réunion à l'ouest, Crozet et Kerguelen au sud.

INDIENS n. m. pl. ✦ Nom donné par les Européens aux indigènes du continent américain. On les appelle aussi les ***Amérindiens*** pour les distinguer des habitants de l'Inde. ♦ Arrivés de Sibérie par le détroit de Béring il y a environ 40 000 ans, ils peuplent progressivement tout le territoire américain alors inhabité. Ces chasseurs nomades s'adaptent à des milieux naturels divers et développent ainsi des cultures très variées. Dans les plaines d'Amérique du Nord vivent les **Sioux**, les **Cheyennes** et les **Comanches**, les **Algonquins**, les **Hurons**, les **Iroquois** et les **Mohicans** au nord-est, les **Cherokees** au sud-est et les Pueblos, agriculteurs sédentaires qui cohabitent avec les **Apaches** et les **Navajos** au sud-ouest. Des civilisations élaborées se développent en Amérique centrale (**Aztèques**, **Mayas**) et dans les Andes (**Incas**). Les **Caraïbes** sont massacrés par les Espagnols (XVIe siècle). À la fin du XVIIe siècle, les Européens obligent les Indiens d'Amérique du Nord à renoncer à leurs territoires, puis les peuples de l'est du Mississippi sont déportés vers le *Territoire indien* (actuel Oklahoma) et placés sous l'autorité du *Bureau des affaires indiennes* (XIXe siècle). Les Apaches, les Navajos et les Sioux sont les derniers à se soumettre et une loi qui morcelle leur terre est adoptée (1887). De nos jours, les Indiens d'Amérique du Nord vivent principalement dans des réserves. Ceux d'Amérique du Sud sont plus assimilés aux populations européennes même s'ils vivent souvent dans des régions isolées et ingrates (Andes, forêt tropicale). En Amazonie, ils luttent contre la déforestation et l'exploitation minière. Dans les Andes, ils conservent leur langue, comme les **Quechuas**, et certains aspects de leur culture et de leur religion. Un Musée des Indiens d'Amérique est créé à Washington en 2004.

INDOCHINE n. f. ✦ Péninsule d'Asie du Sud-Est, entre l'Inde et la Chine. Elle comprend le Myanmar (ex-Birmanie), le Laos, la Thaïlande, le Cambodge, le Viêtnam et la péninsule malaise. Peuplée dès la préhistoire par des vagues successives de migration, la région est une mosaïque de civilisations contrastées influencées par la culture indienne à l'ouest et chinoise à l'est.

INDOCHINE (guerre d') ✦ Guerre d'indépendance menée par **Ho Chi Minh** dès 1946. ☛ Décolonisation p. 196. Après la défaite des Français à **Diên Biên Phu** (1954), elle se termine par la signature des accords de **Genève** (1954). Ils reconnaissent l'indépendance du Laos, du Cambodge et du Viêtnam qui est partagé entre le Nord communiste, soutenu par Ho Chi Minh, et le Sud soutenu par les Américains. Cette situation aboutit à la guerre du **Viêtnam**.

INDOCHINE FRANÇAISE n. f. ✦ Nom donné en 1887 aux pays du Sud-Est asiatique qui sont sous protectorat de la France ou colonisés par elle. On l'appelle aussi l'*Union indochinoise*. La conquête commence sous Napoléon III avec la prise de Saigon (1859). L'Annam (1883), le Tonkin (1885) et la **Cochinchine** (1887) rejoignent l'Union indochinoise alors que le Cambodge (1863) et le Laos (1893) se placent sous la protection de la France. L'autorité est confiée à un gouverneur général qui siège à Hanoï.

INDO-EUROPÉENS n. m. pl. ✦ Peuple originaire d'Asie. Son existence est établie par des linguistes (fin XVIIIe siècle) qui trouvent des ressemblances nombreuses et précises entre la plupart des langues d'Europe et plusieurs langues d'Asie. Ils en déduisent que ces langues très éloignées dans le temps et dans l'espace ont probablement une origine commune : un peuple qui aurait vécu en Asie centrale ou dans le Caucase à la fin de la préhistoire. Les Indo-Européens travaillent les métaux (cuivre, bronze), élèvent des chevaux et enterrent leurs morts. La société, masculine, se divise en trois fonctions, les prêtres, les guerriers et les éleveurs-agriculteurs. De 3 000 à 1 000 ans av. J.-C., ils migrent vers le nord de l'Inde (**Aryens**), l'Iran (**Scythes**), l'Asie Mineure (**Hittites**, **Mèdes**, Perses), la Grèce (Thraces, Ioniens, **Achéens**, **Doriens**), l'Italie (**Latins**, Vénètes), l'Europe de l'Est (**Slaves**), du Nord (Baltes, **Germains**) et centrale (**Celtes**). La moitié de la population mondiale parle aujourd'hui des langues indo-européennes.

INDONÉSIE n. f. ✦ Pays d'Asie du Sud-Est (☛ cartes 38, 39). Superficie totale : 1,9 million de km² (plus de trois fois la France). Plus de 231 millions d'habitants (les *Indonésiens*), en majorité (87 %) musulmans (c'est la plus grande communauté du monde) mais aussi chrétiens, bouddhistes, hindouistes et animistes. République dont la capitale est Jakarta. Langue officielle : l'indonésien ; on y parle aussi plus de 500 langues locales dont la principale est le javanais. Monnaie : la roupie. ♦ GÉOGRAPHIE. L'archipel est formé d'îles montagneuses et souvent volcaniques dont les principales sont : Sumatra, Java, Bali, les Petites Îles de la Sonde, une grande partie de Bornéo, les Célèbes, les Moluques et l'ouest de la Nouvelle-Guinée. Climat équatorial humide. ♦ ÉCONOMIE. L'agriculture est essentielle dans les régions très peuplées (riz, maïs, soja, arachide, tabac, hévéa, palmier à huile, cocotier, cacao, épices). L'industrie, développée grâce à l'exploitation du pétrole et maintenant du gaz naturel, se diversifie (textile, confection, contreplaqué, rotin). Le tourisme progresse. ♦ HISTOIRE. Un peuple venu de l'île de Taïwan occupe la région (5 000 ans av. J.-C.), qui se développe au contact de la population indienne (IVe-Ve siècles) et adopte ses grands traits de civilisation (écriture, religions, arts et mode de gouvernement). L'islam se répand avec les marchands musulmans (XIIIe-XVIe siècles). Les Hollandais colonisent la région (fin XVIe siècle), prennent le pouvoir (1799) et exploitent les richesses (indigo, tabac, canne à sucre). L'indépendance proclamée après l'occupation japonaise (1945) est reconnue en 1949. Un putsch attribué au parti communiste est écrasé (1965) et la répression qui suit cause la mort d'un demi-million de personnes. Le général Suharto est régulièrement réélu de 1968 jusqu'à la crise financière asiatique (1997) qui provoque sa chute (1998). L'Indonésie quitte le **Timor oriental** qu'elle occupait depuis 1975. Elle réprime les mouvements indépendantistes et ne parvient pas à régler les problèmes religieux (conflits meurtriers à Bornéo, aux Célèbes et aux Moluques ; attentat islamiste à Bali, 2002). Un violent séisme suivi d'un raz-de-marée (tsunami) fait des milliers de victimes (2004).

① **INDRE** n. f. ✦ Rivière du sud du Bassin parisien, longue de 265 km (☞ carte 21). Elle prend sa source dans le Massif central, arrose le Berry et la Touraine et se jette dans la Loire.

② **INDRE** n. f. ✦ Département du centre-ouest de la France [36], de la Région Centre-Val de Loire. Superficie : 6 791 km². 226 175 habitants. Chef-lieu : Châteauroux ; chefs-lieux d'arrondissement : Le Blanc, La Châtre et Issoudun.

INDRE-ET-LOIRE n. f. ✦ Département du centre-ouest de la France [37], de la Région Centre-Val de Loire. Superficie : 6 127 km². 603 924 habitants. Chef-lieu : Tours ; chefs-lieux d'arrondissement : Chinon et Loches.

INDUS n. m. ✦ Fleuve d'Asie, long de 3 180 km (☞ carte 38). Il prend sa source au sud du Tibet, descend de l'Himalaya qu'il traverse par une série de gorges profondes. Il parcourt le Pakistan du nord au sud et se jette dans la mer d'Oman par un delta au sud de Karachi. ♦ Les rives du fleuve voient naître la brillante *civilisation de l'Indus* (2 500-1 200 ans av. J.-C.). Elle se caractérise par des villes au plan régulier et un artisanat développé. Elle disparaît probablement à cause des inondations et des invasions indo-européennes. On peut en voir encore quelques vestiges en Inde et au Pakistan (Mohenjo-Daro, Taxila).

INDY Vincent d' (1851-1931) ✦ Compositeur français. Grand pédagogue, il est l'un des fondateurs de la Schola cantorum de Paris. Il a formé de nombreux musiciens comme Roussel, Albeniz ou Satie. Admirateur de Wagner, il a contribué à faire connaître son œuvre en France. Attaché au folklore national, il a notamment composé une *Symphonie sur un chant montagnard français,* dite *Cévenole* (1886) et de la musique de chambre. On lui doit aussi un *Traité de composition musicale.*

INGOUCHIE n. f. ✦ République de la fédération de Russie, dans le Caucase (☞ carte 33). Superficie : 2 700 km². 412 500 habitants (les *Ingouches*). Capitale : Magas (19 000 habitants). ♦ Les Ingouches se convertissent tardivement à l'islam (XIXe siècle). Ils se soulèvent contre l'URSS (1941), sont déportés par Staline (1943) puis réhabilités (1957). Pour reprendre la partie de leur territoire intégrée à l'**Ossétie**, ils s'opposent à elle lors d'un conflit armé (1992-1993).

INGRES Jean Auguste Dominique (1780-1867) ✦ Peintre français. Fils d'un sculpteur, il suit des cours de musique, étudie à l'Académie royale de Toulouse puis devient l'élève de **David** à Paris (1797). Il obtient le prix de Rome (1801), ouvre un atelier (1824) puis dirige l'Académie de France à Rome (1834-1841). De retour en France, il est comblé d'honneurs. Il peint des portraits, des nus, des paysages, des scènes mythologiques. Attaché à la tradition classique, il recommande la copie des antiques et la pratique rigoureuse du dessin. Il se veut le continuateur de David mais il trouve son propre style, utilise des harmonies de couleurs et des teintes rares qui font de lui l'égal de son maître. Parmi ses œuvres, on peut citer : *Mademoiselle Rivière* (1805), *Œdipe et le Sphinx* (1808), *La Grande Odalisque* (1814), *La Source* (1856), *Le Bain turc* (1863). Son goût pour la musique nous a laissé une expression : une activité artistique exercée avec passion en dehors de sa profession principale s'appelle un *violon d'Ingres.*

INNOCENT III (1160-1216) ✦ Pape de 1198 à sa mort, le plus puissant du Moyen Âge. Il étend son autorité sur l'Italie et impose la suprématie des États de l'Église aux souverains. Il jette l'interdit sur la France et oblige Philippe Auguste à reprendre la femme qu'il a répudiée (1200) puis se réconcilie avec lui. Il provoque la quatrième croisade qui prend **Constantinople** (1204). Il soutient saint François d'Assise et envoie saint Dominique prêcher les **albigeois** (1205) mais, devant son échec, il lance une croisade contre eux (1208). Il couronne Othon IV à la tête du Saint Empire (1209) puis l'excommunie et fait élire à sa place **Frédéric II** (1212). En Espagne, il organise l'alliance qui bat les Almohades pendant la **Reconquista** (1212). Il excommunie **Jean sans Terre**, mais quand celui-ci se déclare son vassal (1213), il le défend contre les barons anglais révoltés (1215).

INNSBRUCK ✦ Ville d'Autriche, capitale du Tyrol, dans l'ouest du pays, dans la vallée de l'Inn. 121 329 habitants. *Goldenes Dachl* («petit toit d'or», maison du XVe siècle), *Hofburg* (palais de Maximilien Ier, XVIe siècle), église baroque Saint-Jacques (XVIIIe siècle), arc de triomphe (1765). Station touristique et de sports d'hiver. La ville a accueilli deux fois les Jeux olympiques d'hiver (1964 et 1976).

INQUISITION n. f. ✦ Tribunal spécial créé par la papauté pour lutter contre les hérésies dans toute la chrétienté (1229). Les dominicains qui siègent dans ses tribunaux (1232-1233) font preuve d'une extrême sévérité (torture, prison, confiscation des biens, exclusion, peine de mort). ♦ L'Inquisition devient très active en Europe et dans les colonies espagnoles (XIIIe-XVIe siècles). En France, l'Inquisition bénéficie de l'appui du roi mais décline (fin du XIVe siècle) et disparaît (XVIIIe siècle). En Espagne, elle est instaurée à Séville par **Isabelle la Catholique** et prend le nom de *Tribunal du Saint-Office* (1478), organisé par **Torquemada.** Étendue à l'Aragon (1484), elle persécute les juifs, les musulmans, les protestants et devient un instrument du pouvoir royal. À partir de 1569, son action s'exerce dans toutes les possessions espagnoles, particulièrement en Amérique, puis elle est définitivement supprimée (1834). À Rome, elle est réorganisée sous le nom de *Congrégation de la Suprême Inquisition* (1542). Elle est chargée de lutter contre le protestantisme, puis contre toutes les pratiques qu'elle juge hérétiques. Elle crée l'*Index,* un catalogue des livres interdits par l'Église (1917), et s'appelle *Congrégation pour la doctrine de la foi* depuis 1965.

INRA n. m. *(Institut national de la recherche agronomique)* ✦ Établissement public scientifique et technique français, fondé en 1946. Placé sous la tutelle des ministères de la Recherche et de l'Agriculture, il a pour but de parfaire et d'exploiter la connaissance du monde vivant au service de l'agriculture, de l'alimentation et de l'environnement rural de l'homme.

INSEE n. m. *(Institut national de la statistique et des études économiques)* ✦ Organisme public français, fondé en 1946. Il est chargé de réaliser des études démographiques (dont le recensement) et économiques afin d'établir des statistiques officielles.

INSTITUT DE FRANCE ✦ Ensemble qui regroupe les cinq Académies depuis 1795. L'Institut comprend l'**Académie française** (1634), l'Académie des inscriptions et belles-lettres (1663), l'Académie des sciences (1666), l'Académie des beaux-arts (1816), l'Académie des sciences morales et politiques (1795). Ses séances se tiennent depuis 1805 au *palais de l'Institut*. Construit par **Le Vau** à Paris sur la rive gauche de la Seine, dans l'axe de la cour Carrée du Louvre, le palais abrite le tombeau de **Mazarin** et la riche bibliothèque Mazarine.

INSULINDE n. f. ✦ Région de l'Asie du Sud-Est. Elle comprend les îles de l'**Indonésie**, des **Philippines** et la presqu'île de **Malacca**.

INTERNATIONALE n. f. ✦ Organisation de partis ouvriers qui, inspirés par **Babeuf, Marx** et **Engels**, veulent transformer les sociétés capitalistes en sociétés socialistes et les unifier dans une fédération mondiale. La **Ire INTERNATIONALE,** créée à Londres (1864), est rejointe par les anarchistes de **Bakounine** (1867), exclus en 1872. Marx doit transférer son siège à New York puis elle est dissoute (1876). La **IIe INTERNATIONALE,** fondée à Paris par les partis socialistes et sociaux-démocrates d'Europe (1889), refuse la dictature du prolétariat et se déchire pendant la Première Guerre mondiale. Appelée *Internationale socialiste* après avoir cessé ses activités (1939), elle est reconstituée à Francfort (1951). La **IIIe INTERNATIONALE,** appelée *Komintern,* est fondée à Moscou par **Lénine** (1919) et dominée par le Parti communiste russe. Devenue un obstacle entre la Russie et ses alliés, elle est dissoute par Staline pendant la Deuxième Guerre mondiale (1943). La **IVe INTERNATIONALE** (1938) est fondée par **Trotski** pour coordonner les partis communistes antistaliniens et relancer la révolution mondiale trahie par les dirigeants soviétiques.

***Internationale* (L')** ✦ Hymne révolutionnaire composé par Pierre Degeyter sur un poème d'Eugène Pottier (1871). Il est joué pour la première fois à la fête des travailleurs de Lille (1888). Hymne national soviétique jusqu'à la Deuxième Guerre mondiale, il demeure l'hymne international des partis socialistes et communistes.

INTERNET n. m. ✦ Réseau informatique mondial, créé pour les besoins de la Défense américaine (1969). Par l'intermédiaire du réseau téléphonique, Internet permet de consulter des informations et de bénéficier de services depuis son ordinateur. Il se développe grâce au courrier électronique et au réseau multimédia (le Web ou la Toile).

INTERPOL n. m. ✦ Organisation internationale de police criminelle créée en Europe (1923). Son siège, installé à Vienne en Autriche, a été transféré à Lyon (1989). Elle groupe 190 pays et poursuit les crimes internationaux et les criminels réfugiés à l'étranger.

INUITS n. m. pl. ✦ Peuple installé au Groenland, au Canada, en Alaska, au nord-est de la Sibérie et dans les îles du détroit de Béring. On les appelait ***Esquimaux*** auparavant. Les Inuits sont environ 112 500 et parlent des langues amérindiennes, en majorité l'inuktitut. Issus d'une population d'Alaska originaire d'Asie, ils se dispersent vers l'est au Ier millénaire. Vivant de la chasse et de la pêche (caribou, ours, phoque, morse, baleine), ils adaptent leur mode de vie aux régions et aux climats. La plupart sont aujourd'hui christianisés mais restent attachés à leur ancienne croyance, fondée sur le culte de la nature, l'esprit des animaux abattus et une divinité féminine régnant sur les animaux marins. Leur civilisation tend à disparaître au contact des populations nord-américaines et ils font valoir de plus en plus leurs droits politiques et culturels. Au Canada, ils ont obtenu la création d'un territoire autonome, le **Nunavut** (1999). Au Groenland, ils ont adopté un statut d'autonomie élargie (2008).

INVALIDES (les) ✦ Ensemble monumental de Paris, bâti sur une vaste esplanade qui s'étend jusqu'à la rive gauche de la Seine. Il est construit sur l'ordre de Louis XIV pour soigner les soldats blessés et accueillir les invalides de guerre (1670-1674). L'ensemble des bâtiments comprend six cours et deux églises, Saint-Louis et le Dôme des Invalides, construits par **Hardouin-Mansart**. La crypte abrite des tombes des grands soldats (Vauban, Turenne, Foch, Lyautey, Leclerc, Juin...) et le tombeau de Napoléon Ier. L'Hôtel des Invalides abrite aujourd'hui le musée de l'Armée, le musée d'Histoire contemporaine, le musée de l'Ordre de la Libération et le musée des Plans-Reliefs.

INVASIONS (Grandes) → GRANDES INVASIONS

INVINCIBLE ARMADA (l') n. f. → ARMADA (l'Invincible)

IO ✦ Prêtresse d'**Héra**, dans la mythologie grecque. Elle est aimée de **Zeus** qui la métamorphose en génisse pour la protéger de la jalousie de sa femme, Héra. Informée de la vérité, Héra l'enferme puis lui envoie un taon qui la pique et la rend furieuse. La génisse affolée traverse la Grèce, passe le Bosphore puis arrive en Égypte où elle règne après avoir retrouvé sa forme humaine. Elle y est identifiée à **Isis**.

IONESCO Eugène (1909-1994) ✦ Auteur dramatique français, d'origine roumaine. Il est élevé en France, achève ses études en Roumanie (1922-1938) puis se fixe définitivement en France. Il exploite l'ambiguïté du langage dans des pièces d'apparence comique où l'absurde et le désespoir sont souvent présents. ☛ Littérature p. 146. Il publie aussi des romans, des essais et écrit des scénarios pour le cinéma. Parmi ses pièces, on peut citer *La Cantatrice chauve* (1950), *Les Chaises* (1952), *Rhinocéros* (1958), *Le roi se meurt* (1962), *Jeux de massacre* (1970). Académie française (1970).

IONIE n. f. ✦ Région historique d'Asie Mineure. Située sur le littoral de l'actuelle Turquie, l'Ionie comprend les îles de Samos et de Chios. ♦ Elle est colonisée par les *Ioniens,* un peuple indo-européen installé en Grèce puis chassé par les Doriens (XIe siècle av. J.-C.). Ils s'établissent en Asie Mineure. Ils y fondent douze cités prospères dont **Éphèse, Phocée,** Milet, **Chios, Samos** et **Smyrne.** Patrie d'Homère et d'Héraclite, l'Ionie joue un grand rôle dans la culture grecque. Elle fonde de nombreuses cités dans le Pont-Euxin et sur le littoral méditerranéen. Elle est soumise par **Crésus,** roi de Lydie (vers 560 av. J.-C.) et par les Perses (546 av. J.-C.). Elle aide Athènes dans les guerres **médiques** et participe à la ligue de **Délos** (477 av. J.-C.). Sparte la cède aux Perses (386 av. J.-C.) et elle se livre à Alexandre le Grand (334 av. J.-C.). Elle est disputée entre l'Égypte et le royaume de Pergame, puis intégrée à l'Empire **romain** (133 av. J.-C.) et à l'Empire **byzantin.**

IONIENNE (mer) ✦ Partie de la mer Méditerranée comprise entre les côtes italiennes de Calabre et de Sicile à l'ouest, et la Grèce à l'est. Sa profondeur maximale est de 5 121 m. Elle communique avec la mer **Tyrrhénienne** par le détroit de Messine.

IONIENNES (îles) ✦ Archipel grec de la mer Ionienne, au large des côtes ouest du pays (☛ carte 28). Il forme l'une des neuf régions de Grèce. Superficie : 2 307 km². 200 000 habitants. Ces îles montagneuses et fertiles vivent surtout du tourisme. Les principales sont Céphalonie, **Corfou, Ithaque**, Leucade et Zante. ♦ Séparées de l'Empire **byzantin** et annexées par les rois normands de Sicile et de Naples (XIe-XIIe siècles), ces îles sont occupées par les Vénitiens (XIVe-XVe siècles), les Français (1797-1799 ; 1807-1815) et les Russes (1800-1807). Les Britanniques en font un État placé sous leur protection (1815) puis le cèdent à la Grèce (1864).

IOWA n. m. ✦ État des États-Unis, dans le centre du pays (☛ carte 47). Superficie : 145 791 km² (un peu moins du tiers de la France). 2,9 millions d'habitants. Capitale : Des Moines (198 682 habitants). ♦ L'Iowa est formé d'une grande prairie arrosée par les affluents du Missouri à l'ouest et du Mississippi à l'est. Son climat est continental. L'agriculture (maïs, soja, avoine) et l'élevage (premier producteur de porcs du pays, et deuxième de bovins) sont prospères. L'industrie est variée (charbon, métallurgie, électronique, alimentaire). ♦ Peuplée d'Indiens Iowas et explorée par les Français, la région fait partie de la **Louisiane**, vendue aux États-Unis par Napoléon (1803). Après la soumission des Indiens (1832), l'État rejoint le camp nordiste pendant la guerre de Sécession. Il rejoint l'Union en 1846.

IPHIGÉNIE ✦ Personnage de la mythologie grecque. Fille d'**Agamemnon** et de **Clytemnestre,** elle doit être sacrifiée à Artémis pour obtenir les vents favorables au départ de la flotte de son père vers Troie. Son histoire inspire Euripide (414 et 405 av. J.-C.), Racine (*Iphigénie*, 1674), Goethe (1787) ou encore le musicien allemand Gluck (1779).

IQALUIT ✦ Ville du Canada, capitale du Nunavut, située au sud-est de l'île de **Baffin** et appelée *Frobisher Bay* jusqu'en 1999. 6 184 habitants. Centre administratif, depuis la création du **Nunavut** (1999).

IRA n. f. (anglais *Irish Republican Army* «Armée républicaine irlandaise») ✦ Organisation nationaliste fondée pour obtenir l'indépendance et l'unité de l'**Irlande** (1919). La branche militaire (*IRA provisoire*) utilise le terrorisme contre les autorités britanniques. L'IRA annonce un cessez-le-feu (1994), pour permettre au parti politique, le **Sinn Féin,** d'ouvrir des négociations avec Londres. Bien que cet engagement ne soit pas toujours respecté, un accord de paix est conclu (1998) et l'IRA met officiellement fin à la lutte armée (2005).

IRAK ou **IRAQ** n. m. ✦ Pays d'Asie de l'Ouest. (☛ cartes 38, 39). Superficie : 440 000 km² (un peu moins que la France). 27,5 millions d'habitants (les *Irakiens* ou les *Iraquiens*), dont 73 % d'Arabes, 22 % de Kurdes, des Turkmènes et des Arméniens. Ils sont en majorité musulmans (53 % de chiites, 42 % de sunnites). République dont la capitale est Bagdad. Langue officielle : l'arabe ; on y parle aussi le turc, le kurde et l'arménien. Monnaie : le dinar irakien. ♦ GÉOGRAPHIE. L'Irak est constitué principalement par la plaine alluviale de la Mésopotamie comprise entre le **Tigre** et l'**Euphrate** et bordée à l'est par des pentes montagneuses. Le sud est occupé par le désert Arabique. Le climat continental au nord, très chaud dans la plaine, devient sec et aride au sud. ♦ ÉCONOMIE. L'agriculture (céréales, tabac, coton, riz, dattes) et l'élevage (ovins, caprins, bovins) sont importants. Le pétrole est la principale richesse du pays (10 % des réserves mondiales), mais les conflits successifs ont en partie détruit les installations. Le sous-sol contient aussi du gaz, du soufre et des phosphates. C'est l'un des pays les plus industrialisés du monde arabe (pétrochimie, cimenterie, alimentaire, sidérurgie). ♦ HISTOIRE. Appelée ***Mésopotamie,*** la plaine fertile est, dans l'Antiquité, un immense foyer de civilisations (Sumer, Akkad, Babylone, Assyrie). Le pays prend le nom d'*Irak* lors des conquêtes arabes (637-641). Il devient un grand centre économique, politique, culturel et religieux de l'islam (VIIIe-IXe siècles). Il passe sous la domination des Perses (945-1055), des Turcs (1055-1198), des Mongols (1258, et de Tamerlan 1387-1401), puis il est soumis à l'Empire **ottoman** (1534). À la chute de ce dernier, il passe sous contrôle anglais (1920), puis devient un royaume indépendant (1932). La république proclamée par les militaires se rapproche de l'URSS (1958). Saddam **Hussein** prend le pouvoir (1979), instaure un régime autoritaire et déclare la guerre à l'Iran (1980-1988). Il envahit le **Koweït**, grand producteur de pétrole (1990) et déclenche la guerre du **Golfe**. Sa défaite (1991) est suivie d'une révolte des Kurdes et des chiites, sévèrement réprimée. L'ONU place le pays sous un embargo qui le paralyse et lui fait subir des privations. Le désarmement de l'Irak préoccupe la communauté internationale. Une coalition internationale, sous l'égide des États-Unis, envahit le pays et renverse le régime (2003). Saddam Hussein est capturé, condamné à mort par le Haut Tribunal pénal irakien (2006), et exécuté (2007). Entre-temps, un nouveau gouvernement est élu démocratiquement (2005) mais le pays reste en proie à des attentats et à des affrontements entre des groupes armés et les forces de la coalition. Obama annonce le retrait des forces américaines pour 2011. Les djihadistes de Daech s'emparent de la province de Mossoul (2014). Une vaste offensive vise à récupérer une partie du nord du pays.

IRAN n. m. ✦ Pays d'Asie de l'Ouest (☛ cartes 38, 39). Superficie : 1,6 million de km² (un peu plus de trois fois la France). 70,4 millions d'habitants (les *Iraniens*), dont plusieurs millions d'Azéris, de Kurdes, de Turkmènes, d'Arabes et 1,2 million de nomades. République islamique dont la capitale est Téhéran. Langue officielle : le persan ; on y parle aussi le kurde, le turc et l'azéri. Religion officielle : l'islam (chiite). Monnaie : le rial. ♦ GÉOGRAPHIE. L'Iran est un pays de hauts plateaux, entouré de montagnes. Des lacs asséchés forment des déserts salés qui contrastent avec la fertilité des pentes humides des montagnes et des plaines irriguées. Le climat continental est aride, les étés très chauds et les hivers très froids. ♦ ÉCONOMIE. L'agriculture (céréales, fruits, betterave, canne à sucre, thé, coton, tabac), l'élevage (ovins, caprins, bovins) et la pêche (caviar de la mer Caspienne) ne suffisent pas à nourrir la population. Le pétrole et le gaz sont les principales ressources du pays mais l'activité industrielle liée au pétrole dans les années 1970 est fortement freinée par la Révolution et la guerre avec l'Irak. L'industrie (textile, alimentaire) se tourne vers la sidérurgie. L'artisanat est actif (tapis, soieries, cotonnades). ♦ HISTOIRE. La région appelée ***Perse*** est conquise par les Arabes (VIIe siècle) et islamisée. Elle se partage entre dynasties rivales et reconstitue un vaste empire (XIe siècle). Celui-ci passe sous domination mongole avec **Gengis Khan** (1221) et **Tamerlan** (1381-1387). Une dynastie chiite unit l'Irak et le Caucase au pays (1502) qui atteint son apogée sous Abbas Ier (1571-1629). Celui-ci réorganise l'armée et l'administration, développe le commerce et fait d'**Ispahan** sa capitale (vers 1598) et l'une des plus belles villes d'Iran. Ses victoires sur les Ottomans, les Ouzbeks et les Portugais renforcent les frontières et rétablissent la suprématie perse sur le golfe Arabo-Persique. La révolte des tribus afghanes, le pillage d'Ispahan (1722) et les rivalités entre dynasties dévastent le pays. L'Iran perd la Géorgie, l'Arménie et l'Afghanistan, attaqué par la Russie au nord et la Grande-Bretagne à l'est, qui le divisent en deux zones d'influence (1907). Riza Chah, roi en 1925, établit un pouvoir centralisé, autoritaire, répressif et modernise le pays qu'il rebaptise *Iran* (1935). Il se rapproche des États-Unis, nationalise le pétrole (1951) et transforme la société et l'économie tout en pourchassant les nationalistes, les communistes et en supprimant les libertés constitutionnelles. Après de violentes émeutes, le Chah quitte le pays (1979) et l'ayatollah **Khomeiny,** revenu de son exil en France, fonde le Conseil de la Révolution et proclame la République islamique (1979). Les religieux contrôlent les institutions de l'État et réglementent strictement la vie privée, économique et sociale selon la loi islamique. L'économie se dégrade et le pays sort fortement affaibli du conflit avec l'Irak (1980-1988). Après la mort de Khomeiny (1988), le pouvoir passe aux modernistes (1997) puis aux conservateurs (2005). Les menaces sur l'État d'Israël et la poursuite du programme nucléaire provoquent de vives tensions. Le programme nucléaire est stoppé en échange de la levée des sanctions internationales imposées depuis 2006.

IRAQ → IRAK

IRIAN JAYA ✦ Province d'Indonésie, dans l'ouest de la Nouvelle-Guinée. Superficie : 442 000 km². 1,6 million d'habitants. Capitale : Jayapura (130 287 habitants). ♦ Elle est formée de montagnes couvertes de forêts tropicales. Ressources naturelles : bois, pétrole, nickel, cuivre, or, argent. Les **Papous,** population aborigène, cultivent des tubercules et pratiquent l'élevage, la chasse et la cueillette. ♦ Occupée par les Pays-Bas (1828), elle est rendue à l'Indonésie après l'intervention de l'ONU (1963). L'indépendance, proclamée par le Congrès papou (2000), avive les tensions avec la métropole. En 2003, elle est partagée en deux provinces, la Papouasie et l'Irian Jaya occidental.

IRIS ✦ Déesse de l'Arc-en-ciel, dans la mythologie grecque. Symbole du chemin entre le ciel et la terre, elle devient la messagère des dieux de l'**Olympe.** Elle est représentée ailée, tenant un bâton dans une main.

IRKOUTSK ✦ Ville de Russie (Sibérie), au sud-ouest du lac Baïkal. 588 000 habitants. Centre culturel. Industries (métallurgie, mécanique, alimentaire, bois), à proximité d'une centrale hydroélectrique et d'un vaste bassin houiller (37 500 km²).

① **IRLANDE** n. f. ✦ Île d'Europe, dans l'Atlantique Nord, à l'ouest de la Grande-Bretagne (☛ cartes 24, 25). Le nord-est fait partie du Royaume-Uni *(Irlande du Nord)* et le reste de l'île forme la république d'Irlande. Superficie : 84 000 km². 5,6 millions d'habitants (les *Irlandais*). ♦ Peuplée dès la préhistoire et envahie par les Celtes (IVe siècle av. J.-C.), l'île est divisée en royaumes et échappe à la conquête romaine. Elle est christianisée par saint **Patrick** (Ve siècle) qui crée de nombreux monastères. Sa culture rayonne et sa littérature est florissante. Elle est envahie par les Vikings (VIIIe siècle) et les Normands (XIIe siècle). **Henri VIII** prend le titre de roi d'Irlande (1541). Les tentatives pour imposer le protestantisme et la confiscation des terres au profit des colons anglais (XVIIe siècle) provoquent de nombreuses révoltes des Irlandais catholiques qui sont sévèrement réprimées. **Cromwell** envahit l'île (1649-1651) et la politique anticatholique se durcit. Les lois votées à Londres s'appliquent désormais à l'ensemble de l'île (1719) qui est gouvernée par des prélats anglais. L'Acte d'Union crée le Royaume-Uni de Grande-Bretagne et d'Irlande (1801). La situation politique, la surpopulation et la terrible famine de 1845 provoquent une grande vague d'émigration irlandaise vers les États-Unis. Des patriotes engagent alors une lutte parlementaire qui aboutit à une réforme (1881). Elle rend progressivement la terre aux Irlandais qui revendiquent de plus en plus leur autonomie. Le parlement irlandais proclame la république d'Irlande (1919). Elle est reconnue par le Royaume-Uni (1921) qui garde les comtés protestants de l'Ulster.

② **IRLANDE** ou **ÉIRE** (en gaélique) n. f. ✦ Pays d'Europe de l'Ouest (☛ cartes 24, 25). Superficie : 70 280 km² (moins d'un huitième de la France). 4,2 millions d'habitants (les *Irlandais*), en majorité catholiques (93 %). République dont la capitale est Dublin. Langues officielles : l'anglais et l'irlandais (gaélique). Monnaie : l'euro, qui remplace la livre irlandaise. ♦ GÉOGRAPHIE. La plaine qui occupe le centre de l'Irlande est parsemée de lacs et bordée de petits massifs. Au nord-ouest se trouvent les landes du **Connemara.** Les côtes découpées sont entaillées par de profondes baies. Le climat est doux et humide. ♦ ÉCONOMIE. L'agriculture repose sur l'élevage (bovins, moutons, chevaux). L'industrie (bière, whisky, mécanique, informatique) se concentre autour de Dublin. Le secteur des services se développe. Le tourisme est important (Connemara). ♦ HISTOIRE. Quand la Grande-Bretagne reconnaît l'État libre d'Irlande (1921), une partie de la population refuse le rattachement des comtés d'**Ulster** au Royaume-Uni : une guerre civile ravage le pays. En 1937, l'Irlande cesse de reconnaître la souveraineté du roi, proclame la création de l'Éire (la *république d'Irlande*), quitte le Commonwealth (1949) et rejoint la CEE (1973).

IRLANDE DU NORD n. f. ✦ Partie nord-est de l'Irlande, rattachée au Royaume-Uni (☛ carte 31). Elle est formée de six des neuf comtés d'**Ulster.** Superficie : 14 121 km². 1,7 million d'habitants, en majorité protestants mais avec une importante minorité catholique (40 %). Capitale : Belfast. ♦ C'est une vaste dépression occupée en son centre par le lough Neagh, le plus grand lac du Royaume-Uni (388 km^2). Elle est entourée de petits massifs montagneux. À l'est, le plateau d'Antrim se prolonge dans la mer par la Chaussée des Géants, une curiosité naturelle inscrite sur la liste du patrimoine mondial de l'Unesco. L'agriculture est dominée par l'élevage. La crise de la métallurgie et de la construction navale a ruiné des quartiers entiers de Belfast où le chômage atteint 50 %. La côte essaie de se tourner vers le tourisme. ♦ Dès 1921, les Irlandais catholiques sont écartés de la vie politique et économique par la majorité protestante qui descend des colons anglais et écossais. Depuis 1968, les deux communautés s'affrontent. De violentes émeutes succèdent aux attentats de l'armée républicaine clandestine (**IRA**) et des extrémistes protestants, et aux interventions de la police et de l'armée. Londres et Dublin lancent un appel (1993), qui conduit à un cessez-le-feu entre l'IRA et les milices protestantes (1994). Un accord de paix, signé à Belfast (1998), permet l'élection d'un parlement en partie autonome (1999). Il est suspendu plusieurs fois car les tensions persistent, notamment lors des négociations sur le désarmement de l'IRA (2000), effectif en 2005.

IROISE (mer d') ✦ Bras de mer situé à l'ouest de la Bretagne, entre les îles d'Ouessant et de Sein. La mer d'Iroise est parsemée de dangereux écueils et donne accès à la rade de Brest et à la baie de Douarnenez.

IROQUOIS n. m. pl. ✦ Peuples d'Indiens d'Amérique du Nord, de la région des **Grands Lacs.** Agriculteurs et sédentaires, ils se regroupent au sein de la Ligue des cinq nations (1570). Ces redoutables guerriers s'allient aux Anglais et luttent contre les Français et les **Hurons** (XVIIe-XVIIIe siècles). Ils deviennent le peuple indien le plus puissant du nord-est de l'Amérique. Soumis par George **Washington** (1779), ils doivent céder presque tout leur territoire. Ils vivent actuellement dans des réserves (État de New York, Canada) et comptent parmi les plus politisés des peuples indiens des États-Unis.

IRRAWADDY n. m. ✦ Fleuve de Birmanie, long de 1 800 km. Il prend sa source près de la frontière avec le Tibet, traverse le pays du nord au sud, arrose Mandalay et se jette dans le golfe du Bengale à l'ouest de Rangoun. Il forme un immense delta à neuf bras, propice à la riziculture, large de 280 km et qui avance de 50 m par an.

IRTYCH n. m. ✦ Rivière de Russie, longue de 4 248 km (☛ carte 38). Elle prend sa source dans l'Altaï, en Chine, traverse le nord-est du Kazakhstan puis arrose Omsk, au sud de la Sibérie, et se jette dans l'Ob.

ISAAC ✦ Un des patriarches de la Bible. C'est le fils d'**Abraham** et de Sarah, et le père de **Jacob** et d'**Ésaü.** Dieu demande à Abraham de sacrifier son fils Isaac pour prouver sa foi. Au dernier moment, **Iahvé** remplace l'enfant par un bélier et Isaac a la vie sauve.

ISABELLE Ire LA CATHOLIQUE ou **ISABELLE DE CASTILLE** (1451-1504) ✦ Reine de Castille de 1474 à sa mort. Son mariage avec **Ferdinand d'Aragon** (1469) facilite l'unification de l'Espagne. La reine favorise l'**Inquisition.** Après l'expulsion des juifs de Castille (1492), le couple royal reçoit du pape le titre de *Rois Catholiques* en hommage à sa politique religieuse. Isabelle de Castille encourage le premier voyage de Christophe **Colomb** en Amérique. Sa fille, Jeanne la Folle, est la mère de **Charles Quint.**

ISAÏE (VIIIe siècle av. J.-C.) ✦ Premier des grands prophètes de la Bible, actif entre 750 et 700 av. J.-C. Il annonce la fin de l'exil à Babylone et le retour des **Hébreux** à Jérusalem, la cité sainte où toutes les nations de la terre seront regroupées (Le Livre d'Isaïe).

ISENGRIN → YSENGRIN

ISERAN (col de l') ✦ Col des Alpes françaises, en Savoie, dans le parc de la Vanoise (2 764 m). Il relie les vallées de la Maurienne et de la Tarentaise. C'est le plus haut col routier des Alpes.

① **ISÈRE** n. f. ✦ Rivière des Alpes, longue de 209 km (☛ carte 21). Elle prend sa source au mont Iseran, forme la vallée de la Tarentaise, arrose Albertville, Grenoble, traverse les Préalpes puis se jette dans le Rhône au nord de Valence. Elle alimente de nombreux barrages.

② **ISÈRE** n. f. ✦ Département du sud-est de la France [38], de la Région Auvergne-Rhône-Alpes. Superficie : 7 431 km^2. 1,24 million d'habitants (les *Isérois* ou les *Iserans*). Chef-lieu : Grenoble ; chefs-lieux d'arrondissement : La Tour-du-Pin et Vienne.

ISEULT ✦ Épouse du roi Marc de Cornouailles, qui vit un amour tragique avec Tristan. Cet amour est le sujet d'une légende celtique du Moyen Âge, ***Tristan et Iseult.***

ISHTAR ✦ Déesse de la fécondité et des combats, dans les mythologies du Proche-Orient. Appelée *Inanna* dans le mythe de **Gilgamesh**, elle est vénérée à Babylone, en Assyrie, en Syrie, en Phénicie, chez les israélites. Les Grecs de l'Antiquité l'appellent *Astarté* et l'identifient à Aphrodite.

ISIS ✦ Déesse de la mythologie égyptienne. C'est la sœur et la femme d'Osiris, et la mère d'**Horus.** Après la mort de son mari, elle retrouve son corps et lui redonne la vie, grâce à son pouvoir magique et à l'aide d'**Anubis.** Adorée comme la Mère universelle à partir du Nouvel Empire, elle est identifiée à **Hathor.** Son culte se répand en Asie Mineure, en Grèce et à Rome (temple sur le Capitole, consacré par Caligula en 69) et ne disparaît qu'avec le christianisme.

ISLAMABAD ✦ Capitale du Pakistan, dans le nord-est du pays, au pied de l'Himalaya. 529 180 habitants. Ville nouvelle construite pour remplacer **Karachi** comme capitale (1967). Centre administratif et universitaire.

ISLANDE n. f. ✦ Pays d'Europe, au nord-ouest du continent, une île située au nord-ouest du continent, dans l'océan Atlantique (☛ cartes 24, 25). Superficie : 102 828 km^2 (environ un cinquième de la France). 259 581 habitants (les *Islandais*), en majorité protestants. République dont la capitale est Reykjavik. Langue officielle : l'islandais. Monnaie : la couronne islandaise. ♦ GÉOGRAPHIE. L'Islande est une île volcanique, où l'on trouve des sources d'eau chaude (les geysers). Un tiers des terres est occupée par les glaciers et les laves. L'île est proche du cercle polaire, mais son climat est adouci par l'influence du **Gulf Stream.** Sa population, peu nombreuse, se concentre dans le sud du pays. ♦ ÉCONOMIE. Le pays vit essentiellement de la pêche (morue, hareng), de l'élevage (moutons, volailles) et de ses ressources hydroélectriques et géothermiques (exploitation de la chaleur du sous-sol).

L'agriculture est limitée par le manque de terre cultivable. L'industrie reste peu développée (aluminium, mécanique, imprimerie). ♦ HISTOIRE. L'île est découverte par des moines irlandais (VIIIe siècle) et colonisée par des Norvégiens (865) qui fondent un État républicain. Elle est christianisée (vers l'an 1000) puis se soumet à la Norvège (vers 1262) et au Danemark (1380) qui lui impose la **Réforme** (XVIe siècle). Elle obtient son autonomie (1904, définitive en 1940) et devient une république indépendante (1944) qui rejoint l'Otan (1949). En plus de ses lois sociales avancées, c'est le premier pays du monde qui élit une femme comme chef d'État (1980).

ISLE n. f. ✦ Rivière du Bassin aquitain, longue de 235 km. Elle prend sa source dans le Limousin, traverse le Périgord, arrose Périgueux et se jette dans la Dordogne à Libourne.

ISMAËL ✦ Personnage de la Bible. Fils d'**Abraham** et de sa servante, il est envoyé dans le désert avec sa mère après la naissance d'**Isaac.** La Bible et le Coran en font l'ancêtre des **Bédouins** d'Arabie.

ISMAÏLIA ✦ Ville d'Égypte, dans le nord-est du pays, sur le canal de Suez. 300 449 habitants. Port pétrolier. Ville coloniale fondée par Ferdinand de **Lesseps** comme siège de la Compagnie du canal de Suez (1863).

ISPAHAN ✦ Ville d'Iran, dans le centre du pays, à 1 530 m d'altitude. 1,2 million d'habitants (les *Isfahanis*). Nombreux palais et mosquées de la période turque (XIe-XIIe siècles) et surtout de la période perse (XVe-XVIIIe siècles), inscrits sur la liste du patrimoine mondial de l'Unesco. Centre industriel (raffinage, textile, mécanique) commercial, artisanal (tapis, cuivre et argent ciselés), administratif, universitaire et touristique. ♦ C'est le lieu de rassemblement des armées perses, composé d'une ville juive et de la Cité Ronde (Ve siècle av. J.-C.), qui fusionnent après la conquête arabe (vers 640). La cité devient la florissante capitale d'un empire turc (1051) sur la route de la Soie. Dévastée par les Mongols (XIIe siècle) puis par Tamerlan (1386), elle est choisie comme capitale de l'Empire **perse** (1589) et surnommée la «Moitié du Monde». Elle tombe ensuite en déclin (XVIIIe siècle). Des archéologues français et italiens commencent sa restauration en 1930.

① **ISRAËL** ✦ Surnom de **Jacob** dans la Bible (Genèse). Ses descendants, les fils d'Israël ou *Israélites,* fondent le *royaume d'Israël,* au nord de la Palestine, tandis que les tribus du sud fondent le royaume de **Juda**.

② **ISRAËL** n. m. ✦ Pays d'Asie de l'Ouest, au Proche-Orient (☛ cartes 38, 39). Superficie : 20 770 km². 7,1 millions d'habitants (les *Israéliens*), en majorité juifs (80 %), mais aussi musulmans (15 %) et chrétiens (3 %). République qui a fixé sa capitale à **Jérusalem,** mais il n'y a pas d'accord international sur le statut de cette ville. Autre ville importante : Tel-Aviv-Jaffa où se trouvent la plupart des ambassades. Langues officielles : l'hébreu et l'arabe. Monnaie : le shekel. ♦ GÉOGRAPHIE. Israël s'étire du nord au sud sur 450 km. Le désert du Néguev couvre la moitié sud du pays jusqu'au golfe d'Akaba, qui rejoint la mer Rouge. La moitié nord est constituée par une étroite bande côtière et une chaîne montagneuse, qui s'étend sur la **Galilée**, la **Samarie** et la **Judée**, où se trouve le point culminant (mont Meiron, 1 208 m). La frontière est formée au nord-est par le lac de Tibériade et une partie du **Jourdain**, à l'est par la mer **Morte** et au sud-ouest par le désert du **Sinaï**. Le climat méditerranéen devient désertique au sud. ♦ ÉCONOMIE. L'agriculture (agrumes, fruits, céréales, coton, olivier, élevage), qui nécessite des aménagements hydrauliques, notamment dans le Néguev, est pratiquée dans des coopératives (les «kibboutz»). Pauvre en ressources naturelles (pétrole, phosphates, potasse), le pays développe ses industries (taille du diamant, alimentaire, textile, métallurgie, chimie, électronique) et le tourisme. ♦ HISTOIRE. Les **Hébreux**, sortis d'Égypte, s'installent au pays de **Canaan** (XIIe siècle av. J.-C.). Leur premier roi est **Saül** (1020 av. J.-C.). Leur territoire, agrandi par **David**, se divise à la mort de son fils **Salomon** (932 av. J.-C.) entre le royaume d'Israël au nord, conquis par l'Assyrie (721 av. J.-C.), et celui de **Juda** au sud, pris par **Nabuchodonosor II** qui déporte la population à Babylone (587 av. J.-C.). **Cyrus** autorise le retour en Judée des Juifs captifs (539 av. J.-C.). La communauté religieuse passe aux mains de la Perse, d'Alexandre le Grand et de Rome, qui la disperse après l'échec d'une révolte (132-135) et l'interdit sur le territoire de **Palestine.** L'antisémitisme en Europe provoque la naissance du mouvement sioniste (1897). Celui-ci réclame la création d'un État juif en **Palestine,** soutenu par la Grande-Bretagne qui administre la région depuis la chute de l'Empire ottoman (1923). Des heurts opposent Juifs immigrés et Palestiniens, et l'ONU décide un partage du territoire, rejeté par les États arabes (1947). ☛ Décolonisation p. 196. La proclamation de l'État d'Israël par **Ben Gourion** (1948) entraîne la première guerre israélo-arabe avec l'Égypte, l'Irak, la Jordanie, le Liban, la Syrie et l'exode d'une grande partie des Palestiniens. Israël s'étend sur la totalité de la Galilée et du Néguev, et rejoint l'ONU (1949), tandis que l'Égypte occupe la bande de Gaza et que la Jordanie occupe la Cisjordanie. Lorsque **Nasser** impose un blocus en nationalisant le canal de Suez (1956), Moshe **Dayan** occupe le **Sinaï**, avec l'aide de la Grande-Bretagne et de la France. Il se retire sous la pression soviétique et américaine et laisse la place à l'ONU. Le conflit reprend après la naissance de l'Organisation de libération de la Palestine (**OLP**, 1964). Israël, victorieux de la guerre des **Six Jours** (1967), occupe le Sinaï, **Gaza**, la **Cisjordanie**, la partie arabe de Jérusalem et le **Golan.** Il repousse l'offensive de l'Égypte et de la Syrie (guerre du Kippour, 1973), mais doit faire face au terrorisme palestinien. Le traité de paix israélo-égyptien, signé à Washington (1979), rend le Sinaï à l'Égypte (1982). L'OLP, présidée par **Arafat** et installée au Liban, d'où elle lance des attaques terroristes, est chassée lors d'une offensive menée jusqu'à Beyrouth par les Israéliens (1982), qui se retirent sous la pression de la résistance chiite libanaise (1985). Le soulèvement des Palestiniens de Cisjordanie et de Gaza, appelé *Intifada* («guerre des pierres», 1987), aboutit à la mise en place d'une Autorité palestinienne et à un traité de paix avec la Jordanie (1994). Défendu par la gauche israélienne et bloqué par la droite, le processus de paix est fragilisé par les colonies juives dans les territoires occupés et par les attentats islamistes qui entraînent des représailles. Israël évacue le sud du Liban, vit la deuxième *Intifada* (2000), rompt tout lien avec Arafat (2001) et construit un mur au-delà de la frontière avec la Cisjordanie (2002). Un nouveau conflit, marqué par de nombreux bombardements, éclate à la frontière du Liban (2006). Une offensive est lancée à Gaza contre le mouvement islamiste du Hamas (2008).

ISSOIRE ✦ Chef-lieu d'arrondissement du Puy-de-Dôme, près de l'Allier. 14 578 habitants (les *Issoiriens*) (☛ carte 23). Église abbatiale bénédictine Saint-Austremoine (XIIe siècle) dont l'intérieur est orné de fresques polychromes. Industrie métallurgique (pièces pour avions, automobiles...).

ISSOUDUN ✦ Chef-lieu d'arrondissement de l'Indre. 12 270 habitants (les *Issoldunois*) (☛ carte 23). Donjon construit par **Richard Cœur de Lion**. Industrie du cuir, verrerie, fabrication de sièges d'avion.

ISTANBUL ✦ Ville de Turquie, sur le détroit du Bosphore, à cheval sur l'Europe et l'Asie. Près de 13 millions d'habitants (les *Stambouliotes* ou les *Istanbuliotes*) (☛ carte 57). Dans le centre historique inscrit sur la liste du patrimoine mondial de l'Unesco : nombreux monuments byzantins et ottomans comme la basilique **Sainte-Sophie**, palais de **Topkapi** (XVe-XIXe siècles), mosquées de **Soliman** le Magnifique (mosquée Süleymaniye, 1550-1557) et du sultan Ahmed (Mosquée bleue, 1609-1616). Ville la plus grande de Turquie, divisée en 28 arrondissements. Principal port, capitale économique (industrie chimique, électrique, alimentaire, textile, travail du cuir, chantiers navals), centre culturel (premier musée d'art moderne de Turquie, inauguré en 2004) et touristique. ♦ Appelée ***Byzance*** puis ***Constantinople***, la ville est prise par les Turcs (1453) qui en font la capitale de l'Empire **ottoman** sous le nom d'*Istanbul*. Elle est agrandie et islamisée par les sultans et atteint son apogée au XVIe siècle. Occupée par les Alliés franco-britanniques pendant la guerre de **Crimée** (1918-1923), elle perd son rôle de capitale au profit d'**Ankara** mais son nom d'Istanbul est enfin reconnu internationalement (1923).

ISTRES ✦ Ville des Bouches-du-Rhône, près de l'étang de Berre. 43 463 habitants (les *Istréens*). Elle fait partie de la ville nouvelle de Rives-de-l'Étang-de-Berre. Musée d'archéologie sous-marine, base aérienne militaire.

ITALIE n. f. ✦ Pays d'Europe du Sud (☛ carte 30). Il comprend la **Sardaigne** et la **Sicile** et deux territoires indépendants : la république de **Saint-Marin** et la cité du **Vatican**. Superficie : 301 230 km² (moins de la moitié de la France). 57 millions d'habitants (les *Italiens*), en majorité catholiques. République, divisée en 20 régions administratives, dont la capitale est Rome. Autres villes importantes : Milan, Naples, Turin, Palerme, Gênes, Bologne, Florence, Venise. Langue officielle : l'italien. Monnaie : l'euro, qui remplace la lire. ♦ GÉOGRAPHIE. L'Italie forme une péninsule étirée en forme de botte. Elle est dominée au nord par les **Alpes**, où l'on trouve le point culminant (mont **Blanc**, 4 808 m) et de nombreux lacs (Majeur, de Côme et de Garde) où naissent le **Pô** et ses affluents qui se rejoignent en une vaste plaine fertile. Plus au sud s'étend le massif montagneux et forestier de l'**Apennin**, sujet aux tremblements de terre et à l'action des volcans comme le **Vésuve**, le **Stromboli** et l'**Etna**. Les côtes étroites sont bien cultivées. Le climat méditerranéen est plus continental dans le nord. ♦ ÉCONOMIE. L'agriculture domine dans la moitié sud, qu'on appelle le **Mezzogiorno** (agrumes, olivier, vigne, élevage de moutons et de porcs). Elle reste relativement importante dans le nord (céréales, betterave, fruits) où l'industrie (automobile, électronique, agroalimentaire, textile) et les services (banque, tourisme) sont très développés. ♦ HISTOIRE. Habité dès la préhistoire, le territoire est peuplé par des **Indo-Européens** (2000 av. J.-C.). À partir du VIIIe siècle av. J.-C., les Grecs fondent des colonies sur les rivages du sud et les **Étrusques** s'établissent dans le centre et le nord. **Rome** conquiert le pays (272 av. J.-C.) puis tout le bassin méditerranéen (118 av. J.-C.) et fonde l'Empire **romain** (27 av. J.-C.) qui se partage entre l'Empire d'Orient (**Byzance**) et l'Empire romain d'Occident. Après la chute de ce dernier (476), le pays subit les invasions barbares (**Ostrogoths**). Le nord, envahi par les **Lombards** (568), rejoint l'Empire carolingien (774), protecteur des États du pape. Après plusieurs morcellements, le nord est intégré dans le **Saint Empire** (962). En chassant les Byzantins du sud et les Arabes de Sicile, les **Normands** fondent le royaume de **Naples** (1071), ou royaume des Deux-Siciles qui tombe aux mains de l'Aragon (1442-1458). Les croisades favorisent la croissance des villes (Pise, Gênes, Florence, Venise). À la **Renaissance**, les grandes familles (**Médicis**) qui règnent sur ces cités soutiennent le développement des arts et des sciences. Profitant de leurs divisions, la France (**Charles VIII**, Louis XII, **François Ier**) déclenche les *guerres d'Italie* (1494-1559) contre le pape et le roi d'Aragon, puis contre les **Habsbourg** d'Autriche et l'Angleterre. L'Italie passe aux mains des Espagnols (XVIe-XVIIe siècles), qui rétablissent l'**Inquisition**, puis des Autrichiens (traité d'**Utrecht**, 1713). Bonaparte, victorieux des campagnes d'**Italie** crée de nouveaux départements français et des républiques, qu'il intègre dans l'Empire et qui disparaissent avec lui. Le retour aux anciennes monarchies fait naître des insurrections (1820, 1831, 1848) et un mouvement nationaliste et républicain, appelé le **Risorgimento** («résurrection»), défendu par **Cavour** et vaincu par l'Autriche. L'aide de Napoléon III (**Solferino**, 1859) et de **Garibaldi** (Naples, 1860) permet de couronner roi d'Italie le roi du Piémont Victor-Emmanuel II (1861). Il chasse les Autrichiens (1866) et choisit Rome pour capitale (1870). Après une période d'expansion coloniale (**Érythrée**, **Éthiopie**, **Libye**), le pays s'engage auprès des Alliés dans la Première Guerre mondiale. Il porte au pouvoir **Mussolini** (1922) qui impose le fascisme, envahit l'Albanie (1939) et entre aux côtés de l'Allemagne dans la Deuxième **Guerre mondiale** (1940), à la fin de laquelle il est exécuté (1945). La république est proclamée (1946). L'Italie participe à la fondation de la **CEE** (1957) et connaît un rapide essor économique. Depuis les années 1970, la vie politique est marquée par l'instabilité ministérielle et des scandales politiques et financiers liés à la **Mafia**.

ITALIE (campagnes d') ✦ Opérations militaires menées par le général Bonaparte contre les Autrichiens en Italie (1796-1797 et 1800). Bonaparte reçoit le commandement en chef de l'armée d'Italie et remporte plusieurs victoires (**Lodi**, Castiglione, **Arcole**, 1796 ; **Rivoli**, 1797) qui obligent les Autrichiens à capituler à Mantoue. La deuxième campagne est marquée par la victoire de **Marengo** (1800) et la signature d'un traité de paix (1801).

ITHAQUE ✦ Une des îles Ioniennes, à l'ouest de la Grèce. Superficie : 96 km². 1 747 habitants. Chef-lieu : Ithaque. On y cultive la vigne et l'olivier. Homère, qui y aurait séjourné, fait d'Ulysse le roi d'Ithaque dans l'*Odyssée*.

Ivanhoé ✦ Roman historique de Walter Scott publié en 1819. Au XIIe siècle, Wilfred Ivanhoé, chevalier saxon, part en croisade en Palestine avec le roi d'Angleterre, **Richard Cœur de Lion**. Pendant que Jean sans Terre, frère du roi, cherche à s'emparer du pouvoir avec l'aide des Normands, Ivanhoé et Richard reviennent en secret et écrasent les Normands. Le roi finit par retrouver son trône après de multiples aventures. Le succès du livre lance en Europe la mode du roman historique.

IVAN IV LE TERRIBLE (1530-1584) ✦ Grand-prince (1533) puis tsar de Russie de 1547 à sa mort. Après la régence de sa mère puis la tutelle des nobles du pays (les «boyards»), il prend le titre de tsar à seize ans et transforme l'administration, les lois (1550) et l'organisation religieuse et militaire. À l'est, il refoule les **Tatars** et annexe les principautés de Kazan (1552) et d'**Astrakhan** (1556). À l'ouest, il occupe la Livonie (Lettonie actuelle) et l'Estonie (1558) qu'il doit céder à la Pologne (1583). Il instaure un régime de terreur contre les machinations des boyards (1560) et se fait attribuer d'immenses pouvoirs par le peuple (1564). Il divise le pays en deux parties, dont l'une placée sous sa dépendance directe, provoquant de terribles répressions. La fin de son règne est marquée par la maladie mentale. Sa vie a inspiré au cinéaste russe Eisenstein le film *Ivan le Terrible* (1945-1946).

IVY LEAGUE n. f. ✦ Groupement des huit plus prestigieuses universités privées américaines (Brown, **Columbia**, Cornell, Dartmouth, **Harvard**, Penn, **Princeton** et **Yale**). Elles ont en commun de former les élites de la nation, de soutenir les meilleurs élèves par des bourses et elles disputent de grandes rencontres sportives (football américain, basket, aviron...).

IZMIR ✦ Ville de Turquie, dans l'ouest du pays, sur la mer Égée. Elle s'appelle *Smyrne* jusqu'en 1922. 2,8 millions d'habitants (les *Smyrniotes*). Port commercial (coton, tabac, raisins secs «de Smyrne»), deuxième centre industriel du pays (agroalimentaire, textile, mécanique, chimie, cimenterie). Principal centre touristique sur la mer Égée (**Éphèse**). Ville natale d'Henri Langlois. ♦ Peuplé dès le IIIe millénaire av. J.-C., le site de Smyrne est occupé par un peuple venu de Grèce (XIe siècle av. J.-C.). La cité appartient à l'**Ionie** (IXe siècle av. J.-C.). Soumise par la **Lydie** (vers 600 av. J.-C.) puis restaurée par les rois de **Macédoine** (IVe siècle av. J.-C.), elle devient prospère sous l'Empire romain. Smyrne est réunie à l'Empire **byzantin** (IVe siècle), prise par les Turcs (1330), par Tamerlan (1402), puis rattachée à l'Empire ottoman (1424). Après la Première Guerre mondiale, la ville est remise à la Grèce (1920) puis elle est reprise par les Turcs qui la baptisent *Izmir* (1922). La ville leur est attribuée par le traité de **Lausanne** (1923).

IZOARD (col d') ✦ Col des Hautes-Alpes. 2 360 m. Il permet le passage entre la région de Briançon et le Queyras.

J

JACKSON Michael (1958-2009) ✦ Chanteur américain de musique pop. Enfant prodige, il est le plus jeune des cinq frères qui composent le groupe Jackson Five. Il mena une remarquable carrière en solo et son album *Thriller* devint rapidement culte (1982). Il popularisa le *moonwalk,* pas de danse qui donne l'impression que le danseur avance alors qu'il glisse vers l'arrière.

JACOB ✦ Un des patriarches de la Bible, fils d'**Isaac** et de Rébecca. Il achète le droit d'aînesse de son frère **Ésaü**. Surnommé *Israël,* il a douze fils (**Benjamin**, Ruben, **Juda**, **Lévi**...), ancêtres des douze tribus d'**Israël**. Il les accompagne en Égypte où ils sont invités par **Joseph**.

JACOB Max (1876-1944) ✦ Poète français. Juif converti au catholicisme, il mène d'abord une existence bohème à Montmartre, avant de se retirer à l'abbaye de Saint-Benoît-sur-Loire où il est arrêté par la Gestapo. Il meurt au camp de Drancy. Son œuvre, abondante, est à la fois teintée d'humour et imprégnée d'un fervent mysticisme : *Les Œuvres burlesques et mystiques de frère Matorel* (1912) ; *Le Cornet à dés* (1917), son recueil le plus connu ; *Le Laboratoire central* (1921) et *Ballades* (1938). Il a laissé des recueils posthumes et de nombreux dessins.

JACOB François (1920-2013) ✦ Médecin français. Il travaille sur les virus et les bactéries. Il est, avec Jacques **Monod**, à l'origine d'une série de découvertes comme celle de l'ARN messager qui assure le transfert de l'information génétique. Prix Nobel de médecine (1965), avec Lwoff et Monod. Académie des sciences (1977), Académie française (1996).

JACOBINS (Club des) ✦ Club révolutionnaire, fondé à Versailles en 1789. Il s'installe à Paris et se réunit dans le réfectoire d'un couvent de dominicains, appelés *jacobins*. D'abord modéré, il regroupe des hommes politiques aux opinions différentes comme **La Fayette**, **Mirabeau**, **Talleyrand**, **Brissot**, **Robespierre**. Il se divise après la fuite du roi à Varennes et l'affaire du **Champ-de-Mars** (1791). Les modérés, avec La Fayette, constituent le Club des **feuillants**. Ceux qui veulent destituer le roi se regroupent autour de Robespierre et forment l'aile gauche de l'**Assemblée législative**. Les **girondins** quittent le club et sont éliminés (1793). Les jacobins dirigent alors la **Montagne** et le gouvernement jusqu'à la chute de Robespierre.

JACQUARD Joseph Marie (1752-1834) ✦ Mécanicien français. Il perfectionne le métier à tisser automatique en ajoutant un dispositif à cartons perforés (vers 1780). Sa mécanique permet de reproduire simplement des motifs compliqués qui forment le *jacquard*.

JACQUERIE n. f. ✦ Soulèvement des paysans dans la région de Beauvais (1358). Lassés par les misères provoquées par la guerre de Cent Ans, ils se révoltent contre les nobles, qui les surnomment les *jacques* par dérision, et pillent leurs châteaux. Ils cherchent à s'allier avec Étienne **Marcel** mais sont écrasés par le roi de Navarre Charles II le Mauvais.

JACQUES (saint) dit **LE MAJEUR** ✦ Un des douze apôtres de Jésus. Il est l'un des premiers à le suivre. Selon la légende, il évangélise l'Espagne. Il fait l'objet d'un des plus grands pèlerinages chrétiens à **Saint-Jacques-de-Compostelle**.

JACQUES (saint) dit **LE MINEUR** ✦ Qualifié de « frère de Jésus » dans le Nouveau Testament, il est l'un des chefs de la première communauté chrétienne. On le confond souvent avec Jacques fils d'Alphée, un des douze **apôtres**.

JACQUES II (1633-1701) ✦ Roi d'Angleterre, d'Irlande et d'Écosse de 1685 à 1688. Duc d'York, il enlève la Nouvelle-Amsterdam (**New York**) aux Hollandais sous le règne de son frère Charles II. Il lui succède (sous le nom de Jacques VII en Écosse), malgré le scandale de sa conversion au catholicisme. La révolution éclate à la naissance de son fils, et son gendre, Guillaume III d'Orange, le chasse. Il se réfugie auprès de Louis XIV et tente en vain de reconquérir l'Irlande (1690). Chaque année, la célébration de sa défaite sur les rives du Boyne provoque des heurts entre les protestants de l'ordre d'Orange et les catholiques irlandais.

JAFFA ✦ Ville d'Israël, formant un faubourg de **Tel-Aviv** depuis 1948. Centre industriel (textile, métallurgie). ♦ Son histoire est marquée par les conquêtes : Égyptiens (1465 av. J.-C.), Philistins, Hébreux, Assyriens, Grecs, Juifs puis Arabes (636). Les croisés en font la capitale d'un comté franc (1098), fortifiée par Saint Louis (☛ carte 12). Les troupes de Bonaparte, qui s'en emparent (1799), y sont décimées par la peste (*Bonaparte visitant les pestiférés de Jaffa,* tableau de **Gros**). Elle est prise par les Égyptiens puis par les Britanniques qui la donnent aux Turcs (1840) puis la reprennent (1917). Très éprouvée pendant la première guerre israélo-arabe, elle est désertée par ses occupants arabes (1948).

JAIPUR ✦ Ville de l'Inde, capitale du Rajasthan, dans le nord-ouest du pays. 3,04 millions d'habitants. Célèbre pour son observatoire astronomique (inscrit sur la liste du patrimoine mondial de l'Unesco) et ses palais en grès rose (XVIIIe siècle). Centre de commerce, d'artisanat (orfèvrerie, pierres précieuses), de petite industrie (textile, mécanique) et de tourisme.

JAKARTA ✦ Capitale de l'Indonésie, sur la côte nord-ouest de l'île de Java. 9,6 millions d'habitants (les *Jakartanais*), et plus de 26 millions pour la zone urbaine (☛ carte 57). Plus grand port et premier centre industriel du pays (automobile, textile, chimie, pneus, pharmacie, alimentaire, papier, électronique). Centre économique et culturel. ♦ Les Hollandais en font le quartier général de la Compagnie hollandaise des Indes orientales sous le nom de *Batavia* (1619) et assurent sa richesse (XVIIe-XVIIIe siècles). Les Japonais lui redonnent son nom actuel en 1942.

JAMAÏQUE n. f. ✦ Pays d'Amérique centrale. Cette île est située dans les Grandes Antilles, au sud de Cuba et à l'ouest d'Haïti. Superficie : 10 991 km². 2,7 millions d'habitants (les *Jamaïcains*), en majorité chrétiens. Régime parlementaire dont la capitale est Kingston. Langue officielle : l'anglais. Monnaie : le dollar de la Jamaïque. ♦ GÉOGRAPHIE. La Jamaïque est une île montagneuse et boisée. La chaîne des Blue Mountains culmine à 2 256 m. Le climat est tropical. ♦ ÉCONOMIE. L'agriculture reste importante (sucre, cacao, banane). L'exploitation de la bauxite (3e producteur mondial) et l'industrie (métallurgie, textile, électronique) sont en plein essor. Le tourisme est florissant mais la pauvreté subsiste. ♦ HISTOIRE. L'île est découverte par Christophe Colomb (1494), puis prise aux Espagnols par les Anglais (1655). À l'aide d'un système d'exploitation esclavagiste, ils en font une colonie très prospère. Elle obtient son indépendance dans le cadre du Commonwealth (1962).

JAMES Henry (1843-1916) ✦ Romancier britannique, d'origine américaine. Il fait de fréquents voyages en Europe, fréquente Tourgueniev, Flaubert, Zola puis s'installe à Londres (1877) et choisit la nationalité britannique (1915). Il écrit des nouvelles et des romans où l'analyse psychologique (notamment, des personnages féminins) et l'esprit des civilisations (contraste entre l'Europe et l'Amérique) servent une écriture qui annonce parfois celle de Proust et de Joyce. Œuvres : *Daisy Miller* et *Les Européens* (1878), *Un portrait de femme* (1881), *Le Tour d'écrou* (roman fantastique, 1898), *Les Ailes de la colombe* (1902), *Les Ambassadeurs* (1903), *La Coupe d'or* (1904).

JAMES (baie) ✦ Baie de l'est du Canada, prolongeant la baie d'Hudson au sud. Elle est parsemée d'îles, couverte de glace une grande partie de l'année et bordée par l'Ontario et par le Québec, où les aménagements hydroélectriques, réalisés depuis 1972, fournissent la moitié de l'énergie de la province. Plusieurs conventions sont signées pour faire respecter les droits des Amérindiens lésés par les travaux qui en découlent (1975, 1978, 1993).

JAMMES Francis (1868-1938) ✦ Poète français. Sa poésie cherche à exprimer l'humble réalité des êtres et des choses, dans une langue simple et animée d'une grande ferveur chrétienne. Principaux recueils : *De l'Angélus de l'aube à l'Angélus du soir* (1898), *Les Géorgiques chrétiennes* (1911-1912).

JAMMU-ET-CACHEMIRE n. m. ✦ État du nord-ouest de l'Inde. Superficie : 101 387 km² (environ un cinquième de la France). 12,5 millions d'habitants. Capitales : Shrinagar et Jammu (657 300 habitants). Occupant des vallées boisées de l'Himalaya, il vit surtout de l'agriculture (céréales, fruits, élevage de chèvres, de yacks et de moutons) et de l'artisanat (tapis, châles). Le tourisme, très développé, souffre des troubles liés à la partition du **Cachemire** avec le Pakistan.

JANÁČEK Leoš (1854-1928) ✦ Compositeur tchèque. Son œuvre est caractérisée par une grande liberté harmonique et rythmique et des emprunts au folklore morave. Il a composé des opéras (*Jenufa,* 1904 ; *La Petite Renarde rusée,* 1923 ; *De la maison des morts,* d'après Dostoïevski, 1928), des œuvres chorales (*Messe glagolitique,* 1926), des poèmes symphoniques (*Tarass Boulba,* 1918), une *Sinfonietta* (1926) et deux quatuors à cordes. C'est, après **Dvořák** et **Smetana**, l'un des plus grands compositeurs tchèques.

JANEQUIN Clément (v. 1485-1558) ✦ Compositeur français. Maître de la polyphonie, il a illustré la « chanson parisienne ». Il est l'auteur de 275 chansons à 3, 4 ou 5 voix publiées à partir de 1520 (*La Guerre,* dite *La Bataille de Marignan, Le Chant des oiseaux, Les Cris de Paris, Le Caquet des femmes*). Ses œuvres religieuses (motets, messes, psaumes) ne nous sont pas parvenues.

JANICULE n. m. ✦ Colline de Rome, sur la rive droite du Tibre, à l'est des sept collines. Au nord se trouve la colline du **Vatican**.

JANSÉNIUS (1585-1638) ✦ Théologien hollandais. En France, avec le futur directeur de l'abbaye de **Port-Royal**, Saint-Cyran, il étudie les Pères de l'Église et notamment saint **Augustin**. Reçu docteur en théologie à Louvain (1617), il devient professeur d'Écriture sainte, puis recteur de l'Université, et enfin évêque d'Ypres (1636). Adversaire aussi bien des jésuites (en Espagne, 1624-1626) que des protestants (1630-1631), il s'oppose à la politique de **Richelieu**, allié des protestants hollandais. L'*Augustinus* paraît après sa mort ; il y expose sa doctrine, le *jansénisme,* qui est condamnée par l'Inquisition (1641), puis par le pape (1642). En France, les *jansénistes* sont persécutés par Louis XIV (**Arnauld**), puis condamnés par le pape (1713). ■ **Son véritable nom est** Cornelius Jansen.

JANUS ✦ Dieu de la mythologie romaine, représenté avec deux visages opposés. C'est le gardien des portes : à Rome, les deux entrées de son temple sont fermées en temps de paix et ouvertes en temps de guerre afin qu'il puisse porter secours aux habitants de la ville. C'est l'une des plus anciennes et des plus importantes divinités romaines. Selon la légende, c'est un ancien roi qui fonde une ville sur une colline qu'on appelle le ***Janicule,*** puis il accueille Saturne chassé de

Grèce par Jupiter et civilise les premiers habitants du **Latium.**

JAPON n. m. ✦ Pays d'Asie de l'Est (☛ carte 42). Superficie : 377 765 km² (environ les deux tiers de la France). 127,7 millions d'habitants (les *Japonais*), en majorité shintoïstes ou bouddhistes. Monarchie parlementaire dont le souverain est un empereur. Capitale : Tokyo. Langue officielle : le japonais. Monnaie : le yen. ♦ GÉOGRAPHIE. Les îles principales sont **Hokkaido, Honshu, Kyushu,** Shikoku et Ryukyu. Ces îles montagneuses et boisées, souvent d'origine volcanique, peuvent dépasser 3 000 m d'altitude (**Fuji Yama**). La population et l'industrie se concentrent dans les étroites plaines côtières (côte est d'Honshu). Le climat continental est influencé par des courants marins froids. Le pays est sujet aux tremblements de terre, aux glissements de terrain et aux typhons. ♦ ÉCONOMIE. L'agriculture (riz, céréales, canne à sucre, thé) est limitée par la faible surface cultivable. Le pays est le premier producteur mondial de poisson, le premier banquier et l'une des premières puissances industrielles du monde (matériel électrique et optique, chimie, mécanique, électronique). Sa réussite économique, liée à une grande compétence technique et commerciale, permet les délocalisations à l'étranger. Le Japon reste dépendant de l'extérieur pour les matières premières. ♦ HISTOIRE. Peuplé dès la préhistoire, le pays est influencé par la Chine (VIe-IXe siècles). Il en reçoit le bouddhisme et en adopte la culture, notamment l'écriture. À partir du XIe siècle se développe une culture nationale. Les rivalités entre clans aboutissent, au XIIe siècle, à une société féodale dans laquelle les seigneurs locaux *(daimyos),* unifiés sous le commandement d'un généralissime *(shogun),* marginalisent l'empereur, privé de tout pouvoir effectif et retiré à Kyoto. Par deux fois (1274, 1281), un typhon «providentiel» (le vent des dieux, ou *kamikaze*), plus que la classe guerrière des samouraïs, protège le pays des invasions mongoles. Les relations avec la Chine reprennent (XVIe siècle) ; les tentatives de conquête de la Corée échouent (début du XVIIe siècle). Les Européens et les missionnaires chrétiens atteignent l'archipel (XVIe siècle), mais, au siècle suivant, le pays se ferme à l'extérieur, et les chrétiens sont persécutés. Seuls des comptoirs (hollandais et chinois) sont autorisés. Une escadre américaine obtient l'ouverture du Japon au commerce occidental (1854). Le dernier shogun démissionne (1867) et l'empereur quitte Kyoto pour Tokyo (1868) ; c'est le début de l'ère **Meiji** et de la modernisation du pays. Le Japon rattrape son retard technologique et devient une puissance militaire. Il s'empare de Taïwan (1894), prend le sud de Sakhaline aux Russes (1905), annexe la Corée (1910), la Mandchourie (1931) et occupe le nord-est de la Chine. Allié de l'Allemagne nazie, il attaque les États-Unis à **Pearl Harbor** (1941) et provoque l'entrée de ces derniers dans la Deuxième Guerre mondiale. Il contrôle l'Indochine française, s'empare des Philippines, de Hong Kong, de Singapour, de la Birmanie et des Indes néerlandaises. Les bombes américaines lâchées sur **Hiroshima** (6 août 1945) et **Nagasaki** (9 août 1945) l'obligent à signer l'armistice (2 septembre 1945). Après la guerre, il se reconstruit avec l'aide des États-Unis et entre à l'ONU (1956). Le pays connaît une forte croissance grâce à des investissements massifs dans les équipements industriels et devient la 2e puissance économique mondiale, mais la crise financière asiatique puis mondiale révèle les archaïsmes de cette société.

JARDIN DES PLANTES ✦ Jardin de Paris, créé sous Louis XIII et appelé *Jardin royal des herbes médicinales* (1626). Il devient un important foyer scientifique avec Georges **Buffon**, qui en est l'intendant (1739-1788). Il agrandit le parc jusqu'à la Seine, complète les collections, crée l'amphithéâtre et les galeries d'histoire naturelle. À la Révolution, le jardin devient le *Muséum national d'histoire naturelle* (1793) ; la Convention lui ajoute une ménagerie.

JARRY Alfred (1873-1907) ✦ Écrivain français. Il met en scène le personnage du Père Ubu, bête, lâche et méchant, dans des pièces virulentes (*Ubu roi,* qui fait scandale, 1896 ; *Ubu enchaîné,* 1900 ; *Ubu cocu,* posthume, 1944). Ses romans, d'une écriture dense et précise (*Les Jours et les Nuits,* 1897 ; *L'Amour absolu,* 1899 ; *Messaline,* 1901 ; *Le Surmâle,* 1902), comme ses chroniques, volontiers paradoxales (réunies sous le titre *La Chandelle verte,* 1969) mettent en œuvre la «science des solutions imaginaires», qu'il illustre dans les *Gestes et opinions du docteur Faustroll* (posthume, 1911). Son étude est approfondie par le Collège de 'Pataphysique (créé en 1948).

JASON ✦ Personnage de la mythologie grecque. Chassé du trône d'Iolcos en Thessalie par son oncle Pélias, il doit partir à la recherche de la **Toison d'or** pour récupérer son royaume. Il fait construire un navire, l'*Argo,* et embarque en compagnie des **Argonautes.** Il épouse la magicienne **Médée,** qui l'aide à s'emparer de la Toison d'or, et tue Pélias. Chassés d'Iolcos, les époux se réfugient à Corinthe, où ils sont accueillis par le roi Créon. Jason répudie Médée pour épouser la fille du roi et provoque ainsi la terrible vengeance de la magicienne.

JAUNE (fleuve) ✦ Nom français du fleuve **Huang he.**

JAURÈS Jean (1859-1914) ✦ Homme politique français. Professeur de philosophie, il est député du Tarn (1885-1889) puis retourne à l'enseignement. En 1893, élu député socialiste, il rejoint le Parti ouvrier français et milite en faveur de **Dreyfus** (1898). Il fonde le journal *L'Humanité* (1904) et devient l'un des dirigeants du mouvement socialiste unifié (la SFIO). Brillant orateur et pacifiste convaincu, il mène de grandes batailles (lois pour l'enseignement laïque, lois ouvrières) et s'oppose violemment à la politique colonialiste et à la guerre. Il est assassiné par un nationaliste à la veille de la Première Guerre mondiale. Ses cendres sont transférées au **Panthéon** (1924).

JAVA ✦ Île d'Indonésie, au sud de Bornéo, entre Sumatra et les petites îles de la Sonde. Superficie : 132 186 km² (environ le quart de la France). 125 millions d'habitants (les *Javanais*), qui représentent 60 % de la population du pays. L'île est formée de massifs volcaniques actifs (mont Merapi, 2 914 m). Son climat semi-humide possède une saison sèche très marquée. L'agriculture est intensive (riz, canne à sucre, tabac, caoutchouc). Java produit du pétrole et concentre une grande part des industries (métallurgie, textile, alimentaire, mécanique) et des investissements nationaux et étrangers de la région. Tourisme développé (**Borobudur**).

JEAN (saint) ✦ Un des douze apôtres. Il est l'un des principaux témoins de la vie de Jésus. On lui attribue l'un des **Évangiles**, l'**Apocalypse** et trois Épîtres.

JEAN XXII (1245-1334) ✦ Pape de 1316 à sa mort. Deuxième pape d'**Avignon**, il condamne les hérésies des «spirituels» franciscains, partisans de la pauvreté de l'Église, et s'oppose à leur protecteur, l'empereur germanique Louis IV de Bavière, qui fait élire un antipape à Rome (1328-1330).

JEAN XXIII (1881-1963) ✦ Pape de 1958 à sa mort. Il est cardinal et patriarche de Venise (1953). Son pontificat est marqué par la convocation du IIe concile du Vatican (1962), pour adapter l'Église au monde moderne. Il s'est exprimé sur les questions sociales, l'unité des chrétiens et la paix. Il est béatifié (2000) puis canonisé (2014). ■ Son nom est *Angelo Roncalli.*

JEAN SANS TERRE (1167-1216) ✦ Roi d'Angleterre de 1199 à sa mort. Il succède à son frère **Richard Cœur de Lion** avec l'aide du roi de France **Philippe Auguste**. Il est condamné à perdre ses terres françaises (Normandie, Anjou, Maine, Touraine, Poitou) car il a enlevé Isabelle d'Angoulême (1202). Il reçoit alors le surnom de *Jean sans Terre.* En guerre contre Philippe Auguste, il perd la Bretagne, et est battu à **Bouvines** (1214). Ses barons lui imposent une charte qui limite ses pouvoirs (1215).

JEAN SANS PEUR (1371-1419) ✦ Duc de Bourgogne de 1404 à sa mort. Quand le roi **Charles VI** devient fou, il dispute le pouvoir au frère de ce dernier, Louis d'Orléans, et le fait assassiner (1407), ce qui provoque la guerre civile. Maître de Paris à la tête des **bourguignons**, il est chassé par les **armagnacs** (1413) et se rapproche d'**Henri V** d'Angleterre. Il reprend Paris (1418) puis, devant les succès anglais (**Rouen**, 1419), il tente de négocier avec le futur **Charles VII**, mais il est tué à Montereau par un partisan du dauphin Louis d'Orléans. Son fils Philippe III le Bon s'allie à Henri V.

JEAN II LE BON (1319-1364) ✦ Roi de France de 1350 à sa mort. Fils de Philippe VI de Valois, il déclenche une guerre avec la Navarre en arrêtant son gendre, le roi Charles II le Mauvais, allié aux Anglais (1356). Il est capturé par **Édouard, le Prince Noir** (1356), et la régence est assurée par son fils, le futur **Charles V**, qui affronte la **Jacquerie**, réprime la révolte d'Étienne **Marcel** et cède la moitié du royaume aux Anglais (traité de Brétigny, 1360). Le roi est libéré (1362), en échange d'une rançon (trois millions d'écus d'or) et d'otages, dont son fils Louis d'Anjou. Quand ce dernier s'échappe, Jean II retourne à Londres (1363), où il meurt captif.

JEAN-BAPTISTE (saint) (mort vers 28) ✦ Prophète juif qui baptise les foules (d'où son surnom) et annonce la venue du royaume de Dieu. Emprisonné par Hérode Antipas, dont il critique l'union avec sa belle-sœur, Hérodiade, il est décapité à l'instigation de cette dernière, qui fait intervenir sa fille **Salomé**. Selon les Évangiles, il baptise Jésus, et reconnaît en lui le Messie, dont il est le précurseur.

JEANNE D'ARC (vers 1412-1431) ✦ Héroïne française de la guerre de **Cent Ans**, canonisée en 1920. Cette jeune bergère de Lorraine entend à treize ans des voix surnaturelles qui lui ordonnent de délivrer la France occupée par les Anglais soutenus par les **bourguignons.** ☛ Guerre de Cent Ans p. 163. Elle se met au service du dauphin **Charles VII**, qui lui confie une armée. Elle chasse les Anglais d'Orléans, prend Auxerre, Troyes et Châlons et fait sacrer le roi à Reims (1429). Se portant au secours de Compiègne, elle est capturée par les bourguignons qui la vendent aux Anglais (1430). Jugée comme sorcière par un tribunal religieux, elle se défend avec simplicité et courage. Elle est condamnée à être brûlée vive et meurt sur le bûcher à Rouen (1431). Charles VII la fait réhabiliter (1456). Sa vie inspire de nombreux artistes (écrivains, musiciens, cinéastes).

JEAN-PAUL II (1920-2005) ✦ Pape de 1978 à sa mort. Il est archevêque de Cracovie (1964) et devient le premier pape polonais de l'histoire et le premier non italien depuis 1523. Malgré l'attentat dont il est victime (1981) puis la maladie qui limite ses capacités physiques, il effectue de nombreux voyages à travers le monde pour prôner l'évangélisation, défendre les droits de l'homme et les valeurs morales, notamment en s'opposant à l'avortement et à la contraception. Il joue un rôle dans la chute du communisme en Europe de l'Est et se rend à Jérusalem (2001) pour demander qu'on pardonne à l'Église son attitude pendant la **Shoah.** Un nouveau *Catéchisme de l'Église catholique* paraît sous son pontificat (1992). Il est béatifié (2011) puis canonisé (2014). ■ Son nom est *Karol Wojtyla.*

JEFFERSON Thomas (1743-1826) ✦ Homme d'État américain. Principal rédacteur de la Déclaration d'indépendance des États-Unis (1776), il remplace Benjamin **Franklin** comme ambassadeur en France (1785-1789) et participe aux débuts de la Révolution. Il devient le chef du parti républicain (futur parti démocrate) puis le 3e président des États-Unis (1801-1809). Il achète la **Louisiane** à Bonaparte (1803), commence la colonisation de l'Ouest américain et soutient la neutralité du pays face aux guerres européennes. Son idéalisme humanitaire, hérité de la philosophie des **Lumières**, oriente les institutions américaines. Il consacre la fin de sa vie à l'architecture et à son État de Virginie : sa résidence (1769-1809) et l'université qu'il fonde (1817-1826) sont inscrites sur la liste du patrimoine mondial de l'Unesco.

JÉHOVAH ✦ Ancienne transcription (fautive) du nom de Dieu dans la Bible (**Iahvé**).

JEMMAPES ✦ Commune de Belgique. **Dumouriez** y remporte une victoire sur les Autrichiens (6 novembre 1792), qui permet à la France d'annexer la Belgique (1792-1793). Cette commune, dont le nom s'écrit aujourd'hui *Jemappes,* est rattachée à **Mons.**

JENNER Edward (1749-1823) ✦ Médecin britannique. Il étudie la variole des vaches (la «vaccine») et remarque que les personnes qui s'occupent des troupeaux attrapent la maladie mais résistent aux graves épidémies de variole humaine. Il a l'idée d'injecter des virus de vaccine à un enfant qui guérit très vite. Il lui inocule ensuite la variole qui reste sans effet. Il venait ainsi de découvrir le principe de la vaccination (1796). **Pasteur** utilise ses travaux pour mettre au point la vaccination préventive.

JÉRÉMIE (vers 650 av. J.-C.-vers 580 av. J.-C.) ✦ Un des grands prophètes de la Bible. Ses oracles sont regroupés dans le livre qui porte son nom. La tradition lui a attribué le Livre des Lamentations, recueil de poèmes qui raconte la destruction de Jérusalem par **Nabuchodonosor II** (587 av. J.-C.). Cette œuvre est à l'origine du mot *jérémiade.*

JÉRICHO ✦ Ville de Cisjordanie, dans la vallée du Jourdain, près de la mer Morte. 18 346 habitants. Ville touristique ; des fouilles archéologiques (depuis 1867) révèlent les vestiges de cités préhistoriques et du palais d'**Hérode Ier le Grand.** ♦ Peuplée dès le VIIe millénaire av. J.-C., elle a sans doute été détruite par les Égyptiens vers 1550 av. J.-C. La Bible en fait la première ville de Canaan conquise (et détruite) par **Josué.** Elle fait partie des territoires occupés par Israël (1967). L'accord de paix signé entre Israël et l'OLP (1993) établit le premier territoire palestinien autonome, formé de la région de Jéricho et d'une partie de la bande de **Gaza** (1994). Depuis le début de la deuxième Intifada (2000), la ville est régulièrement occupée par Israël, qui en rend le contrôle à l'Autorité palestinienne en 2005.

JEROME Jerome K. (1859-1927) ✦ Romancier britannique. Son humour apparaît dans *Les Pensées paresseuses d'un paresseux* (1886), mais c'est surtout *Trois Hommes dans un bateau* (1889) qui le fait connaître du grand public. Il est également auteur dramatique et a laissé une autobiographie (*Ma vie et mon époque,* 1926). ■ Son vrai nom est *Jerome Klapka.*

JÉRÔME (saint) (vers 347-420) ✦ Religieux de l'Église latine. Il étudie à Rome, renonce à devenir fonctionnaire et se fait moine en Syrie, où il étudie le grec et l'hébreu (375-378), devient secrétaire du pape (382-384) et se fixe à **Bethléem** où il fonde plusieurs couvents. Auteur d'une nouvelle traduction latine de la Bible (390-405), depuis le texte hébreu pour l'Ancien Testament (ce sera la **Vulgate**), il en rédige aussi de nombreux commentaires, ainsi que des traités théologiques et des biographies d'auteurs chrétiens (*De viris illustribus,* 392).

JERSEY n. f. ✦ La plus grande et la plus au sud des îles Anglo-Normandes. Superficie : 116 km^2. 97 850 habitants (les *Jersiais*). Chef-lieu : Saint-Hélier. L'île vit de l'élevage laitier, de la culture des fleurs, du tourisme et des activités financières (avantages fiscaux qui attirent les placements). Victor Hugo y séjourne en exil (1852-1855), avant de gagner **Guernesey.**

JÉRUSALEM ✦ Capitale déclarée de l'État d'Israël, non reconnue par la communauté internationale. 733 300 habitants (les *Hiérosolymites* ou les *Hiérosolymitains*), répartis entre la ville moderne (à population juive) et la vieille ville et ses faubourgs (à population surtout musulmane). La vieille ville, entourée de remparts, est inscrite sur la liste du patrimoine mondial de l'Unesco. Le quartier chrétien s'étend au nord-ouest, autour du Saint-Sépulcre (tombeau du Christ). Le quartier musulman, au nord-est, comprend le Dôme du Rocher (VIIe siècle) et la mosquée al-Aqsa (XIe siècle). Il est séparé du quartier juif, au sud-est, par le mur des Lamentations (seul vestige du second Temple des Hébreux). Le quartier arménien s'étend au sud-ouest, près du palais d'Hérode. Centre administratif, industriel (alimentaire, textile, chimie, mécanique, bâtiment) et surtout religieux, où le tourisme est souvent lié aux pèlerinages. Ville natale de Flavius Josèphe, et de Yitzhak Rabin. ♦ La ville, fondée à l'époque des **Cananéens,** est prise selon la Bible par **David** (vers 1000 av. J.-C.). Il en fait la capitale des **Hébreux,** et Salomon y construit le premier Temple. **Nabuchodonosor II** détruit la ville, qui était devenue la capitale du royaume de **Juda** (587 av. J.-C.). Les Hébreux la reconstruisent avec un second Temple (515 av. J.-C.). Elle est ensuite souvent conquise : Rome (63 av. J.-C.) ; les Arabes (637) pour lesquels elle est la «ville sainte» *(al Quds) ;* Godefroi de Bouillon (1099), qui y fonde un royaume franc ; Saladin, qui la prend (1187) et provoque une des **croisades** (☛ carte 12) ; les Mongols, qui la dévastent (vers 1250). Elle passe ensuite aux mamelouks (1260-1517), aux Ottomans (1517-1917) et devient capitale de la **Palestine** sous mandat britannique (1922). L'ONU veut en faire une ville internationale en raison de son importance pour le judaïsme, le christianisme et l'islam (1947). Après la première guerre israélo-arabe (1948), elle est partagée en deux secteurs : israélien à l'ouest et arabe à l'est. Les Israéliens occupent la ville (1967), la réunifient et construisent des quartiers juifs dans le secteur arabe. Ils proclament Jérusalem capitale éternelle de l'État d'Israël (1980), mais son statut et le mur la séparant de la Cisjordanie constituent des obstacles à une paix définitive entre les Israéliens et les Palestiniens.

JÉSUS ✦ Fondateur de la religion chrétienne, pour laquelle il est le **Christ** (ou le Messie), le fils de Dieu, né de **Marie,** envoyé sur la Terre pour sauver l'humanité. Sa vie n'est guère connue que par les **Évangiles.** Ils racontent sa naissance à **Bethléem,** en 4 ou 5 avant l'ère chrétienne, sa jeunesse à **Nazareth,** son baptême par **Jean-Baptiste,** sa retraite dans le désert, ses sermons et miracles en Galilée, le choix de ses douze disciples (les **apôtres**), son dernier repas (la **Cène**), son arrestation par les Juifs et sa condamnation à mort par Ponce **Pilate,** sa flagellation et sa crucifixion, en 28 ou 29, sa mise au tombeau et sa résurrection, son ascension au ciel. Les scènes de la vie de Jésus, comme sa naissance (la Nativité), l'adoration des **Mages,** la Crucifixion ou la Mise au tombeau, ont inspiré de nombreux peintres. Des fêtes comme **Noël** et **Pâques** célèbrent les épisodes de sa vie.

JÉSUS (Compagnie de) ✦ Ordre religieux fondé en 1540 à Rome par **Ignace de Loyola.** Ses membres, appelés les *jésuites,* prononcent des vœux de pauvreté, de chasteté et d'obéissance, en particulier au pape. La Compagnie, très hiérarchisée, sert d'abord la Contre-**Réforme** notamment en créant de nombreux collèges où l'enseignement est de qualité, et en développant des missions en Extrême-Orient et en Amérique. Son rôle politique suscite l'hostilité et provoque sa suppression au Portugal (1759), en France (1764), en Espagne (1767) puis sa dissolution (1773). Elle est finalement rétablie par **Pie VII** (1814).

JEU DE PAUME (serment du) ✦ Serment prêté le 20 juin 1789 par les députés du **tiers état** dans une salle de jeu de paume (ancêtre du tennis) à Versailles. Ces députés jurent de ne pas se séparer avant d'avoir donné une Constitution à la France. C'est le début de la **Révolution française.** Cette scène est immortalisée par le peintre David. ☛ Révolution française p. 174.

JEUX OLYMPIQUES → OLYMPIQUES (jeux)

JHARKHAND n. m. ✦ État du nord-est de l'Inde créé en 2000 dans le sud du Bihar. Superficie : 79 714 km^2 (environ un septième de la France). 33 millions d'habitants. Capitale : Ranchi (1,12 million d'habitants). Couvert de forêts, il vit de l'agriculture (céréales), des ressources minières (charbon, fer, bauxite) et de l'industrie (métallurgie, mécanique, haute technologie).

JIANG JIESHI ou **TCHANG KAÏCHEK** (1886-1975) ✦ Homme d'État chinois. Il rejoint le **Guomindang** (1911), forme l'armée nationaliste avec l'aide des Soviétiques et succède à **Sun Yat-sen** (1925). Il reconquiert la Chine (1926-1928), établit sa capitale à Nankin et contraint **Mao Zedong** à la **Longue Marche** (1934-1936). Pour lutter contre le Japon, nationalistes et communistes se réconcilient puis engagent une nouvelle guerre civile, gagnée par Mao, qui proclame la République populaire (1949). Jiang Jieshi se réfugie à **Taïwan**, où il dirige la République nationaliste, exclue de l'ONU au profit de la Chine communiste (1971).

JIANGSU n. m. ✦ Province de l'est de la Chine. Superficie : 102 600 km^2 (environ un cinquième de la France). 78,6 millions d'habitants. Capitale : Nankin. La région vit de l'agriculture (céréales, oléagineux, thé, tabac, coton, soie, élevage de porcs, de canards, pêche) et de l'industrie (textile, électronique, chimie).

JIANGXI n. m. ✦ Province du sud de la Chine. Superficie : 167 000 km^2 (environ un tiers de la France). 44,6 millions d'habitants. Capitale : Nanchang. La région vit de l'agriculture (céréales, soja, pomme de terre, oléagineux, canne à sucre, agrumes, coton, jute, tabac, pisciculture) et des ressources minières (uranium, cuivre, tungstène, tantale, niobium, kaolin, charbon).

JILIN n. m. ✦ Province du nord-est de la Chine. Superficie : 187 400 km^2 (environ un tiers de la France). 27,4 millions d'habitants. Capitale : Changchun. Très boisée, la région vit de l'agriculture (céréales, soja, oléagineux, tabac, jute, ginseng, élevage porcin et ovin), des ressources minières (or, nickel, houille) et de l'industrie (bois, papier, aciérie).

JINAN ✦ Ville de Chine, capitale de la province de Shandong, dans l'est du pays, près du Huang he. 3,5 millions d'habitants. Centre d'industrie (mécanique, chimie), de recherche (haute technologie) et de tourisme (lac Daming de 47 hectares).

JIVAROS n. m. pl. ✦ Peuple d'Indiens de l'Équateur. Ils vivent de manière traditionnelle dans la forêt amazonienne à l'est des Andes. Peuple de guerriers, les Jivaros étaient connus pour leur art de réduire les têtes coupées de leurs ennemis (afin d'en acquérir la force, tout en empêchant leur âme de se venger).

JOB ✦ Personnage de la Bible. Riche et puissant, Job perd brusquement ses biens et ses enfants, parce que Satan propose à Dieu de mettre sa foi à l'épreuve. Il incarne l'homme juste frappé de malheur, qui questionne Dieu, sans le blâmer, sur le problème du mal. Ses épreuves sont racontées dans le *Livre de Job* (Ve siècle av. J.-C.). L'expression *pauvre comme Job* est une allusion à sa misère.

JOCASTE ✦ Personnage de la mythologie grecque, femme du roi de Thèbes Laïos et mère d'**Œdipe**. Sans le savoir, elle épouse plus tard son fils qui a tué Laïos et met au monde plusieurs enfants, dont **Antigone**. Elle se donne la mort lorsqu'elle découvre la vérité. Elle apparaît dans les tragédies de Sophocle et d'Euripide.

Joconde (La) ✦ Tableau peint à Florence vers 1503-1505 par Léonard de Vinci, intitulé *Portrait de Monna Lisa*, dite *La Joconde*. C'est probablement le portrait de l'épouse d'un gentilhomme florentin, Francesco del Giocondo, mais des doutes subsistent sur l'identité du modèle. Dans ce tableau, Léonard de Vinci utilise des techniques qui accentuent le mystère de l'œuvre : le clair-obscur (demi-obscurité), des effets de lumière sur le visage, un paysage brumeux à l'arrière-plan. *La Joconde* est aussi célèbre pour son sourire énigmatique. François Ier achète ce tableau, devenu le plus célèbre du monde et conservé au musée du Louvre à Paris.

JOFFRE Joseph Jacques Césaire (1852-1931) ✦ Maréchal de France. Il se bat au Tonkin, au Soudan, à Madagascar et devient chef d'état-major général de l'armée et vice-président du Conseil supérieur de la guerre (1911). Il remporte la première bataille de la **Marne** au début de la Première Guerre mondiale (5-12 septembre 1914). Il est remplacé après la bataille de la **Somme** (1916) pour ses résultats jugés insuffisants. Il est nommé maréchal de France. Il laisse des *Mémoires* (publiés en 1932). Académie française (1918).

JOHANNESBURG ✦ Ville d'Afrique du Sud, au nord-est du pays, près de Pretoria. 3,88 millions d'habitants (☛ carte 57). Centre administratif, commercial, industriel (métallurgie, mécanique, textile, aéronautique), plus grande ville du pays ; ville natale de Frédérik De Klerk. ♦ La ville est fondée près de mines d'or, découvertes en 1886, et se développe rapidement. À partir de 1932, plusieurs quartiers de banlieue (comme **Soweto**) sont réservés aux populations noire, métisse ou asiatique.

JOHNS Jasper (né en 1930) ✦ Peintre américain. Représentant du pop art, ami de **Rauschenberg**, il peint à la cire, dès 1955, une série de drapeaux américains, des cibles, des chiffres et des lettres dont il fait ses propres emblèmes. Il crée aussi de petites sculptures en bronze peint, reproduisant des objets ordinaires, ampoules électriques ou boîtes de bière.

JOIGNY ✦ Commune de l'Yonne, sur l'Yonne. 9 672 habitants (les *Joviniens*) (☛ carte 23). Château Renaissance. Ville ancienne étagée sur un coteau viticole. Ville natale de Marcel Aymé.

JOINVILLE Jean de (1225-1317) ✦ Chroniqueur français. Sénéchal de Champagne, il accompagne Saint Louis (**Louis IX**) en Égypte lors de la septième croisade (1248-1254) et partage sa captivité, mais il refuse de le suivre à Tunis pour la huitième (1270). Il rédige ensuite la biographie du roi disparu (*Livre des saintes paroles et des bons faits de notre saint roi Louis*, 1272-1309), célèbre pour sa sincérité et sa précision.

JOLIOT-CURIE Irène (1897-1956) ✦ Physicienne française, fille de Pierre et de Marie **Curie**. Avec son mari, Frédéric **Joliot-Curie**, elle contribue à la naissance de la physique nucléaire. Ensemble ils découvrent la radioactivité artificielle (1934) et étudient la fission de l'uranium. Elle devient sous-secrétaire d'État à la recherche scientifique (1936), directrice de l'Institut du radium (1946), membre du Commissariat à l'énergie atomique. Elle participe à la construction de la première pile atomique française et obtient le prix Nobel de chimie avec son mari en 1936.

JOLIOT-CURIE Frédéric (1900-1958) ✦ Physicien français. Il effectue ses travaux les plus importants avec sa femme, Irène **Joliot-Curie.** Il est aussi connu pour ses activités politiques de résistant, de communiste militant, de pacifiste convaincu. Intéressé par le nucléaire civil, il est le premier haut-commissaire à l'énergie atomique. Il dirige la construction de Zoé, la première pile atomique française (1945), mais il est relevé de ses fonctions en raison de ses opinions politiques (1950). Il obtient le prix Nobel de chimie avec sa femme (1936) et entre à l'Académie des sciences (1943).

JONAS ✦ Héros du livre de la Bible qui porte son nom. Sommé par Dieu d'aller prêcher le repentir à la ville de **Ninive**, le prophète tente de se dérober et, jeté d'un bateau lors de la tempête suscitée par son refus, passe trois jours dans le ventre d'un gros poisson. Parvenu dans la grande ville païenne, il la convainc de s'amender, et lui évite ainsi d'être détruite. L'universalisme du message et le symbole de la résurrection (du ventre du poisson) ont fait de Jonas une figure du christianisme.

JORDANIE n. f. ✦ Pays du Proche-Orient (☛ cartes 38, 39). Superficie : 92 000 km² (moins d'un sixième de la France). 4,2 millions d'habitants (les *Jordaniens*), en majorité musulmans mais aussi chrétiens. Près de 65 % de la population est d'origine palestinienne. Monarchie parlementaire dont la capitale est Amman. Langue officielle : l'arabe. Monnaie : le dinar jordanien. ♦ GÉOGRAPHIE. La Jordanie est formée d'un plateau désertique prolongeant le désert de Syrie à l'est. Le nord-ouest, arrosé par les affluents du Jourdain, est plus fertile et le climat y est méditerranéen. ♦ ÉCONOMIE. L'agriculture est pratiquée dans la vallée du **Jourdain** (fruits, légumes) et sur les hauts plateaux (céréales). Le sous-sol est riche (phosphates, potasse, cuivre, manganèse, soufre, fer). L'industrie est concentrée autour d'Amman (alimentaire, savonneries, raffineries de pétrole). Les sites touristiques comme **Pétra** attirent de nombreux visiteurs. Le pays reste dépendant de l'aide financière internationale. ♦ HISTOIRE. Dans l'Antiquité, la région est le territoire des populations ammonites, proches des Israélites par la langue. Les relations entre les deux peuples, surtout avec le royaume d'Israël, sont souvent conflictuelles. Le pays passe sous la domination assyrienne (VIIIe siècle av. J.-C.) puis babylonienne. Le peuple arabe des **Nabatéens** fonde un royaume avec Pétra pour capitale (Ve siècle av. J.-C.), dominé par les Grecs (IVe siècle av. J.-C.) et les Romains (Ier siècle). Après la domination des Perses et des Byzantins, la région est conquise par les Arabes (634), les croisés (1118), **Saladin** (1187), les mamelouks (1258) et passe à l'Empire **ottoman** (XVIe siècle). Les tribus arabes se révoltent contre les Turcs (1916), aidées par les Britanniques (**Lawrence d'Arabie**), qui en font un émirat placé sous leur mandat (1921). Le pays obtient son indépendance (1946), devient un royaume (1949) et annexe la **Cisjordanie**, que l'ONU destinait à un État arabe dans son plan de partage de la Palestine. Le roi Hussein arrive au pouvoir (1952) et modernise le pays. À la fin de la guerre des **Six Jours** (1967), Israël occupe la Cisjordanie et la résistance palestinienne s'organise. Une violente épreuve de force oppose les troupes royales et les organisations palestiniennes (1970), que Hussein finit par éliminer. Un temps isolé du monde arabe, le souverain reconnaît l'OLP (1974), soutient l'Irak dans son conflit contre l'Iran (1980-1988), rompt tout lien avec la Cisjordanie (1988) et signe un traité de paix avec Israël (1994). À sa mort (1999), son fils Abdallah lui succède.

JOSEPH ✦ Personnage de la Bible, fils de **Jacob** et de Rachel. Joseph est vendu à des marchands par ses frères jaloux. Il devient ministre du pharaon en Égypte où il fait venir toute sa famille.

JOSEPH (saint) ✦ Personnage de la Bible. Selon les Évangiles, il est l'époux de **Marie** et il élève **Jésus**.

JOSEPH II (1741-1790) ✦ Empereur germanique de 1765 à sa mort. Il partage le pouvoir avec sa mère **Marie-Thérèse** jusqu'à la mort de celle-ci (1780). Partisan des **Lumières**, il modernise et germanise l'État dont il réforme l'administration. Après de violentes révoltes (Belgique, Hongrie), il doit renoncer à sa politique sociale (abolition du servage) et anticléricale (rejet de l'autorité pontificale), qui provoquait le mécontentement. **Frédéric II le Grand** forme une ligue des Princes pour mettre un terme à son influence en Allemagne (1785). Son alliance avec **Catherine II** l'entraîne dans la guerre russo-turque (1788) qui détériore ses relations avec la France.

JOSÉPHINE (impératrice) → **BEAUHARNAIS** Joséphine de

JOSQUIN DES PRÉS (vers 1440-1521) ✦ Compositeur français. Il est chantre à la cathédrale de Milan (1459-1472), entre au service des Sforza (1474), à Milan puis à Rome, où il chante aussi à la chapelle pontificale (à partir de 1486). Il sert à la cour de Louis XII (1501), à celle du duc de Ferrare (1503) et devient chanoine à Condé-sur-Escaut. Surnommé le «Prince de la musique» dès la Renaissance, il est considéré comme le maître du contrepoint et l'un des plus grands polyphonistes français. Il influence toute la musique religieuse et compose aussi des chansons profanes. Dans son œuvre très abondante, on peut citer : les messes *Hercules dux Ferrariae, L'Homme armé, Pange Lingua* ; les motets *Ave Maria, Miserere, Stabat Mater* ; les chansons *Mille Regrets* et *Nymphes des bois.*

JOSUÉ ✦ Personnage de la Bible. Il succède à Moïse à la tête des **Hébreux** et conquiert Canaan. Le *Livre de Josué* raconte la prise de Jéricho au son des trompettes et, au cours de la bataille de Gabaon, l'arrêt du Soleil qu'il a obtenu de Dieu pour pouvoir triompher des cinq rois cananéens.

JOULE James Prescott (1818-1889) ✦ Physicien britannique. Il énonce plusieurs lois fondamentales sur le dégagement de chaleur produit par le passage d'un courant électrique dans un conducteur (*effet Joule,* 1841), des lois sur l'énergie interne des gaz, et détermine l'équivalent mécanique de la calorie. Dans le système international, l'unité de mesure d'énergie est le *joule,* en hommage à ce savant.

JOURDAIN n. m. ✦ Fleuve du Proche-Orient, long de 350 km. Il prend sa source au Liban, longe la Syrie, traverse le lac de **Tibériade**, puis il sépare la Jordanie de la Cisjordanie et se jette dans la mer Morte. Sa vallée, la plus profonde du monde, possède une végétation tropicale. L'utilisation de ses eaux fait l'objet de conflits entre la **Jordanie**, la **Syrie** et **Israël**, qui l'a aménagé pour irriguer la Galilée et le désert du **Néguev**. L'importante diminution de son débit qui en résulte est l'une des causes principales de la réduction de la superficie de la mer Morte. Dans la Bible, les Hébreux traversent le Jourdain pour entrer au pays de Canaan, et c'est dans ses eaux que **Jean-Baptiste** baptise Jésus.

JOUVET Louis (1887-1951) ✦ Comédien français. Il débute dans la troupe du Vieux-Colombier, dirige la Comédie des Champs-Élysées (1924), puis fonde le «Cartel des quatre» (1927), association d'entraide contre le théâtre commercial, avec Charles Dullin, Gaston Baty et Georges Pitoëff. Professeur au Conservatoire, il réalise de prestigieuses mises en scène de Jules Romains (*Knock*, 1923), de Jean Giraudoux (*Siegfried*, 1928 ; *Amphitryon 38*, 1929 ; *Ondine*, 1939 ; *La Folle de Chaillot*, 1945) et de Molière (*L'École des femmes*, 1936 ; *Dom Juan*, 1947 ; *Tartuffe*, 1950). Il est aussi célèbre pour ses rôles au cinéma : *Topaze* (1933), *Les Bas-Fonds* et *Drôle de drame* (1937), *Hôtel du Nord* et *Entrée des artistes* (1938), *Volpone* (1939), *Quai des Orfèvres* (1947).

JOUY-EN-JOSAS ✦ Commune des Yvelines. 8 309 habitants (les *Jovaciens*). On peut y voir une église (XIIIe-XVIe siècles), le musée Léon-Blum et surtout le musée consacré à Christophe Oberkampf (1738-1815), industriel qui a fait la célébrité de la ville en y installant une manufacture de toiles imprimées, appelées *toiles de Jouy* (1759).

JOYCE James (1882-1941) ✦ Écrivain irlandais. Déçu par le nationalisme irlandais, il séjourne à Paris (1902), devient professeur d'anglais à Dublin, puis il s'exile à Zurich pendant la Première Guerre mondiale (1914), s'installe à Paris (1920) et finalement à Zurich (1939). Il compose des poèmes (*Musique de chambre*, 1907), puis renouvelle la narration dans ses romans, en usant du monologue intérieur et en mobilisant toutes les ressources du langage. Œuvres : *Gens de Dublin* (1914 ; film de John Huston, 1987), *Dedalus, portrait de l'artiste par lui-même* (1916), *Ulysse* (1922), *Finnegans Wake* (1939).

JUAN CARLOS Ier (né en 1938) ✦ Roi d'Espagne de 1975 à 2014. Petit-fils du roi Alphonse XIII, il devient prince d'Espagne (1969) en prêtant serment devant l'assemblée des Cortes et devant **Franco**, qui en fait son successeur. Pendant son règne, il rétablit la démocratie et modernise le pays. Il abdique en faveur de son fils, Felipe VI.

JUAN-LES-PINS ✦ Station balnéaire d'Antibes, sur la Côte d'Azur. Festival Jazz à Juan, créé en 1960 en hommage à Sidney **Bechet**.

JUBA ✦ Capitale du Soudan du Sud. 230 000 habitants. Cathédrale Sainte-Thérèse. Université. Port fluvial sur le Nil blanc. Aéroport.

JUDA ✦ Personnage de la Bible, fils de **Jacob** et de Léa. Juda est considéré comme l'ancêtre de la tribu la plus peuplée d'Israël. Celle-ci est installée sur un territoire situé autour de Jérusalem et d'Hébron, qu'on appelle la **Judée**.

JUDA (royaume de) ✦ Royaume du sud de la Palestine. Il est fondé, selon la Bible, par les tribus du Sud (tribus de Juda et de Benjamin), dont se séparent les tribus du Nord (royaume d'Israël), après la mort de Salomon (931 av. J.-C.). Il est détruit par Nabuchodonosor, qui déporte la population à Babylone.

JUDAS ✦ Un des douze **apôtres** de Jésus. Selon les Évangiles, il trahit Jésus pour de l'argent et le livre aux grands prêtres juifs qui le jugent. Puis, pris de remords, il se pend. À cause de sa trahison, on appelle un traître un *judas*.

JUDÉE n. f. ✦ Région historique de Palestine. Elle est située au sud de la Samarie, entre la mer Morte, où elle est aride, et la Méditerranée, où sa plaine côtière est fertile (céréales, fruits). Ville principale : Jérusalem. ♦ À la chute du royaume de **Juda** (587 av. J.-C.), la Judée est dominée par Babylone puis par la Perse, qui permet aux Juifs de revenir de captivité et d'y former une communauté religieuse. Elle est prise par Pompée (63 av. J.-C.), et administrée par **Hérode Ier le Grand**. Elle devient une province romaine gérée par **Pilate**, où naît le christianisme. Elle connaît deux grandes révoltes juives (66-70 et 132-135). Après la naissance de l'État d'Israël, elle est annexée par la Jordanie (1950-1967), puis par Israël après la guerre des **Six Jours**. Elle est placée sous autorité palestinienne, avec la Samarie, depuis les accords sur la **Cisjordanie** (1995).

JUDITH ✦ Héroïne du livre de la Bible qui porte son nom (et ne fait pas partie de la Bible hébraïque). Elle sauve sa ville, Béthulie, assiégée par les troupes de Nabuchodonosor, en séduisant leur général, Holopherne, puis profitant de son ivresse, en lui coupant la tête.

JUGURTHA (vers 160 av. J.-C.-vers 104 av. J.-C.) ✦ Roi de Numidie de 118 à 105 av. J.-C. Il reçoit le royaume en partage avec ses cousins qu'il fait tuer pour régner seul. Attaqué par Rome (111 av. J.-C.), il résiste longtemps. Son beau-père, le roi de Mauritanie, le livre à **Sylla** (105 av. J.-C.). Emmené à Rome, il meurt de faim en prison.

JUILLET (monarchie de) → MONARCHIE DE JUILLET (la)

JUIN Alphonse (1888-1967) ✦ Maréchal de France. Blessé pendant la Première Guerre mondiale, il combat au Maroc avec **Lyautey** (1924) et devient chef d'état-major en Afrique du Nord (1936-1939). Lors de la Deuxième Guerre mondiale après avoir été fait prisonnier puis libéré, il prend le commandement des forces françaises d'Afrique du nord (1941) et repousse les troupes allemandes du maréchal Rommel en Tunisie (1942). Il participe à la conquête de l'Italie par les Alliés (1943-1944) et, après la guerre, il devient résident général au Maroc (1947-1951). Il est fait maréchal de France (1952) et publie des *Mémoires* (1959-1960).

JULES II (1443-1513) ✦ Pape de 1503 à sa mort. Surnommé «le Terrible» pour son énergie, il restaure l'autorité des États de l'Église contre les nobles italiens et emprisonne César **Borgia** (1504). Il participe à la ligue de **Cambrai** (Louis XII, Maximilien Ier de Habsbourg, Ferdinand II d'Aragon, 1508) pour arrêter l'expansion de **Venise**, puis à la Sainte Ligue (Venise, Saint Empire, Espagne, Angleterre, 1511) pour contrer les prétentions en **Italie** de Louis XII. Grand mécène, il fait travailler **Raphaël, Michel-Ange** à la chapelle **Sixtine**, reconstruire **Saint-Pierre de Rome** et enrichit les collections du Vatican.

JULES CÉSAR → **CÉSAR** Jules

JUMIÈGES ✦ Commune de Seine-Maritime. 1 778 habitants (les *Jumiégeois*). Abbaye romane, fondée en 654 : ruines de l'église Saint-Pierre (Xe-XIIe siècles), abbatiale Notre-Dame (XIe siècle), salle capitulaire gothique (XIIe siècle) et logis abbatial (XVIIe siècle).

JUNG Carl Gustav (1875-1961) ✦ Psychiatre suisse. D'abord disciple de **Freud**, il s'en sépare en niant le caractère exclusivement sexuel de la libido (*Métamorphoses et symboles de la libido*, 1912, intitulé *Métamorphoses de l'âme et ses symboles* en 1944), qu'il considère comme une énergie primordiale et universelle permettant de distinguer l'extraverti de l'introverti (*Types psychologiques*, 1921). Il crée le concept d'inconscient collectif structuré par des archétypes communs à toute l'humanité qui s'expriment dans les mythes, les religions, le folklore, l'art, et fonde, pour les déchiffrer, la psychologie analytique (*Dialectique du moi et de l'inconscient*, 1928 ; *L'Homme à la découverte de son âme*, 1943 ; *Psychologie et Alchimie*, 1944).

JÜNGER Ernst (1895-1998) ✦ Écrivain allemand. Après un séjour dans la Légion étrangère française (1913), évoqué dans *Jeux africains* (1936), il revient en Allemagne et devient un héros de la Première Guerre mondiale. Ses récits, où il exalte la guerre (*Orages d'acier*, 1920 ; *La Guerre notre mère*, 1922 ; *Le Feu et le Sang*, 1926) et ses écrits prônant le nationalisme et le machinisme (*Le Cœur aventureux*, 1929 ; *La Mobilisation totale* et *L'Ouvrier*, 1931) inspirent les nazis. Mais il condamne plusieurs fois le régime nazi (*Sur les falaises de marbre*, 1939 ; *La Paix*, 1941-1943). Attaché à l'état-major parisien pendant la Deuxième Guerre mondiale (*Journal*, 1940-1948), il se retire ensuite, et, tout en dénonçant la civilisation technique jadis célébrée, il affirme dans ses œuvres un anarchisme aristocratique (*Chasses subtiles*, 1967 ; *Approches, drogue et ivresse*, 1970).

JUNGFRAU n. f. ✦ Sommet des Alpes suisses (4 158 m), à la limite des cantons de Berne et du Valais, entre l'Aar et le Rhône. Malgré des conditions climatiques difficiles, il est très fréquenté depuis sa première ascension (1811). La voie ferrée la plus haute d'Europe conduit au Jungfraujoch (3 455 m), plateau où est installé l'observatoire astronomique et météorologique du Sphinx. La région, comprenant le glacier d'**Aletsch**, est inscrite sur la liste du patrimoine mondial de l'Unesco.

JUNON ✦ Déesse du Mariage dans la mythologie romaine. Sœur et épouse de **Jupiter**, avec qui elle règne, elle incarne la féminité et protège les femmes et la maternité. Elle correspond à la déesse grecque **Héra**.

JUNOT Andoche (1771-1813) ✦ Général français. Après le siège de **Toulon** (1793), il devient l'aide de camp de Bonaparte, qui l'emmène en Égypte. Il est nommé général (1801), gouverneur de Paris (1804), ambassadeur à Lisbonne (1805) et commandant de l'armée du Portugal (1807), où il est fait duc d'Abrantès. Après sa capitulation devant les Anglais (1808), il participe à la guerre en **Espagne** et à la campagne de **Russie**, puis gouverne les Provinces illyriennes dans les Balkans (1813).

① **JUPITER** ✦ Principal dieu de la mythologie romaine. Il règne sur le **Capitole**, protège Rome, les empereurs et les consuls. Il commande le ciel, la lumière du jour et les éléments, comme la foudre et le tonnerre. Il correspond au dieu grec **Zeus**.

② **JUPITER** n. m. ✦ La plus grosse planète du système solaire. C'est la cinquième à partir du Soleil, dont elle est éloignée d'environ 778 millions de km. Son diamètre est de 143 000 km (onze fois la Terre). Son atmosphère est faite d'hydrogène et d'hélium qui forment d'énormes tourbillons. Elle tourne autour du Soleil en 11 ans, 10 mois et 17 jours, et sur elle-même en 9 h 50 mn. **Galilée** a découvert quatre de ses seize satellites (Io, Europe, Ganymède, Callisto). Jupiter est étudié par plusieurs sondes spatiales : Pioneer (1973, 1974), Voyager (1979) et Galileo (1989).

① **JURA** n. m. ✦ Massif montagneux d'Europe (☛ cartes 21, 24). En forme d'arc de cercle au nord-ouest des Alpes, il s'étend sur la France, la Suisse et l'Allemagne, entre le Rhône et le Rhin, sur une longueur de 230 km et une largeur de 61 km. L'Ain et le Doubs y prennent leur source. Son point culminant est le Crêt de la Neige (1 720 m) ; son climat est rude et humide. Les principales activités sont l'élevage laitier (comté, gruyère), l'exploitation de la vigne, des forêts de conifères, des ressources hydroélectriques, l'industrie (horloges, lunettes, pipes, textile, métallurgie, bois, plastique) et le tourisme. Le parc naturel régional du Haut-Jura (164 065 ha), créé en 1986, s'étend autour de la ville de Saint-Claude. Le dépôt d'épaisses couches calcaires, fréquent dans ce massif, est caractéristique de l'époque *jurassique*.

② **JURA** n. m. ✦ Département de l'est de la France [39], de la Région Bourgogne-Franche-Comté. Superficie : 4 999 km². 260 681 habitants (les *Jurassiens*). Chef-lieu : Lons-le-Saunier ; chefs-lieux d'arrondissement : Dole et Saint-Claude.

③ **JURA** n. m. ✦ Canton de Suisse, au nord-ouest du pays. Superficie : 836 km². 69 292 habitants, en majorité catholiques. Langue officielle : le français. Chef-lieu : Delémont. L'économie est basée sur l'élevage et l'industrie (horlogerie).

JUSSIEU Antoine Laurent de (1748-1836) ✦ Botaniste français. Il est professeur au Jardin du roi, le futur **Jardin des Plantes**, puis il dirige le Muséum et expose les principes servant de base à la méthode naturelle de la classification des plantes (*Genera plantarum secundum ordines naturales disposita*, 1788). Il entre à l'Académie des sciences en 1795.

JUSTINIEN Ier (482-565) ✦ Empereur romain d'Orient (**Byzance**) de 527 à sa mort. Il cherche à reconstituer l'Empire **romain**, avec son épouse **Théodora**. Il fait la paix avec la Perse (532), reprend l'Afrique du Nord aux Vandales (533), l'Italie aux Ostrogoths (535,552) et l'Andalousie aux Wisigoths (550-554). Mais il connaît un nouveau conflit avec la Perse (540-562), tandis que les Huns et les Slaves menacent l'Empire. Il porte l'art byzantin à son apogée (**Sainte-Sophie** à **Constantinople**) et réforme la législation *(Code justinien).* Sa politique religieuse très répressive, qui suscite un nouveau schisme, et la pression fiscale qu'il impose affaiblissent l'Empire. Il a marqué le VIe siècle, appelé *siècle de Justinien.*

JUTES n. m. pl. ✦ Peuple germanique établi au sud du **Jutland**. Une partie émigre en **Angleterre** (Ve siècle) et fonde le royaume du **Kent**.

JUTLAND n. m. ✦ Péninsule du nord de l'Europe, formant la partie continentale du Danemark. Superficie : 10 000 km² en excluant l'État allemand du Schleswig-Holstein. 576 972 habitants. Ville principale : Ålborg. Bordées à l'ouest par la mer du Nord et à l'est par la mer Baltique, ses plaines sableuses aux nombreux lacs sont peu fertiles. Élevage, pêche, tourisme, industrie (alimentaire, métallurgie, mécanique).

JUVÉNAL (vers 55-vers 140) ✦ Poète latin. Dans seize poésies, appelées *Satires,* il dénonce violemment la décadence de Rome, qu'il oppose à la grandeur de la ville célébrée par Cicéron et Tite-Live.

K

K2 ou **DAPSANG** n. m. ✦ Sommet de la chaîne du **Karakoram** (☛ carte 38). Il est situé à la frontière entre la Chine et la partie pakistanaise du **Cachemire**. Son altitude de 8 611 m en fait le deuxième sommet du monde après l'Everest. Il est conquis par une expédition italienne (1954).

KAABA n. f. ✦ Monument en forme de cube construit au centre de la mosquée de La **Mecque** (VIIe siècle). La Pierre noire, apportée selon le Coran par l'ange Gabriel à Abraham, est scellée dans la Kaaba. C'est vers cette pierre que les musulmans se tournent pour prier. Lors du pèlerinage qu'ils doivent effectuer à la Mecque une fois dans leur vie, ils font sept fois le tour de ce monument.

KABARDINO-BALKARIE n. f. ✦ République de la fédération de Russie, dans le sud-ouest du pays, dans le Caucase, à la frontière de la Géorgie (☛ carte 33). Superficie : 12 500 km^2. 900 500 habitants (les *Kabardes* et les *Balkars*). Capitale : Naltchik (273 900 habitants). Région agricole (élevage, céréales, légumes, vigne) et industrielle (mécanique).

KABOUL ✦ Capitale de l'Afghanistan, dans le nord-est du pays, à 1 800 m d'altitude. 2,5 millions d'habitants (les *Kaboulis*). Centre universitaire et industriel (textile, mécanique, cuir) du pays. ♦ Déjà connue des Grecs de l'Antiquité, la ville est prise par les Arabes (662) et devient la capitale de l'empire des **Moghols** (1504-1526) puis celle de l'Afghanistan (1775). Elle est conquise par les talibans (1996) et reprise par le groupe armé appelé *Alliance du Nord* (2001), aidé par les bombardements américains.

KABYLIE n. f. ✦ Ensemble de massifs montagneux de l'Algérie, dans l'**Atlas**, en bordure de la Méditerranée. Son point culminant est le Grand Babor (2 004 m). Elle est habitée par un peuple berbère, les *Kabyles*. Ils se sont longtemps opposés à la présence française dans le pays (insurrection de 1871 ; guerre d'Algérie, 1954-1962). Ils pratiquent l'arboriculture et l'artisanat.

KADARÉ Ismaïl (né en 1936) ✦ Écrivain albanais. Il abandonne le journalisme après la parution de son roman *Le Général de l'armée morte* en 1963. Ses romans suivants s'inspirent des légendes et de l'histoire de son pays (*Chronique de la ville de pierre*, 1970 ; *Avril brisé*, 1980) ou dépeignent le monde suffocant de la dictature (*Le Palais des rêves*, 1981), parfois en référence directe au totalitarisme d'Enver **Hoxha** (*Le Grand Hiver*, 1973 ; *Le Concert*, 1988). Il a obtenu l'asile politique en France (1990).

KADHAFI Muammar al- (1942-2011) ✦ Homme d'État libyen. Il prend le pouvoir en 1969 à la faveur d'un coup d'État militaire qui renverse la monarchie. En 1979, il démissionne de son poste de secrétaire général du Conseil général du peuple (CGP) et se proclame «guide de la révolution». Sans autre fonction officielle, il détient néanmoins la totalité du pouvoir. Son projet politique de la «troisième voie», à mi-chemin entre capitalisme et marxisme, est exposé dans son *Livre vert*. Après avoir défendu l'expansion arabe, puis africaine, il a souvent été accusé par l'Occident de visées terroristes. Son régime est renversé en 2011.

KAFKA Franz (1883-1924) ✦ Écrivain tchèque d'expression allemande. Né dans la bourgeoisie juive de langue allemande, au temps de l'empire d'Autriche-Hongrie, il fait des études de droit. Il travaille dans les assurances (1908-1922) et se consacre à la littérature. Sa faiblesse physique (en 1917, il contracte la tuberculose) et ses influences culturelles contradictoires (slave, germanique, juive) en font un être désespéré et solitaire. Il dépeint un monde étrange et angoissant. Son œuvre est condamnée par le nazisme et redécouverte après la guerre. Ses romans et nouvelles les plus connus sont : *La Métamorphose* (1912, publié en 1915) et surtout deux romans inachevés publiés après sa mort, *Le Procès* (1914, publié en 1925) et *Le Château* (1922, publié en 1926).

KAHLO Frida (1907-1954) ✦ Peintre mexicaine. Immobilisée après un grave accident, elle peignit de nombreux autoportraits où elle se représenta souvent entourée d'animaux (*La Colonne brisée*, *Autoportrait au collier d'épines*). Ses tableaux aux couleurs vives expriment sa souffrance, son goût pour la vie et sa passion amoureuse pour son mari, le peintre Diego **Rivera**.

KAIROUAN ✦ Ville de Tunisie, au centre du pays. 117 903 habitants. Centre artisanal (tapis, tabac). Capitale du pays à deux reprises (IXe et Xe siècles) et ville sainte de l'islam, inscrite sur la liste du patrimoine mondial de l'Unesco notamment pour sa Grande Mosquée et sa mosquée des Trois-Portes (IXe siècle).

KALAHARI n. m. ✦ Désert du sud de l'Afrique, traversé par le tropique du Capricorne et bordé de marécages au nord et à l'est (☛ carte 34). Il s'étend sur le

Botswana et est habité par les **Bochimans.** Son climat bénéficie d'influences océaniques. Le site de Tsodilo, où l'on trouve plus de 4 500 peintures rupestres exécutées sur une période d'au moins 100 000 ans, est inscrit sur la liste du patrimoine mondial de l'Unesco.

KALI ✦ Déesse hindoue. C'est l'une des épouses de **Shiva** et la forme guerrière et destructrice de Devi, la grande déesse. Cette divinité terrifiante est vénérée surtout au Bengale et honorée par des sacrifices sanglants.

KALMOUKIE n. f. ✦ République de la fédération de Russie, au sud-ouest, au bord de la mer Caspienne (☛ carte 33). Superficie : 75 900 km^2 (environ un septième de la France). 292 400 habitants (les *Kalmouks*), en majorité bouddhistes et d'origine mongole. Capitale : Elista (104 300 habitants). Région agricole (céréales, moutons).

KALMOUKS n. m. pl. ✦ Peuple mongol installé dans le sud de la Sibérie. Au XVe siècle, ils étendent leur empire du lac Balkhach à la Grande Muraille de Chine. Plusieurs tribus fondent l'empire de Djoungarie en Asie centrale (XVIIe siècle), anéanti par la Chine (1759). Une tribu, établie entre le Don et la Volga (vers 1640), est intégrée dans l'Empire russe (1771). Les Soviétiques créent une région autonome (1920), liquidée pendant la guerre (1943). Elle devient une république socialiste (1958) qui prend le nom de république de **Kalmoukie** (1992).

KAMPALA ✦ Capitale de l'Ouganda, dans l'est du pays, au bord du lac Victoria. 2 millions d'habitants (les *Kampalais*). Centre de commerce.

KAMPUCHEA n. m. ✦ Nom donné au **Cambodge** par les Khmers rouges qui le dirigent de 1975 à 1989.

KAMTCHATKA n. m. ✦ Presqu'île de Russie, dans l'est de la Sibérie, bordée à l'ouest par la mer d'Okhotsk et à l'est par la mer de Béring et l'océan Pacifique (☛ carte 33). Superficie : 370 000 km^2 (environ deux tiers de la France). Région montagneuse, boisée, arrosée de nombreux cours d'eau et peuplée de *Kamtchadales* qui vivent de la pêche, de l'exploitation forestière et de ressources minières (or, charbon). Sa centaine de volcans, dont 28 sont actifs, est inscrite sur la liste du patrimoine mondial de l'Unesco.

KANAKS ou **CANAQUES** n. m. pl. ✦ Peuples d'Océanie dont le nom vient du mot *kanaka* qui signifie « homme » en polynésien. Ils vénèrent la terre nourricière. Des Kanaks de **Nouvelle-Calédonie** luttent pour leur indépendance dans les années 1970-1980.

KANDAHAR ✦ Ville d'Afghanistan, dans le sud du pays, à 1 000 m d'altitude. 324 800 habitants. Ville administrative, centre de commerce d'une grande oasis, peu d'industries (laine, alimentaire). ♦ Le site, occupé depuis environ 1000 ans av. J.-C., est détruit par le roi de Perse (1738) puis reconstruit plus à l'est par le souverain d'un nouvel État afghan qui en fait sa capitale (1761-1775). La chute de Kandahar, dernier refuge des talibans, marque la fin de leur régime (2001).

KANDINSKY Wassily (1866-1944) ✦ Peintre français, d'origine russe. Il fait des études de droit, découvre l'impressionnisme et s'établit à Munich où il se consacre à la peinture (1896). Après des voyages en Europe et en Tunisie (1902-1907), il fonde un mouvement d'art moderne à Munich, le Cavalier bleu (1911). Il revient en Russie (1914) où il enseigne et fonde à Moscou l'Académie des sciences artistiques (1921). Il devient professeur au **Bauhaus** (1922-1933) en Allemagne où il se fait naturaliser (1928), avant de s'installer en France pour fuir le nazisme (1933). Ses tableaux colorés aux traits nerveux évoluent vers des formes géométriques avec des effets de rythme et de contraste, puis vers des motifs d'apparence organique. Œuvres : *Première Aquarelle abstraite* (1910), les séries des *Improvisations,* des *Impressions* et des *Compositions* (1910-1914), *Dans le carré noir* (1923), *Succession* (1935), *Bleu de ciel* (1940), *Accord réciproque* (1942). Il expose ses idées sur l'art abstrait dans des essais : *Du spirituel dans l'art* (1911), *Point, ligne, plan* (1926).

KANDY ✦ Ville du Sri Lanka, dans les montagnes du centre de l'île. 109 000 habitants. Ce lieu sacré du bouddhisme, où se déroule un pèlerinage annuel au temple de la Dent du Bouddha, est inscrit sur la liste du patrimoine mondial de l'Unesco. Entourée de plantations de thé, la ville a été la capitale d'un royaume cinghalais indépendant (XVIe-XIXe siècles).

KANPUR ✦ Ville de l'Inde (Uttar Pradesh), dans le nord du pays, sur le Gange. 2,9 millions d'habitants. Centre industriel (coton, matériel ferroviaire, technologie). Les Britanniques fondent le camp militaire de *Cawnpore* (1801) où débute la révolte des soldats indigènes, les cipayes (1857)

KANSAS n. m. ✦ État du centre des États-Unis depuis 1861 (☛ carte 47). Son nom vient de la rivière qui le traverse. Superficie : 213 095 km^2 (environ deux cinquièmes de la France). 2,9 millions d'habitants. Capitale : Topeka (127 473 habitants). ♦ Arrosé par le Kansas et l'Arkansas, il est formé de plaines à l'est qui s'élèvent en collines à l'ouest. Le climat est continental. L'agriculture fait vivre le tiers de la population (premier producteur de blé du pays, céréales, pomme de terre, élevage bovin). Le sous-sol contient du pétrole et du gaz. Les industries sont variées (raffineries, agroalimentaire, chimie). ♦ La région est visitée par les Espagnols (1541), par les Français (XVIIIe siècle) puis vendue avec la Louisiane aux États-Unis par Napoléon Ier (1803). Peuplée d'Indiens et souvent traversée par les Blancs, elle subit les guérillas sudistes pendant la guerre de **Sécession** avant de prospérer grâce au chemin de fer.

KANT Emmanuel (1724-1804) ✦ Philosophe allemand. Après des études de théologie, de philosophie et de sciences, il devient précepteur (1746-1755) puis professeur à l'université de Königsberg. Il expose ses théories philosophiques dans de nombreux traités parmi lesquels : *Critique de la raison pure* (1781), *Critique de la raison pratique* (1788), *Critique de la faculté de juger* (1790). Sa philosophie, le *kantisme,* a exercé une influence décisive sur toute la philosophie ultérieure.

KARABAGH (Haut-) n. m. ✦ Région autonome de l'ouest de l'Azerbaïdjan, dans le Caucase. Superficie : 4 400 km^2. 192 000 habitants. Capitale : Stepanakert (58 000 habitants). Région montagneuse qui vit de l'agriculture (céréales, vigne, légumes, ovins), de l'industrie (alimentaire, bois, mécanique, hydroélectricité) et de l'artisanat (soie, tapis). Le rattachement du Haut-Karabagh à l'**Arménie**, réclamé par la population (composée à 77 % d'Arméniens), provoque un sanglant conflit entre les deux pays depuis 1988.

KARACHI ✦ Ville du Pakistan, dans le sud du pays, sur la mer d'Oman. 9,3 millions d'habitants (☛ carte 57). Port industriel (sidérurgie, raffineries, chimie) et centre économique du pays. ♦ La ville est créée par les Britanniques (1838). C'est le principal port du monde indien avant l'indépendance, puis la capitale du Pakistan (1947-1967).

KARAJAN Herbert von (1908-1989) ✦ Chef d'orchestre autrichien. Directeur de l'opéra d'Aix-la-Chapelle (1935), il est chef d'orchestre à l'opéra de Berlin (1937) et prend la tête de l'orchestre philarmonique de Berlin (1955-1989). Il est aussi directeur musical de l'opéra de Vienne (1956-1964) et du festival de **Salzbourg** (1956-1960). La qualité de ses interprétations lui valent une renommée internationale.

KARAKORAM n. m. ✦ Chaîne montagneuse d'Asie située au nord de l'Himalaya dont elle est séparée par la vallée de l'Indus. Elle s'étend au nord du Pakistan et de l'Inde, à l'ouest du Tibet et compte de gigantesques glaciers et de très nombreux pics de plus de 8 000 m d'altitude comme le **K2**.

KARATCHAÏEVO-TCHERKESSIE n. f. ✦ République de la fédération de Russie, dans le Caucase, à la frontière de la Géorgie (☛ carte 33). Superficie : 14 100 km^2. 477 900 habitants (les *Karatchaïs* et les *Tcherkesses*). Capitale : Tcherkessk (129 069 habitants). Région agricole et industrielle (pétrochimie, mécanique, agroalimentaire).

KARL-MARX-STADT ✦ Nom de la ville de **Chemnitz** de 1949 à 1990.

KARLSRUHE ✦ Ville d'Allemagne (Bade-Wurtemberg), sur le Rhin, au nord de la Forêt-Noire. 275 629 habitants. Ancienne capitale du grand-duché de Bade (château grand-ducal, XVIIIe siècle). Musées (Kunsthalle, Zentrum für Kunst und Medientechnologie). Ville natale de Carl Benz. Port fluvial et, en partie grâce à la première université technique d'Allemagne (1825), important centre industriel (mécanique, chimie, raffinage pétrolier, centre de physique nucléaire) relié à Marseille par un oléoduc.

KARNAK ✦ Site archéologique d'Égypte, au centre du pays, sur le Nil (☛ carte 2). Il regroupe trois enceintes, dont deux sont reliées par une allée de sphinx qui se prolongeait jusqu'à **Louksor**. Dans l'enceinte d'**Amon**, on trouve le temple de Ptah et d'Hathor (reconstruit vers 1500 ans av. J.-C.), le temple de Khonsou dû à Ramsès III (vers 1200 ans av. J.-C.) et le grand temple d'Amon dû notamment à Ramsès Ier et **Ramsès II** (1600-1300 ans av. J.-C.). Menacé par la montée des eaux du Nil, ce vaste ensemble de ruines forme la partie nord du site de **Thèbes**, inscrit sur la liste du patrimoine mondial de l'Unesco.

KARNATAKA n. m. ✦ État du sud-ouest de l'Inde (☛ carte 41). Superficie : 191 791 km^2 (environ un tiers de la France). 61 millions d'habitants. Capitale : Bangalore. Formé par les Ghâts de l'Ouest et irrigué par la rivière Krishna, il vit de l'agriculture (céréales, café, canne à sucre, santal), des ressources minières (fer, or) et surtout de l'industrie (haute technologie à **Bangalore**, mécanique, chimie, alimentaire).

KATANGA n. m. ✦ Région du sud-est de la République démocratique du Congo appelée *Shaba* de 1972 à 1997. Chef-lieu : Lubumbashi. Importantes ressources minières (cuivre, cobalt, uranium, zinc, étain, manganèse), électrométallurgie. Après l'indépendance du pays (1960), la région tente une sécession brisée par les forces de l'ONU (1963).

KATEB Yacine (1929-1989) ✦ Écrivain algérien d'expression française et arabe. Militant de la cause nationaliste, il est l'auteur d'une œuvre engagée et violente, en rupture avec les conventions, tant par la forme de la narration que par le contenu politique et émotionnel. On lui doit des poèmes (*Soliloques,* 1946), des romans (*Nedjma,* 1956 ; *Le Polygone étoilé,* 1966) et des pièces de théâtre (*Le Cercle des représailles,* 1959). À partir de 1971, il se consacre à un théâtre populaire en arabe.

KATMANDOU ✦ Capitale du Népal, au centre du pays, à 1 500 m d'altitude. Plus d'un million d'habitants. Nombreux monuments hindous et bouddhiques qui attirent les pèlerins. Depuis 1950, la ville accueille des réfugiés tibétains. Fondée au VIIIe siècle, métropole du pays au XVIIIe, la ville est un centre artisanal (tapis, bois, pierres semi-précieuses) et touristique (expéditions vers les sommets himalayens). L'ensemble de la vallée, avec les villes royales de Patan et de Bhatgaon, est inscrit sur la liste du patrimoine mondial de l'Unesco.

KATOWICE ✦ Ville de Pologne, dans le sud du pays (haute Silésie), appelée *Stalinogrod* de 1953 à 1956. 314 500 habitants. Centre administratif et industriel (houille, métallurgie).

KAWABATA Yasunari (1899-1972) ✦ Écrivain japonais. Son style sobre, concis et très travaillé le fait remarquer dès ses débuts (*La Danseuse d'Izu,* nouvelle, 1926). Il dépeint, dans son œuvre, le tragique, voire le cynique des sentiments humains et montre son attachement aux traditions japonaises (*Nuée d'oiseaux blancs,* 1949-1952), s'effaçant inéluctablement sous la pression de la modernité (*Le Maître ou le Tournoi de go,* 1951-1952). Prix Nobel de littérature (1968).

KAWASAKI ✦ Ville du Japon (île de Honshu), sur la baie de Tokyo. 1,3 million d'habitants. Importante banlieue de Tokyo, grand centre industriel (sidérurgie, chimie, céramique).

KAYSERI ✦ Ville de Turquie, en Cappadoce, près de l'antique **Césarée.** 826 523 habitants. Citadelle, école coranique transformée en musée archéologique, mausolée, mosquées de l'époque des **Seldjoukides** (XIIIe siècle) ; vieux quartiers aux ruelles étroites et aux nombreux minarets (XIXe siècle). Industries (textile, alimentaire, mécanique, artisanat).

KAZAKHSTAN n. m. ✦ Pays d'Asie centrale (☛ cartes 38, 39). Superficie : 2,7 millions de km^2 (environ cinq fois la France). 14,9 millions d'habitants (les *Kazakhs*). République dont la capitale est Astana. Langues officielles : le kazakh et le russe. Monnaie : le tengue. ♦ GÉOGRAPHIE. Le Kazakhstan est formé d'un immense plateau, couvert de steppes, bordé d'oasis au sud, désert vers le centre et qui s'élève vers l'est et le lac **Balkhach.** Le climat continental est aride. ♦ ÉCONOMIE. L'agriculture est productive (blé, coton, riz, fruits, légumes, élevage de bovins et de moutons). Le sous-sol contient du charbon, du fer, du cuivre et surtout du pétrole le long de la mer Caspienne. L'industrie est développée au nord (électricité, métallurgie, mécanique). La base spatiale de **Baïkonour** se trouve au centre du pays. ♦ HISTOIRE. La région partage l'histoire des pays d'**Asie centrale.** Les Kazakhs, nomades islamisés d'origine turque, sont colonisés par les Russes (XIXe siècle) et réclament leur autonomie (1917). L'Armée rouge y bat les contre-révolutionnaires (1919-1920) et occupe le pays, qui devient une république socialiste soviétique (RSS, 1924) puis fait partie de l'**URSS** (1936). Le développement du nord attire de nombreux Russes, ce qui provoque des conflits avec les Kazakhs (1986 et 1989). Le pays obtient son indépendance en 1991.

KAZAN ✦ Ville de Russie, capitale de la République des Tatars, sur la Volga. 1,1 milion d'habitants. Dans le centre de la ville fortifiée (1556-1562), inscrit sur la liste du patrimoine mondial de l'Unesco : cathédrale de l'Annonciation (XVIe siècle), tour Sioumbeki (minaret haut de 77 m, XVIIe siècle). Port fluvial, grand centre industriel (chimie, métallurgie, textile, alimentaire, mécanique, bois, cuir). ♦ Fondée par un chef mongol (XIIIe siècle), elle devient la capitale d'une principauté (1438) annexée par **Ivan IV le Terrible** (1552). Elle est pillée par des Cosaques rebelles (1774) puis reprend son essor au XIXe siècle. Tolstoï et Lénine fréquentent son université fondée en 1804.

KEATON Buster (1895-1966) ✦ Acteur et cinéaste américain. Il débute au music-hall à trois ans, joue dans les films comiques de Mack Sennett (1912-1918) et devient la plus grande vedette du cinéma muet en même temps que Charlie **Chaplin**. Il réalise ses propres films, dans lesquels il crée un personnage burlesque qui ne rit jamais. Films : *La Croisière du «Navigator»* (1924), *Le Mécano de la «General»* (1926), *Le Cameraman* (1928).

KEATS John (1795-1821) ✦ Poète britannique. D'origine modeste, il abandonne la médecine pour se consacrer à l'écriture. Il compose des poèmes épiques et lyriques et surtout des ballades et des odes qui s'inscrivent dans le courant romantique. Œuvres : *Poèmes* (1817), *Endymion* (1818), *Lamia, Isabelle, La Veille de la Sainte-Agnès, et autres poèmes* (1820), qui comprend des *Odes* («à un rossignol», «sur une urne grecque», «sur la mélancolie») et *Hypérion*, complété par *La Chute d'Hypérion* (posthume, 1856).

KELLERMANN François Christophe (1735-1820) ✦ Maréchal de France. Cet officier rallié à la Révolution française remporte la bataille de **Valmy** sous les ordres de **Dumouriez** (1792), réprime l'insurrection de Lyon (1793) et commande l'armée des Alpes (1795-1797). Il est nommé maréchal (1804), sénateur et duc de Valmy (1808) puis il se rallie aux Bourbons (1814) et siège à la Chambre des pairs.

KELVIN lord (1824-1907) ✦ Physicien britannique. Ses travaux sur la thermodynamique (Nicolas **Carnot**) l'amènent à définir l'unité de température absolue appelée le *kelvin* (1848), à découvrir avec **Joule** l'effet Joule-Thomson (la détente d'un gaz provoque un refroidissement, 1852) utilisé dans les techniques de liquéfaction, et à chercher l'âge de la Terre (1862). En étudiant l'électromagnétisme, il invente le galvanomètre à aimant mobile (1851), formule la théorie des circuits oscillants (1853), établit l'équation de propagation des signaux pour la télégraphie sous-marine (1854), et réalise l'électromètre absolu (1870). Il construit le premier intégrateur mécanique qui permet de résoudre les équations différentielles (1876). ■ **Son véritable nom est** *sir William Thomson.*

KEMAL Mustafa (1881-1938) ✦ Homme d'État turc. Officier militaire, il participe à la Première Guerre mondiale en Turquie, où il repousse les attaques franco-britanniques (1915) et sur le front du Caucase (1916). Opposé au sultan Mehmet VI, qui acceptait de placer le pays sous la protection des grandes puissances, il réclame l'indépendance absolue de l'État et de la nation turque et instaure un gouvernement nationaliste (1920). Après avoir repoussé les offensives grecques (1920-1922), il abolit le sultanat et signe la paix définitive (traité de **Lausanne**, 1923) : c'est la fin de l'Empire **ottoman** et la naissance de la **Turquie**. Il est élu président de la République (1923) et choisit **Ankara** pour capitale. Il impose, non sans conflits (1925, 1930), de nombreuses réformes (laïcité de l'État, abolition du voile pour les femmes et du fez pour les hommes, adoption de l'alphabet latin, 1928) et redresse l'économie, modernise le pays, renoue avec les pays voisins (Grèce, URSS, Bulgarie). Il rejoint la Société des Nations en 1932. Il prend le surnom de *Atatürk* qui signifie «père des Turcs» (1934). Un mausolée est élevé à sa mémoire à Ankara.

KENNEDY John Fitzgerald (1917-1963) ✦ Homme d'État américain. Né dans une riche famille catholique d'origine irlandaise, il participe à la Deuxième Guerre mondiale. Il devient sénateur (1952-1960) puis le 35e président des États-Unis (1961). Il soutient les réformes sociales, l'intégration raciale, la conquête de l'espace et dynamise l'économie en l'ouvrant à l'Europe. Il se rapproche de l'URSS (**Khrouchtchev**, 1961) mais l'oblige à retirer ses missiles installés à **Cuba** (1962) ; il signe avec elle un traité sur les expériences nucléaires (1963). Il est assassiné à Dallas.

KENT n. m. ✦ Comté du sud-est de l'Angleterre. 3 732 km². 1,3 million d'habitants. Chef-lieu : Maidstone. Agriculture (houblon, vergers, élevage ovin). Annexe industrielle et portuaire de Londres au nord du comté ; trafic trans-Manche (**Douvres**). Région résidentielle et stations balnéaires aux falaises blanches. Ancien royaume fondé par les **Jutes** (Ve siècle).

KENTUCKY n. m. ✦ Un des États des États-Unis (depuis 1792), situé au centre-est du pays (☛ carte 47). Son nom vient de la rivière qui le traverse. Superficie : 104 623 km² (moins d'un cinquième de la France). 4 millions d'habitants. Capitale : Frankfort (26 000 habitants). ♦ Le Kentucky est formé d'un plateau qui s'élève de la rivière Ohio à l'ouest jusqu'aux Appalaches à l'est. Le parc national de Mammoth Cave, avec le plus grand réseau de galeries souterraines du monde, est inscrit sur la liste du patrimoine mondial de l'Unesco. Le climat est continental. Agriculture (tabac, céréales, fruits, légumes, élevage de bovins et de chevaux). Ressources du sous-sol (argile et charbon). Industries (tabac, chimie, alimentaire, distilleries avec le whisky américain appelé *bourbon*, textile). La zone militaire de Fort Knox abrite la principale réserve d'or fédérale. ♦ La région est explorée par les Français et les Britanniques (XVIIIe siècle) puis elle fait partie de la **Virginie**, avant de devenir un État indépendant. L'État subit la guerre anglo-américaine (1812-1814) puis la guerre de **Sécession** malgré son désir de neutralité.

KENYA (mont) ✦ Volcan éteint et deuxième sommet du continent africain (5 199 m), au centre du Kenya (☛ carte 34). Ses sommets et ses glaciers impressionnants font partie d'un parc national qui est inscrit sur la liste du patrimoine mondial de l'Unesco.

KENYA n. m. ✦ Pays d'Afrique de l'Est (☛ carte 34). Superficie : 582 646 km² (un peu plus que la France). 40,8 millions d'habitants (les *Kényans*). République dont la capitale est Nairobi. Langues officielles : l'anglais et le swahili ; on y parle aussi le kikouyou, le luo et le massaï. Monnaie utilisée : le shilling du Kenya. ♦ GÉOGRAPHIE. Traversé par l'équateur, le Kenya est formé d'une plaine à l'est, et de plateaux à l'ouest ; ils s'élèvent depuis le nord, où se trouve le lac Turkana, jusqu'au sud boisé, dans le prolongement de la vallée volcanique du **Rift.** Le climat tropical est marqué par la mousson, sur la côte, aride, au nord, et tempéré sur les hauts plateaux près du lac **Victoria.** ♦ ÉCONOMIE. L'agriculture domine (canne à sucre, céréales, légumes, thé, fruits, café, élevage et pêche). L'industrie commence à se développer (raffineries) et le tourisme tient une place importante (safaris dans les parcs nationaux et réserves naturelles, stations balnéaires). ♦ HISTOIRE. Des primates, peut-être ancêtres communs des hommes et des grands singes, et des australopithèques, datés de 6 millions d'années, ont été découverts près du lac Turkana. Après l'installation des **Bantous** sur les plateaux juste avant notre ère, les Arabes et les Indiens visitent la côte (Ier siècle). L'extension de l'islam (VIIe siècle) entraîne l'établissement de commerçants arabes et persans qui vont contrôler le commerce vers l'intérieur et vers l'océan Indien jusqu'à l'arrivée destructrice de Vasco de Gama (1502). Au XVIIIe siècle, des pasteurs venus de la région du Nil et des **Massaïs** se fixent dans la région. Au début du XIXe siècle, les commerçants swahilis atteignent le lac Victoria. La région passe alors sous influence britannique (1885), devient un protectorat (1904) puis une colonie britannique (1920). Dépouillés de leurs terres des hauts plateaux par les Européens, les Kikouyous se révoltent (1925) et luttent (révolte sévèrement réprimée en 1952) pour l'indépendance de leur pays, qu'ils obtiennent en 1963, dans le cadre du Commonwealth. Après l'échec du coup d'État de l'opposition (1982), les partis politiques sont autorisés (1991) mais les conflits persistent.

KEPLER Johannes (1571-1630) ✦ Astronome allemand. Astronome de l'empereur germanique Rodolphe II et partisan des idées de **Copernic,** il poursuit les travaux de son prédécesseur sur la planète Mars. Ses observations aboutissent à des lois expérimentales concernant le mouvement elliptique des planètes autour du Soleil (*lois de Kepler,* 1609, 1619), expliquées par **Newton.** Elles lui servent à établir des éphémérides (*Tabulae rudolphinae,* 1627) et à prédire le passage de Mercure entre la Terre et le Soleil (1631). En optique, il explique la réflexion de la lumière, la réfraction atmosphérique, le fonctionnement de l'œil et le principe de la lunette astronomique inventée par **Galilée.**

KERALA n. m. ✦ État du sud-ouest de l'Inde créé en 1956 (☛ carte 41). Superficie : 38 863 km². 33,4 millions d'habitants. Capitale : Thiruvananthapuram (1,7 million d'habitants ; Trivandrum en anglais). C'est l'État le plus avancé socialement. Les contacts anciens avec l'Occident expliquent l'importance du christianisme et de l'islam. Il est situé sur les Ghâts de l'Ouest bordés par la côte de Malabar et couverts de forêts et de rivières. Agriculture (riz, cocotier, hévéa, thé, épices, pêche) et artisanat.

KERGUELEN (les) n. f. pl. ✦ Archipel volcanique de l'Antarctique, au sud de l'océan Indien. Il fait partie des Terres Australes et Antarctiques françaises. Superficie : environ 7 250 km². Inhabité, il est constitué de 85 îles, 200 îlots et d'une île principale (la Grande-Terre), où se trouvent le glacier Cook (50 km de long, 20 km de large) et le mont Ross (1 850 m d'altitude). Le climat océanique est venteux, la faune composée d'oiseaux de mer, de phoques et aussi de lapins qui, introduits en 1874, ont détruit la végétation. ♦ L'archipel est découvert par le marin français Kerguelen de Trémarec (1772) et reconnu par Cook (1776) qui le nomme *îles de la Désolation.* Attribué à la France (1893), il servait de base pour la chasse aux phoques et aux otaries. La station météorologique et scientifique de Port-aux-Français (1951) abrite 60 à 120 chercheurs.

KEROUAC Jack (1922-1969) ✦ Écrivain américain. Il est l'un des principaux représentants de la «beat generation», mouvement littéraire qui s'est développé aux États-Unis entre 1950 et 1960, prônant une écriture libre. Son œuvre, mettant en scène des héros se considérant battus, retrace ses errances aux États-Unis : *Sur la route,* 1957 ; *Les Clochards célestes,* 1958.

KERSAUSON Olivier de (né en 1944) ✦ Navigateur français. Il remporte le trophée Jules **Verne** (1997 et 2004) et bat le record de la traversée du Pacifique à la voile (2006). Il a écrit plusieurs ouvrages sur ses voyages (*Ocean's Song,* 2008).

KERTÉSZ André (1894-1985) ✦ Photographe américain d'origine hongroise. Dans la mouvance de l'avant-garde, proche des dadaïstes et des surréalistes, il a exploré les possibilités formelles de la photographie, utilisant les gros plans, les éclairages contrastés, les prises de vue en plongée et les déformations (*Distorsions,* 1933, nus exécutés avec un miroir déformant).

KESSEL Joseph (1898-1979) ✦ Écrivain français. Né en Argentine dans une famille juive d'origine russe, il est l'un des premiers grands reporteurs. Ses voyages à travers le monde lui inspirent les sujets de ses romans. Il prend part à la guerre d'Espagne, participe à la Résistance pendant la Deuxième Guerre mondiale et écrit, avec son neveu Maurice Druon, les paroles du *Chant des partisans* (1943). Œuvres : *L'Équipage* (1923), *Belle de jour* (1928), *Fortune carrée* (1930), *L'Armée des ombres* (1944), *Le* **Lion** (1958), *Les Cavaliers* (1967), *Les Temps sauvages* (1975). Académie française (1962).

KEYNES John Maynard (1883-1946) ✦ Économiste britannique. Il s'oppose aux réparations imposées à l'Allemagne par le traité de **Versailles** (*Les Conséquences économiques de la paix,* 1919), critique la politique déflationniste britannique et les thèses économiques traditionnelles (*Traité de la monnaie,* 1931 ; *Théorie générale de l'emploi, de l'intérêt et de la monnaie,* 1936). Il préconise l'intervention de l'État tout en préservant les principes du libéralisme. Le *plan Keynes,* défendu par les Britanniques à la conférence de Bretton Woods (1944), aboutit à la création du **FMI** et de la Banque mondiale.

KGB n. m. (russe *Komitet Gossoudarstvennoï Bezopasnosti* «Comité pour la sécurité d'État») ✦ Nom que prend la police politique soviétique (1954), après la mort de Staline. Le KGB est chargé de protéger l'État à l'intérieur (opposants, contre-espionnage) et à l'extérieur (espionnage, troupes frontalières). Il dispose d'un énorme pouvoir de contrôle et de répression jusqu'à sa suppression par le président Boris Eltsine (1993), qui ne maintient que le contre-espionnage.

KHAKASSIE n. f. ✦ République de la fédération de Russie, dans le sud-ouest de la Sibérie, près de la frontière mongole (☛ carte 33). Superficie : 61 900 km² (environ un neuvième de la France). 532 400 habitants (les *Khakasses*), en majorité orthodoxes. Capitale :

Abakan (165 200 habitants). Région industrielle (charbon, métallurgie, mécanique, alimentaire).

KHARKIV ou **KHARKOV** (en russe) ✦ Ville du nord-est de l'Ukraine, 1,4 million d'habitants. Deuxième ville par la taille, centre culturel, administratif et industriel (mécanique, armes, chimie, électricité, textile, alimentaire) situé à proximité d'un gisement de gaz. ♦ La ville est fondée par le Cosaque Kharkov (1656), puis fortifiée. C'est le centre économique (1732) puis la capitale de la République autonome (1917) et de la République soviétique d'Ukraine (1919). Elle est disputée par les Allemands et les Soviétiques pendant la Deuxième Guerre mondiale (1941-1943) et libérée par l'Armée rouge (1943).

KHARTOUM ✦ Capitale du Soudan, au centre du pays, au confluent du Nil Blanc et du Nil Bleu. 1,4 million d'habitants (les *Khartoumais*) (☛ carte 57). Centre de commerce. Industries (textile, agroalimentaire, cimenteries). ♦ Le camp militaire du vice-roi d'Égypte (1821) est conquis par les révoltés antiégyptiens et antibritanniques (1885) puis repris par **Kitchener** (1898). La ville est reconstruite sur un plan moderne et devient le siège de l'administration du Soudan anglo-égyptien (1899), puis la capitale du pays indépendant (1956).

KHAYYAM Umar (v. 1050-v. 1123) ✦ Savant et poète persan. Disciple d'**Avicenne**, il a publié un célèbre traité d'algèbre sur les équations. Astronome réputé, il réforme le calendrier persan. Son œuvre poétique comprend des quatrains *(robayat)* épicuriens où il chante la vie, le vin et les femmes. Il ne fut connu en Occident qu'au milieu du XIXe siècle, grâce à l'adaptation anglaise de ses œuvres.

KHÉOPS ou **CHÉOPS** (27e siècle av. J.-C.) ✦ Roi d'Égypte vers 2650 av. J.-C., père de **Khéphren.** Pharaon de l'Ancien Empire, il fait construire à **Gizeh** son fabuleux tombeau, la grande pyramide (230 m de côté ; 146 m de hauteur à l'origine, 137 aujourd'hui). C'est la seule des Sept **Merveilles du monde** qui soit encore visible.

KHÉPHREN ou **CHÉPHRÈN** (27e siècle av. J.-C.) ✦ Roi d'Égypte vers 2620 av. J.-C., père de **Mykérinos.** Fils et successeur de **Khéops**, il fait construire, près de celle de son père à **Gizeh**, une pyramide (215 m de côté ; 136 m de hauteur) dont le sommet garde encore une partie de son revêtement de calcaire.

KHMERS n. m. pl. ✦ Peuple originaire d'Indochine, qui forme la majorité de la population du Cambodge. Bouddhistes, les Khmers fondent plusieurs royaumes dont le brillant empire d'**Angkor** (802) qui s'étend au Laos, au Viêtnam puis à la Thaïlande (XIe-XIIe siècles). Dès le XIIIe siècle, ils sont repoussés par les Thaïs (destruction d'Angkor, 1431) jusqu'à l'arrivée des Français (1863).

KHMERS ROUGES n. m. pl. ✦ Nom donné par le roi Norodom Sihanouk aux communistes cambodgiens. Ils imposent un régime totalitaire du Kampuchea (**Cambodge**) démocratique, soutenu par la Chine et dirigent le Cambodge de 1975 à 1979. Après des années de guérilla, ils se rallient au gouvernement royal (démocratie populaire) à la mort de **Pol Pot**, et leurs chefs sont menacés d'un jugement international pour crimes contre l'humanité.

KHOMEINY Ruhollah (1902-1989) ✦ Homme d'État iranien. Ce chef religieux chiite, appelé *ayatollah* en arabe, est exilé en Irak (1963) pour son opposition au shah d'Iran qu'il juge trop libéral. Il est ensuite expulsé vers la France (1978) d'où il dirige la Révolution iranienne jusqu'au départ du shah. Rentré en Iran (1979), il proclame la République islamique, dont il est le Guide suprême jusqu'à sa mort, et impose l'application stricte de la loi islamique (la « charia »).

KHROUCHTCHEV Nikita (1894-1971) ✦ Homme politique soviétique. Membre du Parti bolchevique (1918), il est nommé par Staline premier secrétaire du Parti communiste d'Ukraine (1938). Il organise l'annexion de la **Pologne** orientale (1939-1940) et participe à la défense de l'Ukraine et de **Stalingrad** pendant la Deuxième Guerre mondiale. Appelé à Moscou (1949), il succède à **Staline** comme premier secrétaire du Parti communiste d'URSS (1953), rejetant ses méthodes autoritaires, et préside le Conseil des ministres (1958). Sa politique étrangère de coexistence pacifique, son conflit avec le Parti communiste chinois, l'échec de ses réformes agraires et industrielles, son recul face à **Kennedy** dans la crise de Cuba (1962) l'obligent à quitter ses fonctions (1964).

KICHINEV ✦ Nom de la ville de **Chisinau**, de 1944 à 1991.

KIEL ✦ Ville d'Allemagne, capitale du Schleswig-Holstein, dans le nord du pays, sur la mer Baltique. 233 039 habitants. Port de pêche, de commerce et de plaisance, centre industriel (chantiers navals, mécanique, textile, conserveries). ♦ La ville, fondée au XIe siècle, adhère à la **Hanse** (XIIIe siècle). Elle passe au Danemark (1773) puis à la Presse (1866) et devient une importante base navale après la Première Guerre mondiale. Elle est détruite à 80 % lors de la Deuxième Guerre.

KIERKEGAARD Søren Aabye (1813-1855) ✦ Philosophe danois. Élevé dans un protestantisme austère, il étudie la philosophie et la théologie. Ses œuvres, publiées sous divers pseudonymes, influencent les philosophes existentialistes et les théologiens protestants : *Le Concept d'ironie* (1841), *Ou bien... Ou bien...*, *Le Journal d'un séducteur*, *Crainte et Tremblement* (1843), *Le Concept d'angoisse* (1844), *La Maladie mortelle ou le Concept du désespoir* (1849), *L'École du christianisme* (1850).

KIEV ✦ Capitale de l'Ukraine, dans le nord du pays, sur le Dniepr. 2,6 millions d'habitants (les *Kiéviens*). Nombreux édifices religieux, comme la cathédrale Sainte-Sophie de style byzantin (1017-1037) et le plus ancien monastère de Russie, la Laure de Kiev (XIe siècle), tous deux inscrits sur la liste du patrimoine mondial de l'Unesco. Port fluvial, centre culturel, commercial et industriel (hydroélectricité, mécanique, chimie, textile, alimentaire). Ville natale du peintre Malevitch et des danseurs Nijinski et Serge Lifar. ♦ Kiev est l'une des plus anciennes villes de Russie. Elle est la capitale du premier État russe (882), qui impose la religion orthodoxe (vers 980), et fait de la ville la rivale de **Byzance.** À son apogée au XIe siècle, elle s'étend entre les Carpates, le golfe de Finlande, la Volga et le Don. L'empire se morcelle et Kiev est conquise par les **Mongols** (1240) puis rattachée successivement à la Lituanie (1361), à la Pologne (1569) et à la Russie (1667). Disputée par les bolcheviks et les nationalistes ukrainiens, elle devient la capitale de l'Ukraine en 1934.

KIGALI ✦ Capitale du Rwanda, au centre du pays, à 1560 m d'altitude. 603 000 habitants (les *Kigalois*). Centre industriel (textile, chimie) et commercial (café, bétail) du pays. ♦ Fondée par les Allemands (1908), la ville passe à la Belgique (1923), devient capitale à l'indépendance du pays (1962) et subit de graves dommages pendant la guerre civile (1994).

KILIMANDJARO n. m. ✦ Massif volcanique de Tanzanie, appelé aujourd'hui *pic Uhuru,* à la frontière du Kenya, dans le prolongement de la vallée du **Rift** (☛ carte 34). Point culminant de l'Afrique (5 895 m), couvert de forêts et de neiges éternelles, il attire de nombreux touristes (alpinisme). Le parc national du Kilimandjaro est inscrit sur la liste du patrimoine mondial de l'Unesco.

Kim ✦ Roman de Rudyard Kipling (1901). Le jeune Kim O'Hara a perdu son père, sous-officier irlandais, et sa mère indienne. Surnommé «l'ami du monde entier», il vit à Lahore en Inde. Il devient espion des services secrets britanniques. Le régiment de son père le retrouve à Bénarès et l'envoie dans un collège à la discipline très stricte. Le roman fait un tableau pittoresque de l'Inde coloniale à la fin du XIXe siècle.

KING Martin Luther (1929-1968) ✦ Pasteur noir américain. Son combat contre la ségrégation raciale débute par le boycott des autobus de la ville de Montgomery (Alabama) (381 jours en 1955), qui appliquent la ségrégation raciale. Il fonde ensuite la Conférence des leaders chrétiens du Sud (1957) qui recommande la non-violence. Il organise une marche sur Washington (1963) pendant laquelle il prononce un célèbre discours sur l'égalité qu'il souhaite entre tous les Américains («I have a dream»...). Il s'oppose à la guerre au Viêtnam, reçoit le prix Nobel de la paix (1964). Il meurt assassiné à Memphis.

KING Stephen (né en 1947) ✦ Écrivain américain. Il est l'auteur de nombreux romans à succès, souvent portés à l'écran, où se mêlent l'horreur et le surnaturel. Ses romans les plus connus sont *Carrie* (1974), *Shining* (1976), *Misery* (1987), *Sac d'os* (1998).

King Kong ✦ Film américain en noir et blanc réalisé en 1933 par M. C. Cooper et E. B. Schoedsack. Une équipe de cinéma part sur une île de Malaisie où les indigènes enlèvent Ann, la vedette féminine, pour l'offrir à Kong, un gorille géant qu'ils vénèrent comme un dieu. L'équipe réussit à capturer la bête et la ramène à New York. Le soir de la présentation du film, King Kong s'empare d'Ann, s'échappe en semant la panique dans la ville et se réfugie au sommet de l'Empire State Building où il est abattu par des avions après avoir mis sa captive à l'abri. Ce film fantastique marque l'histoire du cinéma par ses ingénieux effets spéciaux et son thème est souvent repris (1976 et 1986).

KINGSTON ✦ Capitale de la Jamaïque, dans le sud-est de l'île, au fond d'une baie de la mer des Caraïbes. 670 000 habitants. Principal port du pays, centre culturel, commercial et industriel (raffineries, confection, exportation de bauxite).

KINSHASA ✦ Capitale de la République démocratique du Congo, dans le sud-ouest du pays, sur le fleuve Congo. 7,2 millions d'habitants (les *Kinois*) (☛ carte 57). Centre administratif, commercial et industriel (alimentaire, textile). ♦ La ville est fondée par sir **Stanley** (1881), et appelée *Léopoldville* en l'honneur du roi des Belges jusqu'en 1966. Elle devient la capitale de la colonie (1920) puis du Congo-Kinshasa, lors de son indépendance (1960).

KIPLING Rudyard (1865-1936) ✦ Écrivain britannique. Né en Inde, il est envoyé en Angleterre pour y faire ses études. De retour en Inde (1882), il devient journaliste et publie des poèmes, des nouvelles et des romans. Il voyage (Asie, Afrique, Australie), séjourne aux États-Unis (1892) et s'installe définitivement en Angleterre (1896). Œuvres : *Le* ***Livre de la jungle*** (1894), *Le Second Livre de la jungle* (1895), *Capitaines courageux* (1897), ***Kim*** (1901), *Les Histoires comme ça pour les enfants* (1902), *Récompenses et Fées,* où l'on trouve le célèbre poème «If»... (1910). Prix Nobel de littérature (1907).

KIPPOUR → **YOM KIPPOUR**

KIRGHIZSTAN n. m. ou **KIRGHIZIE** n. f. ✦ Pays d'Asie centrale (☛ cartes 38, 39). Superficie : 198 500 km² (moins du tiers de la France). 5,2 millions d'habitants (les *Kirghiz*), en majorité musulmans. République dont la capitale est Bichkek. Langue officielle : le russe ; on y parle aussi le kirghiz. Monnaie : le som. ♦ GÉOGRAPHIE. C'est une région montagneuse (**Pamir**), située au nord-ouest de l'Himalaya, parsemée de glaciers et de lacs. Le point culminant est le pic Pobedy (7 439 m). Ses rivières alimentent la mer d'**Aral** et le lac Balkhach. Le climat est continental. ♦ ÉCONOMIE. L'agriculture (céréales, betterave, primeurs, coton, tabac) et l'élevage (moutons, bovins, chevaux) sont productifs. Le sous-sol est riche (or, étain, mercure, uranium, houille). L'industrie se modernise (hydroélectricité, métallurgie, textile, agroalimentaire). ♦ HISTOIRE. La région, qui partage l'histoire des pays d'**Asie centrale**, est annexée par la Russie au sein de la république socialiste soviétique du Turkestan (1870-1924), malgré ses révoltes (1916 et 1918). Elle devient une région administrative (1924) puis une république autonome (1928) qui est intégrée à l'URSS (1936). Après des affrontements meurtriers entre les Kirghiz et les Ouzbeks (1990), le pays obtient son indépendance (1991).

KIRIBATI (les) n. f. pl. ✦ Pays d'Océanie. Cet archipel est situé en Micronésie, au centre de l'océan Pacifique (☛ carte 51). Superficie totale : 717 km², répartie sur une surface de 5 millions de km². 92 533 habitants (les *Kiribatiens*), en majorité chrétiens. République dont la capitale est Tarawa (40 311 habitants). Langues officielles : l'anglais et le i-kiribati. Monnaie : le dollar australien. ♦ De part et d'autre de l'équateur, le pays est formé d'atolls coralliens à la végétation dense et au climat équatorial : l'île volcanique Banaba et les îles Gilbert, Phoenix et de la Ligne. L'aire marine des îles Phoenix est protégée et inscrite sur la liste du patrimoine mondial de l'Unesco. L'économie est basée sur l'exportation du copra. ♦ Découvertes par les Britanniques et les Espagnols (fin XVIIIe siècle), les îles Gilbert et Ellice sont annexées par la Grande-Bretagne (1915). Les îles Ellice deviennent **Tuvalu** ; les îles Gilbert prennent leur indépendance dans le cadre du Commonwealth sous le nom de *Kiribati* (1979).

KITAKYUSHU ✦ Ville du Japon, sur l'île de Kyushu, formée par la réunion de plusieurs villes (1963). Près d'un million d'habitants. Plus grand port artificiel d'Asie et plus grand centre sidérurgique du monde, relié à l'île de Honshu par un tunnel et un pont suspendu.

KITCHENER Horatio Herbert (1850-1916) ✦ Maréchal britannique. En 1870, il combat aux côtés de la France (1870), puis part en Égypte (1883), reprend **Khartoum** et le Soudan et arrête les Français à **Fachoda** (1898). Il se montre impitoyable lors de la guerre des **Boers** (1900-1902). Il dirige ensuite l'armée des Indes et devient résident général en Égypte. Nommé ministre de la Guerre (1914), il réorganise les armées britanniques.

KLÉBER Jean-Baptiste (1753-1800) ✦ Général français. Officier dans l'armée autrichienne, il revient en France et devient architecte. Il s'engage à la tête d'un bataillon alsacien (1792), s'illustre à Mayence (1793). Nommé général, il bat les troupes contre-révolutionnaires en **Vendée** (1793) puis il se distingue à la bataille de **Fleurus** (1794). Il part en Égypte (1798) avec Bonaparte qui lui laisse le commandement (1799). Il est assassiné au Caire qu'il avait repris. Il repose aux **Invalides**.

KLEE Paul (1879-1940) ✦ Peintre et écrivain suisse, d'origine allemande. Il étudie la peinture à l'Académie des beaux-arts de Munich où il rencontre **Kandinsky**. Il voyage en Italie (1902), à Paris (1912), en Tunisie (1914), et abandonne la peinture académique pour enseigner au **Bauhaus** (1920-1930). Il invente des formes, des matières et des rythmes colorés. Son style parfois onirique va jusqu'à l'abstraction pure. Parmi ses œuvres, on peut citer *Villa R* (1919), la série des *Carrés magiques* (à partir de 1922), ou encore *Variation, motif progressif* (1927). Écrivain, il publie des ouvrages où il se montre soucieux de se définir par rapport à la nature : *L'Art moderne* (1924) ; *Carnets d'esquisses pédagogiques* (1925). Il a également laissé un *Journal,* qu'il avait commencé à rédiger en 1898.

KLEIN Yves (1928-1962) ✦ Peintre français. Il peint des surfaces monochromes (1946), puis choisit exclusivement le bleu (1957). Il décore ainsi l'opéra de Gelsenkirchen (Rhénanie-du-Nord-Westphalie) en ajoutant des éponges de même teinte (1957-1959) et fait scandale avec des empreintes de corps féminins nus, enduits de bleu (*Anthropométries,* 1958-1960). Il soumet des œuvres à l'action de la pluie et du vent (*Cosmogonies,* 1960), du lance-flamme (*Peintures de feu,* 1961) et réalise des moulages de plâtre sur des êtres vivants (*Portrait d'Arman,* 1962). Il expose ses théories de la couleur pure et absolue, du vide, de l'air et du feu dans un essai (*Dépassement de la problématique de l'art,* 1959).

KLEIST Heinrich von (1777-1811) ✦ Écrivain allemand. Il abandonne la carrière militaire pour la littérature (1799) Il découvre Kant et Rousseau, rencontre Schiller et Goethe avec lequel il écrit une comédie (*La Cruche cassée,* 1803) ; représentée en 1808, elle fut un échec. Génie incompris, intransigeant et passionné, il se donne la mort. Son œuvre compte des tragédies (*Penthésilée,* 1808 ; *Catherine de Heilbronn,* 1810), des drames patriotiques (*Le Prince de Hombourg,* 1810) et des nouvelles remarquables de modernité (*La Marquise d'O,* 1808 ; *Histoire de Michel Kohlhaas,* 1810).

KLIMT Gustav (1862-1918) ✦ Peintre autrichien. Il réalise de monumentales décorations murales puis fonde à Vienne le mouvement « Sécession » (1897), qui diffuse le style Art nouveau en Autriche. ☛ Art nouveau p. 187. Définissant la perspective par des lignes sinueuses, il peint des portraits, surtout féminins, et des paysages symboliques, aux tons éclatants, ornés de motifs décoratifs précieux qui annoncent la peinture abstraite. Œuvres : *Judith 1* (1901), *La Forêt de bouleaux* (1902), *Les Trois Âges de la femme* (1905), *Portrait d'Adèle Bloch-Bauer* (1907), *Le Baiser* (1907-1908), *Le Jardin au crucifix* (1911-1912).

Knock ou le Triomphe de la médecine
✦ Pièce de théâtre de l'écrivain français Jules Romains (1885-1972), jouée pour la première fois en 1923. Le docteur Knock s'attire toute la clientèle d'un petit village en persuadant les habitants qu'ils sont tous malades. Satire de la crédulité humaine et de son exploitation par la science, cette comédie est adaptée au cinéma avec Louis Jouvet dans le rôle de Knock (1933).

KOBE ✦ Ville du Japon, sur l'île de Honshu, dans la baie d'Osaka. 1,52 million d'habitants (☛ carte 57). Deuxième port du pays, centre universitaire et industriel (métallurgie, chantiers navals, aéronautique, chimie, textile, alimentaire) relié à **Osaka.** Ville natale d'Amélie Nothomb. ♦ La ville est bombardée pendant la Deuxième Guerre mondiale et reconstruite entièrement en 1945. Elle subit un grave tremblement de terre en 1995 qui fait plus de 500 000 victimes.

KOCH Robert (1843-1910) ✦ Médecin allemand. Il découvre le bacille de la tuberculose, auquel son nom est donné (1882), la tuberculine qui permet de le dépister, ainsi que l'agent microbien du choléra. Il met au point des méthodes prophylactiques de lutte contre les épidémies. Prix Nobel de physiologie ou médecine (1905).

KOCHI ✦ Ville de l'Inde (Kerala), dans le sud-ouest du pays, sur la côte de Malabar. 2,1 millions d'habitants. Port d'exportation (fibres de cocotiers, épices, thé, caoutchouc) étendu sur des lagunes, centre industriel (chantiers navals, raffinage pétrolier, chimie, métallurgie, textile) et touristique. ♦ Dans ce port de commerce connu dès l'Antiquité, Vasco de **Gama** fonde un comptoir à *Cochin* (1502), où saint **François Xavier** établit une mission (vers 1545), qui passe sous le contrôle des Hollandais (1663) puis des Britanniques (1795).

KODALY Zoltan (1882-1967) ✦ Compositeur hongrois. Il s'intéresse au folklore et entreprend avec son ami **Bartok**, des recherches sur la musique populaire. À la même époque, il découvre **Debussy,** qui l'influence durablement. Sa musique est une synthèse de folklore hongrois et d'éléments impressionnistes, avec une structure et des harmonies classiques. Il a composé des pièces instrumentales pour piano ou violoncelle, de la musique de chambre, des pièces chorales (*Mélodies tardives ; Psalmus hungaricus,* 1923 ; *Tableaux de Marva*), des opéras (*Czinka Panna,* 1948) et de la musique religieuse. Son importance a été déterminante pour le renouveau musical de son pays.

KOHL Helmut (né en 1930) ✦ Homme politique allemand. Il devient président du parti de l'Union chrétienne démocrate (CDU, 1973) et chancelier du pays (1982-1998). À la chute du mur de Berlin (novembre 1989), il réunifie les deux Allemagne puis crée l'unité monétaire (1990) et politique (1991). C'est un partisan de l'Europe et de l'alliance franco-allemande. Il ne peut résoudre la crise économique qui suit la réunification, et son parti subit une lourde défaite aux élections législatives (1998).

KOMINTERN n. m. (sigle russe de *Kommounistitcheski Internatsional* « Internationale communiste ») ✦ Nom russe de la IIIe **Internationale.**

KOMIS (république des) ✦ République de la fédération de Russie, au nord-ouest de l'Oural, sur le cercle polaire (☛ carte 33). Superficie : 415 000 km^2 (environ les trois quarts de la France). Un million d'habitants (les *Komis* ou les *Zyrianes*), en majorité orthodoxes. Capitale : Syktyvkar (230 000 habitants). Agriculture (céréales, pomme de terre, légumes, élevage bovin, rennes). Industries (houille, pétrole, gaz, bois).

KONYA ✦ Ville de Turquie, dans le sud du pays, à 1 026 m d'altitude. 1,04 million d'habitants. Monuments du XIIIe siècle (couvent de derviches tourneurs et tombeau de leur fondateur, mosquées, écoles coraniques transformées en musées). Centre de commerce et d'industrie (textile, alimentaire). ♦ Fondée par la **Phrygie**, la ville en partage l'histoire. Ville romaine, elle devint un centre du christianisme primitif après la visite de saint **Paul** (Ier siècle) et la capitale du sultanat des **Seldjoukides** (XIe-XIIIe siècles).

KOSMA Joseph (1905-1969) ✦ Compositeur français d'origine hongroise. Il a mis en musique des textes de Prévert *(Les Feuilles mortes)* ou de Queneau *(Si tu t'imagines)* et composé de nombreuses musiques de films *(Les Enfants du paradis, Les Portes de la nuit)*. Il est aussi l'auteur de ballets, de cantates et d'oratorios.

KOSOVO n. m. ✦ Pays d'Europe du Sud, dans les **Balkans**. Superficie : 10 910 km². 2,1 millions d'habitants (les *Kosovars*), dont 82 % d'Albanais, 11 % de Serbes et de Monténégrins (estimations). République dont la capitale est Pristina. Langues : albanais, serbe, turc. Monnaie : l'euro. ♦ GÉOGRAPHIE. Le Kosovo est formé d'un plateau bordé par les montagnes qui prolongent les Alpes. ♦ ÉCONOMIE. En dehors de l'agriculture (céréales) et de l'artisanat traditionnel, l'économie repose sur l'aide internationale, le commerce et les services malgré la richesse du sous-sol (plomb, zinc, lignite). ♦ HISTOIRE. Le Kosovo est le centre de l'empire serbe (XIVe siècle) conquis par les Ottomans (1389), qui favorisent les Albanais islamisés aux dépens des Serbes. La population albanaise est incluse contre sa volonté dans la Serbie (1912) puis dans la Yougoslavie (1929). Le gouvernement serbe supprime l'autonomie de la province (1989) et établit un régime discriminatoire. À la chute de la Yougoslavie (1991), les Albanais proclament leur indépendance mais leur action échoue. Ils s'organisent alors autour de l'Armée de libération du Kosovo (UCK) et s'opposent violemment à l'armée serbe (1998). Après l'intervention de l'**Otan** (78 jours de bombardements en mars-juin 1999), les 700 000 Albanais expulsés par les Serbes reviennent, tandis que la moitié des Serbes s'exile. Le Kosovo passe sous l'administration de l'ONU (1999) puis est reconnu province autonome sous contrôle international (2002) et déclare unilatéralement son indépendance en 2008. Il accède à la pleine souveraineté en 2012.

KOURILES n. f. pl. ✦ Archipel de Russie, qui s'étire de la presqu'île du Kamtchatka à l'île d'Hokkaido et sépare la mer d'Okhotsk de l'océan Pacifique (☛ carte 33). Superficie : 15 600 km². Sa trentaine d'îles montagneuses (point culminant, 2 339 m) comporte 39 volcans actifs et surplombe au sud-est la *fosse des Kouriles,* une des plus profondes du globe (10 542 m). L'archipel, cédé à la Russie à la fin de la Deuxième Guerre mondiale (1945), est réclamé par le Japon.

KOUROU ✦ Ville de Guyane française, au nord de Cayenne. 25 868 habitants. Site expérimental et base de lancement du Centre national d'études spatiales, inauguré en 1968. Les tirs de la fusée européenne **Ariane** ont lieu depuis sa base.

KOWEÏT n. m. ✦ Pays d'Asie de l'Ouest, situé au Proche-Orient (☛ cartes 38, 39). Superficie : 17 818 km². 2,2 millions d'habitants (les *Koweïtiens*), en majorité musulmans. Monarchie parlementaire dont le souverain est un émir. Capitale : Koweït ou Kuwait City (60 000 habitants). Langue officielle : l'arabe. Monnaie : le dinar koweïtien. ♦ GÉOGRAPHIE. Le territoire du Koweït, plat et désertique, ne possède aucun cours d'eau. Son climat très chaud est sec. Après la guerre du Golfe, la population a diminué de moitié à cause de l'expulsion des travailleurs étrangers (Palestiniens, Jordaniens). ♦ ÉCONOMIE. L'économie repose sur l'exploitation du pétrole et les investissements étrangers. ♦ HISTOIRE. Au XVIIIe siècle, la famille régnante s'installe dans la région qui dépend de l'Empire ottoman. Elle signe un traité de protectorat avec la Grande-Bretagne (1899) puis obtient l'indépendance (1961). Revendiqué depuis le début du XXe siècle par l'Arabie saoudite et l'**Irak**, le Koweït soutient ce dernier dans sa guerre contre l'Iran (1980-1988). À la suite d'un bras de fer politico-économique entre le Koweït et l'Irak, ce dernier envahit le pays, ce qui déclenche la guerre du **Golfe**. L'ONU, soutenu par les puissances occidentales, intervient en faveur du Koweït, qui, face à la menace toujours latente de l'Irak, obtient une assistance militaire, notamment des États-Unis. L'économie retrouve un nouvel essor dans ce pays en voie de démocratisation.

KRASNOÏARSK ✦ Ville de Russie (Sibérie orientale), sur l'Ienisseï. 973 800 habitants. Centre culturel et industriel (mécanique, chimie, alimentaire, bois, chantier naval) desservi par le Transsibérien.

KREMLIN n. m. ✦ Centre fortifié de Moscou, entre la place **Rouge** et la rivière Moskova. Il est inscrit sur la liste du patrimoine mondial de l'Unesco pour ses nombreux édifices, entourés d'une muraille de brique (1485-1495) : la cathédrale de l'Annonciation (1484-1489), le clocher Ivan le Grand (1505-1508 et 1600), le palais Terem (1635-1636) ou encore le Grand Palais du Kremlin (1838-1849). Résidence des tsars jusqu'au règne de Pierre le Grand, c'est aujourd'hui celle du président de la Russie et le siège du gouvernement. Son nom symbolise le pouvoir central russe.

KRESSMANN TAYLOR Kathrine (1903-1996) ✦ Écrivaine américaine. La nouvelle *Inconnu à cette adresse* (1938) lui apporta la notoriété. Cette correspondance fictive relate la dégradation de l'amitié entre un Américain juif et un Allemand, rallié à l'idéologie nazie.

KRISHNA ✦ Huitième incarnation du dieu **Vishnou**. Il apparaît aux hommes sous l'aspect ordinaire d'un mortel. On le représente avec la peau bleutée, jouant de la flûte. Il est vénéré comme le « berger d'amour ». Les épisodes légendaires de sa vie font l'objet de nombreux textes épiques et religieux (**Mahabharata**).

KRUGER Paul (1825-1904) ✦ Homme d'État sud-africain. Il participe à la fondation du **Transvaal** (1852) et, quand celui-ci est annexé par le Natal britannique (1877), il dirige l'insurrection qui proclame la république du Transvaal (1881) dont il devient le président (1883-1902). Il s'oppose aux Britanniques et s'allie avec l'État d'Orange pour déclencher la guerre des **Boers** (1899-1902) avant de se retirer en Europe, vaincu.

KRUPP ✦ Famille d'industriels allemands établie à Essen. **Alfred KRUPP** (1812-1887) met au point un type d'acier fondu qui permet de couler un tube de canon lourd en une seule pièce (1847). Il fonde une des plus puissantes entreprises industrielles d'Europe en diffusant le procédé **Bessemer** sur le continent (1862). Pendant la Deuxième Guerre mondiale, ses descendants fournissent l'équipement des armées allemandes.

KUALA LUMPUR ✦ Capitale fédérale de la Malaisie, dans le sud-ouest du pays. 1,3 million d'habitants. Bâtiments de style mauresque (édifice Sultan Abdul Samad avec sa tour d'horloge), ancienne mosquée du Vendredi, célèbres tours jumelles Petronas (1996), hautes de 451,9 m. Centre culturel, industriel et commercial.

KUBILAI KHAN (1215-1294) ✦ Chef mongol, petit-fils de **Gengis Khan**. Il devient grand khan des Mongols (1260), conquiert la Chine et se proclame empereur (1280). Il fonde la dynastie Yuan et fait de Cambaluc sa capitale (**Pékin**) mais échoue à conquérir le Japon (1274, 1281) et le Tonkin. Sous son règne tolérant, il reçoit de nombreux étrangers, comme Marco **Polo**.

KUBRICK Stanley (1928-1999) ✦ Cinéaste américain. Journaliste, il se fait connaître avec un film relatant une mutinerie dans l'armée française pendant la Première Guerre mondiale (*Les Sentiers de la gloire,* 1957), interdit en France jusqu'en 1975. Ses treize films forment une œuvre variée (fresques historiques, science-fiction, fantastique, suspense), souvent empreinte de critique antimilitariste et de satire sociale. Les plus célèbres sont : *Lolita* (1962), d'après Vladimir **Nabokov** ; *2001 : l'Odyssée de l'espace* (1968), film culte de science-fiction ; *Orange mécanique* (1971) ; *Barry Lyndon* (1974) ; *Full Metal Jacket* (1987). Son dernier film, *Eyes Wide Shut,* sort peu après sa mort, en 1999.

KU KLUX KLAN n. m. ✦ Société secrète originaire du sud des États-Unis. Elle est fondée à la fin de la guerre de **Sécession** pour lutter contre l'émancipation des Noirs. Ses membres portent des robes blanches, des cagoules pointues et ils enflamment des croix. Après une phase d'intimidation, elle passe à des actions meurtrières. Elle est interdite en 1877. Un nouveau Ku Klux Klan, fondé à Atlanta (1915), prend un caractère puritain, xénophobe, ultranationaliste et raciste, et s'attaque également aux Juifs et aux catholiques. Il compte jusqu'à un million de membres. À nouveau interdit en 1928, il perd de son importance et se manifeste irrégulièrement mais toujours violemment depuis 1960.

KUNDERA Milan (né en 1929) ✦ Écrivain français d'origine tchèque. Ses nouvelles (*Risibles Amours,* 1963-1968) et ses romans de la période tchèque (*La Plaisanterie,* 1967 ; *La vie est ailleurs,* 1973) dénoncent la corruption dans son pays et critiquent le communisme. Établi en France depuis 1975, il y a publié des romans où l'analyse porte sur la condition humaine (*Le Livre du rire et de l'oubli,* 1979 ; *L'Insoutenable Légèreté de l'être,* 1984) ou sur le destin de la culture (*L'Immortalité,* 1990).

KURDES n. m. pl. ✦ Peuple d'Asie occidentale, d'origine indo-européenne. Les Kurdes sont 16 millions, en majorité musulmans, présents en Turquie (7 millions), en Iran (6 millions), en Irak (2 millions), en Syrie (500 000), en Arménie et en Azerbaïdjan (300 000). Leur langue est le kurde, proche des langues iraniennes. ♦ Une dynastie d'origine kurde, fondée par **Saladin**, règne sur la Syrie et l'Égypte (XIIe-XIIIe siècles). Sous l'Empire ottoman, les Kurdes se déplacent vers la Perse et l'Anatolie orientale (**Kurdistan**). À la chute de l'Empire, le Kurdistan indépendant prévu par le traité de **Sèvres** (1920) n'est pas créé. Depuis, les actions répétées des mouvements indépendantistes sont violemment réprimées dans les pays où ils sont établis (Irak, Iran, Turquie). Les rebelles du parti des travailleurs du Kurdistan (PKK), particulièrement actifs en Turquie, sont traqués jusqu'en Irak (1995) ; leur chef est arrêté en 1999 et condamné à la réclusion à perpétuité. En Irak comme en Syrie, les combattants kurdes s'opposent aux djihadistes de Daech.

KURDISTAN n. m. ✦ Région de l'ouest de l'Asie. Elle s'étend sur la Turquie, l'Iran et l'Irak. Le climat est rude dans les montagnes boisées du nord. Au sud, les plateaux et les plaines qui rejoignent la Mésopotamie (riz, céréales, tabac, légumes, fruits) sont propices à l'agriculture. L'élevage nomade ou semi-nomade (moutons, chèvres) joue un rôle important. Le sous-sol est particulièrement riche (chrome, pétrole, charbon, cuivre, fer, or et argent). C'est la région où se sont installés les **Kurdes**.

KUROSAWA Akira (1910-1998) ✦ Cinéaste japonais. Il se consacre à la peinture puis s'oriente vers le cinéma à partir de 1936. Son œuvre exprime le plus souvent une révolte contre l'injustice sociale. Abondante et violente, elle se caractérise par une mise en scène très élaborée et une grande beauté plastique (*Dersou Ouzala,* 1975). Son film *Rashomon* (1950) révèle le cinéma nippon à l'Occident qui découvre le Japon féodal avec *Les Sept Samouraïs* (1954), *Kagemusha* (1980), *Ran* (1985).

KUSTURICA Emir (né en 1955) ✦ Cinéaste français d'origine yougoslave. Ses films mêlent dérision, tragédie et comédie. Dans un style flamboyant qui l'a fait comparer à Fellini, il a porté à l'écran la vie des gitans (*Le Temps des gitans,* 1988, avec une version opéra punk en 2007 ; *Chat noir, chat blanc,* 1998), l'histoire yougoslave (*Papa est en voyage d'affaires,* 1985 ; *Underground,* 1995).

KYOTO ✦ Ville du Japon, dans le sud de l'île de Honshu. 1,47 million d'habitants (☛ carte 57). Sites historiques (palais, villas impériales, jardins, temples comme le Pavillon d'or), inscrits sur la liste du patrimoine mondial de l'Unesco. Ces bâtiments témoignent du raffinement extrême et de la richesse du Japon traditionnel. Centre administratif, culturel et artisanal (bambou, laque, teintures, objets traditionnels). ♦ La ville, fondée en 794, est la résidence de la cour impériale. Elle reste la capitale du pays jusqu'en 1868.

KYOTO (protocole de) ✦ Protocole signé par de nombreux pays industrialisés en décembre 1997, entré en vigueur en février 2005. Ces pays s'engagent à réduire la diffusion dans l'environnement de certains gaz responsables du réchauffement de la planète. L'accord de Paris sur le climat (COP 21, 2015) est approuvé par les 195 délégations présentes.

KYUSHU ✦ Île du Japon, la plus au sud, bordée à l'est par l'océan Pacifique et à l'ouest par la mer de Chine (☛ carte 42). Superficie : 35 660 km^2. Environ 14 millions d'habitants. Principales villes : Fukuoka et Kitakyushu. ♦ Le sud de l'île est volcanique. Son climat favorise la culture de plantes tropicales (canne à sucre, banane, riz). Les grands complexes industriels se concentrent au nord. Ses côtes très découpées et ses baies profondes abritent d'importants ports (Nagasaki, Kagoshima).

L

LABÉ Louise (vers 1524-1566) ✦ Poète française. On la surnomme *la Belle Cordière,* car elle est fille et femme de cordiers. Elle mène une vie brillante et fréquente de nombreux poètes et érudits. Elle compose trois *Élégies* et vingt-quatre *Sonnets* (1555), inspirés de la poésie de Pétrarque.

LABICHE Eugène (1815-1888) ✦ Auteur dramatique français. Il caricature les mœurs du Second Empire dans des pièces de théâtre joyeuses qui marquent l'apogée du vaudeville. Ses œuvres mettent en scène des personnages de bourgeois ridicules : *Un chapeau de paille d'Italie* (1851) et *Le Voyage de M. Perrichon* (1860). Académie française (1880).

LA BOÉTIE Étienne de (1530-1563) ✦ Écrivain français. Il rédige un discours qui dénonce la tyrannie, le *Contr'un* ou *Discours de la servitude volontaire* (publié en 1576), traduit Xénophon et Plutarque. Il compose des poèmes dont les plus connus, vingt-neuf *Sonnets,* sont publiés dans les *Essais* par **Montaigne**, à qui il est lié par une amitié restée légendaire.

LABRADOR n. m. ✦ Vaste péninsule du Canada, dans l'est du pays (☛ carte 48). Elle est bordée à l'ouest par la baie d'Hudson, au nord et à l'est par l'océan Atlantique, au sud-est par le golfe du Saint-Laurent. C'est un grand plateau au relief glaciaire (300 à 700 m d'altitude), parsemé de lacs et de rivières, qui s'élève au nord-est (monts Torngat). Le climat est rigoureux. Les habitants peu nombreux (**Inuits** sur les côtes, **Algonquins** à l'intérieur) vivent de la pêche, de la cueillette, de la chasse et de l'exploitation de la forêt. Depuis le XXe siècle, l'exploitation des ressources minières (fer, nickel, amiante, cuivre, or, uranium) a attiré une population blanche. ♦ La région, connue des **Vikings** (XIe siècle), est explorée par les Européens (XVe siècle). La côte est fréquentée par des pêcheurs (morue) dès le XVIe siècle. Le Labrador est attribué aux Britanniques (1763) puis au Bas-**Canada** (1791) et est finalement partagé, en 1927, entre le nord de la province du **Québec** et la partie continentale de la province de **Terre-Neuve**.

LA BRUYÈRE Jean de (1645-1696) ✦ Moraliste français. D'abord avocat, il devient précepteur chez les Condé et bibliothécaire du duc de Bourbon. Il s'inspire de ses observations à la cour de Louis XIV pour écrire *Les Caractères ou les Mœurs de ce siècle* (1688), suite de maximes morales et de portraits pittoresques, augmentée à chaque édition jusqu'en 1696. Académie française (1693).

LACAN Jacques (1901-1981) ✦ Psychiatre et psychanalyste français. Après sa thèse de psychiatrie (1932), il vient à la psychanalyse et se fait connaître notamment par une communication au congrès psychanalytique international de Marienbad : *Le Stade du miroir comme formateur de la fonction du «je»* (1936). Il fonde l'École freudienne (1964), qu'il dissout en 1980. Lacan utilise les sciences humaines (anthropologie, linguistique) et la philosophie pour proposer une relecture de l'œuvre de Freud, au plus près, selon lui, des fondements du texte. Ses travaux et cours sont réunis dans les *Écrits* (1966), le *Séminaire* (publié à partir de 1975) et les *Autres Écrits* (2001).

LACANAU ✦ Commune de la Gironde, au bord de l'*étang de Lacanau* (2 000 ha). 4 552 habitants (les *Canaulais*) (☛ carte 23). Au nord-ouest, *Lacanau-Océan,* station balnéaire sur l'Atlantique (compétition annuelle de surf).

Lac des cygnes (Le) ✦ Ballet créé à Moscou en 1877 sur une musique de Tchaïkovski. Le jeune prince Siegfried, qui cherche une épouse, voit des cygnes se transformer en jeunes femmes. Parmi elles, il retient Odette, victime jusqu'à son mariage des sortilèges d'une méchante belle-mère, mais choisit par erreur son sosie et se noie quand il prend conscience de sa méprise. Ce ballet romantique, au répertoire des plus grands opéras du monde, fait l'objet de très nombreuses adaptations.

LACÉDÉMONE ✦ Autre nom de la ville de **Sparte**. *Lacédémone* désigne à la fois la cité et l'État.

LACLOS Pierre Choderlos de (1741-1803) ✦ Écrivain français. Cet officier est surtout connu pour son roman épistolaire, *Les Liaisons dangereuses* (1782), qui fait scandale. ☛ Littérature p. 138. Il met en scène le libertinage du XVIIIe siècle tout en le condamnant : Valmont conquiert la vertueuse Mme de Tourvel, conseillé par son ancienne maîtresse, Mme de Merteuil ; tous les personnages vont connaître une triste fin. La finesse de l'analyse psychologique et la rigueur du style en font aujourd'hui encore un modèle romanesque.

LACONIE n. f. ✦ Région de Grèce, dans l'extrême sud-est du Péloponnèse (☛ carte 4). 95 000 habitants. Chef-lieu : Sparte. La réputation de concision des habitants de cette région est à l'origine de l'adjectif *laconique.*

LACQ ✦ Commune des Pyrénées-Atlantiques. 730 habitants (les *Lacquois*). Centre industriel qui exploite l'important gisement de gaz naturel (1951-2013), puis se tourne vers la chimie.

LACRETELLE Jacques de (1888-1985) ✦ Romancier français. Ses nouvelles, ses essais et ses romans empreints de pessimisme analysent les âmes en proie à l'isolement : *La Vie inquiète de Jean Hermelin* (1920), *Silbermann* (1922), roman qui l'a rendu célèbre, *L'Âme cachée* (1925), *Les Hauts-Ponts* (1932-1935). Académie française (1936).

LACS (les Grands) → **GRANDS LACS** (les)

LADAKH n. m. ✦ Région de l'Inde (Cachemire). Plateau élevé et aride, protégé de la mousson par l'**Himalaya** et traversé par l'Indus. Les Ladakhis, d'origine mongole, vivent de l'élevage, du commerce caravanier et du tourisme. Cet ancien royaume (jusqu'en 1841) est partagé par l'ONU entre le Pakistan et l'Inde (1949). La Chine occupe la partie nord-est depuis 1959.

LADOGA (lac) ✦ Lac de Russie, entre la Carélie et Saint-Pétersbourg. Superficie : 17 700 km^2, plus grand lac d'Europe ; profondeur maximale : 230 m. Il est parsemé de centaines d'îles et communique à l'ouest avec la mer Baltique, par la rivière Neva qui arrose Saint-Pétersbourg, et à l'est avec le lac Onega.

LAENNEC René (1781-1826) ✦ Médecin français. Il invente le stéthoscope (vers 1815), ce qui lui permet de décrire les maladies pulmonaires et cardiaques grâce à l'auscultation. Il fonde l'anatomo-clinique qui compare les symptômes des maladies et les lésions qu'elles provoquent, par exemple dans la cirrhose du foie.

LA FAYETTE Mme de (1634-1693) ✦ Écrivain français. Elle mène une vie mondaine et tient salon à Paris (1659) où elle reçoit Mme de Sévigné, La Fontaine et La Rochefoucauld. Elle est l'auteur de *La Princesse de Clèves* (1678), considéré comme le premier roman psychologique français : elle y décrit avec finesse et subtilité les passions des personnages.

LA FAYETTE (1757-1834) ✦ Général français. Ami de Benjamin **Franklin**, il rejoint les insurgés américains en 1777 et persuade le gouvernement français de contribuer à la guerre de l'**Indépendance américaine** (1779). Il revient en France, participe à l'Assemblée des notables (1787) et devient député de la noblesse aux états généraux puis commandant de la garde nationale après la prise de la Bastille (1789). Partisan d'une monarchie libérale, il fait tirer sur la foule rassemblée au Champ-de-Mars venue réclamer la déchéance du roi. Il quitte les **jacobins** et fonde le Club des **feuillants** (1791). Il commande les armées du Centre puis du Nord dans la guerre contre l'Autriche. Lorsque le roi est suspendu (1792), il est interné par les Autrichiens jusqu'en 1797. Il revient à la politique pendant les **Cent-Jours** (1815), exigeant l'abdication de Napoléon Ier, puis pendant la révolution de 1830. Son tombeau est surmonté d'un drapeau américain, témoignage de reconnaissance des États-Unis.

LA FONTAINE Jean de (1621-1695) ✦ Poète français. Ce gentilhomme est protégé par des membres de la Cour, comme Fouquet (1658-1661) et la duchesse d'Orléans (1664-1672). Il fréquente les cercles littéraires et se consacre à la poésie. Il prend pour modèle les poètes latins et grecs (Ovide, **Ésope**) pour écrire des récits, pittoresques et habilement construits. Il met souvent en scène des animaux dotés de caractères humains, qui lui permettent d'exprimer une morale inspirée d'**Épicure.** Ses œuvres les plus connues sont les *Contes et Nouvelles* (en vers, 1665-1682) et les ***Fables*** (1668, 1678, 1694). Académie française (1683).

LAFORGUE Jules (1860-1887) ✦ Poète français. Il fréquente le poète Charles Cros dans les milieux littéraires parisiens puis séjourne à Berlin (1881-1886). Œuvres : *Complaintes* (1885), *L'Imitation de Notre-Dame de la Lune* (1886), recueil en vers libres où la frivolité, la raillerie et la fantaisie apparentes cachent un désespoir profond qui se manifeste aussi dans ses contes, *Les Moralités légendaires* (posthume, 1887).

LAGAFFE Gaston ✦ Personnage de bande dessinée créé en 1957 par André **Franquin.** Gaston travaille à la rédaction du journal *Spirou* et il perturbe constamment ses collègues en multipliant les gaffes et les inventions saugrenues et inutiles. Poète et rêveur, il apparaît d'abord au détour de quelques pages avant de devenir un héros à part entière (1960).

LAGERLÖF Selma (1858-1940) ✦ Romancière suédoise. Cette institutrice s'inspire de la tradition nordique et révèle son talent de conteuse dans de nombreuses œuvres : *La Saga de Gösta Berling* (1890-1891), *Les Liens invisibles* (1894), *Les Miracles de l'Antéchrist* (1897), et surtout *Le Merveilleux Voyage de Nils Holgersson* (1906), livre destiné à faire connaître la Suède aux enfants. Prix Nobel de littérature (1909).

LAGIDES n. m. pl. ✦ Dynastie égyptienne des **Ptolémées.** Elle est fondée par un général macédonien dont le père s'appelait *Lagos,* lors du partage de l'empire d'**Alexandre le Grand.**

LAGOS ✦ Ville du Nigeria, dans le sud-ouest du pays, près de la côte atlantique. 5,9 millions d'habitants (☛ carte 57). Capitale du pays de 1954 à 1982, ce port est le centre économique, commercial et industriel du pays. Sa croissance incontrôlée (plus de 10 millions d'habitants dans la zone urbaine) en fait la ville la plus peuplée d'Afrique.

LAGRANGE Joseph Louis, comte de (1736-1813) ✦ Mathématicien français. Il fonde la future Académie des sciences à Turin (1758), travaille à celle de Frédéric II à Berlin (1766) puis, invité par Louis XVI, il se fixe à Paris (1787). Il enseigne à l'École normale et à l'École polytechnique et publie ses cours : *Mécanique analytique* (1788), *Théorie des fonctions analytiques* (1797), *Traité de la résolution des équations numériques* (1798), *Leçons sur le calcul des fonctions* (1799). Il étudie les satellites de Jupiter et les mouvements des planètes, en particulier ceux de la Lune. Académie des sciences (1772).

LAGRANGE Léo (1900-1940) ✦ Homme politique français. Député socialiste et sous-secrétaire d'État aux Sports et Loisirs pendant le **Front populaire** (1936-1938), il est l'auteur de nombreuses réformes visant à développer le sport et le tourisme populaires.

LAHORE ✦ Ville du Pakistan, dans l'est du pays, à la frontière indienne. 5,1 millions d'habitants (☛ carte 57). Plus grande mosquée du monde, monuments de style moghol (fort et jardins de Shalimar, XVIIe siècle), édifiés par l'empereur bâtisseur du **Taj Mahal** et inscrits sur la liste du patrimoine mondial de l'Unesco. Capitale du Panjab, centre industriel. ♦ La ville, créée au XIe

siècle, est prise par Gengis Khan (1222) puis par Tamerlan (1397). Elle atteint son apogée avec l'empire des **Moghols** (XVIe-XVIIe siècles) puis devient la capitale du royaume des **sikhs** (1767). Ceux-ci la désertent quand le Panjab est divisé entre l'Inde et le Pakistan (1947).

LAÏOS ✦ Roi légendaire de Thèbes, dans la mythologie grecque. Il est recueilli par le roi Pélops, puis il enlève son fils dont il est amoureux ; il subit pour cela une malédiction. Il revient à Thèbes et épouse Jocaste qui donne naissance à **Œdipe.** Il abandonne son fils car un oracle lui a annoncé que celui-ci le tuerait, ce qui se produit.

LALO Édouard (1823-1892) ✦ Compositeur français, d'origine espagnole. Il est reconnu pour sa richesse d'orchestration et son originalité mélodique telles qu'elles apparaissent dans la *Symphonie espagnole* pour violon et orchestre (1873), *Namouna* (ballet, 1882) ou encore *Le Roi d'Ys* (opéra, 1888).

LAMARCK (1744-1829) ✦ Naturaliste français. Il s'occupe de botanique puis il est nommé au Muséum (1793) pour étudier les invertébrés. Il élabore une théorie de l'évolution biologique selon laquelle les organismes vivants se transforment pour s'adapter à leur milieu («la fonction crée l'organe») et prétend, à tort, que ces caractéristiques acquises sont héréditaires. Ces théories, combattues par **Cuvier**, influencent **Darwin.** Parmi ses traités, on peut citer : *L'Encyclopédie botanique* (1783-1817), *Philosophie zoologique* (1809), *Histoire naturelle des animaux sans vertèbres* (1815-1822). Académie des sciences (1779).

LAMARTINE Alphonse de (1790-1869) ✦ Écrivain français. Il découvre l'Italie (1811) qui lui inspire des poèmes et il se consacre à la littérature. Ce diplomate est nommé à Naples (1820) puis en Toscane, avant de démissionner pour se tourner vers la politique. Il visite les Lieux saints en Orient (1832) et défend un christianisme libéral et social à la Chambre des députés (1833-1851), s'oppose à Louis-Philippe, participe au gouvernement provisoire pendant la révolution de 1848 et quitte la politique après son échec à l'élection présidentielle de la même année. Sa poésie délicate, animée d'un souffle lyrique, s'inscrit dans le courant romantique. ☛ Littérature p. 143 et Romantisme p. 181. Son œuvre abondante comprend des poèmes, des romans, des discours, des études. Les plus connus sont : *Méditations poétiques* (1820) qui comprend le poème «Le Lac», *Jocelyn* (1836), *La Chute d'un ange* (1838), *L'Histoire des girondins* (1847), *Les Confidences* (1849) qui comprend le récit «Graziella». Académie française (1829).

LA MECQUE → MECQUE (La)

LAMENTIN (Le) ✦ Ville de Martinique, au nord-est de la baie de Fort-de-France. 39 926 habitants (les *Lamentinois*). Distillerie de rhum.

LAMIA ✦ Ville de Grèce, au centre du pays. 50 000 habitants. Ruines d'une forteresse franque et catalane ; à proximité, défilé des **Thermopyles.** Centre industriel et marché (coton).

LANCASHIRE n. m. ✦ Comté du nord-ouest de l'Angleterre, au nord de Liverpool et de Manchester. Superficie : 3 043 km². 1,1 million d'habitants. Chef-lieu : Preston. Principal centre industriel de Grande-Bretagne (houille, sidérurgie, textile) avant le déclin de ces activités et le déplacement des industries vers le sud-est du pays. Reconversion dans la chimie et la pétrochimie.

LANCASTRE ✦ Famille noble d'Angleterre. Elle est fondée par le petit-fils de Jean sans Terre, Édouard le Croisé (1267), et elle est représentée notamment par **Henri DE LANCASTRE** (1367-1413) qui détrône Richard II et devient roi d'Angleterre sous le nom de Henri IV (de 1399 à sa mort). La dynastie qu'il fonde compte Henri V (roi de 1413 à 1422) et Henri VI (roi de 1422 à 1461 et de 1470 à 1471), contraint à l'exil pendant la guerre des **Deux-Roses** ; elle s'éteint avec **Henri VII** (roi de 1485 à 1509).

LANCELOT DU LAC ✦ Un des chevaliers de la **Table ronde**, qui apparaît dans *Lancelot ou le Chevalier de la charrette* de **Chrétien de Troyes** (vers 1170). Élevé par la fée **Viviane**, il tombe amoureux de la femme du roi **Arthur**, Guenièvre, devient son amant et la sauve lorsqu'elle est enlevée. Dans le *Lancelot* en prose (vers 1225), d'un auteur anonyme, son fils Galaad, par son courage et sa pureté, réussit à conquérir le **Graal.**

LANDERNEAU ✦ Commune du Finistère, à l'extrémité occidentale de la Bretagne, sur la mer d'Iroise. 15 402 habitants (les *Landernéens*) (☛ carte 23). Pont de Rohan (XVIe siècle) sur lequel sont construites des habitations. En 1949, Édouard Leclerc, natif de la ville, y créa sa première coopérative commerciale.

① **LANDES** n. f. pl. ✦ Région d'Aquitaine (☛ carte 21). Elle est située entre le Bordelais et le fleuve Adour (335 km de long) et bordée par l'océan Atlantique. Cette plaine marécageuse a été asséchée et plantée de pins pour arrêter la progression des dunes (XVIIIe siècle). Elle devint la plus riche région forestière de France (environ un million d'hectares), mais a été endommagée par des incendies (1937, 1950) et par la tempête (1999). Son littoral, la Côte d'Argent, attire de nombreux touristes. Parc naturel régional des Landes de Gascogne, créé en 1970, au sud-est du bassin d'**Arcachon** (315 300 ha).

② **LANDES** n. f. pl. ✦ Département du sud-ouest de la France [40], de la Région Nouvelle-Aquitaine. Superficie : 9 243 km². 400 477 habitants (les *Landais*). Chef-lieu : Mont-de-Marsan ; chef-lieu d'arrondissement : Dax.

LANDSTEINER Karl (1868-1943) ✦ Médecin américain, d'origine autrichienne. Il travaille sur la sérologie générale, découvre l'existence des groupes sanguins (1901), du facteur Rhésus et démontre que le sang de chaque individu est unique. C'est le fondateur de l'immunologie sanguine. Prix Nobel de physiologie ou de médecine (1930).

LANG Fritz (1890-1976) ✦ Cinéaste américain, d'origine autrichienne. Dans les années 1920, il devient un des maîtres du cinéma expressionniste allemand. Il fuit le nazisme (1933), séjourne en France, s'installe aux États-Unis et revient en Allemagne en 1959. Il montre souvent des individus qui affirment leur liberté dans un monde moderne inhumain. Ses films les plus connus sont : *Le Docteur Mabuse* (1922), *Metropolis* (1927), *M le Maudit* (1931), *Furie* (1936), *La Femme au portrait* (1944), *Les Contrebandiers de Moonfleet* (1954), *Le Tigre du Bengale* et *Le Tombeau hindou* (1959), *Le Diabolique Docteur Mabuse* (1960).

LANGE Dorothea (1895-1965) ✦ Photographe américaine. Elle photographie d'abord le monde rural marqué par la crise des années 1930, puis élargit ses reportages à thème social à l'ensemble de la société américaine. Elle a collaboré à des magazines, notamment à *Life*.

LANGEVIN Paul (1872-1946) ✦ Physicien français. Élève de Pierre **Curie**, il donne une théorie électronique du magnétisme (1905), étudie les gaz et l'énergie, met au point le sonar (1915) et vulgarise la théorie d'**Einstein** sur la relativité. Il souhaite donner plus de place aux sciences dans l'enseignement. Il repose au **Panthéon**, à Paris. Académie des sciences (1934).

LANGLOIS Henri (1914-1977) ✦ Cofondateur de la Cinémathèque française, avec Georges **Franju**. Il a rassemblé et fait restaurer un nombre considérable de films, créant un fonds d'une richesse exceptionnelle et contribuant ainsi à la sauvegarde du patrimoine cinématographique français.

LANGON ✦ Chef-lieu d'arrondissement de la Gironde, sur la Garonne. 7 396 habitants (agglomération 13 445) (les *Langonnais*) (☛ carte 23). Port fluvial. Viticulture.

LANGRES ✦ Chef-lieu d'arrondissement de la Haute-Marne. 7 850 habitants (les *Langrois*) (☛ carte 23). Ville fortifiée construite sur le plateau de **Langres**. Plasturgie, métallurgie, mécanique, informatique. Ville natale de Diderot.

LANGRES (plateau de) ✦ Plateau calcaire de l'est du Bassin parisien qui s'étend sur la Côte-d'Or et la Haute-Marne. Il est peu élevé (500 m d'altitude en moyenne) et peu peuplé. C'est là que d'importants fleuves (Seine, Meuse) et rivières (Aube, Marne) prennent leur source.

LANGUEDOC n. m. ✦ Région historique du sud de la France, caractérisée par l'emploi de la langue d'oc ou occitan (☛ carte 21). Ses habitants s'appellent les *Languedociens*. Ses principales villes sont Toulouse et Montpellier. Le parc naturel régional du Haut-Languedoc (260 500 ha), au sud des Causses, est créé en 1973. ♦ Peuplée de Celtes, la région est colonisée sur la côte par les Grecs (VIIe siècle av. J.-C.). Elle est ensuite englobée par les Romains dans la *Provincia* puis dans la **Narbonnaise**. Elle fait place à un royaume wisigoth, la Septimanie (Ve siècle), pris par les Arabes (719) et réuni par Pépin le Bref (759) à l'Empire carolingien sous le nom de *Gothie*. Le Languedoc passe aux mains des comtes de **Toulouse** (XIe-XIIe siècles) ; elle développe une brillante civilisation (architecture romane, littérature en langue d'oc) et connaît un essor économique. Le Languedoc décline avec la répression de l'hérésie cathare (**albigeois**), puis les ravages de la guerre de Cent Ans (XIVe-XVe siècles) et des guerres de **Religion** (XVIe-XVIIe siècles), notamment à la révocation de l'édit de Nantes (**camisards**). Il est divisé en huit départements à la Révolution.

LANGUEDOC-ROUSSILLON n. m. ✦ Ancienne région administrative du sud de la France, intégrée à la Région Nouvelle-Aquitaine. Elle était formée de cinq départements : l'Aude, le Gard, l'Hérault, la Lozère et les Pyrénées-Orientales. Le chef-lieu était Montpellier. ♦ GÉOGRAPHIE. Le long du golfe du **Lion**, la Région s'étend des Pyrénées (Carlitte, 2 921 m ; Canigou, 2 784 m) jusqu'au Rhône, en passant par le Roussillon, les Corbières, la vallée de l'Aude, la plaine côtière de Narbonne à Nîmes, adossée aux Causses, qui s'élève au nord avec les Cévennes et le Gévaudan. Le climat méditerranéen est marqué par des vents violents, le mistral et la tramontane. La population se concentre sur la côte. ♦ ÉCONOMIE. L'agriculture (moutons de Lozère, fruits, légumes, blé et surtout vin) subit la concurrence de l'Europe du Sud. L'industrie en difficulté (mines de houille, sidérurgie, textile) se reconvertit dans la recherche (informatique, pharmacie). Le tourisme est très développé grâce au littoral balnéaire, aux parcs régionaux (Cévennes, Languedoc, Causses, gorges du Tarn), au patrimoine antique (Nîmes, Gard) et médiéval (Carcassonne, Montpellier, Perpignan). ♦ HISTOIRE. Son histoire correspond à celle du **Languedoc** et du **Roussillon**.

LANNES Jean (1769-1809) ✦ Maréchal de France. Il s'engage dans l'armée révolutionnaire (1792), participe aux campagnes d'**Italie** et d'**Égypte** avec Bonaparte, au coup d'État du 18 **Brumaire an VIII** et à la bataille de **Marengo** (1800). Maréchal (1804) et duc de Montebello (1808), il prend part à de nombreuses batailles (Ulm, Austerlitz, Iéna, Eylau, Friedland, siège de Saragosse) avant d'être mortellement blessé en Autriche. Napoléon fait déposer son corps au **Panthéon**.

LANNION ✦ Ville des Côtes-d'Armor, sur le Léguer. 19 869 habitants (les *Lannionnais*). Église de Brélévenez (XIIe siècle, remaniée à l'époque gothique), maisons anciennes. Port fluvial, industries (constructions électriques et électroniques) ; à proximité, centre de télécommunications spatiales à Pleumeur-Bodou.

LANZHOU ✦ Ville de Chine, capitale de la province du Gansu, sur le fleuve Huang he. 2,4 millions d'habitants. Important centre de commerce. Industries (raffinage pétrolier, pétrochimie, métallurgie, mécanique) alimentées par de nombreuses ressources minières (uranium, cuivre, plomb, zinc, or, quartz).

LAON ✦ Chef-lieu de l'Aisne. 25 282 habitants (les *Laonnois*). Cathédrale Notre-Dame (XIIe-XIVe siècles), chapelle des Templiers (XIIe siècle), palais épiscopal (XIIIe siècle). Centre administratif. Ville natale de saint Remi et des frères Le Nain. ♦ Saint Remi fait de la cité romaine un évêché (VIe siècle), où résident les derniers Carolingiens. Au XIIe siècle, les habitants défendent leurs libertés communales contre les évêques la ville est assiégée pendant la guerre de Cent Ans et livrée aux Anglais (1419). Au XVIe siècle, elle se rallie à la **Ligue** avant d'être prise par Henri IV (1594). Napoléon y est repoussé par les Prussiens en 1814.

LAOS n. m. ✦ Pays d'Asie du Sud-Est (☛ cartes 38, 39). Superficie : 236 800 km² (moins de la moitié de la France). 6,8 millions d'habitants (les *Laotiens*), en majorité bouddhistes. République populaire dont la capitale est Vientiane. Langue officielle : le lao ; on y parle aussi le français. Monnaie : le kip. ♦ GÉOGRAPHIE. Le nord du pays est occupé par deux massifs montagneux entre lesquels s'étend un plateau calcaire s'ouvrant sur la plaine de Vientiane ; le nord-ouest est traversé par le Mékong ; le sud est bordé, à l'est, par la cordillère annamitique. Le climat tropical est marqué par la mousson, sauf dans le nord du pays. ♦ ÉCONOMIE. Agriculture (riz, légumes, canne à sucre, mûrier à soie, bois ; élevage). Pêche fluviale. Ressources minières (étain, fer, gypse, pierres précieuses) peu exploitées ; quelques industries (agro-alimentaire). Tourisme en développement. ♦ HISTOIRE. Les Chinois (IVe-Ve siècles) puis les **Khmers** (XIe-XIIe siècles) s'installent dans la région. Un royaume laotien, fondé en 1353, prend au XVIe siècle Vientiane pour capitale, lutte contre la Birmanie, avant d'être divisé en trois États (1707-1721). Deux passent au Siam

(1827) et l'autre au Viêtnam. La France installe un protectorat (1893). Le Japon occupe le pays (1942-1945) et reconnaît son indépendance (1949), tandis que s'affrontent monarchistes et communistes. Malgré sa neutralité, le Laos est entraîné dans la guerre d'**Indochine** puis du **Viêtnam** (1964-1973). En 1975, une république socialiste est instaurée, qui tombe sous contrôle vietnamien (1977). Depuis 1975, le Laos est soumis au régime du parti unique, soutenu par l'armée.

LAO-TSEU (vers 570 av. J.-C.-490 av. J.-C.) ✦ Philosophe chinois, appelé aussi *Laozi*. Mal connue, sa vie est l'objet de nombreux mythes. On le considère comme l'auteur d'un ouvrage philosophique, le *Daodejing*. Après un voyage vers l'ouest, il serait revenu en Chine pour faire de sa philosophie une religion populaire, le taoïsme (IIe siècle).

LA PALICE (seigneur de) (vers 1470-1525) ✦ Maréchal de France. Il joue un grand rôle dans les guerres d'**Italie** sous Charles VIII, Louis XII et François Ier. Il s'illustre à **Ravenne** (1512), **Marignan** (1515), La Bicoque (1522), Marseille, avant d'être tué à **Pavie**. Pour célébrer son courage, ses soldats créent une chanson qui se termine par : «Un quart d'heure avant sa mort, il était encore en vie». En référence à la naïveté de ces deux derniers vers, une *lapalissade* est une affirmation dont l'évidence fait rire.

LA PAZ → PAZ (La)

LAPÉROUSE (1741-1788) ✦ Navigateur français. Après plusieurs campagnes contre les Britanniques, il part de Brest pour un grand voyage de découverte autour du monde (1785). Il passe par le cap Horn, l'île de Pâques, les îles Sandwich et arrive au nord-ouest de l'Amérique du Nord, puis, par les îles Mariannes, à Macao. Il longe les Philippines, atteint le Japon et découvre le détroit qui porte aujourd'hui son nom et qui sépare les îles d'Hokkaido et de Sakhaline. Il se rend ensuite au Kamtchatka, aux îles Samoa et Tonga, puis à Botany Bay en Australie où l'on perd sa trace (1788). Les vestiges de son naufrage ont été découverts entre les îles Salomon et le Vanuatu par Dillon en 1826. ■ Son nom complet est *Jean-François de Galaup, comte de Lapérouse.*

LAPLACE Pierre Simon, marquis de (1749-1827) ✦ Astronome, mathématicien et physicien français. Vice-président du Sénat (1803), il participe à la création des Écoles normale et polytechnique, est nommé comte par Napoléon (1806) puis marquis et pair de France par Louis XVIII. Il établit des mesures calorimétriques avec **Lavoisier** (1782-1784), une théorie de la capillarité et des lois sur l'électromagnétisme. Il étudie les planètes, développe une théorie de la création du système solaire (*Exposition du système du monde,* 1796), rassemble les connaissances astronomiques (*Mécanique céleste,* 1798-1825) et élabore une *Théorie analytique des probabilités* (1812). Académie des sciences (1773) ; Académie française (1816).

LAPONIE n. f. ✦ Région d'Europe qui s'étend, au nord du cercle polaire, sur la Norvège, la Suède, la Finlande et la Russie (☛ carte 24). La côte scandinave, montagneuse, est découpée en archipels et en fjords. Plus à l'est, on trouve des lacs et des marais souvent pris par les glaces en hiver, saison où le soleil n'apparaît pas pendant plusieurs semaines. La végétation se réduit à la toundra, et, dans les régions les plus abritées, aux pins et aux épicéas. Le climat est très rigoureux. La population peu nombreuse (environ 50 000 personnes) vit de l'exploitation de la forêt et de quelques mines (fer), de l'élevage des rennes, de la pêche et du tourisme. La région est inscrite sur la liste du patrimoine mondial de l'Unesco.

LARBAUD Valery (1881-1957) ✦ Écrivain français. Grand voyageur, il écrit des romans sur la nostalgie amoureuse : *Fermina Marquez* (1911), *A. O. Barnabooth. Poésies et journal intime* (1913). Dès 1924, il se consacre à la traduction d'auteurs étrangers (Conrad, Butler, Joyce).

LARGILLIÈRE Nicolas de (1656-1746) ✦ Peintre français. Il se forme à Anvers, travaille à Londres, puis se fixe à Paris où il est soutenu par **Le Brun**. Il devient le portraitiste favori d'une riche clientèle bourgeoise. Habile coloriste, il a hérité des peintres flamands son goût pour les couleurs chaudes, les carnations et les reflets chatoyants des tissus (*La Belle Strasbourgeoise,* 1703 ; *Portrait du peintre avec sa famille,* vers 1715).
☛ Classicisme p. 171.

LARISSA ✦ Ville de Grèce, dans l'ouest de la Thessalie. 144 600 habitants. Marché (coton, céréales, tabac), industrie textile.

LARMOR-PLAGE ✦ Commune du Morbihan, à l'entrée de la rade de Lorient. 8 125 habitants (les *Larmoriens*). Station balnéaire, port de plaisance.

LA ROCHEFOUCAULD François, duc de (1613-1680) ✦ Écrivain français. Après une carrière militaire, il est emprisonné à la Bastille pour ses intrigues contre Richelieu (1637), puis exilé dans le Poitou. Il participe à la **Fronde** des princes contre Mazarin et est blessé (1652). Il se rallie au roi et mène alors une vie mondaine à la Cour et dans le salon de Mme de **La Fayette**. Ses *Mémoires* (1662) racontent les années 1624 à 1652, et ses *Maximes* (1664) traduisent avec lucidité une vision pessimiste de l'homme.

LAROUSSE Pierre (1817-1875) ✦ Pédagogue et lexicographe français. Ce directeur d'école écrit des ouvrages pédagogiques : *Traité complet d'analyse grammaticale* (1850), *Jardin des racines grecques* (1858) et *Jardin des racines latines* (1860). Il fonde une maison d'édition, la Librairie Larousse (1852), et dirige la parution du *Grand Dictionnaire universel du XIXe siècle* (1863-1876), recueil encyclopédique des connaissances de son temps.

LARTIGUE Jacques Henri (1894-1986) ✦ Photographe français. Dès son enfance, il photographie la grande bourgeoisie, immortalisant les femmes de la Belle Époque, les débuts de l'aviation, les évènements sportifs. Ses meilleurs clichés sont rassemblés dans *Album de famille* (1966) et *Instants de ma vie* (1975).

LARZAC n. m. ✦ Un des **Causses**, dans le sud du Massif central. Il s'étend sur 1 000 km^2 entre 560 et 920 m d'altitude. Sec et rocailleux, il est propice à l'élevage des brebis. Il abrite un camp militaire depuis 1903. Le projet d'agrandissement de ce camp, (de 3 000 à 17 000 hectares) provoque la révolte des agriculteurs et des défenseurs de l'environnement dans les années 1970.

LAS CASAS fray Bartolomé de (1470-1566) ✦ Religieux espagnol. Prêtre à Cuba (1512) puis dominicain (1522), il devient évêque de Chiapa au Mexique (1543). Ardent défenseur des Indiens, il expose leurs souffrances dans la *Très Brève Relation de la destruction des Indes* (1542). Ce livre, adressé à Charles Quint, suscite une violente polémique qui aboutit à l'établissement de lois protégeant les Indiens.

LAS CASES Emmanuel, comte de (1766-1842) ✦ Écrivain français. Après la publication d'un *Atlas historique, chronologique et géographique* (1803-1804), sa destinée est liée à celle de Napoléon Ier. Il l'accompagne à Sainte-Hélène et rédige ses propos qu'il publie sous le titre de *Mémorial de Sainte-Hélène* (1823). Cette œuvre contribue à la diffusion de la légende napoléonienne en France.

LASCAUX (grotte de) ✦ Grotte préhistorique ornée de Dordogne. On y trouve des peintures rupestres (15 000 à 14 500 ans av. J.-C.) qui représentent des bovidés, des bisons, des chevaux, des cerfs et des bouquetins (☛ Préhistoire p. 148). Elle est découverte en 1940, classée monument historique puis ouverte au public (1948). Cette grotte, surnommée «la chapelle Sixtine de la préhistoire», est inscrite sur la liste du patrimoine mondial de l'Unesco. L'afflux de visiteurs met en péril ses trésors et, après sa fermeture en 1963, une réplique exacte, *Lascaux II,* a été réalisée à proximité.

LAS PALMAS ✦ Ville d'Espagne, capitale des **Canaries,** en alternance avec Santa Cruz de Tenerife. 377 203 habitants. Port de plaisance, centre touristique.

LASSUS Roland de (v. 1532-1594) ✦ Compositeur franco-flamand. Il séjourne en Italie, puis se fixe à Munich où il devient maître de chapelle du duc de Bavière. Son œuvre est évaluée à plus de deux mille compositions, des genres les plus divers (madrigaux, chansons, messes, magnificats). Ses motets renouvellent totalement une conception polyphonique restée inchangée depuis le Moyen Âge. Sa musique, synthèse de l'art flamand et de la musique italienne, rayonne dans toute l'Europe où il acquiert une immense célébrité.

LAS VEGAS ✦ Ville des États-Unis (Nevada). 478 434 habitants (1,5 million pour la zone urbaine). Centre touristique spécialisé dans le jeu (casinos) et les spectacles de variétés. Dans la région, on trouve le barrage Hoover sur le Colorado, une zone militaire où sont réalisées des expériences atomiques et un centre de la **Nasa.** Ville fondée par les mormons.

LATINS **n. m. pl.** ✦ Peuple d'Italie, installé dans le Latium (IIe millénaire av. J.-C.). Les Latins sont dominés par les **Étrusques** (VIe siècle av. J.-C.), puis ils fondent une ligue de trente cités (Ve siècle av. J.-C.) pour les combattre. Une de ces cités, **Rome,** entre en lutte contre les Latins et les soumet (338 av. J.-C.). Ils deviennent alors citoyens romains.

LATIUM **n. m.** ✦ Région administrative d'Italie, au centre du pays (☛ carte 30). Superficie : 17 203 km². 5,1 millions d'habitants. Chef-lieu : Rome. ♦ Le nord et l'est de la vallée du **Tibre** et des marais Pontins, situés sur la côte, s'élèvent vers des collines volcaniques et vers le massif des **Abruzzes.** Région agricole (produits maraîchers, élevage laitier) ; industries (mécanique, chimie, confection, cinéma). Tourisme, lié aux vestiges historiques.

LA TOUR Georges de (1593-1652) ✦ Peintre français. Il est formé en Lorraine. Ses œuvres profanes et religieuses montrent une grande maîtrise des formes simplifiées, des expressions sereines et surtout de la lumière, particulièrement soignée. Ses œuvres les plus connues sont : *La Diseuse de bonne aventure* (☛ Classicisme p. 171), *Le Tricheur à l'as de carreau, La Madeleine à la veilleuse, Saint Joseph charpentier, L'Adoration des bergers, Le Nouveau-Né.*

LA TOUR Maurice Quentin de (1704-1788) ✦ Peintre français. Il s'installe à Paris (1722), devient le peintre du roi (1750) et l'un des meilleurs spécialistes du pastel, qu'il met en concurrence avec la peinture. Ses portraits des personnalités de la Cour, ainsi que du monde des arts et des lettres, montrent un sens aigu de la physionomie humaine. Œuvres : *Le Président des Rieux* (1741), *Louis XV, Le Maréchal de Saxe* et *Le Dauphin* (1748), *Autoportrait* (1751), *D'Alembert* et *Jean-Jacques Rousseau* (1753), *Mme de Pompadour* (1755).

LATTRE DE TASSIGNY Jean-Marie Gabriel de (1889-1952) ✦ Maréchal de France. Il est nommé général en 1939, commande plusieurs divisions et tente de prendre le maquis quand les Allemands envahissent la zone libre (1942). Désavoué par Vichy et interné, il s'évade et gagne Alger (1943). Il participe, à la tête de la Ire armée française, au débarquement allié en Provence (1944). Il libère Toulon, Marseille puis Lyon, Dijon et l'Alsace. Il franchit le Rhin, prend Karlsruhe, Fribourg, Stuttgart, Ulm, Constance et reçoit la capitulation allemande à Berlin, le 8 mai 1945. Il devient haut-commissaire et commandant en chef en Indochine (1950-1952).

LAUREL ET HARDY ✦ Duo d'acteurs américains. Il est composé d'**Arthur Stanley JEFFERSON,** dit Stan Laurel, d'origine britannique (1890-1965), et d'**Oliver Norvell HARDY** (1892-1957). Après leur rencontre en 1926, ils forment le tandem comique du cinéma américain. Les gaffes poétiques du maigre Laurel s'opposent au sens logique du bedonnant Hardy, dans des films riches en trouvailles. Les plus célèbres sont : *The Battle of the Century* (1928), *V'là la flotte* (1928), *Les Deux Légionnaires* (1931), *Fra Diavolo* (1933), *Laurel et Hardy au Far West* (1937), *Têtes de pioche* (1938).

LAURENCIN Marie (1885-1956) ✦ Peintre française. Elle emploie des couleurs douces et représente surtout des jeunes femmes frêles et gracieuses. Elle réalisa des décors de ballets et illustra des livres (Gide, Lewis Carroll). Muse et compagne d'**Apollinaire** qui lui dédia de nombreux poèmes, elle a peint *Apollinaire et ses amis* (1909) où figurent également Picasso et Gertrude Stein.

LAURENTIDES **n. f. pl.** ✦ Région de collines du Québec, au nord de la ville de Québec. Elle est couverte de forêts et de lacs. Ses habitants vivent de l'exploitation de la forêt, de l'hydroélectricité et du tourisme (sports d'hiver). Parc national de la Mauricie, créé en 1970 (536 km²).

LAUSANNE ✦ Ville de Suisse, chef-lieu du canton de Vaud, sur la rive droite du lac Léman. 118 045 habitants (les *Lausannois*) et l'agglomération 310 154. Cathédrale gothique (XIIe siècle), château Saint-Maire (XIVe siècle), nombreux ponts qui relient les quartiers répartis sur trois collines. Moins importante que **Genève,** Lausanne est cependant le centre géographique de la Suisse romande. Centre administratif (Tribunal fédéral de la Suisse), culturel (École polytechnique, Béjart Ballet Lausanne), industriel (mécanique, chimie, alimentaire), touristique (lac **Léman**), où siège le Comité international olympique. Ville natale de Benjamin Constant, F. Valloton et C. F. Ramuz. ♦ La cité romaine devient le siège d'un évêché (VIe siècle). Prise par les Bernois en 1536, la ville est réunie au canton de Berne avec tout le canton de **Vaud.** Lausanne devient, en 1803, le chef-lieu de canton, indépendant depuis 1798.

LAUSANNE (traité de) ✦ Traité signé le 24 juillet 1923 ; il remplace le traité de **Sèvres** après la victoire de Mustafa **Kemal** sur la Grèce. Il donne à la Turquie l'est de la Thrace, la région de Smyrne, ainsi que les détroits du Bosphore et des Dardanelles, désarmés par une commission internationale. Il prévoit également l'échange des populations grecques d'Asie Mineure contre les populations turques de Grèce.

LAUTARET (col du) ✦ Col routier des Hautes-Alpes (2 057 m). Il relie Grenoble et l'Oisans à la région de Briançon et à l'Italie.

LAUTRÉAMONT comte de (1846-1870) ✦ Poète français. Fils de diplomate, il étudie à Tarbes, prépare probablement l'École polytechnique et meurt pendant le siège de Paris. Sa poésie révoltée, qui exalte l'irrationnel et les forces obscures dans un style violent jusqu'au culte du fantasme et à la parodie, inspire les symbolistes, les surréalistes et fait de lui un précurseur de la littérature du XXe siècle. Œuvres : *Chants de Maldoror* (1868-1869), *Poésies* (fragments en prose, 1870). ■ Son véritable nom est *Isidore Ducasse*.

LAVAL Pierre (1883-1945) ✦ Homme politique français. Député socialiste puis sénateur (1927-1940), il est plusieurs fois ministre et président du Conseil (1931-1932 et 1935-1936). L'impopularité de sa politique (déflation, opposition aux décisions de la **SDN**) détermine la victoire du **Front populaire** (1936) et sa démission. Ministre d'État de Pétain (1940), il obtient la révision de la Constitution qui met fin à la IIIe République. Il devient vice-président du gouvernement de **Vichy** et engage la collaboration avec les Allemands. Arrêté puis libéré, il est rappelé au gouvernement à la demande des Allemands. Exilé en Allemagne lors de la victoire des Alliés, il gagne l'Autriche, est livré à la France par les Américains, puis condamné à mort et fusillé.

LAVAL ✦ Chef-lieu de la Mayenne. 50 073 habitants (les *Lavallois*). Pont fortifié (XIIIe siècle), cathédrale Notre-Dame-de-la-Trinité, en partie romane, Vieux Château (XIIIe-XVe siècles) abritant le musée du Douanier Rousseau, vestiges de remparts (XIVe-XVe siècles), château neuf de style Renaissance, devenu palais de justice. Centre industriel (agroalimentaire, automobile, électronique, électricité). Ville natale d'A. Paré, du Douanier Rousseau, d'A. Jarry et d'A. Gerbault. ♦ La région est une baronnie puis devient un comté (1429). Laval est l'un des centres de l'insurrection vendéenne pendant la Révolution, où se déroulent de violents combats (1793).

LAVANDOU (Le) ✦ Commune du Var, face aux îles d'Hyères. 5 246 habitants (les *Lavandourains*) (☛ carte 23). Station balnéaire, port de pêche et de plaisance.

LAVER Rodney (né en 1938) ✦ Joueur de tennis australien. En gagnant les quatre grands tournois mondiaux en 1962 (en amateur) et en 1969 (en professionnel), il est le seul joueur à avoir réussi deux fois le Grand Chelem.

LAVOISIER Antoine Laurent de (1743-1794) ✦ Chimiste français. Il est nommé fermier général et s'installe à l'Arsenal (1775). Il en fait un laboratoire réputé en Europe, étudie l'oxygène et le gaz carbonique, découvre la composition de l'eau (1783) et établit une liste des éléments chimiques (1787). Ses travaux fondent la chimie moderne (*Traité élémentaire de chimie,* 1789). Il travaille ensuite sur la respiration animale et la digestion. Il est guillotiné pendant la Terreur.

LAW John (1671-1729) ✦ Banquier écossais. Après avoir étudié les systèmes financiers européens, il suggère de créer une banque d'État et un système de crédit et de mettre en circulation du papier-monnaie (*Considérations sur le numéraire et le commerce,* 1705). C'est en France, pendant la Régence, qu'il met en application ses idées. En 1716, il fonde une banque privée, qui émet du papier-monnaie, puis la Compagnie d'Occident. Il devient surintendant des Finances. Son système, basé sur l'actionnariat, fut imité en Europe, mais la spéculation imprudente et les manœuvres de ses ennemis provoquèrent un krach boursier qui pesa lourdement sur l'évolution de l'économie française. Il dut s'enfuir, ruiné (1720).

LAWRENCE David Herbert (1885-1930) ✦ Écrivain britannique. Il publie très tôt son premier roman (*Le Paon blanc,* 1911). Il s'exile (1919), à cause de la censure scandalisée par son éloge de l'érotisme opposé à l'intellectualisme, et voyage en Italie, en Australie et au Mexique. Œuvres : *Amants et Fils* (1913), *L'Arc-en-ciel* (1915), *Le Serpent à plumes* (1926) et surtout *L'Amant de lady Chatterley* (1928, interdit en Angleterre jusqu'en 1960).

LAWRENCE D'ARABIE (1888-1935) ✦ Militaire britannique. Il apprend l'arabe à Oxford et vit en Syrie et en Mésopotamie (1910-1914). Il organise la révolte arabe contre les Ottomans, adopte le mode de vie des Bédouins et contribue à la victoire britannique sur les Turcs (1918). Déçu par la politique européenne envers les Arabes, il s'engage dans l'aviation anglaise (1922). Il raconte son expérience dans *Les Sept Piliers de la sagesse* (1926). ■ Son véritable nom est *Thomas Edward Lawrence*.

LAYE Camara (1928-1980) ✦ Écrivain guinéen. Dans ses romans, il évoque son enfance au village (*L'Enfant noir,* 1953), puis la recherche mystique d'un initié (*Le Regard du roi,* 1954) et dénonce la dictature de son pays (*Dramouss,* 1966). Il recueille, auprès des griots, les contes relatant la naissance du Mali (*Le Maître de la parole,* 1978).

LEBLANC Maurice (1864-1941) ✦ Journaliste et romancier français. Il est l'auteur à succès de romans policiers mettant en scène Arsène **Lupin**, le gentleman cambrioleur, qui vit de nombreuses aventures.

LE BRUN Charles (1619-1690) ✦ Peintre français. Il étudie à Rome auprès de **Poussin** (1642-1645). De retour en France, il participe à la création de l'Académie royale de peinture et de sculpture (1648), dont il est chancelier (1683). Il décore le château de **Vaux-le-Vicomte** (1658-1661) et devient premier peintre du roi (1662). Il dirige la manufacture des **Gobelins** (1663), puis il donne un style fastueux à la décoration du château de **Versailles** pour Louis XIV (escalier des Ambassadeurs, galerie des Glaces, salon de la Guerre). ☛ Classicisme p. 170.

LEBRUN Albert (1871-1950) ✦ Homme d'État français. Député (1900), plusieurs fois ministre (entre 1911 et 1920), président du Sénat (1931), il est le dernier président de la IIIe République (1932, réélu 1939). Il se retire après l'armistice et la formation du gouvernement de **Vichy** (1940), est enlevé par les Allemands et interné (1943-1944).

LECLERC (1902-1947) ✦ Maréchal de France. Fait prisonnier au début de la Deuxième Guerre mondiale (1940), il s'évade à deux reprises. Il rejoint de **Gaulle** à Londres et part au Cameroun, qui se rallie à la France libre. Il bat les Italiens en Libye (1941), participe à la campagne de Tunisie (1943) et au débarquement allié en **Normandie** (1944). Il reçoit la capitulation du gouverneur allemand de Paris et, après avoir libéré Strasbourg, il poursuit son avancée jusqu'en Bavière. Il est nommé commandant supérieur de l'armée française en **Indochine**, puis reçoit la capitulation du Japon (1945). Fait maréchal de France après sa mort (1952), il repose aux **Invalides.** ■ Son véritable nom est *Philippe Marie de Hauteclocque.*

LE CLÉZIO Jean-Marie Gustave (né en 1940) ✦ Romancier français. D'origine bretonne, mauricienne et britannique, il mène une vie de nomade, faite de séjours en Angleterre, au Mexique, chez les Amérindiens du Panama (1970-1974), aux États-Unis, à l'île Maurice ou au Maroc. Par ses recherches sur le langage (du collage à la narration), il exprime son besoin de raconter le monde, son désir de pureté et dénonce le monde occidental moderne, brutal et mercantile. Parmi ses œuvres, on peut citer : *Le Procès-Verbal* (1963), *L'Extase matérielle* (1967), *Désert* (1980), *Le Chercheur d'or* (1985), *Le Rêve mexicain* (1988), *Onitsha* (1991), *La Quarantaine* (1995), *Ritournelle de la faim* (2008). Il écrit aussi des récits pour enfants : *Mondo et autres histoires* (1978, qui comprend «Lullaby» et «Celui qui n'avait jamais vu la mer»), *Pawana* (1992). Prix Nobel de littérature (2008).

LECONTE DE LISLE (1818-1894) ✦ Poète français. Né à la Réunion, il voyage aux Indes, en Indonésie et s'installe à Paris (1846). Il se consacre à la poésie et à son amour pour la mythologie grecque et l'exotisme. Il devient le chef de l'école des parnassiens, poètes qui privilégient la perfection formelle de l'art. Œuvres : *Poèmes antiques* (1852), *Poèmes barbares* (1862), *Poèmes tragiques* (1884). Académie française (1886). ■ Son véritable nom est *Charles Marie Leconte.*

LE CORBUSIER (1887-1965) ✦ Architecte français, d'origine suisse. Il voyage en Europe, en Afrique du Nord et dans les Balkans (1907-1911). Il s'installe à Paris (1917) et publie des traités qui révolutionnent l'architecture (*Vers une architecture,* 1923) et l'urbanisme (*Quand les cathédrales étaient blanches,* 1937 ; *Les Trois Établissements humains,* 1945). Il adopte des principes fonctionnels et des formes géométriques simples (villa Savoye sur pilotis à Poissy, 1929; chapelle Notre-Dame-du-Haut de Ronchamp, 1950). Pour les grandes villes, il propose des quartiers séparés pour le travail, le loisir et l'habitation (plan Voisin pour Paris, 1925), réalise la Cité radieuse à Marseille (1947-1952) et le plan de la ville de Chandigarh en Inde (1951). Une partie de son œuvre est inscrite sur la liste du patrimoine mondial de l'Unesco. ■ Son véritable nom est *Charles-Édouard Jeanneret.*

LÉDA ✦ Princesse légendaire d'Étolie, dans la mythologie grecque. Mariée au roi de Sparte Tyndare, elle plaît à **Zeus** qui, pour la séduire, se métamorphose en cygne. Selon **Euripide**, Léda pond un œuf ou deux œufs, d'où sortent deux couples de jumeaux : **Pollux** et **Clytemnestre, Hélène** et **Castor**.

LEDOUX Claude Nicolas (1736-1806) ✦ Architecte français. Il construit des hôtels particuliers (1762-1774) à Paris, le château de Bénouville près de Caen (1768) et, pour sa protectrice Mme du Barry, un pavillon à Louveciennes et des écuries à Versailles (1771-1772). Il édifie la saline royale d'**Arc-et-Senans** (1775-1779), le théâtre de Besançon et les pavillons des barrières de Paris (à partir de 1785, en partie détruits à la Révolution). Il est emprisonné et rédige son ouvrage, *L'Architecture considérée sous le rapport de l'art, des mœurs et de la législation* (1804). Avec une imagination fertile, il fait évoluer le style Louis XVI vers une grandeur monumentale et des formes symboliques.

LEDRU-ROLLIN (1807-1874) ✦ Homme politique français. Avocat et député siégeant avec les radicaux (1841), il plaide pour une république démocratique et sociale. Membre du gouvernement provisoire après la **révolution de 1848**, il en est exclu après l'insurrection de juin 1848, tente un coup d'État qui échoue (13 juin 1849), gagne l'Angleterre, revient en France (1871) et siège, après un premier refus, à l'Assemblée nationale (1874). ■ Son vrai nom est *Alexandre Auguste Ledru.*

LEE Robert (1807-1870) ✦ Général américain. Il s'illustra dans la guerre du Mexique (1845-1848). Lorsqu'éclata la guerre de Sécession, il rejoignit la Virginie (d'où il était originaire) et prit le commandement de l'armée confédérée. Il subit une importante défaite à **Gettysburg** en 1863 et dut se rendre en 1865 face au général **Grant**.

LEEDS ✦ Ville de Grande-Bretagne, dans le nord de l'Angleterre. 474 600 habitants. Centre industriel (textile, confection, chimie, mécanique), mondialement célèbre pour sa production de laine.

LÉGER Fernand (1881-1955) ✦ Peintre français. Après des études d'architecture et de peinture, il adopte l'impressionnisme avant d'être attiré par Matisse, Cézanne et enfin par les cubistes. Il assemble des formes géométriques aux couleurs vives. Après le choc de la Première Guerre mondiale, il s'inspire de formes mécaniques dans lesquelles il introduit des figures humaines, devenant des emblèmes, et des objets disparates. Pendant et après son séjour aux États-Unis (1940-1945), il peint des séries vigoureuses qui donnent une vision optimiste de la réalité sociale. Ses œuvres les plus connues sont : série des *Contrastes de formes* (1913), *La Partie de cartes* et *Les Disques* (1918), *La Ville* (1919), *Le Mécanicien* (1920), *La Joconde aux clés* (1930), la série des *Plongeurs* (1940-1946) et des *Constructeurs* (1950), *La Grande Parade* (1954).

LÉGION D'HONNEUR n. f. ✦ Ordre honorifique créé le 19 mai 1802 par Bonaparte pour récompenser les personnes qui ont rendu des services militaires et civils à la nation (☛ Empire p. 177). La décoration nationale de la Légion d'honneur, instituée par décret en 1804, comporte cinq classes : chevalier, officier, commandeur, grand officier et grand-croix. Le président de la République est le grand maître de l'ordre.

LEIBNIZ Gottfried Wilhelm (1646-1716) ✦ Philosophe et savant allemand. Il s'initie très jeune aux langues et aux auteurs anciens, à la théologie, à la scolastique et découvre les savants (Descartes, Galilée). Il étudie les mathématiques, écrit le *De arte combinatoria* (1666), qui contient les bases de sa logique, passe un doctorat en droit (1666) puis séjourne en France (1672-1676). Influencé par **Pascal**, il invente une machine à calculer et découvre, en même temps que **Newton**, et avec l'aide de **Bernoulli**, le calcul infinitésimal (variations des fonctions). Sur le chemin de Hanovre, où il va occuper un poste de bibliothécaire, il s'arrête en Hollande et rencontre **Spinoza.** À Hanovre, il se consacre alors à la rédaction de nombreux ouvrages dont *Discours de métaphysique* (vers 1685), *Nouveaux Essais sur l'entendement humain* (1704) et *La Monadologie* (1714). Cet esprit encyclopédique concilie les différents courants de pensée de son époque pour construire une synthèse originale du rationalisme de Descartes et de l'empirisme de **Locke**.

LEIPZIG ✦ Ville d'Allemagne (Saxe), dans l'ouest du pays. 497 531 habitants. Église gothique Saint-Thomas (XVIe siècle) où **Bach** a été maître de chapelle (1723-1750). Centre industriel (édition, meubles, pianos, mécanique), commercial et universitaire. Ville natale de Leibniz, Wagner et H. Hartung. ♦ La ville est bâtie sur l'emplacement d'un village de pêcheurs slaves (XIe siècle). Elle devient un carrefour commercial grâce à ses foires, au Moyen Âge. L'université, fondée par des étudiants de Prague (1409), accueille d'illustres enseignants (Luther) qui en font un centre de la **Réforme** (1539). La ville est assiégée pendant la guerre de **Trente Ans** et est le théâtre de nombreux combats, comme la bataille des Nations (1813) qui voit la défaite de **Napoléon Ier** face aux alliés (Autrichiens, Prussiens, Russes, Suédois) et fait plus de 100 000 victimes.

LEIRIS Michel (1901-1990) ✦ Écrivain français. Poète (*Simulacre,* 1925 ; *Haut-Mal,* 1943), il fréquente les surréalistes, mais il est surtout connu pour son œuvre autobiographique qui renouvelle le genre : *L'Âge d'homme* (1939) et *La Règle du jeu* composée de «Biffures» (1948), «Fourbis» (1955), «Fibrilles» (1966) et «Frêle Bruit» (1976). Aimant passionnément les mots, il pratique l'introspection en adoptant une démarche psychanalytique et part en quête de sa vie intérieure, à travers l'expérience poétique, celle du langage et de l'écriture. Ethnologue, il s'intéresse en particulier à l'Afrique : *L'Afrique fantôme* (1934), *La Langue secrète des Dogons de Sanga* (1948), *Cinq Études d'ethnologie* (1969).

LELOUCH Claude (né en 1937) ✦ Cinéaste français. À la fois producteur, scénariste et réalisateur dès son premier film (1960), il devient célèbre avec *Un homme et une femme* (1966). Il multiplie les succès avec des histoires romanesques qui mêlent l'amour, les rencontres et le hasard : *L'aventure c'est l'aventure* (1972), *Le Bon et les Méchants* (1975), *Les Uns et les Autres* (1981), *Itinéraire d'un enfant gâté* (1988), *Tout ça... pour ça !* (1993), *Les Misérables* (1995).

LÉMAN (lac) ✦ Lac d'Europe situé entre la Suisse (cantons de Genève à l'ouest et de Vaud au sud-ouest) et la France (Haute-Savoie). Il est long de 72 km et large de 14 km. Superficie : 582 km². Il est traversé par le **Rhône**, et ses berges abritent des vignobles en terrasses inscrits sur la liste du patrimoine mondial de l'Unesco. Genève se trouve sur les bords du lac, en Suisse. Stations touristiques : Genève, Lausanne, Vevey et Montreux, en Suisse ; Évian-les-Bains et Thonon-les-Bains, en France.

LENA n. f. ✦ Fleuve de Russie, long de 4 400 km (☛ carte 38). Il prend sa source au sud de la Sibérie centrale, près du lac Baïkal, traverse la république de Sakha et longe les monts de Verkhoïansk avant de se jeter dans l'océan Arctique. Gelé une grande partie de l'année, il reste cependant navigable sur la majeure partie de son cours.

LE NAIN (les frères) (XVIIe siècle) ✦ Peintres français. On connaît très mal la vie d'**Antoine,** de **Louis** et de **Mathieu,** établis à Paris vers 1629. Leur atelier reçoit des commandes des magistrats municipaux. Ils peignent des scènes mythologiques et des portraits collectifs, expressifs et sereins, surtout de paysans. Les spécialistes ont du mal à différencier leurs tableaux, non signés. Ils attribuent à Antoine : *Réunion de famille,* 1642 ; *Portraits dans un intérieur,* 1647 ; à Louis : *La Charrette,* 1641 ; *Repas de paysans,* 1642 ; *Famille de paysans dans un intérieur,* vers 1642 ; à Mathieu : *Bacchus et Ariane,* vers 1635 ; *Les Joueurs de trictrac.*

LENGLEN Suzanne (1899-1938) ✦ Joueuse de tennis française. Elle remporta six fois Wimbledon, six fois Roland-Garros et trois médailles olympiques. Elle domina le tennis féminin que sa célébrité permit de populariser. Un court du stade Roland-Garros porte son nom.

LÉNINE (1870-1924) ✦ Homme politique russe. Révolutionnaire partisan des théories de **Marx,** il est mis en résidence surveillée en Sibérie (1897-1900). Il sillonne ensuite l'Europe et impose l'idée d'une révolution socialiste contrôlée par la classe ouvrière («dictature du prolétariat»). Il assiste à l'échec de la révolution russe de 1905 et fonde le Parti bolchevique (1912). Il s'oppose à la Première Guerre mondiale, organise la révolution d'octobre 1917 (**révolution russe**) et fait signer la paix avec l'Allemagne. Il se consacre alors à la construction du socialisme et à l'union des peuples soviétiques (**URSS**, 1922). Ses ouvrages théoriques servent de modèles aux partis communistes à travers le monde : *L'Impérialisme, stade suprême du capitalisme* (1916), *L'État et la Révolution* (1917), *Le Gauchisme, maladie infantile du communisme* (1920). Cinq jours après sa mort, les bolcheviks débaptisent Petrograd («la ville de Pierre», Saint-Pétersbourg) pour l'appeler *Leningrad* («la ville de Lénine»). Son corps embaumé est exposé dans un mausolée sur la place **Rouge** à Moscou depuis 1924. Sa doctrine s'appelle le *léninisme.* ■ **Son véritable nom est** *Vladimir Ilitch Oulianov.*

LENINGRAD ✦ Nom de la ville de **Saint-Pétersbourg** de 1924 à 1991.

LE NÔTRE André (1613-1700) ✦ Jardinier français. Il étudie avec **Mansart** puis il est nommé jardinier du roi (1645). Il redessine les jardins des **Tuileries** (1649) et crée le parc de **Vaux-le-Vicomte** pour Fouquet (1656-1661). Ce style de jardin, appelé «à la française», se caractérise par des formes géométriques et symétriques et par des effets de perspective, reposant notamment sur l'utilisation de l'eau (bassins, jets, canaux). Il travaille à Chantilly, Sceaux, Fontainebleau, Saint-Germain-en-Laye, mais son œuvre la plus magistrale est la création du parc de **Versailles** pour Louis XIV (1661-1668). Sa réussite pousse les souverains d'Angleterre, de Hesse, de Suède et de Hollande à réclamer ses conseils.

LENS ✦ Ville du Pas-de-Calais, au nord d'Arras. 31 398 habitants (les *Lensois*) et l'agglomération 504 796. Centre industriel (transports, automobile, agroalimentaire) au centre d'un bassin houiller ; pôle scientifique de l'université d'Artois. Musée Louvre-Lens, construit sur un ancien site minier.

LEON n. m. ✦ Région historique d'Espagne, dans le nord-ouest de la région de Castilla-Leon (**Castille**) (☛ carte 32). Ville principale : Leon (135 059 habitants). ♦ Traversée par le **Douro**, cette région de plateaux vit de l'agriculture (produits maraîchers, fruitiers, blé) et de l'élevage (moutons, porcs, taureaux de combat). Industrie (hydroélectricité, fer, houille). ♦ La région est envahie par les Wisigoths (Ve siècle) puis par les Maures (711). Elle est réunie aux **Asturies** avec la Galice, sous le nom de *royaume de Leon* (vers 910). Ce royaume, uni à la **Castille** (1037-1157), entreprend la **Reconquista** avec elle et lui est définitivement rattaché en 1230.

LÉON n. m. ✦ Région côtière de Bretagne qui s'étend, dans le nord du Finistère, de Morlaix à la pointe Saint-Mathieu, à l'ouest de Brest. Ses habitants s'appellent les *Léonais* ou les *Léonards*. C'est une riche région agricole (artichaut, chou-fleur ; élevage).

LÉONARD DE VINCI (1452-1519) ✦ Artiste et savant italien. Né en Toscane, il apprend la peinture et la sculpture à Florence, dans l'atelier de **Verrocchio** (1469). Il peint des portraits et des tableaux religieux, sous la protection de Laurent de **Médicis**. Il met ses qualités d'ingénieur au service de plusieurs princes (1482-1513) et invente des ponts, des appareils à soulever de lourds fardeaux et des engins militaires. Il imagine des engins qui ne seront réalisés que longtemps après, tels sa machine volante ou son appareil de plongée sous-marine. Ingénieur, inventeur, curieux et observateur, il étudie les phénomènes naturels, les effets de lumière, les mélanges chimiques, l'anatomie et ses connaissances enrichissent ses tableaux. Il renouvelle ainsi la peinture malgré les critiques de ses contemporains comme Michel-Ange. Sa recherche de la perfection aboutit à son tableau le plus célèbre, *La Joconde*. François Ier l'invite à Amboise (1515) où il s'installe jusqu'à sa mort. Parmi ses œuvres, on peut aussi citer *La Vierge aux rochers* (1483-1486), *La Cène* (1495-1497), *La Vierge, l'Enfant Jésus et sainte Anne* (1510), *Saint Jean-Baptiste* (vers 1513-1516), sans oublier ses milliers de dessins et d'études, fruit de l'intense et riche réflexion de ce génie de la **Renaissance** (☛ Humanisme p. 167).

LEONE Sergio (1929-1989) ✦ Cinéaste italien. Il est le créateur du western à l'italienne, appelé «western spaghetti». Il fait découvrir Clint **Eastwood** dans sa trilogie *Pour une poignée de dollars* (1964), *Et pour quelques dollars de plus* (1965), *Le Bon, la Brute et le Truand* (1966). Il est également le réalisateur de *Il était une fois dans l'Ouest* (1968).

LÉONIDAS Ier (mort en 480 av. J.-C.) ✦ Roi de Sparte vers 490 av. J.-C. jusqu'à sa mort. Il est chargé de défendre le défilé des **Thermopyles** contre l'armée de **Xerxès Ier**. Devant la supériorité de l'ennemi, il renvoie la plus grande partie de ses troupes et, avec trois cents Spartiates, cause des pertes considérables aux Perses. Son sacrifice symbolise le civisme et la discipline de **Sparte**.

LÉOPOLD II (1835-1909) ✦ Roi des Belges de 1865 à sa mort. Il s'oppose à Napoléon III (1866-1869), fait du pays une puissance européenne militairement forte (après 1890) et favorise l'essor industriel et commercial. Il mène une politique colonialiste, fonde l'Association internationale africaine, charge **Stanley** d'explorer le Congo et y crée un État indépendant, reconnu par le congrès de Berlin (1885). Par testament, il lègue à la Belgique ce royaume qui devient le Congo belge (1908).

LÉOPOLD III (1901-1983) ✦ Roi des Belges de 1934 à 1951, père de Baudoin Ier et d'Albert II. Il succède à son père Albert Ier et réaffirme la neutralité de la Belgique (1936). Quand l'Allemagne envahit le pays (1940), il accepte le plan allié de retrait sur l'Escaut puis dépose les armes et refuse toute collaboration. Emmené en Allemagne (1944), il est libéré par les Alliés (1945) mais, face aux critiques des socialistes et des libéraux, il se retire en Suisse, confiant la régence à son frère. En 1950, il revient au pouvoir après un plébiscite et abdique en faveur de son fils Baudoin Ier (1951).

LÉPANTE ✦ Ancienne ville de Grèce, sur le golfe de Corinthe, appelée aujourd'hui *Naupacte*. Fortifiée par les Vénitiens (1417-1699), elle résiste longtemps aux Turcs. La flotte chrétienne de la Sainte Ligue (Espagne, Venise, Saint-Siège) met fin à la légende de l'invincibilité ottomane en battant la flotte turque lors de la *bataille de Lépante* (7 octobre 1571).

LÉPINE Louis (1846-1933) ✦ Administrateur français. Préfet de police (1893-1897 et 1899-1912), il met en place les brigades cyclistes et fonde le *concours Lépine* (1902), exposition annuelle destinée à récompenser la meilleure invention.

LÉRINS (îles de) ✦ Îles de la Côte d'Azur, situées dans la mer Méditerranée, au large de Cannes. Elles sont formées principalement, au nord, de l'île Sainte-Marguerite avec son fort abritant le musée de la Mer et, au sud, de l'île Saint-Honorat sur laquelle se trouve un ancien monastère fortifié ; il appartient à la communauté religieuse des cisterciens.

LEROI-GOURHAN André (1911-1986) ✦ Ethnologue et préhistorien français. Il renouvelle les méthodes d'investigation archéologique en proposant une approche globale des lieux de fouille, qui permet de déterminer les modes de vie et de pensée des hommes préhistoriques. Professeur au Collège de France (1969-1982). Œuvres : *Le Geste et la Parole* (1964-1965), *Préhistoire de l'art occidental* (1965).

LEROUX Gaston (1868-1927) ✦ Romancier français. Journaliste, il collabore à plusieurs journaux. Il a inventé le personnage de Rouletabille, un journaliste-détective amateur capable de résoudre des énigmes compliquées. Parmi ses aventures, on peut citer : *Le Mystère de la chambre jaune* (1907), *Le Parfum de la dame en noir* (1908), *Le Fantôme de l'Opéra* (1910), *Rouletabille chez le tsar* (1913). Gaston Leroux crée ensuite Chéri-Bibi, un forçat évadé du bagne de Cayenne qui lutte contre l'injustice (1913).

LE ROY LADURIE Emmanuel (né en 1929) ✦ Historien français, professeur au Collège de France (1973). Dans la continuité des travaux de Fernand **Braudel**, il étudie l'histoire sur la longue durée (*Les Paysans de Languedoc*). Il est l'un des représentants de «la nouvelle histoire» qui élargit les domaines pris en compte par les historiens à la démographie, l'histoire des mentalités, l'histoire des idées et des sciences, l'économie... Il est le premier historien à s'intéresser à l'évolution du climat (*Histoire du climat depuis l'an mil*).

LESBOS ✦ Île grecque de la mer Égée, près des côtes turques (☛ carte 28). Superficie : 1 630 km². 90 000 habitants. Chef-lieu : Mytilène. L'île est montagneuse, et ses plaines fertiles sont cultivées (olivier, vigne, fruits, tabac). Pêche (sardine). Extraction de marbre et de minerai. ♦ L'île est peuplée dès l'âge de bronze (3 400 ans av. J.-C.). Les Éoliens en font le centre de leur civilisation (VIIe siècle av. J.-C.). Elle est célèbre pour ses poètes (**Sappho**, Alcée) et pour ses habitantes aux mœurs libres (cf. le mot *lesbienne*). Elle est soumise par les Perses (546 av. J.-C.), devient membre de la ligue de Délos (476 av. J.-C.) et se révolte contre Athènes (428 av. J.-C.). Après être passée entre les mains de plusieurs puissances, elle est conquise par les Turcs (1462) et reste sous domination ottomane jusqu'en 1912.

LESCOT Pierre (1515-1578) ✦ Architecte français. Il édifie le jubé (tribune entre la nef et le chœur) de l'église Saint-Germain-l'Auxerrois (1541-1544, disparu au XVIIIe siècle), décoré de bas-reliefs de Jean **Goujon.** François Ier lui confie le soin de transformer la forteresse médiévale du **Louvre.** Il en fait un palais et réalise la cour Carrée sous François Ier, qu'il termine sous Henri II. On lui attribue aussi la fontaine des Innocents (sculptée par J. Goujon) et l'hôtel **Carnavalet,** achevé par Mansart. Son style original, inspiré de l'Antiquité et adapté à la tradition française, est caractéristique de la **Renaissance** et annonce le classicisme.

LESOTHO n. m. ✦ Pays du sud de l'Afrique, qui forme une enclave dans l'Afrique du Sud (☛ cartes 34, 36). Superficie : 30 355 km^2. 2,08 millions d'habitants (les *Lesothans*), en majorité chrétiens. Monarchie dont la capitale est Maseru. Langues officielles : l'anglais et le sotho. Monnaie : le loti. ♦ GÉOGRAPHIE. Le Lesotho est un pays montagneux (altitude moyenne 1 500 m), qui bénéficie d'un climat tempéré, chaud en été et froid en hiver. De nombreuses rivières y prennent leur source. ♦ ÉCONOMIE. Agriculture (sorgo, blé, maïs, avoine, haricot) et produits de l'élevage (laine, mohair, bétail, peau et cuirs). Le sous-sol contient des diamants. ♦ HISTOIRE. Au XIXe siècle, le clan des Sothos, chassé des plaines d'Afrique du Sud par les **Zoulous** et les **Boers**, se réfugie sur les hauts plateaux et demande la protection de la Grande-Bretagne (1868). Le territoire, appelé *Basutoland,* conserve son autonomie, puis il obtient son indépendance dans le cadre du Commonwealth sous le nom de *Lesotho* (1966). Après un coup d'État militaire en 1986, le pays se libéralise (1993), mais les conflits internes ont entraîné l'intervention de l'Afrique du Sud (1999). La situation reste instable et le pays connaît un nouveau coup d'État militaire (2014).

LESPARRE-MÉDOC ✦ Chef-lieu d'arrondissement de la Gironde. 5 604 habitants (agglomération 7 815) (les *Lesparrains*) (☛ carte 23). Tour fortifiée, vestige d'un château fort. Commerce de vins du Médoc.

LESSEPS Ferdinand Marie, vicomte de (1805-1894) ✦ Diplomate français. Il est nommé consul de France au Caire et à Alexandrie. Il s'intéresse au projet du canal qui permettrait aux navires, à travers l'isthme de **Suez,** d'atteindre l'Orient sans contourner l'Afrique. Il crée la Compagnie universelle du canal maritime de Suez (1854) et, soutenu par le vice-roi d'Égypte et encouragé par Napoléon III, il fait réaliser le canal reliant la mer Rouge à la mer Méditerranée (1859-1869). Lesseps veut entreprendre le même ouvrage au **Panama** pour relier les océans Pacifique et Atlantique, mais la faillite de sa compagnie l'en empêche (1889). Académie des sciences (1873) ; Académie française (1884).

LESSING Doris (1919-2013) ✦ Romancière britannique. Élevée en Rhodésie du Sud, elle s'installe en Angleterre en 1949. Engagée contre l'apartheid et militante communiste, elle publie *Vaincue par la brousse* (1950) qui relate son expérience africaine. Suivent *Les Enfants de la violence* (1952-1969), cycle autobiographique mettant en scène une héroïne en quête d'indépendance sociale, politique et sexuelle, et surtout *Le Carnet d'or* (1962), roman d'un roman en train de s'écrire à arrière-plan psychanalytique, qui la rendra célèbre. Prix Nobel de littérature (2007).

LESZCZYNSKI ✦ Famille de princes polonais installée en Pologne dès le Xe siècle. Elle est surtout connue par **STANISLAS Ier LESZCZYNSKI** (1677-1766). Ce roi de Pologne (1704-1709, 1733-1736) est chassé par les Russes (1738). Il reçoit les duchés de Bar et de **Lorraine** et embellit leurs capitales, particulièrement **Nancy,** où il fait construire de magnifiques monuments. Sa fille, **Marie LESZCZYNSKA** (1703-1768), épouse Louis XV (1725) et lui donne dix enfants.

LÉTHÉ n. m. ✦ Fleuve des Enfers, dans la mythologie grecque. Il sépare le **Tartare** des **champs Élysées.** Les morts qui buvaient ses eaux oubliaient tout souvenir de leur vie terrestre. C'est la personnification de l'Oubli, qui, accompagné de la Mort et du Sommeil, est mentionné par les poètes (Baudelaire, *Les Fleurs du mal,* «le Léthé»).

LETTONIE n. f. ✦ Pays d'Europe du Nord-Est. C'est l'un des pays **baltes** (☛ cartes 24, 25). Superficie : 64 500 km^2 (environ un huitième de la France). Environ 2,4 millions d'habitants (les *Lettons*), en majorité protestants. Démocratie parlementaire dont la capitale est Riga. Langue officielle : le letton ; on y parle aussi le russe. Monnaie : l'euro, qui remplace le lats. ♦ GÉOGRAPHIE. La Lettonie est un pays de collines, de lacs et de marécages, qui bénéficie d'un climat océanique modéré. Un tiers de son territoire est couvert de forêts. ♦ ÉCONOMIE. Agriculture (céréales, fourrage) et élevage (bovins, porcs). Industries de transformation (mécanique de précision, électronique, chimie). Ses nombreux ports font de la Lettonie un point de passage entre l'Europe et la Russie, dont le pays reste dépendant pour son approvisionnement en matières premières. ♦ HISTOIRE. La région, qui adopte le christianisme orthodoxe (Xe siècle), est conquise par l'ordre catholique des chevaliers **Teutoniques** (XIIIe siècle). Le pays accueille la Réforme, puis il est partagé entre la Pologne et la Suède (1561) avant d'être réuni à la Russie (1721). Après l'occupation allemande, pendant la Première Guerre mondiale, la Lettonie proclame son indépendance (1918). En 1940, elle est envahie par l'Armée rouge et annexée à l'URSS. Elle impose violemment son indépendance en 1991. Elle entre dans l'Otan et dans l'Union européenne en 2004 (☛ carte 20), et rejoint la zone euro (2014).

Lettres de mon moulin (Les) ✦ Recueil de nouvelles d'Alphonse **Daudet** (1869). Le narrateur, Daudet, achète un moulin, s'y installe et écrit une vingtaine de lettres qui évoquent la Provence et ses personnages pittoresques : ***La Chèvre de monsieur Seguin,*** *La Mule du pape* ou encore *Le Secret de maître Cornille, Le Curé de Cucugnan, Les Trois Messes basses* et *L'Arlésienne,* mise en musique par **Bizet** (1872).

Lettres persanes ✦ Roman de Montesquieu (1721, sans nom d'auteur). C'est un roman épistolaire dont les lettres sont écrites par deux Persans voyageant en Europe. Cet ouvrage permet à l'auteur de critiquer le despotisme, de donner une satire mordante et spirituelle des mœurs de l'époque, notamment de la société parisienne, des institutions politiques et de la religion. Il connaît un succès éclatant.

LEUCATE ✦ Commune de l'Aude, au sud de Narbonne. 4 402 habitants (les *Leucatois*) (☛ carte 23). Vignobles. Station balnéaire de *Port-Leucate.*

LEVANT n. m. ✦ Ensemble des pays situés du côté de l'horizon où le Soleil se lève (par rapport à la France), notamment les pays et régions situés à l'est de la Méditerranée, appelés aujourd'hui ***Proche-Orient.***

LEVANT (île du) ✦ Une des îles de l'archipel d'**Hyères**, dans la mer Méditerranée. Superficie : 996 ha. Station d'essais de la Marine ; centre naturiste d'Héliopolis.

LE VAU Louis (1612-1670) ✦ Architecte français. Il construit des hôtels particuliers sur l'île Saint-Louis à Paris et plusieurs châteaux, comme celui de **Vaux-le-Vicomte** pour Fouquet. Il est nommé premier architecte de Louis XIV (1654) et ajoute une aile au château de **Vincennes** à la demande de Mazarin (1654-1667). Il redessine la façade du **Louvre** qui donne sur la Seine, édifie l'hôpital de la Salpêtrière (1660) et le collège des Quatre-Nations, actuel **Institut de France** (1662-1670). De 1661 à sa mort, Le Vau agrandit et transforme le petit château bâti pour Louis XIII à **Versailles** et réalise le premier **Trianon**. Avec **Mansart**, il est l'un des maîtres du classicisme français.

LE VERRIER Urbain (1811-1877) ✦ Astronome français. Il étudie Uranus et déduit de ses calculs l'existence d'une autre planète, **Neptune**, observée ensuite par le directeur de l'observatoire de Berlin (1846). Élu député (1849) puis nommé sénateur (1852) et directeur de l'Observatoire (1854), il révise les tables des mouvements planétaires et organise la météorologie en France et en Europe.

LEVI Primo (1919-1987) ✦ Écrivain italien. Son œuvre romanesque, essentiellement autobiographique, est marquée par son internement à Auschwitz : *Si c'est un homme* (1947), *La Trêve* (1963), *Maintenant ou jamais* (1982), *Les Naufragés et les Rescapés* (1986). Il publie aussi de la fiction (*Histoires naturelles,* 1966,) et de la poésie. En 1987, il choisit de se donner la mort.

LÉVI ✦ Personnage de la Bible. Fils de **Jacob** et de Léa, il est l'ancêtre d'une des tribus d'Israël, sans territoire, dont les membres (les *lévites*) sont voués au service du culte.

LEVINAS Emmanuel (1905-1995) ✦ Philosophe français d'origine lituanienne. Marqué par l'influence de la phénoménologie de **Husserl** et la philosophie de **Heidegger** qu'il a contribué à faire connaître en France, il a élaboré une philosophie de l'existence qui repose sur une réflexion sur la notion d'autrui, en particulier sur la trace de Dieu sur le visage d'autrui (*Le Temps et l'Autre,* 1948 ; *Totalité et Infini,* 1961 ; *Humanisme de l'autre homme,* 1972). Son travail et sa connaissance de la Bible ont contribué au développement de la pensée théologique juive contemporaine (*Difficile Liberté,* 1963 ; *Lectures talmudiques,* 1972 et 1977).

LÉVI-STRAUSS Claude (1908-2009) ✦ Anthropologue français. Il raconte, dans *Tristes Tropiques* (1955), la naissance de sa vocation et son séjour au Brésil, chez les Indiens. Enseignant à São Paulo, à New York puis au Collège de France (1959), il devient la figure centrale du structuralisme européen en développant une méthode qui permet de dégager la structure des sociétés et de rendre compte de tous les phénomènes observés : *Structures élémentaires de la parenté* (1949), *Anthropologie structurale* (1958 et 1973), *Le Totémisme aujourd'hui* et *La Pensée sauvage* (1962), *Le Cru et le Cuit* (1964), *L'Homme nu* (1971), *La Potière jalouse* (1985). Académie française (1973).

Lévitique n. m. ✦ Troisième livre du **Pentateuque,** dans la Bible, divisé en vingt-sept chapitres. Son titre signifie « ce qui relève des lévites », il est donc consacré aux obligations concernant le culte et la pureté religieuse (**Lévi**).

LEWIS Sinclair (1885-1951) ✦ Romancier américain. Représentant du Nouveau Réalisme, il fait dans ses romans (*Main Street,* 1920 ; *Babbitt,* 1922 ; *Elmer Gantry,* 1927) une critique acerbe de la classe moyenne américaine, conformiste, matérialiste et religieuse. Il excelle à reproduire la langue populaire quotidienne et les détails de la vie américaine des années 1930-1940. Prix Nobel de littérature (1930).

LEWIS Carl (né en 1961) ✦ Athlète américain, sprinteur et sauteur. Entre 1983 et 1996, il remporta huit titres de champion du monde, égalant le record de Jesse **Owens**, et neuf médailles d'or aux Jeux olympiques, égalant celui de Paavo **Nurmi**.

LEYDE ✦ Ville des Pays-Bas (Hollande-Méridionale), sur le Vieux-Rhin. 117 485 habitants (389 688 pour l'agglomération). Plus ancienne université des Pays-Bas. Église gothique Saint-Pierre (XVIe siècle), canal du Rapenburg (XVIIe-XVIIIe siècles), citadelle (*Burcht,* 830). Nombreux musées. Industries (textile, alimentaire, métallurgie), centre mondial de l'imprimerie (dès le XVIIIe siècle). Ville natale de Rembrandt. ♦ Fondée au IXe siècle, elle doit sa prospérité à l'industrie du drap, introduite par les tisserands d'**Ypres** (1347). **Guillaume d'Orange** la remercie de sa résistance aux Espagnols (1574) en fondant une université (1575).

LHASSA ou **LHASA** ✦ Ville de Chine, capitale du Tibet, à 3 650 m d'altitude. 200 000 habitants. Monastère du Jokhang (VIIe siècle) et ensemble du Potala (temple, forteresse et palais d'hiver du dalaï-lama, XVIIe siècle), inscrits sur la liste du patrimoine mondial de l'Unesco. Capitale du bouddhisme tibétain.

LIAONING n. m. ✦ Province du nord-est de la Chine (☛ carte 40). Superficie : 145 700 km^2 (environ un quart de la France). 43,7 millions d'habitants. Capitale : Shenyang. Agriculture (céréales, soja, oléagineux, fruits, coton, ginseng) ; ressources minières (charbon, fer, diamant, magnésium, manganèse, molybdène, talc, jade) ; industries (1er centre métallurgique du pays, mécanique, textile, chimie).

LIBAN n. m. ✦ Pays d'Asie de l'Ouest, au Proche-Orient (☛ cartes 38, 39). Superficie : 10 452 km^2. Près de 4 millions d'habitants (les *Libanais*), de religion musulmane, chrétienne ou druze, dont 390 000 réfugiés palestiniens et un million de Syriens. Près de 5 millions de Libanais ont émigré à travers le monde. République dont la capitale est Beyrouth. Langue officielle : l'arabe ; on y parle aussi le français, l'anglais et l'arménien. Monnaie : la livre libanaise. ♦ GÉOGRAPHIE. Une plaine côtière s'étire du nord au sud. Parallèlement à la côte se dresse le *mont Liban* (point culminant, 3 090 m), séparé d'un haut plateau désertique par la plaine de la **Bekaa** (900 m). Le climat est méditerranéen. ♦ ÉCONOMIE. L'agriculture est importante (céréales, fruits, légumes, tabac), et l'industrie (textile, agroalimentaire, bois) emploie 68 % de la population active. La guerre civile a ruiné l'économie de ce pays qui fut le plus prospère du Moyen-Orient. ♦ HISTOIRE. Les Phéniciens fondent des comptoirs sur les côtes (vers 2 000 ans av. J.-C.). La région passe entre les mains de plusieurs puissances avant que les Turcs s'en rendent maîtres (1516). À la chute de l'Empire ottoman, la région est administrée par la France qui établit, en 1926, une constitution répartissant les pouvoirs entre les religions chrétienne et musulmane. Le pays obtient son indépendance en 1943, puis connaît une grande prospérité culturelle et économique. Les inégalités sociales et communautaires puis l'arrivée massive de réfugiés palestiniens chassés de **Jordanie** (1970-1971) entraînent une guerre civile (1975) qui oppose les phalanges chrétiennes aux milices musulmanes, alliées aux Palestiniens. Les interventions de la Syrie (1976) et d'Israël (occupation du sud du Liban, 1982) provoquent le départ des Palestiniens. Rappelée par le gouvernement libanais, la Syrie signe, en 1991, un «traité de fraternité, de coopération et de coordination» avec le Liban. Israël se retire de la zone sud en 2000. Sous la pression du peuple libanais, soutenu par les puissances occidentales, la Syrie quitte le pays (2005) mais ses partisans entretiennent un climat de guerre civile. Un conflit frontalier avec Israël (2006) plonge le pays dans une crise humanitaire et politique. Un gouvernement d'union nationale est formé (2008). La guerre civile en Syrie a débordé sur sa région frontalière et le Liban accueille des milliers de réfugiés.

LIBÉRATION (la) ✦ Ensemble des actions militaires menées en Europe par les Alliés et les résistants pendant la Deuxième Guerre mondiale, de 1943 à 1945, pour libérer les pays occupés par l'Allemagne nazie.
☛ Deuxième Guerre mondiale.

LIBERIA ou **LIBÉRIA** n. m. ✦ Pays d'Afrique de l'Ouest (☛ cartes 34, 36). Superficie : 111 370 km^2 (environ un cinquième de la France). 4,1 millions d'habitants (les *Libériens*), en majorité animistes, mais aussi musulmans ou chrétiens. République dont la capitale est Monrovia. Langue officielle : l'anglais ; on y parle aussi les langues des nombreuses communautés qui composent le pays. Monnaie : le dollar libérien, aligné sur le dollar américain. ♦ GÉOGRAPHIE. Les pentes du mont Nimba, où naissent de nombreuses rivières qui se jettent dans l'Atlantique, s'abaissent lentement vers une plaine côtière. La forêt couvre une grande partie de ce pays au climat humide et équatorial. ♦ ÉCONOMIE. L'agriculture (riz, manioc, cacao, café, agrumes), l'exploitation de la forêt (caoutchouc) et du sous-sol (or, diamant, fer) subissent les conséquences de la guerre civile. Une partie des revenus du Liberia provient des pavillons de complaisance donnés à des bateaux étrangers. ♦ HISTOIRE. Dès la préhistoire, la population pratique la métallurgie du fer (vers 1 000 ans av. J.-C.). De nombreux peuples s'installent au cours des siècles. Au XVe siècle, les Portugais fondent des comptoirs et pratiquent le commerce des épices, des esclaves et de l'or. Au XIXe siècle, une colonie d'esclaves noirs américains libérés y est installée (1822). Ils proclament une république indépendante (1847) et gardent le pouvoir pendant plus d'un siècle. Celui-ci est revendiqué par les populations autochtones qui ne l'obtiendront qu'en 1980, après un coup d'État militaire. Mais la libéralisation du pays échoue ; des luttes tribales naissent et dégénèrent en une guerre civile meurtrière (1989-1996). Conformément à un accord de paix signé entre les mouvements rebelles et le gouvernement, une période de transition (2003-2005) sous contrôle de l'ONU précède des élections démocratiques.

LIBERTÉ (statue de la) ✦ Statue du sculpteur français Frédéric Bartholdi (1834-1904). Son titre exact est *La Liberté éclairant le monde.* Haute de 33 m, elle est faite en lames de cuivre montées sur une armature d'acier réalisée par Gustave **Eiffel**. Elle est offerte aux États-Unis et dressée dans la rade de New York (1886). Elle est inscrite sur la liste du patrimoine mondial de l'Unesco.

LIBOURNE ✦ Chef-lieu d'arrondissement de la Gironde, sur la Dordogne. 24 595 habitants (agglomération 35 729) (les *Libournais*) (☛ carte 23). Musée des Beaux-Arts. Vignobles, négoce des vins de bordeaux. Ville natale du photographe Atget.

LIBREVILLE ✦ Capitale du Gabon, sur la rive droite de l'estuaire du Gabon. 703 940 habitants (les *Librevillois*). Centre industriel (agroalimentaire, textile), portuaire (exportation) et universitaire. ♦ La ville est fondée en 1849 pour accueillir des esclaves libérés. Elle devient la capitale du Congo français (1888), de la colonie du Gabon (1910), puis celle du pays quand il accède à l'indépendance (1960).

LIBYE n. f. ✦ Pays d'Afrique du Nord (**Maghreb**) (☛ cartes 34, 36). Superficie : 1,7 million de km^2 (plus de trois fois la France). 5,6 millions d'habitants (les *Libyens*), en majorité musulmans. République dont la capitale est Tripoli. Langue officielle : l'arabe ; on y parle aussi le berbère. Monnaie : le dinar libyen. ♦ GÉOGRAPHIE. Le territoire de la Libye est couvert à 90 % par le désert du **Sahara**. Les trois seules montagnes ne dépassent pas 900 m d'altitude, une au sud de Tripoli, une au centre du pays et une sur la côte de la Cyrénaïque. Le climat continental devient méditerranéen sur la côte. ♦ ÉCONOMIE. Le pétrole est la principale ressource de la Libye, les autres industries sont réduites (sidérurgie). Le pays dépend des autres pays pour les biens d'équipement et de consommation ainsi que pour l'agroalimentaire. ♦ HISTOIRE. Les Phéniciens fondent des comptoirs, comme la future Tripoli (VIIIe siècle av. J.-C.). Le pays partage ensuite l'histoire de la **Cyrénaïque**. Il devient une colonie italienne (1912) puis un royaume indépendant (1951). Il se développe grâce aux aides britannique et américaine et surtout après 1955, lorsque l'on découvre du pétrole. En 1969, le colonel **Kadhafi** prend le pouvoir après un coup d'État militaire. Il suit l'exemple du président **Nasser**, se rapproche de l'URSS (1973) et de l'**Iran** (1979), puis entre en guerre contre le Tchad (1979-1989). Accusée d'aider les groupes terroristes internationaux, la Libye est bombardée par les États-Unis (1986) puis soumise à un embargo aérien de l'ONU (1992-2003). Kadhafi s'engage à coopérer avec la communauté internationale. Son régime est renversé sous la pression populaire (2011). À la faveur de la désorganisation qui s'ensuit, **Daech** utilise la Libye comme base de repli depuis 2015.

LIBYQUE (désert) ✦ Partie nord-est du Sahara, à l'ouest de la vallée du Nil. 3 millions de km^2 (plus de cinq fois la France). Très aride et peu accueillant, ce désert compte quelques oasis.

LICHTENSTEIN Roy (1923-1997) ✦ Peintre américain. Il reprend en les détournant l'iconographie et les thèmes de la publicité ou de la bande dessinée. Il en souligne le côté simpliste et enfantin par son graphisme et ses trames agrandies (*Look Mickey*, 1961 ; *The Kiss*, 1961 ; *Whaam !*, 1963). Il est considéré comme l'un des artistes majeurs du pop art.

LIECHTENSTEIN n. m. ✦ Pays d'Europe centrale. (☛ cartes 24, 25). Superficie : 160 km^2. 36 150 habitants (les *Liechtensteinois*), en majorité catholiques. Monarchie constitutionnelle dont la capitale est Vaduz. Langue officielle : l'allemand. Monnaie : le franc suisse. ♦ GÉOGRAPHIE. Arrosé à l'ouest par le Rhin qui le sépare de la Suisse, le Liechtenstein est formé en majeure partie par l'extrémité des Alpes. Son climat est continental. ♦ ÉCONOMIE. Agriculture (blé, fruits, vigne, élevage). Industries (textile, travail du cuir, émission de timbres-poste). L'économie est dominée par les activités de services et les avantages fiscaux qui attirent de nombreuses sociétés étrangères. ♦ HISTOIRE. La région appartient, à la fin du XVIIe siècle, à une famille autrichienne qui lui donne son nom. En 1719, elle devient une principauté. Elle rejoint la Confédération du Rhin (1808-1815), la Confédération germanique (1816-1866) et obtient son indépendance (1866). Le pays ne possède pas d'armée et reste neutre pendant la Deuxième Guerre mondiale. Il est rattaché à la Suisse pour les questions monétaires, postales et douanières (1924). Il rejoint l'ONU (1991), puis l'Espace économique européen après le référendum de 1992.

LIÈGE ✦ Ville de Belgique, chef-lieu de la province de Liège, dans l'est du pays. 188 907 habitants (les *Liégeois*). Palais des Princes-Évêques sur la place Saint-Lambert (1538, reconstruit en 1737), nombreuses églises comme l'église Sainte-Croix (fondée en 976), l'église Saint-Barthélemy (XIe-XIIe siècles), musées. 4e port du pays, sur la Meuse, centre industriel (constructions métalliques, brasserie), commercial et de services. Ville natale de César Franck et de Simenon. ♦ La ville est fondée par saint Lambert (VIIe siècle). Elle passe au pouvoir des princes-évêques (710-1792). Elle subit l'occupation allemande pendant la Deuxième Guerre mondiale (1940-1944).

LIÈGE (province de) ✦ Province de Belgique (Région wallonne), dans l'est du pays (☛ carte 27). Superficie : 3 862 km^2. Plus d'un million d'habitants. Chef-lieu : Liège. On y parle le français, ainsi que l'allemand à l'est (parlé par 70 000 personnes). ♦ Agriculture (céréales, betterave sucrière) et élevage (bovins). Les industries traditionnelles depuis le Moyen Âge (métallurgie, mines de houille, armurerie, textile) sont en crise ; le secteur des services se développe. ♦ La région devient une principauté du Saint Empire, dirigée par des princes-évêques. Ils dépendent de la Bourgogne (1408) et de la Bavière (1581), malgré les nombreuses révoltes de la population, parfois soutenues par la France. Cette dernière annexe le territoire (1795), qui passe ensuite aux Pays-Bas (1815) puis à la Belgique (1831).

LIESTAL ✦ Ville de Suisse, chef-lieu du canton de Bâle-Campagne. 13 128 habitants (39 165 pour l'agglomération). Ville industrielle (textile, métallurgie, chimie).

LIFAR Serge (1905-1986) ✦ Danseur et chorégraphe français d'origine russe. Engagé par **Diaghilev** dans la compagnie des **Ballets russes** en 1923, il devient ensuite premier danseur et maître de ballet à l'Opéra de Paris. Il mène une brillante carrière rythmée par de nombreuses créations *(Bacchus et Ariane, Icare, Roméo et Juliette).* Il a donné sa vision des classiques *(Prélude à l'après-midi d'un faune, Le Spectre de la rose, Giselle)* et a composé des chorégraphies pour diverses compagnies. Il a su renouveler la danse académique et a publié plusieurs ouvrages historiques et théoriques sur son art (*Le Manifeste du chorégraphe,* 1935 ; *Traité de la danse académique,* 1949).

LIGETI György (1923-2006) ✦ Compositeur autrichien d'origine hongroise. Influencé par Bartok dans ses premières œuvres, il compose ensuite dans un style dit «statique» dans lequel l'élément sonore apparaît comme une matière en perpétuelle transformation (*Atmosphères,* 1961, pour orchestre ; *Lux aeterna,* 1966, pour chœur ; *Lantano,* 1967, pour orchestre). Il a composé un *Poème symphonique* pour 100 métronomes (1962), un opéra (*Le Grand Macabre,* 1977), des concertos pour piano et pour violoncelle. Il est aussi l'auteur de la musique du film *2001 : l'Odyssée de l'espace.*

LIGUE n. f. ou **SAINTE LIGUE** ou **SAINTE UNION** ✦ Mouvement politique français composé de catholiques opposés aux protestants pendant les guerres de **Religion**, de 1576 à 1594 (☛ Réforme p. 168). La Ligue naît en Picardie et devient très puissante à Paris. Elle souhaite détrôner **Henri III**, jugé trop favorable aux protestants, au profit du duc de **Guise**, son principal chef. Mais celui-ci est assassiné en 1588 sur ordre du roi, qui est lui-même tué par un membre de la Ligue (1589). Le mouvement poursuit la lutte contre **Henri IV**, tandis que les Ligueurs de Paris résistent avec l'aide des Espagnols, qui espèrent placer leur candidat sur le trône. Henri IV abjure le protestantisme (1593), ce qui précipite la fin de la Ligue (1594).

LIGURES n. m. pl. ✦ Peuple d'origine indo-européenne. Les Ligures sont repoussés par les Celtes et s'établissent sur la côte méditerranéenne, de Marseille au golfe de Gênes (**Ligurie**). Ces marins fondent des colonies en Espagne et en Corse. Ils sont finalement soumis par Rome sous **Auguste** (14 av. J.-C.).

LIGURIE n. f. ✦ Région administrative d'Italie, dans le nord-ouest du pays (☛ carte 30). Superficie : 5 416 km^2. 1,57 million d'habitants. Chef-lieu : Gênes. ♦ C'est une étroite bande côtière, la **Riviera**, bordée au nord-ouest par les Alpes et au nord-est par l'Apennin. Agriculture (fleurs, fruits et légumes). Industries (métallurgie, raffineries, construction navale). Tourisme. ♦ La région constitue la partie sud-ouest de la **Gaule** cisalpine jusqu'à sa prise par Rome (Ier siècle av. J.-C.).

LILLE ✦ Chef-lieu du Nord et de la Région Hauts-de-France, sur la Deûle. 233 897 habitants (les *Lillois*). La grande agglomération qu'elle forme avec **Roubaix** et **Tourcoing** (plus d'un million d'habitants) est la 4e du pays (☛ carte 23). Nombreuses églises (XIVe-XVIIIe siècles), ancienne Bourse (XVIIe siècle), hospice Comtesse (XIIIe puis XVIIe siècle), citadelle construite par Vauban, riche musée des Beaux-Arts. Centre économique du Nord, qui souffre de la crise (sidérurgie, charbon) mais reste actif grâce au commerce (vente par correspondance), aux services (nouveau centre d'affaires Euralille) et à l'industrie : textile, haute technologie (cité européenne de l'électronique à Villeneuve-d'Ascq). Les réseaux routier et ferroviaire développés (tunnel sous la Manche, TGV Nord) la rapprochent des grandes villes européennes. Ville natale de Faidherbe, É. Lalo, J. Perrin et du général de Gaulle. ♦ La cité romaine, appelée en latin *Insula* («l'île») en raison de son site, passe aux comtes de Flandre, aux ducs de Bourgogne, aux Habsbourg et à l'Espagne. Elle est conquise en 1667 par Louis XIV, fortifiée par Vauban, puis est prise par l'Autriche (1708) et rendue à la France (traité d'**Utrecht**, 1713).

LILLIPUT ✦ Pays imaginaire créé par Jonathan **Swift** dans son roman *Les Voyages de Lemuel Gulliver* (1726). **Gulliver** aborde à Lilliput où il rencontre ses minuscules habitants, les *lilliputiens.*

LILONGWE ✦ Capitale du Malawi, au centre du pays. Environ un million d'habitants. Centre agricole et textile.

LIMA ✦ Capitale du Pérou, sur la côte pacifique, au pied de la cordillère des Andes. 10 millions d'habitants (les *Liméniens*) (☛ carte 57). Quartier historique (XVIe-XVIIIe siècle) inscrit sur la liste du patrimoine mondial de l'Unesco : cathédrale, église San Francisco, université fondée par Charles Quint, la première d'Amérique, musées. Centre économique, administratif, commercial et industriel du pays, qui concentre près de la moitié des emplois ; important site touristique. ♦ La ville est fondée par **Pizarro** en 1535 sous le nom de *Ciudad de los Reyes* («ville des Rois» en espagnol). Elle est la capitale du vice-royaume du Pérou pendant deux siècles et rayonne grâce à ses ressources minières et commerciales. L'indépendance du **Pérou** y est proclamée.

LIMAGNE n. f. ✦ Plaines du Massif central, arrosées par l'Allier, limitées au nord par le Bourbonnais et au sud par le bassin de Brioude. C'est une région volcanique au sud et fertile au centre, favorable aux cultures (céréales, betterave à sucre, tabac, colza, tournesol) et à l'élevage.

① **LIMBOURG** n. m. ✦ Région historique du nord de l'Europe, partagée depuis 1839 entre la Belgique et les Pays-Bas. Ses habitants s'appellent les *Limbourgeois*. ♦ Le comté (XIe siècle) devient un des duchés de la Basse-Lotharingie, cédé au duc de **Brabant** (1288). Il est partagé entre les Pays-Bas espagnols et les Provinces-Unies à la fin de la guerre de **Trente Ans** (1648). Il devient un département français sous la Révolution et l'Empire (1794-1814).

② **LIMBOURG** n. m. ✦ Province du nord-est de la Belgique (Région flamande) (☛ carte 27). Superficie : 2 422 km^{2}. 820 272 habitants. Chef-lieu : Hasselt. On y parle le néerlandais. C'est un plateau humide dont la plus grande partie est vouée à l'agriculture (production laitière, céréales, betterave, fruits). Industries (construction métallique et électrique, automobile, confection, papier, chimie). Les paysages naturels et les nombreux parcs d'attractions attirent les touristes.

③ **LIMBOURG** n. m. ✦ Province du sud-est des Pays-Bas. Superficie : 2 170 km^{2}. 1,1 million d'habitants. Chef-lieu : Maastricht. C'est une plaine au nord et un plateau au sud, arrosés par la **Meuse** et ses affluents. Agriculture (betterave à sucre, blé, légumes, fruits, élevage de porcs, de bœufs et de moutons). L'arrêt de l'exploitation de la houille, en 1975, est suivi d'une reconversion industrielle (automobile, raffinage pétrolier).

LIMOGES ✦ Chef-lieu de la Haute-Vienne, sur la Vienne. 134 577 habitants (les *Limougeauds*). Cathédrale Saint-Étienne (XIIIe-XIVe siècles), nombreuses églises (XIIIe-XVIe siècles), ponts Saint-Étienne et Saint-Martial (XIIIe siècle), musées. Ville industrielle (porcelaine, cuir, matériel électrique), isolée dans une région peu peuplée et peu urbanisée. Ville natale de Thomas Bugeaud, François Sadi Carnot, Auguste Renoir. ♦ La ville est christianisée par saint Martial (IIIe siècle). Elle forme un vicomté (XIIe siècle) qui rejoint la couronne de France sous Henri IV.

LIMOUSIN n. m. ✦ Région du centre de la France, intégrée à la Région Nouvelle-Aquitaine. L'ancienne région administrative comprenait trois départements : la Corrèze, la Creuse et la Haute-Vienne. Le chef-lieu était Limoges. ♦ GÉOGRAPHIE. Dans l'ouest du Massif central, la région est formée de plateaux forestiers (**Millevaches**) entaillés de vallées et de profondes gorges (**Vézère**, Corrèze). Le climat froid et humide devient méridional au sud. ♦ ÉCONOMIE. L'agriculture est tournée vers l'élevage bovin (race limousine). L'industrie se concentre autour de Limoges (appareillage électrique, travail du cuir, automobile, agroalimentaire). L'industrie traditionnelle est renommée : tapisseries d'**Aubusson** (XVIe siècle), manufacture d'armes de Tulle (XVIIe siècle), porcelaine de **Limoges** (XVIIIe siècle). ♦ HISTOIRE. Après un peuplement préhistorique, la région est occupée par les Celtes, les Ligures et les Ibères. Elle est dominée par les Romains (51 av. J.-C.), christianisée par saint Martial (IIIe siècle) puis envahie par les **Wisigoths**. Elle est divisée en plusieurs seigneuries (Xe siècle), puis passe sous domination de l'Angleterre lorsque Aliénor d'Aquitaine épouse Henri II Plantagenêt (1152). Elle revient au domaine royal (XVIIe siècle) et bénéficie de grands intendants, comme **Turgot**, qui favorisent son développement. Sous la Révolution, elle est divisée en trois départements.

LIMOUX ✦ Chef-lieu d'arrondissement de l'Aude, sur l'Aude. 10 275 habitants (les *Limouxins*) (☛ carte 23). Centre vinicole : production de vins mousseux (*blanquette de Limoux*). Carnaval de janvier à mars.

LINCOLN Abraham (1809-1865) ✦ Homme d'État américain. Ce fils de pionnier connaît une enfance difficile. Autodidacte, il devient avocat, puis député républicain de l'Illinois. Il est élu au Congrès (1846) et prend position contre l'esclavage (1854). Il devient le 16e président des États-Unis (1861-1865). Son élection déclenche la **sécession** du Sud et la guerre civile (1861-1865). Lincoln abolit l'esclavage en 1863 et meurt assassiné par un fanatique sudiste. À Washington, face au Capitole, un monument de style antique est élevé à sa mémoire, le *Lincoln Memorial* (1922).

LINDBERGH Charles (1902-1974) ✦ Aviateur américain. Il réussit la première traversée aérienne de l'Atlantique Nord, d'ouest en est, seul et sans escale, en 33 heures et 30 minutes. Parti de New York le matin du 20 mai 1927 à bord du *Spirit of Saint Louis*, il atterrit au Bourget le soir du 21 au milieu d'une foule immense venue l'acclamer.

LINNÉ Carl Von (1707-1778) ✦ Naturaliste suédois. Il est le médecin et le botaniste du roi, puis devient professeur à l'université d'Uppsala. Il établit une classification binaire du monde végétal et animal, dans laquelle chaque être vivant est désigné par deux noms latins : un nom de genre et un nom d'espèce (qui lui est propre). Il est l'auteur de *Systema naturae, Fundamenta botanica*, ainsi que de récits de voyages et d'essais.

LINZ ✦ Ville du nord de l'Autriche, capitale de la Haute-Autriche, sur le Danube. Environ 200 000 habitants. Château (XVe siècle), palais du gouvernement provincial (XVIe siècle), églises des Frères mineurs (gothique et rococo), ancienne cathédrale (XVIIe siècle). Port fluvial, industries (sidérurgie, chimie). ♦ Prospère dès le Moyen Âge grâce au commerce fluvial, elle devient le chef-lieu de la Haute-Autriche (1490). Le développement des chemins de fer, au XIXe siècle, favorise l'essor de la grande industrie.

LION (golfe du) n. m. ✦ Partie de la mer Méditerranée qui baigne les côtes françaises entre le delta du Rhône et les Pyrénées (☛ carte 21). Il est peu profond, avec un fond en pente douce, mais ses vents qui provoquent de violentes tempêtes le rendent dangereux.

Lion (Le) ✦ Roman de Joseph Kessel (1958). Au Kenya, le narrateur rencontre Patricia, la fille du directeur d'une réserve naturelle. La jeune fille adopte King, un lionceau qu'elle a recueilli et soigné. Mais le lion, retrouvant son instinct primitif, tue le guerrier massaï qui souhaite épouser Patricia. Le père de Patricia est obligé d'abattre l'animal.

LIPCHITZ Jacques (1891-1973) ✦ Sculpteur français puis américain, d'origine lituanienne. Il fréquenta à Paris l'avant-garde cubiste. Il travailla sur le contraste des formes géométriques dont les angles et les courbes accentuent le relief. Pour réaliser sa série des *Transparents*, il imagina qu'il entourait du vide avec de la matière (*Arlequin à l'accordéon*, bronze).

LIPPI ✦ Peintres italiens. **Fra Filippo LIPPI** (vers 1406-1469) a représenté surtout des scènes de la vie de la Vierge *(Annonciations)* et a réalisé les fresques de la cathédrale de Prato. Ses compositions sont remarquables par l'usage lumineux qu'il fait de la couleur, par l'attention portée à la figure humaine qu'il peint d'un trait nerveux. Il est le maître de **Botticelli** qui va former son fils, **Filippino LIPPI** (1457-1504). Celui-ci réalise des fresques et des panneaux pour la décoration d'églises, notamment à Florence (*L'Apparition de la Vierge à saint Bernard,* vers 1485 ; *Histoire de saint Philippe et de saint Jean,* chapelle Strozzi à Santa Maria Novella) et à Rome. Proches à ses débuts du style de Botticelli, ses œuvres plus tardives font de lui un précurseur du maniérisme.

LISBONNE ✦ Capitale du Portugal, sur l'estuaire du Tage. 509 751 habitants (les *Lisbonnins* ou les *Lisboètes*), 2 millions pour la zone urbaine. Château Saint-Georges (Ve-IXe siècles), cathédrale Sé Patriarcal (XIIe siècle), église Saint-Roch (XVIe siècle). La tour de Belém (XVIe siècle) et le monastère des hiéronymites (XVe siècle) sont inscrits sur la liste du patrimoine mondial de l'Unesco. Port de commerce, centre administratif, culturel (université, musées, bibliothèques), économique et surtout industriel (pétrochimie, sidérurgie, chantiers navals). La ville est reliée à l'autre rive du Tage par un pont suspendu (1966), doublé par le pont Vasco-de-Gama, l'un des plus longs d'Europe (1998). Ville natale de Luis de Camoens. ♦ Ce port romain fortifié, occupé par les Arabes, devient capitale (1255). La ville se développe grâce à la **Hanse** et aux voyages de découverte (XVe siècle). Elle est le principal port de l'empire colonial portugais (XVe-XVIe siècles) et atteint son apogée avec l'afflux des richesses du Brésil. La ville basse est détruite par un tremblement de terre (1755) et reconstruite dans un style classique, tandis que les quartiers populaires de la partie haute conservent leur caractère arabe et médiéval. En 1988, un terrible incendie ravage une partie du centre historique.

LISIEUX ✦ Ville du Calvados. 20 881 habitants (les *Lexoviens*). Ancienne cathédrale Saint-Pierre (XIIe-XIIIe siècles), ancien palais épiscopal, musée du Vieux Lisieux. La chapelle du couvent des carmélites abrite les reliques de sainte Thérèse de l'Enfant-Jésus à qui une basilique monumentale est dédiée. Grand centre de pèlerinage. Ville commerciale et industrielle. Les bombardements endommagent gravement la ville (1944).

LISZT Franz (1811-1886) ✦ Compositeur et pianiste hongrois. Très jeune, il apprend le piano et la composition à Vienne. Il connaît le succès en Allemagne et à Paris où il se lie avec Chopin (1832) et rencontre ses amis (Berlioz, Lamartine, Delacroix, George Sand). L'Europe entière salue le pianiste virtuose. Il dirige les plus grandes œuvres de son temps comme chef d'orchestre à la cour de **Weimar** (1842-1861). Il devient abbé lors d'un séjour à Rome (1865). Sa fille Cosima épouse Richard Wagner. L'œuvre de Liszt, d'inspiration romantique, est audacieuse et innovante : elle ouvre la voie aux compositeurs du XXe siècle qu'elle influence considérablement. Œuvres pour piano (*Les Années de pèlerinage,* 1834 ; *Harmonies poétiques et religieuses,* 1834-1850 ; *Sonate en si mineur,* 1853 ; *Rhapsodies hongroises,* 1860), poèmes symphoniques (*Mazeppa,* 1851 ; *Préludes,* 1854), œuvres religieuses (*Messe du Couronnement,* 1867).

LITTRÉ Maximilien Paul Émile (1801-1881) ✦ Philosophe et lexicographe français. Il étudie la médecine et les langues anciennes (grec, sanskrit) et orientales (arabe). Il diffuse la pensée d'Auguste **Comte**, tout en refusant ses aspects politiques et mystiques, et complète sa classification des sciences (*A. Comte et la philosophie positive,* 1863 ; *Des origines organiques de la morale,* 1870 ; *La Science au point de vue philosophique,* 1873). Il publie ses travaux philologiques et lexicographiques dans son *Dictionnaire de la langue française* (1863-1872), entre à l'Assemblée nationale (1871) et au Sénat (1875). Académie française (1871).

LITUANIE n. f. ✦ Pays d'Europe du Nord-Est. C'est l'un des pays baltes (☛ cartes 24, 25). Superficie : 65 200 km^2 (environ un huitième de la France). 3 millions d'habitants (les *Lituaniens*), en majorité catholiques. République dont la capitale est Vilnius. Langue officielle : le lituanien ; on y parle aussi le russe et le polonais. Monnaie : l'euro, qui remplace le litas. ♦ GÉOGRAPHIE. La Lituanie, formée de plaines et de collines, est parsemée de lacs et de marécages. Le climat tempéré donne des hivers très froids et des étés doux. La forêt occupe 20 % du territoire. ♦ ÉCONOMIE. L'agriculture (céréales, lin, fourrage, élevage de vaches et de porcs) domine. Industries (pétrochimie, chimie, mécanique de précision, électricité thermique et nucléaire). ♦ HISTOIRE. La population, balte et slave, est menacée par les ordres de chevaliers catholiques (XIIIe-XVe siècles). La région devient une principauté indépendante (début du XIVe siècle), incorporée à la Pologne (1569). En 1795, elle est annexée à la Russie, mais elle se soulève contre le tsar (1830-1831 et 1863-1864). Elle obtient son indépendance en 1919, puis sombre dans la dictature (1926). Elle est occupée par les Allemands (1939) puis par l'URSS (1940), qui en fait une république socialiste. Elle reprend son indépendance en 1990. Elle entre dans l'Otan et dans l'Union européenne (2004) (☛ carte 20) et rejoint la zone euro (2015).

LIVERPOOL ✦ Ville de l'ouest de l'Angleterre, sur l'estuaire du fleuve Mersey. 552 200 habitants. Plus grande cathédrale du pays, bâtiments de style victorien qui témoignent de l'âge d'or de la ville. Ce port, inscrit sur la liste du patrimoine mondial de l'Unesco, très actif du temps de l'Empire colonial, est le 3e du pays. Industrie (automobile, agroalimentaire, papier) ruinée par la crise économique des années 1980. Sa reconversion (chimie, services) ne parvient pas à enrayer le chômage très élevé ni à retenir la population, en baisse constante. La rénovation des abords du port (Royal Docks) a pour but d'améliorer l'image de cette ville culturelle (université, musées, galeries d'art) où les **Beatles** débutent (1962). Ville natale de William Ewart Gladstone.

LIVINGSTONE David (1813-1873) ✦ Explorateur britannique. Né dans une famille pauvre, il travaille très jeune comme ouvrier. Il décide d'étudier la médecine et part en Afrique du Sud comme missionnaire (1840). Il entreprend plusieurs expéditions en Afrique australe et centrale (1849-1871) et dénonce l'esclavage. Il remonte le fleuve **Zambèze** et baptise ses chutes les chutes **Victoria** (1855), découvre des lacs et explore le cours supérieur du Congo. **Stanley**, parti à sa recherche, le retrouve près du lac Tanganyika (1871). Il meurt alors qu'il essaie de découvrir la source du Nil. Il raconte ses missions dans *Voyages et recherches d'un missionnaire dans l'Afrique méridionale* (1857), *Relation de l'exploration du Zambèze* (1865). Il est enterré dans la cathédrale de Westminster à Londres.

LIVOURNE ✦ Ville d'Italie (Toscane), sur la mer Tyrrhénienne. 157 052 habitants. Port de commerce et de voyageurs (vers la Corse, la Sardaigne, la Sicile). Industries (chantiers navals, métallurgie, chimie, automobile, agroalimentaire, raffinage pétrolier). Ville natale d'Amedeo Modigliani. ♦ La famille **Médicis** achète la ville aux Génois (XVe siècle) et en fait une «cité idéale» traversée par de larges rues et agrémentée de vastes places (1577).

Livre de la jungle (Le) ✦ Roman de Rudyard Kipling (1894). Mowgli, un «petit d'homme» perdu dans la forêt indienne, est élevé par une louve. Ses amis animaux lui apprennent «la loi de la jungle». Kipling publie, en 1895, le *Second Livre de la jungle*, suite des aventures de Mowgli. L'histoire est adaptée au cinéma (1942) et en dessin animé (1967 et 2003).

LJUBLJANA ✦ Capitale de la Slovénie, au pied des Alpes orientales. 272 554 habitants. Nombreuses églises baroques, palais. Centre industriel (électronique, textile, chimie, papeterie), commercial et touristique. ♦ La ville est soumise successivement par les Francs, les Slaves, la Bavière, l'Autriche. Napoléon Ier en fait la capitale des Provinces illyriennes (1809-1813). Elle devient la capitale de la Slovénie en 1945.

LLOYD GEORGE David (1863-1945) ✦ Homme politique britannique. Député libéral de tendance radicale (1890), chancelier de l'Échiquier (1908), il fait voter le «Parliament Act» (1911) qui réduit les pouvoirs de la Chambre des lords et réalise ainsi son programme social (assurance-vieillesse, assurance-maladie, chômage). Devenu Premier ministre en 1916, il s'engage farouchement contre l'Allemagne ; il confie, avec Clemenceau, le commandement allié au maréchal **Foch** (1918) et tient un rôle de modérateur entre Clemenceau et **Wilson** lors de la signature du traité de **Versailles**.

LOCARNO ✦ Ville de Suisse, dans le Tessin, sur le lac Majeur, au pied des Alpes. 14 682 habitants. Château des XVe-XVIe siècles. Sanctuaire de la Madonna del Sasso, tableau du Bramantino (XVe siècle). Importante station climatique et touristique. Festival international de cinéma.

LOCARNO (accords de) ✦ Accords signés en octobre 1925 par la Grande-Bretagne, la France, la Belgique, la Pologne, la Tchécoslovaquie, l'Allemagne et l'Italie. Ils garantissent les frontières fixées lors du traité de **Versailles** en 1919.

LOCHES ✦ Chef-lieu d'arrondissement d'Indre-et-Loire, sur l'Indre. 6 321 habitants (agglomération 10 411) (les *Lochois*) (☛ carte 23). Ancienne cité médiévale fortifiée conservant deux de ses trois enceintes primitives. Château. Tombeau d'Agnès **Sorel**.

LOCH NESS → **NESS** (loch)

LOCKE John (1632-1704) ✦ Philosophe anglais. Médecin, il séjourne en Europe (France et Hollande, 1672-1688) puis, de retour en Angleterre, il s'intéresse à la philosophie et publie son œuvre majeure, l'*Essai sur l'entendement humain* (1690). Il s'oppose à l'innéisme de **Descartes** et développe l'empirisme. Cette doctrine, critiquée par **Leibniz**, sera fondamentale pour toute la pensée philosophique du XVIIIe siècle.

LOCTUDY ✦ Commune du Finistère. 4 008 habitants (les *Loctudistes*). Station balnéaire, port de pêche.

LODÈVE ✦ Chef-lieu d'arrondissement de l'Hérault, au sud du causse du Larzac. 7 381 habitants (les *Lodévois*) (☛ carte 23). Ville natale du cardinal de Fleury (musée). Industrie textile (sous-vêtements). Viticulture.

LODI ✦ Ville d'Italie (Lombardie), sur l'Adda. 40 805 habitants. Cathédrale romane (XIIe siècle), église de l'Incoronata (1488). Industrie de la laine. ♦ Détruite par les Milanais (1111) et reconstruite par **Frédéric Ier Barberousse** (1158), la ville adhère à la Ligue lombarde (1167), passe ensuite aux Visconti (XIVe siècle) puis aux Sforza. La *ligue de Lodi* (1454), constituée de Milan, Venise et Florence, s'oppose à la France dans les guerres d'Italie.

LODZ ✦ Ville de Pologne, au centre du pays. 760 251 habitants. Centre culturel (université, opéra, musées), scientifique, industriel (textile, chimie, mécanique). ♦ La ville connaît son essor industriel avec l'arrivée d'ingénieurs et de tisserands allemands. Au milieu du XIXe siècle, elle devient le centre de l'industrie textile polonaise où une riche bourgeoisie se développe. Elle est occupée par les Allemands pendant les deux guerres mondiales, et l'un des premiers ghettos de Pologne y est mis en place (1940-1944).

LOFOTEN (îles) n. f. pl. ✦ Archipel de Norvège, au nord-ouest des côtes du pays. Superficie totale : 1 350 km^2. 23 634 habitants. Ville principale : Svolvaer. Ces îles vivent de la pêche (morue), de la chasse (eider), de l'élevage (bovins) et de l'industrie liée à la pêche.

LOGAN (mont) ✦ Montagne du Canada, dans le sud-ouest du Yukon, près de l'Alaska (☛ carte 48). Point culminant du pays (5 959 m), gravi pour la première fois en 1925.

LOING n. m. ✦ Rivière du Bassin parisien, longue de 166 km. Le Loing prend sa source dans la Puisaye dans le sud du Bassin parisien, traverse Montargis, Nemours et se jette dans la Seine après Moret-sur-Loing.

LOIR n. m. ✦ Rivière du Bassin parisien, longue de 311 km (☛ carte 21). Le Loir prend sa source dans les collines du Perche, traverse le sud de la Beauce, arrose Châteaudun, Vendôme et se jette dans la Sarthe avant Angers.

① **LOIRE** n. f. ✦ Fleuve français (☛ carte 21). C'est le plus long du pays (1 012 km). Il prend sa source à 1 375 m d'altitude au mont Gerbier-de-Jonc, en Ardèche. Il traverse les plaines du Puy, du Forez, de

Roanne et du Bourbonnais, où il reçoit l'Allier après Nevers : c'est le début du *Val de Loire*. La Loire pénètre ensuite dans le Bassin parisien et, en se dirigeant vers le nord, forme une large courbe, dont le sommet est Orléans, puis s'oriente à l'ouest. Elle reçoit le Loiret, traverse Tours puis reçoit sur sa rive gauche le Cher, l'Indre, la Vienne et arrose Saumur. La Maine la rejoint sur sa rive droite peu après Angers. Elle traverse Nantes, forme un long et vaste estuaire et se jette dans l'océan Atlantique. ♦ *Les châteaux de la Loire* se trouvent le long de la Loire et de ses affluents. La plupart sont construits ou aménagés à la Renaissance, principalement autour de Blois, de Tours, d'Angers et dans le Berry. Les plus célèbres sont les châteaux d'**Amboise**, de **Chambord**, de **Chenonceaux** et d'Azay-le Rideau. Ils sont inscrits avec le **Val de Loire** sur la liste du patrimoine mondial de l'Unesco.

② **LOIRE** n. f. ✦ Département du centre-est de la France [42], de la Région Auvergne-Rhône-Alpes. Superficie : 4 781 km². 757 305 habitants (les *Ligériens*). Chef-lieu : Saint-Étienne ; chefs-lieux d'arrondissement : Montbrison et Roanne.

LOIRE-ATLANTIQUE n. f. ✦ Département de l'ouest de la France [44], de la Région Pays de la Loire. Superficie : 6 815 km². 1,35 million d'habitants. Chef-lieu : Nantes ; chefs-lieux d'arrondissement : Ancenis, Châteaubriant et Saint-Nazaire.

① **LOIRET** n. m. ✦ Rivière souterraine du Bassin parisien. Elle jaillit près d'Orléans et longe la Loire sur une douzaine de kilomètres avant de s'y jeter.

② **LOIRET** n. m. ✦ Département du centre-ouest de la France [45], de la Région Centre-Val de Loire. Superficie : 6 343 km². 669 737 habitants. Chef-lieu : Orléans ; chefs-lieux d'arrondissement : Montargis et Pithiviers.

LOIR-ET-CHER n. m. ✦ Département du centre-ouest de la France [41], de la Région Centre-Val de Loire. Superficie : 6 775 km². 333 567 habitants. Chef-lieu : Blois ; chefs-lieux d'arrondissement : Romorantin-Lanthenay et Vendôme.

LOMBARDIE n. f. ✦ Région administrative d'Italie, dans le nord du pays (☛ carte 30). Superficie : 23 856 km². 9 millions d'habitants (les *Lombards*). Chef-lieu : Milan. ♦ Au nord, cette région montagneuse (point culminant, la Bernina, 4 052 m) est bordée de lacs (lac Majeur, lac de Garde, lac de Côme). Plus au sud, les plaines (plaine du **Pô**) succèdent aux collines. L'agriculture (blé, maïs, riz, betterave à sucre, élevage de porcs et de bovins) est pratiquée dans de grosses exploitations. Son industrie (métallurgie, chimie, textile, automobile) en fait le premier centre économique du pays. Tourisme (Alpes lombardes, région des lacs). ♦ La région est occupée par les Gaulois puis par les Romains. Elle doit son nom au peuple germanique, les Lombards, qui conquiert la plaine du Pô (568-572). Elle passe à Charlemagne (774) puis au Saint Empire romain germanique (951). Ses villes se libèrent en se liguant (1167-1176). Elle est partagée entre Venise et Milan (XIVe siècle) et annexée par Charles Quint (1535). Elle revient aux Habsbourg d'Espagne (1556), puis à l'Autriche (1714). Napoléon Ier en fait la République cisalpine (1797), puis elle devient royaume d'Italie (1805). Elle est rendue à l'Autriche et forme avec la Vénétie le royaume lombardo-vénitien (1815-1859). Son annexion au Piémont marque la première étape de l'unité italienne (1859).

LOMBARDS n. m. pl. ✦ Peuple germanique établi dans la vallée de l'Elbe (Ier siècle). Ils descendent vers le Danube (IIe siècle), prennent la Hongrie (vers 505) et la Roumanie avec les **Avars** (567) et s'installent dans la plaine du Pô (568-572), avec Pavie pour capitale. Quand les Lombards attaquent **Ravenne** (752), puis Rome, le pape s'allie aux Francs. **Charlemagne** obtient leur capitulation et se proclame roi des Lombards (774).

LOMÉ ✦ Capitale du Togo, dans l'ouest du pays, sur le golfe du Bénin. 921 000 habitants. Port d'exportation, centre administratif, commercial et industriel (agroalimentaire).

LONDON Jack (1876-1916) ✦ Romancier américain. Sa jeunesse difficile lui apprend la survie et la loi du plus fort. Il est marin, chercheur d'or, ouvrier, vagabond. Il découvre seul des auteurs comme Nietzsche, Marx ou Darwin et devient socialiste. *Le Peuple d'en bas* (1903) décrit la misère des clochards et des taudis de Londres. Ses récits d'aventures évoquent le monde animal et le Grand Nord, montrant l'homme face à une nature hostile : *L'Appel de la forêt* (1903), *Croc-Blanc* (1906). La mer est une autre source d'inspiration : *Le Loup des mers* (1904) et *Martin Eden*, roman autobiographique (1909). ▪ Son véritable nom est *John Griffith*.

LONDRES Albert (1884-1932) ✦ Journaliste français. Il est l'un des premiers à accomplir des reportages dans le monde et dénonce le bagne de Cayenne, la condition des aliénés dans les asiles, la traite des Blanches en Argentine et des Noirs en Afrique. Il meurt en mer, au retour d'un reportage en Chine. Il est considéré comme un des premiers grands reporteurs internationaux. Œuvres : *Au bagne*, 1923 ; *Chez les fous*, 1925 ; *Le Chemin de Buenos Aires*, 1927 ; *Terre d'ébène*, 1929 ; *Pêcheurs de perles*, 1931. Le *prix Albert-Londres* couronne le meilleur reporteur de l'année (presse écrite depuis 1933, audiovisuelle depuis 1985).

LONDRES ✦ Capitale du Royaume-Uni de Grande-Bretagne et d'Irlande du Nord, dans le sud-est de l'Angleterre, sur la Tamise. 8,5 millions d'habitants (les *Londoniens*). Elle comprend 32 *boroughs* (« arrondissements ») regroupés sous l'autorité du Grand Londres depuis 2000. La ville s'étend autour de la **City** et de **Westminster**, dont le palais et l'abbaye sont inscrits sur la liste du patrimoine mondial de l'Unesco, ainsi que la Tour de Londres (XIe siècle). Autres monuments : palais du Parlement, **Buckingham Palace**, **British Museum**, Tower Bridge, cathédrale Saint-Paul (XVIIe siècle). Deuxième place financière du monde après New York, résidence de la famille royale. Londres est l'un des premiers lieux touristiques du pays, pourvu de nombreux espaces verts (Hyde Park, Regent's Park, Saint James Park). La ville a accueilli les Jeux olympiques en 1908, 1948 et 2012. ♦ La ville, peuplée de Celtes, est occupée par les Romains (43-430). Elle se développe, au XIe siècle, sous **Guillaume le Conquérant**, qui la fortifie et l'agrandit. Elle devient une ville libre, avec un port de commerce (XVe siècle). Aux XVIe et XVIIe siècles, la vie culturelle et artistique est en plein essor. Elle est ravagée par la peste (1665) et par un gigantesque incendie (1666), puis rebâtie. Au XIXe siècle, c'est la plus grande place financière et commerciale du monde. Le centre-ville est dévasté par les bombardements allemands (1940-1941) puis reconstruit dans un style plus moderne.

LONG ISLAND ✦ Île de la côte est des États-Unis (État de New York). Longue de 180 km, elle est séparée du continent par un détroit. Elle s'étend de la baie de New York à l'embouchure de l'**Hudson** et se termine à l'est par deux péninsules. Superficie : 4 463 km^2. 7,2 millions d'habitants. Elle abrite deux districts de la ville de New York (**Brooklyn**, Queens) et deux importants aéroports. Productions maraîchères. Ostréiculture. Avec ses plages et ses centres de vacances, Long Island est également un important centre touristique.

LONGO Jeannie (née en 1958) ✦ Cycliste française. Elle possède un palmarès (treize titres de championne du monde, trente-huit records du monde, trente-quatre titres de championne de France) et une longévité sportive exceptionnels.

LONGUE MARCHE (la) ✦ Évènement de la révolution chinoise. Harcelées par les nationalistes de **Jiang Jieshi**, les troupes communistes de **Mao Zedong** effectuent une marche héroïque de 12 000 km (1934-1936). Elles perdent près de 90 000 hommes, mais atteignent Yanan qui devient la première capitale de la Chine communiste.

LONGWY ✦ Commune de Meurthe-et-Moselle, près de la frontière belge. 14 293 habitants (agglomération 45 421) (les *Longoviciens*) (☛ carte 23). Ville haute fortifiée, appartenant au réseau des sites majeurs de Vauban inscrit sur la liste du patrimoine mondial de l'Unesco. Faïences d'art (*émaux de Longwy*). La ville fait partie du Pôle européen de développement avec Athus (Belgique) et Rodange (Luxembourg), destiné à relancer l'économie de la région fortement touchée par l'arrêt de la sidérurgie.

LONS-LE-SAUNIER ✦ Chef-lieu du Jura. 17 311 habitants (les *Lédoniens*). Église Saint-Désiré (crypte du XIe siècle, pietà du XVe siècle), maisons à arcades (XVIIe siècle), hôpital (XVIIIe siècle), musées. Centre de services, industriel (alimentaire, verrerie), station thermale dont les eaux salées sont déjà utilisées par les Romains. Ville natale de Rouget de Lisle (statue réalisée par Bartholdi, 1882) et Bernard Clavel.

LOPE DE VEGA Félix (1562-1635) ✦ Écrivain espagnol. Célèbre pour sa vie mouvementée et sa production féconde, il écrit des poèmes (*La Dragontea,* 1596 ; *Le Romancero spirituel,* 1619 et *La Gatomachie,* 1634), des romans (*Arcadia,* 1598) et de nombreuses pièces de théâtre (1 800 comédies et 400 *autos sacramentales* mais peu nous sont parvenus). Il énonce les principes esthétiques qui le guident dans son *Nouvel Art de faire des comédies,* 1609. Œuvres : *L'Alcade de Zalamea* (1600), *Le Chien du jardinier* et *Fuenteovejuna* (1618), *Le Châtiment sans vengeance* (1631), *Le meilleur alcade est le roi* (1635).

LORELEI ✦ Falaise d'Allemagne, située avant Coblence, sur la rive droite du Rhin et haute de 132 m. Selon la légende, une sirène, appelée *la Lorelei,* attire les bateliers par ses chants et leur fait oublier rochers et tourbillons. Elle inspire des artistes comme Heinrich Heine ou Guillaume Apollinaire.

LORENZ Konrad (1903-1989) ✦ Zoologiste autrichien. Il étudie les sociétés animales dans leur milieu naturel, considérant l'instinct comme mobile essentiel du comportement, et publie un ouvrage de vulgarisation (*L'Agression, une histoire naturelle du mal,* 1969). Il est l'un des fondateurs de l'éthologie. Prix Nobel de physiologie ou médecine (1973, avec K. von Frisch et N. Tinbergen).

LORIENT ✦ Ville du Morbihan. 57 662 habitants (les *Lorientais*). Deux moulins à poudre (XVIIe siècle), tour de la Découverte (1786), musée de la Mer. C'est la «ville aux cinq ports» : port militaire (arsenal et base de sous-marins de Keroman), port de pêche, de commerce, de plaisance et de voyageurs. Premier port français pour les importations d'hydrocarbures, de manioc et de soja, 2e pour la pêche (après Boulogne). Industrie dominée par le secteur de l'armement. Centre touristique où se déroule le Festival des nations celtes au mois d'août. ♦ La Compagnie des Indes orientales y installe des chantiers de construction navale (1666). Chaque navire de retour des Indes doit décharger au port de *L'Orient.* À la dissolution de la Compagnie, l'État en prend possession, crée un arsenal (1782) puis la ville devient un port militaire (1791). Les Allemands y construisent la plus grande base de la côte atlantique (1941-1943), ce qui provoque d'intenses bombardements des Alliés.

LORRAIN (le) (1600-1682) ✦ Peintre français, originaire de Lorraine. Il travaille à Naples puis à Rome (1619), où il finit par s'installer (1627). Il se consacre surtout aux paysages, qu'il idéalise par de subtils effets de lumière. Il peint également des scènes bibliques et mythologiques. Son sens lyrique et ses compositions rigoureuses font de lui un maître du paysage classique, à l'égal de **Poussin.** Parmi ses œuvres, on peut citer : *Port de mer au soleil couchant* (1639), *Ulysse remet Chryséis à son père* (vers 1644 ☛ Classicisme p. 171), *Psyché devant le palais de l'Amour* (1664), *Les Quatre Heures du jour* (1667-1672). ■ Son véritable nom est *Claude Gellée.*

LORRAINE n. f. ✦ Région de l'est de la France, intégrée à la Région Grand Est. L'ancienne région administrative comprenait quatre départements : la Meurthe-et-Moselle, la Meuse, la Moselle et les Vosges. Le chef-lieu était Metz. Autre ville importante : Nancy. ♦ GÉOGRAPHIE. La Lorraine est formée d'un plateau découpé par les vallées de la Meuse, de la Moselle et de la Meurthe. Il s'élève jusqu'au massif des **Vosges,** couvert de forêts de hêtres et de sapins. Le parc naturel régional de Lorraine (219 500 ha), créé en 1974, s'étend de part et d'autre de Nancy. Le climat est semi-continental, les hivers sont rudes, les étés assez chauds et les pluies abondantes. ♦ ÉCONOMIE. Agriculture (élevage bovin, blé, orge). Au XIXe siècle, les mines de Lorraine fournissent le charbon et le fer indispensables au développement de l'industrie française. Ce secteur est en déclin, comme le textile, qui souffre de la concurrence des pays asiatiques. La région, sinistrée, maintient l'activité liée au bois grâce à la forêt (papier, carton, ameublement) et les activités locales rentables (thermalisme, cristallerie). Elle se tourne vers de nouvelles industries (aéronautique, électronique, matières plastiques). ♦ HISTOIRE. La région, peuplée de Celtes, est envahie par les Romains (Ier siècle av. J.-C.) et les Barbares (Francs, Alamans). Elle fait partie de l'**Austrasie** puis de la **Lotharingie.** Dans le Saint Empire, elle devient le duché de Haute-Lotharingie (959) et passe aux comtes de Metz (1048). La France intervient alors dans les affaires de la Lorraine, qui retrouve la paix lorsqu'elle échoit au roi de Pologne, Stanislas **Leszczynski** (1735). Elle passe alors à la France (1766) et connaît la prospérité. L'Allemagne l'annexe dans la région d'**Alsace-Lorraine** (1871-1918) et l'occupe de nouveau pendant la Deuxième Guerre mondiale (1940-1945).

LOS ANGELES ✦ Ville des États-Unis (Californie), près de la côte pacifique. 3,7 millions d'habitants. Deuxième ville du pays (16,4 millions d'habitants pour la zone urbaine) après New York (☛ carte 57). Elle s'étend sur cinq comtés et englobe des villes comme Beverly Hills, Hollywood, Long Beach, Santa Anna et Santa Monica. Deuxième pôle économique du pays, centre industriel (automobile, aéronautique, haute technologie) et culturel : universités prestigieuses (University of California, Los Angeles, l'UCLA ; University of Southern California, l'USC), centres de recherche, le plus grand musée d'art contemporain (MOCA, 1988) et le plus grand centre culturel privé du monde (centre Getty, 1997). Les touristes sont attirés par son climat, ses paysages variés, par les studios de cinéma à **Hollywood** et par Disneyworld. Ville natale de John Cage et Marilyn Monroe. ♦ Les Espagnols fondent, sur un territoire indien, le village de *Pueblo de Nostra Señora la Reyna de Los Angeles de Porciuncula* (1781). La ville passe aux Mexicains puis aux États-Unis (1849). Elle se développe avec le chemin de fer intercontinental, l'arrivée des migrants de l'est du pays, puis la découverte du pétrole (1892), l'essor du cinéma à Hollywood et celui de l'industrie aéronautique. Elle accueille deux fois les Jeux olympiques (1932 et 1984). Les tensions entre les différentes communautés (hispaniques, noires, asiatiques) se manifestent par de violentes émeutes (1965, 1979, 1992). La ville a subi un récent tremblement de terre (1994).

LOSEY Joseph (1909-1984) ✦ Cinéaste américain. Il réalise des mises en scène de théâtre, influencé par **Brecht**, puis des films contestataires au style élégant et dépouillé. Il doit s'exiler en Grande-Bretagne et en France. Il dénonce le racisme, la peine de mort, les erreurs de la justice, l'univers carcéral, la terreur suscitée par la bombe nucléaire, la guerre et l'aliénation. Œuvres : *The Servant* (1963), *Accident* (1967), *Le Messager* (1970), *M. Klein* (1975), *Don Giovanni* (1979).

① **LOT** n. m. ✦ Rivière du Massif central et du Bassin aquitain, longue de 481 km (☛ carte 21). Le Lot prend sa source au mont Lozère, traverse les Causses, arrose Cahors et le Quercy et se jette dans la Garonne entre Agen et Marmande.

② **LOT** n. m. ✦ Département du sud de la France [46], de la Région Occitanie. Superficie : 5 217 km². 173 648 habitants. Chef-lieu : Cahors ; chefs-lieux d'arrondissement : Figeac et Gourdon.

LOT-ET-GARONNE n. m. ✦ Département du sud-ouest de la France [47], de la Région Nouvelle-Aquitaine. Superficie : 5 360 km². 333 234 habitants. Chef-lieu : Agen ; chefs-lieux d'arrondissement : Marmande, Nérac et Villeneuve-sur-Lot.

LOTH ou **LOT** ✦ Personnage de la Bible, neveu d'**Abraham**. Il échappe à la destruction de **Sodome**, mais sa femme est changée en statue de sel car elle a regardé en arrière pendant leur fuite.

LOTHAIRE Ier (795-855) ✦ Empereur d'Occident de 840 à sa mort, fils de Louis Ier le Pieux, petit-fils de Charlemagne. Son père le désigne comme seul héritier de l'empire, mais il est battu par ses frères **Louis II le Germanique** et **Charles II le Chauve** et doit accepter le traité de **Verdun** (843) : il reçoit l'Italie, la Provence, la Bourgogne et les régions de l'est de la France (☛ carte 11). Il partage son domaine entre ses trois fils et constitue pour Lothaire II le royaume de **Lotharingie**.

LOTHARINGIE n. f. ✦ Royaume créé par **Lothaire Ier** pour son fils Lothaire II (855). Issu du partage de l'Empire carolingien au traité de Verdun (843), il s'étend de la mer du Nord aux Alpes entre la Meuse, l'Escaut et le Rhin. À la mort de Lothaire II (869), le royaume est partagé entre **Charles II le Chauve** et **Louis II le Germanique.** Il passe à la Germanie (923) puis il est divisé en deux duchés (959) : la *Haute-Lotharingie* (**Lorraine**), et la *Basse-Lotharingie* (**Brabant**).

LOTI Pierre (1850-1923) ✦ Écrivain français. Officier de marine, il s'inspire dans son œuvre de ses souvenirs de voyages et de ses séjours à l'étranger : Turquie, Afrique, Océanie, Japon. Sensible et attentif, fin observateur, il décrit les atmosphères de manière délicate et s'attache aux sentiments et aux impressions qu'elles lui évoquent. Parmi ses romans, on peut citer : *Aziyadé* (1879) situé en Turquie, *Le Roman d'un spahi* (1881) au Sénégal, *Le Mariage de Loti* (1882) à Tahiti, *Madame Chrysanthème* (1887) au Japon (qui a inspiré Puccini pour *Madame Butterfly,* 1904). Il rend aussi hommage à deux régions françaises qui lui sont chères : la Bretagne (*Mon frère Yves,* 1883 ; *Pêcheur d'Islande,* 1886) et le Pays basque (*Ramuntcho,* 1897). Académie française (1891). ▪ Son véritable nom est *Julien Viaud.*

LOUBET Émile (1838-1929) ✦ Homme d'État français. Républicain modéré, il est député (1876-1885), membre du Sénat (1885-1899) dont il devient le président (1896), puis ministre des Travaux publics (1887-1888) et de l'Intérieur (1892-1893). À la mort de Félix Faure, il est élu président de la République (1899-1906). Il gracie **Dreyfus** malgré une opposition violente, mène une politique anticléricale et contribue au rapprochement de la France avec la Russie, la Grande-Bretagne et l'Italie.

LOUDÉAC ✦ Commune des Côtes-d'Armor. 9 641 habitants (les *Loudéaciens*). Élevage (volailles, porcs). Agroalimentaire (abattoirs, charcuterie, laiterie).

LOUDUN ✦ Commune de la Vienne. 6 740 habitants (les *Loudunais*) (☛ carte 23). Église Saint-Pierre (portail Renaissance). Ville natale de Théophraste Renaudot (musée).

LOUIS II LE GERMANIQUE (vers 804-876) ✦ Roi de Germanie de 843 à sa mort, fils de Louis Ier le Pieux, père de Charles III le Gros. Il s'allie à son frère **Charles II le Chauve** contre son autre frère **Lothaire Ier** (serments de **Strasbourg**, 842). Lors du partage de l'Empire carolingien (traité de **Verdun**, 843), il reçoit les régions situées à l'est du Rhin et devient roi de **Germanie** (☛ carte 11).

LOUIS Ier LE PIEUX ou **LE DÉBONNAIRE** (778-840) ✦ Empereur d'Occident de 814 à sa mort. C'est le fils de **Charlemagne** et le père de **Lothaire Ier**, Pépin Ier, **Louis II le Germanique** et **Charles II le Chauve**. Pour maintenir l'unité de l'empire, il fait de Lothaire son unique héritier. Il est détrôné par ses fils (833) puis rétabli par Pépin et Louis (835).

LOUIS VI LE GROS (vers 1081-1137) ✦ Roi de France de 1108 à sa mort, fils de Philippe Ier, père de Louis VII le Jeune. Il pacifie l'Île-de-France et, soutenu par l'Église (**Suger**), il met le domaine royal en valeur en attirant les paysans. Il ne peut reprendre la Normandie au roi d'Angleterre (1119), mais, avec l'aide des grands vassaux, il obtient le retrait de l'empereur germanique qui avait envahi la Champagne (1124). Il marie son fils Louis VII à Aliénor d'Aquitaine.

LOUIS VII LE JEUNE (vers 1120-1180) ✦ Roi de France de 1137 à sa mort, fils de Louis VI le Gros, père de Philippe Auguste. Il gagne une partie du midi et de l'ouest de la France en épousant **Aliénor d'Aquitaine** (1137). Brouillé avec le pape, il envahit la Champagne (1142) puis se réconcilie avec lui en participant à la deuxième **croisade**, pendant laquelle il confie la régence à **Suger** (1147-1149) ; il donne asile au pape poursuivi par Frédéric Ier Barberousse. Il répudie Aliénor d'Aquitaine (1152), qui reprend sa dot et l'apporte à **Henri II** d'Angleterre lorsqu'elle l'épouse.

LOUIS IX ou **SAINT LOUIS** (1214-1270) ✦ Roi de France de 1226 à sa mort, canonisé en 1297. Fils de Louis VIII, il commence son règne sous la régence de sa mère **Blanche de Castille** (1226-1242). Celle-ci est de nouveau régente lorsqu'il part pour la septième **croisade** (1248-1254). En Égypte, il prend Damiette (1249), mais il est fait prisonnier l'année suivante et doit rendre la ville pour payer la rançon de sa liberté. Fervent chrétien, il veut faire régner la justice et augmenter l'autorité royale : il interdit les guerres privées, les duels et les tournois, impose une monnaie pour tout le royaume, fait construire la **Sainte-Chapelle** du Palais (1248), fonde l'hospice des Quinze-Vingts (1254) et la **Sorbonne** (1257). Il confie à des légistes le soin de rendre la justice à la cour : c'est l'origine du parlement. Sous son règne, la France connaît un grand rayonnement intellectuel, artistique et moral. Saint Louis joue un rôle d'arbitre dans l'Europe chrétienne qui sollicite régulièrement son jugement pour régler des conflits. Il meurt au siège de Tunis lors de la huitième croisade. Son fils, Philippe III le Hardi, lui succède.

LOUIS X LE HUTIN (1289-1316) ✦ Roi de France de 1314 à sa mort, fils de **Philippe le Bel.** Il calme les révoltes des seigneurs par des concessions et s'enrichit en vendant des chartes d'affranchissement aux serfs et en dépouillant les Juifs et les Lombards. Il répudie Marguerite de Bourgogne pour adultère (1314), épouse Clémence de Hongrie et meurt avant la naissance de son fils, Jean Ier le Posthume, qui ne vécut que cinq jours. Le pouvoir passe alors à son frère **Philippe V le Long.**

LOUIS XI (1423-1483) ✦ Roi de France de 1461 à sa mort, fils de Charles VII, père de Charles VIII. Il se révolte contre son père (1440 et 1455) et se réfugie auprès du duc de Bourgogne. Devenu roi, il combat les révoltes féodales dirigées principalement par **Charles le Téméraire.** Il consolide l'autorité royale : il centralise la justice et les finances, renforce l'armée, crée des parlements et les premières postes, améliore les routes, développe les foires comme celles de Lyon pour l'imprimerie et les premières manufactures de soierie. Il agrandit le royaume en héritant de l'Anjou, du Maine et de la Provence (1480-1481), en reprenant la Bourgogne et la Picardie à la fille de Charles le Téméraire (1482) et renforce l'unité nationale. À sa mort, le domaine royal correspond presque à la France actuelle. Son fils, Charles VIII, lui succède.

LOUIS XII (1462-1515) ✦ Roi de France de 1498 à sa mort. Fils de Charles d'Orléans, il prend la tête de la révolte contre la régence d'**Anne de France,** est vaincu et emprisonné (1488), puis se réconcilie avec le roi Charles VIII. Succédant à celui-ci, il épouse sa veuve, **Anne de Bretagne.** Poussé par ses droits sur l'héritage des Visconti, il conquiert le Milanais (1499) et tente de s'emparer du royaume de Naples. Engagé dans la ligue de **Cambrai,** il est vainqueur des Vénitiens à Agnadel (1509). Après un renversement des alliances, il doit faire face à la Sainte Ligue (Venise, l'Espagne, l'Empire et l'Angleterre) qui se constitue contre la France. Celle-ci est vaincue par les Suisses à Novare (1513) et par les troupes d'Henri VIII et de Maximilien à Guinegatte. En 1514, il signe la paix avec l'Angleterre et épouse Marie d'Angleterre, sœur d'Henri VIII. Sans héritier direct, il laisse le trône à son cousin et gendre François d'Angoulême, le futur **François Ier**.

LOUIS XIII (1601-1643) ✦ Roi de France de 1610 à sa mort, surnommé *le Juste.* Fils d'Henri IV et de Marie de Médicis, père de Louis XIV. Son règne commence sous la régence de sa mère qui l'écarte du pouvoir au bénéfice d'un aventurier italien, Concino Concini. Le roi fait assassiner Concini (1617) et exile sa mère. Louis XIII fait entrer le cardinal de **Richelieu** au Conseil du roi (1624). Tous deux mettent fin à la résistance des protestants (La **Rochelle,** 1628), puis s'engagent dans la guerre de **Trente Ans** contre les Habsbourg d'Espagne (1635). Ils affirment l'autorité royale et établissent la prépondérance de la France en Europe. À la mort de Richelieu, il nomme Mazarin au Conseil. Son fils Louis XIV lui succède.

LOUIS XIV (1638-1715) ✦ Roi de France de 1643 à sa mort, surnommé *le Grand.* Fils de Louis XIII et d'**Anne d'Autriche,** il est l'arrière-grand-père de Louis XV (☞ Louis XIV p. 172). Âgé de cinq ans à la mort de son père, il règne sous la régence de sa mère, assistée de **Mazarin.** Celui-ci initie l'enfant à la diplomatie et à la politique, tout en lui communiquant son goût pour l'art. Son enfance est marquée par la **Fronde,** qui lui inspire le culte du pouvoir absolu, la méfiance des nobles et la peur de résider à Paris. Déclaré majeur en 1651 et sacré en 1654, il laisse cependant gouverner Mazarin. Celui-ci négocie le traité des **Pyrénées** (1659) et lui fait épouser Marie-Thérèse d'Autriche, infante d'Espagne (1660). À la mort du cardinal (1661), il décide de gouverner seul. Il organise le royaume, modernise l'administration, la marine, limite le pouvoir des parlements et développe le commerce, entouré de ministres comme **Colbert,** qui succède à **Fouquet.** Il confie la fortification du pays à **Vauban** et la direction des Armées à **Louvois.** Il s'attaque aux protestants en révoquant l'édit de **Nantes** (1685) et au jansénisme en faisant raser l'abbaye de **Port-Royal.** Louis XIV installe définitivement la Cour à **Versailles** (1672), réduisant les nobles à un rôle de figurants dans un tourbillon de fêtes et de réceptions d'un luxe inégalé. Il fait bâtir et décorer le château par **Le Vau, Hardouin-Mansart, Le Nôtre, Le Brun, Mignard** et favorise l'épanouissement des arts en accueillant **Molière, Racine** ou **Lully.** Ces artistes doivent célébrer la grandeur du règne de celui qu'on surnomme le *Roi Soleil.* Il fait de Paris une capitale intellectuelle et artistique, crée des Académies et fait édifier l'Observatoire, la porte Saint-Martin, la place des Victoires, la place Vendôme, les **Invalides.** Son règne est marqué par une suite de longues guerres qui agrandissent le pays et consolident les frontières. Ces guerres et deux grandes famines (1693-1694 et 1709-1710) affaiblissent le pays et le conduisent au bord de la ruine. Son fils et son petit-fils meurent avant lui, et la couronne revient à son arrière-petit-fils, Louis XV. La puissance de Louis XIV rayonne jusqu'en Amérique, où Cavelier de La Salle baptise la *Louisiane* en son honneur. La capitale de l'île Maurice, *Port-Louis,* reçoit ce nom en hommage au souverain, de même que la ville de *Saint-Louis* au Sénégal.

LOUIS XV (1710-1774) ✦ Roi de France de 1715 à sa mort, surnommé *le Bien-Aimé*. Arrière-petit-fils de Louis XIV, il épouse la fille du prince polonais Stanislas **Leszczynski**. Pendant sa minorité, la **Régence** est assurée par Philippe d'**Orléans** jusqu'en 1723. Faible, il est influencé par ses maîtresses (marquise de **Pompadour**, comtesse du **Barry**) et par ses ministres qu'il renvoie tour à tour. La crise financière subsiste après l'échec de **Law**, entretenue par plusieurs conflits européens : guerre de **Succession de Pologne** (1733-1738) et guerre de **Succession d'Autriche** (1740-1748) ; guerre de Sept Ans (1756-1763). Louis XV perd l'Inde et le Canada (1763), mais obtient la **Lorraine** à la mort de son beau-père (1766) et achète la Corse (1768). Il meurt impopulaire, mais son règne est celui des **Lumières** et d'une certaine prospérité. Son petit-fils, Louis XVI, lui succède.

LOUIS XVI (1754-1793) ✦ Roi de France de 1774 à 1791, puis roi des Français de 1791 à 1792. Petit-fils de Louis XV. Il épouse **Marie-Antoinette** d'Autriche en signe de réconciliation avec les Habsbourg (1770). Mal préparé à régner, Louis XVI s'entoure de ministres réformateurs (**Turgot**, Calonne) qui ne trouvent pas de solution aux problèmes financiers et mécontentent les privilégiés. Ils finissent par démissionner face à l'opposition des nobles (1776). La France, ruinée par la guerre d'Indépendance américaine (**La Fayette**) et les dépenses de la Cour, traverse une grave crise. Le roi rappelle **Necker** (1788), convoque les états généraux (mai 1789) et accepte l'**Assemblée nationale constituante**. Le nouveau renvoi de Necker mécontente le peuple, qui prend la **Bastille** : c'est le début de la **Révolution française**. Après sa fuite manquée (**Varennes-en-Argonne**), Louis XVI jure fidélité à la Constitution et devient roi des Français (1791). Poussé par les **girondins**, il déclare la guerre à l'Autriche (avril 1792). Face aux premières défaites françaises et aux menaces de l'Autriche qui veut protéger la famille royale, l'**Assemblée législative** proclame la patrie «en danger». Ce mouvement patriotique conduit à la chute de la royauté (10 août 1792) : le roi et sa famille sont emprisonnés au Temple. Le procès de Louis XVI, «Louis Capet», s'ouvre le 3 décembre 1792. Louis XVI est déclaré «coupable de conspiration contre la liberté de la nation», condamné à mort et guillotiné le 21 janvier 1793, place de la Révolution (actuelle place de la **Concorde** à Paris).

LOUIS XVIII (1755-1824) ✦ Roi de France de 1814 à sa mort. Petit-fils de Louis XV, frère de Louis XVI et du comte d'Artois (futur Charles X). En 1791, pendant la Révolution, il émigre à Coblence, en Allemagne. Il prend le titre de régent à la mort de Louis XVI (1793), puis de roi à la mort du dauphin (1795). Pendant son exil, il œuvre au rétablissement de la monarchie en France. À la chute de **Napoléon Ier** (1814), il est appelé au pouvoir, grâce à l'appui de l'Angleterre et de **Talleyrand** (**Restauration**). Il se retire en Belgique pendant les **Cent-Jours** et revient après **Waterloo** (1815). Sa monarchie constitutionnelle essaie d'allier les acquis de la Révolution et de l'Empire avec la tradition de la monarchie. Son frère, Charles X, lui succède.

LOUISIANE n. f. ✦ Un des États des États-Unis (depuis 1812), situé dans le sud du pays (☛ carte 47). Superficie : 125 625 km² (moins du quart de la France). 4,5 millions d'habitants. Capitale : Baton Rouge (227 818 habitants). Autre ville importante : La **Nouvelle-Orléans.** On y parle l'anglais, et le français est pratiqué par les descendants des Acadiens (**Acadie**) et par les Cajuns. ♦ Cette région côtière est arrosée par les cours d'eau marécageux (les «bayous») du delta du **Mississippi**. Son climat est semi-tropical. Agriculture (premier État producteur de riz, coton, canne à sucre, légumes, fruits). Ressources minérales importantes (pétrole, gaz naturel, soufre). Industries (chimie, raffinerie, agroalimentaire, bois). ♦ La région est explorée par les Espagnols (1543). Le Français **Cavelier de La Salle** en prend possession, en 1682, au nom de Louis XIV et la nomme *Louisiane* en son honneur. Elle prospère avec le commerce et le travail des esclaves. La rive droite du Mississippi est cédée à la Grande-Bretagne (1763) ; la rive gauche, qui s'étend des Grands Lacs au golfe du Mexique, est vendue aux États-Unis par Bonaparte (1803). L'État de Louisiane, esclavagiste, fait sécession (1861) avant d'être repris par les nordistes (1862-1863).

LOUIS-PHILIPPE Ier (1773-1850) ✦ Roi des Français de 1830 à 1848, fils de Louis Philippe Joseph, duc d'Orléans dit *Philippe Égalité*. Partisan des idées révolutionnaires, il est membre du Club des **jacobins**. Il participe aux batailles de Valmy et de Jemmapes (1792) et passe à l'ennemi avec **Dumouriez** (1793). Exilé, il séjourne dans de nombreux pays puis revient à Paris lors de la première **Restauration** (1814). Louis XVIII lui rend la fortune de la famille d'Orléans mais le tient éloigné de la vie politique. Il est exilé en Angleterre pendant les **Cent-Jours** et se lie avec les milieux libéraux pendant la deuxième Restauration. Après la **révolution de 1830** qui renverse son cousin Charles X, il est porté au pouvoir par la bourgeoisie d'affaires et devient roi des Français : c'est le début de la **monarchie de Juillet**. Une crise économique, financière et politique provoque la **révolution de 1848** et la chute de Louis-Philippe, qui finit sa vie en Angleterre.

LOUKSOR ou **LOUXOR** ou **LUQSOR** ✦ Site archéologique d'Égypte, sur la rive gauche du Nil (☛ carte 2). La construction du temple d'**Amon**, commencée par Aménophis III (vers 1410-1370 av. J.-C.), est poursuivie par **Ramsès II**. Il fait ajouter une cour à portique, précédée d'un pylône monumental, six statues colossales et deux obélisques, dont l'un orne la place de la **Concorde** à Paris depuis 1836. Le temple est relié à celui de **Karnak** par une allée de sphinx. Les fouilles archéologiques, commencées au début du XIXe siècle, ne sont pas terminées. Louksor est l'un des plus grands sites touristiques d'Égypte. Il forme la partie sud du site de **Thèbes**, inscrit sur la liste du patrimoine mondial de l'Unesco.

LOURDES ✦ Ville des Hautes-Pyrénées, sur le gave de Pau. 14 361 habitants (les *Lourdais*). Important lieu de pèlerinage catholique, consacré à la Vierge Marie. Elle serait apparue à une jeune fille, Bernadette Soubirous, qui affirma l'avoir vue à plusieurs reprises dans la grotte de Massabielle (1858). Depuis, des millions de pèlerins et de malades, venus du monde entier, se rendent à la grotte et boivent l'eau de la source miraculeuse.

LOUVAIN ✦ Ville de Belgique (Brabant flamand), à l'est de Bruxelles. 91 942 habitants (les *Louvanistes*). Halles élevées par les drapiers (1317-1345), hôtel de ville, église Saint-Pierre (XVe siècle), béguinage (XVe-XVIIIe siècles) inscrit avec ceux de **Flandre** sur la liste du patrimoine mondial de l'Unesco. Centre industriel (alimentaire, chimie, mécanique, fonderie de cloches, cuir) et culturel (université). Ville natale du peintre Metsys. ♦ Située sur l'emplacement d'un ancien camp romain, la ville résiste aux Normands (891) et se développe autour d'un château fort. Elle devient capitale du **Brabant** et prospère avec le commerce du drap au XIIIe siècle, puis à nouveau au XVe, sous la domination de la **Bourgogne** : son université est fondée en 1425 et devient au XVIe siècle la plus célèbre d'Europe (**Érasme** y enseigne). Au XVIIIe siècle, l'ouverture d'un canal qui la relie à Anvers accroît sa prospérité. La ville est endommagée pendant les deux Guerres mondiales.

LOUVOIS (1639-1691) ✦ Ministre de Louis XIV. Il succède à son père au secrétariat à la Guerre (1662). Il gagne la confiance du roi, éclipsant **Colbert**, et est nommé ministre d'État (1672). À la mort de **Turenne** (1675), il dirige seul l'armée qu'il réorganise et modernise ; il contribue à la fondation des **Invalides.** Brutal, autoritaire, il mène des campagnes destructrices et persécute les protestants (les «dragonnades»). Il devient surintendant des Bâtiments, des Arts et des Manufactures (1683), et dirige les travaux du château de **Versailles.** ■ Son nom complet est *François Michel Le Tellier, marquis de Louvois.*

LOUVRE n. m. ✦ Palais et musée de Paris, sur la rive droite de la Seine. À la fin du XIIe siècle, **Philippe Auguste** édifie une forteresse, que Charles V rend habitable. François Ier confie à Pierre **Lescot** et Jean **Goujon** le soin de la transformer en palais (1527). Henri IV le relie au palais des **Tuileries** par la galerie du Bord-de-l'Eau (1594). Sous Louis XIV, **Le Vau** agrandit la cour Carrée et ajoute une monumentale colonnade (1665-1670), tandis que **Poussin** et **Le Brun** décorent les appartements et les galeries. Les travaux s'arrêtent, et le palais se vide quand Louis XIV s'installe à Versailles (1672). Devenu musée en 1793, le Louvre abrite les collections des rois et de l'Académie, ainsi que les biens saisis à l'Église et aux émigrés. Napoléon Ier y ajoute les œuvres d'art acquises lors de ses campagnes et édifie l'arc de triomphe du **Carrousel.** L'aile nord est achevée sous Napoléon III. Les collections, aujourd'hui partagées en sept départements, rassemblent des œuvres depuis l'Antiquité jusqu'au XIXe siècle. Les œuvres postérieures à 1848 sont réparties dans les musées d'**Orsay** (1986), de l'Orangerie et du Jeu-de-paume. L'ensemble est rénové par le projet d'aménagement du *Grand Louvre* (1981-1993). Avec l'ouverture de l'aile Richelieu (1993), le Louvre devient le plus grand musée du monde. L'entrée se fait, dans la cour Napoléon, par une pyramide de verre à laquelle répond, au sous-sol, une pyramide inversée. Un nouveau musée accueille une partie des collections à Lens (2012) et un complexe culturel à Abou Dhabi comprend un musée universel du Louvre (2017).

LOUXOR → LOUKSOR

LOVECRAFT Howard Phillips (1890-1937) ✦ Écrivain américain. Ses romans fantastiques se déroulent dans un univers de réalisme issu de rêves et de cauchemars, peuplé de puissances monstrueuses, extraterrestres, surgies de temps immémoriaux et mettant en danger l'humanité. Son œuvre reflète sa profonde angoisse liée au temps (*L'Appel de Cthulhu*, 1926 ; *Le Cauchemar d'Innsmouth*, 1932 ; *Dans l'abîme du temps*, 1935).

LOWRY Malcolm (1909-1957) ✦ Écrivain britannique. Son œuvre majeure, *Au-dessous du volcan* (1947), reflète le propre parcours autodestructeur de l'auteur. Il a également écrit des poèmes (*Pour l'amour de mourir*, posthume, 1962).

LOYAUTÉ (îles) ✦ Archipel français de Mélanésie, dans l'océan Pacifique, à l'est de la Nouvelle-Calédonie dont il dépend. Superficie : 1 981 km². 17 912 habitants (*Mélanésiens* ou *Polynésiens*). Il est constitué d'îles coralliennes dont les trois principales sont Uvea ou Ouvéa, Lifu ou Lifou et Maré. Cultures traditionnelles (igname, taro, banane) ou destinées à l'exportation (cocotier, coprah). Probablement découvertes par le navigateur français d'Entrecasteaux en 1792, ces îles partagent l'histoire de la **Nouvelle-Calédonie.**

LOYOLA Ignace de → IGNACE DE LOYOLA (saint)

LOZÈRE (mont) ✦ Massif des Cévennes (Lozère). Couvert de landes et de pins, il culmine à 1 699 m.

LOZÈRE n. f. ✦ Département du sud de la France [48], de la Région Occitanie. Superficie : 5 167 km². 76 360 habitants. Chef-lieu : Mende ; chef-lieu d'arrondissement : Florac.

LUANDA ✦ Capitale de l'Angola, dans le nord du pays, sur l'océan Atlantique. 6,7 millions d'habitants. Port, centre administratif et commercial ; industries (raffinerie de pétrole, agroalimentaire). ♦ Le comptoir, fondé par les Portugais (1576), est l'une des plus anciennes villes d'Afrique noire.

LÜBECK ✦ Ville d'Allemagne (Schleswig-Holstein), dans le nord du pays, au fond d'un estuaire ouvert sur la mer Baltique. 213 651 habitants. Hôtel de ville (XIIIe-XVIe siècles), églises Jakobskirche et Marienkirche (XIIIe-XIVe siècles), porte fortifiée Holstentor (XVe siècle). Port relié à l'Elbe par un canal. Activités portuaires (commerce du bois et du fer importés de Suède ; chantiers navals). Industries (mécanique, alimentaire, métallurgie). Ville natale de Thomas Mann, Willy Brandt. ♦ Ville impériale (1226), elle fonde la **Hanse** avec Hambourg (1241), étend son influence commerciale et politique jusqu'aux pays baltes et arbitre les querelles entre la Suède et le Danemark. Malgré l'annexion française (1811-1813), elle réussit à garder son indépendance dans la Confédération de l'**Allemagne** du Nord (1866) et l'Empire allemand (1871). Elle est ensuite rattachée à la Prusse (1937) puis au Schleswig-Holstein (1946).

LUBERON ou **LUBÉRON** n. m. ✦ Massif montagneux du sud des Alpes. Situé principalement dans le département du Vaucluse, il est formé d'une chaîne calcaire longue de 65 km, bordée au sud par la Durance. Le parc naturel régional du Luberon, créé en 1977, s'étend sur 165 000 hectares autour d'Apt et forme une réserve de biosphère de l'Unesco (1997).

LUBLIN ✦ Ville de Pologne, dans l'est du pays. 353 483 habitants. Fortifications (XIVe siècle), château fort, église et chapelle de styles byzantin et latin (XVe siècle). Industries (électrotechnique, textile, alimentaire). ♦ Après la signature de l'*Union de Lublin* entre la Pologne et la Lituanie (1569), la ville passe successivement à l'Autriche (1795, 1915-1918), au grand duché de Varsovie (1809) puis à la Russie (1815). Les Allemands y installent le camp d'extermination de Majdanek (1941-1942). Libérée par les Soviétiques (1944), Lublin devient le siège du gouvernement polonais jusqu'à son transfert à Varsovie (1945).

LUBUMBASHI ✦ Ville de la république démocratique du Congo, dans le sud-est du pays (Katanga). 1,3 million d'habitants. Centre industriel (métallurgie, chimie, alimentaire, textile) développé grâce à l'extraction minière (cuivre, cobalt). Elle est appelée *Élisabethville* pendant la période coloniale.

LUC (saint) ✦ Auteur, selon la tradition, de l'un des **Évangiles.** On lui attribue aussi les Actes des Apôtres qui racontent les débuts de la première communauté chrétienne et les voyages de prédication de saint Paul. C'est le saint protecteur des peintres et des médecins.

LUCERNE ✦ Ville de Suisse, chef-lieu du canton de Lucerne, à l'ouest du lac des **Quatre-Cantons.** 57 890 habitants (196 550 pour l'agglomération). Deux ponts en bois couverts (XIVe-XVe siècles), cathédrale Hofkirche (XVIIIe siècle), maisons anciennes pittoresques. Centre administratif et touristique. ♦ La ville, fondée autour d'une abbaye bénédictine (VIIIe siècle), est achetée par les Habsbourg (1291). Elle s'associe aux cantons voisins pour lutter contre la domination autrichienne (1332) et obtient son indépendance (1386). Elle reste fidèle au catholicisme pendant la Réforme et participe aux guerres religieuses. Elle est la capitale de la Suisse pendant l'occupation française (1798-1803). Les cantons catholiques se révoltent (1845), mais ils sont battus à Lucerne par la Confédération (1847).

LUCERNE (canton de) ✦ Canton du centre de la Suisse (☛ carte 26). Superficie : 1 493 km². 359 110 habitants, en majorité catholiques. Langue officielle : l'allemand. Chef-lieu : Lucerne. Agriculture (élevage, céréales, arbres fruitiers) ; industries autour de Lucerne (textile, métallurgie, papeterie, tabac). Tourisme.

LUCIFER ✦ Autre nom donné à **Satan** à partir du Moyen Âge.

LUCKNOW ✦ Ville de l'Inde, capitale de l'Uttar Pradesh. 2,9 millions d'habitants. Nombreux monuments musulmans (XVIIIe-XIXe siècles). Centre administratif et industriel (mécanique, textile, alimentaire, haute technologie), ancienne capitale de l'un des royaumes de l'empire des **Moghols** (1775-1856).

LUCKY LUKE ✦ Personnage de bande dessinée, créé en 1946 par le dessinateur belge Morris (1923-2001). Ce cow-boy solitaire «tire plus vite que son ombre». Il vit dans l'Amérique des pionniers, accompagné de son cheval Jolly Jumper. De 1955 à 1978, René **Goscinny** écrit les scénarios et ajoute des personnages pittoresques comme les frères **Dalton** ou le chien Ran Tan Plan. Ses aventures, qui donnent une vision humoristique de l'Ouest américain, sont adaptées au cinéma.

LUÇON ✦ Commune de la Vendée. 9 313 habitants (les *Luçonnais*) (☛ carte 23). Cathédrale gothique. Palais épiscopal (XVIe siècle). Richelieu fut évêque de Luçon de 1607 à 1623.

LUÇON ✦ La plus grande des îles des Philippines, dans le nord du pays. Superficie : 104 684 km² (un cinquième de la France). 41,5 millions d'habitants. Sur cette île montagneuse se trouvent la capitale, **Manille**, et le volcan **Pinatubo.**

LUCQUES ✦ Ville d'Italie (Toscane), au nord de Pise. 87 200 habitants (les *Lucquois*). Cathédrale romane (XIe-XVIe siècles) renfermant le *Volto Santo,* crucifix miraculeux en bois (XIIe siècle) ; églises San Frediano (XIIe siècle) et San Michele in Foro (XIIe-XIVe siècles) ; palais gothiques et Renaissance ; remparts reconstruits autour de la ville ancienne (XVe-XVIe siècles). Centre de commerce et d'industrie (alimentaire, textile, mécanique, tabac), la ville était célèbre du XIe au XIVe siècle pour ses étoffes de soie. Ville natale de Boccherini et Puccini. ♦ La colonie romaine (178 av. J.-C.) obtient son indépendance de l'empereur germanique (XIIe siècle), passe aux mains de seigneuries, achète son autonomie (1370), proclame la république (1430) et propage la Réforme. Napoléon l'occupe (1799), forme un duché qu'il donne à sa sœur Élisa (1805). Il est rattaché à l'Espagne (1815), puis à la Toscane (1847).

LUCRÈCE (vers 98 av. J.-C.-vers 55 av. J.-C.) ✦ Poète et philosophe latin. Dans son poème *De natura rerum* («De la nature»), il propose de vaincre la crainte des dieux, de la mort et de la superstition en expliquant l'univers de façon scientifique. Il introduit ainsi la philosophie d'**Épicure** dans le monde romain. La qualité littéraire exceptionnelle de son œuvre et la cohérence de son discours font de lui l'un des plus grands penseurs romains.

LUCULLUS Lucius Licinius (vers 106 av. J.-C.-vers 56 av. J.-C.) ✦ Général romain. Nommé consul (74 av. J.-C.), il combat **Mithridate le Grand** jusqu'en Arménie (72-68 av. J.-C.), mais son armée se mutine, et la victoire finale revient à Pompée. Il se retire dans le Latium et, grâce au butin amassé pendant ses campagnes, il mène une vie fastueuse et raffinée devenue proverbiale.

LUCY ou **LUCIE** ✦ Squelette d'australopithèque découvert en Éthiopie par l'équipe du paléontologue français *Yves* Coppens (1974). Lucy est un individu adulte, de sexe féminin, de petite taille (1,05 à 1,35 m), qui pèse de 30 à 45 kilos (☛ Préhistoire p. 148). Vivant il y a plus de 3 millions d'années, elle possède de longs bras et de courtes jambes et elle est capable de marcher sur ses deux pieds. Son nom vient d'une chanson des Beatles écoutée pendant les fouilles.

LUFTWAFFE n. f. ✦ Nom donné à l'aviation militaire allemande par Hermann **Göring** (1935-1945).

LUGDUNUM ✦ Nom de la cité romaine à l'origine de **Lyon.**

LULA DA SILVA (né en 1945) ✦ Homme d'État brésilien. Ouvrier syndicaliste, il fonda le Parti des travailleurs (1980) et devint leader de la gauche brésilienne. Il fut président de la République de 2003 à 2010. ■ *Lula* est le diminutif de *Luiz,* son nom de naissance étant *Luiz Inacio Ferreira da Silva.*

LULLY Jean-Baptiste (1632-1687) ✦ Compositeur français, d'origine italienne. Il arrive de Florence et entre au service de la Grande Mademoiselle, cousine du roi, qui veut apprendre l'italien (1644). Bon danseur et acteur, il est remarqué par le jeune Louis XIV. Lully met alors ses nombreux talents artistiques au service du roi. Celui-ci le nomme surintendant de la Musique (1657) et lui donne la nationalité française (1661). Il écrit la musique des comédies-ballets de **Molière** (1664-1671) puis se brouille avec lui. Il devient directeur de l'Académie royale de musique (1672), conseiller et secrétaire du roi (1681). Il règne sur la musique de son époque et il impose l'opéra français, qui diffère de l'opéra italien par le chant, imitation de la parole («récitatif»). Opéras : *Cadmus et Hermione* (1673), *Atys* (1676), *Armide* (1686). Ses ballets de Cour sont aussi restés célèbres comme *Le Triomphe de l'amour* (1681).

LUMIÈRE (les frères) ✦ Industriels français. **Auguste** (1862-1954) biologiste et **Louis** (1864-1948) chimiste inventent un appareil qui permet à la fois de filmer et de projeter des images animées, donnant naissance au cinématographe. La première séance publique de cinéma, à Paris, présente *La Sortie des usines Lumière* (28 décembre 1895). Elle est suivie de

L'Arrivée d'un train en gare de La Ciotat et de *L'Arroseur arrosé*. Ils mettent également au point le premier procédé commercial de photographie en couleur (1903). Louis s'intéresse aussi à la photographie en relief (1935). Auguste entre à l'Académie des sciences en 1919.

LUMIÈRES (les) ✦ Courant d'idées en Europe au XVIIIe siècle (☛ Littérature p. 143 et Lumières p. 173). En France, ses principaux représentants sont **Montesquieu**, **Voltaire**, **Rousseau**, d'**Alembert**, **Buffon** et les rédacteurs de l'***Encyclopédie***. Leur pensée se caractérise par la confiance dans le triomphe de la raison et du progrès de la science pour conduire l'homme à la perfection, à la sagesse et à son épanouissement. Ils s'opposent ainsi à l'ignorance et à la superstition, revendiquant une liberté de pensée et une volonté de réforme. Les Lumières influencent les souverains de leur époque, comme **Catherine II** de Russie ou **Frédéric II le Grand** de Prusse, et les penseurs de la Révolution française.

LUNE n. f. ✦ Satellite naturel de la Terre, dont il est éloigné d'environ 384 400 km. Son diamètre est de 3 476 km (plus d'un quart de la Terre). Sa quasi-absence d'atmosphère provoque des variations de température de 300 degrés entre la nuit et le jour. La Lune tourne autour de la Terre en 29 jours, 12 heures, 43 minutes et 11,5 secondes (c'est le *mois lunaire*) et sur elle-même dans le même temps, ce qui explique qu'elle présente toujours la même face à la Terre. Son relief est varié : plaines légèrement inclinées, cratères pouvant atteindre 200 km de diamètre, montagnes dépassant 8 200 m d'altitude. Elle ne brille pas mais reflète les rayons du Soleil, et leur action combinée provoque le phénomène terrestre des marées. **Galilée** découvre ses reliefs grâce à sa lunette (1609). En 1960, un engin soviétique l'atteint, et la fusée *Apollo 11* s'y pose en juillet 1969 avec à son bord Neil **Armstrong**, le premier homme à marcher sur sa surface.

LUNÉVILLE ✦ Ville de Meurthe-et-Moselle, sur la Meurthe. 19 325 habitants (les *Lunévillois*). Église Saint-Jacques et château (XVIIIe siècle). Industries (mécanique, électricité, textile) ; célèbre pour ses faïences de table depuis le XVIIIe siècle. ♦ Capitale d'un comté indépendant (973-1244), la ville est rattachée au duché de Lorraine (XVe siècle). **Stanislas Ier Leszczynski** rénove le château et y tient une cour brillante (1735-1760). Par le *traité de Lunéville*, signé avec Joseph Bonaparte (1801), l'Autriche reconnaît à la France la Belgique, la rive gauche du Rhin, les « Républiques sœurs » et ne garde en Italie que la Vénétie.

LUPIN Arsène ✦ Personnage principal des romans policiers de Maurice Leblanc. Il apparaît dans *L'Arrestation d'Arsène Lupin*, nouvelle parue dans un journal (1905), puis l'auteur lui fait vivre une cinquantaine d'aventures, dont *Arsène Lupin, gentleman-cambrioleur* (1907), *Arsène Lupin contre Herlock Sholmès* (1908), *L'Aiguille creuse* (1909), *Les Confidences d'Arsène Lupin* (1913). Ce gentleman de la Belle Époque, séducteur et patriote, dépouille ses riches victimes avec une grande élégance. Il est parfois comparé à un Robin des Bois des temps modernes. Ses aventures ont souvent été portées à l'écran.

LUQSOR → **LOUKSOR**

LUSAKA ✦ Capitale de la Zambie, dans le sud du pays, à environ 1 300 m d'altitude. 2 millions d'habitants (les *Lusakois*). Centre administratif et commercial. Industries (textile, alimentaire, imprimerie, cimenterie).

LUTÈCE ✦ Nom de la cité gallo-romaine établie sur l'île de la **Cité**, qui est à l'origine de **Paris** (☛ carte 8). De récentes fouilles effectuées à Nanterre (2003) remettraient en question la localisation de Lutèce sur l'île de la Cité.

LUTHER Martin (1483-1546) ✦ Réformateur religieux allemand. Ce moine, professeur de philosophie, veut ramener le christianisme à sa pureté d'origine et dénoncer les abus de l'Église. En 1517, il affiche sur les portes du château de **Wittenberg** ses 95 thèses, dans lesquelles il critique la vente des « indulgences » (pardon accordé par l'Église contre de l'argent) : c'est le début de la **Réforme** (☛ Réforme p. 168). Il publie trois textes (*À la noblesse chrétienne de la nation allemande, Prélude sur la captivité babylonienne, De la liberté du chrétien*), dans lesquels il affirme l'autorité de la seule Écriture sainte et précise sa doctrine (1520). Il est excommunié, mais Frédéric de Saxe le prend sous sa protection. Sa traduction en allemand de la Bible fait de lui l'un des premiers grands écrivains de langue allemande. Il organise l'Église *luthérienne* et définit ses règles (*Grand* et *Petit Catéchisme*, 1529). Grâce à l'imprimerie, ses idées se répandent dans toute l'Europe et la Réforme se diffuse. Sa doctrine, le *luthéranisme*, fait partie du protestantisme.

LUTHER KING Martin → **KING** Martin Luther

LUXEMBOURG (province de) ✦ Province du sud-est de la Belgique (Région wallonne) (☛ carte 27). Superficie : 4 439 km². 261 178 habitants (les *Luxembourgeois*). Chef-lieu : Arlon. On y parle le français et le luxembourgeois. La plus grande partie de la province, très boisée, est située en **Ardenne**. Les conditions climatiques et les bois ne favorisent pas l'agriculture. L'élevage bovin est pratiqué sur les plateaux couverts d'herbages. La région, peu peuplée, possède quelques sites industriels (carrières, alimentaire, bois, métallurgie, chimie) et développe le tourisme.

① **LUXEMBOURG** n. m. ✦ Pays d'Europe de l'Ouest (☛ cartes 24, 25). Superficie : 2 586 km². 512 353 habitants (les *Luxembourgeois*). C'est un grand-duché. Monarchie constitutionnelle dont la capitale est Luxembourg. Langues officielles : le luxembourgeois, le français et l'allemand. Monnaie : l'euro, qui remplace le franc luxembourgeois. ♦ GÉOGRAPHIE. Le Luxembourg est formé d'un plateau, partagé entre l'**Ardenne** au nord et la **Lorraine** au sud. Il est parcouru par les affluents de la Moselle, qui forme au sud-est la frontière avec l'Allemagne. Le climat est océanique avec des nuances semi-continentales. ♦ ÉCONOMIE. L'agriculture (fourrage, vigne, exploitation de la forêt) n'occupe que 3 % de la population. L'industrie se maintient depuis les années 1980 grâce à l'implantation de sociétés étrangères (pneumatiques, textile). L'économie prospère avec le secteur des services (administrations européennes, finances, tourisme), et plus de la moitié de la population active est constituée d'étrangers. ♦ HISTOIRE. Le comté, fondé autour d'un château (963), devient un duché (1354) qui passe au XVe siècle à la Bourgogne et aux Pays-Bas puis, en 1506, à l'Espagne. Vauban fortifie la capitale (1684). Entre les mains de l'Allemagne, au XIXe siècle, il est offert au roi de Hollande puis divisé en deux (1831) : l'actuelle province belge du Luxembourg et le grand-duché qui obtient son indépendance (1867). Le pays est occupé par les Allemands pendant les deux guerres mondiales. Il entre dans l'**Otan** (1949) et participe à la fondation du **Benelux** (1944, 1948) et de la **CEE** (1957).

② **LUXEMBOURG** ✦ Capitale du grand-duché de Luxembourg. 95 058 habitants (les *Luxembourgeois*). Vieille ville fortifiée inscrite sur la liste du patrimoine mondial de l'Unesco : remparts de la promenade de la Corniche, palais grand-ducal (XVIe-XVIIIe siècles), cathédrale Notre-Dame (XVIIe siècle). Centre de services, touristique, universitaire, culturel et industriel (métallurgie, textile, agroalimentaire). C'est l'un des trois sièges officiels de l'Union européenne.

③ **LUXEMBOURG** n. m. ✦ Palais et jardin de Paris, sur la rive gauche de la Seine. Marie de Médicis fait construire un palais (1615-1620), décoré par Rubens (1622) et orné de tableaux de Poussin. Il est embelli par Delacroix en 1847. Ce palais sert de prison sous la Révolution, puis il abrite le **Directoire**, le **Consulat**, la Chambre des pairs, et le **Sénat** depuis 1958. Il est entouré d'un grand parc ouvert au public. Orangerie et fontaine Médicis.

LUXEMBURG Rosa (1870-1919) ✦ Révolutionnaire allemande, d'origine polonaise. Elle quitte la Pologne en raison de son activité politique (1889), étudie l'économie politique en Suisse puis s'installe en Allemagne. Elle participe à la fondation du mouvement socialiste Spartakus (futur parti communiste allemand) qui adopte des positions révolutionnaires et antimilitaristes (1915). Elle est emprisonnée à deux reprises (1915-1916 et 1916-1918) et meurt assassinée après l'insurrection de Berlin.

LUXEUIL-LES-BAINS ✦ Commune de la Haute-Saône. 6 917 habitants (les *Luxoviens*). Ancienne cité gallo-romaine *(Luxovium),* réputée pour ses sources thermales. Base aérienne militaire.

LVOV ✦ Ville d'Ukraine, dans l'ouest du pays, dans les Carpates. 729 038 habitants. Centre historique inscrit sur la liste du patrimoine mondial de l'Unesco : cathédrale arménienne, église de la Dormition et cathédrale gothique (XIVe siècle), chapelle Boïmov (XVIIe siècle), collégiale baroque Saint-Georges et église Saint-Nicolas-de-Krivka en bois (XVIIIe siècle). Centre universitaire, commercial et industriel (alimentaire, textile, chimie, métallurgie, mécanique, raffinage pétrolier). Ville natale de Stanislas Ier Leszczynski.

LWOFF André (1902-1994) ✦ Médecin et biologiste français. Son œuvre scientifique est dominée par deux découvertes, les facteurs de croissance des bactéries porteuses de virus et les mécanismes utilisés par les virus pour infecter des bactéries. Ses travaux ont permis des avancées dans la recherche sur le cancer. Prix Nobel de médecine (1965) avec F. Jacob et J. Monod ; Académie des sciences (1976).

LYAUTEY Louis Hubert Gonzalve (1854-1934) ✦ Maréchal de France. Il entre à l'école militaire de Saint-Cyr (1873) et devient officier de la cavalerie. Il est envoyé en Algérie (1879-1882), puis en Indochine (1894) comme chef de l'état-major de **Gallieni**, qu'il suit à Madagascar. Promu général (1903), il est nommé gouverneur au **Maroc** (1912-1925). Il cherche à pacifier la région en gagnant la confiance des Marocains et en respectant leur culture et leurs croyances. Il écrit *Du rôle social de l'officier dans le service militaire universel* (1891) et *Du rôle colonial de l'armée* (1900). Académie française (1912). Il repose aux **Invalides**.

LYDIE n. f. ✦ Région historique d'Asie Mineure, sur la mer Égée. Elle est associée à de nombreuses légendes comme celles d'**Héraclès** ou de **Tantale**. ♦ Son dernier roi, **Crésus**, soumet les colonies grecques de l'**Ionie** et étend son territoire sur la moitié de l'Asie Mineure. Affaiblie par la guerre, la Lydie est envahie par Cyrus le Grand (546 av. J.-C.) et annexée à l'Empire perse. Elle passe successivement à la Macédoine, au royaume de Pergame puis à Rome (129 av. J.-C.).

LYON ✦ Chef-lieu du Rhône et de la Région Auvergne-Rhône-Alpes. 506 615 habitants (les *Lyonnais*) et son agglomération 1,62 million, ce qui en fait la 3e agglomération de France (☛ carte 23). Elle comprend 9 arrondissements. Centre historique du *Vieux Lyon*, inscrit sur la liste du patrimoine mondial de l'Unesco : vestiges gallo-romains, nombreuses cathédrales et églises (basilique romane Saint-Martin-d'Ainay, XIIe siècle ; cathédrale Saint-Jean, XIIe-XVe siècles ; basilique Notre-Dame-de-Fourvière, XIXe siècle), édifices de la Renaissance et de la période classique. Le centre de la ville s'étire sur une presqu'île entre le Rhône et la Saône. Lyon, ville commerciale depuis la fin du Moyen Âge, est la première à être reliée à Paris par le TGV (1981). Centre de services, industriel (textile, chimie, métallurgie, automobile), universitaire et scientifique. Ville natale de Claude Ier et Caracalla, de Ph. Delorme, Louise Labé, les frères Coustou, Jacquard, Ampère, Puvis de Chavannes, H. Guimard, Saint-Exupéry, B. Tavernier et A. Begag. ♦ La ville est fondée par les Romains (43 av. J.-C.) sous le nom de *Lugdunum* (☛ carte 8). Elle devient la capitale des Gaules (27 av. J.-C.) et le berceau du christianisme. Elle est rattachée à la **Lotharingie** (843), puis au royaume de Bourgogne-Provence, est cédée au Saint Empire (1032), puis elle rejoint la couronne de France sous Philippe le Bel (1312). À partir du XVe siècle, elle devient un centre européen des affaires grâce à ses foires, à ses imprimeries et au tissage de la soie, industrie qui prédomine jusqu'au XVIIIe siècle. Les dures conditions de travail des ouvriers tisseurs (les «cànuts», qui inspirent le personnage de **Guignol**) provoquent des révoltes, sévèrement réprimées (1831, 1834, 1848). Pendant la Deuxième Guerre mondiale, Lyon est un centre important de la **Résistance**.

LYS n. f. ✦ Rivière de France et de Belgique, longue de 214 km. Elle prend sa source en Artois, forme la frontière avec la Belgique au nord-ouest de Tourcoing, arrose Courtrai et se jette dans l'Escaut à Gand. Son cours, presque entièrement navigable, est relié par des canaux à Dunkerque, Lille et Bruges.

M

MAALOUF Amin (né en 1949) ✦ Écrivain libanais d'expression française. Il fuit Beyrouth et la guerre civile et s'installe à Paris (1976). Ses romans ont pour cadre le Proche et le Moyen-Orient (*Léon l'Africain,* 1986 ; *Le Rocher de Tanios,* 1993). Académie française (2011).

MAASTRICHT ou **MAËSTRICHT** ✦ Ville du sud des Pays-Bas, chef-lieu du Limbourg, sur la Meuse. 119 038 habitants. Important centre culturel (musée, université). Industries (céramique, cimenterie, papeterie).

MAASTRICHT (traité de) ✦ Traité signé le 7 février 1992 par les membres de la Communauté européenne, ratifié par les États en 1992 et 1993. Cet accord concerne principalement l'union économique (banque centrale), monétaire (l'euro, monnaie unique) et politique de ses membres. Il fonde l'**Union européenne** (1er novembre 1993).

MACAO ✦ Région sous administration spéciale du sud de la Chine, sur une presqu'île face à Hong Kong (☛ carte 40). Superficie : 16 km^2. 502 113 habitants, dont 8 000 Européens. Comptoir fondé par les Portugais (1557), Macao a été rétrocédé à la Chine en 1999. Tourisme (maisons de jeu et casinos, courses). Centre historique inscrit sur la liste du patrimoine mondial de l'Unesco.

MACARTHUR Douglas (1880-1964) ✦ Général américain. Chef d'état-major de l'armée (1930-1935), puis commandant en chef des forces alliées pendant la Deuxième Guerre mondiale (1943), il reconquiert le Pacifique et reçoit la reddition du Japon (1945), où il joue un rôle politique important. Alors qu'il commande les troupes de l'ONU en Corée, son attitude offensive envers la Chine est condamnée par le président Truman qui le fait remplacer (1951).

MACARTHUR Ellen (née en 1976) ✦ Navigatrice britannique. Elle remporta la **Route du Rhum** en monocoque (2002) puis battit le record du tour du monde à la voile en solitaire (71 jours et 14 h) en 2005.

Macbeth ✦ Drame de William Shakespeare représenté en 1606, inspiré par un roi d'Écosse du XIe siècle. À l'instigation de sa femme, Macbeth assassine Duncan, roi d'Écosse, et s'empare de son trône. Lady Macbeth, prise de remords, se donne la mort tandis que son époux, cerné par le fils de Duncan et ses hommes, meurt en se jetant du haut de son château. La pièce de Shakespeare a inspiré **Verdi** (1847), Richard **Strauss** (1890) et suscité plusieurs adaptations cinématographiques.

MCCARTHY Joseph Raymond (1908-1957) ✦ Homme politique américain. Ce sénateur républicain élu en 1947 s'est livré à une « chasse aux sorcières », poursuivant avec acharnement les personnalités politiques et intellectuelles suspectées de sympathies communistes. Le *maccarthysme* a été désavoué et blâmé par le Sénat en 1954.

MCCULLERS Carson (1917-1967) ✦ Romancière américaine. Ses romans ont pour thème la solitude et l'incommunicabilité entre les êtres (*Le cœur est un chasseur solitaire,* 1940 ; *Reflets dans un œil d'or,* 1941, film de J. Huston).

① **MACÉDOINE** n. f. ✦ Région historique des Balkans. Elle est partagée entre la république de Macédoine, la Grèce et la Bulgarie. ♦ Dans l'Antiquité, le puissant royaume de Macédoine est envahi par les Perses (vers 513 av. J.-C.) mais retrouve son indépendance en 479 av. J.-C. Sous **Philippe II** et **Alexandre le Grand**, il étend sa domination sur la Grèce et la Perse. Il passe successivement à la Perse, la Thrace, l'Égypte, devient une province romaine (146 av. J.-C.) puis fait partie de l'Empire **byzantin** à partir de 395. La région, envahie par les Wisigoths, les Slaves, les Bulgares, entre dans l'Empire **ottoman** en 1430. Du fait de sa population très diversifiée, elle est disputée par les Balkans (XVIIIe-XIXe siècles) et partagée entre la Serbie, la Grèce et la Bulgarie (1913). Annexée par la Bulgarie (1941-1944), elle est presque entièrement rendue à la Grèce et à la Yougoslavie en 1947.

② **MACÉDOINE** n. f. ✦ Région administrative du nord de la Grèce (☛ carte 28). Superficie : 34 144 km^2. 2,4 millions d'habitants. Chef-lieu : Salonique. La région s'étend des montagnes du nord-ouest de la Grèce jusqu'à la Thrace. Le centre est formé de vastes plaines et de la péninsule de Chalcidique. Région agricole (fruits, maïs, oléagineux) et industrielle (pétrochimie, métallurgie, engrais, pneus), la plus dynamique du pays.

③ **MACÉDOINE** n. f. ✦ Pays d'Europe du Sud, dans les **Balkans** (☛ cartes 24, 25). Superficie : 25 713 km^2. Deux millions d'habitants : Macédoniens, Albanais,

Turcs, Tsiganes, Serbes, Valaques ; en majorité orthodoxes (67 %) et musulmans (30 %). République dont la capitale est Skopje. Langue officielle : le macédonien. Monnaie : le denar. ♦ GÉOGRAPHIE. La Macédoine est traversée par la vallée du Vardar où s'étendent des plaines fertiles, et autour desquelles s'élèvent des montagnes. Son climat continental est tempéré et assez sec. ♦ ÉCONOMIE. L'agriculture est productive dans les plaines (riz, coton, tabac, mûrier, sésame, pavot). Le sous-sol est riche (fer, chrome, plomb et zinc). L'industrie (sidérurgie, textile) et l'artisanat (tapis) sont bien développés. ♦ HISTOIRE. C'est l'une des républiques fédérées de **Yougoslavie** (1945-1991). Elle obtient son indépendance en 1991, est admise à l'ONU sous le nom officiel d'*Ancienne République yougoslave de Macédoine* en 1993, mais la Grèce refuse de la reconnaître et lui impose un blocus économique (1994-1995). Elle subit les conséquences de la crise en **Albanie** (1997) et du conflit du **Kosovo** (1998-1999). Depuis 2001, les Albanais du nord-ouest (23 % de la population) s'opposent violemment à leur statut de minorité. La Grèce s'oppose à son entrée dans l'Union européenne malgré l'accord des autres membres (2005).

MACHAUT Guillaume de → GUILLAUME DE MACHAUT

MACHIAVEL Nicolas (1469-1527) ✦ Homme politique et écrivain italien. Secrétaire de la chancellerie de Florence, il accomplit des missions diplomatiques auprès de César **Borgia**, de Louis XII et de l'empereur germanique Maximilien Ier. Quand les Médicis prennent le pouvoir à la chute de la république de Florence (1512), il est emprisonné puis banni de la ville. Il retrouve des fonctions officielles peu avant sa mort, avec la proclamation de la république. Il laisse un traité de philosophie politique, *Le Prince* (1513), dédié à Laurent II de **Médicis.** Sa doctrine politique (ne reculer devant rien pour parvenir à ses fins) est à l'origine de l'adjectif *machiavélique.*

MACHREK n. m. ✦ Ensemble des pays arabes situés à l'est du **Maghreb.** Le Machrek comprend les pays du **Proche-Orient** et du **Moyen-Orient.** Ce nom signifie en arabe «pays du levant, orient».

MACHU PICCHU ✦ Site archéologique du Pérou, au nord de Cuzco, à 2 045 m d'altitude. Cette cité construite en gradins sur les contreforts des Andes (vers le XVe siècle) est composée d'environ 200 bâtiments qui témoignent de la grandeur de la civilisation des **Incas.** Le site, découvert en 1911, est inscrit sur la liste du patrimoine mondial de l'Unesco.

MACKENZIE n. m. ✦ Fleuve du nord-ouest du Canada, long de 4 600 km, le plus grand du pays. Il prend sa source dans le Grand Lac des **Esclaves,** longe les *monts Mackenzie,* à l'ouest des Territoires du Nord-Ouest et se jette à l'est de l'Alaska dans l'océan Glacial Arctique (*baie de Mackenzie*), par un vaste delta qui contient des réserves de pétrole.

MCKINLEY (mont) ✦ Ancien nom du mont **Denali.**

MCLUHAN Marshall (1911-1980) ✦ Sociologue canadien. Figure médiatique des années 1960-1970, il dénonce dans ses essais le caractère archaïque de la civilisation du livre (*La Galaxie Gutenberg,* 1962) et s'attache à comprendre l'impact des nouveaux moyens de communication (*Pour comprendre les médias,* 1964).

MAC-MAHON (1808-1898) ✦ Homme d'État français. Ce militaire formé à Saint-Cyr s'illustre dans les armées de Napoléon III (guerre de **Crimée,** 1855 ; campagne d'Italie, 1859). Devenu maréchal, il est nommé gouverneur général de l'Algérie (1864-1870). Il rejoint l'armée française au début de la guerre franco-allemande (1870-1871) mais il est fait prisonnier à **Sedan.** Libéré, il est nommé commandant de l'armée de Versailles et organise la sévère répression de la **Commune** de Paris (mars-mai 1871). Il est élu président de la République par les monarchistes à la chute de **Thiers** (1873). Il démissionne après les victoires répétées des républicains et se retire de la vie politique (1879). Il repose aux **Invalides.** ■ Son nom complet est *Edme Patrice Maurice, comte de Mac-Mahon.*

MÂCON ✦ Chef-lieu de Saône-et-Loire, sur la Saône. 33 456 habitants (les *Mâconnais*). Cathédrale Saint-Vincent (en partie détruite au XVIIIe siècle), hôtel-Dieu célèbre pour sa pharmacie (XVIIIe siècle), hôtel de Sénecé (musée Lamartine). Port fluvial actif. Industries (métallurgie, mécanique, électronique). Commercialisation des vins du Mâconnais. Ville natale de Lamartine. ♦ La cité gauloise, prise par César, subit de nombreuses invasions. Devenu le siège d'un évêché (VIe-XVIIIe siècles), le comté du Mâconnais est vendu à Saint Louis (1238) puis cédé au duc de Bourgogne. Il est rattaché à la Couronne par Louis XI en 1477.

MÂCONNAIS n. m. ✦ Région située au nord-est du Massif central, et limitée à l'est par la Saône. Elle est formée de hauts plateaux forestiers, *les monts du Mâconnais,* qui atteignent 760 m. Son vignoble produit des vins réputés : certains grands crus entrent dans la catégorie des vins de Bourgogne. Ses riches prairies sont consacrées à l'élevage.

MAC ORLAN Pierre (1882-1970) ✦ Écrivain français. À une jeunesse difficile succède une vie d'errance dans les ports où il trouve à s'employer. Il y accumule les souvenirs qui, traversés par sa grande imagination, alimentent une œuvre drôle, insolite, fantastique où l'aventure est présente. Il fut lié à **Apollinaire** et Max **Jacob.** Œuvres : *Les Clients du Bon Chien jaune, La Cavalière Elsa* (1921), *Le Quai des brumes* (1927 ; film de Marcel Carné, 1938), *La Bandera* (1931 ; film de Julien Duvivier, 1935), *L'Ancre de miséricorde* (1941). Nombre de ses poèmes ont été mis en musique (*Chansons pour accordéon,* 1961). ■ Son véritable nom est *Pierre Dumarchey.*

MADAGASCAR ✦ Pays de l'est de l'Afrique (☛ cartes 34, 36). Cette île est située dans l'océan Indien, séparée du continent par le canal de Mozambique. Superficie : 587 041 km² (un peu plus que la France). 22 millions d'habitants (les *Malgaches*), en majorité animistes. République dont la capitale est Antananarivo (Tananarive en français). Langues officielles : le malgache et le français. Monnaie : l'ariary (franc malgache). ♦ GÉOGRAPHIE. Madagascar est formé de hauts plateaux volcaniques, les Hautes Terres, couverts de forêts où vit une faune spécifique (lémuriens, papillons). Une plaine côtière fertile et très peuplée domine l'ouest du pays ; une autre, plus étroite, à l'est, est doublée d'une ligne de lagunes le long des côtes. Le climat tempéré sur les Hautes Terres devient plus sec au sud. ♦ ÉCONOMIE. C'est un pays agricole (riz, manioc, canne à sucre, café, tabac, arachide, 1er producteur mondial de vanille). L'élevage (bovins) se concentre sur les Hautes Terres. Le pays exploite les gisements de graphite, chrome, zircon, mica, saphir. Tourisme en plein essor. ♦ HISTOIRE. L'île se peuple successivement d'Africains et d'Indonésiens (au premier millénaire). Des commerçants arabes s'y installent au XIIe siècle. Les Portugais la découvrent en 1500. L'île Bourbon voisine (île de la Réunion) s'y fournit en esclaves, s'y approvisionne en bétail et en riz (XVIIe-XVIIIe siècles). Puis les nombreux petits royaumes, qui se partagent l'île, s'unissent et chassent les Européens. Le pays devient une colonie française en 1896, dont **Gallieni** est nommé gouverneur (1896-1903). Occupé par les Britanniques (1942-1943), il est ensuite rendu à la France qui en fait un Territoire d'outre-mer (1946). Le soulèvement de la population est sévèrement réprimé l'année suivante. Madagascar a obtenu son indépendance en 1960. Le pays est régulièrement troublé par de graves crises politiques ou de violents combats (notamment en 2002 et 2005).

Madame Bovary ✦ Roman de Gustave Flaubert (1857). Emma Rouault, jeune fille élevée dans un couvent, épouse l'officier de santé Charles Bovary. Rêvant d'un amour passionné et d'une vie de luxe, elle est déçue par la médiocrité de son mari et par la vie terne de la bourgeoisie normande. Pour tromper son ennui, elle prend des amants mais, toujours insatisfaite, elle finit par s'empoisonner. Flaubert dépeint avec beaucoup de réalisme et sans indulgence les mœurs provinciales et bourgeoises. L'ouvrage, jugé immoral à sa parution, lui valut un procès retentissant, au terme duquel il fut acquitté. Le *bovarysme* touche ceux qui fuient dans le rêve une réalité insatisfaisante.

MADEIRA (rio) n. m. ✦ Rivière du Brésil, longue de 3 200 km (☛ carte 50). Formé par les rios Guaporé et Mamoré, c'est le principal affluent de la rive droite de l'**Amazone** qu'il rejoint à l'est de Manaus.

MADELEINE (abri de la) ✦ Site préhistorique de Dordogne, situé dans une falaise près des **Eyzies**. Découvert en 1863, long de 50 m et large de 12 m, il renfermait de nombreux objets d'art mobiliers et des outils gravés ou sculptés (☛ Préhistoire p. 148). Il abritait également la sépulture d'un jeune enfant. Le site a donné son nom à la dernière culture du paléolithique supérieur, le *magdalénien* (entre 15 000 et 9 000 ans av. J.-C.).

MADELEINE (la) ✦ Église de Paris, sur la rive droite de la Seine. La construction, commencée en 1763, est abandonnée (1790) puis reprend à l'initiative de Napoléon Ier (1806). Il fait édifier, à la gloire de la **Grande Armée**, un temple grec avec un péristyle de colonnes corinthiennes et un perron monumental tourné vers l'obélisque de la Concorde. L'édifice est achevé en 1840 et l'église consacrée en 1842.

MADÈRE ✦ Archipel portugais de l'océan Atlantique. Situé à 1 000 km au sud-ouest de Lisbonne, il forme une région autonome du Portugal. Superficie totale : 794 km^2. 267 785 habitants (les *Madériens* ou les *Madérois*). Capitale : Funchal. ♦ L'archipel comprend l'île principale de Madère, l'île de Porto Santo, les îles Desertas et les îlots des Selvagens. Ces îles volcaniques, aux hauts plateaux inhabités (au-dessus de 1 400 m) et aux gigantesques falaises, possèdent un climat pluvieux au nord, ensoleillé et sec au sud. Elles vivent de l'agriculture (fruits tropicaux, vin appelé le *madère*), de l'artisanat (broderie) et du tourisme. ♦ Madère, découvert en 1418, a été l'une des premières colonies portugaises.

MADERNA Bruno (1920-1973) ✦ Compositeur et chef d'orchestre italien. Adepte de la musique sérielle (*Serenata nº 2*, 1957), il s'est intéressé à la musique électroacoustique (*Notturno*, 1955 ; *Syntaxis*, 1957) et a composé également pour le théâtre (*Hyperion*, 1964 ; *Satyricon*, 1973). On lui doit aussi des œuvres orchestrales (*Grande Aulodia*, 1970 ; *Aura*, 1972). Brillant interprète de la musique contemporaine, il a poursuivi jusqu'à sa mort une carrière internationale de chef d'orchestre.

MADHYA PRADESH n. m. ✦ État du centre de l'Inde, créé en 1956 sur le plateau du **Dekkan** (☛ carte 41). Superficie : 308 245 km^2 (environ la moitié de la France). 72,6 millions d'habitants. Capitale : Bhopal. Couvert de forêts, le pays vit de l'agriculture (céréales, légumes), des ressources minières (charbon, fer, manganèse, bauxite) et de l'industrie (sidérurgie, électronique, mécanique, textile).

MADONNA (née en 1958) ✦ Chanteuse américaine. Elle connaît un succès international à partir de 1984 avec l'album *Like a Virgin* et elle a vendu le plus grand nombre de disques de toute l'histoire de la musique. Interprète de pop mêlée de disco et d'électro, elle réserve une place importante à la chorégraphie dans ses spectacles. ■ Son véritable nom est *Madonna Louise Ciccone*.

MADRAS ✦ Ville de l'Inde, capitale du Tamil Nadu, dans le sud-est du pays, sur le golfe du Bengale. Son nom officiel est *Chennai* depuis 1999. 8,6 millions d'habitants (☛ carte 57). Port, industries (construction ferroviaire et automobile, textile, cinéma), artisanat (tannerie, tissu imprimé). Centre culturel (musées, université). ♦ Le port antique accueillit saint Thomas. Il devint un comptoir important puis la capitale de l'Inde du Sud britannique (XVIIe siècle).

MADRID ✦ Capitale de l'Espagne, au centre du pays, à 655 m d'altitude. 3,2 millions d'habitants (les *Madrilènes*). La région, d'une superficie de 7 995 km^2, en totalise 6,4 millions (☛ carte 32). Nombreux édifices historiques : Plaza Mayor, Puerta del Sol, hôtel de ville, Palais royal, église San Francisco el Grande (XVIIe et XVIIIe siècles) et, aux alentours, palais de l'**Escurial**. Centre administratif, industriel (mécanique, aéronautique, électricité), culturel (nombreux musées dont celui du **Prado**, universités). Ville natale de Lope de Vega, Tirso de Molina, Calderon de la Barca, Marie-Thérèse d'Autriche, Alphonse XIII, Juan Gris. ♦ La forteresse maure (Xe siècle) est conquise par la Castille (1085). La ville succède à Tolède comme capitale du royaume des Espagnes sous Philippe II (1561). Elle devient un important centre culturel où résident de nombreux artistes comme **Vélasquez** et **Murillo** (XVIIe siècle). Le roi Charles III l'embellit, fait achever le palais royal. Il y accueille Goya (XVIIIe siècle). Napoléon l'occupe et place son frère Joseph Bonaparte sur le trône (1808-1813). Madrid, siège du gouvernement républicain pendant la guerre civile, théâtre de violents combats, est la dernière ville républicaine à se rendre (mars 1939). Un attentat terroriste y a fait plus de 200 morts en 2004.

MADURAI ✦ Ville de l'Inde (Tamil Nadu), dans le sud-est du pays. 1,4 million d'habitants. Commerce, artisanat et industrie (textile). Grand centre de pèlerinage hindouiste (temple de Minakshi, XVIIe siècle).

MAETERLINCK Maurice (1862-1949) ✦ Écrivain belge d'expression française. ☛ Symbolisme p. 186. Poète symboliste (*Serres chaudes,* 1889), auteur dramatique (*La Princesse Maleine,* 1889 ; *Pelléas et Mélisande,* 1892, mis en musique par Debussy ; *L'Oiseau bleu,* 1908), il est également célèbre pour ses recueils philosophiques (*La Vie des abeilles,* 1901 ; *L'Intelligence des fleurs,* 1907). Prix Nobel de littérature (1911).

MAFIA n. f. ✦ Association secrète fondée en Sicile au début du XXe siècle. Constituée à l'origine par de grands propriétaires terriens qui veulent assurer leur propre justice, elle se transforme en une association de malfaiteurs qui, à partir de 1910, dominent la vie politique et économique de l'île. Avec l'émigration, elle se développe aux États-Unis, notamment pendant la prohibition. Depuis la Deuxième Guerre mondiale, la Mafia joue un rôle important dans la société italienne, notamment avec le développement du marché de la drogue. Elle a provoqué une crise au sein de l'État, dans les années 1990, avec l'assassinat de juges et de hauts fonctionnaires. Ses membres s'appellent les *mafieux* ou les *mafiosi.*

MAGDEBURG ✦ Ville d'Allemagne, capitale de la Saxe-Anhalt, sur l'Elbe. 229 691 habitants. Cathédrale gothique (XIIIe siècle), hôtel de ville Renaissance. Important port fluvial relié par des canaux au Rhin et à l'Oder. Industries (chimie, textiles artificiels, raffinerie de sucre). Jusqu'en 1945, ce fut un très grand centre sidérurgique (usines **Krupp**). Ville natale de Telemann. ♦ Gouvernée par des archevêques (962-1648), elle prospère avec la **Hanse** (XIIIe siècle) et adopte la Réforme (1525). Mise à sac pendant la guerre de **Trente Ans**, elle est rattachée à la Westphalie (1648), puis annexée à la Prusse (1680). Prise par Napoléon Ier (1806), elle revient à la Prusse après le congrès de **Vienne** (1815). Détruite à 65 % pendant la Deuxième Guerre mondiale, elle a retrouvé sa prospérité dans les années 1960.

MAGELLAN Fernand de (vers 1480-1521) ✦ Navigateur portugais. Entré au service de l'Espagne (1512), il entreprend une expédition pour atteindre les Indes par l'ouest (1519), découvre le détroit qui relie l'océan Atlantique et un autre océan si calme qu'il le nomme *Pacifique* (1520). Il débarque aux Philippines (1521) où il est tué par les populations indigènes. Un des navires de sa flottille revient en Espagne en contournant l'Afrique : son lieutenant El Cano achève ainsi le premier tour du monde et démontre que la Terre est ronde (☛ Grandes Découvertes p. 166 et carte 13). ■ Son nom portugais est *Fernão de Magalhães.*

MAGELLAN (détroit de) ✦ Détroit situé entre l'Argentine et la Terre de Feu au Chili (☛ carte 44). Long de 580 km, il fait communiquer l'océan Atlantique et l'océan Pacifique par une succession de fjords. Il a été découvert par **Magellan** qui lui a donné son nom (1520). Il possède un seul port, situé au Chili, Punta Arenas.

MAGENTA ✦ Ville d'Italie (Lombardie). 22 839 habitants. Industrie textile (coton). **Mac-Mahon** y bat les Autrichiens pendant la campagne d'Italie (4 juin 1859).

MAGES (les Rois) ✦ Sages d'Orient, dans les Évangiles. Conduits par une étoile, ils viennent à Bethléem rendre hommage à Jésus qui vient de naître. Ils sont trois : **Balthazar, Gaspard** et **Melchior.** Les chrétiens fêtent cet évènement lors de l'**Épiphanie** ou Jour des Rois.

MAGHREB n. m. ✦ Ensemble des pays du nord-ouest de l'Afrique (☛ cartes 35, 37). Le Maghreb comprend le Maroc, l'Algérie et la Tunisie, pays qui doivent leur unité religieuse et culturelle à la conquête arabe (VIIe siècle). Avec la Mauritanie et la Libye, ils forment le *Grand Maghreb.* Tous ces pays sont réunis, depuis 1989, dans l'*Union du Maghreb arabe* qui veut développer et améliorer la coopération économique. Ce nom signifie en arabe « direction où le soleil se couche, occident ».

MAGINOT André (1877-1932) ✦ Homme politique français. Il a été député (1910) et plusieurs fois ministre après la Première Guerre mondiale. En 1930, il fait construire des fortifications à la frontière nord-est du pays. La *ligne Maginot* reste cependant inachevée à la frontière franco-belge en raison de l'opposition de la Belgique. En mai 1940, les troupes allemandes la contournent par l'ouest et envahissent le nord de la France.

MAGRITTE René (1898-1967) ✦ Peintre belge. Il étudie à l'Académie des beaux-arts de Bruxelles (1916-1918). Il s'intéresse au cubisme, puis à Max **Ernst** et **De Chirico**, et participe au surréalisme. Ses œuvres surprenantes juxtaposent, souvent de manière insolite et poétique, des objets de la vie quotidienne. Il s'interroge sur le rapport entre les mots et les images comme dans son dessin représentant une pipe, intitulé *Ceci n'est pas une pipe* (1929). ☛ Surréalisme p. 191.

Mahabharata n. m. ✦ Épopée indienne, écrite sur plusieurs siècles (vers 1000 av. J.-C.-VIe siècle). Ce poème de 120 000 versets, qui retrace les invasions des **Indo-Européens** dans le nord de l'Inde, est une véritable encyclopédie de leurs connaissances sacrées et profanes. Il contient le poème philosophique *Bhagavad-Gita.* Le 19e livre, le dernier, raconte les mythes concernant **Krishna.** C'est, avec le ***Ramayana,*** l'un des écrits fondamentaux de l'hindouisme.

MAHARASHTRA n. m. ✦ État du centre-ouest de l'Inde, créé en 1956 sur les Ghâts de l'Ouest (☛ carte 41). Superficie : 307 713 km² (environ la moitié de la France). 112,4 millions d'habitants. Capitale : Bombay. Bordé par la mer d'Oman et irrigué par la Godavari et la Krishna, l'État vit en partie de l'agriculture (céréales, coton, canne à sucre). L'industrie (textile, alimentaire, chimie, électronique, mécanique) s'y est développée sous l'impulsion des milieux d'affaires de Bombay.

MAHFOUZ Naguib (1911-2006) ✦ Écrivain égyptien. Il est l'auteur d'une trilogie (*Impasse des deux palais, Le Palais du désir, Le Jardin du passé,* 1956-1957) dans laquelle il analyse les transformations de la société égyptienne. Ses romans et nouvelles ont pour cadre les quartiers populaires du vieux Caire. Prix Nobel de littérature (1988).

MAHLER Gustav (1860-1911) ✦ Musicien autrichien. Entré au conservatoire de Vienne à quinze ans, il devient un brillant chef d'orchestre (Vienne, 1897-1907 ; New York). Il a composé dix symphonies et de nombreuses pièces pour voix et orchestre. L'originalité de son œuvre tient à la synthèse qu'il réalise entre la chanson populaire germanique (le «lied») et la musique symphonique. C'est le dernier grand compositeur romantique ; son œuvre annonce la musique du XXe siècle. Œuvres : *Lieder et Chants de jeunesse* (1880-1892), *Kindertotenlieder* (1901-1904), *Le Chant de la Terre* (1908).

MAHOMET (vers 570-632) ✦ Prophète et fondateur de l'islam. Né à La Mecque, cet orphelin est adopté par son grand-père puis par son oncle. Il épouse Khadija qui lui donne quatre filles dont **Fatima.** Selon la tradition, il reçoit sa première révélation vers 610, près de La **Mecque** : l'archange **Gabriel** lui transmet la parole de Dieu, qui forme le texte du **Coran.** Il commence son enseignement mais, persécuté, il doit fuir à **Médine** (622). Cette date correspond à l'an I du calendrier musulman, appelée aussi l'*Hégire.* Devenu homme politique et chef militaire, il conquiert La Mecque (630) et répand la nouvelle religion dans l'ensemble de la péninsule Arabique (630-631). Mahomet réorganise l'administration et établit une législation religieuse qui se substitue à l'ordre tribal. À sa mort, l'islam se divise en plusieurs branches dont celle des chiites liée à **Ali**, le mari de sa fille Fatima, qui se heurte à la majorité sunnite. Son tombeau se trouve à Médine.

MAI 68 ✦ Crise économique, sociale, politique et culturelle qui se déroule en France au printemps 1968 sous la Ve République. La contestation débute dans le milieu étudiant (Nanterre, Quartier latin ☛ Ve République p. 197), puis gagne le milieu ouvrier. Une grève générale paralyse le pays. La division des syndicats et des partis politiques, la dissolution de l'Assemblée nationale par le général de Gaulle conduisent à l'essoufflement du mouvement, à la reprise progressive du travail et au renforcement du pouvoir en place lors des élections législatives de juin. Les évènements de Mai 68 ont marqué la naissance de nouvelles valeurs morales, sociales et éducatives qui ont eu des conséquences importantes sur l'évolution de la société française.

MAÏAKOVSKI Vladimir (1893-1930) ✦ Poète russe. Il adhéra au parti bolchevique et soutint la révolution dont il fut le chantre. Il devint l'une des figures du mouvement futuriste et bouleversa les codes de la nouvelle poésie. Ses poèmes exaltent le peuple et la révolution (*Nuage en pantalon,* 1915 ; *Vladimir Ilitch Lénine*).

MAIGRET (commissaire) ✦ Héros d'un cycle de romans policiers publié de 1929 à 1972 par Georges **Simenon.** Jules Maigret, le commissaire de police parisien, personnage intuitif, sensible à l'atmosphère des lieux et à la psychologie de ceux qu'il rencontre, apparaît dans 102 enquêtes, parmi lesquelles *Pietr-le-Letton* (1929), *L'Affaire Saint-Fiacre* (1932), *Maigret à Vichy* (1968), *Maigret et Monsieur Charles* (1972). Beaucoup ont été adaptées au cinéma.

MAILLOL Aristide (1861-1944) ✦ Sculpteur et peintre français. Il étudie la peinture à Perpignan, à Paris, et il s'intéresse à la sculpture avec pour thème principal le nu féminin. Ses sculptures monumentales représentent des femmes aux formes généreuses, robustes, arrondies et au modelé lisse. Un musée lui est consacré à Paris et plusieurs de ses œuvres ornent le jardin des Tuileries.

MAÏMONIDE Moïse (1138-1204) ✦ Savant, médecin, philosophe et théologien. Issu d'une famille de savants juifs, il quitte l'Espagne pour Fès, puis s'établit en Égypte où il devient médecin du sultan Saladin. Il a laissé quelques traités de médecine, mais a surtout fait œuvre de théologien (*Mishné Torah,* code religieux et abrégé du **Talmud**) et de philosophe, cherchant à intégrer la pensée d'Aristote au judaïsme. Son *Guide des égarés,* écrit en arabe et traduit en hébreu, essaie d'accorder philosophie et judaïsme.

MAIN n. m. ✦ Rivière d'Allemagne, longue de 524 km (☛ carte 29). Elle prend sa source en Bavière, arrose Bayreuth, Francfort, Mayence où elle se jette dans le Rhin. Le canal Rhin-Main-Danube relie la mer du Nord à la mer Noire.

① **MAINE** n. m. ✦ État du nord-est des États-Unis, depuis 1820 (☛ carte 47). Superficie : 86 027 km^2 (plus d'un sixième de la France). 1,3 million d'habitants. Capitale : Augusta (18 560 habitants). ♦ Le Maine est formé d'un plateau vallonné, couvert de forêts et parsemé de lacs. La côte, avec ses îles et ses baies, est très découpée. Le climat est humide et froid. C'est une région agricole (pomme de terre, légumes, volailles). L'industrie est dominée par l'exploitation du bois (papeterie, meubles). La pêche est active (homard). Le caractère pittoresque du Maine attire de nombreux touristes. ♦ La région, colonisée par les Français (1604), puis les Anglais (1606), est annexée au Massachusetts en 1658. Sa frontière avec le Canada a été fixée par un traité en 1842.

② **MAINE** n. m. ✦ Région historique de l'ouest de la France, qui correspond aux départements de la Mayenne et de la Sarthe. Ville principale : Le Mans. ♦ Le Maine est formé d'une plaine couverte de bocages et de bois, arrosée par la Mayenne et la Sarthe. Elle vit surtout de l'agriculture (élevage, céréales, arbres fruitiers). ♦ Érigé en comté (955), le Maine est revendiqué par la Normandie et rattaché à l'**Anjou** (1126) avant de passer sous domination anglaise. Repris par la France en 1290, il est rendu à l'Anjou. Éprouvée par la guerre de Cent Ans, la région reprend une activité économique à partir du XVIe siècle.

MAINE-ET-LOIRE n. m. ✦ Département de l'ouest de la France [49], de la Région Pays de la Loire. Superficie : 7 166 km^2. 805 835 habitants. Chef-lieu : Angers ; chefs-lieux d'arrondissement : Cholet, Saumur et Segré.

MAINTENON Françoise d'Aubigné, marquise de (1635-1719) ✦ Dame française. Petite-fille d'Agrippa d'**Aubigné**, elle abjure le calvinisme (1649), épouse le poète Scarron et tient un salon où elle reçoit Mme de Sévigné et Mme de La Fayette. Devenue veuve en 1660, et se trouvant sans ressources, elle élève les enfants de Mme de Montespan et de Louis XIV, qui en fait sa maîtresse puis l'épouse secrètement après la mort de la reine. À la mort du roi, elle se retire dans la maison d'éducation qu'elle a fondée (**Saint-Cyr-l'École**).

MAISON BLANCHE (la) ✦ Résidence du président des États-Unis, à Washington. Elle fut construite pour George Washington (1792-1800). Elle doit son nom à la pierre polie dont elle est faite, qui contraste avec la brique rouge des bâtiments qui l'entourent.

MAISON CARRÉE (la) ✦ Temple romain de Nîmes. Bâti en l'honneur des fils adoptifs de l'empereur Auguste (10 av. J.-C.-4 apr. J.-C.) et entouré de colonnes corinthiennes, il sert d'hôtel de ville (1050-1540), d'église (1672), de préfecture (1789) puis il est restauré (1816-1822) et transformé en musée archéologique (1824). C'est, en France, le monument romain le mieux conservé. Il abrite actuellement le musée des Antiques.

MAÎTRE DE MOULINS → **MOULINS** (maître de)

MAJEUR (lac) ✦ Lac du nord de l'Italie, dans les Alpes (☛ carte 30). Il sépare le Piémont de la Lombardie et son extrémité nord appartient à la Suisse (canton du Tessin). Superficie : 212 km². Il est traversé par le **Tessin** et il comprend les îles Borromées. Ses berges abritent de nombreuses stations touristiques.

MAJORQUE ✦ Île espagnole, la plus grande de l'archipel des **Baléares** (☛ carte 32). Superficie : 3 064 km². 814 275 habitants. Capitale : Palma. ♦ Elle est formée d'une plaine centrale, bordée de cordons montagneux. Agriculture (céréales, agrumes, olivier). Tourisme très actif. ♦ Le *royaume de Majorque* (1276-1344), qui avait pour capitale Perpignan, comprenait les Baléares, le Roussillon, la Cerdagne et Montpellier. Il a été annexé au royaume d'**Aragon** au XIVe siècle.

MALABAR n. m. ✦ Région de l'Inde, sur la côte sud-ouest du Dekkan (Kerala, Karnataka) (☛ carte 41). Région pluvieuse, bordée de montagnes. Nombreux ports (Kochi, Goa) qui assurent l'exportation (épices, café, thé, fibres de cocotier). Un homme costaud est appelé un *malabar* à cause de la réputation de force de ses marins.

MALABO ✦ Capitale de la Guinée équatoriale, sur l'île de Bioko, au large du Cameroun. 60 000 habitants (les *Malabéens*). Port d'exportation (café, cacao, bois).

MALACCA (presqu'île de) ✦ Péninsule montagneuse d'Asie du Sud-Est (☛ carte 38), partagée entre la Thaïlande et la Malaisie et séparée de l'île de Sumatra par le *détroit de Malacca*, un des plus longs du monde (780 km) et passage maritime très fréquenté.

MALADETTA n. f. ✦ Massif montagneux des Pyrénées espagnoles (Aragon). Il comprend les points culminants de la chaîne : pic d'Aneto (3 404 m), pic du Milieu (3 354 m), pic de la Maladetta (3 212 m). Il donne naissance à la Garonne.

MALAGA ✦ Ville d'Espagne (Andalousie), sur la Méditerranée. 561 435 habitants. Port d'exportation (vin appelé le *malaga*, fruits, sucre), centre industriel (sidérurgie, chimie) et touristique. Ville natale de Picasso.

MALAISIE n. f. ✦ Pays d'Asie du Sud-Est, officiellement appelé la *Malaysia* (☛ cartes 38, 39). Superficie totale : 329 758 km² (environ les deux tiers de la France). 28,4 millions d'habitants (les *Malaisiens*). Monarchie parlementaire dont la capitale est Kuala Lumpur. Langue officielle : le malais. Religion officielle : l'islam ; on y pratique aussi le bouddhisme, l'hindouisme et le christianisme. Monnaie : le ringgit. ♦ GÉOGRAPHIE. La *Malaisie occidentale* est constituée d'une chaîne de basses montagnes au centre et de plaines fertiles le long de côtes bordées de nombreuses îles. La *Malaisie orientale* possède des montagnes élevées et des plaines étroites le long des côtes. La forêt tropicale abrite de nombreuses espèces animales. Le climat équatorial est chaud toute l'année et marqué de fortes pluies. ♦ ÉCONOMIE. L'agriculture occupe une place importante (hévéa, poivre, huile de palme, cacao). Le sous-sol est riche (1er producteur mondial d'étain, pétrole, gaz naturel). L'industrie (caoutchouc, textile, raffineries, alimentation, électronique) et le tourisme se développent rapidement. ♦ HISTOIRE. Des populations mongoles s'installent dans la région à l'époque néolithique (3 000-2 000 ans av. J.-C.). La région commerce avec l'Indochine, l'Indonésie, l'Inde, la Chine. Au VIIe siècle, elle entre dans l'ère d'influence de l'empire de Sumatra (VIIe siècle). Le royaume est islamisé (1414). Il est ensuite occupé par les Portugais (1511) puis par les Hollandais (1641). Les Britanniques en font un protectorat (XIXe siècle) et lui accordent son indépendance dans le cadre du Commonwealth (1957). Le pays prend le nom de *Malaysia* lorsque les colonies du nord de l'île de Bornéo lui sont rattachées (1963).

MALALA (née en 1997) ✦ Militante pakistanaise des droits des femmes. Symbole de la lutte en faveur de l'éducation des filles et de la résistance aux talibans, elle est victime d'une tentative d'assassinat en 2012. Elle a reçu de nombreuses distinctions et connaît une notoriété internationale. Prix Nobel de la paix (2014). ■ Son nom complet est *Malala Yousafzai*.

MALAPARTE Curzio (1898-1957) ✦ Écrivain italien. Il participe à la Première Guerre mondiale, puis devient journaliste. En 1922, il adhère au parti fasciste qui l'exclut pour son indépendance d'esprit puis le met en résidence surveillée (1933). Correspondant de guerre sur les fronts français et russe (1940-1941), il raconte son expérience de la guerre et la décomposition de l'Europe dans *Kaputt* (1944) et *La Peau* (1949). ■ Son vrai nom est *Kurt Suckert*.

MALAWI n. m. ✦ Pays du sud de l'Afrique (☛ cartes 34, 36). Superficie : 119 310 km² (plus du quart de la France). Environ 17 millions d'habitants (les *Malawiens* ou les *Malawites*), chrétiens, animistes ou musulmans. République dont la capitale est Lilongwe. Langues officielles : le chichewa et l'anglais ; on y parle aussi le yao, le tonga et le swahili. Monnaie : le kwacha. ♦ GÉOGRAPHIE. Le Malawi est formé de hauts plateaux qui s'abaissent vers le lac Malawi, d'une superficie de 29 500 km², inscrit sur la liste du patrimoine mondial de l'Unesco. Le climat tropical est modéré par l'altitude. ♦ ÉCONOMIE. L'agriculture est vivrière (maïs, riz, sorgo, manioc, mil, haricot) ou destinée à l'exportation (thé, tabac, coton, sucre de canne, café, arachide). L'élevage bovin domine sur les hauts plateaux. La pêche se pratique dans le lac Malawi. ♦ HISTOIRE. Des **Bantous** s'installent dans le pays au Ier siècle. Plusieurs royaumes s'y forment à partir du Xe siècle. Les commerçants et les missionnaires portugais remontent le Zambèze (XVIIe siècle) et se livrent au commerce d'esclaves, qui scandalise **Livingstone**. Le pays devient un protectorat britannique (1891), appelé le *Nyasaland*. Il obtient son autonomie en 1963 puis proclame son indépendance dans le cadre du Commonwealth sous le nom de *Malawi* (1964).

MALAYSIA n. f. ✦ Nom officiel de la **Malaisie**.

MALDIVES (les) n. f. pl. ✦ Pays d'Asie. Cet archipel est situé dans l'océan Indien, au sud-ouest de l'Inde. Superficie : 298 km^2. 340 000 habitants (les *Maldiviens*). République dont la capitale est Malé (92 555 habitants). Langue officielle : le maldivien ; on y parle aussi l'anglais. Religion officielle : l'islam. Monnaie : le rufiyaa. ♦ GÉOGRAPHIE. Le pays est constitué de 1 200 îles coralliennes ; environ 200 sont habitées. Le climat tropical est humide et sujet aux cyclones. ♦ ÉCONOMIE. L'archipel vit de l'agriculture (fruits tropicaux, coprah ou amande de coco décortiquée) et de la pêche. Son climat et ses plages de sable blanc attirent de nombreux touristes. ♦ HISTOIRE. Les îles Maldives, devenues protectorat britannique en 1887, ont obtenu leur indépendance en 1968 et rejoint le Commonwealth en 1982.

MALEVITCH Kazimir Severinovitch (1878-1935) ✦ Peintre russe. Influencé par l'impressionnisme, il explore le fauvisme (*Les Cireurs,* 1911), le cubisme et le futurisme (*Le Scieur de bois,* 1912). Il radicalise l'abstraction géométrique en fondant le mouvement du suprématisme à l'exposition «0,10» de Saint-Pétersbourg (1915), où son *Carré noir sur fond blanc* fait scandale, et en repousse les limites avec son *Carré blanc sur fond blanc* (1918) où la forme n'apparaît que par des tons plus mats. Il enseigne à Moscou, Vitebsk, Saint-Pétersbourg, s'intéresse à l'architecture (*Planites,* 1923 ; *Architectones,* 1926) puis revient à l'art figuratif après 1927.

MALHERBE François de (1555-1628) ✦ Poète français. Poète officiel (1605) sous Henri IV (1605) puis Louis XIII, il illustre sa théorie littéraire dans des œuvres de circonstance (*Consolation à M. Du Périer,* 1598) : un bon poète doit chanter, avec lyrisme et éloquence, des thèmes éternels servis par une forme rigoureuse, des rythmes et des rimes réglés. Son exigence d'harmonie et de clarté annonce le classicisme.

MALI n. m. ✦ Pays d'Afrique de l'Ouest (☛ cartes 34, 36). Superficie : 1,2 million de km^2 (à peu près deux fois et demie la France). 13,3 millions d'habitants (les *Maliens*), en majorité musulmans. République dont la capitale est Bamako. Langue officielle : le français ; on y parle aussi des langues mandingues, le songhaï, le dogon, le hassanya et le berbère. Monnaie : le franc CFA. ♦ GÉOGRAPHIE. Le Mali est occupé au nord par le **Sahara,** au centre par le **Sahel.** Au sud, la végétation est plus présente avec de nombreuses forêts le long des lacs et des affluents du Niger. Le climat, désertique au nord, devient de plus en plus humide au sud. ♦ ÉCONOMIE. C'est un pays agricole (mil, maïs, riz, coton, arachide, canne à sucre, élevage bovin). La pêche est active dans le fleuve **Niger** le long duquel se développe l'exploitation de l'or par orpaillage. C'est l'un des pays les plus pauvres du monde. ♦ HISTOIRE. Des populations occupent le Sahara durant la préhistoire (vers 5 000 ans av. J.-C.) et s'installent dans la vallée du Niger (vers 3 000 ans av. J.-C.). La région fait partie de l'empire du **Ghana** (V^e-XIe siècles). Au XIIe siècle, elle devient un puissant royaume musulman appelé *l'empire du Mali* ou Empire mandingue (XIIIe siècle), qui se divise ensuite en plusieurs royaumes rivaux (XVIe-XIXe siècles). La France colonise la région (1898) et l'intègre dans l'**Afrique-Occidentale française** (AOF) sous le nom de *Haut-Sénégal-Niger* (1904) puis de *Soudan français* (1920) (☛ carte 17). Le Mali devient une république indépendante en 1960. Dirigé par des militaires (1968-1991), le pays se démocratise sous la pression populaire (1992). Il doit lutter dans le nord du pays contre **AQMI** et la rébellion des Touareg. Après l'intervention militaire française (2013), le pays reste la cible d'attentats djihadistes.

MALINES (*Mechelen* en néerlandais) ✦ Ville de Belgique (province d'Anvers), entre Anvers et Bruxelles. 78 700 habitants (les *Malinois*). Nombreux édifices : cathédrale Saint-Rombault (XIIIe siècle), église Saint-Jean (XVe siècle), églises baroques ; hôtel de ville et halle aux draps (XIVe siècle). Cultures maraîchères (asperges) et industries locales (dentelles, meubles). ♦ La ville prend son essor avec les princes-évêques de Liège (XIe siècle) avant de passer aux ducs de Bourgogne en 1356. Elle connaît son apogée avec Marguerite d'Autriche (1493), qui s'entoure d'une cour brillante (Érasme, Thomas More, Josquin des Prés). La ville devient un archevêché en 1559. Son artisanat local (*dentelle de Malines,* mobilier baroque) fut florissant aux XVIIe et XVIIIe siècles.

MALLARMÉ Étienne dit **Stéphane** (1842-1898) ✦ Poète français. Professeur d'anglais, il est nommé à Paris en 1871. Admirateur de Baudelaire, d'Edgar Poe, de Théophile Gautier, il compose de nombreux sonnets. Il y traduit son désir idéaliste de vaincre l'absurdité de l'univers et anime une école poétique, le «symbolisme», qui influence les poètes modernes comme Claudel et Valéry. ☛ Littérature p. 145 et Symbolisme p. 186. Ses œuvres les plus connues sont : *L'Après-Midi d'un faune* (1876 ; mis en musique par Debussy en 1894) et *Un coup de dés jamais n'abolira le hasard* (1897).

MALLE Louis (1932-1995) ✦ Cinéaste français. Réalisateur à la fois intimiste et révolté, il échappe aux distinctions entre Nouvelle Vague et cinéma classique, poursuivant une riche carrière (une trentaine de films) en France et aux États-Unis. Il a réalisé notamment : *Ascenseur pour l'échafaud* (1957), *Les Amants* (1958), *Zazie dans le métro* (1960), *Le Feu follet* (1963), *Lacombe Lucien* (1973), *Au revoir les enfants* (1987), *Milou en mai* (1989).

MALMAISON ✦ Château situé à Rueil-Malmaison, dans les Hauts-de-Seine. Construit au XVIIe siècle, il est acheté par **Joséphine** Bonaparte en 1799. Elle y vit après son divorce jusqu'à sa mort (1809-1814). Napoléon Ier s'y réfugie après les **Cent-Jours.** Napoléon III le rachète et le restaure. En 1904, le château revient à l'État, qui en fait un musée consacré à l'histoire napoléonienne.

MALMÖ ✦ Ville de Suède, à l'extrémité sud du pays, en face de Copenhague. 276 244 habitants, troisième ville du pays. Église gothique Saint-Pierre (XIVe siècle), forteresse Malmöhus (reconstruite en 1537). Port de commerce. Industries (mécanique, agroalimentaire, chimie, imprimerie, cimenterie, bijouterie).

MALOT Hector (1830-1907) ✦ Écrivain français. Il publie plus de 70 ouvrages qui connaissent un grand succès. Les plus célèbres sont *Romain Kalbris* (1869), *Sans famille* (1878) et *En famille* (1893).

MALOUINES (les) n. f. pl. ✦ Archipel britannique, au sud de l'océan Atlantique, au large des côtes de l'Argentine (☛ carte 44). Superficie : 12 000 km^2. 2 379 habitants. Capitale : Port Stanley (1 989 habitants). Élevage extensif de moutons. ♦ Les îles ont reçu leur nom des marins de Saint-Malo (les «Malouins») qui y faisaient escale à la fin du XVIe siècle. Prises par Bougainville (1763), elles sont occupées par l'Espagne, la Grande-Bretagne (1767), puis l'Argentine (1829). En 1832, elles passent aux Britanniques qui les nomment *Falkland Islands.* L'Argentine, qui revendique le territoire, l'occupe en 1982. Un débarquement militaire britannique entraîne la capitulation des Argentins.

MALRAUX André (1901-1976) ✦ Écrivain français. Il voyage en Extrême-Orient (1923) et rencontre des révolutionnaires communistes en Chine (1925). De retour en Europe, il prend part à la lutte contre le fascisme. Il s'engage aux côtés des républicains pendant la guerre d'**Espagne**, rejoint la **Résistance** française pendant la Deuxième Guerre mondiale et commande la brigade Alsace-Lorraine. Le général de Gaulle le nomme ministre des Affaires culturelles (1958-1969). Ses voyages, ses rencontres, son engagement politique sont les thèmes principaux de la première partie de son œuvre dont on peut citer : *La Tentation de l'Occident* (1926) où il exprime la confrontation des cultures, *La Condition humaine* (1933), *L'Espoir* (1937), témoignage de la guerre d'Espagne. Dans ses essais, il s'interroge sur l'art et la culture (*Les Voix du silence,* 1951 ; *La Métamorphose des dieux,* 1977). Il a écrit son autobiographie (*Antimémoires,* 1967-1972). Ses cendres ont été transférées au **Panthéon** en 1996.

MALTE ✦ Pays d'Europe du Sud (☛ cartes 24, 25). Cet archipel est situé en Méditerranée, entre la Sicile et la Tunisie. Superficie totale : 316 km^2. 417 400 habitants (les *Maltais*). République dont la capitale est La Valette. Langues officielles : le maltais et l'anglais ; on y parle aussi l'italien. Religion officielle : le catholicisme. Monnaie : l'euro (depuis 2008), qui remplace la livre maltaise. ♦ GÉOGRAPHIE. L'archipel comprend l'île principale de Malte et les îles Gozo, Comino et Filfola. L'île de Malte est un plateau peu élevé au climat méditerranéen. L'eau douce est obtenue en dessalant l'eau de mer. ♦ ÉCONOMIE. L'agriculture d'exportation est dynamique (oignon, pomme de terre, orange *maltaise*). L'industrie (textile, électricité, électronique) bénéficie d'un accord signé avec l'Union européenne. Le tourisme, qui attire chaque année près d'un million de visiteurs, est important. ♦ HISTOIRE. L'île est habitée depuis la préhistoire. Elle appartient successivement aux Phéniciens, aux Grecs, aux Carthaginois puis à Rome en 218 av. J.-C. Christianisée par saint Paul (Ier siècle), elle prise par les Vandales, les Ostrogoths, les Byzantins (533), les Arabes qui l'islamisent (869) et la Sicile (1091). En 1530, Charles Quint la donne aux Hospitaliers de Saint-Jean-de-Jérusalem, ordre religieux puis militaire, qui prend alors le nom de *chevaliers de l'ordre de Malte.* Il résiste aux Turcs (siège de La **Valette**, 1565). L'île est prise par Bonaparte (1798) puis par les Britanniques (1800) qui en font une colonie importante sur la route des Indes. Durant la Deuxième Guerre mondiale, elle sert de base au débarquement allié en Sicile (1943). Malte obtient son indépendance dans le cadre du Commonwealth en 1964 et proclame la république en 1974. Elle entre dans l'Union européenne en 2004. Les sites préhistoriques de Malte et de Gozo sont inscrits sur la liste du patrimoine mondial de l'Unesco.

MALTESE Corto ✦ Personnage de bandes dessinées créé en 1967 par Hugo **Pratt.** Marin au caractère impassible, à la boucle d'oreille caractéristique, il parcourt les mers en vivant des aventures mythiques qui croisent souvent la réalité de l'Histoire.

MALTHUS Thomas Robert (1766-1834) ✦ Économiste britannique. Il expose sa doctrine dans *Essai sur le principe de population* (1798) : la population croît plus vite que les ressources alimentaires, ce qui conduit à la famine, engendrant des épidémies et des guerres, l'équilibre ne peut être rétabli que par le contrôle des naissances. Sa doctrine, le *malthusianisme,* a influencé l'idée de sélection naturelle chez **Darwin.**

MAMELOUKS n. m. pl. ✦ Dynastie qui règne en Égypte de 1250 à 1517. Ces soldats esclaves forment la garde personnelle des sultans. En 1250, ils se révoltent et prennent le pouvoir. Ils arrêtent les invasions des Mongols, chassent les Francs de Syrie et font de l'Égypte la plus grande puissance économique et militaire de la région. Ils protègent les arts, les sciences et les lettres (XIVe-XVe siècles). Après la conquête par l'Empire **ottoman** (1517), ils conservent le gouvernement des provinces. Ils redeviennent les maîtres de l'Égypte de 1766 à 1811. Certains se rallient à la garde impériale de Napoléon Ier pendant la campagne d'**Égypte.** Ils se dispersent à la chute de l'Empire.

MAMOUDZOU ✦ Chef-lieu du département de Mayotte, sur l'île de Grande-Terre. 57 281 habitants.

MAN (île de) ✦ Île de Grande-Bretagne, dans la mer d'Irlande (☛ carte 31). Superficie : 572 km^2. 76 315 habitants. Chef-lieu : Douglas. L'île vit de l'élevage, de la pêche (hareng) et du tourisme. Elle est administrée par une assemblée de 24 membres. Depuis 1987, une législation fiscale avantageuse attire de nombreuses sociétés étrangères. ♦ L'île est occupée par les Romains puis par des pirates scandinaves (VIIIe-XIIIe siècles). Elle est achetée aux Norvégiens par les Écossais en 1266. Les grandes familles écossaises qui l'administraient la vendent à la Couronne britannique en 1765.

MANAGUA ✦ Capitale du Nicaragua, à l'ouest du pays, sur les rives du lac Managua. 937 500 habitants (les *Managuayens*). Centre administratif, commerce (café), industries (alimentaire, textile, mécanique, pétrole). ♦ Ce simple village devient la capitale du pays en 1858. Elle est régulièrement touchée par des tremblements de terre (1931, 1972).

MANAMA ✦ Capitale du Bahreïn, sur la côte nord-est de l'île. 203 000 habitants. Centre financier et commercial. Raffinage pétrolier.

MANAUS ✦ Ville du Brésil, dans le nord-ouest du pays, sur le rio Negro. 1,8 million d'habitants. Zone franche (depuis 1967), industries actives (électronique, mécanique, horlogerie). La ville doit sa prospérité à l'exploitation du caoutchouc (fin XIXe siècle). À proximité, l'Amazonie centrale est inscrite sur la liste du patrimoine mondial de l'Unesco.

① **MANCHE** n. f. ✦ Mer d'Europe de l'Ouest. Elle sépare la France de la Grande-Bretagne et fait communiquer l'océan Atlantique et la mer du Nord par le pas de **Calais.** Sa profondeur maximale est de 172 m et ses marées peuvent être importantes (**Mont-Saint-Michel**). Le trafic maritime y est intense, en raison des nombreux ports qui se trouvent sur ses côtes (Le Havre, Boulogne, Calais, Cherbourg, Douvres, Southampton, Plymouth). Depuis 1994, un tunnel ferroviaire situé sous la Manche relie la France à la Grande-Bretagne.

② **MANCHE** n. f. ✦ Plateau calcaire d'Espagne, au centre du pays (☛ carte 32). Il s'étend en Castille sur 25 000 km². à 700 m d'altitude. Sur ce sol aride, on cultive la vigne, l'olivier et le safran. Cervantès fait naître son héros, **Don Quichotte** de la Manche, dans cette région.

③ **MANCHE** n. f. ✦ Département du nord-ouest de la France [50], de la Région Normandie. Superficie : 5 938 km². 499 958 habitants. Chef-lieu : Saint-Lô ; chefs-lieux d'arrondissement : Avranches, Cherbourg, Coutances.

MANCHESTER ✦ Ville d'Angleterre, dans le centre-ouest du pays. 510 750 habitants (2,5 millions pour l'agglomération). Deuxième métropole commerciale, financière et culturelle du Royaume-Uni, Manchester bénéficie de la délocalisation des activités tertiaires de Londres (université, banque, assurance, communication). Industries (chimie, mécanique). L'essor de l'industrie lainière (fin XVIIIe siècle) en fit la rivale de **Liverpool**, qui est devenue aujourd'hui son satellite. Ville natale de Lloyd George et sir Norman Foster.

MANDALAY ✦ Ville de Birmanie, au centre du pays, sur l'Irrawaddy. 1,22 million d'habitants. Monastères et pagodes. Capitale du pays de 1857 à 1885. Centre culturel (universités). Artisanat (albâtre, soie, argent).

MANDCHOURIE n. f. ✦ Région historique de Chine, au nord-est du pays. Superficie : 787 100 km² (plus d'une fois et demie la France). Les habitants s'appellent les *Mandchous*. Ville principale : Shenyang. Important centre industriel et portuaire, riche en ressources naturelles (minéraux, forêts). ♦ La région a donné naissance à la dynastie mandchoue qui régna sur la Chine sous le nom de *Qing* (1644-1911). Disputée pour ses richesses par la Russie et le Japon, elle fut occupée par le Japon de 1931 à 1945, avant de revenir à la Chine.

MANDELA Nelson (1918-2013) ✦ Homme d'État sud-africain. Il appartient à une famille royale bantoue et devient l'un des premiers avocats noirs du pays. Il entre au Congrès national africain (ANC) en 1944 et lutte contre l'apartheid imposé à la population non blanche d'Afrique du Sud. Son engagement lui vaut d'être arrêté et emprisonné de 1962 à 1990. Après l'abolition des lois de ségrégation raciale, il devient président de l'ANC (1991), puis président de la république d'Afrique du Sud (1994-1999). Il écrit son autobiographie, *Un long chemin vers la liberté* (1995). Prix Nobel de la paix avec F. **De Klerk** (1993).

MANDINGUES n. m. pl. ✦ Peuples d'Afrique occidentale de langue mandé. Issus de l'empire du **Mali** ou *Empire mandingue*, qui s'étendait de l'Atlantique au Niger, ils sont représentés en particulier par les **Bambaras**, les Malinkés et les Dioulas.

MANET Édouard (1832-1883) ✦ Peintre français. Il naît dans une famille bourgeoise, échoue au concours de l'École navale et part au Brésil (1848-1849). Il étudie la peinture (1850) puis voyage à travers l'Europe (1856). Ses peintures sont souvent refusées dans les expositions et les Salons, il est même exclu de l'Exposition universelle (1867) malgré l'admiration des artistes et écrivains de son époque (Baudelaire, Monet, Degas, Cézanne, Pissarro, Zola). Son œuvre annonce le mouvement impressionniste, un courant artistique qui cherche à exprimer les impressions créées par les objets et la lumière. ☛ Impressionnisme p. 185. Parmi ses œuvres les plus célèbres, on peut citer des scènes d'extérieur (*Le Déjeuner sur l'herbe*, 1862 ; *Le Balcon*, 1872 ; *Sur les berges de la Seine*, 1874), des nus (*Olympia*, 1863), des portraits (*Le Fifre*, 1866 ; *Mallarmé*, 1876).

MANHATTAN ✦ Quartier de New York, au centre de la ville, sur l'île de Manhattan. Il compte 1,5 million d'habitants. L'île est réunie aux quatre autres districts de New York depuis 1898. Manhattan, organisé selon un plan en damier, est célèbre pour ses gratte-ciels. C'est une mosaïque de quartiers : le quartier financier s'organise autour de **Wall Street**, celui du spectacle est situé à **Broadway**, celui des médias vers le Rockefeller Center, celui des magasins de luxe sur la 5e Avenue. Les musées se concentrent vers Central Park, non loin de Greenwich Village et de Soho. Les communautés asiatiques et italiennes ont longtemps conservé leurs traditions dans Chinatown et Little Italy, tandis que **Harlem** est en mutation. Depuis les attentats du 11 septembre 2001, une partie du quartier des affaires, le World Trade Center, est en reconstruction.

MANI (216-277) ✦ Prophète d'origine perse. Il prêche dans l'empire des **Sassanides** (vers 240), mais se heurte à la religion de **Zarathoustra** et est mis à mort. Sa doctrine, le *manichéisme*, se répand d'Afrique du Nord en Asie et subsiste en Chine jusqu'au XIVe siècle.

MANILLE ✦ Capitale des Philippines, au centre de l'île de Luçon. 1,65 million d'habitants (les *Manilènes* ou les *Manillais*). Cathédrale San Agustin (reconstruite six fois de 1581 à 1945), monuments des époques espagnole et américaine. Centre administratif, industriel et culturel. Depuis 1975, la capitale est englobée dans le *Grand Manille* : un ensemble de 14 villes regroupant près de 10 millions d'habitants (☛ carte 57). Un tiers des habitants vit dans des bidonvilles.

MANIPUR n. m. ✦ État du nord-est de l'Inde créé en 1972 par la division de l'Assam (☛ carte 41). Superficie : 22 327 km². 2,85 millions d'habitants. Capitale : Imphal (418 700 habitants). Bordé par la Birmanie, le Manipur vit de l'agriculture (céréales, fruits, légumes) et de l'industrie (bois, chimie, électronique).

MANITOBA n. m. ✦ Province du centre du Canada, depuis 1870 (☛ carte 48). Superficie : 647 797 km² (un peu plus que la France). 1,14 million d'habitants (les *Manitobains*). Capitale : Winnipeg. ♦ Région de collines en partie couverte de forêts, parsemée de lacs, bordée au nord-est par la baie d'Hudson. Le climat est continental. L'agriculture est productive (céréales, élevage bovin). La pêche est active dans les lacs. Le sous-sol est riche (nickel, cuivre, zinc, or, pétrole). Industrie concentrée autour de Winnipeg (alimentaire, métallurgie, pétrole, mécanique, textile).

MANN Thomas (1875-1955) ✦ Écrivain allemand. Dans ses romans, il analyse avec une précision chirurgicale le thème de la décadence, avec une prédilection pour la maladie et la mort, la domination et la soumission. Par ses considérations sociologiques et politiques sur l'Allemagne et sur le déclin du monde occidental, il approche la conscience de l'humanité. En 1933, il quitte l'Allemagne nazie et émigre aux États-Unis. Œuvres : *Les Buddenbrook* (1901), *La Mort* *à Venise* (1912 ; film de Visconti, 1971), *La Montagne magique* (1924), *Docteur Faustus* (1947). Prix Nobel de littérature (1929).

MANNHEIM ✦ Ville d'Allemagne (Bade-Wurtemberg), au confluent du Rhin et du Neckar. 306 729 habitants. Palais baroque, château ducal (XVIIIe siècle). Important port fluvial depuis le XIXe siècle. Centre universitaire. Industries (mécanique, chimie, raffinage pétrolier, alimentaire). Ville natale de Steffi Graf. ♦ Construite sur un plan en damier par l'électeur palatin Frédéric IV (1606), la ville a souffert de la guerre de Trente Ans. En 1720, elle devient la résidence des électeurs palatins qui en font un important centre culturel.

MANOSQUE ✦ Ville des Alpes-de-Haute-Provence, dans la vallée de la Durance. 21 941 habitants (les *Manosquins*). Églises romanes Saint-Sauveur et Notre-Dame (Vierge noire du XIIe siècle), portes Saunerie et Soubeyran (XIVe siècle). Centre agricole (olives, céréales, fruits, légumes, truffes) et commercial. Industriels (électronique, optique, alimentaire, chimie). Ville natale de Jean Giono.

MANS (Le) ✦ Chef-lieu de la Sarthe. 143 813 habitants (les *Manceaux*). Enceinte gallo-romaine (IIIe-IVe siècles), cathédrale Saint-Julien (XIe-XVe siècles), ancien hôpital de Coëffort (XIIe-XIIIe siècles). Centre industriel (automobile) et de services (assurance), célèbre pour ses produits alimentaires (rillettes, cidre). Ville natale d'Henri II d'Angleterre, Jean II le Bon. Elle accueille chaque année la compétition automobile des *Vingt-Quatre-Heures du Mans* et le Bol d'or motocycliste. ♦ Cette capitale d'un peuple gaulois devient un comté (VIe siècle). Envahi par les Normands (1063), il passe à l'Angleterre puis rejoint la couronne de France (1481). La ville connaît de violents combats pendant les guerres de **Religion** et pendant la Révolution.

MANSART François (1598-1666) ✦ Architecte français. Il construit des hôtels particuliers (hôtel de Guénégaud, 1650) et des édifices religieux. Il ajoute une aile au château de Blois (1634), réalise celui de Maisons-Laffitte (1642-1648) puis dessine les plans du Val-de-Grâce (1645-1665 ☛ Classicisme p. 170) et restaure l'hôtel **Carnavalet**. Son style sobre, basé sur la symétrie, qui retient les éléments hérités de la Renaissance, joue un rôle très important dans le classicisme français. Le *toit à la Mansart*, la *mansarde* en sont caractéristiques. C'est le grand-oncle de Jules **Hardouin-Mansart**.

MANSOURA ✦ Ville d'Égypte, dans le nord du pays, dans le delta du Nil. 450 267 habitants. Centre de commerce et d'industrie (textile, alimentaire, chimie). **Saint Louis** y est fait prisonnier après avoir battu les mamelouks (1250).

MANTES-LA-JOLIE ✦ Chef-lieu d'arrondissement des Yvelines, sur la Seine. 44 985 habitants (les *Mantais*) (☛ carte 23). Collégiale Notre-Dame (XIIe-XIIIe siècles). Centre industriel. Stade nautique international.

MANTOUE ✦ Ville d'Italie (Lombardie), dans le nord du pays. 47 790 habitants (les *Mantouans*). Ville historique inscrite sur la liste du patrimoine mondial de l'Unesco : église romane Rotonda di San Lorenzo (XIe siècle), palais Bonacolsi (XIIIe siècle), palais ducal (XIIIe-XVIIe siècle), palais du Té (XVIe siècle). Centre agricole et commercial. Industries (chimie, mécanique, raffinage pétrolier, papier). ♦ Elle est conquise par Rome (IIIe siècle av. J.-C.). **Virgile** fut surnommé le *« Cygne de Mantoue »*. Prise par les Lombards (VIIe siècle), elle appartient à la Toscane (Xe-XIIe siècles). Elle subit la dictature de familles italiennes, les Bonacolsi et les Gonzague (1308-1708). Rattachée alors à l'Autriche, elle entre dans le royaume d'Italie en 1866.

MAORIS n. m. pl. ✦ Peuple polynésien de Nouvelle-Zélande. Les Maoris sont arrivés par vagues successives des îles Cook et de la Société (IXe-XIVe siècles). Ils s'opposèrent farouchement aux colons britanniques qui les privaient de leurs meilleures terres (1842-1846 et 1860-1868). Presque disparus au début du XXe siècle, les Maoris sont aujourd'hui environ 430 000. Leur art traditionnel (tatouages, travail du bois) est désormais protégé et mis en valeur par la Nouvelle-Zélande.

MAO ZEDONG ou **MAO TSÉ-TOUNG** (1893-1976) ✦ Homme d'État chinois. Né dans une famille paysanne aisée, il rejoint l'armée révolutionnaire (1911-1912). Il devient aide-bibliothécaire à Pékin (1918) et découvre la théorie de **Marx.** Il participe à la fondation du Parti communiste chinois, devient membre du comité central (1923) et prend conscience de l'important pouvoir de la masse paysanne. Après plus de dix ans de lutte, il entreprend avec ses troupes la **Longue Marche** (1934 à 1936) jusqu'à Yanan où il établit la première capitale communiste. Il se bat contre les nationalistes chinois puis les forces impériales japonaises. En 1949, il proclame à Pékin la république populaire de Chine. Mao, surnommé le *Grand Timonier* de la Révolution, établit le programme économique du Grand Bond en avant (1957-1958). Il prend ses distances avec l'URSS et organise la **Révolution culturelle** (1965-1976) dont il expose le programme politique dans le *Petit Livre rouge.* À sa mort, les abus de sa politique ont été critiqués et les principes de la Révolution remis en cause. Le *maoïsme* désigne les conceptions économiques et sociales inspirées par sa pensée.

MAPUTO ✦ Capitale du Mozambique, dans le sud du pays, sur l'océan Indien. 2 millions d'habitants (les *Maputais*). Industries (raffinerie de pétrole, tabac, coton, riz, sucre). Centre universitaire et culturel (musée).

MARACAIBO (lac) ✦ Le plus grand lac d'Amérique du Sud, situé au Venezuela. Superficie : 13 600 km^2. Il débouche sur la mer des Antilles par un goulet de 12 km de long. Les plus grands gisements de pétrole du pays se trouvent sur ses rives.

MARACAIBO ✦ Ville du Venezuela, sur le lac Maracaibo. 1,6 million d'habitants. Port pétrolier, raffineries.

MARAIS Marin (1656-1728) ✦ Compositeur et joueur de viole français. Élève de **Lully**, il est engagé au service de la cour jusqu'en 1723. Sa musique, rejetant la tradition italienne, s'inscrit dans la tradition française. Il est l'auteur d'opéras (*Alcide ou le Triomphe d'Hercule,* 1693 ; *Alcyone,* 1706) et de nombreuses pièces pour viole d'un grand raffinement harmonique et d'une écriture tantôt rigoureuse, tantôt d'une souplesse proche de l'improvisation.

MARAIS Jean (1913-1998) ✦ Comédien français. Sa carrière est marquée par la rencontre de Jean **Cocteau** (1937) qui lui confie de grands rôles au théâtre (*Les Parents terribles*, 1938 ; *L'Aigle à deux têtes*, 1946) et au cinéma (*La **Belle et la Bête**,* 1946 ; *Orphée*, 1951 ; *Le Testament d'Orphée*, 1959). Il s'illustre dans le répertoire classique et sous la direction de nombreux réalisateurs : Jean Delannoy, Jean Renoir, Luchino Visconti. Jean Marais a joué aussi dans des films de cape et d'épée (*Le Bossu*, 1959) et dans la série des *Fantômas* (1964-1966) avec Louis de **Funès**. ■ Son véritable nom est *Jean Villain-Marais*.

① **MARAIS (le)** ✦ Quartier de Paris, au centre de la ville. Il doit son nom aux anciens marécages et aux terrains maraîchers sur lesquels il a été construit. De nombreux hôtels particuliers témoignent de son riche passé. Au Moyen Âge, c'était un quartier prisé par la noblesse (hôtel de Sens, XVe siècle, aujourd'hui bibliothèque Forney) et un secteur commercial et artisanal très actif. D'élégantes demeures y ont été construites à la Renaissance (hôtel Carnavalet, aujourd'hui musée historique de la Ville de Paris ; hôtel Lamoignon). Il s'est embelli avec la place des Vosges (1605-1612), l'hôtel Salé (aujourd'hui musée Picasso) et l'hôtel de Sully.

② **MARAIS (le)** ✦ Autre nom de la **Plaine**, le groupe de députés les plus modérés de la **Convention nationale**.

MARAT Jean-Paul (1743-1793) ✦ Révolutionnaire français. Après avoir étudié les sciences et la médecine, qu'il pratique en Angleterre, il publie des essais de philosophie, en particulier *Les Chaînes de l'esclavage*. Il fonde le journal *L'Ami du peuple* (1789) mais doit se réfugier à Londres car il a critiqué **Necker** et le général **La Fayette** (1790). De retour à Paris, il rejoint le Club des **cordeliers** et réclame la destitution du roi qui a tenté de s'enfuir (1791). Élu à la **Convention nationale**, il siège avec les montagnards et dénonce la politique des **girondins** jusqu'à leur élimination (1793). Pour venger ces derniers, la jeune Charlotte **Corday** l'assassine peu après. Il repose au **Panthéon**, à Paris.

MARATHON ✦ Ville de Grèce, située en **Attique**, à 40 km au nord-est d'Athènes. Dans l'Antiquité, les Grecs y remportent une victoire militaire sur les Perses de **Darios Ier**, qui met fin à la première guerre médique (490 av. J.-C.). Selon la légende, un soldat grec envoyé à Athènes pour annoncer la bonne nouvelle meurt d'épuisement à son arrivée. Une épreuve olympique porte le nom de la ville, par référence à cet exploit : la longue course à pied qui se déroule sur 42,195 km s'appelle un *marathon*.

MARBELLA ✦ Ville d'Espagne (Andalousie), sur la Méditerranée (Costa del Sol). 126 422 habitants. Port, station balnéaire.

MARC (saint) ✦ Auteur du deuxième Évangile, selon la tradition. Compagnon de saint Paul et saint Pierre, il est martyrisé en Égypte. Au IXe siècle, son corps est rapporté à **Venise** dont il est le patron. Son symbole est le lion ailé.

MARC ANTOINE → ANTOINE

MARC AURÈLE (121-180) ✦ Empereur romain de 161 à sa mort. Il réforme l'administration financière et judiciaire. Il remporte plusieurs victoires contre les Parthes et les Germains. À la fin de sa vie, il rassemble ses méditations et ses réflexions dans les *Pensées*, dernière grande œuvre du stoïcisme antique.

MARCEAU Marcel (1923-2007) ✦ Mime français. D'abord figurant dans des mises en scène de Charles Dullin, il fonde sa propre compagnie en 1947. Il se consacre au mime et crée le personnage naïf et poétique de Bip. C'est sous les traits de cet homme au visage blanc qui porte un maillot rayé et un chapeau claque orné d'une fleur rouge qu'il se produit seul sur scène et poursuit une carrière internationale. Il a ouvert une école de mime à Paris en 1978. Il est entré à l'Académie des beaux-arts en 1991. ■ Son véritable nom est *Marcel Mangel*.

MARCEL Étienne (vers 1315-1358) ✦ Homme politique français. Prévôt des marchands, à la tête de l'administration municipale de Paris, il s'oppose à l'autorité royale. Il mène la première journée révolutionnaire parisienne (22 février 1358), envahit avec ses partisans le palais du roi et fait assassiner des conseillers du dauphin, futur **Charles V**. Il devient maître de Paris, mais il ne parvient pas à convaincre la province de se rallier. Il meurt assassiné par un partisan du dauphin.

MARCHAND Jean-Baptiste (1863-1934) ✦ Général français. Chargé d'une mission d'exploration, il part du Congo (1896), parcourt l'Oubangui puis un affluent du Nil et atteint **Fachoda**, qu'il doit évacuer à l'arrivée des Anglais de **Kitchener** (1898). Il participe à l'expédition en Chine contre les **Boxers**. Il commande des troupes pendant la Première Guerre mondiale.

MARCHÉ COMMUN n. m. ✦ Autre nom de la **CEE** (Communauté économique européenne), créée en 1957 et qui devient l'**Union européenne** en 1993.

MARCHES (les) n. f. pl. ✦ Région administrative d'Italie, au centre du pays (☛ carte 30). Superficie : 9 694 km^2. 1,4 million d'habitants. Chef-lieu : Ancône. ♦ Les montagnes de l'**Apennin** sont traversées de vallées et d'une zone de collines fertiles qui débouchent sur la côte Adriatique, bordée de plages. Agriculture (céréales, fruits). Pêche. Tourisme sur la côte. L'industrie est concentrée autour d'Ancône (pétrochimie).

MARCONI Guglielmo (1874-1937) ✦ Physicien italien. Il construit un poste qui permet des transmissions par télégraphie sans fil sur quelques centaines de mètres. Parti travailler en Grande-Bretagne, il augmente la longueur des transmissions et réalise la liaison Cornouailles-Terre-Neuve au-dessus de l'Atlantique (1901). Prix Nobel de physique (1909).

MARCQ-EN-BARŒUL ✦ Ville du Nord, dans la banlieue nord-est de Lille. 39 291 habitants. Industries (électronique, alimentaire).

MARCUSE Herbert (1898-1979) ✦ Philosophe américain, d'origine allemande. Il émigre aux États-Unis pour fuir le nazisme (1933). Il tente de faire la synthèse, dans sa philosophie, entre la psychanalyse et le marxisme. Son livre, *L'Homme unidimensionnel* (1964 ; traduction française, 1968), a eu une influence en Europe (**Mai 68**).

MARENGO ✦ Commune d'Italie (Piémont). Le 14 juin 1800, Bonaparte y remporta sur les Autrichiens une victoire difficile que le communiqué officiel transforma en éclatant succès.

MARENNES ✦ Commune de la Charente-Maritime. 5 672 habitants (les *Marennais*) (☛ carte 23). La ville doit sa prospérité au sel, puis aux huîtres, les marais salants ayant été transformés en bassins d'affinage. Important centre d'ostréiculture (*bassin de Marennes-Oléron*). Cité de l'huître (musée).

MARGERIN Frank (né en 1952) ✦ Dessinateur de bandes dessinées français. Passionné de rock, il crée, dans le magazine *Métal hurlant*, le personnage de Lucien, rockeur «à la banane», maladroit et gentil, héros d'une série d'albums.

MARGUERITE DE NAVARRE ou **DE VALOIS** ou **D'ANGOULÊME** (1492-1549) ✦ Reine de Navarre. Fille de Charles de Valois et de Louise de Savoie, sœur de **François Ier**, elle épouse Henri d'Albret, roi de Navarre (1527). Très instruite, elle fait de la cour un foyer de l'humanisme. Elle protège les protestants et encourage les écrivains comme Clément **Marot** ou **Rabelais** qui lui dédie le *Tiers Livre*. Auteur de *L'Heptaméron*, recueil de nouvelles publié en 1559, elle a écrit également des poésies et des comédies.

MARGUERITE DE VALOIS dite **LA REINE MARGOT** (1553-1615) ✦ Reine de Navarre. Fille d'Henri II et de **Catherine de Médicis**, elle est mariée à Henri de Navarre, futur **Henri IV** (1572). Ce mariage est l'une des causes du massacre de la **Saint-Barthélemy.** Chassée de la cour par Henri III (1583), elle se réfugie en Gascogne, région de l'humanisme et du protestantisme, où elle tient une cour brillante. Emprisonnée en Auvergne de 1587 à 1605, elle accepte que son mariage soit annulé (1599). En 1605, elle revient à Paris, où elle finit ses jours. Elle laisse des poèmes et ses *Mémoires*. Son histoire, romancée par Alexandre Dumas dans *La Reine Margot* (1845), a été souvent adaptée au cinéma.

MARIANNE ✦ Nom donné à la République française, traditionnellement représentée sous les traits d'une jeune femme coiffée d'un bonnet phrygien. Son buste figure dans toutes les mairies, et des timbres français sont à son effigie.

MARIANNES (les) n. f. pl. ✦ Archipel d'Océanie (☛ carte 51). Il est situé en Micronésie, au nord des îles Carolines et à 2 400 km à l'est des Philippines. Il est formé des **Mariannes-du-Nord** et de **Guam**.

MARIANNES-DU-NORD (les) n. f. pl. ✦ État associé autonome des États-Unis. Cet archipel est situé en Micronésie, à l'est des Philippines (☛ carte 51). Superficie totale : 477 km². 69 221 habitants, en majorité chrétiens. République dont la capitale est Garapan (4 000 habitants), sur l'île de Saipan. Langue officielle : l'anglais ; on y parle aussi le chamorro et le tagalog. Monnaie : le dollar. ♦ L'archipel volcanique est formé de 16 îles disposées en arc de cercle, de 9 îles inhabitées et de récifs coralliens. Le climat tropical est sujet aux typhons. L'agriculture prédomine (tubercules, riz, canne à sucre, coton) ; la pêche y est active. ♦ Les îles, annexées par l'Espagne (1668), sont vendues à l'Allemagne en 1899. Elles sont ensuite occupées par les Japonais (1914-1944) qui, durant la Deuxième Guerre mondiale, s'opposent aux Américains lors de violents combats (juin 1944). Sous la tutelle des États-Unis à partir de 1947, elles optent pour le statut d'État associé autonome des États-Unis (Commonwealth, 1975). L'ONU lève la tutelle en 1986.

MARICA ou **MARITZA** n. f. ✦ Fleuve des Balkans, long de 450 km. Il prend sa source en Bulgarie, dans le Rhodope, arrose Plovdiv et Edirne, marque la frontière entre la Grèce et la Turquie d'Europe avant de se jeter dans la mer Égée. En Bulgarie, vaste bassin d'irrigation. Énergie hydroélectrique.

MARIE ✦ Mère de **Jésus** et épouse de **Joseph**, dans la tradition chrétienne. Sa fête principale est le 15 août, jour de l'**Assomption.** Le culte de la *Vierge Marie* s'est développé à partir du IVe siècle ; il a été rejeté par la **Réforme.** Certains endroits où elle serait apparue sont des lieux de pèlerinage (**Lourdes**, 1858 ; Fatima au Portugal, 1917).

MARIE-ANTOINETTE (1755-1793) ✦ Archiduchesse d'Autriche et reine de France. Fille de l'empereur germanique François Ier et de Marie-Thérèse d'Autriche, elle est mariée avec le dauphin de France (1770), futur **Louis XVI.** Ses dépenses, ses intrigues et ses fêtes la rendirent impopulaire. Peu favorable à l'esprit des Lumières et aux réformes, à la **Révolution** elle exerça une influence certaine sur le roi. Elle refusa la monarchie constitutionnelle et demanda l'intervention de l'étranger pour sauver la monarchie française. Après la journée du 10 août 1792, elle fut enfermée au Temple puis transférée à la **Conciergerie** après l'exécution de Louis XVI. Jugée par le Tribunal révolutionnaire, elle fut condamnée à mort et guillotinée.
☛ Révolution française p. 174.

MARIE DE FRANCE (1154-1189) ✦ Poétesse française. Première femme à avoir écrit de la poésie en français, elle est l'auteur de *Fables* inspirées d'Ésope (les *Ysopets*). Ses *Lais*, dédiés probablement à Henri II Plantagenêt, traduisent en vers de huit syllabes des légendes bretonnes qui célèbrent l'amour : le *Lai du chèvrefeuille* raconte l'histoire de **Tristan et Iseult.**

MARIE DE MÉDICIS (1573-1642) ✦ Reine de France. Fille du grand-duc de Toscane, François de **Médicis**, elle épouse **Henri IV** en 1600. Quand il meurt, elle assure la régence de leur fils, **Louis XIII**, puis s'oppose à celui-ci (1617). Elle tente d'obtenir la disgrâce de **Richelieu,** qu'elle a fait entrer au Conseil, mais qu'elle trouve bientôt trop influent (1630). Son plan échoue et elle doit s'exiler jusqu'à la fin de ses jours. Elle a encouragé les artistes, décorateurs du palais du **Luxembourg** qu'elle avait fait construire (Philippe de **Champaigne, Rubens**).

MARIE-GALANTE ✦ Petite île des Antilles françaises, au sud-est de la Guadeloupe (☛ cartes 21, 22). Superficie : 158 km². 12 488 habitants. Ville principale : Grand-Bourg. La canne à sucre qu'on y cultive produit un rhum réputé.

MARIE-LOUISE ou **MARIE-LOUISE DE HABSBOURG-LORRAINE** (1791-1847) ✦ Archiduchesse d'Autriche et impératrice des Français. Fille de l'empereur François Ier d'Autriche, elle épouse Napoléon Ier (1810) et lui donne un fils, le roi de Rome (1811). Elle assure la régence pendant les campagnes militaires de 1813. Quand l'Empereur abdique, elle retourne dans son pays natal (1814). Elle se remarie deux fois (1821 et 1834) et donne naissance à deux enfants.

MARIE-MADELEINE (sainte) ✦ Figure des Évangiles. C'est l'une des saintes femmes qui assistent à la Passion du Christ. Selon saint **Jean,** il s'agit de Marie de Béthanie, sœur de Marthe et de Lazare. Une légende raconte qu'elle fonda un couvent à la Sainte-Baume, près de Marseille.

MARIE Ire STUART (1542-1587) ✦ Reine d'Écosse de 1542 à 1567, et de France de 1559 à 1560. Reine dès sa naissance, elle est élevée en France pendant que sa mère Marie de Guise assure la régence. Elle épouse François II, roi de France, mais doit regagner l'Écosse à la mort de celui-ci (1560). Par son éducation catholique, elle s'oppose aux protestants et à la reine d'Angleterre **Élisabeth Ire**. Une révolte l'oblige à abdiquer en faveur de son fils Jacques VI (1567). Elle se réfugie alors en Angleterre où la reine l'emprisonne pendant dix-huit ans puis la fait exécuter. La grande culture de Marie Stuart, sa beauté, le caractère romanesque de sa vie et sa fin tragique ont inspiré de nombreux écrivains.

MARIE-THÉRÈSE (1717-1780) ✦ Reine de Bohême et de Hongrie de 1740 à sa mort, impératrice d'Autriche de 1745 à sa mort. Fille de l'empereur germanique Charles VI, elle monte sur le trône, ce qui déclenche la guerre de **Succession d'Autriche** (1740-1748). Elle règne avec l'appui de la Hongrie, de la Grande-Bretagne, des Pays-Bas, centralise l'Empire, réorganise la législation et l'armée. Attaquée par la Prusse, elle participe à la guerre de Sept Ans (1756-1763). Elle perd la **Silésie** mais gagne une partie de la **Pologne** (1772). Elle fait couronner son fils Joseph II (1765) et partage le pouvoir avec lui jusqu'à sa mort. Elle eut seize enfants dont **Marie-Antoinette**, reine de France.

MARIE-THÉRÈSE D'AUTRICHE (1638-1683) ✦ Reine de France. Fille du roi d'Espagne Philippe IV, elle épouse Louis XIV (1660) en application du traité des **Pyrénées** (1659). Elle reste discrète et effacée. Elle donne au roi six enfants dont un seul survit mais il meurt avant d'avoir régné.

MARIE Ire TUDOR (1516-1558) ✦ Reine d'Angleterre et d'Irlande de 1553 à sa mort. Fille du roi **Henri VIII**, elle est éloignée de la cour à la disgrâce de sa mère. À la naissance de sa demi-sœur **Élisabeth Ire**, on l'oblige à reconnaître qu'elle est illégitime. Elle succède pourtant au roi Édouard VI (1553), également fils d'Henri VIII. Elle rétablit le catholicisme, épouse Philippe II d'Espagne (1554), emprisonne Élisabeth et persécute sévèrement les protestants. On l'appelle aussi *Marie la Catholique* ou *Marie la Sanglante* (*Bloody Mary* en anglais). Son histoire a inspiré un drame à Victor Hugo (1833).

MARIETTE Auguste (1821-1881) ✦ Égyptologue français. Le musée du Louvre l'envoie en mission en Égypte (1850) où il fouille notamment Saqqara, Gizeh et Thèbes. Nommé directeur des travaux d'antiquités par le vice-roi Saïd Pacha (1858), il lutte contre les fouilles clandestines et le trafic d'antiquités. Ses collections sont aujourd'hui au musée du Caire. Il est, avec son successeur **Maspero**, une grande figure de l'égyptologie.

MARIGNAN ✦ Ville d'Italie (Lombardie). Pendant les guerres d'Italie, François Ier y remporte une victoire contre les Suisses, alliés au duc de Milan (1515).

MARIGNANE ✦ Ville des Bouches-du-Rhône, à l'est de l'étang de Berre. 34 154 habitants (les *Marignanais*). Aéroport de Marseille, le quatrième de France après Paris, Nice et Lyon. Construction aéronautique.

MARIN (Le) ✦ Chef-lieu d'arrondissement de la Martinique, dans le sud de l'île. 8 883 habitants (les *Marinois*) (☛ carte 23). Port de plaisance.

MARIOTTE Edme (vers 1620-1684) ✦ Physicien français. Il s'intéresse à la physique des solides, à l'ophtalmologie, à l'optique, à la météorologie, à l'hydrodynamique et à la genèse de la vie. Il est connu pour avoir complété la loi de Boyle sur la compressibilité des gaz en y ajoutant une condition, celle de leur raréfaction (*loi de Boyle-Mariotte*). Dans son essai *De la végétation des plantes* (1679), il pose les bases d'une théorie de la génération et du développement fondée sur l'atome.

MARIS (république des) ✦ République de la fédération de Russie, à l'ouest de l'Oural, près de la Volga (☛ carte 33). Superficie : 23 200 km². 696 500 habitants (les *Maris*), en majorité orthodoxes. Capitale : Iochkar-Ola (248 780 habitants). Région agricole (céréales, pomme de terre, fourrage, élevage de vaches et de moutons) et industrielle (métallurgie, mécanique, alimentaire, cuir, bois).

MARITZA n. f. ✦ Autre nom de la **Marica**.

MARIUS Caius (157 av. J.-C.-86 av. J.-C.) ✦ Général et homme politique romain. Excellent soldat, il est élu consul par le parti populaire (107 av. J.-C.), rompant ainsi avec la tradition qui réservait les honneurs publics aux seuls patriciens. Il crée une armée de métier en incorporant les prolétaires et les chômeurs. Il met fin à la guerre de Numidie contre **Jugurtha** puis bat les Teutons et les Cimbres (102-101 av. J.-C.). Il déclenche une guerre civile en disputant à **Sylla** le commandement de la guerre contre Mithridate (88 av. J.-C.). Il meurt après sa septième élection au consulat.

MARIVAUX (1688-1763) ✦ Écrivain français. Il s'installe à Paris pour étudier le droit (1712). Ruiné par la banqueroute de **Law** (1720), il se consacre entièrement à la littérature. Ses pièces, influencées par la comédie italienne, sont légères, spontanées et décrivent la naissance de l'amour : *La Surprise de l'amour* (1722), *La Double Inconstance* (1723), *Le Jeu de l'amour et du hasard* (1730), *Les Fausses Confidences* (1737). Il a écrit deux romans : *La Vie de Marianne* (1731-1741) et *Le Paysan parvenu* (1735). Académie française (1743). Son nom est à l'origine du verbe *marivauder*. ■ Son nom complet est *Pierre Carlet de Chamblain de Marivaux*.

MARLEY Bob (1944-1981) ✦ Chanteur, guitariste et compositeur jamaïcain. Adepte du mouvement rasta, il a contribué, avec son groupe les Wailers, à faire connaître dans le monde entier le reggae, musique des ghettos jamaïcains. ■ Son vrai nom est *Robert Nesta*.

MARMANDE ✦ Chef-lieu d'arrondissement de Lot-et-Garonne, sur la Garonne. 17 748 habitants (agglomération 29 377) (les *Marmandais*) (☛ carte 23). Marché agricole (vignobles, tomates réputées). Agroalimentaire (jus de fruits, confitures), aéronautique, mécanique.

MARMARA (mer de) ✦ Mer intérieure de Turquie. Elle communique avec la mer Égée par le détroit des **Dardanelles** et avec la mer Noire par celui du **Bosphore**. Superficie : 11 500 km². Pendant l'Antiquité, on l'appellait la *Propontide*. Elle doit son nom aux carrières de marbre exploitées sur l'île de Marmara (VIIe siècle av. J.-C.).

MARMOTTAN (musée) ✦ Musée de Paris, près du bois de Boulogne. L'hôtel particulier qui l'abrite a été légué à l'Académie des beaux-arts en 1932 par le collectionneur français Paul Marmottan (1856-1932). Collection d'objets de la Renaissance et du Premier Empire, collection de peintures impressionnistes (Monet, Degas, Manet, Renoir).

① **MARNE** n. f. ✦ Rivière du Bassin parisien, longue de 525 km (☛ carte 21). Elle prend sa source sur le plateau de Langres, arrose Chaumont, Châlons-en-Champagne, Épernay, Meaux et se jette dans la Seine à Charenton-le-Pont. Elle est navigable sur 365 km et reliée par des canaux à la Saône, au Rhin et à l'Aisne.

② **MARNE** n. f. ✦ Département du nord-est de la France [51], de la Région Grand Est. Superficie : 8 162 km^2. 570 817 habitants (les *Marnais*). Chef-lieu : Châlons-en-Champagne ; chefs-lieux d'arrondissement : Épernay, Reims, Sainte-Menehould et Vitry-le-François.

MARNE (batailles de la) ✦ Victoires françaises sur l'Allemagne pendant la Première **Guerre mondiale**. Tandis que les Allemands avancent sur Paris, **Gallieni** fait transporter ses troupes sur le front en ordonnant la réquisition des taxis parisiens, qu'on appelle alors les *taxis de la Marne*. La contre-offensive est lancée. **Joffre** gagne la première bataille en quelques jours (6-13 septembre 1914). Le conflit s'oriente alors vers une guerre des tranchées. La deuxième bataille, remportée par **Foch** (18 juillet-6 août 1918), annonce la fin de la guerre.

MARNE-LA-VALLÉE ✦ Une des cinq villes nouvelles d'Île-de-France, créée à l'est de Paris au début des années 1970. 265 000 habitants. Elle regroupe 26 communes de Seine-et-Marne, de Seine-Saint-Denis et du Val-de-Marne. Ville à vocation résidentielle et commerciale. Activités scientifiques (université, laboratoires de recherche, entreprises de haute technologie). Parc de loisirs (Disneyland).

MAROC n. m. ✦ Pays d'Afrique du Nord (**Maghreb**) (☛ cartes 35, 37). Superficie : 706 550 km^2 (moins d'une fois et demie la France). 33,8 millions d'habitants (les *Marocains*). Monarchie dont la capitale est Rabat. Villes importantes : Casablanca, Marrakech, Fès. Langue officielle : l'arabe ; on y parle aussi le berbère, le français et l'espagnol. Religion officielle : l'islam. Monnaie : le dirham marocain. ♦ GÉOGRAPHIE. La moitié nord du Maroc est montagneuse (**Atlas**, Rif au bord de la Méditerranée). La moitié sud est occupée par la région aride du **Sahara occidental**. Le climat méditerranéen donne des hivers froids et humides et des étés chauds et secs. ♦ ÉCONOMIE. L'agriculture (céréales, agrumes, vigne, cultures maraîchères) s'est développée grâce à la création de barrages qui ont favorisé l'irrigation. La pêche est importante. Malgré un sous-sol riche (1er pays exportateur de phosphates, pétrole, gaz), le potentiel industriel s'accroît lentement (raffineries, confection, agroalimentaire). Le tourisme et le transfert des salaires des travailleurs marocains expatriés constituent une source importante de devises. ♦ HISTOIRE. La région est colonisée par les Phéniciens, les Carthaginois, puis les tribus **berbères** qui se soumettent à Rome (40) et sont christianisées. Converties à l'islam après la conquête arabe (fin du VIIe siècle), elles partent à la conquête de l'Espagne, du Maghreb, et développent une brillante civilisation. L'Espagne et le Portugal les repoussent au XVe siècle, puis une guerre sainte entreprise par les Arabes les chassent des côtes (1510-1554). La dynastie des Alaouites prend le pouvoir en 1666 et règne encore aujourd'hui. Les querelles de succession et les difficultés économiques permettent aux pays colonisateurs de se disputer le pays (XVIIIe-XIXe siècles). La France établit un protectorat sur le Maroc, dirigé par **Lyautey** (1912), et l'Espagne obtient le Rif et une zone au sud (☛ carte 17). La population, qui se révolte contre les colons, est brutalement soumise (1934). Après le débarquement allié à Casablanca (1942), le pays participe aux côtés de la France à la Deuxième Guerre mondiale. Il obtient son indépendance en 1956. La monarchie se heurte à l'opposition de la gauche (1960-1969) et à l'hostilité de l'armée (1971-1972) que le roi **Hassan II** (1961-1999) réussit toutefois à contenir. Il occupe le Sahara occidental, l'ancienne partie espagnole du pays (1975), et s'oppose au front Polisario qui réclame la création d'un État indépendant. À la mort d'Hassan II, son fils Mohamed VI lui succède.

MARONI n. m. ✦ Fleuve d'Amérique du Sud, long de 680 km (☛ carte 44). Il prend sa source à la frontière brésilienne, sépare la Guyane française du Suriname puis se jette dans l'océan Atlantique.

MAROT Clément (1496-1544) ✦ Poète français. Il est l'auteur de poésies de cour dont le style épuré, pittoresque et inventif conserve les formes traditionnelles du Moyen Âge (*L'Adolescence clémentine*, 1532). Soupçonné de sympathie pour la **Réforme**, il doit s'exiler (1534). On lui doit des *Épîtres*, une édition non signée du *Roman de la Rose*, une édition des œuvres de François **Villon** (1535) et une traduction des Psaumes (1536).

MARQUET Albert (1875-1947) ✦ Peintre français. D'abord proche des « fauves », ami de Matisse et Dufy, il peint ensuite surtout des paysages et des vues de villes et de ports aux formes simplifiées, dans des tonalités raffinées (*La Plage de Fécamp*, 1926). Il a souvent représenté la Seine à Paris, ses ponts et ses quais (*Le Quai de Conti en hiver*, 1947).

MARQUISES (les) n. f. pl. ✦ Archipel de Polynésie française, au nord-est de Tahiti (☛ carte 51). Superficie : 1 274 km^2. 6 261 habitants (les *Marquisiens*). Chef-lieu : Taiohae. ♦ L'archipel est formé d'une dizaine d'îles, constituées de volcans érodés, entaillés par de profondes vallées. On y produit du coprah (amande de coco décortiquée qui donne de l'huile). ♦ Découvertes par les Espagnols (1595), visitées par Cook (1774), les îles sont occupées par la France en 1842. Elles font partie des Territoires français de l'Océanie (1880) puis de la Polynésie française (1958).

MARRAKECH ✦ Ville du centre du Maroc, au pied du Haut-**Atlas**. 120 643 habitants (agglomération 928 850). Ville arabe (la « médina ») inscrite sur la liste du patrimoine mondial de l'Unesco : remparts, minaret de la Koutoubia (XIIe siècle), place Djemaa el-Fna, palais, tombeaux. Souks, grande palmeraie et nombreux jardins. Centre industriel, commercial, artisanal et touristique. ♦ La ville est fondée par une dynastie berbère des **Almoravides** en 1062. Elle devient la capitale de la dynastie des **Almohades** (XIIe-XIIIe siècles) puis une résidence de la dynastie actuelle des Alaouites (XVIe siècle).

① **MARS** ✦ Dieu de la Guerre, de la Végétation et du Printemps, dans la mythologie romaine (☛ Rome p. 154). Il est le père de Remus et Romulus. Il correspond au dieu grec **Arès**.

② **MARS** n. m. ✦ Planète du Système solaire, située entre la Terre et Jupiter. C'est la quatrième à partir du Soleil dont elle est éloignée d'environ 228 millions de km. Son diamètre est de 6 794 km (environ la moitié de la Terre). Son atmosphère est composée essentiellement de gaz carbonique, ses températures sont extrêmes. Mars tourne autour du Soleil en 687 jours et 23 heures et sur lui-même en 24 h 37 mn et 23 s. Les sondes Mariner 9 (1971-1972), Viking (1976), Pathfinder (1997) et Mars Global Surveyor (1997) ont révélé la présence de volcans et de canyons qui suggèrent la présence, à des époques reculées, de torrents ou de rivières. Des robots de la Nasa, Spirit et Opportunity, et la sonde européenne Mars Express ont envoyé les premières photos prises sur la planète (2004). La découverte de méthane dans l'atmosphère relance le débat sur la présence de vie sur cette planète. Son surnom de *planète rouge* vient de la présence d'oxyde de fer qui donne une couleur rouille au sol. Ses habitants supposés sont appelés les *Martiens*.

Marseillaise (La) ✦ Chant patriotique français dont les paroles (et probablement la musique) ont été composées par **Rouget de Lisle** sous le titre de *Chant de guerre pour l'armée du Rhin*. Il doit son titre actuel au groupe de fédérés marseillais qui le chantèrent en arrivant à Paris lors de l'insurrection du 10 août 1792. *La Marseillaise* a été l'hymne national de la France de 1795 au Premier Empire, elle l'est à nouveau depuis 1879.

MARSEILLAN ✦ Commune de l'Hérault, sur l'étang de **Thau**. 7 790 habitants (les *Marseillanais*). Viticulture, conchyliculture. Station balnéaire de *Marseillan-Plage*.

MARSEILLE ✦ Chef-lieu des Bouches-du-Rhône et de la Région Provence-Alpes-Côte d'Azur, sur la Méditerranée. 858 120 habitants (les *Marseillais*). Agglomération : 1,58 million, ce qui en fait la deuxième du pays, après Paris (☛ carte 23). Elle comprend 16 arrondissements. Riches témoignages architecturaux de son histoire : vestiges de la cité grecque et romaine, forts Saint-Nicolas et Saint-Jean (XVIIe siècle), basilique Notre-Dame-de-la-Garde, cathédrale de la Major de style romano-byzantin (XIXe siècle), nombreux musées et églises (XVe-XVIIe siècles). La Cité radieuse, immeuble d'habitation, a été conçue par **Le Corbusier**. Premier port de commerce de France et de la Méditerranée. Industries (raffinerie, chimie, agroalimentaire, sidérurgie). Centre de recherche et de haute technologie (universités, laboratoires). Ville natale d'Honoré d'Urfé, Pierre Puget, Adolphe Thiers, Honoré Daumier, Marius Petipa, Edmond Rostand, Antonin Artaud, Fernandel, du sculpteur César, de Maurice Béjart, de Zidane. ♦ Des Grecs venus de **Phocée** fondent la colonie de *Massalia* (600 av. J.-C.), qui devient un foyer de civilisation pour les Celtes de Gaule. La cité est prise par César (49 av. J.-C) et appelée *Massilia* en latin. Elle se développe durant les croisades et grâce au commerce vers l'Orient jusqu'au Moyen Âge. Elle est réunie au royaume de France en 1481. Elle est ravagée par la peste en 1720. Elle décline pendant la Révolution et l'Empire puis retrouve sa prospérité maritime sous Napoléon III avec l'ouverture du canal de Suez. L'aménagement du port, agrandi au début du XXe siècle, se poursuit actuellement.

MARSHALL n. f. pl. ✦ Pays d'Océanie. Cet archipel est situé en Micronésie, au nord des îles Carolines (☛ carte 51). Superficie totale : 181 km^2. 50 840 habitants (les *Marshallais*), en majorité chrétiens. République dont la capitale est Delap-Uliga-Darrit (28 000 habitants), sur l'atoll de Majuro. Langues officielles : l'anglais et le marshallais. Monnaie : le dollar. ♦ L'archipel est formé d'îles volcaniques et d'atolls coralliens disposés en deux chaînes parallèles : les îles Ratak à l'est et les îles Ralik à l'ouest où se trouvent **Bikini** et Kwajalein (le plus grand atoll du monde). Le climat est tropical. L'activité principale est l'agriculture (coprah, canne à sucre, coton). ♦ L'archipel est exploré par le Britannique John Marshall qui lui donne son nom (1788). Il est annexé par l'Allemagne (1885-1886) puis le Japon (1914). Il connaît de violents combats pendant la Deuxième Guerre mondiale. Il est placé sous la tutelle des États-Unis en 1947. Il forme un « territoire librement associé » aux États-Unis depuis 1986 ; membre de l'ONU depuis 1991.

MARSHALL (plan) ✦ Programme de reconstruction de l'Europe proposé en 1947 par le secrétaire d'État américain George Catlett Marshall (1880-1959). Les États-Unis offrent une aide de plusieurs milliards de dollars qui permettront de reconstruire de grands secteurs de l'économie (1948-1951). Le plan est refusé par l'URSS. Il est adopté par seize pays dont la France, la Grande-Bretagne, l'Italie et les pays scandinaves (1948). Le général Marshall a reçu le prix Nobel de la paix pour cette initiative (1952).

MARTEL Charles → CHARLES MARTEL

MARTIGUES ✦ Ville des Bouches-du-Rhône, sur l'étang de Berre. 48 870 habitants (les *Martégaux*). Cette « Venise provençale » est divisée en trois quartiers par des canaux. Églises (XVIIe siècle), musée d'art et d'archéologie. Port de pêche et de plaisance. Industries (raffinage pétrolier, pétrochimie).

MARTIN (saint) (316-397) ✦ Évêque de Tours. Selon la légende, il partage son manteau avec un pauvre. Ordonné prêtre par saint Hilaire à Poitiers, il fonde un monastère à Ligugé (361). Il devient évêque (vers 370), évangélise les campagnes et crée le monastère de Marmoutier près de Tours (372).

MARTIN DU GARD Roger (1881-1958) ✦ Écrivain français. Sa formation à l'École des chartes (1903-1905) lui donne le goût de la recherche et de la reconnaissance scientifique qu'il met ensuite au service de la littérature, en plongeant ses héros dans une réalité historique précise. Son roman *Jean Barois* (1910-1913), qui mêle dialogues et indications scéniques pour évoquer l'affaire Dreyfus, lui vaut l'amitié d'André Gide. *Les Thibault* (neuf volumes, 1922-1940) aborde les problèmes de l'adolescence, de l'amour, de la mort, et dresse un portrait du milieu bourgeois de la France d'avant 1914. Prix Nobel de littérature (1937).

MARTINIQUE n. f. ✦ Département et région français d'outre-mer [972], situé dans les Petites Antilles, au sud de la Guadeloupe (☛ cartes 21, 22). Superficie : 1 128 km^2. 383 911 habitants. Chef-lieu : Fort-de-France ; chefs-lieux d'arrondissement : Le Marin et La Trinité. ♦ La Martinique est une île montagneuse au nord où se dressent deux volcans : la montagne **Pelée**

(1 397 m) et les pitons du Carbet (1 120 m). Le centre de l'île se resserre pour former la baie de Fort-de-France. Le climat est plus humide au nord qu'au sud. Le parc naturel régional de la Martinique (62 725 ha), créé en 1976, occupe environ les deux tiers de l'île. L'économie repose sur l'agriculture (canne à sucre, rhum, banane) et le tourisme. Le taux de chômage élevé provoque une importante migration vers la métropole. ♦ L'île, découverte par Christophe Colomb (1502), est prise par la France (1635). Celle-ci y développe une économie de plantations cultivées par des esclaves noirs. Elle est occupée par les Britanniques (1794-1802) puis restituée à la France qui y maintient l'esclavage jusqu'en 1848. Elle devient un département d'outre-mer en 1946, une région de plein exercice en 1982.

MARX Karl (1818-1883) ✦ Philosophe et homme politique allemand. Né dans une famille bourgeoise, il étudie le droit et la philosophie. Il s'installe à Paris (1843), à Bruxelles (1845) puis à Londres (1849). Il critique la société matérialiste et propose sa transformation radicale. Avec **Engels**, il écrit *L'Idéologie allemande* (1846) et le *Manifeste du parti communiste* (1848). Dans *Le Capital* (publié de 1867 à 1909), Marx met en évidence les contradictions du système capitaliste. Il joue un rôle important dans l'organisation du mouvement ouvrier à la fin du XIXe siècle. Sa pensée inspire de nombreux hommes politiques révolutionnaires et communistes (**Lénine, Mao Zedong, Castro**). Sa doctrine s'appelle le *marxisme*.

MARX BROTHERS (les) ✦ Acteurs américains. Les quatre frères, Leonard dit **Chico** (1887-1961), Arthur dit **Harpo** (1888-1964), Julius dit **Groucho** (1890-1977) et Herbert dit **Zeppo** (1901-1979) débutent au music-hall et introduisent au cinéma un univers comique, parodique et loufoque. Parmi leurs films on peut citer : *Soupe au canard* (1933), *Une nuit à l'opéra* (1935), *Un jour aux courses* (1936), *Panique à l'hôtel* (1938), *Les Marx au grand magasin* (1941), *Une nuit à Casablanca* (1946), *La Pêche au trésor* (1948).

MARYLAND n. m. ✦ Un des États des États-Unis (depuis 1788), situé dans l'est du pays (☛ carte 47). Superficie : 31 296 km². 5,3 millions d'habitants. Capitale : Annapolis (36 836 habitants). Ville importante : Baltimore. ♦ Le Maryland est formé d'une plaine côtière qui s'élève à l'ouest vers les **Appalaches.** Le district de **Columbia** forme une enclave au centre de l'État. L'agriculture (céréales, élevage laitier, tabac, cultures maraîchères, fruits de mer) est productive. L'industrie est variée (houille, métallurgie, raffinerie, chimie). ♦ La région est explorée par les Anglais (1603) et disputée entre puritains et catholiques. Elle devient anglicane, passe à la Couronne britannique (1688) et obtient son indépendance (1776). Pendant la guerre de **Sécession**, l'État reste dans l'Union malgré la sympathie des régions agricoles pour les sudistes.

MASACCIO (1401-1428) ✦ Peintre italien. Grand novateur de la peinture de la Renaissance, il a exercé une influence directe sur de nombreux artistes comme Filippo Lippi ou Michel-Ange. Il est l'auteur d'une partie des fresques de la chapelle Brancacci (Santa Maria del Carmine à Florence), du polyptyque de Pise (1426) et de la fresque de la *Trinité* (Santa Maria Novella à Florence, 1427-1428). Dans sa peinture, la lumière, la composition et la perspective participent à l'élaboration d'un espace qui devient le prolongement du monde réel. ■ Son vrai nom est *Tommaso di ser Giovanni Cassai.*

MASAIS → MASSAÏS

MASCAREIGNES (les) n. f. pl. ✦ Archipel de l'océan Indien formé principalement par l'île **Maurice** et l'île de la **Réunion.** Il doit son nom au Portugais Pedro Mascarenhas qui l'explora.

MASCATE ou **MASQAT** ✦ Capitale du sultanat d'Oman, au nord du pays, sur le golfe d'Oman. 26 668 habitants (les *Mascatais*) et l'agglomération 832 000. La ville garde son caractère médiéval avec un mur d'enceinte, deux forts portugais et le palais du sultan. Port de commerce actif.

MASERU ✦ Capitale du Lesotho, à l'est du pays. Environ 120 000 habitants (les *Maséróis*). Centre agricole et commercial (peaux, laine).

MASPERO Gaston (1846-1916) ✦ Égyptologue français. Il rejoignit **Mariette** en Égypte (1880), lui succéda à la tête des Antiquités égyptiennes et organisa de nombreuses fouilles en Haute-Égypte. Par ses cours et ses écrits, il est l'un des pionniers de l'égyptologie.

MASSACHUSETTS n. m. ✦ Un des États des États-Unis (depuis 1788), situé dans le nord-est du pays (☛ carte 47). Superficie : 21 408 km². 6,3 millions d'habitants. Capitale : Boston. ♦ Le Massachusetts s'étend des Appalaches à l'ouest vers la vallée du Connecticut et les plaines côtières à l'est. L'agriculture est productive (cultures maraîchères, élevage laitier, œufs). L'industrie est variée (mécanique, électricité, alimentaire, cuir, imprimerie) et s'oriente, grâce à des centres de recherche renommés (**Harvard, Cambridge**), vers la haute technologie (robotique, électronique, biotechnologie). ♦ Les pèlerins anglais du **Mayflower** fondent le comptoir de Plymouth en 1620. Boston prend la tête du mouvement d'indépendance (vers 1770). Au XIXe siècle, il devient le centre intellectuel du pays.

MASSAÏS ou **MASAIS** n. m. pl. ✦ Peuple du Kenya et de la Tanzanie. Ce sont des éleveurs nomades, organisés en classes d'âges et en clans.

MASSALIA ✦ Nom de la cité grecque à l'origine de **Marseille.**

MASSÉNA André (1758-1817) ✦ Maréchal de France. Mousse sur un bateau, il s'engage dans l'armée française en 1775 et devient général en 1793. Il s'illustre à la bataille de Rivoli (1797), bat les Autrichiens et les Russes à Zurich (1799) et permet à Bonaparte de remporter la bataille de **Marengo** (1800). Nommé maréchal en 1804, il conquiert le royaume de Naples (1806) et se distingue aux batailles d'Essling et de Wagram. Il échoue au Portugal face aux Britanniques (1811). En 1814, il se rallie aux Bourbons. Il a laissé des *Mémoires.*

MASSENET Jules (1842-1912) ✦ Compositeur français. Il s'essaie d'abord à la symphonie puis compose plusieurs opéras à succès : *Hérodiade* (1881), *Manon* (1884), *Werther* (1892), *Thaïs* (1894), *Sapho* (1897), *Le Jongleur de Notre-Dame* (1902). Influencé par Gounod et Wagner, il se distingue par ses talents d'instrumentaliste. Il a composé également des oratorios et de la musique vocale.

MASSIF ARMORICAIN → ARMORICAIN (Massif)

MASSIF CENTRAL → CENTRAL (Massif)

MASSILIA ✦ Nom latin de **Marseille.**

MASSON André (1896-1987) ✦ Peintre et dessinateur français. D'abord proche du cubisme et du surréalisme, il est le premier à pratiquer le dessin automatique et crée des «tableaux de sable». Il poursuit ensuite des recherches plastiques, avec une prédilection pour les thèmes agressifs (*Massacres,* 1931) avant d'évoluer vers l'expressionnisme abstrait avec des œuvres d'une grande richesse chromatique. Établi aux États-Unis (1941), il exerce une influence notable sur les expressionnistes abstraits, notamment **Pollock.** Il s'installe en Provence (1947) et entreprend la série des *Paysages provençaux.* Remarquable dessinateur, on lui doit des illustrations de livres (*Tauromachies* de Leiris, 1937) et des décors (plafond du théâtre de l'Odéon).

MATHIEU Georges (1921-2012) ✦ Peintre français. Il utilisa des coulées, des taches et des éclaboussures de couleurs étalées à la main ou au chiffon pour réaliser des toiles abstraites. Il expérimenta ce qu'il nomma l'«esthétique de la vitesse», peignant avec de grands mouvements et très rapidement d'immenses toiles (*La Bataille de Bouvines, Les Capétiens partout*). Académie des Beaux-Arts (1975).

MATHILDE DE FLANDRE dite **LA REINE MATHILDE** (morte en 1083) ✦ Duchesse de Normandie. Elle épouse **Guillaume le Conquérant** avec qui elle monte sur le trône d'Angleterre en 1066. On lui attribua à tort la broderie appelée *tapisserie de **Bayeux*** ou *broderie de la reine Mathilde.*

MATHUSALEM ✦ Personnage de la Bible. Dans la **Genèse**, ce patriarche vit 969 ans. Il est le symbole de la longévité.

MATIGNON ✦ *L'hôtel Matignon* ou *Matignon :* hôtel de Paris construit sur la rive gauche de la Seine (1722-1725). Il fut acquis par Jean de Matignon puis Talleyrand (1808). Il a abrité l'ambassade d'Autriche de 1888 à 1914. Il devient la résidence du président du Conseil en 1935 puis celle du Premier ministre à partir de 1958.

MATIGNON (accords) ✦ Accords signés le 7 juin 1936 par le patronat français et la CGT (Confédération générale du travail, organisation syndicale), réunis par Léon **Blum** à l'hôtel **Matignon.** Ces accords interviennent après l'arrivée au pouvoir du gouvernement du **Front populaire.** Ils portent sur la reconnaissance du droit syndical et des délégués du personnel, l'établissement de contrats collectifs de travail et de conventions collectives. Ils sont complétés par des lois sociales portant sur la semaine de 40 heures et les congés payés.

MATISSE Henri (1869-1954) ✦ Peintre français. Il étudie le droit, devient clerc de notaire puis se consacre à la peinture après une maladie et entre aux Beaux-Arts. Il s'intéresse à l'impressionnisme et à la sculpture. Dans ses toiles monumentales aux couleurs vives, il simplifie la ligne, la courbe et les couleurs, pour leur donner plus de force (*La Danse* et *La Musique,* 1909-1910). Il voyage au Maroc (1911-1912), s'installe à Nice et multiplie les effets décoratifs. Avec une nouvelle version de *La Danse* (1931) puis le *Nu rose* (1935), il revient à des formes épurées où la ligne est presque abstraite. Il réalise aussi de nombreux découpages et collages (*Nus bleus,* 1952). Son style dépouillé s'exprime dans les vitraux de la chapelle de Vence (1951).

MATO GROSSO n. m. ✦ Plateau du Brésil, au centre de l'Amérique du Sud (☛ carte 49). Il sert de ligne de partage des eaux entre le bassin de l'Amazone et celui des fleuves **Paraguay** et **Parana.** Il est recouvert au nord par la forêt amazonienne et au sud par une savane arborée. C'est une région d'élevage extensif dont l'aménagement a entraîné la diminution des réserves d'Indiens.

MATTERHORN n. m. ✦ Nom allemand employé en Suisse pour désigner le mont **Cervin.**

MATTHIEU (saint) ✦ Un des douze apôtres de Jésus, dans le Nouveau Testament. La tradition lui attribue le premier des **Évangiles.**

MAUBEUGE ✦ Ville du Nord, dans le Hainaut, sur la Sambre. 30 347 habitants (les *Maubeugeois*). Vestiges des fortifications de Vauban (porte de Mons). Industries (métallurgie, construction automobile).

MAUPASSANT Guy de (1850-1893) ✦ Écrivain français. Il grandit en Normandie, devient fonctionnaire à Paris où il fréquente **Flaubert**, puis Daudet et Zola. Après le succès de *Boule de suif* (1880), il écrit plus de 300 nouvelles publiées dans des journaux puis regroupées dans des recueils : *La Maison Tellier* (1881), *Les Contes de la bécasse* (1883), *Les Contes du jour et de la nuit* (1885). Il évoque sa région natale, la guerre de 1870 mais aussi l'hypocrisie et le cynisme des milieux bourgeois, les rapports humains entre les différentes classes sociales. Maupassant excelle également dans le roman réaliste : *Une vie* (1883), *Bel-Ami* (1885), *Pierre et Jean* (1888). ☛ Littérature p. 144. Atteint de troubles nerveux, il meurt après plusieurs mois d'internement.

① **MAURES** n. m. pl. ✦ Peuple du Sahara vivant en **Mauritanie**, au Sahara occidental, au Mali et au Sénégal. Ils sont métissés de Berbères, d'Arabes et de Noirs. Ils furent islamisés au Moyen Âge. Leurs tribus sont organisées autour des guerriers et des «marabouts». Ils sont éleveurs et chasseurs dans le Sahel, nomades et chameliers au nord du Sahara.

② **MAURES** n. m. pl. ✦ Conquérants musulmans de l'**Espagne**, venus d'Afrique du Nord au Moyen Âge. Ils fondèrent un califat à **Cordoue**. Le style artistique qui se développa en Espagne à la suite des conquêtes arabes (VIIIe-XIVe siècles) est qualifié de *mauresque.*

③ **MAURES** n. m. pl. ✦ Massif montagneux de Provence (Var), entre Hyères et Fréjus. Son point culminant est le signal de la Sauvette (780 m). Ses sommets arrondis sont couverts de forêts et de maquis, souvent dévastés par des incendies.

MAURIAC François (1885-1970) ✦ Écrivain français. Après une éducation chrétienne stricte dans le Bordelais, il s'installe à Paris (1906) et se fait connaître avec *Le Baiser au lépreux* (1922). Il s'interroge sur la notion de mal et de péché, et critique le monde bourgeois. Parmi ses romans, on peut citer *Thérèse Desqueyroux* (1927), *Le Nœud de vipères* (1932). Il écrit aussi des essais critiques (*La Rencontre avec Pascal,* 1926 ; *La Vie de Jésus,* 1936) et s'illustre comme journaliste. Il s'engage politiquement du côté des peuples colonisés. Académie française (1933). Prix Nobel de littérature (1952). Son fils, **Claude Mauriac** (1914-1996), est également écrivain.

MAURICE n. f. ✦ Pays de l'océan Indien. Cette île est située au nord-est de la Réunion et à l'est de Madagascar (☛ cartes 34, 36). Superficie : 2 040 km² avec les îles Rodrigues, Agalega et Saint-Brandon. 1,3 million d'habitants (les *Mauriciens*), en majorité hindous, mais aussi protestants, catholiques ou musulmans. République dont la capitale est Port-Louis. Langue officielle : l'anglais ; on y parle aussi le créole, le français, des langues indiennes et le chinois. Monnaie : la roupie mauricienne. ♦ GÉOGRAPHIE. L'île principale, volcanique, s'étend sur 1 865 km² et atteint 828 m d'altitude. Elle est entourée d'une barrière de corail et bordée de longues plages de sable. Le climat chaud et humide subit la mousson. ♦ ÉCONOMIE. L'agriculture est vivrière (maïs, pomme de terre) ou orientée vers l'exportation (canne à sucre, thé, tabac, épices), la pêche est active. Les produits manufacturés (textile, jouet) et le tourisme se développent depuis le milieu des années 1990. ♦ HISTOIRE. L'île, connue dès le Xᵉ siècle, était déserte quand les Portugais la découvrirent au début du XVIᵉ siècle. Les Hollandais y installèrent un relais sur la route qui les menait vers l'**Insulinde** (1598) et la baptisèrent du nom du prince Maurice de Nassau. Ils l'abandonnèrent en 1710 et furent remplacés par la Compagnie française des Indes orientales (1715). Elle passa ensuite sous le contrôle de la France (1764) puis de la Grande-Bretagne (1814). Elle a obtenu son indépendance dans le cadre du Commonwealth en 1968.

MAURIENNE n. f. ✦ Vallée de la Savoie. C'est une grande voie de passage entre la France et l'Italie (col du Mont-Cenis, tunnel routier du Fréjus). Industries dans la *basse Maurienne* (hydroélectricité, métallurgie, chimie). Tourisme.

MAURITANIE n. f. ✦ Pays d'Afrique de l'Ouest (☛ cartes 34, 36). Superficie : un million de km² (presque deux fois la France). 3,36 millions d'habitants (les *Mauritaniens*), en majorité musulmans. République islamique dont la capitale est Nouakchott. Langue officielle : l'arabe ; on y parle aussi le peul, le wolof, le français. Monnaie : l'ouguiya. ♦ GÉOGRAPHIE. Les deux tiers de la Mauritanie sont occupés par le désert du **Sahara**. Les côtes sont sablonneuses. Au sud, la rive droite du fleuve **Sénégal** est une zone agricole. Le climat tropical est sec et aride au nord. La cité de Chinguetti, construite (XIIIᵉ siècle) pour les caravanes traversant le Sahara, est inscrite sur la liste du patrimoine mondial de l'Unesco. ♦ ÉCONOMIE. L'agriculture se concentre au bord du fleuve (mil, sorgo, riz) et dans les oasis (datte, orge). L'élevage est présent dans le Sahel (bovins) et le désert (petit bétail, chameaux). La pêche est productive. Le sous-sol est exploité (minerai de fer, cuivre). ♦ HISTOIRE. La métallurgie du fer et du cuivre est pratiquée dans la région dès le 1ᵉʳ millénaire av. J.-C. Les nomades berbères s'y installent vers 500 av. J.-C. Ils se convertissent à l'islam (VIIᵉ siècle) puis se heurtent à des tribus originaires d'Arabie qui pénètrent le pays (XIIᵉ-XVIIᵉ siècles). La France, qui l'occupe au milieu du XIXᵉ siècle, en fait un protectorat (1904) puis une colonie de l'**Afrique-Occidentale Française** (AOF, 1920) (☛ carte 17). Elle lui donne le statut de Territoire d'outre-mer (1946) puis l'indépendance en 1960. La Mauritanie se partageait le **Sahara occidental**, laissé libre par les Espagnols, avec le Maroc (1976), avant de se retirer de la région en 1979. Le pays, dirigé par l'armée à partir de 1978, a adopté une Constitution plus libérale et instauré le multipartisme (1991). Après un putsch militaire (2005), le pouvoir revient aux civils (2007) et repasse aux militaires (2008).

MAUROIS André (1885-1967) ✦ Écrivain français. Le succès de son premier ouvrage (*Les Silences du colonel Bramble,* 1918), évocation de ses souvenirs de la Première Guerre mondiale, détermine sa carrière littéraire. Son œuvre, constituée de romans (*Climats,* 1928 ; *Le Cercle de famille,* 1932), de grandes synthèses historiques, de biographies romancées (*Prométhée ou la Vie de Balzac,* 1965), s'inscrit dans la tradition littéraire de la fin du XIXᵉ siècle. Académie française (1938). ■ Son vrai nom est *Émile Herzog.*

MAURRAS Charles (1868-1952) ✦ Écrivain et homme politique français. Cet admirateur de Frédéric Mistral et de la Grèce antique, royaliste et nationaliste intégriste, condamne la démocratie et le romantisme, expression de la décadence. Il anime l'**Action française,** soutient Mussolini, Franco et le gouvernement de **Vichy.** Condamné à la réclusion perpétuelle pour collaboration (1945), il est gracié peu avant sa mort. Académie française (1938, fauteuil déclaré vacant après sa condamnation).

MAUTHAUSEN ✦ Ville d'Autriche, sur le Danube. En 1938, les nazis y établissent un camp de concentration, à la fois camp de travail et d'extermination. Près de 350 000 personnes y furent déportées. Le camp fut libéré par les Américains en 1945.

MAXIMILIEN Iᵉʳ DE HABSBOURG (1459-1519) ✦ Empereur germanique de 1493 à sa mort. Archiduc d'Autriche et roi des Romains (1486), il étend son empire par le jeu des alliances. Fils de Frédéric III, il hérite des possessions de **Charles le Téméraire** en épousant sa fille Marie de Bourgogne, obtient de Louis XI la Franche-Comté et les Pays-Bas (paix d'**Arras,** 1482) et marie son fils Philippe le Beau à Jeanne la Folle, héritière de la Castille (1496). Il s'allie à la France (ligue de **Cambrai,** 1508) puis se retourne contre elle lors des guerres d'Italie et doit lui céder le Milanais. Brillant mécène et érudit, le « dernier chevalier » unifie et centralise l'empire malgré l'opposition des princes allemands. Il laisse à son petit-fils **Charles Quint** un royaume s'étendant sur la moitié de l'Europe. Les mariages de ses petits-enfants Ferdinand et Marie donnent la Bohême et la Hongrie aux **Habsbourg** dont il a fondé la puissance.

MAYAS n. m. pl. ✦ Peuple d'Amérique centrale, établi au Guatemala, au Honduras et au Mexique. Les Mayas fondèrent une brillante civilisation qui se développa à partir de 1600 av. J.-C. et atteignit son apogée entre le VIIᵉ et le Xᵉ siècle. Ils connaissaient les mathématiques, possédaient une écriture hiéroglyphique complexe et, grâce à leurs connaissances en astronomie, créèrent un calendrier solaire de 365 jours. Ces grands architectes ont construit des pyramides en pierre surmontées de temples et des palais surélevés décorés de bas-reliefs et de peintures (**Chichén-Itza**). Leur résistance aux conquérants espagnols fut courte (1527-1535) et leur empire s'effondra en 1546. Nombreux vestiges de leur civilisation au **Yucatan.**

MAYENCE ✦ Ville de l'ouest de l'Allemagne, capitale de la Rhénanie-Palatinat, sur le Rhin. 196 860 habitants (les *Mayençais*). Cathédrale (Xᵉ-XIIIᵉ siècles), nombreux hôtels baroques, ancien palais (fin XVIᵉ siècle) qui abrite aujourd'hui le Musée romain-germanique. Port commercial actif (vin, alimentation). Industries (cimenterie, verrerie, mécanique, construction navale, électronique, édition, imprimerie). Centre culturel (université, musées, académie de musique). Ville natale de Gutenberg à qui un musée est consacré. ♦ Disputée par la France et la Prusse, la ville est rattachée à la France en 1797. Elle fait ensuite partie du grand-duché prussien de Hesse-Darmstadt (1815). Elle subit de nouveau l'occupation française de 1918 à 1930 et en 1945.

① **MAYENNE** n. f. ✦ Rivière de l'ouest de la France, longue de 200 km (☛ carte 21). Elle prend sa source dans le département de l'Orne, traverse la Mayenne et le Maine-et-Loire et se jette dans la Sarthe au niveau d'Angers.

② **MAYENNE** n. f. ✦ Département de l'ouest de la France [53], de la Région Pays de la Loire. Superficie : 5 175 km². 307 350 habitants (les *Mayennais*). Chef-lieu : Laval ; chefs-lieux d'arrondissement : Château-Gontier, Laval et Mayenne.

MAYENNE ✦ Chef-lieu d'arrondissement de la Mayenne, sur la Mayenne. 13 139 habitants (les *Mayennais*) (☛ carte 23). Vestiges d'un palais carolingien. Industries diversifiées (imprimerie, automobile, chimie, lait).

MAYFLOWER n. m. ✦ Navire anglais parti d'Angleterre en septembre 1620 avec un groupe de 102 émigrants, des protestants très pieux qui fuyaient les persécutions religieuses. Arrivés en Amérique, ceux-ci fondèrent la première ville de **Nouvelle-Angleterre** : Plymouth, sur la côte du Massachusetts (26 novembre 1620). Ces colons sont considérés comme les fondateurs des États-Unis. Chaque année, le 4ᵉ jeudi de novembre, Thanksgiving commémore la première récolte faite sur le sol américain en 1621.

MAYOTTE ✦ Département et Région français d'outre-mer [976] (☛ cartes 21, 22). Il est formé de deux îles situées à l'est des Comores. Superficie : 373 km². 212 645 habitants (les *Mahorais*). Chef-lieu : Mamoudzou. ♦ Mayotte vit essentiellement de l'agriculture (ylang-ylang, vanille) et de la pêche. Base navale française. Le climat est tropical. ♦ Son histoire se confond avec celle des **Comores** jusqu'en 1976, date à laquelle Mayotte choisit de rester attachée à la France.

MAZAMET ✦ Commune du Tarn. 10 173 habitants (agglomération 25 180) (les *Mazamétains*) (☛ carte 23). Ancien centre de traitement des peaux (laine, cuir).

MAZAR-É CHARIF ✦ Ville du nord de l'Afghanistan. 300 600 habitants. Point de passage obligé du commerce avec les pays de la **CEI**. Artisanat traditionnel (tapis, cotonnades, soieries). Commerce des peaux d'astrakhan. Industrie en voie de développement (textile, engrais). Ville dynamique et prospère. Important centre de pèlerinage musulman.

MAZARIN (1602-1661) ✦ Cardinal et homme politique français, d'origine italienne. Ce diplomate rencontre **Richelieu** lors d'une mission en France (1630). Celui-ci le naturalise français (1639), le nomme cardinal (1641) et, à sa mort, le recommande à Louis XIII. Mazarin assure la régence (1643) avec **Anne d'Autriche**, qui le soutiendra toute sa vie. Intelligent, il mène une habile politique extérieure et remporte d'importantes victoires. Il met fin à la guerre de **Trente Ans** qui oppose la France aux Habsbourg (traité de Westphalie, 1648). Mais les guerres affaiblissent le pays et les réformes fiscales qu'il entreprend provoquent la **Fronde** (1648). Il doit s'exiler deux fois mais revient triomphalement à Paris en 1653. Il négocie le traité des **Pyrénées** qui met fin à la guerre avec l'Espagne (1659) et prévoit le mariage du futur **Louis XIV** avec Marie-Thérèse d'Autriche. Tout au long de sa carrière, il consolide l'absolutisme et laisse à Louis XIV un pouvoir royal renforcé. Ce fut un riche mécène qui réunit une magnifique collection d'art et une riche bibliothèque dont il fit don à l'État (la *bibliothèque Mazarine* qui se trouve dans le palais de l'**Institut de France**, à Paris). Il fonda le collège des Quatre-Nations et l'Académie de peinture et sculpture. ■ Son nom complet est *Giulio Mazarini*, en français *Jules Mazarin*.

MAZZINI Giuseppe (vers 1805-1872) ✦ Patriote et révolutionnaire italien. Expulsé d'Italie pour ses activités insurrectionnelles, il se réfugie à Marseille (1831) et fonde le mouvement Jeune-Italie qui a pour buts d'unifier le pays et d'instaurer la république (**Risorgimento**). Après un séjour à Londres, il revient proclamer la République romaine avec **Garibaldi** mais Pie IX reprend le pouvoir dans ses États avec l'aide des Français (1849). Mazzini conspire à nouveau en Suisse, à Londres, et tente de fonder une Alliance républicaine universelle (1868). Il est arrêté en Sicile (1870) puis amnistié. Il meurt peu après.

MBABANE ✦ Capitale du Swaziland, dans l'ouest du pays. 52 000 habitants (les *Mbabanais*). Premier comptoir établi par les Britanniques dans le pays.

MEAUX ✦ Ville de Seine-et-Marne, sur la Marne. 53 526 habitants (les *Meldois*). Remparts gallo-romains, cathédrale Saint-Étienne (XIIᵉ-XVIᵉ siècle, tombe de Bossuet), ancien palais épiscopal (XVIIᵉ siècle ; chapelle du XIIᵉ) et jardin dessiné par Le Nôtre. Industries mécanique et agroalimentaire (brie, moutarde). Ville natale de Maud Fontenoy. ♦ Oppidum gaulois puis évêché (IVᵉ siècle), la ville devient capitale de la **Brie** (XIIᵉ siècle) qui passe ensuite à la Champagne. Au XVIᵉ siècle, des religieux forment le *Cénacle de Meaux*, qui diffuse la Réforme. **Bossuet**, nommé évêque de Meaux (1681-1704), y lutte contre les protestants.

MÉCÈNE (vers 69 av. J.-C.-8 av. J.-C.) ✦ Ministre de l'empereur romain **Auguste**. Ce chevalier d'origine étrusque encourage les lettres et les arts. Il reçoit les poètes **Virgile** et **Horace** dans ses villas de Rome et de **Tivoli**. Son nom, un *mécène*, est devenu synonyme de protecteur des arts.

MECHED ✦ Ville d'Iran, dans le nord-est du pays. 1,9 million d'habitants. Mosquée de Gowhar Chad (XVᵉ siècle). Centre administratif et universitaire. Industries (agroalimentaire, textile, cuir). Important lieu de pèlerinage chiite (tombeau de l'imam Riza, 817). Capitale du pays de 1736 à 1747.

MECKLEMBOURG-POMÉRANIE-ANTÉRIEURE n. m. ✦ État (Land) d'Allemagne, au nord-est du pays (☛ carte 29). Superficie : 23 559 km². 1,7 million d'habitants. Capitale : Schwerin. Port de Rostock. ♦ C'est une plaine vallonnée fertile située entre l'Elbe et l'Oder. Elle compte de nombreux lacs. Les côtes découpées de la Baltique sont formées de lagunes et de falaises. Le climat maritime est tempéré. L'agriculture domine (céréales, betterave à sucre, élevage) et conditionne l'industrie (agroalimentaire). Le tourisme se développe grâce aux nombreux parcs nationaux. C'est le Land le moins peuplé et le plus pauvre d'Allemagne. ♦ La région, peuplée de Germains puis de Slaves (VIe siècle), fait partie du **Saint Empire** (Xe siècle). Elle est soumise par le duc de Saxe, évangélisée, tandis que la Pomérélie (à l'est de la Vistule) passe à la Pologne (XIIe siècle) et que les ports participent à la **Hanse.** La région adhère à la **Réforme** (XVIe siècle). Elle subit de nombreuses divisions, notamment pendant la guerre de Trente Ans. La Poméranie, partagée entre la Suède et le Brandebourg (1648), est réunie par le royaume de **Prusse** (1814) auquel se joignent les princes du Mecklembourg (1815). Après la Deuxième Guerre mondiale (1945), la partie de la Poméranie située à l'est de l'Oder est laissée à la Pologne et la partie ouest est ajoutée au Mecklembourg pour former un Land.

MECQUE (La) ✦ Ville d'Arabie saoudite, dans l'ouest du pays, dans les monts du Hedjaz. 1,3 million d'habitants. Capitale religieuse de l'islam dont elle est le plus grand lieu de pèlerinage, elle est interdite aux non-musulmans. Ville natale de Mahomet. ♦ **Mahomet** y fait ses premières prédications. Chassé par les marchands, il se réfugie à **Médine** (622), puis il revient à La Mecque pour en faire le centre de l'islam (630). La ville est administrée par des califes, dont les Omeyades qui construisent la Grande Mosquée (fin du VIIe siècle). En 930, une secte chiite la met à sac et s'empare de la Pierre noire (**Kaaba**). L'Empire ottoman prend la ville aux mamelouks (1517) et la garde jusqu'en 1916 sauf pendant les périodes où elle passe aux mains d'un sultan musulman (1803-1813) et du vice-roi d'Égypte Méhemet Ali (1813-1840). Le roi du Hedjaz déclare son indépendance en 1916 mais il est chassé par Ibn Séoud (1924), le futur fondateur de l'Arabie saoudite.

MEDAN ✦ Ville d'Indonésie, au nord de Sumatra. 2 millions d'habitants. Première ville et premier port du pays (hors de Java). Centre d'exportation agricole vers Singapour et la Malaisie (hévéa, palmier à huile, cacao, café, thé, tabac, fruits, légumes). Industries (textile, agroalimentaire).

Médecin malgré lui (Le) ✦ Comédie de Molière (1666). Les domestiques de Géronte sont à la recherche d'un médecin capable de guérir Lucinde, la fille de leur maître, devenue subitement muette. La servante Martine, pour se venger de Sganarelle, son mari qui la brutalise, confie aux autres que Sganarelle est un médecin réputé dont la singularité est de ne soigner que si on le force à coups de bâton. À l'issue de ce traitement, Sganarelle consent à examiner Lucinde. La drôlerie de ses propos qui dénoncent la fausse science et se moquent de la médecine fait rire la jeune fille qui retrouve aussitôt la parole et épouse Léandre, l'opposition de son père à cette union étant la seule cause de sa feinte infirmité.

MÉDÉE ✦ Magicienne de la mythologie grecque, fille du roi de Colchide et nièce de Circé. Sa légende appartient au cycle des **Argonautes.** Elle aide **Jason** à s'emparer de la **Toison d'or.** Pour conserver l'amour de celui-ci, elle n'hésite pas à sacrifier les êtres qui lui sont chers ni à tuer ceux qui s'interposent. Son histoire a inspiré les artistes et les écrivains qui, de l'Antiquité (Euripide) au XXe siècle, ont donné des interprétations très diverses de son tragique destin.

MEDELLIN ✦ Ville de Colombie, au nord-ouest de Bogota, dans les Andes, à 1 400 m d'altitude. 2,2 millions d'habitants. Cette métropole régionale doit sa richesse aux mines d'or (XVIIIe siècle) et à l'exploitation du café et du coton (XIXe-XXe siècles). Industries (agroalimentaire, chimie, mécanique). Ville natale de F. Botero. Ancien centre d'un important cartel de la drogue (*cartel de Medellin*).

MÈDES n. m. pl. ✦ Peuple nomade établi au nord-ouest de l'Iran actuel (IXe siècle av. J.-C.) et, selon la légende, descendant de **Médée.** Les tribus, vaincues par l'Assyrie (739-736 av. J.-C.), s'unissent et battent les Perses mais elles sont soumises par les **Scythes** (653 av. J.-C.). Le roi Cyaxare se révolte (625 av. J.-C.) et met fin à l'empire d'**Assyrie** (612 av. J.-C.) qu'il partage avec **Babylone.** Il étend son empire en Anatolie. Son fils est renversé par **Cyrus II le Grand** qui fonde l'Empire perse (550 av. J.-C.).

MÉDICIS n. m. pl. ✦ Famille de banquiers italiens. Elle joue un grand rôle dans l'histoire de **Florence** et de la Toscane (XVe au XVIIIe siècle), ainsi que dans les arts, les lettres et la politique de l'Europe. Deux reines de France sont issues de cette famille, **Catherine de Médicis** et **Marie de Médicis. Cosme, dit L'ANCIEN** (1389-1464), fondateur de la branche aînée. Il domine la vie politique de Florence (1434) et bat Milan (1440) puis Venise (1542). Il protège les artistes (Donatello, Fra Angelico). Il reçoit le titre de *Père de la Patrie.* **Laurent, dit LE MAGNIFIQUE** (1449-1492), prince emblématique de la Renaissance. Le pape, qui soutient une famille rivale, l'excommunie et lui déclare la guerre avec l'appui de Naples et de Sienne (1478-1480). C'est un poète qui favorise les artistes (Botticelli, Léonard de Vinci), les savants, l'imprimerie mais néglige les affaires. Les Médicis, alliés de la France, sont chassés pendant les guerres d'**Italie** (1494-1512). **Jules** (1478-1534), pape sous le nom de *Clément VII.* Il s'allie à François Ier contre **Charles Quint**, mais il doit quitter le pouvoir (1527) et couronner empereur son ennemi (1530). Il excommunie **Henri VIII** d'Angleterre (1534), qui a répudié Catherine d'Aragon et fonde alors l'anglicanisme. **Alexandre** (vers 1510-1537) est imposé par Charles Quint qui lui donne en mariage sa fille Marguerite (1531). Il règne en dictateur et meurt assassiné par son cousin **Lorenzino** (1514-1548), qui inspire à **Musset** le personnage de Lorenzaccio. La branche cadette dirige Florence (1537-1569) puis la Toscane (1569-1737). La famille s'éteint au milieu du XVIIIe siècle.

MÉDICIS (villa) ✦ Villa de Rome achetée par le cardinal Alessandro de Médicis. L'Académie de France à Rome y est installée depuis 1801. La villa accueillait les artistes lauréats du prix de Rome jusqu'en 1968. Aujourd'hui, elle offre une résidence à des artistes. Parmi ses directeurs, on peut citer Ingres et Balthus.

MÉDINE ✦ Ville d'Arabie saoudite, dans l'ouest du pays, dans les monts du Hedjaz. 919 000 habitants. Deuxième ville sainte de l'islam. Grande Mosquée du Prophète (VIIIe siècle) avec les tombeaux de **Mahomet** et de sa fille **Fatima.** Marché agricole, centre de commerce. ♦ Mahomet s'y réfugie en 622, début de l'Hégire ou ère musulmane. Les premiers califes y résident jusqu'à la dynastie des Omeyades qui choisit Damas pour capitale (662). Médine fait partie de l'Empire ottoman à partir de 1517. Elle est reprise par différentes dynasties musulmanes (1803-1813 ; 1916) dont celle du fondateur de l'**Arabie saoudite** (1924).

MÉDIQUES (guerres) ✦ Guerres qui opposent les Grecs aux Perses (Ve siècle av. J.-C). Le conflit commence avec la conquête de l'**Ionie** par Cyrus II le Grand (546 av. J.-C.). Quand cette région se soulève avec l'aide d'Athènes (499 av. J.-C.), **Darios Ier** réprime la révolte (497-493 av. J.-C.) et décide de soumettre la Grèce : c'est la PREMIÈRE GUERRE MÉDIQUE (490 av. J.-C.). Celle-ci s'achève par la défaite des Perses à **Marathon**. **Xerxès Ier**, le successeur de Darios, déclenche la DEUXIÈME GUERRE MÉDIQUE (vers 480 av. J.-C.). Il bat **Léonidas Ier** et ses Spartiates aux **Thermopyles**, s'empare d'Athènes et l'incendie. Mais les Grecs anéantissent sa flotte et infligent aux Perses de sévères défaites : en Grèce (Platées, 479 av. J.-C.), en Asie Mineure (Eurymédon, 468 av. J.-C.) et à Chypre (449 av. J.-C.). La paix de Callias (449-448 av. J.-C.) met fin aux guerres médiques, assurant l'indépendance aux cités ioniennes et la prédominance maritime à Athènes.

MÉDITERRANÉE n. f. ✦ Mer intérieure. Par sa superficie qui est d'environ 3 millions de km² en comptant ses annexes, la mer **Noire** et la mer d'**Azov**, c'est la plus vaste des mers continentales. Elle s'étend sur 3 800 km de long du détroit de Gibraltar au fond de la mer d'Azov, et sur 740 km de large d'Alger à Marseille ou 400 km du Péloponnèse à la côte libyenne. Elle communique à l'ouest avec l'océan Atlantique par le détroit de **Gibraltar**, à l'est avec la mer Noire par le détroit du **Bosphore** et le détroit des **Dardanelles**, au sud-est avec la mer Rouge par le canal de **Suez**. Elle comprend les mers Tyrrhénienne, Adriatique, Ionienne et Égée. ♦ C'est le point de rencontre entre les plaques tectoniques de l'Europe et de l'Afrique, ce qui provoque régulièrement des tremblements de terre dans les régions avoisinantes, ainsi que des éruptions volcaniques (Etna, Stromboli, Vésuve). Sa profondeur moyenne est d'environ 1 450 m ; elle atteint 5 121 m au sud du cap Matapan (Grèce). Sa marée est faible et ses eaux tempérées. La pêche y est peu productive ; le commerce et le tourisme y sont développés. ♦ Les civilisations du pourtour méditerranéen communiquent dès l'Antiquité. Le commerce florissant (Phénicie, Carthage, Grèce, Rome) subit les attaques des pirates musulmans (IXe siècle) puis ottomans (XVe-XVIe siècles). La découverte de l'Amérique (1492) et de la route des Indes, par le cap de **Bonne-Espérance** (1497), réduit son importance. La mer retrouve un rôle essentiel avec l'industrialisation et la colonisation européennes (XIXe siècle) et surtout grâce à l'ouverture du canal de **Suez** (1869). Roland **Garros** en effectue la première traversée aérienne (1913). Au XXe siècle, les régions qui l'entourent sont le lieu de nombreux conflits (**Balkans, Guerre mondiale, Israël**).

MÉDOC n. m. ✦ Région du **Bordelais**, entre l'estuaire de la Gironde et l'océan Atlantique. Ses habitants s'appellent les *Médocains* ou les *Médoquins*. Elle est plantée de pins des Landes. Les vignes, cultivées le long de la Gironde, donnent des vins qui font sa renommée, comme le *médoc*.

MÉDUSE ✦ Une des trois **Gorgones**, dans la mythologie grecque. Contrairement à ses deux sœurs, elle est mortelle. Son regard pétrifie ceux qui la fixent. **Persée** la tue en se servant de son bouclier poli comme d'un miroir pour éviter de la regarder en face. **Pégase** naît de son sang. Persée offre la tête de Méduse à Athéna qui peut ainsi changer ses ennemis en pierre. Les serpents de sa chevelure sont à rapprocher des longs tentacules de la *méduse*. L'effet paralysant de son regard est à l'origine du verbe *méduser*.

MEDVEDEV Dmitri (né en 1965) ✦ Homme d'État russe. Chef de l'administration du Kremlin (2003), vice-Premier ministre (2005), il devient le 3e président de la Fédération de Russie (2008-2012) et nomme V. **Poutine** Premier ministre. Celui-ci, élu en 2012, le nomme Premier ministre.

MÉGÈRE ✦ Une des **Érinyes**, dans la mythologie grecque. Elle symbolise l'envie et la haine et provoque querelles et conflits. Comme ses sœurs, elle exerce la vengeance divine sur les criminels. Une *mégère* est une femme acariâtre.

MEGÈVE ✦ Commune de Haute-Savoie. 3 292 habitants (les *Mégevans*). Importante station de sports d'hiver (altitude 1 200-2 000 mètres).

MEGHALAYA n. m. ✦ État du nord-est de l'Inde créé en 1972 par la division de l'Assam (☛ carte 41). Superficie : 22 489 km². 3 millions d'habitants. Capitale : Shillong (354 800 habitants). Bordé par le Bangladesh, il vit de l'agriculture (céréales, fruits, pomme de terre) et de ressources forestières et minières (houille).

MÉHÉMET ALI (1769-1849) ✦ Vice-roi d'Égypte de 1805 à sa mort. Il combat Bonaparte (1798), prend le pouvoir après le départ des Français (1804) et se débarrasse des **mamelouks** (1811). Il s'empare du **Hedjaz** (1819), du nord du Soudan (1820-1822), fonde **Khartoum** et tente de mater une insurrection en **Grèce**. Il est défait par les flottes britannique, française et russe à Navarin (1827). Il prend ensuite la Crète puis la Palestine et la Syrie (1831-1832). Il bat une nouvelle fois l'Empire ottoman (1839) qui lui accorde le gouvernement héréditaire de l'Égypte et du Soudan (1841) après qu'il a évacué la Syrie, la Crète et le Hedjaz. Créateur de l'Égypte moderne, il a nationalisé des terres cultivables (1814), introduit de nouvelles cultures, amélioré l'irrigation et le réseau routier, réformé l'enseignement et développé l'industrie.

MEIJI TENNO (1852-1912) ✦ Empereur du Japon de 1867 à sa mort. Il fait de **Tokyo** sa capitale et fonde le Japon moderne de l'*ère Meiji* (Constitution de 1889 qui supprime les chefs militaires, les «shoguns», et réforme les institutions féodales). Il l'ouvre vers l'Occident et l'industrialise. Il gagne les guerres contre la Chine (1894-1895) et la Russie (1904-1905). Les sites de la révolution industrielle Meiji sont inscrits sur la liste du patrimoine mondial de l'Unesco. ■ Son vrai nom est *Mutsuhito*.

MÉJEAN (causse) ✦ Un des **Causses**, dans le sud du Massif central. Dépeuplé et déboisé, il sert à l'élevage des moutons (lait, fromage, viande). Le nord est bordé par le site touristique des gorges du **Tarn**, le sud fait partie du parc national des **Cévennes**.

MEKNÈS ✦ Ville du Maroc, dans le nord-ouest du Moyen Atlas. 632 079 habitants. La ville fortifiée par les Almoravides (XIe siècle), capitale du sultan Moulay Ismaïl (1672-1727), est inscrite sur la liste du patrimoine mondial de l'Unesco : murailles percées de portes, ruines de l'ancienne cité impériale. Centre touristique, agricole et commercial. Industrie textile.

MÉKONG n. m. ✦ Fleuve d'Asie du Sud-Est, long de 4 200 km (☛ carte 38). Il prend naissance dans l'est du Tibet, à 5 000 m d'altitude. Il forme les frontières entre le Laos d'une part et la Birmanie puis la Thaïlande d'autre part. Il traverse le Cambodge et entre au Viêtnam où il se jette dans la mer de Chine en formant un vaste delta fertile. Il arrose Vientiane et Phnom Penh. La navigation sur son cours est gênée par les chutes et les rapides. Ses eaux poissonneuses connaissent de nombreuses crues.

MELANCHTHON (1497-1560) ✦ Réformateur allemand. Ce professeur de grec devient le principal disciple de **Luther** (*Apologia pro Luthero,* 1519). Il rédige le premier ouvrage théologique de la **Réforme** (*Loci communes theologiae,* 1521) et la *Confession d'**Augsbourg*** (1530) puis succède à son maître à la tête de l'Église luthérienne. Il veut rapprocher les différents courants de la Réforme, et même les protestants et les catholiques. ☛ Réforme p. 168. ■ Son nom allemand est *Philipp Schwarzerd.*

MÉLANÉSIE n. f. ✦ Une des trois divisions de l'Océanie. Elle s'étend, entre l'équateur et le tropique du Capricorne, sur 965 000 km^2 (plus d'une fois et demie la France). Elle comprend la Papouasie-Nouvelle-Guinée et les îles Bismarck, Salomon, Vanuatu, Nouvelle-Calédonie et Fidji (☛ carte 51). Environ 3,5 millions d'habitants (les *Mélanésiens*). La Mélanésie est formée d'îles montagneuses et forestières, parfois volcaniques, et de grands atolls coralliens. Son climat tropical connaît de fréquents cyclones. La population tire ses ressources de la pêche, de la chasse et de quelques cultures (taro, igname, patate douce, canne à sucre et arbre à pain). Organisée en clans, elle possède une culture traditionnelle vivace.

MELBOURNE ✦ Ville d'Australie, sur la côte sud-est du pays. 3,7 millions d'habitants, 2e ville du pays. Port, centre administratif, universitaire, commercial (laine, céréales, fruits, viande) et industriel (pétrochimie, mécanique, textile, alimentaire). ♦ La ville, fondée sur un territoire acheté aux Aborigènes (1835), se développe pendant la ruée vers l'or australienne (années 1850). Elle devient la capitale de l'Australie (1901) jusqu'à la création de **Canberra** (1927).

MELCHIOR ✦ Un des trois Rois **mages** de la tradition chrétienne. On le représente comme un vénérable vieillard.

MÉLIÈS Georges (1861-1938) ✦ Scénariste et réalisateur français de cinéma. D'abord illusionniste, il fait du cinéma naissant un art véritable par ses mises en scène créatives et l'invention d'ingénieux trucages. Il construit le premier studio de cinéma du monde à Montreuil (1897). Il tourne environ 500 films (1896-1913) : des documentaires comme les frères Lumière (*Le Sacre d'Édouard VII* et *Éruption volcanique à la Martinique,* 1902) et des fictions inspirées par la féerie (*Cendrillon,* 1899 ; *Le Royaume des fées,* 1903 ; *Le Palais des Mille et Une Nuits,* 1905), la science (*Le Voyage dans la Lune,* 1902 ; *Voyage à travers l'impossible,* 1904 ; *À la conquête du pôle,* 1912) ou l'histoire (*L'Affaire Dreyfus,* 1899 ; *La Civilisation à travers les âges,* 1907).

MELILLA ✦ Ville espagnole, enclavée sur la côte méditerranéenne du Maroc, à l'est du Rif (☛ carte 32). 69 440 habitants. Murailles du XVIe siècle. Port franc, cet ancien comptoir punique puis romain est pris par les Espagnols en 1496.

MELPOMÈNE ✦ Une des **Muses** dans la mythologie grecque. Elle est la mère des **Sirènes**, protectrice du chant et de l'harmonie. Associée à Dionysos, elle est la patronne de la tragédie. On la représente couronnée de branches de vigne, tenant un masque tragique et une massue.

MELUN ✦ Chef-lieu de la Seine-et-Marne, sur la Seine. 40 011 habitants (les *Melunais*). Église Notre-Dame (XIe-XIIe, XVe-XVIe siècles), église gothique Saint-Aspais (XVe-XVIe siècles). Centre administratif. Commerce *(brie de Melun).* Industries (alimentaire, mécanique, chimie, imprimerie). ♦ La cité gauloise est prise par les Romains (53 av. J.-C.). Elle devient la résidence des premiers Capétiens (Xe siècle). Pendant la guerre de **Cent Ans**, le roi de Navarre, Charles le Mauvais, s'en empare (1358), Du Guesclin la reprend. Les Anglais l'occupent (1420) et la rendent à Charles VII (1430). Henri IV l'enlève aux membres de la **Ligue** lors des guerres de Religion (1590).

MELUN-SÉNART ✦ Une des cinq villes nouvelles créées en Île-de-France dans les années 1970, aujourd'hui appelée *Sénart.* Située entre Melun et la forêt de Sénart, en Seine-et-Marne, elle regroupe dix communes et compte 108 000 habitants. Industries (chimie, alimentaire, mécanique).

MÉLUSINE ✦ Fée légendaire du Poitou au Moyen Âge. C'est la fille d'une fée et d'un roi d'Écosse. Elle se métamorphose en femme-serpent tous les samedis soir. Elle se marie en Poitou et construit des châteaux et des églises mais, lorsque son mari surprend son secret, elle disparaît, condamnée au tourment éternel. Elle est considérée comme la fondatrice de la famille des Lusignan, qui régna sur **Chypre** du XIIe au XVe siècle.

MELVILLE Herman (1819-1891) ✦ Écrivain américain. D'abord instituteur, il s'engage sur un baleinier (1840) puis séjourne aux îles Marquises. Ses romans d'aventures, dont le plus célèbre est ***Moby Dick*** (1851), évoquent souvent le monde de la mer : *Typee* (1846), *Omoo* (1847), *Mardi* (1849), *Contes de la véranda* (1856), *Billy Budd, gabier de misaine* (1891).

MEMLING Hans (vers 1433-1494) ✦ Peintre flamand. Il naît en Rhénanie, étudie à Cologne, à Bruxelles et s'installe à Bruges (1465). Il s'inspire de Van Eyck et compose des paysages harmonieux et des portraits élégants. Ses tableaux équilibrés, aux détails précis et aux tons délicats, annoncent la Renaissance. À la fin de sa vie, il adopte des motifs décoratifs italiens. Œuvres : *Le Mariage mystique de sainte Catherine* (1475-1479), *L'Adoration des Mages* (1479), *Bethsabée au bain* (vers 1484), *Châsse de sainte Ursule* (1489).

① **MEMPHIS** ✦ Site archéologique d'Égypte, au sud du Caire, sur le Nil (☛ carte 2). Selon la tradition, la ville est fondée par le roi Ménès (vers 3 000 ans av. J.-C.). Elle devient le centre du culte de **Ptah**, puis la capitale de l'Égypte unifiée sous l'Ancien Empire. Au Moyen Empire (vers 2000 av. J.-C.), **Thèbes** lui est préférée. Memphis subit les invasions des Hyksos, des Assyriens et des Perses. Les **Ptolémées** y développent les cultes d'**Héphaïstos** et d'**Apis**, puis lui préfèrent **Alexandrie**. Détruite par les Arabes, elle sert de carrière pour la construction du Caire au Moyen Âge. Il ne reste aujourd'hui que des vestiges du temple de Ptah et une statue colossale de Ramsès II. L'ensemble des nécropoles proches (**Gizeh, Saqqara**) est inscrit sur la liste du patrimoine mondial de l'Unesco.

② **MEMPHIS** ✦ Ville des États-Unis (Tennessee). 650 100 habitants (1,1 million pour la zone urbaine). Port sur le Mississippi. Industries (alimentaire, chimie). Commerce (coton, bois, céréales, bétail). Ville où se sont développés le jazz, le blues et le rock (Elvis Presley).

MENDE ✦ Chef-lieu de la Lozère, sur le Lot. 11 542 habitants (les *Mendois*). Tour des Pénitents (XIIe siècle), pont Notre-Dame (XIIIe siècle), cathédrale Notre-Dame et Saint-Privat (XIVe puis XVIIe siècle), détruite en 1579. Elle abritait la «Non Pareille», la plus grosse cloche de la chrétienté. Ville administrative et commerçante d'où partent les excursions vers les gorges du **Tarn.** ♦ Saint Privat y est martyrisé par les Alamans (IIIe siècle). La ville, siège d'un évêché au Ve siècle, est entourée de remparts (XIIe siècle), puis devient capitale du **Gévaudan** (1307) et subit les guerres de Religion (1579).

MENDEL Johann (1822-1884) ✦ Botaniste et religieux autrichien. Fondateur de la génétique. Dans le jardin de son monastère, il croise différentes variétés de petits-pois, présentant des caractères aisément identifiables, et définit ainsi les lois de l'hybridation et de l'hérédité. Ses travaux (*Recherches sur les hybrides des plantes,* 1865) passent inaperçus et les *lois de Mendel* sont redécouvertes en 1900.

MENDELEÏEV Dmitri Ivanovitch (1834-1907) ✦ Chimiste russe. Il découvre certaines régularités dans les propriétés des éléments chimiques qu'il classe dans l'ordre croissant de leur poids atomique. Le tableau ainsi obtenu (*tableau de Mendeleïev*) sert toujours de base à la classification des éléments. Il a été vérifié et justifié scientifiquement par la mécanique quantique.

MENDELSSOHN-BARTHOLDY Felix (1809-1847) ✦ Compositeur allemand. Pianiste renommé à neuf ans, compositeur inspiré à douze ans, il atteint la gloire à vingt ans comme chef d'orchestre lors de la représentation, à l'Académie de chant de Berlin, de la *Passion selon saint Matthieu* de Bach, lequel sera redécouvert grâce à lui. Il part en tournée en Europe (France, Angleterre, Écosse, Italie) comme pianiste et chef d'orchestre. Nommé directeur de l'orchestre de Leipzig (1835), il y fonde le conservatoire de musique (1843). Malgré sa mort prématurée, il laisse des œuvres qui le placent parmi les grandes figures du romantisme : l'*Octuor pour cordes* (1825), *Le Songe d'une nuit d'été* où se trouve la *Marche nuptiale* (1826), les *Romances sans paroles* pour piano (1829-1845), des *Concertos pour piano* (1831, 1837), l'ouverture *Les Hébrides* (1832), les symphonies *Italienne* (1833) et *Écossaise* (1842), les oratorios *Paulus* (1836) et *Élie* (1846), et le *Concerto pour violon* (1844).

MENDÈS FRANCE Pierre (1907-1982) ✦ Homme politique français. Ce député radical-socialiste (1932-1940, 1946-1958) est ministre de l'Économie nationale dans le gouvernement provisoire du général de **Gaulle** (1944-1945). Président du Conseil et ministre des Affaires étrangères (1954), il met fin à la guerre d'**Indochine.** Il démissionne à deux reprises (1955, 1956) pour s'opposer à la politique française en **Algérie,** et prend parti contre de Gaulle (1958). Membre du Parti socialiste unifié (PSU, 1959-1968), il a inspiré une partie de la gauche française.

MÉNÉLAS ✦ Roi légendaire de Sparte, dans la mythologie grecque. Frère d'Agamemnon, il épouse **Hélène.** L'enlèvement de celle-ci par Pâris déclenche la guerre de **Troie.** Dans l'*Iliade,* ce vaillant guerrier blesse Pâris dans un combat singulier.

MÉNILMONTANT ✦ Quartier de l'est de Paris. La plus haute colline de la ville (128 m), après Montmartre, était un lieu de résidence des Mérovingiens. Le quartier, habité par des ouvriers et des vignerons, dépendait de Belleville avant d'être réuni à la capitale (1860). On y trouve le parc des Buttes-Chaumont, créé par Napoléon III et **Haussmann** (1864-1867), et le cimetière du **Père-Lachaise.**

MENTON ✦ Ville des Alpes-Maritimes, près de la frontière italienne. 28 563 habitants (les *Mentonnais*). Basilique Saint-Michel, chapelle de la Conception, hôtel de ville (XVIIe siècle), musées (Carnolès, Jean-Cocteau). Port. Cultures de fleurs et d'agrumes. Centre touristique où se tiennent des festivals de musique et de peinture. ♦ La ville a appartenu aux princes de Monaco (1346), puis à la Sardaigne (1848), avant d'être réunie à la France en 1861.

MENTOR ✦ Personnage de la mythologie grecque. Dans l'*Odyssée,* Ulysse lui confie l'administration d'Ithaque et l'éducation de son fils **Télémaque** avant de partir pour Troie. Athéna prend souvent ses traits pour secourir Ulysse. Un *mentor* est un conseiller sage et expérimenté, comme ce personnage l'est pour Télémaque.

MÉPHISTOPHÉLÈS ✦ Personnage de la légende de **Faust**, créé en 1587, et rendu célèbre par Goethe (1808). C'est le génie du Mal qui persuade Faust de vendre son âme au diable en échange de ses services. C'est aussi un démon de la connaissance qui cherche à dominer le monde pour le détruire.

MERCANTOUR n. m. ✦ Massif montagneux des Alpes du Sud, à la frontière italienne. Point culminant : cime du Gélas (3 143 m). Le parc national du Mercantour (68 495 ha), créé en 1979, s'étend dans les Alpes-Maritimes et les Alpes-de-Haute-Provence.

MERCATOR Gerardus (1512-1594) ✦ Mathématicien et géographe flamand. Il construit un globe céleste et un globe terrestre pour Charles Quint (1541). Il établit la première grande carte du monde (1569), destinée aux navigateurs. Cette représentation de la Terre sur une surface plane, appelée *projection de Mercator,* fonde la géographie mathématique. ■ Son véritable nom est *Gerhard Kremer.*

MERCOSUR n. m. (sigle espagnol, *Mercado Comun del Sur* «marché commun du Sud») ✦ Union douanière d'Amérique du Sud signée en 1991 et effective en 1995. Elle incite les pays membres (Brésil, Argentine, Uruguay, Paraguay, Venezuela, Bolivie) et associés (Chili, Colombie, Équateur, Guyana, Pérou, Suriname) à développer de nouvelles stratégies commerciales.

① **MERCURE** ✦ Dieu de la mythologie romaine. Il est le protecteur des marchands et des voyageurs, le messager des dieux. Il correspond au dieu grec **Hermès.**

② **MERCURE** n. m. ✦ Planète du Système solaire la plus proche du Soleil, dont elle est distante d'environ 58 millions de km. Son diamètre est de 4 878 km (environ deux cinquièmes de la Terre). Son atmosphère rare connaît des températures variant de 400 à moins 180 °C. Mercure tourne autour du Soleil en 88 jours et sur lui-même en 58 jours, 15 h et 38 min. La sonde spatiale Mariner 10 (1974) montre sa surface, assez semblable à celle de la Lune, avec des falaises longues de centaines de km et profondes de 3 000 m.

MERKEL Angela (née en 1954) ✦ Femme politique allemande. Présidente de la CDU (2000), elle est chancelière fédérale depuis 2005.

MÉRIBEL ✦ Station de sports d'hiver de Savoie (altitude 1 450-2 700 m), près du parc national de la **Vanoise**.

MÉRIMÉE Prosper (1803-1870) ✦ Écrivain français. Il voyage en Europe et notamment en Espagne (1830), où il rencontre la future impératrice **Eugénie.** Il est nommé inspecteur des monuments historiques (1834), et s'emploie à sauvegarder et à restaurer le patrimoine architectural français avec **Viollet-le-Duc.** Il devient un familier de la cour de Napoléon III qui le fait nommer sénateur. Dans son œuvre littéraire, il développe les thèmes romantiques (exotisme, passion) dans un style concis. Ses œuvres les plus connues sont : *Le Théâtre de Clara Gazul, comédienne espagnole* (théâtre, 1825), *La Guzla* (poésies, 1827), *Chronique du règne de Charles IX* (roman, 1829), *Mateo Falcone* (nouvelle, 1833), *La Vénus d'Ille* (nouvelle fantastique, 1837), *Colomba* (nouvelle, 1840) et ***Carmen*** (nouvelle, 1845). Académie française (1844).

MERLIN L'ENCHANTEUR ✦ Personnage de la légende du roi Arthur. Par sa magie, il est à l'origine de la naissance d'**Arthur.** Il lui offre la **Table ronde,** pour son mariage avec Guenièvre, et annonce aux chevaliers la quête du **Graal.** Il tombe amoureux de son élève, la fée **Viviane,** et reste en son pouvoir, dans la forêt de **Brocéliande,** selon la légende bretonne.

MERMOZ Jean (1901-1936) ✦ Aviateur français. Il s'engage dans l'armée et devient pilote militaire (1919-1924). Il entre comme pilote de ligne à l'Aéropostale, une compagnie qui transporte le courrier par avion. Il y fait la connaissance d'un autre pilote, **Saint-Exupéry.** Mermoz établit la première liaison aérienne entre Rio de Janeiro et Santiago du Chili, en franchissant les Andes (1929), puis il est le premier à franchir, à bord d'un hydravion, l'Atlantique en ligne directe entre l'Afrique et l'Amérique du Sud (1930). Il disparaît en mer, au large de Dakar, à bord de l'hydravion *Croix-du-Sud.*

MÉROÉ ✦ Site archéologique du Soudan, sur la rive droite du Nil, en Nubie. Cette ville était la capitale du royaume de Coush (VIe siècle av. J.-C.) puis du *royaume de Méroé,* qui développa sa propre culture, notamment le travail des métaux (statue royale en bronze doré), au IVe siècle. Nombreux vestiges inscrits sur la liste du patrimoine mondial de l'Unesco : palais, temples, trois groupes de pyramides et objets usuels dont certains sont d'influence grecque et gréco-romaine (*Vénus de Méroé*).

MÉROVÉE (Ve siècle) ✦ Roi présumé des **Francs** de Belgique, probablement entre 447 et 458. Père de **Childéric Ier**, il donne son nom à la dynastie des **Mérovingiens.**

MÉROVINGIENS n. m. pl. ✦ Première dynastie des rois francs de 481 à 751. Elle porte le nom du grand-père de **Clovis, Mérovée.** Clovis conquiert la Gaule (507). À sa mort (511), le royaume est partagé entre l'**Aquitaine**, l'**Austrasie**, la **Bourgogne** et la **Neustrie,** puis il est réuni par **Dagobert** (632). Le pouvoir passe ensuite aux mains des maires du palais, dont les plus connus sont **Charles Martel** et son fils **Pépin le Bref.** Celui-ci détrône le dernier Mérovingien, Childéric III (751), et fonde la dynastie des **Carolingiens.**

MERS EL-KÉBIR ✦ Ville d'Algérie, dans l'ouest du pays, sur le golfe d'Oran. 11 462 habitants. Port de pêche. ♦ Le 3 juillet 1940, les Britanniques attaquent la base navale française, créée en 1935, pour l'empêcher de passer sous contrôle allemand.

MERVEILLES DU MONDE (les Sept) ✦ Ensemble des sept monuments les plus remarquables de l'Antiquité. Ce sont : le phare d'**Alexandrie** (**Pharos**), les jardins suspendus de **Babylone** (**Sémiramis**), le temple d'Artémis à **Éphèse,** la pyramide de **Khéops** à Gizeh, le mausolée d'**Halicarnasse**, la statue de Zeus à **Olympie** et le colosse de **Rhodes.** La pyramide de Khéops est le seul de ces monuments encore visible.

MÉSOPOTAMIE n. f. ✦ Région historique de l'ouest de l'Asie, entre les vallées du Tigre et de l'Euphrate (☛ carte 1 et Mésopotamie p. 150). Elle correspond dans l'Antiquité à l'est du **Croissant fertile** et aujourd'hui à l'Irak. ♦ Ses riches terres étaient cultivées par des paysans (5 000 ans av. J.-C.) qui s'organisaient en cités indépendantes. La région vit naître les civilisations de **Sumer** (4000 ans av. J.-C.), d'**Assyrie** et de **Babylone** (2000 ans av. J.-C.). Elle fut conquise successivement par les **Mèdes** et les Perses (539 av. J.-C.), par **Alexandre le Grand** (331 av. J.-C.) et par les **Parthes** (141 av. J.-C.). Disputée ensuite entre Rome et la **Perse** (IIe-IVe siècles), elle accueillit les Juifs révoltés de Jérusalem (135). Le christianisme s'y répandit (IIe-IIIe siècles). Depuis sa conquête par les **Arabes** (637-641), elle est appelée ***Irak.***

MESSALI HADJ Ahmed (1898-1974) ✦ Homme politique algérien. Il forme en France des mouvements nationalistes dès 1924 dont le Parti populaire algérien (1934). En 1954, le Mouvement pour le triomphe des libertés démocratiques (MTLD) est partagé entre ses partisans, qui créent le Mouvement national algérien (MNA), et les extrémistes qui fondent le Comité révolutionnaire d'unité et d'action (CRUA), base du **FLN.** Mis en résidence surveillée, il est libéré en 1962.

MESSI Lionel (né en 1987) ✦ Footballeur argentin. Il reçoit le ballon d'or quatre années de suite (2009-2012) et détient le record du nombre de buts marqués en une année (dépassant ainsi **Pelé**).

MESSIAEN Olivier (1908-1992) ✦ Compositeur français. Il est reconnu comme un grand professeur en France (Schola Cantorum, Conservatoire, 1942) et à l'étranger. Il est influencé par César Franck et Debussy. Il s'inspire de symboles religieux, de rythmes orientaux ou de modes médiévaux, utilise des sonorités originales (chants d'oiseaux, cuivres, percussions). Parmi ses œuvres, très diversifiées, on peut citer : des pièces pour orgue (*La Nativité du Seigneur,* 1935 ; *Messe de la Pentecôte,* 1950 ; *Le Livre du Saint-Sacrement,* 1984), pour piano (*Vingt Regards sur l'Enfant Jésus,* 1944 ; *Réveil des oiseaux,* 1953), pour orchestre (*Turangalîla-Symphonie,* 1948), des œuvres vocales (*Trois Petites Liturgies de la présence divine,* 1943-1944), de la musique de chambre (*Quatuor pour* *la fin du temps,* 1941) et un opéra (*Saint François d'Assise,* 1983).

MESSINE ✦ Ville d'Italie, dans le nord-est de la Sicile, sur le *détroit de Messine* qui sépare l'île de la Péninsule et fait communiquer la mer Tyrrhénienne avec la mer Ionienne. 252 026 habitants. Cathédrale d'origine normande (XIIe siècle). Port de commerce et de voyageurs ; industries (raffinage pétrolier, mécanique, agroalimentaire) ; station balnéaire d'aspect moderne depuis sa reconstruction après un violent tremblement de terre (1908). ♦ La ville est fondée par les Grecs (vers 730 av. J.-C.). Rome la prend à **Carthage** (264 av. J.-C.), ce qui déclenche la première guerre punique. Elle est occupée par les Arabes (IXe siècle) puis les Normands (1061). Elle se donne à l'**Aragon** après sa première révolte contre le roi de Naples (1282), subit un dur châtiment après un deuxième soulèvement (1674-1678) et est bombardée lors du troisième (1848). Elle reste pourtant la dernière place forte fidèle aux Bourbons lors de l'expédition des Mille menée par **Garibaldi** (1861).

Métamorphoses (Les) ✦ Poème mythologique écrit au Ier siècle par Ovide. Il est composé de 15 livres et d'environ 250 fables. Il raconte l'histoire du monde jusqu'à Jules César, multipliant les légendes dans lesquelles les dieux ou les hommes se transforment en animaux ou en plantes. ☛ Littérature p. 135.

MÉTÉORES n. m. pl. ✦ Cité de monastères orthodoxes de Grèce, bâtis en Thessalie, à partir du XIVe siècle. Construits sur de hauts pitons rocheux également nommés *Météores,* ils comportent des chapelles abritant des fresques, des manuscrits précieux et des icônes. Le site est inscrit sur la liste du patrimoine mondial de l'Unesco.

MÉTHODE (saint) (vers 825-885) ✦ Religieux slave, frère de saint Cyrille (**Cyrille et Méthode**).

METROPOLITAN MUSEUM OF ART ✦ Musée de New York fondé en 1870. C'est le plus important musée des États-Unis et l'un des plus grands du monde. Il renferme des collections de tous les continents et de toutes les époques, notamment de peintures, d'instruments de musique, d'armes, de costumes et de meubles.

METSYS Quentin (v. 1465-1530) ✦ Peintre flamand. Il fut l'un des maîtres de la guilde des peintres d'Anvers et ses toiles s'inscrivent dans la tradition flamande du XVe siècle, dans la lignée de **Memling** et **Van der Weyden.** Il réalisa de nombreux portraits et des scènes religieuses. *Le Changeur et sa femme* (1514).

METTERNICH (1773-1859) ✦ Homme d'État autrichien. Après des études à Strasbourg et à Mayence, il entre dans la diplomatie et devient ambassadeur à Dresde, à Berlin et à Paris (1806). Nommé ministre des Affaires étrangères (1809), il négocie le mariage de **Marie-Louise** avec Napoléon Ier (1810), ménage la France après la campagne de Russie puis se détourne de Napoléon (1813) pour favoriser le retour des Bourbons. Hostile aux principes révolutionnaires nationalistes, il est partisan d'une Europe fondée sur l'équilibre entre les nations, qu'il défend au congrès de **Vienne** (1815). Il maintient la paix grâce à la Quadruple-Alliance (Grande-Bretagne, Autriche, Prusse et Russie, 1815). Mais sa politique échoue avec le retrait de la Grande-Bretagne (1825), l'indépendance grecque et les révolutions de 1830. Il est chassé par la révolution de Vienne (1848) puis revient en 1851, après un exil aux Pays-Bas et en Belgique. ■ Son nom complet est *Klemens Wenzel Nepomuk Lothar, prince de Metternich-Winneburg.*

METZ ✦ Chef-lieu de la Moselle. 117 619 habitants (les *Messins*) et l'agglomération 285 583. Vestiges gallo-romains, église Saint-Pierre-aux-Nonnains, basilique romaine (vers 310) transformée en chapelle (vers 620), cathédrale Saint-Étienne, Porte aux Allemands (XIIIe-XVe siècles), hôtel de ville, place d'Armes, palais de justice (XVIIIe siècle). Port fluvial sur la Moselle, capitale régionale, centre de services, administratif, universitaire, industriel (mécanique, électricité, agroalimentaire). Ville natale de Pilâtre de Rozier et de Verlaine. ♦ C'est la capitale d'une tribu celte et un carrefour de la Gaule romaine. Après les invasions barbares, elle devient la capitale de l'**Austrasie** puis un centre culturel carolingien. Elle fait partie du **Saint Empire** romain germanique (923-XIVe siècle), est annexée par Henri II avec Toul et Verdun (1552) puis réunie à la couronne de France en 1633. À la fin de la guerre franco-allemande, le traité de **Francfort** l'a annexée à l'Allemagne (1871-1918).

MEURTHE n. f. ✦ Rivière de Lorraine, longue de 170 km. Elle prend sa source dans les Vosges, traverse Saint-Dié-des-Vosges, Baccarat, Lunéville et se jette dans la Moselle au nord de Nancy.

MEURTHE-ET-MOSELLE n. f. ✦ Département de l'est de la France [54], de la Région Grand Est. Superficie : 5 241 km^2. 732 153 habitants. Chef-lieu : Nancy ; chefs-lieux d'arrondissement : Briey, Lunéville et Toul. Ce département est créé par la réunion des parties restées françaises (traité de **Francfort,** 1871) des anciens départements de la Meurthe et de la Moselle.

① **MEUSE** n. f. ✦ Fleuve du nord de l'Europe, long de 950 km (☛ carte 21). La Meuse prend sa source sur le plateau de Langres, arrose Verdun, Sedan, Charleville-Mézières et traverse les Ardennes. En Belgique, elle reçoit la Sambre à Namur, arrose Liège et Maastricht, puis elle rejoint le delta du Rhin aux Pays-Bas.

② **MEUSE** n. f. ✦ Département de l'est de la France [55], de la Région Grand Est. Superficie : 6 216 km^2. 191 530 habitants. Chef-lieu : Bar-le-Duc ; chefs-lieux d'arrondissement : Commercy et Verdun.

MEXICO ✦ Capitale du Mexique, dans le centre du pays, dans une cuvette, à 2 200 m d'altitude. 8,55 millions d'habitants (les *Mexicains*). Elle atteint 20 millions avec les banlieues, étendues sur 2 000 km^2 (☛ carte 57). Plusieurs sites inscrits sur la liste du patrimoine mondial de l'Unesco : le centre historique autour de l'immense place du Zócalo, avec le Templo Mayor aztèque (1375-1502), le Palais national (1523) et la cathédrale (1573-1820) ; cité aztèque de Xochimilco (jardins flottants) à 20 km ; cité de **Teotihuacan** (Ier-VIIe siècles) à 40 km (temple de Quetzalcoatl, pyramides du Soleil et de la Lune). Constructions modernes remarquables : Cité universitaire (1949-1955), musée national d'Anthropologie et d'Archéologie (1963-1964), place des Trois-Cultures (1964). Centre administratif, économique, industriel (mécanique, électricité, chimie) et culturel du pays. Ville natale de Carlos Fuentes. Mexico est victime de sa croissance démesurée : pollution importante, bidonvilles. Elle est exposée à des tremblements de terre (1985). ♦ Les

Aztèques fondent la ville de Tenochtitlan (1365) sur une île au milieu d'un lac. Avant l'arrivée des Espagnols, c'est une des plus grandes cités de son époque. **Cortés** s'en empare (1521), la détruit et fait construire à sa place la ville de Mexico. Elle devient la capitale du pays en 1824 et poursuit son développement tout au long du XXe siècle.

MEXIQUE n. m. ✦ Pays d'Amérique du Nord (☛ carte 50). Superficie : 1,97 million de km² (plus de trois fois et demie la France). 112,33 millions d'habitants (les *Mexicains*), en majorité catholiques. République, formée de 31 États fédérés, dont la capitale est Mexico. Langue officielle : l'espagnol ; on y parle aussi des langues amérindiennes. Monnaie : le peso. ♦ GÉOGRAPHIE. La presqu'île de **Basse-Californie** est située au nord-ouest ; la péninsule du **Yucatan** est reliée au sud-est par l'isthme de Tehuantepec. Le Mexique est constitué par les chaînes de montagnes de la sierra Madre, prolongées au nord par les **Rocheuses** et au sud par les **Andes**. Le plateau central, peuplé mais aride, est dominé au sud par des volcans actifs (**Popocatépetl**) et par le point culminant du pays (Orizaba, 5 610 m). Le climat tropical de la côte est plus sec et tempéré sur les hauteurs. Le pays est exposé à des cyclones, des éruptions volcaniques et des tremblements de terre. ♦ ÉCONOMIE. La productivité de l'agriculture (céréales, surtout maïs, café, canne à sucre, fruits et légumes) et de la pêche sont en baisse. Le sous-sol est riche (1er producteur mondial d'argent ; plomb, fer, charbon, pétrole, gaz naturel). L'industrie est en plein essor (alimentaire, automobile, sidérurgie, raffinage), surtout à la frontière nord. Le tourisme est très actif, avec de nombreux sites historiques, indiens (**Chichén Itza**) et espagnols (**Mexico**), inscrits sur la liste du patrimoine mondial de l'Unesco. La crise économique des années 1980 provoque une émigration clandestine massive vers les États-Unis qui tentent de s'y opposer par la construction d'un mur entre les deux pays (2006). ♦ HISTOIRE. La région, peuplée dès la préhistoire (20 000 ans av. J.-C.), voit se développer de brillantes civilisations : Olmèques (1 500 ans av. J.-C.-300), **Mayas** (1600 av. J.-C.-1546), **Toltèques** (IXe-XIIe siècles), **Aztèques** (XII-XVIe siècles). En 1521, **Cortés** soumet l'empire, qui devient la « vice-royauté de la Nouvelle-Espagne » (1535). Les Indiens sont décimés ou réduits en esclavage et évangélisés. Au XIXe siècle, le pays proclame son indépendance (1821) ; la république est proclamée en 1824. En proie à la guerre civile, le pays est fragilisé. Les États-Unis annexent la moitié nord, du Texas à la Californie (1848). Napoléon III impose un empire (1864-1867), au bénéfice de Maximilien d'Autriche. Une dictature est instaurée, pendant laquelle l'économie se développe, accentuant les inégalités (1876-1911). La révolution qui éclate, sous la conduite d'Emiliano Zapata et Pancho Villa, fait un million de victimes (1910-1920). Un régime révolutionnaire, à parti unique, est mis en place (1929). Après la révolte des étudiants (1968) et une grave crise économique (années 1980), le pouvoir se libéralise. Le nouveau pouvoir (2000) négocie la paix avec les Indiens de la région du Chiapas, en révolte depuis 1994.

MEXIQUE (golfe du) ✦ Partie de l'océan Atlantique bordée par les États-Unis au nord et par le Mexique à l'ouest et au sud. Il est fermé à l'est par les presqu'îles de **Floride** et du **Yucatan**, entre lesquelles se trouve Cuba. Ce golfe communique avec l'Atlantique par le détroit de Floride et avec la mer des Antilles par le détroit du Yucatan. Superficie : environ 1,6 million de km² (près de trois fois la France) ; profondeur : plus de 4 000 m. Le **Rio Grande** et le **Mississippi** s'y jettent, et le **Gulf Stream** s'y forme. Pêche, gisements de pétrole et de gaz naturel exploités sur la côte.

MEYERBEER Giacomo (1791-1864) ✦ Compositeur allemand. Pianiste dès son plus jeune âge, il se forme à la composition à Berlin et à Darmstadt. Installé à Paris en 1824, il compose *Robert le Diable* (1831), opéra qui fait un triomphe. Appelé en Allemagne par l'empereur Frédéric Guillaume IV, il séjourne à Berlin (1842), sans succès. Il revient alors à Paris où il remporte à nouveau un triomphe avec *Le Prophète* (1849). Produisant aussi bien des opéras en allemand qu'en italien, il a posé les bases du « grand opéra », utilisant le principe du leitmotiv, repris et perfectionné par Wagner, et accordant une place prépondérante aux interprètes. ■ Son vrai nom est *Jakob Liebmann Beer.*

MEZZOGIORNO n. m. ✦ Région d'Italie, dans le sud du pays. Son nom signifie en italien « le Midi ». Elle comprend le sud du Latium, les Abruzzes, le Molise, la Campanie, les Pouilles, la Basilicate, la Calabre, la Sicile et la Sardaigne. Superficie : 131 000 km² (moins du quart de la France) ; environ 25 millions d'habitants. La pauvreté de ses sols pousse la population à émigrer. Depuis les années 1950, le développement de la région est une priorité pour l'État.

MIAMI ✦ Ville des États-Unis (Floride). 362 470 habitants (3,9 millions d'habitants pour la zone urbaine) (☛ carte 57). Centre touristique et industriel (confection, chimie, électronique) en pleine expansion.

MICHAUX Henri (1899-1984) ✦ Poète et peintre français, d'origine belge. Solitaire et révolté, il désarticule le langage qu'il réinvente avec humour. Il fait un voyage autour du monde (1928-1938) et entreprend un voyage intérieur à la recherche de l'inconscient et du fonctionnement de l'esprit, notamment par le dessin (dès 1925). Il utilise des techniques rapides (encre, aquarelle, gouache) puis explore celle de l'automatisme, liée à l'usage de stupéfiants (à partir de 1955), pour exprimer à l'encre de Chine ses états psychiques. Œuvres littéraires : *Un barbare en Asie* (1932), *Plume* (1938), *Ailleurs* (1948), *Connaissance par les gouffres* (1961), *Face à ce qui se dérobe* (1976). Œuvres graphiques : gouaches appelées *Phantomismes* (*Le Prince de la nuit,* 1937 ; *L'Arène,* 1938), *Dessin mescalinien* (1958).

MICHEL (saint) ✦ Ange des traditions juive et chrétienne. Dans la Bible (**Livre de Daniel**), il est le protecteur d'Israël. Il est souvent représenté comme un guerrier céleste qui terrasse un dragon symbolisant le Mal (**Mont-Saint-Michel**).

MICHEL Louise (1830-1905) ✦ Révolutionnaire française. Institutrice à Paris (1856), elle participa activement à la **Commune** (1871) et fut surnommée la « Vierge rouge ». Elle fut déportée à Nouméa (1873), puis amnistiée (1880). Elle a publié des poèmes, des romans et *La Commune, histoire et souvenirs* (1898).

MICHEL-ANGE (1475-1564) ✦ Sculpteur, peintre et architecte italien. À la mort de son mécène, Laurent de **Médicis**, il vit à Bologne (1494) puis se partage entre Rome et Florence. À Rome, il décore la chapelle **Sixtine**

de fresques et il travaille au mausolée du pape **Jules II** (entre 1513 et 1542). À Florence, il construit la chapelle funéraire des Médicis (1519-1534 ☛ Renaissance p. 164) et la bibliothèque Laurentienne (1524). Il devient architecte officiel de la papauté (1547), réalise les plans de la place du Capitole et dirige les travaux de **Saint-Pierre de Rome** (coupole, 1555-1559), du palais Farnèse (1546-1562) et de l'église Sainte-Marie-des-Anges (1561). Son style monumental, qui allie les techniques de la peinture et de la sculpture, s'inspire de la Grèce antique et du christianisme. Il est considéré comme un génie de la **Renaissance** et annonce le style baroque. Ses œuvres sculptées les plus connues sont : *Pietà* (1498-1499) ; *David* (1501-1504) ; *Moïse, Esclave rebelle* et *Esclave mourant* (vers 1513) ; le *Jour*, la *Nuit*, l'*Aurore* et le *Crépuscule* (vers 1520-1530). Ses peintures les plus célèbres ornent la chapelle **Sixtine** : au plafond la *Genèse* (1508-1512), sur le mur du fond le *Jugement dernier* (1536-1541). ■ **Son nom italien est** *Michelangelo Buonarroti.*

MICHELET Jules (1798-1874) ✦ Historien français. Professeur à l'École normale supérieure, il dirige ensuite la section historique des Archives nationales (1831) et entreprend son *Histoire de France* (1833-1844). Il enseigne ses idées démocratiques au Collège de France (1838) puis rédige l'*Histoire de la Révolution française* (1847-1853). Suspendu après le coup d'État de Napoléon III (1851), il termine son *Histoire de France* (1855-1867). Il raconte également son amour de la nature (*L'Oiseau*, 1856 ; *L'Insecte*, 1857 ; *La Mer*, 1861), sa tendresse pour l'humanité (*L'Amour*, 1859 ; *La Femme*, 1860), son espoir en l'avenir (*La Bible de l'humanité*, 1864) et laisse inachevée son *Histoire du XIXe siècle* (1872-1875). Fondée sur une documentation rigoureuse, sa philosophie de l'histoire s'exprime dans un style poétique lyrique, puissant et romantique.

MICHELIN (les frères) ✦ Famille d'industriels français établis à **Clermont-Ferrand**. **Édouard** (1859-1940) invente le pneu démontable pour les bicyclettes (1891) puis pour les voitures (1895). **André** (1853-1931) édite le *Guide Michelin* (1900), pour donner tous les renseignements utiles aux automobilistes qui voyagent en France, puis des cartes routières de la France (1910-1913) et de pays étrangers. Le *Guide rouge* répertorie les hôtels et les restaurants et leur décerne des «étoiles» à partir de 1926. Les *Guides régionaux touristiques* (1926), qui deviennent les *Guides verts* (1945), sont destinés aux touristes. La *micheline* était un autorail sur pneumatiques, construit par cette entreprise.

MICHIGAN (lac) ✦ Un des **Grands Lacs**, situé aux États-Unis (☛ carte 43). Superficie : 57 994 km^2 (plus d'un dixième de la France) ; profondeur maximale : 281 m. Il communique au nord-est avec le lac **Huron**. Ses berges abritent les villes de **Chicago** et Milwaukee.

MICHIGAN ✦ État des États-Unis depuis 1837, situé dans le nord-est du pays (☛ carte 47). Superficie : 150 779 km^2 (plus du quart de la France). 9,9 millions d'habitants. Capitale : Lansing (127 000 habitants). ♦ Le Michigan est formé de deux péninsules : l'une entre le lac Supérieur et le lac Michigan ; l'autre, plus vallonnée, entre le lac Michigan et le lac Huron. Il compte de nombreux lacs, rivières et forêts. Agriculture (fruits, céréales, élevage laitier, bois). Exploitation des ressources naturelles (fer, cuivre, sel, gaz naturel). Son industrie variée (métallurgie, alimentaire, chimie, mécanique) reste centrée sur l'automobile (usines **Ford** de Detroit) malgré la crise des années 1980. Tourisme. ♦ La région, colonisée par les Français (1618), est occupée par les Britanniques puis par les États-Unis (1787-1796). Les Indiens y livrent de nombreux combats (1811-1836).

MICKEY MOUSE ✦ Personnage de dessins animés dont l'ébauche est créée en 1928 par Walt **Disney**, sous le nom de *Mortimer*. Il prend son nom définitif dès le premier dessin animé sonore réalisé par son auteur *(Steamboat Willie)* et devient aussi un héros de bandes dessinées (1930). Mickey est une souris vêtue d'une culotte courte qui laisse passer sa queue, de grosses chaussures et de gants blancs à quatre doigts. Il est joyeux, courageux, honnête. Dans le film *Fantasia* (1940), il est un magicien qui court sur la musique de *L'Apprenti sorcier*, poème symphonique composé par Paul Dukas (1897).

① **MICRONÉSIE** n. f. ✦ Une des trois divisions de l'Océanie (☛ carte 51). Elle comprend les îles Mariannes, Carolines, Marshall, Kiribati et Nauru. 350 000 habitants. Formée d'îles coralliennes ou volcaniques, elle possède un climat tropical et marqué de nombreux typhons, à l'ouest. Elle tire ses ressources de la pêche, du coprah (amande de coco) et, par endroits, des phosphates. ♦ Les États-Unis et le Japon y livrent la guerre du Pacifique (1942-1945), puis l'ONU la place sous la tutelle des États-Unis (1947). Depuis 1980, elle se divise en États autonomes ou indépendants, dans une zone influencée économiquement par les États-Unis, l'Australie et la Nouvelle-Zélande.

② **MICRONÉSIE** n. f. ✦ Pays d'Océanie (☛ carte 51). Il est situé dans l'océan Pacifique et comprend les îles **Carolines**, excepté les îles **Palaos**. Superficie totale : 701 km^2. 107 008 habitants (les *Micronésiens*). République, formée de quatre États fédérés, dont la capitale est Palikir (5 549 habitants). Langue officielle : l'anglais ; on y parle aussi des langues micronésiennes et polynésiennes. Monnaie : le dollar. ♦ Le pays s'étend sur 3 000 km au nord de l'équateur. Il est formé d'atolls et d'îles montagneuses et couvertes de forêts, entourées de lagons fermés par des récifs. Pêche. Culture (noix de coco, igname, manioc). ♦ L'archipel est découvert par les Espagnols (XVe siècle), qui l'annexent (1885) et le vendent à l'Allemagne (1899). Pendant la Première Guerre mondiale, la Micronésie est occupée par le Japon. La SDN la place sous mandat du Japon (1921), l'ONU sous celui des États-Unis (1947). Créée en 1979, la Fédération des États de Micronésie prend son autonomie, associée aux États-Unis (1986), et rejoint l'ONU (1991).

MIDAS ✦ Roi légendaire de la riche **Phrygie** (VIIIe siècle av. J.-C.). Ovide, dans les ***Métamorphoses***, raconte que Midas demande à **Dionysos** le pouvoir de transformer en or tout ce qu'il touche. Mais il le supplie de lui retirer ce don car il meurt de faim et de soif. Le dieu lui conseille de laver sa tête et ses mains dans le fleuve Pactole. Depuis, ce fleuve charrie des paillettes d'or (**Crésus**). Plus tard, dans un concours qui oppose Pan à **Apollon**, il désigne Pan comme le meilleur musicien. Apollon se venge en lui faisant pousser des oreilles d'âne.

MIDDLE WEST ou **MIDWEST** n. m. ✦ Région des États-Unis, au sud des Grands Lacs. Le Middle West s'étend sur plusieurs États : Illinois, Indiana, Iowa, Kentucky, Missouri et Tennessee. Agriculture (maïs ;

élevage de bovins) ; ressources du sous-sol (pétrole, charbon, plomb, zinc). L'industrie domine au nord (métallurgie, mécanique, chimie).

MIDI (aiguille du) ✦ Sommet du massif du **Mont-Blanc** (3 842 m), en Haute-Savoie. Une équipe française réalise la première ascension en 1856. L'accès au sommet se fait par le plus haut téléférique du monde, qui part de **Chamonix.** Une télécabine, au-dessus de la vallée Blanche, mène à la pointe Helbronner (3 452 m) en Italie.

MIDI (canal du) ✦ Canal de navigation, long de 241 km, qu'on appelle aussi *canal du Languedoc.* En 1666, Colbert ordonne la construction du Canal royal du Languedoc. Il est conçu par l'ingénieur français Pierre Paul Riquet (1604-1680) pour relier la Garonne, et donc l'Atlantique, à la Méditerranée (1666-1681). De Toulouse jusqu'à l'étang de Thau, en passant par Carcassonne et Béziers, son trafic est limité par les nombreuses écluses (63) et il sert surtout à la navigation de plaisance. Il est inscrit sur la liste du patrimoine mondial de l'Unesco.

MIDI DE BIGORRE (pic du) ✦ Sommet des Hautes-Pyrénées (2 876 m). Il est situé au-dessus du col du Tourmalet (2 115 m), le plus haut col routier des Pyrénées françaises. Un téléférique conduit au sommet, où se trouvent un observatoire, l'Institut de physique du globe ainsi qu'un émetteur de télévision.

MIDI-PYRÉNÉES n. m. ✦ Ancienne région administrative du sud de la France, intégrée à la Région Occitanie. Elle était formée de huit départements : l'Ariège, l'Aveyron, le Gers, la Haute-Garonne, les Hautes-Pyrénées, le Lot, le Tarn et le Tarn-et-Garonne. Le chef-lieu était Toulouse. ♦ GÉOGRAPHIE. Située entre le Massif central au nord, le Bassin aquitain à l'ouest et les Pyrénées au sud, la région s'étend sur la vallée de la **Garonne** et de ses affluents (Gers, Aveyron, Tarn, Ariège). Le climat aquitain est plus montagnard au sud et méditerranéen à l'est. La population se concentre autour de Toulouse. ♦ ÉCONOMIE. L'agriculture (maïs, blé, vigne) et l'élevage (moutons, bovins, porcs) sont à l'origine d'une importante industrie agroalimentaire (foie gras, armagnac, roquefort). L'industrie en crise (textile, sidérurgie) se diversifie (aérospatiale, services). Le tourisme est très actif (sports d'hiver et cures thermales dans les Pyrénées, sites préhistoriques, pèlerinages à Lourdes, villes d'art comme Toulouse, Albi ou Cahors). ♦ HISTOIRE. L'histoire de la région correspond à celle du **Rouergue**, et en partie à celle de la **Gascogne** et du **Languedoc**.

MIDLANDS (les) n. f. pl. ✦ Région de plaines du centre de l'Angleterre (☛ carte 31). Ville principale : Birmingham. Cette région très industrialisée (mécanique, sidérurgie, charbon, textile) a subi une grave crise dans les années 1980. Elle cherche à se reconvertir dans les technologies de pointe et les services.

MIDWAY ✦ Archipel américain, au nord de l'océan Pacifique, formé d'un atoll corallien qui entoure deux îles principales. Superficie : 5 km^2. Environ 500 habitants. Pendant la guerre du **Pacifique**, la *bataille aéronavale de Midway* aboutit à une sévère défaite des Japonais (3-5 juin 1942).

MIDWEST ✦ Nom contracté du **Middle West**.

MIES VAN DER ROHE Ludwig (1886-1969) ✦ Architecte américain, d'origine allemande. Après des stages à Berlin (1905-1911), il conçoit des gratte-ciels à ossature d'acier et paroi vitrée (dès 1919). Influencé par le groupe De Stijl (**Mondrian**) et l'expressionnisme, il organise une exposition à Stuttgart (1927), où naît le style dit *international,* édifie le pavillon allemand de l'Exposition de Barcelone (1929) et crée le mobilier à piètement d'acier encore en vogue aujourd'hui. Directeur du **Bauhaus** (1930-1933), il défend le rationalisme puis s'installe à Chicago (1937). Il y dirige la section d'architecture de l'Institut de technologie et y construit de nombreux bâtiments (1942-1956) puis le Seagram Building à New York (1958) et le La Fayette Park à Detroit. Son sens des proportions et des formes simples et rigoureuses a influencé ses imitateurs qui empruntent son type de façade transparente où dominent les lignes verticales.

MIGNARD Pierre (1612-1695) ✦ Peintre français. Il étudie à Bourges, à Paris et séjourne en Italie (1635-1657). Il se fait connaître en peignant des portraits d'aristocrates et devient peintre ordinaire d'**Anne d'Autriche** (1658). Opposé à **Le Brun**, il obtient des charges officielles grâce à la protection de **Louvois.** Il réalise des œuvres religieuses et décore des hôtels particuliers. Il a décoré la voûte du Val-de-Grâce (1663) et travaillé aux châteaux de Saint-Cloud et de Versailles. Ses portraits les plus connus sont ceux de Molière, de Mazarin, de Mme de Sévigné, de Colbert et de Bossuet.

MILAN ✦ Ville d'Italie, chef-lieu de la Lombardie, dans le nord du pays. 1,2 million d'habitants (les *Milanais*). Cathédrale *il Duomo* (le Dôme), chef-d'œuvre en marbre de l'art gothique (1386-1813) ; château Sforza, forteresse qui servait de résidence aux *ducs de Milan* (XVe siècle) et palais Brera (XVIIe siècle), devenus des musées ; bibliothèque Ambrosienne (XVIIe siècle) ; théâtre de la **Scala** (1778), près de la galerie Victor-Emmanuel II ; église Sainte-Marie-des-Grâces, couvent dont l'un des murs du réfectoire est orné d'une œuvre de Léonard de Vinci, *La Cène* (1495-1498). Capitale économique du pays, centre industriel (sidérurgie, mécanique, chimie, textile), financier et de services. Ville natale du peintre Arcimboldo, de l'industriel Bugatti et du cinéaste Visconti. ♦ La ville est fondée par les Gaulois (vers 400 av. J.-C.), conquise par Rome (222 av. J.-C.) et choisie comme résidence par l'empereur Maximien (vers 300) qui y décrète la fin de la persécution des chrétiens (*édit de Milan* 313). Elle est ruinée par Attila (452) et les Ostrogoths (539) puis passe aux **Lombards** (569-774). Les empereurs germaniques, qui y sont couronnés rois de **Lombardie** à partir de 962, la détruisent (1162), puis Milan les bat (1176) et obtient son indépendance. La famille **Visconti** prend le pouvoir (1311), soutenue par l'empereur germanique Wenceslas (1395). Érigée en duché, la ville passe à la famille Sforza (1450-1535), puis elle est revendiquée par la France (1498-1526), annexée par Charles Quint (1535) et ruinée par les guerres d'Italie. Centre de la **Contre-Réforme**, elle passe à l'Autriche (1714). Prise par Napoléon Ier (1796), elle devient la capitale de la République cisalpine (1797), de la République italienne (1802) et du royaume d'Italie (1805). Elle est reprise par l'Autriche (1815-1848) qui en fait la capitale du royaume lombardo-vénitien. Les Français et les Sardes la délivrent et elle entre dans l'Italie unifiée (1859).

MILHAUD Darius (1892-1974) ✦ Compositeur français. Musicien précoce, il est l'élève de **Dukas.** Admirateur de Claudel, il devient son secrétaire à l'ambassade de Rio de Janeiro (1917-1919). À son retour en France, il se lie avec **Honegger** et obtient une réputation internationale de compositeur. Il partage sa vie entre la composition et l'enseignement, notamment en Californie et au Conservatoire de Paris. Son œuvre est marquée par des rythmes empruntés au folklore sud-américain, au jazz et à la métrique grecque antique. Son style mêle puissance épique, douceur et ironie provocante. Il laisse une des œuvres les plus vastes du XXe siècle : opéras (*Christophe Colomb,* 1928), ballets (*Le Bœuf sur le toit,* 1920 ; *La Création du monde,* 1923), musiques de scène et de chambre, symphonies, concertos, cantates, chœurs, mélodies sur des textes poétiques, musique religieuse et de film.

MILLAU ✦ Ville de l'Aveyron, à l'entrée des gorges du Tarn. 22 064 habitants (les *Millavois*). Église Notre-Dame-de-l'Espinasse (XIe puis XVIIe siècle), lieu de pèlerinage médiéval ; beffroi (XIIe siècle) ; place à arcades (XIIe-XVIe siècles) ; musée archéologique de Millau et des Causses, musée du Gant et de la Peau. Industries de la mégisserie (activité traditionnelle depuis le XIIe siècle), de la confection et de l'imprimerie. Le *viaduc de Millau* (2004), haut de 343 m (le plus haut du monde) et long de 2,5 km, œuvre de sir Norman **Foster**, franchit le Tarn pour relier rapidement l'Europe du Nord à la péninsule Ibérique. ♦ La cité romaine devient une place forte du protestantisme (XVIe siècle), démantelée par Richelieu.

Mille et Une Nuits (Les) ✦ Recueil de contes arabes anonymes. Il est mentionné à partir du Xe siècle, et on y trouve des influences indo-persane, byzantine et égyptienne. L'œuvre, traduite en français par Galland (1704-1717), se répand en Occident et elle est souvent adaptée au cinéma. Elle immortalise le calife de **Bagdad**, **Haroun al-Rachid,** et les personnages d'**Aladin**, d'**Ali Baba**, de **Schéhérazade** et de **Sindbad.**

MILLER Henry (1891-1980) ✦ Romancier américain. Originaire de Brooklyn, il exerce des métiers variés, se frottant aux types humains les plus divers. Il s'installe à Paris en 1930 et décide de se consacrer totalement à la littérature. Jusqu'en 1939, il y mène une vie de bohème évoquée dans des romans largement autobiographiques, célébrant l'épanouissement personnel et sensuel (*Tropique du Cancer,* 1934, et *Tropique du Capricorne,* 1939, interdits de publication aux États-Unis jusqu'en 1960 pour obscénité). La trilogie *Crucifixion en rose* (1949-1960), comprenant *Sexus, Plexus* et *Nexus,* évoque les forces primitives qui le fascinent. On lui doit aussi une correspondance avec Lawrence Durrell (publiée en 1963).

MILLER Arthur (1915-2005) ✦ Auteur dramatique américain. Il rencontre le succès avec *Mort d'un commis voyageur* (1949) qui démythifie le rêve américain. Sa pièce *Les Sorcières de Salem* (1953), adaptée en français par J.-P. Sartre, évoque les persécutions dans l'Amérique du XVIIe siècle. Engagé politiquement, il est inquiété pour ses idées socialistes. Miller est en outre l'auteur du scénario des *Désaxés* (1961) écrit pour sa femme Marilyn Monroe.

MILLERAND Alexandre (1859-1943) ✦ Homme d'État français. Collaborateur de Clemenceau et député radical (1885, 1889), il évolue vers le socialisme. Il fait voter des lois sociales comme ministre du Commerce et de l'Industrie (1899-1902) puis se désolidarise du Parti socialiste unifié (la SFIO créée en 1905). Il devient ministre des Travaux publics (1909-1911) et de la Guerre (1912-1913, 1914-1915). Après la guerre, il fixe le programme conservateur du « Bloc national » (maintien de l'« Union sacrée » de **Poincaré**, application stricte du traité de **Versailles**, défense de la propriété privée), qu'il applique comme président du Conseil (1920) puis comme président de la République (1920-1924). Il démissionne après la victoire du « Cartel des gauches », regroupant les radicaux et les socialistes (1924).

MILLET Jean-François (1814-1875) ✦ Peintre français. Il étudie à Cherbourg puis à Paris (1837), où il admire Poussin et Rubens. Il exécute des sujets galants et mythologiques inspirés de Fragonard et du Corrège, et des portraits classiques. Il s'installe à **Barbizon** (1849) et peint des scènes paysannes réalistes. Il est reconnu vers la fin de sa vie, et il réalise des paysages et surtout des pastels et des dessins au fusain au style vigoureux. Œuvres : *Le Vanneur* (1848), *Les Botteleurs de foin* et *Le Semeur* (1850), *Les Glaneuses* (1857), *L'Angélus* (1857-1859 ☛ Réalisme p. 182), *L'Homme à la houe* (1862), *Le Printemps* (1873).

MILLEVACHES (plateau de) ✦ Région la plus élevée du Limousin. Ses points culminants sont le mont Bessou (976 m) et le puy Pendu (973 m). La Creuse, la Vienne, la Vézère et la Corrèze y prennent leur source. Sa forêt, dévastée pendant les guerres de Religion, est en partie reconstituée. Le plateau est couvert de landes où se pratique l'élevage de moutons et de vaches. Le parc naturel régional de Millevaches en Limousin (300 000 ha), créé en 2004, s'étend sur le flanc ouest du Massif central.

MILO ✦ Une des îles de l'archipel grec des Cyclades. Superficie : 151 km^2 (☛ carte 28). 4 554 habitants. Chef-lieu : Milos. ♦ Dans les ruines de l'antique Milos, une statue de marbre, *La Vénus de Milo,* est découverte brisée (1870). Datée de 100 av. J.-C., cette œuvre d'un sculpteur inconnu représente Aphrodite ou Amphitrite. Elle est exposée au musée du Louvre.

MILTON John (1608-1674) ✦ Poète anglais. Étudiant à Cambridge (1625-1632), il renonce à la vie religieuse et se consacre à l'écriture. Il se retire à la campagne et compose des élégies pastorales (*Allegro* et *Il Penseroso,* 1631-1632 ; *Arcades* et *Comus,* 1634, *Lycidas,* 1637). Après la mort de sa mère (1637), il voyage en France et en Italie où il rencontre Galilée, lit Dante et Pétrarque. De retour à Londres (1639), il prend parti pour **Cromwell** et écrit des pamphlets virulents (*De la réforme touchant la discipline de l'Église,* 1641 ; *Areopagitica ou De la liberté de la presse* et *De l'éducation,* 1644) et antiféministes (*La Doctrine et la discipline du divorce,* 1643 ; *Le Jugement de Martin Bucer,* 1644). Nommé ministre des Affaires étrangères (1649), il justifie l'exécution du roi Charles Ier dans *La Défense du peuple anglais* (1651). À partir de 1660 (retour de Charles II), alors qu'il est aveugle depuis 1652, il se consacre à ses poèmes bibliques dont le style exalté et puissant va inspirer la génération des romantiques. *Le Paradis perdu* (1667) raconte la révolte métaphysique de Satan et sa chute ; *Le Paradis reconquis* (1671) relate la Tentation du Christ ; *Samson Agonistes* (1671), reflet de Milton aveugle et solitaire, célèbre le triomphe de Dieu.

MILWAUKEE ✦ Ville des États-Unis (Wisconsin), sur la rive ouest du lac Michigan. 596 974 habitants (1,7 million pour la zone urbaine). Port de commerce actif, centre industriel (électricité, mécanique, métallurgie, alimentaire) et culturel (université, musées), peuplé à l'origine par des Allemands.

MINAMATA ✦ Ville du Japon, sur l'île de Kyushu. 25 400 habitants. Une usine pétrochimique rejeta 400 tonnes de mercure dans la baie de Minamata entre 1932 et 1966, entraînant la contamination des poissons consommés par la population. Cette catastrophe écologique provoqua une grave intoxication, des troubles neurologiques (*maladie de Minamata*) et de nombreux décès.

MINERVE ✦ Déesse de la mythologie romaine, protectrice du **Capitole**, auprès de Jupiter et de Junon. Elle correspond à la déesse grecque **Athéna**.

MINERVOIS n. m. ✦ Région du Languedoc, qui s'étend à l'ouest de Narbonne et de Béziers jusqu'à Carcassonne. Un plateau calcaire aride domine une plaine qui s'incline vers la vallée de l'Aude. Le vignoble du Minervois couvre environ 5 000 ha.

MING n. m. pl. ✦ Dynastie de souverains chinois (1368-1644). Elle est fondée à la chute d'une dynastie mongole (Yuan) et elle compte seize empereurs. Ils prennent pour capitale Nankin puis **Pékin** (1421), après de grands travaux de réaménagement. Les Ming renforcent le pouvoir central, ce qui favorise l'agriculture et le commerce. Ils entreprennent la conquête militaire du Nord ainsi que des voyages d'exploration maritime. La dynastie s'effondre après une révolte paysanne (1644), laissant la place à la dynastie Qing. La nécropole impériale, à 50 km de Pékin, est inscrite sur la liste du patrimoine mondial de l'Unesco.

MINGUS Charlie (1922-1979) ✦ Contrebassiste et compositeur de jazz américain. Excellent pianiste de jazz, c'est comme contrebassiste qu'il a acquis sa notoriété, en dirigeant, en jouant et en enregistrant avec les plus grands noms du jazz américain des années 1950 (Charlie Parker, Miles Davis ou Duke Ellington). Figure de proue de l'avant-garde (free jazz), il a laissé une centaine d'enregistrements et composé plus de trois cents morceaux (*Pithecanthropus Erectus*, 1956 ; *Tijuana Moods*, 1957 ; *Mingus Dynasty*, 1959 ; *The Black Saint and the Sinner Lady*, 1963 ; *Let My Children Hear Music*, 1972 ; *Epitaph*, posthume, 1990).

MINNEAPOLIS ✦ Ville des États-Unis (Minnesota), sur le Mississippi. 382 618 habitants ; 2,9 millions pour la zone urbaine avec Saint Paul, capitale de l'État, de l'autre côté du fleuve. Centre de commerce (1er marché de blé du pays), d'industries (bois, alimentaire, mécanique), universitaire et culturel (Minneapolis Institute of Arts, Walker Art Center).

MINNESOTA n. m. ✦ État des États-Unis depuis 1858, situé dans le centre-nord du pays (☛ carte 47). Superficie : 217 736 km^2 (environ deux cinquièmes de la France). 4,9 millions d'habitants. Capitale : Saint Paul (287 151 habitants). ♦ Le Minnesota est formé de collines et est parsemé de lacs et de forêts. Il est bordé par la frontière canadienne au nord et le lac Supérieur à l'est. Le **Mississippi** y prend sa source. Son climat continental est froid. Agriculture (céréales, élevage de bovins et de volailles). Richesses du sous-sol (premier producteur de fer du pays, granit). Industries variées (alimentaire, mécanique, électricité, papier). ♦ La région est explorée par les Français et les Anglais (XVIIIe siècle), devient anglaise (1763) puis américaine (1787). Les **Sioux** y sont soumis après de nombreux combats (1865-1870), puis les immigrés d'Europe du Nord s'y installent.

MINORQUE ✦ Île espagnole de l'archipel des Baléares, au nord-est de Majorque (☛ carte 32). Superficie : 668 km^2. 90 235 habitants. Cultures et pêche. Tourisme moins développé qu'à Majorque et Ibiza, malgré ses vestiges romains. Elle est annexée plusieurs fois par les Britanniques au XVIIIe siècle.

MINOS ✦ Roi légendaire de Cnossos, dans la mythologie grecque. C'est le fils de Zeus et d'Europe, l'époux de Pasiphaé, le père d'**Ariane** et de **Phèdre**. Il aurait civilisé les Crétois (la civilisation crétoise est également appelée *civilisation minoenne*). Pour prouver à son frère que les dieux l'ont choisi comme roi, Minos demande à Poséidon de faire sortir un taureau de la mer. Mais Minos oublie de lui sacrifier l'animal, comme il le lui avait promis, et Poséidon, pour le punir, rend **Pasiphaé** amoureuse du taureau qu'il rend furieux. **Héraclès** capture la bête qui dévaste l'île, tandis que Pasiphaé donne naissance au **Minotaure** que Minos fait enfermer dans le Labyrinthe. Après sa mort, Minos devient l'un des trois juges des Enfers.

MINOTAURE n. m. ✦ Monstre de la mythologie grecque. Fils de **Pasiphaé** et du taureau envoyé par Poséidon, il a un corps d'homme et une tête de taureau. **Minos** l'enferme dans le Labyrinthe, construit par **Dédale**, et lui sacrifie sept jeunes garçons et sept jeunes filles chaque année ou tous les trois ou neuf ans. **Thésée**, venu à Cnossos parmi ces jeunes gens, le tue avec l'aide d'**Ariane**.

MINSK ✦ Capitale de la Biélorussie, dans le centre du pays. 1,7 million d'habitants. Centre culturel et industriel (alimentaire, textile, mécanique). ♦ Connue dès le XIe siècle, la ville passe à la Lituanie (1326), à la Pologne (1569) puis à la Russie (1654-1681), qui l'annexe au moment du second partage de la **Pologne** (1793). Elle est détruite dans les combats de la Deuxième Guerre mondiale entre Soviétiques et Allemands et sa population est presque complètement exterminée. La ville est reconstruite après sa reprise par l'Armée rouge (1944).

MIRABEAU (1749-1791) ✦ Homme politique français. Il est plusieurs fois emprisonné dans sa jeunesse, à la demande de son père. Il dénonce le pouvoir absolu du roi dans des pamphlets puis il est envoyé en mission diplomatique à Berlin (1786). Rejeté par la noblesse, ce franc-maçon se fait élire aux états généraux par le tiers état (1789). Brillant orateur de l'**Assemblée nationale constituante**, il défend les principes révolutionnaires et participe à la rédaction de la **Déclaration des droits de l'homme et du citoyen**. Ambitieux et intelligent, il est écarté du pouvoir, devient conseiller secret à la cour (1790) et est toutefois nommé président de l'Assemblée, peu avant sa mort. Ses œuvres les plus connues sont : *Essai sur les lettres* *de cachet et les prisons d'État* (1782), *De la monarchie prussienne sous Frédéric le Grand* (1787), *Œuvres oratoires* (publiées après sa mort). ■ Son nom complet est *Honoré Gabriel Riqueti, comte de Mirabeau.*

MIRANDE ✦ Chef-lieu d'arrondissement du Gers. 3 527 habitants (les *Mirandais*) (☞ carte 23).

MIRBEAU Octave (1848-1917) ✦ Écrivain français. D'abord royaliste et catholique, il évolue vers l'anarchisme, s'oppose aux valeurs traditionnelles et dénonce violemment la société contemporaine et les bassesses de la bourgeoisie. Romans : *L'Abbé Jules* (1888), *Sébastien Roch* (1890), *Le Jardin des supplices* (1899), *Le Journal d'une femme de chambre* (1900). Théâtre : *Les Mauvais Bergers* (1896), *Les affaires sont les affaires* (1903).

MIRO Joan (1893-1983) ✦ Peintre et sculpteur espagnol. Il étudie à Barcelone et retient les influences de Van Gogh, Cézanne et Matisse. Il soigne les détails minutieux de compositions décoratives. Il rencontre Picasso à Paris (1919) et participe au surréalisme (1924). Son style se tourne alors vers la fantaisie de signes et de formes abstraites ou fantastiques, puis vers l'angoisse au moment de la guerre d'Espagne. Après la Deuxième Guerre mondiale, il se consacre aux peintures murales, à la céramique, à la sculpture (*L'Œuf*). Dans ses tableaux, des formes aériennes animent un espace aux couleurs intenses. Parmi ses œuvres les plus connues, on peut citer : *Nu debout* (1918), *La Ferme* (1921), *Terre labourée* (1924), *Carnaval d'Arlequin* (1924-1925), *Personnage lançant une pierre à un oiseau* (1926), *Intérieur hollandais* (1928), *Constellations* (série de 22 gouaches, 1940-1941), *Bleu* (1961), *Sobreteixims* (tissages de laines colorées et brûlées, 1973).

Misérables (Les) ✦ Roman de Victor Hugo (1862). Cette épopée romanesque, commencée en 1845, multiplie les thèmes et les styles. Le héros principal, Jean **Valjean**, est un forçat évadé du bagne qui croise le destin de nombreux personnages (**Cosette**, les Thénardier, l'inspecteur Javert, **Gavroche**). Ce roman compose une fresque historique, de la bataille de Waterloo aux émeutes républicaines de 1832, et comporte des scènes pittoresques (les égouts de Paris). L'œuvre porte le message humaniste de Victor Hugo qui dénonce la société, impitoyable pour le peuple qu'elle condamne à la misère. L'histoire de Jean Valjean prouve que chaque coupable peut se racheter ; son drame se confond ainsi avec celui de son époque. Cette histoire a été portée de nombreuses fois à l'écran et sur scène (comédie musicale, 1980).

MISHIMA Yukio (1925-1970) ✦ Écrivain japonais. Hostile au modernisme, Mishima est un grand admirateur du Japon traditionnel et des vertus guerrières des samouraïs. Il est l'auteur d'une abondante œuvre romanesque de facture classique, habitée par une vision pessimiste du monde : *Confessions d'un masque* (1949), *La Mort en été* (1953), *Le Pavillon d'or* (1956), et les quatre romans formant *La Mer de la Fertilité*. Il est également l'auteur de nouvelles et de pièces pour le nô et le kabuki (*Cinq Nô modernes*, 1956). Hanté par la mort, il se suicida publiquement. ■ Son vrai nom est *Kimitake Hiraoka.*

① **MISSISSIPPI** n. m. ✦ Fleuve des États-Unis, long de 3 780 km (☞ carte 43). Il prend sa source dans le Minnesota, près du lac Supérieur, traverse le pays du nord au sud et reçoit les rivières Missouri, Ohio et Arkansas. Au sud de la **Louisiane**, il forme un immense delta parcouru de bras morts marécageux (les «bayous») et se jette dans le golfe du **Mexique** après La Nouvelle-Orléans. Il est navigable sur la plus grande partie de son cours ; ses crues peuvent être dévastatrices.

② **MISSISSIPPI** n. m. ✦ État du sud des États-Unis depuis 1817 (☞ carte 47). Superficie : 123 584 km² (environ le quart de la France). 2,8 millions d'habitants. Capitale : Jackson (184 256 habitants). ♦ Limité à l'ouest par le fleuve Mississippi, l'État est formé de collines, et sa côte est bordée d'îles. Le climat tempéré est doux. L'agriculture est productive (coton, élevage, soja, céréales). Le sous-sol contient du pétrole et du gaz naturel. L'industrie est basée sur les produits agricoles (bois, textile, alimentaire). ♦ La région est explorée par les Espagnols (1540) puis par les Français (1673). Elle est cédée à la Grande-Bretagne (1763), puis occupée par l'Espagne avant de devenir américaine (1795). L'État, esclavagiste, fait sécession (1861) puis, après l'occupation nordiste (1863), réintègre l'Union (1870). La ségrégation raciale, qui persiste jusqu'au XXe siècle, entraîne des violences (**Ku Klux Klan**).

① **MISSOURI** n. m. ✦ Rivière des États-Unis, longue de 4 370 km (☞ carte 43). Elle prend sa source dans le parc national de **Yellowstone**, dans les Rocheuses. Elle traverse le Montana, le Dakota du Nord et le Dakota du Sud, longe le Nebraska et le Kansas puis se jette dans le **Mississippi** à Saint Louis (Missouri). Elle reçoit de nombreux affluents dans son vaste bassin, et ses eaux, régularisées par des barrages, irriguent les vallées et fournissent de l'énergie.

② **MISSOURI** n. m. ✦ État du centre des États-Unis depuis 1820 (☞ carte 47). Superficie : 180 456 km² (environ le tiers de la France). 5,6 millions d'habitants. Capitale : Jefferson City (39 636 habitants). ♦ Le plateau montagneux et boisé des monts Ozark est coupé de vallées profondes. La plaine du Mississippi s'étend au sud-est. Le climat est continental. Agriculture (élevage, céréales, coton). Richesses du sous-sol (plomb, fer, nickel, cuivre). Industries variées (alimentaire, bois, chimie, imprimerie, aéronautique). Tourisme. ♦ La région est explorée par des Français (1673), puis intégrée à la Louisiane. Cédée à l'Espagne (1763-1800), elle est ensuite vendue par Napoléon avec la **Louisiane** (1803) et devient américaine. Les États du Nord s'opposent à son entrée dans l'Union ; l'esclavage est partiellement interdit lorsqu'elle y entre.

MISTRAL Frédéric (1830-1914) ✦ Écrivain français d'expression occitane. Avec six autres poètes provençaux, il fonde le Félibrige, qui est un mouvement littéraire pour la renaissance de la langue d'oc (1854). Ce mouvement, qui s'étend dans tout le Midi et jusqu'à Paris, publie un *Almanach provençal* et influence Daudet qui écrit *Les Lettres de mon moulin.* Mistral publie un dictionnaire des dialectes occitans, le *Trésor du Félibrige* (1878-1886), et des poèmes épiques et lyriques : *Mireille* (1859) qui inspire un opéra à Gounod, *Les Îles d'or* (1875), *Le Poème du Rhône* (1897). Prix Nobel de littérature (1904).

MITCHELL Margaret (1900-1949) ✦ Romancière américaine. Passionnée par la guerre de Sécession, elle devient mondialement célèbre grâce à son unique roman, ***Autant en emporte le vent*** (1936).

MITHRA ✦ Dieu solaire de la Perse antique, originaire de l'Inde. Médiateur de la Création, représenté en train d'immoler un taureau, il accorde à ses croyants une vie spirituelle dans l'au-delà. Ceux-ci pratiquent le même sacrifice et célèbrent des cérémonies initiatiques. Son culte se répand dans le monde hellénistique et romain (Rhin, Danube, Italie), notamment par l'intermédiaire des soldats (vers le IIe siècle). Sa fête, le 25 décembre, est à l'origine de celle de Noël.

MITHRIDATE LE GRAND ou **MITHRIDATE VI EUPATOR** (vers 132 av. J.-C.-63 av. J.-C.) ✦ Roi du **Pont** de 111 av. J.-C. à sa mort. Sultan oriental de culture grecque, il veut chasser Rome de l'Asie. Il annexe l'est de l'Anatolie, dont la **Cappadoce** alliée de Rome (94 av. J.-C.), et incite les Grecs à se révolter contre la domination romaine mais **Sylla** reprend Athènes (86 av. J.-C.) et lui impose la paix (85 av. J.-C.). Il reprend le combat (74 av. J.-C.) mais il est définitivement vaincu par **Pompée** (66 av. J.-C.). Il demande à l'un de ses soldats de lui donner la mort car, par crainte de ses ennemis, il s'était immunisé contre les poisons (cf. le verbe *mithridatiser*). Il inspire une tragédie à Racine (1673).

MITTERRAND François (1916-1996) ✦ Homme d'État français. Pendant la Deuxième Guerre mondiale, il entre dans le gouvernement de **Vichy** puis dans la **Résistance.** Il est plusieurs fois ministre (1947-1958), dirige l'opposition au général de Gaulle, devient le premier secrétaire du Parti socialiste (1971) et signe le programme commun avec le Parti communiste et les radicaux de gauche (1973). Il est élu président de la République en 1981 (☛ Ve République p. 197) et réélu en 1988. Ses mandats sont marqués par deux cohabitations avec une majorité de droite (1986-1988, 1993-1995). Il signe les accords sur la **Nouvelle-Calédonie** (1988), engage la France dans la guerre du **Golfe** (1991) et poursuit la construction européenne (traité de **Maastricht**, 1992). Il introduit des réformes (abolition de la peine de mort, semaine de 39 heures, nationalisations, décentralisation, retraite à 60 ans, RMI, CSG) mais ne peut freiner le chômage. Sa politique culturelle est riche : fête de la Musique, Cité des Sciences puis de la Musique à la **Villette,** musée d'**Orsay,** Institut du monde arabe, Grand **Louvre,** Opéra **Bastille,** Grande Arche de la **Défense,** pont de **Normandie, Bibliothèque nationale de France.** Il publie des essais politiques (*La Paille et le Grain,* 1975 ; *Politique I,* 1977 ; *Politique II,* 1982).

MIYAZAKI Hayao (né en 1941) ✦ Réalisateur japonais de dessins animés. Il est considéré comme l'un des maîtres du cinéma d'animation : *Nausicaä de la vallée du vent* (1984), *Princesse Mononoke* (1997), *Le Voyage de Chihiro* (2001), *Le Château ambulant* (2003).

MIZOGUCHI Kenji (1898-1956) ✦ Cinéaste japonais. Né dans un milieu pauvre, il a des convictions socialistes qui furent censurées par le régime militaire de son pays. Dans ses films, d'abord muets, il privilégia les images et associa le réalisme à la légende et à l'épopée (*Les Contes de la lune vague après la pluie,* 1953).

MIZORAM n. m. ✦ État du nord-est de l'Inde créé en 1972 par la division de l'Assam (☛ carte 41). Superficie : 21 081 km². 1,1 million d'habitants. Capitale : Aizawl (230 000 habitants). Bordé par le Bangladesh et la Birmanie, l'État vit de l'agriculture (céréales, canne à sucre, oléagineux, épices). Principale ressource : bois. Industrie textile. Artisanat.

MNOUCHKINE Ariane (née en 1939) ✦ Metteur en scène de théâtre française. Elle fonde le Théâtre du Soleil (1964) et ses premières créations empruntent les techniques populaires de mise en scène à la commedia dell'arte et au cirque (*Les Clowns ; 1789*). Dans les années 1980, elle s'inspire des traditions orientales comme le kabuki. Au cinéma, elle réalise *1789* (1974) et *Molière* (1978). Parmi ses nombreuses productions, on peut citer *Le Songe d'une nuit d'été,* 1968 ; *L'Indiade,* 1987-1989 ; *Tambours sur la digue,* où chaque personnage est une marionnette, 1999 ; *Le Dernier Caravansérail,* traitant du problème des réfugiés, 2003.

Moby Dick ✦ Roman de Herman Melville (1851). Le capitaine Achab a eu la jambe arrachée par une gigantesque baleine blanche nommée *Moby Dick.* Depuis, il pourchasse sur toutes les mers ce monstre diabolique. Dans un dernier combat, il harponne l'animal qui l'entraîne au fond de l'océan et provoque le naufrage de son baleinier, le Pequod. Cette histoire inspire un film dramatique au cinéaste américain John Huston (1956).

MOCTEZUMA II (vers 1479-1520) ✦ Empereur des Aztèques de 1502 à sa mort. Il accueille les troupes de **Cortés** mais ne peut empêcher son peuple de se soulever contre l'envahisseur et meurt au cours d'une émeute.

MODANE ✦ Commune de Savoie. 3 239 habitants (les *Modanais*) (☛ carte 23). Carrefour routier et ferroviaire (accès au tunnel du **Fréjus** qui relie la France et l'Italie).

MODÈNE ✦ Ville d'Italie, dans le nord du pays (Émilie-Romagne). 179 149 habitants (les *Modénais*). La cathédrale romane (XIe-XIIe siècles), son campanile haut de 85 m, la *Torre Civiva* (1319) et la Piazza Grande sont inscrits sur la liste du patrimoine mondial de l'Unesco. Bibliothèque, collections de peintures et de sculptures des Este dans le Palais des musées, palais ducal (XVIIe siècle). Industries (automobile, textile) et centre de services. ♦ Colonie romaine (183 av. J.-C.), Modène est donnée par l'empereur germanique aux marquis de Toscane (fin Xe siècle). Elle reprend son indépendance (1115) et se donne à la famille d'Este (1288) jusqu'à sa prise par les Français (1796). Elle passe à la République cisalpine, au royaume d'Italie dirigé par Napoléon (1805), revient à la maison d'Este (1846) puis rejoint le nouveau royaume d'Italie (1859).

MODIANO Patrick (né en 1945) ✦ Écrivain français. Dans ses romans, marqués par la Deuxième Guerre mondiale et la guerre d'Algérie, il s'interroge avec obsession sur les rapports entre le passé et le présent : *La Place de l'Étoile* (1968), *La Ronde de nuit* (1969), *Rue des boutiques obscures* (1978), *Catherine Certitude* (album illustré par Sempé, 1988), *Un cirque passe* (1992), *Dora Bruder* (1998), *Un pedigree* (2005). Prix Nobel de littérature (2014).

MODIGLIANI Amedeo (1884-1920) ✦ Peintre et sculpteur italien. Il étudie à Florence (1902) et à Venise (1903-1906). À Paris, il s'installe à Montmartre (1906), puis à **Montparnasse** (1909) où il finit sa vie tragiquement, tuberculeux, alcoolique et toxicomane. Il sculpte des visages très allongés inspirés du cubisme (1910-1914). Influencé par Picasso, Cézanne et Gauguin, il peint le même type de visages et des nus féminins aux formes douces, dans des tons brun orangé ou bleu mat. Parmi ses œuvres on peut citer : *Max Jacob* (1916), *Lipchitz* (1916-1917), *Soutine, Hanka Zborowska* et *Nu assis au divan* (1917), *Nu couché* (1917-1918), *Jeanne Hébuterne* (1919).

MOEBIUS (1938-2012) ✦ Dessinateur de bandes dessinées français. Il est l'auteur, sous le nom de *Gir*, des aventures du *Lieutenant Blueberry*, dessinées dans un style réaliste, puis il signe, sous le pseudonyme de *Moebius*, des séries de science-fiction d'inspiration poétique et fantastique (*Les Yeux du chat*, 1978 ; la série *Le Monde d'Edena*, 1983-2001). ■ Son véritable nom est *Jean Giraud*.

MOGADISCIO ✦ Capitale de la Somalie, dans le sud-est du pays, sur l'océan Indien. 1,3 million d'habitants. Port, centre économique et industriel (constructions, raffineries) du pays. ♦ Fondée par les Arabes (Xe siècle), la ville souffre de la guerre civile depuis 1991. *Mogadiscio* est l'ancien nom italien, la forme officielle en somali est *Muqdisho*.

MOGHOLS (Grands) n. m. pl. ✦ Nom des souverains musulmans de la dynastie moghole, qui règne en **Inde** du XVIe au XIXe siècle. Un descendant du chef mongol **Tamerlan**, Babur (1483-1530), bat le sultan de Delhi (1526) et fonde l'Empire moghol qui s'étend sur la vallée du Gange. L'Empire s'agrandit sur la moitié nord de la péninsule indienne avec ses successeurs dont Shah Jahan (1582-1666), qui construit le **Taj Mahal**. Cette brillante civilisation artistique s'éteint avec la conquête britannique (1858).

MOHAMMED VI (né en 1963) ✦ Roi du Maroc depuis 1999. Fils d'Hassan II, il a succédé à son père à la mort de celui-ci.

MOHICANS n. m. pl. ✦ Peuple d'Indiens d'Amérique du Nord qui parlent une langue algonquine. Originaires du nord-est du Canada, ils vivent aujourd'hui dans deux réserves du Connecticut. Le roman de James Fenimore Cooper, *Le* ***Dernier des Mohicans*** (1826), les fait connaître.

MOINES (île aux) ✦ Île du Morbihan, dans le golfe du Morbihan. 536 habitants (les *Îlois*). Plus grande île du golfe, longue de 7 km. Tourisme, ostréiculture.

MOÏSE (XIIIe siècle av. J.-C.) ✦ Prophète juif de la Bible, libérateur et législateur d'Israël, frère d'Aaron. Sa vie n'est connue que par la **Torah**, ou Pentateuque. Il naît en Égypte et est abandonné sur le Nil afin d'échapper au massacre des enfants juifs. La fille du pharaon le recueille et l'élève. Dieu, par l'intermédiaire du Buisson ardent, lui ordonne d'emmener les **Hébreux** en Terre promise et inflige dix terribles catastrophes à l'Égypte pour obliger le pharaon à accepter leur départ. Il ouvre les eaux de la mer Rouge pour que les Hébreux puissent traverser à pied sec alors que l'armée égyptienne qui les poursuit est engloutie. Moïse conduit les Hébreux dans le désert du Sinaï où ils resteront quarante ans mais meurt avant d'atteindre la Terre promise. Pendant cet exode, Dieu lui révèle son nom, *Iahvé*, et lui dicte les dix commandements (Tables de la Loi).

MOISSAC ✦ Ville du Tarn-et-Garonne, sur le Tarn. 12 408 habitants (les *Moissagais*). Ancienne église Saint-Pierre (XIe-XVe siècles) avec un portail et un cloître (XIIe-XIIIe siècles), chefs-d'œuvre de l'art roman (☛ Art roman p. 159) ; musée d'Arts et Traditions populaires dans l'ancien palais abbatial. Marché agricole, industries (caoutchouc), viticulture.

MOITESSIER Bernard (1925-1994) ✦ Navigateur français. Il effectua le plus long trajet jamais réalisé en voilier sans escale et relata ce voyage dans *Cap Horn à la voile* (1967). Participant au Golden Globe, il renonça alors qu'il était en tête de la course et navigua pendant dix mois jusqu'à atteindre la Polynésie où il s'établit. Le récit de cette épopée en solitaire (*La Longue Route*, 1971) est un classique de la littérature maritime, comme *Vagabond des mers du Sud* (1960).

MOJAVE (désert) ✦ Région désertique des États-Unis. Il couvre le sud-est de la Californie entre Los Angeles et Las Vegas, et est bordé à l'ouest par la Sierra Nevada et au nord par la Vallée de la Mort.

① **MOLDAVIE** n. f. ✦ Région historique d'Europe de l'Est, entre les Carpates et la mer Noire. Elle est partagée entre la république de Moldavie et l'est de la Roumanie. La partie roumaine est la plus développée (forêts et élevage en montagne ; pétrole, charbon, uranium en sous-sol ; industries chimique, textile et alimentaire dans les villes). On y trouve un ensemble d'églises byzantines ornées de fresques (XVe-XVIe siècles) qui est inscrit sur la liste du patrimoine mondial de l'Unesco. ♦ La région, peuplée de **Scythes** dans l'Antiquité, est envahie par les Barbares. Elle devient une riche principauté (1359), soumise par les Ottomans (XVe siècle). Le nord, la Bucovine, passe à l'Autriche (1774) ; l'ouest, la Moldavie, est intégré dans la **Roumanie** (1862) ; l'est, la **Bessarabie**, est annexé par la Russie (1812) puis rattaché à la Roumanie (1918).

② **MOLDAVIE** n. f. ✦ Pays d'Europe de l'Est (☛ cartes 24, 25). Superficie : 33 700 km². 4,09 millions d'habitants (les *Moldaves*), en majorité orthodoxes. République dont la capitale est Chisinau. Langue officielle : le moldave (roumain) ; on y parle aussi le russe, l'ukrainien et le turc. Monnaie : le leu. ♦ GÉOGRAPHIE. Ce petit pays est fait de plaines et de collines bien irriguées. Le climat est continental. ♦ ÉCONOMIE. C'est un pays agricole (betterave, céréales, fruits, vigne, tabac) qui s'industrialise (hydroélectricité, métallurgie, mécanique) mais reste l'un des plus pauvres de l'Europe. ♦ HISTOIRE. Le pays est constitué (1940) de l'ancienne république autonome de Moldavie et d'une partie de la Bessarabie. Il est occupé par les Roumains et les Allemands (1941-1944) et devient une des quinze républiques fédérées de l'**URSS**. Il prend son indépendance (1991) et lutte pour garder l'équilibre entre deux des peuples qui le forment : les Gagaouzes, dans le sud-ouest, qui réclament leur rattachement à la Roumanie, les Russes, dans l'est, qui veulent être rattachés à la Russie.

MOLIÈRE (1622-1673) ✦ Auteur dramatique et comédien français. Il abandonne ses études d'avocat (1636) pour se consacrer au théâtre. Il fonde une troupe, l'Illustre-Théâtre, avec d'autres comédiens dont Madeleine **Béjart** (1643) et Armande, qu'il épousera en 1662. Il prend le nom de *Molière*, part avec sa troupe en province et présente sa première comédie, *L'Étourdi*, à Lyon (1655). Rentré à Paris (1658), il joue devant le roi. Monsieur, frère du roi, le prend alors sous sa protection. Devenu célèbre avec *Les Précieuses ridicules* (1659), il se fixe avec sa troupe au théâtre du

Palais-Royal (1661). Avec le musicien **Lully**, il organise pour le roi à Versailles de grandioses fêtes et crée un genre nouveau, la comédie-ballet. La troupe devient la Troupe du Roy (1665). Mais son œuvre ne plaît pas à tout le monde, en particulier aux comédiens de l'Hôtel de Bourgogne et au parti religieux, qui fait interdire ***Tartuffe*** (1664) et ***Dom Juan*** (1665). Le roi le prive de sa protection, à l'instigation de Lully. Molière meurt en sortant de scène, lors de la représentation du *Malade imaginaire*. Parmi ses œuvres, on peut aussi citer : *L'École des femmes* (1662), *Le Misanthrope* et *Le Médecin malgré lui* (1666), ***Amphitryon***, *George Dandin ou le Mari confondu* et *L'Avare* (1668), *Le* ***Bourgeois gentilhomme*** (1670), *Les* ***Fourberies de Scapin*** (1671), *Les Femmes savantes* (1672) et *Le Malade imaginaire* (1673). La Comédie-Française est parfois appelée la *maison de Molière*. ▪ Son véritable nom est *Jean-Baptiste Poquelin*.

MOLISE n. m. ou f. ✦ Région administrative d'Italie, dans le centre du pays (☞ carte 30). Superficie : 4 438 km². 320 601 habitants. Chef-lieu : Campobasso. ♦ Le Molise est une région désertée qui vit du tourisme côtier, des cultures dans les collines des Abruzzes (blé) et de la construction automobile. Son histoire correspond à celle de la région des **Abruzzes** dont il est séparé depuis 1965.

MOLLET Guy (1905-1975) ✦ Homme politique français. Résistant pendant la Deuxième Guerre mondiale, il devient député en 1946, et secrétaire général du Parti socialiste français (SFIO, 1946-1969). Il participe à plusieurs gouvernements de la IVᵉ République et prend la présidence du Conseil (1956). Son intransigeance dans la politique algérienne provoque la démission de **Mendès France**. Après l'échec de l'expédition franco-britannique et israélienne au canal de **Suez** (1956), il signe le traité de **Rome** puis démissionne (1957). Rappelé pendant la crise de mai 1958 (guerre d'**Algérie**), il est nommé ministre par le général de Gaulle puis entre dans l'opposition (1959).

MOLOTOV (1890-1986) ✦ Homme politique soviétique. Après la **révolution russe**, il devint secrétaire du comité central du parti communiste (1921) et le bras droit de Staline. Il signa avec **Ribbentrop** le pacte germano-soviétique (1939). À la mort de Staline, il fut évincé de la vie politique (1957). Le *cocktail Molotov* est une bouteille emplie d'un mélange inflammable, employée comme explosif. ▪ Son véritable nom est *Viatcheslav Mikhaïlovitch Skriabine*.

MOLUQUES (les) n. f. pl. ✦ Archipel d'Indonésie, à l'est des Célèbes et à l'ouest de la Nouvelle-Guinée. Superficie totale : 74 495 km² (environ un septième de la France). 2,8 millions d'habitants. Capitale : Ambon (en français *Amboine*, 205 193 habitants). Il est formé d'îles volcaniques couvertes de forêts, dont la plus grande est Halmahera. Le climat est tropical. Production de coprah (amande de coco). ♦ L'archipel est occupé par des peuples venus d'Australie (50 000 ans av. J.-C.) puis de Malaisie (2 500 ans av. J.-C.). Il faisait commerce du clou de girofle et de la muscade qu'il était le seul à produire. Après la fondation de comptoirs portugais (XVIᵉ siècle), il est colonisé par les Hollandais (XVIIᵉ siècle), occupé par les Britanniques (1796-1802, 1810-1817) et les Japonais (1942-1945) puis rattaché à l'**Indonésie** (1949). Certains milieux chrétiens, constitués en majorité par d'anciens soldats coloniaux moluquois, proclament la *République des Moluques du Sud* (1950) mais la répression les oblige à se réfugier aux Pays-Bas. Une guerre civile éclate entre chrétiens et musulmans, et fait des milliers de victimes (1999-2002).

MoMA n. m. (anglais *Museum of Modern Art*) ✦ Musée d'art moderne de New York, créé en 1929. Les collections concernent la peinture, la sculpture, le dessin, mais aussi la photographie, le design, la vidéo et le film.

MONACO n. m. ✦ Pays d'Europe de l'Ouest. La principauté de Monaco, bordée par la Méditerranée, forme une enclave dans le département français des Alpes-Maritimes. Superficie : 1,5 km². 31 109 habitants (les *Monégasques*). Monarchie dont la capitale est Monaco. Langue officielle : le français. Religion officielle : le catholicisme. Monnaie : l'euro. ♦ GÉOGRAPHIE. Monaco est formé d'une étroite bande côtière, longue de 3 km, divisée en six quartiers. Monaco-ville est bâtie sur un promontoire entouré de remparts, appelé *le Rocher*. Palais (XVIᵉ-XVIIᵉ siècles), cathédrale Saint-Nicolas, musée océanographique, jardin exotique. ♦ ÉCONOMIE. La principauté vit essentiellement du tourisme (port de plaisance, casino de Monte-Carlo, émission de timbres-poste) et de l'industrie (alimentaire, produits de beauté). ♦ HISTOIRE. Les Ligures occupent la région (VIᵉ siècle av. J.-C.), puis les Phéniciens, les Grecs et les Romains. Les Génois construisent une forteresse qui marque la frontière ouest de leur république. La famille génoise des Grimaldi est exilée à Monaco dont elle s'empare (XIIIᵉ siècle). Monaco est annexé par l'Espagne (1524-1641), réuni à la France (1793-1814) et obtient son indépendance (1861) sous la protection française. Rainier III règne de 1949 à 2005. Son fils Albert II lui succède. Monaco est admis à l'ONU (1993).

MONARCHIE DE JUILLET (la) ✦ Nom donné au règne de **Louis-Philippe Iᵉʳ** (1830-1848). Ce régime parlementaire se caractérise par l'arrivée au pouvoir de la grande bourgeoisie et par la révolution industrielle qui donne naissance à une nouvelle classe, la classe ouvrière. La France se réconcilie avec la Grande-Bretagne de la reine Victoria et étend ses colonies (Algérie, Afrique noire, Extrême-Orient et Pacifique). La **révolution de 1848** provoque la chute de Louis-Philippe ; la IIᵉ République succède à la monarchie de Juillet.

MONDRIAN Pieter Cornelis dit **Piet** (1872-1944) ✦ Peintre néerlandais. Il étudie à l'Académie des beaux-arts d'Amsterdam (1892-1895) et peint des paysages dans une perspective symboliste. Il découvre le cubisme à Paris (1911-1914), fonde la revue *De Stijl* («Le Style», 1917) et la théorie du néoplasticisme, prônant l'adoption des formes géometriques et des couleurs primaires (rouge, jaune, bleu) qu'il finit par inscrire (vers 1920) dans une trame de lignes noires. Il vit à Paris (1919-1938), puis s'installe à New York (1940) où son style se fait plus saccadé, rythmé par de petits rectangles colorés. Son abstraction géométrique influence l'architecture et le décor contemporains. Œuvres : *Bois d'Oele* (1908-1910), série de *Dunes* (vers 1910), *Composition avec rouge, jaune et bleu* (1921), *Broadway Boogie-Woogie* (1942-1943), *Victory Boogie-Woogie* (1943-1944, inachevé).

MONET Claude (1840-1926) ✦ Peintre français. Il séjourne sur la côte normande puis découvre la lumière de la Méditerranée. Sous l'influence de Courbet et de Manet, il peint en extérieur, près de Fontainebleau, avec Renoir et Sisley. Il se réfugie à Londres pendant la guerre de 1870 puis s'installe à Argenteuil (1872-1876) et poursuit son étude des effets de lumière. Associé à d'autres artistes pour exposer des œuvres refusées par le Salon officiel, il connaît la célébrité avec son tableau *Impression, soleil levant* (1872), qui marque la naissance du mouvement impressionniste (1874). Puis il s'éloigne du groupe et vit à Giverny, dans l'Eure. Son style, fait de larges touches claires, évolue vers des séries thématiques, basées sur des variations d'éclairage. Œuvres : *Camille à la robe verte* (1866), *Femmes au jardin* (1867), *Le Pont de Westminster* (1871), *La Seine à Argenteuil* (1874) et des séries, *La Gare Saint-Lazare* (1877), *Les Meules* (1890), *La Cathédrale de Rouen* (1892-1904) et *Les* ***Nymphéas*** (1897-1926 ☛ Impressionnisme p. 184). On peut admirer une partie de ses œuvres au musée **Marmottan** à Paris.

MONFREID Henry de (1879-1974) ✦ Écrivain français. Sa vie aventureuse sur les rives de la mer Rouge et dans la corne de l'Afrique a inspiré ses récits de voyage et ses romans d'action (*Les Secrets de la mer Rouge*, 1931 ; *Pilleurs d'épave*, 1955 ; *Testament de pirate*, 1963).

MONGE Gaspard (1746-1818) ✦ Mathématicien français. Il est appelé par **Turgot** pour enseigner à Paris (1780). Ministre de la Marine, il compte parmi les fondateurs de l'École normale supérieure et de l'École polytechnique pendant la Révolution (1794). Il participe à la campagne d'**Égypte** avec Bonaparte, entre au Sénat et devient comte de Péluse. Il crée la géométrie descriptive, donne des théories en géométrie analytique et renouvelle la géométrie infinitésimale. Il réalise aussi la synthèse de l'eau, indépendamment de **Lavoisier**, et étudie les gaz. Il repose au **Panthéon**, à Paris. Académie des sciences (1780).

① **MONGOLIE** n. f. ✦ Plateau d'Asie centrale limité au nord par la Sibérie, à l'est par la Mandchourie, au sud par la vallée du Huang he et à l'ouest par l'Altaï. Il s'étend sur la république de **Mongolie** et la région autonome chinoise de Mongolie-Intérieure (1,2 million de km^2 ; 23,3 millions d'habitants).

② **MONGOLIE** n. f. ✦ Pays d'Asie de l'Est (☛ cartes 38, 39). Superficie : 1,5 million de km^2 (presque trois fois la France). Environ 2,5 millions d'habitants (les *Mongols*), en majorité bouddhistes. République dont la capitale est Oulan-Bator. Langue officielle : le mongol. Monnaie : le tugrik. ♦ GÉOGRAPHIE. Des lacs et des forêts couvrent l'ouest de la Mongolie, dans l'**Altaï**, où les affluents du lac **Baïkal** prennent leur source. Le plateau central est couvert de steppes. Le désert de **Gobi** occupe l'est et le sud. Le climat est continental. ♦ ÉCONOMIE. L'agriculture prédomine (céréales, pomme de terre, légumes, élevage souvent nomade). Le sous-sol est riche (charbon, fluor, cuivre, or, nickel, fer, étain, pétrole) et l'industrie récente (extraction minière, métallurgie, industrie du bois, agroalimentaire). ♦ HISTOIRE. Les **Mongols**, convertis au bouddhisme (XVIe siècle), se soumettent à la Chine (1635-1691). La *Mongolie-Extérieure*, devenue protectorat chinois en 1911, est occupée par l'URSS (1921). Elle prend son indépendance (1924) et rejoint l'ONU (1961). La chute du parti communiste (1990) provoque une grave crise économique. La Constitution (1992) adopte le suffrage universel et le pays prend le nom de *Mongolie*. Les troupes russes quittent la Mongolie et la Chine reconnaît la frontière (1992). Depuis 1996, l'économie se développe et la société se libéralise.

MONGOLS n. m. pl. ✦ Peuples d'Asie centrale et de la région du lac Baïkal en Sibérie. Ils sont environ trois millions et mènent plutôt une vie nomade. ♦ Ces tribus sont de même origine que les **Huns**. Elles attaquent la Chine (IIIe siècle av. J.-C.), qui construit la Grande **Muraille** pour les contenir. **Gengis Khan** les unit et fonde l'Empire mongol (1206). L'empire s'étend alors de la Chine du Nord (1215) jusqu'à la Volga (1223). Le commerce de la soie prend toute son importance (route de la Soie). Ses descendants conquièrent le nord de l'Iran (1231), la Corée (1232), la Géorgie (1237), les principautés russes (Moscou, 1237 ; Kiev, 1240), l'empire des Turcs (Bagdad, 1258) et la Chine (1279). Les querelles de succession affaiblissent l'empire ; il est scindé en «khanats» qui s'affrontent. La dynastie mongole des Yuan, qui règne sur la **Chine**, est expulsée par les **Ming** (1368). En 1370, l'Empire mongol disparaît.

MONK Thelonious (1917-1982) ✦ Pianiste et compositeur de jazz américain. Il débute comme pianiste dans les clubs de Harlem. Par son jeu caractéristique, ses innovations rythmiques, mélodiques et harmoniques, il fait partie des musiciens qui ont renouvelé le jazz et donné naissance au be-bop.

MONNET Jean (1888-1979) ✦ Économiste français. Pendant les deux guerres mondiales, il est chargé d'abord par la France, ensuite par les Britanniques (1940) et les Américains (1945) de coordonner les efforts de guerre alliés puis est responsable des approvisionnements. Il organise la planification pour moderniser et équiper la France (1947-1952). Il se consacre ensuite à l'union de l'Europe en participant à la création de la Communauté européenne du charbon et de l'acier (**Ceca**, 1951), puis de la Communauté économique européenne (**CEE**, 1957). Il repose au **Panthéon**, à Paris.

MONOD Jacques (1910-1976) ✦ Biologiste et biochimiste français. Il découvrit avec F. **Jacob** l'ARN messager, et écrivit *Le Hasard et la Nécessité* (1970), réflexion philosophique sur la génétique. Prix Nobel de médecine (1965), avec Lwoff et Jacob.

MONROE Marilyn (1926-1962) ✦ Actrice américaine. Elle est le symbole de la star hollywoodienne. Souffrant de solitude, elle se donne la mort. Ses films les plus connus sont *Monkey Business* (1952), *Les hommes préfèrent les blondes* (1953), *La Rivière sans retour* (1954), *Sept Ans de réflexion* (1955), *Certains l'aiment chaud* (1959), *Le Milliardaire* avec Yves **Montand** (1960), *Les Désaxés* (1961). ■ Son véritable nom est *Norma Jean Mortenson*.

MONROVIA ✦ Capitale du Liberia, dans l'ouest du pays, sur l'océan Atlantique. 668 000 habitants (les *Monroviens*). Port d'exportation (fer), centre industriel (raffinage pétrolier, agroalimentaire, textile) et commercial. ♦ La ville est fondée en 1822 pour accueillir des esclaves noirs libérés. Elle souffre beaucoup de la guerre civile (1991-1996).

MONS ✦ Ville de Belgique, chef-lieu de la province de Hainaut, dans le sud du pays. 91 196 habitants (les *Montois*). Église Sainte-Waudru (1450-1621), hôtel de ville gothique (1458-1471) sur la Grand-Place, beffroi baroque (1661-1669). Le site des mines de silex de Spiennes, daté du néolithique (environ 4 000 ans av. J.-C.), est inscrit sur la liste du patrimoine mondial de l'Unesco. Ville de services, centre culturel et universitaire. Industries variées. Elle est réputée pour ses jeux (jeu de paume) et ses fêtes traditionnelles. Ville natale de Roland de Lassus. ♦ La ville est bâtie autour du monastère fondé par sainte Waudru (650). En 1295, elle devient la capitale du comté de **Hainaut.** Elle prospère sous la domination de la maison de **Bourgogne** (XVe-XVIe siècles), puis subit les guerres de Religion et de nombreuses occupations (sièges de Louis XIV, 1691, et de Louis XV, 1746). Après la bataille de **Jemmapes**, elle est réunie à la France (1793). Elle est occupée par les Allemands pendant les deux guerres mondiales (1914 et 1940).

MONTAGNE (la) ✦ Groupe de révolutionnaires français. Ces députés, issus de la bourgoisie, siègent sur les plus hauts bancs des assemblées. Les membres de ce groupe sont appelés les *montagnards.* Ils s'appuient sur les sans-culottes et affichent les positions les plus extrémistes (David, Desmoulins, Fabre d'Églantine, Marat, Robespierre, Saint-Just). Après la chute de la **Gironde** (1793), ils adoptent à la **Convention nationale** des mesures radicales (**Terreur**). Ils sont pourchassés après la mort de **Robespierre** (1794) et déportés en Guyane.

MONTAGNE PELÉE → **PELÉE** (montagne)

MONTAGNES ROCHEUSES → **ROCHEUSES** (montagnes)

MONTAGNIER LUC (né en 1932) ✦ Médecin français. Directeur du laboratoire d'oncologie virale à l'Institut Pasteur (1972), il identifie avec son équipe le virus LAV responsable du sida (1983) puis un second virus lié au sida, le HHV_2 (1986). Il a dirigé le département «Sida et rétrovirus» de l'Institut Pasteur (1991-1997). Prix Nobel de médecine (2008, avec Françoise Barré-Sinoussi).

MONTAIGNE (1533-1592) ✦ Écrivain français. Il entre au parlement de Bordeaux (1557) où il noue avec **La Boétie** une amitié restée célèbre. Il se convertit au catholicisme pour entrer au parlement de Paris (1562). Il quitte sa charge pour se consacrer à la littérature. Il commence à rédiger ses *Essais* en 1572, l'année du massacre de la **Saint-Barthélemy**, et les publie par livres au fur et à mesure de leur rédaction (à partir de 1580). ☛ Littérature p. 141. Le voyage qui le mène d'Allemagne en Italie est interrompu par son élection à la charge de maire de Bordeaux (1582). En 1588, de retour dans son château du Périgord, il se lie d'amitié avec Mlle de Gournay ; elle publiera, avec Pierre de Brach, l'édition posthume des *Essais* (1595). Taxé de vaniteux par Pascal et d'hypocrite par Rousseau, il est encensé par Voltaire ou Diderot qui louent sa lucidité et la sagesse de sa morale ainsi que le style simple dans lequel il écrit. ■ Son nom complet est *Michel Eyquem de Montaigne.*

MONTALEMBERT Charles Forbes, comte de (1810-1870) ✦ Journaliste et homme politique français. L'un des chefs de file du catholicisme libéral, membre de la Chambre des pairs, il se prononce pour la liberté religieuse et la liberté de l'enseignement. Élu à l'Assemblée constituante après la révolution de 1848, il se rallie à la politique de Louis Napoléon Bonaparte puis fait partie du Corps législatif (1852-1857). Académie française (1852).

MONTANA n. m. ✦ État des États-Unis depuis 1889, situé dans le nord-ouest du pays (☛ carte 47). Superficie : 381 087 km^2 (plus des deux tiers de la France). 902 195 habitants. Capitale : Helena (48 334 habitants). ♦ Le Montana, situé à la frontière des États-Unis et du Canada, est constitué d'un plateau à l'est, arrosé par les rivières Missouri et Yellowstone. À l'ouest, s'élèvent les montagnes **Rocheuses.** On y trouve le Glacier National Park, créé en 1910 et réuni au parc national canadien des Lacs-Waterton pour former le premier «parc international de la paix» du monde (1932). Ce site est inscrit sur la liste du patrimoine mondial de l'Unesco. Le climat est continental. Agriculture et élevage dans les zones non montagneuses. L'exploitation de la forêt est une ressource importante. Richesses minières très importantes (cuivre, charbon, zinc, or, pétrole). Industries variées (bois, métallurgie, alimentaire). Tourisme dans les Rocheuses. ♦ La région est parcourue par les trappeurs (XVIIIe siècle) avant d'être vendue par la France aux États-Unis en même temps que la **Louisiane** (1803). Les immigrants affluent avec la découverte de mines d'or (1852). Les Indiens (**Sioux, Cheyennes**) se rendent après une longue résistance (1881).

MONTAND Yves (1921-1991) ✦ Comédien et chanteur français, d'origine italienne. Il débute sa carrière au music-hall à Marseille (1938). Arrivé à Paris, il rencontre Édith **Piaf** qui le fait débuter au cinéma. Dès 1960, il mène une carrière internationale d'acteur de cinéma, remontant parfois sur scène pour jouer ou pour chanter. Marié à Simone **Signoret** (1951), il soutient avec elle les combats du parti communiste mais s'en éloigne à partir de 1956. Parmi ses chansons les plus connues on peut citer : *À bicyclette, Barbara, Les Feuilles mortes* et *En sortant de l'école* de **Prévert**, *La Chansonnette, Les Grands Boulevards, C'est si bon.* Films : *Le Salaire de la peur* (1953), *Le Milliardaire* avec Marilyn **Monroe** (1960), *Z* (1969), *Le Cercle rouge* avec **Bourvil** (1970), *La Folie des grandeurs* avec Louis de **Funès** (1971), *César et Rosalie* (1972), *I comme Icare* (1979), *Manon des sources* et *Jean de Florette* (1986). ■ Son véritable nom est *Ivo Livi.*

MONTARGIS ✦ Ville du Loiret, sur le Loing, près de la *forêt de Montargis.* 13 997 habitants (les *Montargois*). Église de la Madeleine (XVIe-XVIIe siècles ; chœur par Androuet du Cerceau, 1618), musée Girodet, maison des Arts et Traditions populaires du Gâtinais. Ville industrielle (chimie, transports, électronique, alimentaire), connue pour sa spécialité de pralines et de miel du Gâtinais.

MONTAUBAN ✦ Chef-lieu du Tarn-et-Garonne. 58 826 habitants (les *Montalbanais*). Pont-Vieux (1304-1335), église Saint-Jacques (XIIIe et XVIIe siècles), cathédrale Notre-Dame (1692-1739), musées. Centre administratif et commercial. Marché agricole. Industries (électronique, alimentaire). Ville natale du peintre Ingres et du sculpteur Bourdelle. ♦ La ville est fondée par le comte de Toulouse (1144). Elle est disputée entre Anglais et Français pendant la guerre de Cent Ans. Lors des guerres de Religion, c'est une place forte protestante (1561). Elle est assiégée par Louis XIII

(1621) puis prise par Richelieu (1629) qui détruit les fortifications.

MONTBÉLIARD ✦ Ville du Doubs, sur le canal du Rhône au Rhin. 25 521 habitants (les *Montbéliardais*). Château des comtes de Montbéliard transformé en musée (XVe et XVIIIe siècles), halles (XVIe-XVIIe siècles), temple Saint-Martin (1604-1607), le plus ancien de France. Centre d'une région industrialisée (automobile). Ville natale de Cuvier. ♦ Au XIIe siècle, elle est la capitale d'un comté. Elle passe au Wurtemberg (XVe siècle) puis elle est occupée à plusieurs reprises par la France (Louis XI, 1444 ; Louis XIV, 1674-1697 ; 1723-1748) avant de lui être rattachée au XIXe siècle (traité de **Lunéville**, 1801).

MONT BLANC → **BLANC** (mont)

MONT-BLANC (massif du) ✦ Partie des Alpes située entre les vallées de l'Arve (France), du val Ferret (Suisse et Italie) et de la Doire Baltée (Italie). On y trouve notamment le mont **Blanc**, la mer de **Glace** et l'aiguille du **Midi**.

MONT-BLANC (tunnel du) ✦ Tunnel routier long de 11,6 km, qui relie les villes de Chamonix (en France) et de Courmayeur (en Italie). Il est percé sous le massif (1959-1965), puis réaménagé après la catastrophe de 1999 et rouvert à la circulation (2002).

MONTBRISON ✦ Chef-lieu d'arrondissement de la Loire. 15 689 habitants (agglomération 23 329) (les *Montbrisonnais*) (☛ carte 23). Collégiale Notre-Dame d'Espérance (XIIIe siècle). Fromage (fourme).

MONTCALM DE SAINT-VÉRAN Louis Joseph, marquis de (1712-1759) ✦ Général français. Il commande les troupes françaises du Canada (1756), prend plusieurs forts aux Britanniques et meurt dans les plaines d'Abraham en tentant de défendre Québec.

MONTCEAU-LES-MINES ✦ Commune de Saône-et-Loire. 18 902 habitants (les *Montcelliens*) (☛ carte 23). La traditionnelle exploitation du charbon a cessé en 2000. Industrie métallurgique et mécanique.

MONT-CENIS n. m. ✦ Massif montagneux des Alpes, entre la France et l'Italie, culminant à 3 612 m à la pointe de Ronce. Le *col du Mont-Cenis* (2 803 m) relie les vallées de la Maurienne (Savoie) et de Suse (Vallée d'Aoste). Le barrage du Mont-Cenis alimente une usine hydroélectrique et forme un lac artificiel de 320 millions de mètres cubes.

MONT-DE-MARSAN ✦ Chef-lieu des Landes. 31 009 habitants (les *Montois*). Donjon Lacataye (XIVe siècle) devenu un musée. Centre administratif ; marché agricole (volailles, foie gras). Base aérienne militaire. Ancien carrefour des routes de pèlerinage vers Saint-Jacques-de-Compostelle.

MONTDIDIER ✦ Chef-lieu d'arrondissement de la Somme. 6 195 habitants. Église du Saint-Sépulcre (tapisseries flamandes). Ville natale de Parmentier.

MONT-DORE n. m. ✦ Massif volcanique d'Auvergne, qu'on appelle aussi *les Monts Dore*, dans le nord du Massif central. Point culminant : le puy de **Sancy** (1 885 m). Il fait partie du parc naturel régional des Volcans d'**Auvergne**. Il est fréquenté pour ses eaux thermales et ses stations de sports d'hiver.

MONTE-CARLO ✦ Quartier de la principauté de Monaco situé au nord du port. Casino.

MONTÉLIMAR ✦ Ville de la Drôme. 37 193 habitants (les *Montiliens*). Vestiges d'enceinte (porte Saint-Martin), château (XIIe, XIVe siècles), maison de Diane de Poitiers. Centre de commerce et d'industrie (mécanique, textile, alimentaire, hydroélectricité). La ville est célèbre pour son nougat.

MONTÉNÉGRO n. m. ✦ Pays d'Europe du Sud, dans les **Balkans** (☛ cartes 24, 25). Superficie : 13 812 km^2. 620 000 habitants (les *Monténégrins*). République dont la capitale est Podgorica, appelée *Titograd* de 1945 à 1991. Langues : le monténégrin, le serbe. Monnaie : l'euro. ♦ GÉOGRAPHIE. La région est formée des monts des Balkans, dont le point culminant est le Durmitor (2 528 m), de plateaux et de vallées profondes. Le climat est méditerranéen. ♦ ÉCONOMIE. Le Monténégro vit de l'agriculture (olivier, agrumes, vigne, élevage), des ressources du sous-sol (bauxite), de l'industrie (métallurgie) et du tourisme sur la côte. ♦ HISTOIRE. C'est un État indépendant au sein de la Grande **Serbie** (XIe-XIVe siècles), puis une principauté dominée par les Turcs (1479-1878). Il est érigé en royaume en 1910 et s'agrandit pendant les guerres balkaniques. Envahi par l'Autriche (1916), il est réuni à la Serbie (1918) puis à la **Yougoslavie** (1929) dont il est une des Républiques fédérées (1945-1992). Avec la Serbie, il forme la nouvelle République fédérale de Yougoslavie (1992), qui connaît de graves tensions pendant la guerre du **Kosovo** (1998-1999) puis devient l'Union de Serbie-et-Monténégro (2003). Le Monténégro prend son indépendance en 2006 et pose sa candidature à l'Union européenne (2008).

MONTERREY ✦ Ville du nord-est du Mexique, au pied de la sierra Madre. 1,33 million d'habitants. Institut technologique. Grand centre de commerce et d'industrie (métallurgie, chimie, raffinage pétrolier, tabac, alimentaire, mais sidérurgie en crise). Problèmes agricoles dus à l'aridité.

MONTESPAN (marquise de) (1641-1707) ✦ Dame française. Favorite de Louis XIV, connue pour son esprit et sa beauté, elle eut huit enfants du roi. Compromise dans l'affaire des **Poisons**, elle fut évincée par Mme de **Maintenon**.

MONTESQUIEU (1689-1755) ✦ Écrivain et philosophe français. Ce magistrat bordelais fréquente les salons littéraires après la publication des ***Lettres persanes*** (1721), une critique satirique de la France. Il voyage en Europe pour étudier l'organisation politique des nations (1728-1731) puis écrit les *Considérations sur les causes de la grandeur des Romains et de leur décadence* (1734). Son ouvrage, *De l'esprit des lois* (1748), devient un classique de la philosophie politique et influence les penseurs de la Révolution française. Il y expose ses idées sur la séparation des pouvoirs législatif, exécutif et judiciaire. Il classe les différents régimes politiques et leur associe une passion humaine (la république à la vertu, le despotisme à la terreur). Académie française (1728). ■ Son nom complet est *Charles de Secondat, baron de La Brède et de Montesquieu*.

MONTESSORI Maria (1870-1952) ✦ Médecin et pédagogue italienne. Elle élabora une méthode d'éducation fondée sur le développement des sens et de la mémoire et le respect de la liberté de l'enfant.

MONTEVERDI Claudio (1567-1643) ✦ Compositeur italien. Dès 1590, il voyage en Hongrie et dans les Flandres avec le prince de Mantoue. À la mort de ce dernier, il devient maître de chapelle à Saint-Marc de Venise (1613). Une grande partie de son œuvre disparaît dans le pillage de Mantoue (1627). Qualifié de *divino* («divin») par ses contemporains, il est célèbre pour sa musique religieuse (*Vêpres de la Vierge,* 1610), ses huit *Livres de Madrigaux* (1587-1638) et pour ses drames lyriques qui annoncent l'opéra moderne : *Orfeo* (1607) et *Le Couronnement de Poppée* (1642).

MONTEVIDEO ✦ Capitale de l'Uruguay, dans le sud du pays, sur l'océan Atlantique. 1,2 million d'habitants (les *Montévidéens*). Ce port en eau profonde, la seule grande ville du pays, concentre la moitié de sa population. Centre bancaire, universitaire, industriel (exportation de cuir, de laine et de viande, textile, agroalimentaire). Ville natale de Lautréamont, Jules Laforgue, Jules Supervielle. ♦ La ville, fondée par les Espagnols (1726), devient la capitale du pays (1830). Elle est assiégée par les Argentins et les Uruguayens (1843-1851), délivrée par les Anglais et les Français et peut alors prendre son essor.

MONTGENÈVRE (col du) ✦ Col des Hautes-Alpes (1 860 m). Il relie Briançon et le Queyras à Turin (Italie).

MONTGOLFIER (les frères de) ✦ Inventeurs français. Les deux frères, **Joseph** (1740-1810) et **Étienne** (1745-1799), dirigent une manufacture de papier à **Annonay** et améliorent les techniques de fabrication (introduction du papier vélin). En 1782, ils inventent les premiers aérostats (ballons à air chaud). Ils effectuent plusieurs ascensions, dont une à Versailles devant Louis XVI (19 septembre 1783). Le ballon, mis au point par ces inventeurs, est appelé une *montgolfière.* Ils imaginent aussi le bélier hydraulique (1792), une machine servant à élever l'eau.

MONTGOMERY OF ALAMEIN (vicomte) (1887-1976) ✦ Maréchal britannique. Commandant en France et en Belgique pendant la Deuxième Guerre mondiale (1939-1940), il rembarque à **Dunkerque** et dirige la défense du sud-est de l'Angleterre. Il prend la tête de la VIIIe armée en Égypte et bat **Rommel** à El-Alamein (1942). Il atteint Tripoli en Libye, où **Leclerc** le rejoint, puis la Tunisie, où les forces alliées contraignent les Italiens et les Allemands à la capitulation, et débarque en Sicile et en Italie (1943). Sous les ordres d'**Eisenhower**, il commande les forces terrestres du débarquement de Normandie, libère le nord de la France et la Belgique (1944) puis reçoit en Westphalie la capitulation des armées allemandes occupant le Danemark, la Hollande et les îles Frisonnes (1945). Il occupe ensuite des postes de haut commandement (commandant adjoint des forces atlantiques en Europe, 1951-1958). ■ Son véritable nom est *Bernard Law Montgomery.*

MONTHERLANT Henry Millon de (1895-1972) ✦ Écrivain français. Marqué par le catholicisme et l'expérience de la guerre, il célèbre l'héroïsme, la soif d'absolu, les valeurs viriles et fraternelles. Il fait l'apologie de la sensualité et exprime son mépris pour le sentimentalisme et la faiblesse. Il se donne la mort. Romans : *Les Bestiaires* (1926), *La Petite Infante de Castille* (1929), *Les Célibataires* (1934), *Les Jeunes Filles* (1936-1939). Théâtre : *La Reine morte* (1942), *Le Maître de Santiago* (1947), *La Ville dont le prince est un enfant* (1952), *Port-Royal* (1954). Académie française (1960).

MONTLUÇON ✦ Ville de l'Allier, sur le Cher. 37 289 habitants (les *Montluçonnais*). Église romane Saint-Pierre (XIIe-XIIIe siècles), église gothique Notre-Dame (XVe siècle), musée d'histoire et d'ethnographie régionales dans l'ancien château des ducs de Bourbon (XVe-XVIe siècles). Industries (chimie, mécanique, électricité).

MONTMARTRE ✦ Quartier de Paris, dans le nord de la ville. La *butte Montmartre* est le point culminant de la capitale (130 m). Après le martyre de saint Denis, premier évêque de Paris (vers 250), des monastères et l'église Saint-Pierre (1147, une des plus anciennes de Paris) sont construits. Ignace de Loyola y fonde l'ordre des jésuites (1534). Rattaché à Paris (1860), le village connaît le premier épisode de la **Commune.** La basilique du **Sacré-Cœur** est construite au sommet de la butte (1876-1910). Au XIXe siècle, les vignes et les moulins du quartier attirent les artistes. Au début du XXe siècle, des peintres y fondent le cubisme ; le dessinateur Francisque Poulbot (1879-1946) crée le «poulbot», type du gamin montmartrois pauvre et débrouillard. Les artistes délaissent ensuite Montmartre au profit de **Montparnasse.** Le cimetière, créé en 1795, abrite de nombreuses personnalités. Les touristes, aujourd'hui, se pressent dans les cabarets, comme le célèbre Moulin-Rouge (1889), et sur la place du Tertre, avec ses terrasses de café et ses artistes.

MONTOIRE-SUR-LE-LOIR ✦ Commune du Loir-et-Cher. 3 842 habitants (les *Montoiriens*). Le 22 octobre 1940, Hitler y rencontra Laval et, le 24, Pétain. Le principe d'une collaboration entre la France et l'Allemagne fut décidé lors des *entrevues de Montoire.*

MONTPARNASSE ✦ Quartier de Paris, dans le sud de la ville. Il est créé en 1824 autour du cimetière du même nom, où reposent des personnages célèbres. Pendant les **Années folles**, les artistes quittent **Montmartre** et font des cafés de Montparnasse (la Coupole, le Dôme, la Rotonde) le centre culturel de Paris. Le 25 août 1944, le gouverneur militaire allemand de Paris signe la reddition de la ville au général **Leclerc** dans la gare Montparnasse. Le quartier est réaménagé autour de la nouvelle gare (1969) et de la *tour Montparnasse* (1973).

MONTPELLIER ✦ Chef-lieu de l'Hérault. 275 318 habitants (les *Montpelliérains*) et l'agglomération 421 647. Cathédrale gothique Saint-Pierre (XIVe et XIXe siècles), plus ancien jardin des plantes de France (1593), hôtels particuliers et places remarquables (XVIIe-XVIIIe siècles). Ville universitaire depuis le Moyen Âge (Cité de l'agronomie, 1986), centre industriel (alimentaire, chimie, informatique, haute technologie), commercial (huile, vin) et touristique. Ville natale de Cambacérès, Auguste Comte, Francis Ponge et Juliette Gréco. ♦ Cet important comptoir des épices d'Orient (IXe siècle), passé aux rois d'Aragon (1204), est célèbre pour ses écoles de médecine et de droit (1221) et son université (1289), fréquentée notamment par **Rabelais**, au XVIe siècle. La ville est achetée par le roi de France en 1349. Elle devient un centre protestant pendant les guerres de **Religion** (XVIe siècle). Après un long siège, elle est soumise par Louis XIII (1622) qui accorde la liberté de culte aux protestants. Les remparts sont détruits, sauf la citadelle (1628). La région, dirigée par un intendant, connaît alors la prospérité (XVIIe siècle).

MONTRÉAL ✦ Ville du Canada (Québec), sur le Saint-Laurent. 1,8 million d'habitants (les *Montréalais*), 4 millions avec l'agglomération. Deuxième ville francophone du monde. Elle est bâtie sur l'île de Montréal, au pied du mont Royal qui lui a donné son nom. Basilique Notre-Dame et cathédrale Marie-Reine-du-monde (XIXe siècle), place Jacques-Cartier, parcs du Mont-Royal et Olympique, Vieux-Port. Sous le centre-ville, aux immeubles modernes, s'étend une ville souterraine qui permet de circuler l'hiver. Premier port du Canada (blé, pétrole), centre universitaire, culturel, commercial et industriel (textile, construction électrique, mécanique, aéronautique, haute technologie, alimentaire, chimie). Ville natale d'Hubert Reeves. ♦ Jacques **Cartier** débarque dans le village iroquois d'Hochelaga (1535) où sera installé un comptoir (1603). La ville est fondée par Paul de Chomedey, sieur de Maisonneuve, sous le nom de *Ville-Marie* (1642). Elle devient un centre de commerce des fourrures. En 1760, Montréal se rend aux Anglais (1760) qui écrasent les révoltes de la communauté francophone (1837 et 1838). Le gouvernement du **Canada**, unifié par l'Acte d'union (1840), y installe son siège (1844-1849). Le port, en plein essor, dépasse celui de Québec et devient le premier du pays avec l'aménagement du Saint-Laurent (1959). La ville accueille l'Exposition universelle (1967) et les Jeux olympiques (1976).

MONT ROSE → **ROSE** (mont)

MONT-SAINT-MICHEL (Le) ✦ Commune de la Manche, située à la limite de la Normandie et de la Bretagne. 36 habitants (les *Montois*). C'est un îlot rocheux, haut de 78 m, relié à la terre par une digue. L'amplitude des marées rend la baie dangereuse. Des travaux sont entrepris (depuis 2005) pour lutter contre l'ensablement de la baie (barrage sur le **Couesnon**). L'abbaye bénédictine, bâtie sur un sanctuaire dédié à l'archange saint **Michel** (VIIIe siècle), est inscrite sur la liste du patrimoine mondial de l'Unesco. Elle comprend un monastère roman (Xe siècle) et un monastère gothique, construit par Philippe Auguste et appelé la *Merveille* (XIIIe siècle). Au sommet, l'église romane et gothique (XIe-XVIe siècles), dont la flèche (152 m) surmontée d'une statue de l'archange domine le Mont. Le village est fortifié (XIIIe-XVe siècles) et résiste aux attaques des Anglais pendant la guerre de Cent Ans.

MOORE Henry (1898-1986) ✦ Sculpteur britannique. Influencé par Brancusi et l'art précolombien, ainsi que par Picasso et le surréalisme, il s'affranchit très tôt des conventions figuratives. Il sculpte la pierre, le bois, le marbre, le bronze ou le ciment. Ses thèmes de prédilection sont la mère et l'enfant, le couple ou la figure dressée ou couchée. Il traite les volumes avec une grande liberté, s'intéressant aux rapports complexes entre les pleins et les vides *(Figures couchées, Forme intérieur-extérieur)*.

MÔQUET Guy (1924-1941) ✦ Militant communiste français. Arrêté à Paris le 13 octobre 1940 pour avoir distribué des tracts communistes, il est emprisonné au camp de Châteaubriant. Il est fusillé le 22 octobre 1941, avec 26 autres otages, en représailles à l'assassinat d'un commandant nazi par un commando communiste à Nantes. Les «27 de Châteaubriant» deviennent un symbole, honoré notamment par **Aragon** (*Le Témoin des martyrs*, 1944).

MORAND Paul (1888-1976) ✦ Écrivain français. Au cours de sa carrière diplomatique, il étudie la désorganisation d'un monde moderne, trépidant et cosmopolite. Il le dépeint dans ses poèmes et surtout dans ses romans et nouvelles : *Ouvert la nuit* (1922), *Lewis et Irène* (1924), *Bouddha vivant* (1927), *Magie noire* (1928), *New York* (1930), *Londres* (1933), *L'Homme pressé* (1941), *Le Flagellant de Séville* (1951), *Hécate et ses chiens* (1954), *Venises* (1971). Académie française (1968).

MORAVIA Alberto (1907-1990) ✦ Écrivain italien. Il est l'auteur de romans au style dépouillé et volontairement neutre dont les thèmes de prédilection sont l'impossibilité pour l'individu de s'insérer dans une société vouée à l'argent et au sexe, l'inquiétude existentielle de l'homme étranger à lui-même et au monde et l'ambiguïté des rapports amoureux. Ses romans les plus célèbres sont *Les Indifférents* (1929), *Agostino* (1945), *L'Amour conjugal* (1949), *Le Mépris* (1954), *Le Conformiste* (1951) et *L'Ennui* (1960). ■ Son vrai nom est *Alberto Pincherle*.

MORAVIE n. f. ✦ Région de la République tchèque, dans l'est du pays. Superficie : 26 094 km². 2,3 millions d'habitants (les *Moraves*). Ville principale : Brno. ♦ La vallée de la Morava est limitée à l'ouest par le plateau de Bohême, au nord par les monts des Sudètes et à l'est par les Carpates. C'est une région agricole (betterave à sucre, céréales, fruits) et industrielle (sidérurgie, mécanique, chimie, textile). Gisements de charbon. ♦ La région, peuplée dès la préhistoire (XIIIe siècle av. J.-C.), est envahie successivement par les Celtes (VIe siècle av. J.-C.), les Germains (Ier siècle av. J.-C.) et les Slaves (Ve siècle). Le *royaume de Grande-Moravie*, fondé vers 830, est évangélisé. Il s'étend en Bohême, en Slovaquie et en Pologne. Les Hongrois conquièrent la **Slovaquie** (vers 910) et la Moravie est rattachée à la **Bohême** (1029). La bataille d'**Austerlitz** (1805) se déroule près de **Brno**.

MORBIHAN (golfe du) ✦ Golfe de Bretagne, presque fermé et parsemé d'îles (Gavr'inis, île aux **Moines**). Large de 20 km et profond de 15 km, il communique avec la baie de **Quiberon** par un goulet entre Locmariaquer et Port-Navalo. Ostréiculture. Stations balnéaires, tourisme.

MORBIHAN n. m. ✦ Département de l'ouest de la France [56], de la Région Bretagne. Superficie : 6 822 km². 741 051 habitants. Chef-lieu : Vannes ; chefs-lieux d'arrondissement : Lorient et Pontivy.

MORDOVIE n. f. ✦ République de la fédération de Russie, au sud-est de Moscou et à l'ouest de la Volga. Superficie : 26 200 km² (☞ carte 33). 830 000 habitants (les *Mordves*), en majorité orthodoxes. Capitale : Saransk (297 415 habitants). Région agricole (céréales, betterave à sucre, tabac, élevage) et industrielle (métallurgie, mécanique, chimie, alimentaire).

MORE saint Thomas (1478-1535) ✦ Homme politique anglais, canonisé en 1935. Pendant ses études de droit à Oxford, il se lie aux humanistes, notamment à **Érasme**, et fait une brillante carrière sous Henri VIII (ambassadeur, chancelier du duché de Lancastre puis du royaume). Par conviction catholique, il désapprouve le divorce du roi et est exécuté pour trahison. Son roman, qui critique les monarchies (surtout anglaise et française) et décrit une organisation économique, sociale, politique et culturelle idéale, connaît un tel succès en Europe que son titre, *Utopie* (1516), est devenu un nom commun. ☛ Littérature p. 136 et Humanisme p. 167.

MOREAU Gustave (1826-1898) ✦ Peintre français. Artiste très prolifique, il est l'auteur de quelque huit mille tableaux, aquarelles et dessins. Ses peintures, raffinées et sensuelles, représentent des sujets mythologiques et allégoriques chargés d'un symbolisme difficilement déchiffrable (☛ Symbolisme p. 186). Il connaît la notoriété au Salon de 1864 avec *Œdipe et le Sphinx*. Professeur à l'École des beaux-arts (1892), il a eu comme élève **Rouault**, Marquet, Matisse et de futurs fauves. Son atelier parisien est transformé en musée.

MOREAU Jeanne (née en 1928) ✦ Comédienne française. Elle débute au théâtre puis devient célèbre au cinéma comme égérie de la Nouvelle Vague. Elle tourne avec Louis Malle (*Ascenseur pour l'échafaud*, 1957 ; *Les Amants*, 1958) et François Truffaut (*Jules et Jim*, 1962) et avec de nombreux réalisateurs comme Antonioni (*La Nuit*, 1961), Losey (*Eva*, 1962), Buñuel (*Le Journal d'une femme de chambre*, 1964), Orson Welles (*Le Procès*, 1962).

MORENO Roland (1945-2012) ✦ Inventeur français. Il met au point la carte à puce (1975), dont le principe est répandu aujourd'hui dans le monde entier.

MORGANE ✦ Fée de la légende du roi Arthur. Cette magicienne, disciple de **Merlin l'Enchanteur**, est la demi-sœur d'**Arthur**. Elle règne sur l'île d'Avalon et y emmène Arthur pour le soigner lorsqu'il est blessé à la bataille de Camlan.

MORISOT Berthe (1841-1895) ✦ Peintre française. Elle s'intéresse très tôt à la peinture qu'elle étudie notamment avec Corot. Elle rencontre **Manet**, devient son modèle et, à partir de 1874, participe à l'exposition des impressionnistes. Elle est surtout connue pour ses portraits et ses scènes intimistes d'une grande fraîcheur de ton : *Le Berceau*, 1873 (☛ Impressionnisme p. 185) ; *Derrière la jalousie*, 1878 ; *La Leçon de couture*, 1885.

MORLAIX ✦ Ville du nord du Finistère. 14 837 habitants (les *Morlaisiens*). Vestiges de remparts (XIIIe siècle), église Sainte-Melaine (XVe siècle), maison de la reine Anne (XVIe siècle), imposant viaduc de granit (1861), musée d'archéologie et d'histoire locales dans l'église des Jacobins (ancien couvent dominicain, XIIIe siècle). Port de commerce et de plaisance, manufacture de tabac (XVIIIe siècle), industries (alimentaire, mécanique, aéronautique, nouvelles technologies). Ville natale de Rol-Tanguy.

MORONI ✦ Capitale des Comores, sur la côte sud-ouest de l'île de la Grande Comore. 25 000 habitants (les *Moronais*). Port de pêche. La Grande Mosquée (XVe siècle) est un lieu de pèlerinage. La ville devient capitale en 1958.

MORPHÉE ✦ Dieu des Rêves dans la mythologie grecque. C'est le fils d'Hypnos, le dieu du Sommeil. Il est représenté comme un jeune homme ailé. Il endort les mortels en les touchant avec une fleur de pavot. La *morphine* est un alcaloïde de l'opium, tiré du pavot.

MORRISON Toni (née en 1931) ✦ Romancière américaine. Après des études de littérature notamment à l'université « noire » Howard, à Washington, elle s'installe à New York (1965). Elle devient éditrice chargée de la promotion de la littérature noire, tout en enseignant à l'université de Princeton jusqu'en 2006. Dès son premier roman (*L'Œil le plus bleu*, 1970), elle dépeint la communauté noire tiraillée entre les valeurs des ancêtres esclaves et celles de la société américaine urbaine : *Beloved*, 1987 ; *Jazz*, 1992, et *Paradis*, 1994 ; *Un don*, 2008. Prix Nobel de littérature (1993).

MORSE Samuel (1791-1872) ✦ Peintre américain. Il conçut en 1832 une machine simple pour envoyer des messages à distance, le télégraphe électrique, et le premier message sera envoyé en 1844 entre Washington et Baltimore. Un alphabet porte son nom, le *morse*, code utilisable sur son appareil, dans lequel chaque lettre est représentée par une combinaison de points et de traits.

MORT (Vallée de la) ✦ Vallée désertique de la Californie, au sud-est de la **Sierra Nevada** (☛ carte 47). Longue de 225 km et large de 6 à 25 km, elle s'étend sur 7 800 km². Son altitude varie de 86 m au-dessous du niveau de la mer (point le plus bas des États-Unis) à 3 450 m. C'est l'un des lieux les plus chauds et les plus arides du monde. La vallée, désignée comme « monument national » (1933), est devenue le plus grand parc national des États-Unis (1994), après l'Alaska. On y trouve des canyons aux teintes variées, des dunes de sable, des lacs de sel et des villes fantômes du temps de la ruée vers l'or. Elle doit son nom à des pionniers morts de chaleur et de soif (1849).

MORTAGNE-AU-PERCHE ✦ Chef-lieu d'arrondissement de l'Orne. 3 994 habitants (les *Mortagnais*) (☛ carte 23). Ville natale du philosophe Alain (musée).

MORTE (mer) ✦ Mer fermée du Proche-Orient, qui forme la frontière entre Israël et la Jordanie. Longue de 75 km et large de 15 km, elle se situe à 395 m au-dessous du niveau de la mer. Elle est reliée au lac de Tibériade, au nord, par le Jourdain, et à la mer Rouge, au sud, par l'oued Araba et le golfe d'Akaba. Ses eaux, saturées de sels minéraux qui empêchent toute vie, sont utilisées pour leurs vertus thérapeutiques. On exploite, sur ses rives, des mines de potasse, de brome et de magnésium. ♦ Les *manuscrits de la mer Morte* : textes découverts dans des grottes près du site de **Qumran**, sur la rive ouest de la mer Morte (1947). Ils sont écrits en araméen et en hébreu, et ils font partie de la bibliothèque d'un monastère construit par la secte juive des **esséniens** (IIe siècle av. J.-C.) et détruit par les Romains (68). Ce sont de précieux témoignages sur la Bible et le judaïsme juste avant l'ère chrétienne (☛ Hébreux p. 152).

MORVAN n. m. ✦ Région de Bourgogne qui s'étend, au nord-est du Massif central, sur les départements de la Nièvre, de la Saône-et-Loire, de la Côte-d'Or et de l'Yonne (☛ carte 21). Ville principale : Château-Chinon. Massif peu peuplé, bien arrosé et très boisé (sapins) qui s'élève vers le sud, où l'Yonne prend sa source. Le parc naturel régional du Morvan (258 100 ha), créé en 1970, s'étend sur la Bourgogne.

MORZINE ✦ Commune de Haute-Savoie. 2 893 habitants (les *Morzinois*). Station de sports d'hiver.

MOSCOU ✦ Capitale de la Russie, dans l'ouest du pays, sur la rivière Moskova, s'étendant sur plus de 1 000 km². 11,5 millions d'habitants (les *Moscovites*) (☛ carte 57). Place **Rouge** et **Kremlin**, inscrits sur la liste du patrimoine mondial de l'Unesco, musées, luxueux métro (1930-1935). Centre administratif, culturel (universités, une des trois plus grandes bibliothèques du monde, théâtre du Bolchoï), industriel (textile, alimentaire, mécanique, électricité, électronique, chimie). Ses trois ports fluviaux sont reliés à cinq mers (mer Blanche, mer Baltique, mer Caspienne, mer Noire et mer d'Azov). Ville natale de Pierre le Grand, Pouchkine, Alexandre II, Dostoïevski, Kandinsky, Scriabine, Albert Fratellini, Pasternak, Elsa Triolet et Henry Troyat. ♦ La ville, entourée d'une muraille en bois (1156), est dévastée par les **Mongols** (1237). Elle devient la capitale (1263) d'une principauté appelée jusqu'au XVIIe siècle la *Moscovie,* puis le centre religieux de la Russie (1326), et son kremlin est reconstruit en pierre (1367). La Moscovie lutte contre les Mongols mais redevient leur vassale (1382-1480) puis annexe les principautés voisines, notamment avec Ivan III le grand et **Ivan IV le Terrible** (XVe-XVIe siècles). Moscou est occupée et brûlée par les **Tatars** de Crimée (1571), prise par les Polonais (1611) et délivrée par sa population (1612). **Pierre le Grand** transfère la capitale à **Saint-Pétersbourg** (1715), mais Moscou reste le centre religieux où sont couronnés les tsars. Elle est incendiée par les troupes de Napoléon Ier (1812) et devient un centre politique (mouvements marxistes, XIXe siècle) et artistique (XXe siècle), qui joue un grand rôle dans les révolutions de 1905-1907 et 1917, puis la capitale de l'**URSS** (1922). Elle est l'objet de combats acharnés entre les troupes allemandes et soviétiques pendant la Deuxième Guerre mondiale (1941-1942). Après la chute de l'URSS, deux tentatives de coups d'État, menées par les conservateurs, échouent (1991 et 1993).

① **MOSELLE** n. f. ✦ Rivière d'Europe, longue de 550 km. (☛ carte 21). Elle prend sa source dans les Vosges, à 725 m d'altitude, arrose Épinal, Toul, Metz. Elle reçoit la Meurthe, l'Orne, la Sarre, forme la frontière entre le Luxembourg et la Rhénanie-Palatinat, puis se jette dans le Rhin à Coblence. Elle est reliée à la Saône par le canal de l'Est et à la Meuse, à la Marne et au Rhin par le canal de la Marne au Rhin.

② **MOSELLE** n. f. ✦ Département de l'est de la France [57], de la Région Grand Est. Superficie : 6 216 km^2. 1,05 million d'habitants. Chef-lieu : Metz ; chefs-lieux d'arrondissement : Boulay-Moselle, Château-Salins, Forbach, Sarrebourg, Sarreguemines et Thionville.

MOSSOUL ✦ Ville d'Irak, dans le nord-ouest du pays, sur le Tigre. 1,1 million d'habitants, 3e ville du pays. Musée archéologique. Principal centre de commerce de la région (céréales, coton, fruits) et cité industrielle (alimentaire, textile, cuir, raffinage pétrolier). ♦ Ancienne métropole chrétienne succédant à **Ninive**, elle devient le centre de la haute Mésopotamie après sa prise par les Arabes (641), le siège d'un émirat (Xe siècle) et la capitale d'un État des **Seldjoukides** (XIe siècle) avant d'être prise par les Mongols (1262), les Perses puis les Ottomans (1638). Les Britanniques l'occupent (1918) et, malgré les protestations de la Turquie, l'annexent à l'Irak, ce que confirme la SDN (1925). Elle subit de graves dommages pendant la guerre avec l'Iran (1980-1988). Bastion de la résistance irakienne contre la présence américaine dans le pays, Mossoul est le théâtre d'un affrontement meurtrier entre manifestants et soldats américains (2003). Les djihadistes de Daech s'emparent de la ville (2014) et détruisent de nombreuses antiquités assyriennes et monuments chrétiens. La bataille de Mossoul est déclenchée (2016) pour reprendre la ville à Daech.

MOULE (Le) ✦ Commune de la Guadeloupe, sur la côte est de Grande-Terre. 22 101 habitants (les *Mouliens*) (☛ carte 23). Station balnéaire, pêche. Distillerie, sucrerie.

MOULIN Jean (1899-1943) ✦ Résistant français. Plus jeune préfet de France (1937), il est nommé à Chartres (1939) et révoqué par le gouvernement de **Vichy,** sur ordre des Allemands (1940). À Londres, il rejoint de Gaulle qui l'envoie en zone libre pour unifier la **Résistance** (1942). Après la création du Conseil national de la Résistance (CNR, 1943), il est trahi, arrêté, torturé par la **Gestapo.** Il meurt pendant son transport en Allemagne. André **Malraux** a présidé la cérémonie du transfert de ses cendres au **Panthéon,** à Paris, en 1964.

MOULINS ✦ Chef-lieu de l'Allier. 19 762 habitants (les *Moulinois*). Donjon du château des ducs de Bourbon (XIVe siècle), beffroi (XVe siècle), cathédrale gothique Notre-Dame (1474-1507) abritant le triptyque du *Couronnement de la Vierge* (vers 1498), tombeau du duc de Montmorency (1653). Ville de services et d'industrie (construction mécanique et électrique). Ville natale de Théodore de Banville. ♦ La ville tire son nom des moulins à eau installés sur l'Allier. Elle devient la résidence des ducs de **Bourbon** (XIVe siècle) puis la capitale du duché (XVe siècle) avant d'être rattachée à la Couronne (1532).

MOULINS (Maître de) ✦ Peintre actif en Bourbonnais à la fin du XVe siècle, auteur du triptyque du *Couronnement de la Vierge,* peint vers 1498 pour le duc de Bourbon et Anne de Beaujeu, exposé dans la cathédrale de Moulins. Par sa grâce, son équilibre et son élégance, cette œuvre sur bois est typique de l'art français, mais on note une influence flamande. On ignore l'identité de ce peintre, auquel on attribue d'autres tableaux traités dans le même style.

MOUNTBATTEN OF BURMA Louis, comte (1900-1979) ✦ Amiral britannique. Pendant la Deuxième Guerre mondiale, il est chef des opérations navales (1942), commandant en chef interallié pour l'Asie du Sud-Est et chasse les Japonais de l'océan Indien et de la Birmanie (1943-1945). Vice-roi des Indes (1946-1947), il négocie l'indépendance avec **Gandhi** puis il exerce des fonctions de haut commandement (amiral de la flotte, 1956 ; chef d'état-major de la Défense, 1959-1965). Il est tué dans un attentat organisé par l'**IRA.**

MOUSCRON ✦ Ville de Belgique (Hainaut). 53 174 habitants. L'agglomération s'étend jusqu'à Tourcoing en France. Centre de commerce, de services et d'industrie (textile). Ville natale de Raymond Devos.

MOUSSORGSKI Modest (1839-1881) ✦ Compositeur russe. Après une carrière militaire, il se consacre à la musique et entre dans le « groupe des Cinq » (1858). Ruiné par l'abolition du servage, aigri par l'insuccès, il sombre dans l'alcoolisme, et sa vie se termine tragiquement. Son style puissant et réaliste exprime une profonde vérité humaine. Ses œuvres les plus connues sont : *Une nuit sur le mont Chauve* (1867), *Tableaux d'une exposition* (1874), *Boris Godounov* (opéra, 1874), *Khovanchtchina* (opéra inachevé, 1872-1880).

MOYEN ÂGE n. m. ✦ Période de l'histoire du monde, comprise entre l'Antiquité et les Temps modernes, qui s'étend de la chute de l'Empire **romain** d'Occident (476) à la découverte de l'Amérique (1492). Après les **Grandes Invasions** des **Barbares** (Ve siècle), **Byzance** domine l'Orient. L'Occident est sous la domination des Francs (**Mérovingiens, Carolingiens**) et entre dans une nouvelle civilisation qui mêle les valeurs romaines et barbares. L'Empire, unifié par **Charlemagne**, est morcelé (843). Il subit les attaques des Arabes, déjà installés en Perse, en Afrique du Nord et en Espagne (**Maures**, VIIe-VIIIe siècles), puis des **Vikings** (IXe-XIe siècles). Avec les **Capétiens** se développe le système féodal. L'expansion du catholicisme (art roman, puis gothique) est à l'origine des **croisades** (XIe-XIIIe siècles), de la **Reconquista** (XIIe-XVe siècles) et de l'**Inquisition** (XIIIe-XVe siècles). Le développement des villes et de la bourgeoisie, grâce au commerce (**Hanse**), est freiné par les épidémies (peste noire, 1347) et la guerre de **Cent Ans** (1337-1453). La fin du Moyen Âge est marquée par les débuts de l'imprimerie (**Gutenberg**), de l'humanisme (**Érasme**) et des grands voyages de découvertes, entrepris après la naissance de l'Empire **ottoman** qui bloquait la route des Indes (1453).

MOYEN-ORIENT n. m. ✦ Nom qui désigne le **Proche-Orient** étendu à l'est jusqu'au Pakistan et à l'Afghanistan, et à l'ouest jusqu'à la Libye.

MOZAMBIQUE n. m. ✦ Pays du sud de l'Afrique (☛ cartes 34, 36). Superficie : 799 380 km² (un peu moins d'une fois et demie la France). 23,4 millions d'habitants (les *Mozambicains*). République dont la capitale est Maputo. Langue officielle : le portugais ; on y parle aussi des langues bantoues. Monnaie : le metical. ♦ GÉOGRAPHIE. Le Mozambique est formé d'une longue plaine côtière bien irriguée et très boisée. Elle s'élève au nord en plateaux, qui culminent avec le mont Namuli (2 419 m). Le climat tropical, soumis à la mousson, connaît la sécheresse mais aussi des inondations. L'île de Mozambique, ancien comptoir portugais sur la côte nord-est, est inscrite sur la liste du patrimoine mondial de l'Unesco. ♦ ÉCONOMIE. L'agriculture (manioc, céréales, fruits, oléagineux, bois) domine, avec la pêche et l'élevage (volailles, bovins). Le sous-sol contient du charbon. Le barrage de Cabora Bassa sur le **Zambèze** permet l'exportation d'électricité. ♦ HISTOIRE. La vallée du Zambèze est déjà habitée pendant la préhistoire (40 000 ans av. J.-C.) et des peuples bantous s'installent sur les plateaux au début de l'ère chrétienne. Les Arabes développent une ancienne route commerciale avec le **Zimbabwe** (VIIIe siècle). Vasco de Gama fonde des comptoirs (1498) et les Portugais se fixent sur les côtes puis explorent l'intérieur. Ils pratiquent le commerce et organisent la traite des esclaves (XVIe-XVIIIe siècles). Devenue une province portugaise (1951), la région lutte pour obtenir son indépendance (1975) et sombre dans la guerre civile jusqu'à un accord de paix (1992). Après les premières élections libres (1994), le pays rejoint le Commonwealth (1995).

MOZAMBIQUE (canal de ou du) ✦ Bras de mer de l'océan Indien, entre les côtes du Mozambique et Madagascar. Long d'environ 1 500 km et large de 400 à 850 km, il est limité au nord par les Comores.

MOZART Wolfgang Amadeus (1756-1791) ✦ Compositeur allemand. Enfant, il présente des dons exceptionnels pour le clavecin et le violon. Il compose dès six ans et fait sa première tournée triomphale dans les grandes cours d'Europe (1762-1766). Il effectue trois voyages en Italie (1769-1773), devient premier violon à la cour d'Autriche, puis il repart en tournée (1777-1778) avant de se fixer à **Salzbourg** puis à Vienne (1781). Admirateur de Bach et de Haendel, il étudie avec **Haydn** avec lequel il se lie d'amitié. Il perd la faveur du public et termine sa vie malade et dans la pauvreté. Sa technique parfaite associe les styles allemand, italien et français. Son œuvre immense et variée traduit, avec élégance et sensibilité, de grandes qualités de cœur et d'esprit. Ses œuvres les plus connues sont : *Symphonie en sol mineur* (1773), *Sonate en la majeur* (1778), *Messe du Couronnement* (1779), *L'Enlèvement au sérail* (opéra, 1782), *Grande Messe en ut mineur* (1783), *Concerto pour piano en do majeur* (1785), *Les Noces de Figaro* (opéra, 1786), *Une petite musique de nuit* (1787), *Don Giovanni* (opéra, 1787), *Sonate en do majeur* (1788), *Symphonie en sol mineur* (1788), *Symphonie «Jupiter»* (1788), *Cosi fan tutte* (opéra, 1790), *La Flûte enchantée* (opéra, 1791), *Concerto pour clarinette en la* (1791), *Requiem* (inachevé, 1791). ■ Son véritable nom est *Johann Chrysostomus Wolfgang Gottlieb Mozart.*

MUCHA Alfons (1860-1939) ✦ Peintre et affichiste tchèque. Après une formation à Prague et à Munich, il continue ses études à Paris (1887-1902), où il rencontre la comédienne Sarah Bernhardt (1894) et crée pour elle des modèles de bijoux, de robes et des affiches (*Médée*, 1898). Devenu célèbre, il travaille également pour le théâtre et la publicité (☛ Art nouveau p. 187), dans le style typique de l'Art nouveau. De retour à Prague en 1910, il peint les vingt toiles de l'*Épopée slave*.

MULHACÉN n. m. ✦ Montagne d'Espagne, dans la chaîne Bétique (3 482 m), point culminant de la péninsule Ibérique.

MULHOUSE ✦ Ville du Haut-Rhin. 111 167 habitants (les *Mulhousiens*) et l'agglomération 248 400. Hôtel de ville (XVIe siècle), nombreux musées (céramique, impression sur étoffes, automobile, chemin de fer). Port fluvial, centre industriel (textile, chimie, automobile) et universitaire, relié à la Suisse et à l'Allemagne toutes proches. Ville natale de Dreyfus. ♦ Cette ville libre impériale (XIIIe siècle) se lie à la Suisse et accueille la Réforme (XVIe siècle). Elle fonde la première manufacture d'étoffes imprimées dites «indiennes» (1746). Elle est réunie à la France par traité (1798), puis passe à l'Allemagne (1871-1918) qui l'occupe de nouveau pendant la Deuxième Guerre mondiale (1940-1944).

MUMBAI ✦ Nom officiel de la ville de **Bombay** depuis 1995.

MUNCH Edvard (1863-1944) ✦ Peintre et graveur norvégien. Ses œuvres cherchent à traduire le sentiment tragique de la vie, l'angoisse et l'obsession de la mort dans des compositions aux contours cernés de lignes sinueuses, aux couleurs sourdes ou intenses qui préfigurent l'expressionnisme (*Le Cri*, 1893 ; *La Jalousie*, 1893).

MUNICH (*München* en allemand) ✦ Ville d'Allemagne, capitale de la Bavière, dans le sud du pays. 1,45 million d'habitants (les *Munichois*). On peut y voir la Frauenkirche (XVe siècle), cathédrale gothique abritant le tombeau de Louis II de Bavière, la Residenz (XVe-XIXe siècles), palais de la famille royale de Wittelsbach, et des monuments baroques comme le théâtre de la Residenz et l'église Saint-Jean-Népomucène (XVIIIe siècle). Centre financier, commercial, industriel (mécanique, électrotechnique, aéronautique, chimie, arts graphiques, brasserie), culturel (université, nombreux musées), touristique (carnaval, fête de la bière). Ville natale de Richard Strauss, Carl Orff, Himmler. ♦ La ville est fondée vers 1158 par une communauté de moines (*Mönchen* en allemand, à l'origine de son nom, *München*) et devient la capitale de la **Bavière** (1255). Détruite par un incendie (1327), elle est rebâtie par l'empereur germanique Louis de Bavière. La Sainte **Ligue** y est fondée en 1609. La construction de monuments baroques (XVIIIe siècle) puis néoclassiques (XIXe siècle) en fait un grand centre artistique. Le climat de terreur provoqué par la répression d'un mouvement révolutionnaire en 1919 profite à **Hitler**, qui fonde le nazisme et tente un coup d'État (1923). Des accords internationaux y sont signés (accords de **Munich**, 1938). La ville est bombardée à la fin de la Deuxième Guerre mondiale (1944).

MUNICH (accords de) ✦ Conférence qui réunit à Munich, les 29 et 30 septembre 1938, les représentants de la France (Daladier), de la Grande-Bretagne (Chamberlain), de l'Italie (Mussolini) et de l'Allemagne (Hitler). Ces accords, signés dans le but d'éviter un conflit, permettent à **Hitler** d'annexer une partie de la Tchécoslovaquie et ne font que renforcer sa volonté d'expansion.

MÜNSTER ✦ Ville d'Allemagne (Rhénanie-du-Nord-Westphalie). 280 000 habitants. Cathédrale romane et gothique (1174-1265), maisons médiévales à arcades, hôtel de ville gothique (XIVe siècle), château des princes-évêques (XVIIIe siècle). Centre de commerce (foires) et d'industrie (mécanique, textile). ♦ Dotée d'une charte (1068), la ville prospère avec le commerce et adhère à la **Hanse**. Elle devient le centre des anabaptistes, une secte de la Réforme durement réprimée (1532-1536). En 1648, elle est le lieu des négociations du traité de Westphalie qui met fin à la guerre de **Trente Ans.**

MURAILLE (la Grande) ✦ Mur défensif de la Chine, situé dans l'est du pays, du nord de Pékin jusqu'au désert de Gobi. Il est long d'environ 6 700 km, haut de 3 à 8 m et son épaisseur, au sommet, varie de 4 à 6 m. Les premiers tronçons sont construits pour repousser les invasions venues du Nord (VIIe-IIIe siècles av. J.-C.). Ils sont réunis par le premier empereur de Chine pour former un long rempart contre les **Barbares** (IIIe siècle av. J.-C.). La dynastie des **Ming** (XIVe-XVIIe siècles) le renforce pour arrêter les **Mongols.** Ce site, inscrit sur la liste du patrimoine mondial de l'Unesco, serait le seul ouvrage humain visible depuis la Lune.

MURAT Joachim (1767-1815) ✦ Maréchal de France. Officier pendant la Révolution française, il suit Bonaparte dans les campagnes d'**Italie** (1796) et d'**Égypte** (1798), et l'aide le 18 **Brumaire** (1799). Il épouse Caroline **Bonaparte** (1800). Il participe aux grandes batailles de Napoléon qui le fait maréchal (1804) et prince d'Empire (1805). Il réprime l'insurrection de **Madrid** (mai 1808) et remplace Joseph Bonaparte sur le trône de **Naples.** Il rejoint la Grande Armée pour les campagnes de Russie (1812) et d'Allemagne (1813), tout en négociant son royaume avec l'Autriche, mais Naples est rendu aux Bourbons (congrès de **Vienne**, 1814-1815). Pendant les **Cent-Jours**, il tente de soulever les Italiens puis, après Waterloo, il veut reconquérir son royaume. Il part de Corse et débarque en Calabre où il est arrêté et fusillé.

MURCIE ✦ Ville d'Espagne, capitale de la communauté de Murcie. 422 861 habitants. Cathédrale de style gothique (XIVe-XVe et XVIIIe siècles). Marché agricole (agrumes), centre industriel (alimentaire, mécanique) et universitaire.

MURCIE (communauté de) ✦ Région administrative d'Espagne, au sud-est du pays (☛ carte 32). Superficie : 11 317 km². 1,4 million d'habitants. Capitale : Murcie. ♦ La région de Murcie est formée par une plaine côtière, bordée par les plateaux de l'est de la chaîne Bétique, traversés par la vallée du fleuve Segura. C'est une région agricole (agrumes, légumes) et touristique. Le sous-sol contient du plomb et du zinc. Le port de Carthagène raffine du pétrole. ♦ Plusieurs sites rupestres, inscrits sur la liste du patrimoine mondial de l'Unesco, témoignent d'une occupation humaine très ancienne (1,5 million d'années av. J.-C.). La région est colonisée par les Carthaginois, occupée par les Romains, les Wisigoths puis les **Maures** (713), qui fondent la ville de Murcie (825). Le territoire devient un petit royaume chrétien (XIe siècle), qui est annexé par la **Castille** (1243).

MUR DE BERLIN → **BERLIN**

MURET ✦ Chef-lieu d'arrondissement de la Haute-Garonne, sur la Garonne. 24 975 habitants (les *Muretains*). Ville natale de Clément Ader (musée).

MURILLO Bartolomé Esteban (1617-1682) ✦ Peintre espagnol. Il se forme très jeune à la peinture de style italien. Son style d'abord sombre s'éclaire de tons plus lumineux, à dominante dorée, et de formes plus douces qui expriment la sensibilité et la délicatesse. Sa première commande, exécutée pour les moines franciscains, lui apporte la célébrité. Il se consacre aux thèmes religieux pour les églises et les couvents de Séville, sa ville natale, réalisant de nombreuses *Immaculée Conception.* Ses œuvres les plus connues sont : *La Cuisine des anges* (1645-1646), *Le Jeune Mendiant* et *Les Mangeurs de pastèques et de raisins* (vers 1650), *La Naissance de la Vierge* (1661), *L'Immaculée Conception* dite « de Soult » (1678).

MURNAU F. W. (1899-1931) ✦ Cinéaste américain d'origine allemande. Il s'impose avec *Nosferatu le vampire* (1922) et *Le Dernier des hommes* (1924) comme l'un des maîtres de l'expressionnisme allemand. Il émigre aux États-Unis où il réalise *L'Aurore* (1927) et *Tabou* (1931, en collaboration avec **Flaherty**). ■ Son véritable nom est *Friedrich Wilhelm Plumpe.*

MURUROA ✦ Atoll de Polynésie. Il fait partie de l'archipel des **Tuamotu**, et il est situé dans l'océan Pacifique, à 1 500 km à l'est de Tahiti (☛ carte 51). Des essais nucléaires français y ont été effectués par le Centre d'expérimentation du Pacifique (1963-1998).

MUSES n. f. pl. ✦ Divinités des chants et des sciences dans la mythologie grecque. Ce sont les neuf filles de Zeus et de Mnémosyne : **Calliope, Clio, Érato, Euterpe, Melpomène, Polymnie, Terpsichore, Thalie** et **Uranie**. Elles sont associées à Apollon et souvent représentées par les artistes de l'Antiquité, de la Renaissance et de la période classique.

MUSIL Robert (1880-1942) ✦ Écrivain autrichien. Il abandonne la carrière militaire pour suivre une formation d'ingénieur puis étudie la psychologie et la philosophie à Berlin. Son premier roman, *Les Désarrois de l'élève Törless* (1906), racontant les brimades subies par les adolescents dans les académies militaires, précède son œuvre maîtresse, inachevée, *L'Homme sans qualités* (1930-1932), critique subtile mais sévère de la monarchie austro-hongroise vers 1914 et, plus généralement, des valeurs du monde moderne. ■ Son nom complet est *Robert Edler von Musil.*

MUSSET Alfred de (1810-1857) ✦ Écrivain français. Il naît dans une famille cultivée et fait de brillantes études, fréquente les cercles littéraires et les théâtres. Il se lie d'amitié avec Alfred de Vigny et Sainte-Beuve, vit avec George **Sand** un amour passionné. Il écrit des poèmes et des pièces de théâtre romantiques qui traduisent son déchirement entre le désir de pureté et l'abandon au vice et au désespoir. ☛ Littérature p. 143. Il connaît la célébrité et il publie des contes et des fantaisies poétiques, avant de finir malade et usé. Ses œuvres les plus connues sont : *La Confession d'un enfant du siècle* (roman, 1836), *Les Nuits* (poèmes, 1835-1837), *Comédies et Proverbes* (1840, 1853) qui réunit ses principales pièces de théâtre (*Les Caprices de Marianne,* 1833 ; *Fantasio, On ne badine pas avec l'amour* et *Lorenzaccio,* 1834 ; *Il ne faut jurer de rien,* 1836). Académie française (1852).

MUSSOLINI Benito (1883-1945) ✦ Homme d'État italien. Ce journaliste et syndicaliste socialiste devient nationaliste pendant la Première Guerre mondiale. Il fonde les Faisceaux italiens de combat (1919) à l'origine du parti fasciste (1921) et prend le titre de *Duce* («le Guide» en italien). Après l'organisation d'une marche sur Rome (☛ Fascisme p. 192), il s'empare du pouvoir (1922) et établit une dictature (1925). Il envahit l'Éthiopie (1936) et se lie à l'Allemagne nazie. Il reste neutre au début de la Deuxième Guerre mondiale (1939), mais, après son entrée en guerre aux cotés de l'Allemagne (1940), il subit des défaites humiliantes en Grèce, en Afrique du Nord et en Italie. Il est arrêté sur ordre du roi d'Italie (1943). Les Allemands le délivrent et le placent à la tête d'une République sociale italienne fondée à Salo, en Italie du Nord. En fuyant vers la Suisse à la chute d'Hitler, il est pris et exécuté par des résistants.

MUSTAFA KEMAL → **KEMAL** Mustafa

MYANMAR n. m. ✦ Nom officiel de la **Birmanie** depuis 1989.

MYCÈNES ✦ Site archéologique de Grèce, dans le nord-est du Péloponnèse (☛ carte 4). Le site est habité dès l'âge du bronze (3 000 ans av. J.-C.). Les **Achéens** y fondent un palais fortifié (XVIIe siècle av. J.-C.), reconstruit et entouré d'une gigantesque enceinte (XIVe siècle av. J.-C.). Au contact des Minoens de **Crète,** ils développent la civilisation *mycénienne.* Mycènes pratique le commerce en Méditerranée après la chute de **Cnossos** et devient une cité prospère. Le roi **Agamemnon** mène l'expédition contre **Troie** (vers 1230 av. J.-C.). Vers la fin du XIIe siècle av. J.-C., les **Doriens** mettent fin à la civilisation mycénienne. Après les guerres **médiques**, la ville est prise et dévastée par les habitants d'Argos (vers 468 av. J.-C.). Les fouilles allemandes (dès 1876) mettent au jour de nombreuses tombes (armes, masques funéraires et coupes en or) dont celle d'Agamemnon (trésor d'Atrée), les vestiges de l'enceinte monumentale (900 m de long, 7 m de hauteur et 5 m d'épaisseur) avec la porte des Lions, et les traces du palais royal, bâti en terrasses au sommet de l'acropole. Ce site est inscrit sur la liste du patrimoine mondial de l'Unesco.

MYKÉRINOS (XXVIIe siècle av. J.-C.) ✦ Roi d'Égypte vers 2609 av. J.-C. C'est le petit-fils de **Khéops,** le fils et le successeur de **Khéphren.** Il fait construire à **Gizeh** la plus petite des trois pyramides : 108 m de côté, 66 m de hauteur à l'origine (62 aujourd'hui).

MYKONOS ✦ Île grecque de la mer Égée, dans l'archipel des Cyclades (☛ carte 28). Superficie : 85 km^2. 10 000 habitants. Chef-lieu : Mykonos (3 705 habitants). C'est un centre touristique.

MYTILÈNE ✦ Ville de Grèce, chef-lieu de l'île de Lesbos, sur la côte est. 27 000 habitants. Port dominé par le château génois de Kateluzzi (XIVe siècle). Ville natale de Sappho, des frères Barberousse.

N

Nabatéens n. m. pl. ✦ Ancien peuple sémitique du nord-ouest de l'Arabie. Ces nomades contrôlent le commerce caravanier entre l'Arabie et la Méditerranée, se sédentarisent et font de **Pétra** leur capitale (Ve siècle av. J.-C.) puis ils sont soumis par Trajan (106) qui les intègre à la province d'Arabie.

Nabokov Vladimir (1899-1977) ✦ Écrivain américain, d'origine russe. Il fuit la Russie avec sa famille (1919), étudie à Cambridge, s'installe à Berlin, séjourne à Paris (1937-1940), puis aux États-Unis où il enseigne la littérature à l'université, et se fixe en Suisse (1960). Il construit son œuvre romanesque sur l'illusion, la parodie, les jeux verbaux et le fourmillement de détails : *Lolita* (1955 ; film de Kubrick, 1962), *Pnine* (1957), *Ada ou l'Ardeur* (1969), *Regarde, regarde les arlequins !* (1974). Auteur de poèmes, de nouvelles, de pièces de théâtre, de traductions et d'ouvrages autobiographiques, il introduit les courants expressionnistes européens dans la littérature romanesque américaine.

Nabuchodonosor II (VIe siècle av. J.-C.) ✦ Roi de Babylone de 605 av. J.-C. à 562 av. J.-C. Il bat les Égyptiens (605 av. J.-C.). Lorsque le royaume de **Juda** se révolte, il prend Jérusalem (597 av. J.-C.), détruit la ville (587 av. J.-C.), annexe le royaume et déporte la population à **Babylone** (586 av. J.-C.). Il s'empare ensuite de Tyr (573 av. J.-C.) et mène campagne jusqu'en Égypte (568 av. J.-C.). Pendant son règne, il fait construire de nombreux monuments et porte le second empire babylonien à son apogée.

Nadal Rafael (né en 1986) ✦ Joueur de tennis espagnol. Célèbre pour son redoutable coup droit lifté, il remporte plusieurs tournois internationaux (dont sept fois Roland-Garros) et la médaille d'or aux Jeux olympiques de Pékin (2008).

Nadar (1820-1910) ✦ Photographe français. Sous le pseudonyme de Nadar, il écrit des nouvelles et des critiques de spectacles, puis fonde la *Revue comique* (1849). Il crée ensuite un atelier de photographie et publie dès 1854, sous le titre *Panthéon Nadar*, des portraits de célébrités : Sarah Bernhardt, Alexandre Dumas, George Sand, Théophile Gautier. Il réalise les premières photographies prises d'un aérostat (1858) et fait construire le ballon *Le Géant* (1863). Il raconte ses ascensions (*Les Mémoires du Géant*, 1864) et écrit ses mémoires (*Quand j'étais photographe*, 1900). ■ Son véritable nom est *Félix Tournachon*.

Nagaland n. m. ✦ État du nord-est de l'Inde créé en 1964 par la division de l'Assam (☛ carte 41). Superficie : 16 127 km². 2 millions d'habitants. Capitale : Kohima (79 000 habitants). Bordé par la Birmanie, il vit de l'agriculture (céréales, légumes, fruits, orchidées), des ressources forestières et de l'artisanat.

Nagasaki ✦ Ville du Japon, sur la côte sud de l'île de Kyushu. 442 699 habitants. Port actif (pêche, chantiers navals). ♦ Le comptoir hollandais (XVIe-XVIIIe siècles) devient le principal port de transit entre la Chine et l'Occident (XIXe siècle). Le 9 août 1945, les Américains lancent une bombe atomique (bombe au plutonium) sur la ville, après celle d'**Hiroshima**. La catastrophe fait 80 000 victimes dont 20 000 morts, et provoque la capitulation du **Japon**.

Nagoya ✦ Ville du Japon, dans le sud de l'île de Honshu, sur le Pacifique. 2,2 millions d'habitants (8 millions pour la conurbation). Ancien château (XIVe-XVIIe siècles, reconstruit 1955-1959). Port de commerce (fondé en 1610) et d'industrie (métallurgie lourde, pétrochimie, aéronautique, mécanique, chimie, textile, porcelaine).

Nagpur ✦ Ville de l'Inde (Maharashtra), au centre du pays. 2,4 millions d'habitants. Important carrefour entre Bombay et Calcutta, Madras et New Delhi. Centre industriel (métallurgie, mécanique, textile), commercial et culturel (université).

Naipaul sir Vidiadhar Surajprasad (né en 1932) ✦ Romancier britannique d'origine indienne et de langue anglaise. Né sur l'île de Trinité, il émigre en Angleterre en 1952. Il est l'auteur de nombreux récits de voyage (*L'Inde brisée*, 1977 ; *Une virée dans le Sud*, 1989) et de romans (*Une maison pour M. Biswas*, 1961 ; *À la courbe du fleuve*, 1979) dans lesquels il explore le thème du déracinement. Prix Nobel de littérature (2001).

Nairobi ✦ Capitale du Kenya, dans le sud du pays, à 1 700 m d'altitude. 1,8 million d'habitants (les *Nairobiens*). Elle est fondée à l'occasion de la construction du chemin de fer Mombasa-Kampala (1890). Centre administratif, commercial. Industrie (bois, caoutchouc, alimentaire, mécanique, sidérurgie). Tourisme (réserve d'animaux sauvages).

NAMIBIE n. f. ✦ Pays du sud de l'Afrique (☛ cartes 34, 36). Superficie : 824 268 km^2 (environ une fois et demie la France). 2,2 millions d'habitants (les *Namibiens*), en majorité chrétiens. République dont la capitale est Windhoek. Langue officielle : l'anglais ; on y parle aussi l'afrikaans, l'allemand, des langues khoïsanes. Monnaie utilisée : le dollar namibien. ♦ GÉOGRAPHIE. La Namibie est formée à l'ouest par le désert du Namib (site naturel inscrit sur la liste du patrimoine mondial de l'Unesco), au centre par des plateaux couverts de savane (jusqu'à 2 000 m d'altitude), à l'est par le désert du **Kalahari** et au nord-est par la bande marécageuse de Caprivi qui rejoint le Zambèze. Le pays possède des nappes d'eau souterraines. Le climat tropical est désertique. ♦ ÉCONOMIE. L'agriculture (mil, sorgo, maïs), l'élevage (bovins, chèvres, moutons) et la pêche dominent. Le sous-sol est très riche (diamant, uranium, gaz naturel). Les parcs de l'Okavongo attirent de nombreux touristes. ♦ HISTOIRE. Le pays est peuplé de **Bochimans** (1 500 ans av. J.-C.), puis de **Bantous** (à partir du VIe siècle). Les Européens aménagent un port à Walvis Bay, à la grande époque de la chasse à la baleine (XIXe siècle). Le pays devient une colonie allemande (1890) du nom de *Sud-Ouest africain*. L'Union sud-africaine (actuelle Afrique du Sud) l'occupe (1915) et impose l'apartheid à ses habitants (1949). Le pays prend le nom de *Namibie* (1968) et, après plusieurs années de guérilla, obtient l'indépendance dans le cadre du Commonwealth (1990). Il participe au conflit qui ravage l'**Angola**.

NAMUR ✦ Ville de Belgique, chef-lieu de la province de Namur et de la Région wallonne. Située dans le sud du pays, au confluent de la Sambre et de la Meuse. 107 653 habitants (les *Namurois*). Cathédrale Saint-Aubain (tour du XIIIe siècle), ancienne halle aux viandes qui abrite des antiquités romaines et mérovingiennes (1588), citadelle (XVIIIe siècle). Centre administratif, commercial, culturel et touristique. Ville natale du peintre et poète Henri Michaux. ♦ César prend la forteresse gauloise (57 av. J.-C.) qui se développe sous les Mérovingiens et s'agrandit. Philippe le Bon achète Namur et son comté (1421). Place forte stratégique, elle est souvent assiégée ou occupée au cours des XVIIe et XVIIIe siècles par la France et l'Autriche. Elle devient le chef-lieu du département de Sambre-et-Meuse (1794-1814), est annexée aux Pays-Bas (1815) et à la Belgique (1830).

NAMUR (province de) ✦ Province de Belgique (Région wallonne), dans le sud du pays (☛ carte 27). Superficie : 3 666 km^2. 461 983 habitants (les *Namurois*). Chef-lieu : Namur. Autres villes importantes : Dinant, Philippeville. On y parle le français et le wallon. ♦ Agriculture (céréales, betterave à sucre) et élevage bovin. Nombreuses industries (alimentaire, chimie, verrerie) et tourisme très développé (sites naturels, villes d'art, sports nautiques, escalade).

NANCHANG ✦ Ville de Chine, capitale de la province du Jiangxi, dans le sud-est du pays. 2,2 millions d'habitants. Centre industriel (mécanique, alimentaire, textile) dans une région rizicole et minière (kaolin, granit, quartz).

NANCY ✦ Chef-lieu de Meurthe-et-Moselle. 104 321 habitants (les *Nancéiens*) et l'agglomération 283 850. Vestiges d'anciennes fortifications (XIVe-XVIIIe siècles), église des Cordeliers (XVe siècle) avec les tombeaux des princes de Lorraine, palais ducal (XVIe siècle) qui abrite le Musée lorrain. Parmi les constructions réalisées par le roi Stanislas **Leszczynski** (XVIIIe siècle), on peut citer la cathédrale, le cours Léopold et les trois places inscrites sur la liste du patrimoine mondial de l'Unesco : la place Stanislas (hôtel de ville, arc de triomphe à la gloire de Louis XV, célèbres grilles dorées), la place de la Carrière (palais du Gouvernement) et la place d'Alliance. Centre industriel (métallurgie, textile, chaussure), de services, culturel (musées, universités), scientifique (écoles nationales supérieures d'agronomie, d'électricité, de chimie, de géologie et des mines). Ville natale de l'industriel Adolphe Schneider, de l'écrivain Edmond de Goncourt, du verrier Émile Gallé, du maréchal Lyautey, d'Henri Poincaré, de Pierre Schaeffer et François Jacob. ♦ La ville est la résidence des ducs de **Lorraine** (XIIIe siècle). Elle est prise par Charles le Téméraire (1475-1476), occupée par les Français à plusieurs reprises (XVIIe-XVIIIe siècles), puis embellie par le roi de Pologne Stanislas Ier (milieu du XVIIIe siècle), avant de devenir française (1766).

NANKIN ou **NANJING** ✦ Ville de Chine, capitale de la province du Jiangsu, dans l'est du pays, sur le fleuve Chang jiang. 5,8 millions d'habitants. Tombeaux de plusieurs empereurs Ming, inscrits sur la liste du patrimoine mondial de l'Unesco. Grand port fluvial, centre industriel (sidérurgie, mécanique, textile), commercial et culturel (universités). ♦ Dans la région habitée depuis la préhistoire (4 000 ans av. J.-C.), la ville est fondée au Ve siècle av. J.-C. Elle est souvent désignée comme capitale : après la chute de la dynastie Han (229-VIe siècle), par les premiers empereurs **Ming** (1368-1421) et par un royaume rebelle (1850-1864). La Chine y signe un traité qui met fin à la première guerre de l'**Opium** et donne **Hong Kong** aux Britanniques (*traité de Nankin*, 1842). Après la révolution, la république de Chine y est proclamée (1911). Elle redevient la capitale (1927-1937), avant d'être occupée par les Japonais qui, en décembre 1937, massacrent la population, faisant 300 000 victimes.

Nanouk l'Esquimau ✦ Film documentaire réalisé en 1922 par Robert **Flaherty**. À travers la vie quotidienne de Nanouk et de sa famille, on découvre, saison après saison, la vie et la culture des **Inuits** dans le Grand Nord canadien. Avec cette œuvre, Flaherty invente le genre documentaire.

NANTERRE ✦ Chef-lieu des Hauts-de-Seine, sur la Seine. 93 509 habitants (les *Nanterriens*). Basilique nationale Sainte-Geneviève (XIIIe, XVIIe et XXe siècles). C'est la ville natale de cette sainte. Centre administratif, universitaire et industriel (chimie, automobile), célèbre pour son centre d'affaires, la **Défense**, et ses activités culturelles (Théâtre des Amandiers, École de danse de l'Opéra de Paris). En **Mai 68**, c'est à l'université de Nanterre que commence le mouvement de contestation des étudiants. Les récentes découvertes archéologiques (2003) laisseraient supposer que Nanterre serait le site de **Lutèce**.

NANTES ✦ Chef-lieu de la Loire-Atlantique et de la Région Pays de la Loire, au fond de l'estuaire de la Loire. 298 029 habitants (les *Nantais*) et l'agglomération 622 693. (☛ carte 23). Château gothique et Renaissance (XVe siècle), ancienne résidence des ducs de Bretagne qui abrite plusieurs musées, porte Saint-Pierre (XVe siècle), vestiges de fortifications, cathédrale de style gothique flamboyant Saint-Pierre-Saint-Paul (1434-1893) qui accueille le tombeau monumental du duc François II. 5e port français, centre industriel (agroalimentaire, chantiers navals, métallurgie, vin, biscuiterie), culturel (musées Jules-Verne et Thomas-Dobrée, universités, festivals). Ville natale de la reine Anne de Bretagne, du général Cambronne, de Jules Verne et des navigateurs Peyron et Tabarly. ♦ La cité gauloise devient un centre administratif et commercial sous l'Empire romain. La ville est christianisée (IIIe siècle) et prise par les Normands (843-936). Elle devient la capitale des ducs de **Bretagne** (XIIe siècle), s'engage dans la **Ligue** puis se rend à Henri IV (1598). Le commerce d'esclaves entre l'Afrique et l'Amérique l'enrichit (XVIIe siècle). Nantes connaît de nombreux combats pendant la Révolution et les sinistres «noyades» sous la **Terreur.** Elle est occupée par les Allemands (1940-1944) et fortement endommagée par les bombardements alliés (1943-1945).

NANTES (édit de) ✦ Édit signé à Nantes par Henri IV pour mettre fin aux guerres de **Religion** (1598). Il accorde la liberté de culte aux protestants de France. Après une période de persécutions, Louis XIV signe la *révocation de l'édit de Nantes* à Fontainebleau (1685). Cet acte provoque le départ de plus de 200 000 protestants, surtout vers la Prusse, la Suisse et la Hollande, et des révoltes, comme celle des **camisards.** ☛ Réforme p. 168.

NANTUA ✦ Chef-lieu d'arrondissement de l'Ain. 3 534 habitants (les *Nantuatiens*) (☛ carte 23). *Cluse de Nantua* et *lac de Nantua,* d'origine glaciaire. Musée d'Histoire de la Résistance et de la déportation de l'Ain et du Haut-Jura.

NAPLES ✦ Ville d'Italie, chef-lieu de la Campanie. Elle est située au fond du golfe de Naples sur la mer Tyrrhénienne, au pied du Vésuve et face à l'île de Capri. Un million d'habitants (les *Napolitains*). Centre historique inscrit sur la liste du patrimoine mondial de l'Unesco : Castel Nuovo (XIIIe siècle), cathédrale Saint-Janvier (XIVe siècle), théâtre San Carlo (XVIIIe-XIXe siècles). Musée archéologique national (fouilles d'**Herculanum** et de **Pompéi**), Galerie nationale de Capodimonte (XVIIIe siècle, riches collections de peinture). Port de commerce et de tourisme, à l'industrie développée (sidérurgie, raffinerie, chimie, mécanique, textile, alimentaire), centre économique du **Mezzogiorno.** Ville natale du peintre Le Bernin, du roi Victor-Emmanuel III et du ténor Enrico Caruso. ♦ Des Grecs de Campanie fondent une première cité (vers 600 av. J.-C.) puis les Athéniens fondent *Neapolis* «la ville nouvelle» (vers 500 av. J.-C.). Elle s'allie à Rome (326 av. J.-C.), est prise par les Ostrogoths (493), les Byzantins (544) et les Normands (1137). Elle devient la capitale du *royaume de Naples,* qui passe à l'Anjou avec la Sicile (1266), puis à l'Aragon (royaume des **Deux-Siciles,** 1442-1458). Il est occupé par l'Autriche (1713-1735) et la France (1799). Napoléon Ier le donne à son frère Joseph Bonaparte (1806), à Murat (1808-1815), puis il est pris par **Garibaldi** (1860) et rejoint le royaume d'Italie (1861). La ville, occupée pendant la Deuxième Guerre mondiale, est libérée par les Américains (1943).

NAPOLÉON Ier (1769-1821) ✦ Empereur des Français de 1804 à 1815. De petite noblesse corse, **Bonaparte** entre à l'école militaire de Brienne (1779-1784) puis de Paris. Il se fait remarquer au siège de Toulon (1793), occupée par les Britanniques. Il est nommé général, épouse Joséphine de **Beauharnais** (1796) et mène avec succès les campagnes d'**Italie** (1796-1797) et d'**Égypte** (1798). Très populaire à son retour, il organise un coup d'État contre le **Directoire** (18 **Brumaire an VIII,** 1799), et la Constitution met en place le **Consulat.** Il est Premier consul (1799-1802), puis consul à vie (1802-1804). Il signe le **concordat** (1801), réorganise les finances (création de la Banque de France, 1800), la justice (publication du **Code civil**), l'administration, crée les lycées et la **Légion d'honneur** (1802). Il est proclamé empereur par le Sénat (1804), prend alors le nom de *Napoléon Ier,* et le pape Pie VII le sacre à Notre-Dame-de-Paris (2 décembre 1804). C'est le Premier **Empire.** Il devient roi d'Italie (1805) et entreprend des guerres de conquêtes dans toute l'Europe. Il place ses frères à la tête des pays qu'il occupe : Joseph à Naples (1806) et en Espagne (1808), Louis en Hollande (1806), Jérôme en Westphalie (1807). Il crée la noblesse d'Empire (1808) et récompense ses généraux (**Murat**). Après l'annexion des États de l'Église (1809), il épouse **Marie-Louise** (1810) et nomme roi de Rome son fils nouveau-né (1811). L'Empire s'agrandit jusqu'à la désastreuse retraite de **Russie** (1812) et à l'échec de la campagne de Prusse (1813). La France est envahie et Napoléon abdique (1814), garde son titre d'empereur et devient souverain de l'île d'**Elbe.** Il revient en France et reprend le pouvoir pour les **Cent-Jours** (1815) mais l'Europe s'unit contre lui et le bat à **Waterloo.** Après sa seconde abdication, les Anglais le déportent à Sainte-Hélène où il meurt. Ses cendres, rapatriées en France (1840), reposent aux **Invalides** à Paris, avec celles de son fils, l'**Aiglon.**

NAPOLÉON III (1808-1873) ✦ Empereur des Français de 1852 à 1870 et neveu de Napoléon Ier. Charles Louis Napoléon Bonaparte, officier d'artillerie, tente deux fois de prendre le pouvoir (1836 et 1840). Il est emprisonné au fort de Ham dans la Somme, s'évade et gagne l'Angleterre (1846). Il revient en France après la **révolution de 1848** et il est élu président de la IIe République. Il réalise un coup d'État (2 décembre 1851), établit le Second **Empire** par un plébiscite (2 décembre 1852) et prend le nom de *Napoléon III.* Il épouse **Eugénie** de Montijo (1853) et développe les finances, l'industrie et le commerce. Il mène des guerres (**Crimée,** 1854-1856 ; campagne d'Italie, 1859) puis assouplit son régime (1860). Il tente d'établir un empire parlementaire (1870) et déclare la guerre à la **Prusse.** Après la défaite de **Sedan** face à la Prusse, l'assemblée proclame sa déchéance, et il finit sa vie en Angleterre.

NAPOLÉON (route) ✦ Route qui relie Golfe-Juan à Grenoble en traversant les Alpes. C'est le chemin qu'emprunte Napoléon Ier lors de son retour de l'île d'Elbe (1815).

NARA ✦ Ville du Japon, sur l'île de Honshū. 370 100 habitants. Nara fut la capitale impériale au VIIIe siècle, pendant la *période de Nara,* âge d'or de la civilisation nippone. Les temples et sanctuaires sont inscrits sur la liste du patrimoine mondial de l'Unesco.

NARBONNAISE n. f. ✦ Une des quatre provinces de la Gaule romaine, constituées par Auguste (27 av. J.-C.) (☛ carte 8). Elle comprend l'ancienne *Provincia,* conquise vers 120 av. J.-C. Elle est divisée en trois provinces (IVe siècle) avec les actuelles Narbonne, Aix-en-Provence et Vienne pour chefs-lieux.

NARBONNE ✦ Ville de l'Aude. 52 855 habitants (les *Narbonnais*). Cathédrale Saint-Just (1272, inachevée), palais des archevêques (XIIIe-XIVe siècles), basilique Saint-Paul-Serge bâtie sur l'emplacement d'une nécropole (IVe-Ve siècles). Centre de services, d'industrie (chimie, raffinerie), de commerce (vin), de tourisme (station balnéaire de Narbonne-Plage). Ville natale du poète Pierre Reverdy et du chanteur Charles Trenet. Le parc naturel régional de la Narbonnaise en Méditerranée (80 000 ha), créé en 2003, s'étend au sud de la ville. ♦ Rome fonde sa première colonie en Gaule sur ce site celtique (118 av. J.-C.) et en fait l'un des chefs-lieux de la **Narbonnaise.** La ville est occupée par les Wisigoths (413), les Arabes (719) et reprise par Pépin le Bref (759). C'est un grand centre maritime et commercial jusqu'au XIVe siècle, rattaché à la Couronne en 1509.

NARCISSE ✦ Personnage de la mythologie grecque. Insensible à l'amour passionné d'**Écho**, il est puni par Némésis : il s'éprend de son image reflétée dans l'eau d'une fontaine, et meurt de désespoir car il ne peut la saisir. À l'endroit où il meurt pousse une fleur qui porte son nom, le *narcisse.* L'amour excessif de soi est le *narcissisme.*

NASA **n. f.** (anglais *National Aeronautics and Space Administration* «Agence nationale pour l'aéronautique et l'espace») ✦ Organisme américain, fondé en 1958. La Nasa dirige les recherches civiles spatiales (**Apollo**) et aéronautiques. Elle possède ses propres bases de lancement (cap **Canaveral**).

NASDAQ **n. m.** (anglais *National Association of Securities Dealers Automated Quotation system* «système de cotation automatisée de l'association nationale des négociants boursiers») ✦ Indice boursier du marché électronique des valeurs mobilières aux États-Unis, créé en 1971. Il concerne notamment les secteurs à forte croissance : technologie de l'information, informatique, télécommunications, biotechnologies, industrie pharmaceutique.

NASSAU ✦ Capitale des Bahamas, sur l'île de New Providence. 246 330 habitants. Port de commerce, centre touristique et financier.

NASSER Gamal Abdel (1918-1970) ✦ Homme d'État égyptien. Ce militaire lutte contre les Britanniques et Israël (1948) puis prend le pouvoir par un coup d'État (1952). Il se place parmi les pays «non alignés» à la conférence de **Bandung** (1955) et devient président de la République (1956). Il nationalise le canal de **Suez,** résiste à l'intervention militaire de la France, de la Grande-Bretagne et d'Israël avec l'aide des États-Unis et de l'URSS (1956). Il impose un parti unique, met en place une économie d'État et construit le barrage d'Assouan (1957-1970). Pour unifier le monde arabe, il forme avec la Syrie la République arabe unie (1958-1961). Il perd la guerre des **Six Jours** contre **Israël** (1967) et tente d'arbitrer plusieurs conflits arabes (Jordanie-Palestine, 1970).

NASSER (lac) ✦ Lac artificiel d'Égypte créé par le second barrage d'**Assouan** (☛ carte 34). C'est la deuxième retenue d'eau du monde, avec une capacité de plus de 150 milliards de mètres cubes.

NATAL **n. m.** ✦ Région historique d'Afrique du Sud, sur la côte sud-est du pays. Elle vit de l'agriculture (canne à sucre) et de ses ressources minières (charbon). ♦ La région est découverte par Vasco de Gama (1597). Ce comptoir commercial habité par les **Zoulous** est colonisé par les **Boers** venus du Cap (1838), chassés par les Britanniques. Le Natal devient une colonie séparée, sous influence britannique (1856). Les Britanniques font venir des Indiens pour cultiver la canne à sucre et placent les Zoulous dans des réserves. **Gandhi** y met en pratique ses principes de non-violence (1893). Le Natal forme l'Union sud-africaine avec les États du Cap, d'Orange et du Transvaal (1910).

NATIONAL GALLERY **n. f.** ✦ Musée de Londres, fondé en 1821. Le bâtiment actuel (1834-1837) abrite l'une des plus riches collections de peintures du monde. Une nouvelle aile est ouverte depuis 1991.

NATIONS UNIES ✦ Autre nom de l'Organisation des Nations unies ou **ONU.**

NAURU **n. f.** ✦ Pays d'Océanie (☛ carte 51). Cette île est située en Micronésie, dans l'océan Pacifique. Superficie : 22 km^2, l'un des plus petits États du monde. 10 000 habitants (les *Nauruans*), en majorité chrétiens. République dont la capitale est Yaren (700 habitants). Langues officielles : le nauruan et l'anglais. Monnaie : le dollar australien. ♦ C'est une île corallienne, qui vit de la production de phosphates, en voie d'épuisement. Le climat équatorial est chaud et sec. ♦ L'île est reconnue par les Britanniques (1798), annexée par l'Allemagne (1888) et occupée par l'Australie (1914). La Société des Nations (1920) puis l'ONU (1947) la font administrer par l'Australie, la Grande-Bretagne et la Nouvelle-Zélande. Elle obtient son indépendance dans le cadre du Commonwealth (1968).

NAUSICAA ✦ Fille du roi des Phéaciens dans la mythologie grecque et personnage de l'*Odyssée.* Elle recueille **Ulysse** après un naufrage et le conduit au palais de son père. Elle souhaite l'épouser, mais elle y renonce lorsqu'elle apprend l'existence de **Pénélope,** sa femme qui l'attend à Ithaque.

NAVAJOS **n. m. pl.** ✦ Peuple d'Indiens d'Amérique, d'origine et de langue proches des **Apaches.** Venus du Canada (vers 900), les Navajos vivent de la chasse et de la cueillette, et se mêlent aux peuples qui les entourent. Les Indiens Pueblos leur apprennent la céramique, l'agriculture et la peinture sur sable. Les Navajos forment aujourd'hui le plus important peuple indien d'Amérique du Nord (plus de 100 000 personnes). La plupart vivent dans une très grande réserve en Arizona, dont ils exploitent les richesses minières, énergétiques et touristiques.

NAVARRE **n. f.** ✦ Région administrative d'Espagne, dans le nord du pays (☛ carte 32). Superficie : 10 421 km^2. 605 876 habitants. Capitale : Pampelune. ♦ Dans le Nord, formé des **Pyrénées,** élevage (moutons, bovins) ; dans le Sud, irrigué par l'**Èbre,** agriculture (maïs, olivier). Le climat est tempéré. ♦ La région, peuplée de Basques (ou Vascons), résiste aux Romains, aux Wisigoths et aux Francs. Elle forme un royaume (vers 830), réuni à la Castille (1037), à l'**Aragon** (1076-1137) et à la France (1284). Le Sud est annexé par Ferdinand d'Aragon (1515). Le Nord, appelé *basse Navarre,* revient à la France lorsque **Henri IV** devient roi de France et de Navarre (1589). Il correspond à l'actuel département des Pyrénées-Atlantiques. La Navarre espagnole se rallie à **Franco** pendant la guerre civile (1936).

NAXOS ✦ Île grecque, la plus grande de l'archipel des Cyclades (☛ carte 28). Superficie : 428 km^2. 18 000 habitants. Chef-lieu : Naxos (2 900 habitants). Elle produit du vin et exploite des carrières de marbre. ♦ Dans la mythologie, Thésée y abandonne **Ariane,** après avoir tué le Minotaure. L'île est colonisée par les Ioniens, domine les **Cyclades** (VIe siècle av. J.-C.) avant d'être ravagée par les Perses. Elle entre dans la confédération de **Délos**, puis elle est prise par Athènes (Ve siècle av. J.-C.) et partage l'histoire des Cyclades.

NAZARETH ✦ Ville d'Israël, en Galilée, près du lac de Tibériade. 64 800 habitants (les *Nazaréens*). Lieu de tourisme et de pèlerinage (église de l'Annonciation). Selon les Évangiles, Jésus, surnommé *le Nazaréen,* y passe son enfance. Les croisés l'occupent de 1099 à 1263.

N'DJAMENA ou **N'DJAMÉNA** ✦ Capitale du Tchad, dans le sud-ouest du pays, près de la frontière camerounaise. 820 000 habitants (les *N'Djaménais*). Important port fluvial et centre d'une riche région agricole. ♦ La ville est fondée par les Français sous le nom de *Fort-Lamy* (1900). Elle souffre beaucoup de la guerre civile (1980).

NEANDERTAL ou **NEANDERTHAL** ✦ Vallée d'Allemagne (Rhénanie-du-Nord-Westphalie), près de Düsseldorf. On y découvre un crâne humain fossile (1856) qui permet d'identifier le groupe *Homo neanderthalensis,* qu'on appelle *l'homme de Neandertal* (☛ Préhistoire p. 148). Il est répandu en Europe, en Palestine et en Afrique du Nord, pendant le Paléolithique moyen (150 000 à 35 000 ans av. J.-C.). Il mesure environ 1,50 m, pèse de 70 à 90 kg, vit de chasse et de cueillette. Il sait faire du feu, fabriquer des outils, travailler le bois et la peau. Il disparaît petit à petit au profit de l'*Homo sapiens* (**Cro-Magnon**). Les hommes de ce type forment le groupe des *néandertaliens.*

NEBRASKA n. m. ✦ État du centre des États-Unis, depuis 1867 (☛ carte 47). Superficie : 200 018 km^2 (un peu moins de la moitié de la France). 1,7 million d'habitants. Capitale : Lincoln (225 581 habitants). ♦ Le Nebraska forme une grande plaine qui s'étend du fleuve Missouri à l'est aux montagnes Rocheuses boisées du Colorado et du Wyoming à l'ouest. Son climat est continental. L'agriculture domine (élevage bovin, céréales). Le sous-sol contient du pétrole et du gaz naturel. L'industrie est développée (métallurgie, bois, chimie, plastiques). ♦ Peuplée d'Indiens (Sioux, Cheyennes, Pawnees), la région est explorée par les Espagnols puis par les Français (XVIIIe siècle), avant d'être vendue aux États-Unis avec la **Louisiane** (1803). Pendant la guerre de **Sécession**, le Nebraska se place dans le camp nordiste. Les révoltes indiennes sont totalement écrasées (1880).

NECKAR n. m. ✦ Rivière d'Allemagne, longue de 370 km. Elle prend sa source près de celle du Danube, dans la **Forêt-Noire,** arrose Stuttgart, Heidelberg et rejoint le Rhin à Mannheim. Elle est aménagée pour la navigation sur 200 km (1958).

NECKER Jacques (1732-1804) ✦ Financier genevois. Il vient à Paris (1747), s'y installe comme banquier (1763), se fait connaître par ses écrits (*Éloge de Colbert,* 1772) et devient directeur du Trésor royal (1776) puis des Finances (1777). Son *Compte rendu au Roi* (1781), qui révèle le mauvais état des finances de la France, le rend très populaire mais l'oblige à démissionner. Louis XVI le nomme ministre d'État (1788) puis le renvoie (1789), précipitant le mouvement révolutionnaire. Le roi le rappelle après la prise de la **Bastille,** mais Necker ne peut pas rétablir la situation économique et se retire du pouvoir (1790). Il s'installe en Suisse avec sa fille, Mme de **Staël**.

NÉFERTARI (XIIIe siècle av. J.-C.) ✦ Reine d'Égypte et première femme du pharaon **Ramsès II.** Sa tombe est l'une des plus belles de la Vallée des Reines. Des statues la représentant ornent le temple d'**Abou Simbel.**

NÉFERTITI (XIVe siècle av. J.-C.) ✦ Reine d'Égypte et femme du pharaon **Akhenaton.** Elle participe à la mise en œuvre du culte d'**Aton**, auquel elle reste fidèle après la mort de son mari. **Toutankhamon** épouse l'une de ses filles. On peut admirer des représentations de Néfertiti, célèbre pour sa beauté, dans plusieurs musées du monde (Paris, Berlin, Le Caire).

NÉGUEV n. m. ✦ Désert d'Israël, couvrant la moitié sud du pays. La région, autrefois peuplée de Bédouins et d'Arabes sédentarisés au nord, a été aménagée pour faire face à une forte immigration. La canalisation du **Jourdain** et le dessalement des eaux souterraines et de la mer Morte permettent une agriculture intensive (céréales, betterave sucrière, fruits, olive). Exploitation des richesses du sous-sol (potasse, magnésium, brome, fer, cuivre, soufre, phosphates). Un oléoduc achemine le pétrole de la mer Rouge à Haïfa. Les anciennes cités des **Nabatéens** sont inscrites sur la liste du patrimoine mondial de l'Unesco.

NEHRU Jawaharlal (1889-1964) ✦ Homme politique indien, père d'Indira Gandhi. Originaire du Cachemire, il dirige le Congrès national indien et lutte auprès de **Gandhi** pour l'indépendance. Quand l'Inde l'obtient (1947), il devient Premier ministre et le reste jusqu'à sa mort. Il cherche une troisième solution entre le communisme et le capitalisme, et il participe à la conférence de **Bandung** (1955).

NEIGE (crêt de la) n. m. ✦ Point culminant du **Jura** (1720 m), dans le département de l'Ain.

NELSON Horatio vicomte (1758-1805) ✦ Amiral britannique. Malgré la perte d'un œil et d'un bras, il mène une brillante carrière militaire contre Napoléon. Il bat les Français à **Aboukir** (1798), défend le royaume de Naples, empêche une coalition en détruisant la flotte danoise et une escadre russe devant Copenhague (1801) et poursuit la flotte française aux Antilles avant de la battre, avec la flotte espagnole, à **Trafalgar** où il trouve la mort (1805). Cette dernière victoire assure la maîtrise des mers à la Grande-Bretagne. Sa statue domine Trafalgar Square à Londres.

NEMO (capitaine) ✦ Personnage du roman ***Vingt Mille Lieues sous les mers*** de Jules Verne, publié en 1870. Nemo est le mystérieux capitaine du *Nautilus,* un vaisseau submersible qui parcourt le fond des mers. Cet inventeur de génie, très cultivé, sillonne les océans et découvre l'**Atlantide,** une cité engloutie depuis plusieurs siècles.

NEMOURS ✦ Commune de Seine-et-Marne, sur le Loing. 13 052 habitants (agglomération 21 101) (les *Nemouriens*) (☛ carte 23). Musée de Préhistoire d'Île-de-France.

NEP n. f. (sigle russe de *Novaïa Ekonomitcheskaïa Politika,* «nouvelle politique économique») ✦ Politique économique menée par l'URSS de 1921 à 1928. Pour stopper la crise et relancer le développement, **Lénine** préconise une certaine libéralisation, mais l'augmentation de la production favorise la spéculation et la naissance d'une nouvelle bourgeoisie. Cette politique capitaliste est dénoncée par **Staline** (1928).

NÉPAL n. m. ✦ Pays d'Asie du Sud (☛ cartes 38, 39). Superficie : 147 181 km^2 (moins du quart de la France). 28,5 millions d'habitants (les *Népalais*). République fédérale dont la capitale est Katmandou. Langue officielle : le népalais. Religion officielle : l'hindouisme ; on y pratique aussi le bouddhisme. Monnaie : la roupie népalaise. ♦ GÉOGRAPHIE. Le Népal est formé au nord par la chaîne de l'**Himalaya,** qui comprend l'Everest, et au sud par des vallées et la bande marécageuse du Teraï, où vit une grande partie de la population. Le climat tropical est sujet à la mousson. ♦ ÉCONOMIE. L'agriculture en terrasses (maïs, pomme de terre, blé) et l'élevage (moutons, vaches, yacks) se pratiquent sur les pentes des montagnes. Les vallées produisent des fruits et du riz. Le pays possède des industries (cimenteries, confection). Le tourisme est en plein développement (temples bouddhistes, trekking). C'est l'un des pays les plus pauvres du monde. ♦ HISTOIRE. Après une première dynastie (VIIe siècle), des princes indiens, fuyant l'invasion musulmane, créent des principautés (XIVe-XVIIIe siècles) qui sont réunies en un seul royaume (1768). Il résiste à la Chine avec l'aide de la Grande-Bretagne, qui reconnaît son indépendance (1923). Le roi, exilé en Inde, organise un coup d'État et établit une monarchie constitutionnelle (1951). Après plusieurs périodes d'émeutes (1979, 1990), le souverain doit accepter une libéralisation du régime. Il est assassiné par son fils avec une partie de sa famille (2001). Son frère lui succède, sans réussir à venir à bout de la guérilla maoïste qui trouble le pays depuis 1996. Un accord de paix est finalement conclu avec les rebelles (2006) en contrepartie de leur participation au gouvernement de transition (2007), et le pays devient une république fédérale (2008).

① **NEPTUNE** ✦ Dieu de la Mer dans la mythologie romaine. Il correspond au dieu grec **Poséidon**.

② **NEPTUNE** n. m. ✦ Planète du système solaire située au-delà d'Uranus. C'est la huitième à partir du Soleil dont elle est éloignée d'environ 4,5 milliards de km. Son diamètre est d'environ 50 000 km (environ quatre fois celui de la Terre). Son atmosphère est faite de gaz. Neptune est entouré de cinq anneaux, composés de blocs de glace et de poussières. Il possède huit satellites. Il tourne autour du Soleil en 164 ans et 280 jours et sur lui-même en moins de 18 heures. Il est découvert en 1846 et la sonde américaine *Voyager 2* a permis de l'étudier (1989).

NÉRAC ✦ Chef-lieu d'arrondissement de Lot-et-Garonne. 7 085 habitants (les *Néracais*) (☛ carte 23). Château Renaissance. Viticulture. Ville natale de Darlan. ♦ La ville devint le principal centre de l'humanisme et du protestantisme français au XVIe siècle. Marguerite de Navarre y tint une cour brillante. Louis XIII ordonna la démolition de la ville après avoir conquis la Navarre (1621).

NÉRON (37-68) ✦ Empereur romain de 54 à sa mort. C'est le neveu de **Caligula** et l'arrière-petit-fils d'**Auguste.** Sa mère, **Agrippine la Jeune,** le fait adopter par **Claude I**^er^, auquel il succède (54). Il empoisonne le fils légitime de Claude, Britannicus (55), fait assassiner sa mère (59) et règne en tyran sanguinaire. Il met probablement le feu à Rome (64), accuse les chrétiens de cet incendie et les fait persécuter. Aimé du peuple à qui il offre des spectacles et des jeux, il se fait des ennemis en confisquant les richesses des sénateurs pour payer ses dépenses. Le général gaulois Vindex se soulève contre lui, et Galba devient empereur. Néron s'enfuit de Rome et se suicide.

NERUDA Pablo (1904-1973) ✦ Poète chilien. Il participe à la guerre civile espagnole du côté des républicains et célèbre la résistance russe. Devenu diplomate, il voyage dans le monde entier et reste exilé au Mexique après son adhésion au parti communiste (1945-1950). Dans ses poésies, il chante la terre et l'amour, et met son imagination lyrique au service de son engagement et de sa révolte dans ses œuvres dont les plus connues sont : *Résidence sur la terre* (1933-1935), *Espagne au cœur* (1938), *Chant général* (1950), *Mémorial de l'île noire* (1964), *Splendeur et mort de Joaquin Murrieta* (théâtre, 1967). Prix Nobel de littérature (1971). ■ Son véritable nom est *Neftalí Ricardo Reyes.*

NERVAL Gérard de (1808-1855) ✦ Écrivain français. Ami de Théophile **Gautier**, il écrit des récits et des poèmes dominés par le rêve et le mysticisme, qui exaltent la femme et la nature. Il traduit le *Faust* de Goethe (1827) et étudie les mythologies au cours d'un voyage qui le mène au Caire, au Liban, à Constantinople (1843) et qu'il raconte dans *Voyage en Orient* (1851). Il est atteint de troubles mentaux et se suicide. Ses œuvres les plus connues sont : *Les Petits Châteaux de Bohême* (1853), *Les Filles du feu* (1854), *Les Chimères* (1854), *Aurélia* (1855). ■ Son véritable nom est *Gérard Labrunie.*

NERVI Pier Luigi (1891-1979) ✦ Ingénieur et architecte italien. Il s'impose comme l'un des maîtres de l'architecture en béton armé, réalisant surtout des bâtiments industriels ou à usage collectif : structure de la tour Pirelli à Milan, salle de conférences de l'Unesco à Paris, palais des Expositions de Turin, palais des Sports de Rome.

NESS (loch) n. m. ✦ Lac d'Écosse, dans les **Highlands**. Il est célèbre pour son légendaire monstre, Nessie, qui fait le succès touristique de la région.

NETZAHUALCOYOTL ✦ Ville du Mexique, à la périphérie est de Mexico. Le plus important bidonville du monde est, aujourd'hui, une banlieue «régularisée» qui compte environ 1,1 million d'habitants.

NEUCHÂTEL ✦ Ville de Suisse, chef-lieu du canton de Neuchâtel, sur le lac de Neuchâtel. 32 333 habitants (les *Neuchâtelois*) et l'agglomération 77 832. Château (XIIe-XVIe siècles), maison des Halles (XVIe siècle). Centre administratif, universitaire, industriel (horlogerie, mécanique, alimentaire, microtechnologie) et touristique (sports d'hiver). Ville natale du psychologue Jean Piaget.

NEUCHÂTEL (lac de) ✦ Lac situé dans l'ouest de la Suisse, au pied du Jura. Il est long de 38 km et large de 3 à 8 km. Superficie : 216 km^2. C'est le plus grand lac entièrement suisse, partagé entre les cantons de Neuchâtel, Berne, Fribourg et Vaud.

NEUCHÂTEL (canton de) ✦ Canton de Suisse, dans l'ouest du pays (☛ carte 26). Superficie : 803 km^2. 168 912 habitants (les *Neuchâtelois*). Langue officielle : le français. Chef-lieu : Neuchâtel. Dans le Nord, on cultive la vigne et les arbres fruitiers. L'élevage et l'industrie se concentrent dans les vallées, l'industrie horlogère dans les montagnes. ♦ La région appartient au royaume de **Bourgogne**, puis passe au Saint Empire (XIe siècle) et à la Prusse (1707). Napoléon l'offre à l'un de ses généraux (1806-1814). Le canton entre dans la Confédération helvétique (1815), en restant possession du roi de Prusse jusqu'en 1857.

NEUFCHÂTEAU ✦ Chef-lieu d'arrondissement des Vosges, sur la Meuse. 6 577 habitants (les *Néocastriens*) (☛ carte 23). Petit centre industriel (menuiserie, produits laitiers).

NEUILLY-SUR-SEINE ✦ Ville des Hauts-de-Seine, au nord du bois de Boulogne. 62 075 habitants (les *Neuilléens*). Folie Saint-James (XVIIIe siècle), vestiges du château de Neuilly (XIXe siècle). Hôpital américain de Paris. Commune résidentielle. Ville natale de l'explorateur Jean Charcot, des écrivains Roger Martin du Gard et Jacques Prévert, de l'artiste Niki de Saint Phalle.

NEUSTRIE n. f. ✦ Royaume franc constitué à la mort de Clotaire Ier (561). Il est situé entre la mer du Nord, la Meuse et la Loire, et ses principales villes sont Paris et Soissons. La Neustrie s'oppose à l'**Austrasie** puis Clotaire II réunit les deux royaumes (613) qui sont de nouveau séparés à la mort de Dagobert Ier (639). La Neustrie passe finalement sous le contrôle des maires du palais d'Austrasie (687).

NEVA n. f. ✦ Fleuve de Russie, long de 74 km. Il sort du lac Lagoda et se jette dans le golfe de Finlande en formant un vaste delta ramifié sur lequel est construite la ville de Saint-Pétersbourg.

NEVADA n. m. ✦ Un des États des États-Unis depuis 1864, dans l'ouest du pays (☛ carte 47). Superficie : 286 299 km^2 (un peu plus de la moitié de la France). 2 millions d'habitants. Capitale : Carson City (52 447 habitants). Autres villes importantes : **Las Vegas**, Reno. ♦ Le Nevada est formé d'un grand plateau semi-désertique situé dans les montagnes **Rocheuses**. Le climat sec est très ensoleillé. C'est une région d'élevage (bovins) et d'agriculture (fourrage, céréales, tomate, fruits). Son sous-sol est très riche (or, cuivre, argent, manganèse, métaux rares). L'industrie (traitement du bois, du verre, chimie) et le tourisme (casinos de Las Vegas) sont développés. ♦ La région est explorée par les émigrants qui vont en Californie (XIXe siècle). Le Mexique la vend aux États-Unis avec le Texas et le Nouveau-Mexique (1848). Compris dans l'Utah (1850), le Nevada se développe autour des mines d'or et d'argent. Il devient le 36e État de l'Union (1864).

NEVERS ✦ Chef-lieu de la Nièvre, au confluent de la Nièvre et de la Loire. 34 485 habitants (les *Nivernais* ou les *Neversois*). Cathédrale Saint-Cyr-et-Sainte-Julitte (XIe-XVIe siècles), église Saint-Étienne (XIe siècle), porte de Croux (1393) qui abrite le musée archéologique du Nivernais, palais ducal (XVe-XVIe siècles), couvent Saint-Gildard où Bernadette Soubirous se retire (1866-1879). Industries (mécanique, automobile, chimie, caoutchouc), faïenceries d'art. Université. ♦ La forteresse est l'un des centres de la révolte gauloise (52 av. J.-C.). L'évêché (Ve siècle) devient la capitale du comté de Nevers (fin du IXe siècle), qui passe à la Bourgogne. François Ier en fait un duché (1538), **Mazarin** l'achète (1659) et la ville reste dans sa famille jusqu'à la Révolution.

NEW DEAL n. m. (anglais «nouvelle donne») ✦ Politique économique menée par les États-Unis de 1933 à 1941. Inspirée des théories de **Keynes**, elle est mise en place par F. D. **Roosevelt** pour surmonter la crise de 1929 (☛ Crise de 1929 p. 193). Il fait adopter des mesures dirigistes : réforme du système bancaire, dévaluation du dollar, limitation de la production agricole, lancement de grands travaux. Cette intervention de l'État dans l'économie marque le début de l'«État-providence».

NEW DELHI ✦ Capitale de l'Inde. C'est la partie moderne de **Delhi**. 295 000 habitants. Centre administratif, quartier d'affaires.

NEW HAMPSHIRE n. m. ✦ État du nord-est des États-Unis depuis 1788 (☛ carte 47). Superficie : 24 192 km^2. 1,2 million d'habitants. Capitale : Concord (40 687 habitants). ♦ Le New Hampshire s'étend des Appalaches, à l'ouest, bordés par la vallée du Connecticut, jusqu'au plateau et à la plaine côtière, à l'est. 80 % de son territoire sont couverts de forêts. Agriculture (fourrage, pomme de terre, pomme), élevage (vaches laitières, volailles) et industries (textile, mécanique, cuir, électronique). ♦ Après avoir été annexée au Massachusetts et à la Nouvelle-Angleterre, la région devient une province (1692). L'État proclame son indépendance (1776) et figure parmi les 13 premiers États qui ratifient la Constitution fédérale (1788).

NEW JERSEY n. m. ✦ État du nord-est des États-Unis depuis 1787 (☛ carte 47). Superficie : 21 300 km^2. 8,4 millions d'habitants. Capitale : Trenton (85 400 habitants). ♦ Le New Jersey est formé d'une plaine côtière marécageuse qui s'élève vers les Appalaches au nord. Agriculture maraîchère, élevage industriel de volailles, industrie très développée (électricité, électronique, chimie, sidérurgie, pétrochimie, automobile, construction navale, aéronautique). Centre universitaire (université de Princeton) et touristique. ♦ La région est annexée par l'Angleterre (1664), obtient son indépendance (1776), et fait partie des 13 premiers États qui ratifient la Constitution fédérale (1787). Son industrie se développe grâce à la proximité de villes comme New York et Philadelphie (XIXe siècle).

NEWTON Isaac (1642-1727) ✦ Mathématicien, physicien et astronome anglais. Il construit le premier télescope (1668), étudie l'optique (dispersion de la lumière par le prisme, théorie des couleurs) et la mécanique. En même temps que le savant allemand **Leibniz**, il pose les bases des mathématiques modernes. Dans son ouvrage fondamental et révolutionnaire, *Principes mathématiques de philosophie naturelle* (1687), il définit les notions de force et de masse, les lois de la dynamique et la théorie de la gravitation. Selon la légende, il prend conscience de l'attraction universelle en voyant une pomme tomber de l'arbre à ses pieds, et en découvre la loi. Il fait la synthèse entre la physique et l'astronomie comme l'avait pressenti **Galilée**. La mécanique de Newton reste toujours la base de cette science. En physique, l'unité avec laquelle on mesure une force s'appelle le *newton*.

NEW YORK ✦ Ville des États-Unis (État de New York), dans le nord-est du pays, à l'embouchure de l'Hudson. 8 millions d'habitants (les *New-Yorkais*) (☛ carte 57). Son agglomération, la plus grande du pays (21,2 millions d'habitants), est formée de cinq districts (**Manhattan**, **Bronx**, Queens, **Brooklyn**, Richmond) et de nombreuses petites îles (comme Ellis Island et Liberty Island où se trouve la statue de la **Liberté**). Ses banlieues s'étendent sur les États du Connecticut à l'est, de New York au nord et du New Jersey à l'ouest. La ville se caractérise par sa population cosmopolite, qu'on retrouve dans des quartiers typiques (Chinatown, Little Italy, le **Bronx**, **Harlem**), et dont la mémoire est conservée dans le musée de l'Immigration situé sur **Ellis Island**, l'ancien point de passage des nouveaux arrivants. New York comporte de très nombreux gratte-ciels (Empire State Building, Chrysler

Building, Seagram Building) et possède un immense parc (Central Park). C'est l'un des premiers ports du monde, la capitale financière du monde occidental, une importante place boursière (**Wall Street**), un centre d'affaires où siègent de nombreuses compagnies (Rockefeller Center), le plus grand centre de commerce national et international, et le 2ᵉ centre industriel du pays (textile, imprimerie, alimentaire, chimie, métallurgie, électronique, haute technologie). Centre culturel et artistique (Greenwich Village, Lincoln Center). Musées (**Metropolitan Museum of Art**, Museum of Modern Art ou **MoMA**, musée **Guggenheim**) et nombreux théâtres (quartier de **Broadway**). Siège permanent de l'**ONU** depuis 1952. Ville natale d'Herman Melville, Henry James, les Roosevelt, Eamon De Valera, les Marx Brothers, Henry Miller, Norman Rockwell, Humphrey Bogart, Arthur Miller, Jerome Robbins, Roy Lichtenstein, Maria Callas, Stanley Kubrick, Mary Higgins Clark, Woody Allen et Robert de Niro. ♦ La baie de New York est visitée par les Italiens (1524), les Anglais (1609) et par les Hollandais (1625) qui achètent l'île de Manhattan aux Indiens (1626) et y fondent La Nouvelle-Amsterdam. La ville se développe à la pointe sud de l'île et pratique le commerce de la fourrure avec les Indiens. Les Anglais s'en emparent et la baptisent *New York* (1664). Elle s'enrichit par le trafic des esclaves (XVIIIᵉ siècle), devient le siège du gouvernement américain (1785-1789) et reste la capitale de l'État jusqu'en 1797. Elle devient le plus grand port du pays et se développe par l'afflux d'immigrants, s'étendant en dehors de l'île de Manhattan, selon un plan en damier (XIXᵉ siècle). Le développement urbain est rapide (premier gratte-ciel en 1902, métro à partir de 1904). Le 11 septembre 2001 les tours jumelles du World Trade Center (420 m de haut) sont la cible d'un attentat terroriste, qui fait des milliers de victimes.

NEW YORK (État de) ✦ État des États-Unis, dans le nord-ouest du pays (☞ carte 47). Superficie : 127 433 km² (environ un cinquième de la France). 19 millions d'habitants. Capitale : Albany (294 565 habitants). ♦ L'État est formé au nord par les **Appalaches**, au sud par des plateaux et la vallée de l'**Hudson**. L'élevage reste important (vaches laitières, volailles) dans cet État qui est le premier du pays pour l'industrie (sidérurgie, électricité, optique, haute technologie, imprimerie, confection), le commerce et les activités financières. On y trouve l'Académie militaire de West Point et de nombreuses universités (Columbia, Cornell). ♦ La région est peuplée d'Indiens **Hurons** et **Iroquois** lorsqu'elle est colonisée par les Hollandais puis par les Anglais. D'importants combats s'y déroulent lors de la guerre d'Indépendance (Long Island, 1776 ; Saratoga, 1777). Deux de ses gouverneurs deviennent président des États-Unis : Theodore et Franklin D. **Roosevelt**.

NEY Michel (1769-1815) ✦ Maréchal de France. Surnommé «le brave des braves», c'est le plus populaire des maréchaux d'**Empire**. Il remporte de nombreuses batailles (**Ulm**, 1805), occupe la Galice et les Asturies (1808) et participe à la campagne de **Russie** (1812). Son comportement de héros au passage de la **Bérézina** lui vaut le titre de «prince de la Moskova». Il pousse Napoléon Iᵉʳ à abdiquer (1814) puis rejoint Louis XVIII qui le nomme pair de France et gouverneur de Besançon. Il se rallie à Napoléon à son retour de l'île d'Elbe et s'illustre à ses côtés à **Waterloo**. Il est condamné à mort pour avoir trahi les Bourbons et fusillé.

N'GORONGORO n. m. ✦ Volcan éteint de Tanzanie, dans le nord du pays. Son cratère, l'un des plus grands du monde (15 km de diamètre), est occupé en son centre par un lac salé. Ce site touristique, inscrit sur la liste du patrimoine mondial de l'Unesco, abrite une réserve d'animaux sauvages.

NIAGARA n. m. ✦ Fleuve d'Amérique du Nord, long de 54 km. Il prend sa source dans le lac Érié, forme une partie de la frontière entre le Canada et les États-Unis et se jette dans le lac Ontario par des chutes hautes de 50 m. Les *chutes du Niagara* fournissent l'énergie nécessaire aux industries de la région et attirent plus de 2 millions de touristes par an.

NIAMEY ✦ Capitale du Niger, dans l'ouest du pays, sur le fleuve Niger. 978 000 habitants (les *Niaméyens*). Marché de bétail et de viande.

NIBELUNGEN n. m. pl. ✦ Nains de la mythologie germanique. Habitants du monde souterrain, ils règent sur les richesses minières et possèdent un trésor que le héros Siegfried conquiert après avoir tué leur roi, Nibelung. Les exploits de Siegfried sont racontés dans la *Chanson des Nibelungen*, épopée médiévale allemande dont **Wagner** s'est inspiré pour sa *Tétralogie*.

NICARAGUA n. m. ✦ Pays d'Amérique centrale. (☞ cartes 44, 46). Superficie : 139 682 km² (environ le tiers de la France). 5,14 millions d'habitants (les *Nicaraguayens*), en majorité catholiques. République dont la capitale est Managua. Langue officielle : l'espagnol ; on y parle aussi des langues indiennes. Monnaie : le cordoba. ♦ GÉOGRAPHIE. Le Nicaragua est formé du nord au sud d'une chaîne volcanique où se produisent des tremblements de terre. Elle est bordée à l'ouest par une plaine fertile, autour des lacs Managua et Nicaragua, et à l'est par une plaine presque déserte (côtes des Mosquitos) et couverte de forêts. Climat tropical, passage de cyclones. ♦ ÉCONOMIE. L'agriculture est prospère (canne à sucre, céréales, banane, café, coton). Le sous-sol est riche (or, cuivre, zinc, plomb) mais peu exploité et l'industrie peu développée (alimentaire, textile, tabac). ♦ HISTOIRE. La région, découverte par Christophe Colomb (1502), est colonisée par les Espagnols. Elle obtient son indépendance (1821) et fait partie des Provinces-Unies d'Amérique centrale avec le **Guatemala** (1823-1838). Les Britanniques s'installent (1848), puis les Américains rétablissent l'esclavage (1855-1857) et occupent le pays (1912-1932). Le pays sombre dans la dictature jusqu'à l'insurrection révolutionnaire de 1979. Le régime socialiste, lié à Cuba et à l'URSS, nationalise l'économie mais la «Contra», l'opposition soutenue par les États-Unis, provoque la chute du gouvernement (1990) et le retour des conservateurs. Les socialistes reviennent au pouvoir en 2006.

NICE ✦ Chef-lieu des Alpes-Maritimes, sur la baie des Anges. 343 895 habitants (les *Niçois*) et l'agglomération 944 022, ce qui en fait la 5ᵉ ville du pays (☞ carte 23). Cathédrale Sainte-Réparate, ancien palais Lascaris (XVIIᵉ siècle), nombreux musées (Chagall, Matisse). Centre de services, commercial et universitaire, pôle technologique de dimension internationale (parc d'activités de Sophia-Antipolis). Station balnéaire, célèbre pour ses fleurs, ses parfums, son carnaval, sa Promenade des Anglais en bord de mer. L'aéroport de Nice est le deuxième de France pour le trafic. Ville natale des peintres Carle Van Loo et Yves Klein, du maréchal Masséna, de Giuseppe Garibaldi, de Simone Veil, et de l'écrivain J.-M. G. Le Clézio. ♦ Les Grecs fondent la colonie de Nikaia, *nikê* signifie « victoire » en grec (Ve siècle av. J.-C.). Elle est conquise par les Romains (Ier siècle) et rattachée au comté de **Provence** (970). Elle passe sous la domination de l'Anjou (1246) puis de la Savoie (1388). La Convention réunit le comté de Nice à la France (1793), puis la ville revient au Piémont (1814) qui la cède à Napoléon III (1860).

NICÉE ✦ Ancienne ville d'Asie Mineure, appelée *Iznik* (aujourd'hui en Turquie ; 22 179 habitants). Elle est fondée par les Macédoniens (316 av. J.-C.), prise par les Turcs (1078) puis remise par les croisés aux Byzantins (1097). Ils fondent l'*empire de Nicée* (1204-1261) après la prise de Constantinople par les croisés. La ville devient célèbre pour ses céramiques ottomanes (XVe-XVIe siècles), qui ornent notamment le palais de **Topkapi** à Istanbul.

NICÉE (conciles de) ✦ Assemblées d'hommes d'Église chargés d'établir les bases de la religion chrétienne. **NICÉE I** (325), réuni par l'empereur Constantin Ier, fixe la doctrine de la religion chrétienne et condamne un autre mouvement chrétien (l'arianisme). **NICÉE II** (787), réuni par l'impératrice Irène et son fils Constantin VI, autorise et recommande le culte des images dans la pratique de la religion.

NICOLAS (saint) (début du IVe siècle) ✦ Évêque de Myre en Asie Mineure. Selon la légende, il ressuscite trois enfants égorgés et mis au saloir par un aubergiste. Dans les pays du nord de l'Europe et dans l'est de la France, il est l'équivalent du Père Noël sous le nom de *Santa Claus*. On le fête le 6 décembre. C'est aussi le saint protecteur des avocats et de la Russie.

NICOLAS Ier PAVLOVITCH (1796-1855) ✦ Tsar de Russie de 1825 à sa mort. Il épouse la fille du roi de Prusse (1817), succède à Alexandre Ier Pavlovitch (1825) puis devient roi de **Pologne** (1829). Surnommé le « Tsar de fer » et « Nicolas la Trique », il règne en maître absolu, fidèle aux principes de la Sainte-Alliance (union de la Russie, de l'Autriche et de la Prusse contre les idéaux révolutionnaires). Il échoue à rétablir les Bourbons en France (1830), réprime dans le sang l'insurrection de Varsovie (1831), signe avec l'Autriche l'autonomie de la Turquie (1833) et écrase le mouvement national hongrois (1849). Il meurt pendant la guerre de **Crimée** alors que la France et l'Angleterre assiègent Sébastopol, lassées par sa politique d'ingérence.

NICOLAS II ALEKSANDROVITCH (1868-1918) ✦ Dernier tsar de Russie de 1894 à 1917. Il confirme son alliance avec la France qu'il visite (1896). Il propose de réduire les armements et de créer un tribunal international : la première conférence mondiale de la paix se tient à La Haye (1899). Il déclare pourtant la guerre au Japon (1904), et sa défaite est l'une des causes de la **révolution russe** de 1905. Sa politique de répression lui vaut le surnom de « Nicolas le Sanglant ». Lorsque l'Autriche déclare la guerre à la Serbie, il proclame la mobilisation générale qui déclenche la Première **Guerre mondiale** (1914). Mal entouré et mal conseillé (**Raspoutine**), il abdique après la révolution de février 1917. Il est arrêté puis exécuté avec les membres de sa famille par les révolutionnaires. ☛ Révolution russe p. 190.

NICOLLE Charles (1866-1936) ✦ Médecin et biologiste français. À la tête de l'institut **Pasteur** de Tunis (1902), il étudia la transmission des maladies infectieuses et les épidémies, identifia le pou comme vecteur du typhus et découvrit le virus de la grippe. Prix Nobel de médecine (1928) ; Académie des sciences (1929).

NICOSIE ✦ Capitale de Chypre, dans le nord de l'île. 273 000 habitants (les *Nicosiens*). Cathédrale Sainte-Sophie (XIIIe siècle), enceinte vénitienne (XVIe siècle). La ville est partagée en deux secteurs, grec et turc, par une ligne de démarcation, depuis 1974.

NICOT Jean (1530-1600) ✦ Diplomate français. François II le nomme ambassadeur au Portugal (1559-1561), où il découvre des plantes originaires du Nouveau Monde. Il introduit en France le tabac, appelé alors *herbe à Nicot*, qui contient un alcaloïde, la *nicotine*. Il rédige le premier dictionnaire consacré à la seule langue française, le *Trésor de la langue française tant ancienne que moderne* (1606).

NIDWALD n. m. ✦ Canton de Suisse, dans le centre du pays, au sud du lac des Quatre-Cantons (☛ carte 26). Superficie : 276 km². 40 012 habitants (les *Nidwaldiens*), en majorité catholiques. Langue officielle : l'allemand. Chef-lieu : Stans. Il formait, avec l'Obwald, le canton d'Unterwald.

NIÉMEN n. m. ✦ Fleuve d'Europe orientale, long de 937 km. Il prend sa source en Biélorussie, au sud de Minsk, pénètre en Lituanie où il sert de frontière avec la Russie, puis se jette dans la mer Baltique. Pris par les glaces de décembre à mars, il est navigable jusqu'à 700 km de son embouchure.

NIEMEYER Oscar (1907-2012) ✦ Architecte brésilien. Influencé à ses débuts par Le Corbusier, il réalise avec lui le siège de l'ONU à New York (1952). On lui doit de nombreux bâtiments officiels de **Brasilia**, la nouvelle capitale brésilienne (palais de Justice, Congrès national, palais présidentiel, musée, cathédrale). L'ensemble qu'il a conçu à Belo Horizonte est inscrit sur la liste du patrimoine mondial de l'Unesco. Il réalise aussi le siège du Parti communiste français, à Paris (1971-1980) et la maison de la culture du Havre.

NIÉPCE ou **NIEPCE Nicéphore** (1765-1833) ✦ Physicien français. Il met au point un moteur à explosion (1807). Après plusieurs essais, il réalise des épreuves photographiques d'après nature (1826) et travaille avec **Daguerre** (1829). On le considère comme l'inventeur de la photographie.

NIETZSCHE Friedrich (1844-1900) ✦ Philosophe allemand. Ami de **Wagner**, il rejette son nationalisme prussien et son sens religieux, et s'éloigne de lui (1878). Il vit solitaire, voyage en Suisse, en Italie, en France et meurt paralysé. Œuvres : *Humain trop humain* (1878), *Ainsi parlait Zarathoustra* (1883-1885), *Par-delà le bien et le mal* (1886), *Ecce Homo* (autobiographie, 1888).

① **NIÈVRE** n. f. ✦ Rivière du centre de la France, longue de 53 km. Elle prend sa source dans les collines du Nivernais (250 m d'altitude) et se jette dans la Loire à Nevers.

② **NIÈVRE** n. f. ✦ Département du centre de la France [58], de la Région Bourgogne-Franche-Comté. Superficie : 6 817 km². 213 569 habitants (les *Nivernais*). Chef-lieu : Nevers ; chefs-lieux d'arrondissement : Château-Chinon, Clamecy et Cosne-Cours-sur-Loire.

① **NIGER** n. m. ✦ Fleuve d'Afrique de l'Ouest, long de 4 200 km (☛ carte 34). C'est le troisième d'Afrique après le Nil et le Congo. Il prend sa source en Guinée, traverse le Mali, le Niger, le Nigeria, forme un grand delta et se jette dans l'Atlantique au niveau du golfe de Guinée.

② **NIGER** n. m. ✦ Pays d'Afrique de l'Ouest (☛ cartes 34, 36). Superficie : 1,3 million de km² (plus de deux fois la France). 17,1 millions d'habitants (les *Nigériens*), en majorité musulmans. République dont la capitale est Niamey. Langue officielle : le français ; on y parle aussi le haoussa, le peul et le songhaï. Monnaie : le franc CFA. ♦ GÉOGRAPHIE. Au sud du Sahara, le Niger est formé du grand plateau de l'Aïr qui sépare le bassin du lac Tchad au sud-est et la vallée du fleuve Niger au sud-ouest. Le climat est désertique. ♦ ÉCONOMIE. Le Niger est un pays agricole (mil, sorgo, arachide, tabac, coton) et d'élevage nomade. Le pays exploite son sous-sol (uranium, phosphates, charbon, fer, étain) mais souffre de ne pas avoir d'ouverture sur la mer. ♦ HISTOIRE. La région est peuplée dès la préhistoire (vers 8 000 ans av. J.-C.). Des nomades berbères s'y introduisent (Ier millénaire). Le royaume de Gao (VIIe siècle) puis celui de Kanem (IXe siècle) développent leur influence dans la région et se disputent le pays haoussa, zone de commerce importante. Le pays est islamisé (XIXe siècle), inclus avec le **Mali** dans les colonies de l'**Afrique-Occidentale française** (AOF, 1904) puis obtient son indépendance (1960). Après un coup d'État (1974), les militaires dirigent le pays jusqu'au soulèvement des **Touareg** (1991). Une nouvelle Constitution est adoptée (1992), mais une grave crise politique conduit à l'assassinat du président de la République (1999). Le retour à la démocratie est marqué par l'instabilité.

NIGERIA ou **NIGÉRIA** n. m. ✦ Pays d'Afrique de l'Ouest (☛ cartes 34, 36). Superficie : 923 773 km² (presque deux fois la France). 158,26 millions d'habitants (les *Nigérians*), en majorité musulmans et chrétiens, répartis en 4 ethnies principales : Yorubas, Ibos, Haoussas, Fulanis (Foulbés, Peuls). République dont la capitale est Abuja. Autre ville importante : Lagos. Langue officielle : anglais ; on y parle aussi les langues des différentes ethnies. Monnaie : le naira. ♦ GÉOGRAPHIE. Le Nigeria est formé d'un grand plateau couvert de savane, bordé au nord par le **Sahara** et au sud par le fleuve **Niger** et son affluent, la Bénoué. Sur la côte, le delta du Niger est recouvert d'une forêt tropicale. Le climat, désertique au nord, est équatorial au sud. ♦ ÉCONOMIE. Agriculture variée (mil, sorgo, maïs, riz, coton, arachide, tabac, canne à sucre, cacao), exploitation de la forêt (ébène, hévéa, palmier à huile), élevage de petit et gros bétail. Le sous-sol est riche (zinc, étain, charbon), le gaz et le pétrole sont extraits au large du delta du Niger. ♦ HISTOIRE. La région est riche en vestiges préhistoriques et on y pratique la métallurgie du fer dès 500 avant J.-C. Les Haoussas musulmans au nord commercent avec les Yoroubas au sud (XIIe siècle) qui fondent le royaume du **Bénin** (XVe siècle). Les Européens pratiquent le commerce de l'ivoire et des esclaves (XVIe siècle) et les Anglais établissent un protectorat (1885). Les territoires du Nord et du Sud sont réunis (1914) et la fédération du Nigeria, créée en 1954, obtient son indépendance dans le cadre du Commonwealth (1960). La guerre du **Biafra** dévaste le pays, les coups d'État et les régimes dictatoriaux se succèdent. Les gouvernements tentent de diminuer le pouvoir des militaires et des islamistes (**Boko Haram**) dans un pays encore très touché par des émeutes sanglantes entre le Nord et le Sud, la corruption et la criminalité.

NIJINSKI Vaslav Fomitch (1889-1950) ✦ Danseur et chorégraphe russe, d'origine polonaise. **Diaghilev** l'engage pour la première tournée des **Ballets russes** à Paris (1909). Il émerveille le public par sa perfection technique, la grâce de son expression et l'ampleur de ses bonds, notamment dans *Le Spectre de la rose* (1911), *L'Après-Midi d'un faune* (1912, de Debussy sur un poème de Mallarmé), *Le Sacre du printemps* (1913, de **Stravinski**), qui font date dans l'histoire de la danse. Lorsque Diaghilev met fin à leur contrat (1914), sa santé mentale se détériore et il sombre dans la folie (1918), comme en témoigne son *Journal* (posthume, 1953).

NIJNI-NOVGOROD ✦ Ville de Russie, dans l'ouest du pays, sur la Volga et appelée *Gorki* de 1932 à 1990. 1,25 million d'habitants. Citadelle («kremlin») avec un mur d'enceinte renforcé de onze tours (1500-1505), cathédrales baroques de l'Archange (1628-1631), de la Nativité (1697-1718), nombreuses églises. Grand port fluvial, centre industriel (mécanique, pétrole, alimentaire, verrerie, bois), commercial, culturel (université). Ville natale de l'écrivain Maxime Gorki. ♦ La ville, fondée en 1221, est annexée par la principauté de **Moscou** (1392). Les Tatars l'assiègent, Ivan IV le Terrible s'en empare (1552), puis la ville se soulève contre l'invasion polonaise (1612). Ses foires commerciales sont les plus importantes du pays (1817-1917).

NIL n. m. ✦ Fleuve du nord-est de l'Afrique, long de 6 671 km : c'est le plus long fleuve du monde après l'Amazone (☛ carte 34). Il prend sa source au Burundi, au nord du lac **Tanganyika**, traverse le lac Victoria, où il prend le nom de *Nil*, puis l'Ouganda. Il irrigue une grande zone marécageuse au Soudan, où il est appelé *Nil Blanc*, et reçoit à Khartoum le *Nil Bleu* qui vient d'Éthiopie. Il franchit plusieurs cataractes en Nubie, pénètre par le lac Nasser en Égypte, qu'il parcourt du sud au nord, et se jette dans la mer Méditerranée par un delta marécageux d'une superficie de 23 000 km². L'histoire et la vie de l'**Égypte** sont étroitement liées au Nil. Ses crues annuelles permettent l'agriculture dans sa vallée ; il sert de voie de communication et de source d'énergie, (barrages géants d'**Assouan**).

NIMÈGUE ✦ Ville des Pays-Bas (Gueldre), dans le sud-est du pays. 160 907 habitants (278 595 pour l'agglomération). Église Saint-Étienne (XIIIe-XVe siècles), hôtel de ville (XVIe siècle). Industries (mécanique, électricité, textile, papier). ♦ Colonie romaine puis ville libre impériale, elle passe aux comtes de Gueldre (1247), adhère à la Hanse, à l'Union d'**Utrecht** (1579) puis est prise par les Espagnols (1585) et par Turenne (1672). Les *traités de Nimègue*, signés entre les Provinces-Unies, l'Espagne, le Saint Empire et la France (1678-1679) marquent l'apogée du règne de Louis XIV. Les Français occupent la ville de 1795 à 1814.

NÎMES ✦ Chef-lieu du Gard. 151 075 habitants (les *Nîmois*). Monuments romains (**Maison carrée**, 10 av. J.-C.-4 apr. J.-C. ; Arènes, Ier siècle), cathédrale Notre-Dame-et-Saint-Castor (1096) située dans la vieille ville. Centre industriel (chaussure, textile, agroalimentaire) qui garde ses traditions (féria, tauromachie). Ville natale du diplomate Jean **Nicot**, de l'historien François **Guizot**, de l'écrivain Alphonse **Daudet**. ♦ La ville est fondée autour d'une source, *Nemausus*, qui lui donne son nom. Développée par les Romains elle est ensuite occupée par les Vandales, les Wisigoths, les Francs et les Sarrasins (Ve-VIIIe siècles). Elle passe au comté de Toulouse, à l'Aragon, avant d'être rattachée au domaine royal (1229). C'est l'un des principaux foyers du protestantisme (XVIe siècle). Les protestants, soumis par Louis XIII (1629), obtiennent la tolérance religieuse.

NIÑA (la) n. f. ✦ Phénomène climatique dû à une température anormalement basse des eaux de la surface de l'océan Pacifique, près de l'équateur. Ce phénomène, inverse de la normale, entraîne des modifications météorologiques sur la planète entière.

NINGXIA n. m. ✦ Région autonome du nord de la Chine. Superficie : 66 400 km^2 (environ un huitième de la France). 6,3 millions d'habitants, en majorité des Hui, une ethnie musulmane. Capitale : Yinchuan (1,1 million d'habitants). Traversée par le Huang he et fortement reboisée, la région vit de l'agriculture (céréales, pomme de terre, oléagineux, betterave, chanvre, coton), des ressources minières (gypse, pétrole, charbon, phosphore) et de l'industrie (mécanique, textile, pétrochimie, hydroélectricité).

NINIVE ✦ Site archéologique d'Irak, dans le nord-ouest du pays, sur le Tigre. La ville, habitée depuis la préhistoire (3 500 ans av. J.-C.), devient la capitale de l'**Assyrie** (vers 1770 av. J.-C.). À son apogée (705-681 av. J.-C.), elle est fortifiée et abrite de magnifiques palais et l'immense bibliothèque du roi **Assurbanipal** (669-631 av. J.-C.). Elle est détruite par les Mèdes et les Chaldéens (612 av. J.-C.). Des fouilles archéologiques (XIXe siècle) révèlent de splendides bas-reliefs que l'on peut voir au **British Museum**. Le site a été en partie dévasté par Daech (2014-2015).

NIÑO (el) n. m. ✦ Phénomène climatique dû à un courant chaud qui vient anormalement recouvrir les eaux froides de la surface de l'océan Pacifique, au large de l'Amérique du Sud. Ce phénomène, inverse de la normale, est néfaste aux espèces marines qui vivent dans une température froide et a des conséquences sur le climat.

NIORT ✦ Chef-lieu des Deux-Sèvres, sur la Sèvre niortaise. 58 311 habitants (les *Niortais*). Ancien hôtel de ville (XIe-XVe siècles), donjons jumeaux (XIIe siècle) qui abritent un riche musée, église Notre-Dame (XVe et XVIIIe siècles). Centre de services (assurances, mutuelles) et d'industrie (bois, électronique, chimie, électromécanique). Ville natale de Mme de Maintenon. ♦ La cité gallo-romaine fait le lien entre le Marais, le Poitou et la Vendée. Par le mariage d'Aliénor d'Aquitaine, elle passe à l'Angleterre qui construit le fort et le port. Elle est prise par la France (1224) et prospère avec le commerce du cuir. Pendant la guerre de Cent Ans, elle passe aux Anglais (1360), mais Du Guesclin la reprend (1372). Ses habitants sont des partisans de la **Réforme**, et beaucoup quittent la ville lors de la révocation de l'édit de **Nantes**.

NIVERNAIS n. m. ✦ Région de Bourgogne. Elle s'étend entre le massif du **Morvan** et la vallée de la Loire. Ville principale : Nevers. Grand plateau couvert de forêts et bordé de plaines où l'on pratique l'élevage et la culture (fruits, vigne).

NIVERNAIS (canal du) ✦ Canal long de 174 km, creusé de 1785 à 1842, qui unit la Seine à la Loire. Peu pratique pour les péniches, il est surtout utilisé par les plaisanciers.

NIXON Richard (1913-1994) ✦ Homme d'État américain. Cet avocat entre au parti républicain (1945) et participe activement à la lutte anticommuniste comme sénateur (1951-1953) et comme vice-président d'Eisenhower (1953-1961). Il est battu par **Kennedy** aux élections de 1960 puis devient le 37e président des États-Unis (1969, réélu en 1972) et change de politique. Il réduit les troupes au **Viêtnam** mais intensifie l'aide militaire qu'il étend au Cambodge jusqu'en 1973. Il négocie des accords avec la Chine sur l'économie, avec l'URSS sur les armes atomiques et favorise les pourparlers entre **Israël** et l'Égypte après la guerre du Kippour (1973). Il est contraint à la démission (1974) par la chute du dollar et par le scandale du Watergate (affaire d'espionnage au siège de la campagne électorale du parti démocrate, 1972).

NIZAN Paul (1905-1940) ✦ Philosophe, essayiste et romancier français. En rupture avec l'enseignement de la philosophie tel qu'il est prodigué, il part en 1925 pour Aden. Revenu en France, il consolide ses liens avec J.-P. Sartre, s'engage au Parti communiste et se consacre à la littérature et au journalisme. Il quitte le Parti après la signature du pacte germano-soviétique. Auteur engagé de pamphlets, d'essais et de romans, il s'intéresse aux rapports entre les intellectuels et la bourgeoisie, dénonçant l'aliénation de la petite bourgeoisie : *Aden Arabie*, 1931 ; *Les Chiens de garde*, 1932 ; *Le Cheval de Troie*, 1934 ; *La Conspiration*, 1938.

NOAH Yannick (né en 1960) ✦ Joueur de tennis français. Il remporte le tournoi de Roland **Garros** et se classe 3e joueur mondial (1983). Puis il devient l'entraîneur de l'équipe de France masculine de tennis, qui remporte la coupe Davis (1991). Il entame ensuite une carrière de chanteur et rencontre le succès (2000).

NOAILLES Anna de (1876-1933) ✦ Écrivain français. Elle écrit des poèmes qui expriment sa passion pour la lumière et les paysages (*Le Cœur innombrable*, 1901 ; *L'Ombre des jours*, 1902) et d'autres plus graves (*Les Vivants et les Morts*, 1913 ; *L'Honneur de souffrir*, 1927). Elle publie aussi un roman (*La Nouvelle Espérance*, 1903) et ses mémoires (*Le Livre de ma vie*, 1932). ■ Son nom complet est *Anna, princesse Brancovan, comtesse Mathieu de Noailles*.

NOBEL Alfred (1833-1896) ✦ Industriel et chimiste suédois. Il fait des recherches sur la nitroglycérine et met au point un procédé qui transforme cet explosif liquide en pâte : la dynamite (1867). À sa mort, il lègue sa fortune à la *Fondation Nobel* et, par testament, crée cinq prix annuels destinés à récompenser les bienfaiteurs de l'humanité : les *prix Nobel* de physique, de chimie, de médecine ou de physiologie, de littérature et de la paix. Le prix Nobel d'économie est créé plus tard (1968). Depuis 1901, ils sont remis à Stockholm au mois de décembre.

NODIER Charles (1780-1844) ✦ Écrivain français. Son salon devient le centre de la vie littéraire parisienne (1824-1830) et du mouvement romantique. Ses contes fantastiques, qui unissent le rêve et la réalité avec humour et émotion, inspireront Nerval puis les surréalistes. Œuvres : *Smarra ou les Démons de la nuit* (1821), *Trilby ou le Lutin d'Argail* (1822), *La Fée aux miettes* (1832). Académie française (1833).

NOÉ ✦ Personnage de la Bible. Dans la Genèse, Dieu choisit ce patriarche pour survivre au **Déluge** et fonder l'humanité nouvelle. Il construit un navire, *l'arche de*

Noé, dans lequel il embarque un couple de chaque espèce animale. L'arche échoue sur le mont **Ararat** et à cet endroit commence le repeuplement de la terre. Ses trois fils, **Cham**, Japhet et **Sem**, sont considérés comme les ancêtres de peuples de l'Antiquité.

NOËL n. m. ✦ Fête religieuse chrétienne. Elle célèbre la naissance de **Jésus** le 25 décembre. Elle inspire la musique religieuse (cantates, oratorios), des chansons populaires et des représentations de la crèche (la «nativité»).

NOGARET Guillaume de (v. 1270-1313) ✦ Homme politique français. Garde du sceau royal et conseiller de Philippe IV le Bel, il lutta contre le pape Boniface VIII qui affirmait sa supériorité sur les rois et menaçait d'excommunier Philippe le Bel. Il est à l'origine de l'arrestation des **Templiers** (1307).

NOGENT-LE-ROTROU ✦ Chef-lieu d'arrondissement d'Eure-et-Loir. 10 130 habitants (les *Nogentais*) (☛ carte 23). Château Saint-Jean construit par le comte de Rotrou (1050). Tombeau de Sully. Équipement médical, automobile.

NOGENT-SUR-SEINE ✦ Chef-lieu d'arrondissement de l'Aube, sur la Seine. 5 955 habitants (les *Nogentais*) (☛ carte 23). Camille Claudel y vécut trois ans (musée). Port fluvial. Agroalimentaire (céréales, malt). Centrale nucléaire, sur la rive droite de la Seine.

NOIRE (mer) ✦ Mer intérieure d'Europe de l'Est. Elle est bordée par l'Ukraine et la Russie au nord, la Géorgie à l'est, la Turquie au sud, la Roumanie et la Bulgarie à l'ouest. Elle communique au nord avec la mer d'Azov par le détroit de Kertch et au sud avec la mer Méditerranée par le détroit du **Bosphore**, la mer de Marmara et le détroit des **Dardanelles**. Superficie : 461 000 km^2 (un peu moins que la France). Rôle économique de premier plan (ports de pêche et de commerce, stations balnéaires). Dans l'Antiquité, on l'appelle le *Pont-Euxin.*

NOIRMOUTIER ✦ Île de Vendée, dans l'Atlantique. Elle est longue de 20 km et elle compte 9 170 habitants (les *Noirmoutrins*). Chef-lieu : *Noirmoutier-en-l'Île.* On y accède par une route, le Gois, recouverte à marée haute, et par un pont depuis 1971. Agriculture (fruits, légumes, fleurs), pêche, ostréiculture, tourisme, marais salants.

NOLDE Emil (1867-1956) ✦ Peintre et graveur allemand. Il reçoit une formation de sculpteur sur bois avant de se consacrer à la peinture (1898). Installé à Berlin (1902), il fréquente des mouvements artistiques mais reste indépendant. Ses tendances expressionnistes se précisent sous l'influence de Munch et de Van Gogh. La violence de l'expression, dans ses scènes de mœurs (*Dans la loge,* 1911), l'approche émotionnelle de la nature, dans ses paysages tourmentés (*La Mer,* 1913), le génie visionnaire, dans ses compositions religieuses ou allégoriques (*Siméon,* 1915), l'inscrivent dans le courant de l'expressionnisme allemand. ■ Son vrai nom est *Emil Hansen.*

Nombres (Livre des) ✦ Quatrième livre du **Pentateuque**, dans la Bible, divisé en trente-six chapitres. Il raconte le voyage des Hébreux depuis le départ du Sinaï jusqu'à la Terre promise.

NONO Luigi (1924-1990) ✦ Compositeur italien. Il fit appel à une grande variété de techniques : musique aléatoire, musique électronique, sérialisme (qui repose sur une série de douze sons : les demi-tons de la gamme chromatique). Sa musique conserve cependant chaleur et expression (*Polifonica-Monodica-Ritmica,* 1951 ; *La Victoire de Guernica,* chants d'après Éluard, 1954 ; *Intolleranza,* dirigé par **Maderna** lors de sa création en 1961).

NORD (mer du) ✦ Partie de l'océan Atlantique, comprise entre les côtes de la Grande-Bretagne, de la France, de la Belgique, des Pays-Bas, de l'Allemagne, du Danemark et de la Norvège. Elle communique avec la mer Baltique à l'est et la Manche au sud par le pas de **Calais.** Superficie : 570 000 km^2 (plus que la France) ; profondeur moyenne : 100 m, 240 m au large de l'Écosse et jusqu'à 700 m au large de la Norvège. Cette mer très fréquentée (pêche, commerce) a une grande importance économique avec ses ports (Rotterdam, Anvers, Hambourg, Dunkerque). On exploite son sous-sol (gaz naturel et pétrole) dans les zones britannique et norvégienne.

NORD (cap) ✦ Cap de Norvège. C'est le point situé le plus au nord de l'Europe continentale. Il est formé par un haut rocher.

NORD n. m. ✦ Département du nord de la France [59], de la Région Hauts-de-France. Superficie : 5 743 km^2. 2,60 millions d'habitants (les *Nordistes*). Chef-lieu : Lille ; chefs-lieux d'arrondissement : Avesnes-sur-Helpe, Cambrai, Douai, Dunkerque et Valenciennes. Le parc naturel régional de l'Avesnois (131 000 ha), créé en 1998, s'étend sur tout le département.

NORDESTE n. m. ✦ Région du nord-est du Brésil (☛ carte 49). Superficie : 1,5 million de km^2 (presque trois fois la France). 47,7 millions d'habitants (un tiers de la population du pays). Chef-lieu : Recife. Caractérisée par des sécheresses catastrophiques à l'intérieur et une façade littorale humide, elle vit de l'agriculture (canne à sucre, cacao, riz, tabac, noix de coco, coton), de l'élevage et de quelques ressources naturelles (pétrole, tungstène), mais est devenue la région la plus pauvre du pays.

NORD-OUEST (Territoires du) ✦ Un des trois territoires du Canada (☛ carte 48). Superficie : 1,34 million de km^2 (environ trois fois la France). 41 464 habitants. Capitale : Yellowknife. ♦ C'est la partie septentrionale du Canada, qui s'étend du Yukon au Nunavut. Le Nord est bordé par l'océan glacial Arctique, où se trouvent plusieurs îles ; le Sud, couvert de forêts, est parsemé de lacs (Grand Lac de l'**Ours** et lac des **Esclaves**). Le climat continental est très rigoureux. L'agriculture (céréales, légumes) et l'exploitation des forêts se concentrent autour de la rivière Mackenzie. La richesse de la région provenait surtout de la faune, mais caribous, bœufs musqués et baleines ont été décimés depuis la fin du XIXe siècle. La chasse des animaux à fourrure (renard blanc, phoque) et la pêche fournissent d'importants revenus. Le sous-sol est riche (pétrole, radium, argent, uranium, or, cuivre, zinc). ♦ Possession du Canada depuis 1870, les territoires du Nord-Ouest ont été amputés d'une partie, suite aux revendications territoriales des Inuits (1992), et un nouveau territoire, le **Nunavut**, a été créé (1999).

NORD-PAS-DE-CALAIS n. m. ✦ Ancienne région administrative du nord de la France, intégrée à la Région Hauts-de-France. Elle était formée de deux départements : le Nord et le Pas-de-Calais. Le chef-lieu était Lille. ♦ GÉOGRAPHIE. Les plaines et les collines du Hainaut, de l'Artois et de la Flandre s'étendent jusqu'à la Manche et le pas de Calais. Le climat océanique est humide. La région est très peuplée et urbanisée (ensemble formé par la réunion des communes de **Lille**-Roubaix-Tourcoing-Villeneuve d'Ascq). Le parc naturel régional des Caps Marais d'Opale (13 000 ha), créé en 1986, s'étend de la côte à Saint-Omer. Le bassin minier est inscrit sur la liste du patrimoine mondial de l'Unesco. ♦ ÉCONOMIE. Le Nord-Pas-de-Calais est l'une des plus riches régions agricoles de France, qui associe l'élevage (vaches, porcs) à la culture (endive, pomme de terre, betterave à sucre, blé). L'industrie traditionnelle (textile, sidérurgie, construction navale, houille), en crise, se tourne vers d'autres secteurs (verrerie, métallurgie, mécanique, distribution, aluminium). C'est aussi un centre universitaire et d'affaires (Euralille). Sa situation au cœur de l'Europe en fait un carrefour économique (ports, réseaux routiers et ferroviaires). ♦ HISTOIRE. Très peuplée dès le Moyen Âge, la région se développe grâce au commerce et au textile. C'est là que commence la révolution industrielle française au XIXe siècle.

NORFOLK n. m. ✦ Comté de l'est de l'Angleterre, bordé par la mer du Nord. Superficie : 5 355 km². 870 150 habitants. Chef-lieu : Norwich (182 680 habitants). Ce comté de plaines humides est l'une des principales régions agricoles de Grande-Bretagne pour ces céréales et le fourrage. Tourisme balnéaire sur le littoral.

NORGE Géo (1898-1990) ✦ Poète belge de langue française. Sans adhérer aux mouvements d'avant-garde, sa poésie aux mots crus et aux rythmes nerveux s'inspire avec humour de la diction populaire et de la chanson traditionnelle (expressions enfantines, argotiques ou dialectales). Œuvres : *L'Imagier* (1942), *La Langue verte* (1954), *Le Vin profond* (1969), *Les oignons sont en fleurs* (1980), *Le Stupéfait* (1988), *Feuilles de chou* (1989). ■ Son véritable nom est *Georges Mogin*.

① **NORMANDIE** n. f. ✦ Région historique du nord-ouest de la France qui forme aujourd'hui une région administrative. Elle est habitée par les *Normands*. ♦ La région, peuplée de Celtes, est conquise par les Romains (56 av. J.-C.), les Francs (Ve siècle) et rattachée à la Neustrie. Elle est cédée aux **Normands** (911) et devient un duché. Le duc de Normandie **Guillaume le Conquérant** l'unit à l'Angleterre (XIe siècle) et **Philippe Auguste** la prend à **Jean sans Terre** (XIIIe siècle). Pendant la guerre de Cent Ans, elle revient aux Anglais, mais **Charles VII** la reprend (1450) et la rattache au royaume de France (1468). La région se développe au XVIIe siècle (textile, faïences, forges) et au XVIIIe siècle avec le commerce maritime. La *bataille de Normandie* commence le 6 juin 1944 avec le débarquement allié : 3,5 millions de soldats américains, britanniques et canadiens atteignent les côtes normandes sous le commandement du général **Eisenhower**. C'est le premier pas vers la **libération** de la France occupée par les Allemands.

② **NORMANDIE** n. f. ✦ Région administrative de l'ouest de la France, créée par la loi du 16 juillet 2015, regroupant les anciennes Régions **Basse-Normandie** et **Haute-Normandie** (☛ carte 22). Elle comprend cinq départements : le Calvados, l'Eure, la Manche, l'Orne et la Seine-Maritime. Superficie : 29 900 km², c'est la 10e Région par la taille. 3,34 millions d'habitants (les *Normands*). Chef-lieu : Rouen.

NORMANDIE (pont de) ✦ Pont qui franchit l'estuaire de la Seine entre le Havre et Honfleur, à 15 km en aval de **Tancarville**. Cet ouvrage, long de 2,2 km et soutenu par des pylônes hauts de 215 m, est inauguré après six ans de travaux (1995). Il relie la Haute-Normandie à la Basse-Normandie.

NORMANDS n. m. pl. ✦ **Vikings** originaires d'Europe du Nord et établis en France (IXe siècle). Leur nom signifie «hommes du Nord». Ils assiègent Paris (885-886) et pillent la Bourgogne. Pour sauver son royaume, Charles III le Simple leur cède la région appelée aujourd'hui ***Normandie*** (911). Leur chef Rollon devient le premier duc de Normandie et se convertit au christianisme. Avec **Guillaume le Conquérant**, ils partent à la conquête de l'Angleterre (XIe siècle) puis étendent leur royaume en fondant des États en **Sicile** et en Italie du Sud (XIe-XIIe siècles).

NORODOM SIHANOUK (1922-2012) ✦ Roi (1941-1955, 1993-2004) et chef d'État (1960-1970) du Cambodge. Il est couronné (1941) dans le cadre de l'Indochine française et obtient l'indépendance du Cambodge (1953). Il abdique en faveur de son père (1955), qui le nomme plusieurs fois Premier ministre. À sa mort, il devient chef de l'État (1960). Renversé par un coup d'État (1970), il se réfugie à Pékin, où il forme un gouvernement en s'alliant aux **Khmers rouges.** Après leur victoire, il revient à Phnom Penh (1975), mais est vite écarté du pouvoir. Hostile au régime pro-vietnamien mis en place (1979), il préside un gouvernement de coalition en exil (1982-1988). Il devient président du Conseil national suprême et regagne Phnom Penh (1991). Quand la monarchie est restaurée (1993), il monte sur le trône, puis abdique en faveur de son fils (2004).

NORVÈGE n. f. ✦ Pays d'Europe du Nord (☛ cartes 24, 25). Superficie : 323 879 km² (environ les deux tiers de la France). 5,16 millions d'habitants (les *Norvégiens*), en majorité luthériens (protestants). Monarchie parlementaire dont la capitale est Oslo. Langue officielle : le norvégien (bokmål et nynorsk) ; on y parle aussi le lapon. Monnaie : la couronne norvégienne. ♦ GÉOGRAPHIE. La Norvège, qui s'étend sur 1750 km de long, est dominée par les montagnes (62 % de sa superficie). Elle compte 165 000 lacs et sa côte est découpée par de nombreux fjords et bordée d'un grand nombre d'îles. Le climat maritime bénéficie du passage du **Gulf Stream.** ♦ ÉCONOMIE. L'agriculture (céréales, lait, viande) est limitée par le relief du pays. La pêche est très importante (morue, crevette, lieu noir) et la pisciculture (saumon) se développe. La puissance hydroélectrique de la Norvège lui permet d'alimenter en énergie son industrie (électrochimie, électrométallurgie). Elle exploite le pétrole et le gaz naturel de la mer du Nord. Elle possède l'un des niveaux de vie les plus élevés du monde. ♦ HISTOIRE. Le pays d'origine des **Vikings** est composé de petits royaumes, unifiés (872) puis christianisés (XIe siècle). À son apogée (XIIIe siècle), le royaume s'étend au Groenland et à l'Islande. Il connaît ensuite le déclin (XIVe siècle) : la **Hanse** contrôle l'économie et la peste noire ravage le pays. Il s'unit à la Suède et au Danemark (1397). La Norvège passe sous domination danoise (1523), puis suédoise après les guerres napoléoniennes (1814), et obtient son indépendance (1905). Elle reste neutre pendant la Première Guerre mondiale et elle est envahie par l'Allemagne pendant la Deuxième (1940) : le gouvernement collabore mais la population résiste activement. Elle est membre de l'ONU (1945), de l'Otan (1949), mais ses habitants refusent de faire partie de l'Union européenne (référendums de 1972 et 1994).

NOSTRADAMUS (1503-1566) ✦ Médecin et astrologue français. Il combat la peste à Aix-en-Provence, découvre que le rat est responsable de la contagion et devient le médecin de Charles IX (1564). Il est célèbre pour ses prédictions écrites en quatrains, les *Centuries astrologiques* (1555). ▪ Son vrai nom est *Michel de Nostre-Dame*.

NOTHOMB Amélie (née en 1967) ✦ Romancière belge d'expression française. Elle est l'auteur de romans où le burlesque se mêle au tragique : *Hygiène de l'assassin*, 1992 ; *Stupeur et Tremblements*, 1999 ; *Métaphysique des tubes*, 2000.

① **NOTRE-DAME DE PARIS** ✦ Cathédrale de Paris, sur l'île de la **Cité**. Sa construction commence au Moyen Âge (1163-1245, puis jusqu'en 1345). Elle est abîmée pendant la Révolution et restaurée par **Viollet-le-Duc** (1845-1864). Ce chef-d'œuvre de l'art gothique (long de 130 m, large de 48 m et haut de 35 m) domine un vaste parvis et possède une flèche centrale qui s'élance jusqu'à 90 m. Les deux tours de la façade, reliées par une galerie, surplombent une grande rose et la galerie des Rois (rois d'Israël et de Juda, remplacés par les rois de France au XIXe siècle) qui surmontent les portails du Jugement dernier, de la Vierge et de Sainte-Anne. Elle est célèbre pour ses vitraux.

② ***Notre-Dame de Paris*** ✦ Roman publié en 1831 par Victor Hugo. Au Moyen Âge, la belle bohémienne Esméralda est aimée par **Quasimodo**, le sonneur de cloches de la cathédrale **Notre-Dame**, par le prêtre Frollo et par le capitaine Phœbus dont elle tombe amoureuse. Jaloux, Frollo poignarde Phœbus et laisse accuser Esméralda qui est condamnée à mort pour sorcellerie. Pour la sauver, Quasimodo l'enlève et la cache dans la cathédrale. Frollo l'attire dans un piège et la fait pendre, mais il est jeté d'une tour de Notre-Dame par Quasimodo qui se laisse mourir près du corps de celle qu'il aime en secret. Cette histoire inspire plusieurs films (*La Esmeralda*, 1906 ; *Notre-Dame de Paris*, 1956), un dessin animé des studios Disney (*Le Bossu de Notre-Dame*, 1996) et une comédie musicale qui remporte un succès international (1998).

NOUAKCHOTT ✦ Capitale de la Mauritanie, dans l'ouest du pays, près de la côte atlantique. 958 400 habitants (les *Nouakchottois*). Port fondé en bordure du désert (1958), centre administratif et commercial.

NOUMÉA ✦ Chef-lieu de Nouvelle-Calédonie, dans le sud-est du territoire, sur la mer de Corail. 99 926 habitants. Centre culturel consacré à la culture des **Kanaks**. Port, centre administratif, commercial et industriel (fonderies, traitement du nickel, alimentaire, bois). Ville natale de Francis Carco.

NOUREÏEV Rudolf (1938-1993) ✦ Danseur autrichien, d'origine soviétique. Danseur étoile de la troupe du Kirov de Leningrad qu'il quitte au cours d'une tournée à Paris (1961), il intègre le Royal Ballet de Londres (1962) tout en collaborant avec des compagnies internationales. Il interprète avec une virtuosité exceptionnelle les grands ballets classiques ou contemporains (*Le Lac des cygnes*, 1965 ; *Pelléas et Mélisande*, 1969 ; *Le Sacre du printemps* de Béjart, 1971 ; *Petrouchka*, 1972 ; *Le Bourgeois gentilhomme* de Balanchine, 1979) et signe ses propres chorégraphies. Il adopte la nationalité autrichienne (1982) et devient directeur de la danse (1983-1989) puis chorégraphe à l'Opéra de Paris (*Roméo et Juliette*, 1991 ; *La Bayadère*, 1992).

NOUVEAU-BRUNSWICK n. m. ✦ Province de l'est du Canada, depuis 1867 (☛ carte 48). Superficie : 72 908 km² (environ un septième de la France). 729 997 habitants. Capitale : Fredericton. On y parle l'anglais et le français. Le Nouveau-Brunswick est formé par le prolongement des **Appalaches**, par une vaste plaine à l'est, et bordé à l'ouest par le Saint-Laurent. Le climat est continental. L'agriculture (élevage laitier, fourrage, pomme de terre, fruits) et la pêche (crustacés, morue, sardine) sont développées. L'industrie variée (bois, alimentaire, construction navale, textile) est alimentée par un important réseau hydroélectrique.

NOUVEAU-MEXIQUE n. m. ✦ État du sud-ouest des États-Unis, depuis 1912 (☛ carte 47). Superficie : 315 115 km² (presque les deux tiers de la France). 2,06 millions d'habitants. Capitale : Santa Fe (67 947 habitants). On y parle l'anglais, l'espagnol et des langues indiennes. ♦ Le Nouveau-Mexique est formé par les hauts plateaux du sud des Rocheuses, traversés par de profonds canyons et par le **Rio Grande** du nord au sud. Le climat est sec et ensoleillé, les hivers sont froids. Agriculture (coton, fourrage, maïs, sorgo, blé, betterave, fruits), développée grâce à l'irrigation, et élevage (vaches, moutons). Le sous-sol est riche (pétrole, gaz naturel, potasse, cuivre, uranium, or, argent, plomb, zinc) et le tourisme très actif (canyons, déserts, civilisations indiennes). ♦ La région est peuplée d'Indiens (**Apaches**, Pueblos, Navajos) lorsqu'elle est colonisée par les Espagnols (fin du XVIe siècle), puis reconquise par les Indiens (1692). Le **Mexique** en fait une province lors de son indépendance (1821-1823) et la cède aux États-Unis en même temps que le Texas (1848). La lutte contre les Apaches se poursuit jusqu'en 1886. Les États-Unis expérimentent la première bombe atomique au centre de recherche nucléaire de Los Alamos (16 juillet 1945).

NOUVEAU MONDE n. m. ✦ Nom donné au continent américain par les Européens lorsqu'ils le découvrent en 1492.

NOUVEL Jean (né en 1945) ✦ Architecte français. La réalisation de la façade de l'Institut du monde arabe, à Paris (1987), le fait remarquer du grand public et il acquiert une renommée internationale. Parmi ses œuvres, où l'utilisation du métal et du verre accroît les effets de lumière, on peut citer notamment la Fondation Cartier, à Paris (1994), le Palais des congrès et de la culture de Lucerne (1999), la tour Agbar à Barcelone (2003), le musée des Arts premiers du Quai Branly (2006), le Louvre Abou Dhabi et la Philharmonie de Paris (2015).

NOUVELLE-ANGLETERRE n. f. ✦ Région historique du nord-est des États-Unis, formée des six États issus des colonies anglaises fondées au XVIIe siècle sur la côte atlantique (Connecticut, Maine, Massachusetts, New Hampshire, Rhode Island, Vermont).

NOUVELLE-AQUITAINE n. f. ✦ Région administrative du sud-ouest de la France, créée par la loi du 16 juillet 2015, regroupant les anciennes Régions **Aquitaine, Limousin** et **Poitou-Charentes** (☛ carte 22). Elle comprend douze départements : la Charente, la Charente-Maritime, la Corrèze, la Creuse, les Deux-Sèvres, la Dordogne, la Gironde, la Haute-Vienne, les Landes, le Lot-et-Garonne, les Pyrénées-Atlantiques et la

Vienne. Superficie : 84 000 km², c'est la plus grande Région. 5,88 millions d'habitants. Chef-lieu : Bordeaux.

NOUVELLE-CALÉDONIE n. f. ✦ Collectivité territoriale française, en **Mélanésie**, dans la mer de Corail (☛ cartes 21, 22 et 51). Superficie totale : environ 18 575 km². 268 767 habitants (les *Néo-Calédoniens*), dont 43 % de Mélanésiens (les **Kanaks**). Chef-lieu : Nouméa. On y parle le français et des langues mélanésiennes. Monnaie : le franc des comptoirs français du Pacifique. ♦ Au nord du tropique du Capricorne, la Nouvelle-Calédonie est constituée d'une île principale (la Grande Terre), d'îles (Loyauté, des Pins, Bélep) et de nombreux îlots coralliens. La Grande Terre, qui s'étend sur 400 km, est formée d'une longue arête montagneuse et entourée de récifs de corail. Les lagons et les récifs coralliens sont inscrits sur la liste du patrimoine mondial de l'Unesco. La végétation est riche (cocotiers, lianes, forêts), le climat subtropical humide connaît parfois des cyclones. L'agriculture (igname, taro, patate douce, manioc, maïs) et la pêche alimentent la consommation locale. Les Européens introduisent l'exploitation du café, du cocotier et l'élevage. Le sous-sol est riche (4e producteur mondial de nickel, chrome, cobalt, fer, cuivre, or, manganèse, plomb, argent). Le tourisme est en plein développement. ♦ Découverte par James **Cook** (1774), l'île devient une possession française (1853) puis une colonie autonome (1860) qui sert de pénitencier (1864-1896). Les mouvements kanaks pour l'indépendance s'opposent régulièrement aux Européens, appelés *Caldoches* (1878 ; 1984-1988) mais un référendum décide du maintien du territoire dans la République (1987). Des accords prévoyant la mise en place progressive d'une plus grande autonomie sont signés avec le gouvernement français (1988). Jean-Marie Tjibaou, le chef des indépendantistes est assassiné (1989), mais les accords sont maintenus puis confirmés (1998). Un référendum sur l'accession à l'indépendance doit être organisé en 2018.

NOUVELLE-ÉCOSSE n. f. ✦ Province de l'est du Canada, depuis 1867 (☛ carte 48). Superficie : 55 284 km² (environ un dixième de la France). 913 462 habitants (les *Néo-Écossais*). Capitale : Halifax. La Nouvelle-Écosse forme une péninsule, avec des montagnes peu élevées, des plaines et des vallées. Le climat océanique est humide et les hivers sont froids. Seuls 5 % des terres sont consacrés à l'agriculture (élevage laitier, volailles, œufs, airelles). La pêche (homard, coquillages, morue, hareng) est en plein développement. La forêt et le sous-sol sont exploités (charbon, sel, gypse). L'industrie reste peu développée mais la découverte de pétrole va modifier l'avenir de la région.

NOUVELLE-GUINÉE n. f. ✦ Île d'Océanie, dans l'océan Pacifique, au nord de l'Australie (☛ carte 51). Superficie : 775 210 km² (presque une fois et demie la France), l'une des plus grandes îles du monde. Elle est peuplée de **Papous** et partagée entre l'**Indonésie** à l'ouest (**Irian Jaya**) et la **Papouasie-Nouvelle-Guinée** à l'est. Cette île montagneuse, volcanique et humide, possède quelques plantations (café, cacao, coprah) et des mines d'or.

NOUVELLE-ORLÉANS (La) ✦ Ville des États-Unis (Louisiane), sur le **Mississippi.** 343 829 habitants, (1,3 million pour la zone urbaine). Port fluvial actif, centre industriel (raffinage, pétrochimie), universitaire, touristique (maisons créoles, carnaval, festival de jazz). Ville natale de Sidney Bechet, Louis Armstrong, Truman Capote. ♦ La ville est fondée par les Français (vers 1718), cédée à l'Espagne (1762-1800), puis vendue par Napoléon Ier aux États-Unis (1803). Elle décline après la guerre de Sécession quand la capitale de l'État est transférée à Baton Rouge (1849). La Nouvelle-Orléans voit naître un nouveau style musical, à l'origine du jazz (début du XXe siècle). En 2005, elle est ravagée par un ouragan.

NOUVELLES-HÉBRIDES (les) n. f. pl. ✦ Nom de la république de **Vanuatu** jusqu'en 1980.

NOUVELLE-ZÉLANDE n. f. ✦ Pays d'Océanie, au sud-est de l'Australie, dont il est séparé par la mer de Tasman (☛ carte 51). Superficie : 267 844 km² (environ la moitié de la France). 4 millions d'habitants (les *Néo-Zélandais*), dont 9 % de Maoris. Démocratie parlementaire dont la capitale est Wellington. Autre ville importante : Auckland. Langues officielles : l'anglais et le maori ; on y parle aussi des langues polynésiennes. Monnaie : le dollar néo-zélandais. ♦ GÉOGRAPHIE. L'archipel s'étend sur 1500 km de long et 200 km de large. Les côtes bordées de plaines sont très découpées. Les deux îles principales sont l'île du Nord (114 821 km²), dont les volcans sont encore en activité (Mont Ruapehu, 2 797 m), et l'île du Sud (149 463 km²) qui possède deux grandes plaines dominées par les Alpes de Nouvelle-Zélande culminant au mont Cook (3 754 m). Le climat tempéré est humide, avec des influences subtropicales au nord, plus froides au sud. ♦ ÉCONOMIE. Agriculture (blé, maïs, avoine) dans les plaines. Viticulture et culture de fruits (agrumes, kiwis) sur l'île du Nord. Élevage très développé : le pays est l'un des premiers exportateurs du monde de viande, de laine et de produits laitiers. La pêche est bien développée. L'industrie est active (bois, transport, confection, chaussure, imprimerie, matériel de communications) et les fonds sous-marins contiennent du gaz naturel. ♦ HISTOIRE. La Nouvelle-Zélande est peuplée de **Maoris** (depuis 650) quand le Hollandais Tasman découvre l'île du Sud (1642). Le capitaine **Cook** l'explore (1769) et l'installation des colons britanniques provoque des guerres avec les Maoris (1843-1847 et 1860-1869). Le pays devient une colonie anglaise (1851) et l'assemblée élue (1852) adopte des lois nouvelles pour l'époque (élection au suffrage universel, 1889 ; droit de vote des femmes, 1893 ; retraite, 1898). Le pays obtient son autonomie (1907), participe à la guerre des **Boers** et aux deux Guerres mondiales contre l'Allemagne et le Japon. Il prend son indépendance comme fondateur du Commonwealth (1931). Depuis quelques années, la Nouvelle-Zélande met en valeur la culture maorie et se trouve à la tête des organisations antinucléaires du Pacifique.

NOVGOROD ✦ Ville de Russie, chef-lieu de région, au sud de Saint-Pétersbourg, appelée aujourd'hui *Veliki Novgorod.* 223 200 habitants. Outre le kremlin dont l'enceinte est flanquée de neuf tours, la ville conserve une quarantaine d'églises dont la cathédrale Sainte-Sophie (XIe siècle) ; les monuments sont inscrits sur la liste du patrimoine mondial de l'Unesco. ♦ C'est une riche principauté commerçante et artistique au Moyen Âge et la première capitale de la Russie (IXe siècle). L'école de peinture de Novgorod mêle l'art byzantin et l'inspiration populaire, aux couleurs vives et fortes.

NOVOSSIBIRSK ✦ Ville de Russie, dans l'ouest de la Sibérie, sur l'Ob. 1,4 million d'habitants. Port d'exportation (pétrole, blé), centre culturel, scientifique et industriel (mécanique, chimie, alimentaire, hydroélectricité).

NUBIE n. f. ✦ Région du nord-est de l'Afrique, qui s'étend de l'Égypte au Soudan. C'est un désert traversé par le **Nil** et sa vallée agricole (coton, datte, canne à sucre). ♦ La région présente des traces d'occupation humaine très ancienne (plus de 200 000 ans av. J.-C.). Elle commerce avec l'**Égypte** qui l'appelle le *pays de Coush* (4 000 ans av. J.-C.). Les pharaons la colonisent, fondent la province de Coush (vers 1500 av. J.-C.) et construisent des temples (**Abou Simbel**, **Philae**). La province retrouve son indépendance et annexe à son tour l'Égypte (VIIIe siècle av. J.-C.). Renversée par les Assyriens (671 av. J.-C.), la dynastie coushite se replie en Nubie puis disparaît sous la poussée du royaume d'Aksoum (Éthiopie, 350 av. J.-C.).

NUIT DE CRISTAL ✦ Nuit du 9 au 10 novembre 1938, pendant laquelle les partisans d'Hitler, soutenus par la **Gestapo** et les **SS**, se livrent à un gigantesque pogrom dans toute l'Allemagne pour venger l'assassinat d'un diplomate allemand à Paris. Elle doit son nom aux vitrines brisées des magasins.

NUIT DES LONGS COUTEAUX ✦ Nuit du 29 au 30 juin 1934, pendant laquelle Hitler fait éliminer par les **SS** les dirigeants des **SA**, devenus trop ambitieux à ses yeux.

NUMIDIE n. f. ✦ Ancien royaume d'Afrique du Nord, qui correspond à une partie de l'Algérie actuelle. Dans l'Antiquité, la région est peuplée de **Berbères** semi-nomades. Après la deuxième guerre punique, le général Masinissa en fait un royaume (202 av. J.-C.), divisé à sa mort (148 av. J.-C.) puis vaincu par **Sylla** (105 av. J.-C.). La Numidie devient une province de l'Empire **romain** (46 av. J.-C.) qui lui accorde son indépendance (vers 200), développe l'agriculture et l'urbanise (**Timgad**). Elle est christianisée (IIe siècle), conquise par les **Vandales** (429-533) et passe sous la domination arabe (VIIIe siècle).

NUNAVIK n. m. ✦ Territoire du Québec, situé au nord de la province (☛ carte 48). Superficie : 500 000 km^2 (environ la France). 11 000 habitants en majorité **Inuits**. Ville principale : Kuujjuaq. La région est couverte au nord par la toundra, au sud par des forêts de conifères et surtout peuplée le long des côtes de la baie d'Hudson, à l'ouest, et de la baie d'Ungava, au nord-est. Elle vit du transport aérien, de la pêche, de la chasse, de ses ressources naturelles (pétrole, nickel, cuivre, cobalt) et du tourisme.

NUNAVUT n. m. ✦ Un des trois territoires du Canada, dans le nord du pays (☛ carte 48). Superficie : 2 millions de km^2 (environ quatre fois la France). 29 474 habitants, dont 85 % d'**Inuits**. Capitale : Iqaluit. Ce territoire vit de la pêche, de la chasse, de ses ressources naturelles (pétrole, gaz) et du tourisme. ♦ Territoire autonome créé en 1999, doté d'un gouvernement distinct. Il faisait auparavant partie des Territoires du Nord-Ouest.

NUREMBERG ✦ Ville d'Allemagne (Bavière). 499 237 habitants. Château impérial, église gothique Saint-Laurent (XIVe-XVe siècles) dans le centre médiéval fortifié (enceinte et grenier à blé, XVe-XVIe siècles), restauré ou reconstruit après la Deuxième Guerre mondiale. Centre industriel (mécanique, électricité, alimentaire), réputé pour sa manufacture de jouets et doté d'un port sur le canal Rhin-Main-Danube depuis 1972. Ville natale du peintre Albrecht Dürer dont on peut voir la maison. ♦ La ville, fondée vers 1050, appartient à la dynastie des **Hohenzollern** (1191). Elle est déclarée ville libre impériale, commerce avec la Méditerranée, la Baltique, et devient un centre artistique (XIIIe-XVIe siècles). Les grandes découvertes (route commerciale du cap de Bonne-Espérance) et les guerres européennes (XVIIe-XVIIIe siècles) accélèrent son déclin. Elle est rattachée à la Bavière (1806) et choisie par **Hitler** pour y tenir le congrès annuel du Parti national-socialiste. ♦ Les *lois de Nuremberg* (1935) privaient les Juifs de la citoyenneté allemande et de leurs droits civiques, et les excluaient de certaines professions. ♦ Le *procès de Nuremberg* s'y tient du 20 novembre 1945 au 1er octobre 1946. 24 dirigeants et 8 organisations de l'Allemagne nazie sont jugés pour crimes de guerre, crimes contre la paix et contre l'humanité. Douze d'entre eux sont condamnés à mort (**Göring**), sept à des peines de prison et trois sont acquittés. Des organisations (la **Gestapo**, le Parti national-socialiste, les **SS**) sont condamnées collectivement.

NURMI Paavo (1897-1973) ✦ Athlète finlandais. « Le Finlandais volant » domina la course de fond et de demi-fond dans les années 1920, remportant neuf médailles d'or aux Jeux olympiques (1920-1928) et battant treize records du monde.

Nymphéas (Les) n. m. pl. ✦ Série d'environ 250 tableaux peints, à partir de 1897, par Claude **Monet**, inspiré par son jardin de Giverny (☛ Impressionnisme p. 184). Clemenceau négocie avec le peintre qui donne dix toiles à l'État français (1922), exposées au musée de l'Orangerie des Tuileries et inaugurées en 1927. Le style évolue à partir de 1926, ne laissant plus apparaître que les fleurs et l'eau, où miroite la lumière ; il influence les peintres abstraits.

NYONS ✦ Chef-lieu d'arrondissement de la Drôme. 6 641 habitants (les *Nyonsais*) (☛ carte 23). Viticulture. L'*olive de Nyons* fournit une huile réputée.

OAS n. f. *(Organisation armée secrète)* ✦ Organisation clandestine fondée après l'échec du putsch d'Alger (21 avril 1961) pour s'opposer à l'indépendance de l'**Algérie**. Dirigée par les généraux putschistes, elle pratique des attentats contre le **FLN** et le gouvernement français, notamment après la signature des accords d'**Évian** (1962). Ses chefs sont arrêtés peu après puis amnistiés (1968).

OB n. m. ✦ Fleuve de Russie, long de 3 650 km. Il prend sa source dans le massif de l'**Altaï** et traverse l'ouest de la Sibérie. Il arrose Novossibirsk et forme un bassin de trois millions de km². Il reçoit plusieurs affluents, comme l'**Irtych** avec lequel il s'étend sur 5 410 km. Il se jette dans l'océan Arctique.

OBALDIA René de (né en 1918) ✦ Écrivain français. Il compose des poèmes (*Les Richesses naturelles*, 1952 ; *Innocentines*, 1969) et des romans au ton parfois provocateur et acide (*Tamerlan des cœurs*, 1955). Il conserve ce style dans ses pièces de théâtre (*Génousie*, 1960 ; *Du vent dans les branches de sassafras*, 1965). Académie française (1999).

OBAMA Barack (né en 1961) ✦ Homme d'État américain. Sénateur démocrate de l'Illinois depuis 2004, il est élu 44e président des États-Unis (2008-2016). L'accession d'un Africain-Américain à la Maison Blanche suscite un immense espoir dans un pays durement frappé par la crise. Il entreprend une réforme du système de santé, des opérations militaires contre **Daech** au Moyen-Orient et renoue des relations avec Cuba. Prix Nobel de la paix (2009).

OBERNAI ✦ Commune du Bas-Rhin. 10 822 habitants (les *Obernois*) (☛ carte 23). Production de vins et de bière. Matériel électrique.

OBWALD n. m. ✦ Canton de Suisse, dans le centre du pays (☛ carte 26). Superficie : 491 km². 33 755 habitants (les *Obwaldiens*), en majorité catholiques. Langue officielle : l'allemand. Chef-lieu : Sarnen. Il formait, avec le Nidwald, le canton d'Unterwald.

OCCIDENT (empire d') ✦ Nom donné à la partie occidentale de l'Empire **romain** lors de son partage (395). L'empire d'Occident a Rome pour capitale. Il revient au fils de **Théodose Ier le Grand**, Honorius (384-423). Les **Germains** défendent ses frontières mais, fuyant devant les Huns, ils l'envahissent (**Grandes invasions**). Rome est pillée par les Wisigoths (410), les Vandales (455) puis les Hérules qui déposent le dernier empereur (476, **Odoacre**). L'empire renaît avec le couronnement de **Charlemagne** (800).

① **OCCITANIE** n. f. ✦ Région du sud de la France dans laquelle on parle l'occitan ou langue d'oc. Elle s'étend au sud d'une ligne allant de la Gironde aux Alpes. La langue d'oc a été utilisée par les troubadours et elle a servi dans l'administration du Midi jusqu'au XVe siècle. Des poètes provençaux comme **Mistral** la font renaître au XIXe siècle.

② **OCCITANIE** n. m. ✦ Région administrative du sud-ouest la France, créée par la loi du 16 juillet 2015, regroupant les anciennes Régions **Languedoc-Roussillon** et **Midi-Pyrénées** (☛ carte 22). Elle comprend treize départements : l'Ariège, l'Aude, l'Aveyron, le Gard, le Gers, la Haute-Garonne, les Hautes-Pyrénées, l'Hérault, le Lot, la Lozère, les Pyrénées-Orientales, le Tarn et le Tarn-et-Garonne. Superficie : 72 700 km², c'est la 2e Région par la taille. 5,73 millions d'habitants. Chef-lieu : Toulouse.

OCCUPATION n. f. ✦ Période de la Deuxième **Guerre mondiale** pendant laquelle l'armée allemande occupe la France. L'armistice signé par **Pétain** (1940) définit une zone d'occupation qui s'étend au nord de la Loire et le long de la côte atlantique. Elle est séparée de la zone libre par une ligne de démarcation. À partir du 11 novembre 1942, l'Allemagne et l'Italie envahissent la zone libre où est installé le gouvernement de **Vichy** dont la politique de **collaboration** s'intensifie.

OCDE n. f. *(Organisation de coopération et de développement économiques)* ✦ Organisme créé en 1961 pour coordonner les politiques économiques de ses membres (34 États en 2016). Elle succède à l'OECE (Organisation européenne de coopération économique, 1948). Elle siège à Paris et publie des rapports semestriels sur l'économie mondiale. Elle propose l'expérience des pays industrialisés aux pays les moins développés et elle favorise le commerce international.

OCÉAN ATLANTIQUE → ATLANTIQUE (océan)

OCÉAN INDIEN → INDIEN (océan)

OCÉAN PACIFIQUE → PACIFIQUE (océan)

OCÉANIE n. f. ✦ Un des six continents du monde. L'Océanie est située dans l'océan Pacifique, au sud de l'équateur. Elle comprend l'**Australie**, la **Nouvelle-Zélande**, la **Nouvelle-Guinée** et de nombreuses îles regroupées en trois ensembles : la **Mélanésie**, la **Micronésie** et la **Polynésie** (☛ carte 51). Superficie : presque neuf millions de km^2 (plus de seize fois la France). 32 millions d'habitants (les *Océaniens*). ♦ L'Australie et la Nouvelle-Zélande constituent son centre économique et culturel. Le Japon est présent en Micronésie et en Mélanésie (investissements, tourisme). La région est décolonisée durant les années 1960. Les États indépendants se regroupent dans le Forum du Pacifique-Sud (1971). Ils luttent contre les essais nucléaires et ils défendent les zones de pêche et les ressources marines.

OCTAVE ✦ Petit-neveu de Jules César qui l'adopte en 45 av. J.-C. et le désigne comme son successeur. Il devient le premier empereur romain sous le nom d'**Auguste** (27 av. J.-C.).

ODENSE ✦ Ville du Danemark, chef-lieu de la Fionie. 152 060 habitants. Cathédrale Saint-Knud (XIIIe siècle), église Notre-Dame (XIIIe siècle), château (1720), hôtel de ville (1880-1883). Troisième ville du pays, port de commerce (produits agricoles). Industries (électricité, mécanique, textile, alimentaire, chantiers navals). Lieu de pèlerinage depuis l'assassinat du roi Knud IV (1086, canonisé en 1101). Ville natale d'Andersen.

ODER n. m. ✦ Fleuve d'Europe centrale, long de 854 km. Il prend sa source en République tchèque et traverse le sud de la Pologne. Il reçoit la Neisse et forme avec elle la *ligne Oder-Neisse* qui délimite la frontière entre l'Allemagne et la Pologne. Il se jette dans la mer Baltique.

ODESSA ✦ Ville d'Ukraine, dans le sud-ouest du pays, sur la mer Noire. Un million d'habitants. Plus grand port de la mer Noire. Industries (pétrole, constructions navales et mécaniques, alimentaire, cuir). Université. ♦ La ville est fondée par Catherine II (1794). Elle devient la troisième ville de Russie et son premier port pour l'exportation de céréales (XIXe siècle). Elle est un foyer d'agitation pendant la révolution russe (**Potemkine**, 1905). Occupée par les Autrichiens (1918) elle n'est reprise par l'Armée rouge qu'en 1920. Elle est en grande partie détruite pendant la Deuxième Guerre mondiale par les Allemands qui l'occupent et exterminent la communauté juive. Les Soviétiques la reconquièrent.

ODIN ✦ Principal dieu de la mythologie scandinave, dieu de la Guerre, de l'Écriture et de la Poésie. Son nom germanique est *Wotan*. Son fils aîné est **Thor**. Odin est borgne, armé d'un javelot et accompagné par un cheval à huit jambes, Sleipnir, et par deux loups et deux corbeaux. Il habite le **Walhalla**, paradis des guerriers morts au combat, et les **Walkyries** sont à son service.

ODOACRE (vers 433-493) ✦ Roi du peuple germanique des Hérules de 476 à sa mort. D'abord au service des Romains, il se révolte, dépose le dernier empereur d'**Occident**, Romulus Augustule (476) puis il se place sous l'autorité de l'Empire **byzantin**. L'empereur, inquiet de son pouvoir grandissant, envoie contre lui le roi des **Ostrogoths**, Théodoric le Grand, qui l'assiège dans Ravenne (490-493) et l'assassine.

Odyssée ✦ Épopée grecque écrite vers le VIIIe siècle av. J.-C. et attribuée à **Homère**. Elle est composée de vingt-quatre chants, de 12 109 vers. Elle raconte le retour mouvementé d'**Ulysse** à Ithaque, après la guerre de **Troie**. Pendant dix ans, de nombreux obstacles l'empêchent de rejoindre sa patrie : il est retenu prisonnier par Calypso, rencontre **Nausicaa** et la magicienne **Circé**, échappe au cyclope **Polyphème**, à **Charybde et Scylla**, et déjoue le piège des **Sirènes**. De retour à Ithaque, il tue les prétendants qui voulaient prendre sa place pendant sa longue absence, avec l'aide de son fils **Télémaque**. Puis il retrouve enfin sa femme **Pénélope**. Ces aventures ont inspiré les artistes de l'Antiquité et de la Renaissance. L'*Odyssée* est également le sujet de films et de dessins animés.

ŒDIPE ✦ Personnage de la mythologie grecque, fils du roi de Thèbes **Laïos** et de **Jocaste**. Ses parents l'abandonnent lorsque les oracles leur annoncent qu'il va tuer son père et épouser sa mère. Il est recueilli par le roi de Corinthe qui l'élève comme son fils. Voulant échapper à la prédiction, Œdipe s'enfuit loin de ceux qu'il croit être ses parents. En chemin, il tue un voyageur sans savoir que celui-ci est son père. Puis il arrive aux portes de Thèbes et répond correctement aux énigmes du **Sphinx**. Par gratitude pour celui qui a vaincu le monstre, les habitants le proclament roi de Thèbes et il épouse la reine, qui est sa mère. Lorsque la vérité éclate, Jocaste se tue et Œdipe se crève les yeux. Il part sur les routes de l'Attique, guidé par sa fille **Antigone**. Son destin tragique a inspiré les auteurs antiques (**Sophocle**, **Euripide**), les écrivains classiques (Corneille, 1659 ; Voltaire, 1718) et ceux du XXe siècle (*Œdipe* de Gide, 1931 ; *La Machine infernale* de Cocteau, 1934). Dans la théorie de **Freud**, le *complexe d'Œdipe* est l'attachement jaloux du jeune enfant pour le parent du sexe opposé, alors qu'il considère le parent du même sexe que lui comme un rival : on parle de *conflit œdipien*.

OFFENBACH Jacques (1819-1880) ✦ Compositeur français, d'origine allemande. Il étudie le violoncelle au Conservatoire de Paris. Il est nommé directeur de la musique à la Comédie-Française (1850). Il décide d'ouvrir son propre théâtre, les Bouffes-Parisiens (1855). Il compose plus d'une centaine d'opérettes pleines de gaieté et de fantaisie, qui symbolisent l'esprit parisien du Second **Empire**. Ses œuvres les plus célèbres sont : *La Belle Hélène* (1864), *La Vie parisienne* (1866), *La Périchole* (1868) et *La Fille du tambour-major* (1879), ainsi qu'un opéra, les *Contes d'Hoffmann*, joué après sa mort (1881).

① **OHIO** n. m. ✦ Rivière de l'est des États-Unis, longue de 1 580 km. Elle naît dans les Appalaches et arrose Pittsburgh. Elle forme la frontière entre la Virginie-Occidentale et l'Ohio, puis entre le Kentucky et l'Ohio et enfin entre l'Indiana et l'Illinois avant de se jeter dans le Mississippi.

② **OHIO** n. m. ✦ Un des États des États-Unis (depuis 1803), situé dans le nord-est du pays entre la rivière Ohio et le lac Érié (☛ carte 47). Superficie : 106 289 km^2 (environ un cinquième de la France). 11,3 millions d'habitants. Capitale : Columbus (711 470 habitants). Autres villes importantes : Cincinnati, Cleveland. ♦ L'Ohio est formé d'une plaine bordée au nord par le lac Érié, au sud par la rivière Ohio, et qui s'élève à l'est vers les Appalaches. L'agriculture occupe environ la moitié de la surface (céréales, soja, tabac, pomme de terre, fruits, élevage de vaches, de porcs et de volailles). Le sol recèle d'importantes ressources minérales (charbon, sel, pétrole, gaz naturel). L'industrie est développée (sidérurgie, chimie, mécanique). ♦ Les **Iroquois** habitent la région quand les Français l'explorent (1670). La région est colonisée par les Anglais (1763). Ces derniers la cèdent aux États-Unis (1783).

OHM Georg Simon (1789-1854) ✦ Physicien allemand. Il développe une terminologie scientifique qui permet de définir la différence de potentiel et le courant électrique. Il découvre les relations proportionnelles existant dans un circuit électrique entre la tension et l'intensité (*lois d'Ohm*, 1827). Il précise ainsi les concepts de résistance et de résistivité, et son nom est donné à l'unité de résistance électrique (un *ohm*).

OISANS n. m. ✦ Région montagneuse des Alpes françaises, au sud-est de Grenoble. L'Oisans est dominé par trois sommets : les **Écrins** (4 102 m), le Pelvoux (3 943 m à la pointe Puiseux) et la Meije (3 983 m). Ressources hydroélectriques. Élevage. Tourisme montagnard bien développé. Une partie du massif est protégée (parc naturel des Écrins).

① **OISE** n. f. ✦ Rivière du Bassin parisien, longue de 302 km (☛ carte 21). Elle prend sa source en Belgique. Elle reçoit l'Aisne, arrose Compiègne, Creil, Pontoise, Cergy et se jette dans la Seine. Le parc naturel régional Oise-Pays de France (60 000 ha), créé en 2004, s'étend sur une partie de la Picardie et de l'Île-de-France.

② **OISE** n. f. ✦ Département du nord de la France [60], de la Région Hauts-de-France. Superficie : 5 860 km². 818 680 habitants. Chef-lieu : Beauvais ; chefs-lieux d'arrondissement : Clermont, Compiègne et Senlis. Le parc naturel régional Oise-Pays de France (60 000 ha), créé en 2004, comprend les forêts de Chantilly et d'Ermenonville.

OIT n. f. (*Organisation internationale du travail*) ✦ Organisation créée en 1919, rattachée à l'ONU en 1946. Elle a pour but d'améliorer les conditions de travail et de promouvoir la justice sociale dans le monde. Elle compte 183 États membres en 2012. Prix Nobel de la paix (1969).

OKINAWA ✦ Île japonaise de l'archipel des Ryukyu, au sud-ouest du pays. Superficie : 1 200 km². 1,43 million d'habitants. Chef-lieu : Naha. Agriculture (riz, patate douce, fruits). Pêche. ♦ De violents combats entre Américains et Japonais s'y déroulent pendant la Deuxième **Guerre mondiale** (1945). L'île passe sous administration américaine puis revient au Japon (1972). Les Américains y conservent des bases militaires.

OKLAHOMA n. m. ✦ Un des États des États-Unis (depuis 1907), situé au centre du pays (☛ carte 47). Superficie : 181 090 km² (plus du tiers de la France). 3,8 millions d'habitants. Capitale : Oklahoma City (506 132 habitants). ♦ L'Oklahoma est formé d'une plaine traversée par de nombreuses rivières (comme l'**Arkansas**) et bordé de régions montagneuses. Climat continental plus froid et plus sec à l'ouest. Agriculture (3e producteur de blé du pays ; céréales, coton, fruits, légumes, élevage bovin). Le sous-sol est riche (3e producteur de pétrole du pays, gaz naturel, métaux). L'industrie exploite ces ressources naturelles (alimentaire, raffinerie, pétrochimie, métallurgie, verre). ♦ La région est explorée par les Espagnols (XVIe siècle). Elle fait partie de la Louisiane française (1682) et est vendue avec elle par Napoléon Ier aux États-Unis (1803). Elle devient la réserve indienne des «Cinq Nations», dont les **Cherokees** (1819). Mais elle est disputée aux Indiens (1889-1904), en raison de l'aide qu'ils ont apportée aux Sudistes pendant la guerre de Sécession.

OLDENBURG Claes (né en 1929) ✦ Artiste américain d'origine suédoise. Il devient l'une des vedettes du pop art avec *The Store* (1962). Il réalise des sculptures molles (*Typewriter*, 1963), puis des œuvres monumentales (*Lipstick Monument*, 1969-1974). En 1990, il crée une *Bicyclette bleue ensevelie* pour la Villette à Paris ainsi qu'une série d'instruments de musique mous (*Soft Saxophone*).

OLÉRON (île d') ✦ Île de Charente-Maritime, dans l'océan Atlantique. Superficie : 175 km². Après la Corse, c'est la plus grande île française. Elle est reliée au continent par un pont depuis 1966. 21 889 habitants (les *Oléronais*). Villes principales : Le Château-d'Oléron et Saint-Pierre-d'Oléron. Ostréiculture (bassin de **Marennes**), aquaculture, pêche et viticulture. Tourisme. ♦ L'île est habitée dès la préhistoire. Elle est réunie à la Couronne sous Charles V. Elle est occupée par les troupes allemandes pendant la Deuxième Guerre mondiale (1940-1945).

OLIVER TWIST → TWIST Oliver

OLIVIER sir Laurence (1907-1989) ✦ Acteur, metteur en scène et cinéaste britannique. Acteur classique, il se spécialise dans l'interprétation et la mise en scène du théâtre de Shakespeare. Il tourne au cinéma plusieurs films dont *Les Hauts de Hurlevent* (1939), et porte à l'écran trois œuvres de Shakespeare (*Henri V*, 1944 ; *Hamlet*, 1948 ; *Richard III*, 1955). Cofondateur et directeur du National Theatre de Londres (1962), il se consacre alors aux auteurs contemporains. ▪ Son vrai nom est *Laurence Kerr*.

OLMÈQUES n. m. pl. ✦ Nom donné par les Aztèques à une civilisation, établie au sud du golfe du Mexique. Les Olmèques vivent de l'agriculture et du commerce. Ils édifient des cités aux monuments pyramidaux, utilisent une écriture hiéroglyphique. La civilisation atteint son apogée entre 1200 et 500 av. J.-C. Célèbres pour le travail du jade, la sculpture sur pierre (énormes têtes monolithiques), le culte du dieu jaguar, le jeu de balle et leur calendrier de 260 jours, ils influenceront les civilisations postérieures de la région, comme les **Mayas** et les **Zapotèques**.

OLORON-SAINTE-MARIE ✦ Chef-lieu d'arrondissement des Pyrénées-Atlantiques, sur le gave d'Oloron, affluent du gave de Pau. 10 824 habitants (agglomération 17 046) (les *Oloronais*) (☛ carte 23). Cathédrale Sainte-Marie. Aéronautique. Chocolaterie. Fabrication traditionnelle de bérets.

OLP n. f. (*Organisation de libération de la Palestine*) ✦ Organisation palestinienne fondée en 1964 pour libérer la **Palestine**. Après la défaite des pays arabes contre Israël dans la guerre des **Six Jours**, elle s'affranchit de leur tutelle. Elle accueille le Fatah d'**Arafat**, qui devient son président (1968). Sa charte témoigne d'une radicalisation du mouvement ; elle prévoit la destruction de l'État d'Israël par la lutte armée et la création d'un État palestinien. Mais elle rompt avec la Jordanie et s'installe au Liban (1971). Puis elle est reconnue par la Ligue arabe et l'ONU (1974). Elle perd ses bases militaires au Liban après l'offensive d'**Israël** et s'installe à Tunis (1982). L'OLP désavoue alors l'action terroriste menée par certains de ses membres qui la quittent et elle s'engage sur la voie de la diplomatie. L'*Intifada* est le signe d'un renouveau et voit la proclamation de l'État palestinien (1988). L'OLP et Israël signent un accord (1993) par lequel ils se reconnaissent mutuellement et qui instaure un gouvernement palestinien autonome dans les régions de Jéricho et de Gaza. L'échec des négociations sur le statut définitif des territoires occupés aboutit à une deuxième *Intifada* (2000). Celle-ci prend fin avec la mort de Yasser **Arafat** (2004).

OLYMPE n. m. ✦ Massif montagneux de Grèce, dans le nord du pays, entre la Thessalie et la Macédoine. C'est le point culminant du pays (Panthéon, 2 911 m). Les Grecs de l'Antiquité pensaient que le sommet de l'Olympe abritait le palais de **Zeus** où se réunissaient les dieux.

OLYMPIE ✦ Site archéologique de Grèce, dans le Péloponnèse. Dans l'Antiquité, c'est un sanctuaire consacré à Zeus, dont la statue d'or et d'ivoire, haute de 12 m et attribuée à **Phidias**, est classée parmi les Sept **Merveilles du monde**. Olympie était un grand centre religieux et sportif (jeux **Olympiques**) mais aussi diplomatique comme lieu de rendez-vous du monde grec (Ve siècle av. J.-C.). Le site est peu à peu abandonné puis finalement ruiné par un tremblement de terre (Ve siècle). Les fouilles françaises (1829) puis allemandes (1875-1881 et depuis 1908) révèlent le plus important site archéologique de Grèce. Il est inscrit sur la liste du patrimoine mondial de l'Unesco.

OLYMPIQUES (jeux) ✦ Compétition sportive qui naît à **Olympie** sur les conseils de l'oracle de Delphes pour remédier aux guerres en imposant une trêve pendant la période des jeux. Ils sont organisés en l'honneur de Zeus. Ils ont lieu tous les quatre ans depuis la première célébration officielle (776 av. J.-C.) jusqu'à leur interdiction par Théodose Ier (394). Pierre de **Coubertin** fait revivre à l'ère moderne la tradition de ces jeux (1896). Des compétitions internationales se tiennent tous les quatre ans dans une ville différente et réunissent des milliers d'athlètes de nombreux pays. La création des jeux d'hiver (1924), organisés en alternance avec ceux d'été, permet de programmer des compétitions tous les deux ans. La flamme est allumée à Olympie et le flambeau est porté par relais jusqu'à la ville qui accueille les jeux. Traditionnellement, lors de la cérémonie d'ouverture des jeux, la délégation grecque marche en tête du défilé des athlètes.

OMAN (mer d') ✦ Partie de l'océan Indien limitée à l'ouest par la péninsule Arabique, au nord par le Pakistan, à l'est par l'Inde. On l'appelle aussi *mer d'Arabie*.

OMAN n. m. ✦ Pays d'Arabie (☛ cartes 38, 39). Superficie : 212 460 km² (un peu moins de la moitié de la France). 2,5 millions d'habitants (les *Omanais*). Monarchie («sultanat» dirigé par un sultan) dont la capitale est Mascate. Langue officielle : l'arabe. Religion officielle : l'islam. Monnaie : le riyal omanais. ♦ GÉOGRAPHIE. Une enclave située au nord du pays et coupée de celui-ci par les Émirats arabes unis domine le détroit d'**Ormuz**. Au nord et au sud, Oman est occupé par des montagnes séparées par des plaines et des déserts. Le climat est chaud et sec. ♦ ÉCONOMIE. Agriculture (palmier-dattier, fruits, olivier, agrumes, céréales, vigne). Pêche en récession. Le pétrole et le gaz naturel sont le moteur de l'économie omanaise car le sous-sol est riche (cuivre, manganèse, phosphates, marbre, or, platine). ♦ HISTOIRE. Oman est déjà un royaume 3 000 ans av. J.-C. Il est conquis par les Perses (536 av. J.-C.). Puis il est islamisé (VIIe siècle). Les Portugais occupent plusieurs points du pays (XVIe-XVIIe siècles), puis, après leur départ, le sultanat de Mascate-et-Oman est fondé (1793). Celui-ci s'enrichit grâce au commerce pratiqué sur la côte est de l'Afrique et à **Zanzibar** jusqu'à l'abolition du trafic d'esclaves. Oman devient un royaume indépendant. Plusieurs rébellions sont réprimées avec l'aide des Britanniques. Le pays prend le nom de *sultanat d'Oman* en 1970.

OMBRIE n. f. ✦ Région administrative d'Italie, au centre du pays. Superficie : 8 456 km² (☛ carte 30). 825 826 habitants. Chef-lieu : Pérouse. ♦ Cette région montagneuse de l'**Apennin** est coupée de bassins et de collines où se concentrent l'agriculture (maïs, olivier, vigne, élevage de bovins et de porcs) et l'industrie (électrométallurgie, électrochimie) qui est développée grâce à d'importantes centrales hydroélectriques. La beauté des paysages et la richesse des villes d'art (**Assise**, Orvieto, Spolète) en font un centre touristique.

OMEYADES n. m. pl. ✦ Première dynastie de califes arabes qui règnent sur l'Empire musulman de 650 à 750, et sur l'Espagne de 756 à 1030. Fondée par le calife Muawiya, elle poursuit la conquête de l'empire qui s'étend alors de l'Atlantique au seuil de la Chine et doit faire face à l'opposition grandissante des **Abbassides**. Les Omeyades sont anéantis (750). Un Omeyade parvient à s'échapper : le futur calife **Abd al-Rahman III**, qui va régner sur l'émirat de **Cordoue** (756). La dynastie est à son apogée au Xe siècle mais des querelles internes l'affaiblissent et mènent à son déclin (1030).

OMSK ✦ Ville de Russie, au sud-ouest de la Sibérie, sur l'Irtych. 1,1 million d'habitants. Port fluvial. Centrale thermique. Industries (mécanique, chimie, textile, alimentaire, bois, cuir, raffinage pétrolier). Centre ferroviaire sur la ligne du **Transsibérien**. ♦ Fondée en 1716, la ville devient la métropole de la **Sibérie** occidentale (XIXe siècle). Elle devient en 1918 la capitale des contre-révolutionnaires mais elle est conquise par les bolcheviks en 1919.

ONEGA (lac) ✦ Lac de Russie, au nord-ouest du pays, en Carélie. Superficie : 9 700 km², deuxième lac européen par sa surface. Relié à la mer Blanche par le canal Baltique-mer Blanche.

ONTARIO (lac) ✦ Le plus à l'est des **Grands Lacs**, à la frontière entre le Canada (Ontario) et les États-Unis (New York). Superficie : 18 000 km². Il communique avec le lac **Érié** par les chutes du **Niagara**, et avec l'océan Atlantique par le Saint-Laurent. Sa rive canadienne abrite Toronto.

ONTARIO n. m. ✦ Province du Canada, depuis 1867, dans le sud-est du pays (☛ carte 48). Superficie : un million de km² (à peu près deux fois la France). 12,85 millions d'habitants, en majorité anglophones. Capitale : Toronto. Autre ville importante : Ottawa. ♦ La plaine borde la baie d'**Hudson** et la baie **James** au nord. Elle s'élève en plateaux parsemés de forêts, de rivières et de lacs vers la région des **Grands Lacs** au sud. L'Ontario est la province la plus peuplée et la plus riche du pays. Productions agricoles importantes (céréales, légumes, fruits, tabac, élevage de bovins, de porcs, de visons, de castors). Pêche. Le sous-sol est riche (nickel, cuivre, or, fer, uranium, gaz naturel). Les industries sont concentrées autour de Toronto (alimentaire, métallurgie, mécanique, aéronautique, pétrochimie, électricité, confection). L'activité portuaire (Grands Lacs, **Saint-Laurent**) est la deuxième du pays.

ONU n. f. *(Organisation des Nations unies)* ✦ Institution internationale créée par la charte des Nations unies qui est signée à San Francisco le 26 juin 1945 par 51 pays alors en guerre contre l'Allemagne, l'Italie et le Japon. L'ONU remplace la **Société des Nations** (créée en 1920). Elle a pour but d'assurer le maintien de la paix et de la sécurité dans le monde. Son siège est à New York et compte six organes principaux dont l'Assemblée générale qui rassemble les 193 pays membres (en 2016), et le Conseil de sécurité qui en comprend quinze dont cinq permanents (États-Unis, Russie, Chine, France, Royaume-Uni). Ces derniers possèdent un droit de veto qui paralyse parfois le rôle de l'ONU. Des organisations spécialisées (**Unesco**, **Unicef**, Organisation mondiale de la santé) lui sont rattachées. En 2001, l'ONU et son secrétaire général, Kofi Annan, reçoivent le prix Nobel de la paix.

OPEN D'AUSTRALIE n. m. ✦ Tournoi international de tennis professionnel annuel qui se déroule à Melbourne depuis 1905. C'est l'un des quatre plus importants tournois qui composent le Grand Chelem, avec Roland-Garros, Wimbledon et l'US Open (Flushing Meadows).

OPEP n. f. *(Organisation des pays exportateurs de pétrole)* ✦ Organisation créée en 1960 pour fixer les prix du pétrole. Elle comprend l'Arabie saoudite, l'Iran, l'Irak, le Koweït, le Venezuela, la Libye, le Nigeria, l'Indonésie, les Émirats arabes unis, l'Algérie, le Qatar, l'Équateur, le Gabon et l'Angola. La politique de hausse des prix qu'elle pratique fut à l'origine des chocs pétroliers (1973 et 1979).

OPÉRA (l') ✦ Monument de Paris, sur la rive droite de la Seine. Ce théâtre est construit par Charles **Garnier** (1862-1875), d'où son appelation *Opéra Garnier*. Le bâtiment de style Second **Empire** est orné de statues (*La Danse* de **Carpeaux**) et couronné par un dôme. Le plafond de sa grande salle est décoré par Marc **Chagall** (1964). C'est le siège de l'Académie nationale de musique et de danse. Il est réservé aux spectacles de danse depuis l'ouverture de l'*Opéra de Paris Bastille*, théâtre lyrique (1989).

OPIUM (guerres de l') ✦ Conflits qui opposent les Chinois aux Européens de 1839 à 1860. La première guerre de l'Opium oppose les Chinois aux Britanniques. Ces derniers importaient massivement de très grandes quantités d'opium des Indes pour forcer la Chine à s'ouvrir au commerce international. Le conflit est déclenché par la destruction, à Canton, d'une cargaison d'opium que les Chinois brûlent (1839). Les Britanniques envoient alors un corps expéditionnaire qui met fin à la première guerre. Le traité de **Nankin** (1842) donne aux Britanniques **Hong Kong** et le droit de commercer dans cinq ports chinois. L'ouverture commerciale de la Chine profite par la suite aux Français et aux Américains (1844). L'arraisonnement d'un navire anglais et l'assassinat d'un missionnaire français déclenchent la deuxième guerre de l'Opium (1858). Elle oppose les Chinois aux Britanniques et aux Français. Elle s'achève par le sac du palais d'été de Pékin, l'ouverture de légations dans cette ville ainsi que celle de onze nouveaux ports (traité de Pékin, 1860).

ORADOUR-SUR-GLANE ✦ Commune de la Haute-Vienne. 2 464 habitants (les *Radounauds*). Des soldats allemands massacrent sa population le 10 juin 1944, en représailles contre des attaques de la **Résistance**. Ils tuent 642 personnes, dont 245 femmes et 207 enfants, en les enfermant dans l'église qu'ils incendient. Ce village demeure comme l'un des symboles de la barbarie nazie. Les ruines sont conservées et une nouvelle commune a été reconstruite à proximité.

ORAN ✦ Ville d'Algérie, dans l'ouest du pays, sur la Méditerranée. 759 645 habitants (les *Oranais*). Deuxième port du pays après celui d'Alger. Industries (métallurgie, textile, plastique, agroalimentaire). Commerce. Universités. Ville natale d'Yves Saint Laurent. ♦ La ville est fondée par des musulmans andalous sur le site d'une colonie romaine (903) et devient un important centre d'échanges puis un repaire de pirates (XVᵉ siècle). Elle est conquise par les Espagnols (XVIᵉ siècle) qui la conservent jusqu'à sa destruction par un tremblement de terre (1790). Elle est occupée par les Français (1831) et retrouve son indépendance avec l'ensemble de l'Algérie en 1962.

ORANGE ✦ Ville du Vaucluse. 29 482 habitants (les *Orangeois*). Monuments romains datant du début de l'ère chrétienne (arc de triomphe à trois arches ; théâtre antique de 10 000 places), inscrits sur la liste du patrimoine mondial de l'Unesco, cathédrale romane (XIIᵉ siècle). Industries (chimie, alimentaire), centre culturel (festival d'art lyrique fondé en 1869, les Chorégies) et touristique. ♦ La cité celte devient une colonie romaine (35 av. J.-C.), développée sous **Auguste**. Elle devient une principauté au XIIIᵉ siècle. Celle-ci revient à la branche hollandaise de la famille Nassau (1544) qui conserve encore le titre de *prince d'Orange*. Elle est ensuite rattachée à la France (1702).

ORB n. m. ✦ Fleuve côtier du sud de la France, long de 415 km. Il prend sa source dans le causse du Larzac. Il arrose Béziers puis se jette dans la Méditerranée. Crues soudaines et violentes.

ORCADES (îles) ✦ Archipel britannique, au nord de l'Écosse, formant un district écossais (☛ carte 31). Superficie : 990 km². 19 245 habitants. Chef-lieu : Kirkwall. Parmi les soixante-dix îles une trentaine sont habitées. Certaines îles abritent des sites néolithiques (tombes, cromlechs, villages) inscrits sur la liste du patrimoine mondial de l'Unesco. Le pétrole de la mer du Nord transite par l'île de Flotta.

OREGON n. m. ✦ Un des États des États-Unis (depuis 1859), situé dans le nord-ouest du pays (☛ carte 47). Superficie : 249 281 km^2 (presque la moitié de la France). 3,4 millions d'habitants. Capitale : Salem (136 924 habitants). ♦ L'Oregon est formé d'un vaste plateau, désertique au sud et bordé d'une côte montagneuse. L'agriculture (céréales, légumes, fruits, élevage) se concentre au nord. L'exploitation de la forêt, des mines et de l'eau, alimente une partie de l'industrie (bois, électrochimie, électrométallurgie, chantiers navals, mécanique, raffineries de pétrole). ♦ La région est explorée par les Américains (vers 1800). Elle s'étendait alors jusqu'au Canada.

ORÉNOQUE n. m. ✦ Fleuve du Venezuela, long de 3 000 km. Il prend sa source à la frontière du Brésil. Puis il sépare le Venezuela de la Colombie. Il se jette dans l'Atlantique par un vaste delta marécageux dont la superficie atteint 25 000 km^2. C'est le 4e fleuve du monde par son débit.

ORESTE ✦ Personnage de la mythologie grecque. C'est le fils d'**Agamemnon** et de **Clytemnestre**, et le frère d'Électre et d'Iphigénie. Avec l'aide d'**Électre**, il tue sa mère et son amant pour venger la mort de son père. Les dieux, épouvantés par ce meurtre, lui envoient les **Érinyes** qui le poursuivent. Il est sauvé de ses tourments par **Athéna**. Il épouse Hermione et devient roi de Mycènes. Ce personnage inspire de nombreux auteurs : Euripide, Sophocle, Eschyle, Racine (*Andromaque*, 1667), Voltaire, Goethe, Giraudoux (*Électre*, 1937) et Sartre (*Les Mouches*, 1943).

ORFF Carl (1895-1982) ✦ Compositeur allemand. Il a mis au point une pédagogie musicale fondée sur le mouvement et le rythme. Influencé par la tragédie grecque, les jeux improvisés du Moyen Âge et les musiques orientales, il a composé une musique riche en percussions, sur des textes anciens, dans une atmosphère souvent incantatoire. Œuvres principales : *Carmina burana* (1937), *Catulli carmina* (1942).

ORGANISATION DES NATIONS UNIES → **ONU**

ORIENT (Empire romain d') ✦ Autre nom de l'Empire **byzantin**.

ORIENT-EXPRESS n. m. ✦ Train international créé en 1883 par la France. Il relie Paris à Constantinople sur 3 186 km, en passant par Munich, Vienne, Belgrade et Sofia. C'est le premier des grands trains de luxe. À l'origine il passait en bateau sur le Danube et la mer Noire. Son parcours est dédoublé entre un itinéraire qui passe au sud (1919) et un autre au nord (1926), puis prolongé en Asie Mineure (1930). Aujourd'hui il va de Paris à Budapest et parfois jusqu'à Bucarest.

① **ORION** ✦ Géant de la mythologie grecque. Ce fils de Poséidon est un célèbre chasseur. Il débarrasse l'île de Chios des fauves qui la ravagent. Mais le roi de Chios refuse de lui donner sa fille en mariage et le rend aveugle. Il retrouve la vue en s'exposant aux rayons du soleil levant. À Délos, il devient le compagnon d'**Artémis**, mais il pourchasse les **Pléiades** et Artémis le fait tuer par un scorpion. Orion et le Scorpion sont changés en constellations.

② **ORION** ✦ Constellation de la zone équatoriale. On y trouve de nombreuses étoiles et formations visibles à l'œil nu, comme la *Nébuleuse d'Orion*. Ses étoiles principales sont Bételgeuse et Rigel.

ORISSA n. m. ✦ État du centre-est de l'Inde. Superficie : 155 707 km^2 (environ un quart de la France). 41,9 millions d'habitants. Capitale : Bhubaneshwar (885 400 habitants). Il est irrigué par la rivière Mahanadi qui se jette dans le golfe du Bengale. Agriculture (céréales, cocotier, canne à sucre, pêche). Ressources minières importantes (manganèse, mica, bauxite, fer, charbon). Industries (hydroélectricité, métallurgie, chimie, bois).

ORLANDO ✦ Ville des États-Unis (Floride). 238 300 habitants (1,6 million pour la zone urbaine). Ville touristique (parc d'attractions Disneyworld).

ORLÉANS Charles d' → **CHARLES D'ORLÉANS**

ORLÉANS Philippe d' (1674-1723) ✦ Régent de France. Neveu de Louis XIV, il épouse l'une des filles de Madame de Montespan. Il s'illustre dans des batailles en Belgique et en Espagne. Mais, accusé de complots pour s'emparer du trône d'Espagne, il est exilé de la Cour. Il exerce finalement le pouvoir en tant que régent pendant la minorité de **Louis XV** (1715-1723). Plus libéral que Louis XIV, il opère un rapprochement avec l'Angleterre. Mais il ne parvient pas à faire face à une situation économique difficile, aggravée par l'échec du système de **Law**.

ORLÉANS Louis Philippe Joseph, duc d' dit **Philippe Égalité** (1747-1793) ✦ Arrière-petit-fils de Philippe d'**Orléans**, régent de France. Député de la noblesse aux états généraux de 1789, il se rallie parmi les premiers au tiers état. Élu député à la Convention (1792), il vote la mort de Louis XVI, son cousin, l'année suivante. Arrêté par les montagnards après l'émigration de son fils, le futur Louis-Philippe, il est condamné à mort et guillotiné.

ORLÉANS ✦ Chef-lieu du Loiret et de la Région Centre-Val de Loire, sur la Loire. 114 977 habitants (les *Orléanais*) et l'agglomération 275 933. Cathédrale gothique Sainte-Croix (reconstruite au XVIIe siècle), hôtel de ville de style Renaissance, musées. Industries (électricité, électronique, mécanique, agroalimentaire, chimie). Universités, centre de recherche (CNRS, INRA). Ville natale de l'écrivain Charles Péguy. Sa proximité avec Paris et l'amélioration des transports favorisent son développement et plusieurs milliers d'Orléanais se déplacent chaque jour vers la capitale. ♦ Cité gauloise, elle est successivement conquise par les Romains, par Attila (IVe siècle) et par Clovis (498). Elle accueille plusieurs écoles à l'époque de Charlemagne et devient une capitale intellectuelle. Les **Capétiens** en font une ville royale et la capitale de la France (trois rois s'y font sacrer). Les Anglais s'en emparent et elle est libérée par **Jeanne d'Arc** après sept mois de siège (1429) ☛ Guerre de Cent Ans p. 163. La navigation sur la Loire aide au développement de la ville (XVIIe-XVIIIe siècles). Mais après cette ère de prospérité, elle est fortement endommagée par les guerres (1870, 1940, 1944).

ORLY ✦ Ville du Val-de-Marne. 22 603 habitants (les *Orlysiens*). Son aéroport comprend deux aérogares (1961, 1971). Il accueille le trafic international et national et reçoit plus de 25 millions de passagers par an.

ORMUZ ✦ Île d'Iran, sur le détroit d'Ormuz. Superficie : 37 km^2. 3 817 habitants. Ce port commercial sur la route des Indes (XVIe siècle) occupe aujourd'hui une position stratégique en raison de sa proximité avec le détroit d'**Ormuz**.

ORMUZ (détroit d') ✦ Détroit situé entre Oman et l'Iran, large de 60 km. Il fait communiquer le golfe Arabo-Persique avec la mer d'Oman. Cet endroit stratégique est le point de passage obligé des deux tiers des exportations de pétrole de la région.

① **ORNE** n. f. ✦ Fleuve de Normandie, long de 152 km. Il prend sa source dans le Perche, arrose Argentan, Caen et se jette dans la Manche.

② **ORNE** n. f. ✦ Département du nord-ouest de la France [61], de la Région Normandie. Superficie : 6 103 km^2. 287 750 habitants. Chef-lieu : Alençon ; chefs-lieux d'arrondissement : Argentan et Mortagne-au-Perche.

ORPHÉE ✦ Musicien et poète de la mythologie grecque, fils de la muse **Calliope** et du roi de Thrace. Par son chant qui charme les dieux et les mortels, il aide les **Argonautes** à triompher des **Sirènes.** Puis il apaise **Cerbère** et les divinités des **Enfers** quand il y descend pour obtenir le retour à la vie de sa femme disparue, la nymphe **Eurydice.** Mais il désobéit aux dieux : il se retourne avant d'être définitivement sorti des Enfers et sa femme disparaît pour toujours, le laissant solitaire et inconsolable. L'histoire tragique d'Orphée et d'Eurydice inspire les artistes, notamment les poètes Virgile et Ovide, les musiciens Monteverdi, Gluck et Haydn, les peintres le Tintoret, Rubens et Delacroix ou encore le cinéaste Jean Cocteau.

ORSAY (musée d') ✦ Musée de Paris, installé dans l'ancienne gare d'Orsay (1986). Il présente la création artistique du monde occidental de 1848 à 1914, dans toute sa diversité (peintures, sculptures, photographies, objets d'art, mobilier). On peut y admirer de nombreuses œuvres des peintres impressionnistes (legs **Caillebotte**).

ORTHEZ ✦ Commune des Pyrénées-Atlantiques, sur le gave de Pau. 10 722 habitants (les *Orthéziens*) (☛ carte 23). Élevage, viticulture. Industrie alimentaire (jambon de Bayonne).

ORWELL George (1903-1950) ✦ Écrivain britannique. Après des études au prestigieux collège d'Eton (1917-1921), il s'engage dans la police impériale en Birmanie (1922-1927). De retour en Europe, il publie quelques essais à propos du chômage et de la misère. Engagé politiquement, il dénonce les pratiques totalitaires dans *La Ferme des animaux* (1945) et *1984* (publié en 1949). Il s'attaque à Hitler dans *Un peu d'air s'il vous plaît* (1939). ■ Son véritable nom est *Eric Arthur Blair.*

OSAKA ✦ Ville du Japon, sur l'île de Honshu, près de Kyoto. 2,63 millions d'habitants (☛ carte 57). Deuxième ville du pays après Tokyo et un des principaux ports. Centre industriel (métallurgie, machines outils, appareils électriques, textile). Ville natale de Kawabata. L'ensemble urbain et industriel qu'elle forme avec **Kobe** s'étend sur 75 km. ♦ La ville est fondée sur des canaux (IIIe siècle). Elle se développe autour d'un immense château qui y est élevé (XVIe siècle). Très endommagée par les bombardements (1945), elle est totalement reconstruite et le château est transformé en musée historique.

OSIRIS ✦ Dieu de la Végétation et du Bien dans la mythologie égyptienne. Son frère Seth, jaloux, le tue mais sa femme **Isis** le ressuscite avec l'aide d'**Anubis.** Il devient le dieu des Morts, qui leur permet d'atteindre la vie éternelle. Il préside les rites funéraires et règne sur le monde souterrain de l'au-delà. On le représente sous la forme d'une momie, qui tient les symboles de la royauté (fouet, sceptre). Il porte la barbe tressée des pharaons et la coiffe de la Haute-Égypte, une mitre blanche ornée de deux plumes. Son culte, célébré avec celui d'Isis et de leur fils **Horus,** a dépassé les limites de l'Égypte pour s'étendre à la Grèce et à l'Empire romain.

OSLO ✦ Capitale de la Norvège, dans le sud-est du pays, au fond d'un fjord. 647 700 habitants. Forteresse d'Akershus (XIVe, XVIIe siècles), cathédrale (XVIIe siècle), nombreux musées. Le plus important port du pays. Centre universitaire et industriel (mécanique, électronique, imprimerie, agroalimentaire, métallurgie). ♦ La ville est fondée au XIe siècle. Elle est détruite par un incendie (1624). Elle est reconstruite par Christian IV et elle prend alors le nom de *Christiania.* Lors de la séparation de la Norvège et du Danemark (1814), elle devient la capitale de la Norvège et se nomme à nouveau *Oslo* (1925).

OSSÉTIE n. f. ✦ Région historique du **Caucase,** partagée entre la Russie et la Géorgie (☛ carte 33). Ses habitants (les *Ossètes*) sont en majorité orthodoxes. Région très montagneuse. Agriculture (céréales, légumes, vigne, élevage de moutons). Industries (métallurgie, mécanique, alimentaire, bois). ♦ La région est annexée par les Russes après une guerre avec la Turquie (1768-1774). Elle est rattachée à la République socialiste soviétique autonome des Montagnes (1921). L'*Ossétie du Sud* est créée en **Géorgie** (1922), tandis que l'*Ossétie du Nord* devient une région (1924) puis une république autonome (1936).

OSSÉTIE DU NORD n. f. ✦ République de la fédération de Russie (☛ carte 33). Superficie : 8 000 km^2. 650 400 habitants. Capitale : Vladikavkaz (315 100 habitants). L'Ossétie du Nord prend son indépendance au sein de la Russie (1991) et connaît un conflit territorial avec l'**Ingouchie** (1992-1993).

OSSÉTIE DU SUD n. f. ✦ Ancienne région autonome de Géorgie. Superficie : 3 900 km^2. 54 000 habitants, qui parlent ossète et géorgien. Capitale : Tskhinvali. Après la perte de son autonomie (1990), l'Ossétie du Sud connaît un conflit sanglant (1991-1992) et un exode vers l'Ossétie du Nord. En 1994, puis en 2006, elle proclame son indépendance que seule la Russie reconnaît (2008).

OSTENDE ✦ Ville de Belgique (Flandre-Occidentale), sur la mer du Nord. 69 115 habitants (les *Ostendais*). Principal port de pêche du pays, liaison maritime avec l'Angleterre (commerce et passagers). Industries (chantiers navals, chimie, mécanique, alimentaire, bois). Station balnéaire et thermale. Ville natale de James Ensor.

OSTRAVA ✦ Ville de la République tchèque, dans l'est du pays, près de la frontière polonaise, sur l'Oder. 309 098 habitants. Église Saint Venceslas (XIIIe siècle), ancien hôtel de ville (1687). Importante ville du nord de la **Moravie**. Centre industriel (métallurgie, mécanique, chimie, centrales thermiques) localisé dans le bassin houiller de la **Silésie**.

OSTROGOTHS n. m. pl. ✦ Peuple germanique issu de la séparation des **Goths**. Les Ostrogoths sont les Goths orientaux soumis par les Huns (375) et intégrés à leur empire jusqu'à la mort d'Attila (453). Ils s'établissent alors en Hongrie et attaquent en vain Constantinople (487). Ils conquièrent l'Italie (488-493) et fondent un royaume autour de **Ravenne**. Leur royaume est renversé par les Byzantins (555) (☛ carte 9).

OTAN n. f. *(Organisation du traité de l'Atlantique Nord)* ✦ Organisation militaire créée en 1949, qui regroupait les États-Unis, le Canada et la Belgique, le Danemark, la France, la Grande-Bretagne, l'Islande, l'Italie, le Luxembourg, la Norvège, les Pays-Bas, le Portugal, la Turquie, la Grèce, l'Allemagne et l'Espagne. Elle siège à Bruxelles. L'Otan a pour but de sauvegarder la paix et la sécurité dans la région de l'Atlantique Nord, assurant aux Européens l'aide américaine en cas d'agression. Depuis l'effondrement des régimes communistes et la disparition du pacte de **Varsovie**, l'OTAN se rapproche des pays de l'Est. La Pologne, la République tchèque, la Hongrie, la Bulgarie, l'Estonie, la Lettonie, la Lituanie, la Roumanie, la Slovaquie et la Slovénie l'ont intégrée, puis, en 2009, la Croatie et l'Albanie. Les interventions de l'OTAN s'effectuent désormais en coopération avec l'**ONU**. La France s'en retire tout en restant membre (1966), puis reprend sa place au Comité militaire (1996) et dans le commandement intégré (2009).

Othello ✦ Drame, dont le titre exact est *Othello ou le Maure de Venise,* publié en 1604 par William Shakespeare. Othello est un général maure au service de Venise, marié à Desdémone. Iago, un de ses officiers qui n'a pas réussi à séduire Desdémone, se venge en persuadant Othello qu'elle a pris un amant. Fou de jalousie, Othello étrangle sa femme puis se poignarde par désespoir lorsqu'il comprend son erreur. Ce drame inspire de nombreux artistes : Rossini (opéra, 1816), Verdi (opéra, 1887), Dvořák, Delacroix, Alfred de Vigny qui l'adapte en français (*Le More de Venise,* 1829) et Orson Welles qui en tire un film (1952).

OTTAWA ✦ Capitale fédérale du Canada (Ontario), dans le sud-est du pays, sur la rivière des Outaouais. 883 400 habitants (les *Outaouais*) et l'agglomération 1 130 761. Parlement néogothique (1859-1865), Bibliothèque nationale, musée des Beaux-Arts. Centre politique, administratif, culturel et scientifique. Quelques industries (imprimerie, alimentaire, haute technologie). ♦ La ville est fondée par John By (1827). Elle prend le nom de *Bytown* puis celui d'*Ottawa* (1854). La reine Victoria la désigne comme capitale pour faire cesser la rivalité entre Montréal et Toronto (1857).

OTTOMAN (Empire) ✦ Empire qui succède à l'Empire **byzantin** après la reconquête par les Turcs de l'Asie Mineure et des Balkans. Il débute avec la prise de **Constantinople** (1453). En son sein, le pouvoir est détenu par un sultan assisté par un grand vizir et par une armée redoutable : les janissaires. L'Empire ottoman atteint son apogée sous le règne de **Soliman** le Magnifique (1520-1566). À cette époque, il s'étend en Europe centrale (Hongrie, Moldavie, Crimée), au Proche-Orient (Caucase, Syrie, Palestine) et en Afrique du Nord (de l'Égypte au nord de l'Algérie). Sa flotte domine la Méditerranée. Le déclin de l'Empire est amorcé par des querelles de succession (XVIIe siècle). Il se poursuit par des révoltes internes et des défaites face à l'Autriche et à la Russie (perte de la Hongrie et du Caucase, XVIIIe siècle). La Grèce, la Roumanie, la Serbie prennent leur indépendance. L'Afrique du Nord (Égypte, Tunisie, Libye) est partagée entre la France, l'Italie et la Grande-Bretagne (XIXe siècle). Puis l'Empire ottoman s'engage dans la Première Guerre mondiale aux côtés de l'Allemagne. Il s'effondre lors de sa défaite (1918). Il est occupé et morcelé par les armées alliées. Les nationalistes turcs menés par Mustafa **Kemal** luttent pour l'indépendance : le sultanat est aboli (1922) et la république de **Turquie** proclamée (1923).

OUAGADOUGOU ✦ Capitale du Burkina Faso, au centre du pays. 1,47 million d'habitants (les *Ouagalais*). Centre politique, administratif et culturel avec le festival du cinéma africain créé en 1969. Quelques industries légères.

OUBANGUI n. m. ✦ Rivière d'Afrique équatoriale, longue de 1 160 km (☛ carte 34). Formée par la réunion de deux rivières, elle marque la frontière entre la République démocratique du Congo sur sa rive gauche et la République centrafricaine puis le Congo sur sa rive droite. Elle arrose Bangui et se jette dans le fleuve Congo, qui est l'autre grande voie de communication de la région.

OUDMOURTIE n. f. ✦ République de la fédération de Russie, à l'ouest de l'Oural (☛ carte 33). Superficie : 42 100 km^2. 1,57 million d'habitants (les *Oudmourtes*), en majorité orthodoxes. Capitale : Ijevsk (632 100 habitants). Région boisée. Agriculture (céréales, élevage bovin). Industries (bois, métallurgie, mécanique, alimentaire).

OUDRY Jean-Baptiste (1686-1755) ✦ Peintre animalier français. Il pratique d'abord la peinture religieuse et le portrait, puis se consacre à la représentation d'animaux, à la nature morte et au paysage. Peintre des chasses royales, il est également surinspecteur de la manufacture des Gobelins (1736) qui exécute des tapisseries d'après ses tableaux *(Les Chasses de Louis XV)*. Il réalise l'illustration des *Fables* de La Fontaine (édition 1755-1759).

OUESSANT ✦ Île du Finistère, dans l'océan Atlantique, au large de la côte de Léon. Superficie : 15 km^2. 862 habitants (les *Ouessantins*). Phare de Créac'h, l'un des plus puissants du monde. Pêche. Élevage de moutons. Tourisme. L'île fait partie du parc naturel régional d'**Armorique**.

OUFA ✦ Ville de Russie, capitale de la Bachkirie, au pied de l'Oural. Un million d'habitants. Université. Centre industriel du Second-**Bakou** (raffinage pétrolier, chimie, mécanique, alimentaire, bois).

OUGANDA n. m. ✦ Pays d'Afrique orientale (☛ cartes 34, 36). Superficie : 241 038 km^2 (un peu moins de la moitié de la France). 34,7 millions d'habitants (les *Ougandais*), en majorité chrétiens. République dont la capitale est Kampala. Langue officielle : l'anglais ; on y parle aussi des langues bantoues et nilotiques. Monnaie : le shilling ougandais. ♦ GÉOGRA-

PHIE. L'Ouganda est formé de hauts plateaux, couverts de savanes, situés dans le **Rift.** Ils sont traversés par le **Nil.** Le pays possède la moitié du lac **Victoria.** Le climat est équatorial. ♦ ÉCONOMIE. Agriculture vivrière (sorgo, patate douce, manioc, banane, haricot, élevage). Productions agricoles tournées vers l'exportation (café, thé, canne à sucre, coton). La pêche est abondante. Richesses minières en cuivre. ♦ HISTOIRE. Le territoire est habité dès la préhistoire (2,5 millions d'années av. J.-C.). Les **Bantous** s'installent sur les bords du lac Victoria au début de l'ère chrétienne. Le pays est investi par des missionnaires allemands (protestants) et anglais (catholiques) au XIXe siècle. Il devient un protectorat britannique (1894). L'Ouganda obtient son indépendance dans le cadre du Commonwealth (1962). Le général Amin Dada établit une dictature (1971-1979), renversée par la Tanzanie. Le pays connaît des guerres civiles jusqu'aux années 1990. Il aide militairement les forces armées des pays voisins à prendre le pouvoir (**Rwanda**, 1994 ; Zaïre, 1997). Un amendement de la Constitution de 1995 met fin au parti unique (2005).

OUÏGOURS n. m. pl. ✦ Peuple d'Asie d'origine turque. Ils dominent la Mongolie (VIIIe-IXe siècles), sont chassés vers le sud par les Kirghiz et forment aujourd'hui une des plus importantes ethnies minoritaires de Chine, vivant principalement au **Xinjiang.**

OUISTREHAM ✦ Commune du Calvados, à l'embouchure de l'Orne. 9 253 habitants (les *Ouistrehamais*). Musées évoquant le débarquement. Port de commerce sur le canal de Caen à la mer. Départ du ferry pour Portsmouth. Station balnéaire à Riva-Bella.

OUJDA ✦ Ville du Maroc, dans le nord-est du pays, près de la frontière algérienne. 494 200 habitants. Ville fortifiée fondée au Xe siècle, grande mosquée (XIIIe siècle). Commerce. Agriculture. Tourisme.

OULAN-BATOR ✦ Capitale de la Mongolie, dans le nord du pays, près du désert de Gobi. 893 400 habitants. Centre industriel (agroalimentaire, mécanique, mines), relié à Pékin et Irkoutsk (Sibérie) par une voie de chemin de fer qui traverse le pays.

OULIPO (acronyme de *Ouvroir de Littérature Potentielle*) ✦ Atelier d'expérimentation littéraire fondé en 1960 autour de Raymond **Queneau** et du mathématicien François Le Lionnais. Ses membres introduisent des contraintes formelles dans la création littéraire. ☛ Littérature p. 120, 121. Parmi les *Oulipiens,* on peut citer : Italo **Calvino,** Georges **Perec,** Marcel **Duchamp,** Jacques **Roubaud.**

OUR → **UR**

① **OURAL** n. m. ✦ Fleuve de Russie, long de 2 428 km (☛ carte 38). Il prend sa source dans la chaîne de l'**Oural,** traverse le Kazakhstan et se jette dans la mer Caspienne.

② **OURAL** n. m. ✦ Massif montagneux de Russie qui sépare la Russie d'Europe de la Sibérie asiatique (☛ carte 38). Du nord au sud, il s'étend entre l'océan Glacial Arctique et la mer Caspienne, sur 2 000 km de long et 40 à 150 km de large. Les affluents de l'**Ob** et de la **Volga** y prennent leur source. Le nord est couvert de toundra et de petits glaciers, le sud est couvert de forêts. Le mont Iamantaou culmine à 1 640 m. Ses ressources minières sont importantes (fer, cuivre, chrome, nickel, manganèse, magnésium, or, platine et des métaux rares comme l'ouralite, l'ilménite et le ruthénium). L'industrie est développée (sidérurgie, bois) mais peine à se moderniser. Entre l'Oural et la Volga, à l'ouest, se trouve le Second-**Bakou.**

OURANOS ✦ Dieu du Ciel, dans la mythologie grecque. Fils de Gaïa, il engendre avec elle les **Titans** et les **Cyclopes.** Mutilé par son fils **Cronos,** il perd son sang qui féconde **Gaïa** et donne naissance aux **Géants** et aux **Érinyes.** Les Romains de l'Antiquité l'identifient à **Uranus.**

OURS (Grand Lac de l') ✦ Lac du Canada, dans les Territoires du Nord-Ouest, sur le cercle arctique. Superficie : 31 328 km². La première mine d'uranium du monde y est ouverte dans les années 1930.

OURSE (Grande) n. f. ✦ Constellation proche du pôle Nord. Ses sept étoiles principales font penser à un chariot. Elle contient une importante galaxie et une nébuleuse planétaire.

OURSE (Petite) n. f. ✦ Constellation proche du pôle Nord. Sa forme rappelle celle de la Grande Ourse. Son étoile principale est l'étoile **Polaire.**

OUZBÉKISTAN n. m. ✦ Pays d'Asie centrale. (☛ cartes 38, 39). Superficie : 445 000 km² (plus des trois quarts de la France). 31 millions d'habitants (les *Ouzbeks*), en majorité musulmans. République dont la capitale est Tachkent. Langue officielle : l'ouzbek. Monnaie : le soum. ♦ GÉOGRAPHIE. L'Ouzbékistan est formé d'un grand désert, traversé par des vallées fertiles au sud (Amou-Daria) et à l'est. Il est bordé au nord-ouest par la mer d'Aral et à l'est par des montagnes (Pamir). Le climat continental est très chaud en été et très froid en hiver. ♦ ÉCONOMIE. L'agriculture reste traditionnelle (élevage de moutons, vers à soie, canne à sucre, coton). Les richesses minières (gaz, pétrole, houille, plomb, zinc, manganèse, or) sont peu exploitées. L'industrie (machines agricoles, engrais, tapis, soie, faïences) se modernise (métallurgie, électronique, mécanique). ♦ HISTOIRE. La région est conquise par **Cyrus II le Grand** (VIe siècle av. J.-C.) puis par **Alexandre le Grand** (328 av. J.-C.). Elle est dominée par les Turcs (VIe siècle, Xe-XIIe siècles) puis par les Arabes (VIIe-VIIIe siècles). Le pays est conquis par les Ouzbeks (XVIe siècle). Il devient vassal de la Russie (1868). Après la révolution d'Octobre en Russie, la république socialiste soviétique autonome du Turkestan (1918) est créée. Elle est partagée en plusieurs républiques dont la république socialiste soviétique d'Ouzbékistan (1924). Le pays obtient son indépendance (1991).

OVERIJSSEL n. m. ✦ Province de l'est des Pays-Bas. Superficie : 3 811 km². 1,1 million d'habitants. Chef-lieu : Zwolle. ♦ C'est une plaine, aux terres sableuses et tourbeuses, où l'agriculture est peu importante (élevage bovin, céréales, pomme de terre). L'industrie (métallurgie, agroalimentaire, électronique, chimie) et les services (commerce, recherche) se sont rapidement développés. ♦ Le comté dépend au XIe siècle de l'évêque d'**Utrecht.** Il est cédé à Charles Quint (1528) puis rattaché aux Provinces-Unies (1591). Il est annexé à l'Empire français comme département (1810-1814) avant de rejoindre les Pays-Bas.

OVIDE (43 av. J.-C.-vers 17) ✦ Poète latin. Auteur favori de la haute société de l'Empire. Il publie des œuvres légères *(Les Amours, L'Art d'aimer)*, un poème d'inspiration mythologique *(Les* ***Métamorphoses****)* et une tragédie célèbre *(Médée)*. Son œuvre *L'Art d'aimer* est jugée immorale et il est exilé loin de Rome (an 8). Il exprime sa douleur dans des lettres poétiques *(Les Tristes, Les Pontiques)*.

OVIEDO ✦ Ville d'Espagne, capitale des Asturies, dans le nord-ouest du pays. 225 005 habitants. Basilique San Julian de los Prados et ancien palais royal (IXe siècle), cathédrale gothique (1388-1498), inscrits sur la liste du patrimoine mondial de l'Unesco. Université (XVIe siècle). Industries (métallurgie, armes et explosifs). Ancienne capitale du royaume des **Asturies** fondée par le roi wisigoth Pélage (VIIIe siècle).

OWENS Jesse (1914-1980) ✦ Athlète américain. Il remporta quatre médailles d'or aux Jeux olympiques de Berlin de 1936 (100 mètres, 200 mètres, 4 x 100 mètres, saut en longueur). Le triomphe du sportif noir eut un énorme retentissement car il défiait les théories nazies sur la « supériorité de la race aryenne ».

OXFORD ✦ Ville d'Angleterre, dans le sud du pays, sur la Tamise, au nord-ouest de Londres. 160 000 habitants (les *Oxoniens* ou les *Oxfordiens*). Prestigieuse université, cathédrale romane et gothique Christ Church, musées, riches bibliothèques. Industries (automobile, électricité, informatique) ; ville natale de Richard Cœur de Lion et de Jean sans Terre. ♦ La ville est fondée autour d'un prieuré (VIIIe siècle). Elle prospère grâce au commerce normand mais elle subit des attaques danoises (Xe-XIe siècles). L'université, fondée en 1133, devient un grand centre culturel et religieux (XIIIe siècle), d'où partent les fondateurs de l'université de **Cambridge** (1209). Oxford devient la capitale des royalistes (1642-1646). Elle est le point de départ du mouvement qui propose la réforme de l'église anglicane (XIXe siècle).

OYONNAX ✦ Ville de l'Ain, à l'est de Bourg-en-Bresse. 22 485 habitants (les *Oyonnaxiens*). Musée du peigne et des matières plastiques. Industries (matières plastiques, lunetterie).

OZU Yasujiro (1903-1963) ✦ Cinéaste japonais. Son œuvre décrit la vie quotidienne d'employés ou de petits-bourgeois, les relations familiales dans un Japon en pleine évolution. Son style d'une grande sobriété privilégie les moments de silence, d'immobilité, donnant à ses films une grande tension psychologique. *La Vie d'un employé de bureau* (1929), *Printemps tardif* (1949), *Voyage à Tokyo* (1953), *Le Goût du saké* (1962).

P

PACA ✦ Nom abrégé de la Région française **Provence-Alpes-Côte d'Azur.**

PACIFIQUE (océan) ✦ Océan compris entre l'Amérique à l'est, l'Asie et l'Australie à l'ouest, l'Antarctique au sud. Il communique au nord avec l'océan Glacial Arctique par le détroit de **Béring** et au sud avec l'océan Glacial Antarctique. C'est le plus grand océan du monde par sa superficie (180 millions de km^2, c'est-à-dire 30 % de la surface du globe). ♦ On y trouve les îles et archipels de l'Océanie, des îles volcaniques (Hawaii, Pâques) et des récifs coralliens. Sa profondeur moyenne est de 3 900 m. Il est bordé de fosses, parfois profondes de plus de 10 000 m (Kouriles, Mariannes, Philippines) et d'archipels volcaniques qui forment la «ceinture de feu». L'océan est parcouru de courants. Ses tremblements de terre provoquent des raz-de-marée qui ravagent les côtes. ♦ Cet océan est découvert par l'Espagnol Balboa (1513) et baptisé par **Magellan** (1520). C'est un lieu de combats pendant la Deuxième Guerre mondiale *(guerre du Pacifique).* Il joue un rôle économique important de par le dynamisme industriel et commercial de l'Australie et du Japon.

PADOUE ✦ Ville d'Italie (Vénétie), dans le nord du pays. 204 870 habitants (les *Padouans*). Basilique Saint-Antoine (XIIIe siècle) qui abrite le tombeau du saint, statue équestre du *Gattamelata* par **Donatello,** églises ornées de fresques, palais de justice (XIIIe-XVe siècles), jardin botanique du XVIe siècle inscrit sur la liste du patrimoine mondial de l'Unesco. Centre industriel, commercial, touristique. Ville natale de Tite-Live et de l'architecte Palladio. ♦ La ville romaine (215 av. J.-C.) est dévastée par les Barbares (Alaric, 409 ; **Attila,** 452). Les partisans du pape et ceux de l'empereur germanique se la disputent (XIIIe siècle). Elle est conquise par Venise (1405), livrée à l'Autriche par Napoléon Ier (1797), puis fait partie du royaume d'Italie (1805). Devenue à nouveau une possession autrichienne (1814), Padoue se révolte (1848) puis rejoint l'Italie unifiée (1886).

PAESTUM ✦ Site archéologique d'Italie, au sud de Naples. Fondée au VIIe siècle av. J.-C. par les colons grecs, la cité devient colonie romaine en 273 av. J.-C. Le site, inscrit sur la liste du patrimoine mondial de l'Unesco, comprend les temples d'Héra, de Cérès et de Poséidon.

PAGANINI Niccolo (1782-1840) ✦ Musicien italien. Violoniste prodige dès l'enfance, il étudie la musique à Parme. Il fait des tournées en Italie et en Europe, où son interprétation brillante provoque l'enthousiasme. Il fait évoluer l'art du violon par ses nombreuses innovations techniques et compose des œuvres d'une grande difficulté d'exécution : 24 *Caprices* (1820), concertos, sonates, quatuors.

PAGNOL Marcel (1895-1974) ✦ Écrivain et cinéaste français. Il est professeur d'anglais avant de se consacrer à l'écriture. Ses pièces, qui évoquent avec humour Marseille et sa Provence natale, lui apportent le succès. Il adapte au cinéma certaines d'entre elles. Parmi ses œuvres les plus célèbres, on peut citer au théâtre : *Topaze* (1926, film 1932), *Marius* (1929, film 1931), *Fanny* (1931, film 1932), *César* (1946, d'après son film de 1936). Il réalise d'autres films également populaires : *Angèle* (1934), *Regain* (1937) et *La Femme du boulanger* (1938) d'après Giono. Il écrit des romans : *L'Eau des collines* en deux volumes, *Jean de Florette* et *Manon des sources* (1963, d'après ses films *Manon des sources* et *Ugolin* de 1952). Il réunit en une trilogie ses souvenirs d'enfance et de jeunesse : ***La Gloire de mon père,*** *Le Château de ma mère* (1957) et *Le Temps des secrets* (1959). *Le Temps des amours* est publié après sa mort (1977). Académie française (1946).

PAIMPOL ✦ Commune des Côtes-d'Armor, au fond d'une vaste baie. 7 199 habitants (les *Paimpolais*) (☛ carte 23). Port de pêche et de plaisance, ostréiculture. La vie des marins de Paimpol, qui partaient pêcher la morue vers l'Islande et Terre-Neuve, est évoquée par Loti dans *Pêcheur d'Islande.*

PAIN DE SUCRE n. m. ✦ Mont du Brésil (395 m) qui marque l'entrée de la baie de Guanabara et surplombe la ville de Rio de Janeiro.

PAKISTAN n. m. ✦ Pays d'Asie du Sud (☛ cartes 38, 39). Superficie : 796 095 km^2 (moins d'une fois et demie la France). 185 millions d'habitants (les *Pakistanais*). République islamique dont la capitale est Islamabad. Autres villes importantes : Karachi, Lahore. Langues officielles : l'ourdou et l'anglais. Religion officielle : l'islam. Monnaie : la roupie pakistanaise. ♦ GÉOGRAPHIE. Le Pakistan est formé à l'ouest par les monts et le plateau du Baluchistan, au nord par les sommets de l'**Himalaya** (plus de 7 000 m d'altitude) et à l'est par la vallée de l'**Indus**. Le climat tropical est sec. ♦ ÉCONOMIE.

L'agriculture domine au Panjab (blé, maïs, millet, canne à sucre) et dans la vallée de l'Indus (coton, blé). Le sous-sol est riche (gaz, chromite, gypse) et l'hydroélectricité bien développée. L'industrie (raffineries, sidérurgie, textile, mécanique, chimie) se concentre autour de Karachi. ♦ HISTOIRE. Le Pakistan, peuplé en grande majorité de musulmans, est créé au moment de l'indépendance et de la partition de l'**Inde** (1947). Il comprend, à l'origine, deux provinces : le *Pakistan-Occidental* et le *Pakistan-Oriental*. Le *Pakistan-Oriental* fait sécession et obtient son indépendance sous le nom de ***Bangladesh*** (1971). Le pays alterne entre démocratie et coups d'État militaires et connaît des conflits frontaliers avec l'Inde (**Cachemire**, Panjab). Il soutient activement la résistance contre l'occupation soviétique en **Afghanistan** (1979-1989) et abrite de nombreux réfugiés afghans. Après les attentats du 11 septembre 2001, il se range aux côtés des États-Unis et prend fermement position contre les talibans.

PALAIS (Grand et Petit) ✦ Monuments de Paris, situés entre les Champs-Élysées et la Seine, près de la Concorde. Ils sont construits pour l'Exposition universelle de 1900. Le *Grand Palais,* de style Art nouveau, abrite le palais de la Découverte, musée scientifique créé en 1937. Le *Petit Palais* est occupé par le musée des Beaux-Arts. Ils accueillent régulièrement des expositions temporaires.

PALAIS-BOURBON n. m. ✦ Nom de l'Assemblée nationale qui siège dans le palais **Bourbon**, à Paris.

PALAIS-ROYAL n. m. ✦ Ensemble de bâtiments et de jardins, situé près du Louvre, à Paris. Il est construit pour Richelieu (1633) et appelé *Palais-Cardinal*. Quand il est légué au roi (1636), il est rebaptisé *Palais-Royal* (1643). Il est la résidence d'Anne d'Autriche et du jeune Louis XIV, puis de Philippe d'Orléans. La veille de la prise de la Bastille, Camille **Desmoulins** tient un célèbre discours dans les jardins, aménagés en promenade. La salle du Théâtre-Français (1787-1790) abrite la **Comédie-Française** depuis 1812. Les bâtiments, incendiés sous la Commune puis restaurés, accueillent aujourd'hui le Conseil d'État, le Conseil constitutionnel et le ministère de la Culture. Les colonnes de Buren sont installées dans la cour d'honneur en 1986.

PALAOS (les) n. f. pl. ✦ Pays de Micronésie, appelé *Palau* en anglais et *Belau* en palauan. Il est situé dans l'archipel des **Carolines**, à l'est des Philippines et au nord de la Nouvelle-Guinée (☛ carte 51). Superficie : 488 km². 19 907 habitants (les *Palauans* ou les *Bélauans*). République dont la capitale est Koror (12 676 habitants). Langues officielles : le palauan et l'anglais. Monnaie : le dollar. ♦ Le pays est formé de 26 îles, dont la plus grande est Babelthuap (368 km²) et la plus peuplée Koror (8 km²). Climat tropical. Activité principale : la pêche. ♦ Les Palaos refusent de faire partie des États fédérés de **Micronésie** (1978). Ils deviennent une république autonome associée aux États-Unis (1981), puis membre de l'ONU (1994).

PALATIN n. m. ✦ Une des sept collines de Rome, entre le **Tibre** et le **Forum romain**. Les héros fondateurs, Remus et Romulus, y sont allaités par une louve. C'est le premier foyer d'habitation de la ville. De nombreux palais y sont construits pendant l'Antiquité, dont ceux d'Auguste, de Tibère et de Caligula, recouverts en partie par des constructions au Moyen Âge et au XVIe siècle.

PALATINAT n. m. ✦ Région historique d'Allemagne. Ville principale : Heidelberg. Domaine du comte palatin du Rhin (Haute-**Lotharingie**) à partir du XIIe siècle. La région devient une possession de la Saxe (1195), puis de la Bavière (1214). Au XVe siècle, le Palatinat connaît une ère de prospérité et s'agrandit. Il devient, au XVIe siècle, un foyer de la **Réforme**. Le Palatinat rhénan, ravagé par la guerre de **Trente Ans** puis par Louis XIV, est rattaché à la Bavière (1777) sauf la rive gauche du Rhin donnée à la France (traité de Campoformio, 1797). Il fait aujourd'hui partie du Land de Rhénanie-Palatinat.

PALAU n. m. ✦ Nom anglais des îles **Palaos**.

PALAVAS-LES-FLOTS ✦ Commune de l'Hérault, sur la Méditerranée. 6 281 habitants (les *Palavasiens*). Station balnéaire, pêche.

PALEMBANG ✦ Ville d'Indonésie, sur la côte sud-est de Sumatra. 1,35 million d'habitants. Port d'exportation (pétrole, caoutchouc, café), centre industriel (pétrochimie, engrais) et commercial. Ancienne capitale d'un État malais (VIIe-XIe siècles) puis d'un sultanat (XVIe siècle-1824).

PALENQUE ✦ Site archéologique du Mexique (Chiapas). C'était une des capitales mayas qui connut son apogée entre le VIe et le VIIIe siècle. Ses vestiges sont inscrits sur la liste du patrimoine mondial de l'Unesco : pyramide des Inscriptions (nécropole), palais, temples du Soleil et de la Croix-Feuillue.

PALERME ✦ Ville d'Italie, chef-lieu de la Sicile, sur la mer Tyrrhénienne. 686 722 habitants (les *Palermitains* ou les *Panormitains*). Monuments de styles byzantin, arabe, normand et baroque, riches musées. Les palais et églises arabo-normands sont inscrits sur la liste du patrimoine mondial de l'Unesco. Port de commerce (agrumes, vin, soufre). Centre industriel (alimentaire, mécanique, plastiques) et touristique. Ville natale du compositeur Alessandro Scarlatti et du cinéaste Frank Capra. ♦ La ville phénicienne est conquise par les Romains (254 av. J.-C.). Les Arabes s'en emparent (835) et y développent le commerce, puis la ville est conquise par les Normands (1072). Elle passe ensuite aux Anjou, aux Aragon, aux Bourbons de Naples et se révolte contre le roi (1820 et 1848). Prise par Garibaldi (1860), elle rejoint le royaume d'Italie (1861).

PALESTINE n. f. ✦ Région historique du Proche-Orient. Elle est limitée au nord par le Liban, à l'est par la Jordanie, au sud par l'Égypte et bordée à l'ouest par la Méditerranée. Elle correspond à l'État d'Israël, la Cisjordanie et la bande de Gaza actuels. ♦ La région est peuplée dès la préhistoire par les **Cananéens** (3 000 ans av. J.-C.). Voie de passage, elle subit l'influence de nombreux peuples : Mésopotamiens (1 800 ans av. J.-C.), Égyptiens (1 600-1 300 ans av. J.-C.), Philistins puis **Hébreux** venus d'Égypte (1 200 ans av. J.-C.). Le pays fondé par les Hébreux en Palestine est partagé entre le royaume d'**Israël** et celui de **Juda** (931 av. J.-C.). Il est conquis par les Perses (538 av. J.-C.) et Alexandre le Grand (333 av. J.-C.) puis par les Égyptiens (323 av. J.-C.) et les Syriens (197 av. J.-C.). La Palestine passe sous domination romaine (64 av. J.-C.) puis voit naître le christianisme (☛ carte 7). Elle entre dans l'Empire **byzantin**, puis elle est occupée par les Perses (614-629) et les Arabes (636). Les croisés la conquièrent et y créent le royaume latin de **Jérusalem** (1099). Elle est conquise par **Saladin** (1187-1192), les mamelouks (1250), les Turcs (1517) et rejoint l'Empire

ottoman. Dès 1897, le mouvement sioniste organise l'immigration juive qui se heurte à la population palestinienne locale. La fin de l'Empire ottoman donne à la Grande-Bretagne un mandat sur la région (1922). À la fin de la Deuxième Guerre mondiale, l'ONU propose un plan de partage du pays en deux États. Le refus des États arabes déclenche une guerre civile et le début de l'exode d'une partie des Palestiniens. L'État d'Israël est proclamé (1948) sans que ses frontières soient définies. Le jour même, la première guerre israélo-arabe débute (1948-1949). En 1949, ce qui restait de la Palestine arabe, la Cisjordanie, est annexé par la Jordanie, puis occupé par Israël après la guerre des **Six Jours** (1967). L'**OLP** (Organisation de Libération de la Palestine, 1964) est reconnue par l'ONU (1974) et lance des actions terroristes avec d'autres mouvements palestiniens. Les Palestiniens des territoires occupés se révoltent («Intifada», 1987). Des premiers accords de paix et de reconnaissance mutuelle (1993) aboutissent au retrait d'Israël d'une partie de Gaza et de Jéricho puis de plusieurs villes de Cisjordanie. Ces territoires passent sous contrôle de l'Autorité palestinienne dont Yasser Arafat devient le premier président. Mais l'enlisement des négociations, la violence et la multiplication des colonies juives provoquent une deuxième Intifada (2000). L'État d'Israël rejette l'Autorité palestinienne, isole militairement Arafat à Ramallah et envahit les territoires palestiniens malgré les critiques des gouvernements occidentaux et de l'ONU. En réponse aux attentats terroristes, Israël construit un mur défensif qui isole les Palestiniens (2002). Premier à occuper le poste de Premier ministre de l'Autorité palestinienne (2003), Mahmoud Abbas est élu président après la mort d'Arafat (2004). Son parti, le Fatah, mouvement laïque, s'oppose au mouvement islamiste du Hamas, malgré la formation d'un parti d'union nationale (2007). L'offensive militaire d'Israël dans la bande de **Gaza** (2008) aggrave la tension. L'ONU demande la reprise du processus de paix et admet la Palestine comme État observateur non-membre (2012). Soumise depuis 2008 à un blocus israélo-égyptien, la bande de Gaza a été l'objet d'une opération militaire israélienne (2014), en réponse aux attaques du Hamas.

PALESTRINA Giovanni Pierluigi da (v. 1525-1594) ✦ Compositeur italien. Appelé à Rome par le pape Jules III, il occupe successivement la fonction de maître de musique à Saint-Jean-de-Latran (1555-1560), à Sainte-Marie-Majeure (1561-1565) puis à Saint-Pierre de Rome, poste qu'il conserve jusqu'à sa mort. Maître de l'art polyphonique religieux, il acquiert à la fin de sa vie une renommée européenne. Son abondante production comporte surtout des œuvres sacrées (messes dont la *Missa Papae Marcelli,* cantiques, hymnes, lamentations, offertoires), mais aussi profanes (madrigaux).

PALISSY Bernard (vers 1510-1589 ou 1590) ✦ Savant français. Il s'installe comme verrier et découvre la technique de la terre cuite émaillée après de longues recherches. Ses observations sur les fossiles font également de lui le précurseur de la paléontologie. Protestant, il refuse de renier sa foi et il est emprisonné à la Bastille (1589) où il meurt.

PALLADIO Andrea (1508-1580) ✦ Architecte italien. Il adapte les théories architecturales grecque et romaine aux goûts de son époque. Considéré comme le maître du néoclassicisme, il est l'auteur de *Quatre Livres d'architecture* (1570). Il acquiert une grande renommée en Europe (XVIIe-XIXe siècles), notamment en Angleterre. À Vicence : palazzo della Ragione dit «la Basilique» (1545), palais Chiericati et Valmarana (1566), théâtre Olympique (1580) et les proches villas Trissino (vers 1553) et Rotonda (1568-1571). À Venise : églises Saint-Georges-Majeur (1566-1580), Rédempteur (1577-1580) et la villa Foscari dite «della Malcontenta» (vers 1560). ■ Son vrai nom est *Andrea di Pietro dalla Gondola.*

PALLAS ✦ Surnom d'**Athéna** dans la mythologie grecque.

PALMA DE MAJORQUE ✦ Ville d'Espagne, capitale des Baléares, sur la côte sud de l'île de Majorque. 402 044 habitants. Cathédrale de style catalan (XIIIe-XVIIe siècles), église San Francisco et son cloître roman (XIVe siècle), palais gothiques. Important centre touristique.

PALMYRE ✦ Oasis de Syrie, au nord-est de Damas. La ville, déjà connue 3 000 ans av. J.-C., subit dans l'Antiquité l'influence de Babylone et des Arabes. Elle est conquise par **Alexandre le Grand** (332 av. J.-C.) puis par l'Empire romain (Ier siècle). Après la prise de **Pétra** par Trajan (106), elle s'assure le monopole du commerce caravanier entre l'Inde et la Méditerranée et prospère, mais Rome brise sa puissance (260-272). Le site est inscrit sur la liste du patrimoine mondial de l'Unesco pour son vaste ensemble de ruines (temple de Bêl, tours funéraires, IIe siècle), gravement endommagé par **Daech** (2015).

PAMIERS ✦ Ville de l'Ariège. 15 518 habitants (les *Appaméens*). Vestiges de fortifications, cathédrale Saint-Antonin (portail roman, XIIe siècle) et église Notre-Dame-du-Camp (reconstruites au XVIIe siècle). Vieille ville entourée de canaux. Marché agricole. Industrie (métallurgie). Ville natale de Gabriel Fauré.

PAMIR n. m. ✦ Massif montagneux d'Asie centrale (☛ carte 38). Il s'étend sur le Tadjikistan et le Kirghizstan, entre l'Afghanistan et la Chine. Dans sa partie chinoise, il atteint 7 719 m d'altitude. L'élevage (moutons, chèvres, yacks) se pratique dans les vallées, à une altitude d'au moins 3000 m. Le parc national tadjik est inscrit sur la liste du patrimoine mondial de l'Unesco.

PAMPA n. f. ✦ Plaine d'Argentine, au centre du pays, à l'est des Andes (☛ carte 44). Elle s'étend sur un cinquième du pays (environ 600 000 km²). Son rôle économique est essentiel avec l'agriculture (céréales, oléagineux) et l'élevage (bœufs et moutons) pratiqué par des cavaliers qu'on appelle les *gauchos.* La Pampa est peu peuplée car bon nombre de ses habitants sont partis s'établir dans les grandes villes (**Buenos Aires,** Cordoba, Rosario).

PAMPELUNE ✦ Ville d'Espagne, capitale de la Navarre. 194 894 habitants. Chambre des Comptes (XIIIe siècle), cathédrale gothique (XIVe-XVIe siècles). Centre industriel (mécanique, chimie, alimentaire) et commercial (célèbres foires). ♦ La ville, dont la fondation est attribuée à **Pompée,** est envahie par les Goths puis par les Maures avant de devenir la capitale du royaume de Navarre (905-XVIe siècle).

PAN ✦ Dieu des bergers et des troupeaux dans la mythologie grecque, fils d'Hermès. Il est abandonné par sa mère, qui est effrayée par son aspect, et il est élevé par les nymphes. Il fait partie du cortège de

Dionysos et on le représente avec des pieds et des oreilles de bouc, un torse d'homme velu, un visage barbu surmonté de cornes. Il tient un bâton de berger et joue d'une flûte de roseau appelée *flûte de Pan.* Ses brusques apparitions inspirant l'épouvante, son nom est à l'origine du mot *panique.*

① **PANAMA** n. m. ✦ Pays d'Amérique centrale (☛ cartes 44, 46). Superficie : 75 517 km² (moins d'un septième de la France). 3,4 millions d'habitants (les *Panaméens*), en majorité catholiques. République dont la capitale est Panama. Langue officielle : l'espagnol ; on y parle aussi l'anglais et des langues amérindiennes. Monnaie : le balboa (équivalent du dollar américain). ♦ GÉOGRAPHIE. Le Panama est formé d'une étroite bande de terre, longue de 725 km. Traversée par le canal de Panama, elle relie l'Amérique du Nord à l'Amérique du Sud. À l'est et à l'ouest, elle est dominée par des montagnes, bordées de plaines côtières. Le climat tropical, chaud et humide, est plus frais dans les montagnes. ♦ ÉCONOMIE. L'agriculture (banane, canne à sucre, cacao) est gérée par des sociétés américaines. L'industrie est peu développée, à la différence des activités de service. Des pratiques plus ou moins légales contribuent à la richesse de pays (pavillons de complaisance accordés aux bateaux étrangers, contrebande et blanchiment de l'argent de la drogue, couvert par le secret bancaire). ♦ HISTOIRE. La région, découverte par les navigateurs espagnols (1501), devient une colonie de l'Espagne, rattachée à la vice-royauté du Pérou puis à la Nouvelle-Grenade. Lorsque celle-ci obtient son indépendance sous le nom de Colombie (1821), Panama y est inclus. Son rôle de voie de passage interocéanique est renforcé par la construction d'un chemin de fer (1850-1855) puis du canal (1904-1914) par les États-Unis. Avec l'appui de ceux-ci, Panama obtient son indépendance (1903) mais l'influence politique et économique nord-américaine reste forte. Les fortifications de la côte nord sont inscrites sur la liste du patrimoine mondial de l'Unesco.

② **PANAMA** ✦ Capitale du Panama, au sud du canal de Panama, sur le golfe de Panama. 430 299 habitants. Administrations. Industries (alimentaire, brasserie). Centre commercial (banque, centre financier international). Fondée en 1519, détruite par des pirates (1671), la ville conserve quelques maisons coloniales.

PANAMA (canal de) ✦ Canal long de 79,6 km, qui relie l'océan Atlantique et l'océan Pacifique. Il est situé au sud de l'Amérique centrale, dans la république de Panama. Il est accessible aux bateaux de 65 000 tonnes. Il a une grande importance pour le commerce mondial. Sa construction, imaginée dès le XVIᵉ siècle, commence avec Ferdinand de **Lesseps** (1881) et s'interrompt à cause d'un énorme scandale financier (1888-1891). La construction est reprise et achevée par les États-Unis (1904-1914) qui gèrent le canal seuls puis en collaboration avec le Panama (1977). Le canal a été remis officiellement à la République de Panama (2000). Des travaux d'élargissement sont menés (2016) pour s'adapter à l'évolution du trafic.

PANATHÉNÉES n. f. pl. ✦ Fêtes en l'honneur d'**Athéna**. Elles sont célébrées dans l'Antiquité à Athènes tous les quatre ans. Elles comprennent des compétitions sportives, des concours de musique et de poésie, et s'achèvent par une procession au Parthénon et des sacrifices. Les Panathénées sont représentées sur les murs extérieurs du **Parthénon**. Ces frises sculptées, longues de 160 m, sont l'œuvre du sculpteur **Phidias**. On peut les voir au British Museum de Londres, au musée du Louvre à Paris et au musée de l'Acropole à Athènes.

PANDORE ✦ Première femme de l'humanité dans la mythologie grecque. Elle est façonnée par **Héphaïstos**, animée par **Athéna** et envoyée par Zeus sur la Terre pour punir les hommes d'avoir reçu le feu de **Prométhée**. Zeus confie à Pandore une jarre fermée, remplie de tous les maux. Par curiosité, elle l'ouvre et les maux se répandent sur la Terre. L'espérance reste au fond de la boîte, laissant aux hommes cette consolation.

PANGÉE n. f. ✦ Continent unique formé de la quasi-totalité des continents actuels constitué il y a 200 ou 300 millions d'années. Il s'est disloqué il y 180 millions d'années, donnant naissance à deux blocs, le Gondwana et la Laurasie.

① **PANJAB** ou **PEN(D)JAB** n. m. ✦ Région d'Asie du Sud, au sud-ouest de l'Himalaya, entre les plaines de l'Indus et du Gange. Région agricole (blé, coton), parmi les plus productives du monde indien, grâce aux cinq rivières himalayennes qui lui donnent son nom (pays des « cinq rivières »). Le Panjab est partagé depuis 1947 entre l'Inde et le Pakistan.

② **PANJAB** n. m. ✦ État du nord-ouest de l'Inde (☛ carte 41). Superficie : 50 362 km² (environ un dixième de la France). 27,7 millions d'habitants. Capitale : Chandigarh. Peuplé en majorité de **sikhs**, c'est l'un des États les plus riches du pays. Il vit de l'agriculture (céréales, canne à sucre, oléagineux, légumes) et de l'industrie (textile, mécanique, alimentaire).

③ **PANJAB** n. m. ✦ Province du nord-est du Pakistan. Capitale : Lahore. 100 millions d'habitants (soit la moitié de la population du pays).

PANTAGRUEL ✦ Personnage principal du roman intitulé *Les Horribles et Épouvantables Faits et Prouesses du très renommé Pantagruel,* publié en 1532 par Rabelais sous le pseudonyme d'*Alcofribas Nasier.* Pantagruel est un géant comme son père **Gargantua**. Il visite des universités et livre ses réflexions sur l'éducation. Il rencontre ensuite **Panurge** qui devient son compagnon de voyage. Un repas *pantagruélique* est digne de satisfaire l'appétit de ce géant.

PANTALON ✦ Personnage type du théâtre italien (commedia dell'arte), créé au XVIᵉ siècle à Venise. C'est un vieillard riche et avare, souvent amoureux de jeunes filles qui ne s'intéressent pas à lui. Les valets, comme **Arlequin**, lui jouent constamment des tours. Il est vêtu de chausses tombant sur les pieds, costume à l'origine du mot *pantalon.*

① **PANTHÉON** n. m. ✦ Temple de Rome. Il est construit par le général Agrippa (27 av. J.-C.) et détruit par des incendies. **Hadrien** le reconstruit et fait édifier une coupole de 43 m de diamètre (120-125). Le temple est consacré à l'ensemble des dieux romains. Il est transformé en église par le pape Boniface IV (VIIᵉ siècle) et prend le nom de *Santa Maria Rotonda.* Il abrite les tombeaux du peintre **Raphaël** et du roi Victor Emmanuel II.

② **PANTHÉON** n. m. ✦ Monument de Paris, sur la montagne Sainte-Geneviève, dans le **Quartier latin**. Louis XV commande une église à l'architecte Soufflot (1764, achevée en 1812). Son projet cherche à réunir la magnificence de l'architecture grecque classique (portique à colonnes, fronton triangulaire) et la légèreté du style gothique (voûtes, croisée du transept), largement éclairé par une coupole. Sous la Révolution, cette église est transformée en temple laïque consacré au souvenir des grands hommes (1791). Le Panthéon redevient une église sous la Restauration et le Second Empire. Il retrouve sa vocation républicaine en accueillant les cendres de Victor Hugo (1885). Les principaux personnages illustres qui reposent dans la crypte sont Voltaire, Rousseau, Zola, Alexandre Dumas, Jaurès, Jean Moulin, Malraux, Pierre et Marie Curie. Le fronton porte l'inscription «Aux grands hommes la patrie reconnaissante».

PANURGE ✦ Personnage du roman *Les Horribles et Épouvantables Faits et Prouesses du très renommé **Pantagruel*** publié par Rabelais en 1532. C'est un personnage intelligent, cynique et joyeux à travers lequel Rabelais fait passer sa critique de la justice, de l'Église et de la Réforme. Dans le *Quart Livre,* Panurge se venge du marchand de moutons Dindenault qui l'a insulté. Il jette à la mer le mouton qu'il vient d'acheter en sachant que tout le troupeau va se précipiter à sa suite et se noyer. Un *mouton de Panurge* désigne une personne qui suit les autres et qui les imite sans réfléchir.

PAPEETE ✦ Capitale de la Polynésie française, dans le nord-ouest de l'île de Tahiti. 25 763 habitants. Port d'exportation. Centre administratif et touristique. La base aéronavale du Centre d'expérimentation du Pacifique a été très active jusqu'à l'arrêt des expérimentations nucléaires françaises dans la région (1996).

PAPIN Denis (1647-1714) ✦ Inventeur français. Protestant, il s'exile en Angleterre après la révocation de l'édit de **Nantes.** Il découvre la force de la vapeur et réalise un «digesteur d'aliments» (1679), marmite fermée munie d'une soupape qui est l'ancêtre de l'autocuiseur. Il établit le principe d'une machine à piston (1687) et celui d'un bateau à vapeur à quatre roues (1707). Il meurt dans la misère à Londres.

PAPOUASIE n. f. ✦ Nom français de l'**Irian Jaya.**

PAPOUASIE-NOUVELLE-GUINÉE n. f. ✦ Pays d'Océanie. Il est situé en Mélanésie, dans le sud-ouest de l'océan Pacifique (☛ carte 51). Superficie : 462 840 km² (plus des deux tiers de la France). 5,2 millions d'habitants (les *Papouans-Néo-Guinéens*), en majorité chrétiens. Démocratie parlementaire dont la capitale est Port Moresby. Langues officielles : l'anglais et le pidgin ; on y parle aussi le motu et de nombreux dialectes. Monnaie : le kina. ♦ GÉOGRAPHIE. La Papouasie-Nouvelle-Guinée est composée de nombreuses îles et de la partie orientale de la Nouvelle-Guinée. Celle-ci est traversée d'ouest en est par une chaîne volcanique en activité (Mont Wilhelm, 4 694 m). Elle est couverte de forêts et parcourue par de nombreuses rivières. Les plaines du sud et du nord ont des côtes très découpées. À l'est se trouve une barrière de corail. Le climat équatorial est chaud et humide. ♦ ÉCONOMIE. Agriculture vivrière (taro, patate douce, banane, maïs, riz) et plantations (cacao, thé, café, canne à sucre, caoutchouc). Ressources minières (cuivre, argent, or), mais leur exploitation est gênée par l'absence de voies de communication. ♦ HISTOIRE. La région est habitée par des chasseurs-cueilleurs depuis la préhistoire (30 000 ans av. J.-C.) et des peuples venus du nord-ouest s'installent dès 8 000 ans av. J.-C. Les Portugais la découvrent (1526), Cook visite ses côtes (1773) et l'intérieur des terres est exploré au XIXe siècle. Les Néerlandais occupent la partie ouest (1828) ; les Allemands, la côte nord-est et l'archipel Bismarck (1885) ; la Grande-Bretagne, le sud-est, appelé *Papouasie* (1906). Les Australiens prennent la partie allemande (1921). Pendant la Deuxième Guerre mondiale, les Japonais sont repoussés par les Américains qui en font une base pour reconquérir les Philippines (1943). Conformément aux recommandations de l'ONU (1949), les différents territoires s'unissent progressivement pour former la Papouasie-Nouvelle-Guinée qui devient indépendante (1975), tout en restant dans le Commonwealth, et obtient un gouvernement autonome (2005).

PAPOUS n. m. pl. ✦ Peuple de Nouvelle-Guinée et des îles voisines. Ces chasseurs-cueilleurs nomades pratiquent la culture itinérante sur brûlis. Ils fabriquent de grands masques colorés en bois et en vannerie. Leur nom s'est étendu à toute la population de la Papouasie-Nouvelle-Guinée.

PÂQUES ✦ Fête religieuse chrétienne qui célèbre la résurrection du Christ. Elle est fixée entre le 22 mars et le 25 avril.

PÂQUES (île de) ✦ Île d'Océanie, dans le Pacifique sud, entre Tahiti et le Chili (☛ carte 51). Son nom est *Rapa Nui* en maori. Superficie : 118 km². 3 800 habitants (les *Pascuans*). L'île de Pâques est célèbre pour ses statues de pierre aux têtes géantes dressées par un peuple polynésien il y a mille ans. Elles sont hautes de 3 à 10 m, et pèsent de 10 à 18 tonnes. Le parc national est inscrit sur la liste du patrimoine mondial de l'Unesco. ♦ L'île est découverte par le Néerlandais Roggeveen le dimanche de Pâques 1722, puis visitée par Cook et Lapérouse. Elle appartient au Chili depuis 1888.

PARACELSE (vers 1493-1541) ✦ Médecin et alchimiste suisse. Il défendit l'idée qu'il existe des correspondances ou analogies entre les différentes parties du corps humain (microcosme) et celles de l'univers (macrocosme). ■ Son véritable nom est *Theophrast Bombast von Hohenheim.*

PARADIS (Grand) n. m. ✦ Massif montagneux des Alpes italiennes. Il est situé dans le nord-ouest de l'Italie et domine la **Vallée d'Aoste,** culminant à 4 601 m. Son parc national, créé en 1922, attire de nombreux touristes. Il est jumelé avec celui de la **Vanoise,** en France.

① **PARAGUAY** n. m. ✦ Rivière d'Amérique du Sud, longue de 2 200 km. Elle prend sa source au Brésil, dans le **Mato Grosso,** traverse le pays et forme la frontière entre le Brésil et le Paraguay. Après avoir arrosé Asuncion, entre le Paraguay et l'Argentine, elle conflue avec le Parana à Corrientes, en Argentine.

② **PARAGUAY** n. m. ✦ Pays d'Amérique du Sud (☛ cartes 44, 46). Superficie : 406 752 km² (environ les trois quarts de la France). 4,3 millions d'habitants (les *Paraguayens*), en majorité catholiques. République dont la capitale est Asuncion. Langues officielles : l'espagnol et le guarani. Monnaie : le guarani. ♦ GÉOGRAPHIE. Le Paraguay est formé d'une grande plaine (Chaco) traversée par le fleuve Paraguay, long de 2 200 km. L'est, fertile, s'élève vers un plateau couvert de forêts. Le climat tropical est plus sec à l'ouest. ♦ ÉCONOMIE. L'agriculture est une source de revenus essentielle (maïs, manioc, arbre à tanin, soja, coton, élevage bovin dans les grandes plaines). Les ressources hydroélectriques sont considérables et le pays s'est uni au Brésil et à l'Argentine pour construire des barrages dont l'Itaipu, l'un des plus grands du monde. Ce pays reste néanmoins l'un des plus pauvres d'Amérique du Sud. ♦ HISTOIRE. La région est peuplée d'Indiens **Guaranis** à l'arrivée des Espagnols (début XVIe siècle) qui la colonisent. Elle est ensuite rattachée à la vice-royauté du Pérou. Les jésuites (1585) préservent la culture et la langue des Guaranis pendant près de deux siècles. Les colons espagnols se révoltent et expulsent les jésuites (1767). Le Paraguay devient indépendant (1811). Il subit plusieurs dictatures et participe à des guerres contre le Brésil, l'Argentine, l'Uruguay (1865-1870) et la Bolivie (1932-1935). La longue dictature de général Stroessner (1954-1989) s'achève par un coup d'État. Un régime démocratique se met progressivement en place malgré les difficultés : tentative de coup d'État arrêtée grâce à l'intervention de l'Argentine, du Brésil et des États-Unis (1996), assassinat du vice-président (1999), grave corruption.

PARAMARIBO ✦ Capitale du Suriname, dans le nord du pays, sur l'océan Atlantique. 242 946 habitants. Centre historique colonial (XVIIe-XVIIIe siècles) inscrit sur la liste du patrimoine mondial de l'Unesco. Port d'exportation (bauxite, sucre, café, cacao). Centre administratif et commercial.

PARANA n. m. ✦ Fleuve d'Amérique du Sud, long de 4 500 km, le deuxième après l'Amazone (☛ carte 44). Superficie du bassin : 3,1 millions de km^2. Né de la réunion de deux rivières au Brésil, entre les États de São Paulo et du Mato Grosso, il forme la frontière entre le Paraguay et le Brésil, puis entre le Paraguay et l'Argentine. Il se jette dans l'Atlantique avec le fleuve Uruguay, leur confluence formant le rio de la **Plata**.

PARÉ Ambroise (vers 1509-1590) ✦ Chirurgien français. Après s'être formé sur les champs de bataille, il devient le chirurgien des rois de France. Il invente la méthode de ligature des artères pour arrêter les hémorragies. Il publie de nombreux ouvrages (anatomie, chirurgie, traitement des blessures). Il est considéré comme le père de la chirurgie moderne.

PARIS ✦ Capitale de la France, formant un département [75]. Chef-lieu de la Région **Île-de-France**, sur la Seine. Superficie : 105 km^2. Paris est découpé en vingt arrondissements et compte 2,22 millions d'habitants (les *Parisiens*). Avec la banlieue, la population atteint 10,66 millions (☛ carte 57). C'est le siège du gouvernement et un important centre de services qui abrite le siège de nombreuses grandes entreprises nationales. Son industrie se concentre sur les produits de luxe (haute couture, confection, joaillerie) et les métiers liés à la culture (impression, édition, médias, cinéma). Paris est la ville la plus touristique du monde ; c'est également un centre universitaire qui accueille plus de 500 000 étudiants, répartis dans 17 universités et grandes écoles. Malgré le développement du métro, du bus et du RER qui relie la ville à la banlieue, le réseau routier reste saturé. ♦ La tribu gauloise des *Parisii* fonde **Lutèce** sur l'actuelle île de la **Cité**. La bourgade est conquise par les Romains (52 av. J.-C.). Elle devient une cité gallo-romaine qui se développe sur la rive gauche de la Seine (thermes de Cluny, arènes de Lutèce, IIIe siècle) et prend le nom de *Paris* (vers 310). Elle résiste à l'invasion d'**Attila** (451) grâce à sainte **Geneviève. Clovis** en fait sa capitale (486). Les **Capétiens** l'agrandissent (987). **Philippe Auguste** l'embellit (construction d'enceintes, forteresse du **Louvre**, pavage des rues, XIIe siècle). Au XIIIe siècle, c'est la plus grande ville de l'Occident chrétien avec 100 000 habitants. On peut déjà y voir la cathédrale **Notre-Dame** et l'université de la **Sorbonne.** Pendant la guerre de Cent Ans, elle est le théâtre de plusieurs révoltes (Étienne **Marcel**, 1358). La ville retrouve son statut de résidence royale à partir de François Ier (palais du Louvre, Hôtel de Ville, Tuileries). Pendant les guerres de **Religion**, cette ville, très majoritairement catholique, est ensanglantée par le massacre de la **Saint-Barthélemy** (1572). Après la fuite du roi Henri III (1588), elle subit un siège qui provoque une terrible famine (1589). Elle connaît un nouvel essor avec Henri IV (**Pont-Neuf**, place des Vosges, place Dauphine, quais de l'Arsenal, de l'Horloge, des Orfèvres). Louis XIII embellit la ville (quartiers du **Marais** et de la **Bastille**, aménagement de l'île **Saint-Louis, Luxembourg, Palais-Royal**, Val-de-Grâce) et lui donne une dimension culturelle (Imprimerie royale, **Jardin des Plantes, Académie française**). Louis XIV, effrayé par la Fronde, installe la cour à **Versailles,** mais Paris reste un symbole de la royauté. Pour glorifier le souverain, **Colbert** crée la manufacture des **Gobelins,** l'Observatoire, la Salpêtrière, les **Invalides,** l'**Institut de France** et **Louvois** la place Vendôme. La ville poursuit son développement (place de la **Concorde, Comédie-Française, Panthéon**) et compte 650 000 habitants avant la **Révolution française.** Napoléon Ier veut en faire la capitale de l'Europe (**Arc de triomphe, Madeleine**, colonne Vendôme, agrandissement du Louvre, création d'abattoirs et de marchés, alimentation de la ville en eau potable). Sous le Second Empire, Paris prend son aspect actuel avec les grands travaux d'**Haussmann** (**Halles, Opéra**, bois de **Vincennes**, de **Boulogne**). Elle est assiégée par les Prussiens (1870), connaît l'insurrection de la **Commune** qui est terriblement réprimée (1871). Elle retrouve sa splendeur à l'aube du XXe siècle (**Sacré-Cœur,** Expositions universelles de 1878 et 1889 avec la tour **Eiffel,** de 1900 avec le Grand et le Petit **Palais**, construction de la première ligne de métro) et devient la capitale mondiale de la peinture (**Montmartre, Montparnasse**). Paris est occupée par les Allemands pendant la Deuxième Guerre mondiale (1940-1944). Le quartier de **Saint-Germain-des-Prés** devient le centre intellectuel de la capitale (1945-1960) et le **Quartier latin** celui de la révolte étudiante (**Mai 68**). Paris se transforme à nouveau sous les présidences de Georges Pompidou (**Centre national d'art et de culture Georges-Pompidou**), de Valéry Giscard d'Estaing (musée d'**Orsay**) et de François Mitterrand (Institut du monde arabe, pyramide du Louvre, Arche de la **Défense, Opéra** de Paris Bastille, **Bibliothèque nationale de France**). Les rives de la Seine sont inscrites sur la liste du patrimoine mondial de l'Unesco.

PÂRIS ✦ Personnage de la mythologie grecque, fils de Priam et d'Hécube. Il est choisi comme arbitre par Zeus pour désigner la plus belle des trois déesses entre Aphrodite, Héra et Athéna. Il choisit **Aphrodite** qui lui promet l'amour de la femme de Ménélas, **Hélène**. Il se rend à Sparte et l'enlève, provoquant ainsi la guerre de **Troie**.

PARISIEN (Bassin) ✦ Région géographique du nord de la France (☛ carte 21). Le Bassin parisien comprend quatre grands ensembles : la cuvette de l'**Île-de-France** au centre, les plateaux de la **Picardie** et de la **Normandie** au nord et à l'ouest, les plaines et les plateaux des **Pays de la Loire** au sud, les collines de la **Bourgogne**, de la **Champagne** et de la **Lorraine** à l'est. Il est arrosé par la Seine et ses affluents, la Loire, la Moselle et la Meuse. Le Bassin parisien occupe un quart du territoire national.

PARKER Charlie (1920-1955) ✦ Saxophoniste et compositeur américain de jazz. Il débute à Kansas City puis s'installe à New York où il rencontre Dizzy **Gillespie** et forme avec lui un quintette qui est à l'origine du be-bop. Grand improvisateur et innovateur, il a joué un rôle prépondérant dans l'évolution des formes modernes du jazz. Son surnom, *Bird,* est le titre du film que Clint **Eastwood** lui a consacré (1988).

PARKS Rosa Louise (1913-2005) ✦ Couturière afro-américaine, militante des droits civiques. En 1955, refusant de céder sa place à un Blanc dans un bus de Montgomery (Alabama), elle est arrêtée et inculpée. Un jeune pasteur, Martin Luther **King,** lança une campagne de boycott des bus, poursuivie jusqu'à la levée de la loi sur la ségrégation dans les transports.

PARLEMENT EUROPÉEN n. m. ✦ Une des instances de l'**Union européenne**, avec la Commission européenne et le Conseil européen. Assemblée formée de 732 députés, élus pour cinq ans au suffrage universel (depuis 1979) dans chaque pays membre (☛ Europe p. 198). Son siège est à **Strasbourg** mais certaines sessions extraordinaires se tiennent à Bruxelles. Le Parlement européen partage son pouvoir de décision avec le Conseil de l'Union européenne ; il peut modifier la répartition et le montant des dépenses dites « non obligatoires » affectées, par exemple, au fonctionnement des institutions européennes. Il assure, enfin, le contrôle politique de ces institutions.

PARME ✦ Ville d'Italie (Émilie-Romagne), dans le nord du pays. 163 457 habitants (les *Parmesans*). Cathédrale de style roman et gothique (XIIe-XIIIe siècles), églises décorées par le Corrège et le Parmesan, palais de la Pilotta (XVIe-XVIIe siècles) qui abrite la Galerie nationale et le théâtre Farnèse. Industries (alimentaire, chimie, mécanique). Université. Tourisme. ♦ La ville est fondée par les Étrusques. Elle est ensuite colonisée par les Romains (183 av. J.-C.). Elle est annexée par le Saint Siège (1511), puis passe sous l'autorité de la famille Farnèse (1545-1731) qui la cède à l'Autriche (1735). Elle revient une nouvelle fois aux Farnèse (1748), puis Napoléon Ier annexe le duché (1802) qui passe à un descendant des Bourbon-Parme (1847). La ville rejoint le nouveau royaume d'Italie (1860).

PARMÉNIDE (544-vers 450 av. J.-C.) ✦ Philosophe grec. Dans les vers de son traité *De la nature* qui nous sont parvenus, il défend l'idée que tout ce qui existe a existé de tout temps, est éternel, et ne subit jamais de transformation. Il oppose également les sens et la raison car, dit-il, les sens sont trompeurs. Il a exercé une grande influence sur **Platon**.

PARMENTIER Antoine Augustin (1737-1813) ✦ Savant français. Il travaille comme pharmacien aux Invalides et étudie les végétaux alimentaires. Il répand la culture de la pomme de terre en France et publie des études sur la conservation des aliments. Il participe aux campagnes de vaccination contre la variole. Il entre à l'Académie des sciences en 1795. La pomme de terre s'est appelée un moment la *parmentière.* Ce savant a laissé son nom à un plat à base de purée, le *hachis Parmentier.*

PARNASSE n. m. ✦ Massif montagneux de Grèce, dans le centre du pays. Le mont Parnasse atteint 2 457 m d'altitude. Le site de **Delphes** est situé sur son versant sud. Dans l'Antiquité, le Parnasse est sacré et considéré comme la résidence des **Muses.**

PAROS ✦ Une des îles de l'archipel des Cyclades, à l'ouest de Naxos (☛ carte 28). Superficie : 194 km^2. 11 000 habitants. Chef-lieu : Paros (3 708 habitants). Église byzantine (VIe-Xe siècles), musée. Dès le VIe siècle av. J.-C., les sculpteurs grecs utilisaient le marbre blanc de ses carrières.

PARQUES n. f. pl. ✦ Divinités du Destin dans la mythologie romaine. Elles sont trois : l'une fabrique le fil de la vie, la deuxième l'enroule sur le fuseau et la troisième le coupe de ses ciseaux.

PARTHENAY ✦ Chef-lieu d'arrondissement des Deux-Sèvres. 10 367 habitants (agglomération 18 220) (les *Parthenaisiens*) (☛ carte 23). Vestiges de l'enceinte médiévale. Marché agricole (bovins). ♦ La ville fut l'un des foyers de l'insurrection royaliste pendant la guerre de Vendée (1793).

PARTHÉNON n. m. ✦ Temple d'Athéna, sur l'**Acropole** d'Athènes. **Périclès** confie sa construction à **Phidias** (447-432 av. J.-C.). Il l'orne de riches sculptures, comme les frises des **Panathénées** ou la statue d'**Athéna** faite d'or et d'ivoire. Le temple devient une église (VIe siècle). Il est transformé en mosquée sous l'Empire ottoman (1688-1749). Une grande partie de ses sculptures et ses deux frontons sont visibles au British Museum de Londres et au musée du Louvre à Paris.

PARTHES n. m. pl. ✦ Ancien peuple d'origine iranienne, installé au sud-est de la mer Caspienne. Les Parthes fondent une dynastie indépendante de l'empire des **Séleucides** : les Arsacides (vers 250 av. J.-C.). Ils conquièrent la Perse puis la Mésopotamie (141 av. J.-C.). À leur apogée, les Parthes battent **Crassus** (53 av. J.-C.) et Antoine, mais les Romains occupent de nouveau l'Arménie (63), la Mésopotamie et l'Assyrie (114-117). Septime **Sévère** saccage la capitale Ctésiphon et parvient à Ninive (198-200). Le dernier roi parthe est vaincu par les **Sassanides** (224).

PASCAL Blaise (1623-1662) ✦ Mathématicien, physicien et philosophe français. Son père, magistrat à Clermont-Ferrand, remarque ses dons exceptionnels et décide de s'installer à Paris pour qu'il y fasse ses études (1631). Pascal étudie les mathématiques, la physique et participe à la vie philosophique et scientifique. Il réalise des travaux précurseurs (géométrie, calcul de probabilités, analyse infinitésimale). Il invente une machine arithmétique capable d'effectuer les quatre opérations (1642). Il confirme l'existence du vide et de la pesanteur au puy de **Dôme** (1648). Il fait retraite à l'abbaye de **Port-Royal** où vit sa sœur et se rapproche des jansénistes qu'il défend contre les jésuites (*Les Provinciales,* 1656-1657). Dans ses notes rassemblées et publiées après sa mort (*Pensées,* 1670), il s'intéresse à la question de la misère de la condition humaine et affirme que sa grandeur est de croire en Dieu, sans preuve de son existence.

PAS DE CALAIS → CALAIS (PAS DE)

PAS-DE-CALAIS n. m. ✦ Département du nord de la France [62], de la Région Hauts-de-France. Superficie : 6 671 km². 1,47 million d'habitants. Chef-lieu : Arras ; chefs-lieux d'arrondissement : Béthune, Boulogne-sur-Mer, Calais, Lens, Montreuil-sur-Mer et Saint-Omer.

PASIPHAÉ ✦ Personnage de la mythologie grecque, fille d'**Hélios** et sœur de **Circé**. Elle épouse le roi de Crète, **Minos**, et donne naissance à **Ariane**, Androgée et **Phèdre.** De son union avec un taureau envoyé par Poséidon naît le **Minotaure.**

PASOLINI Pier Paolo (1922-1975) ✦ Cinéaste et écrivain italien. Après des films d'inspiration néoréaliste (*Accattone,* 1961 ; *Mamma Roma,* 1962) puis une fresque religieuse (*L'Évangile selon saint Matthieu,* 1964), il réalise des films à la fois lyriques et provocateurs (*Théorème,* 1968 ; *Porcherie,* 1970 ; *Salo ou les Cent Vingt Journées de Sodome,* 1975), puisant son inspiration dans les mythes universels (*Œdipe roi,* 1967 ; *Médée,* 1969) ou la littérature (*Le Décaméron,* 1971 ; *Les Contes de Canterbury,* 1972). Pasolini est également un poète (*Les Cendres de Gramsci,* 1957) et un romancier (*Une vie violente,* 1959).

PASTERNAK Boris Leonidovitch (1890-1960) ✦ Écrivain soviétique. Poète, il est d'abord influencé par le futurisme (*Ma sœur la vie,* 1922), avant de célébrer la révolution dans *L'Année 1905* (1925). Son roman *Le Docteur Jivago,* publié en Italie en 1957 et interdit en URSS jusqu'en 1988, lui apporte la célébrité internationale et provoque son exclusion de l'Union des écrivains soviétiques. Il sera réhabilité en 1987. Prix Nobel de littérature (1958).

PASTEUR Louis (1822-1895) ✦ Chimiste et biologiste français. En étudiant la fermentation, il découvre l'existence d'organismes microscopiques, les microbes, et il crée la microbiologie. Pasteur invente une méthode pour détruire les bactéries (la *pasteurisation*), s'intéresse aux maladies infectieuses et applique pour la première fois à l'homme le vaccin contre le charbon et la rage (1885). Académie des sciences (1862) ; Académie française (1881). Il fonde l'institut scientifique qui porte son nom (1888). Il existe 32 instituts Pasteur en France et à l'étranger.

PASTEUR (Institut) ✦ Établissement scientifique fondé à Paris à l'initiative de Louis **Pasteur** (1888). Il est spécialisé dans la recherche fondamentale et l'enseignement. C'est aussi un centre de production (vaccins, sérums) et de services (vaccinations, soins). Une équipe de chercheurs, dirigée par Luc **Montagnier,** y découvrit le virus du sida (1983). Louis Pasteur est enterré au siège de l'Institut.

PATAGONIE n. f. ✦ Région d'Amérique du Sud, à l'extrémité du continent, en Argentine et au Chili (☛ carte 44). Superficie : 800 000 km² (environ une fois et demie la France). La Patagonie s'étend d'un plateau aride, à l'est, aux Andes couvertes de forêts et de lacs, à l'ouest. Le climat tempéré au nord devient froid et polaire au sud. Élevage de moutons dans les pâturages humides de la **Terre de Feu.** Extraction du pétrole, du gaz naturel, du charbon et du fer. Située dans la partie argentine de la Patagonie, **Ushuaia** est la ville du monde située la plus au sud.

PATHÉ (les frères) ✦ Industriels et ingénieurs français. **Émile** (1860-1937) et **Charles** (1863-1957) fondent l'industrie du disque. Charles est le premier fabricant de pellicule et il crée un laboratoire de tirage de films (1905). Il imagine aussi le premier journal d'actualités cinématographiques (1909).

PATRAS ✦ Ville de Grèce, dans le nord-ouest du Péloponnèse, sur le golfe de Corinthe. 175 000 habitants, troisième ville de Grèce après Athènes-Le Pirée et Salonique. Théâtre romain, château byzantin. Port de passagers (liaisons par ferry-boats avec l'Italie) et de commerce. Centre administratif et industriel (agroalimentaire, textile, chimie, cimenterie). ♦ Patras est fondée par les **Achéens.** Elle s'allie à Athènes pendant la guerre du Péloponnèse et participe à la Ligue achéenne. Les Romains en font la première ville du Péloponnèse. Elle prospère pendant la conquête franque (XIIIᵉ siècle). Les Vénitiens et les Turcs se la disputent (XVᵉ, XVIIᵉ et XVIIIᵉ siècles). Incendiée par les Turcs (1821), elle est libérée par les Français et rendue à la Grèce (1828).

PATRICK (saint) (vers 389-461) ✦ Apôtre de l'Irlande. Né en Grande-Bretagne, il est enlevé par des pirates irlandais qui le réduisent en esclavage. Il s'enfuit en Gaule où il devient prêtre puis évêque. Il regagne l'Irlande (432) pour l'évangéliser. Sa fête, célébrée le 17 mars, correspond à la fête nationale de l'Irlande.

PATROCLE ✦ Personnage de l'*Iliade.* Ami d'**Achille,** il participe avec lui à la guerre de Troie. Il est tué par **Hector** aux portes de la ville. Achille le venge en tuant Hector.

PAU ✦ Chef-lieu des Pyrénées-Atlantiques. 77 489 habitants (les *Palois*). Château (XIIIᵉ siècle) orné de tapisseries des Gobelins et des Flandres, nombreux musées. Université. Commerce. Industries (chimie, électrométallurgie, aéronautique). Ville natale d'Henri IV et de Bernadotte (Charles IV de Suède). ♦ La ville devient la capitale du Béarn (XVᵉ siècle) et la résidence des rois de **Navarre.** La mère d'Henri IV y persécute les catholiques (XVIᵉ siècle). Louis XIII rétablit le culte catholique (1620) et Pau rejoint la Couronne.

PAU (gave de) ✦ Rivière des Pyrénées, longue de 120 km. Elle est formée de plusieurs cours d'eau («gaves») qui descendent des cirques de Gavarnie et de Troumouse. Elle alimente plusieurs centrales électriques. Elle arrose Lourdes et Pau, puis se jette dans l'Adour peu avant l'océan Atlantique.

PAUL (saint) (vers 5-15-vers 62-64) ✦ Apôtre du christianisme. Ce juif d'Asie Mineure, prénommé *Saül,* persécute les chrétiens. Il se convertit au christianisme après une vision du Christ sur le chemin de Damas. Missionnaire, il voyage alors en Orient (Asie Mineure, Chypre, Macédoine, Grèce). Il est arrêté à Jérusalem. Selon la tradition, il aurait été jugé et décapité à Rome. Son action est connue par ses lettres, appelées Épîtres, et par les Actes des Apôtres dans le Nouveau Testament.

PAUL III (1468-1549) ✦ Pape de 1534 à sa mort. C'est le pape de la «Contre-Réforme». Pour lutter contre la **Réforme,** il réunit le concile de Trente (1545-1549), approuve la Compagnie de **Jésus** (1540), réorganise l'**Inquisition** (1542) et nomme des cardinaux ralliés à sa cause. Prince mécène de la Renaissance, il confie à **Michel-Ange** la décoration des chapelles **Sixtine** et Pauline (1542-1550) et l'édification du palais Farnèse et de la basilique **Saint-Pierre de Rome** (1546). ■ Son nom italien est *Alessandro Farnese.*

PAUL VI (1897-1978) ✦ Pape de 1963 à sa mort. Nommé archevêque de Milan par Pie XII (1954) puis cardinal par Jean XXIII (1958), il poursuit la tâche œcuménique du concile Vatican II. Il fait de nombreux voyages à travers le monde pour se rapprocher des différentes Églises. Il réforme la liturgie (1969) qui peut désormais être célébrée en langue vulgaire (en français, par exemple, et non plus en latin). ■ Son nom italien est *Giovanni Battista Montini.*

PAULI Wolfgang (1900-1958) ✦ Physicien suisse d'origine autrichienne. Il est l'un des fondateurs de la mécanique quantique. Il est surtout connu pour le *principe d'exclusion de Pauli* qui permet de comprendre la structure des atomes et valide la théorie de **Mendeleïev**. Il a émis l'hypothèse de l'existence du neutrino. Prix Nobel de physique (1945).

PAVIE ✦ Ville du nord de l'Italie, chef-lieu de la Lombardie. 68 280 habitants. Église Saint-Pierre (XIIe siècle), château des Visconti (XIVe siècle) et, plus au nord, chartreuse de Pavie (XVe-XVIe siècles), chef-d'œuvre de l'art lombard. Centre industriel (mécanique) et touristique. ♦ Les Lombards en font leur capitale (572). Charlemagne la conquiert (774). Les empereurs germaniques y sont couronnés rois d'Italie (Xe-XIIe siècles), puis Pavie est annexée par les Visconti (1360). Charles Quint y capture François Ier (1525). Longtemps disputée par l'Espagne, l'Autriche et la France, elle rejoint le royaume d'Italie (1860).

PAVLOV Ivan (1849-1936) ✦ Médecin russe. Ses travaux sur la digestion et la salive lui font découvrir la notion de réflexe conditionné qu'il démontre lors d'une expérience célèbre (1903). Le chien salivant quand on lui présente sa nourriture, Pavlov le nourrit en associant cette action au tintement d'une cloche. Il constate ensuite que l'animal salive dès qu'il entend la cloche sonner : l'animal est «conditionné». Ses travaux, étendus à la psychologie humaine, influencent la physiologie et la psychologie. Prix Nobel de médecine (1904).

PAYS-BAS n. m. pl. ✦ Pays d'Europe de l'Ouest (☛ cartes 24, 25). Superficie : 41 500 km². 16,9 millions d'habitants (les *Néerlandais*), en majorité chrétiens. Monarchie parlementaire, divisée en douze provinces, dont la capitale constitutionnelle est Amsterdam ; La Haye est le siège du gouvernement, du Parlement et des ambassades. Langue officielle : le néerlandais ; on y parle aussi le frison. Monnaie : l'euro, qui a remplacé le florin. ♦ GÉOGRAPHIE. Le pays est formé d'une vaste plaine : le point culminant est à 321 m d'altitude et un tiers du territoire se trouve en dessous du niveau de la mer. Les Pays-Bas, traversés par la Meuse, le Rhin et l'Escaut, ont construit de nombreux polders (canaux, digues, assèchement des marais). Le climat océanique est frais et les régions côtières subissent de fréquentes précipitations et des vents forts. ♦ ÉCONOMIE. L'agriculture moderne est très productive (céréales, betterave à sucre, élevage de vaches, de porcs et de volailles, horticulture). Le secteur agroalimentaire (fromages) occupe une place prépondérante parmi les industries (chimie, constructions électrique et électronique). Les secteurs des services et des transports sont développés. Le port de **Rotterdam**, qui est le premier du monde, joue un important rôle commercial. ♦ HISTOIRE. La région est peuplée de Celtes puis de Germains (Saxons, Frisons, Francs). Elle est conquise par les Romains, puis subit les invasions barbares (IIIe-IVe siècles). Les Carolingiens s'en emparent et la christianisent. Elle est partagée entre Charles le Chauve et Lothaire (843) puis divisée en comtés (Hollande, Gueldre, Frise, Utrecht). Le pays passe à la Bourgogne (1384), aux Habsbourg d'Autriche (1477) puis fait partie de l'Empire de **Charles Quint**. Le succès de la Réforme provoque le rétablissement de l'Inquisition et la division du pays. Le Sud, catholique, reste fidèle à Charles Quint (Union d'Arras, 1579). Le Nord, à majorité protestante, se soulève avec **Guillaume d'Orange**. Celui-ci obtient la direction de sept provinces, réunies sous le nom de ***Provinces-Unies*** par l'Union d'**Utrecht** (1579). Le territoire est envahi par Louis XIV (1672) puis par les armées françaises révolutionnaires (**Fleurus**, 1794). Napoléon Ier en fait un royaume qu'il confie à son frère Louis (1806-1810). Les Pays-Bas sont unis à la Belgique et au Luxembourg (1814-1830). Le pays reste neutre pendant la Première Guerre mondiale. Il est occupé par les Allemands pendant la Deuxième guerre mondiale (1940-1945). Il participe à la conférence du **Benelux** (1948). Les Pays Bas rejoignent la Communauté économique européenne (1957). C'est sous leur présidence que se conclut le traité de **Maastricht** (1991).

PAYS BASQUE → **BASQUE** (Pays)

PAYS DE GALLES → **GALLES** (pays de)

PAYS DE LA LOIRE n. m. pl. ✦ Région administrative de l'ouest de la France, formée de cinq départements : la Loire-Atlantique, le Maine-et-Loire, la Mayenne, la Sarthe et la Vendée (☛ carte 22). Superficie : 32 082 km² (5,9 % du territoire), c'est la 7e région par la taille. 3,69 millions d'habitants, qui représentent 5,5 % de la population française. Chef-lieu : Nantes. ♦ GÉOGRAPHIE. Dans l'est et le sud du Massif armoricain, la région est formée de bocages fertiles (Anjou) et de collines boisées, bien irrigués par la Loire et ses affluents. La côte, bordée des îles de Noirmoutier et d'Yeu, comporte de nombreux marais (Brière, Marais breton, Marais poitevin). Le climat est doux et humide. ♦ ÉCONOMIE. C'est la deuxième région agricole du pays (vigne, fruits, légumes, fleurs). Elle est spécialisée dans l'élevage (bovins, porcs). Les industries (agroalimentaire, confection, mécanique) se tournent vers la haute technologie pour pallier le déclin des chantiers navals de Saint-Nazaire. Les services se développent (commerce, tourisme).

PAZ Octavio (1914-1998) ✦ Poète et essayiste mexicain. Il puisa son inspiration dans le patrimoine mondial, les légendes amérindiennes, la poésie baroque hispanique, le surréalisme, l'hindouisme. Son essai *Le Labyrinthe de la solitude* (1950) est une recherche de l'identité mexicaine. Son œuvre évoque aussi l'amertume de l'amour et la liberté (*Pierre de soleil,* 1957). Prix Nobel de littérature (1990).

PAZ (La) ✦ Ville de Bolivie, dans les Andes, à 3 800 m d'altitude. 760 000 habitants (les *Pacéniens*). Carrefour commercial de l'**Altiplano**. Centre industriel (textile, tabac). Le gouvernement bolivien y siège depuis 1900, mais la capitale officielle est **Sucre**.

PEARL HARBOR ✦ Base navale américaine, dans l'archipel d'Hawaii, à l'ouest d'Honolulu, sur l'île d'Oahu. La principale base du Pacifique est fondée en 1907. Les Japonais l'attaquent par surprise (7 décembre 1941). Ils détruisent l'aérodrome et une grande partie de la flotte américaine. Cette attaque provoque l'entrée des États-Unis dans la Deuxième Guerre mondiale.

PEARY Robert Edwin (1856-1920) ✦ Explorateur américain. Il mène des expéditions dans l'Arctique et prouve que le Groenland est une île. Il est le premier à atteindre le pôle Nord (1909).

① **PÉGASE** ✦ Cheval ailé dans la mythologie grecque. Fils de Poséidon, il naît du sang de **Méduse** lorsque **Persée** lui tranche la tête. Dompté par **Bellérophon**, Pégase l'aide à tuer la **Chimère**.

② **PÉGASE** ✦ Constellation de l'hémisphère Nord, située près d'Andromède. Elle est très étendue.

PÉGUY Charles (1873-1914) ✦ Écrivain français. Il naît dans une modeste famille paysanne, devient socialiste et se joint à **Jaurès** lors de l'affaire **Dreyfus**. Sans renier son engagement socialiste, il revient à la foi catholique. Il fonde une revue, les *Cahiers de la quinzaine* (1900), où il expose ses conceptions politiques et esthétiques (*Notre patrie*, 1905). Il meurt au front au début de la Première Guerre mondiale. Ses dernières œuvres sont marquées par le mysticisme : *Le Mystère de la charité de Jeanne d'Arc* (1910), *Le Porche du mystère de la deuxième vertu* (1911), *Ève* (1913).

PÉKIN ✦ Capitale de la Chine, dans l'est du pays, non loin de la mer Jaune. Son nom officiel est *Beijing*. 16,4 millions d'habitants (les *Pékinois*). Pékin forme une municipalité autonome de la Chine (16 808 km^2, 19,6 millions d'habitants) (☛ carte 57). Nombreux monuments : au centre, la ville impériale avec la **Cité interdite** (XVe siècle), devenue musée du Palais, qui s'ouvre sur la place Tianan men (ou Porte de la Paix céleste) ; au nord, la ville tartare appelée *Cambaluc* (XIIIe siècle) avec le palais d'Été (XVIIIe siècle) ; au sud, la ville chinoise avec le temple du Ciel (XVe siècle). Ces trois monuments sont inscrits sur la liste du patrimoine mondial de l'Unesco. Centre politique, culturel et universitaire du pays, qui a accueilli les Jeux olympiques de 2008. Activités industrielles importantes et en constante modernisation (sidérurgie, automobile, chimie, textile, alimentation). ♦ Fondée au Ve siècle av. J.-C., elle accède plusieurs fois au statut de capitale avant d'être détruite par Gengis Khan (1215). Les **Mongols** reconstruisent la ville et en font leur capitale, appelée Cambaluc (1264-1368). Au XIVe siècle, la dynastie Ming poursuit sa construction, édifiant en particulier la Cité interdite. La ville, nommée *Beiping* puis *Beijing*, devient la capitale de l'Empire (1421-1912), puis de la Chine communiste depuis 1949.

PELÉ (né en 1940) ✦ Footballeur brésilien. Surnommé le *roi Pelé*, on le considère comme le meilleur footballeur de tous les temps. Il remporte trois Coupes du monde (1958, 1962 et 1970). Au cours de sa carrière, il marque près de 1 300 buts en plus de 1 300 matchs. ▪ Son véritable nom est *Edson Arantes do Nascimento*.

PELÉE (montagne) ✦ Volcan actif de la Martinique, dans le nord de l'île, d'une hauteur de 1 397 m. Une de ses éruptions détruit totalement la ville de Saint-Pierre et tue plus de 28 000 personnes (1902). Le volcan, en sommeil depuis 1932, est surveillé par un observatoire créé après cette catastrophe.

PÉLOPONNÈSE n. m. ✦ Presqu'île du sud de la Grèce, reliée au reste du pays par l'isthme de Corinthe (☛ carte 28). Elle forme une des neuf régions géographiques du pays. Superficie : 21 379 km^2. 2 millions d'habitants. Cette région montagneuse vit de l'élevage (moutons), de la culture dans les plaines côtières (agrumes, fruits, légumes) et du tourisme (sites antiques d'**Épidaure, Olympie, Mycènes**). ♦ La région, habitée dès la préhistoire, est envahie par les Égéens (3 000 ans av. J.-C.), puis les Ioniens (2 000 ans av. J.-C.). Les Achéens y développent la civilisation de **Mycènes** (1 700 ans av. J.-C.). Le Péloponnèse prend son essor avec **Corinthe** et **Sparte**, qui gagne la guerre du **Péloponnèse**. Il fait partie de l'Empire romain, puis de l'Empire byzantin. Il accueille des tribus slaves (VIIIe siècle). Conquis par l'Empire latin de Constantinople (XIIIe siècle), il devient une principauté franque. À partir du XVe siècle, il passe sous domination turque. Le Péloponnèse ne rejoint la Grèce qu'en 1829.

PÉLOPONNÈSE (guerre du) ✦ Guerre qui oppose Athènes à **Sparte** (431-404 av. J.-C.). Les deux grandes puissances se disputent le pouvoir sur le continent et les îles. Au début de la guerre, les Spartiates pillent l'Attique. Athènes est protégée par des fortifications mais sa population est décimée par la peste. **Périclès** est rappelé au pouvoir mais il meurt à son tour de la maladie. Après une courte période de paix (421-418 av. J.-C.), Athènes connaît quelques succès, mais, Sparte s'alliant à la Perse, Athènes est rapidement vaincue (405 av. J.-C.). La ville, assiégée, souffre d'une terrible famine et finit par capituler (404 av. J.-C.). La démocratie est abolie, le pouvoir n'étant désormais détenu que par un petit nombre (30 membres du conseil).

PENDJAB ou **PENJAB** n. m. → ① PANJAB

PÉNÉLOPE ✦ Reine légendaire d'Ithaque dans la mythologie grecque, et personnage de l'***Odyssée***. Femme d'**Ulysse** et mère de **Télémaque**, elle attend fidèlement pendant vingt ans le retour de son mari qui participe au siège de la ville de **Troie**. Elle résiste aux propositions de ses prétendants par une ruse : elle promet d'épouser l'un d'eux dès qu'elle finira le tissage d'une toile qu'elle défait chaque nuit, repoussant ainsi sa promesse. Elle symbolise la fidélité dans le mariage.

PÉNINSULE ARABIQUE → ARABIE

PENNAC Daniel (né en 1944) ✦ Écrivain français. Né au Maroc, il grandit en Afrique et en Asie. Il fait ses études en France et devient professeur de français (1968). Il publie des récits pour la jeunesse (*Cabot-Caboche*, 1982 ; *L'Œil du loup*, 1984 ; les aventures de *Kamo*). Son premier roman (*Au bonheur des ogres*, 1985) est situé dans le quartier parisien de Belleville. Son personnage principal, Benjamin Malaussène, devient le héros d'une saga en six volumes. Il nous fait partager ses réflexions inspirées par son expérience d'élève et de professeur (*Comme un roman*, 1992 ; *Chagrin d'école*, 2007). ▪ Son véritable nom est *Daniel Pennacchioni*.

PENNINE (chaîne) ✦ Chaîne montagneuse du nord de l'Angleterre, culminant au Cross Fell (893 m) (☛ carte 31). Les pluies sur ses tourbières situées en altitude et ses landes au sol pauvre en font le château d'eau de la région. De part et d'autre de la chaîne Pennine, les gisements houillers ont permis le développement de la révolution industrielle anglaise.

PENNSYLVANIE ✦ État des États-Unis, situé dans le nord-est du pays (☛ carte 47). Superficie : 117 413 km^2 (environ le quart de la France). 12,3 millions d'habitants. Capitale : Harrisburg (48 950 habitants). Autres villes importantes : Philadelphie, Pittsburgh. ♦ Les montagnes, les vallées et les plateaux des **Appalaches** sont bordés d'étroites plaines côtières, à l'ouest avec le lac Érié et à l'est Philadelphie. Le climat continental est humide. L'agriculture est productive (céréales, élevage laitier, poulets). Tandis qu'une part de l'industrie (charbon, acier, pétrole, gaz) autrefois florissante est en déclin, une autre se développe (chimie, pharmacie, ciment). ♦ La région est explorée par Hudson (1609). Elle devient un État démocratique avec William Penn (1681) qui lui donne son nom. La Pennsylvanie se développe avec l'arrivée de nombreux colons anglo-saxons, irlandais et huguenots. La Déclaration d'indépendance y est signée (1776). La Pennsylvanie rejoint l'Union en 1787.

Penseur (Le) ✦ Statue d'Auguste Rodin. En 1880, lorsque **Rodin** conçoit le modèle d'une sculpture qui ne sera jamais réalisée, *La Porte des Enfers,* il place au sommet de son œuvre un personnage assis, regardant vers le bas, figurant le poète Dante. Ce n'est qu'en 1904 qu'il réutilisera ce personnage en le représentant en figure isolée. Exposée au Salon de 1904, la statue sera placée entre 1906 et 1922 au milieu de la façade du Panthéon. Elle est transférée au musée Rodin en 1922.

PENTAGONE n. m. ✦ Bâtiment situé à Washington aux États-Unis. Il tient son nom de sa forme architecturale à cinq côtés. Il abrite le secrétariat à la Défense (ministère des Armées) et l'état-major général des forces armées américaines depuis 1942. Le 11 septembre 2001, un avion terroriste se jette sur une des ailes du bâtiment et provoque la mort de nombreuses personnes.

Pentateuque n. m. ✦ Ensemble des cinq premiers livres de la **Bible**, appelé **Torah** en hébreu. Il comprend la **Genèse**, l'**Exode**, le **Lévitique**, les **Nombres** et le **Deutéronome.** En grec, *pentateuque* signifie « ouvrage composé de cinq rouleaux ».

PENTECÔTE n. f. ✦ Fête religieuse chrétienne. Elle célèbre la descente du Saint-Esprit sur les apôtres réunis à Jérusalem, dix jours après l'Ascension du Christ. Elle a lieu le 50e jour et le 7e dimanche après **Pâques.**

PÉPIN LE BREF (vers 714-768) ✦ Maire du palais (équivalent du Premier ministre) de 741 à 751, puis roi des Francs de 751 à sa mort. Son père **Charles Martel** lui lègue la Neustrie, la Bourgogne et la Provence. Il s'unit à son frère **Carloman,** qui possède l'Austrasie et la Thuringe, détrône Childéric III, le dernier roi mérovingien, avec le consentement du pape et se fait sacrer (752). Il fonde ainsi la dynastie des **Carolingiens** (☛ Carolingiens p. 156). Il mène deux expéditions victorieuses contre les Lombards (754, 756) et donne les territoires conquis au pape, créant ainsi les États pontificaux. Il épouse **Berthe au grand pied.** Ils ont deux fils : **Charlemagne** et **Carloman.**

PERCEVAL ✦ Héros de la légende du roi Arthur. Il apparaît dans le roman inachevé de **Chrétien de Troyes,** *Le Conte du Graal ou le Roman de Perceval* (vers 1181). Ce jeune orphelin quitte sa mère pour aller à la cour du roi **Arthur.** Naïf, ignorant tout de la chevalerie et de ses règles, il entreprend un long apprentissage pour devenir chevalier de la **Table ronde** et part à la recherche du **Graal.** Son histoire a inspiré de nombreux artistes comme le musicien Wagner (*Parsifal,* 1882) ou le cinéaste Rohmer (*Perceval,* 1978).

PERCHE n. m. ✦ Région de l'ouest du Bassin parisien (☛ carte 21). Elle s'étend sur les départements de l'Orne, de la Sarthe et de l'Eure-et-Loir. Ville principale : Nogent-le-Rotrou. Le Perche est formé de bocages et de forêts. On y pratique l'élevage bovin (produits laitiers, viande). Le *percheron* est un puissant cheval de trait, originaire de la région. Le parc naturel régional du Perche, créé en 1998, couvre 182 000 ha entre Chartres et Alençon.

PERCIER Charles (1764-1838) ✦ Architecte et décorateur français. En collaboration avec **Fontaine,** il travaille à la décoration de nombreux hôtels particuliers sous le Directoire. Appelés par Napoléon Ier pour restaurer et aménager les résidences officielles, ils deviennent les maîtres de l'architecture néoclassique et les promoteurs du style Empire (arc du Carrousel, 1807-1809 ; aile du Louvre sur la rue de Rivoli).

PERDU (mont) n. m. ✦ Un des sommets les plus élevés des Pyrénées espagnoles, en Aragon (3 348 m) (☛ carte 32). Avec ses canyons et ses cirques, le site est inscrit sur la liste du patrimoine mondial de l'Unesco.

PEREC Georges (1936-1982) ✦ Écrivain français. Il abandonne ses études d'histoire pour se consacrer à l'écriture. Il rejoint le groupe de l'**OuLiPo** fondé par Raymond **Queneau** (1960). Avec un style plein d'humour, il s'impose des défis dans l'écriture (comme écrire un roman sans utiliser la lettre *e* : *La Disparition,* 1969) tout en remettant en cause la société dans laquelle il vit. Parmi ses œuvres, on peut citer : *Les Choses* (1965), *Je me souviens* (1978), *La Vie mode d'emploi* (1978).

PÈRE-LACHAISE (le) ✦ Cimetière de Paris, dans l'est de la ville. Il est aménagé à partir de 1804 sur le site d'un domaine où habitait le père La Chaise. Celui-ci, qui était confesseur de Louis XIV, lui donne son nom. Le Père-Lachaise est le plus grand cimetière de la capitale : il s'étend sur 44 ha et compte plus de 5 000 arbres. De nombreux personnages illustres y reposent (Apollinaire, Balzac, Beaumarchais, Bizet, Champollion, Chopin, Colette, Daudet, Daumier, Delacroix, Éluard, Géricault, Haussmann, Ingres, Modigliani, Murat, Musset, Nadar, Parmentier, Piaf, Pissarro, Proust, Thiers...). Le Père-Lachaise abrite le mur des Fédérés où furent fusillés les derniers défenseurs de la **Commune** (mai 1871).

PERES Shimon (1923-2016) ✦ Homme politique israélien. Premier ministre et ministre à plusieurs reprises, il est l'un des artisans de l'accord signé entre l'**OLP** et Israël (1993), par lequel les deux parties se reconnaissent mutuellement et qui prévoit l'autonomie des territoires occupés par Israël. Il est élu président de l'État d'Israël (2007). Prix Nobel de la paix avec Yasser Arafat et Yitzhak Rabin (1994).

PERGAME ✦ Ancienne ville d'Asie Mineure, appelée aujourd'hui *Bergama* en turc. Dans l'Antiquité, c'est la capitale d'un royaume grec (IIIe-IIe siècles av. J.-C.) qui s'étend sur tout le sud-ouest de l'Asie Mineure. Le royaume de Pergame est légué aux Romains par testament de son roi (133 av. J.-C.). Elle devient un centre économique (commerce du parchemin) et culturel, dont la bibliothèque rivalise avec celle d'**Alexandrie.**

Les fouilles archéologiques (depuis 1878) mettent au jour de nombreux monuments (temples, autel de Zeus, théâtre), dont on peut admirer des vestiges au musée Pergamon de Berlin. Le site archéologique est inscrit sur la liste du patrimoine mondial de l'Unesco.

PERGAUD Louis (1882-1915) ✦ Écrivain français. Cet instituteur originaire du Doubs arrive à Paris (1907) et travaille comme rédacteur au service des beaux-arts de la Ville de Paris. Mobilisé au début de la Première Guerre mondiale, il meurt au front en avril 1915. Ses récits évoquent avec fraîcheur et poésie le monde des enfants et la vie des animaux : *De Goupil à Margot* (1910), *La **Guerre des boutons*** (1912, film d'Yves Robert, 1961), *Le Roman de Miraut, chien de chasse* (1913).

PERGOLÈSE Jean-Baptiste (1710-1736) ✦ Compositeur italien. Il étudie au conservatoire de Naples, devient organiste puis maître de chapelle. Il compose le premier opéra-comique, *La Servante maîtresse* (1733) qui connaît un succès triomphal. Il compose également de la musique sacrée : *Salve Regina, Stabat Mater* (1736).

PÉRI Gabriel (1902-1941) ✦ Homme politique français. Secrétaire général des Jeunesses communistes, il entre au journal *L'Humanité*. Il est élu député (1932). Il anime les *Cahiers* clandestins du parti pendant l'Occupation. Il est livré aux Allemands et fusillé au mont **Valérien.**

PÉRICLÈS (vers 495 av. J.-C.-429 av. J.-C.) ✦ Homme politique grec. Il suit l'enseignement des grands philosophes de son époque (Anaxagore, Zénon). Occupant la fonction de stratège au service de la ville d'Athènes, il réalise d'importantes réformes démocratiques. Il entreprend également de grands travaux et confie à **Phidias** la construction des monuments de l'**Acropole.** Il favorise l'essor intellectuel et artistique d'Athènes mais aussi son essor militaire en renforçant la flotte et en faisant fortifier la ville. Il est écarté du pouvoir au début de la guerre du **Péloponnèse.** L'assemblée le rappelle (429 av. J.-C.). Il meurt peu après, victime de la peste qui frappe Athènes. *Le siècle de Périclès* marque l'apogée de la civilisation athénienne.

PÉRIGORD n. m. ✦ Région historique du sud-ouest de la France qui correspond à une grande partie du département de la Dordogne (☛ carte 21). Ville principale : Périgueux. ♦ Cette région de plateaux calcaires est traversée par des vallées fertiles (**Dordogne, Vézère**). L'agriculture y est prospère (blé, maïs, fruits, vigne, élevage). Le parc naturel régional du Périgord-Limousin, créé en 1998, s'étend sur 180 000 ha entre Angoulême, Limoges et Périgueux. ♦ La région est peuplée dès la préhistoire (**Lascaux,** Les **Eyzies,** la **Madeleine**). Elle est occupée par les Celtes à l'époque romaine. Elle devient un comté (VIIIe siècle) qui est disputé par les rois de France et d'Angleterre pendant la guerre de Cent Ans. Il est rattaché à la France au XIVe siècle et intégré au domaine royal par Henri IV.

PÉRIGUEUX ✦ Chef-lieu de la Dordogne. 30 069 habitants (les *Périgourdins*). Vestiges gallo-romains (Ier-IIe siècles), cathédrale Saint-Front de style romano-byzantin (XIe siècle), nombreuses maisons des XVe-XVIe siècles, musées. Services. Commerce. Industries. Imprimerie de timbres. Ville natale de Léon Bloy. ♦ Périgueux devient la capitale du **Périgord** (Xe siècle). Ele est cédée aux Anglais (1360) puis revient à la France (fin du XIVe siècle).

PERM ✦ Ville de Russie, dans l'Oural, sur la Kama. 1 million d'habitants. Centre administratif, scientifique et industriel, développé grâce à l'exploitation du cuivre (chantier naval, mécanique, chimie, pétrochimie, bois). Centrale hydroélectrique.

PERON Juan Domingo (1895-1974) ✦ Homme d'État argentin. Il participe à un coup d'État militaire (1943) et devient ministre du Travail puis président de la République (1946-1955). Il gouverne en dictateur, soutenu par le clergé, l'armée, les partis de gauche et d'extrême-droite. Sa politique est basée sur les nationalisations, l'antiaméricanisme, la justice sociale mais aussi la répression. Les premières années du régime suscitent l'enthousiasme du peuple, entretenu par le charisme de la femme de Peron, **Eva PERON** (1919-1952), surnommée *Evita*. Confronté à des difficultés économiques et à des conflits avec le clergé et l'armée, Peron est renversé par un putsch (1955) et il se réfugie en Espagne. De retour en Argentine, il est réélu (1973) et sa troisième femme, Isabel Martinez, lui succède (1974-1976).

PÉRONNE ✦ Chef-lieu d'arrondissement de la Somme, sur la Somme. 7 676 habitants (les *Péronnais*). (☛ carte 23). Château construit par Philippe Auguste. Historial de la Grande Guerre. Port de commerce et de plaisance sur le canal du Nord. Cultures maraîchères. Industrie agroalimentaire (légumes surgelés), confection (lingerie).

PÉROU n. m. ✦ Pays d'Amérique du Sud (☛ cartes 44, 46). Superficie : 1,3 million de km^2 (un peu plus de deux fois la France). 28,2 millions d'habitants (les *Péruviens*), en majorité catholiques. République dont la capitale est Lima. Langues officielles : l'espagnol, le quechua et l'aymara. Monnaie : le nouveau sol. ♦ GÉOGRAPHIE. La cordillère des **Andes** traverse le Pérou du nord au sud. Elle possède des sommets parfois volcaniques, dépassant 5 000 m d'altitude, et abrite le lac **Titicaca** (3 900 m). Elle est bordée, à l'ouest, par une étroite bande côtière et, à l'est, par la plaine de l'**Amazone** couverte de forêts denses. Le climat est froid et sec dans les Andes mais chaud et humide dans la zone amazonienne. ♦ ÉCONOMIE. La pêche et l'agriculture (canne à sucre, pomme de terre, riz, maïs, fruits, coca, coton, élevage de moutons) sont importantes. Les ressources du sous-sol (cuivre, or, argent, étain, pétrole) sont exploitées et exportées. ♦ HISTOIRE. Depuis 1 000 ans av. J.-C., plusieurs civilisations se succèdent dans la région. Vers 1440, le Pérou devient le centre de l'Empire des **Incas.** Cet empire est anéanti par **Pizarro** et ses frères (1531-1536). Les Espagnols en font une vice-royauté, regroupant toutes leurs colonies d'Amérique du Sud (1543) avant d'être ensuite divisée (XVIIIe siècle). Le pays obtient son indépendance (1824). Le haut Pérou s'en sépare et prend le nom de *Bolivie* (1825). Le XIXe siècle est troublé par la guerre du Pacifique (1879-1883) gagnée par le Chili contre le Pérou et la Bolivie. Après des dictatures et révolutions successives, la démocratie est rétablie (1980) mais le pays doit faire face à la guérilla (Sentier lumineux, Tupac Amaru). Le conflit frontalier avec l'Équateur, existant depuis 1942, se termine par un accord de paix (1998).

PÉROUSE ✦ Ville d'Italie, en Ombrie. 149 130 habitants (les *Pérugins*). Palais des Prieurs (XIIIe-XVe siècles) qui abrite la Galerie nationale de l'Ombrie (œuvres du **Pérugin**). Cathédrale gothique. Université. Centre industriel et touristique.

PERPIGNAN ✦ Chef-lieu des Pyrénées-Orientales. 120 605 habitants (les *Perpignanais*). Ancien palais des rois de Majorque (XIIIe-XIVe siècles), le Castillet, forteresse défensive, et la Loge de mer, ancienne Bourse des marchands de style gothique flamboyant (XIVe siècle), cathédrale Saint-Jean (XIVe-XVe siècles). Centre de commerce actif (vin, fruits, légumes). Universités. Perpignan est situé au centre du triangle formé par les villes de Montpellier, Toulouse et Barcelone. ♦ La ville est léguée au roi d'Aragon avec le Roussillon (1172), devient la capitale du royaume de **Majorque** (1276-1344). Elle se développe et s'enrichit. L'Espagne et la France se la disputent. Philippe II d'Espagne la fortifie. Elle est conquise par Louis XIII (1642). Elle est attribuée à la France par le traité des **Pyrénées** (1659).

PERRAULT Charles (1628-1703) ✦ Écrivain français. Protégé de Colbert, il est premier commis des bâtiments du Roi (1665). Il publie des œuvres burlesques ou galantes. Avec son poème *Le Siècle de Louis le Grand,* il déclenche la «querelle des Anciens et des Modernes» (1687) en défendant les écrivains de son époque contre ceux de l'Antiquité. Il s'oppose ainsi à **Boileau.** Louvois l'écarte du pouvoir et il se consacre alors à l'éducation de ses enfants. Il met à la mode les contes de fée avec *Les* ***Contes de ma mère l'Oye*** (1697). Académie française (1671).

PERRET Auguste (1874-1954) ✦ Architecte français. Associé à ses deux frères **Gustave** (1876-1952) et **Claude** (1880-1860), il introduit le béton armé dans de nombreuses constructions, développant les possibilités techniques de ce matériau, privilégiant les formes néoclassiques dans le style monumental des années 1930. On lui doit le théâtre des Champs-Élysées (1911-1913), le Mobilier national, à Paris, et l'église Notre-Dame du Raincy (1922-1923). Il reconstruit Le **Havre** après la Deuxième Guerre mondiale.

PERRIN Jean (1870-1942) ✦ Physicien français. Il est l'un des promoteurs de la théorie atomique. Il a montré (1895) que les rayons cathodiques sont constitués de corpuscules portant une charge électrique négative. Ses recherches sur les solutions colloïdales et le mouvement brownien ont contribué à déterminer de manière précise le nombre d'Avogadro, prouvant ainsi l'existence des atomes (1908). Il a travaillé aussi sur les rayons X et la conduction dans les gaz. Il a créé le palais de la Découverte, musée scientifique à Paris (1937), et participé à la fondation du CNRS. Prix Nobel de physique (1926).

PERROS-GUIREC ✦ Commune des Côtes-d'Armor. 7 280 habitants (les *Perrosiens*). Carrière de granit rose. Station balnéaire.

PERSE n. f. ✦ Nom donné par les Grecs à l'**Iran** où s'installent les *Perses* (vers 800 av. J.-C.). L'Empire perse est fondé par **Cyrus II le Grand** (vers 550 av. J.-C.), qui met fin à la domination des **Mèdes** et s'empare de Babylone. C'est le plus grand empire de l'Antiquité : il s'étend de l'Indus à la Méditerranée et comprend l'Asie Mineure, l'Égypte et la Thrace. Il atteint son apogée avec **Darios Ier** qui fonde **Persépolis.** Darios Ier perd la guerre contre les Grecs à **Marathon** (490 av. J.-C.). La Perse est conquise par **Alexandre le Grand** (331 av. J.-C.), puis par les Parthes (250 av. J.-C.-224). Elle s'épanouit de nouveau sous la dynastie des **Sassanides** (IIIe-Ve siècles) qui règnent jusqu'à la conquête des **Arabes.**

PERSÉE ✦ Demi-dieu de la mythologie grecque, fils de Zeus et de **Danaé.** Le roi de Sériphos, qui veut épouser Danaé, le charge de tuer **Méduse** en espérant qu'il trouvera la mort. Avec l'aide des dieux, il parvient à réaliser cet exploit et s'enfuit sur le cheval **Pégase.** Sur le chemin du retour, il tue le monstre marin qui veut dévorer **Andromède ;** il la délivre et l'épouse. Il offre la tête de Méduse à Athéna qui la fixe sur son bouclier et peut ainsi pétrifier ses ennemis. Lorsqu'il revient à Argos, il tue accidentellement son grand-père, comme cela était prédit. Après sa mort, il est placé parmi les constellations.

PERSÉPHONE ✦ Déesse des Enfers dans la mythologie grecque, fille de Zeus et de **Déméter.** Elle est enlevée par **Hadès** qui l'épouse et elle devient reine des **Enfers.** Les Romains de l'Antiquité l'identifient à **Proserpine.**

PERSÉPOLIS ✦ Site archéologique d'Iran, dans le sud du pays. Dans l'Antiquité, **Darios Ier** y fonde une cité royale (fin du VIe siècle av. J.-C.), embellie par son fils **Xerxès Ier.** Elle est entourée d'une enceinte, percée de la Porte des Nations, suivie d'un escalier orné de bas-reliefs qui mène à la salle des Cent Colonnes ou salle du Trône. Palais de Darios, de Xerxès, tombeaux. Cette capitale ne jouait aucun rôle administratif : elle servait de cadre aux fêtes grandioses du Nouvel An, organisées lorsque les peuples soumis à l'Empire perse venaient apporter leurs cadeaux au roi. La ville est prise et pillée par **Alexandre le Grand** (331 av. J.-C.), puis détruite par un incendie. *Persépolis* est le nom grec de *Parsa,* ancienne ville de Perse. Ce site est inscrit sur la liste du patrimoine mondial de l'Unesco.

PERSHING John Joseph (1860-1948) ✦ Général américain. Il participe à la guerre hispano-américaine (1898) puis à la campagne des Philippines (1900-1904). Il commande l'expédition contre le Mexique (1915). Pendant la Première Guerre mondiale (1917-1918), il dirige les forces américaines en France, sous l'autorité du maréchal **Foch.**

PERSIQUE (golfe) → **ARABO-PERSIQUE** (golfe)

PERTH ✦ Ville d'Australie, dans le sud-ouest du pays, sur l'océan Indien. 1,5 million d'habitants. Centre administratif, commercial et industriel (raffinage pétrolier, métallurgie près du port de Fremantle). La ville s'est développée grâce à la découverte d'or dans la région (1888-1889). Elle est reliée à Sydney et Melbourne par le chemin de fer transaustralien.

PERTHUS (Le) ✦ Commune des Pyrénées-Orientales. 585 habitants (les *Perthusiens*). Le *col du Perthus* (290 m) marque la frontière entre la France et l'Espagne. C'est par ce col qu'Hannibal a pénétré en Gaule avec ses éléphants (218 av. J.-C.). Un tunnel ferroviaire (8,3 km) est percé (2007) pour relier Perpignan à Barcelone.

PÉRUGIN (le) (vers 1445-1523) ✦ Peintre italien. Influencé par **Piero della Francesca,** il débute à Florence dans l'atelier de **Verrocchio** puis connaît la gloire à Rome où il décore la chapelle **Sixtine** (*La Remise des clefs à saint Pierre,* 1481). De retour à Florence (1486), il ouvre deux ateliers. Son sens de l'espace et la sérénité de ses figures influencent son élève **Raphaël.** Œuvres : *La Crucifixion* (1495-1496), une série de fresques dont *La Transfiguration* et *L'Adoration des bergers* (1499-1500), *Le Mariage de la Vierge* (1504), *Le Combat de l'Amour et de la Chasteté* (1505). ▪ Son vrai nom est *Pietro di Cristoforo Vannucci.* Son lieu de naissance, *Perugia* (Pérouse), est à l'origine de son nom d'artiste.

PESSOA Fernando (1888-1935) ✦ Poète et écrivain portugais. Élevé à Durban, il écrivit une partie de son œuvre en anglais. Il exprima les facettes de sa personnalité dans ses poèmes signé de noms inventés (il nomme ces identités «hétéronymes» : Álvaro de Campos, Ricardo Reis, Alberto Caeiro), comme s'il montrait chaque fois une part différente de lui-même avec sa propre vision de l'existence. La majeure partie de son œuvre parut après sa mort.

PÉTAIN Philippe (1856-1951) ✦ Homme d'État français. Pendant la Première Guerre mondiale, il participe comme général à plusieurs batailles dont celle de **Verdun** (1916) où son action est décisive. Il est nommé maréchal de France (1918), puis ministre de la Guerre (1934). Ambassadeur en Espagne (1939), il est rappelé et devient président du Conseil (1940). Il signe l'armistice avec l'Allemagne à **Rethondes.** Les Assemblées lui remettent tous les pouvoirs et il devient le chef de l'État français, installé à **Vichy.** Il mène dès lors une politique de **collaboration** active avec l'Allemagne (☛ Deuxième Guerre mondiale p. 195), le *pétainisme.* Il est jugé et condamné à mort à la fin de la guerre (août 1945). Le général de Gaulle transforme sa peine en détention à perpétuité.

PETIPA Marius (1818-1910) ✦ Danseur et chorégraphe français. Après avoir fait ses débuts en France, il est invité par le Théâtre impérial de Saint-Pétersbourg (1847), en devient le maître de ballet (1859) et reste dans cette ville jusqu'à la fin de sa carrière. Son œuvre de chorégraphe, née de la synthèse de la technique française, de la virtuosité italienne et du lyrisme russe, en font un précurseur, à l'origine de la révolution que vont opérer les **Ballets russes** de **Diaghilev.** *La Bayadère,* 1877 ; *Cendrillon,* 1893 ; *Barbe-Bleue,* 1896 ; *Les Saisons,* 1900.

PETIT Roland (1924-2011) ✦ Danseur et chorégraphe français. Élève de Serge **Lifar** à l'Opéra de Paris, il fonde les Ballets des Champs-Élysées (1945) puis les Ballets de Paris (1948) et met en scène ses premières chorégraphies (*Le Jeune Homme et la Mort,* 1946). Après un séjour à Hollywood, il dirige la danse à l'Opéra de Paris (1970), et fonde le Ballet national de Marseille (1971-1997). Avec sa femme, la danseuse Zizi Jeanmaire, il assure également la direction du Casino de Paris (1969-1976). Ses nombreuses créations abordent tous les genres, en collaboration avec les artistes de son temps. *Les Forains,* 1945 ; *Carmen,* 1949 ; *La Dame de pique,* 1978 ; *Le Lac des cygnes et ses maléfices,* 1998.

Petit Chose (Le) ✦ Roman publié en 1868 par Alphonse Daudet, et sous-titré *Histoire d'un enfant.* Daniel est surnommé *le Petit Chose* par son professeur à cause de sa petite taille. Il passe une jeunesse malheureuse après la faillite de son père. Il doit arrêter ses études et devient surveillant dans un collège de province. À Paris, il retrouve son frère Jacques. Ils aiment tous deux la même femme, Camille. Jacques se sacrifie pour son frère. Mais quand Daniel devient comédien pour partir avec Irma, Jacques le ramène à Camille et meurt tragiquement. Daudet mêle l'ironie aux sentiments délicats dans ce récit inspiré de sa propre enfance.

PETITE OURSE n. f. → OURSE (Petite)

PETIT NICOLAS (le) ✦ Personnage créé en 1956 par Goscinny et dessiné par **Sempé.** Cet écolier raconte sa vie quotidienne, les situations souvent drôles qu'il rencontre et les bêtises qu'il fait en compagnie de ses amis. Ses aventures figurent dans *Le Petit Nicolas* (1960), *Les Récrés du petit Nicolas* (1961), *Les Vacances du petit Nicolas* (1962), *Le Petit Nicolas et les copains* (1963), *Le Petit Nicolas a des ennuis* (1964).

Petit Prince (Le) ✦ Récit publié et illustré en 1943 par Antoine de Saint-Exupéry. Un aviateur, en panne dans le désert, rencontre un petit garçon, le Petit Prince, qui lui raconte son histoire. Amoureux d'une rose, il a quitté sa planète, l'astéroïde B 612, et, au cours de son voyage, il a rencontré des personnages et des animaux pittoresques. À la fin du conte, le Petit Prince, mordu par un serpent, tombe dans le sable et disparaît. Selon l'aviateur, le Petit Prince est allé rejoindre son étoile. Ce récit aux dialogues très simples mêle la fantaisie, la poésie et la philosophie pour parler d'amour et d'amitié.

PETÖFI Sandor (1823-1849) ✦ Poète et héros national hongrois. Célèbre dès son premier recueil de poèmes (1844), il est l'un des chefs de la révolution de 1848. Le 15 mars, à la tête d'une manifestation en faveur des réformes, il déclame son poème *Debout, Hongrois.* Le 15 mars est, depuis, le jour de la fête nationale hongroise. Poète romantique, lyrique et populaire, il chante sa patrie, l'amour de sa femme et la nature.

PÉTRA ✦ Site archéologique de Jordanie, entre la mer Rouge et la mer Morte. Dans l'Antiquité, Pétra est la capitale du royaume des **Nabatéens** (Ve siècle av. J.-C.). Ce carrefour commercial est conquis par **Trajan** (106), puis par les Arabes (VIIe siècle). Le site, redécouvert par un voyageur suisse (début du XIXe siècle), est inscrit sur la liste du patrimoine mondial de l'Unesco pour ses temples et ses tombeaux, creusés et sculptés dans les falaises.

PÉTRARQUE (1304-1374) ✦ Écrivain italien. Né à Florence, il suit son père en exil dans le sud de la France (1311) et apprend le droit (1316-1326). À Avignon (1327), il rencontre Laure de Noves qui l'inspirera toute sa vie. Il fait de nombreux voyages, étudie la culture antique, retrouve des manuscrits anciens et devient célèbre pour ses poèmes. Il rentre en Italie au service des Visconti (1353). Sa poésie lyrique, inspirée de son amour pour Laure et réunie dans le *Canzoniere* (publié en 1470), influence toute la littérature de la Renaissance. Sa poésie a donné naissance à un courant littéraire, le *pétrarquisme.* ■ Son véritable nom est *Francesco Petrarca.*

PETROGRAD ✦ Nom de **Saint-Pétersbourg** de 1914 à 1924.

PÉTRONE (mort en 65) ✦ Écrivain romain. Il serait l'auteur du *Satiricon,* peinture ironique de la Rome décadente à travers les aventures de trois jeunes garçons. Compromis dans un complot contre l'empereur Néron, il fut contraint de se tuer.

PEULS n. m. pl. ✦ Peuple nomade d'Afrique de l'Ouest, appelé aussi *Foulbés.* Ils parlent une même langue, le fulfulde, mais vivent disséminés de l'Atlantique jusqu'au lac Tchad. On distingue les *Peuls noirs,* islamisés, sédentaires dans les villes et sur les hauts plateaux, des *Peuls rouges,* animistes et nomades, comme les Bororos du Niger. Ils sont organisés en castes très structurées. Ils descendent probablement de peuples du Sahara chassés à la préhistoire par la désertification, et se mêlent à des populations sédentaires. Les Peuls islamisés ont établi des empires en Guinée (XVIIe siècle), au Mali, au Nigeria et au Cameroun (XIXe siècle).

PEUR (la Grande) ✦ Révolte des paysans français (juillet-août 1789). Après la prise de la Bastille, les paysans craignent une réaction de la part des nobles. Ils pillent les châteaux et détruisent des registres contenant les titres de propriété et de privilèges. Pour calmer cette révolte, l'Assemblée constituante vote l'abolition des privilèges dans la nuit du 4 août 1789.

PEYO (1928-1992) ✦ Dessinateur et scénariste de bandes dessinées belge. Il est le créateur de Johan (1947), Pirlouit (1954) et des **Schtroumpfs** qui apparaissent dans *Spirou* (1958). ■ Son véritable nom est *Pierre Culliford*.

PEYRON Loïck (né en 1959) ✦ Navigateur français. Il est détenteur de nombreuses victoires en monocoque et multicoque, dont trois dans la **Transat anglaise** (1992, 1996 et 2008) et il remporte la Route du Rhum (2014). Il bat plusieurs records, dont celui du tour du monde en équipage et sans escale (Trophée Jules Verne) en 2012. Son frère, **Bruno** (né en 1955), remporte le Trophée Jules Verne à trois reprises et gagne la Transat en double (1989).

PHAÉTON ✦ Personnage de la mythologie grecque, fils d'**Hélios.** Il supplie son père de le laisser conduire son char (le char du Soleil) à travers le ciel pendant une journée. Il en perd le contrôle et Zeus le foudroie pour éviter la destruction de l'Univers.

PHARISIENS n. m. pl. ✦ Membres d'une secte juive de l'Antiquité, qui devient un parti important dès 135 av. J.-C. Ils défendent un judaïsme scrupuleusement fidèle à la Loi et à la tradition orale. Les Évangiles les accusent de formalisme et d'hypocrisie. Pourtant, c'est principalement grâce à eux que le judaïsme a survécu à la destruction du second Temple de **Jérusalem** (70 apr. J.-C.).

PHAROS ✦ Île de l'Égypte ancienne, près d'Alexandrie. **Ptolémée II Philadelphe** la relie au port par une digue longue de 1 300 m. Il y fait construire une tour de marbre, haute de 180 m et munie de feux pour guider les bateaux (285 av. J.-C.). Ce *phare* fait partie des Sept **Merveilles du monde.** Il est détruit par un tremblement de terre (1302). Une équipe d'archéologues français en retrouve des vestiges dans le port d'Alexandrie (1995).

PHÉBUS ou **PHŒBUS** ✦ Autre nom du dieu grec **Apollon.**

PHÈDRE ✦ Personnage de la mythologie grecque. C'est la fille de **Minos** et de **Pasiphaé,** la femme de **Thésée** et la sœur d'Ariane. Elle tombe amoureuse du fils de Thésée mais il la repousse. Pour se venger, elle l'accuse de l'avoir violentée et Thésée fait tuer son fils par Poséidon. Phèdre se tue alors de désespoir. Son histoire a inspiré de nombreuses tragédies (Sophocle, Euripide, Sénèque, Racine).

PHELPS Michael (né en 1985) ✦ Nageur américain. Il est le sportif le plus titré des Jeux olympiques, avec 22 médailles dont 18 en or (en 2004, 2008 et 2012). Il détient 26 titres de champion du monde et bat le record de Mark **Spitz.**

PHÉNICIE n. f. ✦ Région historique du Proche-Orient, qui correspond aux territoires actuels d'Israël, du Liban et de la Syrie. Dans l'Antiquité, elle est peuplée de **Cananéens** (3 000 ans av. J.-C.). Ils vivent dans des cités indépendantes, ayant chacune son roi et ses dieux, mais possèdent une langue et une écriture communes. Après de nombreuses invasions, la région prend le nom de *Phénicie* avec **Tyr** pour ville principale (environ 1 000 ans av. J.-C.). Les *Phéniciens* colonisent la Méditerranée (Chypre, Crète, Sicile, Malte, Espagne, Afrique) puis subissent la domination de l'Assyrie, de Babylone et de la Perse. La région est conquise par Alexandre le Grand (332 av. J.-C.). Elle devient romaine (vers 64).

PHÉNICIENS n. m. pl. ✦ Habitants de la Phénicie, issus des **Cananéens.** À partir du Ier millénaire av. J.-C., ces navigateurs établissent des colonies sur tout le pourtour méditerranéen (Cadix, Carthage). Ils deviennent les commercants les plus actifs de la Méditerranée. Ils importent l'argent de Gibraltar, l'étain d'Espagne, la pourpre d'Afrique et de la mer Égée. Ils exportent des verreries, du bois de construction (cèdre du Liban) et de la main d'œuvre (construction du Temple de Jérusalem). L'origine des signes utilisés par les Phéniciens dans leur écriture alphabétique est inconnue. Ce sont eux qui répandent l'alphabet dans le bassin méditerranéen et le transmettent aux Grecs.

PHÉNIX n. m. ✦ Oiseau fabuleux de plusieurs mythologies. Il est le seul de son espèce, grand comme un aigle royal, avec un magnifique plumage rouge et or. Il vit plus de cinq siècles. Il meurt sur un bûcher et renaît de ses cendres ; il symbolise l'immortalité, le renouveau. Son culte est associé à celui du soleil en Égypte et en Grèce.

PHIDIAS (vers 490 av. J.-C.-vers 430 av. J.-C.) ✦ Sculpteur grec. Il embellit Athènes à l'époque de **Périclès.** Il dirige les travaux du **Parthénon** sur l'Acropole et réalise des statues colossales, aujourd'hui disparues. La statue de Zeus à **Olympie,** classée parmi les Sept **Merveilles du monde,** lui est attribuée. C'est le plus grand représentant de l'art classique grec. On peut voir certaines de ses œuvres au British Museum de Londres.

PHILADELPHIE ✦ Ville des États-Unis (Pennsylvanie), dans le nord-est du pays. 1,5 million d'habitants (les *Philadelphiens*). 6,2 millions d'habitants pour l'agglomération (☛ carte 57). Independance Hall, où ont été signées la Déclaration d'indépendance (1776) et la Constitution (1787), est inscrit sur la liste du patrimoine mondial de l'Unesco. Troisième port et troisième place financière du pays, centre industriel (chimie, textile, métallurgie, alimentaire), culturel (Académie des beaux-arts, musées) et universitaire. Ville natale de Man Ray et d'Alexander Calder. ♦ La ville est fondée par William Penn (1682). Elle se développe (XVIIIe siècle) et devient la capitale des États-Unis de 1790 à 1800.

PHILAE ✦ Île d'Égypte, sur le Nil, au nord d'Assouan. Ce lieu de pèlerinage antique abrite plusieurs temples dont celui d'Isis (IVe siècle av. J.-C.). Ces temples, menacés par la construction du barrage d'**Assouan,** sont démontés et reconstruits sur l'île voisine sous la direction de l'Unesco (1972-1980). Le site est inscrit sur la liste du patrimoine mondial de l'Unesco.

PHILÉMON ET BAUCIS ✦ Couple de la mythologie grecque. Ces paysans âgés et pauvres offrent l'hospitalité à Zeus et à Hermès. Pour les remercier, les dieux exaucent leur souhait de ne jamais être séparés et les transforment en arbres après leur mort. Ils symbolisent l'amour dans le mariage.

PHILIPE Gérard (1922-1959) ✦ Acteur français. Il devient célèbre en jouant *Caligula* de Camus (1945), avant d'entrer dans la troupe de Jean **Vilar**. Il interprète *Le Cid* au Festival d'Avignon (1951) et tous les grands rôles de «jeune premier». Parallèlement, il remporte un grand succès au cinéma : *Le Diable au corps* (1947), *Fanfan la Tulipe* (1951), *Le Rouge et le Noir* (1954), *Monsieur Ripois* (1954) ou encore *Les Grandes Manœuvres* (1955). ■ Son véritable nom s'écrit *Gérard Philip*.

PHILIPPE (né en 1960) ✦ Roi des Belges depuis 2013. Il succède à son père Albert II qui abdique en sa faveur.

PHILIPPE II (1527-1598) ✦ Roi d'Espagne de 1556 à sa mort. Fils de **Charles Quint**, il épouse Marie Ire Tudor (1554). Il poursuit la politique de son père puis met fin aux guerres d'Italie contre la France (paix du Cateau-Cambrésis, 1559). Il épouse ensuite Élisabeth de Valois, fille de **Henri II** et Catherine de Médicis. Fanatique et despote, il tente d'imposer le catholicisme dans ses possessions, aidé par l'**Inquisition**. Il écrase la révolte maure de Grenade (1568-1570). Menant une politique expansionniste, il vainc les Turcs à **Lépante** (1571) et annexe le Portugal (1580). Sa lutte contre la Réforme aux Pays-Bas se solde par un échec (Union d'Utrecht, 1579) : il perd une partie de ses provinces qui ont reçu l'appui de l'Angleterre. Il envoie alors contre l'Angleterre l'Invincible **Armada**, mais celle-ci est détruite (1588). En France, il s'allie à la **Ligue** mais il ne parvient pas à placer sa fille sur le trône. Roi à la fois fastueux et austère (**Escurial**), il mène le pays à la catastrophe financière mais son règne marque le début du «Siècle d'or» espagnol.

PHILIPPE AUGUSTE ou **PHILIPPE II** (1165-1223) ✦ Roi de France de 1180 à sa mort, fils de Louis VII, père de Louis VIII. Il lutte contre les rois anglais qui possèdent une grande partie de la France : **Henri II**, **Richard Cœur de Lion**. Il reconnaît **Jean sans Terre** en échange du **Vexin** normand et du pays d'Évreux (1200), mais il conquiert ensuite ses fiefs : la Normandie, l'Anjou, le Maine, la Touraine, le Poitou, et il le bat à **Bouvines** (1214). Il agrandit également le royaume en annexant l'Auvergne, l'Amiénois et le Valois. Il renforce le pouvoir royal et embellit Paris (forteresse du **Louvre**, nouvelle enceinte) ☛ Capétiens p. 157.

PHILIPPE III LE HARDI (1245-1285) ✦ Roi de France de 1270 à sa mort, fils de Louis IX, père de Charles de **Valois** et de **Philippe le Bel**. Il épouse Isabelle d'Aragon (1262). Il hérite de son oncle Alphonse II de France le comté de Toulouse, le Poitou et l'Auvergne (1271). Il cède le Comtat venaissin (**Carpentras**) à la papauté (1274). Il soutient le roi de Sicile, son oncle Charles Ier d'Anjou, contre son beau-frère Pierre III d'Aragon (1282) mais il échoue dans sa «croisade d'Aragon» à conquérir ce royaume (1285).

PHILIPPE LE BEL ou **PHILIPPE IV** (1268-1314) ✦ Roi de France de 1285 à sa mort, fils de Philippe III, père de Louis X, Philippe V et Charles IV. Il agrandit le royaume par son mariage qui lui apporte la Navarre et la Champagne (1284). Il tente, sans succès, d'annexer la Flandre (1300) mais parvient à faire l'acquisition de Lille, Douai et Béthune (1305). Il poursuit la centralisation de l'État en s'appuyant sur des légistes spécialistes de droit romain. Il veut accroître l'autorité du souverain. Il rejette donc l'ingérence du pape dans les affaires du royaume et entre en conflit avec le pape Boniface VIII. Le conflit s'apaise avec le transfert de la papauté à Avignon où il impose Clément V (1305). Ce dernier l'aide à supprimer l'ordre des **Templiers** (1312) dont Philippe le Bel convoitait les richesses. À la fin de son règne, il annexe Lyon et sa région (1312).

PHILIPPE V LE LONG (vers 1294-1322) ✦ Roi de France et de Navarre de 1316 à sa mort, fils de **Philippe le Bel**. Il épouse Jeanne de Bourgogne, devient régent à la mort de **Louis X** et règne à la place de sa nièce grâce à la loi salique qui interdit l'accès du trône aux femmes. Il met fin à la guerre de Flandre (1320) entreprise par son père, réorganise l'administration royale (création de la Chambre des comptes, 1320). Il encourage l'**Inquisition** dans le sud de la France et confisque les biens des juifs qu'il bannit. Son frère Charles IV lui succède.

PHILIPPE VI DE VALOIS (1294-1350) ✦ Roi de France de 1328 à sa mort, fils de Charles de Valois, frère de Philippe IV le Bel, père de Jean II le Bon. À la mort de Charles IV, les barons le choisissent comme roi au détriment d'Édouard III d'Angleterre, le petit-fils de Philippe IV le Bel. Philippe VI est le premier de la dynastie des **Valois**. Il s'oppose à Édouard III qui revendique le trône de France, c'est le début de la guerre de **Cent Ans** (1337). Son règne n'est pas seulement marqué par la guerre mais aussi par une grave crise économique, des famines et une terrible épidémie de peste noire (1348). Il apporte au domaine royal le Valois, Chartres, le Maine, l'Anjou et achète le Dauphiné (1349).

PHILIPPE II DE MACÉDOINE (vers 382 av. J.-C-336 av. J.-C) ✦ Roi de Macédoine de 359 av. J.-C. à sa mort, père d'**Alexandre le Grand**. Il conquiert la Thessalie (353 av. J.-C.) puis la Thrace (vers 340 av. J.-C.). Il écrase l'alliance d'Athènes et de Thèbes (338 av. J.-C.) et étend sa domination sur la Grèce, à l'exception de Sparte. Alors qu'il se prépare à attaquer le roi de Perse **Darios III**, il est assassiné. Son fils Alexandre lui succède et mène à bien ses projets de conquêtes.

PHILIPPE V (1683-1746) ✦ Roi d'Espagne. Petit-fils de Louis XIV, il accéda au trône en 1700, ce qui provoqua la guerre de **succession d'Espagne**. Il fonda la dynastie des **Bourbons** d'Espagne, qui règne toujours, alors que le pays était jusque là aux mains des **Habsbourg**.

PHILIPPE VI → FELIPE VI

PHILIPPE D'ORLÉANS → ORLÉANS Philippe d'

PHILIPPE ÉGALITÉ ✦ Surnom de Louis Philippe Joseph, duc d'**Orléans**.

PHILIPPINES n. f. pl. ✦ Pays d'Asie du Sud-Est. Cet archipel est situé dans l'océan Pacifique, au nord de l'Indonésie (☛ cartes 38, 39). Superficie : 300 000 km² (un peu plus des deux tiers de la France). Près de 101 millions d'habitants (les *Philippins*), en majorité catholiques. République dont la capitale est Manille. Langues officielles : l'anglais et le tagalog ; on y parle aussi plus de 80 langues régionales. Monnaie : le peso. ♦ GÉOGRAPHIE. Les Philippines forment un archipel d'environ 7 000 îles ou îlots dont 1 000 sont habités. Les deux îles principales sont Luçon et Mindanao. Certains volcans sont en activité (**Pinatubo**). La moitié de l'archipel est couverte de forêts. Le climat est tropical, marqué par la mousson, avec passage de cyclones. Les rizières en terrasses des cordillères des Philippines sont inscrites sur la liste du patrimoine mondial de l'Unesco. ♦ ÉCONOMIE. L'agriculture domine (riz, maïs, noix de coco, canne à sucre, tabac, cacao, café, fruits tropicaux), la pêche et l'élevage sont développés. Les ressources minières sont encore peu exploitées (argent, charbon, cobalt, cuivre, nickel, pétrole, or, sel, zinc, plus grand gisement de chromite du monde). L'industrie est diversifiée (objets en bois, électronique, chimie, confection, alimentaire). ♦ HISTOIRE. Ces îles sont déjà peuplées 22 000 ans av. J.-C. Au Xe siècle, le commerce avec les Chinois se met en place. L'islam s'implante au XVe siècle. Magellan découvre ces îles (1521), qui sont colonisées par les Espagnols (1565) et disputées par les Britanniques et les Néerlandais. Les États-Unis les annexent (1898). Les Japonais occupent l'archipel pendant la Deuxième Guerre mondiale (1942-1945). Le pays obtient son indépendance (1946) mais subit une longue période de dictature (1965-1986). Un régime démocratique s'est mis en place mais il doit faire face à la corruption, aux guérillas et aux attentats des indépendantistes islamistes.

PHILISTINS n. m. pl. ✦ Peuple de l'Antiquité, établi sur la côte du pays de **Canaan** (vers 1190 av. J.-C.). Ils dominent les **Cananéens** et les Israélites. Ceux-ci les soumettent sous le règne de **David**.

PHNOM-PENH ✦ Capitale du Cambodge, dans le sud-est du pays, sur le Mékong. 1,24 million d'habitants (les *Phnompenhois*). Port fluvial, centre administratif, industriel (alimentaire, bois, mécanique) et touristique. Ville natale de Norodom Sihanouk. ♦ Pendant la guerre du Viêtnam, Phnom-Penh accueille de nombreux réfugiés. Elle est prise par les **Khmers rouges** (1975), qui massacrent ou déportent sa population et laissent la ville en ruine. Depuis 1978, elle se reconstruit et retrouve peu à peu son activité commerciale et touristique.

PHOCÉE ✦ Ancienne ville grecque d'Ionie, près d'Izmir en Turquie (☛ carte 4). Fondée par des Grecs (Xe siècle av. J.-C.), elle prend une grande importance commerciale au VIIe siècle av. J.-C. Ses habitants, les *Phocéens*, fondent de nombreuses colonies autour du bassin méditerranéen, comme **Massalia**, la future Marseille (vers 600 av. J.-C.), encore appelée la *cité phocéenne*. Lorsque Phocée est prise par les Perses (545 av. J.-C.), ses habitants émigrent en Corse où ils fondent Alalia (Aléria) mais ils subissent des attaques et émigrent de nouveau en Italie du Sud où ils fondent la ville d'Élée (vers 535 av. J.-C.).

PHŒBUS → **PHÉBUS**

PHOENIX ✦ Ville des États-Unis, capitale de l'Arizona. 1,3 million d'habitants (3,2 millions pour l'agglomération). La ville est située sur la Salt River, dans une oasis, au centre d'une zone agricole et minière. Ville résidentielle et touristique. Fort développement démographique et économique grâce à l'essor de l'électronique.

PHRYGIE n. f. ✦ Région historique d'Asie Mineure, entre la Lydie et la Cappadoce, à l'ouest de l'Anatolie. Dans l'Antiquité, les *Phrygiens*, peuple indo-européen venu probablement de Thrace, chassent les **Hittites** (vers 1200 av. J.-C.) et disputent le haut de l'Euphrate aux Assyriens. Leur royaume est riche de mines d'or et de fer. Il atteint son apogée sous la dynastie de **Midas**. Il tombe sous la domination des Cimmériens (VIIIe siècle av. J.-C.), des Lydiens, des Perses (546 av. J.-C.), de la Syrie. Il appartient au royaume de Pergame (188 av. J.-C.), puis fait partie de la province romaine d'Asie (103 av. J.-C.).

PIAF Édith (1915-1963) ✦ Chanteuse française. Elle chante dans les rues de Paris lorsqu'elle est remarquée par un directeur de cabaret qui lance sa carrière. Elle enregistre de nombreux disques, se produit sur scène et connaît un énorme succès. La fragilité de sa petite silhouette noire contraste avec sa voix puissante et bouleversante. Ses chansons sont restées célèbres : *Mon légionnaire* (1937), *L'Accordéoniste* (1940), *La Vie en rose* (1946), *L'Hymne à l'amour* (1950) dont elle compose elle-même les paroles, *Milord* (1959), *Non je ne regrette rien* (1960). Elles sont reprises par des artistes du monde entier. ■ Son véritable nom est *Édith Giovanna Gassion*. Elle est surnommée *la môme Piaf* car elle fait penser à un moineau de Paris (un *piaf* en langage familier).

PIAGET Jean (1896-1980) ✦ Psychologue suisse. Ses études, tournées vers la zoologie puis la philosophie et la théorie de la connaissance (épistémologie), le mènent à la psychologie de l'enfant. Il identifie les étapes de la formation et du développement de la pensée chez l'enfant. Professeur à Lausanne, Paris et Genève, où il crée le Centre international d'épistémologie génétique (1955). Il publie *Le Jugement et le raisonnement chez l'enfant* (1924), *La Naissance de l'intelligence chez l'enfant* (1936), *Introduction à l'épistémologie génétique* (1950), *La Psychologie de l'enfant* (1966).

PIALAT Maurice (1925-2003) ✦ Cinéaste français. Révélé par *L'Enfance nue* (1968), vibrant plaidoyer en faveur des enfants abandonnés, il fait preuve dans ses films suivants d'une sensibilité d'écorché vif, ayant à cœur de montrer les affrontements passionnels : *Nous ne vieillirons pas ensemble* (1972), *La Gueule ouverte* (1974), *À nos amours* (1983), *Sous le soleil de Satan* (1987), *Van Gogh* (1991).

PIANO Renzo (né en 1937) ✦ Architecte italien. Dans la lignée familiale, il étudie l'architecture et fonde à Paris un atelier d'architecture avec Richard **Rogers** (1971). Tous deux remportent le concours du **Centre national d'art et de culture Georges-Pompidou**. ☛ Ve République p. 197. Il réalise de nombreuses constructions caractérisées par l'utilisation décorative d'éléments industriels : stade de Bari (1990), centre culturel Jean-Marie-Tjibaou à Nouméa (1998), auditorium Parco della Musica à Rome (2002), centre Paul-Klee à Berne (2005).

PICABIA Francis (1879-1953) ✦ Peintre et écrivain français. Après des études aux Beaux-Arts, il suit le mouvement impressionniste jusqu'en 1907. Il devient l'un des premiers peintres abstraits (*Udnie*, 1913) et connaît un succès immédiat. Il anime le mouvement **Dada** à Paris avec Tristan Tzara puis s'en sépare (1922). Il poursuit son œuvre en changeant volontairement et régulièrement de style. Il réalise une série de collages utilisant des objets divers et alterne entre le réalisme et l'abstraction. Il collabore à des revues d'avant-garde et publie des recueils de poèmes. ■ Son véritable nom est *François-Marie Martinez-Picabia*.

PICARDIE n. f. ✦ Région du nord de la France, intégrée à la Région Hauts-de-France. L'ancienne région administrative comprenait trois départements :

l'Aisne, l'Oise et la Somme. Le chef-lieu était Amiens. Autres villes importantes : Soissons, Beauvais. ♦ GÉOGRAPHIE. La Picardie est formée d'un vaste plateau fertile ouvert sur la Manche par la vallée de la Somme. Le climat océanique est pluvieux. ♦ ÉCONOMIE. L'agriculture, riche et productive (betterave à sucre, blé, pomme de terre), alimente une partie de l'industrie (agroalimentaire, machines agricoles). D'autres secteurs industriels sont développés (automobile, métallurgie, chimie). La région souffre de sa proximité avec la région parisienne. Son centre économique se déplace au sud de l'Oise, au détriment des autres départements. ♦ HISTOIRE. La région, peuplée de Celtes, fait partie de la province romaine de Belgique. Elle est conquise par les Francs (Ve siècle). Au Moyen Âge, elle intègre la Neustrie et connaît la prospérité grâce à l'industrie textile. Elle est réunie au domaine royal (XIIe-XIVe siècles), puis donnée au duc de Bourgogne par le roi d'Angleterre pendant la guerre de Cent Ans. Elle revient à la France à la mort de Charles le Téméraire (1477). Elle subit les invasions espagnoles (XVIIe siècle). Elle est occupée par l'Allemagne pendant les Première et Deuxième Guerres mondiales.

PICASSO Pablo (1881-1973) ✦ Peintre et sculpteur espagnol. Fils d'un professeur de dessin, il étudie aux Beaux-Arts de Barcelone (1898), s'installe à Paris (1904) puis dans le sud de la France. Après une «période bleue» (1901-1904) puis «rose» (1905-1906), il rompt définitivement avec la tradition réaliste. Il devient l'un des créateurs du cubisme, mouvement caractérisé par l'emploi réduit de couleurs, la décomposition des formes en figures géométriques. Ses représentations du réel se simplifient à l'extrême sans devenir abstraites. Son œuvre immense et variée (peintures, sculptures, gravures, céramiques, lithographies) a une influence considérable sur l'art moderne. Les portraits de ses proches et la tauromachie figurent parmi ses thèmes préférés. Sa vitalité et son imagination sont inépuisables : *Les Demoiselles d'Avignon* (1907), tableau qui marque la naissance du cubisme (☛ Cubisme p. 188); *Portrait d'Olga dans un fauteuil* (1917) ; *Paul en pierrot* (1925) ; ***Guernica*** (1937), *La Chèvre* (1950), une sculpture faite avec un panier en osier, *Le Peintre et son modèle* (1963), une série d'autoportraits réalisés peu avant sa mort (1970-1972). Deux musées lui sont entièrement consacrés, à Paris et à Barcelone. ■ Son nom complet est *Pablo Ruiz y Picasso*.

PICCINNI Niccolo (1728-1800) ✦ Compositeur italien. Arrivé en France en 1776 après avoir connu le succès en Italie grâce à ses opéras bouffes, il devient professeur de chant de Marie-Antoinette. Il s'engage dans une querelle qui l'oppose à **Gluck**, partisan d'un style sobre et de l'opéra en français, alors que lui défend la virtuosité et la langue italienne. Bien qu'il ait perdu la bataille, il a contribué au renouvellement de l'opéra classique en France. *La Cecchina*, 1760 ; *Didon*, 1783.

PIC DE LA MIRANDOLE Jean (1463-1494) ✦ Philosophe italien. Il apprend l'arabe, l'hébreu, l'araméen et étudie la Kabbale à Padoue, où il est surnommé le «prince des érudits», séjourne en France, à Florence, découvre Platon et les sciences occultes. Déclaré hérétique après la publication de ses 900 thèses (1487), il revient à Florence (1488), sous la protection de Laurent de **Médicis** et se lie avec **Savonarole**. Il montre les liens entre les religions et tente d'interpréter la Bible et le christianisme à la lumière de la Kabbale.

PIE VII (1742-1823) ✦ Pape de 1800 à sa mort. Il signe le **concordat** avec Napoléon Ier (1801) et assiste à son sacre à Paris (1804). Il l'excommunie après l'annexion des États de l'Église par l'Empire (1808). Il est emprisonné (1809). Il rentre à Rome sous la Restauration et rétablit la Compagnie de **Jésus** (1814).

PIE IX (1792-1878) ✦ Pape de 1846 à sa mort, canonisé en 2000. Il jouit d'abord d'une grande popularité pour les mesures d'amnistie et les réformes qu'il entreprend. Il perd de nombreux États lors de la constitution de l'unité italienne (1860-1870). Vers la fin de sa vie, il condamne le socialisme, le libéralisme, le naturalisme (1864). Il réunit le premier concile du Vatican (1870).

PIE XI (1857-1939) ✦ Pape de 1922 à sa mort. Les accords du Latran, qui définissent le statut du **Vatican** par rapport à Rome, sont signés durant son pontificat (1929). Il condamne le mouvement d'extrême droite L'Action française (1926), le fascisme (1931), le nazisme (1937), le communisme athée (1937). Il lance de nombreux appels à la paix (1938). Il ordonne des évêques asiatiques et indiens.

PIE XII (1876-1958) ✦ Pape de 1939 à sa mort. Il se prononce pour la paix et crée des organismes humanitaires lors de la Deuxième Guerre mondiale, condamne le fascisme et le nazisme mais reste passif face aux atrocités commises par les nazis.

PIÉMONT n. m. ✦ Région administrative d'Italie, dans le nord-ouest du pays (☛ carte 30). Superficie : 25 400 km². 4,2 millions d'habitants (les *Piémontais*). Chef-lieu : Turin. ♦ Le nord du Piémont est occupé par les Alpes (mont **Blanc**, **Cervin**, Grand **Paradis**), le sud par la plaine du **Pô**. C'est une région agricole (céréales, vigne, élevage) et surtout industrielle (automobiles, métallurgie, mécanique), dominée par Turin. Le paysage viticole du sud du Piémont est inscrit sur la liste du patrimoine mondial de l'Unesco. ♦ Le royaume du Piémont est annexé à la maison de **Savoie** (1148). Il passe sous domination française (1796-1814). Il est rendu au roi Victor-Emmanuel Ier, puis devient le point de départ du mouvement de l'unification de l'Italie.

PIERO DELLA FRANCESCA (vers 1416-1492) ✦ Peintre italien. Il applique la perspective et la géométrie (il a écrit des traités sur le sujet), et introduit la technique de la peinture à l'huile en Italie. Ses tableaux, aux couleurs claires et harmonieuses, baignent dans une douce lumière et sont composés de manière très rigoureuse : *Le Baptême du Christ*, *La Flagellation* et *La Résurrection du Christ*. On peut voir l'un de ses chefs-d'œuvre, les fresques de *L'Histoire de la vraie croix*, dans le chœur de la basilique Saint-François, à Arezzo. ■ Son véritable nom est *Piero de' Franceschi*.

PIERRE (saint) ✦ Premier des douze apôtres de Jésus. Il se nomme *Simon* et il est pêcheur sur le lac de Tibériade lorsqu'il rencontre Jésus. Celui-ci le surnomme *Pierre* et lui ordonne de bâtir son Église. Selon la tradition il est le premier pape de Rome et meurt en martyr sous le règne de Néron (64). Sa tombe se trouverait sous la basilique du Vatican qui porte son nom (**Saint-Pierre de Rome**).

PIERRE LE GRAND ou **PIERRE Ier ALEKSEÏEVITCH** (1672-1725) ✦ Tsar puis empereur de Russie de 1682 à sa mort. Il modernise autoritairement le pays et réorganise l'administration. Il remporte de nombreuses victoires militaires, notamment sur la Suède (1709), qui lui permettent d'annexer les territoires suédois de la Baltique et d'ouvrir ainsi la Russie sur l'Europe. Il fonde la nouvelle capitale qui porte son nom, **Saint-Pétersbourg** (1715). Il développe le commerce et l'industrie manufacturière. À la fin de son règne, il transforme le pays en empire (1721).

PIERRE (abbé) (1912-2007) ✦ Prêtre français. Il entre dans la Résistance et prend le nom d'*abbé Pierre.* Il est élu député après la guerre (1945-1951) et fonde la communauté des Compagnons d'Emmaüs (1949) qui vivent de leur travail de récupération. Au cours de l'hiver 1954, il lance un appel en faveur des déshérités, contre l'exclusion et la pauvreté. Il reste le symbole de cette lutte. ▪ Son véritable nom est *Henri Grouès.*

Pierre et le Loup ✦ Œuvre musicale composée en 1936 par Serge **Prokofiev.** Le jeune Pierre désobéit à son grand-père et part capturer le loup. Il y parvient aidé par des animaux et des chasseurs. Avec ce conte, Serge Prokofiev souhaite aider les enfants à reconnaître les instruments de l'orchestre en les associant à chaque personnage : Pierre est représenté par les cordes, le loup par les cors, l'oiseau par la flûte, le chat par la clarinette, le canard par le hautbois, les chasseurs par les timbales.

PIERROT ✦ Personnage du théâtre italien. Il apparaît à Paris au XVIe siècle sous la figure d'un rêveur habillé de blanc. Il devient un personnage muet au XIXe siècle. Au XXe siècle, il apparaît dans des pantomimes et au cinéma sous les traits de Jean-Louis **Barrault** dans *Les Enfants du paradis* (1945).

PIGALLE Jean-Baptiste (1714-1785) ✦ Sculpteur français. Protégé de Madame de **Pompadour**, il reçoit de nombreuses commandes (*L'Amour et l'Amitié,* 1758). Il réalise le mausolée du maréchal de Saxe à Strasbourg (1753-1776) et le tombeau du duc d'Harcourt (Notre-Dame de Paris, 1774) dans un style proche du baroque. En revanche, ses portraits (*Diderot, Voltaire,* statue de *Voltaire nu*) sont d'un style plus classique.

PILAT n. m. ✦ Montagne du Massif central, à l'est de Saint-Étienne. Son point culminant est le Crêt de la Perdrix (1 432 m). Le parc naturel régional du Pilat (70 000 ha), créé en 1974, s'étend entre Saint-Étienne et le Rhône.

PILATE Ponce (Ier siècle) ✦ Procurateur romain de Judée. Il est connu par le rôle que lui assignent les Évangiles dans le procès de Jésus : il abandonne Jésus aux Juifs qui veulent sa mort, en se lavant symboliquement les mains.

PILÂTRE DE ROZIER François (1754-1785) ✦ Physicien et aéronaute français. Il se passionne pour les expériences des frères de **Montgolfier.** Il monte dans leur ballon et effectue à Paris le premier vol humain en montgolfière (21 novembre 1783) en reliant le château de la Muette à la Butte-aux-Cailles, éloignés d'une dizaine de kilomètres. Deux ans plus tard, il meurt en tentant de traverser la Manche : son ballon prend feu et s'écrase.

PILON Germain (v. 1537-1590) ✦ Sculpteur français. Il travaille le marbre, le bronze, le bois ou la terre cuite avec une égale maîtrise. Son monument des *Trois Grâces* portant le cœur d'Henri II (1561) est proche de l'esthétique maniériste de l'école de Fontainebleau. Dans la rotonde des Valois à **Saint-Denis,** le réalisme mesuré de la tradition française se mêle à l'influence de la Renaissance italienne (gisants nus des souverains, orants de bronze). Dans le *Christ ressuscité* (1570), on peut voir l'influence de Michel-Ange, tandis qu'une certaine tendance au pathétique annonce le baroque italien *(Saint François en extase).* Il a également sculpté des portraits (tombeau du chancelier de Birague, 1584-1585) et de remarquables médailles de bronze.

PINATUBO n. m. ✦ Volcan actif des Philippines, sur l'île de Luçon (1 780 m). En 1991, après plusieurs siècles de repos, sa violente éruption a provoqué des dégâts considérables.

PINDARE (518 av. J.-C. vers 438 av. J.-C.) ✦ Poète grec. Ses poèmes lyriques lui apportent la gloire et il est couvert d'honneurs. Son œuvre comprend des hymnes, des chants et des odes qui célèbrent les victoires, tant militaires que sportives. Ses poèmes accompagnaient les processions, les festins, les jeux, les fêtes. Ses quatre livres d'odes triomphales dédiées aux vainqueurs des jeux *(Épinicies)* sont parvenus jusqu'à nous.

PINOCHET UGARTE Augusto (1915-2006) ✦ Homme d'État chilien. Ce général renverse le président **Allende** (1973), aidé par les militaires. Il devient président de la République (1974) et impose une dictature qui fait s'exiler un grand nombre de Chiliens. Malgré un référendum hostile (1988), il reste au pouvoir jusqu'en 1990 et garde le commandement de l'armée de terre jusqu'en 1998. Il est alors nommé sénateur à vie mais il est arrêté à Londres pour violation des droits de l'homme. Libéré, il rentre au Chili (2000) où les poursuites judiciaires sont abandonnées (2001) puis reprises (2004).

PINTER Harold (1930-2008) ✦ Auteur dramatique britannique. Ses pièces, souvent associées au «théâtre de l'absurde» partent d'une situation en apparence anodine qui devient rapidement menaçante. Elles illustrent l'ambiguïté des rapports entre les êtres et leur difficulté à communiquer. Principales œuvres : *Le Gardien* (1959), *La Collection* (1961), *L'Amant* (1962), *Le Retour* (1964), *No Man's Land* (1974), *Trahisons* (1978). Pinter a également travaillé comme scénariste pour le cinéma, notamment pour J. Losey *(The Servant)* et la télévision. Prix Nobel de littérature (2005).

PIRANDELLO Luigi (1867-1936) ✦ Écrivain italien. Né en Sicile, il étudie en Italie, en Allemagne puis devient professeur de langue et de littérature à Rome. Il publie de nombreux romans et plus de 250 nouvelles. C'est au théâtre qu'il s'illustre. Il est resté célèbre, en particulier, pour les pièces où il approfondit le thème du «théâtre dans le théâtre» : *Six Personnages en quête d'auteur* (1921), *Vêtir ceux qui sont nus* (1922), *Ce soir, on improvise* (1930). Prix Nobel de littérature (1934).

PIRANÈSE (1720-1778) ✦ Dessinateur, graveur et architecte italien. Il étudie l'architecture à Venise et se rend à Rome où il est vivement impressionné par les monuments antiques. Il réalise de nombreuses eaux-fortes (*Vues de Rome ; Antiquités romaines,* 1756 ; *Vues de Paestum,* 1778 ; *Prisons imaginaires,* 1760) d'une extraordinaire puissance évocatrice. Ses reproductions de motifs ornementaux, de vases et de statues ont inspiré les tenants du néoclassicisme. D'un caractère grandiose et souvent fantastique, son œuvre gravé annonce le romantisme. Piranèse a contribué fortement à développer le goût de l'antique. ■ Son nom italien est *Giovanni Battista Piranesi*.

PIRÉE (Le) ✦ Ville de Grèce, dans l'agglomération d'Athènes. 200 000 habitants. Premier port du pays, principal centre industriel (agroalimentaire, chimie, métallurgie, textile, tabac).

PISAN Christine de → **CHRISTINE DE PISAN**

PISE ✦ Ville d'Italie (Toscane), sur l'Arno. 89 694 habitants (les *Pisans*). Palais au bord du fleuve (XIIIe-XVIIe siècles) ou sur la place des Chevaliers (XVIe siècle), ensemble roman du Campo dei Miracoli, inscrit sur la liste du patrimoine mondial de l'Unesco : cathédrale (XIe siècle) ; campanile, la célèbre «tour penchée» (1173-1350) ; baptistère (XIIe siècle) ; cimetière (Camposanto, XIIIe-XVe siècles). Industries (chimie, mécanique, verrerie). Centre touristique et culturel (université fondée en 1343). Ville natale de Galilée. ♦ La cité grecque est conquise par les Étrusques puis par les Romains (180 av. J.-C.). Elle se développe grâce au commerce (Xe siècle). Sa puissance maritime (XIe-XIIIe siècles) lui permet d'enlever la Sardaigne aux Sarrasins (1015) puis de conquérir la Corse (1077) et les Baléares (1114). Vaincue par les Génois (1284), elle perd la Corse (1300). Elle est vendue à Florence (1405-1406). Elle est annexée à la France (1807-1814), rattachée à la Toscane, puis rejoint le nouveau royaume d'Italie (1860).

PISISTRATE (av. 600 av. J.-C.-v. 528 av. J.-C.) ✦ Tyran d'Athènes. Il occupe l'Acropole et s'empare du pouvoir (561 av. J.-C.). Deux fois renversé puis exilé, il s'empare de nouveau du pouvoir mais gouverne avec plus de modération. Il poursuit la politique de **Solon** sur le plan économique (développement d'un empire maritime, du commerce et de l'industrie). Son gouvernement est marqué par le premier apogée culturel d'Athènes (édification de monuments sur l'Acropole, édition des poèmes d'Homère, concours de tragédie, rayonnement des fêtes civiques).

PISSARRO Camille (1830-1903) ✦ Peintre français. Né aux Antilles, il interrompt une carrière commerciale et part étudier la peinture à Paris. Il travaille avec Corot, est influencé par Courbet, Sisley et se lie d'amitié avec Monet, Renoir et Cézanne. Il rencontre Gauguin qu'il encourage à peindre. Il peint principalement des paysages de la campagne d'Île-de-France et de Normandie, et des natures mortes : *Les Toits rouges* (1877), *Le Pont de Charing Cross* (1890), *Les Toits du Vieux Rouen, temps gris* (1896), *La Place de la Comédie-Française* (1898) ☛ Impressionnisme p. 185.

PITHIVIERS ✦ Chef-lieu d'arrondissement du Loiret. 9 054 habitants (les *Pithivériens*) (☛ carte 23). Musée des Transports. Industrie agroalimentaire, pharmaceutique. Spécialité de gâteau aux amandes, le *pithiviers.*

PITT William dit le Premier Pitt (1708-1778) ✦ Homme politique britannique. Il est élu à la Chambre des Communes (1735), prend la tête du parti nationaliste et devient secrétaire d'État (1756). Démis par George II, il est rappelé après les débuts désastreux de la guerre de Sept Ans. Il fait porter l'effort de guerre sur les colonies et bat la France à Québec (1759). Il se heurte à **George III** en voulant attaquer l'Espagne. Il revient au pouvoir (1766-1768) mais démissionne pour raisons de santé. Il reste un des hommes les plus populaires de Grande-Bretagne.

PITT William dit le Second Pitt (1759-1806) ✦ Homme politique britannique. Fils du Premier **Pitt**, il entre à la Chambre des Communes (1781), devient chancelier de l'Échiquier puis Premier ministre (1783-1801). Novateur, il adopte le libéralisme économique (**Smith**). Il amortit ainsi la dette publique et augmente les exportations. Conformément à ses idées libérales, il lutte contre l'esclavage en Inde (1784) et contre la discrimination envers les catholiques anglais. Il engage une guerre très coûteuse contre la France révolutionnaire (1793) qu'il considère comme un péril économique et social pour son pays. Dans le même temps, il réprime toute tentative de seddition intérieure. Il démissionne pour son échec à émanciper les catholiques irlandais après la signature de l'Acte d'Union (1801). Rappelé lors de la reprise des hostilités avec la France (1803), il obtient la maîtrise des mers avec la victoire de **Trafalgar** (1805).

PITTSBURGH ✦ Ville des États-Unis (Pennsylvanie), sur le fleuve Ohio. 334 563 habitants (2,3 millions d'habitants pour la zone urbaine). Premier port fluvial du pays. Après avoir été un des plus grands centres métallurgiques du monde, Pittsburgh s'est reconverti dans la haute technologie, grâce au dynamisme de ses universités. Ville natale d'Andy Warhol.

PIZARRO Francisco (vers 1475-1541) ✦ Conquistador espagnol. Aidé de ses frères Hernando, Gonzalo et Juan, il conquiert le Pérou pour le roi d'Espagne. Il soumet l'empire des **Incas** (1531-1532) et fait tuer l'empereur **Atahualpa** (1533). Il meurt assassiné par le fils d'un ancien compagnon.

PLACE ROUGE → **ROUGE** (place)

PLAGNE (La) ✦ Station de sports d'hiver de Savoie (altitude 1 250-3 250 m), dans la Tarentaise.

PLAINE (la) ✦ Nom donné au groupe de députés les plus modérés de la **Convention nationale**. Leurs adversaires les surnomment les *crapauds du Marais* ou encore le *Marais* parce qu'ils sont assis en bas des gradins. Plusieurs d'entre eux se rallient à la **Montagne**, aux positions plus extrémistes, à partir de 1793.

PLANCHON Roger (1931-2009) ✦ Homme de théâtre français. Luttant pour la décentralisation du théâtre, il fonde à Lyon le théâtre de la Comédie (1953) puis s'installe à Villeurbanne au théâtre de la Cité (1957) qui acquiert le statut de Théâtre national populaire (1972) dont il est un ardent partisan, dans la lignée de Jean **Vilar**. Également acteur et auteur, il est surtout célèbre comme metteur en scène d'œuvres aussi bien classiques que contemporaines, dont il souligne la portée sociale et politique.

PLANCK Max (1858-1947) ✦ Physicien allemand. Spécialiste de thermodynamique, il étudie le «corps noir», qui absorbe toutes les radiations qu'il reçoit. Il crée la physique quantique (1900) et détermine la *constante de Planck.* Prix Nobel de physique (1918).

PLANTAGENÊTS n. m. pl. ✦ Dynastie d'Angleterre qui règne de 1154 à 1485. Geoffroi V le Bel est surnommé «Plantagenêt» à cause de la branche de genêt qui orne son casque. Comte d'Anjou et du Maine, il reçoit la Normandie en épousant la fille d'Henri Ier d'Angleterre. Son fils **Henri II** fonde la dynastie, comptant **Richard Cœur de Lion, Jean sans Terre, Édouard III** et **Henri V.** La dynastie s'éteint avec Richard III (1452-1485), tué par le futur Henri VII, de la dynastie des **Tudors.**

PLANTU (né en 1951) ✦ Dessinateur et caricaturiste français. Il publie dans le journal *Le Monde* son premier dessin sur la guerre du Viêtnam (1972), collabore à *L'Express* depuis 1990. À la une du *Monde* depuis 1985, son dessin quotidien commente l'actualité politique. ■ Son vrai nom est *Jean Plantureux.*

PLATA (rio de La) ✦ Estuaire d'Amérique du Sud, sur l'Atlantique, large de 200 km. Il est formé par la confluence des fleuves **Parana** et **Uruguay** et sépare l'Argentine de l'Uruguay. **Montevideo** se trouve sur sa rive gauche et sa rive droite est reliée par un chenal à Buenos Aires. ♦ Découvert par le navigateur espagnol Diaz de Solis (1516), il est exploré par Magellan (1520) puis par Sébastien Cabot (après 1525). L'Espagne crée une vice-royauté du Rio de La Plata (1776) à l'origine de l'Argentine moderne.

PLATON (428 av. J.-C.-348 av. J.-C.) ✦ Philosophe grec. Né dans une famille aristocratique, il devient l'élève de **Socrate.** Après la mort du maître, il voyage en Égypte, en Italie du Sud, à la cour de Syracuse en Sicile puis rentre à Athènes (387 av. J.-C.). Il y fonde une école, l'Académie, où il enseigne (**Aristote** est son élève), et écrit ses célèbres *Dialogues* dont Socrate est souvent le principal personnage. La philosophie de Platon et de ses disciples (les *platoniciens*) s'appelle le *platonisme.*

PLAUTE (vers 254 av. J.-C.-184 av. J.-C.) ✦ Poète comique latin. Il adapte le répertoire des poètes grecs au goût des Romains de son époque. Ses personnages pittoresques constitueront une source d'inspiration pour le théâtre italien du XVIe siècle, ainsi que pour Molière, Goldoni ou Labiche. Vingt de ses comédies sont parvenues jusqu'à nous parmi lesquelles *Amphitryon* et *Le Soldat fanfaron.*

PLÉIADE n. f. ✦ Groupe de sept poètes de la Renaissance, groupés autour de **Ronsard** et du **Bellay.** ☛ Littérature p. 141.

PLÉIADES n. f. pl. ✦ Les sept filles d'**Atlas** dans la mythologie grecque. Zeus les change en colombes puis en étoiles pour les protéger d'**Orion.** Cette légende est à l'origine de l'appellation d'un groupe d'étoiles dans la constellation du Taureau.

PLEUMEUR-BODOU ✦ Commune des Côtes-d'Armor. 4 004 habitants (les *Pleumeurois*). Le Centre de télécommunication par satellite assura de 1962 à 2003 des transmissions téléphoniques, télégraphiques ou télévisées entre l'Europe et l'Amérique. La première image de télévision transmise des États-Unis y fut captée en 1962. Le site abrite aujourd'hui la cité des Télécoms et un planétarium.

PLINE L'ANCIEN (23-79) ✦ Naturaliste et écrivain latin. Il se trouve près du **Vésuve** lors de son éruption et meurt en l'observant. Il laisse de nombreux ouvrages dont son *Histoire naturelle,* une encyclopédie qui résume les connaissances de son époque.

PLINE LE JEUNE (61-vers 114) ✦ Écrivain latin, neveu et fils adoptif de Pline l'Ancien. Il est avocat puis consul, et devient un grand orateur. Ses *Lettres,* regroupées en dix livres, apportent de riches informations sur la société romaine du Ier siècle.

PLOËRMEL ✦ Commune du Morbihan. 9 516 habitants (les *Ploërmelais*) (☛ carte 23). Aciérie, plasturgie.

PLOVDIV ✦ Ville du sud de la Bulgarie, sur la Marica. 338 153 habitants, seconde ville du pays. Vestiges antiques (thermes, stade, temple d'Esculape). La ville est construite sur sept collines, au cœur d'une riche région agricole. Centre de commerce et d'industrie (agroalimentaire, textile, mécanique). ♦ Fondée par les Thraces, la ville est restaurée par Philippe de Macédoine. Elle est disputée au Moyen Âge par les Bulgares, les Byzantins et les Turcs qui s'en emparent (1363). Elle devient capitale de la Roumélie orientale (1878-1885) avant d'être rattachée à la Bulgarie.

PLUTARQUE (vers 46-49-vers 125) ✦ Écrivain grec. Il effectue plusieurs voyages en Égypte et à Rome puis devient prêtre d'Apollon à Delphes. Son œuvre est redécouverte à la Renaissance. Elle comprend des traités de morale, de philosophie, de religion, de politique, d'histoire, de sciences, présentés souvent sous forme de dialogues *(Œuvres morales),* et des biographies dans lesquelles il compare les héros grecs et romains *(Vies parallèles).* Il exercera une influence décisive sur des auteurs comme Montaigne, Shakespeare, Corneille ou Jean-Jacques Rousseau.

① **PLUTON** ✦ Dieu des Morts, dans la mythologie romaine. Il correspond au dieu grec des Enfers, **Hadès.**

② **PLUTON** n. m. ✦ Planète naine du Système solaire. Son éloignement du Soleil varie entre 4,425 et 7,4 milliards de km. Son diamètre est d'environ 2 200 km (environ les deux tiers de la Lune). Elle tourne autour du Soleil en 248 ans et demi et sur elle-même en 6 jours et 9 heures. Elle est découverte en 1930 et son satellite Charon en 1978.

PLYMOUTH ✦ Ville du sud-ouest de l'Angleterre (Devon). 240 718 habitants. Base militaire et navale, arsenal, industries diversifiées récentes. ♦ Son port, mentionné dès le XIe siècle, sert de base aux expéditions de grands explorateurs comme **Drake** (XVIe siècle). La ville, gravement endommagée pendant la Deuxième Guerre mondiale (1941), est totalement reconstruite (1951-1963).

PÔ n. m. ✦ Fleuve du nord de l'Italie, long de 652 km (☛ carte 30). Il prend sa source dans les Alpes, à 2 022 m d'altitude près du mont Viso, arrose les villes de Turin, Plaisance, Crémone puis forme un vaste delta avant de se jeter dans l'Adriatique. Ferrare et le delta du Pô sont inscrits sur la liste du patrimoine mondial de l'Unesco. La *plaine du Pô* couvre le Piémont, la Lombardie, l'Émilie et la Vénétie sur 46 000 km^2. C'est la première région économique du pays.

POCAHONTAS (1595-1617) ✦ Princesse amérindienne. Pocahontas est la fille aînée d'un puissant chef. Elle aurait sauvé la vie du capitaine anglais John Smith (1607). Son mariage avec un Anglais (1614) permit de maintenir la paix entre les Indiens et les colons qui s'installaient en Virginie. Cette figure romantique de l'histoire américaine a inspiré des artistes.

PODGORICA ✦ Capitale du Monténégro, au sud du pays. 151 000 habitants. Centre industriel et commercial.

POE Edgar Allan (1809-1849) ✦ Écrivain américain. Il perd très jeune ses parents et reste marqué par la mort. Il se fait connaître par son récit *Les Aventures d'Arthur Gordon Pym* (1838) qui inspire Jules Verne, ses poèmes (*Le Corbeau,* 1845), et surtout par ses nouvelles fantastiques au climat sombre. Elles sont regroupées dans les *Histoires extraordinaires* (1840) : *Ligeia, La Chute de la Maison Usher, William Wilson ;* et les *Nouvelles Histoires extraordinaires* (1845) : *Le Chat noir, Le Scarabée d'or, La Lettre volée* et *Double Assassinat dans la rue Morgue,* considéré comme le premier roman policier avec son détective, Dupin, qui inspire Conan **Doyle.** Il abuse de l'alcool et sombre dans des crises de désespoir. Admirée très tôt en France grâce aux traductions de Baudelaire et Mallarmé, son œuvre reste longtemps méconnue dans son pays natal.

Poil de Carotte ✦ Nouvelle publiée en 1894 par Jules Renard qui l'adapte pour le théâtre (1900). Il s'inspire de son enfance pour raconter l'histoire de François Lepic, un petit garçon solitaire et amer surnommé *Poil de Carotte* à cause de ses cheveux roux. Son père et ses aînés Félix et Ernestine l'ignorent, sa mère la sévère Madame Lepic le maltraite.

POINCARÉ Henri (1854-1912) ✦ Mathématicien français, cousin de Raymond Poincaré. Il est le fondateur d'une branche des mathématiques appelée *topologie algébrique.* Ses réflexions en physique, sur la notion de gravité notamment, rejoignent pour l'essentiel les conclusions d'Einstein dans sa théorie de la relativité générale. Philosophe et homme de lettres, il publia *La Science et l'Hypothèse* (1902) et *La Valeur de la science* (1905) dans lesquels il s'interroge sur les découvertes de la fin du XIXe siècle. Académie des sciences (1905), Académie française (1908).

POINCARÉ Raymond (1860-1934) ✦ Homme d'État français, cousin d'Henri Poincaré. Cet avocat devient député (1887-1903) puis sénateur (1903-1913). Il est nommé plusieurs fois ministre (1893-1894, 1894-1895 et 1906). Il est élu président du Conseil (1912-1913), puis président de la IIIe République (1913-1920). Pendant la Première Guerre mondiale, il adopte la politique de l'« Union sacrée » : fermeté vis-à-vis de l'Allemagne, rapprochement de la France avec la Grande-Bretagne et la Russie. Les revers militaires l'obligent à confier le gouvernement à Clemenceau (1917). Il devient ensuite président de la commission des Réparations (1920), puis de nouveau président du Conseil (1922-1924 ; 1926-1929). Il mène une politique de rigueur économique pour endiguer la crise financière, crée de nouveaux impôts et dévalue le franc (1928). Il publie ses mémoires, *Au service de la France* (1926-1933). Académie française (1909).

POINTE-À-PITRE ✦ Ville de Guadeloupe. 16 261 habitants (les *Pointois*). Port commercial, centre industriel (sucre, rhum, tabac), universitaire, culturel et touristique. Port d'arrivée de la **Route du Rhum.** Ville natale de Saint-John Perse. ♦ La ville est probablement fondée par un Hollandais (XVIIe siècle). Elle est conquise par les Anglais puis revient à la France (traité de Paris, 1763).

POIROT Hercule ✦ Personnage de la plupart des romans policiers d'Agatha Christie, publiés à partir de 1920. Ce détective privé belge est assisté par le capitaine Hastings. Il mène ses enquêtes avec perspicacité et le plus souvent en dévoile le fil après avoir réuni l'ensemble des personnages autour de lui. Dans son dernier roman, Agatha Christie le fait mourir (*Poirot quitte la scène,* 1975). Ses enquêtes ont été portées à l'écran à plusieurs reprises (*Le Crime de l'Orient-Express,* 1974 ; *Mort sur le Nil,* 1978).

POISONS (affaire des) ✦ Série d'affaires d'empoisonnement (1670-1680) découvertes lors du procès de la marquise de Brinvilliers (1630-1676). L'enquête publique est fermée car elle implique des membres de l'entourage de Louis XIV (sa maîtresse Madame de Montespan, des nièces de Mazarin, Racine). Les personnalités ne sont pas inquiétées mais trente-quatre personnes sont condamnées à mort.

POITIERS ✦ Chef-lieu de la Vienne. 87 435 habitants (les *Poitevins* ou les *Pictaviens*). Baptistère Saint-Jean (art chrétien, IVe siècle), église romane Notre-Dame-la-Grande (XIIe siècle) (☛ Art roman p. 158), cathédrale gothique Saint-Pierre (XIIe-XIVe siècles), hôtels particuliers et maisons Renaissance. Important centre de services. Université. Industries (chimie, électricité, électronique). Tourisme (**Futuroscope**). Ville natale du philosophe Michel Foucault. ♦ La capitale celte est conquise par les Romains. Christianisée (IIIe siècle), elle devient un centre religieux de la Gaule et la résidence de rois wisigoths jusqu'en 507. **Charles Martel** y arrête l'invasion arabe (732). La ville est souvent disputée par les Anglais, qui s'en emparent pendant la guerre de Cent Ans (1360), mais Du Guesclin la reprend (1372). Charles VII y fonde un parlement (1418) et une université (1432). Les catholiques et les protestants s'y affrontent pendant la Réforme (1569). À partir de la Révolution, elle perd de son importance administrative. Elle est occupée par les Allemands et bombardée pendant la Deuxième Guerre mondiale.

POITOU n. m. ✦ Région historique de l'ouest de la France qui correspond aux départements des Deux-Sèvres, de la Vienne et de la Vendée (☛ carte 21). Ses habitants s'appellent les *Poitevins.* Ville principale : Poitiers. ♦ La province celte rejoint la province romaine d'Aquitaine (Ier siècle). Elle est conquise par les Wisigoths (Ve siècle), les Francs (507) puis passe sous domination anglaise par le mariage d'**Aliénor d'Aquitaine** (1152). **Philippe Auguste** la confisque à **Jean sans Terre** (1204) et Philippe III la rattache à la couronne de France (1271). Pendant la guerre de Cent Ans, l'Angleterre s'en empare de nouveau (1360) mais Du Guesclin la reconquiert (1372). Elle est définitivement rattachée à la France (1416).

POITOU-CHARENTES n. m. ✦ Ancienne région administrative de l'ouest de la France, intégrée à la Région Nouvelle-Aquitaine. Elle était formée de quatre départements : la Charente, la Charente-Maritime, les Deux-Sèvres et la Vienne. Le chef-lieu était Poitiers. ♦ GÉOGRAPHIE. La région s'étend entre le Massif armoricain, le Bassin parisien, le Massif central et le Bassin aquitain. Elle est formée de plaines (le *seuil du Poitou*), de plateaux et de marais côtiers qui sont reliés par des ponts aux îles de Ré et d'Oléron. Le climat océanique est doux sur les côtes et plus froid à l'intérieur des terres. ♦ ÉCONOMIE. C'est une région agricole (céréales, fourrage, élevage laitier). La vigne produit le cognac et le pineau. La région occupe le premier rang pour l'élevage des huîtres et des moules (Marennes, Oléron). L'industrie (agroalimentaire, mécanique, électricité, textile, cuir, papeterie) connaît un léger déclin alors que les activités de services (assurance, mutuelle) et le tourisme se développent.

POLAIRE (étoile) ✦ Étoile la plus brillante de la Petite **Ourse.** Dans l'hémisphère Nord, elle est utilisée comme repère car elle montre la direction du Nord. Depuis l'Antiquité, elle sert aux marins pour s'orienter.

POLANSKI Roman (né en 1933) ✦ Cinéaste français, d'origine polonaise. Acteur puis cinéaste, il mène une carrière internationale en Angleterre, aux États-Unis, en Italie, et s'établit à Paris. Il a su créer un univers inquiétant où s'intègrent des éléments de merveilleux. Œuvres : *Répulsion* (1965), *Le Bal des vampires* (1967) et *Rosemary's Baby* (1968), *Chinatown* (1974), *Tess* (1979), *Pirates* (1986), *La Jeune Fille et la Mort* (1995), *Le Pianiste* (2002).

POLICHINELLE ✦ Personnage de théâtre comique. On le représente avec deux bosses et un nez rouge et crochu. Sa voix est très aiguë. Il est insolent et vaniteux. À Paris, il est déjà célèbre pendant la Fronde, puis il apparaît dans des pièces de Molière. Il devient une marionnette populaire à partir du XVIIIe siècle.

POLLOCK Paul Jackson (1912-1956) ✦ Peintre américain. Influencé par l'art indien, mexicain puis par Picasso, Miro et surtout Max **Ernst**, il utilise le *dripping* (la peinture s'écoule d'une boîte percée de trous), divers instruments (bâtons, seringues), des matières industrielles et explore la notion d'automatisme où le corps participe totalement à l'acte de peindre (*action painting*, «peinture gestuelle»). Ses tableaux créent un espace chaotique, confus, labyrinthique très riche en couleurs, structuré par des éléments de textures et de couleurs différentes. Œuvres : *Mâle et Femelle* (1942), *Full Fathom Five* (1947), *Blue Poles* (1952).

POLLUX → CASTOR ET POLLUX

POLO Marco (vers 1254-1324) ✦ Voyageur italien. Il entreprend un voyage avec son père et son oncle, commerçants vénitiens, qui les conduit jusqu'en Chine (1275). Marco Polo occupe de hautes fonctions à la cour de Pékin, qui l'envoie en mission en Indochine, en Inde, en Perse, puis il rentre à Venise en passant par Sumatra (1295). Il raconte son aventure dans *Le Livre des merveilles du monde* (publié avant 1307).

POLOGNE n. f. ✦ Pays d'Europe centrale (☛ cartes 24, 25). Superficie : 312 683 km² (environ les deux tiers de la France). 38,1 millions d'habitants (les *Polonais*), en majorité catholiques. République dont la capitale est Varsovie. Autres villes importantes : Lodz, Cracovie, Gdansk. Langue officielle : le polonais. Monnaie : le zloty. ♦ GÉOGRAPHIE. La Pologne est formée d'une grande plaine parsemée de lacs et de forêts. Deux grands fleuves la traversent : l'**Oder**, qui marque la frontière avec l'Allemagne, et la **Vistule**. Les plateaux s'élèvent au sud jusqu'aux montagnes des **Carpates**. Le climat est continental. ♦ ÉCONOMIE. L'agriculture est productive (céréales, betterave à sucre, pomme de terre, élevage de vaches et de porcs). Le sous-sol est riche (charbon de **Silésie**, cuivre, plomb, zinc, soufre, nickel, chrome, sel gemme) et l'industrie très développée (métallurgie, automobile, textile, alimentaire, cuir, bois, verre). Depuis les années 1990, les privatisations et la libéralisation économique attirent les investisseurs étrangers. ♦ HISTOIRE. Le territoire est peuplé de Celtes jusqu'à l'arrivée des **Slaves** (Ve siècle). Il est unifié, christianisé et placé sous la protection du pape (Xe siècle). Il devient un royaume autonome (1025), mais il est annexé à l'Empire germanique (1034), puis morcelé et envahi (Prussiens, Lituaniens, Germains, Mongols). Son unité retrouvée (1333), le royaume de Pologne s'unit à la Lituanie (1386) par mariage et atteint son apogée à la Renaissance. Une dynastie suédoise prend le pouvoir (1587-1688) et transfère la capitale de Cracovie à Varsovie. Le pays traverse alors de nombreux conflits avec la Suède, la Russie et la Turquie. La Pologne est partagée à quatre reprises entre les pays voisins (1772, 1793, 1795 et 1815), puis elle est réunie à la Russie. Elle obtient son indépendance à la fin de la Première Guerre mondiale (1918). Son invasion par l'Allemagne (septembre 1939) déclenche la Deuxième Guerre mondiale et l'URSS envahit la partie est du pays. Plus de deux millions de Polonais sont déportés et condamnés au travail forcé en Allemagne, et plus de six millions exterminés dans les camps, en majorité juifs (**Auschwitz**). Les conférences de **Yalta** et de **Potsdam** déterminent les nouvelles frontières du pays (1945), qui devient une république populaire (1952) divisée entre les influences communiste et catholique. Un régime démocratique se met en place (1989). La Pologne entre dans l'Union européenne (2004) (☛ carte 20).

POL POT (1928-1998) ✦ Homme politique cambodgien. Après ses études en France, il devient secrétaire général du parti communiste khmer (PCK, 1962) et prend le maquis. Il est chef militaire quand la guerre du **Viêtnam** s'étend au Cambodge (1970-1975) et Premier ministre des **Khmers rouges** (1976). Il est responsable des atrocités commises par le régime. Il anime la résistance à l'invasion vietnamienne (1978). Malgré la perte de ses fonctions officielles (1985), il continue à jouer un rôle occulte important. Il meurt en résidence surveillée après une parodie de procès (1997). ■ Son véritable nom est *Saloth Sar*.

POLYMNIE ✦ Une des **Muses**, dans la mythologie grecque. Elle protège le jeu de mime et la poésie lyrique. On la représente habillée de blanc, dans une attitude pensive.

POLYNÉSIE n. f. ✦ Une des trois divisions de l'Océanie. Elle est située au sud d'Hawaii et à l'est de la Micronésie et de la Mélanésie (☛ carte 51). Elle comprend les îles Kiribati, Tuvalu, Wallis et Futuna, Tonga, Samoa, Cook et la Polynésie française. Ses habitants sont les *Polynésiens*. Îles volcaniques ou coralliennes. Climat tropical. Exploitation des cocotiers. Pêche. Tourisme. ♦ La région, peuplée il y a 4 000 ans par des populations venues d'Asie, est longée par **Magellan** avant d'être découverte par les Européens (**Bougainville**, **Cook**, XVIIIe siècle).

POLYNÉSIE FRANÇAISE n. f. ✦ Pays d'outre-mer français, à l'est de l'Océanie (☛ cartes 22 et 51). Superficie : 3 450 km². 268 270 habitants (les *Polynésiens*). Capitale : Papeete, sur l'île de Tahiti. On y parle le français, le tahitien et le marquisien. Monnaie : le franc des comptoirs français du Pacifique. ♦ Cette centaine d'îles est partagée en cinq archipels : les îles Marquises, Gambier, Tuamotu, Tubuaï (appelées aussi *Australes*) et les îles de la Société où se trouve **Tahiti**. La plupart sont montagneuses, volcaniques et couvertes de forêts denses. Le climat tropical est humide. Agriculture vivrière (fruits, légumes, élevage de porcs et de volailles) et d'exportation (vanille, coprah, nacre, perles) ; pêche importante. La région de Papeete souffre du démantèlement du Centre d'expérimentation du Pacifique de Mururoa (1996). Tourisme en croissance constante. ♦ Les îles, occupées par les Français (XIXe siècle), constituent un territoire d'outre-mer (TOM, 1946). Il accède à l'autonomie avec une assemblée territoriale (1984) puis au statut de pays d'outre-mer au sein de la République (2004).

POLYPHÈME ✦ Un des **Cyclopes** dans la mythologie grecque, fils de Poséidon et d'une nymphe. Dans l'*Odyssée,* il capture **Ulysse** et ses compagnons pour les dévorer. Ils parviennent à s'enfuir en l'enivrant et en lui crevant son œil unique.

POLYTECHNIQUE n. f. ✦ École supérieure d'ingénieurs française, créée en 1794. Cet établissement public, surnommé l'*X* depuis le XIXe siècle, se trouve aujourd'hui à Palaiseau, en banlieue parisienne. Il doit sa devise «Pour la patrie, la science et la gloire» à Napoléon. Les élèves ont le statut d'officier pendant leur formation. De nombreux *polytechniciens* sont de hauts fonctionnaires et d'illustres mathématiciens, physiciens, chimistes, industriels, militaires...

POMÉRANIE n. f. → **MECKLEMBOURG-POMÉRANIE-ANTÉRIEURE**

POMPADOUR (marquise de) (1721-1764) ✦ Favorite du roi **Louis XV.** Née dans une famille de banquiers, elle reçoit une éducation parfaite. Elle devient la maîtresse du roi qui fait construire pour elle le Petit **Trianon.** Elle protège les artistes (le peintre Boucher, le sculpteur Pigalle, l'architecte Gabriel), les écrivains et les philosophes (Rousseau, Voltaire, Montesquieu, Marivaux) et défend l'***Encyclopédie.*** À Paris, elle habite l'hôtel d'Évreux (actuel palais de l'**Élysée**), décoré dans un style gracieux et délicat. Ce style, le *style Pompadour,* se caractérise par des bouquets, des guirlandes de roses, de fleurs, des feuillages entrelacés, des angelots. ■ Son véritable nom est *Jeanne Antoinette Poisson.*

POMPÉE (106 av. J.-C.-48 av. J.-C.) ✦ Homme politique romain. Ce lieutenant de **Sylla** se bat en Sicile, en Afrique et pacifie l'Espagne. Il met fin à la révolte de **Spartacus.** De retour à Rome, il est élu consul (70 av. J.-C.), soumet les pirates qui ravagent la Méditerranée (67 av. J.-C.) et il assure la domination romaine en Orient : il bat **Mithridate le Grand** et fait du **Pont**, de la **Syrie** et du nord de l'Asie Mineure des provinces romaines. De retour en Italie, il forme le premier triumvirat avec **Crassus** et **César** (60 av. J.-C.), et reçoit l'Afrique, l'Espagne et Rome (56 av. J.-C.). Rome tombant dans l'anarchie, le Sénat lui donne les pleins pouvoirs (52 av. J.-C.) et il exige le retour de César et le licenciement de ses troupes. Mais César rentre de Gaule avec ses troupes, franchit le **Rubicon**, marche sur Rome et déclenche la guerre civile (50 av. J.-C.). Pompée s'enfuit alors en Grèce. Il est vaincu par César en Thessalie (48 av. J.-C.). Il tente de se réfugier en Égypte où il est assassiné.

POMPÉI ✦ Ville d'Italie, près de Naples, au pied du Vésuve. 25 440 habitants (les *Pompéiens*). Important centre touristique. ♦ Cette résidence d'été des riches Romains a été détruite par l'éruption du **Vésuve** (24 août 79). Ensevelie sous une pluie de cendres, elle tombe dans l'oubli. Les fouilles (milieu du XVIIIe siècle) révèlent une ville très bien conservée, véritable témoignage de la vie romaine du Ier siècle, avec ses temples, ses rues, ses thermes, ses amphithéâtres, ses fresques et ses mosaïques. La découverte d'**Herculanum** et de Pompéi donne naissance au style néoclassique, sous Louis XVI et l'Empire, ce style s'inspirant de l'Antiquité notamment dans l'architecture, le costume, le mobilier, la peinture (**David**) et la sculpture (**Canova**). La tragédie de Pompéi inspire à l'Anglais Edward Bulwer-Lytton (1803-1873) un roman historique, *Les Derniers Jours de Pompéi* (1834). Les deux sites archéologiques sont inscrits sur la liste du patrimoine mondial de l'Unesco.

POMPIDOU Georges (1911-1974) ✦ Homme d'État français. Le général de Gaulle le nomme directeur de cabinet (1958-1959) puis Premier ministre (1962-1968). Il devient président de la République de 1969 à sa mort. Son mandat est marqué par l'entrée de la Grande-Bretagne dans la CEE (1973) et par la modernisation de l'industrie française. Cet amateur d'art moderne est à l'origine de la création du **Centre national d'art et de culture** qui porte son nom.

PONCE PILATE → **PILATE** Ponce

PONDICHÉRY ✦ Ville d'Inde, dans le sud-est du pays, sur le golfe du Bengale. 1,25 million d'habitants. Ville commerciale et touristique, célèbre pour son monastère (ashram). ♦ La ville est fondée par la Compagnie française des Indes orientales (1674) qui en fait un comptoir et le centre administratif du commerce français en Inde (☛ carte 14). Elle rejoint l'Inde (1954). Elle conserve un lycée et un Institut scientifique français, ainsi qu'une importante communauté française.

PONGE Francis (1899-1988) ✦ Poète français. Il rejette les techniques surréalistes et sa réflexion sur le langage devient l'objet même de sa poésie. Dans ses poèmes en prose, ses descriptions minutieuses, tendres et humoristiques, d'objets quotidiens font de lui le porte-parole d'une philosophie matérialiste du langage et **Sartre** le considère comme le poète de l'existentialisme. Œuvres : *Le Parti pris des choses* (1942), *Proêmes* (1948), *Le Grand Recueil* (1961), *Le Savon* (1967). Il explique ses méthodes de travail dans *La Fabrique du pré* (1971) et *Comme une figue de paroles et pourquoi* (1977).

PONSON DU TERRAIL Pierre Alexis (1829-1871) ✦ Romancier français. Il écrit de nombreux romans-feuilletons. Il invente un personnage, **Rocambole**, un aventurier, héros d'une série romanesque, *Les Drames de Paris,* commencée en 1859.

PONT n. m. ✦ Région historique d'Asie Mineure, sur les rives du **Pont-Euxin.** Dans l'Antiquité, elle s'étend au nord de la Cappadoce. À la chute de l'Empire macédonien, elle devient un royaume (301 av. J.-C.). Le royaume du Pont atteint son apogée (111-63 av. J.-C.) mais, ruiné par une longue guerre contre les Romains, il est partagé entre plusieurs provinces romaines et enfin annexé par l'Empire romain (64).

PONT-À-MOUSSON ✦ Commune de la Meurthe-et-Moselle, sur la Moselle. 14 904 habitants (agglomération 24 213) (les *Mussipontains*) (☛ carte 23). Abbaye des Prémontrés (centre culturel). Sidérurgie (fonte), métallurgie.

PONTARLIER ✦ Ville du Doubs, sur le Doubs. 17 413 habitants (les *Pontissaliens*). Chapelle des Annonciades (1612), église Sainte-Bénigne (XVIIe siècle). Commerce (bois, fromages). Industrie (mécanique de précision). Tourisme (sports d'hiver). Elle a longtemps formé une petite république indépendante (XIIIe-XVIIe siècles).

PONT-AVEN ✦ Ville du Finistère, en Cornouaille. 2 833 habitants (les *Pontavenistes*). Industries alimentaires. À la fin du XIXe siècle, plusieurs peintres groupés autour de **Gauguin** y forment l'*école de Pont-Aven* (**Sérusier**).

PONT DU GARD → ① GARD

PONT-EUXIN n. m. ✦ Nom donné à la mer **Noire** par les Grecs de l'Antiquité.

PONTIVY ✦ Chef-lieu d'arrondissement du Morbihan. 13 965 habitants (les *Pontivyens*) (☛ carte 23). Château des Rohan (architecture militaire de la fin du XVe siècle). ♦ La ville s'est appelée *Napoléonville* à deux reprises (1804-1814 puis 1848-1870).

PONT-L'ABBÉ ✦ Commune du Finistère, sur la côte atlantique. 8 233 habitants (les *Pont-l'Abbistes*) (☛ carte 23). Château, qui abrite le musée bigouden.

PONT-NEUF n. m. ✦ Pont de Paris construit sous les règnes d'Henri III et Henri IV (1578-1607). C'est le plus ancien pont de la capitale. Il franchit la Seine au niveau de la pointe ouest de l'île de la **Cité**. Il porte la statue équestre d'Henri IV.

PONTOISE ✦ Chef-lieu du Val-d'Oise, sur l'Oise. 29 766 habitants (les *Pontoisiens*). Église Saint-Maclou (XIIe-XVIe siècles, cathédrale depuis 1966), musée Pissarro. Centre de services et de commerce. Ville natale de P. Fontaine. ♦ La cité romaine devient une place forte du **Vexin** français puis un lieu de résidence des rois capétiens. Elle est disputée pendant la guerre de Cent Ans. Elle accueille Louis XIV pendant la **Fronde** puis le Parlement en exil (1720-1753). Dans les années 1970, elle est réunie à **Cergy** pour former l'une des villes nouvelles de l'Île-de-France sous le nom de *Cergy-Pontoise*.

POPEYE ✦ Personnage de bande dessinée créé en 1929 par l'Américain Elzie Crisler Segar (1894-1938). Popeye est un marin aux prises avec Brutus, un gros costaud qu'il finit toujours par battre grâce à la force que lui donnent les épinards.

POPOCATÉPETL n. m. ✦ Volcan du Mexique, le deuxième par la taille (5 452 m) (☛ carte 50). Il est situé au sud de Mexico. Il est couronné de neiges éternelles et possède des mines de soufre. De petites éruptions peuvent se produire (1994 et 2000-2001). Les quatorze monastères construits sur ses pentes (XVIe siècle) sont inscrits sur la liste du patrimoine mondial de l'Unesco.

PORNIC ✦ Commune de la Loire-Atlantique. 14 578 habitants (les *Pornicais*) (☛ carte 23). Château fort. Station balnéaire, port de pêche et de plaisance.

PORNICHET ✦ Commune de la Loire-Atlantique. 10 709 habitants (les *Pornichétins*). Station balnéaire, port de plaisance.

POROS ✦ Île grecque, située entre Athènes et le Péloponnèse, au sud d'Égine (☛ carte 28). Superficie : 23 km². 6 000 habitants. Dans l'Antiquité, on y célèbre le culte de Poséidon. C'est dans son temple (VIe siècle av. J.-C.) que **Démosthène** se suicide (322 av. J.-C.).

PORQUEROLLES ✦ Île de l'archipel d'**Hyères**, dans la mer Méditerranée. Superficie : 1 254 hectares. Son port de pêche est dominé par un fort (XVIe siècle). Cette île touristique fait partie du parc national de **Port-Cros**. Elle abrite le Conservatoire botanique national méditerranéen depuis 1979.

PORTALIS Jean Étienne Marie (1746-1807) ✦ Homme politique français. Avocat emprisonné pendant la Terreur, il entre sous le Directoire au Conseil des Anciens puis le préside (1796). Il participe à la rédaction du **Code civil**, négocie le **Concordat** et devient ministre des Cultes (1804-1807). Il repose au **Panthéon**, à Paris. Académie française (1803).

PORT-AU-PRINCE ✦ Capitale d'Haïti, au fond d'une baie. 2,47 millions d'habitants (les *Port-au-Princiens*). Principal port commercial du pays (rhum, tabac, sucre). Centre administratif, industriel et touristique. ♦ La ville est fondée par les Français qui en font la capitale de la colonie de **Saint-Domingue** (1749). Elle est détruite à plusieurs reprises par des tremblements de terre et des incendies, et dévastée par un puissant séisme (2010).

PORT-CROS ✦ Île de l'archipel d'**Hyères**, dans la mer Méditerranée. Superficie : 640 hectares. Le parc national de Port-Cros (1 993 ha, dont 1 288 en mer), créé en 1963, englobe l'île de Porquerolles, le cap Lardier et une partie de la presqu'île de Giens.

PORTHOS ✦ Personnage des romans d'Alexandre Dumas. Mousquetaire de Louis XIII, ce géant sympathique est le compagnon d'Athos, d'Aramis et de d'Artagnan. Il apparaît dans ***Les Trois Mousquetaires***, poursuit ses aventures dans *Vingt Ans après*. Il meurt tragiquement dans *Le Vicomte de Bragelonne*.

PORTLAND ✦ Ville des États-Unis (Oregon). 529 121 habitants (2,3 millions pour la zone urbaine, avec Salem). Port fluvial, surnommé la «Cité des Roses». Centre administratif, culturel (universités, musées). Commerce (bois). Industries (électronique, métallurgie, alimentaire, communication, énergie).

PORT-LOUIS ✦ Capitale de l'île Maurice, sur la côte nord-ouest de l'île. 148 565 habitants (les *Port-Louisiens*). Port commercial, centre industriel (minoterie, sucrerie, raffinerie, tabac) et touristique. ♦ La ville est fondée par les Français (1735) qui la nomment en hommage à Louis XIV.

PORT-MORESBY ✦ Capitale de la Papouasie-Nouvelle-Guinée, au sud-est de l'île, sur la mer de Corail. 364 125 habitants. Port d'exportation (cuivre, or, argent, café, caoutchouc). Centre administratif, industriel (alimentaire, boisson) et universitaire.

PORTO ✦ Ville du Portugal, sur le Douro. 237 591 habitants (1,3 million pour la zone urbaine). Centre historique inscrit sur la liste du patrimoine mondial de l'Unesco : cathédrale romane (remaniée XVIIe-XVIIIe siècles), tour des Clérigos (XVIIIe siècle), un de ses trois ponts construit par Eiffel. Port. Deuxième ville industrielle du pays (alimentaire, textile, métallurgie). Centre universitaire et culturel. La ville est célèbre pour son vin produit dans la vallée du **Douro** (le *porto*). Ville natale d'Henri le Navigateur.

PORTO ALEGRE ✦ Ville du Brésil, dans le sud du pays, au fond d'une lagune (Lagoa dos Patos) ouverte sur l'océan Atlantique. 1,4 million d'habitants (agglomération : 3,9). Port de commerce et d'industrie (alimentaire, métallurgie, pétrochimie). Métropole économique du sud du pays. Elle s'est développée grâce à l'immigration allemande et italienne (fin XIXe siècle) mais elle a été rapidement dépassée par São Paulo et Rio de Janeiro.

PORT OF SPAIN ou **PORT D'ESPAGNE** ✦ Capitale de Trinité-et-Tobago, sur l'île de la Trinité, dans la mer des Antilles. 37 965 habitants (300 000 pour l'agglomération). Port d'exportation (sucre, cacao), centre de commerce. Son carnaval est considéré comme le plus authentique et le plus beau du continent américain.

PORTO-NOVO ✦ Capitale du Bénin, dans le sud du pays, sur le golfe de Guinée. 223 000 habitants (les *Porto-Noviens*). Centre administratif et commercial.

PORTO RICO ✦ État associé autonome des États-Unis. Il est situé dans les Grandes Antilles, à l'est de la République dominicaine (☛ cartes 44, 46). Superficie : 8 897 km². 3,7 millions d'habitants (les *Portoricains* ou les *Puertoricains*), en majorité catholiques. Démocratie dont la capitale est San Juan de Porto Rico. Langues officielles : l'espagnol et l'anglais. Monnaie : le dollar. ♦ Il comprend trois îles : Vieques, Culebra et la principale, Porto Rico, formée d'une cordillère montagneuse. Climat tropical, avec passage de typhons. L'agriculture est productive (canne à sucre, café, tabac, fruits). L'industrialisation récente (chimie, électronique) est favorisée par des avantages fiscaux. Le tourisme est très développé. ♦ La région est découverte par Christophe Colomb (1493). Elle est colonisée par les Espagnols, qui la cèdent aux États-Unis (1898). Elle devient un État associé autonome (Commonwealth, 1952) dans lequel les Portoricains ont la citoyenneté américaine mais pas le droit de vote aux États-Unis.

PORTO-VECCHIO ✦ Ville de la Corse-du-Sud, au fond du *golfe de Porto-Vecchio,* sur la côte sud-est de l'île. 11 625 habitants (les *Porto-Vecchiais*). Restes de fortifications génoises (XVIe siècle). Port de tourisme, artisanat (liège), salines.

PORT-ROYAL ✦ Abbaye de femmes fondée dans la vallée de Chevreuse (1204). Un nouveau couvent est ouvert à Paris, *Port-Royal de Paris* (1625), et la maison-mère prend le nom de *Port-Royal-des-Champs.* Sous l'influence des **Arnauld**, l'abbaye devient un foyer du jansénisme, doctrine chrétienne selon laquelle le salut de l'homme, incapable de faire le bien lui-même, ne peut venir que de Dieu. Au XVIIe siècle, c'est un brillant centre intellectuel ; **Pascal** y séjourne, **Racine** y est élève. Puis les persécutions envers les religieuses et les conflits avec le pape, les jésuites et le roi se multiplient. Les bâtiments de Port-Royal-des-Champs sont rasés sur l'ordre de Louis XIV qui trouve ces idées dangereuses pour l'autorité de l'État (1711). Le couvent de Paris est fermé (1790), aménagé en prison puis en hôpital. On peut encore voir le cloître et la chapelle.

PORT-SAÏD ✦ Ville d'Égypte, sur la mer Méditerranée, à l'entrée du canal de Suez. 570 768 habitants. Port actif (escale, transit, pêche). Centre industriel (raffinerie de pétrole, extraction de sel marin). ♦ La ville est fondée par la Compagnie du canal de **Suez** (1859). Elle est occupée par les forces franco-anglaises (1956). Elle subit une baisse d'activité lors de la fermeture du canal après la guerre des **Six Jours** (1967-1975).

PORTUGAL n. m. ✦ Pays d'Europe du Sud (☛ cartes 24, 25). Il comprend les archipels de Madère et des Açores. Superficie : 92 072 km² (environ un sixième de la France). 10,6 millions d'habitants (les *Portugais*), catholiques. République, divisée en cinq régions, dont la capitale est Lisbonne. Langue officielle : le portugais. Monnaie : l'euro, qui remplace l'escudo. ♦ GÉOGRAPHIE. Le Portugal est formé de plateaux boisés, traversés par le **Tage** et le **Douro**, qui descendent vers l'océan Atlantique. Le nord, plus montagneux, atteint 2 000 m. Le climat méditerranéen, plus frais au nord, est influencé par les courants océaniques. ♦ ÉCONOMIE. L'agriculture (vigne, olivier, céréales, bois, liège), la pêche (thon, morue, sardine) et l'élevage (moutons) prédominent. L'industrie se concentre autour de Porto (textile, chaussure, métallurgie) et de Lisbonne (sidérurgie, pétrochimie, chantiers navals). Principal producteur de cuivre de l'Union européenne, le pays souffre cependant du manque d'autres ressources minières. Le tourisme est bien développé. ♦ HISTOIRE. Dans l'Antiquité, la région est occupée par le peuple celte des Lusitaniens. Elle devient une province romaine (Ier siècle av. J.-C.). Elle est envahie par les Vandales, les Suèves, les Wisigoths (Ve-VIIIe siècles) puis par les Arabes (VIIIe siècle). Le Portugal prend son indépendance et fonde un royaume (1143) qui chasse les Maures (**Reconquista**) avant l'Espagne. Après un remarquable développement économique (XIIe siècle), **Henri le Navigateur** lance les grandes expéditions maritimes (XVe-XVIe siècles) : découverte de Madère, des Açores, du Cap-Vert (1460), Bartolomeu Dias contourne le continent africain et passe le cap de Bonne-Espérance (1487-1488), Vasco de **Gama** atteint les Indes et Pedro Alvarez Cabral découvre le **Brésil** (1500) (☛ carte 13). Le Portugal a du mal à organiser son empire colonial (☛ cartes 14, 17). Il souffre de l'Inquisition (1536) et perd de sa splendeur. Il est occupé par les Espagnols (1580), chassés grâce à Richelieu (1668). Le Portugal s'allie aux Anglais (1703) et s'engage à leurs côtés dans les guerres napoléoniennes (XIXe siècle). La république est proclamée (1910) mais le pays bascule dans la dictature (1926). La révolution des Œillets (1974) y met fin et marque le début d'un renouveau démocratique. Le Portugal rejoint la CEE (1986) et connaît une forte croissance économique.

PORT-VENDRES ✦ Commune des Pyrénées-Orientales, sur la Méditerranée. 4 200 habitants (les *Port-Vendrais*). Port de commerce (fruits exotiques). Station balnéaire.

PORTZAMPARC Christian de (né en 1944) ✦ Architecte français. Il a construit la Cité de la musique, à Paris, l'ambassade de France à Berlin et le nouveau quartier de la Confluence à Lyon. Cet urbaniste mène une réflexion sur la façon dont fonctionnent les bâtiments entre eux dans une ville et participe au projet d'aménagement du Grand-Paris.

POSÉIDON ✦ Dieu de la Mer dans la mythologie grecque. Fils de Cronos et de Rhéa, il est l'un des maîtres de l'Univers avec ses frères, **Zeus** régnant sur le ciel et **Hadès** sur le monde souterrain. On le représente armé d'un trident forgé par les **Cyclopes.** Son épouse **Amphitrite** lui donne un fils, **Triton.** Parmi ses nombreux descendants, on trouve des monstres et des héros comme **Bellérophon, Pégase, Charybde** et **Polyphème.** Il prend le parti des Grecs dans leur guerre contre Troie. Les Romains de l'Antiquité l'identifient à **Neptune.**

POTEMKINE ✦ Cuirassé de la flotte impériale russe. Pendant la révolution de 1905, son équipage se mutine en rade d'Odessa et finit par se rendre. **Eisenstein** raconte cet épisode dans son film *Le Cuirassé Potemkine* (1925).

POTSDAM ✦ Ville d'Allemagne, capitale du Brandebourg, au sud-ouest de Berlin. 147 716 habitants. Nombreux châteaux et palais, inscrits sur la liste du patrimoine mondial de l'Unesco, dont le Sans-Souci, bâti pour Frédéric II sur le modèle de Versailles (1745-1747). Industries (mécanique, chimie, textile, alimentaire, cinéma). Ville natale de Humboldt, de plusieurs rois de Prusse dont Guillaume II. ♦ La ville accueille les protestants français exilés (XVIIe siècle). Elle devient la capitale de la **Prusse** et connaît son apogée avec la prestigieuse cour de Frédéric II. La *conférence de*

Potsdam réunit Staline, Truman et Churchill (17 juillet-2 août 1945) pour préciser les dispositions prises par les Alliés à **Yalta**.

POTTER Beatrix (1866-1943) ✦ Écrivaine et dessinatrice britannique. Elle est l'auteur d'une vingtaine d'albums racontant les aventures d'un espiègle petit lapin, Peter Rabbit, devenus des classiques de la littérature pour la jeunesse.

POTTER Harry ✦ Personnage créé en 1990 par l'écrivain britannique Joanne Kathleen Rowling (née en 1965). Harry Potter est un jeune orphelin de onze ans élevé par les Dursley, son oncle et sa tante. Un jour, il découvre que ses parents sont des sorciers. Il doit lui aussi faire son apprentissage dans une école très spéciale, le collège de Poudlard. Traduites dans le monde entier, et portées à l'écran, ses aventures remportent un énorme succès. La saga, comprenant sept volumes, débute avec *Harry Potter à l'école des sorciers* (2001) et s'achève par *Harry Potter et les reliques de la mort* (2007).

POUCHKINE Alexandre (1799-1837) ✦ Écrivain russe. D'origine noble, il reçoit une éducation française et entre au lycée impérial de Tsarskoïe Selo (1811-1817). Ses idées libérales l'obligent à s'exiler à plusieurs reprises. Il rentre à Moscou sous la protection de Nicolas Ier, reçoit un accueil triomphal et fonde une revue littéraire (1836). L'année suivante il meurt en duel pour défendre l'honneur de sa femme. On le considère comme le plus grand poète classique russe (*Le Prisonnier du Caucase*, 1822 ; *Les Tziganes*, 1827). Il est aussi l'auteur de romans et de nouvelles : *Boris Godounov* (1824-1825), *Eugène Onéguine* (1833), *La Dame de pique* (1834), *La Fille du capitaine* (1836).

POUCHKINE ✦ Ville de Russie, près de Saint-Pétersbourg. 102 800 habitants. Palais baroque de Catherine II (1752-1757), palais classique d'Alexandre Ier (1792-1796). Alexandre Pouchkine y fait ses études. La ville appelée *Tsarskoïe Selo* jusqu'en 1920 est nommée *Pouchkine* à partir de 1937. Elle est endommagée par les bombardements allemands (1941-1944) et reconstruite après la guerre. Ville natale de Nicolas Ier et de Nicolas II.

POUILLES (les) n. f. pl. ✦ Région administrative d'Italie, au sud-est du pays (☛ carte 30). Superficie : 19 347 km². 4 millions d'habitants. Chef-lieu : Bari. ♦ La région est formée de plateaux et de vallées, au climat méditerranéen. C'est la première région agricole du **Mezzogiorno** (vigne, olive, céréales, tabac, pêche). L'extraction de la bauxite fournit 80 % de la production nationale. L'industrie se développe (raffinerie, métallurgie, mécanique, construction navale).

POULENC Francis (1899-1963) ✦ Compositeur français. Il étudie le piano, la composition. Il est le plus classique des compositeurs réunis autour d'Erik **Satie**, le groupe des **Six**. Ses œuvres, très variées, comprennent des pièces pour piano (*Trois Mouvements perpétuels*, 1918 ; *Le Bestiaire*, d'après Apollinaire, 1919), de la musique religieuse (*Messe en sol majeur*, 1937 ; *Stabat Mater*, 1950), des opéras (*Dialogues des carmélites*, d'après Bernanos, 1957), des ballets (*Les Animaux modèles*, d'après La Fontaine, 1941) et un opéra bouffe (*Les Mamelles de Tirésias*, d'après Apollinaire, 1944).

POULIGUEN (Le) ✦ Commune de la Loire-Atlantique. 4 484 habitants (les *Pouliguennais*). Station balnéaire, port de pêche et de plaisance.

POUND Ezra Loomis (1885-1972) ✦ Poète américain. Il s'installe successivement à Londres, à Paris puis en Italie où il compose l'essentiel de son œuvre. À partir de 1919, il se consacre à l'écriture des *Cantos*, poèmes mêlant les thèmes, les styles et les langues les plus variés. Il mène également une carrière de critique littéraire et publie *A. B. C. de la lecture* (1934) et *La Kulture en abrégé* (1938). Pendant la Deuxième Guerre mondiale, son admiration pour Mussolini et son antisémitisme lui valent d'être arrêté en 1945 et interné en hôpital psychiatrique jusqu'en 1958. Il poursuit pendant ce temps son grand œuvre, les *Cantos pisans*. Il retourne en Italie à sa libération, mais tombe progressivement dans le mutisme, laissant son œuvre inachevée.

POURTALET (col du) ✦ Col des Pyrénées-Atlantiques (1 794 mètres), à la frontière entre la France et l'Espagne.

POUSSIN Nicolas (1594-1665) ✦ Peintre français. Il étudie les maîtres italiens, se rend à Rome (1624). De retour en France, il est couvert d'honneurs et nommé premier peintre du roi Louis XIII (1641), puis il s'installe définitivement à Rome (1642). Il peint des scènes antiques, bibliques, allégoriques, des paysages et il influence à son tour la peinture classique des XVIIe et XVIIIe siècles. Œuvres : *L'Enlèvement des Sabines* (vers 1635), *Moïse sauvé des eaux* (1638), *Le Jugement de Salomon* (1649), *Les Bergers d'Arcadie* (vers 1650) et la série des *Quatre Saisons* (1660-1664).

POUTINE Vladimir (né en 1952) ✦ Homme d'État russe. Premier ministre (1999) de Boris **Eltsine**, il devient le 2e président de la Fédération de Russie (2000, réélu en 2004). Son engagement dans la lutte contre le terrorisme, le succès de réformes socioéconomiques lui valent le soutien populaire. Dmitri **Medvedev**, son successeur, le nomme Premier ministre (2008) et le soutient lors de l'élection présidentielle de 2012, qu'il remporte.

POZNAN ✦ Ville de Pologne, dans l'ouest du pays. 564 951 habitants. Cathédrale gothique (XVe-XVIIIe siècles), hôtel de ville Renaissance (XVIe siècle). Port fluvial. Centre de commerce (foire internationale depuis 1925), d'industrie (chimie, métallurgie, textile, alimentaire, mécanique) et de culture (musées, centre de recherche scientifique). ♦ Une des plus anciennes villes de Pologne (mentionnée déjà par Tacite), elle devient la première capitale du pays (Xe siècle). Elle adhère à la **Hanse** (1253) et devient l'un des grands centres commerciaux d'Europe mais elle décline à cause des guerres avec la Suède (XVIIe-XVIIIe siècles). Elle est annexée à la Prusse (1793), au grand-duché de Varsovie (1807) puis revient à la Prusse (1815). Elle est restituée à la Pologne (1919) puis rattachée au Reich (1939) jusqu'à la fin de la Deuxième Guerre mondiale.

PRADES ✦ Chef-lieu d'arrondissement des Pyrénées-Orientales, au pied du mont Canigou. 5 927 habitants (les *Pradéens*) (☛ carte 23). Festival annuel de musique de chambre, fondé par Pablo **Casals**.

PRADO (le) ✦ Musée de Madrid, installé dans un édifice du XVIIIe siècle. C'est l'un des plus riches musées d'Europe, qui présente les collections rassemblées par les rois d'Espagne depuis Charles Quint. Il possède une importante collection de peintures espagnoles (Velasquez, Goya, le Greco, Murillo, Zurbaran), flamandes (Bosch, Rubens, Bruegel, Van Dyck) et italiennes (Raphaël, Titien, Véronèse).

PRAGUE ✦ Capitale de la République tchèque, au nord-ouest du pays, sur la Vltava. 1,2 million d'habitants (les *Praguois*). Centre historique inscrit sur la liste du patrimoine mondial de l'Unesco : nombreux monuments gothiques et baroques, pont Charles (1357), le Hradcany, résidence royale avec son palais (IXe-XVIIe siècles), cathédrale Saint-Guy, nombreux musées. Centre industriel le plus important du pays (métallurgie, mécanique, alimentaire, chimie, textile). Centre commercial. Foyer culturel et artistique. Ville natale de Rainer Maria Rilke, Franz Kafka, Vaclav Havel. ♦ La ville est le lieu de résidence des ducs de Bohême (Xe siècle). Elle se développe sous le règne de Charles Ier (1346-1378) qui en fait une capitale artistique et intellectuelle. Le nationalisme tchèque et les révoltes protestantes déclenchent la guerre de Trente Ans en **Allemagne** (1618). La **Tchécoslovaquie** indépendante la choisit comme capitale (1918), et elle connaît une vie culturelle intense. Elle est occupée par les Allemands (1939) puis libérée par les Soviétiques (1945) qui installent un régime communiste (1948). Elle se révolte lors du *Printemps de Prague*, réprimé par les troupes du pacte de **Varsovie** (1968). Des manifestations, qui s'étendent à l'ensemble du pays, aboutissent à la chute du régime communiste (1989).

PRAIA ✦ Capitale de l'archipel du Cap-Vert, au sud-est de l'île de São Tiago, sur l'océan Atlantique. 64 000 habitants (les *Praïens*). Port de pêche et d'exportation (banane, canne à sucre).

PRATT Hugo (1927-1995) ✦ Dessinateur et scénariste de bandes dessinées italien. Il mène une vie aventureuse, riche de rencontres et de voyages (Éthiopie, Amérique du Sud) qui nourrissent son imagination. La création en 1967 du personnage du marin Corto **Maltese** lui apporte la célébrité. Son talent de conteur et son dessin inspiré (graphisme noir et blanc, art cinématographique du récit) font de Hugo Pratt l'un des maîtres du neuvième art.

PRAXITÈLE (IVe siècle av. J.-C.) ✦ Sculpteur grec. Il participe à la décoration du temple d'Artémis à **Éphèse**. La majorité de ses œuvres ne sont connues que grâce à des copies réalisées par les Romains : *Aphrodite de Thespies (Vénus d'Arles), Satyre au repos* (Louvre, Capitole), *Aphrodite de Cnide* (Louvre, Munich, Florence, Vatican, Rome), *Artémis Brauronia* (346 av. J.-C., *Diane de Gabies* au Louvre), *Hermès portant Dionysos enfant* (343 av. J.-C., Olympie). ☞ Grèce p. 153.

PRÉALPES n. f. pl. ✦ Région montagneuse qui borde les Alpes, en France, en Suisse, en Autriche et en Allemagne. L'altitude des Préalpes ne dépasse pas 3 000 m. Le climat est humide et l'ensoleillement modeste. Les Préalpes sont traversées par de grandes vallées et séparées des Alpes par un large sillon.

PREMIÈRE GUERRE MONDIALE → GUERRE MONDIALE (Première)

PREMIER EMPIRE → EMPIRE (Premier)

PRESLEY Elvis (1935-1977) ✦ Chanteur américain. Il est considéré comme l'un des pionniers de la musique rock et surnommé *The King* (« Le Roi » en anglais). Il impose son style dès 1956 et devient l'idole de la jeunesse. Il s'oriente ensuite vers une musique plus sentimentale. Ses chansons les plus célèbres sont *Heartbreak Hotel, Blue Suede Shoes, Don't Be Cruel, Love Me Tender* (1956), *Jailhouse Rock* (1957).

PRESTIGE n. m. ✦ Pétrolier qui fit naufrage en novembre 2002 au large de la Galice. Le navire, la coque déchirée, fut remorqué au large mais il finit par se casser et coula. Cet accident provoqua la plus grave marée noire espagnole, souillant également les côtes françaises jusqu'en Bretagne.

PRETORIA ✦ Capitale administrative de l'Afrique du Sud, au nord-est du pays. Siège du gouvernement et de l'administration centrale de la République. La conurbation prend le nom de Tshwane (2005). Elle compte près de 2 millions d'habitants. Centre industriel (métallurgie, mine de diamants) qui est relié aux grandes villes du pays et au Mozambique par le rail.

PRÉVERT Jacques (1900-1977) ✦ Poète français. Ses poèmes, influencés par le mouvement surréaliste, possèdent un style simple et riche en jeux de langage qui abordent avec ironie et tendresse les thèmes de la liberté, de la justice et du bonheur. Parmi ses recueils, on peut citer : *Paroles* (1946), *Spectacle* (1951), *Fatras* (1965), *Hebdromadaires* (1972). Le même esprit inspire les dialogues et les scénarios qu'il écrit pour les films de Marcel Carné : *Drôle de drame* (1937), *Le Quai des brumes* (1938), *Le jour se lève* (1939), *Les Visiteurs du soir* (1942), *Les Enfants du paradis* (1945). Il est aussi auteur de chansons (*Barbara, Les Feuilles mortes, En sortant de l'école*, mises en musique par J. **Kosma**) et écrivain pour les enfants.

PRÉVOST (l'abbé) (1697-1763) ✦ Écrivain français. Il hésite entre l'Église et l'armée, devient un prédicateur mondain, s'exile en Angleterre et en Hollande puis s'installe à Paris. Œuvres : *Mémoires et aventures d'un homme de qualité* (1728-1731), comprenant la fameuse *Histoire du chevalier Des Grieux et de Manon Lescaut* (1731), *Cleveland* (1731-1739). ■ Son véritable nom est *Antoine François Prévost d'Exiles*.

PRIAM ✦ Dernier roi de Troie dans la mythologie grecque. Sa seconde femme, Hécube, lui donne de nombreux enfants parmi lesquels Pâris, Cassandre et **Hector**. Dans l'*Iliade*, il réclame le corps d'Hector à **Achille** qui l'a tué au siège de Troie. Achille lui rend la dépouille. Priam meurt, égorgé par le fils d'Achille, lors de la prise de Troie.

PRIMATICE (le) (1504-1570) ✦ Peintre italien. Formé en Italie, il est appelé en 1531 par François Ier pour travailler au château de **Fontainebleau**. Il y crée des décors intérieurs (chambre de Madame d'Étampes) ainsi que de vastes fresques dont il ne reste que peu de choses (étude de *La Mascarade de Persépolis*). Génie au style raffiné, maniériste et élégant, il a exercé une influence décisive sur l'évolution de l'art français. ■ Son nom italien est *Francesco Primaticcio*.

PRINCE-ÉDOUARD (île du) ✦ Province du Canada, depuis 1873, dans l'est du pays (☞ carte 48). Superficie : 5 660 km². 135 851 habitants. Capitale : Charlottetown. ♦ Située dans l'océan Atlantique au nord de la Nouvelle-Écosse, c'est une île plate aux côtes très découpées. Le climat océanique subit les influences froides qui viennent de l'intérieur du continent. L'économie repose sur l'agriculture (pomme de terre, élevage) et la pêche.

PRINCE NOIR ✦ Surnom d'**Édouard**, prince de Galles.

PRINCETON ✦ Ville des États-Unis (New Jersey). 16 027 habitants. L'université de Princeton, fondée en 1746, est une université privée, l'une des plus importantes des États-Unis, membre de la prestigieuse **Ivy League.**

PRISTINA ✦ Capitale du Kosovo, dans l'est du pays. 177 500 habitants en 1981 (les *Pristiniens*). Commerce.

PRIVAS ✦ Chef-lieu de l'Ardèche. 8 313 habitants (les *Privadois*). Tour Diane de Poitiers, pont Louis XIII, maisons anciennes. Industries (moulinage de la soie) et commerce. Production de confiseries (marrons glacés) réputée. ♦ La ville est une place forte protestante puissante qui contrôle des ponts sur le Rhône. Elle est assiégée par Louis XIII, prise et incendiée (1629).

PROCHE-ORIENT n. m. ✦ Région située entre les continents asiatique et africain. Elle s'étend des rives de l'est de la Méditerranée aux rives du nord-ouest de l'océan Indien. Superficie : plus de 5 millions de km^2 (environ neuf fois la France). Elle comprend l'Arabie saoudite, Bahreïn, l'Égypte, les Émirats arabes unis, l'Irak, l'Iran, Israël, la Jordanie, le Koweït, le Liban, Oman, le Qatar, la Syrie, la Turquie, le Yémen auxquels on ajoute parfois la Libye et le Soudan. ♦ Avec le **Croissant fertile**, le Proche-Orient est le berceau des trois grandes religions monothéistes (judaïsme, christianisme, islam) et des anciennes civilisations de Mésopotamie et d'Égypte. On l'appelle aussi le **Levant.**

PROKOFIEV Sergueï (1891-1953) ✦ Compositeur russe. Il apprend très jeune le piano avec sa mère et étudie au conservatoire de Saint-Pétersbourg. Il part faire des tournées aux États-Unis (1918) puis s'installe à Paris (1922). Il retourne définitivement en Union soviétique (1935). Il dédie son œuvre au peuple russe et aux conquêtes de la révolution socialiste. Ses compositions mêlent la modernité occidentale et la tradition russe. Il compose un conte musical pour enfants ***Pierre et le Loup*** (1936), des ballets (*Le Fils prodigue,* 1930 ; *Roméo et Juliette,* 1935 ; *Cendrillon* 1944), des opéras (*L'Amour des trois oranges,* 1919), des symphonies (*Symphonie classique,* 1917), des musiques de film (*Ivan le Terrible,* 1945) et des concertos pour piano.

PROMÉTHÉE ✦ Un des Titans dans la mythologie grecque, frère d'**Atlas.** Il crée le premier homme avec de l'argile et vole le feu divin pour le donner aux humains. Zeus se venge des hommes en envoyant **Pandore** sur terre. Il fait enchaîner Prométhée au sommet du Caucase. Son foie est dévoré par un aigle mais repousse sans cesse. **Héraclès** le délivre en tuant l'oiseau. Le *mythe de Prométhée* inspire de nombreux auteurs comme Eschyle, Byron et André Gide.

PROPYLÉES n. m. pl. ✦ Entrée monumentale de l'**Acropole** d'Athènes. Elle est construite en marbre (437-431 av. J.-C.). Pendant la domination turque, les Propylées sont transformés en poudrière et subissent de graves dommages lors d'une explosion (1640). Il ne reste aujourd'hui que les colonnades.

PROSERPINE ✦ Déesse romaine des Enfers. Elle correspond à la déesse grecque **Perséphone.**

PROTAGORAS (485-411 av. J.-C.) ✦ Sophiste grec. Il enseignait l'art du discours et aurait eu **Euripide** et **Socrate** pour élèves. Il est connu pour sa formule «L'homme est la mesure de toutes choses», c'est-à-dire que le bien et le mal, le vrai et le faux sont perçus différemment selon les individus ; il n'y a pas de vérité absolue. **Platon** lui consacra un dialogue.

PROUDHON Pierre Joseph (1809-1865) ✦ Socialiste français. Ouvrier dans l'imprimerie, il publie des essais contre le système capitaliste (*Qu'est-ce que la propriété ?,* 1840 ; *De la création de l'ordre dans l'humanité,* 1843) mais condamne également les théories communistes (*Système des contradictions économiques ou Philosophie de la misère* 1846), s'attirant la critique de Marx (*Misère de la philosophie,* 1847). Il est élu à l'Assemblée nationale (1848) puis emprisonné pour son opposition à Napoléon III (1849-1852). Il influence **Bakounine** par son exposé des principes de l'anarchisme (*L'Idée générale de la révolution au XIX*e *siècle,* 1851). Il doit s'exiler en Belgique (1858-1862) après son pamphlet antireligieux (*De la justice dans la révolution et dans l'Église,* 1858). Il est considéré comme le fondateur du système mutualiste, du syndicalisme ouvrier et du fédéralisme. Ses partisans s'opposent aux marxistes lors de la Ire **Internationale.**

PROUST Marcel (1871-1922) ✦ Écrivain français. Né dans une famille bourgeoise et intellectuelle, il fait des études de droit et de sciences politiques. Il fréquente les salons littéraires et traduit les œuvres de l'historien d'art anglais Ruskin dont il va s'inspirer. D'origine juive, il s'engage résolument dans le combat pour la réhabilitation du capitaine **Dreyfus.** Asthmatique depuis l'enfance, il s'enferme peu à peu dans sa chambre pour se consacrer à l'écriture. La Première Guerre mondiale le touche profondément car elle entraîne l'effondrement de la société qu'il décrit. Son œuvre principale, *À la recherche du temps perdu* (1913-1927) marque la littérature du XXe siècle. Cette fresque romanesque comprend sept parties : *Du côté de chez Swann* (1913), *À l'ombre des jeunes filles en fleurs* (1919, prix Goncourt), *Le Côté de Guermantes* (1920-1921), *Sodome et Gomorrhe* (1921-1922), *La Prisonnière* (1923), *Albertine disparue* (1925), *Le Temps retrouvé* (1927).

PROVENCE n. f. ✦ Région historique du sud-est de la France (☛ carte 21). Elle correspond aux départements actuels des Bouches-du-Rhône, du Vaucluse, des Alpes-de-Haute-Provence, du Var et des Alpes-Maritimes. Ville principale : Marseille. Région natale des écrivains Daudet, Mistral, Giono, Pagnol. ♦ La région est occupée par les **Ligures** (1000 av. J.-C.). Elle est colonisée par les Grecs de **Phocée** (VIIe siècle av. J.-C.). Les Romains en font la *Provincia Romana* (125 av. J.-C.) rattachée à la **Narbonnaise** (27). Elle est divisée par les invasions barbares (Burgondes au nord, Wisigoths puis Ostrogoths au sud). Elle passe aux Francs (536), à la Bourgogne (879), au Saint Empire (1032). Ce n'est qu'en 1113 que la Provence prend son indépendance et forme un comté gouverné par la dynastie de Catalogne. Sa civilisation rayonne en Europe, favorisée par les liens des princes d'Anjou (1246) avec l'Italie et par la présence des papes en **Avignon** (XIVe siècle). Louis XI l'annexe au royaume de France (1481).

PROVENCE-ALPES-CÔTE D'AZUR n. f. ✦ Région administrative du sud-est de la France, formée de six départements : les Alpes-de-Haute-Provence, les Alpes-Maritimes, les Bouches-du-Rhône, les Hautes-Alpes, le Var et le Vaucluse (☛ carte 22). Superficie : 31 400 km^2 (5,8 % du territoire), c'est la 9e Région par la taille. 4,98 millions d'habitants, qui représentent 7,8 % de la population française. Chef-lieu : Marseille. Autres villes importantes : Toulon, Nice, Aix-en-Provence. On l'appelle aussi la *Région PACA.* ♦ GÉOGRAPHIE. Les paysages sont variés : Alpes et Préalpes au nord, massifs plus érodés au sud (Esterel, Maures), plaines (Camargue), vallées encaissées et collines. À l'ouest, le **Rhône** coule du nord au sud et se jette dans la mer Méditerranée. La région abrite des parcs naturels régionaux (**Camargue, Lubéron, Queyras, Verdon**), le parc national du **Mercantour** et plus de la moitié de celui des **Écrins**. Son climat est méditerranéen. ♦ ÉCONOMIE. L'agriculture est prospère (olive, riz, vigne, moutons ; première place nationale pour la production de fruits et de légumes). Une partie de l'industrie reste liée au trafic portuaire (raffineries de l'étang de **Berre**, chantiers navals, chimie) mais une autre se développe en direction des nouvelles technologies et de l'aéronautique. Le tourisme est la principale source de revenus de la région et la **Côte d'Azur** attire de nombreux visiteurs.

PROVINCES BASQUES → BASQUES (Provinces)

PROVINCES-UNIES ✦ Ancien État fédéral constitué par l'Union d'**Utrecht** (1579) dans le nord des Pays-Bas. Les sept provinces protestantes (Hollande, Zélande, Utrecht, Gueldre, Frise, Overijssel, Groningue) forment une république qui n'accepte pas l'autorité de Philippe II d'Espagne auquel le Sud du pays, majoritairement catholique, reste fidèle. Le commandement militaire des Provinces-Unies est détenu par la famille d'Orange. La noblesse et les classes populaires, favorables à la restauration d'une monarchie en leur faveur, entrent en conflit avec la bourgeoisie républicaine. Au XVIIe siècle, les Provinces-Unies connaissent un fort développement économique (textile, banque, commerce maritime et colonial avec les îles de la Sonde, l'Afrique du Sud et New York) (☞ cartes 14, 17). Leur développement culturel rayonne dans toute l'Europe (Descartes, Spinoza, Vermeer, Rembrandt). Affaiblies par de nombreux conflits (invasion par Louis XIV, 1672 ; traités d'**Utrecht**, 1713 ; **Fontenoy**, 1745), les Provinces-Unies sont envahies par la France révolutionnaire. La République batave est créée (1795). Réunifiant les Pays-Bas, elle marque la fin des Provinces-Unies.

PROVINS ✦ Ville de Seine-et-Marne. 11 736 habitants (les *Provinois*). Ville-Haute entourée de remparts (XIIe-XIIIe siècles) : église Saint-Quiriace (XIe siècle), tour César (XIIe siècle) qui est un donjon haut de 44 m servant de clocher à l'église, hôtel-Dieu, Grange-aux-Dîmes (XIIe siècle). Cité médiévale inscrite sur la liste du patrimoine mondial de l'Unesco. Commerce (roses). Tourisme. ♦ La ville appartient aux comtes de Vermandois (Xe siècle) puis aux comtes de Champagne (XIe siècle) qui favorisent son expansion. Elle est célèbre au Moyen Âge pour les importantes foires qui s'y tiennent jusqu'à la fin du XIIIe siècle.

PRUSSE n. f. ✦ Ancien État d'Allemagne du Nord, entre la Vistule et le Niémen, le long de la mer Baltique. ♦ La Prusse est occupée par les Goths (IIe-IIIe siècles), les Baltes, puis conquise par les chevaliers **Teutoniques** (XIIIe siècle). Elle connaît une grande prospérité avec la **Hanse** (début du XVe siècle). Elle devient un duché polonais (1410) avant d'être rattachée au **Brandebourg** (1618). Elle souffre de la guerre de Trente Ans puis se développe (XVIIe siècle) et connaît son apogée sous **Frédéric II le Grand** (1740-1786). L'armée devient le pilier de l'État et la Prusse prend part à la guerre de **Succession d'Autriche** puis à la guerre de Sept Ans. Lors du partage de la Pologne, son territoire passe de 120 000 à 200 000 km². Napoléon Ier lui en enlève la moitié (1806) mais le congrès de **Vienne** lui apporte la Westphalie et la Rhénanie (1815) (☞ carte 15). Elle retrouve sa puissance avec **Guillaume Ier** appuyé par la politique de **Bismarck**. La Prusse remporte des victoires décisives contre l'Autriche (1866) puis contre la France (1870). Cette guerre marque l'unité allemande et, à partir de cette date, l'histoire de la Prusse (dissoute symboliquement en 1947) se confond avec celle de l'Allemagne.

PRUSSE-OCCIDENTALE n. f. ✦ Région historique du nord-ouest de la Prusse. Capitale : **Dantzig**. Elle est formée par les territoires issus des partages de la Pologne (1772 et 1793). Elle est rendue à la Pologne en 1919 mais, occupée par l'Allemagne pendant la Deuxième Guerre mondiale, elle n'est définitivement rattachée à la Pologne qu'en 1945.

PRUSSE-ORIENTALE n. f. ✦ Région historique du nord-est de la Prusse. Capitale : Königsberg. Elle est partagée entre l'URSS et la Pologne (conférence de **Potsdam**, 1945).

PSYCHÉ ✦ Personnage de la mythologie grecque. Cette princesse est si ravissante qu'**Aphrodite**, jalouse, demande à son fils **Éros** de rendre Psyché amoureuse d'un homme laid. Mais il s'éprend de la jeune fille. Celle-ci devient l'esclave d'Aphrodite qui la soumet à de rudes épreuves. L'amour triomphe et Psyché est unie à Éros par Zeus qui lui accorde l'immortalité. Ce mythe, popularisé dans le monde romain par **Apulée** *(Les Métamorphoses ou l'Âne d'or)*, a inspiré de nombreux artistes.

PTAH ✦ Dieu de l'Égypte antique. On le représente sous la forme d'un homme à la tête rasée et enveloppé comme une momie. Il est adoré à Memphis (3000 av. J.-C.) comme le créateur du monde et considéré comme le patron des artisans. Les Grecs de l'Antiquité l'identifient à **Héphaïstos**.

PTOLÉMÉE Claude (vers 90-vers 168) ✦ Savant grec. Il est à la fois astronome, mathématicien et géographe. Il fait une description mathématique du ciel où la Terre est le centre immobile de l'Univers. Cette conception du monde, le *système de Ptolémée*, fait autorité pendant tout le Moyen Âge jusqu'aux travaux de Copernic et de Galilée (XVIe-XVIIe siècles). Il écrit un *Guide géographique* (vers 160), dans lequel il donne des indications pour tracer par projection les cartes des trois continents connus des Grecs (Europe, Asie et Afrique). Cet ouvrage, le plus répandu après la Bible, sert aux navigateurs jusqu'à la Renaissance.

PTOLÉMÉES (les) ✦ Dynastie de quinze rois macédoniens, appelés les **Lagides**, qui règnent sur l'Égypte de 323 av. J.-C. à 30 av. J.-C. **PTOLÉMÉE Ier SÔTER :** roi d'Égypte de 323 av. J.-C. à 285 av. J.-C. Il est l'un des principaux généraux d'Alexandre le Grand. Il reçoit l'Égypte à la mort de ce dernier. Il organise l'administration du pays, développe son économie et son armée et introduit le culte du dieu **Sérapis**. Il établit la capitale à **Alexandrie** où il fait construire le musée et la bibliothèque. **PTOLÉMÉE II PHILADELPHE :** roi d'Égypte de 285 av. J.-C. à 246 av. J.-C. Fils de Ptolémée Ier. Il succède à son père dans sa volonté de favoriser l'essor culturel et économique d'Alexandrie. Grand bâtisseur, il développe Alexandrie et y fait construire le phare sur l'île de **Pharos**. **PTOLÉMÉE V ÉPIPHANE :** roi d'Égypte de 205 av. J.-C. à 181 av. J.-C. Fils de Ptolémée IV, il devient roi à l'âge de cinq ans et la régence est confiée au Sénat romain. Sous son règne, l'Empire lagide indépendant s'effondre et passe sous la domination romaine. **PTOLÉMÉE XIII PHILOPATOR :** roi d'Égypte de 51 av. J.-C. à 47 av. J.-C. Frère et mari de **Cléopâtre**, il la chasse d'Alexandrie et fait assassiner **Pompée** (48 av. J.-C.) pour se concilier les faveurs de césar. Mais celui-ci impose le retour de Cléopâtre, devenue sa maîtresse. **PTOLÉMÉE XV PHILOPATOR CAESAR :** roi d'Égypte avec sa mère, la reine Cléopâtre, de 44 av. J.-C. à 30 av. J.-C. C'est le fils de **César** et on le surnomme *Césarion*. Il est assassiné sur ordre d'Auguste (30 av. J.-C.).

PUCCINI Giacomo (1858-1924) ✦ Compositeur italien. Né dans une famille de musiciens, il se consacre à l'orgue puis à l'opéra. On le considère comme le maître de l'opéra réaliste (le «vérisme»). Ses opéras les plus célèbres sont *Manon Lescaut* (1893), *La Bohème* (1896), *Tosca* (1900), *Madame Butterfly* (1904). Il est aussi l'auteur de musique symphonique, de musique de chambre, de musique religieuse et de mélodies.

PUEBLA ✦ Ville du Mexique, au sud-est de Mexico, au pied du Popocatépetl. 1,43 million d'habitants. Cathédrale (XVIe-XVIIe siècles), églises et palais dans le centre historique inscrit sur la liste du patrimoine mondial de l'Unesco. Commerce. Industries (textile, métallurgie, chimie, mécanique). Fondée en 1531, la ville est le théâtre de nombreux combats, notamment la victoire des Mexicains contre les troupes de Napoléon III (5 mai 1862), devenue jour de la fête nationale du Mexique.

PUEBLOS n. m. pl. ✦ Nom donné par les Espagnols aux Indiens du sud-ouest des États-Unis (Nouveau Mexique, Arizona, Colorado), caractérisés par leur habitat. Descendants des Anasazis, les Pueblos (villages, en espagnol) construisent des maisons en briques de terre séchée (à partir du VIIIe siècle). Ils pratiquent leurs cérémonies religieuses dans des chambres souterraines (kivas). Les Pueblos vivent de l'agriculture, de la chasse et de l'artisanat : tissage pour les hommes et poterie pour les femmes. À leur apogée (XIIIe siècle), ils abandonnent leurs cités et s'installent en Arizona (les Hopis), au Nouveau Mexique (les Zuñis) et le long du Rio Grande (les Pueblos). Ils sont christianisés par les Espagnols et leurs révoltes sont violemment réprimées mais ils gardent leurs traditions qui influencent les **Navajos**. Plusieurs sites sont inscrits sur la liste du patrimoine mondial de l'Unesco (Mesa Verde, Chaco, Taos).

PUGET Pierre (1620-1694) ✦ Sculpteur, peintre et architecte français, l'un des principaux représentants du style baroque. Sa sculpture se distingue par les ruptures d'équilibre et le rendu expressif. On lui doit les *Atlantes* de l'hôtel de ville de Toulon (1656-1657), de nombreuses œuvres religieuses comme son *Saint Sébastien*, les groupes *Milon de Crotone* (1683) et *Persée délivrant Andromède* (1684) pour le parc de Versailles. Il a dirigé les ateliers de décoration navale de Toulon, réalisant de nombreuses figures de poupe. Il s'est illustré également comme architecte (hospice de la Charité à Marseille). Peu compris par ses contemporains, il est considéré comme un précurseur par les romantiques.

PUNIQUES (guerres) ✦ Conflits qui opposent Rome à Carthage dans la conquête du bassin méditerranéen. La **PREMIÈRE GUERRE PUNIQUE** (264-241 av. J.-C.) éclate quand **Carthage** tente d'envahir la Sicile. Après plusieurs victoires romaines (Messine, Agrigente, Palerme), Carthage perd la Sicile, la Corse, la Sardaigne mais elle conquiert le sud-est de l'Espagne. Pendant **LA DEUXIÈME GUERRE PUNIQUE** (218-201 av. J.-C.), **Hannibal** passe en Italie par les Alpes avec ses éléphants et obtient de nombreuses victoires (Tessin). Rome le repousse, reprend l'Italie du Sud (Tarente), Syracuse, et **Scipion** l'Africain bat Hannibal en Tunisie (202 av. J.-C.). Carthage perd l'Espagne et le contrôle de sa diplomatie et doit payer un lourd tribut à Rome. Elle réussit toutefois à reprendre son essor et prospère. La **TROISIÈME GUERRE PUNIQUE** (149-146 av. J.-C.) est déclenchée par Rome lorsqu'elle attaque la **Numidie**, et Scipion Émilien, petit-fils de Scipion l'Africain, détruit Carthage.

PURCELL Henry (1659-1695) ✦ Compositeur anglais. Né dans une famille de musiciens, il apprend le chant puis la composition. Il devient compositeur des violons du roi (1677), puis compositeur de la cour (1682). Considéré comme le plus grand musicien de son pays, il est inhumé à l'abbaye de Westminster. Son œuvre abondante est influencée par la tradition anglaise, la musique de Lully puis la sonate italienne : musique de cour, œuvres religieuses et opéras (*Didon et Énée*, 1689 ; *King Arthur*, 1691).

PUSAN ✦ Ville de Corée du Sud, dans le sud-est du pays, au fond d'une baie. 3,5 millions d'habitants. Premier port du pays (pêche, commerce, base navale). Centre industriel (électronique, mécanique, aérospatial). Pusan est relié à Séoul par TGV. Porte d'entrée traditionnelle des Japonais en Corée. Festival international de cinéma.

PUVIS DE CHAVANNES Pierre Cécil (1824-1898) ✦ Peintre français. Refusé jusqu'en 1858 au Salon, il connaît le succès avec de grandes compositions murales à sujet allégorique pour les musées d'Amiens, de Lyon, de Rouen, pour la Sorbonne (*Le Bois sacré*, 1880-1889) et le Panthéon (*Sainte Geneviève veillant sur Paris*, 1898). Il est l'un des principaux représentants du symbolisme (☛ Symbolisme p. 186).

PUY-DE-DÔME n. m. ✦ Département du centre de la France [63], de la Région Auvergne-Rhône-Alpes. Superficie : 7 970 km². 644 216 habitants. Chef-lieu : Clermont-Ferrand ; chefs-lieux d'arrondissement : Ambert, Issoire, Riom et Thiers.

PUY-EN-VELAY (Le) ✦ Chef-lieu de la Haute-Loire. 18 634 habitants (les *Ponots*). Statue de Notre-Dame-de-France (XIXe siècle) qui domine la ville, cathédrale romane Notre-Dame-du-Puy (fin XIe siècle) qui conserve la bible de Théodulf (un manuscrit carolingien), musées et nombreuses maisons anciennes. Centre administratif et commercial. Le Puy-en-Velay est célèbre pour sa *dentelle du Puy* (depuis le XVe siècle) et la production de lentilles. Ville natale de l'écrivain Jules Vallès.

PUYMORENS (col de) ✦ Col des Pyrénées-Orientales (1 920 m), qui relie les vallées de la Garonne et de l'Èbre. Tunnel routier (1994).

PUYS (chaîne des) ✦ Massif montagneux d'Auvergne, au sud-ouest de Clermont-Ferrand, qu'on appelle aussi les *monts Dôme*. Il s'étend sur une quarantaine de kilomètres du nord au sud et il est formé d'une centaine de volcans éteints. Le point culminant est le puy de Dôme (1 465 m). C'est en ce lieu que **Pascal**, par ses expériences, a confirmé la théorie sur la pesanteur (1648). On y trouve le parc européen du volcanisme, **Vulcania**.

PYGMALION ✦ Roi légendaire de Chypre dans la mythologie grecque. Il tombe amoureux d'une statue qu'il a sculptée, et demande à Aphrodite de lui donner vie. La déesse l'anime et la statue fait place à Galatée que Pygmalion épouse.

PYGMÉES n. m. pl. ✦ Peuple de la forêt équatoriale d'Afrique centrale. Les Pygmées seraient entre 100 000 et 200 000 et sont présents en République démocratique du Congo, au Gabon, en République centrafricaine, au Burundi, au Rwanda, au Congo et au Cameroun. De petite taille (environ 1,50 m), ils vivent en groupes nomades qui se sédentarisent progressivement. Ils pratiquent traditionnellement la chasse (gros et petit gibier) et la cueillette (miel, insectes, baies, racines). Leur tradition orale est très riche.

PYLA-SUR-MER ✦ Station balnéaire de la Gironde, à l'entrée du bassin d'**Arcachon**. La *dune du Pyla* est la plus haute d'Europe.

PYONGYANG ✦ Capitale de la Corée du Nord, dans l'ouest du pays. 2,58 millions d'habitants. Centre administratif et industriel (textile, alimentaire, sidérurgie, chimie, ciment). Elle possède des centrales thermiques et hydroélectriques. ♦ La ville est la capitale d'un royaume disputé par les Chinois (Ier-XIVe siècles). Elle est occupée par les Japonais (1910-1945). Les Américains s'emparent de la ville, bombardée pendant la guerre de Corée, mais elle est rapidement reconquise. Pyongyang vit sous un régime socialiste autoritaire depuis 1949.

PYRÉNÉES n. f. pl. ✦ Massif montagneux d'Europe (☛ carte 24). Il sépare la France de l'Espagne et comprend la principauté d'**Andorre**. Il s'étend de l'océan Atlantique à la mer Méditerranée sur 430 km, et de la Gascogne au bassin de l'Èbre sur 60 à 140 km. Sa formation est contemporaine de celle des Alpes. Les affluents de la Garonne, de l'Ariège, de l'Adour et de l'Èbre y prennent leur source. Son point culminant est le pic d'Aneto en Espagne (3 404 m). Parmi ses monts les plus élevés, on peut citer également : le mont **Perdu** (3 348 m), le **Vignemale** (3 298 m), le pic Carlitte le Puigmal (2 910 m), le pic du Midi d'Ossau (2 884 m), le mont **Canigou** (2 784 m). La zone frontalière centrée sur le pic du mont Perdu est inscrite sur la liste du patrimoine mondial de l'Unesco. De nombreux cols permettent de traverser le massif (Tourmalet, Pourtalet, Puymorens, Somport, **Roncevaux**). Certaines de ses vallées (Aspe, Ossau) abritent encore des ours. Le climat, méditerranéen à l'est, devient continental et froid au centre, plus doux et plus humide à l'ouest. L'agriculture reste traditionnelle (élevage laitier, maïs, olivier, vigne, fleurs). La région possède quelques ressources (hydroélectricité bien développée, gaz, bauxite, talc). L'industrie est présente surtout en Espagne (textile, métallurgie). Le tourisme est une source importante de revenus avec les stations balnéaires, les sports d'hiver et le thermalisme. Le parc national des Pyrénées (45 707 ha), créé en 1967 au sud des Pyrénées-Atlantiques et des Hautes-Pyrénées, englobe le pic du Midi d'Ossau, le Vignemale et le cirque de **Gavarnie**. Le parc naturel régional des Pyrénées catalanes (137 100 ha), créé en 2004 à l'est des Pyrénées-Orientales, englobe le mont Canigou.

PYRÉNÉES (traité des) ✦ Traité signé par **Mazarin** (1659). Il met fin à la guerre et fixe les frontières entre la France des Bourbons et l'Espagne des Habsbourg. Le Roussillon, la Cerdagne, l'Artois ainsi que des places fortes en Lorraine et en Flandre reviennent à la France. Le traité prévoit aussi le mariage de Louis XIV et de l'infante **Marie-Thérèse d'Autriche** qui renonce au trône d'Espagne contre le paiement d'une énorme dot. Le mariage est célébré à Saint-Jean-de-Luz l'année suivante.

PYRÉNÉES-ATLANTIQUES n. f. pl. ✦ Département du sud-ouest de la France [64], de la Région Nouvelle-Aquitaine. Superficie : 7 645 km². 667 249 habitants. Chef-lieu : Pau ; chefs-lieux d'arrondissement : Bayonne et Oloron-Sainte-Marie.

PYRÉNÉES-ORIENTALES n. f. pl. ✦ Département du sud de la France [66], de la Région Occitanie. Superficie : 4 116 km². 466 327 habitants. Chef-lieu : Perpignan ; chefs-lieux d'arrondissement : Céret et Prades.

PYRRHUS (vers 319 av. J.-C.-272 av. J.-C.) ✦ Roi d'Épire de 295 av. J.-C. à sa mort. Ce grand militaire bat les Romains grâce à ses éléphants qui effraient les légionnaires (280 av. J.-C.-279 av. J.-C.). Il chasse les Carthaginois de la Sicile (277 av. J.-C.), mais ils la conquièrent de nouveau l'année suivante avec l'aide de Rome. Pyrrhus se tourne alors vers l'Orient, rentre en Épire et soumet la Macédoine (274 av. J.-C.). Il meurt en tentant de conquérir le Péloponnèse. Une *victoire à la Pyrrhus* est obtenue au prix de grands sacrifices.

PYTHAGORE (6e siècle av. J.-C.) ✦ Philosophe et mathématicien grec. Il voyage beaucoup et quitte son pays pour l'Italie du Sud. Il s'installe à Crotone, une colonie grecque, et fonde une école qui attire de nombreux disciples. Ils forment une communauté scientifique, philosophique, politique et religieuse qui étudie les mathématiques et l'astronomie. ♦ Le *théorème de Pythagore* est la formule qui permet de calculer le troisième côté d'un triangle lorsque l'on connaît les deux autres.

PYTHIE ✦ Prêtresse d'**Apollon** à **Delphes**. Pour transmettre ses oracles, elle entre en transe et s'exprime par des paroles incohérentes. Recueillies et interprétées par les prêtres du temple, elles sont considérées comme la réponse du dieu.

Q

QAIDA (al-) ✦ Organisation terroriste créée en 1988 par Oussama Ben Laden pour lutter contre les Soviétiques en **Afghanistan.** Disséminée à travers le monde, disposant de moyens financiers importants, elle déclare la «guerre sainte» *(djihad)* notamment contre ses anciens alliés, les États-Unis (1996). Elle a revendiqué plusieurs attentats, dont ceux du 11 septembre 2001. Au Maghreb, l'organisation prend le nom d'**AQMI.**

QATAR n. m. ✦ Pays du Proche-Orient (☛ carte 39). Superficie : 11 437 km². 2,4 millions d'habitants (les *Qataris* ou les *Qatariens*), dont 300 000 immigrés (Inde, Pakistan, Philippines et Monde arabe). Émirat dont la capitale est Doha. Langue officielle : l'arabe. Religion officielle : l'islam. Monnaie : le riyal qatari. ♦ GÉOGRAPHIE. Le Qatar est formé d'un désert de pierres et de sable au littoral marécageux. Le climat très chaud et humide en été devient plus doux en hiver, avec de rares précipitations. ♦ ÉCONOMIE. La richesse du Qatar provient de l'exploitation du pétrole et du gaz. ♦ HISTOIRE. Le pays, dominé par la même dynastie depuis le XVIIIe siècle, passe à l'Empire ottoman (1872) et devient un protectorat britannique (1916). Il proclame son indépendance (1971) et mène une politique moderne (vote des femmes, 1999), autonome par rapport à l'Irak, l'Iran et Israël.

QINGDAO ✦ Ville de Chine (Shangdong), dans l'est du pays, sur la mer Jaune. 3,5 millions d'habitants. Port de pêche et de commerce ; industries (textile, alimentaire, sidérurgie, pétrochimie, carrières de marbre et de granit) ; station balnéaire.

QINGHAI n. m. ✦ Province de l'ouest de la Chine. Superficie : 721 000 km² (moins d'une fois et demie la France). 5,6 millions d'habitants. Capitale : Xining (1,15 million d'habitants). Elle est traversée par les monts Kunlun shan, où naissent le **Chang jiang** et le **Huang he.** Élevage nomade. Ressources minières (pétrole, or, sel, potasse, laine de roche). Pêche dans le lac Qinghai hu, ou *Koukou nor,* d'une superficie de 4 500 km².

QOM ✦ Ville d'Iran, dans le nord du pays, au sud de Téhéran. 1,16 million d'habitants. Ville sainte et lieu de pèlerinage (tombeau de Fatima, sœur de l'imam Riza), mausolées, mosquées et écoles coraniques, plus importante université islamique chiite. Ville natale de Khomeiny.

QUARTIER LATIN n. m. ✦ Quartier du centre de Paris, sur la rive gauche de la Seine. C'est l'un des plus anciens quartiers de la capitale, construit autour des thermes de **Lutèce.** Le Quartier latin accueille la **Sorbonne** (XIIIe siècle) et compte encore aujourd'hui plusieurs établissements d'enseignement (**Collège de France, Institut de France**), des bibliothèques, le **Panthéon** et des musées. De nombreux affrontements entre étudiants et policiers s'y déroulent en **Mai 68.**

QUASIMODO ✦ Personnage du roman ***Notre-Dame de Paris,*** de Victor Hugo (1831). Quasimodo est sonneur de cloches et il vit dans la cathédrale pour cacher son aspect monstrueux, car il est bossu, borgne et boiteux. Il est au service du prêtre Frollo qui le maltraite. Quasimodo le précipite du haut des tours pour venger la mort de la belle Esméralda. Il se laisse ensuite mourir auprès du corps de cette jeune fille qu'il aime.

QUATRE-CANTONS (lac des) ✦ Lac de Suisse, situé entre les cantons de Schwyz, Uri, Unterwald et Lucerne, à 435 m d'altitude. Superficie : 114 km². Il est traversé par un affluent de l'Aar et dominé par de hautes montagnes. C'est un centre touristique très fréquenté.

Quatre Saisons (Les) ✦ Ensemble de quatre concertos pour violon d'Antonio Vivaldi : *Le Printemps, L'Été, L'Automne, L'Hiver.* Ils paraissent à Amsterdam en 1725 avec huit autres concertos pour former le recueil *La Rencontre de l'harmonie et de l'inspiration.*

QUATTROCENTO n. m. ✦ Terme italien qui désigne «les années 1400» (le XVe siècle) et, plus largement, la Renaissance italienne. Ce vaste mouvement naît à Florence, sous l'influence des **Médicis** qui encouragent les arts.

①**QUÉBEC** n. m. ✦ Province du Canada, depuis 1867, à l'est du pays (☛ carte 48). Superficie : 1 542 056 km² (environ trois fois la France). 8 millions d'habitants (les *Québécois*). Capitale : Québec. Autre ville importante : Montréal. On y parle majoritairement le français (85 % de la population) et l'anglais. ♦ La plaine de Montréal, sur les rives du **Saint-Laurent,** s'élève au nord-est vers la péninsule de **Gaspésie,** au nord-ouest vers les collines des **Laurentides** et le plateau du **Labrador.** Le climat continental est rude, l'enneigement et les pluies abondants. La population se concentre dans la région de Montréal. L'agriculture est importante (céréales, fourrage, légumes, fruits, élevage laitier, moutons, porcs), ainsi que la pêche. La fourrure (chasse, élevage) est toujours une richesse du pays. L'exploitation de la forêt représente 50 % de la production nationale. Le Québec est le plus gros producteur d'énergie hydroélectrique du pays et son sous-sol est très riche (or, cuivre, fer, titane, amiante). L'industrie est très développée et diversifiée (métallurgie, électrochimie, pétrole, tabac, textile, mécanique, haute technologie). Le tourisme est très actif. ♦ La région devient le Bas-Canada lorsque le **Canada** est séparé en deux (1791). La majorité française, qui réclame le droit d'élire les conseils et le gouvernement, s'oppose à la minorité britannique qui tient le commerce et les finances. La révolte est écrasée (1837) et l'Acte d'Union (1840) donne au Haut-Canada, britannique et moins peuplé, le même nombre de députés que le Bas-Canada ; le français n'est plus langue officielle jusqu'en 1867. Avec la création de la confédération du Canada (1867), la province retrouve son autonomie. Le statut du Québec francophone et sa souveraineté dominent la vie politique depuis la fin du XIXe siècle.

② **QUÉBEC** ✦ Capitale de la province de Québec, au nord-est de Montréal, sur le Saint-Laurent. 520 000 habitants (les *Québécois*). Quartier historique inscrit sur la liste du patrimoine mondial de l'Unesco : église Notre-Dame-des-Victoires (1765), cathédrale anglicane (1804), citadelle (1820-1850), hôtel du gouvernement (1877), château Frontenac de styles gothique et Renaissance (1892). Port commercial actif, centre industriel (constructions navales, papier, cuir, chaussure, textile, alimentaire) et culturel (musées, université Laval). ♦ C'est la plus ancienne ville du Canada, fondée par l'explorateur français **Champlain** (1608). Elle est prise par les Anglais (1629-1632), reconstruite par son fondateur (1633) et fortifiée (1695). Le traité de Paris la donne aux Britanniques (1763), puis elle est assiégée pendant la guerre d'Indépendance américaine (1775). Elle devient la capitale du Bas-Canada (1791).

QUECHUAS n. m. pl. ✦ Peuple d'Indiens d'Amérique du Sud. C'est le plus grand groupe de la région, qui vit de l'agriculture et de l'élevage le long de la cordillère des **Andes** (Bolivie, Pérou, Équateur, Chili, Argentine). ♦ Leurs souverains, les **Incas**, imposent leur langue, le quechua, dans tout l'Empire (XVe siècle). Les missionnaires l'utilisent comme langue d'évangélisation et la répandent en Bolivie, en Argentine et en Colombie.

QUENEAU Raymond (1903-1976) ✦ Écrivain français. Il crée un groupe littéraire appelé l'*OuLiPo* (Ouvroir de Littérature Potentielle, 1960), qui s'impose des contraintes d'écriture. Son œuvre mêle la poésie, l'humour et les jeux de langage : *Pierrot mon ami* (1942), *Loin de Rueil* (1945), ***Zazie dans le métro*** (1959) et *Exercices de style* (1947, 1963) où Raymond Queneau raconte 99 fois la même histoire en changeant de style à chaque version. Son recueil de poésies *Courir les rues* (1967) est une promenade tendre dans Paris qui évoque les petits faits de la vie quotidienne avec simplicité et émotion, tandis que *Cent Mille Milliards de poèmes* (1961) est une sorte de machine à fabriquer des poèmes.

QUERCY n. m. ✦ Région du sud-ouest de la France, entre les vallées de la Dordogne et de la Garonne (☛ carte 21). Ses habitants s'appellent les *Quercinois*. Ville principale : Cahors. Cette région agricole (élevage, vigne) est formée de plateaux, de vallées profondes et de collines. Le parc naturel régional des Causses du Quercy (175 717 ha), créé en 1999, englobe des sites naturels (gouffre de Padirac) et préhistoriques (grotte de Pech-Merle) remarquables, à l'est de Cahors.

QUETZALCOATL ✦ Dieu mexicain de la Fertilité, dont le nom signifie « serpent à plumes ». Il est vénéré à **Teotihuacan**, ensuite par les **Toltèques** (Ve siècle) puis par les **Aztèques** (XIVe-XVIe siècles), qui en font le premier des prêtres, le protecteur des artisans et le symbole de la mort et de la résurrection. Moctezuma II prend **Cortés** pour le serpent à plumes, et ce dernier se sert de cette légende pour conquérir le Mexique.

QUEYRAS n. m. ✦ Région montagneuse du sud des Alpes françaises (3 385 m aux pics de la Font Sancte). Ses paysages pittoresques et sauvages abritent la plus haute commune d'Europe, Saint-Véran (1990-2049 m d'altitude). Le parc naturel régional du Queyras (60 330 ha), créé en 1977, s'étend entre la vallée de la Durance et la frontière italienne.

QUIBERON ✦ Ville du Morbihan, dans le sud de la *presqu'île de Quiberon*, reliée à la terre par un isthme long de 6 km. 4 963 habitants (les *Quiberonnais*). Port de pêche, centre touristique actif (station balnéaire, thalassothérapie).

QUIGNARD Pascal (né en 1948) ✦ Écrivain français. Très exigeante et érudite, son œuvre au style recherché comprend des romans (*Le Salon du Wurtemberg*, 1986 ; *Tous les matins du monde*, 1991 ; *Terrasse à Rome*, 2000 ; *Villa Amalia*, 2006), des essais (*Petits Traités*, 1981-1990 ; *Le Sexe ou l'Effroi*, 1994). La suite *Dernier Royaume* (2002-2005) est revendiquée par l'auteur comme n'appartenant à aucun genre littéraire. Cette œuvre très personnelle est irriguée par la passion pour le langage et les langues anciennes, l'amour de la musique et l'intérêt pour le mystère de l'origine de la vie.

QUIMPER ✦ Chef-lieu du Finistère. 63 513 habitants (les *Quimpérois*). Église romane Notre-Dame-de-Locmaria (modifiée au XVe siècle), cathédrale gothique Saint-Corentin (XIIIe-XVe siècles), nombreux musées. Centre touristique et de services qui possède quelques industries (faïence, machines agricoles, produits alimentaires). Ville natale de René Laennec et de Max Jacob.

QUIMPERLÉ ✦ Commune du Finistère. 12 025 habitants (les *Quimperlois*) (☛ carte 23). Agroalimentaire, papeterie, mécanique.

QUINT Charles → CHARLES QUINT

QUIRINAL n. m. ✦ Une des sept collines de Rome, dans le nord de la ville. Vestiges du forum de **Trajan** et des thermes de Constantin. Palais du Quirinal (XVIe siècle), ancienne résidence d'été des papes, demeure des rois d'Italie (1870) et actuel palais du président de la République.

QUITO ✦ Capitale de l'Équateur, dans le nord du pays, à 2 800 m d'altitude, au pied du volcan Pichincha (4 785 m). 1,6 million d'habitants (les *Quiténiens*). Centre historique inscrit sur la liste du patrimoine mondial de l'Unesco : riches témoignages de l'époque coloniale espagnole (XVIe-XVIIIe siècles) comme les monastères de San Francisco, de Santo Domingo, église et collège jésuite de La Compañia, richement ornés. Centre administratif, bancaire, commercial, industriel (textile, agroalimentaire) et culturel du pays.

QUMRAN ✦ Site de Palestine, sur la mer Morte, dans le désert de Judée. On y découvre dans des grottes les manuscrits dits de la mer **Morte** (1947).

R

RÂ → **RÊ**

RABAT ✦ Capitale du Maroc, dans le nord-ouest du pays. 573 895 habitants. Monuments du XIIe au XVIIe siècle, comme la muraille des Andalous, la casbah des Oudaïa, le mausolée de Mohammed V. Centre administratif, culturel (musée archéologique, université). La ville, qui allie le passé arabo-musulman et le modernisme occidental, est inscrite sur la liste du patrimoine mondial de l'Unesco. Port, industrie (textile) mais la véritable capitale économique est **Casablanca.** Ville natale des rois Hassan II et Mohammed VI. ♦ La ville, fondée au XIIe siècle, sert de base aux expéditions militaires vers l'Andalousie. **Lyautey** en fait la capitale administrative du protectorat français du Maroc (1912) et le siège du gouverneur général jusqu'en 1956.

RABELAIS François (1483 ou 1494-1553) ✦ Écrivain français. Ce moine entre comme médecin à l'hôtel-Dieu de Lyon (1532) et fait plusieurs séjours à Rome. Dans ses récits, il met en scène les géants **Pantagruel** (1532) et **Gargantua** (1534) dans des situations cocasses et truculentes servies par une langue riche, inventive et comique. La censure demandée par la Sorbonne (1542) n'empêche pas la publication du *Tiers Livre* (où apparaît le personnage de **Panurge,** 1546). L'ouvrage est condamné et Rabelais doit s'exiler à Metz. Le *Quart Livre,* paru en 1552, est censuré par les théologiens. Le *Cinquième Livre* (publié après sa mort, 1562-1564) n'est peut-être pas authentique. Son admiration pour l'Antiquité et l'étendue de ses connaissances scientifiques et littéraires font de Rabelais un grand représentant de l'humanisme de la Renaissance (☛ Littérature p. 141 et Humanisme p. 167). Sa verve est à l'origine de l'adjectif *rabelaisien.*

RABIN Yitzhak (1922-1995) ✦ Homme politique israélien. Chef d'état-major général, il est l'artisan de la victoire lors de la guerre des **Six Jours** (1967). Il devient Premier ministre des gouvernements travaillistes (1974-1977), puis ministre de la Défense du gouvernement d'union nationale (1984-1990). De nouveau Premier ministre (1992), il signe l'accord de reconnaissance mutuelle avec l'**OLP** et la Déclaration sur l'autonomie des territoires occupés (1993), puis un traité de paix avec la **Jordanie** (1994). Peu après la signature de l'accord intérimaire israélo-palestinien sur la Cisjordanie et Gaza (1995), il est assassiné par un juif religieux extrémiste. Prix Nobel de la paix avec Shimon Peres et Yasser Arafat (1994).

RACHMANINOV Sergueï (1873-1943) ✦ Musicien russe. Élève au conservatoire de Moscou, il commence tôt une carrière de pianiste virtuose et compose sous l'influence de **Tchaïkovski.** Il quitte son pays (1917) pour la France, puis il se fixe en Suisse et enfin aux États-Unis. Son œuvre comprend des opéras, des concertos, de la musique de chambre, des pièces pour piano : *Prélude* (1891), *Aleko* (1893), *Le Chevalier ladre* (1905), *Rhapsodie sur un thème de Paganini* (1934).

RACINE Jean (1639-1699) ✦ Poète dramatique français. Orphelin, il est élevé à l'abbaye de **Port-Royal** puis fait des études de grec (1655-1658). Dès sa première tragédie (*La Thébaïde,* 1664), il connaît le succès et devient le rival de **Corneille.** Après l'échec de *Phèdre* (1677), il renonce pour un temps au théâtre et il est chargé d'écrire l'histoire du règne de Louis XIV. C'est à la demande de Madame de Maintenon, la favorite du roi, qu'il écrit ses dernières pièces pour les jeunes filles de **Saint-Cyr** (***Esther,*** 1689 ; ***Athalie,*** 1691). Ce grand maître de la tragédie classique, inspirée des Grecs, considère la passion comme une force qui conduit ses personnages à la destruction. Parmi ses tragédies, on peut citer : *Andromaque* (1667), *Britannicus* (1669), ***Bérénice*** (1670), *Bajazet* (1672), *Mithridate* (1673), ***Iphigénie*** (1674), ***Phèdre*** (1677), *Athalie* (1691). Il écrit également une comédie, *Les Plaideurs* (1668). Académie française (1672).

RADIGUET Raymond (1903-1923) ✦ Écrivain français. Encouragé par Cocteau, il publie un recueil poétique (*Les Joues en feu,* 1920), une pièce de théâtre (*Les Pélicans,* 1921), puis il connaît un immense succès avec son premier roman (*Le Diable au corps,* 1923). Il meurt de la fièvre typhoïde après avoir écrit le second (*Le Bal du comte d'Orgel,* posthume 1924).

RAF → **ROYAL AIR FORCE**

RAGUSE ✦ Ancien nom de **Dubrovnik.**

RAIMU (1883-1946) ✦ Comédien français. Après ses débuts au café-concert (1914), il connaît le succès au théâtre avec *Marius* de **Pagnol** (1929), bientôt repris au cinéma (1931), suivi de *Fanny* (1932) et *César* (1936). Il tourne ensuite de nombreux films (*Gribouille,* 1937 ; *Faisons un rêve,* 1936, de Guitry ; *La Femme du boulanger,* 1938 et *La Fille du puisatier,* 1940, de

Pagnol ; *Les Inconnus dans la maison,* 1942). Il joue pour la Comédie-Française (*Le Malade imaginaire* et *Le Bourgeois gentilhomme,* 1944). Ce monstre sacré impose sa puissante personnalité à ses personnages. ■ Son véritable nom est *Jules Muraire.*

RAINIER III (1923-2005) ✦ Prince de Monaco de 1949 à sa mort. «Prince bâtisseur», il épousa l'actrice américaine Grace Kelly (1956), qu'il rencontra alors qu'elle participait au Festival de Cannes. Son fils Albert II lui succède.

RAJASTHAN n. m. ✦ État du nord-ouest de l'Inde (☛ carte 41). Superficie : 342 239 km^2 (un peu moins que la France). 68,5 millions d'habitants. Capitale : Jaipur. Bordé par le Pakistan, formé par le désert de Thar et les monts Aravalli, il vit de l'agriculture (céréales, arachide, coton, tabac, élevage de chameaux) et de ressources minières (zinc, amiante, marbre). Tourisme, industrie (textile, alimentaire, chimie).

RAMA ✦ Héros divin de la mythologie hindoue. Il est l'un des avatars de **Vishnou** et forme un couple royal avec sa femme, Sītā. Leur légende est racontée dans le **Ramayana.**

RAMALLAH ✦ Ville de Palestine, en **Cisjordanie**, au nord de Jérusalem. 27 460 habitants. Région fertile (vigne, olivier, figuier). ♦ La ville est occupée par **Israël** après la guerre des **Six Jours** (1967). Depuis 1995, elle est sous gouvernement palestinien. Elle abrite des institutions officielles palestiniennes. Elle subit régulièrement les attaques de l'armée israélienne depuis le début de la deuxième Intifada (2000).

RAMAYANA n. m. ✦ Épopée de la mythologie hindoue, écrite en sanskrit (IIIe siècle av. J.-C.-IIIe siècle). Ce long poème épique raconte les aventures héroïques du prince **Rama** à la recherche de son épouse Sītā enlevée par le démon Rāvana. C'est, avec le **Mahabharata,** l'un des écrits fondamentaux de l'hindouisme.

RAMBOUILLET ✦ Chef-lieu d'arrondissement des Yvelines. 25 755 habitants (les *Rambolitains*) (☛ carte 23). Le *château de Rambouillet* (XIVe siècle) est progressivement agrandi et transformé. François Ier y meurt. Louis XVI l'achète et y fait construire la ferme (aujourd'hui Bergerie nationale) et la laiterie pour Marie-Antoinette. Ancienne résidence royale, le château devient une résidence présidentielle (1886-2009). La *forêt de Rambouillet* s'étend autour de la ville sur 22 000 ha (dont 14 000 ha de forêt domaniale). Parc national de chasse, chasses à courre.

RAMEAU Jean-Philippe (1683-1764) ✦ Compositeur français. Il est organiste à Avignon, Clermont-Ferrand, Paris (1705). Il succède à son père à l'orgue de Notre-Dame de Dijon (1709). De retour à Paris, il devient le maître de musique d'un important financier (1730) qui lui ouvre les portes de l'Opéra et lui présente Voltaire. Rameau compose plus de trente opéras dans un style novateur : *Hippolyte et Aricie* (1733), *Les Indes galantes* (1735), *Castor et Pollux* (1737). Ses *Pièces de clavecin en concert* (1741) ont influencé Haydn et Mozart. Il est nommé compositeur de la chambre du Roi (1745). Rameau s'oppose à Rousseau, à Grimm et aux Encyclopédistes qui sont partisans de la musique italienne. Ses traités sur l'harmonie (1722 et 1737) en font un grand théoricien de la musique.

RAMEAUX n. m. pl. ✦ Fête religieuse chrétienne qui a lieu une semaine avant Pâques. Elle est adoptée au IVe siècle en Occident pour commémorer l'entrée triomphale de Jésus à Jérusalem, au milieu d'une foule brandissant des branches de palmier, selon l'Évangile de Jean.

RAMSÈS ✦ Nom de onze pharaons des 19e et 20e dynasties. **RAMSÈS II** règne vers 1300 av. J.-C.-1235 av. J.-C. Grand bâtisseur et brillant guerrier, c'est l'un des plus célèbres personnages de l'histoire égyptienne. Il remporte une victoire sur les **Hittites** (1278 av. J.-C.). La paix revenue, il fait restaurer les temples et entreprend de grands travaux : la grande salle de **Karnak**, le temple d'**Abou Simbel**, l'avant-cour du temple de **Louksor**. Il fonde sa capitale, Pi-Ramsès, dans le delta du Nil. **RAMSÈS III** règne vers 1198 av. J.-C.-1168 av. J.-C. Il défend son empire menacé par les invasions des Indo-Européens (1194 av. J.-C.-1191 av. J.-C.). Il poursuit les grands travaux entrepris par Ramsès II et fait construire à **Thèbes** le temple de Médinet-Habou et à Karnak le temple de Khonsou.

RAMUZ Charles Ferdinand (1878-1947) ✦ Écrivain suisse d'expression française. Il s'installe à Paris (1902-1913) puis retourne en Suisse dans le canton de Vaud. Ses essais et ses romans s'inspirent de ce terroir. Il inscrit des évènements dramatiques, parfois surnaturels, dans un cadre réaliste quotidien et célèbre les forces élémentaires qui s'expriment dans l'homme et dans la nature. Œuvres : *Histoire du soldat* (1918, mis en musique par Stravinski), *La Grande Peur dans la montagne* (1926), *La Beauté sur la terre* (1927), *Taille de l'homme* (1933), *Derborence* (1934), *Le Garçon savoyard* (1936), *Si le soleil ne revenait pas* (1937).

RANCE n. f. ✦ Fleuve de Bretagne, long de 100 km. La Rance prend sa source dans les Côtes-d'Armor, arrose Dinan puis se jette dans la Manche près de Saint-Malo. Son estuaire est fermé par une usine qui produit de l'énergie électrique en utilisant les marées (première usine marémotrice du monde).

RANGOUN ou **RANGOON** ✦ Ville de Birmanie, dans le sud du pays. Capitale de 1948 à 2006, son nom officiel est *Yangon* depuis 1989. 4,7 millions d'habitants. Pagode de Schwedagon recouverte d'or et terminée par une boule en or incrustée de plus de 2 500 pierres précieuses. Principal port du pays (85 % du commerce extérieur y transite). Centre commercial et bancaire, industriel (agroalimentaire, bois, construction navale), artisanal (soie, laque) et culturel. ♦ La ville se développe au XVIIIe siècle sous le nom de *Yangon* (1755). Capitale de la Birmanie britannique (1886) puis de la Birmanie indépendante (1948-2006). Elle est assainie et urbanisée au début des années 1990, mais ces travaux servent de prétexte à la déportation vers les campagnes d'une partie de la population.

RAPA NUI ✦ Nom maori de l'île de **Pâques.**

RAPHAËL (1483-1520) ✦ Peintre et architecte italien. Il étudie à Florence les œuvres de **Léonard de Vinci** et **Michel-Ange.** Il est appelé à Rome et devient le peintre officiel de la papauté (1508) : il décore l'appartement du pape Jules II au **Vatican** (*chambres de Raphaël,* 1509-1520). Il dirige la construction de la basilique **Saint-Pierre de Rome** (1514). Il excelle dans le portrait. Œuvres : *Madone du grand-duc* (1505), *La Belle Jardinière* (1507 ☛ Renaissance p. 164), *L'École d'Athènes* (1510), *Madone à la chaise* (1514-1515), le *Triomphe de*

Galatée (1514), *Baldassare Castiglione* (1516). Son art du dessin, son sens de l'harmonie et de l'équilibre font de Raphaël un maître de l'art classique. ■ Son nom italien est *Raffaello Sanzio.*

RASPAIL François-Vincent (1794-1878) ✦ Biologiste, chimiste et homme politique français. Précurseur de la chimie cellulaire par ses recherches sur les tissus végétaux et animaux (1824-1828). En tant que médecin, il préconise une thérapeutique à base de camphre et publie des ouvrages pédagogiques (*Le Médecin des familles,* 1843 ; *Le Manuel de la santé,* 1845). Il est poursuivi pour ses activités politiques en faveur d'une république démocratique et sociale (participation à la **révolution de 1830**, fondation du journal *Le Réformateur*). Pendant la **révolution de 1848**, il est l'un des premiers à proclamer la république. Candidat socialiste à la présidence, il est arrêté et exilé en Belgique (1849-1863). À son retour, il est élu député (1869, 1876-1878) et lutte pour l'amnistie des communards.

RASPOUTINE (1869-1916) ✦ Aventurier russe. Paysan illettré, il acquiert une réputation de guérisseur et s'installe à Saint-Pétersbourg (1903). Il est présenté à la cour de **Nicolas II Aleksandrovitch** (1905) et soulage les crises d'hémophilie de son fils Alexis. Il joue un rôle dans les affaires de l'Église et de l'État. L'assemblée russe (la Douma) critique publiquement son comportement de débauché et son influence sur le couple impérial. Il est assassiné le 30 décembre 1916. ■ Son véritable nom est *Grigori Iefimovitch Novykh.*

RATISBONNE ✦ Ville d'Allemagne (Bavière), dans le sud-est du pays, sur le Danube. 125 676 habitants. Cité médiévale inscrite sur la liste du patrimoine mondial de l'Unesco : pont de pierre (XIIe siècle), cathédrale Saint-Pierre et couvent des dominicains (XIIIe-XIVe siècles), église gothique Saint-Emmeram (XIIIe siècle, décorée en style baroque au XVIIIe siècle). Universités. Musées. Industries (électricité, chimie, mécanique, alimentaire). ♦ Cité celtique puis camp romain, elle devient la capitale des ducs de Bavière (530). Elle est évangélisée (VIIe siècle). Elle acquiert le statut de ville libre (1245) et prospère avec le commerce fluvial. Une première diète s'y tient en 1541, une seconde en 1630. La ville devient le siège de la Diète impériale (1663). Donnée à l'archevêque de Mayence (1803), elle passe à la Bavière (1810).

RAUSCHENBERG Robert (1925-2008) ✦ Peintre, plasticien et lithographe américain. Dans les années 1950, il peint des tableaux noirs et des tableaux blancs illustrés de chiffres noirs. Il réalise ensuite des collages, des «combine paintings» composés d'objets hétéroclites (*Charlene,* 1954). Leur succèdent les collages sonores (1965) réalisés avec des émissions de radio. L'humour corrosif qui se dégage de ses œuvres l'inscrit dans la lignée dadaïste et en fait un précurseur du pop art.

RAVAILLAC François (1578-1610) ✦ Assassin d'**Henri IV.** Ce valet de chambre devenu maître d'école pense sauver le pays et la religion catholique en assassinant le roi le 14 mai 1610, rue de la Ferronnerie à Paris. Il est arrêté, torturé, puis écartelé.

RAVEL Maurice (1875-1937) ✦ Compositeur français. Il entre au Conservatoire (1889) où il est l'élève de **Fauré.** Malgré plusieurs échecs au concours, il est reconnu par ses amis musiciens (**Satie, Stravinski**) comme l'un des grands compositeurs du début du XXe siècle. Il compose des symphonies, des pièces pour piano, pour orchestre, des opéras et un ballet. Dans son œuvre abondante, on peut citer : le *Boléro* (1928) qui le rend mondialement célèbre, *Concerto pour la main gauche* (1931), *Schéhérazade* (1903), *Gaspard de la nuit* (1908) sur un poème d'A. **Bertrand** et *L'Enfant et les Sortilèges* (1925) sur un poème de **Colette.**

RAVENNE ✦ Ville d'Italie, dans la région Émilie-Romagne, reliée à la mer Adriatique par un canal long de 12 km. 134 631 habitants (les *Ravennates*). La ville est inscrite sur la liste du patrimoine mondial de l'Unesco pour ses nombreux monuments : édifices religieux décorés de riches mosaïques byzantines (baptistère des Orthodoxes, Ve siècle ; baptistère des Ariens, VIe siècle ; église Saint-Vitai, VIe siècle, ornée de la mosaïque qui représente l'empereur et l'impératrice de Byzance, **Justinien Ier** et Théodora), mausolée de Dante. Port industriel (raffineries, chimie, textile, alimentaire), cité touristique et artistique. ♦ La ville est fondée par les Thessaliens et prise par les Romains (234 av. J.-C.), puis elle subit les invasions barbares (402). Elle est conquise par **Byzance** (540) qui en fait la résidence de ses préfets en Italie. Elle est prise par les Lombards (752), puis par Pépin le Bref (756) qui la cède au pape. Elle perd son indépendance au profit de Venise (1449). Elle est occupée par la France (1797-1815) avant de rejoindre le royaume d'Italie (1860).

RAVENSBRÜCK ✦ Camp de concentration d'Allemagne, au nord de Berlin (Brandebourg). Principalement réservé aux femmes, il est créé très tôt par les nazis (1934) qui y exterminent plus de 90 000 déportées, notamment des Polonaises, pendant la Deuxième **Guerre mondiale.**

RAY Man (1890-1976) ✦ Peintre et photographe américain. Architecte de formation, il se consacre à la peinture influencé par le fauvisme, Cézanne et le cubisme puis il se lie avec **Duchamp.** Il pratique la photographie et aborde de nouvelles techniques picturales, le collage (*Revolving Doors,* 1917), la peinture au pistolet avec des objets usuels comme pochoirs (*Aérographes,* 1917). Il vient à Paris (1921), participe au mouvement **Dada**, crée des objets insolites, les «ready-made aidés» (*Gift,* 1921) et invente le procédé des *rayographies,* impressions photographiques d'objets posés directement sur la surface sensible (*Les Champs délicieux,* 1923). Il adhère au surréalisme (*Le Violon d'Ingres,* 1924 ; *À l'heure de l'observatoire, les amoureux,* 1932-1934 ; *Portrait du marquis de Sade,* 1939), devient célèbre avec ses photos d'artistes et réalise des courts métrages et des assemblages incongrus de matériaux et d'objets. ☛ Surréalisme p. 191. Pionnier de l'avant-garde américaine, il revendique une notion ludique et anticonformiste de l'activité artistique. ■ Son véritable nom est *Emmanuel Rudnitszky.*

RAY Satyajit (1921-1992) ✦ Cinéaste indien. Formé par le poète Rabindranath Tagore, il se pose en intermédiaire entre la tradition ancestrale et la modernité. Il est distingué au festival de Cannes avec *Pather Panchali* (1955), premier volet d'une trilogie qui se poursuit avec *Aparajito ou l'Invaincu* (1956) et *Le Monde d'Apu* (1959). Il est reconnu comme le plus grand réalisateur du cinéma bengali. Œuvres : *Le Salon de musique* (1958), *La Grande Ville* (1963), *Les Joueurs d'échecs* (1977), *La Maison et le Monde* (1984), *L'Ennemi public* (1989, d'après Ibsen).

RAZ (pointe du) ✦ Cap de Bretagne, à l'extrémité ouest du Finistère.

RDA n. f. *(République démocratique allemande)* ✦ Ancien État d'Europe centrale, de 1949 à 1990. Appelé aussi ***Allemagne de l'Est.***

RÉ (île de) ✦ Île de Charente-Maritime, dans l'océan Atlantique, au large de La Rochelle. Superficie : 85 km². 13 000 habitants (les *Rhéthais* ou les *Rétais*). Ses villes principales sont Ars-en-Ré et Saint-Martin-en-Ré. Agriculture (céréales, fruits, légumes, marais salants). Ostréiculture et pêche. Important centre touristique relié au continent par un pont depuis 1988.

RÊ ou **RÂ** ✦ Dieu du Soleil, dans la mythologie égyptienne. On le représente avec un corps d'homme à visage humain surmonté du disque solaire, ou une tête de faucon. Il est le créateur du monde et des neuf principaux dieux. Les pharaons se disent fils de Rê. Avec **Amon**, c'est l'une des divinités les plus importantes des Égyptiens.

REAGAN Ronald (1911-2004) ✦ Homme d'État américain. Il est comédien à Hollywood (1937). Dès 1947, il a des activités syndicales et politiques. Grâce aux milieux d'affaires et à son image populaire, il est élu gouverneur de Californie (1967-1975). Républicain, il devient le 40e président des États-Unis (1981, réélu en 1984) sur un programme conservateur de retour aux valeurs morales, de fermeté sur le plan international et de libéralisme. Il est confronté au scandale de l'Irangate (1986-1987, vente d'armes à l'Iran pour financer le mouvement antirévolutionnaire au **Nicaragua**). Il engage des négociations sur le désarmement avec **Gorbatchev**.

RÉAUMUR (1683-1757) ✦ Physicien et naturaliste français. Père de la sidérurgie française, il montre qu'on obtient de l'acier en ajoutant du fer à la fonte (1722). Il fait progresser la métallographie (étude de la structure et des propriétés des métaux), la physique (premier thermomètre à alcool vers 1730) et les sciences naturelles. Il étudie les invertébrés, surtout les insectes (*Mémoires pour servir à l'histoire des insectes* 1737-1748). Il combat l'idée de génération spontanée : ses recherches sur l'hybridation, à la base des travaux de **Mendel**, font de lui un pionnier de la génétique. Académie des sciences (1708). ■ Son nom complet est *René Antoine Ferchault de Réaumur.*

RECIFE ✦ Ville du Brésil, chef-lieu du Nordeste et 6e ville du pays, au nord-est, au bord de l'océan Atlantique. 1,53 million d'habitants (3,69 pour l'agglomération). Églises de style rococo. Port d'exportation (sucre, mélasse, coton). Industries (mécanique, électricité, alimentaire, textile, chimie). La ville a été aménagée par les Hollandais (XVIIe siècle).

RECONQUISTA n. f. ✦ Reconquête du pays menée en Espagne, au Moyen Âge, par les chrétiens sur les musulmans, qui étaient entrés dans la péninsule Ibérique en 711. Elle part des royaumes chrétiens du Nord, qui s'unissent contre le califat de Cordoue. Elle dure de la conquête de Tolède (1085) à celle de Grenade (1492) par **Ferdinand d'Aragon** et **Isabelle de Castille**, «les Rois Catholiques». Le point culminant de la Reconquista est l'union des chrétiens en une croisade lancée par le pape Innocent III (XIIIe siècle) qui permet la reconquête de Cordoue (1236), de Valence (1238) et de **Séville** (1248).

REDON Odilon (1840-1916) ✦ Peintre français. Initié tôt au dessin, il se consacre à la gravure (lithographie, eau-forte). Dans ses albums (*Dans le rêve*, 1879) et ses illustrations (*La Tentation de saint Antoine*, 1888-1896 ; *Les Fleurs du mal*, 1890 ; *L'Apocalypse de saint Jean*, 1899) qu'il appelle ses «noirs», il fait preuve d'une imagination visionnaire qui évoque le symbolisme de ses amis Mallarmé et Valéry (☛ Symbolisme p. 186). À partir de 1890, il adopte le pastel, la peinture à l'huile, recherche les mélanges de matières et réalise des bouquets de fleurs, des portraits idéalisés, des figures mythiques (*Portrait de Gauguin*, 1903 ; *Bouddha*, vers 1908 ; *Le Cyclope*, 1914) et de grandes décorations murales (*Le Jour et la Nuit*, abbaye de Fontfroide, 1910-1911). Il reste indépendant des mouvements artistiques mais son expression de l'inconscient influence les nabis (Sérusier, Bonnard) puis les surréalistes.

REDON ✦ Chef-lieu d'arrondissement d'Ille-et-Vilaine, sur la Vilaine et le canal de Nantes à Brest. 8 921 habitants (agglomération 20 193) (les *Redonnais*) (☛ carte 23). Église abbatiale Saint-Sauveur. Port. Cosmétique, électronique, automobile.

REEVES Hubert (né en 1932) ✦ Astrophysicien canadien. Ses travaux portent sur l'Univers, l'histoire de la Terre et des galaxies et l'origine de la vie. Conseiller scientifique à la NASA (1960), il partage ses connaissances dans des ouvrages de vulgarisation scientifique (*Patience dans l'azur*, 1982 ; *Poussières d'étoiles*, 1984). Il milite activement pour la défense de l'environnement (*Mal de Terre*, 2003).

RÉFORME n. f. ✦ Mouvement de réforme du catholicisme (XVIe siècle) qui donne naissance au protestantisme (également appelé la *religion réformée*) (☛ Réforme p. 168). La Réforme, conduite principalement par **Luther** (1521-1522) et par **Calvin** (1533), invite à redécouvrir la Bible dans son texte original. Elle supprime le célibat des prêtres, simplifie le culte et réduit les sacrements au baptême et à la communion. La Réforme se diffuse dans toute l'Europe grâce à l'imprimerie. Son succès provoque la réaction de l'Église catholique, qui propose une *Réforme catholique* ou **Contre-Réforme** (concile de Trente, 1545-1563). En France, l'opposition entre les catholiques et les protestants aboutit aux guerres de **Religion** (1562-1598).

RÉGENCE n. f. ✦ Période de l'histoire de France (1715-1723), pendant laquelle le pouvoir est assuré par le Régent, Philippe d'**Orléans**, car le futur **Louis XV** est mineur et ne peut encore succéder à son arrière grand-père **Louis XIV**. La Régence se caractérise par une réaction à l'austérité de la fin du règne de Louis XIV : les mœurs sont plus libérées, le système du financier John **Law** donne un nouvel essor au commerce, les débats philosophiques et scientifiques annoncent les **Lumières**.

REGGIO DI CALABRIA ✦ Ville d'Italie (Calabre), dans le sud du pays, sur le détroit de Messine. 180 353 habitants. Port de liaison avec la Sicile. Industries (chimie, mécanique, textile). Université. Musée. Station balnéaire. ♦ Fondée par des colons d'Ionie (VIIIe siècle av. J.-C.), elle s'allie à Rome et prospère à l'époque impériale. Elle passe sous la domination des Byzantins, puis des Arabes (Xe siècle), et enfin des Normands (XIe siècle). Elle est ravagée par les pirates (XVIe siècle). Elle est endommagée par des séismes (1783, 1908).

REGINA ✦ Ville du Canada, capitale du Saskatchewan, dans le sud du pays. 179 246 habitants. Commerce agricole (céréales) et industries (raffinage pétrolier, sidérurgie, alimentaire), en pleine expansion.

REICH n. m. ✦ Mot allemand signifiant «empire» et qui désigne le régime de l'Allemagne de 962 à 1945. Le **Saint Empire** romain germanique (962-1806) correspond au *Ier Reich*. **Bismarck** fonde le *IIe Reich* (1871-1918). L'Allemagne nazie d'**Hitler** constitue le *IIIe Reich* (1933-1945).

REICHSTAG n. m. ✦ Nom du Parlement allemand de 1866 à 1933 et du bâtiment qui l'abrite à Berlin. Ce bâtiment est détruit dans un incendie (1933). Hitler accuse les communistes, déclare une loi d'exception et fait arrêter des milliers de personnes. L'incendie du Reichstag marque la fin de la république de **Weimar** (1919-1933) et le début du IIIe **Reich** (1933-1945). Depuis 1999, le monument accueille le **Bundestag**.

REIMS ✦ Ville de la Marne. 183 042 habitants (les *Rémois*) et l'agglomération 211 620. Vestiges romains, église Saint-Jacques (XIIe-XVe siècles), Place royale (XVIIIe siècle). Inscrit sur la liste du patrimoine mondial de l'Unesco, l'ensemble formé par l'abbaye Saint-Remi (XIe siècle) où repose le saint qui a baptisé Clovis, la cathédrale Notre-Dame (XIIIe siècle), chef-d'œuvre de l'art gothique (☛ Art gothique p. 161), et le palais du Tau (reconstruit au XVIIe siècle). Le parc naturel régional de la Montagne de Reims, créé en 1976, s'étend sur 50 000 hectares couverts de vignobles entre Reims et Épernay. Centre de commerce du vin de Champagne. Ville natale de Colbert, Paul Fort et Roger Caillois. ♦ Reims fut la capitale d'un peuple gaulois puis d'une des provinces romaines, et Clovis s'y fit baptiser (496). De nombreux rois de France y furent sacrés. La ville est fortifiée par Philippe le Bel (1295). L'Allemagne y signe sa capitulation (1945).

REINHARDT Django (1910-1953) ✦ Guitariste et compositeur de jazz français d'origine tsigane. Musicien autodidacte, il fait partie du quintette à cordes du Hot Club de France, qu'il a fondé avec S. **Grappelli**. Il crée, au sein de ce groupe, un style original, entre jazz et musique tsigane, le jazz manouche. La richesse de ses improvisations et son sens harmonique marquent l'histoire du jazz. ■ Son vrai prénom est *Jean-Baptiste*.

RELIGION (guerres de) ✦ Succession de conflits qui, de 1562 à 1598, opposent, en France, les catholiques et les protestants. Le succès de la **Réforme** provoque un climat de tension malgré les tentatives d'apaisement de Catherine de Médicis. Le duc de **Guise**, chef du parti catholique, déclenche la première guerre contre le prince de **Condé**, protestant (1532-1570). Cette guerre est suivie par le massacre de la **Saint-Barthélemy** (1572) qui a lieu à Paris quand les protestants viennent assister au mariage d'**Henri IV** et de **Marguerite de Valois**. Cette tragédie relance les combats et les meurtres qui touchent Coligny, chef des protestants (1572), le duc de Guise (1588) et le roi Henri III (1589). Le conflit devient politique et chaque parti veut s'emparer du gouvernement au détriment du pouvoir royal. Les catholiques, regroupés au sein de la **Ligue** à partir de 1576, sont soutenus par l'Espagne. Les protestants sont liés aux Pays-Bas et soutenus par l'Angleterre. Mais l'hostilité des Français face à l'influence grandissante de l'Espagne dans ses affaires est plus forte que l'opposition entre les deux camps et les conflits s'apaisent, laissant le pays dévasté. Henri IV met fin aux guerres de Religion en signant l'édit de **Nantes** (1598) qui accorde la liberté de culte aux protestants.

REMARQUE Erich Maria (1898-1970) ✦ Romancier américain, d'origine allemande. Il connaît le succès avec un roman qui dénonce les horreurs de la Première Guerre mondiale, *À l'ouest rien de nouveau* (1928). Il s'exile aux États-Unis quand Hitler arrive au pouvoir (1933) et il obtient la nationalité américaine (1947). Autres œuvres : *Après* (1931), *Trois Camarades* (1937), *Arc de triomphe* (1946). ■ Son véritable nom est *Erich Paul Remark*.

REMBRANDT (1606-1669) ✦ Peintre et graveur hollandais. Fils d'un riche meunier, il commence tôt l'apprentissage de la peinture et ouvre son propre atelier à l'âge de 18 ans. Le succès vient rapidement et lui procure de nombreuses commandes. Il ne fait pas le traditionnel voyage en Italie comme la plupart des autres peintres et impose sa vision très personnelle de l'art. Il joue sur l'obscurité et la lumière en éclairant les parties de la toile où il veut concentrer l'intérêt, laissant des personnages dans la pénombre. Ce procédé apporte une grande intensité expressive. Parmi ses très nombreuses œuvres, on peut citer : des portraits (*Portrait de jeune fille au collier d'or*, 1632 ; *Jan Six*, 1654), des natures mortes (*Le Bœuf écorché*, 1655), des scènes de groupes (*La Leçon d'anatomie du docteur Nicolaes Tulp*, 1632 ; *La Ronde de nuit*, 1642) et de nombreuses scènes bibliques (*Le Sacrifice d'Abraham*, *Le Festin de Balthazar*, 1635 ; *Les Pèlerins d'Emmaüs*, 1648 ; *Bethsabée*, 1654). Il laisse aussi des autoportraits. ■ Son nom complet est *Rembrandt Harmenszoon van Rijn*.

REMI (saint) (vers 437-vers 530) ✦ Évêque de Reims. Il évangélise l'est de la Gaule. Il convertit **Clovis** après la victoire de Tolbiac et le baptise à Reims (vers 496-500).

REMUS ✦ Personnage de la mythologie romaine. Élevé par une louve avec son frère jumeau **Romulus**, il est tué par celui-ci.

RENAISSANCE n. f. ✦ Mouvement culturel qui parcourt l'Europe du XVe au XVIe siècle, caractérisé principalement par le retour aux valeurs de l'Antiquité (☛ Renaissance p. 164). La croissance de la population, les grandes découvertes, le développement du commerce, l'essor économique de l'Europe et l'affirmation des grandes puissances bouleversent la société de la fin du Moyen Âge, qui rejette les valeurs féodales. Avec la redécouverte des textes de l'Antiquité émerge l'idée que l'homme peut, par son esprit, agir sur son destin sans être entièrement soumis à Dieu et à sa volonté : c'est l'«humanisme» (☛ Humanisme p. 167). Les humanistes correspondent entre eux dans toute l'Europe en latin (**Érasme**) et certains encouragent la **Réforme**. La pensée scientifique se développe (Ambroise **Paré**, **Copernic**, Galilée, Léonard de Vinci). L'imprimerie permet à ces idées nouvelles de se diffuser largement. À **Florence** en Italie, avec les **Médicis**, un nouveau courant de peinture se développe (apparition de la perspective dans la composition du tableau). Les artistes portent un nouvel intérêt à l'homme et à la nature et une immense soif de connaissances les anime (**Léonard de Vinci**, **Raphaël** et **Michel-Ange**, le **Corrège**, **Botticelli**, Piero della Francesca, **Donatello**). Cette Renaissance italienne se répand à Venise (le Tintoret, **Titien**), à Parme, en Allemagne (**Dürer**), aux Pays-Bas et en Flandre. Au cours des guerres d'Italie, les Français découvrent une architecture raffinée, très différente de celle de leurs châteaux forts. François Ier l'introduit en France et il fait venir Léonard de Vinci à la Cour (1515). La Renaissance française est représentée par des écrivains comme **Ronsard,** du **Bellay, Rabelais, Montaigne.** Elle s'exprime également dans l'architecture (châteaux de la **Loire** : Amboise, Blois, Chambord, Chenonceaux). La Renaissance marque la fin du Moyen Âge et le début des Temps modernes.

RENAN Ernest (1823-1892) ✦ Écrivain français. Après des études au séminaire, il subit une grave crise religieuse évoquée dans ses *Souvenirs d'enfance et de jeunesse* (1883). Grâce à l'influence de son ami, le chimiste Berthelot, il s'oriente vers la philologie (*L'Avenir de la science,* 1848, publié en 1888). Spécialisé dans les études sémitiques, il part en mission au Liban, visite la Palestine (1860-1861) et commence son *Histoire des origines du christianisme* (1863-1882). Le premier volume (*Vie de Jésus,* 1863) lui fait perdre sa chaire d'hébreu au Collège de France, mais son interprétation nationaliste est appréciée en Europe. Il est sceptique face à la démocratie (*La Réforme intellectuelle et morale,* 1871) et aux fonctions officielles (*Le Prêtre de Némi,* 1885). Il écrit une *Histoire du peuple d'Israël* (1887-1893).

RENARD Jules (1864-1910) ✦ Écrivain français. Il prépare l'École normale supérieure à Paris puis revient dans sa région natale, le Morvan. Son style, à la fois cruel et drôle, se révèle dans son ouvrage le plus célèbre, inspiré de son enfance : ***Poil de Carotte*** (1894). Parmi ses œuvres, on peut citer également *L'Écornifleur* (1892), *Histoires naturelles* (1896) dont cinq histoires sont mises en musique par Ravel, et ses comédies, *Le Plaisir de rompre* (1897), *Le Pain de ménage* (1898). Curieux de tout, il tient son *Journal* avec un humour mordant.

Renart (Roman de) → *ROMAN DE RENART*

RENAUD Madeleine (1900-1994) ✦ Comédienne française. Après une carrière à la Comédie-Française (1921-1947), elle fonde avec son mari, Jean-Louis **Barrault,** la compagnie Renaud-Barrault. Elle met la pureté de son jeu au service de textes contemporains (*Oh les beaux jours,* de Beckett, 1963), montrant une affinité particulière avec les textes de Marguerite Duras *(Des journées entières dans les arbres, L'Amante anglaise, Savannah Bay).*

RENAUDOT Théophraste (1586-1653) ✦ Journaliste et médecin français. Médecin et secrétaire du roi, il reçoit l'appui de Richelieu pour fonder le premier journal hebdomadaire français, *La Gazette,* qui paraîtra jusqu'en 1915. Le *prix (Théophraste) Renaudot,* créé en 1926, récompense une œuvre littéraire et est décerné le même jour que le prix **Goncourt.**

RENAULT Louis (1877-1944) ✦ Industriel français. Pionnier de l'industrie automobile française, il fonde avec ses frères **Marcel** (1882-1903) et **Fernand** (1865-1909) les usines Renault Frères à Billancourt (1899). Elles se spécialisent dans les voitures de course et prennent progressivement la première place sur le marché français de l'automobile. Accusé de collaboration avec l'armée allemande pendant la Deuxième Guerre mondiale, Louis Renault est inculpé et ses usines sont nationalisées (1945). Elles rejoignent le secteur privé en 1996.

RENÉ Ier LE BON (1409-1480) ✦ Duc de Bar (1430), duc de Lorraine par mariage (1431-1453), duc d'Anjou et comte de Provence (1434). Après la mort de son frère, il hérite officiellement du royaume de **Naples** (1435) mais il ne parvient pas à le conquérir sur Alphonse V d'Aragon (1438-1442). Pendant la guerre de **Cent Ans,** il soutient son beau-frère Charles VII contre les Anglais. Il est surnommé le *bon roi René* pour avoir réorganisé ses États et protégé les arts. Il est lui-même l'auteur de poésies et de romans (*Le Livre du cœur d'amour épris,* 1457).

RENNES ✦ Chef-lieu d'Ille-et-Vilaine et de la Région Bretagne. 213 454 habitants (les *Rennais*) et l'agglomération 326 863 (☛ carte 23). Parlement de Bretagne (XVIIe siècle) totalement restauré après l'incendie de 1994, cathédrale Saint-Pierre (XVIIIe-XIXe siècles), basilique Saint-Sauveur (XVIIIe siècle), hôtels particuliers et maisons anciennes. Industries (agroalimentaire, automobile). Musées, dont le Musée de Bretagne abrité aujourd'hui dans un bâtiment réalisé par l'architecte de Portzamparc. Universités et centre industriel de recherche (technopole de Rennes-Atalante). Ville natale de l'écrivain Paul Féval et du général Boulanger. La ville est dotée d'un métro automatique depuis 2002. ♦ La cité celte a vu naître la dynastie des comtes de Rennes (IXe siècle) qui devinrent ducs de Bretagne en unifiant la Bretagne. Du Guesclin repousse les Anglais de la ville (1357). Le parlement de Bretagne s'installa à Rennes (1561), mais comme il se montra trop indépendant, il fut transféré à **Vannes** (1675). La ville, incendiée en 1720, est en partie reconstruite par le premier architecte du roi Louis XV, Jacques Gabriel.

RENOIR Pierre Auguste (1841-1919) ✦ Peintre français. Il travaille dès 13 ans comme peintre sur porcelaine. En 1863, il étudie la peinture, puis peint avec **Sisley** et **Monet** dans la forêt de Fontainebleau. Ses recherches sur les effets de la lumière et les reflets de l'eau contribuent à la formation de l'impressionnisme. Après un voyage en Italie (1881), où il découvre Raphaël, il s'éloigne des impressionnistes. En 1888, il s'installe dans le Midi où il fréquente Cézanne. Renoir peint des scènes populaires (*La Grenouillère,* 1869 ☛ Impressionnisme ; p. 185 *Le Moulin de la Galette,* 1876), plus intimes (*Chemin montant à travers les herbes,* 1875 ; *La Balançoire,* 1876 ; *Jeunes Filles au piano,* 1892), et des nus féminins (*Les Grandes Baigneuses,* 1884-1887 ; *Baigneuse s'essuyant la jambe,* 1905).

RENOIR Jean (1894-1979) ✦ Cinéaste français, fils du peintre Pierre Auguste **Renoir.** Il marque le cinéma par sa vision réaliste des mœurs et de la société, et par la force de ses personnages. Il réalise de nombreux films dont trois chefs-d'œuvre qui vont influencer de nombreux cinéastes : *La Grande Illusion* (1937), *La Bête humaine* (1938) et *La Règle du jeu* (1939).

RÉPUBLIQUE ✦ Nom donné depuis la Révolution française à plusieurs régimes sous lesquels a vécu la France. La République est gouvernée par un président et des assemblées parlementaires (**Assemblée nationale constituante, Assemblée législative, Assemblée nationale, Chambre des députés, Sénat**). ♦ La **Ire RÉPUBLIQUE** est proclamée le 21 septembre 1792 par la Convention nationale au lendemain de la victoire de **Valmy.** Elle est marquée par l'octroi du suffrage universel et par de nombreuses réformes sociales. La France poursuit la guerre contre la coalition de l'Europe de l'Ancien Régime. Après les 9 et 10 Thermidor an II (chute de Robespierre), le régime républicain devient conservateur jusqu'à la fin du Directoire. Sous le Consulat, le déclin de la République commence (1799). Il s'achève avec le Premier Empire (mai 1804). La IIe RÉPUBLIQUE succède à la monarchie de Juillet (25 février 1848). Elle est proclamée après la **révolution de 1848** et l'abdication de Louis Philippe. La Constitution proclame le droit au travail (Louis **Blanc**). Elle rétablit les libertés de presse et de réunion, abolit la peine de mort pour motif politique et l'esclavage dans les colonies (**Schoelcher**). Mais la crise économique provoque des émeutes, durement réprimées et qui génèrent un climat de peur favorable à l'élection de Louis Napoléon Bonaparte à la présidence de la République. Après le coup d'État, le 2 décembre 1851, le Second Empire est proclamé le 2 décembre 1852. La IIIe RÉPUBLIQUE est proclamée par **Gambetta** après la capitulation de **Sedan** (4 septembre 1870). Elle voit la poursuite de l'essor industriel (radio, automobile et aviation apparaissent). Elle souffre un temps des divisions politiques héritées de la Commune (Thiers, Mac Mahon). Puis, avec Jules Grévy et Jules Ferry, elle prend la forme d'une République laïque, démocratique et parlementaire. La IIIe République est marquée par l'expansion coloniale (Asie, Afrique) et par de nombreuses crises politiques (Boulanger, Panama, Dreyfus). Malgré les efforts pacifistes de **Jaurès**, la Première **Guerre mondiale** ne peut être évitée (Poincaré, Clemenceau). La crise économique mondiale de 1929 touche la France. Dans ce contexte, associé à la montée du fascisme en Europe, les conflits politiques ressurgissent. Les forces de gauche forment le **Front populaire**, élu au gouvernement en 1936. Mais en 1938 lui succède le radical Daladier. Son gouvernement s'engage dans la Deuxième **Guerre mondiale** et signe l'armistice (22 juin 1940). La IIIe République laisse la place à l'**État français** (Pétain, gouvernement de **Vichy** 11 juillet 1940). La IVe RÉPUBLIQUE est instaurée par le général de **Gaulle** (Gouvernement provisoire de la République française, août 1944). Après une période de transition, la Constitution de la IVe République est adoptée et le premier président, Vincent Auriol est élu (1947). La IVe République s'attache au redressement économique de la France (plan Monnet, plan **Marshall**). Elle ébauche la construction de l'Europe (**CEE**). Mais les conflits politiques provoquent une instabilité ministérielle chronique. De plus, la décolonisation (guerres d'Indochine et d'Algérie, Tunisie, Maroc) aggrave la décomposition du régime. Le président **Coty** rappelle alors le général de Gaulle qui propose une nouvelle Constitution. La Ve RÉPUBLIQUE (octobre 1958) renforce le pouvoir exécutif (élection du président de la République au suffrage universel, pour une durée de 7 ans, puis 5 ans à partir de 2000). Élu président, de Gaulle met fin à la guerre d'Algérie et renforce l'indépendance diplomatique et militaire du pays. Confronté à la crise de **Mai 68**, il démissionne après un référendum (1969). Lui succèdent **Pompidou** (1969-1974), **Giscard d'Estaing** (1974-1981), **Mitterrand** (1981-1995), **Chirac** (1995-2007), **Sarkozy** (2007-2012), **Hollande** (2012-2017). ☛ Ve République p. 197.

RÉSISTANCE n. f. ✦ Ensemble des actions menées en Europe contre l'occupation allemande et les régimes nazi et fasciste pendant la Deuxième Guerre mondiale. En France, la Résistance extérieure s'organise depuis Londres où le général de **Gaulle** appelle à continuer la guerre (appel du 18 juin 1940), forme les Forces françaises libres (**FFL**) puis le Comité de libération nationale (1943). La Résistance intérieure est formée dès la fin de 1940 par différents réseaux présents dans tout le pays (Combat, Libération, Franc-Tireur, OCM). Le Conseil national de la Résistance (CNR), fondé par Jean **Moulin** (1943), les coordonne. Certains résistants se cachent dans des lieux peu accessibles, les maquis (**Vercors**). Les organisations militaires (Armée secrète, Organisation de résistance de l'armée, Francs-Tireurs et Partisans français) se regroupent au sein des Forces françaises de l'intérieur (**FFI**) en 1944. Elles organisent des actions de sabotage et participent avec les FFL aux opérations de libération du pays, aux côtés des Alliés anglais et américains.

RESNAIS Alain (1922-2014) ✦ Cinéaste français. Il débute en réalisant des courts métrages (*Nuit et Brouillard*, 1956) et s'affirme par des œuvres à la forme originale : *Hiroshima mon amour* (1959), *L'Année dernière à Marienbad* (1961), *Providence* (1977), *Mon oncle d'Amérique* (1978). Il se tourne ensuite vers des comédies dramatiques plus légères : *Smoking / No Smoking* (1993), *On connaît la chanson* (1997), *Cœurs* (2006), *Les Herbes folles* (2009).

RESTAURATION n. f. ✦ Période de l'histoire de France qui correspond au rétablissement de la monarchie après le Premier **Empire**. La *première Restauration* débute avec l'abdication de Napoléon Ier (avril 1814) et l'arrivée au pouvoir de **Louis XVIII**, frère de Louis XVI. Elle se termine par le retour de l'Empereur (mars 1815) et la période des **Cent-Jours**. La *seconde Restauration* commence avec la seconde abdication de Napoléon Ier (juin 1815). Le pouvoir est détenu par Louis XVIII (1815-1824) puis par **Charles X** (1824-1830). Sa politique autoritaire provoque sa chute et conduit à la **révolution de 1830**.

RESTIF DE LA BRETONNE (1734-1806) ✦ Écrivain français. Ce typographe s'installe à Paris et décide de vivre de sa plume. Son œuvre, fondée sur ses observations réalistes et sensibles, évoque dans un style vif et coloré la vie sous l'Ancien Régime (condition des paysans, de la femme, société libertine). Œuvres : *Le Paysan perverti ou les Dangers de la ville* (1775), *Les Nuits de Paris* (1788-1793).

RETHEL ✦ Chef-lieu d'arrondissement des Ardennes, sur l'Aisne. 7 778 habitants (les *Rethélois*) (☛ carte 23). Église Saint-Nicolas (double nef). Le trésor de Rethel, un bel ensemble d'orfèvrerie gallo-romaine, y fut découvert en 1980.

RETHONDES ✦ Commune de l'Oise. 720 habitants (les *Rethondois*). L'Allemagne et les Alliés y signent l'armistice qui met fin à la Première Guerre mondiale (11 novembre 1918). Hitler choisit symboliquement Rethondes pour faire signer à la France l'armistice que demande le maréchal **Pétain** (22 juin 1940).

RETZ (cardinal de) (1613-1679) ✦ Homme politique français. Intriguant contre Mazarin et Anne d'Autriche, il participe à la Fronde des princes. Il est nommé cardinal (1652) par Innocent X (qui déteste Mazarin) puis archevêque de Paris (1654). Incarcéré, il s'évade, se réfugie à Rome puis, sans soutien, il mène une vie errante en Europe. Il se retire et meurt en 1679 à l'abbaye de Saint-Denis. Ses *Mémoires* (posthumes, 1717) évoquent les évènements de la Fronde et offrent de fines analyses politiques. ■ Son nom complet est *Jean-François Paul de Gondi, cardinal de Retz.*

RÉUNION (La) ✦ Département et région français d'outre-mer [974], dans l'océan Indien, à l'est de Madagascar (☛ carte 22). Superficie : 2 504 km^2. 842 767 habitants (les *Réunionnais*). Chef-lieu : Saint-Denis ; chefs-lieux d'arrondissement : Saint-Benoît, Saint-Paul, Saint-Pierre. ♦ La Réunion est une île montagneuse et volcanique (point culminant, le piton des Neiges, 3 069 m ; piton de la **Fournaise**, 2 631 m, encore actif). Le parc national des Hauts de la Réunion (105 447 ha), créé en 2007 pour protéger l'exceptionnelle biodiversité de l'île, s'étend sur près de la moitié du territoire ; sa partie centrale est inscrite sur la liste du patrimoine mondial de l'Unesco. Climat tropical sujet aux cyclones. L'économie est basée sur les services, l'agriculture (canne à sucre, tabac, thé, vanille) et le tourisme. ♦ L'île est découverte par les Portugais (1528), puis elle devient possession française et est baptisée *île Bourbon*. Elle prend son nom actuel en 1793. Elle devient un département français d'outre-mer (DOM, 1946), et elle est dotée d'un conseil régional (1983).

REVERDY Pierre (1889-1960) ✦ Poète français. À Montmartre, il se lie avec Picasso, Braque, Matisse, Max Jacob et Apollinaire. Il fonde la revue *Nord-Sud* (1917) qui annonce le surréalisme. Il se retire à Solesmes dans sa recherche de détachement et de pureté. Il y crée un univers poétique, où l'absolu auquel il aspire est l'unique réalité. Recueils : *Ferraille* (1937), *Plupart du temps* (1945), *Main d'œuvre* (1949) ; essais : *Le Gant de crin* (1927), *Le Livre de mon bord* (1948).

RÉVOLUTION DE 1830 n. f. ✦ Insurrection des 27, 28 et 29 juillet 1830 (les Trois Glorieuses), qui met fin au règne de **Charles X**. L'opposition au régime est renforcée par la détérioration de la situation économique et politique. Le roi annule les élections. Il en organise de nouvelles et il modifie la carte électorale pour diminuer le nombre d'électeurs. Il supprime la liberté de la presse (25 juillet). L'insurrection éclate parmi les ouvriers typographes, qui font paraître les journaux interdits (**Thiers**), et parmi les étudiants. Charles X doit abdiquer. **Louis-Philippe** lui succède et établit une monarchie modérée connue sous le nom de ***monarchie de Juillet***.

RÉVOLUTION DE 1848 n. f. ✦ Insurrection des 22, 23 et 24 février 1848 qui met fin à la **monarchie de Juillet** et au règne de **Louis-Philippe**. L'opposition grandit face à la crise économique et à la politique autoritaire du ministre du roi, Guizot. L'insurrection se déclenche quand Guizot, interdit un banquet où doivent se réunir des réformistes (22 février). Le roi renvoie Guizot et demande à **Thiers** de former un nouveau gouvernement, mais il abdique quand le palais Bourbon est envahi (24 février). Un gouvernement provisoire est constitué. Il proclame la IIe République le 25 février 1848.

RÉVOLUTIONS DE 1848 ✦ Ensemble des mouvements libéraux et insurrectionnels qui éclatent en Europe en 1848-1849. Ils sont fermement réprimés mais préparent la naissance de nouveaux États (Italie, Allemagne, Hongrie).

RÉVOLUTION CULTURELLE ✦ Mouvement politique organisé par Mao Zedong en Chine populaire (1965-1976). Après l'échec du « Grand Bond en avant », **Mao Zedong** relance un communisme radical. Il crée les Gardes rouges (1966) et institue un Comité révolutionnaire. Celui-ci impose la lecture du *Petit Livre rouge* et envoie les dissidents dans des camps de rééducation à la campagne. L'épuration fait des millions de morts et mène le pays au bord de la banqueroute. Mao met fin aux exactions des Gardes rouges (1968). Il est élu président à l'unanimité (1969).

RÉVOLUTION FRANÇAISE n. f. ✦ Période de l'histoire de France qui s'étend des états généraux de 1789 jusqu'au Consulat (1799) et marque la fin de l'**Ancien Régime**. Pour résoudre la crise économique que traverse le pays, **Louis XVI** convoque les états généraux (5 mai 1789), l'assemblée des représentants de la noblesse, du clergé et du tiers état (☛ Révolution française p. 174). Le tiers état, mécontent de la procédure de vote qui ne lui donne pas assez d'importance, prononce le serment du **Jeu de Paume** (20 juin). À la demande du roi, le clergé et la noblesse rejoignent le tiers état pour former l'**Assemblée nationale constituante** (9 juillet 1789). La monarchie absolue devient une monarchie constitutionnelle. À la prise de la **Bastille** (14 juillet) succède la Grande **Peur** qui aboutit à l'abolition des privilèges dans la nuit du 4 août. Après la Constitution civile du clergé (juillet 1790), condamnée par le pape, et la vente des biens nationaux, le roi s'enfuit à **Varennes** (juin 1791). Il est arrêté, reconduit à Paris et, après l'affaire du **Champ-de-Mars**, il jure fidélité à la Constitution (21 septembre 1791). L'Assemblée législative remplace la Constituante (1er octobre 1791). Elle vote la déclaration de guerre à l'Autriche (20 avril 1792). La peur d'un complot des aristocrates provoque l'insurrection du 10 août 1792 et la formation de la **Convention nationale** qui proclame la République (21 septembre 1792). Elle organise le procès du roi, qui aboutit à sa condamnation à mort. Elle poursuit la guerre et combat la **Vendée** et les **chouans**. L'opposition grandissante entre les montagnards et les **girondins** provoque la chute de ces derniers (2 juin 1793) et l'instauration de la **Terreur** (septembre 1793). La Terreur voit l'élimination des « ennemis de la République » (nobles, prêtres, émigrés et leurs familles). **Marie-Antoinette** est jugée et exécutée. La Terreur s'attaque alors aux adversaires de la **Montagne**. L'ampleur des exécutions entraîne la chute d'**Hébert**, de **Danton**, puis de **Robespierre** (27 juillet 1794). La Convention thermidorienne adopte la Constitution de l'an III et instaure le **Directoire** (octobre 1795). Le régime, fragilisé par la crise économique et l'opposition croissante entre royalistes et révolutionnaires, devient conservateur. Par son coup d'État du 18 **Brumaire an VIII** (9 novembre 1799), le général Bonaparte établit le **Consulat**.

RÉVOLUTION RUSSE n. f. ✦ Mouvement révolutionnaire qui établit le régime socialiste en Russie (octobre 1917) (☛ Révolution russe p. 190). La révolution de 1905, qui réclame une monarchie parlementaire, échoue (1907). La révolution de février 1917 conduit à l'abdication de **Nicolas II**, à son exécution (1918) et à la mise en place d'un gouvernement provisoire. Celui-ci est jugé capitaliste par **Lénine** et ses partisans, qui conduisent la révolution d'Octobre. Le comité bolchevique, qui comprend Lénine, **Staline**, **Trotski**, s'empare du pouvoir. Le régime s'étend progressivement à tout l'empire et des républiques sont créées. Ce mouvement aboutit à la création de l'Union des républiques socialistes soviétiques (**URSS**, 1922).

REYKJAVIK ✦ Capitale de l'Islande, dans le sud-ouest de l'île, sur une baie. 122 000 habitants. Port de pêche (morue, hareng). Industries (alimentaire, textile, mécanique). Commerce. Ville fondée par un Viking (875), capitale de l'Islande depuis 1918.

REYNAUD Paul (1878-1966) ✦ Homme politique français. Député de centre droit (1928-1932), il est plusieurs fois ministre puis président du Conseil en mars 1940. Favorable à la poursuite de la guerre, il démissionne devant la majorité des partisans de l'armistice, laissant la place à Pétain (16 juin 1940). Il est interné par le gouvernement de Vichy puis déporté en Allemagne (1942-1945). Après la Libération, il est réélu député (1946-1962). Il défend l'unité européenne.

REYNOLDS sir Joshua (1723-1792) ✦ Peintre britannique. Il devient un portraitiste de renom grâce à son tableau de *Keppel* (1753), dans lequel la mise en scène concourt à indiquer le rôle historique et la fonction sociale du personnage. Considéré comme le chef de file de l'école anglaise, rival de **Gainsborough**, il donne un statut officiel à sa profession et contribue à la fondation de la Royal Academy (1768). *La Famille du duc de Marlborough,* 1778 ; *Lady Cockburn et ses trois fils aînés,* 1773.

RFA n. f. *(République fédérale allemande)* ✦ Ancien État d'Europe centrale, de 1949 à 1990, appelé aussi ***Allemagne de l'Ouest.***

RHÉNANIE n. f. ✦ Région historique d'Allemagne, sur les rives du **Rhin**. Dans l'Antiquité, la région est peuplée de Celtes et de Germains. César la conquiert (57 av. J.-C.) et la partage entre la Germanie et la Belgique. Les fortifications qui forment la frontière de l'Empire romain ne peuvent contenir les invasions des Germains. Les Francs y établissent leur royaume (460). Unie à l'Austrasie, puis à la Lotharingie, la Rhénanie rejoint le royaume de Germanie (925). Son économie se développe avec la **Hanse** et la région connaît un essor intellectuel et artistique. Après la guerre de Trente Ans, la France exerce son influence sur la Rhénanie, puis le traité de Vienne l'attribue à la Prusse (1815). À la fin de la Première Guerre mondiale (traité de **Versailles**, 1919), elle est démilitarisée et la France occupe la Ruhr (1923-1925). En 1936, elle est occupée par Hitler. Libérée par les Alliés en 1945, elle est partagée en trois Lands depuis 1946 : la Rhénanie-du-Nord-Westphalie, la Rhénanie-Palatinat et la Sarre.

RHÉNANIE-DU-NORD-WESTPHALIE n. f. ✦ État (Land) d'Allemagne, dans l'ouest du pays (☛ carte 29). Superficie : 34 072 km². 17,87 millions d'habitants. Capitale : Düsseldorf. Autres villes importantes : Cologne, Essen, Dortmund, Duisbourg, Bonn, Aix-la-Chapelle. ♦ Le Massif schisteux rhénan au sud et la plaine du Nord sont traversés par le **Rhin** et ses affluents, et couverts de forêts. L'agriculture domine au nord (céréales, betterave à sucre, élevage de bovins et de porcins). Le bassin houiller de la **Ruhr** est en déclin, mais les industries y restent développées (sidérurgie, textile, chimie, mécanique, électricité). Le secteur des services (finance, assurance, commerce) est important dans la vallée du Rhin, grande voie de passage.

RHÉNANIE-PALATINAT n. f. ✦ État (Land) d'Allemagne, dans l'ouest du pays (☛ carte 29). Superficie : 19 846 km². 4 millions d'habitants. Capitale : Mayence. ♦ La région est formée par les plateaux couverts de forêts du Massif schisteux rhénan. Ils sont partagés par la **Moselle** et par le **Rhin** qui forme la frontière avec la Hesse et le Bade-Wurtenberg. L'agriculture se pratique dans les vallées (céréales, betterave à sucre, vigne). L'industrie n'est pas très développée (chimie, mécanique). Le secteur des services et le tourisme (villes d'eaux, parcs régionaux, croisières sur le Rhin) dominent.

RHIN n. m. ✦ Fleuve d'Europe, long de 1 320 km (☛ carte 21). Il prend sa source dans les Alpes suisses et traverse le lac de Constance. Il forme la frontière entre l'Allemagne et la Suisse, puis après **Bâle** entre la France et l'Allemagne, à l'est de l'Alsace. Il arrose **Strasbourg, Mayence**, Bonn, **Cologne**, Düsseldorf, **Duisbourg**. Le Rhin traverse les Pays-Bas et se divise en quatre bras, dont l'un passe à **Rotterdam**, et se jette dans la mer du Nord. C'est la plus grande voie navigable d'Europe, nommée «voie d'eau internationale» (convention de Mannheim, 1868) en raison de son importance économique. Son cours est aménagé (digues, canaux) pour faciliter le transport de la houille et des matières premières. Des bateaux de 3 000 tonnes peuvent y naviguer. En plus des ports fluviaux, ses rives accueillent des complexes industriels et de nombreuses centrales hydroélectriques. La vallée du Rhin moyen (autour de Mayence) est inscrite sur la liste du patrimoine mondial de l'Unesco pour ses vignobles (*vins du Rhin*) et ses châteaux romantiques. Une de ses falaises, la **Lorelei**, inspire une célèbre légende.

RHODE ISLAND n. m. ✦ Un des États, des États-Unis depuis 1790, situé dans le nord-est du pays (☛ carte 47). Superficie : 3 233 km², le plus petit État du pays. Environ un million d'habitants. Capitale : Providence (173 618 habitants). ♦ Le Rhode Island est formé de collines qui s'abaissent vers la plaine côtière, entaillée par une vaste baie. Industries (textile, électronique, mécanique). Pêche. Services (commerce, banque). ♦ La colonie est fondée par des puritains venus du **Massachusetts** (1636). L'indépendance de l'État est proclamée en 1776.

RHODES ✦ Île grecque de l'archipel du Dodécanèse. Superficie : 1 398 km². 100 000 habitants (les *Rhodiens*). Son chef-lieu : Rhodes, ville médiévale inscrite sur la liste du patrimoine mondial de l'Unesco pour la richesse de ses monuments. Relief peu élevé, climat doux. Important centre touristique. ♦ L'île, peuplée de Crétois puis d'Achéens, participe à la civilisation de Mycènes. Elle est envahie par les **Doriens** (vers 1100 av. J.-C.). Rhodes participe à la confédération maritime d'Athènes (471 av. J.-C.-411 av. J.-C.). Son port, fondé en 408 av. J.-C., devient un important centre maritime, culturel et artistique. L'île est dévastée par les Romains (43 av. J.-C.), rattachée à l'empire d'Orient, envahie par les Arabes, puis gouvernée par l'ordre des Hospitaliers de Saint-Jean-de-Jérusalem (1309). Elle est conquise par les Turcs (1522). Elle est occupée par l'Italie en 1912, puis restituée à la Grèce (1947). ♦ Le *colosse de Rhodes* est une statue de bronze représentant Hélios, le Soleil. Dressée dans le port de Rhodes (280 av. J.-C.), elle fait partie des Sept **Merveilles du monde.** Elle est endommagée par un tremblement de terre (224 av. J.-C.), puis définitivement détruite (672).

RHODES-EXTÉRIEURES n. f. pl. ✦ Demi-canton qui formait, avec les Rhodes-Intérieures, le canton suisse d'Appenzell (☛ carte 26). Depuis 1999, il forme le canton d'Appenzell Rhodes-Extérieures.

RHODÉSIE n. f. ✦ Région historique du sud-est de l'Afrique. Les Bantous y fondent un royaume (XVe siècle) qui commerce avec les Portugais. L'homme d'affaires britannique Cecil Rhodes (1853-1902) devient propriétaire du territoire et lui donne son nom (1895). La *Rhodésie du Nord*, colonie de la Couronne britannique (1925), proclame son indépendance sous le nom de ***Zambie*** (1964). La *Rhodésie du Sud*, autre colonie de la Couronne britannique (1923), prend le nom de *Rhodésie* lorsqu'une minorité blanche proclame unilatéralement son indépendance (1965). Après une période de troubles, des élections ont lieu et le pays accède à l'indépendance. Il prend le nom de **Zimbabwe** (1980).

RHODES-INTÉRIEURES n. f. pl. ✦ Demi-canton qui formait, avec les Rhodes-Extérieures, le canton suisse d'Appenzell (☛ carte 26). Depuis 1999, il forme le canton d'Appenzell Rhodes-Intérieures.

① **RHÔNE** n. m. ✦ Fleuve de France et de Suisse, long de 812 km dont 522 en France (☛ cartes 21, 26). C'est le plus puissant des fleuves français. Il prend sa source en Suisse à 1 850 m d'altitude dans le canton du Valais. Il coule entre les massifs du Saint-Gothard et de l'Aar, puis traverse Sion, le lac Léman (82 km) et Genève. Il pénètre en France en se dirigeant vers le sud. Il reçoit l'Ain et traverse Lyon où la **Saône** le rejoint, puis forme le Sillon rhodanien, entre le Massif central et les Alpes, et arrose Vienne. Il reçoit l'Isère au nord de Valence, la Drôme au nord de Montélimar, l'Ardèche, la Durance au sud d'Avignon, le Gard au nord de Tarascon. Le Rhône se divise en deux bras au nord d'Arles et forme un vaste delta, la **Camargue.** Il se jette dans la Méditerranée. Son cours est aménagé de barrages et il est relié par des canaux au Rhin, à la Seine et à la Loire.

② **RHÔNE** n. m. ✦ Département du sud-est de la France [69], de la Région Auvergne-Rhône-Alpes. Superficie : 3 249 km^2. 1,80 million d'habitants. Chef-lieu : Lyon ; chef-lieu d'arrondissement : Villefranche-sur-Saône.

RHÔNE-ALPES ✦ Ancienne région administrative du sud-est de la France, intégrée à la Région Auvergne-Rhône-Alpes. Elle était formée de huit départements : l'Ain, l'Ardèche, la Drôme, la Haute-Savoie, l'Isère, la Loire, le Rhône et la Savoie. Le chef-lieu était Lyon. ♦ GÉOGRAPHIE. La vallée du **Rhône** est bordée à l'ouest par le Forez et les Cévennes, à l'est par le Dauphiné. Elle sépare le Massif central des Alpes du Nord. Les **Alpes** sont entaillées de nombreuses vallées (Tarentaise, Maurienne) et baignées de lacs (Léman, Annecy, du Bourget). Les Alpes sont dominées par des massifs (Vanoise, Mont-Cenis, Oisans, Vercors) et des sommets dépassant 4 000 m, comme le mont **Blanc.** On y trouve deux parcs naturels régionaux, créés en 1995 : celui de Chartreuse s'étend sur 69 000 hectares entre Chambéry et Grenoble ; celui du Massif des Bauges, sur 80 936 hectares entre Annecy, Aix-les-Bains et Albertville. Le climat océanique, rigoureux en altitude, devient méditerranéen vers le sud. Le réseau urbain est régulier. Il s'organise autour de **Lyon, Grenoble** et **Saint-Étienne.** ♦ ÉCONOMIE. L'agriculture est diversifiée (céréales, fruits, vigne, élevage de vaches, de porcs, de moutons, de volailles). C'est la deuxième région industrielle (métallurgie, mécanique, électronique, chimie, pétrochimie, textile), derrière l'Île-de-France. Les activités de services et le tourisme sont bien développés. La région est un important carrefour de communication, vers la Méditerranée et en direction de la Suisse et de l'Italie.

RIBBENTROP Joachim von (1893-1946) ✦ Homme politique allemand. Il est officier pendant la Première Guerre mondiale. Il s'inscrit au parti nazi (1932). Il est nommé ambassadeur à Londres (1936) puis ministre des Affaires Étrangères (1938). Il signe le pacte de non-agression entre l'Allemagne et l'**URSS.** (pacte germano-soviétique, 1939). Il est exécuté à l'issue du procès de **Nuremberg.**

RICHARD CŒUR DE LION ou **RICHARD Ier** (1157-1199) ✦ Roi d'Angleterre de 1189 à sa mort, fils d'**Aliénor d'Aquitaine** et d'**Henri II.** Il se révolte contre son père, aidé par **Philippe Auguste** avec qui il participe à la troisième croisade (1189-1192) (☛ carte 12). Il prend Chypre et contribue à la conquête de Saint-Jean-d'Acre (1191). Ne parvenant pas à s'emparer de Jérusalem, il signe une trêve avec **Saladin** (1192). De retour en Angleterre, il pardonne à son frère **Jean sans Terre** d'avoir voulu s'emparer du trône. Il confie le royaume à un régent pour combattre, en France, la politique conquérante de Philippe Auguste. Après plusieurs victoires (1194, 1198), il fortifie la Normandie (Château-Gaillard). Il meurt dans le Limousin. Jean sans Terre lui succède.

RICHELIEU (1585-1642) ✦ Cardinal et homme d'État français. Cet évêque est remarqué par **Marie de Médicis** qui le nomme secrétaire d'État (1616). Son rôle dans la réconciliation de la reine et de son fils **Louis XIII** lui permet d'obtenir le titre de cardinal (1622) et d'entrer au Conseil du roi (1624). Ministre jusqu'à sa mort, il veut restaurer l'autorité royale. Il lutte contre les conspirateurs de la grande noblesse qui sont exécutés ou exilés. Il limite le pouvoir des protestants (paix de La **Rochelle**). Il réorganise l'administration, crée l'Académie française (1635) et fait construire le **Palais Royal.** Il encourage la création d'une marine, le développement du commerce et d'un empire colonial. Il favorise l'alliance de la Frances avec les puissances protestantes contre les **Habsbourg** puis l'entrée dans la guerre de **Trente Ans** (1635). **Mazarin,** qu'il recommande au roi, va achever son œuvre. Selon ses vœux, il repose dans la chapelle de la Sorbonne. ■ Son nom complet est *Armand Jean du Plessis, cardinal de Richelieu.*

RICHEPIN Jean (1849-1926) ✦ Écrivain français. Après la guerre de 1870, il fréquente la bohême littéraire. Il célèbre la marginalité avec une verve truculente. Œuvres : *La Chanson des gueux* (1876, recueil de poèmes pour lequel il est condamné), *Le Chemineau* (1897, drame en vers), *La Glu* (1881, roman populaire), *Nana Sahib* (1883, pièce qu'il joue avec Sarah Bernhardt). Académie française (1908).

RICHIER Germaine (1904-1959) ✦ Sculptrice française. Élève de **Bourdelle,** elle réalise d'abord des bustes et des figures debout, d'esprit assez classique. À partir de 1944, elle aborde les thèmes animaliers à caractère fantastique, êtres étranges mêlant l'humain, l'animal, le végétal et le minéral.

RIF n. m. ✦ Chaîne montagneuse du nord du Maroc. Longue de 350 km et large de 50 à 100 km, elle borde la Méditerranée entre les villes de Ceuta et de Melilla. Le Rif culmine au djebel Tidighine (2 452 m). Ses habitants sont en majorité des **Berbères.** Ils s'opposent à l'avancée des armées française et espagnole (début du XXe siècle). La *guerre du Rif* (1921-1926) s'achève par la reddition d'**Abd el-Krim.**

RIFT n. m. ✦ Vallée de l'est de l'Afrique formée par l'écartement des plaques continentales. Elle est constituée de deux branches : la plus longue s'étend de Djibouti au Kilimandjaro, en passant par l'Éthiopie et le Kenya ; la seconde, plus à l'ouest, donne naissance aux lacs et aux volcans de l'Ouganda, du Congo, du Rwanda, du Burundi, de la Tanzanie et du Malawi. Dans cette vallée, on a découvert de nombreux fossiles d'hominidés (dont **Lucy,** 1974). Le réseau des lacs kényans de la vallée du Grand Rift est inscrit sur la liste du patrimoine mondial de l'Unesco.

RIGA ✦ Capitale de la Lettonie, sur la mer Baltique, au fond du *golfe de Riga.* 658 000 habitants. Centre historique inscrit sur la liste du patrimoine mondial de l'Unesco : cathédrale (XIIIe siècle) connue sous le nom d'*église du Dôme.* Port, centre industriel (machines électriques, mécanique, textile, chimie, alimentaire) et plus grand centre culturel de la région baltique. Ville natale d'Eisenstein. ♦ La ville est fondée par un évêque (1201). Elle participe à la **Hanse** (1282). Elle adhère à la Réforme. Elle est successivement conquise par la Pologne (1561), la Suède (1621), la Russie (1710). La Lettonie la choisit comme capitale à l'indépendance (1920). Pendant la Deuxième Guerre mondiale, elle est occupée d'abord par les Soviétiques (1940), puis par les Allemands (1941). Elle est réannexée à l'URSS en 1944 et en fait partie jusqu'en 1991, date à laquelle la Lettonie obtient son indépendance.

RIJKSMUSEUM n. m. ✦ Musée d'Amsterdam. Il est ouvert au public à La Haye (1800), puis transféré à Amsterdam (1808). Il abrite d'importantes collections de peintures des écoles européennes et particulièrement flamande et hollandaise. On peut y admirer des œuvres de **Rembrandt** (*La Leçon d'anatomie,* 1632, *La Ronde de nuit,* 1642), de **Vermeer** (*La Laitière,* 1658-1660).

RILKE Rainer Maria (1875-1926) ✦ Écrivain autrichien. Il mène une vie errante et solitaire. Il est le secrétaire de **Rodin** à Paris puis se fixe en Suisse (1921). Son œuvre poétique témoigne d'une maîtrise parfaite des sons, des rythmes, de la syntaxe et des métaphores. Elle est dominée par ses efforts pour transformer l'angoisse et le malaise existentiel en objet d'art. Œuvres : *Chant de l'amour et de la mort du cornette Christophe Rilke* (1899), *Le Livre d'heures* (3 volumes, 1899-1902), *Les Nouveaux Poèmes* (1906-1908), *Les Cahiers de Malte Laurids Brigge* (1910), *Les Élégies de Duino* (1912-1922). Il est aussi l'auteur d'une abondante correspondance (*Lettres à un jeune poète,* 1903).

RIMBAUD Arthur (1854-1891) ✦ Poète français. À Charleville, sa ville natale, il compose des vers en latin et écrit son premier poème à 15 ans (*Les Étrennes des orphelins,* 1869). Révolté par la guerre de 1870 et par l'écrasement de la **Commune,** il fait des fugues à Paris et manifeste ses émotions dans ses écrits : *Le Dormeur du val* (1870) ; *Le Bateau ivre* (1871). Il rencontre **Verlaine** (1871), le suit en Belgique puis à Londres et leur liaison orageuse prend fin quand Verlaine le blesse d'un coup de feu (1873). La même année, Rimbaud compose les poèmes regroupés dans *Une saison en enfer.* Ses dernières œuvres constituent le recueil *Illuminations* (1886). Il se lance dans le commerce et voyage d'Europe en Égypte et en Éthiopie. Malade, il est rapatrié en France et meurt à Marseille après avoir été amputé de la jambe droite. Son œuvre est l'une des sources majeures pour toute la poésie moderne.

RIMSKI-KORSAKOV Nikolaï Andreïevitch (1844-1908) ✦ Compositeur russe. Il rejoint le «groupe des Cinq» (1861) avec **Moussorgski** et **Borodine** (dont il orchestrera ou achèvera certaines œuvres). Il dirige les Concerts symphoniques russes à Saint-Pétersbourg (1886-1900). Il devient chef d'orchestre à l'étranger et dirige à Paris les concerts russes organisés par **Diaghilev** (1907). Il crée un style national qui emprunte à l'héritage romantique allemand, aux légendes populaires russes et à l'art occidental de la fugue. Ses prodigieuses orchestrations, ses timbres éclatants, ses inventions mélodiques et son lyrisme généreux influencent toute une génération de compositeurs (Ravel, Stravinski, Prokofiev, Chostakovitch). Il compose surtout des œuvres symphoniques (*Schéhérazade* et *La Grande Pâque russe,* 1888) et des opéras (*La Fiancée du tsar,* 1898-1899 ; *Le Coq d'or,* 1906-1907).

RIO DE JANEIRO ou **RIO** ✦ Ville du Brésil, dans le sud-est du pays, au fond d'une baie, ouvrant sur l'océan Atlantique. 6,32 millions d'habitants (les *Cariocas*) et 11,88 millions pour son agglomération (☛ carte 57). Monuments de l'époque coloniale et d'autres plus modernes inspirés par **Le Corbusier.** 2e port et 2e centre industriel et commercial du pays. Ville culturelle et très touristique avec son célèbre carnaval, ses plages (Copacabana, Ipanema) et ses reliefs de granit comme le **Pain de Sucre** (395 m) à l'entrée de la baie. Ce paysage urbain exceptionnel est inscrit sur la liste du patrimoine mondial de l'Unesco. Ville natale de Villa-Lobos et O. Niemeyer. Rio de Janeiro souffre économiquement du transfert de la capitale à **Brasilia** (1960). Une partie de sa population, très pauvre, habite des bidonvilles, les «favelas». ♦ La baie est découverte par un compagnon de Vespucci (1502). Les Français y installent un comptoir (1555). Les Portugais les chassent et fondent la ville (1567). Elle est reprise par la France (1711), puis le Portugal. Rio de Janeiro remplace Bahia comme capitale du Brésil (1763-1960) avant que Brasilia ne lui succède. Le sommet de la Terre qui s'y est tenu en 1992 précise la notion de développement durable. Le *sommet de Rio* est à l'origine d'un plan d'action pour l'environnement et le développement au XXIe s.

RIO GRANDE n. m. ✦ Fleuve d'Amérique du Nord, long de 2 896 km (☛ carte 43). Il prend sa source dans le Colorado et traverse le Nouveau-Mexique. Il marque la frontière entre les États-Unis et le Mexique en longeant le Texas et se jette dans le golfe du Mexique. Le Rio Grande, appelé *Rio Bravo* au Mexique, est une importante source d'irrigation pour les régions arides qu'il traverse.

RIOJA (La) ✦ Région administrative d'Espagne, dans le nord du pays (☛ carte 32). Superficie : 5 034 km^2. 308 968 habitants. Capitale : Logroño (126 760 habitants). ♦ La région est située dans la vallée de l'**Èbre.** Elle vit de la culture maraîchère, de l'industrie agroalimentaire (conserveries) et du vin qu'elle produit, l'un des plus célèbres d'Espagne. ♦ La Rioja doit son développement économique et culturel aux pèlerins en route pour **Saint-Jacques-de-Compostelle.**

RIOM ✦ Chef-lieu d'arrondissement du Puy-de-Dôme. 18 749 habitants (agglomération 33 055) (les *Riomois*). Industries diversifiées. ♦ Le *procès de Riom,* organisé par le régime de **Vichy** (1942), mettait en cause des hommes politiques de gauche (**Blum, Daladier, Reynaud**) jugés responsables de la défaite de 1940.

RISORGIMENTO n. m. (mot italien «renaissance», «résurrection») ✦ Mouvement culturel et politique d'Italie (1815-1870). La conscience nationale se réveille à la fin du XVIIIe siècle. Elle s'étend à la littérature et à la politique et aboutit à l'unité du pays et à la République. Ses principaux défenseurs sont les écrivains Manzoni et Leopardi, et, en politique, **Cavour, Mazzini, Garibaldi, Victor-Emmanuel II.**

RIVERA Diego (1886-1957) ✦ Peintre mexicain. Après un long séjour en Europe où il rencontra de nombreux artistes, il rentra au Mexique où la guerre civile venait de s'achever. Il reçut des commandes du gouvernement pour peindre de grandes fresques murales représentant l'histoire du pays et du peuple mexicain (*Le Mexique d'aujourd'hui et de demain*). Ses œuvres constituent une sorte de discours politique révolutionnaire en images. Il travailla également plusieurs années aux États-Unis, en compagnie de sa femme, Frida **Kahlo.**

RIVIERA n. f. ✦ Partie de la côte italienne qui s'étend le long du golfe de **Gênes,** de San Remo à La Spezia. La douceur du climat, la beauté de la côte font de cette région un important centre touristique jalonné par de nombreuses stations balnéaires. *La Riviera française* est formée de la partie de la **Côte d'Azur** comprise entre Nice et Menton. Elle inclut la principauté de **Monaco.**

RIVOLI ✦ Commune du nord de l'Italie, sur l'**Adige,** près de Vérone. Le 14 janvier 1797, avec l'aide de **Masséna,** Bonaparte y remporte une victoire sur les Autrichiens.

RIYAD ✦ Capitale de l'Arabie saoudite, à 590 m d'altitude, au centre d'une oasis. 4 millions d'habitants (les *Riyadiens*). Vieille ville au milieu des palmeraies et des arbres fruitiers. Centre politique, administratif et commercial du pays. Résidence de la famille royale.

ROANNE ✦ Ville de la Loire. 35 200 habitants (les *Roannais*). Musée qui abrite des antiquités préhistoriques et gallo-romaines, ainsi que des peintures des écoles nordique, française et italienne (XVIIe-XIXe siècles). Services. Industries (textile, agroalimentaire, métallurgie, papeterie).

ROBBE-GRILLET Alain (1922-2008) ✦ Écrivain et cinéaste français. Il devient le chef de file du «nouveau roman» avec *Les Gommes* (1953). ☛ Littérature p. 146. Ce roman réaliste privilégie la description du comportement sur la psychologie et présente les objets comme dépourvus de signification affective ou morale. Il publie un recueil théorique (*Pour un nouveau roman,* 1963), des romans (*Le Voyeur,* 1955 ; *La Jalousie,* 1957 ; *Projet pour une révolution à New York,* 1970 ; *La Reprise,* 2001). Il écrit le scénario de *L'Année dernière à Marienbad* (film de **Resnais,** 1961) et réalise les films *Glissements progressifs du plaisir* (1974), *Le Jeu avec le feu* (1975). Académie française (2004).

ROBBINS Jerome (1918-1998) ✦ Danseur et chorégraphe américain. Il est, pendant dix ans, le directeur artistique adjoint du New York City Ballet de **Balanchine** avant de fonder sa propre troupe, le Ballet USA (1958-1962). Chorégraphe au style vigoureux et coloré, mêlant danse classique, moderne et jazz, il crée de nombreux ballets (*Dances at a Gathering,* 1969 ; *Glass Pieces,* 1991) et deux comédies musicales dont ***West Side Story*** (1957, sur une musique de L. **Bernstein,** film en 1961). ■ Son vrai nom est *Jerome Rabinowitz.*

ROBERT Hubert (1733-1808) ✦ Peintre français. Il voyage en Italie avec **Fragonard** et réalise de nombreux croquis de sites et de monuments romains (1759). De retour en France, il met à la mode le thème des ruines et peint les monuments antiques de Provence (*Le Pont du Gard,* 1878 ; *La Maison carrée* de Nîmes, 1887) et les transformations de Paris comme *La Démolition des maisons du Pont-au-Change.* Nommé conservateur du musée du Louvre (1784 puis 1793), puis premier conservateur des collections publiques (1795), il fait partie de la commission chargée de la transformation du Louvre en musée.

ROBESPIERRE Maximilien de (1758-1794) ✦ Révolutionnaire français. Cet avocat d'Arras entre en politique à l'annonce de la convocation des états généraux. Il est élu député du tiers état (1789) et dirigeant du Club des **jacobins** à partir de l'été 1791. Il attaque **La Fayette** qu'il soupçonne de vouloir instaurer une dictature militaire. Il réclame la déchéance de Louis XVI après sa fuite à Varennes. Il fait adopter la réunion d'une **Convention nationale** élue au suffrage universel, où il siège avec les députés de la **Montagne.** Il vote la mort du roi en s'opposant aux principaux dirigeants girondins de la Convention (1793). Au **Comité de salut public** (1793), il fait éliminer les révolutionnaires qu'il trouve trop modérés (**Danton, Desmoulins**) ou trop extrémistes (**Hébert**). Pour mener à bien son idéal démocratique fondé sur la vertu, il tente en ces temps de crise révolutionnaire d'organiser la **Terreur.** Ses discours effraient ses ennemis comme ses amis. Robespierre est renversé le 9 **Thermidor an II** (27 juillet 1794) puis il est guillotiné avec ses partisans.

ROBIN DES BOIS ✦ Personnage de la légende saxonne, inspiré d'un personnage historique de la fin du XIIe siècle. Le prince Jean opprime les Saxons pendant que son frère, Richard Cœur de Lion, participe aux croisades. Révolté par ces injustices, un archer se réfugie dans la forêt royale de Sherwood, au centre de l'Angleterre. Il prend le surnom de Robin des Bois. Il apparaît dans les ballades de la Renaissance et inspire de nombreuses œuvres comme le roman de Walter **Scott** (*Ivanhoé,* 1819) ou le dessin animé de Walt Disney (*Robin des Bois,* 1973) où il apparaît sous les traits d'un renard.

Robinson Crusoé ✦ Roman de Daniel De Foe (1719). Robinson Crusoé est un marin qui échoue sur une île déserte après un naufrage. Il raconte sa solitude, la patience et le courage qui lui permettent de survivre vingt-huit ans dans une nature hostile. Sa rencontre avec Vendredi, dont il fait son esclave pose le problème de la colonisation et de ses injustices. De Foe s'inspire de la véritable histoire d'Alexander Selkirk, marin abandonné de 1704 à 1709 sur une île de l'archipel chilien Juan Fernandez, appelée ensuite *île Robinson Crusoé.* Michel **Tournier** reprend les personnages de De Foe dans son roman *Vendredi ou les Limbes du Pacifique* (1967), qu'il réécrit pour les plus jeunes sous le titre *Vendredi ou la Vie sauvage*.

ROCAMBOLE ✦ Personnage principal des romans-feuilletons de Ponson du Terrail. Cet aventurier apparaît dans *Les Drames de Paris*, œuvre commencée en 1859 et publiée en 1884. Rocambole vit des aventures pittoresques dans le Paris du Second Empire en défendant les plus faibles contre les puissants. On qualifie de *rocambolesque* une aventure extravagante et pleine de péripéties, aussi incroyable qu'animée.

ROCHAMBEAU (1725-1807) ✦ Maréchal français. Il commande les troupes envoyées au secours de Washington lors de la guerre de l'**Indépendance américaine** (1780) et contribue à la prise de Yorktown (1781). Maréchal de France (1791), il est nommé à la tête de l'armée du Nord (1792). Emprisonné sous la **Terreur**, il échappe à la guillotine grâce à la chute de Robespierre. ■ Son nom complet est *Jean-Baptiste Donatien de Vimeur, comte de Rochambeau*.

ROCHEFORT ✦ Ville de Charente-Maritime, sur la Charente. 24 300 habitants (les *Rochefortais*). Ancienne corderie royale (1666), ancien hôpital maritime (fin du XVIIIe siècle). Musées, Écoles de la marine nationale et de l'armée de l'air. Industrie (mécanique, aéronautique). Ville natale des écrivains Pierre Loti et Narcejac (Boileau-Narcejac). ♦ Colbert crée un port militaire avec un arsenal à l'embouchure de la Charente (1666), fortifié par Vauban. La Fayette s'y embarque pour Boston (1780). Le port connaît une intense activité jusqu'à la fermeture de l'arsenal (1926).

ROCHELLE (La) ✦ Chef-lieu de la Charente-Maritime. 74 998 habitants (les *Rochelais*). Vestiges de l'enceinte médiévale (porte de la Grosse Horloge, XIIIe siècle, remaniée au XVIIIe siècle ; tour de la Chaîne et tour Saint-Nicolas, XIVe siècle), cathédrale Saint-Louis (1774-1784), nombreux hôtels particuliers et maisons anciennes. Port de commerce, de pêche et de plaisance. Industries (mécanique, chimie). Riches musées, festival de musique des Francofolies, festival de cinéma. Tourisme. La Rochelle est reliée à l'île de Ré par un pont depuis 1998. Ville natale de Réaumur et Fromentin. ♦ La ville passe plusieurs fois des mains des Anglais (1152, 1360) à celles des Français (1224) avant de revenir à ces derniers grâce aux victoires de **Du Guesclin** (1372). Elle prospère grâce à son port et aux échanges commerciaux avec l'Amérique (XIVe-XVIe siècles). La Rochelle prend parti pour la **Réforme** et devient un centre protestant protégé par l'édit de **Nantes** (1598). Sa forteresse est détruite sur ordre de Richelieu après un siège long et meurtrier (1627-1628). Son déclin est aggravé par la révocation de l'édit de Nantes (1685) et par la cession du Canada à l'Angleterre (1763) qui limite les échanges entre les deux continents.

ROCHE-SUR-YON (La) ✦ Chef-lieu de la Vendée. 53 162 habitants (les *Yonnais*). Commerce. Musée d'art et d'archéologie. ♦ La ville est incendiée lors des guerres de **Vendée**. Elle est reconstruite par Napoléon Ier qui en fait une ville de garnison et le chef-lieu du département.

ROCHEUSES (montagnes) ✦ Chaîne montagneuse d'Amérique du Nord, à l'ouest du continent (☛ cartes 43, 47). Elle s'étend de l'Alaska au Nouveau-Mexique, ses sommets atteignant plus de 4 000 m. De nombreuses rivières y prennent leur source (Columbia, Yellowstone, Missouri, Colorado, Arkansas, Rio Grande).

ROCKEFELLER John Davison (1839-1937) ✦ Industriel américain. Il acquiert une raffinerie de pétrole (1865), réussit à maîtriser ses concurrents et crée la Standard Oil Company (1870) qui domine l'industrie pétrolière. Il amasse une immense fortune qu'il utilise en partie pour financer des institutions (université de Chicago, fondation Rockefeller).

ROCKWELL Norman (1894-1978) ✦ Peintre et illustrateur américain. Les couvertures de magazines (*Saturday Evening Post*, 1916-1960 ; *Look*) qu'il réalise le rendent très populaire. Dans un style naturaliste très minutieux, il peint des scènes de la vie américaine. Il a ilustré des romans de M. Twain et de Dickens et réalisé des portraits d'Eisenhower, Kennedy et Nasser. Il est l'un des précurseurs de l'hyperréalisme.

RODEZ ✦ Chef-lieu de l'Aveyron. 24 088 habitants (les *Ruthénois*). Ruines romaines (aqueduc, arènes), cathédrale Notre-Dame (XIIIe-XVIe siècles), hôtels particuliers (XIVe-XVIe siècles) et musées. Industries. Commerce (foire). Ville natale de Soulages. ♦ La cité gauloise devient la capitale du **Rouergue** sous les Romains. Le comté de Rodez est rattaché à la couronne de France sous Henri IV (1589).

RODIN Auguste (1840-1917) ✦ Sculpteur français. Il étudie à l'École de dessin et de mathématiques. Il échoue au concours d'entrée des Beaux-Arts et il est refusé au Salon de 1864. Après un séjour en Italie, il se fait remarquer en présentant un nu, *L'Âge d'airain* (1877), puis une statue, *Saint Jean-Baptiste* (1879). Il reçoit des commandes officielles : porte monumentale du musée des Arts décoratifs, qui reste inachevée (*Porte de l'Enfer*, 1880-1885), groupe des *Bourgeois de Calais* (1884-1886), monuments à Victor Hugo (1890), à Balzac (1891-1898), et il réalise de nombreux bustes (Clemenceau, 1911). Rodin domine la sculpture de son temps par son réalisme, la force et l'expressivité des figures humaines qu'il représente. Deux de ses plus célèbres sculptures sont des détails de la Porte de l'Enfer qu'il reprend et présente isolément après l'abandon du projet initial : *Le* ***Penseur*** (1880) et *Le Baiser* (1886). Un musée lui est consacré à Paris.

ROGERS lord Richard (né en 1933) ✦ Architecte britannique. Partisan d'un style high tech, proche des techniques de l'ingénieur, il est l'auteur de nombreuses réalisations : le **Centre national d'art et de culture Georges-Pompidou**, à Paris (1973-1977), en collaboration avec R. **Piano** (☛ Ve République p. 197), le Lloyds Building (1979-1984) et le dôme Millenium (2000) à Londres, le bâtiment de la Cour européenne des droits de l'homme à Strasbourg (1994), la reconstruction du palais de justice de Bordeaux (1997) et la couverture des arènes de Barcelone.

ROIS (Vallée des) → VALLÉE DES ROIS

ROIS MAGES n. m. pl. → MAGES (Rois)

ROI-SOLEIL (le) ✦ Surnom de **Louis XIV**.

ROISSY-EN-FRANCE ✦ Commune du Val-d'Oise. 2 854 habitants (les *Roisséens*). Elle accueille depuis 1974 l'aéroport Paris-Charles-de-Gaulle qui s'étend sur plus de 3 500 hectares et comprend plusieurs aérogares. En 2015, l'aéroport a accueilli plus de 95 millions de passagers.

ROLAND ✦ Neveu et compagnon légendaire de **Charlemagne.** Au retour d'une expédition en Espagne contre les Vascons (Basques), il tombe dans une embuscade au col de **Roncevaux.** Armé de son épée **Durendal,** il fait preuve jusqu'à la mort d'une résistance et d'un courage héroïques qui forgent sa légende. *La Chanson de Roland* retrace et enjolive les épisodes de son dernier combat et la vengeance de Charlemagne. Les Vascons sont remplacés par les Sarrasins, et cette épopée fait de Roland le modèle du chevalier chrétien qui se bat pour sa foi. Cette chanson de geste apparaît à la fin du XIe siècle ; c'est l'un des plus anciens textes de la littérature française.

ROLAND-GARROS (stade) ✦ Stade construit à Paris près de la porte d'Auteuil (1928). Il accueille tous les ans les Internationaux de France de tennis.

ROLLAND Romain (1866-1944) ✦ Écrivain français. Il publie des biographies d'artistes et de personnages de la Révolution (*Vies des hommes illustres,* 1903-1911) où se dessine sa conception d'un héroïsme humanitaire. Son pacifisme apparaît dans *Au-dessus de la mêlée* (1915) et il s'engage en faveur de la non-violence (*Gandhi,* 1924). Dans son œuvre abondante, on peut citer son *Théâtre de la Révolution* (*Danton,* 1900 ; *Le Quatorze-Juillet,* 1902), les cycles romanesques (*Jean-Christophe,* 1904-1912 et *L'Âme enchantée,* 1922-1933) ou encore son autobiographie (*Le Voyage intérieur,* 1942). Prix Nobel de littérature (1915).

ROLLING STONES n. m. pl. ✦ Groupe de rock britannique, fondé en 1962 par Mike Jagger (né en 1943). Ils sont considérés comme plus provocateurs que leurs rivaux, les **Beatles.** Ils se produisent encore lors de tournées triomphales. Parmi leurs chansons, on peut citer : *It's All Over Now* (1964), *Satisfaction* (1965), *Jumpin' Jack Flash* (1968), *Angie* (1973).

ROLLON (vers 860-vers 933) ✦ Chef scandinave. Après des incursions en Angleterre et en Frise, il s'installe dans la région de Rouen et menace Paris. En échange de la paix, Charles III le Simple le fait duc de la région qu'il occupait (la future Normandie) (911). Baptisé, il prend le nom de Robert.

ROL-TANGUY (1908-2002) ✦ Militant communiste et résistant français. Commandant des **FFI** d'Île-de-France, il joua un rôle prépondérant dans la libération de Paris (août 1944) et signa l'acte de reddition des forces allemandes. ▪ Son véritable nom est *Henri Tanguy.*

ROMAIN (Empire) ✦ Empire de l'Antiquité fondé par **Auguste,** qui succède à la république de **Rome** (27 av. J.-C.). Il l'organise et fixe ses frontières. Il protège les arts et la littérature (Horace, Mécène, Ovide, Virgile). Ses successeurs poursuivent les réformes administratives commencées et font la conquête de la Bretagne. Après les excès de **Caligula** et de **Néron,** la dynastie des Flaviens (**Vespasien, Titus**) rétablit l'autorité du sénat et améliore la condition du peuple. Le règne des Antonins (**Trajan, Hadrien,** Antonin et **Marc Aurèle**) marque l'apogée de l'Empire : annexion de la Mésopotamie, de l'Arménie, de l'Arabie. Les frontières sont renforcées (mur d'Hadrien en Angleterre, limes du Rhin et du Danube ; les vestiges des frontières de l'Empire sont inscrits sur la liste du patrimoine mondial de l'Unesco). Après une période d'anarchie, la dynastie des Sévères (193-235) établit un régime militaire, unifié par **Caracalla** (212). Mais l'Empire est menacé par les Barbares (235-284) : Francs, Alamans, Goths sur le Rhin et le Danube, Perses sur l'Euphrate. **Dioclétien** entreprend des réformes sociales, économiques et politiques. En 303, il déclenche une persécution particulièrement dure contre les chrétiens. **Constantin Ier le Grand** écarte ses rivaux et il devient le maître de l'Empire romain. Il fait du christianisme la religion de l'Empire (313) et fait construire les premiers monuments chrétiens. Il fonde une nouvelle capitale, **Constantinople.** À la mort de **Théodose Ier le Grand** (395), ses deux fils se partagent l'Empire. L'*Empire romain d'Occident* (avec **Rome** pour capitale) est anéanti par les invasions barbares (476). L'*Empire romain d'Orient* appelé aussi *Empire* ***byzantin*** (avec **Constantinople** pour capitale) perdure jusqu'en 1453 (☛ carte 9).

ROMAIN Jules (1492 ou 1499-1546) ✦ Peintre et architecte italien. Disciple de Raphaël, il travaille aux loges du Vatican puis fait toute sa carrière à **Mantoue.** Son chef-d'œuvre est la construction et la décoration du palais du Tè (1524-1530) qui fait de lui l'un des maîtres du maniérisme. Héritier à la fois de Raphaël et de Michel-Ange, il a su innover avec virtuosité. Artiste fécond, il est l'auteur de nombreux tableaux d'autels, de cartons de tapisserie, de dessins d'architecture et de relevés de monuments antiques. Il a influencé le Primatice, Véronèse et Rubens. ▪ Son vrai nom est *Giulio Pippi de' Jannuzzi,* dit en italien *Giulio Romano.*

ROMAINS Jules (1885-1972) ✦ Écrivain français. Professeur de philosophie (1909-1919), il fonde l'unanimisme, théorie littéraire selon laquelle l'âme collective dépasse celle de l'individu, et l'applique avec ironie dans ses pièces (***Knock*** *ou le Triomphe de la médecine,* 1923) et ses romans (*Les Copains,* 1913). Son œuvre maîtresse, *Les Hommes de bonne volonté* (vingt-sept volumes, 1932-1946), décrit la société française entre 1908 et 1933. Académie française (1946). ▪ Son vrai nom est *Louis Farigoule.*

Roman de la Rose ✦ Roman allégorique français du XIIIe siècle composé en octosyllabes. Il est formé de deux parties distinctes. La première (v. 1236), due à Guillaume de Lorris, s'inspire d'Ovide et présente dans un style raffiné un art d'aimer courtois. La seconde (v. 1275), due à Jean de Meung, écrite dans un style didactique et satirique, est une somme du savoir scientifique et philosophique de l'époque. L'œuvre a connu un immense succès. Louée par Pétrarque, traduite en anglais par **Chaucer,** elle a été éditée par Marot (1526).

Roman de Renart ✦ Œuvre écrite par des auteurs anonymes (vers 1170-1250) et composée de 29 récits. Elle raconte l'histoire de la lutte entre le rusé Renart et Ysengrin le loup, à la cour de Noble le lion. À travers leurs histoires et celles des animaux qui les entourent, c'est la société féodale du Moyen Âge qui est dépeinte de manière drôle et satirique. Le nom du héros de ce récit remplace le mot *goupil* qui désignait alors le *renard,* ce qui témoigne du succès du personnage.

ROMANOV ✦ Famille qui règne sur la Russie de 1613 à 1917. Originaire de Lituanie, elle se réfugie en Russie (XIVe siècle). Michel III Fedorovitch, tsar de 1613 à 1645, fonde la dynastie qui compte **Pierre le Grand, Catherine II, Alexandre Ier Pavlovitch, Nicolas Ier Pavlovitch, Alexandre II Nikolaïevitch, Alexandre III Aleksandrovitch** et **Nicolas II Aleksandrovitch,** dernier tsar de Russie.

ROMANS-SUR-ISÈRE ✦ Ville de la Drôme, sur l'Isère. 33 366 habitants (les *Romanais*). Ancienne abbatiale Saint-Barnard (XIIe-XIVe siècles, tentures flamandes du XVIe siècle), tour Jacquemart avec automate (XVe siècle). Musées (chaussure, ethnographie). Industries (métallurgie, combustibles nucléaires, alimentaire, chaussure, tannerie).

ROME ✦ Capitale de l'Italie, sur le Tibre, à 25 km de la mer Tyrrhénienne. 2,5 millions d'habitants (les *Romains*). Centre historique inscrit sur la liste du patrimoine mondial de l'Unesco pour ses monuments antiques : **Forum romain,** Circus Maximus, **Panthéon,** Maison dorée, **Colisée,** forum de **Trajan,** château Saint-Ange qui abrite le mausolée d'**Hadrien,** thermes de **Caracalla.** Place du Capitole dessinée par Michel-Ange (vers 1546), palais baroques (Farnèse, XVIe siècle), villas Farnésine, **Médicis,** Borghèse (XVIe-XVIIe siècles), basilique Saint-Jean-de-Latran (XVIIe-XVIIIe siècles), places Navona et del Popolo, nombreuses églises. Ses riches musées abritent de remarquables collections. Au sud, le quartier moderne de l'EUR, construit par Mussolini (1938-1942), forme un ensemble administratif, juridique, culturel et commercial. Au nord se trouvent la Cité du **Vatican** et la basilique **Saint-Pierre de Rome.** Rome est un centre de services (administration, banque, commerce, assurance), l'industrie y est développée (bâtiment, mécanique, électromécanique, papeterie, textile, alimentaire, chimie, cinéma avec les studios de Cinecitta). C'est aussi une grande ville touristique avec 3 millions de visiteurs par an. ♦ Rome est fondée selon la légende en 753 av. J.-C. par **Romulus** (☛ Rome p. 154). La cité grandit sur le site aux sept collines (l'**Aventin,** le **Caelius,** le **Capitole,** l'**Esquilin,** le **Palatin,** le **Quirinal,** le **Viminal**), qui forment un solide site défensif. Les **Étrusques** la développent et construisent ses premiers monuments (VIe siècle av. J.-C.). La royauté est abolie et la République est établie (509 av. J.-C.). Rome étend sa domination à l'ensemble de l'Italie (IIIe siècle av. J.-C.). Elle anéantit **Carthage** lors des guerres puniques (264 av. J.-C.-146 luav. J.-C.) et annexe l'Asie et le royaume de **Pergame,** l'Afrique du Nord, l'Espagne, la Grèce et la Macédoine qui deviennent des provinces romaines. **César** conquiert toute la Gaule (**Alésia,** 52 av. J.-C.). Il s'empare progressivement du pouvoir, mais il est assassiné par **Brutus** (44 av. J.-C.). Son autre fils adoptif, Octave, lui succède sous le nom d'**Auguste** et fonde l'Empire **romain** (27 av. J.-C.) dont Rome est le centre florissant. Quand l'Empire se disloque, Rome est en proie aux attaques des Barbares. Elle est pillée par **Alaric Ier,** roi wisigoth (410) et les Vandales (456). En 476, le Barbare Odoacre dépose le dernier empereur : c'est la chute de Rome et la fin de l'empire d'Occident. Les Francs créent les États de l'Église (756). Charlemagne (800) et les empereurs germaniques se font couronner à Rome. La ville décline après les invasions des Sarrasins (846), puis des Normands (1084) et l'installation des papes à **Avignon** (1309). Elle retrouve son prestige avec le retour des papes et les artistes de la **Renaissance** (**Michel-Ange, Raphaël**). Rome redevient le centre spirituel du christianisme (XVIIe-XVIIIe siècles). L'Italie unifiée la choisit comme capitale (1870).

ROME (traité de) ✦ Traité signé à Rome le 25 mars 1957 par la France, l'Italie, la RFA et le Benelux (☛ Europe p. 198). Il donne naissance à la **CEE** en établissant une union douanière et une politique économique et financière commune.

Roméo et Juliette ✦ Pièce de théâtre de Shakespeare (1594). À **Vérone,** à l'époque de la Renaissance, Roméo et Juliette s'aiment mais appartiennent à deux puissantes familles rivales : Juliette à celle des Capulet et Roméo à celle des Montaigu. Ils se marient en secret mais Roméo doit s'exiler car il a tué le cousin de Juliette. Quand la famille de la jeune fille veut lui faire épouser un homme qu'elle n'aime pas, Juliette se fait passer pour morte en prenant un somnifère. Roméo la croit morte et il se tue. Lorsque Juliette se réveille, elle se poignarde sur le cadavre de son bien-aimé. Ils symbolisent l'amour et leur histoire inspire de nombreux artistes, comme Berlioz qui compose une symphonie (1839), Gounod un opéra (1867), Tchaïkovski une ouverture (1869), Prokofiev qui crée un ballet (1936-1938), Bernstein une comédie musicale, ***West Side Story*** (1957), adaptée au cinéma (1961).

ROMMEL Erwin (1891-1944) ✦ Maréchal allemand. Après un premier passage dans l'armée (1910-1918), il la réintègre comme officier instructeur des Jeunesses nazies (1933). Il commande une division blindée en France (1940) puis l'Afrikakorps (forces allemandes envoyées en Afrique du Nord pour aider les Italiens) en Libye et en Égypte. Le « renard du désert » est battu à El-Alamein par **Montgomery** (1942). Affecté sur le front de l'Atlantique, il doute de la victoire allemande. Il est alors soupçonné de trahison par Hitler qui lui ordonne de se suicider.

ROMORANTIN ✦ Chef-lieu d'arrondissement de Loir-et-Cher. 16 891 habitants (les *Romorantinais*). Ville natale de Claude de France. Musée de Sologne.

ROMULUS ✦ Fondateur et premier roi de Rome, selon la légende. Fils d'une prêtresse de Vesta et de Mars, il est jeté dans le Tibre avec son frère jumeau **Remus.** Les deux enfants sont recueillis par une louve qui les allaite puis par un berger qui les élève. Ils décident de fonder une ville sur le **Palatin** et le sort désigne Romulus comme roi. Il trace un sillon qui marque la future enceinte de **Rome** (753 av. J.-C.). Par dérision, Remus franchit le sillon et provoque la colère de son frère qui le tue. Romulus organise la ville en créant le conseil des sénateurs et une assemblée du peuple. Il disparaît lors d'un orage (vers 715 av. J.-C.).

RONCEVAUX ✦ Commune d'Espagne (Navarre), près du *col de Roncevaux* (1 057 m). Le chemin de Saint-Jacques-de-Compostelle traverse les Pyrénées à cet endroit. L'arrière-garde de **Charlemagne,** qui franchit le col (15 août 778), est massacrée par les Vascons (Basques) et, selon la légende, le neveu de Charlemagne, **Roland,** y trouve la mort. Cet épisode est à l'origine de *La Chanson de Roland* dans laquelle les Vascons sont remplacés par les Sarrasins.

RONIS Willy (1910-2009) ✦ Photographe français. Il commence sa carrière en 1936 en publiant un reportage sur le Front populaire, puis sur les grèves chez Citroën et les mouvements sociaux. Il photographie les quartiers populaires de Paris avec une grande poésie (*Belleville-Ménilmontant,* 1954 ; *Mon Paris,* 1985).

RONSARD Pierre de (1524-1585) ✦ Poète français. Une surdité subite le détourne d'une carrière militaire et diplomatique. Il se consacre à l'étude des lettres (1543) et est au centre d'un groupe de poètes, la **Pléiade.** ☛ Littérature p. 141. Son œuvre, inspirée par Pindare, Horace et Pétrarque, est marquée par les thèmes qui lui sont chers : l'amour, l'humanisme, la défense de la foi catholique. Ce grand ami de du **Bellay**, surnommé le «Prince des poètes» et protégé par Henri II et Charles IX, est redécouvert deux siècles plus tard par les romantiques. Parmi ses écrits, on peut citer : *Odes* (1550-1552), les *Amours de Cassandre* (1552), les *Hymnes* (1555-1556), les *Discours* (1562-1563) et les célèbres *Sonnets pour Hélène* (1578).

RÖNTGEN Wilhelm Conrad (1845-1923) ✦ Physicien allemand. Il découvre des rayons inconnus qu'il appelle *rayons X* (1895), capables de traverser des corps assez épais. Ses recherches donnent naissance à la radiologie et permettent la découverte de la radioactivité. Son nom est donné à l'unité d'exposition aux rayonnements, le *röntgen.* Prix Nobel de physique (1901).

ROOSEVELT Theodore (1858-1919) ✦ Homme d'État américain. Il participe à l'occupation de **Cuba** (1898). Grâce à sa popularité, il est élu gouverneur de New York (1898-1900). Vice-président de McKinley, il devient le 26ᵉ président des États-Unis quand celui-ci est assassiné (1901). Il est réélu en 1904. Il mène une politique extérieure autoritaire. Il obtient le prix Nobel de la paix en 1906 pour son soutien au tribunal international de La Haye. Il combat la neutralité imposée par Thomas Woodrow **Wilson** pendant la Première Guerre mondiale (1914-1917).

ROOSEVELT Franklin Delano (1882-1945) ✦ Homme d'État américain. Ce cousin de Theodore **Roosevelt** est élu sénateur de l'État de New York (1910), puis gouverneur de New York (1929). Il devient le 32ᵉ président des États-Unis (1933, réélu en 1936, 1940 et 1944). Avec son programme économique et social appelé le ***New Deal,*** il sort le pays de la grave crise qu'il traverse depuis 1929 (☛ Crise de 1929 p. 193). Après l'attaque de **Pearl Harbor** (décembre 1941), il fait entrer les États-Unis dans la Deuxième Guerre mondiale. Il participe aux conférences entre les Alliés qui préparent l'après-guerre (**Yalta**).

ROQUEBRUNE-CAP-MARTIN ✦ Commune des Alpes-Maritimes, limitrophe de Monaco. 12 867 habitants (les *Roquebrunois*). Vieille ville médiévale. Station balnéaire.

ROQUEFORT-SUR-SOULZON ✦ Commune de l'Aveyron. 613 habitants (les *Roquefortais*). L'affinage du fromage de brebis (le *roquefort*) a lieu dans les caves souterraines aménagées dans les grottes du plateau calcaire des **Causses.**

ROSE (mont) ✦ Massif montagneux des Alpes, partagé entre la Suisse (Valais) et l'Italie (Vallée d'Aoste). Il compte le point culminant de la Suisse (pointe Dufour, 4 634 m) et plusieurs sommets dépassant 4 000 m : **Cervin** (4 478 m), Lyskamm (4 527 m), Breithorn (4 165 m). Alpinisme et ski.

ROSEAU ✦ Capitale de la Dominique, dans le sud-ouest de l'île, sur la mer des Caraïbes. 22 000 habitants. Port. Commerce (fruits, légumes, épices).

ROSETTE (pierre de) ✦ Pierre portant un décret de Ptolémée V (196 av. J.-C.) écrit en deux langues (égyptien et grec) et trois écritures (l'égyptien est écrit en hiéroglyphes et en démotique qui est l'écriture populaire). Un officier français la découvre dans la ville de Rosette (Basse-Égypte), lors de travaux de terrassement (1799). Après la capitulation française (1801), elle est cédée aux Anglais et on peut la voir aujourd'hui au British Museum à Londres. Thomas Young (1814) puis **Champollion** (1821-1822) comparent les hiéroglyphes avec le texte grec et parviennent à les déchiffrer.

ROSNY ✦ Écrivains français, d'origine belge. Les frères **Joseph Henri** dit **ROSNY AÎNÉ** (1856-1940) et **Séraphin Justin** dit **ROSNY JEUNE** (1859-1848) collaborent (1887-1908) pour écrire des romans, abordant tous les genres : naturalisme, fantastique (*Les Xipéhuz,* 1887 ; *Vamireh,* 1892). Après leur séparation, Rosny aîné connaît le succès avec *La **Guerre du feu*** (1911), roman sur la préhistoire d'une grande puissance imaginative.

ROSSELLINI Roberto (1906-1977) ✦ Cinéaste italien. Avec *Rome, ville ouverte* (1945) et *Païsa* (1946), il s'impose comme le maître du néoréalisme italien. Il s'efforce de comprendre dans son œuvre le monde moderne qui l'entoure : *Allemagne année zéro* (1948), *Europe 51* (1952), *Voyage en Italie* (1953), *Le Général Della Rovere* (1959) et *La Prise du pouvoir par Louis XIV* (1967, pour la télévision).

ROSSETTI Dante Gabriel (1828-1882) ✦ Peintre et poète britannique. Fils d'un poète italien enseignant à Londres, il débute comme illustrateur. Il participe à la fondation de la Confrérie préraphaélite (1848) qui recherche la pureté des primitifs italiens, s'inspirant de Dante et de Shakespeare et puisant aux sources littéraires médiévales (*Le Songe de Dante,* 1856 ; *Beata Beatrix,* 1863). À partir de 1858, il se détache des préraphaélites et s'attache à évoquer la passion amoureuse. Son œuvre a eu une grande influence sur les mouvements artistiques de la fin du XIXᵉ siècle, comme le symbolisme.

ROSSINI Gioacchino (1792-1868) ✦ Compositeur italien. Les premières représentations de ses opéras bouffes et de son opéra *Tancredi* (1813) remportent un triomphe à Venise. Il dirige le théâtre musical de Naples, tout en continuant de composer pour les théâtres de Venise, Milan et Rome où il produit *Le Barbier de Séville* (1816). À Paris, il est nommé directeur du Théâtre-Italien (1824), puis compositeur du roi et inspecteur général du chant en France. Il perd son statut officiel à la Révolution de 1830. Ses opéras sont restés célèbres pour leur gaieté et leur style alerte et spirituel (*La Pie voleuse,* 1817 ; *Guillaume Tell,* 1829).

ROSTAND Edmond (1868-1918) ✦ Écrivain français. Après des études de droit, il choisit d'être poète. Il connaît un grand succès populaire avec la comédie ***Cyrano de Bergerac*** (1897) et le drame *L'Aiglon* (1900). La virtuosité verbale et le panache de ses héros caractérisent ses pièces de théâtre. Académie française (1901).

ROSTAND Jean (1894-1977) ✦ Biologiste et écrivain français, fils d'Edmond **Rostand.** Il étudie la parthénogenèse et les malformations génétiques. Il vulgarise son savoir scientifique dont il démontre la portée philosophique dans des ouvrages comme *La Parthénogenèse animale* ou *La Biologie et l'avenir humain* (1950). Académie française (1959).

ROSTOV-SUR-LE-DON ✦ Ville de Russie, à 46 km de l'embouchure du Don, sur la mer d'Azov. 1 million d'habitants. Port fluvial en pleine expansion depuis la construction du canal qui relie la mer d'Azov à la mer Caspienne (1952). Centre industriel (chantier naval, mécanique, chimie, alimentaire, tabac).

ROTHSCHILD ✦ Famille de banquiers européens, d'origine allemande. **Meyer Amschel ROTHSCHILD** (1743-1812) fonde à Francfort la banque qui porte son nom et la dirige. Ses fils développent des succursales à Vienne, Manchester, Londres, Naples et Paris.

ROTTERDAM ✦ Ville des Pays-Bas (Hollande-Méridionale), dans le sud-ouest du pays, dans le double delta du Rhin et de la Meuse. 624 700 habitants (les *Rotterdamois*) et l'agglomération 1 170 954. Le plus grand port du monde, relié à la mer du Nord par un canal. Centre industriel (pétrochimie, construction navale, électricité, alimentaire), commercial et financier. Ville natale d'Érasme et de W. De Kooning. ♦ La ville prospère avec la **Hanse** (XIVe siècle). Elle est prise par Maximilien d'Autriche (1489) puis pillée par les Espagnols (1572). Au XVIIe siècle, elle devient la deuxième ville commerçante de la Hollande. Le percement du canal (1870) lui donne un accès direct à la mer et une nouvelle prospérité.

ROUAULT Georges (1871-1958) ✦ Peintre et graveur français. Élève de Gustave **Moreau**, il traverse une crise morale et exprime sa révolte en représentant l'humanité dans sa vérité nue, peignant dans un style violent des clowns, des acrobates, des prostituées (*L'Ivrognesse*, 1905 ; *Le Clown*, 1907) pour lesquels il éprouve cependant de la compassion. Profondément chrétien, il trouve la sérénité et l'harmonie spirituelle, et se tourne vers des sujets religieux (*La Sainte Face*, 1933 ; *Nocturne chrétien*, 1952). Il a gravé un monumental *Miserere* (1948).

ROUBAIX ✦ Ville du Nord. 95 600 habitants (les *Roubaisiens*). Grand centre de vente par correspondance. Important centre lainier. Fait partie de l'ensemble urbain de **Lille**-Roubaix-Tourcoing.

ROUBAUD Jacques (né en 1932) ✦ Écrivain français. Mathématicien et membre de l'**OuLiPo**, il est l'auteur d'une œuvre dans laquelle le souci constant de la forme prédomine : jeux poétiques formels (*Trente et un au cube*, 1973 ; *Quelque chose noir*, 1986), romans (la trilogie d'*Hortense*, 1985-1990), récits autobiographiques (*Le Grand Incendie de Londres*, 1989).

ROUEN ✦ Chef-lieu de la Seine-Maritime et de la Région Normandie, sur la Seine. 110 618 habitants (les *Rouennais*) et l'agglomération 467 585. Nombreux monuments de style gothique : cathédrale Notre-Dame (XIIIe-XVIe siècles), églises Saint-Ouen (XIVe-XVe siècles) et Saint-Maclou (XVe-XVIe siècles), palais de justice (XVIe siècle). Son musée des Beaux-Arts est l'un des plus riches de France. Avec Le **Havre**, elle forme l'avant-port de Paris. Industries (bois, chimie, agroalimentaire). Ville natale de Corneille, Cavelier de La Salle, Fontenelle, Géricault, Flaubert, M. Leblanc, Ch. Nicolle. ♦ Capitale d'un peuple gaulois, elle se développe grâce à la fabrication du drap (tissu de laine) et au commerce avec l'Angleterre (Xe siècle). Les rois de France et d'Angleterre se disputent longtemps la Normandie. Philippe Auguste la rattache à la France (1204). Les Anglais s'emparent de Rouen (1419) et **Jeanne d'Arc** y est brûlée (30 mai 1431). La ville, libérée des Anglais (1449), souffre des guerres de **Religion**. Elle est très endommagée par les bombardements de la Deuxième Guerre mondiale.

ROUERGUE n. m. ✦ Région historique du sud-ouest de la France qui correspond au département actuel de l'Aveyron. Elle s'étend sur des plateaux entre le Lot et le Tarn, à l'ouest des Grands **Causses**. Ville principale : Rodez. ♦ La région fait partie de la province romaine d'Aquitaine. Elle devient un comté dépendant des comtes de Toulouse (1066). Le comté de **Rodez** en est séparé pour être vendu (1147). Le Rouergue est rattaché au domaine royal (1271). Il est cédé aux Anglais (1360) puis repris par Charles V (1369).

ROUGE (mer) ✦ Mer du Proche-Orient, située entre l'Arabie et l'Afrique. Elle est reliée à la Méditerranée par le canal de **Suez**. Elle communique avec le golfe d'**Aden** et l'océan Indien par le détroit de **Bab el-Mandeb**. Elle est longue de 2 000 km, large de 300 km, et peut atteindre 3 000 m de profondeur. De nombreux ports se trouvent sur ses rives : Suez, Port-Soudan, Massaoua (rive ouest), Akaba, Eilat, Djeddah (rive est). Ses eaux, très salées et chaudes, sont parfois colorées par des algues rouges qui sont à l'origine de son nom.

ROUGE (fleuve) ✦ Nom français du fleuve **Song Hong**.

ROUGE (place) ✦ Place principale de Moscou, en bordure du **Kremlin**. Tous deux forment le centre de la ville, inscrit sur la liste du patrimoine mondial de l'Unesco : église Saint-Basile-le-Bienheureux (1555-1560), statues de Minine et de Pojarski (1818), Musée historique (1875-1881), grands magasins Goum (1889-1893), mausolée de **Lénine**.

ROUGET DE LISLE Claude Joseph (1760-1836) ✦ Officier français. En garnison à Strasbourg, il compose le *Chant de guerre pour l'armée du Rhin* (1792) qui devient *La* ***Marseillaise***. Il est emprisonné sous la **Terreur**, puis reprend la composition après sa libération (*Chant des vengeances*, 1798 ; *Chant des combats*, 1800). Il repose aux **Invalides**.

ROUMANIE n. f. ✦ Pays d'Europe centrale (☞ cartes 24, 25). Superficie : 237 500 km^2 (environ la moitié de la France). Plus de 20 millions d'habitants (les *Roumains*), en majorité chrétiens. République dont la capitale est Bucarest. Langue officielle : le roumain ; on y parle aussi le hongrois, l'allemand et le rom. Monnaie : le leu. ♦ GÉOGRAPHIE. Le centre de la Roumanie est formée par la chaîne des **Carpates** qui domine les plaines de **Moldavie** à l'est et de **Valachie** au sud. Le climat est continental. ♦ ÉCONOMIE. L'agriculture est diversifiée (céréales, betterave à sucre, vigne, fruits, élevage d'ovins, de bovins et de porcins). L'industrie, développée sous le régime socialiste (sidérurgie), se reconvertit (chimie, pétrochimie, textile, agroalimentaire). ♦ HISTOIRE. La province romaine est appelée *Dacie* sous **Trajan** (IIe siècle). Les Barbares l'envahissent (IIIe siècle), et les paysans se réfugient dans les Carpates, conservant leurs traditions et la langue latine. Elle est conquise par les Hongrois (XIIIe siècle), puis disputée entre les Turcs (XVe siècle), les Autrichiens et les Russes (XVIIe-XVIIIe siècles). La Moldavie et la Valachie se révoltent (1848) et obtiennent leur indépendance en 1878 sous le nom de *Roumanie*. Après la Première Guerre mondiale, le pays réunit la Transylvanie, le Banat, la Bucovine, la Bessarabie. Il devient une dictature (1938), renversée en 1944. La république populaire de Roumanie, sous influence de l'**URSS**, est proclamée (1947). Nicolae Ceausescu instaure une dictature (1965), renversée par une insurrection populaire (1989). Il est exécuté avec sa femme. Le retour à la démocratie se traduit par des élections libres qui ont lieu l'année suivante. La Roumanie rejoint l'Otan en 2004 et l'Union européenne en 2007.

ROUSSEAU Jean-Jacques (1712-1778) ✦ Écrivain genevois de langue française. Il naît dans une famille française d'origine protestante, perd sa mère avant d'être abandonné par son père. Il rencontre Mme de Warens qui devient sa protectrice et l'accueille à Chambéry puis aux Charmettes (1732-1741). À Paris, il rencontre **Diderot** et collabore à l'***Encyclopédie*** (1742-1749). Son *Discours sur l'origine et les fondements de l'inégalité parmi les hommes* (1755) critique la civilisation qui a perverti l'homme, naturellement bon. Son roman pédagogique *Émile ou De l'éducation* (1762) est condamné pour ses positions religieuses, ce qui oblige Rousseau à des années d'errance. Sa pensée se révèle dans une œuvre variée qui comprend des romans (*Julie ou la Nouvelle Héloïse*, 1761), des essais philosophiques (le *Contrat social*, 1762) et des autobiographies (*Les Confessions*, 1765-1770 ; *Les Rêveries du promeneur solitaire*, 1776-1778). Ses idées inspirent les penseurs de la Révolution et annoncent le romantisme du siècle suivant. Il repose au **Panthéon**, à Paris.

ROUSSEAU (Henri dit le Douanier) (1844-1910) ✦ Peintre français. Il est clerc de notaire (1868) puis employé municipal aux portes de Paris, ce qui explique son surnom de « douanier » (1871). Il apprend à peindre en copiant des tableaux de maître au Louvre (1884) et expose au Salon des indépendants à partir de 1886. Sa peinture très colorée, où se mêlent simplicité, mystère et exotisme, suscite les moqueries pour sa maladresse autant que l'admiration pour sa poésie. Il rencontre Apollinaire, Delaunay, Picasso. Il peint des paysages (*Vue du parc Montsouris*, vers 1898), des allégories (*La Guerre*, 1894), des scènes de la vie quotidienne (*Une noce à la campagne*, 1905 ; *La Carriole du père Juniet*, 1908), des portraits (*La Muse inspirant le poète : Apollinaire et Marie Laurencin*, 1909) et une série de toiles avec la jungle comme thème principal (*Surpris !*, 1891 ; *Le Repas du lion* et *La Charmeuse de serpents*, 1907 ; *Le Rêve* et *Paysage exotique*, 1910). C'est le plus célèbre représentant de l'art naïf. On peut voir une partie de son œuvre au musée de l'Orangerie et au musée d'Orsay à Paris.

ROUSSEL Albert (1869-1937) ✦ Compositeur français. Alliant la modernité rythmique et harmonique aux influences du contrepoint, il atteint dans ses symphonies, ses ballets (*Le Festin de l'araignée*, 1912 ; *Padmâvatî*, opéra-ballet, 1914-1918) et sa musique de chambre (*Suite en fa*, 1926 ; *Trio pour alto, violon et violoncelle*, 1937), une force expressive et un dynamisme puissant.

ROUSSEL Raymond (1877-1933) ✦ Écrivain français. Son imaginaire exubérant et l'originalité de son style influenceront les surréalistes et les écrivains du Nouveau Roman. *Impressions d'Afrique*, 1910 ; *Locus Solus*, 1914. Il utilise un procédé d'écriture qui repose notamment sur l'exploitation de jeux de mots (*Comment j'ai écrit certains de mes livres*, 1935).

ROUSSILLON n. m. ✦ Région historique du sud de la France qui correspond à peu près au département des Pyrénées-Orientales (☛ carte 21). Ville principale : Perpignan. Ses habitants s'appellent les *Roussillonnais*. ♦ Les Romains s'y établissent (121 av. J.-C.) et l'intègrent à la **Narbonnaise.** La région est occupée par les Wisigoths (Ve-VIIIe siècles) puis par les Arabes (719), avant d'être reconquise par **Pépin le Bref** (759). Disputée entre l'Aragon et la France, cette région rejoint finalement le royaume de France (traité des **Pyrénées**, 1659).

ROUTE DU RHUM n. f. ✦ Course transatlantique à la voile en solitaire courue tous les quatre ans depuis 1978 entre Saint-Malo et Pointe-à-Pitre.

ROUX Émile (1853-1933) ✦ Médecin français. Il consacra sa vie à l'étude des microbes et des maladies infectieuses : il étudia avec **Pasteur** le choléra des poules, la rage, le charbon, isola avec **Yersin** la toxine diphtérique et mit au point un traitement. Il participa à la création de l'Institut **Pasteur**, qu'il dirigea (1904).

ROY Claude (1915-1997) ✦ Écrivain français. L'**Action française** le tente, puis il rejoint la **Résistance** sous l'occupation allemande. Il entre au parti communiste (1943) qui l'exclut (1957) lorsqu'il critique l'invasion de la Hongrie par les Soviétiques. Il publie des récits de voyage (*Clefs pour l'Amérique*, 1947), des poèmes (*Un seul poème*, 1954), des romans (*Le Malheur d'aimer*, 1958), et trois essais autobiographiques. Pour les enfants, il écrit des comptines (*Farandoles et Fariboles*, 1957), des fables (*Enfantasques*, 1974) où il joue malicieusement avec les mots, les sens et les sons, ainsi que des récits (*Le Chat qui parlait malgré lui, Les Animaux très sagaces, La Maison qui s'envole*).

ROYAL AIR FORCE ou **RAF** n. f. ✦ Nom donné à l'aviation britannique. Elle fit face à la **Luftwaffe** et sauva le pays de l'invasion (1940).

ROYAN ✦ Ville de Charente-Maritime, à l'embouchure de la Gironde. 18 388 habitants (les *Royannais*). On peut y voir une partie de l'église Saint-Pierre (fin du XIe siècle) et l'église Notre-Dame (1959). Port de pêche et de plaisance. Tourisme (station balnéaire, zoo de la Palmyre, phare de Cordouan). ♦ La ville est détruite par les terribles bombardements alliés (avril 1945) et totalement reconstruite (1945 à 1959).

ROYAT ✦ Commune du Puy-de-Dôme. 4 787 habitants (les *Royadères*). Station thermale.

ROYAUME-UNI DE GRANDE-BRETAGNE ET D'IRLANDE DU NORD → **GRANDE-BRETAGNE**

RUBENS Pierre Paul (1577-1640) ✦ Peintre flamand. Il s'inscrit à la corporation des artistes d'Anvers (1598), se rend en Italie où il entre au service du duc de Mantoue (1600-1608), et découvre l'œuvre de Véronèse, de Titien, du Tintoret. De retour à Anvers, il est nommé peintre du gouverneur des Pays-Bas, connaît la célébrité et fait travailler de nombreux élèves comme **Van Dyck.** Son sens de la mise en scène multiplie les effets dramatiques et fastueux, et ses compositions créent un mouvement dynamique. Le lyrisme et la sensualité de son œuvre s'expriment par des tonalités chaudes et lumineuses, des modelés vigoureux. Il peint des sujets religieux (*Adoration des Mages*, 1609 ; *Descente de Croix*, 1612), mythologiques (*Enlèvement des filles de Leucippe*, vers 1618 ; *Les Trois Grâces*, 1636) ou profanes (*Jardins d'amour* et *Kermesse*, vers 1635 ; *La Petite Pelisse*, 1638). Il réalise de nombreuses commandes pour les églises (Anvers, Lille, Cambrai) et les cours européennes (décoration de la Galerie de Marie de Médicis pour le palais du **Luxembourg**, 1622-1625 ☛ Baroque ; p. 169 décoration du pavillon de chasse du roi d'Espagne de la Torre de la Parada, 1637-1638). Il est considéré comme l'un des plus grands peintres flamands et sa maison d'Anvers est transformée en musée.

RUBICON n. m. ✦ Fleuve côtier d'Italie, qui se jette dans l'Adriatique. Dans l'Antiquité, il forme la frontière entre la Gaule et l'Italie et aucun général romain ne peut le franchir avec ses troupes sans avoir l'autorisation du sénat, sous peine d'être déclaré ennemi de Rome. De retour de Gaule, Jules **César** le franchit en s'écriant *Alea jacta est,* «le sort en est jeté». Par ce geste, il déclenche la guerre civile entre ses troupes et celles de **Pompée** (50 av. J.-C.). Cet évènement est à l'origine de l'expression *franchir le Rubicon* qui signifie «prendre une décision hardie sur laquelle on ne peut pas revenir».

RUDE François (1784-1855) ✦ Sculpteur français. Il présente des sculptures aux Salons de Paris : *Mercure rattachant sa talonnière* (1827) puis un petit *Pêcheur napolitain* (1833). **Thiers** le charge de décorer l'un des montants de l'**Arc de triomphe** : il réalise le *Départ des volontaires* (1835-1836, connu aujourd'hui sous le nom de *La Marseillaise*). ☛ Romantisme p. 180.

RUEIL-MALMAISON ✦ Commune des Hauts-de-Seine. 79 204 habitants (les *Rueillois*). Église Saint-Pierre-et-Saint-Paul (reconstruite au XIXe siècle sur le modèle de l'église du XVIe siècle) qui abrite le tombeau de l'impératrice **Joséphine,** château de **Malmaison** où elle vécut. Commune résidentielle.

RUHR n. f. ✦ Rivière d'Allemagne, longue de 235 km. Elle prend sa source dans le Massif schisteux rhénan et se jette dans le Rhin. Elle donne son nom à la région qu'elle traverse en Rhénanie-du-Nord-Westphalie. Le *Bassin de la Ruhr,* qui s'étend sur 100 km de long et 40 km de large, forme le plus grand bassin houiller du pays. C'est la région la plus peuplée (5 millions d'habitants répartis sur 4 000 km^2) (☛ carte 57) et la plus industrialisée (acier, chimie, textile) du pays. La production annuelle de houille est en forte baisse depuis les années 1960.

RUNGIS ✦ Commune du Val-de-Marne. 5 651 habitants (les *Rungissois*). Depuis 1969, son important marché d'intérêt national remplace les anciennes **Halles** de Paris pour le ravitaillement de la région parisienne.

RUSHMORE (mont) ✦ Site des États-Unis (Dakota du Sud). Les visages des présidents Washington, Jefferson, Lincoln et Theodore Roosevelt, hauts de 18 m, sont sculptés dans une falaise granitique. Grand centre touristique.

RUSKIN John (1819-1900) ✦ Critique d'art et écrivain britannique. Il est l'auteur des *Peintres modernes* (1843-1860), traité d'esthétique dans lequel il met en évidence la dépendance entre l'art et les autres activités humaines, inspirant ainsi le renouveau des métiers d'art dans son pays (mouvement *Arts and Crafts*). Il prône le retour à la pureté de la peinture italienne et soutient les préraphaélites. Il s'intéresse également à l'architecture (*Les Sept Lampes de l'architecture,* 1849), s'engageant cependant contre la restauration des monuments anciens. Il influence de nombreux artistes et intellectuels de son temps (W. Morris, Proust, Gandhi...).

RUSSELL Bertrand (1872-1970) ✦ Mathématicien, philosophe et logicien britannique. Philosophe des mathématiques, il tente de faire de la logique la base des notions mathématiques et l'instrument d'analyse de leurs principes (*Principia Mathematica,* 1910-1913). Antimilitariste et pacifiste, il lutte contre les armes nucléaires (**Manifeste Russell-Einstein,** 1955) et, avec J.-P. Sartre, contre la guerre au Viêtnam (création du **Tribunal Russell** en 1961 pour juger les crimes de guerre des États-Unis). *Vers la liberté : le socialisme, l'anarchie et le syndicalisme,* 1918 ; *Analyse de l'esprit,* 1921 ; *La Conquête du bonheur,* 1930. Prix Nobel de littérature (1950).

RUSSIE n. f. ✦ Pays d'Europe et d'Asie (☛ carte 33). Superficie : 17 millions de km^2 (environ 31 fois la France). 142,86 millions d'habitants (les *Russes*), en majorité orthodoxes. La Fédération de Russie regroupe 21 républiques, 6 territoires, 49 régions plus une région autonome, 10 territoires autonomes, 2 villes fédérales. Capitale : Moscou. Langue officielle : le russe ; on y parle aussi les langues et dialectes des différentes minorités qui composent le pays. Monnaie : le rouble. ♦ GÉOGRAPHIE. La partie européenne de la Russie est séparée de l'Asie au sud par le **Caucase** et de la Sibérie à l'est par le massif de l'**Oural.** Au-delà, la plaine de **Sibérie** s'élève vers un plateau puis des montagnes jusqu'au Pacifique. Au sud, la frontière avec la Mongolie est marquée par le massif de l'**Altaï** et le lac **Baïkal.** La Russie est le plus grand pays du monde. Il est traversé par de nombreux fleuves et rivières : l'Ob, la Volga, l'Ienisseï. Le climat continental est particulièrement rigoureux en Sibérie. Le climat est méditerranéen aux alentours de la mer Noire. ♦ ÉCONOMIE. Dans la moitié ouest du pays sont concentrées les activités économiques : l'agriculture (céréales, pomme de terre, betterave, fruits, légumes, élevage), les ressources minières (pétrole, charbon, fer, nickel) et l'industrie (pétrochimie, métallurgie, mécanique). Dans l'est, couvert par la taïga et la toundra, élevage (rennes) et exploitation des richesses naturelles (charbon, pétrole, or, diamant, bois, hydroélectricité). Le système économique soviétique disparaît avec l'URSS (1991) et s'oriente vers une économie de marché mais la transition est difficile (inflation, chômage, accroissement des inégalités sociales, mafias). ♦ HISTOIRE. Des peuples nomades, installés dès la préhistoire autour de la mer Noire, fondent de grands empires (Cimmériens, **Scythes,** Sarmates), qui commercent avec les Grecs (VIIe siècle av. J.-C.). Ils sont envahis par les Germains. L'empire des **Goths** est détruit par les **Huns** (375). Au nord, les **Slaves** s'allient à des **Vikings,** appelés *Russes,* qui créent les principautés de Novgorod (860) et de **Kiev** (882). Le premier État russe s'agrandit. Il se christianise au contact de Byzance (Xe siècle) puis subit de nombreuses invasions des Mongols, qui prennent Kiev (1240) et dévastent plusieurs fois **Moscou** (1237, 1380, 1408). Sous le règne d'Ivan III, Moscou devient le centre religieux de la Russie et annexe les autres principautés. Ivan IV le Terrible prend le titre de tsar (1547). Sa politique d'expansion provoque l'intervention de la Suède et de la Pologne jusqu'à l'arrivée au pouvoir de la dynastie des Romanov (1613). **Pierre le Grand** modernise l'Empire de façon autoritaire (1682-1725). **Catherine II** porte son développement économique et culturel à son apogée (1762-1796) avec **Saint-Pétersbourg** comme capitale. Elle étend la Russie jusqu'en **Pologne** (1772), en **Crimée** (1783), et en **Ukraine** (1793). Ses successeurs s'opposent à Napoléon Ier (campagne de **Russie**) et replacent les Bourbons sur le trône de France. Ils signent la Sainte-Alliance avec l'Autriche et la Prusse (1815). La Russie devient un État policier qui pourchasse les opposants au servage (Pouchkine, Dostoïevski). Sa politique de conquêtes (Iran, Caucase, Turkestan) se heurte à l'Empire **ottoman** qui gagne la guerre de Crimée (1854-1855). À l'intérieur, le servage est aboli (1858), les arts

(Tolstoï, Tchekov, Gorki, Borodine, Moussorgski, Tchaïkovski, Rachmaninov, Stravinski, Prokofiev) et les mouvements révolutionnaires (**Lénine**) se développent. **Nicolas II Aleksandrovitch** ne parvient pas à résoudre les problèmes économiques et sociaux, qui s'ajoutent à sa défaite face au Japon et entraînent la révolution de 1905. Quand l'Autriche annexe la **Bosnie-Herzégovine**, la Russie entre dans la Première **Guerre mondiale** (1914) et la **révolution russe** éclate après une série d'échecs militaires (1917). ☛ Révolution russe p. 190. Lénine signe la paix, distribue la terre aux paysans. La Russie devient une république soviétique (1918) avec Moscou pour capitale, puis une des quatre républiques de l'URSS, lors de sa création en 1922. Dès lors, l'histoire de la Russie se confond avec celle de l'**URSS** de 1922 à 1991. Après l'éclatement de l'URSS, entériné par Boris **Eltsine** (décembre 1991), la République soviétique de Russie devient la Fédération de Russie. Elle constitue la **CEI** avec l'Ukraine et la Biélorussie, puis sept autres ex-républiques de l'empire soviétique. À l'intérieur, Eltsine doit faire face à la résistance des communistes conservateurs et au pouvoir croissant des mafias ; à l'extérieur, à l'effondrement de la CEI et à un sanglant conflit avec la **Tchétchénie**, qui prend fin en 2009. Après sa démission (1999), son successeur Vladimir **Poutine** se rapproche de la Chine et soutient les États-Unis après les attentats du 11 septembre 2001, avant de choisir son dauphin, Dmitri Medvedev (2008), tandis qu'il occupe le poste de Premier ministre. Les relations sont tendues avec l'Ukraine (guerre du gaz) et la Géorgie (reconnaissance de l'Abkhazie et de l'Ossétie séparatistes). L'annexion de la Crimée par la Russie (2014) entraîne des tensions avec la communauté internationale. L'aviation procède à des frappes en Syrie (2015).

RUSSIE (campagne de) ✦ Expédition menée par Napoléon Ier contre la Russie du 24 juin au 30 décembre 1812. La **Grande Armée**, composée de 700 000 hommes (Français, Prussiens, Autrichiens), envahit la Russie et prend Moscou qui est en partie incendiée. Le tsar refuse de négocier et Napoléon ordonne la retraite. L'hiver rigoureux, la faim, les attaques des cosaques et des partisans russes, rendent cette retraite particulièrement difficile. Le passage de la **Bérézina** symbolise cette débâcle qui cause la mort de 500 000 soldats. Elle marque le début de l'effondrement de l'Empire.

RUTEBEUF (XIIIe siècle) ✦ Trouvère français. Il est l'auteur d'un poème dramatique, *Le Miracle de Théophile* (vers 1261), du roman *Renart le Bestourné* (vers 1270) et de poésies satiriques ou graves, chansons, fabliaux, dits *(Dit des Cordeliers)*, complaintes *(La Pauvreté Rutebeuf)*.

RUTH ✦ Personnage de la Bible. Cette veuve épouse Booz à Bethléem. Ils ont un fils, Obed, qui est l'aïeul de **David**.

RUTHERFORD Ernest (1871-1937) ✦ Physicien britannique. Après la mise en évidence de la radioactivité par **Becquerel** (1896), il étudie la structure de la matière et ouvre la voie à la physique nucléaire. Dès 1898, il fait des découvertes majeures : rayons α et β des corps radioactifs ; loi qui régit la transformation d'un élément chimique en un autre (1906) et calcul de l'énergie ainsi libérée ; découverte du noyau de l'atome ; première transmutation nucléaire par bombardement de particules légères sur une cible (1919) ; calcul de la masse du neutron avant la découverte de son existence. Prix Nobel de chimie (1908).

RUYSDAEL Jacob Van (vers 1628-1682) ✦ Peintre et graveur hollandais. Il débute par des eaux-fortes puis peint des paysages (*Chaumières sous les arbres*, 1646) ; (*Le Moulin de Wijk*, vers 1670), avec une prédilection pour les formes mouvementées et les effets de tempête en utilisant des bruns, des verts, des ocres et des nuances de gris (*La Tempête*, vers 1670). Peu connu de son vivant, il est découvert par les romantiques, qui voient en lui un précurseur (essai de Goethe sur le *Cimetière juif* peint en 1650).

RWANDA n. m. ✦ Pays d'Afrique centrale (☛ carte 36). Superficie : 26 338 km^2. 10,3 millions d'habitants (les *Rwandais*), en majorité chrétiens ou animistes et répartis entre les ethnies Hutus, Tutsis et Twas. République dont la capitale est Kigali. Langues officielles : l'anglais, le français et le rwanda ; on y parle aussi le swahili. Monnaie : le franc rwandais. ♦ GÉOGRAPHIE. À l'est s'étend la vallée de la Kagera, un des noms du **Nil** près de sa source. Elle s'élève à l'ouest vers de hauts plateaux bordés par le lac Kivu et dominés au nord-ouest par des volcans. Le climat équatorial est tempéré par l'altitude. ♦ ÉCONOMIE. C'est un pays agricole, avec des cultures vivrières (patate douce, haricot, sorgo) et commerciales (banane, café, thé, canne à sucre, arachide). Le lac Kivu est exploité pour la pêche et pour ses réserves en gaz naturel. ♦ HISTOIRE. La région, peuplée de **Bantous** dès le début de l'ère chrétienne, est divisée en royaumes (XVIe siècle). L'Allemagne l'intègre avec le Burundi dans sa colonie d'Afrique-Orientale (1891), disputée entre les Anglais et les Belges. Ces derniers administrent la région (1923) qui reçoit le nom de *Ruanda-Urundi*. Ils favorisent les Tutsis christianisés puis, après la Deuxième Guerre mondiale, les **Hutus**. Le parti hutu proclame la république (1961), puis l'indépendance (1962). Les **Tutsis** se réfugient dans les pays voisins et organisent la résistance. Le général hutu Habyarimana installe une dictature (1973). Les réfugiés tutsis d'Ouganda envahissent le nord du pays (1990). Malgré la signature d'accords (Arusha, 1993), les violences contre les Tutsis continuent. L'assassinat du président Habyarimana (avril 1994) déclenche une terrible guerre civile marquée par le génocide des Tutsis et des Hutus modérés par les Hutus extrémistes (près d'un million de morts).

S

SA n. f. (abréviation de l'allemand *Sturmabteilung* «section d'assaut») ✦ Formation paramilitaire nazie fondée en 1920. Ses soldats en chemises brunes maintiennent l'ordre par l'intimidation et la terreur. Après l'arrivée au pouvoir de Hitler, ses chefs sont éliminés par les **SS** au cours de la **Nuit des longs couteaux** (1934). La SA fait partie de la liste des accusés du procès de **Nuremberg.**

SABA ✦ Ancien royaume du Yémen. Fondé au VIIIe siècle av. J.-C., ce royaume est l'un des plus puissants du sud de l'Arabie. Il doit probablement sa prospérité au commerce caravanier et à une agriculture florissante. Il atteint son apogée au IIe siècle av. J.-C. puis est absorbé par l'empire perse au VIe siècle av. J.-C. ♦ La *reine de Saba* est une reine de ce pays qui, selon la Bible, rend visite à **Salomon** et lui offre de somptueux cadeaux. Le Coran la nomme *Balkis* et la légende éthiopienne *Makeda.*

SABLES-D'OLONNE (Les) ✦ Ville de Vendée. 14 376 habitants (les *Sablais*). Église Notre-Dame-de-Bon-Port (XVIIe siècle), musée de l'abbaye de Sainte-Croix ; le Remblai, boulevard long de 2 km, situé en bord de mer. Port de pêche, de commerce, de plaisance et station balnéaire réputée. Port d'attache du **Vendée Globe.**

SACRAMENTO ✦ Ville des États-Unis, capitale de la Californie. 407 000 habitants (agglomération : 1,8 million). Carrefour ferroviaire, autoroutier et fluvial. Centre administratif et commercial.

SACRÉ-CŒUR n. m. ✦ Basilique de Paris, sur la butte **Montmartre.** Elle est construite sur le modèle romano-byzantin de la cathédrale Saint-Front de Périgueux (1876-1910). Elle possède plusieurs coupoles, un dôme et un campanile, haut de 80 m, qui renferme une cloche de 19 tonnes fondue en 1895, la *Savoyarde.*

SADATE Anouar al- (1918-1981) ✦ Homme politique égyptien. Il participe au coup d'État qui renverse la monarchie (1952) aux côtés de **Nasser,** à qui il succède comme président de la République (1970). Il libéralise le régime, rompant avec l'URSS pour se rapprocher des pays arabes modérés et des États-Unis. Il effectue une visite spectaculaire à Jérusalem avant de signer le traité de paix israélo-égyptien (Washington, 1979). Il est assassiné par des militaires appartenant à des groupes intégristes. Prix Nobel de la paix (1978, avec **Begin**).

SADE (le marquis de) (1740-1814) ✦ Écrivain français. Ce militaire libertin passe la majeure partie de sa vie en prison, condamné pour affaires de mœurs (entre 1768 et 1790 puis à partir de 1801) ou, pendant la Révolution, pour raisons politiques. Il finit ses jours à l'asile d'aliénés de Charenton. Ses livres, presque tous rédigés en prison, font l'éloge du plaisir érotique causé par la souffrance de l'autre. On peut citer : *Justine ou les Malheurs de la vertu* (1791), *La Philosophie dans le boudoir* (1795). Ce plaisir procuré par la souffrance d'autrui est à l'origine du mot *sadisme.* ■ Son véritable nom est *Donatien Alphonse François, marquis de Sade.*

SAGAN Françoise (1935-2004) ✦ Romancière française. Elle connaît la célébrité avec son premier roman, *Bonjour tristesse* (1954), écrit à dix-neuf ans, récit doux-amer du passage de l'adolescence à l'âge adulte. D'autres romans suivront (*Un certain sourire,* 1956 ; *Aimez-vous Brahms...,* 1959 ; *La Chamade,* 1965 ; *La Femme fardée,* 1981), dans lesquels elle trace le portrait désinvolte d'une bourgeoisie oisive. Elle s'est aussi essayé au théâtre (*Un château en Suède,* 1970) et a laissé des mémoires (*Avec mon meilleur souvenir,* 1985). ■ Son véritable nom est *Françoise Quoirez.*

SAHARA n. m. ✦ Désert d'Afrique (☛ carte 34). Il est limité par l'océan Atlantique à l'ouest, la mer Rouge à l'est, le Maghreb au nord et le **Sahel** au sud. Superficie : 8 millions de km^2 (environ quinze fois la France), le plus grand désert du monde. Il s'étend sur le Maroc, la Mauritanie, l'Algérie, la Tunisie, le Mali, le Niger, la Libye, le Tchad, l'Égypte et le Soudan. Son climat est aride et son relief varié : plateaux, cuvettes (lac **Tchad**), dunes et massifs montagneux (**Hoggar**). Il est habité par des **Maures,** des **Touareg** et des Toubous. Ce sont des pasteurs nomades qui pratiquent l'élevage (chameaux, chèvres) ou des agriculteurs sédentarisés dans les oasis (palmier-dattier, légumes, céréales). Le sous-sol est riche (gaz naturel, pétrole, uranium, fer, cuivre, charbon). ♦ La région devient désertique vers 6 000 ans av. J.-C., ce qui pousse les populations vers le sud ou l'est. Les **Berbères** dominent le Sahara au début de notre ère, tracent les premières routes commerciales, aménagent les oasis qui favoriseront l'installation des grands empires de la région (**Ghana, Mali,** Songhaï, Kanem, Bornou).

SAHARA OCCIDENTAL n. m. ✦ Territoire du sud du Maroc. Il correspond à l'ancienne province espagnole d'Afrique occidentale. Superficie : 266 769 km^2 (environ la moitié de la France). 510 713 habitants (les *Sahraouis*), en majorité musulmans et de langue arabe. Ville principale : El-Aïun (235 649 habitants). ♦ Cette région aride au climat désertique possède l'un des plus grands gisements de phosphates du monde. Elle vit aussi de la pêche et du pétrole découvert au large de ses côtes. ♦ L'Espagne établit son protectorat, en 1912, sur la région, réclamée par le Maroc, la Mauritanie et l'Algérie après la découverte des mines de phosphates (1963). **Hassan II** du Maroc organise la Marche verte avec 350 000 volontaires, et l'occupe (1975). L'Espagne se retire, et le Sahara occidental est partagé entre le Maroc et la Mauritanie (1976). Le peuple sahraoui et les nationalistes, regroupés au sein du Front Polisario (créé en 1973), proclament la République arabe sahraouie démocratique (RASD), reconnue en 1980 par l'Organisation de l'unité africaine. Le Maroc construit un mur d'enceinte qui encercle la quasi-totalité du territoire, tandis qu'un accord est signé avec la Mauritanie (1989). Depuis 1988, et malgré une phase de conciliation sous Hassan II, la RASD et le Maroc cherchent un terrain d'entente.

SAHEL n. m. ✦ Région semi-aride de l'Afrique tropicale. Elle sépare le **Sahara** de la savane, du nord de l'Éthiopie à la côte du Sénégal. Elle s'étend sur le Sénégal, la Mauritanie, le Mali, le Niger, le Tchad, le Soudan et l'Éthiopie. Les pluies permettent l'agriculture (mil, élevage bovin) en dehors des oasis, mais la progression du désert sur la savane entraîne une sécheresse catastrophique.

SAIGON ✦ Nom de **Hô Chi Minh-Ville** de 1954 à 1976.

SAINT-AMAND-LES-EAUX ✦ Commune du Nord. 16 654 habitants (les *Amandinois*). Brasserie, industrie pharmaceutique. Station thermale (depuis l'Antiquité).

SAINT-AMAND-MONTROND ✦ Chef-lieu d'arrondissement du Cher, sur le Cher. 10 161 habitants (les *Saint-Amandois* ou *Amandins*). Bijouterie. Imprimerie.

SAINT-ANDRÉ ✦ Commune de la Réunion, au nord-est de l'île. 55 900 habitants (les *Saint-Andréens*) (☛ carte 23). Sucreries, distilleries.

SAINT-AVOLD ✦ Commune de la Moselle. 15 875 habitants (agglomération 34 917) (les *Naboriens*) (☛ carte 23). Église abbatiale Saint-Nabor en grès rose. Cimetière militaire américain, le plus important d'Europe. Métallurgie, chimie.

SAINT-BARTHÉLEMY (massacre de la) ✦ Massacre des protestants, qui a lieu à Paris dans la nuit du 23 au 24 août 1572. **Catherine de Médicis** signe la paix de Saint-Germain (1570) qui met fin à la troisième guerre de **Religion** en accordant la liberté de culte et de conscience aux protestants. Elle tente de réconcilier les catholiques et les protestants, notamment par le mariage de sa fille **Marguerite de Valois** avec Henri de Navarre (futur **Henri IV**), l'un des chefs du parti protestant (18 août 1572). Le parti catholique, mené par les **Guise**, est mécontent et menace le pouvoir royal. La reine s'allie alors aux Guise et pousse son fils Charles IX à éliminer les chefs protestants venus assister au mariage. Le massacre s'étend à tout Paris, faisant plus de 3 000 morts, et continue en province. Henri de Navarre doit renier sa religion pour avoir la vie sauve.

SAINT-BARTHÉLEMY ✦ Île française des Petites **Antilles**, à 200 km au nord-ouest de la Guadeloupe, formant une collectivité d'outre-mer [977]. Superficie : 20 km^2. 9 427 habitants. Centre touristique important. On l'appelle familièrement *Saint-Bart*.

SAINT-BENOÎT ✦ Chef-lieu d'arrondissement de la Réunion, sur la côte nord-est de l'île. 37 738 habitants (les *Bénédictins*) (☛ carte 23). Distillerie de rhum.

SAINT-BENOÎT-SUR-LOIRE ✦ Commune du Loiret, sur la Loire. 2 067 habitants (les *Bénédictins*). L'abbaye de Fleury, fondée vers 630, rayonna sur toute la chrétienté aux Xe et XIe siècles. Elle conserve les reliques de saint **Benoît**. C'est l'une des plus remarquables de France (clocher-porche et chœur du XIe siècle, nef ornée de scènes de la vie de saint Benoît). Max Jacob y vécut de 1936 à son arrestation.

SAINT-BERNARD (Grand) ✦ Col des Alpes (2 469 m), qui relie le Valais (Suisse) à la Vallée d'Aoste (Italie). Saint Bernard y fonde un hospice et un couvent (Xe siècle), où des chiens de montagne, les *saint-bernards*, sont dressés pour retrouver les voyageurs égarés. Le passage du col, en 1800, est un épisode de l'épopée napoléonienne.

SAINT-BERNARD (Petit) ✦ Col des Alpes (2 188 m), qui relie la vallée de l'Isère (France) avec celle de la Doire Baltée (Italie). Hannibal aurait emprunté ce col (218 av. J.-C.) et saint Bernard y fonde un hospice (Xe siècle).

SAINT-BREVIN-LES-PINS ✦ Commune de la Loire-Atlantique, sur l'estuaire de la Loire. 13 210 habitants (les *Brévinois*). Station balnéaire de *Saint-Brévin-l'Océan*.

SAINT-BRIEUC ✦ Chef-lieu des Côtes-d'Armor. 45 207 habitants (les *Briochins*). Cathédrale Saint-Étienne (XIVe-XVe siècles, remaniée au XVIIIe siècle), hôtels particuliers et maisons anciennes. Centre administratif, commercial (foire) et industriel (électricité, électronique, agroalimentaire). Ville natale de Villiers de L'Isle-Adam. ♦ La ville se développe autour d'un monastère fondé au VIe siècle par un moine gallois, saint Brieuc.

SAINT-CHAMOND ✦ Ville de la Loire, entre Lyon et Saint-Étienne. 35 097 habitants (les *Saint-Chamonais*). Ancien Hôtel-Dieu et hôtel de ville (XVIIe siècle). Industries (mécanique, ingénierie, plasturgie, agroalimentaire). Ville natale de Roger Planchon.

SAINT-CHRISTOPHE-ET-NIÉVÈS ✦ Autre nom de **Saint-Kitts-et-Nevis.**

SAINT-CLAUDE ✦ Commune de Guadeloupe, au sud de Basse-Terre, sur les pentes de la **Soufrière.** 10 335 habitants (les *Saint-Claudiens*).

SAINT-CLAUDE ✦ Chef-lieu d'arrondissement du Jura. 10 096 habitants (les *Sanclaudiens*) (☛ carte 23). Plasturgie, artisanat traditionnel (pipes).

SAINT-CYPRIEN ✦ Commune des Pyrénées-Orientales, sur la Méditerranée. 10 015 habitants (les *Cypriannais*). Port de plaisance. Station balnéaire.

SAINT-CYR-L'ÉCOLE ✦ Ville des Yvelines. 18 344 habitants (les *Saint-Cyriens*). Mme de **Maintenon**, favorite de Louis XIV, y fonde une maison d'éducation pour les jeunes filles nobles sans fortune (1686). Napoléon Ier la transforme en école militaire chargée de former les officiers (1808). Elle est transférée en 1945 à Coëtquidan en Bretagne. Les élèves de cette école militaire sont les *saint-cyriens.*

① **SAINT-DENIS** ✦ Chef-lieu de la Réunion, sur la côte nord de l'île. 138 314 habitants (les *Dionysiens*). Plus grande ville française d'outre-mer, centre de services, industrie agroalimentaire en déclin (canne à sucre, tabac, plantes à parfum), tourisme en développement. Ville natale de Roland Garros.

② **SAINT-DENIS** ✦ Ville de Seine-Saint-Denis. 97 875 habitants (les *Dionysiens*). Basilique (XIIe siècle) qui abrite les tombeaux de nombreux rois. Centre industriel (chimie, mécanique, électricité, électronique, métallurgie), universitaire et complexe sportif (Stade de France). Ville natale de Paul Éluard et Didier Daeninckx. ♦ Selon la tradition, sainte Geneviève fonde une église sur la tombe de saint Denis et de ses compagnons (Ve siècle). Celle-ci est reconstruite par Dagobert (vers 630) qui s'y fait enterrer, et l'église devient la nécropole royale. Transformée par Pépin le Bref (754) et consacrée par Charlemagne (775), elle est rénovée dans le style gothique par Suger (XIIe siècle), agrandie (XIIIe-XVIe siècles) et ornée de vitraux. La basilique est dégradée pendant la **Fronde** et la **Révolution**, les tombeaux sont profanés. **Viollet-le-Duc** la restaure (XIXe siècle), lui donne son aspect actuel et y replace les mausolées des rois et des reines de France. Avec plus de 70 tombeaux et gisants, elle abrite un ensemble exceptionnel de sculptures funéraires. Elle est élevée au rang de cathédrale (1966).

SAINT-DIÉ-DES-VOSGES ✦ Ville des Vosges, sur la Meurthe. 20 315 habitants (les *Déodatiens*). Église romane Notre-Dame-de-Galilée (XIIe siècle), cathédrale (XIIe-XVIIIe siècles). Industries (automobile, bois, papeterie, plastiques, nouvelles technologies). Festival international de géographie. Ville natale de Jules Ferry.

SAINT-DIZIER ✦ Ville de la Haute-Marne. 25 505 habitants (les *Bragards*). Ville fortifiée au XIIIe siècle, église Notre-Dame (XIIIe siècle, reconstruite au XVIIIe). Centre industriel (métallurgie, mécanique, agroalimentaire).

① **SAINT-DOMINGUE** ✦ Ancien nom de la partie occidentale de l'île d'**Haïti**, colonie française de 1697 à 1803.

② **SAINT-DOMINGUE** ✦ Capitale de la République dominicaine, sur la mer des Caraïbes. 2,17 millions d'habitants (les *Dominguois*). Ville coloniale inscrite sur la liste du patrimoine mondial de l'Unesco : cathédrale, églises et monastères (XVIe siècle). Port et centre touristique très actif. ♦ C'est la plus vieille ville du continent américain (1496), à partir de laquelle s'étend la colonisation espagnole (XVIe siècle).

SAINTE-ADRESSE ✦ Commune de la Seine-Maritime, sur la Manche. 7 368 habitants (les *Dionysiens*). Station balnéaire. ♦ Sainte-Adresse fut le siège du gouvernement belge pendant la Première Guerre mondiale.

SAINTE-ANNE ✦ Commune de Guadeloupe, située sur la côte sud de Grande-Terre. 24 665 habitants (les *Sainte-Annais*) (☛ carte 23). Plages. Tourisme. Pêche.

SAINTE-BEUVE Charles Augustin (1804-1869) ✦ Écrivain français. Journaliste et critique littéraire, proche de Victor Hugo, il publia de la poésie et un roman autobiographique (*Volupté,* 1835) puis il se consacra aux études littéraires (*Port-Royal ; Causeries du lundi*). Il porta tout spécialement attention à la vie des auteurs pour éclairer les œuvres dont il faisait la critique, méthode qui sera contestée notamment par Proust. Académie française (1844).

SAINTE-CHAPELLE ou **SAINTE-CHAPELLE DU PALAIS** ✦ Église de Paris, sur l'île de la **Cité**, dans l'enceinte actuelle du Palais de Justice. Saint Louis la fait construire (1242-1248) pour abriter les reliques de la Passion du Christ. Elle comporte une chapelle basse réservée au personnel du palais et une chapelle haute pour la famille royale et l'exposition des reliques. Ce chef-d'œuvre de l'art gothique abrite un splendide ensemble de vitraux du XIIIe siècle qui couvre plus de 600 m^2. ☛ Art gothique p. 161. Pendant la Révolution, ce symbole de la royauté est endommagé et les reliques sont dispersées. **Viollet-le-Duc** la restaure au XIXe siècle.

SAINTE-HÉLÈNE ✦ Île britannique, dans le sud de l'Atlantique, entre le Brésil et l'Angola. Superficie : 122 km^2. 5 157 habitants. Chef-lieu : Jamestown. L'île de l'Ascension (1 100 habitants) et l'archipel Tristan da Cunha (272 habitants), plus au sud, sont sous sa dépendance. Sainte-Hélène est une île volcanique au climat pluvieux. ♦ Elle est découverte par les Portugais le jour de la Sainte-Hélène (1502) puis est occupée par les Hollandais (1645-1651) et par la Compagnie anglaise des Indes orientales (1659). **Napoléon Ier** y finit sa vie (1815-1821).

SAINTE LIGUE ou **SAINTE UNION** n. f. → **LIGUE**

SAINTE-LUCIE ✦ Pays d'Amérique centrale, île des Caraïbes, située dans les Petites Antilles, entre la Martinique et Saint-Vincent-et-les-Grenadines. Superficie : 616 km^2. 165 500 habitants (les *Saint-Luciens*), en majorité chrétiens. Démocratie parlementaire dont la capitale est Castries (45 700 habitants). Langue officielle : l'anglais ; on y parle aussi un créole. Monnaie : le dollar des Caraïbes de l'Est. ♦ Cette île volcanique possède un climat tropical humide. Agriculture (banane, cocotier), tourisme balnéaire et de croisière. ♦ L'île est découverte par Christophe Colomb (1502). Les Anglais et les Français se la disputent (XVIIIe siècle). Elle est attribuée à la Grande-Bretagne (1814) puis elle obtient son indépendance dans le cadre du Commonwealth (1979).

SAINTE-MARIE ✦ Commune de Martinique, sur la côte nord-est de l'île. 16 820 habitants (les *Samaritains*) (☛ carte 23). Ville natale d'Édouard Glissant. Distillerie de rhum. Bananeraies.

SAINTE-MAXIME ✦ Commune du Var. 14 018 habitants (agglomération 18 083) (les *Maximois*) (☛ carte 23). Port de plaisance et station balnéaire.

SAINT EMPIRE ou **SAINT EMPIRE ROMAIN GERMANIQUE** ✦ Ancien empire d'Europe de l'Ouest. Il est fondé en 962 par Othon Ier, roi de Germanie, pour réunir les États chrétiens d'Occident sous une même monarchie. Il comprend la Germanie, l'Italie du Nord puis la Bourgogne. Il est à son apogée aux XIIe et XIIIe siècles. Affaiblis par des conflits avec la papauté et des querelles de succession, les empereurs (le titre échoit aux Habsbourg en 1438) perdent de leur autorité, excepté sur leurs possessions héréditaires, l'**Autriche**, la Bohême et la Hongrie. À partir du XVIe siècle, l'Empire ne sera plus qu'une réalité symbolique. Il disparaît en 1806 par la volonté de Napoléon Ier : c'est la fin du Ier **Reich**.

① **SAINTES** n. f. pl. ✦ Archipel français des Petites Antilles, entre l'île de Basse Terre en Guadeloupe et la Dominique. Superficie : 13 km². 2 998 habitants. Villes principales : Terre-de-Haut et Terre-de-Bas. Pêche, tourisme.

② **SAINTES** ✦ Ville de Charente-Maritime. 26 531 habitants (les *Saintais*). Vestiges romains (amphithéâtre, arc de triomphe, thermes), églises romanes (ancienne cathédrale Saint-Pierre, église Saint-Eutrope ☛ Art roman p. 159), nombreux hôtels particuliers (XVIIe-XVIIIe siècles). Musées. Centre de commerce. Quelques industries. Ville natale de Guillotin. ♦ La cité celte, embellie par les Romains, devient la capitale de la **Saintonge** au Moyen Âge. Les Anglais y sont battus par Louis IX (1242), puis l'obtiennent pendant la guerre de Cent Ans (1360), mais **Du Guesclin** la reprend (1372). Elle devient un centre actif de la **Réforme**, durement touché par les guerres de **Religion**.

SAINTES-MARIES-DE-LA-MER ✦ Ville des Bouches-du-Rhône, en **Camargue.** 2 683 habitants (les *Saintois*). Église romane fortifiée (XIIe siècle), musée camarguais. Station balnéaire et touristique, port de plaisance. ♦ Selon la légende, Marie-Jacobé (sœur de la Vierge), Marie-Salomé et leur servante noire s'y réfugient, après avoir été chassées de Judée, et convertissent la population. Les pèlerinages des Saintes-Maries-de-la-Mer attirent chaque année une foule nombreuse, particulièrement des Gitans.

SAINTE-SOPHIE ✦ Ancienne basilique de Constantinople, bâtie par l'empereur **Justinien Ier** (532-537) sur les fondations de la basilique de Constantin Ier (IVe siècle). Les Turcs la transforment en mosquée (1453) et lui ajoutent quatre minarets. Ce monument est l'un des plus représentatifs de l'art byzantin ; son architecture, masquée par des constructions, peut être admirée de l'intérieur. En 1935, Sainte-Sophie est transformée en musée (mosaïques byzantines, VIIe-XIe siècles).

SAINT-ÉTIENNE ✦ Chef-lieu de la Loire. 170 761 habitants (les *Stéphanois*) et l'agglomération 372 308. Église Saint-Étienne (XIVe siècle), musées. Industries (mécanique, imagerie numérique, agroalimentaire), implantées depuis le déclin du bassin houiller, du textile et de la sidérurgie. Université, grandes écoles et Centre mondial d'information et de recherche sur les nuisances urbaines. ♦ François Ier y fonde une manufacture royale d'arquebuses (1516). La ville doit son développement à la Manufacture française d'armes et de cycles de Saint-Étienne (Manufrance, 1885).

SAINTE UNION ou **SAINTE LIGUE** n. f. → LIGUE

SAINTE-VICTOIRE (montagne de la) ✦ Massif calcaire du sud de la France, à l'est d'Aix-en-Provence. Il atteint 1 010 m au pic des Mouches. Ses paysages séduisent **Cézanne** qui lui consacre plusieurs séries de toiles.

SAINTE VIERGE → VIERGE (la)

SAINT-EXUPÉRY Antoine de (1900-1944) ✦ Écrivain et aviateur français. Né dans une famille bourgeoise, il veut devenir officier de marine, mais échoue au concours de l'École navale et devient pilote. Il met en service les lignes de Patagonie de l'Aéropostale, se lie avec **Mermoz** et effectue des missions comme pilote d'essai (Paris-Saigon, New York-Terre de Feu). Pendant la Deuxième Guerre mondiale, il disparaît en mission au large de la Corse. Ses livres, qui s'inspirent de son métier, cherchent une signification morale à l'activité humaine et défendent l'amitié et la fraternité. Parmi ses romans on peut citer : *Courrier Sud* (1928), *Vol de nuit* (1931), *Terre des hommes* (1939) et ***Le Petit Prince*** (1943) qu'il illustre lui-même.

SAINT-FLOUR ✦ Chef-lieu d'arrondissement du Cantal. 6 643 habitants (les *Sanflorains*) (☛ carte 23). Cathédrale Saint-Pierre en basalte (XVe siècle).

SAINT-FRANÇOIS ✦ Commune de Guadeloupe, à la pointe sud-est de Grande-Terre. 14 434 habitants (les *Saint-Franciscains*) (☛ carte 23). Site de la Pointe des Châteaux. Tourisme.

SAINT-GALL ✦ Ville de Suisse, chef-lieu du canton de Saint-Gall, au sud du lac de Constance. 70 375 habitants (les *Saint-Gallois*) et l'agglomération 146 385. Couvent (VIIIe siècle) inscrit sur la liste du patrimoine mondial de l'Unesco avec sa cathédrale baroque (1755-1768) et sa riche bibliothèque. Centre historique de l'industrie textile suisse.

SAINT-GALL (canton de) ✦ Canton de Suisse, dans le nord-est du pays (☛ carte 26). Superficie : 2 026 km². 461 810 habitants. Langue officielle : l'allemand. Chef-lieu : Saint-Gall. Agriculture (élevage laitier, vigne, fruits) ; industrie textile (broderie, dentelle, confection, filature, soie artificielle) ; tourisme (stations thermales, sports d'hiver).

SAINT-GAUDENS ✦ Chef-lieu d'arrondissement de la Haute-Garonne, sur la Garonne. 11 255 habitants (les *Saint-Gaudinois*) (☛ carte 23). Église collégiale (XIe-XIIe siècles). Marché au bétail.

SAINT-GERMAIN-DES-PRÉS ✦ Quartier de Paris, sur la rive gauche de la Seine. Il doit son nom à l'ancienne abbaye, fondée vers 550, dont il ne subsiste que le palais abbatial (1586) et l'église (990-1014) qui conserve l'un des plus anciens clochers de Paris et renferme les dalles funéraires de Boileau et de Descartes. Dans les années 1950, les cafés et les caves de Saint-Germain-des-Prés sont le lieu de rendez-vous des artistes et des intellectuels.

SAINT-GERMAIN-EN-LAYE ✦ Chef-lieu d'arrondissement des Yvelines, sur un plateau dominant la Seine, au sud de la *forêt de Saint-Germain*. 39 540 habitants (les *Saint-Germanois*). Église Saint-Louis (XVIIIe-XIXe siècles), hôtels particuliers et musées. Ville natale de Henri II, Charles IX, Marguerite de Valois, Louis XIV et Debussy. ♦ Le *château de Saint-Germain* est construit sous Charles V et François Ier à l'emplacement du château du XIIe siècle (chapelle datant de Saint Louis). Louis XIV le fait agrandir par **Mansart** et confie le dessin de la terrasse et du parterre à **Le Nôtre** ; il y séjourne avec sa cour jusqu'en 1682. Napoléon III restaure le château qui abrite le musée des Antiquités nationales depuis 1867.

SAINT-GERVAIS-LES-BAINS ✦ Commune de Haute-Savoie, au pied du mont Blanc. 5 546 habitants (les *Saint-Gervolains*). Tourisme (station thermale, sports d'hiver).

SAINT-GILLES-CROIX-DE-VIE ✦ Commune de Vendée, sur l'Atlantique. 7 530 habitants (les *Gillocruciens*). Port de pêche et de plaisance, constructions navales. Station balnéaire. Marais salants.

SAINT-GIRONS ✦ Chef-lieu d'arrondissement de l'Ariège. 6 284 habitants (les *Saint-Gironnais*) (☛ carte 23). Papeteries.

SAINT-GOTHARD ou **GOTHARD** ✦ Massif des Alpes suisses, situé entre les cantons du Valais, de Berne, du Tessin, d'Uri et de Glaris. Son point culminant est le Pizzo-Rotondo (3 197 m). Le *col du Saint-Gothard* (2 108 m) est la principale voie commerciale et touristique entre le centre de la Suisse et l'Italie ; elle est doublée d'un tunnel ferroviaire (long de 15 km) et d'un tunnel routier (long de 16 km). Un nouveau tunnel ferroviaire, long de 57 km (le plus long du monde), est en construction.

SAINT-HILAIRE-DE-RIEZ ✦ Commune de Vendée, sur l'Atlantique. 11 435 habitants (les *Hilairois*). Station balnéaire.

SAINT-JACQUES-DE-COMPOSTELLE ✦ Ville d'Espagne, capitale de la Galice. 93 712 habitants. Vieille ville inscrite sur la liste du patrimoine mondial de l'Unesco : cathédrale romane, richement sculptée, palais épiscopal (XIIe siècle), Hospital Real fondé par les Rois Catholiques (XVIe siècle), églises et couvents. ♦ Selon la légende, le corps de saint **Jacques** le Majeur y est déposé. La ville se développe autour de son tombeau et devient le plus grand centre de pèlerinage chrétien d'Europe au Moyen Âge. Tous les chemins qui y mènent sont jalonnés de monastères : la route de Paris, de Bourgogne, d'Auvergne et celle du Midi. Les chemins se rejoignent à **Roncevaux** et sont inscrits sur la liste du patrimoine mondial de l'Unesco. Les pèlerins de Saint-Jacques-de-Compostelle fixaient des coquilles à leur manteau et à leur chapeau en signe de reconnaissance et comme souvenir : ces coquillages s'appellent des *coquilles Saint-Jacques.*

SAINT-JEAN D'ACRE → ACRE

SAINT-JEAN-D'ANGÉLY ✦ Chef-lieu d'arrondissement de la Charente-Maritime. 7 123 habitants (les *Angériens*) (☛ carte 23). Abbaye royale. Viticulture (pineau, cognac), agroalimentaire (biscuits). Menuiserie, imprimerie. ♦ Entre le XIIe siècle et le XVe siècle, la ville fut tantôt anglaise tantôt française. Elle devint une place fortifiée protestante pendant les guerres de Religion.

SAINT-JEAN-DE-LUZ ✦ Commune des Pyrénées-Atlantiques. 13 431 habitants (les *Luziens*) (☛ carte 23). Église Saint-Jean-Baptiste dans laquelle fut célébré en 1660 le mariage de Louis XIV et de Marie-Thérèse. Maison de l'Infante. Station balnéaire. Pêche (sardine, thon, anchois). Équipements de sport (surf, plongée).

SAINT-JEAN-DE-MAURIENNE ✦ Chef-lieu d'arrondissement de la Savoie, dans la vallée de la **Maurienne**. 7 889 habitants (les *Saint-Jeannais*) (☛ carte 23). Aluminium. Centrale hydroélectrique sur l'Arc. Proximité de nombreuses stations de ski, des grands cols alpins, du parc de la Vanoise.

SAINT-JEAN-DE-MONTS ✦ Commune de Vendée. 8 485 habitants (les *Montois*) (☛ carte 23). Station balnéaire.

SAINT-JOHN PERSE (1887-1975) ✦ Poète français. Ce descendant de colons français aux Antilles termine ses études en France, rencontre Claudel et mène une carrière diplomatique à Pékin (1916-1921) et au ministère des Affaires étrangères. Destitué par le gouvernement de **Vichy**, il s'exile aux États-Unis où il se consacre à l'étude des sciences humaines, aux voyages et à son œuvre d'écrivain (1940-1957). Sa poésie foisonne d'images et de mythes splendides qui expriment la grandeur de la terre et de l'homme dans une langue riche et précieuse. Œuvres : *Éloges* (1907), *Anabase* (1924), *Exil* (1942), *Amers* (1957), *Oiseaux* (1962), *Chant pour un équinoxe* (1975). Prix Nobel de littérature (1960). ■ Son véritable nom est *Alexis Léger.*

SAINT JOHN'S ✦ Ville du Canada, capitale de la province de Terre-Neuve, dans la péninsule d'Avalon. 100 646 habitants. Port, centre économique et commercial de l'île.

SAINT-JOSEPH ✦ Commune de la Réunion, au sud-est de l'île. 37 362 habitants (les *Saint-Joséphois*). Vétiver, safran.

SAINT-JULIEN-EN-GENEVOIS ✦ Chef-lieu d'arrondissement de la Haute-Savoie, à la frontière suisse. 13 253 habitants (les *Saint-Juliennois*).

SAINT-JUNIEN ✦ Commune de la Haute-Vienne, sur la Vienne. 11 196 habitants (les *Saint-Juniauds*) (☛ carte 23). Fabrication traditionnelle de gants. Papeterie, cartonnerie.

SAINT-JUST Louis Antoine Léon (1767-1794) ✦ Homme politique français. Il se rallie à la Révolution française à 22 ans et devient l'un de ses plus jeunes théoriciens (*Esprit de la Révolution et constitution de la France,* 1789). À la Convention, il siège avec la **Montagne** (1792), puis entre au **Comité de salut public** et coordonne les efforts de guerre. Il devient président de la Convention nationale (1794), organise la **Terreur** avec **Robespierre**, avant d'être guillotiné avec lui. Ses talents d'orateur en font une figure de la Révolution.

SAINT-KITTS-ET-NEVIS ou **SAINT-CHRISTOPHE-ET-NIÉVÈS** ✦ Pays des Caraïbes, dans les Petites Antilles, au nord-ouest de la Guadeloupe. Superficie : 269 km². 46 400 habitants (les *Kittitiens* et les *Néviciens*), en majorité chrétiens. Démocratie parlementaire dont la capitale est Basseterre (11 900 habitants), sur l'île de Saint-Kitts. Langue officielle : l'anglais ; on y parle aussi un créole. Monnaie : le dollar des Caraïbes de l'Est. ♦ Le pays est formé de l'île Saint-Kitts et de l'île Nevis, séparées par un étroit chenal. Le climat est équatorial. Agriculture (canne à sucre, coton, cocotier), pêche et tourisme. ♦ L'île de Saint-Christophe, en anglais *Saint-Kitts,* est colonisée par les Français et les Anglais (1623). Les deux îles deviennent une colonie britannique (1783), avant d'obtenir leur indépendance dans le cadre du Commonwealth (1983). La forteresse de Brimston Hill (XVIIe-XVIIIe siècles) est inscrite sur la liste du patrimoine mondial de l'Unesco.

SAINT LAURENT Yves (1936-2008) ✦ Couturier français. Il entra chez **Dior** (1955) où il présenta sa première collection qui connut un grand succès. Il fonda sa propre maison de couture (1962) puis une boutique de prêt-à-porter. Il va créer des vêtements pour la femme moderne, audacieuse et élégante, et imposer le smoking, le tailleur-pantalon.

SAINT-LAURENT n. m. ✦ Fleuve d'Amérique du Nord, long de 3 770 km (☛ carte 48). Il se forme dans les **Grands Lacs**, marque la frontière entre les États-Unis et le Canada à la sortie du lac Ontario (183 km), arrose Montréal, Québec, aboutit à un vaste estuaire qui longe la **Gaspésie**, puis au *golfe du Saint-Laurent.* Il se jette dans l'océan Atlantique entre **Terre-Neuve** et la **Nouvelle-Écosse**. Il est aménagé pour la navigation depuis le lac Supérieur jusqu'à l'Atlantique et peut recevoir des navires de gros tonnage. Son rôle économique est important : il donne un débouché maritime aux Grands Lacs (transport du blé et du fer) et comporte des barrages et deux grandes centrales hydroélectriques. Le Saint-Laurent est gelé de décembre à avril.

SAINT-LAURENT-DU-MARONI ✦ Chef-lieu d'arrondissement de la Guyane, près de l'embouchure du **Maroni.** 44 169 habitants (les *Saint-Laurentais*) (☞ carte 23). Ancien lieu de déportation pour les condamnés aux travaux forcés.

SAINT-LAURENT-DU-VAR ✦ Commune des Alpes-Maritimes, à l'embouchure du Var. 29 067 habitants (les *Laurentins*). Station balnéaire, port de plaisance.

SAINT-LÔ ✦ Chef-lieu de la Manche. 19 426 habitants (les *Saint-Lois* ou les *Laudiniens*). Église gothique Notre-Dame (XIVe siècle), musée (tapisseries de la Renaissance). Industries (construction, bois, agroalimentaire). La ville fut dévastée par les bombardements à la Libération (6 et 7 juin 1944). Ville natale de l'astronome Le Verrier.

SAINT LOUIS ✦ Surnom du roi **Louis IX.**

SAINT LOUIS ✦ Ville des États-Unis (Missouri), au confluent du Missouri et du Mississippi, à la limite de l'Illinois. 348 200 habitants (agglomération : 2,6 millions). Grand centre urbain du Midwest touché par la crise économique depuis 1960. Port fluvial, centre industriel (automobile, brasserie, raffinerie de pétrole, chimie, agroalimentaire). Ville natale de T. S. Eliot, W. Evans et Joséphine Baker. ♦ La ville, fondée par les Français au XVIIIe siècle, devient pour les pionniers et les trappeurs la «porte de l'Ouest», symbolisée par une grande arche d'acier (1965).

SAINT-LOUIS (île) ✦ Île de Paris, sur la Seine. Elle est reliée par cinq ponts au centre de Paris et à l'île de la **Cité.** Hôtels particuliers du XVIIe siècle et quais qui offrent d'agréables promenades.

SAINT-LOUIS ✦ Ville de la Réunion, sur la côte sud-ouest de l'île. 52 803 habitants (les *Saint-Louisiens*) (☞ carte 23). Sucrerie.

SAINT-LOUIS ✦ Ville du Sénégal, sur l'île du même nom, près de l'embouchure du fleuve Sénégal. 100 000 habitants. Elle est inscrite sur la liste du patrimoine mondial de l'Unesco pour son architecture coloniale. ♦ Premier établissement français du pays (1638) nommé ainsi en l'honneur de Louis XIV. L'île, occupée plusieurs fois par les Anglais, fut la capitale de l'AOF (1895-1902), du Sénégal (1902-1957) et de la Mauritanie (1957-1960).

SAINT-MALO ✦ Ville d'Ille-et-Vilaine, sur l'estuaire de la Rance. 45 980 habitants (les *Malouins*). Remparts (XIIe-XIVe siècles, restaurés aux XVIIe-XVIIIe siècles) ; château (XVe siècle) qui abrite l'hôtel de ville et un musée ; fort construit par **Vauban** (XVIIe siècle) ; tombeau de Chateaubriand sur l'îlot du Grand-Bé. Port de pêche, de commerce, de passagers, de plaisance ; centre touristique. Port de départ de la **Route du Rhum.** Ville natale de Chateaubriand. ♦ La ville, fondée autour d'un monastère (VIe siècle), s'oppose souvent aux ducs de Bretagne ; elle est rattachée à la France en 1491. Port de départ des corsaires (Surcouf, Duguay-Trouin) et explorateurs malouins (Jacques Cartier), aux XVIe et XVIIe siècles, elle connaît un regain d'activités au XIXe siècle grâce à la grande pêche de Terre-Neuve. Elle est très endommagée par les bombardements (1944).

SAINT-MARIN ✦ Pays d'Europe du Sud, formant une enclave en Italie, au sud de Rimini (☞ carte 30). C'est l'un des plus petits (61 km^2) et des plus anciens États d'Europe. 29 973 habitants (les *Saint-Marinais*), en majorité catholiques. République dont la capitale est Saint-Marin (le centre historique de la cité est inscrit sur la liste du patrimoine mondial de l'Unesco). Langue officielle : l'italien. Monnaie : l'euro, qui a remplacé la lire italienne. ♦ Saint-Marin vit de l'agriculture (céréales, vigne), de la taille de la pierre et du tourisme. ♦ La ville est fondée par l'ermite saint Marin (IVe siècle), puis elle prend son autonomie (IXe siècle) et devient une république (XIIIe siècle). Elle lutte pour préserver son indépendance (XIVe-XVIe siècles) et se place sous la protection de l'Italie (1862). Le pays rejoint le Conseil de l'Europe (1988) et l'ONU (1992).

SAINT-MARTIN ✦ Île des Petites Antilles, au nord-ouest de la Guadeloupe, partagée entre la France et les Pays-Bas depuis 1648. La partie française, au nord, forme une collectivité d'outre-mer [978] qui s'étend sur 53 km^2 et compte 35 107 habitants. Chef-lieu : Marigot. La partie néerlandaise, au sud, occupe 34 km^2 et compte 32 000 habitants. Chef-lieu : Philipsburg.

SAINT-MORITZ ✦ Commune suisse dans le canton des Grisons. 5 589 habitants. C'est l'une des plus importantes stations d'été et de sports d'hiver de Suisse (altitude 1 856-3 303 mètres). Sources thermales. Elle a accueilli les Jeux olympiques d'hiver en 1928 et 1948.

SAINT-NAZAIRE ✦ Ville de Loire-Atlantique, sur l'estuaire de la Loire. 69 350 habitants (les *Nazairiens*). Premier port français pour la construction navale, cinquième pour le commerce. Centre industriel (aéronautique, pétrochimie, agroalimentaire). ♦ La ville gauloise, christianisée au VIe siècle, reste une bourgade de pêcheurs jusqu'au XIXe siècle. Elle devient l'avant-port de **Nantes** (1856) et ouvre son premier chantier naval en 1861. Pendant la Deuxième Guerre mondiale, les Allemands y installent une importante base de sous-marins. Elle est en partie détruite par les bombardements alliés.

SAINT-OMER ✦ Ville du Pas-de-Calais. 14 164 habitants (les *Audomarois*). Basilique Notre-Dame (XIIIe-XVe siècles), église Saint-Denis (tour du XIIIe siècle), hôtel Sandelin (musée), ruines de l'abbaye bénédictine Saint-Bertin. Centre administratif. ♦ Cité drapière prospère au Moyen Âge, la ville est rattachée à la France en 1677 et fortifiée par Vauban.

SAINTONGE n. f. ✦ Région historique de l'ouest de la France, qui correspond au département de la Charente-Maritime et à une partie de la Charente (☞ carte 21). Ses habitants s'appellent les *Saintongeais*. Ville principale : Saintes. ♦ Cette région de collines, bordée par la Gironde, vit de l'agriculture : vigne (Cognac), élevage, céréales ; ostréiculture (huîtres de Marennes). ♦ La province gauloise rejoint le duché d'Aquitaine au VIIIe siècle, puis passe à l'Angleterre avec le mariage d'**Aliénor d'Aquitaine** et d'Henri II Plantagenêt (1152). Elle est reconquise par **Du Guesclin** puis rejoint la couronne de France (1375) et devient un centre protestant pendant la **Réforme.**

SAINT-PAUL ✦ Ville de la Réunion, sur la côte ouest de l'île. 104 634 habitants (les *Saint-Paulois*). Sucrerie, distillerie. Ville natale de Leconte de Lisle.

SAINT-PÉTERSBOURG ✦ Ville de Russie, dans le nord-ouest du pays, sur l'embouchure de la Neva, au bord du golfe de Finlande. 4,43 millions d'habitants (☛ carte 57). Centre historique inscrit sur la liste du patrimoine mondial de l'Unesco pour ses édifices de style baroque et classique : palais d'Hiver (1754-1785), Amirauté (1704-1723), cathédrales Saint-Pierre-et-Saint-Paul (1713-1721), Saint-Alexandre-Nevski (1778-1789). Premier port maritime et fluvial du pays, centre culturel (musées, comme celui de l'**Ermitage**, universités, bibliothèques) et industriel (armement, métallurgie, mécanique, pétrochimie, textile, agroalimentaire). Ville natale de Alexandre Ier, la comtesse de Ségur, Borodine, Alexandre III, Guitry, Nabokov, Balanchine, Chostakovitch, Nicolas de Staël, Vladimir Poutine et Dmitri Medvedev. Saint-Pétersbourg, surnommée la *Venise du Nord* pour ses canaux et ses 500 ponts, attire de nombreux touristes. ♦ La ville est fondée par **Pierre-le-Grand** (1703) qui en fait la capitale de la Russie (1715). Elle se développe et s'embellit tout au long du XVIIIe siècle grâce à des architectes étrangers. Elle est rebaptisée *Petrograd* (1914), joue un rôle important dans la **révolution russe** (1917 ☛ Révolution russe p. 190), perd son statut de capitale en 1918, puis prend le nom de *Leningrad* à la mort de Lénine (1924). Pendant la Deuxième Guerre mondiale, la ville subit le siège de l'armée allemande qui provoque la mort d'un million de personnes (1941-1944). Elle reprend le nom de Saint-Pétersbourg en 1991.

SAINT PHALLE Niki de (1930-2002) ✦ Peintre et sculptrice française. Elle réalisa dès 1964 ses premières *Nanas,* sculptures multicolores représentant des femmes de taille monumentale. Le bassin de la *Fontaine Stravinski* (1983), près du Centre Georges-Pompidou à Paris, est décoré de ses sculptures colorées et de celles en métal sombre de son mari, Jean **Tinguely**.

SAINT-PIERRE Bernardin de → **BERNARDIN DE SAINT-PIERRE** Henri

SAINT-PIERRE ✦ Ville de la Réunion, sur la côte sud de l'île. 81 583 habitants (les *Saint-Pierrois*). Centre administratif et commercial.

SAINT-PIERRE DE ROME ✦ Basilique pontificale du **Vatican**, à Rome. Elle est bâtie sur l'emplacement de l'ancienne basilique édifiée sous **Constantin Ier**, où serait situé le tombeau de saint Pierre. Au XVIe siècle, le pape Jules II confie sa construction à **Bramante**, **Raphaël** (1514) et **Michel-Ange** (1546), qui réalise les plans de la coupole, achevée en 1590 ; la nef est allongée en croix latine. Le Bernin la décore (1624) et ajoute la place et les colonnades. On peut y voir une statue de saint Pierre (XIIIe siècle) et la *Pietà* de Michel-Ange (1498-1499). Plus grande basilique de la chrétienté (119 m de hauteur sous la coupole), appelée aussi la *Basilique vaticane.*

SAINT-PIERRE ET MIQUELON ✦ Collectivité française d'outre-mer [975], au sud de Terre-Neuve, dans l'océan Atlantique (☛ cartes 21, 22). Superficie : 242 km^2. 6 034 habitants (les *Saint-Pierrais et Miquelonnais*). Chef-lieu : Saint-Pierre, sur l'île Saint-Pierre. ♦ C'est un archipel composé de l'île Saint-Pierre (26 km^2), des deux îles Miquelon (216 km^2), et de plusieurs îlots. La végétation est pauvre et les côtes découpées sont baignées par les eaux froides du **Labrador**. Le climat est rude et humide, avec des hivers longs et froids. L'économie est basée sur la pêche (conserveries, farine de poisson). ♦ L'archipel, colonisé par la France (XVIIe siècle), accueille de nombreux réfugiés d'**Acadie** lorsque la France cède le Canada à la Grande-Bretagne (1763). Il passe aux Britanniques puis revient à la France (1816). Il devient un territoire (TOM, 1946), puis un département d'outre-mer (DOM, 1976), une collectivité territoriale (1985), puis une collectivité d'outre-mer (COM, 2003).

SAINT-POL-DE-LÉON ✦ Commune du Finistère. 6 607 habitants (les *Saint-Politains*). Cathédrale gothique de style normand (XIIIe-XVIe siècles), chapelle du Kreisker (XIVe-XVe siècles, flèche de granit de 78 m). Légumes (artichaut, chou-fleur) et primeurs.

SAINT-QUAY-PORTRIEUX ✦ Commune des Côtes-d'Armor, sur la baie de Saint-Brieuc. 2 937 habitants (les *Quinocéens*) (☛ carte 23). Station balnéaire. Port de pêche (crustacés).

SAINT-QUENTIN ✦ Ville de l'Aisne, sur la Somme et le *canal de Saint-Quentin.* 55 878 habitants (les *Saint-Quentinois*). Collégiale gothique (XIIIe-XVe siècles), hôtel de ville de style gothique flamboyant. Industries (mécanique, métallurgie, chimie, agroalimentaire, textile, électricité). Ville natale de Quentin de La Tour, Gracchus Babeuf.

SAINT-RAPHAËL ✦ Ville du Var, à l'ouest de l'Esterel, sur la Méditerranée. 34 567 habitants (les *Raphaëlois*). Musée archéologique. Port de plaisance ; station balnéaire.

SAINT-RÉMY-DE-PROVENCE ✦ Commune des Bouches-du-Rhône, au pied des Alpilles. 9 765 habitants (les *Saint-Rémois*). Centre agricole (vigne, olivier). Site archéologique de **Glanum. Van Gogh** s'y fit interner volontairement en 1889 (*Autoportrait à Saint-Rémy*). Ville natale de Nostradamus.

SAINT-SAËNS Camille (1835-1921) ✦ Compositeur français. Ce pianiste précoce est l'élève de **Gounod.** Il devient organiste à Saint-Merri (1853) puis à la Madeleine (1857-1877), à Paris, et poursuit sa carrière de compositeur et de chef d'orchestre. Ses compositions sont marquées par un retour à la rigueur classique. Œuvres : opéras (*Samson et Dalila,* 1877), compositions religieuses (*Requiem,* 1878), poèmes symphoniques (*La Danse macabre,* 1875), symphonies, concertos, pièces pittoresques comme *Le Carnaval des animaux* (1886).

SAINT-SÉBASTIEN ✦ Ville d'Espagne (Pays basque), au fond d'une baie. 183 090 habitants. Station balnéaire. Festival international du film.

SAINT-SIMON (duc de) (1675-1755) ✦ Mémorialiste français. Il quitte l'armée (1702) pour vivre essentiellement à la cour de Versailles, avant de se retirer dans son château à la mort du Régent (1723). Ses *Mémoires,* rédigés de 1694 à 1750, couvrent les évènements allant de 1691 à 1723 (fin du règne de Louis XIV, Régence). ■ Son nom complet est *Louis de Rouvroy, duc de Saint-Simon.*

SAINT-SIMON (comte de) (1760-1825) ✦ Philosophe et économiste français. Il proposa un changement de société, dans laquelle la science et l'industrialisation feraient progresser l'humanité. Sa doctrine, le *saint-simonisme,* repose aussi sur la laïcité et l'égalité entre les hommes. Ses idées ont influencé les penseurs du XIXe siècle (Comte, Marx). ■ Son nom complet est *Claude Henry de Rouvroy, comte de Saint-Simon.*

SAINT-TROPEZ ✦ Ville du Var, sur le *golfe de Saint-Tropez.* 4 353 habitants (les *Tropéziens*). Citadelle (XVIe-XVIIe siècles). Ce petit port de pêche devient, dans les années 1960, une station balnéaire et touristique réputée, fréquentée par les célébrités. On dit familièrement *Saint-Trop.*

SAINT-VALERY-EN-CAUX ✦ Commune de la Seine-Maritime, sur la Manche. 4 230 habitants (les *Valéricais*). Station balnéaire.

SAINT-VINCENT-ET-LES-GRENADINES ✦ Pays des Caraïbes, dans les Petites Antilles. Superficie : 388 km^2. 118 432 habitants (les *Saint-Vincentais et Grenadins*), en majorité chrétiens. Démocratie parlementaire. Capitale : Kingstown (33 000 habitants), sur l'île de Saint-Vincent. Langue officielle : l'anglais. Monnaie : le dollar des Caraïbes de l'Est. ♦ Le pays est formé d'une partie des îles **Grenadines** et de l'île de Saint-Vincent, dominée par un volcan actif, la Soufrière (1 234 m). Agriculture (banane, noix de coco), pêche et tourisme, très actif aux Grenadines. ♦ Saint-Vincent est peuplée d'Indiens Caraïbes qui opposent une vive résistance à la colonisation européenne, notamment française et britannique (XVIIIe siècle). Les îles deviennent britanniques (1797) et obtiennent leur indépendance dans le cadre du Commonwealth (1979).

SAKHA (République de) ✦ République de la fédération de Russie, dans l'est de la Sibérie (☛ carte 33). Superficie : 3,1 millions de km^2 (presque six fois la France). 948 100 habitants (les *Iakoutes*). Capitale : Iakoutsk (209 500 habitants). On y parle le iakout et le russe. ♦ C'est une région montagneuse et forestière, arrosée par la **Lena**. Agriculture (céréales, légumes, élevage de bovins et de rennes) et ressources minières (houille, étain, mica, or, diamant). ♦ Les Iakoutes, éleveurs, chasseurs et pêcheurs, deviennent agriculteurs à l'arrivée des paysans russes de Sibérie (XVIIe siècle). Le régime soviétique y est instauré (1918) puis la République socialiste soviétique autonome de Iakoutie est proclamée (1922). Elle s'intègre à la fédération sous le nom de *République de Sakha* (1990).

SAKHALINE ✦ Île de Russie, formant une région sur la côte est de Sibérie, au nord de Hokkaido (☛ carte 33). Superficie : 76 400 km^2 (environ un septième de la France). 546 000 habitants. Ville principale : Ioujno-Sakhalinsk. Pêche, riche sous-sol (pétrole, gaz, charbon). La partie sud appartient au Japon (1905-1945), puis l'île revient en totalité à l'URSS.

SAKHAROV Andreï (1921-1989) ✦ Physicien soviétique. Il élabora la bombe H soviétique en 1953. Inquiet des conséquences de ses travaux, il soutint les actions contre la non-prolifération des armes nucléaires puis créa un Comité pour la défense des droits de l'homme. Assigné à résidence à Gorki, il fut ensuite réhabilité et élu député (1989). Prix Nobel de la paix (1975).

SAKKARA → SAQQARA

SALADIN (1138-1193) ✦ Sultan d'Égypte (1171) et de Syrie (1174) jusqu'à sa mort. Il est chargé de rétablir l'ordre en Égypte et d'empêcher une invasion des croisés. Il devient vizir du calife du Caire (1169) et prend sa place, s'attribuant le titre de sultan (1171). En Syrie, il élimine ses rivaux (1174), unifie le pays et le rattache à l'Égypte avec une partie de l'Arabie et de l'Irak. Il s'empare de Jérusalem (1187) et occupe une grande partie des territoires francs. **Philippe Auguste** et **Richard Cœur de Lion** organisent la troisième croisade pour le combattre et s'emparent d'Acre (1191) ; Saladin garde la Palestine et la Syrie (1192). Sa volonté de redresser le monde musulman, les bons traitements qu'il réserve à ses prisonniers francs font de lui une véritable figure chevaleresque.

SALAMANQUE ✦ Ville d'Espagne (Castilla-León). 155 921 habitants. Vieille ville inscrite sur la liste du patrimoine mondial de l'Unesco : pont romain, ancienne cathédrale de style roman (XIIe siècle), nouvelle cathédrale de styles gothique, Renaissance et baroque, université fondée au XIIIe siècle. Centre touristique.

SALAMINE ✦ Île grecque, sur la côte ouest de l'Attique, dans le golfe Saronique (☛ carte 28). Superficie : 95 km^2. 35 000 habitants. Chef-lieu : Salamine (19 000 habitants ; ville natale d'Euripide). Elle ferme la baie d'Éleusis par un détroit large de 600 m. ♦ L'île est conquise et colonisée par les Athéniens (vers 612 av. J.-C.). En 480 av. J.-C., les Grecs y remportent une importante victoire navale sur les Perses commandés par **Xerxès Ier**. Dans l'*Iliade,* le roi de Salamine, **Ajax**, participe à la guerre de Troie.

SALAZAR Antonio de Oliveira (1889-1970) ✦ Homme d'État portugais. Ce professeur d'économie politique, appelé aux Finances après le putsch militaire de 1926, devient président du Conseil (1932) puis il fonde le « Nouvel État » (dictature basée sur un parti unique, la police politique, l'armée, l'Église) et apporte son soutien à Franco. Il quitte le pouvoir après une attaque cérébrale (1968), et les militaires, hostiles aux guerres coloniales, mettent fin à son régime (révolution des Œillets, 1974).

SALOMÉ ✦ Princesse juive. Elle danse, selon les Évangiles, devant son oncle Hérode Antipas qui, charmé, lui promet ce qu'elle veut. Elle réclame la tête de **Jean-Baptiste**, qu'on lui apporte sur un plat d'argent. Ce personnage inspire des peintres, des écrivains (Flaubert, Oscar Wilde) et des musiciens (Strauss).

SALOMON (972 av. J.-C.-932 av. J.-C.) ✦ Roi d'Israël, connu par la Bible. Fils du roi **David** et de Bethsabée, il conduit le royaume à son apogée. La tradition célèbre sa sagesse et lui attribue la rédaction de livres de la Bible (le **Cantique des cantiques**, l'Ecclésiaste, les Proverbes, la Sagesse). La reine de **Saba** lui aurait rendu visite et offert de nombreux cadeaux.

SALOMON (îles) ✦ Pays d'Océanie, en Mélanésie, dans le sud-ouest du Pacifique (☛ carte 51). Superficie : 27 556 km^2. 517 870 habitants (les *Salomonais*). Démocratie parlementaire dont la capitale est Honiara (59 060 habitants). Langue officielle : l'anglais ; on y parle aussi des dialectes mélanésiens, papous et polynésiens. Monnaie : le dollar des îles Salomon. ♦ Cet archipel est composé d'une double chaîne d'îles volcaniques, à la végétation parfois dense et luxuriante. Le climat équatorial est chaud et humide. Le pays vit de l'agriculture, vivrière (banane, taro, igname, patate douce) et commerciale (coprah, cacao, canne à sucre, palmier à huile), de l'exploitation du bois et de la pêche (thon). Le commerce se fait essentiellement avec le Japon. Le tourisme se développe, particulièrement à **Guadalcanal**, mais ce pays reste l'un des plus pauvres du Pacifique. ♦ L'archipel, habité dès le Ier millénaire av. J.-C., pratique des échanges avec les autres îles du Pacifique. Il est découvert par les Espagnols en 1568. L'Allemagne et la Grande-Bretagne se partagent les îles (1899). La partie allemande est placée sous mandat australien (1921). Pendant la Deuxième Guerre mondiale, elle est occupée par le Japon (1942) et attaquée par les Américains (1943), puis rattachée à la Papouasie-Nouvelle-Guinée. La partie britannique devient autonome (1976) et obtient son indépendance dans le cadre du Commonwealth (1978).

SALON-DE-PROVENCE ✦ Ville des Bouches-du-Rhône. 44 187 habitants (les *Salonais*). Église Saint-Michel (XIIIe siècle), collégiale Saint-Laurent (tombeau de Nostradamus), château de l'Empéri (ancienne résidence des archevêques d'Arles, XIIe-XVIIIe siècles). Base aérienne de l'École de l'air.

SALONIQUE ✦ Ville de Grèce, chef-lieu de la Macédoine. 322 200 habitants (les *Saloniciens*) et l'agglomération 800 000. Monuments byzantins, inscrits sur la liste du patrimoine mondial de l'Unesco (rotonde de Saint-Georges, IVe siècle ; basilique Saint-Démètre, Ve siècle). Deuxième ville économique du pays, port commercial et industriel (raffinerie, métallurgie, chimie, mécanique, agroalimentaire). Ville natale de Cyrille et Méthode, Mustafa Kemal. ♦ La ville est fondée sous le nom de *Thessalonique* (315 av. J.-C.) et devient la capitale de la **Macédoine** après la conquête romaine (168 av. J.-C.). **Byzance** en fait une place forte, embellie par Justinien Ier, et la deuxième capitale de l'Empire (Ve siècle). Elle est prise par les Sarrasins (904) et les Normands (1185). Les croisés créent le royaume de Thessalonique (1205-1223), qui revient à l'Empire byzantin (1313). La ville est cédée à Venise, conquise par les Turcs qui l'appellent *Salonique* (1430), et prospère grâce aux juifs chassés d'Espagne. Elle est rendue à la Grèce (1912) et occupée par les Alliés pendant la Première Guerre mondiale (1915). Son importante communauté juive est exterminée par les nazis pendant la Deuxième Guerre mondiale.

SALT LAKE CITY ✦ Ville des États-Unis, capitale de l'Utah. 186 440 habitants (1,3 million pour la zone urbaine). Centre industriel (agroalimentaire, raffinage, imprimerie, métallurgie, électronique, textile) où la haute technologie est en pleine expansion. ♦ Les mormons fondent la ville en 1847, pour en faire leur capitale. Elle accueille les Jeux olympiques d'hiver en 2002.

SALUT (Armée du) ✦ Organisation religieuse protestante créée en 1878 par le prédicateur britannique William Booth. Ce mouvement caritatif est actif dans de nombreux pays. Ses membres sont vêtus d'un uniforme, pratiquent la prédication et recueillent des fonds pour les œuvres sociales de l'organisation (soupes populaires, centres d'accueil). Hommes et femmes sont appelés *soldats* et *officiers*.

① **SALVADOR** n. m. ✦ Pays d'Amérique centrale (☞ cartes 44, 46). Superficie : 21 041 km². 6,5 millions d'habitants (les *Salvadoriens*), en majorité catholiques. République dont la capitale est San Salvador. Langue officielle : l'espagnol. Monnaie : le colon et le dollar. ♦ GÉOGRAPHIE. Le Salvador est le plus petit de tous les pays d'Amérique centrale et celui où la densité de population est la plus forte, concentrée sur le plateau central (400 et 800 m d'altitude). Les montagnes dominent au nord (point culminant 2 493 m) et les massifs volcaniques, souvent actifs, se trouvent au sud. Le climat est tropical. ♦ ÉCONOMIE. Agriculture (coton, canne à sucre, café, céréales) ; deuxième pays industriel d'Amérique centrale (alimentaire, textile, chimie, sidérurgie), derrière le Guatemala. ♦ HISTOIRE. Les Espagnols colonisent le pays (1540), qui dépend du **Guatemala.** Au XIXe siècle, il est rattaché aux Provinces Unies d'Amérique centrale (1823), puis il obtient son indépendance (1841). Après une révolte paysanne (1932), l'armée dirige le pays jusqu'en 1982, année où l'extrême droite remporte les élections. La guerre civile éclate et fait plus de 100 000 morts en dix ans. En 1991, un accord est trouvé entre le gouvernement et les rebelles guerilleros. Depuis, le pays est sur la voie de la réconciliation.

② **SALVADOR** ✦ Ville du Brésil, sur l'Atlantique, appelée autrefois *Bahia.* 2,68 millions d'habitants (3,46 pour l'agglomération). Capitale du Brésil de 1549 à 1763. Centre historique inscrit sur la liste du patrimoine mondial de l'Unesco : nombreux monuments baroques, maisons coloniales. Carnaval.

SALZBOURG ✦ Ville d'Autriche, capitale de l'État de Salzbourg, dans les Alpes, près de la frontière allemande. 143 000 habitants. Centre historique inscrit sur la liste du patrimoine mondial de l'Unesco : basilique romane (XIIe siècle), cathédrale baroque (1614-1628), tour abritant le Glockenspiel, carillon de 35 cloches (XVIIe siècle), fontaine monumentale (XVIIIe siècle), château fort (XIe-XVIIe siècles), palais Lodron (1631) et résidence d'été (château Mirabell, 1606) des princes-archevêques. Ville natale de **Mozart** — on peut visiter sa maison et un festival de musique classique est créé en son honneur (1922) — et de Karajan. Industries diverses (verrerie, métallurgie, brasserie, textile, instruments de musique en bois). ♦ La colonie romaine est dévastée par les invasions barbares. La ville se développe autour de deux couvents, devient un archevêché (IXe siècle), et ses archevêques reçoivent le titre de «princes du Saint Empire» (XIIIe siècle). Ils embellissent la ville grâce aux revenus qu'ils tirent des mines de sel. En 1802, la principauté est enlevée à l'Autriche, mais elle lui revient définitivement en 1814. La ville est restaurée avec soin après les dommages de la Deuxième Guerre mondiale.

SAMARA ✦ Ville de Russie, au confluent de la Volga et de la Samara. 1,16 million d'habitants. Port fluvial, centre industriel (automobile, aéronautique, raffinage de pétrole, pétrochimie, agroalimentaire). Centre spatial. Siège du gouvernement soviétique de 1941 à 1942.

SAMARIE n. f. ✦ Région de Palestine. Elle est située entre la Galilée et la Judée et bordée à l'est par le Jourdain. Elle forme avec la Judée la Cisjordanie. Ville principale : Naplouse. Son sous-sol est riche en minéraux (potasse, brome). ♦ La région doit son nom à la ville de Samarie, ancienne capitale du royaume d'Israël prise par les Assyriens (721 av. J.-C.). Les habitants de la ville sont déportés et remplacés par des Babyloniens et des Araméens qui donnent naissance au peuple des *Samaritains.* La Samarie est annexée par la Jordanie (1950), occupée par Israël depuis la guerre des **Six Jours** (1967), puis passe avec la **Cisjordanie** sous le contrôle de l'Autorité palestinienne (1995).

SAMARKAND ✦ Ville d'Ouzbékistan. 400 000 habitants. Cité d'art islamique, inscrite sur la liste du patrimoine mondial de l'Unesco : mosquées, écoles coraniques, mausolées. Capitale de **Tamerlan,** né tout près (XIVe siècle), puis de l'Ouzbékistan soviétique de 1924 à 1930.

SAMBRE n. f. ✦ Rivière de France et de Belgique, longue de 190 km. Elle prend sa source en Thiérache, arrose Maubeuge, puis, en Belgique, Charleroi et Namur où elle rejoint la Meuse.

① **SAMOA (les)** n. f. pl. ✦ Archipel volcanique de Polynésie, au centre du Pacifique (☛ carte 51). L'archipel, peuplé plus de 1000 ans av. J.-C., est découvert par les Hollandais (1722) puis visité par **Bougainville** (1768) et **Lapérouse** (1787). La partie ouest revient à l'Allemagne et la partie est aux États-Unis (traité de Berlin, 1899).

② **SAMOA (les)** n. f. pl. ✦ Pays de Polynésie (☛ carte 51). Il est situé dans l'ouest de l'archipel des **Samoa** et son nom officiel est *État indépendant des Samoa*. Superficie : 2 830 km². 187 800 habitants (les *Samoans*), en majorité chrétiens. Monarchie parlementaire dont la capitale est Apia (32 200 habitants). Langues officielles : l'anglais et le samoan. Monnaie : le tala. ♦ Il comprend deux grandes îles (Savai'i et Upolu), deux plus petites (Manon et Apolima) et de nombreux îlots, d'origine volcanique et bordés de lagons. Le climat tropical est humide. Agriculture (igname, taro, cocotier, arbre à pain, fruits exotiques, cacao), pêche. Tourisme. ♦ Cette possession allemande (1899) est occupée par la Nouvelle-Zélande (1914), qui administre ces îles. Le pays obtient son indépendance (1962) et rejoint le Commonwealth (1970).

SAMOA AMÉRICAINES (les) n. f. pl. ✦ Territoire non incorporé des États-Unis depuis 1900, formé par la partie orientale de l'archipel des **Samoa** (☛ carte 51). Superficie : 197 km². 55 519 habitants (les *Samoans*). Chef-lieu : Pago Pago (4 278 habitants), sur l'île Tutuila (55 876 habitants). ♦ Il est formé de sept îles volcaniques, couvertes de forêts, et de deux atolls. Le climat équatorial est marqué par de fortes pluies. Il vit de l'agriculture (taro, igname, arbre à pain, banane), de l'industrie liée à la pêche et du tourisme. Son niveau de vie est plus élevé que celui des autres pays du Pacifique. ♦ Les îles s'associent progressivement aux États-Unis (1900-1925) et servent de base militaire américaine pendant la Deuxième Guerre mondiale.

SAMOS ✦ Île grecque de la mer Égée, au large de la Turquie (☛ carte 28). Superficie : 476 km². 42 000 habitants (les *Samiens* ou les *Samiotes*). Chef-lieu : Vathy (9 000 habitants ; anciennement Samos, ville natale de Pythagore). Deux de ses sites sont inscrits sur la liste du patrimoine mondial de l'Unesco : l'ancienne ville gréco-romaine de Phytagoreion et le sanctuaire d'Héra. C'est une île volcanique où l'on cultive la vigne. ♦ La ville, devenue l'une des principales cités d'**Ionie**, assure sa domination sur la mer Égée (Samothrace). Après les guerres **médiques**, l'île rejoint la ligue de **Délos** (479 av. J.-C.), et Périclès la soumet (439 av. J.-C.). Elle fait partie de l'Empire romain (129 av. J.-C.), puis est dévastée par les Turcs (1453). Elle devient une principauté autonome sous dépendance turque (1821). Elle est occupée par la Grèce (1912) avant de lui être attribuée (traité de **Lausanne**, 1923).

SAMOTHRACE ✦ Île grecque de la mer Égée, au large de la Thrace (☛ carte 28). Superficie : 178 km². 3 100 habitants. Chef-lieu : Samothrace. Importants vestiges du sanctuaire des Grands Dieux (VIIe siècle-Ier siècle av. J.-C.). ♦ Sur le site de ce sanctuaire, une statue en marbre de **Paros**, *La Victoire de Samothrace*, est mise au jour (1863). Elle représente un corps sans tête, ailé et drapé, qui était posé sur une proue de galère. Sculptée entre le IIIe et le IIe siècle av. J.-C., elle rappelle une victoire navale. Elle est exposée au musée du Louvre.

SAMOYÈDES n. m. pl. ✦ Peuple d'origine mongole, établi en Sibérie entre l'Ob et l'Ienisseï. Les Samoyèdes vivent de l'élevage des rennes, de la pêche et de la chasse.

SAMPRAS Petros dit **Pete** (né en 1971) ✦ Joueur de tennis américain. Disposant d'un jeu complet grâce à un service puissant et un revers redoutable, il est le numéro un mondial de 1993 à 1998, et met fin à sa carrière en 2002.

SAMSON ✦ Personnage de la Bible. Selon la tradition, sa chevelure lui donne sa force. Il tue plus de mille **Philistins** avec une mâchoire d'âne. Mais, pendant son sommeil, la Philistine Dalila lui coupe les cheveux et le livre à son peuple.

SAMUEL ✦ Personnage de la Bible. Selon la tradition, il aurait vécu au XIe siècle av. J.-C. Les Livres de Samuel, qui figurent parmi les Prophètes, racontent comment il lutte contre les **Philistins** et nomme **Saül** roi d'Israël.

SANAA ✦ Capitale du Yémen, au centre du pays, sur des hauts plateaux, à 2 500 m d'altitude. 1,7 million d'habitants. Vieille ville inscrite sur la liste du patrimoine mondial de l'Unesco : maisons-tours à étages, nombreuses mosquées. Centre de commerce et d'artisanat (filatures de coton). Les quartiers juif, arabe et turc sont séparés par des murailles.

SAN ANDREAS (faille de) ✦ Faille géologique des États-Unis (Californie). Elle s'étend du nord au sud de Los Angeles et marque la limite entre deux plaques tectoniques : la plaque Pacifique à l'ouest et la plaque nord-américaine à l'est. L'activité sismique y est forte.

SAN ANTONIO ✦ Ville des États-Unis (Texas). 1,15 million d'habitants. Centre administratif militaire, bases aériennes.

SAN-ANTONIO ✦ Personnage principal d'une série de romans policiers (environ 170 titres) écrite par le romancier français Frédéric Dard (1921-2000) sous le pseudonyme de *San-Antonio*. Le commissaire San-Antonio est le type même du séducteur. Secondé par le truculent Bérurier et le débonnaire Pinaud, il mène des enquêtes qui les entraînent dans des situations scabreuses. San-Antonio apparaît pour la première fois dans *Réglez-lui son compte* (1949). L'auteur invente sa propre langue, truffée de calembours et de mots d'argot. Cette série lui assure le succès. Frédéric Dard a écrit également des romans sous son nom.

SANARY-SUR-MER ✦ Commune du Var, sur la Méditerranée. 15 963 habitants (les *Sanaryens*). Station balnéaire.

SANCY (puy de) n. m. ✦ Point culminant du **Mont-Dore** et du Massif central. Son altitude est de 1 885 m. On peut accéder au sommet par un téléférique.

SAND George (1804-1876) ✦ Romancière française. Elle mène une vie indépendante qui fait scandale, s'habille en homme, fume et devient la maîtresse de l'écrivain Jules Sandeau, à qui elle emprunte une partie de son nom pour créer son pseudonyme. Elle vit des liaisons passionnées avec **Musset** et **Chopin**, défend la cause des femmes et du peuple. ☛ Romantisme p. 181. Après l'échec de la révolution de 1848, elle se retire dans le Berry, entretient des correspondances (Flaubert) et rédige son autobiographie (*Histoire de* *ma vie,* 1854). Parmi ses œuvres les plus célèbres, on peut citer des romans (*Indiana,* 1832) et des récits champêtres : *La Mare au diable* (1846), *François le Champi* (1847-1848), *La Petite Fadette* (1849), *Les Maîtres sonneurs* (1853). ■ Son véritable nom est *Aurore Dupin, baronne Dudevant.*

SAN DIEGO ✦ Ville des États-Unis (Californie), sur l'océan Pacifique, près de la frontière mexicaine. 1,2 million d'habitants (2,8 millions d'habitants pour l'agglomération). Base navale, centre agricole et industriel (aéronautique et fusées), réputé pour son centre de recherche en biologie. Son climat ensoleillé et ses plages en font l'une des villes les plus touristiques de Californie.

SANDWICH (îles) ✦ Nom donné par James **Cook** à l'archipel qu'il découvre en 1778 et qui forme l'État américain d'**Hawaii.**

SAN FRANCISCO ✦ Ville des États-Unis (Californie), sur la côte pacifique. 776 733 habitants (7 millions d'habitants pour l'agglomération) (☛ carte 57). Huitième port du pays, centre industriel, commercial, financier (siège de la Bank of America), culturel et universitaire (Berkeley, Palo Alto). Site touristique célèbre pour son pont suspendu, le Golden Gate, à l'entrée de la baie. Ses quartiers pittoresques sont construits sur des collines parcourues par les tramways datant du début du XXe siècle. La ville est régulièrement touchée par de violents tremblements de terre (1906, 1989). Ville natale de Jack London, Isadora Duncan et Clint Eastwood. ♦ La ville est fondée par des missionnaires espagnols (1776) et se développe avec la ruée vers l'or (1849). La conférence qui s'y tient en juin 1945 donne naissance à la charte de l'Organisation des Nations unies (**ONU**).

SANGATTE ✦ Commune du Pas-de-Calais. 4 760 habitants (les *Sangattois*). Station balnéaire. Entrée du tunnel sous la Manche. Le Centre d'accueil pour les migrants en situation irrégulière abrita jusqu'à 1 500 personnes (1999-2002). Plusieurs centaines de sans-papiers y vivent encore. Sangatte est devenu le symbole de l'émigration clandestine de la France vers la Grande-Bretagne.

SANGUINAIRES (îles) ✦ Îles de Corse, à l'entrée du golfe d'Ajaccio.

SAN JOSE ✦ Ville des États-Unis (Californie). 895 000 habitants (plus de 7 millions pour l'agglomération). Important centre agricole et industriel (haute technologie), à proximité de **Silicon Valley.**

SAN JOSÉ ✦ Capitale du Costa Rica, au centre du pays, à 1 200 m d'altitude. 309 672 habitants (1,2 million pour l'agglomération). Ville administrative et commerciale au centre d'une agglomération qui s'étend sur 40 km (superficie : 1 000 km^{2}).

SAN JUAN ✦ Capitale de Porto Rico, sur un promontoire dans l'océan Pacifique relié à l'île par une mince bande de terre. 424 951 habitants (833 187 pour l'agglomération). Vieille ville fortifiée (XVIe siècle) inscrite sur la liste du patrimoine mondial de l'Unesco : cathédrale et palais de la Fortaleza, siège du gouvernement. Port de croisière, centre de commerce et d'industrie (textile, métallurgie, raffinerie, agroalimentaire, tabac).

SAN SALVADOR ✦ Capitale du Salvador, à 680 m d'altitude, au pied du volcan qui porte son nom. 316 090 habitants (1,56 million pour l'agglomération). Centre industriel (textile, alimentaire, tabac) et culturel (universités, musées) du pays. La population augmente rapidement et le chômage touche plus de la moitié de la population. ♦ La ville, fondée en 1528 et capitale depuis 1841, a accueilli la moitié de la population du pays pendant la guerre civile. Son centre a été dévasté par un tremblement de terre en 1986.

Sans famille ✦ Roman d'Hector Malot (1878). Rémi est un enfant abandonné, recueilli puis vendu au vieux saltimbanque Vitalis. Celui-ci parcourt la France avec un singe et trois chiens savants. À sa mort, Rémi tombe aux mains du méchant Garofoli qui l'oblige à mendier. Il mène une vie dangereuse puis part à la recherche de ses vrais parents. Cette histoire est souvent adaptée au cinéma et à la télévision.

SANTANDER ✦ Ville d'Espagne, capitale de la Cantabrie, sur le golfe de Gascogne. 181 802 habitants. Cathédrale (XIVe siècle ; crypte, XIIe siècle), palais royal d'été de la Magdalena. Port de pêche, de commerce et de plaisance ; station balnéaire. Centre industriel (construction navale, métallurgie, chimie, textile).

SANTIAGO ✦ Capitale du Chili, au centre du pays, au pied des Andes. 4,6 millions d'habitants. Son agglomération (superficie : 15 349 km^{2}) regroupe 40 % de la population du pays (☛ carte 57). Centre administratif, économique (services, industries) et culturel du pays, au cœur d'une riche région agricole (vigne, légumes, fleurs, fruits). **Valparaiso** lui sert de port.

SANTIAGO DE CUBA ✦ Ville de Cuba, dans le sud-est de l'île, au fond d'une baie. 494 430 habitants. Deuxième ville du pays, entre la sierra Maestra et la mer. Ouvrage défensif de San Pedro de la Roca, inscrit sur la liste du patrimoine mondial de l'Unesco.

SANTORIN ✦ Île des Cyclades, dans le sud de l'archipel (☛ carte 28). Elle est appelée aussi *Théra.* Superficie : 85 km^{2}. 15 550 habitants. Chef-lieu : Thira ou Phira. On y cultive les légumes, et sa vigne produit un vin renommé. Centre touristique. ♦ L'île de Thira et l'îlot voisin de Thirasia sont les témoins d'une intense activité volcanique (vers 1500 av. J.-C.) ; les éruptions se succèdent (1573, 1712, 1866). Les vestiges de la ville d'Akrotiri, bien conservés sous les cendres, révèlent des contacts étroits avec la Crète minoenne. Au XIIIe siècle, les Vénitiens nomment l'île *Santorini.*

SANTOS-DUMONT Alberto (1873-1932) ✦ Ingénieur et aéronaute brésilien. Le 12 novembre 1906, ce pionnier de l'aviation réalisa un vol de 220 mètres en 21 secondes.

SÃO FRANCISCO n. m. ✦ Fleuve du Brésil, long de 3 161 km. Il prend sa source près de Belo Horizonte, traverse l'est du pays et rejoint le Nordeste où il se jette dans l'océan Atlantique. Les nombreux barrages, aménagés de 1947 à 1986, permettent l'irrigation et fournissent l'électricité.

SAÔNE n. f. ✦ Rivière de l'est de la France, longue de 480 km (☛ carte 21). Elle prend sa source dans les Vosges au sud-ouest d'Épinal, à 400 m d'altitude, franchit le plateau de la Haute-Saône, reçoit le Doubs au nord de Chalon-sur-Saône, arrose Tournus, Mâcon, borde le Beaujolais, la Bresse, puis traverse Lyon où elle se jette dans le **Rhône.** Plusieurs canaux la relient au Rhin, à la Marne, à la Seine et à la Loire.

SAÔNE-ET-LOIRE n. f. ✦ Département du centre-est de la France [71], de la Région Bourgogne-Franche-Comté. Superficie : 8 575 km². 555 788 habitants. Chef-lieu : Mâcon ; chefs-lieux d'arrondissement : Autun, Chalon-sur-Saône, Charolles et Louhans.

SÃO PAULO ✦ Ville du Brésil, dans le sud du pays. 11,1 millions d'habitants (les *Paulistes*). Son agglomération qui compte 19,6 millions d'habitants est la plus grande du pays et la quatrième du monde (☛ carte 57). Centre économique, industriel, commercial (café) et culturel du pays. ♦ La ville, fondée par des jésuites le jour de la Saint-Paul (1554), est le point de départ des chercheurs d'or et des explorateurs qui se dirigent vers l'intérieur du pays. L'indépendance du Brésil y est proclamée en 1822.

SAO TOMÉ-ET-PRINCIPE ✦ Pays d'Afrique. Cet archipel est situé dans le golfe de Guinée (océan Atlantique), au large du Gabon (☛ cartes 34, 36). Superficie : 1 001 km². 179 200 habitants (les *Santoméens*), en majorité catholiques. République dont la capitale est Sao Tomé (67 000 habitants). Langue officielle : le portugais ; on y parle aussi des créoles. Monnaie : le dobra. ♦ C'est un archipel volcanique, formé de deux îles principales et de quatorze îlots, montagneux et couvert de forêts. Le climat tropical est humide. L'agriculture, vivrière (banane, patate douce, igname) ou destinée à l'exportation (cacao, café, coprah, huile de palme, canne à sucre), est essentielle, comme la pêche. Le pays sert de base de stockage aux industriels et aux commerçants du golfe de Guinée. ♦ Les Portugais découvrent l'archipel le jour de la Saint-Thomas (1471) puis ils y introduisent des prisonniers, des juifs bannis par l'Inquisition et des esclaves d'Angola. Au XVIe siècle, plusieurs révoltes aboutissent à la création d'une principauté autonome. Elle devient le premier producteur mondial de cacao. Au XXe siècle, les colons portugais développent son agriculture et en font une province portugaise d'outre-mer (1951). Le pays obtient son indépendance (1975) et organise des élections libres (1991).

SAPPHO ou **SAPHO** (fin du VIIe siècle av. J.-C.-début du VIe siècle av. J.-C.) ✦ Poétesse grecque. Née à **Lesbos**, elle enseigne la poésie, la musique, la danse à des jeunes filles dans une école dédiée à **Aphrodite** et aux Muses. Ses poèmes lyriques célèbrent l'amour, la beauté et la grâce féminines et expriment les affinités qu'elle éprouve pour certaines de ses élèves. Son *Ode à Aphrodite* est le seul poème parvenu entier jusqu'à nous. Des vases du Ve siècle av. J.-C. témoignent de sa popularité. Platon, Plutarque, Ovide et Horace lui rendent hommage. Elle inspire également la littérature et l'art moderne.

SAPPORO ✦ Ville du Japon, sur l'île d'Hokkaido. 1,9 million d'habitants. Centre administratif, industriel (alimentaire, textile, papeterie, chimie) et touristique. La ville, fondée à la fin du XIXe siècle, accueille les Jeux olympiques d'hiver en 1972.

SAQQARA ou **SAKKARA** ✦ Site archéologique d'Égypte, au sud-ouest du Caire. Dans l'Antiquité, c'est la nécropole principale de **Memphis**. Elle abrite sur plus de 7 km des sépultures allant de l'Ancien Empire à la période romaine. La plus remarquable est la pyramide du roi Djoser (2 800 ans av. J.-C.), composée de six degrés ; au sud se trouve une pyramide célèbre pour les textes funéraires gravés sur ses parois.

SARAGOSSE ✦ Ville d'Espagne, capitale de l'Aragon, sur l'Èbre. 654 390 habitants. Cathédrale, la Seo (XIIe-XVIe siècles), nombreuses églises dont Notre-Dame du Pilier (XVIIe siècle). Centre culturel, de services et industriel (mécanique, agroalimentaire). ♦ La colonie phénicienne passe aux mains des Romains (Ier siècle av. J.-C.) puis des Arabes (712). Elle devient la capitale d'un royaume maure (XIe siècle). En 1118, le roi d'**Aragon** la reprend et en fait sa capitale. Au XVIe siècle, elle est éclipsée par Madrid qui devient capitale de l'Espagne (1561).

SARAJEVO ✦ Capitale de la Bosnie-Herzégovine, dans l'est du pays. 380 000 habitants (les *Sarajéviens*). Elle est formée par la réunion de trois villes qui retracent son histoire : l'ancienne ville turque avec ses mosquées (XVe siècle), la nouvelle ville datant de la domination autrichienne (à partir de 1878), et la troisième qui marque l'essor industriel (XXe siècle). Centre administratif, commercial, industriel (métallurgie, mécanique, alimentaire) et artisanal (tapis, cuivre). Jeux olympiques d'hiver (1984). Ville natale d'Emir Kusturica. ♦ L'assassinat de l'archiduc François-Ferdinand d'Autriche (28 juin 1914) à Sarajevo déclenche la Première **Guerre mondiale.** De 1992 à 1995, les forces serbes bosniaques, hostiles à l'indépendance de la Bosnie-Herzégovine, font subir un siège destructeur et meurtrier à la ville.

SARATOV ✦ Ville de Russie, sur la Volga. 873 500 habitants. Cathédrale de la Trinité de style baroque (XVIIe siècle). Grand port fluvial, centre culturel (musées, université, conservatoire d'art dramatique) et industriel (mécanique, textile, alimentaire, pétrole, bois).

SARDAIGNE n. f. ✦ Île italienne de la Méditerranée, au sud de la Corse (☛ carte 30). Elle forme une région administrative d'Italie. Superficie : 24 090 km². 1,6 million d'habitants (les *Sardes*). Chef-lieu : Cagliari. ♦ C'est une île montagneuse (1 000 m d'altitude en moyenne), avec des plaines au nord-ouest et au sud-ouest. Le climat méditerranéen est très chaud en été. Agriculture (céréales, olivier, légumes, fruits, vigne ; élevage de moutons) et ressources minières (charbon, plomb, zinc). L'industrie (pétrochimie) se développe près des ports (Cagliari). Tourisme sur les côtes, surtout au nord. ♦ L'île, prospère dès la préhistoire (1 400 ans av. J.-C.), accueille des comptoirs phéniciens puis devient une province romaine. Occupée par les Vandales (436), Byzance (534) et convoitée par les Arabes (VIIIe-XIe siècles), elle est disputée par Pise qui la cède à Gênes (1284). Elle passe à l'Aragon (1325), à l'Autriche (1708) puis à la maison de **Savoie** (1720) sous le nom d'*États sardes,* et rejoint le royaume d'Italie (1861).

SARGASSES (mer des) ✦ Zone de l'Atlantique comprise entre le nord des Antilles et la Floride. Superficie : 4 millions de km². Elle tient son nom de l'abondance d'algues brunes de type *sargasse.*

SARGON II (mort en 705 av. J.-C.) ✦ Roi d'Assyrie de 721 av. J.-C. à sa mort. Il prend le pouvoir à son frère, annexe Israël et déporte sa population (**Samarie,** 721 av. J.-C.), bat les Égyptiens, soumet **Babylone** et s'y fait couronner (709 av. J.-C.). Son règne marque l'apogée de l'empire d'**Assyrie**, à qui il donne une nouvelle capitale (713-707 av. J.-C.), abandonnée après sa mort.

SARKOZY Nicolas (né en 1955) ✦ Homme d'État français. Ministre de l'Intérieur (2002-2004, 2005-2007), ministre de l'Économie et des Finances (2004), il a été président de la République de 2007 à 2012. ■ Son nom complet est *Nicolas Sarközy de Nagy-Bocsa.*

SARLAT-LA-CANÉDA ✦ Ville de Dordogne. 9 127 habitants (les *Sarladais*). Cité touristique avec de nombreux hôtels gothiques et Renaissance ; lanterne des morts (XIIe siècle) ; maison natale de La Boétie ; cathédrale Saint-Sacerdos. Marché agricole (volailles, grains, noix, truffes, foie gras).

SARNEN ✦ Ville de Suisse, chef-lieu du canton d'Obwald. 9 391 habitants. Industrie textile. Station estivale.

SARRASINS n. m. pl. ✦ Nom donné aux musulmans par les Occidentaux au Moyen Âge.

SARRAUTE Nathalie (1900-1999) ✦ Écrivain français. Elle quitte une carrière d'avocate pour se consacrer à la littérature. Proche du nouveau roman*, elle s'attache à décrypter les règles de la communication humaine. ☛ Littérature p. 146. Œuvres : *Tropismes* (1939), *Portrait d'un inconnu* (1948), *L'Ère du soupçon* (essai, 1956), *Le Planétarium* (1959), *Enfance* (1983), *Ici* (1995).

① **SARRE** n. f. ✦ Rivière de France et d'Allemagne, longue de 240 km. Elle prend sa source dans les Vosges, traverse la Lorraine puis entre en Allemagne, arrose Sarrebruck et se jette dans la **Moselle** à la frontière du Luxembourg.

② **SARRE** n. f. ✦ État (Land) du sud-ouest de l'Allemagne (☛ carte 29). Superficie : 2 570 km². 1,08 million d'habitants (les *Sarrois*). Capitale : Sarrebruck. ♦ La Sarre est formée d'un plateau, au nord de la Lorraine, bordé à l'ouest par la Sarre et couvert de forêts de hêtres. L'abondance de la houille est à l'origine d'une puissante sidérurgie, aujourd'hui en crise. Industries (chimie, métallurgie, mécanique, textile). ♦ La région, incluse dans la Rhénanie, est divisée au Moyen Âge. Le sud de la Sarre est annexé par Louis XIV (1661), suivi de toute la région sous la Révolution. Elle est rendue à la **Rhénanie** (1815), passe sous contrôle de la **Société des Nations** (traité de Versailles, 1919), et la France prend possession de ses mines. Elle est rattachée à l'Allemagne par un référendum (1935), puis occupée par la France (1945) jusqu'à ce que ses habitants demandent son rattachement à l'Allemagne (1957). Elle forme un Land depuis 1960.

SARREBOURG ✦ Chef-lieu d'arrondissement de la Moselle, sur la Sarre. 12 363 habitants (les *Sarrebourgeois*) (☛ carte 23). Chapelle des Cordeliers (XIIIe siècle ; vitrail de Chagall).

SARREBRUCK ✦ Ville d'Allemagne, capitale de la Sarre. 191 000 habitants (les *Sarrebruckois*). Église gothique Saint-Arnual (XIVe-XVe siècles), monuments baroques. Centre industriel (métallurgie) de la **Sarre.** ♦ La ville, qui appartient aux évêques de Metz, est disputée par le Saint Empire et la France. Elle est annexée par Louis XIV (1680-1697) et devient le chef-lieu du département français de la Sarre à la Révolution (1794-1814), avant d'être cédée à la **Rhénanie** (1815).

SARREGUEMINES ✦ Ville de la Moselle, au confluent de la Sarre et de la Blies, à la frontière allemande. 21 457 habitants (les *Sarregueminois*). Industries traditionnelles (céramique depuis le XVIIIe siècle, textile). Constructions mécaniques et électriques.

① **SARTHE** n. f. ✦ Rivière de l'ouest de la France, longue de 285 km (☛ carte 21). Elle prend sa source dans l'Orne, arrose Le Mans et se jette dans la Mayenne, avec laquelle elle forme la Maine au nord d'Angers.

② **SARTHE** n. f. ✦ Département de l'ouest de la France [72], de la Région Pays de la Loire. Superficie : 6 206 km². 568 760 habitants (les *Sarthois*). Chef-lieu : Le Mans ; chefs-lieux d'arrondissement : La Flèche et Mamers.

SARTRE Jean-Paul (1905-1980) ✦ Écrivain et philosophe français. Né dans une famille bourgeoise, il étudie à l'École normale supérieure et critique les traditions et les valeurs de sa classe sociale. Il est professeur au Havre puis poursuit ses études de philosophie à Berlin (1933-1934). Il développe sa pensée, appelée *existentialisme,* dans *L'Être et le Néant* (1943). Il se fait connaître par des romans (*La Nausée,* 1938 ; *Le Mur,* 1939), des pièces de théâtre (*Les Mouches,* 1943 ; *Huis clos,* 1944 ; *Les Mains sales,* 1948) et un récit autobiographique (*Les Mots,* 1964). Sartre est le compagnon de Simone de **Beauvoir.** Il influence profondément la jeunesse intellectuelle de l'après-guerre. Prix Nobel de littérature (1964, qu'il refuse).

SARZEAU ✦ Commune du Morbihan. 7 802 habitants (les *Sarzeautins*). Château de Suscinio, résidence des ducs de Bretagne. Plages sur le golfe du Morbihan et l'Atlantique.

SASKATCHEWAN n. f. ✦ Province du centre du Canada, depuis 1905 (☛ carte 48). Superficie : 651 036 km² (un peu plus que la France). 968 157 habitants (les *Saskatchewanais*). Capitale : Regina. La province est formée des plaines du sud du Canada (la Prairie), entre les **Grands Lacs** et les **Rocheuses.** Le climat continental est très froid l'hiver. Agriculture (céréales, élevage), pêche ; exploitation de la forêt ; commerce des fourrures ; ressources minières (lignite, pétrole, gaz, potasse, uranium).

SASSANIDES n. m. pl. ✦ Dynastie qui règne en Perse de 226 à 651. Elle renverse les **Parthes,** conquiert la Mésopotamie, lutte contre Rome (IIIe-IVe siècles) et les **Huns** (Ve-VIe siècles). Son empire, qui s'étend de l'Anatolie à l'Indus, est conquis par les Arabes (VIIe siècle).

SATAN ✦ Chef des démons, dans les traditions juive et chrétienne.

SATIE Erik (1866-1925) ✦ Compositeur français. Il étudie au Conservatoire de Paris (1879), puis il devient pianiste dans les cabarets de Montmartre et compose ses premières pièces (*Gymnopédies,* 1888, *Trois Morceaux en forme de poire,* 1903). Il reprend ses études de musique (1905-1908) et se lie avec Picasso et Cocteau. Ils créent le ballet *Parade* (1917), considéré comme le premier spectacle cubiste. Avec Cocteau, il contribue à la création du Groupe des **Six.** Son style dépouillé, associant parfois à la musique des éléments du music-hall et des parades de foire, lui donne une place à part dans la musique du XXe siècle. Il exerce une grande influence sur Stravinski et Ravel.

① **SATURNE** ✦ Dieu de la Vigne et des Semailles, dans la mythologie romaine. De grandes réjouissances sont organisées en son honneur, les *saturnales.* Il correspond au dieu grec **Cronos.**

② **SATURNE** n. f. ✦ Deuxième plus grosse planète du système solaire, située entre Jupiter et Uranus. C'est la sixième à partir du Soleil dont elle est éloignée d'environ 1 425 millions de km. Son diamètre est de 120 660 km (dix fois celui de la Terre). Comme Jupiter, son atmosphère est faite d'hydrogène et d'hélium. Saturne tourne autour du Soleil en 29 ans et 167 jours, et sur elle-même en 10 h 39 mn et 24 s. Avec sa lunette rudimentaire, **Galilée** observe Saturne, sans pouvoir identifier les différents anneaux caractéristiques de cette planète (1610). Les sondes américaines *Voyager* (1980-1981) révèlent que les *anneaux de Saturne* sont eux-mêmes composés d'une multitude d'anneaux et d'une vingtaine de satellites.

SATYRES n. m. pl. ✦ Démons des champs et des forêts de la mythologie grecque. Comme Pan, ils sont représentés avec un buste d'homme et un corps de cheval ou de bouc. Ils vivent dans des lieux sauvages où ils poursuivent les nymphes. Ils forment le cortège de **Dionysos** et parcourent la campagne en jouant de la flûte et en dansant. Les Romains de l'Antiquité les identifient aux faunes.

SAÜL (vers 1000 av. J.-C.) ✦ Premier roi des Israélites, selon la Bible. Il est fait roi par **Samuel**. Il bat les Philistins, et établit un royaume militaire. Il appelle le jeune **David** à la cour et lui donne sa fille en mariage.

SAUMUR ✦ Ville du Maine-et-Loire. 27 301 habitants (les *Saumurois*). Église romane Notre-Dame-de-Nantilly (XIIe-XIXe siècles), église Notre-Dame-des-Ardilliers (XVIIe siècle), château (reconstruit, XIVe-XVIe siècles) qui abrite le musée des Arts décoratifs et le musée du Cheval. Centre de commerce, d'industrie (jouets, confection, mécanique, électricité) et de tourisme, connu pour ses vins (rouges et blancs secs ou pétillants) et pour son École d'application de l'armée blindée et de la cavalerie. Ville natale de Coco Chanel. ♦ Charles le Chauve y fonde une abbaye (848) que Philippe Auguste réunit au domaine royal. La ville devient un centre du protestantisme (XVIe-XVIIe siècles) qui décline après la révocation de l'édit de **Nantes** (1685). Elle reprend son essor avec l'École de cavalerie, fondée en 1764. Ses élèves, appelés les *cadets de Saumur*, défendent le passage de la Loire contre l'armée allemande (1940). Les officiers chargés d'enseigner l'équitation forment le *Cadre noir de Saumur.*

SAUSSURE Ferdinand de (1857-1913) ✦ Linguiste suisse. Il étudie à Leipzig, s'installe à Paris (1880), et devient professeur à l'école des Hautes Études (1881-1891). Il retourne à Genève enseigner le sanskrit, la grammaire comparée puis la linguistique (1907). Son *Cours de linguistique générale* (publié par ses élèves en 1916) révolutionne la discipline et pose les bases du structuralisme et de la sémiologie. Il influence les sciences humaines du XXe siècle (**Lévi-Strauss, Lacan**).

SAVERNE ✦ Ville du Bas-Rhin. 11 433 habitants (les *Savernois*). Église des Récollets (XIVe siècle), château des Rohan, siège de l'évêché (XVIIIe siècle, musées), maisons anciennes. Industries (matériel agricole, automobile, électronique, brasserie).

SAVIGNAC Raymond (1907-2002) ✦ Affichiste français. Il est connu pour ses affiches publicitaires, pleines d'humour et de tendresse, et ses affiches de film (*La Guerre des boutons,* 1962). Il réalisa de nombreux dessins pour la ville de Trouville-sur-Mer où il passa la fin de sa vie.

SAVOIE (maison de) ✦ Famille qui règne sur la Savoie et le Piémont à partir du XIe siècle, sur la Sicile et la Sardaigne à partir du XVIIIe siècle, et sur l'Italie (1861-1946).

① **SAVOIE** n. f. ✦ Région historique du sud-est de la France qui correspond aux départements actuels de Savoie et de Haute-Savoie. ♦ La région, habitée par les Gaulois, est conquise par les Romains (121 av. J.-C.) qui la partagent entre la **Narbonnaise**, la Viennoise et les Alpes Grées (Ier-IIIe siècles). Elle est soumise aux **Burgondes** (Ve siècle), aux **Francs** (VIe siècle), aux Mérovingiens, aux Carolingiens, passe de la Provence à la Bourgogne puis est rattachée au **Saint Empire** (1032). Le comté de Savoie prospère grâce à sa position stratégique contrôlant les cols et les routes vers l'Italie. Érigée en duché, la Savoie annexe le Piémont (1419) et prend Genève qu'elle perd au siècle suivant (1530). La maison de Savoie fixe sa capitale à Turin (XVIe siècle), reprend la Savoie à la France, et règne sur le Piémont, la Sicile, la Sardaigne ainsi qu'une partie du Milanais (XVIIIe siècle). La région est occupée par les Espagnols, annexée par la France (1796-1814), rendue à la Sardaigne puis rejoint définitivement la France, avec Nice, en échange du soutien apporté à l'unité italienne (1860).

② **SAVOIE** n. f. ✦ Département du sud-est de la France [73], de la Région Auvergne-Rhône-Alpes. Superficie : 6 028 km^2. 426 924 habitants (les *Savoyards* ou les *Savoisiens*). Chef-lieu : Chambéry ; chefs-lieux d'arrondissement : Albertville et Saint-Jean-de-Maurienne.

SAVONAROLE Jérôme (1452-1498) ✦ Religieux italien. Ce moine dominicain de Bologne devient prieur du couvent de San Marco à Florence (1491). Ses sermons exhortent les Florentins au repentir. Après l'invasion de l'Italie par **Charles VIII** en 1495 (il avait annoncé la venue d'un conquérant), il s'impose comme chef politique, réforme la constitution, la justice, les finances et les mœurs. Son austérité et son intransigeance divisent la population entre ses partisans (les *piagnoni,* « pleureurs ») et ses détracteurs (les *arrabbiati,* « enragés »). Las de ses attaques, le pape l'excommunie. Il est alors arrêté par les *arrabbiati,* condamné à mort, pendu puis brûlé. ■ Son nom italien est *Girolamo Savonarola.*

SAVORGNAN DE BRAZZA → BRAZZA (Pierre Savorgnan de)

SAWYER Tom ✦ Personnage principal du roman *Les Aventures de Tom Sawyer* de Mark Twain (1876). L'auteur raconte les aventures de deux amis, Tom, le héros, amoureux de Beckie, et Huckleberry Finn. Tom et Huck assistent à un crime et, malgré le danger, ils dénoncent le coupable et le font arrêter. En le poursuivant, ils découvrent un trésor dans une caverne, qu'ils rapportent triomphants au village. L'auteur poursuit les aventures de ces personnages dans *Les Aventures de Huckleberry Finn* (1884), *Tom Sawyer à l'étranger* (1894), *Tom Sawyer détective* (1896).

SAXE n. f. ✦ État (Land) d'Allemagne, dans l'est du pays (☛ carte 29). Superficie : 18 408 km^2. 4,38 millions d'habitants. Capitale : Dresde. ♦ La Saxe est une région montagneuse (monts Métallifères), traversée par l'Elbe. Ses richesses minières (or, argent, plomb, uranium, lignite) favorisent l'industrie (chimie, métallurgie, textile, mécanique, industrie de précision, porcelaine et matériel photographique à Dresde) aujourd'hui en crise. Les activités de services et les industries modernes se concentrent autour de Dresde et de Leipzig depuis la réunification du pays. Universités dans ces deux villes. ♦ Le premier duché de Saxe fait partie du royaume de **Germanie** (843-1180) et du Saint Empire, puis devient la Saxe électorale (1356-1806). Elle participe à la Réforme (XVIe siècle) et connaît un essor artistique important. La Saxe forme un royaume (1815), une province de la Prusse qui rejoint l'Empire allemand (1871) puis la **RDA** (1949-1990). Le Land est reconstitué après la dissolution des districts de Dresde, Leipzig et Karl-Marx-Stadt (1990). Sa frontière correspond à peu près à celle de l'ancien royaume de Saxe.

SAXE-ANHALT n. f. ✦ État (Land) d'Allemagne, depuis 1990, au centre-est du pays (☛ carte 29). Superficie : 20 443 km². 2,58 millions d'habitants. Capitale : Magdeburg. ♦ C'est une plaine arrosée par l'Elbe et bordée de massifs montagneux au sud-ouest. L'agriculture est importante (céréales, betterave). Les richesses du sous-sol (lignite, sel, potasse, cuivre) alimentent l'industrie (chimie, métallurgie).

SAXONS n. m. pl. ✦ Peuple germanique établi au IIe siècle au nord de l'Elbe (☛ carte 9). Les Saxons progressent sur les côtes de la mer du Nord, au nord-ouest de l'Allemagne (IIIe siècle) et ravagent les côtes de Gaule et de l'actuelle Grande-Bretagne. Vers 450, certains d'entre eux s'établissent en Angleterre, avant les **Angles**, d'autres se rapprochent du monde franc. **Charles Martel, Pépin le Bref** puis **Charlemagne** les soumettent et les évangélisent. Leur dernière révolte est réprimée par Louis II le Germanique (841-842).

SCALA n. f. ✦ Théâtre de Milan. Il est construit pour Marie-Thérèse d'Autriche dans un style sobre et classique (1778). Ce temple de l'art lyrique devient au XIXe siècle un important foyer de manifestations contre l'occupation autrichienne et pour l'unité italienne. Depuis sa création, il accueille de célèbres musiciens et chefs d'orchestre comme Rossini, Bellini, Verdi, et Toscanini qui le fait reconstruire (1949).

SCANDINAVIE n. f. ✦ Région du nord de l'Europe, comprenant la Suède, la Norvège et le Danemark. Superficie : 817 800 km² (une fois et demie la France). Ses habitants, les *Scandinaves*, descendent des **Vikings.**

SCAPIN ✦ Personnage du théâtre italien. Le rôle de ce valet rusé est interprété pour la première fois en France à la cour de Louis XIII. Molière le rend célèbre avec sa pièce *Les **Fourberies de Scapin*** (1671).

SCARAMOUCHE ✦ Personnage du théâtre italien. C'est l'un des plus anciens personnages de la commedia dell'arte, à la fois subtil et vantard. Il est représenté vêtu de noir, sans masque, une cithare à la place de l'épée. Un acteur italien invité par Mazarin à la cour de Louis XIII le rend populaire en France au XVIIe siècle.

SCARLATTI Alessandro (1660-1725) ✦ Compositeur italien. Il devient maître de chapelle du vice-roi de Naples (1679), connaît rapidement la célébrité dans toute l'Italie, séjournant alternativement à Florence, Rome, Venise et Naples. Il meurt cependant dans l'oubli. Il influence ses contemporains (Purcell, Haendel), fixe la forme de l'opéra napolitain et de l'ouverture dite italienne. Il ouvre la voie à la symphonie classique. Son œuvre très abondante compte une centaine d'opéras dont *Mitridate Eupatore* et *Il Trionfo della libertà* (1707), *Tigrane* (1715), *Il Trionfo dell'onore* (1718), *Canbise* (1719), *Griselda* (1721). Son fils, **Domenico** (1685-1757) a composé une exceptionnelle œuvre pour clavecin.

SCHAEFFER Pierre (1910-1995) ✦ Ingénieur et compositeur français. Il est l'un des pères de la musique concrète. Ses recherches en électroacoustique sont à l'origine d'œuvres comme *Études de bruits* (1948) et, en collaboration avec P. Henry, *Symphonie pour un homme seul* (1950) et *Orphée 53* (1953), premier opéra de musique concrète. Il a dirigé le Groupe de recherches musicales de l'ORTF (Office de Radiodiffusion-télévision française). Théoricien, il a publié un important *Traité des objets musicaux* (1966).

SCHAERBEEK ✦ Commune de Belgique, faubourg nord de Bruxelles. 113 493 habitants. Siège des télévisions des communautés wallonne et flamande.

SCHAFFHOUSE ✦ Ville de Suisse, chef-lieu du canton de Schaffhouse, sur le Rhin. 33 459 habitants (61 573 pour l'agglomération). Cathédrale romane, bâtiments médiévaux. Industries (métallurgie, textile, mécanique). ♦ La cité se développe autour d'une abbaye bénédictine (1050) et devient ville libre impériale (1190). Elle passe aux Habsbourg (1330), entre dans la Confédération helvétique (1501) et adhère à la Réforme (1529).

SCHAFFHOUSE (canton de) ✦ Canton de Suisse, dans le nord du pays (☛ carte 26). Superficie : 298 km². 73 866 habitants. Langue officielle : l'allemand. Chef-lieu : Schaffhouse. C'est un plateau peu cultivé (vignes) ; forêts. L'industrie se concentre à Schaffhouse.

SCHÉHÉRAZADE ✦ Conteuse des ***Mille et Une Nuits***. Le sultan Chahriyar, son mari, est persuadé de son infidélité et veut la tuer. Elle décide alors de lui raconter chaque nuit des histoires si captivantes qu'il remet sa décision au lendemain. Parmi ces histoires figurent celles d'**Aladin**, d'**Ali Baba** ou encore de **Sindbad.** Elle continue sa narration jusqu'à ce que le sultan renonce à son projet la mille et unième nuit. Ce personnage inspire des musiciens (Rimski-Korsakov, Ravel).

SCHENGEN (accords de) ✦ Accords sur la libre circulation des personnes à l'intérieur d'un territoire composé des pays membres de l'Union européenne (sauf Chypre, le Royaume-Uni, l'Irlande, la Bulgarie, la Roumanie) et de pays européens non-membres (Islande, Norvège, Suisse). Le premier accord est signé à Schengen, petite bourgade du Luxembourg, en 1985. Ce territoire forme l'*espace Schengen,* qui compte 25 pays.

SCHILLER Friedrich von (1759-1805) ✦ Écrivain allemand. Il renonce à une carrière militaire pour se tourner vers la littérature. Il se passionne pour Rousseau, Homère, Virgile et Shakespeare, qui influencent ses premières pièces (*Les Brigands,* 1781 ; *Intrigue et Amour,* 1784 ; *Don Carlos,* 1787). Il se consacre à l'histoire et à la philosophie, devient professeur à l'université d'Iéna (1789). Il réforme l'écriture du théâtre allemand avec des pièces comme : *Wallenstein* (trilogie, 1796-1799), *Marie Stuart* (1800) et *Guillaume Tell* (1804). Ami de **Goethe**, il s'adonne aussi à la poésie lyrique. Il est en particulier l'auteur de l'*Ode à la joie* (1785) que **Beethoven** met en musique.

SCHILTIGHEIM ✦ Ville du Bas-Rhin, sur l'Ill. 31 610 habitants (les *Schilickois*). Banlieue nord de Strasbourg, centre industriel ; brasserie.

SCHLESWIG-HOLSTEIN **n. m.** ✦ État (Land) d'Allemagne, dans le nord du pays, à la frontière avec le Danemark (☛ carte 29). Superficie : 15 732 km^2. 2,8 millions d'habitants. Capitale : Kiel. ♦ C'est une plaine bordée à l'ouest par la mer du Nord et l'estuaire de l'Elbe, parsemée à l'est de nombreux lacs et baignée par la mer Baltique. La région est exposée à des vents violents dus à la proximité de la mer, exploités par des éoliennes. L'agriculture (élevage laitier) est importante, comme les activités maritimes (constructions navales, pêche et conserveries). ♦ Les Saxons partent de cette région pour conquérir l'actuelle Grande-Bretagne. Le Schleswig et le Holstein appartiennent au Danemark (XVe siècle) mais sont autonomes. Au XIXe siècle, ils sont annexés par la Prusse (1867). La minorité danoise obtient le rattachement du Schleswig du Nord au Danemark (1920), tandis que le Sud est uni au Holstein (1945).

SCHNEIDER ✦ Famille d'industriels français. **Eugène SCHNEIDER** (1805-1875), propriétaire de forges dans les Ardennes, reprend l'exploitation des forges du **Creusot**, avec son frère **Adolphe** (1802-1845). Ses descendants poursuivent la construction mécanique et l'armement.

SCHOELCHER Victor (1804-1893) ✦ Homme politique français. Il fait partie du gouvernement provisoire après la **révolution de 1848** et fait adopter le décret sur l'abolition de l'esclavage dans les colonies. Il est élu député de Guadeloupe et de Martinique (1848-1851), s'exile en Angleterre sous le Second Empire puis, après l'abdication de Napoléon III, est réélu député de Martinique à l'Assemblée nationale (1871). Ses cendres sont transférées au **Panthéon**, à Paris (1949).

SCHÖNBERG ou **SCHOENBERG** Arnold (1874-1951) ✦ Compositeur américain, d'origine autrichienne. Tout d'abord influencé par Wagner, Brahms et Mahler, il enseigne la musique en Europe où il a pour élève **Berg** et Webern, puis part en Amérique pour fuir les persécutions nazies (1936). Il abandonne le système tonal classique et adopte un nouveau système, le «dodécaphonisme». Son œuvre exerce une influence considérable sur la musique contemporaine. Œuvres : *La Nuit transfigurée* (1899), *Cinq Pièces pour orchestre* (1909), *Pierrot lunaire* (1912), *L'Échelle de Jacob* (1922), *Moïse et Aaron* (1930), *Un survivant de Varsovie* (1947).

SCHÖNBRUNN ✦ Château situé à proximité de Vienne, en Autriche. Inspiré de Versailles, il est achevé sous Marie-Thérèse (1750). Napoléon Ier y signe le traité de Vienne (1809). Résidence impériale des **Habsbourg** du XVIIIe siècle à 1918, où naît François-Joseph Ier. Le château et les jardins sont inscrits sur la liste du patrimoine mondial de l'Unesco. ☛ Baroque p. 169.

SCHOPENHAUER Arthur (1788-1860) ✦ Philosophe allemand. Il fut influencé par Platon, Kant et la philosophie bouddhiste. Il exposa une vision pessimiste du monde dans son œuvre principale *Le Monde comme volonté et comme représentation* (1818) : le monde est une apparence, le bonheur n'est pas durable, l'homme ne peut jamais satisfaire ses désirs et ce n'est que le besoin inconscient de vivre qui le maintient en vie (le «vouloir-vivre»).

SCHTROUMPFS (les) **n. m. pl.** ✦ Personnages de bandes dessinées créés en 1958 par le dessinateur belge **Peyo**. Ils apparaissent pour la première fois dans *La Flûte à six Schtroumpfs*, un épisode paru dans le magazine *Spirou*. Les Schtroumpfs sont des petits lutins bleus coiffés d'un bonnet blanc qui vivent dans des champignons. Ils sont célèbres dans le monde entier et leurs histoires sont régulièrement adaptées en dessins animés à la télévision comme au cinéma.

SCHUBERT Franz (1797-1828) ✦ Compositeur autrichien. Son talent précoce de musicien lui permet d'être accepté à la chapelle impériale de Vienne, où il est l'élève de Salieri. À treize ans, il compose sa première pièce, un quatuor. Considéré comme le père du *lied*, il influence Schumann, Mendelssohn-Bartholdy et Liszt. Malgré sa disparition prématurée, il laisse plus de 600 *lieder*, des opéras, des symphonies, de la musique de chambre et religieuse. Parmi ses compositions on peut citer : *Le Roi des aulnes* (1815), *La Truite*, *La Jeune Fille et la Mort* (1817), *Symphonie inachevée* (1822), *La Belle Meunière* (1823), *Symphonie en ut majeur* (1826), *Voyage d'hiver* (1827), *Sérénade* (1827).

SCHULZ Charles Monroe (1922-2000) ✦ Dessinateur et scénariste américain. Il publie *Peanuts* (1950), des bandes dessinées aux décors et au texte simples. Ses héros, Charlie **Brown**, sa bande de copains et son chien **Snoopy**, évoluent dans la vie quotidienne de l'Amérique d'après-guerre.

SCHUMAN Robert (1886-1963) ✦ Homme politique français. Député (1919-1940), déporté pendant la guerre, il devient ministre des Finances (1946-1947) et président du Conseil (1947-1948). Il est nommé ministre des Affaires étrangères (1948-1953), met en place le plan **Marshall** et se rapproche de l'Allemagne fédérale. Avec Jean **Monnet**, il participe à la construction de l'Europe : il pose les bases de la Communauté européenne du charbon et de l'acier (CECA), de la Communauté européenne de défense (1952) et préside l'Assemblée parlementaire européenne à Strasbourg (1958).

SCHUMANN Robert (1810-1856) ✦ Compositeur allemand. Il vit une enfance difficile et solitaire, marquée par l'hypersensibilité de sa mère et la folie de sa sœur. Il prend quelques leçons de piano puis se forme seul à la musique en étudiant Bach. Après un accident qui paralyse sa main droite (1832), il abandonne sa carrière de pianiste virtuose et se consacre dès lors à la composition. Il passe par de longues périodes de dépression, adoucies par la présence de sa femme, Clara Wieck (1819-1898), sa muse et son interprète. Il meurt dans l'asile où il est interné. Son œuvre romantique et tourmentée est surtout consacrée au piano. On peut citer : *Carnaval* (1835), *Kreisleriana* (1838) et les cycles de lieder *L'Amour et la Vie d'une femme* (1840) et *Les Amours du poète* (1840).

SCHÜTZ Heinrich (1585-1672) ✦ Compositeur allemand. Élève de Gabrieli et de Monteverdi à Venise, il a été fortement influencé par la musique italienne tout en demeurant fidèle à la polyphonie allemande de la Renaissance : style monodique dans ses madrigaux (1611), style concertant dans les *Psaumes de David* (1619). Après le lyrisme exubérant des *Petits Concerts spirituels* (1636-1639), de l'oratorio des *Sept Paroles du Christ en croix* (1645) ou des grandioses *Obsèques musicales* (1636), Schütz revient à un art plus sévère, plus austère voire dépouillé, avec les trois *Passions*. Il a également composé le premier opéra allemand, *Dafne* (1627).

SCHWEITZER Albert (1875-1965) ✦ Théologien et médecin missionnaire français. Ce pasteur protestant étudie la médecine à Strasbourg. Il part au Gabon (1913) pour fonder un hôpital à Lambaréné, dans la forêt équatoriale ; il s'y installe définitivement en 1924. Théologien, philosophe et musicologue, il fait des recherches sur Jésus, saint Paul et sur Bach, et publie des récits autobiographiques (*À l'orée de la forêt vierge, Ma vie et mes pensées*, 1960). Académie des sciences morales et politiques (1951). Prix Nobel de la paix (1952).

SCHWERIN ✦ Ville d'Allemagne, capitale du Mecklembourg-Poméranie-Antérieure. 97 329 habitants. Centre industriel (mécanique, chimie, alimentaire). ♦ Cette capitale du duché de Mecklembourg (1611-1918) était la capitale du Land le plus pauvre d'**Allemagne de l'Ouest** (1990).

SCHWYZ ✦ Ville de Suisse, chef-lieu du canton de Schwyz, à l'est du lac des Quatre-Cantons. 14 178 habitants (24 059 pour l'agglomération). Église baroque Saint-Martin, hôtel de ville (XVIIe siècle). Industrie (textile) ; station climatique.

SCHWYZ (canton de) ✦ Canton de Suisse, au centre du pays (☛ carte 26). Superficie : 908 km^2. 138 832 habitants. Langue officielle : l'allemand. Chef-lieu : Schwyz. Région d'élevage laitier. L'industrie (textile) et le secteur des services bénéficient de la proximité de Zurich. ♦ Pour lutter contre les Habsbourg, ce canton s'allie, en 1291, à ceux d'Unterwald et d'Uri. Les trois cantons remportent une victoire définitive sur les Autrichiens (Morgarten, 1315) ; leur alliance est à l'origine de la Confédération helvétique. Le canton de Schwyz est à l'origine du nom allemand de la Suisse, qui est *Schweiz*.

SCIPION ✦ Famille de la Rome ancienne dont le membre le plus célèbre est **SCIPION L'AFRICAIN** (vers 235 av. J.-C.-vers 183 av. J.-C.), homme politique et général romain. En Espagne, il s'allie aux Ibères pour chasser les Carthaginois (206 av. J.-C.). Devenu consul (205 av. J.-C.), il fait adopter le projet de débarquement en Afrique, prend **Carthage** (204 av. J.-C.) et met fin à la deuxième guerre punique en battant **Hannibal** (202 av. J.-C.). Il se retire alors de la politique et se consacre aux arts et aux lettres, contribuant à répandre la culture grecque dans le monde romain.

SCORSESE Martin (né en 1942) ✦ Cinéaste américain. Ses débuts montrent qu'il peut s'adapter à tous les sujets. Pourtant, ce sont les films plus personnels, dans lesquels le héros (souvent joué par son acteur fétiche R. De Niro) est en quête de pureté au milieu d'une réalité sordide, qui assurent son succès : *Taxi Driver*, 1976 ; *Raging Bull*, 1979 ; *Aviator*, 2004 ; *Les Infiltrés*, 2006.

SCOTLAND YARD ou **NEW SCOTLAND YARD** ✦ Siège de la police londonienne, situé au bord de la Tamise, près du pont de Westminster. Le ministre de l'Intérieur, Robert Peel (1788-1850), crée une police consacrée uniquement au Grand Londres (1829) ; les policiers sont appelés les *bobbies* en son honneur. La section criminelle devient célèbre dans le monde entier grâce aux romans et aux films policiers.

SCOTT Walter (1771-1832) ✦ Écrivain britannique. Ce magistrat écossais se consacre aussi à l'écriture, inspiré par les paysages et les légendes de son pays natal. Ses romans dépeignent les mœurs écossaises (*Contes de mon hôte*, 1816-1832 ; *L'Antiquaire*, 1816). Il met à la mode le roman historique avec ***Ivanhoé*** (1820), qui adapte les histoires de **Richard Cœur de Lion** et de **Robin des Bois**, et avec *Quentin Durward* (1823) qui met en scène la lutte de Louis XI contre Charles le Téméraire. Son œuvre influence les écrivains (Balzac, Hugo) et les artistes (Delacroix).

SCRIABINE Aleksandr Nikolaïevitch (1872-1915) ✦ Compositeur russe. Pianiste virtuose, il entreprend de nombreuses tournées en Europe et en Amérique. Influencé par Wagner, adepte de Nietzsche et inspiré par la philosophie orientale, il tente de faire de la musique un art universel et du compositeur un être capable de communiquer avec le cosmos. Il a composé, dans cet esprit, des œuvres symphoniques (*Le Poème de l'extase*, 1907) et des œuvres pour piano (un concerto, des sonates, des études, des impromptus et des préludes). ■ Son nom s'écrit aussi *Skriabine*.

SCUDÉRY Madeleine de (1607-1701) ✦ Romancière française. Elle fréquente l'hôtel de Rambouillet et son brillant salon, avant d'ouvrir son propre salon littéraire (1653). Ses romans galants et précieux connaissent un grand succès : *Artamène ou le Grand Cyrus*, 1649-1653 et surtout *Clélie, histoire romaine*, 1654-1660 (où figure la *Carte de Tendre*).

SCYLLA → **CHARYBDE ET SCYLLA**

SCYTHES n. m. pl. ✦ Peuple indo-européen de langue iranienne. Il s'installe au nord de la mer Noire et de l'Asie centrale (vers 1 200 ans av. J.-C.) et travaille l'or et l'argent. Remarquables cavaliers et archers, les Scythes franchissent le Caucase (vers 700 av. J.-C.), dominent les Mèdes, ravagent l'Assyrie et vont jusqu'en Palestine. Ils se replient sur la mer Noire, poursuivis par les Perses (vers 600 av. J.-C.). Une dynastie scythe forme un royaume en Crimée (200 av. J.-C.), détruit par les Goths. Une autre s'établit en Inde (Ier siècle).

SDN n. f. ✦ Nom abrégé de la **Société des Nations.**

SEATTLE ✦ Ville des États-Unis (État de Washington). 563 400 habitants (agglomération : 3,5 millions). Centre financier, commercial et industriel du nord de la côte du Pacifique. Port d'exportation (charbon, céréales), industrie aéronautique. Ville natale de Bill Gates.

SÉBASTOPOL ✦ Ville d'Ukraine, sur la mer Noire. 340 353 habitants. Port de guerre assiégé pendant la guerre de Crimée (1854-1855) et l'invasion allemande (1941-1944). Base militaire russe. Construction navale, industrie mécanique.

SÉCESSION (guerre de) ✦ Guerre civile qui se déroule aux États-Unis de 1861 à 1865. Le sud des États-Unis, dont l'économie repose sur les plantations (tabac, coton) cultivées par des esclaves noirs, s'oppose au Nord de plus en plus industrialisé, qui réclame l'abolition de l'esclavage au nom de la démocratie. L'élection du président antiesclavagiste Abraham **Lincoln** provoque la « sécession » de la Caroline du Sud (1860) qui proclame son indépendance, bientôt suivie par le Mississippi, la Floride, l'Alabama, la Géorgie, la Louisiane, le Texas, la Virginie, l'Arkansas, la Caroline du Nord et le Tennessee. Ces onze États du Sud quittent l'Union et forment une Confédération qui choisit Richmond pour capitale et Jefferson Davis pour président (1861). Les nordistes, appelés aussi les *fédéraux*, se regroupent au sein de l'Union. Après une série de victoires éclatantes, les sudistes, menés par le général **Lee**, perdent la bataille décisive de **Gettysburg** en 1863 ; ils sont finalement battus par les nordistes, plus nombreux. La guerre de Sécession est considérée comme la première guerre moderne de l'histoire à cause de l'importance des troupes, des moyens techniques mis en œuvre (cuirassés, mines, torpilles, armes automatiques) et des pertes humaines (plus de 617 000 morts).

SECOND EMPIRE → **EMPIRE** (Second)

SEDAN ✦ Ville des Ardennes, sur la Meuse. 17 829 habitants (les *Sedanais*). Château fort (XVe siècle), ancien palais des princes de Sedan (XVIIe siècle) qui abrite un musée. Centre industriel (métallurgie, chimie, alimentaire) réputé depuis le XVIe siècle pour ses textiles (drap fin appelé *sedan*). Ville natale du maréchal Turenne. ♦ La défaite de Napoléon III à Sedan face aux Prussiens (2 septembre 1870) entraîne la chute du Second Empire et l'occupation de la France.

SÉGUR (comtesse de) (1799-1874) ✦ Écrivain français, d'origine russe. Elle est la fille d'un ministre russe qui doit se réfugier en France. Elle épouse le comte Eugène de Ségur (1819). Elle commence à écrire des récits pour ses petits-enfants, qui mettent en scène des personnages parfois capricieux mais aussi pleins de bon sens. Ils vivent dans un monde protégé où le bien et la morale triomphent toujours. Ses récits les plus connus sont : *Les Petites Filles modèles* (1858), *Les Mémoires d'un âne* (1860), *Les Malheurs de Sophie* (1864), *Un bon petit diable* (1865), *Le Général Dourakine* (1866), *Après la pluie le beau temps* (1871). ▪ Son nom complet est *Sophie Rostopchine, comtesse de Ségur.*

Seigneur des anneaux (Le) ✦ Roman publié en 1954-1956 par J. R. R. **Tolkien.** ☛ Littérature p. 135. Il met quinze ans à écrire cette histoire composée de trois volumes : *La Communauté de l'anneau, Les Deux Tours, Le Retour du roi.* Il s'inspire de légendes nordiques pour créer le monde de la terre du milieu. Plusieurs anneaux donnent le pouvoir à ceux qui les possèdent mais un seul permet de gouverner le monde. Un groupe est chargé de détruire cet anneau maléfique. Il va vivre d'innombrables aventures, poursuivi ou aidé par des chevaliers, des magiciens, des nains, des elfes et des dragons. Cet univers terrifiant et épique connaît un succès mondial et inspire de nombreuses adaptations (ballet, jeux). Au cinéma, le premier des trois films (*La Communauté de l'anneau,* 2001) remporte quatre oscars et le troisième (*Le Retour du roi,* 2003), onze.

SEIN (île de) ✦ Île du Finistère, dans l'Atlantique, en face de la pointe du **Raz.** Superficie : 5,6 ha. 238 habitants (les *Sénans*). Pêche. Tourisme. L'île fait partie du parc naturel régional d'**Armorique.**

① **SEINE** n. f. ✦ Fleuve français, long de 776 km (☛ carte 21). C'est le deuxième du pays par sa longueur, après la Loire. Il prend sa source à l'est du Bassin parisien, sur le plateau de Langres, à 471 m d'altitude. La Seine traverse la Champagne (Troyes), reçoit l'Aube au nord de Nogent-sur-Seine, l'Yonne et le Loing au sud de Melun, l'Essonne à Corbeil-Essonnes, l'Orge et l'Yerres au sud de Villeneuve-Saint-Georges et la Marne à Charenton-le-Pont. Elle pénètre dans Paris où elle se divise en deux bras autour de l'île de la **Cité** et l'île **Saint-Louis.** Elle fait ensuite de larges boucles, arrose Nanterre, reçoit l'Oise au sud de Pontoise, l'Epte après Mantes-la-Jolie, l'Eure au sud de Rouen. Sa vallée s'élargit à la sortie de Rouen et traverse le pays de Caux. Elle se jette dans la Manche par un large estuaire qui baigne Le Havre et Honfleur, villes reliées par le pont de **Normandie.** Le parc naturel régional des Boucles de la Seine normande (83 000 ha), créé en 1974, s'étend à l'ouest de Rouen et englobe la forêt de Brotonne et le marais Vernier. La Seine est le fleuve économiquement le plus important de France. L'axe Le Havre-Rouen-Paris relie de grands complexes industriels (raffinerie, pétrochimie, mécanique). Son cours, régulé par des barrages-réservoirs, est navigable jusqu'à l'Aube et relié par des canaux à la Somme, l'Escaut, la Meuse, le Rhin, la Saône et la Loire.

② **SEINE** n. f. ✦ Ancien département du Bassin parisien. Depuis la loi du 10 juillet 1964, il fait place à quatre nouveaux départements : les Hauts-de-Seine, Paris, la Seine-Saint-Denis et le Val-de-Marne.

SEINE-ET-MARNE n. f. ✦ Département du centre-nord de la France [77], de la Région Île-de-France. Superficie : 5 915 km^2. 1,38 million d'habitants. Chef-lieu : Melun ; chefs-lieux d'arrondissement : Fontainebleau, Meaux, Provins et Torcy.

SEINE-ET-OISE n. f. ✦ Ancien département du Bassin parisien, remplacé par trois départements (loi du 10 juillet 1964) : l'Essonne, le Val-d'Oise et les Yvelines.

SEINE-MARITIME n. f. ✦ Département du nord-ouest de la France [76], de la Région Normandie. Superficie : 6 277 km^2. 1,26 million d'habitants. Chef-lieu : Rouen ; chefs-lieux d'arrondissement : Le Havre et Dieppe.

SEINE-SAINT-DENIS n. f. ✦ Département du centre-nord de la France [93], de la Région Île-de-France. Superficie : 236 km^2. 1,57 million d'habitants. Chef-lieu : Bobigny ; chefs-lieux d'arrondissement : Le Raincy et Saint-Denis. Il est créé par décret le 10 juillet 1964.

SELDJOUKIDES n. m. pl. ✦ Dynastie turque d'Asie qui règne du Xe au XIIIe siècle. Au Xe siècle, les Seldjoukides s'installent dans l'actuel Ouzbékistan (**Samarkand, Boukhara**) et fondent, au cours du XIe siècle, un empire qui s'étend de la mer Égée au Turkestan. Menacé par une arabisation croissante ainsi que par les Byzantins et les croisés (milieu du XIIe siècle), leur empire décline. Seul le sultanat d'Asie Mineure (sultanat de Rum), en Anatolie, forme un État durable, à l'origine de la future Turquie. Assailli par les Mongols et devenu leur vassal, ce sultanat s'émiette tandis qu'une principauté turque émerge : celle des Ottomans (Empire **ottoman**).

SÉLESTAT ✦ Chef-lieu d'arrondissement du Bas-Rhin, sur l'Ill. 19 546 habitants (les *Sélestadiens*) (☛ carte 23). Abbatiale romane (XIIe s.). Bibliothèque humaniste fondée en 1452. Métallurgie.

SÉLEUCIDES n. m. pl. ✦ Dynastie hellénistique qui règne sur la Syrie et une partie de l'Asie de 305 à 64 av. J.-C. À la mort d'**Alexandre le Grand**, son lieutenant **SÉLEUCOS Ier** (vers 358-280 av. J.-C.) reçoit la Mésopotamie et la Perse, puis la Syrie. Proclamé roi (305 av. J.-C.), il fonde sa capitale **Antioche** et prend l'Asie Mineure. Ses descendants perdent les provinces orientales passées aux **Parthes** et l'Asie Mineure, disputée par **Pergame** (IIIe siècle av. J.-C.). L'empire, rétabli par ANTIOCHOS III LE GRAND (vers 242-187 av. J.-C.), est déchiré par des luttes intestines, réduit à la Syrie (140 av. J.-C.) avant d'être annexé par Rome (64 av. J.-C.).

SEM ✦ Personnage de la Bible. Fils de **Noé** et frère de **Cham**, il est l'ancêtre supposé d'Abraham et du peuple hébreu. Les peuples qui descendent de Sem sont les *sémites.* Ce qui les concerne est qualifié de *sémitique* (adj.)

SÉMIRAMIS ✦ Reine légendaire d'Assyrie et de Babylone. Elle réalise de somptueuses constructions à **Babylone.** Les célèbres jardins suspendus, faits de terrasses superposées et arrosés par un système de canalisations amenant les eaux de l'Euphrate, comptent parmi les Sept **Merveilles du monde.**

SEMOIS n. f. ✦ Rivière de Belgique et de France, longue de 198 km. Elle prend sa source en Belgique, à Arlon, traverse l'Ardenne, entre en France et se jette dans la Meuse. Parcours pittoresque aux méandres encaissés.

SEMPÉ Jean-Jacques (né en 1932) ✦ Dessinateur et humoriste français. Il publie ses dessins dans la presse à l'âge de 18 ans et connaît le succès en illustrant les histoires du ***Petit Nicolas*** de Goscinny (1954). Ses dessins simples, poétiques et drôles, mettent en scène des personnages un peu perdus dans les grandes villes modernes.

SÉNART ✦ Nom de la ville nouvelle de **Melun-Sénart** depuis 1997. Ses habitants s'appellent les *Sénartais.*

SÉNAT n. m. ✦ Assemblée française, établie par la Constitution de la Ve République (1958). Elle remplace le Conseil de la République établi par la Constitution de la IVe République (1946). Le Sénat siège au palais du **Luxembourg** et, avec l'**Assemblée nationale**, il forme le Parlement. Quand le président de la République ne peut plus exercer ses fonctions, le président du Sénat le remplace. Les membres du Sénat sont les *sénateurs* et les *sénatrices.*

① **SÉNÉGAL** n. m. ✦ Fleuve d'Afrique de l'Ouest, long de 1 700 km (☛ carte 34). Il prend sa source au Mali, franchit des rapides, reçoit la rivière Falémé et pénètre au Sénégal, marquant la frontière avec la Mauritanie. Il reçoit plusieurs affluents et se jette dans l'océan Atlantique après Saint-Louis, par un grand delta aménagé en zone agricole (riz, canne à sucre). Son cours irrégulier est en partie navigable.

② **SÉNÉGAL** n. m. ✦ Pays d'Afrique de l'Ouest (☛ cartes 34, 36). Superficie : 196 200 km^2 (un peu plus du tiers de la France). 12,86 millions d'habitants (les *Sénégalais*), en majorité musulmans, mais aussi catholiques ou animistes. République dont la capitale est Dakar. Langue officielle : le français ; langues nationales : le wolof, le diola, le sérère, le mandingue, le soninké et le peul ; on parle aussi un créole portugais au sud. Monnaie : le franc CFA. ♦ GÉOGRAPHIE. Le Sénégal est formé d'une grande plaine, couverte de savanes, qui s'étend entre le fleuve Sénégal au nord et la vallée de la **Casamance** au sud. La **Gambie** forme une enclave dans le sud. Le climat tropical est plus tempéré sur les côtes. Les sites mégalithiques de Sénégambie sont inscrits sur la liste du patrimoine mondial de l'Unesco. ♦ ÉCONOMIE. L'agriculture vivrière (sorgo, riz, maïs, manioc, mil) domine. Les cultures de plantation (coton, arachide) fournissent des matières premières à l'industrie de transformation (huilerie, raffinerie). Les ressources minières sont exploitées (phosphates, titane, zirconium, fer). La pêche et le tourisme constituent la principale source de revenus. ♦ HISTOIRE. La région, peuplée tôt dans la préhistoire, se développe avec les Sérères qui introduisent le travail du fer et l'usage du mobilier funéraire (Ier millénaire). Elle passe aux empires du **Ghana**, du **Mali** et répand l'islam (Xe siècle). Au XVIIe siècle, les Français s'établissent à l'embouchure du fleuve Sénégal (1638), sur l'île de **Saint-Louis** (1659). Ils colonisent progressivement le pays (1854) qu'ils intègrent à l'**Afrique-Occidentale française** (AOF, 1895-1958). Le Sénégal obtient son indépendance avec Léopold Sédar **Senghor** comme président (1960). Le pays est confronté à des incidents frontaliers avec la Mauritanie (1991) et à une guérilla qui réclame l'indépendance de la Casamance.

SÉNÈQUE (4 av. J.-C.-65) ✦ Philosophe et écrivain romain. Il étudie le stoïcisme et devient le précepteur de **Néron**, qui lui ordonne de se suicider pour avoir participé à un complot contre lui. On lui attribue des tragédies *(Médée, Phèdre, Agamemnon)* et des ouvrages de philosophie *(De la clémence, De la providence, Lettres à Lucilius).*

SENGHOR Léopold Sédar (1906-2001) ✦ Homme politique et poète sénégalais. Pendant ses études à Paris, il rencontre Georges Pompidou et Aimé **Césaire.** Il milite avec ce dernier pour la libération des peuples noirs et pour la reconnaissance de leurs caractéristiques propres, la « négritude ». Agrégé de grammaire, il est enseignant puis quitte son poste pour prendre part à la guerre en France. Il participe à la rédaction de la Constitution de la IVe République française et devient secrétaire d'État (1955-1956). Il fonde l'Union progressiste sénégalaise puis est élu président de la République du Sénégal en 1960, lorsque le pays obtient son indépendance. Il se retire de la vie politique en 1980. Son œuvre littéraire célèbre la négritude, l'amour de sa terre natale et de ses traditions : poèmes (*Chants d'ombre,* 1945 ; *Hosties noires,* 1948 ; *Nocturnes,* 1961), essais littéraires et poétiques (*Liberté I à IV,* 1964-1984). Académie des sciences morales et politiques (1969). Académie française (1983).

SENLIS ✦ Chef-lieu d'arrondissement de l'Oise. 15 292 habitants (les *Senlisiens*) (☛ carte 23). Vestiges gallo-romains (arènes, enceinte). Ville royale des Capétiens, au riche patrimoine. Ruines du château royal (musée de la Vénerie). Cathédrale (XIIe-XIIIe siècles). Musée d'Art et d'Archéologie dans l'ancien palais épiscopal. ♦ Hugues Capet y fut élu roi en 987. Par le *traité de Senlis* (1493), Charles VIII restituait à l'Autriche l'Artois, la Franche-Comté et le Charolais, après la rupture de l'union négociée par Louis XI (traité d'**Arras**, 1482).

SENS ✦ Ville de l'Yonne, sur l'Yonne. 25 507 habitants (les *Sénonais*). Cathédrale gothique Saint-Étienne (XIIe siècle ; vitraux, trésor), palais synodal (XIIIe siècle, musées), poterne et vestiges des remparts, maisons anciennes. Industries (imprimerie, informatique, logistique, agroalimentaire).

SÉOUL ✦ Capitale de la Corée du Sud, au centre du pays, près des côtes de la mer de Chine. 9,8 millions d'habitants (les *Séouliens*) (☛ carte 57). Centre administratif et culturel (universités). Industries (alimentaire, textile, métallurgie). ♦ La ville, fondée au XIe siècle, devient la capitale du royaume de Corée (1392). Elle est occupée par les Japonais (1910-1945) et reconstruite sur un plan moderne après la guerre de Corée (1950-1953). Elle accueille les Jeux olympiques en 1988.

SEPT MERVEILLES DU MONDE (les) → **MERVEILLES DU MONDE** (les Sept)

SÉRAPIS ✦ Divinité introduite en Égypte par Ptolémée Ier, qui désire instaurer un culte commun aux Égyptiens et aux Grecs. Ce dieu suprême réunit les attributs de plusieurs dieux grecs (Hadès, Asclépios, Dionysos et Poséidon) et remplit plusieurs fonctions. Son culte gagne la Grèce, Rome et l'Asie Mineure.

SERBIE n. f. ✦ Pays d'Europe du Sud, dans les **Balkans** (☞ cartes 24, 25). Superficie : 77 474 km² (moins du sixième de la France). 7,8 millions d'habitants (les *Serbes*). République dont la capitale est Belgrade. Langue officielle : le serbe ; on y parle aussi l'albanais et le hongrois. Monnaie : le dinar serbe. ♦ GÉOGRAPHIE. Au nord du Danube, s'étend la riche plaine de Voïvodine. Au sud, un système montagneux sépare les Alpes dinariques des Balkans. ♦ ÉCONOMIE. L'agriculture est productive (blé, maïs, vigne, arboriculture), le sous-sol riche (lignite, cuivre, pétrole) et l'industrie diversifiée (métallurgie, mécanique). Les infrastructures ont été endommagées par les bombardements de l'Otan lors de la guerre du Kosovo (1999). L'aménagement du **Danube** fournit de l'énergie hydroélectrique. ♦ HISTOIRE. La région fait partie d'une province romaine (Ier siècle av. J.-C.), envahie par les Serbes (VIIe siècle) qui sont dominés tour à tour par les Byzantins, les Grecs et les Bulgares. Ils obtiennent leur indépendance en 1180. Au XIVe siècle, le pays, devenu le plus puissant des Balkans, se trouve sous la domination des Turcs jusqu'au XIXe siècle. La Serbie, à nouveau indépendante (1878), est envahie par l'Autriche et la Bulgarie pendant la Première Guerre mondiale. Elle s'agrandit des territoires slaves de l'ancienne **Autriche-Hongrie** (1918) et prend le nom de ***Yougoslavie*** (1929). Après la Deuxième Guerre mondiale, elle devient une des six républiques fédérées de la Yougoslavie (1945). Quand quatre des républiques proclament leur indépendance, la Serbie forme avec le Monténégro la nouvelle République fédérale de Yougoslavie (1992), non reconnue par l'ONU qui tient la Serbie pour responsable de la guerre en **Bosnie-Herzégovine** et la place sous embargo jusqu'en 1996. La révolte pour l'indépendance du **Kosovo** et sa répression (1998) entraînent l'intervention militaire de l'ONU (1999). Le Kosovo est reconnu province autonome sous contrôle international (2002). Le pays est rebaptisé *Union de Serbie-et-Monténégro* (2003) puis la Serbie retrouve son indépendance (2006) tandis que le Kosovo déclare la sienne en 2008.

SERRES Michel (né en 1930) ✦ Philosophe français. Il est l'auteur d'ouvrages sur l'histoire des sciences et des idées. Sa philosophie, qui s'efforce de trouver un lien entre les sciences exactes et les sciences sociales, s'adresse autant à la sensibilité qu'à l'intelligence conceptuelle. Il s'est intéressé au progrès des sciences et des techniques, à l'esthétique et à la communication. Principales œuvres : *Hermès* (1969-1980), *Esthétiques sur Carpaccio* (1975), *Le Contrat naturel* (1990), *Le Tiers instruit* (1991), *Hominescence* (2001), *La Guerre mondiale* (2008). Académie française (1990).

SÉRUSIER Paul (1864-1927) ✦ Peintre français. Il se lie avec **Gauguin** à **Pont-Aven** et fonde le groupe des nabis (1888). Il se retire en Bretagne, peint des portraits et des paysages délicats et rénove l'art moderne en puisant chez les peintres italiens et allemands d'avant la Renaissance. Œuvres : *Le Talisman* (1888), *La Barrière fleurie* (1889), *Les Laveuses à la Laïta* (1892), *La Mer au Pouldu* (1895).

SÈTE ✦ Ville de l'Hérault, entre l'étang de Thau et le golfe du Lion. 44 136 habitants (les *Sétois*). Premier port de pêche et deuxième port de commerce français de la Méditerranée (vin, céréales, importation de pétrole brut, exportation d'hydrocarbures, bois tropicaux), également port de plaisance et de voyageurs (vers le Maroc et les Baléares). Centre touristique, traversé par le canal du **Midi** et le canal du Rhône. Ville natale de Paul Valéry, Jean Vilar, Georges Brassens. ♦ L'ancien site romain se développe sous Louis XIV, qui confie la construction de son port à Colbert (1666).

SÉTIF ✦ Ville de l'est de l'Algérie, sur les Hauts Plateaux. 168 700 habitants (les *Sitifiens*). Vestiges archéologiques, sources thermales. Artisanat. Ruines romaines de Djemila à proximité.

SETUBAL ✦ Ville du Portugal, sur la côte, au sud de Lisbonne. 122 554 habitants. Port de pêche (troisième du pays) ; centre industriel et touristique.

SEURAT Georges (1859-1891) ✦ Peintre français. Il est refusé au Salon de 1884 et fonde, avec d'autres peintres, la Société des artistes indépendants. En appliquant à la peinture des recherches scientifiques sur la lumière et la couleur, il développe la théorie du « pointillisme » (emploi de petites touches de couleurs pures). Il crée le courant « néo-impressionniste », convertit Pissarro à cette technique et influence Gauguin et Van Gogh. Son tableau *Un dimanche à la Grande Jatte* (1884-1886) est considéré comme le manifeste de cette école de peinture. On peut aussi citer *Chahut* (1889-1890) et *Cirque* (1890-1891).

SÉVÈRE ✦ Dynastie d'empereurs romains qui règne de 193 à 235. **SEPTIME SÉVÈRE** (146-211) fonde la dynastie. Nommé empereur par ses soldats (193), il bat plusieurs fois les **Parthes** et constitue la province de Mésopotamie (199). Son fils **Caracalla** règne en éliminant son frère (212). Leur cousin ÉLAGABAL (204-222), nommé empereur en 218, adopte son cousin **SÉVÈRE ALEXANDRE** (vers 208-235), nommé empereur en 222, qui laisse le pouvoir à sa grand-mère Julia Maesa.

SEVERN n. f. ✦ Fleuve de Grande-Bretagne, long de 335 km (☞ carte 31). Il prend sa source au pays de Galles, est rejoint par l'Avon avant de se jeter dans le canal de Bristol.

SEVESO ✦ Commune d'Italie, en Lombardie. 22 000 habitants. Une catastrophe industrielle se produisit en juillet 1976 dans une usine chimique. L'explosion d'un réacteur laissa échapper un nuage de dioxine qui contamina la région. La population fut évacuée, les troupeaux abattus et le site dut être décontaminé. La *directive Seveso* est une directive européenne qui impose d'identifier les sites industriels à risques, appelés *sites Seveso.*

SÉVIGNÉ (marquise de) (1626-1696) ✦ Épistolière française. Cette femme cultivée et mondaine devient veuve à 25 ans et partage sa vie entre Paris et la Bretagne. Elle écrit des lettres destinées principalement à sa fille, Mme de Grignan, qui vit en Provence et dont l'absence la rend triste. Ses *Lettres,* au ton libre et spontané, sont publiées en 1726. Elles évoquent la nature, racontent la vie à Versailles, des anecdotes sur les évènements et les personnages de la Cour. ☞ Littérature p. 138. ■ Son nom complet est *Marie de Rabutin-Chantal, marquise de Sévigné.*

SÉVILLE ✦ Ville du sud de l'Espagne, capitale de l'Andalousie, sur le Guadalquivir. 699 145 habitants (les *Sévillans*). Quartier de Santa Cruz qui conserve l'aspect d'une ville arabe, maison de Pilate (XVe siècle) et ensemble inscrit sur la liste du patrimoine mondial de l'Unesco : palais de l'Alcazar (IXe siècle), la Giralda, minaret de l'ancienne mosquée (XIIe siècle), cathédrale gothique (XIVe-XVIe siècles) qui abrite le tombeau de Christophe **Colomb.** Principal port fluvial du pays, centre industriel (métallurgie, textile), culturel (musées, université fondée en 1502) et touristique, célèbre pour ses fêtes (procession de la Semaine sainte, Feria). Ville natale de Bartolomeo de Las Casas, Vélasquez, Bartolomé Murillo. ♦ La cité carthaginoise, grand centre d'humanisme chrétien sous les Romains et les **Wisigoths** (461), est conquise par les Arabes (712). À la chute du califat de **Cordoue** (Xe siècle), elle devient la capitale d'un royaume maure, soumis par Ferdinand III (1248). Sa population maure est remplacée par des Castillans, des Génois, des Catalans et des Juifs. Avec la découverte du Nouveau Monde, son port héberge les bateaux qui partent pour l'Amérique (XVIe siècle) ; Séville devient le plus important centre de commerce du pays. Elle décline lorsque l'Espagne perd ses colonies américaines au XVIIIe siècle. En 1992, Séville accueille l'Exposition universelle.

SÈVRE n. f. ✦ Nom de deux cours d'eau de l'ouest de la France. La *Sèvre Nantaise* est une rivière, longue de 125 km. Elle naît dans les Deux-Sèvres, traverse la Vendée, la Loire-Atlantique et se jette dans la Loire à Nantes. La *Sèvre Niortaise* est un fleuve long de 150 km. Il prend sa source à l'est de Niort qu'il traverse, reçoit la Vendée, parcourt le Marais poitevin et se jette dans l'océan Atlantique par la baie d'Aiguillon.

SÈVRES ✦ Ville des Hauts-de-Seine, sur la Seine. 23 206 habitants (les *Sévriens*). Église Saint-Romain (XIIe-XVIIe siècles), hôtel de ville (XVIIIe siècle), musée national de céramique. La marquise de Pompadour y fait transférer la manufacture de porcelaine (1756). La porcelaine fabriquée dans cette ville s'appelle le *sèvres.*

SÈVRES (traité de) ✦ Traité signé le 10 août 1920 par la Turquie et les puissances alliées victorieuses de la Première Guerre mondiale. L'Empire ottoman perd ses possessions en Europe (sauf Constantinople) et au Proche-Orient. Mustafa **Kemal** refuse cet accord et impose le traité de **Lausanne** (1923) après ses victoires sur la Grèce.

SEYCHELLES (les) n. f. pl. ✦ Pays à l'est de l'Afrique, dans l'océan Indien, au nord-est de Madagascar. Superficie : 453 km². 87 500 habitants (les *Seychellois*), en majorité chrétiens. République dont la capitale est Victoria, sur l'île de Mahé. Langues officielles : l'anglais, le créole et le français. Monnaie : la roupie seychelloise. ♦ Cet archipel est composé de 115 îles, dont les principales (Mahé, Praslin, Silhouette, Frégate, La Digue) sont volcaniques. On compte 83 îlots coralliens, faiblement peuplés, dont l'atoll d'Aldabra, inscrit sur la liste du patrimoine mondial de l'Unesco. Le climat tropical est humide et marqué par la mousson dans les îles les plus montagneuses. C'est un pays agricole, avec des cultures vivrières (banane, patate douce, igname) ou destinées à l'exportation (épices, cocotier, canne à sucre, thé). La pêche est importante, l'industrie peu développée, et le tourisme constitue la principale ressource du pays. ♦ L'archipel est inhabité quand les Portugais y abordent (1505). La France l'annexe (1742) et en fait une dépendance de l'île de France (actuelle île Maurice). Les Anglais l'occupent (1794) puis l'annexent (1804). En 1976, l'archipel obtient son indépendance dans le cadre du Commonwealth.

SEYNE-SUR-MER (La) ✦ Commune du Var, près de Toulon. 64 675 habitants (les *Seynois*). Station balnéaire. Réaménagement du site des anciens chantiers navals.

SFAX ✦ Ville de Tunisie. 265 131 habitants. Remparts, grande mosquée. Métropole économique du Sud tunisien, 2e ville et 1er port du pays, centre industriel (phosphates, huile, céréales).

SFORZA ✦ Famille italienne qui régna sur le duché de Milan à la Renaissance. **Ludovic SFORZA** (1451-1508) s'empara du pouvoir (1480) et participa aux guerres d'**Italie.** D'abord allié à la France, il se retourna contre Louis XII qui voulait faire valoir ses droits à l'héritage milanais. Il fut finalement chassé de Milan (1500) et emprisonné à Loches. Mécène du **Quattrocento**, il s'entoura d'artistes de renom (**Bramante**, **Léonard de Vinci**).

SHAANXI n. m. ✦ Province du nord-ouest de la Chine (☛ carte 40). Superficie : 205 600 km² (à peine la moitié de la France). 35,3 millions d'habitants. Capitale : Xian. Nombreux vestiges historiques des dynasties Han et Tang. Agriculture (céréales, oléagineux, coton, chanvre, lin, élevage de bovins et d'ânes) ; ressources minières (charbon, pétrole, gaz naturel, uranium) ; industries (mécanique, textile).

SHABA n. m. ✦ Nom du **Katanga** de 1972 à 1997.

SHAKESPEARE William (1564-1616) ✦ Poète dramatique anglais. D'abord comédien, il anime une troupe de théâtre que le roi Jacques Ier prend sous sa protection (1603), et fonde à Londres le théâtre du Globe qui fait sa fortune. Sa vision poétique, son réalisme populaire, la variété de son style, son sens du tragique et de l'histoire font de lui l'un des plus grands auteurs dramatiques de tous les temps. Traditionnellement, son œuvre est divisée en trois périodes. Pendant sa période de jeunesse (1590-1600), il compose des comédies (*La Mégère apprivoisée,* 1593-1594 ; *Le Songe d'une nuit d'été,* 1595), des tragédies et des drames historiques (*Richard III,* 1592-1593 ; ***Roméo et Juliette***, 1594-1595 ; *Le Marchand de Venise,* 1596). Ses grandes tragédies appartiennent à la période dite *noire* (1600-1608) : ***Hamlet*** (1600), ***Othello*** (1604), ***Macbeth*** (1605), *Le Roi Lear* (1606). La dernière période est celle des fantaisies féeriques (*La Tempête,* 1611).

SHANDONG n. m. ✦ Province de l'est de la Chine (☛ carte 40). Superficie : 153 300 km² (environ un quart de la France). Près de 96 millions d'habitants. Capitale : Jinan. Dans la région, baignée par la mer Jaune et traversée par le Huang he, se trouve le mont Tai shan, lieu de pèlerinage inscrit sur la liste du patrimoine mondial de l'Uneco. Agriculture (1er producteur du pays pour l'arachide ; patate douce, céréales, soja, fruits, coton, tabac, soie) ; ressources minières (or, cuivre, aluminium, diamant, granit, marbre, charbon, pétrole) ; industries (sidérurgie, chimie).

SHANGHAI ou **CHANG-HAI** ✦ Ville de l'est de la Chine, près de l'embouchure du Chang jiang. Plus de 20 millions d'habitants. Municipalité autonome qui s'étend sur 6 340 km² et regroupe plus de 23 millions d'habitants (☛ carte 57). Plus grande ville et premier port du pays, un des plus grands centres financiers, industriels et commerciaux (sidérurgie, chimie, mécanique, textile, chantiers navals, aéronautique). La ville, ouverte aux étrangers par le traité de Nankin (1842), bénéficie de la création de zones de développement (1970-1980). Centre universitaire et culturel (théâtre, musées).

SHANNON n. m. ✦ Fleuve d'Irlande, long de 368 km. Il prend sa source dans les montagnes du nord-ouest, se dirige vers le sud et traverse plusieurs lacs avant d'atteindre son estuaire, à Limerick, qui rejoint l'Atlantique. Deux canaux le relient à Dublin sur la côte est.

SHANXI n. m. ✦ Province du nord-ouest de la Chine (☛ carte 40). Superficie : 156 300 km² (environ un quart de la France). 35,7 millions d'habitants. Capitale : Taiyuan (2,5 millions d'habitants). Région riche en monuments historiques comme les grottes bouddhiques de Yungang (Ve-VIe siècles), inscrites sur la liste du patrimoine mondial de l'Unesco. Agriculture (céréales, oléagineux, coton, tabac) ; ressources minières (houille) ; industries (sidérurgie, chimie, textile, alimentaire).

SHARON Ariel (1928-2014) ✦ Homme politique et général israélien. Il participa à la fondation du parti sioniste, le Likoud, et dirigea plusieurs ministères à partir de 1977. Ministre de la Défense, il décida de l'invasion du Liban en 1982, afin de chasser l'**OLP** de Beyrouth. Premier ministre (2001), il fit construire un mur tout le long de la Cisjordanie en réaction aux activités terroristes du Hamas et organisa le départ des colons israéliens de la bande de **Gaza** (2005). Il rompit avec le Likoud et fonda le parti centriste Kadima («en avant» en hébreu).

SHAW George Bernard (1856-1950) ✦ Écrivain irlandais. Indigné par les injustices sociales, il écrit des pamphlets politiques puis des critiques dramatiques, notamment à propos d'Ibsen qui l'influence. Il connaît le succès avec ses pièces de théâtre satiriques qui dénoncent les mœurs et le conformisme de la société victorienne : *L'argent n'a pas d'odeur* (1892), *Pygmalion* (1912), *Sainte Jeanne* (1923). Prix Nobel de littérature (1925).

SHEFFIELD ✦ Ville du centre-nord de l'Angleterre. 518 090 habitants. Ancien centre industriel (coutellerie, argenterie au XVIIIe siècle ; métallurgie, sidérurgie au XIXe siècle). Depuis la restructuration de la sidérurgie, la ville se tourne vers les activités de services.

SHELLEY Mary (1797-1851) ✦ Romancière britannique. ☛ Littérature p. 136. Elle a moins de vingt ans lorsqu'elle écrit ***Frankenstein*** (1817), puis elle publie des romans historiques (*Valperga*, 1823), des récits de voyage et une abondante correspondance. Elle est mariée au grand poète **Percy Bysshe SHELLEY** (1792-1822).

SHENYANG ✦ Ville de Chine, capitale du Liaoning. 5,7 millions d'habitants (☛ carte 57). Centre administratif, économique et industriel du nord-est du pays.

SHERLOCK HOLMES → **HOLMES Sherlock**

SHERMAN William Tecumseh (1820-1891) ✦ Général américain. Cet officier prend part à la lutte contre les Indiens (1840) puis à la guerre de **Sécession** dans les rangs nordistes. Il remporte plusieurs victoires (**Atlanta**, Richmond) et reçoit la reddition sudiste en Caroline-du-Nord (1865).

SHETLAND ou **ZETLAND (les)** ✦ Archipel britannique, dans la mer du Nord, au nord de la Grande-Bretagne, formant un district écossais (☛ carte 31). Superficie : 1 466 km². 21 988 habitants. Chef-lieu : Lerwick. Il est formé d'une centaine d'îles aux sols médiocres et au climat particulièrement rude. Seule une vingtaine sont habitées ; on y pratique la pêche et l'élevage (moutons, poneys). Sur les côtes, des terminaux pétroliers acheminent les hydrocarbures vers les raffineries européennes.

SHIKOKU ✦ Île montagneuse du Japon (☛ carte 42). Superficie : 19 000 km². 4,1 millions d'habitants. Agriculture, industrie (métallurgie, pétrochimie).

SHIVA ✦ Un des trois principaux dieux de la religion hindoue, avec **Brahma** et **Vishnou.** À la fois créateur et destructeur, il est représenté avec un troisième œil au milieu du front et quatre bras. Il vit au Tibet sur le mont Kailasha, et le **Gange,** fleuve sacré des hindous, coule de ses cheveux. Sa femme **Durga** (Parvati dans sa forme douce, **Kali** dans sa forme violente) lui donne deux fils, **Ganesh** et Skanda. Parmi ses innombrables disciples, on trouve de grands philosophes et poètes indiens.

SHOAH n. f. ✦ Mot hébreu signifiant «destruction totale». Il désigne l'extermination de 5 millions de Juifs par les nazis pendant la Deuxième **Guerre mondiale.**

SHRINAGAR ✦ Ville de l'Inde, une des deux capitales du Jammu-et-Cachemire, à 1 500 m d'altitude, dans une vallée himalayenne. 1,26 million d'habitants. Temples hindous, mosquées, jardins.

SIAM n. m. ✦ Nom de la **Thaïlande** jusqu'en 1938.

SIBELIUS Jean (1865-1957) ✦ Compositeur finlandais. Il connaît le succès dans son pays avec des œuvres inspirées de l'épopée finlandaise *Kalevala* : la *Suite Lemminkaïnen*, 1896, dont fait partie *Le Cygne de Tuonela* ; le poème pour soprano et orchestre *Luonnotar*, 1913 ; le poème symphonique *Tapiola*, 1926. Il laisse également des musiques de scène (pour *Kuolema*, 1903, pièce écrite par son beau-frère et qui contient la *Valse triste*), des concertos (*Concerto pour violon*, 1905), des symphonies et des centaines de mélodies.

SIBÉRIE n. f. ✦ Partie de la Russie, située dans le nord de l'Asie (☛ cartes 33, 38). Elle s'étend sur plus de 7 000 km de l'ouest (Oural) à l'est (détroit de Béring) et sur environ 3 500 km du nord (océan Arctique) au sud (Kazakhstan, Mongolie). Superficie : 12,7 millions de km² (23 fois la France). 33,8 millions d'habitants. Son climat est continental. Cet immense territoire est divisé en grandes régions économiques et géographiques. ♦ La *Sibérie occidentale* est une plaine marécageuse étendue du massif de l'**Oural** à l'**Ienisseï** et arrosée par l'**Ob.** L'agriculture domine au sud (céréales, betterave, tournesol, élevage). Son sous-sol très riche (90 % du gaz, 70 % du pétrole et 40 % du charbon de la Russie) en fait une grande région industrielle (métallurgie, chimie, mécanique, centrales thermiques). La *Sibérie orientale* est un grand plateau couvert de forêts, limité à l'ouest par l'**Ienisseï**, à l'est par la **Lena** et au sud par le massif de l'**Altaï** et le lac **Baïkal.** Dans le Sud, agriculture (céréales, pomme de terre, élevage). Le développement de l'industrie (métallurgie, chimie) est lié à l'exploitation du sous-sol (charbon, fer, amiante, étain) et à l'énergie fournie par les grands barrages. La *Sibérie d'Extrême-Orient* est limitée à l'ouest par la Sibérie orientale, au sud par la

Chine et la Corée du Nord. Cette région montagneuse peu hospitalière est riche en ressources minières (gaz, charbon, diamant, or). Les presqu'îles de la Tchoukotka, du Kamtchatka et l'île de Sakhaline vivent de la pêche. L'*Arctique sibérien* est situé au-delà du cercle polaire. La toundra est le domaine des peuples du Nord, chasseurs et éleveurs nomades de rennes, dont le mode de vie ressemble à celui des Lapons. Ils sont menacés par l'exploitation effrénée des ressources du sous-sol. ♦ On trouve des vestiges d'art (figurines) datés de la préhistoire (24 000 ans av. J.-C.) près du lac Baïkal, lieu où s'installent les Huns puis les Turcs (VIe siècle). La région est envahie par les **Mongols** (XIIIe siècle) puis par Tamerlan (XIVe siècle) et, peu à peu, rattachée à la Russie (XVIIe siècle). Elle devient un lieu de déportation des condamnés, puis se peuple grâce à la construction du chemin de fer, le **Transsibérien** (1891-1898). Les Russes y instaurent le régime soviétique (1918), répriment un coup d'État militaire (1920) et chassent les Japonais de la Sibérie extrême-orientale (1922). **Staline** y déporte les prisonniers politiques, internés dans des camps de travail (les « goulags ») aux conditions de vie particulièrement difficiles.

SICHUAN n. m. ✦ Province du centre de la Chine (☛ carte 40). Superficie : 570 000 km² (un peu plus que la France). 80,35 millions d'habitants. Capitale : Chengdu. Ses nombreux cours d'eau (Chang jiang) en font une région riche (hydroélectricité) et fertile. Plusieurs sites sont inscrits sur la liste du patrimoine mondial de l'Unesco, comme le mont Emei avec le premier temple bouddhiste chinois (Ier siècle) et la plus haute statue de Bouddha du monde (71 m, VIIIe siècle) ou le mont Qingcheng, berceau du taoïsme. Agriculture (céréales, oléagineux, coton, tabac, thé, canne à sucre, agrumes, soie) ; ressources minières (charbon, pétrole, gaz naturel, fer, cuivre, amiante, sel gemme) ; industries (sidérurgie, textile, alimentaire, chimie, mécanique, bois).

SICILE n. f. ✦ Île italienne, au sud du pays, en mer Méditerranée (☛ carte 30). Elle forme une région administrative d'Italie. Superficie : 25 708 km². 4,9 millions d'habitants (les *Siciliens*). Chef-lieu : Palerme. Autres villes importantes : Catane, Messine, Syracuse, Agrigente. ♦ C'est une île de forme triangulaire, séparée du continent par le détroit de Messine. La chaîne montagneuse du nord, longue de 250 km, comprend le massif volcanique de l'**Etna** (3 350 m). Les collines et les plaines occupent l'intérieur et le sud. Le climat méditerranéen est propice à l'agriculture (agrumes, olivier, vigne, coton, fruits). Élevage, pêche. L'industrie (agroalimentaire, chimie) se concentre sur la côte (Catane, Palerme). Tourisme important (sites archéologiques grecs et romains, Etna). ♦ La région, occupée dès la préhistoire (vers 30 000 ans av. J.-C.), est colonisée par la Phénicie (IXe siècle av. J.-C.) puis par la **Grèce** (VIIIe siècle av. J.-C.). Elle repousse les Carthaginois (Ve siècle av. J.-C.) et devient une province romaine à la fin de la première guerre punique (241 av. J.-C.). Elle est conquise successivement par les Vandales, les Ostrogoths, Byzance (535), les Arabes (IXe siècle) et les Normands (XIe siècle). Elle passe à l'Allemagne, à l'Anjou, à l'Aragon et forme avec **Naples** le royaume des **Deux-Siciles** (1442). Donnée à la Savoie (traité d'**Utrecht**, 1713), puis à l'Autriche (1718), elle revient aux Bourbons d'Espagne avec Naples (1735). Après le débarquement de **Garibaldi** (1860), elle rejoint le royaume d'Italie et devient autonome en 1948.

SIDI BEL-ABBÈS ✦ Ville d'Algérie. 153 100 habitants. Agriculture (vigne, céréales, légumes). La Légion étrangère s'y établit de 1843 à 1962.

SIENNE ✦ Ville d'Italie (Toscane). 52 625 habitants (les *Siennois*). Centre historique inscrit sur la liste du patrimoine mondial de l'Unesco : monuments construits autour de la place en éventail du Campo (XIIIe-XIVe siècles) comme le Palazzo Pubblico dominé par la Torre del Mangia, la cathédrale (Duomo), le baptistère Saint-Jean ; nombreux palais et riches musées. Ville culturelle et touristique, célèbre pour le Palio delle Contrade, une course de chevaux qui se déroule deux fois par an autour de la place du Campo et qui voit s'affronter des cavaliers costumés représentant chaque quartier de la ville. Industrie agroalimentaire (sucre). ♦ Auguste fonde cette colonie romaine qui devient une république libre (XIIe siècle) et combat sa rivale **Florence** jusqu'au XVe siècle. Sienne se livre à Charles Quint (1524) puis se révolte, mais les Espagnols la prennent. Elle rejoint le duché de Toscane en 1555.

SIERRA LEONE n. f. ✦ Pays d'Afrique de l'Ouest (☛ cartes 34, 36). Superficie : 73 326 km² (environ un septième de la France). 5,83 millions d'habitants (les *Sierra-Léonais*), en majorité musulmans. République dont la capitale est Freetown. Langue officielle : l'anglais ; on y parle aussi le krio, le mendé, le temné. Monnaie : le leone. ♦ GÉOGRAPHIE. La Sierra Leone est formée d'un plateau qui domine la frontière avec la Guinée (monts Loma, 1 948 m), s'abaisse au sud vers une plaine fertile en bordure des côtes découpées. Le climat tropical est humide. ♦ ÉCONOMIE. Agriculture (canne à sucre, cacao, café, gingembre, arachide, maïs, riz, noix de kola) ; pêche ; ressources minières (diamant, bauxite, fer). ♦ HISTOIRE. Les Portugais abordent la baie de Freetown (1462) puis les Européens pratiquent le commerce d'esclaves (XVIe siècle). Les Britanniques fondent **Freetown** (1792) pour accueillir les esclaves libérés, les Krios, et font du pays une colonie (1808), puis un protectorat (1896) qui obtient son indépendance dans le cadre du Commonwealth (1961). La Sierra Leone connaît de nombreux coups d'État, puis elle est touchée par la guerre civile du Liberia (1991) qui provoque la ruine du pays et l'exode de ses habitants. L'armée britannique intervient pour faire respecter les accords de paix signés en 1999 (2000). Un Tribunal pénal international est chargé de juger les responsables de la guerre civile (2002-2009).

SIERRA NEVADA n. f. ✦ Chaîne montagneuse des **Rocheuses**, dans l'est de la Californie. Son point culminant est le mont Whitney (4 418 m). On y trouve de grands parcs nationaux boisés (séquoias) comme celui de Yosemite, fondé en 1890 et inscrit sur la liste du patrimoine mondial de l'Unesco.

SIEYÈS Emmanuel Joseph (1748-1836) ✦ Homme politique français. Partisan des **Lumières**, il entre dans les ordres sans vocation et devient célèbre avec son *Essai sur les privilèges* (1788) et sa brochure *Qu'est-ce que le tiers état ?* (1789). Député aux états généraux, qu'il contribue à transformer en **Assemblée nationale constituante**, il fait adopter la création des départements, passe des **jacobins** aux **feuillants** et vote la mort du roi. Diplomate après le 9 **Thermidor an II**, il obtient des Pays-Bas l'annexion de la Belgique (1795). Il entre au **Directoire**, réussit avec Bonaparte le coup d'État du 18 **Brumaire an VIII**, aidé par **Fouché**, et prépare la Constitution de l'an VIII (**Consulat**, 1799).

Fait comte d'Empire (1809) et pair pendant les Cent-Jours, il s'exile à Bruxelles (1815-1830), proscrit comme régicide (1816). Académie française (1803).

SIGEBERT ✦ Nom de plusieurs rois mérovingiens. **SIGEBERT Ier** (mort en 575), roi d'**Austrasie** de 561 à sa mort, fils de Clotaire Ier et père de Childebert II. Il envahit la **Neustrie** et meurt assassiné sur l'ordre de Frédégonde, la reine de ce royaume. **SIGEBERT III** (631-656), roi d'Austrasie de 634 à sa mort, fils de **Dagobert** Ier et père de Dagobert II, règne sous la tutelle des maires du palais.

SIGNAC Paul (1863-1935) ✦ Peintre français. Influencé par **Monet**, il fonde avec **Seurat** le néo-impressionnisme (pointillisme et divisionnisme) qu'il théorise (*De Delacroix au néo-impressionnisme,* 1899) et préside la Société des artistes indépendants (1908). Recherchant la luminosité, il peint des intérieurs, des portraits et surtout des marines. Son principal disciple est **Matisse.** Œuvres : *Le Petit-Déjeuner* (1887), *Félix Fénéon* (1890), *La Bouée rouge* (1895), *La Voile jaune* (1904), *Le Port de Saint-Tropez* (1905).

SIGNORET Simone (1921-1985) ✦ Actrice française. Elle débute au théâtre, puis au cinéma comme figurante en 1942 et comme actrice en 1946. Elle épouse Yves **Montand** (1951), joue au théâtre avec lui (*Les Sorcières de Salem,* 1954 ; film, 1956) et partage son activité politique militante. Films : *Casque d'or* (1952), *Thérèse Raquin* (1953), *Les Chemins de la haute ville,* qui lui vaut un oscar (1958), *Le Chat* et *La Veuve Couderc* (1971), *La Vie devant soi* (1977). Elle écrit aussi deux romans : *La nostalgie n'est plus ce qu'elle était* (autobiographie, 1976) et *Adieu Volodia* (1985). ■ Son véritable nom est *Simone Kaminker.*

SIKHS n. m. pl. ✦ Membres d'un mouvement religieux et politique indien fondé au XVe siècle par le gourou Nanak, un maître qui refuse le système des castes. Les sikhs sont plus de 12 millions répartis dans toute l'Inde. Ils se reconnaissent à des signes distinctifs : port d'un bracelet en acier, d'un couteau et d'un turban, barbe et cheveux qu'ils ne coupent jamais, soigneusement peignés et roulés. Les femmes ont un statut égal à celui des hommes. ♦ Les sikhs construisent le Temple d'**Amritsar** au Panjab (XVIe siècle). Persécutés par les **Moghols**, ils s'organisent militairement, prennent Amritsar (1802) puis annexent le Cachemire (1819) et Peshawar (ville de l'actuel Pakistan). Les Britanniques soumettent ces soldats d'élite (milieu du XIXe siècle) et les intègrent dans l'armée des Indes. Les sikhs choisissent de rester en Inde lorsqu'elle obtient son indépendance (1947). Depuis que le Panjab est séparé de l'Haryana à majorité hindoue (1966), certains revendiquent même la création d'un État sikh indépendant (le Kalistan). L'assassinat par deux sikhs d'Indira **Gandhi**, Premier ministre indien qui avait fait prendre d'assaut le temple d'Amritsar (1984), entraîne une vague de violence dans tout le pays.

SIKKIM n. m. ✦ État du nord-est de l'Inde (☞ carte 41). Superficie : 7 096 km². 610 600 habitants. Capitale : Gangtok (100 300 habitants). Situé entre le Népal et le Bhoutan, cet ancien royaume himalayen où se trouve le troisième sommet du monde, le Kanchenjunga (8 579 m), est rattaché à l'Inde en 1975. Agriculture (céréales, épices, thé, légumes, fruits) ; faible industrialisation (alimentaire, artisanat).

SILÉSIE n. f. ✦ Région de Pologne, dans le sud du pays, le long de la frontière tchèque, sur les rives de l'Oder. Au nord-ouest, la basse Silésie est une région agricole (blé, betterave) ; elle possède des ressources minières (charbon, cuivre, nickel, lignite) et quelques industries (métallurgie, chimie, textile). Au sud-ouest, la haute Silésie est le bassin houiller *(Silésie noire)* et la région la plus industrialisée du pays (métallurgie, chimie). Le tourisme se développe autour de la vallée de la haute **Vistule** qu'on appelle aussi *la Silésie verte* à cause de ses forêts. ♦ La région est occupée par les Slaves (Ve siècle) puis intégrée à la **Moravie** et au premier royaume de Pologne (Xe siècle). Après son partage entre les duchés de haute et basse Silésie (1163), elle est germanisée puis rattachée à l'Autriche avec la Bohême (1526). Elle passe plusieurs fois de l'Autriche à la Prusse qui en fait une province (1815) et exploite son bassin houiller (XIXe siècle). En 1921, la Pologne obtient une partie de la haute Silésie, annexée à nouveau par le Reich (1939). À la fin de la Deuxième Guerre mondiale, la Silésie rejoint la Pologne (1945).

SILICON VALLEY n. f. ✦ Centre industriel de Californie, à l'est de San Francisco. 1,3 million d'habitants. La population, répartie sur quatorze cités, est composée de chercheurs de haut niveau et d'une main-d'œuvre bon marché. Dans les années 1930, l'université **Stanford** cherche des débouchés pour ses étudiants ingénieurs. Deux étudiants, Hewlett et Packard, s'associent et implantent la première entreprise de la Valley, bientôt suivie par d'autres. En 1946, l'université fonde le Stanford Research Institute, chargé des relations avec les entreprises. La croissance économique et démographique est facilitée par les crédits attribués à la recherche par l'État (1940-1970). Spécialisée dans la haute technologie, elle tire son nom du silicone, matière première employée dans les composants électroniques. Depuis l'arrivée de capitaux japonais (années 1980), on la surnomme la *Nippon Valley.*

SIMENON Georges (1903-1989) ✦ Écrivain belge de langue française. Il s'installe à Paris (1922) et crée le commissaire **Maigret,** qui devient le personnage principal d'une centaine de romans (1930-1972). Dans ses nombreux livres policiers, il insiste sur la psychologie ou la solitude des personnages (*Les Fiançailles de M. Hire,* 1933 ; *L'Aîné des Ferchaux,* 1945). Il raconte ses souvenirs d'enfance dans *Je me souviens* (1945). Ses livres sont traduits dans de nombreuses langues et beaucoup sont portés à l'écran.

SIMON Michel (1895-1975) ✦ Acteur français, d'origine suisse. Après avoir été photographe, chanteur et camelot, il devient comédien à Paris (1922). Ses personnages sont bourrus, sarcastiques, mais aussi tendres et chaleureux. Il joue au cinéma avec les plus grands réalisateurs : *Boudu sauvé des eaux* (Jean Renoir, 1932), *L'Atalante* (Jean Vigo, 1934), *Drôle de drame* (Marcel Carné, 1937), *La Beauté du diable* (René Clair, 1949), *Le Vieil Homme et l'Enfant* (Claude Berri, 1966).

SIMON Claude (1913-2005) ✦ Écrivain français. Ses romans sont plutôt des compositions au sens pictural du terme, multipliant les perspectives, que des récits linéaires. Dans de longues phrases sinueuses et discontinues, riches de descriptions minutieuses, d'une précision cinématographique, le récit s'efforce de rendre compte de la discontinuité des émotions et des rapports complexes entre la conscience et la réalité. Il est l'une des principales figures du nouveau roman. ☛ Littérature p. 146. Œuvres principales : *Le Vent* (1957), *La Route des Flandres* (1960), *Histoire* (1967), *La Bataille de Pharsale* (1969), *Leçon de choses* (1975), *Les Géorgiques* (1981), *L'Acacia* (1989), *Le Tramway* (2001). Prix Nobel de littérature (1985).

SIMONE Nina (1933-2003) ✦ Chanteuse et pianiste américaine. Elle ne put mener la carrière de concertiste classique dont elle rêvait et débuta dans les clubs de Philadelphie, imposant son style mêlant jazz, blues et classique. Engagée dans le mouvement pour les droits civiques, elle aborda l'inégalité raciale dans ses chansons. *I Put a Spell on You, My Baby Just Cares for Me* (1958).

SIMPLON n. m. ✦ Col des Alpes (2 005 m), entre le Valais (Suisse) et le Piémont (Italie). Une route, ouverte par Napoléon Ier (1807), ainsi que deux tunnels permettent de franchir le col.

SINAÏ n. m. ✦ Péninsule d'Égypte, à l'extrémité nord-est du pays (☛ carte 38). C'est un plateau désertique qui s'élève au sud vers le mont Sinaï. Monastère byzantin Sainte-Catherine (VIe siècle) au pied du djebel Moussa (mont Moïse ou mont Horeb, 2 228 m) et du mont Katharina (2 637 m). Ces lieux sacrés pour le christianisme, l'islam et le judaïsme sont inscrits sur la liste du patrimoine mondial de l'Unesco. Le sous-sol est riche en manganèse, à l'ouest du mont Sinaï, et en pétrole principalement sur les rives de la mer Rouge. ♦ L'**Égypte** occupe le territoire dès l'Ancien Empire (2 700 ans av. J.-C.). Selon la Bible, c'est là où **Moïse** voit le buisson ardent et reçoit les dix commandements. Des colonies chrétiennes s'y installent à partir du IVe siècle. Occupé à plusieurs reprises par Israël (1956, 1967-1982), il est finalement rendu à l'Égypte (1989).

SINDBAD ✦ Personnage d'un conte des *Mille et Une Nuits*. Ce marin accomplit sept voyages semés de dangers et riches en aventures qui l'entraînent en Afrique, en Inde, en Perse. Il rencontre des créatures fabuleuses et triomphe grâce à sa ruse.

SINGAPOUR ✦ Pays d'Asie du Sud-Est. Cet archipel est situé à l'extrémité sud-est de la péninsule de **Malacca**. Superficie totale : 647 km². Plus de 5 millions d'habitants (les *Singapouriens*), de religions bouddhiste, taoïste, chrétienne et musulmane. République dont la capitale est Singapour. Langues officielles : l'anglais, le chinois, le malais et le tamoul. Monnaie : le dollar singapourien. ♦ GÉOGRAPHIE. L'archipel est formé de 58 îles. L'île principale, située entre le détroit de Malacca et la mer de Chine, est reliée à la Malaisie par une bande de terre longue de 1,2 km. Le climat équatorial est chaud et humide. ♦ ÉCONOMIE. Agriculture (fruits, légumes), pêche. Industrie diversifiée (chantiers navals, raffineries, pétrochimie, chimie, textile, mécanique, électronique, alimentaire). Le port de Singapour est le premier au monde pour le tonnage et l'exportation du caoutchouc. C'est aussi un centre financier et touristique ouvert sur l'Asie du Sud-Est. ♦ HISTOIRE. L'île dépend de Sumatra, de Java, puis de la Malaisie qui la nomme *Singapura*. Les Anglais l'achètent en 1819 et en font une colonie commerciale prospère, occupée par le Japon pendant la Deuxième Guerre mondiale. Elle obtient son autonomie (1958), rejoint la **Malaisie** (1963) puis obtient son indépendance dans le cadre du Commonwealth (1965).

SINGER Isaac Bashevis (1904-1991) ✦ Écrivain américain, d'origine polonaise. Son œuvre, écrite en yiddish, a pour cadre le ghetto juif de son enfance qu'il fait revivre avec son talent de conteur. Œuvres : *Le Magicien de Lublin* (1960), *L'Esclave* (1962), *Le Domaine* (1964), *Le Manoir* (1968), *Zlateh la chèvre et autres contes* (1978), *Yentl* (1984). Prix Nobel de littérature (1978).

SINN FÉIN n. m. ✦ Parti irlandais, nationaliste et républicain. Il fut fondé par le journaliste A. Griffith en 1905, pendant la guerre d'indépendance irlandaise contre la présence britannique, puis dirigé par **De Valera** (1917-1926). Il a soutenu l'action de l'**IRA**. Des députés du Sinn Féin siègent au Parlement d'Irlande du Nord.

SION ✦ Ville de Suisse, chef-lieu du canton du Valais, dans la vallée du Rhône. 28 633 habitants (52 226 pour l'agglomération). Au pied de pitons rocheux : église fortifiée Notre-Dame-de-Valère (XIIe-XVe siècles), château du Tourbillon (XIIIe siècle), cathédrale Notre-Dame-du-Glarier (XVe siècle). Industries (métallurgie, tabac). Vin réputé (le fendant). ♦ La ville est gouvernée par ses évêques qui luttent contre la dynastie de **Savoie.** Napoléon Ier l'annexe, en fait le chef-lieu du département français du Simplon (1810-1814), puis elle devient celui du **Valais** (1815).

SIOUX ou **DAKOTA(S)** n. m. pl. ✦ Peuple d'Indiens d'Amérique du Nord, originaires du Mississippi (ouest des Grands Lacs). Au XVIe siècle, les Sioux vivent de la chasse au bison sur les bords du Missouri, dans les Grandes Plaines du Dakota et du Montana. Leurs chefs (Sitting Bull, Crazy Horse, Red Cloud) s'opposent farouchement aux Blancs. Ils participent aux grands évènements de l'histoire des Indiens d'Amérique (Little Big Horn, 1876 ; massacre de Wounded Knee, 1890). Après leur soumission (1890-1891), ils vivent dans des réserves du **Dakota**-du-Sud. Ils défendent leur culture et militent au sein de l'American Indian Movement.

SIRÈNES n. f. pl. ✦ Démons marins de la mythologie grecque, filles de **Melpomène.** Elles sont représentées comme des femmes ailées ou des oiseaux à tête de femme. Elles vivent sur une île de la côte sud-ouest de l'Italie. Par leurs chants, elles attirent les marins sur les récifs et dévorent les naufragés. Les **Argonautes** parviennent à passer près de leur rivage sans tomber dans leur piège grâce à **Orphée** qui triomphe d'elles avec sa lyre. L'*Odyssée* raconte qu'**Ulysse** bouche les oreilles de ses marins et s'attache au mât du bateau pour pouvoir s'approcher d'elles sans succomber à leur charme. Les Sirènes se jettent alors à la mer et meurent.

SIRIUS ✦ Étoile la plus brillante du ciel, dans la constellation du Grand Chien. Elle est accompagnée d'une autre étoile, Sirius B, découverte en 1862.

SISLEY Alfred (1839-1899) ✦ Peintre britannique. Ami de Monet et de Renoir, il travaille avec eux à Fontainebleau, peint des tableaux réalistes inspirés de Courbet puis il évolue vers l'impressionnisme. Il joue souvent sur la gamme des gris et rend subtilement la lumière, les effets de brouillard, de neige et de pluie : *Inondations à Port-Marly* (1878), *La Neige à Louveciennes* (1878). Son œuvre et son talent ne sont reconnus qu'après sa mort.

SISSI ✦ Surnom d'**Élisabeth de Wittelsbach**, impératrice d'Autriche.

SISTERON ✦ Commune des Alpes-de-Haute-Provence, sur la Durance. 7 281 habitants (les *Sisteronais*) (☛ carte 23). Citadelle. Abattoirs (ovins). Industrie pharmaceutique. Centrale hydroélectrique.

SISYPHE ✦ Fondateur mythique de Corinthe, dans la mythologie grecque. C'est le fils d'Éole et il est connu pour sa ruse. Les dieux condamnent ce mortel aux Enfers où il doit hisser un rocher en haut d'une montagne. Quand il parvient au sommet, le rocher retombe en bas de la pente, et Sisyphe doit éternellement recommencer. Plusieurs explications sont données à cette punition : Sisyphe a enchaîné la Mort venue l'accompagner aux Enfers, il a trompé **Hadès** ou encore dénoncé **Zeus** dans une de ses aventures amoureuses.

SIX (groupe des) ✦ Groupe formé de six jeunes compositeurs français dont G. Auric, A. Honegger, D. Milhaud et F. Poulenc. Réunis autour de Satie, avec pour porte-parole J. Cocteau, ces musiciens rejettent Wagner, Vincent d'Indy et Debussy, refusent la subjectivité de la musique romantique et prônent un retour à la «musique pure».

SIX-FOURS-LES-PLAGES ✦ Commune du Var, sur la Méditerranée. 33 652 habitants (les *Six-Fournais*). Fort militaire. Station balnéaire.

SIX JOURS (guerre des) ✦ Troisième conflit israélo-arabe (5-10 juin 1967). Se sentant menacé par des commandos syriens et palestiniens et par la signature d'accords militaires entre l'Égypte, la Jordanie et l'Irak, Israël déclenche les hostilités. Ses forces, commandées par **Rabin**, occupent en six jours le Sinaï, **Gaza**, la **Cisjordanie**, la partie arabe de Jérusalem et le **Golan**. L'ONU vote la résolution 242 qui demande à Israël le retrait des territoires occupés (novembre 1967).

SIXTINE (chapelle) ✦ Chapelle du Vatican. Elle doit son nom au pape Sixte IV qui la fait construire (1473-1483) et décorer par les grands peintres du XVe siècle (**Botticelli**, Ghirlandaio, le Pérugin). Au siècle suivant, le pape Jules II confie la décoration de la voûte à **Michel-Ange** qui réalise une série de fresques inspirées de la Genèse (1508-1512), ainsi que le *Jugement dernier* sur le mur du fond de la chapelle, pour Paul III (1536-1541). Les couleurs ont retrouvé leur éclat grâce à une importante campagne de restauration (1980-1994).

SJÆLLAND ✦ Île du Danemark, dans la mer Baltique, entre la Suède et la Fionie. Superficie : 9 834 km². L'île forme deux régions danoises : le Hovedstaden au nord (2 561 km², 1,6 million d'habitants, chef-lieu : Hillerød) et au sud la région du Sjælland avec les îles de Lolland, Falster et Møn (7 273 km², 816 118 habitants, chef-lieu : Sorø). Couverte de plaines, de lacs et au nord-est de collines boisées, l'île vit de l'industrie, de l'agriculture intensive (betterave, arbres fruitiers, horticulture) et de la pêche. À Elseneur, le château de Kronborg (1577-1585), théâtre de la tragédie ***Hamlet***, est inscrit sur la liste du patrimoine mondial de l'Unesco.

SKOPJE ✦ Capitale de la Macédoine, dans le nord du pays. 506 926 habitants. Centre industriel (sidérurgie) et culturel (université) renommé. Le tremblement de terre de 1963 a presque entièrement détruit la ville, notamment les nombreux vestiges turcs. Ville natale de mère Teresa. ♦ La ville est la capitale de la Macédoine (Xe siècle) et de l'empire de Serbie, vaincu par les Turcs (XIVe siècle). Pendant les guerres des Balkans, elle est prise par les Serbes (1912), les Bulgares (1915), puis libérée par les Français (1918).

SKRIABINE → SCRIABINE

SLAVES n. m. pl. ✦ Peuples d'Europe centrale et orientale. Ils représentent 300 millions de personnes. Ce sont des Indo-Européens unis par des langues de même origine (les langues slaves). La plupart d'entre eux sont orthodoxes (Russes, Ukrainiens, Serbes, Bulgares), mais aussi catholiques (Polonais, Tchèques, Slovaques, Slovènes et Croates) et certains sont musulmans (en Bosnie-Herzégovine et en Bulgarie).

SLOVAQUIE n. f. ✦ Pays d'Europe centrale (☛ cartes 24, 25). Superficie : 49 036 km². 5,4 millions d'habitants (les *Slovaques*), en majorité catholiques. République dont la capitale est Bratislava. Langue officielle : le slovaque ; on y parle aussi le hongrois et le tchèque. Monnaie : l'euro, qui remplace la couronne. ♦ GÉOGRAPHIE. La Slovaquie est occupée par la chaîne des **Carpates**, couverte de forêts et bordée au sud-ouest par le **Danube**. Le climat est continental. ♦ ÉCONOMIE. L'agriculture est productive (céréales, betterave, élevage). L'industrie, développée par le régime soviétique (bois, métallurgie, mécanique), se modernise, surtout dans la région de Bratislava (haute technologie, pétrochimie, ingénierie, électronique). Les barrages sur les principaux fleuves fournissent l'énergie. ♦ HISTOIRE. La région est peuplée par les Celtes (Ve siècle av. J.-C.), les Germains puis les Slovaques (VIIe siècle). Elle fait partie de la **Moravie**, conquise par les Hongrois (Xe siècle). Avec l'invasion ottomane, Bratislava devient, sous les Habsbourg, la capitale de la **Hongrie** catholique (1541). Ceux-ci reconstituent le pays (1699), ce qui provoque des révoltes nationalistes. En 1918, la Slovaquie et les pays tchèques se réunissent en un seul État : la **Tchécoslovaquie**. Hitler fait de la Slovaquie un protectorat allemand (1938) qui rejoint la Tchécoslovaquie au lendemain de la Deuxième Guerre (1945). La Slovaquie devient un État indépendant (1993), entre dans l'Otan et dans l'Union européenne (2004) et dans la zone euro (2009) (☛ carte 20).

SLOVÉNIE n. f. ✦ Pays d'Europe centrale (☛ cartes 24, 25). Superficie : 20 251 km². Plus de 2 millions d'habitants (les *Slovènes*), en majorité catholiques. République dont la capitale est Ljubljana. Langue officielle : le slovène ; on y parle aussi le croate et le serbe. Monnaie : l'euro, qui remplace le tolar. ♦ GÉOGRAPHIE. Les Alpes slovènes (2 863 m au nord-ouest) s'abaissent au centre de la Slovénie en collines où se concentrent les villes, et au sud-ouest vers un plateau qui surplombe la côte. Le climat est continental tempéré. ♦ ÉCONOMIE. Peu d'agriculture (betterave, céréales, pomme de terre). Ressources du sous-sol (plomb, zinc, mercure, charbon, pétrole). Industrie diversifiée (métallurgie, textile, électronique). La Slovénie attire de plus en plus de capitaux étrangers, et son économie est dynamique. ♦ HISTOIRE. Le peuple slave des Slovènes s'installe dans la région au VIe siècle et accepte la domination de la Bavière (745). La région est envahie par les Hongrois (Xe siècle), morcelée puis réunie progressivement par les **Habsbourg** (XIIIe-XVe siècles) qui l'intègrent à l'empire d'Autriche-Hongrie (1814). La Slovénie s'unit aux royaumes de Serbie et du Monténégro (1918), forme avec eux la **Yougoslavie** (1929) et devient l'une de ses six républiques fédérées (1945). Elle s'agrandit d'une partie de la Vénétie-Julienne (1947), du territoire de Trieste (1954), et proclame son indépendance en même temps que la

Croatie (1991). Membre associé de l'Union européenne depuis 1996, elle y entre en 2004 en même temps que dans l'Otan et rejoint la zone euro (2007).

SMETANA Bedřich (1824-1884) ✦ Compositeur tchèque. Affecté par la révolte tchèque (1848), il s'exile en Suède pour échapper à l'oppression autrichienne (1856) puis revient en Bohême (1862). Patriote résolu à exprimer le génie de son peuple éprouvé, il compose des opéras nationaux (*La Fiancée vendue,* 1866) et des poèmes symphoniques dont *Ma patrie* (1874-1879, qui contient la *Moldau*).

SMITH Adam (1723-1790) ✦ Économiste écossais. Il rencontre **Turgot** en France puis publie le premier grand traité du capitalisme libéral, *Recherches sur la nature et les causes de la richesse des nations* (1776). Il affirme que la division du travail et le développement de l'industrie (et non l'agriculture comme le pensent les «physiocrates» auxquels il s'oppose) favorisent l'augmentation de la production et donc des richesses. Sa théorie économique, basée sur le libre-échange et la concurrence, influence toute l'école libérale.

SMYRNE ✦ Nom de la ville d'**Izmir** jusqu'en 1922.

SNOOPY ✦ Personnage de bandes dessinées créé en 1950 par Charles Monroe Schulz. Compagnon de Charlie **Brown**, ce chien original et raisonneur fait de la philosophie, souvent couché sur le toit de sa niche.

SOCIÉTÉ (îles de la) ✦ Archipel principal de la Polynésie française. Superficie : 1 747 km^2. 234 755 habitants. ♦ On distingue, à l'est, les îles du Vent (Tahiti, Moorea, l'atoll de Tetiaroa et l'île de Mehetia) et, à l'ouest, les îles Sous-le-Vent (Maupiti, Bora Bora, Tahaa, Raiatea, Huahine). Ces îles sont montagneuses et souvent volcaniques. Agriculture (cocotier, vanille, banane), pêche, tourisme. ♦ L'archipel doit son nom à la Société royale de Londres qui finança l'expédition du navigateur britannique James **Cook** (1769). Depuis 1880, son histoire se confond avec celle de **Tahiti**.

SOCIÉTÉ DES NATIONS ou **SDN** n. f. ✦ Organisation internationale créée en 1920 par le traité de **Versailles**, pour maintenir la paix et développer la coopération entre les peuples. La SDN, qui siégeait à Genève, est restée impuissante face à la montée du fascisme et du nazisme en Europe : réarmement de l'Allemagne, guerre civile espagnole, **Anschluss**, déclenchement de la Deuxième **Guerre mondiale**. Elle disparaît en 1946 et l'**ONU** (Organisation des Nations unies) lui succède.

SOCRATE (470 av. J.-C.-399 av. J.-C.) ✦ Philosophe grec. De sa mère qui est sage-femme il dit qu'il tient l'art d'accoucher les esprits (la «maïeutique»). Cet Athénien veut faire réfléchir ses concitoyens. Sa méthode consiste à parler de tout avec tous dans les rues, les gymnases et les banquets. Son enseignement est oral, et sa pensée est connue grâce aux écrits de ses élèves : **Platon**, qui le met au centre de ses *Dialogues,* et **Xénophon** *(Les Mémorables, Apologie de Socrate).* On l'accuse d'être dangereux pour la société, de renier les dieux traditionnels, et il est condamné à boire la ciguë, un violent poison.

SODOME ✦ Cité légendaire au sud de la mer Morte. Selon la Bible, elle est détruite par le feu et le soufre en même temps que la cité de **Gomorrhe**, à cause de la débauche de ses habitants (**Loth**).

SOFIA ✦ Capitale de la Bulgarie, dans l'ouest du pays. 1,2 million d'habitants (les *Sofiotes*). Églises Sainte-Sophie, Saint-Georges (rotonde du VIe siècle), mosquée des Bains (XVIe siècle) et, aux environs, église de Bojana (Xe-XIIIe siècles) inscrite sur la liste du patrimoine mondial de l'Unesco. Centre administratif, universitaire et premier centre industriel du pays (métallurgie, mécanique, chimie, textile, alimentaire). ♦ Capitale de la province romaine de **Dacie**, la ville est conquise par les Bulgares (809), puis par les Turcs (1382). Elle devient la capitale de la Bulgarie en 1879.

SOISSONS ✦ Ville de l'Aisne, sur l'Aisne. 28 290 habitants (les *Soissonnais*). Cathédrale gothique Saint-Gervais-et-Saint-Protais (XIIe-XIVe siècles), ruines des abbayes Saint-Médard et Saint-Jean-des-Vignes (XIIIe-XVe siècles), musée dans les restes de l'ancienne abbaye Saint-Léger fondée en 1152. Centre agricole (marché), industriel (chaudronnerie, électricité, pneumatique, verrerie). ♦ La victoire que remporte Clovis (486) sur le général gallo-romain Syagrius donne naissance à l'anecdote du *vase de Soissons.* Lors du partage du butin, après la bataille, Clovis réclame à un soldat, en plus de sa part, un vase pris dans une église afin de le restituer à l'évêque de Reims. Le soldat refuse et brise le vase. Plus tard, Clovis fendra le crâne de ce guerrier en lui disant : «Ainsi as-tu fait du vase de Soissons». La ville devient la capitale de la **Neustrie** (511), et **Pépin le Bref** y est couronné roi des Francs (751). Elle est ensuite le siège d'un comté (X^e-XVIe siècles).

SOLDAT INCONNU n. m. ✦ Soldat français d'identité inconnue, mort pendant la Première **Guerre mondiale.** Son tombeau, situé sous l'**Arc de triomphe** à Paris, depuis le 11 novembre 1920, honore tous les soldats morts pour la patrie au champ d'honneur pendant ce conflit. La flamme du souvenir, qui brûle en permanence, est ranimée chaque soir au crépuscule depuis 1923.

SOLEIL n. m. ✦ Astre le plus brillant du ciel, autour duquel tournent les planètes du système solaire : **Mercure, Vénus,** la **Terre, Mars, Jupiter, Saturne, Uranus** et **Neptune**, ainsi que des petites planètes (**Pluton**) et des astéroïdes. Il est situé à 150 millions de km de la Terre : son diamètre est de 1,39 million de km et il tourne sur lui-même en 25,38 jours. C'est une sphère de gaz incandescent, composé d'hydrogène (92 %) et d'hélium (7,2 %). Son noyau très dense peut atteindre 15 millions de degrés et sa couronne un million de degrés. **Galilée** découvre ses taches sombres, dont on ignore encore l'origine. Le Soleil émet des jets gazeux jusqu'à 100 000 km d'altitude et des particules énergétiques qui ont une influence sur la Terre (perturbation des ondes, augmentation des rayons cosmiques et des orages magnétiques, aurores polaires). Son champ magnétique s'inverse totalement tous les onze ans. Le Soleil est vieux de 5 milliards d'années et on estime qu'il est à la moitié de sa durée de vie. Le Soleil est vénéré dans de nombreuses mythologies (**Rê, Apollon**).

SOLEURE ✦ Ville de Suisse, chef-lieu du canton de Soleure, sur l'Aar, au pied du Jura. 15 184 habitants (72 888 pour l'agglomération). Dans la vieille ville : tour de l'Horloge (XIIe siècle), hôtel de ville (XVe siècle), arsenal qui abrite un musée d'armes et d'armures (XVIIe siècle), cathédrale Saint-Urs, chef-d'œuvre du baroque italien (XVIIIe siècle). Centre industriel (horlogerie, mécanique). ♦ La cité romaine, dominée par une dynastie allemande (XIIe siècle), devient ville libre impériale (1218). Elle entre dans la Confédération helvétique en 1481, et reste un centre catholique.

SOLEURE (canton de) ✦ Canton de Suisse, dans le nord-ouest du pays (☛ carte 26). Superficie : 791 km². 248 613 habitants. Langue officielle : l'allemand. Chef-lieu : Soleure. Il fait partie du Jura et vit surtout de l'industrie (horlogerie).

SOLFERINO ✦ Village d'Italie (Lombardie), au sud du lac de Garde. 2 294 habitants. Lors de la campagne d'Italie, le 24 juin 1859, les armées franco-sarde et autrichienne s'y affrontent et plus de 40 000 hommes sont tués. La *bataille de Solferino* inspire la création de la **Croix-Rouge** à Henri **Dunant** (1863).

SOLIMAN (1494 ou 1495-1566) ✦ Sultan ottoman de 1520 à sa mort. Il mène une politique de conquêtes : il prend Belgrade (1521), Rhodes (1522), bat les Hongrois (1526), attaque l'Autriche et assiège Vienne sans succès (1529). Il se tourne vers la Perse et occupe l'Azerbaïdjan, Tabriz et Bagdad (1534). L'avance des Autrichiens l'oblige à mener une seconde campagne en Hongrie (1541-1543), où il installe un gouverneur turc. Pendant ce temps, sa puissance navale devient très importante grâce aux corsaires. Également bâtisseur, législateur et protecteur des arts et des lettres, il est surnommé *Soliman le Magnifique*. Sous son règne, l'Empire **ottoman** atteint son apogée.

SOLJENITSYNE Alexandre Issaïevitch (1918-2008) ✦ Écrivain russe. Après de brillantes études, il entre dans l'armée, mais est envoyé au bagne pour avoir critiqué Staline (1945-1953) et exilé jusqu'en 1957. Déchu de la citoyenneté soviétique (1974) et expulsé, il ne revient dans son pays qu'en 1994. Ses œuvres dénoncent le régime stalinien et l'enfer des prisons politiques : *Une journée d'Ivan Denissovitch* (1962), *Le Pavillon des cancéreux* (1963-1966, publié en 1968), *L'Archipel du Goulag* (1973). Prix Nobel de littérature (1970).

SOLOGNE n. f. ✦ Région située dans le sud du Bassin parisien (☛ carte 21). Elle est limitée par le Val de Loire au nord, la vallée du Cher au sud, les collines du Sancerrois à l'est, et s'étend sur les départements du Loiret, du Loir-et-Cher et sur une partie du Cher. C'est une région de plaines, de forêts et d'étangs, réputée pour la chasse et la pêche. Ses habitants s'appellent les *Solognots*.

SOLON (vers 640 av. J.-C.-vers 558 av. J.-C.) ✦ Homme politique grec. Riche commerçant, il comprend l'importance des routes maritimes et décide les Athéniens à conquérir **Salamine** (vers 612 av. J.-C.). Élu archonte (vers 594 av. J.-C.), il mène une vaste réforme sociale et politique qui favorise l'essor d'**Athènes**. Selon Aristote, il marque le début de la démocratie athénienne. La Constitution qu'on lui attribue accorde le droit de vote et l'égalité de toutes les classes dans l'Assemblée du peuple. Placé au-dessus de tous les poètes par Platon, il est rangé parmi les « Sept Sages ».

SOMALIE n. f. ✦ Pays d'Afrique de l'Est (☛ cartes 34, 36). Superficie : 637 657 km² (un peu plus que la France). 9,36 millions d'habitants (les *Somaliens*). République dont la capitale est Mogadiscio. Langues officielles : le somali et l'arabe ; on y parle aussi l'italien et l'anglais. Religion officielle : l'islam. Monnaie : le shilling somali. ♦ GÉOGRAPHIE. La Somalie est une région de plaines et de bas plateaux, qui a la forme d'une corne dirigée vers le nord-est. Elle est couverte de steppe, de savane, et s'élève au nord (2 407 m au mont Shimba Berri). Le climat est chaud avec de faibles précipitations. ♦ ÉCONOMIE. L'économie repose sur l'élevage pastoral (chameaux, bovins, moutons, chèvres) et les cultures vivrières (sorgo, maïs, haricot) ou commerciales (banane, canne à sucre, coton). L'industrie est presque inexistante (alimentaire, textile). La guerre civile freine le développement économique du pays, gêné par le manque de communications. ♦ HISTOIRE. Le peuple des Somalis s'installe dans la corne de l'Afrique au Moyen Âge. Les Arabes leur apportent l'islam (IXe siècle) et luttent contre l'Éthiopie chrétienne (XVIe siècle). Les puissances coloniales se disputent la région au XIXe siècle : le nord de la Somalie devient le protectorat britannique du Somaliland (1884-1887), et le Sud passe à l'Italie (1889) qui envahit plus tard le Nord. Les Britanniques reprennent tout le territoire (1941) et cèdent la région d'Ogaden à l'Éthiopie (1948). Le pays obtient son indépendance en 1960. Après un coup d'État militaire (1969), le nouveau président opte pour un régime socialiste. Les luttes de pouvoir avec l'opposition, soutenue par l'Éthiopie, provoquent une guerre civile (1991). Depuis 2000, la communauté internationale aide au maintien d'un gouvernement fédéral de transition. Le pays reste en proie à la violence et à l'anarchie (actes de piraterie sur les côtes).

① **SOMME** n. f. ✦ Fleuve de Picardie, long de 245 km (☛ carte 21). Il prend sa source dans le département de l'Aisne, arrose Saint-Quentin, Péronne, Amiens, Abbeville, et se jette dans la Manche par un large estuaire, la *baie de Somme*. Cette réserve naturelle abrite le parc ornithologique du Marquenterre, créé en 1973.

② **SOMME** n. f. ✦ Département du nord de la France [80], de la Région Hauts-de-France. Superficie : 6 170 km². 571 632 habitants. Chef-lieu : Amiens ; chefs-lieux d'arrondissement : Abbeville, Montdidier et Péronne.

SOMME (batailles de la) ✦ Batailles qui se déroulent en Picardie. Elles opposent la France et ses alliés à l'Allemagne au cours de chaque **Guerre mondiale** (1916 avec **Joffre** et **Foch**, et 1940).

SOMPORT (col du) ✦ Col des Pyrénées (1 632 m), entre les vallées d'Aspe (France) et d'Aragon (Espagne). Tunnels ferroviaire (début XXe siècle) et routier (2003).

SONDE (îles de la) ✦ Îles formant une partie de l'Indonésie dont les principales sont Java, Sumatra et les Célèbes. On appelle *Petites îles de la Sonde* Bali et les îles situées à l'est de celle-ci.

SONGHAÏ (Empire) ✦ Empire d'Afrique de l'Ouest, dont la capitale était Gao. À son apogée (XVe-XVIe siècles), il s'étend sur le cours moyen du fleuve Niger (actuels Niger, Mali et une partie du Nigeria) et tire sa prospérité du commerce transsaharien (sel, or, esclaves...). L'avancée marocaine conduit à la chute de **Tombouctou** et à l'effondrement de l'Empire (1591).

SONG HONG n. m. ✦ Fleuve principal du nord du Viêtnam, long de 1 200 km, appelé *fleuve Rouge* en français (☛ carte 38). Il prend sa source au Yunnan (Chine) et se jette dans la mer de Chine méridionale (golfe du Tonkin) par un delta qui regroupe la majeure partie de la population (**Hanoï**) et de l'activité économique et agricole (riz) du nord du Viêtnam. Ses crues importantes sont contenues par des digues très anciennes.

SOPHOCLE (496 av. J.-C.-406 av. J.-C.) ✦ Poète tragique grec. Il naît dans une famille riche et participe à des opérations militaires à l'apogée de la démocratie athénienne. Ami de **Périclès, Phidias, Hérodote,** il partage les idées morales, politiques et religieuses de son temps. Il s'éloigne du théâtre d'**Eschyle** et fait évoluer la tragédie grecque. Seules huit pièces (sur plus de cent) nous sont parvenues : *Ajax, Antigone, Œdipe roi, Les Limiers, Électre, Les Trachiniennes, Philoctète, Œdipe à Colone.*

SORBONNE n. f. ✦ Établissement public d'enseignement supérieur de Paris, situé dans le **Quartier latin.** Le théologien Robert de Sorbon (1201-1274) fonde un collège sous le règne de Saint Louis (1257) pour permettre aux écoliers pauvres de suivre des études. Ce collège devient un centre d'étude théologique, et son tribunal ecclésiastique représente la plus haute autorité religieuse du monde chrétien après le pape : il s'oppose aux jésuites (XVIe siècle), aux jansénistes (XVIIe siècle) et aux philosophes (XVIIIe siècle) avant d'être supprimé (1790). Richelieu reconstruit ses bâtiments et l'agrandit (1626-1642) ; il le dote d'une église dédiée à sainte Ursule, et qui abrite son tombeau de marbre blanc. En 1808, le site est donné à l'Université. La Sorbonne fut l'un des centres du mouvement étudiant de **Mai 68.**

SOREL Agnès (vers 1422-1450) ✦ Favorite du roi Charles VII. Elle s'affirma à la Cour grâce à sa beauté et donna quatre filles au roi. Jean **Fouquet** l'a peinte en *Vierge à l'enfant.*

SOTTSASS Ettore (1917-2007) ✦ Architecte et designer italien. Fondateur du groupe Memphis (1981-1988) en rupture avec le conformisme du style «international», il crée des objets gais, très colorés, des «meubles-totems» qui contrastent avec le noir et le sérieux des années 1970. Travaillant un temps comme consultant pour Olivetti, il crée le modèle de la machine à écrire rouge *Valentine.*

SOUABE n. f. ✦ Région historique d'Allemagne, dans le sud du pays, à cheval sur le Bade-Wurtemberg (Stuttgart) et la Bavière (Augsbourg), où elle forme une région. ♦ Peuplée de Celtes puis de Suèves (Ier siècle av. J.-C.) et dominée par les Romains, la région devient le duché des **Alamans** (VIe-VIIIe siècles). Il fait partie du royaume de **Germanie** (IXe siècle) et passe aux **Hohenstaufen.** Après l'extinction de la dynastie, les Souabes forment la *grande ligue de Souabe* (1488-1533), qui soutient l'Autriche. La région est définitivement démantelée à la fin de la guerre de **Trente Ans** (1648).

SOUDAN n. m. ✦ Pays d'Afrique de l'Est (☛ cartes 34, 36). Superficie : 1,8 million de km^2 (plus de trois fois la France). 31,9 millions d'habitants (les *Soudanais*), en majorité musulmans. République dont la capitale est Khartoum. Langue officielle : l'arabe ; on y parle aussi de nombreux dialectes. Monnaie : la livre soudanaise. ♦ GÉOGRAPHIE. La grande vallée du **Nil** est bordée à l'est par le désert de Nubie, au bord de la mer Rouge, et le massif éthiopien. Le désert libyque et les hauts plateaux d'Afrique de l'Est s'étendent à l'ouest. Le climat tropical devient désertique au nord. ♦ ÉCONOMIE. C'est un pays agricole (coton, sorgo, arachide, élevage nomade de bovins, de moutons, de chèvres, de dromadaires). Le sous-sol est riche (gaz naturel, chrome, gypse). L'industrie se limite aux biens de consommation courante et aux produits dérivés de l'agriculture (tissage, huilerie, sucrerie, tannerie, farine). C'est l'un des pays les plus pauvres du monde. ♦ HISTOIRE. La **Nubie** au nord, peuplée depuis la préhistoire, dépend de l'Égypte puis règne sur elle (VIIIe siècle av. J.-C.). La région se divise ensuite en deux royaumes chrétiens (VIe siècle) qui sont islamisés (XIVe-XVe siècle), puis conquis par l'Égypte (1820-1822). Avec l'aide de la Grande-Bretagne, celle-ci réprime la révolte de Khartoum (1885-1898) et fait avorter la tentative d'implantation française (**Fachoda**, 1898). Le Soudan obtient son indépendance (1956). Il est en proie à la guerre civile qui oppose le Sud, notamment le **Darfour** (populations noires chrétiennes ou animistes), soutenu par l'Éthiopie et l'Érythrée, et le Nord (populations arabes et musulmanes), soutenu par l'Égypte. Une force mixte Union africaine-ONU, mise en place en 2008 après l'échec de plusieurs tentatives d'accord, est prorogée jusqu'en 2009. En janvier 2011, un référendum entérine la sécession des provinces du sud qui proclament leur indépendance sous le nom de **Soudan du Sud.**

SOUDAN DU SUD ✦ Pays d'Afrique de l'Est, situé au sud du Soudan. Superficie : 620 000 km^2 (y compris les territoires contestés). 8,2 millions d'habitants (les *Sud-Soudanais*), en majorité chrétiens. République dont la capitale est Juba. Langue officielle : l'anglais, et les langues locales sont déclarées langues nationales. Monnaie : la livre sud-soudanaise. ♦ GÉOGRAPHIE. Le pays est arrosé par le Nil Blanc et son affluent le Bahrel-Ghazal. Le point culminant se trouve près de la frontière avec l'Ouganda (mont Kinyeti, 3 187 m). ♦ ÉCONOMIE. Agriculture vivrière et d'exportation. Pétrole. ♦ HISTOIRE. Un accord de paix met fin (2005) à la guerre civile qui oppose le gouvernement du **Soudan** à des groupes armés du sud. Après une période d'autonomie et un référendum d'autodétermination, le Soudan du Sud accède à l'indépendance (2011).

SOUFFLOT Germain (1713-1780) ✦ Architecte français. Il séjourne à Rome, puis travaille à Lyon (façade de l'hôtel-Dieu, 1748). Protégé de Madame de **Pompadour**, il obtient de nombreuses charges officielles. Louis XV lui confie l'édification de l'église Sainte-Geneviève à Paris (1756-1780) devenue le **Panthéon.** Il est l'un des promoteurs du néoclassicisme en architecture.

SOUFRIÈRE (la) ✦ Volcan actif de la Guadeloupe, dans le sud de l'île de Basse-Terre. C'est le point culminant des Petites Antilles (1 467 m). Surnommé *la vieille Dame*, il entre parfois en éruption (1696, 1797, 1956 et 1976).

SOULAGES Pierre (né en 1919) ✦ Peintre français. Après avoir peint des paysages dépouillés et tragiques (1938-1946), il élabore un style abstrait puissant et équilibré. Dans ses compositions, qui portent seulement le titre de «peinture» ou «composition» suivi de la date, dominent les formes rectangulaires noires, construites sur le jeu des horizontales et des verticales et animées par de rares éclats de couleur. À partir de 1979, ses tableaux sont entièrement noirs, rythmés de larges bandes striées.

SOUPAULT Philippe (1897-1990) ✦ Écrivain français. Il participe au mouvement Dada (1918-1920) puis au surréalisme et publie *Les Champs magnétiques* avec André **Breton** (1920). Il voyage à travers le monde, devient romancier (*Le Nègre*, 1927 ; *Le Grand Homme*, 1929), journaliste et producteur de radio, passionné par l'art moderne (cinéma, théâtre, jazz, peinture) sans abandonner la poésie (essai sur *Lautréamont,* 1927 ; *Odes,* 1946 ; *Sans phrases,* 1953). Il écrit pour les enfants *Poésies pour mes amis les enfants* (1983) et *Histoires merveilleuses des cinq continents* (1985).

SOUSSE ✦ Ville de Tunisie, au centre de la côte est. 173 047 habitants. Médina fortifiée inscrite sur la liste du patrimoine mondial de l'Unesco, monastère «ribat» (VIIIe siècle), grande mosquée (IXe siècle), musée archéologique. Port d'exportation (huile, sel), station balnéaire et touristique.

SOUTINE Chaïm (1894-1943) ✦ Peintre français, d'origine lituanienne. Après une enfance très pauvre dans un ghetto, il entre à l'École des beaux-arts de Vilna (1910) puis part en France (1913). À Montparnasse, il fait la connaissance de **Modigliani.** Le docteur Barnes, collectionneur américain, lui achète plus de cent tableaux (1922), le mettant à l'abri des problèmes d'argent. Il traite les sujets traditionnels, paysages, portraits, natures mortes, avec des couleurs vives étalées à larges coups de pinceau. Il travaille souvent par séries : gens de maisons, portiers ou encore *Pâtissiers* (1922), *Bœufs écorchés* (1925), *Enfants de chœur* (1927-1928). Il s'inspire de Rembrandt : *La Carcasse de bœuf* (d'après *Le Bœuf écorché*), *La Femme entrant dans l'eau, Femme au bain* (d'après *Jeune Femme se baignant dans un ruisseau*), de Courbet : *La Siesta* (1934, d'après *Les Demoiselles des bords de la Seine*) et livre le tourment de son âme dans ses paysages (*Arbres couchés,* 1923).

SOWETO ✦ Quartier situé dans le sud-ouest de la ville de Johannesburg, en Afrique du Sud. C'est une vaste cité-dortoir de banlieue, réservée aux Noirs, où vivent plus d'un million de personnes. En 1976 une violente émeute y fut durement réprimée.

SPA n. f. *(Société protectrice des animaux)* ✦ Association française fondée en 1845. Elle gère des refuges qui accueillent les animaux abandonnés ou maltraités, des dispensaires, et combat la cruauté envers les animaux.

SPARTACUS (mort en 71 av. J.-C.) ✦ Chef des esclaves révoltés contre Rome. Cet ancien berger s'enfuit d'une école de gladiateurs avec 73 de ses compagnons (73 av. J.-C.). Ils se réfugient au sommet du Vésuve et, rejoints par des milliers d'esclaves, battent les armées romaines à plusieurs reprises. Ils sont vaincus par le général romain **Crassus** qui tue Spartacus. Cet esclave révolté est devenu un symbole révolutionnaire et son histoire a été adaptée au cinéma. Sa révolte inspire le groupe Spartakus et les *spartakistes,* à l'origine du parti communiste allemand.

SPARTE ✦ Ville de Grèce (Laconie). 20 000 habitants. Au nord se trouve le site de la ville antique, appelée aussi *Lacédémone* (☛ carte 4). ♦ Pour Homère, la région peuplée d'Achéens est le royaume de **Ménélas,** envahi par les **Doriens.** Sparte, fondée par la réunion de quatre villages doriens (IXe siècle av. J.-C.), conquiert la plaine fertile de Messénie (VIIIe siècle av. J.-C.) et crée une société très particulière. Les *Spartiates* sont des soldats ; ils vivent du travail agricole des Messéniens réduits en esclavage (les «ilotes»), qu'ils massacrent régulièrement pour maîtriser la croissance démographique. Les habitants des montagnes et de la côte, qui pratiquent l'industrie et le commerce, sont soumis à des impôts et des corvées. La société est dirigée par deux rois héréditaires, assistés d'un conseil des Anciens, âgés de plus de 60 ans et nommés à vie (les «gérontes»). Un conseil de cinq membres, nommés pour un an, contrôle la vie publique, l'éducation des jeunes, la conduite des citoyens et celle des rois. Les gérontes ont droit de vie ou de mort sur chaque nouveau-né. L'enfant, fille ou garçon, est soumis dès l'âge de 7 ans à une éducation militaire, il est abandonné dans la campagne où il doit survivre pendant deux ans, puis vit dans une caserne de 20 à 30 ans. Le mariage est obligatoire et les Spartiates restent soumis à des exercices militaires jusqu'à 60 ans. L'État dirige aussi la vie culturelle. Sparte devient la plus grande puissance militaire grecque (VIe siècle av. J.-C.). Elle triomphe d'Athènes dans la guerre du **Péloponnèse** (413 av. J.-C.-404 av. J.-C.), puis de **Corinthe, Thèbes** et **Argos** (394 av. J.-C.) et fait la paix avec la **Perse** (386 av. J.-C.). Mais son prestige militaire est ruiné par Thèbes (371 av. J.-C.) ; elle décline (IIIe siècle) et s'oppose à la Ligue achéenne. Rome la reconnaît comme cité libre (146 av. J.-C.), puis elle est dévastée par les invasions barbares et abandonnée par ses habitants après la fondation de la ville voisine de Mistra (1249).

SPHINX n. m. ✦ Monstre fabuleux de la mythologie égyptienne. On le représente avec un corps de lion et une tête humaine : sa plus célèbre statue, à tête de pharaon, se trouve à proximité des pyramides de **Gizeh.** C'est le symbole de la puissance et de la protection. Il passe dans la mythologie grecque (vers 1600 av. J.-C.) où il devient un monstre mystérieux représenté avec un visage et un buste de femme et un corps de lion aux larges ailes d'oiseau. Selon les Grecs, il est établi près de Thèbes ; il dévore les voyageurs qui ne savent pas répondre à ses énigmes. Il se tue le jour où **Œdipe** répond à l'une d'entre elles.

SPIELBERG Steven (né en 1946) ✦ Cinéaste américain. Il débute avec un téléfilm (*Duel,* 1973), et le succès qu'il obtient lui permet de travailler pour le cinéma. Ses films d'aventures ou de science-fiction remportent un succès mondial. Il crée alors sa société de production. Il aborde aussi des sujets plus délicats (*La Liste de Schindler,* 1994 ; *Il faut sauver le soldat Ryan,* 1998) qui lui valent la faveur du public et plusieurs oscars. Ses films les plus célèbres sont : *Les Dents de la mer* (1975), *Rencontres du troisième type* (1977), la série avec Indiana Jones (de 1981 à 2008), *E. T. l'extraterrestre* (1982), *La Couleur pourpre* (1985), *Hook* (1991), *Jurassic Park* (1993), *Amistad* (1997), *A. I. Intelligence artificielle* (2001), *Minority Report* (2002), *Lincoln* (2012).

SPINOZA Baruch (1632-1677) ✦ Philosophe hollandais. D'origine juive portugaise, exclu de sa communauté pour son rationalisme (1656), il s'intéresse aux sciences (**Galilée**), à la philosophie de **Descartes** et soutient la politique libérale de De **Witt** (*Tractatus theologico-politicus,* 1670 ; *Tractatus politicus,* 1677). Dans *Le Traité de la réforme de l'entendement* puis *L'Éthique,* son ouvrage majeur (publiés en 1677), il expose sa théorie, le *spinozisme.*

SPIROU ✦ Personnage de bandes dessinées, créé en 1938 par le dessinateur français Rob-Vel (1909-1991). Il donne naissance à un magazine, *Le Journal de Spirou* (1938). Le dessinateur belge **Franquin** reprend ce personnage de groom au *Moustic Hôtel,* qui vit des aventures rocambolesques avec son ami Fantasio.

SPITZ Mark (né en 1950) ✦ Nageur américain. Il remporte sept médailles d'or aux Jeux olympiques de Munich (1972), battant autant de records du monde.

SPITZBERG n. m. ✦ Principale île de l'archipel norvégien du Svalbard, dans l'océan Arctique, au nord-est du Groenland. Superficie : 39 000 km². 2 481 habitants. Pêche, exploitation du charbon.

SPLIT ✦ Ville de Croatie, sur la côte de Dalmatie. 167 100 habitants. 3e ville du pays (industrie, tourisme). Centre historique inscrit sur la liste du patrimoine mondial de l'Unesco : ruines du vaste palais de l'empereur Dioclétien (IVe siècle) dans lequel la ville ancienne s'est développée.

SPORADES (les) n. f. pl. ✦ Archipel grec de la mer Égée (☛ carte 28). Il est partagé entre les *Sporades du Sud,* qu'on appelle aussi le **Dodécanèse**, et les *Sporades du Nord,* situées au large de la Thessalie, au nord d'Eubée, et dont les principales îles sont Skiathos, Skopelos, Alonissos et Skyros.

SPOUTNIK n. m. ✦ Satellite soviétique. C'est aussi le nom du premier programme spatial. Le premier satellite artificiel de la Terre est lancé le 4 octobre 1957 ; il pèse 83 kg. Le deuxième, lancé la même année, emporte dans l'espace le premier être vivant, la chienne Laïka. *Spoutnik 3* est lancé en 1958 et le dernier en 1961.

SRI LANKA n. m. ✦ Pays d'Asie du Sud (☛ cartes 38, 39). Cette île située dans l'océan Indien est séparée de l'Inde au nord-ouest par le détroit de Palk (30 km). Superficie : 66 000 km² (environ un huitième de la France). 20,36 millions d'habitants (les *Sri-Lankais*), bouddhistes mais aussi hindouistes, musulmans et chrétiens. République dont la capitale commerciale est Colombo et la capitale administrative Sri Jayewardenepura Kotte. Langues officielles : le singhalais et le tamoul ; on y parle aussi l'anglais. Monnaie : la roupie sri-lankaise ♦ GÉOGRAPHIE. L'île, de forme oblongue, est formée de plaines et de plateaux. Au sud-ouest, la partie montagneuse (point culminant 2 524 m) reçoit les fortes pluies de la mousson d'été. Le climat tropical se rafraîchit en altitude. Un violent séisme dans le Pacifique suivi d'un raz-de-marée fait des milliers de victime (2004). ♦ ÉCONOMIE. Les colons anglais ont développé les plantations de thé puis de café en altitude. Les autres cultures (hévéa, riz, cocotier) sont concentrées dans les vallées et les plaines côtières. Elles alimentent l'industrie (agroalimentaire, textile). Tourisme dans les cités historiques du centre, inscrites sur la liste du patrimoine mondial de l'Unesco (Anuradhapura, Dambulla, Polonnaruwa, Sigiriya). ♦ HISTOIRE. Peuplée depuis 10 000 ans av. J.-C., l'île est envahie par des Indo-Européens venus du nord de l'Inde (vers 500 ans av. J.-C.). Elle est la première de la région à subir l'influence du bouddhisme. Les **Tamouls** arrivent du sud de l'Inde (IIIe siècle av. J.-C.) et conquièrent progressivement tout le pays (XIe siècle), qui atteint son apogée au XIIe siècle. Après son déclin, dû à de nombreuses guerres, les Portugais (XVIe siècle) et les Hollandais (XVIIe siècle) la colonisent. Elle passe sous contrôle britannique (1802), puis obtient son indépendance dans le cadre du Commonwealth (1948), sous le nom de *Ceylan* qu'elle garde jusqu'en 1972. Les Tamouls hindouistes (20 % de la population), au nord et à l'est de l'île, qui réclament leur indépendance (dès 1974) s'opposent violemment aux Cinghalais bouddhistes (70 % de la population), au sud et à l'ouest. Une guerre civile éclate (1983), marquée par des attentats terroristes. Depuis 2000, des négociations de paix sont en cours, compromises par une recrudescence des violences (2005, 2006-2007), et la guérilla tamoule finit par se rendre (2009).

SS (sigle allemand, de *Schutzstaffel* «échelon de protection») ✦ Police nazie, fondée en 1926. Elle fait partie des **SA** qu'elle élimine (1934) puis devient l'élite du mouvement nazi. Dirigée par **Himmler** (1929), elle est chargée avec la **Gestapo** de surveiller les territoires occupés et de gérer les camps de concentration. À la fin de la Deuxième Guerre mondiale, les SS sont condamnés au procès de **Nuremberg.**

STAËL (Madame de) (1766-1817) ✦ Écrivain français. Fille de **Necker**, elle fréquente les opposants au Directoire puis s'exile en Suisse (1803), voyage en Europe avec Benjamin **Constant** et reçoit des écrivains dans son château, qui devient un centre du préromantisme (Chateaubriand, Byron). Soulignant l'importance du cœur et de l'imagination, elle prône un cosmopolitisme et un renouvellement des genres littéraires qui doivent exalter la sensibilité et l'individualisme : *Delphine* (roman, 1802), *Corinne ou l'Italie* (roman, 1807), *De l'Allemagne* (essai, 1810). ■ Son véritable nom est *Germaine Necker,* baronne *de Staël-Holstein.*

STAËL Nicolas de (1914-1955) ✦ Peintre français, d'origine russe. Il travaille le dessin à Paris, puis part au Maroc (1936), où il commence à peindre d'après nature. En 1941, il s'installe à Nice, où il entreprend ses premières natures mortes. Il subit l'influence de **Braque**, avec qui il se lie d'amitié pendant la guerre, et de **Picasso.** À la Libération, il se fait connaître par des expositions, à Paris d'abord, puis aux États-Unis et en Grande-Bretagne. Après ses premières toiles figuratives, il se tourne un moment vers l'abstraction. À la fin de sa vie, il se livre à une stylisation de plus en plus sobre et dépouillée du monde visible. Œuvres : portraits de *Jeannine* (1941-1942), *Astronomie* (1944), *Composition en noir* (1946), *Composition en gris et bleu* (1950), *Ciel à Honfleur* et la série des *Footballeurs* (1952), *La Plage* (1954).

STAKHANOV Alekseï (1905-1977) ✦ Mineur soviétique. Il réussit en une nuit (1935) à extraire 105 tonnes de charbon dans le Donbass (la moyenne étant de 7 tonnes). Il réalise un nouvel exploit avec deux camarades (227 tonnes). Ce record inspire une méthode de travail appelée le *stakhanovisme.*

STALINE Joseph (1879-1953) ✦ Homme politique russe. Il naît en Géorgie, reçoit une éducation orthodoxe et devient membre du Parti social-démocrate clandestin (1899). Après son exil en Sibérie (1902), il participe à la première révolution russe (1905) puis il est déporté (1908-1912). Lénine l'introduit au Comité central du parti bolchevique (1912), et il dirige le journal la *Pravda* sous le pseudonyme de *Staline* (qui signifie «homme d'acier» en russe). Il est à nouveau déporté (1913-1917) avant d'être nommé secrétaire général du parti communiste malgré l'avis de Lénine (1924). Il élimine ses rivaux et ses opposants (bannissement de **Trotski,** 1929) pour devenir le maître absolu du pays. Par force, il collectivise l'agriculture, développe l'industrie (surtout la métallurgie) et fait taire le mécontentement populaire en épurant le parti. Lors de ces *purges staliniennes* (1936-1938), 35 000 officiers de l'Armée rouge sont exécutés, un million de personnes sont fusillées et 9 millions sont détenues ou déportées dans les camps de concentration (les «goulags»). Allié (pacte germano-soviétique du 23 août 1939) puis ennemi d'Hitler (après l'invasion des troupes allemandes, 1941), il rejoint les Alliés dans la Deuxième **Guerre mondiale** et participe à la conférence de **Yalta** (1945) où il obtient une zone d'influence en Europe. Dès 1946, il impose le régime communiste dans les pays d'Europe de l'Est libérés par l'URSS, refuse le plan **Marshall** (1947), engage l'URSS dans la **guerre froide** contre les États-Unis, qui conduit au blocus de **Berlin** (1948-1949). Jusqu'à sa mort, il privilégie le « culte de la personnalité » et impose son pouvoir autoritaire. **Khrouchtchev** dénonce ses crimes, le *stalinisme* est officiellement condamné et la *déstalinisation* commence (1956) ; son corps est retiré du mausolée de Lénine (1961) et **Gorbatchev** réhabilite les anciens opposants exécutés. On qualifie de *stalinien* un comportement caractérisé par des abus extrêmes, autoritaires et non justifiés. ■ Son véritable nom est *Iossif Vissarionovitch Djougachvili.*

STALINGRAD ✦ Nom de la ville russe de **Volgograd,** de 1925 à 1961, en hommage à **Staline.** Pendant la Deuxième Guerre mondiale, les Allemands s'emparent d'une grande partie de la ville (1942). Les Russes les empêchent de franchir la Volga, puis les encerclent et reprennent les quartiers un par un (1943). La *bataille de Stalingrad,* première grande défaite allemande, marque le tournant de la guerre et donne aux Alliés la certitude de la victoire.

STANFORD ✦ Université privée américaine, située en Californie dans la **Silicon Valley.** Ouverte en 1891, elle est aujourd'hui l'un des premiers centres mondiaux pour la recherche et l'innovation dans les domaines des sciences, de l'informatique et des nouvelles technologies.

STANISLAS Ier LESZCZYNSKI (1677-1766) ✦ Roi de Pologne de 1704 à 1709 et de 1733 à 1736. Stanislas est mis sur le trône par le roi de Suède et il en est chassé par Auguste II de Saxe (1709). Il monte à nouveau sur le trône grâce à **Louis XV**, qui est le mari de sa fille, Marie Leszcynska (1733). Ce retour provoque la guerre de **Succession de Pologne** que la France, l'Espagne, la Sardaigne et la Bavière perdent face à la Russie, la Saxe et l'Autriche. Stanislas renonce à la couronne (1738) tout en gardant son titre. Il reçoit les duchés de Bar et de Lorraine et se consacre à l'embellissement de leurs capitales, **Lunéville** et **Nancy**, qui deviennent des centres culturels et intellectuels. À sa mort, les duchés reviennent à la France.

STANLEY sir Henry Morton (1841-1904) ✦ Journaliste et explorateur britannique. Orphelin, il est mousse sur un bateau avant d'être adopté par un négociant américain de La Nouvelle-Orléans. Il participe à la guerre de Sécession puis devient correspondant de presse. Le *New York Herald* le charge de retrouver **Livingstone** qu'il rejoint près du lac Tanganyika (1871). Il part ensuite de Zanzibar et traverse l'Afrique équatoriale d'est en ouest (1874-1877). Lors d'une nouvelle expédition (1879-1884), il remonte le fleuve Congo, découvre le lac Léopold II et obtient la rive gauche du fleuve pour la Belgique. De retour en Angleterre, il est élu membre de la Chambre des communes. Il publie *Comment j'ai retrouvé Livingstone* (1876) et *À travers le continent mystérieux* (1879). ■ Son véritable nom est *John Rowlands.*

STANS ✦ Ville de Suisse, chef-lieu du canton de Nidwald. 6 983 habitants (27 675 pour l'agglomération). Église Saint-Pierre (1647). Station estivale ; industrie textile.

STARCK Philippe (né en 1949) ✦ Architecte d'intérieur et designer français. Il aménage et décore de nombreux lieux publics (hôtels, cafés, salles de spectacle...). Créateur novateur de renommée internationale, il conçoit et produit en série des meubles, du mobilier urbain et des accessoires du quotidien, inventant constamment dans le domaine de la forme.

STATEN ISLAND ✦ Île des États-Unis (État de New York). Elle forme l'un des 5 districts de New York, relié à Brooklyn par le pont Verazzano.

STATUE DE LA LIBERTÉ → LIBERTÉ (statue de la)

STAVANGER ✦ Ville de Norvège, sur la côte ouest du pays. 126 021 habitants. Centre pétrolier, port de pêche, de commerce et de voyageurs, centre industriel (métallurgie, mécanique, textile, chantiers navals, conserveries).

STEIN Gertrude (1874-1946) ✦ Écrivaine américaine. Elle s'installa à Paris en 1903 et se lia d'amitié avec de nombreux artistes, écrivains américains ou anglais et peintres d'avant-garde dont Picasso et Matisse. Elle réunit, avec son frère Léo, une grande collection d'art moderne. Elle écrit dans un style poétique et romanesque (*Américains d'Amérique*). L'*Autobiographie d'Alice B. Toklas* est sa propre autobiographie.

STEINBECK John (1902-1968) ✦ Romancier américain. Il s'essaie au journalisme puis se tourne vers la littérature. Ses romans naturalistes évoquent des revendications sociales (*En un combat douteux,* 1936 ; *Les Raisins de la colère,* 1939) et la misère des humbles (*Des souris et des hommes,* 1937 ; *La Perle,* 1947). Prix Nobel de littérature (1962).

STENDHAL (1783-1842) ✦ Écrivain français. Il s'engage dans l'armée de Bonaparte (1800), découvre l'Italie avec émerveillement et participe à la retraite de Russie. Il vit en France ou en Italie où il est consul. Ses voyages et le romantisme influencent ses essais (*Rome, Naples et Florence,* 1817 ; *De l'amour,* 1822). Dans ses romans, il donne, avec un grand réalisme psychologique, sa vision critique des mœurs de la société de son époque : révolte contre l'ordre social, mépris de l'argent et des intrigues politiques (*Le Rouge et le Noir,* 1830 ; *La Chartreuse de Parme,* 1839). ☛ Réalisme p. 183. Plusieurs ouvrages sont publiés après sa mort : *Chroniques italiennes* (1855), *Lucien Leuwen* (1894) et des écrits autobiographiques, *La Vie de Henry Brulard* (1890) et *Souvenirs d'égotisme* (1892). ■ Son véritable nom est *Henri Beyle.*

STENTOR ✦ Personnage de l'***Iliade.*** La force de sa voix pendant la guerre de Troie le rend célèbre. C'est le crieur de l'armée des Grecs car il crie aussi fort que cinquante guerriers réunis. Une *voix de stentor* est forte et puissante.

STEPHENSON George (1781-1848) ✦ Ingénieur britannique. Il imagine un véhicule roulant sur des rails de fer et tirant des wagons. Il construit une locomotive à vapeur (1814) qu'il ne cesse d'améliorer et réalise de nombreuses lignes ferroviaires (Liverpool-Manchester en 1830).

STETTIN ✦ Nom allemand de la ville polonaise de **Szczecin.**

STEVENSON Robert Louis Balfour (1850-1894) ✦ Écrivain britannique. Né en Écosse, il fait des études d'ingénieur et de droit qu'il abandonne pour la littérature. Sa santé fragile l'oblige à voyager, à la recherche d'un climat plus sain, et il finit sa vie aux îles Samoa. Il publie des récits de voyage (*Voyage avec un âne à travers les Cévennes,* 1878), des romans d'aventures (*L'**Île au trésor**,* 1883 ; *Enlevé !,* 1886 ; *Le Maître de Ballantrae,* 1889) et son roman *Docteur Jekyll et Mister Hyde* (1885) est considéré comme l'un des chefs-d'œuvre de la littérature d'épouvante. ☛ Littérature p. 136.

STOCKHAUSEN Karlheinz (1928-2007) ✦ Compositeur allemand. Élève à Paris de Milhaud et de Messiaen, ami de Boulez, marqué par l'influence de Webern, il cherche à étendre les principes du dodécaphonisme au rythme, au timbre et aux intensités sonores. Mêlant sons traditionnels et sons électroniques, sa musique évolue dans le domaine de la pure abstraction (musique «ponctuelle» avec *Kreuzspiel* [1951], musique «aléatoire» avec *Klavierstück XI* [1956]) puis, avec les grandes compositions, elle acquiert des résonances humaines (*Hymnen* et *Stimmung,* 1968), culminant avec *Licht* (1977-2002), opéra dont l'exécution s'étend sur une semaine.

STOCKHOLM ✦ Capitale de la Suède, dans le sud-est du pays, sur un bras de la mer Baltique. 782 855 habitants (les *Stockholmois*) et l'agglomération 1,9 million. Vieille ville sur les îles du Norrström : Riddarholms Kyrkan qui abrite les sépultures des rois (XIIIe siècle), Storkyrkan, église où sont couronnés les rois (XVe siècle), château royal (XVIIIe siècle). Important port de commerce et de tourisme, premier centre administratif, industriel (mécanique, électricité, électronique, agroalimentaire, imprimerie) et culturel (nombreux musées, université, bibliothèque royale) du pays. Ville natale de la reine Christine, Gustave III, Nobel (siège des institutions de la fondation Nobel), August Strindberg, Greta Garbo, Claes Oldenburg. ♦ La ville est fondée en 1255 et elle se développe avec le commerce de la **Hanse.** Le Danemark et la Suède se la disputent et les Danois sont chassés (XVIe siècle). Elle devient la capitale de la Suède en 1634.

STONEHENGE ✦ Site préhistorique d'Angleterre, dans le sud du pays, entre Bristol et Southampton. C'est le plus grand ensemble de menhirs et de dolmens du pays, hauts de 3 à 6 m et dressés en deux rangées de cercles (vers 2 000-1 500 ans av. J.-C.). Les druides celtes s'en servirent probablement pour observer les astres. Ce site est inscrit sur la liste du patrimoine mondial de l'Unesco.

STRABON (vers 58 av. J.-C.-vers 21-25) ✦ Géographe grec. Il écrit des *Mémoires historiques* (perdus) et une *Géographie* dans laquelle il aborde les problèmes de l'origine des peuples, des migrations, de la formation des empires et décrit les relations de l'homme avec son milieu. Cet ouvrage est édité à la Renaissance.

STRADIVARIUS (vers 1644-1737) ✦ Luthier italien. Il produit ses plus belles pièces entre 1700 et 1720. Ses instruments à cordes, à la sonorité exceptionnelle, sont très recherchés, en particulier ses violons. ■ Son véritable nom est *Antonio Stradivari.*

STRASBOURG ✦ Chef-lieu du Bas-Rhin et de la Région Grand Est, sur l'Ill, près du Rhin. 276 170 habitants (les *Strasbourgeois*) et l'agglomération 458 243 (☛ carte 23). Entre les deux bras de l'Ill, la Grande Île renferme le centre historique de la ville, inscrit sur la liste du patrimoine mondial de l'Unesco : cathédrale gothique Notre-Dame en grès rouge ne possédant qu'une seule flèche (XIe-XIVe siècles), nombreuses églises, château des Rohan (XVIIIe siècle) qui abrite trois musées, quartier pittoresque de la Petite France, avec ses maisons anciennes et ses ponts couverts. Siège du Conseil de l'Europe (depuis 1950), de l'Union européenne des droits de l'homme (depuis 1966) et du Parlement européen (☛ Europe p. 199). Deuxième port fluvial du pays, relié au Rhin par les canaux de la Marne et du Rhône, centre de services, universitaire (universités, grandes écoles, laboratoires de recherche) et industriel (automobile, agroalimentaire). Ville natale de François Kellermann, Jean-Baptiste Kléber, Gustave Doré, le père de Foucauld, Jean Arp, Marcel Marceau. ♦ À partir de 855, Strasbourg et l'Alsace font partie du **Saint Empire** romain germanique. **Gutenberg** y met au point la technique de l'imprimerie. La ville est réunie à la France (1681) et fortifiée par Vauban (1687). Elle est occupée par l'Allemagne de 1870 à 1918, puis pendant la Deuxième Guerre mondiale jusqu'à sa libération par le général Leclerc (1944).

STRASBOURG (serments de) ✦ Traité d'assistance mutuelle signé en 842 par deux des petits-fils de **Charlemagne,** Louis II le Germanique et Charles II le Chauve, contre leur frère Lothaire. C'est le premier texte écrit en langue romane (langue d'oïl). ☛ Langue française p. 97.

STRATFORD-UPON-AVON ✦ Ville d'Angleterre, au sud de Birmingham. 20 000 habitants. Centre touristique (maison natale de William Shakespeare).

STRAUSS Johann (1825-1899) ✦ Musicien autrichien. Issu d'une famille de musiciens, il fait de nombreuses tournées dans toute l'Europe et devient le maître incontesté de la valse grâce à ses mélodies simples et gaies *(Le Beau Danube bleu, Sang viennois, La Valse de l'Empereur).* Il se consacre ensuite à la composition d'opérettes (*La Chauve-Souris,* 1874).

STRAUSS Richard (1864-1949) ✦ Compositeur allemand. Il dirige les opéras de Munich (1886), de Weimar (1889), de Berlin (1898) et de Vienne (1919). Influencé par les romantiques, dont **Wagner,** et par la pensée de **Nietzsche,** il compose une musique dont la richesse mélodique est servie par une grande puissance orchestrale. Œuvres : poèmes symphoniques (*Don Juan,* 1888 ; *Mort et Transfiguration,* 1889 ; ***Macbeth***, 1890 ; *Till Eulenspiegel,* 1895), opéras (*Salomé,* 1905 ; *Le Chevalier à la rose,* 1911 ; *Ariane à Naxos,* 1912).

STRAVINSKI Igor (1882-1971) ✦ Compositeur américain, d'origine russe. Il étudie le droit et le piano, puis se rend à Paris avec les **Ballets russes** et devient célèbre. L'emploi d'une tonalité différente de celle de son temps et le rythme violent de ses premières œuvres font scandale (*L'Oiseau de feu,* 1910 ; *Le Sacre du printemps,* 1913), mais influencent les musiciens de la première moitié du XXe siècle. Il obtient la nationalité française en 1934. Il fait de nombreuses tournées comme pianiste et chef d'orchestre en Europe et aux États-Unis. Au début de la Deuxième Guerre mondiale (1939), il devient professeur à Harvard, puis obtient la nationalité américaine (1945). Stravinski ne cesse de faire évoluer ses compositions et intègre des éléments de jazz (*L'Histoire du soldat,* 1918). Son œuvre est abondante : opéras (*Petrouchka,* 1912 ; *Le Libertin,* 1951), ballets (*Pulcinella* 1920 ; *Orpheus,* 1948), œuvres symphoniques, musique de chambre (*Symphonies* *d'instruments à vent,* 1920 ; *Symphonie de psaumes,* 1930 ; *Messe,* 1951).

STREHLER Giorgio (1921-1997) ✦ Metteur en scène et directeur de théâtre italien. Cofondateur et directeur (1955-1966 ; 1972-1997) du Piccolo Teatro de Milan, théâtre d'art pour tous, il exerce parallèlement la fonction de directeur artistique du Théâtre de l'Europe-Odéon à Paris (1983-1990). Reprenant les techniques de la commedia dell'arte en mettant en scène aussi bien Shakespeare (*Le Roi Lear,* 1972), Brecht (*L'Opéra de quat'sous,* 1986) que Goldoni *(Arlequin serviteur de deux maîtres),* il a fait du théâtre un lieu de réflexion sociale, sans sacrifier sa force ludique.

STRESEMANN Gustav (1878-1929) ✦ Homme politique allemand. Député au Reichstag (1906), il devient président du parti national libéral (1917), est élu chancelier (1923), puis nommé ministre des Affaires étrangères (1923-1929). Sa politique de conciliation avec la France et ses échanges avec Aristide **Briand** aboutissent à l'entrée de l'Allemagne dans la **Société des Nations** (1926) et à l'évacuation de la Rhénanie. Prix Nobel de la paix avec Aristide Briand (1926).

STRINDBERG August (1849-1912) ✦ Écrivain et dramaturge suédois. L'analyse du comportement, dans ses œuvres en majorité autobiographiques, dénonce la violence des rapports humains, l'impossibilité de communiquer et la décadence de la civilisation. Il réunit les influences de Kierkegaard et Nietzsche, du romantisme de Rousseau, du socialisme de Fourier, du naturalisme de Vallès et Zola, de l'athéisme, du mysticisme voire de l'occultisme. Il publie des romans (*La Chambre rouge,* 1879), des pamphlets et des nouvelles, mais il est surtout connu pour ses pièces de théâtre : *Mademoiselle Julie* (1888), *La Danse de mort* (1900), *Le Songe* (1902), *La Sonate des spectres* (1907).

STROMBOLI ✦ Une des îles **Éoliennes**, au nord-ouest de la Sicile, dans la mer Tyrrhénienne (☛ carte 30). Superficie : 12 km². Environ 500 habitants. Elle est formée d'un volcan en activité (le Stromboli, 926 m) ; on cultive la vigne et l'olivier sur ses pentes.

STRUTHOF ✦ Camp de concentration et d'extermination nazi, établi dans le Bas-Rhin. La chambre à gaz et le four crématoire y ont fonctionné de 1943 à 1944. Le Centre européen du résistant déporté y est inauguré en 2005.

STUARTS (les) ✦ Famille qui règne sur l'Écosse de 1371 à 1714 et sur l'Angleterre de 1603 à 1714 où elle succède aux **Tudors.** En Écosse, elle comprend Robert II, Robert III, Jacques Ier, Jacques II, Jacques III, Jacques IV, Jacques V et **Marie Ire Stuart.** En Angleterre se succèdent Jacques Ier, Charles Ier, Charles II, **Jacques II,** Marie II Stuart et Anne Stuart.

STUTTGART ✦ Ville du sud de l'Allemagne, capitale du Bade-Wurtemberg, sur le Neckar. 591 059 habitants. Château Vieux (XVIe siècle), Nouveau Château (XVIIIe siècle), bibliothèque qui renferme des manuscrits anciens et la 2e collection mondiale de bibles, musées et célèbre opéra. Port fluvial, centre universitaire, industriel (automobile, électricité, informatique), de services (assurance, banque). Ville natale de Georg Hegel et Fred Uhlman.

STYX n. m. ✦ Fleuve des Enfers, dans la mythologie grecque. Il entoure les **Enfers** de ses eaux noires et glacées qui ont des vertus magiques. Elles empoisonnent les mortels qui voudraient en boire. Thétis y trempe son fils **Achille** pour le rendre invulnérable. Les serments prononcés par les dieux au nom du fleuve sont inviolables.

SUCCESSION D'AUTRICHE (guerre de) ✦ Conflit européen (1740-1748) qui éclata à la mort de Charles VI de Habsbourg. Sa fille Marie-Thérèse devait lui succéder mais elle avait de nombreux adversaires (la Bavière, l'Espagne, la Pologne, la Saxe, la Prusse et la France) qui l'attaquèrent. Soutenue par l'Angleterre et les Provinces-Unies, elle remporta plusieurs victoires, parvint à faire sacrer son mari empereur d'Autriche et devint impératrice. Les rivalités subsistèrent et la guerre de Sept Ans éclata huit ans plus tard.

SUCCESSION D'ESPAGNE (guerre de) ✦ Conflit qui opposa une coalition européenne à la France et à l'Espagne (1701-1714). En 1700, le roi d'Espagne mourut sans descendance mais il avait légué son royaume au petit-fils de Louis XIV, alors couronné sous le nom de **Philippe V.** L'Angleterre, l'Empereur germanique et les Provinces-Unies s'inquiétèrent de la puissance accrue de la France grâce à cette alliance avec l'Espagne et provoquèrent une guerre qui se termina par plusieurs traités. Philippe V fut reconnu roi d'Espagne mais dut renoncer à la couronne de France.

SUCCESSION DE POLOGNE (guerre de) ✦ Conflit européen (1733-1738) qui opposa le royaume de France (les Bourbons) et le Saint-Empire germanique (les Habsbourg). La France, alliée à l'Espagne, à la Sardaigne et à la Bavière, affronta la Russie, la Saxe et l'Autriche. Stanislas **Leszczyński,** soutenu par la France, disputait la couronne polonaise à son rival Auguste de Saxe. La guerre se conclut par le traité de Vienne (1738) qui donna le trône de Pologne à Auguste. Stanislas renonça mais reçut la Lorraine et le comté de Bar (Bar-le-Duc) qui revinrent à la France à sa mort.

SUCRE ✦ Capitale de la Bolivie, dans la Cordillère centrale, à 2 795 m d'altitude. 261 564 habitants. Centre historique inscrit sur la liste du patrimoine mondial de l'Unesco : nombreux édifices coloniaux (églises San Lazaro, San Francisco, Santo Domingo). Ce centre industriel (agroalimentaire) et artisanal porte le nom du général Sucre (1795-1830), premier président du pays. Le gouvernement de la Bolivie siège à **La Paz.**

SUDESTE n. m. ✦ Région du sud-est du Brésil (☛ carte 49). Superficie : 924 935 km². 72,4 millions d'habitants. C'est la région la plus peuplée et la plus développée du pays, concentrant les trois plus grandes villes (São Paulo, Rio, Belo Horizonte) et les activités. Centre économique du pays : industries diversifiées (automobile, aéronautique, textile, agroalimentaire), agriculture à haut rendement (café, soja, canne à sucre).

SUDÈTES (Allemands des) n. m. pl. ✦ Nom donné entre les deux guerres mondiales à la minorité de langue allemande établie en Tchécoslovaquie aux pourtours de la Bohême. La **Tchécoslovaquie** refuse l'autonomie réclamée par le Parti allemand des Sudètes (créé en 1933), mais la France et la Grande-Bretagne acceptent leur annexion par l'Allemagne nazie (1938). Par les accords de **Potsdam** (1945), le territoire est rendu à la Tchécoslovaquie, qui expulse la moitié de sa population. Pour résoudre la question, l'Allemagne et la Tchécoslovaquie signent un accord d'amitié et de coopération (1992) puis de réconciliation (1997).

SUDÈTES (monts des) n. m. pl. ✦ Massifs montagneux, à la frontière entre la Pologne et la République tchèque, comportant trois chaînes principales et culminant à 1 603 m.

SUE Marie-Joseph dit Eugène (1804-1857) ✦ Romancier français. Il est médecin dans la marine jusqu'en 1829, et ses voyages inspirent ses premiers romans (*La Salamandre,* 1832). Avec *Les Mystères de Paris* (1842-1843), il écrit le premier roman-feuilleton. Il y décrit les bas-fonds parisiens et exprime des revendications sociales et humanitaires. Son succès se poursuit avec *Le Juif errant* (1844-1845) et *Les Sept Péchés capitaux* (1847-1849).

SUÈDE n. f. ✦ Pays d'Europe du Nord (☛ cartes 24, 25). Superficie : 449 964 km² (un peu moins que la France). 9,1 millions d'habitants (les *Suédois*), en majorité protestants. Monarchie parlementaire dont la capitale est Stockholm. Langue officielle : le suédois ; on y parle aussi le lapon. Monnaie : la couronne suédoise. ♦ GÉOGRAPHIE. La Suède s'étend sur plus de 1 600 km du nord au sud. La forêt occupe plus de la moitié du territoire et les lacs environ 10 %. Le Nord, montagneux, se trouve au-delà du cercle polaire ; les hivers y sont longs et les journées très courtes. Le Sud bénéficie de l'influence adoucissante du Gulf Stream, et les côtes, très découpées, sont bordées d'îles et d'îlots. La politique de protection de l'environnement de la Suède est l'une des plus avancées d'Europe. ♦ ÉCONOMIE. L'agriculture (céréales, fourrage, élevage de rennes en **Laponie**) et la pêche (morue, hareng) sont productives. Le sous-sol est riche (cuivre, plomb, zinc, or, argent). L'industrie du bois (scieries, pâte à papier, cellulose) est moderne et compétitive, comme les autres industries (mécanique, électronique, pharmacie, biotechnologie). L'énergie est fournie par le pétrole importé et les ressources hydroélectriques ; le nucléaire est progressivement abandonné. Le niveau de vie de la Suède compte parmi les plus élevés du monde. ♦ HISTOIRE. La région est peuplée dès la préhistoire (4 000 ans av. J.-C.). Les Goths, installés dans le Sud, sont dominés par les navigateurs du Nord (IVᵉ siècle). Les Suédois s'étendent sur les côtes baltiques et la Russie jusqu'à la mer Caspienne, sous la domination des **Vikings** (VIIIᵉ siècle). La Suède est christianisée (XIIᵉ siècle), annexe la Finlande (XIIIᵉ siècle) et se développe avec le commerce de la **Hanse**. Elle s'unit au Danemark et à la Norvège (1397) puis se retire (1523) et adhère à la **Réforme**. Son intervention dans la guerre de Trente Ans en fait une grande puissance au XVIIᵉ siècle ; elle attire de nombreux artistes et penseurs à la cour de la reine **Christine**. Battue par **Pierre le Grand** (Poltava, 1709), elle perd une grande partie de ses territoires de la Baltique. Après les guerres napoléoniennes, les Suédois offrent le trône (1810) au maréchal français **Bernadotte** dont ils ont apprécié la politique à leur égard : il est élu prince royal de Suède. Il annexe la Norvège (1814-1905) et devient roi de Suède (1818). Le pays se modernise au XIXᵉ siècle, adopte des lois sociales particulièrement avancées et reste neutre pendant les deux guerres mondiales. La Suède fait partie de l'Union européenne depuis 1995, mais n'adopte pas l'euro (référendum, 2003).

SUÉTONE (vers 70-vers 128) ✦ Historien latin. Il est le secrétaire d'**Hadrien** et, grâce aux archives du **Palatin**, il écrit les biographies des douze empereurs de Rome : *Vies des douze Césars.* Cette œuvre est une importante source d'informations sur la vie dans la Rome impériale.

SUÈVES n. m. pl. ✦ Peuple germanique de l'est de l'Elbe. Les Suèves s'installent entre le Rhin et le Danube (IIᵉ siècle av. J.-C), franchissent le Rhin (406) lors des **Grandes Invasions** et arrivent en Espagne (409). Quand les **Vandales** les repoussent (428-429), ils s'établissent en **Galice**, se convertissent au christianisme, mais leur royaume est conquis par les **Wisigoths** (vers 585).

SUEZ ✦ Ville d'Égypte, sur la mer Rouge, au fond du golfe de **Suez.** 500 000 habitants. Elle possède deux ports, avec de grandes installations industrielles (raffineries de pétrole, chimie).

SUEZ (canal de) ✦ Canal reliant la mer Méditerranée et la mer Rouge, dans le nord-est de l'Égypte, entre les villes de Port-Saïd et Suez. Long de 162,5 km, large de 190 m, il est accessible aux bateaux pesant jusqu'à 400 000 tonnes à vide car il ne possède pas d'écluses. Son rôle économique est important et il permet aux bateaux d'aller d'Europe en Orient sans contourner l'Afrique. ♦ Plusieurs projets sont abandonnés, puis Napoléon III le fait construire par Ferdinand de **Lesseps** (1859-1869). Les Britanniques en prennent le contrôle (1875) et occupent l'Égypte (1882). Il est nationalisé par **Nasser** (1956), ce qui provoque l'intervention d'Israël, de la Grande-Bretagne et de la France. Après la guerre des **Six Jours**, il est fermé et occupé à l'est par l'armée israélienne (1967-1975).

SUEZ (golfe de) ✦ Partie nord-ouest de la mer Rouge, entre l'Égypte et la presqu'île du Sinaï. Le golfe, long de 314 km et large de 56 km, renferme 70 % des réserves de pétrole de l'Égypte.

SUEZ (isthme de) ✦ Bande de terre désertique d'Égypte, entre la mer Méditerranée au nord et la mer Rouge au sud. Cet isthme sépare l'Asie de l'Afrique et il est percé par le canal de **Suez.**

SUFFREN DE SAINT-TROPEZ Pierre André de (1729-1788) ✦ Marin français. Il sert dans la marine royale, prend part à l'expédition de Minorque (1756), combat au Maroc (1767) et se distingue pendant la guerre d'Indépendance américaine. Commandant en chef de la flotte dans les mers des Indes (1782), il combat sans relâche les Anglais.

SUGER (vers 1081-1151) ✦ Moine et homme politique français. Ami de **Louis VI le Gros**, il est son ambassadeur auprès du pape, son conseiller, puis celui de **Louis VII le Jeune** qui lui confie la régence du royaume (1147-1149). Il consolide le pouvoir royal au détriment des nobles et assure une meilleure justice. Abbé de **Saint-Denis** à partir de 1122, il reconstruit l'abbatiale (1144) et écrit les biographies de Louis VI et Louis VII.

SUISSE n. f. ✦ Pays d'Europe centrale (☛ carte 26). Superficie : 41 285 km². 7,5 millions d'habitants (les *Suisses*), en majorité protestants (52,7 %) et catholiques (45,4 %). République fédérale formée de 26 cantons, dont la capitale est Berne. Autres villes importantes : Zurich, Bâle, Genève, Lausanne. Langues nationales : l'allemand (63,6 %), le français (19,2 %), l'italien (3 %) et le romanche (0,6 %). Monnaie : le franc suisse. ♦ GÉOGRAPHIE. La Suisse est formée par les **Alpes** (point culminant mont Rose, 4 634 m ; **Cervin**, 4 478 m). On la surnomme le château d'eau de l'Europe : le Rhin et le Rhône prennent leur source dans le massif du **Saint-Gothard.** Du lac **Léman** au lac de **Constance**, la vallée de l'**Aar**, appelée le *Mittelland* («Moyen Pays»), abrite les grandes villes et sépare les Alpes du **Jura**, au nord-ouest. La Suisse compte plusieurs grands lacs (lac de **Neuchâtel,** lac des **Quatre-Cantons** ou encore le lac **Majeur** et le lac de Lugano, partagés avec l'Italie). Le climat semi-continental est adouci dans le Moyen Pays par le fœhn (vent du sud, chaud et sec). ♦ ÉCONOMIE. L'agriculture, limitée au Mittelland, est productive (élevage laitier, fromage, céréales, vigne). L'industrie traditionnelle (horlogerie, bijouterie, alimentaire, textile) ou moderne (chimie, pharmacie métallurgie, mécanique, électronique) est puissante. Le secteur des services est le plus important (banque, finance, assurance, immobilier, tourisme). Le niveau de vie est très élevé et les étrangers représentent 28 % de la population active. ♦ HISTOIRE. Dans cette région, déjà habitée 200 000 ans av. J.-C., s'installent les Celtes (vers 450 ans av. J.-C.) et les Helvètes (200 ans av. J.-C.). L'**Helvétie,** conquise par les Romains, envahie par les **Alamans** et les **Burgondes** (Ve siècle), est finalement rattachée au Saint Empire germanique (1032). Les cantons d'Uri, de Schwyz et d'Unterwald s'unissent pour lutter contre les Habsbourg (1291) ; la légende de Guillaume **Tell** est née de cet épisode. Les cantons de Lucerne (1332), Zurich (1351), Glaris et Zoug (1352) puis Berne (1353) les rejoignent pour former la Confédération helvétique, reconnue par les Habsbourg (1389). Elle s'agrandit avec Fribourg et Soleure (1481), Bâle et Schaffhouse (1501), Appenzell (1513), puis signe un accord de paix perpétuelle avec la France (1516). L'introduction de la **Réforme** divise la Suisse en cantons protestants et catholiques. Elle ne participe pas à la guerre de Trente Ans et déclare sa neutralité (1647) puis son indépendance (1648) : elle peut fournir des soldats à différents pays (garde suisse du Vatican) sans entrer en guerre et son armée fédérale la défend contre ses agresseurs. Elle prospère au XVIIIe siècle, mais le Directoire profite d'une période de troubles pour l'envahir et proclamer la République helvétique (1798) ; la Suisse doit renoncer à sa neutralité. Bonaparte rétablit le fédéralisme et intègre six cantons en 1803 (Saint-Gall, Grisons, Argovie, Thurgovie, Tessin et Vaud). La France cède Genève, Neuchâtel et le Valais (congrès de **Vienne,** 1815) au pays qui retrouve sa neutralité (1814) et devient un État fédératif (1848). La Suisse est préservée pendant la guerre de 1870 et les deux guerres mondiales. Elle refuse d'entrer dans l'Union européenne (1992), mais elle est membre de l'ONU (2002).

SUKARNO (1901-1970) ✦ Homme politique indonésien. Fondateur du Parti nationaliste indonésien en lutte contre le colonialisme (1927), il est fait prisonnier par les Néerlandais (1933), puis est libéré par les Japonais (1942). En 1945, il devient le premier président de la République. Il impose le régime présidentiel de la «Démocratie dirigée» (1959), mène une politique anti-américaine et s'appuie sur le Parti communiste indonésien, auquel on attribue le putsch qui marque son déclin (1965). Il est remplacé par Suharto (**Indonésie**).

SULAWESI ✦ Nom indonésien des **Célèbes.**

SULLY (1560-1641) ✦ Homme politique français. Ce fidèle compagnon d'**Henri IV,** protestant, est nommé surintendant des Finances (1598). Grâce à une gestion rigoureuse, il réduit la dette du royaume et accumule des réserves, notamment en créant de nouveaux impôts indirects comme la Paulette (1604, qui rend les offices héréditaires en échange du paiement d'un droit annuel). Il devient le principal ministre du roi, encourage l'agriculture («Labourage et pâturage sont les deux mamelles de la France»), le commerce et améliore les voies de communication (routes, ponts, canaux). Sa carrière prend fin avec la mort d'Henri IV. ■ Son nom complet est *Maximilien de Béthune, baron de Rosny, duc de Sully.*

SULLY PRUDHOMME (1839-1907) ✦ Poète français. Fortuné, il se consacre à la poésie. Celle-ci s'inscrit dans l'esthétique parnassienne, qui recherche la perfection formelle, puis il adopte une poésie plus intimiste (*Stances et Poèmes,* 1865) et exprime sa mélancolie amoureuse (*Les Solitudes,* 1869 ; *Les Vaines Tendresses,* 1875). Il traduit **Lucrèce**, rêve d'unir la poésie et la science et fait s'affronter conscience et univers moderne dans ses poèmes philosophiques (*La Justice,* 1878 ; *Le Bonheur,* 1888). Académie française (1881), premier prix Nobel de littérature (1901). ■ Son véritable nom est *René François Armand Prudhomme.*

SUMATRA ✦ Île d'Indonésie, à l'ouest de Java. Superficie : 473 481 km^2 (plus des deux tiers de la France). 42,6 millions d'habitants. L'île, traversée en largeur par l'équateur, est parcourue sur toute sa longueur par une chaîne volcanique, bordée à l'est par une bande côtière marécageuse. Climat humide avec une longue saison des pluies. Agriculture (hévéa, cacao, huile de palme, tabac), exploitation du sous-sol (pétrole, gaz, charbon, bauxite, or), industrie (sidérurgie, ciment, bois).

SUMER ✦ Région historique du sud de la Mésopotamie, près du golfe Arabo-Persique. Elle est déjà peuplée 4 000 ans avant notre ère. Les *Sumériens* font partie des premiers peuples agriculteurs du monde. Ils développent une brillante civilisation : travail du cuivre, irrigation, invention de l'architecture (maisons en brique, temples) et des premières formes d'écriture, avec des pictogrammes (vers 3300 av. J.-C.) puis avec des caractères cunéiformes. La première dynastie royale apparaît à **Ur** (2700 av. J.-C.), puis Sumer fait partie d'un empire du centre de la Mésopotamie, **Akkad** (2450 av. J.-C.). Elle retrouve sa puissance (2100-2000 av. J.-C.) puis tombe sous la domination de l'empire babylonien d'**Hammourabi** (vers 1700 av. J.-C.). Ses grandes villes sont Ur, Uruk, Eridu, et son héros principal est **Gilgamesh**.

SUN Yat-sen (1866-1925) ✦ Révolutionnaire chinois. Formé par des missionnaires britanniques, il élabore des méthodes insurrectionnelles pour défendre les principes républicains occidentaux. Il doit sa célébrité à son enlèvement manqué à la légation chinoise de Londres (1895). Après la chute de la dynastie Qing, il fonde le **Guomindang,** est proclamé premier président de la République chinoise (1912) et démissionne la même année. Il est considéré comme le «père de la révolution chinoise».

SUPÉRIEUR (lac) ✦ Un des **Grands Lacs,** le plus grand, à la frontière entre le Canada (Ontario) et les États-Unis (Minnesota, Wisconsin, Michigan). Superficie : 82 380 km^2 (plus d'un septième de la France) ; profondeur maximale : 406 m ; longueur : 600 km. Il communique avec le lac **Huron** par la rivière Sainte-Marie. La navigation, très active en été, est bloquée par les glaces pendant l'hiver.

SUPERMAN ✦ Personnage de bandes dessinées américaines créé en 1938 par le scénariste Jerry Siegel et le dessinateur Joe Shuster. Superman naît sur la planète Krypton et son père le place dans une navette spatiale juste avant que la planète se désintègre. Il est recueilli sur Terre où il devient le journaliste Clark Kent, timide, maladroit et amoureux de sa collègue, Lois Lane. Il retrouve ses pouvoirs dès qu'il met ses vêtements de super héros : une cape rouge et un collant bleu qui le font voler dans les airs et l'aident à combattre l'injustice. Ses nombreuses aventures, adaptées en dessins animés, au cinéma et à la télévision, connaissent un succès mondial.

SUPERVIELLE Jules (1884-1960) ✦ Écrivain français. Il naît en Uruguay et passe sa vie entre la France et l'Amérique du Sud. Le monde animal et végétal domine dans ses poèmes souvent courts, dans lesquels il cherche à rendre naturelles des choses fantastiques. Parmi ses œuvres, on peut citer des poèmes (*Gravitations,* 1925), des romans (*L'Homme de la pampa,* 1925 ; *Le Voleur d'enfants,* 1926), des contes (*L'Enfant de la haute mer,* 1931) et des pièces de théâtre (*Robinson,* 1948 ; *Schéhérazade,* 1949).

SURABAYA ✦ Ville d'Indonésie, sur la côte nord-est de l'île de Java. 2,7 millions d'habitants. Base navale, port commercial et industriel (chantiers navals, chimie, textile, bois, tabac). Ville natale de **Sukarno**.

SURCOUF Robert (1773-1827) ✦ Marin et corsaire français. Il s'engage comme mousse sur un bateau qui part aux Indes, devient capitaine et pratique la traite des Noirs pour les planteurs de l'île Bourbon (aujourd'hui La Réunion). Il se fait corsaire, sillonne l'océan Indien (1795-1809) pour capturer de nombreux navires de commerce anglais. De retour à Saint-Malo, il devient l'un des armateurs les plus riches de la ville.

SURINAME ou **SURINAM** n. m. ✦ Pays d'Amérique du Sud (☛ cartes 45, 47). Superficie : 163 000 km² (plus du quart de la France). 492 829 habitants (les *Surinamais*), hindouistes, chrétiens ou musulmans. République dont la capitale est Paramaribo. Langue officielle : le néerlandais ; on y parle aussi des langues caraïbes. Monnaie : le dollar surinamais. ♦ GÉOGRAPHIE. Au sud de la bande côtière, une forêt dense recouvre les deux tiers du Suriname qui s'élève au sud. Au centre-ouest, une réserve naturelle (1,6 million d'ha) abrite une grande diversité de plantes et d'animaux typiques de la région ; elle est inscrite sur la liste du patrimoine mondial de l'Unesco. Le climat est tropical. ♦ ÉCONOMIE. L'agriculture est peu développée (canne à sucre, riz, banane, élevage). Le sous-sol est riche (bauxite, fer, manganèse) et l'industrie (sucre, rhum, aluminium, bois) est active. ♦ HISTOIRE. La région est occupée par les Anglais puis cédée aux Pays-Bas (1667), qui en font une province autonome (1954). Le pays devient indépendant (1975) et connaît deux dictatures militaires (1980-1988 et 1990-1991), avant de revenir à la démocratie (1996).

SUSE ✦ Ancienne ville de Mésopotamie, à l'est du Tigre inférieur. Ville principale du royaume d'Élam, qui domine Babylone (XIIIe-XIIe siècles av. J.-C.), puis capitale de la Susiane, province perse sous les **Achéménides** et les **Séleucides**. Des fouilles (fin XIXe siècle) révèlent les restes du palais de **Darios Ier** ; de nombreux vestiges sont exposés au musée du Louvre, à Paris (code d'**Hammourabi**).

SUSSEX n. m. ✦ Comté d'Angleterre, dans le sud-est du pays. Depuis 1974, il est séparé en deux comtés : l'**EAST SUSSEX** (1 795 km² ; 492 324 habitants ; chef-lieu : Lewes) et le **WEST SUSSEX** (2 016 km² ; 753 612 habitants ; chef-lieu : Chichester). Proche de Londres, c'est une région agricole aux riches propriétés, avec une frange littorale résidentielle (Brighton, Eastbourne, Hastings) dédiée aux activités de pointe et au tourisme.

SVALBARD n. m. ✦ Archipel norvégien de l'océan Arctique, au nord-est du Groenland, dont fait partie le **Spitzberg**. Superficie : 62 050 km² (un neuvième de la France). 2 495 habitants. ♦ Il est découvert par les Vikings (XIIe siècle) puis par Barents (1596) et est fréquenté par les chasseurs de baleines (XVIIIe siècle).

SWAZILAND n. m. ✦ Pays du sud de l'Afrique (☛ cartes 34, 36). Il forme une enclave entre l'Afrique du Sud et le Mozambique. Superficie : 17 363 km². 1,2 million d'habitants (les *Swazis*), chrétiens ou pratiquant leur religion traditionnelle. Monarchie dont la capitale administrative et judiciaire est Mbabane ; Lobamba est la capitale législative. Langues officielles : l'anglais et le swati. Monnaie : le lilangeni (ou le rand sud-africain). ♦ GÉOGRAPHIE. Le Swaziland est formé de hauts plateaux boisés à l'ouest, qui s'abaissent en plaines et en savanes à l'est. Le climat tropical est tempéré en altitude. ♦ ÉCONOMIE. C'est un pays agricole (agrumes, maïs, coton, canne à sucre, élevage) dont le sous-sol est riche (amiante, charbon, fer, or, étain). Il dépend de l'Afrique du Sud pour le commerce et l'emploi de ses travailleurs. ♦ HISTOIRE. Les Swazis s'installent sur les plateaux, poussés par les **Boers**. Les Britanniques établissent un protectorat sur le pays (1902). Le Swaziland résiste à l'Afrique du Sud qui souhaite l'annexer et proclame son indépendance dans le cadre du Commonwealth (1968). Le régime, d'abord démocratique, se durcit (1986). Les tentatives pour faire taire l'opposition provoquent de vives réactions populaires.

SWIFT Jonathan (1667-1745) ✦ Écrivain irlandais. Ce pasteur prend la défense de son pays dans des écrits féroces et pessimistes (*Proposition pour l'usage universel des produits d'Irlande,* 1720). Il critique la société anglaise dans un ouvrage resté célèbre, *Les Voyages de Lemuel* ***Gulliver*** (1726).

SYDNEY ✦ Ville du sud-est de l'Australie, dans une baie profonde de l'océan Pacifique. 4,3 millions d'habitants. Elle s'étend sur 1 738 km² au pied des montagnes Bleues, inscrites sur la liste du patrimoine mondial de l'Unesco. Immenses ponts qui traversent la baie, bâtiments modernes comme l'Opéra au toit en forme de voiles, inscrit sur la liste du patrimoine mondial de l'Unesco. Plus grande ville et 1er port de commerce du pays ; centre industriel (chantiers navals, mécanique, chimie, électricité, alimentaire, textile). La ville accueille les Jeux olympiques d'été (2000). ♦ L'exploration de l'Australie commence avec James **Cook** qui fonde la colonie de Botany Bay, près du futur site de Sydney (1770).

SYLLA (138 av. J.-C.-78 av. J.-C.) ✦ Général et homme politique romain. Il fait la conquête de la Numidie (105 av. J.-C.), bat **Mithridate le Grand** à Athènes (86 av. J.-C.) et le poursuit jusqu'au Pont (85 av. J.-C.). À son retour, il s'empare de Rome, se fait nommer dictateur à vie (82 av. J.-C.), avant de se retirer brusquement du pouvoir (79 av. J.-C.).

SYRACUSE ✦ Ville d'Italie, sur la côte sud-est de la Sicile. 123 657 habitants (les *Syracusains*). Vestiges antiques inscrits sur la liste du patrimoine mondial de l'Unesco : nécropole, un des plus grands théâtres grecs, amphithéâtre romain (Ve-IIIe siècles av. J.-C.), fontaine Aréthuse, cathédrale bâtie sur les ruines d'un temple dédié à Minerve (VIIe siècle). Palais médiévaux et baroques dans la vieille ville. Ville moderne bâtie selon un plan en damier. Port touristique. Industries (mécanique, alimentaire). Ville natale de Denys l'Ancien, Archimède. ♦ La ville, fondée par les Corinthiens (734 av. J.-C), s'allie à Sparte lors de la guerre du Péloponnèse et résiste au siège d'Athènes (415-413 av. J.-C.). Elle impose son autorité sur toute l'île en chassant les Carthaginois de l'ouest de la Sicile (392 av. J.-C.). Mais son alliance avec Carthage (215 av. J.-C.) provoque la colère de Rome qui s'en empare, malgré l'aide d'**Archimède**, et en fait la capitale de la province romaine de Sicile (212 av. J.-C.).

SYR-DARIA n. m. ✦ Fleuve d'Asie centrale, long de 2 212 km (3 019 km avec son affluent le Naryn) (☛ carte 38). Il prend sa source dans les glaciers du Kirghizstan, traverse le sud du Kazakhstan et se jette dans la mer d'Aral en formant un large delta.

SYRIE n. f. ✦ Pays du Proche-Orient (☛ carte 39). Superficie : 185 180 km^2 (environ le tiers de la France). 19,9 millions d'habitants (les *Syriens*), en majorité musulmans mais aussi chrétiens et druzes. République dont la capitale est Damas. Langue officielle : l'arabe ; on y parle aussi le kurde, le circassien, l'arménien et le syriaque. Monnaie : la livre syrienne. ♦ GÉOGRAPHIE. L'étroite plaine côtière est surplombée de montagnes boisées (pins, cèdres). Elles sont bordées par le fleuve Oronte et se prolongent jusqu'à des massifs volcaniques au sud-est de Damas (djebel Druze). À l'est s'étend un grand plateau parsemé de lacs, couvert de steppes puis désertique *(désert de Syrie)* et traversé par l'**Euphrate.** Le climat méditerranéen sur la côte devient continental et plus chaud à l'intérieur du pays. ♦ ÉCONOMIE. L'agriculture (blé, coton, fruits, olivier) est favorisée par des travaux d'irrigation. L'élevage (moutons, chèvres, bovins) est pratiqué par une population semi-nomade. Le sous-sol est riche (pétrole, gaz naturel, phosphates, chrome, asphalte, fer, or). L'industrie (pétrochimie, textile, alimentaire, métallurgie) et le tourisme se développent. ♦ HISTOIRE. Cette région du **Croissant fertile**, habitée dès 800 000 ans av. J.-C., forme un premier royaume (2 350-2 200 ans av. J.-C.) puis passe successivement sous la domination des Égyptiens (1600 av. J.-C.), des Hittites (1400 av. J.-C.), de l'Assyrie (800-700 av. J.-C.), de la Perse (539 av.J.-C.) et d'**Alexandre le Grand** (333 av. J.-C.). Un de ses généraux fonde la dynastie des **Séleucides** et le royaume de Syrie (312 av. J.-C.), conquis par Rome (64 av. J.-C.) puis rattachés à l'Empire byzantin (395). Les Arabes s'emparent de la Syrie (636) et l'islamisent. La province de Syrie-Palestine, avec Damas pour capitale, est le centre politique, commercial et culturel de l'Empire arabe jusqu'au transfert de la capitale à Bagdad (762). Les conflits entre dynasties arabes et turques permettent aux croisés de prendre Jérusalem et la côte (1099), libérées par **Saladin.** Les **mamelouks** repoussent les Mongols (1260), les Francs, Tamerlan (1401), puis le pays, passé à l'Empire ottoman (1516), est envahi par Bonaparte (1799) et l'Égypte (1831-1840). Les organisations arabes s'allient à la Grande-Bretagne dans la Première Guerre mondiale, en échange de leur indépendance, mais la Syrie est placée sous mandat français avec le Liban (1920). Elle obtient finalement son indépendance (1946) et, après plusieurs coups d'État, forme la République arabe unie avec l'Égypte (1958-1961) puis lutte contre Israël (1967, 1973). La Syrie étend son contrôle sur le Liban en guerre (à partir de 1976) et soutient l'Iran contre l'Irak pendant la guerre du **Golfe** (1991). Elle joue un rôle important dans le règlement du conflit israélo-arabe et réclame la restitution du **Golan**, occupé par Israël. Depuis 2003, les États-Unis accusent le pays de possession d'armes de destruction massive. Après son retrait du Liban (2005), la Syrie apporte son soutien au Hezbollah, mouvement chiite libanais d'opposition. En 2008, Syrie et Liban font un premier pas vers la normalisation de leurs rapports. Une reprise de dialogue est amorcée avec les États-Unis lors de l'arrivée au pouvoir d'Obama (2009). Malgré les espoirs d'ouverture, la liberté d'expression et l'opposition politique sont toujours entravées et les manifestations de 2011, réprimées dans le sang. La crise politique et sociale dégénère en guerre civile, entraînant le départ de milliers de réfugiés. Les forces en présence (gouvernement, rebelles, Kurdes, Daech) s'affrontent. En 2015, les djihadistes contrôlent la moitié du territoire. À la demande du président, la Russie est intervenue, ciblant les opposants au régime, qui perdent Alep (2016).

SYROS ou **SYRA** ✦ Île grecque de l'archipel des Cyclades, dans la mer Égée. Superficie : 84 km^2. 20 000 habitants. Chef-lieu : Hermoupolis. On y pratique l'élevage des moutons.

SZCZECIN ✦ Ville du nord-ouest de la Pologne, sur l'estuaire de l'Oder. 409 068 habitants. Centre culturel et industriel (métallurgie, mécanique, textile, chimie) de Poméranie. Ville natale de Catherine II. ♦ La ville reçoit le statut de ville allemande (sous le nom de *Stettin*, 1243), adhère à la Hanse (1360) et se rallie à la Réforme (1523). Elle est cédée à la Suède (1648), annexée à la Prusse (1720), occupée par les Français (1806-1813), prise par les Russes et finalement attribuée à la Pologne (1945).

T

TABARLY Éric (1931-1998) ✦ Navigateur français. Cet officier de marine s'illustra dans de nombreuses courses à bord des *Pen Duick* et gagna deux fois la **Transat anglaise** (1964 et 1976). En 1980, il battit le record de traversée de l'Atlantique (10 jours, 5 h, 14 min). Il disparut en mer d'Irlande. Très populaire, il a marqué l'histoire de la course au large en formant des équipiers (**Colas, Desjoyeaux, Kersauson**) et en concevant des voiliers de compétition.

TABLE RONDE (chevaliers de la) ✦ Personnages de romans de chevalerie du Moyen Âge. Une fois par an, le roi **Arthur** réunit ses chevaliers autour d'une table ronde offerte par **Merlin l'Enchanteur**. La forme ronde symbolise l'égalité des participants. Galaad, Gauvain, **Lancelot du Lac** et **Perceval** comptent parmi les plus célèbres. Leurs aventures à la recherche du **Graal**, inspirées de la légende celte, ont été contées par le poète français **Chrétien de Troyes**.

TABRIZ ✦ Ville d'Iran, dans le nord-ouest du pays. 1,4 million d'habitants. Monuments anciens : Mosquée bleue (1465), citadelle (XIVe siècle) ; bazar couvert (tapis persans) inscrit sur la liste du patrimoine mondial de l'Unesco. Centre administratif, universitaire, commercial, industriel (textile, mécanique, cimenterie, raffinerie, cuir).

TACHKENT ✦ Capitale de l'Ouzbékistan, dans l'est du pays. 2,7 millions d'habitants. Université. Industries (mécanique, alimentaire, textile).

TACITE (vers 55-vers 120) ✦ Historien latin. Il commence une carrière administrative sous **Vespasien** puis se consacre à l'histoire (vers 98). Dans ses deux grands ouvrages historiques, les *Histoires* et les *Annales*, il condamne la décadence des mœurs politiques dans un style simple et dépouillé.

TADJIKISTAN n. m. ✦ Pays d'Asie centrale (☛ cartes 38, 39). Superficie : 143 100 km² (moins du tiers de la France). 7,6 millions d'habitants (les *Tadjiks*), en majorité musulmans. République dont la capitale est Douchanbe. Langue officielle : le tadjik ; on y parle aussi le russe. Monnaie : le somoni. ♦ GÉOGRAPHIE. Le Tadjikistan est principalement couvert de hautes montagnes (**Pamir**) dont le point culminant est le pic Ismoili Somoni (7 495 m). On trouve des plaines et des vallées bien irriguées, au nord et au sud. Le climat est continental. ♦ ÉCONOMIE. L'agriculture se concentre dans les vallées (coton, tabac, fleurs, fruits, légumes, élevage de moutons). L'exploitation des gisements (étain, antimoine, tungstène, sel, charbon, hydrocarbures) a permis de développer l'industrie lourde (métallurgie, chimie). L'artisanat traditionnel (peaux, coton, soie, tapis) reste important. ♦ HISTOIRE. La région, qui partage l'histoire des pays d'**Asie centrale**, devient une République socialiste soviétique autonome au sein de l'**Ouzbékistan** en 1924, puis une des Républiques fédérées d'URSS en 1929. Après l'indépendance (1991), une guerre civile oppose les islamistes et les démocrates aux anciens communistes au pouvoir. Elle entraîne le départ des russophones, l'exode des Tadjiks et l'intervention militaire de la Russie. Un cessez-le-feu est signé en 1997.

TAEGU ✦ Ville de Corée du Sud, formant une province au sud-est de la péninsule. 2,5 millions d'habitants. Industries (textile, électricité, conserverie). Universités.

TAGE n. m. ✦ Fleuve le plus long de la péninsule Ibérique (1 006 km). Après avoir pris sa source dans les monts Ibériques, en Aragon, il suit de profondes vallées et traverse la Meseta (plateau de Castille). Il arrose les villes d'Aranjuez et de Tolède. Il entre ensuite au Portugal et se jette dans l'océan Atlantique, qui baigne la baie de Lisbonne. Nombreux affluents. L'aménagement de son cours fournit de l'hydroélectricité.

TAGORE Rabindranath (1861-1941) ✦ Poète indien. Auteur à l'inspiration mystique et patriotique, il a écrit plus de mille poèmes, des romans, des pièces dramatiques et des chants qui ont une grande influence sur la littérature indienne. Un de ses recueils de poèmes a été traduit par Gide sous le titre *L'Offrande lyrique* (1913). Prix Nobel de littérature (1913).

TAHITI ✦ Île de Polynésie française, dans l'archipel de la **Société** (☛ carte 51). Superficie : 1 042 km². 183 480 habitants. Ville principale : Papeete. Monnaie : le franc des comptoirs français du Pacifique. Tahiti est formée de deux îles volcaniques reliées par un isthme. Ces îles entourées de récifs, *Tahiti Nui*, la plus étendue, à l'ouest, et *Tahiti Iti*, à l'est, sont entaillées de profondes vallées. L'agriculture (cocotier, arbres fruitiers, monoï) et le tourisme en sont les principales ressources. ♦ L'île, découverte par le Britannique Samuel Walls en 1767, a été visitée par Bougainville et James Cook. D'abord expulsée par la Société missionnaire de Londres, la France impose son protectorat à la reine Pomaré IV en 1843. Tahiti et ses dépendances, colonie française depuis 1885, se rallient au général de Gaulle pendant la Deuxième Guerre mondiale. L'île a obtenu le statut de Territoire d'outre-mer (TOM) en 1946, statut qu'elle a conservé en 1958. Nouveau statut dans le cadre de la Polynésie française en 1984.

TAINE Hippolyte (1828-1893) ✦ Critique littéraire, philosophe et historien français. Il s'intéresse à la philosophie, à l'art, à l'histoire et à la littérature. Pour lui, la race, le milieu et l'époque sont des facteurs capables d'expliquer la production littéraire et artistique, le développement des fonctions mentales et les faits historiques. Il est l'un des représentants les plus importants du positivisme et du scientisme. Comme critique littéraire, on lui doit *La Fontaine et ses fables* (1853-1861), *Les Philosophes français du XIXe siècle* (1857) et *Histoire de la littérature anglaise* (1864). Ses cours d'esthétique et d'histoire de l'art sont réunis dans la *Philosophie de l'art* (1882), ses conceptions philosophiques exposées dans *De l'intelligence* (1870). Son analyse de la Révolution française et l'expérience de la Commune le conduisent à une vision pessimiste de l'histoire, qui selon lui, peut bénéficier des méthodes des sciences expérimentales (*Les Origines de la France contemporaine*, 1876-1878). Académie française (1878).

TAIPEI ou **T'AI-PEI** ✦ Capitale de Taïwan, dans le nord de l'île. 2,7 millions d'habitants (☛ carte 57). Centre administratif, culturel, commercial. Industries (textile, chimie, électronique, édition). Tour de 101 étages (508 m). Le musée du Palais renferme une partie du trésor de la Cité interdite de Pékin, emportée par les nationalistes chinois fuyant le communisme (1949).

TAÏWAN ✦ Île d'Asie, dans l'océan Pacifique, à 150 km au sud-est de la Chine (☛ cartes 38, 39). Superficie : 35 966 km². Avec 22,9 millions d'habitants (les *Taïwanais*), sa densité de population est très élevée. Capitale : Taipei. Langue officielle : le chinois mandarin. Monnaie : le nouveau dollar de Taïwan. ♦ L'est de Taïwan est traversé par une chaîne montagneuse, bordée à l'ouest par une plaine côtière. Le climat tropical connaît la mousson. L'agriculture (riz, patate douce, canne à sucre, bois, élevage bovin) a été à l'origine de son essor économique. L'industrie (textile, électronique, plastiques) et le commerce (avec les États-Unis, l'Asie, l'Europe) dominent aujourd'hui. ♦ L'île est successivement occupée par les Portugais qui l'appellent *Formose* («la Belle»), par les Hollandais (1624-1662), puis intégrée dans l'empire de Chine (1683). Annexée par le Japon (1895), elle est rendue à la Chine (1945). Après la victoire des communistes (1949), les nationalistes chinois s'y exilent et fondent la république de Chine nationaliste. En 1971, Taïwan est exclue de l'ONU au profit de la Chine qui la considère comme une province dissidente. Des négociations sont en cours : les descendants des réfugiés de 1949 veulent se rapprocher de Pékin, alors que la majorité de la population est favorable à l'indépendance.

TAJ MAHAL n. m. ✦ Mausolée d'Agra, dans le nord de l'Inde, construit au XVIIe siècle par l'empereur moghol Shah Jahan à la mémoire de sa femme Mumtaz-i Mahal. Ce monument en marbre blanc incrusté de pierres semi-précieuses s'élève au centre d'un jardin parcouru de canaux et décoré de fontaines. Ce site, très touristique, est inscrit sur la liste du patrimoine mondial de l'Unesco, comme le Fort rouge d'Agra (XVIIe siècle) avec ses palais en grès et ses mosquées.

TAKLAMAKAN SHAMO n. m. ✦ Désert de Chine, dans le Xinjiang. Superficie : 344 000 km² (environ deux tiers de la France). Désert de sable, froid et inhospitalier.

TALENCE ✦ Ville de Gironde, dans la banlieue sud-ouest de Bordeaux. 41 182 habitants (les *Talençais*). Université. Vignobles.

TALLEYRAND (1754-1838) ✦ Homme politique français. Évêque d'Autun, il est élu député de son ordre aux états généraux de 1789. Il contribue à la nationalisation des biens de l'Église et adopte la Constitution civile du clergé, ce qui entraîne sa condamnation par le pape Pie VI. Il commence sa carrière diplomatique sous l'**Assemblée législative** et sillonne l'Europe jusqu'à la chute de Robespierre. Du **Directoire** à l'**Empire**, Talleyrand dirige les Affaires étrangères (1797-1807) puis tombe en disgrâce pour avoir intrigué contre l'Empereur. Chef du gouvernement provisoire (1814), il obtient la déchéance de Napoléon Ier et concourt à l'arrivée au pouvoir de Louis XVIII. Au début de la seconde **Restauration** (1815), il est nommé président du Conseil mais démissionne face à l'hostilité des ultras (royalistes opposés à la monarchie constitutionnelle). Louis-Philippe le nomme ambassadeur à Londres en 1830. ■ Son nom complet est *Charles Maurice de Talleyrand-Périgord*.

TALLINN ✦ Capitale de l'Estonie, dans le nord du pays, sur le golfe de Finlande. 393 222 habitants. Vieille ville inscrite sur la liste du patrimoine mondial de l'Unesco : château (XIIIe siècle), cathédrale gothique (XIIIe-XIVe siècles), remparts (XIVe-XVIe siècles). Port important. Industries (métallurgie, électromécanique, textile, alimentaire). Centre culturel. ♦ La forteresse danoise (1219), liée à la **Hanse**, passe aux Suédois (1561), puis à **Pierre le Grand** (1710). Occupée par l'Allemagne (1918) puis évacuée, elle devient la capitale de l'Estonie indépendante de 1919 à 1940, puis après 1988 quand l'Estonie quitte l'URSS.

TALLIS Thomas (v. 1505-1585) ✦ Compositeur anglais. Organiste de la chapelle royale, il a composé des messes, des motets latins (*Spem in alium,* pour 40 voix), des *Lamentations de Jérémie,* des psaumes et des pièces pour orgue dans un style polyphonique très pur.

Talmud n. m. ✦ Livre de la religion juive, le plus important après la **Torah.** Rédigé du IIIe au VIIe siècle, il donne une interprétation de la **Bible** et fixe les règles de la vie civile et religieuse des juifs. Son nom signifie «étude» en hébreu.

TAMANRASSET ✦ Oasis du Sud algérien, dans le **Hoggar.** Elle forme un département. Superficie : 556 000 km² (comme la France). 86 114 habitants.

TAMATAVE ✦ Nom français de la ville malgache de **Toamasina.**

TAMERLAN (1336-1405) ✦ Chef d'un clan turco-mongol. Après avoir combattu la puissance de l'empire des **Mongols,** il se proclame roi de Transoxiane (1370, aujourd'hui en Ouzbékistan), puis sultan musulman (1388). Il part ensuite à la conquête de l'Asie centrale, de l'Iran, de la Syrie et de la Turquie d'Europe. Il prend et pille entièrement Delhi (1398). Il allait attaquer la Chine lorsqu'il meurt. Son empire est alors partagé entre ses fils qui fondent des dynasties séparées en Iran, en Transoxiane et en Afghanistan.

TAMIL NADU n. m. ✦ État du sud-est de l'Inde (☛ carte 41). Superficie : 130 058 km^2 (environ un quart de la France). 72,15 millions d'habitants (**Tamouls** en majorité). Capitale : Madras. Bordé par le golfe du Bengale et irrigué par la Cauvery, l'État vit de l'agriculture (céréales, coton, canne à sucre, cocotier, pêche), de l'industrie (textile, mécanique, alimentaire, chimie) et du tourisme. Lieux de pèlerinage.

TAMISE n. f. ✦ Principal fleuve de Grande-Bretagne, long de 338 km (☛ carte 31). Il prend sa source au sud-ouest du pays, arrose Oxford, Reading, Windsor. Les marées remontent jusqu'à **Londres** où les docks sont l'objet d'un vaste plan de rénovation et d'aménagement urbain. Le plus grand barrage mobile du monde, Thames Barrier, a été construit pour protéger la capitale des inondations. La Tamise, par un vaste estuaire bordé de ports industriels, se jette dans la mer du Nord.

TAMOULS ou **TAMILS** n. m. pl. ✦ Peuple du sud de l'Inde et du nord du Sri Lanka. Les Tamouls possèdent une culture riche (littérature abondante) et ancienne (avant l'arrivée des Indo-Européens). Ils ont fondé de grands royaumes et diffusé la culture indienne en Asie du Sud-Est au cours de leurs expéditions maritimes. Au **Sri Lanka**, où ils ont été persécutés par la majorité cinghalaise après l'indépendance (1948), leur lutte armée a entraîné le pays dans une terrible guerre civile qui s'est officiellement achevée en 2009.

TAMPERE ✦ Ville de Finlande, dans le sud-ouest du pays. 207 866 habitants. Université, musées, théâtre. Industries (mécanique, bois, textile, cuir, caoutchouc). Tampere, deuxième ville du pays, est alimentée en énergie par des chutes d'eau.

TAMPON (Le) ✦ Ville de la Réunion, dans le sud de l'île. 76 796 habitants (les *Tamponnais*). Distilleries de plantes à parfum.

TANANARIVE ✦ Nom français d'**Antananarivo**, la capitale de Madagascar.

TANCARVILLE ✦ Ville de Seine-Maritime, sur l'estuaire de la Seine. 1 325 habitants (les *Tancarvillais*). Le *pont de Tancarville*, long de 1 410 m, est l'un des plus grands ponts suspendus d'Europe.

TANGANYIKA (lac) ✦ Lac de l'est de l'Afrique. C'est le deuxième lac d'Afrique par sa superficie : 31 900 km^2. Il forme la frontière entre la République démocratique du Congo, le Burundi et la Tanzanie. Il est découvert par des Britanniques en 1858. Stanley y retrouva **Livingstone** en 1871.

TANGANYIKA n. m. ✦ Ancienne colonie allemande qui a pris le nom de *Tanganyika* sous mandat britannique (1920-1946). Devenue une république indépendante (1961), elle forme avec l'île de **Zanzibar** la **Tanzanie** depuis 1964.

TANGER ✦ Ville du Maroc, dans le nord du pays, sur la Méditerranée, à l'ouest du détroit de **Gibraltar**. 947 900 habitants. Port, centre industriel et touristique. Ville natale du géographe Ibn Battuta. ♦ Comptoir phénicien puis carthaginois, elle passe aux Vandales, aux Byzantins, aux Arabes (707), aux Portugais (1640), aux Britanniques (1661) avant de revenir au Maroc en 1684. La France y signe la paix avec le Maroc (1844) puis Tanger devient une zone internationale (1923-1956) occupée par les Espagnols (1940-1945). Port franc depuis 1962.

TANGUY Yves (1900-1955) ✦ Peintre américain d'origine française. Membre du groupe surréaliste à Paris, il expérimente dans ses premières œuvres, après s'être installé aux États-Unis, les procédés automatiques. Il élabore ensuite un style personnel, reflétant un univers onirique peuplé d'«êtres-objets», à dominante grise. *Il faisait ce qu'il voulait,* 1927 ; *Nombres imaginaires,* 1954.

TANIZAKI Junichiro (1886-1965) ✦ Romancier japonais. Virtuose de la langue, il s'est essayé à tous les genres littéraires (critique, essai, nouvelle, théâtre, traduction). Son œuvre suit l'évolution des trois règnes impériaux du Japon contemporain : ouverture à l'Occident et au romantisme, approfondissement de la culture traditionnelle (*Récit d'un aveugle,* 1931), nostalgie du passé et inévitable évolution des mœurs (*Les Quatre Sœurs,* 1943-1947).

TANTA ✦ Ville d'Égypte, au centre du delta du Nil. 421 100 habitants. Lieu de pèlerinage. Foires commerciales. Industries (tabac, minoterie, raffinerie de pétrole).

TANTALE ✦ Roi de **Lydie** dans la mythologie grecque. Fils de Zeus, il abuse de la faveur que les dieux lui accordent en révélant aux mortels les secrets de l'Olympe et son père le condamne à un châtiment exemplaire. Envoyé aux **Enfers**, il y est tourmenté par une faim et une soif qu'il ne peut satisfaire alors même qu'il se trouve dans un lac entouré de vergers. En effet, dès qu'il essaie de boire ou de manger, aliments et boissons disparaissent. On emploie l'expression *supplice de Tantale* pour parler d'un vif désir que l'on ne peut satisfaire, d'une situation où l'on se tient à proximité de l'objet de ses désirs sans pouvoir l'atteindre.

TANZANIE n. f. ✦ Pays d'Afrique de l'Est (☛ cartes 34, 36). Superficie : 945 037 km^2 (plus d'une fois et demie la France). Près de 45 millions d'habitants (les *Tanzaniens*). République dont la capitale est Dodoma ; Dar es-Salaam, l'ancienne capitale, est le siège des ambassades. Langues officielles : le swahili et l'anglais ; on y parle aussi des langues bantoues et nilotiques. Monnaie : le shilling tanzanien. ♦ GÉOGRAPHIE. La Tanzanie est formée d'un grand plateau traversé du nord au sud par la vallée du **Rift** (**Kilimandjaro,** point culminant d'Afrique) et bordé à l'ouest par de grands lacs (**Victoria, Tanganyika, Malawi**). Au large des plaines côtières, se trouvent les îles de **Zanzibar** et de Pemba. Le climat tropical, soumis à la mousson sur la côte et les îles, devient continental à l'intérieur du pays. ♦ ÉCONOMIE. L'agriculture domine, vivrière (maïs, manioc, sorgo) ou destinée à l'exportation (canne à sucre, noix de cajou, coton, sisal, café, agrumes, clou de girofle). L'élevage est important sur les plateaux, comme la pêche sur les côtes. Les richesses minières (charbon, or, diamant, étain) sont peu exploitées. Les parcs nationaux (**N'Gorongoro**) attirent les touristes (safaris). ♦ HISTOIRE. Dans la vallée du Rift, on a trouvé des restes des premiers hommes *(Homo habilis)* datant de 1,8 million d'années et, sur les rives du lac Victoria, des vestiges remontant à 40 000 ans. Les **Bantous** arrivent dans cette région au début de notre ère. Des comptoirs, qui vivent du commerce entre l'Afrique, le monde arabe et l'Asie, jalonnent les côtes lorsque les Portugais s'installent (XVIe siècle). Les Britanniques prennent Zanzibar (1890), les Allemands occupent l'intérieur des terres

(1891), puis la Grande-Bretagne envahit l'ensemble du territoire qui prend le nom de ***Tanganyika*** (1920). Le pays a obtenu son indépendance dans le cadre du Commonwealth en 1961 et pris son nom actuel avec le rattachement de Zanzibar (1964).

TARASCON ✦ Ville des Bouches-du-Rhône, sur le Rhône. 14 583 habitants (les *Tarasconnais*). Église Sainte-Marthe (XIIIe-XVIIe siècles), château des comtes de Provence (XIIIe-XVe siècles). Industries (textile, agroalimentaire, emballage). Marché agricole. Alphonse Daudet, avec le personnage de **Tartarin de Tarascon**, a fait de la ville le symbole de la Provence. ♦ Selon la légende, sainte Marthe aurait évangélisé la région et débarrassé le pays d'un animal monstrueux appelé la *Tarasque.*

TARBES ✦ Chef-lieu des Hautes-Pyrénées, sur l'Adour. 40 900 habitants (les *Tarbais*). Cathédrale romane Notre-Dame-de-la-Sède (fortifiée au XIVe siècle), cloître gothique, musées. Centre de services (commerce, administration) et d'industrie (électromécanique, chimie). Ville natale de Théophile Gautier, du maréchal Foch. ♦ La ville, capitale de la Bigorre, dévastée par les Normands, puis cédée aux Anglais (XIVe siècle), a été rattachée au royaume de France au début du XVIIe siècle.

TARDI Jacques (né en 1946) ✦ Dessinateur de bandes dessinées français. Son œuvre est inspirée par les faubourgs parisiens du début du XXe siècle et marquée par la Première Guerre mondiale (*La Véritable Histoire du soldat inconnu,* 1974 ; *C'était la guerre des tranchées,* 1993). Le graphisme aux noirs et blancs très contrastés produit une ambiance étrange et pesante. Il crée le personnage d'Adèle Blanc-Sec (1977), adapte *Nestor Burma,* d'après Léo Malet et illustre des œuvres littéraires (Céline, Pennac, Daeninckx...).

TARDIEU Jean (1903-1995) ✦ Écrivain français. Fils d'un peintre et d'une musicienne, il joue avec les mots, s'amuse et s'étonne devant le langage, créant une poésie personnelle, drôle et inquiète. La réalité et le rêve se mêlent dans ses œuvres qui comprennent des textes en prose (*Un mot pour un autre,* 1951), des poèmes (*Le Fleuve caché,* 1968 ; *Obscurité du jour,* 1974 ; *Formeries,* 1976) et des pièces de théâtre (*Poèmes à jouer,* 1960 ; *Théâtre de chambre,* 1955-1965).

TARENTAISE n. f. ✦ Région de Savoie formée par la haute vallée de l'Isère et par ses affluents qui descendent de la **Vanoise.** Ville principale : Moûtiers. Élevage bovin, industries (électrochimie, électrométallurgie, hydroélectricité avec le barrage de Tignes), tourisme d'été et d'hiver (stations de ski).

TARENTE ✦ Ville d'Italie (Pouilles), sur la mer Ionienne, au fond du *golfe de Tarente.* 202 033 habitants (les *Tarentins*). Cathédrale (XIe-XIIe siècles ; façade baroque, coupole byzantine), château (XIVe siècle). Plus grand arsenal du pays, important marché agricole. Industries (sidérurgie, mécanique, construction navale). Ancienne colonie grecque fondée par Sparte.

① **TARN** n. m. ✦ Rivière du Massif central et du Bassin aquitain, longue de 375 km (☛ carte 21). Le Tarn prend sa source au mont Lozère, descend les Cévennes, coule entre le causse de Sauveterre et le causse Méjean au fond de gorges pittoresques, les *gorges du Tarn.* Après avoir reçu de nombreux cours d'eau souterrains, il traverse Millau, Albi, Moissac, puis se jette dans la Garonne après Montauban.

② **TARN** n. m. ✦ Département du sud de la France [81], de la Région Occitanie. Superficie : 5 758 km². 384 474 habitants. Chef-lieu : Albi ; chef-lieu d'arrondissement : Castres.

TARN-ET-GARONNE n. m. ✦ Département du sud-ouest de la France [82], de la Région Occitanie. Superficie : 3 718 km². 252 578 habitants. Chef-lieu : Montauban ; chef-lieu d'arrondissement : Castelsarrasin.

TARQUINS ✦ Famille d'origine étrusque qui régna sur Rome. **TARQUIN L'ANCIEN,** cinquième roi de **Rome** (vers 616 av. J.-C.-vers 578 av. J.-C.), introduit la civilisation étrusque, fait construire le Forum, le Grand Cirque, le temple de Jupiter Capitolin, les égouts et institue l'usage du «triomphe». **TARQUIN LE SUPERBE,** après avoir assassiné son beau-père Servius Tullius, devient le septième et dernier roi de Rome (534 av. J.-C.-509 av. J.-C.) et achève les grands travaux de ses prédécesseurs. Quand la monarchie est renversée, les Tarquins sont chassés de Rome (509 av. J.-C.) et la République est proclamée.

TARRAGONE ✦ Ville d'Espagne (Catalogne), sur la Méditerranée. 134 163 habitants. Cité administrative et marchande de l'époque romaine inscrite sur la liste du patrimoine mondial de l'Unesco (murailles, aqueduc, amphithéâtre, palais d'Auguste). Cathédrale (XIIe-XIIIe siècles, cloître roman). 1er port d'Espagne, centre industriel (chimie, distillerie, raffinerie).

TARTARE n. m. ✦ Fond de l'Univers dans la mythologie grecque. Placé sous les **Enfers,** il accueille les grands criminels afin de les châtier. Plusieurs dieux y sont précipités après leur défaite (les **Cyclopes,** les **Titans**) et Zeus menace d'y enfermer ceux qui le contredisent. ♦ Également élément primordial du monde, Tartare s'unit à **Gaïa** et engendre les monstres **Typhon** et Échidna.

TARTARES n. m. pl. ✦ Nom donné en Occident aux envahisseurs **mongols.** C'est une déformation du nom des **Tatars.**

TARTARIN DE TARASCON ✦ Personnage d'une trilogie romanesque écrite par Alphonse Daudet. Dans *Les Aventures prodigieuses de Tartarin de Tarascon* (1872), Tartarin, petit-bourgeois qui habite **Tarascon,** décide d'aller chasser le lion en Afrique. Il ne tue qu'un vieux lion aveugle mais cet exploit peu glorieux fait pourtant de lui un héros quand il rentre au pays. Les deux romans suivants s'intitulent : *Tartarin sur les Alpes* (1885) et *Port-Tarascon* (1890).

Tartuffe ou l'Imposteur ✦ Comédie en cinq actes et en vers de **Molière** (1664). Tartuffe, un faux dévot, est accueilli dans la maison du bourgeois Orgon. Celui-ci, qui le trouve pieux et respectable, lui donne toute sa confiance. L'hypocrite tente de séduire la femme d'Orgon, sa fille Marianne, et manigance pour s'emparer de sa fortune. Il est arrêté au moment où la famille d'Orgon doit être expulsée de chez elle à son profit. ♦ Lors de la première représentation (1664), la pièce s'achevait par la victoire de Tartuffe. Elle remporta un grand succès mais provoqua un scandale qui entraîna son interdiction. Molière la modifia alors sous le titre *L'Imposteur* (1667) avec un personnage principal rebaptisé *Panufle,* mais elle fut à nouveau interdite. La version définitive, présentée en 1669 et autorisée, se termine par la punition de Tartuffe. Le succès de cette comédie est à l'origine de la diffusion dans la langue courante du mot *tartuffe* qui désigne une personne hypocrite.

TARZAN ✦ Personnage créé par le romancier américain Edgar Rice Burroughs (1875-1950) dans un feuilleton publié en 1912. Tarzan est un jeune enfant anglais qui se perd dans la jungle africaine à la mort de ses parents. Recueilli et élevé par des singes, en grandissant il prend la défense des animaux contre les hommes. Ayant rencontré Jane, qui devient sa compagne, il part avec elle en Angleterre à la recherche de ses origines. Il découvre alors qu'il est le fils de lord Greystoke. Ses aventures, mondialement célèbres, ont été adaptées en bandes dessinées (1929), au cinéma à plusieurs reprises (*Tarzan l'homme singe,* 1932 ; *Greystoke,* 1984) et en dessin animé (1999).

TASMANIE n. f. ✦ Île australienne située au sud-est du continent. Elle en est séparée par le détroit de Bass et forme un de ses États fédérés. Superficie : 68 332 km² (environ un huitième de la France). 489 922 habitants (les *Tasmaniens*). Capitale : Hobart. ♦ La Tasmanie est formée d'un plateau au climat océanique, traversé par des plaines et entouré de montagnes boisées d'où descendent de nombreux fleuves côtiers. Une zone de nature sauvage de plus d'un million d'hectares est inscrite sur la liste du patrimoine mondial de l'Unesco. L'île vit de l'agriculture (élevage de bovins et de moutons, bois d'eucalyptus et de hêtres, fruits, légumes, houblon) et de ses ressources naturelles (cuivre, fer, étain, tungstène, zinc, plomb, hydroélectricité). L'industrie se développe (bois, alimentaire, textile, métallurgie). ♦ Cette île, habitée depuis plus de 20 000 ans, a été découverte par le Hollandais Abel Tasman (1642) et visitée par de nombreux Européens (James **Cook**, 1777). Colonisée par les Britanniques (1804), qui en firent un lieu de détention jusqu'en 1853, elle est devenue un État du Commonwealth australien en 1901.

TASSE (le) (1544-1595) ✦ Poète italien. Il connaît un vif succès avec une fable pastorale, *Aminta,* représentée en 1573. Son œuvre majeure est le poème épique *La Jérusalem délivrée,* achevé en 1575, où se mêlent l'évocation historique de la conquête des Lieux saints et le thème de la passion amoureuse. ■ Son nom italien est *Torquato Tasso.*

TATARS (République des) ou **TATARSTAN** n. m. ✦ République de la fédération de Russie, à l'est de Moscou, sur la Volga (☛ carte 33). Superficie : 68 000 km² (environ un huitième de la France). 3,8 millions d'habitants (les *Tatars*), en majorité musulmans. Capitale : Kazan. Région agricole (céréales, betterave, fourrage, élevage de bovins et de moutons) et industrielle (pétrole du Second-**Bakou**, pétrochimie, chimie, mécanique). ♦ Les Tatars, d'origine turque et descendants des **Mongols**, s'établirent au XIIIe siècle dans la région qui fut annexée par **Ivan IV le Terrible** en 1552. Le régime soviétique, établi à Kazan en 1917, a créé la République socialiste soviétique autonome des Tatars en 1920. En 1994, le Tatarstan a obtenu un statut particulier au sein de la fédération de Russie.

TATI Jacques (1908-1982) ✦ Cinéaste français. Après des débuts au music-hall, il réalise des films comiques originaux d'une grande poésie qui mettent en scène la vie quotidienne avec beaucoup de finesse et de souci du détail. Les plus célèbres sont *Jour de fête* (1949), *Les Vacances de M. Hulot* (1953), *Mon oncle* (1958). Ses derniers films, plus satiriques, critiquent le monde moderne soumis à la tyrannie des machines (*Playtime,* 1967 ; *Trafic,* 1969). ■ Son véritable nom est *Jacques Tatischeff.*

TAURUS n. m. ✦ Chaînes montagneuses du sud de la Turquie (☛ carte 38). Le *Taurus occidental* domine la Méditerranée ; le *Taurus central* comporte le point culminant (Aladag, 3 734 m) ; le *Taurus oriental* donne naissance au Tigre. Boisées et cultivées, ces pentes servent aux migrations pastorales des nomades (Kurdes).

TAUTAVEL ✦ Commune des Pyrénées-Orientales. 879 habitants (les *Tautavellois*). Musée de la Préhistoire. Des restes d'*Homo erectus* ont été découverts dans une grotte creusée dans les falaises calcaires des Corbières. L'épaisse couche de sédiments était fouillée depuis une quarantaine d'années quand un crâne presque complet a été exhumé par H. de Lumley (1971). Ce crâne, daté de 450 000 ans, et d'autres ossements ont permis de reconstituer le visage et le corps de l'*homme de Tautavel,* considéré comme l'ancêtre de l'homme de **Neandertal.**

TAVERNIER Bertrand (né en 1941) ✦ Cinéaste français. D'abord critique de cinéma, passionné de cinéma américain, il réalise ses premiers films dans les années 1970 (*L'Horloger de Saint-Paul,* 1973). Cinéaste éclectique, il alterne sujets de société (*Le Juge et l'Assassin,* 1977 ; *L'Appât,* 1995), films historiques (*Que la fête commence,* 1975 ; *Capitaine Conan,* 1996) et adaptation de romans américains (*Coup de torchon,* 1981 ; *Dans la brume électrique,* 2008). Amateur de jazz, il réalise *Autour de minuit* (1985), qui évoque la scène de jazz américaine dans le Paris des années 1950.

TAYLOR Frederick Winslow (1856-1915) ✦ Ingénieur et économiste américain. Pour augmenter le rendement des ouvriers et des machines dans les usines, il mit en place le travail à la chaîne qu'il définissait lui-même comme l'organisation scientifique du travail industriel : les machines sont utilisées au maximum de leurs possibilités, les gestes sont comptés, les ouvriers sont spécialisés, un système de prime encourage le rendement. Le succès de la méthode fut rapide et la production augmenta, mais sa tendance à déshumaniser le travail lui a valu de nombreuses critiques. Le système mis en place par Taylor est appelé le *taylorisme.*

TAYLOR Elizabeth (1932-2011) ✦ Actrice américaine d'origine britannique. La jeune Liz débute au cinéma à l'âge de onze ans dans *Fidèle Lassie.* Elle acquiert une notoriété internationale en tenant le premier rôle dans des films comme *La Chatte sur un toit brûlant* (1958), *Cléopâtre* (1963), *Qui a peur de Virginia Woolf ?* (1966) ou *La Mégère apprivoisée* (1966). Elle est l'une des dernières grandes stars hollywoodiennes.

TAZIEFF Haroun (1914-1998) ✦ Géologue français. Ce spécialiste des volcans s'est fait connaître grâce à ses nombreux ouvrages et surtout à ses films documentaires, d'une grande beauté plastique, sur les phénomènes volcaniques. Il a été secrétaire d'État chargé de la prévention des risques naturels et technologiques majeurs (1984-1986).

TBILISSI ✦ Capitale de la Géorgie, dans l'est du pays. 1,1 million d'habitants. Ruines de la forteresse de Narikala (IVe siècle), cathédrale de Sion (VIe siècle), église de Metekhi (XIIIe siècle), seul vestige de la résidence fortifiée des rois de Géorgie, nombreux musées. Centre administratif, scientifique, industriel (électronique, mécanique, textile, alimentaire) et culturel du pays. ♦ La ville, fondée au IVe siècle, disputée par les Byzantins, les Arabes et les Perses, devient la capitale du royaume de Géorgie en 1122. Occupée par la Russie en 1801, elle a connu une histoire agitée à laquelle l'indépendance du pays en 1991 n'a pas mis fin.

TCHAD (lac) ✦ Lac d'Afrique centrale, dans le sud du Sahara, situé entre le Niger, le Tchad, le Nigeria et le Cameroun. Superficie : 3 000 km². Sa taille ayant diminué, il ressemble actuellement à un immense marécage dont la profondeur ne dépasse pas 7 m.

TCHAD n. m. ✦ Pays d'Afrique centrale (☛ cartes 34, 36). Superficie : 1,3 million de km² (plus de deux fois la France). 11,5 millions d'habitants (les *Tchadiens*), musulmans, chrétiens ou animistes. République dont la capitale est N'Djamena. Langues officielles : le français et l'arabe ; on y parle aussi le sara, le peul, le haoussa. Monnaie : le franc CFA. ♦ GÉOGRAPHIE. Cette grande plaine de savanes, à l'est du lac **Tchad**, est irriguée et boisée au sud. Elle est bordée de massifs montagneux à l'est (Ennedi, Ouaddaï) et volcanique au nord (Tibesti, point culminant à 3 415 m). Le climat, désertique au nord, est sahélien au centre et tropical au sud. ♦ ÉCONOMIE. C'est un pays agricole (datte, mil, sorgo, maïs, patate douce, riz, canne à sucre, coton, arachide, élevage de chameaux, de chèvres, de bovins). La pêche est pratiquée dans le lac Tchad. Le sous-sol est riche (or, bauxite, uranium, pétrole). ♦ HISTOIRE. Au nord du pays, on a découvert des ossements datés de 7 millions d'années (**Toumaï**). Des peintures rupestres témoignent de la présence d'une population (6 000 ans av. J.-C.) chassée de la région par la sécheresse. Les Toubous (peuple nomade du Sahara) y formaient le royaume du Kanem (IXe siècle), plus tard intégré à l'empire musulman du Bornou (XVIe siècle). Après l'arrivée des explorateurs européens, le lac Tchad est partagé en zones britannique, allemande et française (1890). La France, qui conquiert la région, l'incorpore à l'**Afrique-Équatoriale française** (AEF, 1910) et en fait une colonie (1920). Le pays obtient son indépendance en 1960. La guerre civile, qui oppose le Nord, musulman, et le Sud, animiste et chrétien, depuis 1979, se poursuit sous les présidences de Hissène Habré (1982-1990) et d'Idriss Déby (depuis 1990). Le pays est touché par le conflit soudanais au **Darfour** et une force européenne est mise en place (2008) pour sécuriser les camps de réfugiés.

TCHAÏKOVSKI Piotr ou **Petr Ilitch** (1840-1893) ✦ Compositeur russe. Fonctionnaire au ministère de la Justice, il quitte la carrière administrative pour se consacrer à la composition (1863). Il est professeur au conservatoire de Moscou et devient célèbre dans le monde entier comme chef d'orchestre. Son œuvre, marquée par les compositeurs occidentaux (Schumann, Mendelssohn, Liszt), a influencé des générations de compositeurs russes. Elle comprend des opéras (*Eugène Onéguine*, 1879 ; *La Dame de pique*, 1890, d'après Pouchkine) et des ballets (***Le Lac des cygnes***, 1877 ; *La Belle au bois dormant*, 1890 ; ***Casse-Noisette*** 1892), ainsi que de nombreuses compositions pour instruments et orchestre.

TCHANG KAÏ-CHEK → JIANG JIESHI

TCHÉCOSLOVAQUIE n. f. ✦ Ancien pays d'Europe centrale, partagé entre la **Slovaquie** et la République **tchèque** depuis 1993. Sa capitale était Prague. ♦ La Tchécoslovaquie correspondait aux régions historiques de **Moravie**, de **Bohême** et de **Slovaquie**. Les peuples slaves de l'Empire d'**Autriche-Hongrie** proclamèrent l'indépendance de la République tchécoslovaque en 1918. L'annexion par Hitler des régions où la population allemande était majoritaire (les «**Sudètes**») fut admise par la communauté internationale lors des accords de **Munich** (1938). L'année suivante, l'Allemagne annexait la Bohême et la Moravie tandis que la Slovaquie accédait à l'autonomie. Après la Libération (1945), la Tchécoslovaquie devint une démocratie populaire sous influence de l'URSS. Le parti communiste subit une épuration semblable à celle menée par **Staline** (1949-1954). L'évolution du pays vers un socialisme libéral entraîna l'intervention militaire des troupes du pacte de Varsovie (Printemps de **Prague**, 1968). Le pays devint alors un État fédéral composé des Républiques tchèque et slovaque (1969). En 1989, sous la pression populaire, les dirigeants communistes quittaient le pouvoir et étaient remplacés par des dirigeants de l'opposition. En 1993, des divergences ont entraîné la séparation du pays en deux États indépendants : la Slovaquie et la République tchèque.

TCHEKHOV Anton Pavlovitch (1860-1904) ✦ Écrivain russe. Il mène en même temps une carrière de médecin et d'écrivain, et effectue de nombreux voyages en Russie et en Europe. Son œuvre comprend des contes, des nouvelles et des pièces de théâtre dans lesquels il expose sa vision désespérée du monde : *La Mouette* (1896), *Oncle Vania* (1897), *Les Trois Sœurs* (1901), *La Cerisaie* (1904).

TCHELIABINSK ✦ Ville de Russie, dans l'Oural. Plus d'un million d'habitants. Centre culturel. Industries (métallurgie, sidérurgie, tracteurs, chimie, alimentaire). Nœud ferroviaire important.

TCHÈQUE (République) ou **TCHÉQUIE** n. f. ✦ Pays d'Europe centrale (☛ cartes 24, 25). Superficie : 78 864 km² (environ un septième de la France). 10,2 millions d'habitants (les *Tchèques*), en majorité catholiques. République dont la capitale est Prague. Langue officielle : le tchèque ; on y parle aussi l'allemand, le polonais, le rom et l'ukrainien. Monnaie : la couronne. ♦ GÉOGRAPHIE. Les plateaux de **Bohême** et les collines de **Moravie** sont entourés de montagnes et traversés par des vallées (**Elbe, Vltava**). Le climat est continental. ♦ ÉCONOMIE. L'agriculture est productive (céréales, betterave, vigne, élevage). Le sous-sol est riche et exploité (kaolin, uranium, charbon, lignite). L'industrie moderne (sidérurgie, mécanique, électronique, chimie) est principalement développée autour de Prague tandis que les activités traditionnelles (textile, cristallerie, joaillerie) se concentrent au nord. Le tourisme est en plein développement. ♦ HISTOIRE. La région, composée de la Moravie, de la Bohême et de la **Silésie**, faisait partie de l'Empire d'**Autriche-Hongrie**. En 1918, elle se réunit à la **Slovaquie** pour former la **Tchécoslovaquie**, dont elle constitue ensuite un des deux États fédérés (1969). Depuis son indépendance (1993), elle est membre de l'Otan (1999) et de l'Union européenne (2004) (☛ carte 20).

TCHERNOBYL ✦ Ville d'Ukraine, au nord de Kiev. L'explosion d'un des quatre réacteurs de la centrale nucléaire, le 26 avril 1986, a provoqué une grave pollution radioactive qui s'est étendue sur tout l'hémisphère Nord. Après l'évacuation de la ville, la centrale a fonctionné au ralenti jusqu'à sa fermeture définitive en 2000.

TCHÉTCHÉNIE n. f. ✦ République de la fédération de Russie, dans le Caucase (☛ carte 33). Superficie : 16 600 km². 1,1 million d'habitants (les *Tchétchènes*), en majorité musulmans. Capitale : Groznyï. Région agricole (céréales, horticulture, élevage de bovins et de moutons). Industries (pétrochimie, mécanique, agroalimentaire). ♦ Malgré la résistance populaire (XVIIIe-XIXe siècles), le pays a été occupé par la Russie (1859), avant d'appartenir à l'Union soviétique (1918). En 1936, la Tchétchénie et l'Ingouchie se sont unies pour former une République socialiste soviétique autonome. La population est alors déportée par **Staline** (1944), puis réhabilitée. La république est recréée en 1957. Les Tchétchènes proclament leur indépendance en 1991. S'ensuit l'intervention militaire de Moscou (1994) qui leur accorde une quasi-indépendance (1996). Une guerre meurtrière reprend, tandis qu'est installé un gouvernement prorusse (1999). La violence persiste entre les nationalistes tchétchènes et les forces russes qui multiplient les mauvais traitements contre les civils. Moscou annonce la fin du conflit en 2009.

TCHOUVACHIE n. f. ✦ République de la fédération de Russie, sur la Volga (☛ carte 33). Superficie : 18 300 km². 1,3 million d'habitants (les *Tchouvaches*), musulmans et orthodoxes. Capitale : Tcheboksary (440 800 habitants). Région de forêts et de steppes ; agriculture (céréales, pomme de terre, chanvre, tabac, élevage de bovins, de porcs) ; industries (métallurgie, mécanique, agroalimentaire, bois). ♦ Cette République socialiste soviétique (1925) a proclamé sa souveraineté au sein de la fédération de Russie en 1990.

TEGUCIGALPA ✦ Capitale du Honduras, dans le sud du pays, à 975 m d'altitude. 850 227 habitants. Important centre industriel, commercial et financier. ♦ La ville, fondée en 1578, s'est développée grâce à ses ressources minières : ce nom indien signifie «montagne d'argent».

TÉHÉRAN ✦ Capitale de l'Iran, dans le nord du pays, au pied de la chaîne de l'Elbourz. 6,7 millions d'habitants (les *Téhéranais*) et l'agglomération 9 millions (☛ carte 57). Palais du Golestan (XIXe siècle, inscrit sur la liste du patrimoine mondial de l'Unesco), mosquées du Chah et de Sépahsalar (1830). Centre administratif, culturel (musées), commercial et industriel (raffinerie, cimenterie, textile, alimentaire) du pays.

TÉHÉRAN (conférence de) ✦ Conférence tenue à Téhéran en 1943, qui réunit Staline, Churchill et Roosevelt. Ils y décident des actions communes contre l'Allemagne nazie (débarquement en Normandie, en Provence) et se partagent secrètement la Pologne et l'Allemagne. Ces décisions sont confirmées lors de la conférence de **Yalta** (1945).

TEILHARD DE CHARDIN Pierre (1881-1955) ✦ Théologien et paléontologue français. Ce jésuite, professeur de géologie à l'Institut catholique de Paris (1922), participe à de nombreuses expéditions en Extrême-Orient (désert de Gobi, Chine, Inde, Birmanie, Java) puis en Afrique australe après son installation à New York (1951). Dans ses recherches sur l'évolution dont l'homme est la clé et Dieu le point initial et final, il essaie de concilier la science et la foi catholique. Principaux ouvrages : *Le Phénomène humain* (1955), *L'Apparition de l'homme* (1956), *L'Avenir de l'homme* (1959). Académie des Sciences (1950).

TÉLANGANA n. m. ✦ État du sud-est de l'Inde, créé en 2014 (☛ carte 41). Superficie : 114 840 km². Plus de 35 millions d'habitants. Capitale : Hyderabad. Cette région en partie aride se situe sur le plateau du Dekkan.

TEL-AVIV-JAFFA ✦ Ville d'Israël, dans l'ouest du pays, sur la mer Méditerranée. 384 000 habitants. La plus grande agglomération du pays avec plus de 3 millions d'habitants. Centre industriel (textile, métallurgie, chimie, mécanique), financier et culturel (universités, musées, théâtres). ♦ La ville de Tel-Aviv, fondée en 1909 sur un modèle européen, a fusionné avec la ville arabe de **Jaffa** en 1948. La «Ville blanche» (1930-1950) est inscrite sur la liste du patrimoine mondial de l'Unesco pour son architecture moderne. Elle abrite les ambassades étrangères qui ne reconnaissent pas à Jérusalem le statut de capitale de l'État d'Israël.

TELEMANN Georg Philipp (1681-1767) ✦ Compositeur allemand. Après avoir été organiste et maître de chapelle notamment à Leipzig, il se fixe à Hambourg (1721) et devient le principal animateur de la vie musicale. Il a composé dans tous les genres (une quarantaine d'opéras, un millier de cantates, des motets, quarante-quatre passions, des oratorios, six ouvertures instrumentales «à la française»), réalisant la synthèse des courants français, italien et allemand de la première moitié du XVIIIe siècle.

TÉLÉMAQUE ✦ Personnage de l'*Odyssée*, fils d'**Ulysse** et de **Pénélope**. Après le départ d'Ulysse, il essaie de faire face aux prétendants de sa mère puis, assisté de **Mentor**, il part à la recherche de son père qu'il aide à reprendre le trône d'Ithaque. Son personnage a inspiré **Fénelon** dans un livre destiné à l'éducation du duc de Bourgogne, *Les Aventures de Télémaque* (1699).

TELL Guillaume ✦ Héros légendaire de l'indépendance suisse. Selon la tradition, vers la fin du XIIIe siècle, Guillaume Tell refuse de saluer un chapeau aux couleurs des Habsbourg suspendu à une perche par Gessler, le représentant de l'autorité autrichienne du canton d'Uri. Ce dernier lui ordonne alors de tirer une flèche dans une pomme placée sur la tête de son fils. Guillaume Tell réussit. Emprisonné, il parvient toutefois à s'échapper et tue Gessler. Cet épisode marque le début de la révolte des Suisses pour se libérer de l'Autriche. Cette histoire a inspiré une pièce à **Schiller** (1804) et un opéra à **Rossini** (1829).

TELL EL-AMARNA ✦ Site d'Égypte, sur la rive droite du Nil. Des fouilles (1887) ont mis au jour la cité antique d'Akhetaton, capitale fondée par **Akhenaton** en l'honneur du dieu Aton (XIVe siècle av. J.-C.).

TEMPLIERS n. m. pl. ✦ Chevaliers membres de l'ordre religieux et militaire du Temple. Cet ordre a été fondé à Jérusalem par Hugues de Payns et Godefroi de Saint-Amour (1119) pour protéger les pèlerins en route vers la Terre sainte. Sa règle est rédigée par **Bernard de Clairvaux** (1128). Les Templiers deviennent de puissants banquiers qui possèdent de nombreuses terres et forteresses. Après la perte de la **Terre sainte**, ils se réfugient en Europe. Craint pour sa puissance, envié pour sa richesse, l'ordre est persécuté à partir de 1307 par le roi **Philippe le Bel.** Arrêtés, torturés, les Templiers avouent des crimes peu vraisemblables et sont condamnés à mort (1310). L'ordre est supprimé par le pape Clément V (1312), ses biens confisqués et Jacques de Molay, le grand maître, est brûlé (1314).

TEMPS MODERNES n. m. pl. ✦ Période de l'histoire comprise entre le Moyen Âge et la période contemporaine. Elle s'étend de la découverte du Nouveau Monde (1492) à la Première Guerre mondiale (1914). Elle est marquée par la **Renaissance**, la **Réforme**, l'**Ancien Régime**, les **Lumières**, la **Révolution française**, l'**Empire**, la révolution industrielle et les grands empires coloniaux.

TENDE (col de) ✦ Col des Alpes du Sud (1 871 m). Tunnels routier (1882) et ferroviaire (1898) entre la France et l'Italie.

TÉNÉRÉ n. m. ✦ Cuvette du Sahara nigérien, qui s'étend jusqu'au lac Tchad. Sites néolithiques. La réserve naturelle de l'**Aïr** et du Ténéré est inscrite sur la liste du patrimoine mondial de l'Unesco.

TENERIFE ou **TÉNÉRIFFE** ✦ La plus vaste des îles de l'archipel des Canaries. 2 053 km^2. 865 100 habitants. D'origine volcanique, elle culmine au pic du Teide (3 178 m). Agriculture (vigne, fruits, tabac). Tourisme.

① **TENNESSEE** ✦ Rivière des États-Unis, affluent de l'Ohio, qui prend sa source dans les Appalaches. Un grand programme d'aménagement de la vallée du Tennessee fut lancé pendant le **New Deal** et de nombreux barrages construits.

② **TENNESSEE** n. m. ✦ État des États-Unis depuis 1796, situé dans le sud-est du pays (☛ carte 47). Superficie : 109 412 km^2 (environ un cinquième de la France). 5,68 millions d'habitants. Capitale : Nashville-Davidson (570 000 habitants). ♦ Depuis le Mississippi à l'ouest, la vallée de la rivière Tennessee s'élève en plateau jusqu'aux Appalaches, à l'est, qui offrent des sites naturels remarquables (Great Smoky Mountains). C'est un État agricole (tabac, maïs, coton, soja, élevage bovin) dont le sous-sol est riche (charbon, marbre, phosphates). L'industrie s'est développée à partir des années 1950 (chimie, alimentaire, textile, bois, papier, métallurgie). ♦ Après avoir appartenu aux Britanniques, la région devient le 16ᵉ État de l'Union. Envahi par les nordistes pendant la guerre de Sécession (1862), l'État est réadmis dans l'Union en 1866.

TENNYSON Alfred, lord (1809-1892) ✦ Poète britannique. Considéré comme le plus grand poète de l'époque victorienne, il a composé une *Ode pour la mort de Wellington* (1852), *Maud* (1855), *Enoch Arden* (1864) et surtout *Les Idylles du roi* (1885), d'après la légende du roi Arthur. Dans la dernière partie de sa vie, il a également composé des pièces historiques.

TENOCHTITLAN ✦ Ancienne capitale aztèque, conquise et détruite par Cortés (1521). Mexico est édifiée sur son emplacement.

TEOTIHUACAN ✦ Site du Mexique, à 48 km au nord de Mexico. Centre d'une civilisation antérieure à celle des **Toltèques**, à son apogée entre 300 et 650. Ce vaste ensemble civil et religieux, inscrit sur la liste du patrimoine mondial de l'Unesco, comprend notamment le temple de **Quetzalcoatl**, les pyramides du Soleil et de la Lune et le palais des Jaguars.

TÉRENCE (vers 190 av. J.-C.-159 av. J.-C.) ✦ Poète comique latin. Il s'efforce d'adapter la finesse et l'élégance du génie grec au goût du public romain lettré dans ses six comédies : *L'Andrienne, L'Hécyre ou la Belle-Mère, Héautontimoroumenos ou le Bourreau de soi-même, Phormion, L'Eunuque, Les Adelphes.*

TERESA (mère) (1910-1997) ✦ Religieuse catholique indienne, d'origine albanaise, béatifiée en 2003 et canonisée en 2016. Elle a créé, à Calcutta, des centres d'accueil pour les pauvres et les malades et fondé la congrégation des Missionnaires de la Charité. Prix Nobel de la paix pour son action humanitaire (1979). ■ Son véritable nom est *Agnes Gonxha Bajaxhiu.*

TERPSICHORE ✦ Une des **Muses** dans la mythologie grecque. Elle protège la danse et, plus tard, les chœurs dramatiques et la poésie lyrique. On la considère parfois comme la mère des **Sirènes.**

TERRE n. f. ✦ Planète du Système solaire, située entre Vénus et Mars. C'est la troisième à partir du Soleil, dont elle est éloignée d'environ 150 millions de km. Son diamètre équatorial est de 12 756 km. Elle a la forme d'un globe légèrement aplati aux deux pôles. Son atmosphère est composée d'air constitué à 99 % d'un mélange d'oxygène et d'azote. La Terre tourne autour du Soleil en 365 jours, 6 heures, 9 minutes et 9,5 secondes, soit une année. Elle tourne sur elle-même en 23 heures, 56 minutes et 4 secondes, soit un jour. Elle possède un satellite, la **Lune.** Elle est composée de plusieurs couches : la croûte terrestre (épaisse de 30 à 70 km), le manteau, le noyau (à 2 900 km de profondeur) et la graine, sa partie centrale. La croûte est formée de plaques rigides dont le déplacement (on appelle ce phénomène la *tectonique des plaques*) est à l'origine des phénomènes volcaniques et des tremblements de terre. Elle est couverte à plus de 70 % par les océans, d'où son surnom de *planète bleue.* La Terre serait âgée de 4,6 milliards d'années. La vie y est apparue il y a 3,8 milliards d'années. Elle abrite plus de 6 milliards d'êtres humains.

TERRE DE FEU n. f. ✦ Archipel situé à l'extrémité sud de l'Amérique du Sud, dont il est séparé par le détroit de **Magellan.** C'est aussi le nom de l'île principale, partagée entre le Chili et l'Argentine. Les habitants, appelés les *Fuégiens,* sont peu nombreux. Ils élèvent des moutons (50 % de la production chilienne) dans les steppes et les montagnes, au climat froid et brumeux. On trouve du pétrole dans la partie chilienne (1945), du gaz naturel et du pétrole dans la partie argentine, près d'**Ushuaia.**

TERRE-NEUVE ✦ Île d'Amérique, dans l'océan Atlantique, au sud-est du Canada (☛ carte 48). Superficie : 112 299 km^2 (environ un cinquième de la France). Ses habitants s'appellent les *Terre-Neuviens.* ♦ L'île, située à l'embouchure du Saint-Laurent, connaît un climat continental. C'est un plateau montagneux à l'ouest, qui se prolonge au sud-est par la presqu'île d'Avalon. L'agriculture est peu importante (avoine, pomme de terre, airelle, élevage laitier). Le sous-sol est exploité (zinc, cuivre, pierre, gypse, amiante). La pêche et la forêt alimentent l'industrie (conserveries, chantiers navals, pâte à papier). Le parc national du Gros-Morne (1973, 1 805 km^2) et l'établissement viking de L'Anse aux Meadows (XIᵉ siècle) sont inscrits sur la liste du patrimoine mondial de l'Unesco. ♦ Après les **Vikings**, l'île est visitée par Jean **Cabot** (1497). Les pêcheurs, appelés *terre-neuvas,* venus d'Europe sont nombreux dans ses eaux dès le XVIᵉ siècle. Elle est occupée par les Britanniques (1583), les Français (1662) puis revient aux premiers par le traité d'**Utrecht** (1713). L'est du **Labrador** est réuni administrativement à Terre-Neuve (1809), qui refuse d'abord de faire partie du Canada (1869). En 1949, la région ainsi formée devient la dixième province de la Confédération canadienne sous le nom de *Terre-Neuve-et-Labrador*. Superficie : 405 212 km² (plus des deux tiers de la France). 505 469 habitants. Capitale : Saint-John's.

TERRE SAINTE ✦ Dans les Évangiles, c'est l'ensemble des lieux où a vécu **Jésus** en Palestine, c'est-à-dire la Galilée, la Samarie et la Judée. Au Moyen Âge, les **croisades** sont organisées pour délivrer la région occupée par les musulmans. Les croisés y fondent le Royaume latin de **Jérusalem** (1099-1291).

TERRES AUSTRALES ET ANTARCTIQUES FRANÇAISES (TAAF) ✦ Collectivité française d'outre-mer (COM) qui inclut la terre Adélie, les Crozet, les Kerguelen, les îles Saint-Paul et Amsterdam.

TERREUR n. f. ✦ Période de la Révolution française (1793-1794). Pour faire face aux menaces extérieures (guerre contre l'Autriche) et intérieures (guerre de **Vendée, chouans**), un tribunal est chargé de juger les « ennemis de la Révolution » (1792). Après l'élimination des chefs **girondins**, les sans-culottes et les enragés d'**Hébert** obtiennent la légalisation de la Terreur (loi des suspects, 17 septembre 1793) qui concerne les nobles, les prêtres réfractaires, les émigrés et leur famille, les officiers suspects de trahison. La Convention met en place le **Comité de salut public**, le Comité de sûreté générale, le Tribunal révolutionnaire : plus de 40 000 personnes sont arrêtées et exécutées, dont la reine Marie-Antoinette. La Terreur devient un moyen de gouvernement qui permet aux jacobins d'éliminer leurs adversaires : les partisans de mesures encore plus sévères (les enragés) comme ceux qui souhaitent y mettre fin (les indulgents de **Danton**). La Terreur prend fin à la chute de **Robespierre**. De nombreuses victimes guillotinées à la barrière du Trône (actuelle place de la Nation) reposent au cimetière de Picpus, à Paris.

TERRITOIRE DE BELFORT n. m. ✦ Département de l'est de la France [90], de la Région Bourgogne-Franche-Comté. Superficie : 609 km². 144 334 habitants (les *Belfortains*). Chef-lieu : Belfort. Le Territoire de Belfort est devenu un département en 1922.

TERRITOIRES DU NORD-OUEST n. m. pl. → **NORD-OUEST** (Territoires du)

TERTULLIEN (v. 155-v. 225) ✦ Écrivain latin. Il est considéré comme le fondateur de la théologie chrétienne de langue latine. Né à Carthage, il se convertit au christianisme et tente de faire une synthèse entre le christianisme et la culture païenne. Il a eu une influence durable dans l'Occident chrétien. Œuvres principales : *Apologétique* (197), *Contre Marcion* (210), *Sur les spectacles*. ■ Son nom latin est *Septimius Florens Tertullianus*.

TESLA Nikola (1856-1943) ✦ Ingénieur et physicien américain d'origine serbe. Il a réalisé les premières machines utilisant le courant alternatif. Inventeur des courants polyphasés, il a effectué le premier transport d'énergie électrique en courant triphasé et a mis au point un alternateur à haute fréquence. Son nom a été donné à l'unité d'induction magnétique (le *tesla*).

① **TESSIN** n. m. ✦ Rivière d'Italie et de Suisse, longue de 248 km. Elle prend sa source dans les Alpes suisses, traverse le canton du Tessin, le lac Majeur, coule en Lombardie puis se jette dans le Pô, au sud de Pavie. Sur ses rives, **Hannibal** bat Scipion (218 av. J.-C.) lors de la deuxième des guerres **puniques**.

② **TESSIN** n. m. ✦ Canton du sud de la Suisse (☛ carte 26). Superficie : 2 812 km². 324 851 habitants (les *Tessinois*), en majorité catholiques. Langue officielle : l'italien. Chef-lieu : Bellinzona. Le canton est situé dans les Alpes, au sud du Rhin et du **Saint-Gothard**. Arrosé par la rivière qui porte son nom, il contient une partie du lac **Majeur** et du lac de Lugano. Le nord est dominé par l'élevage, le sud par l'agriculture (céréales, pomme de terre, fruits, tabac, vigne), l'industrie (électrochimie) et le tourisme.

TEUTATÈS ou **TOUTATIS** ✦ Dieu celte. Principale divinité des Gaulois, protecteur de la tribu. Les Romains de l'Antiquité l'identifient à **Mars** ou à **Mercure**.

TEUTONIQUES (chevaliers) ✦ Chevaliers membres d'un ordre religieux, militaire et hospitalier. Son origine remonte à la création par des marchands allemands de Brême et de Lübeck d'un hôpital pour les croisés à Jérusalem (XIIe siècle). Après la prise de Jérusalem par Saladin (1187), l'ordre militaire est fondé à Saint-Jean-d'Acre. Les moines-soldats, vêtus d'une cape blanche ornée d'une croix noire, sont chargés de protéger et de soigner les croisés et les pèlerins en **Terre sainte**. La prise de Saint-Jean-d'Acre par les **mamelouks** (1291) les oblige à partir. Une partie des chevaliers se rend en Europe de l'Est (XIIIe-XIVe siècles) où ils occupent de nombreux territoires. En 1525, leur grand maître se proclame duc de Prusse et de nombreux chevaliers adoptent la **Réforme**. L'ordre catholique, dissous en Allemagne par Napoléon Ier (1809), se maintient en Autriche avec une vocation caritative.

TEUTONS n. m. pl. ✦ Peuple germanique originaire des bords de la Baltique. Comptant parmi les **Barbares**, ils recherchent une terre où s'établir. Ils se dirigent vers le sud, battent les Romains en Bavière, envahissent l'Espagne et la Gaule. Ils marchent sur l'Italie lorsque le général romain Marius les arrête à Aix-en-Provence et les écrase (102 av. J.-C.).

TEXAS n. m. ✦ État du sud des États-Unis, depuis 1845 (☛ carte 47). Superficie : 692 408 km² (un peu plus que la France). Plus de 25 millions d'habitants (les *Texans*), dont 32 % d'Hispaniques. Capitale : Austin (790 390 habitants). ♦ Après l'Alaska, c'est le plus grand État du pays. Depuis les montagnes Rocheuses à l'ouest, il s'étend sur de hauts plateaux puis s'abaisse vers la plaine du Mississippi à l'est et la plaine côtière du golfe du **Mexique** au sud. Le climat est désertique à l'ouest, continental au centre, tropical au sud et à l'est. ♦ C'est l'une des régions économiques les plus riches du monde, le deuxième État agricole du pays (coton, céréales, fruits, légumes, élevage bovin et ovin). Ses ressources minérales (50 % de la production de gaz naturel du pays, 40 % de la production de pétrole, lignite, charbon, soufre, brome, magnésium) et ses industries (chimie, pétrochimie, métallurgie, textile, agroalimentaire, électronique) sont importantes. ♦ D'abord territoire espagnol (XVIIe siècle), le Texas devient indépendant (1821) avant d'être annexé par les États-Unis (1845), qui obtiennent du Mexique tous les territoires situés au nord du **Rio Grande**. L'État, esclavagiste lors de la guerre de **Sécession**, a rejoint l'Union en 1870.

THAÏLANDE n. f. ✦ Pays d'Asie du Sud-Est, en Indochine (☛ cartes 38, 39). Superficie : 513 115 km² (un peu moins que la France). Près de 66 millions d'habitants (les *Thaïlandais*), en majorité bouddhistes. Monarchie constitutionnelle dont la capitale est Bangkok. Langue officielle : le thaï ; on y parle aussi le chinois et l'anglais. Monnaie : le baht. ♦ GÉOGRAPHIE. Le centre de la Thaïlande est occupé par la vallée du fleuve Menam Chao Phraya, bordée au nord et à l'ouest de montagnes, et à l'est par un large plateau que limite le Mékong. L'étroite bande montagneuse du sud s'abaisse vers des plaines côtières. Le climat tropical est soumis à la mousson, surtout vers le sud. ♦ ÉCONOMIE. L'agriculture est très productive (1er exportateur mondial de riz et de caoutchouc ; maïs, élevage de poulets, de bovins, de porcs, de buffles, pêche). Les ressources énergétiques (hydroélectricité) et minières (lignite, étain, plomb) sont faibles. L'industrie (textile, agroalimentaire, cimenterie, pétrochimie) est en plein essor. Le tourisme est très actif : temples, ruines, sites des anciennes capitales du royaume du Siam, inscrites sur la liste du patrimoine mondial de l'Unesco. ♦ HISTOIRE. Les premiers royaumes qui occupent la région passent sous le contrôle des **Khmers** (XIe-XIIe siècles) puis les Thaïs, venus de Chine, fondent le royaume de Siam (1220). Les Européens visitent la région (XVIe siècle) sans la coloniser. Une nouvelle dynastie fonde Bangkok, sa capitale (1782), et s'ouvre aux Occidentaux mais perd des territoires au Laos, au Cambodge et en Malaisie. En 1932, un coup d'État militaire instaure une monarchie constitutionnelle. En 1938, le Siam prend le nom de *Thaïlande.* Celle-ci s'allie au Japon, se rapproche des États-Unis lors de la guerre du Viêtnam. Marqué par de nombreux coups d'État militaires, le pays se démocratise (1992) puis, après une crise économique (1997), les militaires rétablissent l'autorité monarchique.

THALÈS DE MILET (vers 625 av. J.-C.-vers 546 av. J.-C.) ✦ Mathématicien, physicien, astronome et philosophe grec. C'est le plus ancien et le plus célèbre des « Sept Sages ». On lui attribue la résolution de plusieurs problèmes de géométrie, science qu'il aurait rapportée d'Égypte et de Babylone : calcul de la hauteur d'un objet à partir de son ombre, inscription d'un triangle dans un cercle, démonstration de l'égalité des angles opposés par le sommet. En astronomie, il aurait énoncé que la Lune est illuminée par le Soleil et prédit une éclipse du Soleil (585 av. J.-C.). En physique, il a été le premier à étudier le magnétisme. Un théorème de géométrie porte son nom : le *théorème de Thalès,* selon lequel les segments de deux droites sécantes coupées par des droites parallèles sont proportionnels.

THALIE ✦ Une des **Muses** dans la mythologie grecque. Elle protège la comédie et la poésie légère. On la représente tenant le masque grimaçant de la comédie.

THANATOS ✦ Dieu de la Mort dans la mythologie grecque, fils de la Nuit et frère d'**Hypnos.** On le représente sous l'aspect d'un vieil homme barbu et ailé, ou enveloppé dans un manteau noir.

THANN ✦ Chef-lieu d'arrondissement du Haut-Rhin, sur un affluent de l'Ill. 7 915 habitants (agglomération Thann-Cernay 31 976) (les *Thannois*) (☛ carte 23). Église Saint-Thiébaut (gothique flamboyant, portail à trois tympans). Vins d'Alsace. Industrie chimique.

THATCHER Margaret (1925-2013) ✦ Femme d'État britannique. Chef du parti conservateur à partir de 1975, elle occupa la fonction de Premier ministre de 1979 à 1990, avec une fermeté qui lui valut le surnom de « Dame de fer ». Lors de la grande grève des mineurs (1985), elle fit intervenir la police et ordonna la dissolution du syndicat. À l'étranger, elle mena une guerre victorieuse contre l'Argentine qui voulait annexer les **Malouines** (1982). Sa politique économique libérale, le *thatchérisme,* aura un impact durable.

THAU (étang de) ✦ Étang du Languedoc, à l'extrémité du canal du **Midi.** Il est relié à la Méditerranée par des chenaux naturels (les « graus ») et par le canal de Sète. Des parcs à coquillages (huîtres, moules) sont implantés dans cet étang de 7 500 hectares. Ses rives sont bordées d'industries (raffineries de pétrole, industries chimiques).

① **THÈBES** ✦ Ville de Grèce, dans le centre du pays (Béotie), au nord-ouest d'Athènes (☛ carte 4). 22 883 habitants (les *Thébains*). Centre agricole, industriel. Musée archéologique. Ville natale d'Héraclès et d'Œdipe dans la mythologie, ainsi que d'Épaminondas. ♦ En envahissant la région, les Béotiens ruinent la civilisation mycénienne (XIIe siècle av. J.-C.). Thèbes, qui dirige une confédération de dix cités (VIIIe siècle av. J.-C.), s'allie à la Perse dans les guerres **médiques,** à **Sparte** dans la guerre du Péloponnèse avant de se retourner contre elle aux côtés d'Athènes, d'Argos et de Corinthe (395-386 av. J.-C.). Thèbes dominait le Péloponnèse quand **Alexandre le Grand** la prend et la rase (336 av. J.-C.). Rebâtie (316 av. J.-C.), elle est de nouveau détruite par les Romains (146 av. J.-C.). Elle se développe au Moyen Âge grâce aux manufactures de soieries (XIe-XIVe siècle). La ville moderne a été reconstruite selon un plan quadrangulaire après les tremblements de terre de 1853 et 1893.

② **THÈBES** ✦ Ancienne ville de Haute-Égypte, sur le Nil, à 750 km au sud du Caire (☛ carte 2). La ville devient capitale au Moyen Empire au moment de l'unification de l'Égypte (vers 2065 av. J.-C.). Elle connaît son apogée au Nouvel Empire (1600-1100 av. J.-C.) avec la construction des temples de **Karnak, Louksor** et des tombeaux de la **Vallée des Rois.** Après le règne de Ramsès III (1198 av. J.-C.-1168 av. J.-C.), le pouvoir passe aux mains des prêtres d'**Amon** qui en font un centre religieux. Homère l'appelle « Thèbes aux cent portes » par allusion aux nombreuses colonnes édifiées devant ses temples. Détruite par les Assyriens (664 av. J.-C.), elle a été pillée par les Perses. Thèbes constitue aujourd'hui le plus grand site archéologique d'Égypte, inscrit sur la liste du patrimoine mondial de l'Unesco.

THÉMIS ✦ Déesse de la Justice dans la mythologie grecque. Après son union avec Zeus, elle donne naissance aux Moires, divinités du Destin appelées ***Parques*** chez les Romains. On la représente les yeux bandés, tenant une balance et une épée.

THÉMISTOCLE (vers 525 av. J.-C.-vers 460 av. J.-C.) ✦ Homme d'État grec. Élu archonte (493 av. J.-C.), il devient chef du parti des aristocrates en 483 av. J.-C. Il contribue à faire d'Athènes une puissance maritime (fortification du Pirée, qu'il relie plus tard à Athènes) et permet aux Grecs de remporter sur les Perses l'éclatante victoire navale de **Salamine** (480 av. J.-C.). Sa vie fastueuse le rendant impopulaire, il est frappé d'ostracisme et se réfugie en Perse où il meurt.

THÉODORA (morte en 548) ✦ Impératrice d'Orient. Elle épouse **Justinien Ier** avant son avènement et influence sa politique. Elle a inspiré la législation concernant la femme, le mariage, le divorce et la prostitution.

THÉODOSE Ier LE GRAND (vers 346-395) ✦ Empereur romain de 379 à sa mort. Dernier souverain de l'Empire **romain**, il fait du christianisme la religion d'État. À sa mort, ses deux fils se partagent l'Empire : l'Empire romain d'Occident revient à Honorius, avec Rome pour capitale, et l'Empire romain d'Orient (Empire byzantin) revient à Arcadius, avec Constantinople pour capitale.

THÉRA ✦ Autre nom de l'île de **Santorin.**

THÉRÈSE D'AVILA (sainte) (1515-1582) ✦ Religieuse espagnole, canonisée en 1622. Entrée à 20 ans au carmel d'Avila, sous le nom de *Thérèse de Jésus,* elle réforme son ordre et fonde seize carmels féminins, appliquant la stricte règle d'origine. Elle laisse une autobiographie spirituelle (*Le Livre de la vie,* 1588), des traités pour ses sœurs et une abondante correspondance. Elle décrit son expérience de la prière dans *Le Château intérieur* (1588).

THERMIDOR AN II (9 et 10) ✦ Journées du calendrier révolutionnaire, correspondant aux 27 et 28 juillet 1794. Après l'élimination des enragés (**Hébert**) et des indulgents (**Danton**), **Robespierre** porte devant la Convention nationale le conflit entre le **Comité de salut public** et le Comité de sûreté générale. Les organisateurs de la **Terreur,** dont il dénonce les excès (Barras, Fouché), le font arrêter (9 Thermidor). Malgré une tentative d'insurrection, il est guillotiné le lendemain sans jugement avec ses amis dont **Saint-Just.** La Convention thermidorienne élimine ensuite un grand nombre de **jacobins.**

THERMOPYLES ✦ Défilé de la Grèce. Ce passage resserré entre la montagne et la mer fait communiquer la Thessalie et la Grèce méridionale. Au cours de la deuxième guerre médique, **Léonidas Ier** et 300 Spartiates y résistèrent héroïquement aux Perses (480 av. J.-C.). Le sacrifice de Léonidas aux Thermopyles symbolise la résistance grecque à l'envahisseur.

THÉSÉE ✦ Héros de la mythologie grecque, fils d'**Égée.** S'étant porté volontaire pour affronter le **Minotaure,** il est enfermé dans le Labyrinthe. Il parvient à tuer le monstre et à sortir en suivant le fil de la pelote remise par **Ariane.** En quittant la Crète, il emmène Ariane, qu'il abandonne à Naxos. Le croyant mort, son père se suicide et Thésée devient roi d'Athènes. Il épouse **Phèdre** et fait partie du groupe des **Argonautes** qui partent à la recherche de la **Toison d'or.**

THESSALIE n. f. ✦ Région de Grèce, dans le centre du pays, au sud de l'Olympe (☛ carte 28). Superficie : 14 037 km². 800 000 habitants. Ville principale : Larissa. Cette plaine entourée de montagnes vit de l'agriculture (coton, céréales). ♦ La région, peuplée vers 4 000 ans av. J.-C., a connu plusieurs vagues d'invasions : Pélasges (vers 2 600 ans av. J.-C.), Hellènes, Achéens, Éoliens, Doriens (vers 1 100 av. J.-C.). Dans la mythologie, c'est le territoire d'origine des **Centaures.** Après la guerre contre Sparte (395 av. J.-C.), elle est annexée par les Macédoniens (342 av. J.-C.). Intégrée successivement dans la province romaine de Macédoine (146 av. J.-C.), l'Empire byzantin, puis l'Empire serbe (1349), elle est occupée par les Turcs en 1393. Elle est rendue définitivement à la Grèce en 1881.

THESSALONIQUE ✦ Nom de la ville de **Salonique** jusqu'en 1430.

THIÉRACHE n. f. ✦ Région du nord de la France, entre l'Oise et la Sambre. Région humide consacrée à l'élevage bovin.

THIERRY ✦ Nom de quatre rois mérovingiens. **THIERRY Ier** (mort en 533), roi d'Austrasie de 511 à sa mort, fils de **Clovis.** Il conquiert la Thuringe avec ses frères Clotaire Ier et Childebert Ier (531). **THIERRY II** (mort en 613), roi de Bourgogne de 596 à sa mort et roi d'Austrasie de 612 à sa mort, fils de Childebert II. Il bat Clotaire II, roi de Neustrie, puis annexe l'Austrasie. **THIERRY III** (mort en 691), roi de Neustrie et de Bourgogne de 673 à sa mort, fils de Clovis II. Il succède à son frère Clotaire III, est déposé par son frère Childéric II et revient au pouvoir après l'assassinat de celui-ci (675). **THIERRY IV DE CHELLES** (mort en 737), roi des Francs de 721 à sa mort, fils de Dagobert III. Il gouverne sous la tutelle de **Charles Martel.**

THIERS Louis Adolphe (1797-1877) ✦ Homme politique et historien français. Cet avocat collabore à des journaux politiques, défend une monarchie de type constitutionnel et participe à la **révolution de 1830.** Louis-Philippe le nomme plusieurs fois ministre. Libéral, il accueille favorablement la révolution de 1848. Il soutient la candidature à la présidence de Charles Louis Napoléon Bonaparte mais refuse le coup d'État par lequel celui-ci devient Napoléon III. Pendant le second Empire (1852-1870), il est dans l'opposition et redoute une guerre contre la Prusse. Après la défaite de **Sedan,** il négocie la capitulation de la France avec **Bismarck** (1870-1871). Il forme un gouvernement d'union nationale, choisit **Versailles** comme résidence (février 1871). Pour désarmer Paris, il tente de récupérer les pièces d'artillerie situées à Belleville et à Montmartre, ce qui provoque l'insurrection de la **Commune,** qu'il réprime très sévèrement. Il est nommé président de la République puis renversé (1873) et remplacé par **Mac-Mahon.** Parmi ses écrits historiques, on peut citer *Histoire de la Révolution française* (1823-1827) et *Histoire du Consulat et de l'Empire* (1845-1862). Académie française (1833).

THIERS ✦ Chef-lieu d'arrondissement du Puy-de-Dôme. 11 588 habitants (les *Thiernois*) (☛ carte 23). Centre français de la coutellerie (musée).

THIONVILLE ✦ Ville de la Moselle, sur la Moselle. 41 083 habitants (les *Thionvillois*). Tour aux Puces (XIIe siècle, ancien donjon du château des ducs de Luxembourg), beffroi (XVIe siècle), hôtel de ville (XVIIe siècle), hôtels particuliers. Métropole traditionnelle de la sidérurgie lorraine, la ville a été durement touchée par la crise.

THOMAS (saint) ✦ Un des douze apôtres de Jésus. Dans les **Évangiles,** il refuse de croire à la résurrection de Jésus avant de l'avoir vu et d'avoir touché ses plaies.

THOMAS BECKET (saint) (vers 1118-1170) ✦ Homme politique anglais, canonisé en 1173. Ami du roi Henri II, il est nommé chancelier (1154) puis archevêque de Canterbury (1162). Quand le roi veut soumettre la justice ecclésiastique à la justice royale (1164), Thomas Becket s'oppose à lui et l'excommunie. Il est assassiné sur ordre royal. Son meurtre a inspiré plusieurs œuvres dramatiques.

THOMAS D'AQUIN (saint) (1228-1274) ✦ Religieux italien, canonisé en 1323. Entrée à l'abbaye bénédictine du Mont-Cassin, il se fait dominicain. Il étudie à Naples, Paris, Cologne puis, devenu maître en théologie, enseigne à Paris (1252-1259 ; 1269-1272), à Rome et à Naples. Célèbre dans toute l'Europe, le «Docteur angélique» est le conseiller des papes. Sa philosophie, le *thomisme,* concilie la foi et la raison ; son ouvrage fondamental, la *Somme théologique (Summa theologiae),* est la base du système théologique et philosophique de l'Église.

THOMSON William (1824-1907) ✦ Physicien britannique plus connu sous le nom de *lord* **Kelvin**.

THONON-LES-BAINS ✦ Ville de Haute-Savoie, sur la rive sud du lac Léman. 34 973 habitants (les *Thononais*). Station thermale, port de plaisance.

THOR ou **TOR** ✦ Dieu scandinave du Tonnerre et de la Pluie, fils d'**Odin**. On le représente armé d'un marteau, sur un char tiré par deux boucs.

THOREAU Henry (1817-1862) ✦ Poète américain. Il mena une vie simple, proche de la nature et pratiqua plusieurs métiers : instituteur, artisan, paysan, avant de se retirer pour écrire (*Walden ou la Vie dans les bois,* 1854). Son refus de payer des impôts à un État qui faisait la guerre au Mexique lui valut la prison (1846), expérience qui lui inspira *La Désobéissance civile* (1849). Il prit aussi parti contre l'esclavage et défendit la culture indienne (*Une semaine sur les fleuves Concord et Merrimac*). Il est considéré comme un précurseur de la non-violence et de l'écologie.

THOREZ Maurice (1900-1964) ✦ Homme politique français. Ce syndicaliste socialiste, employé d'une compagnie minière, devient secrétaire général du Parti communiste français en 1930, puis député (1932, 1936). Il s'allie aux socialistes au sein du **Front populaire** (1934 ☛ Front populaire p. 194). Mobilisé peu après la signature du pacte germano-soviétique, il quitte son régiment et passe en URSS. Condamné à mort par contumace, amnistié après la Libération, il est appelé par de Gaulle comme ministre d'État chargé de la Fonction publique (1945-1946). Vice-président du Conseil, il quitte le gouvernement avec les ministres communistes exclus par Ramadier, en 1947.

THOT ✦ Dieu de la mythologie égyptienne. Il est représenté sous la forme d'un homme à tête d'ibis ou de babouin. C'est le dieu du Savoir, l'inventeur de l'écriture et du langage. Sa connaissance des formules capables de guérir les maladies en faisait un grand magicien. Les Grecs de l'Antiquité l'identifiaient à **Hermès**.

THOUARS ✦ Commune des Deux-Sèvres, sur un plateau. 9 241 habitants (les *Thouarsais*) (☛ carte 23). Vestiges de remparts (XIIe-XIVe siècles). Château des ducs de la Trémoille (XVIIe siècle). Agriculture (vigne, melons).

THRACE n. f. ✦ Région historique du sud-est des Balkans. Le fleuve Marica sépare la *Thrace orientale,* qui constitue la **Turquie** d'Europe, de la *Thrace occidentale.* Celle-ci est partagée entre la Bulgarie au nord et la Grèce au sud, où elle forme une région d'une superficie de 8 578 km^2. 350 000 habitants. ♦ Les tribus indo-européennes des Thraces, qui s'installent dans la région vers 2 000 ans av. J.-C., fondent les cultes de **Dionysos** et d'**Orphée**, mais demeurent à l'écart des Grecs. La région, colonisée par l'**Ionie** (VIIe siècle av. J.-C.), conquise par Darios Ier (vers 513 av. J.-C.), se libère après les guerres médiques. Elle est envahie par Philippe II de Macédoine (vers 340 av. J.-C.). Convoitée par l'Égypte et la Syrie (IIIe siècle av. J.-C.), elle appartient successivement au royaume de **Pergame** (188 av. J.-C.), aux Romains (168 av. J.-C.) et à l'Empire byzantin. Après les invasions des Wisigoths, des Slaves et des Bulgares (VIe siècle), elle fait longtemps partie de l'Empire ottoman (1361-1878). La Bulgarie et la **Grèce** se la disputent pendant les guerres balkaniques et les deux guerres mondiales, tandis que la partie située à l'ouest est rendue à la Turquie par le traité de **Lausanne** en 1923.

THULÉ ✦ Comptoir polaire, fondé en 1910 sur la côte nord-ouest du Groenland. Zone habitée la plus septentrionale du monde. Base militaire américaine.

THURGOVIE (canton de) ✦ Canton de Suisse, dans le nord-est du pays (☛ carte 26). Superficie : 991 km^2. 235 764 habitants, en majorité protestants. Langue officielle : l'allemand. Chef-lieu : Frauenfeld. Ce plateau, bordé au nord par le lac de Constance, vit de l'agriculture (fruits, vigne) et de l'industrie (mécanique, textile).

THURINGE n. f. ✦ État (Land) d'Allemagne, dans le centre-est du pays (☛ carte 29). Superficie : 16 176 km^2. 2,25 millions d'habitants. Capitale : Erfurt. ♦ Le bassin de Thuringe est entouré de montagnes et arrosé par la Saale, un affluent de l'Elbe. C'est une plaine agricole fertile (blé, betterave à sucre, houblon, bois). Son riche sous-sol (sel, potasse, métaux) a suscité le développement de diverses industries (chimie, porcelaine, métallurgie, mécanique, armes, jouets, optique). Cependant certains secteurs, qui datent de la RDA, souffrent encore de leur caractère trop artisanal. ♦ Les Thuringiens, qui ont suivi les Huns lors de la conquête de la Gaule (IVe siècle), ont fait partie du royaume franc (531) et de l'**Austrasie**. Charlemagne évangélisa la région (IXe siècle), qui passa ensuite aux ducs de **Saxe** (Xe siècle). L'État, créé en 1920, a fait partie de la République démocratique allemande (1949) avant de former un Land de l'Allemagne réunifiée (1990).

TIANJIN ou **T'IEN-TSIN** ✦ Ville de Chine, au sud-est de Pékin, au confluent de cinq rivières. 9,3 millions d'habitants (13 millions pour la municipalité autonome) (☛ carte 57). Premier port artificiel du pays, important centre industriel (sidérurgie, chimie, pétrochimie, mécanique, électronique, textile, alimentaire) et de recherche. Au XIXe siècle, plusieurs traités y ont été signés qui ouvraient la Chine au commerce européen.

TIBÈRE (42 av. J.-C.-37) ✦ Empereur romain de 14 à sa mort. Élu consul en 29 av. J.-C., il rétablit le pouvoir romain en Arménie et consolide les frontières du Rhin et du Danube. Adopté par son beau-père **Auguste**, il lui succède en 14 et poursuit son œuvre de paix. Excédé par les intrigues de son entourage, il se retire à Capri (27), confie le gouvernement à son ministre et désigne **Caligula** pour successeur. Il meurt probablement assassiné.

TIBÉRIADE (lac de) ✦ Lac d'Israël, dans le nord du pays, à la frontière syrienne. Il est relié à la mer Morte par le **Jourdain** et ses eaux participent au plan d'irrigation du **Néguev**.

TIBET n. m. ✦ Région autonome de la Chine, dans l'ouest du pays (☛ carte 38). Superficie : 1,2 million de km^2 (plus du double de la France). Plus de 3 millions d'habitants, de religion bouddhiste. Capitale : Lhassa. On y pratique l'agriculture (orge, maïs, riz, légumes, fruits) et l'élevage nomade (chevaux, yacks). ♦ Au IIIe siècle, la région entre en relation avec l'Inde qui y introduit le bouddhisme. Le royaume s'agrandit aux dépens de la Chine (VIIe-VIIIe siècles) puis décline à cause de luttes internes. Le petit-fils de Gengis Khan installe un gouvernement religieux en 1260, puis les Mongols placent le dalaï-lama (chef religieux) sur le trône (1642). Les Chinois, qui imposent leur domination (XVIIIe siècle) et ferment la région aux étrangers, sont chassés en 1911. Mais, en 1950, la République populaire de Chine envahit le territoire qu'elle considère toujours comme l'une de ses provinces. Elle réprime durement la résistance des Tibétains, toujours vive malgré l'occupation qui fait d'eux une population minoritaire. Le dalaï-lama, en exil en Inde depuis 1959, a reçu le prix Nobel de la paix en 1989.

TIBRE n. m. ✦ Fleuve d'Italie long de 396 km (☛ carte 30). Il prend sa source en Toscane dans l'Apennin, traverse l'Ombrie, le Latium, arrose Rome et se jette dans la mer Tyrrhénienne près d'Ostie.

T'IEN-TSIN → TIANJIN

TIEPOLO Giambattista (1696-1770) ✦ Peintre italien. Il étudie la peinture à Venise, sa ville natale. Ses nombreuses fresques à sujets bibliques, mythologiques et allégoriques font de lui le plus grand décorateur de son siècle. Son style personnel, inspiré de Véronèse, exploite les effets de perspective et le sens du mouvement dans des tons lumineux. Il reçoit des commandes de toute l'Europe et il décore des églises et des palais à Udine, Venise, Milan, le palais du prince-évêque de Würzburg (*Les Quatre Parties du monde*, 1753), le plafond de la salle du trône du palais royal de Madrid (1762). L'un de ses fils, **Giandomenico TIEPOLO** (1727-1804), est son fidèle collaborateur et réalise de nombreux tableaux.

TIERS ÉTAT n. m. ✦ Dernier des trois ordres qui composent la société française de l'**Ancien Régime**, après la noblesse et le clergé. Lors de la réunion des états généraux de 1789, ses députés prêtent le serment du **Jeu de paume**, suivis par une majorité du clergé et une minorité de la noblesse. Ils imposent à Louis XVI la création de l'**Assemblée nationale constituante** qui marque le début de la **Révolution française**.

TIGNES ✦ Commune de Savoie, sur l'Isère. 2 587 habitants (les *Tignards*). Station de sports d'hiver (2 100 mètres). Barrage sur la haute Isère (180 m, le plus haut de France), retenant les eaux du lac de Chevril.

TIGRE n. m. ✦ Fleuve de l'ouest de l'Asie, long de 1 718 km. Il prend sa source dans l'est de la Turquie, forme la frontière avec la Syrie, traverse l'Irak où il arrose Mossoul, Samarra, Bagdad. Avec l'**Euphrate**, il délimite la basse **Mésopotamie** avant de former le **Chatt al-Arab** qui se jette dans le golfe Arabo-Persique. Des barrages régulent son cours impétueux et sa vallée est fertile (céréales, fruits, coton, riz, palmier dattier).

TIJUANA ✦ Ville du Mexique, dans le nord du pays, à la frontière avec les États-Unis (Texas). 1,3 million d'habitants. Ateliers d'assemblage (automobile, électronique) en sous-traitance *(maquiladoras)*.

TILBURG ✦ Ville des Pays-Bas (Brabant-Septentrional). 201 258 habitants. Université catholique. Industrie textile en déclin.

TILLION Germaine (1907-2008) ✦ Ethnologue et résistante française. Elle fut parmi les premières à étudier les ethnies berbères des Aurès en Algérie. Elle entra dans la Résistance dès 1940 et, arrêtée en 1942, fut déportée à Ravensbrück. De retour en Algérie, elle s'engagea contre la torture. Ses cendres ont été transférées au Panthéon en 2015.

TIMGAD ✦ Ville d'Algérie, sur le versant nord du massif des **Aurès.** 8 838 habitants. Important site archéologique inscrit sur la liste du patrimoine mondial de l'Unesco. ♦ Une colonie militaire, l'antique *Thamugadi,* fut établie sur la voie romaine qui reliait Lambèse et Théveste, sous le règne de l'empereur Trajan (100). C'est un exemple d'urbanisme romain avec son enceinte carrée, son plan à angle droit, son arc de triomphe, son théâtre de 4 000 places, son forum, ses égouts, ses thermes. Un musée, à l'entrée du site, expose des mosaïques bien conservées, des sculptures et différents objets trouvés lors des fouilles.

TIMOR n. m. ✦ Une des îles de la Sonde, dans l'est de l'archipel indonésien (☛ cartes 38, 39). Superficie : 33 615 km². L'ouest de l'île est une province indonésienne et l'est forme le **Timor oriental.** C'est une région montagneuse et semi-aride. Élevage (chevaux, vaches). ♦ Les peuples qui l'habitent sont arrivés d'Asie (plus de 5 000 ans av. J.-C.) et d'Australie (Papous, vers 2 500 ans av. J.-C.). À partir du XVIIe siècle, les Portugais occupent l'est de l'île et les Hollandais l'ouest, intégré à l'Indonésie en 1976.

TIMOR ORIENTAL n. m. ✦ Pays d'Asie formé par la partie est de l'île de Timor (☛ cartes 38, 39). Superficie : 14 874 km². 923 198 habitants (les *Est-Timorais*). République dont la capitale est Dili. Langues officielles : le portugais et le tetum. Monnaie : le dollar. Exportation du coprah et du café. ♦ Après le départ des Portugais (1975), l'Indonésie annexe la région malgré la guérilla du Front révolutionnaire pour l'indépendance et les protestations internationales. Après le référendum d'autodétermination, par lequel 78,5 % des votants se prononcent pour l'indépendance (1999), des milices pro-indonésiennes se livrent à des massacres qui entraînent l'intervention d'une force multinationale. Des milliers de réfugiés sont ensuite rapatriés. Le pays accède à l'indépendance et devient membre de l'ONU en 2002. La voie vers la pacification reste cependant précaire.

TINGUELY Jean (1925-1991) ✦ Sculpteur suisse. Membre du groupe des «nouveaux réalistes», il est l'auteur de machines pleines de fantaisie, construites à partir de matériaux de récupération, formées de pièces de moteurs et d'engrenages tournant à vide, élaborées dans un esprit ludique proche du dadaïsme (*Métamécaniques*, 1954-1955 ; *Hommage à New York*, 1960). À côté de ces «machines délirantes», il est l'auteur, avec sa femme Niki de **Saint Phalle**, de la fontaine Stravinski, à Paris (1983) et du *Cyclop* (1994), sculpture monumentale à Milly-la-Forêt.

TINTIN ✦ Personnage de bandes dessinées créé par Hergé en 1929 dans le supplément hebdomadaire d'un quotidien belge. Il vit sa première aventure dans *Tintin au pays des Soviets*. Ce jeune reporteur, accompagné de son chien Milou, est rejoint, au fil des albums, par des personnages pittoresques comme le capitaine Haddock, le professeur Tournesol ou encore les Dupont et Dupond, policiers jumeaux. Entraîné dans des aventures qui le conduisent dans de nombreux pays, il affronte de nombreux dangers et résout des mystères grâce à son courage et son astuce. Ses 23 aventures sont traduites dans le monde entier et deux d'entre elles ont été adaptées au cinéma (*Le Mystère de la Toison d'or, Tintin et les Oranges bleues*).

TINTORET (le) (1518-1594) ✦ Peintre italien. Ce Vénitien connaît rapidement le succès dans sa ville natale où il réalise de grandes compositions mythologiques, bibliques ou historiques. Ses œuvres vigoureuses sont fondées sur des contrastes de lumière parfois violents et des personnages qui évoluent dans des mises en scène tumultueuses. Il travaille surtout à Venise : église San Marco (*Miracle de l'esclave*, 1548 ; *Miracles de saint Marc*, 1562-1566) ; les cinquante fresques de la Scuola San Rocco (1562-1587) parmi lesquelles *La Crucifixion* (1565) ; le palais ducal (*La Bataille de Lépante*, 1572-1573) ; le palais des Doges (*Le Paradis*, 1588). ▪ Son véritable nom est *Jacopo Robusti*. Son nom d'artiste vient de la profession de son père, qui est teinturier (*tintoretto* en italien).

TIPASA ✦ Ville d'Algérie, sur la côte, à l'ouest d'Alger. 15 756 habitants. Vestiges de la ville antique, ancien comptoir phénicien puis colonie romaine (enceinte, forum, amphithéâtre, temples, mausolée), inscrits sur la liste du patrimoine mondial de l'Unesco. Nécropole punique. Musée (sarcophages, mosaïques).

TIRANA ✦ Capitale de l'Albanie depuis 1920, dans le centre du pays. Environ 600 000 habitants (les *Tiranais*). Centre administratif, commercial et industriel (textile, alimentaire, mécanique).

TIRSO DE MOLINA (v. 1583-1648) ✦ Dramaturge espagnol. Il a exercé des charges importantes comme directeur d'un ordre religieux tout en se consacrant à son activité littéraire. Il est l'auteur de trois ou quatre cents pièces (comédies d'intrigue, romanesques, de caractère) qui font de lui l'un des maîtres du théâtre espagnol. C'est dans *Le Trompeur de Séville et le Convive de pierre* (v. 1625) qu'apparaît pour la première fois au théâtre le personnage de **Don Juan**. ▪ Son vrai nom est *fray Gabriel Téllez*.

TITANIC n. m. ✦ Paquebot britannique. Le plus grand et le plus luxueux bateau transatlantique de son époque, il avait été surnommé « l'Insubmersible ». Au cours de son premier voyage, dans la nuit du 14 au 15 avril 1912, il heurte un iceberg au large de Terre-Neuve et coule, causant la mort de plus de 1 500 personnes ; seules 868 survivent au naufrage. En 1984-1986, des recherches localisent son épave à 4 000 m de profondeur et plusieurs missions remontent de nombreux objets. Cette tragédie a souvent été adaptée au cinéma et des expositions lui sont régulièrement consacrées dans le monde entier.

TITANS n. m. pl. ✦ Les six fils d'**Ouranos** et de **Gaïa** dans la mythologie grecque. Ils s'unissent à leurs sœurs, les Titanides. Le plus célèbre, **Cronos**, engendre avec Rhéa les dieux olympiens qui affrontent les Titans avec l'aide des **Cyclopes**. Après la victoire des Olympiens, Zeus précipite les Titans dans le fond de l'Univers, le **Tartare**. On qualifie de *titanesque* ce qui rappelle la taille, la force hors du commun des Titans.

TITE-LIVE (vers 64 ou 59 av. J.-C.-10) ✦ Historien romain. Son *Histoire de Rome* retrace l'histoire de la ville de ses origines à l'an 9 av. J.-C. Ce patriote trace le portrait du Romain idéal, héroïque, travailleur et cherche la cause de la grandeur de Rome dans la morale de son peuple.

TITEUF ✦ Personnage de bande dessinée, créé par le dessinateur **Zep** (1992). Préadolescent à la mèche blonde dressée verticalement sur un crâne en forme d'œuf, il est le héros d'une douzaine d'albums (*Dieu, le sexe et les bretelles*, 1992 ; *C'est pô juste...*, 1995 ; *Tchô, monde cruel*, 1997 ; *Mes meilleurs copains*, 2006 ; *Le Sens de la vie*, 2008), qui racontent avec humour sa vie quotidienne et celle de ses amis, de sa classe et de sa famille. Le jeune héros est le porte-parole des jeunes de son âge, avec leur vision du monde, les questions qu'ils se posent sur la vie, les adultes, la sexualité, dans un langage bien spécifique.

TITICACA (lac) ✦ Lac de la cordillère des Andes, partagé entre le Pérou et la Bolivie. C'est un lac de montagne navigable, le plus élevé (3 800 m d'altitude) et le plus grand du monde avec une superficie de 8 340 km^2. Il est parsemé d'une quarantaine d'îles et sa profondeur maximale atteint 467 m. Sur ses rives, on pratique l'agriculture (pomme de terre, orge, quinoa) et l'élevage. Haut lieu de la civilisation inca, la culture indienne y reste très vivante.

TITIEN (vers 1490-1576) ✦ Peintre italien. Il étudie la peinture à Venise, exécute des sujets mythologiques (*L'Amour sacré et l'Amour profane*, 1515 ; *Bacchus et Ariane*, 1523 ; *La Vénus d'Urbino*, 1538, *Danaé*, 1554) et religieux (*Assomption*, 1518 ; *La Vierge à l'enfant*, 1519-1526 ; *La Vierge au lapin*, 1530), et devient le maître de la peinture vénitienne. Charles Quint en fait son peintre favori, et Titien réalise les portraits des grands hommes de son époque (*François Ier ; Charles Quint à cheval*, 1548 ; *Charles Quint assis*, 1548 ; *Philippe II*, 1550-1551). Ses nombreuses œuvres, puissantes et poétiques, ont une grande influence sur la peinture vénitienne et sur les peintres des siècles suivants. ▪ Son nom italien est *Tiziano Vecellio*.

TITO (1892-1980) ✦ Homme d'État yougoslave. Né dans une famille de paysans croates, il sert dans l'armée austro-hongroise puis se bat dans l'Armée rouge pendant la Première Guerre mondiale. À son retour au pays (1923), il milite au Parti communiste yougoslave, ce qui lui vaut d'être emprisonné. Il en devient le secrétaire général en 1937. Il organise la lutte contre l'occupation allemande (1941-1944), devient chef d'un gouvernement révolutionnaire clandestin, puis président du Conseil en 1945. Président de la République de 1953 à sa mort, il a fait de son pays une démocratie populaire indépendante de Moscou. ▪ Son véritable nom est *Josip Broz*.

TITUS (vers 40 ou 41-81) ✦ Empereur romain de 79 à sa mort. Fils de **Vespasien**, il remporte la victoire sur la Judée (70) dans l'armée de son père, qui l'associe à l'Empire et à qui il succède. Son règne est marqué par plusieurs catastrophes : incendie de Rome, épidémies meurtrières et éruption du Vésuve qui ensevelit **Pompéi** et **Herculanum**. À sa mort, son frère **Domitien** lui succède.

TIVOLI ✦ Ville d'Italie (Latium), à l'est de Rome. 49 342 habitants. Villa Adriana (villa d'Hadrien, IIe siècle) et villa d'Este de style Renaissance (1549), célèbre pour son palais et ses jardins ornés de fontaines, toutes deux inscrites sur la liste du patrimoine mondial de l'Unesco. Industries (chimie) et services. ♦ La ville, fondée par des Siciliens, est soumise par Rome en 254 av. J.-C. Elle devient le lieu de résidence de riches Romains (**Mécène**, **Horace**, **Hadrien**). Elle appartient plus tard à la famille d'Este qui, au XVIe siècle, règne à Ferrare et Modène.

TOAMASINA ✦ Ville de Madagascar, sur la côte est de l'île. Plus de 200 000 habitants. 2e ville (appelée aussi *Tamatave*) et 1er port du pays. Raffinerie de pétrole, agriculture (riz, banane, café, épices).

TOCQUEVILLE Charles Alexis Clérel de (1805-1859) ✦ Historien et homme politique français. Célèbre en France et aux États-Unis pour son ouvrage *De la démocratie en Amérique* (1835-1840), il est ministre des Affaires étrangères (1849-1851) puis se consacre à l'histoire après le coup d'État de Napoléon III. Dans *L'Ancien Régime et la Révolution* (1856), il propose des remèdes politiques, juridiques et sociaux pour briser le despotisme d'État qui peut résulter de la démocratie. Académie française (1841).

TOGO n. m. ✦ Pays d'Afrique de l'Ouest (☛ cartes 34, 36). Superficie : 56 785 km² (moins d'un dixième de la France). 6,8 millions d'habitants (les *Togolais*), animistes, chrétiens ou musulmans. République dont la capitale est Lomé. Langue officielle : le français ; on y parle aussi l'éwé, le kabyé, le peul. Monnaie : le franc CFA. ♦ GÉOGRAPHIE. De forme allongée, le Togo est constitué d'un plateau couvert de savane, entouré de montagnes boisées à l'ouest (les *monts du Togo*) et de vallées au nord et au sud. Le climat, tropical et sec au nord, devient chaud et humide au sud. ♦ ÉCONOMIE. C'est un pays agricole, avec des cultures vivrières (manioc, igname, maïs, sorgo, mil) ou destinées à l'exportation (cocotier, palmier, café, cacao, coton, arachide). L'exploitation des phosphates et des carrières de marbre constitue la principale richesse du pays. ♦ HISTOIRE. Le Nord, habité dès le Ier millénaire, est lié à l'empire du Mali, le Sud à ceux du Ghana et du Bénin. Les Portugais (XVe siècle), les Britanniques et les Hollandais (XVIIe siècle), puis les Danois (XVIIIe siècle) s'y livrent au commerce des esclaves. L'Allemagne établit son protectorat (1884), puis le pays est partagé entre la France et l'Angleterre (1922). Le Togo britannique vote son intégration à la Côte-de-l'Or qui devient le **Ghana** en 1956, tandis que la partie française obtient l'indépendance en 1960. L'opposition entre les populations du Nord et celles du Sud est à l'origine de coups d'État et de nombreux troubles politiques.

TOISON D'OR ✦ Toison dorée d'un bélier ailé dans la mythologie grecque. Le bélier est sacrifié à Zeus et sa toison, suspendue à un arbre et confiée à la garde d'un dragon, est censée donner la puissance et la prospérité à celui qui la possède. Dans le but de récupérer le trône de son père, **Jason** parvient à s'en emparer, avec l'aide des **Argonautes** et de **Médée**.

TOKYO ✦ Capitale du Japon, sur l'île de Honshu, au fond d'une large baie. 12,5 millions d'habitants (les *Tokyotes* ou les *Tokyoïtes*). Agglomération de plus de 35 millions d'habitants (☛ carte 57). Le palais impérial, au centre, est entouré de quartiers où d'anciennes maisons de bois côtoient des gratte-ciels. Grand port, centre politique, administratif et économique du pays. Industrie récente (années 1950), très développée (électronique, photo, raffineries, métallurgie, mécanique). Ville natale des peintres Hokusai et Foujita, des empereurs Hirohito et Akihito, des cinéastes Ozu, Kurosawa et Miyazaki, des écrivains Tanizaki et Mishima. La ville est victime de tremblements de terre. Son développement a entraîné pollution et surpopulation. ♦ Un seigneur local fit bâtir un château (1457) autour duquel la ville d'Edo se développa. Une famille noble en fit sa capitale au XVIIe siècle. Elle comptait déjà un million d'habitants au XVIIIe siècle. L'empereur **Meiji Tenno** en a fait la capitale du Japon sous le nom de *Tokyo* (1868). La ville a été reconstruite après le terrible tremblement de terre de 1923 et les bombardements de la Deuxième Guerre mondiale.

TOLÈDE ✦ Ville d'Espagne (Castille), sur le Tage. 78 618 habitants. Ville historique inscrite sur la liste du patrimoine mondial de l'Unesco : monuments mauresques (pont d'Alcantara, Puerta del Sol, palais fortifié de l'Alcazar), cathédrale gothique (XIIIe-XVe siècles), ancienne synagogue Santa Maria la Blanca (XIIIe siècle), nombreuses églises Renaissance (San Juan de los Reyes). Centre industriel (chimie, agroalimentaire) et touristique. ♦ Colonie romaine, elle devient la capitale des **Wisigoths** de 576 à 711. Conquise alors par Tariq, elle intègre le califat de **Cordoue** et devient la capitale d'un royaume arabe indépendant (Xe siècle). Le roi de Leon et de Castille, qui la reprend en 1085, en fait la résidence des rois de **Castille** jusqu'en 1561. Les républicains trouvèrent refuge dans l'Alcazar pendant la guerre civile (1936).

TOLKIEN John Ronald Reuel (1892-1973) ✦ Romancier britannique. Il naît en Afrique du Sud et rentre en Angleterre à la mort de son père (1896). Professeur à Oxford, il se passionne pour la littérature médiévale, l'anthropologie et la mythologie nordique. Son univers s'exprime dans son premier roman, *Bilbo le Hobbit* (1937), puis dans le cycle du ***Seigneur des anneaux*** (1954-1956). ☛ Littérature p. 135.

TOLSTOÏ Léon (1828-1910) ✦ Écrivain russe. Né dans une famille noble, orphelin très jeune, il sort de l'université sans aucun diplôme, mène une existence légère puis s'engage pour aller se battre dans le Caucase (1851). Il connaît le succès avec sa première nouvelle (*Enfance*, 1852) puis parcourt l'Europe (1856-1858). À son retour, il écrit deux romans qui lui apportent un succès mondial : *Guerre et Paix* (1863-1869), qui a pour cadre les guerres napoléoniennes, et *Anna Karénine* (1873-1877), une tragique histoire d'amour qui décrit les relations humaines dans la société russe. D'abord athée, il devient croyant et sa conversion influe considérablement sur ses dernières œuvres, qui traitent toutes de problèmes moraux (*La Sonate à Kreutzer*, 1891).

TOLTÈQUES n. m. pl. ✦ Peuple indien du Mexique. Ces guerriers nomades du nord du Mexique se fixent près de **Teotihuacan**, à Tula (Xe siècle). Ils en font la capitale d'un empire qui s'étend sur le Yucatan (colonisation de **Chichén-Itza**) et surtout le Mexique central, avant de s'effondrer en 1168. Ils empruntaient leur brillante civilisation à celle de Teotihuacan ; Topiltzin, le fondateur de Tula, était associé au dieu **Quetzalcoatl**.

TOMBOUCTOU ✦ Ville du Mali, dans le centre du pays, sur le fleuve Niger. Plus de 35 000 habitants. Inscrite sur la liste du patrimoine mondial de l'Unesco pour ses trois grandes mosquées (XVe-XVIe siècles), elle a été déclarée en péril à cause du sable qui l'envahit progressivement (1990). Point de départ des caravanes qui vont chercher le sel au nord, dans le Sahara. ♦ La ville, fondée par les **Touareg** (XIe siècle), devint un centre de commerce entre le Soudan et le Maghreb et une capitale intellectuelle qui diffusait l'islam en Afrique. Prise par le Maroc en 1591, elle fut visitée par les Européens et occupée par les Français (1893).

TOM SAWYER → SAWYER Tom

TONGA (les) n. f. pl. ✦ État de Polynésie. Il est situé dans l'océan Pacifique, à l'est des îles Fidji (☛ carte 51). Superficie totale : 650 km². 103 200 habitants (les *Tonguiens* ou les *Tongans*), en majorité protestants. Monarchie dont la capitale est Nuku'alofa (24 200 habitants). Langues officielles : l'anglais et le tonguien. Monnaie : le pa'anga. ♦ Ces 160 îles volcaniques ou atolls sont répartis en trois groupes : les îles Vava'u et Niu, les îles Ha'apaï, les îles Tongatapu et Eua. Le climat y est tropical. Elles vivent de l'agriculture, vivrière (taro, igname) ou commerciale (coprah, canne à sucre, vanille), et de la pêche qui se pratique dans les lagons. ♦ Des poteries attestent une présence humaine dès 1 300 ans av. J.-C. Découvertes par les Hollandais au XVIIe siècle, elles sont plus tard baptisées *îles des Amis* par James **Cook** (vers 1775). Le royaume devient un protectorat britannique en 1900, puis obtient son indépendance dans le cadre du Commonwealth (1970).

TONKIN n. m. ✦ Région du Viêtnam, dans le nord du pays, sur la mer de Chine méridionale. Ville principale : **Hanoï**. Cette plaine, traversée de grands fleuves (**Song Hong**), s'élève au nord et à l'ouest en collines puis en montagnes qui forment la frontière avec le Laos et la Chine. La région vit de l'agriculture (riz, légumes) et de ses ressources naturelles (charbon, minerais, hydroélectricité). ♦ Le Tonkin est le berceau de la civilisation vietnamienne. Il a été conquis par la France (1882-1885) qui l'administra sous le nom de *protectorat du Tonkin*. Son histoire est liée à celle du **Viêtnam**.

TOPKAPI ✦ Palais d'Istanbul, sur le Bosphore. Sous l'Empire **ottoman**, c'est la résidence du sultan et le lieu de réunion des hauts fonctionnaires. Les pavillons, construits entre le XVe et le XIXe siècle, sont organisés autour de quatre cours et entourés de hautes murailles. Des bibliothèques, un harem, des mosquées, des jardins avec des kiosques et des fontaines occupent une surface de 700 000 m². Topkapi est transformé en musée depuis 1924.

TOR → **THOR**

Torah n. f. ✦ Nom hébreu des cinq premiers livres de la Bible, qui signifie «loi». Ces livres s'appellent également **Pentateuque**.

TORDESILLAS (traité de) ✦ Traité par lequel le Portugal et l'Espagne se partagèrent le Nouveau Monde en 1494. Il reportait de 100 à 370 lieues à l'ouest des îles du Cap-Vert la ligne de démarcation entre les futures possessions en Amérique. C'est ainsi que le Brésil devint portugais. Ce traité fut respecté tant que la suprématie navale de l'Espagne et du Portugal ne fut pas remise en cause par la France, l'Angleterre et les Pays-Bas.

TORONTO ✦ Ville du Canada, capitale de la province de l'Ontario, sur la rive nord du lac Ontario. 2,5 millions d'habitants (les *Torontois*). Agglomération la plus importante (5,1 millions d'habitants ☛ carte 57) et la plus internationale du pays. Remarquables constructions architecturales modernes comme l'hôtel de ville, le Centre Eaton, le Roy Thompson Music Hall et un stade à toit ouvrant. Port de commerce actif, centre financier, culturel (universités, musées) et industriel (agroalimentaire, mécanique, aéronautique, métallurgie, haute technologie). ♦ L'ancien village indien est devenu un fort français (1750-1759) puis britannique. La ville d'York, capitale du Haut-Canada (1796), a porté le nom de *Toronto* (1834) avant de devenir la capitale de l'Ontario en 1867.

TORQUEMADA Tomas de (1420-1498) ✦ Religieux espagnol. Ce frère dominicain, prieur à Ségovie, est nommé inquisiteur général pour la péninsule Ibérique en 1483. Il organise le Saint-Office, tribunal espagnol de l'**Inquisition**, dont ses *Instructions* (1484-1498) règlementent les procédures, et poursuit les juifs avec fanatisme.

TORREY CANYON n. m. ✦ Pétrolier libérien qui fit naufrage en mars 1967 sur des récifs au large des côtes britanniques. Des nappes de pétrole brut dérivant en Manche touchèrent les côtes françaises et britanniques. Cette catastrophe écologique, la première due à une marée noire, fut suivie par l'adoption de conventions relatives à ce type d'accident.

TORRICELLI Evangelista (1608-1647) ✦ Physicien italien. Disciple de **Galilée**, il étudie le mouvement des corps (principe de conservation de l'énergie) et surtout des fluides : l'*expérience de Torricelli* (1643), qui réalise le premier vide, connaît son application avec le thermomètre à mercure et met en évidence la pression atmosphérique. En hydrodynamique, il formule la loi quantitative d'écoulement d'un liquide par un orifice situé à la base d'un vase (*loi de Torricelli*, 1644). En mathématiques, il étudie les problèmes de quadrature (spirales).

TOSCANE n. f. ✦ Région administrative d'Italie, dans le centre du pays (☛ carte 30). Superficie : 22 992 km². 3,5 millions d'habitants. Chef-lieu : Florence. ♦ L'**Apennin**, au nord et à l'est (mont Cimone, 2 163 m), surplombe des collines et la vallée de l'Arno. La plaine côtière, le long de la mer Tyrrhénienne, est bordée d'îles (**Elbe**). Le climat est tempéré. L'agriculture est diversifiée (céréales, olivier, vigne, élevage de bovins et des moutons). La région produit le célèbre marbre de **Carrare**. L'industrie est active (raffinerie, métallurgie, mécanique, chimie, couture, maroquinerie, arts graphiques). Le tourisme culturel (**Florence**, **Pise** et **Sienne**) est l'un des plus importants du monde. ♦ La région est conquise par les Romains (fin du IVe siècle av. J.-C.). Elle forme un duché lombard (VIe siècle), occupé par les Carolingiens en 774. Les comtes de Lucques (IXe siècle), qui combattent les Arabes en Méditerranée, le cèdent au Vatican en 1115. Les cités toscanes prennent alors leur indépendance. La Toscane passe ensuite à **Florence** (1301) et devient une des grandes puissances économiques et culturelles d'Europe. À la fin du règne des **Médicis**, elle revient à François de Lorraine, époux de Marie-Thérèse d'Autriche (1737). Prise par les Français (1799-1814), elle revient ensuite aux Habsbourg et rejoint le royaume d'Italie en 1860.

TOUAREG n. m. pl. ✦ Population berbère nomade du Sahara et du Sahel. Ils vivent organisés en tribus en Algérie, en Libye, au Mali, au Niger. Ils parlent une langue berbère, la seule à avoir conservé un alphabet. Ils pratiquent l'élevage (chèvres, chameaux, moutons) et, pour les sédentaires, l'agriculture (mil, sorgo). Pendant des siècles, ils ont contrôlé le commerce caravanier entre la Tunisie, la Libye et la boucle du Niger. Après la colonisation, le partage de leur territoire entre plusieurs États a bouleversé leur mode de vie. Leurs mouvements indépendantistes ont été durement réprimés (Mali 1960, 1990 ; Niger 1992). On les surnomme les *hommes bleus* car ils portent un turban teint à l'indigo. On dit *un Targui, des Touareg ;* on peut aussi dire *un Touareg, des Touaregs.*

TOUL ✦ Chef-lieu d'arrondissement de Meurthe-et-Moselle, sur la Moselle et sur le canal qui relie la Marne au Rhin. 15 966 habitants (agglomération 23 107) (les *Toulois*) (☛ carte 23). Fortifications de Vauban. Viticulture. Centrale photovoltaïque.

TOULON ✦ Chef-lieu du Var, sur la Méditerranée. 165 584 habitants (les *Toulonnais*) et l'agglomération 565 951 (☛ carte 23). Église Sainte-Marie-Majeure (XIe-XVIIe siècles), fontaines anciennes, musée national de la Marine. Important port militaire. Centre de services et de recherche (université, laboratoire de l'Ifremer). Industries (mécanique, électronique, électricité, construction navale). Ville natale de Raimu et de Gabriel Péri. ♦ Toulon est rattachée à la France avec la Provence en 1481. Henri IV fonde l'arsenal, agrandi par **Vauban** qui fait creuser un nouveau bassin. La ville devient la base des galères (milieu du XVIIIe siècle), dont les rameurs sont choisis parmi les forçats du bagne. Bonaparte, alors jeune lieutenant, se distingue par sa bravoure lorsque la ville est assiégée par les Anglais et les Espagnols (1793). Pendant la Deuxième Guerre mondiale, une grande partie de la flotte française se saborde dans le port de Toulon pour échapper à l'ennemi (27 novembre 1942).

TOULOUSE ✦ Chef-lieu de la Haute-Garonne et de la Région Occitanie, sur la Garonne. 466 297 habitants (les *Toulousains*) et l'agglomération 935 440, ce qui en fait la 6e ville du pays (☛ carte 23). Basilique Saint-Sernin (XIe-XIIe siècles), cathédrale Saint-Étienne (XIIe-XIIIe siècles), cloître des Jacobins (XIIIe-XIVe siècles), Capitole qui abrite l'hôtel de ville (XVIIIe siècle), musées, nombreux hôtels particuliers Renaissance, maisons bourgeoises de brique claire qui valent à la ville le surnom de *Ville rose.* Premier centre aéronautique et spatial du pays (**Airbus, Concorde,** Cité de l'Espace, musée de l'aéronautique Aeroscopia, Météo France). Recherche universitaire (chimie, pharmacologie, électronique). ♦ La cité gauloise puis romaine (120 av. J.-C.) devient le centre intellectuel de la **Narbonnaise,** puis la capitale du royaume des Wisigoths (Ve siècle) et de l'Aquitaine (IXe siècle). Après la croisade contre les **albigeois,** l'Inquisition y fonde l'ordre des dominicains afin de lutter contre les **cathares.** La ville est intégrée au domaine royal en 1271. Le commerce du pastel (colorant des textiles) lui apporte la prospérité économique (XVIe-XVIIe siècles). La ville bénéficie du trafic des péniches sur le canal du **Midi** qui relie la Méditerranée à l'Atlantique.

TOULOUSE-LAUTREC Henri de (1864-1901) ✦ Peintre français. Né dans une riche famille aristocratique, il est handicapé par une maladie des os et deux chutes de cheval. Très doué pour le dessin, il peint des scènes hippiques, se lie avec **Van Gogh** (1886) et admire les impressionnistes (**Degas, Manet**). À Montmartre, il fréquente les bals, les cabarets, les cafés-concerts, les maisons closes qui inspirent son œuvre : *Au bal du Moulin de la Galette* (1889), *Jane Avril sortant du Moulin Rouge* (1892), *Femme qui tire son bas* (1894). Il réalise aussi des affiches pour des artistes, des journaux, des spectacles (le Moulin Rouge avec la Goulue et Valentin le désossé, Aristide Bruant, Jane Avril, Yvette Guilbert). Un musée lui est consacré à Albi. ■ **Son nom complet est** *Henri Marie-Raymond de Toulouse-Lautrec-Monfa.*

TOUMAÏ ✦ Nom donné au plus ancien hominidé connu, découvert au nord du Tchad en 2001. Il ne ressemble ni aux grands singes (gorille, chimpanzé) ni aux fossiles humains connus à ce jour. Les ossements mis au jour, le crâne et la machoire inférieure, présentent des caractères qui semblent les rattacher au rameau humain. Ils dateraient d'environ 7 millions d'années.

TOUNGOUSKA n. f. ✦ Rivières de Russie (Sibérie orientale). La *Toungouska supérieure* (1 779 km), la *Toungouska pierreuse* (1 865 km) et la *Toungouska inférieure* (2 989 km) sont des affluents de l'**Ienissei.**

TOUQUET-PARIS-PLAGE (Le) ✦ Commune du Pas-de-Calais, sur la Manche. 4 380 habitants (les *Touquettois*) (☛ carte 23). Station balnéaire, thalassothérapie. Blériot réalisa les premiers essais de vol au-dessus des dunes (1906). Course motocycliste d'endurance. Pomme de terre (*ratte du Touquet*).

TOURAINE n. f. ✦ Région historique du sud-ouest du Bassin parisien (☛ carte 21). Elle couvre le département de l'Indre-et-Loire, et une partie de ceux du Loir-et-Cher et de l'Indre. Ville principale : Tours. ♦ Elle est formée de plateaux coupés par de riches vallées : Val de Loire, vallées du Cher, de l'Indre et de la Vienne. C'est une région agricole (vigne, fruits, légumes, élevage), longtemps surnommée le «jardin de la France». Elle est célèbre pour ses châteaux construits le long de la **Loire.** ♦ Sous l'Empire romain, elle était intégrée dans la province de la Lyonnaise. Les Mérovingiens en firent un comté, réuni au domaine royal sous **Philippe Auguste.** Après avoir appartenu à plusieurs princes du sang, la Touraine rejoint définitivement la Couronne en 1584.

TOURCOING ✦ Ville du Nord. 95 329 habitants (les *Tourquennois*). Le clocher de l'église Saint-Christophe (XVIe-XIXe siècles) abrite un musée consacré aux cloches et un carillon de 62 cloches. Centre industriel (textile, vente par correspondance, imprimerie, arts graphiques, transports) qui fait partie du grand ensemble urbain de **Lille**-Roubaix-Tourcoing. Ville natale d'Albert Roussel.

TOUR DE FRANCE n. m. ✦ Compétition cycliste par étapes créée en 1903. Elle se déroule tous les ans en juillet, le parcours variant et alternant étapes de montagne et de plaine. Le coureur en tête du classement porte le maillot jaune.

TOUR EIFFEL → EIFFEL Gustave

TOURGUENIEV Ivan Sergueïevitch (1818-1883) ✦ Écrivain russe. Il étudie à Moscou, rencontre **Pouchkine** à Saint-Pétersbourg et subit l'influence de **Hegel** à Berlin. Il écrit un recueil, *Récits d'un chasseur* (1852), qui dénonce le servage et incitera **Alexandre II Nikolaïevitch** à l'abolir (1861). En 1864, il quitte la Russie et s'installe à Paris où il se lie avec Flaubert et fait connaître la littérature russe en France. Il est l'auteur de drames (*Un mois à la campagne,* 1855), de nouvelles (*Premier Amour,* 1860), de romans (*À la veille,* 1860 ; *Père et fils,* 1862 ; *Fumée,* 1867 ; *Terres vierges,* 1877) et de contes.

TOURMALET (col du) ✦ Col des Hautes-Pyrénées (2 115 m), le plus haut col routier des Pyrénées françaises. Station de ski de La Mongie.

TOURNAI ✦ Ville de Belgique (Hainaut). 67 844 habitants (les *Tournaisiens*). Cathédrale Notre-Dame inscrite sur la liste du patrimoine mondial de l'Unesco

(XIIe-XIIIe siècles), beffroi (XIIe-XIVe siècles), place de l'Évêché (1300), pont médiéval (XIVe siècle), nombreuses églises romanes et gothiques, maisons anciennes. Activités tertiaires. Industries (textile, imprimerie, cimenterie, construction métallique, chimie). Lieu touristique célèbre pour ses porcelaines et ses tapisseries. ♦ La cité romaine, évangélisée au IIIe siècle, passe sous la domination des Francs en 440. Elle devient l'une des capitales des Mérovingiens, plus tard ravagée par les Normands (898). En 1521, Charles Quint la réunit aux Pays-Bas. Prise par Louis XIV (1667), Tournai est fortifiée par **Vauban.** La ville est âprement disputée par les Autrichiens et les Français (XVIIIe siècle) avant d'être réunie au **Hainaut** et rattachée à la Belgique en 1830.

TOURNIER Michel (1924-2016) ✦ Écrivain français. Il fait des études de philosophie, produit des émissions à la radio et se consacre ensuite à la littérature. Son œuvre s'inspire des grands mythes, qui donnent une portée philosophique à ses romans. Parmi eux, on peut citer *Vendredi ou les Limbes du Pacifique* (1967, réécrit pour les enfants sous le titre *Vendredi ou la Vie sauvage* ☛ Littérature p. 115), *Le Roi des aulnes* (1970), *Les Météores* (1975). Il écrit aussi des nouvelles (*Coq de Bruyère,* 1978 ; *Le Médianoche amoureux,* 1989) et des récits pour la jeunesse (*Amandine et les deux jardins,* 1978 ; *La Fugue du Petit Poucet,* 1979 ; *Pierrot ou les Secrets de la nuit* et *Barbedor,* 1980). Académie Goncourt (1972).

TOURNON-SUR-RHÔNE ✦ Chef-lieu d'arrondissement de l'Ardèche, sur le Rhône. 10 558 habitants (agglomération 30 128) (les *Tournonais*) (☛ carte 23). Industrie automobile (caravanes). Viticulture.

TOURS ✦ Chef-lieu d'Indre-et-Loire, sur la Loire. 136 125 habitants (les *Tourangeaux*) et l'agglomération 352 873. Cathédrale gothique Saint-Gatien (XIIe-XVe siècles), église Saint-Julien (XIe-XIIIe siècles), nombreux hôtels particuliers et maisons anciennes. Industries (mécanique, chimie). Secteur agroalimentaire réputé (vins de **Touraine**) ; ville natale de Jean Fouquet, Balzac, Courteline, Paul Nizan et Yves Bonnefoy. ♦ Saint Martin fait de la ville l'un des centres religieux de la Gaule (IVe siècle). Au XVe siècle, Louis XI y introduit l'industrie de la soie. Tours devient un foyer actif de la **Réforme.** La révocation de l'édit de **Nantes** provoque le départ de nombreux habitants.

TOURS (congrès de) ✦ Congrès qui réunit à Tours du 25 au 30 décembre 1920 les militants socialistes de la Section française de l'Internationale ouvrière (SFIO). Divisés sur l'adhésion à la IIIe **Internationale,** ils se séparent en deux groupes, dont l'un formera le Parti communiste.

TOUSSAINT n. f. ✦ Fête religieuse catholique. Elle célèbre la Vierge et l'ensemble des saints de l'Église, le 1er novembre. On la confond parfois avec le Jour des morts, qui se commémore le lendemain. **Halloween** se fête la veille de la Toussaint.

TOUSSAINT-LOUVERTURE (1743-1803) ✦ Homme d'État haïtien. Esclave noir affranchi en 1776, il s'allie aux Espagnols (1791) puis se rallie à la France quand l'esclavage est aboli par la Convention (1794). Nommé général en chef de l'armée de **Saint-Domingue** (1797), il chasse les Britanniques (1798) et proclame l'autonomie de l'île dans le cadre de la République française (1801). Bonaparte le fait alors arrêter (1802) puis interner au fort de Joux, en Suisse, où il meurt de la rigueur du climat. ■ Son vrai nom est *François Dominique Toussaint.*

TOUTANKHAMON ✦ Pharaon d'Égypte de 1354 av. J.-C. à 1343 av. J.-C. environ. Il succède à son beau-père **Aménophis IV.** Il abandonne le culte d'**Aton** qu'avait instauré ce dernier et rétablit la religion officielle. Il meurt très jeune, sans héritier. Ce pharaon est très célèbre car son tombeau a été retrouvé intact par le Britannique Howard Carter dans la **Vallée des Rois** (1922). La chambre funéraire, ornée de peintures, et la chambre du trésor contenaient plus de 3 000 objets inestimables, dont un sarcophage en or massif de 110 kilos, un masque d'or incrusté de pierreries recouvrant la tête et les épaules de la momie, des bijoux, des statues, des meubles, des armes, des chars. Ces objets sont conservés au musée du Caire.

TOUTATIS ✦ Nom latin du dieu gaulois **Teutatès.**

TOUVA (République de) ✦ République de la fédération de Russie, dans le sud de la Sibérie, à la frontière de la Mongolie (☛ carte 33). Superficie : 170 500 km² (environ un tiers de la France). 305 500 habitants (les *Touvas*). Capitale : Kyzyl (104 100 habitants). On y parle le touva et le russe. Région montagneuse, traversée par l'Ienisseï. Agriculture (céréales, élevage de moutons, de chèvres, de bovins), ressources minières (houille, cobalt, amiante), industries (alimentaire, bois).

TRAFALGAR (cap) ✦ Cap d'Espagne, au nord-ouest de Gibraltar, entre Cadix et Tarifa. Le 21 octobre 1805, l'amiral anglais **Nelson** y remporte sur la flotte franco-espagnole une brillante victoire au cours de laquelle il trouve la mort.

TRAJAN (53-117) ✦ Empereur romain de 98 à sa mort. Ce fils de soldat, devenu gouverneur de la Germanie supérieure, est adopté en 97 par l'empereur Nerva auquel il succède. Grand chef de guerre, il étend l'Empire en conquérant la Dacie, l'Arabie Pétrée, l'Arménie, l'Assyrie et la Mésopotamie. Il entreprend de grands travaux (*forum de Trajan* à Rome). Il refuse toute violence contre les chrétiens. Sous son règne, l'Empire romain connaît un fort essor intellectuel avec **Plutarque, Pline le Jeune, Tacite, Juvénal.** Son fils adoptif, **Hadrien,** lui succède.

TRANSAT ANGLAISE n. f. ✦ Course à la voile en solitaire à travers l'Atlantique, de Plymouth à Boston. Elle se déroule tous les quatre ans depuis 1960. **Chichester** gagna la première épreuve puis plusieurs Français s'illustrèrent : **Tabarly** la remporta deux fois (1964 et 1976), Loïck **Peyron** trois (1992, 1996 et 2008), ainsi qu'Alain **Colas** (1972) et Michel **Desjoyeaux** (2004) qui détient le record de la traversée.

TRANSKEI n. m. ✦ Ancien État noir (« bantoustan ») d'Afrique du Sud. Le gouvernement d'apartheid avait créé ce territoire autonome pour y regrouper des populations bantoues (1959). Son indépendance, en 1976, ne fut pas reconnue par la communauté internationale. Il a réintégré l'Afrique du Sud et fait partie de la province du Cap-Oriental depuis 1994.

TRANSNISTRIE n. f. ✦ Région d'Europe orientale située en Moldavie, sur la rive gauche du Dniestr. Superficie : 4 163 km². 530 000 habitants (en majorité russophones). Capitale : Tiraspol (155 000 habitants). Elle constitue depuis 1991 une république autoproclamée non reconnue par la Moldavie et appuyée par la Russie.

TRANSOXIANE n. f. ✦ Ancienne région d'Asie centrale qui s'étendait au-delà de l'Amou-Daria (fleuve alors appelé *Oxus*).

TRANSSIBÉRIEN n. m. ✦ Ligne de chemin de fer, longue de 7 500 km, qui traverse la **Sibérie** d'ouest en est. Elle relie Tcheliabinsk à **Vladivostok** sur le Pacifique, en passant par Omsk, Novossibirsk, Tchita, la Mandchourie et Kharbin. Le Transsibérien, construit de 1891 à 1898, a été complété par le contournement du lac Baïkal (1916).

TRANSVAAL n. m. ✦ Région d'Afrique du Sud, partagée depuis 1994 en plusieurs provinces. Ses villes principales sont Pretoria et Johannesburg. C'est la principale région minière (or, diamant, cuivre, fer, mica, amiante) et industrielle du pays. ♦ Colonisée par les **Boers** venus du Cap (1838), la région obtient son indépendance reconnue par la Grande-Bretagne en 1852. Les Britanniques l'annexent (1877-1881), ce qui déclenche la guerre des Boers. Ils en font une colonie de la Couronne en 1902. Le Transvaal devient l'une des quatre provinces de l'Union sud-africaine en 1910.

TRANSYLVANIE n. f. ✦ Région de Roumanie, dans le centre du pays. Elle est formée par des montagnes et des collines boisées au sud des **Carpates** et par des plateaux fertiles (céréales, légumes, vigne, élevage de bovins et de moutons). Son sous-sol est riche (gaz, or, cuivre, plomb, fer, charbon, sel, marbre). Sept villages fortifiés (XIIIe-XVIe siècles) sont inscrits sur la liste du patrimoine mondial de l'Unesco. ♦ La région faisait partie de la province romaine de Dacie. Elle fut envahie par les Barbares (Goths, Vandales, Huns, Bulgares, IVe-IXe siècles), puis soumise par les Hongrois (XIe-XVIe siècles). Devenue une principauté protestante indépendante (1526-1691), elle est conquise par les Habsbourg d'Autriche qui l'incluent dans l'Empire d'**Autriche-Hongrie** (1867-1918). Son rattachement à la Roumanie, réclamé dès 1918, est confirmé après la Deuxième Guerre mondiale (1947). La minorité hongroise se constitua en région autonome de 1952 à 1968. Son parti, l'Union démocratique des Magyars de Roumanie, siège au Parlement roumain depuis 1990.

TRÉBEURDEN ✦ Commune des Côtes-d'Armor. 3 639 habitants (les *Trébeurdinais*). Station balnéaire.

TREBLINKA ✦ Camp d'extermination nazi, établi en Pologne, au nord-est de Varsovie. En 1942 et 1943, les juifs du ghetto de Varsovie y furent déportés et gazés.

TRENET Charles (1913-2001) ✦ Chanteur français. L'inspiration, l'humour, la poésie et l'invention mélodique ont fait le succès de ses chansons. Son œuvre, marquée par l'influence de Max Jacob et de Jean Cocteau, exprime la joie de vivre et la fantaisie. Parmi ses titres les plus célèbres, on peut citer : *Y a d'la joie, Boum, La Mer, Une noix, Que reste-t-il de nos amours ?, Nationale 7, Je chante, Douce France.* Sa présence sur scène et la fraîcheur de ses chansons lui ont valu le surnom de «Fou chantant».

TRENT n. f. ✦ Rivière d'Angleterre, longue de 270 km (☛ carte 31). Elle prend sa source près de Birmingham, arrose les Midlands et se jette par un profond estuaire dans la mer du Nord.

TRENTE ANS (guerre de) ✦ Conflit politique et religieux qui déchire l'Europe et surtout le **Saint Empire** romain germanique de 1618 à 1648. L'empereur catholique Ferdinand II de Habsbourg décide de lutter contre les partisans de la **Réforme** et les princes allemands protestants. La plupart des grandes puissances étrangères participent à ce conflit, notamment la France. La guerre se termine par le traité de Westphalie, qui affaiblit le pouvoir des Habsbourg et morcelle l'**Allemagne.** La France gagne l'**Alsace,** la **Suisse** acquiert son indépendance mais la **Hanse** en sort ruinée.

TRENTE GLORIEUSES (LES) → GLORIEUSES (LES TRENTE)

TRENTIN-HAUT-ADIGE n. m. ✦ Région administrative d'Italie, dans le nord du pays (☛ carte 30). Superficie : 13 613 km². Plus d'un million d'habitants. Chef-lieu : Trente. ♦ Cette région de montagnes (**Tyrol, Dolomites**) pratique l'agriculture (fruits, vigne, élevage bovin). L'industrie (métallurgie, électricité, mécanique, textile, agroalimentaire) est active, le tourisme d'hiver bien développé. ♦ La région est passée de la France à l'Autriche avant d'être rattachée au royaume d'Italie en 1919.

TRÉPORT (Le) ✦ Commune de la Seine-Maritime, sur la Manche. 5 025 habitants (les *Tréportais*) (☛ carte 23). Port de pêche et de plaisance. Station balnéaire.

TRÈVES ✦ Ville d'Allemagne (Rhénanie-Palatinat), sur la Moselle. 97 200 habitants. L'une des plus vieilles cités du pays. Les monuments romains (porte, thermes, basilique, amphithéâtre), la cathédrale Saint-Pierre (IVe-XIIIe siècles) et l'église Notre-Dame sont inscrits sur la liste du patrimoine mondial de l'Unesco ; quartier médiéval autour de la place du Marché. Musées. Commerce des vins de Moselle. Industries (mécanique, tabac, chaussure, pneumatique, métallurgie). Ville natale de Karl Marx. ♦ La ville, soumise par César (56 av. J.-C.), devient la capitale de la province de Belgique Ire, résidence impériale et l'une des quatre capitales de l'Empire romain. Après la période des invasions barbares, elle devient le siège d'un électorat de l'Empire allemand (870), gouverné par un archevêque-électeur. Elle a fait partie du département français de la Sarre (1794) avant d'être rattachée à la Prusse (1815).

TREVITHICK Richard (1771-1833) ✦ Ingénieur britannique. Il est l'inventeur de la première locomotive à vapeur (1803). Il imagine le tirage forcé par échappement de vapeur dans la cheminée (1808).

TRIANON n. m. ✦ Châteaux situés dans le parc du château de **Versailles.** Louis XIV charge **Le Vau** de construire le premier Trianon ou *Trianon de porcelaine,* aux murs habillés de faïences de style chinois (1670). Le *Grand Trianon* ou *Trianon de marbre* est bâti sur le même emplacement par **Hardouin-Mansart** (1687) avec une façade ornée de marbre rose. Louis XIV y donne des soupers et des fêtes en famille. Le *Petit Trianon* est construit pour Mme de **Pompadour** par l'architecte **Gabriel,** dans le style «à la grecque» alors à la mode (1763-1768). Louis XVI en fait don à **Marie-Antoinette,** qui ajoute un jardin anglais, un belvédère, un théâtre et un ensemble de maisonnettes autour d'un lac artificiel formant le Hameau de la Reine.

TRIESTE ✦ Ville d'Italie, capitale du Frioul-Vénétie-Julienne, sur l'Adriatique, au fond du *golfe de Trieste.* 211 184 habitants (les *Triestins*). Ruines romaines, cathédrale Saint-Just (XIe-XIVe siècle), campanile (1343). Port de transit. Industries (construction navale, raffinerie, chimie, métallurgie, alimentaire). Ville natale de la princesse Mathilde et du prince Jérôme Bonaparte, de Giorgio Strehler.

TRINITÉ (La) ✦ Chef-lieu d'arrondissement de la Martinique, sur la côte est de l'île. 12 973 habitants (les *Trinitéens*) (☛ carte 23). Sucrerie, distillerie de rhum.

TRINITÉ-ET-TOBAGO ✦ Pays d'Amérique centrale. Ensemble de deux îles situées dans les Petites Antilles, au large des côtes du Venezuela. Superficie : 5 128 km^2. 1,1 million d'habitants (les *Trinidadiens*), chrétiens, hindous ou musulmans. République dont la capitale est Port of Spain. Langue officielle : l'anglais. Monnaie : le dollar de Trinité-et-Tobago. ♦ GÉOGRAPHIE. L'île de Trinité (4 828 km^2) et l'île de Tobago (300 km^2) sont couvertes de collines et de plaines. Le climat est chaud et humide, avec des précipitations abondantes. ♦ ÉCONOMIE. L'agriculture (canne à sucre, café, cacao) et l'élevage sont peu importants. Gisements de pétrole et de gaz naturel. Industries (raffineries, sidérurgie, pétrochimie, alimentaire). ♦ HISTOIRE. Christophe Colomb découvre la Trinité en 1498. Elle est conquise par les Britanniques en 1797. L'État de Trinité-et-Tobago obtient son indépendance dans le cadre du Commonwealth en 1962.

TRIOLET Elsa (1896-1970) ✦ Romancière française d'origine russe. Égérie de Louis **Aragon**, elle a publié en français de nombreux ouvrages en écho à ceux du poète. Ses romans (*Le Cheval blanc*, 1943 ; la trilogie *L'Âge de nylon : Roses à crédit*, 1959, *Luna-Park*, 1960, *L'Âme*, 1962) analysent l'avenir de l'homme aux prises avec les problèmes politiques, révèlent son émerveillement face à l'évolution scientifique et évoquent son mystère (*Le Grand Jamais*, 1965).

TRIPLE-ALLIANCE ou **TRIPLICE** n. f. ✦ Alliance défensive conclue à Vienne en 1882 entre l'Allemagne, l'Autriche-Hongrie et l'Italie, à l'instigation de **Bismarck** (☛ carte 16). L'accord est rompu par l'Italie lorsqu'elle entre en guerre aux côtés des Alliés (1915).

TRIPLE-ENTENTE ✦ Alliance entre la France, la Grande-Bretagne et la Russie (☛ carte 16). Non écrit, cet accord résulte des rapprochements entre la France et la Russie (1893), la France et la Grande-Bretagne (Entente cordiale, 1904), la Grande-Bretagne et la Russie (1907). La Triple-Entente s'oppose à la **Triple-Alliance**. L'accord est rompu quand les Russes signent avec l'Allemagne le traité de Brest-Litovsk (1918).

① **TRIPOLI** ✦ Ville du Liban, dans le nord du pays, sur la Méditerranée. 350 000 habitants (les *Tripolitains*). Port important. Industries (raffineries, agroalimentaire, tanneries, tabac, textile). ♦ Les croisés fondent le comté latin de Tripoli (1109), qui est réuni à la principauté d'**Antioche** (1201). Les mamelouks prennent Antioche (1268) ; le sultan d'Égypte s'empare de Tripoli (1289) mais les Templiers s'y maintiennent jusqu'en 1291.

② **TRIPOLI** ✦ Capitale de la Libye, dans le nord-ouest du pays, sur la Méditerranée. 1,5 million d'habitants (les *Tripolitains*). Vestiges romains (arc de triomphe de Marc Aurèle). Port important. ♦ La colonie phénicienne fondée au VIIIe siècle av. J.-C. devient la capitale de la province romaine de Tripolitaine (Ier siècle av. J.-C.). Elle est tour à tour conquise par les Vandales (Ve siècle), les Byzantins (533), les Arabes (643) et les Turcs (1551-1911). Pendant la Deuxième Guerre mondiale, elle est occupée par les Italiens qui en font une base militaire, puis conquise par les Britanniques qui l'administrent jusqu'à l'indépendance du pays (1951).

TRIPURA n. m. ✦ État du nord-est de l'Inde créé en 1972 par la division de l'Assam (☛ carte 41). Superficie : 10 486 km^2. 3,7 millions d'habitants. Capitale : Agartala (400 000 habitants). Bordé par le Bangladesh, l'État vit de l'agriculture (thé, céréales, pomme de terre, canne à sucre), exploite ses forêts, ses réserves de gaz naturel et s'industrialise (alimentaire, mécanique, artisanat).

TRISTAN Flora (1803-1844) ✦ Femme politique française. Cette militante féministe et socialiste lutte pour le rétablissement du divorce (aboli par Louis XVIII en 1816) et l'abolition de la peine de mort. Outre ses *Pérégrinations d'une paria* (1838), elle a publié *Union ouvrière* (1843), qui a contribué à ouvrir la voie à un socialisme internationaliste.

TRISTAN ET ISEULT ✦ Héros d'une légende celtique du Moyen Âge. Le vaillant chevalier Tristan est élevé par son oncle Marc, le roi de Cornouailles. Celui-ci envoie Tristan en Irlande chercher la fille unique du roi, la blonde Iseult, qu'il doit épouser. Sur le chemin du retour, Tristan et Iseult boivent par erreur un philtre d'amour destiné au futur mari. Iseult épouse Marc mais les deux amants, liés pour toujours, continuent de se voir. Tristan quitte le royaume et se marie sans amour. Plus tard, quand il se voit près de succomber à une blessure, il réclame Iseult qui le suit dans la mort. Cette légende, qui symbolise l'amour impossible, inspira à Wagner son opéra *Tristan et Isolde* (1865).

TRITON ✦ Dieu marin de la mythologie grecque, fils de **Poséidon** et d'**Amphitrite**. Il est représenté sous la forme d'un homme dont le corps se termine par une queue de poisson. Les Tritons, nés de lui, font partie du cortège de Poséidon. Un *triton* est un batracien proche de la salamandre.

TRNKA Jiří (1912-1969) ✦ Cinéaste d'animation tchèque. Fidèle à l'art populaire tchèque de la marionnette, il fonde en 1936 le Théâtre de bois. Il s'intéresse en même temps au cinéma d'animation qu'il rénove et crée le film de marionnettes. *Le Rossignol de l'empereur de Chine*, 1949 ; *Le Brave Soldat Svejk*, 1955 ; *La Main*, 1965.

TROCADÉRO n. m. ✦ Ensemble architectural de Paris, sur la rive droite de la Seine, en face de la Tour **Eiffel**. Le palais de Chaillot s'élève à l'emplacement de l'ancien palais du Trocadéro construit pour l'Exposition universelle de 1937. Il comprend deux ailes courbes autour d'une terrasse centrale (parvis des Droits de l'homme) prolongée de jardins et de pièces d'eau qui descendent jusqu'à la Seine. Le palais abrite les musées des Monuments français, de la Marine, de l'Homme, la Cité de l'architecture et du patrimoine, et le théâtre national de Chaillot.

TROIE ✦ Cité antique d'Asie Mineure, localisée à Hissarlik, dans le nord-ouest de la Turquie. Ce site archéologique, inscrit sur la liste du patrimoine mondial de l'Unesco, fut occupé dès 3000 av. J.-C. La ville, plusieurs fois détruite par les invasions des Indo-Européens, était probablement peuplée par des Éoliens (vers 700 av. J.-C.). Elle apparaît dans l'histoire sous le nom d'*Ilion*. Alexandre le Grand lui accorde des privilèges (334 av. J.-C.), puis elle passe aux rois de Syrie et de Pergame. Les Gaulois la ravagent, les Romains l'incendient (85 av. J.-C.), **Sylla** la reconstruit. Sous la domination turque (1306), la ville tombe en ruines et disparaît sous la végétation. Les recherches archéologiques menées par l'Allemand H. Schliemann (1871-1890) révèlent neuf couches de fondations superposées qui indiquent neuf villes successives.

TROIE (guerre de) ✦ Guerre légendaire connue par des poèmes épiques, l'***Iliade*** et l'***Odyssée***. Selon Ératosthène, elle se déroula de 1193 à 1184 av. J.-C. Elle est déclenchée par l'enlèvement de la princesse grecque **Hélène** par le Troyen **Pâris**. Les Grecs, menés par **Agamemnon**, assiègent pendant dix ans la cité de **Priam**. Ils réussissent à s'y introduire grâce à la ruse du *cheval de Troie*. **Ulysse** fait construire un gigantesque cheval de bois dans lequel se cachent des guerriers grecs. Les Troyens le font entrer dans la cité et, la nuit venue, les soldats sortent du cheval et ouvrent les portes de la ville à leurs compagnons. Troie est incendiée, les hommes sont massacrés et les femmes emmenées en esclavage. Seuls **Énée** et les siens parviennent à s'enfuir.

TROIS GLORIEUSES (LES) → GLORIEUSES (LES TROIS)

Trois Mousquetaires (Les) ✦ Roman historique d'Alexandre Dumas (1844). Les mousquetaires du roi Louis XIII, **Athos, Aramis, Porthos** et d'**Artagnan**, ont pour devise « Un pour tous, tous pour un ». Ils connaissent de nombreuses aventures pour venir en aide à la reine Anne d'Autriche, que Richelieu, avec Milady de Winter, veut compromettre avec le duc de Buckingham. Le succès du roman lui vaut une suite : *Vingt Ans après* (1845), où Dumas évoque les évènements de la Fronde, puis *Le Vicomte de Bragelonne* (1848-1850), qui se déroule pendant les premières années du règne de Louis XIV. Ces œuvres ont souvent été adaptées au cinéma.

TRONDHEIM ✦ Ville de Norvège, sur la côte ouest du pays. 173 486 habitants. Forteresse de Kristiansten (XVIIe siècle). 3e ville du pays, port de pêche, de commerce et de voyageurs. Activités commerciales. Industries (conserveries, bois, mécanique, métallurgie). Capitale du pays jusqu'en 1380.

TROTSKI Léon (1879-1940) ✦ Homme politique russe. En 1898, alors étudiant, il est arrêté pour appartenance au mouvement révolutionnaire et déporté en Sibérie. Il s'enfuit et gagne l'Angleterre. En 1905, à Saint-Pétersbourg, il prépare l'insurrection armée et développe sa théorie de la révolution permanente (appelée *trotskisme*). Condamné au bannissement à vie, il s'évade à nouveau et gagne l'Autriche. De retour à Petrograd, il dirige la **révolution russe** avec les bolcheviks (1917) et organise l'Armée rouge (1918-1920). Après la mort de **Lénine**, il s'oppose à **Staline**, qui l'exclut du Parti communiste, le déporte au Kazakhstan puis l'expulse d'URSS (1929). Il séjourne à Constantinople, en France, en Norvège puis au Mexique où Staline le fait assassiner. ■ Son véritable nom est *Lev Davidovitch Bronstein*.

TROUVILLE-SUR-MER ✦ Commune du Calvados, sur la Manche. 4 708 habitants (les *Trouvillais*). Port de pêche. Station balnéaire proche de Deauville.

TROYAT Henri (1911-2007) ✦ Écrivain français d'origine russe. Ses grands cycles romanesques s'inscrivent dans le réalisme du XIXe siècle. Certains romans peignent la Russie avant et après la révolution de 1917 (*Tant que la terre durera*, 1947-1950) tandis que d'autres sont un tableau de la société française moderne à travers l'histoire de familles (*Les Eygletière*, 1965-1967). Il a également écrit des biographies (*Tolstoï*, 1965 ; *Nicolas Ier*, 2001). Académie française (1959). ■ Son vrai nom est *Lev Tarassov*.

TROYES ✦ Chef-lieu de l'Aube, sur la Seine. 60 750 habitants (les *Troyens*). Cathédrale Saint-Pierre-et-Saint-Paul (XIIIe-XVIIe siècles), églises gothiques (Saint-Urbain, XIIIe-XIVe siècles), musée historique de Troyes et de Champagne. Centre industriel diversifié qui maintient la tradition de la bonneterie depuis le XVIe siècle. Ville natale de Chrétien de Troyes, François Girardon, Édouard Herriot. ♦ Capitale choisie par les comtes de **Champagne** (XIIe siècle), la ville doit sa prospérité aux foires du Moyen Âge. Après la Réforme, elle décline avec la révocation de l'édit de Nantes.

TRUFFAUT François (1932-1984) ✦ Cinéaste français. Il est critique aux *Cahiers du cinéma* avant de devenir l'un des grands réalisateurs de la Nouvelle Vague, un groupe de cinéastes qui s'affirment en dehors des codes professionnels, techniques et artistiques, au début des années 60. Son œuvre, souvent autobiographique, est marquée par la tendresse, la nostalgie du temps qui passe, la difficulté et parfois la tragédie des relations amoureuses. Parmi ses films on peut citer : *Les Quatre Cents Coups* (1959), *Jules et Jim* (1962), *La Nuit américaine* (1973), *L'Histoire d'Adèle H.* (1975), *Le Dernier Métro* (1980), *La Femme d'à côté* (1981).

TRUMAN Harry (1884-1972) ✦ Homme d'État américain. Sénateur démocrate du Missouri (1943-1953), il devient le 33e président des États-Unis (1945-1953) et poursuit la politique économique et sociale de son prédécesseur, F. D. Roosevelt. Il obtient la reddition du Japon en lançant la bombe atomique sur **Hiroshima** et **Nagasaki** (1945). Il crée la **CIA** au moment de la **guerre froide**, met en place le plan **Marshall**, œuvre pour la création de l'**Otan** et envoie les troupes américaines, sous le commandement de **MacArthur**, combattre en Corée (1950).

TRUMP Donald (né en 1946) ✦ Homme d'État américain. Cet homme d'affaires remporte la primaire républicaine et est élu 45e président des États-Unis (2016).

TRUYÈRE n. f. ✦ Rivière du Massif central, longue de 160 km. Elle prend sa source au sud de l'Auvergne, en Lozère, pénètre en Aveyron et rejoint le Lot. Nombreux barrages hydroélectriques.

TSHWANE ✦ Nom officiel de l'agglomération de **Pretoria**.

TSIGANES ou **TZIGANES** n. m. pl. ✦ Peuples nomades originaires du nord-ouest de l'Inde. Ils se dispersent lentement dans toute l'Europe à partir de l'an 1000. Traditionnellement, on distingue les Manouches (France, Italie), les Gitans (Espagne, Portugal) et les Roms (Europe centrale). Ils partagent une langue et une culture communes. Ils sont victimes de persécutions pendant la Deuxième Guerre mondiale.

TUAMOTU (les) ✦ Archipel de Polynésie française, à l'est des îles de la Société. Superficie : 860 km². 12 374 habitants (les *Paumotus* ou les *Pomotus*). L'archipel est composé d'environ 80 atolls et de l'île de Makatea. Exploitation des cocotiers et de la pêche. Découvert par les Espagnols (1606), l'archipel est annexé par la France en 1880. Des essais nucléaires ont été effectués par la France sur les atolls de **Mururoa** et Fangataufa (1963-1998).

TUDORS (les) ✦ Famille du pays de Galles qui régna sur l'Angleterre de 1485 à 1603. Les Tudors succèdent aux **Plantagenêts** ; les plus célèbres sont **Henri VIII, Marie Ire Tudor, Élisabeth Ire**.

TUILERIES (les) ✦ Ancienne résidence des rois de France, située à Paris, entre le Louvre et les Champs-Élysées. Catherine de Médicis entreprend la construction du palais (1564-1570). Les travaux se poursuivent sous Louis XV, qui en fait sa résidence. Pendant la Révolution, la **Convention nationale** y siège, puis les souverains l'habitent à partir de l'Empire. Le palais est incendié sous la **Commune** (1871) puis détruit (1882). Seul le *jardin des Tuileries*, dessiné par **Le Nôtre** (1664), subsiste. Ses deux terrasses, qui se rejoignent au niveau de la place de la Concorde, abritent deux musées, l'Orangerie et le Jeu de paume. Le jardin est orné de statues (Coysevox, Carpeaux, Rodin, Giacometti, **Maillol**).

TULLE ✦ Chef-lieu de la Corrèze. 14 325 habitants (les *Tullistes*). Cathédrale (XIIe-XIVe siècles), belles maisons Renaissance. Industries (agroalimentaire, mécanique, manufacture d'armes, instruments de musique). Le *point de Tulle* est une broderie exécutée sur un réseau de mailles carrées régulières. Ce filet prend le nom de *tulle* (n. m.).

TUNIS ✦ Capitale de la Tunisie, dans le nord-est du pays, sur la Méditerranée. 728 453 habitants (les *Tunisois*). Ville arabe inscrite sur la liste du patrimoine mondial de l'Unesco : souks, université musulmane al-Zaytuna (IXe siècle). La ville, construite entre des collines et une lagune, est reliée à la ville de La Goulette par un canal. Port, centre industriel, artisanal, commercial, financier et administratif. Ville natale d'Ibn Khaldoun. ♦ La cité carthaginoise devient la capitale d'une dynastie arabe (XIIIe siècle) et donne son nom au royaume de Tunis. Saint Louis meurt devant ses murs lors de sa dernière croisade (1270). Charles Quint prend la ville aux corsaires turcs (1535-1569). Elle revient aux Ottomans jusqu'à sa conquête par les Français (1881). À l'indépendance du pays (1956), la république est proclamée (1957).

TUNISIE n. f. ✦ Pays d'Afrique du Nord (**Maghreb**) (☞ cartes 35, 37). Superficie : 163 610 km² (plus du tiers de la France). 9,9 millions d'habitants (les *Tunisiens*), en majorité musulmans. République dont la capitale est Tunis. Langue officielle : l'arabe ; on y parle aussi le français. Monnaie : le dinar tunisien. ♦ GÉOGRAPHIE. La Tunisie se partage entre le **Sahara** au sud (plateau du Dahar), les montagnes du Tell et de l'**Atlas** au nord-ouest, des plaines aux côtes bien découpées et des îles comme **Djerba** à l'est. Le climat méditerranéen sur les côtes devient plus continental à l'intérieur du pays. ♦ ÉCONOMIE. La culture (céréales, olivier, agrumes, datte, vigne), l'élevage (bovins, moutons) et la pêche occupent une place importante. Le sous-sol est riche (importants gisements de phosphates, fer, plomb, zinc, pétrole, gaz naturel). L'industrie est en plein développement (textile, agroalimentaire, métallurgie, chimie, cuir, papier, verre). Le tourisme, qui constitue une importante source de revenus, est en baisse depuis les attentats islamistes. ♦ HISTOIRE. Les **Phéniciens** établissent des comptoirs sur les côtes (vers 2000 av. J.-C.) puis fondent **Carthage** (IXe siècle av. J.-C.). Après les guerres **puniques**, Rome détruit la ville (146 av. J.-C.) et crée la province romaine d'Afrique, qui connaît un grand essor intellectuel, architectural et économique. Carthage est conquise par les Vandales (429), les Byzantins (534) puis les Arabes (647), qui fondent Kairouan (670) et Tunis (698) malgré la résistance des Berbères. Dans la région, appelée *Ifriqiya* et convertie à l'islam, les dynasties orientales (IXe-XIIe siècles) puis berbères (XIIe-XVIe siècles) se succèdent. **Charles Quint** s'empare de Tunis (1535). L'Empire **ottoman** envahit la région et la dynastie des Hussein prend le pouvoir (1705-1957). La Tunisie commerce avec les pays européens et, après une grave crise financière (1869) et des luttes internes, elle accepte le protectorat de la France (1881-1955). Les mouvements nationalistes, parfois violents, obtiennent l'indépendance (1956). La monarchie est renversée et la république proclamée. L'un des principaux chefs, **Bourguiba**, est nommé président de la République (1957). Son successeur accepte le multipartisme (1987), combat la montée de l'islamisme radical et préserve de bonnes relations avec l'Occident et les pays arabes. Il est renversé lors de la « révolution de jasmin » (2011). Le premier président élu démocratiquement (2014) doit faire face à des émeutes populaires et lutter contre le terrorisme islamiste.

TUPIS n. m. pl. ✦ Ancien peuple indien du Brésil, de même origine que les **Guaranis**. Installés le long de la côte atlantique, de l'embouchure de l'Amazone au sud de Rio de Janeiro, ils formaient des groupes importants vivant de l'agriculture, de la chasse et de la pêche. Ils pratiquaient une religion messianique, incluant la torture et le cannibalisme, notamment lors des nombreuses guerres tribales. Les premiers touchés par la conquête espagnole et portugaise, ils disparaissent totalement au XVIIIe siècle.

TURBALLE (La) ✦ Commune de la Loire-Atlantique. 4 491 habitants (les *Turballais*). Port de pêche (sardines) et de plaisance.

TURENNE (1611-1675) ✦ Maréchal de France. Ce protestant se met au service de la France pendant la guerre de **Trente Ans**. Il combat en Flandre, sur le Rhin et en Italie, où il prend Turin aux Espagnols (1640). Il participe à la **Fronde** puis choisit le camp du roi. Il bat le Grand **Condé** à Paris (1652) et dans le Nord où celui-ci commande les Espagnols (1654, 1658). Il prend la Flandre à l'Espagne (1667) et se convertit au catholicisme (1668). Il envahit ensuite le Palatinat et l'Alsace (1675) et meurt au cours d'une bataille. Il repose aux Invalides. ■ Son nom complet est *Henri de La Tour d'Auvergne, vicomte de Turenne*.

TURGOT (1727-1781) ✦ Homme politique et économiste français. Il fait paraître des *Lettres sur la tolérance* et collabore à l'***Encyclopédie***. Il rédige un ouvrage d'économie alors qu'il devient intendant du Limousin (1761-1774) puis contrôleur général des Finances (1774). Ses réformes économiques, qui instituent la liberté du commerce et de la circulation des grains, puis la liberté du travail par la suppression des corporations, se heurtent aux privilèges établis et entraînent sa disgrâce (1776). ■ Son nom complet est *Anne Robert Jacques Turgot, baron de L'Eaulne*.

TURIN ✦ Ville du nord-ouest de l'Italie, chef-lieu du Piémont, sur le Pô. 865 263 habitants (les *Turinois*). Palais baroques des ducs de Savoie (XVIIe-XVIIIe siècles) inscrits sur la liste du patrimoine mondial de l'Unesco ; cathédrale San Giovanni (XVIIe siècle), qui conserve le saint suaire vénéré comme étant celui du Christ ; nombreuses églises ; la Mole Antonelliana, bâtiment de 165 m de hauteur, qui abrite le Musée national du cinéma. Important centre industriel (mécanique, métallurgie, aéronautique, électroménager, chimie, pharmaceutique, textile, agroalimentaire, imprimerie, arts graphiques) qui bénéficie de la proximité des tunnels alpins (Mont-Blanc, Grand-Saint-Bernard, Mont-Genèvre, Mont-Cenis) et accueille les Jeux olympiques d'hiver en 2006. Ville natale de Joseph Louis Lagrange, Avogadro, Cavour, Victor-Emmanuel II, Primo Levi. ♦ Colonie romaine sous Auguste (Ier siècle), elle passe à la maison de Savoie (1281), puis les ducs en font leur capitale en 1418. Les Français la prennent à plusieurs reprises (XVIIe-XIXe siècles), puis elle devient la capitale du royaume du Piémont (XIXe siècle). Elle a été le centre du Risorgimento, mouvement culturel et politique né au XVIIIe siècle qui aboutit à l'unité du pays.

TURKESTAN n. m. ✦ Région historique d'Asie centrale étendue entre la Sibérie au nord et le Tibet, l'Inde, l'Afghanistan et l'Iran au sud. Superficie : 2,6 millions de km^2 (presque cinq fois la France). ♦ Envahie tour à tour par les Huns (IIe siècle av. J.-C.), les Turcs (VIe siècle) puis les Arabes (VIIIe siècle), la région est administrée par des gouverneurs turcs jusqu'à sa conquête par **Gengis Khan** (vers 1220). La partie ouest, appelée *Transoxiane,* est prise par **Tamerlan** (1370), qui fait de **Samarkand** la capitale de son empire. Elle passe aux Ouzbeks au XVe siècle. La Chine annexe la partie est, qui devient le **Xinjiang** (1762). Les Russes prennent le contrôle du Turkestan (1867) avec Tachkent pour capitale, le colonisent, créent la République socialiste soviétique du Turkestan (1918-1924), puis les Républiques de Turkménistan, d'Ouzbékistan, de Tadjikistan, de Kirghizstan et de Kazakhstan.

TURKMÉNISTAN n. m. ✦ Pays d'Asie centrale (☛ cartes 38, 39). Superficie : 488 100 km^2 (un peu moins que la France). 5,6 millions d'habitants (les *Turkmènes*), en majorité musulmans. République dont la capitale est Achgabat. Langue officielle : le turkmène ; on y parle aussi le russe. Monnaie : le manat. ♦ GÉOGRAPHIE. Le pays est en partie occupé par le désert du Karakoum, traversé par un canal (1 100 km), bordé de vallées au nord et de montagnes au sud. Le climat continental connaît des températures extrêmes. ♦ ÉCONOMIE. C'est un pays agricole fertile (coton, fruits, ver à soie, élevage de chameaux, de moutons caraculs). Le sous-sol est riche (soufre, sulfates, gaz, pétrole). Artisanat traditionnel (soie, coton, peaux, tapis). Industries (mécanique, chimie, pétrochimie). ♦ HISTOIRE. La région partage l'histoire des pays d'**Asie centrale.** Intégrée dans la République socialiste soviétique du Turkestan (1918), elle devient la République socialiste soviétique fédérée du Turkménistan en 1924. Elle a obtenu son indépendance en 1991.

TURKU ✦ Ville de Finlande, sur la côte sud-ouest. 175 286 habitants. Plus ancienne ville du pays, fondée au XIIIe siècle : cathédrale romane (1229), château (1280). 3e ville du pays, port de commerce et de voyageurs, important centre industriel (mécanique, chantiers navals, chimie, textile, agroalimentaire).

TURNER William (1775-1851) ✦ Peintre britannique. Il apprend à peindre tout seul et entre à l'Académie royale. Admirateur de Claude Lorrain, il s'efforce, dans ses paysages, de rendre l'effet de la lumière sur la mer, les tempêtes et les montagnes. Sa célébrité est rapide et il ouvre sa galerie à Londres (1804). Après de nombreux voyages sur le continent, ses couleurs, ses mouvements fluides et sa recherche pour rendre les effets de l'atmosphère absorbent les formes et le dessin qui s'estompent derrière la lumière. Il est considéré comme l'un des inspirateurs du mouvement impressionniste (☛ Impressionnisme p. 184). Parmi ses œuvres, on peut citer : *Lever de soleil avec monstre marin* (1840), *Tourmente de neige en mer* (1842), *Pluie, vapeur et vitesse* (1844). ■ Son nom complet est *Joseph Mallord William Turner.*

TURQUIE n. f. ✦ Pays d'Europe et d'Asie (☛ cartes 24, 38). Superficie : 779 452 km^2 (environ une fois et demie la France). 73,72 millions d'habitants (les *Turcs*), en majorité musulmans. République dont la capitale est Ankara. Villes importantes : Istanbul, Izmir. Langue officielle : le turc ; on y parle aussi le kurde, l'arménien. Monnaie : la livre turque. ♦ GÉOGRAPHIE. Les plaines côtières s'élèvent avec le plateau d'**Anatolie** au centre. Des montagnes occupent l'est : chaîne Pontique, **Caucase** (mont Ararat, 5 165 m), Taurus du nord au sud. De nombreux fleuves traversent le pays. Le climat continental devient méditerranéen au sud. ♦ ÉCONOMIE. L'agriculture (céréales, betterave, thé, tabac, olivier, vigne, coton, fruits, légumes) et l'élevage (moutons, bovins, chèvres) occupent une place économique importante. Le sous-sol est riche (houille, lignite, fer, cuivre, chrome, soufre, manganèse, zinc, plomb). La production hydroélectrique est la plus importante du Proche-Orient. Industries (textile, tapis, sidérurgie, mécanique, agroalimentaire, chimie). Tourisme en fort développement. ♦ HISTOIRE. Le riche passé de la Turquie est lié à celui de l'**Asie Mineure**, de l'Empire **byzantin** puis de l'Empire **ottoman.** Lorsque ce dernier est morcelé après la Première Guerre mondiale, le nationaliste turc Mustafa **Kemal** abolit le sultanat et proclame la république (1923). Il engage d'importantes réformes (laïcité, école obligatoire, adoption de l'alphabet latin) et la Turquie devient le premier État laïque du monde musulman. Le pays entre à l'Otan en 1952. Il subit des dictatures militaires (1960-1966 ; 1980-1983) sous lesquelles les actions des **Kurdes** sont réprimées sévèrement. En 2002, la Turquie a aboli la peine de mort et autorisé l'enseignement de la langue kurde dans les écoles. La Turquie souhaite entrer dans l'Union européenne. La guerre civile syrienne provoque des affrontements dans la région kurde et la Turquie rejoint la coalition internationale contre **Daech** (2014).

TUTSIS n. m. pl. ✦ Peuple d'Afrique centrale. Minoritaires au Burundi et au Rwanda, ce sont des pasteurs sédentaires. Ils partagent leur territoire avec les **Hutus.** Avec l'indépendance des deux pays (1962), les tensions entre les deux communautés provoquent des massacres et des exodes de part et d'autre, jusqu'au génocide des Tutsis perpétré au **Rwanda** en 1994.

TUVALU (les) ✦ Pays de Polynésie (☛ carte 51). Superficie totale : 26 km^2. 9 561 habitants (les *Tuvaluans*). Démocratie parlementaire dont la capitale est Vaiaku, sur l'île Fongafale (atoll de Funafuti). Langue officielle : l'anglais ; on y parle aussi le tuvaluan. Monnaie : le dollar tuvaluan et australien. ♦ Ces neuf atolls coralliens, au climat équatorial, sont couverts de végétation. On y pratique la pêche et la culture du copra, seul produit exporté. Les îles sont menacées par la hausse du niveau de la mer. ♦ L'archipel fut découvert par les Espagnols (1568-1595). Il devint un protectorat (1892) puis une colonie britannique (1915) appelée *Gilbert et Ellice.* Les îles Ellice prennent leur autonomie (1975) puis leur indépendance dans le cadre du Commonwealth sous le nom de *Tuvalu* (1978), tandis que les îles Gilbert deviennent **Kiribati.** Le pays est membre de l'ONU (2000).

TWAIN Mark (1835-1910) ✦ Écrivain américain. Il naît dans un village sur les rives du Mississippi, devient typographe, pilote sur le fleuve, chercheur d'or puis journaliste. Il connaît la célébrité dès son premier récit (*La Grenouille sauteuse de Calaveras*, 1865), puis publie des écrits humoristiques et satiriques envers la société américaine. Les plus connus sont : *Les Aventures de Tom* ***Sawyer*** (1876), histoire de deux amis qui partent une nuit pour enterrer un chat dans un cimetière, et *Les Aventures de Huckleberry Finn* (1884), dans lesquelles Tom et Huck accompagnent Jim, leur ami noir, dans un État où l'esclavage n'existe pas. ■ Son véritable nom est *Samuel Langhorne Clemens*.

TWIST Oliver ✦ Personnage principal du roman *Les Aventures d'Oliver Twist* publié en 1837 par Charles Dickens. Oliver est un orphelin misérable qui est élevé dans un hospice. Il travaille chez un fabricant de cercueils qui le maltraite. Il s'enfuit à Londres, où il est kidnappé par une bande de malfaiteurs puis arrêté par erreur. Le riche Monsieur Brownlow le prend sous sa protection, mais les voleurs l'enlèvent à nouveau et l'entraînent dans un cambriolage où il est blessé. Il retrouve alors son protecteur et peut enfin découvrir le secret de sa naissance. Oliver ne connaît que les mauvais traitements, le froid et la faim, mais il reste honnête : Dickens veut donner une image différente de la misère et des délinquants. Cette histoire a souvent été adaptée au cinéma et à la télévision.

TYPHON ✦ Monstre de la mythologie grecque, fils de **Gaïa** et de **Tartare.** Son aspect est effrayant : il possède un corps ailé immense, couvert d'écailles ou de vipères, cent têtes de dragons et des yeux qui lancent des flammes. Il engendre de nombreuses créatures comme **Cerbère,** l'**Hydre de Lerne,** le **Sphinx,** la **Chimère.** Typhon est chargé de chasser les dieux de l'Olympe mais il est finalement vaincu par **Zeus** qui le jette dans le Tartare. Des profondeurs du Tartare, il fait souffler des vents violents et meurtriers. Un *typhon* est un cyclone tropical.

TYR ✦ Cité phénicienne antique, sur une île méditerranéenne, à l'emplacement de la ville de Sour, au Liban. Dans l'Antiquité, elle prospère sous les Égyptiens (vers 1600 av. J.-C.) et devient le principal port de la Méditerranée, vivant de la fabrication du pourpre, du verre et du commerce entre l'Orient et l'Occident (vers 1200 av. J.-C.). Elle fonde des colonies (Cadix, **Carthage** vers 814 av. J.-C.) puis passe sous la domination de l'**Assyrie** (IXe siècle av. J.-C.). L'île est prise par Nabuchodonosor II (573 av. J.-C.), par Alexandre le Grand, qui la relie au continent (332 av. J.-C.), par Rome (64 av. J.-C.). Après la visite de saint Paul (57), elle devient un important centre de la chrétienté (→ carte 12). Elle passe aux Arabes qui l'appellent *Sour* (636), puis aux Turcs (1089), aux croisés, aux Vénitiens (1124), enfin aux mamelouks (1291). Elle est alors démantelée. Les vestiges de Tyr sont inscrits sur la liste du patrimoine mondial de l'Unesco.

TYROL n. m. ✦ État fédéral d'Autriche, dans l'ouest du pays. Superficie : 12 648 km². 673 504 habitants (les *Tyroliens*). Capitale : Innsbruck. ♦ Cette région montagneuse des Alpes pratique l'agriculture (blé, vigne, fruits, élevage). Le sous-sol est exploité (cuivre, sel, magnésie). L'industrie (textile, métallurgie, chimie, pharmacie, électrochimie) bénéficie de l'énergie hydraulique. Le tourisme (sports d'hiver) est bien développé. ♦ Ancienne province romaine, la région est occupée par les Bavarois au VIe siècle. Elle fait partie de l'Empire franc (VIIIe siècle) puis du Saint Empire. Elle passe à l'Autriche en 1363 et reste sous la domination des Habsbourg jusqu'à la Première Guerre mondiale. Le traité de Saint-Germain-en-Laye (1919) a donné le Sud à l'Italie (**Trentin-Haut-Adige**).

TYRRHÉNIENNE (mer) ✦ Partie de la Méditerranée située entre la Corse, la Sardaigne, la Sicile et l'ouest de l'Italie. Sa profondeur maximale est de 4 600 m. Ses côtes sont le plus souvent rocheuses et bordées d'îles : archipel toscan, îles Ponziane et **Éoliennes.** Elle communique avec la mer **Ionienne** par le détroit de **Messine.**

TZARA Tristan (1896-1963) ✦ Écrivain français d'origine roumaine. Révolté par la Première Guerre mondiale, il fonde le mouvement **Dada** (1916), pour dénoncer les valeurs occidentales et chercher l'authenticité et la liberté absolues. Il s'installe à Paris (1920) puis s'engage dans l'action militante, pendant la guerre d'Espagne puis dans la Résistance. Œuvres : *La Première Aventure céleste de M. Antipyrine* (théâtre, 1916), *Vingt-Cinq Poèmes* (1918), *Le Cœur à gaz* (théâtre, 1921), *De nos oiseaux* (poèmes, 1923), *Sept Manifestes dada* (1924), *L'Homme approximatif* (1931), *Le Surréalisme et l'après-guerre* (1947), *De mémoire d'homme* (1950), *La Face intérieure* (1953). ■ Son véritable nom est *Samy Rosenstock*.

U

UCCELLO Paolo (1397-1475) ✦ Peintre italien. Il est orfèvre, mosaïste et dessine des vitraux pour la cathédrale de Florence (*Résurrection,* 1443-1445). Homme de la Renaissance par sa curiosité et son ouverture d'esprit, il crée l'illusion ou l'effet dramatique grâce à la perspective, allie la puissance de la ligne et l'audace des couleurs à la rigueur mathématique et révèle ses talents de conteur, de décorateur, d'animalier et son goût du merveilleux. Œuvres : *Déluge* (1445-1450), *La Bataille de San Romano* (1456-1460), *La Légende de la profanation de l'hostie* (1467-1469). ■ Son vrai nom est *Paolo di Dono.*

UDERZO Albert (né en 1927) ✦ Dessinateur français. Il se lie d'amitié avec **Goscinny** et travaille avec lui au journal *Tintin* (1958). Ensemble, ils créent le journal *Pilote* (1959) et le personnage d'**Astérix** le Gaulois.

UE ✦ Sigle de *Union européenne.*

UHLMAN Fred (1901-1985) ✦ Peintre et écrivain britannique d'origine allemande. Avocat à Stuttgart, il s'exile, à la montée du nazisme, à Paris (1933) où il commence à peindre, avant de s'installer en Grande-Bretagne (1936). Son roman, *L'Ami retrouvé* (1971), s'inspire de sa vie.

UHURU (pic) ✦ Nom du **Kilimandjaro** en swahili, qui signifie «liberté».

UKRAINE n. f. ✦ Pays de l'est de l'Europe (☛ cartes 24, 25). Superficie : 603 700 km² (un peu plus que la France). 47,6 millions d'habitants (les *Ukrainiens*), en majorité chrétiens. République dont la capitale est Kiev. Autres villes importantes : Kharkiv, Odessa. Langue officielle : l'ukrainien ; on y parle aussi le russe. Monnaie : la grivnia. ♦ GÉOGRAPHIE. La grande vallée du **Dniepr** s'élève à l'ouest de l'Ukraine avec les plateaux de Podolie puis les **Carpates** (mont Goverla, 2 061 m). La presqu'île de **Crimée** prolonge le pays au sud. Le climat continental devient méditerranéen sur la mer Noire et la Crimée. ♦ ÉCONOMIE. C'est une région agricole (céréales, betterave, tournesol, lin, pomme de terre, légumes, vigne, bois, élevage de vaches et de porcs). Le sous-sol est riche (charbon, fer, manganèse). L'industrie est en pleine restructuration (agroalimentaire, métallurgie, chimie, mécanique, électronique, aéronautique). ♦ HISTOIRE. La région est peuplée de **Scythes** puis successivement occupée par les Goths, les Huns, les Slaves et les Khazars. Les **Vikings** fondent la principauté de **Kiev** (882), qui devient la capitale du premier État russe. Après l'invasion des **Mongols,** l'ouest de l'Ukraine passe sous la domination de la Pologne (XIIIe siècle). La population se révolte (1648-1654) et s'exile à l'est du Dniepr, où elle forme le groupe des **Cosaques.** En 1667, le territoire qu'ils occupent est restitué à la Pologne. Catherine II annexe la Crimée (1783) et obtient la totalité du territoire lors du deuxième partage de la Pologne (1793). Après la révolution russe, l'Ukraine est morcelée en une république indépendante et une république soviétique. La Première Guerre mondiale entérine sa dislocation : l'Est devient une république fédérée d'URSS (1922), l'Ouest est rattaché à la Pologne (1921-1945). À la fin de la Deuxième Guerre mondiale, l'Ukraine récupère la partie ouest de son territoire, puis la Crimée (1954). Elle obtient son indépendance comme membre de la **CEI** (1991). Ses relations sont difficiles avec la **Russie** sur le statut de la Crimée et sur la question du démantèlement de ses installations nucléaires, ainsi que sur les livraisons de gaz (depuis 2005). L'élection présidentielle de 2004 provoque un mouvement de protestation, la Révolution orange. Des manifestations pro-européennes (2013-2014), violemment réprimées, aboutissent à la destitution du président pro-russe. La Crimée, région autonome d'Ukraine, qui ne reconnaît pas le nouveau pouvoir, est rattachée à la Russie après un référendum controversé (2014).

ULM ✦ Ville d'Allemagne (Bade-Wurtemberg), sur le Danube. 117 232 habitants. Ville natale d'Einstein. Le 20 octobre 1805, Napoléon y remporte une importante bataille contre les Autrichiens.

ULSTER n. m. ✦ Région historique d'Irlande. Elle regroupe trois comtés de la République d'**Irlande** et six comtés d'**Irlande du Nord** rattachés au Royaume-Uni depuis 1921.

ULYSSE ✦ Héros de la mythologie grecque, personnage des épopées d'**Homère.** Ce roi légendaire d'Ithaque est le mari de **Pénélope** et le père de **Télémaque.** Dans l'***Iliade,*** il confie sa famille et son royaume à **Mentor** pour partir participer à la guerre de **Troie.** Il défie **Ajax** et permet la victoire des Grecs grâce au cheval de Troie. Son retour à Ithaque, long et difficile, est raconté dans l'***Odyssée.*** Par ses ruses, il échappe aux **Cyclopes,** aux anthropophages, à la magicienne Circé, aux **Sirènes** et aux monstres **Charybde et Scylla.** Après un naufrage, il est retenu sept ans par la nymphe Calypso qui est amoureuse de lui, puis libéré sur ordre des dieux. **Nausicaa** le recueille quand il échoue sur l'île des Phéaciens et des marins le déposent enfin sur les rives d'Ithaque. Secrètement, il rencontre son père Laërte, son fils Télémaque, et s'introduit dans son palais déguisé en mendiant. Pénélope, qui n'a jamais cessé de l'attendre, organise sur ses conseils un concours de tir et promet de se marier avec le gagnant. Ulysse, vainqueur, tue tous les prétendants. C'est le plus habile, le plus vaillant des héros d'Homère, et aussi l'un des plus humains.

UNESCO (anglais *United Nations Educational, Scientific and Cultural Organization* qui signifie «Organisation des Nations unies pour l'éducation, la science et la culture») ✦ Institution de l'**ONU**, fondée en 1946, pour renforcer la collaboration entre les peuples grâce au développement de l'éducation, de la science et de la culture. Elle se consacre à l'alphabétisation, à la diffusion de l'enseignement obligatoire et gratuit, à la recherche scientifique, ainsi qu'à la lutte contre le racisme et aux droits de l'Homme. L'Unesco a aussi pour but la protection du patrimoine culturel mondial. Son siège est à Paris.

UNGAVA ✦ Péninsule du Canada, formant la partie nord-ouest du **Labrador**.

UNICEF (anglais *United Nations International Children's Emergency Fund* qui signifie «Fonds d'urgence des Nations unies pour l'enfance») ✦ Institution de l'**ONU**, fondée en 1946, pour améliorer les conditions de vie des enfants, principalement dans les pays en voie de développement. L'Unicef se consacre à des programmes d'aide dans le domaine de la santé, de l'instruction et de la lutte contre la faim. Son siège est à New York. Depuis 1950, son nom est *United Nations Children's Fund* «Fonds des Nations unies pour l'enfance». Prix Nobel de la paix (1965).

UNION EUROPÉENNE ou **UE** n. f. ✦ Union politique, économique et monétaire créée par le traité de **Maastricht** (1992) (☛ Europe p. 198 et carte 20). Le 1er novembre 1993, elle succède à la Communauté économique européenne (**CEE**). L'Union compte 28 membres : les douze pays membres de la CEE (l'Allemagne, la Belgique, la France, l'Italie, le Luxembourg, les Pays-Bas, le Danemark, le Royaume-Uni, l'Irlande, la Grèce, l'Espagne et le Portugal) rejoints par la Suède, la Finlande et l'Autriche (1995), Chypre, l'Estonie, la Hongrie, la Lettonie, la Lituanie, Malte, la Pologne, la République tchèque, la Slovaquie et la Slovénie (2004), la Bulgarie et la Roumanie (2007), la Croatie (2013). En 2009, elle compte près de 500 millions d'habitants. Tous les pays ont signé le traité de Lisbonne (2008), remplaçant le projet de Constitution. Les grandes orientations politiques sont déterminées par le **Conseil européen**. Le **Parlement européen** (qui siège à **Strasbourg**) propose des projets soumis à la décision des chefs de gouvernement ou des ministres des pays membres, réunis dans le Conseil de l'Union. Quand un projet est accepté, la Commission européenne (qui siège à **Bruxelles**) veille à son exécution. Les litiges sont tranchés par la Cour européenne de justice (qui siège à **Luxembourg**). Depuis le 1er janvier 2002, la plupart des pays de l'Union européenne (sauf notamment la Suède, le Royaume-Uni et le Danemark) utilisent une monnaie unique, l'euro, constituant la zone euro. Le drapeau de l'Union comporte un cercle formé de douze étoiles d'or sur fond bleu. Son hymne est l'*Hymne à la joie* de Beethoven.

UNION FRANÇAISE ✦ Nom donné par la Constitution de la IVe **République** (1946) à l'ensemble formé par la France et les pays d'outre-mer. Son chef, le président de la République, est assisté d'un haut conseil et d'une assemblée des représentants de la France et des pays d'outre-mer. Elle est remplacée par la Communauté (Constitution de la Ve République, 1958).

UNION JACK n. m. ✦ Nom du drapeau du Royaume-Uni de Grande-Bretagne, créé en 1606 par le roi Jacques Ier.

UNION SOVIÉTIQUE n. f. ✦ Autre nom de l'Union des républiques socialistes soviétiques ou **URSS**.

UNTERWALD ✦ Ancien canton de Suisse, dans le centre du pays (☛ carte 26). Il était formé des demi-cantons de **Nidwald** à l'est et d'**Obwald** à l'ouest, qui forment des cantons depuis 1999. ♦ Unterwald s'unit aux cantons d'Uri et de Schwyz (1291) pour rejeter la domination des Habsbourg d'Autriche (1315) et participer à la fondation de la Confédération helvétique.

UPPSALA ✦ Ville de Suède, au nord-ouest de Stockholm. 185 187 habitants. Cathédrale gothique (XIIIe siècle), château (XVIe siècle). Ville universitaire ; ville natale de Celsius, Bergman.

UR ou **OUR** ✦ Ancienne ville de Mésopotamie (☛ carte 1 et Mésopotamie p. 150). Elle est fondée à l'embouchure de l'**Euphrate** (vers 5 000 ans av. J.-C.). Elle domine la civilisation de **Sumer** à deux reprises (vers 2700-2500 av. J.-C. ; vers 2100-2000 av. J.-C.). Un autre peuple mésopotamien, les Amorites, la conquiert et précipite son déclin. **Nabuchodonosor II** la reconstruit (vers 600 av. J.-C.). Vers 300 av. J.-C., elle disparaît. Les fouilles britanniques (1922-1934) révèlent des temples, des palais, des tombes royales, qui permettent de reconstituer l'histoire de la ville. Ce site se trouve aujourd'hui à l'intérieur des terres.

URANIE ✦ Une des **Muses** dans la mythologie grecque. Elle protège l'astronomie. On la représente souvent avec une couronne d'étoiles, une robe d'azur, tenant une sphère céleste et un compas dans la main.

① **URANUS** ✦ Dieu du Ciel dans la mythologie romaine. Il correspond au dieu grec **Ouranos**.

② **URANUS** n. f. ✦ Planète du système solaire, située entre Saturne et Neptune. C'est la septième à partir du Soleil dont elle est éloignée d'environ 2,9 milliards de km. Son diamètre est de 51 120 km (quatre fois celui de la Terre). Son atmosphère est faite d'hydrogène et d'hélium. Uranus tourne autour du Soleil en 84 ans et sur elle-même en 17 heures. Elle est découverte en 1781 et observée par la sonde américaine Voyager 2 (1986).

URBAIN II (vers 1042-1099) ✦ Pape de 1088 à sa mort. Chanoine de Reims, il entre à l'abbaye de **Cluny** (vers 1075). Il la quitte lorsque le pape Grégoire VII le fait cardinal (1078). Élu pape, il tient des conciles importants dont celui de Clermont (1095) où il prêche la première croisade (1096-1099).

URFÉ Honoré d' (1567-1625) ✦ Écrivain français. Il est l'auteur d'un grand roman pastoral, *L'Astrée*, relatant l'histoire d'amour de l'héroïne, Astrée, et de Céladon. ☛ Littérature p. 142. Véritable roman-fleuve écrit d'abord par d'Urfé en trois parties (1607, 1610 et 1619), continué par son secrétaire (1627-1628), cette œuvre fixe l'idéal moral du XVIIe siècle classique. Traduite en de très nombreuses langues, elle aura une influence considérable.

URI ✦ Canton de Suisse, au centre du pays (☛ carte 26). Superficie : 1 077 km^2. 34 948 habitants, en majorité catholiques. Langue officielle : l'allemand. Chef-lieu : Altdorf. Le canton est situé entre le lac des **Quatre-Cantons** et le col du **Saint-Gothard** dans les Alpes. Élevage laitier. Industries (hydroélectricité). ♦ Les habitants d'Uri s'unissent à ceux des cantons de Schwyz et d'Unterwald pour rejeter la domination des Habsbourg (1291). Après leur victoire sur les Autrichiens (1315), ils fondent la Confédération helvétique.

URSS n. f. *(Union des républiques socialistes soviétiques)* ✦ Ancien pays d'Europe et d'Asie créé en 1922 et devenu, après son éclatement (1991), la Fédération de **Russie.** Il était formé de quinze républiques socialistes soviétiques fédérées (Arménie, Azerbaïdjan, Biélorussie, Estonie, Géorgie, Kazakhstan, Kirghizstan, Lettonie, Lituanie, Moldavie, Ouzbékistan, Russie, Tadjikistan, Turkménistan, Ukraine). Il s'étendait sur 22,4 millions de km^2 (41 fois la France) et comptait 283 millions d'habitants (les *Soviétiques*). Sa capitale était Moscou. ♦ Son économie reposait sur une organisation socialiste : la propriété était collective et la production était planifiée par l'État qui déterminait les quantités à produire, les prix et les clients-fournisseurs. L'agriculture, répartie entre «sovkhozes» (fermes d'État) et «kolkhozes» (coopératives d'État), avait un rendement médiocre. Le sous-sol était l'un des plus riches du monde (charbon, pétrole, gaz, fer, cuivre, or), mais son système d'exploitation était désastreux pour l'environnement. L'industrie, le secteur le mieux développé (énergie, métallurgie, mécanique), permettait de privilégier des domaines stratégiques (aviation, espace, armement) mais ne répondait pas aux besoins d'équipement et de consommation de la population. ♦ Avec la **révolution russe** (1917), les bolcheviks prennent le pouvoir (**Lénine**) : la grande propriété foncière est abolie, les entreprises passent sous le contrôle des employés et des ouvriers, l'égalité des peuples de Russie est proclamée, l'Armée rouge est créée, l'Église est séparée de l'État et les grandes nationalisations débutent. ☛ Révolution russe p. 190. L'exécution du tsar **Nicolas II Aleksandrovitch** et la signature de l'armistice avec l'Allemagne (1918) provoquent une guerre civile. Lénine élabore une nouvelle politique économique (**NEP**, 1921), structurée en plans quinquennaux et l'Union des républiques socialistes soviétiques est proclamée (URSS, 1922). **Staline** succède à Lénine et établit un régime totalitaire. Il élimine ses opposants (**Trotski**), développe l'industrie, collectivise les campagnes (1928-1939), provoquant la mort de millions de paysans propriétaires de leurs terres (les «koulaks»). Il étend le système concentrationnaire des goulags où sont envoyées les victimes des purges politiques (procès de Moscou, 1936-1938). Il signe un pacte de non-agression avec Hitler (1939), brisé lorsque les Allemands pénètrent en URSS (1941). La bataille de **Stalingrad** (1942-1943), remportée par les Soviétiques, marque le tournant de la Deuxième **Guerre mondiale.** L'URSS participe à la création de l'ONU et aux accords de **Yalta** qui préparent l'Europe d'après-guerre. Dès 1946, les relations avec l'Occident se dégradent (**guerre froide**) : refus du plan **Marshall** et création d'une organisation économique des pays socialistes (Comecon, 1947), blocus de **Berlin** (1948) et partage en deux Allemagnes, possession de l'arme atomique (1949), guerre de **Corée** (1950-1953). À la mort de Staline (1953), **Khrouchtchev** arrive au pouvoir. Il signe le pacte de **Varsovie** (1955), en réponse à l'Otan, dénonce les crimes de Staline (1956) et prépare la décentralisation. Mais il est confronté à des crises internationales (intervention militaire en **Hongrie,** 1956 ; rupture avec la Chine, 1960 ; construction du mur de Berlin, 1961 ; crise de **Cuba,** 1962 ; guerre du **Viêtnam**) et à une grave crise économique qui provoque sa chute (1964). L'URSS intervient militairement en **Tchécoslovaquie** (1968), en **Afghanistan** (1979). Dès son arrivée au pouvoir (1985), Mikhaïl **Gorbatchev** mène une politique de restructuration (la «perestroïka») et de transparence (la «glasnost»). À l'intérieur, il libéralise le régime et introduit l'économie de marché. À l'extérieur, il renoue des relations avec les États-Unis, la Chine, le Vatican et soutient la démocratisation en Europe de l'Est (chute du mur de Berlin, 1989). Avec la fin du parti unique et l'instauration d'un régime présidentiel, il devient le premier président élu de l'URSS (1990). Mais l'aggravation de la situation économique, les troubles liés aux revendications nationalistes et un coup d'État conservateur manqué précipitent les évènements : les républiques **baltes** proclament leur indépendance, reconnue par Moscou, et d'autres républiques font de même. Le pacte de Varsovie est dissous, puis l'URSS (1991) (☛ carte 19). La Communauté des États indépendants (**CEI**) est créée. La **Russie,** qui prend le nom officiel de *Fédération de Russie,* obtient le siège de membre permanent à l'ONU.

URUGUAY n. m. ✦ Pays d'Amérique du Sud (☛ cartes 44, 46). Superficie : 186 926 millions de km^2 (environ le tiers de la France). 3,2 millions d'habitants (les *Uruguayens*), en majorité chrétiens. République dont la capitale est Montevideo. Monnaie : le peso uruguayen. ♦ GÉOGRAPHIE. L'Uruguay est formé d'une grande plaine, séparée de la **Pampa** argentine par le fleuve Uruguay. Son climat subtropical est tempéré. ♦ ÉCONOMIE. Agriculture (céréales, vigne, fruits, riz). Élevage (vaches, moutons) pratiqué dans de grandes exploitations (les «estancias») et fournissant des produits destinés au commerce international (laine, cuir, viande). Industrie (alimentaire, textile, papier, tannerie), concentrée autour de la capitale. ♦ HISTOIRE. Les Espagnols explorent la région (1516), ils l'évangélisent et fondent Montevideo (1726). Le pays prend son indépendance (1828) mais il est en proie aux guerres civiles et à la dictature (XIXe siècle). Un régime démocratique est mis en place au début du XXe siècle. Après plusieurs coups d'État infructueux, les militaires prennent le pouvoir (1973-1984). En 1985, des élections rétablissent la démocratie. Le pays adhère au Mercosur depuis sa création (1991).

USHUAIA ✦ Ville d'Argentine, capitale de la Terre de Feu. 56 593 habitants. Pêche. Tourisme. Ville la plus australe du monde.

USSEL ✦ Chef-lieu d'arrondissement de la Corrèze. 9 772 habitants (les *Ussellois*). Élevage, salaisons. Industrie du bois.

UTAH n. m. ✦ Un des États, depuis 1896, formant les États-Unis, situé dans l'ouest du pays (☛ carte 47). Superficie : 219 932 km^2 (environ la moitié de la France). 2,7 millions d'habitants. Capitale : Salt Lake City. ♦ L'Utah est formé par les montagnes **Rocheuses** couvertes de forêts. Au sud-est, le plateau du fleuve **Colorado** est traversé de canyons pittoresques où se trouvent des parcs nationaux. Au nord-ouest, un désert entoure le Grand Lac salé. Le climat tempéré est sec. L'agriculture (céréales, fruits, légumes) est dominée par l'élevage (volailles, vaches, laine). Le sous-sol est riche (fer, cuivre, charbon, pétrole, uranium). L'industrie est développée (métallurgie, agroalimentaire, pétrochimie, chimie, bois, imprimerie). ♦ La région est explorée par les Espagnols (XVIIIe siècle). Elle est parcourue par les trappeurs américains dès 1820. Les mormons s'y installent et fondent Salt Lake City (1847).

UTAMARO Kitagawa (1753-1806) ✦ Peintre japonais. Son style, abondamment copié, exalte la beauté féminine en magnifiant la grâce des poses et la minceur des corps. Ce maître de l'estampe connaît un grand succès en Occident et influence les impressionnistes.

UTRECHT ✦ Ville des Pays-Bas, chef-lieu de la province d'Utrecht. 288 401 habitants (585 223 pour l'agglomération). Cathédrale gothique (1254-1517), églises et musées. Administrations. Centre religieux. Commerces. Industries (textile, alimentaire, métallurgie). Tourisme. ♦ Camp romain puis siège d'un évêché (VIIe siècle), la ville devient le centre d'une principauté qui dépend de Liège, puis elle passe sous la domination des Habsbourg (1528). Quand les provinces catholiques se soumettent à l'Espagne (Union d'**Arras**), Utrecht et six autres provinces protestantes se révoltent avec **Guillaume d'Orange** et signent l'*Union d'Utrecht* (1579). C'est l'acte de naissance des Provinces-Unies, noyau des futurs **Pays-Bas**.

UTRECHT (province d') ✦ Province du centre des Pays-Bas. Superficie : 1 331 km^2, plus petite province du pays. Plus d'un million d'habitants. Chef-lieu : Utrecht. Région de collines et de polders. Agriculture (fruits). Élevage (vaches laitières, volailles, porcs). Horticulture. Tourisme.

UTRECHT (traités d') ✦ Traités qui mettent fin à la guerre de **Succession d'Espagne** (1713). **Philippe V** conserve la couronne d'Espagne ; mais renonce à celle de la France, qui retrouve ses frontières d'avant-guerre. La Grande-Bretagne reçoit de nombreuses terres outre-mer (Acadie, Gibraltar, Terre-Neuve) et affirme sa domination sur les mers.

UTRILLO Maurice (1883-1955) ✦ Peintre français. Sa mère, Suzanne **Valadon**, le pousse à dessiner et à peindre et il obtient assez vite le succès auprès du public. Il est célèbre pour ses vues de **Montmartre** et ses paysages de la banlieue parisienne. Œuvres : *Paris vu du square Saint-Pierre* (1906-1907), *Le Lapin agile* (1910), *Le Moulin de la Galette* (1912), *L'Église de Deuil* (1916).

UTTARAKHAND n. m. ✦ État du nord de l'Inde créé en 2000 dans le nord-ouest de l'Uttar Pradesh à la frontière du Népal, sous le nom de *Uttaranchal* (jusqu'en 2006) (☛ carte 41). Superficie : 53 483 km^2 (environ un dixième de la France). 10 millions d'habitants. Capitale : Dehradun (706 100 habitants). Il est couvert de forêts et irrigué par le Gange et la Yamuna. Agriculture (céréales, fruits). Tourisme (centres de pèlerinage). Exploitation des ressources forestières et hydroélectriques.

UTTAR PRADESH n. m. ✦ État du nord de l'Inde (☛ carte 41). Superficie : 240 928 km^2 (environ la moitié de la France). Près de 200 millions d'habitants. Capitale : Lucknow. Bordé au nord par le Népal, il est irrigué par le Gange et la Yamuna. Il vit de l'agriculture (céréales, canne à sucre, légumes, fruits, élevage bovin), de l'artisanat, de l'industrie (mécanique, textile, électricité) et du tourisme (**Taj Mahal** et le Fort rouge à **Agra**, centres de pèlerinage).

V

VACCARÈS (étang de) ✦ Étang des Bouches-du-Rhône, en Camargue. Superficie : 6 000 ha ; profondeur moyenne : 0,5 m. Il est isolé de la mer Méditerranée par une digue et forme une réserve géologique et botanique.

VADODARA ✦ Ville de l'Inde (Gujarat). 1,82 million d'habitants. Important centre industriel (chimie, pétrochimie, textile, alimentaire).

VADUZ ✦ Capitale du Liechtenstein, dans l'ouest du pays, près du Rhin. 5 070 habitants. Ville dominée par le château de Liechtenstein (XIIe siècle), résidence de la famille princière. Tourisme.

VAILLANT Édouard (1840-1915) ✦ Homme politique français. Membre de la Ire **Internationale** ayant participé à la Commune de Paris, ce socialiste doit s'exiler en Grande-Bretagne (1871-1880). Il devient un des dirigeants de la IIe Internationale. Député de Paris (1893-1915), influencé par **Blanqui** puis Marx, il succède à **Jaurès** à la tête de la SFIO *(Section française de l'Internationale ouvrière)*. Il se rallie à l'« Union sacrée » de **Poincaré** au début de la Première Guerre mondiale.

VAISON-LA-ROMAINE ✦ Ville du Vaucluse. 6 055 habitants (les *Vaisonnais*). Ruines romaines (portique de Pompée, théâtre du Ier siècle, pont), cathédrale romane Notre-Dame-de-Nazareth (VIe siècle). Important festival de musique, théâtre et danse. ♦ La cité gauloise, conquise par Rome (123 av. J.-C.), devient une riche ville de la **Narbonnaise**. Elle a été gravement endommagée par une crue catastrophique en 1992.

VALACHIE n. f. ✦ Région historique de Roumanie, entre le sud des Carpates et le Danube. Elle se libère de l'emprise étrangère (Autriche, Russie) en s'unissant à la **Moldavie** (1859) pour former la Roumanie.

VALADON Suzanne (1865-1938) ✦ Peintre française. Modèle pour Puvis de Chavannes, Renoir, Toulouse-Lautrec et Degas, elle s'exerce au dessin. Encouragée par Degas, elle se met, à partir de 1908, à peindre surtout des portraits et des nus féminins (*Nu à la couverture rayée,* 1922). Elle a su allier un sens de l'observation rigoureux, traduit par des traits rudes, vigoureux et concis, des couleurs au contraste parfois violent, à des effets plastiques sobres et réalistes. Elle est la mère du peintre **Utrillo**. *Les Lanceurs de filet,* 1914 ; *La Chambre bleue,* 1923. ■ Son vrai nom est *Marie-Clémentine Valade.*

VALAIS n. m. ✦ Canton du sud-ouest de la Suisse (☛ carte 26). Superficie : 5 224 km². 294 608 habitants (les *Valaisans*), en majorité catholiques. Langues officielles : l'allemand et le français. Chef-lieu : Sion. Du col de la Furka jusqu'au lac Léman, il est traversé par la vallée du **Rhône** entourée de hautes montagnes (mont **Rose**, **Cervin**, glacier d'**Aletsch**) franchissables par des cols élevés (Grand-Saint-Bernard, Simplon). Agriculture (céréales, tabac, vigne, fruits). Industrie (hydroélectricité, métallurgie, chimie). Tourisme (sports d'hiver).

VAL-D'AOSTE n. m. ✦ Nom de la région de la **Vallée d'Aoste** jusqu'en 2001.

VAL DE LOIRE n. m. ✦ Partie de la vallée de la Loire, longue de 350 km et large de 2 à 6 km. Elle inclut le val nivernais, le val d'Orléans, le val de Loire au sens strict (d'Orléans à Tours) et le val de Touraine. Sa fertilité favorise l'agriculture (prairies, cultures maraîchères, fruitières, horticoles, vigne). Pour ses richesses historiques (châteaux de la **Loire**), la région est inscrite sur la liste du patrimoine mondial de l'Unesco. Le parc naturel régional Loire-Anjou-Touraine (253 000 ha), créé en 1996, s'étend entre Angers et Tours.

VAL-DE-MARNE n. m. ✦ Département du centre-nord de la France [94], de la Région Île-de-France. Superficie : 245 km². 1,37 million d'habitants (les *Val-de-Marnais*). Chef-lieu : Créteil ; chefs-lieux d'arrondissement : L'Haÿ-les-Roses et Nogent-sur-Marne.

VAL-D'ISÈRE ✦ Commune de Savoie, sur l'Isère, dans le massif de la Vanoise. 1 601 habitants (les *Avalins*) (☛ carte 23). Station d'été et de sports d'hiver (altitude 1 850-3 650 m). Critérium de la première neige, étape de la Coupe du monde de ski alpin.

VAL-D'OISE n. m. ✦ Département du centre-nord de la France [95], de la Région Île-de-France. Superficie : 1 246 km². 1,21 million d'habitants (les *Val-d'Oisiens*). Chef-lieu : Cergy ; chefs-lieux d'arrondissement : Argenteuil, Pontoise et Sarcelles.

① **VALENCE** ✦ Région administrative de l'est de l'Espagne (☛ carte 32). Superficie : 23 305 km^2. 4,8 millions d'habitants. Capitale : Valence. Cette plaine bordée de lagunes et d'étangs, le long de la mer Méditerranée, est limitée à l'ouest par les monts Ibériques et la cordillère Bétique. Le climat est méditerranéen. Agriculture (agrumes, légumes). Industries (métallurgie, pétrochimie, papier) et ressources minières (plomb, zinc). Activités portuaires et touristiques.

② **VALENCE** ✦ Ville d'Espagne, capitale de la région de Valence. 797 654 habitants (les *Valenciens*). Monuments gothiques : cathédrale avec une tour octogonale haute de 60 m (1381-1429), Bourse de la soie (1482-1533) inscrite sur la liste du patrimoine mondial de l'Unesco. Centre industriel (soie, papier, acier, mécanique) et commercial (agrumes, riz, légumes). ♦ La ville est occupée par les Grecs, les Carthaginois, puis devient une colonie militaire romaine (IIe siècle). Elle est conquise par les Wisigoths puis par les Arabes (714), qui en font la capitale d'un royaume maure (XIe siècle), dont s'empare le **Cid** Campeador (1094-1099). Le roi d'Aragon l'annexe en 1238. Elle se soulève contre les Français en 1808. Pendant la guerre d'Espagne, elle accueille le gouvernement républicain avant d'être prise par les franquistes (1939).

③ **VALENCE** ✦ Chef-lieu de la Drôme, sur le Rhône. 65 263 habitants (les *Valentinois*). Cathédrale romane Saint-Apollinaire (XIe-XIIe siècles), le Pendentif (1548), monument funéraire. Marché agricole (fruits, légumes). Industries (électronique, mécanique, chimie, confection). Ville natale de Tardi. ♦ Cette capitale d'un peuple gaulois devient une ville romaine de la **Narbonnaise.** Elle est prise par les Wisigoths (413) puis par les Sarrasins (730). Elle est gouvernée par ses évêques (1150) qui luttent contre les comtes de Valentinois et de Diois, avant d'être réunie à la Couronne par Louis XI (1450), qui y fonde une université (1452).

VALENCIA ✦ Ville du Venezuela. 1,19 million d'habitants. Métropole d'une région agricole fertile (canne à sucre, café, coton, cacao, élevage laitier). Industries (textile, mécanique, agroalimentaire).

VALENCIENNES ✦ Ville du Nord, sur l'Escaut. 43 787 habitants (les *Valenciennois*) et l'agglomération 335 582. Église Saint-Géry (XIIIe siècle), collège des jésuites (1591), hôtels particuliers, maisons anciennes, musée des Beaux-Arts. Port fluvial relié par un canal à Dunkerque. Centre industriel (automobile, matériel ferroviaire, multimédia). Ville natale de Jean Froissart, Antoine Watteau, Jean-Baptiste Carpeaux.

VALENTIN (saint) (mort vers 270) ✦ Prêtre de Rome. Il refuse de renier sa foi et meurt en martyr. Sa fête, le 14 février, se confond avec celle des amoureux depuis le XVe siècle.

VALENTINIEN Ier (321-375) ✦ Empereur romain de 364 à sa mort. Proclamé empereur par l'armée, il confie à son frère les provinces de l'Orient. Il crée la fonction de défenseur du peuple pour limiter la puissance des riches (364). Il choisit Trèves pour capitale (367). Il défend la Gaule contre les Alamans en construisant des fortifications (366-374), la Bretagne romaine contre les Saxons (368) et écrase une révolte des Maures en Afrique (372-374). Il meurt lors d'une campagne militaire en Hongrie.

VALERA Eamon De → **DE VALERA** Eamon

VALÉRIEN (mont) ✦ Colline à l'ouest de Paris. Elle domine le bois de Boulogne (161 m), sur la rive gauche de la Seine. Ce lieu de culte gaulois a reçu de nombreux ermitages (XVe siècle). Construit en 1830, consolidé par **Thiers**, le fort tient un grand rôle pendant le siège de Paris (1871). Pendant la Deuxième Guerre mondiale, les Allemands y fusillent plus d'un millier de résistants, d'otages et de prisonniers (1941-1944). Leur souvenir est commémoré par le Mémorial de la France combattante (1960), doté d'une croix de Lorraine, haute de 12 m, et d'une cloche portant leurs noms, inaugurée en 2003. Le mont Valérien accueille également un cimetière américain où reposent, depuis 1919, des soldats des deux guerres mondiales.

VALÉRY (Paul) (1871-1945) ✦ Écrivain français. Il fait des études de droit (1888) puis publie des poèmes et se lie avec Gide et Mallarmé. Il s'installe à Paris (1894), où il se consacre à l'étude scientifique du fonctionnement de l'esprit (*Introduction à la méthode de Léonard de Vinci*, 1895 ; *La Soirée avec Monsieur Teste*, 1896) et note ses réflexions dans ses *Cahiers* (publiés après sa mort, 1970). Ses poésies connaissent un tel succès qu'il multiplie les conférences, les voyages officiels et devient professeur au Collège de France (1937). À sa mort, il reçoit des funérailles nationales. Poèmes : *La Jeune Parque* (1917), *Le Cimetière marin* (1920), *Charmes* (1922) ; essais : *Variétés* (1924-1944), *L'Idée fixe* (1932), *Mon Faust* (1940), *Tel quel* (1941). Académie française (1925).

VALETTE (La) ✦ Capitale de Malte, sur la côte nord-est de l'île. 6 300 habitants. Ville inscrite sur la liste du patrimoine mondial de l'Unesco pour ses nombreux monuments : fortifications (fort Saint-Elme), cathédrale Saint-Jean, palais du grand maître de l'ordre des chevaliers de **Malte.** Port international, centre administratif et industriel (électronique, textile). ♦ Après le siège de l'île par les Turcs (1565), le grand maître de l'ordre de Malte, Jean Parisot de La Valette, fonde la ville fortifiée, qui prend son nom (1566-1581). Elle devient la capitale de l'île en 1570. Elle a abrité une base navale britannique de 1814 à 1979.

VALJEAN Jean ✦ Personnage principal du roman de Victor Hugo *Les **Misérables*** (1862). Jean Valjean est un ancien forçat, condamné au bagne de Toulon pour avoir volé un pain. Sous le nom de Monsieur Madeleine, il consacre sa vie à lutter contre la misère et les injustices sociales.

VALLADOLID ✦ Ville d'Espagne, capitale de la Castilla-León. 316 564 habitants. Résidence favorite des rois de Castille, nombreux monuments des XVe-XVIe siècles. Ville natale de Tomas de Torquemada, Philippe II, Anne d'Autriche. Christophe Colomb y mourut en 1506.

VALLAURIS ✦ Ville des Alpes-Maritimes. 26 302 habitants (les *Vallauriens*). Centre de poterie traditionnelle. **Picasso** y a séjourné de 1948 à 1955. Son travail y a renouvelé la pratique de la céramique. Chapelle (XIIIe siècle ; fresque de Picasso *La Guerre et la Paix*).

VALLÉE D'AOSTE n. f. ✦ Région administrative du nord-ouest de l'Italie (☛ carte 30). Superficie : 3 262 km^2. 119 548 habitants (les *Valdôtains*). Chef-lieu : Aoste.

On y parle l'italien, le français et le franco-provençal. ♦ C'est une vallée alpine entourée de sommets (mont **Blanc, Cervin**, Grand **Paradis**), reliée à la France et à la Suisse par le tunnel du Mont-Blanc et les cols du Grand- et du Petit-Saint-Bernard. L'agriculture (arbres fruitiers, vigne) a remplacé l'élevage bovin sur les pentes. Industries (hydroélectricité, houille, électrochimie). Tourisme. ♦ Colonie romaine, elle est conquise par les Ostrogoths (522), les Byzantins puis les Lombards. La région est rattachée à la France (774), à la Bourgogne (904), à la Savoie (1032) annexée par la France (1800-1814), puis fait partie de l'Italie (1860). Le Val-d'Aoste devient une région autonome (1948), puis prend le nom de *Vallée d'Aoste* (2001).

VALLÉE DES ROIS n. f. ✦ Site archéologique d'Égypte, sur la rive gauche du Nil, face à **Thèbes** (☛ carte 2). Cette vallée désertique est la nécropole des pharaons qui ont régné de 1530 à 1085 av. J.-C. Les tombes, creusées à flanc de colline, forment une longue galerie qui aboutit à la chambre funéraire contenant le sarcophage et la momie du souverain. Les objets nécessaires au mort dans l'au-delà se trouvent dans des chambres voisines. Les murs sont décorés de scènes représentant le pharaon et les divinités. On connaît actuellement une soixantaine de tombes, la plupart pillées depuis longtemps, sauf celle de **Toutankhamon**, qui a été retrouvée intacte. Plus au sud, la **VALLÉE DES REINES** est réservée aux épouses royales (comme **Néfertari**) et à quelques princes.

VALLÈS Jules (1832-1885) ✦ Écrivain français. Il vient à Paris pour faire une carrière littéraire. Il participe à la **Commune**, qu'il défend dans le journal *Le Cri du peuple* qu'il fonde (1870), puis il doit s'exiler à Londres (1872-1880). La trilogie de *Jacques Vingtras*, qui comprend *L'Enfant* (1879), *Le Bachelier* (1881) et *L'Insurgé* (1886), évoque la vie de l'auteur, sa jeunesse et ses luttes politiques. Sa révolte, provoquée par les injustices de la société bourgeoise, s'exprime dans un style animé et un réalisme puissant.

VALLOTTON Félix (1865-1925) ✦ Peintre et graveur français d'origine suisse. Proche des nabis, il pratique d'abord avec succès la gravure sur bois, aux blancs et aux noirs contrastés, dans un esprit proche du japonisme. Sa peinture montre des scènes d'intérieur *(La Chambre rouge)* et des nus féminins, parfois des paysages à la composition souvent singulière, aux couleurs recherchées.

VALMY ✦ Commune de la Marne, dans l'est du département. 296 habitants (les *Valmeysiens*). L'armée française, commandée par **Dumouriez** et **Kellermann**, remporte la *bataille de Valmy* le 20 septembre 1792. Cette victoire met fin à l'invasion de la France par l'armée prussienne qui tentait de venir en aide à Louis XVI. La Révolution est sauvée et, le lendemain, la **République** est proclamée à Paris.

VALOIS ✦ Branche de la dynastie des **Capétiens** qui régna en France de 1328 à 1589. Son fondateur est Charles, fils de Philippe III le Hardi, qui reçoit la région du Valois, dans le Bassin parisien. Son fils, **Philippe VI de Valois**, déclenche la guerre de **Cent Ans** en devenant roi. Les principaux Valois sont Charles V, Charles VI, Charles VII, Louis XI, Charles VIII, François Ier, Henri II, Charles IX et Henri III. Ils sont inhumés dans la basilique de **Saint-Denis**, à l'exception de Louis XI. Le trône revint ensuite à la maison de **Bourbon**.

VALPARAISO ✦ Ville du Chili, sur la côte pacifique. 275 000 habitants. Dans un site naturel en amphithéâtre, la ville s'est étendue sur les collines sillonnées par des funiculaires. Son quartier colonial est inscrit sur la liste du patrimoine mondial de l'Unesco. Ville natale de Salvador Allende, d'Augusto Pinochet. ♦ La baie fut découverte par les conquistadors espagnols en 1536. Ils fondèrent la ville qui devait servir de port à **Santiago** (1544). Cette escale sur la route maritime entre le cap **Horn** et la Californie, longtemps principal port de commerce du Pacifique sud, a décliné après l'ouverture du canal de **Panama**.

VALRAS-PLAGE ✦ Commune de l'Hérault, sur la Méditerranée. 4 227 habitants (les *Valrassiens*). Station balnéaire.

VAL THORENS ✦ Station de sports d'hiver de Savoie, dans la Vanoise. Plus haute station d'Europe (altitude 2 300-3 400 m).

VANCOUVER ✦ Ville du Canada, dans le sud-ouest du pays (Colombie-Britannique). 578 041 habitants, 2,1 millions pour l'agglomération. Port très actif sur le Pacifique, centre économique et culturel de l'ouest du pays. L'énergie tirée de l'hydroélectricité et du gaz naturel alimente de nombreuses industries (bois, papier, sidérurgie, pétrole, chimie, alimentaire). ♦ Le site est visité par le navigateur britannique George Vancouver en 1792, mais le premier établissement date de 1865. La ville s'est développée rapidement, avec la création du chemin de fer Canadian Pacific et l'ouverture du canal de Panama.

VANDALES n. m. pl. ✦ Peuples germaniques établis entre la Vistule et l'Oder au IIIe siècle (☛ carte 9). Se déplaçant vers le sud-est et l'ouest (Danube, Main), ils franchissent le Rhin (406), pillent la Gaule et passent en Espagne (409), où ils affrontent les Wisigoths. Ils gagnent l'Afrique (429) où ils s'emparent de la Numidie. Après la conquête de la Corse, de la Sardaigne, des Baléares et de la Sicile, ils pillent les côtes de la Méditerranée sans réussir à établir un royaume durable. Ils ne peuvent résister à l'expédition menée en Afrique par Byzance sous le règne de Justinien (533-534).

VAN DER WEYDEN Rogier (v. 1399-1464) ✦ Peintre flamand. Ses toiles monumentales expriment un sentiment religieux intense et pathétique (*La Descente de Croix*). Il fut à son époque considéré comme le plus grand peintre flamand après **Van Eyck** et exécuta de nombreuses commandes pour des édifices religieux et des portraits, comme celui de Charles le Téméraire.

VANDŒUVRE-LÈS-NANCY ✦ Ville de Meurthe-et-Moselle, banlieue sud de Nancy. 29 721 habitants (les *Vandopériens*).

VAN DONGEN Kees (1877-1968) ✦ Peintre français, d'origine néerlandaise. Il dessine pour un journal néerlandais puis s'installe à Paris où il fait tous les métiers (1900). Sous l'influence de Van Gogh, il peint avec un réalisme brutal et des couleurs violentes comme les «fauves», avec qui il expose au Salon d'automne (1905). À Montmartre, il se lie d'amitié avec Picasso (1906). Dans des scènes de la vie élégante ou du spectacle (cirque, music-hall), il représente des figures féminines d'une sensualité agressive, le visage fardé, avec des traits accentués et des accords de couleurs originaux et forts. Son style évolue, s'assagit, mais le peintre fait scandale avec un nu jugé indécent (1913) avant de devenir le portraitiste à la mode de la bonne société parisienne. Parmi ses œuvres, on peut citer : *Fille au grand chapeau* (1906), *Femme au chapeau vert* (1907), *Femme lippue* (1909), *La Parisienne de Montmartre* (1911).

VAN DYCK Antony (1599-1641) ✦ Peintre flamand. Il fonde très jeune son propre atelier (1618) et travaille avec **Rubens.** Après un voyage en Angleterre (1619-1621), il séjourne en Italie (1622-1627) où ses tableaux s'adoucissent sous l'influence de Titien. À Anvers, il réalise des sujets religieux, mythologiques et des portraits avec des tons plus froids et des personnages plus expressifs. Le roi Charles Ier en fait son peintre favori et Van Dyck s'installe en Angleterre (1632). Avec des nuances délicates et des jeux de lumière chatoyants, il donne beaucoup d'élégance et de réalisme à ses portraits du roi et des proches de la cour. Son nom est donné à une nuance de brun. Parmi ses œuvres, on peut citer : *Têtes d'apôtres* (1616-1617), *Le Cardinal Bentivoglio* (1623), *La Vierge et l'Enfant* (1630), *Déploration du Christ mort* (1634), *Portrait équestre de Charles Ier et Charles Ier à la chasse* (1635), *Lady Ann Carr, comtesse de Bedford* (1640).

VAN EYCK ✦ Peintres flamands. Les frères **Hubert** (mort en 1426) et **Jan** (vers 1390-1441) réalisent ensemble *L'Adoration de l'Agneau mystique* (1426-1432). Dans ce chef-d'œuvre en douze panneaux, ils abandonnent la tradition gothique en utilisant de nouvelles techniques (peinture à l'huile, traitement monumental des volumes, richesse des détails) qui marquent la naissance du style flamand dans la peinture. Au service du duc de Bourgogne Philippe le Bon (1425), Jan réalise des missions diplomatiques en Espagne, puis il s'installe à Bruges (1430) où il se consacre surtout au thème de la Vierge et à des portraits minutieux. Parmi ses œuvres les plus célèbres, on peut citer : *L'Homme au turban rouge* (1433), *Les Époux Arnolfini* (1434), *La Vierge du chancelier Rolin* (1435), *La Vierge au chanoine Van der Paele* et *Jan de Leuw* (1436), *La Vierge à la fontaine* (1439).

VAN GOGH Vincent Willem (1853-1890) ✦ Peintre néerlandais. Il étudie le dessin à Anvers (1880), découvre Rubens, les estampes japonaises. À Paris, il rejoint son frère Théo, qui le soutient financièrement toute sa vie, rencontre les impressionnistes et part vivre à **Arles** (1888). Ses paysages et ses portraits prennent des formes tourmentées et des couleurs éclatantes. Après une violente dispute avec **Gauguin**, il sombre dans la dépression, se mutile l'oreille puis est interné à Saint-Rémy-de-Provence (1889-1890). Le docteur Gachet l'accueille à Auvers-sur-Oise, où il se suicide, toujours inconnu du public. Parmi ses œuvres, on peut citer : *Les Mangeurs de pommes de terre* (1885) ; la série des *Tournesols* (1887-1889) ; *Le Père Tanguy, L'Arlésienne, La Plaine de Crau, La Chambre de Vincent à Arles* (1888) ; *Autoportrait, Autoportrait à l'oreille bandée, Les Blés jaunes au cyprès, La Nuit étoilée* (1889), *L'Église d'Auvers, Le Champ de blé aux corbeaux, Portrait du docteur Gachet* (1890).

VAN HELMONT Jan Baptist (1577-1644) ✦ Médecin et chimiste flamand. Il fut l'un des premiers chimistes à pratiquer des observations rigoureuses et à en donner une description scientifique précise. Il découvrit les « gaz » (il inventa le mot), dont le gaz carbonique, et établit la « composition » de l'air. Ses découvertes lui valurent des ennuis avec l'**Inquisition.**

VAN LOO Charles André dit **Carle** (1705-1765) ✦ Peintre français. Il descend d'une famille de peintres flamands et se forme auprès de son frère Jean-Baptiste, avant de travailler avec lui au château de Fontainebleau. Il remporte le prix de Rome (1723) et séjourne en Italie. Avec **Boucher**, il décore l'hôtel de Soubise dans le Marais (1735-1740). Ses portraits du roi et de sa famille, ses thèmes bibliques et mythologiques, ses scènes de chasse connaissent un grand succès auprès de ses contemporains. Louis XV le nomme premier peintre du roi (1762) et il dirige l'Académie l'année suivante.

VANNES ✦ Chef-lieu du Morbihan, au fond du golfe du Morbihan. 53 036 habitants (les *Vannetais*). Remparts (porte Prison, XVe siècle ; porte Saint-Vincent, XVIIe siècle), cathédrale Saint-Pierre (XIIIe-XIXe siècles), la Cohue, ancienne halle couverte (XIIIe siècle), le Château-Gaillard (XVe siècle) qui abrite le musée d'archéologie, chapelle Saint-Yves de style baroque (XVIIe siècle), maisons anciennes à pans de bois. Centre administratif et universitaire. Industries (agroalimentaire, plastiques, mécanique, construction navale). Port de plaisance, tourisme. Ville natale du cinéaste Alain Resnais et du paléontologue Yves Coppens. ♦ La ville gallo-romaine, capitale du peuple celte des Vénètes, devient au Moyen Âge une ville fortifiée, siège d'un évêché. Elle est réunie à la France en 1532. Le parlement de Bretagne, quittant **Rennes,** s'installe à Vannes en 1675.

VANOISE n. f. ✦ Massif des Alpes (Savoie), entre la vallée de la Maurienne et celle de la Tarentaise. Il comprend une centaine de sommets dépassant 3 000 m et son point culminant est la Grande Casse (3 855 m). La Vanoise est le premier parc national français (52 839 ha), créé en 1963 pour protéger le bouquetin menacé de disparition. Ce parc est jumelé avec celui du Grand **Paradis** en Italie, avec lequel il couvre une zone de 1 250 km². C'est le plus grand espace protégé d'Europe de l'Ouest.

VANTAA ✦ Ville de Finlande, au nord d'Helsinki. 192 522 habitants.

VANUATU n. m. ✦ Pays d'Océanie. Cet archipel est situé en Mélanésie, au nord-est de la Nouvelle-Calédonie (☞ carte 51). Superficie : 14 763 km². 186 678 habitants (les *Vanuatuans*). République dont la capitale est Port-Vila (29 356 habitants). Langues officielles : l'anglais, le bichlamar (créole) et le français. Monnaie : le vatu. ♦ L'archipel est constitué d'une quarantaine d'îles volcaniques, couvertes de forêts et bordées de récifs coralliens. Les plus grandes sont Espiritu Santo, Mallicolo, Aurora, Pentecôte, Ambrym, Epi, Vaté, Erromanga. Le climat équatorial est chaud et humide. Les îles vivent de l'agriculture (cocotier, cacao, café, igname, taro, patate douce, banane, bois), de l'élevage bovin et de la pêche. Vaté possède un gisement de manganèse. ♦ Des recherches archéologiques ont établi que l'île de Vaté commerçait avec les îles voisines dès 1 500 ans av. J.-C., bien avant l'arrivée des Micronésiens (XIIIe siècle). L'archipel fut visité par le Portugais Queiros (1606), redécouvert par Bougainville (1768) puis Cook (1774), qui lui donna le nom de *Nouvelles-Hébrides* et en établit la carte. Les Britanniques et les Français se sont partagé l'influence de cette région qu'ils ont évangélisée (XIXe siècle). Elle leur a servi de base contre le Japon pendant la Deuxième Guerre mondiale. L'archipel a obtenu son indépendance dans le cadre du Commonwealth en 1980. Il a soutenu les **Kanaks** de Nouvelle-Calédonie et les **Papous.** La vie politique, marquée par l'opposition entre anglophones et francophones, reste instable.

VAR n. m. ✦ Département du sud-est de la France [83], de la Région Provence-Alpes-Côte d'Azur. Superficie : 5 973 km². 1,04 million d'habitants (les *Varois*). Chef-lieu : Toulon ; chefs-lieux d'arrondissement : Brignoles et Draguignan.

VARENNES-EN-ARGONNE n. m. ✦ Commune de la Meuse, près de Verdun. 663 habitants (les *Varennois*). C'est dans ce bourg que la fuite de **Louis XVI** et de sa famille fut interrompue le 21 juin 1791. Le roi, reconnu à Sainte-Menehould, fut arrêté à Varennes et ramené à Paris avec la famille royale.

VARÈSE Edgar (1883-1965) ✦ Compositeur américain d'origine française. Il abandonne des études scientifiques pour la composition musicale et étudie notamment avec V. d'Indy et A. Roussel à Paris. Établi aux États-Unis où il est chef d'orchestre, il compose ses principales œuvres, essentiellement pour percussions, entre 1921 et 1936 (*Hyperprism*, 1923 ; *Ionisation*, 1931). À partir de 1954 s'ouvre une période novatrice où il utilise l'électronique, posant ainsi les jalons de la musique concrète et électroacoustique (*Déserts*, 1954, pour bande magnétique et orchestre ; *Poème électronique*, 1958, œuvre concrète en collaboration, pour les images, avec Le Corbusier).

VARGAS LLOSA Mario (né en 1936) ✦ Écrivain et homme politique espagnol et péruvien. Considéré comme l'un des chefs de file de la littérature latino-américaine, il peint dans ses romans une vaste fresque, à valeur universelle, de la société péruvienne (*Les Caïds*, 1959 ; *La Ville et les chiens*, 1963 ; *La Guerre de la fin du monde*, 1981). Il s'installe en Espagne après son échec à l'élection présidentielle (1990) et publie son autobiographie (*Le Poisson dans l'eau*, 1993).

VARSOVIE ✦ Capitale de la Pologne, au centre-est du pays, sur la Vistule. 1,7 million d'habitants (les *Varsoviens*). Centre historique, détruit pendant la Deuxième Guerre mondiale puis restauré, inscrit sur la liste du patrimoine mondial de l'Unesco. Château gothique, cathédrale Saint-Jean (XIIIe-XIVe siècles), remparts (XIVe-XVe siècles). Centre culturel (université, musées), scientifique et commercial. Industries (métallurgie, mécanique, électricité, textile, alimentaire, chimie). Ville natale de Marie Curie, de Haroun Tazieff. ♦ La ville s'étend autour du château des ducs de Mazovie qui la prennent pour capitale en 1344. Quand le duché est réuni à la Pologne (1526), elle devient capitale en remplacement de **Cracovie.** Elle subit les guerres avec la Suède (1656, 1702) et connaît une épidémie de peste (1709). Le roi Stanislas II Poniatowski en fait un centre intellectuel. Occupée par les Russes (1793) qui l'attribuent à la Prusse (1795), elle est libérée par Napoléon qui crée le *grand-duché de Varsovie* (1807-1814). Avec la **Pologne**, elle passe à la Russie (congrès de **Vienne**, 1815). Les insurrections nationales sont violemment réprimées (1830, 1861, 1905). Les Allemands l'occupent pendant la Première Guerre mondiale. Redevenue capitale de la Pologne indépendante, elle est à nouveau assiégée pendant la Deuxième par les Allemands, qui déportent la population et créent un ghetto (1941) où les Juifs sont rassemblés et exterminés. Après l'insurrection du *ghetto de Varsovie* (1943), les survivants sont déportés dans des camps de concentration. La révolte des résistants polonais est écrasée (1944). Les armées russe et polonaise libèrent la ville en 1945. Détruite à 87 %, sa reconstruction s'est achevée en 1949.

VARSOVIE (pacte de) ✦ Pacte de défense signé à Varsovie en 1955 par les pays communistes d'Europe de l'Est (URSS, Albanie, Bulgarie, Hongrie, Pologne, République démocratique allemande, Roumanie, Tchécoslovaquie). Le pacte a été officiellement dissous le 1er juillet 1991.

VASARELY Victor (1906-1997) ✦ Plasticien français d'origine hongroise. Ses œuvres abstraites associent de manière répétitive des éléments géométriques et des couleurs, quadrillages et pavages provoquant des phénomènes optiques et donnant une impression de mouvement («art optique»).

VASCO DE GAMA → GAMA Vasco de

① **VATICAN** n. m. ✦ Colline de Rome, au nord du Janicule. Dans l'Antiquité, des courses de chars se déroulaient dans le cirque du Vatican, construit par Caligula et Néron. Les chrétiens y étaient suppliciés. Parmi eux, saint **Pierre**, dont la tombe attirait les pèlerins. **Constantin Ier le Grand** construisit une basilique sur cet emplacement (324-349). Le pape Léon IV entoura les bâtiments de remparts (848-852) formant un ensemble appelé le *Borgo*. Les papes s'y installèrent quand ils quittèrent **Avignon** (1377). Après le rattachement des États de l'Église au royaume d'Italie (1870), le pape **Pie XI** signa avec Mussolini les accords du Latran (1929) qui firent du **Vatican** un État indépendant.

② **VATICAN** n. m. ✦ Pays d'Europe, à l'ouest du Tibre, sur la colline du **Vatican** à Rome. C'est le plus petit État du monde, avec une superficie de 44 hectares (0,44 km²). 833 habitants. Le statut de citoyen est attribué aux personnes qui y exercent une fonction, aux cardinaux qui résident à Rome et à quelques personnes désignées par le pape. Ce dernier est le chef de l'État, lequel possède son drapeau, son hymne, son armée (gardes suisses), sa monnaie (euro à l'effigie du pape), sa poste et ses journaux. ♦ La Cité du Vatican est inscrite sur la liste du patrimoine mondial de l'Unesco, avec la basilique **Saint-Pierre de Rome**, construite sur l'immense place Saint-Pierre, entourée d'une colonnade, et le palais, sans cesse agrandi depuis le XIIIe siècle. Le Vatican abrite la chapelle **Sixtine**, les appartements du pape Jules II (chambres de **Raphaël**), la Bibliothèque vaticane (1450), riche de milliers d'ouvrages et de manuscrits précieux, et des musées qui renferment d'innombrables chefs-d'œuvre, notamment de l'Antiquité et de la Renaissance. Plusieurs édifices sont rattachés à la Cité du Vatican : les basiliques romaines Saint-Jean-de-Latran, Sainte-Marie-Majeure, Saint-Paul-hors-les-Murs (IVe-XVIIIe siècles) et Castel Gandolfo, la résidence d'été des papes.

VAUBAN (1633-1707) ✦ Maréchal de France. Remarqué par Mazarin, il entre au service de Louis XIV, qui le nomme commissaire des fortifications. Sous les ordres de **Louvois**, il construit de nombreuses citadelles afin de fortifier les points faibles du royaume, notamment sur les frontières du nord et de l'est (Belfort, Besançon, Briançon, Dunkerque, Luxembourg, Saint-Malo). Il perfectionne les techniques d'attaque et remporte de nombreux sièges (Lille, 1667 ; Namur, 1692). Son œuvre militaire, marquée par une recherche de l'innovation et un effort d'adaptation permanents, est inscrite sur la liste du patrimoine mondial de l'Unesco. Il publie un *Traité de défense des places* (1706). Sa critique de la politique de Louis XIV provoque sa disgrâce auprès du roi. Il repose aux **Invalides** à Paris. ■ Son nom complet est *Sébastien Le Prestre de Vauban.*

VAUCANSON Jacques de (1709-1782) ✦ Ingénieur mécanicien français. Il a conçu et réalisé de nombreuses machines, dont le premier métier à tisser entièrement automatique, l'ancêtre des machines-outils actuelles, et des automates restés célèbres (*Le Joueur de flûte traversière,* 1737, et *Le Canard,* 1738). Sa collection de machines est devenue, en 1794, le premier fonds du Conservatoire national des arts et métiers. Académie des sciences (1746).

VAUCLUSE n. m. ✦ Département du sud-est de la France [84], de la Région Provence-Alpes-Côte d'Azur. Superficie : 3 742 km². 554 374 habitants. Chef-lieu : Avignon ; chefs-lieux d'arrondissement : Apt et Carpentras.

VAUD (canton de) ✦ Canton de Suisse, dans le sud-ouest du pays (☛ carte 26). Superficie : 3 211 km². 662 145 habitants (les *Vaudois*), en majorité protestants. Langue officielle : le français. Chef-lieu : Lausanne. La région est surtout agricole (vigne, céréales, betterave à sucre, tabac). Le tourisme est actif (stations climatiques et de sports d'hiver). ♦ La région, conquise par les Romains (58 av. J.-C.), est occupée par les Burgondes (Ve siècle), puis par les Francs. Elle fait partie du royaume de Bourgogne de 888 à 1032. Annexé au Saint Empire, le pays de Vaud est ensuite conquis par Berne (1536), qui lui impose la Réforme. Après une vaine tentative de se libérer en 1723, il y parvient grâce à l'aide des troupes françaises du Directoire qui entrent triomphalement à Lausanne. La République lémanique est proclamée (1798). Elle prend le nom de *canton de Vaud* en 1803.

VAUGHAN WILLIAMS Ralph (1872-1958) ✦ Compositeur britannique. Il s'intéresse très tôt au folklore anglais, à l'œuvre de Purcell et aux musiciens élisabéthains. Par ses œuvres (dix symphonies, des concertos, des chants religieux, des opéras), inspirées des mélodies traditionnelles, il a contribué à la renaissance du mouvement musical dans son pays. *Fantaisie sur un thème de Thomas Tallis,* 1910 ; *Messe en sol mineur,* 1922 ; *The Pilgrim's Progress,* 1951.

VAULX-EN-VELIN ✦ Ville du Rhône, banlieue nord-est de Lyon. 45 294 habitants (les *Vaudais*).

VAUX-LE-VICOMTE ✦ Château de Seine-et-Marne, près de Melun. Il est construit pour le surintendant des Finances Nicolas **Fouquet** (1657-1661). Celui-ci choisit des artistes exceptionnels : les plans sont de **Le Vau**, la décoration est confiée à **Le Brun**, et **Le Nôtre** dessine les jardins. Fouquet y donne des fêtes somptueuses qui provoqueront la jalousie de Louis XIV.

VEIL Simone (née en 1927) ✦ Femme politique française. Magistrate puis ministre de la Santé (1974-1979), elle fait voter la loi autorisant l'interruption volontaire de grossesse (1975). Députée européenne, elle préside le Parlement européen de 1979 à 1982 (☛ Europe p. 199) et siège au Conseil constitutionnel (1998-2007). Elle publie son autobiographie, *Une vie* (2007). Académie française (2008).

VÉLASQUEZ (1599-1660) ✦ Peintre espagnol. Il étudie la peinture à Séville, où il peint des scènes religieuses (*L'Adoration des Mages,* vers 1619), influencé par le **Greco** et le **Caravage.** Son style évolue. Il s'intéresse à des scènes humbles et quotidiennes (*Le Vendeur d'eau de Séville,* 1623) et réalise ses premiers portraits, à l'expression sévère (*La Mère Jeronima de La Fuente,* 1620 ; *Luis de Gongora,* 1622). Il est appelé à Madrid (1623) pour devenir le peintre du roi : il représente Philippe IV, la famille royale, les membres de la cour avec une recherche de naturel et de simplicité. Sur les conseils de Rubens, il voyage en Italie (1629-1631, 1649-1651) et découvre le **Tintoret** et **Titien.** Sa palette s'éclaircit et se nuance, les formes s'assouplissent dans ses sujets mythologiques et religieux (*Le Triomphe de Bacchus,* 1628 ; *La Forge de Vulcain,* 1630 ; *Vénus au miroir,* 1649-1651) ou historiques (*La Reddition de Breda,* 1635 ; *Innocent X,* 1650 ; *L'Infante Marie-Thérèse,* 1651). Comblé d'honneurs, le peintre s'interroge sur son art et se permet des libertés et des audaces (*Les Ménines,* 1656 ; *Les Fileuses,* 1657). Dans toute son œuvre, il cherche à saisir la dignité, la vérité humaine et psychologique de ses modèles. ■ Son nom complet est *Diego Rodriguez de Silva y Velázquez.*

VELAY n. m. ✦ Région du Massif central (Haute-Loire), entre l'Allier et le Vivarais. Chaîne volcanique des *monts du Velay.* Ville principale : Le Puy-en-Velay.

VÉL' D'HIV (rafle du) ✦ Arrestation par la police française de 12 884 Juifs, internés au vélodrome d'Hiver à Paris les 16 et 17 juillet 1942. La plupart furent déportés par la suite à **Auschwitz.** Cette opération a été organisée par le gouvernement de **Vichy** dans le cadre de la politique de collaboration avec l'Allemagne nazie.

① **VENDÉE** n. f. ✦ Rivière de l'ouest de la France, longue de 70 km (☛ carte 21). Elle prend sa source à la limite des Deux-Sèvres et du département de la Vendée, arrose Fontenay-le-Comte et traverse le Marais poitevin, où elle se jette dans la Sèvre niortaise.

② **VENDÉE** n. f. ✦ Département de l'ouest de la France [85], de la Région Pays de la Loire. Superficie : 6 720 km². 662 122 habitants. Chef-lieu : La Roche-sur-Yon ; chefs-lieux d'arrondissement : Fontenay-le-Comte, Les Sables-d'Olonne.

VENDÉE (guerre de) ✦ Insurrection contre la Révolution qui se développa en Vendée, en Anjou et dans le Poitou. Les paysans se révoltaient ainsi contre l'enrôlement dans les armées révolutionnaires de la

Convention, contre la misère et la politique antireligieuse. Les nobles et les prêtres réfractaires constituèrent une «armée catholique et royale» (1793) qui compta jusqu'à 40 000 hommes, appelés les *blancs*. Elle s'empara de Cholet, Fontenay-le-Comte, Saumur, Angers et échoua devant Nantes. Après plusieurs défaites des troupes républicaines, le **Comité de salut public** créa l'armée de l'Ouest, commandée notamment par **Kléber.** Ses soldats, appelés les *bleus,* reprirent Cholet, Angers, Le Mans. Pour venger les massacres des républicains, ils organisèrent des «noyades collectives» à **Nantes** et dévastèrent la région. Quelques généraux continuèrent la lutte dans le Marais poitevin (**Charette**) mais ils furent battus par **Hoche** en 1795.

VENDÉE GLOBE **n. m.** ✦ Course à la voile en solitaire autour du monde, sans escale et sans assistance, créée en 1989. Elle se déroule tous les quatre ans au départ des Sables-d'Olonne. Michel **Desjoyeaux** a été deux fois vainqueur (2001 et 2009).

VENDÔME ✦ Chef-lieu d'arrondissement de Loir-et-Cher, sur le Loir. 16 879 habitants (agglomération 23 575) (les *Vendômois*) (☛ carte 23). Église abbatiale de la Trinité (XIe-XVIe siècles) à la remarquable façade flamboyante. Activité industrielle (aéronautique, automobile, électroménager).

VÉNÉTIE **n. f.** ✦ Région administrative d'Italie, dans le nord-est du pays (☛ carte 30). Superficie : 18 364 km². 4,5 millions d'habitants. Chef-lieu : Venise. ♦ Depuis le massif alpin des Dolomites au nord, la région s'abaisse au sud par des collines vers une plaine arrosée par le Pô, l'Adige, le Piave et bordée de lagunes le long de la mer Adriatique. Le climat est continental. Agriculture (céréales, betterave à sucre, vigne, fruits). Élevage (vaches et porcs). Industries (raffinerie, métallurgie, chimie). Activités liées au tourisme dans les Alpes (**Dolomites,** lac de **Garde**) et sur la côte. Artisanat concentré à **Venise** et dans les îles voisines (Murano). ♦ Le peuple indo-européen des Vénètes, qui habite la région (1 000 ans av. J.-C.) et lui donne son nom, est vaincu par les Romains au IIe siècle av. J.-C. La république de **Venise** s'empare des villes (XVe siècle). La région est cédée par Bonaparte à l'Autriche (1797) puis au royaume d'Italie (1805-1814). Elle forme un royaume avec la **Lombardie** (1815-1859) et revient à l'Italie en 1866. L'Est fait partie de la région du Frioul-Vénétie-Julienne, dont une part a été cédée à la Yougoslavie en 1947, la partie nord est rattachée au Trentin-Haut-Adige.

VENEZUELA **n. m.** ✦ Pays d'Amérique du Sud, bordé au nord par la mer des Caraïbes (☛ cartes 44, 46). Superficie : 912 050 km² (plus d'une fois et demie la France). 23 millions d'habitants (les *Vénézuéliens*), en majorité catholiques. République dont la capitale est Caracas. Langue officielle : l'espagnol. Monnaie : le bolivar. ♦ GÉOGRAPHIE. Le plateau montagneux des Guyanes, aux forêts denses, s'étend au sud du fleuve **Orénoque.** Dans le nord, les plaines couvertes de savanes, appelées *Llanos,* s'élèvent à l'ouest vers la cordillère des **Andes** (point culminant : pic Bolivar, 5 007 m), qui domine le lac **Maracaibo.** Le climat est tropical, chaud et humide. ♦ ÉCONOMIE. L'agriculture domine dans la région des Andes (céréales, pomme de terre, café, cacao) et l'élevage bovin dans les Llanos. Les importantes ressources naturelles (8e producteur mondial de pétrole, gaz, fer, or, bauxite, hydroélectricité) ont permis le développement de l'industrie (raffineries, chimie, métallurgie, mécanique, alimentaire). ♦ HISTOIRE. Après sa découverte par Christophe **Colomb** (1498), la région est appelée *Venezuela* («petite Venise») en raison des maisons sur pilotis des Indiens Caraïbes. Rattachée à l'Espagne en 1556, elle devient le centre de son empire colonial (1776). Elle fait ensuite partie de la Grande-**Colombie,** dirigée par Simon **Bolivar** (1819-1830). À la mort de celui-ci, le pays obtient son indépendance. Il connaît une succession de dictatures et de révolutions jusqu'au coup d'État de Romulo Bétancourt qui impose la démocratie en 1945. Les revenus pétroliers assurent sa croissance. Le Venezuela est l'un des pays fondateurs de l'**Opep** (1960). Une grave crise économique provoque des émeutes sociales (1989) et une tentative de coup d'État qui échoue (1992). Le pays est victime de terribles inondations qui causent la mort d'environ 40 000 personnes en 1999.

VENISE ✦ Ville d'Italie, chef-lieu de la Vénétie, dans le nord-est du pays, sur l'Adriatique. 271 073 habitants (les *Vénitiens*). La ville est bâtie sur une centaine de petites îles, bordées par des canaux et reliées par des ponts. Elle se situe au milieu de la lagune, un bassin marin de 551 km² séparé de la mer par une bande sableuse, le Lido. Le Grand Canal, long de 3 800 m, partage la ville en deux parties. Le centre historique se trouve place Saint-Marc, avec la basilique Saint-Marc aux mosaïques de style byzantin (XIe siècle), le palais des **Doges,** le campanile, les Procuraties, la bibliothèque Marciana. La ville est inscrite sur la liste du patrimoine mondial de l'Unesco pour ses nombreux édifices religieux et palais, de styles gothique, Renaissance ou baroque, décorés par les plus grands artistes de Venise (**Canaletto,** le **Tintoret, Tiepolo, Titien, Véronèse**). Après l'inondation de 1966, l'Unesco lance une vaste campagne de sauvegarde du patrimoine artistique. La ville est en effet menacée par l'effondrement du sol de la lagune, l'amplitude des marées et la pollution (pigeons, bateaux, usines). L'industrie de luxe est prospère (dentelle de l'île de Burano, verre soufflé et cristallerie de l'île de Murano, orfèvrerie, masques). Cette ville culturelle (carnaval, festival de cinéma, Biennale d'art) est l'une des plus touristiques du monde. Ville natale de Marco Polo, des peintres Bellini, Canaletto, Carpaccio, Guardi, le Tintoret, des musiciens Albinoni, Vivaldi, Maderna, Nono, de l'auteur comique Goldoni et de Casanova. ♦ À l'origine de la ville, des populations du nord du pays se réfugièrent sur les îles de la lagune pour échapper aux Barbares (Goths, Huns, Lombards). Venise élit son premier doge en 697 et aménage le site avec des maisons sur pilotis, de la brique et du bois (IXe siècle). Avec sa puissante flotte militaire et commerciale, elle fonde un empire maritime en Méditerranée, obtient des privilèges commerciaux dans l'Empire **byzantin** et profite des **croisades** pour établir des comptoirs (X^e^-XIe siècles). Le pouvoir appartient alors à de riches familles alliées, au sein du Grand Conseil qui guide et surveille le doge. Lors de la 4e croisade (1204), l'Empire byzantin est partagé entre les Vénitiens et les Francs. À l'apogée de sa puissance (XIIIe-XVe siècles), la république de Venise s'empare de ports sur l'Adriatique (Dalmatie) et dans le Péloponnèse, des îles Ioniennes, des îles de la mer Égée, de la

Crète, de Chypre. Sa richesse crée des rivalités avec **Gênes**, Milan, Florence. Venise annexe Trévise, **Padoue, Vérone, Ravenne**, le Frioul au terme de campagnes militaires. La chute de **Constantinople** (1453), la découverte du Nouveau Monde (1492) et celle de la route vers l'Inde par Vasco de Gama (1497) entraînent la perte de comptoirs et une diminution du trafic maritime. Les guerres contre les Ottomans (XVIe-XVIIe siècles) affaiblissent la cité qui perd son indépendance. La République est abolie par Bonaparte (1797) qui livre la **Vénétie** à l'Autriche. Elle rejoint le royaume d'Italie en 1866.

VÉNISSIEUX ✦ Commune du Rhône, dans la banlieue de Lyon. 62 575 habitants (les *Vénissians*) ; c'est la 3e ville du département.

VENIZÉLOS Eleftherios (1864-1936) ✦ Homme politique grec. En 1908, il contribue au rattachement de l'île de Crète à la Grèce. Nommé Premier ministre, il forme le gouvernement grec de 1910 et range son pays aux côtés des Alliés pendant la Première Guerre mondiale. Il est renvoyé (1915) par le roi Constantin Ier, favorable à la Triple-Alliance. Après la guerre, il contribue à la chute de la royauté et à l'instauration de la République et revient au pouvoir (1928-1932).

VENTOUX (mont) ✦ Massif des Préalpes (Vaucluse). Un observatoire météorologique couronne son sommet (1 910 m). Ses pentes, stériles et très exposées au mistral (d'où son nom de «venteux»), sont reboisées dans la seconde moitié du XIXe siècle (chênes blancs, chênes verts, pins, cèdres). L'Unesco a créé (1990) une réserve de biosphère sur une zone de 2 126 hectares.

① **VÉNUS** ✦ Déesse de l'Amour, dans la mythologie romaine. Elle correspond à la déesse grecque **Aphrodite**.

② **VÉNUS** n. f. ✦ Planète du système solaire, communément appelée *étoile du Berger*. C'est la deuxième planète à partir du Soleil, dont elle est éloignée d'environ 108 millions de km. Son diamètre mesure 12 104 km (presque comme celui de la Terre). Son atmosphère est formée d'une très épaisse couche nuageuse constituée de gaz carbonique, qui produit un effet de serre et des températures élevées (470 °C au sol). Vénus tourne autour du Soleil en 224 jours 16 h et 48 min, et sur elle-même en 243 jours. Elle est explorée à partir de 1961 par des sondes spatiales russes *(Venera, Vega)* et américaines (*Pioneer Venus* et *Mariner*).

VÉNUS DE MILO (La) → **MILO**

VERCINGÉTORIX (72 av. J.-C.-46 av. J.-C.) ✦ Chef du peuple gaulois des **Arvernes**. Il rassemble les tribus gauloises qui se soulèvent contre Rome (52 av. J.-C.) et bat Jules **César** à **Gergovie**. Quand ce dernier écrase la cavalerie gauloise près de Dijon, Vercingétorix se réfugie à **Alésia** et se rend après un siège de deux mois. Il est emmené à Rome, où César l'exhibe pendant la cérémonie de son triomphe (46 av. J.-C.) puis le fait étrangler dans sa prison.

① **VERCORS** (1902-1991) ✦ Écrivain français. Ce dessinateur se fait connaître par des albums de croquis à l'humour amer. Pendant la guerre, il fonde les Éditions de Minuit (1941) et publie clandestinement un court récit, *Le Silence de la mer* (1942). Dans un style sobre, ce livre évoque les problèmes moraux et philosophiques que pose la guerre et magnifie le courage et la dignité de ceux qui refusent ce qui avilit l'homme. Il devient le symbole de la résistance intellectuelle et connaît un grand succès. La guerre, la torture, les droits de l'homme, la barbarie inspirent ses autres ouvrages : *La Marche à l'étoile* (1943), *Les Armes de la nuit* (1946), *La Puissance du jour* (1951), *Les Animaux dénaturés* (1952). ■ Son véritable nom est *Jean Bruller*.

② **VERCORS** n. m. ✦ Massif des Préalpes, entre l'Isère et la Drôme (☛ carte 21). C'est un plateau calcaire, creusé de grottes et de falaises, couvert de forêts. Le parc naturel régional du Vercors (178 000 ha), créé en 1970, s'étend au sud-ouest de Grenoble. Le point culminant est le Grand Veymont (2 341 m). ♦ Pendant la Deuxième Guerre mondiale, le massif, organisé en territoire libéré, servit de refuge aux résistants et abrita plusieurs camps de maquisards (1943-1944). Le Vercors est le théâtre d'un combat (juin-juillet 1944) mené par 3 500 maquisards contre les troupes allemandes, qui se livrent ensuite à des représailles sanglantes.

VERDI Giuseppe (1813-1901) ✦ Compositeur italien. Refusé au conservatoire de Milan (1832), il étudie avec un professeur privé. Son premier opéra (*Oberto*, 1839), composé pour la Scala de Milan, lui vaut le succès. Mais c'est avec *Nabucco* (1842) et *I Lombardi* (1843) qu'il établit sa réputation et rencontre la popularité. Favorable au **Risorgimento**, il apparaît à toute l'Europe comme le champion des idées libérales. Il s'engage aux côtés des patriotes italiens et entre au Parlement (1861-1865). Son écriture raffinée, sa maîtrise de l'art vocal, l'importance grandissante de l'orchestre mettent en valeur les sentiments de ses personnages. Autres opéras : *Rigoletto, Le Trouvère* et *La Traviata, Don Carlos* (créé à Paris, 1867), *Aïda* (créé au Caire, 1871). Il compose aussi des œuvres religieuses (*Requiem*, 1873).

VERDON n. m. ✦ Rivière des Alpes du Sud, longue de 200 km. Elle prend sa source près du col d'Allos dans le massif des Trois Évêchés, à l'ouest du Mercantour. Elle arrose Castellane et rejoint la Durance au sud de Manosque, dans les Bouches-du-Rhône. Les *gorges du Verdon*, creusées par la rivière dans les plateaux calcaires, offrent de superbes panoramas. Le parc naturel régional du Verdon, créé en 1997, s'étend sur 176 961 hectares autour des gorges et de cinq lacs artificiels.

VERDUN ✦ Ville de la Meuse, sur la Meuse. 18 393 habitants (les *Verdunois*). Dans la Ville-Basse : porte Chaussée, vestiges de fortifications (XIVe siècle), ancienne abbaye Saint-Paul (XVIIIe siècle), citadelle souterraine ; dans la Ville-Haute : cathédrale Notre-Dame (XIe-XVIe siècles), hôtel de la Princerie, de style Renaissance. Industries (métallurgie, textile, alimentaire). ♦ Le fort militaire gaulois, pris par Clovis en 502, est intégré dans l'Austrasie. La ville appartient ensuite à la **Lotharingie** (traité de Verdun, 843) puis au Saint Empire (879). Dirigée par ses évêques, elle est annexée par Henri II avec Metz et Toul (1552) et rattachée à la France après la guerre de **Trente Ans** (traités de Westphalie, 1648). Vauban la fortifie. Les Prussiens s'en emparent pendant la Révolution (1792) et à nouveau pendant la guerre de 1870. Pendant la Première **Guerre mondiale**, la région est le théâtre des violents combats de la *bataille de Verdun* (1916). Les Allemands décident d'attaquer cette place, tenue par les Français depuis la bataille de la **Marne** (1914). Après quatre mois de défaites (**Douaumont**), Pétain stoppe l'offensive sur la Voie sacrée qui relie Verdun à Bar-le-Duc (☛ Première Guerre mondiale p. 189). **Joffre** envoie **Foch** diriger la bataille de la **Somme** et relâche ainsi l'étau autour de Verdun, permettant sa reconquête (1916-1917). Cette bataille est devenue le symbole de l'horreur de la guerre, près de 700 000 combattants y ayant laissé leur vie. La ville a également beaucoup souffert pendant la Deuxième Guerre mondiale.

VERDUN (traité de) ✦ Traité signé en 843 entre les fils de Louis Ier le Pieux, qui se partagent l'empire d'Occident. **Louis II le Germanique** reçoit la partie située à l'est du Rhin (**Germanie**) ; **Charles II le Chauve**, les territoires qui s'étendent à l'ouest de la Meuse, de la Saône et du Rhône ; **Lothaire Ier** obtient la région située entre les deux, depuis la mer du Nord jusqu'au nord de l'Italie, ainsi que le titre d'empereur (☛ carte 11).

VERHAEREN Émile (1855-1916) ✦ Poète belge de langue française. Après des études de droit en Belgique, il se consacre à l'écriture et s'installe en France (1875). Ses premiers poèmes célèbrent sa Flandre natale. Pendant ses voyages en Europe, il découvre la beauté du monde moderne et exprime alors, avec beaucoup de lyrisme, sa foi dans un avenir meilleur. Parmi ses œuvres, on peut citer : *Les Flamandes* (1884), *Les Moines* (1886), *Les Soirs* (1887), *Les Débâcles* (1888), *Les Flambeaux noirs* (1890), *Les Campagnes hallucinées* (1893), *Les Villes tentaculaires* (1895), *Les Visages de la vie* (1899), *Toute la Flandre* (1904-1911).

VERLAINE Paul (1844-1896) ✦ Poète français. Il fréquente les poètes parnassiens (**Banville, Heredia**) et tente d'échapper à son mal de vivre dans ses premiers recueils (*Poèmes saturniens*, 1866 ; *Fêtes galantes*, 1869). Son espoir de vie simple et tranquille est ruiné par sa rencontre avec **Rimbaud** : ils s'enfuient ensemble en Belgique, à Londres, multiplient les brouilles et les réconciliations, puis Verlaine blesse Rimbaud à Bruxelles (1873). Pendant son séjour de deux ans en prison, il écrit *Romances sans paroles* (1874), dans lesquelles il demande pardon à sa femme Mathilde, et se convertit. Il exprime alors un mélange de foi mystique et d'émotions sensuelles dans des poèmes mélancoliques au rythme et aux sons musicaux (*Sagesse*, 1880 ; *Poètes maudits* et *Jadis et Naguère*, 1884 ; *Amour*, 1888 ; *Liturgies intimes*, 1892 ; *Épigrammes*, 1894). ☛ Symbolisme p. 186.

VERMEER Jan (1632-1675) ✦ Peintre hollandais, appelé aussi *Vermeer de Delft*. On sait peu de choses de lui, et les spécialistes lui attribuent une trentaine d'œuvres, dont deux seulement sont signées. Sa célébrité s'éteint avec lui et il n'est redécouvert qu'en 1866. Il est alors admiré par les impressionnistes. Ses rares scènes d'extérieur, ses sujets allégoriques et surtout ses scènes d'intérieur, mettant souvent en scène des femmes, baignent dans une atmosphère de tranquillité, où l'éclairage intensifie les expressions des personnages. Parmi ses tableaux, on peut citer : *La Courtisane, Vue de Delft, La Ruelle, La Laitière, Jeune Fille au turban* (ou *à la perle*), *Femme en bleu lisant une lettre, Jeune Femme au chapeau rouge, La Dentellière, L'Art de la peinture* (appelé aussi *L'Atelier du peintre*), *L'Astronome, Le Géographe* et *L'Allégorie de la Foi*.

VERMONT n. m. ✦ État des États-Unis depuis 1791, situé au nord-est du pays, en **Nouvelle-Angleterre** (☛ carte 47). Superficie : 24 887 km^2. 608 827 habitants. Capitale : Montpelier (8 035 habitants). ♦ Au nord des Appalaches, cet État de forme rectangulaire est occupé par les Green Mountains (« montagnes vertes » ; point culminant : mont Mansfield, 1 338 m). Il est limité au nord-ouest par le lac Champlain et séparé du New Hampshire à l'est par la rivière Connecticut. Peu peuplé et peu urbanisé, il vit de l'agriculture (élevage laitier, légumes), de l'industrie alimentaire et du bois, ainsi que du tourisme. ♦ Les Français colonisent la région au XVIIe siècle, puis les Anglais à partir de 1724. Le Vermont obtient son indépendance en 1777 avant de devenir le 14e État de l'Union en 1791.

VERNE Jules (1828-1905) ✦ Écrivain français. Après des études de droit à Paris, il se consacre à l'écriture et devient l'ami de Dumas. Il veut faire découvrir la recherche scientifique et se passionne avec **Nadar** pour l'aéronautique. ☛ Littérature p. 136. Son œuvre, réunie sous le titre *Les Voyages extraordinaires*, explore le temps, l'espace, les océans et connaît un immense succès. Ses héros s'envolent dans les airs (*Cinq Semaines en ballon*, 1862 ; *De la Terre à la Lune*, 1865 ; *Autour de la Lune*, 1870). D'autres découvrent les profondeurs du globe (*Voyage au centre de la Terre*, 1864 ; ***Vingt Mille Lieues sous les mers***, 1870 ; *Les Indes noires*, 1877) ou entreprennent des voyages mouvementés (*Le Tour du monde en 80 jours*, 1873 ; *Michel Strogoff*, 1876). Un musée lui est consacré à Nantes, sa ville natale. ♦ Le *trophée Jules Verne* récompense le tour du monde à la voile en équipage, sans escale et sans assistance, depuis 1993.

VERNET Joseph (1714-1789) ✦ Peintre français. Pendant son séjour d'étude en Italie (1734-1753), il découvre **Poussin**, le **Lorrain** et peint des vues de Rome (*Le Pont et le château Saint-Ange, Le Ponte Rotto*, 1745) et de Naples (*Vue du golfe de Naples*, 1748). À son retour, il parcourt la France (1753-1762) pour réaliser des tableaux représentant vingt ports du royaume, commandés par le surintendant des Bâtiments de Louis XV. Il réalise aussi de nombreux paysages (*La Construction d'un « grand chemin »*, 1774), souvent inspirés par la mer (séries des *Calmes*, des *Tempêtes*, des *Clairs de lune* et des *Naufrages*), dans des tons délicats.

VERNON ✦ Commune de l'Eure, sur la Seine. 23 951 habitants (agglomération 30 881) (les *Vernonnais*) (☛ carte 23). Vestiges de fortifications. Collégiale Notre-Dame (XIIe siècle), peinte par Monet. Constructions aéronautiques et navales.

VÉRONE ✦ Ville d'Italie (Vénétie), dans le nord du pays, sur l'Adige. 253 208 habitants (les *Véronais*). Ville d'art, inscrite sur la liste du patrimoine mondial de l'Unesco : monuments d'époque romaine (amphithéâtre, théâtre) et surtout du Moyen Âge et de la Renaissance : basilique romane San Zeno Maggiore avec son élégant campanile (IXe-XIIe siècles) ; église San Fermo (XIe-XIIe siècles) ; place des Seigneurs bordée de palais, des mausolées gothiques de la famille Scaliger, du *Castelvecchio* (XIVe siècle, devenu un riche musée de peintures) ; maison de Juliette, l'amoureuse de Roméo. Activités commerciales (exportation de fruits, légumes, vin) et industrielles (mécanique, chimie, textile). Ville natale de Véronèse. Tourisme (festival d'art lyrique). ♦ Ancienne colonie romaine (89 av. J.-C.), elle est successivement prise par Constantin (312) et par les Ostrogoths (489) puis rattachée au Saint Empire (952). La puissante famille Della Scala (ou Scaliger) gouverne la ville (1260-1387) et lui donne son caractère élégant. En raison de sa position stratégique, elle est annexée par Milan (1387) puis **Venise** (1405). Bonaparte la cède à l'Autriche avec la **Vénétie** (1797). Elle entre dans le royaume d'Italie en 1866.

VÉRONÈSE (1528-1588) ✦ Peintre italien. À Vérone, sa ville natale, il étudie la peinture et admire les toiles de **Titien.** Il réalise des travaux décoratifs à Venise (palais des **Doges**) où il s'installe définitivement (1553). Il obtient un grand succès en décorant des églises, des couvents, la bibliothèque Marciani, et son œuvre reflète le luxe et la beauté qui caractérisent la vie des aristocrates vénitiens. Son goût pour l'architecture et la mise en scène, son sens du décor, ses habiles perspectives, ses talents de coloriste s'expriment dans ses immenses toiles représentant des festins bibliques : *Les Noces de Cana* (1562-1563), *Le Repas chez Simon* (vers 1572), *Le Repas chez Lévi* (1573). Il peint des sujets allégoriques (*Le Triomphe de Venise,* 1579-1582), mythologiques (*Enlèvement de Déjanire, Vénus et Adonis endormi,* vers 1580 ; *Persée délivrant Andromède,* vers 1584) et se tourne à la fin de sa vie vers des formats plus petits (*Le Calvaire,* vers 1580). Son nom est donné à une nuance de vert. ▪ **Son véritable nom est** *Paolo Caliari.* **Son nom d'artiste vient de sa ville d'origine.**

VERRAZANO Giovanni da (1485-1528) ✦ Explorateur italien. Capitaine florentin au service de François Ier, il part, en 1523, à la recherche d'un passage vers les Indes et découvre la côte atlantique de l'Amérique du Nord, de la Caroline du Nord au Maine, par la baie de New York. Le second voyage (1526-1527) où il tente de passer le cap de Bonne-Espérance, échoue mais il atteint cependant le Brésil. Il trouve la mort aux Antilles, lors d'un troisième voyage. ▪ Son nom francisé est *Jean de Verrazane.*

VERROCCHIO (il) (1435-1488) ✦ Sculpteur, peintre et orfèvre italien. Au service des Médicis, il est le maître d'un important atelier florentin dans lequel ont été formés notamment Léonard de Vinci, le Pérugin, Botticelli. Les tableaux qu'on lui a attribués (*Le Baptême du Christ,* 1470 ; *Vierge et l'Enfant,* v. 1470) ont été probablement réalisés par ses élèves. Élève de **Donatello,** il est surtout connu comme auteur des sculptures de *David* (v. 1470) et de *L'Enfant au dauphin* (v. 1476), deux œuvres majeures de la Renaissance italienne. ▪ Son vrai nom est *Andrea di Francesco di Cione.*

VERSAILLES ✦ Chef-lieu des Yvelines. 85 461 habitants (les *Versaillais*). Ville historique. La place d'Armes, face à la grille du château, est le point de convergence des trois avenues qui découpent la ville. Outre le château, nombreux édifices classiques : Grandes et Petites Écuries, hôpital militaire (XVIIe siècle), salle du **Jeu de paume**, hôtel du prince de Condé, église Notre-Dame. Potager du roi (XVIIe siècle), caserne de Noailles (anciennes écuries de Mme du Barry), cathédrale Saint-Louis, lycée Hoche (XVIIIe siècle). Centre administratif, militaire, touristique. Ville natale de Louis XV, Louis XVI, Louis XVIII, Charles X, Ferdinand de Lesseps. ♦ Le *château de Versailles* est bâti par Louis XIV à partir de 1661 à l'emplacement d'un pavillon de chasse de Louis XIII. Le jeune Louis XIV demande à **Le Vau** d'embellir le château de son père (1661-1668), puis de l'agrandir (1668-1670). Le Vau construit également le **Trianon** de porcelaine. **Le Nôtre** aménage le parc et les jardins « à la française » (1661-1668). Fontaines, bassins, grottes, statues et bosquets agrémentent les jardins et le parc traversé par le Grand Canal, une pièce d'eau de 54 hectares (☛ Louis XIV p. 172). La décoration intérieure du château est confiée à **Le Brun** qui orne les plafonds. Le grand appartement du roi comprend une suite de salons au riche décor de marbre et de bronze. **Hardouin-Mansart** prend la direction du chantier en 1678. Il crée l'Orangerie, le Trianon de marbre ou Grand Trianon, la chapelle de style baroque consacrée à Saint Louis (achevée en 1710). La galerie des Glaces, longue de 75 m, donne sur les jardins. La Cour délaisse le **Louvre** et **Saint-Germain-en-Laye** pour s'installer à Versailles en 1682. L'Opéra et le Petit Trianon sont construits sous le règne de Louis XV. Le palais et le parc sont inscrits sur la liste du patrimoine mondial de l'Unesco.

VERSAILLES (traité de) ✦ Traité signé le 28 juin 1919 dans la galerie des Glaces par la France (**Clemenceau**) et ses alliés (États-Unis, Italie, Grande-Bretagne) avec l'Allemagne. Il met fin à la Première **Guerre mondiale.** L'Allemagne doit notamment rendre l'**Alsace-Lorraine** à la France, la Posnanie et la **Prusse-Occidentale** à la Pologne, abandonner ses colonies, réduire son armée, verser des réparations financières ; la **Rhénanie** sera démilitarisée et occupée par les forces alliées. Le traité prévoit aussi la création d'une **Société des Nations** chargée de maintenir la paix et de développer la coopération entre les peuples.

VERVIERS ✦ Ville de Belgique (province de Liège), sur la Vesdre. 54 150 habitants (les *Verviétois*). Industrie drapière traditionnelle (XVIe-milieu XXe siècle).

VÉSALE André (1514-1564) ✦ Médecin flamand. Il étudie la médecine à Louvain, à Montpellier, à Paris et à Padoue, avant de devenir le médecin de Charles Quint (1544). Il pratique de nombreuses dissections qui l'amènent à corriger les affirmations du médecin grec **Galien.** Dans son traité d'anatomie *De humani corporis fabrica* (1543), il conseille la méthode expérimentale et donne une description détaillée du corps humain. ▪ Son nom flamand est *Andries Van Wesel.*

VESOUL ✦ Chef-lieu de Haute-Saône, sur un affluent de la Saône, le Durgeon. 15 212 habitants (les *Vésuliens*). Vestiges des remparts, maisons anciennes. Centre administratif et industriel (mécanique, textile). ♦ Au XIIIe siècle, le petit bourg entouré de murailles abritait un important marché. La ville devient ensuite le centre d'un comté rattaché à la Bourgogne. Elle est annexée à la France lorsque la Franche-Comté devient une province française (1678).

VESPASIEN (8-79) ✦ Empereur romain de 69 à sa mort. Les légions d'Orient le proclament empereur pendant la guerre de Judée (66). Il confie alors l'armée à son fils **Titus** et retourne à Rome. Il met fin à la guerre civile, redresse les finances, accorde plus de pouvoirs aux provinces et entreprend de grands travaux (restauration du Capitole, **Colisée**). En choisissant son fils pour successeur, il établit le pouvoir héréditaire dans l'Empire romain.

VESPUCCI Amerigo (1454-1512) ✦ Navigateur italien (☛ carte 13). Envoyé par les Médicis à Séville et à Barcelone, il se met au service de l'Espagne, du Portugal et participe à des expéditions vers le Nouveau Monde, découvert par Christophe Colomb (1492). Il publie les récits de ses voyages qui rencontrent un grand succès. Un géographe lorrain, qui publie en 1507 les cartes des terres qui viennent d'être découvertes, propose qu'on les appelle *terres d'Americus* ou *America,* nom qui sera repris par **Mercator** en 1541.

VESTA ✦ Divinité du Foyer, dans la mythologie romaine. Vesta est la gardienne du feu et la protectrice de la maison. Les prêtresses, les *vestales,* sont chargées d'entretenir le feu sacré dans le temple qui lui est consacré à Rome. Elle correspond à la déesse grecque **Hestia.**

VÉSUVE n. m. ✦ Volcan actif d'Italie, qui domine la baie de **Naples.** Il est formé de deux cônes, dont le plus haut atteint 1 270 m. En 79, le Vésuve connut une violente éruption qui recouvrit de lave, de cendres et de boue les villes de **Pompéi** et d'**Herculanum.** La dernière éruption date de 1944. Sur ses pentes, on cultive la vigne.

VEXIN n. m. ✦ Région historique de l'ouest du Bassin parisien, divisé par l'Epte en *Vexin normand* (département de l'Eure) et *Vexin français* (départements de l'Oise et du Val-d'Oise). Dans le premier, riches cultures (céréales, betterave à sucre). Dans le second, élevage de bovins. Le parc naturel régional du Vexin français, créé en 1995, s'étend sur 65 670 ha au nord de la Seine, de Mantes-la-Jolie à Pontoise. ♦ Le comté du Vexin est partagé en deux parties (911) : le *Vexin français,* qui est réuni à la Couronne en 1080, et le *Vexin normand,* qui est cédé aux ducs de Normandie puis intègre le domaine royal (1204).

VÉZELAY ✦ Commune de l'Yonne, sur une colline. 435 habitants (les *Vézéliens*). Basilique Sainte-Marie-Madeleine, chef-d'œuvre de l'art roman bourguignon (XIIe siècle), restaurée par **Viollet-le-Duc** et inscrite sur la liste du patrimoine mondial de l'Unesco. ☛ Art roman p. 159. La luminosité exceptionnelle de l'édifice met en valeur un ensemble de sculptures remarquable (chapiteaux ornés de scènes bibliques et de symboles chrétiens). ♦ Un monastère bénédictin fondé vers 860 est à l'origine de la ville. L'église de l'abbaye accueille les reliques de Marie-Madeleine, devient un important lieu de pèlerinage sur la route de Saint-Jacques-de-Compostelle (XIe siècle). Saint Bernard y prêche la deuxième croisade (1146), Philippe Auguste et Richard Cœur de Lion s'y retrouvent au départ de la troisième croisade (1190). Saint Louis y fait plusieurs pèlerinages.

VÉZÈRE n. f. ✦ Rivière du Limousin, longue de 192 km. Elle prend sa source au plateau de Millevaches, traverse Uzerche, Terrasson et se jette dans la Dordogne. La vallée de la Vézère est riche en témoignages de l'époque préhistorique, inscrits sur la liste du patrimoine mondial de l'Unesco (Les **Eyzies, Lascaux,** abri de la **Madeleine**).

VIAN Boris (1920-1959) ✦ Écrivain français. Ce brillant ingénieur consacre ses loisirs à la littérature et à la musique de jazz : il joue de la trompette dans les cabarets de Saint-Germain-des-Prés. Il provoque un scandale avec son premier livre qui imite les romans policiers américains, *J'irai cracher sur vos tombes,* publié sous un pseudonyme (1946). Son œuvre comprend des romans (*L'Écume des jours* et *L'Automne à Pékin,* 1947 ; *L'Herbe rouge,* 1950 ; *L'Arrache-Cœur,* 1953), des nouvelles (*Les Fourmis,* 1949), des recueils de poèmes (*Cantilènes en gelée,* 1950, *Je voudrais pas crever,* 1959), des pièces de théâtre, des chroniques de jazz et de nombreuses chansons *(Le Déserteur, La Complainte du progrès, Faut rigoler...).* Il aime jouer avec les mots, s'attaquer aux sujets graves, dans un style étonnant qui mêle l'humour, l'absurde, la fantaisie et l'émotion.

VIAU Théophile de (1590-1626) ✦ Poète français. D'éducation protestante, il est porté vers un libertinage d'esprit et de mœurs qui a failli le conduire au bûcher. Faisant fi des règles classiques imposées par Malherbe, il publie des poèmes parfois licencieux, reflets de son épicurisme. Certaines de ses œuvres (*Les Amours tragiques de Pyrame et Thisbé,* tragédie, 1621) ont connu le succès à son époque mais il faut attendre les romantiques pour que cet auteur soit redécouvert.

VICHY ✦ Ville de l'Allier, sur l'Allier. 25 279 habitants (les *Vichyssois*). Chastel Franc (maison du bailli, XVIe siècle), pavillon Sévigné (XVIIe siècle), Opéra de style Art nouveau (1903). Centre industriel (métallurgie, chimie, mécanique, alimentaire) et universitaire. Les sources thermales sont déjà utilisées par les Romains. Au XVIIe siècle, Vichy est une ville d'eaux fréquentée (Mme de Sévigné y séjourne). Au XIXe siècle, la station est très en vogue (Napoléon III y fait plusieurs cures). De 1940 à 1944, le maréchal **Pétain** y installe le gouvernement de l'État français (gouvernement de **Vichy**). Ville natale de l'écrivain Valéry Larbaud et du journaliste Albert Londres.

VICHY (gouvernement de) ✦ Gouvernement de l'État français de juillet 1940 à août 1944. Devenu président du Conseil (juin 1940), **Pétain** signe l'armistice et s'installe avec son gouvernement à Vichy. Il reçoit les pleins pouvoirs, devient chef de l'**État français** et nomme **Laval** vice-président. Il lance la «révolution nationale», basée sur la devise «Travail, Famille, Patrie», et fait immédiatement adopter des mesures d'exception (dissolution des sociétés secrètes, statut spécial pour les Juifs, suppression des centrales syndicales et patronales, internement des opposants). Après son entrevue avec Hitler (octobre 1940) commence la politique de **collaboration.** Avec le retour de Laval au gouvernement (avril 1942) et après l'occupation de la zone libre par les Allemands (novembre), la politique de collaboration et de discrimination s'intensifie (rafles et déportations massives de Juifs). Ses partisans sont qualifiés de *vichystes.* La Milice française est constituée, le Service du travail obligatoire (STO) instauré (1943), et Vichy mène la lutte contre la **Résistance.** Après l'effondrement de la **Wehrmacht** (été 1944), le gouvernement de Vichy gagne Belfort, puis l'Allemagne. Il est remplacé à Paris par le Gouvernement provisoire de la République française, présidé par le général de **Gaulle.**

VICTOIRE DE SAMOTHRACE (La) → SAMOTHRACE

VICTOR Paul-Émile (1907-1995) ✦ Explorateur français. Ingénieur et ethnologue, il rencontre Jean **Charcot** en 1934. Il part explorer les régions polaires et séjourne au Groenland et en Laponie. Il crée les Expéditions polaires françaises (1947), qu'il dirige jusqu'en 1976. Conscient de la nécessité de protéger notre milieu naturel, il fonde un mouvement pour la défense de l'homme et de son environnement, auquel participent le commandant Cousteau et Haroun Tazieff (1974). Parmi la quarantaine d'ouvrages scientifiques qu'il a publiés, *Apoutsiak le petit flocon de neige* (1948) décrit l'univers d'un enfant inuit.

VICTOR-EMMANUEL II (1820-1878) ✦ Roi de Sardaigne (1849-1861), puis d'Italie de 1861 à sa mort. Partisan du **Risorgimento**, il succède à son père Charles-Albert après la victoire de l'Autriche (1849) et défend sa Constitution libérale. Son Premier ministre **Cavour** réussit l'unification de l'Italie, qui comprend alors le Piémont, la Lombardie, la Romagne, Parme, Modène, la Toscane, les Deux-Siciles, la Marche et l'Ombrie. Il est proclamé roi en 1861. Il obtient la possession de la Vénétie (1866) et de Rome (1870).

VICTOR-EMMANUEL III (1869-1947) ✦ Roi d'Italie de 1900 à 1946. Fils d'Humbert Ier et petit-fils de Victor-Emmanuel II. Il permet l'accès au pouvoir de **Mussolini** qu'il charge de former un gouvernement (1922). Sous le régime fasciste, il perd tout rôle politique mais est nommé empereur d'Éthiopie (1936) et roi d'Albanie (1939). Il complote contre Mussolini et le fait arrêter en 1943. Il se met ensuite sous la protection des Alliés puis abdique en faveur de son fils Humbert II et s'exile (1946).

VICTORIA (1819-1901) ✦ Reine de Grande-Bretagne et d'Irlande de 1837 à sa mort, impératrice des Indes de 1876 à sa mort. La souveraine, autoritaire et énergique, participe aux affaires du royaume et marque de son empreinte la vie politique du pays. Son long règne restaure le prestige de la Couronne et marque l'apogée de la puissance mondiale de la Grande-Bretagne. Son époque est qualifiée de *victorienne*.

VICTORIA (lac) ✦ Le plus grand lac d'Afrique, dans l'est du continent (☛ carte 34). Superficie : 68 100 km² (un huitième de la France). Ses eaux sont partagées entre l'**Ouganda** au nord, le Kenya au nord-est, la Tanzanie au sud. Il reçoit la rivière Kagera, qui prend le nom de **Nil** à la sortie du lac. Le climat est chaud et humide sur ses nombreuses îles et ses rives découpées où l'on pratique la pêche. Ce lac a été découvert par l'explorateur britannique J. Speke qui cherchait les sources du Nil (1858).

VICTORIA (chutes) ✦ Chutes du fleuve **Zambèze**, à la frontière entre le Zimbabwe et la Zambie. Le fleuve, large de plus de 2 km, plonge dans une gorge profonde de 108 m et large de 75 m. Ces chutes très spectaculaires font naître une brume irisée visible à plus de 20 km. Elles sont inscrites sur la liste du patrimoine mondial de l'Unesco.

VICTORIA ✦ Ville du Canada, capitale de la Colombie-Britannique, sur l'île de Vancouver. 78 057 habitants (agglomération : 330 088). Port, centre administratif, industriel (bois, construction navale) et culturel.

VIDOCQ François Eugène (1775-1857) ✦ Policier français. Après avoir commis des vols et des escroqueries, il est condamné aux travaux forcés au bagne de Brest, dont il réussit à s'évader. Il devient le chef d'une brigade de sûreté qui recrute et emploie des condamnés libérés (1809). Ses *Mémoires* (1828) témoignent des affaires criminelles et de la langue argotique de l'époque. Son personnage a inspiré des écrivains (Balzac, Hugo) et des cinéastes.

① **VIENNE** n. f. ✦ Rivière du centre-ouest de la France, longue de 372 km (☛ carte 21). Elle prend sa source au plateau de **Millevaches**, traverse Limoges, Châtellerault, Chinon et rejoint la Loire.

② **VIENNE** n. f. ✦ Département de l'ouest de la France [86], de la Région Nouvelle-Aquitaine. Superficie : 6 990 km². 433 203 habitants. Chef-lieu : Poitiers ; chefs-lieux d'arrondissement : Châtellerault, Montmorillon.

③ **VIENNE** ✦ Chef-lieu d'arrondissement de l'Isère, sur le Rhône. 29 096 habitants (agglomération 94 317) (les *Viennois*) (☛ carte 23). Vestiges gallo-romains (théâtre antique, temple...). Festival Jazz à Vienne. Industrie laitière. Viticulture. ♦ La ville est l'un des premiers foyers du christianisme en Gaule (IIIe siècle).

④ **VIENNE** ✦ Capitale de l'Autriche, dans le nord-est du pays, sur le Danube. Plus de 1,5 million d'habitants (les *Viennois*). Centre historique inscrit sur la liste du patrimoine mondial de l'Unesco : église des Augustins (XIVe siècle), cathédrale Saint-Étienne (XIVe-XVe siècles), nombreux monuments de styles baroque et néogothique (palais de la Hofburg, XVe-XXe siècles), musées (Albertina, Belvédère, musée des Beaux-Arts), parcs dont celui du Prater. Au sud de la ville, château de **Schönbrunn** (XVIIIe siècle). Centre universitaire (la plus ancienne université de langue allemande y a été fondée au XIVe siècle), administratif, industriel (porcelaine, verrerie, alimentaire, mécanique, chimie, textile), commercial (Bourse, banque, assurance). Ville natale de Marie-Thérèse d'Autriche, Joseph II, Marie-Antoinette, Johann Strauss, Gustav Klimt, Stefan Zweig, Fritz Lang, Wolfgang Pauli, Konrad Lorenz. ♦ Le bourg celtique est transformé par les Romains en station militaire (Ier siècle). Prise par les Barbares, la ville est entourée de remparts à la fin du XIIe siècle. Disputée par les rois de Bohême et de Hongrie, Vienne revient aux **Habsbourg** (1490). Elle résiste à la **Réforme.** Les Turcs assiègent la ville sous les ordres de **Soliman** (1529) et la menacent jusqu'en 1683. Au XVIIIe siècle, la ville, prospère, se pare de monuments baroques et devient la capitale de la musique européenne (**Gluck, Haydn, Mozart, Schubert**). Les troupes napoléoniennes l'occupent (1805-1806 et 1808) et des batailles se déroulent à proximité (Essling, **Wagram**). Après la révolution de 1848, sous le règne de l'empereur **François-Joseph Ier**, Vienne est un grand foyer de la culture européenne et de la modernité : l'opérette, la valse, la peinture et l'Art nouveau (**Klimt**, Kokoschka), la musique (**Brahms, Mahler, Schönberg, Berg, Webern**), la littérature (Musil, **Zweig**), la psychanalyse (**Freud**). Après la disparition de l'Empire (1918), la population décroît. Pendant la Deuxième Guerre mondiale, la ville est occupée par les Allemands (1938) puis les Alliés (1944).

VIENNE (congrès de) ✦ Congrès réuni à Vienne de septembre 1814 à juin 1815 (☛ carte 15). Après la défaite de Napoléon, les représentants des pays européens négocient la paix et refont la carte politique de l'Europe. De nombreux pays obtiennent ainsi de nouveaux territoires : la Grande-Bretagne (Malte, îles Ioniennes, Le Cap, Ceylan, Maurice, Guyane, Trinité-et-Tobago, Hanovre), la Russie (Finlande, Moldavie, une grande partie de la Pologne), la Suède (Norvège), la Prusse (une partie de la Pologne, de la Saxe, la Poméranie suédoise, la Ruhr, la rive gauche du Rhin), l'Autriche (Dalmatie, Croatie, Tyrol, Lombardie, Vénétie, Toscane), les Pays-Bas (Belgique, Luxembourg), la Suisse (Genève, Neuchâtel, Valais), le Piémont-Sardaigne (Savoie, Nice, Gênes). La **Confédération germanique** est créée en Allemagne. Durant le Congrès, **Talleyrand** fait adopter le principe de légitimité qui permet à Louis XVIII de retrouver les mêmes territoires que sous Louis XVI.

VIENTIANE ✦ Capitale du Laos, dans l'ouest du pays, sur le Mékong. 570 000 habitants (les *Vientianais*). Port fluvial, marché de la laque et des épices, centre artisanal (soie, orfèvrerie). ♦ La ville est fondée avant le XIIIe siècle. En 1563, elle devient la capitale d'un royaume plus étendu que le Laos actuel. Détruite par les Siamois (1827), elle est reconstruite par les Français, qui la choisissent comme capitale administrative du Laos.

VIERGE (la) ✦ Marie, la mère de Jésus. Les catholiques l'appellent aussi la *Sainte Vierge*.

VIERZON ✦ Chef-lieu d'arrondissement du Cher, sur le Cher. 27 050 habitants (les *Vierzonnais*) (☛ carte 23). Beffroi (XIIe siècle). Métallurgie, chimie. Ville natale d'Édouard Vaillant.

VIÊT-MINH n. m. ✦ Organisation vietnamienne constituée en 1941 par **Ho Chi Minh**. Formée de communistes et de nationalistes, elle libère le pays de l'occupation japonaise. En 1945, elle forme un gouvernement à Hanoï et réclame son indépendance à la France, qui la lui refuse. Le Viêt-minh se transforme alors en armée régulière dirigée par **Vo Nguyen Giap** et obtient une éclatante victoire à **Diên Biên Phu** (1954).

VIÊTNAM ou **VIETNAM** n. m. ✦ Pays d'Asie du Sud-Est (☛ cartes 38, 39). Superficie : 329 566 km^2 (plus de la moitié de la France). 85,85 millions d'habitants (les *Vietnamiens*), en majorité bouddhistes. République dont la capitale est Hanoï. Langue officielle : le vietnamien ; on y parle aussi le khmer et le thaï. Monnaie : le dông. ♦ GÉOGRAPHIE. Dans le nord du Viêtnam, la plaine du **Tonkin** est entourée de montagnes qui se prolongent le long de la frontière avec le Laos et surplombent la plaine côtière. À partir du centre du pays, les massifs s'étendent vers l'est jusqu'aux côtes découpées et bordent les plateaux de l'ouest. Le sud est une grande plaine formée par le delta du **Mékong**. Le climat tropical, soumis à la mousson, connaît des typhons. ♦ ÉCONOMIE. Pays essentiellement agricole (riz, café, poivre, fruits). Exploitation de la forêt et pêche très actives. Riches gisements miniers dans le Nord (charbon, fer, étain, bauxite, phosphates, cuivre, zinc, chrome, pierres précieuses) ; dans le Sud, production de pétrole offshore en développement. Hydroélectricité en progression. L'industrie (métallurgie), dévastée par la guerre, commence à se développer (textile, informatique, électronique). ♦ HISTOIRE. La région du Tonkin est peuplée depuis la préhistoire (11 000 ans av. J.-C.). À partir de 2 000 ans av. J.-C., plusieurs royaumes se succèdent au nord jusqu'à sa conquête par la Chine (207 av. J.-C.). Le pays prend son indépendance en 939 et choisit le site d'Hanoï pour capitale (1010). Il résiste aux invasions mongoles (XIIIe siècle), rejette les occupants chinois (1400-1428). Dans le même temps, il conquiert le royaume du Champa au sud, qu'il conserve jusqu'à l'arrivée des commerçants européens (XVIIe siècle). La dynastie Nguyen unifie l'empire sous le nom de *Viêt Nam* (1802). La France s'empare de la **Cochinchine** au sud (1862), établit un protectorat sur l'Annam (centre, 1883), le **Tonkin** (1885), puis fonde l'Indochine française (1887). Après l'occupation japonaise (1940), **Ho Chi Minh** déclare l'indépendance du pays (1945). La France tente de reprendre la Cochinchine, ce qui déclenche la guerre d'**Indochine** (1946). En 1949, le Viêtnam obtient son indépendance, mais la France impose l'ancien empereur Bao Dai, que ne reconnaît pas Hanoï. Avec le soutien de la Chine, Ho Chi Minh reprend les hostilités et gagne la guerre. Les accords signés à Genève partagent le pays en deux (1954). Le *Viêtnam-du-Nord* entretient une guérilla communiste qui menace le *Viêtnam-du-Sud*, devenu une république (1955). Kennedy soutient l'armée sud-vietnamienne (1961) puis les États-Unis entrent directement dans le conflit. Ils envoient des troupes et bombardent le pays (à partir de 1965). La grande offensive communiste du Têt échoue (1968), mais provoque des négociations. Après l'intervention américaine au Cambodge (1970) et la signature d'un cessez-le-feu (1973), les États-Unis se retirent. Le Nord soumet le Sud (1975) et proclame la *République socialiste du Viêtnam* (1976), qui entre à l'ONU en 1977. Le Viêtnam participe à la chute des **Khmers rouges** au **Cambodge** (1979-1989). Il renoue des relations diplomatiques avec les États-Unis en 1995. Il se libéralise et se modernise peu à peu.

VIGAN (Le) ✦ Chef-lieu d'arrondissement du Gard. 3 933 habitants (les *Viganais*) (☛ carte 23). Musée cévenol. Industrie textile.

VIGÉE-LEBRUN Élisabeth (1755-1842) ✦ Peintre française. Encouragée par Vernet et Greuze, elle connaît rapidement le succès et devient la portraitiste attitrée de la reine **Marie-Antoinette** (*La Reine et ses enfants*, 1787). Influencée par David, elle passe d'une représentation affectée et quelque peu théâtrale de la grâce vers un style plus épuré (*Mme Vigée-Lebrun et sa fille*, 1789). Elle laisse des mémoires (*Souvenirs*, 1835-1837).

VIGNEMALE n. m. ✦ Point culminant des Pyrénées françaises (3 298 m), appelé aussi *Grand Vignemale* ou *Pique longue* (☛ carte 21). Il est situé dans le département des Hautes-Pyrénées, sur la frontière avec l'Espagne. Le massif du Vignemale comprend également le *Petit Vignemale* (3 032 m).

VIGNY Alfred de (1797-1863) ✦ Écrivain français. Il naît dans une famille noble, commence une carrière militaire et suit Louis XVIII en exil à Gand pendant les Cent-Jours. Il se consacre ensuite à la littérature, fréquente les écrivains romantiques et soutient Victor **Hugo** dans sa bataille contre les écrivains classiques.

Ses déceptions sentimentales ou politiques se retrouvent chez ses héros, exclus de la société pour leur intelligence et leur sens de l'honneur. Dans ses poèmes, l'Homme abandonné par Dieu et la Nature trouve sa liberté grâce à la pensée. Dans son œuvre variée, on peut citer des poèmes (*Poèmes antiques et modernes,* 1822-1837 ; *Destinées,* 1864), des romans (*Cinq-Mars,* 1826 ; *Stello,* 1832 ; *Servitude et grandeur militaires,* 1835), des pièces (*Chatterton,* 1835). Académie française (1845).

VIGO ✦ Ville d'Espagne (Galice), dans le nord-ouest du pays, sur l'Atlantique. 294 772 habitants. 1er port de pêche du pays (conserveries), port de commerce.

VIKINGS n. m. pl. ✦ Navigateurs scandinaves. Pendant deux siècles et demi (de 800 à 1050 environ), ils organisent des expéditions maritimes pour s'enrichir d'abord grâce à différents trafics (ambre, peaux, fourrures, esclaves), puis en pratiquant le commerce, le pillage et la colonisation. En France, on les appelle ***Normands*** («hommes du Nord»). Sur leurs bateaux ornés de dragons (les «drakkars»), ils longent les côtes de France, d'Espagne et d'Italie, de Grande-Bretagne, d'Islande, du Groenland et font des incursions jusqu'au Labrador. Vers l'est, ils atteignent Constantinople. La christianisation du nord de l'Europe, qui rend impossible le commerce des esclaves, contribue à faire cesser ces expéditions.

VILAINE n. f. ✦ Fleuve de Bretagne, long de 225 km (☛ carte 21). La Vilaine prend sa source dans la Mayenne, passe à Rennes, Redon et se jette dans l'océan Atlantique par un estuaire situé dans le Morbihan.

VILAR Jean (1912-1971) ✦ Homme de théâtre français. Il se fait remarquer dès ses premières mises en scène et connaît rapidement le succès. En 1947, il crée le Festival d'art dramatique d'**Avignon** qui présente des spectacles entrés dans la légende (*Le Cid, Le Prince de Hombourg* avec Gérard **Philipe**). À la tête du Théâtre national populaire (TNP) de 1951 à 1963, il travaille à associer les spectateurs à sa réflexion sur le théâtre et les grands sujets comme la justice ou le pouvoir.

VILLA Pancho (1878-1923) ✦ Révolutionnaire mexicain. Paysan devenu chef de bande, il constitue une véritable armée et soulève le nord du pays contre la dictature de Porfirio Diaz (1910). Il échappe au général américain **Pershing** puis se soumet au gouvernement légal d'Obregon (1920). Il meurt assassiné. ■ Son véritable nom est *Doroteo Arango.*

VILLA-LOBOS Heitor (1887-1959) ✦ Compositeur brésilien. Autodidacte, il laisse une œuvre extrêmement abondante (plus de mille œuvres : opéras, ballets, symphonies, concertos, quatuors à cordes, pièces pour piano et pour guitare ainsi que de nombreuses mélodies). Beaucoup de ses pièces, notamment les *Choros,* sont imprégnées du folklore brésilien qu'il découvre en parcourant le pays pendant ses jeunes années. Il est surtout connu par les *Bachianas Brasileiras,* neuf pièces qui tentent de concilier l'écriture contrapontique et la musique brésilienne. Il a également beaucoup œuvré en faveur de l'éducation musicale dans son pays, fondant un Conservatoire national pour le chant choral et une Académie de musique.

VILLANDRY ✦ Commune du département d'Indre-et-Loire, sur le Cher. 1 090 habitants (les *Colombiens*). Château et jardins à la française (XVIe siècle).

VILLEFRANCHE-DE-ROUERGUE ✦ Chef-lieu d'arrondissement de l'Aveyron, sur l'Aveyron. 11 822 habitants (les *Villefranchois*) (☛ carte 23). Bastide au riche patrimoine. Chartreuse Saint-Sauveur (monastère du XVe siècle). Industrie (agroalimentaire, métallurgie).

VILLEFRANCHE-SUR-MER ✦ Commune des Alpes-Maritimes, au fond d'une rade. 5 219 habitants (les *Villefranchois*). Chapelle décorée par Cocteau. Station balnéaire, port. Observatoire océanologique.

VILLEFRANCHE-SUR-SAÔNE ✦ Ville du Rhône, dans le Beaujolais. 36 559 habitants (les *Caladois*). Collégiale Notre-Dame-des-Marais (XIIe-XVIe siècles), maisons Renaissance. Commerce des vins, industries (mécanique, métallurgie, confection).

VILLEHARDOUIN Geoffroi de (vers 1150-vers 1213) ✦ Chroniqueur français. Maréchal de Champagne, il est l'un des chefs de la quatrième croisade (1204), qu'il raconte dans *La Conquête de Constantinople* (vers 1207). Il reçoit le titre de maréchal de Romanie et devient conseiller du roi de Thessalonique.

VILLENEUVE-D'ASCQ ✦ Ville du Nord. 62 869 habitants (les *Villeneuvois*). Ville nouvelle de la métropole lilloise, fondée en 1970. Musée d'Art moderne. Centre universitaire.

VILLENEUVE-LOUBET ✦ Commune des Alpes-Maritimes. 13 808 habitants (les *Villeneuvois*). Château médiéval. Station balnéaire ; thalassothérapie. Électronique.

VILLENEUVE-SUR-LOT ✦ Chef-lieu d'arrondissement de Lot-et-Garonne, sur le Lot. 23 263 habitants (agglomération 49 342) (les *Villeneuvois*) (☛ carte 23). Porte de Paris et Porte de Pujols, vestiges des remparts médiévaux. Pont-Vieux (XIIIe siècle). Pruneaux. Industries diversifiées.

VILLERS-COTTERÊTS ✦ Commune de l'Aisne. 10 892 habitants (les *Cotteréziens*). Château à façade Renaissance (XVIe siècle), forêt de Retz qui faisait partie du domaine royal et où François Ier aimait chasser. Ville natale d'Alexandre Dumas père auquel un musée est consacré.

VILLERS-COTTERÊTS (ordonnance de) ✦ Ordonnance édictée par François Ier en 1539. Elle réorganisait la justice et prescrivait que tous les actes officiels soient désormais rédigés en français (et non plus en latin). ☛ Langue française p. 103. Les curés étaient chargés d'enregistrer les baptêmes, les mariages et les décès. Ces registres paroissiaux constituent le début de l'état civil.

VILLETTE (la) ✦ Quartier de Paris, dans le nord-est de la ville. Une grande opération d'urbanisme a été lancée en 1979 pour aménager le site où se trouvaient des abattoirs. Sur 55 hectares, le *parc de la Villette* rassemble notamment la Cité des Sciences et de l'Industrie avec la Géode, la Cité de la Musique, la Philharmonie de Paris et le Conservatoire national, la Grande Halle (pavillon des anciens abattoirs de **Baltard**), le Zénith, ainsi que différents lieux culturels et des espaces verts.

VILLEURBANNE ✦ Commune du Rhône, à l'est de Lyon. 148 543 habitants (les *Villeurbannais*). Plus grande commune de banlieue de toute la France. Zone de résidence populaire, centre industriel et culturel (université, musée, théâtre).

VILLIERS DE L'ISLE-ADAM Auguste, comte de (1838-1889) ✦ Écrivain français. Influencé par Baudelaire, Poe, Hegel et hostile aux mœurs contemporaines et à la science, il se forge un univers fantastique et tente avec un humour inquiétant d'allier le rêve et la logique. Il meurt pauvre et solitaire. Œuvres : *Les Contes cruels* (1883), *L'Ève future* (1886), *Tribulat Bonhomet* (1887). Son drame *Axël* (posthume 1890), admiré de **Mallarmé**, le rattache au symbolisme.

VILLON François (vers 1431-après 1463) ✦ Poète français. Sa vie et son œuvre sont mal connues. Il mène une vie aventureuse et fréquente des bandes de malfaiteurs aussi bien que les gens de justice ou le milieu de la Sorbonne. Le mélange des tons caractérise ses poèmes, marqués par une opposition entre l'ironie et le tragique, le réalisme et le lyrisme, la légèreté et le pessimisme. Ses poèmes les plus connus sont : *Les Lais* (1456), *Le Testament* (1461), *L'Épitaphe Villon* (dite *Ballade des pendus,* 1463), *Les Regrets de la belle heaulmière.*

VILLON Jacques (1875-1963) ✦ Peintre, dessinateur et graveur français, frère de Marcel **Duchamp.** D'abord dans la lignée de Toulouse-Lautrec, il se tourne un temps vers l'impressionnisme et le fauvisme, les délaissant pour mener une réflexion sur le cubisme. Ses compositions élégantes privilégient les formes géométriques planes, la richesse et les accords des couleurs claires. *Les Moissons,* 1943 ; *Les Grands Fonds,* 1945 ; *Vers la chimère,* lithographie, 1962. ■ Son vrai nom est *Gaston Duchamp.*

VILNIUS ✦ Capitale de la Lituanie, dans l'est du pays. 542 782 habitants. Centre historique inscrit sur la liste du patrimoine mondial de l'Unesco : vestiges des fortifications et du château, cathédrale (XIVᵉ siècle) entourée de onze chapelles, églises baroques (XVIIᵉ siècle). Centre culturel et universitaire. Industries (mécanique, électricité, textile, alimentaire, bois). Ville natale de Romain Gary. ♦ La ville est fondée au Xᵉ siècle. Elle devient la capitale de la grande-principauté de Lituanie au XIVᵉ siècle. Réunie à la Pologne en 1569, elle est ensuite occupée par les Russes, les Suédois puis à nouveau les Russes en 1795. Prise par les Allemands (1915) puis les Polonais (1920), elle est reprise par les Russes en 1940. Redevenue capitale, elle suit dès lors les destinées de la Lituanie.

VILVOORDE ✦ Ville de Belgique (Brabant flamand), au nord de Bruxelles. 37 964 habitants. Églises Notre-Dame (XVᵉ siècle) et Notre-Dame-de-la-Consolation (XVIIᵉ siècle). Centre industriel (constructions métalliques, chimie, alimentaire).

VIMINAL n. m. ✦ Une des sept collines de Rome, à l'est de la ville, entre le Quirinal et l'Esquilin. Thermes de Dioclétien.

VINCENNES ✦ Ville du Val-de-Marne. 49 136 habitants (les *Vincennois*). Centre industriel (métallurgie, chimie, mécanique, haute technologie), de services. Ville natale de Charles V et du duc de Berry. ♦ Philippe Auguste fit construire dans la forêt une propriété où séjourna **Saint Louis.** Selon la légende, c'est là qu'il rendait la justice sous un chêne. Les rois de France successifs ajoutent à la construction initiale un donjon de 50 m de haut flanqué de quatre tourelles ainsi qu'une chapelle. *Le château de Vincennes* devient résidence royale. **Le Vau** l'embellit en ajoutant des pavillons. Le château, délaissé par la Cour, sert ensuite de prison, puis d'arsenal. ♦ Le *bois de Vincennes,* parc public situé à l'est de Paris, comprend un parc zoologique, un parc floral, un jardin tropical, un hippodrome. L'ancienne cartoucherie a été transformée en espace théâtral.

VINCENT DE PAUL (saint) (1581-1660) ✦ Prêtre français, canonisé en 1737. Après deux ans de captivité chez les corsaires de **Barbarie** (1605-1607), il devient l'aumônier de **Marguerite de Valois** (1610), puis décide de se consacrer aux pauvres. Il fonde la Confrérie de la Charité (1617), la Congrégation des Prêtres de la Mission (1633, appelés les *lazaristes*) et de nombreuses institutions charitables (charité de l'Hôtel-Dieu, 1634 ; œuvre des Enfants trouvés, 1638). Pendant la régence d'**Anne d'Autriche,** il fait partie du Conseil de conscience (1643-1652). Il tente de soulager la misère dans les provinces durant la **Fronde.**

VINCI Léonard de → LÉONARD DE VINCI

Vingt Mille Lieues sous les mers ✦ Roman de Jules Verne (1870). Le harponneur canadien Ned Land, le savant français Aronnax et son serviteur Conseil sont faits prisonniers par l'énigmatique **Nemo,** capitaine et ingénieur du vaisseau submersible, le *Nautilus.* Ils commencent alors un fantastique voyage sous la mer, découvrent des épaves et des trésors engloutis, visitent l'**Atlantide,** affrontent des monstres marins. Peu à peu, ils se rendent compte que Nemo poursuit une terrible vengeance et se sert comme d'une arme de son navire équipé d'un éperon. Jules Verne donne libre cours à son imagination et à son pouvoir d'anticipation dans ce roman où sont évoqués le sous-marin, le scaphandre, qui n'existaient pas encore à l'époque où il fut écrit.

VINSON (mont) ✦ Point culminant de l'Antarctique (4 897 m), à l'ouest du continent (☛ carte 53).

VIOLLET-LE-DUC Eugène Emmanuel (1814-1879) ✦ Architecte français. Passionné d'architecture médiévale, il séjourne en Italie (1836-1837) et voyage en France avec Prosper **Mérimée,** qui est inspecteur des Monuments historiques. Il consacre sa vie à la restauration de nombreux édifices civils et religieux comme la basilique de **Vézelay,** la **Sainte-Chapelle,** les églises et les remparts de **Carcassonne,** Notre-Dame de Paris, la basilique **Saint-Denis,** la basilique Saint-Sernin de Toulouse, la cathédrale d'Amiens, le palais des archevêques de Sens et le château de Pierrefonds pour Napoléon III. ☛ Romantisme p. 180. Ses travaux et ses cours sur l'histoire de l'art médiéval, critiqués parfois violemment, influencent l'architecture moderne. On les retrouve dans ses ouvrages : *Dictionnaire raisonné de l'architecture française du XIᵉ au XVIᵉ siècle* (1854-1868), *Dictionnaire raisonné du mobilier français de l'époque carolingienne à la Renaissance* (1858-1875), *Entretiens sur l'architecture* (1863-1872).

VIRE ✦ Chef-lieu d'arrondissement du Calvados. 17 839 habitants (les *Virois*) (☛ carte 23). Imposante porte horloge (XIIIᵉ siècle). Agroalimentaire (produits laitiers, *andouille de Vire*). Constructions mécaniques et électriques. Orfèvrerie.

VIRGILE (vers 70 av. J.-C.-19 av. J.-C.) ✦ Poète latin. Né dans une famille bourgeoise, il fait des études pour devenir un homme politique, mais il y renonce pour se consacrer à la poésie, sous la protection d'**Auguste** et de **Mécène**. Les poèmes des *Bucoliques* et des *Géorgiques* expriment son profond amour pour la nature. Il ne parvient pas à achever l'épopée de l'***Énéide*** qui est publiée après sa mort et exalte le patriotisme romain. La mélodie de sa poésie enchante les auditeurs de ses vers et son œuvre influence la littérature occidentale. ■ Son nom latin est *Publius Vergilius Maro.*

VIRGINIE n. f. ✦ Un des États des États-Unis depuis 1788, situé dans l'est du pays (☞ carte 47). Superficie : 107 711 km² (un cinquième de la France). Plus de 7 millions d'habitants. Capitale : Richmond (197 790 habitants). ♦ D'ouest en est se succèdent les montagnes des **Appalaches**, une région de collines basses et la plaine côtière. L'agriculture (élevage, volailles, tabac, légumes) est en expansion, ainsi que la pêche et l'ostréiculture. Les ressources minérales comprennent du charbon, de l'argile (brique, céramique) et des pierres exploitées dans des carrières. L'industrie est très développée (chimie, alimentaire, tabac, textile). ♦ Les Anglais découvrent la région en 1585, la colonisent (1607) et développent la culture du tabac avec l'arrivée des esclaves. Avec le **Massachusetts**, la Virginie prend la tête de la guerre d'Indépendance, qui se termine par la capitulation anglaise à Yorktown, en Virginie (1781). L'État, esclavagiste, fait sécession en 1861, alors que les comtés de l'ouest s'en séparent et forment la **Virginie-Occidentale**. La guerre de **Sécession** prend fin également en Virginie (Appomattox, 1865), et cet État est réadmis dans l'Union en 1870.

VIRGINIE-OCCIDENTALE n. f. ✦ Un des États des États-Unis, situé dans l'est du pays (☞ carte 47). Superficie : 62 600 km² (un neuvième de la France). 1,8 million d'habitants. Capitale : Charleston (53 421 habitants). ♦ Le plateau de l'ouest, limité par la vallée de l'**Ohio**, s'élève à l'est vers les **Appalaches** traversés de vallées parallèles. L'agriculture se consacre à l'élevage et à la culture des fleurs, des fruits, du maïs et du tabac. Les richesses minérales (charbon, sel, gaz naturel) ont contribué à industrialiser la région (métallurgie, mécanique, chimie, alimentaire, textile). ♦ La région était à l'origine peuplée d'Indiens (Pawnees, **Cherokees**). L'État résulte de la sécession des comtés de l'ouest de la **Virginie**, favorables à l'abolition de l'esclavage et qui formèrent le 35ᵉ État de l'Union (1863).

VISCONTI Luchino (1906-1976) ✦ Cinéaste italien. Il est l'assistant de Jean **Renoir** avant de réaliser ses propres films. Son œuvre d'un grand raffinement esthétique s'inspire de ce qui est promis à la dégradation et à la mort, qu'il s'agisse de la beauté ou des passions. Ses films évoquent l'Italie (*Senso,* 1954 ; *Rocco et ses frères,* 1960 ; *Le Guépard,* 1963) et l'Allemagne du XIXᵉ siècle au nazisme (*Les Damnés,* 1969 ; *Mort à Venise,* 1971 ; *Ludwig,* 1972).

VISHNOU ou **VISHNU** ✦ Un des trois principaux dieux de la religion hindoue, avec **Brahma** et **Shiva**. Vishnou est la divinité qui sauve le monde en maintenant l'ordre et l'équilibre entre les forces du bien et du mal. Il peut intervenir sur terre en prenant l'apparence d'un homme (**Krishna, Rama**) ou d'un animal (tortue...). Il est souvent représenté avec quatre bras, portant un disque, une conque, une massue et une fleur de lotus.

VISTULE n. f. ✦ Fleuve de Pologne, long de 1 092 km. La Vistule prend sa source dans les Carpates, à la frontière entre la Pologne et la Slovaquie. Elle arrose le sud de la haute **Silésie**, Cracovie, Varsovie avant de se jeter dans la mer Baltique par un grand delta. Un des bras de ce delta relie Gdansk à la mer. Une grande partie de son cours est navigable.

VITEZ Antoine (1930-1990) ✦ Acteur et metteur en scène français. Il a monté aussi bien des classiques que des textes russes, allemands et français contemporains, soucieux de tenir, par ses mises en scène, un propos sur la société et l'histoire. Fondateur du Studio-Théâtre d'Ivry, il a dirigé le Théâtre national de Chaillot (1981-1988), avant d'être nommé administrateur général de la Comédie-Française. Il a créé l'intégrale du *Soulier de satin* de Claudel au Festival d'Avignon (1987).

VITORIA ✦ Ville d'Espagne, capitale des Provinces basques. 229 484 habitants. Cathédrale gothique (XVᵉ siècle). Centre industriel (automobile, matériel agricole).

VITRÉ ✦ Commune d'Ille-et-Vilaine, sur la Vilaine. 17 571 habitants (les *Vitréens*) (☞ carte 23). Château fort et remparts. Cuir (maroquinerie, chaussures), textile, agroalimentaire (abattoir, laiterie).

VITROLLES ✦ Ville des Bouches-du-Rhône. 34 236 habitants (les *Vitrollais*). Centre industriel et commercial.

VITRY-LE-FRANÇOIS ✦ Chef-lieu d'arrondissement de la Marne, sur la Marne. 13 144 habitants (les *Vitryats*) (☞ carte 23). Port fluvial au carrefour de plusieurs canaux. Centre industriel. ♦ La ville est fondée en 1545 par François Iᵉʳ qui lui donne son nom. Touchée lors de la première bataille de la **Marne** (nécropole) et détruite lors de la Deuxième Guerre mondiale, la ville a reçu deux Croix de guerre.

VITTEL ✦ Commune des Vosges. 5 177 habitants (les *Vittellois*) (☞ carte 23). Station thermale, eau minérale. Tourisme.

VIVALDI Antonio (1678-1741) ✦ Compositeur italien. Il est maître de chapelle à Venise de 1703 à 1740. Au cours de nombreuses tournées en Europe, il connaît la gloire comme violoniste virtuose, chef d'orchestre et metteur en scène de ses opéras. Ses compositions ont influencé profondément des générations de musiciens : il a fixé la structure en trois parties du concerto et imposé l'importance du soliste, du rythme, d'un thème précis ; ses ouvertures d'opéras sont considérées comme à l'origine de la symphonie classique. Son œuvre comporte des opéras (*Orlando furioso,* 1727), des oratorios (*Juditha triumphans,* 1716), des cantates, des sonates, de la musique sacrée (*Gloria en ré majeur,* 1713) et surtout plus de 470 concertos, souvent groupés en séries, dont *Il Cimento dell'armonia* (vers 1725) qui comprend ***Les Quatre Saisons.***

VIVARAIS n. m. ✦ Région historique du sud-est de la France, qui correspond au département de l'Ardèche. Ville principale : Privas. ♦ Au nord des Cévennes, les massifs volcaniques de l'est du Massif central (mont **Gerbier-de-Jonc**) sont coupés par des torrents qui se jettent dans le Rhône. Agriculture (fruits, châtaigne, élevage). ♦ La région a fait partie de la **Narbonnaise**, puis des royaumes de Provence, de Bourgogne. Elle a appartenu aux comtes de Toulouse (Xe siècle) avant d'être réunie à la Couronne au XIIIe siècle. Elle fut un centre actif du protestantisme au XVIe siècle.

VIVIANE ✦ Personnage de la légende du roi Arthur. Devenue fée grâce au savoir de Merlin l'Enchanteur, Viviane élève **Lancelot du Lac**, lui enseigne les règles de la chevalerie et devient la complice de ses amours avec Guenièvre. On la surnomme la *Dame du lac*.

VLADIVOSTOK ✦ Ville de Russie, dans l'est du pays (Sibérie extrême-orientale), sur la mer du Japon. 591 800 habitants. Port militaire qui vit de l'industrie (ateliers navals ; mécanique, alimentaire) et de la pêche (baleine, crabe) ; terminus du **Transsibérien.**

VLAMINCK Maurice de (1876-1958) ✦ Peintre français. Fils de musiciens, il peint en amateur, sans formation académique. Il admire Cézanne, Gauguin et Van Gogh, et il rencontre Matisse et Picasso. Il expose au Salon d'automne et au Salon des Indépendants des toiles aux couleurs violentes qui le classent parmi les «fauves» (1905). Son tempérament passionné et instinctif s'exprime par l'emploi de tons purs, étalés par larges touches. Il peint des paysages, des natures mortes : *Bords de Seine à Carrières-sur-Seine, La Seine à Chatou* et *Les Arbres rouges* (1906), *La Maison à l'auvent* (1920).

VLTAVA n. f. ✦ Rivière de la République tchèque, longue de 430 km. Elle prend sa source au sud du pays en Bohême, se dirige vers le nord et se jette dans l'Elbe après Prague.

VOIE LACTÉE n. f. ✦ Bande blanchâtre lumineuse que l'on aperçoit dans le ciel par nuit claire. C'est l'apparence de notre Galaxie pour un observateur qui se trouve à l'intérieur du système solaire.

VOIRON ✦ Commune de l'Isère. 20 162 habitants (les *Voironnais*) (☛ carte 23). Tissage. Fabrique de skis. Électronique.

VOLGA n. f. ✦ Fleuve de l'ouest de la Russie (☛ carte 33). C'est le plus long fleuve d'Europe (3 530 km). Un quart de la population russe habite son bassin. La Volga naît au nord-ouest de Moscou, arrose Iaroslav, Nijni-Novgorod, Kazan, Samara, Volgograd et Astrakhan avant de se jeter dans la mer Caspienne. Des canaux la relient à la mer Baltique, à la mer Blanche et à la mer d'Azov. De nombreux barrages installés sur son cours alimentent des centrales hydroélectriques. La Volga est presque totalement navigable, sauf sur son cours supérieur pris par les glaces de novembre à avril. Pêche industrielle de l'esturgeon. Trafic fluvial important (bois, pétrole, matériaux de construction, céréales).

VOLGOGRAD ✦ Ville de Russie, dans le sud-ouest du pays, sur la Volga. Un million d'habitants. Port fluvial, centre culturel. Industries (métallurgie, mécanique, alimentaire, raffineries, scieries, chantier naval). ♦ La région est occupée par les **Tatars** de la Horde d'Or au XIIIe siècle. **Ivan IV le Terrible** fonde une ville fortifiée pour protéger cette voie fluviale stratégique (XVIe siècle). Elle est occupée deux fois par les **Cosaques** (1669, 1774). Après la révolution d'octobre 1917, la ville est défendue par Staline et baptisée **Stalingrad** en son honneur (1925-1961). Une bataille décisive s'y déroule pendant la Deuxième Guerre mondiale.

VOLTA Alessandro (1745-1827) ✦ Physicien italien. Il étudie les charges électriques et met en évidence l'électricité produite par le contact de deux métaux. Ses recherches aboutissent à l'invention de la pile électrique (1800) qui permet de produire un courant électrique continu. L'unité de tension électrique s'appelle le *volt* en hommage à ce savant.

VOLTA n. f. ✦ Fleuve d'Afrique de l'Ouest, formé par la réunion au Ghana de la *Volta Noire* et de la *Volta Blanche* grossie de la *Volta Rouge*, toutes nées au Burkina Faso (☛ carte 34). Ses eaux retenues par un barrage forment le lac Volta (8 500 km²). Il se jette dans le golfe de Guinée, à l'est d'Accra.

VOLTAIRE (1694-1778) ✦ Écrivain français. Ce poète mondain, d'origine bourgeoise, est emprisonné à la Bastille sur ordre du Régent (1717-1718). Malgré le succès de son épopée historique *La Henriade* (1723-1728), il doit s'exiler en Angleterre (1726-1729). Il s'intéresse à la tragédie (*Zaïre*, 1732) et critique indirectement la France lorsqu'il s'enthousiasme pour l'Angleterre (*Lettres philosophiques*, 1734), ce qui lui vaut à nouveau l'exil. Après son retour à la Cour (1744), il est élu à l'**Académie française** (1746), séjourne à Berlin chez **Frédéric II le Grand** (1750-1754), écrit son premier conte (*Zadig*, 1747) et termine *Le Siècle de Louis XIV* (1756). Ses critiques contre les institutions politiques et sociales l'obligent à s'installer près de Genève, où il reçoit de prestigieux visiteurs et s'oppose à Rousseau. Il diffuse ses idées dans des ouvrages historiques (*L'Essai sur les mœurs et l'esprit des nations*, 1756), des contes philosophiques spirituels (*Micromégas*, 1752 ; ***Candide***, 1759 ; *L'Ingénu*, 1767), collabore à l'*Encyclopédie* et lutte pour la raison contre le fanatisme religieux (*Traité sur la tolérance*, 1763 ; *Dictionnaire philosophique*, 1764) en défendant des personnes condamnées sans preuve (affaire **Calas**). Ce grand esprit du siècle des **Lumières** revient à Paris (1778) et il est accueilli triomphalement à la Comédie-Française. Il repose au **Panthéon**, à Paris. ■ **Son véritable nom est** *François Marie Arouet*.

VOLUBILIS ✦ Site archéologique du Maroc, au nord de Meknès. Cité romaine inscrite sur la liste du patrimoine mondial de l'Unesco : basilique, capitole, arc, thermes, mosaïques. L'ancienne cité berbère connaît son apogée sous les Sévères (IIe-IIIe siècles), avant d'être abandonnée sous Dioclétien (vers 285).

VÕ NGUYÊN GIÁP (1911-2013) ✦ Général vietnamien. Ce communiste, proche d'**Ho Chi Minh**, lutte contre les Japonais puis contre les Français, qu'il écrase à Diên Biên Phu à la tête des armées du **Viêt-minh** (1954). Nommé ministre de la Défense du Viêtnam-du-Nord (1960), il combat les Sud-Vietnamiens et leurs alliés américains. Il devient le ministre de la Défense du Viêtnam réunifié (1976-1980), puis son vice-Premier ministre (1980-1991).

VORONEJ ✦ Ville de Russie. 975 400 habitants. Riche région agricole. Centre culturel (université). Industries (mécanique, chimie, alimentaire).

① **VOSGES** n. f. pl. ✦ Massif montagneux, dans le nord-est de la France (☛ carte 21). Il s'étire sur 125 km, de la frontière allemande au nord à la trouée de Belfort au sud, entre les bassins du Rhin, de la Moselle et de la Saône. Les Vosges du Sud, plus élevées, comprennent les ballons de **Guebwiller** (1 424 m, point culminant), d'**Alsace**, et le lac de Gérardmer. Dans les collines, l'économie repose sur l'élevage bovin (fromage) et l'exploitation des forêts de sapins et de hêtres (bois, papier). L'industrie s'est développée dans les plaines (textile, cristal). Activités touristiques : stations thermales (Vittel, Contrexéville) et sports d'hiver. On y trouve deux parcs naturels régionaux : celui des **VOSGES DU NORD** (122 000 ha), créé en 1976, s'étend au sud de la frontière allemande et à l'est de la rivière Sarre ; celui des **BALLONS DES VOSGES** (300 000 ha), créé en 1989, s'étend à l'ouest de Colmar et englobe le ballon d'Alsace au nord de Belfort.

② **VOSGES** n. f. pl. ✦ Département de l'est de la France [88], de la Région Grand Est. Superficie : 5 874 km². 373 560 habitants. Chef-lieu : Épinal ; chefs-lieux d'arrondissement : Neufchâteau, Saint-Dié.

VOUZIERS ✦ Chef-lieu d'arrondissement des Ardennes, sur l'Aisne. 4 004 habitants (les *Vouzinois*) (☛ carte 23). Mécanique. Ville natale de Taine.

VUILLARD Édouard (1868-1940) ✦ Peintre français. Membre du groupe des nabis, il fréquente les milieux symbolistes et s'intéresse aux arts décoratifs. Sa peinture, présentant des arabesques souples, s'inspire alors des maîtres japonais (*Au lit,* 1891). Délaissant les sujets symbolistes, il préfère les scènes d'intérieur (*Mme Vuillard à table,* v. 1903), les scènes de rue (*Le Square Vintimille,* 1925) et les portraits (*Yvonne Printemps et Sacha Guitry,* 1925), mêlant différentes techniques. Il a également réalisé des décors de théâtre et de grandes décorations murales (foyer du Théâtre des Champs-Élysées).

VULCAIN ✦ Dieu du Feu et des Métaux dans la mythologie romaine. Sa forge est située sous l'Etna. Son nom est à l'origine des mots *volcan* et *vulcain* (le rouge des ailes de ce papillon évoquant le feu). Il correspond au dieu grec **Héphaïstos**.

VULCANIA ✦ Parc d'attractions scientifiques, près de Clermont-Ferrand. Le Parc européen du volcanisme, étendu sur 57 hectares dans la chaîne des **Puys**, a été inauguré par Valéry Giscard d'Estaing en 2002.

Vulgate n. f. ✦ Traduction latine de la Bible réalisée par saint **Jérôme** à partir du texte hébreu (390-405). Elle a été reconnue comme la version officielle de la Bible catholique par le concile de Trente (1546, **Réforme**).

W

WAGNER Richard (1813-1883) ✦ Compositeur allemand. Il se consacre à la musique quand il découvre **Beethoven.** Il rencontre **Liszt** et **Berlioz** à Paris et devient maître de chapelle à la cour de Saxe (1843). Après sa participation au mouvement révolutionnaire à Dresde, il doit se réfugier à Weimar, accueilli par Liszt, puis à Zurich (1849). Il y rédige ses théories sur le drame musical qui doit allier poésie, musique, théâtre, danse et se faire l'écho du conflit entre l'homme et son destin. Louis II de Bavière, fervent admirateur de Wagner comme l'intelligentsia européenne, l'appelle à Munich (1864) puis il s'installe en Suisse où il épouse Cosima, la fille de Liszt. À **Bayreuth**, il fait construire un grand théâtre (1872-1876) destiné à la représentation de ses œuvres, qui est inauguré par Louis II et Guillaume Ier, l'empereur d'Allemagne. Wagner est l'une des grandes figures du romantisme. Œuvres : *Le Vaisseau fantôme* (1843), *Tannhäuser* (1845), *Lohengrin* (1850), *Tristan et Isolde* (1865), *Les Maîtres chanteurs* (1868), *Parsifal* (1882) et surtout *L'Anneau du Nibelung* (1876), appelé la *Tétralogie* et composé de quatre opéras : *L'Or du Rhin* (1853-1854), *La Walkyrie* (1854-1856), *Siegfried* (1856-1857 ; 1865-1869), *Le Crépuscule des dieux* (1869-1874).

WAGRAM ✦ Commune du nord-est de l'Autriche. 4 300 habitants. Napoléon Ier y remporte une victoire éclatante sur les troupes autrichiennes (5 et 6 juillet 1809). Cette victoire est suivie de la signature du traité de Vienne (14 octobre). La paix est scellée l'année suivante par le mariage de Napoléon Ier et de **Marie-Louise,** fille de l'empereur d'Autriche.

WAJDA Andrzej (1926-2016) ✦ Cinéaste polonais. Il a réalisé des films sur la période du nazisme (*Ils aimaient la vie,* 1957 ; *Katyn,* 2007), reflétant une période douloureuse de sa vie, parallèlement à des productions montrant son engagement social et sa critique du stalinisme (*L'Homme de fer,* 1981 ; *Danton,* 1982). Son œuvre se caractérise par un sens de l'émotion exacerbé.

WALESA Lech (né en 1943) ✦ Homme d'État polonais. Cet ouvrier, leader d'une grande grève aux chantiers navals de Gdansk (1980), est élu président de Solidarnosc (1981, en français *Solidarité*), un groupement de syndicats libres. *Solidarité* entre dans la clandestinité (1982) et Walesa est placé en résidence surveillée. Catholique, il s'oppose au pouvoir communiste pour rétablir la démocratie. Il est élu président de la République (1990-1995). Son bilan social (chômage) ne lui permet pas d'être réélu et il quitte *Solidarité* (2006). Prix Nobel de la paix (1983).

WALHALLA n. m. ✦ Séjour des guerriers tués au combat, dans la mythologie germanique. Les **Walkyries** reçoivent les héros dans l'immense palais où règne Wotan (**Odin**).

WALKYRIES n. f. pl. ✦ Déesses de la mythologie germanique. Ce sont les messagères des dieux montées sur des chevaux ailés. Pendant les guerres, elles restent invisibles et n'apparaissent qu'aux soldats choisis par Wotan (**Odin**). Elles leur annoncent leur mort puis les emmènent dans le **Walhalla**, le paradis des guerriers morts, où elles offrent des festins aux héros.

WALLIS ET FUTUNA ✦ Collectivité française d'outre-mer, en Polynésie, à l'ouest des îles Samoa (☛ cartes 21, 22 et 51). Superficie : 274 km². 12 197 habitants (les *Wallisiens et Futuniens*). Chef-lieu : Mata Utu, sur l'île de Wallis (Uvéa, en polynésien). ♦ Les trois îles principales de cet archipel sont volcaniques, au climat équatorial chaud et humide : Wallis, entourée d'un récif de corail, Futuna et Alofi, montagneuses. Cultures (cocotier, taro et igname). ♦ Les îles, découvertes par un Britannique (1767), deviennent un protectorat français (1886-1887) puis, par référendum (1959), choisissent le statut de territoire d'outre-mer (TOM), devenu collectivité d'outre-mer (2003).

WALLONIE n. f. ✦ Région de Belgique qui s'étend, au sud de Bruxelles, de l'Escaut à l'ouest jusqu'à l'Ardenne à l'est. Les *Wallons* parlent le français, le wallon et aussi des dialectes (rouchi, gaumais, champenois). Ses beffrois, comme ceux de Flandre, et les sites miniers sont inscrits sur la liste du patrimoine mondial de l'Unesco.

WALLONNE (Région) n. f. ✦ Région administrative du sud de la Belgique (☛ carte 27). Superficie : 16 844 km². 3,4 millions d'habitants. Elle englobe à l'extrême est la Communauté germanophone (853 km² ; 73 119 habitants). Capitale : Namur. On y parle le français, l'allemand et des dialectes picard, wallon et lorrain. Elle occupe la moitié sud du pays et comprend les provinces du Brabant wallon, de Hainaut, de Liège, de Luxembourg et de Namur.

WALL STREET ✦ Rue de New York, au sud du quartier des affaires de **Manhattan.** La Bourse s'y trouve depuis 1792. Le quartier autour de Wall Street forme le plus grand centre financier du monde. Le quotidien économique américain s'appelle le *Wall Street Journal* (fondé en 1889). La panique qui s'empara de Wall Street le 24 octobre 1929 entraîna un krach boursier et une crise mondiale. ☛ Crise de 1929 p. 193.

WARHOL Andy (1930-1987) ✦ Peintre américain. Il commence sa carrière par des dessins de publicité. Ses premiers tableaux s'inspirent de la bande dessinée puis il utilise le procédé de la sérigraphie pour illustrer le mode de vie américain (bouteilles, boîtes de conserve, billets). Il travaille sur des photos traitées comme des emblèmes et multipliées dans des tons violemment contrastés, qui font de lui l'un des principaux représentants du pop art. Parmi ses œuvres, on peut citer : *Marilyn Monroe* (1962), *Désastre* (1962-1967), *Chaise électrique* (1963-1967), *Elvis Presley* (1965), *Président Mao* (1973), *Faucilles et Marteaux* (1976). Dans le même esprit, il réalise aussi des films pleins d'innovations (*Kiss,* 1963 ; *Empire,* 1964 ; *Chelsea Girls,* 1966).

WASHINGTON George (1732-1799) ✦ Homme d'État américain. Ce militaire participe aux combats des Britanniques contre les Français aux États-Unis pendant la guerre de Sept Ans (1754-1763). À la tête d'une armée composée de volontaires américains insurgés et d'étrangers (**La Fayette**), il affronte les Britanniques lors de la guerre de l'**Indépendance américaine,** qui se termine par la capitulation de la Grande-Bretagne (Yorktown, 1781). Il est élu à la Convention de Philadelphie (1787), signe la Constitution des États-Unis et devient le premier président des États-Unis (1789 puis 1792). Son soutien au parti fédéraliste contre le parti républicain-démocrate, sa neutralité face à la Révolution française et le traité conclu avec la Grande-Bretagne mécontentent l'opinion publique. Il se retire de la politique en adressant un message d'adieu à la nation (1796). Son nom est donné à la capitale fédérale des États-Unis et à un État du pays.

① **WASHINGTON** n. m. ✦ Un des États des États-Unis (depuis 1889), situé au nord-ouest du pays (☛ carte 47). Superficie : 176 617 km^2 (environ un tiers de la France). 5,9 millions d'habitants. Capitale : Olympia (42 514 habitants) ; autre ville importante : Seattle. ♦ D'est en ouest, un plateau aride, formé par l'un des plus grands champs de lave du monde et traversé par les gorges encaissées de la **Columbia,** s'élève vers la chaîne volcanique des Cascades, au climat tempéré. Un profond détroit sépare cette chaîne de la bande côtière montagneuse où se trouve le parc national Olympique, inscrit sur la liste du patrimoine mondial de l'Unesco. L'agriculture est prospère (blé, fruits, pomme de terre, betterave à sucre, élevage de vaches et de volailles, troisième État producteur de bois). Le sous-sol est riche (magnésite, plomb, zinc, uranium, charbon), la production hydroélectrique importante et l'industrie variée (aéronautique, bois, alimentaire, chimie, métallurgie, imprimerie, mécanique). ♦ Le Washington, exploré par un Espagnol (1774-1775), fait partie de l'**Oregon** puis devient un territoire (1853) et le 42e État de l'Union.

② **WASHINGTON** ✦ Capitale fédérale des États-Unis, dans l'est du pays. Elle occupe tout le district fédéral de Columbia (DC), à la frontière entre le Maryland et la Virginie, sur le fleuve Potomac. 572 059 habitants (les *Washingtoniens*) et la zone urbaine 7,6 millions. Ville administrative où se trouvent le Capitole, la **Maison Blanche,** les monuments à Abraham Lincoln et à George Washington, le **Pentagone,** la bibliothèque du Congrès, une des plus grandes du monde, et de nombreux musées (National Gallery of Art). Centre politique, administratif, intellectuel (cinq universités, recherche scientifique et spatiale), industriel (électronique), financier (immobilier, Banque mondiale) et touristique. Ville natale de Duke Ellington. ♦ Le Congrès américain choisit un terrain qui n'appartient à aucun État pour y fonder la capitale de l'Union (1787). George **Washington** fait construire la ville (1791) où le Congrès s'installe (1800). Elle est prise par les Britanniques (1814). Agrandie après la guerre de Sécession, elle se développe depuis la Deuxième Guerre mondiale.

WATERLOO ✦ Commune de Belgique (Brabant wallon), au sud de Bruxelles. 29 398 habitants. Les Britanniques et les Prussiens y battent Napoléon Ier (18 juin 1815), malgré les charges de cavalerie du maréchal **Ney** et la résistance du général **Cambronne.** ☛ Empire p. 177. Cette défaite provoque la seconde abdication de l'Empereur et son exil à Sainte-Hélène, suivis du retour de Louis XVIII. La bataille de Waterloo inspire des écrivains comme Stendhal *(La Chartreuse de Parme),* Victor Hugo ou Byron.

WATSON James (né en 1928) ✦ Biologiste américain. Il découvre la structure en double hélice de la molécule d'ADN avec F. **Crick.** Prix Nobel de médecine avec Crick (1962).

WATT James (1736-1819) ✦ Ingénieur britannique. Il conçoit la première machine à vapeur qu'il fait breveter (1769) et il s'associe avec un industriel pour la fabriquer à grande échelle (1775). Il apporte plusieurs améliorations à sa machine qui connaît un grand succès. Cette source de production d'énergie va participer au développement industriel de la Grande-Bretagne au XIXe siècle. ☛ Révolution industrielle p. 178. L'unité de mesure de puissance (mécanique ou électrique) s'appelle le *watt* en hommage à cet inventeur.

WATTEAU Antoine (1684-1721) ✦ Peintre français. Il réalise des décors dans le goût de l'époque (style rocaille) puis étudie l'œuvre de Rubens, des maîtres vénitiens, et s'intéresse aux paysages, à des sujets militaires ou mythologiques (*Diane au bain, Jupiter et Antiope, Le Jugement de Pâris,* vers 1715-1716). Avec *Le Pèlerinage pour l'île de Cythère* (1717), Watteau invente un genre nouveau : la fête galante (☛ Lumières p. 173). Ces scènes, intimes et pleines de grâce, baignent dans une lumière diffuse qui fond les personnages dans un décor irréel, presque onirique : *L'Indifférent, La Finette* (1717), *Pierrot* ou *Le Gilles* (vers 1718-1719), *L'Enseigne de Gersaint* (1720). Ce thème va connaître un grand succès au XVIIIe siècle.

WATTRELOS ✦ Ville du Nord, à la frontière belge. 41 337 habitants (les *Wattrelosiens*). Industrie (textile, mécanique, métallurgie).

WAVRE ✦ Ville de Belgique (Brabant wallon). 32 576 habitants (les *Wavriens*). Église gothique en grès et brique, hôtel de ville dans l'ancienne église du couvent des Carmes (XVIIe siècle). Carrefour routier et centre commercial. Ville natale de Maurice Carême.

WAYNE John (1907-1979) ✦ Acteur américain. Il commence au cinéma comme accessoiriste dans un film de John **Ford** qui le remarque (1928). Il connaît la consécration en jouant dans de nombreux westerns : *La Chevauchée fantastique* (1939), *L'Homme tranquille* (1952), *La Prisonnière du désert* (1956), *Rio Bravo* (1959), *L'Homme qui tua Liberty Valance* (1962). Il incarne le cow-boy ou le shérif animé par la volonté de faire triompher la loi. ■ Son véritable nom est *Marion Michael Morrison.*

WEBER Carl Maria von (1786-1826) ✦ Compositeur allemand. Il parcourt l'Allemagne avec son père, directeur d'une compagnie de théâtre itinérante, tout en acquérant une formation musicale et composant ses premiers opéras. Il continue sa carrière de ville en ville (Bratislava, Karlsruhe, Stuttgart...) pour se fixer à Dresde, composant opéras (*Der Freischütz,* 1817-1820 ; *Euryanthe,* 1823 ; *Oberon,* 1826), œuvres pour piano (*Invitation à la valse,* 1819), musique de chambre (*Quintette avec clarinette,* 1815) ou musique vocale. Ses opéras, qui connaissent alors un succès triomphal, sont des œuvres fondatrices de l'opéra romantique allemand.

WEBERN Anton von (1883-1945) ✦ Compositeur autrichien. Élève de **Schönberg** et ami de **Berg**, il est chef d'orchestre notamment à Dantzig et Prague et dirige des concerts de musique moderne dans les milieux populaires. Son œuvre, qui explore les limites du «dodécaphonisme sériel» se caractérise par la concision et la perfection de l'écriture. Maître à penser de toute une génération de musiciens (**Boulez**, **Stockhausen**), il est l'auteur de *Quatre Pièces pour violon et piano* (1910), *Variations pour piano* (1936), *Première Cantate* (1939), *Deuxième Cantate* (1943).

WEGENER Alfred Lothar (1880-1930) ✦ Géophysicien allemand. Il participe à plusieurs expéditions scientifiques au Groenland. Il expose sa théorie de la dérive des continents dans des ouvrages de géologie (*La Genèse des continents et des océans,* 1915). Ses travaux, jugés fantaisistes, seront confirmés par la découverte de la tectonique des plaques.

WEHRMACHT n. f. ✦ Nom de l'armée allemande, de 1935 à 1945. Elle est placée sous les ordres de Hitler et les soldats doivent lui prêter serment.

WEIL Simone (1909-1943) ✦ Philosophe française. Militant aux côtés des faibles et des opprimés, elle devient ouvrière, s'engage lors de la guerre d'Espagne dans les Brigades internationales, puis travaille pour la France libre. Atteinte de tuberculose, elle refuse nourriture et soins et meurt en Angleterre. Ses écrits, publiés après sa mort, sont imprégnés du message chrétien et d'éléments mystiques ; ils reflètent son exigence morale et sa radicalité. *La Pesanteur et la Grâce* (1947), *La Condition ouvrière* (1951), *Oppression et Liberté* (1955), *Écrits historiques et politiques* (1960).

WEILL Kurt (1900-1950) ✦ Compositeur américain d'origine allemande. De sa collaboration avec **Brecht** naît une nouvelle conception du théâtre lyrique : un théâtre entrecoupé d'intermèdes musicaux inspirés de chansons populaires berlinoises arrangées sur les rythmes du jazz. *L'Opéra de quat'sous,* 1928 ; *Grandeur et décadence de la ville de Mahagonny,* 1930.

WEIMAR ✦ Ville d'Allemagne (Thuringe). 64 000 habitants. Église Saints-Pierre-et-Paul (XVe siècle). Les bâtiments classiques (palais de la Résidence sur un projet de Goethe, maisons de Goethe et de Schiller) et ceux construits par l'école d'architecture et d'art du **Bauhaus** (**Kandinsky**, **Klee**) sont inscrits sur la liste du patrimoine mondial de l'Unesco. Centre culturel et industriel (mécanique, électricité, chimie). ♦ Le duché de la **Saxe** électorale prend la ville pour capitale (1572). À la fin du XVIIIe siècle, elle devient l'un des grands centres culturels du Saint Empire, animé par **Goethe**, Schiller puis, au XIXe siècle, par **Liszt**, Wagner et Strauss. Après l'abdication de Guillaume II, l'Assemblée proclame la *république de Weimar* (1919-1933). Le camp de concentration de **Buchenwald** se trouve non loin de la ville.

WELLES Orson (1915-1985) ✦ Cinéaste et acteur américain. Il débute à la radio, notamment avec l'adaptation de *La Guerre des mondes* de **Wells** qui annonce l'arrivée des Martiens, ce qui sème la panique aux États-Unis (1938). Il se lance ensuite dans la réalisation. Son premier film, *Citizen Kane* (1941), bouleverse l'histoire du cinéma par son montage, son cadrage et la structure du récit. Il réalise *La Splendeur des Amberson* (1942), *La Dame de Shanghai* (1948), *Monsieur Arkadin* (1955), *La Soif du mal* (1957) et des adaptations inspirées de Shakespeare (*Macbeth,* 1948 ; *Othello,* 1952 ; *Falstaff,* 1966). Il apparaît également à l'écran (*Le Troisième Homme,* 1948).

WELLINGTON (duc de) (1769-1852) ✦ Général et homme politique britannique. Il s'illustre en Inde (1803) mais surtout contre les Français, au Portugal (victoire sur le général **Junot**, 1808) et en Espagne (victoire de Vitoria, 1813). Nommé ambassadeur en France (1814-1815), il est délégué britannique au congrès de **Vienne**. Commandant de l'armée alliée pendant les Cent-Jours, il participe de manière décisive à la bataille de **Waterloo**. Nommé Premier ministre par George IV, il fait voter la loi d'émancipation des catholiques (1829). Renversé par les libéraux en raison de sa politique réactionnaire, «le duc de fer» ne retrouve sa popularité qu'à la fin de sa vie.

WELLINGTON ✦ Capitale de la Nouvelle-Zélande, à l'extrême sud de l'île du Nord. 190 000 habitants (agglomération près de 400 000). Port d'exportation (viande, laine), important centre industriel (métallurgie, chimie, alimentaire, imprimerie), administratif et commercial. ♦ La ville, fondée par des émigrants britanniques en 1840, devient la capitale du pays en 1865, à la place d'Auckland.

WELLS Herbert George (1866-1946) ✦ Écrivain britannique. Malgré une enfance difficile dans une famille très modeste, il réussit à faire des études scientifiques et devient professeur. Il commence à écrire et se consacre à la littérature d'anticipation : *La Machine à explorer le temps* (1895), *L'Île du docteur Moreau* (1896), *L'Homme invisible* (1897), *La Guerre des mondes* (1898), *Les Premiers Hommes dans la Lune* (1901). Ses œuvres, qui abordent le thème des dangers possibles de la science et du progrès, furent souvent adaptées au cinéma.

WENDEL (de) ✦ Famille d'industriels français originaire de Bruges, établie à Coblence (XVIe siècle) puis en Moselle (XVIIIe siècle). Ils fondent un empire sidérurgique avec les forges de Hayange (1704), du Creusot (1785), de Moyeuvre (1811) et de Jœuf (1880). **François DE WENDEL** (1874-1949), sénateur (1933-1944) et régent de la Banque de France, gère la société (constituée en 1879) qui devient, après la vente des usines d'Allemagne pendant les deux guerres mondiales, la première société sidérurgique française.

WENDERS Wim (né en 1945) ✦ Cinéaste allemand. Il s'impose avec *L'Angoisse du gardien de but au moment du penalty* (1971), film très personnel sur la quête d'identité. Ses films suivants ont pour thème l'errance (*Alice dans les villes,* 1973 ; *Au fil du temps,* 1976 ; *Paris, Texas,* 1984 ; *Les Ailes du désir,* 1987). Dans ses documentaires, il rend hommage à la musique cubaine (*Buena Vista Social Club,* 1999) et au blues (*The Soul of a Man,* 2003).

WENZHOU ✦ Ville de Chine (Zhejiang), dans l'est du pays sur la mer de Chine orientale. 2,7 millions d'habitants. Port de commerce (céréales, oléagineux, agrumes, thé, bois) et d'industrie (chantier naval, pêche, mécanique, chimie, céramique), artisanat (broderie).

WESER n. f. ✦ Fleuve d'Allemagne, long de 440 km. Elle prend sa source en Thuringe, se dirige vers le nord, arrose **Brême** et se jette dans la mer du Nord par un estuaire long et étroit.

WESTMINSTER ✦ Quartier de Londres, l'un des plus anciens de la ville. Monuments inscrits sur la liste du patrimoine mondial de l'Unesco : l'abbaye de Westminster (XIe siècle), typique du gothique anglais, où la plupart des rois d'Angleterre sont couronnés et de nombreux hommes célèbres enterrés ; le palais de Westminster, reconstruit en style néogothique (1840-1867), siège du Parlement avec la tour de l'horloge qui abrite le carillon baptisé **Big Ben. Buckingham Palace** et la **National Gallery** se trouvent également dans ce quartier.

WESTPHALIE n. f. → RHÉNANIE-DU-NORD-WESTPHALIE

West Side Story ✦ Film américain de Robert Wise (1961). Cette comédie musicale transpose l'histoire de ***Roméo et Juliette*** à New York au XXe siècle. La bande des Jets, des Américains blancs dirigés par Riff, défend son territoire contre la bande des Sharks, des Portoricains menés par Bernardo. Au cours d'un bal, Tony, le meilleur ami de Riff, tombe amoureux de Maria, la sœur de Bernardo. Cet amour impossible déclenche une violente bagarre. Pour venger la mort de Riff, Tony tue Bernardo puis il est tué à son tour et meurt dans les bras de Maria. Le film obtient dix oscars et remporte un succès mondial notamment grâce à la musique de Leonard **Bernstein** et aux chorégraphies de Jerome **Robbins.**

WEYGAND Maxime (1867-1965) ✦ Général français. Sorti de l'école militaire de Saint-Cyr, il est nommé chef d'état-major de Foch dès 1914, puis chef d'état-major de l'armée (1930). Il quitte le service en 1935 puis est rappelé à la tête de l'armée (1940) et recommande l'armistice afin d'éviter la capitulation. Il est ministre de la Défense nationale au gouvernement de Vichy, puis délégué général de Pétain en Afrique du Nord, où il prend contact avec les Américains pour faciliter le débarquement allié dans ce pays (1942). Interné en Allemagne (1942) puis libéré par les Alliés, il est traduit devant la Haute Cour de justice et son procès se termine par un non-lieu (1948). Académie française (1931).

WHISTLER James Abbott McNeill (1834-1903) ✦ Peintre et graveur américain. Il étudie à Paris et se lie d'amitié avec Courbet, Degas et Manet. Installé à Londres dès 1858, il s'inspire des préraphaélites (*La Jeune Fille en blanc,* 1863) puis s'enthousiasme pour les estampes japonaises. Ses recherches esthétiques aboutissent à des portraits et des paysages immatériels, fantomatiques, caractérisés par l'abstraction des formes et le raffinement des tons (*Symphonie en gris et vert. L'Océan,* 1866 ; *Nocturne en bleu et or. Saint-Marc,* 1879-1880). Il est considéré comme l'initiateur de l'impressionnisme en Angleterre.

WHITEHORSE ✦ Ville du Canada, capitale du Yukon. 22 898 habitants. Centrale hydroélectrique. Ville fondée en 1896 après la découverte de l'or du Klondike.

WHITMAN Walt (1819-1892) ✦ Poète américain. Son recueil *Feuilles d'herbe,* publié en 1855 et remanié jusqu'à sa mort, proclame son amour pour la nature, la sensualité et la vie libre, dans une langue charnue et puissante, à la versification inédite. Parfois considéré à son époque comme un auteur scandaleux parce qu'il célébrait le corps et la sexualité, il est aujourd'hui reconnu comme le plus grand poète lyrique américain.

WIESBADEN ✦ Ville d'Allemagne, capitale de la Hesse, près du Rhin. 270 110 habitants. Station thermale, centre administratif, industriel (cinéma, chimie, haute technologie) et touristique où se tient un festival international de théâtre. Ville natale de Simone Signoret. ♦ À l'époque romaine, la ville est déjà célèbre pour ses thermes. Elle appartient à la famille de Nassau (XIIe siècle) qui en fait la capitale de sa principauté (1744) érigée en duché (1809), puis elle passe à la Prusse et devient la capitale de la province de **Hesse-Nassau** (1866). Elle est le siège de l'administration des Alliés pendant l'occupation de la Rhénanie (1919-1930), puis de la commission franco-allemande d'armistice (1940).

WIESEL Elie (1928-2016) ✦ Écrivain américain d'expression française. Survivant des camps de concentration, il célèbre dans son œuvre (romans, essais, pièces de théâtre) la mémoire du peuple juif, au-delà des persécutions subies et de tout désir de vengeance. Ses ouvrages sont un appel vers l'avenir, un cri d'espérance et de victoire. *Le Mendiant de Jérusalem,* 1968 ; *Le Testament d'un poète juif assassiné,* 1980. Prix Nobel de la paix (1986).

WIGHT (île de) ✦ Île du Royaume-Uni, au sud de l'Angleterre, au large de Southampton (☛ carte 31). Superficie : 381 km² (plus de trois fois Paris), formant un comté. 132 719 habitants. Chef-lieu : Newport, au centre de l'île. Le climat doux et ensoleillé permet de produire des primeurs. L'économie repose sur le tourisme (stations balnéaires, navigation de plaisance). Un grand concert de musique pop s'y déroule en août 1970.

WILDE Oscar (1854-1900) ✦ Écrivain britannique. Il fait de brillantes études à Oxford et devient l'auteur favori de la haute société grâce à son esprit, son élégance et son raffinement. Ses *Poèmes* (1881), ses contes pour enfants (*Le Prince heureux et autres contes,* 1888), son roman fantastique (*Le Portrait de Dorian Gray,* 1891), ses nouvelles et ses comédies rencontrent un grand succès. Ses contemporains jugent sa vie privée scandaleuse et la dénonciation publique de son homosexualité ruine sa réputation. Il est condamné à deux ans de travaux forcés (1895) et il écrit un témoignage émouvant sur sa douleur de prisonnier, *Ballade de la geôle de Reading* (1898), avant de finir sa vie en France dans la solitude. ▪ Son nom complet est *Oscar Fingal O'Flahertie Wills Wilde.*

WILLEM-ALEXANDER (né en 1967) ✦ Roi des Pays-Bas depuis 2013. Il succède à sa mère la reine Beatrix qui a abdiqué en sa faveur.

WILLIAMS Tennessee (1911-1983) ✦ Écrivain américain. Le thème dominant de son théâtre est l'opposition entre les besoins physiques de ses personnages et le poids de la société conformiste et moraliste du Sud. Ses héros, frustrés et névrosés, sont incapables de communiquer avec leurs proches. Plusieurs de ses pièces sont adaptées au cinéma : *La Ménagerie de verre* (1945), *Un tramway nommé Désir* (1947), *La Chatte sur un toit brûlant* (1955), *Soudain l'été dernier* (1958), *La Nuit de l'iguane* (1961). ■ Son véritable nom est *Thomas Lanier Williams.*

WILSON Thomas Woodrow (1856-1924) ✦ Homme d'État américain. Ce professeur d'économie politique (1888) est élu gouverneur démocrate du New Jersey (1911-1913) puis il bat Theodore **Roosevelt** et devient le 28e président des États-Unis (1912-1921). Pendant son mandat, il renforce le pouvoir du gouvernement fédéral (impôt sur le revenu et élection des sénateurs au suffrage universel, 1913 ; loi sur la prohibition de l'alcool, 1919), engage des réformes démocratiques (droit de vote des femmes, 1920), et impose sa domination sur tout le continent (occupation d'**Haïti**, 1915 ; expédition au Mexique, 1916). Lors de la Première **Guerre mondiale**, il reste neutre puis s'engage contre l'Allemagne quand celle-ci décide la guerre sous-marine à outrance (1917). Dans les « quatorze points » qu'il propose pour maintenir la paix (1918), les Alliés réunis pour la signature du traité de **Versailles** ne retiennent que la création de la **Société des Nations**. Prix Nobel de la paix (1919).

WIMBLEDON ✦ Banlieue résidentielle de Londres, au sud-ouest de la ville. Un tournoi international de tennis sur gazon se déroule chaque année dans le stade.

WIMEREUX ✦ Commune du Pas-de-Calais, sur la Manche. 6 996 habitants (les *Wimereusiens*). Station balnéaire.

WINDHOEK ✦ Capitale de la Namibie, au centre du pays. 233 529 habitants. Centre administratif et commercial.

WINDSOR ✦ Ville d'Angleterre, sur la Tamise, à l'ouest de Londres. Château (XIIIe siècle), résidence favorite de la famille royale (qui porte le nom de *Windsor*). Ville natale d'Édouard III et de l'amiral Mountbatten.

WINNIPEG ✦ Ville du Canada, capitale du Manitoba, au centre-sud du pays. 663 600 habitants (les *Winnipegois*). Ville cosmopolite, important centre administratif, financier, commercial et industriel (alimentaire, confection, imprimerie). ♦ La ville est fondée en 1875 à l'occasion de la création du chemin de fer National Canadian.

WINTERTHUR ✦ Ville de Suisse, au nord-est de Zurich. 94 709 habitants (123 416 pour l'agglomération), de langue allemande. Musée des beaux-arts. Important centre industriel (métallurgie, matériel ferroviaire, textile).

WISCONSIN n. m. ✦ Un des États des États-Unis (depuis 1848), situé au centre-nord du pays, à l'ouest des Grands Lacs (☛ carte 47). Superficie : 145 439 km^2 (un peu moins du tiers de la France). 5,7 millions d'habitants. Capitale : Madison (233 209 habitants) ; ville principale : Milwaukee. ♦ Le Wisconsin est formé d'un plateau, étendu du lac Michigan à l'est jusqu'au Mississippi à l'ouest, et traversé par la rivière Wisconsin, longue de 1 006 km. Le climat continental est rude au nord. L'agriculture domine (céréales, pomme de terre, tabac, foin, élevage de bovins, 1er producteur de beurre et de fromage). Le sous-sol est riche (zinc, fer, granit), l'industrie peu variée (1er État producteur de bois, pâte à papier, alimentaire) et le tourisme très actif (chasse, pêche). ♦ La région est explorée par les Français, mise sous leur autorité (XVIIe siècle), puis elle est cédée à la Grande-Bretagne (1763) et rattachée aux Territoires du Nord-Ouest (1787), avant de rejoindre l'Union (1848). L'exploitation des mines de plomb a attiré des immigrants allemands et scandinaves qui ont peuplé l'État (XIXe siècle).

WISIGOTHS n. m. pl. ✦ Peuple germanique issu de la séparation des **Goths**. Les Wisigoths sont des Goths de l'Ouest. Lorsque les Huns les repoussent à l'ouest du Dniepr, ils franchissent le Danube (375) et battent les Romains à Andrinople (**Edirne**, 378). Ils s'installent sur le territoire actuel de la Bulgarie, puis dévastent la Thrace, la Macédoine, l'Italie (Rome, 410), le sud de la Gaule et l'Espagne (415) où ils repoussent les **Suèves** et les **Vandales**. Rome leur accorde un royaume en **Aquitaine** (418), mais Clovis les bat à Vouillé (507) et les refoule en **Languedoc** (Septimanie) et en **Espagne**. Leur royaume, avec **Tolède** pour capitale, conquiert celui des Suèves (585), adopte le catholicisme et réussit l'unité des Wisigoths et des Ibéro-Romains ; il atteint son apogée au VIIe siècle. Les persécutions contre les juifs et une crise économique l'affaiblissent avant qu'il ne soit envahi par les musulmans (711-714).

WITT Johan De (1625-1672) ✦ Homme politique hollandais. Premier fonctionnaire de Hollande (1653), il conclut la paix avec **Cromwell** (1654), exclut du pouvoir la famille d'Orange-Nassau (Acte d'exclusion, 1667) et mène une politique libérale. Il s'allie à la France contre l'Angleterre (1665-1666), puis à l'Angleterre et à la Suède contre la France (1668) mais il est arrêté quand Louis XIV envahit la Hollande (1672) et tué lors d'une émeute populaire.

WITTENBERG ✦ Ville d'Allemagne (Saxe-Anhalt), sur l'Elbe. 47 000 habitants. Université fondée en 1502, église Saint-Marien décorée par **Cranach** (XVe siècle). **Luther** y réside jusqu'à sa mort et enseigne la théologie, **Melanchthon** le grec. La ville connaît un grand rayonnement intellectuel et devient le berceau de la **Réforme**. Les lieux que Luther a fréquentés sont inscrits sur la liste du patrimoine mondial de l'Unesco.

WOLF Hugo (1860-1903) ✦ Compositeur autrichien. Il apprend le piano et le violon avec son père et poursuit ses études musicales à Vienne. Il a composé, sur des textes de grands poètes allemands (comme Goethe), italiens et espagnols, plus de trois cents lieder où se fait sentir l'influence de Schubert et de Schumann mais aussi celle de Wagner. Dès 1888, il s'affirme comme l'un des grands maîtres du lied romantique allemand.

WOODS Tiger (né en 1975) ✦ Golfeur américain. Doté de capacités exceptionnelles et précoces, il remporta les quatre tournois majeurs mondiaux (2000-2001) et s'imposa comme numéro 1 mondial de 2005 à 2010.

WOOLF Virginia (1882-1941) ✦ Romancière britannique. Elle reçoit des intellectuels et forme avec eux le groupe de Bloomsbury, fonde une maison d'édition qui fait connaître de grands écrivains anglais, et soutient l'émancipation féminine. Influencée par **Proust** et **Joyce**, elle bouleverse les règles de la narration linéaire, privilégiant les sensations fugitives vécues au détriment de l'intrigue. Écrivain-phare du roman moderne, elle est l'auteur de *Mrs Dalloway* (1925), *La Promenade au phare* (1927), *Les Vagues* (1931, traduit par M. Yourcenar).

WORDSWORTH William (1770-1850) ✦ Poète britannique. Marqué par une enfance mélancolique et son expérience révolutionnaire à Paris, il écrit avec **Coleridge** *Les Ballades lyriques* (1798), considérées comme le manifeste de la poésie romantique. Sa poésie exalte le sentiment de la nature (*Poèmes*, 1807), qu'il évoque aussi en prose (*Description du paysage des lacs*, 1823).

WOTAN ✦ Nom germanique d'**Odin**, dieu de la Guerre dans la mythologie scandinave.

WREN sir Christopher (1632-1723) ✦ Architecte britannique. Scientifique de formation, il est l'un des fondateurs de la Royal Society. Il voyage en France avant de se consacrer à l'architecture. À la suite du grand incendie de Londres (1666), il devient membre de la commission de reconstruction et élabore le plan d'une cinquantaine d'églises, dont la plus célèbre, la cathédrale Saint-Paul, qu'il reconstruit dans un style mêlant baroque et style néoclassique. Il édifie aussi la bibliothèque du Trinity College à Cambridge (1676-1684), l'hôpital de Chelsea et celui de Greenwich (1696-1702). Il transforme et aménage le palais de Hampton Court et agrandit celui de Kensington (1688-1702).

WRIGHT Frank Lloyd (1867-1959) ✦ Architecte américain. Il inaugure l'«architecture organique» fondée sur les rapports harmonieux entre l'édifice, l'individu et l'environnement. Il réalise de nombreuses maisons particulières dans un style très personnel, privilégiant les lignes horizontales et les matériaux naturels (*Prairie Houses*, début du XXe s., *Usonian Houses* à partir des années 1930). Dans les grands édifices et les bâtiments commerciaux, il utilise de nouveaux matériaux, notamment le béton armé (musée **Guggenheim** de New York, 1956-1959).

WRIGHT (les frères) ✦ Aviateurs et constructeurs américains. **Wilbur** (1867-1912) et **Orville** (1871-1948) sont fabricants de vélos et ils expérimentent des planeurs et des aéroplanes qu'ils perfectionnent. Ils mettent au point un aéroplane équipé de deux hélices et d'un moteur à essence à bord duquel ils réalisent le premier vol contrôlé de l'histoire (17 décembre 1903).

WRIGHT Richard (1908-1960) ✦ Romancier américain. Ce petit-fils d'esclave raconte son enfance difficile dans le Sud raciste (*Black Boy*, 1945) et continue, à Chicago, de dénoncer la condition des Noirs (*Douze Millions de voix noires*, 1941 ; *Forces noires*, 1954), tout en militant au Parti communiste. Il découvre l'existentialisme de **Sartre** à Paris où il s'établit (1947). Son chef-d'œuvre, *Un enfant du pays* (1940), est adapté au théâtre et au cinéma.

WROCLAW ✦ Ville de Pologne (Basse-Silésie), dans le sud-ouest du pays, sur l'Oder. Appelée *Breslau* en allemand. 630 100 habitants. Centre administratif, religieux (évêché), culturel (université, musées, opéra), commercial et industriel (chimie, textile, automobile, métallurgie). Ville natale de Marie Leszczynska, femme de Louis XV. ♦ La capitale du duché de Silésie (1163) est dévastée par les Mongols (1241) puis reconstruite. La cité prospère et adhère à la Hanse (XIIIe siècle). Elle passe à la Bohême, puis aux Habsbourg et rejoint le royaume de Prusse (1741). Elle est en grande partie détruite par les Soviétiques avant de redevenir polonaise (accords de **Potsdam**, 1945).

WUHAN ✦ Ville de Chine, capitale de la province de Hubei, au centre du pays, sur le Chang jiang. 6,8 millions d'habitants. Port fluvial, important centre industriel (sidérurgie, mécanique, construction navale, chimie, textile).

WUPPERTAL ✦ Ville d'Allemagne (Rhénanie-du-Nord-Westphalie), dans la Ruhr. 366 005 habitants. Important centre industriel (textile surtout, mécanique) et culturel (université, danse [Pina **Bausch**], théâtre).

WURTEMBERG n. m. → BADE-WURTEMBERG

WÜRZBURG ✦ Ville d'Allemagne (Bavière), sur le Main. 131 320 habitants. Forteresse de Marienberg, monuments romans (cathédrale), gothiques (églises) et baroques (résidence des ducs-évêques décorée de fresques de **Tiepolo**). Port fluvial au centre d'une riche région agricole (vin). Centre industriel (mécanique, chimie, textile, alimentaire) et culturel (université, festivals de musique).

WWF n. m. (anglais *World Wildlife Fund* qui signifie «fonds mondial pour la nature») ✦ Organisation mondiale de protection de la nature fondée en 1961 à Zurich. Son but est de protéger la diversité du monde vivant, de réduire la pollution et la surconsommation, et de garantir l'utilisation durable des ressources naturelles renouvelables. Afin d'enrayer le processus de dégradation de la planète, des thèmes d'actions prioritaires sont définis (changement climatique, pollutions chimiques, modes de vie durables, espèces menacées, eau douce, éducation à l'environnement...). Parmi les succès de cet organisme, on compte une convention sur le commerce international des espèces de faune et de flore sauvages menacées d'extinction (1976), l'interdiction du commerce de l'ivoire (1990), le traité de l'**Antarctique** (1991). Son emblème est le panda géant.

WYOMING n. m. ✦ Un des États des États-Unis (depuis 1890), situé dans le centre-ouest du pays (☛ carte 47). Superficie : 253 597 km² (environ la moitié de la France). 563 626 habitants. Capitale : Cheyenne (59 466 habitants). ♦ Le Wyoming est en partie occupé par les **Rocheuses**, où les affluents du Missouri (**Yellowstone**) prennent leur source, et s'étend à l'est vers le plateau des Grandes Plaines. Le climat est continental. L'économie repose sur l'agriculture (élevage de vaches et de moutons), les ressources du sous-sol (pétrole, gaz naturel, charbon, uranium) et quelques industries (raffineries, alimentaire, bois). ♦ La région est occupée par les Indiens (**Sioux**, **Cheyennes**) lorsqu'elle est explorée par les Français (1743) qui la vendent avec la **Louisiane** (1803). Elle se développe avec le chemin de fer (1867).

X

XENAKIS Yannis (1922-2001) ✦ Compositeur français d'origine grecque. Il étudie la composition avec Honegger, Milhaud et surtout Messiaen à partir de 1947. Sa formation de mathématicien et d'architecte (il a été l'assistant de Le Corbusier) le pousse à remettre en question la musique sérielle en appliquant des principes mathématiques (probabilités, théorie des évènements en chaîne, théorie des ensembles) à la composition musicale. Utilisant l'électroacoustique, les instruments traditionnels, les ordinateurs, il produit des œuvres puissantes et poétiques, à l'architecture rigoureuse. *Metastasis,* 1953 ; *Polytope,* 1967 ; *Nomos Gamma,* 1968 ; *Keqrops,* 1986 ; *O-Mega,* 1997.

XÉNOPHON (vers 430-425 av. J.-C.-vers 355-352 av. J.-C.) ✦ Écrivain et chef militaire grec. Ce riche Athénien s'engage dans l'armée de mercenaires grecs au service de Cyrus, fils de Darios II, et organise leur difficile retraite lorsque ce dernier est tué près de Babylone. *L'Anabase* est le récit de cette expédition militaire. Xénophon est ensuite banni par Athènes quand il s'allie à **Sparte** contre les Perses, puis il combat contre sa patrie. Il laisse des traités sur **Socrate,** dont il a été l'élève *(Les Mémorables, Apologie de Socrate, Le Banquet),* des récits historiques et des ouvrages de philosophie.

XERXÈS Ier ✦ Roi de Perse de 486 av. J.-C. à 465 av. J.-C., fils de Darios Ier. Pour venger son père battu à **Marathon** lors de la première guerre médique, il prépare l'invasion de la Grèce et emploie des forces gigantesques : plus de 200 000 hommes et 600 bateaux de guerre. Lors de la deuxième guerre médique, son armée brise la résistance des Spartiates au défilé des **Thermopyles** (480 av. J.-C.), s'empare d'Athènes et l'incendie. Après la défaite de la flotte perse à **Salamine** (480 av. J.-C.), il doit cependant abandonner la Thrace, la Macédoine puis l'Ionie (479 av. J.-C.) et subit les attaques de la ligue de **Délos.** Il poursuit la construction de **Persépolis,** et meurt assassiné à Suse.

XIAN ✦ Ville de Chine, capitale de la province du Shaanxi, au centre du pays. 3,8 millions d'habitants. Dans la ville et ses environs, nombreux sites archéologiques et historiques, dont la célèbre armée de guerriers en terre cuite (7 000 soldats), découverte en 1974 près du mausolée du premier empereur de Chine (mort en 210 av. J.-C.) et inscrite sur la liste du patrimoine mondial de l'Unesco. Centre industriel (chimie, textile, mécanique, électricité, métallurgie, aéronautique) et touristique. ♦ Capitale impériale sous les dynasties Han et Tang (du IIIe siècle av. J.-C. au Xe siècle), c'est alors un centre de commerce (point de départ de la route de la Soie) et artistique. Son plan en damier a inspiré celui de nombreuses villes d'Asie.

XINJIANG n. m. ✦ Région autonome de l'ouest de la Chine (☛ carte 40). Plus grande région du pays : superficie de 1,653 million de km^2 (environ trois fois la France). 22 millions d'habitants, dont un tiers d'**Ouïgours.** Capitale : Urumqi (1,7 million d'habitants). Elle vit de l'agriculture (céréales, houblon, coton, fruits, betterave), de l'élevage (ovins, chevaux, chameaux, mérinos), des ressources minières (houille, fer, manganèse, chrome, cuivre, aluminium, mica, or, argent, jade, pétrole) et de l'industrie (sidérurgie). La chaîne de montagnes du Tianshan est inscrite sur la liste du patrimoine mondial de l'Unesco.

Y

YAHVÉ → IAHVÉ

YAKOUTIE n. f. ✦ Autre nom de la république de **Sakha** jusqu'en 1990.

YALE ✦ Université des États-Unis, située à New Haven (Connecticut). C'est la plus ancienne université du pays, fondée en 1701, et l'une des plus importantes. Elle doit son nom à son bienfaiteur, Elihu Yale (1648-1721), et possède une bibliothèque et un important musée d'art. Elle fait partie de la prestigieuse **Ivy League.**

YALTA ✦ Ville d'Ukraine, dans le sud de la Crimée, sur la mer Noire. 80 140 habitants. Centre touristique, station balnéaire importante.

YALTA (conférence de) ✦ Conférence qui réunit **Churchill, Roosevelt** et **Staline** à Yalta, du 4 au 11 février 1945. Ils y prennent d'importantes décisions qui seront appliquées dès la fin de la guerre : division et administration de l'Allemagne en quatre zones (soviétique, française, anglaise, américaine), jugement des criminels de guerre (procès de **Nuremberg**), reconnaissance de l'occupation des Pays baltes et de l'est de la Pologne (étendue jusqu'à la ligne **Oder**-Neisse) par l'URSS, qui s'engage à entrer en guerre contre le Japon. Les trois chefs d'État convoquent une conférence à San Francisco, pour le mois d'avril, qui crée l'Organisation des Nations unies (**ONU**).

YAMOUSSOUKRO ✦ Capitale de la Côte d'Ivoire, au nord-ouest d'Abidjan. Plus de 150 000 habitants (les *Yamoussoukrois*). Ville commerciale et capitale du pays depuis 1983. Félix **Houphouët-Boigny,** dont c'est la ville natale, offre au pape la basilique Notre-Dame-de-la-Paix, construite sur le modèle de Saint-Pierre de Rome (1990) et violemment critiquée en raison de son coût.

YANGON ✦ Nom officiel de la ville de **Rangoun** depuis 1989.

YANG-TSEU-KIANG → CHANG JIANG

YAOUNDÉ ✦ Capitale fédérale du Cameroun, dans le sud du pays. 1,82 million d'habitants (les *Yaoundéens*). Centre administratif, de commerce, de services et d'industries (alimentaire).

YEATS William Butler (1865-1939) ✦ Écrivain irlandais. Cofondateur de l'Abbey Theatre de Dublin (1904), il y fait représenter des poèmes dramatiques comme *La Comtesse Cathleen* (1892), *Le Seuil du roi* (1894) ou *Deirdre* (1907), teintés de folklore et d'occultisme. Influencé par l'écriture automatique (*Les Cygnes sauvages à Coole,* 1917 ; *La Tour,* 1928 ; *L'Escalier en spirale,* 1933), il est en outre fasciné par le théâtre nô japonais (*Quatre Pièces pour danseurs,* 1921). Il est, avec Joyce, l'un des artisans du renouveau de la littérature irlandaise du XXe siècle. Prix Nobel de littérature (1923).

YELLOWKNIFE ✦ Ville du Canada, capitale des Territoires du Nord-Ouest, sur le Grand Lac de l'Esclave. 18 700 habitants. Centre administratif et commercial.

YELLOWSTONE n. f. ✦ Rivière du nord-ouest des États-Unis, longue de 1 600 km (☛ carte 47). Elle prend sa source dans les **Rocheuses,** parcourt le parc national qui porte son nom, coule dans des canyons, traverse le Montana et se jette dans le Missouri. Le parc national de Yellowstone est le premier fondé aux États-Unis (1872). Ce plateau volcanique, étendu sur 9 000 km^2 et parsemé de geysers et de cascades, donne naissance au **Missouri.** Il est inscrit sur la liste du patrimoine mondial de l'Unesco et déclaré en péril depuis 1995.

YÉMEN n. m. ✦ Pays de la péninsule Arabique. (☛ cartes 38, 39). Superficie : 536 869 km^2 (à peu près comme la France). 19,6 millions d'habitants (les *Yéménites*). République dont la capitale est Sanaa. Langue officielle : l'arabe. Religion officielle : l'islam. Monnaie : le riyal yéménite. ♦ GÉOGRAPHIE. Les plaines côtières sont arides à l'ouest et fertiles au sud, grâce à la mousson. Les hautes montagnes de l'ouest (3 700 m) dominent des plateaux fertiles, limités à l'est par des massifs montagneux puis par de grandes étendues sableuses au climat sec et aride. ♦ ÉCONOMIE. L'agriculture (coton, tabac, café, céréales, légumes, fruits, qat) est peu modernisée et fortement dépendante des pluies. La pêche est la deuxième source de revenus. Le pays compte sur l'exploitation du pétrole pour redresser son économie et sur ses réserves de gaz, qui sont importantes. L'industrie est limitée (alimentaire, textile, tannerie, briqueterie). ♦ HISTOIRE. Dans l'Antiquité, la région connaît une brillante civilisation fondée sur le commerce des épices (attestée dès le XIIIe siècle av. J.-C.). Cinq cités-États, constituées au Ve siècle av. J.-C. (**Saba**), se réunissent en un royaume converti au judaïsme (Ier-VIe siècles), dirigé par des chrétiens (VIe siècle), les Perses (570) et conquis par les musulmans

(628). Morcelé (IXe siècle), il est réunifié par **Saladin** (XIIe siècle) et atteint alors son apogée. La région d'**Aden** est colonisée par les Turcs (1538-1636) puis les Britanniques (1839). Les Ottomans envahissent le pays (1849), qui est partagé en deux États (1905). Le *Yémen-du-Nord*, dirigé par un imam, devient la *République arabe du Yémen* (1962). Le *Yémen-du-Sud*, dépendant de la Grande-Bretagne, obtient son indépendance (avec l'Arabie du Sud) sous le nom de *République populaire du Sud-Yémen* (1968). Après des années de conflits (1972, 1979), les deux pays s'unissent en un seul État (1990). Les sudistes font sécession mais les nordistes l'emportent militairement (1994). Un traité délimite les frontières avec l'Arabie saoudite (2000). Un vaste mouvement de contestation populaire (2011-2012) est suivi par des rébellions au nord du pays (2014), réprimées par l'intervention d'une coalition dirigée par l'Arabie saoudite (2015).

YERSIN Alexandre (1863-1943) ✦ Médecin français d'origine suisse. Il mit en évidence, avec Émile **Roux**, la toxine diphtérique (1888) puis réussit à isoler le bacille responsable de la peste (1894). Il fonda l'Institut **Pasteur** de Nha Trang (1904), en Indochine française, et dirigea celui de Saïgon, fondé par **Calmette**.

YEU (île d') ✦ Île de Vendée, dans l'océan Atlantique, au large de Saint-Gilles-Croix-de-Vie. Longue de 10 km et large de 4 km. 4 880 habitants (les *Ogiens*). Pêche, tourisme. ♦ Le maréchal Pétain, incarcéré dans l'île de 1945 à sa mort, y est enterré.

YOKOHAMA ✦ Ville du Japon, près de Tokyo, sur l'île de Honshu. 3,5 millions d'habitants. Port très important (30 % du commerce extérieur du pays), centre industriel (chantiers navals, raffineries). ♦ Les Européens créent la ville sur le site d'un village de pêcheurs (1859). Elle est détruite par un tremblement de terre (1923) et reconstruite sur un plan moderne.

YOM KIPPOUR ou **KIPPOUR** (hébreu «jour du [grand] pardon») ✦ La plus importante fête juive. Jour de jeûne et de repentir où l'on demande pardon pour avoir transgressé les commandements divins.

① **YONNE** n. f. ✦ Rivière du Bassin parisien, longue de 293 km (☛ carte 21). Elle prend sa source dans le Morvan à 730 m d'altitude, arrose Clamecy, Auxerre, Sens et se jette dans la Seine à Montereau-Fault-Yonne. Elle est reliée à la Loire par le canal du **Nivernais** et à la Saône par le canal de **Bourgogne**. Son cours est régularisé par des barrages (Settons, Pannesière-Chaumard).

② **YONNE** n. f. ✦ Département du centre-est de la France [89], de la Région Bourgogne-Franche-Comté. Superficie : 7 427 km^2. 341 814 habitants (les *Icaunais*). Chef-lieu : Auxerre ; chefs-lieux d'arrondissement : Avallon et Sens.

YORK ✦ Ville d'Angleterre (North Yorkshire). 152 800 habitants. Ruines d'une abbaye bénédictine (XIe siècle), cathédrale gothique (XIIIe-XVe siècles), remparts (XIVe siècle), maisons anciennes. Centre administratif et commercial. Ancienne cité lainière.

YORKSHIRE n. m. ✦ Ancien comté du nord de l'Angleterre, à l'est de la chaîne Pennine (☛ carte 31). Il est fondé au Moyen Âge autour de York et divisé en 1974 entre le *North Yorkshire*, le *South Yorkshire* et le *West Yorkshire*. Environ 12 000 km^2 et 4 millions d'habitants. Fondée sur un bassin houiller, l'industrie se partage entre le textile (Leeds), alimenté par l'élevage ovin du Nord, et la sidérurgie en difficile restructuration (Sheffield).

YORUBAS n. m. pl. ✦ Peuple d'Afrique de l'Ouest, établi dans le sud du Bénin et du Nigeria. Civilisation fondée sur le commerce (igname, huile de palme, ivoire) et l'artisanat (métallurgie du bronze et du laiton).

YOSEMITE NATIONAL PARK ✦ Parc national des États-Unis (Californie), dans la Sierra Nevada. Site inscrit sur la liste du patrimoine mondial de l'Unesco : relief granitique façonné par les glaciations (600 à 4 000 m), cascades, forêts de séquoias.

YOUGOSLAVIE n. f. ✦ Ancien pays des Balkans de 1918 à 2003. Il était formé de six républiques fédérées : la Bosnie-Herzégovine, la Croatie, la Macédoine, le Monténégro, la Serbie et la Slovénie. Superficie : 255 804 km^2 (environ la moitié de la France). 23 millions d'habitants (les *Yougoslaves*). Capitale : Belgrade. ♦ À la fin de la Première Guerre mondiale, la **Serbie**, le **Monténégro** et les territoires slaves de l'ancienne **Autriche-Hongrie** s'unissent en un Royaume des Serbes, Croates et Slovènes (1918), qui prend le nom de *Yougoslavie* (1929). Pendant la Deuxième Guerre mondiale, les Croates forment un État indépendant et se rapprochent de l'Allemagne nazie, alors que **Tito** dirige la résistance dans le reste du pays occupé. À la tête de la Fédération yougoslave (1945), il développe un socialisme éloigné du modèle soviétique, condamné par l'URSS (1948), et les républiques, largement autonomes, se développent. Après sa mort (1980), la situation économique et sociale se dégrade. Les Albanais du **Kosovo**, qui réclament leur indépendance, sont réprimés par la Serbie de Slobodan Milosević (1989-1990). Quand l'URSS disparaît, la **Croatie** proclame son indépendance, suivie par la **Slovénie**, la **Macédoine** et la **Bosnie-Herzégovine** (1991). Ce démantèlement entraîne une guerre civile en Croatie et en Bosnie-Herzégovine, où les Serbes souhaitent maintenir un État commun. La Serbie et le Monténégro forment la *République fédérale de Yougoslavie* (1992). L'ONU, qui la tient pour responsable du conflit en Bosnie-Herzégovine, lui refuse le siège de l'ancienne Yougoslavie et la soumet à un embargo économique (1992-1996). Le pays signe les accords de paix de Dayton puis reconnaît la Macédoine et la Croatie (1996). La répression des indépendantistes albanais du Kosovo provoque l'intervention militaire de l'Otan (1999), et le Kosovo devient une province autonome sous contrôle international (2002). Le dictateur serbe Slobodan Milosević perd l'élection présidentielle en 2000 ; il est alors inculpé par un tribunal international pour les crimes commis au Kosovo. Le pays est à nouveau admis à l'ONU. Une nouvelle Constitution donne naissance à l'*Union de Serbie-et-du-Monténégro* (2003). En 2006, après un référendum, le Monténégro choisit de prendre son indépendance, entraînant celle de la Serbie.

YOURCENAR Marguerite (1903-1987) ✦ Écrivain français. Cette humaniste, passionnée de culture grecque, traduit Pindare. Elle publie des nouvelles (*Nouvelles orientales,* 1938), parmi lesquelles figure le conte *Comment Wang-Fô fut sauvé.* Après son installation aux États-Unis (1949), elle traduit des negro-spirituals, des auteurs américains, rédige des essais, des poèmes en prose et en vers, ainsi que des romans historiques : *Les Mémoires d'Hadrien* (1951), où elle livre sa réflexion sur l'effet du temps sur les individus et la société à travers les Mémoires imaginaires de l'empereur romain ; *L'Œuvre au noir* (1968), qui se déroule au XVIe siècle. Elle écrit ses mémoires : *Souvenirs pieux* (1974), *Archives du Nord* (1977), *Quoi ? L'Éternité* (1988). Première femme élue à l'Académie française (1980). ▪ Son véritable nom est *Marguerite de Crayencour.*

YPRES ✦ Ville de Belgique (Flandre-Occidentale). 34 919 habitants (les *Yprois*). Halle aux draps (beffroi du XIIe siècle), collégiale Saint-Martin (1221, tombeau de Jansénius), hôtel de ville (1620). Centre industriel (mécanique, textile). ♦ Métropole des Flandres au Moyen Âge (grand centre drapier). Les Allemands y utilisent les gaz asphyxiants pour la première fois (1915), ce qui est à l'origine du nom du gaz toxique appelé *ypérite* (☛ Première Guerre mondiale p. 189).

YS ✦ Ville légendaire de Bretagne. La tradition la situe au large de la baie de Douarnenez ou dans la baie des Trépassés. Elle aurait été submergée au IVe ou au Ve siècle. Sa légende inspire un opéra à Édouard Lalo, *Le Roi d'Ys* (1888).

YSENGRIN ou **ISENGRIN** ✦ Nom du loup dans la littérature médiévale. Il apparaît dans l'*Ysengrimus* de Nivard de Gand (1148) et dans ***Le Roman de Renart*** (vers 1170-1250). Symbole de la force brutale, il est victime de sa gloutonnerie et se fait ridiculiser et bafouer par son chétif neveu, le rusé Renart le goupil.

YSER n. m. ✦ Fleuve côtier franco-belge, de 78 km de long. Il prend sa source dans le département du Nord et se jette dans la mer du Nord en Flandre-Occidentale. ♦ La *bataille de l'Yser* opposa en 1914 l'armée allemande, qui voulait franchir le fleuve en direction de Dunkerque, aux troupes belges et françaises. Le déclenchement d'une inondation stoppa la progression allemande.

YSSINGEAUX ✦ Chef-lieu d'arrondissement de la Haute-Loire. 7 105 habitants (les *Yssingelais*) (☛ carte 23). Marché agricole (veaux). Industrie (textile, bois, agroalimentaire, traitement des métaux).

YUCATAN n. m. ✦ Péninsule située entre le golfe du Mexique et la mer des Caraïbes (☛ carte 50). Elle comprend l'est du Mexique, le nord du Guatemala et le Belize. Superficie : 175 000 km^2 (environ un tiers de la France). Son relief plat, au climat tropical, est couvert de forêts. Le nord, plus aride, est formé de savanes, les côtes sont bordées de lagunes. Cette région, conquise par les Espagnols au XVIe siècle, est le berceau de la civilisation des **Mayas**. Les sites archéologiques attirent de nombreux touristes. Certains sont inscrits sur la liste du patrimoine mondial de l'Unesco (Calakmul, **Chichén Itza**, Palenque, Quirigua, Tikal, Uxmal).

① **YUKON** n. m. ✦ Fleuve du nord-ouest de l'Amérique du Nord, long de 3 185 km (☛ carte 43). Il prend sa source au Canada, à la frontière entre la Colombie-Britannique et le Yukon, traverse le territoire du Yukon, l'Alaska, et se jette dans la mer de Béring.

② **YUKON** n. m. ✦ Un des trois territoires du Canada, depuis 1898, dans l'ouest du pays (☛ carte 48). Superficie : 482 443 km^2 (un peu moins que la France). 30 372 habitants. Capitale : Whitehorse. ♦ La région, couverte de forêts, est formée par le nord des montagnes Rocheuses (monts Mackenzie ; mont Logan, 6 050 m, point culminant du Canada). Le centre-ouest est un plateau traversé par le fleuve Yukon. Le climat subarctique est rigoureux. L'agriculture est assez limitée (légumes) et l'élevage produit des fourrures. Le sous-sol est riche (plomb, zinc, charbon, amiante, cuivre). ♦ L'or, découvert en abondance dans des mines (1870) ou dans la rivière Klondike (1897), provoque l'afflux de 30 000 personnes et finit par s'épuiser en 1911.

YUNNAN n. m. ✦ Province du sud de la Chine (☛ carte 40). Superficie : 394 000 km^2 (un peu moins que la France). 42,3 millions d'habitants. Capitale : Kunming (2,5 millions d'habitants). La région montagneuse du nord-ouest, point de contact des plaques tectoniques de l'Inde et du Tibet, est inscrite sur la liste du patrimoine mondial de l'Unesco : le Chang jiang, le Mékong et le Salouen y coulent dans des vallées boisées aux gorges très profondes. Agriculture (céréales, oléagineux, coton, thé, tabac, canne à sucre, agrumes) ; ressources minières (étain, cuivre, plomb, fer, phosphore, houille).

YVELINES n. f. pl. ✦ Département du centre-nord de la France [78], de la Région Île-de-France. Superficie : 2 284 km^2. 1,42 million d'habitants (les *Yvelinois*). Chef-lieu : Versailles ; chefs-lieux d'arrondissement : Mantes-la-Jolie, Rambouillet et Saint-Germain-en-Laye.

YVETOT ✦ Commune de la Seine-Maritime, près de Rouen. 11 991 habitants (les *Yvetotais*) (☛ carte 23). Industrie alimentaire.

Z

ZADAR ✦ Ville de Croatie, sur la côte dalmate. 72 718 habitants. Vestiges romains, églises romanes. Port de pêche et de commerce.

ZADKINE Ossip (1890-1967) ✦ Sculpteur et graveur français d'origine russe. D'abord influencé par l'esthétique cubiste et l'art primitif *(Tête d'homme ; Le Prophète)*, il évolue vers un style lyrique teinté d'expressionnisme. Il travaille le bois, le bronze, la terre ou la pierre et sculpte des formes simples et géométriques. Il interprète les thèmes mythologiques (*Prométhée ; Orphée*, 1945), traite des sujets allégoriques (*Homo sapiens*, 1955) ou religieux *(Saint Sébastien)* et réalise des monuments symboliques à la gloire d'artistes *(Hommage à Rimbaud)* ou plus dramatiques (*Monument pour une ville détruite*, Rotterdam, 1948-1951).

ZAGREB ✦ Capitale de la Croatie, dans le nord du pays. 779 145 habitants (les *Zagrébois*) et l'agglomération plus d'un million. Important centre industriel (métallurgie, textile, électricité), commercial et culturel. ♦ L'ancienne ville romaine passe sous domination hongroise (XIe siècle) et devient un important marché au Moyen Âge. Elle joue également un rôle politique et culturel et devient la capitale de la Croatie indépendante (1991).

① **ZAÏRE** n. m. ✦ Fleuve d'Afrique équatoriale, également appelé ***Congo***.

② **ZAÏRE** n. m. ✦ Nom de la République démocratique du **Congo**, de 1971 à 1997.

ZAMBÈZE n. m. ✦ Fleuve du sud de l'Afrique, long de 2 740 km (☛ carte 34). Il prend sa source dans le nord-ouest de la Zambie, à 1 500 m d'altitude, traverse l'est de l'Angola, forme la frontière entre la Zambie et l'extrémité est de la Namibie, puis entre la Zambie et le Zimbabwe, et franchit les chutes **Victoria**. Il pénètre ensuite au Mozambique et se jette dans le canal de **Mozambique** par un delta marécageux. Son cours est aménagé pour fournir de l'hydroélectricité.

ZAMBIE n. f. ✦ Pays du sud de l'Afrique (☛ cartes 34, 36). Superficie : 752 614 km² (une fois et demie la France). 13,04 millions d'habitants (les *Zambiens*), en majorité chrétiens. République dont la capitale est Lusaka. Langue officielle : l'anglais ; on y parle aussi le swahili et des langues bantoues. Monnaie : le kwacha. ♦ GÉOGRAPHIE. La Zambie, en forme de croissant, est formée de plateaux couverts de savanes et traversés par le **Zambèze** et ses affluents. Elle est bordée au nord par le lac **Tanganyika** et au sud par le lac Kariba, situé en aval des chutes Victoria. Le climat tropical est tempéré par l'altitude. ♦ ÉCONOMIE. Cultures vivrières (maïs, sorgo, manioc) qui ne suffisent pas à nourrir la population ; cultures industrielles (canne à sucre, arachide, coton, tabac) ; élevage bovin ; pêche dans les lacs. Le pays tire sa richesse de ressources minières (cuivre, cobalt, zinc, plomb) et hydroélectriques. ♦ HISTOIRE. La région est très anciennement peuplée (le crâne d'un homme daté de 110 000 ans a été découvert en 1921 au nord de Lusaka). Les Bochimans laissent des peintures rupestres et les **Bantous** apportent la métallurgie, l'agriculture, l'élevage (début de l'ère chrétienne). L'exploitation du métal donne naissance à de grands royaumes (XVIIe siècle). Les Portugais (XVIIIe siècle) et les **Zoulous** (1835) s'installent dans la région. **Livingstone** explore la vallée du Zambèze, et le territoire devient la **Rhodésie-du-Nord** (1911). Les Britanniques en font une colonie (1925), qui proclame son indépendance dans le cadre du Commonwealth et prend le nom de *Zambie* (1964). Le régime autoritaire subit une grave crise économique et les problèmes politiques des pays voisins, puis il se libéralise (1990).

ZAMENHOF Ludwik (1859-1917) ✦ Médecin et linguiste polonais. Il créa une langue internationale, l'espéranto, qui compte aujourd'hui de nombreux locuteurs dans le monde entier.

ZANZIBAR ✦ Île de l'océan Indien, au large de la Tanzanie (☛ carte 34). Superficie : 1 660 km². 1,3 million d'habitants, en majorité musulmans. Chef-lieu : Zanzibar (501 000 habitants), ville bâtie en pierre de corail et inscrite sur la liste du patrimoine mondial de l'Unesco. L'île cultive de nombreuses épices (clou de girofle, poivre, muscade) et développe le tourisme. ♦ Les Portugais s'y installent (XVIe siècle). Le sultanat d'**Oman** prend le contrôle de l'île (XVIIIe siècle) et fait de Zanzibar sa deuxième capitale (1832). Le commerce des épices et le trafic des esclaves sont florissants. L'île devient un protectorat britannique (1890) puis obtient son indépendance dans le cadre du Commonwealth (1963). Une révolution abolit le sultanat et proclame la république. Zanzibar se joint au **Tanganyika** pour former la **Tanzanie** (1964).

ZAPATA Emiliano (1879-1919) ✦ Révolutionnaire mexicain. Ce paysan tente de s'opposer aux grands planteurs de canne à sucre et entraîne les petits paysans du Sud dans une révolte armée (1911), tandis que Pancho **Villa** agit dans le Nord. Il meurt assassiné.

ZAPOTÈQUES n. m. pl. ✦ Peuple amérindien du Mexique, établi dans le sud du pays. Leur culture atteint son apogée entre le Ier et le VIIe siècle. Ils ont probablement été conquis par les **Toltèques** (XIIe siècle), puis soumis par les **Aztèques**.

ZARATHOUSTRA (660 av. J.-C.-583 av. J.-C.) ✦ Réformateur religieux perse. Prophète persécuté en Azerbaïdjan, selon la légende, il trouve refuge dans le nord-est de la Perse et fonde le mazdéisme, une religion qui incite l'homme à renier le mal pour choisir le bien, représenté par le dieu Ahura Mazda. Cette religion, appelée aussi *zoroastrisme* (Zoroastre est le nom grec de Zarathoustra), devient officielle sous les **Achéménides** et compte encore, en Iran et en Inde, des adeptes, qui se réfèrent à l'*Avesta,* le recueil de leurs textes sacrés. Le prophète inspire à **Nietzsche** son poème philosophique *Ainsi parlait Zarathoustra* (1883-1885).

ZAVATTA Alfonso dit Achille (1915-1993) ✦ Artiste de cirque français. Son père, lutteur et haltérophile, possède un cirque ambulant. Achille y apprend tous les métiers de la piste. Il improvise avec brio et connaît le succès dans les rôles d'Auguste, clown comique. Également mime et comédien, il diversifie sa carrière (radio, télévision, cinéma, théâtre à partir de 1955) et crée son propre cirque (1978).

Zazie dans le métro ✦ Roman publié en 1959 par Raymond Queneau. Zazie est une jeune provinciale qui vient rendre visite à son oncle Gabriel à Paris et veut voir le métro. Mais ce dernier est en grève, alors Zazie et Gabriel parcourent la ville et rencontrent des personnages pittoresques. La fillette raconte ces expériences avec un franc-parler inventif. Ce roman connaît un grand succès et il est adapté au cinéma par Louis Malle (1960).

ZÉLANDE n. f. ✦ Province des Pays-Bas, dans le sud-ouest du pays. Superficie : 1 791 km^2. 380 497 habitants. Chef-lieu : Middelburg. ♦ Cette région est formée d'îles, de presqu'îles et d'estuaires (**Escaut**). On y pratique l'ostréiculture, et les polders sont cultivés (céréales, fourrage, fleurs, fruits). Le vent est utilisé pour produire de l'énergie (champs d'éoliennes). L'industrie (alimentaire, chimie, métallurgie), les services et le tourisme sont développés. ♦ La Zélande fait partie du comté de **Hollande** (XIIe siècle), réuni à la Bourgogne (1428), puis des Provinces-Unies (Union d'**Utrecht**, 1579). Elle forme un département français (1810) avant d'être rattachée aux Pays-Bas (1815). Un raz-de-marée détruit la région et fait de nombreux morts (1953). Le plan Delta est lancé pour fermer les estuaires (digues et neuf barrages), et protéger la région de la mer.

ZÉNON D'ÉLÉE (né vers 490 av. J.-C.) ✦ Philosophe grec. Il tente de prouver l'impossibilité du mouvement par des paradoxes restés célèbres qui, en suscitant des conceptions nouvelles de l'espace et du temps, jouent un grand rôle dans l'histoire de la pensée.

ZEP (né en 1967) ✦ Dessinateur et scénariste suisse de bandes dessinées. Après des débuts dans le magazine *Spirou,* il crée le personnage de **Titeuf** (1992). Son sens de l'observation, son style original et son humour ont contribué à renouveler avec talent la bande dessinée destinée à la jeunesse. ■ Son vrai nom est *Philippe Chappuis.*

ZEPPELIN Ferdinand, comte von (1838-1917) ✦ Industriel allemand. Après une carrière militaire, il se consacre à partir de 1890 à la construction de ballons dirigeables rigides à l'enveloppe constituée de cellules indépendantes. Le premier *zeppelin* est essayé en 1900 au-dessus du lac de Constance.

ZERMATT ✦ Ville de Suisse dans le canton du Valais, au pied du mont Cervin. 6 629 habitants. Station de sports d'hiver et l'un des plus grands centres européens d'alpinisme (1 620-3 407 m).

ZETLAND (les) ✦ Nom norvégien des îles **Shetland**.

ZEUS ✦ Principal dieu de la mythologie grecque. Sa mère Rhéa empêche son père **Cronos** de le dévorer et le confie aux Nymphes. Devenu adulte, il oblige Cronos à rendre ses frères et sœurs (Déméter, Hadès, Héra, Hestia, Poséidon). Grâce à la foudre donnée par les **Cyclopes**, il bat son père et les autres **Titans** et les jette dans le **Tartare**. Dans le partage du pouvoir avec **Hadès** et **Poséidon**, il obtient de régner sur le ciel et les phénomènes atmosphériques. Il établit son palais sur l'**Olympe** et combat les **Géants** et **Typhon**. Plusieurs dieux ou héros naissent de ses unions avec des déesses ou des mortelles : les Moires (**Parques**), les **Muses**, les Charites (**Grâces**), Aphrodite, Hermès, Apollon, Artémis, Dionysos, Arès, Héphaïstos, Perséphone, Athéna, Héraclès, Persée, Minos, Hélène, Castor et Pollux, Tantale. Souvent il se métamorphose pour parvenir à les séduire (**Danaé**, **Europe**, **Léda**) et ses infidélités rendent jalouse sa femme **Héra**, qui se venge (**Écho**, **Héraclès**, **Io**). Zeus est le maître des dieux et des hommes, il arbitre leurs conflits, notamment pendant la guerre de Troie, maintient l'équilibre de l'univers (**Phaéton**) et défend les privilèges des dieux (**Asclépios, Atlas, Bellérophon, Pandore, Prométhée**). Il est le garant de l'ordre et de la justice. Sa statue à **Olympie** est classée parmi les Sept Merveilles du monde. Les Romains de l'Antiquité l'identifient à **Jupiter**.

ZÉVACO Michel (1860-1918) ✦ Écrivain français. Journaliste anarchiste, il écrit des romans de cape et d'épée, souvent adaptés au cinéma, et connaît le succès avec les personnages du chevalier de Pardaillan et du Capitan.

ZHEJIANG n. m. ✦ Province du sud-est de la Chine (☛ carte 40). Superficie : 101 800 km^2 (environ un cinquième de la France). 54,7 millions d'habitants. Capitale : Hangzhou (plus de 5 millions d'habitants). Cette région boisée (camphrier, bambou) vit de l'agriculture (céréales, thé, pomme de terre, tabac, soie, coton), de la pêche, des ressources minières (houille, fer, alun) et des industries légères (tissage, papier, céramique).

ZHENGZHOU ✦ Ville de Chine, capitale de la province du Henan, dans l'est du pays. 3,6 millions d'habitants. Centre administratif, culturel et industriel (haute technologie, textile, alimentaire) d'une région agricole (céréales, coton, tabac, arachides) et minière (bauxite, kaolin). C'est l'une des plus anciennes villes de Chine, déjà occupée par la dynastie Shang (1765-1066 av. J.-C.).

ZHOU ENLAI (1898-1976) ✦ Homme politique chinois. Étudiant en France (1920-1923), il adhéra au communisme, rentra en Chine et rejoignit le **Guomindang** puis **Mao Zedong** pendant la **Longue Marche** (1935). Premier ministre (1949-1976) et ministre des Affaires étrangères (1949-1959), il mit en place l'organisation administrative, tempéra les excès de Mao Zedong et réhabilita **Deng Xiaoping** qui lui succéda. Il participa à la conférence de **Bandung** (1955).

ZIDANE Zinedine (né en 1972) ✦ Footballeur et entraîneur français. Grâce à sa technique, il est un grand meneur de jeu de l'équipe de France, qui gagne la Coupe du monde (1998) et le championnat d'Europe des Nations (2000). À plusieurs reprises, il reçoit le titre honorifique de joueur de l'année (1998, 2000, 2003) et sa grande popularité lui vaut le surnom de *Zizou*. Il met fin à sa carrière en 2006.

ZIMBABWE n. m. ✦ Pays du sud de l'Afrique (☛ cartes 34, 36). Superficie : 390 308 km² (plus des deux tiers de la France). Plus de 13 millions d'habitants (les *Zimbabwéens*), en majorité chrétiens. République dont la capitale est Harare. Langue officielle : l'anglais ; on y parle aussi le shona et le ndébélé. Monnaie : le dollar zimbabwéen. ♦ GÉOGRAPHIE. Les hauts plateaux centraux, couverts de savanes, donnent naissance aux nombreux affluents du Zambèze au nord, du Limpopo au sud et de la Save à l'est. Le climat tropical est tempéré par l'altitude. ♦ ÉCONOMIE. Agriculture (céréales, sorgo, tabac, soja, arachide, agrumes, thé, café, canne à sucre, coton), élevage et pêche dans les lacs. Les ressources minières sont variées (amiante, or, chrome, charbon, cuivre, nickel, fer, argent, étain, cobalt). Les parcs nationaux attirent de nombreux touristes. ♦ HISTOIRE. Dans la vallée du **Zambèze**, on trouve des vestiges préhistoriques datés de 500 000 ans av. J.-C. Les peintures rupestres des **Bochimans** et le Grand Zimbabwe, capitale d'un royaume bantou célèbre au Moyen Âge pour son commerce (or, fer, ivoire), sont inscrits sur la liste du patrimoine mondial de l'Unesco. Ce royaume décline avec l'installation des Portugais (XVIIIe siècle) et des **Zoulous** (1830). Cecil Rhodes fonde la **Rhodésie** (1895). Les Britanniques matent les révoltes et font de ce qui devient la Rhodésie-du-Sud une colonie (1923) qu'ils unissent au Nyasaland (**Malawi**) et à la Rhodésie-du-Nord (1953). La minorité blanche proclame l'indépendance du pays sous le nom de *Rhodésie* (1965), provoquant de nombreux troubles (embargo de la Grande-Bretagne et de l'ONU ; conflits entre Bantous et Zoulous étendus en Zambie et au Mozambique). L'indépendance est reconnue au pays qui prend le nom de *Zimbabwe* (1980). Les violences s'accentuent avec les émeutes de la faim (1998) et les expropriations forcées des Blancs (2000) à la suite de la réforme agraire. Le pays est exclu du Commonwealth (2002).

ZOLA Émile (1840-1902) ✦ Écrivain français. Après une enfance difficile, il devient journaliste, critique d'art et soutient les impressionnistes. Il écrit *Les Rougon-Macquart* (1871-1893), une série de vingt romans sous-titrée *Histoire naturelle et sociale d'une famille sous le Second Empire,* qui raconte le destin d'une famille sur cinq générations, avec un réalisme cru et pessimiste. ☛ Littérature p. 146. Il se rallie au socialisme et est condamné pour son article *J'accuse,* qui défend Alfred **Dreyfus** dans le journal *L'Aurore* (1898). Parmi ses œuvres les plus célèbres on peut citer : *Thérèse Raquin* (1867), *La Fortune des Rougon* (1871), *Le Ventre de Paris* (1873), *La Faute de l'abbé Mouret* (1875), *L'Assommoir* (1877), *Nana* (1880), *Au Bonheur des dames* (1883), ***Germinal*** (1885), *L'Œuvre* (1886), *La Bête humaine* (1890), *L'Argent* (1891). Plusieurs ont été adaptées au cinéma. Émile Zola repose au **Panthéon**, à Paris.

ZOLLVEREIN n. m. ✦ Union douanière des États allemands, réalisée au XIXe siècle. Elle permet à l'Allemagne de devenir une grande puissance industrielle et contribue à son unité politique.

ZOROASTRE ✦ Nom grec de **Zarathoustra.**

ZORRO ✦ Personnage créé en 1919 par le romancier américain Johnston McCulley (1883-1958). Au XIXe siècle, alors que la Californie est encore une colonie espagnole, un riche et jeune aristocrate, don Diego de la Vega, décide de défendre les pauvres paysans mexicains. Il se transforme la nuit en justicier sous le masque de Zorro, qui fait la loi avec son fouet et son épée. Le succès est immédiat et les adaptations au cinéma et en bandes dessinées sont innombrables.

ZOUG ✦ Ville de Suisse, chef-lieu du canton de Zoug, sur la rive nord du lac de Zoug. 24 854 habitants (95 557 pour l'agglomération). Tour de l'horloge (XIVe siècle), église Saint-Oswald (XVe-XVIe siècles), hôtel de ville (XVIe siècle). Centre de services et d'industrie (textile, mécanique). ♦ La ville est achetée par les Habsbourg (1273), entre dans la Confédération helvétique (XIVe siècle) et résiste à la Réforme (XVIe siècle).

ZOUG (canton de) ✦ Canton de Suisse, au centre du pays (☛ carte 26). Superficie : 239 km². 107 171 habitants. Langue officielle : l'allemand. Chef-lieu : Zoug. Ce canton est l'un des plus riches de Suisse grâce à son régime fiscal (nombreux sièges sociaux de sociétés) et l'un des premiers centres mondiaux du commerce du pétrole.

ZOULOUS n. m. pl. ✦ Peuple du sud-est de l'Afrique. Les **Bantous** qui vivent en Afrique du Sud s'opposent aux Boers (1779). Au **Natal**, un jeune chef bantou crée la société guerrière des Zoulous (début XIXe siècle), qui vit surtout de l'élevage. Elle s'impose aux autres Bantous et certains groupes s'installent en Zambie, au Zimbabwe et au Malawi. Malgré une farouche résistance, les Zoulous sont colonisés par les **Boers** (1838) puis par les Britanniques (1856), qui les relèguent dans des réserves et annexent le Zoulouland au Natal (1897). Leurs traditions, menacées par la christianisation et la politique d'apartheid de l'**Afrique du Sud**, renaissent peu à peu aujourd'hui.

ZUIDERZEE n. m. ✦ Ancien golfe du nord-ouest des Pays-Bas. Cette mer intérieure, d'une superficie de 3 500 km², est fermée par une digue de 30 km de long qui l'isole de la mer du Nord (1927-1932). Une partie du Zuiderzee est transformée en lac d'eau douce, l'IJsselmeer, une autre partie est asséchée pour créer de nouveaux polders (1929-1968).

ZURBARAN Francisco de (1598-1664) ✦ Peintre espagnol. Il fait son apprentissage à Séville (1614-1617), ouvre un atelier (1628) et réalise des commandes pour les couvents. À Madrid, il décore une résidence royale sous la direction de **Vélasquez**, peint des compositions mythologiques (série des *Travaux d'Hercule*), des scènes de bataille *(Défense de Cadix)*, et il est nommé peintre du roi (1634). Dans ses toiles, le sujet, violemment éclairé, se détache sur un fond sombre qui lui donne une présence intense et pathétique. Ses œuvres les plus connues sont : *Christ en* *croix* (1627), *L'Exposition du corps de saint Bonaventure, La Vision de saint Pierre Nolasque* (1629), *Oranges, cédrats et rose* (1633), *L'Adoration des bergers* (1638-1639), *Sainte Casilde* (vers 1640), *Saint François* (vers 1660).

ZURICH ✦ Ville de Suisse, chef-lieu du canton de Zurich, dans le nord-est du pays. 350 125 habitants (les *Zurichois*). Son agglomération (plus d'un million d'habitants) forme la plus grande ville de Suisse depuis la fin du XIXe siècle. Cathédrale romane (XIIe siècle), église Fraumünster (XIIe-XIVe siècles) avec des vitraux de Chagall et Giacometti, église Saint-Pierre (XIIIe siècle), hôtel de ville (XVIIIe siècle). Plus grand centre bancaire, financier, culturel (universités, musées) du pays, ville industrielle (textile, mécanique, chimie, papeterie, alimentaire). ♦ La cité romaine (58 av. J.-C.) est conquise par les Alamans (VIe siècle) et les Francs (XIe siècle). Cette résidence royale devient rapidement une importante place commerciale, qui entre dans la Confédération helvétique (1351), et l'un des centres de la Réforme (XVIe siècle).

ZURICH (canton de) ✦ Canton de Suisse, dans le nord-est du pays (☛ carte 26). Superficie : 1 729 km². 1,2 million d'habitants (les *Zurichois*), en majorité protestants ; canton le plus peuplé du pays. Langue officielle : l'allemand. Chef-lieu : Zurich. Cette puissante région tire ses revenus des services, de la finance et de l'industrie traditionnelle (métallurgie, mécanique, textile, chimie).

ZWEIG Stefan (1881-1942) ✦ Écrivain autrichien. Esprit curieux et ouvert, influencé par Freud, il place l'analyse psychologique au cœur de son œuvre très variée. Il quitte l'Allemagne nazie (1935), s'installe en Angleterre puis au Brésil où il se donne la mort. Auteur de drames (*La Maison au bord de la mer,* 1911), d'essais littéraires (*Trois Maîtres,* 1919, sur Balzac, Dickens et Dostoïevski), de biographies romancées (*Marie-Antoinette,* 1932) et de romans (*La Pitié dangereuse,* 1938), il excelle dans la nouvelle brève (*Amok,* 1922 ; *La Confusion des sentiments,* 1926 ; *Le Joueur d'échecs,* posthume, 1946).

ZWINGLI Ulrich (1484-1531) ✦ Réformateur religieux suisse. Cet humaniste, qui étudie à Bâle où il rencontre **Érasme**, est nommé prédicateur à Zurich (1519) tout en participant aux combats des Suisses en Italie (Ravenne, **Marignan**). Il s'élève contre l'enrôlement de mercenaires suisses et influence la vie politique zurichoise. Homme d'Église, il attaque le pape, les lois officielles de l'Église catholique et sa corruption, avant d'adhérer à la **Réforme.** Il expose sa doctrine dans soixante-sept *Thèses* par lesquelles il rejette l'autorité de Rome et reconnaît la Bible comme seul fondement de la Loi (1523). Plus radical que **Luther,** il n'admet pas le sacrement de l'Eucharistie.

Nouvelle orthographe, mode d'emploi

ORTHOGRAPHE : les recommandations de 1990

L'orthographe du français a évolué au cours des siècles et de nouvelles recommandations ont été publiées au *Journal officiel* en 1990. Ces nouvelles façons d'écrire sont admises, sans être imposées ; elles coexistent avec les formes traditionnelles. Elles ne peuvent être considérées comme fautives, notamment dans le cadre scolaire. Ces rectifications concernent plusieurs points, en particulier les accents et le tréma, le trait d'union et les mots composés, la conjugaison, les mots d'origine étrangère et des « anomalies ». Nous en présentons les grands principes.

Les accents et le tréma

événement – évènement

goulûment – goulument

aiguë – aigüe

- L'accent est ajouté ou modifié sur certains mots pour les mettre en conformité avec leur prononciation ou avec les règles d'accentuation : ex. *abrègement, asséner, bésicles, évènement, sénior…*

- L'accent circonflexe disparaît sur les lettres *i* et *u* : ex. *ainé, crument, gouter, connaitre, murier, il parait…* (il se maintient dans les terminaisons du passé simple et du subjonctif : ex. *nous finîmes, qu'elle finît,* ainsi que dans les cas où il permet de distinguer deux mots : ex. *jeune* et *jeûne, mur* et *mûr*)

- Le tréma est ajouté ou déplacé : ex. *ambigüité, cigüe, gageüre…*

(voir aussi La conjugaison et Les mots d'origine étrangère)

Le trait d'union et les mots composés

cent deux – cent-deux

mille-pattes – millepatte

- Les numéraux composés, inférieurs ou supérieurs à cent, prennent un trait d'union : ex. *trente-et-un, cent-quarante-six, mille-trois-cents…*

- Des mots savants, des mots bien implantés dans l'usage, des onomatopées évoluent vers la soudure ; le pluriel est alors régulier : ex. *autoécole, contrepied, faitout, hihan, portemonnaie…*

- Au pluriel, les mots à trait d'union composés d'un verbe et d'un nom ou d'une préposition et d'un nom suivent la règle des mots simples et seul le second élément porte la marque du pluriel : ex. *un abat-jour, des abat-jours ; un compte-goutte, des compte-gouttes ; un sans-abri, des sans-abris ; un sèche-cheveu, des sèche-cheveux…*

(voir aussi Les mots d'origine étrangère)

La conjugaison

elle dételle – elle détèle

elle libérera – elle libèrera

- Les verbes se terminant en *-eler* et *-eter* se conjuguent comme *peler* et *acheter* : ex. *j'amoncèle, il chancèlera, il musèle, il volète…* (sauf *appeler, jeter* et leurs composés).

- Au futur et au conditionnel, on emploie l'accent grave pour les verbes qui se conjuguent sur le modèle de *céder* : ex. *je cèderai, il libèrera, elle possèdera, ils tolèreraient…*

Les mots d'origine étrangère

fjord – fiord

globe-trotter – globetrotteur

des cameramen – des caméramans

Les emprunts aux langues étrangères suivent dans la mesure du possible les règles qui s'appliquent aux mots français :

- par l'accent : ex. *allégro, artéfact, pénalty, révolver, sénior, sombréro, téquila…*

- par le pluriel : ex. *des barmans, des bodys, des matchs, des raviolis, des sopranos, des stimulus…*

- par le choix de la graphie la plus simple, sans accent inutile ni signe étranger : ex. *acuponcture, allo, canyon, iglou, litchi…*

- par la francisation du suffixe des anglicismes en *-er* : ex. *mixeur, sprinteur, squatteur…*

- par la soudure des mots composés : ex. *babyfoot, handball, harakiri, teeshirt, waterpolo…*

Les « anomalies »

vantail – ventail

bonhomie – bonhommie

Pour harmoniser la graphie avec la prononciation et pour régulariser des mots en accord avec leur étymologie ou avec une série similaire, il est recommandé d'écrire par ex. *boursoufflure* (famille de *souffler*), *combattif* (famille de *battre*), *dentelière, frisoter, imbécilité* (famille de *imbécile*), *nénufar, relai* (comme *balai, essai…*).

LA NOUVELLE ORTHOGRAPHE

Cette liste répertorie les mots du *Robert Collège* concernés par les rectifications orthographiques.

La colonne de gauche indique la ou les graphies retenues dans le dictionnaire, parfois en remarque, avec, en regard dans la colonne de droite, la graphie recommandée, le pluriel pour les mots composés ou certains emprunts, ou encore la conjugaison pour les verbes. Lorsque l'orthographe du *Robert Collège* coïncide avec la graphie recommandée, il est indiqué identique dans la colonne de droite.

ENTRÉE PRINCIPALE (*variante* en remarque)	NOUVELLE ORTHOGRAPHE
abat-jour	pluriel *des abat-jours*
abîme	**abime**
abîmé, ée	**abimé, abimée**
abîmer	**abimer**
abrègement ou **abrégement**	**abrègement**
abréger	conjug. *il abrègera, elle abrègerait*
absoudre – p. p. *absous, absoute*	p. p. *absout, absoute*
a cappella ou **a capella**	**à capella**
accéder	conjug. *il accèdera, elle accèderait*
accélérer	conjug. *il accélèrera, elle accélèrerait*
accroche-cœur	pluriel *des accroche-cœurs*
accroître	**accroitre** – conjug. *il accroit, elle accroitra, il accroitrait*
acérola	identique
a contrario	**à contrario**
acuponcteur, trice (*acupuncteur, trice*)	**acuponcteur, acuponctrice**
acuponcture (*acupuncture*)	**acuponcture**
adagio	pluriel *des adagios*
addenda	pluriel *des addendas*
adhérer	conjug. *il adhèrera, elle adhèrerait*
adultérer	conjug. *il adultèrera, elle adultèrerait*
aérer	conjug. *il aèrera, elle aèrerait*
aéro-	voir remarque*
aéroclub (*aéro-club*)	**aéroclub**
aérolithe ou **aérolite**	**aérolite**
affèterie (*afféterie*)	**affèterie**
affréter	conjug. *il affrètera, elle affrèterait*
affût	**affut**
affûtage	**affutage**
affûter	**affuter**
a fortiori	**à fortiori**
afrikaans ou **afrikans**	**afrikans**
after-shave	**aftershave** – pluriel *des aftershaves*
agglomérer	conjug. *il agglomèrera, elle agglomèrerait*
à giorno (*a giorno*)	**à giorno**
agréger	conjug. *il agrègera, elle agrègerait*
agro-	voir remarque*
agroalimentaire	identique
agrocarburant	identique
agrochimie	identique
agroécologie	identique
agro-industrie	identique
aide-mémoire	pluriel *des aide-mémoires*
aigu, uë	**aigu, aigüe**
aimer – *aimé-je*	*aimè-je*
aîné, ée	**ainé, ainée**

ENTRÉE PRINCIPALE (*variante* en remarque)	NOUVELLE ORTHOGRAPHE
aînesse	**ainesse**
aléser	conjug. *il alèsera, elle alèserait*
aliéner	conjug. *il aliènera, elle aliènerait*
allécher	conjug. *il allèchera, elle allècherait*
allègement ou **allégement**	**allègement**
alléger	conjug. *il allègera, elle allègerait*
allègrement ou **allégrement**	**allègrement**
allégro ou **allegro**	**allégro** – pluriel *des allégros*
alléguer	conjug. *il allèguera, elle allèguerait*
allo (*allô*)	**allo**
allume-cigare	pluriel *des allume-cigares*
alpha	pluriel *des alphas*
altérer	conjug. *il altèrera, elle altèrerait*
ambigu, uë	**ambigu, ambigüe**
ambiguïté	**ambigüité**
amonceler	conjug. *il amoncèle, elle amoncèlera, il amoncèlerait*
amoncellement	**amoncèlement**
amuse-bouche	pluriel *des amuse-bouches*
amuse-gueule	pluriel *des amuse-gueules*
anarcho-	voir remarque*
anarchosyndicalisme	identique
anarchosyndicaliste	identique
anatomo-	voir remarque*
angio-	voir remarque*
angström	**angstrœm**
anhéler	conjug. *il anhèlera, elle anhèlerait*
anti-	les composés de l'élément **anti-** ne prennent pas de trait d'union
anti-inflammatoire	**antiinflammatoire**
antijeune ou **antijeunes**	**antijeune** – pluriel *antijeunes*
août	**aout**
aoûtat	**aoutat**
aoûtien, ienne	**aoutien, aoutienne**
à-pic	pluriel *des à-pics*
a posteriori	**à postériori**
apparaître	**apparaitre** – *il apparait, elle apparaitra, il apparaitrait*
apparatchik	pluriel *des apparatchiks*
appuie-bras	pluriel *des appuie-bras*
appuie-tête	pluriel *des appuie-têtes*
après-guerre	pluriel *des après-guerres*
après-midi	pluriel *des après-midis*
après-rasage	pluriel *des après-rasages*
après-ski	pluriel *des après-skis*
après-vente	pluriel *après-ventes*
a priori loc. adv.	**à priori**
a priori n. m.	**apriori** – pluriel *des aprioris*
aquavit	identique

*remarque : les composés de cet élément ne prennent pas de trait d'union sauf si l'élément est suivi d'un mot qui commence par *i* ou par *u*.

ENTRÉE PRINCIPALE (*variante* en remarque)	NOUVELLE ORTHOGRAPHE
arboretum ou **arborétum**	**arborétum** – pluriel *des arborétums*
arcboutant *(arc-boutant)*	**arcboutant** – pluriel *des arcboutants*
s'arcbouter *(s'arc-bouter)*	**s'arcbouter**
archéo-	voir remarque*
arguer	**argüer** – conjug. *j'argüe, tu argües, il argüe, j'argüai*, etc.
arpéger	conjug. *il arpègera, elle arpègerait*
d'arrache-pied	**d'arrachepied**
arrête-bœuf	pluriel *des arrête-bœufs*
arrière-goût	**arrière-gout**
arrière-grand-mère	pluriel *des arrière-grands-mères*
artéfact *(artefact)*	**artéfact**
ashkénaze	pluriel *des ashkénazes*
assèchement	identique
assécher	conjug. *il assèchera, elle assècherait*
asséner *(assener)*	**asséner** – conjug. *il assènera, elle assènerait*
asseoir	**assoir**
assidûment ou **assidument**	**assidument**
assiéger	conjug. *il assiègera, elle assiègerait*
astro-	voir remarque*
a tempera	**à tempéra**
atteler	conjug. *il attèle, elle attèlera, il attèlerait*
attrape-nigaud	pluriel *des attrape-nigauds*
audimat	pluriel *des audimats*
audio-	voir remarque*
aurochs	**auroch** – pluriel *des aurochs*
① **auto-**	voir remarque*
autocouchette *(autos-couchettes)*	**autocouchette** (② *auto*, abrév. de *automobile*)
autoécole ou **auto-école**	**autoécole** (② *auto*, abrév. de *automobile*)
autoentrepreneur, euse	identique
autoentreprise	identique
auto-immun, une	identique
autopartage	identique (② *auto*, abrév. de *automobile*)
autostop ou **auto-stop**	**autostop** – pluriel *des autostops* (② *auto*, abrév. de *automobile*)
autostoppeur, euse ou **auto-stoppeur, euse**	**autostoppeur, autostoppeuse**
avant-centre	pluriel *des avants-centres* (*avant* est n. m.)
avant-goût	**avant-gout**
s'avérer	conjug. *il s'avèrera, elle s'avèrerait*
avoir – *eussé-je*	*eussè-je*
azulejo *(azuléjo)*	**azuléjo**
babyboom ou **baby-boom**	**babyboum**
babyfoot ou **baby-foot**	**babyfoot** – pluriel *des babyfoots*
babysitter ou **baby-sitter**	**babysitteur, babysitteuse**
babysitting ou **baby-sitting**	**babysitting**
bachibouzouk ou **bachi-bouzouk**	**bachibouzouk**
bakchich	pluriel *des bakchichs*
ballottage	**ballotage**
ballottement	**ballotement**
ballotter	**balloter**
ballottine	**ballotine**
balltrap ou **ball-trap**	**balltrap**
banqueter	conjug. *il banquète, elle banquètera, il banquèterait*
barcarolle	**barcarole**
barman	pluriel *des barmans*
baseball ou **base-ball**	**baseball**
bas-fond	**basfond**
basketball ou **basket-ball**	**basketball**
basse-cour *(bassecour)*	**bassecour** – pluriel *des bassecours*
basse-taille	**bassetaille** – pluriel *des bassetailles*
bat-flanc	pluriel *des bat-flancs*
① **becqueter** ou **béqueter**	conjug. **becqueter :** *il becquète, elle becquètera, il becquèterait ;* **bèqueter :** *il béquète, elle béquètera, il béquèterait*
[becter ou**] becqueter**	conjug. *il becquète, elle becquètera, il becquèterait*
bel canto	**belcanto** – pluriel *des belcantos*
bélître *(bélitre)*	**bélitre**
bélouga *(béluga)*	**bélouga**
benoît, oîte	**benoit, benoite**
benoîtement	**benoitement**
bésicles *(besicles)*	**bésicles**
best-seller	**bestseller**
① **bêta**	pluriel *des bêtas*
bien-aimé, ée	**bienaimé, bienaimée**
bien-être	**bienêtre**
bien-fondé	**bienfondé**
bien-fonds	**bienfonds**
bien-pensant, ante	**bienpensant, bienpensante**
big bang *(big-bang)*	**bigbang** – pluriel *des bigbangs*
bio-	voir remarque*
bio-industrie	identique
bizut ou **bizuth**	**bizut**
blabla	identique
black-out	**blackout** – pluriel *des blackouts*
blasphémer	conjug. *il blasphèmera, elle blasphèmerait*
blatérer	conjug. *il blatèrera, elle blatèrerait*
blédard	identique
blender	**blendeur**
bling-bling	**blingbling**
blockbuster	**blockbusteur**
bloc-note *(bloc-notes)*	**bloc-note** – pluriel *des blocs-notes*
bo bun	**bobun**
body	pluriel *des bodys*
bodyboard	identique
bodybuilding	identique
bogie ou **boggie**	**bogie**
boîte	**boite**
boîtier	**boitier**
bolchevik	**bolchévik** ou **bolchevik** selon prononciation
bolchevisme	**bolchévisme** ou **bolchevisme** selon prononciation
bonhomie ou **bonhommie**	**bonhommie**
bonneterie ou **bonnèterie**	**bonnèterie**
bookmaker *(bookmakeur)*	**bookmakeur**
boom	**boum**
bortch *(bortsch)*	**bortch**
boskoop	**boscoop**
boss	pluriel *des boss*
bossanova ou **bossa-nova**	**bossanova** – pluriel *des bossanovas*
bosseler	conjug. *il bossèle, elle bossèlera, il bossèlerait*
botteler	conjug. *il bottèle, elle bottèlera, il bottèlerait*
bouche-trou	pluriel *des bouche-trous*
bouiboui ou **boui-boui**	**bouiboui** – pluriel *des bouibouis*

* remarque : les composés de cet élément ne prennent pas de trait d'union sauf si l'élément est suivi d'un mot qui commence par *i* ou par *u*.

ENTRÉE PRINCIPALE (*variante* en remarque)	NOUVELLE ORTHOGRAPHE
boulotter ou **bouloter**	**bouloter**
boursouflé, ée ou **boursoufflé, ée**	**boursoufflé, boursoufflée**
boursoufler ou **boursouffler**	**boursouffler**
boursouflure ou **boursoufflure**	**boursoufflure**
boute-en-train	**boutentrain** – pluriel *des boutentrains*
bow-window	**bowwindow**
box	pluriel *des box*
box-office	**boxoffice**
boy-scout	**boyscout**
brain-trust	**braintrust**
branle-bas	**branlebas**
braséro ou **brasero**	**braséro**
bravo	pluriel *des bravos*
breakdance ou **break dance**	**breakdance**
breveter	conjug. *il brevète, elle brevètera, il brevèterait*
briqueter	conjug. *il briquète, elle briquètera, il briquèterait*
briqueterie ou **briquèterie**	**briquèterie**
brise-fer	pluriel *des brise-fers*
brise-glace	pluriel *des brise-glaces*
brise-jet	pluriel *des brise-jets*
brise-lame	pluriel *des brise-lames*
brise-motte	pluriel *des brise-mottes*
brise-tout	**brisetout** – pluriel *des brisetouts*
broncho-	voir remarque*
brûlage	**brulage**
brûlant, ante	**brulant, brulante**
brûlé, ée	**brulé, brulée**
brûle-gueule	**brule-gueule** – pluriel *des brule-gueules*
brûle-parfum	**brule-parfum** – pluriel *des brule-parfums*
à brûle-pourpoint	**à brule-pourpoint**
brûler	**bruler**
brûlerie	**brulerie**
brûleur	**bruleur**
brûlis	**brulis**
brûlot	**brulot**
brûlure	**brulure**
bucco-	voir remarque*
bûche	**buche**
bûcher n. m.	**bucher**
bûcher v.	**bucher**
bûcheron, onne	**bucheron, bucheronne**
bûchette	**buchette**
bûcheur, euse	**bucheur, bucheuse**
buffleterie ou **bufflèterie**	**bufflèterie**
bulldozer	**bulldozeur**
bull-terrier	**bullterrier**
burn-out	**burnout**
business (*bizness*)	**bizness**
businessman	**biznessman** – pluriel *des biznessmans*
butyro-	voir remarque*
cacahouète ou **cacahuète**	**cacahouète**
cache-cache	**cachecache** – pluriel *des cachecaches*
cache-col	pluriel *des cache-cols*
cache-misère	pluriel *des cache-misères*
cache-pot	pluriel *des cache-pots*
cache-prise	pluriel *des cache-prises*
cache-sexe	pluriel *des cache-sexes*

ENTRÉE PRINCIPALE (*variante* en remarque)	NOUVELLE ORTHOGRAPHE
cache-tampon	pluriel *des cache-tampons*
cacheter	conjug. *il cachète, elle cachètera, il cachèterait*
cachotterie	**cachoterie**
cachottier, ière	**cachotier, cachotière**
cafétéria	identique – pluriel *des cafétérias*
cahin-caha	**cahincaha**
cahute ou **cahutte**	**cahutte**
cale-pied	pluriel *des cale-pieds*
call-girl	**callgirl**
caméraman (*cameraman*)	**caméraman** – pluriel *des caméramans*
canada	pluriel *des canadas*
candela ou **candéla**	**candéla**
cannelloni	pluriel *des cannellonis*
canyon (*cañon*)	**canyon**
caqueter	conjug. *il caquète, elle caquètera, il caquèterait*
cardio-	voir remarque*
caréner	conjug. *il carènera, elle carènerait*
car-ferry	**carferry** – pluriel *des carferrys*
carreler	conjug. *il carrèle, elle carrèlera, il carrèlerait*
casher (*kasher*)	**casher** – pluriel *cashers*
casse-cou	pluriel *des casse-cous*
casse-croûte	**casse-croute** – pluriel *des casse-croutes*
casse-noisette (*casse-noisettes*)	**casse-noisette** – pluriel *des casse-noisettes*
casse-pied (*casse-pieds*)	**casse-pied** – pluriel *des casse-pieds*
casse-pipe	pluriel *des casse-pipes*
casse-tête	pluriel *des casse-têtes*
céder	conjug. *il cèdera, elle cèderait*
cedex ou **cédex**	**cédex**
célébrer	conjug. *il célèbrera, il célèbrerait*
céleri	**cèleri**
cent	*cent-un, deux-cents, deux-cent-un, cent-mille, deux-cent-mille, trois-cent-millions, un-million-cent*
centième	*la deux-centième* (200e) ; *trois deux-centièmes* (3/200)
céphalo-	voir remarque*
céphalopode	identique
céphalorachidien, ienne	identique
céphalothorax	identique
cérébrospinal, ale, aux	identique
chaîne	**chaine**
chaînette	**chainette**
chaînon	**chainon**
challenge (*chalenge*)	**chalenge**
challengeur, euse ou **challenger** (*chalengeur, euse*)	**chalengeur, chalengeuse**
chanceler	conjug. *il chancèle, elle chancèlera, il chancèlerait*
chantoung	→ **shantung**
chariot ou **charriot**	**charriot**
chasse-mouche	identique – pluriel *des chasse-mouches*
chasse-neige	pluriel *des chasse-neiges*
chauffe-bain	pluriel *des chauffe-bains*
chauffe-eau	pluriel *des chauffe-eaux*
chauffe-plat	identique – pluriel *des chauffe-plats*
chausse-pied	**chaussepied**
chausse-trape (*chausse-trappe*)	**chaussetrappe**
chauve-souris	**chauvesouris**
chéchia	identique
check-up	**checkup** – pluriel *des checkups*
cherry	pluriel *des cherrys*

* remarque : les composés de cet élément ne prennent pas de trait d'union sauf si l'élément est suivi d'un mot qui commence par *i* ou par *u*.

ENTRÉE PRINCIPALE (*variante* en remarque)	NOUVELLE ORTHOGRAPHE
chianti	pluriel *des chiantis*
chiche-kébab ou **chiche-kebab**	**chichekébab** – pluriel *des chichekébabs*
chistéra ou **chistera**	**chistéra**
chlinguer ou **schlinguer**	**chlinguer**
chnoque ou **schnock**	**chnoque**
chronométrer	conjug. *il chronomètrera, elle chronomètrerait*
ciao	→ **tchao**
cicérone	identique
ci-gît	**ci-git**
ciguë	**cigüe**
cinéclub ou **ciné-club**	**cinéclub**
cinq	*cent-cinq, cinq-cents, cinq-cent-cinq, cinq-mille, cinq-millions-cinq-cents, cinq-milliards*
cinquante	*cinquante-et-un, cent-cinquante-deux, cinquante-mille, cinquante-et-un-millions*
ciseler	conjug. *il cisèle, elle cisèlera, il cisèlerait*
claire-voie	**clairevoie**
cleptomane (*kleptomane*)	**cleptomane**
cleptomanie (*kleptomanie*)	**cleptomanie**
clergyman	pluriel *des clergymans*
cliqueter	conjug. *il cliquète, elle cliquètera, il cliquèterait*
à cloche-pied	**à clochepied**
cloître	**cloitre**
cloîtrer	**cloitrer**
clopin-clopant	**clopinclopant**
coach	pluriel *des coachs*
coin-coin	**coincoin** – pluriel *des coincoins*
cola (*kola*)	**cola**
colatier ou **kolatier**	**colatier**
colback	**colbac**
se colleter	conjug. *il se collète, elle se collètera, il se collèterait*
columbarium	pluriel *des columbariums*
combatif, ive ou **combattif, ive**	**combattif, combattive**
combativité ou **combattivité**	**combattivité**
comparaître	**comparaitre** – conjug. *il comparait, elle comparaitra, il comparaitrait*
complaire	conjug. *il complait*
compléter	conjug. *il complètera, elle complèterait*
compte-fil (*compte-fils*)	**compte-fil** – pluriel *des compte-fils*
compte-goutte (*compte-gouttes*)	**compte-goutte** – pluriel *des compte-gouttes*
compte-tour (*compte-tours*)	**compte-tour** – pluriel *des compte-tours*
concéder	conjug. *il concèdera, elle concèderait*
concélébrer	conjug. *il concélèbrera, elle concélèbrerait*
condottiere (*condottière*)	**condottière** – pluriel *des condottières*
conférer	conjug. *Il confèrera, elle confèrerait*
conglomérer	conjug. *Il conglomèrera, elle conglomèrerait*
connaître	**connaitre** – *il connait, elle connaitra, il connaitrait*
conquistador	pluriel *des conquistadors*
considérer	conjug. *il considèrera, elle considèrerait*
contigu, uë	**contigu, contigüe**
contiguïté	**contigüité**
continûment ou **continument**	**continument**
contrapontique ou **contrapuntique**	**contrapontique**
contre-allée	**contrallée**
contre-amiral, aux	**contramiral**
contre-attaque	**contrattaque**
contre-attaquer	**contrattaquer**
contre-chant ou **contrechant**	**contrechant**
contre-courant	**contrecourant**
contre-culture	**contreculture**
contre-électromotrice	**contrélectromotrice**
contre-emploi	**contremploi**
contre-enquête	**contrenquête**
contre-épreuve	**contrépreuve**
contre-espionnage	**contrespionnage**
contre-exemple	**contrexemple**
contre-expertise	**contrexpertise**
contre-feu	**contrefeu**
contre-filet	**contrefilet**
en contre-haut	**en contrehaut**
contre-indication	**contrindication**
contre-indiqué, ée	**contrindiqué, contrindiquée**
contre-interrogatoire	**contrinterrogatoire**
contre-jour	**contrejour**
contremaître, contremaîtresse	**contremaitre, contremaitresse**
contre-manifestant, ante	**contremanifestant, contremanifestante**
contre-manifestation	**contremanifestation**
contre-manifester	**contremanifester**
contre-mesure	**contremesure**
contre-offensive	**controffensive**
contrepente (*contre-pente*)	**contrepente**
contre-performance	**contreperformance**
contrepied (*contre-pied*)	**contrepied**
contreplaqué	identique
contre-plongée	**contreplongée**
contrepoint	identique
contrepoison	identique
contre-porte	**contreporte**
contre-pouvoir	**contrepouvoir**
contre-proposition (*contreproposition*)	**contreproposition**
contre-publicité	**contrepublicité**
contre-révolution	**contrerévolution**
contre-révolutionnaire	**contrerévolutionnaire**
contre-ténor	**contreténor**
contre-terrorisme	**contreterrorisme**
contre-terroriste	**contreterroriste**
contre-torpilleur	**contretorpilleur**
contre-valeur	**contrevaleur**
contrevérité (*contre-vérité*)	**contrevérité**
contre-visite	**contrevisite**
à contre-voie	**à contrevoie**
coopérer	conjug. *il coopèrera, elle coopèrerait*
cornflakes (*corn-flakes*)	**cornflake** – pluriel *des cornflakes*
corollaire	**corolaire**
corolle	**corole**
corréler	conjug. *il corrèlera, elle corrèlerait*
cosmo-	voir remarque *
couci-couça	**coucicouça**
couguar (*cougouar*)	**cougouar**
coupe-cigare	pluriel *des coupe-cigares*

* remarque : les composés de cet élément ne prennent pas de trait d'union sauf si l'élément est suivi d'un mot qui commence par *i* ou par *u*.

ENTRÉE PRINCIPALE (*variante* en remarque)	NOUVELLE ORTHOGRAPHE
coupe-circuit	pluriel *des coupe-circuits*
coupe-coupe	**coupecoupe** – pluriel *des coupecoupes*
coupe-faim	pluriel *des coupe-faims*
coupe-feu	pluriel *des coupe-feux*
coupe-file	pluriel *des coupe-files*
coupe-gorge	pluriel *des coupe-gorges*
coupe-jarret	pluriel *des coupe-jarrets*
coupe-ongle	identique – pluriel *des coupe-ongles*
coupe-papier	pluriel *des coupe-papiers*
coupe-vent	pluriel *des coupe-vents*
courbatu, ue ou **courbattu, ue**	**courbattu, courbattue**
courbature ou **courbatture**	**courbatture**
courbaturer ou **courbatturer**	**courbatturer**
coût	**cout**
coûtant	**coutant**
coûter	**couter**
coûteusement	**couteusement**
coûteux, euse	**couteux, couteuse**
couvre-chef	pluriel *des couvre-chefs*
couvre-feu	pluriel *des couvre-feux*
couvre-lit	pluriel *des couvre-lits*
couvre-livre	pluriel *des couvre-livres*
couvre-pied	**couvrepied** – pluriel *des couvrepieds*
cover-girl	**covergirl**
cow-boy	**cowboy**
craqueler	conjug. *il craquèle, elle craquèlera, il craquèlerait*
craquètement ou **craquettement**	**craquètement**
craqueter	conjug. *il craquète, elle craquètera, il craquèterait*
crash	pluriel *des crashs*
crécerelle	**crècerelle**
crécher	conjug. *il crèchera, elle crècherait*
credo (*crédo*)	**crédo** – pluriel *des crédos*
crématorium (*crematorium*)	**crématorium**
crémerie	**crèmerie**
créneler	**crèneler** – conjug. *il crénèle, elle crénèlera, il crénèlerait*
crescendo	pluriel *des crescendos*
crève-cœur	pluriel *des crève-cœurs*
critérium	identique – pluriel *des critériums*
croche-patte	**crochepatte**
croche-pied	**crochepied**
crocheter	conjug. *il crochète, elle crochètera, il crochèterait*
croître	**croitre** – conjug. *il croît, elle croitra, il croitrait*
croquemitaine (*croque-mitaine*)	**croquemitaine**
croque-monsieur	**croquemonsieur**
croquemort (*croque-mort*)	**croquemort**
cross-country	**crosscountry** – pluriel *des crosscountrys*
croûte	**croute**
croûter	**crouter**
croûton	**crouton**
crûment ou **crument**	**crument**
cuillère (*cuiller*)	**cuillère**
cuillérée (*cuillerée*)	**cuillérée**
cuisseau	identique
cuissot ou **cuisseau**	**cuisseau**
cul-de-basse-fosse	**cul-de-bassefosse** – pluriel *des culs-de-bassefosses*
cure-dent	pluriel *des cure-dents*
cure-oreille	pluriel *des cure-oreilles*
cure-pipe	pluriel *des cure-pipes*
curriculum	pluriel *des curriculums*
curriculum vitæ	pluriel *des curriculums vitæ*
cutiréaction ou **cuti-réaction**	**cutiréaction**
cutter (*cutteur*)	**cutteur**
cuveler	conjug. *il cuvèle, elle cuvèlera, il cuvèlerait*
cyber-	les composés de l'élément **cyber-** ne prennent pas de trait d'union
cyberattaque	identique
cyberespace	identique
cyclo-	voir remarque *
cyclocross (*cyclo-cross*)	**cyclocross** – pluriel *des cyclocross*
dandy	pluriel *des dandys*
dare-dare	**daredare**
dealeur, euse ou **dealer**	**dealeur, dealeuse**
déblatérer	conjug. *il déblatèrera, elle déblatèrerait*
déboîtement	**déboitement**
déboîter	**déboiter**
décacheter	conjug. *il décachète, elle décachètera, il décachèterait*
décéder	conjug. *il décèdera, elle décèderait*
décélérer	conjug. *il décélèrera, elle décélèrerait*
déchaîné, ée	**déchainé, déchainée**
déchaînement	**déchainement**
déchaîner	**déchainer**
déchetterie	**déchèterie**
déchiqueter	conjug. *il déchiquète, elle déchiquètera, il déchiquèterait*
décolérer	conjug. *il décolèrera, elle décolèrerait*
décolleter	conjug. *il décollète, elle décollètera, il décollèterait*
déconsidérer	conjug. *il déconsidèrera, elle déconsidèrerait*
décrescendo ou **decrescendo**	**décrescendo** – pluriel *des décrescendos*
décréter	conjug. *il décrètera, elle décrèterait*
décroître	**décroitre** – conjug. *il décroit, elle décroitra, il décroitrait*
déféquer	conjug. *il défèquera, elle défèquerait*
déférer	conjug. *il défèrera, elle défèrerait*
défraîchi, ie	**défraichi, défraichie**
défraîchir	**défraichir**
dégénérer	conjug. *il dégénèrera, elle dégénèrerait*
dégoter (*dégotter*)	**dégoter**
dégoût	**dégout**
dégoûtant, ante	**dégoutant, dégoutante**
dégoûté, ée	**dégouté, dégoutée**
dégoûter	**dégouter**
deleatur ou **déléatur**	**déléatur** – pluriel *des déléaturs*
déléguer	conjug. *il délèguera, elle délèguerait*
délibérer	conjug. *il délibèrera, elle délibèrerait*
delirium	**délirium** – pluriel *des déliriums*
delirium tremens	**délirium trémens** – pluriel *des déliriums trémens*
delta	(lettre) pluriel *des deltas*
demi-	les composés de l'élément **demi-** prennent toujours un trait d'union
démiurge	identique
déniveler	conjug. *il dénivèle, elle dénivèlera, il dénivèlerait*
dentellier, ière ou **dentelier, ière**	**dentelier, dentelière**
dépaqueter	conjug. *il dépaquète, elle dépaquètera, il dépaquèterait*
déplaire	conjug. *il déplait*
déposséder	conjug. *il dépossèdera, elle dépossèderait*

* remarque : les composés de cet élément ne prennent pas de trait d'union sauf si l'élément est suivi d'un mot qui commence par *i* ou par *u*.

LA NOUVELLE ORTHOGRAPHE

ENTRÉE PRINCIPALE (*variante* en remarque)	NOUVELLE ORTHOGRAPHE
dépoussiérer	conjug. *il dépoussièrera, elle dépoussièrerait*
dépuceler	conjug. *il dépucèle, elle dépucèlera, il dépucèlerait*
déréglementation	**dérèglementation**
déréglementer	**dérèglementer**
dérégler	conjug. *il dérèglera, elle dérèglerait*
désagréger	conjug. *il désagrègera, elle désagrègerait*
désaltérer	conjug. *il désaltèrera, elle désaltèrerait*
désespérer	conjug. *il désespèrera, elle désespèrerait*
desiderata ou **désidérata**	**désidérata** – pluriel *des désidératas*
désintégrer	conjug. *il désintègrera, elle désintègrerait*
despérado ou **desperado**	**despérado** – pluriel *des despérados*
dessécher	conjug. *il dessèchera, elle dessècherait*
dessiller ou **déciller**	**déciller**
dessoûler (*dessaouler*)	**dessouler**
dételer	conjug. *il détèle, elle détèlera, il détèlerait*
deux	*cent-deux, deux-cents, vingt-deux-mille, deux-mille deux, deux-millions-deux, un-milliard-deux-cent-mille*
devoir – *dussé-je*	*dussè-je*
diesel ou **diésel**	**diésel**
diéser	conjug. *il dièsera, elle dièserait*
différer	conjug. *il diffèrera, elle diffèrerait*
digérer	conjug. *il digèrera, elle digèrerait*
diktat	**dictat**
dîme	**dime**
dîner n. m.	**diner**
dîner v.	**diner**
dînette	**dinette**
dîneur, euse	**dineur, dineuse**
dinghy	**dinghie** – pluriel *des dinghies*
disparaître	**disparaitre** – conjug. *il disparait, elle disparaitra, il disparaitrait*
disque-jockey ou **disc-jockey**	**disque-jockey** – pluriel *des disques-jockeys*
disséquer	conjug. *il dissèquera, elle dissèquerait*
dissoudre – p. p. *dissous, dissoute*	p. p. *dissout, dissoute*
dix	*cent-dix, dix-mille, dix-mille-dix, dix-millions, dix-milliards*
djebel ou **djébel**	**djébel** – pluriel *des djébels*
don Juan (*don juan*)	**donjuan** – pluriel *des donjuans*
don Quichotte (*don quichotte*)	**donquichotte** – pluriel *des donquichottes*
dorade ou **daurade**	**dorade**
douceâtre (*douçâtre*)	**douçâtre**
douze	*cent-douze, douze-cents, douze-mille-douze, douze-millions, douze-milliards*
duffel-coat (*duffle-coat*)	**duffelcoat**
dum-dum	**dumdum** – pluriel *des dumdums*
dûment ou **dument**	**dument**
duodénum	pluriel *des duodénums*
duplicata	pluriel *des duplicatas*
durit ou **durite**	**durite**
se **duveter**	conjug. *il se duvète, elle se duvètera, il se duvèterait*
dynamo-	voir remarque*
ébrécher	conjug. *il ébrèchera, elle ébrècherait*
éco-	voir remarque*
écrémer	conjug. *il écrèmera, elle écrèmerait*
eczéma (*exéma*)	**exéma**
eczémateux, euse (*exémateux, euse*)	**exémateux, exémateuse**
édelweiss ou **edelweiss**	**édelweiss**

ENTRÉE PRINCIPALE (*variante* en remarque)	NOUVELLE ORTHOGRAPHE
ego	**égo** – pluriel *des égos*
électro-	voir remarque*
électroacoustique	identique
électroaimant	identique
électroencéphalogramme	identique
électroencéphalographie	identique
électrosensibilité	identique
électrosensible	identique
emboîtage	**emboitage**
emboîtement	**emboitement**
emboîter	**emboiter**
embûche	**embuche**
empaqueter	conjug. *il empaquète, elle empaquètera, il empaquèterait*
empiètement (*empiétement*)	**empiètement**
empiéter	conjug. *il empiètera, elle empièterait*
emporte-pièce	pluriel *des emporte-pièces*
encas ou **en-cas**	**encas**
enchaînement	**enchainement**
enchaîner	**enchainer**
encroûtement	**encroutement**
encroûter	**encrouter**
enfiévrer	conjug. *il enfièvrera, elle enfièvrerait*
ensorceler	conjug. *il ensorcèle, elle ensorcèlera, il ensorcèlerait*
ensorcellement	**ensorcèlement**
entête ou **en-tête**	**entête**
entraînant, ante	**entrainant, entrainante**
entraînement	**entrainement**
entraîner	**entrainer**
entraîneur, euse	**entraineur, entraineuse**
entraîneuse	**entraineuse**
s'entredéchirer	identique
entredeux ou **entre-deux**	**entredeux**
s'entredévorer	identique
entrejambe	identique – pluriel *des entrejambes*
entre-temps ou **entretemps**	**entretemps**
s'entretuer	identique
énumérer	conjug. *il énumèrera, elle énumèrerait*
envoûtant, ante	**envoutant, envoutante**
envoûtement	**envoutement**
envoûter	**envouter**
épeler	conjug. *il épèle, elle épèlera, il épèlerait*
épître	**épitre**
épousseter	conjug. *il époussète, elle époussètera, il époussèterait*
epsilon	pluriel *des epsilons*
① **erg**	pluriel *des ergs*
errata	pluriel *des erratas*
erratum, plur. **errata**	pluriel *des erratums*
espérer	conjug. *il espèrera, elle espèrerait*
essuie-glace	pluriel *des essuie-glaces*
essuie-main (*essuie-mains*)	**essuie-main** – pluriel *des essuie-mains*
essuie-pied	identique – pluriel *des essuie-pieds*
essuie-tout	**essuietout** – pluriel *des essuietouts*
essuie-verre	identique – pluriel *des essuie-verres*
êta	pluriel *des êtas*
et cetera (*et cœtera*)	**etcétéra** – pluriel *des etcétéras*
étinceler	conjug. *il étincèle, elle étincèlera, il étincèlerait*
étincellement	**étincèlement**
étiqueter	conjug. *il étiquète, elle étiquètera, il étiquèterait*
étouffe-chrétien	pluriel *des étouffe-chrétiens*
être – *fussé-je*	*fussè-je*

* remarque : les composés de cet élément ne prennent pas de trait d'union sauf si l'élément est suivi d'un mot qui commence par *i* ou par *u*.

ENTRÉE PRINCIPALE (*variante* en remarque)	NOUVELLE ORTHOGRAPHE
évènement ou **événement**	**évènement**
évènementiel, elle ou **événementiel, elle**	**évènementiel, évènementielle**
éviscérer	conjug. *il éviscèrera, elle éviscèrerait*
exagérer	conjug. *il exagèrera, elle exagèrerait*
exaspérer	conjug. *il exaspèrera, elle exaspèrerait*
excéder	conjug. *il excèdera, elle excèderait*
excréter	conjug. *il excrètera, elle excrèterait*
exécrer	conjug. *il exècrera, elle exècrerait*
exigu, uë	**exigu, exigüe**
exiguïté	**exigüité**
ex-libris	**exlibris**
exonérer	conjug. *il exonèrera, elle exonèrerait*
① **extra**	pluriel *des extras*
extra-	voir remarque *
extrafin, fine	identique
extrafort, forte	identique
extralégal, ale, aux	identique
extralucide	identique
extra-muros	**extramuros**
extrasensoriel, ielle	identique
extrasystole	identique
extraterrestre	identique
extratemporel, elle	identique
extra-utérin, ine	identique
ex-voto	**exvoto** – pluriel *des exvotos*
fac-similé	**facsimilé** – pluriel *des facsimilés*
faine (*faîne*)	**faine**
faire-part	**fairepart** – pluriel *des faireparts*
fair-play	**fairplay** – pluriel *des fairplays*
faîtage	**faitage**
faîte	**faite**
faîtière	**faitière**
faitout (*fait-tout*)	**faitout** – pluriel *des faitouts*
faseyer	**faséyer** – conjug. *il fasèyera, elle fasèyerait*
fast-food	**fastfood** – pluriel *des fastfoods*
favela ou **favéla**	**favéla** – pluriel *des favélas*
fayoter	identique
fedayin ou **fédayin**	**fédayin** – pluriel *des fédayins*
fédérer	conjug. *il fédèrera, elle fédèrerait*
féerie ou **féérie**	**féérie**
féerique ou **féérique**	**féérique**
fellaga (*fellagha*)	**fellaga** – pluriel *des fellagas*
ferry	pluriel *des ferrys*
ferry-boat	**ferryboat**
feuilleter	conjug. *il feuillète, elle feuillètera, il feuillèterait*
ficeler	conjug. *il ficèle, elle ficèlera, il ficèlerait*
fifty-fifty	**fiftyfifty**
finish	pluriel *des finishs*
fioul (*fuel*)	**fioul**
fjord ou **fiord**	**fiord**
flafla ou **fla-fla**	**flafla** – pluriel *des flaflas*
flash	pluriel *des flashs*
flash-back	**flashback** – pluriel *des flashbacks*
flash-ball	**flashball** – pluriel *des flashballs*
flécher	conjug. *il flèchera, elle flècherait*
flûte	**flute**
flûté, ée	**fluté, flutée**
flûtiste	**flutiste**
fortissimo	pluriel *des fortissimos*
fourmilion (*fourmi-lion*)	**fourmilion**
fourre-tout	**fourretout** – pluriel *des fourretouts*
fox-terrier	**foxterrier** – pluriel *des foxterriers*
à la fraîche	**fraiche**
fraîchement	**fraichement**
fraîcheur	**fraicheur**
fraîchir	**fraichir**
frais, fraîche	**frais, fraiche**
freezer (*freezeur*)	**freezeur**
fréter	conjug. *il frètera, elle frèterait*
fric-frac	**fricfrac** – pluriel *des fricfracs*
frisotter (*frisoter*)	**frisoter**
froufrou (*frou-frou*)	**froufrou** – pluriel *des froufrous*
fume-cigarette	pluriel *des fume-cigarettes*
fumerolle	**fumerole**
fureter	conjug. *il furète, elle furètera, il furèterait*
fût	**fut**
gageure	**gageüre**
gagne-pain	pluriel *des gagne-pains*
gagne-petit	**gagnepetit** – pluriel *des gagnepetits*
gaiement ou **gaiment** (*gaîment*)	**gaiment**
gaieté (*gaîté*)	**gaité**
galérer	conjug. *il galèrera, elle galèrerait*
gamma	pluriel *des gammas*
gangrener ou **gangréner**	**gangréner** – conjug. *il gangrène, elle gangrènera, il gangrènerait*
gangreneux, euse ou **gangréneux, euse**	**gangréneux, gangréneuse**
garde-barrière	pluriel *des garde-barrières*
garde-boue	pluriel *des garde-boues*
garde-chasse	pluriel *des garde-chasses*
garde-chiourme	pluriel *des garde-chiourmes*
garde-côte	pluriel *des garde-côtes*
garde-fou	pluriel *des garde-fous*
garde-malade	pluriel *des garde-malades*
garde-manger	pluriel *des garde-mangers*
garde-meuble	pluriel *des garde-meubles*
garden-party	**garden-partie** – pluriel *des garden-parties*
garde-pêche	pluriel *des garde-pêches*
garde-robe	pluriel *des garde-robes*
garrotter (*garroter*)	**garroter**
gas-oil	→ **gazole**
gastro-	voir remarque *
gastroentérite	identique
gastroentéorogie	identique
gastroentérologue	identique
gay	pluriel *des gays*
gazole (*gas-oil*)	**gazole** ou **gasoil**
gélinotte	identique
générer	conjug. *il génèrera, elle génèrerait*
gentleman	pluriel *des gentlemans*
gentry	pluriel *des gentrys*
gérer	conjug. *il gèrera, elle gèrerait*
gésir – *il gît, ci-gît, ici-gît*	*il git, ci-git, ici-git*
à giorno	identique
girolle	**girole**
gîte	**gite**
gîter	**giter**
globe-trotteur, euse (*globe-trotter*)	**globetrotteur, globetrotteuse**
gobe-mouche	**gobemouche** – pluriel *des gobemouches*
golden	pluriel *des goldens*
goulache (*goulash*)	**goulache**
goulûment ou **goulument**	**goulument**
gourou	identique
goût	**gout**
goûter v.	**gouter**
goûter n. m.	**gouter**
goûteux, euse	**gouteux, gouteuse**
goy	pluriel *des goys*
graffiti	pluriel *des graffitis*

* remarque : les composés de cet élément ne prennent pas de trait d'union sauf si l'élément est suivi d'un mot qui commence par *i* ou par *u*.

ENTRÉE PRINCIPALE (*variante* en remarque)	NOUVELLE ORTHOGRAPHE
graineterie	**graineterie** ou **grainèterie** selon prononciation
gratte-ciel	pluriel *des gratte-ciels*
gratte-cul	pluriel *des gratte-culs*
gratte-papier	pluriel *des gratte-papiers*
grelottant, ante *(grelotant, ante)*	**grelotant, grelotante**
grelotter *(greloter)*	**greloter**
grigri *(gris-gris)*	**grigri** – pluriel *des grigris*
grille-pain	pluriel *des grille-pains*
grizzli *(grizzly)*	**grizzli** – pluriel *des grizzlis*
grolle *(grole)*	**grole**
grommeler	conjug. *il grommèle, elle grommèlera, il grommèlerait*
grommellement	**grommèlement**
groseillier	identique
guérilléro	identique
guibolle ou **guibole**	**guibole**
guilde *(ghilde)*	**guilde**
[guili] guili guili	**guiliguili** – pluriel *des guiliguilis*
hacker	**hackeur, hackeuse**
halal ou **hallal**	**halal** – pluriel *halals*
haleter	conjug. *il halète, elle halètera, il halèterait*
handball ou **hand-ball**	**handball**
harakiri ou **hara-kiri**	**harakiri**
harceler	conjug. *il harcèle, elle harcèlera, il harcèlerait*
harmattan *(harmatan)*	**harmatan**
hasch	**hach**
haschich *(hachich, haschisch)*	**hachich**
haute-contre	**hautecontre** – pluriel *des hautecontres*
haute-fidélité	**hautefidélité**
haut-fond	**hautfond**
haut-parleur	**hautparleur** – pluriel *des hautparleurs*
hébéter	conjug. *il hébètera, elle hébèterait*
héler	conjug. *il hèlera, elle hèlerait*
hémo-	voir remarque*
héroïcomique	identique
hi-fi ou **hifi**	**hifi**
hihan ou **hi-han**	**hihan**
hindou, oue	**indou, indoue**
hindouisme	**indouisme**
hindouiste	**indouiste**
hippie *(hippy)*	**hippie**
hipster	**hipsteur**
hobby	pluriel *des hobbys*
hold-up	**holdup** – pluriel *des holdups*
homéo-	voir remarque*
homme-sandwich	pluriel *des hommes-sandwichs*
hooligan ou **houligan**	**houligan**
hoqueter	conjug. *il hoquète, elle hoquètera, il hoquèterait*
hors-bord	pluriel *des hors-bords*
hors-jeu	pluriel *des hors-jeux*
hors-piste	pluriel *des hors-pistes*
hors-série	pluriel *des hors-séries*
hors-texte	pluriel *des hors-textes*
hospitalo-	voir remarque*
hospitalo-universitaire	identique
hotdog ou **hot-dog**	**hotdog** – pluriel *des hotdogs*
huit	*cent-huit, huit-cents, huit-mille-huit, trente-huit-mille, huit-millions, huit-milliards*
huître	**huitre**

ENTRÉE PRINCIPALE (*variante* en remarque)	NOUVELLE ORTHOGRAPHE
husky	pluriel *des huskys*
hydro-	voir remarque*
hydroélectricité	identique
hydroélectrique	identique
hydrogéner	conjug. *il hydrogènera, elle hydrogènerait*
hypothéquer	conjug. *il hypothèquera, elle hypothèquerait*
idéo-	voir remarque*
igloo ou **iglou**	**iglou**
île	**ile**
îlien, îlienne	**ilien, ilienne**
îlot	**ilot**
imbécillité ou **imbécilité**	**imbécilité**
impedimenta	**impédimenta** – pluriel *des impédimentas*
imprégner	conjug. *il imprègnera, elle imprègnerait*
imprésario	identique – pluriel *des imprésarios*
imprimatur	pluriel *des imprimaturs*
incarcérer	conjug. *il incarcèrera, elle incarcèrerait*
incinérer	conjug. *il incinèrera, elle incinèrerait*
incipit	pluriel *des incipits*
indifférer	conjug. *il indiffèrera, elle indiffèrerait*
indûment ou **indument**	**indument**
in extremis	**in extrémis**
inférer	conjug. *il infèrera, elle infèrerait*
in-folio	**infolio** – pluriel *des infolios*
infra-	les composés de l'élément **infra-** ne prennent pas de trait d'union
infrason	identique
infrastructure	identique
ingérer	conjug. *il ingèrera, elle ingèrerait*
s'ingérer	conjug. *il s'ingèrera, elle s'ingèrerait*
in-octavo	**inoctavo** – pluriel *des inoctavos*
in-quarto	**inquarto** – pluriel *des inquartos*
inquiéter	conjug. *il inquiètera, elle inquièterait*
insérer	conjug. *il insèrera, elle insèrerait*
intégrer	conjug. *il intègrera, elle intègrerait*
intercéder	conjug. *il intercèdera, elle intercèderait*
interférer	conjug. *il interfèrera, elle interfèrerait*
interpeler ou **interpeller**	**interpeler** – conjug. *j'interpelle, nous interpelons*
interpréter	conjug. *il interprètera, elle interprèterait*
intervieweur, euse ou **interviewer**	**intervieweur, intervieweuse**
intra-	voir remarque*
intradermique	identique
intra-muros	**intramuros**
intramusculaire	identique
intra-utérin, ine	identique
intraveineux, euse	identique
iodler *(jodler)*	**iodler**
iota	pluriel *des iotas*
isopet	→ **ysopet**
jamboree	**jamborée** ou **jamboree** selon prononciation
jazzman	pluriel *des jazzmans*
jean	pluriel *des jeans*
jean-foutre	**jeanfoutre** – pluriel *des jeanfoutres*
jéjunum	identique
jerricane *(jerrycan)*	**jerricane**
jeûner	**jeuner** – conjug. *il jeunera, elle jeunerait*
jeûneur, euse	**jeuneur, jeuneuse**
joaillier, ière	**joailler, joaillère**
jodler	→ **iodler**
jujitsu ou **ju-jitsu** *(jiu-jitsu)*	**jiujitsu**
jukebox ou **juke-box**	**jukebox** – pluriel *des jukebox*

* remarque : les composés de cet élément ne prennent pas de trait d'union sauf si l'élément est suivi d'un mot qui commence par *i* ou par *u*.

ENTRÉE PRINCIPALE (*variante* en remarque)	NOUVELLE ORTHOGRAPHE
jumeler	conjug. *il jumèle, elle jumèlera, il jumèlerait*
kakémono	identique
kappa	pluriel *des kappas*
kasher	→ **casher**
kébab (*kebab*)	**kébab**
keffieh ou **kéfié**	**kéfié**
kéfir (*képhir*)	**kéfir**
khâgne (*cagne*)	**cagne**
khâgneux, euse (*cagneux, euse*)	**cagneux, cagneuse**
khan (*kan*)	**kan**
khi	pluriel *des khis*
kibboutz	pluriel *des kibboutz*
kifkif ou **kif-kif**	**kifkif**
kilo-	les composés de l'élément **kilo-** ne prennent pas de trait d'union
kiloeuro	identique
kilowattheure	identique
kirsch	**kirch**
kitsch ou **kitch**	**kitch**
kleptomane	→ **cleptomane**
kleptomanie	→ **cleptomanie**
knock-out	**knockout** – pluriel *des knockouts*
kola	→ **cola**
kolkhoze	pluriel *des kolkhozes*
kouros	**couros**
kriss ou **criss**	**criss**
ksi	→ **xi**
kung-fu	**kungfu** – pluriel *des kungfus*
kvas ou **kwas**	**kvas**
lacérer	conjug. *il lacèrera, elle lacèrerait*
lambda	*pluriel des lambdas*
lance-flamme	identique – pluriel *des lance-flammes*
lance-fusée	identique – pluriel *des lance-fusées*
lance-grenade	identique – pluriel *des lance-grenades*
lance-missile	identique – pluriel *des lance-missiles*
lance-pierre	identique – pluriel *des lance-pierres*
lance-roquette	identique – pluriel *des lance-roquettes*
lance-torpille	identique – pluriel *des lance-torpilles*
land, plur. **länder**	pluriel *des lands*
lapilli	pluriel *des lapillis*
largo	pluriel *des largos*
lasagne	pluriel *des lasagnes*
latifundium	pluriel *des latifundiums*
lave-glace	pluriel *des lave-glaces*
lave-linge	pluriel *des lave-linges*
lave-vaisselle	pluriel *des lave-vaisselles*
lazzi	pluriel *des lazzis*
leader ou **leadeur, euse**	**leadeur, leadeuse**
lèche-botte	identique – pluriel *des lèche-bottes*
lèche-cul	pluriel *des lèche-culs*
lécher	conjug. *il lèchera, elle lècherait*
lèche-vitrine	identique – pluriel *des lèche-vitrines*
légato ou **legato**	**légato** – pluriel *des légatos*
leggins ou **leggings**	**leggins**
légiférer	conjug. *il légifèrera, elle légifèrerait*
léguer	conjug. *il lèguera, elle lèguerait*
leitmotiv	pluriel *des leitmotivs*
lento	pluriel *des lentos*
lèse-majesté	pluriel *des lèse-majestés*
léser	conjug. *il lèsera, elle lèserait*
levraut ou **levreau**	**levreau**
libérer	conjug. *il libèrera, elle libèrerait*
lied	pluriel *des lieds*
lieudit ou **lieu-dit**	**lieudit** – pluriel *des lieudits*
limes	**limès**
linoléum	identique – pluriel *des linoléums*
litchi	identique
lobby	pluriel *des lobbys*

ENTRÉE PRINCIPALE (*variante* en remarque)	NOUVELLE ORTHOGRAPHE
lockout ou **lock-out**	**lockout** – pluriel *des lockouts*
loser	**loseur**
louveterie ou **louvèterie**	**louveterie** ou **louvèterie** selon prononciation
low cost	**lowcost**
lumbago ou **lombago**	**lombago**
lunch	pluriel *des lunchs*
lunetier, ière (*lunet-tier, ière*)	**lunetier, lunetière**
macaroni	pluriel *des macaronis*
macérer	conjug. *il macèrera, elle macèrerait*
macro-	voir remarque *
macroéconomie	identique
macroéconomique	identique
macromolécule	identique
macrophage	identique
macrophotographie	identique
macroscopique	identique
maelstrom ou **mals-trom** (*maelström, malström*)	**malstrom**
mafia (*maffia*)	**mafia**
mafieux, euse (*maffieux, euse*)	**mafieux, mafieuse**
maghrébin, ine	**magrébin, magrébine**
maharadja ou **maharaja** (*maharajah*)	**maharadja** – pluriel *des maharadjas*
mah-jong	→ **majong**
mahous, mahousse	→ **maous, ousse**
main-forte	**mainforte**
maître, maîtresse	**maitre, maitresse**
maître chanteur, euse	**maitre chanteur, maitre chanteuse**
maître-chien	**maitre-chien**
maîtresse	**maitresse**
maîtrisable	**maitrisable**
maîtrise	**maitrise**
maîtriser	**maitriser**
majong ou **mah-jong**	**majong**
mal-aimé, ée ou **mal aimé, ée**	**malaimé, malaimée**
mal-être	**malêtre**
malfamé, ée (*mal famé, ée*)	**malfamé, malfamée**
mamelouk	identique
mamie (*mamy*)	**mamie**
manageur, euse ou **manager**	**manageur, manageuse**
mange-tout	**mangetout** – pluriel *des mangetouts*
maniacodépressif, ive	identique
maous, ousse (*mahous, mahousse*)	**maous, maousse**
maraîcher, ère	**maraicher, maraichère**
marengo	pluriel *marengos*
marijuana (*marihuana*)	**marijuana**
mariolle ou **mariole**	**mariole**
marketing	**marketing** ou **markéting** selon prononciation
marque-page	pluriel *des marque-pages*
marqueterie ou **marquèterie**	**marqueterie** ou **marquèterie** selon prononciation
mass media	**mass média** – pluriel *des mass médias*
match	pluriel *des matchs*
maximum	pluriel *des maximums*
méconnaître	**méconnaitre** – conjug. *Il méconnait, elle méconnaitra, il méconnaitrait*
média	identique – pluriel *des médias*
médico-	voir remarque *

* remarque : les composés de cet élément ne prennent pas de trait d'union sauf si l'élément est suivi d'un mot qui commence par *i* ou par *u*.

ENTRÉE PRINCIPALE (*variante* en remarque)	NOUVELLE ORTHOGRAPHE
médicolégal, ale, aux	identique
médicosocial, ale, aux	identique
médio-	voir remarque*
mégalo-	voir remarque*
méhari	pluriel *des méharis*
mélano-	voir remarque*
Melba	**melba** – pluriel *melbas*
mêlécasse *(mêlé-casse)*	**mêlécasse** – pluriel *des mêlécasses*
méli-mélo *(mélimélo)*	**mélimélo** – pluriel *des mélimélos*
mémento	identique
mémorandum	identique – pluriel *des mémorandums*
ménin, ménine *(menin, menine)*	**ménin, ménine**
méso-	voir remarque*
mésoblaste	identique
mésoderme	identique
mésolithique	identique
métrer	conjug. *il mètrera, elle mètrerait*
micro-	voir remarque*
microentreprise	identique
micro-informatique	identique
micro-injection	identique
micro-onde *(microonde)*	**microonde**
micro-ordinateur *(microordinateur)*	**microordinateur**
micro-organisme *(microorganisme)*	**microorganisme**
milkshake *(milk-shake)*	**milkshake** – pluriel *des milkshakes*
mille	*mille-un, mille-et-un, deux-mille, deux-mille-un, cent-mille, deux-cent-mille, mille-millions*
millefeuille	identique – pluriel *des millefeuilles*
millepatte *(mille-pattes)*	**millepatte** – pluriel *des millepattes*
millepertuis	identique
milliard	*un-milliard, un-milliard-douze, sept-milliards, quatre-milliards-huit-cent-mille, cent-milliards, cinq-cent-milliards*
millième	*la deux-millième (2 000e), deux millièmes (2/1 000)*
million	*un-million, un-million-dix, deux-millions, deux-millions-trois-cent-mille, cent-millions, six-cent-millions*
mini-	les composés de l'élément **mini-** ne prennent pas de trait d'union
minichaîne	**minichaine**
minimum	pluriel *des minimums*
mini-ordinateur	**miniordinateur**
miso-	voir remarque*
miss	pluriel *des miss*
mixeur	identique
mnémo-	voir remarque*
modérato ou **moderato**	**modérato** – pluriel *des modératos*
modérer	conjug. *il modèrera, elle modèrerait*
monte-charge	pluriel *des monte-charges*
morceler	conjug. *il morcèle, elle morcèlera, il morcèlerait*
morcellement	**morcèlement**
morigéner	conjug. *il morigènera, elle morigènerait*
motocross *(moto-cross)*	**motocross** – pluriel *des motocross*
moto-taxi	**mototaxi** – pluriel *des mototaxis*
moucharabieh	**moucharabié**
moucheter	conjug. *il mouchète, elle mouchètera, il mouchèterait*

ENTRÉE PRINCIPALE (*variante* en remarque)	NOUVELLE ORTHOGRAPHE
moudjahid	**moudjahidine** – pluriel *des moudjahidines*
mouquère *(moukère)*	**mouquère**
mousmée ou **mousmé**	**mousmée**
moût	**mout**
mouvoir – p. p. *mû, mue*	p. p. *mu, mue*
mu	pluriel *des mus*
muesli *(musli)*	**musli** ou **muesli** selon prononciation
muezzin	**muezzine**
muleta ou **muléta**	**muléta**
multi-	les composés du préfixe **multi-** ne prennent pas de trait d'union
mûr, mûre	**mûr, mure** – pluriel *murs, mures*
mûre	**mure**
mûrement	**murement**
mûrier	**murier**
mûrir	**murir**
mûrissant, ante	**murissant, murissante**
museler	conjug. *il musèle, elle musèlera, il musèlerait*
musellement	**musèlement**
musico-	voir remarque*
myco-	voir remarque*
myélo-	voir remarque*
nævus	pluriel *des nævus*
naître	**naitre** – conjug. *Il nait, elle naitra, il naitrait*
nano-	voir remarque*
narco-	voir remarque*
negro-spiritual	**négrospiritual**
nénuphar ou **nénufar**	**nénufar**
néo-	les composés de l'élément **néo-** ne prennent pas de trait d'union sauf devant un nom propre d'habitant (par ex. *Néo-Français* « personne nouvellement installée en France ») ou si **néo-** est suivi d'un mot qui commence par *i* ou par *u*
néo-calédonien, ienne	**néocalédonien, néocalédonienne**
néphro-	voir remarque*
neuf	*cent-neuf, neuf-cents, neuf-cent-neuf, neuf-mille, neuf-millions-neuf-cents, neuf-milliards*
neuro-	voir remarque*
nickeler	conjug. *il nickèle, elle nickèlera, il nickèlerait*
niveler	conjug. *il nivèle, elle nivèlera, il nivèlerait*
nivellement	**nivèlement**
nivo-	voir remarque*
nonante	*nonante-et-un, cent-nonante, nonante-mille, nonante-et-un-millions*
noroît	**noroit**
nova, plur. **novæ**	pluriel *des novas*
② **nu** (lettre)	pluriel *des nus*
nucléo-	voir remarque*
nucléus	identique – pluriel *des nucléus*
nursery	**nurserie** – pluriel *des nurseries*
obérer	conjug. *il obèrera, elle obèrerait*
oblitérer	conjug. *Il oblitèrera, elle oblitèrerait*
obséder	conjug. *il obsèdera, elle obsèderait*
obtempérer	conjug. *Il obtempèrera, elle obtempèrerait*
octo-	voir remarque*
odonto-	voir remarque*
œstrogène ou **estrogène**	**estrogène**
œno-	voir remarque*

* remarque : les composés de cet élément ne prennent pas de trait d'union sauf si l'élément est suivi d'un mot qui commence par *i* ou par *u*.

ENTRÉE PRINCIPALE (*variante* en remarque)	NOUVELLE ORTHOGRAPHE
off	pluriel *offs*
offset	pluriel *des offsets*
oignon *(ognon)*	**ognon**
oléo-	voir remarque*
oligo-	voir remarque*
oligoélément	identique
oméga	pluriel *des omégas*
omicron	pluriel *des omicrons*
omni-	les composés de l'élément **omni-** ne prennent pas de trait d'union
onco-	voir remarque*
oniro-	voir remarque*
onto-	voir remarque*
onze	*cent-onze, onze-cents, onze-mille-onze, onze-millions, onze-milliards*
oolithe ou **oolite**	**oolite**
open	pluriel *opens*
opérer	conjug. *Il opèrera, elle opèrerait*
ophtalmo-	voir remarque*
oppidum	pluriel *des oppidums*
optimum	pluriel *des optimums*
oro-	voir remarque*
ortho-	voir remarque*
osso buco	**ossobuco** – pluriel *des ossobucos*
ostrogoth, othe	**ostrogot, ostrogote**
oto-	voir remarque*
otorhino ou **oto-rhino**	**otorhino**
otorhinolaryngologie *(oto-rhino-laryngologie)*	**otorhinolaryngologie**
otorhinolaryngologiste *(oto-rhino-laryngologiste)*	**otorhinolaryngologiste**
oued	pluriel *des oueds*
oukase *(ukase)*	**oukase**
ouléma	→ **uléma**
out	pluriel *outs*
ouvre-boîte	**ouvre-boite** – pluriel *des ouvre-boites*
ouvre-bouteille	identique – pluriel *des ouvre-bouteilles*
ovo-	voir remarque*
oxygéner	conjug. *il oxygènera, elle oxygènerait*
paella	**paélia**
pagaille	identique
pailleter	conjug. *Il paillète, elle paillètera, il paillèterait*
paître	**paitre** – conjug. *il pait, elle paitra, il paitrait*
paléo-	voir remarque*
papeterie ou **papèterie**	**papeterie** ou **papèterie** selon prononciation
paraître	**paraitre** – conjug. *il parait, elle paraitra, il paraitrait*
pare-balle ou **pare-balles**	**pare-balle** – pluriel *des pare-balles*
parebrise ou **pare-brise**	**parebrise** – pluriel *des parebrises*
parechoc ou **pare-chocs**	**parechoc** – pluriel *des parechocs*
pare-feu	pluriel *des pare-feux*
pare-soleil	pluriel *des pare-soleils*
parqueter	conjug. *il parquète, elle parquètera, il parquèterait*
paso doble	**pasodoble** – pluriel *des pasodobles*
passe-droit	pluriel *des passe-droits*
passe-lacet	pluriel *des passe-lacets*
passe-montagne	pluriel *des passe-montagnes*
passe-partout	**passepartout** – pluriel *des passepartouts*
passe-passe	**passepasse** – pluriel *des passepasses*
passe-plat	pluriel *des passe-plats*
passerose	identique – pluriel *des passeroses*

ENTRÉE PRINCIPALE (*variante* en remarque)	NOUVELLE ORTHOGRAPHE
passe-temps	**passetemps**
pécher	conjug. *il pèchera, elle pècherait*
[pécheur,] pécheresse	**pècheresse**
pedigree	**pédigrée**
① et ② **pédo-**	voir remarque*
pêle-mêle *(pêlemêle)*	**pêlemêle**
pelleter	conjug. *il pellète, elle pellètera, il pellèterait*
pénalty ou **penalty**	**pénalty** – pluriel *des pénaltys*
pénétrer	conjug. *il pénètrera, elle pénètrerait*
péquenaud, aude	**pèquenaud, pèquenaude**
perce-neige	pluriel *des perce-neiges*
perce-oreille	pluriel *des perce-oreilles*
perestroïka *(pérestroïka)*	**pérestroïka**
péri-	les composés de l'élément **péri-** ne prennent pas de trait d'union
péri-informatique	**périinformatique**
périurbain, aine	identique
perpétrer	conjug. *il perpètrera, elle perpètrerait*
persévérer	conjug. *il persévèrera, elle persévèrerait*
persiflage ou **persifflage**	**persifflage**
persifler ou **persiffler**	**persiffler**
persifleur, euse ou **persiffleur, euse**	**persiffleur, persiffleuse**
pèse-bébé	pluriel *des pèse-bébés*
pèse-lettre	pluriel *des pèse-lettres*
pèse-personne	pluriel *des pèse-personnes*
peseta	**péséta**
peso	**péso**
peta-	**péta-** – voir remarque*
péter	conjug. *il pètera, elle pèterait*
pète-sec	**pètesec** – pluriel *des pètesecs*
pétro-	voir remarque*
phago-	voir remarque*
pharmaco-	voir remarque*
phénix	→ **phœnix**
phi	pluriel *des phis*
phlegmon ou **flegmon**	**flegmon**
phœnix ou **phénix**	**phénix**
photo-	voir remarque*
phyllo-	voir remarque*
phylloxéra	identique
physicochimique	identique
physio-	voir remarque*
phyto-	voir remarque*
pi	pluriel *des pis*
pianissimo	pluriel *des pianissimos*
② **piano**	pluriel *des pianos*
piccolo	**picolo** – pluriel *des picolos*
pickup ou **pick-up**	**pickup** – pluriel *des pickups*
pico-	voir remarque*
picto-	voir remarque*
piéger	conjug. *il piègera, elle piègerait*
pietà	**piéta** – pluriel *des piétas*
piézoélectricité	identique
piézoélectrique	identique
ping-pong	**pingpong** – pluriel *des pingpongs*
pin-up ou **pin up**	**pinup** – pluriel *des pinups*
pipeline	identique
pique-assiette	pluriel *des pique-assiettes*
pique-bœuf	pluriel *des pique-bœufs*
pique-feu	pluriel *des pique-feux*
pique-nique ou **piquenique**	**piquenique**
pique-niquer ou **piqueniquer**	**piqueniquer**

* remarque : les composés de cet élément ne prennent pas de trait d'union sauf si l'élément est suivi d'un mot qui commence par *i* ou par *u*.

ENTRÉE PRINCIPALE (*variante* en remarque)	NOUVELLE ORTHOGRAPHE
pique-niqueur, euse ou **piqueniqueur, euse**	**piqueniqueur, piqueniqueuse**
piqueter	conjug. *il piquète, elle piquètera, il piquèterait*
piqûre	**piqure**
pithéco-	voir remarque*
pizzéria (*pizzeria*)	**pizzéria**
pizzicato	pluriel *des pizzicatos*
placébo ou **placebo**	**placébo**
plaire	conjug. *il, elle plait*
platebande (*plate-bande*)	**platebande** – pluriel *des platebandes*
plateforme (*plate-forme*)	**plateforme** – pluriel *des plateformes*
play-back	**playback** – pluriel *des playbacks*
play-boy	**playboy** – pluriel *des playboys*
pluvio-	voir remarque*
pneumo-	voir remarque*
podo-	voir remarque*
pogrom ou **pogrome**	**pogrome**
③ **pointer** ou **pointeur**	**pointeur**
politico-	voir remarque*
poly-	les composés de l'élément **poly-** ne prennent pas de trait d'union
pondérer	conjug. *il pondèrera, elle pondèrerait*
pop	pluriel *pops*
popcorn ou **pop-corn**	**popcorn** – pluriel *des popcorns*
pop-up	**popup** – pluriel *des popups*
porte-avion ou **porte-avions**	**porte-avion** – pluriel *des porte-avions*
porte-bagage ou **porte-bagages**	**porte-bagage** – pluriel *des porte-bagages*
porte-bébé	pluriel *des porte-bébés*
porte-billet ou **porte-billets**	**porte-billet** – pluriel *des porte-billets*
porte-bonheur	pluriel *des porte-bonheurs*
porte-bouteille ou **porte-bouteilles**	**porte-bouteille** – pluriel *des porte-bouteilles*
porte-carte ou **porte-cartes**	**porte-carte** – pluriel *des porte-cartes*
porte-cigarette ou **porte-cigarettes**	**porte-cigarette** – pluriel *des porte-cigarettes*
porte-clé ou **porte-clés**	**porteclé** – pluriel *des porteclés*
porte-conteneur ou **porte-conteneurs**	**porte-conteneur** – pluriel *des porte-conteneurs*
porte-couteau	pluriel *des porte-couteaux*
porte-document ou **porte-documents**	**porte-document** – pluriel *des porte-documents*
porte-drapeau	pluriel *des porte-drapeaux*
porte-fenêtre	pluriel *des portes-fenêtres* (*porte* est n. f.)
porte-greffe	pluriel *des porte-greffes*
porte-hélicoptère ou **porte-hélicoptères**	**porte-hélicoptère** – pluriel *des porte-hélicoptères*
porte-jarretelle ou **porte-jarretelles**	**porte-jarretelle** – pluriel *des porte-jarretelles*
porte-malheur	pluriel *des porte-malheurs*
portemanteau	pluriel *des portemanteaux*
portemine	pluriel *des portemines*
portemonnaie ou **porte-monnaie**	**portemonnaie** – pluriel *des portemonnaies*
porte-objet	pluriel *des porte-objets*
porte-parapluie	pluriel *des porte-parapluies*
porte-parole	pluriel *des porte-paroles*
porteplume ou **porte-plume**	**porteplume** – pluriel *des porteplumes*
porte-savon	pluriel *des porte-savons*

ENTRÉE PRINCIPALE (*variante* en remarque)	NOUVELLE ORTHOGRAPHE
porte-serviette (*porte-serviettes*)	**porte-serviette** – pluriel *des porte-serviettes*
porte-voix	**portevoix**
posséder	conjug. *il possèdera, elle possèderait*
post-	les composés de l'élément **post-** ne prennent pas de trait d'union
postcure	identique
postdate	identique
postdater	identique
a **posteriori**	→ **a posteriori**
postmoderne	identique
postnatal, ale, als	identique
postopératoire	identique
postposer	identique
post-scriptum	**postscriptum** – pluriel *des postscriptums*
postsynchronisation	identique
postsynchroniser	identique
post-traumatique	**posttraumatique**
pot-pourri	**potpourri** – pluriel *des potpourris*
pouding	→ **pudding**
se **pourlécher**	conjug. *il se pourlèchera, elle se pourlècherait*
poussah	**poussa**
pousse-café	pluriel *des pousse-cafés*
pousse-pousse	**poussepousse** – pluriel *des poussepousses*
pouvoir – *puissé-je ; pussé-je*	*puisse-je ; pussè-je*
præsidium	→ **présidium**
pré-	les composés de l'élément **pré-** ne prennent pas de trait d'union
précéder	conjug. *il précèdera, elle précèderait*
prêchi-prêcha	**prêchiprêcha** – pluriel *des prêchiprêchas*
préélectoral, ale, aux	identique
préemballé, ée	identique
préexistant, ante	identique
préférer	conjug. *il préfèrera, elle préfèrerait*
présidium (*præsidium*)	**présidium** – pluriel *des présidiums*
présocratique	identique
presqu'île	**presqu'ile**
press-book	**pressbook**
presse-citron	pluriel *des presse-citrons*
presse-papier ou **presse-papiers**	**presse-papier** – pluriel *des presse-papiers*
presse-purée	pluriel *des presse-purées*
prestissimo	pluriel *des prestissimos*
presto	pluriel *des prestos*
prima donna	**primadonna** – pluriel *des primadonnas*
primo-	voir remarque*
primo-infection	identique
a **priori**	→ **a priori**
procéder	conjug. *il procèdera, elle procèderait*
proliférer	conjug. *il prolifèrera, elle prolifèrerait*
prorata	pluriel *des proratas*
prospérer	conjug. *il prospèrera, elle prospèrerait*
protège-cahier	pluriel *des protège-cahiers*
protège-dents	**protège-dent** – pluriel *des protège-dents*
protéger	conjug. *il protègera, elle protègerait*
prud'homal, ale, aux ou **prudhommal, ale, aux**	**prudhommal, prudhommale, prudhommaux**
prud'homme ou **prudhomme**	**prudhomme**
prunelier ou **prunellier**	**prunelier**
pseudo-	voir remarque*

* remarque : les composés de cet élément ne prennent pas de trait d'union sauf si l'élément est suivi d'un mot qui commence par *i* ou par *u*.

ENTRÉE PRINCIPALE (*variante* en remarque)	NOUVELLE ORTHOGRAPHE
psi	pluriel *des psis*
psycho-	voir remarque*
psychoactif, ive	identique
ptéro-	voir remarque*
pudding *(pouding)*	**pouding**
puîné, ée	**puiné, puinée**
pull-over	**pullover**
① **punch**	**ponch**
putsch	pluriel *des putschs*
quantum, plur. **quanta**	**quanta** – pluriel *des quantas*
quarante	*quarante-et-un, cent-quarante, quarante-six-mille, quarante-et-un-millions*
quartier-maître	**quartier-maitre**
quatorze	*cent-quatorze, quatorze-cents, quatorze-mille-quatorze, quatorze-millions, quatorze-milliards*
quatre	*cent-quatre, quatre-cents, quatre-mille-quatre, vingt-quatre-mille, quatre-millions, quatre-milliards*
québécois, oise	identique
quechua *(quéchua)*	**quéchua**
quincaillier, ière	**quincailler, quincaillère**
quinze	*cent-quinze, quinze-cents, quinze-mille-quinze, quize-millions, quinze-milliards*
quipou *(quipu)*	**quipou**
quote-part	**quotepart** – pluriel *des quoteparts*
rabat-joie	pluriel *des rabat-joies*
radio-	voir remarque*
radioactif, ive	identique
radioélectrique	identique
radio-isotope	identique
radio-taxi	**radiotaxi**
radja ou **rajah**	**radja** ou **raja** selon prononciation
rafraîchi, ie	**rafraichi, rafraichie**
rafraîchir	**rafraichir**
rafraîchissant, ante	**rafraichissant, rafraichissante**
rafraîchissement	**rafraichissement**
ragoût	**ragout**
ragoûtant, ante	**ragoutant, ragoutante**
ramasse-miette *(ramasse-miettes)*	**ramasse-miette** – pluriel *des ramasse-miettes*
ranch	pluriel *des ranchs*
rapiécer	conjug. *il rapiècera, elle rapiècerait*
rase-motte *(rase-mottes)*	**rase-motte** – pluriel *des rase-mottes*
rasseoir	**rassoir**
rasséréner	conjug. *il rassérènera, elle rassérènerait*
râteler	conjug. *il râtèle, elle râtèlera, il râtèlerait*
ravioli	pluriel *des raviolis*
réapparaître	**réapparaitre** – conjug. *il réapparait, elle réapparaitra, il réapparaitrait*
receler ou **recéler**	**recéler** – conjug. *il recèlera, elle recèlerait*
receleur, euse ou **recéleur, euse**	**recéleur, recéleuse**
reconnaître	**reconnaitre** – conjug. *il reconnait, elle reconnaitra, il reconnaitrait*
reconsidérer	conjug. *il reconsidèrera, elle reconsidèrerait*
récupérer	conjug. *il récupèrera, elle récupèrerait*
redevoir – p. p. *redû, ue*	p p. *redu, redue*
référendum	identique – pluriel *des référendums*
référer	conjug. *il réfèrera, elle réfèrerait*
refléter	conjug. *il reflètera, elle reflèterait*
reflex ou **réflex**	**réflex** (différent de l'hom. *réflexe*)
réfréner ou **refréner**	**réfréner** – conjug. *il réfrènera, elle réfrènerait*
réfrigérer	conjug. *il réfrigèrera, elle réfrigèrerait*
régénérer	conjug. *il régénèrera, elle régénèrerait*

ENTRÉE PRINCIPALE (*variante* en remarque)	NOUVELLE ORTHOGRAPHE
réglementaire	**règlementaire**
réglementairement	**règlementairement**
réglementation	**règlementation**
réglementer	**règlementer**
régler	conjug. *il règlera, elle règlerait*
régner	conjug. *il règnera, elle règnerait*
réinsérer	conjug. *il réinsèrera, elle réinsèrerait*
réintégrer	conjug. *il réintègrera, elle réintègrerait*
réitérer	conjug. *il réitèrera, elle réitèrerait*
relais *(relai)*	**relai**
reléguer	conjug. *il relèguera, elle relèguerait*
remboîtement	**remboitement**
remboîter	**remboiter**
remonte-pente	pluriel *des remonte-pentes*
rempaqueter	conjug. *il rempaquète, elle rempaquètera, il rempaquèterait*
remue-ménage	pluriel *des remue-ménages*
remue-méninges	**remue-méninge** – pluriel *des remue-méninges*
rémunérer	conjug. *il rémunèrera, elle rémunèrerait*
renaître	**renaitre** – conjug. *il renait, elle renaitra, il renaitrait*
renouveler	conjug. *il renouvèle, elle renouvèlera, il renouvèlerait*
renouvellement	**renouvèlement**
repaître	**repaitre** – conjug. *il repait, elle repaitra, il repaitrait*
reparaître	**reparaitre** – conjug. *il reparait, elle reparaitra, il reparaitrait*
répartie ou **repartie**	**répartie**
② **répartir** ou **repartir**	**répartir**
repérer	conjug. *il repèrera, elle repèrerait*
répéter	conjug. *il répètera, elle répèterait*
réséquer	conjug. *il résèquera, elle résèquerait*
résoudre – (sens I, 1.) p. p. *résous, résoute*	p p. *résout, résoute*
ressemeler	conjug. *il ressemèle, elle ressemèlera, il ressemèlerait*
rétro-	voir remarque*
rétrocéder	conjug. *il rétrocèdera, elle rétrocèderait*
rétroéclairage	identique
réveille-matin	pluriel *des réveille-matins*
révéler	conjug. *il révèlera, elle révèlerait*
réverbérer	conjug. *il réverbèrera, elle réverbèrerait*
révérer	conjug. *il révèrera, elle révèrerait*
révolver ou **revolver**	**révolver**
rhapsode ou **rapsode**	**rapsode**
rhapsodie ou **rapsodie**	**rapsodie**
rho *(rhô)*	**rho** – pluriel *des rhos*
ric-rac	**ricrac**
rince-doigts	**rince-doigt** – pluriel *des rince-doigts*
risque-tout	**risquetout** – pluriel *des risquetouts*
riveter	conjug. *il rivète, elle rivètera, il rivèterait*
rockeur, euse ou **rocker**	**rockeur, rockeuse**
rocking-chair	**rockingchair**
roller	**rolleur**
rond-point	**rondpoint** – pluriel *des rondpoints*
ronéo	pluriel *des ronéos*
rouspéter	conjug. *il rouspètera, elle rouspèterait*
royalties n. f. pl.	**royaltie** (sing.) – pluriel *des royalties*
rugbyman	pluriel *des rugbymans*
ruisseler	conjug. *il ruissèle, elle ruissèlera, il ruissèlerait*
ruissellement	**ruissèlement**
rush	pluriel *des rushs*
saccharine	**saccarine**
saccharo-	**saccaro-** – voir remarque*

*remarque : les composés de cet élément ne prennent pas de trait d'union sauf si l'élément est suivi d'un mot qui commence par *i* ou par *u*.

ENTRÉE PRINCIPALE (*variante* en remarque)	NOUVELLE ORTHOGRAPHE
saccharose	**saccarose**
sacro-	voir remarque*
sacro-iliaque	identique
sacro-saint, sacro-sainte	**sacrosaint, sacrosainte**
sage-femme	**sagefemme** – pluriel *des sagefemmes*
sanatorium	pluriel *des sanatoriums*
sandwich	pluriel *des sandwichs*
sans-abri	pluriel *des sans-abris*
sans-cœur	pluriel *des sans-cœurs*
sanscrit, ite	→ **sanskrit**
sans-culotte	pluriel *des sans-culottes*
sans-emploi	pluriel *des sans-emplois*
sans-faute	pluriel *des sans-fautes*
sans-fil	pluriel *des sans-fils*
sans-filiste	pluriel *des sans-filistes*
sans-gêne	pluriel *des sans-gênes*
sans-grade	pluriel *des sans-grades*
sanskrit, ite ou **sanscrit, ite**	**sanscrit, sanscrite**
sans-papiers ou **sans-papier**	**sans-papier** – pluriel *des sans-papiers*
sapotillier	identique
satisfecit (*satisfécit*)	**satisfécit** – pluriel *des satisfécits*
sauf-conduit	**saufconduit** – pluriel *des saufconduits*
saute-mouton	pluriel *des saute-moutons*
scampi	pluriel *des scampis*
scato-	voir remarque*
scénario	pluriel *des scénarios*
schah	→ **shah**
schlass	**chlasse**
schlinguer	→ **chlinguer**
schnock	→ **chnoque**
sconse (*skunks*)	**sconse**
scooter	**scooteur** ou **scooter** selon prononciation
① **scotch**	pluriel *des scotchs*
② **scotch**	pluriel *des scotchs*
sèche-cheveux (*sèche-cheveu*)	**sèche-cheveu** – pluriel *des sèche-cheveux*
sèche-linge	pluriel *des sèche-linges*
sécher	conjug. *il sèchera, elle sècherait*
sécheresse	**sècheresse**
sécréter	conjug. *il sécrètera, elle sécrèterait*
seize	*cent-seize, seize-cents, seize-mille-seize, seize-millions, seize-milliards*
sélect, ecte	identique
self-made-man	pluriel *des self-made-mans*
semi-	les composés de l'élément semi- prennent toujours un trait d'union
séneçon	**sèneçon**
sénescence	identique
sénestre (*senestre*)	**sénestre**
sénevé	**sènevé**
sénior ou **senior**	**sénior**
seoir	**soir**
sept	*cent-sept, sept-cents, sept-cent-sept, sept-mille, sept-millions-sept-cents*
septante	*septante-et-un, cent-septante, septante-mille, septante-et-un-millions*
séquoia	identique
séro-	voir remarque*
serpillière ou **serpillère**	**serpillère**
serre-livre ou **serre-livres**	**serre-livre** – pluriel *des serre-livres*
serre-tête	pluriel *des serre-têtes*
servo-	voir remarque*
sexe-appeal ou **sex-appeal**	**sexe-appeal** ou **sexappeal**

ENTRÉE PRINCIPALE (*variante* en remarque)	NOUVELLE ORTHOGRAPHE
sexe-ratio ou **sex-ratio**	**sexe-ratio** ou **sexratio**
sexe-shop ou **sex-shop**	**sexe-shop** ou **sexshop**
sexe-symbole ou **sex-symbol**	**sexe-symbole**
sexy	pluriel *sexys*
shah ou **schah**	**chah**
shaker ou **shakeur**	**shakeur**
shampoing (*shampooing*)	**shampoing**
shampouiner (*shampooiner*)	**shampouiner**
shampouineur, euse (*shampooineur, euse*)	**shampouineur, shampouineuse**
shantung ou **chantoung**	**chantoung**
shogun ou **shogoun**	**shogoun**
shopping (*shoping*)	**shoping**
show	pluriel *des shows*
show-business	**showbizness**
side-car	**sidecar** – pluriel *des sidecars*
sidérer	conjug. *il sidèrera, elle sidèrerait*
siéger	conjug. *il siègera, elle siègerait*
sigma	pluriel *des sigmas*
sino-	voir remarque*
sirocco ou **siroco**	**siroco**
six	*cent-six, six-cents, trente-six-mille, six-mille-six, six-millions, six-milliards*
sketch	pluriel *des sketchs*
skif ou **skiff**	**skif**
skippeur, euse (*skipper*)	**skippeur, skippeuse**
skunks	→ **sconse**
slash	pluriel *des slashs*
smash	pluriel *des smashs*
snack-bar	**snackbar** – pluriel *des snackbars*
snif ou **sniff**	**snif**
snifer ou **sniffer**	**snifer**
snow-boot	**snowboot**
socio-	voir remarque*
socioculturel, elle	identique
socioéconomique	identique
soixante	*soixante-et-un, cent-soixante, deux-cent-soixante-dix-sept, soixante-mille, soixante-et-un-millions*
solo	pluriel *des solos*
sombréro ou **sombrero**	**sombréro** – pluriel *des sombréros*
soprano	pluriel *des sopranos*
sorgo ou **sorgho**	**sorgo**
sottie ou **sotie**	**sottie**
souffleter	conjug. *il soufflète, elle soufflètera, il soufflèterait*
souffre-douleur	pluriel *des souffre-douleurs*
soûl, soûle	**soul, soule**
soûlant, ante	**soulant, soulante**
soûlard, arde	**soulard, soularde**
soûlaud, aude (*soûlot, ote*)	**soulaud, soulaude** ou **soulot, soulote**
soûler	**souler**
soûlerie	**soulerie**
soûlographie	**soulographie**
sous-main n. m.	pluriel *des sous-mains*
sous-tasse	**soutasse** (sur le modèle de *soucoupe*)
sous-verre	pluriel *des sous-verres*
spaghetti	pluriel *des spaghettis*
spath	pluriel *des spaths*
spatio-	voir remarque*
spatiotemporel, elle	identique
speaker	**speakeur**
spéculum	identique – pluriel *des spéculums*

*remarque : les composés de cet élément ne prennent pas de trait d'union sauf si l'élément est suivi d'un mot qui commence par *i* ou par *u*.

ENTRÉE PRINCIPALE (*variante* en remarque)	NOUVELLE ORTHOGRAPHE
speech	pluriel *des speechs*
spéléo-	voir remarque *
spermato-	voir remarque *
spermo-	voir remarque *
sprinteur, euse *(sprinter)*	**sprinteur, sprinteuse**
squatteur, euse *(squatter)*	**squatteur, squatteuse**
staccato	pluriel *des staccatos*
standard adj.	pluriel *standards*
starting-block	**startingblock**
start-up	**startup** – pluriel *des startups*
station-service	pluriel *des stations-services*
statu quo	**statuquo** – pluriel *des statuquos*
steamer	**steameur**
sténo-	voir remarque *
stéréo-	voir remarque *
sticker	**stickeur**
stimulus	pluriel *des stimulus*
stomato-	voir remarque *
stoupa ou **stupa**	**stoupa**
stratocumulus	identique
strepto-	voir remarque *
stretch	pluriel *des stretchs*
striptease ou **strip-tease**	**striptease** – pluriel *des stripteases*
stripteaseur, euse ou **strip-teaseur, euse**	**stripteaseur, stripteaseuse**
stupa	→ **stoupa**
succéder	conjug. *il succèdera, elle succèderait*
suggérer	conjug. *il suggèrera, elle suggèrerait*
sulfo-	voir remarque *
sulky	pluriel *des sulkys*
super-	les composés de l'élément et préfixe **super-** ne prennent pas de trait d'union
super-héros	**superhéros**
super-huit	**superhuit**
superman	pluriel *des supermans*
supernova, plur. **supernovæ**	pluriel *des supernovas*
supporteur, trice ou **supporter**	**supporteur, supportrice**
supra-	voir remarque *
sur-	les composés de l'élément **sur-** ne prennent pas de trait d'union
sûr, sûre	**sûr, sure** – pluriel *surs, sures*
suraigu, uë	**suraigu, suraigüe**
surcoût	**surcout**
surcroît	**surcroit**
surdimutité	identique
sûrement	**surement**
sûreté	**sureté**
surmoi	identique
suroît	**suroit**
surpiqûre	**surpiqure**
surseoir	**sursoir**
sweater	**sweateur**
symposium	pluriel *des symposiums*
tacheter	conjug. *il tachète, elle tachètera, il tachèterait*
tagliatelle	**taliatelle** – pluriel *des taliatelles*
taille-crayon	pluriel *des taille-crayons*
taille-douce	pluriel *des tailles-douces* (*taille* est n. f.)
talweg *(thalweg)*	**talweg**
tam-tam	**tamtam** – pluriel *des tamtams*
tanker	**tankeur**
tansad	identique
taoïsme	identique
tapecul *(tape-cul)*	**tapecul**
targui, ie, plur. **Touareg**	**touareg, touarègue** – pluriel *des Touaregs, des Touarègues* (fém.)

ENTRÉE PRINCIPALE (*variante* en remarque)	NOUVELLE ORTHOGRAPHE
tartignolle ou **tartignole**	**tartignole**
taste-vin	pluriel *des taste-vins*
tatami	pluriel *des tatamis*
tâte-vin	pluriel *des tâte-vins*
tau	pluriel *des taus*
tchao ou **ciao**	**tchao**
tchin-tchin	**tchintchin**
techno-	voir remarque *
teck *(tek)*	**tek**
teeshirt ou **tee-shirt** *(T-shirt)*	**teeshirt**
télé-	les composés de l'élément **télé-** ne prennent pas de trait d'union
téléenseignement	identique
téléférique ou **téléphérique**	**téléférique**
téléfilm	identique
téléinformatique	identique
téléo-	voir remarque *
téléobjectif	identique
téléphérique	→ **téléférique**
télo-	voir remarque *
a tempera	**à tempéra**
tempérer	conjug. *il tempèrera, elle tempèrerait*
tempo	pluriel *des tempos*
téorbe ou **théorbe**	**téorbe**
téquila ou **tequila**	**téquila**
térato-	voir remarque *
terre-plein	**terreplein** – pluriel *des terrepleins*
tête-bêche	**têtebêche**
téter	conjug. *il tètera, elle tèterait*
tétra-	voir remarque *
teuf-teuf	**teufteuf** – pluriel *des teufteufs*
thaï, thaïe	pluriel *thaïs, les Thaïs*
thalweg	→ **talweg**
théo-	voir remarque *
théorbe	→ **téorbe**
thermo-	voir remarque *
thêta	pluriel *des thêtas*
thio-	voir remarque *
thoraco-	voir remarque *
thriller	**thrilleur**
thrombo-	voir remarque *
thune ou **tune**	**tune**
tic-tac	**tictac** – pluriel *des tictacs*
tie-break	**tiebreak** – pluriel *des tiebreaks*
tire-botte	pluriel *des tire-bottes*
tire-bouchon ou **tirebouchon**	**tirebouchon**
tire-bouchonner ou **tirebouchonner**	**tirebouchonner**
tire-fesses *(tire-fesse)*	**tire-fesse** – pluriel *des tire-fesses*
tire-fond	**tirefond** – pluriel *des tirefonds*
tire-lait	pluriel *des tire-laits*
à tire-larigot	**à tirelarigot**
tire-ligne	pluriel *des tire-lignes*
tocade *(toquade)*	**tocade**
tocante *(toquante)*	**tocante**
tocard, arde *(toquard, arde)*	**tocard, tocarde**
toccata	pluriel *des toccatas*
tohu-bohu	**tohubohu** – pluriel *des tohubohus*
tolérer	conjug. *il tolèrera, elle tolèrerait*
tomo-	voir remarque *
toquade	→ **tocade**
toquante	→ **tocante**
toquard, arde	→ **tocard, arde**
tord-boyau ou **tord-boyaux**	**tord-boyau** – pluriel *des tord-boyaux*
toréro ou **torero**	**toréro**

* remarque : les composés de cet élément ne prennent pas de trait d'union sauf si l'élément est suivi d'un mot qui commence par *i* ou par *u*.

ENTRÉE PRINCIPALE (*variante* en remarque)	NOUVELLE ORTHOGRAPHE
tory	pluriel *des torys*
touareg	→ **targui**
tourista	identique
tourne-disque	pluriel *des tourne-disques*
toxico-	voir remarque *
toxi-infection	**toxiinfection**
tragicomédie	identique
tragicomique	identique
traînailler	**trainailler**
traînant, ante	**trainant, trainante**
traînard, arde	**trainard, trainarde**
traînasser	**trainasser**
traîne	**traine**
traîneau	**traineau**
traînée	**trainée**
traîner	**trainer**
traintrain ou **train-train**	**traintrain** – pluriel *des traintrains*
traître, traîtresse	**traitre, traitresse**
traîtreusement	**traitreusement**
traîtrise	**traitrise**
trans-	les composés de l'élément **trans-** ne prennent pas de trait d'union
transférer	conjug. *il transfèrera, elle transfèrerait*
transgenre	identique
translittérer	conjug. *il translittèrera, elle translittèrerait*
transparaître	**transparaitre** – conjug. *il transparait, elle transparaitra, il transparaitrait*
traveller's chèque *(traveller's check)*	**traveleur's chèque**
travelling ou **traveling**	**traveling**
treize	*cent-treize, treize-cents, treize-mille-treize, treize-millions, treize-milliards*
trémolo	identique
trench	pluriel *des trenchs*
trench-coat	**trenchcoat**
trente	*trente-et-un, cent-trente-deux, trente-mille, trente-et-un-millions*
triboélectricité	identique
triboélectrique	identique
trois	*cent-trois, trois-cents, trois-cent-trois, trois-mille, trois-millions-trois-cents, trois-milliards*
trouble-fête	pluriel *des trouble-fêtes*
tsétsé ou **tsé-tsé**	**tsétsé** – pluriel *des tsétsés*
T-shirt	→ **teeshirt**
tue-mouche	pluriel *des tue-mouches*
tumulus	pluriel *des tumulus*
tune	→ **thune**
turbo-	voir remarque *
ukase	→ **oukase**
ulcérer	conjug. *il ulcèrera, elle ulcèrerait*
uléma *(ouléma)*	**ouléma**
ultra-	les composés de **ultra-** ne prennent pas de trait d'union
ultrasensible	identique
ultrason	identique
un, une	*vingt-et-un, cent-un, mille-un, mille-et-une (nuits), soixante-et-un-mille, un-million, un-milliard-cinq-cent-mille*
underground	pluriel *des undergrounds*
unième	*vingt-et-unième, cent-unième, mille-et-unième*

ENTRÉE PRINCIPALE (*variante* en remarque)	NOUVELLE ORTHOGRAPHE
upsilon	pluriel *des upsilons*
vade-mecum	**vadémécum** – pluriel *des vadémécums*
vanillier	identique
vantail, aux *(ventail, aux)*	**ventail** – pluriel *des ventaux*
va-nu-pieds	**vanupied** – pluriel *des vanupieds*
vaso-	voir remarque *
va-tout	**vatout** – pluriel *des vatouts*
végéter	conjug. *il végètera, elle végèterait*
vélo-taxi	**vélotaxi** – pluriel *des vélotaxis*
vélum *(velum)*	**vélum** – pluriel *des vélums*
vénérer	conjug. *il vénèrera, elle vénèrerait*
vénerie	**vènerie**
ventail, aux	→ **vantail**
veto	**véto** – pluriel *des vétos*
vide-grenier	pluriel *des vide-greniers*
vidéo-	voir remarque *
vide-ordures	**vide-ordure** – pluriel *des vide-ordures*
vide-poche	pluriel *des vide-poches*
vilenie ou **vilénie**	**vilenie** ou **vilénie** selon prononciation
vingt	*vingt-et-un, cent-vingt, vingt-mille, quatre-vingt-mille, cent-vingt-millions*
vitupérer	conjug. *il vitupèrera, elle vitupèrerait*
vivi-	les composés de **vivi-** ne prennent pas de trait d'union
vivisecteur	identique
vivisection	identique
vociférer	conjug. *il vocifèrera, elle vocifèrerait*
volapuk	identique
voleter	conjug. *il volète, elle volètera, il volèterait*
volleyball ou **volley-ball**	**volleyball**
volte-face *(volteface)*	**volteface** – pluriel *des voltefaces*
voûte	**voute**
voûté, ée	**vouté, voutée**
voûter	**vouter**
water-ballast	**waterballast** – pluriel *des waterballasts*
waterpolo ou **water-polo**	**waterpolo**
waters	**water** – pluriel *des waters*
weber	**wéber**
week-end	**weekend** – pluriel *des weekends*
whisky	pluriel *des whiskys*
wifi ou **wi-fi**	**wifi** – pluriel *des wifis*
winch	pluriel *des winchs*
xéno-	voir remarque *
xi ou **ksi**	**xi** – pluriel *des xis*
yack ou **yak**	**yak**
yéyé ou **yé-yé**	**yéyé** – pluriel *des yéyés*
yiddish	**yidiche**
yogourt	identique
yoyo *(yo-yo)*	**yoyo** – pluriel *des yoyos*
ysopet ou **isopet**	**isopet**
zakouski	pluriel *des zakouskis*
zébrer	conjug. *il zèbrera, elle zèbrerait*
zêta	pluriel *des zêtas*

* remarque : les composés de cet élément ne prennent pas de trait d'union sauf si l'élément est suivi d'un mot qui commence par *i* ou par *u*.

LES NOMS DE NOMBRES

■ Les composés des adjectifs numéraux cardinaux s'écrivent avec des traits d'union (exemple : *dix-sept, quatre-vingt-un*), sauf si entrent dans leur composition les mots *et, cent* ou *mille*, lesquels ne sont jamais précédés ou suivis de trait d'union (exemple : *cent sept, vingt et un, trois mille vingt-deux*).

■ La nouvelle orthographe permet d'employer le trait d'union systématiquement dans l'écriture des nombres composés : *vingt-et-un, deux-cents, quatre-cent-trente-deux, un-million-cent.*

CHIFFRES ARABES		CHIFFRES ROMAINS
0	zéro	
1	un	I
2	deux	II
3	trois	III
4	quatre	IV
5	cinq	V
6	six	VI
7	sept	VII
8	huit	VIII
9	neuf	IX
10	dix	X
11	onze	XI
12	douze	XII
13	treize	XIII
14	quatorze	XIV
15	quinze	XV
16	seize	XVI
17	dix-sept	XVII
18	dix-huit	XVIII
19	dix-neuf	XIX
20	vingt	XX
21	vingt et un	XXI
22	vingt-deux	XXII
30	trente	XXX
31	trente et un	XXXI
32	trente-deux	XXXII
40	quarante	XL
41	quarante et un	XLI
42	quarante-deux	XLII
50	cinquante	L
51	cinquante et un	LI
52	cinquante-deux	LII
60	soixante	LX
61	soixante et un	LXI
62	soixante-deux	LXII
70	soixante-dix	LXX
71	soixante et onze	LXXI
72	soixante-douze	LXXII
80	quatre-vingts	LXXX
81	quatre-vingt-un	LXXXI
82	quatre-vingt-deux	LXXXII
90	quatre-vingt-dix	XC
91	quatre-vingt-onze	XCI
92	quatre-vingt-douze	XCII

CHIFFRES ARABES		CHIFFRES ROMAINS
100	cent	C
101	cent un	CI
102	cent deux	CII
200	deux cents	CC
201	deux cent un	CCI
202	deux cent deux	CCII
300	trois cents	CCC
301	trois cent un	CCCI
302	trois cent deux	CCCII
400	quatre cents	CD
500	cinq cents	D
999	neuf cent quatre-vingt-dix-neuf	IM
1000	mille	M
1001	mille un	MI
1002	mille deux	MII
1100	mille cent ou onze cents	MC
1200	mille deux cents ou douze cents	MCC
2000	deux mille	MM

Au-delà de deux mille, on n'emploie guère les chiffres romains.

9 999	neuf mille neuf centquatre-vingt-dix-neuf
10 000	dix mille
99 999	quatre-vingt-dix-neuf mille neuf cent quatre-vingt-dix-neuf
100 000	cent mille
100 001	cent mille un ou cent mille et un
100 002	cent mille deux
101 000	cent un mille
1 000 000	un million
1 000 000 000	un milliard

CRÉDITS PHOTOGRAPHIQUES

■ Dossier LANGUE FRANÇAISE

enseignant : Leemage/DeAgostini ; *boustrophédon* : The Picture Desk/The Art Archive/Gianni Dagli Orti ; *vases* : BIS/Coll. Archives Larbor ; *amphore* : Leemage/Luisa Ricciarini ; *Delphes* : BIS/Ollirg ; *Nîmes* : Shutterstock/Edler von Rabenstein ; *main* : Shutterstock/paintings ; *César* : Shutterstock/View Apart ; *Carpe diem* : Shutterstock/Dieter Hawlan ; *Fluctuat* : Shutterstock/EQRoy ; *Apollon* : Leemage/DeAgostini ; *Pompéi* : RMN-Grand Palais/Luciano Pedicini/© Archives Alinari, Florence ; *éoliennes* : BIS/Rafa Irusta ; *Pan* : Shutterstock/mubus7 ; *Etna* : Shutterstock/adminrz ; *Achille* : Shutterstock/Drilea Cristian ; *pièce 1* : BIS/Coll. Archives Nathan ; *pièce 2* : BIS/Coll. Archives Bordas ; *pièce 3* : BIS/Coll. Archives Nathan ; *Autun* : Shutterstock/hofmeester ; *lettrine* : BIS/Coll. Archives Larbor ; *Tristan et Iseut* : Leemage/DeAgostini ; *tapisserie* : BIS/Coll. Archives Larbor ; *viande* : Shutterstock/TunedIn by Westend61 ; *cochon* : Shutterstock/gajdamak ; *arabe* : Leemage/DeAgostini ; *dictionnaire* : BIS/Coll. Archives Nathan ; *miniature* : BIS/Coll. Archives Larbor ; *Colomb* : Leemage/Josse ; *colibri* : Shutterstock/Paul Reeves Photography ; *Louis XIV* : BIS/Coll. Archives Larbor ; *émigré* : BIS/Coll. Archives Bordas ; *écolier* : BIS/Archives Larbor ; *avion* : BIS/Coll. Archives Nathan ; *coq* : François Saint-Remy ; *Alchimie* : BIS/Coll. Archives Nathan ; *Hugo* : BIS/Coll. Archives Larbor.

■ Dossier LITTÉRATURE

Renoir : BIS/Archives Larbor/Hubert Josse ; *Astérix* : ASTERIX®-OBELIX® / © 2016 LES ÉDITIONS ALBERT RENÉ / GOSCINNY - UDERZO ; *Cyrano* : BIS/Archives Larbor/Michel Didier ; *Marianne* : BIS/Archives Nathan ; *Ruy Blas* : BIS/Archives Larbor/S. Guiley-Lagache ; *Dormeur* : BIS/Coll. Archives Larbor ; *Queneau* : BIS/Coll. Archives Larbor ; *Apollinaire* : BIS/© Éditions Gallimard ; *Voltaire* : BIS/Archives Larbor/©Musée de la Publicité/© Adagp, Paris 2008 ; *Coello* : BIS/Archives Bordas/Leonard de Selva-DR ; *Villon* : BIS/Coll. Archives Larbor ; *Verlaine* : BIS/Archives Larbor/Jeanbor ; *Roland* : BIS/Coll. Archives Larbor ; *Léger* : BIS/Coll. Archives Larbor/© Adagp, Paris 2008 ; *Ferré* : Leemage/Graziano Arici ; *Bellissimo* : Cit'en scène/Pacome Poirier ; *théâtre italienne* : iStockphoto/Nikada ; *Commedia* : BIS/Archives Larbor/G.C. Costa ; *Knock* : BIS/Archives Larbor/Jean-Loup Charmet-DR ; *Ménandre* : BIS/Archives Larbor/Sergio Rossi ; *Claudel* : BIS/Coll. Archives Larbor/© Birgit ; *Robinson* : BIS/Archives Nathan ; *Ulysse* : BIS/Archives Larbor ; *Oiseau feu* : BIS/© Éd. La Farandole/Jeanbor ; *Micromégas* : BIS/Coll. Archives Larbor ; *Poe* : BIS/Archives Larbor ; *Barbe Bleue* : BIS/Archives Larbor/Jeanbor ; *Renart* : BIS/Coll. Archives Larbor ; *Verne* : BIS/Archives Larbor/Jeanbor ; *Poirot* : Leemage/Costa ; *Gulliver* : BIS/Archives Nathan ; *Fahrenheit* : BIS/Coll. Archives Larbor/© The National Film Archive, Londres ; *Dr Jekyll* : Rue des Archives/© The advertising Archives ; *Metsu* : BIS/Coll. Archives Nathan/© National Gallery of Ireland, Dublin ; *Louis V* : BIS/Coll. Archives Larbor ; *Sévigné* : BIS/Archives Larbor/Jeanbor ; *Hugo* : BIS/Coll. Archives Larbor ; *Jaurès* : BIS/Archives Larbor/Jack Studio-DR ; *J'accuse* : BIS/Coll. Archives Larbor ; *Anne Frank* : BIS/Coll. Archives Larbor-DR ; *Merveilles* : BIS/Coll. Archives Larbor ; *Montaigne* : BIS/Archives Nathan ; *Ronsard* : BIS/Coll. Archives Larbor ; *Matamore* : BIS/Archives Larbor/Jeanbor ; *Don Juan* : BIS/Archives Larbor/Hubert Josse ; *Voltaire* : BIS/Archives Larbor ; *Musset* : BIS/Archives Larbor/Jeanbor ; *Balzac* : BIS/Archives Larbor/Jeanbor ; *Germinal* : BIS/Archives Larbor/Jean-Loup Charmet ; *Baudelaire* : BIS/Coll. Archives Larbor/© Adagp, Paris 2008 ; *Éluard* : Leemage/Bianchetti ; *Camus* : BIS/Coll. Archives Larbor ; *Sarraute* : BIS/Archives Larbor/Patrice Pascal.

■ Dossier HISTOIRE et HISTOIRE DE L'ART

Préhistoire : *bison* : BIS/Archives Larbor ; *racloirs* : RMN/Jean-Gilles Berizzi ; *Brassempouy* : BIS/Archives Nathan ; *Lascaux* : BIS/Archives Larbor/C. Roux ; *australopithèque* : LookatSciences/Eurelios/Reconstitution par l'Atelier Daynès/Philippe Plailly – **Écriture :** *mandarin* : PHOTONONSTOP/W. Bibikow ; *coufique* : BIS/Coll. Archives Nathan ; *devanagari* : BIS/Coll. Archives Larbor ; *kana* : BIS/Coll. Archives Larbor ; *caroline* : BIS/Coll. Archives Nathan – **Mésopotamie :** *Gudéa* : RMN/C. Jean ; *Assurbanipal* : AKG/E. Lessing ; *Uruk* : BIS/Archives Larbor ; *Ur* : CORBIS/M.S. Yamashita – **Égypte :** *Horus* : BIS/Archives Larbor/S. Guiley-Lagache ; *Gizeh* : Photodisc ; *objets toilette* : BIS/Archives Larbor ; *momie* : GAMMA /HFP/de Vartavan-Landmann ; *Sennedjem* : LEEMAGE/Marthelot – **Hébreux :** *Thora* : BIS/Archives Larbor/Hubert Josse ; *mer Morte* : CORBIS/Dead Sea Scrolls Foundation, Inc. ; *Pessah* : CORBIS/Archivo Iconografico, S.A. ; *temple Jérusalem* : KEYSTONE – **Grèce :** *Praxitèle* : BIS/Archives Larbor/Hubert Josse ; *masques* : BIS/Archives Larbor/S. Rossi ; *Athènes* : BIS/Archives Larbor/Spyros Meletzis ; *discobole* : BIS/Coll. Archives Larbor ; *jetons* : BIS/Coll. Archives Larbor ; *Corinthe* : BIS/Archives Nathan/Milza – **Rome :** *Mars* : BIS/Archives Larbor/Scala ; *demeure* : BIS/Archives Larbor ; *patricien* : BIS/Archives Larbor/Scala ; *Tibère* : BIS/Archives Larbor/Erwin Meyer ; *cirque* : BIS/Archives Larbor/Studio Basset – **Islam :** *astrolabe* : BIS/Coll. Archives Nathan ; *marchands* : BIS/Coll. Archives Nathan ; *navire* : BIS/Coll. Archives Nathan ; *astrologue* : BIS/Coll. Archives Nathan ; *étoiles* :

Crédits photographiques

BIS/Coll. Archives Larbor – **Carolingiens** : *Charlemagne* : BIS/Coll. Archives Larbor ; *guerriers* : BIS/Coll. Archives Nathan ; *Pépin* : BIS/Archives Larbor/O. Modini ; *péricopes* : BIS/Coll. Archives Larbor – **Capétiens** : *Philippe Auguste* : BIS/Archives Nathan ; *Hugues Capet* : BIS/Coll. Archives Larbor ; *Fouquet* : BIS/Coll. Archives Larbor ; *Philippe IV* : BIS/Coll. Archives Larbor – **Art roman** : *Wissembourg* : BIS/Archives Larbor/Frantz ; *Poitiers* : BIS/Archives Larbor/J.M. Labat ; *Saint-Guilhem-le-Désert* : BIS/Archives Larbor/Cl. O'Sughrue ; *Conques* : BIS/Archives Larbor/L. Joubert ; *San Isidoro* : DAGLI ORTI G. ; *Melle* : BIS/Bernard ; *Vézelay* : BIS/Grauy ; *Moissac* : Shutterstock/mimohe ; *Saintes* : DAGLI ORTI G. – **Art gothique** : *Sluter* : BIS/Archives Larbor/Studio Berlin ; *gisant* : RMN/C. Jean ; *Salisbury* : BIS/Archives Larbor ; *Beauvais* : RMN/Bulloz ; *Sainte-Chapelle* : BIS/Shifted ; *Limbourg* : BIS/Coll. Archives Bordas ; *Reims, façade* : Shutterstock/Bertl123 ; *Reims, rosace* : DAGLI ORTI G. ; *Reims, ange* : Shutterstock/Kiev.Victor – **Féodalité** : *tournoi* : BIS/Coll. Archives Larbor ; *Saint Louis* : BIS/Coll. Archives Nathan ; *investiture* : BIS/Archives Nathan/Bibliothèque, Heidelberg ; *chasse* : BIS/Coll. Archives Larbor – **Guerre de Cent Ans** : *Poitiers* : BIS/Coll. Archives Nathan ; *Bourgeois de Calais* : BIS/Coll. Archives Larbor ; *Orléans* : BIS/Coll. Archives Larbor ; *Jeanne d'Arc* : BIS/Coll. Archives Larbor – **Renaissance** : *Limosin* : BIS/Archives Larbor/Hubert Josse ; *Raphaël, Vierge* : BIS/Archives Larbor ; *Raphaël, ange* : BIS/Archives Larbor ; *Michel-Ange* : LEEMAGE/Battaglini ; *Dürer* : BIS/Archives Larbor/Hubert Josse ; *Chambord* : BIS/Fredouille ; *Clouet* : BIS/Archives Larbor/Hubert Josse ; *tapisserie* : BIS/Coll. Archives Larbor ; *Cellini* : BIS/Archives Nathan ; *Du Cerceau* : BIS/Archives Larbor – **Grandes découvertes** : *globe* : BIS/Coll. Archives Nathan ; *Cortés* : BIS/Coll. Archives Larbor ; *Bougainville* : BIS/Coll. Archives Larbor ; *Portugais* : BIS/Coll. Archives Larbor ; *Santa Maria* : AKG – **Humanisme** : *Vinci* : Scala/Ministero Beni e Att. Culturali ; *presse* : BIS ; *Rabelais* : BIS/Archives Larbor/Hubert Josse ; *Erasme* : BIS/Archives Nathan – **Réforme** : *Melanchton* : BIS/Coll. Archives Larbor ; *Luther* : LEEMAGE/Fototeca ; *Ligue* : BIS/Archives Larbor ; *édit* : BIS/Archives Larbor – **Baroque** : *Brokof* : BIS/Archives Larbor ; *Longhena* : DAGLI ORTI G. ; *Churriguera* : BIS/Archives Larbor/Oronoz ; *Schönbrunn* : CORBIS/C. Redondo ; *Rubens* : BIS/Archives Nathan – **Classicisme** : *Girardon* : BIS/Archives Larbor ; *Le Brun* : BIS/Archives Larbor/S. Guiley-Lagache ; *Mansart* : CORBIS/S. Bianchetti ; *Orangerie* : BIS/Jmdub ; *Lorrain* : BIS/Archives Larbor/Hubert Josse ; *Largillière* : BIS/Archives Larbor/L. Joubert ; *La Tour* : BIS/Archives Larbor – **Louis XIV** : *louis d'or* : BIS/Coll. Archives Larbor ; *Marly* : BIS/Archives Larbor/Hubert Josse ; *Versailles* : BIS/Archives Larbor/Jeanbor ; *Boulle* : RMN/Reversement OA – **Lumières** : *Diderot* : BIS/Archives Larbor/M. Didier ; *Encyclopédie* : BIS/Archives Larbor/Hubert Josse ; *Rousseau* : BIS/Archives Larbor/Jeanbor ; *Boucher* : BIS/Archives Larbor ; *Watteau* : BIS/Archives Larbor/M. Didier – **Révolution française** : *trophée* : BIS/Coll. Archives Nathan ; *David* : BIS/Archives Larbor/Jeanbor ; *Marie-Antoinette* : BIS/Archives Larbor/Hubert Josse ; *Louis XVI* : BIS/Archives Larbor ; *Bastille* : BIS/Archives Larbor ; *sans-culotte femme* : BIS/Coll. Archives Larbor ; *sans-culotte homme* : BIS/Coll. Archives Larbor ; *Droits homme* : BIS/Coll. Archives Larbor – **Empire** : *Code civil* : BIS/Archives Larbor/Gianni Dagli Orti ; *meuble* : BIS/Archives Larbor/L. Sully Jaulmes ; *David* : BIS/Archives Larbor/Hubert Josse ; *Debret* : BIS/Archives Larbor/Hubert Josse ; *Géricault* : BIS/Archives Larbor/Ellebé ; *Waterloo* : BIS/Archives Larbor/Gianni Dagli Orti – **Révolution industrielle** : *Watt* : Bridgeman-Giraudon ; *Creusot* : BIS/Archives Larbor/Jeanbor ; *chemin de fer* : BIS/Archives Bordas/Jeanbor ; *mine* : BIS/Coll. Archives Larbor – **Colonisation** : *Journal* : BIS/Archives Larbor/Jeanbor ; *Abd el-Kader* : BIS/Archives Nathan ; *Sénégal* : BIS/Archives Larbor/Jeanbor ; *Banania* : BIS/Archives Larbor ; *armée* : BIS/Coll. Archives Larbor – **Romantisme** : *Gavroche* : BIS/Coll. Archives Nathan ; *Delacroix* : BIS/Archives Larbor/Hubert Josse ; *Devéria* : BIS/Coll. Archives Larbor ; *Pierrefonds* : BIS/Archives Larousse/Jeanbor ; *Sand* : BIS/Archives Larbor/J.L. Charmet ; *Rude* : BIS/Archives Larbor ; *Chateaubriand* : BIS/Archives Larbor/S. Guiley-Lagache ; *Friedrich* : BIS/Archives Larbor/R. Kleinhempel – **Réalisme** : *Dalou* : RMN/Th. Ollivier ; *Daumier* : BIS/Archives Larbor/Hubert Josse ; *Millet* : BIS/Archives Larbor/Hubert Josse ; *Courbet* : BIS/Archives Larbor/Hubert Josse ; *Lhermitte* : BIS/Archives Nathan ; *Roqueplan* : BIS/Archives Larbor/J.L. Charmet ; *Stendhal* : BIS/Archives Larbor/Hubert Josse ; *Daubigny* : BIS/Archives Larbor – **Impressionnisme** : *Turner* : BIS/Archives Larbor/Somogy ; *Monet, Impression* : BIS/Archives Larbor ; *Nymphéas 1* : BIS/Archives Larbor ; *Nymphéas 2* : BIS/Archives Larbor/G. Routhier Lourmel ; *Manet* : BIS/Archives Larbor/Studios Photorob ; *Renoir* : BIS/Archives Larbor ; *Pissarro* : BIS/Archives Larbor/ Hubert Josse ; *Morisot* : BIS/Archives Larbor/Hubert Josse ; *Caillebotte* : BIS/Archives Larbor – **Symbolisme** : *Moreau* : BIS/Archives Larbor/Hubert Josse ; *Puvis* : BIS/Archives Larbor/Hubert Josse ; *Toulouse-Lautrec* : BIS/Archives Larbor ; *Redon* : BIS/Archives Larbor/A. Danvers ; *Verlaine* : BIS/Archives Larbor/Hubert Josse – **Art nouveau** : *Mucha* : CORBIS/Swim Ink ; *Guimard* : BIS/Archives Larbor/Jeanbor ; *Majorelle* : RMN/H. Lewandowski ; *Gallé* : RMN/H. Lewandowski ; *Dubret* : RMN/K. Ignatiadis – **Cubisme** : *Metzinger* : RMN/Bulloz © Adagp, Paris 2005 ; *Gris* : BIS/Coll. Archives Larbor ; *Picasso* : AKG/E. Lessing © Succession Picasso, 2005 ; *Braque* : BIS/Archives Larbor/L. Joubert © Adagp, Paris 2005 ; *Lipchitz* : RMN/J. Hyde – **Première Guerre mondiale** : *aéroplanes* : BIS/Archives Larbor/M. Didier ; *ouvrière* : BIS/Archives Larbor/Jeanbor ; *Voie sacrée* : BIS/Coll. Archives Larbor ; *Ypres* : Archives Larousse ; *tranchée* : BIS/Archives Larbor/Hubert Josse © Musée des Deux Guerres mondiales, BDIC, Paris – **Révolution russe** : *gardes* : CORBIS/Bettemann ; *Petrograd* : CORBIS/Bettemann ; *Lénine* : CORBIS/M. Garanger ; *affiche* : LEEMAGE/Costa – **Surréalisme** : *Magritte* : BIS/Archives Larbor/L. Joubert © Adagp, Paris 2005 ; *Dalí* : BIS/Archives Larbor/Salvador Dalí, Fondation Gala-Salvador Dalí © Adagp, Paris 2005 ; *Bellmer* : BIS/Archives Larbor/L. Joubert © Adagp, Paris 2005 – **Fascisme** : *Chemises noires* : LEEMAGE/Costa ; *jeunes* : LEEMAGE/Farabola ; *Mussolini-Hitler* : LEEMAGE/Farabola ; *autodafé* : LEEMAGE/Costa – **Crise de 1929** : *journal* : Rue des Archives/Mary Evans ; *Lectures* : BIS/Archives Larbor/J.-L. Charmet ; *Evans* : Getty/Hulton Archive/Walker Evans ; *chômeurs* : Roger-Viollet – **Front**

populaire : *Blum, Thorez, Salengro* : LEEMAGE/Selva ; *14 juillet* : BIS/Coll. Archives Larbor ; *congés payés* : L'Illustration ; *grève* : BIS/Archives Larbor – **Deuxième Guerre mondiale** : *appel 18 juin* : BIS/Archives Larbor/ Hubert Josse ; *rationnement* : KHARBINE-TAPABOR/ Collection IM ; *Montoire* : KEYSTONE ; *Auschwitz* : BIS/ Coll. Archives Larbor ; *libération* : BIS/Coll. Archives Larbor/DR – **Décolonisation** : *Gandhi* : AKG/Archives Peter Ruhe ; *Lumumba* : BIS/Archives Larbor/J.L. Williot ; *Alger, De Gaulle* : RAPHO/M. Zalewski ; *Alger, manifestation* : KEYSTONE – **Ve République** : *De Gaulle* : CORBIS/Bettemann ; *Mitterrand* : CORBIS/Sygma/ Diego Goldberg ; *Mai 68* : CORBIS/Bettemann ; *Beaubourg* : CORBIS/D. Croucher – **Europe** : *euro* : Communauté européenne ; *Ceca, affiche* : BIS/Coll. Archives Larbor/DR ; *Ceca, Monnet* : KEYSTONE ; *Traité Rome* : CORBIS/Bettemann ; *drapeaux* : Urba Images/G. Engel ; *parlement, bâtiment* : Shutterstock/Leonid Andronov ; *Simone Veil* : GAMMA-RAPHO/Keystone ; *parlement, séance* : CORBIS/TH. Tronnel.

■ Dossier CHRONOLOGIE

Antiquité : *bas-relief* : BIS/Archives Larbor ; *tablette* : BIS/Archives Larbor/Hubert Josse ; *Louksor* : BIS/ Archives Nathan/Sonneville ; *Alexandre* : BIS/Coll. Archives Larbor ; *Cléopâtre* : Archivo L.A.R.A./PLANETA ; *Parthénon* : BIS/Archives Sejer/Nick Koumaris ; *El Djem* : BIS/Archives Larbor – **Moyen Âge** : *Sainte-Sophie* : BIS/ Matt Trommer ; *Charles Martel* : BIS/Coll. Archives Nathan ; *Charlemagne* : BIS/Archives Larbor/Hubert Josse ; *abbaye* : BIS/Coll. Archives Nathan ; *Normands* : BIS/Coll. Archives Larbor ; *Croisés* : BIS/Coll. Archives Larbor ; *Renart* : BIS/Coll. Archives Larbor ; *Jeanne d'Arc* : BIS/Coll. Archives Larbor ; *Machu Picchu* : Shutterstock/ Gonzalez Zarraonandia – **Temps modernes** : *Soliman* : BIS/Archives Larbor/Gustavo Tomsich ; *Sixtine* : BIS/ David Bleja ; *Henri IV* : BIS/Archives Larbor ; *Montaigne* : BIS/Coll. Archives Larbor ; *Descartes* : Archivo L.A.R.A./ PLANETA ; *Pierre le Grand* : BIS/Archives Larbor ; *ballon* : BIS/Archives Nathan ; *Droits homme* : BIS/Archives Larbor/Jeanbor ; *Robespierre* : BIS/Archives Larbor/ Michel Didier ; *Jenner* : BIS/Archives Larbor/Michel Didier – **XIXe siècle** : *pionniers* : BIS/Archives Bordas/ Alain Lantz ; *Napoléon III* : BIS/Archives Nathan ; *Darwin* : BIS/Archives Larbor/Jeanbor ; *Dreyfus* : BIS/Archives Larbor/Jeanbor ; *Gaudí* : BIS/Andres Rodriguez ; *Curie* : BIS/Coll. Archives Larbor/Gribayedoff – **XXe siècle** : *Staline* : BIS/Archives Larbor/J. J. Hautefeuille-DR ; *jazz* : BIS/Archives Larbor/Jeanbor/Éd. Francis Salabert-DR ; *Chaplin* : BIS/Coll. Archives Larbor/Les Temps Modernes © Roy Export Company Establishment Roy Export SAS ; *De Gaulle* : Eyedea/Keystone ; *Yalta* : Archivo L.A.R.A./ PLANETA ; *Fleming* : BIS/Archives Larbor/© Imperial War Museum, Londres ; *Nuremberg* : BIS/Coll. Archives Nathan-DR ; *Nasser* : BIS/Archives Larbor/Thierry Parant ; *Mai 68* : BIS/Archives Larbor ; *Luther King* : BIS/Coll. Archives Larbor/Archives Marchand Rieussee ; *Apollo XI* : BIS/Archives Nathan © NASA ; *Berlin* : Corbis/ Régis Bossu ; *Obama* : United States Senate.

■ Dossier GÉOGRAPHIE et DÉVELOPPEMENT DURABLE

Chine : Shutterstock/TonyV3112 ; *Inde* : iStockphoto/ ray roper ; *Afrique du Sud* : iStockphoto/Don Bayley ; *éducation* : Fotolia/Living Legend ; *santé* : iStockphoto/ Chris Fertnig ; *fumer* : Fotolia/ursule ; *moustiques* : iStockphoto/enviromantic ; *charbon* : Fotolia/Marty Haas ; *Maldives* : Fotolia/piccaya ; *colza* : iStockphoto/ ollo ; *forêt* : iStockphoto/luoman ; *abeille* : Fotolia/ avorym ; *Haïti* : iStockphoto/Niko Guido ; *transport* : iStockphoto/Sava Alexandru ; *déchets* : Fotolia/ PiLensPhoto ; *Brême* : iStockphoto/Carsten Madsen ; *Fribourg* : Fotolia/Alexi TAUZIN ; *logo HQE* : Fotolia/ kotoyamagami ; *Freetown* : iStockphoto/Ines Gesell ; *Nouveau-Mexique* : iStockphoto/Skyhobo ; *Hoover* : iStockphoto/Andrew Zarivny ; *Sénégal* : Shutterstock/ Hector Conesa ; *Cotonou* : iStockphoto/Peeter Viisimaa ; *véhicule propre* : iStockphoto/Gene Chutka ; *Francfort* : iStockphoto/ollo ; *Afrique du Sud* : Fotolia/ desaxo ; *France* : iStockphoto/Brasil2 ; *label AB* : Fotolia/Richard Villalon ; *sacs* : iStockphoto/Zeljko Santrac ; *gobelet* : iStockphoto/fotofermer ; *logo recyclage* : Fotolia/krabata ; *Afghanes* : Shutterstock/ Tracing Tea ; *Los Angeles* : iStockphoto/Daniel Stein ; *Taba* : Fotolia/Myrtille MLB ; *covoiturage* : Fotolia/ Richard Villalon ; *Kyoto* : Shutterstock/Paul McKinnon ; *éolienne* : iStockphoto/acilo ; *photovoltaïque* : Fotolia/ Chlorophylle.

■ Dossier ATLAS

Ouverture : Fotolia/Urbanhearts.

Cet ouvrage a été composé
avec CALLIGRAM PAGINATION
conçu par X-MEDIA
F75010 Paris

Imprimé en Italie par «La Tipografica Varese Srl» en avril 2017
Dépôt légal : mai 2017 – N° éditeur : 10228349/10228351

COMMENT ACCÉDER AU
ROBERT COLLÈGE EN LIGNE

- Rendez-vous sur http://activation.lerobert.com/ muni de votre carte d'activation.

- Activez votre ressource numérique grâce à votre code personnel, figurant au dos de votre carte d'activation et suivez le processus d'inscription.

- Une fois inscrit, vous recevrez un e-mail à conserver.

Conseil

Il se peut que, pour des raisons de sécurité, les identifiant et mot de passe soient à nouveau demandés. Les noter pour ne pas les oublier.

MON IDENTIFIANT : ....

MON MOT DE PASSE : ....

En cas de problème de connexion, contacter notre service Relations Clients dans la rubrique AIDE sur **www.lerobert.com**

Accès au site pendant 4 ans à partir de la date d'activation.
Date limite d'activation : 31/12/2020

Toute la richesse du français

POIDS LOURD

ÈTE [pɔɛt] n. 1. Écrivain qui fait de la poésie. → (an-
nnt) aède, ① barde, chantre, troubadour, trouvère.
s poètes romantiques. – en parlant d'une femme *Cette
mme est une grande poète, un grand poète.* SYN. poé-
sse. – adj. *Il, elle est poète.* 2. Auteur dont l'œuvre est
nétrée de poésie. 3. Personne douée de poésie (4).
rêveur.
M. latin *poeta*, du grec *poiêtês* « auteur, créateur ».

ÉTESSE [pɔetɛs] n. f. ✦ Femme poète. SYN. poète.

POÉTIQUE [pɔetik] adj. 1. Relatif, propre à la poé-
. *Style, image poétique. L'inspiration poétique.* 2.
npreint de poésie. SYN. lyrique. *Une prose poétique.* 3.
ui émeut par la beauté, le charme. *Un paysage très
étique.*
YM. latin *poeticus*, du grec *poiêtikos*.

POÉTIQUE [pɔetik] n. f. ✦ Traité de poésie. ♦ Théo-
e générale de la poésie, de la création littéraire. *La
étique d'Aristote.* → aussi rhétorique.
YM. latin *poetica*, du grec *poiêtikê (tekhnê)* « art de la poésie ».

OÉTIQUEMENT [pɔetikmɑ̃] adv. 1. Au point de vue
e la poésie. 2. D'une manière poétique.

OÉTISER [pɔetize] v. tr. (conjug. 3a) ✦ Rendre poétique
, 3). SYN. embellir, idéaliser. – au p. passé *Récit poétisé.*
YM. de *poète*.

OGNON [pɔɲɔ̃] n. m. ✦ FAM. Argent.
YM. de *po(i)gner* « saisir avec la main ».

OGROM ou POGROME [pogʀom] n. m. ✦ HIST. Mas-
acre et pillage des juifs par le reste de la population
tolérée ou encouragée par le pouvoir).
TYM. mot russe.

OIDS [pwa] n. m. I 1. SC. Force exercée sur un corps
natériel, proportionnelle à la masse de ce corps et
l'intensité de la pesanteur au point où se trouve le
orps. COUR. Masse. *D'un poids faible* (→ léger), *d'un
rand poids* (→ lourd, pesant). – *Poids volumique,*
oids de l'unité de volume. → densité. 2. Caractère,
ffet de ce qui pèse. SYN. lourdeur, pesanteur. *Le poids
d'un fardeau.* – loc. *Peser de tout son poids,* le plus pos-
ible. 3. Mesure du poids (de la masse). *Denrée vendue
au poids.* – *Poids utile,* que peut transporter un véhi-
cule. – (d'une personne) *Prendre, perdre du poids,* grossir,
maigrir. 4. Catégorie d'athlètes, de boxeurs, d'après
eur poids; l'athlète, le boxeur. *Poids plume, poids lé-
gers, moyens, lourds.* – loc. fig. *Il ne fait pas le poids,* il
n'a pas les capacités requises. II 1. Corps matériel
pesant. SYN. ① masse ; → charge, fardeau. *Soulever des
poids énormes.* 2. Objet de masse déterminée servant
à peser (→ gramme, ② livre, kilo). *La balance et les
poids.* – loc. *Faire deux poids, deux mesures,* juger deux
choses, deux personnes de façon différente selon l'in-
térêt, la circonstance. 3. SPORTS Masse de métal d'un
poids déterminé, à soulever, lancer. *Poids et haltères.*
– *Le lancer du poids.* 4. Sensation d'un corps pesant.
Avoir un poids sur l'estomac. III fig. 1. Charge pénible.
Vieillard courbé sous le poids des ans. – Souci, remords.
Cela m'ôte un poids de la conscience. – POIDS MORT :
chose, personne inutile, inactive et qui gêne. 2. Force,
influence (de qqch., qqn). *Le poids d'un argument. Un
allié de poids.* HOM. POIS « plante », POIX « colle », POUAH
« marque de dégoût »
ÉTYM. ancien français *peis*, latin *pensum*.

POIDS LOURD [pwaluʀ] n. m. ✦ Véhicule automobile
de fort tonnage. SYN. camion. *Des poids lourds.*

A B C D E F G H I J K L M N O P Q R S T U V W X Y Z

En haut de chaque page,
le mot repère

L'étymologie indique
l'origine des mots

Les synonymes (SYN.) et
les contraires (CONTR.)

Les exemples illustrent
l'emploi des mots

Les niveaux de langue
(familier, littéraire...)

La réforme de l'orthographe,
les variantes graphiques

Les marques précisent l'usage,
le domaine du savoir

L'ascenseur pour se repérer
dans l'alphabet

Les numéros de sens mettent
en évidence les différentes
significations

Les expressions et
les locutions

Les homonymes, suivis d'une
courte définition, pour différencier
les mots qui se prononcent de la
même manière